I0593093

GLOSSARIUM

MEDIÆ ET INFIMÆ LATINITATIS.

TOMUS V.

SIGLÆ BENEDICTINORUM :

¶ Præponitur vocabulis de novo additis.

☞ Præponitur explicationibus quibus aut apertius Cangii sententia explanatur, aut emendatur opinio.

[ ] Includuntur quæ in ipsum textum Cangii inserta sunt.

SIGLÆ NOSTRÆ :

* Additamenta CARPENTERII separatim posita.

[*] Additamenta CARPENTERII Cangiano textui inserta.

** Voces novæ quæ in hac editione accesserunt.

[**] Additamenta Editoris suis locis inserta.

Iis quæ sunt Adelungii subjectum ADEL.

GLOSSARIUM

MEDIÆ ET INFIMÆ LATINITATIS

CONDITUM A CAROLO DUFRESNE

DOMINO DU CANGE

CUM SUPPLEMENTIS INTEGRIS

MONACHORUM ORDINIS S. BENEDICTI

D. P. CARPENTERII

ADELUNGII, ALIORUM, SUISQUE

DIGESSIT

G. A. L. HENSCHEL.

Tomus Quintus.

PARISIIS,

EXCUDEBANT FIRMIN DIDOT FRATRES,

INSTITUTI REGII FRANCIÆ TYPOGRAPHI.

1845.

GLOSSARIUM

AD SCRIPTORES

MEDIÆ ET INFIMÆ LATINITATIS.

LITERA numeralis, quæ 400. denotat. Ita Notæ antiquæ numerorum : *P. CCCC. quadringenta*, et versus apud Ugutionem :

P. similem cum G. numerum
monstratur habere.

G. autem 400. designat. At Baronius pro G. habet S. ita ut P. septenarium numerum tantum confecerit. Quæ Baronii lectio videtur confirmari ex Epitaphio Joannis Nepesini Episcopi, quod Romæ visitur in Ecclesia Monasterii S. Sabæ, quod sic clauditur :

Extensum per Θ. P. Q. E. Δ. connexa,
Christi annum monstrant, quo transiit iste Sacerdos,
Obiit in pace 11. Kal. Nov.
E. Ψ. O. I.

Si colligantur, inquit Baronius, numeri quinque harum literarum, partim Latinarum, partim Græcarum, fiunt anni 770. nempe Θ. 9. *P.* 7. *Q.* 500. *E.* 250. Δ. 4.

Eidem literæ P. si recta linea superaddatur, quadringenta millia significat.

P. *in superscriptione cantilenæ, pressionem, vel præcisionem prædicat.* Notkerus Balbulus Opusc. *Quid singulæ significent literæ in superscript. cantilenæ.* Vide *A.*

P. pro B. ut *apsens*, pro *absens*; *apsolutum* pro *absolutum*, passim legi in veteribus inscriptionibus observat Scaliger in Indice 19. ad Gruteri Inscriptiones. [in Charta Childeberti III. ann. 694. apud Felibian. Hist. S. Dionys. pag. xv. *optulit* pro *obtulit.*] Vide *Absus.*

¶ **P. C.** id est, Post Consulatum. Hac nota usi sunt veteres Pontifices, in annis Imperatorum designandis; qui mos ab ipsis Imperatoribus usurpari cœpit, ut observat Mabillonius Diplom. lib. 2. cap. 25. num. 3. ab anno 567. cum ante id tempus ab anno 542. *Post consulatum Basilii* computarentur anni. Vide *Consul.*

¶ **PAAGERIUS**, Paagium. Vide *Pedagium.*

* **PAAGIARIUS**, *Paagiorum* seu tributorum exactor, nostris *Paageur.* Glossar. Provinc. Lat. ex Cod. reg. 7657 : *Paagiarius, portitor, portiar, Prov.* Charta ann. 1391. ex Chartul. 23. Corb. : *Willaume le Fevre, cuelieurs ou receveurs du paage du pont de Pinquigny.... Receveurs ou Paageurs, etc.* Vide *Pedagium.*

* **PAALERIUM**, a Gallico *Poillier*, Instrumentum cupreum, in quo posita campana facilius movetur. Sentent. ann. 1282. ad calcem Necrol. Paris. Ms. : *Item de campanis ecclesiæ Paris. ordinamus pro bono pacis, quod episcopus Paris. suis sumptibus et expensis ministret.... Paaleria et alia munimenta et necessaria ad usum liberum et expeditum officium pulsandi.... Quod si batelli et bandæ campanarum et Paaleria de cupro indigeant aliqua reparatione, refectione seu restauratione, fabrica ecclesiæ Paris. ministrabit materiam ferri.* Lit. remiss. ann. 1445. in Reg. 176. Chartoph. reg. ch. 374 : *Deux Poilliers, sur lesquelx sont, portent et tournent les cloches, qui estient de métail ou cuivre.*

¶ **PABA.** Chartarium Eccl. Auxitanæ cap. 77. de Clodovæo Rege Franc. : *Fuit miles quidam nomine Raimundus, cognomento Paba, sic cognominatus, quia literas noverat.* Vocis etymon non percipio.

* Forte pro *Baba*, quomodo legendum opinor : unde vocis etymon satis patet; nisi tamen malis esse pro *Papas*, clericus, qua voce vir literatus et doctus significatur. Vide *Papas,* 1.

* **PABAMENTUM**, Pabare, Ex f[illegible]quenti mutatione *b* in *v* et vicissim, pro *Pavamentum* et *Pavare*, pavimentis sternere. Vide in his vocibus. Charta Aymer. de Rupecavardi ann. 1296. in Reg. 76. Chartoph. reg. ch. 311 : *Concedimus quod ipsi et quilibet per se possint vias et carrerias emendare et Pabare, et a transeuntibus hominibus et bestiis pedagium exigere et levare propria auctoritate, ad subsidium hujus reparationis et Pabamenti.*

* **PABELESSA.** Vide mox in *Pabelum* 1.

¶ 1. **PABELUM**, Herbæ palustris genus. Charta Guillelmi Com. Forcalquerii 7. Id. Apr. 1212. in Hist. MS. Mont. Major. : *Testes probaverant monasterium habuisse pacifice ab omnibus ibi piscantibus... et a saunaderiis colligentibus singulis Pabelum* um bispio aut olamine singulis annis tres 'enarios. Vide *Sagna*, 2.

* Etiam nunc Arelatensibus aliisve *Pabel* licitur. Charta ann. 1210. ex Reg. Rubei : *Trado in acaptum perpetuum omnibus homiaibus Castilionis.... paludem meam,.... tali pacto apposito, ut in eadem palude, cum voluerint, possint piscare, sagnam, Pabel colligere.* Inquisit. ann. 1268. ex sched. Pr. de Mazaugues : *Vidit quod homines Areatis piscati fuerant, et visi sunt piscari et colligere sagnam et Pabel in dicto stagno.*

* Pabelessa, Pabilla, Eadem notione, in ead. Inquisit. : *Et vidit alios cives Areatis uti triginta annis, quotiescumque voleȝant, sine contradictione cujusquam, piscandi, colligendi Pabillas per stagna et paludes.... Ibi cœpit aves quamplures, et Pabelessam collegit sæpissime.*

* 2. **PABELUM**, *Pastus vel pascua*, in Gloss. Bibl. Mss. anonymi ex Bibl. reg.

* **PABILLA**. Vide supra in *Pabelum* 1.

* **PABILUM**, Filamentum ex *pabelo*, unde ellychnium formatur. Pactum inter abb. et consul. Aureliaci ann. 1350. in Reg. 78. Chartoph. reg. ch. 246 : *Item quod omnes et singulæ faces sive torquæ, intorticia, candelæ.... habeant fieri taliter, quod quatuor partes sint de bona et sufficienti cera, et quinta de Pabilo lichino vil cotone.* Vide supra *Pabelum* 1.

1. **PABO**, [Vehiculum.] Vide *Pavo* 1.

* 2. **PABO**, *Refectorium*, in vet. Glossar, ex Cod. reg. 521.

¶ **PABSERE** Finem, barbare prorsus pro Finem ponere, Pacisci, ut videtur. Charta ann. 1011. apud Murator. delle Antic. Estensi pag. 195 : *Licentiam abeatis absque nostra persona, si vestra fuerit voluntas, exinde causas agendi, responsum redendi, finem Pabsendi, etc.* Infra pag. 201. in Charta ann. 1002. eodem sensu legitur, *finem ponendi*. Vide in *Pausare*.

PABU, *Barba*, Papiæ : in Glossis antiquis MSS. *Basta.*

1. **PABULA**, *Bruma, nives*, Papiæ.

* 2. **PABULA**, pro Pabulum, Gall. *Pature.* Lit. remiss. ann. 1352. in Reg. 81. Chartoph. reg. ch. 274 : *Cum... in die sequenti dictus Symonetus bestale seu prædam dictæ villæ in Pabula seu pasturagio ejusdem villæ, causa pabulandi, duxisset, etc.*

* 3. **PABULA**, mendose fortassis pro Tabula. Charta ann. 1312. in Reg. 49. Chartoph. reg. ch. 78 : *Item quod erant.... in possessione habendi fuernam sive piscariam in dicto loco de la Beane, constructam de lignis sive stipitibus in duobus lateribus et in fundo de Pabulis ligneis; et supra dictam fuernam erant tabulæ ad transeundum desuper.*

¶ **PABULAMENTUM**, φοτνικίς. Glossar. Latino-Græcum ubi emendant viri docti *Paludamentum.*

¶ **PABULARE**, Pascere, Gall. *Paistre.* Chron. Farfense apud Murator. tom. 2. part. 2. col. 380 : *Et liceat nobis proprias monasterii terras omni tempore defendere, atque animalia nostra ad Pabulandum mittere, absque cujuslibet personæ vel potestatis contrarietate. Pabulo*, βόσκω, in Gloss. Lat. Gr.

¶ **PABULATICUM**, Census vel tributum pro jure *pabulandi* seu pascendi animalia in pabulis domini. Charta Ottonis III. Imp. ann. 1001. apud Murator. tom. 16. col. 37 : *Damus et donamus cum omni jure Johanni Patriarchæ* (Aquileiensi)... *nec non medietatem omnium domorum, vinearum, camporum, pascuorum, herbaticorum,... silvarum, Pabulaticorum, etc.* Vide *Pastio.*

PABULATOR, *Pastor, qui bubus pabula præbet, vel pater, qui præbet pabula*, in Glossis Isidori. In Glossis antiquis MSS : *Pastor qui præbet pabula.*

¶ **PABULUM** Caritativum, Hospitium, convivium, *procuratio.* Statuta Ordinis Cisterc. ann. 1402. apud Marten. tom. 4. Anecd. col. 1540 : *Dominus episcopus Autissiodorensis Pabulum, quod dicimus in ordine Caritativum, sibi tanquam debitum omni anno de jure a Rigniacensi monasterio suæ diœcesis requirit cum violentia sibi et suis exhiberi.*

¶ **PABULUM** Lampadis, Oleum quo lampas nutritur. Charta ann. 1218. apud Stephanot. tom. 4. Antiquit. Bened. Pictav. MSS. pag. 765 : *Ut exinde uni lampadi Pabulum ministretur, quæ coram corpore B. Leonii die ac nocte lumen præbeat incessanter.*

* **PABURARE**, pro *Pabulare*, Pascere. Placit. ann. 880. apud Murator. tom. 1. Antiq. Ital. med. ævi col. 435 : *Conquestus est Teuderulfus advocatus monasterii beati confessoris Christi Zenonis super Notekarium virum illustrem, eo quod Paburassit monte, qui vocatur Valle Struse, cum suis animalibus promiscui sexus, et secasset illic erbas, cum suis liberis hominibus ac servis contra legem.* Vide supra in *Pabula* 2.

¶ **PACABILIS**, Reddendus, exhibendus, a Gall. *Payable.* Charta apud *Madox* Formul. Anglic. pag. 301 : *Et sex altilia Pacabilia in qualibet vigilia Natalis Domini.* Vide *Pagabile.*

¶ **PACABILITAS**, Pax. Missale Gothicum apud Mabill. de Liturg. Gall. lib. 3. pag. 252 : *Ut tribuat temporum quietem, Regum Pacabilitatem, etc.*

* *Paisibleté*, eadem notione, apud Bellom. Ms. cap. 1. pag. 4. r°. col. 2. unde *Paisiulement*, Pacate, in Charta ann. 1286. ex Tabul. S. Petri Insul.

* **PACALIS** *et hoc Pacale, Che apartene à pace.* Glossar. Lat. Ital. Ms.

¶ **PACALARIUS**, pro *Baccalarius.* Epitaphium Fr. Petri de Alinvilla, apud Felibian. in Hist. Sandion. pag. 580 : *Hic jacet Petrus de Alinvilla, Pacalarius in Decretis et quondam cenarius istius ecclesiæ, qui obiit ann. D.* m. ccc. lxxxiv.

PACARE, Solvere, exsolvere, *Payer*, vox orta vel ex *pacare*, pacem facere debitum solvendo : vel ex *pactare*, pactum seu tributum solvere, quod vult Salmasius lib. de Trapezitico fenore pag. 517. etc. Vide in *Pactare.* [Diploma Henrici Ducis Silesiæ ann. 1338. apud Ludewig. tom. 5. Reliq. MSS. pag. 548 : *Recognoscentes nos persufficienter esse Pacatos et solutos.* Tabular. Prioratus S. Johan. Tolos. : *De quibus dictus procurator nomine quo supra se tenuit pro bene Pacatus, et contentus.*] Leges Burgor. Scoticor. cap. 130 : *Et si non Pacaverint, non tenentur plus commodare. Tolnetum Pacare*, in Monastico Anglic. tom. 1. pag. 324. Adde tom. 2. pag. 885. Statuta Alexandri II. Regis Scotiæ cap. 17. Statuta Venetorum ann. 1242. lib. 3. cap. 37. veterem Chartam in Hist. Bellunensi pag. 90. etc.

Paccare, in Foris Jaccæ : *Paccet tres solidos, quomodo nobis videbuntur partiendos.* [Testament. Guidonis Gueregiati ann. 1177. tom. 9. Spicil. Acher. pag. 151 : *Si Guillelmus de Montepessulano noluerit Paccare primo anno quinque millia solidos, etc.*] Charta Ildefonsi Regis Aragoniæ æræ 1211. apud Marcam lib. 6. Hist. Beneharn. cap. 5 : *Et illi de Biscarra solebant tenere in pignora per mille et trecentos Morabotinos, quod ei Paccetis, et magis, si plus ibi habent.*

* *Païer avant la main*, pro In antecessum solvere, prius exsolvere quam rem emptam in manu habeas. Lit. remiss. ann. 1377. in Reg. 112. Chartoph. reg. ch. 29 : *Comme Estienne Bertran charpentier eust pris de Thomas Girot exposant certains ays à soyer, parmi certains pris d'argent, que ledit Bertran lui en Païa avant la main, etc.*

Pacatio, Solutio, *Payement.* Matth. Paris : *Sine Pacationis retributione.* Infra : *Pretii solutionem, quam Pacationem appellamus.* Rursum anno 1248 : *Pannos sericos et alia rapit sine Pacationis retributione.* [Charta Johannis Reg. Angl. in Lib. nig. Scaccarii pag. 383 : *Decem millia marcarum argenti fini suo adderet, pacanda in prima Pacatione sua,... et termini Pacationum in scripto illo fuerunt assignati.*] Est etiam

Pacatio, Transactio, pactum, conventio. Charta 28. inter Alamannicas Goldasti : *Et ut firmior et credibilior omnibus in futurum maneret, placuit inter nos cartam Pacationis ex utraque parte allevari.* Vita Aldrici Episc. Cenoman. pag. 116 : *Volebant eorum amici et boni homines eos inde Pacare et concordare.*

Paga, Pagua, Solutio, *Paga* Italis, nostris *Paie* : *Pague*, in Consuetudine Baionensi tit. 13. art. 14. inde *Pagare*, pro *solvere.* Acarisius : *Pago e detto da Paco latino, che vale Concordo, percio che il debitore, quando Paga il suo creditore, et lo contenta, et quasi fa pace con lui.* Charta Hugonis D. Brecarum ann. 1215. in Tabulario Campaniæ : *Mater mea debet* 1040. *libras pagandas eidem Judæo ad quatuor annos, quarum prima Paga incipiet ab octabis S. Remigii.* Tabulæ nuptiales Mariæ, filiæ Guillelmi D. Montispess. et Bernardi Comitis Convenarum, m. Decembr. ann. 1187 : *Ita quod fructus vel redditus inde exeuntes in sortem vel Paguam computentur.* Aliæ Ildefonsi Regis Aragonum apud Marcam : *Et computentur in Paga et solta de jam dictis* 1300. *Morabotin.* [Edictum Ludovici VIII. ann. 1223. tom. 1. Ordinat. Reg. Franc. pag. 47 : *Debita universa, quæ debentur Judæis, sunt aterminata ad novem Pagas infra tres annos.* Chartarium Eccles. Auxit. ann. 1277 : *Quibus solutis quittant eandem Agnes ab omni debito quo tenebatur Ecclesiæ Auxitanæ usque ad istam Pagam. Paga dupla*, stipendium duplum, Gall. *Double paie*, in Chron. Andr. Danduli apud Murator. tom. 12. col. 457. *Paga duplicata*, in Chron. Domin. de Gravina ibid. col. 679.] Vide Petrum de Vineis lib. 2.

Epist. 58. Histor. Cortusior. lib. 7. cap. 12. 18. etc. [et Baluz. tom. 7. Miscell. pag. 252.]

¶ Pagha, Eodem significatu, in Chron. Petri Azarii apud Murator. tom. 16. col. 391.

Paiga, Eadem notione, in Charta libertatum villæ de Graciaco in Biturigibus ann. 1246. apud Thomasserium in Consuetud. Bituric. lib. 1. cap. 61. non semel.

*, Nostris alias *Païer*, eodem sensu. Charta Margar. reg. Navar. ann. 1256. in Chartul. Campan. ex Cam. Comput. Paris.: *Nostres filz. li rois de Navarre doit païer les douze miles libres dou mariage nostre fille la duchesse de Lorregne sa sereur, quant cele duchesse sera en age as Paiés qui sunt establies.* Lit. remiss. ann. 1456. in Reg. 187. Chartoph. reg. ch. 5: *Ung Païer ou les paiemens qui leur estoient faiz de leurs gaiges. Poieur*, pro *Trésorier*, Quæstor. in Lit. ann. 1320. tom. 1. Ordinat. reg. Franc. pag. 715: *Les Poieurs et mestre de nos oeuvres, etc.*

Pagare, Idem quod *Pacare*: *Pager*, Ligeris accolis. Charta Libertatum villæ Montis-Regalis in Sebusianis: *Si quis portaverit pannum infra operatorium ad faciendum indumentum, non debet vadiari ab operatorio, sed tantum ab eo, cujus est pannus, si non fuerit Pagatus.* [Charta ann. 1142: *Ita quod nemo ex ipsis det et Paget, et ipsi sint liberi et quieti.* Alia Guidonis Comitis Nivern. in Tabular. urbis Autiss. ann. 1234: *Et quoniam misæ et expensæ prisiarum et arestorum burgensium Autissiodorensium Pagari solent de censa supra dicta.* Diploma Bolkonis Ducis Silesiæ ann. 1350. apud Ludewig. tom. 6. Reliq. MSS. pag. 412: *Pro septuaginta marcis grossorum Pragensium, polonicalis numeri ac pagamenti sibi actu solutas totaliter et Pagatas.* Chartular. S. Vandreg. tom. 1. pag. 48: *De quibus me teneo præ manibus pro Pagato.*]

Appagare, Idem, ex Italico, in Statutis Venetis ann. 1242. lib. 1. cap. 43. 51. lib. 5. cap. 10. *Appacare*, cap. 62. et lib. 3. cap. 39.

Impagatus, Insolutus. Henricus Rebdorff. ann. 1346: *Relinquens stipendiarios suos Impagatos, ab eis clam in Ungariam est reversus.*

Pagamentum, Idem quod *Paga*: Gallis, *Payement*. Prima Statuta Roberti I. Regis Scotiæ cap. 5. § 6.: *Et non in spe onerandi patriam, per quam transit sine Pagamento faciendo.* Chron. Reicherspergense ann. 477: *Ejus petitionibus annuit, Italiam per Pagamentum tribuens.* [Charta ann. 1342. apud Ludewig. Reliq. MSS. tom. 5. pag. 620: *Pro quadraginta marcis grossorum denariorum polonicalis Pagamenti.*] Occurrit apud Radulph. a Rivo in Engelberto a Marka Episc. Leod. cap. 2. [Adde Statuta Vercell. lib. 2. fol. 31. verso.]

¶ Pagamintum, Eadem notione, in Litteris ann. 1224. inter Ordinat. Reg. Franc. tom. 4. pag. 376: *Et serviens noster Pagamintum factum creditoribus probaret.*

¶ Paxare, ut *Pacare*. Diploma Henrici Ducis Silesiæ ann. 1339. apud Ludewig. tom. 5. Reliq. MSS. pag. 548: *Renunciantes illis scriptis, exceptioni doli mali, non numeratæ aut Paxatæ pecuniæ, etc.*

* **PACATA**, Census vel tributum pro facultate pascendi animalia in pascuis domini. Charta Alfonsi comit. Pictav. et Tolos. pro habitat. Villæ-franchæ ann. 1256. in Reg. 62. Chartoph. reg. ch. 46: *Item homines de Villa-francha.... pro se et animalibus suis propriis, manentibus et pascentibus infra easdem metas, non tenentur ad solutionem Pacatæ.* Vide *Pabulaticum*.

¶ **PACATOR.** Vide in *Paciarii*.

PACATORIUM. Glossæ antiquæ MSS.: *Pacatorio, Plantatorio.* Infra, *Pangatorio* scribitur. [Gloss. vetus MS. Sangerm.: *Pacatorium, plantatorium.*] Glossæ vero Isidori: *Pactorio, Plantorio.* [Vide *Pacturium*.]

¶ **PACATUS** et Iratus. Vide *Iratus*.

¶ **PACCARE**, In fasces colligare, Gall. *Empaqueter, embaler*, Angl. *Pack*. Charta ann. 1341. apud Rymer. tom. 5. pag. 278: *Tibi præcipimus, quod tantum de canevacio, quantum pro dictis centum saccis lanæ... saccandis et Paccandis rationabiliter indigatur... liberari faciatis.* Alia notione vide in *Pacare*.

¶ **PACCARIUS**, Qui in fasces componit, ab Angl. *Packer*, Gall. *Embaleur*. Charta ann. 1478. apud Rymer. tom. 12. pag. 81: *Quisque Pacarius, huic Ordinationi contraveniens, sic puniatur, ut aliis sit in exemplum.*

¶ 1. **PACCATOR**, Idem qui *Paccarius*. Charta ann. 1499. apud eumd. Rymer. tom. 12. pag. 714: *Item, conventum est quod nullus Paccator de partibus Australibus Angliæ de cætero exercebit officium paccaturæ.*

¶ 2. **PACCATOR**, Sponsor, vas, fidejussor, Gall. *Répondant*. Charta ann. 1270. apud Baluz. tom. 2. Hist. Arvern. pag. 548: *Obligaverunt se et constituerunt principales debitores et Paccatores.* Alia ann. 1354. ibid. pag. 320: *Constituerunt se et quemlibet eorum in solidum deÿtas, plegios, fidejussores, ac principales Paccatores, promissores et solutores penes dictam Ysabellam.* Vide *Pagator*.

¶ **PACCATURA**, Mercium in fasces compactio, officium *Paccarii*, Gall. *Embalage*. Charta ann. 1478. apud Rymer. tom. 12. pag. 81: *Si forte evenerit quod lanis hujusmodi veteribus aut pellibus fraus vel deceptio quævis comperta, vel quod indebita nominatio aut injusta Paccatura fiat, venditor emptori reparabit damnum et interesse.* Vide *Paccator* 1.

¶ **PACCEOLUM.** Vide *Paculum*.

¶ **PACCIOLUS**, πουδάριον καὶ πόδιον τῶν γραμμάτων : καὶ πάσης ὀπώρας τὸ ξυλῶδες, καθ' ὃ ἐξήρηται τοῦ κλαδοῦ, in Gloss. Lat. Gr. sed *Petiolus* legendum docet Salmasius ad Plin. pag. 219.

¶ **PACCUS**, Fasciculus, sarcina, Angl. *Pack*. Gall. *Paquet, balot*. Charta ann. 1506. apud Rymer. tom. 13. pag. 134: *Non tamen licebit præfatis mercatoribus Angliæ... pannos suos scindere, nec quoquo modo tingere, tondere, aut per fullones parari facere, nec aliter nisi per Paccum vel Paccos, vel integrum pannum, vel integros pannos in grosso duntaxat vendere et exponere.*

PACEATUR. Leges Inæ Regis West-Saxon. cap. 45: *Et recipiat agenfrida cœterium ejus et carnem, et Paceatur de cætero.* Id est, sit *pacatus*, seu liber de cætero.

PACERE, *Pacisci*, in Glossis ant. MSS.

¶ **PACHINA**, pro *Pagina*. Vide in hac voce. Charta ann. 746. apud Marten. tom. 1. Anecd. col. 8: *Ad monasterio S. Gregorii et ceterorum Sanctorum, qui est constructus in Vagesio inter duas Pachinas fluvium.* [** Nomen fluvii. Vide Alsat. Diplom. voce *Fachina*, in Indice Geogr.]

* **PACHO**, pro *Bacho*, Porcus saginatus, ustulatus, salitus, et petaso aut perna. Charta apud Meichelbec. tom. 2. Hist. Frising. pag. 110: *Si non donas mihi unum Pachonem, nihil est firmum inter nos, neque de pace nec de traditione quam feci. Jussit itaque Atto episcopus donare ei illum Pachonem.* Vide *Baco*.

¶ **PACHTUS**, pro *Pactus*, a Teuton. *Pacht*, Tributum quod ex *pacto* exigitur. Charta ann. 1476. apud Miræum tom. 2. pag. 891: *Omnesque et singulos Pachtos et census eis debitos in dominio de Herten.* Vide infra *Pactum*. [** Vide Haltaus. Glossar. German. col. 1453. voce *Pacht*. In specie ex usu Juris Germanici est Locatio prædii sub censu anno.]

** Pacta, Idem, in chart. Marchion. Brandenb. ann. 1295. apud Haltaus. l. l.

* **PACIA** inter arma recensetur, in Inventar. munit. castr. reg.: *iij. capelli ferrei, ix. asciæ, Paciæ xj. lanceæ xvj. etc.* Sed mendum esse suspicor, cui emendando nihil succurrit; nisi sit pro *Baciæ*, et cassides intelligas. Vide *Bacinetum*.

¶ **PACIAGIUM.** Vide *Paxiagium*.

¶ **PACIARIA** Castra, Quæ a *Paciariis* muniuntur ut paci observandæ invigilent. Concil. Tolos. tom. 2. Spicil. Acher. pag. 628: *Guerra finita in eodem statu dominis ea (castra) restituere teneantur... Hoc idem de castris Paciariis erit obsersandum.*

PACIARII, Quibus pacis indictæ a Summo Pontifice et Conciliis observandæ cura commissa erat, in Concilio Monspeliensi ann. 1214. cap. 33. 34. 39. 42. Adde Tolosanum, ann. 1229. cap. 31.

* Pactum inter archiep. et vicecom. Narbon. ann. 1232. ex Bibl. reg. cot. 2: *Ad quæstionem præconizationis sic respondet* (vicecomes), *quod archiepiscopus iste nullo tempore quasi possedit, nec antecessor suus, nisi parvo tempore; et tunc non jure archiepiscopi, sed legati et Paciarii, eo casu cum propter cavalgadas pacis necesse erat præconizari.* Hinc *Appaisiteur* et *Appaiseur* dictus Arbiter, qui a litigantibus eligitur ad lites et controversias amice componendas. Lit. remiss. ann. 1401. in Reg. 156. Chartoph. reg. ch. 122: *Fu rapporté par arbitres ou Appaisiteurs, etc.* Charta ann. 1404. ex Chartul. 21. Corb. fol. 202: *Se submirent et compromirent du tout ou dit, ordenance et appointement de nous arbitres dessus nommés, comme arbitres, arbitrateurs ou amiables Appaiseurs. Arbitres et amiables Appaisentiers*, in Lit. remiss. ann. 1427. ex Reg. 173. ch. 746. *Appaisenteur*, in Charta ann. 1489. ex Tabul. S. Joan. Laudun.

Pax, Ipsum Paciariorum Collegium. Concil. Tolosanum ann. 1229. cap. 34:

Si vassalli homines rebellaverint contra dominos, Pax adsistat dominis contra eos.

PACIARIUS, Pacificator, dignitas, olim collata ad triennium Carolo I. Siciliæ Regi a Clemente IV. PP. flagrante Guelforum et Gibellinorum dissidio, vacanteque Imperio anno Chr. 1267 : *Clemens, etc. Cum te in partibus Tusciæ Romano subjectis Imperio, nunc vacanti, Pacis constituerimus per nostras litteras servatorem, in eisdem tibi Paciarii seu Pacis servatoris officium committentes, etc.* Vide Odoricum Raynald. hoc ann. n. 5. 6. 7. 8. Ughellum tom. 3. pag. 525. Waddingum tom. 4. Annal. Minorum in Regesto pag. 10. etc. Gloss. Gr. Lat. : Εἰρηνάρχης, *Pacator, Irenarcha. Paciáro*, Joanni Villaneo lib. 7. cap. 56. lib. 8. cap. 42. 49. lib. 9. cap. 342.

PACIARII, Scabini. Vide *Pax.*

PACIARII, qui et *Suprajunctarii.* Vide *Juncta.*

* **PACIARIUS.** Vide infra in *Pazagium* 1.

¶ **PACIDICUS**, Qui pacem loquens, eam non sectatur. S. Bernardus de Convers. ad Clericos tom. 1. col. 494 : *Considera diligenter non Pacidicos, sed pacificos commendari. Sunt enim qui dicunt et non faciunt.*

¶ **PACIELLUM**, f. diminut. a *Paxera.* Computus ann. 1202. apud D. *Brussel* de Usu feud. tom. 2. pag. CLXV : *De magistro Ricardo, pro Paciello, c. s.*

* **PACIENTIA**, Induciæ, Gall. *Trêve, suspension d'armes.* Charta ann. 1347. in Reg. 76. Chartoph. reg. ch. 380 : *Asserentes ipsam neptem nostram reginam Navarræ et comitissam Engolismensem treugas seu Pacientiam fecisse..... et prædicta fuisse facta durantibus treugis et Pacientia prædictis, etc.*

¶ **PACIFER**, Pacificus. Epist. Manfredi ad Urbanum IV. PP. apud Marten. tom. 2. Anecd. col. 93 : *Idem electus, non Pacifer, sed belliger inventus.* Vita S. Bibiani apud eumdem tom. 6. Ampliss. Collect. col. 766 : *Sole enim orto, pro episcopo misit, eumque ad se verbis Paciferis venire coegit.* Alia paululum notione Christum *paciferum* vocat Tertull. lib. 3. advers. Marc. cap. 21. qua notione utuntur Latini.

* **PACIFICA**, *Oblatio quæ fiebat pro pace ad Deum vel ad homines, vel quia ad bonum pacis fiebat, sicut salutaria sacrificia pro salute data, vel danda, vel conservanda offerebantur.* Glossæ Biblicæ Mss. anonymi ex Bibl. reg.

PACIFICÆ LITERÆ, videntur appellatæ generatim Epistolæ omnes *amicæ*, pacis ac divinæ caritatis conciliatrices, maxime quæ Clericis alio proficiscentibus ab Episcopis dabantur. Concilium Eliberitan. ann. 305. can. 81 : *Ne feminæ suo potius absque maritorum nominibus, laicis scribere audeant, qui fideles sunt, vel literas alicujus Pacificas ad suum solum nomen scriptas accipiant.* Vide Mendozam et Albaspinæum ad hunc Canonem. Vetus Interpres Concilii Antiocheni ann. 341. cap. 8 : *Presbyteri qui sunt in agris canonicas epistolas dare non possunt,... Chorepiscopi autem qui sunt irreprehensibiles, dare possunt Pacificas, id est, generales.* Græca editio, εἰρηνικάς, tantum præfert. Egbertus de Ecclesiastica institutione pag. 97 : *Quisquis vero fratrum contra interdicta venerabilium Canonum transfugam Clericum vel Monachum sine litteris Pacificis susceperit, etc.* Vide Formulas veteres tom. 2. Concil. Sirmondi pag. 667. Baronium ann. 825. n. 24. Franciscum Turrianum lib. 3. pro Epist. Pontific. cap. 4. pag. 219. Ferrarium lib. 1. de antiq. Eccl. Epist. cap. ult. Priorium, etc.

¶ **PACIFICALE**, Tabella quæ defertur osculanda ad *Pacem* in sacra Liturgia. Acta S. Bennonis tom. 3. Junii pag. 168 : *Extat... mirabile quoddam dictu, ut scilicet inclusæ argento seu Pacificali, ut vocant, petiunculæ, aliis quidem osculantibus appareant, aliis vero minime.* Vide *Osculum pacis.*

* *Item unum calicem et unum Pacificale*, in Charta ann. 1466. apud Roth. in not. ad diplom. Otton. IV. imper. Vide infra *Pax.*

* **PACIFICALIS**, Pacificatorius. Mirac. S. Adalh. sæc. IV. Bened. part. 1. pag. 361 : *Fuit autem hæc repromissio, ut si qui disceptarent inter se aliquo discidio, non se vindicarent præda aut incendio, donec statuta die ante ecclesiam coram pontifice et comite fieret Pacificalis declamatio.*

¶ 1. **PACIFICARE**, Solvere, exsolvere, Gallice *Payer.* Testamentum Alionoræ Comit. Boloniæ apud Baluz. tom. 2. Hist. Arvern. pag. 119 : *Volo et præcipio quod clamores mei et patris mei Pacificentur et emendentur de plano et sine strepitu judicii... Et clamores meos et patris mei Pacificent, et de me et de Patre meo expetentibus satisfaciant competenter.* Vide *Clamor pacificatus.*

2. **PACIFICARE**, [Sese invicem inter Missæ solemnia osculari.] Vide *Osculum pacis.*

* 3. **PACIFICARE**, Cedere, mittere in possessionem pacificam. Charta sub Phil. I. reg. Franc. ex Bibl. reg. cot. 15 : *Ego Ugo Adalberti garpisco et evacuo et Pacifico tibi Raimundo Johanni.... campo uno.*

¶ **PACIFICATIVUS**, Pacificatorius. Concil. Pisanum ann. 1409. apud Marten. tom. 7. Ampliss. Collect. col. 1099 : *Alias electio non videbatur esse de jure Pacificativa conscientiarum.*

¶ **PACIFICATORES** seu PACIFICI, Illi dicti sæculo V. qui Henoticon Imperatoris Zenonis sequuti, sub specioso concordiæ inter Catholicos et errones sarciendæ prætextu, Fidem destructum ibant, Concilio Chalcedonensi stabilitam. Evagr. lib. 3. Baron. ad ann. Christi 482. Hæc Hofmannus.

* **PACIFICATUS** ET IRATUS, Formula, qua vassallus castrum suum reddere domino suo quocumque in casu spondet. Charta ann. 1149. inter Probat. tom. 2. Hist. Occit. col. 526 : *Juro ut tibi et misso tuo, et successoribus tuis et missis eorum, potestatem de ipso castello donem diebus ac noctibus, Pacificatus et iratus, et non tollam, nec aliquid ex ipso vobis auferam.* Vide supra *Iratus* 2.

¶ **PACIGER**, Pacificus, pacatus, tranquillus. Georg. Stella in Annal. Genuens. apud Murator. tom. 17. col. 1001 : *Præmissi Capitanei quietum et Pacigerum tenuerunt regimen.*

¶ **PACISCI**, Relinquere, demigrare. Acta S. Cassiani Episc. apud Illust. Fontaninum in Antiq. Hortæ pag. 349.

Mandans Ægypti gentes et rura Pacisci
Atque Sicambrigenum vasto præ æquore regnum
Expetere.

Ibidem pag. 359 :

Tum divos adiens, et terras morte Paciscens.

* **PACISCOLIA**, *La gotta.* Glossar. Lat. Ital. Ms.

PACONANTES, *Planantes*, Papiæ. In edito est *Pacovantes* : secus Ugutio.

* Nostris *Paconnier*, idem qui prædium sub annuo reditu tenet, vulgo *Fermier.* Lit. remiss. ann. 1377. in Reg. 110. Chartoph. reg. ch. 302 : *Jehan Malin, Jacob censier ou Paconnier de Henry Burdent, et aucuns autres compaignons de laditte ville de Beaurieu en Laonnois, etc.* Nisi legendum putes *Parçonnier.* Vide *Parcennarii.*

¶ **PACTA**, Pignus, fiducia, Gall. *Sureté.* Testamentum R. Vicecom. Biter. ann. 1180. apud Marten. tom. 1. Anecd. col. 598 : *Item debeo v. millia solidorum domui Caciani pro mea sepultura; et habeant pro illis in Pacta post Natale Domini illud pignus quod habeo in sextaria Biterrensi de tribus millibus solidis, et alii duo millia solidi persolvantur eis ad diem obitus mei de denariis quos habeo apud Pezenacium.*

¶ **PACTARE.** Vide *Pactum.*

¶ **PACTATOR**, Fidejussor, vas, sponsor, Gall. *Caution.* Charta Guillelmi de Hala ann. 1337. apud Baluz. tom. 2. Hist. Arverniæ pag. 312 : *Recognoverunt.... se esse et constituisse principales debitores, Pactatores, deytas et fidejussores pro ipso domino Comite.* Occurrit etiam in antiquis Statutis Avenion. rubr. 2. Vide *Paccator* 2. et *Pagator.*

¶ **PACTATUS**, Pactum, conditio. Charta ann. 1068. in Append. ad Marcam Hisp. col. 1144 : *Dono... omnia placita quæ pertinent ad seniorem majorem, in tali vero Pactato ut Castlani ipsorum castrorum supradictorum donent potestatem de dictos castros ad Abbatem, etc.* Vide *Pactuatio.*

PACTIMONIUM. S. Augustinus Epist. 223. de Recipiendis Donatistis : *Testem Deum facio... sic eos me suscepturum, ut non solum baptismum Christi quem acceperunt, ipsum habeant, sed etiam honorem Pactimonii et continentiam.* Sed videtur legendum *patrimonii*, ita ut innuat recuperaturos patrimonium, et *continentiam*, hoc est, reditus suos, et quod cuique necessarium est ad suam conditionem manutenendam. Vide *Continere.*

¶ **PACTIO**, Tributum ex *Pacto* concessum. Charta Rodulfi Reg. ann. 923. tom. 2. Gall. Christ. inter Instr. col. 222 : *Ut nullus Comes, aut judex publicus, aut aliqua sæcularis potestas ibi audeat aliquam exactionem facere, neque mansionaticas, aut Pactiones, aut aliquas redhibitiones exigere.* Vide *Pactum.*

¶ **PACTIONALIS** REMISSIO, Quæ ex *Pacto* certisque conditionibus conceditur. Epist. Friderici Reg. ad Barchin. in Chron. Siciliæ apud Marten. tom. 3. Anecd. col. 74 : *Quo enim modo de bonis quærendis esset illorum, quorum crimen nequit ex Pactionalis remissionis effectu, quam constat crimen et ejus effectum in perpetuum extinxisse. Pactionale instrumentum*, Charta conventionis, in Codice MS. D. *Brunet* fol. 80. ex Charta ann. 1245 : *Instrumentum Pactionale factum inter dominum Hugonem de Baucio condam, et dominum condam Potestatem Arelatis observetur.*

¶ **PACTIONARIUM**, Tributum quod ex *pacto* persolvitur. Charta Eduardi IV. Reg. Angl. ann. 1471. apud Rymer. tom. 11. pag. 732 : *Pactionariis, reddituariis, custumariis omnium et singulorum theloneorum et custumarum, etc.* Vide *Pactum*.

* Vel potius *Pactionarius*, qui ejusmodi tributo obnoxius est.

PACTISIS, Vini species. Vide *Græcum*.

¶ **PACTITIUM**, Idem quod *Pactionarium*. Charta Henrici IV. Reg. Angl. ann. 1401. apud Rymer. tom. 8. pag. 204 : *Consimilem reformationem pro parte nostra faciendum, et ordinandum super moderatione pactorum seu Pactitiorum infra Ducatum prædictum, si quæ sint excessiva, ex una parte vel alia, secundum formam et effectum treugarum ipsarum, disponendum et ordinandum.* Vide *Pactum*.

PACTORIUM, *Pactum, vel locus ubi fit Pactum.* Ugutio et Joan. de Janna. Vide *Pactum*.

PACTUARE, Pactum inire, pacisci. Gesta Constantini M. pag. 479 : *Pactuatus est, ut si victus fuisset Odoachar, etc.*

PACTUATIO, Pactum. Chronicon Farfensis Monasterii pag. 657 : *Dedit vel delegavit Siguald Episcopus Ingoaldo Abbati ad partem hujus Monasterii, pro causa firmitatis ac Pactuationis colonicam unam, etc.* Pag. 664 : *Breves Pactuationis seu convenientiæ quæ ex ipsis rebus factæ sunt.* [Charta ann. 1005. apud Ill. Fontaninum in Antiquit. Hortæ pag. 396 : *Postea inter eos venit pactum et bona convenientia et amica Pactuatio.* Adde Epist. Leonis III. PP. pag. 23.]

* **PACTUETES**, Pactuotes, Qui pactum iniit. Charta ann. 889. apud Murator. tom. 1. Antiq. Ital. med. ævi col. 755 : *Lupus filius Ragimperti cum uxore sua, et filiis, filiabus, nugris ac nepotibus suis,.... et cum omnibus illorum pertinentiis : pro quo ipse Lupus cum Saracenis ambulavit et Pactuetes fuit, quando ipse storus super hanc prædictam civitatem resedit. Pactuotes*, in alia eadem de re ann. 899. ibid. col. 181.

PACTUM, quodvis Fœdus, Contractus, *Traité*. Glossæ ad Regulam S. Benedicti cap. 2 : *Testamentum, placitum, vel Pactum.* Hesychius, Πάκτα, ἡρμοσμένα. Anonymus Casinensis ann. 1149 : *Eugenius Papa Pactum cum Romanis reformans.* Erchembertus in Hist. Langobard. : *Cum autem uterque se junxerit ad Pactum, vel ad bellandum, quod deinceps egerint, præsenti opusculo inseram.* [Charta ann. 1350. apud Stephanot. tom. 2. Antiquit. Occitan. Bened. MSS. pag. 503 : *Nihilominus promisit idem Englesius sub juramento prædicto per Pactum expressum, eidem dominæ abbatissæ stipulanti et recipienti ut supra, quod, etc.* Statuta Massil. lib. 2. cap. 16. § 12 : *Quod autem dictum est de solutione vel remissione debiti Pactive de non petendo opponendis et probandis sic determinamus videlicet, etc.*]

Pactare, Pactum inire. Carolus IV. Imp. in Vita sua : *Et cum ibi exercitus diu stetisset, Pactaverunt illi de castro cum eis.* [Vita S. Stanislai Episc. tom. 2. Maii pag. 268 : *Cœpit cum sancto Stanislao mentetenus Pactare dicens, etc.* Statuta Arnaldi II. Episc. Barcin. : *Ipsumque servitium fieri Pacient diebus et terminis designatis.*] Græci recentiores πακτεύειν dixerunt. Chronicon Alexandr. pag. 906 : Ἐγὼ τὴν ἐξουσίαν εἶχον τοῦ λαλῆσαι καὶ πακτεῦσαι μετά σου. Vide Meursium in Gloss. et in Notis ad Constantinum Porph. de Adm. Imp. pag. 149. Consule præterea Glossarium hoc nostrum in v. *Apatisatio*, et *Pectare*.

* Charta ann. 1406 : *Et fuit Pactatum, vallatum et inter dictas partes concordatum, quod, etc.* *Pactiser*, eadem acceptione, in Charta ann. 1481. inter Probat. tom. 3. Hist. Nem. pag. 345. col. 1.

Pactura, pro *Pacto*, apud Jul. Cæsarem. Vide Salmasium ad Jus Atticum pag. 803.

Pactum, Tributum ex *pacto* concessum, qua notione Teutones etiamnum *Pacht* usurpant. Histor. Miscella lib. 18. pag. 538 : *Sarracenorum vero tunc sub Pactis Persarum constitutorum multitudo Equitum clam in Imperatorem irruere meditabantur.* Lib. 19. pag. 604 : *Locaverunt.... residuas septem generationes quæ sub Pacto erant.* Lib. 23 : *Aut tribue mihi Pacta, aut veniam usque ad Auream portam.* Speculum Saxonic. lib. 3. art. 76 : *Licebit... censum seu pensionem, aut Pactum solvere.* Capitulare Sicardi Principis Beneventani ann. 836. cap. 32 : *Ut coloni tertiatores non dent in collata, nec in Pactum.* Charta Arnoldi Wesemaliæ Domini ann. 1269. apud Miræum in Donat. Belg. : *Notum facio quod teneor Decano et Ecclesiæ Trajectensi in centum marcas Coloniensium denariorum legalium occasione Pactus detenti, et etiam expensarum pro ipso ab eis factarum.* Ubi Miræus *Pactum detentum*, censum non solutum interpretatur, qui Flandris *Pache* dicitur. Græci πάκτα hac notione frequenter usurpant. Theophanes ὑποσχόμενος καὶ ἐτήσια τῷ Βασιλεῖ παρέχειν Πάκτα. Cedrenus : Ἐζήτησαν οἱ Βούλγαροι Πάκτα διὰ τὰ κάστρα. Veteres Glossæ verborum Juris : Πούβλικα ἐστὶ δημοσία εἰρήνη, τὸ πάντα λαὸν τῇ βασιλείᾳ πείθεσθαι, καὶ Πάκτα δοῦναι. Constant. de Adm. Imp. cap. 30 : Καὶ τελοῦσιν αὐταῖς Πάκτα. Adde pag. 71. 96. Chronicon Alexandrin. pag. 694. 900. Antiquit. Constant. Lambecii pag. 148. Hinc πακτιάριος apud Nicetam Choniatem in Joanne Comneno num. 4. qui pacta exigebat. Vide *Pachtus*.

☞ Exemplis supra laudatis maxime significatur tributum quod ex pacto Principi qui regionem subegit exsolvitur ab incolis, ut a cædibus et incendiis temperet. Nostri *Pactis* vel *Pastis* eadem notione dixerunt. Froissart. vol. 3. pag. 276 : *Ce Geoffroi.... avoit mis tout le pays à certains Pactis, et parmi toutes ces pactions toutes gens labouraient en paix dessous lui et demeuroient.* Vide *Appatiamentum* et *Appatissamentum*.

¶ **Pactitii**, Qui ejusmodi tributa exsolvebant, apud Paul. Emil. in Carolo VII.

¶ **Patuum**, Eadem notione, in Charta ann. 1434. ex Tabul. Archiep. Ausc. : *Item fuerunt capti plures per dictos inimicos ad causam dictorum Patuorum.* Hinc

¶ **Appatuari**, de ejusmodi tributo pacisci, vel illud solvere, nostris *Apaticher* vel *Apatisser*. Charta laudata : *Item terra comitatus Astariaci non erat nec fuit Appatuata cum inimicis domini Regis... Insidiando transeuntibus pro eis depredandis, capiendis et apprisionandis qui essent de terra non Appatuata.* Vide Menag. in Orig. Gall. et *Apitasatio*.

Pactum, Professio Monastica. S. Hieronymus ad Demetriadem Epist. 8 : *Nunc quia sæculum reliquisti et secundo post baptismum gradu iniisti Pactum cum adversario tuo, dicens ei : Renuntio tibi, diabole, sæculo tuo, pompæ tuæ, et operibus tuis, Pactum custodi, ne tradat te tortori.* Concilium Eliberitanum can. 13 : *Virgines quæ se Deo dedicaverunt, si Pactum virginitatis perdiderint, etc.* In Regula S. Fructuosi cap. 18. *Annotari in Pacto*, est Professionem monasticam edere. Ita συνθήκην vocant Græci Patres, Clemens Alexandr. lib. 3. Strom. initio, Origenes Homil. 3. super Numer. S. Basilius ad virg. laps. in Jure Gr. pag. 435. etc. Hinc votorum transgressor, παραβάτης τῶν συνθηκῶν ἑαυτοῦ dicitur in Concilio Oecumen. VIII. can. 14. ubi Anastasius, *propriorum transgressor Pactorum.* Exstat apud Anton. *de Yepez* in Chronico Ordinis S. Benedicti, ann. 944. cap. 1. Charta continens electionem Abbatis, cui Monachi electores subjectionem et obedientiam profitentur, cujus prima verba sunt : *Sub Christi nomine et individuæ Trinitatis, hoc est Pactum quod pepigimus nos omnes, etc.*

Pactum vel **Pactus**, Lex quæ ex pacto convento, et ex communi populorum consensu fertur, et admittitur : quo nomine donantur fere Leges omnes nostræ veteres, seu quarum usus fuit in Francia et Germania : ac Romana quidem in Charta Heccardi Comitis ex Tabulario Persiacensi apud Perardum pag. 26 : *Waltario Episc. Pacto Romano libro, et anapo corneo majore, etc.* Gundebada Burgundionum, in eadem Charta : ubi *Pato Gunbaldo* perperam pro *Pacto* scribitur. Salica; quæ inscribitur in editione Heroldi, et in Codd. MSS. uti monet Steph. Baluzius, *Pactus legis Salicæ.* Præfatio ad eamdem Legem : *Quidquid in Pacto habebatur minus idoneum, etc.* Eadem Charta Heccardi Comitis : *Heccardo filio Heccardi tabulas corneas, et Pacto saleco, et sigulos* (l. sigusios) *duos, etc.* Hariulfus lib. 3. cap. 3 : *Lex Romana, Pactum legis Salicæ, etc.* Alamannica in veteri Cod. MS. inscribitur *Pactus legis Alamannorum*, ut observat idem Baluzius. Ripuaria, apud Reginonem, qui in lemmate cap. 405. lib. 1. de Ecclesiast. discipl. hæc habet : *De eadem re ex Pacto*, nempe ex cap. 58. ejusdem Legis Ripuariæ. Bajwaria, in Concilio Bavarico ann. 772. cap. 9 : *De eo ut nullus hæreditate sua privetur nisi per tres causas quas in Pacto scribentur*, i. in Pacto scribuntur, seu in Lege Bajwariorum tit. 2. Denique Lex Francorum, *Pactum Francorum* appellatur ab eodem Reginone lib. 1. cap. 404. Burchardo lib. 2. cap. 29. et Ivone pag. 6. cap. 130 : *Quia sic scriptum est in Pacto Francorum.* [Eodem titulo donatur Constitutio Arichis Principis Beneventani apud Camillum Peregrinum tom. 1. Hist. Longobard. pag. 319 : *Incipit Pactum quod constituit dominus Arechisi gloriosus Princeps etc.*] [** Vide Graff. Thesaur. Ling.

Franc. tom. 3. col. 325. voce *Phâhta.*] Quod vero *Pactus*, pro *Pactum*, interdum scribitur, vitio dari debet barbari seculi, tametsi eadem perinde voce usus est Plautus in Cistellaria: *Meretrices fuimus, illa te et ego mihi educari ex Pactibus conventis.* In eadem porro Lege Salica tit. 11. § 8. *Pactus* sumi videtur pro ea particulari lege, quæ in aliquo mallo, seu placito, vel conventu definitur.

☞ Atque hinc est etiam quod *Pactum* pro judicium, decretum, usurpabant, quia nimirum secundum legem, quam *Pactum* vocabant, judicabatur. Gloss. vetus MS. Bibl. regiæ: *Decretum, Pactum, judicium.*

PACTUM, Catalogus, Matricula. Regula S. Fructuosi: *Adnotetur in Pacto cum fratribus, et vivat inter Monachos probatus et ipse Monachus.* i. in Catalogo eorum qui professionem ediderunt. Acta Murensis Monasterii pag. 25: *De jure vero sive legitimis sacræ familiæ non possimus nec volumus pro prolixitate quid scribere, quia in libro qui vocatur Pactum, in quo omnium nostrorum jura conscripta sunt, hoc plenius habetur, etc.* Id est, in quo professiones Monachorum scriptæ erant.

PACTURIUM, *Plantatorium*, Papiæ, qui infra, *Pactorium* habet: alibi, *Pangratorium*, seu ut præfert Codex MS. *Pangatorium.* [*Pacturium* vel *Pactorium* a pangendo, inquit Grævius in notis ad Gloss. ubi panguntur arbores et plantæ.] Vide *Pacatorium.*

* **PACTUS**, Pascuum, Gall. *Pastis.* Charta ann. 1187. inter Instr. tom. 6. Gall. Christ. col. 331: *Terras cultas et incultas, prata, pascua et Pactus, aquas, etc.* Vide *Pactuum.*

¶ **PACTUUM**, Pascuum, Gallice *Pastis, pasturage.* Charta ann. 1385: *Item retinet dicta universitas Pactua Castellati, Montismajoris et Auriculæ et quæcumque alia, tam piscationes, quam venationes, lignairagia et plechas quorumcumque Pactuorum territorii Arelatensis.* Inventar. Recognit. de *Vouta* diœc. Vivar. tom. 2. fol. 343. ex Tabular. Principis *de Rohan: Pro nemore confrontante cum Pactuo loci de la Freydeyra.*

PACULUM, *Sacculum, pacceolum*, in Glossis Isidori, [vel *Pasceolum.* Nonius: *Pasceolus, ex aluta sacculus.*]

¶ **PACUS**, pro *Pagus*, Territorium. Judicium Agilberti Vicedomini Narbonæ ann. 821. tom. 1. Hist. Occitan. inter Instr. col. 56: *Ad monasterio sancto Petro, qui est constructus infra Paco Narbonense, in locum qui dicitur Caunas.*

* **PACUUM**, Pari intellectu, in Reg. 138. Chartoph. reg. ch. 287. ad ann. 1359: *Item unam quarteriam ordei super quodam Pacuo infra locum de Mossiano;.... quod Pacuum est in jurisdictione capituli.... Item quoddam viridarium, cum suo Pacuo, etc.*

PADELENGA, PALENGA, Anguilla decumana, anguilla procerior; Flandris *Paline;* Kiliano, *Paelinck.* Charta Theodorici Comitis Flandriæ in Tabular. Lehunensi n. 89: *Robertus Freso Comes Flandrensis Deo et S. Petro de Lehun... hujusmodi eleemosinam donavit; et singulis annis reddendam constituit, quod quicumque feodum de Rinegges tenuerit, unoquoque anno perpetualiter tria pondera Padelengarum prædictis Monachis reddat, et ei Monacho, sive clienti qui pro ipsis Palengis recipiendis venerit, procurationem de suo proprio provideat.*

* Scribendum *Padelingus* et *Palengus* ex eadem Charta, et maxime ex iis, quæ locum a Cangio laudatum excipiunt: *Tria pondera Padelingorum, etc. Quod si Palengi eventu aliquo aut non capientur aut non inveniantur, pro unoquoque pondere Palengorum xx. solidi ab eo, qui feodum de Rinneges possederit, præfatis monachis concedantur.*

* **PADELLA**, Sartago, nostris olim *Paesle* et *Paielle*, nunc *Poële.* Chartul. B. M. Mediani monast. fol. 25. v°: *Unam mensam parvam, et duos tradellos, et tres formas, et duas Padellas, etc. Paielle de fer,* apud Joinvil. in S. Ludov. edit. reg. pag. 135. Vide infra *Paella.* Hinc

* **PADELLARIA**, Fabri ærarii artificium, opus, nostris alias *Paeslerie.* Lit. ann. 1407. in Reg. 209. Chartoph. reg. ch. 54: *Super facto operis Padellariæ in Villa Dei de Saltu caprioli, etc.* Ibidem: *Mestier et art de Paeslerie.... Audit mestier appartient la congnoissance de fondre, batre et recuire tout airain quelconque. Le suppliant qui est du mestier de dinanderie ou Paeslerie,* in Lit. remiss. ann. 1474. ex Reg. 204. ch. 57.

¶ **PADENA**, Sartaginis species, qua in conficiendo sale utuntur, in Consuet. Beneharn. Rubr. de Sent. art. 6. Gloss. S. Andreæ Avenion. 13. sæc.: *Patina, id est, Padena vel sartago.* Tabular. Turenæ ann. 1334. apud Baluz. tom. 2. Hist. Arvern. pag. 188: *Quod dictus Johannes furatus fuerat vectes sive verroilhs, Padenas et gofetos.* Italis *Padella.* Hisp. *Padilla*, nostris *Poele. Paelles*, in Charta ann. 1125. apud Calmet. tom. 2. Hist. Lothar. col. 276: *Item avons donné..... les salines et toutes les Paelles des salines.*

PADES, Arbor Picea, Gallis, ut auctor est Plinius lib. 3. cap. 6.

* **PADENTIA**, Piscaria capiendis *Padelingis* seu anguillis idonea. Vide supra *Padelenga.* Libert. villæ de Lunacio diœc. Agen. ann. 1295. in Reg. 48. Chartoph. reg. ch. 124: *Obtineant imperpetuum omnia jura.... et libertates suas, quæ et quas habent.... in portibus fluminum Garonæ et Olti, et piscariis ipsorum fluminum et Padentiis dicti loci, excepto piscium vocato mulés.*

¶ **PADEZENUS.** Instrumentum ann. 1372. tom. 1. Annal. Tolos. inter Instr. pag. 94: *De mille servientibus armatis equitibus et de quatuor azilibus balestrerius et Padezenis medium per medium equitibus pro toto anno venienti.* An *Padezeni* dicti milites, qui machina bellico ad modum *Padenæ* seu sartaginis efformata uterentur. Vide *Padena.*

¶ **PADI**, f. pro *Paria*, in Testamento Bertichramni Episc. Cenoman. apud Mabill. tom. 3. Analect. pag. 140: *Hoc jubeo tunc Archidiacono, ut ipsius domnus qui peccatorem sepelire dignaverint, donent eis caballis Padi duo, et poledros congregans duos.*

* **PADOE**, Locus vacuus ædificationi aptus. Lit. admort. pro eccl. Tolos. ann. 1454. in Reg. 187. Chartoph. reg. ch. 111: *Item acquisiverunt domum,.... cum quodam Padoe sive locale dictæ domui contiguis.* Vide *Locata* et *Peda* 2.

¶ **PADOENA**, PADOENTIA. Vide in *Paduire.*

* **PADOENCUM**, PADOENQUUM, PADOENTIUM. Vide in *Paduire.*

* **PADOGUTIA**, Facultas pascendi animalia in pascuis domini. Charta Jordani de Insula ann. 1171. inter Probat. tom. 1. Annal. Præmonst. col. 365: *Concedo vobis et familiæ vestræ, pecoribus, jumentis et agnelis vestris Padogutiam liberam sive expletam ab omni censu et exactione.* Vide *Paduire.*

¶ **PADOLAMENTO**, Ponderis genus. Charta Jacobi Reg. ann. 1272. ex magno *Talamus* Montispess. fol. 21. inter Schedas Peiresc.: *Statuimus.... quod argentum etiam grossius non debet tenere in marcha, nisi unum ternale, et unum dictum Padolamento, etc.*

* **PADORNEUS**, Ad prata vel pascua pertinens. Vide supra *Iter Padorneum.*

PADRINCA, Vitis species, de qua Petrus de Crescentiis lib. 4. cap. 4. cujus vetus interpres Gallicus habet *Paderinca.*

¶ **PADUAGIA**, Pascua. Charta Henrici VI. Reg. Angl. ann. 1426. apud Rymer. tom. 1. pag. 363: *Molendina, boscos, prata, piscarias, pasturas et Paduagia cum omnibus aliis pertinentiis, etc.* Occurrit rursum pag. seq. semel et iterum. Vide *Paduire.*

* **PADUANA** SALTATIO, Tripudii seu saltationis species, Ital. et Hisp. *Pavana*, Gall. *Pavane;* a *Padua* seu *Patavio*, Gall. *Padoue*, ubi primum instituta, sic dictam opinatur *La Monnoye;* non a *Pavone*, quod eam saltantes superbe et graviter, more pavonum, incederent, nostris *Pavaner*, uti existimant Richeletus, Auctores Diction. Trevolt. et Academici Hispanici in Diction. suo. Ant. Massa Gallesi JC. circa medium XVI. sæc. lib. 3. de Exercit. Jurisperit. laudatus in Glossar. Burg. v. *Bocane: Fingamus nos musicæ imperitos, musico fidibus eam, quam appellant Lucretiam seu Paduanam, aut similem saltationem, nobis etiam de nomine incognitam pulsanti, ac saltatori illam ad numeros saltanti assistere, cognoscemusne an saltator ille vere et probe Lucretiam aut Paduanam imitetur.* Etymo a *La Monnoye* proposito assentiunt Menagius et *Duchat* in Diction. Etymolog. ult. edit.

¶ **PADUENSA**, PADUENTIÆ. Vide *Paduire.*

PADUIRE. Charta anni 1273. in Regesto homagiorum Nobilium Aquitan. fol. 9: *Et propter hoc debet Paduire vias, aquas, vineas, nemora, prata, et alia Paduentia.* Alias vocem *Paduir*, pro pascere animalia usurpat [Charta ann. 1108. tom. 2. Gall. Christ. inter. Instr. col. 277: *Concedentes etiam pascua porcorum ingenue, et vaccas à Paduir per forestem tam in æstate quam in hyeme.* Eadem notione] Consuetudo Solensis tit. 14. art. 2: *Cascun deudit pays pot far Padoyr et erbadgear lors bestiars de noeits et de jorns, etc.* Adde Consuetud. Aquensem tit. 11. art. 2. Hinc

PADUENTIÆ, Pascua, Pasturæ, *Padouens, Padoence*, in eadem Consuetud. Solensi tit. 13. art. 4. Beneharn. tit. 51. art. 5.

Labourtensi tit. 3. art. 16. 23. 27. tit. 20. art. 4. Regest. Constabulariæ Burdegal. fol. 96 : *Solebant dare et solvere Regi annuatim pro Paduentiis herbarum, aquarum et foliorum, etc.* Et fol. 100 : *Occupat mille jornalia landarum, in quibus homines Regis habebant Padoentiam animalium suorum.* [Charta ann. 1201. tom. 2. Gall. Christ. inter Instr. col. 322 : *In eodem quoque loco dedi Deo et B. M. de Faezia et fratribus ibidem manentibus jure perpetuo in foresta mea de Faezia pascherium scilicet et Paduentiam ad omne genus animalium.*] Charta ann. 1166. apud Marcam in Hist. Beneharn. lib. 5. cap. 21 : *Et si forte aliquis homo aliqua occasione dominationis, vel Padoentiæ contra prædictas surrexerit, etc.* Ubi *Padoentia* videtur, sumi pro quavis exactione, ut *Panagium*, seu *Pastionaticum*, uti in hac voce docuimus. Alia Guillelmi Ducis Aquitaniæ ann. 1027. apud Sammarthonos in Archiepiscopis Burdegal. : *Et aliam salvitatem S. Mariæ de Macha cum decima, et omne jus et consuetudines et eam prope adjacentem insulam, et cum Paduensa in terra et cum mare, etc.*

¶ Padoenæ, Eadem notione. Consuetud. MSS. Auscior. ann. 1301. art. 18 : *Item consuetudo est in civitate et villa Auscitana quod consules ordinent et disponant per se et aliis... super Padoenis restringendis, vel etiam ampliandis ad eorum omnimodam voluntatem.*

* Padoencum, Padoenquum, Pascuum, proprie locus pascuus et palustris; simul et Ipsa præstatio pro facultate pascendi animalia. Charta ann. 1346. in Reg. 77. Chartoph. reg. ch. 379 : *Item pro una conqua vini debita a dicta universitate* (de Godorio) *ratione Padoenci dictæ villæ.* Libert. novæ bast. de Solemniaco ann. 1327. in Reg. 65. ch. 20 : *Item quod consules et universitas dictæ villæ habeant.... quatuor Padoenqua, pro quibus tradentur sexdecim arpenta, et hoc in locis in quibus dicti consules ipsa Padoenqua duxerint eligenda.* Inventar. ann. 1476. ex Tabul. Flamar. : *Item plus unam petiam prati.... confrontatam.... ex parte altera cum Padoenco fontis dicti loci de Flamarenxis.* Vide *Padules.*

* Padoentium, Eadem notione. Libert. novæ bast. de Tyra ann. 1325. in Reg. 64. Chartoph. reg. ch. 54. : *Item quod consules et universitas dictæ villæ habeant. .. quatuor Padoentia, quorum quodlibet habeat tria arpenta Vasconiæ; et hoc in locis, in quibus dicti consules ipsa Padoentia duxerint eligenda.*

* Paduentum, Idem quod *Padoencum.* Reg. feud. Aquit. in Cam. Comput. Paris. sign. JJ. rub. fol. 3. r° : *Oliverus de Lillano domicellus.... habet ab ipso domino rege sibi et hominibus suis et bestiis eorumdem, cujuscumque naturæ sint, Paduentum et esplectum per totam magnam forestam, quæ vocatur lo Mons.*

* Paduiscere, Pascere, Gall. *Paître.* Sentent. Henr. dom. de Causanc. senesc. Vascon. ann. 1263 : *Item* (conquerebantur) *super eo quod ratione comptalis sive Paduenti terræ, etc. In Paduentis Blaviensibus Paduiscant, prout hactenus fieri consuevit.*

¶ **PADULECTUM**, Stagnum, palus. Chron. Farfense apud Murator. tom. 2. part. 2. col. 511 : *Et concesserunt in hoc monasterio, sicut antea concesserant in ecclesia S. Adriani, terram sementariciam cum verialibus et Padulectis et cryptis in fundo Perficeta.* Vide *Padules.*

PADULES, Palus, stagnum, Italico *Padulo*, qua voce utuntur Joannes Villaneus lib. 1. cap. 17. lib. 6. cap. 47. Crescentius et alii. Chronicon S. Vincentii de Vulturno lib. 2. pag. 685 : *Ecclesia S. Petri in Accule subtus ipsa crypta, supra ipsos Padulos, et campo de Mesu.* Bulla Eugenii PP. ann. 1153. apud Ughellum tom. 3. pag. 736 : *Vinearum, silvarum, pratorum, Padulium, et pantanorum.* Forte *platorum* [Addit. ad Chron. Casaur. apud Murator. tom. 2. part. 2. col. 932 : *Hortis, areis, vineis, silvis, terris, pascuis, ac stalariis, rivis, rupinis ac Padulibus, etc.*] Occurrit aliquoties in Chartis Hispanicis, apud Ant. *de Yepez.*

PÆANES, inter nocturnas imagines recensetur a Gervasio Tilberiensi de Otiis Imperialibus decis. 3. cap. 88. Vide supra *Fadus.*

PÆBLUM, in Gloss. Saxon. Ælfrici, Væb, i. tela. [Corrupte, ni fallor, pro *Peplum.*]

¶ **PÆDA**, Idem quod *Peda* 2. Vide in hac voce. Chartul. Prioratus S. Roberti de Montis-Ferrando apud Baluz. tom 2. Hist. Arvern. pag. 63 : *Dederunt similiter monasterio de Montis-ferrando in villa Montisferrandi infra murum Pædam ac domum ædificandam libere et sine censu habendam.*

PÆDAGOGARE, Docere. Occurrit in Vita SS. Severini et Victorini num 2.

¶ **PÆDAGOGATUS**, Magisterium. Tertullianus adv. Valentin. cap. 13 : *Christi et Spiritus sancti Pædagogatum.* Supra dixerat : *Convenientibus ipsis quoque novis fratribus et magistris Christo et Spiritu sancto.*

PÆDAGOGIANI, Pueri honorarii, qui in Palatio ministerio Principis militabant, cujusmodi sunt ii quos inde *Pagios* appellatos viri docti volunt. [Italis *Paggi.*] Ammianus lib. 29 : *Adultus quidam ex his quos Pædagogianos vocant.* Meminit et lib. 26. ut et Notitia Imperii Orient. cap. 91. in qua recensentur inter Castrensianos *sub dispositione viri spectabilis Castrensis.* Sic porro appellati, quod sub *pædagogis*, utpote pueri, essent, quorum mentio est in veteribus Inscriptionibus 585. 6. 7. 586. 1. quorum ministerium et munus vel potius ordo ipse Pædagogianorum, *Pædagogium* appellatur, qui inde *de Pædagogio* esse interdum dicuntur, ut in veteri inscriptione: Philonicus Ti. Cæsaris. Germ. de Pædagogio. Vixit. Ann. xiix. ubi ætas Pædagogiani observanda. De ejusmodi *Pædagogiis* et *Pædagogianis* copiose egerunt Cujacius, *Dorleans* ad lib. 4. Annal. Taciti, Jacobus Gothofredus ad d. leg. 5. Cod. Th. de Divers. offic. (8, 7.) et alii.

¶ **PÆDAGOGIUM**, Magisterium. Gaufridus Serm. de S. Bern. tom. 2. operum ejusd. Bern. col. 1312 : *Omnes ætatis gradus supra virtutem transscenderit, majorque semper inventus sit, ut prorsus divino quodam Pædagogio educatum putem.*

* *Petagogue*, pro Collegium, gymnasium, scholæ, in Lit. remiss. ann. 1455. ex Reg. 183. Chartoph. reg. ch. 56 : *Le suppliant estant escolier estudiant en l'université de Louvain,... ou college ou Petagogue de la fleur de lys, etc.* Ita ibi ter legitur. Hinc *Pédagogien* appellatur, qui literas docet, professor. Lit. remiss. ann. 1448. in Reg. 176. ch. 598 : *Le suppliant demouroit et estoit escolier en l'ostel de maistre Jehan Haveron, Pédagogien en l'université de Paris.* Infra bis, *Pédagogue.*

¶ **PÆDAGOGUM**. Vide *Paradegium.*

¶ **PÆDONOMUS**, Idem qui Pædagogus, a Græco παιδονόμος. Acta B. Ceslai Odrovantii tom. 4. Julii pag. 190 : *Et ne quid culturæ illius deesset, in ipso limine juventæ adsciverunt ei Pædonomos magnæ et expertæ virtutis, a quorum doctrina et convictu, studio sapientiæ et exemplis probitatis formaretur.*

¶ **PAELA**, *Jacula vel tela.* Gloss. vetus MS. Sangerman. num. 501.

¶ **PAELETIS**, Pala, a veteri Gall. *Paesle*, nunc *Pelle.* Index utensilium de Ruminiaco in Chartul. Compend. : *Et quinque mensuræ ad bladum et avenam tam magnæ quam parvæ et deus Paeletis, et deus wansbeisons et una broia.* Vide *Paella.*

* Vox Gallica ejusdem notionis. *Paelete*, Palmula lusoria, in Mirac. Mss. B. M. V. lib. 1 :

Et jone et viel tuit font par ban
La Paelete et le beuban.

¶ **PAELEZ** de Siau. Codex redituum Episcopat. Autissiod. an. circ. 1290. exaratus : *Dictus le Paelez de Siau venditus ultra* xii. *den. debet ob.* Vide *Sium.*

¶ **PAELLA**, Sartago, nostris olim *Paesle*, nunc *Poesle.* Computus ann. 1239 : *Pro* xlii. *Paellis ad loux*, xii. *l.* xi. *s. Pro* xii. *Paellis ad caudas* xxii. *s. Pro* xviii. *Paellis ferri ad frisseria facienda* lxxii. *s.* Vide *Paela.*

* *Paele*, eodem sensu, in Pedag. prior. S. Gondulfi ann. 1314. *Paelle*, in Chartul. Latiniac. fol. 246. v°. *Payelle*, in Chartul. 21. Corb. fol. 345. v°. Unde diminut. *Paalon*, in Lit. remiss. ann. 1400. ex Reg. 155. Chartoph. reg. ch. 181. *Pailhon*, in aliis ann. 1481. ex Reg. 208. ch. 196. *Pouaille d'airain*, in Lit. remiss. ann. 1389. ex Reg. 138. *Pualle*, in aliis ex Reg. 132. ch. 164. Hinc *Paielée*, quantum sartagine continetur, in Lit. remiss. ann. 1369. ex Reg. 100. ch. 362 : *Du cop que ledit Michelet donna du genoul audit Chevet, il chei en une Paielée de eaue, qui estoit mise sur le feu pour pestrir.* Unde *Paolier* et *Poillier*, appellatur sartaginum opifex. Lit. remiss. ann. 1446. in Reg. 178. ch. 75 : *Quant le suppliant fut au lieu de Gimont, trouva ung Paolier ou Poillier, nommé Colin, etc.* Et *Poellerie*, Opus quodlibet ejusdem artificis in aliis Lit. ann. 1451. ex Reg. 185. ch. 148 : *Colas Cogan maignen et ouvrier de Poellerie, etc.* Vide supra *Padella.*

¶ **PAERRIA**, Hæreditaria portio, alibi *fratriagium*, *frareschia* dicitur. Tabular. S. Barthol. Betun. : *Qui mansus erat de Paerria dicti Willermi... Et sciendum est quod dictus Willermus nec hæredes sui nec ego... aliquid de cætero ratione Paerriæ exigere debemus.*

¶ **PÆTUS**, Strabo. Vide *Petuosus*.

* **PAFFUS**, *Una isola, e porto.* Glossar. Lat. Ital. Ms. pro *Paphus*.

* **PAFUSTUM**, Armorum, f. securis, species, quæ *Paffus* nuncupatur, in Lit. remiss. ann. 1463. ex Reg. 199. Chartoph. reg. ch. 60 : *Une macque escantellée et une grant Paffus à taillant, etc.* Aliæ ann. 1355. in Reg. 84. ch. 395 : *Dictus miles, cum suo pagio subtus suum curserium duntaxat existente, Roberto de Hanonia,.... qui unum Pafustum ferreum gerebat, obviavit,.... eumdem militem de Pafusto prædicto multum acriter et dure percussit. Pafanche* vero, Pali genus, in aliis Lit. ann. 1381. ex Reg. 119. ch. 412 : *Icellui Jehan Paris.... fery et navra ledit Guillaume d'un gros paul, appellé Pafanche. Pieffuf*, Arboris species, in Lit. remiss. ann. 1461. ex Reg. 192. ch. 14 : *Le suppliant print une poignie de verges de bois, qu'on appelle Pieffuf.*

1. **PAGA**, *Pagus*, territorium. Asserus de rebus gestis Ælfredi Regis Anglor. : *Natus est Ælfred Anglosaxonum Rex in villa regia quæ dicitur Wanading, in illa Paga, quæ nominatur Barroscire, quæ Paga taliter vocatur a Barroc silva, ubi buxus abundantissime nascitur.* Utitur crebro in tota hac historia, et ex eo Simeon Dunelmensis ann. 871.

2. **PAGA**, Solutio. Vide *Pacare*.

¶ **PAGABILE** Vinum, Legitimum. Charta Beatricis abbatissæ B. M. Suession. ann. 1232 : *Et sciendum, quod omnia vinagia debent esse ab albo vino, sano, legali et Pagabili.* Vide *Pacabilis*.

PAGÆ, *Memoriæ sine idolis*, in Gloss. Isid. Papias nude habet *Memoriæ*. Vide *Pagani*.

* **PAGAGIUM**, Census vel tributum pro facultate pascendi animalia in pascuis domini. Charta Phil. Pulc. ann. 1313. in Reg. 49. Chartoph. reg. ch. 74 : *Item apud Bruerias medietatem Pagagii villæ ejusdem, et emendas ipsius medietatis Pagagii.* Vide supra *Pacata* et infra *Pagnagium*.

PAGALIA. Vetus Formula 121. ex Lindenbrogianis : *De securitate pro homicidio facto si se pacificaverit, ita ut pro ipsa causa sol. tantos in Pagalia nobis dare deberes*, id est in *pagam* seu solutionem. Habentur binæ aliæ Formulæ cum simili titulo apud Bignonium, in quibus vox ista abest.

¶ **PAGAMATER**, πανάκεια, in Gloss. Lat. Græc. *Panacea*.

¶ **PAGAMENTUM**, Pagamintum. Vide in *Pacare*.

* **PAGANELLUS**, Gobius, Gall. *Goujon*. Tract. Ms. de Pisc. cap. 86. ex Cod. reg. 6838. C : *Gobii a nostris appellantur boulerotz, a Massiliensibus gobi, a Venetis Paganelli.*

PAGANENSES, Pagani, Pagenses : Gallis *Paysans*. Occurrit in Vita S. Heldradi Abbat. Novalic. n. 9.

PAGANI, Scriptoribus Christianis vulgo appellati Gentiles, et Idololatræ. Lex 46. Cod. Theod. de Hæretic. (16, 5.): *Gentiles, quos vulgo Paganos appellant.* Marius Victorinus de Homoousio recipiendo : *Græci quos* Ἕλληνάς *vel Paganos vocant, multos Deos dicunt.* S. Augustinus lib. 2. Retract. cap. 43 : *Deorum falsorum multorumque cultores, quos usitato nomine Paganos vocamus.* Sic rursum de opere Monachor. cap. 11. Gloss. Græc. Lat. : Ἑλλὴν τὴν θρησκείαν, *Paganus.* Vigilius Tapsensis lib. 1. contra Arianum cap. 5 : *Cum tres sint in mundo religiones, Judæorum, Paganorum, et Christianorum.* Ita ex his patet id nominis gentilibus a vulgo Christianorum inditum, cujus quidem mentionem non fieri apud scriptores ante annum 365. pridem observarunt viri docti ex lege 18. Cod. Th. de Episc. (16, 2.) quæ est Valentiniani et Valentis, qua tempestate scribebat etiam supralaudatus Marius Victorinus : tametsi antea obtinuisse existimari possit. Unde vero natum, varii varia tradiderunt, etiam ex antiquioribus, Philastrius, Isidorus in Origin. Beda, et alii, quos jure explodunt qui rem attentius investigarunt, et in hanc ferme sententiam concedunt, a *Pagis*, Paganos appellatos Deorum cultores : quod cum Constantini M. et filiorum edictis proscriptus esset ab urbibus et civitatibus profanus Deorum cultus, eorumque fana passim in iis clauderentur, in pagos sese reciperent, ibique Deos suos colerent, et clandestina sacra peragerent, quæ est Baronii et aliorum vulgatior sententia : quam fulciunt Glossæ antiquæ MSS. et Isidori, in quibus *Paganicus, ut* (leg. *vir*) *occultus* dicitur, et *Paganus, ab eo quod paga colit*, id est *pagos incolit : Pagi, Pagani in pagis habitantes.* In iis denique *Pagæ* dicuntur *memoriæ sine Idolis*, quod Paganis et Gentilibus non liceret habere fana publica, ex quo Imperatores Christiani effecti sunt. Et sane Christum in majoribus urbibus duntaxat cultum innuit sanctus Severus, seu Endeleichus Rhetor, in carmine de Mortibus boum :

> Signum quod perhibent esse Crucis Dei,
> Magnis qui colitur solus in urbibus,
> Christus perpetui gloria nominis,
> Cujus filius unicus.

Hanc quidem sententiam mire firmat Epist. 75. Nili Monachi lib. 1. qui gentiles κατὰ τὰ προάςεια sacrificia sua exegisse significat. Alii sic appellatos volunt, quod pro superstitionibus paganicis contumaciter ea tempestate contenderent, uti Jacobus Gothofredus, cum nempe singuli fere pagi suos haberent Deos, suaque sacra, quod ex Libanii loco probare nititur. Salmasius vero ad Vopiscum *Paganos* dictos contendit a *pagus*, voce quæ idem valet ac *gens*, ἔθνος, unde promiscue *Gentiles* et *Pagani* appellati. Est denique alia Anonymi sententia in Codice regio : *Paganus, qui sine aliquo jure est. Pagus, Collegium, curia vel possessio ampla sine aliquo jure : unde et Paganos dicimus alienos a jure, sacris Constitutionibus.* Atque is respexisse videtur illud Orosii in præfat. ad lib. 1. Hist. : *Præceperas mihi uti adversus vaniloquam pravitatem eorum, qui alieni a civitate Dei, ex locorum agrestium compitis et pagis Pagani vocantur sive Gentiles, quia terrena non sapiunt.* Sive igitur Baronii, sive Gothofredi, vel Salmasii et aliorum sententia obtineat, constat a Pagis, et a *Pagensi* idololatria *Paganos* nuncupatos, ex Prudentio lib. 1. Peristeph. in S. Romano : *Non erubescis stulte, Pago dedite.* Idem lib. 1. contra Symmach. :

> Sunt hæc barbaricis Gentilia nomina Pagis.

Et infra :

> Nec pago implicitos per debita culmina mundi
> Ire viros prohibet.

Vide Petrum Abælardum in Epist. ad Roman. lib. 1. pag. 505.

¶ Paganæ Gentes, Eadem notione, in Capitul. Caroli M. ann. 803 : *Credimus quia corruent ante nos omnes Paganæ Gentes, et erimus victores.* Eadem leguntur in Epist. Zachariæ PP. tom. 1. Capit. col. 823.

¶ Pagani dicti etiam Mahumetani, in Chron. Pisano de captione Hierusalem et Majoric. apud Murator. tom. 6. col. 100 : *Terrestris autem Christianorum exercitus cum ad liberandum Jerusalem proficisceretur, grandia et innumera contra Paganos iniit certamina.*

Pagani appellati interdum infantes, quorum certis ex causis differebatur Baptismus, quibus postea id in *joculare*, ut Ausonii verbo utar, *nomen* transiit : quod attigimus in Notis ad Alexiadem. Nam posterioribus sæculis nomen tum primum datum infantibus, cum baptizarentur, cum olim secus fieret, quod pluribus ostendit Menardus ad librum Sacramentorum Gregorii M. pag. 98. 99. Quippe baptizandi *nomen dare* dicebantur, eorumque nomina recitabantur, cum ad Baptismum percipiendum evocabantur : quod sane mirum videri non debet de adultis, qui a Paganismo ad Christianismum transibant, cum nomina sua haberent.

☞ Ea nihilominus, cum ad baptismum accedebant, interdum mutasse, testis est le Roman *de Partonopex* MS. :

> Guillelmot ot dit au provoire,
> Et il le baptiza en Oirre,
> Et li Quens l'a de fons levez,
> Si l'ont Anselet apelez.

Idem docet le Roman *de Rou* MS. :

> Tranchez li Archevesque li Duc Rou baptisa,
> Li Duc Robert le tint et Robert l'apela.

Infantium vero baptizandorum scripta etiam fuisse nomina docuimus in voce *Nomen* : unde etiamnum Sacerdos priusquam procedat ad Baptismi ceremoniam, hæc verba profert, *Quis vocaris*, ut est in libro Sacrament. tum enim Patrinus nomen pueri edit. Cumeanus Abbas de Mensura pœnitentiarum cap. 6. extremo : *Infans infirmus et Paganus commendatus Presbytero, si moritur, Presbyter deponatur; si negligentia parentum sit, uno anno pœniteat.* Eadem notione vocem *Ethnicus* usurpant Leges Presbyterorum Northumbrensium in Conciliis Anglicanis circa ann. 977. cap. 10 : *Si exactis 9. noctibus per negligentiam mortuus fuerit* (infans absque baptismo) *componatur utique apud Deum,.... quod infans tam diu fuisset Ethnicus.*

Paganiæ, Superstitiones Paganorum a Christianis fidei adhuc dubiæ observari solitæ, quæ in Conciliis passim proscribuntur. Capit. Caroli Mag. lib. 5. cap. 2. Capitul. ann. 769. cap. 6. et Othlonus in Vita S. Bonifacii Archiepisc. Mogunt. lib. 1. cap. 42 : *Ut populus Dei Paganias non faciat, sed omnes gentilitatis spurcitias abjiciat.* Idem lib. 2. cap. 2 : *Nam si istas Paganias, ibi Paternitas vestra prohibuerit.*

Exstat *Indiculus superstitionum et Paganiarum* in Concilio Leptinensi capite 4. Recensentur eæ in Vita S. Eligii lib. 2. cap. 15. Vetus Pœnitentiale MS. : *Kalendas Januarii secundum Paganiam honorare.* Pœnitentialis Egberti Archiep. Cantuar. pag. 18 : *De iis, qui Paganias faciunt.*

Paganismus, Paganorum religio. Concilium Dusiacense I. part. 2. in Præfat. de Lauduno municipio : *Quod ab exordio sui nunquam inter sedes Provinciales Remorum Provinciæ in Paganismo, vel in Christianismo nomen vel locum habuit.* [Le Roman *de Rou* MS. :

Se Rou vouloit por nous chrestien devenir,
Bautestire recheivre, Paiennime guerpir.]

¶ Paganismus, Mahumetanorum secta. Chron. Pisanum de captione Hierus. et Majoric. apud Murator. tom. 6. col. 103 : *Ibique abrenuntians Paganismo, Christianum nomen cum suo parvulo filio suscepit.*

Paganismus, Terra Paganorum. Ordericus Vitalis lib. 10. pag. 761. ut *Cadunatis viribus totius Paganismi bello illos exciperent.* Epistola Guill. de Carnot. Magistri Templi ad Honorium III. PP. apud Rubeum lib. 6. Hist. Ravennat. : *Eo hoc vobis intimamus, quod annis pluribus retroactis non recolimus Paganismum in statu fuisse debiliori.* Matth. Paris. ann. 1193. de Saladini filiis : *Qui in omni versutia, in Paganismo, omnibus præminebant.* Et ann. 1250 : *Sic totus contremiscet Paganismus.* Bromptonus ann. 1161 : *Proficiscens igitur Paganismum prospere pertransivit.* Liber MS. de Statu Terræ Sanctæ : *Baudas est chiès de Payennie, aussi come Rome est chiès de toute Chrestienté.* Joinvilla in S. Ludovico : *Le Souldan estoit le plus puissant Roy de toute Payenhie.* Adde Notas nostras ad eumdem scriptorem pag. 58. [Le Roman *de Blanchandin* MS. :

Mais Blanc conois ge bien,
En Paenisme est en prison,
S'el tient un Sarrazin felon.]

* *Paienie*, in Chron. S. Dion. tom. 5. Collect. Histor. Franc. pag. 257. *Paienime* et *Paienisme*, in Hist. contin. Guil. Tyr. apud Marten. tom. 5. Ampl. Collect. col. 637. 645. et 685.

Paganismus, idem quod *Pagania*, Superstitio Paganorum. Concilium Suessionense ann. 744. cap. 6 : *Ut populus Christianus Paganismum non faciat.*

¶ Paganitas, Paganorum mores. Bulla Clementis VI. PP. ann. 1345. tom. 2. Hist. Dalphin. pag. 528 : *Nos tunc de hujusmodi pravis conatibus, et oppressionibus, quos fera Paganitas in eosdem fideles sic atrociter exercebat condolentes in intimis, etc.*

Paganitas, Paganismus, Paganorum religio, in leg. ult. Cod. Th. de Spectacul. (15, 5.) Iso Magister in Glossis, *superstitio, Paganitas, vana religio.* Symmachus I. PP. Epist. 7 : *Roma mihi testis est, utrum a fide Catholica, quam... veniens ex Paganitate suscepi, aliqua ex parte deviaverim.* Tudebodus lib. 1. Itineris Hierosol. : *Obsecrantes D. Jesum Christum, ut suum defendat populum, et Christianis militibus victoriam præstet, suamque sanctam Christianitatem exaltet, et Paganitatem destruat.*

¶ Paganimitas, Eadem notione. Concil. Terracon. ann. 1329. apud Marten. tom. 4. Anecd. col. 307 : *Quapropter non volentes tantam Dei offensam et ecclesiæ tolerare, cum juxta ecclesiasticas sanctiones peccatum Paganimitatis incurrat, qui se Christianum asserens Sedi Apostolicæ obedire contempserit, etc.*

Paganitius, *Vir occultus*, in Gloss. Isid. Ita enim legendum ex Papia, pro, *ut;* id est, vir paganicæ religioni addictus, quam palam profiteri non licebat ætate Isidori, ut quidam volunt. Sed magis placet *Paganitium, virum occultum* dici, pagensem, qui nullius est nominis.

¶ Paganicus Ritus, Paganorum religio, in Vita MS. S. Winwaloei.

¶ Paganissimus, Paganismo addictissimus. Acta S. Edelburgæ tom. 2. Julii pag. 482 : *Sed Britanniam perveniens, ac primum Gevissorum gentem ingrediens, cum omnes ibidem Paganissimos inveniret, etc.*

Paganizare, Paganum agere, Paganorum superstitionem profiteri. Occurrit apud Hadrianum I. PP. in Capitulis et in Concilio Ancyrano cap. 4. apud Joann. Diacon. lib. 3. Vitæ S. Gregorii PP. cap. 1. etc.

* Glossar. Lat. Gall. ex Cod. reg. 7692 : *Paganizare, soi avoir à la coustume des Payens.* Hinc *Enpaiené*, Paganismo addictus, in Mirac. Mss. B. M. V. lib. 1 :

Toulete est toute Enpaienée,
Encor fust ele el pais née.

¶ Pagani, dicti non veteribus Romanis dumtaxat, sed et Scriptoribus sequioris ævi, qui militiam nondum consecuti, ad eam sese accingebant. [** Apud Græcos JCtos Παγανοί. Vide Glossar. med. Græcit. col. 1075. in hac voce.] Tabul. Majoris Monast. : *Subscripsit Radulfus Vicecomes, et uxor ejus Emelina, necnon et filii eorum, Hubertus* (Episc. Andegav.) *et Radulfus Paganus.* Vide *Paganus*, 1.

Pagani, apud Saxones, dicti Pagenses, censuales, qui *Sculteturum* civili, *Archipresbyterorum* vero Ecclesiasticæ jurisdictioni subsunt, [** German. *Lantseten*.] Speculum Saxonicum lib. 1. artic. 2. § 2 : *Libertas etiam est tripertita, quorum primi Episcoporum Synodum quærere solent : et hi Banniti dicuntur; Proprietarii summorum Præpositorum; Pagani autem Archipresbyterorum.* Lib. 3. artic. 45. § 7 : *Paganis vero, seu censualibus, qui judicium Sculteti quærere solent, 15. solidi pro emenda, et 10. talenta loco verigeldi numerantur.* Adde § seq. et lib. 2. art. 53.

* **PAGANUM**, Prædium seu domanium rusticum. Charta Erardi de Brena ann. 1222. in Chartul. Campan. ex Cam. Comput. Paris. fol. 322. v°. col. 1 : *Assignaverunt nobis quicquid habebant apud Lavennam et in potestate ejusdem villæ, infra parochias S. Remigii et S. Symonis, excepto Pagano et camera dominæ comitissæ cum tenetura sua.* Hinc

* 1. **PAGANUS**, Dominus alicujus prædii rustici. Charta ann. 1261. ex Chartul. 23. Corb. : *Johannes, dictus Paganus de Cherisi, et domicella Margarita ejus uxor recognoverunt coram nobis se vendidisse.... quoddam vierium suum, situm inter Cherisiacum et Salliacum aquosum;.... dicta siquidem domicella... receperat excambium, videlicet totam excadentiam, quæ ipsi Jo hanni ex parte patris et matris poterat ob venire.* Ex quibus haud satis assertum mih videtur quod supra propositum est, *Pagan* scilicet nomine interdum significari, qu militiam nondum est consecutus. Et quidem Radulfum ibi *Paganum* appellari, quod baptizatus non esset, auctor est Menagius in Hist. Sabol. pag. 22.

* 2. **PAGANUS**, *Qui sine aliquo jure est*, in vet. Glossar. ex Cod. reg. 7641. Vide in *Pagani*.

* 3. **PAGANUS**, Famulus, pro *Pagius* ni fallor. Vide in hac voce. Viti Arenpec Chron. ad ann. 1232. apud Pez. tom. 1. Script. Austr. col. 1216 : *Imperator ei* (Friderico duci) *duodecim mulas, quæ tunc raræ fuerunt in nostra terra, et duodecim Paganos earum custodes donavit.*

¶ **PAGANUS** Panis. Vide in *Panis*.

¶ **PAGARCHI**, a Pagus, et Græco ἀρχὴ, Pagorum præfecti, in Justin. Novellis et Edicto 13. [** Vide Glossar. med. Græcit. col. 1076.]

¶ **PAGARE**, Solvere. Vide *Pacare*.

¶ **PAGAS** et Irats, apud Baluz. tom. 2. Hist. Arvern. pag. 260. Vide *Iratus*.

¶ **PAGATOR**, Sponsor, vas, fidejussor Gall. *Répondant, caution.* Charta ann. 1251 ex Schedis Præs. *de Mazaugues* : *Damus vobis fidejussores, Pagatores et juratores nobiles viros etc.* Alia ann. 1296. tom. 2. Hist. Dalphin. pag. 110 : *Quilibet ipsorum in solidum principaliter et principales Pagatores et solutores, se constituentes et obligantes erga ipsos procuratores et quemlibet ipsorum.* Statuta Arelat. MSS. fol. 21 : *Quicumque emerit possessiones... vel merces... vel se Pagatorem constituerit pro emptore satisfacere teneatur creditori in pecunia numerata.* Charta Caroli Reg. Fr. apud Baluz tom. 2. Hist. Arvern. pag. 207 : *Et inde s fidejussorem et principalem Pagatorem e attensorem constituit penes nos notarios publicos.* Vide *Paccator* 2. et *Pactator*.

1. **PAGELLA**, Matthæo Silvatico, *Corium vel petra lata ubi ponitur emplastrum.* Vide *Pagina* 1.

* 2. **PAGELLA**, Mensura, eadem quæ *Pertica.* Libert. novæ bast. de Trya ann. 1325 in Reg. 64. Chartoph. reg. ch. 54 : *Item quod si contingerit plateas... dictæ villæ pro tempore reperticari, et plus ultra primam particam seu Pagellam ibi inventum fuerit etc.* *Pagelo* apud *Doujat* Mensura struis ligni, vulgo *Moule de bois.* Vide in *Pagina* 1. et *Pajella.* Hinc

* Pagellare, Ad *Pagellam* mensurare. Inquisit. ann. 1342. in Reg. 74. Chartoph. reg. ch. 32 : *Certis lathomis et fusteriis... turrim et domum prædictam ostendimus, et per eosdem videri et inspici ac Pagellari per brachiatas fecimus.*

* Pagellator, Qui *Pagella* metitur, agri mensor. Charta ann. 1319. in Reg. 59. Chartoph. reg. ch. 325 : *In quo rameria sunt 312. sextariatæ...., per relationem litterarum magistri Johannis de Salh, Pagellatoris dicti ramerii.* Vide *Pertica* 1.

* 3. **PAGELLA**, Idem quod *Carrada*, onus carri, Gall. *Charretée*, quantum ex *pagella* colligitur. Charta ann. 1340. in Reg. 73. Chartoph. reg. ch. 2 : *Item tria arpenta cum dimidio prati,.... de quo red*

deretur domino medietas libera, extimata ad decem Pagellas feni anno quolibet, quæ extimantur ad sex solidos Turon. pro Pagella. Alia ann. 1343. in Reg. 74. ch. 232 : *Item pro decem octo Pagellis feni, tertia et nona partibus unius Pagellæ feni, ad octo solidos Turon. pro Pagella, etc.* Rursum alia ann. 1361. in Reg. 103. ch. 78 : *Item est una* (sextariata) *pratorum in ripparia de Yrcio; ... fructus ejusdem, expensis deductis, quatuor Pagellæ feni, etc.*

* **PAGELLARE**, Pagellator. Vide supra in *Pagella* 2.

* 1. **PAGELLUS**, Rubelio, erythrinus, vulgo *Rouget.* Comput. ann. 1488. inter Probat. tom. 4. Hist. Nem. pag. 47. col. 2 : *Et primo solverunt dicti domini consules cuidam.... peyssonerio, pro quatuor viginti libris piscium, tam Pagelli, daurades, etc.* Tract. Ms. de Pisc. cap. 63. ex Cod. reg. 6838. C. : *Erythrinus in Gallia Narbonensi et Hispania vocatur Pagel.*

2. **PAGELLUS**, Pagenses, Pagesii. Vide *Pagus.*

PAGENA. Vide *Pagina* 1.

PAGENSALES. Vide *Pagus* et *Parensales.*

¶ **PAGENTES**, perperam pro *Pagenses*, qui ex pago et districtu Comitis sunt. Charta Dagoberti I. Reg. Franc. ann. 630. apud Miræum tom. 1. pag. 241 : *Et illi Saxones, et Ungarii, et Rothomenses, et ceteri Pagentes de alias civitates persolvant de illos navigios de unaquaque quarrada denarios duodecim.* Vide in *Pagus.*

PAGERAMENTUM, [f. Linearis adumbratio, descriptio, Gall. *Dessein.*] Tabularium Ausciense, apud Marcam, lib. 4. Hist. Beneharn. cap. 7. n. 5 : *Fundamenta demum jaciens Ecclesiæ construendæ, villæ ædificandæ Pageramenta composui.*

¶ **PAGERE**, verbum antiquum, quo usus est Auctor ad Heren. lib. 2. num. 13. pro Pacisci, negotium tractare. Litteræ ann. 1350. pro Consulibus villæ Gleolæ tom. 2. Ordinat. Reg. Franc. pag. 473 : *Quod per judicem ordinarium dicti castri, ab eis* (Consulibus) *recipiatur juramentum, in talibus præstari consuetum, quo recepto, uti valeant, Pagere, et exercere suum officium Consulatus.* Occurrit rursum pag. 481. Reparationes factæ in Senescallia Carcassonæ ann. 1435. MSS. : *Et faciendo diligentiam habendi et querendi plures fustes necessarias pro dicta reparatione... in quibus omnibus Pagendis ipse fuit et vaccavit per* xx. *dies.* [** Quibus locis legendum videtur *peragere.*] *Pago*, συντίθημι, in Gloss. Latin. Græc. MS. Sangerman. Vide *Pagit.*

¶ **PAGES**, Famuli, a Gall. *Pages.* Charta ann. 1378. apud Menagium in Orig. Gall. : *Et exivit foras ad plateam Judæam; et vidit aliquos de populo quasi duodecim cum suis tablueriis et lanceis et bacinatis, quos portabant sui Pages, alias famuli.* Vide *Pagius.*

* **PAGESALIS.** Testam. ann. 1469. ex Tabul. Flamar. : *Unum lectum novum, bonum et sufficientem, Pagesalem, munitum unius culcitræ longitudinis decem palmorum.* Vide supra *Pagella* 2.

PAGESIA, Pagesius. Vide in *Pagus.*

PAGETTUS. Vide *Pagius.*

¶ **PAGHA**, Solutio. Vide in *Pacare.*

* **PAGIA**, Solutio. Lit. official. Lemovic. ann. 1340. in Reg. 72. Chartoph. reg. ch. 556 : *Quittaverant dicto Johanni Martelli in solutum et Pagiam quingentarum librarum Turon. certos census, etc.* Vide in *Pacare.*

1. **PAGINA**, non tam modus agri, quam fundus, aut ager mensura sua definitus, nostris, *Piece de terre.* Innocentius Agrimensor : *Si* (fundus) *in monte fuerit constitutus, excogimus finem habere contra duas Paginas fundorum.* Tabularium S. Benigni ann. 849. apud Perardum pag. 48 : *Inprimis dedit... Teuboldus Episcopus* (Lingonens.) *de campo Paginam, de ratione S. Stephani in pago Oscarensi, in Patriciaco villa, etc. E contra ad vicem in augmentum et commutationem reddendi, dedit præfatus Elderalis aliam Paginam in ipso pago, et in ipsa villa, etc.... habet in longum perticas agripedales* 45. *pedes* 6. *etc.* Charta Karlomanni Regis ann. 881. apud eumdem Perardum pag. 880 : *Quod dederit... Paginam terræ ex rebus S. Aniani continentem in se azingas* 2. *et quartam partem unius jornalis, etc.* In alia Goffredi Comitis Andegav. ann. 1040. apud Sammarth. in Episc. Andegav. : *Altera similiter Pagina pratorum circiter arpennos decem, etc.* Tabular. S. Cyrici Nivern. n. 25 : *Dedit igitur isdem Rainaldus... ad opus S. Stephani Paginam terræ ex sua proprietate, quæ est in medio Condominæ S. Stephani, etc.* Tabul. Capellæ in Biturigib. : *In qua Pagina sunt mansiones, etc.* [Tabular. S. Sulpicii Bituric. : *Dedit itaque præfatus Gunfindus Paginam de campo quæ est posita in pago Biturigo.*] Vita S. Romani Abb. Jurensis cap. 1 : *A limite Rheni... usque Paginam Mausatis* (Mosæ) *extimum.* Hinc *compaginantes agri*, vel *limites*, apud Frontinum de Limitibus agrorum, qui invicem cohærent, vicini sunt. Vide Reinesii Inscript. pag. 12. [** Jura Abbat. Metloc. apud Hœfer. in Diar. Diplom. tom. 2. pag. 123 : *Faciunt Paginam suam circu prata, vineas, horrea.* Ubi forte certa servitia, in alia charta seperatim scripta, intelligenda sunt. Vide *Pago*, 1.]

Pagena. Charta fundationis Corbeiensis Monasterii : *Et villam quæ vocatur Templum Martis, sitam in pago Ambianense, ad integrum, cum Pagena de silva de foreste nostra Windegonia.*

Paginola, Paginula. Tabularium Ecclesiæ Viennensis f. 65 : *Habet et in alio fronte perticas* 9. *habet Paginole vinearum in eodem pago in villa Brociano, etc.* Mox : *Habent Paginolæ supradictæ inter utrasque in uno fronte perticas* 3. *etc.* Tabular. S. Cyrici Nivern. ch. 25 : *Paginulam terræ, quæ vulgo olca vocatur.* Tabularium S. Benigni, in Charta Teutbaldi Episc. Lingon. ann. 841 : *Placuit atque convenit... ut Paginolas de terris tam de jure Ecclesiastico, quam de propria possessione inter se commutare deberent.* Et mox : *Una Paginola de terra, de ratione S. Benigni ex beneficio Andraldo, etc. alia Paginola in campo, etc.* [Charta Hererici ann. 868, apud Marten. tom. 1. Ampliss. Collect. col. 189 : *Et curtiles ac vineas in diversis Paginulis, etc.*]

Pagella Terræ, seu *vineæ*, in Tabulario majori S. Sergii Andeg. cap. 254. Notitia vetus in Tabul. Eccl. S. Laudi Andeg. : *Pagella una et dimidia vinagii.* Charta Caroli C. ann. 861. in Append. ad Capit. n. 90 : *Simul etiam dixit nobis de quibusdam Pagellis quæ suæ sunt, etc.*

¶ 2. **PAGINA**, Charta, instrumentum, diploma. Charta ann. 1230. tom. 1. Chartul. S. Vandreg. pag. 62 : *Et ne prædicta donatio aliquod impedimentum vel detrimentum amodo patiatur, præsentem Paginam coram omni parrochia S. Michaelis sigilli nostri munimine roboravi.* Privilegium Theod. apud Ludewig. tom. 1. Reliq. MSS. pag. 221 : *A nobis petiit presentem Paginam super premissis confectam nostri sigilli munimine roborari.* Occurrit ibid. pluries et alibi passim. *Pagina testamentalis*, in Chartul. Aptensi fol. 62.

¶ Paginola, in Tabular. S. Vincentii Cenom. : *Et si sensus vester nobis contulerit claritatem hanc, Paginola donationis quæsumus vestro ut firmetur robore.*

¶ Pagina Cautionum, Cautionis chirographum. Pelagius II. PP. apud Bohetium de Antiquo jure procurat. pag. 40 : *Illud magnitudinem tuam minime volumus ignorare quod Syracusanæ civitatis Episcopus inter alia quæ cautionum suarum Pagina spopondit, etc.*

¶ Pagina Saxi, Lex Decalogi sculpta in tabulis lapideis. S. Paulinus Poem. 6. pag. 11 :

Vel quas ipse Deus leges interprete Mose
Condiderat, sacri quas servat Pagina saxi.

* Pagina Divalis, Edictum imperatoris. Vide supra *Divalis.*

* Pagina Exceptionis, Libellus, quo prædium aliquod ad usumfructum sub annuo censu datur aut accipitur. Vide supra *Exceptio* 1.

¶ Pagina, nude, Codex. Agnellus in Vita S. Felicis apud Murator. tom. 2. pag. 164 : *Igitur beatissimus hic Felix post aditam ecclesiam multas Reliquias condidit, et Paginas ex argento extruxit;* hoc est, ni fallor, codices argenteis laminis ornavit.

¶ Paginæ, Folia lusoria, ni fallor. *Ludus ad Paginas*, nostris *Jeu de cartes.* Statuta ann. 1337. ex Tabular. S. Vict. Massil. : *Quod nulla persona audeat nec presumat ludere ad taxillos, nec ad Paginas,* (nec) *ad eyssuchum.* F. *eyssachum*, *Echets.* Vide *Ludus de Rege.*

¶ **PAGINALIS**, Epistolaris. Epist. Martini Episc. ad Bonifacium Episc. tom. 2. Conc. Hisp. pag. 507 : *Hæc pro vestræ jussionis impulsu Paginali brevitate perstrinxi.* Ennodius 2. 13. *Paginalis styli cura.*

PAGINALITER, Per paginas. Isidorus Pacensis Episc. æra 780 : *Quia jam in alia epitoma qualiter cuncta extiterunt gesta, potenter et Paginaliter manent nostro stylo conscripta.*

¶ 1. **PAGINARE**, Breviter scribere, summatim de re aliqua disserere. S. Ambrosius Epist. 50. n. 16 : *Hoc munusculum sanctæ menti tuæ transmisi; quia vis me aliquid de veterum Scriptorum interpretationibus Paginare.*

¶ Paginare, Nota breviori sibique propria Chartam vel codicem per paginas insignire, Gall. *Parapher.* Chartarium Gellonense apud Mabill. tom. 2. Annal. Bened. pag. 404 : *Juliofredus abbas ipsius cœnobii Gellonensis brevi subsignavit sigillo* (coditem,) *Paginato per Ingilbodem presbyterum, Grasmarem decanum, etc,*

¶ 2. **PAGINARE**, Compingere. S. Paulinus Poem. ad Cytherium de naufragio Martiniani tom. 2. pag. 108. edit. 1685 :

> Solidoque navem Paginatam robore
> Ad pervehendum præparat.

PAGINATOR. Chronicon Windeshemense lib. 2. cap. 43 : *Magnarum literarum Missalium, bibliæ, et librorum cantualium optimus pictor et Paginator.* Ubi editori, *paginator*, videtur esse *compactor*, qui *paginas* et folia in codicem compingit. Ego vero *paginatorem* puto, qui paginas exornat picturis ac vineolis, *vignettes*.

PAGINEUMA. Inscriptio quæ legitur Romæ in S. Jacobi ad Longaram : *Hanc turrem et Pagineuma facta a Militia Capratorum tempore Dn. Leonis IV. PP. ego Agatho C.* Ubi *Pagineumata*, repagula, seu antemuralia, quæ obtendi solent ad arcendos hostes, interpretatur Josephus Maria Suaresius Vasionensis Episcopus in Diatriba de Foraminibus lapidum in priscis ædificiis pag. 7.

☞ Alii legunt, ut monet Fleetwoodus in Sylloge Inscript. antiq. pag. 438 : *Hanc turrem et Pagine una facta a millitia Capracorum têm. Dom. Leonis Quar. PP. ego Agatho ei...;* et per *Pagine* intelligit spatium inter duas turres, quomodo Angli *Pan* vocant quodcumque planum jacet inter duas quasvis eminentias. Ubi etiam pro *Capratorum*, legit *Capitatorum*, hoc est, eorum qui censum de capite debebant.

* Alteram inscriptionem huic subjungit Murator. tom. 2. Antiq. Ital. med. ævi col. 458. ex Turrigio de Crypt. Vatican. part. 2. 401. TEMPORIBUS DOM. LEONIS QUAR. PP. HANC PAGINE ET DUAS TURRES SALTI SINE MILITIA CONSTRUXIT. Ubi Turrigius vallum seu propugnaculum significari censet : sed unde ille hoc didicerit, inquit Muratorius, ignoro. Verum ex secunda inscriptione *Pagine* rectius legi, quam *Pagineuma*, haud ægre colligitur.

PAGIT, in Glossis antiquis MSS. *aut palum figit, aut cytharam tangit.* Ita etiam Glossæ Isidori. Infra in Glossis MSS. pro *Pagit*, legitur *Pangit*. Vide *Pagere*.

¶ **PAGITA**, Idem qui *Pagensis*, Rusticus, servus glebæ. Chron. Clusinum Bodonis pag. 366 : *Illa namque peste et Pagitas et oppidanos servos et dominos præcellente Lutheranam ob factionem immissam timuere.* Vide in *Pagus*.

¶ **PAGIUM**, Idem, ut videtur, quod *Peagium* seu *Pedagium*. Vide in hac voce. Leges Norman. apud Ludewig. tom. 7. Reliq. MSS. pag. 169 : *Ut addam purificationem pratorum, herbagiorum et aliorum fructuum vel costume vel Pagii vel colinii vel aliorum hujusmodi, quæ debent emendari vel persolvi, prout requirunt usus temporum et consuetudines villarum, mercatorum, nundinarum et passagiorum.*

PAGIUS, Famulus. Historia fundationis Abbatiæ Pipwellensis in Anglia : *Et habuit sub ipso forestarios tres pedites, cum Pagiis eorum.* Computum hospitii Regis ann. 1312 : *Guiotus Pagius palefr. Domini K. Johannetus de Caprasia Pagius palefr. D. Philippi.* (*Pages de cuisine*, in Testamento Ludovici Hutini Reg. ann. 1316 : *Aux aideeurs, souffleurs, hasteurs, Pages, enfans et les autres appartenans à nostre cuisine* 300. *ll. etc.*) Ibid. *Page de la palefrenerie.* Will. *Guiart* ann. 1301 :

> Metent à mort és herberjages
> Chevaliers, Escuyers, et Pages.

Chron. Bertrandi Guesclini :

> Et en cele heure commença un estris,
> Des valets et des Pages qui gardoient les roucis.

Alibi :

> Son bacinet faisoit à son Page porter.

Certe olim quivis pueri, seu potius ministri, *Pagii* appellabantur, voce ut plerique autumant, a παῖς Græco vocabulo, quod famulum sequiore Græcia significabat, deducto : [quod ad tempora Caroli VII. perseverasse auctor est Fauchetus lib. 1. Orig. Milit. cap. 1 : *Le mot de Page, jusques au temps des Rois Charles VI. et VII. sembloit être seulement donné à de viles personnes, comme à garçons de pied. Car encore aujourd'huy les tuilliers appellent Pages ces petits valets, qui sur des pallettes portent seicher les tuilles vertes.* Alii vocis originem accersunt a *Pagus*, quod a pagis ut plurimum ejusmodi ministros pueros assumebant; hinc Occitani etiamnum *Pagés* et *Pageses* vocant rusticos et rusticas.] Nunc vero *Pagios* dicimus pueros honorarios, qui magnatibus adsunt, [voce contracta, ut opinor, a *Pædagogiani*. Vide in hac voce. Translat. Crucifixi miraculosi tom. 3. Julii pag. 455 : *Abbates autem et Generalis prædicti non deferebant manibus cereas faces, ut reliqui Patres, sed eas ferebant DD. ephebi serenissimi magni Ducis, quos vulgo Pagios vocant, qui hinc inde circa abbates astabant.*] Vide Ægidium Menagium in Originibus Gallicis pag. 500. et 817. Honorarios porro ephebos istos, παιδόπουλους vocat Pachymeres lib. 1. Hist. cap. 9. et 12. Narratio de Bertrando Romano MS. : Καὶ μετὰ τρία παιδόπουλα καβαλικεύει μόνος. Occurrit ibi pluries, apud Codinum de Offic. et Nicetam pag. 548. edit. Genev.

* Charta Phil. Pulc. ann. 1304. in Lib. rub. Cam. Comput. Paris. fol. 476. r°. col. 1 : *Johannes dictus Saint Py, Pagius coquinæ Johannæ consortis nostræ. Paiges de cuisine* memorantur in Ordinat. hospit. reg. ann. 1285. ex Reg. ejusd. Cam. sign. *Noster* fol. 53. r°. Lit. remiss. ann. 1389. in Reg. 138. Chartoph. reg. : *Vinrent à l'hostel de feu Robert deux larrons ou pillars et un Page suivant les routes non communes... les deux pillars et leur Page furent tuez par nuit en dormant.* Quæ confirmandæ Faucheti sententiæ causa potissimum profero.

PAGETTUS, diminut. ex *Page* seu *Pagius*. Rotulus expensarum domus Domini Bromondi Comitis S. sub tit. *Mariscalcia* : *In fœno de instauro pro 13. equis emptis 10. den. item in avenis de eodem pro prœbenda... 1. quart. dimid. pret. 2. sol. et sic in vadiis 4. garcionum, cum tot Pagettis 12. den.* Knyghtonus ann. 1342 : *Anglici non perdiderunt nisi duos sagittarios et unum Pagettum.* Matthæus Villaneus lib. 11. cap. 81 : *Ciascun di loro haveva uno o due Paggetti.*

¶ **PAGLERIA**, Palearium, vel palearum acervus, cumulus, Academicis Cruscanis, *Pagliaio, Massa grande di paglia, fatta a guisa di cupola*, Gall. *Paillier* vel *Tas de paille.* Statuta Montis Regal. fol. 188 : *Adjicientes et declarantes, quod si aliquis imponeret ignem in aliquibus paleis, vel Pagleriis, mugis fœni, etc.* Statuta civit. Saluciar. cap. 162 : *Statutum est quod qui fecerit incendium... tam in edificiis, quam gerbis, Pagleriis, etc.*

¶ **PAGLIARICIUM**, Cohors, Gall. *Bassecour*, quod in ea serventur palearum acervi sic dicta ; vel ab ædificiolis in ea exstructis, quæ ut plurimum palea cooperiuntur. Charta Guillelmi II. Reg. Siciliæ, apud Rocchum Pirrum in Sicilia Sacra pag. 343 : *Et quod in casali de Sabuchi fratres possint ædificiare domunculas, Pagliaricia et quoddam oratorium fratrum deputatorum pro Massariis ad reddendas orationes altissimo Creatori.* Vide *Palliariciæ*.

¶ **PAGLOLA**, ab Ital. ut videtur, *Pagliola*, auri bracteola, Gall. *Paillette d'or.* Statuta Astens. ubi de Intratis portarum : *Aurum in Paglola tam in virga quam in plata... solvat pro qualibet onzia lib.* xx.

* *Paillole*, in Lit. ann. 1310. tom. 1. Ordinat. reg. Franc. pag. 479. art. 5. *Papillete*, in Lit. remiss. ann. 1470. ex Reg. 196. Chartoph. reg. ch. 228. *Papillote*, in aliis ann. 1480. ex Reg. 206. ch. 635. Vide infra *Paleola*.

¶ **PAGLORIUS.** Statuta Montis Regal. fol. 199 : *Item statutum est, quod aliqua persona non audeat vel præsumat ire ad aliquam bataglioriam, seu Paglorios in toto fine et posse civitatis Montis Regalis, etc.* f. Lupanar.

¶ **PAGNA** GENS, pro *Pagana*. Hac voce designantur Saraceni qui castrum Fraxinetum in Provincia diu occuparunt. Charta ann. 993. in majori Chartul. S. Vict. Massil. fol. 28. v° : *Cum gens Pagna fuisset e finibus suis egressa, videlicet de Fraxineto, et terra Tolonensis cepisset vestiri et a cultoribus coli, venerunt ad abbatem blandis verbis ut concederet eis Cathedram* (la Cadiere) *vestire ad medium vestem.*

* **PAGNAGIUM**, Census vel tributum pro facultate pascendi animalia in pascuis domini, idem quod supra *Pagagium*. Charta Pipini major. dom. ann. 697. in Suppl. ad Miræum pag. 283. col. 2 : *Nemus totum, quod dicitur Eumont,.... cum omni territorio et Pagnagio et justitia.*

* **PAGNAROLI**, Eodem, ut videtur sensu, quo *Folies* usurpamus, immoderatæ lætitiæ indicia; forte ab Italico *Pazziuola*, dimin. a *Pazzia*, stultitia, insania. Hist. belli Forojul. ad ann. 1388. apud Murator. tom. 3. Antiq. Ital. med. ævi col. 1215 : *Johannes marchio Moraviæ electus fuit et provocatus in patriarcam sanctæ Aquilejensis ecclesiæ. De cujus provocatione pars Utini libentissime audivit. Et ex lætitia, magni facti sunt per eos et parte ipsorum Pagnaroli in civitate die noctuque inter omnes cives, cum igne et cum hastiludio.*

¶ **PAGNI**, Sportæ seu amplæ fiscinæ quæ equis clitellariis imponuntur, Gall. *Paniers.* Charta ann. 1309. tom. 1. Hist. Dalphin. pag. 87 : *Levatur magnum pedagium in hunc modum. De qualibet grossa bestia equina vel mulina onera Pagnis ve-*

nientibus de Francia, et re quæ portatur, cujuscumque hominis vel mulieris sit de Lombardia vel de Provincia, capiuntur tres solidi.

¶ **PAGNOTA**, Domus eleemosynæ; sic dicta a pane, Italis *Pagnotta*, qui ibi pauperibus distribuitur. Innocentius VI. PP. in Ep. ann. 1361. apud Marten. tom. 2. Anecd. col. 905 : *Cum pro usibus nostrorum hospitii et Pagnotæ, ad quam propter ingruentem ad præsens in Romana curia et circumstantibus partibus bladorum caritudinem major solito confluit pauperum multitudo, sex millia primo, et deinde pro usu Romanæ curiæ alia sex millia modiorum frumenti de provincia nostra patrimonii B. Petri in Tuscia deferri mandavimus ad curiam prælibatam.* Occurrit pluries ibid. in Epist. ejusdem Innocentii 50. 51. 52. 55. 67. Vide *Pignota.*

¶ 1. **PAGO**, pro *pagina*, Ager. Vita S. Romani Abb. Jurensis tom. 3. Febr. pag. 741 : *A limite scilicet Rheni sive flatibus Aquilonis usque Paginem Mausatis extimum.* Vide *Pagina* 1. [* Ubi locus ex vita S. Romani jam allegatus est. Gloss. Cæsar. Heisterbac. in Reg. Prum. tom. 1. Hist. Trevir. Joan. Nic. ab *Hontheim* pag. 671. col. 1 : *Facit Pagines septem, etc.*]

¶ 2. **PAGO**, pro *Pagina*, Instrumentum. Charta Leodegarii Episc. Aptensis in Chartul. Apt. fol. 66. : *Et sæculi leges et ecclesiastica jura præcipiunt quod quicumque rem suam in alium transferre voluerit, per Paginem scripturæ transferat.* Passim occurrit in eodem Chartul. Vide *Pagina* 2.

3. **PAGO**, pro Compago. Rabanus Maurus Poem. 29 :

Undique conglobantibus
Membrorum Paginibus.

* **PAGORIZARE**, *Placare, lenire, mitigare, Mitiguer, Prov.* Glossar. Provinc. Lat. ex Cod. reg. 7657.

PAGOTI, Calones, inermes, vel ignavi, *Pagots.* Continuator Nangii ann. 1356 : *Qui etiam garcionibus et Pagotis sine defensione aliqua fugere non valentes se reddebant.* Vocis forte origo a *bagaudis*, de quibus suo loco, aut a *pagensibus* seu rusticis : nisi hoc loco legendum sit *pagetis* de quibus supra.

* **PAGRUS**, Piscis species. Tract. Ms. de Pisc. cap. 62. ex Cod. reg. 6838. C. : *Pagrus in toto litore Galliæ Narbonensis Pagre nominatur, Italis pagro, nonnullis phagorio, Hispanis quibusdam bezogo, Dalmatis, et Lusitanis phagros ; a Græco* φάγρος, *quasi* φάγος, *id est vorax.*

¶ **PAGUA**, Solutio. Vide in *Pacare.*

PAGULA, *Frena*, in Glossis Isidori, sed legendum *Bagula.* Vide in hac voce.

¶ **PAGUM**, ut supra *Pactum*, contractus. Placitum ann. 878. inter Instr. Hist. Occit. tom. 1. col. 135 : *Inter se contendentes consenserunt... ut inter se Pagum fecissent.*

PAGUS, in Gloss. Gr. Lat. διηρημένος κατὰ χώραν τόπος. Ita *Pagus* pars est regionis : atque ut regio in pagos, ita pagi in villas, oppida, et burgos tributi erant. Id pluribus jam docuere Freherus in Orig. Palatin. lib. 1. cap. 5. Cluverius lib. 1. Germ. antiq. pag. 91. Pithœus ad leg. Salic. Bignonius ad lib. 1. Form. Marculfi, Lindenbrogius, [Christian. Fr. Paullini de Pagis antiq. German. edit. Francofurt. ann. 1699.] et alii.

¶ PAGUS, *Collegium, curia.* Gloss. Isid. et Anonymus in Codice Regio. Vide *Pagani.*

PAGUS, [Ager, territorium, comitatus, districtus,] quomodo *Pays* dicimus. Fortunatus in Vita S. Albini Episc. Andegav. n. 3 : *Cum adhuc puerulus per Pagum in Abbatis sui proficisceretur obsequium.* [Lex Salica tit. 1 : *Nam si in jussione Regis fuerit occupatus, manniri non potest. Si vero infra Pagum in sua ratione fuerit, potest manniri.* Præceptum Childeberti apud Mabill. tom. 3. Analect. pag. 221 : *Ut in ipso Pago Cenomannico accipere non debeant Ducem aut Comitem, nisi per electionem ipsius Pagi pontificis, et pagensium.* Aliud Caroli Mag. ann. 771. apud Marten. tom. 1. Anecd. col. 10 : *Abbas de monasterio Vivario peregrinorum, qui ponitur in Pago Alsacensi super rivum Morbach.* Eadem habentur ibid. col. 18. in Charta Ludovici Pii ann. 816. ubi pro *Pago*, *Ducatu* legitur. Ermoldus Nigellus in Carmine pro Ludovico Imper. lib. 1. apud Murator. tom. 2. part. 2. col. 19 :

Nec facilis prohibere labor, quin agmine denso
Infesti coeant, diripiantque dapes.
Haud aliter Franci, cum primo tempore frugum
Adsunt, et Pagi munera diripiunt.

Occurrit passim in Histor. Glabri Rodulphi apud Duchesnium tom. 4. Hist. Franc.]

PAGELLUS, Pagus minoris amplitudinis, vel tractus. Charta Ludovici II. Regis, apud Guillimannum lib. 1. de Rebus Helvet. cap. 2 : *Curtim nostram Turegum in pago Turgaugensi, et Pagellum Uraniæ, etc.* Charta Caroli Calvi ann. 861. in Appendice Capitular. num. 90 : *Simul etiam dixit nobis de quibusdam Pagellis, qui suæ sunt parochiæ, etc.*

PAGENSES, ejusdem pagi homines qui una eademque lege vivunt, in Lege Longob. lib. 2. tit. 18. § 7. tit. 34. § 12. [** Ludov. P. 14. 6.] in Capit. Caroli Magni lib. 3. cap. 43. lib. 4. cap. 19. in Capitulari ejusdem Caroli ann. 797. cap. 4. et in Formulis non semel. Odo Cluniac. libro 1. de Vita S. Geraldi cap. 7 : *Satius esse temerarios vi bellica premi, quam Pagenses et inermes ab eisdem injuste opprimi.* Adde cap. 25. et lib. 3. cap. 5. Charta 77. inter Alamannicas Goldasti : *Ante Pagensis nostros omnem rem nostram et hæreditatem paternam communis manibus tradidimus ad ipsum Monasterium.* Infra : *In ea ratione quod superius scriptum est, et ipsum censum in silvaticas feras, quantum possumus consequi solvamus, et quantum non possumus, quod cæteri Pagenses nostri faciunt Regi aut Comiti, ita et nos ad ipsum Monasterium faciamus.*

PAGENSIS, interdum dicuntur qui ex pago et districtu Comitis sunt; non solum quod pagis præessent, sed et civitatibus : nam et *Pagenses civitatis* dicuntur in Form. 4. apud Lindenbrog. Ita porro in Lege Longob. lib. 1. tit. 14. § 17. lib. 2. tit. 51. § 7. tit. 52. § 14. [** Lothar. I. 56. Carol. M. 67. Pipin. 8.] in Capitul. 3. ann. 811. cap. 1. 6. in Capit. Caroli Magni lib. 3. cap. 73. in Appendice 3. lib. 4. cap. 10. in Epist. Episcoporum Franc. ad Ludovicum Regem cap. 12. in Edicto Pistensi cap. 26. in Concilio Valentino III. ann. 855. cap. 23. in Formula 39. ex Lindenbrogianis. Gregorius Turon. lib. 8. cap. 18 : *Wintrio Dux a Pagensibus suis depulsus, Ducatu caruit etc.* Tabularium Dervensis Monasterii : *Et quia Pagensis erat, et quomodo terra pergeret sciebat, etc.* Galli dicerent, *parce qu'il estoit du pays.* [** Vide Savin. Histor. Jur. Roman. med. temp. tom. 1. cap. 4. § 62. not. B.]

¶ PAGESII, Eadem notione, in Charta ann. 1434. ex Tabul. Archiep. Ausc. : *Item fuerunt capti plures per dictos inimicos ad causam dictorum patuorum, inter alios quidam Pagesius de Barta qui habuit finare centum scuta.*

* PAGESSIUS, Pagi incola, nostris alias *Pagé.* Charta ann. 1324. in Reg. 71. Chartoph. reg. ch. 109 : *Dedit in mandatis hominibus et Pagessiis de Albiaco,.... et omnibus aliis tenenciariis seu fundatariis dicti Johannis, ut eidem magistro Guillelmo.... respondeant et obediant.* Lit. remiss. ann. 1475. in Reg. 204. ch. 147 : *Unes lettres obtenues de la court du séneschal de Thoulouse contre les habitans et Pagez du lieu de Savere en Comminge.*

¶ PAGENSES dici videntur qui nec summi, nec infimi ordinis sunt, in Translat. S. Hilarii Episc. Carcasson. ann. 970. inter Instr. tom. 2. Hist. Occit. col. 120 : *Conglobati sunt pariter prædicti proceres, id est Rogerius Comes cum conjuge sua Adalais, et dom. Episcopus Franco, et Abbates Warinus et Benedictus, cæterorumque tam procerum quam etiam illustrissimorum virorum et clericorum insignis turma, necnon et Pagensium utriusque sexus copiosa plebis in prædicto cœnobio.*

PAGENSES dicuntur Sacerdotum plebes, ejusdem Parochiæ, ut apud Odonem Cluniac. lib. 1. Collat. cap. 22. et in Lege Longobard. lib. 3. tit. 1. § 29. [** Pipin. 26.]

PAGENSES FRANCI, Liberæ conditionis, in Edicto Pistensi cap. 26. quibus opponuntur

PAGENSES, nude interdum dicti, i. rustici, servi glebæ. [*Homi pagées*, in Foris Beneharn. art. 4.] Agobardus Lugdun. lib. de Privileg. et jure Sacerd. n. 11 : *Habeo unum Clericionem, quem mihi nutrivi de servis meis propriis, aut beneficialibus, aut Pagensibus.* Tabularium Lascurrense, apud Marcam lib. 4. Hist. Beneh. cap. 10 : *Dedit B. Petro in morte sua corpus suum in sepultura, et unum Pagensem in Bardinis, donec aliquis suæ generationis daret B. Petro 300. solidos pro Pagensi.* Tabular. S. Petri Generensis apud eumdem lib. 9. cap. 3 : *Dedit B. Petro totam tertiam partem mercati Lurdensis, et unum Pagensem in Ader, et unum casalem nominatum Susach, etc.* [Instrum. ann. 984. apud Marten. tom. 1. Ampliss. Collect. col. 334 : *In præsentia Guillelmo Comite... et aliis plus bonis hominibus tam satellites quam Pagenses, quicquid in præsentibus partibus fuerit hordinatum habebit plenissimam firmitatem.* Tabular. Rothon. tom. 2. Hist. Britan. pag. 56 : *Tunc respondit Ratfred se ibi non habere sumptum, quia non erant ibi sui Pagenses.*]

PAGENSALES, Iidem qui *Pagenses*, in Capitulari Pipini Regis Italiæ cap. 36.

* PAGENSALENSES, ut *Pagenses*, Ejusdem pagi incolæ. Charta ann. 759. apud Pez. tom. 6. Anecd. part. 1. col. 16 : *Actum in pago Rotahgauuense in loco, qui dicitur Ecclesia S. Martini, coram omnes Pagensalenses.*

PAGESII, Pagenses, Villani, glebæ obnoxii : *Pages*, Occitanis rustici. Fori Bigorritani art. 33 : *Pagesius qui in consuetudine non habet somatas deferre, si inventus fuerit a Milite, etc.* Secunda Curia Generalis Catalaniæ ann. 1299 : *Exceptis Pagesibus et filiis Pagesiorum de terris ubi consueverunt redimi.* Quo loco *pagesibus* idem est ac *pagesiis*. Tabular. Brivatense ann. 1256 : *Investio et in possessionem quasi induco prædictum Bartholom. de Portal Pagesium prædicti campi, qui Pagesius de mandato meo promisit reddere deinceps dictum debitale, etc.* Charta alia : *Volumus quod ille qui Prior fuerit, habeat in dictis mansis decimas carnalagii, et primitiam a quolibet Pagesio dictorum locorum, qui nunc sunt, scilicet unum panem primitialem, etc.* [Tabul. Piperac. : *Prior dictæ Ecclesiæ et dictus Comes assensaverunt et concesserunt quibusdam Pagesiis sub annuo censu* xx. *sol.* Tabular. S. Johannis Tolos. : *Recognovit et confessus fuit dicto procuratori et michi notario... se tenere et tenere velle dictas res et possessiones in emphyteosim.... pro quibus omnibus et singulis promisit esse bonus Pagesius et fidelis.*]

PAGESIA, Tenementum Pagensium, quod apud nos *Villenagium* dicitur. Constitutiones Catalaniæ MSS : *Ne quis per aliquem titulum adquirat honores alicujus personæ, neque honores rusticorum, sive Pagesias sine consensu dominorum suorum.* Charta ann. 1240. ex Tabul. Brivatensi : *Et* 2. *trossis palliæ quæ annuatim percipere consuevi apud Crespiacum in Pagesia sive tenemento quondam Petri de Conchas.* Alia ann. 1278. fol. 180 : *In emphytheosim sive Pagesiam.* Charta ann. 1279. in Tabulario S. Flori in Arvernis : *Conventus Monasterii S. Flori, et cum Pagesia, seu tenentia quam tenebat.* Alia ann. 1261 : *Dederunt et concesserunt in perpetuam emphytheosim, seu Pagesiam, eidem Austorgio... mansum de Vedrinis.* Alia : *Unam gallinam, quam debet in dictis duabus Pagesiis quas tenet.* Alia ann. 1274 : *Dico tamen quod si illi qui habent ibi Pagesias, alienarent, quod ego deberem laudare, et vendas habere.* Charta ann. 1306. in Comitatu Rutheneusi exarata, ex 2. Regesto Philippi Pulcri Regis Franc. Tabularii Regii n. 7 : *Videlicet quasdam Pagesias seu emphiteosas in pratis et terris circa dictum molendinum ab emphiteotis mansi Del Maionil et quibusdam aliis ignobilibus, pro quibus dare debet certum censum consuetum et incartatum domino nostro Regi, etc.* Infra : *Et pro medietate dictarum Pagesiarum Dominus Rex vendas habere debet.*

* *Pagesie*, Prædium nuncupatur, quod sub annuo censu *pagensi* seu rustico conceditur. Lit. remiss. ann. 1395. in Reg. 148. Chartoph. reg. ch. 68 : *Comme le seigneur de Lastic eust baillié au supliant à certain cens ou terme Pagesie ou héritage et l'en eust vestu; et après ce que ledit suppliant ot tenu ycelle Pagesie ou héritage l'espace de deux ans, etc.*

TENERE IN PAGESIAM, Idem fere est quod tenere in *Villenagium*, vel in *censum*. Tabular. Brivatense fol. 1 : *Ita quod Pagesii, qui tenent dictam terram ad censum, etc.* De ejusmodi *tenura*, sequentia excerpsimus ex adversariis Augusti Gallandi celeberrimi Advocati Parisiensis, alia tamen manu descripta, quæ illustriss. et doctiss. viro Guill. *de Lamoignon* Primo Senatus Parisiensis Præsidi debemus : *Tenir en Pagesie est une espèce de tenure qui se trouve specifiée és terriers de plusieurs Seigneuries és pays de Velay, de Forests, et de Bourbonnois, et est de mesme effet que terre en fraresche és pays d'Anjou, Touraine, et le Maine, ou que les Masures en Normandie : c'est à dire que chascun des detenteurs du fond est tenu solidairément aux cens et redevances, sans que le Seigneur soit tenu de diviser ny s'addresser à tous les detenteurs si bon lui semble. Ce qu'estant rude pour les debiteurs qui se multiplient de temps en temps, la prudence des Normans a esté telle, que l'une des maisons tenans en masure est le Collecteur de la redevance sur tous les detenteurs, et pour ce qualifié Prevost fondé à faire la contrainte pour paier le Seigneur.* Charta Petri *Danglars* ann. 1294 : *Recognosco me tenere in feudum francum a D. Herrico D. G. Comite Ruthenensi scilicet pratum meum, quod tenet a me in Pagesiam Deodatus del Boisso, etc... Item plus totam fazendam meam, quam tenet a me in Pagesiam Laurentii de la Baiaria, etc.*

☞ Prædia seu *tenuræ* quæ in *pagesiam* tradebantur, interdum *relevio* obnoxiæ erant, hoc est, jura quæ domino fundi et directo competunt pro mutatione domini, quovis modo eveniat, debebant. Charta Annæ d'Absaco dominæ de Monte-Astruco ann. 1488 : *Bladum vero* (solvent feudatarii) *et avenam in festo B. Michaëlis Archangeli mensis Septembris, castanhas in festo Omnium Sanctorum, argentum et gallinas in festo Nativitatis Domini, et quatuor manuoperas ad voluntatem dicti domini cum accaptagiis in dicto loco de Monte-Astruco exsolvi consuetis in mutatione domini vel Pagesiis*, (leg. Pagesii) *quando contingerit evenire.*

PAIA, Solutio, Gall. *Paie*. Charta Gregorii IX. Papæ ex Regesto Eccles. Lugdun. : *Pro pagamentis, quæ Paia vulgariter nuncupantur.*

* **PAIAMENTUM**, Solutio, Gall. *Paiement*, in Lit. Caroli VI. ann. 1416. tom. 10. Ordinat. reg. Franc. pag. 402. art. 10. Vide *Paia* et infra *Paium*.

PAIARE, Idem quod *Pagare*, solvere, ex Gallico *Paier*. Statutum 2. Westmonasteriense cap. 46. extremo, ubi statuitur *superius indumentum* Baronum, cum hominium Regi præstant, ad Camerarium Regis pertinere : *Quod plus honeste dictum est pro religiosis quam secularibus, quia honestius est quod Religiosi* (Prælati) *Paiant pro superiori indumento, quam exuant.*

¶ **PAJELLA**, Certa lignorum mensura apud Tolosates; *Pajellare*, *Pajella* metiri; *Pajellator*, Cui ex officio ligna *pajellare* competit. Charta Petri *de Roteys* vicarii Tolos. ann. 1272. ex Cod. MS. Consuet. et Privil. urbis Tolos. fol. 27. in Bibl. D. Abb. *de Crozat* : *Requirimus.... quatenus amodo faciatis fieri per magistros et carpentarios vestros et fusterios vobis subditos fustas bonas et pulcras et de legitimis Peciellis* (l. Pajellis), *videlicet quod peytrales de cor et de abiete de* VI. *brachiatis et de* V. *et de* IV. *quod illas habeant infra trancos et infra escalmamentos secundum longitudinem cujus debent esse.... et fustes de tribus brachiatis et de duabus et dimidia et de duabus quæ sunt pedales et palmales, et quod sint prædictarum Pajellarum infra trancos... Et quod columpnæ quæ appellantur de Pajella habeant unum palmum de amplo et tres digitos de spisso... Nec aliquis prædictorum fusteriorum Tholosæ, vel aliquis alius emptor fustæ seu trabum sit ausus solvere precium nec solvat donec ipsa fusta fuerit a Pajellatoribus per nos constitutis fideliter Pajellata.*

PAIGA, Solutio. Vide *Pacare*.

* **PAILBURGER**. Vide infra *Palberger*.

¶ **PAILES**. J. Lesl. Scot. de Orig. moribus et reb. gestis Scotor. apud Spelmannum : *Ædificia sunt casæ et tuguria, de quorum incendiis nihil sunt soliciti : potentiores sibi pyramidales turres, quas Pailes vocant, ex sola terra, quæ nec incendi, nec nisi magna militum vi ac sudore dejici possunt, sibi construunt.*

* **PAILHASSA**, a Gallico *Paillasse*, Culcita straminea, in Lit. ann. 1375. ex Reg. 108. Chartoph. reg. ch. 68.

¶ **PAILHUM**, f. idem quod *Pastio*, Census vel tributum pro glandatione et jure pascendi porcos in silva domini. Charta ann. 1231 : *Vendidit et donavit azempium de tailho et Pailho super omni jure suo, quæ habebat, et decimario S. Bausilii d'Anhas.*

¶ **PAILLARDUS**, Scortator, libidinosus. Statuta pro Canonicis S. Capellæ Paris. pag. 10 : *Quod nullus deferat caligas rebrassatas ad genua ad modum Paillardorum.* Menoti Sermones fol. 116 : *O domini mei ne vela pas grant oultraige? vos qui estis domini Consilii, quid videtis vobis faciendum illis malis Paillardis? R. Malos male perdet.* Vide Menagium in Orig. Gall.

* Hinc *Appaillardir*, Libidinari, mœchari, in Lit. remiss. ann. 1467. ex Reg. 200. Chartoph. reg. ch. 127 : *Le beau-pere du suppliant lui dist que Katherine sa femme s'estoit Appaillardie avec les gens d'armes.*

* 1. **PAILLERIUM**, Vectis ferrea, quia instar pali, quem nostri *Pail* vocabant, ut in Lit. remiss. ann. 1380. ex Reg. 118. Chartoph. reg. ch. 430 : *Icellui Desmotes persévérant de mal en pis prist un Pail ou gros baston, etc.* Comput. ann. circ. 1381. ex Bibl. S. Germ. Prat. : *Item faciendi.... posticium prope in introitu dictæ curiæ totum de novo ac tingulandi juncturas aessellarum dictarum portæ et posticii barrandi cum ferratura, videlicet Pailleriis, etc.* Vide infra in *Palada*.

* 2. **PAILLERIUM**, Locus, ubi paleæ reconduntur, horreum stramineum, nostris *Paillier*. Charta ann. 1342. in Reg. 72. Chartoph. reg. ch. 341 : *Quamdam bastidam cum ædificiis suis, cortali, Paillerio, etc.* Alia ann. 1371. in Reg. 103. ch. 37 : *Item quoddam Paillerium, situm in carreria*

orbatariæ cum duobus crosis pro fimo ibidem tenendo. Pailler ou fenil, in Lit. remiss. ann. 1452. ex Reg. 181. ch. 149. *Pailhier* et *Paillier*, pro Palearum acervo et strue. Lit. remiss. ann. 1368. in Reg. 99. ch. 289: *Invenerunt in quodam magno paleæ cumulo, vulgariter Pailhier nuncupato, tres homines absconditos*. Aliæ ann. 1441. in Reg. 176. ch. 33 : *Lesquelz compaignons sont coustumiers de prendre les feurres ès gerbiers ou Pailliers qu'ilz treuvent près du rivaige du Rosne. Paillier* etiam dixerunt stramentum equorum. Charta Roberti de Veteri-ponte ann. 1330. ex Chartul. S. Joan. in valle : *Nous conoissons que touz les houstes reseanz et demorenz en la terre S. Nicolas à Courbeville, peuvent et pourront maitre et ouster leurs Pailliers et fumiers pourir... en touz nos chemins*. Sic et palea, quæ cubandi causa super humum expanditur, *Paillade* nuncupata, in Lit. remiss. ann. 1454. ex Reg. 191. ch. 50 : *Pour ce qu'il n'y avait pas assez litz en ung hostel, icellui le Fevre fist une Paillade, où il et les supplians se coucherent*. Hinc quoque *Faire une paillée* dicitur, qui manipulos in area terendos expandit, in aliis Lit. ann. 1481. ex Reg. 200. ch. 5 : *Le suppliant faisoit une Paillée de gerbes de soigle pour batre et en tirer le grain*. At vero minutum ligni segmen, *Paillette* appellatur, in Lit. remiss. ann. 1410. ex Reg. 165. ch. 353 : *Lequel forestier dist à iceulx compaignons se il y avoit nulz qui voulsist jouer aux Paillettes de bois blanches et noires*. Vide *Pagleria* et *Palearium* 2.

¶ **PAILLO**, Pannus, velum quod domibus, prædiis aliisque possessionibus, vel ratione *gardiæ* vel *hypothecæ*, apponitur. Ordinat. Philippi V. ann. 1319. tom. 1. Ordinat. Reg. Franc. pag. 690 : *Volumus et concedimus eisdem, quod de cætero, ad quorumvis instantiam panuncellus, Paillo, brando, baculus, vel quodvis aliud simile signum regale in quibusdam abbatiis, religiosis locis, aut aliis quibuscunque existentibus, infra altam justitiam Baronum, vel nobilium aut habitantium prædictorum ratione gardie nullatenus apponantur, appositaque jubemus illico amoveri, esto quod illi ad quorum instantiam, seu requestam tales penuncelli, Paillones, brandones, baculi, vel alia similia signa regalia jam posita, etc*. Vide *Brando* 2.

PAIOLA, *Puerpera*, ex Ital. *Pagliola*, in Statut. Mediolanens. 2. part. cap. 257. *Baiula*, pro nutrice vulgo sumitur. Vide in hac voce.

* **PAIRARIUS**, Lapicida, Massiliensibus *Peyreron*, in Charta. ann. 1370. ex Tabul. Massil. Vide infra *Payrerius*.

* **PAIROLA**, Lebes minor, in Inventar. ann. 1218. inter Probat. tom. 1. Hist. Nem. pag. 67. col. 2. *Pairolla*, in Leud. major. Carcass. Mss. : *Item pro cargua de Pairollis, xviij. den*. Ubi versio Gall. ann. 1544 : *D'une charge de pairols et pairoles, etc*. Vide infra *Peirola*.

¶ **PAIRONAL**, an Census qui exigitur a domino feudali pro singulis focis seu domibus subditorum ac tenentium suorum? Charta ann. 1233. in minori Chartul. S. Victoris Massil. fol. 142 : *Servitium censuale quod faciunt homines qui morantur et faciunt focum in tenemento de Santropes... Confitebantur quod quodlibet albergum Paironal seu foca faciebat pater pro tota familia*. Vide *Payrola, Payrolius*.

* Præstationis species, a *focagio* distincta, quæ in *Pairola* vel ejusdem pretio et æstimatione, unde vocis origo, exigebatur. Vide infra *Payeria*.

* **PAISANUS**, Rusticus, qui in agro habitat, Ital. *Paesano*. Charta ann. 1179. apud Murator. tom. 4. Antiq. Ital. med. ævi col. 657 : *Quod facient jurare universis hominibus terræ suæ, et parentum suorum, vavassoribus videlicet, et castellanis ac Paisanis, qui sunt idonei ad jurandum tale sacramentum*. Vide in *Pagus*.

PAISARE, apud Rollandinum in Chronico Patavino cap. 2. lib. 4. cap. 41. ex Ital. *Paesare*, Hesychio, ἀγραρεύειν, *Courir le pays*.

¶ **PAISNAGIUM**, in Chron. Bonæ-Spei pag. 125. idem quod *Pastio*. Vide in hac voce.

PAISNATICUM. Vide *Pastionaticum*.

¶ **PAISO**. Vide mox *Paisso*.

* **PAISORALE**. Up PAISORALE, Belgis, Infractio pacis. Lit. remiss. ann. 1420. in Reg. 171. Chartoph. reg. ch. 242 : *Qui feroient le contraire de ce, ce seroit sur enfrainte de paix, ... que l'en dit Up Paisorale*.

¶ **PAISSELLARE**, Idem quod *Paxillare*. Vide in hac voce. Charta ann. 1270. in Tabular. Eccl. Autissiod. fol. 108 : *Quam* (vineam) *circumfodient, taillabunt, Paissellabunt, fodient et binabunt*.

* Nostris *Paisseller* et *Passeler* in quibusdam provinciis, pro *Echalasser*, a Gallico *Paissel*, pedamentum, vulgatius *Echalas*. Charta Godefr. dom. Joinvil. ann. 1213. inter Probat. tom. 1. Annal. Præmonst. col. 719 : *J'ai donné et quitté franchement tout mon bois, qui est auprès ma grand vigne.... pour Paisseller*. Lit. remiss. ann. 1391. in Reg. 142. Chartoph. reg. ch. 45 : *Et avec ce lui devoient Passeler environ un arpent et demi de vigne*. Aliæ ann. 1406. in Reg. 161. ch. 142 : *Le suppliant prist un Paissel ou escharas à vignes, etc*. Hinc *Paixennage*, Jus paxillos in silva exscindendi, in Charta Frider. ducis Lothar. ann. 1295. et Chartul. Romaric. ch. 34 : *Des Paixennages des boix que nous avons ensemble, acordons nous que li sonrais de ladite englise et nostre commandemens les vendront par acort*. Vide infra *Passellus, Peissellus* et *Paxillare*.

¶ **PAISSELLATOR**, PAISSELLIA, Qui *paissellis* seu paxillis vineam fulcit. Charta Libertat. Bellomont. in Cod. MS. Coislin. : *Liberantes et absolventes prædictos homines ab omni tallia, ... falcatoribus, Paissellatoribus et Paisselliis*. Vide *Paxillare*.

* *Paissellia* potius videtur ipsa fulciendi actio seu obligatio.

* **PAISSERIA**, Palorum contextus ac series in molendinis et alibi piscium capiendorum causa. Charta ann. 1135. inter Probat. tom. 2. Hist. Occit. col. 480 : *Item relinquo Paisseriam de molino Noveto prædictis sanctis et clericis, in qua nec in his, quæ ad eam pertinere videntur, jam amplius ego, nec ullus homo aut femina meæ progeniei meæque posteritatis, nullam rem demandet*. Vide *Paxera*.

* **PAISSERO**, Agger vel rivulus molendini. Vide infra *Paxera*. Charta ann. 1327. in Reg. 65. Chartoph. reg. ch. 65 : *Si eas molinas ferreas tenere velint una cum pratis, ortis, bedalibus et Paisseronibus, molendinis et furnis ibi accaptatis*.

PAISSO, Pastio porcorum in silvis, glandes, ex Gall. *Paisson*, ut est in Consuetudine Pictavensi art. 159. Monasticum Anglicanum tom. 1. pag. 594 : *Et decimam omnium nemorum de honore Halnaci in Paissone, venditione, et omnibus aliis exitibus : et pasturam et Paissonem omnibus porcis suis, etc*. Pag. 596 : *Et in nemore de Haunac ignem et materiam ad omnia ædificia sua, et Paisson porcis suis, et pasturam cum his animalibus suis*. Pag. 682 : *Et in Acheleia 30. acras terræ, et Paisonem centum porcorum, et communem pasturam, quæ Robertus filius Lancelini dedit eis in liberam eleemosinam*. Charta Libertatum S. Paladii in Biturigib. ann. 1279 : *Excepto tempore quo pastio sive Paissons erit in illa foresta generalis*.

PESSUS, Eadem notione. Ibidem pag. 116 : *Concessit autem ut porci Prioris cum suis in Pessum communiter eant, et pannagium edant*.

* Haud satis scio an idem sit Gallicum *Paiwe*, in Charta Petri abb. S. Amandi ann. 1318. ex Reg. 56. Chartoph. reg. ch. 507 : *En terres ahanaules, en prés, en bos, en Paiwes*. Ubi pascua quævis intelligi possunt.

PESSO, PESSONA. Charta Guillelmi Catalaunensis Episcopi, ann. 1225 : *Ita quod illi qui excolent illas terras in nostris nemoribus de Marchesvilla usuarium suum habebunt libere et quiete, videlicet nemus vivum ad herbagium, et nemus mortuum ad calefaciendum, et Pessonem porcorum suorum, et pasturam aliorum animalium suorum, ibidem in domibus suis nutritorum*. Bracton. lib. 2. cap. 34. § 1 : *Quot acræ bosci valeant..... cum Pessona, vel sine*. Adde eumdem lib. 4. Tract. 1. cap. 38. § 12. Charta Rotroci Comitis Perticensis ann. 1136 : *Pasturam glandium, et Pessonam, ac pasnagium pro suis porcis, ac animalibus quibuscunque, etc*. [Monast. Anglic. tom. 2. pag. 231 : *Quod... homines sui in bosco de Derley, apud Cruche, Pessonam, scilicet glandes et nuces virgis et cortis excussissent*. Idem pag. 113 : *Quod habeat decem porcos in tempore de Pesson in bosco meo*.]

* **PAIUM**, PAYUM, Solutio, pecuniarum seu redituum repartitio et distributio. Acta Mss. capit. eccl. Lugdun. ad ann. 1337. fol. 28. r°. col. 1 : *Item concesserunt et voluerunt, quod in primo Paio dividendo, dominus A. de Montebello percipiat quatuor solidos pro duobus solidis, quos in Payo habebat.... Item quod cum dom. decanus et capitulum teneantur dom. Guillelmo de Rosseillione canonico Lugdun. anno quolibet in xl. libris Viennn. sibi assignatis super Payo ecclesiæ Lugdun. ipsi dom. decanus et capitulum ipsam pecuniam sibi assignant super commune ecclesiæ Lugdunensis*. Ibid. fol. 32. v°. col. 2 : *Attendentes quod ceteræ refusiones pecuniales, quæ Paya ecclesiæ vulgariter nuncupantur, etc*. Rursum fol. 95. v°. col. 1 : *Ordinaverunt quod aliquod*

Payum non dividatur, nec de ipso gratia alicui fiat, donec ipsum Payum sit completum et sine deffectu. Vide in *Pacare.*

PAJUM. Charta Adefonsi Imperat. Hispaniæ apud Colmenaresium in Hist. Segobiensi cap. 15. § 11 : *Concedo etiam eis, ut quicumque voluerit in domo sua furnum faciat. Sed furnus de Pajo nullus nisi ille, qui de palatio fuerit in tota villa fiat.*

¶ **PAKTHRED**, vox Anglica, Funiculus, Gallice *Ficelle.* Computus ann. 1425. apud Kennett. in Antiquit. Ambrosden. pag. 574 : *Et in* VIII. *snoden de Pakthred emptis ibidem pro quodam reti faciendo pro cuniculis capiendis hoc anno* VI. *sol.*

* **PAL**, Palus, cui annexum domini vexillum, qui in signum dominii et jurisdictionis vel protectionis et tutelæ apponebatur. Charta ann. 1333. ex Bibl. reg. cot. 2 : *Invenit quendam baculum sive Pal signis regio et dicti domini archiepiscopi signatum.* Vide supra *Baculus* 1.

1. **PALA.** Isidorus lib. 20. cap. 14. et Papias, *Pala, quæ ventilabrum vulgo dicitur a ventilandis paleis.* Amos Propheta cap. 9 : *Pala frumenta in area ventilantur.* S. Hieronymus contra Luciferianos : *Nemo sibi potest Christi Palam assumere, nemo ante judicii diem de hominibus judicare*, ubi quidam *palmam* legunt. Utuntur præterea Tertullianus et S. Cyprianus. Hinc

¶ Frumentum de Prima Pala, Quod semel est ventilatum. Chartarium Eccl. Auxit. cap. 98 : *Triginta concas frumenti ad mensuram de Auxis, et eas in villam istam afferrent. Frumentum autem debet esse de prima Pala.* [* Bulla Celest. III. PP. ann. 1195 : *Censum quem habet in grangia de Artigua, videlicet triginta mensuras tritici de prima Pala.*]

* Bladum post Pedem et Palam, id est, Pedibus jumentorum conculcatum et ventilatum. Inquisit. ann. circ. 1270. in in Lib. nig. S. Vulfr. Abbavil. fol. 23. r°. : *De articulo ubi dicit, bladum et avenam post pedem et palam sibi deliberari debere : dicunt ipsum ad hoc restituendum esse; hoc salvo, quod dicti decanus et capitulum, vel eorum serviens aut mandatum colligent dictos bladum et avenam et alia cum pala et pede, meliori modo quod poterunt, pala et pede frequentissime repetitum*, etc.

2. **PALA** Altaris. Vide *Palla* 2.

3. **PALA**, Fossorium instrumentum quo solum vertitur, nostris *Paele*, vel *Pele.* Chron. Windeshemense lib. 2. cap. 31 : *Palas et fossoria, follos et muscipulas, trahas atque gerulas, et cætera similia ad formam fabricando.* [Charta ann. 1036. in Chartular. S. Vedasti Atrebat. V. pag. 243 : *Qui facillas vendit in anno,* 1. *facillam. Qui ferrum Palarum in anno,* 1. *ferrum.* Guillelmus in Vita S. Bernardi tom. 2. oper. ejusdem col. 1083 : *Cumque pavimentum omne operuissent, Palis ejicientes eas* (muscas) *ita demum basilicam mundaverunt.*] Vide Plin. lib. 18. cap. 6.

* Unde *Pele-fouans*, qui ea *pala* in fodiedo utitur. Declarat. feud. ann. 1330. ex Chartul. S. Petri Gand. ch. 18 : *Derechief doit à dit Mikiel chascun Pele-fouans ès marés as tourbes en ledite poesté ung capon.*

¶ 4. **PALA**, Instrumentum coquinarium, batillum. Computus ann. 1333. tom. 2. Hist. Dalphin. pag. 273 : *Angelo de Apparere per manus Guillelmi de Bles magistri coquinæ domini pro incisoriis,... astis, Palis, et aliis rebus, etc.*

¶ 5. **PALA**, Stipes, palus, Gall. *Pieu*, Genus tormenti apud Turcas, quo per medium hominem stipes adigitur, qui per os emergat. Instrum. ann. 1459. tom. 8. Spicil. Acher. pag. 321 : *In servitutem pueri capiuntur, matronæ ac puellæ libidinem fœdissimæ gentis replere coguntur : virorum alii cruces, alii Palas subeunt.* Capitul. Caroli M. ann. 794 : *Si servilis conditionis... flagelletur nudus ad Palam coram populo.*

¶ **PALACITIUM**, pro *Placitum.* Vide *Gravaria.*

¶ **PALACIUM**, pro *Palitium*, Contextus et series palorum, Gallice *Palissade.* Litteræ Johannis Comit. Armaniaci ann. 1353. inter Ordinat. Reg. Franc. tom. 4. pag. 324 : *In claudendo, muniendo et fortifficando eandem* (bastitam) *fossatis, Palaciis, etc.*

¶ **PALACTA**, Pila, Gall. *Boule.* Acta S. Franciscæ Romanæ tom. 2. Martii pag. 165 * : *Lapidabantur enim a dæmonibus cum Palactis ferreis et igne succensis.*

* **PALADA**, Contextus ac series palorum, Gall. *Palissade.* Hist. belli Forojul. apud Murator. tom. 3. Antiq. Ital. med. ævi col. 1210 : *Ipsi vero de Fanna audito nostrorum equitum cursorum adventu, ex nimio terrore ducti.... saltantes paludes* (melius in Append. ad Monum. eccl. Aquilej. pag. 53. col. 1. *Paladas*) *foveas et clusas, etc.* Stat. Cadubr. lib. 3. cap. 68 : *De incidentibus, frangentibus vel extirpantibus sepem vel Paladam de possessione alterius. Si quis de possessione alterius sepem vel Paladam, clausuram, aut aliam stropaturam inciderit, etc. Paladel* vero, pro Palus, in Lit. remiss. ann. 1372. ex Reg. 103. Chartoph. reg. ch. 105 : *De quodam baculo, secundum idioma patriæ* (villæ Montisboisserii) *Paladel sive barra nuncupato, percussit. Paler* et *Piert*, eodem sensu, in aliis ann. 1424. ex Reg. 172. ch. 673 : *Le suppliant prist un Piert ou Paler de bois,.... et assena de sondit baston Estienne Aubry.* Hinc *Paler*, pro Palis munire, in Hist. contin. Guill. Tyrii apud Marten. tom. 5. Ampl. Collect. col. 683 : *Il fist le flun Paler de grant pieus de l'une rive jusqu' à l'autre.* Unde etiam *Palée*, Repagulum seu septum ex palis, vulgo *Barriere.* Ordinat. ann. 1415. in Reg. 170. Chartoph. reg. ch. 1 : *Se c'est vin de Bourgogne, il sera fermé à la Palée du port de Bourgogne; et se c'est vin François, il sera fermé à la Palée du port François.* Adde Chartam ann. 1323. ex Chartul. S. Maglor. ch. 181. Vide supra *Paillerium* 1. et infra *Paleria* 2.

1. **PALÆ**, Ugutioni, *Dorsi dextra lævaque eminentia membra, dicta sic, quia in luctando eas promimus, quia luctari vel luctam Græci dicunt Palim.* [Isid. lib. 11. cap. 1 : *Palæ, sunt dorsi dextra levaque eminentia membra : dicta quod in luctando eas premimus, quod Græci* παλαίειν *dicunt.*] Cælius Aurelianus lib. 3. Chronic. cap. 2 : *De hinc vaporationes inter scapulas sive Palas adhibendæ.* [Nostris *Paleron* dicitur pars scapulæ prominens, *omoplata.*]

* 2. **PALÆ**, Fines *palis* designati, inter quos jurisdictio seu dominium alicujus continetur. Dipl. Caroli IV. imper. ann. 1346. tom. 2. Hist. Trevir. Joan. Nic. ab *Hontheim* pag. 168. col. 2 : *Item volumus et prædicto archiepiscopo et successoribus concedimus gratiose, ut quotienscunque aliquem patrem-familias infra dominium seu Palas dictæ Trevirensis ecclesiæ commorantem, etc.*

¶ **PALÆMULIERES.** Ugutio : *Vigiliæ, quæ vulgo dicuntur Palæmulieres.* Ubi forte *palæ*, idem valet quod *pallidæ*, cujusmodi esse solent illæ mulieres quæ vigiliis gravantur.

* **PALÆSTRA**, Qui in palæstra decertat, athleta, in Actis SS. Jan. et socior. tom. 6. Sept. pag. 876. col. 2. ubi Surius *militem* substituit.

¶ **PALÆSTRARE**, Luctari, certare. Supplem. ad Vitam S. Bonifacii tom. 1. Junii pag. 474 : *Eadem nocte vir Dei in somnis putabat se cum tauro Palæstrare.* Pro impense laborare, apud Fulgent. 1. Mythol. : *Sudor hic opus est Palæstrantis ingenii.*

¶ **PALÆSTRIZARE**, Eadem notione, in Vita S. Godelevæ tom. 2. Julii pag. 373 : *Palæstrizans in Palæstra, galeante Dei dextra se, sortitur bravium.*

PALAFREDUS, Palafrenarius, Palafrenus, etc. Vide *Paraveredi.*

PALAGIUM, Pallagium, Tributi species. Sugerius lib. de Rebus in administr. sua gestis cap. 11 : *Removimus etiam ab eadem terra quandam consuetudinem malam Vicecomitis Stampensis, quæ Palagium vocatur.* Charta Ludovici Reg. Franc. ann. 1144. in Tabul. S. Dionysii : *Talliam de annona quæ dicitur mestiva, avenam quam accipiebat ab unoquoque hospite, porcos, sive frescengias, anseres, gallinas, pullos,... corveias, et carectum, Palagium, expeditionem, latronis redditionem, etc.* Charta fundationis Abbatiæ Savigniaci ab Henr. II. Rege Angl. : *Quieta de omni teloneo et passagio,... pasnagio, cohuagio, Pallagio, servicio, etc.* [Hist. MS. Beccensis Monast. pag. 592 : *Amalricus Vicecomes de Meseio Palagium navium et beccarum Becci quod jure hæreditario sibi deberi contendebat, penitus remisit Beccensibus.*] *Palagium navium et baccorum*, in veteri Charta in 20. Regesto Chartarum Regum Angl. in Camera Comput. Paris. pag. 24. Videtur eadem præstatio quæ *Pellage* appellatur in Consuetud. Meduntensi art. 186. quod competere aiunt dominis qui prædia sua vel agros aut portus habent Sequanæ fluvio adjacentes, in Balliviis Meduntensi et Mellentensi, quibus præstatur certus census pro doliis vinariis quæ in eorum portubus onerantur in navigiis, vel ex iis extrahuntur. Gallandus *Pellagium*, ab *appellere* dictum censet in Adversariis MSS. cui non assentior.

* Pro *Pallagio* ex Charta fundationis abbatiæ Savigniaci, legitur *Stallagio* ex eadem in Reg. 61. Chartoph. reg. ch. 473. Charta Gaut. de Montesorello ex Tabul. Fontis-Ebraldi : *Dono..., et per alias terras ubicumque consuetudines, quas habeo de omnibus mercariis et de omnibus Pallagiis.* Pro *mercatiis* et *stallagiis.*

☞ Idem jus exactum quoque pro solo navium appulsu, earumque in portu ad *palos* alligatione, unde vocis etymon, probant Literæ patentes a D. *de Lauriere* in Glossario Juris Gallici v. *Pellage* laudatæ ex Lib. rub. novo Magist. Castelleti fol. 4 : *De laquelle terre de Fresne dependent plusieurs gros fiefs et droits, comme droits de justice et jurisdiction haute, moyenne et basse, four, moulin et pressoir banniers, roüage de vins qui se levent en ladite terre et seigneurie, et aussi Pallage sur la riviere de Marne des bateaux qui garent en ladite riviere, et abordent le long d'icelle terre et seigneurie.* Idem apertius docet Tabular. Latiniac. ann. 1442 : *Les Religieux de l'Eglise de S. Pierre de Lagny ont en leur terre et seigneurie ung droit seigneurial nommé et appellé le Pallage en toute leur terre et seigneurie au long de la riviere de Marne... C'est assavoir que toutes et quantesfois que aucuns basteaulx, nefs ou nasselles vuides ou chargées, menans denrées ou marchandises estoient arrivez ou arrivoient à port sur ladite terre et arrivaige, et que les marchands bastelliers, voitturiers menans et conduisans iceulx basteaulx mettoient ou affichoient en ladite terre, rivaige, aucuns pieulx ou pieu pour à iceulx pieulx ou pieu atacher et lier leur dis bateaulx ou basteau, soit qu'ils les affichent ou qu'ils trouvent lesdits pieulx affichez, iceulx marchands voitturiers sont tenus et doivent payer ausdits Religieux ledit droit de Palaige et atache; c'est assavoir huit deniers Tournois avant qu'ils puissent ou doyent deslier leursdits basteaulx.* Idem ergo *Palagium* quod alibi *Arripagium*, *Arrivagium*, *Anchoragium*. Vide in his vocibus et infra *Pelagium*.

PALALDUIT. Consuetudines Ecclesiæ de Regula apud Labbeum : *Item Passapont recepit nomine nostro de ligassa lini Palalduit in foro, et plenam manum lanæ, juxta quod ibi fuerit.*

¶ **PALAMEISIUM**, Crates, ni fallor, in qua casei reponuntur, in Statutis Montis Regal. fol. 308.

¶ **PALANCATUM**, PALANCHATUM, vox Italica, Contextus et series palorum, Gall. *Palissade*, Memoriale Potestatum Regiens. ad annum 1238. apud Murator. tom. 8. col. 1110 : *Et ipsi Brixienses suspenderunt captos Imperatoris pro brachiis extra Palancatum civitatis.* Ibid. ad ann. 1266. col. 1166 : *Tanta fuit in dicto castro sitis et fames... quod dictum castrum, dum ipsius Palancatum die tertio Julii per violentiam perdidissent, jam ad extrema deducti, habito personarum affidamento, reliquerunt. Pallancatum*, ibidem col. 1114. Annal. Mutin. ad ann. 1226. apud eumdem Murator. tom. 11. col. 69 : *Die quarto Julii in Sabbato captum fuit per vim et combustum Palancatum dicti castri.* Occurrit rursum col. 77. et 82. *Palangatum*, in Chron. Modoet. Bonincontri Morigiæ ibid. tom. 12. col. 1137. Thomas Reinesius in Defensione var. lect. pag. 131 : *Vocabulum parcus, pro silva, muro, palicio vel Palanchato, ut loquitur Petrus Crescentinus, verubus cincta servandis veris; pro curte et clausura animalium usurpant Latino-barbari, Itali, Galli, etc.* Vide *Palitium* et *Palongata*. [** Confer Murator. Antiq. Ital. tom. 2. col. 454.]

* **PALANDARIA**, Ital. *Palandra*, nostris *Balandre*, Navigii species. Annal. Placent. ad ann. 1480. apud Murator. tom. 20. Script. Ital. col. 962 : *Dum magnus Subassi Turcharum dux... ad Vallonam Turcharum cum præda Christianorum progrederetur, cum galeis quinque, fustis duodecim, et caravellis, sive Palandariis quatuor, etc. Palandrie*, apud Willebarduinum.

¶ **PALANGA**, PALANGARIUS. Nonius : *Palangæ dicuntur fustes teretes, qui navibus subjiciuntur, quum attrahuntur ad pelagus, vel quum ad littora subducuntur : unde etiam nunc Palangarios dicimus, qui aliquid oneris fustibus transvehunt. Levamentarii* vocantur in Cod. Theod. l. 1. tit. 5. de Naviculariis; unde nostrum *Levier*, quia levandis oneribus aptum. Vide *Falanga*.

* Nostris quoque *Palangue*, eodem sensu. Guignevil. in Peregr. hum. gen. MS. ubi de Pœnitentia :

Mon balai je nomme ma langue
Et mon fourchon et ma Palangue,
Dont toute ordure je baloie.

¶ **PALANGARE**, Fustibus deducere. Afranius : *Carinam unam semilaceram quaterni simul Palangabant.*

¶ **PALANGATUM**, ut *Palancatum*. Vide in hac voce.

PALANSGRAVIUS, Comes Palatinus, Germanis *Pfalntsgreve*, vel *Pfaltsgraffen*, ex Theutonico *Pfalts*, sive ex vetusta dialecto *Pfallents*, Palatium vel Curia regalis : unde hodie Curia Argentinensis *die Pfalts* appellatur. Glossæ veteres a Frehero laudatæ : *Palatinus*, *Palensgreve*. Speculum Saxon. lib. 3. art. 52. § 5 : *Palatinus seu Palansgravius, Imperatoris Judex est*. Et art. 53. § 1 : *Quælibet provincia Theutonicæ terræ habet suum Palansgravionatum, Saxonia, Bavaria, Franconia, et Suevia.* Vide *Comites Palatini*.

* **PALANTER**, Palam. Acta S. Calmeri tom. 7. Jul. pag. 174. col. 1 : *Iste, de quo sermo est, non jam, ut prius, fugæ metu abdita penetrabat, sed audacter Palanterque paganos refellens ritus, etc.* Italis *Palesemente*, unde nostris *Palesément*, eodem intellectu. Assis. Hierosol. cap. 80 : *De rap, ce est de feme eforcée Palesément que l'on mostre au seignor et à la court.* Vide *Palezare*.

* **PALANTEUM**, *Murus, fastigium.* Glossar. vet. ex Cod. reg. 7613.

PALANTIA, PALLANTIA, Palatinatus, Jurisdictio Comitis Palatini, seu jus lites decidendi supremo jure, cujusmodi habuit Magdeburgum ex Imperatorum indulto, uti videre est in Charta Ottonis II. apud Goldastum tom. 1. Constit. Imp. pag. 226. et in Wichbild Magdeb. art. 12. et seqq. et quinque aliæ Saxoniæ civitates, quæ ideo *Palantiæ* dictæ, ut est in Speculo Saxon. art. 62. § 1. Vide Freherum in Orig. Palatin. part. 1. cap. 2. Gorop. Bekanum lib. 2. Francicorum pag. 44. etc. Chronicon Magistri Jordanis pag. 106. et infra in voce *Palas*.

* Ficta et fabulosa sunt illa atque a Leubero in Comment. super stapula Saxonum, aliisque eruditis viris explosa, quæ ex Charta Ottonis II. supposititia a Goldasto et in Wichbild Magdeb. traduntur, uti monet Godefridus abbas Gottwic. lib. 3. Chron. ejusd. monast. pag. 490.

¶ 1. **PALARE**, f. Locutorium, vulgo *Parloir*. Tangmarus in Vita S. Bernwardi Episcopi Hildesh. apud Leibnit. tom. 1. Script. Brunsv. pag. 451 : *Præsidente domino Gerberto Apostolico cum Imperatore* (Henrico) *in Palare*. Nostris etiam usitatum fuit *Paller* pro *Parler*, loqui; *Palaures* pro *Paroles*, in For. Beneharn. art. 39.

2. **PALARE**, PALATA, PALATICUM. Willelm. Brito in Vocabulario MS. : *Palo, las, dicitur palis aptare, vel palis parare, a palus, li.* Apud Columellam lib. 11. cap. 2. *Vitis palari* dicitur, quæ pedamentis fulcitur.

PALATA, Palorum series, Italis *Palata*, nostris *Palissade;* maxime ad continendas aquas in molendinis. Charta Guill. filii Rogerii Ducis Calabriæ ann. 1142. apud Ughellum in Episc. Frequentinis : *Et cum lignaminibus sufficientibus ad aptandam varcaturam solum pro Palata ejusdem molendini.*

PALATICUM, Tributum quod pensitatur pro jure figendi palos in fluvio ad opus molendini aut exclusarum. Tabularium Majoris Monasterii Turon. seu Vindocinense Thuani, Charta 87 : *Expetivit censum de Palatico molendini quem nobis vendidit... nam palus ejusdem molendini fixus erat in terra ipsius.* Et mox : *Et quidem census 4. denar. de terra illa reddebatur, non tamen pro Palatico, sed pro motatico, hoc est pro eo quod ex ipsa terra prenditur ad opus exclusæ molendini illius.* Infra : *Palus molendini in terra de Radenaco fixus est, censum de eo reddi petit.*

Inter operas et servitia consueta *Palos* dare et figere ad opus molendini tenebantur rustici. Charta Chrodegangi Episcopi Metensis apud Meurissium in Historia Metensi pag. 168. 169 : *Debent autem..... aquam molendinariam mundare, Palos dare, domum ipsam ædificare, etc.* Infra : *Solvit unusquisque 30. denarios...... cum Palis molendinariis et verubus, et reliquum omne servitium, etc.* Vide *Palificatura*.

PALORUM SERVITIA ad opus Castellorum. Tabularium Dervense : *Sex prandia et carropera ad Palos virgasque ferendas ad opus Castri sui, hoc modo ut mane euntia in vespere reverterentur.*

¶ 3. **PALARE**, Ædium parietes *pallilis* exornare, *Tapisser*. Vide in *Pallium* 2.

PALARIA, *Cum milites ad palos exercentur.* Papias, ex Sosipatro lib. 1. Instit. Gramm. Gloss. Gr. Lat. : Ὅταν οἱ ςρατιῶται μεθ' ὅπλων γυμνάζονται, *Palaria*. Vide *Paletare*.

* **PALARIS**, Pellis. Charta Petri de Gasnachia in Chartul. Fontis-Ebraldi fol. 61 : *Concedo pelles dammorum Nigri-monasterii, excepto hoc, quod si quis venator militum habere voluerit de Palari, reddet xij. denarios et de damna sex.* Ibid. infra ex alia ejusd : *Si quis venatorum habere voluerit pellem dammi, reddat xij. nummos pro pelle et sex pro pelle dammæ.*

¶ **PALARIS** SILVA, in qua pali cæduntur seu ad fulciendas vites, seu ad aliud quodvis opus D. lib. 7. tit. 1. leg. 9 : *Nisi forte salicti et vel sylvæ Palaris vel arundineti ususfructus sit legatus.*

* **PALARIUM**, Palorum series, maxime ad continendas aquas in molendinis; vel

Locus in silva ad cædendos palos assignatus. Charta ann. 1047. apud Murator. tom. 5. Antiq. Ital. med. ævi col. 196 : *Cortem in Saxinas, cum ecclesia in honore S. Johannis, cum omni decima, molendinis, silvis, buscaliis, Palariis et omnibus appendiciis.* Vide infra *Paleria* 2.

* **PALARIUS**, Dignitas in ecclesia Tullensi, f. cui *palariorum* cura incumbebat. Stat. MSS. ejusd. eccl. ann. 1497. fol. 10. r°. : *Vicarii vero et capellani scuriolis nigris communibus, non Calabrinis* (utantur).... *Exceptis aliquibus exemptis, videlicet decano, Palario et magistro fabricæ.*

PALAS. Ita Palatium Trevirense vocat Ditmarus lib. 6. pag. 68 : *Propter hoc subdola generationis furor accenditur, Palas a Trevirensibus contra Regem firmatur, ac terra hæc, hactenus pacifica, crebris concremationibus quatitur, etc.* Mox : *Obsidione etiam continua eos, qui Palas turbarant, in tantum constrinxit, ut fame et assidua impugnatione defatigati, aut interius perire, aut in potestatem Regis inviti deberent exterius venire.* Adde Historiam Trevirensem in Spicilegio Acheriano tom. 12. pag. 236. *Regionem, cui Capellatii, vel Palas nomen erat, ubi terminales lapides Alamannorum et Burgundionum confinia distinguebant*, memorat Ammianus lib. 18. ad quam Palatinorum Comitum nomenclaturam et originem referunt Aventinus, Rhenanus, et alii, levi sane fundamento : quasi *Comites Palatini* non iidem essent qui *Comites Palatii*, de quibus fuse egimus ad Joinvillam.

¶ **PALASEA**. Vide *Plasea*.

PALASTRIA, [f. Idem quod *Paissellia*, Paxillus, Gall. *Echalas*. Vide *Paissellator*.] Testamentum Bertichramni Episc. Cenoman. : *Id mihi placuit delegare, ut villa Nimione.... cum vineis, quæ Frontanito ad Palastrias et vinitores esse noscuntur, etc.* [Ubi *Plastarias* minus bene edidit *Courvaisier* in Histor. Episc. Cenoman. pag. 188 : *Cum vineis quæ fundi ratione aptæ ad Plastarias et vinitores esse noscuntur.* Quod de gypsi fodina interpretatur Menagius in Probat. Vitæ Guillelmi Menagii pag. 531.]

1. **PALATA**. Historia Cortusiorum lib. 11. cap. 10 : *Ungari auxilio bannitorum Tarvisii in Palatis Venetorum ceperunt navigantes : unde Palatæ claudùntur* (al. *dicuntur*) *a Venetis.* Chron. MS. Andreæ Danduli ann. 1238 : *Qui resistentes Palatas claudunt et bellatoribus muniunt.* [*Pallata*, in edit. apud Murator. tom. 12. col. 457.] Raphanus de Caresino in Chron. MS. ann. 1379 : *Magno impetu transferuntur ad Palatam firmatam in canali.* [Annal. Cæsenates apud Murator. tom. 14. col. 1151 : *Castrum ipsum occupavit et Palatam portus fecit comburi et buccam impleri portus.* Ibid. col. 1183 : *Comburi fecere totam Palatam dicti portus.*] Videntur dicti loci in æstuariis Venetis palis conclusi. Vide supra *Palare* 2.

¶ 2. **PALATA**, inter varia ornamenta et vestes recensetur in Charta ann. 1382. apud Rymer. tom. 7. pag. 356 : *Palatam, quinque mantellos de panno Hibernico.* Idem videtur quod *Palletot* vel *Palthot*, quo nostri vestis militaris sive pallii genus significant, Aliis *faldo* vel *paldo* dictum. Vide *Faldones*. *L'An des sept Dames* apud Borellum :

> Je ne vettray en Palletot,
> Vers ma sixiesme iray soubit
> Pour l'abiller sans dire mot.

* 3. **PALATA**, *idem quod Haia*, in veteri Glossar. ex Cod. reg. 521. Vide *Palare* 2.

* 4. **PALATA**, Instrumentum coquinarium, batillus. Invent. ann. 1476. ex Tabul. Flamar. : *Item unam Palatam ferri.* Vide *Pala* 4.

¶ **PALATA** Arma, vox Heraldica, nostris *Armes palés*, *Palis* aureis et rubris exarata. Litteræ patentes Ludovici III. ann. 1432. apud Honoratum *Bouche* in Hist. Provinc. pag. 447 : *Deferat* (civitas Aquensis) *in præsenti arma, seu insignia Marchionum Cataloniæ quæ listata, seu juxta galatium vulgare, Palata de auro et guellis esse noscuntur.* Nostris *Palé d'or et de gueules*. Vide in *Pallium* 2.

PALATÆ, Palathæ, in lib. 1. Reg. cap. 25. in 1. Paralipom. cap. 12. et Judith. cap. 5 : *Massæ de ficis, dictæ quia inter duos palos positæ siccantur ad servandum :* ita Papias. Auctor Mamotrecti : *Palatas, i. ficus inter palos compressas.* Eucherius Lugdun. : *Palathæ, in Regnorum, massæ quæ de recentibus ficis compingi solent, et Græcum est,* Παλάθη. Gr. Lexicon Herodoti : Παλάθας, τὰ ἐκ τρυγὸς κλάσματα, κυρίως δὲ ἡ τῶν συκῶν ἐνάλληλος θέσις. Aldhelmus de Virg. cap. 21 : *Tempore præpostero, id est vernali, non autumnali, divinitus impendebantur mala punica, et mala granata, cum palmeti dactylis, quos Nicolaos vocant, favos, uvas, et Palatas, id est, ficarum caricarum massas, etc.* Vide S. Hieronym. in cap. 6. Ezechiel. sub finem.

* **PALATEA**, Præstationis species, quæ ex frumento molito exigebatur a molitore, quam *pala* metiebatur. Chartul. S. Nigas. Mellet. : *Molendinos... prædictæ ecclesiæ condonavit ita libere et quiete et solute, ut neque multuram neque Palateam de prædicta annona dabitur.* Vide infra *Palatina*.

PALATIA Regia, Publica, Ea dicebantur, quæ Reges nostri intra ditionum suarum limites variis in locis ac provinciis habebant; quo, si hac iter facere incumberet, in ea diverterent, ac interdum hiemarent. Vita Ludovici Pii ann. 796. de Carolo M. : *Ordinavit qualiter in quatuor locis hiberna transigeret, ut tribus annis exactis, quarto demum anno hiematurum se quisque eorum susciperet locus : Theodwadum scilicet Palatium, Cassinogilum, Andiacum, et Eurogilum; quæ loca, quando quartum redibatur ad annum, sufficientem regio servitio exhibebant expensam.* Ex quibus patet hisce palatiis ac suburbanis attributos et annexos fuisse amplos reditus, quibus regia aleretur familia. Narratio de depositione Ebbonis Remorum Archiepiscopi ann. 835 : *Qui scilicet Lotharius veniens per Imperialia Palatia adduxit patrem suum usque Suessionis ad Monasterium S. Medardi.* Annales Francor. Bertiniani pag. 868 : *Carolus autem per curtes regias in pago Laudunensi consistentes pergens, etc.*

In hæc etiam divertebant Missi Dominici ac Regii, ne populus eorum gravaretur *mansionibus*. Synodus Ticinensis ann. 855 : *Sancimus, ut singuli conventus et exactores rei publicæ in suis ministeriis.... per loca solita restaurent Palatia, quibus cum iter dictaverit, nos legatosque nostros valeant recipere, ne gravetur Ecclesia.* Alii vero in iis hospitare vetabantur. Edictum Pistense Caroli Calvi cap. 37 : *Volumus et expresse mandamus, ut sicut nec in nostro Palatio, ita nec in isto herebergo, aliquis alius sine nostra jussione manere præsumat.* Concilium Ravennense ann. 904. cap. 4 : *Ut homines Comitum nullatenus in domibus Arimannorum resideant, sed domos reipublicæ instaurent, ibique resideant.* Nam etsi *Palatia* non modo *regia*, sed et *publica* dicerentur, usui tamen regio unice addicta erant, cum quod *publicum* dicitur, Regii esse intelligatur patrimonii : nam *villæ regiæ et proprietates* dicuntur in Annalibus Francorum Bertinianis ann. 858. Unde promiscue utraque nomenclatura donantur apud scriptores, et in veteribus Tabulis. Verbi gratia, *Carisiacum*, quod nomine Palatii regii vulgo et fere semper indigitatur, *Palatium publicum* vocatur in Charta Ludovici Pii pro confirmatione privilegiorum Ecclesiæ Parisiensis, quæ sic clauditur : *Dat. 4. Kal. Nov. anno Christo propitio 7. Imperii Do. Lodoici Imper. Actum Carisiaco Palatio publico.* Sic inquam passim in aliis Chartis. Eodem modo dicuntur esse *publicæ ditionis*, id est regiæ. Vita S. Eucherii Episcopi Aurelianensis num. 9 : *Vernum quoque fiscum publicæ ditionis illico convolavit.* Nam *fiscus publicus, regius*, et *villa publica* ac *regia*, idem sonant quod Palatium. [Hinc *Palatium*, pro *fiscus regius*, usurpatur in Leg. Luitprandi apud Murator. tom. 1. part. 2. pag. 59 : *Omnes res ejus ad Palatium deveniant.*] [** Ita sæpe in Leg. Longob. *Palatium* et *Curtis regia* pro *Fiscus*. Vide Murator. Antiquit. Ital. medii ævi tom. 1. col. 917.] *Villas* etiam interdum nude vocant scriptores. Vita Ludovici Pii ann. 795. de Carolo M. : *Misit illi Missos suos, Willelmum scilicet, Rotomagensis postea urbis Archiepiscopum, et Richardum Comitem, villarum suarum provisorem, præcipiens ut villæ, quæ eatenus usui servierant regio, obsequio restituerentur publico, quod et factum est.* Ubi *Regium* et *Publicum* eadem sunt. Supra enim dixerat idem scriptor villas regias plerasque in usus privatos seu privatorum conversas. Sed et hinc advertere licet villis ac palatiis regiis præfuisse Magistratum, qui *Provisor regiarum villarum* dicebatur, ut fuit apud Romanos *Cura Palatiorum*, in Notit. Imp. et apud Byzantinos Ἄρχων τῶν Παλατίων.

In iis etiam Palatiis *Placita* tenebant, ac festa solennia Natalis et Paschatis cum apparatu celebrabant; quod passim docent Annales Francorum.

☞ Atque hinc est, ni fallor, quod promiscue *placitum* pro *palatium*, et vicissim *palatium* pro *placitum* sæpissime occurrit in veteribus Instrumentis. Exemplis, quæ in hanc rem congessit Baluzius in Notis ad Capitularia unum addere placet ex Gestis Aigliberti Episc. Cenoman. tom. 3. Analect. Mabill. pag. 192 : *Quod et Theodoricus Rex Francorum diligenter per fidelissimos Missos, et ipse postea in generale suo Palatio investigans*, *etc.* Ubi *Palatium* idem sonat quod *placitum*.

Quæ porro in singulis regni provinciis complura erant Regum Palatia, ab ipsis Regibus distracta pleraque, et proceribus concessa; quod a Carolo M. factitatum docet auctor vitæ Ludovici Pii, loco laudato, deinde ab ipso Ludovico, ut habent Annales Francorum Metenses ann. 837 : *In tantum largus,.... ut villas regias, quæ erant patris sui, et avi, et tritavi, fidelibus suis tradidit in possessionem sempiternam, et præcepta construxit, et anuli sui impressione cum subscriptione manu propia alienavit.*

Sed postmodum Normannorum incursionibus pene omnia deleta sunt, adeo ut nulla ferme loci ubi extructa fuerint, ac ne nómenclaturæ quidem supersint vestigia; quod quidem exerte tradit autor Chronici Normannorum ann. 881 : *Quo finito, Normanni famosissimum Aquisgrani Palatium igne cremaverunt,.... Palatia quoque Regum et villas, cum habitatoribus terræ interfectis, igne cremaverunt.* Similia habet sub ann. 886. Ne tamen eorum omnino intercidat memoria, locorum qui vel Palatiorum, vel Villarum Regiarum appellatione donantur in veteribus Chartis et apud Scriptores, brevem catalogum hic subjungemus ordine literarum, additis Scriptoribus, qui horum mentionem agunt.

☞ Huic catalogo inserenda iterum duximus Palatia quæ nobis inter scribendum occurrerunt; iis etiam additis vel potius indicatis quæ ex Michaële Germano edidit Mabillonius in Diplom. lib. 4. ne quod ad historiam nostram vel maxime spectat, in libro huic illustrandæ inprimis instituto, desideretur. Observandum vero, non omnes Chartas, quæ vocem *palatium* præferunt, reipsa in palatio seu domo regia concessas fuisse. Ea enim formula nihil interdum sonat nisi *publicum conventum*, *curiam*, quod in quibusdam aliis per *publice* exprimitur. Instar omnium sit proposita Charta S. Ludovici ex Regesto 31. Chartophylacii Regii num. 482. data *in Castris in Ægipto juxta fluvium Nyli, anno Inc. Dom.* 1249. *mense Decembris. Regni vero nostri ann.* 24. *Astantibus in Palatio nostro quorum nomina supposita, sunt, etc.*

* Multa Cangius, plura Germanus Palatiorum regiorum nomina congesserunt, quibus non pauca addita sunt in nova Glossarii editione : res tamen haudquaquam exhausta est; sed neque nunc a me plene exhauriendam fore putaverim. Itaque alia perquirendo, quæ mihi ea de re occurrerunt subjiciam, et quæ in jam dictis irrepserunt menda, emendabo.

¶ ADELHAIDIS *Palatium*, nunc *Villanova S. Germani*, apud vulgus *Franqueville*, prope Compendium. Vide Mabill. lib. 4. Diplom.

¶ ALBINIACUM *Villa* in pago Ribuariensi. Charta Lotharii ann. 855. apud Marten. tom. 1. Ampliss. Collect. col. 139.

¶ ALBULFI-VILLA *Palatium* in pago Wormacensi, in Præcepto Ludovici Pii ann. 835. apud Martenium ibidem col. 94.

¶ ANDELAUM, vulgo *Andelot*, in pago Lingonico, apud Fredegar. lib. 5. et ult. Chronici.

ANDIACUM *Palatium*, [*Angeac*, in pago Engolismensi; idem forte quod *Pandiacum* apud Miræum Dipl. Belg. pag. 262. Michaeli Germano pseudopalatium. Charta Caroli M. ann. 771. apud eumdem Miræum tom. 1. novæ edit. pag. 496.] Vita Ludovici Pii ann. 798. [Consulendi Mabillonius lib. 4. Dipl. et Valesius in Defens. Nötit. Gall.]

¶ ANDREI-VILLA *Palatium*, Idem quod *Andrenacum*, *Anternacum*, *Antonacum*, *Antunnacum*, vulgo *Andrenac*, in pago Megenensi. Charta Caroli Cal. ann. 866. apud Miræum tom. 2. pag. 933. Vide Mabill.

* ANETUM, *Palatium*, vulgo *Anet*, in Charta Phil. Aug. ann. 1204. tom. 5. Ordinat. reg. Franc. pag. 671. et in alia ejusd. reg. ann. 1205. ex Chartul. Guill. abb. S. Germ. Prat. fol. 216. r°. col. 1.

¶ ANSA-VILLA, alias *Asa Pauli* vel *Asa Paulini*, hodie *Anse*, non procul ab Arari et Lugduno, in Charta Rodulfi Reg. ann. 932. inter Probat. Hist. Occitan. tom. 2. col. 69.

* ANTENNACUM, *Palatium*, ad Matronam prope Altivillarense monasterium, in diœcesi Remensi, vulgo *Antenay*, male *Atigni* in Chron. S. Dion. ut vult D. *Le Beuf* in Dissert. edita in Mercur. Franc. ann. 1737. mens. Mart. pag. 446. Hujus palatii mentio fit in Annal. Bertin. ad ann. 876. tom. 7. Collect. Histor. Franc. pag. 122.

AQUISGRANUM *Palatium*, [*Aix la Chapelle*.] Doubletus pag. 714. 722. Capitul. Caroli Caroli C. tit. 36. Capitul. Caroli III. Reg. tit. 1. § 4. Chron. Farfense pag. 654. Labbeus tom. 2. Biblioth. pag. 755. Diplom. Belgica pag. 17. [Append. ad Marcam Hispan. col. 770. 772. 774. etc. *Aquis* nude, in Præcepto Caroli M. ann. 807. apud Marten. tom. 1. Ampliss. Collect. col. 61. et alibi.] Vide *Capellæ Regiæ*.

¶ ARCÆ *Palatium*, *Arques*, ad Mosam prope Macerias. Annal. Bertin. ad ann. 859. Vide Mabillon.

¶ ARELATE, *Arles*, in Præcepto Ludovici Imper. ann. 904. apud Marten. tom. 1. Ampliss. Collect. col. 263.

ARELAUNUS et ARELAUNUM *Jocundum Palatium*, in Vita S. Lantberti Episc. Lugdun. cap. 3. [Vide Mabillonium]

¶ ARESTALIUM et ARISTALLIUM *Palatium*, Idem quod *Heristallum* infra, ut videtur, in Præcepto Pippini Reg. ann. 751. apud Marten. tom. 1. Ampl. Collect. col. 27. et in alio Ludovici Imper. ann. 823. ibid. col. 80. *Aristalhum*, in Charta Caroli Magni ann. 772. inter Probat. Hist. S. Germ. Paris. pag. 11.

¶ ARGENTORACUM *Palatium*, *Strazbourh*, in Charta Lotharii Reg. *Stratzburg*, in alia ejusdem. Vide Mabillonium.

¶ ARLEGIA *Palatium*, f. *Arleux*, in Artesia Cameracum inter et Duacum. Charta Lotharii Reg. ann. 884. tom. 7. Spicil. Acher. pag 187. Nisi *Arlegia* scriptum sit pro *Marlegia*. Vide infra.

¶ ARTIACUM *Villa supra fluvium Ararim*, in Charta Rodulfi Reg. ann. 925. apud Perardum pag. 163. Alia proinde ab Artiaca ad Albam in agro Tricassino, *Arci sur Aube*, et Arcia ad flumen Icaunam, vulgo *Arcey*. [* Rectius *Arciacum*.]

¶ ASNERIÆ *Palatium*, *Asnieres*, ad Sequanam in agro Parisiaco. Charta S. Ludovici ann. 1261. in Chartular. Domus Dei Pontisar.

* Minus bene, uti monet D. *Le Beuf* tom. 7. Hist. diœces. Paris. pag. 91. intelligendum enim *Asnerias* ad Isaram in diœc. Belvac.

¶ ATEIÆ *Villa*, in pago Viromandensi ubi Radegundis Regina, educata est; *Athies*, in Mandam. Philippi Pulcri ann. 1305. tom. 1. Ordinat. Reg. Franc. pag. 432.

ATTINIACUM *Palatium*, [in agro Remensi ad Axonam Vongisum inter et Reiteste, vulgo *Attigny*, in Charta Childerici III. apud *le Blanc* de monet. pag. 125.] Capitula Caroli Cal. pag. 441. Annal. Fr. ann. 786. etc. Capitul. ann. 808. cap. 10. Doubletus pag. 791. 815. Baluzius in Notis ad Lupum Ferrar. pag. 523. Bergerius lib. de Itineribus Rom. pag. 49. Labbeus tom. 2. Miscell. pag. 498. Diplom. Belgica Miræi pag. 29. 264. Hincmar. tom. 2. pag. 604. Bignonius ad Leg. Salic. pag. 178. 179. [Sirmondus edit. Lupar. tom. 3. col. 91. Appendix ad Marcam Hispan. col. 773. 783. et Mabillonius Diplom. lib. 4.]

¶ AUDRIACA *Villa*, in Charta Caroli M. ann. 769. apud Marten. tom. 1. Ampliss. Collect. col. 32. Vide *Odreiavilla*.

* AUGUSTA VINDELICORUM ad Licum fluvium in ducatu Alemanniæ, *Ausbourg*, ex Chron. Gottwic. lib. 3. pag. 459. Vide Mabill. tom. 4. Analect. pag. 470. et Pezium tom. 1. Anecd. part. 3. pag. 25.

¶ AVINCIUM *Villa super fluvium Tarni*, hodie *Aveins*. Charta Caroli C. ann. 843. tom. 1. Hist. Occitan. inter Instr. col. 83. Idem quod *Aviziacum*, in Charta Pipini Reg. Aquit. ann. 830. inter Probat. Hist. S. Germ. Paris. pag. 16.

¶ AURELIA, *Aurelianense Palatium*, *Orleans*. Diploma Odonis Reg. ann. 898. inter Instr. Hist. Occitan. tom. 2. col. 28. Edictum Henrici I. ann. 1051. tom. 1. Ordinat. pag. 2. Aliud Ludovici IX. ann. 1246. ibid. pag. 60. Charta Ludovici VI. ann. 1115. apud Marten. tom. 1. Ampl. Collect. col. 634. Alia Philippi Aug. ann. 1188. ibid. col. 981.

BACIVUM, *Basia*, [vel *Bacium* et *Baisium*, vulgo *Baisieu*, duabus a Corbeia distans leucis versus Occidentalem plagam. Vide Mabillonium.] Chronic. Fontanell. ann. 847. Chifflet. in Tornutio pag. 190.

* BECOISELLUM, vulgo *Bécoisel* vel *Becoyseau*, villa regia in silva Crisciacensi in pago Briegio, ex Charta ann. 1330. Vide P. Anselm. tom. 3. pag. 18.

¶ BELGENTIACUM ad Ligerim, *Boisgency*, in Edicto Philippi V. ann. 1320. tom. 1. Ordinat. Reg. Franc. pag. 750.

* Et BALGENTIACUM, *Beaugency*, non vero *Boisgency*.

¶ BELLITAS prope Vicenas ad Matronam, vulgo *Beauté*. Vide Mabillonium.

* *Domus pulchritudinis*, in Lit. ann. 1378. tom. 6. Ordinat. reg. Franc. pag. 379. *Domus decoris*, in Charta 1379. ex Reg. 114. Chartoph. reg. ch. 347. et in Lit. ann. 1383. tom. 7. earumd. Ordinat. pag. 50.

¶ Belsonancum, Villa regia in media silva Arduenna regnoque Austriæ posita, a Gregorio lib. 8. cap. 21. memorata. Hæc Hadr. Valesius in Defens. Notit. Gall.

¶ Belvacum *Palatium*, *Beauvais*, in Charta Ludovici VII. ann. 1151. apud Pillet. Hist. Gerber. pag. 97.

* Berigneium, Berinneium, Bernegium. Vide infra *Brennacum*.

¶ Bestisiacum et Bistisiacum *Palatium*, *Betisi*, tribus a Compendio distans leucis versus Meridionalem plagam. Edictum Philippi Aug. ann. 1200. tom. 1. Ordinat. Reg. Franc. pag. 25. Vide Mabillonium.

* Charta ejusd. Phil. Aug. ann. 1193. ibidem acta legitur in Chartul. Compend. fol. 57. v°. col. 2.

* Betiniaca *Villa*, in Charta Caroli M. ann. 3. regni ejusd. ex Cod. reg. 9612. A. B. M. et in alia Caroli C. ann. 841. tom. 8. Collect. Histor. Franc. pag. 432. *Bertiniaca villa*, ex ead. apud Mabill. tom. 2. Annal. Bened. pag. 625.

¶ Bibrax, Idem quod a Cæsare memoratur lib. 2. de Bello Gall. num. 7. Fimas esse, vulgo *Fismes*, cum Samsone lubens crediderim. Charta Chilperici ann. 575. apud Miræum tom. 1. pag. 6.

¶ Bidolium vel Bedolitum *Vicus publicus*, vulgo *Beloy en France* aut *Bisseuil*. Vide Mabillon.

¶ Bieltavum *Villa*, in Charta Caroli Reg. Provinciæ Lotharii Imper. filii ann. 857. ex Tabular. Vivariensi.

Bigargium *Palatium* [in agro Parisiensi. Vide Vales. in Notit. Gall. et Mabillon.] Gesta Dagoberti Reg. cap. 40.

* Hodie *Garges* inter S. Dionysium et Gonessiam, ut putat D. *Le Beuf* tom. 5. Hist. diœc. Paris. pag. 398. ubi Valesio assentitur.

* Bisestat *Palatium*, inter Wormatiam et Moguntiam, ex Annal. Fuld. ad ann. 873. ut docet Godefr. abb. Gottwic. in Chron. ejusd. Monast. pag. 460.

¶ Bituricense *Palatium*, in Annal. Franc. ad ann. 767. et in Charta Ludovici VIII. Reg. Franc. ann. 1224. apud Marten. tom. 1. Ampliss. Collect. col. 1187.

¶ Blazon *Fiscus regius*, vulgo *Blaison*, in agro Andegavensi. Vita S. Mauri num. 63.

¶ Blesense *Palatium*, *Blois*, ad Ligerim fluvium. Vide Mabillonium.

¶ Bodoma *Palatium*, in Charta Ludovici Pii ann. 26. imperii ejusdem, tom. 4. Analect. pag. 471. Idem forte quod *Bodobriga* apud Vales. in Notit. Gall.

* Boiacum *Villa*, in Charta Rodulfi reg. ann. 931. tom. 9. Collect. Histor. Franc. pag. 578. An idem quod *Bobacum* vel *Bobiacum* apud Vales. in Notit. Gall.

¶ Bonogilum et Bonoilum *Villa*, *Boneuil*. Vide Vales. in Notit. Gall. et Mabill.

* Vicum esse ad Matronam in agro Parisiaco, vulgo *Boneuil*, novis argumentis probat D. *Le Beuf* tom. 25. Comment. Acad. Inscript. pag. 128.

¶ Borciacum *Villa sita in comitatu Arvernensi super fluvium Helerium*, *l'Alier*. Præceptum Lotharii ann. 982. in Append. ad Marcam Hisp. col. 929.

* Bospatium, *Villa fisci regii* in pago Laudunensi, in Charta Caroli M. ann. 18. regni ejusd. ex parvo Reg. S. Germ. Prat. et in alia Caroli C. ann. 872. tom. 8. Collect. Histor. Franc. pag. 640.

Brennacum *Villa publica*. Annal. Franc. Metenses ann. 754. [vulgo *Braine* ad Vidulam fluviolum. Vide Mabillonium.]

* Quod et *Bernacum*, *Brenacum* vel *Brinnacum* dicitur, et in Chartis sæculi noni sequentiumve temporum *Bernegium*, *Berigneium* et *Berinneium*, villa diœcesis Meldensis, quæ nunc *Bergni* et a rusticis *Bargni* appellatur, ut pluribus probare videtur D. *Le Beuf* in Dissert. cujus excerpta leguntur tom. 21. Comment. Acad. Inscript. pag. 100. et seqq.

¶ Briona *Villa*, nunc *Brienna*, *Brienne*, in Campania Gallica. Præcept. Caroli C. ann. 851. apud Baluz. tom. 2. Capitul. col. 1461.

* Britolium *Palatium*, Gall. *Breteuil*, in diœcesi Ebroic. Charta Phil. Aug. ann. 1204. in Reg. S. Justi ex Cam. Comput. Paris. fol. 114. v°. col. 2. Alia Ludov. VIII. ann. 1223. tom. 5. Ordinat. reg. Franc. pag. 489.

* Brivas *Palatium*, vicus Arvernorum, *Brioude*, in Chartis Ludov. VII. ann. 1138. ex Reg. A. Cam. Comput. Paris. fol. 40. r°. et ann. 1168. in Reg. 44. Chartoph. reg. ch. 36.

¶ Brocmagad *Palatium*, Idem quod *Brocomagus*, hodie *Brumat* vel *Broumat*, ab Argentorato duabus circiter distans leucis. Præceptum Karlomanni ann. 770. apud Marten. tom. 1. Ampl. Collect. col. 33. Vide Vales. in Notit. Gall. v. *Brocomagus*.

Bruchariacum *Palatium*, [vulgo *Bourcheresse*, inter Cabilonum et Augustodunum.] Vita S. Agili Abb. Resbac. cap. 6.

* *Brucheriachum*, apud Aimoin. lib. 3. cap. 94. *Brocariaca villa*, in vita S. Columb. num. 32. *Bruquele*, in [Chron. S. Dion. tom. 3. Collect. Histor. Franc. pag. 263. vulgo *Boucherasse* prope Aballonem, non Augustodunum, ut probatur in Dissert. ex Mercur. Franc. ann. 1735. mens. Dec. vol. 1. pag. 2602.

¶ Burdegalæ *Palatium*, *Bourdeaux*, in Diplom. Ludovici Junioris ann. 1137. tom. 1. Ordinat. Reg. Franc. pag. 8.

* Burio *Villa*, in Charta Ludov. Transmar. ann. 944. tom. 9. Collect. Histor. Franc. pag. 599.

¶ Cabalaunum *Palatium*, Cabilonum ad Ararim, *Châlon sur Saone*, in Diplom. Ludovici Pii ann. 26. imperii ejusdem, tom. 4. Analect. pag. 469.

* Cabre *Villa*, in Charta Rodulfi reg. ann. 889. ex Chartul. Cluniac.

¶ Cachentum *Palatium* in recentioribus Instrumentis, *Caticantum* in antiquioribus, *Cachant*, prope Parisios. Mandat. Philippi Pulcri ann. 1305. tom. 1. Ordinat. Reg. Franc. pag. 431. *Cachamp*, in Ordinat. Johannis Reg. ann. 1356. ibid. tom. 3. pag. 68.

¶ Cadrius-Mons *Palatium*, in agro Lemovicino, hodie *Les-Cars*. Vide Mabillonium.

¶ Caduppa *Villa*, in Charta Ludovici Pii ann. 19. imperii ejusd. ex Tabul. Majoris Mon. Idem forte quod *Cadussa*, *Chaourse*, in pago Laudun. quam villam monasterio S. Dionysii concessit Carolus C. Charta ann. 867. apud Felibian. inter Probat. Hist. ejusdem Monast. pag. 75.

¶ Cala, *Chelles*. Vide *Kala*.

Cambisonum, in Charta Caroli Reg. Provinciæ Lotharii Imp. filii ann. 857. in Tabul. Viennensis Ecclesiæ fol. 74. [*Chamesson*, a Castellione una leuca distantem hic indicari scribit Michael Germanus apud Mabill. haud satis recte; positum quippe est in tractu Dusmensi 15. leucis a Lingonibus distans.]

* Cambriliacum *Villa*, in Charta Caroli C. ann. 850. tom. 8. Collect. Histor. Franc. pag. 515.

¶ Cameliacum seu Camliacum, *Chambly l'Auberger*, apud Mabillonium.

¶ Campus *in Vosago Palatium*, *Champ de Vôge*, prope Bruyerias, *Bruyeres*, ad Velognam fluviolum, *Vélogne*. Annal. Franc. ad ann. 805. apud Duchesn. tom. 2. pag. 43. Vita Caroli M. ibid. pag. 61. alia auctore Monacho Engolism. ibid. pag. 82. Hist. Tullensis R. P. *Benoit*.

* Cangiacum *Villa publica*, in pago Augustodunensi. Præcept. Caroli M. ann. 802. tom. 5. Collect. Histor. Franc. pag. 768. Charta Caroli Simpl. ann. 911. in Reg. 45. Chartoph. reg. ch. 4.

¶ Cantilupum, *Chanteloup*, in Briegio Latiniacum inter et Turnomium; melius *Campus Lupi* diceretur, monente Valesio, uti vocatur interdum in Append. Chron. Nangiacens. Litteræ Johannis Reg. Franc. tom. 4. Ordinat. pag. 7.

* Male, uti monet D. *Le Beuf* in Hist. diœc. Paris. tom. 10. pag. 245. et tom. 15. pag. 21. istud enim palatium prope Castra, vulgo *Chatres*, positum erat.

* Capella *Palatium*, in Charta Ludov. VII. ann. 1154. in Chartul. Barbell. pag. 203.

¶ Capræ-Mons *Villa regia*, *Chevremont*, ad Mosam in finibus diœcesis Leodic. apud Mabill.

Captonacum *Palatium*, [Idem quibusdam quod *Catonacum*, *Chatou*, ad Sequanam.] Charta Bertefridi Episc. Ambian. pro Monasterio Corbeiensi. [Vide Mabillonium.]

* Nec *Chatou*, nec *Sannoy*, ut conjectat D. *Le Beuf* in Hist. diœc. Paris. tom. 4. pag. 62. sed locus in regno Austrasiæ positus, vulgo *Captonnay* vel *Capnay*, ut colligi posse videtur ex Appendice ad Hist. Greg. Turon. cap. 39.

¶ Carbonacum *Villa*, *Palatium regium*, in Diplom. Ludovici Pii ann. 822. tom. 2. Annal. Bened. inter Probat. pag. 724. Forte Palatium in ea silvæ Arduennæ parte situm, quæ *Carbonaria* dicebatur.

Carisiacum et Karisiacum *Palatium*, [*Kierzy*, ad Isaram in pago Suessionico, alibi *Cariciacum*, *Carraciacum*] Annales Franc. passim, Doubletus pag. 690. 709. 712. Capitula Caroli C. pag. 127. 143. 167. 253. 268. 269. 276. 388. 424. 427. 440. 447. 448. Hariulfus lib. 3. cap. 15. 17. [Append. ad Marcam Hisp. col. 787. 790. 791. Perardus pag. 115. Sirmondus edit. Lupar. tom. 3. pag. 116. Mabillonius Dipl. lib. 4. etc.]

¶ Carmentuadis *Villa*, in Præcepto Caroli Simplicis tom. 3. Annal. Bened. inter Probat. pag. 695. f. Carmentradi,

3.

Charmentray, in pago Meldensi ad Matronam, ut conjectat Mabill. ibid. 315.

* Carnotense *Palatium*, in Charta S. Ludov. reg. Franc. ann. 1259. ex Lib. albo episc. Carnot.

* Carolina *Civitas*, vulgo *Carolstad*, oppidum ad Mœnum fluvium; *Karelburg fiscus regalis* dicitur, in vita S. Burch. sæc. 3. Bened. part. 1. pag. 706. Vide Chron. Gottwic. pag. 464.

* Casa-regilis *Palatium*, in Charta Pippini reg. ann. 827. ex Tabul. S. Maxentii.

¶ Casiacum, Caziacum, *Caziei*, vulgo *Chezi*, in diœcesi Suessionensi. Præceptum Caroli M. ann. 782. apud Marten. tom. 1. Ampl. Collect. col. 44. Vide Mabillonium.

Cassinogilum *Palatium*, in quo natus Ludovicus Pius. Aimoinus de Miracul. S. Bened. lib. 1. cap. 1. Idem de Vita S. Abbonis cap. 20. [*Casseneüil*, Beslio in Ducib. Aquitan. pag. 1. *Casœüil*. Vide Vales. in Defens. Notit. Gall. et Mabill.]

* Extat præterea in pago Engolismensi vicus nomine *Chasseneuil*, teste D. *Le Beuf* tom. 1. Collect. var. Script. ad illust. hist. Gall. pag. 343. Videndum cui horum trium locorum magis conveniat *Cussinogilum*.

* Castellio *super Yndram*, id est, Andriam, *Indre*, in Charta Phil. Pulc. ann. 1305. ex Tabul. Pissiaci.

* Castrum Luriæ *Palatium*, f. idem quod *Euriacum* ad Sequanam prope Corboilum, vulgo *Euri*. Charta Ludov. VI. ann. 1120. ex Chartul. Maurigniac. Vide Notit. Gall. Vales. pag. 417. col. 2.

* Castrum Nantonis *Palatium*, in pago Vastinensi, *Chateau-Landon*, in Charta Ludov. Jun. ann. 1160. ex Tabul. Neronis villæ.

* Castrum-Novum *super Ligerim*, *Palatium*, Solliacum inter et Floriacum. Charta Phil. Aug. ann. 1182. ex Chartul. episc. Carnot. Alia ejusd. reg. ann. 1192. in parvo Reg. S. Germ. Prat.

¶ Catalaunense *Palatium*. Vide Mabillonium.

¶ Cauciacum, Cusiacum *Palatium*, *Choisy*, in Noviomensi pago, sed diœcesi Suessionica. Vide Mabillonium.

¶ Cersilla vel Sarcella, vulgo *Sarcelle*, Fiscus regius, apud Mabillonium.

* Chaingiacum, vulgo *Chaingy*, Locus ab urbe Aurelianensi duabus leucis distans. Charta Phil. Pulç. ann. 1300. ex Tabul. abb. de Vicinis. Male itaque editum *Cymgiacum* tom. 1. Ordinat. reg. Franc. inter notas pag. 527. ubi in altera ejusd. reg. ann. 1313. Gallice dicitur *Chingy*. Hæc ex animadversionibus D. *Polluche* in Mercur. Franc. mens. Dec. tom. 1. pag. 12.

* Chausiacum *Palatium*, idem quod *Cauciacum*, *Choisy*, diœc. Suession. in pago Noviomensi. Charta Phil. Aug. ann. 1187. ex Reg. 119. Chartoph. reg. ch. 338.

¶ Cispiachum *in Ardna Palatium*, in Præcepto Ludovici Pii ann. 822. tom. 2. Capitul. col. 1423.

* *Cipsiacus fiscus*, in Charta Ludov. Balbi ann. 878. inter Probat. ult. Hist. Trenorch. pag. 102.

* Cizciacum *Palatium*, f. pro *Cispiachum*, in Charta Ludov. Pii ann. 835.

Clepiacum *Palatium*, [aliis *Clipiacum* et *Clippiacum*, *Clichy*, in agro Parisino.] Charta Dagoberti apud Doubletum pag. 657. 662. 677. Chlodovei II. pag. 682. 684. Childerici pag. 686. Vita S. Ansberti Archiepisc. Rotomag. num. 22. Vita S. Amandi num. 17. Gesta Dagoberti cap. 83. [Vide Mabillonium.]

* Hæc partim ad alterum *Clepiacum* in pago Alnetensi, vulgo *Aunoy*, pertinere existimat D. *Le Beuf* tom. 1. Dissert. pag. cviii.

* Cloia, *Claye*, in Charta Phil. Pulc. ann. 1302. ex Lib. rub. Cam. Comput. Paris. fol. 452. r°. col. 1.

¶ Clunacum *Villa*, in Præcepto Lotharii Imper. ann. 840. pro Eccl. Helenensi, in Append. ad Marcam Hisp. col. 777.

¶ Cociacum seu Codiciacum, *Coucy*, in pago Laudunensi. Vide Mabillonium.

¶ Colonia *Villa*, prope Vindinum Cenomannorum, *Couleines*, apud Sirmondum in Notis ad Capitul. Caroli C. edit. Lupar. tom. 3. col. 1. 2. 3. 5. et 6.

* Colonia Agrippina ad Rhenum, primorum Francicorum regum sedes, in qua, teste Jordano Paderborn. in Chron. Pipinus major domus principale domicilium habuit. Ita Godefr. abb. Gottwic. in Chron. ejusd. monast. pag. 465.

¶ Combelli *Villa regia*, in Briegio non procul a Matrona, vulgo *Combeaux*. Ibi exstitisse Palatium ex eo maxime efficitur quod typum proferant Bouterous et *le Blanc* in quo inscriptum legitur *Combellis fit*. Vide Vales. Notit. Gall. pag. 415.

¶ Commerciacum *Villa*, *Commercy*, in pago Tullensi. Annal. Franc. Fuldens. et Eginhardus ad ann. 823. et 825. Vide R. P. *Benoit* in Hist. Tull.

Compendium *Palatium*, [*Compiegne*. Præceptum Childeberti Reg. Franc. ann. 536. apud Marten. tom. 1. Ampl. Collect. col. 5. Aliud Clotharii II. tom. 3. Analect. pag. 158. Charta Chilperici II. ann. circ. 720. apud Calmet. tom. 1. Hist. Lothar. col. 268.] Capit. Caroli C. pag. 422. 425. 434. 447. 459. 492. Doubletus pag. 777. 778. 780. 790. 801. 813. Bibl. Floriac. tom. 1. pag. 253. [Adde Marcam Hisp. in Append. col. 940. Duchesn. tom. 4. pag. 64. Godefredum in Observ. ad Hist. Caroli VIII. pag. 355. et Mabillonium.]

¶ Coneda *Vicus*, vulgo *Cande*, ad Ligerim, ubi S. Martinus obiit. Præcept. Caroli C. ann. 869. apud Marten. tom. 1. Ampl. Collect. col. 211.

¶ Confluentes ad Rhenum, *Coblentz*, apud Mabillonium.

* Constantia, *Gannodurum* aliquibus, nonnullis *Castellum aquarum*, *Augusta Turgoiorum*, aliis *Valeria*, item *Harudes* et *Vitodurum* appellata, ad lacum Bodemicum, palatio regio clara sub Carolingicis cæsaribus. Vide Guilliman. Habspurg. lib. 2. cap. 1. et de Reb. Helvet. lib. 1. cap. 3. Ita Gottwic. abbas in Chronic pag. 466.

¶ Copsistainum vel Copsistanium, vulgo *Cufstein*, vel *Kupfstain*, in suburbio urbis Moguntiæ ad Lapidem illum famosum Moguntinum, qui a recentioribus *Aichelstain* vocatur. Hæc Schilterus in Gloss. Teuton. de rebus patriis disserens.

Charta Caroli M. ann. 790. apud Felibian inter Probat. Hist. S. Dion. pag. 42.

¶ Corbaria *Palatium*, *Corbiere*, apud Mabill.

Corbiniacum *Palatium* [*Corbeny*, vulgo *S. Marcoul*, in diœcesi Laudunensi.] Charta Caroli C. in Hist. Corbiniac. S. Marculfi pag. 90. Vide Annal. Franc. Fuld. ann. 771. [et Mabill.]

* Corboilum, Corbolium, *Palatium*, in agro Parisino, vulgo *Corbeil*, in Charta Ludov. Jun. ann. 1142. et in alia S. Ludov. ann. 1248. ex Tabul. Maurigniac.

¶ Costa *Villa*, in Charta Carolomanni ann. 882. inter Probat. tom. 2. novæ Hist. Occitan. col. 20. Vide quæ de hac villa disserunt ejusdem Histor. Scriptores pag. 13.

¶ Cotia et Causia seu *Cuisia*, *Cuise*, apud Mab.

* Coynciacum, idem forte quod *Quinciacum*, *Quinçay* vel *Quincy*, aliquot locis nomen commune. Charta Phil. Pulc. ann. 1302. in Lib. rub. Cam. Comput. Paris. fol. 452. r°.

¶ Crisciacum, et Creciacum *Palatium*, *Crécy*, ad rivum Maiam in Pontivo. Charta Clotharii ann. 660. apud Miræum tom. 2. pag. 926. Litteræ Philippi V. ann. 1321. tom. 1. Ordinat. Reg. Franc. pag. 815. Vide Mabillonium.

¶ Crispiacum, Crispiniacum oppidum Valesii tractus primarium, *Crespy*, in Charta S. Ludovici ann. 1247. apud Marten. tom. 1. Ampl. Collect. col. 1297. et Mandato Philippi Pulcri ann. 1311. tom. 1. Ordinat. Reg. Fr. pag. 484.

¶ Croiciacum, Croviacum, vulgo *Crouy*, secus Augustam Suessionum. Vide Mabill.

¶ Cruztiacum *Villa*, vulgo *Cruzenach*, ad Rhenum prope Bingium, in Charta Caroli Mag. ann. 909. apud Miræum tom. 2. pag. 937.

* *Cruciniacum palatium*, in Charta apud Eccard. inter Probat. Hist. geneal. march. Misnens. pag. 257. Civitas Palatinatus inferioris ad amnem Navum, ex Chron. Gottwic. pag. 466

¶ Cunigust *Curtis Regia*, in Præcepto Carlomanni ann. 879. tom. 2. Capitul. col. 1505. f. *Konigstein* 4. aut 5. leucis a Moguntia distans.

¶ Cusiacum, Cuciacum. Vide *Cauciacum*.

* Curtis Bosonis, *Villa super amnem Ligericum*, in Charta Caroli C. ex Tabul. S. Mart. Turon.

* Cymgiacum. Vide supra *Chaingiacum*.

* Decima, *Curtis regia*, hodie *Dezen*, juxta Mosellam, non procul a Treviris. Charta Dagob. I. apud Zyllesium in Defens. S. Maximi part. 3. pag. 8. Vide Chron. Gottwic. pag. 467.

¶ Dionysianum *Palatium*, *S. Denis*. Vide Mabill.

* Dispargum, Castrum in termino Tungrorum, in quo habitabat Clodio rex, ex Greg. Turon. lib. 2. Hist. cap. 9. quod idem est, ut nonnullis scriptoribus placet, atque *Duysborch* prope Lovanium. Vide *Dubos* lib. 2. Hist. critic. cap. 7.

Divio *Palatium*, (*Dijon*.) Guichenonus in Probat. Hist. Bressensis pag. 216.

* Dodiniaca *Villa*, in Charta Lothar. imper. ann. 854. apud Dunod. in Probat. Hist. S. Claudii pag. 66.

* Domus Decoris vel *Pulchritudinis.* Vide supra *Bellitas.*

* Donatio *Palatium*, in Charta Phil. Aug. ann. 1182. ex Tabul. Floriac.

* Doncherium *Villa dominicalis*, vulgo *Donchery*, ad Mosam, inter Macerias et Sedanum, in Charta Caroli Crassi laudata a Valesio in Notit. Gall. pag. 133.

¶ Dordingtum, Dordingum ad Urbiam, *Dourdan sur Orge.* Chartul. vetus Prioratus Longipontis : *Hoc factum est apud Dordingtum in camera* (Ludovici Crassi) *Regis.* Vide l'*Escornay* in Comment. de civit. Dordin.

¶ Dripio *Palatium*, in Charta Caroli Mag. ann. 3. regni ejusdem. Haud scio an non idem fuerit cum *Rouaumé* vel *Royaumaix* in agro Tullensi, quod *Regale madium* et *Regalis hortus* dicitur in Charta ann. 898. *Dupium* vulgo *Duffel*, Mabillonio.

* Drocæ *Castrum*, vulgo *Dreux.* Charta Henr. I. reg. Franc. ex Tabul. S. Petri Carnot. : *Actum Drocis castro publice in aula regis, anno Incarnationis Dominicæ* 1065.

¶ Duodeciacum et Duziacum, *Douzy*, inter Sedanum et Mosomagum. Vide Mabill.

Dura vel Duria *Palatium.* Doublet. pag. 708. 716. 718. Chiffletius in Tornutio pag. 268. *Duriæ* villæ mentio est passim in Annal. Franc. [vulgo *Duren* Ubiorum vicus, veteribus *Marcodurum.* Vide Mabillonium.]

* Eduense *Palatium*, in Charta Ludov. Jun. ann. 1146. inter Probat. ult. Hist. Trenorch. pag. 161. Vide Valesii Notit. Gall. in v. *Augustodunum.*

¶ Elidio *Villa*, in Præcepto Caroli C. ann. 876. tom. 3. Annal. Bened. inter Instr. pag. 681. Locus est, teste Mabillonio, haud procul ab opido Trajecto ad Mosam.

¶ Embrecha *Villa supra Rheni fluenta*, Embricum, *Emmerick*, in Westphalia. Charta Caroli Simplicis ann. 922. apud Calmet. tom. 1. Hist. Lothar. inter Instr. col. 337.

¶ Ercharìacum, Ercherecum, *Eschery*, non longe a Lauduno. Vide Mabill.

* *Ercrecum*, tom. 3. Collect. Histor. Franc. pag. 365. *Erchericum*, ibid. pag. 615. *Erteriacum*, pro *Erceriacum*, in Chron. Fontanel. tom. 2. Spicil. novæ edit. pag. 263.

¶ Essona seu Exona, *Essonne*, in agro Parisiensi. Vide eumdem Mabill.

Evrogilum, [sive Ebrogilum, *Ebreuil* in Arvernis ad Sicaulam flumen.] Vita Ludovici Pii ann. 798. [Vide Mabill.]

¶ Fere in Tardanesio Castrum, *Fere en Tardenois*, in Suessionibus. Literæ Johannis Reg. ann. 1363. tom. 3. Ordinat. pag. 438.

¶ Ferrucius *Villa* ad Garumnam, *Castel Ferrus*, in Charta Caroli ann. 843. inter Instr. tom. 1. Hist. Occitan. col. 78.

¶ Flameresheim *Villa Regia*, in Ripuaria seu Ripuariæ confinio. Annal. Metenses ad ann. 870. apud Duchesn. tom. 3. Hist. Franc. pag. 312.

¶ Flattana *Palatium.* Præcept. Lotharii ann. 846. apud Marten. tom. 1. Ampl. Collect. col. 115.

* Floriniacum, *Villa super Carum.* Diploma Pippini II. reg. Aquit. ann. 847. tom. 8. Collect. Histor. Franc. pag. 361.

* Follanebraium, *Follenbray*, in pago Laudunensi inter Calnacum et Codiciacum, villa regia Francisci I. et Henrici II. cujus meminit Hincmar. Laudun. in epist. ad Hincmar. Rem. Ita Vales. Notit. Gall. in v. *Braium.*

¶ Folleye in silva Leonum, a *Foliata* Gall. *Fouillée*, locus foliis obsitus, dicta. Charta Philippi IV. ann. 1293. in Chartular. Domus Dei Pontisar. : *Actum apud domum nostram Folleye in Leonibus, etc.*

* *Fulleria* appellatur in alia ejusd. Phil. Charta ann. 1298.

¶ Fons-Bliaudi, seu *Bliaudi*, *Fontainebleau*, in silva Bieria pagi Vastiuensis. Vide Mabill.

* Foracheim, *Villa* seu *Curtis regia* in Germania, vulgo *Forchain.* Charta Ludov. Pii ann. 829. ex Tabul. Novient. Annal. Fuld. ad ann. 872. *Foraheim*, ibid. ad ann. 874. *Forahheim*, *Foreheim*, in Diplom. Ludov. Germ. reg. ann. 910. tom. 9. Collect. Histor. Franc. pag. 373.

* Foresta in pago Vastinensi prope Milliacum ; *Forest lez Milly en Gastines*, in Charta Phil. V. ann. 1320.

¶ Fosianum *Villa*, in Charta Karlomanni ann. 881. tom. 2. Capitul. col. 1510.

Franconofurt *Palatium*, [*Francfort.* Charta Caroli M. ann. 794. tom. 2. Capitul. col. 1400.] Theganus de Gestis Ludovici Pii cap. 40. Chron. Farfense pag. 655.

¶ Frisgodios. Vide *Trisgodios.*

¶ Gardina *Palatium regium* non longe, ut videtur, ab Aquisgrano situm. Charta Lotharii ann. 833. in Append. ad Marcam Hispan. col. 771. Consule Baluz. ibid. col. 351.

¶ Gavarciacum *Fiscus regius*, vulgo *Javarçay*, in pago Pictavensi. Vide Vales. in Notit. Gall.

¶ Gaverdolium *Villa*, Idem f. quod *Gavarciacum;* vel *Gargogilum* seu *Gargolium* ad Ligerim, vulgo *Jargeau.* Charta Caroli C. ann. 851. ex Tabular. S. Albini Andegav.

* Gaya *in Campania.* Charta Phil. Pulc. ann. 1310. ex Chartul. Regalis loci ch. 28.

¶ Gemmeticum *Villa regia*, vulgo *Jumieges*, in pago Rotomag. ad ripam Sequanæ. Vita S. Filiberti apud Duchesn. tom. 1. pag. 650.

Gentiliacum, [*Gentilly*, agri Paris. villa.] Annal. Franc. ann. 766. [Vide Mabillonium.]

¶ S. Germanus in silva Ledia sive Laia, *S. Germain en Laye.* Vide Mabillonium.

Germiniacum *Palatium*, [*Germigny* : quodnam vero sit istud *Germiniacum* pronuntiare haud ita facile est. Vide Mabill. Charta Caroli C. ann. 854. tom. 2. Capitul. col. 1462.] Hariulfus lib. 3. cap. 9. pag. 499.

* *Germiniacum* diœcesis Aurelianensis tribus leucis distans a Magduno ad Ligerim interpretatur D. *Le Beuf.*

¶ Geseicum, Gesiacum *Regalis Sedes*, in Charta ann. 24. Lotharii ex Chartular. ex Chartular. S. Petri in Vallibus.

* Gisortium, *Palatium*, in Veliocassibus ad flumen Ittam, *Gisors.* Charta Phil. Aug. ann. 1212. ex Tabul. Mauziac.

¶ Goddinga *Villa*, in Diplom. Caroli Magni. Vide Mabillonium, et infra *Gundovilla.*

¶ Grania *Villa*, in Charta Caroli Crassi Imper. ann. 886. apud Perardum pag. 160. An idem quod

¶ Grani-Aquis, pro Aquisgrani, in Charta Caroli M. tom. 3. Analect. pag. 262. Vide supra.

* Grene vel Greve, *Domus regia.* Charta Phil. V. ann. 1318. in Reg. 56. Chartoph. reg. ch. 217 : *Nos carissimæ consorti nostræ reginæ domum nostram, quæ vulgaliter nuncupatur de Grene in Campania, ... concedimus.* Vide *Grania.*

Gundovilla, *Godingovilla*, vel *Gundulfivilla Palatium*, [*Gondreville*, ad Mosellam una leuca infra Tullum-Leucorum.] Frotharius Episc. Tullensis Ep. 11. Claudius *Thiroux* in Hist. Comit. Augustodun. pag. 55. Doublet. pag. 715. Columbus in Episcopis Vivariensibus lib. 2. n. 38. Charta Ludovici Balbi ann. 2. Ind. 12. in Tabul. Heduensis Eccl. [Adde Annal. Bertin. ad ann. 869. Hincmarum tom. 2. pag. 613. Reginonem ad ann. 984. et 985. Chifflet. in Tornutio pag. 275. Mabill. etc.]

¶ Gurziaica *Villa super Madernam fluvium*, in Charta Ludovici Transmarini ann. 940. apud Perardum pag. 165.

* Herinstem, *Villa* pagi Alsacensis ad Illum fluvium, Argentinam inter et Schlestadium, in Charta Ludov. Pii ann. circ. 820. Vide Chron. Gottwic. lib. 3. pag. 481.

Heristallum, [*Herdtallum, Haristallium Palatium publicum*, vulgo *Herstal*, ad Mosam Leodium inter et Trajectum : patria Pippini Majoris Domus Franciæ. Charta Caroli Mag. ann. 780. apud Calmet. tom. 1. Hist. Lothar. col. 291.] Baldricus lib. 1. Chron. Camerac. cap. 67. Sammarthani in Episc. Andegav. n. 27. Diplom. Belgica Miræi pag. 271. Meurissius in Præfat. ad Hist. Episc. Metens. pag. 22.

* Hesdinium *Castrum*, ad flumen Quantiæ; *Hesdim*, in Charta Phil. Aug. ann. 1191. ex Chartul. S. Bert. pag. 126.

Hisentiacum *Palatium a Mossella flumine* 8. *fere millibus constructum*, in Annal. Franc. Bertin. ann. 842. [pro *Sentiacum*, *Sentzich.*]

¶ Hortus Regius. Vide *Dripio.*

¶ Hturnus. Vide infra *Turnus.*

¶ Huxori, Huxorium, *Heuxter*, ad Wiseram, in Episcopatu Paderbornensi : quem locum etiam ante Carolum M. villam regiam fuisse scribit Visselbeccius in Chron. Huxor. Vide Paullin. Rer. Germ. syntagm. tom. 1. part. 2. pag. 1. et Mabill.

¶ Jenvilla *Palatium*, *Janville*, in pago Aurelianensi inter Aurelias et Carnutum. Charta Ludovici Junioris ann. 1141. ex Tabular. Bonæ-vallis.

¶ Ingelheim *Palatium*, Bingium inter et Maguntiam, in Præcepto Ludovici Pii ann. 826. apud Marten. tom. 1. Anecd. col. 25. *Ingelinheim*, in Charta ejusdem Imper. ann. 831. tom. 5. novæ Gall. Christ. inter Instr. col. 463.

¶ Insulæ *super Matronam*, *Isles sur Marne*. Vide Mabillonium.

Jocundiacum, alias *Joguntiacum Palatium*, vel *Jogentiacum*, in Lemovicino, [nunc *Joac*.] Vita Ludovici Pii ann. 832. Ademarus in Chron. ann. 829. Gesta Lemovicensium Episc. cap. 1. Vita S. Genulfi cap. 7. [*Jucuntiacum*, apud Aimoinum lib. 5. cap. 13.]

* *Jogundiacum*, in Charta Ludov. Pii ann. 793. inter Instr. tom. 2. Gall. Christ. col. 346. *Jogentiacum* et *Jogennacum*, apud Labbeum tom. 2. Bibl. Mss. pag. 159. et 713. Nonnullis *Mont-Joui*, locus ab abbatia S. Martialis dependens, qui in Chartis ejusdem *Gaudium* et *Gaudiacum* nuncupatur : sed potior mihi videtur opinio D. abb. *Belley*, cui locus esse videtur, qui etiam nunc *Palatium* appellatur, ad Viennam positus, una circiter leuca a Lemovico distans. Comment. Acad. Inscript. tom. 19. pag. 721. Quam sententiam firmat Vita Ms. S. Mart. Ludov. : *Et cum iter facerent, contigit ut devenirent ad quoddam regale palatium, vocabulo Jogentiacum. Fixerunt autem tentoria et papyliones omnes principes et comites e diversis regionibus coadunati super Vinzennam fluvium.*

Jopila *Villa publica*, [*Jupila*, *Jupil* vel *Jopil* prope Leodicum. Charta Dagoberti II. tom. 3. Analect. pag. 220. *Jobvilla*, in Charta ann. v. Pippini ibid. pag. 239.] Annal. Franc. Metens. ann. 714.

¶ Isemburgum *Palatium*, *Isembourg*. Vide Mabill.

¶ Issiacum vel Isciacum, *Issy*, ad Sequanam. Vide eumdem Mabillonium.

¶ Juvenciacum *Palatium*, Idem quod *Jocundiacum*, in Charta Ludovici Pii ann. 832. tom. 1. Hist. Occitan. inter Instr. col. 67.

* Juviniacum *Palatium*, *Juvigny*; duabus leucis a Suessione versus Septentrionem, non *Joyne*, ut volunt Bollandistæ; quod pluribus demonstrat D. *Le Beuf* tom. 1. Dissert. pag. cxvj. Vita S. Arnulphi tom. 4. Jul. pag. 404. col. 1 : *Et sicut solitus erat* (Chlodoveus) *victor ad Juviniacum in pago Suessionico remeavit.*

Kala, vulgo *Chelles*, hodie Abbatia Sanctimonialium, [pone quam situm fuisse palatium regium probabilissimum est.] Præceptum Roberti Regis in Tabul. S. Dionysii : *Auctoritate nostra et Episcoporum, qui nobiscum hoc præceptum in sancta Synodo, quæ 16. Kl. Junii Kalæ sedis nostræ Palatio, collecta resedit, firmaverunt, etc.* [Vide Mabill.]

¶ Kircheimum *Palatium*, vulgo *Kirkem*, in Alsatia inferiori haud procul a Marlegio. Vide Mabillon.

¶ Latiniacum *Villa*, *Lagny*. Vide Mabill.

Laudunum *Palatium*, [*Laon*. Præceptum Caroli M. ann. 797. apud Marten. tom. 1. Anecd. col. 15.] Beslius in Comit. Pictav. pag. 253. Codex Donat. piar. Miræi pag. 120. [*Lugdunum Palatium* dicitur in Charta Caroli Simplicis ann. 921. apud eumd. Miræum 2. edit. tom. 1. pag. 36. *Laudunum clavatum*, in Charta Lotharii ann. 954. ibid. pag. 43. Vide Append. ad Marcam Hispan. col. 856. 871. Sirmondum edit. Lupar. tom. 3. col. 63. Mabillonium, etc.]

¶ Lemegia *Villa*, in Charta Odonis Reg. ann. 890. inter Probat. tom. 2. Hist. Occitan. col. 26. Haud scio an *Lemegia* idem sit quod *Limogiæ* in silva Aquilina, vulgo *Limoux*; vel *Limolium*, *Limeuil*, in Briegio.

* Leg. *Lernegia*, ut editum est loco laudato, et tom. 9. Collect. Histor. Franc. pag. 451. Valeat itaque proposita hic conjectura.

¶ Lens, in pago Atrebatensi, inter villas Regias accensetur in Capitul. Caroli C. ann. 877. tit. 53. § 32. Vide Sirmondum edit. Lupar. tom. 3. col. 344.

¶ S. Leodegarius, in silva *Lisga* vel *Lisica*. Charta Ludovici VI. ann. 1125. apud Marten. tom. 1. Ampliss. Collect. col. 685. Vide Mabill.

¶ Leodicum *Vicus publicus*, aliis *Leudica*, *Liuga*, et *Legia*, *Liege*. Vita Caroli M. ad ann. 769. Præcept. Lotharii ann. 853. apud Marten. tom. 1. Ampliss. Collect. col. 130. Vide eumd. Sirmondum col. 95. 101.

¶ Leones, in finibus Veliocassium vulgo *Lions*. *Castrum nostrum de Lyons*, in Charta Philippi Aug. ann. 1217. Vide Valesium in in Notit. Gall.

¶ Lingonense *Palatium*, *Langres*, in Diplom. Caroli Simplicis ann. 921.

¶ Lipciacus *Villa Andegavensis*, in Charta Carlomanni ann. 882. inter Probat. tom. 1. Hist. Occit. col. 138.

Liptinæ *Palatium*, [vulgo *Lestines* in Cameracensi pago.] Mirac. S. Ursmari num. 19. Fulcuinus de Gest. Abbat. Lobiens. cap. 3. 6. Cod. Donat. piar. Miræi pag. 38. [Vide Mabillonium.]

¶ Livriacum *in Alneto*, *Livry en Aunis*, in Edicto Philippi V. ann. 1317. tom. 1. Ordinat. Reg. Franc. pag. 650.

* Emendandum *en Aunay* vel *Aunoy*.

¶ Lociæ *Castellum*, *Loches*, in finibus Turonum ad Angerim. Mandat. Johannis Reg. ann. 1356. tom. 3. Ordinat. pag. 84. Vide Vales. Notit. Gall. v. *Luccæ*, pag. 288.

¶ Locus-Sanctus *Palatium*, vulgo *Loursain*, in Briegio. Vide eumdem Vales. pag. 422.

¶ Longalare, Longlare *Palatium* in silva Arduenna, diœcesique Leodicensi, non procul a S. Huberti cœnobio, vulgo *Glare*. Charta Lotharii ann. 844. apud Miræum tom. 1. pag. 338. Vide Mabill. Haud scio an idem sit quod *Longcamp* in Charta Caroli Crassi, Defens. Abbat. Prum. pag. 58 : *Actum in pago Arduenna in villa nuncupata Longcamp.*

¶ Loriacum *Palatium* in pago Vastinensi, *Lory*, apud Mabillonium.

¶ Lugdunum *Palatium*, *Lyon*. Charta Ludovici Pii ann. 836. in Append. Marcæ Hisp. col. 775. Alia Lotharrii ann. 968. ibid. col. 892.

* Lupara, Palatium Parisiis notissimum. Charta Joan. reg. Franc. ann. 1356. ex Chartul. 23. Corb. : *Datum apud Luparam juxta Parisios.*

¶ Lusarca *Palatium*, *Lusarche*, in agro Parisiensi. Vide Mabillonium.

¶ Madoallus *Fiscus dominicus*, in pago Cenomannico ad flumen Meduanam. Præceptum Childeberti I. ann. 528. apud Marten. tom. 1. Ampliss. Collect. col. 4. Vide Vales. Notit. Gall. pag. 312.

* Madriolæ *Villa nostra*, vulgo *Maroles*, ad Sequanam in pago Melodunensi. Charta Caroli M. ann. 786. tom. 5. Collect. Histor. Franc. pag. 750.

Mamacca *villa publica* [*Maumaques*, in agro Noviomensi. Præcept. Dagoberti II. tom. 3. Analect. pag. 217.] Annal. Franc. Metens. ann. 692. [Vide Mabill. et Cointium in Epist. quam Regi inscripsit tom. 4. Annal. Eccles. Franc.]

¶ Manderfelt *Palatium* haud procul a Prumiensi monasterio in Electoratu Trevir. Charta Lotharii ann. 854. apud Marten. tom. 1. Ampl. Collect. col. 134.

¶ Mantala *Palatium* in pago Viennensi, *Mantaille*. Vide Mabillonium.

* *Mantelus villa*, in Charta ann. 858. Caroli C. ex Chartul. eccl. Vien. vulgo *Mantaille*.

¶ Mareleia, Marlegia *Palatium* in Elisatia, *Marlen*. Vide eumdem Mabill. Perperam *Metlagium* apud Felibian. inter Probat. Hist. S. Dion. pag. 79.

¶ Mariscarias *Villa* in pago Arvernico. Præcept. Caroli Calvi ann. 843. apud Felibian. ibid pag. 64.

¶ Marlacum, Marliacum et *Morlacum Palatium*, *Morlay*. Vide Mabillonium.

* Marlacum situm in agro Parisiensi, vulgo *Marly*, intelligit D. *Bouquet*, cujus rationes videsis in nota ad tom. 4. Collect. Histor. Franc. pag. 658.

¶ Marsna seu Marsana *Palatium*, *Mersen*. Vide eumdem Mabillonium.

¶ Maslarium *Palatium*, f. *Maseyck* ad Mosam in Episcopatu Leodicensi. Charta Pippini Reg. ann. 766. in Defens. Abbatiæ Prumiensis pag. 52.

¶ Masolacum seu Masolagum *Palatium*. Vide Vales. in Defens. Notit. Gall. et Mabill.

* Et *Mansolacum*, quod *Curtis dominica* et *Palatium* promiscue appellatur, D. *Le Beuf* tom. Collect. var. script. ad illust. Gall. pag. 50. *Maslay* ad Venenam fluvium, una a Senonibus leuca distans. Ipsum consule.

* Mauziacum *Palatium*, Monasterium Mausiacense, vulgo *Mausac*, in Arvernis. Charta Phil. Aug. ann. 1184. tom. 4. Ordinat. reg. Franc. pag. 206.

¶ S. Medardus *Palatium*, Idem quod *Croiciacum*. Vide Mabillonium.

¶ Mediana *Villa*, *Moyenvic*, ut videtur, in Episcopatu Metensi. Charta Caroli C. ann. 845. apud Marten. tom. 1. Ampl. Collet. col. 111.

* Medonta *Palatium*, Mellentum ad Sequanam in Veliocassibus, *Meulan*. Charta Ludov. Jun. ann. 1167. in Chartul. Campan. Cam. Comput. Paris. Aliæ Phil. Aug. ann. 1188. ex Chartul. S. Nigas. Mellet. et ann. 1216. ex Lib. rub. ejusd. Cam. fol. 122. v°. col. 2.

¶ Meledunum ad Sequanam, *Melun*. Charta Ludovici VII. ann. 1139. apud Marten. tom. 1. Anecd. col. 392. Alia S. Ludovici ann. 1230. tom. 1. Ordinat. pag. 54.

* Tabul. Carnot. : *Actum Meloduni in palatio domini regis Philippi coram ipso, anno Domini 1212. mense Julio.* Lit. Caroli V. ann. 1371. tom. 5. Ordinat. reg. Franc.

pag. 346 : *Donné en nostre chastel de Meleun sur Sainne.*

¶ Metlagium. Vide *Mareleia.*

¶ Mettense *Palatium*, *Mets*, in Charta Caroli Simplicis ann. 912. apud Marten. tom. 1. Ampl. Collect. col. 270. Vide Mabillonium.

Moguntia *Palatium*, [*Mayence.* Charta Pipini Reg. ann. 765. apud Calmet. tom. 1. Hist. Lothar. col. 280.] Diplomata Belgica Miræi pag. 24. [Vide Mabillonium.]

* Molariæ *Palatium*, cum foresta. Charta Pippini reg. ann. xi. regni ejusd. ex Reg. 111. Chartoph. reg. fol. 169 : *Actum in foreste, quæ dicitur Molarias.* Alia Caroli M. ann. 774. tom. 5. Collect. Histor. Franc. pag. 727 : *Deinde ad Molarias super Victriacum, etc.* Vide Vales. Notit. Gall. pag. 423.

* Molignum, *Villa*, vulgo *Moulignon*, cujus meminit Sugerius in Lit. ann. 1137. ex Notit. Gall. Vales. pag. 423. Idem videtur quod *Moliniaus* in Reg. A. 2. Cam. Comput. Paris. fol. 18. r°. : *Mémoire de la réfection du chastel de Moliniaus, qui est au décheoir et pourra moust couster à soutenir.*

¶ Monasteriolum pagi Pontivi, *Montreüil.* Præcept. Caroli C. ann. 877. apud Marten. tom. 1. Anecd. col. 48. Vide Mabillonium.

¶ Moncellum seu Monticellum, *Monceaux.* Vide Mabillonium.

¶ Mons Desiderii in finibus Ambianorum, *Mondidier.* Vide Vales. Notit. Gall.

* Mons Gaudii *Palatium*, in Charta Phil. VI. ann. 1336. ex Reg. 169. Chartoph. reg. ch. 278 : *Nostre chastel ou meson de Montjoye au-dessus de l'abbaye de Joienval.*

¶ Monteletherigum *Castrum*, *Montleheri*, in agro Parisino. Litteræ Johannis Reg. ann. 1356. tom. 3. Ordinat. pag. 94. Vide Vales. Notit. Gall. pag. 406. col. 2.

¶ Montilz prope Turones. Regest. Cameræ Comput. Paris sign. S. M. fol. 1 : *Dominus Rex Franciæ Ludovicus hujus nominis Undecimus, diem suum clausit extremum in domo sua vocata Gallice* les Montilz *juxta Turones die Sabbati* 30. *mensis Augusti circa horam nonam post meridiem ann. D.* 1483. Vide Godefredi notas ad Hist. Caroli VIII. pag. 351.

¶ Moretum *Palatium* in Vastinensi agro ad Lupiam, *Moret.* Charta Philippi Aug. ann. 1197. tom. 1. Ordinat. pag. 22.

* Charta Ludov. VI. ann. 1134. ex Chartul. S. Joan. Laudun. Alia Ludov. VII. ann. 1153. in Chartul. Lingon. fol. 13. v°.

* Morlaca, Morlacum, *Vicus publicus* diœcesis Bellovacensis, vulgo *la Morlaie*, non *Morlai* in pago Tullensi, ut opinatus est Germanus ubi de Palatiis, cui assentitur R. P. *Benoit* in Hist. Tull. quod aperte satis probat. D. *Le Beuf* tom. 1. Dissert. pag. cxxij.

¶ Nantogilum, Nantoilum *Palatium*, *Nanteüil.* Vide Mabillonium.

¶ Narbonense *Palatium*, *Narbonne*, in Charta Caroli C. ann. 850. apud Marten. tom. 1. Ampl. Collect. col. 121.

¶ Neafla, aliis Nielfa *Palatium*, hodie *Neaufle*, in pago Vilcassino parœciæ Rotomag. Capitul. Caroli C. tit. 20. Poema cui titulus, *Les Adventures advenuës en France* ab ann. 1214. ad 1412 :

> L'an mil IIIc. IIIIxx. avec XVIII. ans,
> De la Raine Blance fu affiné le temps
> A Neaufle le Chastel.

Ubi Nelfa Castellum, *Neaufle le Chasteau*, in Carnutibus indicatur.

* Nemausum, *Palatium*, *Nismes*, in Charta S. Ludov. ann. 1248. ex Reg. 133. Chartoph. reg. ch. 48.

Nemetense, [*Spire*,] in Præcepto Caroli M. de Institut. Episcopat. per Saxoniam ann. 789.

¶ Nemetodorum *Palatium* agri Parisiensis, *Nanterre.* Vide Mabillonium.

* Nemons *Palatium*, in Charta Phil. Aug. ann. 1217. ex Reg. 44. Chartoph. reg. ch. 36.

Neomagum *Palatium*. Vita Caroli M. pag. 100. Regino ann. 881. Lambertus Schaffnaburg. ann. 1046. W. Heda pag. 226. 244. 1. edit. etc. [*Numaga*, in Præcepto Caroli M. ann. 780. apud Miræum tom. 1. pag. 246. *Niumaga*, in Charta Ludovici Pii ann. 815. apud Marten. tom. 1. Ampl. Collect. col. 62. aliis *Noviomagus*, *Nimegue*, ad Vahalim in Geldria.]

¶ Neronda *Villa*, in Præcepto Carolomanni an. 880. inter Instrum. tom. 4. novæ Gall. Christ. col. 64. [* Vicus pagi Bituricensis.]

¶ Nicias *Castellum* in Provincia, *Nice.* Charta Ludovici Reg. ann. 894. apud Baluz. tom. 2. Miscell. pag. 158.

¶ Nigella *Domus Regia Parisiis*, vulgo *l'Hostel de Nelle*, quæ portæ urbis cui proxima erat nomen dedit. Charta Johannis Reg. ann. 1350. tom. 2. Ordinat. pag. 340.

¶ Niortum *Palatium* in Pictonibus ad ripam fluvii Separis, *Niort.* Charta Ludovici Junioris ann. 1141. instr. tom. 2. Gall. Christ. col. 386.

¶ Nobilis Domus *S. Audoëni*, *S. Oüyn*, ad Sequanam prope Parisios, ubi Ordinem Stellæ ann. 1351. primum instituit Johannes Rex Franc. Ejusdem palatii pluries occurrit mentio tom. 3. Ordinat. Reg. Franc.

* Novavilla *Palatium*, *in episcopatu Bellovacensi*, ex Charta Ludov. VII. ann. 1179. inter Inst. tom. 6. Gall. Christ. col. 361.

* Novenda, *Palatium*, in Charta ejusd. Ludov. ann. 1169. ex schedis Mabill.

¶ Noviantus *Palatium* ad Vidum in pago Bedensi, hodie *Void.* Hist. Tull. R. P. *Benoit.* Vide Martenium, tom. 3. Anecd. col. 995.

¶ Novavilla, *Neuville*, ad ulteriorem ripam Sequanæ contra Clippiacum. Præcept. Caroli Simplicis ann. 922. in Append. Marcæ Hisp. col. 843.

¶ Novientum vel Novigentum, vulgo S. Clodoaldus, *S. Clou.* Vide Mabillonium.

¶ Noviomagus. Vide *Neomagum.*

Noviomense, [*Noyon.*] Vita S. Godebertæ n. 4. [Vide Mabillonium.]

* Noviomium *Palatium*, *Noyon*, in Charta Ludov. VII. ann. 1143. ex Chartul. S. Joan. Laudun. *Noviomum*, in alia Phil. Aug. ann. 1210. ibid.

¶ Noviomum *Villa*, Idem videtur quod *Neomagum.* Præcept. Caroli Calvi ann. 845. tom. 2. Annal. Bened. pag. 748.

¶ Novum-Castellum Arduennæ proximum, *Neuf-Chastel*, in Diplom Lotharii ann. 855. apud Marten. tom. 1. Ampl. Collect. col. 138.

¶ Novus-Mercatus ad Ittam, Gornacum inter et Gisortium, *Neuf-Marché.* Charta Philippi Pulcri ann. 1308. tom. 1. Ordinat. pag. 452.

¶ Nucetum seu nocetum *Villa*, ad Matronam, *Noisy.* Vide Mabillonium.

* Nuhusen in pago Wormatiensi, Dagoberti aliorumque regum Francorum vetus palatium, ex Chron. Wormat. apud Ludewig. tom. 2. Reliq. Mss. pag. 32. Vide Chron. Gottwic. pag. 498.

¶ Odonis-Villa, quæ *Curtæ Odonis-villæ super amnem Liberitum.* (l. Lidericum, *le Loir*) dicitur in Diplom. Caroli C. ann. 862. apud Marten tom. 1. Ampl. Collect. col. 167.

¶ Odreia-Villa sive *Audriaca-villa*, *Orreville.* Vide Mabillonium.

¶ Ollona *Palatium* apud Insubres ad fluvium Olenam, sextodecimo circiter milliario a Mediolano versus Occidentem æstivum. Præcept. Lotharii Imper. ann. 838. tom. 2. Capitul. col. 1439.

¶ Opatinacum, in Præcepto Childeberti tom. 3. Analect. pag. 95. perperam pro *Captonaco* : quod vide.

¶ Ostrenhova *Palatium* in inferiori Saxonia ad Olsam, *Osterwick.* Charta Ludovici Pii apud Cointium tom. 8. Annal. Ecclesiast. Franc. pag. 431.

* *Ostrohova*, in Charta ejusd. Ludov. Pii ann. 816. apud Oefel. tom. 1. Script. rer. Boicar. pag. 703. col. 2.

* Otinga, *Curtis regia*, *fiscus dominicus*, hodie *Œttingen* in Bajoaria, ex Chron. Frising. apud Meichelbec. tom. 1. part. 2. pag. 93. et ex pluribus Chartis laudatis lib. 3. Chron. Gottwic. pag. 500.

¶ Paciacum *Palatium* ad flumen Auturam inter Ebroicas et Meduntam medium, vulgo *Pacy.* Charta Philippi Aug. ann. 1203. inter Instr. tom. 4. Gall. Christ. col. 197.

¶ Padreburna *Fiscus regius*, nunc urbs Episcopalis Westphaliæ, *Paderborn.* Charta Caroli M. ann. 790. apud Miræum tom. 1. pag. 131. Alia ejusdem ann. 807. apud Calmet. tom. 1. Hist. Lothar. col. 296.

¶ Palatiolum *Villa*, agri Parisiensis, vulgo *Palaiseau.* Vide Mabillonium.

* Ibi etiam sub Childeberto I. extitisse palatium observat D. *Le Beuf*, tom. 2. Dissert. pag. 208. ex vita S. Rigomeri ibid. pag. 215.

¶ Panago, pro *Pontigo*, in Charta Caroli Calvi ann. 861. tom. 2. Capitul. col. 1482.

* Pandiacum, *Palatium regale*, apud Miræum in Diplom. Belgic. pag. 260. sed fictitium palatium esse monet D. *Bouquet* tom. 8. Collect. Histor. Franc. pag. 673.

Papia *Palatium*, in Italia, *Pavie*, Ticinum. Chron. Farfense pag. 666.

¶ Parintaniacum *Villa sita in Comitatu Arvernensi subtus castrum Uzo*, in Præcepto Lotharii ann. 982. Append. Marcæ Hisp. col. 931.

Parisiense *Palatium.* Helgaudus in Roberto Rege pag. 66. Charta Philippi I. Reg.

apud Doublet. pag. 835. [Vide Valesium et Mabillonium.]

¶ Pauliacum *Vicus* non longe distans a Floriaco, vulgo *Pouilly*. Charta Carolomanni ann. 881. inter Instr. tom. 2. Hist. Occitan. col. 19. Adrevaldus in Mirac. S. Bened. cap. 37. nisi idem sit quod *Pauliacum*, vulgo *Pauliac*, in diœcesi Mimat. cum Viennam tunc obsideret Carolomannus ; a qua obsidione hoc anno revocatus quidem est, sed utrum in Franciam incertum est omnino.

Perona *Palatium*, [ad Suminam, *Peronne*.] Chron. Fontanell. ann. 849. [Charta Philippi Aug. ann. 1210. apud Duchesn. Hist. Bethun. pag. 160. Vide Mabillonium.]

¶ Petra-Ficta *Villa*, *Pierrefite*. Vide Mabill.

¶ Petræfons *Domus regia*, *Pierrefons*. Vide Mabillonium.

¶ Pettingehem *Villa*, vulgo *Petinghem*, ad Scaldim prope Aldenardam Flandriæ opidum. Præcept. Caroli Calvi ann. 864. apud Miræum tom. 1. pag. 27.

Pictavum *Palatium*, [*Poitiers*.] Charta Ludovici Pii ann. 839. apud Perardum in Burgundicis pag. 25. [Vide Beslium. in Histor. Comit. Pictav. pag. 317.]

Pissiacum *Palatium*, [ad Sequanam, in extremis Carnotenæ diœcesis finibus, *Poissy*.] Helgaudus in Roberto Rege pag. 65. Ph. Labbeus tom. 2. Miscell. pag. 586. [*Pisciacense Palatium*, in Charta Roberti Reg. ann. 1030. inter Probat. Histor. S. Germ. Paris. pag. 25.]

¶ Pistæ *Villa* ad Andellæ atque Auduræ confluentes, vulgo *Pistes*. Vide Mabillonium.

* *Pistres*, in Lit. remiss. ann. 1396. ex Reg. 161. Chartoph. reg. ch. 189: *L'exposant demourant au Pont saint Pierre prez de Rouen, et Guillaume le Doyen sergent dudit Pont S. Pierre passerent par la ville de Romeilly en alant en la ville de Pistres, qui est demie lieue par delà ou environ; en laquelle ville de Pistres, etc.* Vide Mercurium Franc. ann. 1741. mens. Jul. pag. 1562.

¶ Pladella *Villa* Campaniæ Brabanticæ vulgo *Bladel*, in Charta Caroli Simplicis ann. 913. apud Miræum tom. 1. pag. 35.

* Plectetæ *Palatium*. Charta Ludov. Transmar. ann. 950. tom. 9. Collect. Histor. Franc. pag. 607 : *Actum in Plectetis quod fuit in villa, quæ dicitur Trisluro.* In Chartul. Cluniac. legitur : *Actum in placito quod fuit in villa, quæ dicitur Trisburgo.* Quod magis mihi probatur.

¶ Plessitium *Palatium* prope Turones, *Plessis du Parc lez Tours;* an idem quod *les Montils?* Vide Godefredi notas ad Hist. Caroli VIII. pag. 389.

* Polliacum, *Villa super Ligerim*, *Pouilly*, in Charta Ludov. Transmar. ex Chartul. Cluniac. ch. 144.

* Pons Archiæ, *Palatium*, vulgo *Pont de l'arche*, in Charta Phil. Aug. ann. 1215. ex Chartul. abbat. Boniportus. *Pons Archarum*, in alia ejud. reg. ann. 1217. ex Chartul. Maurigniac. Vide *Pons Arcus* apud Vales. in Notit. Gall. pag. 453. col. 1.

¶ Pons S. Maxentiæ *Villa* ad Isaram in Insula Franciæ, *Pont S. Maixance*. Charta Roberti Reg. ann. 1016. apud Marten. tom. 1. Ampl. Collect. col. 380.

¶ Pontianum prope Narbonam. Vide Mabill.

Pontiliacum *Palatium*, [ad Ararim, vulgo *Pontailler;* quod probant multa Instrumenta in quibus legitur, *Pontiliacus ad Sagonam ; Pons Arliæ*, in Chron. Virdun. ad ann. 1095.] Charta Caroli C. apud Perardum in Burgund. pag. 49.

* Valesio in Notit. Gall. pag. 34. col. 2. dicitur *Pons Arliciorum* vel *Arleium*, *Pontarly*.

Pontio seu Pontico *Palatium*. Justell. in Probat. Hist. Turen. pag. 11. Ph. Labbeus tom. 2. Miscell. pag. 474. Diplom. Belgica Miræi pag. 32. Baluz. in Append. ad Capitul. num 89. 90. 106. [Vide Mabillonium.]

¶ Pontisara, Pontesia in Veliocassibus ad Isaram, *Pontoise*. Charta Ludovici VII. ann. 1177.

¶ Prumia *Villa*, *Pruym*, in Electoratu Trevir. Charta Theodorici Reg. ann. 722. apud Calmet. tom. 1. Hist. Lothar. col. 269.

¶ Quentovicus, quasi vicus ad *Quentam*, *la Canche*, unde *Wicus* nude interdum dicitur : locus non longe a Stapulis et a monasterio S. Judoci. Edictum Pistense ann. 864. cap. 12. Vide Vales. Notit. Gall. pag. 461. et *le Blanc* de Monet. pag. 110.

* Quercetum *juxta Dociacum villam super fluvium Carum*, in Charta Ludov. Transmar.

¶ Rampert *Villa* ad Mortanam in Lotharingia, *Ramberville*. Charta Ludovici Pii ann. 836. apud Perardum in Burgund. pag. 19.

¶ Rausiacum *Villa* ad Axonam in Campania Remense, vulgo *Roucy*. Præcept. Caroli C. ann. 845. tom. 2. Capitul. col. 1456. *Rauciacus*, Frodoardo ad ann. 948. *Rauziacus*, in Chron. Fontanell. ad ann. 851. *Raugio palatio* inscriptum monetæ, cujus typum exhibet *le Blanc*, de Monet. pag. 130.

* Consule, si placet, D. *Le Beuf* tom. 14. Hist. diœc. Paris. cujus conjectura haud satis mihi probabilis videtur.

¶ Regale Madium, *Regalis Hortus*. Vide *Dripio*.

¶ Regalis-Locus prope Compendium, *Royal-lieu*. Vide Mabillonium.

* Regalis Mons, vulgo *Royaumont*, prope Bellummontem, in Charta Phil. Audacis ann. 1275. ex parvo Reg. S. Germ. Prat.

* Regenesburgum, *Palatium publicum*. Charta Caroli M. ann. 792. inter Monum. eccl. Aquilej. cap. 41. col. 361. Vide *Ruganesburg*.

¶ Remense *Palatium*. Vide eumdem Mabill.

* Riovium *Palatium* memoratur in Inventar. Chartar. reg. ann. 1482. fol. 57. v°. : *In scrinio Bicturiæ sunt decem litteræ colligatæ super certis acquisitionibus partialiter factis pro augmentatione palatii Riovii.* An idem quod *Rioilum*, Gall. *Ruel?*

¶ Rofiacum seu Rufiacum. Vide Mabill. *Ruflacovilla*, in Charta Caroli C. ann. 867. ex authentico descripta apud Felibian. inter Probat. Hist. S. Dion. pag. 76. quod in Doubleto improbat ibidem Mabillon.

Romaricimons *Palatium*, *Remiremont*, in Lotharingia, apud Acher. tom. 7. Spicil. pag. 185. [Vide Mabillonium.]

¶ Romiliacum *Villa*, *Reüilly lez Paris*. Vide Mabill.

¶ Rotoialum, Rodolium, etc. *Ruel*, Vide Mabillonium.

¶ Rouvra *Castrum*, *Rouvre*, duabus vix leucis a Divione distans, in diœcesi Cabilonensi. Litteræ Johannis Reg. ann. 1361. tom. 3. Ordinat. pag. 550.

¶ Rubac *Villa*, *Ruffach* in Elisatia. Charta Caroli Simplicis ann. 912. apud Calmet. tom. 1. Hist. Lothar. inter Probat. col. 335.

¶ Ruflacovilla. Vide *Rofiacum*.

¶ Ruganesburg *Palatium*, haud procul ab Aquisgrano, f. *Rolduc*. Charta Caroli M. ann. 821 sæc. 4. Bened. part. 1. pag. 203.

¶ Rugitusit, in Capitul. Caroli C. ann. 877. recensetur inter Palatia in quibus morari non debet Ludovicus Caroli filius, nisi necessitas fuerit. Forte idem quod *Reiteste*, *Retel*, opidum ad Axonam in finibus Remorum, quod *Regitestum* in veteribus Chartis nuncupatur.

¶ Salæ *Palatium* prope Neostadium Carolo Mag. adamatum. Vide Eccardum ad Leg. Salic. pag. 5. et Sirmondum edit. Lupar. tom. 3. col. 109.

* Vulgatius *Salz*, ad fluvium Salam positum, unde nomen. Consule Marten. in Præfat. ad tom. 1. Ampl. Collect. pag. IX. et Indices geograph. ad calcem tomor. Collect. Histor. Franc.

Salmonciacum *Palatium*, [*Samoucy*,] in Laudunensi diœcesi. Hincmarus Remens. tom. 2. pag. 298. Labbeus tom. 1. Biblioth. pag. 755. Doublet. pag. 705. 706. Capitul. Caroli C. pag. 441. [Annal. Pithœani ad ann. 771. Aimoinus lib. 5. cap. 34.]

* Sanctus Audomarus *Palatium*, *S. Omer*. Charta Ludov. VIII. Phil. Aug. primogeniti ann. 1211. in Chartul. S. Bertini pag. 207 : *Actum apud S. Audomarum, ... astantibus in palatio ejusdem patris nostri, etc.*

* Sanctus Dionysius *in Leonibus*, Palatium exstructum ab Henrico I. reg. Angl. Charta Phil. Aug. ann. 1202. in Reg. 110. Chartoph. reg. ch. 264. Vide Vales. in Notit. Gall. pag. 271. col. 2.

¶ Saponariæ *Palatium*, *Savonieres*. Vide Mabill.

* Sarmesiæ *in Belsia*, in Charta Phil. Audacis ann. 1281. ex Chartul. S. Steph. Autiss.

¶ Satanacum *Palatium*, nunc opidum pagi Vabrensis trans Mosam, *Stenay*. Vide Mabill.

* Saveiæ, *Palatium*, nunc *Belleville*, prope Parisios, si fides D. *Le Beuf*, quem consule tom. 1. Dissert. pag. c. et seqq.

¶ Scandebolt *Palatium* excipit Carolus Cal. in Capitul. ann. 877. a Palatiis quæ frequentare potest Ludovicus ejus filius. Vide Sirmondum edit. Lupar. tom. 3. col. 345.

¶ Scarponna *Palatium* ad Mosellam prope Mussipontem, vulgo *Charpeigne*, seu *Scarpeigne*, memoratur in Itiner. Antonini, in Tabula Peutingeriana, apud Ammianum lib. 27. et in Actis SS. Bened. sæc. 5.

pag. 399. nunc villula quam rustici *Sanponne* vocant.

¶ Scladistatum *Palatium* in Elisatia superiore, *Schlestat*. Vide Mabillonium.

¶ Scodonis-Villa *Palatium*, in Charta Ludovici Pii ann. 815. apud Calmet. tom. 1. Hist. Lothar. col. 298. Leg. forte *Theodonis-villa*.

¶ Scolinare vel Sconilare *Palatium*, nunc, ut mihi videtur, *Schoinech*, opidulum in Electoratu Trevirensi, a Treviris octo distans leucis versus Septentrionem. Charta Lotharii Imper. ann. 855. apud Calmet. tom. 1. Hist. Lothar. col. 306. *Sconilare* editum apud Marten. tom. 1. Ampl. Collect. col. 140.

Senonenses, [*Sens*,] in Charta Henrici I. ann. 1048. apud Camusat. in Prompt. antiq. Trecens. pag. 23.

¶ Sentiacum. Vide *Hisentiacum*.

* Sermionnense *Palatium*, in Præcepto Caroli M. ann. 773. apud Marten. tom. 1. Ampl. Collect. col. 37. Ipsum consule in Præfat. tom. ejusd. pag. x.

Silvacus, apud Hincmarum Epist. 1. ex Labbeanis. *Silvagius*, in Charta Caroli C. in Append. ad Capitul. n. 100. [*Sylviarius*, in Diplom. ejusdem Imper. ann. 846. apud Calmet. tom. 1. Hist. Lothar. col. 305. hodie *Servais*, in pago Laudunensi, a Codiciaco non integris quatuor leucis distans. Vide Mabillonium.]

Silvanectis *Palatium*, *Senlis*, urbs Episcopalis. Charta Roberti Reg. in Tabular. Fiscan. fol. 21. Sammarthani in Abbat. Gall. pag. 16. et in Episc. Silvanect. n. 53. [Sirmondus edit. Lupar. tom. 3. pag. 64. Duchesnius tom. 3. pag. 345. et tom. 4. pag. 77. 96. et 148.]

¶ Spinogilum seu Spinoilum ad Sequanam, *Espinay*. Vide Mabillonium.

¶ Spissia vel Spinsia *Villa*, *Espoisse*. Vide Mabillonium.

* *Spinsi*, in Chron. S. Dion. tom. 3. Collect. Histor. Franc. pag. 263. Vide Mercur. Franc. ann. 1735. mens. Dec. vol. 1. pag. 2609.

¶ Stampense *Palatium*, *Estampes*. Vide Mabill.

¶ Sterpiniacum vel Stirpiniacum *Villa*, *Estrepagny*, in Vilcassino. Vide Mabillonium.

¶ Stirpiacus *Villa* in pago Tullensi, vulgo *Estrepey*, a Tullo-leucorum duabus distans leucis, ubi etiamnum veteris castelli parietinæ cernuntur. Charta Caroli Crassi ann. 885. tom. 2. Miscell. Baluzii pag. 153. Alia ejusdem Imper. apud R. P. *Benoit* in Histor. Tull. inter Instrum. pag. vi. et Vita MS. S. Cadroei.

¶ Stramiacum *Palatium*, *Stramiatis*, in Charta Caroli Reg. Burgund. ann. 857. tom. 12. Spicil. Acher. pag. 121. *Strennacum*, pro *Stramiacum*, legitur in Charta Ludovici Pii ann. 835. tom. 1. Hist. Occitan. inter Instr. col. 68. Vicum esse in Bressia tribus leucis a Lugduno distantem, qui nunc *Tramoye* dicitur, scribit Menesterius in Hist. Lugdun. *Cremieu* pagi Lugdunensis villam esse opinantur Valesius et Mabillonius.

* Suædas *Villa*, *Sais*, inter Turones et Pictones, in Vita S. Radegund. sæc. 1. Bened. pag. 322.

* Sucar vel Suncar *Palatium*, ex Chartul. abbatiæ Prumiens. in Suppl. Diplom.

Suessio *Palatium*, *Soissons*, urbs Episcopalis. Doublet. pag. 697. [Vide Mabillonium.]

¶ Sylviarius. Vide *Silvacus*.

¶ Taverniacum *Villa* in decanatu Montismauriac. *Taverny*. Charta Philippi V. ann. 1317. tom. 1. Ordinat. pag. 649.

¶ Tauriacum *Villa* in finibus Carnutum, *Toury*. Charta Bosonis Reg. ann. 881. tom. 2. Capitul. col. 1508.

¶ Tectis *Palatium* in agro Leodicensi, haud procul a Stabulensi monasterio. Charta Ludovici Pii ann. 827. apud Marten. tom. 2. Ampl. Collect. col. 25.

Theodonis-Villa *Palatium*, [*Thionville*.] Doublet. pag. 713. Chifflet. in Tornut. pag. 264. Hugo Flaviniac. in Chron. Virdun. pag. 270. Annal. Fr. Metens. ann. 773. [Vide Mabillonium.]

Theodwadum *Palatium*, [pagi Andegavensis, vulgo *Doué*. Charta Pippini I. ann. 835. inter Instrum. tom. 1. Hist. Occitan. col. 70.] Theganus de Gest. Ludovici Pii cap. 41. Vita ejusdem Ludovici ann. 796.

* Theobynsthe *Villa*, in Charta Caroli Aquit. reg. ann. 856. tom. 8. Collect. Histor. Franc. pag. 675.

* Ticiacus *Villa*, in pago Pictavensi. Charta Pippini reg. Aquit. ann. 825. tom. 6. Collect. Histor. Franc. pag. 664.

¶ Tillum prope Senonas, *Teil*. Odorannus in Translat. SS. Saviniani, etc. sæc. 6. Bened. part. 1. pag. 264.

¶ Tolosanum *Palatium*, *Toulouse*. Vide Mabill.

¶ Tornacense *Palatium*, *Tournai*, apud S. Audoenum in Vita S. Eligii.

¶ Tornodorium *Palatium* ad Hormentionem in Lingonibus, *Tonnere*. Charta Philippi Aug. ann. 1187. apud Perard. in Burgund. pag. 340.

¶ Trajectum ad Mosam, *Mastrich*. Vide Mabill.

¶ Trecæ urbs Episcopalis, *Troies*. Præcept. Ludovici Balbi ann. 878. apud Marten. tom. 1. Ampliss. Collect. col. 210.

* Trenorchium *Palatium*, *Tournus*. Charta Ludov. VII. ann. 1171. in Probat. ult. Hist. Trenorch. pag. 169.

¶ Trevirensia *Palatia*, *Treves*. Vide Mabill.

¶ Triburinum *Palatium* ad Rhenum apud Moguntiam urbem, etiamnum *Tribur*. Charta Ludovici Pii ann. 829. inter Instr. tom. 1. Hist. Occitan. col. 67. *Triburias villa regia*, in alia ann. 870. apud Marten. tom. 1. Ampliss. Collect. col. 192. Adde Baluz. tom. 4. Miscell. pag. 426.

* Trisburgum, Trislurum. Vide supra *Plectetæ*.

¶ Trisgodios *Villa publica*, in Charta Pipini Reg. ann. 763. in Defensione Abbatiæ Prumiensis pag. 51. *Trisgodios* edidit Mabillonius inter Instr. tom. 2. Annal. Bened. pag. 707. male *Frisgodios* in ipso contextu ibid. pag. 202.

¶ Trosleium *Palatium*, *Trosly*. Vide Mabill.

¶ Trupchiacum *Villa*, f. Truccia in pago Suessionico, vulgo *Droisy* vel *Trouci*. Charta Carlomanni ann. 883. tom. 2. Capitul. col. 1511.

* Trutmanni *Villa*, vulgo *Dortmund*, quæ et aliis nominibus nuncupatur a scriptoribus, in ducatu Saxoniæ, in comitatu Marcano, ex Charta Caroli ann. 789. apud Schaten. lib. 8. Hist. Westphal. pag. 539. Ita Godefr. abb. Gottwic. in Chron. ejusd. monast. pag. 515.

¶ Tuinum *Fiscus*, vulgo *Tuin*, ad flumen Sabim. Vide Vales. Notit. Gall. pag. 564.

¶ Tulpiacum *Castrum publicum*, alias *Tolpiacum* vel *Tolbiacum*, Coloniam inter et Marcodurum, in Charta Caroli Martelli ann. 725. apud Miræum tom. 1. pag. 492.

¶ Tumbas *Palatium regium*. Præcept. Lotharii Imper. in Defens. Abbat. Prum. pag. 59. Vicus in Arduenna silva. Vide Capitul. Caroli C. tit. 43.

¶ Turnus *Villa regia* infra castrum Porciani haud procul a dextra fluvii Axonæ ripa, vulgo *le Tour*. Præcept. Caroli Simplicis ann. 898. in Append. ad Marcam Hisp. col. 830. *Turnuvilla*, in alio ejusdem Reg. ann. 899. ibidem col. 833. *Hturnus*, in Chartis ejusd. Caroli inter Instr. tom. 2. Hist. Occitan. col. 37. 38. 39. *Actum in Setico contra Torn*, ibid. col. 60. ex Charta ann. 922.

¶ Turones *urbs metropolis*, *Tours*, in Præcepto Caroli Calvi ann. 861. apud Marten. tom. 1. Ampliss. Collect. col. 166.

¶ Tussiacum *Villa super Mosam* in pago Tullensi prope Vallem-coloris, vulgo *Tusey*, non *Tulley* seu *Tullé aux groseilles*, inter Mosellam et Mosam, ut vult Germanus apud Mabill. Charta Caroli C. ann. 859. tom. 2. Capitul. col. 1473. Vide Hist. Tull. R. P. *Benoit*.

Valentianæ *Palatium*, [*Valenciennes* ad Schaldim fluvium.] Charta Lotharii Reg. apud Doublet. pag. 787. alia Caroli Cal. ann. 843. apud Perardum pag. 143. [Vide Sirmondum edit. Lupar. tom. 3. col. 77. 78. 79. 80. et Mabill.]

¶ Vallis-Rodolii *Castrum*, *Vaudreüil*, in Normannia. Litteræ Johannis Reg. ann. 1351. tom. 4. Ordinat. pag. 77.

* *Palatium* ex Charta Phil. Aug. ann. 1205. in Reg. S. Justi fol. 111. r°. col. 2. et ex alia Ludov. VIII. ann. 1224. in Reg. 110. Chartoph. reg. ch. 264.

¶ Vaudilogitum *Villa* in Burgundiæ Comitatu, *Vau-loye*, apud Perardum in Burgund. pag. 24.

¶ Vaumain in Vilcassino, *Vexin*, in Litteris Caroli IV. ann. 1324. tom. 1. Ordinat. pag. 782.

¶ Vendrariæ *Villa*, vulgo *Verrieres*, agri Parisiaci, in Præcepto Caroli C. ann. 850. inter Instr. tom. 4. Gall. Christ. col. 48.

¶ Velsatum *Fiscus*, vulgo *Viset*, prope Leodium, in Capitul. Caroli C. tit. 43. idem quod *Veosatum* in Annal. Bertin. nuncupantur.

¶ Venderia *Villa regia partim Mettensis*, *partim Tullensis territorii*, *Vendiere*. Vita S. Johannis Abbat. Gorziens. sæc. 5. Bened. n. 9. pag. 368. *Vendera*, in Translat. S. Gorgonii sæc. 3. Bened. part. 2. pag. 215. Vide Hist. Tull. R. P. *Benoit*.

¶ Vendopera *Fiscus regius*, *Vendevre*. Vide Mabillonium.

¶ VENITTA *Villa regia* in pago Bellovacensi, *Venette*. Vide Mabillonium.

* VERBERIACUM *Palatium*, idem videtur quod *Vermeria*, *Verberie*. Charta Lothar. reg. ann. 967. tom. 9. Collect. Histor. Franc. pag. 631.

* VERMERATH *Palatium regium*, in Charta Caroli M. pro monast. Cormeriac. ex Reg. 141. Chartoph. reg. ch. 281.

VERMERIA *Palatium*, [prope Isaram, *Verberie*.] Capitul. Caroli M. ann. 808. cap. 9. Hincmar. Epist. 1. ex Labbeanis, Doublet. pag. 696. Flodoard. lib. 3. cap. 4. Will. Heda pag. 222. 1. edit. Diplom. Belgica Miræi pag. 22. Johan. a Leydis lib. 3. cap. 12. Chron. Hildesheim. cap. 25. [Sirmondus edit. Lupar. tom. 3. pag. 71. 72. 74. 100. Acta SS. Bened. sæc. 4. part. 2. pag. 506. Martenius novæ Collect. tom. 1. part. 2. pag. 5. et Mabillonius.]

VERN, VERNUM *Palatium*, [Vernolium ad Isaram, *Verneüil*.] Concil. Vernense ann. 755. Capitul. Caroli Cal. pag. 23. 38. 144. 441. 460. Beslius in Episc. Pictav. pag. 29. Chifflet. in Tornut. pag. 265. Vita S. Eucherii n. 9. [*Vern*, in Charta Ludovici Pii ann. 821. Append. Marcæ Hisp. col. 767. Sirmondus edit. Lupar. tom. 3. col. 15. 16. 101. et Mabillonius.]

* Repudiata aliorum sententia, locum esse medium Parisios inter et Compendium, nuncupatum *Ver*, multis probat argumentis D. *Le Beuf*, tom. 1. Collect. var. script. ad illust. hist. Gall. pag. 102. ubi et de *Vernimptis villa*. Ipsum consule.

¶ VERNIMPTÆ *Villa*. Vide Mabill.

* VERNO, *Palatium*, oppidum ad Sequanam diœcesis Ebroicensis, *Vernon*. Charta Phil. Aug. ann. 1195. ex Chartul. S. Nigas. Mellet.

¶ VERSALIUM *Palatium*, *Versailles*. Vide Mabill.

¶ VETUS-DOMUS *Palatium* in pago Rotomagensi. Hericus Mon. in Mirac. S. Germani Autissiodor. cap. 45.

* Charta Caroli C. ann. 854. inter Probat. ult. Hist. Trenorch. pag. 86. ubi Jueninus monet hunc locum esse in pago Aurelianensi. Vide Mercur. Franc. ann. 1733. mens. Jul. pag. 1472. et mens. Oct. pag. 2136. quibus addendus D. *Le Beuf* tom. 25. Comment. Acad. Inscript. pag. 123.

¶ VICENÆ seu VICENNÆ *Palatium* in agro Parisiensi, *Vincennes*. Vide Mabill.

VICTRIACUM *Palatium*. Charta Henrici I. Regis apud Baluz. in Not. ad Lupum Ferrar. pag. 526. Aimoinus lib. 4. de Mirac. S. Bened. cap. 26. [*Vitry*. De aliis Palatiis ejusdem nominis, vide Mabill.]

¶ VIENNA *Palatium*, *Vienne*. Charta Caroli Simplicis ann. 898. inter Probat. tom. 2. Hist. Occitan. col. 34. Vide Mabillonium.

* VILLA-NOVA *in Hecio*, in Charta Phil. Audacis ann. 1275. ex Memor. C. Comput. Paris. fol. 99. v°.

¶ VILLA-NOVA REGIS *juxta Suenonas*, *Villeneuve-le-Roy*, in Stabilimento Philippi Aug. ann. 1209. tom. 1. Ordinat. pag. 30. de utraque *Villa-Regis*, vide Mabillonium.

¶ VILLARE *juxta collum Resti* in pago Vadensi, *Villers-coste-Rez*, in Charta Philippi VI. ann. 1328. Vide Mabillonium.

* Charta Phil. Aug. 1196. ex Chartul. S. Joan. Laudun.: *Actum apud Villare Col-de-Rest.*

* VIRZINNIACUM *Palatium*, prope monasterium S. Basoli, in diœcesi Remensi, *Verzenai*, teste D. *Le Beuf* in Dissert. edita in Mercur. Franc. ann. 1737. mens. Mart. pag. 446. Annal. Bertin. ad ann. 876. tom. 7. Collect. Histor. Franc. pag. 123.

¶ VISKERIUM *Palatium* in pago Tullensi, vulgo *Vicherey*. Tabular. Tullense. Vide Hist. Tull. R. P. *Benoit*.

* VITREIACUM, *Villa publica*, in Charta Caroli C. ann. 869. ex Cam. Comput. Insul. Vide *Victriacum*.

¶ VIZELIACUM *Villa* in agro Nivernensi ad Coram, *Vezelay*. Charta Philippi Aug. ann. 1190. apud Marten. tom. 1. Anecd. col. 636.

* ULMA a Clodoveo Francorum rege condita ad Danubium, *Villa regalis* dicitur in Ch. Caroli M. ann. 813. apud Naucler. 2. vol. generat. 27. si tamen legitima censenda est hæc Charta; *Curtis regia* appellatur in Annal. Fuld. ad ann. 892. Ita Godefr. abb. Gottwic. in Chron. ejusd. monast. pag. 517.

* URIAU *Fiscus*, non longe ab Arduenna silva. Charta Ludov. Balbi ann. 879. tom. 8. Collect. Histor. Franc. pag. 415.

¶ WARA inter Palatia recensetur in Capitul. Caroli C. ann. 877. An idem cum *Warc* quod a Maceriis, *Maisieres*, parum distat? Vide Sirmondum edit. Lupar. tom. 3. col. 344.

¶ WARMATIA seu WORMATIA, *Wormes*. Vide Mabillonium.

¶ WASALIA *Villa Regia*, *Wesel*. Vide Mabillonium.

¶ WEIBILINGA *Villa*, in Charta Caroli Crassi ann. 887. apud Marten. tom. 1. Ampl. Collect. col. 223.

¶ WEIMODUS *Villa regia*. Vide Mabillonium.

¶ WICUS. Vide *Quentovicus*.

Sed et Infancionum ædes apud Aragonenses *Palatia* fere semper vocant Fori Oscenses Jacobi I. Regis Aragon. in quibus eadem erat immunitas, quæ in Ecclesiis, adeo ut *si quis malefactor perpetrato crimine, vel maleficio, pro se defendendo, eas intraverit, non debeat inde extrahi violenter, nisi fuerit latro, vel raptor, aut traditor manifestus.*

PALATIUM in Monasteriis, apud Petrum Diaconum Casin. lib. de Miracul. S. Benedicti Casini patratis n. 29. sed quæ pars ædium Monasterii fuerit, non omnino liquet, nisi fuerit domus Abbatis, quam Aulæ nomine donat Vita S. Hermelandi Abbat. num. 30. ubi de quodam Abbate: *Cœpit igitur Aulam sibi ædificare, necessariis non contentus domibus, etc.* Id nominis etiam tribuitur cæteris dignitatum seu officialium Monasterii ædibus in veteri Scheda apud Angelum a Nuce: *Camerarius*, (Casinensis Monasterii) *debet facere reparare Palatium, quod dicitur Palatium Infirmarii, quod est juxta cemeterium, extra paradisum, et omnes alias cameras, etc.* Infra: *Firmatarius debet facere Palatium Infirmarii cum subjacentiis suis.* Interdum pro *Refectorio*, seu majori aula usurpatur, ut in Regula Militum Templariorum in Concilio Trecensi ann. 1127. cap. 8: *In uno quidem Palatio, sed melius dicitur refectorio, communiter vos cibum accipere credimus, etc.* seu potius pro cellis, vel quibusvis ædibus monasticis. Charta Sanctii Regis, qui ad Zamorram obiit, apud Ant. *de Yepez*, in Chron. Ord. S. Benedicti tom. 5: *Sit etiam Monasterium vestrum cum ipsa villa, in qua situm est, et omnes vestræ decaniæ, sive Palatia vestra, per totum regnum meum sine portatico de vestris propriis rebus, etc.* Charta Sanctii Ramirez Regis Aragonum apud Martinezium in Hist. Pinnatensi lib. 3. cap. 27: *Campos, et hortos, et Palatia S. Joannis, si quis fregerit, peitet 60. solidos.* Alia ejusdem Regis æræ 1131. apud *Yepez* in Chron. Ord. S. Benedicti tom. 7: *Dono prælibatis sanctis ac præscripto cœnobio Monasterium S. Urbicii de Servol, cum omnibus suis pertinentiis, et cum omnibus decimis suis, cum villis et mansis et Palatiis suis et possessionibus, etc.*

☞ *Palatium* potiori jure dicta domus excipiendis hospitibus destinata, in Guidonis Discipl. Farfens. lib. 2. cap. 1: *Juxta galileam constructum debet esse Palatium longitudinis* CLV. *pedes, latitudinis* XXX. *ad recipiendum omnes supervenientes homines qui cum equitibus adventaverint monasterio. Ex una parte ipsius domus sunt præparata* XL. *lecta et totidem pulvilli ex pallio, ubi requiescant viri tantum, cum latrinis* XL. *Ex alia namque parte ordinati sunt lectuli* XXX. *ubi Comitissæ vel aliæ honestæ mulieres pausent, cum latrinis* XXX. *ubi solæ ipsæ suas indigerias procurent. In medio autem ipsius Palatii affixæ sint mensæ sicuti refectorii tabulæ ubi edant tam viri quam mulieres.*

¶ PALATIUM PONTIFICALE, Domus Episcopalis, in Charta Matthæi Episc. Trecens. ann. 1172: *Actum est hoc in Palatio Pontificali Trecensi.*

* Nude *Palatium* appellat domum suam Albericus archiepiscopus Remensis, in Charta ann. 1214. ex Chartul. Campan. fol. 79. r°.: *Actum Remis in Palatio nostro, etc.*

¶ PALATIUM, Domus urbis publica, in qua Ædiles seu Scabini jus dicunt, aut coeunt, *Hostel* vel *Maison de ville*. Chron. Veronense ad ann. 1242. apud Murator. tom. 8. col. 632: *Et eo anno D. Henricus de Egna tunc existens Potestas Veronæ fecit magnam curiam militum et dominarum cujuscumque conditionis in Palatio Communis Veronæ.* Statuta Massil. lib. 5. cap. 56: *Decernentes.... quod annis singulis mutentur et renoventur ex toto omnes et singuli Notarii Palatii, et aliarum curiarum villæ vicecomitalis Massiliæ.* Ubi perperam virgula ante vocem *Palatii* posita est.

¶ PALATIUM, Conventus publicus. Anonymus de Elevat. S. Theodorici Abb. sæc. 5. Bened. pag. 521: *Ut Remorum finibus Rex* (Lotharius) *appropinquaret, habiturus quidem apud metropolim Palatium cum optimatibus suis.* Vide quæ observavimus supra in præmissis ad Palatia.

¶ **PALATICUM**, Tributum. Vide *Palare* 2.

* **PALATINA**, Mensuræ species, quantum *pala* continetur. Vide supra *Palatea*. Libert. novæ bastidæ de Peroysa ann. 1308. in Reg. 40. Chartoph. reg. ch. 93: *Item una saumata salis det unam Palatinam salis.*

et unum denarium Turonensem. Nisi legendum sit Palmata. Vide in Palma 3.

¶ **PALATINA** Audientia, Judicium Palatinorum, hoc est, eorum qui in Regum palatiis judicum officio fungebantur. Capit. Karlomanni ann. 882. cap. 2 : *Decernimus igitur ut omnes in palatio nostro commanentes, et illud undique adeuntes, pacifice vivant. Quod si aliquis corrupta pace, rapinam exercuerit, per nostram regiam autoritem et Missi nostri jussionem ad Palatinam adducatur Audientiam, ut.... legali multetur judicio.*

¶ Palatinum Scrinium, Archivum regium. Præcept. Ludov. Pii ann. 832. tom. 1. Capit. col. 678 : *Alteram* (conscriptionem) *nostræ magnitudini direxerunt, ut illam Palatinis Scriniis juberemus recondi.* Infra *Imperialis aulæ reconditorium* dicitur.

PALATINI, Qui in Palatio militant. Scholiastes Juliani Antecessoris cap. 82 : *Omnes qui in palatio militant, possunt appellari Palatini.* Quomodo hominem Palatinum vocat Eckehardus junior de Casibus S. Galli cap. 1.

* *Palazin*, in epist. Guill. part. Hierosol. apud Marten. tom. 1. Anecd. col. 1013.

Palatini, Proceres, Optimates Palatii. [Vita sancti Johannis Episc. Valent. apud Marten. tom. 3. Anecd. col. 1696 : *Sicut autem Palatinis ex consuetudine quæ eis a natura secunda est, rectissimum videtur principi suo blandiri. Palatinorum potestates*, in Vita S. Rodingi sæc. 4. Bened. part. 2. pag. 535.] *Primores palatii*, in Vita S. Genulfi cap. 7. *Palatini Principes*, apud Poetam Saxonic. ann. 782. *Palatinus Senatus*, apud Claudianum de quarto Consulatu Honorii :

> ... et in mediis effulget curia castris
> Ipsa Palatino circumvallata Senatu.

Charta Roberti Regis Franc. ann. 996. in Historia Mommorenciaca : *Ex sententia Palatinorum nostrorum adjudicavimus ei, etc.* Alia ejusdem Regis ann. 1029 : *Noverit itaque sanctæ Dei Ecclesiæ, fidelium solertia, et Palatinorum simul industria, qualiter, etc.* Infra *Proceres Palatii* appellantur. Chartæ Ludovici VI. et Ludovici VII. apud Doubletum pag. 849. 854. *Communicato cum Palatinis nostris consilio, etc.* ubi et *Optimates* dicuntur. Ita usurpant Monachus Sangallensis lib. 1. cap. 4. 5. 27. 33. Flodoardus lib. 3. cap. 23. pag. 493. cap. 24. pag. 506. edit. Colvenerii, et alii.

Ex hac nomenclatura scriptoribus nostratibus infimæ ætatis *Paladini* dicuntur regni proceres. Liber de Castro Ambasiæ pag. 567 : *Quæ mulier de Paladinorum stirpe descendit ex linea regii sanguinis* : ubi perperam *Palladiorum* præfert codex editus. Ita porro seu veros, seu fictitios Caroli Magni comites expeditionum, et præcipuos copiarum duces vocabant, Orlandum, Renaldum, Oliverium, Ogerium, quos Παλατίνους etiam appellatos fuisse observat Laonicus lib. 2. pag. 57. edit. Genev.

¶ Palatinus Consul vocatus Willelmus in Charta laudata inter Acta SS. Bened. sæc. 5. pag. 82. qui ab aliis *Comes* et *Dux Aquitanorum*, id est, Arvernorum appellatur; *Palatinus Consul* idem ergo sonat quod *Palatinus Comes*. Vide *Consul*.

Palatini, nude, pro Comitibus Palatinis, in Speculo Saxonico lib. 3. art. 52. § 5. *Palatinus Rheni*, in Wichbild Magde-Magdeburg. art. 9. § 1.

Palatini, dicti sub Impp. Romanis, qui rei privatæ et largitionales titulos exigebant, de quibus est titulus in utroque Codice *de Palatinis sacrarum largitionum.* (Cod. Theod. 6, 30. Just. 12, 24.) Scholiastes Juliani Antecessoris cap. 82 : *Palatini dicuntur, qui pertinent ad Comitem rerum privatarum, vel ad Comitem sacrarum largitionum.* Horum Palatinorum meminit Gregorius Magnus lib. 8. Epist. 10 : *Gloriosi filii nostri Cethegus atque Flora jugales pro certis causis suis Maximum, virum clarissimum, Palatinum Privatarum ad Siciliam transmittentes, etc.* Idem in Epist. 27 : *Questus nobis est, quod Joannes vir clarissimus Palatinus multis eos frustra affligat incommodis, etc.* Quo loco describitur *Palatinæ exactionis enormitas*, de qua Novella Theodosii 43. de Palatinis. Agit de eodem *Joanne Palatino* Epist. 52. idem Gregorius. Meminit præterea alterius *Palatini* importuni lib. 9. Epist. 24. ut *Maximi Palatini*, Sidonius lib. 4. Epist. 24. [** Vide Glossar. med. Græcit. col. 1083.]

Palatinus, apud Hungaros dignitas præcipua, de qua sic Decreta Andreæ Regis Hungariæ ann. 1222. cap. 10 : *Palatinus omnes homines regni nostri indifferenter discutiat ad causam nobilium. Quæ autem ad proditionem capitis vel ad destructionem possessionum pertinent, sine conscientia Regis terminare non possit.* Palatini porro prærogativæ insignes sunt eæ : si regium semen defecerit, in alterius electione primam vocem habet. Si Rex filium hæredem in tenera ætate reliquerit, ejus tutor est, ut et regni Gubernator, et Dietas indicit. Exercituum Dux et supremus Capitaneus est, juxta tamen voluntatem et arbitrium Regis. Controversias regnicolarum dijudicat : in controversiis inter Regem et subditos arbiter est : Regis, si negligens sit, aut minime idoneus defectum supplet : si Rex in exercitum pergat, ejus Vicarius ac Locumtenens est, etc. [Hinc in Vocab. utriusque juris : *Palatini aliter dicuntur Vicarii, quia quodam modo gerunt vicem principis.*]

* **PALATIUM**, Contextus ac series palorum, locus palis munitus, f. pro *Palitium*. Status eccl. Constant. inter Instr. tom. 11. Gall. Christ. col. 219 : *Parcum duplici fossato vallavit et Palatio circumsepit.* Charta Galth. comit. Breuæ ann. 1231. ex Tabul. commend. templi Trec. : *Non poterunt forteritiam facere, nisi suæ porprisiæ clausuram de fossatis 14. pedum in latitudine tantum et Palatii vel muri 10. pedum in altitudine super terram, sine tornellis, etc.* Tract. MS. de Re milit. et mach. bellic. cap. 98 : *Palatium cum turre circumdatum ab arboribus et postea a fosso pleno aqua, pluvia, opere macanico* (mechanico) *est factum. Palacium piscium*, Forum piscarium, apud Cenc. inter Cens. eccl. Rom. Vide *Palitium*. Alia notione, vide in *Palatia*.

¶ **PALATURA**, Intervallum, spatium, Gall. *Distance.* Chron. Andr. Danduli apud Murator. tom. 12. col. 456 : *Erant* XXXIII. *galeæ sibi invicem simul junctæ ad remorum extensionem contiguæ; terribilis, simi bombardorum lapides.... cadebant ante, vel post, seu inter remorum Palaturas.*

PALATUS. Vide *Pallium* 2.

¶ **PALAX**, *Dolosus, fallax*, in Gloss. Isid. ad quas recte Grævius : lege, ut habent Excerpta, *Pellax*. Constantiensis : *Pellax, dolosus, fallax.* Hinc apud Festum, *pellicator, qui pellicit in fraudem.*

PALAZOLI, Virgulæ, apud Petrum de Crescentiis lib. 10. de Agricult. cap. 28. *Vergettes*, veteri Gallico interpreti.

* **PALBERGER**, f. pro *Pfalburger*, Falsus burgensis. Dipl. Ludov. IV. imper. ann. 1332. tom. 2. Hist. Trevir. Jo. Nic. ab *Hontheim* pag. 120. col. 2 : *Item volumus, ut nulli homines ecclesiæ Trevirensis in civitatibus et oppidis imperialibus recipiantur in cives seu oppidanos, qui vulgariter Palberger vocantur. Pailburger*, in Dipl. Caroli IV. imper. ann. 1346. ibid. pag. 170. col. 1. Vide *Pfalburgere*.

¶ **PALCUM**, Suggestus, Italis *Palco*. Acta SS. Maii tom. 2. pag. 60. de S. Angelo Mart. : *In humeris portando* (arcam) *sub baldacchino, sub ara ad hoc erecto, in Palco ligneo ornamentis insignito, etc.*

PALDONES, [Vestis species.] Vide *Faldones*.

¶ **PALDUS**, Palus, Gall. *Pieu*, vel Contextus et series palorum, *Palissade*. Rolandinus de factis in marchia Tarvis. lib. 5. cap. 18. apud Murator. tom. 8. col. 247 : *Cum tentoriis et fossis et Paldis taliter circumdederunt locum, quod nemo poterat ingredi vel exire.*

1. **PALEA**, Vox, quæ præponitur ut titulus quibusdam capitibus Decretorum Gratiani, ut notetur additilia esse, nec a Gratiano primitus illi libro inserta, cum in veteribus MSS. Gratiani, quæ *paleæ* nomine insigniuntur desiderentur. Andreas JC. ad Speculat. et ex eo Anton. Augustinus lib. 1. dial. 2. de Emendat. Gratiani, aiunt *Paleam* fuisse discipulum Gratiani, qui capita hæc adjecerit. Vide, quæ habet Admonitio Gregorianæ Editionis.

¶ 2. **PALEA**, Præstationis species, quæ in paleæ manipulis exigebatur. Charta Ademari Com. Engolism. ann. 1196. apud Stephanot. Antiquit. Bened. Engolism. MSS. pag. 189. qua homines suos eximit, *ab omni talliata, injusta exactione, exercitu, ... caseis et Paleis.*

* *Pelue*, pro *Paille*, palea, in Charta ann. 1253. ex Chartul. 21. Corb. fol. 114.

* Palea extra domos furum projecta, vel iis affixa apud Siculos. Constit. MSS. Caroli reg. Sicil. : *Quicumque facit rapinam auferendo alicui res suas, sine pretio consueto soluto inter venditores et raptores, excepta Palea quæ fit extra domos ubi habitabit, propria pœna primæ rapinæ, si nobilis non existat, fustigetur publice.*

* 3. **PALEA**, Idem quod *Palla* 2. Locus est supra in *Investitura* 1.

* 4. **PALEA**, Pala, Gall. *Pelle*. Reg. visitat. Odon. archiep. Rotomag. ex Cod. reg. 1245. fol. 197. r°. : *Item stupæ et Paleæ ligneæ ad removendum ignem, et vasa ad mittendum eumdem.*

¶ **PALEACEUS**, Stramineus. Acta S. Contardi tom. 2. April. pag. 449 : *Homo ille* *qui in Paleaceo tugurio eum exceperat, dixit, etc.*

¶ **PALEAGIUM**, Idem quod *Palea* 2. citatur ex antiquis Recognit. tom. 1. Hist. Dalphin. pag. 78.

PALEALES Uvæ, in palea conditæ et asservatæ, apud Cælium Aurelian. lib. 3. Acut. cap. 21.

¶ **PALEANCHE**, *Inveterati faucium tumores, quique discuti non possunt : quasi obluctans obsistensque præfocatio.* Vocab. Sussannæi, Gr. πάλη et ἄγχος.

¶ 1. **PALEARE**, Locus ubi paleæ reponuntur. Vide *Palearium* 2.

¶ 2. **PALEARE**, Straminea fax, Gall. *Torche de paille.* Annal. Mutin. apud Murator. tom. 11. col. 66 : *De anno* 1262. *apparuit cometes faciens fumum, sicut faceret unum Paleare ardens.*

¶ 3. **PALEARE**, Ædium parietes *palliis* exornare, *Tapisser.* Charta ann. 1261. in Tabular. S. Victoris Massil. : *Quod helemosinarius faciat natas in claustro et capitulo et eas copari et innitari ac etiam Paleari in festivitatibus Natalis Domini, Paschæ et Pentecostes, etc.* Vide *Pallium* 2

* 4. **PALEARE**, Palea instruere, locum palea spargere. Reg. feud. Aquit. ex Cam. Comput. Paris. sign. JJ. rub. ad ann. 1273. fol. 20. r°. : *Augerius de Lugenhac... debebat juncare tempore æstatis vas, in quo dominus rex vellet transire, et tempore yemali Paleare.* Consuet. MSS. monast. S. Crucis Burdegal. ante ann. 1305 : *Refectorarius... debet tenere refectorium bene mundum, et tempore hyemali bene Paleatum, videlicet bis in anno, in festo Omnium Sanctorum et Natalis Domini.* Vide infra *Palestrare.*

PALEARIA, Horreum palearum, in Mirac. S. Cataldi Episc. num. 29.

¶ **PALEARIA** Minuta, Omne genus herbarum et granorum, ut medica, etc. quod falce metitur et datur equis et pecori comedendum. Charta ann. 1313. in Tabul. S. Martini Pontis. : *Redecima quam percipit de fructibus.... tam de minutis Palneariis quæ producuntur extra granchiam ad fauchetum, quam de aliis fourragiis.*

PALEARII, Gallis, *Paillers.* Gaufridus Vosiensis in Chron. part. 2. cap. 10 : *Philippus Galliarum Rex socero suo Anglorum Regi Henrico, quasi auxilium, tartareas direxit legiones : eorum pedes veloces erant ad effundendam sanguinem. Hi ex diversis terrarum partibus conglobati unam Ecclesiam fecerunt malignantium, unoque vocabulo Palearii, quasi a palea vocabantur.* Infra : *Palearii apud Castrum Dunum delentur.* Vide cap. 13. et 21. Idem lib. 1. cap. 73 : *Immisit Deus in Aquitaniam hostes crudelium populorum, ... et ut rustice loquar, Brabansons, Hainuiers, Asperes, Paillers, Navar, etc.* Incertum porro, an ita dicti *Palearii* quod paleam pro insigni ad caput aut galeam deferrant an vero quod incendia, ubique ignem palea immittendo excitarent. Vide Glossar. mediæ Græcitatis in Ἀχυραῖται. [et infra *Pilardi.*]

¶ **PALEARITIUM**, Straminea culcita, *Paillasse.* Acta S. Franciscæ Romanæ tom. 2. Martii pag. 159* : *Malignus spiritus immisit in lecto sui mariti et adhuc in Palearitio ipsius Beatæ lectuli tot pulices quod stupendum erat.*

* *Pailleul*, eodem sensu, in Fabul. tom. 2. pag. 120 :

> Et li clers jouste le Pailluel
> Se trest, que nel truisse le vilain.

1. **PALEARIUM**, in Gloss. Græc. Lat. dicitur τὸ ὑποκάτω τοῦ βοὸς κρεμάμενον δέρμα, *pellis, quæ sub collo bovis fluitat huc et illuc ad modum paleæ etc.* apud Joannem de Janua. Occurrit in Vita S. Benedicti Anianensis.

2. **PALEARIUM** et Paleare, Locus, ubi paleæ reponuntur, apud eumd. Joan. de Janua. Constitutiones Cataloniæ MSS. : *Olivæ vero et fructus earum, columbaria et Palearia non inscindantur, vel comburantur, nec destruantur.* Vita S. Endei Abbatis Aranensis n. 18 : *Sic diligenter excercebat trituratoris officium, ut in Paleario territorii* (quidam legunt *teritorii*) *non posset granum, quod culmen faceret, inveniri.* [Adde Statuta Vercell. lib. 5. fol. 125.]

¶ 3. **PALEARIUM**, Tugurium paleis tectum. Vita S. Gerii tom. 6. Maii pag. 160 : *Ubi rus sive villa aliquantum habitantium sub Paleariis seu casinis.*

¶ **PALEATUS**, Bicolor, vel etiam multiplici colore distinctus, nostris *Palé.* Inventarium ornament. et Reliq. Eccl. Noviom. ann. 1419. ex Archivo ejusd. : *Item tres cortinæ de samito Paleatæ de rubro et albo, bortatæ desuper ad arma Franciæ.* Vide in *Pallium* 2. *Paleatus*, alia notione, vide in *Paleta* 2.

PALECTUM. Rollandinus in Summa Notariæ cap. 2 : *In* 10. *brachiis panni de Pruyn. et uno Palecto de flanchiis pro vestibus ipsius Dominæ Mathildæ, etc.* [Nostris *Palesteau* vel *Paleteau*, pro segmentum panni, lacinia. Le Roman *de la Rose* MS :.

> Povre ert la cote et mont cresse,
> Et plaine de viés Paletiax.

Ibidem :

> Ele n'avoit eun viés sac estroit
> Tout plains de mauvés Paletiax,
> C'estoit sa cote et ses mantiax.]

* Lit remiss. ann. 1392. in Reg. 142. Chartoph. reg. ch. 297 : *Un homme querant et demandant l'aumosne, qui estoit vestuz d'un manteau tout plain de Paletaulx, comme un coquin ou caimant.*

¶ **PALECTUS**, vel Palettus, Armorum genus, quod palmulam lusoriam, Gall. *Palette*, referret, sic appellari videtur. Liber Anglicus inscriptus *Justice of peace* pag. 69 : *Vi et armis, videlicet baculis, gladiis, arcubus, sagittis, ... Palectis, lanceis, etc.* Charta Henrici VI. Reg. Angl. ann. 1450. apud Rymer. tom. 11. pag. 262 : *Quod nullus de cætero Palettos, loricas, gladios,... seu aliqua alia arma invasiva, etc.*

¶ **PALED**, Idem quod *Paleatus.* Charta ann. 1440. apud *Madox* Formul. Anglic. pag. 432 : *Item do et lego... unum lectum de Arras, cum costeris Paled de colore rubeo, viridi et albo, etc.*

¶ **PALEE**, Eadem notione, in Testamento Johanne *de Newill* ann. 1486. ibid. pag. 427 : *Unum lectum de serico Palee cum rubeo et nigro, etc.*

¶ **PALEFERNARIUS**, etc. Vide *Paraveredi.*

* **PALEFFREDUS**, Equus phaleratus, Gall. *Palefroy.* Charta Geraldi abb. Trenorch. ann. 1334. inter Probat. ult. Hist. ejusd. monast. : *Item debet habere idem marescallus et successores sui, ratione sui officii, equos nostros;.... sive sint equi roncini, Paleffredi, somerii, etc.* Vide *Paraveredi.*

* **PALEFREDARIUS**, Equiso, qui *palefredos* curat, *Palefrenier.* Testam. Guill. de Meled. archiep. Senon. ann. 1376. in Reg. 108. Chartoph. reg. ch. 338 : *Item legamus Guillelmo Palefredario nostro semel decem francos auri.* Vide in *Paraveredi.*

¶ **PALEG**, pro Pales, *Dea pastorum*, in Gloss. MS. 13. sæc. monast. S. Andreæ Avenion.

* **PALENCA**, Contextus ac series palorum, vel Ridica, Gall. *Echalas*, ab Italico *Palanca*, eadem notione. Libert. castri de Angulis ann. 1341. in Reg. 72. Chartoph. reg. ch. 250 : *Item quod habent.... usum recipiendi, scindendi.... arbores.... de dictis nemoribus,... ad faciendum clausuras, Palencas, cepes, etc.* Vide infra *Palicia.*

* **PALENCUM**, Idem quod *Palitium*, vallum. Charta ann. 1365. in Reg. 115. Chartoph. reg. ch. 209 : *Injunctum fuit villam seu locum de Aulacio deberi muris, vallatis ac fossatis et Palencis fortificari.... Decostabunt vallata, muri, Palencum, etc.* Vide *Palancatum.*

PALENGA. Vide *Padelenga.*

¶ **PALENGREJATUS**, Nassæ species, quæ Italis *Palengaro* dicitur. Charta ann. 1434. ex Tabular. Piscator. Massil. : *Volumus et ordinamus quod piscatores possint reponere et reponi sinant pisces in vasculis quibuslibet... sive sint banastoni, canastelli, sive sint essavegatorum sive Palengrejatorum, etc.*

* **PALEOLA**, Auri bractea, Gall. *Paillette d'or*, alias *Paillole.* Lit. Alfonsi comit. Pictav. ann. 1269. in Reg. 11. Chartoph. reg. fol. 143. r°. : *Pecunia de bonis Judæorum reperta tempore captionis, cujuscumque monetæ existat, aurum vel argentum, in massa vel in Paleola, si quid repertum fuerit, mittatur apud Templum Parisius. Palliola*, in iisd. Lit. ibid. fol. 33. r°. Aliæ Phil. Pulc. ann. 1311. ex Reg. A. Cam. Comput. Paris. fol. 62. r°. : *Item au marc d'or fin, en or en plate et en Paillole, etc.* Le Roman *de Cleomades* MS. :

> Trouverent moult très grant tresor,
> Or en Paillole et en tarin.

* *Paleuole*, ab Italico *Pagliuola*, Minuta palea, in Mirac. MSS. B. M. V. lib. 1. :

> Toustans ses cuers sautele et vole,
> Legiere est plus que Paleuole.

Vide supra *Pagloba.*

¶ **PALEPRUST.** Vide *Puleprust.*

PALERGIUM. Anastasius Bibl. in Benedicto II. pag. 272 : *In Ecclesia B. Valentini, via Flaminia, fecit coopertorium super altare cum clavis et fastellis, et in circuitu Palergium chrysoclavum pretiosissimum.* Mox : *Et in circuitu Palergium de holoserico pulcherrimum.* Idem videtur, quod *phalergium* apud Papiam, ubi *ornamentum* esse dicitur, forte ex Græco, πάρεργον, quod additamentum et ornamentum operis significat in veteri Inscript. 59. 2.

* 1. **PALERIA**, Locus ubi paleæ reponuntur. Charta ann. 1460. ex Tabul. S. Vict. Massil : *Quoddam casale totum situm in loco de Alpibus prope magnum jassium, confrontatum cum Paleria dicti accaptantis.* Vide *Palearium* 2.

* 2. **PALERIA**, Agger, quod palis contineatur, sic dictus. Vide supra *Palarium.* Consil. Ludov. Belli Avenion. in cons. 57: *De aggeribus seu Paleriis, quas vocant, etc.* *Paleire*, pro Obex, in Lit. remiss. ann. 1449. ex Reg. 179. Chartoph. reg. ch. 311 : *Une Paleire ou petite barre de bois de charrue.* Unde *Palerie*, pro *Serrurerie*, Ars fabri ferrarii. Lit. remiss. ann. 1412. in Reg. 167. ch. 39 : *Colin Neel simples homs du mestier de Palerie, demourant en la ville de Vire, etc.* Et quidem *Paletrage*, *Paltrage* et *Peletrage* dixerunt Seras, vectes seu obices, quibus arcæ vel portæ clauduntur et firmantur. Lit. remiss. ann. 1368. in Reg. 99. ch. 425 : *Comme le suppliant eust pris une hache et autres instrumens, et par force eust levé la sarrure, Palestrage ou fermeture de ladite porte, etc.* Aliæ ann. 1394. in Reg. 147. ch. 193 : *Lesquelx avoient osté les Peletrages des portes, dont iceulx habitans avoient les clefs; afin qu'ilz ne les peussent ouvrir ne fermer.* Aliæ ann. 1395. in Reg. 149. ch. 19 : *Icellui Soupplet par temptacion de l'ennemi leva le Paletrage du coffre dudit Estienne, et prist en icelui coffre la somme ou valeur de 480. livres Tournois.* Rursum aliæ ann. 1402. in Reg. 157. ch. 23 : *Lequel Perrin Julien rompi et leva le Paltrage d'un escrin, là où il print furtivement environ huit escus d'or.* Vide supra *Palada.*

¶ **PALESCARMUS**, Navigii genus. Georg. Stella in Annal. Genuens. ad ann. 1399. apud Murator. tom. 17. col. 1204 : *In vestra etiam comitiva duxistis septem aut octo parva navigia, brigantinos aut Palescarmos vocata, pluribus fulcita armigeris, etc.* Italis *Paliscalmo* et *Palischermo* est Scapha, cymba, Gallice *Esquif.*

¶ **PALESTES**, a Græco παλαιστή, apud S. Hieronymum in cap. 40. Ezech. Mensura unius palmi minoris.

* **PALESTRARE**, Locum palea spargere; unde male editum *Palæstrare* ex Chron. Guill. Bard. ad ann. 1335. inter Probat. tom. 4. Hist. Occit. col. 25 : *Aula major dictæ domus communis funebribus instructa fuit cum magno altari; pavimentum totius domus capitularis Palestratum fuit.* Vide supra *Paleare* 4.

* **PALESTRENARIA**, Locus, ubi paleæ reponuntur. Inventar. MS. ann. 1366 : *Quod hospicium est deputatum pro fenaria seu Palestrenaria domini nostri papæ.* Vide supra *Paleria* 1.

1. **PALETA**, Idem quod *Pala*, annuli pars, quæ gemmam cohibet. Gloss. Lat. Gr. : *Paleta*, σφενδόνη δακτυλίου ὡς Ἴγῖνος.

2. **PALETA**, Mensuræ frumentariæ species, in Regesto Parlamenti B. fol. 28 : *Quod licet Major et Pares Medontenses.... exercuerint justitias, quæ sequuntur, videlicet mensuras, pondera, boissellos, Paletas molendinorum, etc.* *Paleatæ farinæ*, in 1. Regesto fol. 4.

* 3. **PALETA**, Paletta, Pala, batillum, Gall. *Pelle.* Inventar. ann. 1476. ex Tabul. Flamar. : *Item unam Paletam ferri.* Inquisit. ann. 1288. in Acces. ad Hist. Cassin. part. 1. pag. 387. col. 1 : *Ferrarii de S. Germano serviunt monasterio Cassinensi de arte ferrariæ,... videlicet uno anno de martello et Paletta.* *Palich*, eodem significatu, in Lit. remiss. ann. 1469. ex Reg. 195. Chartoph. reg. ch. 234 : *Le suppliant qui tenoit ung Palich ferré, dont il chargoit icelle terre en ung blenel, etc.* *Pale* et *Palle*, in Stat. ann. 1378. tom. 6. Ordinat. reg. Franc. pag. 326. Instrumentum quo sal mensurabatur. *Palete* appellatur Instrumentum buxeum, quo calcei ad formam aptantur, in Lit. remiss. ann. 1474. in Reg. 195. ch. 1362 : *Le suppliant... getta ung buys ou Palete à enformer souliers, etc.*

PALETARE, Gall. *Paleter*, proprie est ad palos, quibus urbium et castrorum muniuntur et sepiuntur ingressus, dimicare. Apud Vegetium lib. 1. cap. 11. et lib. 2. cap. 23. *ad palum dimicare*, species est armaturæ, seu exercitationis militaris, [qua milites se ad palum in terram defixum gravi clava numeros omnes armaturæ implentes exercebant.] Anonymus de Recuperatione Terræ Sanctæ capite 66. in Gestis Dei per Franc. : *Ut Paletando contra hostes, quoties necesse fuerit, fines ipsos, civitates et castra defendant.* Continuator Naugii ann. 1326 : *Post aliquam Paletationem factam cum Bidaldis prope castellum, etc.* Willelmus *Guiart* ann. 1270 :

Un jour pour les desbareter,
Viadrent Sarrazins Paleter.

[Le Roman *de Rou* MS. :

Li borjoiz de la ville sont as portes allé
O le Conte Tiebault qui grant peuple a amené,
Souvent ont as Normans lancié et Paleté,
Mainte mellée y ont et maint homme tué.]

Chronicon Flandriæ cap. 16 : *La garnison issit hors encontre lui, et Paleterent tant, que le Comte du Perche fut abatu sous son cheval.* Et cap. 46 : *Et tantost firent les Flamens arrester leurs grosses batailles sans rien faire fors Paleter l'un encontre l'autre.* Hinc *palet*, et *paletis*, pro ipso congressu. Hugo *Plagon* vetus interpres MS. Willelmi Tyrii lib. 17. cap. 7. *Ut qui tota vita sua regno militantes*, sic vertit, *Car ils sont toujours au content et au Palet.* Et cap. 12 : *Et ex ea parte continuis impugnaretur congressionibus*, sic habet, *Si que tous les jours les conviendroit estre au Palet et au contens de quelque part.* Chron. Bertrandi Guesclini MS. :

Adonc issi Bertrand tout hors du Paletis.

Le Roman *de Garin* :

Sor lui avoit moult grant Paleteis.

Will. *Guiart* ann. 1296 :

Car pour venir au chapleis,
Est lessé le Paleteis.

Utitur pluries, ut et citatus auctor Chronici Flandr. cap. 67. 79.

¶ **PALETARII**, f. Frumenti, vel quorumcumque granorum mensores aut agitatores, a *Paleta.* Vide supra, et infra *Paletegium.* Charta ann. circ. 984. tom. 2. Gall. Christ. inter Instr. col. 46 : *Dedimus autem iterum iis omnes emendationes et omnia vadimonia omnium satisfactionum omnium ibidem consistentium, et consuetudinès macellariorum et Paletariorum in alodum illam habitantium.*

* An non potius Fabri ferrarii hic significantur? Vide supra in *Paleria* 2.

¶ **PALETATIO.** Vide *Paletare.*

¶ **PALETEGIUM**, Jus quod competit domino pro mensuratione frumentaria per paletas. Memorial. Cameræ Comput. Paris. ann. 1364. mensis Sept. fol. 94. v°. : *Gratia facta est decano et capitulo ecclesiæ S. Ulfranni de Abbatisvilla, quod de granis dictæ ecclesiæ venditis seu emptis non solvatur Paletegium seu minagium.* Vide *Paleta* 2. et *Paletarii.*

* **PALETTUS**, Vectis, Gall. *Levier.* Acta MSS. notar. Senen. ad ann. 1283 : *Confiteor conduxisse a vobis... unum molendinum.... cum uno Paletto de ferro ad levandum macinas, etc.* *Palet*, in Lit. remiss. ann. 1409. ex Reg. 163. Chartoph. reg. ch. 378 : *Jehannin de Sourdeval sacha une espée et en ferit le suppliant, lequel en reperlant son coup o un Palet qu'il tenoit pour soy appuyer, etc.* Eodem nomine appellatur armorum genus, quo caput defenditur, in Lit. remiss. ann. 1382. ex Reg. 121. ch. 160 : *Guy de Hotetot, dit Porquet, chevalier... estoit armé d'un haubergon d'acier, un Palet encamallié sur sa teste, etc.* Vide *Palectus.*

¶ **PALETUM**, a Gall. *Palet*, Discus, orbiculus. Regest. 93. Chartophyl. reg. Ch. 125. 18. Dec. 1362 : *Ludentes ad Paletum in quadam carreria seu vico regio,.... et cum essem in dicto ludo in discordia super duobus ictibus, etc.*

* Stat. ann. 1352. inter Probat. tom. 2. Hist. Nem. pag. 153. col. 2 : *Item quod nulla persona... sit ausa ludere ad Paletum infra civitatem Nemausi.*

¶ **PALEUNCULA**, Parva palea. Vita B. Gerardeschæ tom. 7. Maii pag. 179 : *Dixit : O Paleuncula, quam magna est potentia Dei quæ in te manet!*

* **PALEUS**, Stramineus. Charta ann. 1308. in Reg. 40. Chartoph. reg. ch. 57 : *In villa seu manso de Sauvac continente quindecim focos Paleos seu palea coopertos.* Hinc *Palesson* dicitur, Murus ex luto paleato. Lit. remiss. ann. 1395. in Reg. 148. Chartoph. reg. ch. 55 : *Le suppliant et autres firent semblant de jaugier ledit huis et de rompre les Palessons dudit hostel.* *Pailleul* et *Pailloeul*, eodem significatu. Lit. remiss. ann. 1399. in Reg. 154. ch. 735 : *Le suppliant entra en la maison de Pierre Trappin par un Pailleul qu'il rompi.* Aliæ ann. 1451. in Reg. 184. ch. 172 : *Et soubtillement rompirent le Paillouel ou paroit auprès d'un huis,.... et en ladite maison entrerent.* *Peulleul*, eodem sensu, in Lit. remiss. ann. 1408. ex Reg. 163. ch. 141 : *Lesquelx alerent en la maison de Mahieu le foulon demourant en la ville d'Athies, et illec rompirent un Peulleul pour entrer en ladite maison.* Unde *Palesonner*, Luto paleato illinire, vulgo *Torcher*, in aliis Lit. ann. 1453. ex Reg. 184. ch. 351 : *Si me as fait torcher et Palesonner une paroy, qui n'estoit pas de nostre marchanse, j'en vueil*

estre payé... Demourerent quittes dudit solier, torche et Palesonne. Vide *Paleaceus*.

PALEUS. Vide *Pallium* 2.

¶ **PALEZARE**, vox Italica, Declarare, denuntiare, indicare, quasi palam facere. Statuta Montis Regal. fol. 316 : *Item pro somata grossa coraminis bagnati, recentis, non Palezati sol. tres den.* Vide *Palificare*.

¶ **PALEZINE**, Idem quod *Padelenga*, Anguilla procerior. Charta ann. 1080. apud Miræum tom. 1. pag. 70 : *Quartum vero halec, quartum Palezine, et quartum ovum me illis auxisse, tam futuris quam præsentibus sit cognitum.*

¶ **PALFERRUM**, Instrumentum ferreum muris subruendis aptum. Castelli Chron. Bergom. ad ann. 1404. apud Murator. tom. 16. col. 949 : *Et ipsamet die Gibellini de civitate et burgis Bergomi iverunt cum stipendiariis ad dictam turrim cum Palferris, et aliis utensilibus, et cavaverunt ipsam turrim circum circa, etc.*

* **PALFORCA**, Fustis bifurcus, nostris alias *Paufour, Pauforche* et *Paufourche*. Chartul. S. Sulpit. Bitur. fol. 85. v°. : *Habebit vicarius ex unaquaque quadriga lignorum duas Palforcas.* Lit. remiss. ann. 1415. in Reg. 168. Chartoph. reg. ch. 390 : *Guillaume Bourgois yssi hors de la maison, tenant en sa main une Pauforche, en venant contre le suppliant.* Aliæ ann. 1451. in Reg. 184. ch. 134 : *Ung gros baston, appellé Paufourche. Ung gros baston forchu de plain poing et long d'une brasse, et plus vulgaument appellé Paufour ou fourche*, in aliis ann. 1475. ex Reg. 204. ch. 67. *Paubort*, eodem sensu, in Lit. remiss. ann. 1476. ex Reg. 201. ch. 74 : *Les supplians trouverent Mery Bloteau, qui avoit ung gros pal du Paubort en la main.*

¶ **PALFREDUS**, PALFRIDUS. Vide in *Paraveredi*.

¶ **PALFREY-SILVER**, Exactionis genus apud Anglos, quibus *Palfrey* est equus, et *Silver* pecunia. Th. *Blount* in Nomolex. Anglic. : *Custumam ibidem vocatam Palfrey-Silver, quæ levari debet annuatim de villis de Botelesford, etc.*

* **PALHARDUS**, Homo nihili et infimæ conditionis. Comput. ann. 1362. inter Probat. tom. 2. Hist. Nem. pag. 255. col. 2 : *Solvit... duobus Palhardis, qui portaverant quandam magnam scalam.... Solvit.... duobus Palhardis, qui balagarunt domum antiquam, etc.* Vide Menag. Diction. ult. edit. v. *Paillard*.

PALHERIUM, Palearium, ex Gallico *Pallier*. Charta ann. 1306. in Comitatu Rutenensi exarata, ex 2. Regesto Philippi Pulcri Regis Franciæ n. 7. in Tabulario Regio : *Cum 6. denariis Ruthen. quos habebat censuales in Palheriis et ortis Stephani, etc.*

* Locus, ubi paleæ reponuntur, horreum. Charta ann. 1338. in Reg. 72. Chartoph. reg. ch. 55 : *Item acquisivit quemdam mansum sive Palherium, situm in Caslario.* Stat. ann. 1350. inter Probat. tom. 2. Hist. Nem. pag. 138. col. 2 : *Item quod nulla persona sit ausa facere Palheres neque fenacils infra civitatem Nemausi, nec tenere paleam sive fenum ultra unam cadrigatam.* Vide supra *Paillerium*, 2.

* **PALHERIUS**, Eadem notione, in Charta ann. 1341. ex Reg. jam jam laudato ch. 250 : *Quolibet aliud genus clausurarum ad claudendum ortos,.... Palherios, etc.* Occurrit rursum in Charta ann. 1352. ex Reg. 82. ch. 101.

* **PALHEUM**, Præstatio, quæ fit ex palea. Charta ann. 1266. ex Chartoph. Tolos. : *Cum religiosus vir dom. Hitbertus prior domus sive monasterii de Casciano, Biterrensis diœcesis, conquerendo assereret .... servicia infrascripta fuisse hominibus dictæ villæ imposita indebite et injuste, videlicet guidagium, gallinagium, Palhea, etc.* Vide *Palea* 2.

* **PALHINUM**, PALINUM, PALLINUM, Eadem notione. Charta ann. 1314. in Reg. 52. Chartoph. reg. ch. 34 : *Item pro corrogio bouum et saumeriorum, Palhino, ovino, fromagino, ... triginta tres solidos Turon. annui redditus.* Alia ann. 1320. in Reg. 59. ch. 602 : *Item pro corrogiis, Pallinis, ovinis, fromaginis,... vj. lib. x. sol. vj. den. Turon.* Alia ann. 1341. in Reg. 72. ch. 408 : *Item pro Palino seu paleis, quas faciunt homines dicti loci dictis condominis, videlicet pro octo faxiis palearum, extimatis pro quolibet viij. den. Turon... et pro aliis v. sol. Turon. quos faciunt dicti homines pro Palhino seu ratione Palhini, etc.* Ex quibus patet sæpissime ejusmodi præstationem pecunia fuisse redemptam.

1. **PALIA.** Judicatum ann. 1250. apud Rocchum Pirrum in Notitia Ecclesiæ Pactensis : *Pro unoquoque porco tarenos 60. Item de Palia mille retia ad valens tarenos 50. etc.* [Charta ann. 1212. in Tabul. S. Illidii Claromont. : *De fructibus et Paliis Abbas et monachi duas partes habeant.* Ubi *Palia* pro *palea* scriptum videtur.]

* 2. **PALIA**, f. Sera. Vide supra in *Paleria* 2. Acta MSS. notar. Senen. ad ann. 1283 : *Confiteor conduxisse a vobis unum molendinum,.... cum duabus Paliis ferri et cum uno paletto de ferro ad levandum macinas.*

¶ **PALICARII**, *Ministri militiæ.* Leo Tact. apud Laur. in Amalth. [** Vide Glossar. med. Græcit. col. 1085. voce Παλληκάριον.]

* **PALICIA**, Contextus ac series palorum, Gall. *Palissade*, alias *Palice*. Charta ann. 1394. in Reg. 149. Chartoph. reg. ch. 78 : *Dicti consules supplicaverunt ut eidem placeret,... ut aqua dicti fluminis per dictum novum meatum de facili possit meatum suum habere, faciendi exclusam sive Paliciam in matrice dicti fluminis... licentiam dare.* Lit. remiss. ann. 1389. in Reg. 138. ch. 21 : *Guilhou mucié derriere une Palice, etc.* Vide supra *Palenca* et infra *Pallicea*.

¶ **PALICIUM**, ut *Palitium*. Vide in hac voce.

PALIFICARE, Palam facere, exponere, declarare. Diedericus Monachus de Illatione corporis S. Benedicti, in præfat. : *Exigis a me... quatenus... Palificare quantocius non differam, quænam causa existat illius festivitatis.* Anonymus in Vita S. Severi Episcopi Ravenn. cap. 1. num. 1 : *Nec non et obitum sacratissimum qualicumque stylo Palificare gestientes.* [Chron. Domin. de Gravina apud Murator. tom. 12. col. 713 : *Et tunc cœpit abbas Palificare seipsum, et ait adstanti viro, etc.*] Utuntur præterea Theodericus Mon. de Invent. S. Celsi Episcopi Trevir. num. 17. et Dudo Decan. S. Quintini in præfat. ad Hist. Norman. pag. 51. [Vide *Palezare*.]

¶ 1. **PALIFICATA**, vox Italica quæ idem quod *Palitium* sonat. Memoriale Potest. Regiens. ad ann. 1218. apud Murator. tom. 8. col. 1090 : *Primo per flumen navigare cœperunt, et ad Palificatam Saracenorum, quam in flumine fecerunt, venientes ipsam per vim ceperunt et diruerunt.*

¶ 2. **PALIFICATA**, Opus acupictum. Anonymus in Annal. Mediolan. apud Murator. tom. 16. col. 811 : *Paramentum unum cetonini rubei laborati ad ramam cum Palificata una ad duas dominas, etc.*

PALIFICATURA, PALIFICATIO, Telonei species, in Charta Berengarii et Adalberti Italiæ Regum ann. 952. in Bibl. Sebus. Cent. 1. cap. 99. quod pro palis, quibus fluviorum ripæ continentur, exsolvebatur : Itali quippe *Palificare* etiamnum dicunt, palis instruere, palos defigere : *Portonaticum, Palificaturam, tholoneum, ripaticum, navium ligaturam.* Charta Henrici Reg. Roman. ann. 1311 : *Ductus aquarum, Palificationes molendinorum, ripatica, etc.* Charta Ludovici Pii Imp. apud Ughellum tom. 4. pag. 789 : *Et... peragere negotium voluerit in portis Walparioli et Cremonæ cum milites applicent, et in sorte stent, sic milites Comaclenses et debitum reipublicæ, quod est ripaticum, et Palificturam, pastumque ad duos riparios... adimpleant. Palimolendinarii*, in Charta Grodegangi Episcopi Metensis apud Meurissium pag. 169. Vide *Palare* 2.

* Seu quod exsolvebatur pro facultate figendi palos ad ripas, ad quos religentur naves. Charta Ludov. II. imper. ann. 852. apud Murator. tom. 2. Antiq. Ital. med. ævi col. 25 : *Et cujuscumque loci vel gentis ripa palum figere, quandoque devenerit in sortem stare et riparios juxta portum pascere, et debere reddere per unamquamque navem decimum modium salis et Palisfictura denarios quatuor.* Vide infra *Palliaria*. [** Alia vide ibidem col. 22.]

¶ **PALIMPSESTUS**, *Membrana iterum abrasa, charta deletilis.* Laur. in Amalth. Græc. παλίμψηςος.

* **PALINGA**, Agger, quod palis contineatur, sic dictus. Charta ann. 1323. ex Cam. Comput. Insul. : *Des quatre cas contenues en l'article dudit keurbrief, qui commence de Palingis, c'est assavoir des Palanc, des dunes, etc.* Vide supra *Paleria* 2.

¶ **PALINGENESIA**, a Græc. παλιγγενεσία, Regeneratio, alter natalis. Epistola Gunzonis ad Augienses fratres ann. 969. apud Marten. tom. 1. Ampliss. Collect. col. 303 : *Si Palingenesiam vel metemsicosim Pytagoræ stulte quis accipere vellet, animam circumcisi Achar corpori istius nullatenus inesse dubitaret.*

¶ **PALINODIA** DEI, Sic canticum *Te Deum laudamus* vulgo S. Augustino adscriptum vocat Abbo Floriac. in Epist. ad monachos Anglos apud Mabill. tom. 4. Annal. pag. 30. laudata, ubi idem canticum S. Hilario Pictavensi Episcopo tribuit. Laurentio in Amalth. *Palinodia* est *iter reciprocum. Item, recantatio seu retractatio*, *contrarius cantus.* Unde patet vocis origo, quod scilicet canticum illud divisis choris soleat decantari.

* De quovis cantico dictum fuisse colligitur ex sequentia in Missali MS. an. circ. 400. S. Joan. in valle : *Vox psallat dulcis ac mera cleri canentis..... æterni sonoras Regis Pallinodias.*

* **PALINUM.** Vide supra *Palhinum.*

PALIOSUM. Anonymus de re Architecton. cap. 17 : *Cameræ structiles fortiores erunt, figulinæ autem ad contignationem suspendantur, ita ut catenis anchoratis fixæ, tegulas, vel Paliosa, quæ cameram circinent, sustineant.* Confer Vitruvium lib. 5. cap. 10. [* Vide supra *Paleus.*]

PALIOSUS, Dives, qui pallio dorsum tegit. Guill. de Podio Laurentii cap. 43 : *Factumque ut nonnulli dorsa Paliosa habentes cœperint difficultates opponere, quibus possent inquisitionis officium impedire.* Vide infra *Pallium* 2.

* **PALIOTUM,** dimin. a *Pallium*, vestis species. Invent. MS. thes. Sedis Apost. ann. 1295 : *Item unum Paliotum, cum fundo de panno Tartarico.*

¶ **PALIPODIUS,** Idem qui *Palafredus*, nostris *Palefroi*, Equus gradarius. Charta venditionis Sergentariæ seu ostiariæ Episc. Eduensis ann. 1271. in Tabular. ejusd. Eccl. : *Item qualibet nocte in hospitatione equorum, videlicet pro Palipodio domini Episcopi et pro sommertis unam mensuram avenæ, prout datur ejusdem equo.* Vide *Paraveredi.*

* **PALIS,** Vexilli baculus sive hasta. Comput. ann. 1412. inter Probat. tom. 3. Hist. Nem. pag. 205. col. 1 : *Item solverunt Johanni de Garsila aurifabro, pro argento et labore xij. agulhetarum factarum pro Pali, etc. Palis*, palus, *Pieu, palissade*, in Charta ann. 1321. ex Chartul. 23. Corb. : *Derechief de l'article des Palis, dont lesdits religieux avoient fait clorre leur fossés, etc.*

* **PALISFICTURA.** Vide supra *Palificatura.*

* **PALISMA,** *Lo logo de bataya*, in Glossar. Lat. Ital. MS. Aliud ex Cod. reg. 521 : *Palisma, locus in quo fit lucta.*

¶ **PALISSATA,** a Gall. *Palissade*, ut mox *Palitium.* Charta ann. 1371. in Archivo S. Victoris Massil. : *Ut faciat reparare, reficere et compleri cathenam ferream et clausuram Palissatæ portus Massiliæ.* Vide infra *Palizata.*

* **PALITIO,** Contextus ac series palorum, idem quod supra *Palicia.* Charta ann. 1023. apud Murator. tom. 1. Antiq. Ital. med. ævi col. 187 : *Ut licentiam habeant pars ipsius archiepiscopii ponere Palitiones in ipsis alveis facere.* Vide *Palitium.*

PALITIUM, PALLICIATUM, PALLATIUM, Contextus ac series palorum. Willel. Brito lib. 7. Philipp. :

Paliciumque triplex, quod erat Gaillardica subtus
Mœnia, quadratis palis, et robore duro
Usque sub extremas protensum fluminis oras.

Anonymus de Gestis Friderici II. Imper. : *Quia si Princeps illos in illa clausura invaderet, Palitia illa quibus Papalis exercitus se totum clauserat, etc.* Infra : *Quo lignaminibus ipsarum domorum, quæ inde disrumpere potuerunt, facerent stichatos, sive Palliciata circumcirca civitatem.* Expressit nostrum *Palissade.* [Consuetud. antiquæ Norman. n. 3. apud Marten. tom. 4. Anecd. col. 118 : *Et ibi nulli licuit facere Palicium, nisi in una regula : et id sine propugnaculis et alatoriis.* Charta ann. 1201. in Tabular. S. Vincentii Cenoman. : *Super via quæ ducebat inter furnum et Palitium monachorum.* Computus ann. 1202. apud D. *Brussel* tom. 2. de Usu feud. pag. CXLII : *Pro Palicio reficiendo* x. *s.* Vide *Palium* 1.]

PALLACIUM, Eadem notione. Bracton. lib. 4. tit. 1. cap. 37. § 1 : *Si faciat quis fossatum et hayam, murum, vel Pallacium, per quod oportet me ire per circuitum, ubi prius ingressus sum per compendium.* Apud eumdem d. tract. cap. 44 : *Fossato, muro, haya, vel Palatio. Palicium*, cap. 45. § 2. *Palit et closture*, in Consuetud. Vitriacensi art. 55. *Pallis*, in Consuet. Altisiod. art. 53.

¶ **PALLITIUM,** in Charta Matthæi Abbat. Fusniac. ann. 1225 : *Nec de terra dictum salvarium existente* (potest) *includere, nisi quantum ad præsens Pallitio est inclusum.*

¶ 1. **PALIUM,** Idem quod *Palitium*, vel locus palis circumseptus. Charta ann. 1347. tom. 1. Histor. Dalphin. pag. 67 : *Item viderunt Palium quod est a domo quæ fuit Amedæi Comitis,.... in quo deficit magna quantitas palicii et injunxerunt castellano ut dictum palicium reficere... faciat.* Charta ann. 1196. in Tabular. S. Victoris Massil. : *De malofossato perceperunt quod esset Palium et gastrum.*

¶ 2. **PALIUM,** Præmium equestris vel pedestris decursionis, Italis *Palio* vel *Paglio.* Sic dici videtur, quod victor *pallio* seu panno serico, alteriusve pretiosoris materiæ donabatur. Breviarium Hist. Pisanæ ad ann. 1264. apud Murator. tom. 6. col. 194 : *Item cursus nostri honorabilis Palii factus ab equis et plures milites cingulo novæ militiæ decorati.* Vita S. Mariæ Magdalenæ de Pazzis tom. 6. Maii pag. 251 : *Cum ergo circa festum S. Joannis aliisque temporibus publicæ decursiones ad Pallium, ut aiunt, celebrarentur, et multæ dominæ eo confluerent; nunquam persuaderi potuit ut spectandi causa ad fenestram accederet.* Statuta Vercell. lib. 1. fol. 17 : *Ordinatum est quod unum Palium sive bravium sufficiens et idoneum, et omnia alia pertinentia dicto Palio, ementur per Commune Vercellarum ad quod in honorem festi B. Eusebii curratur.* Vide *Pallium* 2. [** et Murat. Antiq. Ital. tom. 2. voce *Palio*, col. 1257.]

¶ **PALIUS,** Sericus. Ordinar. MS. Abbat. Piperac. ann. 1301 : *In festo Purificationis exeundo per claustra cum capis Paliis veniunt ante portam ecclesiæ.* Vide *Pallium* 2.

¶ **PALIZATA, PALIZATUM,** Sepimentum e palis, *Palissade.* Johan. Stella in Annal. Genuens. ad ann. 1383. apud Murator. tom. 17. col. 1269 : *Ubi clausum erat iter ad aquas, sudes, quas palos vocant, ita breves fundo erant affixæ, ut aquæ sub eis palis ingrederentur, et sic everteretur objectum, quod nominant Palizatam, aut panizatam vulgares.* Regestum Comput. Dalphin. tit. Graysivod. ann. 1334. fol. 292 : *Item ponit solvisse pro reparatione domorum dicti D. Dalphini... tam videlicet pro faciendo ibi Palizatum cum portis, clavaturis et aliis necessariis, etc.* Vide *Palissata.*

1. **PALLA,** Globus, nostris *Bale*, Italis *Palla* et *Balla*, Germanis, *Ballen*, pro *Pila*, [Addit. ad Vitam S. Antonini tom. 1. Maii pag. 349 : *Dum luderet ludo pilæ inflatæ quæ dicitur Palla grossa, fregerat sibi brachium.*] Hesychius : Πάλλα, σφαῖρα ἐκ ποικίλων νημάτων πεποιημένη. Ita porro Globum crucigerum Imperialem, qui inter Regalia insignia reponitur, appellat Gotefridus Viterbiensis :

Aureus ille Globus Pomum vel Palla vocatur,
Quando coronatur, Palla ferenda datur.

Infra :

Crux et Palla simul pariter connexa tenentur ;
Hæc ferit, hæc sanat, hæc perit, illa manet.

Versus alii in Chr. MS. Andreæ Danduli ann. 1130. :

Crux, ensis, sceptrum, corona, lancea, Palla.

De ejusmodi globis crucigeris pluribus agimus in nostro Syntagmate de Numismatibus Imperator. Constantinop.

2. **PALLA,** Aulæum. Gloss. Lat. Gr. : *Palla*, μίτρα, πέπλος, παραπέτασμα. Matth. Paris ann. 1236 : *Ornata igitur civitas tota holosericis et vexillis, et coronis,* (forte *cortinis*) *et Pallis, et cereis, et lampadibus.* Alibi : *Obtulit Ecclesiæ quatuor Pallas, unam assignavit altari ad pendendum, et maceriam adornandum.* Et anno 1251 : *Obtulitque ad majus altare tres Pallas S. Albano, et unam S. Amphibalo.* De hisce pallis intelligendus, ni fallor, Gregorius Turon. lib. 10. cap. 16 : *De palla holoserica* (Ecclesiæ) *vestimenta neptis suæ temerarie fecerit, foliola aurea, quæ fuerant in gyro Pallæ, inconsulte sustulerit, et ad collum neptis suæ facinorose suspenderit.* [*Paille*, eadem notione usurpat le Roman *de la guerre de Troyes* MS. :

En une chambre à or ovrée,...
Portendue de Pailles chiers.

* Nostris *Paile* et *Pale.* Annal. regni S. Ludov. edit. reg. pag. 191 : *Et fist tantôt parer le moustier de Pailes de soie.* Unde *Paliot*, Conopeum vel stragulum, aut panni species, in Vita ejusd. reg. ibid. pag. 368 : *Sus lequel* (lit) *l'en metoit un materaz de coton couvert de Paliot, non pas de soie.* Pedag. Peron. ex Chartul. 21. Corb. : *Item brouette, qui maine sarge, tappis et Pales, doit vj. den. xj. s. ob.* Le Roman *de Robert le Diable* MS. :

Devant lui par les rues tendent
Pailes, tapis et keutespointes.

Palir, Eodem sensu, in Reg. 13. Corb. sign. *Habacuc* ad ann. 1509. fol. 2 : *L'official s'est assis dessus et au millieu en un bancq en ladite salle, lequel bancq estoit décoré de tapis et Palirs. Palle* vero, Vestis ecclesiastica, vulgo *Chappe*, apud Matth. de Couciaco in Carolo VII. pag. 592 : *Prélats et gens d'église de divers estats, qui avoient les croix, Palles et plusieurs Reliques, etc.*

PALLA ALTARIS, in veteri Vocabulario, dicitur *vestis qua altare cooperitur, videlicet lineus pannus consecratus, qui super altare ponitur, super quem extenditur corporale.* Neque fere aliter Durandus lib. 1. Rational. cap. 3. n. 49. tametsi interdum *Pallam altaris* cum *corporali* videatur confundere : *Clemens etiam statuit,... ne mortui sepeliantur vel involvantur, seu operiantur, vel etiam feretrum, cum Palla, id est, pannis altaris, aut cum mappa, qua calix involvitur,... quando vero Pallæ, id est, corporalia, et vela, id est, ornamenta altaris, seu cortinæ super altare pendentes sordidatæ fuerint.* Et mox : *Pallæ vero, id est, corporalia in alia pelvi laventur.* Rursum : *Si altaris Palla, id est, vestimenta, etc.* Ubi *palla* promiscue usurpatur pro linteo, quo tegitur altare, et pro corporali. Distinguuntur tamen in Concilio Meldensi apud Burchardum lib. 4. cap. 13 : *Similiter ad corporale levandum, et ad Pallas altaris propria vasa habeantur, in quibus nihil aliud fiat.* Et in Concilio Remensi apud eumdem lib. 3. cap. 97 : *Observandum est, ut mensa Christi, id est altare, ubi Corpus Dominicum consecratur,.... cum omni veneratione honoretur, et mundissimis linteis et Pallis diligentissime cooperiatur.* Denique Concilium Arvernense can. 7 : *De opertorio Dominici Corporis, seu Palla altaris, nunquam Sacerdotis corpus, dum ad tumulum evehitur, obtegatur.* Ubi, *seu*, idem valet quod *vel*, ita ut aliud sit *Palla altaris*, aliud *opertorium Dominici corporis*, id est, *Corporale*, quod *Corporalis palla*, in Ordine Romano, et apud Gregorium Magnum in Sacrament. ubi de ordine Subdiaconi, appellatur, ubi distinguitur a cæteris pallis altaris : *Pallæ vero, quæ sunt in substratorio, in alio vase debent lavari, in alio Corporales Pallæ.* [Idem legitur in Statutis Synodalibus Guidonis Episc. Helen. tom. 3. Concil. Hispan. pag. 595 : *Corporales pallæ* ab *Episcopo consecrandæ et benedicendæ*, in Capitul. lib. 7. cap. 431.] *Pallei corporales* dicuntur in Testamento Riculfi Episcopi Helenensis. *Corporale Pallium*, apud Bonifacium Archiep. Moguntinum Epist. 11. *Pallium altaris*, apud Gregorium Turonensem lib. 7. cap. 32 : *Cumque jam altarium cum oblationibus Pallio serico opertum esset, etc.* Infra : *At ego, cum hæc audirem, ad te conversus dixi : Adprehende Pallium altaris, infelix, quo sacra munera conteguntur, ne hinc abjiciaris.* Alia igitur est *palla*, quæ altari substernitur, [quam *frontale* alii vocant, vide in hac voce;] alia, quæ sacra Christi munera contegit, quam *Corporale* appellant Scriptores. Prior palla, ea est *Palla Dominica, ad quam non licet mulieri manum suam mittere*, ut est in Concilio Autisiodor. can. 37. et *Palla altari*, in qua *manus pueri* oblati ad Monasterium a parentibus *involvebatur*, ut est in Regula S. Benedicti cap. 66. et illa, cujus meminit Lex Bajwar. tit. 1. cap. 3. § 3 : *Si autem de ministerio Ecclesiæ aliquid furaverit, id est, calicem aut patenam, aut Pallam, etc.* Adde Capitulare Heytonis cap. 16, Hugonem Archiepisc. Rotomag. lib. 2. de Hæret. cap. 4. Arnoldum Lubec. lib. 6. cap. 5. etc. Vide *Substratorium.*

* Stat. eccl. Turon. ann. 1396. cap. 7. ex Cod. reg. 1237 : *Unde vero non est tutum hostiam eligere super Pallam.* Ubi versio Gallica : *Pour ce n'est pas seure chose eslire hostie sur la touaille.*

☞ Hujus *Pallæ* forma sic describitur in Statutis MSS. Augerii Episc. Conseran. ann. 1280 : *Corporalem Palam non de serico aut de tincto seu operibus variato, sed solum de simplici albo panno lineo, fieri prohibemus, præcipientes ut munda et bene composita et plicata sit. Debet autem habere quatuor in longitudine plicas, in latitudine vero tres.*

☞ Ea vero *Palla*, quam *corporale* vocabant, contra incendia deferri solebat. Aimoinus in Mirac. S. Benedicti sæc. 4. Bened. part. 2. pag. 365 : *Effertur denique lugentium mœrentiumque manibus illud admirabile margaritum; et cum Palla, super quam pridie sacrosanctum Corpus Jesu Christi fuerat confectum, circumducitur. Cum repente aquilone qui ad horrea fratrum flammas impellebat, flare cessante, totus ignium globus volumine facto cœlum versus cacumen extendit.* Adde Consuetud. Cluniac. lib. 2. cap. 30. Rodulphum Glabrum lib. 5. Hist. cap. 1. ubi *Chrismale* appellatur, et Rupert. Abbat. de incendio Tuitiensi.

Palliæ Altarium. Historia de exordio Ordinis Cisterciensis cap. 17 : *Palliæ autem altarium, ut de lino fierent, etc.*

¶ Palla Linostima, Diaconorum maxime vestis propria. Liber Pontificalis ex decreto Zozimi PP : *Ut Diacones lævas tectas haberent de Pallis linostimis. Palla linostina*, pro mantile, Gall. *Essui-main*, in *Linostimus*. Vide infra *Pallium* 2.

Pala, Eadem notione. Prudentius Trecensis Episcopus in Vita S. Mauræ : *Quis oleum ad lampades ministrabat? Maura. Quis Palas conferebat? Maura. Quis vestimenta sacer dotalia de proprio comparabat? Maura.* Versus inscripti palæ altaris ædis S. Marci Venetiis :

Anno milleno centeno jungito quinto,
Tunc Ordelaphus Faledrus in orbe ducabat :
Hæc nova facta fuit gemmis ditissima Pala,
Quæ revocata fuit te, Petre, ducante Ziani,
Et procurabat tunc Angelus acta Faledrus,
Anno milleno bis centenoque noveno.

Ibidem :

Tunc vetus hæc Pala gemmis pretiosa novatur.

Vide Sansovinum et Stringam in Venetia lib. 1. cap. 39. 40.

Pallæ Sepulchrales, Quibus Sanctorum et Honoratorum tegebantur sepulchra. Concilium Arvern. can. 3 : *Ne Pallis vel ministeriis divinis defunctorum corpora obvolvantur. Palla sepulchri S. Martini*, apud Gregorium Turonensem lib. 5. Histor. Franc. cap. 48. Idem lib. 1. Miraculorum cap. 72 : *Pallam holosericam auroque exornatam, quæ sanctum tegebat sepulchrum, temerario ausu diripuit. Palla lectorum*, apud Eutropium lib. 9 : *Milites, qui eum sequebantur, fœtore commoti, diductis lecticulæ Palliis, post aliquot dies mortem ejus notam habere potuerunt.* S. Hieronym. Epist. 25. cap. 1 : *Ex more parantur Exequiæ, et Nobilium ordine præeunte, aureum feretro velamen obtenditur.* In Vita S. Pauli Eremitæ : *Cur et mortuos vestros auratis obvolvitis vestibus?* [Chartular. vetus a Pithœo laudatum in Gloss. ad Leg. Salic. : *In redemptionem unius tapetis, quod patri mortuo superpositum est, ut est consuetudo nobilium.*] Gloss. Basilic. : Τῷ ὀνόματι τῆς ςρωμνῆς, πᾶσα ἐσθὴς περιέχεται, καὶ τὰ ςραγαλία, καὶ τὰ Παλία, καὶ πᾶν ᾧ περιβαλλόμεθα. Vide *Aristato, Coopertorium* et *Pallium* 2.

¶ **PALLACIUM**, pro *Palatium*, in Charta Guidonis Episc. Corisopit. ann. 1480. tom. 2. Hist. Britan. col. 1616 : *In multitudine copiosa, eques, associatus, de Pallacio suo episcopali de Launiron suæ Corisopitensis diocesis, etc.*

¶ **PALLAGIUM**. Vide *Palagium*.

¶ **PALLAMENTUM**, pro *Parlamentum*, in Charta Ludovici VII. Reg. Franc. ex Chartular. S. Vandregesili tom. 2. pag. 1616 : *Terminatum fuit in Pallamento, etc.*

¶ **PALLANCA**, ut *Palancatum*, Contextus ac series palorum, *Palissade*. Annal. Cæsenat. ad ann. 1341. apud Murator. tom. 14. col. 1178 : *Violenter burgum Trochæ foris acceperunt : postque immediate per Pallancas Trochæ intus introiverunt domos Sampiroli.*

¶ **PALLANCATUM**. Vide *Palancatum*.

¶ **PALLANDIONES**, Navium genus, quæ traducendis equis sunt idoneæ. De expugnatione urbis CP. apud Marten. tom. 5. Ampliss. Collect. col. 787 : *Viginti alterius generis naves, quas scaphas vocare possumus, pro transvehendis hominibus, seu Pallandiones pro traducendis equis, aliorumque generum naves et naviculæ non paucæ.*

PALLANTIA. Vide *Palantia*.

¶ **PALLARE**, pro *Palari*, apud Albert. Mussatum tom. 10. Script. Italic. Murator. col. 650 : *Pervagus soluta suorum stipendiariorum cohorte, neglecta suburbii custodia, per exteriora suburbii agmina ambitiosus Pallabat.*

¶ **PALLARENSES**. Vide *Pavenses*.

* **PALLASIUS**, pro *Balasius*, Carbunculus, Gall. *Balais*. Inventar. ann. 1387. tom. 7. Sept. Actor. SS. pag. 805. col. 2 : *Alia parva crux ad modum lilii, habens tres perlas et parvum Pallasium splendidum.* Pluries ibi. Vide supra *Balassius*.

¶ **PALLASSA**, Straminea culcita, Gall. *Paillasse*. Statuta Monast. Gellon. ann. circ. 1150. apud Stephanot. tom. 8. Fragm. Hist. pag. 175 : *Debet etiam deferre et habere pro lecto suo Pallassam novam, etc.*

¶ **PALLATA**, ut *Palata*. Vide in hac voce.

PALLATORIUM, pro *Parlatorium*, vulgo *Parloir*, alias *Locutorium*, et *Salutatorium*; Locus scilicet in Monasteriis virorum, ubi excipiebantur visitaturi. Charta ann. 1258. in Hist. S. Martini de Campis pag. 208 : *In Pallatorio ante cameram Ballivorum.* Vide *Locutorium*.

¶ 1. **PALLEA**, ut supra *Pallanca*, *Palissade*. Regest. 84. Chartophyl. reg. Ch. 177. ann. 1355 : *Chevillias seu grossos clavos ferreos in quadam Pallea de lignis facta, ad tuitionem castri fixa, extraxerat a Pallea prædicta, etc.*

2. **PALLEA**, Palleum, Palleus. Vide *Palla* 2. et *Pallium* 2.

PALLEARICIA. Vide *Tectora*.

* **PALLEARICIUS**. Vide infra *Palliaricius*.

* **PALLEARIUM**, Stramen. Necrol. vet. MS. eccl. Carnot. : *Dedit nobis omnia stramina, foragia, Pallearia grossa et minuta, etc.*

¶ **PALLEDO**, Pallor. Vita S. Agnetis de Montepolit. tom. 2. April. pag. 805 : *Facici Palledo adstantibus demonstravit id* *quod puella occultare volebat.* Nostris olim *Palisseur.*

¶ **PALLEFREDUS**, Pallefridus. Vide infra *Paraveredi.*

* **PALLELA**, Idem, ni fallor, quod infra *Palmula.* Vide ibi. Charta ann. 1368. ex Tabul. Massil. : *Item quælibet barchia de Pallela aut de tymono bayonesto* (solvat) *pro quolibet viagio tres grossos.* Alibi legitur *Pullela* minus bene.

¶ **PALLENS.** Anonymus in antiq. Regula monast. apud Marten. tom. 9. Ampliss. Collect. col. 165 : *Isidorus Episcopus. Per omnem autem hebdomadam fratres viles olerum cibos, ac Pallentia utantur legumina.* An *pullescentia*, vel *nascentia leguminum?* ut habet S. Benedictus in sua Regula. Vide *Nascentia.*

* **PALLEUM**, pro *Pallium* 3. Epist. Honor. III. PP. ad archiep. Bitur. ex Chartul. ejusd. : *Inter cætera siquidem quæ tibi fecimus de gratia speciali, non parum fuit, quod cum Apostolica Sedes per speciales nuncios suos consueverit Palleum destinare, etc.*

* **PALLEURA**, Jus, ut videtur, figendi palos ad directionem ædificiorum et viarum. Arest. parlam. ann. 1401. inter Consuet. Genovef. MSS. fol. 45. v°. : *Erant in possessione et saisina concedendi licentiam pro faciendo aquæductus, aligneamenta, Palleuras, sedesque supra vicum et omnia ad viariam pertinentia.* Infra non semel : *Palleura et aligneamentum.*

¶ **PALLIALES** Pecuniæ, Quæ Romano Pontifici pro accepto *pallio* exsolvebantur. Gudenus Hist. Erfurt. lib. 1. § 19. ex MS. Petrensi tom. 1. Rer. Mogunt. pag. 596 : *Romæ item per antecessores nostros multa debita contracta sunt, ob non exsolutas pecunias Palliales.*

* Cærem. Rom. lib. 1. § 10. cap. 5 : *Qui pallium sunt accepturi, postquam fuit petitum in consistorio et concessum, componunt primum cum subdiaconis. Nam illi, ut diximus, tenent pallium, quod accipiunt secundum valorem et taxam ecclesiæ, aliquando plus, aliquando minus pro centenario : et quia vidi varios usus et nihil firmi statutum legi, de quota nihil dicam. Clerici ceremoniarum et ipsi ratione officii sui et instrumenti mercedem suam exigunt, etiam ad proportionem taxæ et valoris ecclesiarum, non tamen tantum quantum subdiaconi. Solent etiam qui pallium accipiunt diacono cardinali duo birreta et totidem suis camerariis debent dare. Antiquitus dabant, ut legi, vinum album et species : portant etiam duas faculas cereas, quæ ardeant super altare dum pallium traditur, et sericum ad induendum pallium, cum quo illud ad ecclesiam suam deferant.*

¶ 1. **PALLIARE**, Vestire, tegere, *pallio* amicire. Chron. S. Petri Vivi tom. 2. Spicil. Acher. pag. 745 : *Corporibus honestissime Palliatis, aromatizatis, etc.* Utitur Apuleius in Floridis. [* Ordinar. Rotomag. MS. : *Diaconus ad Evangelium exuat casulam et se more stolæ in sinistro humero Palliet et maneat usque in fine Missæ.* Pro veluti pallio induere, apud Andr. Floriac. MS. lib. 1. Mirac. S. Bened. : *Et ecce multitudinem Angelorum in medium basilicæ aspicit fulgore Palliatam admirabili, etc.*] Hinc

¶ Palliare, metaphorice pro Simulare, fingere, qua notione etiam *Pallier* dicimus. S. Bernardus tom. 1. col. 578 : *Gloriosa res humilitas, qua ipsa quoque superbia Palliare se appetit, ne vilescat.* Charta Willelmi Episc. Abrinc. ann. 1227. apud Marten. tom. 1. Vet. Script. part. 2. col. 107 : *Cumque ipsis improperantur hujusmodi, ad sui deffensionem errores in pietatem Palliantes, sub nomine pietatis velamen malitiæ libertatem impendunt.* Chron. Romualdi II. Archiep. Salernitani apud Murator. tom. 7. col. 194 : *Quum autem hæc et alia illius scelera, quæ sub umbra Christiani nominis Palliabat.* Adde eumdem Murator. tom. 12. col. 455. 457. et tom. 16. col. 780. Vide *Palliatio.*

¶ 2. **PALLIARE**, Pallium Archiepiscopale conferre. Vide *Pallium* 3.

¶ 3. **PALLIARE**, pro *Balliare*, ni fallor, mutato, ut sæpe fit, *b* in *p*, Administrare res et bona pupilli. Vide *Bajulus* 3. Charta apud Stephanot. in Antiquit. Bened. Lemovic. MSS. part. 1. pag. 127 : *Notum vobis fieri volumus, quod cum Aimericus de Rupe Cavardi propter... exactiones quas pluribus ecclesiis.... intulerat, sepultura careret; Aimericus de Rupe Cavardi filius ejusdem Aimerici mortui, et Aimericus Bruni qui terram et filium ejusdem mortui Palliabat ante nos... constituti, præstita fide in manu nostra firmaverunt, etc.*

* **PALLIARIA**, Telonei species, quod pro facultate figendi palos ad religandas naves, vel quod ad palos seu repagula oppidorum, vulgo *Barrieres*, exsolvitur. Charta Conradi II. reg. Sicil. pro Pisanis ann. 1269. apud Lam. in Delic. erudit. inter not. ad Chron. imper. Leon. Urbevet. pag. 272 : *Liceat eis sine impedimento aliquo, sive in eodem ligno vel navigio, sive alio, sive per terram, res et merces ipsas..... deferre quocumque voluerint,.... non solvendo inde dirictum aliquem, vel toloneum, vel Palliariam, vel passadium, aut quamcumque aliam exactionem, quocumque nomine appelletur.* Ibid. pag. 273 : *Teloneum vel Palliariam, scariam vel fundacagium, seu scalaticum, etc.* Vide supra *Palificatura.*

* **PALLIARICIUS**, Palliaticius, Stramineus. *Casa Palliaricia*, ex luto paleato constructa, aut paleis cooperta. Charta Cunimundi Langob. ann. 765. apud Murator. tom. 2. Antiq. Ital. med. ævi col. 167 : *Casam domocultilem meam, et omnes tectoras infra ipsam terminationem meam scandolicias vel Pallearicias.* Alia ann. 968. ibid. : *Camporas pecias tres, cum una casa Palliaricia, etc.* Charta Walpert. episc. Mutin. ann. 869. tom. 1. earumd. Antiq. col. 721 : *Resedere et laborare debeam in terra vel applute Palliaticie... Tegia Palliaticia meliorentur et non pejorentur, etc.* Vide supra *Paleus.*

¶ **PALLIASTRUM**, Rude ac vile pallium. Apuleius lib. 1. Metamorph. : *Humi sedebat* (Lupus) *scissili Palliastro semiamictus.*

¶ **PALLIATA** Tensa, Genus Scripturæ. Vide *Scriptura.*

* **PALLIATDUS**, Simulatus, fictus. Glab. Rodulph. tom. 10. Collect. Histor. Franc. pag. 45 : *Sed insolentia Romanorum hujusmodi adinvenit Palliatdæ subdolositatis ridiculum, scilicet ut quemcumque pro suo libitu inpræsentiarum ad pontificatus officium delegerint, mutato nomine, quod illi prius fuerat, aliquo magnorum pontificum nomine illum appellari decernunt.* Vide in *Palliare.* 1.

¶ **PALLIATE**, Simulate. Limborch. Sent. Inquis. Tolos. pag. 60 : *In prima confessione sua alia quam fecit Palliate.* Et pag. 66 : *Fuit confessus Palliate et diminute.* Vide *Palliare* 1.

¶ **PALLIATIO**, Simulatio, dissimulatio, nostris *Palliation.* Jac. de Layto in Annal. Estens. ad ann. 1404. apud Murator. tom. 18. col. 1006 : *Hæc tamen sic sancita in consiliis suis Ducale dominium non publica faciebat, sed sub Palliatione servabat, nulla depromens in aperto suæ intentionis vestigia sive signa.* Vide in *Pallium* 2.

¶ **PALLIATURA**, Supellex ecclesiastica, præcipue ornamenta ecclesiæ. Sugerius de Administratione sua cap. 23 : *Parrochiales ecclesias, quas Rogerius presbyter et frater ejus Gaufredus hereditario jure sibi vendicabant, ad dominicaturam ecclesiæ in novitate prælaturæ nostræ retraximus, easque et redditus earum thesaurario ad renovandas et augmentandas ecclesiæ hujus Palliaturas, in sempiternum contulimus.*

¶ **PALLIATUS**, Pallio seu aulæo, vel potius panno serico indutus, coopertus. Sugerius in Vita Ludovici Grossi : *Albo et Palliato equo insidentem* (Innocentium PP.) *educunt* : qui vero eum comitabantur *ipsi Palliati equos albis operturis variatos equitantes, odas personando festive geminati procedunt.* Vide infra *Pallium* 2.

* Hinc *Palliatus* clericus dicitur, qui *pallio* seu pluviali, vulgo *Chape*, vestitus est. Acta S. Gauger. tom. 2. Aug. pag. 681. col. 6 : *Palliata agmina clericorum, cum crucibus aureis et aliorum supellectile multa insignium, choros obvios gloriosa celebritate disponunt.* Unde minus apte *Palliatus ordo* mox exponitur de Monachis, quorum pallium vestis propria fuerit; ibi quippe monachi pluvialibus induti distinguntur a clericis, qui vestibus lineis seu *superpelliciis* vestiti erant. Vide supra *Palla* 2.

¶ Palliatus Ordo, Monachi, quorum pallium vestis propria fuit. Vita S. Adalhardi n. 32. sæc. 4. Bened. part 1. pag. 353 : *Quanta denique fuerit receptus ambitione, quis valet perorare? procedit Palliatus ordo monachorum, monachosque præcedit candidatus ordo clericorum.* Vide *Pallium* 1.

* Palliatus, In episcopum constitutus. Epist. Nic. I. PP. ad Actard. episc. Nannet. : *Cujus videlicet decreto vel largitate vacanti ecclesiæ incardinatus et Palliatus esse dignosceris.* Vide *Pallium*, 3.

¶ Palliatus, De sole dicitur, cum tenebris obumbratur, in Concil. Toletano IV. inter Hispan. tom. 2. pag. 481 : *Et dum sol eodem die tenebris Palliatus lumen subduxerit, etc.*

* **PALLICEA**, Sepimentum e palis, Gall. *Palissade.* Lit. remiss. ann. 1362. in Reg. 93. Chartoph. reg. ch. 164 : *Pontem levaverunt, dicto magistro Cervino inter dictum pontem et barbacanam fusteam sive Palliceam, quæ tunc clausa erat, per aliquod*

temporis spatium incluso remanente. Vide supra *Palicia.*

¶ **PALLICIATUM.** Vide *Palitium.*

* **PALLICIUM**, ut *Pallicea.* Hist. episc. Autiss. apud Labb. tom. 1. pag. 512 : *Hic* (Bernardus Bruni) *diligebat domum de Odento, et circumcinxit locum et domum Pallicilis et magnis turribus.*

* **PALLICULA**, *qua puer involvitur in utero matris.* Glossar. Provinc. Lat. ex Cod. reg. 7657.

¶ **PALLIDESCERE**, Pallescere. Vita S. Guthlaci tom. 2. April. pag. 48 : *Velut lucerna in die Pallidescere videbatur.*

¶ **PALLIDO**, Imago, delineatio, apud Geographum Ravennatem laudatum in Disquisit. Leibnitii de Orig. Franc. ad calcem Leg. Salicæ edit. Eccardi pag. 251.

* **PALLIFICATA**, Pictura textilis, Gall. *Broderie.* Inventar. ann. 1389. tom. 3. Cod. Ital. diplom. col. 365 : *Paramentum unum cetonini rubei laborati ad ramum cum Pallificata una ad duas dominas et juvenem unum cum uno fonte.* Vide *Pallido.*

¶ **PALLIGER.** Vide *Pallium* 3.

PALLINGUS, [Fustis genus.] Vide *Falanga.*

* **PALLINODIA.** Vide supra *Palinodia.*

* **PALLINUM.** Vide supra *Palhinum.*

* **PALLIOLA.** Vide supra *Paleola.*

¶ **PALLIOLUM**, Minus aulæum. Inventar. vetus apud Marten. in Itiner pag. 241 : *Unum offertorium, Palliolum* 1. *super analogium.* Vide *Pallium* 2.

¶ **PALLITIUM**, ut *Palitium.* Vide in hac voce.

1. **PALLIUM**, Christianorum fuisse indumentum testatur Tertullianus lib. de Pallio, a quo ita describitur cap. 6 : *In viris autem Pallii extrinsecus habitus, et ipse quadrangulus, ab utroque laterum regestus, et cervicibus circumstrictus, in fibulæ morsu humeris acquiescebat.* Infra, de quatuor pallii angulis : *Omnis liberalitas studiorum, quatuor meis angulis tegitur.* Nec uno loco Christianorum fuisse proprium innuit, illudque describit; hinc apud eumdem *de toga ad Pallium* transire; cum *toga*, Gentilium fuerit : tametsi in controversiam cadat, an Christiani ab Ethnicis vestitu diversi fuerint, quod fuse disputat Baronius anno 197. Utcumque sit, Tertullianeum istud Pallium, ex iis fuit, quæ τετράγωνα vocabant, de quibus fuse Salmasius ad hunc Tertulliani librum. Sed et inferioribus sæculis

Pallium Quadrangulum, cujusmodi etiam fuit Romanorum paludamentum, Regum nostrorum primæ, secundæ et tertiæ stirpis proprium fuit; sic autem describitur a Monacho Sangallensi lib. 1. cap. 33 : *Gloriosissimus Carolus ad nocturnas laudes pendulo et profundissimo Pallio, (cujus jam usus et nomen recessit) utebatur.* Cap. 36 : *Nocturnum atque pendulum Augusti Pallium adhuc nos retrahit. Ultimus habitus eorum erat Pallium canum, vel saphirinum quadrangulum, duplex, sic formatum, ut cum imponeretur humeris, ante et retro pedes tegeret, de lateribus vero vix genua contegeret.* Quod quidem pallii genus etiamnum retinent Principes nostri in suis inaugurationibus : nam cum quadratum sit, ad sinistrum humerum fibula constringitur, ad dextrum erigitur; et in armos ipsos sustollitur, quo dextra libera sit. Ita latera nudantur, pedes ante et retro teguntur, quod ait Sangallensis. Verum in hoc diversum fuit e regiis hodiernis, quod ut Romanorum paludamentum, ad humerum dextrum fibula astringeretur. Id etiam de palliis sui ævi docet præ cæteris Nilus Mon. lib. 2. Epist. 245 : Οἱ μὲν μοναχοὶ στολιζόμενοι ἐπὶ τοῦ ἀριστεροῦ ἀναβάλλονται ὤμου, γυμνοῦντες ὅλον τὸ εὐώνυμον μέρος. οἱ δὲ φοροῦντες κοσμικοὶ τὰς χλανίδας τὸ δεξιὸν μέρος τοῦ σώματος τοῖς πᾶσι φανερὸν κατεστῶσιν. Quod vero *Pallium* Sangallensis, *Sagum* vocat Eginhardus, ubi de Carolo M. : *Sago Veneto amictus, et gladio semper accinctus, etc.* Infra : *In festivitatibus veste auro texta, et calciamentis gemmatis, et fibula aurea Sagum astringente, diademate quoque ex auro et gemmis ornatus, incedebat.* Sed in primis observationem exigit, quod idem Sangallensis scribit, saphyrini coloris fuisse, id est cærulei, quale est hodie Regum Franciæ liliis distinctum : ut inde discant Heraldicæ artis magistri, unde hic color in armorum regiorum insignibus manarit. Ejusdem etiam formæ fuit Regum Anglicorum Pallium : sic enim describitur a Thoma Walsinghamo, ubi de coronatione Ricardi II. Regis Angliæ pag. 196 : *Postea induit eum Archiepiscopus regali pallio, ita dicens : Accipe Pallium quatuor nuntiis formatum, per quod intelligas quatuor mundi partes divinæ potestati esse subjectas, nec quemquam feliciter posse regnare in terris, nisi cui potestas regnandi fuerit collata de cælis.* Scribit Dionysius Halicarnassæus lib. 3. ἀρχαιολογ. accepisse Tarquinium, Romanorum Regem, a Legatis Hetruscorum, χιτῶνά τε πορφυροῦν, χρυσόσημον, καὶ περιβόλαιον πορφυροῦν, ποικίλον, οἷα Λυδῶν τε καὶ Περσῶν ἐφόρουν οἱ Βασιλεῖς, πλὴν οὐ τετράγωνόν γε τῷ σχήματι, καθάπερ ἐκεῖνα ἦν, ἀλλ' ἡμικύκλιον. Vide Dissertationem 5. ad Joinvillam pag. 158. Utebantur etiam Judæi palliis quadrangulis. Petrus Comestor in Histor. Eccles. cap. 19. Numeror. : *Quadratis tunc Judæi utebantur Palliis, et adhuc in angulis vestis quadratæ in Synagogis suis habent fimbrias hyacinthinas ob recordationem legis datæ de cælo.*

¶ Pallium Duplex dicitur Monacho Sangallensi illud, quo novus Miles a feminis induebatur. *Duplex* appellatum vult *la Colombiere* in Theatro honoris pag. 572. quod ipsi pallio aliud palliolum assutum erat. Haud scio an non potius ob attextam pallio pretiosam pellem, Gall. *Doublure*, sic nuncupatum fuerit.

☞ Pallio, vel potius palliolo, maxime usi sunt veteres Galli; qui mos a Romanis dum Galliis imperarent interruptus, sensim iterum receptus est. Id autem breve admodum dimidiasque nates vix tegens, ut hodiernum Hispanicum. Martialis lib. 1. Epigr. 93 :

> Cerea si pendet lumbis, et trita lacerna,
> Dimidiaque nates Gallica Palla tegit.

¶ Pallium Fundatum, f. Auro textum. Vita S. Ausegisi sæc. 4. Bened. part. 1. pag. 634 : *De vestimentis vero ecclesiasticis largitus est Pallia, quæ dicuntur fundata, tria.* Vide *Fundatus* 2.

¶ Pallium Pluviale, Ornamentum ecclesiasticum, *Cappa*, vulgo *Chape.* Vita S. Odonis lib. 2. num. 2 : *Adspiciebat, et ecce vir venerabilis canitie decoratus, stolaque splendida indutus, super quam Pallio pluviali utebatur, Episcoporum more ferulam manu ferebat.* Est etiam

¶ Pallium Rotatum, Pallii ecclesiastici species, in formam rotæ effecti, vel pallium rotarum figuris distinctum, nostris olim *Paille roé.* Gesta Gaufridi Episc. Cenoman. tom. 3. Analect. pag. 390 : *Dedit etiam in primo reditu de Roma samitum, de quo fecimus duas capas; alia vice rediens unum Pallium rotatum.*

Pallium, Monachorum vestis propria fuit. [Eo cum aliquando uterentur Gallicani Episcopi, eam ob rem a Cælestino I. PP. reprehensi sunt.] Salvianus lib. 8. de Gubern. Dei : *Palliatum et pallidum, et recisis comarum fluentium jubis ad cutem tonsum videre tam infelix ille populus, quam infidelis sine convicio atque execratione vix poterat.* Idem lib. 4. ad Eccl. Cathol. : *Licet religionem vestibus simules, licet fidem cingulo asseras, licet sanctitatem Pallio mentiaris, non credis omnino, non credis.* Concilium Aurelian. I. can. 21 : *Monachus, si in Monasterio conversus, vel Pallium comprobatus fuerit accepisse, et postea uxori fuerit sociatus, etc.* [Hinc *Palliatus ordo* dicuntur monachi. Vide supra.]

Pallium, Velum Sanctimonialium. Benedictionale Ecclesiæ Rotomag. editum a Jacobo Petito pag. 295. de Benedictione virginis : *Post hæc imponas puellæ Pallium, et dicas, Accipe, puella, Pallium, quod perferas sine macula ante tribunal Christi, etc.* Ita in Missali Franc. vet. pag. 412. Concil. Tolet. X. can. de viduis : *Ut autem nihil devocetur in dubium, Pallio purpurei vel nigri coloris caput contegat ab initio susceptæ religionis.* Vita S. Aldegundis Abbatissæ Melbodiensis cap. 4 : *Nimio vapore fidei accensa, a Pontifice B. Audeberto consecratum Pallium accepit, seque in monasterio.... retrudi præcepit.* Collectio Canonum Hibern. lib. 43. cap. 10 : *Virgines palliatæ, id est, velatæ.*

Pallium, Velum, quod inter Missæ solennia supra caput nubentium expanditur, dum quædam conceptæ orationes a Sacerdote recitentur. Durandus lib. 1. Ration. cap. 9. n. 9 : *Ideo nubentes post benedictionem vita* (vitta) *uno invicem vinculo copulantur, ne compagem, id est, fidem unitatis conjugalis disrumpant. Eadem vero vita candida est, purpureoque colore permiscetur, quia candor est munditia vitæ, purpura ad sanguinis posteritatem adhibetur, ut hoc signo et continentia, et lex continendi, ab utrisque ad tempus admoneatur, post hoc ad reddendum debitum non negetur.* Hujusmodi nuptialis velaminis meminit Nicolaus I. PP. in Responsis ad consulta Bulgarorum cap. 3 : *Ut primum quidem in Ecclesia Domini cum oblationibus, qua offerre debent Deo per Sacerdotis manum, statuuntur, sicque demum benedictionem et velamen cæleste suscipiunt ad exemplum videlicet, quod Dominus primos homines in Paradiso collocans, benedicens eis dixit, Crescite et multiplicamini, etc... veruntamen velamen istud non suscipit, qui ad secundas nuptias migrat.* Et Joannes Sarisberiensis lib. 8. Policrat. cap. 11 :

Inolevit etiam consuetudo, ut quos in commercium carnis Ecclesiæ jungit auctoritas, Pallio velentur altaris, aut alio ab Ecclesia constituto, ut thorus, qui Christo conciliante construitur, sic in fide castitatis fragilitatis suæ maculas protegat, ut totius sit probri aut confusionis ignarus.

* Ejusmodi pallii alter usus in nuptiis indicatur in Vita S. Emmeram. tom. 6. Sept. pag. 483. col. 2 : *Ille autem, adprehensa prædictæ mulieris dextra manu, circumvoluto Pallio, ut mos nuptiarum compellit coram adstantibus conservis conjuge et prole, hilari vultu tradidit illi* (viro) *in matrimonium.* Eadem totidem ferme verbis rursum leguntur ibid. pag. 497. col. 1.

Pallio Cooperire filios natos ante matrimonium, *mettre les enfans sous le drap*, [vel, *sous le poile*,] natos scilicet ex concubina, quam pater postmodum in uxorem legitimam coram proprio Sacerdote accipit. Cujus ritus initium fluxisse arbitror ab eo, qui in adoptionibus observabatur : quippe adoptivos pallio ac stola propria adoptantes quodammodo involvebant, ut ab iis quasi prognatos indicarent, de quo quidem pluribus egimus ad Joinvillam et ad Annam Comnenam. Ita in legitimationibus per subsequens matrimonium, liberi in ipsis nuptiarum sacris solennibus, cum patre et matre pallio operiuntur, ut ab iis ex legitima conjunctione procreati innuantur. Willelmus Gemmeticensis lib. 8. Hist. Norm. cap. 36 : *Hac itaque de causa Comes Richardus Gunnorem Comitissam more Christiano sibi copulavit, filiique, qui jam ex ea nati erant, interim dum sponsalia agerentur, cum patre et matre Pallio cooperti sunt.* Philippus *Mouskes* in Lothario :

Li Duc ki les enfans ama,
Gunnor adoncques espousa,
Et li fil ki ja furent grant,
Furent entre autredeus en estant,
Par dessous le Mantiel là mere
Furent fait loial cil trois frere.

Ubi observandum solo matris pallio opertos Gunnoris filios. Hujusce etiam ritus meminit Robertus *Grosseteste* Lincolniensis Episcopus in Ep. 13. ad Walterum Ralegium tribunalis Regii Præsidem : *Et ut seniorum relatione didici, consuetudo etiam in hoc regno antiquitus obtenta et adprobata tales legitimos habuit et hæredes : unde in signum legitimationis nati ante matrimonium consuerunt poni sub Pallio super parentes eorum extento in matrimonii solemnizatione.* Item Ralegius in Epistola ad Robertum proxima : *Ad confirmandam hanc legem, quod bastardus sub Pallio supra parentes nubentes extento positus fuit bastardus, induxisti testimonium Richardi de Luce* (Justitiarii Angliæ sub Henrico II.) *cujus testimonium quantam et qualem habeat comparationem ad testimonia divinæ Scripturæ et canonicæ contrarium, testificantia, lippis patet et tonsoribus.* Subdit Seldenus, ex quo prælata ex Roberto Lincolniensi eruimus ex ejus Dissertatione ad Fletam : *Cæterum ritum eundem ipsum sub Richardo II. quando autoritate Parlamentaria legitimi facti sunt liberi Joannis Gandavensis Ducis Lancastriæ e Catharina uxore tertia ante matrimonium susceptí, idque in ipsis Comitiis adhibitam alicubi me legisse memini.* Vide *Legitimare*, *Mulier* et *Purificare*.

Pallia, dictæ nostris eæ vestium *liberationes*, quæ fiebant Officialibus regiis convivis, seu *commensalibus*. Nam aliis *Pallia*, aliis *Robæ* dabantur statis anni tempestatibus, ut observatum a nobis ad Joinvillam Dissert. 5. *Droit de manteau.* [Computum Thesauri ann. 1239 : *Pallia Militum. Dominus Robertus de Curtiniaco pro Pallio* xv. *lib... Pallia Clericorum Archiepiscopo Senonensi pro Pallio* x. *lib. etc.*] Comput. Thesauri ann. 1300 : *Pallia Militum de termino Pentecost... Pallia Clericorum,.. Robæ Valletorum et aliorum hospitii.* [*De suis vaditis et Palliis assignentur et solvantur*, in Statuto Johannis Reg. ann. 1361. tom. 3. Ordinat. pag. 483.] *Wadia et Palia*, in Statuto Caroli V. Reg. Franc. ann. 1368. pro Officialibus Parlementi. Vide, quæ ibi observamus. [Exstat Statutum ejusdem Reg. pro iisdem Officialibus ann. 1364. tom. 4. Ordinat. pag. 418. in quo eadem leguntur.]

¶ Pallium, Prætextus, simulatio. Nicolaus de Jamsilla de Gestis Frider II. Imper. apud Murat. tom. 8. col. 518 : *Cumque Marchio se de hoc alicujus licet frivolæ Pallio rationis excusaret, etc.* Epist. Concil. Pisani ad Benedictum PP. ann. 1409. tom. 3. Concil. Hispan. pag. 642 : *Hæc enim convocatio ad locum et terminum ante dictos nullo valet colore difficultatis impediri, seu quocumque conficto Pallio differri, declinari seu mutari.* Vide *Palliatio*.

2. **PALLIUM**, Aulæum, vel *Palla*. Victor Uticensis lib. 1. de Persecut. Vandalica pag. 8 : *De Palliis altaris, pro nefas! camisias sibi et femoralia faciebat.* Alcuinus Poemate 3 :

Plurima Basilicæ sunt ornamenta recentis,
Aurea contortis flavescunt Pallia villis,
Quæ sunt altaris sacri velamina pulchra.

Et Poem. 66 :

Pallia suspendit parietibus, atque lucernas
Addidit, etc.

Helgaudus in Roberto Rege Franc. : *Dedit etiam et Pallia tria pretiosa in ornatu Ecclesiæ, etc.* Rupertus lib. 2. de Divin. offic. cap. 23 : *Pallia, quæ solenniter appenduntur templi parietibus.* Chronicon S. Vincentii de Vulturno lib. 2 : *Per singulas denique columnas Palliorum cortinas pendere jussit Regina.* Hist. fundationis Monast. S. Clementis in insula Piscaria lib. 1 : *Fuerant etiam in ejus domo diversa Pallia auro et gemmis radiantia, quibus parietes Ecclesiæ ornabantur, et fratres induebantur, quoties magna festivitas in Ecclesia celebrabatur.* Historia Episcopor. Autisiodor. cap. 50 : *Dedit Ecclesiæ Pallium ingens optimum, quod vulgo Dorsale dicitur.* Gervasius Dorobernensis in Descript. Ecclesiæ Cantuar. : *In circuitu vero ad altitudinem fornicis prædictæ via quædam facta est, qua Pallia et cortinæ possunt suspendi.* Eadmerus lib. 5. Histor. Novor. pag. 108 : *Pallia valde bona quamplurima, ac nonnulla alia decori domus Dei competentia juri Ecclesiæ perpetuo possidenda concessit.* Petrus Damian. lib. 6. Ep. 9 : *S. Laurentii Monasterium a se constructum nuper, ut dedicaretur, effecit, et duodecim ibi Pallia munificus obtulit* Hariulfus lib. 2. cap. 10 : *Insuper donavimus ibi Pallia optima* 78. Lib. 3. cap. 3 : *Pallia* 78. *vestimenta* 49. *viginti alia, cum Pallio paratum unum.* Chronicon. S. Trudonis lib. 1. pag. 350 : *Cussinos sericos tres, Pallia* 4. *majora, et minora* 44. *item Pallium unum cum friso et margaritis.* Vide Vitam S. Willelmi Ducis cap. 21. edit. Mabillonii, Vitam S. Benedicti n. 28. edit. ejusd. Mabillonii, Visionem Wettini Monachi num. 9. Leonem Ost. lib. 2. cap. 38. Honorium Augustod. lib. 1. cap. 137. etc.

Pallium Altaris. Vide *Palla*.

¶ Pallium Linostimum, de quo Anastasius in S. Silvestro et in S. Zozimo, ut videre est in *Linostimus*, quodnam fuerit ornamentum ambigitur inter eruditos. Mappulam seu *manipulum* et *stolam* sive orarium hac voce simul significari tradit Altaserra : *manipulum* esse putat Gavantus : cum Macris fratribus in Hierolex. lubentius crediderim orarium lineis staminibus et filis intextum (quod est *linostimum*) intelligi debere. Vide Anastasium cum notis variorum tom. 3. pag. 81.

¶ Pallia Olobera, vel *Olovera*, id est, infecta mero vel vero conchylio seu murice, hoc est, purpura. Vide *Holoverus* et *Oloforus*.

¶ Pallium, Vexillum ex panno serico. Acta B. Michelinæ tom. 3. Junii pag. 936 : *Quælibet ars ordinet habere unum novum Pallium, pro qualibet arte, secundum conditionem et qualitatem artis.*

Pallium interdum, atque adeo in plerisque supra allatis locis, ipsa pallii materia, pannus ipse, sericus aut pretiosioris materiæ, dicitur. Ugutio : *Pallium, a pellibus, unde fiebat : sed modo dicitur Pallium quoddam genus panni ex serico, et quilibet mantellus.* Hariulfus lib. 2. cap. 10 : *Casulas de Pallio* 30. *fanones de Pallio auro paratos* 10. Lib. 3. cap. 3 : *Fanones ad offerendum auro parati* 14. *ex brandeo* 3. *ex Pallio* 15... *in sacrario ad tabulam cooperiendam vestimentum lineum Pallio paratum.* Liber ordinis S. Victoris Pariensis MS. cap. 4 : *Casulam de Pallio non habeat.* Ibidem : *Absque aurifrisio et Pallio et omnibus sericis.* Vetus Charta in Hist. Monast. S. Nicolai Andegav. : *Et unam capam Pallii.* Hugo de Cleeriis de Majoratu Franciæ : *Scamnum pulcherrimum fulcro Pallii, aut tapeto coopertum.* Sugerius Abb. in Ludovico VI : *Ubi etiam aurum et argentum, et vasa concupiscibilia, et Pallia, et Palliatas culcitras, et omne mobile, quod possidebat.... egenis distribuens, etc.* Infra : *Cappas de Pallio pretioso decem.* Chronicon Trudonense lib. 1. pag. 350 : *Cappæ* 33. *pretiosæ de Pallio.* Lib. 6. pag. 403 : *Similiter et cingulos duos, unum de nigro bonoque pallio,... alium, de Pallio varii coloris valde bonum, etc.... Cappam unum albi Pallii valde bonam, etc.* Arnoldus Lubecensis lib. 2. cap. 9 : *Inde adducti sunt caballi fortissimi* 30. *cum frenis argenteis et sellis optimis de Pallio et ebore compositis, quos Duci dedit.* Testamentum Riculfi Episc. Helen. ann. 915 : *Roquos* 4. *unum purpureum cum auro, et alium Palleum Græco,... et alios Palleos corporales quatuor, Palleos* 4. *e brosdo unum,... cossino pallio uno, etc.*

Hugo Flaviniac. in Chron. pag. 246 : *Cum cappa una de Pallio, etc. Casulæ sine Pallio, auro et argento*, in Hist. de Exordio Ordin. Cisterc. cap. 17. *Cucullæ fluxæ et Pallio ornatæ*, in Vita S. Odon. Cluniac. lib. 3. cap. 1. Testamentum Guillelmi D. de Montepessulano ann. 1146 : *Donet.... optima vestimenta, et unum lectum de Pallio.* Herimannus de Restaurat. S. Martini Tornacensis cap. 95 : *Habeo Pallium sericum, de quo mihi casulam vel planetam facere volo.* Infra : *Et quid operis de serico facere possimus, simul inspiciamus.* Fulcherius Carnot. lib. 1. Hist. Hierosol. cap. 1 : *O quam dignum erat et amœnum nobis omnibus cruces illas cernentibus, vel sericas, vel auro textas, aut qualibet genere Pallii decoras, quas in chlamydibus suis aut birrhis, sive tunicis peregrini... super humeros consuebant.* [Hist. Mediani Monast. pag. 242 : *Casulæ tres de Pallio, cappæ* IX. *dalmatia quatuor de Pallio.* Chron. Abbatiæ S. Theofridi Calmeliac. apud Stephanot. tom. 3. Fragm. Histor. MSS. : *Planetas Sacerdotales ex serico Pallio x.... et alias de simplici Pallio* VII.]

PALLEA, Aulæum, vel potius pannus sericus. Nam et *palleum*, pro *pallium* dicebant. Glossæ antiquæ MSS. : *Peplum, stola vel Palleum. Pepulo, Palleum.* Heito Episcopus Basiliensis in Visione Wettini Augiensis cap. 12 : *Dona magnifica et innumerabilia in Palleis et vasis argenteis, etc.* Anastasius in S. Zacharia P. : *Pendentia vel inter columnas ex Palleis sericis fecit.* Ita fere femper in Cod. Thuano, ut monet Fabrotus ad pag. 110. 111. Appendix MS. ad Hist. Turpini : *In qua B. Romani basilica optima et pulcherrima erat, Palleis et codicibus optimis, et crucibus argenteis, et testibus aureis decorata.* Encomium Emmæ Reginæ : *Ingens allata est Palleali* (f. *pallea*) *extento in gremio, quam ipse Rex suis manibus imposuit.* Fulbertus Carnot. Epist. 115 : *Dabit vobis pro hoc negotio mille libras denariorum, et centum Pallias.* Lege *palleas.* Durandus lib. 1. Ration. cap. 3. num. 23 : *Ornatus Ecclesiæ consistit in cortinis, et aulæis, et Palleis sericis et purpureis, et similibus.* Et n. 24 : *Altaris vero ornatus consistit in capsis, in Palleis, in phylacteriis, etc.* Chron. Trudon. lib. 1. pag. 350 : *Item pallium unum cum friso et margaritis. Item Palleas lineas serico coopertas* 10. *Item Palleas lineas sine serico* 98. Testamentum Arnaldi Episc. Tolosani ann. 1159 : *Cum salinis argenteis et candelabris, et omnibus meis Palleis et cappis sericeis.* [Concil. Hispan. tom. 3. pag. 163 : *Et ego Gotmarus episcopus dono ibidem cortina* 1. *Palleam ad honorem S. Mariæ... ad ipso altare cooperiendum.* Guidonis Discipl. Farf. cap. 23 : *Ornent ecclesiam hinc et inde parietes cortinis nec non Palleis.*]

PAULEUM, pro *Pallium*, in Monastico Anglic. tom. 1. pag. 210 : *Et duas imagines magnas auro argentoque bene ornatas, et casulam unam per totam brudatam, et alias tres optimas de Pauleo.* Ita præferre MS. codicem monet editor. Sic

PAULIUM, Eadem notione, in Necrologio Eccl. Carnotensis 18. Kal. Maii : *Qui huic ecclesiæ unum Paulium, et duas cappas sericas dedit.* Occurrit præterea hæc vox apud Anonymum de Miracul. S. Honoricæ apud Mabillon. tom. 6. Vitarum SS. Ordin. S. Benedicti pag. 527. sed pro ipso pallio.

PALLEUS, ex *pallio*, seu ex serico. Charta Rudesindi Episcopi Dumiensis æræ 930. apud Anton. *de Yepez* tom. 5. Chronici Ord. S. Benedicti : *Plumattos digniores Paleos decem, alios subminores 8.... almucellas morgones 6. fatoles, Paleos duos, etc.* Alia æræ 1062. ibid. : *Nec non etiam et de lectuaria, certos Paleos duos, vasos de argenteo 4. etc.* [Charta ann. 1009. in Append. Marcæ Hispan. col. 969 : *Et iste meminitus Bonutius dimitteret eidem omnem substantiam quam ille defunctus supralibatus jussit distribuere pro anima sua, id sunt Palleos* XIV. *de variis coloribus.*] Charta Hugonis Ducis Burgund. ann. 1077. tom. 6. Spicileg. Acheriani pag. 456 : *Pallia 4. aurea, et 20. sine auro, cortinæ Palleæ novem, facitergia decem, etc.* Vide in *Fatoles.*

PALIOSUS, Sericeis vestibus indutus. Will. de Podio Laurentii cap. 43 : *Factumque est, ut nonnulli dorsa Paliosa habentes, cœperint difficultates opponere, etc.* Quo spectant primi versus Epitaphii Conradi Imper. Viennæ :

Qui vestes geritis pretiosas, qui sine fine
Non profecturas accumulatis opes,
Discite, quod paucis opibus post funera sitis
Contenti, saccus sufficit atque lapis.

Ita *Paille* notione eadem usurparunt olim nostrates. Le Roman *de Garin le Loherans* MS. :

Dessus un Paille li ont devant lui mis.

Alio loco :

Une Paille d'Andre li ont desor lui mis.

Rursum :

Buës i offre un vert Paille roez.

Idem Poeta :

Et le mentel à son col li pandi,
Riche d'orfrois, de Paille Alexandrin.

Rursum :

Bien fut vestuë d'un peliçon hermin,
Et par dessus d'un Paille Alexandrin,
A bandes d'or, mult belement li sist.

Alibi :

D'or et d'argent et de Pailles plaiéz.

Le Roman *de Guillaume au Court-nez* MS. :

Qui donc vousist hermines et Pailes d'Orient.

Alter Poeta :

La ot maint Gonfanon de Paile Alexandrin.

Le Roman *d'Aie d'Avignon*, MS. :

Or, argent, et Pailles, sachiés tout est noiant.

Galterius Metensis in Mappa mundi MS. cap. 14 :

Envoya trés et pavellon,
Laines et Pailles riches et biaus,
Et mains autres soutieus joiaus.

Le Roman *de la prise de Hierusalem* MS. :

Qui portoient cendals et Pailes Effriquans.

Id est Africana pallia. Vetus Poema de Alberico Burgundo MS. :

Elle prinst Paille, et main riche Bezant.

Alibi :

S'il i trasmist maint Paille seignori.

[Le Roman *de Partonopex* MS. :

Moult m'a doné or et argent,
Pierres et Pailes d'Orient.

Le Roman *de Blanchandin* MS. :

Ses chauces furent de brun Paile
Tranchiées à menue maille.]

Historia MS. Normannor. Apuliensium : *Et li donnoient divers Pailles, et li mandoient diverses pieces d'or et d'argent, et pour le vestement de li freres, et pour le mangier mandoient chascun jor Besant mult et Tarin, et en la solemnelle feste honoroit lor refector de vaisselle d'or et d'argent.* Statuta MSS. Ordinis Coronæ spineæ edita a quodam Cælestino sub Carolo VI. : *Et sur le cors du defunt Chevalier esdites obseques aura un Paile de drap de soie, et au milieu une courone d'espines.* [*Perceval* apud Borellum :

Si ot dedans la biere un corps,
Et lor le Paile par defors
Avoit une espée couchié.]

Hinc nomen mansit panno nigro, qui feretro insternitur, cum mortui cadaver humandum defertur : ut et umbraculo quatuor hastis sustentato, sub quo vel divina deferri solet Eucharistia, vel quod Regibus aut viris Principibus in solennibus ceremoniis, ac urbium ingressibus prætenditur, quæ quidem umbella *poile*, pro *paille*, perperam appellatur. Gervasius Dorobernensis in Ricardo I. Rege Angliæ ann. 1194 : *Processerunt omnes ad Ecclesiam, Rege ultimo subsequente, portantibus 4. Baronibus 4. cereos accensos ante eum, et aliis 4. Pallium in 4. hastis super caput ejus.* Joann. Villaneus lib. 12. cap. 111 : *La Reina entro in Vignone con Palio sopra capo.* Matth. Villaneus lib. 1. cap. 20 : *Addestrati da Baroni sotto Palii ricchi d'oro.* [Chron. Siciliæ apud Marten. tom. 3. Anecd. col. 79 : *Rex Fredericus..... intravit Panormum per portam S. Georgii, vadens sub Pallio usque ad palatium.* Nicolaus de Jamsilla de Gestis Friderici II. Imper. apud Murator. tom. 8. col. 505 : *Itaque præordinato solemni Palleo, sub cujus umbraculo Rex a maris litore, ubi descenderat in terram, usque ad civitatem processurus erat ex consuetudine regiæ dignitatis, Rex sub eodem Palleo principem secum simul procedere turbis circumquaque spectantibus voluit.* Tabularium Rothon. : *Et erat Pallium super eum, quod habuerunt servitores sui in ingressu cimiterii. D. de Maure, D. de Quebriac... portaverunt Pallium.* Adde Marten. tom. 7. Ampl. Collect. col. 901.] Vide Petrum IV. Regem Aragon. in Chron. lib. 2. cap. 24. 25. *Pal*, pro *paille*, seu *pallio*. Monasticum Anglic. tom. 3. pag. 327 : *Alba cum apparatu de Pal, et parura, amictus de Pal.* Passim ibi.

* Corrupte *Poesle* appellatur in Actis capitul. MSS. eccl. Paris. : *La procession solennelle du Saint Sacrement, faiste le 21. Janvier 1534. par le roy, le Poesle porté par Mrs. le dauphin, duc d'Orleans, duc d'Angoulesme et duc de Vandosme.*

* Eadem nomenclatura donatus quoque est pannus niger, qui feretro insternitur, cum mortui cadaver humandum defertur. Comput. MS. fabr. S. Petri Insul. ann. 1498 : *Pro jure Pallii quondam dom. Joan-*

nis Malfuison, etc. Ibid. ad ann. 1499 : *Pro jure Pallii dom. Joannis Viseux, etc.* Chartul. Major. monast. pro pago Vindoc. ch. 102 : *Quo mortuo, prædicti filii ejus Guicherius atque Rodulfus portaverunt eum tumulandum ad Majus monasterium, et in redemptionem unius tapeti, quod patri mortuo superpositum fuerat, ut est consuetudo nobilium, dederunt ipsi filii monachis unum campum alodi apud villam Gumbergenam. Pallia* vero altaris ad hunc usum adhibere vetat Concilium Urbicum in vet. Pœnitent. MS. ex Bibl. reg. fol. 85 : *Non licet.... de velis nec de Palliis, quæ in sacrificio super altare ponuntur, corpora eorum* (mortuorum) *cum ad sepeliendum vadunt, super feretrum ponere.* Vide *Palla* 2.

Ab eadem voce vernacula *paille*, deducta vox *Palare*, et *Paller*, pro ædium parietes *palliis* exornare, *Tapisser.* Michael Carbonellus in Chronic. Hisp. pag. 27 : *La palau dels marbres era ornat y Empaliat de draps de ras molt bells, etc.* Monasticum Anglic. tom. 3. pag. 330 : *Unum frontale Palatum de cendalo et croceo.* [Charta Henrici VI. Reg. Angl. ann. 1428. apud Rymer. tom. 10. pag. 392 : *Palatos quatuor lectos de media assisa, colorum rubei et viridis, Palatos duos lectos rubei coloris, cum curtinis de media assisa.*] Computum Stephani *de la Fontaine* Argentarii incipiens a 1. Julii ann. 1351 : *Autres parties d'une chambre à parer, Pallée de draps d'or et de camocas.* Infra : *Pour dix pieces de cendaux azurez et blans à faire courtines Paelées d'icelle chambre.* Rursum : *Et est à savoir, que 12. draps d'or de deux sortes, c'est à sçavoir six ouvrées à bestes et oiseaux sur champ azuré : lés autres six ouvrez d'estranges feuillages d'outremer sur champ blanc cendré, et 6. camocas azurez, desquels draps d'or et camocas fu Pallée ladite chambre.* Sane ex his, opinor, perspicue docemur, unde vox *pallé*, in armorum seu insignium descriptionibus, originem ducat : cum certo certius videatur, ita in iis *pallia* bicoloria designari, non vero *palos*, seu *paxillos*, ut hactenus creditum est ac persuasum a viris Heraldicæ artis peritis. Ita insignia Regum Aragonensium *palliata* sunt ex auro et rubeo, seu *Palliis* aureis et coccinei coloris distincta. [Vide *Palata arma.*]

Sed et Itali *Paglio* vocarunt, quod nostri *Paille.* Hinc enim *correre il Paglio* dicunt, cum equorum vel equitum cursus instituitur, *palliis* pretiosioribus in præmium propositis, uti observatum a Falceto. [Vide *Palium* 2.]

3. **PALLIUM**, Græcis Ὠμοφόριον, Vestis species Summis Pontificibus, Patriarchis, Primatibus, et Metropolitanis propria, quæ sic describitur a Durando lib. 3. Ration. cap. 17. n. 13 : *Est autem Pallium de candida lana contextum, habens circulum humeros constringentem, et duas lineas ab utraque parte, videlicet ante et retro pendentes : a sinistris est duplex, a dextris simplex : habet quatuor cruces purpureas, scilicet ante et retro a dextris et a sinistris. Infiguntur in Pallio tres acus aureæ.* Auctor Ceremonialis Romani lib. 1. sect. 10 : *Cura conficiendorum et conservandorum palliorum ad Subdiaconos Apostolicos pertinet, qui ex lana munda et alba illa hoc pacto conficiunt. Sanctimoniales Monasterii S. Agnetis, vel Religiosi qui sunt in illa Ecclesia, offerunt quotannis agnos duos albos super altare illius Ecclesiæ in die festivitatis sanctæ Agnetis, dum in Missa solemni cantatur Agnus Dei : qui Agni recipiuntur a duobus Canonicis Ecclesiæ Lateranensis, et ab eis postea consignantur Subdiaconis Apostolicis, qui agnos ipsos in pascua mittunt, quoad veniat tempus tondendi ipsos agnos opportunum. Ex his agnis lana tondetur, quæ mixta cum alia lana alba et pariter munda reducitur in filum, ex quo Pallia hujusmodi contexuntur latitudine digitorum trium, redacta in orbem, ita ut humeros præsulum ambiant. A pectore et renibus particulam pendentem habet Pallium longitudinis palmi, et in extremitatibus laminas plumbeas tenues ad parem latitudinem, et in fine orbiculatas, nigro serico tectas, insutas supra pendentes particulas ante et post, et super humeros utrosque. Sic confecta Pallia per Subdiaconos portant ad Basilicam Principis Apostolorum, et per Canonicos Basilicæ ponuntur super corpora Petri et Pauli Apostolorum sub altari majori : ubi factis ex more vigiliis illa per noctem dimittunt, deinde restituunt Subdiaconis, qui in loco honesto ea conservant.* Hinc *Pallia de corpore B. Petri* sumta passim dicuntur. [* Per diaconos ecclesiæ Romanæ debere tradi legitur, in Cerem. Rom. lib. 1. § 10. cap. 5 : *Vidi etiam, cum essem minister ceremoniarum, Sixtum papam IV. manibus propriis dedisse Pallium patriarchæ CP. dom. Hieronymo Landi Veneto, tunc archiepiscopo Cretensi, quod tamen, ut arbitror, non puto multum condecens esse, cum traditio pallii proprie ad diaconum spectet, et ipsi Romano pontifici in sua coronatione et consecratione nemo imponat pallium, nisi prior diaconorum.*] Hanc etiam descriptionem attigit Cencius Camerarius in Ceremoniali : *Prior S. Laurentii sacri palatii ponit Pallium super altare, quod ipse Prior propria manu debet parare et statim Archidiaconus cum secundo Diacono dat in manu Pontificis, et solus Archidiaconus dicit Pontifici : Accipe Pallium, plenitudinem scilicet Pontificalis officii ad honorem omnipotentis Dei et gloriosissimæ Virginis ejus Genitricis, et beatorum Apostolorum Petri et Pauli, et S. R. E. et nihil aliud. Statimque ipse Archidiaconus cum Priore Basilicario aptat Pallium prædictum super Pontificem, intromissis spinulis aureis tribus ante et retro, et sinistro latere, in capite quarum sunt innixi tres hyacinthi lapides, et sic ornatus accedit Pontifex ad altare, et ibi celebrat honorifice Missam.* Jacobus Cardinalis de Coronat. Bonifacii VIII. Papæ lib. 2 :

> Pallia tunc humeris crucibus candentia nigris
> Imposuit Levita rubens, quibus aurea puros
> Sapphiros defixit acu.

☞ Et hæc quidem est forma hodierni pallii; diversam vero olim fuisse innuere videtur Johannes Diaconus in Vita S. Gregorii M. lib. 4. cap. 8 : *Pallium ejus bysso candente contextum, nullis fuisse cernitur acubus perforatum, sic ipsum circa scapulas obvolutum fuisse, non autem confixum dignoscitur, sicut vetutissimis musivis vel picturis ostenditur.* Et cap. 84 : *Pallio mediocri a dextro videlicet humero sub pectore super stomachum circulariter deducto : deinde sursum per sinistrum humerum post tergum deposito, cujus pars altera super eumdem humerum veniens, propria rectitudine, non per medium corporis sed ex latere pendet.* Ex quibus recte concluditur Pallium antiquum quoddam vestimenti genus fuisse ab Omophorio Græco non multo diversum. Vide D. de Marca Concord. lib. 6. cap. 6.

☞ Sed et illud quoque ex Johannis Diaconi verbis efficitur, Pallium hodiernum etiam quoad materiam a veteri esse distinctum; Gregorianum enim ex *bysso candente*, hoc est, ex tenuissimo lino contextum scribit : hodiernum vero ex lana conficitur. Hanc mutationem tum materiæ cum formæ circa sæculum octavum accidisse existimat Ruinartius noster in Dissertatione de Pallio Archiepisc. quæ edita est tom. 2. oper. posth. Mabillonii; unde pleraque desumta sunt, quæ eidem rei illustrandæ hic addenda judicavimus.

* Circa cruces, quibus pallium insignitur, audiendus omnino Domin. Georg. Rhodig. lib. 1. de Litürg. Rom. pontif. in solemni celebrat. Missar. cap. 25. num. 6. ubi hæc habet : Miror, inquit, cur cardinalis Bona scribat pallii fascias *purpureis crucibus* esse insignitas, cui adstipulatur Ruinartus in Dissert. de Pallio archiep. Olim quidem cruces purpureæ fuerunt, idque ex remotissima antiquitate arcessitur, raro nigræ; sed postmodum nigri coloris cruces receptæ sunt. De rubeis autem illustre in primis monumentum est, quod de pallii S. Leonis Romani pontificis, cognomento Magni, reliquiis, inter ejus exuvias repertis ann. 1607. oculatus inspector literis consignavit : *Remanserat,* inquit Bollandus Apr. tom. 2. pag. 21. *super humero dextro crux parva rubri coloris, quæ erat pallii pontificalis; item aliam crucem paulo longiorem ejusdem pallii juxta pectus in parte dextera tenebat. In medio pectoris conspiciebatur aurea una spinula pallii infixa planetæ; de pallio vero nihil exstabat.* Hæc refellunt, addit idem Rhodiginus, Hugonem Menardum, qui cruces pallio infixas antiquitus non fuisse putavit.

Ejus originem et usum ab ipso Lino quidam repetunt. Alii ante S. Marci Papæ, qui vixit ann. Chr. 336. tempora, ejus mentionem non fieri observant : alii denique pallii prærogativam Silvestro Papæ a Constantino M. tunc demum concessam volunt, unde ad cæteros Patriarchas et Archiepiscopos profluxerit. Quædam in hanc rem observamus in Dissert. de Byzantinorum Impp. nummis.

☞ Ea probabilior longe videtur sententia quæ Pallii originem divisioni provinciarum ecclesiasticarum asserit, eo maxime tempore quo Sacerdotes a Diaconibus, a Sacerdotibus Episcopi, atque inter ipsos qui primas obtinebant, vestibus distingui cœperunt; neque enim aliud ornamenti genus præter Pallium mihi occurrit quo Episcopi inter se discernerentur.

Ad Summum Pontificem solum spectat Pallium concedere, quod, ut diximus, de corpore S. Petri sumi solet. Scribit Will. Tyrius lib. 15. cap. 13. Radulfum Patriarcham Antiochenum, Romanæ Ecclesiæ subjacere dedignantem, quod diceret *utramque Petri esse Cathedram*, *suamque quasi primogenitæ insignem prærogativa*, Pallium de altari Antiochenæ Ecclesiæ sua sibi sumsisse auctoritate : sed postmodum eo resignato, aliud ei sumtum de corpore B. Petri, more solemni, per Priorem Diaconorum traditum.

Hæc etiam Patriarcharum prærogativa fuit, ut Pallium suffraganeis suis concederent, cum ipsi a Romana Sede acciperent. Innocentius III. Patriarchæ Constantinopolitano indulsit, ut Archiepiscopis suffraganeis suis usum pallii concederet, Epistola, quæ exstat in Gestis ejusdem Pontificis pag. 102. 103. Sed id postmodum privilegii concessum omnibus Patriarchis in Concilio Lateranensi ann. 1215. cap. 5. in Actis Concilii.

☞ Obtinuit quidem hæc disciplina ut a solo Romano Pontifice pallium concederetur, sed in sequioribus sæculis; nam circa natales pallii penes omnes Patriarchas jus fuit pallium independenter a quocumque alio habere, atque illius usum sibi subditis Metropolitanis largiri. Concilium generale VIII. can. 17. apud Labbeum tom. 8. col. 1136 : *Sancta Synodus tam in seniori et nova Roma quam in Sede Antiochiæ et Jerosolymorum priscam consuetudinem decernit in omnibus conservari, ita ut earum Præsules universorum Metropolitanorum qui ab ipsis promoventur, et sive per manus impositionem, sive per Pallii dationem episcopalis dignitatis firmitatem accipiunt, habeant potestatem, videlicet ad vocandum eos urgente necessitate ad conventum synodalem, vel etiam ad coercendum illos et corrigendum.* Cui sententiæ nihil omnino nocet exemplum Radulfi a Willelm. Tyrio relatum; is quippe e Latinis secundus Antiochiæ Patriarcha fuit, quos non iisdem privilegiis potitos fuisse constat ac veteres Græcos.

☞ Recentior illa disciplina inducta quoque videtur in Gallias approbante Synodo Suessionensi ann. 742. in ea enim, suggerente Bonifacio Moguntiæ Archiepiscopo, illud decretum est, ut singuli Metropolitani Romanum Pallium a Sede Apostolica suscipere in posterum satagerent. Id testatur idem Bonifacius Epist. 105. ad Cuthbertum Angliæ Episcopum. Aliquandiu tamen titubarunt Galliarum Antistites quasi metuissent, uti suspicatur D. de Marca, ne tali novitate ad insolitam erga Sedem Romanam subjectionem adigerentur; vel, quod probabilius est, ne juri suo cessisse viderentur, quo hactenus Metropolitani a comprovincialibus Episcopis consecrationem simul et pallium accipere consueverant. Hinc nata est pallii Romani et Gallicani distinctio, quam tamen respuunt nonnulli doctissimi viri, tametsi aliis eruditis stabilita videtur Canone sexto Concilii Matiscon. I. inter quos pacem conciliare haud difficile erit, modo pallium tunc temporis idem fuisse quod *Rationale*, concedatur. Vide Ruinart. in laudata Dissert. cap. 10. et infra *Rationale*.

Pallium olim, ex antiquæ traditionis usu, non nisi Romam et ad Apostolorum limina venientibus, et fortiter postulantibus Metropolitanis dabatur, ut est apud Greg. M. lib. 7. ind. 1. Epist. 5. Greg. VII. lib. 1. Epist. 24. Petr. Damian. lib. 7. Epist. 4. Ivon. Carnot. Epist. 252. in Vita S. Theodardi pag. 761. etc. Vide Jac. Petitum ad Pœnitentiale Theodori pag. 531. Postea tamen missum legitur per Legatos Apostolicæ Sedis, apud eosdem Gregor. M. lib. 7. ind. 1. Epist. 5. et Petr. Damian. ead. Epist. Will. Malmesbur. pag. 206. etc. Denique per procuratores, cum hac formula, *Instanter, instantius et instantissime in Consistorio a Summo Pontifice expetitum*, ut est in Ceremoniali Romano, etc.

* Formulam supplicationis ad petendum pallium exhibet Formulare MS. Instrum. fol. 43. ubi, non ab eo qui pallio donandus est, sed ab ecclesia, cui præest, postulatum animadvertere licet : *Supplicat sanctitati vestræ Ecclesia Racusina, quatenus venerabili patri domino B. electo ipsius ecclesiæ et de mandato sanctitatis vestræ consecrato, Pallium de beati Petri tantum corpore sumptum, in quo plenitudo pontificalis officii, cum archiepiscopalis nominis applicatione, confertur, concedatis, si placet; et hoc supplicat et petit instanter, humiliter et devote, et iterum hoc supplicat et petit instantius.*

☞ Huic petitioni adjuncta erat fidei professio, quam exigit Concilium Ravennatense can. 1. sub Johanne VIII. PP. immo et Romano Pontifici obedientiam profitebantur, quod a Bonifacio Moguntino introductum arbitratur D. de Marca Concord. lib. 7. cap. 7. Formulam edidit Sirmondus tom. 2. Conc. Gall. pag. 56 : *Beato vero Petro et Vicario ejus debitam subjectionem et obedientiam... profiteor.* Hæc circa sæculi XI. medium mutata, auctore Gregorio VII. ut plerique opinantur, in quoddam veluti juramentum fidelitatis conversa est. Eam primus emisit Henricus Aquileiæ Archiep. in Conc. Romano VI. apud Labbeum tom. 10. Concil. col. 379. his verbis : *Se non fore nec in consilio nec in facto, ut Papa Gregorius successoresque ipsius, vitam, aut membra, aut papatum perdant, aut capti sint mala captione, etc.*

Antequam vero Metropolitanus pallio decoretur, non ei licet Clericos ordinare, Pontifices consecrare, vel Ecclesias dedicare, nec potest Archiepiscopus appellari. Ita Joannes VIII. PP. Epist. 26. ex iis, quas edidit Sirmondus, Synodus Ravennensis ann. 878. can. 1. Innocentius III. Papa lib. 1. cap. 63. c. Quod sicut. 28. § Super eo Extr. de elect. Petrus Damian. lib. 7. Epist. 4. An vero illud recipere possit ante consecrationem, vide Will. Neubrigensem lib. 4. cap. 17. et Menardum ad libr. Sacram. Gregorii M. pag. 314.

☞ Iis omnibus præiverat Nicolaus I. PP. in Responsionum ad consulta Bulgarorum cap. 72 : *Propter longitudinem itineris non jam huc consecrandus qui electus est veniat, sed hunc Episcopi, qui ab obeunte Archiepiscopo consecrati sunt, simul congregati constituant sane interim in throno non sedentem, et præter Corpus Christi non consecrantem, priusquam Pallium a Sede Romana percipiat, sicuti Galliarum omnes et Germaniæ et aliarum regionum Archiepiscopi agere comprobantur.* Ubi quod de Galliarum usu habet Nicolaus penes fidem illius sit : certum enim est Johannem VIII. qui secundus ab ipso Pontificatum obtinuit, e Galliis cum Italiam esset reversus, graviter conquestum esse in Epist. ad Rostagnum Arelat. Archiepisc. quod Galliarum Metropolitani, nondum Pallio a Sede Apostolica suscepto, dignitatis suæ munia exercere non dubitarent, ac si jurisdictionem Metropolitanorum non censerent Pallio annexam : *Proh dolor! cum in Galliæ partibus essemus, inter cætera unum valde prohibendum invenimus. Metropolitæ antequam Pallium a Sede Apostolica suscipiant, consecrationem facere præsumunt, quæ antecessores nostri et nos canonico decreto ne fieret interdiximus.* Eo tandem auctoritatis pervenit Pallium, ut electo Archiepiscopo, uti supra observatum est, ante illius susceptionem nec dignitatis munia exercere, nec nomen habere permissum fuerit; quin et sigillo proprio caruisse docet Charta Johannis Archiep. Arelat. ann. 1233. tom. 3. Analect. pag. 502 : *Et quoniam sigillum proprium non habemus, cum nondum Pallium fuerimus assecuti, etc.*

☞ *Pallii* privilegia pro varietate temporum, personarum et locorum diversa fuerunt; potiora adnotabimus. Præcipuum est ut qui Pallio decoratur cæteros antistites ejusdem ordinis præcedat, adeo ut Archiepiscopi eum ordinem inter se servent, quo a Sede Apostolica Pallii usum acceperunt; quod egregie firmatum fuit occasione celebris controversiæ, quæ orta est inter Harduinum Perefixium Archiepisc. Paris. et Henricum *de la Mothe d'Houdancourt* Auscensem. Pallio annexa pontificalis officii plenitudo, atque Archiepiscopalis nominis appellatio ex hodierna disciplina : unde Episcopi qui eo donati fuerunt, interdum nomen Archiepiscopi sibi assumsere, ut Mettenses : Pallium iis tantum concessum est qui aut sedis dignitate aut virtute cæteris præeminerent.

Pallii usus ad solemniores solemnitates restrictus passim legitur, ne, ut est in Concilio VIII. cap. ult. hujusmodi cultu per fastum aut superbiam abuterentur Metropolitani : quæ quidem sacra festa designantur in Epistolis Pontificiis, scilicet Nativitas Domini, festivitas S. Stephani, S. Joannis, Circumsisio Domini, Epiphania, Dominica Palmarum, Cœna Domini, Sabbatum sanctum, Pascha, Feria secunda post Pascha, Ascensio Domini, Pentecoste, tres (alias quatuor) festivitates S. Mariæ, Natalis B. Joannis Baptistæ, solemnitas omnium Apostolorum, Commemoratio omnium Sanctorum, Dedicationes Ecclesiarum, Consecrationes Episcoporum, Ordinationes Clericorum, Ecclesiæ propriæ principales festivitates, et anniversarius consecrationis dies. Ita Leo VII. pro Laureacensi Episcopo apud Tengnagelium, Innocentius III. Papa lib. 15. Epist. 57. 58. Gesta ejusdem Innocentii pag. 64. 102. Hincmarus Remensis tom. 2. pag. 311. Ceremoniale Episc. lib. 1. cap. 16. etc. *Pallii* præterea usum in Imperatoris et aliorum Magnatum et Principum sepulturis Patriarchæ Constantinop. indulsit Innocentius III. ut in ejus Gestis legitur pag. 102. cum alias id interdictum sit, nisi hoc in privilegio continentur expressum, Extr. cap. Si Episcopus, etc. Ejus etiam usus erat in Synodis. Vide Hist. Archiepisc. Bremens. ann. 1179.

☞ Et quidem in Summi Pontificis beneplacito fuit ut dies assignaret quibus Pallio uterentur ii, qui eo donabantur; unde orta in Pallii usu pro variis ecclesiis diversitas.

* Epist. Urbani II. ad Bert. archiep. Narbon. ann. 1097. inter Instr. tom. 6. Gall. Christ. col. 27: *Pallium autem fraternitati tuæ ad Missarum tantum solemnia celebranda ex more concedimus, quo in subscriptis tibi solummodò licebit uti diebus, duobus scilicet diebus in Nativitate Domini, in Epiphania, in omnibus B. Mariæ festivitatibus, in Cœna Domini, in Resurrectione Domini duobus diebus, in Ascensione Domini, in Pentecosten, in Nativitate B. Johannis, in Natalitiis Apostolorum omnium, in festo B. Martini, in solemnitate SS. martyrum Justi et Pastoris ac Pauli confessoris, in consecratione episcoporum et ecclesiarum, in ordinatione clericorum.*

Pallio autem utuntur Metropolitani in Missarum solemnibus in Ecclesiis sibi subjectis : non vero in processionibus, et aliis occasionibus, nisi ex indulto Pontificis. Ita Gregorius M. lib. 2. Epist. 54. ind. 11. lib. 4. Epist. 11. 15. 50. lib. 5. Epist. 33. lib. 7. ind. 2. Epist. 78. lib. 12. Epist. 15. Leo VII. Papa post Chronicon Reichersp. pag. 6. 7. Gesta Innocentii III. Papæ pag. 64. Durandus lib. 3. cap. 17. num. 22. 23. etc.

☞ Alia fuit Archiepiscoporum Hispaniæ consuetudo : ipsis enim in usu erat Pallium deferre etiam extra propriam provinciam; quem usum potius *corruptelam*, quam consuetudinem dicendum esse scribit Innocentius III. PP. Id tamen ob frequentes barbarorum excursus apud Hispanos invaluisse probabile est; cum enim Archiepiscopi propriis sedibus pulsi in alienis provinciis degere compellerentur, iis ad solatium Archiepiscopalis honor servatus est; quod processu temporis in jus abire cœpit.

Solus vero Romanus Pontifex in Missarum solemniis pallio semper utitur et ubique : quoniam assumptus est in plenitudinem Ecclesiasticæ potestatis, quæ per Pallium significatur : cum alii non in plenitudinem potestatis universalem, sed tantum intra parœciæ suæ limites vocati sint, ut scriptum legitur in iisdem Gestis Innocentii III. Papæ pag. 64.

Interdum tamen ex peculiari indulto concessum legitur a summis Pontificibus ut Metropolitani quoties vellent pallio uterentur, ut Brunoni Coloniensi Archiepisc. ab Agapeto II. Flodoardus lib. 3. cap. 10. de Hincmaro Remensi Archiepiscopo : *Hic denique venerabilis Præsul Hincmarus, pro suæ sanctitatis ac sapientiæ reverentia, per interventionem Lotharii Imperatoris, Pallium ad cotidianum suscepit usum a quarto Leone Papa, a quo jam aliud perceperat in designatis sibi solennitatibus debite fruendum. Quem cotidianum Pallii usum nulli unquam Archiepiscopo se concessisse, vel deinceps concessurum esse idem Papa in Epistola tunc ad eum directa testatur.*

☞ At ne antiqua consuetudo violata videretur hocce privilegio, duplici Pallio donatum Hincmarum suspicatur Ruinartius, Archiepiscopali uno quo certis tantum diebus uteretur, altero ob præclara ejus merita ad quotidianum usum concesso : quod firmat exemplo Alexandri II. PP. qui duplex Pallium S. Lanfranco Cantuariensi contulisse dicitur apud Willel. Malmesburiensem lib. 1. de Gestis Pontif. Angl. pag. 117. Verum non aridet Ruinartii conjectura, cui nihil favet allatum exemplum, ut ex ipsis Willelmi verbis deprehendere promptum est : *Honorifice a Sede Apostolica susceptus* (Lanfrancus) *unum quidem Pallium ab altari Romano more accepit, alterum vero in indicium sui amoris, videlicet cum quo Missam celebrare solebat, Alexander ei Papa sua manu porrexit.* Ubi alterum pallium in pignus amoris concessum, nihil nisi Alexandri in Lanfrancum benevolentiam probat.

Quanta autem reverentia pallium ab Episcopo delatum in vase argenteo, ab Archiepiscopo susciperetur, eidemque imponeretur, pluribus narrant Eadmerus lib. 2. et 5. Novorum pag. 34. 113. Willelmus Malmesburiensis lib. 1. de Gestis Pontif. pag. 220. Auctor Historiæ Archiepiscoporum Bremensium ann. 1179. et Ceremoniale Episcoporum lib. 1. cap. 16. facto prius Sacramento Summo Pontifici, ut est cap. 3. de Juram. Extra, et cap. de Elect. apud Gregor.

Translati ab una Ecclesia Metropolitana ad aliam, non possunt uti pallio quod acceperant in prima sua Ecclesia, et minus pallio prædecessoris defuncti seu translati : sed oportet quod de novo petatur Pallium, et obtineatur : et interim non possunt consecrare, Synodum celebrare, et alia pleraque Pontificalia exercere. Ceremon. Rom. lib. 1. sect. 10.

☞ Ab ea consuetudine, ob longinquam regionum distantiam, primus recessisse videtur Clemens V. PP. qui erecto Cambaliensi Archiepiscopatu sub Tartarorum ditione, novum Archiepiscopum Pallio donavit, quo non solum ipse, sed et ceteri ejus successores uterentur. Idem pro Archiepiscopo Sollaniensi præstitit Johannes XXIII. PP. ut observat Ruinartius in laudata Dissertatione. An vero mos iste locum habuerit in majoribus sedibus, vel saltem prioribus sæculis merito addubitari potest. Ut ut est, constat Orientales Patriarchas suorum prædecessorum pallio libere usos fuisse.

Post obitum, Archiepiscopi debent cum pallio sepeliri : siquidem sepeliantur in provincia sua, circa humeros supra planetam : si vero extra provinciam, ponendum erit pallium plicatum sub eorum capite. Ceremoniale Episc. lib. 1. cap. 16. Adde Adamum Bremensem cap. 45. et Leonem Grammaticum pag. 467. Exstat Epistola Alexand. III. PP. in Conciliis Rotomagensis Ecclesiæ pag. 160. qua ad quæsitum Rotrodi Archiep. Rotomag. *utrum liceret sibi* pallium suum alii Metropolitano commodare, *si contingeret ipsum sine Pallio suo ad Ecclesiam sibi* (Archiep. Rotomag.) *commissam in aliqua præcipua solennitate venire et in eadem Ecclesia Missarum solennia celebrare* : respondet, *non videri esse conveniens, ut Pallium suum alii commodaret, cum Pallium suum non transeat, sed quisquam cum eo debeat sepeliri.*

Denique ut pallium Archiepiscopis confertur in signum plenariæ potestatis : ita si degradentur, eis aufertur. Vide Liberatum Diacon. cap. 21. 23. Anastasium in Silverio Papa, Flodoardum lib. 4. cap. 35. præterea Theophanem pag. 121. et 371. et Vitam S. Nili jun. pag. 154.

Pallium sæpe aliis concessum legitur quam Metropolitanis; Episcopis scilicet, quibus id privilegii indulsere Summi Pontifices, quod quibusdam personale, i. ad vitam, aliis reale fuit, id est, eorum Ecclesiis concessum. Verbi gratia ad vitam concessum legimus, aliquot Episcopis Metensibus, Urbicio scilicet, Chrodegango, Angilranno, Drogoni, Walæ, Roberto, et Stephano Barrensi, uti tradunt Chronicon Trudonense, Chronicon Metense editum a D. Luca Acherio, et Meurissius in Episcopis Metens. quorum etiam aliquot inde Archiepiscopi nomen ac titulum usurparunt, atque in iis Chrodegangus, ut ex ejus Chartis colligitur; Angilrannus in Capitulari Francofordiensi ann. 794. cap. 53. quæ quidem dignitas ei ascribitur, non quod fuerit Archicapellanus Palatii, ut censet vir doctissimus, sed quod pallio donatus fuisset a Summo Pontifice. Vide Joannem VIII. Papam Epist. ad Walam Metensem Episc. in nova Conciliorum editione pag. 239. Concessum etiam Heduensi et Hispalensi a Gregorio Magno lib. 7. ind. 3. Epist. 114. 118. et 127. item Actardo Nannesteni, ab Adriano II. Papa Ep. 11. ut et Theodulpho Aurelianensi, ut ipsemet testatur :

Solius illud opus Romani Præsulis extat,
Cujus ego accepi pallia sancta manu.

Unde se ipsum non semel *Archiepiscopum* Aurelianensem inscribit in Chartis quæ habentur apud Hubertum in Hist. S. Aniani Aurelian. Vide Chronicon Montissereni ann. 1161. Idem pallii privilegium indultum aliquot Cenomanensibus Episcopis pariter legimus, qui ex eo Archiepiscopos sese inscripserunt, ut testantur Acta Episcoporum ejusdem urbis edita a doctissimo Mabillonio tom. 3. Analector. atque in his Bertichramnus, pag. 112 : *Prædictus autem Dominus Bertichramnus Archiepiscopus erat, et Pallium, sicut mos est Metropolitanorum, ferebat, atque omnibus Episcopis totius regni præerat et proderat.* Eadem Acta de Aigliberto Episcopo : *Jam dictus enim domnus Aiglibertus Archiepiscopus et Magister totius regni cunctorum Episcoporum, ducendo et gubernando, Palliumque, ut mos Metropolitanorum est, deferendo, etc.* [Concessum etiam Algrino Lingon. a Benedicto IV. PP. Petro Gerund. a Johanne XIX. PP. ann. 1030. Marcæ Hisp. col. 1044. et Henr. Xaver. *de Belsunce* Massil. a Clemente XII. PP. mense Sept. 1731.]

* *Pallium* episcopis aliquando concessum, qui sedis dignitate aliis præeminerent; inter quos episcopus Tullensis, ut docent Statuta MSS. ejusd. eccl. ann. 1497. fol. 80. v°. ubi et pallii forma describitur : *Sciendum est etiam quod quandocumque contigit nostrum Tullensem episcopum missas et officia solemnia celebrare, utitur superhumerali, ratione dignitatis*

decanatus quem gerit, quia decanus aliorum episcopatuum existit, id est, Trevirensis, Metensis et Virdunensis; et de hoc privilegiatus ab antiquo existit, nec unus alter invenitur per totam Ecclesiam, nisi unus in Græcia. Et dicitur superhumerale, ab humero, quia superhumerale ponitur post casulam; et est stola larga fimbriata circuiens humeros desuper, cum duobus manipulis dimissis ante et retro et circa spatulas ex utraque parte, sive in modum scuti rotundi, lapidibus pretiosis cooperti, qui significant honorem et onus pastoris.

☞ Eodem honore donati interdum etiam Episcopi nulli sedi addicti, inter quos præcipui sunt Corbinianus, priusquam Frisingensem episcopatum erigeret; Willebrordus postea Trajectensis antistes et Bonifacius Sedi Moguntinæ nondum præfectus.

Episcopis vero, et eorum Ecclesiis, concessi pallii exempla prostant in Aniciensi in Gallia, apud Durandum lib. 3. Rat. cap. 17. Parisiensi, ex concessione Gregorii XI. Papiensi in Lombardia, et Massano in Regno Neapolitano apud Hostiensem in Summa tit. de Usu pallii: Lucensi in Tuscia, Bambergensi in Germania; Quinque-ecclesiensi in Hungaria, in cap. Cum in juventute, Extra de Præsumpt. Catanensi in Sicilia Episcopo pallium indulserat Alexander III. sed Lucius III. abstulit, ut est apud Rocchum Pirrum: ut et Richardo Syracusano idem Alexander apud eumdem Pirrum, sed Clemens III. ademit. Sed et haud ita pridem, 3. scilic. Octobr. ann. 1678. Innocentius XI. Papa, Pallium Augustodunensi Episcopo concessit, cum aliquot ante sæculis eo privilegio, uti supra docuimus, donata non semel legatur eadem Ecclesia. Verum ejusmodi indultam Episcopis pallii prærogativam ægre passi sunt Archiepiscopi, ut est apud Flodoardum lib. 4. cap. 4. extremo. Vide Epistolam Hadriani Papæ ad Bertherium Viennensem Episc. apud Sanjulianum in Matiscone pag. 272. Lalandium, et Hist. Trevirensem editam ab Acherio pag. 215. 248. 249. Cujusmodi vero essent privilegia et prærogativæ pallii in Episcopis; et an ex eo eximerentur a jurisdictione Primatum et Metropolitanorum, docte disputat Fr. Florens ad tit. 8. lib. 1. Decretal. Sed et Portuensis Episcopus, quo die Pontificem ordinabat, utebatur pallio, ex decreto Marci Papæ ann. 336. [Pallio etiam donatus Samson Episcopus Dolensis aliquotque ejus successores, quo privati ab Innocentio III. PP.]

Pallium deferunt omnes Episcopi apud Græcos. Luitprandus in Legatione: *Scimus, immo videmus Constantinopolitanum Episc. pallio non uti, nisi S. Patris nostri permissu: verum cum impiissimus Albericus, quem non stillatim cupiditas, sed velut torrens impleverat, Romanam civitatem sibi usurparet,.... Romanus Imperator filium suum Theophylactum Eunuchum Patriarcham constituit, eumque cum Alberici cupiditas non lateret, missis ei muneribus satis magnis, effecit ut ex Papæ nomine Theophylacto Patriarchæ mitterentur, quorum auctoritate cum ipse, tum successores ejus absque Paparum permissu palliis uterentur. Ex quo turpi commercio vituperandus mos inolevit, ut non solum Patriarchæ, sed etiam Episcopi totius Græciæ palliis utantur. Quod quam absurdum sit, censore opus non est.* Vide Synodum VIII. cap. 14. Greg. III. Ep. 1. Concil. Matisc. I. cap. 6. Synod. Ravenn. sub Joann. VIII. cap. 3. Plura de Pallio, ejus forma, et significatione habent Gregorius M. lib. 7. ind. 2. Epist. 131. Clemens II. Papa apud Baronium ann. 1047. n. 12. Diurnus Romanus cap. 4. Amalarius lib. 2. de Eccles. offic. cap. 23. Rabanus lib. 1. de Instit. cleric. cap. 23. Innocentius III. Papa lib. 1. Myster. missæ cap. 10. 63. Jacobus de Vitriaco in Histor. Occid. cap. 35. Bruno Signiensis de Vestiment. Episcop. pag. 98. Durandus lib. 3. Ration. cap. 17. Ceremoniale Roman. lib. 1. sect. 10. Serrarius lib. 3. Rerum Moguntin. cap. 26. Franciscus Florens ad titulum de Usu et auctoritate pallii, et Nicolaus Bralionus in Pallio Archiepiscopali, Joan. Garnerius in Dissertat. 3. ad Diurnum Romanum. Thomassinus in libro de Eccles. Disciplina, etc.

Palliare, Pallium Archiepiscopale conferre. Synodica Concilii Suessionensis ann. 866: *Luitbertum Moguntiacensis Ecclesiæ Archiepiscopum, Paternitatis vestræ largitate Palliatum, etc.* Gesta Innocentii III. Papæ: *Palliavit dictum Archiepiscopum, et fecit eum Primatem totius Bulgariæ, etc.* Occurrit ibidem pag. 69. 112. et apud Ericum Upsaliensem lib. 3. Hist. Suecor. ann. 1196. Vide Joann. VIII. Papam Epist. 24.

Palliger, Archiepiscopus, apud Wolferrum, in Vita S. Godehardi Episcopi num. 21. [et in Vita S. Bernwardi Episc. Hild. num. 15. et 35. sæc. 6. Bened. part. 1. pag. 209. et 223.]

* 4. **PALLIUM**, Sepimentum e palis, idem quod supra *Pallicium*. Chartul. priorat. de Guilcio fol. 11. r° : *Comes Goffredus.... affirmavit ex antiquo esse consuetudinem in Andecavensi regione, ut si comes Andecavensis fecerit castellum in medio quarumlibet parrochiarum terræ suæ, ecclesia ipsius castelli tantum de circumjacentibus parrochiis obtineat, quantum Pallis, vel fossatum, aut alia firmitas illius castelli in circuitu occupaverit.* Ubi legendum videtur *Pallicium*.

¶ **PALLOCTA**, et Pallota, pro *Ballotta*, Tessera suffragii, calculus, Gall. *Balote*. Acta SS. tom. 3. Martii pag. 244. de S. Ambrosio Senensi: *Missæ fuerunt in bussulo albium del si, et in eodem bussulo repertæ ducentæ viginti tres Palloctæ.* Billius in Histor. apud Murator. tom. 19. col. 85: *Itaque jactis sortibus, quas illi Pallotas vocant, etc.*

¶ **PALLOCTITIUM**, Armaturæ seu exercitationis militaris species, velitatio, singulare certamen. Sallas Malaspinæ lib. 4. Rer. Sicul. cap. 8. apud Baluz. tom. 6. Miscell. pag. 298: *Sane utrinque magna erat aviditas confligendi, et tanta quippe quod modo milites, modo pedites manualiter singulari concertatione se jungunt et, ut ita loquar, frequenter Palloctitia faciunt singulariter et confligunt.* Vide *Paletare*.

* **PALLOR**, Pallida lux, lumen tenue. Acta Mss. Inquisit. Carcass. ann. 1308. fol. 66. r° : *In nocte post crepusculum exivi solus villam de Ax;... et vidi in Pallore noctis venire tres homines.*

¶ **PALLOTA**, ut supra *Pallocta*. Vide in hoc voce.

* **PALLOZA**, Panni species, f. sericum. Vide in *Pallium* 2. Charta Landulphi abb. Cassin. ann. 1232. tom. 2. Hist. ejusd. monast. pag. 453. col. 1 : *Recepimus.... de mandato venerabilis viri fratris Hermanni magistri domus Theutonicorum manchas aureas de Palloza.*

¶ **PALLUS**, vel Pallum, pro Palus, Gall. *Pieu*. Charta Philippi Aug. ann. 1215. apud Labbeum in Miscell. pag. 641 : *Prædicti etiam homines ad firmandum castrum adducunt Pallum et legariol.* Charta Petri Noviom. Episc. ann. 1412 : *Tenebitur claudi facere dictus miles de parvis muris terreis seu de Pallis ligneis competenter.*

1. **PALMA**. Anastasius in S. Symmacho PP. : *Et ex musivo agnos, et cruces, et Palmas ornavit.* al. *fecit.*

Palma, olim porrecta Regibus nostris in eorum solennibus inaugurationibus, una cum sceptro, invictoriæ adprecationem; apud Hincmarum in Coronationibus Regiis, pag. 746 : *Ad ista verba, Det tibi Dominus velle, dederunt illi Palmam et sceptrum. Det tibi Dominus velle et posse quæ præcipit, ut in regni regimine secundum voluntatem suam proficiens, cum palma perseverantis victoriæ ad palmam pervenias gloriæ sempiternæ, etc.* Adde Capitula Caroli Calvi pag. 490. Ita *Palmas virentes* ad Carolum Calvum Imperatorem misit Joannes VIII. PP. Epist. 32. hacce formula : *Hodieque manui vestræ, speciali voto et prærogativa, plenam benedictione Palmam, sicut cernitis, destinamus, adversus visibiles hostes et invisibiles triumphum; optantes enim vos de cunctis adversariis triumphare, nihil aptius vobis, quam ramos palmarum duximus offerendum, etc.* Infra : *Optantes enim vos de cunctis adversariis triumphare, nihil aptius vobis quam ramos palmarum duximus offerendum, quos et pueri sternebant in via Domino Hierosolymam venienti, antiquum hostem triumphaturo, et mundum victuro.*

Palmæ, *Palmarum dies*, sic dictus dies Dominicus qui Pascha antecedit, *quia in eo*, inquit Isidorus lib. 1. de Divin. officiis cap. 27. *Dominus et Salvator noster, sicut Propheta cecinit, Hierusalem tendens, asello sedisse perhibetur. Tunc gradiens cum ramis palmarum multitudo plebium obviam ei cecinerunt, Osanna in excelsis, etc.* Ditmarus lib. 2 : *Recto itinere ad Magdeburgensem pergens civitatem, Palmas ibidem festivo duxit honore.* Lib. 4 : *Cum Palmarum solemnia in Magdeburg celebrare voluisset.* Lib. 7 : *In prædicto loco Palmas et sanctum Pascha celebravit.* [Otto Frising. de Reb. gestis Frider. I. Imper. lib. 1. cap. 58. apud Murator. tom. 6. col. 691 : *Illi ergo qui tam mature applicuerant, circa Palmas civitatem sanctam intravere, Dominicam passionem sanctamque, singula loca ubi hæc facta sunt, circumeundo.* Memoriale Potestatum Regiens. ad ann. 1218. apud eumdem tom. 8. col. 1092 : *In ramis Palmarum scientes Soldanus et Corradinus, quod Christiani volebant celebrare qualiter Christus venit Jerosolymam... et ita Christiani celebraverunt Palmam cum armis.*] Ingelrannus Centulensis Abbas de relatione S. Richarii :

> Exercebat ovans ex consuetudine Palmas
> Plebs Domini etc.

Vide *Dominica in Palmis.*

* *Paume*, pro *Branche, feuille de Palmier*, Ramus palmeus vel folium palmæ, in Chron. S. Dion. tom. 7. Collect. Histor. Franc. pag. 151 : *Un bercelet de Paumes.*

2. **PALMA**, Alapa palmis inflicta. Acta S. Proculi Martyr. : *Et solventes eum ministri, injuriaverunt eum, ita ut Palmas in faciem ejus darent.* Vide *Palmata*, 4. Hinc

PALMARE, et *depalmare*, Alapam infligere. Glossæ vett. : *Depalmare*, Κολαφίζειν. Petrus Blesensis serm. 24 : *Attendamus Filium Virginis, illitum sputis, Palmatum colaphis, etc.* Vide *Palmizare*, et *Palmata* 1.

3. **PALMA**, Mensuræ frumentariæ species. Bulla Alexandri PP. pro Monasterio S. Crispini in cavea Suession. in Tabulario ejusdem Monasterii : *Decimam Novæ villæ, octo Palmas frumenti, etc.* Idem videtur quod

PALMATA salis, frumenti : quantum salis aut frumenti palma manus continere vel haurire quis potest : jus nempe quod domino feudali ex salis aut frumenti in mercatis publicis venditorum mensuris competit. [Statuta villæ Montis-olivi ann. 1231. apud Marten. tom. 1. Anecd. col. 968 : *Item, solvimus et definimus illas Palmatas salis quas alibi milites per toltam et forciam consueverunt percipere in mercato.*] Charta Gastonis Vicecomitis Beneharn. ann. 1282. apud Marcam lib. 5. Hist. Beneharn. cap. 28 : *Et in mercato, quod Gavardina vocatur, decimam totam, ab integro, et cum tribus digitis Palmatas de sale in eadem Gavardina.* Monasticum Anglic. tom. 2. pag. 405 : *Sciatis nos confirmasse leprosis S. Egidii de Salopesbiria, quod habeant Palmatas bladi et farinæ de omnibus saccis qui cum blado et farina exponuntur ad vendendum in mercato, etc.* Infra : *Scilicet de unoquoque sacco bladi Palmatam duarum manuum, et de sacco farinæ, Palmatam unius manus, etc.* Vide *Puniata.*

PALMARE, *Palma* mensuraria metiri, *mensurare.* Vetus Charta in Hist. Monasterii S. Nicolai Andegav. pag. 55 : *Omnium mercatorum quæ fierent vel Palmarentur die qui proximus festivitati imminet. Et ipso festivitatis die costumarum dimidietatem S. Nicolai et Monachorum ejus esse sive in terra, sive in aqua, hæc facta fuerint mercata.* Infra : *Ita quidem si in vigilia festivitatis, aut die, mercatum factum fuerit, vel Palmatum.*

☞ Veteribus nostris *Pasmoier* et *Paumoier*, pro manu fortiter apprehendere. Le Roman *de la Rose* MS. :

> En son point tient une machuë,
> Fierement la Paumoie et rue.

Le Roman *de Partonopex* MS. :

> Li Roix revint d'estordoisons,
> Bien s'est rasis en ses arcons,
> Et Pasmoie son fort espié
> Quil n'a encore pas brisié.

¶ 4. **PALMA**, Pila. *Palmæ ludus*, Gall. *jeu de paume*, quia palma olim pilam percutiebant. Statuta Collegii Major. Mon. ann. 1390. apud Lobinell. tom. 3. Hist. Paris. pag. 397 : *Item quod caveant omnino a ludo taxillorum, alearum et Palmæ.* Charta ann. 1427. ibidem tom. 5. pag. 693 : *Statuimus quod nullus vacet ludo taxillorum,... nec etiam ludis permissis ut Palmæ, vel aliis, maxime in locis communibus.*

¶ PALMARIUS LUDUS, Eadem notione, in Statut. Collegii Turon. ann. 1540. ibid. tom. 3. pag. 419 : *Ordinamus quod nulli, tam bursarii quam extranei, de cætero ludant ad ludum Palmarium, etc.*

* *Geu de palmes*, in Lit. ann. 1369. tom. 5. Ordinat. reg. Franc. pag. 172. *Paumele*, aliud ludi genus, quod vulgo *Main-chaude* appellatur, quo palma in alterius palmam renibus impositam percutiunt, donec percussorem nominaverit. Lit. remiss. ann. 1480. in Reg. 206. Chartoph. reg. ch. 654 : *Plusieurs compaignons se mirent a jouer à la Paumele, main contre main sur les reins.* Quia in eo ludo percutiens divinandus est, *Qui fery* dicitur, in aliis Lit. ann. 1403. ex Reg. 157. ch. 393 : *Plusieurs jeunes gens et enfans s'esbatoient ensemble à jouer au jeu de Qui fery.... Un grant compaignon ferit un jeune filz un gros coup de la main sur les rains ou sur le dos, etc. Cheoir tout à paulmes*, In palmas prolabi, vulgo *Tomber sur les mains*, in Lit. remiss. ann. 1395. ex Reg. 148. ch. 207. *Cheoir à paumettons*, eodem sensu, in aliis ann. 1397. ex Reg. 151. ch. 319.

* 5. **PALMA**, Mensura vulgo octo circiter unciarum, Occitanis vero novem unciarum, cum duabus lineis. Libert. loci de Viridi folio in Ruthenis ann. 1369. tom. 5. Ordinat. reg. Franc. pag. 278. art. 9 : *Construere et ædificare possint et valeant.... ultra dictum hospicium circumque per xij. Palmas, et non ultra, domos et operatoria.* Sed leg. forte *Palmos.* Vide *Palmus.*

* 6. **PALMA**, Pagina, Gall. *Page.* Stat. ann. 1277. inter Probat. tom. 4. Hist. Occit. col. 68 : *Ordinavimus quod pro qualibet Palma scripturæ, in longitudine et latitudine continente xxv. lineas, cum abbreviaturis, quas decet in talibus adhiberi, absque litterarum protractione dolosa, et qualibet linea similiter continente circa lxxx. literas, absque titulo, dicti notarii accipiant vj. denarios.*

* 7. **PALMA**, Armus, Gall. *Epaule*, ut videtur. Consuet. Mss. monast. S. Crucis Burdegal. ante ann. 1305 : *Infirmarius habet dare semel in anno.... abbati et suis servitoribus tres libras sallatas porci et tres Palmas et quosdam astes unius porci integri.*

¶ **PALMADA** SALIS, ut supra *Palmata* in *Palma* 3. Tabular. Monaster. Solemniac.

PALMÆUM, *Vestis pastoralis*, in Gloss. Isid.

¶ **PALMALIS**, pro Palmaris, mensuræ unius palmi. Charta Petri *de Roteys* Vicar. Tolos. ann. 1272. e Bibl. D. *de Crozat* : *Fustes de tribus brachiatis et de duabus et et dimidia, et de duabus quæ sunt pedales et Palmales.* Vide *Palmes.*

¶ **PALMARE.** Vide *Palma* 2. et 3.

* **PALMARE**, Manus abluere ; dicitur de sacerdote sacra faciente, qui accepta communione digitos abluit; quæ actio *Paument*, a verbo *Palmare*, nuncupatur in Stat. eccl. Turon. ann. 1396. cap. 15. ex Cod. reg. 1237 : *Juxtà et ad altare ad minus tria manutergia habeantur,.... tercium post sacramenti sumpcionem.* Quæ ultima verba ita vernacule redduntur ibid. : *Le tiers après le Paument.* Ubi indicatur usus tertii manutergii post communionem, atque idcirco post ablutionem. Pontif. Ms. eccl. Sagiens. ex Cod. reg. 4455. 3 : *Pontifex dicat suas orationes et se communicet Corpus et Sanguinem accipiendo. Quo communicato, antequam Palmet, veniant dicti novi presbyteri ad eum, et eos communicet pontifex.* Vide *Expalmare* 2.

* **PALMARE** FERREUM, Pecten ferreum. Stat. Avenion. ann. 1243. cap. 120. ex Cod. reg. 4659 : *Quilibet pannus* M. C. *filorum ad minus sit, et aptentur cum cardonibus et non cum Palmaribus ferreis.*

* **PALMARES** LUDI, in antiq. Inscript. apud Gudium cxj. 5. quare sic dicti, vide notas pag. vj.

PALMARIA, Chirotecæ species, quæ manuum palmas tegit. Udalricus lib. 2. Consuet. Cluniac. Mon. cap. 36. quod est, de Utensilibus coquinæ : 4. *paria manicarum, ne stamineorum manicæ Fratrum de nigredine coquinæ familiari sordidentur*; 2. *paria Palmariarum, quæ ita Romanice appellantur, manusque defendunt a calore caldarii, quando recens ablatum ab igne quoque est movendum, vel inclinandum.* Vide alia notione in *Palmaris.*

* Hinc forte *Plamé*, pro *Palmé*, ejusmodi chirotheca tectus, in Lit. remiss. ann. 1370. ex Reg. 100. Chartoph. reg. ch. 810 : *Le suppliant ayans tousjours ses mains Plamées soubz son mantel.* Nisi palmas extensas interpreteris.

PALMARIS SYNODUS : ita appellata Synodus Romana quarta habita Rufio Magno Fausto Avieno Consule sub Symmacho PP. anno Chr. 502. ut est in Codice Narbonensi, uti observat Sirmondus in Notis ad Avitum Epist. 31. quam alii nomenclaturam Synodo Avieno juniore Consule celebratæ attribuunt. Hanc porro sic dictam putant, quod in porticu Basilicæ S. Petri, quæ hanc appellationem sortita est, coacta fuerit. Anastas. Bibl. in Honorio PP : *In porticu B. Petri Apostoli, quæ appellatur ad Palmaria, etc. Palmæ*, loci dicti Romæ meminit præterea Anonymus de Constantino M. a Valesio editus pag. 482. ubi etiam de eodem Symmacho : *Deinde veniens ingressus urbem, venit ad Senatum, et ad Palmam populo adlocutus, etc.* Ubi forte *Palma* idem est quod *Palmaria.* Vide Baronium ann. 502. num. 1. 2.

1. **PALMARIUM**, [Domus excipiendis *Palmariis* seu peregrinis destinata.] Charta G. Episcopi Ebredunensis [vel potius Transactio inter Episcopum et Capitul. Niciens.] ann. 1159. in Histor. Episcoporum Niciensium : *Omnes administrationes sive balias consilio Episcopi disponendas, similiter adjudicavimus Canonicis, et hospitale cum honore suo, et Palmarium, excepta illa parte inferius et superius, quam ædificavit Episcopus, prout columnæ consistunt ab angulo suæ domus usque ad angulum parietis, etc.* [Vide *Palmarius.*]

¶ 2. **PALMARIUM**, Merces, pretium, maxime honorarium quod advocato, qui causam obtinuit, conceditur. Charta Rodulphi Episc. Cabilon. ann. 980. tom. 4. Gall. Christ. inter Instr. col. 227 : *Ad augendum enim speratæ retributionis Palmarium, pio rogavit oratu quo canonicam... traderemus*. Vide Cassiodor. lib. var. Lect. et Jan. a Costa in Decretal. pag. 235.

PALMARIUS, Palmatus, Peregrinus. *Palmarii* porro dicebantur, qui peregrinationem Hierosolymitanam seu ex voto ac pietatis intuitu, vel cruce ac sacra expeditione suscepta, in patriam redierant, quod in signum exactæ istius peregrinationis palmarum, quarum ferax est Syria, ramos præ manibus redeundo deferrent. Rationem delatæ palmæ aliam profert Durandus lib. 1. Ration. cap. 3. n. 14 : *Qui de Hierosolymis veniunt, Palmam in manibus ferunt, in signum quod illi Regi militarunt, qui Hierosolymis cum palmis honorifice receptus est, et postmodum ibidem cum diabolo pugnans victor extitit*. Henricus de Knyghton. l. 1. de Eventibus Angliæ cap. 5 : *Eia, inquit, jam adest certe peregrinus, iste est qui nefandum Colibroudum occisurus est. Ad quem sermonem Palmarius accedens, etc.* Mox : *Domine peregrine, etc.* Ita Poetæ nostrates *Paumiers*, peregrinos vocant. Le Roman *d'Auberi* :

> A icest mot, i estes vous un Paumier,
> Qui d'outremer s'i ert mis au repairier?

Infra :

> Lambers appella tantost un despansier,
> Va, si me fai tost disner cest Paumier.

Rursum :

> Et voit brisié son grand bordon fraisnin,
> Mais de ses Paumes le fiert li pelerin.

[Le Roman *de Blanchandin* MS. :

> Blanc les reconut bien
> Qu'il estoient Crestien
> As escharpes et as bordons,
> Et as barbes et as grenons.

Infra :

> Et de Jerusalem venons,
> Vez les Paumes que nos portons.]

Le Roman *de Parise la Duchesse* :

> Jaurai bordon, et Paume, et jupe autretel.

Alibi :

> Il ot Paume et escherpe, et bon bordon ferré.

Passim apud eumdem Poetam. Jam vero cum palma rediisse in patriam peregrinos Hierosolymitanos, testantur passim scriptores. Chronicon Uspergense et Albertus Stadensis ann. 1104 : *Nonnulli etiam Palmati de Hierosolyma redeuntes, etc.* Petrus Damianus lib. 2. Epist. 15 : *Ex Hierosolymitana peregrinatione deveniens Palmam ferebat in manu*. [Sed palma juncta maxime utebantur. Willelmus Tyrius lib. 21. cap. 17 : *His ita gestis dominus Comes*, (Philippus Alsaciæ) *cum Hierosolymis per quindecim dies fuisset, completis orationibus, et juncta Palma quod est apud nos consummatæ peregrinationis signum, etc.* Hinc usus palmarum in processionibus Confraternitatis peregrinorum Terræ Sanctæ apud Franciscanos Paris. erectæ.] Omitto alios in Dissert. 15. ad Joinvillam laudatos scriptores : addo tantum cum patriam attigissent, susceptos cum processione Ecclesiastica. Chron. Moriniacense lib. 2 : *Se suscipi cum processione, quippe de Hierosolyma rediens, permitteret, Abbas ab eo postulavit et impetravit*. Ex prædictis emendandus videtur Reinerius in Catalogo hæreticor. : *In secunda secta sunt qui se fingunt peregrinos S. Jacobi, plumbati, et ultramarinos, et spatulatos pœnitentes*. Quippe pro *plumbati*, *palmatos* legendum puto. Vide Lexicon Runicum Olai Wormii in v. *Palmare*.

1. **PALMATA**, Pœnitentiæ apud veteres species. Vetus Pœnitentiale MS. et Beda de Remedio peccat. cap. 14 : *Si quis tinxerit manum in aliquo liquido cibo, et non idonea manu, centum Palmatis tundatur*. Pœnitentiale MS. Thuanum, quod Theodori esse volunt, cap. 3 : *Quidam dicunt* 20. *Palmatas valere pro uno die* (pœnitentiæ). Infra cap. 10 : *Alio modo* 12. *triduanæ, singulæ cum psalteriis tribus impletis, cum Palmatis* 300. *per singula psalteria, excusant unius anni pœnitentiam, etc.* Adde Burchardum lib. 19. cap. 17. et 25. Joannes Laudensis in Vita Petri Damiani Cardinalis cap. 3 : *Cæteris autem spiritalibus exercitiis disciplinæ, videlicet metaneis, Palmatis, prolixis ulnarum extensionibus... incumbebant*. Vide eumdem Petrum Damianum Opusc. 15. cap. 18. Ejusmodi palmatarum meminit etiam Nilus Mon. lib. 3. Ep. 243 : Καὶ κρουσμὸν μετώπου, καὶ πατταγμὸν στήθους, καὶ γόνυ κλινόμενον, καὶ χειρῶν διαπαταγμὸν, μετὰ πόνου καρδίας, etc. Ubi Allatius *et manus cum dolore extensas*, non recte vertit. Quærunt viri docti quid his locis *palmata* denotet. Baronius anno 1055. n. 11. existimat pœnitentium palmas ferula verberatas fuisse quod certe verosimile videtur de iis quibus ob crimina perpetrata imponebatur hæc pœnitentiæ species, quod ex verbis laudati Pœnitentialis MS. elici potest, ubi *centum palmatis tundi* dicitur, qui tinxerit manum, etc. At in spontaneis *palmatis* non idem dicendum, cum a vero absonum sit, eos qui pietatis et devotionis gratia has sibimet imponebant pœnitentias, ab aliis *palmatas*, seu palmarum percussiones accepisse. Ii igitur harum vice, *palmas* allidebant ad pavimentum : quod potissimum colligitur ex eodem Petro Damiano lib. 6. Epist. 27 : *Lorica est homo indutus ad carnem, ferreis membra divisa circulis ambit, mittit cum labore metaneas, allidit in pavimentum sæpius palmas*. Nescio, an huc referri possit istud Ethelwfi de Abbatib. Lindisfarn. cap. 10 :

> ... Suis non parcit tundere membris
> Marmora.

Vide *Percussio*, et Morinum lib. 7. de Pœnitent. cap. 14.

Simile est *mortificationis*, uti vocant, monachicæ genus, quod refertur ab Hugone Flaviniacensi pag. 160. de B. Richardo Abbate Virdunensi : *Cui etiam moris erat psalterium ex ordine quoquo die dicere, et primos quidem quinquagenos prostando manibus ad terram deflexis dicebat, quinquagenos erectus, quinquagenos prostratus toto corpore, sed suspensus, articulis pedum manuumque sustentatus perorabat*.

¶ 2. **PALMATA**, Contractus emptionis vel venditionis, Gall. *Marché*; *palmata* dicitur quod in signum pretii conventi dextram dextræ committere solent, cujus violator mulctæ pecuniariæ subjacebat domino loci exsolvendæ. Charta ann. 1230. ex Bibl. regia : *Ad petitiones que fiunt ex parte Regis, dicimus quod de Palmatis que fiunt in mercato, et in die mercati, de illis qui nolunt stare contractui, debet habere Rex quinque solidos. De Palmatis vero que fiunt extra mercatum quibuslibet diebus, dicimus quod sint dominorum illorum ad quos locorum spectat jurisdictio*. Fori Oscæ ann. 1247 : *Cum inter emptorem et venditorem super re, quæ venditur, sit certa conventio pretii per Palmatam, solvat alteri quinque solidos qui voluerit resilire*. Satuta Massil. lib. 3. cap. 6 : *Statuimus ut postquam principales personæ contrahentes... de re ipsa vendenda, vel emenda, et pretio convenerint, et postmodum Palmata, vel denarius Dei, vel arrhæ factæ inde fuerint, contractus ille sive venditio, ex tunc rata et firma habeatur quantum ad eos inde contrahentes*. Consuet. Lemovic. art. 70 : *Si hospes vel ejus uxor vel filius venditoris dictarum rerum venditioni interfuerint, et se velle habere partem dictarum rerum in factione seu præstatione Palmata dixerint et præstati fuerint de præmissis, habeant de ipsis rebus sicut unus de aliis qui ibidem fuerint*. Neque alia est vocis *Palmée* significatio in Consuet. Montensi cap. 12. ubi et *Palmants* nuncupantur qui *palmatis* contrahunt et de re aliqua datis dextris conveniunt : quod egregie confirmat Consuet. Hannon. pag. 9. edit. 1663 : *Entant que touchent les arrentemens qui se feront volontairement de maisons et edifices, on y pourra pareillement mettre devise de faire aboult d'ouvrages sur le lieu ou autrement, selon que les arrentans et Palmians le voudront diviser à la Palmée faire. Paumée*, apud Bellomaner. cap. 44. Vide *de Lauriere* in Glossario Juris Gallici.

¶ **Palmatum**, Eadem notione. Statuta Mont. Regal. fol. 115 : *Teneantur et debeant* (vicarius et judex) *facere attendi et observari omnia mercata sive contractus, qui et quæ fient in dicta civitate, vel districtu, si denarius Dei, vel arræ datæ fuerint, vel si Palmatum fuerit, vel si mercatum, seu contractus celebratus fuerit*.

¶ **Palmella**, Eodem significatu, in Statutis Perus. fol. 58 : *Si quis non observaverit Palmellam, seu pactum Palmella firmatum in die mercati, solvat pro banno sol.* v.

* *Palmée*, nostratibus, eadem notione. Charta scabinor. Duac. ann. 1366. in Reg. 97. Chartoph. reg. ch. 154 : *Avons vendu bien et loyaument par cri publique sur ce fait, à recroiz et à Palmée, etc.* Eadem leguntur in Stat. ann. 1368. tom. 5. Ordinat. reg. Franc. pag. 133. art. 17. Vide *Spalmata*.

* Hinc *Palmata* appellari videtur mulcta pecuniaria, cui contractus violator subjacebat; vel *Denarius Dei*, uti vocabant, qui in arrham contractus initi dabatur. Arest. ann. 1283. in Reg. 2. *Olim* parlam. Paris. fol. 66. v° : *Recordata fuit curia quod alias deliberatæ fuerunt Johanni Choisel militi Palmatæ, ratione gruieriæ suæ in foresta Haletæ*.

¶ 3. **PALMATA**, Mensura. Vide *Palma* 3.

* 4. **PALMATA**, Alapa *palmis* inflicta, nostris *Palmée*. Lit. remiss. ann. 1368. in Reg. 100. Chartoph. reg. ch. 535 : *Icellui Jaques donna une Palmée audit Michault senz plus faire*, Vide *Palma* 2.

PALMATIA, Locus consitus palmis, *Palmularium*, *Palmetum*, φοινικών, in Gloss. Græc. Lat. edito et MS. et apud Procopium lib. 1. de Bello Persico cap. 19. Rad. de Diceto : *Et stabulabant equos suos in Palmatia de Baldac*. [Vide *Palmerium*.]

¶ **PALMATIÆ**, Vibrationes, a Gr. πάλλειν. Apuleius in mundo : *Ostæ sunt motus, quibus solum quatitur : Palmatiæ vero appellantur, quorum pavitatione illa quæ trepidant, sine inclinationis periculo nutant, cum directi tamen rigoris statum retineant.*

PALMATIANA. Gregorius M. lib. 1. Epist. 64 : *Nobis de cætero ne quid transmittere debeas inhibemus. Et quoniam non delectamur xeniis, Palmatianas, quas tua direxit Fraternitas, cum gratiarum actione suscipimus, sed eas, ne quod exinde potuisses sentire dispendium, digno fecimus pretio venundari, etc.* Ubi loci Cerda *Datiles*, seu *Dactiles*, intelligi censet. At Baronius ad *uvas palmatianas*, seu *vinum palmatianum*, de quo Senator lib. 12. Epist. 12. Alexander Iatrosophista lib. 2. passim et alii, seu *palmarum fructus expressos in liquorem*, ut ait S. Hieronymus de Vita Clericorum, vocem referendam putat, nescio an vere, ad ann. 591. n. 11. nam Altaserræ ad hunc Gregorii locum, non placet Baronii conjectura, quin potius *Palmatianas* existimat vestes fuisse auro et palmis intextas. Alii ramos palmarum intelligi putant. Ita in varias quisque abit sententias. Vide Menagium in Origin. Italic. pag. 1029.

* **PALMATORIUM**, Flagellum. Glossar. Provinc. Lat. ex Cod. reg. 7657 : *Palmadoyra, Prov. anguilla, Palmatorium, scutica.*

¶ **PALMATUM**. Vide *Palmata* 2.

PALMATUS. [*Palmatus irradias*, in Conc. Carthag. sub Bonifacio tom. 4. Conc. pag. 1634.] Vide *Palmarius*. *Equi Palmati*, in *Equus*.

* Glossar. Lat. Ital. Ms. : *Palmatus, Coronato.*

PALME. Adamnanus lib. 3. de Locis SS. cap. 4 : *Ejusque digiti, quasi in Palme vel tuto intrantes, in eandem impressi columnam inhæserunt.* Ita editio viri doctissimi Joannis Mabillonii.

* **PALMELA**, Verticillum, vulgo *Paumelle*. Comput. ann. 1399. inter Probat. tom. 3. Hist. Nem. pag. 150. col. 2 : *Solvit pro octo clavellis patacalibus ad clavellandum unam Palmelam de dictis janwis dicti portalis, x. denarios Turon.* Pro Tabula vero vel assere intelligenda vox *Palmes* secundo loco laudata in *Palmes*. *Paumele de lin*, Lini fasciculus, quantum *palma* seu manu contineri potest, in Pedag. prior. S. Gondulfi ann. 1314.

¶ **PALMELLA**. Vide *Palmata* 2.

PALMENTUM, Torcular, Italis *Palmento*, Gallis *Pressoir*. Charta Roberti Regis Siciliæ ann. 1326. apud Ughellum in Episcopis Casertanis : *Cum curtibus, salis, cameris,... coquina, puteis duobus, et Palmentis, cum portis, fenestris, etc.* Infra : *Videlicet in domibus palatiatis, et Palmento uno, et aliis domibus coopertis, etc.* Habentur præterea in Charta Sikelgaitæ uxoris Roberti Guiscardi Ducis Calabriæ apud eumdem tom. 7. pag. 396. *Palmentum*, a pedum palmis dictum censet idem Ughellus, quia ibi uvæ pedibus premuntur.

* Academ. Crusc. Calcatorium. Charta ann. 790. apud Murator. tom. 3. Antiq. Ital. med. ævi col. 561 : *Cum ipsa casa, quæ ibi esse videtur, una cum ipso Palmento, etc.*

¶ **PALMERIUM**, Locus consitus palmis. Charta Eduardi II. Reg. Angl. tom. 2. Monast. Angl. pag. 256 : *De uno mesuagio cum orto et crofto, et cum medietate crofti Palmerii.* Vide *Palmatia*.

¶ **PALMES**, Mensura palmi. Miracula B. Henrici Baucens. tom. 2. Junii pag. 387 : *Habebat tibiam dextram breviorem altera de una Palmite.* Charta Tolosana ann. 1272. in Bibl. D *de Crozat : Quod trabes peales et Palmites de cor et de abiete de* VI. *brachiatis, etc.* Vide *Palmalis*. [* Vide supra *Palmela*.]

PALMETIE. Glaber Rodulphus lib. 5. cap. 1 : *Circa medium cujusdam diei cecidit de cœlo quod Græce dicitur Selas, vel Casma, seu Palmetie, dum fulgor ætherei splendoris insolito ad terras emittitur : insulsum enim vulgus perhibet stellam de cœlo cadere.* Huc spectant ista Ovidii ex Metamorph. :

> ... Ut interdum de cœlo stella sereno,
> Quæ si non cecidit, potuit cecidisse videri.

Sed ibi legendum *fasma*, ex Græco φάσμα, *apparitio*, ut *selas*, ex Græco σέλας, *jubar, fulgor : Palmetie* vero nescio an non legendum sit *planetie*, vel *planetia*, i. stella errans, [*planetes* vel *planeta*.]

¶ **PALMIFER**, Peregrinus. Acta SS. tom. 1. Junii pag. 250. de S. Nicolao peregrino : *Cum navis quædam Palmiferis onerata, rediret a Syria.* Vide supra *Palmarius*.

¶ **PALMISANA** TORTA, Placentæ species, a Parma civitate Lombardiæ sic dicta. Computus ab ann. 1333. ad ann. 1336. tom. 2. Hist. Dalphin. pag. 273 : *Guillelmo fasticerio* (l. pasticerio) *regio pro tortis Palmisanis factis per eum... taren.* XVIII.

1. **PALMISARE**, in Glossario MS. Reg. Cod. 1701 : *Est dare alapas, vel Barguinier.* Vide *Palma* 2.

2. **PALMISARE**, Vox naupegorum. Satus lib. 2. part. 4. cap. 12. de Galeis : *Sub fundis extrinsecus Palmizentur usque supra ad aquam, secundum quod cuique ipsarum fuerit opportunum.* Infra : *Calefatisari et reparari, ac etiam de sepo Palmisari oportet, etc.*

¶ PALMIZARE, Eadem notione, in Chron. Tarvisino apud Murator. tom. 19. col. 768 : *Nec curabat bellum inire, nisi reliquas* (naves) *in terram pro Palmizando actas secum haberet.*

** **PALMITARE**, *Palmis promittere fidem, Germ. in die Hant verheiszen*, in Gemma Gemmarum. Vide Haltaus. Glossar. German. voce *Hulden*, col. 968.

¶ **PALMOLA**, Frumenti genus, hordeum, vulgo *Paimoule*, Provincialibus *Paumoulle*. *Pamel* hordeum vocant etiamnum Picardi. Charta ann. 1328. apud Plantavit. in Episc. Lodovens. pag. 297 : *Sub onere 7. sextariorum hordei, seu Palmolæ.* Tabul. S. Illidii Claromont. : *J. Olers ont ha* XII. *d. debtals e* I. *em. de Palmola e la seignoria.* Vide *Paumellya*.

PALMORERIUM, Palmæ ramus, Italis *Palmero*, Gall. *Palmier*. Vetus Inquesta apud Puricellum in Monumentis Basilicæ Mediolanensis Ambrosianæ pag. 1133 : *Et ipse domnus Archiepiscopus dat Abbati maximam truitam, et Palmorerium, et sic Abbas venit cum Archiepiscopo cum processionibus usque ad altare B. Ambrosii.* Ubi sermo est de processione in Ramis palmarum.

¶ **PALMOS**, *Subsultatio, palpitatio in cute et nervis. Palmoscopus, qui de subsultatione fibrarum auguratur.* Ita Laurentius in Amalthea, a Græco παλμός.

PALMOSUS, *Victoriosus*. Glossæ Isidori.

PALMULA, *Ratis*, Πλάτη, ἐν ᾗ διαπλέομεν, in Gloss. Lat. Græc. Vide Schefferum de Militia navali lib. 2. cap. 5.

* Glossar. vet. ex Cod. reg. 7613 : *Palmula, extrema altitudo remi, qua mare impellitur. Palmula, gubernaculi pars ima.* Vide supra *Pallela*.

¶ **PALMULARIUM**. Vide *Palmatia*.

¶ 1. **PALMUS**, Mensura vulgo octo circiter unciarum; *Palmus* vero Occitanicus, ut et Græcorum, est novem unciarum cum duabus lineis. Charta Tolosana ann. 1272. in Bibl. D. *de Crozat : Et quod trabes peales et palmites de cor et de abiete... habeant unum bonum Palmum de spisso.* Alia ann. 1292. ex Tabul. Abbat. Gimont. in Occit. : *Perticus cum quo mensurantur arpenta et terræ vineæ et alii honores, habeat in perpetuum et habere debeat decem Palmos bonos et largos de longo, etc.*

* Glossar. Gall. Lat. ex Cod. reg. 7684 : *Palmus, Paumée, un espan; et est Palmus a pollice usque ad minimum digitum, extenta manu.*

¶ PALMUS, Mensura pannorum. Transactio inter Abbatem et Monachos Crassenses ann. 1351 : *Item præpositus de Pediliano facit annuatim dicto Conventui in festo Paschæ.... triginta aunas de panno lineo, cum quo panno exterguntur pedes et manus pauperum in mandato in die Jovis sancta, de quo panno post mandatum factum recipit Conventus prædictus quatuor canas ad faciendum manustergium in claustro, et duos Palmos pro bagnis in ipso monasterio faciendis. Residuum vero dicti panni recipit cellerarius domini abbatis.*

* 2. **PALMUS**, Officium Dominicæ palmarum. Comput. ann. 1399. inter Probat. tom. 3. Hist. Nem. pag. 149. col. 1 : *Die ultima Martii, vigilia Ramispalmorum, solvi duobus bastaissis, qui portaverunt trabes, jaynas et alia necessaria ad Palmum, pro ibidem dicta die Ramispalmorum divinum officium celebrando, etc.* Ibid. col. 2 : *Item pro portu scannorum, in quibus dicti domini consules et alii homines notabiles villæ sederent ad dictum officium sive Palmum, etc.* Occurrit rursum ibid. pag. 176. col. 1. Vide in *Palma* 1.

* **PALOCOPIA**, Palorum copia, contextus ac series palorum. Vita S. Petri senior. apud Agnel. in Vit. archiep. Ravennat. cap. 2 : *Juxta Ravennam a Longino præfecto Pa-*

locopia in modum muri propter metum Langobardorum exstructa est.

* **PALOERIUM**, Locus, ubi excipiebantur visitaturi in monasteriis virorum. Charta Girardi abb. S. Germ. Prat. ann. 1278. ex Chartul. AD. ejusd. monast. fol. 81. r° : *Construximus dormitorium, capitulum, Paloerium, etc.* Vide *Pallatorium.*

¶ **PALOMBARUS**, *Qui intrat sub aquam, cum expedit*, in Dictionar. Fed. Ubaldini ad calcem *Documenti d'Amore* Francisci Barberini edit. Romæ ann. 1640.

PALOMERIA. Libertates concessæ Barcinonensibus a Petro Rege Aragonum ann. 1283 : *Concedimus quod de navibus, lignis vel barchis, transeuntibus, quæ non dederint Palomeriam firmam in terra, vel non discaricaverunt, non dent lesdam, nisi sicut antiquitus consuetum est.* Raimundus Montanerius in Hist. Regum Aragon. cap. 277 : *Et yo ab un bon cavall que tenia mi terç de cavallers armats ab llorigues e perpunts contraste als Palomers de prendre terra, etc.* ubi *Palomers* naves dicuntur, quas Græci ἱππηγοὺς vocabant, nostri *Huissieres.* Vide *Huisserium.*

¶ **PALONARI.** Chron. Andr. Danduli ad ann. 1379. apud Murator. tom. 12. col. 446 : *Galeæ veteres reparantur in portu Polensi sed antequam reaptatæ fuissent, quia aliquæ Palonabantur, aliquæ non omnes viros suos habebant, etc.*

PALONGATA, Septum e palis in flumine, aut aquis factum, Italis *Palancato*, et *Palancatico.* Petrus de Vineis lib. 2. Epist. 40 : *Ad impediendum transitum, Palongatam invenerunt.* Infra : *Securibus eadem Palongata succisa.* Occurrit *Palangatum*, eadem notione apud Petrum Crescentium lib. 1. de Agricult. cap. 6. [Vide *Palancatum.*]

* **PALONUS.** Lit. remiss. ann. 1370. in Reg. 100. Chartoph. reg. ch. 771 : *Guillelmus Caneti accepit unum Palonum, cum quo alium Guillelmum Amorosii percutere nisus fuit.* Nostris *Palon*, vasis genus est. Aliæ Lit. ann. 1417. in Reg. 170. ch. 127 : *Jehan Drouet portoit un Palon ou pot de terre, où il y avoit du feu. Palonnel* vero, nunc *Palonneau*, pars carri, palanga scilicet tractoria, dicitur in aliis ann. 1383. ex Reg. 123. ch. 100 : *Colin Gauchier.... prist un Palonnel de charue, qu'il trouva illecques d'aventure et en feri ledit tieullier.* Ad quem potius spectet vox *Palonus*, judicet lector.

* **PALORA**, IUM, *Li ornamenti de bo e cavali*, in Glossar. Lat. Ital. Ms.

¶ **PALORICUM**, Columbar. Vide *Pilorium.*

PALOTA, pro *Pilota.* Vide *Pilatus.*

¶ **PALPA**, Monetæ species; an eadem quæ *Parpaillola*? Vide in hac voce. Charta ann. 1465. apud D. *Chanteloup* in Hist. Montis-major. : *Adhibebant Antoniani duplas, sive Palpas, ex quibus 34. pro floreno uno numerabant.*

* **PALPABILITER**, Manifeste, evidenter, Gall. *Sensiblement.* Formul. Ms. Instr. fol. 30. v° : *Velut innatæ erga nos devotionis instinctu, te corde et animo deditum ad omnia, quæ votis nostris applaudant, Palpabiliter intuemur.* Vide *Palpaticus.*

* **PALPÆ**, *Membra dorsi eminentia læva, dextraque.* Glossar. vet. ex Cod. reg. 7613.

¶ **PALPANISTA**, Palpatrix. Acta S. Godelevæ tom. 2. Julii pag. 422 : *Puellam hanc Palpanistam, adulatricem et mendacem, etc.*

¶ **PALPANTIA**, *Trementia.* Janssonii Auctarium ad Gloss. Isidori. Hinc

PALPARE LANCEAM, [Vibrare, Gall. *Brandir.*] Gauterius de Bellis Antioch. : *Laxis habenis, Palpalis lanceis, impetuose ac strenue cohortem sibi obviam percutere maturavit.* [Le Roman *de la Violette* MS. :

> Girart qui bien fut appensez
> Saisi l'escu, puis a Branlée
> La lance. Sur la targue lée
> Va ferir le seigneur d'eulx tous.

Le Roman *d'Athis* MS. :

> Brandist la lance et l'escu prent,
> Des esperons point l'auferrant.]

* Glossar. vetus ex Cod. reg. 521 : *Palpare, salire, tremere.*

¶ **PALPATICUS**, Palpabilis, in Vita S. Mariæ Ægypt. num. 16.

* **PALPETINUS**, Idem quod infra *Parrapanda.* Vide in hac voce.

* **PALPITARE**, Palpari, prætentare. Mirac. S. Auctoris tom. 4. Aug. pag. 50. col. 2 : *Cum perveniunt ad fores monasterii, custos accedens primo leviter unius digiti articulo vel ungue Palpitando ostium tangit.* Vita S. Verenæ tom. 1. Sept. pag. 169. col. 1 : *Post hoc corpore penitus excæcatus tandem surrexit, et, prout potuit Palpitando, ambulare cœpit.* Hinc

* **PALPITATIO**, Dubitatio, hæsitatio, Gall. *Incertitude.* Charta Rudolfi I. imper. ann. 1273. inter Probat. jur. domus elector. Bavar. pag. 11 : *Propter quod scripturarum apices dubitealis scrupulos, et obtenebratæ reminiscentiæ caliginem sui claritate luminis repellentes, meroris Palpitationes invio ad directionis semitas dirigunt.*

* **PALSIACUM**, Contextus ac series palorum, idem quod supra *Pallicium.* Comput. ann. 1362. inter Probat. tom. 2. Hist. Nem. pag. 247. col. 2 : *Solvi Bernardo Salelle fusterio, pro ædificio Palsiaci et barreriæ factæ ante portale Coronæ ob timorem inimicorum, tres florenos.*

¶ **PALTENA.** Historia Fuld. pag. 31 : *Secundus colonus reddit arietes II. et duas Paltenas et ovem.*

¶ **PALTEUM**, *Murum vel fastigium*, Gloss. Isidori; ubi Grævius : addunt Excerpta *pluteum.* Leg. *Pluteum, murum*, quia pluteus militibus erat loco muri. Vide Festum in *Plateus.*

PALTONARIUS, Superbus, ferox, ex veteri Francico *Pautonnier.* Statuta Guigonis II. Prioris Cartusiensis cap. 20. num. 4 : *Ergo ego relicta cella mea, claustro meo, et quid proposuerim, oblitus, propter gyrovagos, gyrogavus, propter Paltonarios, Paltonarius, et propter suspiciendos pascendosque seculares efficiar secularis?* Philippus *Mouskes* in Philippo Augusto :

> Et tant les avoit en destroit,
> Qu'il maintenoit ces Cevaliers,
> Come vilains et Pautoniers.

Le Roman *de Garin le Lohérans* :

> Foucaut appelle, qui fu né de Paris,
> Truans estoit, Pautoniers et coquins.

Rursum :

> Nel tenist pas par garçon Pautonnier.

Guill. de Guignevilla :

> Si que contre tele Pautonniere,
> Fait boin avoir cette gorgiere.

Alibi :

> Adont li lisse Pautonniere,
> Que le male passion fiere,
> Maresna, en moy abaiant, etc.

Alanus Charterius in Curiali : *Souvent fait le peuple de grans admirations de la riche robe d'un orgueilleus Pautonnier, mais il ne scait par quel labeur, ny à quelle difficulté il l'a acquise.* Hinc *Pautonniere*, pro superbia : Le Doctrinal *de Courtesie* :

> Et s'il est aucuns hom qui volentiers tournie,
> Ki seit fel et mesle plein de Pautonnerie,
> Anvers, et angoissos, à poi de corteisie.

[* Vide infra *Pantonarius.*]

* **PALT-ROK**, Kyliano, *Palla;* unde nostris *Palletot* et *Palletocq*, Vestis vel tunicæ species, quæ aliis superinduebatur, sagum militare. Proces. Egid. *de Rays* ann. 1440. fol. 181. v°. ex Bibl. reg. : *Dixit quod insidiæ seu ambuschia 50. vel 60. hominum erant ibi.... habentes disploides, seu vulgari locutione Paletoz, capellinas, etc.* Lit. remiss. ann. 1446. in Reg. 176. Chartoph. reg. ch. 453 : *Lequel Pierre retourna devers icellui Gilles, et le frappa de son coustel ou bras, tant qu'il persa son Palletot.* Aliæ ann. 1455. in Reg. 183. ch. 23 : *Les supplians issirent de la maison en leurs pourpoins ou Palletocqs à touts leurs bonnetz. Une jaquette ou Palletot à vestir*, in aliis ann. 1456. ibid. ch. 159.

¶ **PALTUM**, *Teli genus.* Laurentius in Amalth. et Vocabular. Sussannæi. Græc. παλτόν.

* **PALUAMENTUM**, ut mox *Palus* 2. in Charta Theobaldi comit. Campan. ann. 1250. ex Tabul. Molism.

* **PALUDAMENTUM** BAPTISMALE, Vestis pontificiæ species, qua utebatur archiepiscopus Mediolanensis, cum Sabbato sancto baptismum solemni ritu conferebat. Ordo eccl. Ambros. Mediol. ann. circ. 1130. apud Murator. tom. 4. Antiq. Ital. med. ævi col. 897 : *Et ibi juxta, extra ecclesiam, archiepiscopus exuit stolam et dalmaticam et planetam, et induit se Paludamento baptismali, et præcingit se manutergio cum cingulo.... Et sic incedit ad fontes, etc.*

¶ **PALUDANDUS**, *Militiæ adscribendus.* Gasp. Barthii Gloss. apud Ludewig. tom. 3. Reliq. MSS. pag. 540. ex Guidonis Histor. Palæst. Paludamentum quippe erat militum vestis propria.

☞ Eo nihilominus nomine exterius indumentum quo virgines utebantur, quod instar *paludamenti* ad talos fere usque demissum erat, appellat Gualvaneus *de la Flamma* apud Murator. tom. 12. col. 1033 : *Virgines, antequam nuptui traderentur, vestiebantur tunica de pignolato, quæ dicebatur sotanum, et desuper portabant Paludamentum, id est soccam de lino albissimo.*

* **PALUDATI**, *Blavati*, in vet. Glossar. ex Cod. reg. 7641. Vide supra *Blavatus.*

PALUDELLUM, Palliolum, in Regula Tertiariorum Ordinis S. Francisci cap. 3.

¶ **PALVITA**, Pelvis. Agnellus in Vita S.

Johannis apud Murator. tom. 2. pag. 170 : *Domine pater, non te pigeat in palatium ad Exarchum ire, et offerre illi ex Argyrio Palvitam magnam, et postula ab eo, ut coarctet viros illos ad judicium, qui te in exilium miserunt.*

PALUMBACIUS Color, Columbinus. Arcadius Augustus inter Agrimensores : *Sunt enim termini marmorei in limite, alii marmorei virides, alii Palumbacii, alii prasini, etc.*

¶ **PALUMBARIA**, Idem quod mox *Palumbarium.* Charta ann. 922. Marcæ Hispan. col. 844 : *Et ipsas Palumbarias quæ adjacent in Mucriano et omnia quæ Adrovarius dedit S. Mariæ* (concedimus.) Charta Pontii Comitis Emporitani ann. 1063. in Append. ad Capitul. Reg. Franc. n. 149 : *Descendit usque ad ipsas Palumbarias, sicque conjungitur usque in ipsa villa viâ de ipso malloló.*

PALUMBARIUM, Locus ubi Palumbes nidificant. Edictum Nunonis Sancii D. Rossilionis, de Treuga tenenda ann. 1217 : *Sub ejusdem pacis regimine sint alvearia sive Palumbaria, molendina, palearia, etc.*

1. **PALUS**, Fossorium ligneum, seu ligo ligneus, quo terra egeritur, nostris *Pelle.* Ita usurpat Lex Salica tit. 61.

* Ea notione aliquando usurpatam fuisse hanc vocem innuere videtur Gallicum *Palot* ejusdem significationis. Lit. remiss. ann. 1449. in Reg. 176. Chartoph. reg. ch. 686 : *Le suppliant ala en sa maison querir ung Palot ou besche pour aler relever ledit fossé.* Verum in Lege Salica loco laudato rectius de baculo crassiore interpretatur Eccardus, maxime cum ibi de cessione bonorum agatur, qua facta quis cum baculo abit *supra sepem saliendo,* ut indicet, inquit vir doctus, fores domus jam alii domino traditas esse. [** Vide Grimm. Antiq. Jur. German. pag. 134.]

Palus, Lignum acutum quod in terram defigitur ad sustinendam sepem. Lex Aleman. tit. 99. §. 24 : *Si alicujus caballus sepem alienam sallierit, et de Palo transpunctus fuerit, etc.*

Palus, Paxillus quo sustentatur vitis, *Eschalas.* Vox Jurisconsultis nota. Lex Longob. lib. 1. tit. 25. §34. [** Roth. 298.]: *Si quis Palum quod est carratium de vite tulerit, etc.* Vide Carra ium.

* Tabul. Casaur. fol. 53. v° : *Et ipsam ecclesiam S. Mariæ cum terra modiorum decem per unumquodque solidum Palos vites centum quinquaginta, etc. Pel de vigne,* in Lit. remiss. ann. 1389. ex Reg. 137. Chartoph. reg. ch. 29.

Palus Justitiarius, [* Patibulum, in quo rei suspenduntur; quod majoris justitiæ signum est. Charta ann. 1312. ex Bibl. reg. : *Conatisunt quemdam Palum justitiarium evellere.... in contemptum salvæ-gardiæ prædictæ.*] Vide *Furca* 1.

Nudus ad Palum Vapulari, Pœna servorum, in Lege Longob. lib. 3. tit. 7. § 1. [** Lud. P. 24.] et Capitul. Caroli M. lib. 4. cap. 30.

Pali, pro Terminis positi. Siculus Flaccus : *In quibusdam regionibus Palos pro terminis posuimus, alii iliceos, alii oleaginos, alii vero junipereos.* Occurrit præterea apud alios Agrimensores. [Charta ann. 1403. apud Rymer. tom. 8. pag. 327 : *Ac super villa de Gravelinghes infra Palum Flandriæ notorie constituta.*]

Pali Sacrificales, apud eosdem Agrimensores. Vide Gloss.

Pali Molendinarii. Vide *Palare* 2.

* 2. **PALUS**, Pascuus ager, Gall. *Pâtis.* Charta ann. 1224. ex sched. Pr. *de Mazaugues : Et non solum decimas terrarum novarum, quæ quondam solebant esse Paludes, quomodo vulgariter appellantur les Pastis, etc.* Infra : *Quia cum essent Paludes, canonici Arelatenses, in toto territorio Furcarum usque ad paludem, pascua jure dominationis accipiebant.* Vide supra *Paluamentum.*

PALUSTRES. S. Avitus Viennensis Epist. 63. ad Apollinarem Episcopum, qui *marinas copias,* id est, pisces ei miserat : *Octo Palustres quis quia se duo paria solearum, quæ dentibus maceretis,... direxi.* Ubi per *Palustres, aucæ,* seu *anates silvaticæ* forte intelliguntur, quas Avitus direxit, pro *duobus paribus solearum,* quas Apollinari miserat. Cætera locus vitiosus est, quem soli Codices MSS. sanare possunt. Vide *Dies Palustres.*

¶ **PALUSTRICUS**, Palustris, paludosus, Gallice *Marécageux,* in Charta Caroli Simpl. ann. 909. inter Probat. tom. 2. novæ Hist. Occit. col. 52.

PAMBICIUM, [Tela gossypina, facta ex bombace.] Vide *Bombax* 1.

¶ **PAMÆUM**, *Vestis pastoralis.* Gloss. Isid. ubi legendum putat Grævius *pœmenicum,* a Græco ποιμὴν. [* Vide *Palmœum* suo loco ex iisdem Glossis.]

* **PAMBIRE**, Pretium pro victu, a populari Italico *Pambere,* quod panem et bibere seu potum sonat. Charta pacis inter Ferrar. et Ravennat. ann. 1200. apud Murator. tom. 4. Antiq. Ital. med. ævi col. 373 : *Et quod assazzatores per se, nec per ullam aliam personam aliquid auferent a Ferrariensibus, nec ab eis accipere, nisi tantum Pambire suum, ex quatuor denariis monetæ Ravennatis pro cœna.*

* **PAMIETNE**, Polonica vox. Stat. Casimiri ann. 1347. inter Leg. Polon. pag. 22 : *De memorialis sive Pamietne solutione. Licet pro redimenda pauperum vexatione dudum solutio, dicta vulgariter czesne aut Pamietne, etc.* Stat. Uladisl. Jagel. ann. 1420. ibid. pag. 77 : *Officiales.... non debebunt.... pro memoriali, alias Pamietne, sive alio nomine Przysiezne, plusquam duos grossos recipere.*

* **PAMIRE**, *Percellere, tudere, pessundare,* in Glossar. Provinc. Lat. ex Cod. reg. 7657.

¶ **PAMONARIUS**, Æditûus, custos ecclesiæ. Acta S. Procopii tom. 2. Julii pag. 147 : *Dum Pamonarius ecclesiæ ejusdem festivitatis die, ante nocturnos in lecto suo se recollasset, etc.* [* Leg. *Paramonarius.* Vide *Paramonarii.*]

¶ 1. **PAMPA**, Squama. Canones Hibern. num. 11. apud Marten. tom. 4. Anecd. col. 13 : *Si quis caput alterius percusserit usque ad cerebri Pampas, libras argenti* III. *reddat.*

2. **PAMPA.** Capitularia Caroli M. lib. 7. cap. 314. [** 398.] : *Ut Clerici Pampis, aut tzangis, vel armis non utantur.* Ubi Lindenbrogius, sicæ genus in Germania usitatæ esse ait, et *Pampt* etiamnum vocari. [** Pertz. *pompis aut sagis.*] At vox *Pampe,* Gallica, videtur deducta a *Pampinus.* Nicolaus Gillius in Hist. Francica : *En une fleur de lys a trois Pampes ou fleurons, etc.*

* Hinc *Saye pampée,* pro Pannus sericus floribus interstinctus, in Consuet. Paris. ex Reg. Cam. Comput. sign. *Noster* fol. 36. v°. Unde etiam *Panpas de roses,* pro Folia rosacea, in Reg. Joan. Sarac. ann. 1270. apud *Brussel* tom. 2. de Usu feud. pag. 746 : *Plain pannier de Penpas de roses à faire eaue-rose.*

¶ **PAMPILIO**, Vide *Papilio.*

* **PAMPILONIÆ** Capellus. Vide supra in *Capellus* 1.

¶ **PANADELLA**, vox Italica, quæ idem sonare videtur quod *Panello,* Fax, tæda. Chronic. Estense apud Murator. tom. 15. col. 346 : *Præparaverunt se ad bellum cum Cremonensibus canibus ; et cum circa quingentis lumeriis accensis cum Panadellis, igne comburendo dictam civitatem, et canes.* Vide *Papellus* et *Pavenses.*

¶ **PANAGATOR**, Vide *Pastio.*

PANAGIA, Panis benedictus, Παναγία, Græcis dictus. Regestum Ecclesiæ Herefordiensis apud Spelmannum, de Græcis : *Item dicunt panem nostrum Panagiam.* Quid vero proprie sit Παναγία apud Græcos, pluribus docet eruditus Goarus ad Euchologium Græcor. pag. 867. [** Vide Glossar. med. Græcit. col. 1087.]

* **PANAGIA** Maria dicitur Sanctissima Virgo Maria, in Vita S. Helenæ tom. 3. Aug. pag. 590. col. 2. a Græco Πανάγιος, omnino sanctus vel purus.

¶ 1. **PANAGIUM**, pro *Appanagium,* apud Paulum Emilium ex Choppino de Dom. Franc. lib. 1. cap. 6. Vide *Apanare.*

¶ 2. **PANAGIUM**, Panis confectio. Charta ann. 1335. apud Menester. Histor. Lugdun. pag. 24 : *Item pro Panagio ad opus pauperum in dicto hospitali confluentium novem asinatas siliginis, etc.*

¶ 3. **PANAGIUM**, ut *Pastio.* Vide in hac voce.

PANALATA, terræ, nemoris, etc. in Charta ann. 1269. in Regesto Feodorum Ducatus Burgundiæ 1. parte fol. 8 : *Accepit a Duce Burgundiæ cum homagio manuali quingentas Panalatas terrarum plenarum, et.... quater centum Panalatas nemoris, et 220. operatas vinearum, et 60. sextuarias pratorum.* [Vetus Martyrol. Eccles. Cathedr. Aquensis in cujus margine adnotantur obitus : *Reliquit tres quartalatas vineæ et tres Panalatas terræ.*] In Consuetudine S. Severi tit. 18. art. 2. *Canna* quæ est mensuræ species, dividitur in *Panas,* Gall. *Pans,* Panæ in 5. pollices.

¶ Panalesannana, Eadem notione, modus agri. Vetus Necrologium S. Salvatoris Aquensis : *Ipso die Pontius Murator obiit, pro cujus anniversario gadiatores ejus dederunt Ecclesiæ S. Salvatoris* XL. *solidos, de quibus fuerunt emptæ tres Panalesannanæ censuales.*

☞ Est etiam *Panalata,* mensura frumentaria, vulgo *Panal,* quæ *saumatæ* seu oneris equi sagmarii pars est decima. Vetus Martyrol. mox laudatum : *Ipso die Sibila Gamella obiit quæ pro anniversario suo unam Panalatam ferraginis reliquit.*

¶ **PANALE**, Eadem notione. Obituarium Bellijoc. 500. circiter annorum : *Dedit duos* *anseres et de frumento unum Panale.* Valet autem Bellijocense *Panale*, quod et *Panatum* vel *Panotum* dicitur, duos *bichetos*.

* Charta ann. 1180. in Chartul. Cluniac. : *Mensuram unam avenæ, quam vocant antiquum Panale, etc. Homines qui mansos inhabitant, propter aquas et pascuaria domini de Bruxeria, quibus utantur, per singulos mansos unum Panale avenæ sponte dederunt ei.* Vide infra *Panellus* 4.

¶ **PANALIS**, Eodem significatu. Inventarium ann. 1336. in Tabular. S. Victoris Massil. : *Duas meginas carnium porcinarum, tres Panales de ciceribus, etc.*

¶ **PANARIA** EBRIETAS, *Arrogantia licentiaque.* Vocabular. Sussannæi.

PANARITIUM, nostris *Panaris*, apud Apuleium lib. de Virtutib. herbar. cap. 42. § 3. quod Græcis παρονύχιον, unde et deductum vocabulum putat Gabriel Humelbergius : abscessus qui circa ungues et ad radices illorum nascitur, non sine doloris pungentis vehementia.

PANARIUM, *Excipulum*, in Gloss. Isid. [Locus vel vas ubi panis servabatur : *Excipulum* ab Isidoro dictus, quod veteres *panaria* opere reticulato facere consueverant; hinc *reticulum* vocant Horatius lib. 1. Sat. 1. et Juvenalis Sat. 12. 60. vas illud in quo venales panes deferebantur.] Charta plenariæ securitatis scripta Ravennæ sub Justiniano apud Brisson. lib. 6. Formul. : *Cute olearia valente siliquas duas asprionis : Panario rupto uno, etc.*

¶ **PANARIUS**, ἀρτοφόρον, in Glossis Lat. Græc.

¶ **PANAROLUS**, Fiscella. Gall. *Petit panier.* Anonymus in Annal. Mediol. apud Murator. tom. 16. col. 729 : *Fecit ille venire plures vestitos in modum mulierum nuptarum, viduarum, et religiosarum, cum baculis singulis et Panarolis, qui ipsam arborem contendentes excutiebant.*

* **PANASTICUM**, Jus pascendi porcos in silva domini. Charta Hugon. de S. Maura pro fundat. priorat. S. Maxim. in Hist. Sabol. pag. 252 : *Ad nutrimentum etiam suorum pecorum prædictæ meæ silvæ nemorisque mei tribuo glandium copiam, usque ad centum porcorum numerum, Panasticum eis perpetualiter habendum atque tenendum condonans.* Unde *Paaner*, pro Pascere, in Sentent. inter Guill. dom. Couciaci et abb. Præmonst. ann. 1323. ex Reg. 62. Chartoph. reg. ch. 154 : *Item et de mettre en la forest de Coucy en tous temps et en toutes saisons pour Paaner et pour pasturer si grand nombre de toutes manieres de bestes, comme il leur plaisoit.* Vide *Pastio.*

1. **PANATA.** Tabularium Monasterii Conchensis in Ruthenis Ch. 85 : *Ipsam Ecclesiam de Licairago, quam vocant sanctam Columbam, cum primitiis et decimis, et Panatas, et cum alodio, sicut ad ipsam Ecclesiam pertinent, etc.* Occurrunt eadem verba infra.

* 2. **PANATA**, Panaria annona. Consuet. Perpin. Mss. cap. 38 : *Item debent* (fornarii) *coquere Panatas et carnes,.... sine precio et sine aliqua parte, etc.* Vide mox *Panatica.*

¶ **PANATARIA**, PANATERIA. Vide *Panetarius.*

¶ **PANATERII**, Sic vocantur Ecclesiastici quidam sæculares quibus ex prioratibus a S. Victore Massil. dependentibus certa annui reditus portio adscripta erat, ea conditione ut monasticam vitam profiterentur; sed ab ea lege tandem sese exemerunt. Illos Capitulum gener. ann. 1348. repræsentat his verbis : *Serpens in gremio, mus in pera, ignis in sinu.* Aliud ann. 1313 : *Statuimus quod in prioratibus dicti monasterii habentibus clericos, ducherios, Panaterios seu convivas, etc.* Ubi habes vocis originem.

¶ **PANATERIUS.** Vide *Panetarius.*

¶ **PANATICA**, PANATICUM, Commeatus, militaris annona, Italis *Panaggio.* Bartholomæi Scribæ Annal. Genuens. ad ann. 1242. apud Murator. tom. 6. col. 495 : *Panatica, victualia et cetera necessaria præparata.* Jacobi Auriæ iidem Annal. ad ann. 1283. ibid. col. 582 : *Quum Panatica pro nostris ad sufficientiam non adessent.* Chron. Tarvisin. apud eumd. tom. 19. col. 765 : *Et quod interim Senatus Venetorum caveret de Panatica et commessatione distribuenda.*

* Acad. Crusc. *Panatica*, panaria annona. Charta pacis inter Pisan. et Arelat. ann. 1221. apud Murator. tom. 4. Antiq. Ital. med. ævi col. 398 : *Nec aliquem vel aliquos de civitate Arelatensi vel ejus burgis,.... cum eis ire vel navigare contra Pisanos,.... victualia sive Panaticam facere vel recipere in civitate Arelatensi vel ejus burgis.... aliquatenus permittimus.*

* **PANATIO**, Panis confectio, ars pistoria. Stat. Mss. eccl. Tull. ann. 1497. fol. 98. v°. : *Furnerius tenetur ex officio suo.... nobis ministrare pro quolibet resali frumenti claustralis xij. denas panum alborum, quilibet ponderis xiiij. unciarum boni panis, cæteros omnes in sapore, albedine et Panatione excellentis.*

¶ **PANAUTUM.** Vide *Panale.*

* **PANCA**, vox Italica, Subsellium, sedile ligneum, Gall. *Banc*, in Stat. ant. Florent. lib. 3. cap. 168. ex Cod. reg. 4621 : *Qui vero abstraxerit.... hostium de domo alterius, aut etiam lasiones, Pancas, pancones, etc.* Vide *Bancus.*

PANCALIA. Acta Murensis Monasterii : *Sunt et hic duo offertoriola, et linteum analogium subter Evangelium ponendum in festivis diebus, et 5. confanones, et unum sericum super sedile Sacerdotis ponendum, et quatuor vela, et tria tapetia, et adhuc de aliis palliis, quæ vocantur Pancalia quatuordecim partes, et 8. candelabra, etc.* Ubi forte leg. *Bancalia.* Vide *Bancale* in *Bancus*

* Eadem quidem notione atque *Bancalia* : sed nihil emendandum esse certo colligitur ex voce *Panca.*

PANCAREA. Vide *Votarea.*

PANCARPUM. Glossar. Longobard. S. Germani Paris. MS. : *Pancarpum, genus spectaculi est, ut fieri solet, ab his qui coram Regibus congredi bestiis præmiorum contemplatione consuerunt ; ii feras quascunque fortiores robore, vel ferociores rabie conspexerint duriores, adversus eas primæ congressionis certamen suscipiunt, quibus ex cunctis reliquas quæ minus terribilis minusque vehementes sunt, ex ictu faciliore prosternunt.* Glossæ aliæ MSS. : *Ludus quo ludebant antiqui cum bestiis*, omnigenis scilicet, ut ex Cassiano et S. Augustino adversus Secundinum colligitur. Nam quicquid miscellum erat, et ex varii generis contextu, Græci πάγκαρπον vocant. Julianus Antecessor Constit. 98 : *Quarta autem* (processio Consulum) *ea quæ Monimerium dicitur, ubi et quod Pancarpum vocant, celebrandum est.* Vide Cujacium ad Novell. de Consulib. et Salmasium ad Capitolinum.

¶ **PANCEPS**, ἕλκος κτήνους ἐπὶ τραχήλου, in Gloss. Lat. Græc. *Pantex* restituit Meursius. Vide *Patices.*

PANCEREA, PANCERIA, Lorica, Italis *Panziera*, Germ. *Panzer*, quæ scilicet ventrem tegit, quem nostri *Panse* vocant, Itali *Pancia.* [Academici Cruscani : *Quella parte del l'usbergo che arma la pancia.*] Constitut. Siculæ lib. 1. tit. 9 : *Prohibemus ut nullus arma molita et prohibita, cultellos et enses, lanceas, Pancereas, scuta vel loricas, clavas ferreas, ... deferre præsumat.* [Edit. ann. 1560. habet : *Panceras.*] Statuta Caroli I. Reg. Sicil. MSS. cap. 11 : *Que nus ne porte armes ne couteaus à pointes, ne espées, ne lance, ne Paniere, ne escus, ne haubers, etc.* Adde cap. 12. Charta Petri Ziani Ducis Venetiarum ann. 1211. in Hist. Bellunensi pag. 109 : *Similiter debet habere unusquisque Miles ospergum unum, aut Panceriam cum capirone, et alia arma, sicut decet.* Joan. Thwroczius in Chron. Hung. in Geysa Rege cap. 65 : *Habebat Sanson sub tunica Panceriam, et præ gravamine loricæ natare non poterat.* [Rolandinus Patavinus de factis in marchia Tarvisina lib. 10. cap. 8. apud Murator. tom. 8. col. 318 : *Lapso jumenti pede in profundum gurgitem obrutus Berroerius ipse, cum jumento et Panceria qua stultus ille vestitus erat, non comparuit ulterius super aquam.*] Matth. Villaneus lib. 11. cap. 81 : *La loro armadura quasi di tutti erano Panzeroni.* Jacobus Hemricurtius de Bellis Leodiensib. cap. 41 : *Mais à présent cascuns est armeis d'une cotte de fier appellée Panchire, sor petits chevax, et ont vestu on joupon de festaine à le deseur, etc.* [Vide *Panzeria.*]

¶ **PANCERONUS**, Italis *Panzerone*, Sagum militare, quod *panceriæ* seu loricæ superinduebatur. Castellus in Chron. Bergom. ad ann. 1404. apud Murator. tom. 16. col. 957 : *Ipsi Guelphi dimiserunt de eorum armis plusquam scutos cccc. balistas L. et multas curazias et Panceronos. Panzeronus*, in Decret. Placent. ad calcem Statut. fol. 108. recto.

PANCHARTA, Quævis Charta, Diploma, [maxime vero *Panchartæ* dicebantur Diplomata illa, quibus Reges bona ecclesiæ seu monasterii omnia confirmabant, præcipue post amissa instrumenta : haud dubie quod in iis omnia prædia, jura et privilegia recenserentur. Ejusmodi *Panchartæ* formulam videsis tom. 3. Analect. Mabill. pag. 270.] Charta Caroli C. pro Monast. Curbionensi, tom. 6. Vitar. SS. Ordin. Benedicti pag. 252 : *Gratissima largitione per hanc Panchartam, quam fieri jussimus.* Infra : *Per hanc Panchartam confirmamus.* Charta Caroli Simplicis pro Monasterio S. Martini Turon. ex 47. Regesto Tabularii Regii n. 137 : *In hac nostræ præceptionis Pancarta, etc.* Infra : *Corroborantes hanc denuo Pancartam, etc.*

* Post amissa instrumenta aut *negligentia*

incuriosorum hominum, aut *depopulantibus hostibus ignemque submittentibus*, ut habet Pancharta Ludovici Pii supra laudata ob id tantum, non quod omnia prædia recenseret, ut inaniter et supervacue observant Auctores novi Tract. diplom. tom. 1. pag. 286. Vide Diploma Caroli Crassi imper. ann. 886. tom. 9. Collect. Histor. Franc. pag. 352.

PANTOCARTA, Idem quod *Pancharta*. Acta Episcopor. Cenoman. pag. 270 : *Exemplar præcepti quod... Franco firmitatis studio a Domno Ludovico piissimo Imperatore percipere studuit, quod Pantocharta vocatur.* Charta Ludovici IV. Regis in Tabulario Eccl. Augustod. : *Hoc Celsitudinis nostræ præceptum, quod Pantocarta nuncupatur, fieri jussimus. Panchartas* vulgo etiam vocant Regesta chartarum, seu Tabularia Ecclesiarum; uti appellatur Regestum chartarum Ecclesiæ S. Martini Turonensis, quod *Pancharta nigra* vulgo inscribitur, quod nigro corio tectum sit. *Pancarte*, in Consuet. Turonensi art. 81. dicitur *peagiorum*, seu tributorum, ac consuetudinum programma.

* PANCHARTUM. Charta Odolr. episc. Aurel. ann. 1027. inter Instr. tom. 8. Gall. Christ. col. 493 : *Commendavit hoc scriptum iterum quasi Panchartum memorabile fieri, etc.*

¶ **PANCHINA**, Saxi species. Translatio S. Clementis tom. 1. Junii pag. 451 : *Corpus hoc inventum sub petra ad cornu epistolæ, ubi ex antiquissima traditione habetur fuisse sepultum corpus S. Justi in tumba cavata in Panchina ad longitudinem corporis humani, eminente ad duas circiter ulnas supra fundum capellæ.*

PANCHON, Instrumentum piscatorium. Tabular. S. Genovefæ Paris ann. 1224 : *Et instrumentum piscandi in aqua ejusdem molendini, quod appellatur Panchon.* Vide *Gordona*.

* Infra *Penchun* legitur ex eod. Tabul. *Penchon*, in Lit. ann. 1295. ex Memor. E. Cam. Comput. Paris. fol. 300. r°. : *Sy qu'il ne demeurge à chascune pescherie ne mes place, sans plus alever leurs Penchons et leurs quideaulz.* Vide infra *Penchonia*.

¶ **PANCHRA**. Vide *Panera*.

PANCHRESTA. Salvianus lib. 6. de Gubern. Dei : *Infantes quoque parvulos contumaces, quos morigeros minæ ac ferulæ non efficiunt, interdum Panchresta atque blanditiæ ab obedientiam trahunt.* Ex Græco πάγχρηστα, crustula.

PANCHRYSTARIUS. Arnobius lib. 2. adversus Gentes : *Phrygiones, coquos, Panchrystarios, muliones, etc.* Vide conjecturam Turnebi lib. 13. Adv. cap. 14.

* **PANCIA**, vox Italica, Venter. Stat. Taurin. cap. 87. ex Cod. reg. 4622. A. : *Ordinaverunt quod nulla persona, sive beccarius, sive quicumque alius, non præsumat expanciare seu evacuare aliquam Panciam seu budellas alicujus bestiæ in macello Taurini.* [** De etymo videndus Murator. Antiq. Ital. tom. 2. col. 1468.]

¶ PANCIÆ VARIORUM, Pelles murium Ponticorum, Italis *Pelli di vaio*, quod a parte quæ ventrem tegit maxime sunt pretiosiores sic dici videntur. Castellus in Chron. Bergom. apud Murator. tom. 16. col. 856 : *Fecit sibi largiri.... petiam unam velluti de grana, Pancias variorum numero MD. etc.*

¶ **PANCIARIUS**, perperam pro *Partiarius*, Partium fautor, Gall. *Partial*. Epistola Clementis IV. PP. ann. 1267. apud Marten. tom. 2. Anecd. col. 457 : *Ceterum nullus timeat quod se faciat Panciarium, quem paciarium nominamus; communem etenim cum omnibus esse volumus, qui vitam tranquillam eliget et quietam, et eidem obedient dum officio tali fungetur.* Vide supra *Paciarii*.

* **PANCIATICUS**, an ab Italico *Panciere*, Lorica? vel a *Panciuto*, Ventrosus, dicta *Panciaticorum* factio, cujus meminit Boninccont. in Annal. ad ann. 1401. apud Murator. tom. 21. Script. Ital. col. 83 : *Pistorii turbulentissimæ seditiones exortæ duæ sunt, non solum in urbe illa, sed in omni ejus agro. Ab antiquo factiones, altera Cancellariorum, cujus princeps ea tempestate Riccardus eques, altera Pantiaticorum.* Vide mox

* **PANCITONUS**, Thorax, lorica. Charta ann. 1370. apud Murator. tom. 2. Antiq. Ital. med. ævi col. 535 : *Sit caporalis armatus a capite usque ad pedes; et habeat equitatorem unum armatum Pancitono, capello, etc.* Vide *Panceronus*.

¶ **PANCKETA**, Tabulatum machinis bellicis sustinendis idoneum. Diarium obsidionis Varadinensis, apud Ludewig. tom. 6. Reliq. MSS. pag. 328 : *Cum vero illud propugnaculum ligneum quoddam pavimentum, in quo machinæ sisti solent, (vulgo Pancketam) haberet, fossis mihi erectis milites aliquot Hungaros, qui noctu diuque hosti accessum prohiberent, imposui. Panketa* occurrit ibid. pag. 330.

* **PANCO**, Sedile ligneum longius. Locus est supra in *Panca*.

* **PANCOGOLLUS**, Caupo, vel qui mensa excipit, Gall. *Aubergiste, traiteur*; a *Pancia*, venter, et *Gola*, gula. Correct. statut. Cadubr. 78 : *Quotiescumque officium jurariæ obvenerit alicui hospiti, sive tabernario, vel Pancogollo ex rotulo, ipsi non possint dictum officium exercere, sed inveniantur alii loco ipsorum, propriis eorum expensis, qui prædictum officium exerceant.*

¶ **PANCOSSERIUS**, Pistor, vox ibrida, a Lat. *panis*, et Gr. καῦσις, exustio; quasi qui panem coquit, Occitanis *Pancoussier*, Gall. *Boulanger*. Transactio inter abbatem et monachos Crassenses ann. 1351 : *Pancosserii ipsius domini abbatis debent prædicta facere, scilicet dictos flauzones, artocreas,... et decoquere in furno ejusdem.* Vetus Cereminiale MS. B. M. Deauratæ Tolos. : *Prædictos rausellos superius nominatos debet solvere Pancosserius qui facit panem conventualem. Ex consuetudine autem domnus agat cum Pancosserio; quia si Pancosserius nollet solvere, non propter hoc conventus amitteret jus suum.* Hinc

* *Pencossier*, in Lit. admort. ann. 1471. in Reg. 197. Chartoph. reg. ch. 157 : *Raymond de Noguieres Pencossier de Thoulouse, etc.*

PANCOSSERIA, Pistrix, mulier quæ *pancosseriæ* artem exercet, in Consuetudinibus Tolosæ part. 2. Rubr. de Debitis.

¶ **PANCRA**. Vide *Panera*.

PANCRATIARIUS, *Pugil*, Πύκτης, in Gloss. Reg. MS. Cod. 1013. Papiæ, *Pugil, qui prævicit*. Idem : *Pancratiari, flagellis aut tormentis subjici, unde æquo animo tolerantes coronentur.* [Biblioth. Patrum ascetica tom. 3. pag. 50 : *Sunt enim in sæculo Pancratiarii, qui cum nimis cæduntur, et stant et fortes apparuerunt.*] Vide Agonistica Fabri.

* **PANCRATIUM**, *Lo tormento, e giocho.* Glossar. Lat. Ital. Ms. Vide *Pancratiarius*.

* **PANCRUS**, *La petra de asay colori*, in eodem Glossar.

* **PANCTELLA**, f. a Gallico *Panture*, Longurius ferreus. Charta ann. 1435. inter Probat. tom. 3. Hist. Nem. pag. 248. col. 2 : *Pro faciendo in eadem* (domo) *duas portas novas in aula majori ejusdem, tradendoque postes, clavellos, Panctellas, serraturas, et alias materias necessarias ad easdem.*

* **PANDAGIUM**, Vadium, pignus, idem quod *Pannum*. Kyliano, *Pand, pignus, hypotheca*. [** *Et si in eadem villa quod homines Pand vocant accipitur, nusquam nisi in curia abbatis deponetur*, in Notitia de Villa Poperinghem ann. 1107. post Irminon. pag. 376.] Charta Margar. Fland. et Hannon. comit. ann. 1245. ex Bibl. S. Germ. Prat. : *Concessimus etiam priori dictæ domus* (de Niepeglise) *vel ejus baillivo liberam potestatem de capiendo Pandagio per duos scabinos suos usque ad tres solidos Artisienses pro legibus.* Vide mox

1. **PANDARE**, PANDIARE, *Pandum* vel *bandum*, seu *bannum* apponere, *Apposer ban sur quelque heritage*. Charta ann. 1231. pro villa Arkensi in Tabulario S. Bertini : *Abbas vel Præpositus pro redditibus suis vel debitis per duos scabinos Pandare poterit. Qui pandum contradixerit, 3. libr. domino emendabit, et si pandum vi abstulerit, iterum 3. libr. emendabit. Præco vero Choræ neminem pandare potest, nisi per judicium Choremannorum. Quod si fecerit, et de hoc convictus fuerit, 3. libr. domino emendabit, et injuriam 5. sol.* Charta Roberti Advocati Atrebatensis ann. 1228 : *Et si homines mei ibidem manentes exercitus meos vel equitaturas meas non fecerint, sicut debent, vel ad placita mea non venerint, ego pro forefacto tali, sicut homines mei judicaverint, potero Pandiare super feodum, quod mei homines tenent de me, et nullam aliam justitiam majorem vel minorem in dicta villa habebo.* [Charta Margaretæ Flandriæ Comit. ann. 1250. apud Miræum tom. 2. pag. 1231 : *Serviens episcopi semper quando voluerit, redditus episcopi... accipere poterit et Pandare propria auctoritate .. et nos vel noster Ballivus tenemur statim sine contradictione commodare episcopo vel ejus nuncio scabinos nostros ad Pandandum dictum reddit.* Occurrit præterea in alia ejusdem Comit. ann. 1272. ibid. pag. 1240. Consuetud. Furnenses MSS. ex Tabul. Audomar. : *Ubicumque Pandatur et vadia accipiuntur, minister de primo vadio debet habere 8. denarios.... Nullus debet Pandare nisi per Coratores.*] Alia Charta Arnoldi Comitis Guinensis ann. 1272 : *Et cognissons, et voirs est, que en ne puet, ne doit homme ne femme manant sor erne dedens Bredenarde traictier ne mener autrement que par le loi devant nommée, ne*

Pander, ne deswagier, ne prandre, ne arrester, si ce n'est par la devant dite loi, par Eschevins, ou par le Comte meismes, etc.

* Proprie, Vadia seu pignora capere, quo sensu *Paner* et *Panner*, Gallice non semel occurrit. Redit. comitat. Hannon. ann. 1265. ex Cam. Comput. Insul. : *Et se ne pues nus des parcheniers aler Paner nului, sans le siergant le conte; et se on ne le trueve, chius ki vorra Paner hors de le franchise, le doit semoure as estaus le conte.* Charta ann. 1292. apud Marten. tom. 1. Anecd. col. 1247 : *Ce de çou nous estiens en deffaute dou tout, u en partie, nous otrions et volons que il et cascuns d'iauls puissent por ce Paner sour nous et sour le nostre, dedens nostre terre et defors, sans meffaire encontre nous.* Pactum inter comit. Hannon. et Bles. ann. 1324. ex Cod. reg. 10196. 2. 2. fol. 49. v°. : *Li cuens de Blois poet et pora desoreenavant justichier, saizir et Panner sour les hommes de fief.* Charta ann. 1325. tom. 2. Hist. Leod. pag. 410 : *Se aucun seigneur, ou autres gens advoient pris ou Panné sur ceauz de Liege, et ilz en trouvassent dedains ladite cité et franchiase aucuns pans de ceauz, qui pris ou Panné les arient, lesdits maistres les polroient arresteir et tenir.* Alia ann. 1403. ibid. pag. 438 : *Des trescens des terres à wangnages et aussi de lowyr des maisons, on puelt Panneir et les emblaveurs pour viez et pour nouveau arresteir ;.... et en cas où ly maire de lieu seroit deffallans l'arrest ou le Pannise, il seroit tenu de payer le debte.* Hinc *Pannement*, ipsa pignorum captio, in Hist. comit. Lossens. part. 3. pag. 37. Vide supra *Pandagium* [** et Haltaus. Glossar. German. voce *Pfanden*, col. 1468.]

¶ Pandator, Qui *pandum* seu *bandum* apponit, apparitor. Consuet. Furnenses mox laudatæ : *Qui Pandatori contradicit, emendabit Comiti tres libras.*

¶ Pandatio, Jus *bandum* apponendi, seu emendas quæ hinc proveniunt exigendi. Charta Guidonis Comitis Flandr. ann. 1237. in Tabular. S. Barthol. Betun. : *Habere debent in tota terra sua... omnia relevia, introitus, exitus, concessiones, leges reddituum suorum et Pandationes, emendas saisinarum fractarum, etc.* Alia ann. 1244. Nicolai de Condato ibid. : *Sciendum est etiam quod dictus præpositus et capitulum habent et habere debent imperpetuum in tenementis prædictis relevia, telonia, ... et Pandationes pro redditibus suis.*

* Vel potius, Jus Pignora capiendi, ut supra *Pandagium*. Stat. Einbec. apud Ludewig. tom. 10. Reliq. Mss. pag. 109 : *Decrevimus observandum, ut si ecclesia nostra ratione alicujus singularis personæ de ecclesia et discretiorum obligatione, vel alia etiam quacumque causa, actione, Pandatione seu etiam spoliis molestaretur, etc.*

¶ 2. **PANDARE,** *Incurvare.* Onom. apud Martin.

PANDARIUS Lanæ, Qui lanam pectit, carminat, Bulla Honorii III. PP. ann. 3. apud Ughellum tom. 1. Ital. Sacr. pag. 823 : *Quicunque est vel erit Pandarius lanæ, dabit Episcopo annuatim mediam libram ceræ.*

PANDECTA, pro *Pandectes.* Ita autem vulgo vocant libros Legum a Justiniano digestarum. Petr. Blesensis Epist. 140 : *Vides.... quam immeabile pelagus sit Pandecta, in qua civile Jus continetur.* Vide H. Stephanum de Abusu linguæ Græcæ cap. 1. pag. 12. 13. Addit Papias ita etiam vocari vetus et novum Testamentum : quod et firmant versus Alcuini Bibliorum libris adscripti, apud Baronium ann. 778. num. 27 :

> Nomine Pandecten proprio vocitare memento,
> Hoc corpus sacrum, lector, in ore tuo.
> Quod nunc a multis constat Bibliotheca dicta,
> Nomine non proprio, ut lingua Pelasga docet, etc.

Beda in Historia Monasterii Wiremuthensis cap. 15 : *Bibliothecam utriusque Monasterii, quam Benedictus Abbas magna cœpit instantia, ipse non minori geminavit industria : ita ut tres Pandectes novæ translationis, quem* (f. *quos*) *de Roma attulerat, ipse super adjungeret, quorum unum senex Romam rediens, secum inter alia pro munere sumpsit, duos utrique monasterio reliquit.*

☞ Inter Eruditos controversia est quo genere efferenda sit vox *Pandectæ.* In feminino, maxime in plurali, scribi usitatius observat Brencmannus in Hist. Pandect. lib. 3. cap. 6. ubi singulorum opiniones accurate recenset. Quoad cætera quæ ad *Pandectas* spectant, ipsum consule, ut et Laur. Theodor. Gronovium de Emendat Pandect. [** Savin. Histor. Jur. Roman. med. temp. tom. 3. cap. 22. § 163. not. d.] Vide *Litera Pisana* in *Literæ.*

☞ *Pandectæ* etiam dicuntur Glossæ a Matthæo Sylvatico medico Salernitano concinnatæ, quas Roberto Regi Siciliæ et Provinciæ Comiti nuncupavit. Hæ primum Neapoli editæ ann. 1474. Vide *Maittaire* Annal. Typogr. tom. 1. pag. 106.

PANDIARE. Vide *Pandare* 1.

PANDICULARIUS, Joanni de Janua, *Homo hians et toto corpore oscitans, a pando, is. Pandiculare,* pro *oscitare*, vox Festo nota. *Pandiculans oscitatur*, apud Plautum. [Onom. : *Pandiculor*, σκορδινῶμαι. *Pandiculatio*, σκορδινισμός.] Vide Regulam Isaiæ Abbatis cap. 21. apud Holstenium.

¶ **PANDITUS,** pro *Pansus*, Apertus. Processus de Vita et Mirac. B. Guillelmi tom. 1. April. pag. 381 : *Clausa, sigillata et nemini Pandita.*

¶ **PANDOCHIUM,** Pandocium. Vide *Pandox.*

* Pandochium, Metaphorice accipi videtur doctis Editoribus pro publico sacello, ad quod multi ex Catholicis concurrebant, quomodo viatores ad hospitium publicum, in Actis S. Sebaldi tom. 3. Aug. pag. 772. col. 2 : *Sed accidit, ut supra sanctum extinctum corpus ecclesiuncula ad modum Pandochii fieret.*

* **PANDOCHUM,** ut *Pandochium*, ni fallor, Hospitium publicum. Charta ann. 1310. in Reg. 46. Chartoph. reg. ch. 178 : *Confrontatur* (casale) *ex parte una cum honore Bernardi de Mealho, et ex alia cum Pandocho communi.*

* **PANDOCINARE,** Idem quod *Pandoxare*, Cauponam exercere. Acta S. Oswini tom. 4. Aug. pag. 65. col. 1 : *Hortans ut peccata confiteretur, et votum suum impleret, et de cætero officium Pandocinandi venaliter non exerceret.*

PANDOX. Gloss. Isid. : *Pandox, qui semper pandit ora ad potandum.* Ugutio et Joan. de Janua : *Pandox, ebriosus, vel gulosus, leccator, qui semper pandit ora propter escas. Pandocium, leccacitas, ebriositas, taberna.* Imo ex Gr. πανδοχεύς, *stabularius*, caupo, et πανδοχεῖον hospitium, caupona. *Pandochium*, in Vita S. Marinæ virg. cap. 2. Josephus lib. 3. Antiq. Jud. apud veterem Interpretem : *Neque ancillam neque captivam eis nubere voluit, ut eas quæ de cauponibus et Pandochibus vitam agunt.* Guibertus lib. 3. de Vita sua cap. 7 : *Nec venale quidpiam a Pandocibus et cauponibus sisteretur.* Hinc

PANDOXARE, Cauponam exercere, agere; cerevisiam venum exponere, atque adeo conficere. Synodus Sodorensis : *Si vir vel mulier cervisiam vendendam Pandoxaverint, sive communis Pandoxator, vel Pandoxatrix fuerit, sive non, si duos denarios et obolum de unaquaque Pandoxatione accipiat, lagunculam decimalem Ecclesiæ persolvat.* Thomas Walsinghamus in Ricardo II. pag. 273 : *Salliat interim Abbas carnes quas mactavit, ne putrescant; et vendat cervisiam, quam Pandoxavit, ne acescat, etc.* [Consuet. villæ *de Mountgomery* apud Th. *Blount.* in Nomolex. Anglic. : *Item utimur de Pandoxatricibus, quod nemo potest braziare sive Pandoxare in villa et burgo nostro, nisi per redemptionem aliquam factam ad voluntatem comburgensium nostrorum; et si talis Pandoxatrix brasiaverit, etc.*]

* Glossar. Lat. Gall. ann. 1352. ex Cod. reg. 4120 : *Pandoxare, Ambracier.* Id est, *Brasser*, cerevisiam conficere.

PANDOXATRIX, Inter artifices recensetur in Provinciali Cantuar. Ecclesiæ Lindwodi lib. 3. tit. 16. et in Concilio Mertonensi ann. 1300. Vide in *Pandoxare.*

* **PANDULUS,** *Pigato*, in Glossar. Lat. Ital. Ms.

PANDURIZARE, *Pandura* canere : est autem *Pandura* instrumentum musicum τρίχορδον Polluci, cujus mentio est apud Varronem, Isidorum et alios. Lampridius in Heliogabalo : *Ipse cantavit, saltavit, ad tibias dixit, tuba cecinit, Pandurizavit, organo modulatus est.* Vide Casaubonum et Salmasium ad hunc locum.

¶ **PANEARIUM,** Cista, canistrum, Gall. *Panier.* Radulfus de Gestis Frider. I. Imper. apud Murat. tom. 6. col. 1194 : *Postea inierunt pactum, et dederunt eis bonum forum; sed porrigebant cum funibus in canistris et Pancariis; et ipsi eodem modo portabant eis nummos.*

¶ **PANEFICA,** Panericus. Vide *Panificus.*

¶ **PANEGENA.** Vide *Panigeria.*

PANEGORISARE, *Pane sustentare*, Joanni de Janua et Ugutioni, qui hæc ex S. Augustino affert : *Panigorizamur quotidie sustentamentis Dei.* Vide *Paregorizare.*

¶ **PANEGYRICUS,** *Laus in promptu dicta.* Gloss. Isidori.

¶ **PANELLARE.** Vide *Panellum* 2.

1. **PANELLUM.** [* Pulvinar, ni fallor.] Liber Ordinis S. Victoris Parisiens. MS. cap. 18 : *Lectualia sunt hæc, culcitra, bambucina, id est, Panellum, pulvilli, etc.* Supra cap. 17 : *Lectos etiam in domo hospitali... præparatos habere debet, videlicet cum bam-*

lucinis, id est, Panellis laneis suppositis. [Vide *Pannus* 2.]

2. **PANELLUM**, Schedula, pagina, pagella, *Panell* Anglis. Fortescutus de Laudibus Legum Angliæ cap. 25 : *Vicecomes returnabit breve prædictum coram eisdem justitiariis, una cum Panello nominum eorum* (juratorum) *quos ipse ad hoc summonuit.* Crebro ibi. Hinc *Panellare, et impanellare*, pro, in paginam referre, apud practicos Anglos : *juratos impanellati*, in pagellam relati. Vide Edw. Cokum ad Littleton. sect. 234. [et *Pannellare.*]

* 3. **PANELLUM**, Instragulum, ephippii genus, Gall. *Paneau*, alias *Penel* et *Pennel.* Pedag. Peron. ex Chartul. 21. Corb. : *Item le cheval à bas doit xj. den. s'il est à Penel, j. den. Un cheval de gris poil basté d'un Pennel*, in Lit. remiss. ann. 1410. ex Reg. 164. Chartoph. reg. ch. 302. Vide Ordinat. reg. Franc. tom. 4. pag. 729. et tom. 7. pag. 565. art. 9. Hinc emendandum quod ad vocem *Penellum* additum est. Charta ann. 1246. inter Instr. tom. 8. Gall. Christ. col. 364. ubi de pœna, quam *Harmiscaram* vocabant, qua scilicet sellam supra dorsum deportare damnabantur : *Prædictus armiger habebit in collo suo Panellum suum perforatum, et caput suum emittet per foramen.* Alia ann. 1325. in Reg. 64. ch. 86 : *In quodam basso inter asseres et Panellum dicti bassi, quod quædam mula portabat, etc. Panel* vero et *Penelle*, in Lit. remiss. ann. 1415. ex Reg. 169. ch. 47 : *Le suppliant demanda aux compaignons se ilz avoient point prins les Penelles et bourras, que leurs bestes avoient sur eulx.... Lt tantost après icelle Marion bailla au suppliant sa Penelle.* Paulo supra : *Les Panelz et sacz.* Ubi crassioris telæ segmentum significatur, Italis *Pannello*, Gall. *Panneau.*

¶ 1. **PANELLUS**, Retis species, Gall. *Paneau.* Charta ann. 1233. ex Schedis Pr. *de Mazaugues : Præcepimus ne aliquis eorum de cætero intromittat... in dicta sylva furam, vel furon, vel Panellos, vel canes solutos.* Statuta Arelat. MSS. art. 30 : *Statuimus quod nullus deferat vel teneat retia vel Panellos, vel furonem in Camarguis vel aliis territoriis Arelat. nisi habeat propriam venationem.* [* Vide *Penellum* et *Pennellus* 2.]

¶ 2. **PANELLUS**, Parvus panis. Vita S. Catharinæ Senens. tom. 3. Apr. pag. 928 : *Quarum manuum sacrarum virtute Panelli multiplicabantur.* [* Italis, *Panellino.* Vide infra *Panicellus.*]

¶ 3. **PANELLUS**, Fax, tæda, Italis *Panello.* Statuta Vercell. lib. 7. fol. 183 : *Item providerunt quod olearii capiant de qualibet pilata olei quam facient extraneis personis denarios sex Pap. et non ultra, et Panelli remaneant domino.* Vide *Panadella.*

* Acad. Crusc. : *Viluppo di cenci unti, il quale per le pubbliche feste s'accende in cima a piu alti edifici della citta, per far luminaria.* Idem quod nostris *Lampion.*

* 4. **PANELLUS**, PENELLUS, Mensura annonaria, eadem atque *Panale.* Vide in hac voce. Charta P. Matiscon. episc. ann. 1217. in Chartul. Cluniac. : *Concesserunt Deo et ecclesiæ Cluniacensi custodiam molendini de Verneto.... Quæ custodia est in viij. Panellis farinæ.* Alia Joan. comit. Cabilon. ann. 1236. ibid. : *Dicti homines debent mihi vel mandato meo reddere singulis annis apud Cluniacum centum Panellos avenæ.* Alia Seguini Matiscon. episc. ann. 1259. ibid. : *Idem Jacobus pro chacipoleria de Blanos dicebat se habere.... sex Panellos frumenti,.... et pro chacispoleria de Vilers se habere.... sex Penellos frumenti pro messe.* Denique alia ann. 1326. in Reg. 64. Chartoph. reg. ch. 476 : *Quinque solidos et sex denarios Turonenses, unum Panellum avenæ ad mensuram Cluniacensem.*

* **PANELUS**, Retis species, Gall. *Paneau.* Charta ann. 1501. ex sched. Pr. *de Mazaugues : Sub pœna.... amissionis furonorum, Panelorum et aliorum ingeniorum.* Vide *Panellus* 1. et *Pennellus* 2.

* **PANEMUS**, Mensis Orientalium, qui Julio Romanorum respondet, ut notant docti Editores ad Vit. S. Mauric. tom. 3. Febr. pag. 241. col. 2 : *Est hoc quidem tempus maximi æstus, erat enim tunc mensis Panemus.*

1. **PANERA**, *Panora*, *Panchra*, (ita enim varie scribitur) *rapina*, in Gloss. Isid. [Ubi Grævius : Papias *Pancra*, *Græcis rapina.* A *pancra* est verbum *pancro*, cujus compositum est apud Catonem *impancro*, teste Nonio, cui *impancrare* est invadere; rectius dixisset, rapere. Varro Ecclesia : *In regiam arcam Impancrarunt.* Sic legendum, non ut vulgo : *Ecclesiam in regiam arcam impancrarunt;* Ecclesia enim est index Libri.]

¶ 2. **PANERA**, vox Hispanica, Granarium, Gall. *Grenier.* Synodus Limensis ann. 1594. tom. 4. Concil. Hispan. pag. 697 : *Indorum parochi non permittent ut Indi degant in aliis granariis vulgo colcas vel pincas, troxes aut Paneras, etiam ab oppidis procul dissitis.*

¶ **PANERETTA**, diminut. a *Panera*, Canistrum, cophinus. Vita B. Justinæ de Aretio tom. 2. Martii pag. 244 : *In fenestra quamdam Panerettam invenit plenam albis panibus.*

1. **PANERIUM**, pro *Bannerium*, Vexillum, *Banniere*, usurpat non semel Albertus Argentin. in Chronic. pag. 115. 136. etc.

* 2. **PANERIUM**, perperam pro *Paxerium*, Palorum contextus ac series in molendinis. Vide *Paxera.* Charta Theob. comit. Campan. ann. 1233. in Reg. 86. Chartoph. reg. ch. 66 : *Pro Panerio autem molendinorum ad stagna, centum solidos Pruvinenses.... Decanus et capitulum dictæ ecclesiæ S. Quiriaci quittaverunt mihi molendina sua de stagnis, et Panerium et duas partes decimæ.*

¶ 1. **PANERIUS**, Sporta, corbis, Gall. *Panier.* Statuta Arelat. MSS. art. 34 : *Pro quolibet Panerio vel canastello 5. sol.* Charta ann. 1292. apud Lobinell. tom. 4. Hist. Paris. pag. 515 : *Episcopus Parisiensis habet pretium suum ad Panerium piscis vel ad summam.* Occurrit præterea in Sentent. arbitrali ejusdem anni inter Abbatem et Consules Gimont. Vide *Panerum*, et *Pannerius.*

* Quidnam ridiculi aut in linguam Gallicam peccati habeat vox *Panier* vel *Penier*, non video, maxime cum nativo sensu accipiatur, in Lit. remiss. ann. 1382. ex Reg. 121. Chartoph. reg. ch. 188 : *Un varlet que l'en appelloit, si comme l'en dit, Perrin Fremil, lequel il* (le suppliant) *ne cognoissoit, lui dist que un enfant, que ycellui Perrin tenoit, il meist dedans ses Peniers pour le porter, et ledit Jehan considérant que ce n'eust pas esté l'aisement de l'enfant ne de sa beste, mesmement que les Panniers estoient parfons comme bachoes, lui dist que il le mettroit devant soy; et ledit Perrin respondi que non, et dist que n'en feroit riens, se il ne le mettoit en Paniers; lequel Jehan, quant il le oy ainsi fourchier en langaige, en disant Paniers, prist à rire et dist par esbatement : Meschance aviengne à la vieille qui te aprist à parler; lequel Perrin en soy attaynant. de ce, respondi, mais à vous ribaut. Empanerer*, pro in cista ponere, in Stat. ann. 1350. tom. 2. Ordinat. reg. Franc. pag. 360. art. 117. *Panneterie*, sportæ, in Lit. ann. 1369. tom. 5. earumd. Ordinat. pag. 253.

¶ 2. **PANERIUS**, Pistor, in Tabul. Dunensi Ch. 29.

¶ **PANERNA**, f. Perna, Gall. *Jambon.* Tabular. SS. Trinit. Cadom. : *Recepit in stauramento* IV. *boves, et* XL. *bidentes*, VI. *postes et* II. *Panernas.* Vide *Pernarium.*

PANERUM, Cista, arca, ex Gallico *Panier.* Vide in v. *Pretium*, et supra *Panerius* 1.

* **PANES**, perperam pro *Paves.* Vide infra in hac voce.

PANESCULUS, Parvus panis. Will. Thorn anno 1143 : *Ipsi vendicabant, scilicet de pane* 30. *Panesculos.*

* **PANESIUS**, perperam pro *Pavesius*, Scuti genus, in Hist. belli Forojul. in Append. ad Monum. eccl. Aquilej. pag. 55. col. 1 : *Arma mea, scuta, Panesios concedendo non habentibus.* Vide *Pavesium.*

* **PANESTARIUS**, Qui panem conficit, nostris *Panestier.* Charta Phil. Pulc. ann. 1297. in Lib. rub. Cam. Comput. Paris. fol. 3. v°. col. 2 : *Notum facimus quod nos obtentu grati servicii et accepti, quod Johannes Cordubenarius Panestarius noster.... impendit, etc.* Consuet. Bitur. in ead. Cam. fol. 117. r°. : *Item nulz ne puet, ne ne doit faire pain à Bourges pour vendre, que il ne paie estal.... Les patissiers.... paieront autant que les autres Panestiers, et leur convient tenir estal à la panneterie, tant comme il y ait estal vacant.* Vide *Panetarius* et mox *Paneterius.*

* **PANESTINA**, Arca, ubi panis conficitur vel asservatur. Inventar. ann. 1476. ex Tabul. Flamar. : *Item plus duas Panestinas magnas guerræ sive armorum, depictas cum armis dictorum liberorum et pupillorum.*

PANETA, *qui vel quæ facit panem*, Ugutioni et Jo. de Janua. Occurrit etiam in Glossar. Lat. Gall.

* Glossar. Provinc. Lat. ex Cod. reg. 7657 : *Panatier, Prov. Paneta, panitea, panifex.*

¶ **PANETARIA.** Vide post *Panetarius.*

PANETARIUS, Qui panem conficit, Pistor, *Paneteir*, in Consuetud. Perusiensi apud Thomasserium. [Index MS. redituum Monast. S. Petri Corbeiensis : *Singuli Panetarii debent singulis dominicis panem unius denarii una dominica, et altera panem unius oboli.* Codex MS. redituum Episcopat.

Autissiodor. an. circ. 1290. exaratus : *Quilibet Panetarius de extra villam debet in illis sex Sabbatis supra dictis denariatam panis.*] Est etiam *Paneter* nostris, panem conficere. Charta ann. 1304 : *Lequel blé doit estre cuis et Panetez, et estre le pain distribué aus pauvres.* Maxime vero ita appellabant officialem domesticum, qui mensæ panem, mappas, et manutergia subministrabat. Officium Panetarii describitur in gestis Guillelmi Majoris Episcopi Andegav. cap. 23 : *Nobis autem assisitis, venit nobilis D. Guido de Camilliaco in tunica, gerens mappam supra collum, quam ante nos supra mensam posuit, ministris suis cum coadjuvantibus : qua posita, manibus propriis duos panes coram nobis posuit, et alios panes in dicta mensa in qua sedebamus : quod officium eidem incumbebat ratione feudi de Camilliaco quod tenet a nobis, unde dicta die officium Panistarii subire tenebatur.. Finito prandio, omnes mappas dictorum locorum habuit, quia jus suum erat.* Vide Concilium Parisiense part. 4. cap. 11.

In aula vero Regum Franciæ dignitas etiam ea olim viguit, qua qui donatus erat, *Panetarius Franciæ* nuncupatur, vel *Magister Panetarius Franciæ*, ut Hugo de Atheis Miles anno 1223. Cui similis fuit *Pistor* ille qui cæteris pistoribus præerat in aula Pharaonis, ἀρχισιτοποιός, Genes. cap. 40. v. 1. et ὁ ἐπὶ τραπέζης, apud Byzantinos, de quo Codinus et alii. In Aresto ann. 1439. descripto in Historia Castilionensi pag. 235. Dominus *de Gravilla* Consiliarius et Cambellanus Regis dicitur fuisse *Magnus Pistor seu Panetarius Franciæ.* Atque ut id obiter moneam, *Pestors* vocabant nostri, quos *Bolengarios* dicimus. Charta Coroli filii primogeniti Regis Siciliæ, data Andegavis ann. 1279. in Regesto Andegav. fol. 71 : *Que tous Pestors, tous Boulangers de la ville d'Angers fissent loiaux danrées de pains.* In Hypomnestico de Anastasio Apocrisiario, mentio fit *Platini beatissimi Imperatorii Pistoris, id est, qui super omnes pistores publicos est,* de quibus egimus in v. *Manceps.* Hugo de Cleeriis de Senescallia Franciæ : *Tunc Panetarius mittet Comiti duos panes atque vini sextarium, et Coquus frustum carnis et vini haustum.* Magnus vero Franciæ Panetarius, ex sua dignitate præerat omnibus Pistoribus publicis, jusque habebat per se, aut per suos Vicarios, panes qui venum exponebantur visitandi, et habendi super eos *cognitionem, correctionem, et punitionem, et emendas, erogandique ad pios usus panem minus sufficientem repertum,* ut est in Aresto anno 1333. descripto in Histor. Monmorenciaca pag. 373. Vide *Talemarii.*

¶ Panaterius, Pistor, in Charta ann. 1252 : *Pro pedagio in dicto festo de singulis Panateriis unum panem unius denarii.* Adde Chartam ann. 1314. apud Lobinellum tom. 4. Hist. Paris. col. 519.

* Paneterius, Qui panem conficit et vendit, *Pannetier*, in Lit. ann. 1331. tom. 5. Ordinat. reg. Franc. pag. 676. art. 8. A regibus nostris aliquando concessum viris etiam privatis, ut *Panetérios* haberent, id est, ut ejusmodi artifices instituerent sui emolumenti causa. Charta Ludov. Jun. ann. 1158. in Chartul. Mediani monast. fol. 4. v°. : *Notum facimus.... quod Guidoni Trosselli burgensi nostro Bituricensi et hæredibus suis in eadem civitate donavimus duos Paneterios habere.* Vide supra *Panestarius.*

¶ Panaterius, inter officiales ecclesiæ Aniciensis recensetur in Charta ejusdem Eccl. ann. 1312 : *Pro alia libratione fieri solita officiariis ecclesiæ Aniciensis ratione reddimit; succentori* XL. *s.* VI. *d. senescallo totidem, cellerario cum suis servitoribus* XL. *s.* XI. *d. Panaterio* XXVIII. *s.* Viguit et in aliis Ecclesiis idem officium. *Panetarius* Remensis Ecclesiæ eodem jure quo Capellani antiquæ institutionis gaudet, certis in ecclesia addictus servitiis. Vide Indicem beneficiorum ejusdem Ecclesiæ. Inter officiales feudatarios Abbatis S. Barnardi de Romanis *Panetarius* memoratur tom. 1. Hist. Dalph. pag. 142. Haud scio an idem omnino sit in Ecclesia Lugdunensi qui *Panitarius* nuncupatur : inter ea enim quæ in Ordinat. MS. Officii divini ejusdem Ecclesiæ recensentur ad *Panitarii* officium pertinentia, nihil occurrit quod ad nominis interpretationem accommodari possit : *Panitarius debet purgare totam ecclesiam extra chorum usque ad portas occidentales et subtus coclearium.... Item Panitarius tenetur resarcire in trabibus et postibus coclearium, et tornos campanarum meliorare, si necesse fuerit, et ligaturas ferri ad firmandum campanas in tornis, et tradere ligaturas batellorum, et omnes alias expensas, tam in cocleari quam in aliis locis ecclesiæ, sive in choro, si inest aliquid resarciendum, vel in portis vel in ostiis, clavibus, vel trabibus, vel cindulis, vel tegulis vel in aliis ecclesiæ meliorandis. Item Panitarius debet facere candelas trufebufe, sed Thesaurarius tradit ei tres libras et dimidiam ceræ.*

¶ Panataria, Pistrix, quæ panes vendit. Concil. Legion. can. 34. inter Hispan. tom. 3. pag. 192 : *Panatariæ que pondus panis falsaverint, in prima vice flagellentur.*

¶ Panateria, Eodem significatu, in Staturis Mont. Regal. fol. 283 : *Et revenditrices nec Panateriæ stando ad vendendum panem et fructus, etc.*

Panetaria, Officium Panetarii, seu quod ad ejus ministerium pertinet, in Computo Hospitii regii ann. 1312 : *Panetaria : pro mappis et manutergiis emptis Parassis pro Parlamento et pro Paschate, et Pentecoste, burellis Regis, et liberorum, et aliis, etc.*

* Panetaria, Officium illius in plerisque ecclesiis, qui frumentum, unde panis conficitur, recipit. Acta capit. eccl. Lugdun. ann. 1348. ex Reg. Cam. Comput. Paris. fol. 149. v°. col. 2 : *Cum officium Panetariæ in dicta ecclesia Lugdunensi.... solitum est clerico assignare,.... dictum debet dari solummodo uni de militibus dictæ ecclesiæ.* Charta capit. S. Quint. Viromand. ann. 1349. in Reg. 78. Chartoph. reg. ch. 176 : *Officium Panetariæ dictæ ecclesiæ, id est, receptæ granorum, etc.* Vide in *Panetarius.*

¶ Panateria, Eadem notione, in Computo ann. 1333. tom. 2. Hist. Dalphin. pag. 272. Charta ann. 1240. ibid. tom. 1. pag. 142 : *Feudus autem Clementis de quo dictum est superius, est Panateria quam habet ad Abbate, etc.*

¶ Panetria, Idem quod *Panetaria.* Charta ann. 1327. apud Rymer. tom. 4. pag. 290 : *Cum mittamus dilectum servientem nostrum Alexandrum de Norhumptonia, ad ea quæ pro officio Panetriæ, etc.*

¶ Panetaria, Cellarium, seu locus ubi conficitur panis. Charta Agnetis Comit. ann. 1050. tom. 2. Gall. Christ. inter Instr. col. 468 : *Sed quia ecclesia consuetudinariam procurationem nobis debet, quam præ nimia paupertate ferre non potest, placuit domno abbati, et fratribus ejus monachis, ut de redditibus ecclesiæ concederent nobis pro ipsa procuratione minagium... et in Panetariis diebus Dominicis unum denarium.*

¶ Panneteria, Eadem notione. Reparat. factæ in Senescal. Carcassonæ ann. 1435. ex. cod. MS. D. *Lancelot : In quadam fenestra domus Panneteriæ dictæ thesaurariæ, etc.*

Panetaria, dictum præterea Cellarium, seu uti vocatur ab Anastasio Bibliothecario, *Paracellarium* Summi Pontificis in Ceremoniali Cencii Camerarii, ut auctor est Nicolaus Alemannus in Dissert. de Lateran. parietin. cap. 4.

* **PANETUS**, Ital. *Panetto*, Parvus panis, in Vita S. Cathar. de Palant. tom. 1. Apr. pag. 651. col. 2. Vide *Panellus* 2.

¶ **PANFILUS**, Navis species. Jacobi Auriæ Annal. Genuens. ad ann. 1282. apud Murator. tom. 6. col. 578 : *Pisani igitur milites præparaverunt et pedites pro dicti judicis auxilio. Unde commune Januæ armavit galeas* XXIII. *et Panfilos* XII. *ad apodixias de civitate et potestatiis.*

¶ Panifil, Eadem notione, in Miracul. MSS. Urbani V. ex Tabular. S. Vict. Massil. : *Patronus cujusdam navigii sive Panifil.* Infra : *Cum galea sua sive Panifil, etc.*

PANGA, apud Petrum de Crescentiis lib. 8. de Agricul. cap. 8 : *Si capiti ejus rapæ semen immittas, sine ferro et Pangis, multum increscere fertur.* Ubi *panga* idem videtur quod *vanga* i. *fossorium.* Vide in hac voce. Hinc

Pangatorium, apud Papiam, *Plantatorium.* Vide Formulas Brissonii pag. 648. et *Pacturium.*

* **PANGERICUM**, *Lo dire lascivo*, in Glossar. Lat. Ital. Ms.

PANGITARE, *Laudare*, in Gloss. Isidor. ubi viri docti legunt *plantare*, quia *pangere*, Festo, est *figere.* Sed cum dicamus *pangere* carmina, quidni et *laudes*? Vide *Pangitorium*, 2.

1. **PANGITORIUM**, *Locus ubi multi simul canunt*, i. *Chorus*, *a pango.* Ugutio, et Joan. de Janua.

* 2. **PANGITORIUM**, Laudatio, in Hymno ex vet. officio Pavatii apud Castrum Rainaldi inter schedas D. *Le Beuf* :

Amœna sonent organa
In isto Pangitorio,
Solemnia non vesana
Dedicata Pavatio.

Alter Hymnus :

Eia nunc Pavacii
Eudoxii Pangitemus
Grandemque ejus præmii
Quantitatem propalemus.

Vide *Pangitare.*

* **PANHERIA.** Libert. Montisol. ann. 1312. tom. 7. Ordinat. reg. Franc. pag. 506. art. 44 : *Quod quilibet solvat cuilibet molinio* (l. molinerio) *de duobus sestariis*

unam Panheriam, et non plus, pro moltura. Sed leg. Ponheriam, vel Punheriam. Vide in his vocibus.

* **PANHOTUS**. Comput. ann. 1362. inter Probat. tom. 2. Hist. Nem. pag. 247. col. 1 : *Solvi pro iij^c. lxxvij. Panhotis emptis per diversas vices,.... ponderantibus duo quintalia et iiij^xx. xvij. libras, computatis pro libra xviij. denariis, etc.*

¶ **PANHYPERSEBASTUS**, Gr. πανυπερσέβαστος, totus Augustus, Titulus novæ dignitatis in Imperio CP. qua primus Alexius Comnenus Imperator Michaelem Taronitam affinem suum ornavit ac Cæsarei throni participem fecit. Hofmannus ex Hierolex. Macri in v. *Sebastocrator.* [** Vide Glossar. med. Græcit. col. 1341.]

* **PANIBULUS**, Dici videtur Equus clitellarius seu qui cistas, Gall. *Paniers*, portat. Bened. abb. Petroburg. de gestis Henr. II. reg. Angl. ad ann. 1177. tom. 1. pag. 169. edit. Hearn. : *Custodes exercitus, qui præibant, manus injecerunt in Panibulos et sumarios ipsius cardinalis, etc.* Nisi per *Panibulos* et *sumarios* intelligere malis illos, qui panariæ et vinariæ annonæ erant præpositi.

PANICE, Papiæ MS. *Rosea*, al. *rosæ. Panicenum, genus vestis.* Ugutio : *Paniceum, quædam vestis pastoralis.*

¶ **PANICELLUS**, Parvus panis. Plinius lib. 1. Medic. cap. 6 : *Post hæc supermittis Panicellos de buccellatis, quos conficis ita : buccellati optimi bene conditi, tunsi, et cribrati farinæ lib. 4. etc.*

* Ital. *Paniccinolo*. Vide supra *Panellus* 2. Inquisit. ann. 1288. in Access. ad Hist. Cassin. part. 1. pag. 386. col. 2 : *Antiquitus consueverunt dari, videlicet in mane Panicellos parvulos octo ad prandium, ad merendinandum in nonis Panicellos septem. Paignon de cire*, Parva ceræ massa, in Lit. remiss. ann. 1415. ex Reg. 168. Chartoph. reg. ch. 389.

¶ **PANICERIUS**, Idem qui *Panetarius*, officium monasticum. Epitaphium Fr. Severini *Colletet* apud Felibian. Hist. Sandionys. pag. 586 : *Hic jacet fr. Severinus Colletet, quondam Panicerius et officialis hujus monasterii, etc.*

* **PANICEUM**, *La vesta pastorale*, in Glossar. Lat. Ital. Ms. Aliud Lat. Gall. ex Cod. reg. 7692 : *Paniceum, Tabart.* Vide *Panice.*

¶ **PANICEUS**, Dicitur de eo quod ad panem spectat. Vita B. Columbæ Reatinæ tom. 5. Maii pag. 337* : *Ut primo sex magnos imo majores panes formaverint, demum tres placentas, quos Berlingotios dicunt multos, plurimas itidem Paniceas differentias.*

¶ **PANICHIUM**, Panicum, minutioris grani species, idem quod *Panicium*. Vita S. Antonii de Padua tom. 2. Junii pag. 717 : *Quædam alia mulier sancti viri sepulcrum invisere cupiens, dum Panichii custodiæ deputata, propter passerum multitudinem a loco divertere non auderet, etc.*

* **PANICIA**, Ital. *Paniccia*, Puls. Ordo eccl. Ambros. Mediol. ann. circ. 1130. apud Murator. tom. 4. Antiq. Ital. med. ævi col. 920 : *Veglonibus omni die Dominico tribuunt quinque panes de cambio de sycale, et sextus illi remanet, et quinque Paniciæ scutellæ de cambio similiter, et sexta illi remanet pro paratione cibi, qui præparatur in hospitali eorumdem veglonum.*

PANICIUM, *Genus annonæ, qua in quibusdam locis homines vice panis sustentantur.* Ugutio et Joan. de Janua. *Panicum* Latini vocant : *Panis*, nostri. Paulinus Epist. 3. ad Severum : *Fabam intrivit Panicio, etc.* Infra : *Fabam tantum milio, Panicioque confundens.* Capitulare de villis cap. 44 : *De piscato seu formatico sinapo, aceto, milio, Panicio, etc. Panicum*, cap. 62.

Panitia, Eadem notione. Fortunatus in Vita S. Germani Parisens. cap. 32 : *Suggerunt ut segetem Panitiæ,... quæ ab ursis vastabatur, visitare præciperet.* [Charta apud Stephanot. tom. 3. Antiquit. Pictav. MSS. pag. 822 : *Similiter de miliis, Panitiis et de videmia.*]

* **PANICIUS**, Idem quod *Panicium*, Panicum. Chartul. S. Joan. Angeriac. fol. 118. v°. : *Dedit.... de feodo præpositali.... Panicios et gessias et vessias, etc. Panitz*, in Charta ann. 1407. ex Reg. feud. comitat. Pictav. Cam. Comput. Paris. fol. 246. r°.

¶ **PANICLUM**, Idem quod *Panicium*, ni fallor. Chron. Farfense apud Murator. tom. 2. part. 2. col. 545 : *Et pro solidis* XII. *concessit in villa S. Viti de casale S. Dominici ad quartam omnium frugum, excepto Paniclo et semunclo, et musti mundi tertiam et olivarum medietatem.* Forte legendum *Panicio.*

¶ **PANICOCTARIUS**, Pistor, apud Chrysologum Serm. 99.

¶ **PANICULA**. Vide *Panucula* 1.

¶ **PANIFER**, pro *Panifex*, Pistor. Charta ann. 1279. apud Thomasserium Consuet. Bituric. pag. 112 : *Quilibet Panifer dictæ villæ solvet nobis qualibet septimana unum denarium.* Alia ann. 1482. ex Tabular. Cartusiæ de Bello-larico : *Johannes Panifer in dicta villa.* Vide *Panificus.*

¶ **PANIFEX**, Eadem notione, in Charta Archembaldi Borbonii : *Quisque Panifex* (dabit) *duos denarios.* Vide *Panificus.*

¶ **PANIFICARE**, Panem fingere, coquere. Vita S. Anselmi Archiep. Cantuar. tom. 2. Aprilis pag. 880 : *Arant homines, seminant, metunt, molent, Panificant, comedunt.* Index MS. redituum Monast. Corbeiensis : *Singuli panetarii dant in festo S. Johannis duo solidos, et qui Panificant in festo S. Remigii* 18. *denarios.... Non licet panetariis reddere officium Panificandi nisi in festo S. Johannis vel in Purificatione.*

* *Pannechier*, eodem sensu, in Lit. ann. 1367. tom. 5. Ordinat. reg. Franc. pag. 119. Vide supra *Paneta.*

* **PANIFICUM**, *El logo dove se fa el pane*, in Glossar. Lat. Ital. Ms. pro *Panificium.* Vide in *Panificus.*

PANIFICUS. Glossar. Gr. Lat. : Ἀρτοποιός, *Pistor, Panificus.* Ἀρτοποιεῖον, *Panificium*, quæ vox occurrit apud Celsum lib. 8 : Ἀρτοπώλης, *Panarius* Ἀρτοφόρον, *Panarium.* Papias : *Panificæ, pistrices, quæ panes faciunt.* Catholicum parvum, et Gloss. Lat. Gall. MS. Thuanum : *Panifica, Panetiere. Panifex, celle qui fait le pain. Panificium, paneterie, locus in quo efficitur.* Domnizo lib. 1. de Vita Mathild. cap. 11 :

Panificus quidam meruit bis quatuor ira.

Charta Ildefonsi Comitis Tolosæ ann. 1144. apud Catell. lib. 2. Rerum Occitanar. cap. 17 : *Panificus et Panifica, qui panem venalem fecerit, etc.* Ubi Regestum Tolosanum Cameræ Comput. Paris. fol. 27. habet, *Paneficus et Penefica.* Charta Communiæ S. Quintini : *Nullus panifex panem faciet, nisi ad obolum.* [Charta Hugonis Ducis Burgund. ann. 1172. tom. 4. Gall. Christ. inter Instr. col. 187 : *Et astalagium quod mihi debebant Panifici.*] Utuntur Ordericus Vitalis lib. 8. pag. 692. Joan. Sarisber. lib. 3. Policrat. cap. 14. etc. Adde 1. Reg. cap. 8.

¶ **PANIFIL**, ut *Panfilus.* Vide in hac voce.

¶ **PANIGAROLA**, Lampyris, insectum noctu lucens. Vita S. Francæ tom. 3. Aprilis pag. 391 : *Statim sic loquenti comparuerunt luminaria multa et innumerabilia quasi cornuzulæ vel Panigarolæ.*

PANIGERIA. Epistola Manuelis Comneni Imper. ad Regem Ludovicum VII. : *Cum magna lætitia accepturum est Imperium meum tuam Nobilitatem, et opportune viam tuam præparaturum et transitum extructurum, et Panigeriam, id est, conventum rerum venalium. Erroson, id est, vale.* Ubi *panigeria* idem valet quod *forum*, commeatus : ex Græco forte πανήγυρις, uti recte conjectat Somnerus. [Marten. tom. 1. Anecd. col. 400. edidit, *Panegena.*]

* **PANIOLUM**, pro *Planalium.* Vide infra in hac voce.

1. **PANIS** vel Panus, Celso lib. 5. cap. 27. dicitur tumor, non altus, sed latus, qui maxime in vertice, aut in alis, aut in inguinibus; sic dictus a panis figuræ similitudine, Græcis φύγεθλον. [Galeno, φῦμα ἄπεπτον. Vide Lexic. med. Pancr. Brunonis.]

2. **PANIS**, Sacra Eucharistia, caro Christi, quæ cum nobis cæleste pabulum suppeditet, vocatur a Cyrillo, aliisque spiritualis alimonia, τροφὴ πνευματική, et *Panis* simpliciter. Isidorus lib. 7. cap. 2 : *Dicitur enim Panis, quia caro.* At cum epitheto sæpius, ut *panem Dei cælestemque* vocat Ignatius Epist. 14. quæ appellatio desumta ex Joanne 6. et 1. ad Corinth. 10. et 11. atque istud etiam Lucæ 24. *cognoverunt eum in fractione panis*; de discipulis profectis Emmauntem ; plerique omnes de Eucharistia exposuerunt, in hisque Augustinus de Consensu Evang. lib. 3. quemadmodum et in Oratione Dominica, *Panem quotidianum.* Ita Tertullianus de Orat. Ambrosius lib. 5. de Sacramentis, Chrysostomus, Cyrillus, aliique. Ac Græci quidem Patres, cum de Eucharistia accipiunt, rationem nominis hanc afferunt, quod panis iste divinus et animæ et corporis substantiam, ut vocant, fulciat. Sic enim ἐπιούσιον cum Chrysostomo Cyrillus Catech. myst. 5. interpretatur; et Ambrosius in simillimo loco paulo aliter : *Non est iste panis, inquit, qui vadit in corpus, sed ille panis vitæ æternæ, qui animæ nostræ substantiam fulcit, ideoque Græce* ἐπιούσιος *dicitur.* Chrysostomus etiam nomen ἐπιούσιος deducit ab οὐσία, homilia in Orat. Dominicam : atque ita nuncupari, quod substantiam corporis permeet, eamque colligere valeat. Quamquam ibidem in Matthæum idipsum vocabulum interpretatur ἐφήμερον, *quotidianum*, a voce ἐπιοῦσα, quæ vulgatæ editioni magis concinit. Cui notioni

nomen ἐπιούσιος, ἀπὸ τῆς οὐσίας etiam profectum nonnulli accommodant : utpote quod pani præclare conveniat, qui quotidie per nutritionem substantiæ, τῇ οὐσίᾳ adjici addique videatur. Quo itidem fortasse sensu ἐπιούσιον, *transsubstantialem*, vel *supersubstantialem* vertit Ambrosius. Damascenus denique de Mysteriis, eamdem vocem de pane cælesti accipit, quo beati pascentur in cælis, cum hic eum ante in Eucharistia delibaverint : οὗτος, inquit, ὁ ἄρτος, ἐστὶν ἡ ἀπαρχὴ τοῦ μέλλοντος ἄρτου, ὅς ἐστιν ἐπιούσιος. τὸ γὰρ ἐπιούσιον δηλοῖ τὸν μέλλοντα, τουτέστι, τὸν τοῦ μέλλοντος αἰῶνος, *Hic panis est primitiæ futuri panis, qui est adventurus : ἐπιούσιος enim futurum significat, hoc est, panem venturi sæculi.* Hæc damus ex Dissertationibus sacris ac historicis MSS. Michaelis *Dufresne* Soc. Jesu Presbyteri, ac fratris τοῦ μακαρίτου, Diss. 4. cap. 2.

* Consule Thesaurum Suiceri in voce Ἐπιούσιος.

* Panis pro quavis præstatione, etiam pecuniaria, non semel usurpatur, ut videre est infra in *Panis focagii* et *forestæ.*

* Panis pro victu quocumque sumitur, in lege Salica tit. 58. art. 1. edit. Eccardi : *Et quicunque antea ei aut Panem, aut hospitale.... dederit, etc.*

¶ Panis, pro mensura frumentaria, Gall. *Boisseau*, in Terragio Insulæ-Adami laudato in Gloss. Jur. Gall. : *En la ville de Chanvery, huit pains et les trois part d'un pain, et vault chacun Pain un boisseau froment.*

Panis Acrozimus, Saxonice, geseorid, in Gloss. Ælfrici : ubi perperam editum *acrizimus.* Isidorus lib. 20. cap. 2 : *Panis acrozymus, leviter fermentatus, quasi acroazymus.*

Panis Æstivatus, in veteri Glossario Lat. Gall. MS. ex Bibl. Thuana; *Pains muisis :* panis mucidus, *Pain moisy.*

Panis Alexandrinus, Biscoctus, apud Apitium lib. 4. de Re culin. cap. 1. Alexander Iatrosophista lib. 2. Pass. cap. 67. *de Alexandrino pane.* Ubi Glossæ MSS. superlineares, *biscocto.* Matth. Silvaticus : *Panis Alexandrinus, vel rubicundus, i. recoctus et rubescens, vel biscoctus.* Adde Constantinum African. de Rat. vict. pag. 278. et Plin. lib. 18. cap. 7.

* Panis, qui nostratibus *Aliz* dicitur, hoc est, ut vult Cotgravius, nimium spissus. Stat. pro pistor. Paris. ex Reg. Cam. Comput. fol. 5. v°. : *Ly rois Philippe establi que les talemeliers demourans dedens la banlieue de Paris peussent vendre leur pain reboutiz, c'est assavoir leur reffuz, si comme leur pain raté, que rat ou soris ont entamé, pain trop dur, ou ars, ou eschaudé, pain trop levé, pain Aliz, pain mestourné, c'est à dire, pain trop petit, qu'ilz n'osent mettre à estal.* Ejusdem notionis est *Paste alixe*, quæ fermentatæ opponitur, in Charta ann. 1461. ex Reg. 198. Chartoph. reg. ch. 191 : *Les habitans* (de S. Belin) *peuvent construire petiz fours en leurs hostelz, chacun d'une aulne de Provins de tour, pour cuire flaons et pastes alixes, sans ce qu'ilz y puissent cuire pastes levées en forme de pain.* Vide Ordinat. reg. Franc. t. 7. p. 190.

Panis *qui in aqua coquitur, et melior esse solet quam quotidianus*, apud Udalricum lib. 2. Consuetud. Cluniac. cap. 4. Ruellius lib. 2. de natura stirp. cap. 20 : *Laudabatur et Parthicus* (panis) *non pridem huc advectus, quem alii Aquaticum vocant, quoniam aqua trahitur a spongiosa inanitate.*

Panis Ardiniensis, Sordidus, in leg. 5. Cod. Th. de Annonis civicis, (14,17.) etc. Unde vero ita appellatus, prorsus incertum. Conjecturas varias contulit Jacobus Gotofredus ad hanc legem.

Panis Armigerorum, Qui famulis quos vulgari vocabulo *Escuiers* vocabant, distribui ac dari solebat. Monasticum Anglic. tom. 1. pag. 420 : *Infirmantibus* (Leprosis) *ministrat granetarius singulis diebus duos Panes Armigerorum ad opus unius servientis. Ministrat etiam omni tempore singulis eorum singulos Panes Armigerorum, et singulos galones cervisiæ mediocris.* Liber Joannis de Westerham Episcopi Roffensis editus ann. 1314 : *Primo die adventus D. Regis ad Roff. debent Spigurnelli habere 4. Panes Armigerorum, et 4. panes de pane garcionum.* Vide infra, *Panis servientalis.*

* *Pain d'escuier*, in Chartul. Corb. sign. *Ezechiel* ad ann. 1420. fol. 88. r°. : *Sera tenus ledit fournier de prendre cascun samedi le blé des moeutures des mollins de Corbye, pour faire le blanc pain du couvent; .... et pour faire Pain d'escuier, on lui délivrera blé des greniers.*

¶ Panis Artopticius, apud Plinium lib. 18. cap. 20. a vase seu testo, inquit Harduinus, in quo ii excoquebantur, dictus. Vide Turneb. Advers. lib. 14. cap. 5.

¶ Panis Asper, Ater, furfureus, *Gros pain, Pain bis.* Glaber Rodulphus apud Duchesn. tom. 4. pag. 6 : *Vir sanctus* (Majolus) *secularis, dum interim a Sarracenis captus teneretur, cujus meriti esset latere non potuit. Nam cum ei hora prandii obtulissent cibos, quibus vescebantur, carnes videlicet Panemque admodum asperum, et dicerent, comede; respondit, ego vero, si esuriero, Domini est me pascere, ex his tamen non comedam, quia non mihi in usu fuerunt. Cernens enim unus illorum viri Dei reverentiam, pietate ductus, exuens brachia, simulque abluens et clipeum, super quem etiam in conspectu venerabilis Majoli satis mundissime panem confecit, quem etiam citissime decoquens, ei reverentissime detulit; ipse quoque suscipiens illum, atque ex more oratione præmissa ex eodem reficiens, Domino gratias egit.* Vide *Panis Clipanites.*

Panis Avenaceus, in Concilio Francoford. ann. 794. cap. 4. [Le Roman *de Partonopex* MS. :

> Trois fois meniue en la semeine,
> Ce est pain d'orge et pain d'aveine.]

¶ Panis de Aula, Abbatis scilicet vel hospitum. Charta ann. 1284. in Tabular. Fiscamn. : *Vendidimus duos Panes de aula, duas mensuras vini, etc.*

Panis Autopyrus, Ex quo nihil neque pollinis neque furfuris excretum vel ademptum, quasi totum in se triticum non imminutum habens, ex Gr. αὐτόπυρος. Ejusmodi panis mentio est passim apud scriptores, Celsum lib. 2. cap. 17. Marcellum Empiricum cap. 31. Cælium Aurelian. Siccensem lib. 5. Tardar. passion. cap. 12. Horatianum pag. 84. Guibertum Abb. S. Theoderici in Vita S. Bernardi lib. 2. cap. 1. § 6. etc. Vide Joan. Bruyerinum Campegium lib. 6. de Re cibaria cap. 9. [Idem qui nostris *Pain Chaland* dicitur]

Panis Azymus, *sive crudus*, apud Constantinum Afric. lib. 5. Loc. commun. medic. cap. 15. [et S. Wilhelmum lib. 1. Constitut. Hirsaug. cap. 6.] Vide Iter Camerarii Scot. cap. 9. § 4.

Panis Beatus, Eulogia, panis a Sacerdote benedictione consecratus. [*Pain benit.*] Hartmannus in Vita S. Wiboradæ virg. : *Remuneratus ab ea fragmen beati Panis accepit.* Supra *benedictionem* appellavit.

Panis Benedictus. Cum Catechumeni ante baptismum divinorum mysteriorum participes esse non possent, proindeque sacram Eucharistiam percipere, dabatur iis, veteri Ecclesiæ ritu, a Sacerdote panis ab ipso consecratus et benedictus, quo prævpararentur ad Corporis Christi sumptionem, unde et sanctum fuisse ait S. Augustinus lib. 2. de Peccator. merit. et remiss. cap. 26 : *Et quod accipiunt, quamvis non sit Corpus Christi, sanctum est tamen, et sanctius quam cibi quibus alimur, quoniam Sacramentum est.* Hinc *Panis benedictus fieri* vetatur *in die Paschæ, et in festivitate qua debent et solent corpus Christi recipere Christiani*, in Præceptis Synodalibus Petri de Collemedio Archiep. Rotomag.

Postmodum his panibus benedictis non soli Catechumeni, sed fideles etiam usi pro munere in signum mutuæ amicitiæ et communionis invicem transmissæ. Rainerus contra Valdenses in catalogo Hæreticor. de Græcis : *Eucharistiam conficiunt de panibus fermentatis; excidunt rotulas : ex illo conficiunt Corpus Domini, et panes illi vocantur Panis benedictus, et datur omnibus qui volunt sumere in cibum.* Ἄρτον διδόναι ἐν εὐχῇ, in Concilio Neocæsar. can. 13. *Panem sanctificatum dare* vertunt Isidorus Mercator et Dionysius Exiguus. Vetantur Ministri i. Subdiaconi, ἄρτον διδόναι, οὐδὲ ποτήριον εὐλογεῖν, in Concilio Laod. cap. 25. Et can. 49. non oportet in Quadragesima ἄρτον προσφέρειν, nisi Sabbato et Dominica tantum. At in Quadragesima non benedicebatur panis, sed *oratio super populum* dicebatur. Honorius Augustod. lib. 1. cap. 67 : *Statutum est ut panis post Missam benediceretur, et populo pro benedictione communionis partiretur; hoc et Eulogia dicebatur. Sed quia hoc in Quadragesima fieri non licuit, orationem super populum dici Ecclesia instituit, ut per hanc particeps communionis sit.* Vide *Eulogia.*

* Sacræ Eucharistiæ loco, ut Panis benedictus iis detur, qui peccatis suis nuntium remittere nolentes, communicaturi ad sanctam mensam accedunt, auctor est scriptor quidam in serm. 15. ex Cod. S. Vict. Paris. 14. sæc. : *Se aucun maleurox hia qui son peichié ne voille déguerpir, je ne li puis veer, ne li doi, se il lo* (le Corps N. S.) *volt revevoir. Mais je li consoil que il ne lo recoive pas : mais recoive Pain beneoit; et bien saiche il que Pain beneoit rien ne li vaut au salu de l'ame. Mais ensi est establi an sainte iglise, que l'an doint Pain beneoit à tel gent par couverture de lor peichiez; car quant il vendront à l'autel qu'il ne soient aparceu qu'il soient tel.* Nusquam id

ab Ecclesia sancitum facile crediderim.

* *Pane benedicto* in sortilegiis utebantur. Lit. official. Atrebat. ann. 1349. in Reg. 77. Chartoph. reg. ch. 427 : *Quemdam buffonem indutum pannis croucheis, consimilibus pannis Jacobi d'Aloes, quodam poto tecto novo ad gravandum dictum Jacobum d'Aloes posuit, et nutrivit eumdem buffonem distrina navetæ et Pane benedicto, etc.*

Panis Biscoctus, Nauticus, *Biscuit.* Abbo lib. 2. de Obsid. Paris. vers. 361. [** ubi alii aliter legunt.] :

His Panem cupiens quædam corrumpere, jussit
Ut Biscocta Danum deferri.

Will. Brito lib. 4. Philipp. :

Rebus, aquis, armis, Biscocto Pane, meroque,
Innumeras onerat naves.

Chronicon Richardi de S. Germano ann. 1241 : *Biscoctum fieri jubet per loca maritima et loca alia pro fodro 150. galearum et 20. navium, quas armari mandat super Pisanos, etc.* [Epist. Frider. II. Imp. ann. 1245. apud Baluz. tom. 1. Miscell. pag. 459 : *Sunt autem hæc in mari pericula, Panis indigestibilis et bis coctus, etc.*] Paulus Venetus lib. 3. cap. 46. de provincia Aden : *Fiunt etiam ab incolis Panes biscocti ex piscibus, idque in hunc modum : Concidunt pisces minutatim, atque contundunt in modum farinæ, et postea commiscent et subagitant quasi pastam panis, atque ad solem desiccari faciunt, et vivunt ipsi et jumenta ipsorum de illis panibus factitiis per totum annum.* [In usu etiam apud monachos fuisse *Panem biscoctum* testatur S. Wilhelmus lib. 1. Constitut. Hirsaug. cap. 6.]

Panis Bisus, Ater, furfureus, Gall. *Pain-bis*, qui *sordidus*, Suetonio in Nerone cap. 49. et in leg. 5. Cod. Th. de Annonis civic. (14,17.) Monasticum Anglic. tom. 1. pag. 420 : *Jejunans debet sedere in area ante mensam, et comedere Panem bisum suum super scamnum sine panno.* [* *Cibarius*, Apuleio Metamorph. lib. 6.]

* Panis de Brode, Ex frumento et secali confectus. Vide supra *Broda.*

* Panis Buffectus, Siligineus. Vide *Buffetus.*

Panis Cacabacius. S. Zeno Veronensis serm. 6. ad Neophytos : *Hi (panes azymi) quos videtis egregia coctura suave redolentes, qui excocti sunt non furno, sed fonte, non humano, sed igni divino,.... certe Cacabacii non sunt, non vetusti, non usti, non crudi, non mucidi, etc.* Nugatur hoc loco vir doctus, qui *cacabacios*, nugaces et garrulos interpretatur, cum hic de panibus agatur. Casaubono dicuntur ejusmodi panes, qui saporem malum ex aqua in cacabo calefacta retinent, in Notis ad Lamprid. Ego vero malim *cacabacios* dictos, nigros, et quibus nihil ademptum est furfuris. Vide *Cacabatus.* Papias : *Similiter autem et cacabacius Panis calidus siccat : frigidus vero minus multo siccus ex parte extenuat.*

Panes Calendarii, Qui in Kalendis offeruntur. Durandus lib. 4. Ration. cap. 30. n. 40 : *In nonnullis locis parrochiani in die Natalis Domini offerunt Sacerdotibus panes, quos Calendarios vocant, propter illud quod legitur Levit. 22. Offeretis panes duos Sacerdoti, qui cedunt in usum ejus, et vocabitis hunc diem celeberrimum atque sanctissimum, etc.* Tabularium Prioratus de Domina in Delphinatu, fol. 102. : *Et medietatem sepulturæ, et medietatem Panis qui in Kalendis offertur, etc.*

¶ Panis Calidatus, Delicatus, tener, recens, *Pain mollet.* Chartular. S. Germani Paris. fol. 1 : *In festivitate B. Vincentii habet Præpositus Regis de Parisiis in ecclesia B. Germani de consuetudine 1. modium vini et 2. sol. Paris. et 12. Panes Calidatos... Si vero comedere voluerint* (servientes ejus) *dabitur eis unus Panis Calidatus et una assatura, etc.*

* Minus bene; est enim Panis leviter coctus, qui Parisiensibus *Eschaudé* nuncupatur. Jura buticul. in Reg. Cam. Comput. sign. *Pater* fol. 155. v°. col. 2 : *Item le jour de la S. Vincent à S. Germain des prez en l'abbaye, cellui qui tient ledit liage, prent un muy de vin, xiij. Eschaudez grans;.... du demourant ledit fermier en doit rendre au prevost de Paris demi muy de vin et vj. Eschaudez, etc.* Charta ann. 1272. ex Lib. nig. episc. Carnot. : *Cum.... Carnotensis episcopus teneretur nos et clericos chori ecclesiæ.... procurare in Pane, qui dicitur Eschaudez, etc.* Vide *Eschaudati.*

* Panis de Cambio quis intelligendus, docet Ordo eccl. Ambros. Mediol. ann. circ. 1130. apud Murator. tom. 4. Antiq. Ital. med. ævi col. 922 : *Quinque Panes de segala de cambio, et libræ duæ casei, et staria duo de vino. Sciendum est quia omnes illi Panes, qui dantur custodibus et veglonibus pro festo, debent esse de cambio, id est, vj. de sextario.*

¶ Panis Canibius. Charta Geraldi Abb. Angeriac. ann. 1385. in Chartular. ejusdem Monast. pag. 462 : *Item dominus abbas leprosis debet facere... in die omnium Sanctorum* XXVI. *panes frumenti,* XIII. *panes sunt ratione Canibii Panis et* XIII. *panes mandati, et* XIII. *justitias vini ratione mandati.*

* Panis Canonicalis, idem qui *Canonicus*, in Obituar. Ms. eccl. Camerac. fol. 28. v°.

¶ Panis Canonicus, *Pain de Chapitre*, dicitur Rotomagi parvulus panis qui unicuique Canonico quotidie præbetur. Vita S. Rigoberti Rem. Archiepisc. a Mabill. laudata Liturg. Gall. pag. 414 : *Prius quippe quam exoptabilis hic altor ac pater eorum adveniret, non eis dabatur Canonicus Panis et non erant, ut sunt hodie, Canonici, sed sicut matricularii.*

Panis Cantabrus, [Furfureus.] Vide *Cantabrum* 2.

¶ Panis Capitularis, Idem qui *Canonicus*, ex Regesto Eccl. Andegav. ann. 1443. in Vita Matth. Menagii pag. 92.

* Panis Caritatis, Pauperibus in eleemosynam distribuendus. Comput. ann. 1362. inter Probat. tom. 2. Hist. Nem. pag. 316. col. 2 : *Item solvi duobus hominibus qui portaverunt Panem caritatis pro helemosina facienda, etc.* Pro Pane benedicto, qui in signum mutuæ amicitiæ et communionis inter ejusdem sodalitii confratres distribuitur, occurrit in Stat. sabbat. Carcass. ann. 1402. tom. 8. Ordinat. reg. Franc. pag. 567. art. 25 : *Quod in die Assencionis Domini, in quolibet anno, Panis karitatis communis exeat seu adportetur a domo illius, qui tenebit vexillum sive baneriam dicti ministerii sabbateriæ, sine debato et contradicione quibuscumque.*

¶ Panes Celarii, f. ex cellario communi. Obituarium MS. Eccl. Morin. fol. 8 : *Cuilibet Canonico residenti tenenti statum duo Panes Celarii ponderis quilibet 2. unciarum et 5. estrelingorum.*

¶ Panis Cenalis, pro refectione vespertina. Consuetudines MSS. Eccl. Colon. e Bibl. Eccles. Atrebat. : *Panis Cenalis ponderabit 8. marc. et dimid. marcam.*

Panis Ceparius, χυδαῖος ἄρτος, in Glossario Græc. Lat.

* Panis de Chailly. Stat. ann. 1372. pro pistor. Paris. in Reg. Cam. Comput. fol. 11. v°. : *Le Pain blanc, appellé Pain de Chailly, de deux deniers de taille, pesera 18. onces.* Vide Ordinat. reg. Franc. tom. 2. pag. 352. et tom. 5. pag. 500.

* Panis Choesne, Menagio, idem qui *Canonicus.* Lit. remiss. ann. 1385. in Reg. 128. Chartoph. reg. ch. 84 : *Lequel suppliant print.... trois Pains blans, appellez Chœsnes.*

* Panis Chonhol vel Conhol. Acta Mss. Inquisit. Carcass. ann. 1308. fol. 37. r°. : *Interrogatus quid comederunt, dixit quod unum Panem, vocatum Chonhol.* Ibid. ad ann. 1309. fol. 31. r°. : *Misit dictis hæreticis.... unam cannam plenam vino et unum Panem, dictum Conhol.* Sed legendum videtur *Carihol*, quo *Panis curialis* significatur. Vide ibi. Charta ann. 1391. in Reg. 142. Chartoph. reg. ch. 68 : *In frumento, ordeo, pecunia, gallinis et medio Pane, vocato Carihol.*

* Panis Circuli *vel Cuculi vocatur a quibusdam Plantula, quæ vocatur Alleluia, acetosi saporis, tria habens folia.* Glossar. medic. Ms. Simon. Januens. ex Cod. reg. 5959.

Panes Civiles. In Novella Justiniani 7. et in Addit. 3. Ludovici Pii cap. 30. in Capitul. Caroli M. lib. 2. cap. 29. Ecclesiæ et xenodochia alienare vetantur res immobiles... sive etiam *rusticum mancipium, vel Panes civiles*, atque titulo speciali vel generali hypothecæ titulo obligare. Vide *Panis gradilis.*

Panis Clipanites, ex Gr. κλιβανίτης, in furno coctus. Gloss. Ælfrici : *Panis clibanius*, ofen-bacen-laf. Alexander Iatrosophista lib. 2. Pass. cap. 79 : *Quales sunt Panis bene confectus clibanitis, bis coctus, etc.* Ubi Glossæ MSS : *quasi furni. Panis fermentatus in clibano coctus*, apud Constantinum de Rat. vict. pag. 279. cui opponitur *Panis sub cinere coctus*, pag. 278. *Panis clibanitius, in testa coctus*, apud Isidorum lib. 20. cap. 2. Vide *Panis asper.*

Panis de Coket, Similaceus. Fleta lib. 2. cap. 9. § 1. Vide *Ifungia.*

Panis Conjuratus. Vide *Corsned.*

¶ Panes Consuetudinales, Qui ex *consuetudine* præstantur. Chartular. S. Vincentii Cenoman. fol. 60 : *Decrevimus autem quod monachi duas partes Panum Consuetudinalium et oblationum quicquid quinque festivis solennitatibus pertinentium acciperent, quacumque die redderentur. Panes Consuetudinarii*, ibid. fol. 41 : *Cum.... contentio moveretur... de Panibus Consuetudinariis in Natali Domini debitis. Panes Consuetudini*, ibid. fol. 44 : *Insuper* (habebunt monachi) *medietatem Panum Consuetudinorum, scilicet in Natali et in Pascha.* Vide *Panis Natalitius.*

* PANES CONSUETUDINARII *refectorii*, Qui in refectorio solent apponi, in Chartul. S. Ebrulphi.

¶ PANIS CONVENTUALIS, Quo vescitur Conventus. Charta ann. 1254. ex Tabular. Fiscamn. : *Vendidi... octo Panes Conventuales et octo galones vini.* Alia ann. 1270. in Chartular. S. Vandreg. tom. 1. pag. 757 : *Dederunt mihi... per totum cursum vitæ meæ unum Panem Conventus et unum panem hospitum qualibet die.*

PANES CORONATI. Charta ann. 1050. apud Puricellum in Monumentis Ambrosianæ Basilicæ pag. 428 : *In profesto ad vesperum fructus et vinum similiter secundum eandem consuetudinem : in solennitate vero Panes Coronatos, et vinum similiter, etc.*

PANES CURIALES, Qui e Curia domini proferuntur ad alendam familiam. Charta Theobaldi Comitis Blesensis Senescalli Franciæ ann. 1190. in Regesto censuum Carnot. : *Et concessi leprosis Belliloci omnibus diebus, quibus ego jacebo Carnoti,.... carnis 12. den. in coquina, 12. sextarios vini, 12. den. in pane, vel 60. Panes curiales, si curiales panes habuerit curia.* In Charta Catharinæ Comitissæ Blesensis et Claromont. ann. 1208. pro fundatione Capellæ Novævillæ in *Hez*, statutum legitur, quoties Comes vel Comitissa Claromontensis in eodem loco morabuntur, *Que li Chapelains ara par livroison par sengles jours quatre Pains curiaux, ou deux denrées de pain, et demi sestier de vin à taule, et une piece de char, ou deux deniers.* Alia Charta ejusdem Comitissæ ann. 1209. pro Capella de *Creil : Ara en chascune nuit pour livroison 3. Pains curiaux.* Charta Henrici II. Regis Angl. in Reg. Normannico Cameræ Comput. Paris. sign. P. : *Et volo et confirmo, quod in Curia mea habeat omnibus diebus, quamdiu ero apud Rotomag. liberationem, scilicet in dispensa mea 4. denariatas Panis, et in meo cellario unum sextarium vini, et in coquina mea 4. fercula, etc.*

PANIS CURIÆ, Eadem notione. Vide in *Matutinellum.*

* PANIS DE DENANO, an ex Donomio, Gall. *Denain?* Charta Willel. comit. Pontiv. in Reg. forest. Alencon. ex Cam. Comput. Paris. fol. 23. r°. : *Pro annuo redditu.... unius Panis de Denano ad natale Domini, etc.*

¶ PANIS DISPENSATORIUS. Vide *Panis secundus.*

* PANIS DUPLEX, nostris *Pain doublel.* Charta ann. 1319. in Reg. 59. Chartoph. reg. ch. 408 : *Et in censibus, denariis, cum medietate duorum porcorum, et tribus Panibus duplicibus.* Stat. pro pistor. Paris. in Reg. Cam. Comput. fol. 4. r°. : *Se le maistre treuve pain mescheue, c'est assavoir Pain doublel, que on ait vendu les trois plus de six deniers, etc.*

PANIS ECCLESIATICUS. [* Quidquid ecclesiastico viro ad victum necessarium est.] Charta Philippi I. ann. 1106. in Tabul. Monasterii Maurigniacensis : *Si aliquis ipsorum Canonicorum infirmitate prægravatus,... de morte animæ metuens, habitum sanctæ religionis recipere proposuerit in præfata domo sanctæ Trinitatis, Panem Ecclesiasticum et habitum S. Benedicti, quasi frater ejusdem loci, omni postposita pecunia, paratum invenerit.*

* PANIS EPIPHANIÆ, Qui in Epiphania præstationis nomine offertur. Charta ann. 1312. in Chartul. Arremar. ch. 124 : *Pro dictis quatuor denariis et obolo pro cantagio, pro Pane Epiphaniæ, etc.* Vide *Panis Natalitius.*

PANIS ELEEMOSYNARIUS, Qui ad eleemosynas distribui solet pauperibus. Silvester Giraldus in Itinerario Cambriæ lib. 2. cap. 12 : *Cum Rege apud Slopesburiam in mensa sedens, cum ei de panibus propriis unum in honoris, ut assolet, et amoris signum Rex misisset; ipse statim in regio conspectu tanquam Eleemosynarium Panem in frusta concidit, et eleemosynarii more primo remotius exposita, deinde singulatim retracta comedit universa.*

¶ PANIS EMENDATIONIS, seu *de Emendamento*. Polyptychus Fiscamn. ann. 1235 : *Filius Bernerii fabri debet habere unum galonem vini et unum Panem Emendationis, quando fabricat batellos magnorum signorum.* Vide *Emendamentum* 3.

¶ PANES ESCAUDATI. Vide *Eschaudati panes.*

* PANIS qui dicitur *Faitis* vel *Fetiz*, idem qui infra *Panis Tornatus.*

* PANIS FALSUS, Non statuti et legitimi ponderis, aut formæ indebitæ, in Libert. Clarimont. ann. 1248. tom. 5. Ordinat. reg. Franc. pag. 601. art. 14.

* PANIS FEODALIS, Qui ratione feodi percipitur. Obituar. Ms. eccl. Camerac. fol. 19. v°. : *Fit eleemosina de tribus mencaldatis bladi, de quibus ad instar Panum feodalium conficiuntur sexaginta panes, erogandi totidem pauperibus. Pain féodal*, in Declarat. feud. Ms. comitat. Camerac.

PANIS FERMENTATIUS, gehafen hlaf, in Glossario Saxon. Ælfrici.

* PANIS FERRATUS, Gall. *Pain ferez*, Placentæ species, f. *Gauffre*, quia in forma ferrea coquitur. Lit. remiss. ann. 1392. in Reg. 144. Chartoph. reg. ch. 197 : *Pluseurs bonnes gens qui estoient venuz oudit hostel pour eulx esbatre et mengier Pain ferez, ratons, crespes et autres choses.*

¶ PANES FESTI, Qui diebus festis apponebantur, consuetis delicatiores. Charta Philippi Franc. Reg. ann. 1271. in Bullario Fontanell. fol. 38 : *Caro unius mutonis, duodecim Panes Festi, unum sextarium vini.*

PANIS FISCALIS, seu *Ostiensis*, in leg. un. Cod. Th. de Pretio panis Ostiensis, (14,19.) qui de fiscali frumento, quod Ostiæ pistoribus vendito confectus populo Romano vendebatur. Vide Jacobum Gotofredum et Salmasium ad Vopiscum pag. 408.

* PANIS FLAQUERIUS. Vide supra in *Flaquerius.*

* PANIS FOCAGII, nostris *Pain de feu*, Qui pro *focagio* solvitur. Charta ann. 1339. in Reg. 73. Chartoph. reg. ch. 103 : *Item trente-neuf Pains de feu. Item vint et nuef deniers et maille de feu.* Idem quod *Foagium* 1. Vide supra in hac voce.

¶ PANES FOLIATI, Placentulæ genus. Charta ann. 1303. in Tabular. Fiscamn. : *Quatuor Panes foliatos et quatuor galones vini.* Vide *Foliata* 2.

* PANIS FORESTÆ, Præstatio pro jure utendi foresta. Assignat. dotalit. Joan. regin. Franc. ann. 1319. in Reg. 60. Chartoph. reg. ch. 69 : *Item pro Panibus dictæ forestæ triginta solidos.* Vide supra *Forestagium* in *Foresta.*

PANIS FORTIS ET DURUS, apud JC. Anglos dicitur, cum quis de Felonia accusatus, accusatori aut judici respondere renuit, aut mutum se fingit, vel certe os aperire, aut loqui non vult : tum enim pœna ea illi imponitur, donec Judici satisfaciat, ut in carcerem tetrum conjiciatur, in eoque, solo pane, duro, ac mucido alatur. Fortis autem dicitur, inquit Stanfordius lib. 2. Placitor. coronæ cap. 61. quod adeo sit ponderosus et gravis, ut illum ferre non sustinere nequeat reus : durus autem, quia toto vitæ tempore, alio non victitabit, donec in eo moriatur. Statutum primum Westmonasteriense cap. 12. hanc pœnam videtur induxisse : *Purveu est ensement, que les felons escriés, et queux sont apertement de male fame, et ne soi vollent mittre en enquest des felonies queux homes leur mit seur devant Justices à la suit le Roy : soient mises en la prison fort et dure, come ceux queux refuseront estre à la comon ley de la terre, mes ceo n'est mie à entendre par prisoners queux sont prises pur leger suspection.*

Sic porro pœnam hanc pluribus describit et explicat Stanfordius : *Le jugement du Pain fort et dure est tiel, sçavoir que il sera remandé à le prison, d'où il vient, et mise en une basse meason estoppé, et la girra nude sur le terre, sauns aucun littour, sirps, ou auter draps, et sans ascuns garniske environ luy, savant un chose, qui covera ses privi membres, et que il girra sur son dorse, et que son teste soit veste, et ses pees este, et que un brach soit trahi à un quarter del meason ove une corde, et l'auter brache à l'auter quarter, et inssint in mesme le maner soit fait de ses jambes, et que sur son corps soit mise ferre et pierre taunt, come il peut porter et plus, et le premier jour insuant, il aura Pain fait de barley trois morcels sans aucun boyer, et le second jour il boyra trois foites, tant si come il peut de l'ewe que est prochain à l'huys del prison, excepté ewe couraunt, sauns ascun pane, et ceo serra son dict, tant que il soit mort.* Hæc fere latine exscripsit et expressit Cowellus lib. 4. Instit. tit. 18. § 35 : *Reus*, inquit, *in loco aliquo infero carceris et tenebricoso constituitur, nudus super nuda terra, pudendis tantum tectis, brachiisque et pedibus fune in quatuor domunculæ angulos tractis, supinus extenditur. In hunc autem modum ligatus, tanto ferri saxive pondere pectori imposito oneratur, quantum sine contusione ferre potest. Die sequenti tria Panis hordeacii frusta sine potu sumit : nudius tertius totidem aquæ haustos quantoscumque, dummodo non profluentis, quæ carceri proxima reperitur, sed sine pane : atque ita per vices pane et aqua istiusmodi quotidie vescitur, donec oneri, frigoris, atque famis cruciatu extinguitur.* Henricus de Knyghton ann. 1389 : *Quidam Vicarius de Wintringham obmutescens, adjudicatus est ad pœnam mutorum.* Huc forte referri potest Charta Philippi Augusti anno 1200. pro Universitate Parisiensi : *Quia factum negat, in perpetuis vinculis detinebimus, in arcta custodia et paupere victu, quandiu vixerit, nisi forte elegerit Parisiis publice aquæ subire judicium, etc.*

Panis Fractio, de qua hæc accipe ex Dissertationibus sacris ac historicis ineditis Michaëlis *Dufresne*, Soc. Jesu Presbyteri, fratris olim charissimi, de antiquis Sacramentorum ritibus, etc. Dissert. 4. cap. 2 : *Ad idem caput* (de variis nominibus Eucharistiæ) *vox itidem alia pertinet, qua fractio Panis*, κλάσις ἄρτου, *de celebratione Eucharistiæ usurpatur, ob Christi etiam factum, quem expresse notant Evangelistæ Sacramentum hoc instituentem fregisse panem : unde et tota actio distributioque Sacramenti hujus Fractio panis appellata est, Actorum Apostol.* 2. *et alias sæpe. Nec est necesse huc revocare veterem inter Judæos cerimoniam, qua sub initium CœnæPaschalis panem unum ex azymis paterfamilias duas in partes divideret, et alteram quidem abderet sub mappa, alteri vero hac fere formula benediceret : Benedictus es Domine Deus noster, Rex universi, qui educis panem de terra. Quippe panem frangere locutio Hebræis, Scripturæque ipsi usitatissima est de sumentibus cibum, vel porrigentibus. Frange, inquit Isaias* 58. *esurienti panem tuum : quæ ad Eucharistiam translata. Unde Actorum* 2. *v.* 24. *dicitur, Erant autem perseverantes in doctrina Apostolorum, et in communicatione fractionis Panis. Ubi ex articulo* τοῦ ἄρτου *in editione Græca apposito, interpretes colligunt panem illum per antonomasiam, scilicet Eucharistiam, quasi digito demonstrari. Perdiu vero ea consuetudo tenuit in Ecclesia, ut panisEucharisticus Christianis distribuendus in partes minutas tribueretur, quas vocant e re Christique facto*, κλάσματα, *hoc est, fragmenta, ac* μερίδας, *nempe particulas potius, quam* μέρη, *id est, partes : quia ut aiunt Concilii Nicæni Patres can.* 5. οὐ πολὺ λαμβάνομεν, ἀλλ' ὀλίγον, ἵνα γνῶμεν ὅτι οὐκ εἰς πλησμονὴν ἀλλ' εἰς ἁγιασμὸν *illa capi intelligamus. Hinc etiam forsan idioma manavit Ecclesiarum Africanarum, cujus mentio fit apud Gratianum dist.* 11. *can.* 58. *qui hæc Augustini verba refert : Norunt fideles, quemadmodum manducent carnem Christi : unusquisque accipit partem suam, unde et ipsi Gratia* (*Eucharistia*) *partes vocatur.*

Panis Fractio apud Catharos Valdensium sectarios. Vide Reinerum contra Valdenses cap. 6. pag. 66.

Panis Fractus, dictus postmodum *Panis benedictus*, qui in particulas dissectus, dirempta ea, quæ ad consecrationem sumitur, plebi et fidelibus distribui solebat. Ἱεροῦ κλάσματος μετάληψις, *Panis benedicti participatio*, apud Pachymerem lib. 7. cap. 6. 15. 22. lib. 8. cap. 10. Sed proprie

Fractio Panis dicebatur *Eulogiarum* benedictio, quæ a Presbyteris vel Episcopis fiebat ante cibi sumptionem, seu prandium, quas amicis vel convivis distribuebant in *communionis* symbolum. Unde Gregorius Turonensis in Vitis Patrum cap. 6. dixit : *Pane confracto communionem largiri*, et Theodorus Cantuariensis Archiepisc. in Capitul. cap. 95 : *Fracta oblatione communicare.* Idem cap. 5 : *Cum Græcis non frangunt Panem, nec collectionem dicunt, vel Dominus vobiscum, Diacones, nec Completum.* Eddius Stephanus in Vita S. Wilfridi cap. 57 : *Et illa die omnes Episcopi se invicem osculantes et amplexantes, Panemque frangentes communicaverunt, etc.* Supplex libellus Monachorum Fuldensium Carolo M. porrectus, art. 4. apud Browerum lib. 3. Antiq. Fuld. : *Quod communicationem fracti Panis ante cibum quotidie sumere non respuatur : secundum exempla præcedentium patrum.* Hincmarus Rem. in Capitulis ad Presbyteros parochiæ suæ cap. ubi de Conventibus et Gildoniis Presbyterorum, in quibus reconciliantur, qui invicem dissident : *Et post debitas admonitiones, qui voluerint eulogias, a Presbytero accipiant, et tantum frangentes, singuli singulos biberes accipiant.* Vita S. Aicadri Abb. Gemetic. cap. 20 : *Nec mora post longa peracta, et Missarum solennitis celebratis, post fractionem Panis, commendato grege Domino, petierunt prosperum iter, etc.* Hugo Flaviniac. pag. 177. de B. Richardo Virdunensi Abbate : *Erat autem viro Dei familiare mane surgere, laudes Deo dicere, iter accelerare, atque consuetum Domino in via pensum reddere : et sic hora fractionis Panis imminente, Missarum solemnia agere, quocumque esset, et expletis mysteriis ad frangendum panem discumbere, ne gravarentur fratres labore itineris, et continuatione jejunii.* Vide Eckehardum juniorem de Casibus S. Galli cap. 1. pag. 48. Reinerus contra Valdenses pag. 94 : *Si singulis per domos Panem frangis.* Vide *Panis Benedictus, Eulogia.*

¶ Panis Francicus, Placentæ genus. Charta ann. 1291. tom. 1. Hist. Dalphin. pag. 26 : *Item quilibet burgensis et habitator dictæ villæ potest, si voluerit, facere et habere infra dictam franchesiam dictæ villæ furnum ad Panem Francicum, et non ad alterum panem et pastellos decoquendos.*

* *Panis Franciscus* tom. 7. Ordinat. reg. Franc. pag. 311. art. 11.

Panis Frixius, gehyrst hlaf, in Glossario Saxonico Ælfrici.

Panis Frumenti, Qui nobilium erat, vel certe honoratorum aut divitum. Plinius lib. 19. cap. 4 : *Alio pane procerum, alio vulgi, tot generibus usque ad infimam plebem descendente annona.* Usatici Barcinonenses a Raymundo Berengarii Comite et Adelmodi editi cap. 7 : *Bajulus interfectus vel debilitatus, vel cæsus, vel captus, si nobilis est, et Panem Frumenti comedit cotidie, et equitat, emendetur sicut Miles.* Vide Consuetud. Labourtensem tit. 18. art. 4. Constantinus African. lib. 5. Commun. loc. medic. cap. 15 : *Omnis Panis de Frumento calidus est in primo gradu. Panis Frumentarius*, in Statutis antiq. Corbeiensib. lib. 1. cap. 4.

Panis Furfurativus, pro *Furfureus*, apud Alexandrum Iatrosophistam lib. 1. Passion. ubi Glossæ MSS. : *Panem Furfurativum, qui fit ex ordeo vel furfure*, interpretantur : πιτυρώδης, Græcis.

Panis Gradilis, Qui ad gradus plebi distribuitur : nam cum summa esset plerumque in urbe Constantinopolitana rei frumentariæ penuria, tum propter civium et incolarum in ea multitudinem, tum quod Thracia atque adeo vicinæ regiones, frumenti haud multum feraces, iis alendis vix sufficerent, provisum ab Imperatoribus, ut per annos singulos, certis ac statis temporibus, annona ex Alexandria et Ægypto in urbem transferretur : quam quidem transvectionem *Felicem embolam* vocitabant, quod ea populus gaudens reficeretur. Nec hac ratione penuriæ publicæ cautum duntaxat, sed et panes, Imperatoris nomine, dividebantur, non pauperibus modo, verum etiam honestioribus e populo, atque iis præsertim, qui domos in urbe exstruxerant, quos κτητόρων nomenclatura, non uno loco donat Chronicon Alexandrinum, *Possessorum*, Liberatus Diaconus cap. 20. nos dicimus, *Proprietaires.* Unde panis, sive jus capiendorum panum e publico domos sequebatur, ita ut qui illas quomodo distraxisset, id juris amitteret, ut est in l. 1. Cod. Theod. de Annonis civilibus (14,17.). Distribuebantur porro ejusmodi panes in gradibus, unde *Gradiles* appellati sunt. Prudentius lib. 1. contra Symmach. :

> Omnis, qui celsa scandit cœnacula vulgus,
> Quique terit silicem variis discursibus atram,
> Et quem Panis alit gradibus dispensus ab altis.

Distribuebantur vero panes isti datis tesseris. Themistius orat. 4. pag. 116 : Δαπανῶ μὲν γὰρ πόρους βασιλικοὺς ἐκ τῶν σιτοφυλακίων τῶν δημοσίων. Deinde, ἀλλὰ καί οἱ νευρορράφοι, καὶ οἱ σκυτοτόμοι, καὶ πάντες ὅσοι καλαμηφοροῦσιν ὄρθριοι ἐπὶ τὰς ἐρκάνας. Ubi καλαμηφορεῖν, est tesseras ferre : κάλαμος enim *tessera* exponitur in Glossis Philoxeni. Proinde de ejusmodi tesseris intelligendus auctor Chronici Alexand. in Commodo : Ἐν Ἀντιοχείᾳ, Ἀρτάβανος φιλοτίμως ἔρριψεν τοῖς δήμοις καλάμια συντόμια διαιωνιζόντων, καὶ ἐκέλευσεν τοὺς ἄρτους πολιτίκους. Quæ verba haud recte reddidit interpres. Erant porro tesseræ illæ æreæ, aut certe malleo ductæ : δέλτοι enim σφυρηλάτοι dicuntur mox eidem Themistio, quod etiam indicat lex 5. Cod. Theod. de Annonis civicis (14,17.). Sed hæc pluribus prosequimur in Constantinopoli nostra Christiana, ubi de Gradibus.

¶ Panis Gresus, Cinereus, ater, furfuraceus. Inquisitio pro canonisatione S. Yvonis MS. : *Hamo Tolleflun famulus D. Yvonis, postea reclusus. Hunc misit D. Yvo apud Lohanec pro quærendo panem, qui detulit panem nimis deliquatum, prout videbatur D. Yvoni, qui dixit : tu vis habere delicias, nonne invenisti panem magis grossum? Qui respondit : non inveni nisi panem furfureum, qui nihil valet pro sustentatione hominis. Et tunc prædictus D. Yvo remisit illum panem, et famulo dixit ut afferret illum panem magis grossum; et ille detulit illi Panem Gresum.*

* Panis Grossus. Tabul. S. Florent. tom. 1. Probat. Hist. Britan. col. 438 : *Goffredus filius Ansquitil donavit S. Florentio vendam grossi Panis, id est, sigalæ, avenæ, ordei in villa de Mezuoit.* Vide *Panis Gresus.*

Panis Hebdomadarius. Vita S. Nili Junioris pag. 40 : Καὶ τὸν ἑβδομαρισιαῖον ἄρτον ὁ μέγας Φαιτῖνος σὺν πολλῇ παρακλήσει πείσας τὸν ὅσιον Νεῖλον δέξασθαι παρ' αὐτοῦ ἐκ τῆς τῶν χειρῶν ἐργασίας ἀντεστηκοῦτο. Qui forte uni hebdomadi sufficit alendo homini.

Panis Herbaticus, vel Herbaceus.

Glossæ Biblicæ MSS. : *Borith, herba, de qua fiunt panes, quos Herbacios appellant, quibus siccatis pro sapone utuntur.* Eadem habent Papias et Johannes de Janua. Panis ex herba facti meminit Suetonius in Julio cap. 68.

PANIS HORDEACEUS, in Concilio Francofurd. ann. 794. cap. 4. Fortunatus lib. 10. Poem. in Epist. 2. ad Mumolenum : *Quod triticei pavit oblectante candore, vel suavitatem pascente, post Hordeaceæ frugis aristosa cibaria fastidioso nimium dente, nare, fauce, transitur.* Artemidorus lib. 1. cap. 71 : Ἄρτοι κρίθινοι, πᾶσιν ἀγαθοί. πρώτην γὰρ τροφὴν ταύτην ἂν ἀνθρώποις δεδόσθαι παρὰ θεῶν λόγος ἔχει. Vide Casaubonum ad Sueton. de Grammat. et Rhetor. De examine et purgatione per panem hordeaceum, vide in *Corsned.*

¶ PANIS HOSPITUM, vel *ad hospitem*, Quo refici solent hospites. Chartular. S. Vandreg. tom. 1. pag. 271 : *Mihi quamdiu vixero quolibet die quemdam Panem ad hospitem dederunt.* Ibid. pag. 764 : *Qualibet die unum Panem hospitum et unam tortam. Pains d'hostelage*, in Consuet. Dunensi art. 27. idem ac Census, qui exigitur a domino feudali pro singulis focis seu domibus subditorum ac tenentium suorum.

* PANIS IERNAGII, Ex frumento hyemali confectus. Vide *Iernagium.*

* PANIS KARITATIS. Vide supra *Panis Caritatis.*

PANES LAVITII. Statuta antiqua Canonicorum S. Quintini in Viromand. apud Hemereum pag. 116 : *Debet Ecclesiæ S. Petri unicuique de intrinsecis 1. panem, scilicet 60. panes de medio, et Lavitios Panes, scilicet 6. sext. frumenti, etc.* Infra : *Debet custos cuique privato 1. panem et 2. sext. frumenti ad Panem Laveitium.* Isidorus lib. 20. cap. 2 : *Sfungia, panis aqua diutissime laxatus, similam modicam accipit, et fermentum modicum, et habet humectationis plusquam omnis panis : unde et spongiæ nomen accipit.* Vide Jo. Ruellium lib. 2. de Natura stirpium cap. 31.

* PANIS LUSTRALIS, Idem qui *Benedictus*, aqua lustrali sanctificatus. Charta ann. 1416. ex Tabul. S. Petri de Regula : *Quæ omnia memorato sacristæ assignata erant. Præterea quidquid Panis lustralis, distributione facta, supererat.*

* PANIS Gallice dictus *Maillau.* Charta Phil. VI. ann. 1328. in Reg. donor. Caroli Pulc. ex Cam. Comput. Paris. fol. 29. v°. : *Item le prieur de saint Sepulcre doit chascun an deus fois l'an treze œus fris... et sis Pains Maillaux.* An idem qui

* PANIS DE MAIT, Qui in mactra subigitur. Charta ann. 1201. ex Tabul. S. Gauger. Camerac. : *Concessit ecclesia memorata advocato.... unum Panem de Mait et unam gallinam.* Vide *Mait.*

¶ PANIS MATINELLUS, f. Qui ad jentaculum apponebatur. Chartular. S. Vandreg. tom. 1. pag. 844 : *Duos panes qui vocantur Matinelli tantummodo percipiet.*

* PANIS MEDIANUS, Gall. *Pain moyen.* Charta ann. 1196. in Chartul. S. Joan. in valle : *Percipiet a nobis singulis diebus duos Panes, quos vocamus Medianos, et de vino et de coquina, sicut unus ex majoribus servientibus nostris.*

PANIS MEDIUS, Dimidius panis. Regula Magistri cap. 26 : *Medius Panis pensans libram singulis fratribus in die sufficiat secundum formam divinæ dispensationis, cum Medium Panis cœlestis corvus Paulo servo Dei cotidie vescendum paraverit.*

PANES MELLITI, nostris *Pains d'espice.* Arnoldus Lubecensis lib. 3. cap. 32 : *Et defecerat panis in sistarciis eorum : fuerunt tamen inter eos, qui Panes Mellitos, cum in abundantiis erant, sibi præparaverant, et utcumque sustentabantur.*

** PANIS MENSURABILIS, in Edicto Pistensi art. 20.

¶ PANIS MILITIS, Idem qui *Armigerorum.* Charta ann. 1248. in Chartular. Fiscamn. : *Præter ea vendidi eisdem duos galones vini et duos panes albos et duos Panes Militis.* Aliæ ann. 1270. ibid. : *Vendidi octo Panes Militis et octo galones vini.*

* PANIS MISSIUM, pro Missis celebrandis. Comput. Ms. eccl. S. Egid. Abbavil. ann. 1386 : *Bolengario pro Pane missium, viij. solidos.*

PANIS MIXTUS, in Itinere Camerarii Scotici cap. 9. § 4. *Panis de mixtura*, in Statutis antiq. Corbeiensibus lib. 1. cap. 4. *Pain de meteil.* Vide *Mixtum* 2.

* PANIS MOLY, pro *Mollet*, Delicatus. Lit. pro civit. Anicii ann. 1460. in Reg. 190. Chartoph. reg. ch. 180 : *Sur la forme et maniere de faire et vendre Pain blanc, appellé Moly, etc.*

* PANIS MOFFLETUS, Eodem intellectu. Vide *Mofflet.*

PANES MONACHILES. Monasticum Anglic. tom. 1. pag. 149 : *A Celerario singulis diebus debent venire in refectorium 72. Panes Monachiles, quorum quilibet erit ponderis 65. solidorum, ex quibus singuli Monachi singulos percipient.*

¶ PANIS MUTUATUS, in vetusto Chartular. unde nostris corrupte *Pain mouton*, quasi panis vervecius. *Mutuatus* vero dici ex eo videtur, quod illum divitibus offerre soleant pauperes pecuniam inde ab eis accepturi, ac si mutuum darent. Vide Dictionarium Trevolt. v. *Pain.*

* Oudinus in Diction. Gall. Ital. : *Pain mouton, certo panetto con grani di fromento in cima.* Forte *Mouton* a voce ficta *Molletum*, dimin. a *Molle*; adeo ut idem sit qui *Pain mollet.*

PANIS NATALITIUS, cujusmodi fieri solet in die Natalis Domini, et præberi dominis a prædiorum conductoribus, in quibusdam provinciis, qui ex farina delicatiori, ovis, et lacte confici solent : *Cuignets* appellant Picardi, quod in *cuneorum* varias species efformentur. Gervasius Dorobernensis ann. 1188 : *Nec eorum devotioni sufficere potuit, Panem conferre Natalitium, nisi etiam conventui panem conficerent piperatum.* Charta Petri Meldensis Episcopi ann. 1228. in Tabular. ejusdem Ecclesiæ fol. 35 : *Item quittamus hominibus de Varedis consuetudines nemoris, videlicet gallinas, Panes de Natali, et bolos, et ipsi quittaverunt nobis, etc.* Charta Guillelmi Episcopi Ambian. in Tabular. Episcopor. ejusd. urb. fol. 27 : *Omnibus candelis et Panibus de Natali et de Paschate, qui vocantur tortelli, exceptis.* Charta ann. 1214. in Tabulario Ecclesiæ Carnotensis n. 179 : *Habet etiam de quolibet hospite unum Panem ad Natale Domini, etc.* [Hist. MS. Beccensis Monast. pag. 662 : *Recepit ad firmam.... tertiam partem decimarum vini, Panem Natalis Domini et Paschæ et Purificationis B. Mariæ.*] Neque aliæ videntur *oblationes panum et cæterarum rerum, quæ in Epiphania Advocato fiebant*, in Charta Friderici I. Imperat. ann. 1159. in Metropol. Salisburg. tom. 3. pag. 49. 409. Vide *Torta.*

PANIS NAUTICUS, Marcello Empirico cap. 27. pag. 137. qui alias *Biscoctus. Miscebis... Panem candidum vetustum, vel tostum, vel, quod est melius, Nauticum. Vetus aut Nauticus Panis*, apud Plinium lib. 22. cap. 25. *Panis navalis*, Cœlio Aureliano lib. 5. Chron. cap. 1.

PANIS NICOLAUS. Ita Placentas appellavit Augustus a Nicolao Damasceno sibi exhibitas et donatas, ut est apud Photium in Bibl. Palladius in Hist. Lausiaca cap. 47 : Καὶ Νικολάους παμμεγέθεις ἄρτους δεκὰ καθαροὺς καὶ θερμαοὺς, *etc.* Ruffinus de Vitis Patrum cap. 7 : *Nicolai etiam ingentes, et Panes calidi et mundissimi, etc.* Vide ibi Rosweidum.

PANIS NITIDUS, apud Bedam lib. 2. cap. 5. et Marculfum lib. 1. form. 11. *Mundus*, apud Lampridium in Alexandro Severo, et in leg. 5. Cod. Th. de Pane Gradili (14,17.). Καθαρὸς ἄρτος, apud Theophanem anno 40. Theodosii Junioris. Ita porro sæpe dicitur, qui ad sacrificium paratur. Concilium Toletan. XVI. can. 6 : *Ut aliter Panis in altari Domini sacerdotali benedictione sanctificandus proponatur, nisi integer et Nitidus, qui ex studio fuerit præparatus, etc.* Chilienus in Vita S. Brigidæ num. 52 :

> Hos igitur manibus Nitidos de robore Panes
> Detulerat secum servandos inde Sacerdos,
> In Pascha Domini, vel festis munera Christi,
> Hæc sumenda Dei servis, sanctisque puellis.

PANES NUNTII, Qui nuntiis dari solent, in nuntii allati mercedem. Philippus Eystetensis Episc. in Vita S. Willibaldi, de quodam contracto sanato ad Translationem reliquiarum S. Walpurgis : *Claudicando chorum ascendit prorumpens in hæc verba, O gloriose Præsul Christi Willibalde, da mihi Panem Nuntii, soror tua advenit te benigne salutatura.* Ubi Gretzerus ad oram libri scripsit hoc verbum Germanicum *Bottenbrott*, ex *Brott*, panis, et *Bott*, nuntius. Josua Pictorius *Bottenbrott*, Evangelia interpretatur.

PANIS OBLATUS, in Fleta lib. 2. cap. 14. § 4. *Obolatus*, lib. 2. cap. 72. § 19. Vide *Oblata.*

* PANIS OBLIALIS, Panis tenuissimi species, nostris *Pain oublieré.* Hist. abbat. Condom. pag. 485 : *Reddit triginta Panes obliales et duos solidos, etc.* Tabular. episc. Carnot. : *Veci ceu que Mgr. Jehan de Drouaiz, sire de Tacheinville, avoue à tenir de Mgr. l'evesque de Chartres.... six Pains oublierez de rente.* Vide in *Oblata.*

¶ PANIS OCULATUS, nostris *Plein d'yeux*, Rarus, fistulosus, in Medicin. Salernit. edit. 1622. pag. 155.

PANIS OPIRUS. Glossæ ad Alexandrum Iatrosoph. : *Opirus Panis, i. panis medie maacius.* Sic in MS. [Vide *Opirus.*]

* PANIS ORATIONIS SANCTÆ, Super quem recitata oratio, *Pater noster.* Acta Mss. In-

quisit. Carcass. ann. 1308. fol. 66. v°. : *In principio mensæ dictus Petrus Auterii accepit usque ad dimidiam placentulam, et stans pedes tenendo dictum panem, cum manutergiis quæ posuerat in collo suo, incæpit dicere desuper :* Pater noster.... *Postea fregit dictum panem cum cutello suo, et posuit in mensa coram se primo et coram quolibet nostrum; et dixit tunc mihi, quod hoc vocabant ipsi Panem orationis sanctæ.* Vide *Panis sanctæ Orationis.*

* Panis Oris, vulgo *Pain de la bouche*, Regi destinatus. Arest. ann. 1345. 6. Aug. in vol. 2. arestor. parlam. Paris. : *Panetarius* (habet) *telas albas ad reponendum Panem oris, etc.*

¶ Panis Ostiensis. Vide *Panis Fiscalis.*

¶ Panis Paganus, a Rusticis seu hominibus qui in *pagis* habitant, confectus. Charta ann. 1309. tom. 1. Hist. Dalphin. pag. 86 : *De quolibet vendente eodem modo Paganum Panem, pelleteriam, etc.*

* Panis Panetariæ, Ex penaria. Charta ann. 1248. in Chartul. Cluniac. ch. 256 : *In crastino Nativitatis Domini unum Panem panetariæ..... Unum panem de panetaria pretii unius denarii.*

Panis Papalis. Matth. Silvaticus : *Simila sic fit. Frumentum fractum in frusta, vel mollitum grosse, in qua diversa substantia dividitur per cibra, extrahitur furfur, et farina subtilissima, quæ pollina dicitur, postea remanet simila, quæ dividitur in grossum, subtilem et mediocrem. De pollina fit Panis Papalis, etc.* Eadem habet nescio quis Cotta. Idem et *Panis Romanus* vulgo appellatur. Vide Angelum Paleam in Antidotarium Mesuæ c. 274.

* Panis Paratus. Necrol. eccl. Rotomag. ex Cod. reg. 5196. fol. 1. r°. : *Item Panem paratum cuilibet canonico, continentem seu valentem panem cum dimidio de illis, qui consueverunt distribui in communi.*

¶ Panis de Paribus. Charta Radulfi de Clarom. Domini Ailliaci ann. 1224. in Tabular. Corbeiensi : *Advocatus habet apud Brach de singulis hospitibus unum Panem de Paribus.* Idem qui

¶ Panis de Pers, in Charta ann. 1293. ex eodem Tabular. : *Beatrix Tierrée et duo liberi sui pro manerio suo* (debent) *in Natali unum caponem, XII. denarios et unum Panem de Pers... Domina Peronele Carpentier pro manerio suo in Natali Domini unum caponem, unum denarium et tres Panes de Pers... Item Agnes Raimbalde pro domo sua in Natali duos capones, duas fouachias de Pers.*

¶ Panis Paximatius. Vide *Paximatium.*

¶ Panes Pele. Tabular. Calense pag. 40 : *Item XII. panes qui vocantur Panes Pele. Item XII. capones.*

* Panis Perditus, vulgo *Pain perdu*, Panis frixus. Lit. remiss. ann. 1384. in Reg. 126. Chartoph. reg. ch. 8 : *Lequel exposant leur respondi que il ne leur avoit que donner fors un pain blanc et du burre;.... c... ... entrerent oudit hostel disans que ilz ... ... roient du Pain perdu.*

Panis Picentinus, Qui ex alica fiebat, ut auctor est Plinius lib. 18. cap. 11. de quo etiam Apicius lib. 4. de Re culin. cap. 1.

Panis Piperatus, [Idem qui *Mellitus.*] Vide *Panis Natalitius.*

* Panis Porcinus, Plantæ species. Vide supra *Casamum.*

* Panis nuncupatus *Pote.* Stat. pro pistor. Paris. in Reg. Cam. Comput. fol. 3. v°. : *Et se le pain estoit de plus de II. deniers, il seroit le maitre; et ce pain appelé le Pain pote. Pain porte*, in Consuet. Genovef. Mss. fol. 8. r°. ex eod. Stat.

Panes Præbendarii, Qui diatim distribui solent Canonicis Præbendariis ex communi pistrino. Honorius III. in 5. Compilat. tit. 16. cap. 2. ad Canonicos Compostellanos, ubi quærit, an in vigesima Ecclesiasticorum proventuum in subsidium Terræ sanctæ decreta in triennium, istiusmodi panum vigesima exigi debeat : *Non oportuit nos de quotidianis dubitare stipendiis, quæ in Pane, vino ac numerata pecunia consistunt.* Et infra : *Nec multum dubii remanet de Panibus illis, quos dicitis in vestro vulgari Reguaffas.* Ubi Innoc. Cironus observat ejusmodi panes *Præbendarios* dici, et in Tolosano tractu *Moufflets* appellari. Vide eumdem in Paratitl. Juris Can. lib. 5. tit. 5.

Panes Præbendales dicuntur iidem in Concilio Coloniensi ann. 1260. can. 11. [Regula reformat. Monast. Mellic. ann. 1451. in Chron. ejusdem pag. 413 : *Panis Præbendalis est triticeus et esibilis, moderatæ quantitatis; et apud prandium cuilibet fratrum unus apponitur, addito uno in medio fratrum duorum.*]

¶ Panis de Pricked-Bread, Re aliqua respersus, ut panis speciarius; ab Angl. *Bread*, panis, et *Prickt*, punctus. Monast. Anglic. tom. 1. pag. 498 : *Molendinario septem panes de conventu, et septem Panes de Pricked-Bread.*

Panes Primitiales, Qui Ecclesiis aut dominis, pro primitiis offeruntur. Tabularium S. Flori in Arvernia : *Quilibet homo Dom. P. unum Panem Primitialem exsolvat.* Iidem qui

* Panis dictus *Primos.* Pactum inter prior. et habitat S. Belini ann. 1461. in Reg. 198. Chartoph. reg. ch. 191 : *Quant iceulx habitans feront lesdites corvées,... le prieur sera tenu de bailler pour le repâs de ceulx, qui conduiront une chacune desdites charrues, pour chacun jour, deux Pains, que l'en appelle Primos, d'un bichot de froment les sept.*

Panes Propositionis dicuntur in Charta Avæ Comitissæ Ruscinonensis apud Steph. Baluzium in Append. ad Capitul. num. 144 : *Cum ipsas primitias et ipsas decimas vel Panes Propositionis, vel cum ipsas redhibitiones, quas ipsa Ecclesia habet, vel habere debet.* Nam iis solis Sacerdotibus et Levitis licebat vesci, ex 1. Reg. 21.

Panes Provendaricii. Adalardus lib. 2. Statutorum Corbeiensium cap. 1 : *Unicuique fratri hortolano per vices centum Panes Provendaricios, quos Panes debet dare frater, qui panem providet fratrum.*

* Panis Quadragesimæ, Cujus in Quadragesima ad *collationem* usus. Necrol. eccl. Paris. Ms. : XI. *Nonas Febr. Obiit Albertus, qui dedit nobis decem libras ad Panem Quadragesimæ.*

¶ Panis de Rebuleto, Ex farina, unde pollen excretum est, factus. Charta ann. 1297. in Chartul. Fiscamn. : *Item quolibet die totius anni unum Panem de Rebuleto post panem conventus.*

¶ Panis Reversatus. Vide *Focacia.*

¶ Panis Romanus. Vide *Panis Papalis.*

Panis Rubidus, *recoctus et rubefactus.* Isid. lib. 20. cap. 2.

¶ Panis de Sala, Idem qui Hospitum, *Pain de sale.* Chartular. S. Vandreg. tom. 1. pag. 844 : *Et habebo duos Panes de Sala et vinum.*

* Panis Salis, Certa salis meta vel massa, nostris *Pain de sel* vel *Pain salignon.* Charta Alfonsi comit. Pictav. et Tolos. ann. 1256. in Reg. 62. Chartoph. reg. 46 : *Item una saumata salis det unum Panem salis et unum denarium.* Ordinat. hospit. reg. ann. 1285. in Reg. Cam. Comput. Paris. sign. *Noster* fol. 53. v°. : *Et se praigne garde le mestre de l'ostel que l'en ne face trop de Pain de sel. Item le saussier devers le roy mangera à court et prandra le Pain du sel là où il l'a acoustumé à prandre.* Lit ann. 1393. inter Probat. tom. 3. Hist. Burgund. pag. 111. col. 2 : *Un denier Tournois sur chacun Pain de sel, appellé Salignon.* Consuet. Castell. ad Sequanam ex Cod. reg. 9898. 2 : *Ilz paient à ung chacun d'iceulx seigneurs ung sextier de vin, un Pain sallignon, et une pinte huille, se ils veulent vendre sel et huille.* Vide infra *Saligium.*

¶ Panis Sanctæ Orationis dicebatur *Panis benedictus* apud Albigenses. Limborch. Inquis. Sent. Tolos. pag. 29 : *Item comedit de pane benedicto* (Albigensum) *quem vocant Panem Sanctæ Orationis.* Occurrit item pag. 30. [* Vide supra *Panis Orationis sanctæ.*]

¶ Panes Sancti Spiritus, Qui pauperibus per totam Pentecostes hebdomadam erogabantur. Charta Geraldi Abbat. Angeriacens. ann. 1385. in Chartul. ejusdem Monast. pag. 465 : *Item in festo Pentecostes reficiuntur singulis diebus illius septimanæ septem pauperes, quibus dantur a cellerario quotidie septem panes frumenti et totidem justæ vini,.... Et isti septem panes vocantur Panes Sancti Spiritus.*

* Panes Sancti Stephani, Qui in festo hujus Sancti a prædiorum conductoribus solent dominis præberi. Charta ann. 1250. ex parvo Reg. S. Germ. Prat. fol. 45. r°. col. 2 : *Tenentur nobis singulis annis,... in crastino Natalis Domini, in uno sextario avenæ et duobus caponibus et tribus obolis et uno Pane, qui dicitur sancti Stephani.* Vide *Panis Natalitius.*

Panes Sanctorum, Qui ad altare offeruntur. Herardus Archiep. Turon. in Capitul. cap. 24 : *De mulieribus ac Laicis, ut ad altaria non accedant, et ut Sacramenta et Panes Sanctorum, exceptis quæ offerunt, non tangant.*

¶ Panis *qui in sartagine coquitur*, apud S. Willelmum lib. 1. Constitut. Hirsaug. cap. 9.

Panis Secundus, Cui furfuris aliquantum admixtum est. *Sequentem* vocat Lampridius in Alexandro Severo, qui scilicet *Mundum* excipit. Constantinus African. lib. 5. Commun. loc. medic. cap. 15 : *Panis Secundus, minus est nutrivus, et citius digeri-*

tur : quod fit, quia multum est furfureus. Horat. lib. 2. Epist. 1 :

..... Vivit siliquis et Pane Secundo.

Ubi Schol. : *Pane Secundo, non siligineo, non primo, non postremo, sed dispensatorio.* Nostris *Pain de mesnage*, quo ut plurimum in familiis nostris utimur.

Panis Segalatius. Vide *Segálum.*

¶ Panis Seniorum. Guidonis Discipl. Farfens. cap. 45 : *Debet frater procurator ejusdem loci cotidie accipere ex promptuario panes decem et septem, et libras tres de illo Pane, quem Seniores habuerint in refectorio.*

Panis Servientalis, Qui servientibus seu famulis dari solet. Consuetudines Monasterii de Regulâ : *De Sturjone et Salmone primo captis in Beta medietatem piscatores dabunt, et tunc accipient illi duo piscatores duos Panes Servientales et duas mensuras vini. Panis puerorum*, id est, famulorum, appellatur a Petro Damiano lib. 1. Epist. 89 : *Edebat Panem, non fratrum, non denique Puerorum, sed eum, qui vel ex puro fieret hordeo, etc. Panem vassallorum*, vocat Bernardus Mon. in Consuetud. Cluniac. cap. 25 : *Et illis, qui soliti sunt habere panem de siligine, qui vulgo Vasalors, et qui panem, qui vocatur Vasalors, soliti sunt habere, triticeus albus unicuique justa una, denarios autem dat Camerarius.* [Processus de Vita S. Yvonis tom. 4. Maii pag. 550 : *D. Yvo panem siliginis, aliquando hordei, aliquando avenæ, aliquando Panem Vassallorum cum oleribus vel pisis aut fabis coctis in aqua absque condimento aliquo comedebat.*] Huic opponitur panis, qui Plinio *procerum* dicitur.

¶ Panis Siccus, Idem videtur qui *Secundus*. Epistola Episc. cujusdam a Mabillonio laudata tom. 3. Annal. pag. 310. qua jejunium triduanum indicitur : *Ad hæc Pane Sicco alantur omnes, et crudis oleribus cum sale atque pomis, et uno vasculo seu poculo de cervisia refocillentur.*

¶ Panis Sigilacius, apud Baluz. Hist. Tutel. col. 436 : *Decem quoque sextaria sigilis propter oblatos Panes Sigilacios.* Idem qui

¶ Panis Siligineus, apud S. Wilhelmum lib. 1. Constit. Hirsaug. cap. 6. Vide *Sigalum.*

Panis de Simenel, Joanni Villaneo lib. 8. cap. 82. *Pan de simola.* Vide *Simenellus.*

Panis Temperatus, Cui opponitur *Distemperatus*, apud Constantinum African. lib. de Ratione victus ægr. pag. 278. 279. *Panis Temperatus vel sub cinere coctus*, eidem. *Panis coctus temperate*, lib. 5. Commun. loc. medic. cap. 15. ita *ut nec exteriora nimis exusta, nec interiora nimis mollia, etc.*

* Panis Tornatus, Idem qui nude alibi *Tourte*, vel *Faitis* et *Fetiz* appellatur, Panis ater, furfureus, vulgo *Pain bis*. Inventar. ann. 1271. in Access. ad Hist. Cassin. part. 1. pag. 328. col. 2 : *Debent habere quatuor Panes tornatos dandos bubulcis.* Charta ann. 1326. in Reg. 64. Chartoph. reg. ch. 450 : *Li abbés ou l'abbeye d'Espernay doit et doient à chascuns des meseaus,.... pour le vivre cotidian, chascune semaine dis huit pains,.... la moytié blanc et l'autre moytié Tourte, c'est assavoir nuef blancs et neuf Tourtes.* Lit. remiss. ann. 1393. in Reg. 145. ch. 162 : *Le suppliant dit à sa femme que elle preist un grant Pain fetiz, dit Tourte, et en feist des pieces et les donnast aus poures pour Dieu.* Aliæ ann. 1396. in Reg. 150. ch. 337 : *L'exposant lui dist qu'il venist boire et qu'il apportast une piece de son Pain faitis. Gros pain ballé et de tourte*; apud Rabel. lib. 1. cap. 25. *Torte*, eadem notione. Lit remiss. ann. 1408. in Reg. 163. ch. 225 : *Et aussi ala querir un pain de seigle, appellé Torte.* Hinc *Tourte* nuncupatur secale seu frumentum, ex quo conficiebatur ejusmodi panis, in aliis Lit. ann. 1366. ex Reg. 97. ch. 544 : *Comme environ la feste de Toussains fust baillé de par nos bien amez doyen et chapitre de S. Mamer de Langres environ xxx. minnes de blef, appellé Tourte,... pour en faire le pain pour donner et distribuer aux poures au jour de ladite feste, etc.*

¶ Panis Travers. Hist. MS. Monast. Beccens. pag. 592 : *Quandiu vixerit singulis diebus unam micham panis et duos Panes Travers, unam mensuram cervisiæ, quatuor ova.*

Panis de Treit, in Fleta lib. 2. cap. 9. § 1. et in Itinere Camerarii Scotic. cap. 9. § 4. Vide *Wastellus.*

¶ Panis Triboleti. Charta ann. 1442. ex Archivo S. Victoris Massil. : *Dominus abbas dare tenetur bonum panem album, qui dicitur Panis Triboleti, quorum quilibet debet esse de pondere viii. unciarum in pane cocto.* Haud scio an idem sit qui

¶ Panis de Truset. Capitul. gener. ann. 1294. ex eodem Tabular. : *Quod nulli speciale vinum vel Panis de Truset omnibus communiter provideatur.*

In veteribus Statutis MSS. pro talemelleriis seu panificibus Parisiensibus horum panum mentionem fieri observavimus, *Pain doubliau. Le Pain pote, qui est plus de 2. deniers. Pain reboutis, c'est à dire refusé, et que les Boulengers n'ont pû vendre. Pain raté, que rat ou souris out entamé. Pain trop dur, ars, ou eschaudé, pain trop levé, pain alis, pain mestourné, c'est à dire trop petit. Pain blanc appellé de Chailly. Pain bourgeois. Pain faitis, que on dit pain de brode.* Sed de variis panum generibus consulendus Joannes Bruyerinus Campegius l. 6. de Re cibaria cap. 9.

* Panes pauperibus distribuendi in festis Ascensionis et Penthecostes solemni ritu benedicebantur : cujus moris meminit Pontificale. Ms. eccl. Elnen. : *In festo Ascensionis Domini vel Penthecostæ, secumdum morem quorumdam locorum, Panis pauperibus distribuendus benedicitur hoc modo. Processio enim ordinata, cruce, thuribulo, cereis et aqua benedicta præcedentibus, venit sollempniter cantando, quod libuerit, ad locum ubi totus panis est coagulatus.* Vide *Panis S. Spiritus.*

Panum Præstatio, in venditionibus. Necrologium Ecclesiæ Carnotensis : *Acquisivit, quidquid dictus Miles habebat apud Mundinvillam, videlicet partem suam Panum et vendarum.*

Panem Offerre, ad sacrificium scilicet, in Capitulari Pipini Regis Italiæ cap. 32. Vide *Offerre.*

* Panem Laborare. Charta ann. 1 ... ex Bibl. reg. cot. 17 : *Vendimus vobis petias vij. de terra ad Panem laborandum.* Si venditionis conditio est, Panem conficere significat; si qualitas terræ designatur, Agrum indicat frumento aptum.

Esse ad Panem et Vinum dicitur domesticus, qui est e familia alicujus, qui ex pane domini victitat. Regestum Constabulariæ Burdegal. fol. 202 : *Dominus hæreditatis, vel filius suus, vel alius, qui secum sit in domo ad Panem et vinum.* Stabilimenta S. Ludov. lib. 1. cap. 30 : *Homme, qui emble à son Seigneur, et il est à son pain et à son vin.* Idem, qui *Larron domestique*, in Consuet. Burdegal. art. 107. et Lodunensi art. 7. *Esse in pane*, seu *ad panem patris, estre en pain*, dicitur filius, qui est in potestate patris, in Consuet. Hannoniæ cap. 42. 98. 106. Montensi cap. 6. 8. 9. 10. 36. et aliis. Ita *emancipatio* appellatur *mise hors de pain*, in Montensi art. 10. et Allevensi art. 14.

* *Etre au pain et au sel*, pari intellectu, in Charta Erardi de Brena ann. 1269. ex Chartul. Pontiniac. ch. 84 : *Les sergens seculers qui seroient au pain et sel de Pontegni, etc. Qui erunt ad panem et ad sal de Pontigniaco*, in alia ann. 1270. ibid. ch. 105.

Panem aut Hospitalitatem Dare, Wargis seu bannitis et fugitivis servis, vel eos in hospitium *colligere* vetitum, in Lege Salica tit. 57. § 5. et tit. 59. in Lege Burgund. tit. 6. et in Legibus Wisigoth. lib. 9. tit. 1. § 4. 5. 6. ubi *humanitatem dare*, idem valet.

Panis et Aquæ Refectione damnati delinquentes Episcopi, in Legibus Wisigoth. lib. 2. tit. 1. § 18. ut et Monachi, in Regula S. Isidori cap. 18. in Concilio Taracon. I. can. 1. et Clerici, in Matiscon. I. can. 5. in Turon. II. cap. 18. 19. etc. *Pœnitentia in pane et aqua*, in Pœnitent. Egberti cap. 31. 32. in Capitul. Caroli M. lib. 5. cap. 2. lib. 7. cap. 36. in Regula Canonicorum Metensium Chrodegangi Episc. cap. 4. *Parvo pane et aqua brevi, cum abundantia divini verbi, usque ad satisfactionem frui*, in Concilio Metensi ann. 888. cap. 9. *In pane, sale, et aqua tantum corripi*, in Concilio Triburiensi ann. 895. cap. 8. 55. Remensi ann. 923. Vide Rainardum Abbat. Cisterciensem in Constit. ejusdem. Ord. cap. 79. Nomasticon Cisterc. pag. 287. 317. 365. Huc spectant ista Hieronymi de Vita Clericor. : *Fortissimum jejunium est aqua et panis, etc.*

* **PANISCULUS**, dimin. a Panis. Tract. Ms. de Re milit. et mach. bellic. cap. 21 : *Dux exercitus in campis suis semper habere debet equos sive mulos portantes fornellos ac pistrina, causa quoquendi Panisculos sive panes.* Vide supra *Panicellus.*

* **PANISNITED.** Ita hæc vox mutila legitur in Dipl. Chilper. II. ann. 716. tom. 3. Collect. Histor. Franc. pag. 694 : *Veredos sive paraveredos decem, Panisnited. decem, sequentes vegente* (viginti).

¶ **PANISSA**, Minutioris grani species, idem quod *Panicium*. Transactio inter Abbatem et Monachos Crassenses ann. 1351 : *Duas partes decimæ et primitiæ omnium bladorum et vini, fabarum et viminum, sed de millio et Panissa nihil recepit.*

¶ **PANISTARIUS**, Panitarius. Vide supra *Panetarius*.

* **PANITA**. Vide supra *Paneta*.

* **PANITECHA**, *Repositorium panis*, in vet. Glossar. ex Cod. reg. 521.

¶ **PANITIA**. Vide *Panicium*.

* **PANITISSOR**, perperam pro *Panicissor*, qui pannos scindit, sartor. Vide mox *Pannicidæ* et *Pannicisor*. Testam. Isabel. dalph. Vienn. ann. 1345. inter Probat. tom. 2. Hist. Burg. pag 220. col. 1 : *Item dicto Guormant Panitissori famulo meo viginti libras Steph. do et lego. Pannicissor*, ex eodem Testam. in Cod. reg. 9484. 2. fol. 205. r°.

¶ **PANITTARIUS**, Idem qui *Panetarius*. Charta Eduardi I. Reg. Angl. ann. 1299. apud Rymer. tom. 2. pag. 853 : *Matthæi de Cria Panittarii Franciæ, etc.*

¶ **PANIZATA**. Vide *Palizata*.

¶ **PANKETA**. Vide *Pancketa*.

¶ 1. **PANNA**, Sartago, caldarium amplum. Apud Andegavenses, vas fictile majus in quo panni lexivio mundantur, vocant *Panne*. Charta Wichmanni Magdeburg. Archiep. ann. 1178. apud Ludewig. tom. 5. Reliq. MSS. pag. 8 : *Contulimus... tantam portionem de puteo salinarum, ut ad coquendum salem quatuor inde Panne instruantur... Curiam suam adjacentem donavit prefate ecclesie sub ea dispositione, ut de censu tam curie quam predictarum* IIII. *Pannarum in aniversario suo fratribus jam dicte ecclesie perpetim refectio administretur*. Consuet. Andegav. ad calcem a Menagio laudata : *Tous marchans de Pannes à faire buée*.

* Germ, *Pfanne*; maxime vero vas conficiendo sali aptum : unde et locum, ubi sal conficitur, significat. Charta ann. 1305. apud Ludewig. tom. 12. Reliq. Mss. pag. 230 : *Recognoscimus et ad noticiam totius universi cupimus pervenire, quod unam Pannam in fonte Teutonico vendidimus Hinrico et Ottoni..... Quam quidem Pannam prædictam Hinricus et Otto.... fratribus Prædicatoribus et fratribus Minoribus.... sunt elargiti in hunc modum, quod singulis sabbatis per anni cursum prædictis fratribus .... media stopa vini ad divini officii celebrationem de denariis jam dictæ Pannæ provenientibus seu cadentibus, dabitur et ordinabitur per illum, cui talis Panna nomine provisoris committebatur*.

¶ 2. **PANNA**, Vox lignariorum qua lignum designant quadratum sex aut septem pollicum, quod super tecti canterios impositum, ligneisque retentum fulcris, portat asseres, Gall. *Panne*. Charta ann. 1309. tom. 1. Hist. Dalphin. pag. 98 : *Item fustum quod vocatur Panna, debet duodecim denarios*.

* *Painne*, eo sensu, in Comput. pitent. S. Germ. Prat. ann. 1374. ex Bibl. ejusd. monast. : *Pour la couverture du four de Valenton pour aissaule et Painne, xij. solz*. Hinc *Panna* in quibusdam ecclesiis vocatur tignum illud transversarium, quod ad ambonem sæpius positum pluribus cereis ornatur. Chartul. eccl. S. Petri puellarum Bitur. fol. 8. r°. : *In festis annualibus eorum retro magnum altare sex cerei in pertica, quæ Panna vulgariter appellatur*.

¶ *Pannæ* apud Vitruvium dicuntur templa. [* Nec in Vitruvio nec alibicunque reperitur, ut me monuit D. *Falconet*.]

¶ 3. **PANNA** Guttæ, ea fastigii pars, quæ tabulato respondet. Tabular. S. Clodoaldi : *Et si prædictus Remboldus domus pinnaculum auferre voluerit, vel heres ipsius, usque ad Pannam Guttæ auferre licebit*. Vide *Gutta* 4.

¶ 4. **PANNA**, Pellitium. Vide *Pannus* 2.

¶ **PANNAGIUM**. Vide *Pastio*.

¶ **PANNALIUM**, Vexillum minus. Funus Johan. Galeaz. ann. 1402. apud Murator. tom. 16. col. 1035 : *Alia duo* (scuta) *cum Pannalio de comitatu Angleriæ*. Vide *Bandum* 1.

* **PANNARIA**, Pannorum textura, fabrica. Leg. Genuens. ann. 1576. part. 1. cap. 3. tom. 2. Cod. Ital. diplom. col. 2158 : *Declaramus artes infrascriptas..... nihil præjudicare nobilitati : artes scilicet serici, lanæ et pannorum, quas vulgus sceteriam, lanariam, Pannariam et draperiam vocat*.

¶ 1. **PANNARIUS**, Canistrum, *Panier*. Computus ab ann. 1333. ad ann. 1336. tom. 2. Hist. Dalphin. pag. 276 : *Apud Scaulum in primo jardeno ubi Dominus accepit fructus arangiarum et limuncellorum pro ipsis fructibus et uno Pannario, taren*. 1. Vide *Pannerius*.

¶ 2. **PANNARIUS**, Pannorum venditor, Gall. *Marchand drapier*. Charta Eduardi III. Reg. Angl. ann. 1376. apud Rymer. tom. 7. pag. 117 : *Concessimus vobis in auxilium præmissorum assisam panis, vini et cervisiæ ac stallagium Pannariorum et carnificum, aliorum mercatorum, etc.* Occurrit etiam apud *Madox* Formul. Anglic. pag. 283. Menoti Sermones fol. 120 : *Mittit ad querendum les Drapiers, les grossiers, marchands de soye... Pannarios, grossarios et mercatores setarios*.

* Glossar. Lat. Gall. ex Cod. reg. 7679 : *Pannarii sunt nimia cupiditate fallaces : vendunt enim pannos,.... male tenendo pannos et ulna curta, cum pollice fallaci*. Aliud Gall. Lat. ex Cod. 7684 : *Pannarius, Drappier*.

PANNEI Lapides, Imbrices, tegulæ, Thenton. *Panne*, et *Gleenpanen*. Chronicon Vindhemiense lib. 1. cap. 11 : *Quæ Panneis Lapidibus cæmento contexerunt*.

¶ **PANNELLARE**, in Paginam seu schedulam referre, apud practicos Anglos. Charta Eduardi III. Reg. Angl. ann. 1377. apud Rymer. tom. 7. pag. 147 : *Et ideo tibi præcipimus quod prædictos homines residentes et habitantes in eadem insula, ad comparendum... non compellas, nec ipsos vel eorum aliquem in assisis, juratis seu recognitionibus aliquibus* (*licet non specialiter tangant*) *ponas aut Pannelles, nec poni vel Pannellari facias ullo modo*. Vide *Panellum* 2.

1. **PANNELLUS**. Vide in *Pavenses*, [et *Panellus* 3.]

* 2. **PANNELLUS**, *Pulvillus*, *Bast*, in Glossar. Lat. Gall. ex Cod. reg. 7679. Vide supra *Panellum*. 3.

* 1. **PANNERIUM**, ut *Bannerium* ex mutatione *B* in *P*, Vexillum. Viti Arenpec. Chron. ad ann. 1181. apud Pez. tom. 1. Script. Austr. col. 1203 : *Ex mando Cæsaris Friderici Pannerium Austriæ præcessit Pannerio regis Angliæ*. Charta Humb. episc. Basil. ann. 1404. inter Probat. tom. 1. Annal. Præmonst. col. 229 : *Cum vexillum seu Pannerium de Tehperg in expeditionibus* (exierit) *sequi teneatur*. Vide *Bandum* 1.

* 2. **PANNERIUM**, Instrumentum piscatorium. Charta ann. 1287. in Chartul. Guill. abb. S. Germ. Prat. fol. 218. v°. col. 2 : *Dicti homines de cetero piscare poterunt in riparia dictæ villæ ad Pannerium, trebullam, lineam et nassas tantummodo*. Vide supra *Panchon*.

¶ **PANNERIUS**, Sporta, corbis, *Panier*. Charta ann. 1309. tom. 1. Hist. Dalphin. pag. 98 : *Unus Pannerius piscium debet duodecim denarios*. Vide *Panerius*.

¶ **PANNETERIA**. Vide in *Panetarius*.

¶ **PANNETERIUS**, idem qui *Paneterius*. Processus de Vita B. Petri de Luxemb. tom. 1. Julii pag. 586 : *Robinus Præpositi, Panneterius domini Ducis Borbonii*.

PANNICIDÆ, Qui pannos scindunt, Sartores, *Tailleurs*, nostris. Tidericus Langenius in Saxonia :

Sunt mercatores, quibus attribuuntur honores,
Sunt pannicidæ pleni super omnia fide.

* Charta Otton. ducis Brunsvic. ann. 1323. apud Ludwig. tom. 9. Reliq. Mss. pag. 523 : *Ne aliquis.... de cætero pannum incidere præsumat, seu divisum seu indivisum vendat, nisi tantummodo.... in communi theatro Pannicidarum, quique Pannicidarum eorundem habeat confraternitatem*.

* **PANNICISOR**, Pannicissor, ut *Pannicida*. Lit. remiss. ann. 1352. in Reg. 81. Chartoph. reg. ch. 389 : *Gauffridus Boutin Pannicisor, de cisellis suis quibus pannos cindebat, etc. Pannicissor* supra in *Panitissor*.

PANNICLEROSUS. Historia Episcoporum Autisiodorensium cap. 51 : *Quando ipse intravit Ecclesiam, sic nudum vestimentis Presbyterium, sic Ecclesiæ corpus ornamentis exutum, sic chorum cappis expoliatum reperit, ut in quinque tantum Panniclerosis, et sexta, quæ bona erat, chorus psallendo triumpharet, etc.* Forte *pannosis*, vel *panniculosis*, id est detritis et in frusta decisis.

¶ **PANNICULARIA**, apud JCtos quid sint discimus ex Rescripto Hadriani D. de bonis Damnat. (fragm. 6. Dig. lib. 48. tit. 20.) : *Non enim bona damnatorum Pannicularia significari quis probe dixerit : nec si zonam circa se habuerit, protinus sibi vindicare debebit. Sed vestem, qua is fuerit indutus, aut nummulos in venteralem, quos victus sui causa in promptu habuerit, aut leves annulos, etc.* Vide Hofmannum.

¶ **PANNICULUS**, Quisquiliarum fasciculus. Miracula B. Simonis de Lipnica tom. 4. Julii pag. 560 : *Ipsum dum sic quæsivit circumiens littus prædicti fluvii, vidit verticem capitis cum crinibus in aqua; existimans utique vel caules altas vel Panniculum supernatare, corpusque non videns quod fuit totum in aqua*.

¶ **PANNICUSOR**, Sartor, Gall. *Tailleur*. Charta ann. 1366. pro Aquariatu de Talemundo : *Item dabit et ministrabit Pannicusori qui fuerit Conventui singulis diebus generale sicut uni de religiosis monasterii memorati*.

PANIFER, Vide in *Pannus*, 3.

¶ **PANNIFEX**, Idem qui *Pannificus*, in Charta ann. 1478. apud Rymer. tom. 12. pag. 61. [** In Charta ann. 1285. in Guden. Syllog. pag. 482.]

¶ **PANNIFICIUM**, Pannorum textura, fabrica. Litteræ Philippi VI. Regis ann. 1335. tom. 2. Ordinat. Reg. Franc. pag. 114 : *Nec per contrafactum dicti signi Pannificium Carcassonæ per alios diffamaretur.*

PANNIFICUS, Pannorum confector. Charta Communiæ Belvacensis ann. 1182 : *Ad extensionem quoque pannorum penditoria æquali altitudine in terra affigi debent, et quidquid de penditoriis, vel de Pannifico, vel de rebus Pannificorum appendentibus forisfactum fuerit, etc.* [Baluzius Miscell. pag. 304. edidit : *Et quicumque de penditoriis vel de Pannifico, vel de rebus Pannifico appendentibus, forisfactum fecerit etc.* Quod de pannorum officina intelligendum videtur.]

* **PANNITGIUM**, an Molendinum quo panni densantur et desquamantur? an Contextus ac series palorum in molendinis? Vide supra *Panerium* 2. Charta ann. 1224. tom. 2. Hist. Cassin. pag. 452. col. 1 : *Concedimus ad præsens in perpetuum.... decimas molendinorum et Pannitgiorum, etc.*

¶ **PANNITONSOR**, Pannorum tonsor, Gall. *Pareur de draps.* Obituarium MS. S. Gerardi in Lemovic. fol. 31 : *Die 4. mensis Julii fit anniversarium Gregorii Crosa Pannitonsoris.*

¶ **PANNONCELLUS**, Gall. *Pannonceau du Roy*, Velum quod prædiis obsignatis apponitur. Ordinat. Ludovici X. ann. 1315. tom. 1. Ordinat. Reg. Fr. pag. 572 : *Pannoncellos, et signa nostra in jurisdictionibus eorum, nisi in casibus ad nos pertinentibus, per Senescallos, ballivos, et alios judices nostros, et nisi prius causa cognita legitime poni de cetero prohibemus. Panuncellos seu baculos nostros.... apponant*, in Charta Caroli V. Reg. Franc. ann. 1369. apud Lobinell. tom. 3. Hist. Paris. pag. 473. Vide *Brando* 2. *Pannus* 5. et *Pennones.*

* **PANNORMIA**, Titulus opusculi Yvonis Carnotensis, quibusdam *Pannomia*, de quo fuse Baluz. in Præfat. ad Dialog. Ant. August. de Emendat. Gratiani.

* **PANNOSITAS**, Albugo, pellicula oculi, Gall. *Taye.* Vita S. Gandol. tom. 5. Sept. pag. 713. col. 2 : *Benedicta..... oculo dextro carnositate gravata, et sinistro quodam panno a sua nativitate vitiato,.. meritis B. Gandolphi carnositas unius oculi statim disparuit, et Pannositas alterius sic recessit.* Vide infra *Pannus* 6.

PANNUCEUS, Papiæ, *Pannosus. Pannucea vestis, quasi pannosa, dicta, quod sit diversis pannis obsita.* Isidorus lib. 19. cap. 22. habet *Pannutia.* Pro *Obsita*, Ugutio legit *abscisa.* [Persius Sat. 4. v. 21 :

Dum ne deterius sapiat Pannucia Baucis.]

☞ *Panufle* ea, ni fallor, accipienda notione, pro veste scilicet pannosa seu detrita, non pro crepidis, Gall. *Pantoufles*, ut vult Borellus. Le Roman *de la Rose* MS. :

Len te devroit en un Putel,
Toueiller comme un viés Panufle.

* Hinc *Pannanesse*, pro Meretrice, quod pannosa veste utatur, in Lit. remiss. ann. 1463. ex Reg. 199. Chartoph. reg. ch. 144. *Panifle*, Pannus detritus, apud Guignevil. Ms. in Pereg. hum. gen. ubi de Concupiscentia :

D'un ort et viel burel vestue
Ratasselé de clustriaus,
De viés Panilles et churriaus.

¶ **PANNUCULA**. Vide *Panucula.*

¶ **PANNULÆ**. Vide *Panucla* [et *Pannus*, 2.]

¶ **PANNULEIUM**, *Sudariolum a panno, et volvendo filo.* Laur. in Amalth. *Pannuellium* Turnebo lib. 22. Advers. cap. 6.

* Unde nostris *Paner* et *Panner*, *Pannuleio*, detergere. Vitæ SS. Mss. ex Cod. 28. S. Vict. Paris. fol. 192. r°. col. 2 : *Com ele la trouvast ointe, ele de bambais la Pana o grant reverence.* Ubi Mirac. S. Domin. de quo hic agitur, habent : *Inveniens autem unctam.... illam panno detersam, etc.* Lit. remiss. ann. 1470. in Reg. 195. Chartoph. reg. ch. 602 : *Le suppliant eust la compaignie charnelle d'icelle famme, et au départir d'elle lui dist telz mots Jehannete, Panne-moy ; lesquez furent entendus par plusieurs des compaignons,.... qui par grant dérision et moquerie dudit suppliant firent une chançon, au refrain de laquelle estoient dits ces mots : Jehannete, Panne-moy.*

PANNULULA, *Navicula textricum, qua ejus discursu panni texuntur.* Ugutio.

* **PANNULUS**, dimin. a *Pannus. Quædam calcarea argentea, duo Pannuli, duo capistra*, in Reg. S. Justi ex Cam. Comput. Paris fol. 206. r°.

¶ **PANNUM**, Vadium, pignus. *Pan ou gage*, in Consuet. Montarg. cap. 4. art. 9. Aurelian. art. 158. Kyliano : *Pand, pignus, hypotheca.* Leges Balduini Flandriæ Comit. ann. 1200. apud Marten. tom. 1. Anecd. col. 766 : *Si quis in custodia fructuum terrarum suarum, vel nemorum... per se, vel per servientem suum Panna, seu vadia accipere voluerit, et ei Pannum, vel vadium denegatum, id est sconditum fuerit, et inde inter eum et illum qui vadium denegaverit, id est scondiverit, quem supra suum invenerit, rixæ et contentiones, vel conflictus moveantur, etc.*

¶ **PANNUM** Gallinarum, pro *Bannum*, ut videtur, Census Gallinarum. Vide *Gallinagium.* Charta Alexandri Leodic. Episc. ann. 1131. apud Marten. tom. 1. Ampliss. Collect. col. 709 : *Venatores suos seu canes eorum, ancipitres suos et quoslibet officiales, clientes, forestarios, ab impetratione messis, Pannum Gallinarum et quarumlibet exactionum... placuit ei omnimode excludere.*

¶ **PANNUNCULA**. Vide *Panucula.*

* **PANNUNCULA**, *Navette de quoy en tixe les draps*, in Glossar. Gall. Lat. ex Cod. reg. 7684. Vide *Panucula*, 2.

1. **PANNUS**, Portio, segmentum, vulgo *Pan.* Silvester Giraldus de Hibernia expugnata cap. 21 : *Militis quoque coxa ferro utrinque vestita uno securis ictu cum Panno loricæ præcisa, etc.* Idem in Itinerario Cambriæ lib. 1. cap. 4 : *Accidit... Militem quemdam suum in conflictu contra Wallenses a quodam ipsorum per mediam coxam, cum Panno loricæ ocreali ferro utrinque vestitam sagitta percussum esse.* Usatici MSS. urbis Ambianensis : *Il convarroit, que chil qui le dete claime tenise le tesmoing par le Pan du sercot, ou par le Pan de la cote, ou par le Pan de la cappe, ou par le Pan du premerain garnement kil aroit vestu, et cil qui le conduise doit dire, sire Prevos, veschi Robert, qui chi est contre Huon, qui la est, etc.* [Le Roman *de la Rose* MS. :

Chasconns ses Pans à sa ceinture
Met au fuir toute sa cure.]

* Hinc *Distinguere vineas per Pannos*, in Charta Guid. episc. Clarom. ann. 1281. ex Reg. 185. Chartoph. reg. ch. 77 : *Concedentes dictis hominibus* (Biliomi) *quod in futurum, si maluerint, distinguere vineas suas per Pannos valeant, et distinctionem hujusmodi obmittere semel et sæpius.*

¶ Pannus, Pars Ecclesiæ. Ordinar. Eccles. Cabil. apud Marten. Tract. de Ritib. pag. 125 : *Fit statio in primo Panno et fit statio in secundo Panno.*

* Pannus Claustri, Pars, latus, Gall. *Aile, côté.* Charta ann. 1245. in Chartul. Cluniac. : *Præcepimus ut silentium in ecclesia, in dormitorio, refectorio et in duobus Pannis de claustro, videlicet ex parte ecclesiæ et ex parte capituli, observetur.*

¶ Pannus Ligneus, Portio nemoris. Charta ann. 1245. in Chartular. Pontisar. : *Leprosis de Arumvilla* (legat) *unam culturam cum duobus Pannis ligneis.* In Consuet. Remensi art. 377. *Pan de fust*, est murus ex ligno compactus.

2. **PANNUS**, Cambro-Britannis *Pan*, Pellitium, pili molliores, Gallis *Panne.* Tudebodus lib. 5. Itineris Hierosol. : *Et fecit illis magnum mercatum fieri de equis et asinis, et pane et caseis, et Pannis, et omnibus bonis.* Regula Militum Hospital. S. Joannis Hierosol. cap. 12 : *Deinde Pannos religioni nostræ non congruos, nec pelles silvestres omnino portent, etc.* Gervasius Dorobernensis ann. 1188 : *Statutum fuit, ... quod nullus habeat Pannos decisos ac laceratos.* Chronicon Vosiense cap. 74 : *Barones tempore prisco munifici largitores vilibus utebantur Pannis, adeo ut Eustorgius Episcopus, Vicecomes Lemovicensis, et Vicecomes Combornensis arietinis ac vulpinis pellibus aliquoties uterentur, quas post illos, mediocres deferre erubescunt.* Adde Fletam lib. 2. cap. 14. § 2. Vide Dissertat. 1. ad Joinvillam pag. 130.

¶ Panna, Idem quod *Pannus.* Testam. Oliverii de Clicio ann. 1406. apud Lobinell. tom. 2. Hist. Britan. col. 827 : *Dedit domino de Vaucler Pannam seu forraturam hoppulandæ suæ.* Testam. Margaritæ Ducissæ ann. 1469. ibid. col. 1317 : *Plus donnons à notredit belle-seur deux de nos Pannes, l'une de martre, et l'autre d'armines des meilleures de nos longues robes.*

¶ Pannula, diminut. a *Panna.* Charta ann. 1366. pro Aquariatu de Talemundo : *De biennio in biennium* (ministrabit Aquarius) *Pannulas seu forraturas agnorum, et novitiis capriolorum.*

Penna, Eadem notione, ex Gallico *Penne.* Statuta Ordinis *de Sempringham* pag. 715. de fratribus Pellipariis : *Habeant unde pelliceæ et Pennæ Sanctimonialibus et Sororibus Canonicis et Fratribus fiant.* [Computus ann. 1255. apud D. *Brussel* de Usu feud. tom. 1. pag. 470 : *Pro Pennis ad dictos drapos et ad drapos auri* IIII^c. *lib.* XXIX. *sol.* Alius ab ann. 1333. ad ann. 1336. tom. 2. Hist. Dalphin. pag. 273 : *Pro Pennis de veyro robarum Domini et Comitissæ... unc.* X. *taren.* XVIII. Statuta Monialium S. Salvatoris Massil. ann. 1400 : *Ponatur mantellus honestus Penna forratus. Penne de scurolliis*, in Statutis Astens. *Penna agnina* in Privil. Leduini Abb. S. Vedasti Atrebat. ann. 1036. ex Chartul. V. ejusdem Monast. pag. 243 : *Penna agnina vel pellicia*, 1. *denar.* Le Roman *de la guerre de Troyes* MS. :

Dou mantiel fu la Pene chiere,
Sans piece fu trestot entiere.

Paines, *Pesnes* vel *Piennes* nuncupant nostri eas lanæ vel fili partes quæ circa insubulum remanent, de quibus interdum pannus vilior texebatur, unde illum *Piennes* vocabant, ut ad Litteras Johannis Reg. Franc. ann. 1361. tom. 3. Ordinat. pag. 515. observat Cl. V. *Secousse* : *On ne peut tixtre en une couverture de laine pignée à sain, plus de deux aulnes de Piennes, puisqu'il y a lisieres.*]

☞ Hinc *Penne* vel *Pane* apud nostrates Poetas, pro *Pellitium* quo clypeum seu scutum tegebant. Le Roman *de Partonopex* MS. :

Vait ferir Gaudins durement,
Halt tres parmi l'escu l'ascene
De soz la bouche lez la Penne.

Ibidem :

De lez la Penne de l'escu
Parmi l'espaule l'a feru.

Le Roman *de la Violette* MS. :

Et le jayant parmi la Pane
De l'escu le fiert de sa mache.

Le Roman *d'Athis* MS. :

De fort escus fait Tarevenne
Lui perce la premiere Penne.

Vide *Buccula* 1.

* Pannus Armorum, Pars armaturæ, quæ latus defendit, nostris *Pans*. Vide *Pannus*, 1. Lit. remiss. ann. 1354. in Reg. 82. Chartoph. reg. ch. 301 : *Alter ipsorum Pannos armorum suorum de subtus levavit et eumdem nisus fuit de quodam ense percutere.* Aliæ ann. 1390. in Reg. 139. ch. 5 : *Le suppliant a vendu à aucuns de nos ennemis un bacinet, un Pans et une coste de fer.* Pedag. Peron. ex Chartul. 21. Corb. fol. 341. v°. : *La gorgerette doit j. den. les Pans et les bras doivent ij. den.* Occurrit præterea apud Matth. de Couciaco in Carolo VII. pag. 536.

* Pannus Altus, Idem qui *Alti coloris*, fulgens, emicans. Stat. crimin. Riper. cap. 226. fol. 29. v°. : *Nulla persona audeat ordiri facere, nec aliquam telam Panni alti facere fieri de lana filata ad filarolum.* Vide supra *Altus.*

¶ Pannus Berettinus, Cinerei coloris, panni spissioris et vilioris species. Chron. Estense ad ann. 1391. apud Murator. tom. 15. col. 521 : *Dominus marchio in signum veræ contritionis induit se de Panno Berettino vestibus superioribus.* Pluries ibi. Vide *Berretinus* et *Birrus.*

¶ Pannus de Bigaria, f. *de bigeria*, Pannus rufus, villosus. Vide *Bigera*. Charta Johannis Comit. Carnot. ann. 1222. ex Schedis D. *Lancelot* : *Concedo quod burgenses dampnari Carnotenses portent Pannos suos de Bigaria, salvo omni jure meo.*

* Pannus Blanquetus *Medius* vel *Minor*. Stat. ann. 1317. in Reg. A. Cam. Comput. Paris. fol. 198. v°. : *Sex denarios Turon. parvos.... pro quolibet Panno, medio Blanqueto vocato, sex cannas Narbonenses, et sex cum dimidia Carcassonensi, ut prædicitur, continente; et sic generaliter pro qualibet canna communi patriæ cujuscumque Panni duplicis minoris blanqueti. Draps blancs entiers faiz à Carcassonne*, in Memor. C. ejusd. Cam. fol. 122. r°. ad ann. 1352. Vide supra *Blanchetus* et *Blanquetus*.

¶ Pannus Brunus *de Duasia*, a Duaco civitate, Gall. *Douay*, nomen habens. Computus ab ann. 1333. ad ann. 1336. tom. 2. Hist. Dalphin. pag. 274 : *Pro una canna de Panno bruno de Duasia pro caligis Domini, taren.* XXIV. Ibid. pag. 288. ex Academicis Cruscanis hæc laudantur : *Lo stesso che Doagio citta di Fiandra dalla quale anticamente ci veniva una spezie di Panno dal nome della citta chiamato Doagio.*

¶ Pannus Cartarinus. Testam. Johan. Gasgui Episc. Massil. ann. 1344. ex Tabul. ejusdem Eccl. : *Lego ecclesiæ Massiliensi... duos Pannos cartarinos, cum quibus sæpe jussit parare altare B. Mariæ, in quorum altero est historia sancti Nicolai de opere Anglicano.* Occurrit rursum ibid.

* Perperam; legendum enim *Tartarinus*. Vide in hac voce.

* Pannus Catalaunensis, Remensis. Stat. monast. Beccens. ex Bibl. S. Germ. Prat. : *Panni de Chaalons et de Reins et hujusmodi, de dormitorio penitus auferantur.*

* Pannus Chrismatis, Quo scilicet frons chrismate inuncta obvolvitur, in Ordine Ms. laudato a Lamio in Præfat. ad Hodœpor. Charit. part 1. Delic. erudit. pag. lj. : *Et dat Pannum ei chrismatis dicens, etc.* Vide *Chrismale.*

* Pannus Crudus. Stat. ann. 1317. in Reg. A. Cam. Comput. Paris. fol. 195. v°. : *Quod ex nunc in posterum lanæ, aignelini, animalia lanigera, pelles lanutæ, filum laneum ac telæ de lana, quæ Panni crudi in lingua Occitana vulgariter appellantur.... Item quod Panni crudi, qui vulgariter lingua Gallicana telæ laneæ appellantur, numquam.... extrahantur extra regnum Franciæ.*

* Panni Dotales, Qui in dotem assignantur. Charta ann. 1305. in Reg. 3. Armor. gener. part. 2. pag. 3 : *Dabit dictus Raymundus.... cum dicta Saureta.... quatuor centum libras Turonenses et Pannos dotales, etc. Vestimenta dotalia*, in alia ann. 1339. ibid. pag. viij. *Arnesia dotalia*, in Charta ann. 1358. ibid. pag. xiij.

¶ Pannus Diaspretus, Panni pretiosioris species, *Diaspré*. Vide *Diasprus*.

* Pannus Duplex. Stat. ann. 1317. in Reg. A. Cam. Comput. Paris. fol. 196. r° : *Item quod Panni albi, qui Duplices appellantur, etiam cum fuerint in albo parati, etc.*

* Pannus Falsus, Illegitimæ mensuræ aut texturæ, in Lit. ann. 1367. tom. 5. Ordinat. reg. Franc. pag. 6. art. 2.

* Pannus de Fauchans. Testam. ann. 1469. ex Tabul. Flamar. : *Vestes nuptiales, videlicet unam raupam nuptialem Panni de Fauchans, etc.*

* Pannus Franciæ. Stat. ann. 1329. ex Cod. reg. 4222. fol. 73. v° : *Supertunicale cum caputio et tunicam de eodem panno, scilicet de Panno Franciæ.*

¶ Pannus Fratus, pro *Frectatus*, vel *Frictatus*, ni fallor, Cancellatus, Gall. *Raïé*. Litteræ Patentes Caroli V. Reg. Fr. ann. 1367 : *Item quod nulla ipsarum mulierum audeat portare in suis mantellis vel aliis vestibus aliquas foderaturas Pannorum Fratorum vel de camocato.* Vide *Frecta.*

* Pannus Funebralis, Qui in exequiis feretro insternitur. Chartul. Cartus. Abbavil. ad ann. 1403 : *Pannum funeralem restituere nunquam voluerunt.* Vide supra in *Pallium* 2.

* Panni Gaudii, Cultus, festus. Serm. Barel. in fer. 5. hebdom. 4. Quadrag. : *Hæc* (Judith) *se.... vestivit Pannis gaudii, etc.*

¶ Panni Granæ, Pannus coccineus. Statuta Massil. lib. 1. cap. 36 : *Pro qualibet petia excedente quantitatem seu mensuram* VII. *cannarum, dentur duo denarii, exceptis Pannis Granæ pro quibus dentur, pro qualibet petia* IIII. *denarii.* Vide *Grana* 1.

* Pannus Grisus, Cinerei coloris. Charta Math. ducis Lothar. ann. 1250. in Chartul. Campan. ex Cam. Comput. Paris. : *Huardus miles de la Feuillée.... recognovit se recepisse et habuisse.... quadraginta ulnas de Panno griso de Alemannia.*

Panni Imperiales. Radulphus de Diceto ann. 1178 : *Comes Willelmus de Magnavilla Hierosolymis rediit* 8. *Id. Octobris. Qui peregre profectus, sicut altaria multarum per Angliam Ecclesiarum habuerat in memoria sic et rediens habuit in veneratione Pannos, quos civitas Constantinopolis vocat Imperiales, passim locis distribuens Religiosis.* [Le Roman *de la guerre de Troyes* MS. :

Les voilles dreciés ou vent
Fetes de porpre et de cendals,
Et de Pailles Emperials.

Vide *Pallium* 2.]

* Pannus Lingius, Linteum. Vide supra *Lingius*.

* Pannus Lucanus, Ex Luca civitate. Inventar. Ms. thes. Sedis Apost. ann. 1295 : *Item unum dorsale de Panno Lucano.*

* Pannus dictus *Manfronier*, f. a textore vel mercatore. Lib. 2. ordinat. super stat. artif. Paris. ex Cam. Comput. fol. 28. r° : *Draps de Louviers, Draps de Tours, que l'en appelle Manfroniers, ... doivent quatre deniers de tonlieu.*

* Pannus de Mebreto, Ex filis varii coloris textus. Vide supra *Mebretus*.

* Pannus Minor quis, docent Lit. remiss. ann. 1366. in Reg. 97. Chartoph. reg. ch. 287 : *Petrus Haquini de Duaco, textor Pannorum minorum, Gallice Tiretaines, etc.*

* Pannus de Mixa. Vide supra *Mixa*.

* Pannus Mixtus. Charta Ludov. X. ann. 1315. in Reg. 52. Chartoph. reg. ch. 153 : *Que aucuns de ladite ville* (de Gand) *ne puist faire Dras meslez en ladite ville.*

* Pannus Moratus, Niger. Vide supra *Moratus* 2.

¶ Pannus Niellatus, Subniger. Vide *Nigellus* 1.

* Panni Nuptiarum. Lit. remiss. ann. 1415. in Reg. 168. Chartoph. reg. ch. 317 : *Plusieurs autres personnes qui illec s'esbatoient, qui faisoient les Draps de nopces d'icelle fille, comme l'en a acoustumé de faire au pays* (Calais) *en tel cas*. Forte, qui lectum parabant.

* Pannus de Partiniaco, vulgo *de Partennay*, ubi texebatur. Chartul. S. Joan. Angeriac. fol. 61. r° : *Dominus abbas dedit tunc huic Ostensio quinque ulnas de Panno, qui dicitur de Partiniacó*.

* Pannus de Paumela, Granis hordeaceis, ut videtur, intertinctus. Testam. ann. 1469. ex Tabul. Flamar. : *Unum gonellum Panni de Paumela de Maseriis, etc.* Vide *Palmola* et *Paumellya*.

* Pannus Pimpiloratus, nostris *Pimpeloré*, an Foliis pimpinellæ distinctus? Redit. monast. Corb. ex Tabul. ejusd. : *Pannus, qui vulgo vocatur pimpiloratus, debet quatuor denarios*. Lib. rub. fol. parvo domus publ. Abbavil. fol. 36. v°. ad ann. 1253 : *Chest li feurs des dras, ... li mabrés, li Pimpelorés iiij. l. et xv. s.*

¶ Pannus Planeus. Vide *Planeus*.

¶ Pannus Promiscuus, Ferruginei coloris. Vita S. Johannis Gualberti tom. 3. Julii pag. 348 : *Quas* (vestes) *cum providus pater diversi coloris esse cerneret, nigredinis scilicet et albedinis, timuit, ne si seorsum faceret nigram et seorsum albam, alter aliquando pannum vellet nigrum, alter album... qua de causa fieri præcepit Pannum Promiscuum*.

* Pannus Pullatus, Niger : proprie *Pullatus*, idem quod fuscus. Chron. Guill. Bardini ad ann. 1422. inter Probat. tom. 4. Hist. Occit. col. 37. ubi de exequiis Caroli VI. : *Tota aula Pannis pullatis involuta erat, fenestræ clausæ et ita obscuratæ, ut dies nullatenus pateret*. Vide infra *Pullatus*.

* Pannus Rosatus et *de Roseto*, Coccineus. Testam. Odon. Morini curati de Junqueretis diœc. Ebroic. ann. 1381. ex Bibl. reg. : *Item duabus mulieribus prædictæ parrochiæ de Junqueretis unam alnam Panni de roseto*. Inventar. ann. 1476. ex Tabul. Flamar. : *Item plus novem palmos Panni rosati patriæ Angliæ terræ*. Vide *Rosatus*.

Panni Rotundi. Bulla Adriani IV. PP. pro Canonicis Placentinis apud P. Mariam Campum in Hist. Eccl. Placent. in Regesto 2. part. n. 12 : *Et Pannos rotundos deferentes in Ecclesia constitutis horis domino secundum consuetudinem deservire*. Adde ch. 60.

* Pannus Rotundi Fili. Ordinat. Caroli VI. ann. 1399. in Lib. rub. fol. magno domus publ. Abbavil. art. ij. : *Que de toutes grosses laines.... soient fais gros draps tissus en laine à trois piés, comme on souloit faire anciennement, que on nommoit petits Draps à ront cordelet*.

* Pannus Sanguineus, Coccineus, idem qui supra *Rosatus*. Lit. remiss. ann. 1390. in Reg. 138. Chartoph. reg. ch. 281 : *Un surcot long de Drap sanguine, fourré de panne*. Aliæ ann. 1397. in Reg. 153. ch. 204 : *Une houppellande de sanguin, double de pers; .... le drap d'uns poingnies et un peu de Drap sanguin pour les doubler*.

* Pannus Santasmus vel *de Santalmo*. Inventar. Ms. thes. Sedis Apost. ann. 1295 : *Item duos Pannos Santasmos, unus rubeus, alter cœlestis. Item tria frustra de Santalmo de uno palmo*.

* Pannus de Sorte. Stat. ann. 1317. in Reg. A. Cam. Comput. Paris. fol. 197. v°. : *Tentoria vero sive tentæ, in quibus Panni qui de sorte vocantur, quorum non est longitudo taxata, sed in textoris voluntate consistit, fieri et esse poterunt longiores*.

* Pannus Tannatus, Fulvi seu ferruginei coloris, Gall. *Tanné*. Inventar. ann. 1476. ex Tabul. Flamar. : *Item plus unam aliam raupam magnam hominis, absque folratura Panni tannati*.

* Pannus Turquinus, Cærulei coloris, vulgo *Turquin*. Lit. remiss. ann. 1400. in Reg. 155. Chartoph. reg. ch. 30 : *Quatre aulnes de Drap Turquois, retrait et retondu*.

¶ Pannus Virgatus, Virgis quibusdam in longum vel in latum varia serie et colore porrectis, distinctus. Limborch. Histor. Inquis. Tolos. pag. 50 : *Item in Monte Albano.... emit Pannum Virgatum et fecit inde fieri supertunicale*. Vide *Virgatus*.

* Pannus de Wirseto, f. pro *de Worstede*, Vingornia in Anglia. Capit. provinc. monach. nigr. habitum ann. 1422. apud Westmonast. : *Pannus nitidus de Wirseto, qui magis militaris quam monachalis censetur, omnibus.... interdictus existat*.

¶ Panni de Worstede. Skinner. Lex. Etym. : *Wordsted, Lana quædam textilis a Worsted oppido Norfolc. ejus opificio quondam celebri*.

* Pannus de Ypro, Iprensis. Formul. Ms. Instr. fol. 92. v°. : *Antonius fuit confessus.... se habuisse et recepisse a dom. M. ejus sponsa.... xxv. libras bonas in novem brachiis Panni de Ypro, etc.*

¶ 3. **PANNUS**, Habitus, vestimentum. Liber de Castro Ambasiæ tom. 10. Spicileg. Acher. pag. 550 : *Quadam die Calvomontenses venatorem Fulcoii cum equis, canibus et venatione ab ipso capta ceperunt : Pannos, quorum induti homines Sulpicii, equosque eorum equitantes cum canibus et venatione summo diluculo Ambasio ad domum Fulcoii pervenerunt*. Statuta Astens. fol. 2. recto : *Pannorum vero eorum* (hæreticorum) *et rerum mobilium medietas sit accusantium*.

* Hinc *Esse de pannis alicujus*, dicitur de familiaribus, quos domini vestimentis donant : ubi vero de ecclesia sermo est, intelligi potest de iis, qui habitum clericalem deferunt. Liber. virid. ann. circ. 400. eccl. Carnot. : *Decanus Carnotensis.... nec habet qualemcumque jurisdictionem aut impertium in capitulum aut aliquos de capitulo seu de choro aut Pannis ecclesiæ Carnotensis, maxime in ipsa ecclesia residentes, præterquam in ejus familiares*. Ibidem : *Les heuriers et matiniers, et autres des Draps de l'église, etc.* Vide supra *Drappus* et infra in *Roba*.

¶ Panni Moniales, Vestes monasticæ. Notitia apud Mabill. tom. 4. Annal. pag. 742 : *Aliam partem cuidam filio suo, quem ipse sicuti seipsum in monachum obtulit, dereliquit hoc modo, quod quando ipse filius pannos indueret, vel si absque Pannis Monialibus moreretur, illa pars monachis funditus remaneret*.

** Pannifer, Monachus. Carmen de Reinard. Vulp. lib. 3. vers. 1170 :

> Hunc ego pontificem vobis propono sequendum,
> Quid Claræyallis Pannifer ille sapit?

¶ 4. **PANNUS**, Peristroma, Gall. *Tapisserie*. Johannes Diaconus Vita S. Athanasii Episc. Neapolit. apud Murator. tom. 2. part. 2. col. 1046 : *Eodem enim opere in ecclesia Stephania tredecim Pannos fecit, Evangelicam in iis depingens historiam, quos jussit de columnarum capitibus ad ornamentum pendere, et in altare ejusdem ecclesiæ hujus operis quatuor velamina obtulit, multo auro, multisque gemmis decorata*. [* Vide in *Pallium* 2.]

¶ 5. **PANNUS**, Vexillum, signum bellicum, Gall. *Banniere* quod præ se ferre in expeditionibus militaribus consueverant nobiliores; atque id fuit etiam Episcoporum et Abbatum jus, ut vassallos suos in prælium sub ecclesiarum suarum vexillis conducerent, cum a Rege vel Principe submonebantur. Charta donationis Comitatus Camerac. ab Imper. Henrico II. ann. 1007 : *Præcipimus ut prælibatæ sedis Eralwinus Episcopus suique successores liberam dehinc habeant potestatem eumdem Comitatum in usum ecclesiæ supradictæ tenendi, Comitem eligendi, Pannos habendi, seu quidquid sibi libeat modis omnibus inde faciendi*. Ex his facile efficitur *Pannos* fuisse supremi dominii insignia : quod firmare iterum licet ex Charta Michaelis Archiep. Arelat. ann. 1214. in Bibl. regia, qua Comiti Montisfortis castrum Belliquadri in feudum concedit : *Et nos Symon Comes Montisfortis..... in recognitionem dominii recipiemus vos infra castrum Belliquadri, et reddemus vobis claves ipsius castri, et levabitis signum vestrum in turribus ejusdem castri*. Nec aliunde, ut obiter dicam, vocis *banni* originem repetendam esse existimo : *banni* quippe seu vexilla erant *Panni* hastis affixi ; hinc etiam habes nativam, ni fallor, vocis Gallice *Pannonceau* originationem. Vide *Pennones*. [* et in *Vexillum*.]

6. **PANNUS** Oculi, Oculi albugo, λεύκωμα. Constantinus African. lib. de Gradib. : *Petroleum.... valet catarractis et Pannis oculorum*. Idem lib. 2. de Morbor. curat. cap. 2 : *Panni in oculis fiunt et albugines ex vulneribus vel pustulis*.

* Italis etiam *Panno*. Mirac. S. Gundek. tom. 1. Aug. pag. 185. col. 2 : *Quidam sacerdos, ... qui in uno oculorum suorum Pannum seu maculam adeo superductam habuit, ut nihil cum eo videre potuerit, etc.* Occurrit præterea tom. 2. Sept. pag. 446. col. 2. Vide supra *Pannositas*.

¶ **PANNUTIA**. Vide *Pannuceus*.

¶ **PANNYCHISMUS**, Nocturnæ vigiliæ, pervigilatio, Græcis παννυχισμός. Vide Gloss. med. Græcit. in hac voce. Arnobius lib. 5. pag. 173 : *Quibus mysteriis pervigilia consecrata sunt et Pannychismi graves*.

¶ **PANOCETA** Rheinoviana, Panacis species, sic dicta quod circa Rhenum facilius crescat. S. Willelmi Constitut. Hirsaug. lib. 1. cap. 12 : *Pro signo Panocetæ Rheinovianæ, generali præmisso, ma-*

num extensam pectori appone, addito boni signo, eo quod res satis commoda sit infirmis.

* PANOCIA, Portio, segmentum. Inquisit. ann. 715. apud Murator. tom. 6. Antiq. Ital. med. ævi col. 377 : *Propter sanctuaria ad ipsa ecclesia sanctificandum misit me, ut pergere et adducere reliquias sancti Ampsani. Veritatem dico coram Domino, quia tribui munera episcopo Aretinæ ecclesiæ, et ipse misit missus suos, qui mihi de sancto corpus Panocias dederunt.* Vide *Pannus*, 1.

¶ PANOCLYSTA, pro *Spanoclysta*: quod vide.

¶ PANORA. Vide *Panera* 1.

* PANORA vel PANNORUM, Mensura agraria, *sextarii* pars duodecima, ex Acad. Cruscan. : *Panoro, sorta di misura della terra, che e la duodecima parte dello staioro.* Charta ann. 1289. apud Corbinell. inter Probat Hist. domus *de Gondi* pag. xlvj. : *Quinquaginta duos stariora et tres Panora terræ, etc.* Instr. ann. 1310. apud Lam. in Delic. erudit. inter not. ad Hodœpor. Charit. part. 2. pag. 342 : *Alia vero petia terræ posita est in dictis confinibus, loco dicto alla fornace di Vanni Moretti, quæ est Panora decem, seu plus vel minus esset pro mensura.* Vide *Panorum*.

¶ PANORUM, Modus agri. Guiduccius lib. 2. cap. 18. de S. Humilitate tom. 5. Maii pag. 210 : *Anno 1282. 19. Octobris emit Sancta 12. sextaria et 9. Panora terræ a fratribus quibusdam de Pœnitentia dictis, tunc Florentiæ habitantibus, pro libris 382. et solidis 10. in parochia S. Laurentii.* Vide *Panalata* et *Panora*.

PANOSUS. Cælius Aurelian. lib. 1. Tard. passion. cap. 4 : *Dabimus etiam tum cibum plurimum atque Panosum.* Ubi interpres *Panosum* esse ait panem aridum, vel succo aliquo liquido conditum, vel jure.

¶ PANOTHI, Populi, iidem qui *Satmali* in Pomponio Mela lib. 3. et *Fanesii* apud Plinium lib. 4. cap. 13. dicuntur : sed legendum apud utrumque *Panotii* probat Turnebus lib. 6. Advers. cap. 19. ex Isidoro lib. 11. Origin. cap. 3 : *Panotii, apud Scythiam esse feruntur, tam diffusa aurium magnitudine, ut eis omne corpus contegant. Pan enim Græco sermone, omne : otia, aures dicuntur.* Idem confirmat Carmen de varia Ernesti Ducis Bavar. fortuna lib. 7. apud Marten. tom. 3. Anecd. fol. 361 :

> Audiit interea Panothos cognomine gentes
> Exercere maris vicini littora, quorum
> Naturæ jussu corpus mirabile longis
> Auribus increvit, adeoque cuncta perosi.

Quam prodigiosam fabulam ex eo fictam suspicatur idem Turnebus, quod ii toto corpore pelliti et bracchati erant, ut cum hinc inde penderent pellium prægrandes alæ, aures viderentur.

* PANOZWYE, vox Polonica, Vermis genus. Acta S. Stanisl. tom. 2. Maii pag. 274. col. 2 : *Vidit molem magnam et quantitatem veneni, et duodecim vermes vivos, albos in corpore et rubeos in capite, ad modum vermium qui in agris, quando ager vomere sulcatur, reperiuntur, et qui in Polonico Panozwye vocantur, se evomuisse.*

¶ PANOTUM. Vide *Panale*.

* PANPHILUS, Navis species, Italis *Panfano.* Arest. ann. 1359. 23. Dec. in vol. 4. arestor. parlam. Paris. : *Cum Johannes Odonis.... plures alias merces in et super quodam Panphilo.... in portu insulæ Rodi onerasset, ... dictusque Panphilus sic oneratus, etc.* Vide *Panfilus*.

¶ PANS. Statuta Massil. lib. 2. cap. 37 : *Addimus quod omnes prædicti aurifabri teneantur sub eodem sacramento non deaurare nec deaurari facere letonem, nec deaurare de folio quod appellatur Pans, nec operari nec facere operari argentum a media uncia.*

¶ PANSA, *Qui ambulat pedibus in diversa tendentibus.* Gloss. Isid. Vox nota Latio pro Latipes.

PANSELENOS, *Tota lux noctis, scilicet Luna plena, vel Plenilunium*, Joanni de Janua. Glossar. Gr. Lat. : Πανσέληνος, *luna plena.* Alibi : Πληροσέληνον, *plena luna.* Vitæ Abbatum S. Albani pag. 106 : *Cum fuisset luna Panselenos.* Perperam

PANSENIA, apud Felicem Monachum Girwensem in Vita S. Guthlaci n. 2 : *Ad hujus utilitatis commodum hunc codicellum fieri ratus sum, ut illis, qui sciunt memoriam tanti viri, nota revocandi fiat : his vero, qui ignorant, velut latæ Panseniæ indicium innotescat.* Ubi leg. *Panselinæ*, ex Græc. πανσελήνη, *plenilunium*, seu πανσέληνος, *Luna plena*, ut est in Gloss. Gr. Latin. Guill. Brito lib. 6. Philipp. :

> Procedunt igitur, et jam piger astra Bootes
> Flexerat, et lento girabat plaustra rotatu,
> Panselenonque poli medio se Luna ferebat.

Ita legendum, pro *Panselunique.* Petrus Blesensis Epist. 8. de Luna : *Cum vero in plenitudine tota sua est serena, Panselenos.* Vide Ammian. lib. 20. et Martian. Capellam lib. 8.

¶ PANSERIA, Lorica, Italis *Panziera*, a *Panza*, ut videtur quod Italis et Francis ventrem sonat. Acta S. Petri Cælestini tom. 4. Maii pag. 434 : *In harum vero quadragenarum aliquibus,... usus est pro veste solo cilicio ; in quibusdam vero cilicio et super ipsum Panseria sive lorica, cujus pondere caro ejus per subintrantes nodos cilicii, ut testantur ejus socii, aliquoties rumpebatur.* Vide *Pancerea*.

* PANSITARE, Sturnorum vox. Carmen de Phil. ad calcem Cod. reg. 6816 :

> Cum turdus truculat, sturnus tunc Pansitat ore;
> Sed quod mane canunt, vespere non recolunt.

¶ PANSPERMIUM, *Commune seminarium, materia prima*, a πᾶν et σπέρμα. Goclenius in Lex. Phil.

PANT. Lex Frision. in Addit. tit. 9. § 2 : *Servum alterius per vim sustulit pignoris nomine, quod Pant dicunt.* Vide *Pandagium*.

¶ PANTALERIA, ut *Panthera* 2. Statuta Mont. Regal. fol. 204 : *Intelligatur banchum extraxisse de platea, qui illud posuerit subter Pantalerias, juxta murum, pillas vel colonas quæ sunt circumquaque plateam prædictam.*

PANTANUM, PANTANELLUM, Palus, ex Italico *Pantano, luogo pien d'acqua ferma, e di fango* ; Acarisio, qui vocem Longobardam esse ait, *Il fango tenere e molle.* Pergamino, *aqua fangosa.* Charta Benedicti PP. ann. 1033. apud Ughellum tom. 1. Ital. sac. part. 1. pag. 121 : *Vel alias turres, quæ extensæ sunt ab una parte juxta terram vestram, et Pantanum cum eodem ipso Pantano saliente ad viam publicam, etc.* Et pag. 144 : *Cum... pascuis et silvis, Pantanis et rivis cultis et incultis, etc.* Ita legendum pag. 136. pro *pantariis.* [Charta Goffridi Alisinæ Comitis ann. 1165. apud Murator. tom. 2. part. 2. col. 1010 : *Primum quidem quemdam locum prope Alesinum Pantano circumdatum versus Septentrionem.... Insuper quamdam domum in prædicta civitate constitutam juxta domum Marandi Alberti, et prope Pantanum.*] Charta Friderici Imp. ann. 1211. apud Rocchum Pirrum tom. 2. pag. 639 : *Et ducere* (aquam) *per conductum per terras ipsius domus in parvum Pantanellum suum, et piscarium ibi habere, etc.* Alia ejusdem Imp. ann. 1229. ib. pag. 640 : *Tenimentum terrarum cultarum et incultarum, quod dicitur Pantanum salsum.* Dantes in Infern. cant. 7 :

> Vidi genti fangose in quel Pantano.

Joan. Villaneus lib. 9. cap. 68 : *Ed erano si circondati di Pantano, che si non poteva appena andare dal un padiglione all'altro.* Adde cap. 70. Vide Menagium.

¶ PANTAPOLA, *Simplasiarius.* Gloss. Isid. Leg. *Seplasiarius*, ut est in Excerptis, authore Grævio.

¶ PANTATIO, Pignoratio. Leges Norman. apud Ludewig. tom. 7. Reliq. MSS. pag. 307 : *Harum autem querelarum quedam sunt ex debito, quedam de prestito, quedam de pacto, quedam de dampno, quedam de promisso, quedam de Pantatione, quedam de furto.* [* Vide supra *Pandare* 1.]

* PANTEON, Libri cujusdam titulus et inscriptio. Inventar. Ms. thes. Sedis Apost. ann. 1295 : *Item liber, qui dicitur Panteon.* An liber acta sanctorum per anni totius circulum digesta continens?

¶ PANTERA, PANTERIA. Vetus Notitia ex Tabular. B. M. de Argentolio fol. 59 : XIX. *sol.... super stallum in Pantera B. Dionysii.* Sugerius de Administr. sua cap. 1 : *Triginta quinque* (solidos) *de censu stallorum pistorum in Pantera... refectioni fratrum apposuimus.* Idem Suger. de Consecrat. Eccl. S. Dion. : *Exeuntes per plateam, quæ Panteria, eo quod inibi omnia emptioni et venditioni teruntur, antiquitus vocitatur, etc.* Ubi habes vocis originem, haud multum certam. Hoc forum *Panetiere* hodie dicitur, quod a vendito ibi pane duci posset. Huic etymo favet prior locus ipsius Sugerii. Vide *Panthera*, 2.

* PANTESERIA, Idem forte quod *Pantanum*, Palus. Charta ann. 1235. in Chartul. Pontiniac. ch. 57 : *A via Lagniaci usque ad terram Surdi, et a terra Surdi usque ad Panteseriam.*

PANTHEMA. Eckehardus junior de Casibus S. Galli cap. 3. pag. 59. de quadam imagine ab ipsa Deipara depicta : *In bractea autem ipsa aurea, cum reliquisset circuli planitiem vacuam, nescio cujus arte postea cælati sunt apices :*

> Hoc Panthema pia cælaverat ipsa Maria.

Puto legendum *anthema*, seu potius *anathema*, ex Gr. ἀνάθημα, *donarium.*

¶ PANTHEON, Templum omnium Deorum, cui nunc S. Mariæ Rotundæ nomen. Anastasius in Epitome Chron. Casin. apud Murator. tom. 2. pag. 354 : *Impetravit* (S. Bonifacius PP. IV.) *donari Ecclesiæ Christi templum Romæ quod ab antiquis Pantheon antea vocabatur, quod quasi omnium videretur esse Deorum.* Vide Lexic. Pitisci.

¶ PANTHEUM, pro Basilica, in vet. Inscript. apud Mabillonium Ital. pag. 224 : *Sacrophagum et Pantheum cum tricono disposuit et perfecit*; id est, Basilicam tricameratam.

1. PANTHERA, Retis species, qua capiuntur anates. Describitur a Petro Crescentio lib. 10. de Agricult. cap. 17. [Normanni inferiores *Pantiere* vocant Rete quo capiuntur aves maritimæ. Salmasius de Usur. pag. 352 : Πανθήρα, *genus est retis, quo omne genus minutarum avium capitur; ut* πανάγρα, *quo piscium omne genus.* Vide Lexicon Martinii.]

* Andr. Floriac. in Mirac. S. Bened. Mss. lib. 3 : *Dum casses retium, quas vulgo Pantheras vocant, hinc inde porrectis amicibus fluminis alternis protenderet ripis, et volucrum pervigil excubitor præstolatur capturam, etc.*

¶ 2. PANTHERA, Tentorium, sub quo merces in publicis locis venum exponuntur; quod in modum retis *panthera* dicti efformatum esset, forte sic dictum. Statuta Astens. cap. 71. fol. 62 : *Item quod aliqua persona vendere volens aliquid in mercato de sancto non possit ibi tenere seu teneri facere nisi tabulum unum seu bancham unam longam et longum una teysa, et copertum de una tenda seu Panthera tolle.* Vide *Pantaleria* et *Pantera*.

*3. PANTHERA, Machina bellica triangularis, ferramentis acutis instructa, ut quidquid obvium datur transfigat : unde vocis origo. Hanc sic describit Guido de Vigev. Ms. de Modo expugn. T. S. cap. 13. cujus titulus : *De modo faciendi artificia sive Pantheram pro retinendo magnas gentes cum modica gente in exercitu. Panthera sic fiat : accipiantur tot assides, quod voluerimus Pantheram facere longam, scilicet brachia quinquaginta, vel centum vel ducentas, et sint longæ brachia quinque pro asside et conjungantur insimul cum axis ferri intus et extra,..... et taliter sint conjunctæ ante, quod pars posterior aperta possit dilatari ad voluntatem eorum, qui erunt intra Pantheram; et quælibet assis habeat unam archeram et unum baculum pro podio ipsius Pantheræ et unum anulum, et cum ipsis baculis et anulis stantes in Panthera possint ipsam ubique aportare et aperire, et ponantur de intus duæ perticæ per longitudinem Pantheræ, scilicet una pro parte, ut assides super ipsis possint ligari, et Panthera sic erit rigida et firma. Et si timeretur propter altitudinem alicujus domus, ne stantes intra Pantheram læderentur, cooperiatur Panthera de cultris supra scriptis taliter, quod non impediant Pantheram claudere et aperire : .... sed in qualibet asside ponatur unus alter anulus a capite parvus, pro aplicando cultros vel assides necessarias pro defensione lapidum; .... et de retro Pantheræ ponantur duæ perticæ taliter positæ, quod teneant Pantheram erectam, et possint alongari et ascurtari cum ipsa Panthera cum verris positis in medio.... Et ista Panthera habeat circumquaque deforis ferramenta multa accuta et levia, longa brachia duo vel plus pro ferro, ut nullus possit appropinquari Pantheræ.... Et ex istis perticis sic ferratis, ponantur tres vel quatuor deforis circumquaque Pantheræ; et si quis bene cogitaverit super isto artificio, multa et multa bona sequentur, quia cum modicis ex ipsis artificiis cum modica gente confunderetur magnus exercitus ..... Et ex hac eadem Panthera prudens et ingeniosus poterit circuire carrum et boves, ... et bellantes poterunt stare intra Pantheram super lecto carri; et super ipso carro poterit fieri mangoneta, quæ trahet ubique lapides et rothecas.*

¶ PANTHEUM. Vide *Pantheon*.

* PANTHIERA, Lorica, thorax, Ital. *Panziera*. Stat. Pistor. ann. 1107. apud Murator. tom. 4. Antiq. Ital. med. ævi col. 564 : *Item non tollam nec tolli faciam, nec imponam nec imponi faciam asbergum, vel Panthieram, nec aliquid loco eorum, ad dandum militibus, alicui personæ de civitate Pistoria et burgis, qui non videantur mihi, ut bene possit dare.* Occurrit ibid. semel et iterum. Vide *Panseria*.

¶ PANTIA, Lucanicæ species. Vide *Toma*.

PANTIATUS, Ventrosus Plinio, *ventriosus* Plauto, Græcis γαςροειδής, Gallis *Panssu*. Vir *pantiatus*, *venter pantiatus*, apud Michaelem Scotum lib. de Physionomia cap. 21. et 85. Vide *Pancerca*.

* PANTOCHÆUM, Idem quod *Pandochium*, diversorium, taberna. Vita S. Ludov. episc. Tolos. tom. 3. Aug. pag. 815. col. 1 : *Familiare illi fuit Pantochæa frequentare et hospitia pauperum obire.* Vide in *Pandox*.

PANTOCHARTA. Vide *Pancharta*.

* PANTOF, Mensuræ species. Charta Henr. reg. Angl. pro monast. de Exaquio in Reg. 64. Chartoph. reg. ch. 161 : *Ex dono Willelmi de Marcheyo mensuram Pantof in crienciis.*

¶ PANTOFLA, Calceamenti genus, aliud ab hodierno Gallico *Pantoufle*. Concil. Senon. ann. 1480. tom. 5. Spicil. Acher. pag. 626 : *Ordinamus, quod viri ecclesiastici, religiosi ac ecclesiarum ministri tunicas retro scissas neque cornetas, et pileos et brodequinos seu Pantoflas, nisi forsan causa invaletudinis alicujus.... quoquomodo deferant.* Adde Conc. Hispan. tom. 4. pag. 246. Vide Menagium, Schilterum in Gloss. Teuton. et infra *Sandalia*.

¶ PANTONARIUS, Pontis custos, nostris *Pantonier*. Epistola Laurentii Abbatis S. Vitoni ad Canonicos Virdun. tom. 5. Annal. Bened. pag. 684 : *Nonne scandalum linguæ erat, quando fratres nostros non monachos, sed rusticos, gardones, Pantonarios et advenas penuria congregatos vocabatis.* Vide *Pontaticum*. Le Roman *de Vacce* MS. :

> Un Pantonnier fist sus lever,
> Qui la porte devoit garder....
> Le Pantonnier qui vout dormir
> Ala les pelerins hastant
> O son baston plusours boutant.

* Nequaquam; hic enim miserum et nihili hominem significat, ut Gallicum *Pautonnier* in *Paltonarius* : unde *Pautonniere*, pro Contemtissima femina et libidinosa, in Lit. remiss. ann. 1397. ex Reg. 152. Chartoph. reg. ch. 326 : *Icellui pastre dist à laditte damoiselle qu'elle estoit une mauvaise Pautonniere, et qu'elle n'estoit pas digne de garder ses brebis. Pautonarius* itaque legendum opinor; atque inde *Pautoneria*, bursæ seu marsupii species, in qua vectigalium collectores pecuniam et mendici eleemosynas colligunt : ubi frustra Cangius *Panneteria* emendandum putavit. Et quidem *Pautonoria*, hac notione, legitur in Reg. *Olim* parlam. Paris. ad ann. 1376. fol. 309 : *Cum dicti sigilli emolumentum deferret ad dictam archam, de bursa ubi reponebatur multotiens capiebat de pecunia plena manu, et ponebat in Pautoneria sua.* Quod rursum firmatur ex Gallico *Pautonniere*, eodem intellectu, in Lit. remiss. ann. 1419. ex Reg. 171. ch. 8 : *Le suppliant prist en la bourse ou Pautonniere de la femme d'icellui Nicolas un gros de France.* Hinc *Pautonnier* ex Poemate *de Vacce* non dissimili notione intelligo, vel ostiarium interpretor. Vide infra *Pautinus*.

PANTONERIA, Bursæ, seu marsupii species, in Fleta lib. 2. cap. 82. § 2. forte pro *Panneteria*. [* Vide *Pantonarius*.]

PANTONIUM, *Navigium tardum et grave*, Papiæ. Sed legendum *Pontonium*. Vide in *Pontones*.

* PANTOR, Fistulator, ut videtur, vel fistularum artifex, a *Pantorium*, tibia, fistula, quod illam Pan adinvenit, sic dicta. Glossar. Lat. Gall. ex Cod. reg. 7692 : *Pantorium, flaguel.* Charta ann. 1292. in Chartul. AD. S. Germ. Prat. fol. 113. r°. col. 1 : *Avelina relicta defuncti Radulphi Pantoris, etc.*

* PANTORSSERIUS, Pistor, Occit. *Pancoussier*, f. pro *Pancosserius*. Vide in hac voce. Lit. ann. 1378. inter Probat. tom. 3. Hist. Nem. pag. 12. col. 2 : *Item quod super quolibet medio quintali panis, qui decoquetur in furnis dicti loci per Pantorsserios, vel alios causa vendendi, etc.*

PANTUS, Omnis, ex Gr. πᾶς, παντός. [Charta Regis Merciorum ann. 816. apud Hickes. Grammat. Anglo-Sax. pag. 173 : *Regimina sceptri cum consilio et consensu Pantorum procerum prætorumque meorum, etc.*] Aldhelmus Abbas Malmesburiensis : *Pantorum procerum, prætorumque pio potissimum, paternoque præsertim privilegio, etc.*

PANUCELLIUM, Penus, vel locus recondendo pani, quo casu legendum esset *Panicellium*. Gloss. Lat. Lat. Gr. : *Panucellium*, πήνιον. Salmasius reponit πηνίον.

PANUCLA. Isidor. lib. 19. cap. 29 : *Panuliæ, vel Panuclæ, dictæ, quod ex iis panni texantur : ipæ enim discurrunt per telam.* Ubi Papias legit *Pannulæ*. Gloss. Ælfrici cap. de vestibus : *Panucla*, geclutad hrægel, i. consuta vestis. Ubi Somnerus *pannutia* reponendum censet. *Panulca*, unde habent Glossæ Arabico-Lat. Vide Meursium in Πανοῦκλα, [Martinium in *Panuelium*, et *Pannus* 2.]

1. PANUCULA, Morbi species, [seu ulcus magnum, quod *Chironium* Theodoreto, aliis *Telephium* dicitur, ut notant Bollandistæ.] Miracula S. Richarii lib. 2.

cap. 3 : *Cui post hanc vocem morbus venenosæ lacertæ, sive Panuculæ, miserabiliter inolevit, quo morbo tertia die vitæ terminum posuit.* [*Pannuncula*, ediderunt Bollandistæ tom. 3. April. pag. 453. *Panuncula*, Mabillonius sæc. 2. Bened. pag. 223.] Nonio, *Panucula*, est tumor sub auribus vel inguinibus : πανούκλα, Alexandro Tralliano, [*Panicula*, πανοῦκλα, in Gloss. Lat. Gr. MSS. Sangerm.] *Panicula*, Plinio lib. 3. de Medic. cap. 27. Vide *Papula*.

¶ Pannucula, Eadem notione, in Vita S. Simeonis Stylitæ tom. 1. Januar. pag. 266 : *In femore plagam a diabolo accepit, quemadmodum B. Job : unde morbus Pannucula dictus : et convulsum est femur illius.*

2. **PANUCULA.** Papias : *Panus, lignum, in quo trama componitur : dictum, quod eo panni texantur. Idem Diminutivum, hæc Panucula.* Vide *Panucla*. Gloss. Gr. Lat. : Πηνίον, *Penus, penucula* : legendum, *panus*, et *panucula*. Mox : Πηνιστήριον, *Panuculum*. Vide Salmasium ad Hist. Aug. pag. 127. [Martin. v. *Panula*, et Lexic. medic. v. *Panus*.]

¶ **PANULIA.** Vide *Panucla*.

¶ **PANUNCELLUS.** Vide *Paillo* et *Pannoncellus*.

¶ 1. **PANUS**, pro Pannus, in Capitul. gener. S. Victoris Massil. : *In dormitorio sint semper lecti 60. regularibus straminis vel stramentis et Panis sufficienter ornati.* Alia notione, vide in *Panis* 1. et in *Panucula* 2.

* 2. **PANUS**, *Instrumentum textoris, lignum circa quod involvitur filum.* Glossar. vetus ex Cod. reg. 521. Vide *Panucula* 2.

* 3. **PANUS**, *Virgula in navicula*, in Glossar. Lat. Gall. ann. 1352. ex Cod. reg. 4120.

¶ **PANZA**, Italis Abdomen, alvus, nostris *Panse*. Statuta Astens. cap. 80. fol. 33. v°. : *Si aliqua persona excoriaverit aliquam bestiam mortuam,... aut Panzam vel interiora illius bestie projecerit, etc.*

* *Panoc*, eadem notione, in Lit. remiss. ann. 1382. ex Reg. 120. Chartoph. reg. ch. 162 : *Icellui prisonnier de son petit coutel qu'il portoit, frappa ledit Pinel par la Panoc, telement que dedens trois jours après ou environ mort s'en ensui.*

¶ **PANZERIA**, ut *Panceria*, Lorica quæ ventrem tegit. Computus ab ann. 1333. ad ann. 1336. tom. 2. Hist. Dalphin. pag. 278 : *Item, pro Panzeria dupla, unc. 11.* Adde Murat. tom. 16. col. 1027. Vide *Pancerea*.

¶ **PANZERIUM**, Chlamydis genus, Germ. *Panzerhemd*. Testamentum Henrici de *Ehrnfels* ann. 1440. tom 2. Rer. Mogunt. pag. 491 : *Lego ad fabricam ecclesiæ B. V. ad gradus melius mantellum cum foderatura, et melius Panzerium meum.*

¶ **PANZERONUS.** Vide *Panceronus*.

¶ **PANZONUS**, Navis oneraria Bartholomæi Scribæ Annal. Genuens. ad ann. 1264. apud Murator. tom. 6. col. 532 : *Erant autem naves tres, una quarum major erat aliis, et tarridæ magnæ cum gabiis, Panzonus unus, galeæ duæ et sagittea una.* Lanfranci Pignol. Annal. Genuens. ad eumdem ann. ibid. col. 534 : *Et quum transitum facerent per partes Mutoni invenerunt quemdam Panzonum magnum oneratum grano, quod etiam ceperunt.*

¶ **PAODENTA**, pro *Padoenta*, Pascua, pasturæ. Charta ann. 1320. apud Rymer. tom. 3. pag. 843 : *Et quod habitantes in loco de Castro novo et bastida prædictis et eorum pertinentiis, habeant pro animalibus suis Paodenta libere in omnibus et singulis territoriis incultis.* Vide *Paduire*.

¶ **PAONACIUS**, Violaceus, purpureus, Ital. *Paonazzo*, colorem caudæ pavonis referens. Johan. Demussis in Chron. Placent. apud Murator. tom. 16. col. 579 : *Dominæ portant indumenta longa et larga... de panno de lana scarlata de grana, et de Paonacio de grana, etc. Paonace*, pro purpura, dixit Godefredus *en sa Satyre des Patenostres*, apud Borellum :

Aussi bien sous bureau, comme sous Paonace.

PAPA. Papias : *Papa, Admirabilis, major, pater, et custos. Papa, paternitatis nomen est*, inquit Walafridus Strabo de Rebus Ecclesiast. cap. 7. et promiscue olim datum Episcopis, quos nude *Papas* vocabant. Hinc veterum Epistolæ Episcopis inscriptæ hanc formulam ferme semper præferunt, *Domino Papæ N. salutem*, ut patet ex S. Augustino Ep. 13. 18. 222. 256. S. Hieronymo Epist. ad eumdem Augustinum, et aliis, quos laudat Joach. Vadianus lib. de Primitivæ Ecclesiæ statu, sub finem, Bignonius ad lib. 1. Marculfi, Savaro ad Sidonium lib. 1. Ep. 6. Ita *Papæ* passim Episcopi dicuntur apud scriptores. Prudentius in Passione Hippolyti ad Valerianum Episcopum :

Rorantes saxorum apices vidi, optime Papa.

Series Episcoporum Metens. scripta sub Carolo M. :

Nobilis in cunctis, Papa Chrodegangus habetur.

Tortarius Floriacensis de Translat. S. Mauri, cum se Episcopum fuisse insinuasset, priusquam Benedictinum induisset habitum, hæc subdit :

Gratum est ut coram Legislatore rependam
Servitium Domino, præsente mihi Benedicto,
Illius et normam juxta deducere vitam,
Quam me barbarico Papam contradere ludo.

Adde Gregorium Turon. lib. 2. Hist. cap. 27. lib. 10. cap. 1. Anastasium in Collatione S. Maximi Martyr. pag. 116. Vitam S. Domitiani Confess. apud Guichenonum pag. 229. etc. Sed et *Papa* pro Episcopali dignitate sumitur interdum. *Papa urbis Turonicæ*, Gregorio Tur. lib. 4. cap. 26.

☞ Neque illud prætermittendum, quod, *Papæ* vocabulo tametsi promiscue ab aliis donarentur Episcopi, nullus tamen in Occidente hunc sibi titulum tribuerit præter Romanum Pontificem, qui eo nomine tanquam sibi proprio usus est jam inde a Leonis Magni temporibus.

Papæ nomen ac titulum *Hieroclam*, seu, ut ab Eutychio in Originibus Alexandr. appellatur, *Heraclam*, Patriarcham Alexandrinum, usurpasse tradit. Chronicon Orientale pag. 115. et idem Eutychius : exinde idem titulus, cæteris Alexandrinis Præsulibus tribuitur a scriptoribus, uti observatum a Seldeno ad eumdem Eutychium, Goaro ad Theophanem pag. 578. et Allatio lib. 1. de Consensione utriusque Eccles. cap. 18. pag. 262. 263. et aliis. Apud Facundum Hermianensem lib. 4. cap. 2. S. Athanasius *Papa noster Athanasius* dicitur. Adde Pachymerem lib. 10. cap. 32. etc. Petrus Antiochenus Episcopus in Epist. ad Dominicum Gradensem Episcopum in MS. cod. Bibl. Reg. ait, quinque numero esse Patriarchas in Ecclesiæ corpore, quod ab eis administratur ad exemplum quinque corporis humani sensuum; inter eos Antiochenum Episcopum proprie dici Patriarcham, Romanum vero et Alexandrinum nuncupari Papas, Constantinopolitanum et Hierosolymitanum Archiepiscopos. Verum non Alexandrino Patriarchæ proprius fuit titulus, cum et Constantinopolitano et Hierosolymitano tribuat Avitus Viennensis Epist. 7. et 23. communisque fuerit omnibus Episcopis appellatio.

☞ At postremis saltem sæculis solus Patriarcha Alexandrinus inter Orientalis Ecclesiæ Præsules *Papæ* nomen sibi sumsisse videtur tum in privatis, cum in publicis litteris seu Conciliorum subscriptionibus; quamquam eadem denominatione donantur apud illos hieromonachi et parœciarum rectores, ut patet ex variis eorum subscriptionibus, quæ in Synodo Jerosolymitana pag. 351. habentur. Eodem vocabulo afficitur Mammarius Africanus martyr in Actis ejusdem tom. 4. Analect. pag. 94 : *Est qui tibi pro nobis respondeat Mammarius Papa noster*; qui tamen Episcopus non fuisse videtur, cum hunc titulum omittat passionis illius scriptor. Idem quoque tribuitur nomen Antonio presbytero in Actis SS. Juliani et Basilissæ ibid. pag. 104. laudatis : *Tu es Antonius, quem Papam suum isti testantur*; nisi legendum sit *Papatem*, ut præfert vetustissimum lectionarium Luxoviense.

☞ Atque hinc est fortasse quod, cum communis esset illa nomenclatura, Romani Pontifices titulum *universalis* nomini *Papæ* addiderunt; sic *universalis Papa* dicitur Johannes VIII. in Synodo Ticinensi ann. 876. tom. 2. Capitular. col. 237. et 239. Idem summus Pontifex *Papa coangelicus* compellatur, in Synodo Romana ann. 877. ibidem pag. 255.

Papæ denique nomenclatura donati soli Pontifices Romani, ex decreto scilicet Gregorii VII. qui in Synodo Romana statuit, ut Papæ nomen unius esset in orbe Christiano. Vide Baronium ad 10. Januarii, et Sirmondum ad Ennodii lib. 4. Ep. 1.

Papa Patrum. Vide *Pater Patrum*.

* Papalitas, Dignitas papalis. Glossar. Gall. Lat. ex Cod. reg. 7684 : *Papalitas, papauté. Papat*, in Hist. Caroli VI. pag. 288. et in Lit. ann. 1407. tom. 9. Ordinat. reg. Franc. pag. 290. *Papalité*, in Diar. regni Caroli VII. ad ann. 1449. pag. 526.

¶ Papabilitas, ut mox *Papatia*. Instrum. ann. 1395. apud Marten. tom. 7. Ampl. Collect. col. 468 : *Dixit ulterius quod cognoscebat aliquos, quos tacebat pro tunc, qui oculum et intentionem habebant ad hoc quod dominus noster de Papabilitate amoveretur.*

Papatia, Dignitas Papalis. Flor. Wigorn. ann. 1044. de Benedicto PP. : *Hic cum Papatiam emisset.*

¶ Papaticus, Eodem significatu. Charta ann. 1014. tom. 4. Annal. Bened. p. 699 :

Joannes igitur Papa, qui appellatus est Major, ingressus Papaticum, etc.

Papatus, Eadem notione. Leo Ost. lib. 2. cap. 79 : *Joanni nomine, qui quasi religiosior habebatur, Papatum tradidit.* [Regimina Paduæ ad ann. 1295. apud Murator. tom. 8. col. 450 : *Papa Cœlestinus renuntiavit Papatui, etc.*]

Papare, Summum Pontificatum obtinere. Laurentius Leodiensis in Episcopis Virdunensib. : *Qui est annus* 1144. *Verbi Dei incarnati, et septimus Conradi regnantis, primus Lucii Papantis, etc.* [Brevis Hist. Ord.Cartus. apud Marten. tom. 6. Ampliss. Collect. col. 208 : *Ipsi domini Cardinales, relicto utroque Papante dolentes super etc.* Charta ann. 1138. apud Calmet. tom. 2. Hist. Lothar. col. 317 : *Innocentio Papante, Conrardo feliciter regnante, etc.*]

¶ Papatorius, Ad Papam spectans. Litteræ Benedicti XIII. PP. ann. 1409. ad Cardinales, apud Marten. tom. 7. Ampl. Collect. col. 983 : *Ne de eligendo vel potius intrudendo aliquem in papatum, cum quacumque vel quibuscumque persona vel personis colloquium vel tractatum aut deliberationem ullo modo habeatis aut faciatis, nec ad aliquod Papatorium pro dicta postulatione, electione, seu verius intrusione facienda verbo vel scriptura... procedatur, vobis... districtius inhibemus.*

¶ Papa Sarachenorum, apud Jacobum de Vitriaco lib. 3. Hist. Orient tom. 3. Anecd. Marten. col. 270. *Papa Turcorum*, apud Raimundum *de Agiles*, Qui religioni seu potius superstitioni Mahumetanæ præest. Vide *Calixtus* et *Chalifa*.

¶ 1. **PAPAFIGO**, Vox Italica. Bernhardi *de Breydenbach* Iter Hierosolym. pag. 243 : *Unde maximus in galea ortus fuit clamor invocantium Deum Sanctosque omnes et vota repromittentium, unde et illud tunc expansum fuit velum* (*Papafigo Italico sermone cognominatum*) *quod non nisi in extremo periculo et ultimo exicio apponitur.* Nautis nostratibus *Papefif*, vel *Paquefic*, majus velum mediani mali.

* *Pappefilz*, in Lit. remiss. ann. 1482. ex Reg. 206. Chartoph. reg. ch. 813 : *Le suppliant print.... ung Pappefilz, une bonnete et du cordail, etc.*

* 2. **PAPAFIGO**, Ficedula, Gall. *Becfigue*. Dialog. creatur. dial. 63 : *Tunc Ficedula, id est Papafigo ad eam* (avem, scilicet corvum) *accedens plurimum vituperabat, nec in pace ipsam dimittebat.*

* **PAPAGALI**, Aula ornamentis decora. Cærem. Rom. Ms. fol. 11. v° : *Constituto die Dominico pontifex e cubiculo summo mane ad cameram paramenti, quam Papagali appellant, egreditur.* Ibid fol. 21 : *Summus pontifex in camera paramenti, quæ Papagali dicitur.* Rursum fol. 47 : *Secretum consistorium celebratur in aula aliqua palatii apostolici remotiori, hodie cameram Papagali appellant. Papegay*, pro Aula judiciaria, ut videtur, in Charta ann. 1378. ex Reg. 115. Chartoph. reg. ch. 85 : *A touz ceulx, etc. maires et eschevins de le ville d'Arras salut. Sachent tout comme honorables et sages Jehan le Verrier, lieutenant de mons. le bailli d'Arras, nous ait bailliet une plainte contenant le fourme qui s'ensuit, fait en Papegay, Justice se plaint de Andrieu Compaignie, etc.* Vide supra *Camera paramenti* in *Camera* 10.

¶ **PAPAGALLUS**, Psittacus, in Chron. Estensi apud Murator. tom. 15. col. 348. Vide *Papagen* et infra *Pappagallus*.

* Ital. Pappagallo. Invent. Ms. thes. Sedis Apostol. ann. 1295 : *Brodata de opere Cyprensi ad rotas, in quibus sunt grifones, aquilæ, Pappagalli, etc.* Glossar. Provinc. Lat. ex Cod. reg. 7657 : *Papaguay, Prov. psittacus.*

¶ Papagallus, pro Papalis, in Cod. MS. cujus meminit Godofredus in Notis ad Vitam Caroli VIII. pag. 712. 713. et 714.

PAPAGEN. Ebrardus Betuniensis contra Valdenses cap. 23 : *Induimini purpura et bysso, id est, Papagen, quasi cultum bonæ vitæ habentes exterius, potius ad nitorem, quam ad utilitatem.* Ubi Gretzerus, ad marginem : *Num vocula Germanica Papages, quasi dicat, Heretici vestri instar multicolorium psittacorum?* Sane nos etiam Psittacos *Pappeguez* appellamus. Corona pretiosa : Παπαγάς, *psittacus*, ψιττακός. Itali *Papagallo* dicunt : *Papagoso*, Joan. de Janua, in *Psittacus*. Arrestum 9. Maii ann. 1321 : *Unam capellam albam operatam de brodaria cum Papegaldis aureis.* [Vide *Pappagallus*.]

¶ **PAPALARDUS**. Vide *Papelardus*.

¶ **PAPALHO**, pro *Papilio*, Umbella quæ Regibus in urbium ingressibus prætenditur. Charta ann. 1463. in qua describitur solemnis Ludovici XI. Reg. Franc. in Tolosam ingressus ad calcem Consuet. Tolos. tom. 4. part. 2. novi Costum. pag. 1061 : *Rex acceptis clavibus, illas ibidem dictis dominis de Capitulo restituit dicendo...* Nous les vous commandons et les gardez. *Et cum his apposito in signo Papalhonem* (l. Papalhone) *desuper, dictus dominus noster Rex dictis dominis de Capitulo, et aliis eos concomitantibus dictam civitatem Tolosæ fuit ingressus.*

¶ **PAPALICANA** Scriptura. Vide *Scriptura*.

PAPALITAS. Vide in *Papa*.

PAPARE, *puerorum est, sicut manducare virorum.* Papias. [*Pappare*, apud Bucelinum in Menolog. Bened. ad diem 3. Januar. pag. 9 : *Vir pius* (Hostradus) *incredibili lætitia repletus partem cibi quo vescebatur obtulit puero, mira simplicitate congeminans : Pappa, Pappa,* (*quod est, comede*) *pulcherrime infans.*] Vide Persium sat. 3. et supra in *Papa*.

* *Paper*, eodem sensu, in Mirac. Mss. B. M. V. lib. 1 :

> Tex fait devant le papelart,
> Ki par deriere Pape lart....
> Tex ne mengue, ne ne Pape,
> Quant poures est, char ne sein,
> Ki puis en fait moult grant train.

Papeter, ibid. lib. 2 :

> Plus le masehent, plus le Papetent, etc.

Hinc Italis *Pappardelle*, Pulpamentum.

PAPARELLUS, Parvus Papa. [* vel potius Falsus seu supposititius papa : ibi enim de Antipapa sermo est.] Hugo Flaviniac. in Chron. pag. 227 de Wiberto Antipapa : *Aliquando enim magnum erat, si quis regium osculum merebatur, gratum, si quis vestigia Papæ oscularetur; nunc versa vice rerum, quicunque inventus fuisset, tenebatur, nec antea dimittebatur, nisi pedem Paparelli illius oscularetur, et sic demum osculo Regis potiebatur.*

* **PAPARINI**, Monetæ Romanæ species, forte, ut conjectat vir eruditus, ab Italico *Papero*, Anserculus, quo insignita erat, aut ab agnomine cujusdam senatoris, *Paparone* scilicet, sic nuncupata. Charta ann. 1291. apud Murator. tom. 2. Antiq. Ital. med. ævi col. 567 : *Ad offerendum et promittendum nomine universitatis et hominum ejusdem castri* (Centumcellarum)... *Nicolao de Trebis domini papæ camerario et notario recipienti et stipulanti nomine et vice dom. papæ et ecclesiæ prælibatæ, nomine census quinquaginta libras Paparinorum.* Occurrit ibid. semel et iterum. [** Forte *Hyperperi*. Vide in hac voce.]

* **PAPARIUM**, *Granche de oisel, Gallice*, in Glossar. Lat. Gall. ex Cod. reg. 521.

¶ **PAPARUS**. Statuta Astens. : *Ad evitandum fraudes decretum est quod de cetero debeant ipsi becharii tenere carmenum seu carmelinum Papari super carnibus, et non tenere super eodem bancho.* Italis *Paparo* anser est.

* Leg. videtur *Papyrus*. Vide supra *Carmelinum*.

1. **PAPAS**, Pædagogus. Gloss. Isid. : *Papas, Pædagogus, qui sequitur studentes.* Papias : *Papas, pedissequus, pædagogus. Pædagogus, puerorum eruditor, idem et Papas, id est, custos.* Juvenalis sat. 4 :

> . . . . . timidus prægustet pocula Papas.

Ejusdem Scholiastes ad sat. 7. v. 218 : *Eunuchus, Pædagogus, aut communi carens sensu, proprium Papatis.* [* Glossar. Lat. Gall. ex Cod. reg. 7692 : *Papas, Garchon.* Unde versus :

> Garsio sit Papas, lini genus, et pædagogus.

Aliud Provinc. Lat. ex Cod. reg. 7657 : *Papas, parasitus, pandox.*] Petrus Damian. lib. 7. Epist. 12 : *Dimissus itaque puer in medio, sine Papate, vel gerula, cœpit ire, etc.* Leo Ost. lib. 2. cap. 29 : *Monitus a Papate suo, ut sine suspicione alicujus fugere posset, monastica veste indutus, fugam arripuit.* Occurrit in Vita S. Adalberti Episcopi Pragensis cap. 14. 17. apud Surium 23. April. et in Actis SS. Viti et Modesti, apud eumdem Surium. In Glossa MS. ad disticha Magistri Cornuti, *Papas, tis, garcianus coquinæ*, dicitur. Vide Dantem in Purg. 15. [et *Pappas* infra.]

Papas, Papatus, Clericus, vel Sacerdos. Acta Romanæ Synodi sub Zacharia PP. apud Othlonum in Vita S. Bonifacii Mogunt. lib. 2. cap. 5 : *Et ipsa Epistola* (D. Jesu Christi) *per manus Angeli Domini pervenit ad Romanam civitatem ad locum sepulchri S. Petri, ubi claves regni cœlorum constitutæ sunt, et duodecim Papati, qui sunt in Romana civitate triduanas fecerunt vigilias, in jejuniis et orationibus, etc.* Innocentius III. PP. lib. 15. Ep. 60. ad Thebanum Archiepiscopum : *Canonici ejusdem Ecclesiæ obtinuerunt ab eo medietatem omnium Monasteriorum et Papatuum, in quibus tres Monachi vel pauciores morantur.* Lib. 16. Epist. 98. ad Episcopum Amyclensem : *Abbatiarum, Ecclesiarum, Papatuum, decimarum et possessionum ad eorum*

Ecclesias pertinentium illicitos detentores. Et Epist. 115. ad Cardicensem Episcopum : *Quia vero constitit nobis, quod Hospitalarii habebant septem homines Ecclesiæ Cardicensis, scilicet Papam Leonem, Joannem Fot, etc. jubemus illos restitui. Præterea omnes Abbatias et Papatus in tenimento Hospitalis constitutos, etc.* Ubi *Papatus* videntur esse qui *Obedientiæ*, seu *Prioratus*, nostris dicuntur. Bosquetus reditus et beneficia minorum Clericorum interpretatur, quos vulgo παπάδας Græci appellant. *Papades*, in Concilio Senensi ann. 1423. Goarus ad Cedrenum has voces, πάπας, et παπᾶς, distinguit : et alteram summo Pontifici, alteram Clericis minoribus convenire ait. In Isaacii Comneni Nov. : Ὅτε ποιεῖ τοῦτον λιτὸν παπᾶν, ἤτοι ἀναγνώστην. Quibus verbis innuitur *Lectorem* esse ex infimo Clericorum ordine, simplicemque esse Clericum. Atque ita vocem παπᾶς, pro Clerico usurpasse Byzantinos constat. Theophanes pag. 83. ait Cyrum Præfectum Prætorio, cum sibi timeret a Theodosio Imp. in Ecclesiam confugisse, factumque esse *Papam* : ὁ δὲ προσφυγὼν τῇ ἐκκλησίᾳ, ἐγένετο παπᾶς. Et Heraclius cum Crispo Patricio dignitatem abrogasset, et εἰς κληρικοῦ σχῆμα τὴν κεφαλὴν ἀποκείρασθαι jussisset, recitatis a Patriarcha solemnibus precibus, de eo postmodum ad milites verba faciens, παπᾶν Κρίσπον appellavit, ut est apud Nicephorum Constantinop. in Breviario pag. 6. 1. edit. Et apud Nicetam Choniatem in Isaacio lib. 1. n. 2 : Ἀλλὰ καὶ τοὺς προσρυομένους τεμένεσιν ἀπέσφαττον ποῦ ποτε ὁ παπᾶς, λέγοντες, *Et in templa confugientes mactabant, ubi esset Papa, rogitantes*, id est, ædis Sacerdos : nam et in Epist. Barbaro-Græca Bessarionis Cardinalis edita a Meursio pag. 59. παπάδες pro Presbyteris etiam accipiuntur, uti παπαδισκία, in Actis S. Eliæ junioris a Combefisio editis pag. 199. pro *sacrificulis*, uti Presbyteros nostros vocant Calvinistæ : et παπαδίαι, pro *Sacerdotissis*, in Glossis Græco-barbaris. Sed et ejusmodi παπάδων uxores παπαδίαι appellantur in Nomocanone edito a Viro doctissimo Johanne Baptista Cotelerio tom. 1. Monumentor. Eccles. Græcæ cap. 137. Scribit præterea Scaliger lib. 7. de Emendat. temp. pag. 684. Æthiopes, Sacerdotes *Papasath* hodie vocare, ut Episcopos *Episcopasath*. Sed et Indos summos suos Pontifices *Papas* appellare etiamnum tradit Joseph. a Costa lib. 5. cap. 14. pag. 232. de qua appellatione, vide Francisc. Lopes de Gomara lib. 2. cap. 89. Quin etiam Græcis recentioribus vox παπᾶς præponi solebat Hegumenorum nominibus, quomodo vox *Pater* apud Latinos. Concilium Calchedon. act. 1 : Περιμένη τὸν παπᾶν Ἀβραάμιον. Alibi de Eutychete Archimandrita hæretico : Ὁ παπᾶς Εὐτυχής. Lamentatio MS. de capta Constantinop. : Παπάδες, ἡγούμενοι, etc. Walafridus Strabo lib. de Reb. Eccl. cap. 7. *Papæ* nomen *paternitatis* appellationem esse ait, et *Clericorum congruere dignitati*. Quod etiam colligitur ex Vita Zozimi Episcopi Syracusani n. 16. [Vide Menæa 7. Martii.]

2. **PAPAS.** Isidor. lib. 19. cap. 27. de lanis : *Byssum genus est quoddam lininimium candidi et mollissimi, quod Græci Papatem vocant.* [Græcis πάππος, lanugo carduorum et quivis flos lanuginosus.]

¶ **PAPATIA**, Papaticus. Vide *Papa*.

¶ **PAPATISSA**, Nutrix. Passio SS. Viti et Modesti tom. 2. Junii pag. 102 : *Jussit ministris ut B. virum una cum S. Modesto Papato suo et Crescentia nutrice* (al. *Papatissa*) *sua... in catasta extenderent.*

¶ **PAPATORIUS.** Vide in *Papa*.

¶ **PAPATUS.** Vide *Papa*, *Papas* 1. et *Papatissa*.

PAPAVER. Vetus Charta apud Joannem Schefferum ad Chron. Upsaliense pag. 152 : *Obtulit casulam Dalmaticam et subtile cum duabus cappis, omnia de Papavere. Item duo suppellicea de riis.* Infra : *Item aliud par dorsalis et antependii de Papavere. Item deputabantur duo panni de Papavere ad ponendum super sepulchrum in solennitatibus.* Occurrit rursum ibi. Meminit Plinius lib. 8. cap. 48. vestium, quas *papaveratas* vocatas fuisse ait. Exceptio corporis S. Florentini Latiniacum MS. : *Inscriptio* (brevis) *hæc erat : Hic requiescit, etc. Erat autem scriptum in Papavere.*

☞ Quales vero fuerint illæ vestes de *papavere* vix conjicere licet. Vossius in Etymol. tenuem ex bysso linoque subtili vestem interpretatur : Salmasius in Solin. pag. 1127. ex pinnarum papavere textam. Neutra sententia Harduino placet, qui in notis ad Plinii locum citatum existimat vestes *papaveratas* eas fuisse, quæ eo papaveris genere tersæ, ex quo, teste Plinio lib. 39. cap. 4. splendorem candoremque lina traherent, eumdem nitorem accepissent. Judicent peritiores. Hesychio, μήκωνες..... καὶ ὕφασμα βύσσινον. Vide Lochnerum de Papavere pag. 33. edit. 1713.

* Glossar. Lat. ex Cod. reg. 7692. : *Papaver, Pouencel.*

* **PAPAVERCULUM**, Meconium infantis, apud J. Rhod. Observat. 83. centur. 3. Ita D. *Falconet*.

¶ **PAPEGALDUS.** Vide *Papagen.*

¶ **PAPEGAUS.** Vide *Pappagallus.*

¶ **PAPELARDIA**, Hypocrisis, nostris *Papelardie*, vel *Papelardise*. Ostiensis in cap. Constitutis Extra de appellationibus tom. 4. Gall. Christ. col. 134 : *Fuit electus Rainaldus* (Primas Lugdunensis) *non secundum Deum, sed non sine Deo, quia bene rexit, et sicut probatur per opera, ipsam Ecclesiam multipliciter augmentavit : unde nec Papelardia sola semper est omnibus aliis præferenda.* Ubi *Papelardia* potius ingenuum religiosumque oris habitum, quam hypocrisim significare videtur.

PAPELARDUS, Hypocrita, adulator, simulator : qui *Papæ* frequenter exclamat, vel qui ut infantes, qui *Papas* parentes vocare solent, voce adulatoria, uti consuevit. Scio esse quosdam, qui a παιπάλημα, astutia, alios, qui a *palpel* Hebraico, i. acuere ingenium, deducunt : sed valeant istæ originationes nimis ridiculæ. Galli *Papelard* dicunt. Peraldus in Summario virtutum et vitiorum tit. de Prudentia : *Caro decipit sicut Papelardus, qui dicit se infirmum et pauperem, cum non sit.* M. Robertus de Sorbona in Serm. de Conscientia : *Si tales homines cum sint cum Papelardis viris et Religiosis, dicunt, Orate pro me, etc.* Infra : *Imo propter hoc dicuntur Papelardi, quia frequentant Confessiones.* Philippus *Mouskes* in S. Ludovico :

Mais li Beguin et Papelart
Furent encontre d'autre part.

Le Roman *du Chevalier au Barisel :*

S'irai avec ches Papelards.

Joannes de Condato in Dominicanos, MS. :

Il vont faisant le Papelart,
Si ont le cuers plains de mal art.

Gualterus Metensis in Mappa mundi MS. :

Tels sont chil à ces capes grans,
Con doit bien appeler truhans,
Qui Papelart nommer se font,
Et à droit, car Papelart sont,
Adont ont à nom Papelart,
Car avoir veulent tout le lart,
Et le plus bel de l'autre gent
Par fausse chiere, et faus semblent, etc.

* Hinc *Apapelardir*, Papelardum agere. Mirac. Mss. B. M. V. lib. 1 :

Papelart s'Apapelardissent
Pour estre envesque, abbé ou pape.

¶ Papalardus, pro *Papelardus*, in Vita B. Edmundi Cantuar. Episc. apud Marten. tom. 3. Anecd. col. 1791 : *Eamus ad Papalardum illum, et illum cominus videamus.*

¶ **PAPELINA.** Vetus Necrolog. Eccl. Rem. : *Debent Senescalli de vino prædictæ vineæ unam Papelinam.* Ibid. : *Debet hospitale nostrum Papelinam unam de quadam vinea sita in cretaria Andreæ.* Sic in Ecclesia Remensi vocabatur *pastus* seu extraordinaria refectio, quæ Canonicis in refectorio communi certis diebus subministrabatur, maxime vero iis diebus in quibus decantatæ fuerant natales Antiphonæ O; idque ejus impensis qui antiphonam præcinuerat. *Papelina* dicta hæc refectio a campanula ejusdem nominis, cujus pulsu ad refectorium convocabantur Canonici aliique quibus id erat juris. Liber Collectarum in Tabul. Remensi sign. A. num. 76. fol. 72 : *De antiqua consuetudine Remensis Ecclesiæ, campana quæ Papeline vulgariter est vocata supra vetus refectorium capituli collocata, per spatium lente solet pulsari in crepusculo noctis cujuslibet a decimo sexto Kal. Januarii, etiam per octo dies subsequentes, ac etiam omni Vigilia dierum, in quibus in refectorio sumitur pastus.* Corrupte *Pampelune* dicitur in Ceremoniali MS. ann. 1637. ejusd. Eccl. tom. 2. fol. 16. v°. : *Le 15. de Decembre à sept heures du soir l'on sonne à l'église de S. Michel* (quæ olim erat Canonicorum refectorium) *une petite cloche appellée Pampelune... le premier jour M. l'Archevesque doit faire donner le vin appellé le vin de Pampelune à un chascun de Messieurs les Chanoines, chascun un pot mesure du chapitre, et à ceux denommés au rôle.... Le septiéme O se chante par le sieur Chantre, l'hostel Dieu donne la Pampelune. La derniere Pampelune se donne par Messieurs du Chapitre par les mains de Massieurs les Senechaux et Officiers de la Senechaussée, le sieur Doyen chante le dernier O.* Ex quibus colligitur sequiori tempore ad solam vini distributionem id fuisse redactum.

* **PAPELINUS**, Qui judicat inter lepram et lepram, in Synodo Senon. ann. 1514. apud Bochel. decret. eccl. Gall. pag. 485.

Ita D. *Pocquet* jur. Gall. in Univers. Andegav. professor in Animadv. suis.

* **PAPELLA**, pro *Papula*, Ulceris species. Vide infra in hac voce. Charta ann. 1147. apud Murator. tom. 1. Antiq. Ital. med. ævi col. 246 : *Et si quis ista Carta destruere aut exterminare eam voluerit, iste.... et Deus nomen suum de libro vitæ, et carnes suas disrumpat volatilibus cœli et bestiis terræ, et mittat in illis Dominus mortem Papellæ.* Occurrit rursum ibid. tom. 2. col. 1061.

* **PAPENGATUS.** Charta ann. 1120. tom. 1. Hist. Cassin. pag. 318. col. 2 : *Omne donum perfectum de sursum est descendens a patre luminum super Papengatus, ut Dei auxilio, etc.*

* **PAPENI**, Monetæ species; an iidem qui *Paparini* vel *Papienses*? Vide ibi. Comput. ann. 1334. inter Probat. tom. 2. Hist. Nem. pag. 86. col. 2 : *Solvi dicto Nerio Bertache xxv. florenos auri de Florenis* (f. de Florentia) *sive Papenos, qui alevant xv. libras, xij. solidos, vj. denarios.*

PAPERES, pro *Papyri*. Historia Cortusiorum lib. 8. cap. 2 : *Facti fuerunt fulli omnium sanctorum, et laboreria pannorum lanæ, et cartarum Paperum cœperunt Paduæ.* [Vide Rymer. tom. 7. pag. 233.]

* **PAPERICUS**, Papyraceus. Stat. ann. 1253. ex Tabul. Massil. : *Statuimus quod notarii curiarum vel alii scriptores, qui dicta testium transcribunt vel acta curiæ, pro quatuor foliis cartarum Papericarum accipiant xij. den. tantum.* Vide *Paperes.*

PAPERNI. Vide *Paparini.*

* **PAPETARIUS**, *Papyri* seu chartæ opifex vel mercator, Gall. *Papetier*, alias *Pappelleur.* Necrol. S. Nic. Corbol. ad 17. Jan. : *Hodie debet fieri anniversarium sollenne pro Anthonio Bisson Papetario et Johanna Harire ejus uxore.* Stat. pro artif. Trecens. ann. 1398. ex Cod. reg. 8312. 5. fol. 73. v° : *Item pour ce qu'il nous a esté relaté et afferme que les Paupelleurs* (sic) *ou ouvriers de pappier.... ont retrais ou fait retraire et appetiser les moles où il font ledit pappier,.... pourquoy nous mandasmes pieça plusieurs desdiz Pappelleurs, lesquelz conconfesserent ce que dit est.* Vide *Papietarius.*

¶ **PAPIANA** Fides, Papalis, Romana, Catholica. Chron. Corn. *Zantfliet* apud Marten. tom. 5. Ampliss. Collect. col. 68 : *Anno 1232. quidam Judæus in Hispania comminuendo rupem propter vineam ampliandam, reperit in solida concavitate lapidis librum habentem folia lignea, conscriptum tribus linguis, scilicet Hebraica, Græca et Latina, singillatim in hunc modum : Dei filius ex Maria virgine nascetur, qui pro salute generis humani patietur. Quo lecto, Judæus ad Fidem Papianam conversus est, et cum tota familia sua baptizatur.*

PAPIAS, et Pappias, Custos Palatii apud Byzantinos Imperatores. *Custos Palatii, Papias, et Ostiarius*, in VIII. Synodo act. 5. De qua dignitate vide, quæ observavimus ad Cinnamum pag. 480. [** Glossar. med. Græcit. col. 1101. voce Παπίας.]

¶ **PAPICI**, Morbi genus. Vita B. Humilianæ tom. 4. Maii pag. 397 : *Infirmitas illa vulgo Papici vocabatur, alio autem vocabulo ignis volatilis, alio modo gutta salsa vocabatur.*

¶ **PAPIENSES** Denarii, Moneta civitatis Papiæ. Chron. Farfense apud Murator. tom. 2. part. 2. col. 589 : *Pro quibus receperunt pretium denariorum subtilium Papiensium argenti libras centum triginta sex.* Instrum. ann. 1358. apud Illust. Fontaninum in Antiquit. Hortæ pag. 416 : *Cum salario.... quinque librarum denariorum Papiensium pro carta et atramento et lumine.* Memorantur præterea in Charta ann. 1145. unde in Italia communes fuisse colligit laudatus Fontan. Horum aliquot typos videsis apud Ant. Gattum in Hist. Gymnasii Ticinensis.

¶ **PAPIETARIUS**, Qui papyrum facit, chartarius, Gall. *Papetier.* Consuetud. Univers. Paris. per Robertum *Goulet* fol. 11 : *Operatores sive artifices Papietarii qui debent habere molendinos ad faciendum papirum sunt septem.*

1. **PAPILIO**, Tabernaculum, tentorium, nostris *Pavillon.* Glossæ antiquæ MSS. : *Tabernacula, Papiliones, Tentoria.* Glossæ vett. : *Papilio*, σκήνωμα. Joan. de Janua : *Papiliones dicuntur tentoria ad similitudinem papilionis avis volantis.* [Gloss. Lat. Gall. Sangerman. : *Papilio, Papilon qui vole, ou paveillon, c'est tante.*] Papias : *Papiliones, tentoria dicuntur a similitudine parvi animalis : hæ sunt aviculæ : lumine accenso conveniunt, et circa volitantes ab igne proxime interire coguntur.* Glossar. Saxon. Ælfrici : *Papilio*, gang-geteld, i. tentorium. Augustinus lib. 1. Locutionis de Genesi : *Cum essent cubicula aut tentoria, quos etiam Papiliones vocant.* Hugo de Cleeriis de Senescallia Franciæ : *Insuper cum Comes in exercitu Regis perrexerit, Senescallus Franciæ Papilionem centum Militum capacem ei præparabit, et sommarium ad illum portandum, et chordas, et paxillos, etc.* [Receptio Caroli VII. Lemovicas apud Stephanot. tom. 1. Fragm. Hist. MSS. : *Rex ingressus portale montis Maliu, invenit paratum Papilionem pulcrum in armis suis, quem portabant Consules et burgenses dictæ villæ.* Ubi *Papilio* est Umbella, Gall. *Dais*, quæ Regibus in urbium ingressibus prætendi solet. Elmham. in Vita Henrici V. Reg. Angl. edit. Hearnii cap. 21. pag. 48 : *Papilione igitur oloserica mirandæ pulchritudinis in raris planicie elevata, etc.*] Utuntur Vegetius lib. 1. cap. 3. 23. lib. 2. cap. 13. lib. 3. cap. 10. Spartianus, vetus Interpres Biblior. non uno loco, Gregorius Turon. de Vitis Patrum cap. 5. Annales Francor. ann. 799. etc. Petrus Diac. lib. 4. Chron. Casin. cap. 108. Altfridus in Vita S. Ludgeri Episcopi Mimigard. num. 6. Odo Cluniac. in Vita S. Geraldi lib. 1. cap. 27. Tudebodus pag. 787. et alibi non semel, Gesta Consul. Andegav. cap. 13. num. 7. Otto Frisingensis lib. 1. de Gestis Frider. cap. 31. Helmodus lib. 1. cap. 61. Conradus Uspergensis ann. 1101. Will. Brito lib. 8. Philipp. pag. 197. Guillelmus de Podio-Laurentii, et alii sine numero. Sic παπυλεῶνα dixerunt Græci recentiores. Procopius lib. 2. Persic. cap. 21 : Καλύβην ἐκ παχειῶν πιῶν σινδόνων πηξάμενος, ἣν δὴ Παπιλιῶνα καλεῖν νενομίκασιν, etc. Joan. Antiochenus Malala apud Edw. Bisseum, seu Chronic. Alexandr. de Juliano Imp. : Καὶ εἰσελθὼν εἰς τὸν ἴδιον Παπυλεῶνα διὰ τῆς νυκτὸς τελευτᾷ. Vide idem Chronicon Alexandrinum pag. 626. Meursium [et Gl. med. Græc.] in Παπυλεών.

Pampilio, in Gestis Ludovici VII. Regis Franc. cap. 19. 22.

Papiliones, Nummi aurei Francici sic dicti, quod Rex in iis sub *papilione* in throno sedeat. Vetus Regestum : *A 14. Novembr. 1338. usque ad 14. Junii 1339. fiebant Papiliones ponderis 48.* Vide *Moneta.*

* Pro Ædificio aperto, porticus nempe seu perystilium, occurrit in Stat. Cadubr. lib. 3. cap. 14 : *Quas pœnas si non solverit infra quindecim dies, a tempore condemnationis factæ, fustigetur circa logiam seu Papilionem plebis.*

2. **PAPILIO**, *Scyrpeum vasculum*, Papiæ. Sed infra *Papyrio* scribitur.

* **PAPINA**, pro Papilla. Glossar. Provinc. Lat. ex Cod. reg. 7657 : *Possa, Prov. mamma, Papina, uber.*

¶ **PAPINIANISTÆ**, Dicti olim qui biennium in legum studio versati, tertium etiam adjungebant, legentes libros Papiniani. Imper. ad Antecess. : *Ne autem tertii anni auditores, quos et Papinianistas vocant, nomen et felicitatem ejus amittere videantur.* Joh. Calvin. Lexic. jurid.

¶ **PAPINIO**, Idem quod *Papilio.* Ogerii Panis Annal. Genuens. ad ann. 1213. apud Murator. tom. 6. col. 405 : *Et exercitum totum fugarunt, tendas quoque, Papiniones et arnisium habuerunt.*

¶ **PAPIO.** Jacobus de Vitriaco Hist. Orient. lib. 3. apud Marten. tom. 3. Anecd. col. 279 : *Sunt ibi* (in terra Jerosolymitana) *cameli, et bubali abundanter, et Papiones quos appellant canes silvestres, acriores quam lupi.*

¶ **PAPIREUS** Cisternus. Testam. Cardinalis Ambian. ann. 1402. apud Godefredum in Addit. ad Notas in Hist. Caroli VI. pag. 754 : *Suum testamentum... condidit, fecit et ordinavit, prout et quemadmodum in quodam cisterno Papireo, quem per me... publicari voluit.*

¶ **PAPIRUS**, Papyrus, Breviarium actorum et agendorum, index, recensio. Charta ann. 1336. tom. 2. Hist. Dalphin. pag. 319 : *Volentes ulterius, quod præfati Consiliarii..... Papirum habeant quam unus fidelis notarius eligendus per ipsos Consiliarios custodiat, et in quo singula per ipsos facienda per ipsum notarium conscribantur... quodque singulis duobus mensibus semel procurator noster cujuslibet Bayllivíæ ipsam Papirum dicto sigillo Consilii sigillatam, ad nostram præsentiam, vel nostrum magnum Consilium studeat aportare, peracta, gesta et expedita per eos illis duobus mensibus referendo.* Ordinat. domus Dalphin. ann. 1340. ibid. pag. 392 : *Faciant.... de omnibus paramentis, libris, jocalibus et rebus nunc existentibus in eadem* (capella) *et de hiis quæ erunt in illa processu temporis, successive singulis terminis inventarium et Papirum unum.* Statuta Monast. S. Claudii auctoritate Nicolai V. PP. pag. 87 : *Quodque de emolumentis dictæ sacristiæ S. Claudii fiat una Papyrus in qua de verbo ad verbum scribantur litteræ hujusmodi,... in-*

super quod fiat alia Papyrus in qua per modum inventarii scribantur litteræ præscriptæ.

¶ PAPISCI, pro *Pacisci*, ut videtur. Vide in hac voce. Acta S. Cassiani apud Illust. Fontaninum in Antiquit. Hortæ pag. 345. ubi de Juliano Apostata :

Unde erga Sanctos bellum commoverat excors,
Induperans perimi, et nullum super arva Papisci.

PAPONIUS. Gloss. Sax. Ælfrici : *Paponius*, druncen, i. Ebrius. Gloss. Arabico-Lat. : *Paponius, ebriosus.* Infra : *Papotentia, ebrietas*, sed legendum videtur *paponientia.* His locis *bibonius* restituunt viri docti; potuissent etiam *popinius*, a popina, restituere.

¶ PAPPAGALLUS, Psittacus, *Perroquet.* Computus ab ann. 1333. ad ann. 1336. tom. 2. Hist. Dalphin. pag. 278 : *Item, pro emendis duobus Pappagallis et uno gattomaymone, unc.* XI. *taren.* VI. Ibid. pag. 280 : *Petro Usserio pro reparatione cabiæ Pappagalli* IV. *den.* Nostris olim *Papegaus.* Inventar. Ornament. et Reliq. Eccl. Noviom. ann. 1419 : *Item una alia alba pro presbytero cum paramentis panni serici broderati per quarrellos albos et virides super croceo ad aves Papegaus et alias aves.* Le Roman *de Florence, etc.* MS. :

Li Papegaux sailli en piés,
Seignor, dit-il, oez,
Ge di que li roxignox ment,
De la bataille me present.

Vide *Papagen.* [* et *Papagallus.*]

¶ PAPPARE. Vide *Papare.*

¶ PAPPAS, Discipulus. Vita 2. S. Adalberti Episc. Prag. sæc. 5. Bened. pag. 867 : *Post populus terræ Episcopum suum revocant : viri sancti Pappatem Radlam, qui frater carnis suo Duci erat.... Unde cogitans Episcopus, quod nec sibi, nec illis cassus labor profuisset, animæ vero suæ talis statio obesset, Pappati suo ait : Scias certum, aut ubi ego sum venies, aut amplius me numquam videbis.* Differunt ergo, ut monet Mabillonius, *pappas* et *papas*, ut *papas* sit pædagogus, qua notione occurrit in hac 2. Vita num. 3. ubi Adalbertus dicitur *Papas morum et magister sensuum.* Vide *Papas* 1. *Pappas* vero sit *papæ* discipulus.

PAPULA, Ulceris species. Vita S. Dominici Abbatis Sorani in Italia num. 21 : *Cum ecce inter eundum lethali ulcere, quod Papulam vulgus vocat, a maxilla invaditur.* [Vide Lexic. medic. Pancr. Brunonis.]

* Glossar. medic. Ms. Simon. Januens. ex Cod. reg. 6959 : *Papulæ, dicuntur apostemata parva, quæ furunculi vocantur.*

* PAPYRIUS, Chartarum collectio, *registrum.* Charta ann. 1349. inter Probat. filiat. domus de Chabanis pag. 69 : *Qui præmissum actum præsens feci et recepi de Papyriis seu protocolis meis.*

PAPYRUS, Planta nascens in palustribus Ægypti, aut quiescentibus Nili aquis, ex cujus libro texebantur vela, tegetes, vestes, ac funes, ut docent Theophrastus lib. 4. Hist. plant. cap. 9. et Plinius lib. 13. cap. 11. Hinc non semel storeas Monachorum, et *mattas* ex papyro confectas legimus. Regula Solitariorum cap. 47 : *Habui etiam lectos ex auro vestitos et pretiosissima stramenta : et pro his dedit mihi Deus stramentum hoc de Papyro, et hanc pellem.* Petrus Damiani in Vita S. Romualdi n. 38 : *Ipse in storea de Papyro confecta, tenera delicati corporis membra terebat.* Idem lib. 1. Epist. 19 : *Papyrinæ storeæ stramenta.* Et lib. 6. Epist. 30 : *In eremo stratum molle juncus est, vel Papyrus.* Apud Marcellum Empiric. lib. de Medicam. cap. 10 : *Linum vel Papyrus ligata, etc.* Cap. 34 : *Lanugo de Papyro.* Denique Tertullianus sive Cyprianus ad Senatorem :

.... caligaque remota,
Gallica sit pedibus molli redimita Papyro.

Sed hæc nota. Vide Salmasium ad Solinum pag. 1003. [et Melch. Guillandin. de Papyro.]

Præterea *papyrum* in lucernis et cereis adhibitam non semel observare est vice ellychnii. Johan. de Janua : *Dicitur Papyrus, quasi parans pyr, i. ignem, eo quod in cereis et lampadibus ponitur ad ardendum.* Idem : *Dicuntur funalia licinii a funibus, inter ceram, quos ante usum Papyri cera circumdatos habuere majores.* Gregorius Turon. de Vitis Patrum cap. 8 : *In quo* (cicindeli) *nec Papyrus addita, nec olei gutta stillantis adjecta, etc.* Marcellus Emp. cap. 8. pag. 70 : *Lucernam fictilem de Papyro et medulla vaccina concinnato.* Paulinus Natali 3 :

Clara coronantur densis altaria lychnis,
Lumina ceratis adolentur odora Papyris.

Idem Nat. 7 :

Interea meus iste choro digressus amico,
Ut spirante foris auræ depelleret æstum,
Quam famosa dabat ceratis cella Papyris.

Drepanius de Cereo Paschali :

Æquoream cohibet formatrix cera Papyrum,
Cera domus mellis, etc.

Gregorius M. lib. 1. Dialog. cap. 5 : *Omnes lampades Ecclesiæ implevit aqua, atque ex more in medio Papyrum posuit.* Fortunatus lib. 2. Vitæ S. Hilarii sub finem : *Quantum fuit cerei longitudo, cera jacens inventa est, Papyro consumpta, etc.* Althelmus de Laude Virg. cap. 21 :

Papyrus in medio radiabat lumine centro.

Bombacina papyrus in candelis, in Constitut. Sicul. lib. 3. tit. 36. § 1. *Papyrus candelarum*, apud veterem interpretem Juvenal. sat. 3. v. 287. et Vegetium lib. 2. Artis veterin. cap. 57. Serapion : *Est alius Papyrus, quem Latini vocant papirum, vel charta silago, qua utuntur Sacerdotes pro vivificando lumina in Ecclesiis.*

PAPYRIONES, Loci, ubi crescunt papyri, Mamotrecto ad 2. Exod. *Chartarii loci*, Apuleio lib. de Virtutib. herbar. cap. 1. [Bernhardi *de Breydenbach* Iter Hieros. pag. 218 : *Tandem descendente filia Pharaonis ut lavaretur in flumine, gradientibus secum puellis per crepidinem alvei in vistella cirpea fuit inventus in Papyrione.*]

* PAPYRUS JORNALIS, Diarium, Gall. *Journal.* Lit. ann. 1383. tom. 7. Ordinat. reg. Franc. pag. 44. art. 44 : *Quod dictus contrarotulator sit præsens in receptione dictæ monetæ, et quod penes se registretur species monetarum, ut supra, in cena* (f. ceda vel cedula) *Papiri jornali. Papier*, pro Lusorium folium, vulgo *Carte à jouer*, in Lit. remiss. ann. 1408. ex Reg. 162. Chartoph. reg. ch. 361 : *L'un des compaignons attaigny unes quantités de Papier pour jouer, et firent le suppliant et ses compaignons jouer ledit marchant, lequel par la séduction d'iceulx joua à deviner quelle carte l'en toucheroit.*

* PAPYRUS TERRÆ, a Gallico *Papier terrier*, Codex censualis, clientelarum charta. Stat. ord. S. Joan. Hierosol. ann. 1584. tom. 2. Cod. Ital. diplom. col. 1850 : *Sancimus ut de cætero nulla melioramenta pro validis approbentur, nisi prius commissarii..... profiteantur se vidisse integre et diligenter confectos, pro regionis, ubi sunt, usu, censuales libellos, quos Papyros terræ quidam vocant.*

* PAPYRUS VITÆ. Vide in *Vita.*

1. PAR, Conjux, in Lege Ripuar. tit. 49. apud Marculfum lib. 1. form. 12. lib. 2. form. 5. 30. 39. etc. [Capitul. Pippini Reg. ann. 752. cap. 6 : *Nam qui de pretio Paris sui de tali necessitate liberatus fuerit, in tali conjugio debet permanere, et non separari.* Charta Henrici Imperat. ann. 1012. pro Monast. Florin. : *Item servus ecclesiæ qui Parem suam non habet, etc.*] Matthæus Vindocinensis in Thobia :

Sponsa datur justo sobria Parque Pari.

[Eadem notione Ovidius Fast. 4. 98 :

Et docuit jungi cum Pare quemque sua.]

Le Roman *de Guillaume au Court-nez* MS. :

Isi qu'il prend moi à Per et à moiller.

[Le Roman *de la Violette* MS :

A mouyller la prins et à Per.]

Le Roman *d'Aubery* :

Avoir la puet à Per et à moillier.

Passim ibi. Vide *Compar.*

¶ PAR, Socius, comes : Hinc *Bon Par*, Gall. *bon Compagnon*, cognominatus Ranulphus Bernardi I. Comitis Petrocor. filius, apud Beslium Hist. Comit. Pictav. cap. 15. pag. 47. Le Roman *de la Violette* MS. :

Atant se assient au souper
N'orent lors compaignon ne Per.

Le Roman *de Vacce* MS. :

Chescun a honte de fuir,
Et chescun vout le champ tenir,
A son Per chescun se vante
Tuit ensement de lour puissance.

Ibidem :

Chevaliers y a bons, et maniers de jouster,
Ne doutent nulles, se il sont Per à Per.

¶ PAR, Qui æquis viribus pugnat. *Parent* ea notione usurpat le Roman *de Vacce* MS. :

Si com en champ sont champion
Quant Parenz sont dui compaignon.

Parigal dixit eodem significatu le Roman *de Floire* MS. :

A moi volez joster à pié,
Vostre pris en ert abaissié;
Mais laissiez moi quoi mon cheval,
Et quant nos serons Parigal,
Se poez avoir le meillor,
Tornera vos à grant henor.

PAR APOSTOLIS, appellatus fuit S. Martinus propter miraculum illud, quod in Turonibus accidit, dum sacra celebraret, (de quo Sulpitius Dial. 2. cap. 2. Fortunatus lib. 1. poem. 5. lib. 10. poem. 5. et lib. 3. de Vita S. Martini) uti scribunt Beletus de Divin. offic. cap. 163. et ex eo Durandus in Ration. lib. 3. cap. 17. n. 13. et lib. 7. cap. 27. Adde Udalricum lib. 1.

Consuet. Cluniac. cap. 43. Sulpitius Severus in illius Vita lib. 2 : *Est enim ille, ubi est, consertus Apostolis ac Prophetis, et quod pace Sanctorum omnium dixerim, in illo justorum grege nulli secundus.* Fortunatus lib. 2. de Vita S. Martini :

Compar Apostolicis meritis æquanda Prophetis.

Vita MS. S. Arnulfi Crespiensis, de S. Martino : *Sanctissimus, et nulli post Apostolos secundus.* Adde Odonem Cluniac. in tract. cui titulus, *Quod B. Martinus Par dicitur Apostolis*, et Petrum Dam. Exstat in Biblioth. Vallis S. Martini Lovaniens. Liber Adami Abbatis, *adversus eos, qui reprehendunt Ecclesias, in quibus cantatur, Martine Par Apostolis, etc.* Ἰσαποςόλου titulum variis Sanctis concessum etiam docemur ex Menariis Græcorum, atque in primis S. Theclæ, S. Albercio Episcopo Hierapolitano, Constantino M. et Helenæ matri, Mariæ Magdalenæ, et aliquot aliis. Id de Constantino testantur potissimum Eusebius in illius Vita lib. 4. cap. 71. Joannes Damascenus in Synodica ad Theoph. Imp. Anna Comnena lib. 14. Alex. Cinnamus lib. 1. Balsamon, Manuel Comn. Nov. 1. et alii. Ermanricus in Vita S. Soli cap. 1 : *S. Solus Apostolis in omni actione sua pene consimilis.* Et in hymno de eodem :

Vita consimilis vixit Apostolis.

PAR LITTERARUM, Gallis, *une paire de lettres.* Ita unicam Epistolam vocabant, quod complicata quasi binas efficere videatur. Matth. Paris : *Ubi Falcasius cecidit in misericordiam Regis de plusquam triginta Paribus literarum. etc.* Radevicus lib. 3. de Gest. Frider. cap. 10 : *Multa Paria litterarum apud eos reperta sunt.* Chronicon Belgicum pag. 222 : *Misit.... duo Paria literarum, etc.* [Epist. Innocentii III. PP. tom. 3. Concil. Hispan. pag. 447 : *Super hujusmodi vero responsione conscribi fecit idem Episcopus tria Paria literarum.* Computus ann. 1202. apud D. *Brussel* de Usu feud. tom. 2. pag. CLXIV : *De Templo, per* 11. *Paria litterarum* VI^c. *l. Tria Paria caligarum ferri, duo Paria camberiarum ferri*, in Charta ann. 1294. *Pro* 11. *Paribus robarum*, in Computo mox laudato pag. CLVII. *Duo Pares de cepo*, in Charta ann. 1260. Charta ann. 1213 : *Ubi Par unus erat balancearum, de cetero duo Paria habeantur.*] *Par mularum*, in leg. 22. D. ad legem Aquil. *Poculorum Paria duo*, in leg. 3. D. de leg. 3. *Duo Paria boum*, apud Monachum Sangallensem lib. 2. cap. 21. Leo Ost. lib. 3. cap. 57. (al. 58.) : *Alia candelabra argentea cum malis crystallinis Parium unum. Bazili de argento Parium unum.* Occurrit ibi pluries et cap. ult. [Vide *Pradisterium*.]

* PAR TERRÆ, Portio, pars, vel Terra quæ in *pariagio* seu associatione possidetur. Charta ann. 1157. inter Probat. tom. 2. Annal. Præmonst. col. 648 : *Intra easdem quatuor metas erat quædam Par terræ Odonis Rufi, quam,... prædictæ ecclesiæ dedit.* Vide infra *Paria* 4.

* PAR BLADORUM, Dicitur de mensuris annonariis, quæ pro qualibet annona inter se pares sunt. Charta Theodor. Colon. arch. ann. 1447. inter Probat. tom. 2. Annal. Præmonst. col. 531 : *Proventus qui ex ipsis* (terris) *omnibus annis obveniunt,.... ad valorem quinquaginta Parium bladorum, partim siliginis et partim avenæ, se extendere dignoscuntur,*

* PRATUM AD DUO PARIA HERBARUM, Quod bis in anno falcatur, vulgo *Pré à deux herbes.* Charta Girardi abb. S. Germ. Prat. ann. 1278. ex Chartul. AD. ejusd. monast. fol. 81. r° : *Quindecim arpenta pratorum, quæ vocantur les Praiaus, ad duo Paria herbarum.*

* PARIA MACINARUM, Duæ molæ paris conditionis. Acta Mss. notar. Senens. ad ann. 1283 : *Confiteor conduxisse a vobis.... uuum molendinum cum domo, positum in flumine de Bocone, cum duabus Pariis macinarum.*

** PAR DECRETALIUM. Vide Savin. Histor. Jur. Roman. med. temp. tom. 3. cap. 25. § 221. not. k.

2. PAR. PARES, Qui ejusdem sunt conditionis, vel dignitatis in Lege Aleman. tit. 93. in Capitul. Caroli M. lib. 3. cap. 71. 72. apud Marculfum lib. 1. form. 32. in Præcepto Ludovici Pii ann. 816. tom. 2. Hist. Franc. pag. 322. etc. Fredegarius Scholast. in Chron. ann. 762 : *Factum est autem, ut Australdus Comes, et Galemanius itemque Comes, cum Paribus eorum, ad propria reverterentur.* Mox : *Contra quem Adalardus Comes Cavalonensis, et Australdus idemque Comes, cum Paribus eorum, contra eum venientes, etc.* [Ibid. *Mancionem Comitem consobrinum suum partibus Narbonæ cum reliquis Comitibus transmisit.* Itaque per *Pares* alii Comites designantur.] Charta Dagoberti Regis Francorum, seu Austrasiorum, apud Henschenium lib. 2. de tribus Dagobertis cap. 8. : *Taliter per suam præceptionem ad ipsa loca sanctorum visus est concessisse, et hoc ad præsens Pares ipsius Monasterii possedisse.* Alia Grodegangi Episcopi Metensis apud Meurissium pag. 167 : *Ego Grodegangus una cum voluntate illustrissimi Pipini inclyti Francorum Regis avunculi mei, et cum consensu omnium Parium nostrorum Episcoporum, Abbatum, Presbyterorum, Diaconorum, Subdiaconorum, vel omni clero, seu et hominibus S. Stephani Metensis Ecclesiæ, cogitavi casum humanæ fragilitatis, etc.* Charta Theodorici Regis Franc. in Actis Episcopor. Cenom. pag. 186 : *Et, ut diximus, ex nostra indulgentia sæpedictus Berarius, aut Pares Ecclesiæ suæ Cenomanicæ, vel monasteria sua, de omnibus villis vel curtis suis, vel qui per ipsam Ecclesiam sperare videntur... hoc debeant possidere, etc.* Epistola Nicolai PP. ad Henricum Archiep. Turonensem, apud Baron. ann. 866. n. 45 : *Ad quorum venerandum Conventum Wlphadum quoque* (Episcopum) *cum jam præsignatis Paribus suis vos astare procul dubio volumus, etc.* Hariulfus lib. 4. cap. 21. de Hugone Comite Pontivi : *Ob hoc reliquis Paribus suis Hugo Abbatensis fortior factus est, etc.* Curia Generalis Catalaniæ ann. 1291 : *Si aliquis reptabit aliquem Militem, et dabit Parem vel contrasimilem, quod non possit ipsum dare, nisi sit Miles, vel filius Militis pro suo genere.* Agitur de duello. Vide *Crescere.* Ita *Pares* sese invicem appellant filii Ludovici Pii Imperatoris, in Conventu ad Marsnam ann. 851. cap. 2. 3. in Synodo apud Vermeriam ann. 853. cap. 9. in Capitul. Caroli C. tit. 14. cap. 1. tit. 16. cap. 10. tit. 18. cap. 4. tit. 19. tit. 26. cap. 2. tit. 32. cap. 1. 14. in Epistola Episcopor. ad Ludovicum Regem cap. 12. in Edicto Pistensi cap. 30. in Conventu Furonensi ann. 879. cap. 1. in Annalibus Francor. Bertinian. ann. 851. etc.

COMPARES, Eadem notione. In veteri Notitia ann. 926. apud Beslium in Comitibus Pictavensibus pag. 219 : *Et dixit eis, ut venirent comitantes ipsum usque Orbiacum et ipse ibi cum suis Comparibus Bosone scilicet et Berengario.... occurreret eis.* Ita apud Baldricum Noviomensem lib. 3. cap. 75. *Compares* sunt *Pares*, feudales, et in Legibus Henrici I. Regis Angl. cap. 34. Vide *Coæquales.*

PARES exinde appellati unius domini convassalli, quod ratione hominii ac *terræ* sibi invicem *pares* sint, unique domino subsint : a quibus solis judicari poterant. Nam convassalli diversarum Baroniarum seu territoriorum, eidem domino subjecti, non dicuntur proprie *Pares.* A paritate igitur conditionis et dignitatis appellatio ista profluxit : unde, qui aliis *Pares*, dicuntur *Æquales*, in Speculo Saxonico lib. 2. art. 12. § 2 : *Bannitus, id est, dignus officio Scabinorum, licite quemlibet sententiare potest : ipse autem a nullo, ubi vitam, honorem, aut hæreditatem attigerit; sed duntaxat a suis Æqualibus sententias aut eorum increpationes patitur.* [** German. *Evenburdich.*] In eamdem sententiam Leges Henrici I. Regis Angl. cap. 31 : *Unusquisque per Pares suos judicandus est, et ejusdem provinciæ : peregrina vero judicia modis omnibus submovemus.* Jacobinus de S. Georgio in Tract. de Feud. cap. 29. num. 9 : *Pares Curiæ seu Curtis dicuntur convassalli, qui jurarunt fidelitatem eidem Domino pro aliis feudis, quæ tenent ab eo. Sed si essent vassalli, qui non præstitissent sacramentum fidelitatis eidem domino, non dicerentur esse de Paribus Curiæ. Et est advertendum, quod isti Pares Curiæ, qui habent cognoscere de causa feudali, debent esse illius qualitatis, cujus sunt vasalli litigantes; et ideo, si vassallus litigans cum Domino est Comes vel Baro, certe Pares Curiæ, qui habent cognoscere de causa feudali, debent esse Comites vel Barones.* Proinde jure explodítur virorum doctissimorum sententia, qui *Pares* a *Patriciis Francicis*, de quibus suo loco, deducunt, ut Budæi ad leg. ult. de Senatoribus, Turnebi lib. 15. Adv. cap. 16. Paschasii in Disquisitionibus Francicis lib. 2. cap. 9. Pithœi ad Consuetud. Trecens. art. 1. Chopini lib. 3. de Doman. tit. 7. num. 3. Loiselli in rebus Bellovac. cap. 5. et aliorum.

☞ *Pares* eadem ratione dicti ecclesiarum et monasteriorum convassali. Bulla Innocentii II. PP. ann. 1142. apud Miræum tom. 2. pag. 1163 : *In quibus hæc propriis duximus exprimenda vocabulis; videlicet, justitiam civitatis* (Cameracensis) *monetam,... cambas et mansionarios; omnes Pares et casatos, etc.* Bulla Alexandri III. PP. apud Mabill. Diplom. pag. 265 : *Idem Gerardus in Curia Noviomensis episcopi parebit judicio per Pares suos homines ipsius Episcopi.* Charta Ludovici Pii apud Baluz.

tom. 3. Miscell. pag. 138. ubi de monachis Anisolæ : *Sed quia vos et Pares vestri hoc mihi celastis, et per fraudem et malum ingenium facere suasistis, etc.* [* Charta Alex. III. PP. in Chartul. S. Petri Insul. ch. 7 : *Sepulturam ecclesiæ vestræ liberam esse decernimus, ut eorum devotioni et extremæ voluntati, et præcipue militum ejusdem loci, qui Pares dicuntur, qui antiquitus apud vos sepulturam habuerint,.... nullus obsistat. Duodecim Pares comitatus Cameracensis*, quorum jura et prærogativæ declarantur in Recognit. feud. ex Tabul. eccl. Camerac.]

☞ *Pares* vero appellati videntur ii potissimum qui majores *tenuras* a domino feudali sub ratione *homagii* tenebant; quamquam enim convassalli omnes primum *Pares* nuncupati fuerint, quod ejusdem essent conditionis, ad eos tamen exinde vox illa mansit, qui a servitiis exemti, hominio tantum obnoxii erant. De iis accipienda quæ sequuntur.

¶ PAR INTEGER, Qui integrum feudum tenet. Charta ann. 1214. in Tabul. Corbeiensi : *Ego Eustachius de la Leutillie notum facio quod ego et heres meus lizanchiam et stagium unius anni annuatim Vicedomino et heredi suo cum uxoribus nostris apud Pinconium ut Par integer ad custus nostros debemus.* Eadem habentur in Charta ann. 1244. ex eodem Tabul.

¶ SEMIPAR, Qui dimidii tantum ratione feudi domino subditus est. Charta ann. 1244. in laudato jam Tabul. : *Ego Manasserus miles dominus de Blangiaco... notum facio quod ego et heredes mei stagium septem menses Vicedomino in quolibet anno et heredi suo cum uxore nostra apud Pinconium ad custus nostros debemus et quod ego sum Semipar ejusdem. Robertus de Ribemonte est Par et dimidium*, in Hist. Harcur. tom. 4. pag. 2172.

Tenebantur porro Pares judiciis dominicis interesse, judicumque munere fungebantur : et ad id adstringebantur feudorum suorum obsignatione, vel custodum in iis positione, *par saisie de leurs fiefs, et par establissement de gardes*, ut est apud Bellomanerium cap. 65. Nam ut habent Assisiæ Hierosolymitanæ MSS. cap. 36 : *Se ainsi n'estoit, le Seignour ne poroit court tenir, tele come il doit, ne les gens avoir leur raison, se le seignor ne pouvoit ses homes destraindre, si com il est ci dessus dit, à faire les esgards ou connoissances, qui sont mises sur eaux à faire.* Vide Consuetudinem Solensem tit. 2. art. 3.

Quod si legitimam excusationem haberent, quo minus possent judiciis dominicis interesse, tenebantur eo casu paris sibi conditionis vicarios submittere, qui eorum locum tenerent in iisdem judiciis. Bellomanerius cap. 67 : *Nus por service qu'il ait, n'est escusés de faire jugement en la court la û il le doit fere d'ouvrage; mès s'il a aucun loial ensoine, envoier i pot home qui selon son estat pot representer sa personne.*

☞ Satis nihilominus interdum fuisse videtur Procuratores, inferioris licet conditionis, constituere, qui absentiæ causas proponerent absentisque nomine suam proferrent sententiam. Litteræ Eduardi Reg. Angl. ann. 1312. apud Rymer. tom. 3. pag. 317 : *Cum vos per Litteras vestras, nobis in Ducatu nostro prædicto ut intelleximus dederitis in mandatis, quod die Dominica, a die Paschæ proximo jam præterito in tres septimanas (ad quem diem curiam vestram Parisius de Paribus Franciæ vultis habere munitam pro facienda justitia Comiti Flandriæ...) ibidem personaliter intersimus, ac nos pluribus arduis et inevitabilibus negotiis nos et statum regni nostri tangentibus occupati ad diem prædictum Parisius nequeamus personaliter interesse ad allegandum causas absentiæ nostræ et ad proponendam coram vobis et curia vestra ea quæ pro nobis proponenda fuerint in præmissis, dilectos clericos nostros, magistros Thomam de Cobham S. Th. Doctorem, Walterum de Thorp utriusque juris professorem, Canonicos in Ecclesia S. Pauli London. et Henricum de Cantuaria ac quemlibet eorum in solidum nostros Procuratores constituimus per præsentes, ratum et gratum habituri quicquid per prædictos Procuratores nostros, aut duos, vel unum eorum, nomine nostro factum fuerit in præmissis.*

Habetur formula submonitionum *Parium*, ex parte Domini, quo ad agenda judicia conveniant, in Regesto Parlamenti Parisiensis continente Acta juridica in Robertum Atrebatensem fol. 91. in hæc verba : *A toutes les journées qui furent assignées à Mons. Robert d'Artois, et à faire tout le procez fait contre lui, furent ajournez les Pairs de France en la forme et maniere qui ensuit. Philippe par la grace de Dieu Roi de France, à tel.... Per de France, salut et dilection. Comme nous à la requeste de nostre Procureur ayons fait adjourner notre feal Robert d'Artois Comte de Biaumont et Per de France à la quinzaine, du jour de Feste S. Andrieu prochaine venant 14. jour du mois de Decembre à Paris pardevant nous, ou pardevant nostre Court souffisamment garnie de Pers et d'autres si comme il appertient, pour respondre à certains articles criminels et civils, qui touchent et povent touchier le fait de son corps et de sa personne, et de la Parrie que il tient, et pour faire audit Procureur, et audit Comte, droit et justice, si comme raison donra. Pour ce nous adjournons vous qui estes Per de France à ladite journée et audit lieu, pour faire ès choses dessusdites et appartenances d'icelui ce qui appartient à faire à ladite journée, tant comme il vous puet touchier selon ce que raison sera. Et neantmoins nous vous mandons que vous nous rescrivez sous votre seel le jour et l'heure que vous aurez les lettres receües. Donné à tel lieu, etc.* Deinde hæc verba subduntur : *Supposé que les adjournemens ne fussent ainsi faits, n'y a force, quar jà ne sera trouvé que le Roy soit astraint à certaine forme de adjourner ses Pers, puis que la cause li touche, c'est assavoir son office; quar il ne sont mie appellez Pers, parce que il soient Pers à lui, mais Pers sont entre eux ensemble. La forme des presentations et des adjournemens. Ph. par la grace de Dieu Rois de France, à tel Bailly, etc. Salut : Nous te envoions unes lettres ouvertes, par lesquelles nous adjournons nostre amé et feal tel Per de France à tel jour. etc. à Paris pour certaine cause, si comme il est plus plainement contenu audit adjournement. Si te mandons, et si mestier est commettons que tu en ta personne, ou par personne convenable presentes et bailles audit tel Per, nosdites lettres et adjournement, et li requier de par nous, que il nous certifie du lieu et du temps que il aura receu ledit ajournement, et de ce que tu auras de ce fait, nous rescri fealement sous ton seel à ladite journée. Donné etc.* Ubi præterea observandum, *Pares Franciæ adjornari solum per Regem, et non per alium judicem, quia non sunt subjecti Baillivis, nec Senescallis, nec de ipsorum ressorto*, ut est in stylo Curiæ Parlam. part. 1. cap. 3. Adde cap. 30.

☞ Verum varia fuit pro diversis temporibus submonendi *Pares* ratio; ac primo quidem, undecimo scilicet ineunte sæculo, *Par Parem* citabat, ut patet ex litteris Odonis Comitis qui a Richardo II. in jus vocatus fuerat, apud D. *Brussel* de Usu feud. tom. 1. pag. 337 : *Pauca tibi, Domine* (Regem Robertum alloquitur) *dicere volo, si audire digneris. Comes Ricardus tuus fidelis monuit me venire ad justitiam aut ad concordiam, de querelis quas habebas contra me.* Sæculo sequenti idemne observatum fuerit incertum est, cum ejusmodi submonitionis nulla occurrat mentio in Aresto Ludovici Junioris ann. 1153. contra Ducem Burgundiæ : qua ratione vero id sequioribus sæculis peractum fuerit, vide in *Submonere.* Iis addam quod ex veteri Instrumento ann. 1377. refert *D. Brussel* ibid. pag. 341 : *Chacun doit avoir connoissance de la maniere dont l'en use en France quand on fait adjorner un Per de France, soit en cas personel, ou réel. Més il semble que on l'ait oublié endroit le Roi de Navarre : car là on le deust faire adjourner par deux paires de letres, dont les unes sont à adresse du Roi à li, en disans apres la narration faite : Nous vous adjournons, etc; et les autres, adressées au Bailli prochain du lieu où le cas est échu, pour presenter les lettres precedentes audit Roi de Navarre : l'on commet maintenant à chacun Bailli, qu'il adjourne le Roi de Navarre ou son Procureur, non mie encore en Parlement où toutes ses causes doivent aler, mais devant un Bailli; et fait-on procés contre lui par vertu de tels adjournemens, et donne l'en arrests, sentences et jugemens, tous ainsi comme l'en feroit contre une privée personne.* Regest. Parlam. ann. 1373 : *Et si n'a pas fait l'adjournement par deux paires de lettres qui est necessaire de faire aux Pairs par les Ordonnance et stile de la Cour, etc.*

☞ Id etiam observatum fuit, cum a sententia quam *Parium* judices tulerant, appellabatur; quod tandem abrogatum voluit Philippus VI. Edicto ann. 1344. apud de *Lauriere* tom. 2. Ordinat. Reg. Fr. pag. 214 : *Cum transactis temporibus, fuerit ex stilo curiæ nostræ observatum, ut si quis a sententia alicujus Paris Franciæ.. et judicibus suis, ad nos, seu curiam nostram appellabat, oportebat, ut non solum judicem,.. sed etiam Parem... faceret adjornari... Ordinamus, ac etiam statuimus, ut in dictis casibus sufficiat... ipsis appellantibus, si ipsos judices, qui sententiam protulerunt,... et a quibus extitit appellatum adjornari faciant, in loco ubi lata fuerit sententia ... Et quia ex observatione antiqua consuevit fieri, ut nos literas nostras Paribus Franciæ mittere debeamus, per quas ipsos adjornamus, et alias literas, quibus baillivis vel judicibus mandatur, ut literas nostras Paribus debeant præsentare, volumus ut literæ prædictæ solum ad eorum judicem, vel ad locum ubi lata fuerat sententia... præsententur absque alia solemnitate servanda.* Vide Stylum antiq. Parlam. part. 1. cap. 4.

☞ Neglecta nihilominus aliquando videtur hæc ratio Pares submonendi; cum Aresto ann. 1224. judicatum fuerit Johannam Comit. Flandr. recte in jus vocatam fuisse per duos Milites. Vide *Submonere* et D. *Brussel* tom. 1. de Usu feud. pag. 340.

Parium autem judicia in ipsos *Pares* et convassallos exercebantur; adeo ut si aliqua oriretur controversia inter ipsos Pares, dirimi non posset nisi in conventu, et judicio *parium* suorum, domino ipso feudali præside. Otto Frisingensis lib. 1 de Gestis Friderici cap. 31. de Hungaris: *Nulla sententia a Principe, sicut apud nos moris est, per Pares suos expositur,.... sola sed Principis voluntas apud omnes pro ratione habetur.* Odo Comes Campaniæ apud Fulbertum Ep. 96: *Nec sibi competere dicebat, ut me ad tale judicium exhiberet sine conventu Parium suorum.* [Conventio inter Henricum Reg. Angl. et Robertum Comit. Fl. ann. 1109. apud Rymer. tom. 1. pag. 2: *Ipse Comes illuc ibit, et Regem Henricum per fidem juvabit,...nec dimittet, quin eat, donec Rex Franciæ judicari faciat Comitem Robertum, quod non debeat juvare amicum suum Regem Angliæ, cujus feodum tenet; et hoc per Pares suos qui eum jure judicare debent.* Litteræ A. Remensis Archiep. ann. 1216. in Chartular. Campaniæ: *Nos et alii Pares regni Franciæ cum domino rege decrevimus, et judicavimus, quod etc.*] Will. Brito lib. 6. Philip. pag. 159:

> Accedant igitur prius ad me, judicioque
> Stent nostro, faciam quicquid jus jusserit illis,
> Consilioque illos Parium tractabo suorum.

Et lib. 9. pag. 224:

> Quamvis pactus erat Regi Paribusque quod æqua
> Mente ferat quicquid super his Rex imperet illi.

Matth. Paris ann. 1226: *Adjiciunt etiam quod nullus de regno Francorum debuit ab aliquo jure suo spoliari, nisi per judicium 12. Parium.* Adam Episcopus Herefordensis ab Edwardo II. Rege Angliæ proditionis accusatus, negavit *se Episcopum ad tam ardua responsurum, nec debere absque domini Cantuariensis Archiepiscopi, post summum Pontificem sui directi judicis, cujus etiam erat suffraganeus, auctoritate, et aliorum Parium suorum Episcoporum conniventia vel consensu*: apud Thomam Walsinghamum pag. 119. Vide eumdem pag. 309. Gesta S. Ludovici pag. 365: *Et idcirco dominus Rex dominum de Cauciaco fecit ad curiam evocari super tali facinore responsurum, qui in Regis præsentia constitutus, dixit se de responsione cogi non debere, volens et petens per Pares Franciæ, si posset, secundum consuetudinem Baroniæ judicari.* In Regesto 31. Chartophylacii regii fol. 119. habetur Charta Margaretæ Comitissæ Flandriæ et Hannoniæ, data Parisiis mense Martio ann. 1244. in hæc verba: *Ego Comitissa et Fernandus Comes olim maritus meus, obligaveramus eisdem.... quæ conventiones coram Paribus, et etiam coram nobis recitatæ sunt,... et cum nos peteremus quod prius me et Thomam ad suum reciperet homagium, et postea parati eramus nos Comes et Comitissa facere et adimplere formam et conventiones prædictas, si jus nostrorum Parium hoc dictaret; tandem dictus Rex nobis obtulit nobis jus facere dici super præmissis per Pares, et nos concessimus quod ab eisdem Paribus judicium super his dicetur. Pares autem, videlicet venerab. Patres Anselmus Laudunensis, Robertus Lingonensis, et Nicolaus Noviomensis Episcopi, secedentes in partem, tractatu et deliberatione habita diligenti, reddiderunt nobis jus in hunc modum, etc.* Diploma Erectionis Ducatus Ebroïcensis mens. Januar. ann. 1316. hæc verba præfert: *Sedatis discriminibus, quæ quidem discrimina in ipso regno, prout antiquorum testatur opinio, priscis temporibus per Pares Franciæ, et eorum consilium consuevere sedari.* Charta Theoderici Abbatis S. Maximini Trevirensis apud Nicol. Zyllesium, de *Scaremannis* sive servientibus: *Nullique advocato vel domino debent obedire, nisi nobis, nec alicujus nisi Parium suorum judicio subjacere.* Infra: *Tandem ad ultimum post legitimas inducias eum ad rationem posui, et justo judicio suorum Parium beneficium, quod ex me tenebat, fere ei aufferre debui, etc*, Vide Leges Longob. lib. 3. tit. 8. § 4. [** Conrad. I. cap. 1.] Constitut. Siculas lib. 1. tit. 44. Quoniam attachiam. cap. 67. Bracton. lib. 3. de Corona cap. 1. § 3. Hier. Vignerium in Hist. Alsatica pag. 230. Ex quibus quidem scriptoribus majores nostros non ab inferioris, aut superioris, sed a *paris* conditionis hominibus voluisse judicari, abunde colligitur. Ita legimus in Chron. Alex. ann. 3. Leonis Imp. Isocasium Philosophum et Quæstorem delatum apud eumdem Imperatorem quod paganus esset, exauctoratum, missum Calchedonem ad Theophilum Bithyniæ Præsidem, ut ab eo judicaretur: Jacobum vero Cylicem, cognomento Psychristum Archiatrum rogasse Imperatorem, et petisse ut Isocasii causa a Senatu et Præfecto prætorio, et non a Præside Provinciæ cognosci pateretur, propter dignitatem Quæstoriam quam habebat: quod et ab Imperatore obtinuit.

* Hinc usus *Parium* causas dijudicandi in parlamento Parisiensi, quod in eo Pares sedeant, unde *Curia Franciæ* appellatur, ut videre est in *Parlamentum*. Arest. ann. 1357. in vol. 4. arestor. parlam. Paris.: *Præpositus noster aut procurator in baillivia Silvanectensi fecerat ad judicium evocari quemdam decanum christianitatis aut curatum Belvacensis diœcesis, super eo quod idem decanus aut curatus, sub umbra dicti episcopi, ceperat aut sibi attribuere nisus fuerat bona mobilia cujusdam personæ defunctæ, pro eo quod dicebat ipsam intestatam decessisse; et quia dictus episcopus advocaverat factum, fuerat causa ad parlamentum remissa, pro eo quod idem episcopus, qui est Par Franciæ, non tenetur invitus extra parlamentum litigare.*

In *Parium* autem consessu judicia ab iis in dominum non exercebantur: quippe, ut est in processu contra Robertum Atrebatensem supra laudato, *Il ne sont mie appellez Pers, pource qu'il soient Pers à lui, mais Pers sont entre eux ensemble.* Si vero *Parium* aliquis cum domino controversiam haberet, dirimebatur ea ab ejus Ballivo, seu justitiæ dominicæ Præposito, a quo licebat appellare ad superiorem dominum. Philippus Bellomanerius in Consuetudine Bellovac. MS. cap. 1: *Li home ne doivent pas jugier lor Seigneur: mais il doivent jugier l'un l'autre, et les querelles du commun peuple. Et se cil qui a affere contre le Signeur, requiert que drois li soit fes, li Ballis par conseil de son Signeur li doit fere ce qu'il cuide que soit resons: et s'il se deuil de ce que li Baillis li fet, il doit monstrer le grief au Comte.*

Parium igitur judicia inter Pares seu convassallos tantum exercebantur, quorum hæc erat ratio, ut in mutuis controversiis dominus reum evocaret et *submoneret* per duos alios Pares quo juri staret, rectumque faceret Pari de eo conquerenti. Id pluribus docemus infra in *Submonere*. [Le Roman *de la Violette* MS.:

> Deux Barons pleins de hardemant
> A envoié le Roi pour li,
> Qu'il ne mette pas en oubli
> Qu'à court viengne et ne laist pas.]

Neque *Pares* duntaxat per *Pares* seu convassallos ad judicium subeundum submonebantur, sed et actiones cæteræ omnes juridicæ per *Pares* peragebantur: adeo ut si testes audiendi essent adversus *Parem*, ii Pares esse etiam deberent, id est convassalli, ut habetur in jure feudali Saxonum cap. 25. § 1. et 2. Ita si *Par* capiendus et *arestandus* esset, id fieri debebat per *Pares*, vel per *Milites*: quod colligitur ex iis quæ narrat Nangius in S. Ludovico pag. 365. eumdem Regem *Dominum de Couciaco non per Pares, nec per Milites, sed per clientes aulicos fecisse capi, et in domo sua Parisiis, quæ Lupera dicitur, custodiæ reservari*: quia scilicet cum *Par* esset Regni Franciæ ratione terræ de Couciaco quæ nude a corona Franciæ pendebat, controversia tamen quæ tunc agitabatur, Baroniam istam non spectabat.

☞ Hinc est etiam quod in controversiis quæ de rebus ad Pariam non spectantibus movebantur, ab aliis quam a *Paribus* suis poterant judicari. Id abunde probat vetus Chron. ex Chartophylacio regio ad ann. 1259. ubi de contentione inter Archiepiscopum Remensem et Abbatem S. Remigii super *garda* seu custodia ejusdem Monast.: *L'Archevesque qui est Pair de France, et doit estre jugé par ses Pairs. Ce jugement n'est pas fait par ses Pairs, si ne veut pas qu'il lui grieve... et les Messieurs le conseillerent, et dirent à lui que le jugement estoit bon et raisonnable; car la querelle dont le jugement estoit fait, n'étoit mie de la Pairie, et pour ce convenoit-il qu'il fust remis.*

☞ Erat etiam illud inter *Pares* statutum atque usu confirmatum, ut nullus ex iis quidquam alienare posset, nisi judicio *Parium* et Domini consensu prius requisito. Id probant plures Chartæ ex Tabulario S. Bartholomæi Betun. et præcipue Charta Rober tide Maresko Militis an. 1215. f. 54:

Ego Robertus de Maresko Miles... notum facio quod Theobaldus de Foulkieres et filius ejus Johannes primogenitus vendiderunt per legem et judicium Parium suorum et curiæ meæ, etc. Charta Balduini Comit. ann. 1198. apud. Miræum tom. 1. pag. 723 : *Cum terra infra nemus, in manum viri nobilis domini sui Eustacii de Ruez, a quo ea in feodo tenebat, reportavit, sub testimonio quamplurium suorum, ipsius Eustacii fidelium hominum... et a Paribus suis, domini sui Eustacii hominibus, adjudicari fecit, ut ea legitima donatione in proprietatem ecclesiæ S. Dionysii in Brokeroia devenirent. Eustacius vero... sub testimonio Parium suorum, quia hæc prænominata de feodo paritatis suæ et stagii Montensis a me tenebat, ipsa in manum meam libere reportavit.* Vide Consuet. Hannon. cap. 28. Atque hæc minime confundenda cum iis quæ infra dicentur de *pareriis* seu qui in *pariagium* possident.

* Charta ann. 1271. in Lib. nig. 2. eccl. S. Vulfr. Abbavil. fol. 95. vº : *Je Engerrans de Rainvilers.... ai vendu bien et loiaument au dien et au capitre de l'églyse S. Ouffrant en Abbeville..... les coses que j'avoie ou reclamer pooie à Rainvilers.... Cheste devant dite vente j'ai fait par poverté et pour le soustenanche de moi, de me femme et de nos enfants. Lequele poverté fu sousffisamment prouvée an le court noble homme conte de Pontieu,.... présent les Pers et les homme de Pontieu; chest asavoir le visconte du Pont de Remi, mesire Willaume de Cauroy, mesire Jehans de Aischeri, mesire Jehans de Laviers, mesire Jehans de le Bouvake et pluseurs autres hommes liges le conte de Pontieu.*

Cum igitur *Pares* sint vassalli qui a domino feudali nude pendent ratione *tenuræ*, atque ita etiam vulgo appellati sint *Barones :* inde vox utraque eadem notione passim usurpata legitur pro majoris dignitatis vassallis, qui vel in consilium adhibentur a domino aut Rege, vel cum eo Parium lites dijudicant. Chronicon Andernense pag. 823 : *Ut tam supradictorum Comitum progenies, quam Barones omnes, qui Pares castelli* (Guinensis) *vocantur, juxta votum et deliberationem suam ibidem sepeliantur.* Arestum contra Episcopum Catalaunensem ann. 1267 : *Proposuit pars alia quod de hoc tenebatur in hac Curia respondere dictus Episcopus, cum sit Baro et Par Franciæ, et homo ligius domini Regis.* In pacto quod initum est inter Regem Philippum Magnum, et Joannam filiam Regis Ludovici Hutini 17. Martii ann. 1317. cessere eidem Joannæ pro juribus suis paternis, 15000. ll. terræ, in Comitatibus Inculismensi et Moritanensi, *pour les tenir en Pairie et Baronnie, la noblesse de Pairie et Baronnie non mise en pris; et qu'avenant le decez dudit Roy sans enfans masles, les Comtez de Champagne et de Brie lui appartiendroient, qu'elle tiendroit en Pairie et Baronnie si noblement comme autrefois ont esté tenuës.* In Epistola Philippi Augusti ad Papam Honorium III. de emendatione seu satisfactione eidem Regi facta a Manasse Episcopo Aurelianensi Meleduni coram Paribus, quod perperam quædam effutiisset contra judicium redditum a Paribus et Baronibus Franciæ in controversia de Comitatu Campaniæ, quem sibi Erardus Briennensis asserebat, promiscue habentur *Barones* et *Pares : Contra judicium Baronum Franciæ, ad quos pertinet hujusmodi judicia facere, locutus est. Super qua temeritate in præsentia nostra et Parium prædictorum per recordationem eorumdem publice convictus, id ipsum nobis et Paribus emendavit. Actum Paris. 1217. mense Aprili.* In Tabul. Campan. fol. 21. exstat Charta S. Ludov. Regis Franc. data Compendii ann. 1233. mense Decemb. cujus initium ita concipitur : *Ludovicus D. G. Fr. Rex dilectis suis Decano et Capitulo Laudunensi salutem et dilect. Quod Episcopus Belvacensis in Baronia et in feodum homagii ligii de nobis teneat quod habet apud Belvacum, et quod Par sit ex eo Franciæ, vos credimus non latere, etc. Principes* dicuntur in Charta Communiæ Incrensis ann. 1158 : *Si dominus implacitaverit aliquem hominem de communia, si ille justitiam ejus intrare voluerit, aut emendare illi faciet, aut solo se purgabit sacramento, et sine bello. Hæc est enim placitandi consuetudo quæ dicta est de domino, erit tam Principibus, quos Pares vocant, quam cæteris Militibus. Et si aliqua dissensio forte oriatur inter dominum et communiam, de qua aliquod judicium fieri debeat, per Pares illius Castelli, et etiam Juratos debet exerceri.* Sed et scribit Marionus oratione 9. apud Armoricos Barones Parium vice fungi. Ita passim Poetæ vernaculi veteres Pares Baronum vocabulo donant. *Les Loix communes d'Angleterre :*

Barons nous appellons les Piers del realme.

Chronicon Bertrandi Guesclini MS. :

Et les Lions ce sont les Barons et li Per.

Le Roman *de Garin* MS. :

La feauté des Chevaliers à pris
Et des Borgeois et des Pers del païs.

Alio loco :

N'il n'est encore pas de vos descuré,
Ne jugement n'a oi de ses Pers,
Parcoi doiés ensi son fié clamer;
Gardés, bean sires, que vos n'i mespreniés,
Envers vostre home lige que vos savés.

Infra :

A Reims ira à vos, se vos volés,
A Estampes ô à Paris delés,
Drois vos fera volontiers et de grés,
Conjugeront et li Conte et li Per.

Le Roman *de Gaydon* MS. :

Trestuit se taisent, Duc, et Demaine, et Per.

[Le Roman *de Judas Maccabée :*

Il assembla tous ses Barons,
Qu'il fit Pers par division.]

Le Roman *de Girard de Vienne :*

Forment l'amoient li Baron et li Per.

Ubi *Per,* pro Barone usurpatur. Vide Duchesnium in Hist. Monmorenciaca lib. 1. cap. 5.

☞ Et quidem *Parium* Franciæ jura et privilegia eadem ferme erant quæ Baronum et Comitum, quorum præcipuum fuit, ut homines Comitatuum suorum in exercitum ducerent iisque præficerentur. Le Roman *d'Alexandre :*

Eslisez douze Pers qui soient compagnon,
Qui menent vos batailles par grant devotion.

Le Roman *de Gautier d'Avignon :*

Assez de mal me fist vostre oncle Ganelons,
Qui trahit en Espagne li douze Compagnons.

Quæstio præterea agitata fuit, an supremi Palatii Francici Officiales possent *Parium Franciæ* judiciis interesse, et cum iis considere ac judicare, in lite mota inter Joannam Comitissam Flandriæ, et Joannem de Nigella; quæ controversia ita dirempta est judicio ac Aresto Parlamenti ann. 1224. in hæc verba : *Præterea cum Pares Franciæ dicerent, quod Cancellarius, Buticularius, Camerarius, Constabularius Franciæ, Ministeriales hospitii domini Regis non debebant cum eis interesse cum Paribus ad judicandum Pares; et dicti Ministeriales hospitii domini Regis e contrario dicerent se debere ad usus et consuetudines observatas interesse cum Paribus ad judicandum Pares : judicatum fuit in Curia domini Regis, quod Ministeriales prædicti de hospitio domini Regis debent interesse cum Paribus Franciæ ad judicandum Pares. Et tunc prædicti Ministeriales judicaverunt Comitissam Flandriæ cum Paribus Franciæ. Apud Parisios anno Domini* 1224. Exstat illud Arestum Latine apud Belforestum in Annalibus Franciæ, Chopinum lib. 3. de Doman. tit. 7. num. 8. Duchesnium in Hist. Monmorenciaca, et Gallice in lib. 1. Memorialium Cameræ Computor. Parisiens. f. 42. Vide in hanc rem Budæum ad l. ult. de Sena torib. Tillium tom. 2. pag. 13. 30. et Chopin. lib. 3. de Doman. loco laudato.

De numero parium in judiciis, id juris obtinuit, ut *Par* unicus judicium edere non posset, sed requirebatur ut ad minus essent duo, Domino non computato, ut habet Bellomanerius cap. 61. et 67. At Petrus de Fontanis cap. 21. quatuor Pares ad edendum judicium dominicum necessarios fuisse ait : *Tu me demandes kans homes il convient as jugemens rendre : certes quatre il sont suffisans, etc.* Infra : *Encore convient il à jugement faire quatre homes à tout le mains, nekedent il convient deus houmes souffisans à faire la semonce, et deux houmes à recort faire, de contre recort ne puet on rien faire.* Ita varii fuere in feudis mores et diversæ consuetudines.

☞ In causis vero criminalibus major pars seu numerus *Parium* requirebatur, ut legitime *Par* accusari et judicari posset. Charta Philippi V. Reg. Franc. ann. 1317. apud Leibnit. in Cod. Diplomat. pag. 98 : *Item et pro eo quod de consuetudine generali regni Franciæ notaria, rationabili et legitime præscripta et pacifice observata a tanto tempore, de cujus contrario memoria non existit, nullum crimen potest contra personam alicujus de Paribus dicti regni criminaliter intentari, nisi alii Compares sui saltem pro majori parte ad hoc præsentes sint vel sufficienter evocati.*

Quod si dominus nullum *Parem* haberet, vel idoneum *Parium* numerum ad edendum judicium, non ideo justitiam suam amittebat, sed a domino superiore mutuo accipiebat, suis impensis, aliquot ex ejus hominibus seu vassallis, qui judicia ederent. Quod si vero adeo esset pauper, ut eos mutuari haūd posset : vel si dominus mutuo dare renueret; tum actori et reo licebat justitiam domini superioris convenire, et in ea litigare, ut est apud eumdem Bellomanerium cap. 62. et 67. Ad priorem casum spectant quæ habet Statutum de Rachetis Velocassini Francici, mensis Maii ann. 1235. ubi fructus vivariorum et warennarum appretiari debere dicuntur *per duos Milites juratos homines domini si habuerit, et si non habuerit, requiret eos a domino capitali.*

Tenebatur igitur dominus Curiam suam idoneo *Parium* numero munire : Practici nostri dicunt, *il estoit tenu de garnir sa Cour de Pairs :* ita ut si deessent ii, aut per legitimam excusationem adesse non possent, alios ejusdem dignitatis ac conditionis submittere deberet, qui jus dicerent. Ad hunc morem spectant, quæ in Inventario Chartophylacii regii, titulo *Flandres*, scrinio 3. sacco 2. charta 22. leguntur : *Au different d'entre le Roy Louys Hutin et Robert Comte de Flandres l'an* 1314. *les Pairs de France assemblez, sçavoir l'Archevesques de Reims, les Evesques de Langres, de Laon, et de Beauvais, Charles Comte de Valois et d'Anjou, et Mahaut Comtesse d'Artois, firent sçavoir qu'au jour assigné ils tiendront Cour avec douze autres personnes ou Prelats et autres grands et hauts hommes, c'est à sçavoir, l'Archevesque de Roüen, les Evesques de S. Brieuc et de S. Malo, Philippes fils du Roy Comte de la Marche, Guy comte de S. Paul, Gaucher de Chastillon Comte de Portian, Louys fils aisné du Comte de Clermont Seigneur de Bourbonnois, Jean de Clermont Seigneur de Charolois, B. Seigneur de Mareuil, et Miles Seigneur de Noyers, esleus et mis à ce faire par le Roy, lequel fit dire en l'assemblée qu'il ne pouvoit avoir plus de Pairs, parce que le Duc de Guienne qui est le Roy d'Angleterre, s'en estoit excusé pour la guerre qu'il avoit en Escosse, le Duc de Bretagne qui est Pair y fust une journée et puis s'excusa de mesme, le Duc de Bourgogne et l'Evesque de Noyon estoient morts, l'Evesque de Chaalons Pair estoit detenu prisonnier, et que le Comte de Flandres n'estoit comparu à la journée, etc.*

☞ Quot vero requirebantur *Pares*, ut Curia idoneo *Parium* numero munita censeretur, nihil hac de re definitum reperio; videtur pro ratione rerum pertractandarum major vel minor numerus requisitus, qui ad edendum judicium utrum satis esset, pronuntiabant ipsimet *Pares*. Arestum Parlamenti ann. 1322. in Regesto Curiæ Parlam. : *Cum Dux Burgundiæ..... requireret quod nos ante omnia Curiam nostram Paribus faceremus muniri; et quod cum ad Pares Franciæ pertineret, ut dicebat, facere jus utrum prædicta Curia Paribus muniri deberet, vel non, quod nos judicium hujusmodi faciendum ad Pares remitteremus eosdem... per arrestum nostræ Curiæ dictum fuit,.... quod Curia nostra est sufficienter quoad premissa munita.* [* In Reg. parlam. Paris. ex Cod. reg. 9822. 2. fol. 164. v° : *Cum dux Burgundiæ diceret se habere facere plures petitiones tangentes suam perreyam, requirens quod ipsa curia Paribus muniretur : dicens etiam illud, utrum curia deberet muniri, debere per Pares terminari et judicari. Dictum fuit quod requesta ipsius de curia munienda Paribus, non fieret ad unum nec alium finem.*]

Parium judiciis non modo intererat dominus, vel ejus Baillivus; sed etiam in rebus arduis eorum consilium expetebat, ita ut *Consiliariorum* domini feudalis vicem fugerentur. Galbertus in Vita Caroli Comitis Flandr. cap. 1 : *Carolus Comes consilium cum nobilibus et Paribus suæ terræ subiit, quid super hoc ageret.*

☞ Hinc est quod cum bellum inferendum judicabat, id non tentaret nisi prius expetito *Parium* suorum consensu; inconsulti quippe servitium militare ei detrectare potuissent.

In quibusdam tamen locis, ut in Comitatu Bellovacensi, *Li Seigneur ne jugent pas en lor cort, més lor home jugent*, ut habet Bellomanerius cap. 67. ubi subdit, in locis, ubi cum Paribus suis considet, ejusmodi judiciis interesse non posse, si litem vel controversiam habeat cum aliquo e *Paribus*. Exstat Notitia judicati in Tabulario S. Albini Andegav. in quo Comes coram adest non tamen judicat : *Præcepit Comes Judicibus*, (*i. Paribus*) *ut sententiam recti de hoc, quod audierant, proferrent. Judicaverunt igitur Adelhardus de Castro Guntherio et Gaufridus Crassus de Chimilliaco, quod, etc.* Et sub finem : *Hoc judicaverunt Adelhardus de Castro Guntherio, et Gaufridus Crassus de Albiniaco, coram Comite Gaufredo in Camera sua Andecavis. Hoc viderunt et audierunt de parte Heudonis Gadino de Blazone, etc. de parte Monachorum, etc.* [Guntherus Ligur. lib. 8 :

. . . . Vassallus agendam
Forte movet litem : non tu, sed curia judex
Audiat et certo determinet ordine causam.]

Scribit idem Philippus Bellomanerius cap. 1. in quibusdam locis Baillivum solum cum iis quos advocat, judicia domini sui edere : in aliis vero cum Paribus et hominibus ac vasallis feudalibus. Deinde ait : *Et el liu là û on juge par homes, li Baillis est tenus en le présence des homes à prendre les paroles de cix qui plédent, et doit demander as parties s'il volent oir droit selons lor paroles, et teles raisons qu'il ont dites; et s'il dient oil, li Baillis doit contraindre les homes qu'il façent le jugement. Et s'il ne plest au Bailli et as homes, li Baillis n'est pas tenus au jugement fere, ne au prononcier le jugement, se il n'est ainsi que li Baillis soit home de fief au Seigneur, à qui il est Baillis, car en tel cas convïendroit il qu'il fust Pers avec les autres.*

Parium Franciæ ejusmodi olim fuit sacramentum, quod in Parlamento edebant in primo quem inibant, judiciorum consessu : *C'est le serment des Pers de France. Vous jurez par vostre foy et serement et sur les saintes Evangiles, que vous serez bon, loyal, feal et obeïssant au Roy de France notre Sire qui cy est, et à ses hoirs et successeurs : son corps, ses membres, son heritage, les droiz et nobleces de la Couronne de France et de sa souveraineté garderez et deffenderez envers tous et contre tous qui peuvent vivre ne morir, et loyal et bon conseil li dourez toutes les fois qu'il vous en requerra, et tendrez secret son conseil, et toutes choses qui sont à tenir secretes pour le bien de luy et de son Royaume.* Immutatum postea, atque hisce verbis conceptum Parium Franciæ sacramentum : *Vous jurez et promettez bien et fidellement conseiller et servir le Roy en ses tres-hauts, tres-grands, et importans affaires, et seant en ladite Cour, garder les Ordonnances, rendre la justice au pauvre comme au riche, et tenir les deliberations clauses et secretes, et vous comporter comme un digne et vertueux Pair de France, vivre et mourir en l'obeissance du Roy. Ce fait le Pair prend son espée, et monte aux hauts sieges et assiste à l'audience.* Hodie, ut ab amplissimo et doctissimo Parlamenti Πρωτοπροέδρῳ didicimus, adduntur hisce, *comme un vertueux Pair de France*, hæc verba, *et Officier de la Couronne.*

* *Pares Franciæ* homagium ligium regi præstare tenebantur. Homag. Joan. ducis Brit. ann. 1403. ex Cod. reg. 8542. 3 : *Arnaldus de Corbeia miles, cancellarius Franciæ, exposuit alta et intelligibili voce verbis Gallicis subsequentia : In effectu, domine dux Britanniæ, homagium quod fecisti domino regi hic existenti, intelligit ipse dominus rex quod dictum homagium sit ligium, quoniam omnia homagia, quæ sibi faciunt et præstant vassalli sui, et maxime Pares Franciæ, de quibus estis unus, sunt ligia.* Arest. ann. 1267. in Reg. *Olim* parlam. Paris. : *Dictus episcopus* (Catalaunensis) *cum sit baro et Par Franciæ et homo ligius domini regis, etc.*

Pares vero Ecclesiastici duplex Regi præstant hominium; alterum pro Episcopatuum Regaliis seu dominicis, alterum pro *Paris* dignitate.

☞ Quæ sit *Parium* Franciæ dignitas, quæ sint eorum jura et prærogativæ, paucis declarant Litteræ erectionis Comit. Matiscon. in *Pariatum* an. 1359. in Bibl. Sebus. pag. 157. cent. 1. ch. 72 : *Nos igitur antiquas memoriæ dignas progenitorum nostrorum Regum Francorum ordinationes ad memoriam revocantes, qui ad conservationem honoris Coronæ Franciæ, ac consilium et juvamen reipublicæ, in eodem regno duodecim Pares, qui regni Franciæ in arduis consiliis et judiciis assisterent, et in factis armorum strenue, ad tutamentum regni et reipublicæ, Regem ipsum paritate fideli inter collaterales suos splendidius comitarent, consideratione provida statuerunt, inter quos Comes Tholosanus unus esse solebat, cujus successio ad coronam Franciæ jure hæreditario pervenisse noscitur... alium æque vel magis idoneum... subrogare volentes, etc.*

* *Parium* Ecclesiasticorum hæc erat prærogativa, ut retrofeuda sua in manum mortuam transferre possent, quod aliis episcopis non licebat. Parlam. Pentecost. ann. 1290. in Reg. S. Justi Cam. Comput. Paris. fol. 40. v°. col. 2 : *Ordinatum fuit per consilia domini regis, præsente ipso dom. rege, in parlamento, quod archiepiscopus Remensis et episcopi Pares Franciæ admortizare non poterant suum domanium nec feoda sua, quæ ab ipsis tenentur immediate; sed sua retrofeoda poterant admortizare. Alii vero episcopi, qui non sunt Pares, nec domanium suum, nec feoda, nec retrofeoda poterunt admortizare.* Vide *Admortizatio.*

Feminæ etiam *Pares* ratione *tenuræ*, id

est, propter ea quæ possidebant feuda, judiciis dominicis interesse poterant, contra quam juri civili, l. Cum prætor. D. de Judic. l. 1. D. de Postul. Vide Cujacium lib. 13. observ. cap. 23. Charta ann. 1220. in Tabular. S. Bertini : *Præsentibus, et ad hoc vocatis hominibus meis Paribus, videlicet D. Willelmo de Brule Milite, Joanne Clerico, Hugone Clavel de Hovem, Sara Esblousarde, et filius ejus Majorissa, qui Pares a me et domino suo propter hoc adjurati judicaverunt, etc.* Mathildis Comitissa Atrebatensis *Par Franciæ* judicio interfuit in Robertum Comitem Flandrensem edito anno. 1315. cum R. Archiepiscopo Remensi, G. Episcopo Lingonensi, G. Episcopo Laudunensi, J. Episcopo Bellovacensi, et Carolo Vadensi et Andegavensi Comite; [quæ ad hoc judicium evocata fuerat per Litteras Philippi Regis hisce verbis : *Et audict jour vueillans avoir nostre Cour garnie, si comme il appartiendra de vous qui estes Pair, et des autres Pairs de France, Nous vous mandons etc.*] Sed et eadem Comitissa Reginæ mater, in ejusdem Regis Coronatione Remis *tanquam Par Regni, Coronam regni cum cæteris Paribus dicitur sustentasse, de quo aliqui indignati fuerant*, inquit Continuator Chronici Willelmi de Nangiaco ann. 1316. Vide Ceremoniale Francicum tom. 1. pag. 145. Ad sustentationem autem coronæ regiæ spectat insignis locus Radulphi de Diceto pag. 608. de Henrico II. Rege Angliæ, qui in Coronatione Philippi Augusti Regis Franciæ, Remis *diadema capiti novi Regis impositum, ne Rex infra minorem adhuc constitutus ætatem gravaretur sub onere, manibus propriis sustentavit, rejecta chlamyde paratior ad obsequium. Illud innuens quod si tempore procedente Francis necessitas incubuerit, securi debeant ejus implorare subsidium, a quo tale receperint sub ipsa sui Regis consecratione suffragium.* Coronationi autem Philippi Regis interfuit Henricus, tanquam Dux Normanniæ et *Par Franciæ*. Quinetiam Blancham Reginam Franciæ, S. Ludovici IX. Regis matrem, judiciis præsedisse in Curia Domini Regis, cum Baronibus *qui debent et possunt de jure in Curia domini Regis judicare*, observatum a nobis ex Tabulario Lehunensi in Notis ad Joinvillam pag. 54. Apud Ughellum tom. 1. parte 2. pag. 346. exstat Placitum anni 1078. quod sic concipitur : *Dum in Dei nomine in judicio resideret D. Mathilda Dux et Marchionissa intus casa.... residentibus cum ea Lamberto et Ubaldo, etc.* Jam vero quibus feminis judicandi officium competat, pluribus explicat Petrus Faber lib. 3. Semestr. cap. 14. Extr.

Feminis *Paribus*, etsi judiciis dominicis cum *Paribus* interesse jus fuerit, non tamen *Parium* uxores *Parium* maritorum juribus ac privilegiis gaudent. Exstat Arestum Parlamenti Parisiensis 17. Martii ann. 1628. quo Francisca de Bonnis, Caroli a Crequiaco Campisauri et Lesdiguierarum Ducis, ac Paris Franciæ, relicta, libello supplice oblato, quo ei liceret Saltus Comitem ad idem Parlamentum evocare, ut quæ contra ipsam in Parlamento Aquensi acta fuerant rescinderentur, petitionis suæ repulsam est passa.

Licet porro convassalli omnes sibi invicem *Pares* essent, et ita haberentur : non tamen semper omnes judicum loco habebantur, et in Parium consessu considebant. Nam cum in magnis Baroniis complures essent vassalli, atque adeo magno interdum a se invicem divisi terrarum intervallo, ita ut una omnes ad dominica placita vix convenire potuissent : tum etiam ne tantus vassallorum numerus judiciis plus officeret, quam prodesset, plerique e majoribus istis Dominis ac Baronibus quosdam e suis vassallis selegere, quibus Parium nomen, titulum, ac dignitatem concesserunt, qui una cum iis jus dicerent cæteris Paribus suis ac convassallis. Hinc legimus certum ac definitum fuisse ferme semper in majoribus Baroniis Parium numerum, ut haud ita pridem attigimus in Notis ad Stabilimenta S. Ludovici pag. 178. ubi etiam horum numerum sæpe ad duodenarium fuisse redactum docuimus, maxime in Regno Franciæ, in Comitatu Flandrensi, ex Lamberto Ardensi pag. 156. 157. in Baronia Ardensi ex eodem Lamberto pag. 149. in Comitatu Guinensi, ex Duchesnio, [in Communia Belvacensi, ex Louveto Hist. Belvac. pag. 341.] Ita pariter observatum in Comitatibus Cameracensi et Hannoniensi, auctor est Vinchantius in Annalibus Hannon. lib. 1. cap. 5. [Vide Miræum tom. 1. pag. 697. et 777.] Matth. Westmonaster. anno 1295. et Thom. Walsinghamus anno 1296. scribunt *Scotos tum elegisse sibi 12. Pares, 4. videlicet Episcopos, 4. Comites, et 4. Barones, quorum consilio cuncta regni negotia sancirentur.* Addit Henricus de Knyghton, *ad modum Franciæ 12. Pares, tum ordinavisse Scotos.* Idem etiam numerus obtinuit apud Anglos, ut auctor est Stanfordius in Placitis coronæ lib. 3. cap. 1 : *Et nota que le nomber des Pieres queux sont à trier ascun Seignour, est 12. à ouster quants le Roy plerra, mes nenny dedeins, ou desous le nomber de 12.* Le Roman *de la Violette* MS. :

Seignor, se dist li Dus, taisiez,
Jugement et loi luy vuil faire,
Sans jugement nel vueil defaire.
A tant a les Pers apelez,
Seignor, ce dist li Dus, alez,
Au jugement si dites voir,
Car je ni vueil pechié avoir.
A tant s'en sont li Per torné,
Douze sont moult bien atorné,
D'une part sont à conseil trait,
Maint bel mot ont dit et retrait,
Mais en la fin sont esgardé,
Et se sont ensemble accordé,
Que seur les deus se metteront,
Et ce que li deus en diront,
Sera tenu pour plainement.

Pares Franciæ, quando ad duodenarium numerum redacti fuerint, non omnino constat inter scriptores. Sane in confesso esse debet ab ipsa feudorum origine vassallorum Coronæ Francicæ controversias a Paribus suis fuisse judicatas. Id perspicue ostendit Fulbertus Carnotensis loco supra laudato, et Matthæus Paris, quo loco meminit capitalis judicii lati in Joannem Regem Angliæ a *Paribus Francicis*, Philippo Augusto regnante. Sed eo res processit, inquit Chopinus, opinione multorum, ut absolutus fuerit suis numeris *Parium* duodecim-viratus Ludovico VII. vel Philippo II. filio regnantibus : quæ quidem sententia est etiam Antonii Colardi in Commentariis MSS. Rerum Remensium, quos contexuit usque ad annum 1584. Is enim sub ann. 1179 : *Ludovicus VII. Rex Franciæ formulam Regum Franciæ, Remis inaugurandorum, simulque instituit Pares Franciæ, qui coronando Regi adstarent, eisque titulos attribuit : unde Guillelmus Archiepiscopus, primus omnium Par Franciæ dictus, ex Comite Remensi Dux nominatus fuit, etc.* Sed hæc tamen serius accidisse constat : nam in Philippi Augusti, Ludovici filii Coronatione anno 1179. nondum erat Parium Franciæ definitus numerus. Narrat quippe Rogerus Hovedenus Willelmum Archiepiscopum Remensem eumdem Regem unxisse Remis, *ministrantibus ei in illo officio Willelmo Turonensi, et Bituricensi, et Senonensi Archiepiscopis, et fere omnibus Episcopis regni :* Henricum vero regem Angliæ de jure Ducatus Normanniæ coronam auream qua coronandus erat Philippus, et Comitem Flandriæ Philippum gladium regni prætulisse : *alios vero Duces, Comites, et Barones præivisse, et secutos, diversos diversis deputatos obsequiis.* Rigordus eamdem coronationem peractam ait *astante Henrico Rege Angliæ, et ex una parte coronam super caput Regis Franciæ ex debita subjectione humiliter portante, cum omnibus Archiepiscopis, Episcopis, cæterisque regni Principibus, etc.* Ex quibus patet cæteros Episcopos, qui pro *Franciæ Paribus* habentur, ea quæ hodie non executos ministeria in ea solemnitate. Proinde haud improbanda forte eorum sententia, qui *Parium* Francicorum duodecim-viratum definitum fuisse tradunt a S. Ludovico Rege : quos inter est Joannes a Leidis lib. 22. Chronic. cap. 7 : *Itaque sanctus Ludovicus Rex Franciæ ordinavit in Regno Franciæ 12. Pares Franciæ, constituens inde Collegium seu Capitulum, qui haberent ardua regni negotia tractare, scilicet 6. Duces, et 6. Comites : et de Ducibus sunt 3. Episcopi; et de Comitibus sunt etiam 3. Episcopi* [Vide D. *Brussel* de Usu feud. tom. 1. pag. 646.]

Verum si quod tradit Matthæus Paris anno 1226. pro vero aut certo haberi debeat, jam ipsa hac tempestate *Parium Franciæ* status ac fixus fuerat numerus : cum enim Raimundo Comiti Tolosano abjudicatus fuisset Comitatus propter hæresim, Romæ, in Concilio Generali, is vicissim *obtulit se facturum erga Regem Francorum et Ecclesiam Romanam, quidquid facere deberet pro hæreditate sua. Tunc cum peteret pars adversa, ut subiret judicium duodecim Parium Galliæ, respondit Reimundus : Recipiat Rex homagium meum, et paratus sum subire : quia forte non haberent me pro Pari, si secus fieret.* Idem scriptor eodem anno : *Adjiciunt etiam quod nullus de regno Francorum debuit ab aliquo jure suo spoliari, nisi per judicium duodecim Parium.* Agit hoc loco de Comitibus Flandrensi et Bononiensi, qui in prælio Bovinensi capti fuerant. Denique anno 1257. eumdem duodenarium Franciæ Parium catalogum hisce verbis exsequitur : *Rex*

Francorum... Magnates suos animat et confortat, præcipue eos, quos duodecim Pares Franciæ consuevimus appellare. Et quia prætactum est de Alemannorum primatibus, ad quos Regis spectat electio, non reor a materia alienum, si nomina Francorum nobilium, præcipue ad quos negotia regni spectant ardua, præsenti inseramus paginæ, cum succincta tamen brevitate. Archiepiscopus Remensis, qui Regem Francorum cœlesti consecrat chrismate, quapropter Rex Francorum Regum censetur dignissimus, est omnium Franciæ Parium primus, et excellentissimus; Episcopus Noviomensis, qui est Comes Palatinus. Episc. Belvacensis, qui est Comes Palatinus. Episcopus Catalaunensis. Episcopus Lingonensis, qui etsi pauper sit, dignus tamen habetur. Episc. Laudunensis, qui Dux est et Comes, ratione S. Remigii, ad quem devoluta fuit illa præclara hæreditas. Dux Normanniæ, primus inter laicos et dignissimus; Rex Angliæ est de jure Normanniæ sanguinis derivatione geniali, Rex ex conquestu..... Dux Aquitaniæ, Dux Burgundiæ, Comes Flandrensis, Comes Campaniæ, Comes Tolosæ, qui dicitur Comes S. Ægidii. [Vide D. Brussel de Usu feud. tom. 1. pag. 133.]

Alius tamen Franciæ Parium ordo recensetur in Regesto Parlamenti pro judicio litis Roberti Atrebatensis, apud Tilium, in quo hæc habentur : *Au temps ancien n'avoit que 12. Pairs en France, six Lays, et six Clers, dont ne se remuent les Clers, c'est à sçavoir les Pairs Ducs, l'Archevesque de Rheims, l'Evesque de Laon, l'Evesque de Langres. Les Clers Comtes, l'Evesque de Beauvais, l'Evesque de Chaalons, l'Evesque de Noyon. Les Pairs Lays, les Ducs, le Duc de Bourgoigne, le Duc de Normandie, le Duc d'Aquitaine. Les Comtes, le Comte de Tolose, le Comte de Flandres, le Comte de Champagne. Les Pairs anciens sont mis si comme il doivent seoir en jugement en la presence du Roy, et doivent li Pairs Lays seoir à la dextre, et li Pairs Clers et Prelats à la senestre du Roy.*

Sane ex judicio lato contra Erardum Briennensem anno 1216. pro Comitatu Campaniæ, descripto in voce *Submonere*, necdum fuisse Parium definitum numerum abunde colligitur, cum Regni proceres alii seu Barones, atque adeo Episcopi interfuerint, tametsi in primis recenseantur Archiepiscopus Remensis, Episcopi Lingonensis, Catalaunensis, Bellovacensis et Noviodunensis : sed de hac controversia videant alii quibus per otium licet, nos quippe ad alia festinamus.

* Nonnihil tamen remanet scrupuli, ex eo quod regni proceres alii seu barones, atque ipsi episcopi, qui ferendo huic judicio interfuerunt, non promiscuo indistinctoque ordine cum aliis confunduntur. Et quidem episcopi parium dignitate illustres, quorum hic referuntur nomina, ab aliis episcopis qui barones tantum habentur, distinguntur. Id ergo unum ex eo judicio effici certo potest, cum paribus barones judicasse; ubi etiam illud observandum ejusmodi judicia pronuntiari solitum fuisse, *audiente rege et judicium approbante.*

* Parium decanus inscribitur dux Burgundiæ in Invent. Chart. reg. ann. 1482. fol. 108 : *Littera homagii ligii facti domino regi Ludovico XI. per Philippum ducem Burgundiæ,.... ratione ducatus Burgundiæ, parreriæ et decanatus Parium, comitatus Flandriæ, etc.*

☞ Ceterum *Pariatus* titulus quibusdam præterea majoribus prædiis attributus est ex privilegio Regum speciali; sic Philippus IV. Comitem Andegavensem *Paris* dignitate illustravit ann. 1297. ut videre est in Charta ejusd. Regis apud Marten. tom. 1. Anecdot. col. 1301 : *Considerantes etiam quod XII. Parium, qui in prædicto regno nostro antiquitus esse solebant, est adeo numerus diminutus, quod antiquus ejusdem regni status ex diminutione ejusmodi deformatus multipliciter videbatur... Comitem ipsum* (Andegavensem) *de gratiæ nostræ abundantia et plenitudine regiæ potestatis, præfati regni nostri creamus et promovemus in Parem, et paritatis hujusmodi dignitatem Andegaviæ Comitatui annexantes, præsentium tenore statuimus, ut tam in se quam successoribus ejusdem Comitis Andegavensis, qui pro tempore fuerint, Par ejusdem regni perpetuis temporibus habeatur, omniumque Paritatis ejusdem, quemadmodum diligens et fidelis noster Dux Burgundiæ compar ejus, jure et prærogativa lætetur.* Ubi quæ de antiquitate duodecim-viratus *Parium* habet, utrum ad tempora S. Ludovici referri debeant, judicet Lector. Recentiores reliquos *Pares* omittimus, ne actum agere videamur.

* Reg. Cam. Comput. Paris. in Bibl. reg. sign. 8406. fol. 211. r° : *Comes Blesensis dicit, quod est Par de Viromandia, et sic usi sunt ejus antecessores, ut dicit; nec debent ire in alium exercitum quam regis.*

☞ Neque vero hic prætermittendum aliud fuisse olim *Parem* esse, aliud in *Paria* tenere, hinc qui in *Paria* tenebat, non continuo *Par* reputabatur. Id confirmat D. *de Lauriere* in Gloss. Jur. Gall. ex Stylo antiq. Parlam. part. 2. cap. 2 : *Item sciendum, quod domini de sanguine Regio, quamvis non teneant aliquas ex terris antiquæ Pariæ, nihilominus Rex eis dare consuevit, et concedere certa privilegia, eorum dominationes in Paria tenendi, maxime terras quas tenent per partagium, illas videlicet, quæ per partagium dependent a domo Franciæ; sed respectu illarum quas acquirerent, illas non tenent in Paria, nisi ad hoc habuerint speciale privilegium.* His præmissa 12. *Parium* series.

* Inventar. Chart. reg. ann. 1482. fol. 55. : *Littera per quam rex concedit domino Ludovico primogenito suo, quod possit tenere in Perreriam omnes terras, quas ex dono dicti domini regis habet et possidet in regno. De anno 1410.*

Pares Communiarum, qui vulgo *Scabini, Majoris* seu Præfecti civitatis Assessores, quos ille in consilium adhibet, ut dominus feudalis vassallos suos *Pares*. Charta Communiæ Belvacensis anno 1182. [** Ordinat. reg. Franc. tom. 7. pag. 622.] : *Tredecim Pares in Communia eligentur, etc.* Vide Sugerium Epist. 76. [*Pares communiæ de Pontisara*, in Tabular. Domus Dei Pontisar. ad annum 1261.] In Regesto Constabulariæ Burdegalensis crebra est mentio Juratorum et centum *Parium* urbis Baionensis, [et apud Rymer. tom. 5. pag. 230.] Ita in Charta Majoriæ Rotomagi et Falesiæ, mentio perinde est centum *Parium* earumdem civitatum, ex quibus eligi solebant 12. *Scabini*, et 12. *Consultores*, post Ordericum Vitalem pag. 1066. [et apud *de Lauriere* tom. 1. Ordinat. Reg. Franc. pag. 307.] Apud Pictavos *Pares* dicuntur, qui *Majoris* officio functi sunt, quod exacta dignitate, in *Parium* numero haberi soleant, et in rebus publicis Majoris Assessores sint. Ii autem *juramentorum* lites et controversias dijudicant. Nam ut est in Legibus Henrici I. Regis Angl. cap. 31 : *Unusquisque per Pares suos judicandus est, et ejusdem provinciæ; peregrina vero judicia modis omnibus submoveantur.*

* Lit. ann. 1373. tom. 5. Ordinat. reg. Franc. pag. 619 : *Nos bien amez le maire, eschevins, conseillers, Pers et bourgeois de nostre ville de la Rochelle, etc.*

¶ Paregium, Officium ejusmodi *Parium*. Charta Ægidii *de Sorcy* Episc. Tullens. Histor. Tullens. pag. 140 : *Constituimus in Communitate decem Paregia et in quolibet Paregio unum Parem, qui cum Scabino erit in judicio et consilio, assistetque Majori pro bono pacis.*

Paria, Parium dignitas et prærogativa, *Pairie.* Aresta oct. Nat. B. M. ann. 1259. 1. Reg. f. 96 : *Archiepiscopus* (Remensis)... *petiit in hac causa judicari per Pares suos, cum in hac causa dependeat magna pars dignitatis et Pariæ suæ vel jus.* [Litteræ Philippi V. Reg. Franc. ann. 1316 : *Comitatum Ebroicensem Pariam Franciæ perpetuo fecimus.... eosdem Comitem et Comitatum Parium et Pariarum Franciæ consortio aggregantes.*]

* *Parrie*, in Lit. ann. 1371. tom. 5. Ordinat. reg. Franc. pag. 435.

¶ Pareria, et Parreria, Eodem significatu. Recognitiones et homagia ann. 1317. tom. 2. Hist. Dalphin. pag. 169 : *Simili modo Richanus de Spina, dominus in parte de Monte-Jayo confessus fuit, tenere majus dominium seu directum loci de Monte-Alto et Pareriam, quam dictus Richanus habet apud Sorberios in Rosanegio.* Charta erectionis Baroniæ Borbon. in Ducatum ann. 1327 : *Quod ipse* (Dux Borbonesii) *ratione Ducatus supradicti, ... dictos Ducatum et Comitatum Marchiæ in Parreriam et ut Parreriam Franciæ teneat.* Liber Archidiaconi in Archivis Eccles. Camerac. fol. 14. ad ann. 1336 : *Præfatus baillivus Camerac. sicut suo incumbebat officio, requisivit dominum Ingergerium, dominum de Ambasio et dominam Mariam de Flandria ejus uxorem, tunc ibidem præsentes, ut ipsa domina Maria de Pareria de Rumiliaco et terra S. Supplicii et aliis ejus Pareriæ pertinentiis ... et ipse dominus de Ambasio ejus maritus tanquam ballus.... ipsi homagia et debita juramenta facerent et præstarent adhibitis solemnitatibus consuetis; qua requisitione facta, dicta domina Maria junctis manibus in manibus dicti baillivi 1°. de Paria de Rumelli et de S. Supplicio et aliis ejusdem Pariæ pertinentiis.... et ipse dominus de Ambasio.... dicta homagia.... præstiterunt.* Homagium Johannis Ducis Britanniæ præstitum Karolo Regi ann. 1366. ex Archivis castri Nannet. : *Ego Dux Britanniæ ad causam Ducatus Britanniæ et Pare-*

riæ Franciæ vobis facio homagium ut mei antecessores Duces Britanniæ illud facere consueverunt antecessoribus vestris. Vide Paragium.

¶ Pariatus, Idem quod *Paria*. Litteræ Johannis Reg. Franc. ann. 1363. apud Miræum tom. 1. pag. 118 : *Novimus insuper coronam stabiliri regiæ Majestatis, dum personæ præclari generis, moribus utique et honestate vernantes, dignitatibus inclytis præferuntur.... His et aliis justis considerationibus excitati.... Ducatum Burgundiæ in Pariatu, et quidquid juris, possessionis et proprietatis habemus... dicto filio nostro* (Philippo Audaci) *concessimus*. Vide *Patriatus*.

Paritas, Eadem notione, in Literis erectionis Ducatus Britanniæ in Pariam, ann. 1297. descriptis ab Argentræo lib. 5. Hist. Britan. cap. 31.

¶ Perria. Arestum ann. 1341. apud Lobinell. tom. 2. Hist. Britan. pag. 487 : *Cum Ducatus et Perria prædicti immediate moveant et teneantur a nobis ratione nostræ coronæ ex causa Perriæ, ressortiant immediate ad nostrum Parlamentum Franciæ.*

3. PAR. Pares, præterea dicuntur, qui unius prædii, seu feudi, domini simul sunt : id est, *particeps*. Ordericus Vitalis lib. 5. pag. 572. de Gerboredo Castro in Bellovacis : *Moris enim est illius Castri, ut ibidem duo Pares domini sint*. Tabularium Abbatiæ de Rota fol. 108 : *Hoc quoque factum tali pacto, ut Abbas teneat totum feodum de Matthæo et Mauricio : et Reginaldus et frater ejus reddant Abbati et Ecclesiæ 12. nummos de servitio unoquoque anno, et servitia dominorum reddant in manu Abbatis, et de labore boum quæ fecerint in extranea terra sint Pares ipsi et Abbas*. Tabularium S. Hilarii Pictavensis anno 864 : *Eo tenore eaque ratione, ut quamdiu insimul vixerimus, simulque teneamus et possideamus, et qui Pari suo supervixerit, censum dare faciat*. [Charta anni XI. Theodorici Reg. apud Baluz. tom. 3. Miscell. pag. 169 : *Ut nullus contra Parem suum de istis convenientiis se remutare non posset; quod qui hoc facere præsumpserit, partem suam a Pare suo amittat*. Hist. Harcur. tom. 4. pag. 2172 : *Isti sunt Pares Rabodimontis.... Robertus Ribemonte est Par et dimidium.... Guido de Moi est Par et debet estagium, etc*. Tabul. Vosiense fol. 31 : *Gausberti nepos hujus comandiæ particeps et Par dominus... fecit guirpitionem de ea*.]

¶ Pararii, Eodem significatu. Regest. 87. Chartophylacii regii : *Item tenet a domino ipse Gononus et Johannes Morelli ejus nepos et eorum Parerii quedam nemora et quosdam essartos*. Ibid. : *Et inde percipiunt tachiam Bucheti et eorum Parerii*. Declaratio Guelisii de Aurolio in Comment. ad Histor. Dalphin. pag. 24 : *Dictas poypiam, domum et seignoriam nomine suo et suorum Pareriorum, condominorum de Royreno tradidit et reddidit. Pairiers*, in Comput. ann. 1268. ex Bibl. reg. : *De mon segneur Challe de Rochefort; et ses Pairiers, etc*. Charta ann. 1307. in Archivis S. Victoris Massil. : *Pro parte contingente suos Parerios de taschis ipsis annis singulis solvere*. Alia ann. 1387. ex Schedis Pr. *de Mazaugues : Sicut alii eorum Parerii et condomini locorum*. Adde Hist. Dalphin. tom. 1. pag. 32. 89. tom. 2. pag. 530. et tom. 3. Ordinat. Reg. pag. 102.

¶ Parerii, dicti etiam Cohæredes, quod ejusdem hæreditatis participes, in Statutis Forojul. ann. 1292. ex Archivis S. Victoris Massil. : *Si homines diversorum Pareriorum se coheredum in uno castro pelagiam faciant sive rixam inter se etc.*

Parierii, Eadem notione, in Charta anno 1180. in Regesto Tolosano, in qua etiam interdum *participes* dicuntur. Alia anno 1245. ibidem : *Notum sit cunctis, quod Enricus de Castanhaco pro se et pro aliis dominis de Castanhaco Parieriis suis, etc. Pariarius*, in Historia Episcoporum Lodovensium pag. 228. Chronicon Vosiense utitur etiam voce, *Particeps : Hanc fidelitatem juraverunt Vicecomiti, et ipse illis, ipsique inter se, sicut legitimi Participes*. Charta *Pariagii* ann. 1160. apud Chopinum lib. 3. de Sacra Polit. tit. 3. § 8 : *Notum... quod Abbas de Bona valle et ejusdem totus Monasterii Conventus nos æquiliverunt, et Participes constituerunt in villam suam quæ vocatur Laureium, etc*. Atque hoc dominii *participium* et societas

Pariagium vel Pariatio vulgo appellatur, vel *appariatio*, nostris *Pariage* : quæ quidem vox maxime sumitur pro *associatione* domini : unde *associationes* etiam dicuntur in 1. Regesto Parlamenti ann. 1260. fol. 109. et seqq. Charta R. Abbatis Monasterii Caroffensis anno 1308. ex 2. Regesto Philippi Pulcri num. 11 : *Communionem, communicationem, associationem, Pariagium, cessionem, etc*. [Litteræ Philippi V. ann. 1319. tom. 1. Ordinat. Reg. Franc. pag. 697 : *Non faciemus, seu recipiemus permutationes, seu escambia, nec etiam Pariagia aliqua, in terris, castris, villis sive castelluniis eorumdem, seu in pertinentiis eorumdem in quibus habent altam justitiam*. Eadem occurrunt in Litteris Philippi VI. ann. 1338. ibid. tom. 2. pag. 128.] Monasteriorum quippe et Ecclesiarum Præsules ut bona sua tuta et illæsa fierent, eorum partem Regibus aut Magnatibus concedebant, ut reliquam horum præsidio ac patrocinio tutarentur : quemadmodum, ut est apud Tacitum, Cæsares, passim scribebantur hæredes ex triente vel semisse, quo tutius ab iis reliquum patrimonium liberis ac propinquis adservaretur. *Volvitur*, inquit Chopinus lib. 2. de Doman. tit. 8. artic. 7. in Regestis Curiæ Parisiensis, *litera de Pariagio Abbatis et Conventus Sarlatensis facta a Domino Rege*. Quo loco, et lib. 3. de sacra Polit. tit. 3. art. 8. et 9. complura ejusmodi Pariagiorum profert exempla, quorum quidem ea potissimum erat conditio, ut in *appariationem* seu in *Pariagium* adscripti, partem prædii sibi concessam alienare nullo modo possent : quæ expresse legitur in Charta Roberti Abbatis S. Laurentii de Longobecco anno 1192. qua Regem Philippum Augustum in omnibus sui Monasterii bonis associat, quæ habetur in 31. Regesto Chartophylacii Regii fol. 56 : *Dominus autem Rex concedit nobis quod id extra manum suam nunquam mittet, sed semper adhærebit coronæ, et medietatem suam nunquam capiet per se divisim, sed semper de communi. Præpositus autem qui ibi erit, faciet fidelitatem Regi, et nobis, et Dominus Rex cum universis rebus nostris quæ in sua sunt potestate, in custodia sua suscipit et defensat, in quantum de jure poterit*. Exstat ibidem Charta alia ann. 1290. fol. 57. qua Abbas S. Martini de Raucurte Regem eumdem associat in prædio *Wasguemoulins*, cum hacce conditione : *Quia vero in memorata villa nos benigne et libere eum collegimus, ne ex dono quod ei fecimus, damnum nobis eveniat per malum donum, conces sit nobis ut in verbo regio Grantaine, quod nec dictam villam, nec aliquid quod ad illam pertineat, a proprietate sua alienabit, neque ipse neque successores sui Reges Franc. extra manum suam mittent*. In Charta ann. 1279. quæ legitur in Hist. Episcoporum Cadurcensium num. 154 : *Bernardus de Pertica Domicellus dicitur vicarius Pariagii de Cadurco*. Adde num. 143. 160. 177. Sammarthanos in Episcopis Wapincensibus n. 26. [et Gloss. Jur. Gall. v. *Pariage*.]

¶ Pareria, Idem quod *Pariagium*, Dominii societas. Charta ann. 1220. tom. 2. Macer. Insulæ Barb. pag. 531 : *Nullam faciat munitionem novam nec in monte, nec in planitie, nec Pareriam acquirat in aliquo castrorum istorum*. Litteræ ann. 1333. tom. 2. Hist. Dalphin. pag. 241 : *Mandamus, vice et nomine dicti D. Dalphini quatenus, dictas partes et Parerias acquisitas a prænominatis Henrico et heredibus Dom. de Barreto.... expedias et deliberes dicto D. Guillelmo, et sibi homagia, fidelitates, et recognitiones, fieri facias, per homines dictarum Pareriarum, ita quod de illis Pareriis cum earum pertinentiis utatur et gaudeat pleno jure*. Homagium Humberto Dalphino præstitum ann. 1334. ibid. tom. 1. pag. 212 : *Confitens se debere homagium ligium dicto domino tanquam domino de Turre, pro parte et Pareria quam habet apud Turrim et in mandamento ejusdem.*

¶ Paria, Eadem notione. Sponsalitium Adalmodis Comitissæ ann. 1056. Marcæ Hisp. col. 1110 : *Et dono tibi centum mancusos per unum quemque mensem de ipsa Paria quæ datur mihi de Saragesa, in tali videlicet ratione ut postquam, Deo dante, potuerimus acrescere prænominatam Pariam de Serita tantum ut centum mancusi addantur.*

Pariarios præterea vocabant quibus juris pars quælibet erat in aliquo prædio. Verbi gratia legimus apud Plantavitium pag. 228 : *Episcopum Lodovensem, ut Pariarium Castri de S. Privato, præter ea quæ ad ipsum spectabant, tanquam ad majorem dominum, et dominum supremum, et dominum feudi, habuisse in jurisdictione dicti Castri decem hebdomadas* : quibus scilicet in solidum pro Castri domino haberetur. Exstant apud eumdem scriptorem alia similium conditionum in *Pariagiis* exempla. Habetur enim Charta anno 1167. qua Richardum Ruthenorum Comitem habere sex menses in turri de Montebruno agnovit et confessus est Gaucelinus Episc. Lodovensis : ut vicissim Richardus quoque agnovit Gaucelinum sex alios menses habere in eadem turri. In alia anno 1243. Bertrandus Maffredi et Gaucelinus frater recognoverunt Guillelmo Episc. Lodovensi se tenere in feudum ab ejus Ecclesia in municipio de Villacunio tres menses et dies decem dominii, et totum Castrum, etc. In alia denique ann. 1246. continente quamdam permutationem, Episcopus Lodovensis accepit a Guillelmo de Lodova quatuor menses, scilicet, Januarium, Aprilem, Maium et Decembrem quos idem de Lodova habebat in turri superiori de Montebruno.

* **PARA**, Apparatus, pompa : unde *Camera paræ*, id est, parata, ornata aula. Charta ann. 1418 : *In camera Paræ domini comitis Armaniaci, etc.* Vide *Camera Paramenti* in *Camera* 9. et *Parare* 1.

¶ **PARABATA**, *Cupidus*, in Gloss. MSS. Sangerm. num. 501 : *Parabates, transgressor. Item, socius in curru et miles in eo pugnans*, in Amalth. a παραβάτης.

¶ **PARABIA**, Potus quidam factitius. Cœl. Rhodig. lib. 4. cap. 26 : *Hecateus in Europæ periodo auctor est, Pæonas ex ordeo brytum haurire, ac ex milio et conyza Parabiam.* Vide Martinii Lexic.

PARABILIS. Testamentum Perpetui Episcopi Turonensis : *Equum meum Parabilem, et mulum quem elegeris do, lego.* Equus forte qui Gallis dicitur *Cheval de parade*, ad pompam, ad apparatum.

PARABOLA, Verbum, sermo, Gall. *Parole*, Hispanis *Palabra*, quasi *parabola.* [*Parabola rustica*, in vet. Gloss. ex Biblioth. Colbertina.] Hesso Scholasticus : *Assumpta Parabola sua, respondit Episcopus.* Radevicus lib. 1. cap. 41 : *Per Parabolam Friderici Imp. vel nuntii ejus.* Vetus Charta apud Dyago lib. 2. de Comitib. Barcin. cap. 50 : *Non dicam illas Parabolas, quas vos dixeritis ad me, et mandaveritis mihi, ut celem eas.* Alia anno 1179. exarata Papiæ : *Et sciendum quod taliter eis Parabolam dederit, sive terminum mutaverit.* Maurisius pag. 18 : *Post hæc cum boves mei essent de Parabola Capitanei castri, etc.* Otto Morena in Hist. Laudunensi pag. 10 : *Dixeruntque se non esse ausos hoc sine consilio et Parabola Mediolanensium.* Adde pag. 25. et Vitam B. Oldegarii Episc. Barcinon. n. 1. Gesta Innocentii III. PP. pag. 148. Ughellum tom. 4. pag. 227. tom. 5. pag. 773. 792. 802. [Translatio S. Viti Mart. tom. 2. Junii pag. 1040 : *Deque licentia, Parabola, auctoritate et mandato præfati D. Episcopi, publicavit et subscripsit in canonica Senensi.* Statuta Massil. lib. 1. cap. 8 : *Est autem justa excusatio seu impedimentum, si... a vicario habuerint Parabolam remanendi.* Vide Chron. Parm. ad ann. 1293. apud Murator. tom. 9. col. 824. Antiquit. Estens. ejusdem Murator. pag. 374. et Statuta Vercell. lib. 3. fol. 89. v°.]

¶ IN PARABOLIS, Verbo, voce, Gall. *Verbalement.* Charta ann. 1010. in Chartular. Aptensi fol. 35 : *Notum sit vobis omnes homines, qualiter Teudricus sedis Attensis Episcopus, et Faraldus sive Waraco et eorum sequentes hic constituerunt in Parabolis Leutardo presbytero, etc.*

¶ PARABULA, Eadem notione. Procuratio ad contrahendum matrimonium nomine Caroli filii Bernabovis, apud Marten. tom. 1. Ampliss. Collect. col. 1518 : *In præsentia, voluntate, et consensu præfati magnifici domini genitoris sui consentientis ac Parabulam et licentiam dantis, etc.*

PARABULLA. Charta ann. 1164 : *Causa satis diu per idoneos advocatos ex utraque parte ventilata, Guillelmus de Prio consilio et Parabulla sociorum suorum talem inde protulit sententiam.* Alia Theodori Porphyrogeniti Marchionis Montisferrati ann. 1325 : *Absque licentia et Parabulla seu voluntate ipsius D. Marchionis.*

PARABOLA, Vox in Evangeliis frequens, *i. e. Similitudo, quæ ab eo vocatur, quod alteri* παραβάλλεται, *hoc est, assimilatur, et quasi umbra prævium veritatis est.* S. Hieronym. Epist. 151. quæst. 6.

PARABOLARE, Sermocinari, verba facere, Gall. *Parler.* Capitula Caroli Calvi apud Silvacum cap. 1 : *Nostri seniores, sicut audistis, Parabolaverunt simul et consideraverunt cum communibus illorum fidelibus de Dei servitio, etc.* Adde ejusdem Capitula tit. 21. cap. 2. 3. et Epist. Episc. ad Lud. Reg. cap. 4. Hincmarus Rem. in Ep. a Cellotio edita : *Audivi denique quosdam reprehendere nos Episcopos, et dicere, quod volumus tota die per scripturas Parabolare.* Visio S. Baronti n. 1 : *Cœpit eum bis terque appellare : sed ille nihil homini valuit Parabolare, sed digito gulam ei monstrabat, etc.* *Paroler*, Poetis nostratibus. [Le Roman *de la Rose* MS. :

> Ceste gent dont je vous Parole.

Ovide MS. :

> Pallas se taist, Venus Parole,
> Je suis celle qui tieng escole.]

Le Roman *d'Aubery* MS. :

> Flamainc Parolent, et li auquant Aiuglois.

Le Roman *de Garin* MS. :

> Garin Parole qui molt ot le cuer fin.

PARABOLOSUS, Verbosus. Matth. Vill. lib. 1. cap. 97 : *Il qual'era Paraboloso, e di grande vista, e poco veritiere ne' fatti.*

PARABOLANI, *Qui ad curanda debilium ægra corpora deputantur*, inquit lex 17. de Episc. et Cleric. (16,2. c. 34. C. Th.) sic dicti, quod neglecto omni periculo, suæque salutis immemores, ægrorum curationi sese ultro exponerent, quomodo apud nos ii qui pestifera lue contactis curandis totos se addicunt : de quorum *confratria* vide quæ habet Malbrancus lib. 10 de Morinis cap. 38. A Græca voce παράβολος vel παραβαλλόμενος, quam vocem per ἐναποκινδυνεύων reddit Hesychius. De ejusmodi Parabolanis agunt pluribus Cujacius, Baronius tom. 5. Salmasius de Modo usurarum, et ad Pollionem, Jac. Gotofredus ad leg. 42. Cod. Th. de Episcop. et Cleric. etc. [Vocabular. vetus apud Martinium : *Parabolani sunt medici, qui ad curanda ægra membra vel corpora debilium deputantur. Dicti Parabolani a parabola; quia plura promittunt hominibus, quam faciant, et quia sæpius utuntur parabolis.* Huc spectant quæ scribit Bleyn. Instit. lib. 1. pag. 7 : *Nostræ explicationes conferantur cum absurdis ridiculisque interdum intellectibus Glossarum et interpretum somniis; ut quando etc. vel cum per Parabolanos intelligunt medicos quia, inquiunt, multas habent parabolas.* Italis *Parabolano* est nugator, multas parabolas effutiens.]

PARABOLARE, Periclitari, ex Gr. παραβάλλεσθαι. Monent Salmasius lib. de Modo usurarum pag. 196. et Jacobus Gotofredus, in antiquissimo Codice Bibliothecæ Puteanæ in Epistola B. Pauli ad Philippenses cap. 2. haberi hæc verba, *Parabolatus est de anima sua :* ubi Græca præferunt, Διὰ τὸ ἔργον τοῦ Χριστοῦ μέχρι θανάτου ἤγγισε παραβολευσάμενος τῇ ψυχῇ. Vide *Parabola.*

¶ **PARABOLOSUS**, PARABULA. Vide *Parabola.*

PARACELLARIUM, Idem quod *Cellarium*, cella vinaria, nostris *Cellier.* Anastasius in S. Hadriano : *Vinum vero seu diversa legumina, quæ in prædiis ac locis ipsius antefatæ domocultæ annue nata fuerint, simili modo curiose in Paracellario prænominatæ sanctæ nostræ Ecclesiæ deducantur, et separatim reponantur.* In Gregorio IV. : *Sed et alias absidas duas... infra Paracellarium variis historiis depictas.* Infra : *Balneum, quod juxta Paracellarium situm est.*

PARACELLARII, seu *cellarii*, Qui cellariis præsunt. [Iis, ex Macro, incumbebat mensæ pontificiæ largitiones pauperibus distribuere.] Idem Anastasius in S. Zacharia PP. : *Hic beatissimus Papa statuit ut crebris diebus alimentorum sumptus, qui et eleemosyna usque nunc appellatur, de venerabili Patriarchio a Paracellariis, pauperibus, et peregrinis, qui ad B. Petrum morantur, deportari eisque erogari.* Vide *Subpulmentarius.*

PARACELLATICUM, Papiæ MS. edito vero, *Paracollecticum, penicillus* (ed. *Peniculus*) *i. spongiola.* Vide *Paracellarium.*

¶ **PARACENTHERIUM**, pro *Paracenterium*, a Græco παρακεντητήριον, Instrumentum quo fit *paracentesis*, seu compunctio, qua hydropicis aqua eximitur. Veget. Mulomed. lib. 2. cap. 17 : *Ab ipsa fronte Paracentherium inter tunicas oculares subjicito, ne pupillam tangas.* Vide Lex. Martinii.

¶ **PARACHÆMADION**, Macro, Locus ad hybernandum aptus, a Græco παραχειμάζω. Vita S. Anastasii Persæ : *Abiit ad Parachæmadion suum, sive stationem hybernationis.*

PARACHARAGMA, Moneta adulterina, ex Gr. παραχάραγμα. Glossæ Gr. Lat. : Παραχάραγμα, *adulteratio.* Παραχαρακτής, *adulter.* Cassianus Collat. 1. cap. 20. 22 : *Tanquam adulterina numismata et Paracharagmata reprobemus, ut pote quæ falsam imaginem Regis non legitime signata contineant.* Adde Collat. 2. cap. 9. Tertullianus lib. de Pœnitentia : *Nummus improbus, aut scalptus, aut rasus, aut adulter.*

PARACHARACTÆ, Qui falsos nummos cudunt, in lege 8. C. Theod. de Falsa moneta. (9,21.) Παραχαράττειν τὸ δίκαιον dixit Anastasius Sinaita. Lexicon MS. Cyrilli : Παραχαράκτης, παραστροφεύς, παραστρωτὴς τῶν ἐντεθέντων ὅρων ἢ νόμων.

PARACHARAXIMUS. Glossarium Saxon. Ælfrici : *Paracaraximus*, f a l s p e n i n g, id est, falsus denarius. Glossæ Isonis Magistri ad Prudent. : *Moneta dicitur eo quod monet mentem inscriptione nominis Regis, ne paracaraximi, i. falsi nummi fiant.* Petrus Damian. lib. 2. Epist. 1 : *Quod si ipsius monetæ obliterata, vel detrita sit regula, postquam metallis imprimitur, non nummus, sed paracaraximus invenitur. Paracharaxima nomismata*, apud Cassianum Collat. 1.

cap. 20. 21. et 22. Vide S. Columbanum Instruct. 9.

PARACHIMUMENUS, ex Gr. παρακοιμώμενος, Præfectus sacri cubiculi, de qua dignitate Scriptores Byzantini passim, et ex iis Gretzerus et Goarus ad Codinum, et nos quædam ad Villhardinum. Ignotus Barensis in Chron. ann. 888 : *Mortuus est Michayl Imp. et surrexit Basilius Parakimumenus ejus.* [*Parocœmomenus*, in Vita S. Greg. PP. auctore Johanne Diac. tom. 2. Martii pag. 186 : *Evigilans ergo Mauritius misit Paracœmomenum, et vocavit ad se Philippicum generum suum.* Vide Παρακοιμώμενος in Glossar. med. et infimæ Græcit. col. 1109.] Apud Luitprand. lib. 3. cap. 7. *Parachimmenus*, perperam scriptum legitur.

¶ PARACHLAMYS, Vestimenti genus, non modo militare, sed etiam puerile, apud Ulpian. lib. 34. tit. 2. leg. 23. Dig. Vide Lex. Martinii.

* PARACLETUS, *Rogatus ut faveat, deprecator, consolator, tutor causæ, defensor*, apud Laur. in Amalth. *Paraclytus, infamis, male audiens*, ibid. Gloss. Gr. Lat. παράκλητος, *advocatus*. Qua notione occurrit in Evang. S. Joan. cap. 14. v. 16. Consule Dissert. Benig. *Saucrey* de hujus vocis pronuntiatione.

¶ PARACOLESIS, Glutinatio, a Græco παρακολλάω, agglutino. Gariopontus lib. 5. Passionarii cap. 23 : *Ideoque utilissima sunt talia ad Paracolesin, vel pendiginum, vel aliorum vulnerum.*

¶ PARACOLLECTICUM. Vide *Paracellaticum.*

¶ PARACONTACIUM, a Græco παρακοντάκιον, Latinis *responsorium*, seu ratio antiphonatim canendi apud Græcos. Vid *Antiphonatim*, *Contacium* et Κοντάκιον in Glossar. med. et infimæ Græcit.

1. PARADA. Sidonius lib. 8. Epist. 12 : *Hic, ne tibi pendulum tinguat volubilis sentina vestigium, pandi carinarum ventres, abiegnarum trabium textu pulpitabuntur : hic superflexa crate Paradarum sereni brumalis infida vitabis.* Ausonius Epist. 5 :

Expositum subter Paradas, lectoque jacentem
Corporis ut tanti non moveatur onus.

Scaliger lib. 2. Auson. lect. cap. 14. *Paradas* interpretatur naves voluptarias et cubiculatas undique tectas. Sed his locis *Parada* pars est navis sub qua jacebant navigantes. Schefferus lib. 2. de Militia navali cap. 2. in Addit. pag. 325. post Vossium et Martinium, multa de hac voce commentatur.

☞ Eadem notione usurpari videtur vox *Parue* in Poemate Gall. MS. *de la guerre de Troyes* :

Des nez ont fet lor establies,
Et lor convois et lor Parues.

Vide *Paradisus* 5.

2. PARADA, pro *Parata*. Vide in hac voce.

¶ PARADEGIUM, vel *Paradogum* et *Paradogium*, Vox Longobardis usitata ut feudum nobile significarent, et a feudo ignobili et *vassallatico*, quod *Pædagogum* vocabant, distinguerent. Barater. lib. feud. tit. 4. apud Spelman. : *Qui ab antiquis temporibus feudum non tenent, licet noviter a capitaneis, seu valvasoribus acquisierint, plebei nihilominus sunt : nam et hi qui soldatam acceperunt vel habuerunt per eam nullum Paradegium, sed nec feudi usum acquirunt.* Vide Cujac. pag. 146. et *Paradogium.*

* PARADELLA, Anethi silvestris species, interprete Hearnio, in Chron. Joan. Whethamst. pag. 337 : *Succrescebat jam dudum in agro abbatis Johannis septimi illa Paradella invidiæ, qua in suum causabatur archidiaconum oblique oculos deflectere.*

PARADIE. Alexander Iatrosphista lib. 2. Passion. : *Cum potiones biberit ducentas, dabis iterum die Paradie.* Ubi Glossæ MSS : *Die paradie, i. die post diem.*

PARADIONIUM, *Prope baltheum.* Papias. Vide *Parazonium.*

¶ PARADISEUS, Summus, eximius, perfectus. Bernhardi *de Breydenbach* Iter Hierosol. pag. 213 : *Ideo ultra eam* (Ægyptum,) *locus est desertus, intra vero eam locus Paradiseœ voluptatis. Paradisica voluptas*, in Vita Henrici V. Reg. Angl. edit. Hearnii cap. 33. pag. 87.

¶ 1. PARADISIACUS, Cælestis. Charta Bertrandi Comit. Forcal. ann. 1044. ex magno Chartul. S. Victoris Massil. fol. 148 : *Qui exigente propria culpa amiserat Paradisiaca gaudia.* Francisci Arnonis Scutum Canon. apud R. Duellium lib. 1. Miscell. pag. 12 : *Scio, inquam, tales, qui inter jejuniorum ac lectionum et orationum studia ac cætera spiritualium exercitationum commercia crebrius ac diutius odores Paradisiacos naribus hauserint.* Alcimus Avitus lib. 1. 300 :

In Paradisiaca ponuntur sede parentes.

* 2. PARADISIACUS, Lætissimus. Epist. Abbon. tom. 10. Collect. Histor. Franc. pag. 435 : *Vester vero reditus intonuit menti nostræ velut Paradisiacæ reversionis ineffabilis concentus.*

¶ PARADISICOLA, Paradisi incola. Acta SS. Julii tom. 2. pag. 375. de S. Godeleva : *Godeleyæ sacræ festum recolamus alacre, quam Christus sanxit Paradisicolis et adduxit.* Prudent. Hamartig. v. 928. de Lazaro :

Et Paradisicolæ post ulcera dira beato.

1. PARADISUS, Atrium porticibus circumdatum ante ædes sacras, ex Gr. παράδεισος, qui ab Hesychio definitur τόπος ἐν τῷ περιπάτοι, locus porticibus et *deambulatoriis* circumdatus nostris vulgo, *Parvis.* [Interdum apud Græcos atrium illud arboribus erat consitum, quo propius ad vocis originem accederet, ut colligitur ex Vita S. Marthæ matris S. Symeonis Jun. cap. 7. n. 57. tom. 5. Maii pag. 428.] Anastasius in Dono I. PP. : *Hic atrium B. Petri superius, quod Paradisus dicitur, estque ante Ecclesiam, in quadriporticum, magnis marmoribus stravit.* Et in S. Paulo : *Fecit autem in atrio turrem S. Mariæ ad Gradus, quod vocatur Paradisus, oraculum, etc.* Leo Ost. lib. 3. cap. 28 : *Fecit et atrium ante Ecclesiam, quod nos Romana consuetudine Paradisum vocitamus, longitudine cubitorum 77. ac semis, latitudine 57. et semis, altitudine vero 15. et semis, 4. et totidem in geminis frontibus, et 8. per latera singula super quadrifidas bases habens, gerens columnas.* Quod vero Anastasius atrium et Paradisum S. Petri vocat, στοὰ, ἡ ἐς τὸν Πέτρου τοῦ Ἀποστόλου νεὼν διήκει, dicitur, seu Porticus S. Petri. [Orationale vetus Basilicæ S. Petri num. 8 : *Erat oratorium quadriporticum Basilicæ, Paradisum dictum, unde ab eo oratorio per Paradisum procedebant in processione Cleri.*] Vetus Charta Fuldensis, apud Browerum lib. 2. Antiq. Fuld. cap. 6 : *Wernherus omni devotione diligens decorem domus Dei, fecit Paradisum in Orientali parte Ecclesiæ, columnis, porticibus inferioribus, et superioribus honorifice constructis. Capellam etiam regia dignitate fulgentem apposuit, ita ut locum ipsum Paradisum voluptatis non immerito appellare possimus.* Versus Angelranni apud Hariulfum lib. 4. cap. 17 :

A fundamentis instauravit Paradisum.

Chron. Laurishamense ann. 948 : *Paradisum totum plumbo operuit, pulpita ante portas ejusdem Paradisi fabricavit, etc.* Charta Anacleti Antipapæ ann. 1134. pro Beneventana Ecclesia : *Totum integrum Paradisum et atrium quod est ante ipsum Episcopium, Ecclesiam videlicet S. Mariæ, etc.* [Notanda vero quæ de *Paradiso* Ecclesiæ Centul. habet Scriptor Vitæ S. Angilberti Abb. : *Ipsa mœnia quæ vocantur Paradisus, turrita mole surgentia, tribus altariis consecrata sunt : videlicet in porta Occidentali altare S. Michaelis, in porta Australi altare S. Gabrielis,... in porta autem Septentrionali altare S. Raphaelis.*]

Paradisos porro interdum vicem cœmeteriorum præbuisse declarant quæ de Ottone II. Imp. habent scriptores, quem *in Paradiso B. Petri* Romæ tumulatum tradunt Leo Ostiensis lib. 2. cap. 9. Chron. Laurishamense, etc. Ita etiam Sicelgaitam, Roberti Guiscardi uxorem, ibidem humatam scribit Paulus Diac. lib. 4. Ch. Casin. cap. 8. Ugutio : *Paradisus est locus morientis partibus constructus.* Certe ut *paradisi*, ita et cœmeteria *atria* dicuntur : unde Tabularium S. Victoris Massiliensis apud Guesnaium in Annal. Massil. pag. 296. vocis etymon confingit : *Idcirco vero idem locus ad portam Monasterii situs, vocatus est Paradisus, sicut et nos comperimus, quia multorum corporum, scilicet sanctorum Martyrum, Confessorum, Virginum eodem loco quiescentium decoratur auxiliis, et suffragatur meritis, etc.* Hanc vocem habent præterea veteres Inscriptiones Christianæ apud Gruterum pag. 1163. Annal. Francor. Fuldenses ann. 896. Paulus Warnefrid. lib. 5. de Gestis Langob. cap. 31. Aimoinus lib. 4. Hist. Franc. cap. 34. Anonymus in Miraculis S. Richarii lib. 1. cap. 10. 18. [Vita Aldrici Episc. Cenoman. n. 57.] Bernardus Monachus in Itiner. Terræ sanctæ cap. 10. Cæsarius Heisterbach. lib. 7. cap. 10. Vetus Charta in Hist. Parisiensi Brolii pag. 41. etc.

☞ Eodem *Paradisi* nomine designata Canonicorum habitatio, quod in atrio, ut plurimum, ecclesiæ, vel circa illud, ædificata esset; aliis *claustrum* dicitur. Constitutio B. Episc. Barchin. ann. 1298. apud Marten. tom. 4. Anecd. col. 607 : *Ordinamus, quod nullus Canonicus cujuscumque conditionis aut status existat, nullusque beneficiatus habens hospitium ab ecclesia prædicta, vel ratione sui beneficii in eadem ecclesia, possit hujusmodi hospitium locare, nec commodare, nec alio quovis modo concedere infra locum vocatum Paradisum alicui personæ, nisi Canonico, vel alii clerico, qui sit ad divinum servitium ecclesia deputatus.* Latius interdum patuit ejusdem vocis notio, cum ad totum territorium, quod ad ecclesiam vel monasterium pertinebat, extensa est. Id de monasterio S. Victoris Massil. ex variis ejusdem Instrumentis constare scribit Marten. in Gloss. ad calcem tom. 5. Anecdotorum.

Paravisus, in Charta laudata ab Hemeræo de Academia Parisiensi pag. 13. ex Magno Pastorali Ecclesiæ Paris.

Parvisius. Matth. Paris ann. 1250 : *Unde pro illa substantiola persolvenda cogebatur ille pauperculus, multis diebus scholas exercens, venditis in Parvisio libellis, vitam famelicam et Codrinam protelare.* [Charta ann. 1542. tom. 2. Hist. Meld. inter Instrum. pag. 286 : *Usque ad Parvisium præfatæ ecclesiæ Meldensis a dicto choro et assistentium multitudine cum honore et reverentia conductus est.*]

Pervisus. Fortescut. de Laudibus legum Anglic. cap. 51 : *Sed placitantes tunc se divertunt ad Pervisum, et alibi consulentes cum servientibus ad legem, etc.* De vocis *paravisus* etymo, vide quæ habet Somnerus ad scriptores Anglicos v. *Triforium*, et an ejus conjectura probetur omnibus.

¶ 2. **PARADISUS**, fem. gen. Hortus cultus et amœnus, quæ nativa est hujusce vocis notio. Baldricus apud Mabill. tom. 5. Annal. pag. 146 : *Admirabar Paradisum opimam, quæ me inter mala sua granata diu nutrierat... præsertim quoniam horto illi ferme sex lustris custos et hortulanus extiteram.*

¶ 3. **PARADISUS**, Arbor quædam Terræ sanctæ. Jacobus de Vitriaco Hist. Orient. l. 3. apud Marten. tom. 3. Anecd. col. 279 : *Sunt ibi arbores quæ dicuntur Paradisi, habentes folia unius cubiti longa, et medii lata, ferentes poma oblonga et in uno ramusculo centum sese tangentia, et melleum saporem habentia.* [** *Paradisi* est genitivus casus.]

¶ 4. **PARADISUS**, Regio, tractus, Gall. *Païs.* Hist. Episc. Roman. apud Stephanot. tom. 7. Fragm. Hist. MSS : *Alexander II. cum esset Lucanus Episcopus, natione Mediolanus, concorditer est a Cardinalibus electus. Contra hunc fuit Candolus qui fuit Parmensis Episcopus, et fere ab omnibus episcopis Lombardiæ in Papam est electus. Asserebant enim Papam non debere eligi nisi de Paradiso Italiæ.*

5. **PARADISUS**, Pars navis sic appellata. Contractus navigii etc. ann. 1268. tom. 5. Hist. Francor. pag. 437. de navi : *Et habet duos Paradisos, et unum vannum et supervannum coopertum.* [Vide *Parada.*]

* 6. **PARADISUS**, Locus seu altare ornatum, ubi die Jovis sancta SS. Christi corpus reponitur, nostris *Paradis.* Charta ann. 1398. inter Probat. Hist. Autiss. pag. 129. col. 2 : *Item dicta die Jovis benedicta duos cereos ardentes ante Corpus Christi in thesauro, ubi dicitur in Paradiso.*

* **PARADOGIUM**, Idem quod *Paragium*, Nobilitas. Decis. Math. de Afflict. pag. 601 : *Per infeudationem feudi quaternati contrahitur Paradogium, id est, nobilitas.* Lex jurid. Calv. : *Paradogum, barbarum et Longobardicum vocabulum, nobilitatem significans, quemadmodum ignobile feudum pedagogum vocitabatur. Paradogum, feudum nobile,* in Amalth. ex Lex Bald. et Phil. Vide *Paradegium.*

¶ **PARADOGUM.** Vide *Paradegium* et *Paradogium.*

* **PARADOSSA**, Comœd. sine nomine act. 4. sc. 9. ex Cod. reg. 8163 : *Inculta est alumna totoque hodie in Paradossa fuit.* Forte legendum unica voce *Inparadossa*, id est, inornata, non parata.

¶ **PARADOXI** et Paradoxologi, Iidem cum Neanicologis et Aretalogis seu scurris, sic dictis quod multa falsa de virtutibus suis prædicantes, risum aliis movere quærerent. Vetus Scholiastes Juvenalis : *Siparium velum est, sub quo latent Paradoxi, cum in scenam prodeunt.* Eosdem *Ordinarios* vocat Suetonius de Rhetor. cap. 2. ubi perperam vulgo legitur, *Hordearium. Ordinarium* autem veteribus scurram dictum esse, monet Festus : *Ordinarius, homo scurra et improbus.* Hæc Hofmannus.

* **PARADOXUS** appellatur S. Stephanus protomartyr, quia interfectoribus suis pepercit, quod admirabile est et incredibile, in vet. hymn. ejusd. sancti inter schedas D. *Le Beuf : Ave, senior Stephane, ave, martyr Paradoxe, etc.*

* **PARADOYRA**, Instrumentum, ferreum. Inventar. Ms. ann. 1379 : *Item unum ferrum, vocatum Paradoyra.*

¶ **PARAFERNALIA** Bona, Gall. *Biens Parafernaux*, apud D. *de Lauriere* in Gloss. Jur. Gall. ex Calvini Lexico Jurid. : *Sunt res uxoris extra dotem constitutæ*; vel *Sunt res quas uxor in usu habet in domo mariti, neque in dotem dat.* Vocabular. utriusque juris : *Parafernalia bona, vel res Parafernales, dicuntur res quas mulieres juxta* (leg. extra) *dotem inferunt in domum viri. Parafernium, le don fait des amis à la femme nouvellement mariée*, in Gloss. Lat. Gall. Sangerm. In Consuetud. Norman. art. 395. *Parafernalia bona* definiuntur ea quæ sunt ad usum mulieris, puta lectus, vestes, lintea, et alia ejusmodi. Ex quibus colligitur *Parafernalia bona*, quibusvis ex rebus consistant, eadem esse quæ Græci παράφερνα, Galli *Peculium*, dixerunt; quæ a dote semper distincta in usum mulieribus erant atque in earum arbitrio posita : quod ex subjiciendis iterum perspicuum fiet. Statuta Philippi Pulcri ann. 1303. in Cod. MS. Consuetud. Tolos. pag. 35 : *Judicatum quod executio pro clamoribus sive justitiis uxoris in bonis mariti, vel e contra in bonis uxoris dotalibus aut Parafernalibus pro marito.... non fieret de cætero.* Charta ann. 1344. tom. 2. Hist. Dalphin. pag. 493 : *Sive ex causa bonorum maternorum, seu paternorum, sive ex causa dotis et bonorum Parafernalium ipsius dominæ Beatricis matris suæ.* Instrum. ann. 1351. apud Rymer. tom. 5. pag. 704 : *Ita quod soluto matrimonio (quod absit) .... tota pecunia prædicta nomine dotis seu dotalitii.... una cum rebus suis Parafernalibus, refundatur penitus et integre persolvatur.* Aliud ann. 1401. apud eumdem tom. 8. pag. 179 : *Item quod mittet eandem suam filiam ipsi domino Luodovico taliter fulcitam Parafernalibus, jocalibus et ornatibus, etc.* Johannes V. Belvac. Episc. apud Acher. in notis ad Guibertum pag. 601 : *Multaque alia loca ipsis subdita ex suis patrimonialibus et Parafernalibus bonis.* Vide Consuetud. Burbon. art. 28. et Arvern. cap. 14. art. 2. [** Glossar. med. Græcit. voce Ἐξώπρωκα, col. 413.]

* Charta ann. 1322. in Reg. 61. Chartoph. reg. ch. 126 : *Habuit* (Guillelmus de Villa-lonae) *quædam alia bona, quæ Parafernalia vocabantur, quæ obvenerant ipsi Richæ*, (uxori suæ) *ex successione cujusdam filii sui, ... quem habuerat a primo suo marito; .... et amplius quinquaginta solidos Turonensium, quæ obvenerat ex legato sibi facto per Arnaldum Guillelmi Toudeyre, quæ Parafernalia vocabantur.*

¶ Parefernalia, Eadem notione, in Decret. ad calcem Statut. Placent. fol. 113. recto.

¶ Parafrenales Res. Statuta castri Redaldi l. 1. fol. 19. v°. : *Decernimus quod si mulier maritum habuerit, et res Parafrenales etiam habuerit, etc.*

☞ *Parafernalia bona* dicuntur præterea in diœcesi Rotomag. ea utensilia, quæ parochi defuncti hæredes successori dimittere tenentur, scilicet lecti compages lignea, fulmenta quibus super foco ligna sustinentur, forceps et cremathra.

* **PARAFFUS**, Notarius ipse, qui acta peculiari sibi nota subscribit, vulgo *Parafe.* Instr. ann. 1507. inter Probat. tom. 4. Hist. Nem. pag. 89. col. 1 : *Acta fuere hæc, a Paraffo infra ubi proxime supra, testibus præsentibus, etc, signo meo quo in meis publicis utor instrumentis signavi.* Pro Charta ipsa nota hujusmodi subsignata, in Comput. ann. 1399. ibid. tom. 3. pag. 154. col. 1 : *De exitis.... alias diversimode factis, partes contentæ in præsenti Parraffo.*

¶ **PARAFREDUS**, Parafrenarii. Vide *Paraferedi.*

¶ **PARAGAMINARIUS**, pro *Pergamenarius*, Membranarum concinnator, Gall. *Parcheminier.* Litteræ ann. 1341. tom. 2. Ordinat. reg. Franc. pag. 171 : *Inter mercatores dictorum coriorum et pellium tam affatorum Paragaminarios et pellegantios, quam alios, dicentes et allegantes, se esse... in possessione et saisina vendendi in dictis vicis seu carreriis, dicta coria et pelles.*

PARAGAUDA, *Ornamentum pallii, vel vestis, quod vulgo friseum dicitur*, Joan. de Janua, apud quem perperam editum *Paranganda.* Παραγαύδιον, in Gloss. Gr. Lat. MS. Biblioth. S. Germani Parisiensis : *Paragaudis*, Pollioni. Lex 2. Cod. Th. de Vestib. (10,21.) : *Nemo auratas habeat aut in tunicis, aut in lineis Paragaudas.* Vide ibi Jacobum Gotofredum.

¶ Perangada, perperam in Vocabul. Juris utriusque : *Perangada, est vestis de auro vulgari, quod a gaydis vestimentorum vel clamydum poni solet : vel vestis quæ habet aurum tantum in superficie.*

Paragaudatus. Charta donationis Cornutianensis edita a Suaresio : *Et pro arca ora vela tramoserica alba pro auroclava 2. Vela blattea auroclava Paragaudata 2.* Inra : *Vela linea Paragaudata Persica clavatura leucorodina* 2. etc. *Paragaudiæ vestes*, apud Vopiscum in Aureliano. *Paragaudiæ interulæ*, in Epist. Valeriani Imperatoris ad Præfectum Præt. quæ *Paragaudis* exornatæ erant. Vide Turnebum lib. 9. Adversar. capite 11. Casaubonum, Salmasium ad Hist. August. [Martinium et Hofman. in Lex.]

* *Paragaude*, *ornamentum*, *palla vel vestis exterior*, *fresar*, *Prov.* Glossar. Provinc. Lat. ex Cod. reg. 7657.

* **PARAGENA**, Conditionis paritas, qualis est quæ inter burgenses existit, qui iisdem privilegiis utuntur. Charta Henr. reg. Angl. ex Cod. reg. 8387. 4. fol. 84. r°. : *Cum ad supplicationem dilectæ nobis Johannæ Gorney viduæ Aymeric de Duras de patria nostra Burdelais militis,... de gratia nostra speciali fecerimus et constituerimus ipsam et heredes suos burgenses in Paragena dictæ civitatis nostræ Burdegaliæ eodem modo, sicut alii burgenses existunt ibidem ; .... vobis mandamus quod ipsam Johannam, dum egerit in humanis, ac heredes suos post ejus obitum burgenses in Paragena civitatis prædictæ recipiatis et admittatis, et ipsos omnibus libertatibus et liberis consuetudinibus, quibus alii burgenses ejusdem civitatis utuntur, uti et gaudere permittatis. Paragium*, pro *Paragena*, legitur in alia eadem de re Charta ibid. fol. 87. v°. Vide in hac voce num. 1.

1. **PARAGIUM**, Paraticum, Conditionis ac nobilitatis *paritas* juxta quam Barones *debent maritare sorores, aut amitas, fratres aut nepotes*, ut est in Constitut. Siculis lib. 3. tit. 33 : *Pro modo scilicet facultatum suarum, et filiorum superstitum numero, secundum Paragium.* [Adde Statuta MSS. Caroli I. Reg. Siciliæ cap. 158.] Charta ann. 1269. apud Ughellum in Episcopis Casertanis : *Suppliciter petit ut mandari ipsam maritari juxta Paragium, et dotari de castro et casali prædictis benignius dignaremur, etc.* Quod porro *Paragium* nostri in nuptiis appellabant, *congruam parilitatem* recte vocat Martianus Capella lib. 1. pag. 4. Ὁμαλὸν γάμον Æschylus in Prometheo pag. 55. ubi consulendus Scholiastes pag. 54. Apuleius lib. 6. Metamorph. : *Connubium est, cum æquales in nuptias coeunt : ut puta cives Romani pari utique dignitate.* Ita Periander apud Laertium lib. 1. suadebat, γαμεῖν ἐκ τῶν ὁμοίων. Et Solon apud Ausonium in Ludo sapient. : *Par pari jungatur conjux, quidquid impar dissidet.* Sed hæc nota. Hinc vox

Paragium, pro ipsa nobilitate usurpata. Philippus *Mouskes* in Hist. Franc. MS. :

> Le Comte Estase de Boulogne,
> Ki del Parage ne forlonge.

Le Roman *du Renard* MS. :

> Enfans, dit-il, de haut Parage,
> Pensés de mes Chatiaus tenir, etc.

Le Roman *de Gaydon* MS. :

> La Dame fert de mult haut Paraige née.

Le Roman *d'Aubery MS.* :

> Vostre pere est frere Basin le fier,
> Itel Paraige puisse Dex vergoigner.

Le Roman *de Rou et des Dus de Normandie MS.* :

> Gentil fu de Parage, et d'avoir fu manans.

Alibi :

> Une fille à moult gente, qui est de haut Parage.

Rursum de Henrico II. Rege Angliæ :

> Qui prist Alianor, dame de haut Parage.

[*Princesse de haut Paraige*, apud Christinam Pisanam lib. *du Tresor de la Cité des Dames*, 1. part. cap. 24.] *Homens de Paratge*, apud Raimundum de Montanerio in Chron. Aragon. cap. 113. in Chron. Petri Regis Aragon. lib. 1. cap. 28. etc.] Chronicon Flandriæ cap. 5 : *Quand vous avez arse sa maison à la vergoigne de tout son Parage.* [Adde cap. 9. Jacobus Passavantius in Speculo de vera Pœnitentia pag. 209 : *Non trovando niun altra creatura a suo Paraggio.* Dantes de Majano Son. 17.

> Cavalieri li mostraro di gran Paraggio.

Utitur etiam Johannes Villaneus. Quibus in locis sæpe pro *parentage* sumitur. Philippus *Mouskes* in Philippo Augusto de Reginæ Isembordis divortio :

> Et par itant se l'en hai
> Si fort, que de li s'en parti,
> Quar l'Arcevesque de Rains
> Parage i jura premerains.

Vide Dissertationem 3. ad Joinvillam pag. 151. ubi plura : et supra in *Disparagare*. Ita etiam

Paraticum usurpatur in Hispanicis Tabulis. Curia Generalis Catalon. ann. 1320. MS : *De hominibus de Paratico, sive de genere Militari.* Alia Curia Generalis Barcinone celebrata ann. 1291. a Jacobo II. Rege Aragon. : *Quod aliquis Miles, vel homo de Paratico non possit facere malum alicui sine acunydamento.* Vide *Bandositas*.

¶ Paragium, Parium dignitas et prærogativa, *Pairie*. Litteræ Philippi Pulcri ad Clementem V. PP. ann. 1307. in MSS. *de Brienne*, vol. 236. fol. 3 : *In Laudunensi ecclesia, quam licet in facultatibus tenuem, inter cæteras regni nostri ut pote Paritate seu Paragio regni ejusdem dotatam, excellentia nobilissimam reputamus.*

Paragium, deinde appellatum, quicquid feudale a fratre primogenito, secundogenitis in partem hæreditatis datur, qui id ab ipso primogenito fratre tenent, pari ac ille reliquum feudum conditione, absque tamen homagio, (quod is pro toto feudo dominico præstat) usque ad septimam generationem, qua finita, omnis sanguinis affinitas extincta censetur : tum enim qui excipiunt, homagium præstant hæredibus primogeniti. Arestum Parlamenti Parisiensis anno 1275. apud Duchesnium in Histor. Drocensi pag. 281 : *Baillivo igitur Caleti pro domino Rege petente homagium a Comite Domni Martini de dictis terris sibi, ut dictum est, in excambium traditis : pro dictis Comitibus fuit ex adverso propositum, quod dictus Rex de dictis terris... homagium habere non debebat : imo Comes Drocensis eas Comiti Domni Martini per Paragium, juxta terræ consuetudinem garantire debebat usque ad septimum hæredem.* Regestum Parisiensis Parlamenti sign. B. f. 41. inter Aresta anno 1277 : *Hometum quod tenetur ab eo tanquam ab antenato per Paragium, juxta consuetudinem Normanniæ.* Totam hanc *Paragii* rationem et usum hisce verbis prosequitur vetus Consuetudo Normanniæ MS. 1. part. sect. 3. cap. 15 : *Les fieus sont tenus par Parage, quant le frere ou le cousin prent l'eritage à ses predecesseurs, et il la tient de son ainsné, et li respont de toutes les choses qui apartiennent à la partie de son fieu, et de toutes les droitures que le fiement de sa partie deura, il en respont et en fet les redevances as Chiés Seignors.* Et cap. 18 : *Tenure par Parage adecertes si est fet quant le tenant et celui del quel le fieu est tenus sont pers par la reson del lignage, qui descent de leurs anteresseurs, et en cette maniere tiennent les puisnez des ainznez de si atant que il viengnent au sesime degré de l'éritage. Més dilec en avant, li puisnez si sont tenus à fere fealté à l'ainzné, et quant vendra au septisme degré, il tendront encore de l'ainzné par homage, més dillec en avant tout c'en qui par de devant estoit tenu en Parage, il sera tenu en aprés par hommage. Li ainznez poet fere justice sur les puisnez pour les rentes et pour les services qui apartiennent as Seignors del fieu, etc.* Cap. 27 : *Les puisnez seront tenus à fare fealté à leur ainznez ou à leurs successeurs quant le lingnage sera alé et descendu siques au sisime genoil. El septisme degré les puisnez seront tenus à fere à leur ainznez homage, quer le septisme degré est establi tout au dehors des lignes de consanguinité.* Adde quæ de hacce materia fuse pariter observavimus in dicta Dissert. 3. ad Joinvillam pag. 150. [Vide etiam, si placet, quæ eamdem in rem disserunt D. *Brussel* lib. 3. de Usu feud. cap. 13. D. *de Lauriere* in Gloss. Jur. Gall. v. *Parage* et in Præfat. ad tom. 1. Ordinat. Reg. Franc. pag. xix. et seqq. Stabilim. S. Ludov. lib. 1. cap. 74. Butiller. in summa rurali, atque Consuetudinum municipalium Interpretes passim.]

* Hinc *Aparageor*, qui partem feudi seu prædii ea ratione possidet, in Stabil. S. Ludov. ann. 1270. cap. 42. tom. 1. Ordinat. reg. Franc. pag. 138 : *Et se li vavasor avoient Aparageors qu'ils deussent mettre en l'aide, il leur doit mettre jor que il auront lors Aparageors.* Et cap. 43. pag. 139 : *Et se aucuns est qui ait Aparageors, qui tiennent de lui en parage, etc.*

Apparagium, pro parte hæreditatis paternæ aut maternæ, quæ secundogenitis datur a primogenito fratre, in Charta ann. 1316. ex veteri Regesto Cameræ Computorum Parisiensis : *Dominus Philippus filius Regis Comes Pictavensis et Burgundiæ de dono Regis Philippi patris sui ratione partagii seu possessionis hæreditariæ quousque Rex sibi fecerit assideri de* 20. *mill. lib. Tur. solvend. hoc modo videlicet* 3000. *ll. super terram Comitatus Burgundiæ annis singulis, qui debebantur Regi a Comitissa Atrebatensi Dominæ Mathildi.... Dominus Ludovicus Comes Ebroicensis pro recompensatione sibi facta super deceptione seu errore assisiæ terræ sibi factæ ratione sui Apparagii, super quibus dudum conquestus fuerat defunctis regibus Philippo seniori, et Ludovico germano quondam domini Regis moderni, etc.* Hinc etiam in Consuetudine Britanniæ art. 557. Lodunensi cap. 15. art. 5. cap. 27. art. 26. et in Turonensi art. 284. *fille apparagée suffisamment, ou deuement,* dicitur quæ legitime et juxta debitum dotata est a fratribus.

* *Appariage*, eodem intellectu, in Lit. ann. 1392. tom. 7. Ordinat. reg. Franc. pag. 469.

PARAGIUM, Quævis portio in re aliqua. Tabularium Vindocinense fol. 54 : *Guido de Blasone Dominicus vassus accedens ad Dom. Odericum Abbatem donavit eis tractum sagenæ unius in universis aquis suis, ubicumque piscaturus habere dinoscitur, ita ut ipse in eadem sagena unius hominis habeat portionem, quam nominant Paragium, reliquæ autem portiones sunt S. Trinitatis et Monachorum.* [Charta ann. 1183 : *Aremburgis uxor Dagani conquerebatur super duobus Paragiis in clusa quæ Varias nuncupatur, quæ ei Daganus vir suus de sæculo decedens dederat ex conquisitione sua.* Tabular. Majoris-monast. : *Post mortem Gauffridi de Castro Celso, frater ejus Odericus dedit terram quæ cognominatur Truncata,.... et parilitatem quam vocant Paragium omnium exclusarum de illa castellaria.* Vide *Cenagiator.*]

* 3. **PARAGIUM**, Associatio in dominium. Vide *Pariagium* in *Par.* Arest. ann. 1318. in Reg. *Olim* parlam. Paris. fol. 399. v° : *Pro eo quod, ut ipsi dicebant, continetur expresse in Paragio inter dictum genitorem nostrum et Aniciensem episcopum.* Unde *Pariagier*, qui in ejusmodi associationem assumptus est, ejusdem dominii socius. Charta pariag. inter reg. Carol. VI. et episc. Virdun. ann. 1389. in Memor. E. Cam. Comput. Paris. fol. 209. v°. : *Nous les garderons et défendrons par nous ou noz gens envers tous et contre tous en tout le pariage et comme Pariagiers, ainsi que nostre propre chose. Paragoin*, non dissimili notione, ejusdem nimirum feudi seu dominii particeps. Ordinat. ann. 1301. tom. 1. Probat. Hist. Brit. col. 1167. art. 11 : *Nul homme, qui tient en parage, ne fait aide à son Paragoin, s'il ne fait au cheiff seigneur; si un homme a Paragoins, qui tiennent de lui en parage, il ne leur peust mettre terme hors du parage par droit. Parreux*, in Lit. ann. 1368. tom. 5. Ordinat. reg. Franc. pag. 397. art. Vide infra *Pariagium* 1.

* 4. **PARAGIUM**. Judic. ann. 1273. in Reg. *Olim* parlam. Paris. fol. 194. v° : *Petentibus consulibus et hominibus Amiliani redditum, quem dominus rex habet in villa ipsa, quod dicitur Paragium, sibi in perpetuum a domino rege remitti.... Præceptum fuit senescallo, quod dictum Paragium levaret, prout consuevit levari.* Idèm forte quod *Paratæ*, jus scilicet *gisti* et *procurationis*; nisi legendum sit *Pavagium*, tributum nempe, quod pro viarum pavimentis præstatur.

¶ **PARAGIUS**, Proximus, contiguus, Gall. *Proche*, *contigu.* Charta ann. 1283. tom. 2. Hist. Dalphin. pag. 26 : *Si vero dictum castrum cum ejus mandamento, territorio et districtu dictas ducentas libras annui redditus non valeret, communi æstimatione et legali consuetudine et conditione terræ inspecta, quod de dictis ducentis libris deficeret, promittimus eodem modo supplere et assidere in loco proximiori et contiguo sive Paragio prædicto castro, territorio et districtui cum omni mero et mixto imperio et omnimoda jurisdictione.*

¶ **PARAGO**. Vide *Parrago.*

¶ **PARAGOGIA**, Gr. παραγώγια, Aquæductus minores, qui in majores confluunt. Vide Gotofredum in l. 8. lib. 15. Cod. Th. tit. 2.

PARAGONICUS. Joannes Hocsemius in Engilberto a Marca Episcopo Leodiensi cap. 35 : *Ad ea, quæ nobis objiciuntur in Curia de lavacro Militari sumpto in concha Paragonica Constantini; dicimus, quod in eadem intravit Constantinus, et inibi lotus fuit, etc.* Anastasius in S. Silvestro : *Fontem sanctum, ubi baptizatus est Augustus Constantinus ab eodem Silvestro : ipsum fontem ex metallo porphyretico ex omni parte coopertum, etc.* Ita *paragonica concha*, pro *porphyretica* hic sumitur, nisi ita legi debeat apud Hocsemium, vel *Pentagonica.*

¶ **PARAGONISARE**, Comparare, conferre, a veteri Gallico *Paragonner*, vel *Parangonner*, nunc *comparer* dicimus. Acta S. Raynerii tom. 3. Junii pag. 443 : *Me multis dicebam optimum habere byzantium, diligenter illud revolvens et Paragonisans reperi fore æreum.*

¶ **PARAGONIZARE**, PARAGORIA, PARAGORICUS. Vide *Paregorizare.*

¶ 1. **PARAGRAPHUS**, Peculiaris subscribentis nota, Gall. *Parafe.* Charta ann. 1478. in lib. cui titulus *Apologie pour le pelerinage de nos Rois au tombeau de S. Marcoul etc.* pag. 120. : *Cum pluribus aliis notabilibus personis tam ecclesiasticis quam secularibus ad solemnitatem hujusmodi translationis congregatis. Signatum Joannes Carnificis et Joannes le Clerc cum Paragraphis.*

* 2. **PARAGRAPHUS**, Jurisconsultis, Quicquid sub sententia clauditur. Vide Lexicon juris.

¶ PARAGRAPHUS, Linea quædam brevis, qua in distinguendis versibus utebantur Critici. Utrum masculini an feminini generis sit, disputant Grammatici, qui in feminino a Græcis constanter efferri observant. Vulgatius est apud Latinos *hic paragraphus* scribere. Vide Fabri Thesaur. in *Graphe* et Brencmannum in Hist. Paudect. lib. 3. cap. 6. pag. 304.

¶ **PARALAMENTUM**, Litigium, Gall. *Procès*, *contestation.* Miracula S. Wernheri tom. 2. April. pag. 728 : *Quod semel tracta fuerit ad judicium Bacheracense, et impetita a quibusdam, et quia inconsueta fuerit, de illis Paralamentis hominum perterrita, vix venit ad ecclesiam.* Vide *Parlamentum.*

¶ **PARALANDRINUS**, Navis onerariæ species. Rafanus de Caresinis in Chron. MS. ann. 1379 : *Hostibus autem, cum galedellis, Paralandrinis, gauzarolis.... viriliter resistentibus.* Vide *Parandaria.*

* **PARALITAS**, Æqualitas, conditionis *paritas*, Gellio, *Parilitas.* Charta Joan. PP. XVIII. ann. 1006. inter Instr. tom. 7. Gall. Christ. col. 27 : *Si quis vero.... nostræ devotionis adeo munificum pignus auferre, et quolibet jure, quacunque injuria voluerit impedire,... rusticano more vel Paralitate submissus, capitalis census dissolutione plectatur.*

PARALLELONEUS, παράλληλος, apud Latinum Agrimensorem pag. 316.

PARALODIUM. Charta Berengarii Comitis Barcinonensis ann. 1090. apud Baronium ann. 1091. n. 8 : *Et ut Principes universi vel omnes alii, qui mecum insudaverint ad prædictæ urbis instaurationem, habeant in confinio hujus urbis Paralodium, suam aprisionem, vel quod acceperint per manus nostræ largitionem, non inde persolventes aliquam pensionem, etc.* Sed legendum videtur distinctis vocibus, *par alodium, sive apprisionem.*

¶ **PARALOGIUM**, Ædes, ut videtur, extra septa monasterii ædificatæ cum chorte, Plinio Cavædium. Henrici Berntenii Chron. apud Leibnit. Script. Brunswic. tom. 2. pag. 445 : *Eandemque coquinam extruxit a fundo lapideam, sicut Paralogium, capitulum, armarium, dormitorium, colloquium, auditorium et omnia cum tectis trabibus atque tegulis perficiendo.* Ibid. pag. 447 : *Submovit etiam stabula periculosiora in curia Paralogii, distinguens eam a media porta per muros a dextris et a sinistris.*

PARALOGIZARE. Gloss. Lat. Gall. *Paralogizo*, *Parler*, *decevoir*, *ou conclure.* Alanus de Insulis in Planctu naturæ : *Cujus* (diadematis) *non adulterina auri materies ab ipsius honore degenerans, luce sophistica oculos Paralogizans, sed ipsius nobilitas ministrabat essentiam.* Utitur etiam Thwroczius in Chronico Hungar.

¶ PARALOYSARE, pro *Paralogizare*, in Præfat. Vocabularii utriusque juris : *Qui virtutes vocabulorum ignorant, de facili Paraloysantur i. decipiuntur.*

¶ **PARALYTICATUS**, Paralysi afflictus. Vita S. Stanislai Episc. tom. 2. Maii pag. 246 : *In corpore universo Paralyticata erat, et in singulis membris contracta.*

* **PARAMENSIUM**, Lac coagulatum, ni fallor. Stat. Astæ ubi de Intrat. portar. : *Formagium foresterium grassum, Paramensium, ... pro qualibet rubo, lib. xj.*

* **PARAMENTUM**, Impedimentum, Gall. *Empêchement*, *obstacle.* Testam. Alph. III. reg. Portug. ann. 1271. inter Probat. hist. geneal. domus reg. Portug. tom. 1. pag. 57 : *Mando filio meo, quod non faciat ibi aliquod malum Paramentum prædictis executoribus testamenti mei.* Hinc murus seu munitio, qua hostium impetus retardantur, *Parement* appellantur in Hist. contin. Guill. Tyrii apud Marten. tom. 5. Ampl. Collect. col. 623 : *Quant cil virent qu'il ne porroient monter as murs, il minerent le premier Parement.* Vide aliis notionibus in *Parare* 1.

PARAMONARII, Iidem, qui Mansionarii Ecclesiarum, etsi secus videatur Meursio, qui *Paramonarios* administros Monasteriorum fuisse contendit. Historia Inventionis corporis S. Prisci, apud Ughellum in Episcopis Frequentinis : *Sacerdos quidam Marcus nomine, qui etiam Paramonarii gerebat officium, et prædictam ejusdem civitatis Ecclesiam custodiebat, etc.* Infra *Custos sanctæ Ecclesiæ civitatis* dicitur. Apud Petrum Diac. Casin. in Relat. de Corpore S. Benedicti num. 2. et 20. *Georgius Ecclesiæ Paramonarius* occurrit, qui apud Leonem Ost. lib. 3. cap. 26. *Mansionarius* dicitur. [Observationes præviæ ad Vitam S. Richardi sæc. 6. Bened. part. 1. pag. 516 :

Octo pontificum fodiendo juncta sepulcra,
Repperit hic subtus, quorum ille decentius horum
Sedem mutare decreverat. Obruit hinc nox,
Hæc Paronomario fratri tunc reddita vox est :
Dicas, ut nostris permittat sedibus abbas
Exspectare diem Domini, etc.

Ubi legendum *Paramonario* probat Vita ejusd. Richardi ibid. pag. 522 : *Ecce autem in ipsa nocte, unus eorum pontificalibus infulis redimitus, lecto fratris Paramonarii adstitit, dicens, etc.* Adde Vitam S. Gerardi num. 20. sæc. 5. Bened. pag. 266.] Concilium Constantinopolit. sub Menna act. 5 : Προχειριζόμενος ποτὲ μὲν χωρεπισκόπους, ἄλλοτε παραμοναρίους. Infra : Καὶ Ἰωάννην τινὰ παραμονάριον κατὰ τὸν πάνσεπτον οἶκον τῆς ἁγίας Μαρίας, τὸν διακείμενον κατὰ τὴν Τυρίων μητρόπολιν. VII. Synod. act. 7. can. 5 : Οἰκονόμον, ἢ ἔκδικον, ἢ παραμονάριον. Προσμονάριοι dicuntur in Definitionibus Concilii Calched. can. 2. apud Balsamonem ad Marci Patr. Resp. 28. et Leonem Grammaticum in Michaele Balbo pag. 459. Suos etiam προσμοναρίους habebant Gentiles, si qua Menologio fides ad 17. Novembr. [** Vide Glossar. med. Græcit. col. 1111. voce Παραμονάριος.]

☞ Nec dubium tamen videtur quin vox *Paramonarius* interdum usurpata fuerit pro templi sive monasterii administratore seu œconomo. Vita S. Apollinaris Syncleticæ tom. 1. Januar. pag. 259 : *Cumque pervenisset* (Apollinaris) *ad ædes Philoxeni, didicit is qui erat illic Paramonarius, venitque cum magno apparatu, dicitque ei procidens : Domina mea, ubi jubes me manere donec ascenderis et tuam feceris orationem? Ipsa vero eum rogavit cum sacramento, ut nihil ad se afferretur. Dicit autem ei : fac officium caritatis. Affer ad me quatuor animalia, ut ascendens adorem S. Menam. Ille autem die sequenti adduxit animalia. Ea vero dixit : crede, domine, eis non insidebo, nisi eorum mercedem dedero. Cum dedisset plusquam dari consuevisset, valedixit Oeconomo. Ipse autem recessit, accepta ab ea benedictione;* id est mercede.

¶ **PARAMURUS** Portalis, Murus portæ præstructus, Gall. *Avant-mur; Promurale*, Isidoro lib. 15. Orig. cap. 2. Charta ann. 1382. ex Tabular. Massil. : *Item fuerunt cannata Paramuri portalis portæ Gallicæ.* Vide *Antemurale.*

* Charta ann. 1351. ex Tabul. Massil. : *Jacobus Siaille obtulit se in honorem hujus civitatis.... contribuere in Paramuris, si fiant versus maritima pro tuitione civitatis. Pro reparatione Paramurorum*, in alia ann. 1370. ex eod. Tabul.

¶ **PARANA.** Charta ann. 1047. apud Marten. tom. 1. Ampliss. Collect. col. 413 : *Donamus Domino Deo et S. Victori monasterii Massiliensis...... ecclesiam S. Mariæ... cum uno clauso vinearum et cum duabus sparanis, et cum toto hoc quod huic ecclesiæ accreverit. Et alteram ecclesiam donamus.... cum una vinea, et suis Paranis, et cum omnibus rebus quas adquisierit in futuro tempore.* Ubi, ut paulo ante, legendum videtur *sparanis*, id est, sepibus vel muris quibus vineæ claudebantur et separabantur.

* *Parana*, non *sparana*, legendum esse innuit alia ejusd. Tabul. Massil. Charta ann. 1034 : *Et terminatur via usque ad Paranas dominicales sancti Verani.* Quæ vox eadem notione intelligenda videtur atque *Parrana* suo loco.

¶ **PARANDARIA**, Navis onerariæ genus. Bernh. *de Breydenbach* Iter Hierosol. pag. 266 : *Præter has quoque adjiciunt nonnulla oneraria navigia, Parandarias vulgo dictas, ex quibus quedam machinis et saxeis globis tormentis adaptatis onuste fuere.... Imponuntque triremibus et Parandariis non parvas machinas, etc.* Epist. ad Sixtum IV. PP. ann. 1480. de Obsidione Rhodi a Turcis apud Ludewig. tom. 5. Reliq. MSS. pag. 293 : *Adjiciunt et magna quedam oneraria Parandurias vulgo dictas, quarum quedam onuste bombardis et saxis erant. Parendaria*, in Epist. Petri *d'Aubusson* ad Frider. III. Imp. Vide *Paralandrinus.*

¶ **PARANGARIÆ**, Jumentorum vel plaustrorum præstationes per viam transversam, sive extra viam regiam. Charta ann. 1308 : *Ab omni feodo, retrofeodo,... angaria, Parangaria.... garantiet et deffendet.* Occurrit præterea in Concil. Avenion. ann. 1209. tom. 2. Spicil. Acher. pag. 613. et alibi. Vide *Angariæ* 2. *Angariare* 1. et *Parangariæ.* [** Gothofred. ad const. 3. 15. C. Th. de curs. publ. (8, 15.)]

* Parangarea, Eodem sensu. Charta pariag. inter reg. et monast. Obasinæ ann. 1329. in Reg. 66. Chartoph. reg. ch. 484 : *Item dominus noster rex seu ejus successores non poterunt sine dictorum religiosorum consensu in dicta terra pariagii indicere aliquam quæstam seu talliam voluntariam, angaream, Parangaream, etc.* Charta Andr. *de Chauvingni* dom. castri Radulfi ann. 1325. in Reg. 65. bis ch. 278 : *Avons franchi.... Ameline fame feu Grangier.... de taille, mortaille, leyde, bian, anguara, Paranguayra et de toute exaction.*

* **PARANTELLA**, pro *Parentela*, Affinitas, Gall. *Parenté.* Charta ann. 1367. tom. 1. Cod. Ital. diplom. col. 409 : *Cum aliqua verba et tractatus sint mota et incœpta de contrahendo Parantellam et matrimonium, etc.*

* **PARANUS.** Terra Parana, Quæ hæreditario jure possidetur. Charta ann. 1323. in Reg. 61. Chartoph. reg. ch. 321 : *Hospicia.... construenda in terris Paranis seu possessionibus, quas habet dictus Bertrandus in castro sancti Quintini.* Vide supra *Parana.*

¶ **PARANYMPHA**, dicebatur matrona quæ sponsam comitabatur atque ad maritalem thorum deducebat. Leges Aistulphi Reg. ex Cod. Mutin. apud Murator. tom. 1. part. 2. col. 91 : *Dum quidam homines ad suscipiendam sponsam cujusdam sponsi cum Paranympha et troctingis, etc.* Vide *Paranymphus.*

* Glossar. Gall. Lat. ex Cod. reg. 7684 : *Paranympha, Compaigne, qui tient compaignie à nouvelle fiancée, paranymphe.* Sed et velandæ virgines a *Paranymphis* episcopo præsentabantur. Pontif. Ms. eccl. Elnens. ubi de benedictione virginum : *Deinde surgunt* (virgines) *et Paranymphis sive magistris, quæ sint duæ vel plures, seriatim ordinantur ibidem in modum coronæ coram episcopo.* Infra : *Virgines veniant binæ et binæ, et præsentantur a Paranymphis episcopo.*

¶ **PARANYMPHALIS**, Paranymphum spectans. Gerhohi Epist. ad G. sororem apud Bernard. Pezium tom. 1. Anecd. part. 2. pag. 333 : *Quod si adversæ contra se invicem fuerint, illi me recognoscam Paranymphalis obsequii debitorem, cujus agnovero.... Jesum Christum sponsum et amatorem.*

1. **PARANYMPHUS.** Soterem PP. instituisse aiunt, ut legitima uxor tum haberetur, cui Sacerdos benedixisset, et quam parentes solenni pompa, more Christiano, merito collocassent, quamque etiam Paranymphi custodiissent : de quo more exstat Epistola 1. sub nomine Evaristi PP. *Paranymphi* meminit Concilium Carthaginense IV. can. 13. apud Reginonem lib. 2. cap. 153 : *Sponsus et sponsa cum benedicendi sunt a Sacerdote, a parentibus suis, vel a Paranymphis offerantur.* Adde Burchard. lib. 9. cap. 6. 7. Capitul. Caroli M. lib. 7. cap. 363. [** 463.] Leges Longob. lib. 1. tit. 16. § 8. [** Aist. 6.] etc. Παρανύμφους plures interdum adhibitos in nuptiarum solemnibus testatur Euchologium Græcum pag. 389. ex quo συντέκνους appellatos docemur : Εἶτα ἀλλάσσουσιν, οἱ παράνυμφοι, ἤγουν κοινῶς λεγόμενοι σύντεκνοι τὰ δακτυλίδια τῶν νεονύμφων. Sic porro *Compatres*, seu patres spirituales etiam appellant Græci recentiores, quod in deducendis sponsis patris vicem teneant. Νυμφευτής, apud Theophylactum Simocattam lib. 1. cap. 10. Vide Juretum ad Epistolam Ivonis Carnot. 209. Glossar. med. Græcit. in Παράνυμφος, col. 1113. [** et Forcell. in hac voce.]

☞ *Paranymphi* officium præstitere interdum etiam Archiepiscopi. Chronic. Novalic. apud Murator. tom. 2. part. 2. col. 764 : *Tertius Otto in regno eligitur, qui in conjugium quamdam sumens Græcam filiam Constantinopolitani Imperatoris, quorum Paranymphus exstitit Archiepiscopus Arnulphus Mediolanensis.*

* Glossar. Gall. Lat. ex Cod. reg. 7684 : *Paranymphus, message entre espoux et espousée.* Hinc

* Paranymphum, pro Grata nunciatione vel salutatione, apud Barel. serm. in fer. 3. post Pascha : *In medio stans* (Christus) *obtulit dulce Paranymphum : Pax vobis, ego sum etc.*

** Paranymphus, Quilibet internuncius. Ruodlieb fragm. 3. vers. 544 :

Post nuerat digito (*rex*) præ se stanti Paranympho,
Et sibi secretim de more susurrat in aurem, etc.

¶ 2. **PARANYMPHUS**, in Scholis Parisiensibus dicitur, qui, peracto *Licentiæ* cursu, in solemni cœtu, unicuique *Licentiato* de doctrina, pietate, aliisque virtutibus quarum per *Licentiam* specimen edidit, gratulatur. Ab officio paranymphi erga sponsam manavit hæc appellatio; is quippe gradum *Licentiarum* accepturos olim ad Cancellarium deducebat. Compendium jur. et consuet. Univers. Paris. per Rob. *Goulet* fol. 15 : *Et hora assignata venit Paranymphus seu legatus d. cancellarii cum ornamento ad hoc deputato et capa rubea ac pileo de veluto per quem licenciandi invitantur per dictum Paranymphum ex parte prædicti* *cancellarii ad diem crastinam in aula dom. Parisiensis episcopi gradum Licentiarum accepturi. Paranymphus semper ibidem habet orationem prolixam que arengua vocatur apud Gallos, de laudibus ipsius scientie in qua fiunt Licentiandi, in Facultate precipua sacre Theologie tot habet orationes quot sunt Licenciandi.*

PARAPALLIUM, in Theatro statuit vetus interpres Juvenalis ad Sat. 6. v. 649 : *Spectant subeuntem fata mariti Alcestum* : ubi ille, *in Theatro Parapallium.*

PARAPETASIA, in leg. 39. Cod. Th. de Operib. publ. (15, 1.) : *Ædificia, quæ vulgi more Parapetasia nuncupantur, vel qua opera publicis mœnibus, vel privatis, sociata cohærent, ut ex his incendium vel insidias vicinitas reformidet, aut angustentur spatia platearum, vel minuatur porticibus latitudo, dirui ac prosterni præcipimus.* Quo loco in Basilicis habetur παραπίσσια, vel παραπέσσα, quæ vox, opus quoddam alii adjunctum, significat, seu ad aliud fulciendum, vel alia de causa, uti observatum a nobis in Descript. ædis Sophianæ num. 36. Proinde alia sunt *Parapetasia* a mœnianis et subgrundiis.

¶ **PARAPETASMA**, *Velum geniali incumbens lecto.* Vocabul. Sussann. Gr. παραπέτασμα, Umbraculum.

* **PARAPETEUMATA** Martiana appellantur Tesseræ ad accipiendas quasdam annonas de horreis publicis, a Græco πέτος et πέτευμα vel παραπέτευμα, tessera : *Martiana* autem dicta sunt hæc *Parapeteumata*, quod ab imperatore Martiano concessa fuerunt, qui in ejusmodi tesseris suæ pietatis nomen inseri jussit. De his fit mentio in lege 2. Cod. de Annon. civil. Vide Cujac. ad hanc legem.

¶ **PARAPHERNALIA** Bona. Vide *Parafernalia.*

PARAPHONISTÆ, παραφωνισταί, Cantores, qui sunt ex Schola Cantorum. Ugutio : *Paraphonista, Cantor.* Alibi : *Antiphonos, qui est sonus : unde Paraphonista, dicitur præcantator, quasi parans sonos.* Ordo Romanus de Schola Cantorum : *Et statuuntur per ordinem acies duæ, Paraphonistæ quidem hinc inde a foris, infantes ab utroque latere infra per ordinem.* Alio loco : *Tunc ascendentes in pulpitum duo ex Paraphonistis, imponant Antiphonam.* Qui vero *infantes* ibi dicuntur, ibidem bis appellantur *infantes Paraphonistæ*; nostris *Enfans de chœur.* Vetus Scheda de Confirmatione Abbatis Casin. apud Angelum a Nuce : *Dehinc imponat Paraphonista Antiphonam hanc, etc.* Tabularium Ecclesiæ Cadurcensis : *Breve memoriale sive divisionale per manus Stephani, quod fecit Stephanus Parafonista ad obitum mortis de ista sagrestia cum ipso fevo Stephano nepoti, modo fiat, et illa Cabescolia Ugoni nepoti meo filio Durandi, etc.* Tabularium S. Cyrici Nivern. num. 71 : *Insuper aleas Domni Odonis Paraphonistæ mihi dederunt.* Occurrit prætereа in Vita S. Genulfi lib. 2. cap. 23. apud Monachum Sangallensem lib. 1. de Carolo M. cap. 8. [Guidonem in Discipl. Farf. cap. 1. 5. 8.] etc. Vide *Discantare.*

Archiparaphonista, dicitur in Ordine Romano, qui aliis locis *Quartus Scholæ* appellatur. : *Et postea non licet mutare alium in loco Lectoris vel Cantoris : quod si factum fuerit, Archiparaphonista a Pontifice excommunicabitur, id est, Quartus Scholæ, qui semper Pontifici nuntiat de Cantoribus.* Alibi : *Descendit Archidiaconus sequens in Scholam, et accipit Fontem de manu Archiparaphonistæ, etc.*

* **PARAPHRASIS**, Lingua, Idioma. Acta S. Sebaldi tom. 3. Aug. pag. 770. col. 2 : *Festinavit itaque vir Dei professor Longobardis spiritualem tribuere alimoniam, quorum Paraphrasin in paterna domo didicerat.*

PARAPSIS, pro παρεψίς. Glossæ Gr. Lat. Τρυβλίον, *Parapsida.* Ita MSS. ubi editæ habent *paropsida.* Vas escarum a rotunditate dictum. Will. Brito in Vocab. : *Parapsis dicitur discus.* [*Parapsis, Escuelle,* in Gloss. Lat. Gall. Sangerm.] Isidorus lib. 20. Orig. cap. 4 : *Parapsis, quadrangulum et quadrilaterum vas, id est, paribus absidis.* Glossæ ejusdem Isidori : *P psides, suffusoria. Parapsis, granata vel catunis.* Legendum *gavata, vel catinum*, ut habent Glossæ antiquæ MSS. Pithœanæ, et Papias. Glossæ MSS. ex Bibl. S. Germani Paris. Cod. 561 : *Parapsis dicitur vel a paribus absidis, vel a parabsis, a partitis in eo obsoniis et prandiis.* Joannes de Garlandia in Synonymis :

Discus, scutella, lanx est, catinusque, Parapsis.

Regula S. Ferreoli cap. 34 : *Nemo alterius aut præsumat aut rapiat portionem, nec frequentius cæteris manum Parapsidi importunus immergat.* Constitut. Sicul. lib. 3. cap. 36 : *Annulos, fibulas, Parapsides, vel cuppas aureas, etc.* Vetus Charta apud Hubertum Leodiensem pag. 39 : *Quatenus inde 8. Parapsides, 8. staupi, unum mortarium in Natali Domini,... fratribus a Villico ministrentur.* [Vita S. Willelmi sæc. Bened. 4. part. 1. pag. 84 : *Ipse modo cocus humilis et servitor fidelis manibus propriis Parapsides abluit, olera colligit, etc.*] Vide Cujac. lib. 10. Observat. cap. 17.

¶ Parapsis, Præstatio paropsidum, quas recens nuptæ apud Delphinates domino feudali dare tenebantur. Computa Vienn. ann. 1318. fol. 119 : *Item de Parapsidibus censualibus* x. *duodenas, quæ fuerunt positæ in hospitio, et sic Parapsides quittæ.* In Computo Castellani de Romanis vocantur *escuellatæ sponsarum.* Vide *Escuellata* et *Missus* 1.

1. **PARARE**, Ornare, Gall. *Parer.* [Charta Caroli M. ann. 795. tom. 1. Hist. Occitan. inter Instr. col. 29 : *Aliquid exinde dilecto filio nostro obtulit, equum optimum, et brunia optima, et spatam Indiam cum techa de argento Parata.*] S. Valerianus de Bono disciplinæ cap. 8 : *Una cum assistente sapientia, cœlum suspenderat, terram Pararat.* Acta Synodi Pontigonensis ann. 876 : *Mane circa horam nonam venit Imperator Græcanico more Paratus et coronatus, etc.* Supra : *Venit Dominus Imperator Carolus in vestitu deaurato, habitu Francico, etc.* Anonymus in Episcopis Eystetensibus in Gerocho : *Veterem illam Evangeliorum capsam ex electro et auro purissimo, gemmisque pretiosis Parari fecit.* Hariulphus lib. 2. cap. 19 : *Paravimus capsam majorem auro et gemmis ornatam, in qua posuimus partem suprascriptarum reliquiarum.* Infra : *Capsas minores auro argentoque pretiosis honestissime Paratas.* Helgaudus in Roberto Rege : *Invenit ibi suam lanceam a conjuge glosiosa bene argento Paratam.* Chron. Casin. lib. 3. cap. ult. : *Dalmaticæ Paratæ* 8. *tunicæ Paratæ* 5. *etc.* Willelmus Andrensis in Chronico ann. 1161 : *Vidimus eum aliquando incappatum, et calcaribus circa pedes redimitum, atque Paratis equis exire Paratum.* Ceremoniale Romanum cap. 33. sect. 3 : *Si vero Episcopus sit, qui cruce non utatur, stans in altari, vel in sede sua cum mitra, vel si non sit Paratus.* Occurrit passim.

Paramentum, Ornatus, ornamentum : Gallis *Parement.* Annales Francor. Bertin. ann. 868 : *Cum corona auro et gemmis ornata, sed et cum omni Paramento regio cultu exculto.* Bulla Alexandri IV. PP. ann. 1255 : *Libros, calices, et Paramenta ad alia loca transferre.* [Charta ann. 1367 : *Item quod nulla domicella audeat portare aliquod Paramentum cum perlis et margaritis aut lapidibus pretiosis. Paramenta seu incourtineamenta*, in Charta ann. 1352. ex Regest. 80. Chartophyl. regii Ch. 785.] Adde Concilium Ravennense ann. 1311. cap. 8. etc.

* Dicitur etiam de rebus omnibus, quæ ad cultum divinum pertinent, et maxime de altarium ornamentis et sacerdotum vestibus. Stat. crimin. Saonæ cap. 48. pag. 103 : *Quod si rem non sacram, sed cultui divino dicatam, veluti thuribulum, crucem, missale, antiphonarium, breviarium, ornamenta altaris vel indumenta sacerdotalia, quæ vulgariter Paramenta dicuntur, etc.*

¶ Paramentum, Phrygium opus auratis, argenteis aliisve filis intextum, Gall. *Orfroy.* Gesta Guillelmi Episc. Cenoman. tom. 3. Analect. Mabill. pag. 375 : *Albas undecim, quatuor solemnes cum Paramentis aureis duas alias paratas non ita solemnes, et quinque absque Paramentis.*

¶ Paratura, Eadem notione. Charta ann. 1239. in Tabular. S. Barthol. Betun. fol. 42 : *Ejusdem custodis officii est ipsorum pannorum dissuere Paraturas.* Gesta Gaufredi de Loduno Episc. Cenoman. tom. 3. Analect. Mabill. pag. 390 : *Quinque paria cerotecarum, et duas Paraturas argenteas deauratas ad opus earumdem cerotecarum.*

* Gall. *Pareure.* Necrol. eccl. Paris. MS. ad Id. Jun. : *Dedit etiam* (Adela regina Franc.) *albam, cujus Paratura cum stola et manipulo simili opere et laudabili auri broudatura facta sunt.* Reg. Cam. Comput. Paris. sign. *Noster* fol. 196. v°. : *Item piéces de texus ouvrez à perles et à pierretes pour faire estole et fanon,... et la bele Pareure de toalle. Parure*, in Invent. eccl. Camerac. ann. 1371 : *Une autre albe paréе de unes Parures batue à or, à cascune vj. ymages de broudure.* Hinc

¶ Paratus, Opere Phrygio ornatus. Testam. Everardi Comit. ann. 837. apud Miræum tom. 1. pag. 20 : *Vestitum unum de auro Paratum, mantellum unum de auro Paratum, cum fibula aurea.* Chron. Cavense apud Murator. tom. 7. col 951 : *Pluviales rubeos Paratos* x. *nigros Paratos* xii.... *annulum pontificalem* 1. *cum chirothecis*

Paratis, aliud par chirothecarum non Paratarum.

Paramentum. Hincmarus Remensis ad Carolum Regem, de coercendis militum rapinis : *Et ad aliquem diem jubeatis venire Fideles vestros, dicentes, quia eis adcognitare vultis undecumque vobis placet dicere, et antequam de Paramento vestro ad mansiones redeant, commonete eos secundum sapientiam vobis a Deo datam.* Infra : *Ut si tales sunt, qui antea hanc admonitionem non audierint, eis quotidie, quando ad Paramentum vestrum venerint; relegat.* Ubi *Paramentum*, videtur esse tribunal paratum, seu adornatum. [Vide *Camera paramenti.*]

¶ Paramentum, Apparatus sive bellicus, sive alius quivis, rerum necessariarum copia, instructio. Testamentum Everardi Comit. ann. 837. apud Miræum tom. 1. pag. 20 : *De Paramento autem nostro volumus ut habeat primogenitus noster Unroch spatam unam, cum aureis hilcis et cuspide aurea, etc.* Oberti cancellarii Annal. Genuens. lib. 2. apud Murator. tom. 6. col. 297 : *Armavit quidem septem galeas et tres naves majores, quibus milites et arcatores et omnia Paramenta istorum portabantur.* Jac. Auriæ Annal. Genuens. ad ann. 1293. ibid. col. 606 : *Viderunt galeas* IV. *Venetorum per Templarios pro custodia insulæ Cypri armatas, in quibus erat armamentum* VI. *galearum tam de hominibus quam de Paramentis.* Rolandinus Patav. de Factis in marchia Tarvis. lib. 6. cap. 1. apud eumdem Murator. tom. 8. col. 253 : *Et in ipso prædicto die missi sunt homines de Monte Silice cum suis omnibus Paramentis et armis ad Solexinum.* Agnellus in Vita S. Maximiani apud eumdem tom. 2. pag. 106 : *Tunc jussu Pontificis nocte una tanta allata sunt omnia Paramenta, calces et latercula, petras et bisalos, etc.* Vide *Præparamentum.*

* Hinc *Parail* appellatur, quidquid navi instruendæ necessarium est, vulgo *Agrez, apparaux.* Lit. Phil. VI. ann. 1345. in vol. 2. arestor. parlam. Paris. : *La moitié d'une des nefs, avec le Parail et biens d'icelle, sera vendue au profit desdits marchands.*

* Paramentum, Gall. *Appareil*, Comparata ad vulneris curationem medicamenta. Lit. remiss. ann. 1360. in Reg. 89. Chartoph. reg. ch. 411 : *Dictus Robertus visitatus per cirurgicos fuit et paratus; sed Paramenta sibi facta amovit.* Vide infra *Parare* 3.

Paratura, Idem quod *Paramentum*, Gallis *Parure : Paratus*, Tertulliano de Corona militis. Solinus cap. 53 : *Gemmarum adhibent Paratum.* 2. Paralip. cap. 5 : *Portaverunt Levitæ arcam, et intulerunt eam, et omnem Paraturam tabernaculi.* Ubi Gr. : Καὶ τὴν σκηνὴν τοῦ μαρτυρίου. Gregorius M. lib. 10. Epist. 36 : *Modo autem de benedictione ejusdem S. Petri transmisimus fraternitati vestræ Paraturam unam, etc.* Pontius Diac. in Vita S. Cypriani : *Nolo nunc describere loci gratiam : et deliciarum omnium Paraturam interim transeo.* Chronicon Monasterii Sublacensis, de Petro tertio Abbate : *Hic Abbas sanctus fecit in Monasterio libros, Paraturas optimas, et hæreditates multas acquisivit.* Eckehardus Junior de Casibus S. Galli cap. 8 : *Paraturas vero Sanctuarii ille, quas secum inconsiderate carissimas sumpsit, furto amisit.* Adde cap. 10. pag. 82. Monachum Sangall. lib. 1. de Carolo M. cap. 26. Conradum de Fabaria de Casibus S. Galli cap. 4. extremo, Regulam Magistri cap. 81. Vitas Abbatum S. Albani pag. 35. Chartam donationis factæ Eccl. Cornutianensi edit. a Suaresio, [Leges Palat. Jacobi II. Reg. Majoric. tom. 3. Junii pag. LXXV. Annal. Bened. tom. 4. pag. 747.] etc.

¶ Paratura Missatica, Ornamenta ad Missam celebrandam. Vita S. Udalrici sæc. 5. Bened. pag. 446 : *Sanctus Episcopus in Deum confidens, Paratura missatica se indui festinavit, et litore fluminis cum suis comitibus Missam devote celebravit.* Occurrit præterea ibid. pag. 453. et 456. S. Wilhelmi Constitut. Hirsaug. lib. 2. cap. 15 : *Cum Missam celebrare voluerit, sacrista ei solito meliorem Paraturam accommodabit. Paramentum sacerdotale*, in Actis Consecrat. Eccl. de Epeia ann. 1186.

Parura, Eadem notione, ex Gallico *Parure.* Vitæ Abbatum S. Albani : *Albas habentes Paruras auro, et aurifrigio, et acu plumario decoratas.* [Charta ann. 1425. apud Rymer. tom. 10. pag. 346 : *Unam Paruram positam cum perreia et armis Angliæ, tres cappas de velvet rubeas, cum rosis aureis.* Vide *Gobonatus* et *Spatularia.*]

¶ 2. **PARARE**, *Metare*, in vett. Gloss. Vide *Paratæ.*

¶ Parare Domos, Eas reficere. Comput. ann. 1259. ex Bibl. reg. : *Pro domibus de Croci tegendis et Parandis, etc.*

¶ Parare Fossatum, Reficere, reparare, Galli dicimus *Relever un fossé.* Le Roman *de Vacce* MS. :

A cel temps avoit un fossé
Haut et parfont et Reparé.

Ibidem :

Ses chasteaux fist tost enforchier,
Fossez Parer, murs redreschier.

* 3. **PARARE**, Vulnus medicamentis fovere, curare. Lit. remiss. ann. 1352. in Reg. 81. Chartoph. reg. ch. 494 : *Ivit ad domum barbitonsoris dictæ villæ ad faciendum videri et Parari parvam plagam, quam ex dicta percussione habuerat.* Aliæ ann. 1357. in Reg. 89. ch. 156 : *Dictus exponens pannum camisiæ suæ seu bracarum cepit vulnusque ejusdem Gileti ligavit et juxta posse suum Paravit eumdem.* Vide supra *Paramentum* in *Parare* 1.

* 4. **PARARE**, a Gallico *Parer*, Declinare, vitare, avertere. Charta ann. 1331. in Reg. 66. Chartoph. reg. ch. 924 : *Dictus Poncius Vitalis.... cum dicto ense dictum Raimundum Rouilhosii percussit in ejus capite : et nisi ipse Parasset cutella quam portabat, totum caput suum fendidisset.* Nostris *Parer une pomme*, pro *Peler*, pomum cute nudare; unde *Parure*, pro *Pelure.* Lit. remiss. ann. 1414. in Reg. 168. ch. 141 : *Une pomme Parée, fendue en quatre quartiers, remise en ses Parures, etc.* Vitæ Patrum MSS :

La pomme prist, si la Para,
En l'auge mist la Parcure,
Qui s'en alla grant aleure,
Si come l'aue l'enportoit.

¶ 1. **PARARIA**, f. Dominium, *Pariagium.* Vide in *Par*, et infra *Pararium* 2. Excerpta ex Chron. Anic. tom. 2. Gall. Christ. inter Instr. col. 237 : *Guillelmus ecclesiæ suæ et successoribus suis prctio* 1020. *libr. Turonens. acquisivit castrum et Parariam de Bello-joco a Jarentone de Sancto Romano domicello.*

¶ 2. **PARARIA**, Locus ubi parantur panni. Litteræ Philippi VI. ann. 1335. tom. 2. Ordinat. Reg. Franc. pag. 115 : *Et quod ipsi corraterii destituti, nec hostalarii.... aliquatenus in prædictis pannis emendis, vel vendendis associent mercatores, nisi dicti hostalarii essent corretarii dictæ Parariæ.* Vide *Paratoria.*

* 3. **PARARIA**, Pareria, Ars parandi pannos. Stat. ann. 1317. in Reg. Cam. Comput. Paris. sign. *Pater* fol. 130. v°. col. 2 : *Ut fraudes et malitiæ committi solitæ, tam circa artem Parariæ et ministerium pannificii, quam passagiorum ipsorum custodiam cautius evitentur.* Et fol. 131. r°. col. 2 : *Dabimus vobis.... subrogationem plenissimam causarum, etiam quarumcumque singularium personarum, quæ ratione.... pannificii seu artis Pareriarum pannorum moveri seu agitari contigerint, etc.* Vide in *Paratoria* 2.

1. **PARARIUM**, pro *Peraria*, seu *petraria*, apud Bromptonum pag. 1166 : *Ingenia vero et Pararia Christianorum ita retro fossata erant, quod nullus ex parte adversa poterat eis nocere.* Vide *Petraria* 2.

¶ 2. **PARARIUM**, ut *Pararia* 1. ni fallor. Charta ann. 1174. ex parvo Chartular. S. Victoris Massil. fol. 177 : *Dono ecclesiæ B. Mariæ de Toramina Pararium in Inscla cum ribagio, et totum tenementum Isoardi in manu sacra J. episc. Senecensis.*

¶ **PARARIUS**, Qui nominibus faciendis intervenit, conciliator, proxeneta. Seneca de Benef. lib. 2. cap. 23 : *Quidam volunt nomina secum fieri, nec interponi Pararios.*

* **PARAROLLUS**, Pararolus, f. Locus ubi ligna seu asseres secantur, quod linea parellela fit; unde vocis etymon. Correct. stat. Cadubr. cap. 38 : *Ne inter seccatores tallearum discordia oriatur, statuimus quod quicumque seccator seu habens et possidens seccas super districtu Cadubrii, videlicet apud Pararollum, et a Pararollo inferius non possit nec debeat capere..... talleas.* Ibid. cap. 104 : *Mandamus quod nemo..... consignare valeat alicui forensi in nemoribus aliquibus Cadubrii* (ligna) *conducenda per ipsum vel forensem alium ejus nemine ad Parolos.*

PARASCERNUS, Navigii species. Charta Elizabethæ Reginæ Hungariæ ann. 1380. apud Joannem Lucium lib. 4. Hist. Dalmat. cap. 1 : *Omnes galeas, Parascernos, brigentinos, et quodlibet aliud genus classis.* [Vide *Parandaria.*]

PARASCEVE, ex Gr. παρασκευή, Sexta sabbati, seu feria sexta ultimæ hebdomadis Quadragesimæ, sic dicta, inquit Isidorus lib. 1. de Eccles. offic. cap. 29: *quia in eo die Christus mysterium crucis explevit, propter quod venerat in hunc mundum.* Papias : *Parasceve, sexta Sabbati appellatur, hinc enim præparatio dicitur, quod a Judæis, quæ in Sabbato sunt, eadem die præparantur.*

¶ Parasceve, pro qualibet sexta feria cujusvis hebdomadæ, quomodo quælibet dies Dominica ab antiquis dies Resurrectionis Dominicæ dicitur. Vita S. Aldegundis sæc. 2. Bened. pag. 815 : *Die Parasceve ante Sabbatum dormitionis famulæ Dei Aldegundæ, etc.* id est, *sexta feria ante diem Sabbati*, sicuti alius anonymus interpretatur. Obiit autem S. Aldegundis die Sabbati III. Kalend. Februarii, ut observat Mabillonius ibid.

* Pœnitent. vetus Ms. : *Verum etiam* (cum pœnitens) *compleverit ea, quæ illi jussa sunt, debet quantum illi visum fuerit jejunare, sive tetradas, sive Parasceven.* Sed et feria quinta majoris hebdomadæ *Parasceve* appellatur, in Charta ann. 1218. ex magno Chartul. Corb. fol. 88. r° : *Datum Silvanectis die Jovis, quæ dicitur Parasceve.*

¶ **PARASCHELMUS**, a Græco παρά et σκάλμος, Scalmus, Gall. *Schalme*, Ital. *Schelmo*, lignum quo alligatur remus, labrum navis, ubi remi adnexi sunt, ita ut *Paraschelmus* dici videatur id quo *scalmus* munitur. Chron. Estense ad ann. 1380. apud Murator. tom. 15. col. 506 : *Veneti suorum inimicorum victoria potiti, cum* XLVIII. *galeis ad bella multo studio præparatis, quarum unaquæque Paraschelmum unum habebat, etc.*

¶ **PARASCIS**, pro *Paropsis*, Catinus, Gallice *Plat.* Computus ab ann. 1333. ad ann. 1336. tom. 2. Hist. Dalphin. pag. 273 : *Angelo de Apparere per manus Guillelmi de Bles magistri coquinæ domini pro incisoriis, Parascidibus, salzeriis, etc.* Ibid. pag. 283 : *Item, pro redimendis Parascidibus argenti dom. Burgæ de Turri, quæ erant in pignore pro cera et tortiis festi S. Mariæ,* XLIV. *lib. Vienn.* Vide *Parapsis.*

* **PARASENUS**, pro *Parisinus*. Moneta Parisiensis. Inquisit. ann. 1322. inter Probat. tom. 2. Hist. Nem. pag. 44. col. 1 : *Et quod ipse habuit pro suis vadiis xij. Parasenos qualibet die.* Pluries ibi. Vide infra *Parazineus.*

PARASIA. Vetus interpres Juvenalis Sat. 4. v. 77 : *Pegasus, Trierarchi filius, ex quibus Liburna Parasia nomen accepit.* Ubi P. Pithœus legit, *ex cujus Liburnæ Parasia*, et *parasium*, pro παράσημον dictum putat, i. tutela navis, de qua voce copiose egere criticorum filii.

☞ Hinc fortean vocem *Paracis*, pro militum comitatu, quo in solemni colloquio ad tutelam quis stipatur, usurpasse arbitror le Roman *de Vacce* MS. :

Li Quens Ernouf fu moult curious et pensis
Comme Guilleume soit sanz autre Paracis
Dedenz l'isle est entrez o quatre ses amis.

* **PARASIS**, Paropsis, catinus. Inventar. ann. 1361. ex Tabul. D. Venciæ : *Item duodecim Parasides estagnatos.* Vide *Parapsis et Parascis.*

¶ **PARASITASTER**, Idem videtur, qui *Parasitus*, Famulus domesticus. Guibertus in Vita sua lib. 3. cap. 15 : *Quid, quod cum uxore sua Parasitastrum quemdam extinctis jam nocte lucernis sub specie sui cubitum ire mandavit.* Laurentio in Amalth. : *Parasitaster, parasitorum imitator*, qua notione utitur Terentius in Adelphis.

¶ **PARASITI**, *Qui præficiebantur colligendo sacro frumento.* Vocabul. Sussannæi. Hinc, *Parasitium*, horreum in quo primitias sacri frumenti Parasiti recondebant. Vide Scaliger. Poet. 1. 14. Meursium, etc.

PARASITUS, PARESITUS. Vita S. Sori Eremitæ Petragor. cap. 2. num. 10 : *Vocato itaque uno e Paresitis, jubet diligenter a bestia pellem detrahere.* Ubi Bollandus per *paresitum*, lanionem designari putat : malim famulum domesticum, qui de mensa domini victitat. Sic apud Petrum Damian. in Vita S. Romualdi cap. 3. num. 17 : *Hujus vaccam Comes quidam superbus et tumidus, missis Parasitis, impetu barbarico rapuit, ejusque carnes præparari sibi ad prandium... præcepit.* Will. Gemeticensis lib. 7. cap. 10 : *A duobus Parasitis suis in via fecit eum subito strangulari.* [Vide *Parasitaster.*]

¶ **PARASSEVA**, pro *Parasceve*. Vide *Participatio.*

* **PARASSIS**, ut *Parasis*. Charta ann. 1263. apud Murator. tom. 2. Antiq. Ital. med. ævi col. 477 : *Item unum centenarium de Parassidibus.*

PARASTER, Vitricus, ut *Filiaster*, privignus. Vetus Notitia in Hist. Monmorenciaca pag. 12 : *Hucberti,... qui postea propter Parastrem suum cognominatus est Rasorius, etc.* [Tabul. S. Vincentii Cenoman. : *Concessit Gaufridus filius ejus, et Stephanus de Vellet maritus matris ejusdem Gaufridi.... et concessum est ab eodem Gaufrido et Parastro ejus.*] Occurrit in Tabulario S. Florentii Salmuriensis, in Rubro Sagiensi fol. 36. et apud Bractonum lib. 4. Tract. 2. cap. 4. § 4. lib. 5. Tract. 4. § 5. cap. 5. § 9. *Parastre*, in Consuetud. Montensi art. 6. 11. [et in vet. Melodun. art. 149. Armoricis, *Perastre.*]

* Nostris *Parastre*. Lit. remiss. ann. 1383. in Reg. Chartoph. reg. ch. 271 : *Philippart.... commandat à sondit filastre que il ala avec lui, lequel.... y ala avec sondit Parastre.* Occurrit præterea in Ch. ann. 1332. ex Chartul. 2. Fland. ch. 588. in Cam. Comput. Insul.

PARASTICIA. Adamnanus Scotus. lib. 3. Vitæ S. Columbæ cap. 27 : *Ecce enim Angelus Domini... nos desuper intra Ecclesiam aspiciens et benedicens, rursum per Parasticiam Ecclesiæ reversus, nulla talis vestigia exitus reliquit.* An *posticiam*? Alii a παρά, et *statio* deducunt quasi *ad stationem.*

PARASYNAXIS, ex Græco Παρασύναξις, Conventiculum. Sacra Marciani Imperat. contra hæreticos part. 3. Concilii Calched. cap. 19 : *Universi præterea Apollinaristæ... non Ecclesias, non Monasteria sibi construant, Parasynaxes et conventicula tam diurna, quam nocturna non contrahant.* Concilium Constantinopolitanum sub Menna Patr. act. 1 : Κελεύσαντες μήτε παρασυνάξαι, μήτε παραβαπτίσαι. Vetus interpres *reconventiculare.* Vide leg. 8. Cod. de Hæret. et Manich. (1, 5.)

1. **PARATA**, Practicis nostris, *droit de parée* : Jus nempe, quod dominis feudalibus competit persequendi *nativos* seu homines suos, si in vicini alterius dominium transierint, quod quidem ex pacto vicissim inito utrique domino competit, ex quo eorum tenentes, *homines de parata* vulgo dicuntur. Charta libertatum oppidi de S. Paladio in Biturigib. ann. 1279 : *Si aliquis seu aliqui, homo seu homines nostri,... ex aliquibus aliis locis nostris et justitiis venerint ad dictam villam S. Paladii, qui non sint de Parata, et sint homines nostri, vel alicujus nostri de tallia, mortallia, etc.* Infra : *Quilibet Aliene deforis dictum dominium deferens et adducens vinum ad vendendum in dicta villa, solvet pro quolibet dolio dimidium sextarium vini, exceptis illis, qui sunt de Parata.* Quippe qui sunt *de Parata* non censentur Alienigenæ. Consuet. localis loci de *Thevé* in Biturigib. apud Thomasserium : *Ledit Seigneur a Parée et suite avec le Seigneur ou Dame de la Chastre, à la Berthenoux, esquels lieux il a accoustumé suivre et exploiter ses hommes sans contradiction, et n'y doivent les hommes d'icelles terres et seigneurie, peages et barrages les uns les autres pour les marchandises, qui peuvent passer et repasser par icelles.*

* Consule Glossar. Jur. Gall. *de Lauriere* v. *Pariage.*

* 2. **PARATA**. ESSE IN PARATA, dicitur qui in officio ecclesiastico *cappis* parati seu vestiti, potiores partes agunt. Testam. Guill. Arnaldi de Bellovidere civis Tolos. ann. 1472 : *Omnibus fratribus.... missam cantantibus, qui erunt in Parata, cuilibet duæ duplæ.* *Parade* appellari videtur, Certa pecuniæ distributio, quæ in exequiis fit, ad *offertorium* missæ deferenda. Stat. confrat. Concept. B. M. Tolos. art. 7. ubi de exequiis confratris defuncti : *Si le cas est que ilz donnent argent pour distribution, vulgairement appellee Parade, qu'ilz en donnent aux seigneurs confreres laicz, etc.*

* 3. **PARATA**, Gall. *Parée*, Marini pisces, vulgo *Marée*. Lit. remiss. ann. 1457. in Reg. 187. Chartoph. reg. ch. 82 : *Icellui Pierre envoya deux siens varletz à la Rcohelle avec quatre chevaux sommiers pour querir de la Parée, c'est assavoir harens et merlus.*

PARATÆ, Expensæ ad hospitum susceptiones, maxime Missorum, seu Legatorum publicorum, *Missatici* : fallitur enim Sigonius lib. 7. de Regno Italiæ, ubi ait *Paratam* esse sumtum quem populi in vias, pontesque fluminum, qua transiturus aut quo aditurus Rex erat, reficiendos impendebant. Vox formata a *Parare*, quod idem est ac *Metare*. Glossæ Gr. Lat. : Ἑτοιμάζω, *Paro, Meto.* Ἑτοιμασία, *Præparatio, metatio.* *Mansio parata*, apud S. Ambrosium serm. 5. in Psalm. 118. *Parare hospitium*, apud Sidonium lib. 8. Epist. 11. *Mansionaticos parare*, apud Hincmarum Remensem ad Clerum Laudun. *Convivia præparare judicibus*, in Diplomate Bertefridi Episcopi Ambian. pro Monasterio Corbeiensi, et in Bulla Cœlestini PP. apud Buzelinum in Gallo-Flandr. pag. 349. Vide Senatorem lib. 5. Epist. 14. et Concilium Cabilonense ann. 650. cap. 11. Præceptum Ludovici Pii pro Hispanis ann. 815 : *Et Missis nostris, quos pro rerum opportunitate illas in partes miserimus, aut Legatis, qui de partibus Hispaniæ ad nos transmissi fuerint, Paratas faciant, et ad subvectionem eorum veredas donent.* Epistola Episcoporum ad Ludovicum Regem cap. 14 : *Quatenus non sit nobis necesse per quascumque occasiones, quorumcumque hortatibus circuire loca Episcoporum, Abbatum, Abbatissarum, vel Comitum, et majores quam ratio postulat Paratas exigere.* Occurrit passim apud Marculfum, et in veteribus Tabulis.

¶ Parada, Eadem notione. Præceptum Pippini Majoris domus ann. 750. tom. 4. Gall. Christ. inter Instrum. col. 263 : *Nec mansiones aut Paradas aut fidejussores tollere non præsumatis.* Eadem habentur in Charta Carlomanni ann. 881. inter Probat. tom. 2. Hist. Occitan. col. 19. et alibi.

Paratæ crebro etiam sumuntur pro expensis, quæ in Episcoporum et Archidiaconorum susceptionibus a Presbyteris Ecclesiarum ruralium fiunt, dum ii diœcesim suam visitant, quæ postmodùm in præstationes pecuniarias abierunt; [ita ut ab Episcopis interdum monasteriis concederentur, ut patet ex Charta Alduini Lemovic. Episc. apud Stephanot. tom. 2. Antiquit. Bened. Lemovic. MSS. pag. 420.] Hincmarus Remensis : *Presbyteros in Paratis et exeniis indebitis non affligant.* Idem in Capitulis ad Archidiaconos cap. 1 : *Non graves sitis Presbyteris in Paratis quærendis.* Chronicon Hugonis Flaviniacensis pag. 271 : *Ea lege, ut ipsi, quoad vivant, illo* (altari) *fruantur, et debitum Synodale Ecclesiæ S. Mammetis solvant Paratam et eulogias.* Chronicon S. Benigni Divionensis pag. 422 : *In Aziriaco etiam villa decimas et Paratam... perdonavit.* Chronicon Besuense pag. 600 : *Paratas sive debitum, quod in Synodo debebat Presbyter.* Charta Roberti Episc. Lingonensis in eod. Chronico : *Ita ut Presbyteri Parochiales... Archidiaconibus, aliisque ministris debita servitia exhibeant, Paratas et eulogias suo tempore communiter persolvant.* [Charta Hugonis Episc. Lingon. ann. 1079. ex Tabul. Capit. Autissiod. : *Decimas omnes et proprios reditus ecclesiæ S. Symphoriani sitæ in villa quæ Marol vulgari vocabulo nuncupatur, prædictis fratribus gratis et absque omni recompensatione remisimus et concessimus, retinendo tamen census et Paratas reliquasque consuetudines.*] Charta alia Hugonis Episcopi Gratianopolitani, ex Tabulario ejusdem Ecclesiæ : *Quibus postea donavi Ecclesiam S. Himerii, et Ecclesiam B. Mariæ de Brueu, retento annuo censu, scilicet 10. solid. excepta Parata.* Alia ejusdem Hugonis ann. 1108 : *Et retineo mihi et successoribus meis... Paratum, quæ constat 12. denariis in Parochiali Ecclesia.* Vide Perardum in Burgundicis pag. 81. Gariellum in Episcopis Magalonensibus pag. 88. Historiam Episcoporum Cadurcens. num. 70. Jacobum Petitum post Pœnitentiale Theodori pag. 596. 601. 625. et infra in *Procuratio* et *Synodus.*

Parada, pro *Parata*, in Charta Pontii Episcopi Bellicensis : *Exceptis Synodis et Parada.* [Adde Chartam ann. 1085. apud Stephanot. tom. 2. Antiquit. Bened. Lemovic. MSS. pag. 423.]

Pareda, Eadem notione. Historia Episc. Autisiodor. cap. 49. extremo : *Deditque ad victum Canonicorum fratrum Paredas omnium Ecclesiarum eorumdem, quæ habentur in Episcopatu Autisiodorensi.* Et cap. 53 : *Similiter dedit fratribus cum decimis, et Paredam eisdem Canonicis condonavit.*

¶ Pareta, in Necrologio ann. circ. 1250. exarato Eccl. Autiossiod. ad 19. Maii de Hugone Episc. : *Dedit nobis Paretas ecclesiarum Oysiaci et Lindriaci.*

Guadia de Parata. Chronicon S. Vincentii de Vulturno lib. 2. extremo : *Et ipse Theodaldus dedit Guadiam de Parata, ac fidejussorem inter se posuerunt de utraque parte.*

Apparatus, Idem quod *Parata*, Prandium, cena. Charta Bernardi Comitis Melgoriensis apud Gariellum in Episcopis Magalon. : *Dono et cum hac charta concedo singulis annis semper in festivitate S. Mariæ medii Augusti optimum Apparatum omnibus Magalonæ commorantibus, ut ego et is, qui post me castrum Melgorii tenebit, semper in prædicta eum faciat festivitate.* Alia Waldemari Regis Danorum ann. 1180. apud Stephanum Stephanium in Prolegomenis ad Saxonem Grammat. pag. 16 : *Quodcumque itaque ad nostram curiam, Apparatum, transvecturam, expeditionem, seu ad aliud quodlibet regii juris, obsequii, vel obsequiale debitum... pertineat.* Adde aliam Absalonis Lundensis Archiep. ibid. pag. 18.

¶ Parata Ceræ, Census in cera ad *luminare* ecclesiæ exsolvendus. Statutum MS. Eccl. Lugdun. : *Fuit definitum quod Archiepiscopus haberet in Paratis ceræ quæ debentur Ecclesiæ Lugduni, quintam partem ad illuminandum domum suam.* Vide *Cerarius.*

* **PARATALASSIUS**, Qui in re navali præest, Gr. παραθαλάσσιος. Vide Glossar. med. Græcit. in hac voce. [** Liutpr. lib. 3. cap. 7. al. 26. ubi Pertz. exhibet *Parathalassitin.*] Sic emendandum prorsus pro *Parato lasito*, in Instruct. Pisan. legat. ad Alex. imper. CP. ann. 1199. tom. 3. Cod. Ital. dipl. col. 1492 : *Præterea studeant legati, quod omnia pro Pisana civitate data, sint libera, nec aliquo modo supponantur vel subjaceant eparco et vestario, neque Parato lasito, vel eorum ministris.*

¶ **PARATALIS** Vox, Jus, quod quis habet in prata. Charta ann. 1020. Marcæ Hispan. col. 1022 : *Ego Gaufredus Comes* (dono) *omnem meam vocem et alodariam et fevalem et pascuariam et Paratalem, quam in præscriptis alodibus habeo vel habere debeo.* Vide *Vox.*

¶ **PARATARIUS**, Facilis paratu. *Phaseoli paratarii*, apud Apicium lib. 8. cap 6.

PARATELLA, Lapathus, herba, quæ nostris *Parelle* dicitur. Macer de Virtutib. herbar. lib. 2. cap. 26 :

Herba solet lapathi vulgo Paratella vocari.

PARATICA, Idem quod *Parata*, seu *paratæ*, de qua voce supra. Charta Friderici I. Imper. ann. 1185. apud Puricellum in Basilica Ambrosiana pag. 1029 : *Et reservata Paratica, quæ nobis debet præstari et filio nostro illustri Regi Henrico et omnibus successoribus ejus, cum primo coronam Regni Mediolani aut Modoetiæ suscipient, præstanda ab iis, qui ipsam Paraticam soliti sunt præstare.*

1. **PARATICUM**, Italis appellatur Collegium, societas. Statuta Mediolanensia 2. part. cap. 418 : *Nullum Paraticum, nec schola, nec congregatio alicujus artis de cætero sit in civitate Mediolanensi, nec ejus ducatu.* Charta Cremonensis MS. ann. 1244 : *Die Dominico tertio decimo exeunte Martio in Palatio communis Cremonæ, in pleno Consilio generali sonato per campanam, et voce præconia convocatis Credenderiis, Consulibus vicinearum, et Paraticorum, et convocatis judicibus, etc.* [Acta SS. Junii tom. 2. pag. 431 : *Dies S. Barnabæ Apostoli perpetuo festetur, apothecæ stent clausæ et fiat processio cum Paraticis.* Laudes Papiæ apud Murator. tom. 11. col. 26 : *Omnes homines unius artis collegium faciunt, quod Paraticum vocant... Et sunt circa* XXV. *Paratica habentia singula sua statuta, etc.*] Vide Hist. Pergamensem part. 1. lib. 4. cap. 28. [et infra *Paraticus.*]

¶ 2. **PARATICUM**, Idem quod *Paragium.* Vide in hac voce.

* Homo de Paratico. Vide supra *Homo honoratus* et *Paragium.*

¶ **PARATICUS**, Qui ex aliquo *paratico* seu collegio est. Statuta Placent. lib. 1. fol. 12. v°. : *Nullus Paraticus seu homines paratici facere valeant aliquod statutum vel ordinamentum contra vel in perjudicium alicujus Paratici seu hominum ipsius paratici, etc.* Johan. Demussis in Chron. Placent. apud Murator. tom. 16. col. 478 : *Ceteri mercatores et Paratici affectabant dominium dicti Regis, etc.* Vide *Paraticum* 1.

* Idem quod alibi *Hansatus*, id est, in societatem mercatorum admissus. Vide in *Hansa* 2. Haud scio an placeat Muratorii tom. 2. Antiq. Ital. med. ævi col. 876. conjectura, *Paraticos* appellari mercatores ad nundinas confluentes, quod suarum mercium *paratam*, id est, expositionem, facerent.

¶ **PARATILMUS**, Gr. παρατιλμός, *Expilatio natum; pœna adulterorum pauperum : ditiores enim se pecunia redimebant.* Laur. in Amalth.

¶ 1. **PARATIO**, Quidquid piscatur in stagno, antequam exhauriatur. Charta ann. 1085. tom. 1. Gall. Christ. Instr. pag. 65. col. 1 : *Adjunxerunt autem supradictæ donationi senioritatem piscatoriæ opere factæ, medietatem Parationis.*

¶ 2. **PARATIO**, Ecclesiæ secretarium. Charta ann. 1185. ex Archivis S. Victoris Massil. : *Domini Episcopi venerunt ad Parationem, ubi erant Reliquiæ S. Juliani et aliorum SS. et portaverunt prædictas Reliquias cum magna veneratione in supradicta ecclesia.* Vide *Paratorium* 1.

¶ **PARATITLA**, Rubricarum explanatio summaria. Cotta in Memor. juris tit. de Jurisper. : *Roglerus Odofredi Beneventani præceptor, qui Placentiæ per aliquot tempus primas partes sibi merito vindicavit. Hic etiam primus Paratitla conscripsit, id est, rerum summas titulatim appositas, quod a Justiniano promissum fuerat.* Vide Lexic. Calvini. [** De Summa Rogerii agit. Vide Odofredi locum apud Savin. Histor. Jur. Roman. med. temp. tom. 4. cap. 29. not. 25.]

¶ Paratitla, dicuntur Constutiones ecclesiasticæ, in Elogio Ant. Augustini Archiep. Tarracon. tom. 4. Concil. Hispan. pag. 655 : *Joannes Leonclavius in prologo ad collectionem ecclesiasticarum Constitutionum, quas ipse Paratitla vocat,* (eum) *doctissimum omnium Episcoporum qui nostro vixere sæculo* (nominat.)

PARATOR, Sartor, qui vestes conficit vel ornat : olim *Parmentier*, quasi *paramentarius*, Paramentorum confector. Charta Communiæ S. Quintini : *Si aliquis aut filatrici lanam sub mercede filandam, aut Paratori pannos, aut ejusmodi res alicui operario ad parandum commiserit, etc.* Charta Communiæ Roiensis art. 45 : *Si* *quis pannos alicui Paratori commiserit ad parandum, non poterit Paratori ponere eos in vadium pro majori portione, quam merces ejus, ultra quam merces parandi se habeat, etc.* Adde Consuetud. Tolosæ part. 2. Rub. de Debitis. *La rue aux Pareurs*, in urbe Abbatisvillæ, in ejus Hist. Eccl. pag. 401. Vide *Permentarius*.

¶ Parator, Qui pannos parat, Occitan. *Paraire*, nostris *Pareur*. Litteræ Philippi VI. ann. 1335. tom. 2. Ordinat. Reg. Franc. pag. 114 : *Volumus et mandamus... quod de quibuscumque pannis crudis, vel aliis, postquam ad ipsorum Paratorum manus quoquomodo pervenerint, an boni sint et legales, vel falsi aut falsificati, sive minus sufficienter texti, vel adoperati, ipsi Supra-positi qui nunc sunt, et illi qui erunt pro tempore, in arte seu ministerio, paratoriæ supradictæ dumtaxat, habeant examinationem et cognitionem, juxta artis suæ ministerium.* Non semel ibi. Occurrit præterea ibid. pag. 90. in veteri Catalogo MS. B. M. Deauratæ, apud Ludewig. tom. 8. Reliq. MSS. pag. 600. in Statut. Mont. Regal. fol. 272. etc. *Pareeur*, in Charta ann. 1268. ex Schedis D. *Lancelot : Et est ordené que li mestre des Pareeurs est tenus de faire bailler et livrer seing de Pareeur à quiconque bourgeois ou bourgeoise de Chartres qui voudra devenir mestre ou mestresse deu mestier de paré.*

¶ Parator, Cubicularius, qui cubicula disponit, ordinat, lectos parat, instruit; hujus officium describitur in Leg. Palat. Jacobi II. Reg. Majoric. tom. 3. Junii pag. xxxix : *De Paratore et ejus coadjutore* ℟. xvii. *Cameras seu cubicula nostra decet esse convenienter ornata.... Quapropter ordinamus in nostro reposito unum deputari specialiter virum, qui paramenta et cortinas apponat circa lectos nostros et ordinet, nec non et sedilia nostra quæ tenere consuevimus in Consilto et in mensa.*

Parator. Thwroczius in Chr. Hung. 2. part. cap. 10 : *Qui fundator extitit monasterii de Tata, et Parator*, id est, exornator.

Parator. Charta ann. 1258. apud Prynneum in Libertatib. Angl. tom. 2. pag. 1035 : *Pro quibus omnibus.... firmiter observandis, ... præfatum Dom. Regem et successores suos eisdem mercatoribus principales constituerunt debitores, et Paratores, etc.* [Ubi legendum *pacatores* vel *pagatores*, sponsores, fidejussores. Vide *Paccator* 2. et *Pagator*.]

¶ 1. PARATORIA, Palla seu aquarii canalis valvula, Gall. *Palle*, et *Pelle*, vel *Vanne*. Addit. ad Statuta Mutin. cap. 25. fol 40. v°. : *Statuimus... quod quilibet habens molendinum ad macinandum, seu fullandum, teneatur habere juxta ipsum molendinum unum soratorium ante Paratorias ... et etiam pro utilitate publica volumus quod quodlibet soratorium habeat suam Paratoriam altam tantum, prout est altus solitus aquæ cursus, et non altiorem ad effectum, quod, ubi aqua creverit, possit aqua superabundans cadere a dicta Paratoria in soratorium suum. Prohibentes omnino quod clusa non possit fieri in soratorio loco dictæ Paratoriæ sub pœna in prædictis... Paratoriæ autem dictorum molendinorum sint et esse debeant latitudinis unciarum decem et octo, et altitudinis unciarum duodecim, et ipsi munarii teneantur illas tenere, quando macinant, tam altas, quod vix tangant superficiem aquæ : tempore autem inundationum aquarum, et etiam quando non macinatur quacunque de causa, tenere eas debeant elevatas in totum,... ut aquæ facilius possint labi.* Ab Ital. ut videtur, *Parato*, quod id omne, quo aliquid munitur vel continetur, sonat.

¶ 2. PARATORIA, Locus ubi parantur panni. Litteræ Philippi VI. ann. 1335. tom. 2. Ordinat. Reg. Franc. pag. 114 : *Visa per Consilium nostrum quadam oblatione facta Seneschallo nostro Carcassonensi, ... per Arnaldum Raperie paratorem et Supra-positum Paratoriæ Carcassonensis, etc.* Vide *Pararia* 2.

¶ Paratoria, Ars ipsa parandi pannos, ibid. pag. 115 : *Item, volumus et eis concedimus, quod pro tractandis dictæ artis, seu ministerii Paratoriæ negotiis, ipsi etc.*

1. PARATORIUM, Secretarium Ecclesiæ, seu locus, ubi Pontifex, et qui sacra facturi sunt, sese *parant*, id est adornant, et vestes Ecclesiasticas induunt : vel ubi ad sacram peragendam liturgiam se *parant*, vel *præparant*. Ordo Romanus : *Calicem autem Subdiaconus accipit sequens, et dat Acolyto, et ille revocat in Paratorium.* Alio loco : *Reponitur liber in Paratorio quodam, sive in Secretario.* Vide Descriptionem nostram ædis Sophianæ n. 67. 68.

2. PARATORIUM, Locus ubi parantur telæ [panni, papyrus, Gall. *Paroir*, Provincialibus *Paradou*. Charta ann. 1097. ex Archivis S. Victoris Massil. : *Donamus in hereditatem unum molendinum in Sorbo fluvio et unum Paratorium.* Alia ann. 1240. in parvo Chartul. ejusdem Monast. : *Sub guidagio et protectione nostra recipimus bona fide monasterium S. Victoris Massiliensis ac omnia molendina, Paratoria et candoria ipsius monasterii.* Charta ann. 1110. in Chartular. Aptensi fol. 73 : *Et de Paratorio quod ipse Guillelmus ædificavit, duas partes habeat.* Adde Histor. Dalphin. tom. 2. pag. 166. Statuta Montis Regal. fol. 273. et Perus. fol. 51. 62.] Charta Guillelmi Comitis Forcalcarii ann. 1206. pro Manoscensibus : *Item quod valeant... intra dicta loca, ubicumque voluerint, molendinum et molendina et Paratoria construere et ædificare et facere, et in eis blada.... tridere, et telas parare.* Apud Columbum in Manuasca lib. 2. n. 57.

¶ 3. PARATORIUM, Instrumentum quo parantur telæ, etc. Statuta Montis Regal. fol. 272 : *Et paratores parare teneantur telsam panni sicut exit de textore pro denariis sex, et si aliquod Paratorium laborabit absque aliqua persona idonea, sit ad custodiam ipsius paratoris.* [* Nihil differt a *Paratorium* 2.]

PARATRAPETA, Anastasius in Leone III. PP. pag. 127 : *Item et in monasterio S. Erasmi fecit vestem de stauraci, cum cruce et gamadiis, simul et Paratrapetis suis, cum periclysi de chrysoclavo.* Ubi forte legendum *Paratapetis*, ex Græco παρατάπης, quod extra *tapetem* est, ita ut idem valeat, quod limbus tapetis, *Bord de tapisserie*.

** PARATUM, Frumenti species. Chart. Ermenfrid. Abbat. Gorziens. ann. 984. apud Guerard. post Irmin. pag. 351 : *Triturabit 2. modia avenæ et unum Parati.* Infra : *Integer mansus vehet 8. modios Parati.* Vide *Frumentum Paratum* in *Frumentum*.

¶ 1. PARATURA, Pannorum confectura. Litteræ ann. 1332. tom. 2. Ordinat. Reg. Fr. pag. 90 : *Hactenus inhibitum fuerat, quod lanæ aiguelini*, (l. *aignelini*) *animalia lanigera, pelles lanatæ... et cætera omnia et singula, quæ ad Paraturam, tincturam, adaptationem, complementum et perfectionem pannorum parandorum, adaptandorum et perficiendorum utilia, necessaria, et expedientia sunt, ac etiam opportuna, de Senescallia Carcassonensi nullatenus extraherentur.*

¶ 2. PARATURA, Ornatus, opus Phrygium. Vide *Parare* 1.

* 3. PARATURA, Piscaria, locus ad piscandum paratus. Charta ann. 1011. apud Murator. tom. 1. Antiq. Ital. med. ævi col. 195 : *Ut licentiam et potestatem habeatis vos et posteri vestri suprascripti venerabilis et sancti monasterii, ponere et habere una Paratura ad piscandum, cum duas londras in medietate nostra parte militiæ de lacu Patriensi.*

¶ PARATURÆ, Expensæ ad hospitum susceptiones, maxime Missorum seu Legatorum publicorum. Charta Henrici III. Reg. Rom. ann. 1040. apud Marten. tom. 2. Ampliss. Collect. col. 60 : *Ut advocatus ejusdem ecclesiæ in cortibus ad locum respicientibus non præsumat mansuras aut Paraturas facere, redibitiones, freda exigere.* Vide *Paratæ*.

* PARATURIA, ut *Paratura*, 3. Charta Pandolfi Longob. princ. in Access. ad Hist. Cassin. part. 1. pag. 130. col. 1 : *Licentiam habeat mittere in lacu Patriensem pro piscandum eodem lacu duos lontres,... et ordinem quæ ad unam Paraturiam pertinet pro piscandum.*

¶ 1. PARATUS, Jus procurationis et gisti. Charta ann. 934. apud Stephanot. tom. 3. Antiquit. Pictav. Bened. MSS. pag. 337 : *Volebat domnus pontifex Frotherius Pictavensium inquirere Paratum et pastum de ecclesia B. M. Virginis... indicavit ei quod injuste requirebat Paratum et pastum de prascripta ecclesia. Pontifex autem ut pius pastor recognovit rei veritatem, rogans fieri hanc notitiam ut amplius in sempiternum de prædicta ecclesia Paratum non fieret inquisitum.* Vide *Paratæ*.

¶ 2. PARATUS. *In parata pecunia*, interdum nude, *in parato*, hoc est, numerato, in numerata pecunia, Gall. *Argent bas, Argent comptant.* Charta Casimiri Reg. Polon. ann. 1343. apud Ludewig. tom. 5. Reliq. MSS. pag. 510 : *Promittimus et spondemus sincere, sub nostri honoris et fidei puritate sibi quatuor millia sexagenarum grossorum Pragensium.... dare et solvere, ac integre in Paratis pecuniis assignare.* Litteræ Balduini Archiep. Trevir. ann. 1348. ibid. pag. 566 : *Pro quibus et aliis variis pecuniarum summis, quæ usque ad summam quinquaginta millia marcarum argenti prædictarum ascendunt, pro prædicto domino nostro a nobis et ab ecclesia nostra Trevirensi expositis in Parato.* Charta Boleslai Ducis Slesiæ ann. 1239. ibid. pag. 608 : *Si ipsi... quatuor millia marcarum .... nobis dederint coram Consulibus Lignicensibus simul et semel denariis cum Paratis.* [** German. *rede* vel *reite penninge*.]

¶ **PARATYPA**, *Numismata, adulterina.* Vocabular. Sussannæi. Vide *Paracharagma.*

* **PARATUS** Lasitus. Vide supra *Paratalassius.*

¶ **PARAVAREDUM.** Vide *Paraveredi.*

PARAVEGIUM, Locus, qui naves a ventis tuetur, Italis *Paravento.* Sanutus lib. 2. part. 4. cap. 25 : *Vallenia Paravegium est bonum, et operit usque Magistrum.* Infra : *Dictus autem puteus bonum est operimentum seu Paravegium capitis positi in mari.* Rursum : *Berghun... apud quod bonum Paravegium reperitur versus Orientem.*

¶ **PARAVELLA.** Privilegia Figiaci apud Acher. tom. 13. Spicil. pag. 258 : *Præcipimus etiam ut nulla potestas... infestationem inferre, nec paratas, nec Paravellas... integre* (l. exigere) *audeat.* Ubi legendum videtur *Paraveredae.* Vide in *Paraveredi.*

* Rursum *Paravellas* legitur in Reg. 75. Chartoph. reg. ch. 331. ubi hæc Pippini Charta a Philippo VI. exscribitur et et confirmatur.

* **PARAVENTUS**, Supellex, qua ventus arcetur, Ital. *Paravento,* Gall. *Paravent.* Invent. ann. 1476. ex Tabul. Flamar. : *Item plus duas portas coralli Paraventi ejusdem cameræ, non affixas in eorum locis.*

¶ **PARAVERE**, pro *Peravere,* cupere. Charta Caroli VIII. Franc. ann. 1494. in Chartul. Monast. Belli-loci : *Predecessorum nostrorum vestigiis inherere Paraventes, etc.*

¶ **PARAVEREDA.** Vide *Paraveredi.*

¶ **PARAVEREDARII**, Coloni qui *Paraveredos* præstare tenebantur, de quibus Lex Bajwar. tit. 1. cap. 14. Codex MS. Irminonis Abb. Sangerman. fol. 40 : *Salomon colonus.... habet de terra arabili bun.* XVI. *de pastura dimid. bun. facit sicut et ceteri Paraveredarii.* Ibid. fol. 113 : *Sunt ibi mansi Paraveredariorum* VI. *isti solvunt de anno mod.* X. *et denar.* X. [** Br. 9. sect. 148. Br. 22. sect. 92.]

PARAVEREDI, Equi *agminales,* (ita enim promiscue appellatos docet lex 3. Cod. Th. de Cursu publico) quorum usus in cursu publico, non quidem in viis publicis, sed in transversariis et militaribus, ut *veredorum* in viis publicis. Ita Jac. Gotofredus ad d. legem. (8,5.) Paraveredorum etiam mentio occurrit in leg. 6. 7. 15. 16. 59. 63. 64. eod. tit. et apud Senatorem non semel, ubi pro quibusvis equis publicis videntur usurpari : *Paraveredorum subvectiones exigere,* lib. 5. Epist. 39. *Paraveredorum assiduitate fatigari,* lib. 11. Ep. 14. *Paraveredorum præbitio,* lib. 12. Ep. 15. *Paraveredorum numerus adscriptus,* eodem lib. Epist. 18. *Paraveredos tollere,* in Capitul. Caroli Calvi tit. 5. § 6. et in Epist. Episcoporum ad Ludovicum Regem cap. 14. *exsolvere,* in Edicto Pistensi Caroli Calvi cap. 26. in Capit. Caroli C. tit. 32. cap. 8. Hincmarus Rem. ad Clerum Landun. : *Non denarios vel caballos... aut ad iter aliquod Paraveredos aut alia quælibet accipiat. Paraveredis Presbyteros affligere,* in concilio Trosleiano ann. 909. cap. 6.

Paraveredarius, pro *Paraveredus.* Capitulare de Villis cap. 31 : *Ut hoc, quod ad Paraveredarios vel gentias dare debeat, etc.* [** Pertz. habet *Provendarios vel genitias.* Vide alio sensu *Paraveredarii* suo loco.]

¶ Paravaredum. Leges Caroli M. cap. 153. apud Murat. tom. 1. part. 2 : *Pervenit ad aures Clementiæ nostræ, quod aliqui Duces... mansionatica et Paravareda accipiant non solum de liberis hominibus, sed etiam de ecclesiis Dei.*

¶ Paravereda, in Testamento S. Karileffi apud Mabill. tom. 3. Analect. pag. 82 : *Neque etiam caballorum partus* (l. pastus) *aut Paravereda, vel angaria, ... penitus non requiratur.* Occurrit rursum ibid. pag. 90. et in Charta Ludovici Reg. ann. 878. apud Calmet. tom. 1. Hist. Lothar. col. 314.

¶ Paraverodi. Charta Henrici III. Imperat. ann. 1056. apud eundem Calmet. tom. 1. Hist. Lothar. col. 450.

** Parvaredus, apud Richer. lib. 4. cap. 50. *Parvaretus,* apud Irminon. passim.

Paravredum. Capit. Caroli Mag. lib. 2. cap. 16 : *Qui legationes ad nos directas in suis mansionibus aut male recipiunt, aut constitutam a nobis pecuniam non tribuunt, aut Paravreda dare nolunt.* Append. 4. lib. 4. eorumdem Capitul. cap. 10 : *De querela Hildebrandi Comitis, quod pagenses ejus Paravreda dare recusant, etc.*

¶ Parepredus, in Bulla Leonis IX. PP. ann. 1049. apud Marten. tom. 2. Ampliss. Collect. col. 68. et in Charta Henrici IV. Reg. Rom. ann. 1065. ibidem col. 71.

¶ Parefridus, in Chronico S. Trudonis apud Acherium tom. 7. Spicil. pag. 512.

¶ Pareveredus, in Charta Pippini I. Reg. Aquit. ann. 835. tom. 1. Hist. Occit. inter Instr. col. 69.

Parafredus. Lex Bajwar. tit. 1. cap. 14. De colonis vel servis Ecclesiæ § 4 : *Parafredos donent, aut ipsi vadant, ubi eis injunctum fuerit. Parafredum exigere,* in Charta Caroli C. apud San-Julianum in Trenorchio pag. 510. *Tollere,* apud Duchesnium in Histor. Limburgensi pag. 29. [*Inquirere,* in Charta ann. 674. apud Miræum tom. 1. pag. 127.] Ab hisce *paraveredorum* præstationibus postmodum dictus

Palafredus, Equus gradarius, nostris *Palefroi, cheval de service.* Brunetus Latinus 1. part. Thesauri cap. 155 : *Il y a chevaux de plusieurs manieres, à ce que li uns sont Destrier grant pour le combat : li autre sont Palefroi pour chevaucher à l'aise de son cors : li autre sont Roucis pour sommes porter, etc.* Lexicon Cambro-Britannicum : *Palffrai, Palfridus, genus equi.* Catholicon parvum : *Gradarius, Palefroy.* Ugutio, et ex eo Joannes de Janua : *Palafredus, dicitur a passu equi et fræno, et deducendo, quia leni passu per frænum ducitur.* N. Abbas Claravallensis lib. 2. Miscellan. Baluzii pag. 247 : *Super Palafredum rotans undique phaleratum.* [Hinc a *Palla* et *fræno* vocem *Palefredus* deducunt nonnulli ; non omnino male, mos quippe erat equos honorarios *palla* coopertos fræno ductare.] Quidam etiam perperam ab Hebraico etymon arcessunt. Vide Guichardum in Harmonia etymolog. pag. 74. 814. Ebrardus Betuniensis in Græcismo cap. 26 :

. . . . bellum Palafredus anhelat.

Henricus Rebdorff. ann. 1347 : *Jussit vulnerantem ascendere Palafredum suum.* [Le Roman *de Partonopex* MS. :

Quier moi fait il un Palefroi
Bon et soef et sans desroi.

Barber. in Docum. Amor. pag. 163. v. 9 :

Buon Pallafren la redena chi tene.

Ubi Glossæ edit. Ubaldini a *pallat frenum, Pallafren,* dictum docent ; *pallat* autem regit sonat : quod haud satis probabile videtur.]

Palafridus, apud Innocentium III. PP. lib. 14. Epist. 43. et Will. de Podiolaurentii cap. 34. [Genealog. Comit. Flandr. apud Marten. tom. 3. Anecd. col. 402 : *Fugit et ipse Otho Imperator eorum in Palafrido suo. Suum enim dextrarium miræ probitatis magnique precii equum occisum a quodam milite reliquit in acie.*]

Palefredus. [Testamentum Rogerii Vicecom. Biter. ann. 1193. apud Baluz. Hist. Arvern. tom. 2. pag. 500 : *Pretium equi mei et duorum Palefredorum et duarum mularum accipiant Guillelmus Amelius, etc.*] Will. Tyrius lib. 13. cap. 27 : *Miserat autem et prædicto nobili viro per quemdam familiarem suum Palefredum albissimum, argento ferratum, etc.* Ita apud Cæsarium Heisterbach. lib. 12. cap. 12.

¶ Pallefredus, in Constitut. Cluniac. MSS. : *Præcipimus ut in prioratibus dicti Ordinis per mortem aut per amotionem Priorum vacantibus, Abbas Cluniaci Pallefredum, capam et breviarium premortui secundum antiquam consuetudinem habeat.*

¶ Palephredus, Joh. de Janua. Vide *Mannus.*

Palefridus, apud Ordericum Vitalem lib. 5. pag. 594. Cæsarium Heisterbach. in Vita S. Engilberti lib. 2. cap. 6. in Charta Cælestini III. PP. et aliis apud Buzelinum in Gallo-Flandria pag. 349. 350. 528. [Charta ann. 1150. in Tabular. Centul. : *De pretio quod nobis dabunt, centum solidi computabuntur pro Palefrido quem nobis ad auxilium viæ nostræ tradiderunt.* Occurrit præterea tom. 5. Annal. Bened. pag. 146. apud *Madox* Formul. Anglic. pag. 51. 423. et 424. apud Rymer. tom. 2. pag. 370.]

¶ Pallefridus. Acta SS. Junii tom. 4. pag. 173. de S. Albino Mart. : *Non solum autem a languoribus hominum, sed etiam in Pallafridis, equis et jumentis curationis et sospitatis gratia est multipliciter ostensa.*

Palafrenus, Italis *Palafreno.* Acta Alexandri III. PP. ann. 1162 : *Albo itaque Palafreno, et cæteris Pontificalibus insignibus de more paratis, Alexander Papa præ nimia populorum frequentia equum vix ascendere potuit.* Et ann. 1178 : *Præ nimia vero multitudine ipsius vestigia osculantium albus Palafrenus ambulare vix poterat.* Testamentum Girardi Comitis Britonorii ann. 1062. apud Hieronymum Rubeum lib. 5. Hist. Ravenn. : *Et insuper Palefrenum et destrerium et loricam, et vexillum relinquo, etc.* Occurrit etiam in Charta ann. 1291. apud Ughellum tom. 2. Ital. sacr. pag. 161. apud Cortusios lib. 4. cap. 6. lib. 8. cap. 13. in Concilio Ravennensi ann. 1317. cap. 11. apud Ottonem Morenam in Hist. rerum Laudensium pag. 38. etc.

Parafrenarius, Equiso, qui *palafridos,* seu equos curat, seu etiam, qui stabulis Regiis aut Principis præest : *Palefrenier,* Italis *Palafreniere.* Occurrit in Ceremoniali Romano lib. 1. sect. 2. Continuator Guillelmi Nangii ann. 1378 : *Et le Pale-*

frenier du Roy estoit devant les Escuiers du corps, monté sur un grand coursier, et avoit les paremens du Roi, lesquels estoient de velviau et de brodure, les fleurs de lys profilées de perles en escharpe en tour le col, ainsi qu'il est accoustumé de porter. Ex qua *Parafrenarii* descriptione satis patet id fuisse officii in aula, quod postmodum *Magni Franciæ Scutiferi* dictum fuit. Vide Gloss. ad Villharduinum.

¶ Palafrenarius, Eadem notione. Ordinatio Domus Dalphin. ann. 1340. tom. 2. Hist. Dalphin. pag. 395 : *Ordinamus haberi pro persona nostra unum magnum equum, unum corserium, duos Palafredos,... et ad ipsorum custodiam deputentur quatuor Palafrenarii, qui comedant in hospitio.* Adde Bullam Leonis PP. X. ann. 1514.

¶ Palafrenerius, in alia Ordinat. ibid. pag. 315. : *Item, quod valleti officiorum hospitii nostri induantur in dicto festo omnium Sanctorum, videlicet... posterii, Palafrenerii equorum nostrorum... de una malacota cum capucio sine fodratura.*

¶ Palefrenarius, in Charta ann. 1318. ibidem pag. 176 : *Item quod Palefrenarius suus Johannes habeat omnes sellas suas et frenos et centum libras de dicta pecunia.*

¶ Palefernarius. Testam. ann. 1433. ex Tabul. Eccl. Massil. : *Legamus Johanni de Balneolis Palefernario nostro... x. florenos.*

¶ Palefridiarius. Charta Eduardi III. Reg. Angl. ann. 1359. apud Rymer. tom. 6. pag. 127 : *Johannes... nuper unus Palefridiariorum nostrorum, etc.*

¶ Palafrenalis, Ad *Palafredum* pertinens. Leges Palat. Jacobi II. Reg. Majoric. tom. 3. Junii pag. LV : *Quatuor sellæ Palafrenales cum suis frænis,... sint nostræ personæ servitio præparatæ.*

PARAVISUS. Vide *Paradisus* 1.

* **PARAULLA**, Verbum, sermo, Italis et Provincialibus *Paraula*, Gall. *Parole.* Glossar. Provinc. Lat. ex Cod. reg. 7657 : *Paraula, Prov. verbum, dicerium, famen.* Charta ann. 1335. ex Cod. reg. 5956. A. fol. 1. r°. : *Servient* (galeæ prædictæ) *pro sexmestri tempore,... computando a die quo dicetur bona Paraulla et de portu exibunt.* Vide infra *Parola.*

* **PARAYRARIA**, Ars parandi pannos. Lit. ann. 1322. inter Probat. tom. 2. Hist. Nem. pag. 47. col. 1 : *Suppropositi Parayrariæ castri Fanijovis, etc.* Vide supra *Pararia,* 3.

* **PARAZINEUS**, Parisinus, moneta Parisiensis. Charta ann. 1349. in Reg. 78. Chartoph. reg. ch. 273 : *Item unum denarium Parazineum, quos* (sic) *dant.... pro parte sibi contingente super molendinos superioris fluminis Tarni.... Item unum denarium Parazineum, quod* (sic) *dant.... pro parte eis contingente de supra molendinos Rappistagni.... Item unum denarium Turonensem, quem dat et servit.... Petrus de Fargis, etc.* Vide supra *Parasenus.*

¶ **PARAZONIUM**, Gladiolus a zona pendens, et a pugione nonnihil distinctus, ut ex Martialis Distichis colligit Carolus de Aquino in Lexic. milit. Vide *Cinctorium.*

¶ **PARCAGIUM.** Vide in *Parcus.*

PARCAMENUM, pro *Pergamenum*, ex Gallico, *Parchemin* : habetur in libro Miraculorum S. Vulfranni Episc. n. 26. et in Vita B. Bonifacii Episcopi Lausanensis num. 19.

¶ Parcaminum, Eadem notione, ex Cod. Dunensi apud Mabill. sæc. 4. Bened. part. 1. pag. 765 : *Et ne hæc ejus concessio violari possit in futurum, ipse, ut est cernere, signo crucis signavit ipsum Parcaminum.*

¶ **PARCARE**, Parcarius, etc. Vide *Parcus.*

* **PARCATUS**, Jus construendi *parcum.* Charta Ludov. X. ann. 1314. in Lib. rub. Cam. Comput. Paris. fol. 430. v°. col. 1 : *Item decem solidos Turonensium, quos eidem debebant annuatim homines de Barco pro Parcatu.*

¶ 1. **PARCELLA**, Portio, pars modica, particula, nostris *Parcelle.* Charta Henrici Reg. Angl. tom. 4. Hist. Harcur. pag. 1474 : *Dominia, feoda, terræ, tenementa, redditus, et possessiones prædictæ seu aliqua Parcella eorumdem alicui alii personæ per nos ante hæc tempora data.* Th. *Blount* in Nomolex. Angl. : *Sciant... quod ego Stephanus Wington de Bromyord dedi... Roberto de Donampton, pro triginta solidis argenti unam Parcellam terræ meæ.* Charta Eduardi III. Reg. Angl. ann. 1340. apud Rymer. tom. 5. pag. 166 : *Tibi extitit demandatum ut Baroniam de Coldyngham cum pertinentiis, quæ est Parcella dicti prioratus, etc.* Charta Sacristæ Montisbertodi in Dumbis ann. 1467 : *Juxta Parcellam infra scriptam ex Occidente.* Occurrit præterea apud *Madox* in Formular. Anglic. pag. 71. et alibi.

¶ Parcellum, Eadem notione. Charta ann. 1431. apud Kennet. Antiquit. Ambrosden. pag. 617 : *Prædicta terra et boscus in Rytherfeld-Grey tenentur de Abbate de Abbyngdon ut Parcellum de feodo de Padenale.*

¶ 2. **PARCELLA**, Breve seu Charta expensi articulatim et per partes distincta. Computus ann. 1324. tom. 1. Hist. Dalphin. pag. 132 : *Qui fuerunt librati pro dicta die Jovis, et pro die Veneris sequenti, prout in Parcellis, quas reddit, continetur... Computavit dictus cellarerius cum Galopino de S. Laurentio, qui ordinatus extiterat... ad faciendum opera ibidem necessaria, de quibus idem Galopinus reddit Parcellas.* Charta ann. 1340. ibid. tom. 2. pag. 414 : *De censibus vero, redditibus, obventionibus et juribus nostris quibuscumque, bonum et fidele computum reddetis anno quolibet per Parcellas coram nostrorum Computorum Auditoribus.* [* Charta ann. 1454. in Reg. 3. Armor. gener. part. 2. pag. XXXIX : *Cum nobilis Guigardus haberet certos census... percipiendos... a tenementariis designatis.... in quadam Parcella per eum tradita, etc.* Hinc]

¶ **PARCELLARE** Expensas, Eas per partes annotare. Statuta Avenion. lib. 2. rubr. 9. art. 24 : *Teneatur etiam notarius Parcellare expensas totius processus, antequam eum deferat procuratoribus, post conclusionem in causa, et parcellam expensarum processui allegare, ut iidem procuratores eas calculare possint.* Vide *Particula* 2.

PARCENNARII, Percennarii, Participes, *partiarii, partionarii*, in veteribus tabulis passim, qui paternam hæreditatem invicem dividunt : ex Gall. *Perçonniers*, vel *Parçonniers : Perceners*, in Legibus Willelmi Nothi vernaculis cap. 39. Bromptonus : *Domine, si tantum hodie cepistis, centuplum interim perdidistis : nam Dani civitatem Eboracensem, Rege Osbrith Parcenario vestro interfecto... ceperunt.* Maxime vero *Parcenarii* dicuntur, qui aliquid in commune possident. Vide Fletam. lib. 4. cap. 24. § 11. et lib. 5. cap. 9. § 35. Assisiæ Hieros. MSS. cap. 87 : *Les parties sont Parsonniers en cel cas.* Le lignage *de Coucy* MS. : *Et li aisnez qui ot nom Pierre, cil ot la terre de Courtenay en Parson d'autre terre.* Alibi : *Si ot la terre de Varvin en Parson de terre.* De ejusmodi Participibus agit Bractonus lib. 5. tract. 5. cap. 25. Adde Gloss. ad Villharduinum v. *Parçonnier.* Vide *Personarii.*

☞ *Parchoniers*, Eadem notione, in Chartular. S. Vandreg. tom. 1. pag. 1147 : *Sachiez que ge reconnois moi tenir de hommes religieux l'Abbé et le Convent de St. Vandrille.... une wavassorie por moi et por mes Parchoniers. Parchonniers*, in Consuet. Bellomont. cap. 22. *Moulin parchonnier*, in Stabil. Franc. lib. 1. cap. 106. *Perçonnerie*, partitio, in Tabular. Calensi pag. 196 : *Ladite meson est tresfons de ladite eglise de Chiele, et la tienent du Roy et en sont en sa garde du tout en tout sans Perçonnerie d'autre Seigneur. Parçon de fosse est tenu pour meuble*, in Consuet. Leodic. cap. 9. art. 9. est autem pars in societate eruendorum carbonum. *Parchonnerie*, quævis pars et portio in re aliqua, ex Charta ann. 1296. in eodem Chartular. S. Vandregisili tom. 2. pag. 1445 : *Et ovegues ces choses dessus dites lesdits Religieux nos ont otroié pleine Parchonnerie à mort et à vie en tous les bienffeiz qui sont feiz en leur meisons en amosnes, jeusnès, Meisses, oreisons et en tous autres biens feiz.* Le Roman de *Vacce* MSS. :

Se je n'en faiz justice, j'en aurai reprovier,
Si me clamera bien du meffet Parchonnier.

Le Roman *de la guerre de Troyes* MS. :

Assez avez q'eschargaitier,
Se ensi l'avez sans Parchonier.

Ibidem :

Or chevauchiez seurement,
Vos ni aurez hui mez encombrier,
Que je n'en soie Parçonier.

Hinc *Parçoniere* vel *Parsonniere* nostris, pro meretrix, quia pluribus communis. Vetus Poeta MS. e Bibl. Coislin. nunc Sangerm. :

Tant qu'il trueve une Pairçoniere
Seant lez une fauconiere.

Le Roman *d'Athis* MS. :

Seray je Parsonniere amie,
Bien voy qu'un autre l'en affie.

* Hinc *Etre en Parçonnere* dicitur de prædio, quod in societate possidetur. Stat. ann. 1376. tom. 6. Ordinat. reg. Franc. pag. 235. art. 50 : *Comme nulz ne doye par raison ce qui est en Parçonnere pour indivis aliéner, sans son parçonnier, etc. Parcenerie* vero portio in re aliqua. Charta Thomæ de Couciaco ann. 1245. in Chartul. Campan. ex Cam. Comput. Paris. fol. 298. r°. col.

2 : *Li bois des Aluez n'est mie en ceste Parcenerie, ainz remanra à celui cui li chastelains de Sainte Meneheut.... trovera qu'il y ait droit.* Unde *Apparçonner* et *Apparsonner*, Cum aliquo societatem inire, habere. Lit. remiss. ann. 1443. in Reg. 184. Chartoph. reg. ch. 599 : *Le suppliant fu compaignon du maistre, qui lors estoit, de la monnoye d'Angolesme, et Apparçonné avec lui à icelle.* Aliæ ann. 1481. in Reg. 209. ch. 122 : *Le suppliant et Naudinet pour leur aider à vivre ensemble s'estoient Apparsonnez à faire de la chaulx.* Haud scio an inde *Parcye* appelletur, Prandium seu cena, quæ, messe exacta, messoribus offerri solebat. Lit. remiss. ann. 1416. ex Reg. 169. ch. 359 : *Comme le Dimenche prouchain avant la feste S. Mahieu, le suppliant demeurant à la Chapelle en la chastellenie de Pontoise, eust ordonné avec ses charretiers et varlés de faire ce jour au soir leur mengier d'après Aoust, que les laboureurs du païs appellent la Parcye.*

¶ 1. **PARCERARIUS**, Colonus partiarius. *Mestaier partiere*, in Consuet. Turon. art. 113. Vide *Medietarius*. Frequentius vero usurpatur pro eo qui dividit vel accipit partem decimæ alicujus territorii, in Tabular. S. Illidii Claromont. Hinc *Parceria*.

* 2. **PARCERARIUS**, Particeps, qui aliquid in commune possidet, nostris *Parcier*. Inquisit. ann. 1342. in Reg. 74. Chartoph. reg. ch. 32 : *Item reperimus..... quod dominus noster rex habet Parcerarios in pedagio et leuda prædictis, scilicet dom. Philippum quoad certam partem et dom. Raymundum de S. Egidio et Petrum de Casetis milites.* Lit. remiss. ann. 1407. in Reg. 162. ch. 118 : *Le suppliant trouva Bertrand Genebrier coppant du bois en certain lieu estant entre les termes dudit suppliant et de ses Parciers.* Vide *Parcennarii* et in *Partiarius*.

PARCERIA, [vox apud Arvernos usitata, vulgo *Parciere*, Quævis pars et portio in re aliqua, præcipue in decimis. Charta ann. 1149. apud Stephanot. tom. 4. Fragm. Hist. MSS. pag. 407 : *Damus monasterio B. Andreæ Apostoli Ordinis Præmonstratensis et Deo devotis religiosis nostris Abbati et Conventui ejusdem bona, reditus, domos, ... census, decimas et Parcerias, feudos et alia quæcumque.* Charta Beatricis Comit. Bolon. apud Baluz. tom. 2. Hist. Arvern. pag. 146 : *Et alia decem* (sextaria) *apud Canoniacum de redditibus, Parceriis et decimis quas habeo in dictis villis.* Alia ann. 1313. pag. 567 : *Recognoscimus nos tenere a nobili.... D. Bernardo domino de Turre militi quasdam Parcerias vulgariter appellatas de Champ Comptal, cum juribus vinearum dictarum Parceriarum.*] Tabular. Celsinianense : *Ita duntaxat ut Monachus de S. Maximino habeat Parceriam, et decimum, et oblerias de ipsa vinea.* Alibi : *Omnem honorem, quem ipse habebam, ut aliquis homo ex me qualiscunque mensura tenebat, et alodum, et fenum et decimum, et Parceriam, et universa inde accidentia, etc.* [*Parcieres*, in Consuet. Burbon. art. 352. 353. Arvern. cap. 19. art. 6. cap. 31. art. 34. 35. Marchensi art. 69. Vide *Acytura*.]

* *Parcete*, eodem sensu, in Charta ann. 1270. ex Tabul. S. Mich. in heremo : *Nous lesdiz religieux disions, à cause dudit monstier, à nous appartenir toutes choses,... qui par naufrage ou par espave arrivoient... en nos fiez.... assis ou assises dedens les fins et metes des terres et jurisdictions de Maraant, de Cheron ou de Laleu, si ne hont Parcete de celi ou de ceulx qui lesdites choses aura ou auront esguaré.* Unde *Faire parchon*, Hæreditatem inter cohæredes partiri, in Lit. remiss. ann. 1469. in Reg. 195. ch. 315 : *Lesquelz Pierre et Jehan commencerent à parler des Parchons de pluseurs biens et héritages, qu'ilz avoient encommencié faire de la succession de feu Jehan d'Espernay.*

* **AD PARCERIAM TENERE**, id est, Ad certam fructuum portionem, in societate possidere, nostris *Tenir à parciere*. Charta ann. 1341. in Reg. 72. Chartoph. reg. ch. 368 : *Animalia grossa et minuta, tam propria quam pastorum suorum et quæ ad Parceriam tenebunt, immittendi.... licentiam concedimus.* Lit. remiss. ann. 1449. in Reg. 184. ch. 2 : *Ung champ..... que le pere du suppliant labouroit et tenoit à Parciere.* Hinc *Parayson*, Prædii alicujus ea conditione concessio. Libert. villæ *d'Aigueperse* ann. 1374. in Reg. 198. ch. 360 : *Item les Paraysons et les choses que nostre chastellain... baille ou bailleras ou temps avenir et les octroyemens qu'il a fait ou fera pour nous,.... auront telle valeur et telle fermeté, comme se nous l'avions fait et octroyé.* Unde

* **PARCERIALIS**, Qui ad *parceriam* tenet. Charta ann. 1305. in Lib. rub. Cam. Comput. Paris. fol. 263. r°. col. 2 : *Inclusis etiam in extimatione dicti bladi triginta solidis eidem domino archiepiscopo assignatis in quibusdam pratis de novo in assensam redactis, olim Parcerialibus. Percerialibus* ex ead. Ch. in Reg. 37. Chartoph. reg. ch. 75. Vide infra *Perceria*.

¶ **PARCETUS**, Ornamentum capitis mulierum. Litteræ Caroli V. Reg. Franc. ann. 1367 : *In capite tamen possit* (domicella) *portare unum redondellum vel Parcetus cum perlis et margaritis.*

* Vel potius Inauris, ut videtur. *Parectus* editum inter Probat. tom. 4. Hist. Occit. col. 294. Haud scio an bene : nam *Percerie*, eodem sensu, ni fallor, occurrit in Reg. B. Cam. Comput. Paris. ad ann. 1341. fol. 161. r°. : *Item les orfevres paieront pour chascun marc d'argent blanc et verié j. denier, et pour vesselles dorées et esmaillées ;... pelles. et Percerie, paieront iiij. deniers.* Sic inaures nuncupantur, f. quod a perforatis auribus pendent.

PARCH. Lex Bajwar. tit. 9. cap. 2. § 3 : *De illo granario, quod Parch appellant, etc.* [f. inquit Spelmannus, Granarium parietibus conclusum : *Parc* quippe dictum septum quodvis.] Vide *Parcus*, 1.

¶ **PARCHEIA**, Animalia, ni fallor, quæ in damno sunt. Charta ann. 1203. in Tabular. Compend. : *Et si a famulis nostris, vel ab alio aliquo in prædicto parvo rareto Parcheia capta fuerint, ad domum nostram de Agen adducentur et forisfactum habebimus.* Vide *Parcus*.

* **PARCHIA**, Trabecula in ædibus sacris, ubi cerei accenduntur. Obituar. eccl. Lingon. ex Cod. reg. 5191. fol. 168. v°. : *Ordinavere festum annale sanctæ Trinitatis... celebrari.... æque solemniter in luminari, videlicet cum ratello et Parchia et in campanarum pulsatione, sicut festum S. Penthecostes.* Vide *Pergula* 1.

* *Parchois* vero, pro *Echalas*, Pedamentum vineæ, in Lit. remiss. ann. 1415. ex Reg. 168. Chartoph. reg. ch. 391 : *Lesquelz compaignons labouroient en tache, à marreneur et Parchois, une vigne.*

¶ **PARCHUS**, pro *Parcus*. Vide in hac voce.

PARCIALIA. Charta Gosleni Episcopi Carnotensis anni 1155. ex Tabular. N. D. de Josaphat : *Sciendum, quod Dominus Gondrevil, et uxor ejus, et servientes ejus, et Milites ejus cum uxoribus suis Parcialia non exsolvunt.* Vide *Parceria*.

¶ **PARCIALIDAD**, vox Hispanica, Patria, regio. Synodus Limensis ann. 1585. inter Hispan. 4. pag. 420 : *Conscribant... baptizatorum nomina, cognomina, parentes,... et regionem, vulgo Parcialidad, et oppidum, etc.*

PARCIARICIA. Formula 30. ex Andegav. : *Quasi vineas suas, quæ erant illius, quondam illi ad Parciaricias dedissit, ut quamdiu ipsi illi se aptificavit, ipsas vineas ad Parciaricias habire debiat, etc.* [id est, ad partem seu medietatem. Vide *Medietarius, Parceria* et *Parsiare*.]

¶ **PARCIARIUS COLONUS**, Qui fructuum agri quem colit cum domino ejusdem, est particeps, in Statutis Astens. cap. 16. fol. 37. Vide *Medietarius*.

¶ **PARCIATES**, ut *Partiates*. Vide in hac voce.

¶ **PARCIBILIS**, Qui parcit, apud vet. Interpr. S. Irenæi lib. 4. cap. 37 : *Salvans illud et Parcibilis ab eo.*

¶ **PARCIERENGHUS**. Vide post *Parcus*.

¶ **PARCILOQUIUM**, Taciturnitas. Apuleius lib. 5. Metamorph. : *Jamdudum, quod sciam, fidei atque Parciloquii mei perpendisti documenta.*

* **PARCIMONIA**, Ærarium regium, Gall. *Trésor royal*, alias *Epargne*. Memor. G. Cam. Comput. Paris. fol. 173. r°. ad ann. 1411 : *Anthonius de Essartis scutifer et varletus scindens regis et custos denariorum suæ Parcimoniæ, etc.* Vide *Parcitas*.

PARCIMONIUM, *Parcitudo*, φειδωλία, in Gl. Gr. Lat.

** **PARCIO**. Irminon. Polypt. Br. 24. sect. 39. pag. 251 : *Prævident porcos de ipsa Parcione omnis qui ipsam tenuerit.* Forte idem quod infra *Pascio*, ita ut sensus sit : Omnis qui tenuerit pastionem, i. e. silvam glandiferam prævidebit porcos de pastu glandario. Similiter mutato S. in R. *Parnagium* dicebant pro *Pasnagium*. Vide in hac voce.

¶ **PARCIOLA**, Particula. Vita S. Symeonis Erem. sæc. 6. Bened. part. I. pag. 163 : *Confestim redivivus monachus Parciolam, quæ faucibus ejus inhæserat, cum sanguine mixtam evomuit.*

¶ **PARCIOSUS**, φαιλός pro φειδωλός, in Gl. Lat. Gr.

¶ **PARCITAS**, Ærarium, Gall. *Epargne*. Constitut. Arnaldi Episc. Barcinon. ann. 1277. apud Marten. tom. 4. Anecd. col. 605 : *Procurator Parcitatis dictæ ecclesiæ, percipiat portiones eorum* (absentium) *et faciat fieri servitium in absentia eorum, et satisfaciat de portionibus eorum illis per* *quos facient fieri servitium prædictum.*

¶ **PARCITATES**, pro *Partiates.* Vide in hac voce.

¶ **PARCITER**, pro Parce, apud Nonium cap. 11. num. 47. et Claud. Mamert. in Præfatione : *Parciter prælibare.*

¶ **PARCITUDO**, Angustia. Chron. Domin. de Gravina apud Murator. tom. 12. col. 515 : *Et irruens* (Comes Fundi) *viriliter super eos,.... homines equites pedites eorummet affollabant in Parcitudine dictæ rugæ.*

¶ **PARCOLERIUS**, f. Idem qui *Parcarius.* Concil. Bituric. ann. 1280. apud Marten. tom. 4. Anecd. col. 191 : *Clerici exercentes vilia officia moneantur in casibus infra scriptis. In primis fabri ferrarii et Parcolerii, etc.*

PARCOPOLLEX, Joanni de Janua dicitur *Tramellum, qui parcit pollici.* Gloss. Lat. Gall. : *Parcopolex, Traymel pour ayder à chausser soulez.* [* Leg. ibi *Trainellum*, pro *Tramellum.* Vide in hac voce.]

¶ **PARCUNSA**, Parcimonia. Commonit. S. Orientii apud Marten. veter. Script. Collect. nova part. 1. pag. 18 :

Lenito titulo Parcunsæ dicit avarus
Acris velatur nomine sævitia,
Ac studiis totis et tota nitimur arte,
Ut quid loquimur vel facimus, placeat.

1. **PARCUS**, non tam Stabulum, vel Ovile, quam liberior et spatiosior locus in quo grex totus includitur. Nos *Parc* etiamnum appellamus Septum ex cratibus, in quo de nocte oves quæ ad pascua educuntur, includi solent, quo ab luporum incursibus tutæ sint. [* Glossar. Provinc. Lat. ex Cod. reg. 7657 : *Parc, Prov. caula, ovile.*] [** Vide Graff. Thesaur. Ling. Franc. tom. 3. col. 348.] Lex Angliorum et Verinorum tit. 7. § 1 : *Qui gregem equarum in Parco furatus fuerit, etc.* Lex Ripuar. tit. 82. § 2 : *Si quis peculium alienum in messe adprehensum ad Parcum minare non permiserit, etc.* Editio Heroldi habet *parricum*, Codex Regius *parricium*, alius *parium*, etc. Vita Alcuini no. 10 : *Curte sive equarum sub uno Parco omnis mundus collectus ostenditur.* [Charta ann. 1092. tom. 4. Hist. Harcur. pag. 1328 : *Addita ex meo dono decima fœni de Parco meo quod est prope Rothomagum supra ripam Sequanæ.* Alia ann. 1236. in Tabular. B. M. de Bono-nuntio Rotomag. : *Concesserunt.... octo acras prati quas ipsi in prædicto Parco nostro juxta Rothomagum possidebant et quidquid juris in toto Parco prædicto habebant.*] Pecora porro dicuntur *ad Parcum* duci in laudatis legibus, quæ ob forisfactum et damnum pignorantur, et in ejus, cui damnum factum est, *parcum*, seu *imparcum*, uti etiam appellabant, conservanda ducuntur, donec illud resarciatur. Atque ita

Parcum Publicum appellant JC. Angli, quem sic definit Cowellus : *Parcus publicus, est area in quolibet feudo seu manerio circumseptus, in quo animalia damnum frugibus aut fructibus terræ quibuscumque facientia includuntur, donec de damno per dominum satisfiat, aut saltem cautio apud Vicecomitem per dominum interponatur de stando juri.* Tabularium Fiscamnense f. 36 : *Nummia quæ capta fuerint in terra Abbatis, nonnisi in terra Abbatis ponentur in Parcum.* Lex Burgundion. tit. 49. § 3. de Animalibus damna facientibus : *Sane si eos in re sua damnum sibi facientes invenerit, clauseritque, etc.* Acta Murensis Monasterii pag. 60 : *Nemo audebat taurum vel verrem sive arietem præter eam habere, et quocunque introibant, vel exiebant in hortum vel in segetem, nullus ausus est lædere, vel includere.*

Imparcare, *Parco* includere animalia quæ in damno sunt, quod etiam de reis hominibus usurpatum. Bracton. lib. 3. de Corona cap. 9. § 4 : *Ex eo crimine.... propter quod inducti sunt in carcerem, et Imparcati.* Cap. 37. § 9 : *Juste cepit averia sua, quia illa invenit in damno suo, et secundum legem et consuetudinem regni Imparcavit illa, donec damnum suum ei esset emendatum.* Monasticum Anglic. tom. 2. pag. 828 : *Et prohibemus ne.... eorum oves aut animalia capiantur in namium, neque in communia pastura Imparcentur, etc.* Et pag. 832 : *Per eamdem cartam suam fecit eisdem fratribus de habendo separatim super terram, et solum ipsorum fratrum in Beneford, suum proprium imparcum et messarium ad capiendum, chareandum et Imparcandum.... animalia in damnis dictorum inventa, et rationabiles damnorum estimationes inde exigendos et inconcusse percipiendos.* Synodus Exoniensis ann. 1287. cap. 52 : *Quidam vero sinunt rectores decimas libere colligere et asportare, sed equos et boves suos et subjugatos* (an *subjugales?*) *capiunt, et Imparcant, et decimas ipsas depascunt propriis animalibus et alienis. Averia imparcata,* in Fleta lib. 1. cap. 20. § 87. *Bestes emparchées*, in Consuetud. Britanniæ art. 418. Adde eumdem librum Fletæ lib. 2. cap. 47. § 45. cap. 48. § 2.

* Lit. remiss. ann. 1384. in Reg. 125. Chartoph. reg. ch. 14 : *Se mes bestes ont esté en vos prez et vous ont fait aucun dommaige, prenez icelles bestes et les mettez en Parc ou en tect, ainsi comme accoustumé est tel cas.* Rursum occurrit in aliis ejusd. an. ibid. ch. 90. Hinc

* Parci Custodia inter subditorum servitia recensetur, in Charta ann. 1292. ex Reg. 70. Chartoph. reg. ch. 252. quod non de animalibus, quæ in damno inventa sunt, tantum intelligitur, sed etiam de reis hominibus carcere inclusis, ut docemur ex Charta ann. 1306. in Reg. 38. ch. 215 : *Item la droiture et le service que doivent et font la gent, que on appelle Parquiers ; c'est asavoir de garder les bestes quant elles sont prises ou dommage,... et de garder les prisonniers et de mener en la prison le roy avec les autres, selonc ce qu'il est accoustumé.*

Imparcamentum. Monasticum Anglic. tom. 1. pag. 819 : *Ita quod nullus ponat tempore prædicto aliqua averia in prædicta landa ad destructionem herbagii ejusdem landæ, salvis sibi Imparcamento, et emenda Imparcamenti de alienis averiis, quæ landam prædictam intraverunt.* Ita *Imparcatio*, tom. 2. pag. 176. [Charta ann. 1405. apud Madox Formul. Anglic. pag. 66 : *Et si contingat quod aliqua averia.... in prædictis duobus clausis pro defectu clausuræ aliquo tempore intraverint, et absque wardo facto, sine gravamine et Imparcatione recaciantur.*]

Parcus, Locus ad ferarum custodiam, palis, cratibus, muris aut fossis circumseptus : cujus primum inventum Henrico I. in Anglia adscribit Joannes Rossus : sed contrarium ex Domesdei evincit Spelmannus in *Derefald*, et sub Anglo-Saxonibus exstitisse *parcos* asserit. Sane Persicos Reges ejusmodi silvas muris clausas habuisse testatur in primis Zozimus lib. 3. pag. 724. ubi de Rege Persarum : Γίνεται δὲ καὶ εἰς περίβολον, ὃν Βασιλέως θήραν ἐκάλουν, ἣν δέ τι τειχίον χωρίον ἀπειληφὸς ἔνδον πολὺ, δένδρεσι πεφυτευμένον παντοδαποῖς. ἐν τούτῳ θηρίων παντοίων ἐναποκλειόμενα γένη τροφῆς τε οὐκ ἠποροῦντο, διὰ τὸ καὶ ταύτην ἐπεισάγεσθαι, καὶ παρεῖχον τῷ βασιλεῖ τῷ θηρᾷν, ἡνίκα ἂν βουληθείη, ῥᾳστώνην. S. Hieronym. in cap. 13. Esaiæ : *Didicimus a quodam fratre Elamita, ... venationes Regis esse in Babylone, et omnis generis bestias murorum ejus tantum ambitu coerceri.* Vide *Peribolus.* Petrus Cellensis de Disciplina Claustrali cap. 1 : *Regulares incluserunt in claustro, tanquam cervos et capreas in clauso, ut ita dicam, Parco.* Chronicon Andrense : *Dum .... pro sylvestribus custodiendis Parcum facere vellet.* Romualdus Salernitanus in Chronico MS. ann. 1149. [nunc edito apud Murator. tom. 7. col. 194. ubi habetur *Parchum* :] *Quosdam autem montes et nemora, quæ sunt circa Panormum, muro fecit lapideo concludi, et Parcum deliciosum satis et amœnum diversis arboribus insitum et plantatum construi jussit, et in eo damas, capreolos, porcos silvestres jussit includi.* Silvester Giraldus lib. 1. Itiner Cambr. cap. 5 : *Silvis et Parcis urbs illustrata.* Matth. Westmonast. ann. 1246 : *Eodem anno conditæ sunt leges cum rigoris incremento super his qui furtive damna faciunt in alienis Parcis et vivariis.* Thomas Walsinghamus ann. 1343 : *Henricus quondam Lincolniensis Episcopus.... apud prædium suum de Tynghurst, Parcum fecerat, et suorum terras contiguas ipsis junctis eidem parco adjecerat, et sepibus ac fossatis incluserat, etc.* [Chartular. S. Vincentii Cenoman. fol. 32 : *Eis similiter dedit, et in perpetuum in defenso suo concessit.... et Parco ad usum furni sui et calefactionis suæ, nemus mortuum.* Comment. Franc. Carpesanni apud Marten. tom. 5. Ampliss. Collect. col. 1417 : *Cingebantur regia castra, ut prætulimus, munimentis validissimis, et alicubi perennibus rivis, sed qua eadem castra in Septentrionem respiciebant, etiam muro perpetuo, qui septa ferarum, theriotrophion Græci, populares dicunt Parcum.*]

¶ Parcare, *Parco* seu septo ex cratibus oves per noctem includere, quo terra earum fimo impinguatur, nostris, *Parquer*, in Consuetud. municipal. Arvern. *Parger.* Charta Radulfi Abb. de Viconia ann. 1206. in Chartular. S. Quintini in insula : *Si Parcaverit, duplo de nostris quam de suis Parcabit.*

Parcarius, Qui parcorum curam gerit, parci custos, *Sergenteriæ* species. [Testam. Guillelmi de Gisortio ex Tabular. S. Martini Pontisar. : *Item* (lego) *Theobaldo qui custodit Parcum, centum sol. Paris.*] *Parker* Littletoni sect. 378. officium vero, *Parkarship.* [Leges Rotharis apud Murator. tom. 1. part. 2. pag. 45 : *Si duo Parcarii inter se batiderint, aut scandalum commiserint, etc.*] [** cap. 358. ubi leg. *porcarii.*] Statutum Edw. I. ann. 21 : *Si quis Forestarius,*

Parcarius, aut Warennarius in balliva sua malefactores aliquos invenerit vagantes ad damnum ibidem faciendum, etc. Monasticum Anglicanum tom. 1. pag. 960 : *Excepto servitio Ricardi Parcarii et hæredum suorum, de una virgata terræ, quam tenet in Henton ; quod servitium pertinebit in perpetuum ad prædictos Monachos et Fratres, sive prædictus Ricardus defendat prædictam virgulam terræ per custodiam parci, vel per servitium Militare, etc.* Vide tom. 2. pag. 23. et infra in *Putura.*

☞ *Devoir le Parc* inter vassallorum servitia recensetur in Excerpto recognitionis D. *de la Trimouille* factæ Comiti Andegav. : *S'ensuivent ceux qui doivent le Parc, pour garder les bêtes, quand elles sont prises par mes sergens et forestiers, en domageant mes bois et mes forests, lesquels me sont sujets à plesser mesdites garennes : Primo P. pour sa maison me doit la garde desdites bestes, etc.*

Parci Infractura. Vide *Pundbrech.*

Parcorum Clausura, inter onera quibus tenebantur Angli erga Regem, in Charta Guillelmi Nothi pro Monasterio de Bello in Monastico Anglic. tom. 1. pag. 317. Idem quod

¶ Parcorum Operationes dicitur in Charta Henrici II. Reg. Angl. ann. 1156. apud Kennet. Antiquit. Ambrosden. pag. 114 : *Quieti sint.... de operationibus castellorum et murorum et fossatorum et Parcorum et pontium, etc.* Th. *Blount* in Nomolex. Anglic. : *Gulielmus Conquestor liberam fecit ecclesiam de Bello de opere Parcorum.*

Parcagium, [Tributum quod pro reparatione *parcorum* domini, vel pro jure *parcum* construendi, a vassallis exigitur, nostris *Parcage.*] Charta Henrici I. Regis Angl. tom. 3. Monastici Anglic. pag. 267 : *Et hanc terram concessi... solutam et quietam de langabulo, et Parcagio, et omnibus aliis rebus, etc.* Idem videtur quod

Parcatio, quæ inter jura dominica recensetur in Monastico Anglic. tom. 3. pag. 111 : *Et quietudinem Parcationis meæ, quam habebam apud Wikingiam eis clamo quietam et perpetuam.*

Parcata. Monasticum Anglic. tom. 2. pag. 279 : *De octo Parcatis prati juxta Longare.* Modus f. prati cratibus et palis interclusus, [ni legendum sit *percatis.*]

* Nihil emendandum opinor : nam *Parquet*, eadem notione, occurrit in Charta ann. 1385. ex Reg. 128. Chartoph. reg. ch. 51 : *Un tenement, contenant dix acres de terre et demie et dix Parquez.*

¶ Parcierenghus. *Parcierenghæ salices*, Quæ *parcis* contexendis sunt aptæ, ut videtur. Statuta Perus. fol. 53 : *Bannum idem intelligatur de salicibus Parcierenghis. De salicibus vero ligatoriis, si quis inciderit vel exportaverit, etc.*

* 2. **PARCUS**, Convallis arboribus consita. Vita S. Facund. tom. 6. Aug. pag. 484. col. 1 : *Vidit in visu in illis convallibus montium supra ecclesiam beati Facundini duas cellas eremiticas proximas inter se, quas vallis modica dividebat.... Beatus Facundinus in cella partis dextræ intravit, et in ea permansit : de qua cella tantus splendor radiabat, quod ad instar luminis solis totum Parcum decoro lumine illustrabat.*

PARDINA. Charta Aragon. æræ 927. in Hist. Pinnatensi pag. 269 : *Monasterium de Navazal cum suis villis, id est Larrota et Aranella, et cum omnibus alodiis, et montibus, et Pardinis, et Ecclesiis, etc.* Alia Sanctii Majoris Regis Navarræ æræ 1052. apud Sandovallium in Episcopis Pampilonensibus : *Neque præsumat aliquis ex successoribus nostris in illa Pardina de Yçurun, sive in altis terminis,.... novum aliquid construere, etc.* Alia Sanctii Regis Aragon. æræ 1128. apud Anton de *Yepez* in Chron. Ord. S. Bened. tom. 3 : *Et Monasterium S. Christophori de Aurin, cum tota villa, et Palatium de Lares cum tota sua hæreditate, et Pardinam illam de sericata, etc.* Idem forte quod *Prada*, pratum.

PARDONA, Pardonare. Vide *Perdonare.*

* **PARDONANTIA**, Ital. *Perdonanza*, Indulgentia, præsertim illa, quæ ad ecclesiam aliquam certo die concurrentibus conceditur a summo pontifice vel ab episcopis. Vide infra *Venia* 2. Serm. Barel. in fer. 3. hebd. Pass. : *Mulieres, quæ ad Pardonantias eunt, cum superbo ornatu et capite elevato.* Nostris *Pardon*, eadem notione. Lit. remiss. ann. 1391. in Reg. 142. Chartoph. reg. ch. 145 : *Le Dymenche devant le Pardon de S. Romain de Rouen.* Stat. ann. 1406. in Reg. 161. ch. 135 : *Item que les oubloyers,.... qui s'entremettent de aler faire gauffres aux Pardons des églises, etc.* Unde *Porteur de Pardons*, Qui ejusmodi indulgentias, quæstus causa, populo distribuebat. Lit. remiss. ann. 1389. in Reg. 135. ch. 210 : *Comme il feust venu en la ville de Necie près Faloise un questeur ou porteur de Pardons, etc.*

* Eodem nomine appellatur Salutatio Angelica, quod illam pie recitantibus indulgentiæ sint concessæ. Ordinar. MS. S. Petri Aureæ-val. : *Signo vero quod fit tertio ictu immediate post Completorium, quod dicitur le Pardon, fit cum grossiori campana omni tempore per unum de bachallariis, pausa intermediente, qua possit dici distincte Ave Maria.* Lit. remiss. ann. 1458. in Reg. 188. ch. 20 : *Pour ce que incontinent le Pardon commença à sonner environ deux heures après midy, icellui Menart, qui estoit à cheval, descendi et s'agenoilla avec les autres en entention de gaingner le Pardon.*

* Ita quoque nuncupabantur solemnes illæ decursiones militares seu hastiludia, quod in solemnioribus festis agerentur. Ceremon. vet. laudatum a Cangio in Dissert. 7. ad Joinvil. pag. 183 : *Or oyez, seigneurs Chevaliers, que je vous fais ascavoir le grand digne Pardon d'armes et le grand digne tournoyement.* Vide in *Nundinæ.*

* **PARDUM**, Conventio, pactum, quod, condonatis ab utraque parte sibi invicem querelis, fit. Charta Theobaldi comit. ann. 1222. in Chartul. Campan. fol. 310. v°. : *De his omnibus coram me ab utraque parte ventum est ad pacem et ad Pardum, ita videlicet quod, etc.*

¶ **PARDUS**, adject. Coloris *pardi*, cinericius. Concil. Tolet. ann. 1582. inter Hispan. tom. 4. pag. 215 : *Nec in vestibus laneis alios usurpent* (Clerici) *colores, præter quatuor modestos et obscuriores, nempe nigrum, violaceum, cinericium, hoc est Pardum, etc.*

PAREAGIUM. Vide *Associare.*

¶ **PARECLUM**, Pariclum Vestimentum, Par, assimile, Gall. *Pareil, assorti.* Testamentum Ermentrudis ad calcem Liturgiæ Gall. Mabill. pag. 463 : *Lectaria par uno, et vestimenti mei Pareclo uno fratribus ad minsa baselicæ S. Dionisi dari præcipio. Alia Pareclo vestimenti ad vico Bonisiaca fratribus dari constituo. Tertio Pariclo vestimenti Emilia ad vico dari jubeo.* Vide *Paricla.*

* **PARECTUS.** Vide surpa *Parcetus.*

¶ **PARECULUS.** Vide *Paricla.*

¶ **PAREDA.** Vide *Paratæ.*

PAREDRUS, ex Græco πάρεδρος, Virtus dæmoniaca, qualis in Simone Mago fuit. Papias : *Paredrum, vocant dominicam* [* leg. *dæmoniacam*] *virtutem.* Rufinus lib. 2. Hist. Eusebianæ cap. 14 : *Is urbem Romam ingressus, utens adminiculo adsistentis sibi et adhærentis dæmoniacæ virtutis, quam Paredrum vocant, etc.* Ex eo Ordericus Vitalis lib. 2. in Actis S. Petri Apost. pag. 387 : *Præfatum præstigiatorem pluribus phantasiis per dæmoniacam virtutem, quam Paredrum vocant, populum decipientem invenit, etc.* Eusebii verba sunt : Ἐπιβὰς δὲ τῆς Ρωμαίων πόλεως συναιρομένης αὐτῷ τὰ μεγάλα τῆς ἐφεδρευούσης ἐνταῦθα δυνάμεως, ἐν ὀλίγῳ τοσοῦτον τὰ τῆς ἐπιχειρήσεως ἤνυσε, ὡς καὶ ἀνδριάντος ἀναθέσει πρὸς τῶν τῇδε οἷα Θεὸν τιμηθῆναι. Vide Tertull. lib. de Anima cap. 28. Henr. Valesium ad Eusebium lib. 4. cap. 7. Salmasium ad Hist. August. et Joann. Bapt. Cotelerium linguæ Græcæ Professorem regium ad Clementin. Homil. 2. cap. 30. ubi de Spiritibus παρέδροις. [Adde Suicerum in Thesauro Eccl. v. πάρεδρος.] *Paredros* Battiadis laudat Fulgentius Placiades de Virgiliana continentia.

¶ **PAREFARCH**, pro *Pazwarepars*, vox Armorica quæ quartam partem significat; vulgatius hodie *Palefars.*

¶ **PAREFERNALIA.** Vide *Parafernalia.*

¶ **PAREFREDUS**, Parefridus. Vide *Paraveredi.*

* **PAREGALE**, Parregale, Idem quod *Parcus*, Septum ex palis et cratibus. Charta ann. 1341. pro hominibus de Angulis in Reg. 72. Chartoph. reg. ch. 250 : *Item quod habent... usum recipiendi, scindendi... arbores... de dictis nemoribus,.... ad faciendum clausuras, palencas, cepes, Parregalia, cledas, etc.* Alia pro incolis S. Amancii ejusd. anni ibid. ch. 368 : *In herbagiis, nemoribus et aquis regiis animalia sua immiserant,.... Paregalia, jassilia, cortilia, cabanas pro ipsis animalibus et eorum pastoribus ac familiis intus et extra forestas et nemora... fecerant.*

* 1. **PAREGIUM**, Maris plaga vel tractus, Gall. *Parage.* Charta ann. 1291. ex Tabul. S. Vict. Massil. : *Item Bartholomæus de Ibelna naucherius dixit, quod ventus est ad eissalet, et non est tempus navigandi in hoc Paregio. Parroy*, pro *Rivage*, Littus, ripa, in Lit. remiss. ann. 1414. ex Reg. 167. Chartoph. reg. ch. 417 : *On alumast du feu, afin que les vaisseaulx du pays eussent congnoissance que de nuit on les attendoit sur le Parroy ou rive de la mer.*

¶ 2. **PAREGIUM**. Vide in *Par* post *Pares Communiarum*.

PAREGORIZARE, PARAGORIZARE, Joanni de Janua, *mitigare, lenire, oblectare. Paragoria, mitigatio, et quædam medicina sic dicitur, quæ lenit.* Anonymus medicus : *Paregorica sunt quæ Paregorisant, ne malum crescat, non sanant.* Vide Gariopontum lib. 1. cap. 19. Gloss. Medicum MS. Reg. cod. 1486 : *Paragoricus, mitigator. Paragorisare, mitigare.* Papias : *Paragorizat, mitigat, oblectat, temperat.* Perperam *Paragonizat* præferunt codd. MSS. et editi. Rectius infra : *Paregorizat, mulcet.* Græcis παρηγορεῖν est consolari. Hesychius παρηγορία, παραίνεσις. Apuleius lib. de Virtutib. herbar. cap. 24 : *Herba chamedrys... mirifice Paregoriam præstat.* Hinc medicis παρηγορεῖν est malum lenire, mitigare, apud Sextum Empiricum lib. 1. Pyrrhoniarum : ut et *Paregorisare* medicis sequioris ævi, ex παρηγορίζειν, qua voce pasim utitur Alexand. Iatrosophista, seu vetus ejus interpres in libris Passionum. *Remedium paregoricum*, apud Marcellum Empir. cap. 56. Guibertus in præfat. ad Hist. Hieros. : *His autem quibus pabulum eloquentiæ æstimatur honestas, dum ea minus apte dicta perpendunt, ubi narrationis dinoscitur expedire comitas, et prolata succinte, ubi facundiæ Paregorizantis decuit laciniosa varietas, etc.* Utitur etiam S. Augustinus in libris de Trinitate.

* **PAREISENGLE**, Instrumentum coquinarium. Inventar. ann. 1218. inter Probat. tom. 1. Hist. Nem. pag. 67. col. 2 : *Duas sartagines, grazillam, et capud foci et Pareisengle, etc.*

* **PARELIUS**, Par, Gall. *Paire*, alias *Pareil*. Charta fundat. abbat. Aquilar. ann. 832. inter Probat. tom. 1. Annal. Præmonst. col. 104 : *Duodecim lectos cum sua lectaria, illud unum lectum ornatum de pallio et sex Parelios de manteles, illos duos letratos et tres Parelios de tacalesias letratos.* Lit. remiss. ann. 1372. in Reg. 104. Chartoph. reg. ch. 3 : *Icellui Pierre leur dist qu'il leur donroit à chascun un Pareil de chauces de blanchet.* Aliæ ann. 1456. in Reg. 189. ch. 125 : *S'efforce icellui Vallier faire passer ung Pareilh de beufs qu'il avoit au travers icelle avoine.* Rursum : *Ung Pareil de beufs*, in aliis ann. 1467. ex Reg. 200. ch. 70.

* **PAREMPTITII**, qui sint apud Anglos, exponitur a Georgio Braunio tom. 3. Theatri urbium præcipuarum mundi pag. 4. sub finem.

¶ **PARENDARIA**. Vide *Parandaria*.

¶ **PARENDERIUS**, Qui sub *paratore* telas, pannos, etc. *parat*. Statuta Montis Regal. fol. 272 : *Si aliquod paratorium laborabit absque aliqua persona idonea sit ad custodiam ipsius paratoris, Parenderius solvat bannum solidos quinque, pro quolibet et qualibet vice.*

PARENS, Sanguine proximus, agnatus, cognatus : vox Salustio etiam nota. Hieronymus lib. 2. contra Rufinum : *Nisi forte Parentes militari vulgarique sermone cognatos et affines nominat.* Salvianus lib. 3. ad Eccl. Cathol. : *Cum dicat quis de aliquo adoptivo ac subitaneo propinquo, illum hæredem facio Parentem meum.* Infra : *Emens pretio hæreditatis hæredis nomen, et totis patrimonii sui viribus hoc elaborans, ne se ille qui hæres scribitur, Parentem neget.* Fortunatus, carm. de Excidio Turingiæ :

> Tunc pater ac genitrix, et avunculus atque Parentes.

Idem carm. ad Artachin :

> Sed de fratre patris proximus ille Parens.

Adde lib. 10. poem. 11. [Præceptum Chlodovei III. Reg. Franc. ann. 692. apud Mabill. Diplom. pag. 474 : *Parens noster Sigeberethus seu et habuncoli nostri Chlotharius et Childericus, etc.*] Charta Theoderici Regis Franc. in Actis Episcop. Cenoman. pag. 185 : *Ideo Domnus et præcelsus antecessor noster Childebertus quondam Rex, nec non et genitor noster Dagobertus quondam Rex, et postea Parens noster Chilpericus quondam Rex etc.* Utuntur passim scriptores, Liberatus Diac. cap. 16. Gregorius M. lib. 2. Epist. 15. Senator lib. 2. Epist. 41. Lex Burgund. tit. 26. 85. Lex Salica tit. 63. Greg. Turon. lib. 2. Hist. cap. 4. 27. 40. lib. 3. cap. 13. 14. 23. lib. 8. cap. 2. lib. 9. cap. 19. 33. lib. 10. cap. 12. de Vitis Patrum cap. 3. lib. 1. de Mirac. cap. 70. Vita S. Leodegarii cap. 17. Aimoinus lib. 1. Hist. cap. 23. lib. 2. cap. 14. lib. 3. cap. 4. Agobardus in Epist. ad Matfredum, Hugo Cluniac. Epist 3. Hariulfus lib. 3. cap. 17. [Mabill. Diplom. pag. 606. 608. et 610. Acta SS. Ordin. S. Bened. sæc. 1. pag. 136. et sæc. 4. part. 2. pag. 498.] et alii. *Parentem et amicum suum* Rufinum Præfectum Prætorio vocat Constantinus Magnus in l. 6. Cod. Th. de Annona et tribut. (11,1.) quomodo Reges nostri proceres majoris dignitatis, *nostre tres cher et amé cousin.* Nisi hoc loco *parens* idem valeat quod *pater*, quod vult Brissonius lib. 3. Formul. pag. 352. Vide Jacobum Gothofredum ad l. 12. eod. Cod. de Pistorib. (14,3.) et ad l. un de Action. certo temp. finiend. (4,14.)

PARENTORUM, pro *Parentum* crebro occurrit apud scriptores, locis indicatis a Baluzio in Notis ad Capitul. pag. 1014.

PARENTATUS, Cognationibus et affinitatibus instructus, copiosus, *Apparenté*. Arnoldus Lubec. lib. 7. cap. 3 : *Adolfus vero utpote vir Parentatus, etc.* Et cap. 9 : *Quia vir Parentatus erat, ornatus fratribus et amicis, etc.* [Acta S. Ottonis tom. 1. Julii pag. 381 : *Sperabamus, inquiunt, aliquem ex dominis et principibus, curiæ nostræ Parentatum ac nobis notum, dominatorem nos accepturos.*] Philippus Mouskes in Hist. Francor. MS. :

> Lors se volt li Dus marier,
> Pour ses amis Emparenter, etc.

Le Roman *de Vacce* MS. :

> La fame Bernart fu moult bien Emparentée.

PARENTATUS, Affinitas, cognatio, *Parentado*, Italis : nostris, *Parenté*. S. Eugenius in Epitaphio matris suæ :

> Hic dilecta Deo recubans Blesilla quiescit,
> Clara Parentatu, clarior et merito.

Epitaphium Tarasiæ Beremundi Regis et Geloiræ filiæ in Monasterio S. Pelagii Ovetensis, quæ obiit æra 1077 : *Hic dilecta Deo recubans Tarasia Christo dicata, proles Beremundi Regis et Geloiræ Reginæ, generis ortu clara, Parentatu clarior, et merito vitam duxit præclaram, etc.* Ita *parenté* vocem usurpant Poetæ nostrates in genere masculino, quam nos hodie in feminino. Le Roman *de Parise la Duchesse* MS. :

> Iluec out un vallet, n'ot que quinze ans passez,
> Dou lignage à la Dame, et de son Parentez.

Alibi :

> Et son riche barnaje, et tot son Parenté.

Ibidem :

> Il ere mes cosins, et de mon Parenté.

Le Roman *de Girard de Vienne* MS. :

> Girard apelle son riche Parenté.

Le Roman *de Vacce* MS. :

> Et de son noble Parenté.

Ibidem :

> Li Barons o lui se tenoient,
> Qui de son Parenté estoient.

Ita etiam apud Christinam Pisanam 1. parte *du Tresor de la Cité des Dames*, cap. 4.

PARENTATUS, Alia notione, in Bullis Joannis PP. ann. 1026. et Benedict. PP. ann. 1313. apud Ughellum tom. 1. Italiæ sacræ part. 1. pag. 112. et 124 : *Parentatum autem ejusdem Ecclesiæ S. Petri, et supradictorum suorum Monasteriorum, et cuncta Ecclesiastica judicia ipsorum... confirmamus.* [Forte legendum est *Patronatum*.]

PARENTELA, Willelmo Britoni in Vocab. *Cognatio vel consanguinitas vel contribulitas.* Capitolinus in Gordiano III : *Quem causa eloquentiæ dignum Parentela sua putavit.* Fortunatus in Epist. ad Mumulenum lib. 10. Poem. : *Ad cujus forte vota jam festinans familia fervebat, sedula Parentela excitabatur, etc.* Edictum Rotharis Regis Longob. tit. 57. [** 153.] : *Omnis Parentilla usque in septimum geniculum numeretur, ut parens parenti per gradum et parentillam hæres succedat. Parentela*, in Leg. Longob. lib. 2. tit. 14. § 1. Utuntur præterea Senator lib. 9. Epist. 1. lib. 10. Epist. 4. Jornandes de Regnorum successione pag. 11. Lex Burgundion. tit. 85. § 1. Valerianus Cemeliensis Homil. 1. de Bono disciplinæ pag. 139. Petrus Chrysologus serm. 140. Epistolæ 28. et 46. ex iis quæ habentur tom. 1. Hist. Franc. Ivo Carnot. Epist. 130. Dudo lib. 2. de Act. Norman. Henrici I. Regis Angl. cap. 88. Cæsarius lib. 1. Miracul. cap. 38. etc.

¶ PARENTELA, Affinitas, quæ per conjugium contrahitur. Litteræ Bonifacii VIII. PP. ann. 1299. apud Rymer. tom. 2. pag. 851 : *Cum Parentelæ, de quibus actum est hactenus, jam laudabile, actore Deo, noscantur suscepisse principium.* Chron. Domin. de Gravina apud Murator. tom. 12. col. 530 : *Regibus ipsis concordibus facta est dicti matrimonii Parentela, gaudentibus Regibus ipsis præcipue.* Chron. Estense ad ann. 1302. apud eumd. tom. 15. col. 350 : *Dominus Albertus Scotus fieri fecit plures Parentelas inter cives, qui consueverant esse inimici mortales.*

DE PARENTELA SE TOLLERE dicebatur, qui eam solenni et recepto ritu ejurabat qui pluribus describitur in pacto legis Salicæ tit. 63. quem explicare conatus est

Wendelinus in Gloss. voce *Alninos fustes*. Cur autem quis se *de parentela* tolleret, ea potissimum causa erat, ut a bellis familiaribus sese subduceret : quo quidem pacto, *se, de juramento, et de hæreditate, et de tota ratione parentum et agnatorum tollebat : ita ut si aliquis de suis parentibus aut moreretur aut occideretur, nulla ad illum compositio hæreditatis perveniret : simili modo si ille moreretur, ad suos parentes non pertineret causa, nec hæreditas ejus*. Quod quidem fiebat in mallo publico coram judice, cum 12. juratoribus, qui sacramento firmabant id eum jure ac ex causa facere. Atque id etiam longe post obtinuit, ut ex legibus Henrici I. Regis Angliæ colligitur, cap. 88 : *Si quis propter faidam vel causam aliquam de Parentela se velit tollere, et eam foris juraverit, et de societate et hæreditate et tota illius ratione se separet, si postea aliquis de parentibus abjuratis moriatur, vel occidatur, nihil ad eum de hæreditate vel compositione pertineat. Si autem ipse moriatur vel occidatur, hæreditas vel compositio filiis suis vel dominis juste proveniat*. Id porro *Renoier son lenage* dicitur apud Jacob. Hemricurtium de Bellis Leodiensibus cap. 35. et 60. Vide Dissert. 29. ad Joinvillam pag. 333. 334.

Viguit in Comitatu Hannoniæ pravus alius mos *de parentela*, quem ita refert Arestum ann. 1298. in Regesto Parlam. B. fol. ult. : *Ex parte Comitis fuit propositum coram nobis talem in suo Comitatu Hannnoniæ vigere, videlicet quod quotiescumque aliquis in suo Comitatu prædicto perpetrat homicidium, omnes et singuli de Parentela ipsius homicidæ infra annum a tempore perpetrati homicidii tenentur in Curia prædicti Comitis comparere abjuraturi homicidium prædictum. Et si quis de Parentela homicidæ prædicti hoc facere omiserit, reus et culpabilis dicti homicidii reputatur, et punitur tanquam homicida, si ibi postea reperitur, etc.* Quam consuetudinem ut pravam interdixit Curia.

¶ Parentagium, Idem quod *Parentela*; *Parentage*, in Consuet. Bituric. art. 16. tit. 19. Leges Norman. cap. 30. apud Ludewig. tom. 7. Reliq. MSS. pag. 225 : *Per paragium autem fit teneura, eo quod tenens et ille de quo tenetur, pares esse debent ratione Parentagii in porcionibus hæreditatis ab antecessoribus descendentis*.

Parentela, Familia, gens, in Inquesta ann. 1272. apud Georgium Pilonum in Historia Bellunensi lib. 4. pag. 129. [Excerpta ex Lege Longobard. cap. 14 : *Uxoris Parentela ita sit viro sicut propria parentela*.]

Parentilla, in Lege Salica tit. 46. § 10. et tit. 63. et in Epistola Hildeberti Regis Franc. tom. 1. Hist. Francor. pag. 867. Vide supra.

Parentilitas, Idem quod *Parentela*, in Glossis antiquis MSS. Hariulfus lib. 4. cap. 19 : *Siquidem eadem Abbatissa Parentilitate ejusdem Ducis illustrabatur*.

¶ Parentilitas, Quævis societas, confœderatio. Chron. Corn. *Zantfliet* ad ann. 1425. apud Marten. tom. 5. Ampliss. Collect. col. 418 : *Caput ad cacumen portæ castri de Haga sublimatum in ignominiam æternam suæ parentelæ, et eorum quoque qui suæ Parentilitatis et factionis fuere participes et consortes*.

Parentalis, προγονικός, Avitus. Ita *Parentale Imperium, et parentalem domum* dixit Anastasius in Hist. Eccl. pag. 120. et 146. ubi Theophanes habet, προγονικὴ βασιλεία, et γονικὸς οἶκος.

Parentinus. S. Valerianus Episc. Cemeliensis homil. 20 : *Quisque hominum Parentinæ mortis exspectatione animam pascit : parricidiali crimine in hæreditate succedit*. Id est, *parentis*, seu patris *mortis expectatione*.

PARENSALES Chartæ. Edidit Hieronymus Bignonius post Marculfum, formulas quasdam veteres, cum hoc titulo : *Incipiunt chartæ Regales sive Parensales*. Wendelinus in Gloss. Salico v. *Salicæ Chartæ*, dictas ejusmodi chartas putat a *Sala*, ita ut eædem sint quæ aliis *Salicæ Chartæ* dicuntur, quæ scilicet secundum Salæ usum ac stylum, ut loquuntur, præscriptæ sunt, et Flandrensibus *Slae-brief* dicuntur. Quid si pro *Parensales* legatur *Pagensales*, ita ut *Pagenses* spectaverint : nam revera nihil fere in iis quod Regem spectet occurrit, sed totæ sunt privatorum, atque adeo pagensium. *Pagensales* vero dicuntur qui aliis *Pagenses*, in Capitulari Pipini Regis Italiæ cap. 36.

¶ **PARENTAGIUM**. Vide in *Parens*.

PARENTALIA, Convivia Paganorum ad tumulos mortuorum, sic dicta quod ea a filiis in parentum honorem fierent, ut est apud Hieronymum in Hieremiam, cap. 16. ubi a Græcis περίδειπνα appellari ait. Adde eumdem in cap. 24. Ezechiel. et in cap. 9. Oseæ. Sosipater Charisius lib. 1. Instit. Grammat. : *Parentalia*, νεκύσια. Ita etiam in Glossis Lat. Gr. Ea autem convivia a Christianis proscribuntur. Gaudentius Episcop. Brixiensis Tract. 4 : *Partes enim Idololatriæ sunt veneficia, præcantationes, suballigaturæ, vanitates, auguria, sortes, observatio ominum, Parentalia, inquam, unde Idololatriæ malum caput extulit erroris. Nam gulæ suæ causa primum cœperunt homines prandia mortuis præparare, quæ ipsi comederent, etc.* Huc spectant ista Tertulliani lib. de Testim. animæ : *Si quando extra portam cum obsoniis et matteis, tibi potius Parentans ad busta recedis, aut a bustis dilutior redis*. Id etiam vetatur in Capit. Caroli M. lib. 6. cap. 194. [** 197.] : *Admoneantur fideles ut ad suos mortuos non agant ea quæ de paganorum ritu remanserunt,... et super eorum tumulos nec manducare, nec bibere præsumant*. Vide Concilium Arelat. III. et Joannem. Climacum grad. 7.

PARENTARE, Parere. Alanus de Insulis in Planctu Naturæ : *Quæ prolis laborantes ad fabricam, indefessa parturitione, varias rerum species Parentare non desinant*.

PARENTATUS. Vide *Parens*.

* **PARENTELA**, Societas, ordo. Charta ann. 1198. in Chartul. Arremar. ch. 95 : *Ita tamen quod unum solum de tota Parentela furnariorum bis in die, si voluerit, cum uno equo ad nemus illud introire licebit*. Vide aliis notionibus in *Parens*.

* **PARENTESIS**, Solemnitas. Gesta Mss. abbat. Valcell. : *Erat autem tunc, ni fallor, vigilia Parentesis omnium Sanctorum*.

PARENTHETICA, Gr. Παρενθετικά. Joan. Sarisb. lib. 8. Policrat. cap. 7. *Bellaria* ait alia esse *Solennia*, alia *Parenthetica* : *ac solennia quidem, pulmenta esse quæ in omnes transeunt, et a Græcis Catholica, hoc est universalia nominantur : Parenthetica vero, quæ ex causa necessitatis vel urbanitatis in præceptam aliqua ratione veniunt partem : sic dictam, eo quod solennibus, id est, universalibus particulariter soleant interponi*.

PARENTIA, *de Parricidio lex*, in Glossis Lat. MSS. Reg. Cod. 1013. Pro *obedientia* habetur in Diurno Romano cap. 2. tit. 4 : *Cum hujus solius Pontificalibus monitis ob reverentiam Apostolorum Principis Parentiam offerant voluntariam*. [Hinc in Gloss. MSS. Sangerm. num. 501 : *Parentia, a parendo, obedientia*. Vide *Parientia*.]

¶ **PARENTILITAS**, *Parentilla*, *Parentinus*. Vide *Parens*.

¶ 1. **PARERE**, a Gall. *Parer*, Ornare. Miracula SS. Greg. et Sebast. tom. 2. Martii pag. 749 : *Nihilominus accedit ad locum, Paret palliis et sericis vestibus in oculis omnium locum, et locum Sancti ornat et vestit*.

* 2. **PARERE**, pro Apparere, in Epist. Guill. V. comit. Pictav. tom. 10. Collect. Histor. Franc. pag. 483 : *Modo Pareat, si verum est quod semper mihi dixistis, vos amicum meum esse*. Nostris etiam *Parer* et *Perrer*, pro *Paroître*. Joinvil. in S. Ludov. edit. reg. pag. 54 : *Ne ja n'i Perra chose que eles aient esté moillées*. Et pag. 126 : *Mesaise que l'omme ait ou cuer, ne lui doit Parer ou visage*.

* 3. **PARERE**, Solvere, exsolvere. Charta fundat. abbat. Aquilar. ann. 832. inter Probat. tom. 1. Annal. Præmonst. col. 105 : *Pro unos quisque suos dominus Pariet duos de trigo, et pro ovibus et capris et porcis, quoad melior inter eos invenerit, occidatur*. Vide *Pariare* 2.

PARERGIUM. Petrus Diac. lib. 4. Chron. Casin. cap. 91 : *Illi autem proditores Parergio lætissimi redditi, rogant uti meditata opera expleat*. Quo loco vox *Parergium* videtur sumi pro auxilio.

PARERGUM, [Laurentio in Amalthea : *Quod alicui rei præter propositum additur, operis appendix, corollarium*.] Vetus Inscriptio apud Ambrosium Moralem pag. 89 : *Venerem cum Parergo, item phialam argenteam Æmilia Rustici F.... poni juss.* [h. e. ni fallor, cum ornamentis quæ Veneri tribui solent.]

¶ **PARERIA**, Parerii, Pares. Vide *Par*.

* 1. **PARERIA**, Dominium, jurisdictio. Lit. ann. 1368. tom. 5. Ordinat. reg. Franc. pag. 109 : *Cum.... ipsi incolæ et habitatores villæ Romanis dubitent et timeant, ex eo quia sunt in Pareria ecclesiæ Viennensis et nostra, in ipsis minime intelligi vel comprehendi, etc.* Vide *Pararia* 1.

* 2. **PARERIA**, Associatio, confœderatio. Steph. de Infestura Ms. ubi de Innoc. PP. VIII. : *Ipse pontifex interea pacem inter cives componere conatus est : nam factis Pareriis, omne genus pœnarum induxit contra inimicatos, qui in præfatum compromissum de pace fienda non facerent*. Vide *Paria* 2.

* 3. **PARERIA**, Ars parandi pannos. Vide supra *Pararia* 3.

¶ **PARERMENEUTÆ**, Hæretici sæculo VII. S. Scripturam, pro lubitu, ad suorum errorum patrocinium, detorquentes. Hofmannus ex Johan. Damasceno.

* **PARESERIUS**, Parisinus, moneta Parisiensis. Charta ann. 1336. in Reg. 70. Chartoph. reg. ch. 117 : *Quæ quidem domus reddit annuatim dicto domino episcopo et ejus ecclesiæ pro obitis unum Pareserium parvum.* Vide supra *Parazineus.*

¶ **PARESITUS**. Vide *Parasitus.*

¶ **PARETA**. Vide *Paratæ.*

* **PARETÆ**, idem quod *Paratæ*, Expensæ, quæ fiunt in susceptionibus episcoporum a presbyteris ecclesiarum ruralium, sæpe in præstationibus pecuniariis exsolutæ. Reg. jur. episc. Nivern. ann. 1287 : *Quæstæ presbyterorum de biennio in biennium et Paretæ recipiuntur per manum cantorum. Paret*, eodem fortassis intellectu, in Charta Vulgrini abb. S. Evurt. ann. 1220 : *Concessimus duas partes minutæ decimæ, reducis* (f. reditus) *Pauret, quæ consuetudines appellantur.* Vide *Paratæ.*

¶ **PAREVEREDUS**. Vide *Paraveredi.*

¶ **PAREXERIA**, pro *Paxeria*, rivulus molendini. Charta ann. 1062. in Archivis S. Victoris Massil. : *Dat.... unum lexalem qui ei adhæret in qua magna domus construatur, et in Parexeria supradicti molini unam piscatoriam.* Vide *Paxera.*

¶ **PARGAMENUM**, ut *Pergamenum*, Gall. *Parchemin.* Chartular. S. Vincentii Cenoman. fol. 97 : *Plurimi testes.... convocati fuerunt, quorum nomina huic Pargameno inscripta sunt.* Occurrit etiam in Charta ann. 1337. ex Tabular. S. Victor. Massil. et in Transactione inter abbatem et monachos Crassenses ann. 1351. Hinc

¶ **Pargamenarius**, Qui *pergamenum* conficit, vendit, Gall. *Parcheminier*, in Compendio jurium et consuetud. Univers. Paris. per Robert. *Goulet* fol. 13.

* **PARGEA**, Mulcta, quæ domino exsolvitur pro damno animalium in agris, quæ in *parco* vel *pargo* ob id includuntur, donec resarciatur damnum; unde vocis origo forte accersenda. Vide supra in *Parcus* 1. Libert. villæ S. Theob. sub Bormonte ann. 1203. in Reg. 59. Chartoph. reg. ch. 149 : *De plana Pargea, quatuor denarios et dampnum illatum; de Pargea ovis, unum denarium.... reddet.* Vide infra *Percheia* 2. et *Pergea.*

* 1. **PARGIA**, Eodem significatu, nostris *Pargie.* Charta Odon. ducis Burg. ann. 1207. in Chartul. eccl. Lingon. ex Cod. reg. 5188. fol. 16. r°. : *Lambertus vero tenebit ex episcopo Lingonensi.... Pargias bladorum et vinearum, et alia, si quæ habet, in parrochia Muxeii.* Libert. Calvimont. ann. 1228. in Reg. 71. Chartoph. reg. 154 : *Pargia pratorum durabit ex quo custodes constituti fuerint, donec prata incipientur falcari. Pro Pargia segetum edictum ponitur ex quo custodes eorumdem constituti fuerint, donec messores incipient metere segetes.* Libert. villæ *de Perrusses* ann. 1347. tom. 7. Ordinat. reg. Franc. pag. 33. art. 10 : *Pour plaine Pargie de chascune grosse beste, lidit bourgois paieront à moy ou à mes hoirs quatre deniers Tournois; et restabliront le dommaige au dampnifié.* Art. 11 : *Payeront lidit bourgois de Perrices à moy ou à mes hoirs pour la Pargie de chascune brebis, un denier; pour la Pargie de chascun porc, deux deniers; pour la Pargie de chascune oye, deux deniers; et pour la Pargie de chascune chievre, un denier Tournois.* Lit. remiss. ann. 1377. in Reg. 111. ch. 379 : *Jehan Picotin lors bennier de ladicte ville de Norez* (diocese de Langres) *avoit prise en ladicte bennie une vache, qui estoit audit exposant; icellui exposant feust alez par devers ledit bennier, auquel il eust requis que sa dicte vache li voulsist rendre par recevant de lui l'amende, appellée Pargie, telle comme au cas appartenoit, c'est assavoir deux deniers Tournois.* Vide *Pergia* et *Spargicia.*

* 2. **PARGIA**, Zona latior ex corio, etiamnunc in usu apud rusticos comitatus Ruscinonensis et Pyrenæorum. Leudæ min. Carcass. Mss. : *Item de Pargiis vermelli, de duodena, iij. den.* Ubi versio Gall. ann. 1544 : *D'une charge de Perges, ceintures larges, iij. den.* Stat. ann. 1390. tom. 7. Ordinat. reg. Franc. pag. 565. art. 17 : *Que nulz ne puist faire.... parement de Parge, ne de cuir de mouton.* Ubi corii species indicatur.

* **PARGIUM**, Atrium ante ædes sacras, ut videtur. Stat. eccl. Tull. ann. 1497. Mss. fol. 6. v°. : *Secunda* (feria rogationum) *expectant nos super Pargium, et simul procedimus ad S. Mansuetum.*

¶ **PARGUAMENUM**, ut supra *Pargamenum.* Regestum 87. Chartophylacii Regii : *Ipse dominus Aynardus exhibuit et præsentavit ac legi fecit coram nobis prædictis notariis et testibus præfatis dom. Guidoni baillivo quasdam patentes litteras in Parguameno scriptas.*

* **PARGUAMINERIUS**, Qui *parguamenum* conficit vel vendit, Gall. *Parcheminier.* Glossar. Provinc. Lat. ex Cod. reg. 7657 : *Pargaminier. Prov. cartularius, Parguaminerius.* Vide in *Pargamenum.*

¶ **PARGULINUS**, Minimus, ut videtur, ab Ital. *Pargoletto*, puerulus. Acta B. Michelinæ tom. 3. Junii pag. 930 : *Ego enim veluti Nichelina, ad nihil et nihilum, et ad nihil prævalens... merito mica parvula Pargulina... valeo nuncupari.*

1. **PARGUS**, pro *Parcus*, Septum quo oves includuntur. Tabularium Ecclesiæ Gratianopolitanæ sub Hugone Episcopo fol. 56 : *Habet Episcopus per totam parochiam S. Donati in unumquemque Pargum unum optimum agnum pro censu, vel 10. denarios.* [Occurrit præterea apud Thomasserium in Biturig. pag. 709. Vide *Planicium.*]

* 2. **PARGUS**, pro *Parcus*, Locus ad ferarum custodiam palis, cratibus, muris aut fossis circumseptus. Libert. Mailliaci castri ann. 1229. tom. 5. Ordinat. reg. Franc. pag. 716. art. 21 : *Si aliquod animal de parrochia Mailliaci, a tauris fugatum vel a muscis coactum, forestam de Fretoy, sive hayam, sive plasseitum, quod est juxta Pargum Mailliaci, intraverit, etc.* Charta Petri ducis Brit. ann. 1235. in Chartul. Campan. ex Cam. Comput. Paris. : *Johannes filius meus dotavit eam* (Blancham).... *de castro de Fara, sito infra Pargum de Fara. In parco meo de Fara*, in alia ann. 1206. ibid.

¶ **PARGYA**. Vide *Spargicia.*

PARHIPPUS, sic definitur a Juliano Imp. in leg. 14. Cod. Th. de Cursu publico (8, 5.) : *Sublimitas tua noscat Parhippum eum videri, et habendum esse, si quis usurpato uno vel duobus veredis, quos solos evectio continebit, alterum tertiumve extra ordinem commoveat.* Secus tamen ipse πάριππον usurpat in Epist. 20. et 32. generaliter scilicet pro quovis veredo, ut et leg. 22. 27. 29. d. tit. ubi *Parhippi* a Cursualibus distinguuntur, cum Parhippi iidem essent quos *Avertarios* etiam vocabant, ad onera scilicet cursorum ferenda, quod et indicat Senator lib. 4. Epist. 47. lib. 5. Epist. 5. Vide Petavium ad ejusdem Juliani Epist. 20. [** et Glossar. med. Græcit. col. 1121.]

¶ 1. **PARIA**, Par, Gall. *Paire.* Charta ann. 1205. in parvo Chartular. S. Victoris Massil. fol. 150 : *Unam Pariam de ovibus potest Prior in territorio Sallernarum adducere ad luminaria S. Alexii.* Vide *Par.*

* De ovium grege potius intelligendum esse probat Inquisitio ann. 1268. ex sched. Pr. *de Mazaugues* : *Item dixit quod vidit jacere Parias ovium hominum de Arelate in castro de Moreriis.* Infra : *Requisitus quorum erant dictæ Pariæ sive bailliæ, etc. Pars*, eodem sensu, in Charta Ludov. comit. Nivern. et Regitest. ann. 1304. ex Reg. 59. Chartoph. reg. ch. 346 : *Item se uns froux ou uns Pars d'oueilles trespasse par eschapée et est pris en autrui meffait, il sera en amende de deux soulz.* Vide supra *Baillia.*

¶ 2. **PARIA**, Societas, confœderatio, clandestinum consilium, Gall. *Pratique secrete.* Litteræ Amalrici Ducis Narbon. ann. 1221. apud Marten. tom. 1. Anecd. col. 885 : *Ipsi autem cives similiter nobis juraverunt, quod nobis et heredibus nostris quicumque nobis succedant, in perpetuum adherebunt,.... nec permittent aliquem de inimicis Ecclesiæ et nostris in civitatem Agennensem ingressum habere, vel Pariam cum eisdem; sed ipsam civitatem deffendent firmiter contra ipsos.* Paulò supra : *Ecclesiæ inimicis proposuerunt adherere.* [* Vide supra *Pareria* 2.]

¶ 3. **PARIA**, Parium dignitas. Vide in *Par.*

* 4. **PARIA**, Modus agri, vel Portio, pars, ut supra *Par terræ.* Charta ann. 1320. in Reg. 59. Chartoph. reg. ch. 490 : *Item quinque Pariæ terræ ibidem, æstimatæ decem libras.* Vide supra *Parcata* et infra *Parisiata* et *Parium* 1.

1. **PARIÆ**, ex Hispanico *Parias*, Feudales redditus, honores, homagia. Charta Hispanica ann. 1063. apud *Diago* in Comitib. Barcinon. lib. 2. cap. 52 : *Et ad castra et castella et terras quas habet prædictus Raymundus Comes in Comitatu Ribagorça, et habere debet, et ad ipsas Parias de Hispania, quas jam dictus Raymundus Comes inde habet, et quæ sunt convengudæ ad eum, etc.* Alia Garciæ Regis Navarræ æræ 1087. apud Anton. *de Yepez* in Chronico Ordin. S. Benedicti tom. 3 : *Similiter vendimus vobis ipsa Paria, quam dicunt Guardia, etc.* Alia Sancii Regis Aragonum æræ 1131. apud eumdem tom. 7 : *Similiter dono ipsam Pariam, et tributum ac fabricam, quæ mihi soliti erant facere ipsi Ismaëlitæ, cum omnibus servitiis quæ debent facere.* Infra : *Simili modo dono decimam de Paria prædicti castri, etc.* Adde Sandovallium in Episcopis

Pampilon. fol. 142. Jacobus I. Rex Aragon. in Foris Oscæ 1247. fol. 21 : *Villanus de parada tenetur fidejubere pro suo domino, quotiescunque necesse fuerit ipso domino, et dominus trahat ipsum de ipsa fidanciaria, ita quod pro illa non veniat ei damnum, vel Paria. Et si forte pariabit pro ipsa fidanciaria, de cætero non intret illo pro ipsa fidancia, etc.* Vide Stephanum Baluzium lib. 2. Miscellan. pag. 226. [et infra *Parietes.*]

¶ 2. **PARIÆ**, De iis dici videtur qui eumdem artificem assidue conducunt, nostris *Pratiques, chalands.* Litteræ Johannis Reg. Franc. ann. 1351. tom. 2. Ordinat. pag. 469 : *Ordinaverunt et convenerunt, quod nullus prænominatorum magistro suo Parias seu lucrum auferat, nec in fraudem prædictorum aliquid faciat, etc.*

* 1. **PARIAGIUM**, Dominium, quod in *pariagio* seu associatione possidetur. Stat. ann. 1370. tom. 5. Ordinat. reg. Franc. pag. 363. art. 6 : *Pro rebus per dictas gentes acquisitis in locis existentibus in Pariagio inter nos et dictas gentes, vel cum aliis dominis temporalibus, etc.* Vide in *Par* et supra *Paragium* 3.

* 2. **PARIAGIUM**, Quidquid a scabinis, *Pares communiarum* nuncupatis, communitatis nomine possidetur. Libert. villæ de Millano ann. 1371. tom. 5. Ordinat. reg. Franc. pag. 442. art. 1 : *Quod ipsi consules, qui nunc sunt et pro tempore fuerint, habeant et possideant terras et Pariagia, quos et quæ prædecessores sui, retroactis temporibus, tenere consueverunt.*

1. **PARIARE**, Parem facere, [esse. Tertullianus de Resurr. carnis cap. 6 : *Et Sermo enim Deus, qui in effigie Dei constitutus, non rapinam existimavit Pariari Deo.* Idem lib. de Anima cap. 30 : *Quia nec Pariasset commeatus hic vitæ milliario tempori.*] Nicolaus de Braia in Ludovico VIII. de Sathana :

> Quem quia proposuit Actori se Pariari,
> Ultro digna Dei submisit in igne jehennæ.

¶ 2. **PARIARE**, Solvere, Gall. *Payer.* Donatio dominæ Onecæ apud Jos. Moret. Antiquit. Navar. pag. 597 : *Quislibet homo qui hæc conatus fuerit confringere, Pariet vobis Regi domno Sancio... auri talenta duo.* Charta Muniæ Abbat. tom. 3. Concil. Hispan. pag. 91 : *Si quis tamen homo.... ad irrumpendum venerit.... pro damno temporali Pariet tibi vel uxori tuæ, quantum tibi auferre conaverit, in duplo vel triplo.* Quod a rationibus sumtum videtur; nam cum acceptum et expensum congruunt inter se, *Pariari* dicuntur, secus *reliquari.* Ulpianus leg. 4. D. de manumiss. (40, 1.) : *Proinde et si nummos prorogavit emtor, cum ei Pariaverit, poterit ad libertatem pervenire.* Hinc

¶ Pariatio dicitur ea Scriptura qua apparet satisfactum esse creditori. Lex ult. § 3. Dig. de Condict. indebiti (12, 6.) : *Pactum quod in Pariationibus adscribi solet.* Et

¶ Pariator, Qui paria fecit, nec reliquator est, nostris *Reliquataire.* Lex 81. ibid. : *An Sticho mortuo, antequam rationes redderet, vel Pariatore, vel reliqua habente, etc.* Vide *Parire.*

* 3. **PARIARE**, In *pariagium* associare. Lit. Clement. VII. PP. ann. 1389. in Memor. E. Cam. Comput. Paris. fol. 216. r°. : *Carolum regem Francorum illustrem in dominio temporali.... pro indiviso associavit et etiam Pariavit* (*Leobaldus de Cusancia episcopus Virdunensis.*)

¶ **PARIARIUS**, Pariatio, Pariatus. Vide in *Par.*

* **PARIATGIUM**, ut *Pariagium*, Associatio in dominium, in Charta ann. 1499. inter Instr. tom. 6. Gall. Christ. col. 388. Vide in *Par* et *Paragium* 3.

* **PARIBILIS.** Vide supra *Lex Paribilis.*

PARICELLULI, Monachi ex eadem *Cella*, seu Monasterio, in Vita S. Fructuosi Episc. cap. 1.

¶ **PARICIUM**, in Tabulario Majoris monast. perperam pro *Panicium.* Vide in hac voce. Locus est in *Guaspaleuin.*

PARICLA, Paricula Charta, Exemplum Chartæ, ἰσότυπον, ἴσον, Charta pari tenore scripta, ab archetypo expressa. Vox formata ex *Par*, unde nostri *Pareil* acceperunt, ut *vermeil* ex *vermiculo* vel *vermiclo.* Post Legem Salicam : *Incipiunt sententias de septem septinas, hoc sunt Pariculas causas.* Ita præferre Codd. MSS. monet Baluzius. Galli dicerent, *c'est à dire de pareilles choses.* Apud Marculfum lib. 1. formula 38. inscribitur *Charta Paricla*, continens judicium Comitis Palatii, in quo cum neutra pars victa dici possit, jubentur ambo ejus judicii similia exempla percipere : *Interim vero usque in ipso placito, quia nec utra pars ex ipsis victa sit apparet, unde æquales præceptiones eis fieri, et accipere jussimus.* Formulæ variæ cap. 14. de commutatione : *Unde duas Epistolas Pariculas, uno tenore conscriptas, manu eorum vel bonorum hominum firmatas inter se fieri et firmare rogaverunt, etc.* Placitum Chlodovei III. Regis Franc. apud Mabillonium tom. 4. Actor. SS. Ord. S. Bened. pag. 618 : *Unde et per ipsas eorum notitias Paricolas taliter inter se placitum habuerunt initum.* Infra : *Per eorum notitias Paricolas taliter inter se pro hac causa placitum habuerant.* Testamentum Leodebodi Abbatis, apud Helgaudum in Vita Roberti Regis Franc. : *Quam donationem, ut firmior habeatur, gestis municipalibus alligare decrevi, et duas epistolas uno tenore conscriptas feci de re superius nominata : una quæ in archivo domini resideat Aniani : aliam vero pars Monasterii domni Petri per futura tempora reservandam recipiat : qualiter Monachi ibidem Deo servientes, id quod eis per ipsam dedi defensare valeant.* Testamentum Bertichramni Episcopi Cenoman. : *Simili modo jubeo, quod de vestimenta damea... Domno vero et Pontifice successore meo Pariculos duos optimos de proprio vestimenti damea reverenter offerre jubeo. Tibi vero sancti Archidiaconi præcipio, ut unum caballum bonum, et unum Pareculum de proprietate mea præsumas.* [Ibid. infra : *Poledros congregans duos, et singulos Pariculos ipsi domini accipiant.*] Vetus Charta in Vita Aldrici Episc. Cenoman. num. 69 : *Unde convenit ut tres epistolas, uno tenore conscriptas, inter se fieri et accipere deberent.* Vide Formul. 48. ex Baluzianis, et *Appar.*

PARICONSILIUM, Consensus unanimis, decretum. Concilium Magalonense apud Junquerias ann. 909 : *Prævideat namque Archipræsul, ut in visceribus eorum nulla machinamenta, nec ulla fallacia diaboli remaneat, et postea ad nostrum Pariconsilium taliter absolvat et benedicat. Par Consilium* eodem sensu dixit Concilium Andegav. ann. 453. tum in Præfatione, tum in fine Canonum : *Parem Consultum*, Frotarius Episc. Tullens. Epist. 10.

* **PARICUS**, *Quello che chiama in piaçça*, in Glossar. Lat. Ital. Ms.

PARIENTIA, Obedientia, in Concilio Toletano XVI. can. 8. 9. 12. *Parientiam accommodare*, obedire, apud Senatorem lib. 7. Vide Cujacium lib. 1. Observ. cap. 6. et *Parentia.*

¶ **PARIERIA**, Parierii. Vide in *Par.*

1. **PARIES**, Retis ad capiendas aves species, in modum parietis tensi. Describitur a Petro de Crescentiis lib. 10. de Agricult. cap. 21. [* Italis, *Parete* et *Paretella.*]

2. **PARIES**, Pars aliqua corporis, [Ossa Temporum sive Tempora, nostris *Tempe* vel *Temple*, Græcis κρόταφοι, Medicis barbaris *Ossa parietalia.*] Additio III. ad Legem Frision. tit. 3. § 63. 64 : *Si nasum transpunxerit, ter 12. sol. si unam Parietem transpunxerit, 6. sol. etc.* [** Paries nasi, nasi cartilago ab una parte.]

¶ 3. **PARIES**, Limbus, ora, Gall. *Lisiere*, ni fallor. [* Haud scio an non melius, Par, Ital. *Pari*, Gall. *Paire.*] Statuta Vercell. lib. 4. fol. 85 : *De mantiliis et toaliis strictis possint capere.... denarios octo pro Pariete, pro mediocribus solidos tres et denarios IV. pro Pariete, pro amplioribus solidos V. pro Pariete. De toaliis uxellatis pro qualibet Pariete solidos decem Pap.*

¶ 4. **PARIES**, Alia notione, in Statut. Astens. ubi de *Intratis* portarum : *Parietes sachorum que ducuntur in balla solvant pro qualibet balla de Parietibus lib. 32. Parietes sachorum que non ducuntur in balla solvant pro qualibet Pariete sol. VI. den. VIII.*

* 5. **PARIES** Tribunalis, Cui episcopi sedes affixa est. Acta S. Petri episc. tom. 7. Jul. pag. 183. col. 2 : *Et infra ecclesiam B. Joannis Evangelistæ jussit Galla Placidia pro illius sanctitate, ejus effigiem tessellis exornari in Pariete tribunali, post tergum pontificis supra sedem, ubi pontifex sedet.*

** 6. **PARIES**, Latus aulæ ab angulo ad angulum. Gall. *Pan.* Irmin. Polypt. Brev. 13. sect. 64. pag. 143 : *Claudit in curte dominica de tunino Parietem I.*

* Nostris *Paray* et *Parect*, Paries, vulgo *Mur, cloison, paroy.* Lit. remiss. ann. 1397. in Reg. 153. Chartoph. reg. ch. 166 : *Lesquelx rompirent la Paray, qui estoit d'arsille, etc.* Aliæ ann. 1449. in Reg. 179. ch. 323 : *Le suppliant et son frere estoient en euvre de faire et ediffier ung Parect à l'un des costez d'icellui pré.* Sed et *Appare* et *Apparoy*, eodem sensu, usurparunt. Lit. remiss. ann. 1409. in Reg. 163. ch. 465 : *De si grant force icellui Muriel getta l'escuelle en quoy ilz buvoient, que elle rompy en pluseurs piéces encontre une Appare, où elle fery.* Aliæ ann. 1454. in Reg. 182. ch. 124 : *Le suppliant getta le voirre contre le mur ou Apparoy de la maison. Guillaume Bouyer qui se tenoit mussé.... contre le torchis ou Apparoy de son hostel*, in aliis ann. 1468. ex Reg. 197. ch. 59.

* Ad Pariem, mendose pro *Ad partem*, Separate, seorsim, Gall. *A part.* Charta

ann. 1294. inter Probat. tom. 1. Hist. Nem. pag. 126. col. 2 : *Judæos etiam, qui de novo in dicta villa mixtim inter Christianos indifferenter morari dicuntur, si comode fieri possit, morari faciatis ad Pariem.* Vide in *Pars.*

¶ **PARIETES**, Eadem notione qua *Pariæ* supra, Feudales redditus, honores, homagia. Charta Caroli Calvi ann. 845. pro fundatione Monast. S. M. de Alaon, tom. 3. Concil. Hispan. pag. 132 : *Dedit monasterio et præfatis monachis ecclesias locorum de Arennus, de S. Stephano de Malleo... et omnia aloda, eorum scilicet lavandarias et Parietes.* Idem rursus occurrit pag. 133.

¶ **PARIETH**. Papias : *Maslingua, genus avis, Parieth dicitur.*

¶ **PARIETINÆ**, *Parietum ruinæ*, in Gloss. MS. Sangerm. num. 501. Judicium ann. 997. apud *le Blanc* in Dissert. de Monet. pag. 92 : *Prædictum monasterium ecclesias duas in integrum cum casis, hortis, cryptis et Parietinis suis sive oratorio Salvatoris securo et quieto ordine detineat.* Chron. Farf. apud Murator. tom. 2. part. 2. col. 511 : *Cum curte ante eam et domibus scandoliciis II. circumdatis Parietinis antiquis, a duobus lateribus et cum horto in circuitu ejusdem ecclesiæ.* Vox Plinio haud ignota.

* Consule Nic. Alemann. *de Lateranensibus Parietinis, etc.* Romæ ann. 1725.

PARIFICARE, Parem facere, *Egaler.* Bulla Clementis IV. PP. ann. 1285 : *Per omnia quæ libertatis fuerint cæteris regnicolis Parificabit.* Utitur etiam Joannes Sarisberiensis in Policratico lib. 3. cap. 14 : *Deorum siquidem minuunt reverentiam, quos Parificant sibi.* Ut et Sugerius Epist. 61. [Albert. Mussatus apud Murator. tom. 10. col. 627 : *Nec minus ex adverso Parificata utraque clade Siculis intolerantia Fridericum querulo strepitu accersebat, anxiumque undique urgebat.* Vide S. Orientium lib. 2. Commonit. Marten. tom. 4. Anecd. col. 697. et Lobinell. tom. 3. Hist. Paris. pag. 222.]

* **PARIFICARI**, Parem esse. Lit. Greg. IX. PP. ad reg. Navar. ex Chartul. Campan. fol. 42 : *Vix creditur ut eisdem progenitoribus tuis, quibus Parificaris honore dominii, patiaris te contrarium moribus et inferiorem virtutum actibus inveniri.*

PARIFORMITER, Pariter, similiter. Utitur Ericus Upsaliensis lib. 1. Hist. Suecor. pag. 4. [Chron. Episc. Merseburg. apud Ludewig. tom. 4. Reliq. MSS. pag. 450 : *Pariformiter dictæ ecclesiæ decanum doctorem Bornis quietum fore non sinebat.* Adde Chronicon Petri Azarii apud Muratorium tom. 16. col. 344.]

* Nostris alias *Essement.* Sermo 6. Cod. S. Vict. Paris. : *Uns preudon qui eissi premierement à un matin,.... Essement fist à tierce, Essement à midi.* Quæ ex S. Matth. Evang. cap. 20. descripta sunt.

PARIGIUM, Maris aliquod spatium ita appellatum, quod tendentibus in Ægyptum occurrit. Sanutus lib. 2. part. 4. cap. 5 : *Pro transeundo Parigia dicti maris, quæ periculis quasi nusquam carent.* Et cap. 14 : *Cæterum propter aquarum discursus, ... oportet iri usque ad medium Parigii eundo quartam venti desuper a Syroco... qui quidem transitus Parigium nuncupatus circa 450. miliaria æstimatur, licet quidam 500. miliaria transitum seu Parigium fore asserant supradictum.* [Nostri *Parage* vocant quamlibet maris plagam vel tractum.]

PARILION. Vita S. Wunebaldi Abbatis Heidenheim. n. 8. de eodem : *Sacer ille atque perfectus Barilion.* Et n. 13 : *Cum belligerosus atque beatus Barilion terram Sualaveldorum habitare cœpit, etc.* In alia Vita ejusdem Sancti n. 31. habetur *Parilion.* Itinerarium S. Willebaldi n. 31 : *Et ille beatus Parilion Willibaldus.* Unde conjicio respexisse Scriptores istos ad Græcum παρήλιον, quod *nubem soli similem tum colore tum orbiculari figura* sonat : ita ut quasi sol alter sanctitatis fuerit, seu jubar. Vita S. Soli Confessoris cap. 1. de eodem Sancto : *Hanc in patriam ceu jubar solis clarissimum delatus est.* De Parelio vide Joan. Sarisber. lib. 2. cap. 3.

* **PARILIS** Lex. Vide supra *Lex Parilibis.*

¶ **PARINUS**, mendose, ut videtur, pro *Pannus.* Anastasius in Epitome Chron. Casin. apud Murator. tom. 2. pag. 369 : *Hic Ludovicus Italiam dum ingressus fuisset cum Clothario patre, ad Casinense cœnobium veniens, possessiones universas ablatas restituit, et Parinos nativos et grisos, calicasque cum guindis et ocreas fratribus concessit.*

* Nihil emendandum opinor; vestis seu pars vestimenti significatur. Occurrit rursum hæc vox apud Steph. de Infestura Ms. ubi de Innoc. VIII. PP. ad ann. 1491 : *In qua* (concha) *repertæ fuerunt multæ reliquiæ, potissime in uno sacculo Parini lini albi de reliquiis multorum martyrum.* Haud scio an huc spectet vox Occitanica *Parpanha*, in Charta ann. 1347. ex Reg. 68. Chartoph. reg. ch. 277 : *Jaques Brunet cousturier de Parpanha, habiteur de Narbonne, etc.* Vestis ornatus videtur, idem forte quod nostrum *Falbala.*

¶ **PARIOCULUS**. Vide *Paricla.*

¶ **PARIOLUS**, pro *Hariolus.* Gloss. Lat. Gr. : *Pariolus*, προφήτης, θυοσκόπος.

¶ **PARIRE**, Solvere, Gallice *Payer.* Testam. Adephonsi Reg. Hispan. apud Marten. tom. 1. Ampliss. Collect. col. 547 : *Quod si ego, aut aliquis generis mei, seu extranei hoc donum quod ego grato animo altario S. Petri obtuli, auferre quæsiero vel quæsierit.... quisquis fuerit propinquus aut extraneus, Pariat centum libras auri altario S. Petri.* Vide *Pariare* 2.

* **PARISIA**, pro *Prisia*, ut suspicatus est D. *Secousse*, in Libert. villæ de Andeloto ann. 1269. tom. 8. Ordinat. reg. Franc. pag. 126. art. 126. 1 : *Nec eciam homines custodiarum nostrarum, in quibus habemus taillias seu Parisias, etc.* Vide *Prisia* 1.

¶ **PARISIACA** Terra, Parisiensis pagus, ager, in Formula 12. novæ Collect. tom. 2. Capitul. col. 564.

* **PARISIATA**, Modus agri unius Parisiensis annui redditus, quomodo supra *Denariata* et *Libra terræ;* nostris *Parisis*, eadem acceptione. Charta pro eccl. Trec. ann. 1374. in Reg. 105. Chartoph. reg. ch. 553 : *Item pro una Parisiata vineæ in magna ruella sita.... Item pro medietate duarum Parisiatarum prati.... Item pro medietate trium denariatarum prati.* Alia ann. 1464. in Reg. 199. ch. 424 : *Item environ deux Parisis de bois tenant à la riviere de Seine.* Vide supra *Paria* 4.

PARISIENSES, Monetæ Parisiis cusæ, quod Turonensium quarta parte pretium superabant. Harum passim mentio est in Chartis. Guillelm. *Guiart* ann. 1292 :

> Et il fist courre le navie,
> C'on prisa à maint Paresi,
> Vers les Isles de Guernesi.

¶ **PARISIUS**, sine flexu interdum pro ipsa Parisiorum urbe usurpatur. Charta Ludovici VI. Regis Franc. ann. 1134. in Tabular. Montis Mart. : *Pro eadem vicaria statum, i. inter veteres status carnificum et fenestras duas ex alia parte vie Parisius in commutatione donavimus.* Chron. S. Medardi Suession. ad ann. 1254. tom. 2. Spicil. Acher. pag. 799 : *Et in vigilia Nativitatis B. M. receptus est* (S. Ludovicus) *apud Parisius processionaliter et solemniter.* Robert. *Goulet* in Compendio jur. et consuet. Univers. Paris. fol. 14 : *Si enim contingat longe a Parisius Regem decedere, corpus defuncti Parisius affertur.* Aliquando pro tractu et territorio Parisiensi. Aimoinus in Mirac. S. Benedicti sæc. 4. Bened. part. 2. pag. 389 : *Nam Parisius eam ad S. Dionysii sepulcrum.. perducentes.* Porro constat tempore Aimoini basilicam S. Dionysii tumulo illustrem quinto ab urbe lapide sitam fuisse. Martyrol. vetus a Mabill. laudatum tom. 1. Annal. pag. 76 : *VII. Idus Septembris Parisius, vico Novigento, depositio S. Chlodoaldi Regis et confessoris.* Distat autem vicus Novigentum, hodie *S. Clou*, quinque millibus passuum ab urbe. Consule Hadrian. Valesium in Discept. de Basil. cap. 8. et 9. et Defens. part. 2. cap. 5. et 6.

PARITADERII, Apparitores, in Conventionibus inter Ludovicum II. Regem Siciliæ Comitem Provinciæ, et Arelat. ann. 1385. art. 16. ubi interpres Gallicus vertit *Juges Carrierés*, qui vocem a *paries* deducit, Arelatensibus *paret*, ut *Carrierés*, a *Carriere*, via, platea.

¶ **PARITAS**, Æqualitas, Gellio parilitas, nostris *Egalité*, Ital. *Parita.* Chron. Andr. Danduli apud Murator. tom. 12. col. 359 : *Cives Veneti in electione Ducis discordiam ex Paritate vocum alias ortam evitare cupientes, etc.* Vide alia notione in *Par.*

¶ **PARITIO**, Obedientia. Constit. Nicolai V. PP. ann. 1448. in Bullario Carmelit. pag. 214 : *In sententiis, censuris et pœnis in processibus prædictis contentis, quas occasione non Paritionis hujusmodi incurrerat, per duos annos insorduerat.* Alia Leonis X. PP. in Bullar. Casin. pag. 129 : *Si quibus* (censuris) *quomodolibet etiam ob non Paritionem rei.... innodati existant.* Vide *Parientia.*

PARITONUS, *Cantor, qui parat tonos.* Ugutio. [* Melius ex Cath. in Amalth. *qui parit tonos.*]

* **PARITOR**, Scelus parans; nisi legendum sit *Apparitor*, ut notant docti Editores ad Vit. S. Chrodog. tom. 1. Sept. pag. 769. col. 2 : *Inter cetera tale fertur Paritori dedisse responsum; Fac, inquit, fili, quod vis : et ad quod missus es, perfice. Nec*

cunctatur sceleratus juvenis : duplicato sanctum virum extemplo gladio percutit vulnere.

¶ **PARITORIUM**, vox forensis, ni fallor, Denuntiatio apparitoris scripto consignata, Gall. *Commandement*. Articulus 51. ex Instrum. pacis Osnabrug. inter Probat. Hist. Alsat. pag. 161 : *Causisve decisis, vel etiam decretis, mandatis, rescriptis, Paritoriis reversalibus, litis pendentiis, vel aliis quibuscumque prætextibus.*

PARITURIUM. In Descript. Regionum urbis Romæ edit. Mabillon. : *A porta Flaminea usque Pariturium, etc.*

¶ 1. **PARIUM**, Mensura frumentaria. Statuta Monast. S. Claudii ann. 1448. pag. 63 : *Item, et per dominum de Albenco occasione dominii de Visiaco, debentur eidem officio de annuo reditu, duo Paria bladi, quæ per eundem dominum solvi anno quolibet in præfato loco de Visiaco consueverunt.*

* Quæ mensura etiam nunc *Pareil* appellatur in pago Lugdunensi et Bressiæ, eadem quæ *Asinata*. Vide in hac voce.

¶ 2. **PARIUM**, Idem forte quod nos etiamnum *Parement* dicimus, Assutum vestis muliebris ornamentum. Litteræ Caroli V. Reg. Franc. ann. 1367. de forma vestium : *Item quod non audeant* (mulieres) *portare mochas.... latiores trium digitorum vel majoris latitudinis qua fit unum Parium vel unum erminum.*

¶ **PARJURUS**, pro *Perjurus*, nostris *Parjure*. Leges Norman. apud Ludewig. tom. 7. Reliq. MSS. pag. 363 : *Et si quis contra hoc ad jurandum accesserit, tanquam Parjurus debet puniri.*

* *Esparjure*, in Assis. Hierosol. cap. 70.

¶ **PARIUS**, adject. Par. Conventus Episcopor. apud Cæsaraug. ann. 1058. tom. 3. Concil. Hispan. pag. 221 : *De illud avere mobile qui exierit eis per pacem de Alchagib fine eorum Parias habeant duas partes Comite Raymundo et Comitissa Adalmodis.*

¶ **PARLAMENTARE**, Colloquium de re alicujus momenti inire, habere, nostris *Parlementer*. Chron. Parmense ad ann. 1297. apud Murator. tom. 9. col. 838 : *Existentibus tunc omnibus Majoribus civitatis Parmæ cum domino Maphæo Vicecomite ultra Mediolanum ad sociandum ipsum ad Parlamentandum cum Marchione Montisferrati.* Adde eumd. tom. 18. col. 1037.

¶ **PARLIAMENTARE**, Eadem notione, in Charta ann. 1350. apud Rymer. tom. 5. pag. 673 : *Et ad dictum regnum Franciæ personaliter accedentes... ad Parliamentandum super iis, etc.*

¶ **PARLAMENTEUS CONSUL**, Curiæ Parlamenti Consiliarius. Charta ann. 1435. tom. 3. Hist. Harcur. pag. 607 : *Guillelmus Quadrigarius, Parlamenteus Consul, ecclesiæ Parisiensis decanus. Parlamentea Curia*, in Compendio jur. et consuet. Univers. Paris. per Robert. *Goulet* fol. 12.

¶ **PARLAMENTORIUM**, Locus in claustro ad collationem fratrum. Continuator Chron. Joan. Iperii apud Marten. tom. 6. Ampliss. Collect. col. 616 : *Claustrum a domini Parlamentorio usque ad Parlamentorium conventus cum capella S. Ludovici ædificavit.* Vide *Parlatorium*.

PARLAMENTUM. Joan. de Janua : *Colloquium, quod vulgo dicitur Parlamentum.* Ptolomæus Lucensis ann. 1180 : *Et dictum fuit hoc in publico Parlamento.* Otto Morena in Hist. Laudensi pag. 10 : *Postremo in Roncalia expleto Parlamento, petiit Rex, etc.* Statutum Leprosariæ S. Juliani in Anglia : *Nec quisquam fratrum teneat ibi Parlamentum cum alio fratre, etc.* Statuta Abbatum Nigri Ordinis ann. 1249 : *Et cum quidam post prandium proniores sunt ad loquendum, quod non prodest, quam quod ædificat audientes, ad ampliandum cultum justitiæ qui in silentio reperitur, statutum est, quod Parlamentum, quod post prandium in quibusdam claustris fieri consuevit, penitus interdicatur.* [Statuta Monialium S. Salvat. Massil. ann. 1400 : *Loquantur cum secularibus cum brevi Parlamento ante portale videlicet in loco ordinato.*]

* *Parlement*, eodem sensu, in Lit. ann. 1372. tom. 5. Ordinat. reg. Franc. pag. 565.

Maxime vero *Parlamentum* sumitur, pro solemni aliquo colloquio, de re quapiam alicujus momenti deliberandi causa habito. Matth. Paris. ann. 1245 : *Hoc siquidem finito Parlamento* (S. Ludovici Regis Franc. cum Summo Pontifice) *recessurus Rex Francorum cepit diem Parlamenti cum Domino Papa in quindenam Paschæ.* Codex Croylandensis Cœnobii : *Concessimus etiam tunc serjentiam nostræ Ecclesiæ Semanno de Lek : qui veniens coram conventu in nostro publico Parliamento similiter juramentum præstitit, quod fidus et fidelis nobis existeret.* Exstant Literæ ejusdem Alphonsi Comitis ann. 1266. ad Constabularium Arverniæ in Hist. Castilionensi pag. 4. in quo hæc habentur : *Mandamus vobis quod Joannem Dominum de Castellione en Bazais... diligenter audiatis, et sibi faciatis bonum jus,... et res ipsius vel hominum ipsius detentas faciatis eisdem recredi per bonos plegios usque ad Parlamentum nostrum, quod erit in crastino quindenæ omnium Sanctorum proximo venturum, et* * *sederat* (f. *sedeat*) *recredentia in hac parte. Et quod super hoc feceritis et inveneritis, nobis ad dictum Parlamentum nostrum futurum in scriptis significare curetis.* Ubi Duchesnius ad marginem hæc scripsit, *Nota Parlamentum filii Regis Franciæ.* Sed hac voce colloquium cum Joanne Castilionensi videtur intelligi debere. [Genealog. Comit. Flandr. apud Marten. tom. 3. Anecd. col. 428 : *Comite Flandriæ ipsos nihilominus ad tenendam pacem et concordiam in multis et frequentibus Parlamentis, et per internuncios ad ipsos sæpissime missos alliciente.* Chronic. Corn. *Zantfliet* apud eumdem tom. 5. Ampliss. Collect. col. 367 : *Aliquanti probi et honorabiles viri.... habitis et tentis pluribus Parlamentis et diætis inter partes, etc.* Adde Murator. tom. 12. col. 457. et tom. 14. col. 1147.] In Concilio Nugarolensi ann. 1302. cap. 13. vetantur fieri *Statuta*, aut *Parlamenta, nisi ad pietatem suadeant.* Ita in Concilio Ravennensi ann. 1311. vetantur fieri in Ecclesia *publica Parlamenta*, ut in Concilio Marciacensi ann. 1326. cap. 46. Adde Litt. Petri Archiepiscopi Narbon. in Concilio Biterrensi ann. 1279. et Conventiones inter Carolum I. Comitem Provinciæ, et Arelatenses ann. 1251. art. 4. Carolus IV. Imper. in Vita sua : *Respondit quod nullas cum eo vellet habere treugarum inducias, nec aliqua cum eo quærere concordiæ Parlamenta.* Utitur etiam infra, ut et Chronicon Aulæ regiæ cap. 27. Historia Cortusiorum lib. 2. cap. 11. 12. 20. lib. 4. cap. 2. Ericus Upsaliensis lib. 3. Hist. Suecicæ pag. 95. etc. Gaufridus Villharduinus num. 75. de Baronibus Francicis in expeditione Constantinopolitana : *Lendemain quant il orent la Messe oïe, s'assemblerent à Parlament : et fu li Parlemens à cheval emmi le champ.* Alibi : *Après prisrent li Barons un Parlement à Soissons, pour savoir quand il voudroient mouvoir.* Joan. Villaneus lib. 6. cap. 83 : *Ordinaro di far Parlamento ad Empoli per reformare lo Stato di parte Gibellina in Toscana.* Le Roman *de Vacce* MS. :

> Le Pallement qu'il quist volontiers graanta.

Infra :

> Puis me refist sor Seine au Parlement venir.

Idem Villaneus lib. 7. cap. 56 : *Congregato il popolo di Firenza a Parlamento nella piazza vecchia, etc.* Ita lib. 10. cap. 69. 112. Adde Annales Massilienses Guesnaii pag. 358. 383.

Ita pariter appellabant plebium ac populorum Conventus in civitatibus, de rebus publicis deliberandi causa coactos : unde *Commune colloquium* dicitur in Charta Raimundi Comitis Tolosani apud Catellum pag. 35. et apud Will. de Podio-Laurentii cap. 42. quod in aliis Alphonsi Comitis, *Parlamentum : Mandamus quatenus ab ejusmodi præsumptione cessetis, et ad requisitionem nuntiorum nostrorum generale concilium, cum eis scripserimus, congregetis, et si res exegerit, Parlamentum, ut omnes mandata nostra licenter audiant.* Charta alia ejusdem Alphonsi ann. 1251 : *Actum Tolosæ in domo communi in publico Parlamento.* Charta Amalrici Vicecomitis Narbonensis in 2. Regesto Philippi Pulcri Regis Franc. n. 22. ex Tabulario Regio : *Retinemus etiam nobis et nostris successoribus.... præconizationes et mandamenta, et monstra armorum a supradictis civitate, burgo, castris, et locis communicandis, quæ nos et prædecessores nostri habere consuevimus, et quod pro prædictis et aliis possumus mandare et congregare, et facere in dicta civitate et burgo Narbonæ generale et speciale Parlamentum, sicut fecimus temporibus retroactis.* Ad ejusmodi vero Parlamenta sono tubæ plebs cogebatur. Charta alia pag. 382 : *Dominus Vicarius in Palatio domus communis constitutus, Parlamento in ipso palatio ad sonum tubæ seu tubarum publice congregato.* Vide Bened. Varchium in Hercolano pag. 41.

☞ Frequentioris usus fuisse videtur, ut campanæ, quam *bannalem* vocabant, pulsu ejusmodi Parlamenta congregarentur. Charta ann. 1223. in parvo Chartul. S. Victoris Massil. : *Hujusmodi cautio fieret in Parlamento vel in Concilio generali ad sonum campanæ congregato.* Alia ann. 1271. tom. 2. Hist. Dalphin. pag. 93. col. 1 : *Et ipsa universitas ibidem præsens ad Parlamentum per sonum campanæ more solito ad infrascripta specialiter prædicti homines et Consules convocati.* Transactio ann. 1490. ex Schedis Pr. *de Mazaugues : Congregato honorabili concilio sive Parlamento universitatis hominum dicti castri.* Caffari Annal. Genuens. lib. 1. apud Murator. tom. 6. col. 285 : *Prædicti vero consules post eorum electionem Parlamentum statim fecerunt, in quo omnibus discordantibus pacem jurare fecerunt.* Vide *Campana* 2. et *Parlatorium.*

Hinc haud ægre colligere est, unde nostri appellarint Parlamenta procerum totius regni Conventus, ad hoc coactos, ut cum Rege ac Principe de rebus publicis deliberarent, et si quæ majoris momenti negotia essent peragenda, in iis per leges examinarentur et conficerentur. Nam constat eam fuisse *Parlamentorum* institutionis occasionem, maxime in Anglia, ubi Parlamentum *Commune Concilium regni Angliæ*, *Magnum Concilium* et *Magnum Concilium Regis* vulgo appellatur, ut auctor est Edwardus Cokus ad Littletonem sect. 164. licet discrimen aliquod esse videatur inter Anglicana Parlamenta et Francica; cum Anglicanis omnes regni ordines intersint, in Francicis vero, si prima spectetur eorum origo, proceres tantum secularis et ecclesiastici ordinis. Vita Ludovici VII : *Eodem anno Castro Vezeliaci magnum Parlamentum congregavit. Ibi Archiepiscopi, Episcopi et Abbates, et magna pars Baronum Franciæ convenerunt.* Denique Anglicana Parlamenta ejusmodi videntur esse, quomodo in Francia nostra sunt trium Regni Ordinum Conventus, quos vulgo *Assemblées des Estats du Royaume* nuncupamus; qui potissimum ad hoc cogebantur, ut incumbentibus bellis, Regi auxilia pecuniaria ab omnibus regni incolis præberentur. Anonymus Anglus in libro inscripto *Mirror*, cap. 1. sect. 2 : *Le Roy Alfred fit assembler les counties,... et ordeina pur usage perpetual, que deus foits per an, ou plus souvent, pur mister in temps de peace, se assembleront à Londres à Parlementer sur le guidament del people de Dieu, et coment soy garderont de pecher, viveront en quiet, et receiveront droit per usages et saints judgemens, per ceste estate se fieront plusors ordinances per plusors Roys, josque à temps le Roy que ore est, que fuit le Roy Edowart.* Sed an in Parlamentis Anglicis olim *Communiæ*, uti vocant, admissæ sint, in dubium vocat Spelmannus. Certe primitus ad ea tantum admissos vel vocatos *Archiepiscopos, Episcopos, Abbates, Priores, Comites, Barones, et proceres regni*, testatur Matth. Paris ann. 1164. 1237. 1242. 1247. 1252. 1253. 1254. 1255. 1257. etc. Idem tamen Matth. Paris ann. 1196. Londoniis factum Parlamentum scribit, *convocato Clero regni ac populo.* Vide Littletonem sect. 164. et Seldenum de Titulis honorariis pag. 710. 739. Exstat porro liber inscriptus, *Modus tenendi Parliamentum*, Anglicanum scilicet, quod descriptum legitur tom. 12. Spicilegii Acheriani pag. 557. Parlamenti Anglici auctoritatem pluribus commendat Joannes Fortescutus lib. de Laudibus legum Angliæ cap. 18. et 34. ubi ait (non ut in Francia) *regaliter et politice* regnare Regem Angliæ.

☞ Eodem *Parlamenti* nomine designatum legimus Magnum Dalphinorum Consilium, in Charta Humberti II. ann. 1336. tom. 2. Histor. Dalphin. pag. 319 : *Ut super omnibus in Parlamentis tutius et certius referre valeant, coram magno Consilio Dalphinali,.... quodque singulis duobus mensibus semel procurator noster cujuslibet baylliviæ ipsam papyrum dicto sigillo Consilii sigillatam, ad nostram præsentiam, vel nostrum magnum Consilium studeat aportare.* Quæ verba non obscure significant illud quod nos *Grand Conseil* vel *Conseil d'Etat* nuncupamus.

☞ At in Charta ejusdem Humberti Dalphini ann. 1338. ibid. pag. 361. *Parlamentum* appellatur Procerum totius Dalphinatus Conventus ad hoc coactus, ut subsidia consueta Regi Francorum, ingruente bello, præberent : *Receptis nuper litteris D. Regis Francorum per quas nos et gentes nostras parare oportet ad subsidium guerræ suæ, et alia circa ea, et aliis nobis occurrentibus arduis negotiis, Parlamentum et Consilium generale quod ordinaveramus teneri apud Gratianopolim in octava B. Joannis Baptistæ contramandamus, donec iterum ipsum remandemus.*

Parlamenta vero Francica semel ac iterum quotannis indicebantur, [ut ex Statuto Philippi Pulcri mox laudando constat. Stabilimentum Philippi VI. ann. 1344. tom. 2. Ordinat. Reg. Franc. pag. 217. § 11 : *Cum a magnis retroactis temporibus, quibus Parlamentum bis in anno quolibet teneri solebat, etc.*] Convocabantur ad majoris momenti lites examinandas, appellationes a Ballivis supremo judicio decidendas, et reliqua quæ ad jus dicendum videbantur conducere decernanda : idque *generali Parlamento sedente Parisiis*, ubi fere semper indicta legimus, fieri dicebatur, ut præfert Charta Philippi Regis ann. 1308. apud Chiffletium in Tornutio pag. 315. Vita Ludovici VIII. an. Dom. 1224 : *Ludovicus Rex Franciæ apud Parisios Parlamentum generale tenuit.* Nangius in S. Ludovico : *Convocavit Rex Francorum Ludovicus grande Parisiis Parlamentum.* Huic etiam *universalis et capitalis justitiæ regni* præ cæteris illustre elogium tribuit Carolus Normanniæ Dux, tum Regni Rector, in Statuto edito 23. April. ann. 1360. pro *Vadiis* Parlamenti, quod descriptum legitur in Regesto Cameræ Comput. Parisiens. sign. D. fol. 13 : *Quod illi qui electi sunt ad honorem sedis nostri Parlamenti universalis et capitalis justitiæ Regni nostri gubernacula dirigunt, atque proprie repræsentant in populo celsitudinis nostræ Majestatem, dignum est stipendiorum gratia foveantur, saltem solitorum, ex quibus ipsarum gentium moderata sinceritas hactenus est contenta.* Quibus consimilia sunt, quæ idem Carolus, tum Rex, ait in Statuto alio pro confirmatione Officialium Parlamenti 28. Aprilis ann. 1364 : *Præsertim ut nostrum Parlamenti Curiam, quæ nostræ majestatis imaginem repræsentat, a qua ut a fonte justitiæ nostri Regnicolæ fructus justitiæ indesinenter exhauriunt.* [Iis præiverat Philippus VI. Rex Fr. in Statuto ann. 1344. tom. 2. Ordinat. pag. 220 : *Li Roys en son Grand Conseil... a ordené... que pour gouverner sa Justice capital, c'est à sçavoir son Parlement, etc.*]

Et sane ea fuit, apud exteros etiam Principes, Parlamenti Francici fama, ac justitiæ existimatio, ut non semel controversias suas ab eo dijudicari petierint, et consenserint : atque in iis Henricus II. Angliæ Rex in ea controversia, quam cum Archiepiscopo Cantuariensi exercuit, *ut legibus alligatum se principem profiteretur*, coram Rege Francorum professus fuit, *se paratum Archiepiscopo per omnia satisfacere, vel si contendere decrevisset, judicium in Palatio Parisiensi subire, proceribus Galliæ residentibus, aut Gallicana Ecclesia partes suas interponente.* Verba sunt Radulfi de Diceto sub ann. 1169. quæ quidem de Parlamento Parisiensi intelligenda prorsus arbitror, tametsi haud omnino constet ædem Regiam, quam *Palatium* vocant, juri dicundo, ut hodie fuisse addictam, quod plerique sub Ludovico Hutino, alii sub Philippo IV. factitatum volunt. Ita Fridericus II. Imper. in controversia inter Sacerdotium et Imperium, *se coram Laicis Paribus et Nobilibus Regni Franciæ* jus subiturum protestatur in ea Epistola quam in Notis ad Joinvillam edidimus pag. 56. Alia ejusmodi proferunt exempla Molineus in Annotat. ad Stylum Parlamenti, initio, Oliverius Cancellarius Franciæ in Oratione habita ann. 1549. Chopinus lib. 2. de Doman. tit. 15. n. 9. Roccaflavinus lib. 13. de Parlament. cap. 2. 3. et Andreas Favinus in Theatro Honoris lib. 2. pag. 306. et sqq.

☞ Nec illud temere prætereundum mihi videtur quod Parlamentum *Curia Franciæ* nuncupatur in Transactione inter Philippum Pulcrum Reg. Fr. et Episcopum Capitulumque Eccles. Vivar. ann. 1307 : *Non tenebuntur coram aliquo Officiario nostro litigare, vel respondere, nisi tantummodo coram nobis, vel nostra curia Franciæ.* Quibus similia sunt quæ Johannes Rex ait in Litteris ann. 1362. tom. 3. Ordinat. pag. 605 : *Causaque prædicta ad Curiam nostram Parisiensem fuit devoluta.* Vide in *Curia*, col. 712.

Parlamentum vero, quod ambulatorium erat, seu potius quod indici solebat quotannis, semel vel bis, statarium et perpetuum factum fuit, litiumque ac controversiarum appellationibus dirimendis addictum. Ejusque exemplo creata subinde alia in provinciis, quorum seriem brevi catalogo hic dabimus, cum Glossarii brevitas vetet iis immorari quæ de Parlamentariis sedibus juridicis auctores contulere, quos consulere cuivis liberum erit plura scire aventi, ac in primis laudatum Roccaflavinum, qui spissum satis opus de iis composuit. Exstant præterea vetera de Parlamentis tenendis Statuta, tum inedita, tum edita a Miramontio et aliis, quæ eorum usum ac origines pluribus retegunt, et a quorum descriptione consulto abstinemus, ad alia festinantes. Parlamentorum igitur Francicorum antiquius

Parlamentum Parisiense habetur, quod Parisiis *Parlamenta generalia* indici solerent, quibus Rex ipse sæpenumero cum Regni Paribus ac Baronibus intererat. Quidam statarium Parisiis factum volunt a Philippo Pulcro, quod ex ejus Statuto pro reformatione regni edito anno 1302. art. 51. [62.] colligunt, ubi hæc habentur: *Præterea propter commodum subditorum nostrorum, et expeditionem causarum proponimus ordinare quod duo Parlamenta Parisius, et duo*

Scacaria Rotomagi, Diesque Trecenses, bis tenebuntur in anno : et quod Parlamentum apud Tolosam tenebitur (*sicut teneri solebat temporibus retroactis*) [Hæc verba parenthesi conclusa omittit *de Lauriere*] *si gentes prædictæ consentient, quod non appelletur a Præsidentibus in Parlamento prædicto.* Parlamenti Parisiensis sedem assignatam in Palatio regio a Ludovico Hutino quidam scribunt : at Thuanus lib. 10. Hist. legisse se in Regestis *Tornellæ*, ut vocant, asserit id factum sub Philippo VI. ann. 1344.

* Charta Phil. Pulc. inter Probat. ult. Hist. Trenorc. pag. 128 : *Actum Parisius, nostro generali Parlamento sedente, anno Domini* 1308. *mense Martio.* Arest. ann. 1341. 18. Sept. in vol. 3. arestor. Paris. : *Quæ quidem justitia capitalis, alias curia Parlamenti nostri, extitit declarata. Capitalis curia* appellatur, in Lit. Car. VI. ann. 1413. ex Memor. H. Cam. Comput. Paris. fol. 17. r°. Vide Ordinat. reg. Franc. tom. 4. pag. 724.

☞ Hic vero Lectorem monitum velim Parlamento Parisiensi potissimum adscribenda quæ in laudem Parlamenti Francici dicta paulo ante retulit Cangius. De eo certe intelligenda quæ habet Johannes Rex in Statuto ann. 1363. tom. 3. Ordinat. pag. 650 : *Licet Curia nostra Parlamenti sit et esse debeat totius justitiæ regni nostri speculum verissimum et origo, ex eaque ceteri nostri judices et subditi recipere debeant eluscescentis justitiæ documenta, per quæ possint lites summarie dirimere, ipsarum anfractus tollere, et cunctis ad eosdem accedentibus solatium celeris justitiæ ministrare : attamen, etc.* Atque eam ob rem proprie *Regium* vocant Philippus VI. in Litteris ann. 1335. tom. 2. Ordinat. pag. 107. et Carolus Regens in Statuto ann. 1358. ibid. tom. 3. pag. 336.

Parlamentum Tolosanum ante Philippum Pulcrum exstitisse, satis evincunt mox laudata ex ejus Statuto pro reformatione regni : quod quidem Catellus lib. 2. Rerum Occitanarum pag. 242. fuse probavit, allatis et citatis vetustioribus Arestis quæ illius mentionem agunt. Statarium denique factum Tolosæ a Carolo VII. litteris datis Salmurii 11. Octob. 1443. cujus exordia tum primum inita 4. Junii subsequentis. Sed mox ad Montempessulanum translatum, rursum Tolosam relatum a Ludovico XI. ann. 1461. Vide Aufrerium in Stylo Parlam. Aresto 268.

* Consulendus præterea Vaissetius tom. 3. Hist. Occit. pag. 497. et tom. 4. pag. 32.

Parlamentum Burdegalense post exactos ex Aquitania Anglos institutum fuit a Carolo VII. Burdegalensibus, qui se ultro regi dediderant, solemni pacto id obtinentibus anno 1451. Exinde erectum fuit mense Maio anno 1460. eique Castellum Lomberiarum, vetus Ducum domicilium, pro sede assignatum. Verum Burdegalensibus paulo post in rebellionem prolapsis, urbe recepta, Parisiensi Parlamento subdita ea mansit, donec, Aquitaniæ ordinum precibus, rursum Burdegalæ Parlamentum instauratum fuit a Ludovico XI. literis datis Chinone 12. Jun. ann. 1462. descriptis a Chopino lib. 2. de Domanio tit. 15. num. 6. ubi perperam Nicolaum Gillium, et alios, Parlamenti Burdegalensis institutionem Carolo VII. adscribentes arguit. Postea vero cum idem Rex Ludovicus Aquitaniæ Ducatum Carolo fratri in *apanagium* concessisset literis mensis April. ann. 1469. idem Parlamentum Pictavum translatum fuit mense Novembri insequenti, quia Parlamenta teneri et haberi non possunt in terris *apanagiatis* : quo extincto mense Maio ann. 1472. rursum Burdegalæ institutum fuit.

Parlamentum Rotomagense, ex *Scacario*, Curia suprema ita nuncupata, quod in ea urbe statarium edixerat Philippus Pulcher ann. 1302. ad petitionem trium Normanniæ Ordinum erectum fuit a Ludovico XII. literis 1. Octob. ann. 1499. quod in annum sequentem rejiciunt Chopinus lib. 2. de Dom. tit. 15. Hallianus, et alii.

Parlamentum Aquense ab eodem Rege institutum fuit litteris Lugduni mense Julio datis ann. 1501. aliis datis Gratianopoli 26. Junii anno 1502. firmatis. Erat antea in urbe supremum Consilium, quod Ludovicus II. Comes Provinciæ instituerat litteris datis mense Sept. ann. 1424. in quibus illud appellat *Eminens Consilium*, uti habet Cæsar Nostradamus in Hist. Provinc. pag. 563.

Parlamentum Gratianopolitanum a Ludovico Delphino, postmodum Rege XI. Caroli VII. filio, erectum fuit pro toto Delphinatu, mense Junio ann. 1453. cum antea lites judicarentur supremo judicio a *Consilio judicum*, erecto anno 1340. ab Humberto Delphino Viennensi. Vide Guidon. Papæ Decis. 43. et 554.

Parlamentum Divionense, Burgundiæ Ducatu post Caroli Ducis obitum coronæ Francicæ adjuncto, ad trium Ordinum supplicationem, erectum fuit a Ludovico XI. litteris Atrebati datis 18. Mart. ann. 1476. extinctum postea a Carolo VIII. certis ex causis, et Parisiensi unitum, rursum instauratum fuit a Ludovico XII. Vide Chopinum, Chassaneum in procem. ad Consuetud. Burgund. etc.

Parlamentum Redonense, a Rege Henrico II. litteris datis ad Fontem-bellæ-aquæ mense Martio ante Pascha ann. 1553. in Parlamenti Paris. acta relatis 4. Maii insequentis, erectum fuit, conflatumque ex duabus, uti vocant, Cameris, quarum prior Redonensi in urbe, a 1. Augusti, altera in Nannetensi, a 1. Februarii teneretur. Sed postmodum Carolus IX. ann. 1560. Cameram Nannetensem Redonas transtulit. Diploma habetur in 1. vol. Statutorum regiorum Fontanonis. Vide Thuanum lib. 10. Hist.

Parlamentum Palense, in Benearnis, erectum fuit a Ludovico XIII. cum antea res et lites dirimerentur in *Curia Majore*, seu *plenaria* deinde a *Consilio supremo*, uti pluribus narrat Marca in Hist. Beneharnensi lib. 6. cap. 22. 23. 24. et pag. 348. 543.

Parlamentum Metense, erectum denique ab eodem Rege Ludovico XIII. mense Januario ann. 1633. translatum deinde in Tullensem urbem literis Cantiliaci datis 10. Maii ann. 1636. rursum postea in Metensem urbem remissum.

¶ Parlamentum Tornacense institutum a Ludovico XIV. ann. 1669. nunc Duaci sedet.

¶ Parlamentum Dolense, dehinc Vesuntionem translatum erexit idem Ludovicus XIV. ann. 1674.

¶ Parlamentum Dumbense merito Francicis accensetur utpote a Francisco I. Reg. Franc. erectum ann. 1523. cum Dumbenses, Carolo Borbonio eorum Principe partes Caroli V. Imperatoris tenente, sese ultro Regi dedidissent. Lugduni sedit usque ad ann. 1696. quo exeunte Trevoltium translatum est.

Parlamentum Nigrum, Consessus Baronum de capitalibus criminibus cognoscentium, apud Hectorem Boethium lib. 14. Hist. Scotor. pag. 305. Vide *Placitum Lethiferum.*

¶ Parlamentum Indoctorum dictum Parlamentum Conventriæ habitum ann. 6. Henrici IV. Reg. Angl. de quo sic Walsinghamus ad ann. 1404. pag. 413. n. 30 : *Eo tempore Rex indigens* (*ut fertur*) *pecunia, convocavit regni proceres ad Parliamentum tenendum Coventre, circa festum S. Fidis virginis... Direxit ergo brevia Vicecomitibus, ne quosquam pro comitatibus eligerent quovis modo Milites, qui in jure regni vel docti fuissent vel apprenticii. Sed tales omnino mitterentur ad hoc negotium quos constaret ignorare cujusque juris methodum : factumque est ita.*

* Parlamentum Laicale, apud Anglos, idem quod *Parlamentum indoctorum.* Chron. Angl. Th. *Otterbourne* edit. Hearn. pag. 249 : *Die sanctæ Fidis virginis coactum est parliamentum Coventriæ, sed sub brevi novi tenoris, ne scilicet eligerentur milites sive cives, qui gustassent aliquid de jure regni, sed omnino illiterati, propter quod merito postea parliamentum prædictum sortitum est nomen Parliamenti laicalis.*

¶ Parlamentum Insanum nuncupatum Parlamentum Oxoniense habitum ann. 41. Henrici III. Reg. Angl. Th. *Blount* in Nomolex. Anglic. ex MS. Bibl. Cotton. tit. *Vitellius* C. 9.

Parlamentum, Placitum, seu servitium Placiti. Charta Gregorii IX. PP. ann. 1235. apud Ughellum tom. 1. part. 1. pag. 84 : *Vos autem nostræ curiæ unius comestionis pabulum, Parlamentum etiam, nec non et hostem per maritima et Campaniam facietis.*

¶ Parlamentum, Quivis conventus, cœtus. Caffari Annal. Genuens. lib. 1. apud Murator. tom. 6. col. 251 : *Saracenorum autem superbia a Christianis cognita, statim Patriarcha Consulibus dixit : facite Parlamentum. Et fecerunt, et in Parlamento Patriarcha sermonem super populum fecit.*

* Pro congregatione monachorum, occurrit in Charta ann. 1304. tom. 5. Cod. diplom. Polon. pag. 111. col. 1 : *Parlamentum seu capitulum faciant* (Fratres ordinis Theutonici).

* Parlamentum, Congregatio ad expeditionem bellicam. [** Servitia palatina et judicialia, quæ æque ac *expeditio* debebantur.] Charta ann. 1207. apud Cenc. inter Cens. eccl. Rom. : *Salvis.... expeditione et Parlamento, guerra et pace ad mandatum curiæ facienda.* Alia ann. 1231. apud Lam. in Delic. erudit. inter

not. ad Hist. Sicul. Bonincont. part. 3. pag. 157 : *Item promiserunt et juraverunt facere hostem et cavalcatam, et Parlamentum dicto communi sancti Miniatis, quoties inquisiti fuerint ab regimine, quod pro tempore fuerit in dicto castro.*

¶ PARLAMENTUM, Oratio, Gall. *Harangue.* Anonymus de Gestis Manfredi et Conradi Reg. apud Murator. tom. 8. col. 603 : *Parlamentum Regis Caroli : Sciatis certissime domini Milites, quod, etc.*

¶ PARLAMENTUM, Judicium, sententia. Charta ann. 1501. ex Schedis Pr. *de Mazaugues : Condemnationes factas in Parlamento novissime pronunciato.*

PARLAMENTUM. Bernardus Mon. in Consuetud. Cluniac. MSS. cap. 53. de Sacrista : *Ad Tertiam et Vesperos pulsatio signi in ejus est arbitrio, nisi Dom. Abbas sit ad Parlamentum, tunc enim petit licentiam.* Id est forte, in *parlatorio*, seu *locutorio*. [Hanc conjecturam firmat Hist. Monast. Beccensis MS. pag. 406 : *Michael monachus Becci... obiit... an. 1168. humatus in claustro ejusdem loci in arca quæ est in pariete inter capellam B. Mariæ et Parlamentum sacerdotum.* Vide *Parlamentorium.*]

1. PARLATORIUM, Locus colloquiis destinatus in Monasteriis, vulgo *Parloir.* Bernardus Mon. in Consuetud. Cluniacensibus MSS. cap. 4 : *Quo completo ex more ad ultimum per Parlatorium redit in Ecclesiam. Arcus parlatorii*, cap. 25. Charta ann. 1213. apud Guesnaium in Annalibus Massiliensib. : *Factum in villa de Trectis in Parlatorio ante Ecclesiam sancti Andreæ.* Tabularium Prioratus de Domina in Delphinatu fol. 15 : *Fuit autem facta hæc donatio in Adventu, hebdomada ante Natale Domini, apud Dominam, in Parlatorio Monasterii.* Ita pag. 60. [Tabular. S. Nicolai Andegavens. : *De his omnibus fecit ipse Horricus donum cum filio suo Herberto domno abbati Natali in Parlatorio nostro.* Adde Chartam ann. 1277. apud Baluz. Hist. Tutel. col. 582.] Occurrit etiam in Processu de Vita S. Thomæ Aquin. num. 49. Vide *Locutorium.*

PARLATORIUM appellant in Italia et Lombardia præsertim, locum, seu cameram, ubi de rebus seriis civitatis cujuspiam disceptatur. Joann. Villaneus lib. 1 : *Et ivi edificassero Parlatorio, per poter in quello far suo parlamento.*

☞ Ita et Parisiis *le Parloir aux Bourgeois* vocabant locum quemdam, in quo examinabantur et discutiebantur articuli usaticorum et consuetudinis ejusdem civitatis coram Præposito mercatorum et scabinis : hic locus exstitit primum prope forum altilium, vulgo *Valée de misere*, dehinc juxta portam S. Jacobi, ubi nunc Dominicani habitant. Vide *Du Breul* lib. 3. Antiquit. Paris. pag. 1006. Litteræ Johannis Reg. Franc. ann. 1350. tom. 4. Ordinat. pag. 10 : *Ita tamen quod summe hujusmodi sit* (sint) *levate in commodum et utilitatem ville hujusmodi et parlamenti seu Parlatoris* (Parlatorii) *Burgensium ipsius, etc.* Vide *Locutorium* et *Prolocutorium.*

* 2. PARLATORIUM, Locus, ubi judices litigantes audiunt. Charta ann. circ. 1130. ex Chartul. Stirp. : *Iterum coram Guoscelmo et Petro præpositis nostris, in Parlatorio nostro verberavit quendam Giraldum Chasal.*

¶ PARLE-HILL, Collis vallo plerumque munitus in loco campestri, ne insidiis exponatur, ubi convenire olim solebant centuriæ, aut viciniæ incolæ ad lites inter se tractandas et terminandas. Scotis reor *Grith-hail* i. mons pacificationis, cui asyli privilegia concedebantur. Vide Statuta Willelmi Regis Scot. cap. 5. § 1. Hæc Spelmannus.

¶ PARLIAMENTUM, sæpius apud Anglos, pro *Parlamentum.*

¶ PARLINCHIAMINUS. Testamentum ann. 1415. apud Rymer. tom. 9. pag. 276. Lego *unum magnum Parlinchiaminum de melioribus absque reyns, et unum parvum librum vocatum Virginal.*

* PARLOERIUM, Locus colloquiis destinatus in monasteriis, a Gall. *Parloir.* Charta ann. 1481. inter Instr. tom. 7. Gall. Christ. col. 136 : *Monasterii* (S. Vict. Paris.) *religiosos in ejusdem monasterii Parloerio coram nobis evocari fecerimus, etc.* Vide *Parlatorium* 1.

¶ PARLURA, Aula inferior, Gall. *Sallebasse*, Angl. *Parlour.* Charta ann. 1473. apud Rymer. tom. 11. pag. 782 : *Apud Londoniam, infra hospitium suum, in quadam Parlura adjacente gardino, etc.* Et pag. seq. : *In dicta Parlatura sua, infra mansionem suam apud Londoniam. Bele Parleure*, pro sermo elegans, usurpat le Roman *de Vacce* MS. :

Bel nez et bele bouche et bele Parleure.

* *Parleure*, pro Lingua seu facultate loquendi., Lit. remiss. ann. 1375. in Reg. 107. Chartoph. reg. ch. 155 : *Lequel Mahieu est affolez d'un bras et d'une jambe et de la Parleure ou loquence.*

PARMA, *atis*, pro Parma, æ. Fridegod. in S. Wilfrido cap. 43 :

Excipit horrisonas illæso Parmate fundas.

¶ PARMATUS, Parma armatus, i. e. fretus. Acta S. Reginswindæ tom. 4. Julii pag. 92 : *Sed virgineæ Parmati coessentia glebæ, etc.* Utitur Livius lib. 4. cap. 39.

¶ PARMENIANI, Hæretici, iidem qui Donatistæ, a Parmeniano eorum antesignano sic dicti. Auctor Prædestinati lib. 1. hær. 44 : *Sicut Donatistas, et Monteses, et Parmenianos vocamus, Donatistas a Donato, Monteses a montis latebra, Parmenianos a Parmeniano, qui per totam Africam libros contra nos conficiens et novos psalmos faciens circumibat.* Vide *Montesiani.*

¶ PARMENTARIUS. Vide *Permentarius.*

PARNAGIUM, pro *Pasnagium*, occurrit non semel in Regesto Castri Lidi in Andibus. [Charta ann. 1151: apud Calmet. tom. 2. Hist. Lothar. col. 340 : *Parnagium non dabunt pro porcis suis.*] Vide *Pastio.*

* Ita et nostris promiscue *Parnage* et *Pasnage*, eodem intellectu. Lit. remiss. ann. 1469. in Reg. 196. Chartoph. reg. ch. 105 : *Guillotin du Tertre marchant mist à Parnage certaine quantité de pors pour engresser;.... lequel se transporta pour délivrer lesdiz pors et paier le Parnage d'iceulx, où se trouva Jehan Esquot, qui demanda s'il auroit point sa part de l'argent que ledit marchant bailloit pour la paisson de sesdiz pors. Parne* vero, Tignum quoddam, vulgo *Panne*, in Lit. remiss. ann. 1405. ex Reg. 160. ch. 9 : *Le suppliant dist à Colart de Hamelet charpentier que une Parne, qui mise estoit en une maison, n'estoit mie de valeur.*

* PARNASUS, pro *Parnassus*, in Doctr. Alex. de Villa-Dei :

Longis Parnasum junges, sociabis omasum.

* PARNIUM, perperam pro *Pervium*, in Chron. Joan. Iper. apud Marten. tom. 3. Anecd. col. 522. Vide in hac voce.

PARO. Festus ; *Parones, navium genus, ad cujus similitudinem Myoparo vocatur.* Ugutio et Jo. de Janua : *Paro, onis, navis piratarum. Paruncului, parva navicula piratarum.* Gloss. Sax. Ælfrici : *Paro,* Scaðena Scip, i. hostilis navis. *Myoparo,* Hiðð Scip. *Paruncului :* Pleg Scip. i. conflictus navis, vel etiam *Lusoria.* Isidorus lib. 19. cap. 1 : *Myoparo, quasi minimus Paro, idem et Carabus, etc.* Ebrardus in Græcismo cap. 10 :

Barcha, Celox, Paro detur, Musculus, et Mioparo.

Florentius Wigorn. ann. 893 : *Hasteinus Rex paganus cum 80. Paronibus ostium Thamesis fluminis intrans, etc.* Occurrit etiam in lib. Miraculor. S. Wlfranni Episc. n. 8. et in Histor. Obsid. Jadrensis ann. 1345. lib. 1. cap. 25. lib. 2. cap. 21. etc. Vide Turnebum lib. 3. Advers. cap. 1. De vocis etymo multa disputant Scaliger, Vossius, Martinius, Schefferus, et alii. [Vide *Myoparo.*]

PARO. Charta 39. inter Alamannicas Goldasti : *Et in Insola ipsa mancipios tres, et Parones quatuor.* Vide *Baro* et *Parschalcus.*

* PAROA, *Scapha ex vimine et crudo corio.* Glossar. vet. ex Cod. reg. 7613. Vide *Paro.*

PAROCHIA, seu potius *Paræcia*, ex Gr. παροικία ; (nam vocem *Parochia*, barbaram esse pridem observarunt Budæus, Alciatus, et alii) Territorium et districtus Episcopi, ut *Provincia* et *Diœcesis* Metropolitani et Archiepiscopi. Eucherius Lugdun. : *Parochia, adjacens domus, id est Dei, diœcesis, gubernatio, hoc non secundum proprietatem verbi, sed secundum effectum.* Symmachus PP. Ep. 10 : *Leo PP... definivit Parochiarum numerum vel quantitatem Arelatensi et Viennensi Sacerdotibus deputandam.* Bonifacius Moguntinus Epist. ad Zachariam PP. de Germania : *Et Provinciam in tres Parochias discrevimus.* Zacharias PP. Epist. ad Burchardum Wirtziburg. : *Innotuit nobis.... Coepiscopus noster Bonifacius, nuper se discrevisse et ordinasse in Germaniæ partibus Episcopales sedes... et Provinciam in tres divisisse Parochias.* [Charta ann. 1095. apud Lobinell. Hist. Britan. tom. 2. col. 145 : *Pateat igitur donasse me S. Martino... mei juris ecclesiam quam in Parrochia Redonensis Episcopi sitam, in honorem B. Audoeni Archipræsulis Rotomagensis exstructam.* Histor. MS. Monast. Beccensis pag. 423 : *Excommunicatos pronuntiavit eos qui possessiones et quidquid ad jus prædicti monasterii in Ambianensi Parochia pertinet, etc.*] Ita passim usurpant Canones Apostol. can. 14. 15. 34. 35. Concil. Nicæn. I. can. 16. Concil. Antioch. sub Julio I. PP. can. 9. Suessionense sub Childeberto, Vernense, Wormatiense, Liptinense, Toletanum III. Tolet. IV. etc. Augustinus Epist. 261. Eusebius in Hist. variis in locis, Leges Alemann. tit. 11. § 1. tit. 13. § 2. Capitula Caroli M. lib. 1. cap. 9. 11. 40. 66. lib. 2. cap. 4. lib. 5. cap. 84. 172. [** 149. 324.] lib. 6. cap. 57. 86. 104. [** 105.] lib. 7. cap. 94. [** 129.] Capitula Caroli C. ann. 868. cap. 1. 3. Charta ejusdem Caroli C. pro Monasterio S. Columbæ edita a Baluzio in Notis ad Lupum Ferrar. Gennadius de Scriptor. Eccl. in Vigilantio, Eigil. in Vita S. Sturmii Abbat. Fuld. n. 22. Petrus Diac. lib. 4. Chron. Casin. cap. 70. [Miracula S. Bercharii sæc. 2. Bened. pag. 849. Mirac. S. Vedasti n. 4. sæc. 4. part. 1. pag. 606. Tangmarus in Vita S. Bernwardi n. 40. et 43. sæc. 6. part. 1. pag. 225. et 226.] Baldricus Noviom. lib. 1. cap. 7. Cosmas Pragensis pag. 12. et alii, quos laudat Filesacus de Origine parœciarum cap. 1. [** Vide Muratorii Dissertationem septuagesimam quartam in Antiq. Ital. med. ævi tom. 6. pag. 359. sqq.]

☞ Latiori tamen interdum acceptione sumta videtur vox *Parochia*; in Constitutionibus Apostolicis lib. 7. cap. 46. pro tota Asiæ diœcesi usurpatur : pro Metropolitani districtu apud Sigebertum a Mabill. laudatum tom. 4. Annal. Bened. pag. 384. ubi de Gerardo Cameracensi Episcopo, *qui solus ex Lothariensibus appendebat ad Parochiam Francorum*; quod recte idem Mabillonius de Remensi metropoli interpretatur. Eadem notione, pro metropoli nimirum Rotomagensi, occurrit in Vita S. Audoeni apud Surium 24. Aug. pag. 261. n. 26 : *Jam vero regnante Theodorico, qui beatum virum non minus, quam Reges superiores, charum habuit, inter reliqua ejus beneficia id ab eo præstitum est S. Audoeno, ut in ejus Parœcia nec Episcopus nec Abbas... absque ejus consensu rectorem vel successorem constituere auderet, nisi etc.*

☞ Atque hinc est forte quod *Parochiam Episcopalem* dicebant, ubi de territorio et districtu Episcopi agebatur. Eigil in Vita S. Sturmii Abbat. Fuldens. n. 22. sæc. 3. Bened. part. 2. pag. 283 : *Et post non longum tempus totam provinciam illam in Parochias Episcopales divisit, et servos Domini ad docendum et baptizandum potestatem dedit.*

Parochia, Ecclesia parochialis; districtus Ecclesiæ Presbyteri. Gillebertus Lunicensis Episcopus de Usu Ecclesiastico : *Parochiam appello, populum primitias, oblationes, et decimas persolventem.* [Hinc *Parochia* in Tabul. Major. Mon. usurpatur pro Parochi obventionibus : *Dederunt quoque... ad victum monachorum... ecclesiam S. Sulpicii... cum omnibus quæ ad eam pertinent, hoc est cum tota Parochia atque sepultura castelli Filgeriensis.*] Decreta Colomanni Regis Hungar. lib. 2. cap. 16 : *Unaquæque Ecclesia circa se in proximo habeat Parochiam suam.* Ita Concilium Carthaginense IV. can. 102. Agath. can. 21. Vasense II. can. 1. 2. Aurelian. IV. can. 11. 26. Aurelian. V. can. 9. Arvern. can. 10. Carpentoratense I. Moguntinum I. Capit. Caroli M. lib. 1. cap. 146. 147. lib. 6. cap. 164. [** 166.] Diurnus Romanus cap. 3. tit. 3. 6. etc. Ἀγροικικαὶ παροικίαι, in Concilio Calched. act. 15. can. 17. [*Parrochiæ rusticanæ*, in Capitul. Caroli C. tit. 46. cap. 1.] quæ a *Civitatensibus*, de quibus Concilium Agathense can. 22. distinguuntur. *Parochia Eponensis*, apud Avitum Vienn. Epist. 80. Vide Sidon. lib. 9. Epist. 16.

¶ Parochialis, Ecclesia quæ sub parochia est, quæ proprium presbyterum non habet. Statuta MSS. Augerii II. Episc. Conseran. ann. 1280. : *Quod si forte in eadem duritia perstiterint, cessetur a divinis in Parochialibus, in parochiis in quibus commissa fuerint, et etiam in quibus iidem domini morabuntur.*

** Parochia Secundaria, eodem sensu, idem quod *Ecclesia obedientialis*, in Statut. Canonicor. Friberg. apud Haltaus. in Glossar. German. voce *Nachpfarre* col. 1391.

¶ Parochia, *Parochianorum* conventus. Charta ann. 1259. in Chartular. S. Vandreg. tom. 1. pag. 860 : *Ego prædicta Nicholaa uxor dicti Johannis juravi spontanee et non coacta, tactis sacrosanctis Evangeliis in monasterio S. Michaelis de S. Vandregesillo in plena Parochia, quod etc.*

Parochia, Districtus judicis. Decreta S. Ladislai Regis Hungariæ lib. 3. cap. 16 : *Unusquisque judex in Parochia sua judicet.* [Vide *Particula* 2.]

¶ Parrochia, Territorium, districtus. Charta ann. 1275. in Chartular. S. Vandreg. tom. 1. pag. 820 : *Ego Willelmus filius et heres Osberti dicti Luissier de Parrochia S. Vandregesilli vendidi viris religiosis abbati et conventui S. Vandregesilli quandam masuram terræ cum ædificiis supra positis, quam habebam in dicta Parrochia.*

¶ Parrechia, pro *Parochia*, eadem notione, in Charta ann. 950. apud Baluz. Hist. Tutel. col. 349.

¶ Parrochia, Urbis regio, Gall. *Quartier d'une ville.* Bern. de *Breydenbach* Iter Hierosol. pag. 219 : *Dicitur etiam quod numerus Parrochiarum, sive, ut aiunt, contratarum in ipsa urbe* (Cairo) *ascendat ad viginti quatuor millia.*

Parochianus, nude, in Chron. Montissereni ann. 1128. 1211. et alibi non semel, qui *Parochianus Presbyter*, in leg. Alemann. tit. 13. § 1. Curio, seu Parochus. De ejusmodi Presbyterorum origine, vide Sozomenum lib. 1. cap. 15. et ibi Henricum Valesium.

Parochianus, Qui ex Parochia alicujus Episcopi aut Presbyteri est, in Capit. Caroli M. lib. 1. cap. 153. [** 147.] [Epist. ann. 1128. apud Kennett. in Antiquit. Ambrosd. pag. 90 : *Alexander Lincoln. Episcopus Guidoni de Charing Parochiano suo salutem.* Occurrit apud Lobinell. in Hist. Britan. tom. 2. pag. 273.] *Parochianus Episcopus*, qui de Archiepiscopi Parochia est, in Epist. 17. Alexandri II. PP.

¶ Parrochitanus, Eadem notione. Charta Emehardi Episc. Herbipol. ann. 1097. in Vindem. Litter. pag. 177 : *Populumque Parrochitanum katholice in his quæ sunt ad Deum.... doctrinaliter instruat.*

¶ Parochialis Presbyter, Parochus, curio. Charta ann. 1408. tom. 3. Hist. Paris. Lobinelli pag. 110 : *Presbytero tamen Parochiali sive curato ipsius ecclesiæ S. Salvatoris ad faciendum divinum servitium dicti domini Decanus et Capitulum luminare competens debent perpetuo ministrare.* Occurrit rursum ibid. pag. 109.

¶ Parrochialia dicuntur potissimum Sacramenta, quorum administratio ad Parochum seu curionem jure suo competit. Chartul. Latiniac. : *Ut capellanus Domus Dei non nisi infirmis et conversis suis Parrochialia administret.... Servientes Domus Dei qui conversi non fuerint a presbyteris suis parrochialibus Parrochialia recipient.*

Parochiagium, Jus Parochiale, Parochi seu Curionis; obventiones seu reditus qui ad Parochum primario jure pertinent. [Charta ann. 1241 : *Itaque quidquid nos quatuor bona fide super animas nostras super Parochiagio et transmutatione parochiæ prædictæ ordinaremus, etc.*] Charta Abbatis Fossat. ann. 1249. ex Tabulario ejusdem Monasterii f. 44 : *Quitavimus... quidquid juris habebamus vel habere poteramus ratione Parrochiagii de sancto Nunno seu alio quocunque modo in decimis novalium factorum et faciendorum, etc.* Exstat in Tabulario Ecclesiæ Meldensis Charta Abbatis Loci restaurati ann. 1138. qua Capellam de Berigniaco erigit in Ecclesiam Parochialem, cum hoc titulo miniato, *de Parrochiatione de Berigniaco.* In Charta vero Gallica *Parochiaige*, pro districtu Parochiæ sumitur, quomodo *Paroisse* usurpamus.

* Parochia, Parochi obventiones. Charta M. reg. Scot. in Chartul. eccl. Glasg. ex Cod. reg. 5540. fol. 11. v°. : *Do et concedo prædictæ ecclesiæ Glasguensi... capellam de castello meo in Rocheburc,.... cum Parochia et decimis et oblationibus et ceteris ecclesiasticis rectitudinibus et dignitatibus.*

* Parochiola, Eadem notione, in Concamb. Ebersperg. apud Oefelium tom. 1. Script. rer. Boicar. pag. 45. col. 1 : *Post hæc etiam ipsam basilicam cum Parochiola decimisque commendavit jam dicto antistiti.*

Parochiaticum, Eadem notione, ni fallor, in Charta Martelli de Malleio, in Chronico Besuensi pag. 699 : *Dedi etiam decimas de Falgei et Parochiaticum, et omnem usum et consuetudinem in nemoribus et silvis, etc.*

Parochiatus. Tabular. Campaniæ Thuanum f. 32 : *Si non sit nisi unum castellum, primogenitus habebit illud castellum, et feoda illius castelli, et carrucatas, prata, vineas, ...quæ sunt infra Parochiatus illius castelli.* Habetur ibi semel ac iterum, pro districtu, ni fallor.

☞ Eodem significatu occurrit in Charta Theobaldi Campaniæ Comit. ann. 1224. apud Marten. tom. 1. Anecd. col. 919 : *Et si haberent inter se domum fortem, secundo natus haberet eam cum omni avantagio de feodis, carrucagiis... stagnis quæ essent infra Parrochiatus villæ in qua esset domus illa.* Hist. Mediani Monast. pag. 273 : *Grangiæ suæ de Estenon, quæ situatur in Parochiatu Purensi.*

* Charta Hugon. episc. Autiss. ann. 1196. ex Tabul. S. Mariani : *Notum fieri volumus inter ecclesiam S. Mariani et Bartholomæum capellanum de Basema pro decima terrarum, quas in Parochiatu ejusdem villæ eadem ecclesia possidet, diu habitam contentionem, etc.*

Jam vero unde *Parochia*, vel *Paræcia* appellata sit, vel diœcesis Episcopi, aut districtus Sacerdotis, non una est sententia. Filesacus lib. de Parœciis cap. 1. existimat ejusdem Ecclesiæ consortes vel vicinos, παροίκους dictos, quæ vis est Græci vocabuli : παροικίαν vero appellatam eorum, qui eamdem Ecclesiam accolunt, viciniam. Henricus Valesius ad Eusebii Hist. lib. 1. cap. 1. hujus vocis originem inde natam putat, quod Ecclesia in terris duntaxat inquilina sit et πάροικος, ejus autem patria et municipatus in cœlo. Ego vero censuerim Ecclesias, παροικίας, veteres Christianos appellasse; quod cum in magnarum urbium viciniis conventus suos secreto agerent, eorum *Ecclesiæ* seu *Conventus*, non civitatas quidem dicerentur, sed viciniæ civitatis; quod suadere videntur loquendi familiares primis Christianis formulæ, quas affert idem Valesius ex Epistola Smyrnensis Ecclesiæ apud Euseb. lib. 4 : Ἡ ἐκκλησία ἡ παροικοῦσα ἐν Σμύρνῃ. Et eod. lib. cap. 23. de Dionysii Corinthii Epistolis : Ἐκκλησίᾳ δὲ τῇ παροικούσῃ Γορτύναν. In Epistola Clementis ad Corinthios : Ἡ ἐκκλησία τοῦ Θεοῦ ἡ παροικοῦσα Ῥώμην. Denique in Epistola Sardicensis Concilii : Πρεσβυτέροις, διακόνοις, καὶ πάσῃ ἐκκλησίᾳ τοῦ Θεοῦ τῇ ἐν Ἀλεξανδρείᾳ παροικούσῃ.

☞ Iis adde Epistolam Julii ad PP. Alexandrinos apud S. Athanasium Apol. 2. de Fuga pag. 770 : Ἰούλιος, πρεσβυτέροις καὶ λαῷ παροικοῦντι Ἀλεξανδρείᾳ. Nec aliter hanc vocem interpretatur Glossar. Gr. Lat. : Παροικία, *inhabitatio*. πάροικος, *accola*, *incola*, *colonus*; παροικῶ σε, *juxta te habito*. Haud scio an huc referri debeat illud S. August. de Civit. Dei lib. 14. cap. 23 : *Presbyter fuit quidam nomine Restitutus in Paræcia Calamensis ecclesiæ*; ibi enim *Parœcia* pro vicinia scriptum videtur.

Neque ab hac sententia discedit Sirmondus in Disquisitione de Azimo cap. 5. ubi observat Parochiarum nomen rusticarum Ecclesiarum olim fuisse, ideoque Parochias civitatibus opponi in Concilio Agathensi can. 21. cum jubentur ii, quibus oratoria per agros extra Parochias habere, atque in his Missas tenere permissum est, in præcipuis tamen festivitatibus, *non nisi in civitatibus*, *aut in Parochiis* eas tenere; et in Concilio Aurelianensi V. can. 8 : *Aut in civitatibus*, *aut per Parochias ordinare Clericos*. Vide Gloss. med. Græcit. in Παροικία, col. 1122.

* **PAROCHIOLA**. Vide in *Parochia*.

* **PAROCHIONAGIUM**. Vide infra *Parrochagium* 2.

PAROCTA, perperam editum pro *Parata*, in Charta Widonis Episc. Genevensis ann. 1091. apud Guichenonum lib. 2. Bibl. Sebusianæ cap. 1.

PARŒCI. Vide *Accola* et Glossar. med. Græcit. voce Πάροικοι, col. 1122.

¶ **PAROFIA**, vox vernacula, pro *Parochia*, in Chartular. Aureliensi in Lemovicibus fol. 5 : *Dedit et alium mansum in Parofia S. Medardi*. Ibidem pluries occurrit. *Parrofia*, in Charta ann. 1091. apud Baluz. Hist. Tutel. col. 434.

* **PAROLA**, Verbum, sermo, Gall. *Parole*. *Tenere parolam*, Promissa exigere, repetere. Scacar. Paschæ apud Falesiam ann. 1210. ex Cod. reg. 4651 : *Judicatum est quod episcopus Lexoviensis non potest tenere Parolam uxoris Philippi Topelin, post recognitionem feudi et gagii juratam in curia regis, quæ ponitur in nescire*. Nostris, *Tenir à paroles quelqu'un*, Cum aliquo verba facere, garrire. Lit. remiss. ann. 1416. in Reg. 169. Chartoph. reg. ch. 401 : *Le suppliant amusa et tint à Paroles les chamberieres*. Vide supra *Paraulla*.

¶ **PAROLLA**, Lebes minor, Gall. *Chauderon*, Occitanis *Pairol*. Libertates Villæfranchæ in tractu Petrocoricensi ann. 1357 : *De sotularibus*, *calderiis*, *anderiis*, *patellis*, *aissatis*, *Parollis*, *scutellis*, *falsibus* (falcibus) *sarpis*, *etc*. *Parrolis* editum tom. 3. Ordinat. pag. 208.

¶ **PARROLIA**, Eadem notione. Vide *Arderia* in *Andena* 1.

* Hinc *Perolier*, Lebetum artifex, vulgo *Chauderonnier*. Lit. remiss. ann. 1457. in Reg. 189. Chartoph. reg. ch. 150 : *Le suppliant print d'aucuns Peroliers, qui passoient par leur chemin, dix hardis valans deux solz, six deniers Tournois*. Vide supra *Pairola*.

¶ **PAROLIUS**, Eodem significatu, in Statutis Vercell. lib. 3. fol. 101. v°. : *Item liceat cuilibet... ducere vel duci facere.. Parolios*, *lebetes*, *calderias*, *etc*.

¶ **PAROMONARIUS**, pro *Paramonarius*. Charta Hugonis Autissiodor. Episc. ann. 1143 : *Statutum est quod capellanus quæcumque Paramonarius in ecclesia et insuper dimidiam præbendam, quæ cum Paromonario partita erat, haberet*. Vide *Paramonarii*.

PARONARIUM. Vide *Vista*.

¶ **PARONISTÆ**, Heretici Valdensium sectarii. De iis mentio fit in Constitut. Friderici II. Imper. a Ludovico X. Reg. Franc. adoptata tom. 1. Ordinat. pag. 611 : *Catharos*, *Paterinos*, *Leonistas*, *Paronistas*, *Arnaldistas*, *circumcisos et omnes hæreticos utriusque sexus*, *quocunque nomine censeantur*, *perpetua damnamus infamia*. Iidem videntur qui *Passagini* infra. Hinc emendanda Bulla Innocentii PP. inter Statuta Vercell. fol. 195. ubi *Speronistæ* pro *Paronistæ* legitur.

* Haud scio an male *Speronistæ*, ut videre est infra in hac voce.

* **PARONUS**, f. Arboris adminiculum; nisi sit Quercus secundariæ cæsionis, quæ *Perot* appellatur in re forestaria. Stat. Avellæ ann. 1496. cap. 52. ex Cod. reg. 4624 : *Si aliquam arborem grossam vel parvam*, *seu planzonum*, *vel hastam*, *seu Paronum sciderit*, *vel pellaverit seu erradicaverit de die*, *solvat.... solidos decem*. Nostris vero *Paronne*, *Parronne* et *Peronne*, Aratri palanga tractoria, *Palonneau*, ubi de curribus sermo est. Lit. remiss. ann. 1387. in Reg. 131. Chartoph. reg. ch. 176 : *Un baston*, *appellé Parronne*, *qui estoit une piece cheue dudit harnois*. Aliæ ann. 1469. in Reg. 195. ch. 235 : *Colin Henry plein de fureur.... print une Paronne de charrue*,.... *et frappa de sadite Paronne le suppliant*. Rursum aliæ ann. 1392. in Reg. 142. ch. 257 : *Je iray chiez le charron savoir se il a fait la Peronne*, *et ce qu'il convient pour la charrue de mon maistre*.

¶ **PAROPHARNALIA**, pro *Parafernalia*. Vide in hac voce Charta ann. 1478. apud Ludewig. tom. 6. Reliq. MSS. pag. 76 : *Sua propria erant Parophamalia in valore ac pretio trium millium flor*.

¶ **PAROPIA**, *Coria*, *quæ oculos equorum ambiunt*. Vocabular. Sussannæi, a Græco παρώπιον.

¶ **PAROPSIS**, Vas ecclesiæ ministeriis dicatum, idem quod *Patena*. Vide in hac voce. Occurrit apud Mabill. tom. 2. Annal. Bened. pag. 348.

¶ **PAROPTUS**, Assatus. Apicius 6. 9. *Pullus Paroptus*.

¶ **PARORICUM**. Charta ann. 1145. apud Ludewig. tom. 4. Reliq. MSS. pag. 205 : *Ottaker Marchio una cum filio suo Luipoldo sartaginem salis quam hæreditario jure possidebat*, *ad Paroricum Halle*, *etc*.

¶ **PAROSTICIA**, pro *Posticia*, posticum, posterior porta. Vita S. Columbæ Abbatis sæc. 1. Bened. pag. 364. n. 18 : *Rursus per Parosticiam ecclesiæ reversus nulla talis exitus reliquit vestigia*. Ubi Bollandistæ tom. 2. Junii pag. 234. habent, *Parusticiam*. Vide *Posterula*.

¶ **PAROSUS**, ἀηδής, in Gloss. Lat. Gr. MSS. *Perosus*. Leg. forte *Barosus*, ex Barthio.

* **PAROTIDA**, *Ordure d'oreille*. Glossar. Gall. Lat. ex Cod. reg. 7684.

¶ **PAROXYSMUS**, vox Medicis nota, Accessio et impetus sæviens febris, a Gr. παροξυσμός. Medic. Salern. edit. 1622. pag. 256 : *Si quidem in ipsis Paroxysmis... a cibis abstinendum est*.

¶ **PARPAGLIONES**, *Velæ utiles*, *cum fortuna imminet seu tempestas*, in Gloss. Barberini ad *Docum. d'Amor*. edit. Ubaldini pag. 259 :

Vele grandi, e veloni
Terzaruoli, e Parpaglioni.

¶ **PARPAILLOLA**, Monetæ species, de qua Pittonus in Hist. Aquensi lib. 3. cap. 9. sic loquitur : *René de Sicile fut contraint de donner cours à une tres mauvaise monnoie de fort bas alloy*, *qu'on fabriquoit en la ville de Tarascon*. *Ces pieces furent appellées Parpailloles*, *desquelles il en falloit 33. pour un écu*. *Et comme nos Religionnaires du siécle dernier les remirent en usage*, *les Catholiques de Provence les appellerent Parpaillaux*, *qu'on pourroit expliquer faux monnoyeurs*; *ou de leur chef*, *Parpaille*. Vide *le Blanc* in Tract. Histor. de Monet. Franc. pag. 261. Italis *Parpagliuola* et *Parpaiola*, Mediolani potissimum in usu. Charta ann. 1343. tom. 2. Hist. Dalphin. pag. 516 : *Quodque nullæ quæcumque aliæ monetæ præterquam nostræ et illa domini nostri Papæ*, *domini Francorum Regis pro eo quod estimabuntur*, *et domini Regis Siciliæ*, *videlicet Parpaillola alba pro quindecim denariis... cursum habeant per terram nostram*. *Coquillard* apud Borellum : *Force monnoye et Parpignolles*.

* Nostris *Parpaillole*, *Palpillole* et *Parpillolle*. Lit. remiss. ann. 1378. in Reg. 112. Chartoph. reg. ch. 312 : *Icellui Robin offry au suppliant à bailler une piece de monnoie*, *appellée Parpillolle*;... *lequel suppliant li respondi qu'il li baillast un blanc de cinq deniers*; *car ladite Parpillolle n'estoit pas monnoie*, *qui eust cours*. Aliæ ann. 1394. in Reg. 147. ch. 88 : *Pluseurs pieces de mon-*

noyes en gros Tournois d'argent et Parpilloles, Paresis et mailles. Deux viez gros Tournois d'argent, trois Palpilloles, in aliis ann. 1395. ibid. ch. 212. Lit. ann. 1431. inter Probat. tom. 3. Hist. Nem. pag. 234. col. 2 : *Comme.... ayons accordé vint Parpailloles veilles et dix-huit des nouvelles, monnoye blanche, estre receues pour ung mouton d'or, et ung escu d'or pour trente et six Parpailloles veilles et pour trente-trois des nouvelles, etc.* An ab Italico *Parpaglione* et Provinciali *Parpalhon*, Papilio, in ejusmodi monetis insculpto sic appellatæ? Glossar. Provinc. Lat. ex Cod. reg. 7657 : *Parpalhon, Prov. papilio.* Vide *Parpalio.*

* PARPILLOLA, Eadem notione. Testam. Joan. Vialeti clerici Lugdun. ann. 1362. ex Cod. reg. 5187. fol. 45 : *Item ordinat idem Johannes testator die sepulturæ suæ.... adesse sex presbiteros.... missas celebrantes,.... et cuilibet ipsorum presbiterorum vult et præcipit dari semel duas Parpillolas.*

¶ **PARPALIO**, Papilio, insecti genus, Ital. *Parpaglione*, Gall. *Papillon*. Annal. vett. Mutin. ad ann. 1299. apud Murator. tom. 11. col. 75 : *Dicto tempore venerunt ex ultramontibus maximæ Parpalionum rubeorum multitudines, ita quod aer erat totus plenus et maxime per stratas publicas et per stratam regalem et volabant Romam versus.*

* **PARPANUS**, a Gallico *Parpain*, Lapis angularis. Comput. fabr. S. Petri Insul. MS. ann. 1402 : *Item in Parpanis et doubles quariaulx Ghilberto de le Quarte* 80. *Parpanis, etc. Parpain*, Cultelli species, in Inventar. ann. 1415. ex Cod. reg. 9484. 2. fol. 492. v°. : *Item un couteau, nommé Parpain, en une guaine.*

* **PARPILLOLA.** Vide supra *Parpaillola.*

¶ **PARPRISIUM.** Vide in *Porprendere.*

¶ **PARQUETUM**, Idem quod *Parcus.* Chartular. Gemetic. tom. 2. pag. 8 : *Et quatuor boum et duorum equorum ad aratrum per totam forestam suam, exceptis quinque defensiis, scilicet haya Mori cum landis suis et haya de Ezy et Parqueto de Bornevilla etc.* Hinc

¶ PARQUETUM, Conseptum fori, Græcis δικαςήριον, nostris *Parquet.* Idem Chartular. tom. 1. pag. 270 : *In ostio Parqueti curiæ nostræ alta et intelligibili voce legimus.*

¶ PARQUETUM, Fori auditorium, qua etiam notione *Parquet* usurpamus. Arestum Parlamenti ann. 1394. apud Menester. Hist. Lugd. pag. 73 : *Dimissa cruce sua* (Archiepiscopus) *in Parqueto seu prætorio, cum ipsis et dicto Commissario cameram Concilii adiverat.* Occurrit eodem significatu in Statis Avenion. lib. 2. rubr. 9. art. 30.

* Charta ann. 1384. ex Tabul. Hospit. S. Jacobi Paris. : *Actum in Parqueto superiori curiæ Parisiensis, prope cameram officialatus nostri sito, in manerio episcopali Parisiensi.* Carceris atrium, vulgo *Préau, Parquet* nuncupatur, in Lit. remiss. ann. 1387. ex Reg. 131. Chartoph. reg. ch. 105 : *Après ce que icellui varlet fu retourné ou Parquet, où sont les prisonniers qui y sont mis pour debte, qui est l'entrée des dittes prisons* (de Rouen). Est et Ludi genus, *Parquet* appellatum. Lit. remiss. ann. 1386. in Reg. 129. ch. 60 : *Oudit hostel jouerent ledit Robin et aucuns autres au jeu du Parquet.* Aliæ 1406. in Reg. 160. ch. 361 : *Le Fournier et Tassin alerent jouer au Parquet au dehors de la ville, en une place commune, où se jouent et esbatent communément les habitans.*

1. **PARRA.** Fragmentum Petronii : *Frater ejus fortis fuit, amicus amico, manu uncta, plena mensa, et inter initia malam Parram pilavit.* [Ubi *mala parra* mihi significare videtur adversam fortunam; ita ut sensus sit, inter initia adversam fortunam superavit; Veteribus quippe inauspicatum omen habebatur cantus parræ.]

¶ 2. **PARRA**, μύςης, ὄρνεον, κορυδαλλός, ἢ ἀςραγαλίσκος. Gloss. Lat. Gr.

* **PARRAFFUS.** Vide supra *Paraffus.*

* **PARRAGIUM**, Associatio in dominium. Arest. ann. 1317. in Reg. *Olim* parlam. Paris. fol. 166 : *Cum abbas et conventus monasterii Carrofensis.... conquererentur, quod cum ipsi.... associassent ac in communione et Parragio cum ipso domino genitore nostro posuissent totum locum cum suis pertinentiis, etc.* Vide supra *Paragium* 3.

¶ **PARRAGO** et PARAGO. Breve de terris et vineis quas acquisivit Rodulfus presbyter et grammaticus ann. 1040. ex Chartular. Aptensi fol. 29 : *Alia vinea est mea in Domanova quam dedit mihi Ato filius Ponciæ pro anima patris sui et matris suæ et pro seipso. Alia vinea est in loco qui dicitur Podius Lannulfus. In civitate quædam Parrago juxta rivum qui dicitur Margarita. Alia Parrago est sub ipsa quæ fuit avi mei ad Ulmum. Alia est super ecclesiam S. Pauli quam adquisivi ex parte pro anima Agilburgi, et ex parte pro pretio quod dedi. Alia Parrago est ad partem Septentrionalem ultra rivum Causalonem, quæ mihi ab avunculo meo et filiis ejus devenit. Alia est juxta eam quæ mihi ab avo meo successit per quam aqua molendini discurrit. Alia est ad Borcam.... quam habet Rodulfus ex comparatione pretii. De vineis autem ad Borcam positis, etc.* Charta ann. 1056. ibid. fol. 75. v°. : *Unus mansus cum terris sibi pertinentibus, cultis et incultis, cum ortis et Paraginis, et omni exitu sibi debito.* Perperam editum *poraginis* tom. 1. Gall. Christ. inter Instr. pag. 76. Ex quibus per *parraginem* vineam significari manifestum est; quæ *Parrago* mihi dicta videtur quod in pergulæ modum, Gall. *Treille*, ligata esset, ab Hispan. *Parral* vel *Parral.* Vide *Parrale* et *Salez.* [* Vide mox *Parrigo.*]

PARRALE, Pergula, clatri, *Treille de vigne*; ex Hispanico *Parral.* Jacobus I. Rex Arag. in Foris Oscæ ann. 1247. fol. 17 : *De palo de Parrali, qui de nocte, vel de die traxerit, vel solverit eam, det de calonia* 60. *sol.*

* *Parreau*, nostris, Ludi species. Lit. remiss. ann. 1398. in Reg. 153, Chartoph. reg. ch. 247 : *Comme ledit Huguet et autres de laditte ville de Marant jouassent.... au jeu du Parreau, auquel jeu l'en vise à getter une pierre de poignée au plus près d'une bute ou enseigne, etc.*

* **PARRAMENTUM**, Vexillum, Gall. *Drapeau.* Arest. ann. 1348. 30. Jul. in vol. 2. arestor. parlam. Paris. : *Consueverant etiam homines et habitatores dictorum locorum.... in guerris nostris* (ire) *et alibi insimul cum illis de Albia, et sub banneria et Parramentis eorumdem.*

¶ **PARRANA**, PARRANEA, vulgo *Parran*, Tenementum quod ab uno *tenentiario*, ut vocant, tenetur, ad discrimen agri, cujus plures simul domini sunt, quem Ruthenenses *Hortum*, vulgo *Hort*, appellant. Chartular. majus S. Victoris Massiliens. pag. 14 : *Ad pratum Aucherium habemus unam Parranam quæ tenet ad fevum, etc.* Tabular. S. Martini de Altopodio in Ruthenis : *Petrus Dayas villæ Altipodii juratus dixit se habere.... quandam Parraneam sitam in affario del bosco, etc.* Occitanis inferioribus *Parranea* dicuntur agri suburbani, muris fossisque civitatis viciniores. Passim occurrit in Instrumentis Pontis S. Spiritus. [* Vide supra *Parana* et *Paranus.*]

* **PARRAPANDA**, Vox architectonica, Gall. *Platte-bande.* Instr. ann. 1490. inter Probat. tom. 4. Hist. Nem. pag. 52. col. 2 : *Facere medium altitudinis duorum palmorum, vel circa, cum Parrapanda sive palpetino altitudinis trium palmorum.*

¶ **PARRECHIA**, pro *Parochia.* Vide in hac voce.

* **PARRIA**, Feudum inter *Pares* seu cohæredes divisum. Vide in *Par.*

PARRICUS. Vide *Parcus.*

PARRIGO, [Idem quod *Parrago.* Vide in hac voce.] Tabularium Abbatiæ Conchensis in Ruthenis Ch. 192 : *Una mansione cum curto, cum horto, cum Parrigine, totum et abintegrum, etc.*

* Haud satis mihi aperta est vocis hujus significatio : ut ut est *Parrigue*, Prædium rusticum muris fossisque circumseptum intelligo, in Lit. remiss. ann. 1371. ex Reg. 103. Cartoph. reg. ch. 214 : *Les Anglois se logerent en la ditte ville* (du Lude) *et visiterent une Parrigue forte de muraille et une cohue près dudit fort.... Bouta le feu en laditte cohue et oudit Parrin.*

¶ **PARROC**, Parcus minor; a Saxon. Pearroc, Locus ad ferarum custodiam. Charta ann. 1182. apud Kennett. Antiquit. Ambrosd. pag. 136 : *Duæ acræ et dimidia quæ vertuntur in Parroc et in altero campo viginti acras, etc.*

* 1. **PARROCHAGIUM**, Territorium, districtus, nostris *Parrochage, Parroichage* et *Parroissage.* Charta ann. 1258. ex Chartul. Campan. fol. 308. col. 2 : *Et in omnibus aliis rebus quascumque sint in Parrochagio, finagio, territorio et pertinentiis villæ prædictæ.* Aliæ Eustach. dom. *de Conflans* ann. 1250. ibid. col. 2. fol. 382. v°. : *Li sires de Risnel disoit qu'il eust rien de son fié ou Parrochage de Gondricourt. Ou finage et ou Parroichage doudit Luxey*, in Ch. ann. 1299. ex Chartul. Lingon. fol. 74. r°. Reg. Cam. Comput. Paris. sign. *Bel* fol. 5. v°. : *Pierre de Chambli acheta de la roine de Jherusalem tout ce qu'elle avoit.... ou terrouer et or Parroissage du Perron.* Vide infra *Parrochiatus.*

* PARROCHIAGIUM, Eadem notione. Chartul. eccl. Lingon. ex Cod. reg. 5189. fol. 21. v° : *Guido dominus Tillicastri miles recognovit se tenere in feodum ligium a Johanne episcopo Lingonensi Tillicastrum et totum Parrochiagium scilicet de Marcileio,.... et de Prengey, qui est similiter de Parrochiagio de Tillicastro.*

* 2. **PARROCHAGIUM**, Rei alicujus appendix et accessio, quæ in *parochia* seu vicinia est. Charta ann. 1352 : *In emphiteosim perpetuam tradimus.... prædicta molendina, cum suis rippagiis, bedalibus, aquarum decursibus, Parrochagiis, moduris, exitibus, proventibus et aliis juribus quibuscumque eorumdem, sub annuo censu seu canone tresdecim sestariorum frumenti pulchri et receptibilis ad mensuram Alavardi.* Occurrit rursum infra *Parrochagiis*, ubi aliud exemplar habet *Parochionagiis*. Potest nihilominus accipi eodem intellectu quo Gallicum *Parrochage*, Tributi nimirum seu præstationis species, in Charta ann. 1318. ex Reg. 56. Chartoph. reg. ch. 520 : *Le Parrochage en ycelle ville* (de Novais) *et tous les émolumens d'icelui Parrochage, trois soulz et demi.*

* **PARROCHIA**, Districtus ecclesiæ collegiatæ vel monachalis. Charta Adriani PP. IV. in Chartul. Compend. fol. 14. v°. col. 1 : *Auctoritate apostolica constituimus, ut nulli omnino decimas laborum vestrorum infra Parrochiam ecclesiæ vestræ a vobis liceat exigere vel auferre.* Vide in *Parochia*.

* **PARROCHIAGIUM.** Vide supra in *Parrochagium* 1.

* **PARROCHIALIA**, Duplici notione accipitur hæc vox in Charta Hugon. abb. S. Dion. ex Chartul. episc. Paris. fol. 29 : *Mauricius Parisiensis episcopus in Novavilla beati Dionysii.... ecclesiam baptismalem ædificandam nobis benigne concessit, et ut circatas et synodalia, et cetera Parrochialia debita episcopo et archidiacono persolvat, et fontes et cimiterium, campanas et cetera Parrochialia, absque omni exceptione, sicut matrix et baptismalis ecclesia, obtineat, et proprii sacerdotis præsentia gaudeat.* Prima, Præstationes, quæ a presbyteris ecclesiarum parochialium debentur episcopo aut archidiacono; altera, Jura, quæ ad parrochialem ecclesiam pertinent, significantur. Vide alio rursum sensu in *Parochia*.

* **PARROCHIANUS**, Incola, habitator. Chartul. S. Vict. Massil. pag. 163 : *Daniel et Rodulfus Parrochiani de castello de Dromone facimus guirpitionem S. Victoris Massiliensis monasterio et S. Genesio, qui est obedientia ejus, de toto alodio et terris cultis, etc.*

PARROCHIATIO. Charta Philippi Augusti ann. 1185. apud Morinum in Hist. Vastinensi pag. 706 : *Si vero granchia per heredum successionem, seu quolibet alio modo ad Parrochiationem venerit, ad 5. solidos consuetudinis redibit*, i. ad proximum hæredem. Ubi *Parrochiatio* idem videtur quod *premesse* appellatur in Consuetudine Britanniæ : ubi *retrait de premesse*, est cum prædium distractum, jure *retractus*, ad proximum hæredem devenit. [Occurrit eadem notione in Consuetud. Beneharn. tit. 40. art. 16. tit. 47. art. 3. 20. 31. tit. 56. art. ult.] *Parrochiatio*, autem ex Gallico *prochain*, id est *proximus*, deducitur.

* **PARROCHIATUS**, Districtus, jurisdictio, ut supra *Parrochagium* 1. Charta ann. 1284. in Chartul. Thenol. ex Cod. reg. 5649. fol. 14. v°. : *Dicebamus quod quotienscumque terræ existentes infra fines Parrochiatuum dictarum villarum de Bomont et de Novavilla de Bomont excolebantur ab habitantibus in dicta villa de sancti Petri monte, etc.* Vide *Parochiatus* in *Parochia*.

* **PARROCHITANUS**, Qui ex *parrochia* alicujus presbyteri est. Chartul. priorat. de Guilcio fol. 34. v°. : *Quidam miles Guillelmus nomine de Ulliaco calumniabatur monachis S. Albini quosdam Parrochitanos de ecclesia de Duristallo, dicens eos pertinere ad jus suæ ecclesiæ Ulliacensis.* Vide *Parochianus* in *Parochia*.

¶ **PARROFIA**, ut *Parofia*. Vide ibi.

PARROLA, PARROLIA. Vide *Parolla*.

PARS, Schismatici qui in Ecclesia schisma amplectuntur, seu qui hæreticis adhærent. Ita hanc vocem usurpant passim Patres, qui alteram *Ecclesiæ* nomine indigitant. Sic S. Augustinus non uno loco *Partis Donati* meminit, ut et Optatus, Cyprianus in Epist. 72. Pelagius I. PP. in Epistola ad Viatorem edita ab Holstenio, etc. Epistola Episcoporum Italiæ ad Illyricos in Fragm. Hilarii : *Nicæni tractatus adversus Arium Sabelliumque, cujus Photinus Partiaria hæreditate damnatur, decreta servamus.* Ita vocem hanc pro factione usurpat S. Hieronymus Epist. 7 : *Qui sub occasione partium clementissimi Principis sævissimus omnium extitit tyrannorum.* [Nostri *Parti* eadem notione dicunt.]

* PARS, Factio; unde *Partes* appellantur, qui factionem aliquam fovent. Charta ann. 1251. apud Cl. V. Garamp. in Ind. ad Hist. B. Chiaræ pag. 537. col. 2 : *Quod nullam Partem recipient in civitate vel comitatu Tuderti, si contigerit ibi aliquam discordiam exoriri.* Synod. ann. 1266. ibid. : *Excommunicamus omnes, qui de cetero Partem foverint aut pacem ruperint.* Will. Gemetic. tom. 10. Collect. Histor. Franc. pag. 187 : *Nigellum Constantiensem atque Rodulphum.... cum eorum militibus custodes in ea* (munitione) *reliquit.... Illico Partes ducis, Deo juvante, ita eos prostraverunt, ut, etc.* Vide infra *Partesanus*.

PARS, pro Regione, quomodo dicimus *partie*, hac notione. Sulpitius Severus lib. 1. Histor. : *Inde in Parte turris Gader tabernaculum fixit.* Capitulum 3. ad legem Salicam cap. 5 : *De negotiatoribus qui Partibus Slavorum et Avarorum pergunt, etc.* [Elmham. in Vita Henrici V. Reg. Angl. edit. Hearnii cap. 33. pag. 86 : *Quod subditi eorumdem principum... merchandizare possint tam per terram quam per mare et aquas, solvendo custumas, gubella et deveria,... observando leges et consuetudines Partium ad quas applicare seu in quibus conversari contigerit.*]

* *Partes Latinæ*, pro Italia, in Charta Conrad. ann. 1266. inter Probat. jur. domus Bavar. ad regna Hungar. et Bohem. pag. 10 : *Universa bona nostra, sive patrimonialia, sive feudalia, cum omnibus hominibus nostris utriusque sexus,.... tam in partibus Germaniæ, quam Latinis.*

☞ Hinc vulgaris illa dictio, hodieque nautis Rhodani usitata, qua pars Orientalis Rhodani *a parte imperii;* Occidentalis vero *a parte regni* nuncupatur. Quæ distinctio ab illa opinione fluxit, quæ regnum Arelatense provinciasque ultra Rhodanum positas temere et falso Imperatoribus tribuebat.

PARS VIRORUM, Locus in Ecclesia ubi stant viri. Stabant autem ii in navi, ad Meridiem et ad dextram, mulieres ad Septentrionem et ad sinistram. Ordo Romanus : *Diaconus stat versus ad Meridiem, ad quam Partem viri solent confluere.* Amalarius lib. 3. de Eccles. Offic. cap. 2. 32 : *Masculi stant in Australi Parte, et fœminæ in Boreali, etc.* Adde Micrologum cap. 9. Honorium Augustod. libr. 1. cap. 145. lib. 3. cap. 66. Amalarium in Eclogis de Officio Missæ pag. 1353. 1358. edit. Baluzii, Durandum lib. 1. Ration. cap. 1. num. 46. etc. Synodus Romana ann. 853. cap. 33 : *Et sicut discrete in Ecclesia singula videntur exposita, ita virorum Pars et mulierum Partibus suis contenta sit.* Descripsit Baronius ann. 57. num. 125. hanc inscriptionem Christianam Vaticanam, AD SANCTUM PETRUM APOSTOLUM, ANTE REGIA, IN PORTICU COLUMNA SECUNDA, QUANDO INTRAMUS SINISTRA PARTE VIRORUM LUCILLUS ET JANUARIA HONESTA FOEMINA. Ex qua quidem inscriptione colligit idem Baronius viros sinistram templi partem ut tum digniorem habitam, mulieres vero dextram occupasse : quod quidem vix sibi constat. Nam cum vetera Christianorum templa ad Orientem exstructa fuerint, virique in iis ad Meridiem, mulieres ad Septentrionem locum habuerint, necesse est ut introeuntibus pars virorum dextra fuerit, quod videtur adversari inscriptioni : nisi quod revera reor, *sinistra pars virorum*, hoc loco sit, pars sinistra respectu partis virorum. Nam constat partem altaris, in quo legitur Evangelium, *sinistrum cornu* appellari.

PARS, Actor, vel reus, quomodo dicimus *Partie*. Lex Wisigoth. lib. 2. tit. 2. § 4 : *Pars utraque, id est, tam petentis, quam petiti, etc.* Joannes Sarisber. Epist. 6 : *Cum ergo Partibus super hoc dies esset præfixa, etc.* Quoniam attachiam. cap. 57. § 4 : *Et adveniente die quindeno, Pars prosequens compareat in Curia, et petat Partem suam, et faciat eam vocari per bedellum, etc.* [Charta Henrici IV. Reg. Angl. ann. 1401. apud Rymer. tom. 8. pag. 211 : *In rem suam propriam in hac parte* (*ut asserit*) *constitutum, Partem actricem ex parte una, et Johannem Shakel armigerum Partem ream ex altera.*] Passim. Vide leg. 6. Cod. de Part. interempt.

¶ PARS ACTOREA et CITATA, in Sententia Sigismundi III. Reg. Poloniæ, apud Ludewig. tom. 6. Reliq. MSS. pag. 225 : *Partis utriusque tam Actoreæ quam Citatæ allegationibus, probationibus et exceptionibus accurate perpensis.*

¶ PARS, Advocatus, qui actoris, vel rei partes agit et tuetur. Instrum. ann. 1105. apud *Le Blanc* in Dissert. Hist. de Monet. pag. 52 : *Cumque statuto simul termino convenissent, Pars Oddonis agere cœpit contra partem domini Abbatis,... At vero pars B. Mariæ* (Farfensis) *enucleatius, veriusque ipsum perspiciens edictum, asserebat quod, etc.* Pandect. lib. 32. leg. 97 : *Imperator interrogavit Partem legatarii.*

* PARS, Interventor, Practicis nostris, *Partie intervenante* : unde *Partem facere* intervenire. Libert. Sarlati ann. 1370. tom. 5. Ordinat. reg. Franc. pag. 342. art. 10 : *Sive procurator vel alii officiarii regii causam per se, pro jure regio, moveant, vel adjuncti*

cum aliis, Partem cum eisdem facientibus. Stat. ann. 1454. inter Probat. tom. 3. Hist. Nem. pag. 287. col. 1 : *Requirendo.... procuratorem regium,.... quathinus cum eisdem consulibus se jungere contra dictum dominum viguerium, et Partem contra eundem facere haberet. Faire partie*, eodem sensu, in Lit. ann. 1352. tom. 6. earumd. Ordinat. pag. 63. art. 17.

* PARS REGIA, Fiscus, ærarium regium. Charta Fern. reg. Hispan. æra 1210. apud Cenc. inter Cens. eccl. Rom. : *Si quis igitur.... hoc meum spontaneum factum irrumpere præsumpserit,.... pro temerario ausu Parti regiæ et nostræ centum libras auri persolvat.* Vide mox *Ad partem alicujus solvere.*

¶ PARS DIVINA. Vetus Charta MS. : *Vineas vero... nos antea de Sargite quondam necutiante, Parte divina, cum terra comparavimus.*

PARS TERRÆ, Sors hæreditaria in prædiis paternis aut maternis. [Vulcatius in Cassio : *Vivant in patrimonio parentum pro Parte donata.* In Marco : *Filii Cassii et amplius media Parte receperunt paterni patrimonii.*] Charta Gaufredi de Liziniano Dom. S. Hermetis ann. 1248. in Reg. Inculismensi Cameræ Comput. Paris. fol. 49 : *Quod dictum castrum habebam et tenebam et expletabam ratione Partis terræ matris meæ Hisabellis, etc.* Exstat Charta S. Ludovici Regis Franciæ ann. 1246. mens. August. in Regesto Cenomanensi fol. 10. num. 15. qua Carolo Comiti Provinciæ fratri, et et ejus hæredibus, ex consensu Comitum Atrebatensis et Pictavensis fratrum *dat, et pro Parte terræ assignat Andegavensem Comitatum cùm pertinentiis.* In alia ejusdem Regis ann. 1260. mens. Junii de dotalitio reginæ Margaretæ uxoris : *Et après ce nous eussions donné et assigné à nostre feeil Charle Comte de Provence et à ses hoirs la devant dite cité du Mans, avec ses appartenances, etc. Pars hæreditatis*, in Charta ejusdem S. Ludovici Regis pro Roberto Atrebatensi Comite fratre ann. 1237. apud Haræum in Castellanis Insulensibus pag. 81. Vide Notas ad Stabilimenta ejusdem Regis lib. 1. cap. 8.

* PARS, Divisio, partitio, Gall. *Partage.* Charta ann. 1172. in Chartul. Guill. abb. S. Germ. Prat. fol. 196. r°. col. 2 : *Presbyter primus missam cantabit, et capellanus ejus post eum, et sine Parte monachorum beneficium accipient.* Galli diceremus, *Sans partage avec les moines.*

* PARS, Latus, Gall. *Côté.* Inventar. ann. 1389. tom. 3. Cod. Ital. diplom. col. 363 : *Alæ duæ tafetalis viridis pro ponendo a Partibus altaris.*

* PARS, Pecuniæ summa, Gall. *Partie*, eodem sensu, dicimus. Bulla Urbani PP. V. ann. 1467. inter Instr. tom. 6. Gall. Christ. col. 385 : *Duo millia florenorum auri de Parte seu de partibus ad nos et præfatam cameram pro communi servitio contingentibus, authoritate præsentium tibi ecclesiæque Magalonensi.... remittimus et donamus. Parceau*, eadem notione, in Charta Ludov. comit. Fland. ann. 1331. ex Chartul. 2. Fland. Cam. Comput. Insul. ch. 573 : *Lesquels Parceaus de rente héritable nosdis renneurs nous ont jugiet à payer.*

* PARS, Recensio, descriptio, Gall. *Rôle de finance.* Lit ann. 1373. tom. 5. Ordinat. reg. Franc. pag. 656. : *Quamplures financias, Partibus earum in cameram compotorum nostrorum Parisius per vos missis, declaraveritis, etc.*

¶ PARS, pro *Lege*, l. hac parte. C. de prox. sacr. scrin. lib. 12. l. nemo. 5. C. de malef. quæ est Constantini. Etiamnum ita Venetiis vulgo appellatur. Ita Pancirolus lib. 1. Thesauri var. lect. cap. 77.

* PARS DECISA, Decretalium pars ex earumdem collectione detracta atque in Glossas inserta. Consule Hevin. in Arest. parlam. Brit. inter Addit. tom. 2. pag. 65. et Florent. in Præf. ad Comment. in novem priores lib. Decretal.

¶ PARTEM HABERE *cum Rege*, Formula usitata cum in *associationem* Rex vocabatur ab aliquo, ut bona sua facilius tutaretur, ejus patrocinio, quam ob rem Regi partem aliquam in eadem bona assignabat. Stabilim. ann. 1270. lib. 2. cap. 31 : *Sire, ma mere fu franche fame le Roy, et nul ne Part au Roy que Sainte Crois et Saint Agnen selonc l'usage d'Orleanois.* Vide *Pariagium* in *Par.*

PARTES dicuntur divinæ Eucharistiæ vel panis Eucharistici particulæ, quæ a Sacerdote inter Missæ solemnia fractæ in partes minutiores, fidelibus distribuebantur ad Commumionem : Ἅγιαι μερίδες, Evagrio lib. 4. cap. 36. [in Vita Lucæ junioris pag. 985.] et in Euchologio, καὶ τίθησι τὴν μερίδα ἐν ἁγίῳ ποτηρίῳ. S. Augustinus apud Bedam in cap. 10. prior. ad Corinth. et apud Gratianum de Consecr. dist. 11. can. 58 : *Nec quando manducamus Partes de illo facimus : et quidem in Sacramento sic fit, et norunt fideles quemadmodum manducent carnem Christi : unusquisque accipit partem suam, unde et ipsa Gratia* (i. ipsa Eucharistia) *Partes vocantur.* S. Cyprianus de Lapsis : *Et alius, qui et ipse maculatus, sacrificio a Sacerdote celebrato, Partem cum cæteris ausus est latenter accipere, sanctum Domini edere et contrectare non potuit, cinerem ferre se apertis manibus invenit.* Ubi observandum Eucharistiam olim fideles de manu Sacerdotis manu sua accepisse, quod etiam ex 21. Statuarum Chrysostomi colligitur, ubi δέχεσθαι τῇ χειρί ter habet. Apud Eusebium lib. 7. cap. 9. legitur χεῖρας εἰς ὑποδοχὴν τῆς ἁγίας τροφῆς προτείνειν. Utramque enim manum porrigebant, et cavo dextræ supposita sinistra panem suscipiebant, ut est apud Cyrillum in 5. Mystag. Rursum idem Cyprianus de Opere et Eleemos. : *Quæ in Dominicum sine sacrificio venis, quæ Partem de sacrificio quod pauper obtulit, sumis.* Quem morem insinuat alibi non semel, Epist. 56. et lib. de Bono patient. ut et Cornelius PP. Epist. ad Fabium Antioch. S. Ambrosius Epist. ad Theodosium apud Theodorit. S. Hieronymus Epist. ad Theophilum. Obtinuit postea ut Sacramentum Laicis non in manus traderetur, sed in os insereretur, ut observat Balsamon ad canon. 101. Concilii in Trullo, idque cautum canone 2. Concil. Rothomag.

Quæ porro supererant particulæ sacræ Eucharistiæ, pueris absumendæ dabantur ex veteri more, ut testatur Evagrius loco citato, quem sua etiam ætate observatum testatur Nicephorus Callist. lib. 17. cap. 52.

PARTICULÆ, Eadem notione. Cæsarius Heisterb. lib. 9. cap. 35 : *Nostis, domine, quod hic reposueritis Particulas? Sic enim hostias vocare solent.*

PARTES autem vocabant veteres, quidquid e convivio decerpebatur, et ministris aut mittebatur, aut reservabatur. Lampridius in Alexandro Severo : *Semper de manu sua ministris convivii, et panum Partes, aut olerum, aut carnis, aut leguminum dabat, etc.* Vide Eckeardum juniorem de Casibus S. Galli cap. 2. pag. 51.

¶ PARS, Lusio, Gall. *Partie de jeu*, in Regesto 80. Chartophylacii regii Ch. 509. ann. 1352.

PARS, pro *Partie de guerre*, videtur sumi apud Gauterium Antioch. de Bellis Antioch. pag. 457.

¶ PARTES, Rationes, qua notione dicimus etiam *Parties.* Charta ann. 1. Theodorici Reg. tom. 3. Analect. Mabill. pag. 225 : *De pagensis nostris unusquisque per manus nostras recipimus, vel adrecipere habemus, unde apud Hadingan vicedomino Partes exinde fecimus.*

¶ PARTEM FACERE, Fœdus cum aliquo facere, inire, Gall. *Faire parti, se liguer.* Litteræ Roberti Comit. Flandr. ann. 1319. apud Rymer. tom. 3. pag. 771 : *Et si Scoti ad nostros portus declinant, et nostri homines ad Scotiæ portus similiter declinaverint, intentionis nostræ et nostrorum non est eos propter hoc in errore fovere, nec in crimine cum eis participando comitare; set solum mercaturas exercendo, Partem minime facientes.*

* *Faire pars*, eodem intellectu, in Lit. ann. 1408. tom. 9. Ordinat. reg. Franc. pag. 370. art. 5 : *Se sont efforciez et efforcent de faire Pars, tant par parolles et libelles diffamatoires, comme par eulx armer avecques aucuns des dessusdiz seigneurs ou leurs gens.*

¶ PARTEM SUAM FACERE, in Statutis Astens. Collat. 16. cap. 74. fol. 53 : *Compellere teneatur alium consortem illius domus vel edificii facere suam Partem seu solvere expensas dicte aptationis.*

TRAHERE IN PARTEM, Gall. *Tirer à part*, Aliquem e turba seducere, apud Eckeardum Jun. de Casib. S. Galli cap. 1. Cæsarium lib. 2. cap. 6. Guill. in Vita S. Bernardi lib. 1. cap. 11. Herbertus lib. 2. de Mirac. cap. 41 : *Mater in Partem filiam traxit, et luridæ tabis apparitionem innotuit. In partem secedere*, in Collat. 1. Carthag. cap. 10. *In partem ire*, in Libello delati judicii apud Camillum Peregrinum lib. 1. Hist. Longobard. pag. 225. *Secedere in partem*, apud Victorem Uticens. lib. 3. et Gregor. Turon. de Vitis Patr. cap. ult. *In partem stare*, vel *in parte*, apud Faustum in Vita S. Mauri Abbatis num. 49. Vide Acta S. Dorotheæ num. 8. 13. et Revelationem Stephani II. PP. *In partem secedere*, lib. 4. Chron. Casin. cap. 39.

¶ AD PARTEM, vel AD PARTES, a Gall. *A part*, Seorsum, separatim. Testam. Andreæ de Luxemb. Camerac. Episc. tom. 9. Spicil. Acher. pag. 295 : *Reservando tamen sibi plenam et omnimodam potestatem huic testamento suo.... addendi, subtrahendi...*

per cedulas, codicillos aut literas clausas ad Partem factas, seu hujusmodi testamento incorporandas. Vita S. Yvonis tom. 4. Maii pag. 550 : *Episcopus et Cantor et alii convivantes non comedebant de oleribus, pisis vel fabis, quas iste comedebat, quia ista specialiter parabantur pro eo et ad Partem.* Lobinell. Hist. Britan. tom. 2. pag. 555 : *Arma, gladii, enses, lanceæ, quæ inventa fuerint in monasterio S. Victoris, reponantur in aliqua camera deputata ad Partes.* Limborch. Sent. Inquis. Tolos. pag. 181 : *Te merito suspectum fecimus poni ad Partem in carcere, ut certius veritas probaretur.* Charta ann. circiter 1320. ex Regesto *Noster* fol. 440. v° : *Ordinatum est quod Esmelus judæus non computetur cum aliis, sed solvat ad Partem secundum quantitatem bonorum suorum.*

* De Parte, Nomine, mandato, Gall. *De la part.* Annal. Bertin. ad ann. 863. tin. ad ann. 863. tom. 7. Collect. Histor. Franc. pag. 81 : *Carolus rex de partibus trans-Sequanis regrediens, Lutardum Papiæ episcopum de Parte Hludowici imperatoris Italiæ, et Gebahardum Spirensem episcopum de Parte Hludowici fratris sui regis Germaniæ, et Nantharium comitem de Parte Lotharii nepotis sui, accipit pro pace petentes, etc.*

Pars Publica, Respublica. Lex Longob. lib. 3. tit. 13. § 2. [** Guido cap. 2.] : *A proprio Comite, vel a Publica Parte, id est, qui rempublicam agunt.* [Leg. Caroli M. apud Murator. tom. 1. part. 2. col. 1 : *Petre te appellat Martinus, qui est advocatus de Parte publica.*] Fredegarius in Chron. cap. 66 : *Cui* (Heraclio) *successit in Imperii gradum Constantinus filius ejus, cujus tempore Pars publica a Saracenis nimium vastatur. Pars reipublicæ*, eadem notione, in Epistolis 45. et 47. ex iis quæ habentur tom. 1. Hist. Franc. Anastasius in S. Zacharia PP. pag. 78 : *Idem castrum et tertiam partem, quam pignoris causa detinebat, Parti reipublicæ restitueret.* Ita

Ad Partem Alicujus Solvere dicebant. [Charta Dagoberti I. Reg. Franc. apud Miræum tom. 1. pag. 241 : *Omnia et ex omnibus quidquam ad Partem nostram, vel fisco publico, de ipso mercado ex ipsa mercimonia exactare potuerit.*] Capitula Ludovici Pii ad Legem Salicam cap. 3 : *Ibi volumus ut 40. denariorum solutio quantitatem habeat, quam vel Saxo, vel Friso ad Partem salici Franci cum eo litigantis solvere debet.* Charta ejusdem Ludovici pro Ecclesia S. Juliani Brivatensis : *Et nemini cuilibet obsequium pro prædictis rebus fecissent, nisi tantum ad Partem Regis annuatim caballum unum cum scuto et lancea præsentassent, etc.* Lex Ripuar. tit. 57. § 2 : *Aut si legibus eum non potuerit defensare, ad Partem Regis 200. sol. culp. jud.* Lex Bajwar. tit. 1. cap. 6. § 3 : *Ad Partem fisci pro fredo præbeat fidejussionem.* Joannes VIII. PP. Epist. 302 : *Sciatis per unumquemque vestrum centum aureos dabitis nostræ Parti.* Anastasius in S. Hadriano pag. 105 : *Ut antefatas quas abstulerat civitates, pacifice B. Petro redderet, et justitias Parti Romanorum faceret.* Charta Hugonis Regis Italiæ ann. 928. tom. 12. Spicilegii Acheriani : *Neque aliquod servitium, quod ad publicam Partem pertinuisse visum fuit, etc.* [Charta Archembaldi Archiepisc. Turon. ann. 993. in Tabul. Major. Mon. : *Concedo ut quidquid ex ipsis capellis ad Partem Episcoporum sive Archidiaconorum hactenus in annona, vino... exactum est, etc.*] Vide Meurissium in Episcopis Metensib. pag. 175. [et Mabillonium tom. 2. Annalium pag. 596.]

Ex Parte. S. Eulogius lib. 2. Memorial. SS. cap. 1 : *Vivaci educatione literaria captus, nec non ex Parte linguæ Arabicæ cognitus, totam pene juventutem in prædicto cœnobio exegit.* Phrasis Hispanica, *por Parte de lingua Arabica*, id est, quod spectat ad linguam Arabicam, Galli dicerent, *à l'égard de etc.*

¶ Pro Parte, quomodo dicimus, *de la part de, etc.* Nomine vel mandato alicujus. Litteræ ann. 1333. tom. 2. Hist. Dalphin. pag. 241 : *Petro de Ambello castellano de Laborello, pro Parte domini nostri Dalphini Viennensis salutem et dilectionem.* Infra : *Unde tibi præcipimus et districte mandamus, vice et nomine dicti domini Dalphini quatenus, etc.*

* De Parte in Partem Perforare, Phrasis Gallica, *Percer de part en part*, Transverberare. Lit. remiss. ann. 1370. in Reg. 100. Chartoph. reg. ch. 776 : *De gladio longo et acuto.... ventrem de Parte in Partem perforavit.*

* Ex Parte Diaboli, Gall. *De par le Diable.* Charta official. Autiss. ann. 1338. in Reg. 72. Chartoph. reg. ch. 40 : *Incœpit fortius clamare et sibi dicere, Surgatis ex Parte Diaboli, etc.*

* In Partem Deducere, Excipere, Gall. *Réserver.* Charta ann. 1318. inter Instr. tom. 12. Gall. Christ. col. 405 : *Acto etiam inter prædictos et in Partem deducto quod dictus dominus archiepiscopus suis expensis in dicta villa assignet locum idoneum.... ad faciendam halam prædicto foro et nundinis tenendis.*

* In Parte Deponere, Ponere sequestro, Gall. *Mettre à part, en séquestre.* Charta Otton. comit. Ravensberg. ann. 1166. inter Probat. tom. 2. Annal. Præmonstr. col. 698 : *Ac si præter jus et licitum, id est in tempore, quando marchia in sequestro, id est, in Parte deposita est, quidquid illi duo villici, juxta sententiam complicum suorum componant.*

Partes Edere, Partitiones orationis facere, orationem per partes ac verba singula examinare. Quintilianus lib. 1. cap. 14 : *Et illa quidem minora præstare debebit, ut Partes orationis reddi sibi soluto versu desideret, etc.* Ejusmodi sunt Prisciani *Partitiones 12. primorum versuum Æneidos.* Gotofridus Viterb. part. 16. Panth. :

Nunc quoque Grammaticæ summus Donatus in arte,
Hieronymus cum discipulo docet edere Partes.

Nescio an huc pertineat vetus Inscriptio Placentiæ, apud Petrum Mariam Campum lib. 14. Hist. Eccl. Placentinæ : V. F. C. Terentius. Fructus. Sibi. et. Attico. Ser. Qui. Vixit. Ann. xx. Litteratus. Græcis. et. Latinis. Librarius. Partes. Dixit. ccc. in. Fr. P. xv. in. Ag. P. xxv.

Exstat in Biblioth. Sangermanensi Codex MS. cum hoc titulo : *Incipit tractatus in Partibus Donati, cujusdam Presbyteri Zmaragdi.* [Statuta MSS. Augerii Episc. Conseran. ann. 1280 : *Districte inhibemus ne quis in civitate vel diœcesi nostra docere vel scholas tenere in quacumque facultate præsumat absque nostra licentia speciali; et alphabetum tamen et psalterium tantum ecclesiasticum, et Donatum seu Partes unusquisque libere docere possit.*] Joan. Molinetus pag. 117 :

... Sçait ses Pars et son cathonnet.

[Sic Burgundionibus aliisque vocatur liber, in quo rudimenta seu prima Litterarum elementa traduntur : quo sensu accipiendum videtur] Epitaphium a Naudæo editum :

Hic Jacet Judocus,
Qui fuit Romæ coquus,
Magister in Artibus,
Et doctor in Partibus,
Et de gratia speciali
Mortuus in hospitali.

[Adde Mascurat. pag. 6.] Rabelaisius lib. 1. cap. 14 : *Hugutio, Flebar, Grecisme, le Doctrinal, les Pars, le Quid est, etc.* Hanc Grammaticæ partem, *qua docentur adolescentes scripta intelligere et probare*, ut est apud Martian. Capellam lib. 3. σχεδογραφίαν vocat Anna Comn. lib. 14. Alexiad. pag. 485. aitque recentiorum fuisse inventum, præcipuos in ea nescio quos nominans magistros, Stylianos, Longobardos, seu Italos, quos Glaber lib. 2. cap. 12. et Paulus Warnefrid. lib. 6. de Gest. Longob. cap. 7. Grammaticæ præ ceteris operam impensius dedisse testantur. Atque ea notione σχεδογραφεῖν, pro *edere partes*, usurpat Basilius lib. Περὶ γυμνασίας γραμματικῆς, ut et σχέδος pro *partibus* idem Scriptor et Manuel Moschopulus, qui hanc potissimum Grammaticæ partem illustraverunt, posterior libro quem περὶ σχεδῶν inscripsit.

* **PARSANUS**, Tractus, pagus, urbis regio, Gall. *Canton, quartier d'une ville.* Pactum inter episc. et cives Vasat. ann. 1340. in Reg. 74. Chartoph. reg. ch. 59 : *Si collecta seu taillia ascendet summam decem librarum Burdegalensium, vocari debeant triginta boni homines civitatis, sex videlicet de qualibet taillia seu Parsano, ultra juratos et consiliarios, sine quorum omnium communi consensu.... dicta tallia seu collecta indici seu levari non possit.* Inventar. ann. 1476. ex Tabul. Flamar. : *Item plus.... infinitas possessiones, tam cultas quam incultas, atque territoria et nemora, in pluribus et diversis partibus et Parsanis situata.* Ibidem : *Plus unum clausetum in eodemmet loco et Parsano, vocato à la Font.* Vide *Partita* 1.

* **PARSARE**, *Indicare*, in Glossar. Cassin. ann. circ. 700.

* **PARSCALCUS**, ut supra *Barscalcus.* Tradit. 95. Ebersperg. apud Oefelium tom. 2. Script. rer. Boicar. pag. 29 : *Duo Romani proseliti, quos nos Parscalcos nominamus, in proprium dederunt S. Sebastiano novem jugera.*

PARSCHALCUS, [Homo mediæ conditionis inter liberos et servos.] Vide *Barscalcus.*

PARSIARE, Ital. *Partaggiare.* Vetus Charta apud Ughellum tom. 7. pag. 263 : *Non habeatis potestatem suprascriptam hæ-*

reditatem alienare, id est, vendere, vel donare, aut in pigni ponere, vel pro devito Parsiare, etc. Id est per *divisam*, seu testamentum, dividere.

¶ **PARSIMONIA**, Jejunium et vigilia, seu parcitas somni et cibi. Vitæ Patrum Eremit. tom. 2. Concil. Hispan. pag. 649 : *Tribusque diebus totidemque noctibus in Parsimoniis et fletibus perseverans, ante altare sub quo venerabile corpusculum sacræ Martyris situm est, pavimento prostratus incubuit.* [** *Parsimonium*, Abstinentia a cibo, in Vita S. Anskarii cap. 35. apud Pertz. Script. tom. 2. pag. 718. lin. 13. Vide Furlan. in Forcellin. Lexico.]

¶ **PARSIMONIUM**, μικρολογία, in Gloss. Lat. Gr.

¶ **PARSIMONIZARE**, Cum parcimonia distribuere. Vita S. Bernardi Menthon. tom. 2. Junii pag. 1078 : *Bona sua pauperibus Parsimonizans in propria mensa eis assidue opulenter ministrabat.*

¶ **PARSIMUM**, Territorium, districtus, jurisdictio. Charta ann. 1527. in Tabul. Archiep. Ausc. : *Proclamationem dominorum Comitum Armeniaci et Fesensiaci tam in Parsimo comitale Auxis, quam in Parsimo dom. Auxitan. Archiepiscopi, etc.*

* Leg. *Parsanum*. Vide supra *Parsanus*.

¶ **PARSINALIS**. Epist. Petri Bernardi Grandim. Ex-prioris ad Henricum II. Reg. Angl. de nece S. Thomæ Cantuar. apud Marten. tom. 1. Anecd. col. 563 : *Hæcne threna tragedi Parsinalis didicere ibides nostræ eremi?* F. *Parricidalis*.

* **PARSO**, Particeps, qui aliquid in commune possidet, ut supra *Parcerarius* 2. Charta ann. 1349. in Reg. 78. Chartoph. reg. ch. 273 : *Item et omnes quinti sive Parsones ad dictum hospitium pertinentes, etc. Parson de Monthonant*, in Lit. remiss. ann. 1382. ex Reg. 121. ch. 54. Nomen proprium, pro *Pierre*, Petrus.

* **PARSUS**, Instrumentum piscandi, rete. Charta ann. 1386. apud Pez. tom. 6. Anecd. part. 3. pag. 76. col. 2 : *In aqua Multavæ cum Parsis seu retibus, quæ vulgariter sachi et ezrizeny appellantur, poterint piscari duntaxat.*

* **PARTA**, idem quod *Pecia*, Modus agri. Tabul. S. Vict. Massil. : *Villelmus de Lairaco donat unam petiam de pratum a S. Maria S. Victoris pro amore Dei, et quæ Parta jam lobe facto de S. Victori, illa petia, etc.* Pactum inter capit. de Rivo-petroso et habitat. ejusd. villæ ann. 1285. in Reg. 59. Chartoph. reg. ch. 584 : *Dictus decanus non assignaverat eis sufficiens nemus, nec devezas, nec Partas, secundum formam compositionis.* Ubi pro Agro pascuo usurpari videtur.

¶ 1. **PARTAGIUM**, Ea hæreditatis pars et portio, quæ unicuique hæredi, ex bonorum paternorum vel maternorum divisione, competit. Charta ann. 1276. in Chartul. minori S. Benigni Divion. : *Dominium omnium prædictorum, quæ omnia et singula dicta ad meum Partagium devenerunt.* Alia ejusdem anni ibid. : *Quæ omnia per Partagium meum devenerunt in partagio facto de me et Adelinetta sorore mea.* Charta ann. 1308. tom. 2. Hist. Dalphin. pag. 141 : *Recipiente pro se et suis hæredibus, bonas et firmas donationes et quittationes de omni jure, actione, Partagio et requisitione ipsis et ipsorum cuilibet competentibus et competituris.* Regest. Parlamenti ann. 1401. tom. 4. Hist. Harcur. pag. 1122 : *Inter se Partagium fecerant de successione omnium bonorum defuncti Guillelmi de Haricuria.* Occurrit præterea tom. 1. April. pag. 152.

¶ **Partatgium**, Eadem notione, in Charta Roberti Comit. ann. 1286. apud Baluz. tom. 2. Hist. Arvern. pag. 121 : *Pro jure quocunque, Partatgio et frayreschia.*

* 2. **PARTAGIUM**, nude, Partitio, divisio, Gall. *Partage*. Lit. ann. 1371. tom. 5. Ordinat. reg. Franc. pag. 439 : *Absque eo quod ab eodem dominio seu corona Franciæ et immediata ejus subjeccione et dominio, titulo donacionis, Partagii, transactionis.... valeat ullo unquam tempore disjungi. Partaigier*, forte pro *Parachever*, aut quid simile, in Lit. ann. 1398. tom. 8. earumd. Ordinat. pag. 293 : *Nous ne voulons que pour ces présentes aucun empeschement soit fait... en la charge et partement d'une nef,.... laquelle est chargée ou presque chargée, comme l'en dit, qu'ils ne la puissent faire Partaigier, se elle ne l'est, et partir de-là où elle est.* Id est, Navis onus complere.

* **PARTAGLONUS**, Pedamentum vel arboris adminiculum, ut videtur. Stat. Avellæ ann. 1496. cap. 52. ex Cod. reg. 4624 : *Quæ ceperit in aliena vinea seu alteno vel plantato aliquos pallos vel perticas seu aliquos Partaglonos,.... solvat denarios sex.*

* **PARTAPIA**, *La corona de diversi flori*. Glossar. Lat. Ital. Ms.

¶ **PARTENDA**, Pars, portio. Tabular. Vosiense fol. 44 : *Debet Guanola in sua Partenda x. denarios, et medietatem fructuum de arboribus.*

* **PARTESANA**, vox Hispanica, Hasta bipennis, Ital. *Partigiana*, Gall. *Pertuisane*. Proces. crimin. ann. 1488. ex Tabul. D. Venciæ : *Armati cum curassis, salatis, ensibus, etc. De hominibus civitatis inemboscatis stabant numero viginti et ultra, armati cum achiis, Partesanis, etc. Parthisane*, apud Rabelais. in prol. ad lib. 3. pag. vij.

* **PARTESANUS**, Fautor, studiosus partium, Gall. *Partisan*. Barel. serm. in Domin. Pass. : *In hac specie peccant illi, qui dicunt Deum esse partialem et Partesanum,.. non est personarum acceptor Deus.* Vide supra in *Pars*.

* **PARTHESIUM**, Partensis vel Pertensis pagus, Gall. *le Partois*. Charta Philc. in Lib. rub. Cam. Comput. Paris. fol. 449. r°. col. 2 : *Actum apud sanctum Desiderium in Parthesio, die Martis post Reminiscere anno Domini* 1301.

PARTHICÆ Pelles, olim magno in pretio. Matthæus Silvaticus : *Fenutio, id est, pellis Parthica.* Ex φοινικαῖον, nam pelles Parthicæ purpureæ erant; et ex iis fiebant Imperatorum calcei. Pollio in Claudio : *Zanchas de nostris Parthicis paria duo.* Corippus lib. 2. de Laudibus Justini vers. 104 :

> Purpureo suræ resonant fulgente cothurno,
> Cruraque puniceis induxit regia vinclis,
> Parthica Campano dederant quæ tergora fuco.

[** Al. *Parthica... vellera*. Idem Coripp. l. 4. Iohann. vers. 499 :

> Tunc suris ocreas, multo quos vinxerat auro
> Parthica pellis, habet, rubroque includit in ostro, etc.

Guillelmus Apul. lib. 1. Rer. Normanic. :

> ..... assumitur Imperialis
> Purpurea, pes dexter decoratur pelle rubenti,
> Qua solet Imperii qui curam suscipit uti.

Pellium Parthicarum meminit etiam Ammianus lib. 22 : *Notum est enim sub Maximiano Cæsare vallo Regis Persarum direpto, gregarium quendam post sacculum Parthicum, in quo erant margaritæ, repertum, projectis imperitia gemmis, abisse pellis nitore solo contentum. Corrigia Partica*, apud Veterem Scholiastem Juvenalis Sat. 5. id est, ex corio. Vide Salmas. ad Hist. Aug. et Not. ad Villhard. pag. 308. 930.

Parthicarii, Harum pellium mercatores, in leg. 2. Cod. de Excusat. muner. (10,48.)

¶ 1. **PARTIALIS**, Partilis. Epist. Xysti II. PP. ad Hispanos tom. 1. Concil. Hispan. pag. 214 : *Qui ad hoc naturam nostræ carnis et status virilis formam assumens, humiliter se usquequaque distendit, ut omni humano genere in unitatem redacto, totius corpus unitum perficeret Ecclesiæ : atque ita ad totius compaginis pertineret commodum membrorum Partialis ista distinctio.*

* 2. **PARTIALIS**, Unicus, peculiaris, vel Personalis. Arest. ann. 1284. in Reg. 2. *Olim* parlam. Paris. fol. 70. v°. : *Reddita fuit curia domino de Danguto et viceconiti de Meleduno de domino Guidone Bassi milite super Partiali actione, quam Johannes de Soisiaco miles ejus filius et nurus proponebant contra ipsum.*

* 3. **PARTIALIS**, Singularis, privatus, Gall. *Particulier*. Reg. visitat. Odon. archiep. Rotomag. ex Cod. reg. 1245. fol. 95. v° : *Injunximus quod generales compoti annuncientur in capitulo coram omnibus. Item quod Partiales compoti fiant ad minus quolibet mense, coram abbate et aliquibus electis a conventu.*

* 4. **PARTIALIS**, Partitus, per partes divisus. Charta Phil. V. ann. 1316. in Reg. 54. Chartoph. reg. fol. 5. v° : *Attendentes quod carissima consors nostra Johanna regina Franciæ et Navarræ, juxta ipsius status decentiam, minutas et Partiales expensas habet diebus singulis non modicas sustinere.* Vide mox *Partialiter* 2.

* 5. **PARTIALIS**, Alia notione, in Chron. Angl. Th. *Otterbourne* edit. Hearn. pag. 7 : *Hanc antedictam insulam* (Angliæ) *tam pro idemptitate quam varietate temporum, diversarum nationum homines coluerunt. Nam præter Partiales conquæstus, qui in ea crebrius contigerunt, etc.* Id est, in quibus partes aliquot tantum quæsitæ sunt.

¶ 1. **PARTIALITAS**, Factio, partes, Gall. *Partialité, parti*. Synodus Pergam. ann. 1311. apud Murator. tom. 9. col. 570 : *Si de cetero contigerit Archipræsulem Mediolanensem... extra civitatem et diœcesim propriam exulare propter... Partialitates inibi vigentes, schisma vel aliam causam consimilem.* [** Henric. VII. Imper. Constit. ann. 1312. apud Pertz. Legum tom. 2. pag. 524 : *Civitates et communitates.... intra se civilibus bellis afflictæ, Partialitatum discordia excrescente, etc.*] Statuta Monast. S. Claudii ann. 1448 : *Jurgia, contentiones atque divisiones et Partialitates in ipso mona-*

sterio, et inter abbatem et fratres... oriri facere diversimode consueverunt, etc. Johan. a Leydis lib. 29. cap. 16 : *Anno D.* 1350. *ortæ sunt in Hollandia duæ factiones seu Partialitates.* Adde Acta SS. tom. 1. April. pag. 121.

¶ PARTIALITAS, Partium studium, Gall. *Partialité.* Inquesta ann. 1440. in Tabular. Cassaniensi : *Promittunt testimonium perhibere veritati omnibus prece, pretio, odio, Partialitate, vel favore repulsis.* Sermo Mag. Joh. Paris. in Conc. Constant. in Bibl. Heilsbr. pag. 110 : *Sine asperitate constantem, sine Partialitate communem.* Occurrit præterea in Chronic. Dom. de Gravina apud Murator. tom. 12. col. 611.

* 2. **PARTIALITAS**, Societas. Stat. ord. S. Joan. Hierosol. ann. 1584. tom. 2. Cod. Ital. diplom. col. 1878 : *Si grave vulnus vel enorme intulerit, perdat antianitatem; quam pœnam pariformiter incurrat, si bandulas vel Partialitates duelli pro quocumque ceperit.*

* 1. **PARTIALITER**, Privatim, singulatim, Gall. *En particulier.* Lit. ann. 1294. in Reg. 2. *Olim* parlam. Paris. fol. 7. v° : *Speratur quod adhuc majores insultus faciant, si se possunt commode congregare, quia Partialiter non auderent.* Vide *Partiatim.*

* 2. **PARTIALITER**, Divisim, per partes, Gall. *Par parties.* Inventar. Chart. ann. 1482. fol. 57. v°. : *In scrinio Bicturiæ sunt decem litteræ colligatæ super certis acquisitionibus Partialiter factis, pro augmentatione palatii Riovii.* Vide supra *Partialis* 4.

¶ **PARTIARIUS** COLONUS, Quocum dominus fundi partem capit in fructibus. Vide *Medietarius.*

¶ PARTIARII, Servi, qui duobus dominis obnoxii erant. Epist. Paschalis I. PP. apud Murator. tom. 2. pag. 220 : *Nec non colonos, aut Partiarios et servos subjacentes.*

* Alium esse Bullæ laudatæ sensum innuit Charta Caroli Crassi ann. 883. apud Murator. tom. 1. Antiq. Ital. med. ævi col. 869 : *Massarios et colonos liberos, aldiones, vel servos quosque residentes super res ad prædictam sanctam ecclesiam pertinentes.* Hic quippe *Aldiones* appellantur, qui *Partiarii* in Bulla : qua nomenclatura donati, quod partem redituum domino agri redderent, reliquam vero facerent suam, quales plerumque *Aldii* fuere, ut observat vir doctus ibid. col. 872. Porro ex colonis alii liberæ, alii servilis erant conditionis, uti colligitur ex allato diplomate.

¶ PARTIARII, Qui aliquid in commune habent, ejusdem rei participes. Leges municipales Mechlin. tit. 14. art. 19 : *Illius stillicidii excipiendi vicini quasi Partiarii æqua utrimque onera sustinebunt.* Utitur Apul. Metamorph. lib. 4. 8. et Tertull. lib. 3. adv. Marc. cap. 16. Vide *Parcennarii.*

PARTIATES. Innocentius III. PP. lib. 13. Epist. 95 : *Et quod servientes custodum, quos nominant Partiates, Pinetam pro communi custodire jurabant... quod Partiates per monasterium certum numerum trabium in feudum percipiebant de silva, et juramento fidelitatis eidem propterea tenebantur : et quod servientes eorum jurabant pro monasterio silvæ custodiam in Abbatis præsentia, etc.* Ita videntur dicti custodes silvarum, apud Ravennates, seu qui partes nemorum custodiendas in beneficium acceperant : Serjanteriæ species. Nisi potius legendum sit *Porciates*, ut fuerint ii qui glandationem porcorum curabant, eique invigilabant.

☞ Magis arridet *Partiates.* Ut ut est, emendandus Anonymus apud Murator. tom. 16. col. 271 : *Omnes Imperiales de Arimino cum violentia et cautela lethaliter infugavit, et præsertim Parcitates illos de Landicino, et plurimos alios nobiles viros infinitos.* Ubi leg. *Parciates.*

¶ **PARTIATIM**, Privatim, singulatim. Charta ann. 1542. apud Calmet. tom. 3. Hist. Lothar. inter Probationes col 396 : *Ut in posterum dictus Dux Antonius, ejus hæredes et successores Duces Lotharingiæ et subditi eorum, tam Partiatim, quam generatim nulla molestia afficiantur.* Occurrit etiam apud Cæl. Aurel. lib. 1. Acut. cap. 11.

¶ **PARTIBILIS**, In partes dividuus. Placitum ann. 16. Eduardi I. Reg. Angl. apud Th. *Blount* in Nomolex. Anglic. : *Et Johannes venit et dicit, quod tenementa in Warham sunt Partibilia inter masculos et femellas.* Claudius Mamertus 1. 18 : *Animam Partibilem putant.*

1. **PARTICA**, [Fustis seu clava fullonis. Bernardi *de Breydenbach* Iter Hierosol. pag. 52 : *Cum adhuc constanter Christum prædicaret* (Jacobus) *quidam cum Partica fullonis cerebrum ejus excussit.*] Vide *Pertica.*

* 2. **PARTICA**, Trabecula in ædibus sacris, ubi cerei accenduntur. Obituar. eccl. Lingon. ex Cod. reg. 5191. fol. 235. r° : *Qui Raymundus tenetur ponere luminare in illa magna Partica, quæ est in traverso chori.* Vide supra *Parchia.*

¶ **PARTICELLA**, Minor pertica. Vita MS. S. Castoris Episc. Aptensis : *Arreptum scabulare in summitate brevis Particellæ ligavit, et ultra humanum modum calcolis aproquinquans clibanum perfecte aptavit.*

* **PARTICIARIUS**, Colonus partiarius, qui cum domino fundi fructus participat. Charta ann. 1232. in Chartul. Cluniac. : *Achardus de Maciaco miles accepit in feodum ab ecclesia Cluniacensi mansum de Chatim, mansum de prato Marini et mansum de Chatines et Particiarios de Baines et de la Roche Eschanavelois.* Vide *Partiarius.*

¶ **PARTICIONARIUS**, Qui unius prædii, alteriusve rei, cum alio est particeps. Chartular. Meldense fol. 65 : *Si ego vel hæredes mei cum Particionariis meis territorium decimæ et campipartis partiri vellemus, etc.*

¶ **PARTICIPALIS** TERRA, Quæ in commune possidetur; cujus plures simul domini sunt. Charta ann. circ. 1080. tom. 2. Hist. Eccl. Meld. pag. 11 : *Eo pacto quod si quis hospitum ecclesiæ aliquam forisfacturam in Participali terra fecerit, etc.*

PARTICIPANTES, in Bulla Pauli PP. ann. 1538. apud Guichenonum in Bibl. Sebus. pag. 138 : *Cubicularius de numero Participantium.* Vide Possinum ad tom. 1. Pachymeris pag. 295. et supra *Cubicularius.*

¶ 1. **PARTICIPARE** IN TALLIIS, Impositam sibi pro facultatibus *talliam* solvere. Charta Ludovici Reg. Siciliæ ann. 1385 : *Nullo modo possint vexari,... nec alias teneantur Participare seu contribuere in talliis.*

* 2. **PARTICIPARE**, Societatem habere, consuetudinem cum aliquo jungere, Gall. *Fréquenter quelqu'un, avoir un commerce assidu;* quo sensu *Participer* dixerunt nostrates. Lit. remiss. ann. 1395. in Reg. 148. Chartoph. reg. ch. 4 : *Cum exponens inhibuisset Petro Fabri presbitero... ne in domo ipsius conquerentis et cum ejus uxore Participaret, et quia astinere* (sic) *nolebat, si* (dele) *participationem hujusmodi per judicem ecclesiasticum inhiberi fecisset, etc.* Aliæ ann. 1460. in Reg. 189. ch. 499 : *Le suppliant s'acointa d'une jeune fille,.. avec laquelle il Participa et la tint par aucun temps.* Vide *Participium,* 1.

¶ PARTICIPARI. Charta pro Floriac. Monaster. tom. 3. Annal. Bened. pag. 712 : *Qualiscumque persona quidquam de hac nostra constitutione infringere tentaverit ... cum Eliodoro Participetur qui ærarium Domini infringere tentavit;* id est, easdem, quas Eliodorus, pœnas sustineat.

¶ **PARTICIPARIUM**, *Communicarium, communicatio*, Papiæ.

1. **PARTICIPATIO**, Eleemosyna, qua quis pauperes bonorum suorum participes facit. Monasticum Anglic. tom. 2. pag. 321 : *Et ad faciendum pro prædictis animabus tres Participationes per annum, trium millium pauperum in perpetuum computandas per majus centum sexies viginti, cuilibet eorum unum panem, pretii unius quadrantis et unum allec, Participationem unius milliaris in Purificatione B. Mariæ, aliam in die Parasseveæ, tertiam in die anniversarii ejusdem Mariæ fieri ordinavit.* Infra : *Remittimus etiam et relaxamus per præsentes eisdem Priori et Conventui, et eorum successoribus, prædicta onera gravia et importabilia dictarum trium Participationum de pane et allece tribus vicibus per annum faciendarum : ita quod nunquam de cætero eas erogare teneantur. Et volumus quod pro eisdem Participationibus, faciant distributionem* 13. *solidorum, etc.*

¶ 2. **PARTICIPATIO**, Societas, communio. Charta Henrici I. Reg. Angl. apud *Madox* Formul. Anglic. pag. 37 : *Confirmavit totam eamdem villam de Herleia et circumjacens nemus eidem villæ pertinenti, sine Participatione cujuscumque hominis in eadem parochia manentis, in terris et ecclesiis, etc.* Vide *Participium.*

¶ **PARTICIPATOR**, Particeps. Concil. Toletan. XII. inter Hispan. tom. 2. pag. 685 : *Quasi non sit totiens reus illius veri et singularis sacrificii, quotiens Participator corporis et sanguinis Domini nostri Jesu Christi esse destiterit.*

PARTICIPATUS, *Societas*, in Glossis MSS. S. Germani Paris. Cod. 524. [Vide *Participatio* 2.]

¶ **PARTICIPERE**, in Litteris Caroli Regentis ann. 1359. tom. 3. Ordinat. pag. 342. bis occurrit pro *Percipere*, ut recte emendat Cl. Editor.

PARTICIPES. Jura et Consuetudines Normanniæ cap. 26 : *Quidam sunt Participes principales, quidam secundarii. Principales sunt inter quos hæreditas divisionem sustinet principalem, videlicet qui æqualem debet sustinere portionem, ut fratres et hujusmodi. Secundarii autem sunt, qui non æqualem expectant portionem, sed in aliqua portione portionem reclamant : ut liberi ali-*

cujus fratris defuncti in portione ad patrem pertinente suas debent percipere portiones. Gallica editio habet *principaux perçonniers, et seconds perçonniers.* [Charta ann. 1259. in Chartul. S. Vandreg. tom. 1. pag. 98 : *Sciant omnes præsentes et futuri quod ego Radulfus dictus Hugo... et Guillelmus dictus Gehen, et Ricardus dictus le Maniable Participes mei, vendidimus et concessimus*, etc. Vide *Parierii* in *Par* et *Parcennarii.*][** Vide Haltaus. Glossar. German. voc. *Ganerben* et *Gemeiner*, col. 584. et 650.]

1. **PARTICIPIUM**, Participatio, communio. Gloss. vet. : *Participium*, μετοχή. *Participatus*, in leg. 6. Cod. de Incest. nupt. (5,5.) Matth. Paris. ann. 1244 : *Abbates autem ipsi Regi super hoc gratias multiplicantes, speciale suorum bonorum operum et Participium concesserunt.* [Vita S. Anselmi Cantuar. tom. 2. April. pag. 896 : *Fratrum laborum Participium abjicis.* Testam. Guillelmi Montispessul. ann. 1211. tom. 9. Spicil. Acher. pag. 162 : *Ita quod illi tres jam dicti nullam habeant administrationem, nec ullum Participium in administratione.*] Occurrit in Legibus Wisigoth. lib. 12. tit. 3. § 15. apud Gregorium M. lib. 1. Epist. 23. Petrum Blesensem Epist. 28. etc. Vide *Beneficium* 2.

* 2. **PARTICIPIUM**, Pars, portio. Chron. Camerac. tom. 10. Collect. Histor. Franc. pag. 199. : *Theodericus Arnulfi Gandensis filius, qui Participium monarchiæ Frisonum tenebat*, etc. Vide mox

* **PARTICIPIUS**, Particeps, socius. Placit. ann. 1158. inter Probat. tom. 2. Hist. Occit. col. 568 : *Quod usaticum prædicti affectatores pro se et pro cæteris Participiis suis dixerunt se habere ab ipso domino comite*, etc.

1. **PARTICULA.** Ælfricus in Gloss. Saxon. : *Offella, vel Particula*, Spices Snæd. i. frustrum porci, offula porcina. Vide *Pars.*

¶ Particulam Telluris *in ora recipere*, mos Anglis, fortasse et aliis, usitatus, cum hostes aggressuri procederent. Elmham. in Vita Henrici V. Reg. Angl. edit. Hearnii cap. 27. pag. 65. ubi de prælio Agincurtii : *Tam viri armati, armorum suorum onere non appenso, quam architenentes, palis tamen acutis, quos prius in occursum Gallicorum equitum ordinaverant, in rure post terga relictis, ab omnibus genuflexo, et telluris Particulâ in ora recepta, nubes penetranti clamore bellico, præmisso impetu mirabili, campos intrepide transvolant*, etc.

¶ 2. **PARTICULA**, Charta articulis seu per partes distincta ; unde *Particula* nuncupari videtur. Charta ann. 1323. tom. 1. Hist. Dalphin. pag. 40 : *Et quod apportent dictis dominis inquisitoribus omnes rotulos, et omnes Particulas omnium tailliarum factarum in suis parochiis a sex annis citra.* Extractum computi ann. 1335. ibid. tom. 2. pag. 299 : *Item pro custodia proditorum captorum ferramentis... reddit Particulas et litteras dom. Nicolai Constantii Militis vicarii generalis Dominis in partibus illis.* Ordinatio Humberti II. ann. 1340. ibid. pag. 398 : *Quod secretarii nostri et notarii nostræ cancellariæ habeant salaria et gagia, sicut infra in eorum Particula declarabitur.* Extractum Computi ann. 1348. ibid. pag. 584 : *Item, solvit prominjayllis quorumdam delatorum de impositione veneni et de latrocinio, de quibus reddit Particulas et nomina.* Vide *Parcella* 2.

¶ **PARTICULARE**, Singulatim edisserere, nostris *Particulariser.* Acta SS. Maii tom. 2. pag. 310. de S. Wirone Episc. : *Vitam Sancti carptim expedivisse, pauca de multis Particulando.* Rituale vet. Suess. apud Marten. de Rit. pag. 377 : *Non fertur crux, ... sicut superius Particulatum est.*

¶ **PARTICULARITAS**, nostris *Particularité*, Rei circumstantia. Oratio habita ann. circ. 1471. tom. 9. Spicil. Acher. pag. 331 : *Disposui summarium causæ impræsentiarum verbaliter duntaxat reserare, Particularitates autem casuum scripto tenus declarare.*

¶ 1. **PARTICULARITATES**, dicuntur Obsonia singularia, in Constitut. Dominican. pag. 105 : *Utantur omnes eisdem cibis, nec alicui fiant Particularitates, nisi quia sunt hospites, vel ratione laboris, aut alterius necessitatis.*

* 2. **PARTICULARITATES**, Singularum partium enumeratio. Charta Caroli VI. ann. 1382. ex Tabul. capit. Carnot. : *De et super pretio æstimato..... ordinaverunt prædictas Particularitates ad dictam summam lxiv. lib. Paris. ascendentes*, etc.

* **PARTICULARITER**, Partim, Gall. *En partie.* Charta ann. 1382. inter Probat. ult. Hist. Trenorch. pag. 252 : *Volens dictus Petrus de prædictis injuriis et offensionibus emendam facere, si non totaliter, tamen Particulariter*, etc.

PARTICULARIUS, Minister in monasteriis, qui cibos per partes dissecat singulis monachis. Ælfricus in Gloss. Sax. : *Offarius, vel Particularius*, Twickere, i. qui carnem in duas partes secat.

¶ **PARTICULONES**, Nonio, *Cohæredes*, *quod partes patrimonii sumant.*

¶ **PARTICUM**, pro *Partitum.* Vide in hac voce.

1. **PARTICUS**, *Negotiator, qui partes vendit*, etc. in Gloss. Isid. forte idem qui *Parthicus*, vel *Parthicarius*, de qua voce supra.

☞ Rectius Grævius ad Gloss. Isid. institorem interpretatur, qui minoris emit a magnariis, ut carius per partes vendat ; unde apud Isidorum legendum suspicatur, *Particarius, qui per partes vendit;* et quidem in Excerptis additur, τεμαχιστής.

* Twinger. Vocabul. Lat. Germ. Ms : *Gremper, mango vel Particus.*

2. **PARTICUS**, Idem quod *Parcus.* Leges Henrici I. cap. 40 : *Si pundbrech, id est, fractura Partici fiat in curia Regis, plena wita fit.*

* 3. **PARTICUS**, pro Partitus. Stat. eccl. Leod. ann. 1360. tom. 2. Monum. sacr. Antiq. pag. 451 : *Item prohibemus ne aliquis de dicto clero vestes aut togas Particas seu intercissas.... deferat.* Vide *Partitæ Vestes.*

¶ **PARTIDA**, Partitio, separatio, divisio, Gall. *Separation.* Charta ann. 1473. ex Schedis Præs. *de Mazaugues : Primus terminus prædictæ drayæ est situatus sive positus... juxta Partidam territorii de Alamanono.* Vide alia notione in *Partita* 1.

* A Provinciali *Partido*; qua voce extremitas territorii, ubi ab altero dividitur, significatur. Vide mox *Partiri.*

* **PARTIDOR**, Culter lanionius et coquinarius, Gall. *Couperet.* Lit. remiss. ann. 1362. in Reg. 93. Chartoph. reg. ch. 101 : *Dictus Johannes cepit quoddam ferreum instrumentum, vocatum Partidor, cum quo carnes venales scinduntur*, etc.

¶ **PARTIFISCUS**, Fiscus, dominium regium, vel ejusdem pars. Charta Childerici tom. 3. Julii pag. 212 : *Cognoscat magnitudo sedulitas vestra, quia nos homines illos qui commanunt in Monifensishaim et Ouenhaim, quantumcumque ipsi ad Partifisco nostro retebant, tam freda quam reliquas functiones Valedio abbate ad monasteriolo confluentis, hoc plena et integra voluntate visi fuimus concessisse.* [** Distincte sribendum *ad parti fisco.* Vide *Ad partem alicujus solvere* in *Pars.*]

PARTILITER, *Divise, per partes, distribute*, in Glossis Isid. Occurrit apud Firmicum. [** Arnobium, Augustinum et Mar. Mercatorem. Vide Forcellin.] *Partilia fata*, Græcorum μοίρας dixit Ammianus lib. 14. de Adrastia, *Partilibus præsidens fatis.*

¶ **PARTIMENTUM**, Partitio, divisio, Gall. *Partage.* Sententia arbitralis ann. 1292. inter Abbat. et Consules Gimont. : *Ex parte una et consules et universitatem villæ Franchæ villæ prope Gimontem ex altera, super Partimentis bladorum omnium specierum*, etc. Charta divisionis ann. 1481. ex Schedis Præs. *de Mazaugues : Ad divisionem seu Partimentum processerunt*, etc.

¶ **PARTIO**, Portio, pars. Charta ann. 760. apud Baluz. in Append. ad Capitul. n. 14 : *Duas Partiones tam de terra, vineis, censu, tributo, aut ex omni re sibi pertinenti .... vobis visus fui condonasse,.... petivi a vobis ut de ipsis duabus Partionibus misit* (mihi) *compendium faceretis.* Sententia arbitralis supra laudata : *Omnia blada... bono modo et bona fide in campis et pertinentiis dictæ villæ in quibus vel habuerit dictum monasterium Partionem, homines quorum blada erunt partiantur.* Litteræ ann. 1357. inter Ordinat. Reg. Franc. tom. 4. pag. 448 : *Propter que idem dom. noster Rex, est circa hoc multipliciter et diversimode dampnificatus in Partionibus, donationibus, redditibus et emolumentis bladorum*, etc.

PARTIONALE, Liber *partium.* Vide in *Combinale.*

¶ **PARTIONARIA** Colonia, quæ a colono partiario colitur, cujus fructus fundi dominus et colonus participant. Statuta Massil. lib. 2. cap. 29. § 2 : *Hoc idem dicimus in Partionario sive facherio colono seu emphiteota, et quod nullus notarius sub pœna officii sui sit ausus apponere sive ex pacto contrahentium hoc dicatur, vel alio modo, quod de re empta, vel in acaptum seu emphiteosim accepta seu ad Partionariam coloniam recepta debeat litigare.* Eadem apertius occurrunt lib. 3. cap. 33 : *Statuimus ut quicunque possessionem aliquam ad facheriam alicui dederit sive concesserit, vel dabit, vel concedet ad certam quantitatem, vel partem redditum*, etc. Hinc

¶ **PARTIONARII** dicuntur in iisdem Statutis lib. 3. cap. 32. Coloni, qui ejusmodi prædium tenent : *Si quis facherius vineæ vel colonus Partionarius perpetuus*, *vel etiam temporalis, etc.* Charta ann. 1341. in Tabular. D. *de Flamarens : Una salmata vini per Steph. Tayche cum suis Partionariis.* Vide *Facherius.*

¶ Partionarii præterea nuncupantur ejusdem prædii seu feudi participes et domini, qui alibi *pares* et *parerii* vocantur, ut supra in voce *Par* observatum est. Charta ann. 1275. in Chartular. Angeriac. pag. 500 : *Me vendidisse et concessisse pure confiteor.... Abbati monasterii S. Johannis Angeriacensis totum illud jus et deverium, sive partem quam habebam et percipiebam cum aliis Partionariis meis in complanto vindemiæ feodi vulgariter appellati.* Homagia et fidelitates de Nobiliaco ex Cod. MS. ejusd. Monast. : *Giraudus de la Rocha facit homagium litgium Abbati et tres solidos de placito, et habet ab Abbate ipse et Partionarii sui domos, ortos, et alia apud Mairec.* Infra *Campartionarii* dicuntur. *Partionaria animalia*, quæ domini simul et coloni sunt, in Charta ann. 1107. apud Stephanot. tom. 4. Antiquit. Benedict. Pictav. MSS. pag. 632 : *Et pascua plenaria et libera ad omnia animalia prædictorum... sive sint prædictis Fulcherio et successoribus suis propria animalia, sive medietariis suis Partionaria.* Vide *Medietarius* et *Parcennarii.*

¶ Partionarius, Communis, nostris *Mitoyen.* Tabul. Nantoliense in Pictonibus ann. 1335 : *Quamdam pleiduram una cum chappali domus, quod chappale erit Partionarium inter me et dictam emptricem.*

Partionarii. Statuta Ord. Præmonstrat. dist. 5. cap. 9 : *De Negotiatione vitanda, et Partionariis non habendis : Statuimus, ut quicunque nostri Ordinis Canonici vel conversi, convicti fuerint vel confessi, oves, vacas, seu quævis animalia Partionariis ad partem tradere, vel ad tempus locare, etc.*

☞ Ubi *Partionarii* appellari videntur ii negotiatores quos inter societas est, sic dicti quod jacturam simul et lucrum participent. Neque alia notione Statuta Massil. lib. 4. cap. 6 : *Hac præsenti constitutione, deinceps statuimus observandum quod si navem, vel naves aliquorum Partionariorum contigerit dare latus,in portu Massiliæ, quod antequam dictæ naves parentur ad latus dandum, quod duo majores domini seu Partionarii dictarum navium, et gardiani earumdem navium jurent ad sancta Dei Evangelia, etc.*

* 1. **PARTIONARIUS**, Officium in ecclesia Tullensi, cui unicuique canonico portionem suam distribuere competit. Stat. Mss. ejusd. eccl. ann. 1497. fol. 57. v°. : *Partionarius vero est aliud officium, cui committi consueverunt redditus spectantes ad canonicos horas diurnas et nocturnas sequentes, qui ita partiri consueverunt ad solidos Tullenses.* Vide infra *Partitio* 1.

* 2. **PARTIONARIUS.** Epist. ann. circ. 1170. apud Marten. tom. 1. Anecd. col. 488 : *Liber, qui Partionarius vel Glossarius appellatur, qui quanto antiquior invenitur, tanto plurium ignotarum dictionum continebit expositionem.* Vide in *Pars.*

¶ **PARTIOSUS**, φαῦλος, in Gloss. Lat. Græc. MSS.

PARTIRE. Statuta Davidis II. Regis Scotiæ cap. 11. § 2 de Missis dominicis, aut iis qui ad curiam evocantur : *Cum in itinere suo ad cujuscumque domini domum vespere venerit, ab eo hospitium roget, et postquam cum concessione, vel jussione ejusdem, secundum morem patriæ, homines Partiti domos intraverint, etc.* Ubi *homines partiti*, videntur dici qui in itinere sunt, *qui sont partis*, qui profecti sunt, ut loquimur.

* **PARTIRI**, Conterminare, unde nostris *Partir*, eodem sensu. Charta Phil. Pulc. ann. 1294. ex Chartul. Pontiniac. : *In bosco de Montegneio, qui Partitur cum comite Autissiodorensi, etc.* Alia ann. 1285. ibid. : *La mitié ou bois de Montigny, qui Part au conte d'Auceurre, que l'an appelle Booloy, et la mitié ou bois de Merri, qui Part de Jeufroy de Migie.* Pro *Partager*, apud Joinvil. in S. Ludov. edit. reg. pag. 147 : *Avec ce il* (les baillis) *jureront que il ne Partiront à rente nulle de nos rentes.* Charta ann. 1312. ex Tabul. episc. Carnot. : *L'évesque et le conte Partent par moitié ès costumes de la ville.* Occurrit præterea tom. 5. Ordinat. reg. Franc. pag. 391. et alibi. Vide supra *Partida* et infra *Partitura.*

1. **PARTITA**, Regio urbis, Gallis *Quartier de ville.* Consuetudines Tolosæ : *Fit tallia seu collecta juxta modum Partitarum Tolosæ, de quibus sunt prout alii habitatores dictæ Partitæ, propinquiores contribuunt in ipsa, et sequuntur exercitum villæ sub vexillis seu senheriis ipsarum Partitarum Tolosæ, de quibus sunt.* [Erat autem Tolosa in 12. *Partitas* divisa, ut colligitur ex Charta Philippi III. ann. 1283. in Cod. MS. Abb. *de Crozat* fol. 19. v° : *Et primo super electione Consulum civitatis ejusdem.... nominabunt, in castro Narbonensi de cætero de singulis duodecim Partites Tholosæ tres personas idoneas.... Jurabant in præsentia vicarii quod de prædictis duodecim Partitis nominabunt idoneos et sufficientes ad officium Consulatus.* Occurrit præterea in Aresto Parlamenti Paris. ann. 1335. tom. 1. Annal. Tolos. inter Instrum. pag. 88. et in Statutis Montis Regal. fol. 3 : *Vicarius teneatur ... tenere .... domicellos duos vestitos de Partita. Item famulos et birruarios sex etiam de alia Partita.*] Hispani *Partida* eadem notione dicunt. Vide Foros Aragon. pag. 21. V. edit. 1624.

☞ Ab Hispanis eamdem vocem acceperunt Provinciales. Ordinat. ann. 1223. de abevratoriis magni Rhodani in Cod. MS. D. *Brunet* fol. 64. v° : *Ad aliud abevratorium, quod est inter Partidas honoris domus militiæ et hospitalis.*

¶ 2. **PARTITA**, Modus agri; an idem atque *Partica* seu *pertica* dubium est, cum sæpius occurrat in Charta, ubi etiam *partica* non semel legitur. Charta Philippi Pulcri Reg. Franc. ann. 1290. tom. 2. Hist. Eccl. Meld. pag. 185 : *Duo arpenta et dimidium cum septem Partitis terræ.... duo arpenta quinque Partitis minus... Item apud Bolloyam 20. Partitæ terræ.* Tabul. Portus-regii ann. 1230 : *Talis pax inter ipsos est reformata, quod abbatissa et conventus dicto presbytero et suis successoribus dederint septem arpenta terræ ad Partitam.* Quo ultimo loco pro *pertica* usurpari videtur.

* 3. **PARTITA**, vox Italica, Signum. Stat. Mantuæ lib. 1. cap. 6. ex Cod. reg. 4620 : *Habere debeat et secum tenere potestas quatuor domicellos et unum pagium indutos de una et eadem Partita seu divisa et eodem panno.*

¶ **PARTITÆ**, Rationis partes seu articuli. Epist. 21. Adami Abb. Persenniæ apud Marten. tom. 1. Anecd. col. 754 : *Ubi regnat mediocritas, non de pupillorum prædiis augentur prædia, nec Partitæ onerantur mutatoriis, quibus corpora vasa stercorum adornentur.* Acta S. Gerardi tom. 1. Junii pag. 775 : *Item exhibuerunt librum rationum dicti hospitalis, in quo descriptæ erant quædam Partitæ, de receptione oblationum ceræ et pecuniarum dictarum communitatum.*

¶ **PARTITÆ** Vestes, Opere vario, ni fallor, distinctæ. Concil. Vallis-oletani ann. 1323. inter Hispan. tom. 3. pag. 571 : *Jubemus itaque ut nullus conjugatus comam aut barbam nutriat, deauratos aut entalliatos sotulares, tunicam cordatam, cappas, vestes virgatas vel Partitas portare... præsumat. Radiatæ vel Partitæ vestes*, in Litt. ann. 1365. tom. 4. Ordinat. pag. 555.

* Quæ vestes sic appellatæ fuerint, docet Henr. de Knyghton ann. 1348 : *Dominarum cohors affuit.... in tunicis Partitis, scilicet una parte de una secta, et altera de alia secta, etc. Bipartitæ* nuncupantur in Constit. Erici reg. ann. 1269. apud Ludewig. tom. 12. Reliq. Mss. pag. 203 : *Statutum est, ut nullus portat vestes imnitas* (leg. in multas) *partes incisas, sed integras vel Bipartitas.*

* Partitæ Leges. Vide supra in *Lex.*

* 1. **PARTITIO**, *Partionarii* officium, Vide supra *Partionarius* 1. Stat. eccl. Tull. Mss. ann. 1497. fol. 47. v° : *Et ultra quicumque, stagio ipso peracto, percipere voluerit, tenetur officio distributionis horarum, quod Partitio vocatur, in sex florenis parvis monetæ prædictæ.*

* 2. **PARTITIO**, Idem quod *Præpositura*, quod ex judicibus ecclesiasticis et laicis composita, sic appellari videtur. Charta Capit. S. Gauger. Camer. ann. 1233. ex Tabul. ejusd. : *Dicimus etiam quod omnes clamores, tam liberorum hominum quam cæterorum, debent fieri ad ecclesiam vel præpositos Partitionum, non ad præpositum vel eum qui loco ejus est... De forefactis vero hominum ecclesiæ majorum, sive liberorum, sive quorumcumque aliorum, quæ per scabinos vel pares nondum fuerint judicata, potest ecclesia sive Partitio.... taxare et moderari pro suæ voluntatis arbitrio... si præpositus credat ministrum Partitionis plus percepisse de sua portione, quam ei reddiderit, etc.* Non male tamen fortean intelligeretur Jurisdictio, quæ de mulctis judicaret; *Partitio* dicta, quod mulctas ex æquo partiretur.

¶ **PARTITORIUM**, Quod aliquid ab alio partitur, dividit, Ital. *Partitore*, partitor. Statuta Placent. lib. 5. fol. 60 : *Statutum est quod si sint plures consortes habentes aliquem rivum vel aquam communem : et aliquis eorum voluerit devidere et partiri dictam aquam per Partitorium, etc.*

PARTITUDO, pro *Partus*, in leg. 10. Cod. Theodos. de Bonis proscript. (9,42.) Utitur Plautus in Aulul. Vide Nonium.

¶ 1. **PARTITUM**, Italis, Deliberatio, consilium, suffragatio quæ secreto per calculos fit. Acta S. Ambrosii Senens. tom. 3. Martii pag. 244 : *Facto super prædictis inter consiliarios dicti consilii diligenti Partito* *et scrutinio.* Addit. ad Vitam S. Antonini tom. 1. Maii pag. 338 : *Signanter autem in observatione redditionis votorum seu suffragiorum per fabas nigras et albas in eorum Partitis.* Charta immunitatis Faventin. inter Acta SS. tom. 6. Maii pag. 174 : *Et quia statutum nostrum declarat quamlibet concessionem et deliberationem agitatam et tractatam, statuendam et decernendam per concilium generale civitatis Faventinæ debere poni ad Partitum per fabas albas et nigras; et si plures datæ fuerint fabæ albæ quam nigræ, Partitum obtentum esse intelligatur.* Hinc emendanda Charta ann. 1408. apud Marten. tom. 7. Ampl. Collect. col. 935. et 936. ubi perperam editum *Particum*, pro *Partitum*.

* 2. **PARTITUM**, Eadem notione, qua *Parti* dicimus, ubi de matrimonio sermo est. Testam. Ferrandi de Pratocomit. ann. 1516. in Reg. 3. Armor. gener. part. 2. pag. xlvij. : *Legavit.... Anthonio de Pratocomitali* (ejus filio).... *quinque centum florenos.... solvendos, ... quando erit ætatis viginti quinque annorum, vel quando receperit Partitum seu arribamentum in matrimonio.* Vide supra *Arribamentum*.

* 3. **PARTITUM**, a Gallico *Parti*, Causa, partes. Epist. Ludov. XI. reg. Franc. inter Probat. Hist. ult. Trenorch. pag. 278 : *Cum propinquæ affinitatis nexu nobis jungeretur, ac erga nos fidelem benivolentiam et Partitum nostrum semper observasset, etc.*

* **PARTITURA**, Partitio, divisio, nostris alias *Parteure*. Lit. remiss. ann. 1360. in Reg. 89. Chartoph. reg. ch. 446 : *Dicti juvenes concordarunt, quod duo ex ipsis cum aliis duobus secundum sortem Partituræ, quam facerent causa spaciandi, sagittarent sive lancearent de suis sagittis, visuri sic ludendo, quæ Partitura eorumdem sagittaret sive lancearet magis prope intersignium.* Aliæ ann. 1426. in Reg. 173. ch. 416 : *Icellui Tabourel dist à l'exposant qu'il vouloit que le bois qu'ilz avoient acheté fcust parti, et que laditte Parteure fust faite en la taverne. Partisson* vero appellatur, Lini fasciculus, vulgo *Cordon*, in Lit. remiss. ann. 1374. ex Reg. 105. ch. 376 : *La suppliante prist.... en icelle maison dudit Baudet mesmes quatorze Partissons de lin.*

* **PARTITUS**, Gall. *Partit*, Minutioris monetæ species. Pactum inter Phil. V. reg. Franc. et episc. Tornac. ann. 1320. ex Cam. Comput. Insul. : *Au Noel un chapon, Demi havot de fourment, sept deniers et un Partit..... Item à la saint Jehan sept deniers et un Partit.... Dis deniers, trois Partis, demi Partit.* Chartul. Godefr. dom. Asperim. ad ann. 1350. fol. 6. r°. ex Bibl. reg. : *Trante sauls blans par an, vallent Tournois xxxij. sauls, 1. den. une maille et 1. Partit.*

PARTIZANUS. Ita Itali et Galli vocant publicorum vectigalium conductores, *Partisans.* Anonymus de Gestis Friderici II. Imper. pag. 879 : *Legem ponit regnicolis, novosque secretarios, justitiarios, admiratos, protonotarios, Partizanos, dohanarios, et fundicarios.... statuit.* [Vide *Prothoncius*.]

PARTIZARE, Dividere, ex Gall. *Partager.* Occurit in Charta ann. 1253. apud Duchesn. in Hist. Luxemb. pag. 69.

***PARTURIENS**, Mendose pro *Percurrens*, in Stat. Univers. Aurel. ann. 1336. ex Cod. reg. 4223. A. fol. 52. v°.

¶ **PARTURITIO**, Partus, *Enfantement.* Vita S. Ildefonsi tom. 2. Concil. Hispan. pag. 572 : *Scripsit autem contra eos qui de ejusdem virginitate et Parturitione disputant tant ut hæretici, librum unum.* Utitur S. Augustinus lib. 8. Confess. cap. 6. et Epist. 34.

* *Part*, in Lit. remiss. ann. 1481. ex Reg. 206. Chartoph. reg. ch. 742 : *Laquelle fille tousjours desnia qu'elle fut grosse, jusques au pénultieme jour de Janvier, qui estoit le temps de son Part et enfantement.* Unde *Paturir*, pro *Accoucher*, a Latino Paturire, in Lib. inscripto *La pénitence d'Adam* Ms. cap. 10 : *Et quand le temps de Parturir ou d'enfanter approucha, elle* (Eve) *se commença à tourbler.*

¶ 1. **PARTUS**, pro Paratus, in Gestis Tancredi apud Marten. tom. 3. Anecd. col. 169 :

Ille ciens supplete novos, supplete caballos,
Arma, viros, et equos simul invenit omnia Parta.

Laudes Berengarii Augusti apud Murator. tom. 2. pag. 398 :

Forte aliqua Partos valeat si rumpere nodos.

* 2. **PARTUS**, Vulva. Mirac. B. Ægid. ord. Minor. tom. 3. April. pag. 244. col. 2 : *Adveniunt vicinæ, et cognoscunt eam masculum filium perperisse : et ne verecundia miraculum taceatur, asserunt quæ viderunt, bene duobus digitis in Partu ipsam infirmitatem esse sanam.*

* Partus Mathematicus, Imaginarius, fictitius, magicus. Vita S. Samson. tom. 6. Jul. pag. 584. col. 2 : *Audivit, ut verum erat, in sinistra parte idolum homines, bacchantum ritu, in quodam fano per imaginarium ludum adorantes.... Excusantibus illis malum non esse mathematicum eorum Partum in ludo servare, etc.* Vide *Mathematica*.

¶ **PARTUSURA**, f. Apertura, rima, Gall. *Ouverture, fente.* Guibertus in Vita sua lib. 1. cap. 13. ubi de matre sua : *Pulla vestis et amplitudine insolita displicens, innumeris resarcitionibus segmentata prodebat cum nativi coloris palliolo et sutulari Partusuris incorrigibilibus terebrato.*

* **PARVA**, Linteum quoddam lectuale. Inventar. ann. 1476. ex Tabul. Flamar. : *Item plus unum altum lectum... munitum duorum linteaminum cum suis frangiis, duarum Parvarum, etc. Item plus unum alium lectum parvum munitum.... duorum linteaminum, duarum Parvarum, etc.* Ubi semel *Perna : Item plus unum lectum.... duorum linteaminum, trium Pernarum, etc.*

¶ **PARVARETUS** et Parveretus, mendose, ni fallor, pro *Paraveredus*, in Codice MS. Irminonis Abbat. Sangerm. fol. 82 : *Amalbertus colonus... tenet mansum unum ingenuilem... excepto hostilaricio solvit similiter et Parvaretum.* Ibid. fol. 74 : *Isti duo tenent mansum ingenuilem I... solvunt in Pascione de vino mod. III. Parveretum faciunt, ad hibernaticum perticas IIII. ad tremissam perticas II.* Ubi altera manu in margine scriptum legitur *Paraveret.* Occurrit ibid. pluries. Vide *Paraveredi*.

PARUCA, Saxon. h yc æ, in Dict. Saxonico-Lat. apud Somnerum. Vox incertæ notionis. [** Chron. Salern. init. : *Adeloaldus crinutus ann. 10. iste primum calciavit osam Parucam.*]

¶ **PARVIBIBULUS.** Cælius Aurelianus Acut. lib 3. cap. 15 : *Phrenetici Parvibibuli, quos βραχυπότας vocant.*

* **PARVICHALIS**, Parvus, exiguus. Acta Mss. notar. Senens. ann. 1283. ex Cod. reg. 4725. fol. 7. r° : *Confiteor me principalem debitorem tibi.... in ccc. mannis Parvichalibus, ad modum et consuetudinem actenus observatam. Parvineau*, Occæ palanga tractoria, Campanis nostris *Peronnel* in Lit. remiss. ann. 1463. ex Reg. 206. Chartoph. reg. ch. 949 : *Ung baston de bois, appellé Parvineau, servant à une herse à herser la terre.*

PARVIFICARE, Parvum facere, extenuare, deprimere : vox ab Italicis aliquot scriptoribus usurpata. Gregorius IX. PP. de Translat. Episc. cap. 1 : *Miramur quod Apamiensem episcopum in Tripolitanam ecclesiam transtulisti, et novo quodam mutationis genere Parvificasti majorem, et magnum quodammodo minorasti, etc.* Vide Dantem in Convivio Amoroso 13.

PARVIOR, Minor : utitur Pontius Diaconus in Vita S. Cypriani.

* **PARVIPENDIUM**, Contemtus. Arest. ann. 1404. 7. Jan. in vol. 11. arestor. parlam. Paris. : *In nostri curiæque parlamenti spretum atque Parvipendium, etc.* Vide *Parvipendulus*.

PARVIPENDULUS, Qui parvi pendit, negligit. Eulogius Cordub. lib. 1. Memor. Sanct. : *Libuit mihi pro modulo exigui ingenii talibus insistere, nostroque licet rusticano sermone Parvipendulos informare, æmulis contraire, et cœlo tenus acta sanctorum extollere.* Infra : *Nisi cum sacramentum nostrum dictis Parvipendulis subtilissimus irrisor proposuerit.* Rursum : *Et ob hoc ipsum plerasque nostrorum Parvependulis rerum non esse videbatur Martyrium.*

PARVISIUS, Parvisus. Vide *Paradisus* 1.

¶ **PARVITAS**, Titulus quo inferiores vel humilitatis amatores utuntur. Epistola Vitalis et Constantii ad Capreolum Episcopum tom. 2. Concil. Hispan. pag. 196 : *Exoramus humiles servi tui sanctum apostolatum vestrum, ut informetis Parvitatem nostram in his quod rectum habet fides catholica.*

* **PARVIUS**, a Gallico *Parvis*, Atrium ante ædes sacras. Charta admort. ann. 1405. in Reg. 160. Chartoph. reg. ch. 43 : *Albricus des Fossez hospitali S. Mariæ donavit domum suam, nuncupatam La rouge maison, sitam in Parvio Remensi.* Vide *Paradisus* 1.

PARULA. Vetus Glossarium Anglo-Saxonicum : *Parula*, Colmase. forte *Parra*, inquit Somnerus.

¶ **PARUM**, Par, Gall. *Paire.* Computus ab ann. 1333. ad ann. 1336. tom. 2. Hist. Dalphin. pag. 274 : *Pro uno Paro de planellis pro domino per manus barberii, taren.* 1.

* **PARUM** Unum, Paululum, Gall. *Un peu*, alias *Pochet.* Lit. remiss. ann. 1357. in Reg. 86. Chartoph. reg. ch. 95 : *Lequel Adam.... avoit replanté* (la borne) *un Pochet trop sur la terre dudit Colinet.* Acta Mss.

Inquisit. Carcass. ann. 1308. fol. 66. v° : *Vade, dixi ego, mecum unum Parum ; libenter, dixit ipse. Et ivimus ambo usque ad prædictum pontem castri Verduni.* Galli diceremus, *Venez un peu avec moy.*

¶ **PARUNCULUS.** Vide *Paro.*

¶ **PARURA.** Vide *Parare* 1.

¶ **PARUS**, βραχύς, in Gloss. Lat Græc.

¶ **PARUSTICIA.** Vide *Parosticia.*

* **PARVULA**, Modus agri, idem quod *Pecia.* Chartul. S. Sulpit. Bitur. fol. 78. v° : *Ego.... Ingelbertus abba et monachi S. Sulpitii damus Odono Abelino de Bonæ fontis terræ unam Parvulam, quæ sita est super murum civitatis Biturgia, etc.*

* **PARVULINUS**, Parvulus, Ital. *Parvolino.* Invent. Ms. thes. Sedis Apostol. ann. 1295 : *Item. duas cruciculas Parvulinas de auro. Petitet,* in Bestiario. Ms. Vide *Parvunculus.*

PARVULITAS. Commodianus instruct. 6 : *Et si Parvulitas sit sensu, cur annis ducentis fuistis infantes ?*

¶ **PARVULUS.** Hac voce non puerulus, sed puer etiam 14. vel 15. annorum significatur. Flodoard. lib. 4. Hist. cap. 5 : *Arnulfo Regi Transrhenensi litteras mittens* (Fulco Archiep. Rem.) *pro causa Regis Caroli* (Simplicis) *quem Parvulum adhuc unxerat in Regem.* Erat autem Carolus, cum inauguratus est, 14. fere annorum. Egbertus in Excerptis can. 99 : *Parvulus, usque ad annos quindecim pro delicto corporali disciplina castigatur.* Vide Menag. in Hist. Sabol. lib. 3. cap. 9.

* **PARVUM** Commune, Pensitationis species. Vide supra *Commune* 1. Lit. ann. 1364. tom. 7. Ordinat. reg. Franc. pag. 435. art. 53 : *Concedunt ipsi domini abbas et vicarius et cancellarius, quod super Parvo communi vini Viennæ, ad dictos cives, habitatores et incolas, in solidum pertinente, ut asserunt, præcipiat, etc.*

¶ **PARVUNCULUS**, Parvulus. Acta SS. Maii tom. 3. pag. 168. ex antiquo Lectionario Asturic. de S. Dominico Calceat. : *Eremita solitariam ducens vitam, Parvunculam orationis domum sibi composuerat.*

1. **PARVUS**, Paucus : *Parvi*, Pauci. Præfatio Legis Salicæ : *Gens Francorum Parva numero.* Ita apud Gregorium Turon. lib. 4. cap. 30 : *Satius enim est ut Parvi contumaces pereant, quam ira Dei super omnem regionem dependeat innoxiam.* Victor Tunnensis in Chronico : *Illyriciani Episcopi præter Parva monasteria Parvosque fideles, persecutiones passi, consentiunt, etc.* Anastasius Bibl. in Stephano III. PP. : *Audiens itaque protervus ille Aistulfus Parvos fuisse Francos illos, qui ad custodiam propriarum advenerant clusarum, etc.* Adalbero Edisc. Ludaun. :

Qui Parvum meminit, non obliviscitur omnis.

* Nostris *Petit*, eadem notione. Lit. remiss. ann. 1375. in Reg. 107. Chartoph. reg. ch. 238 : *Une bourse de cuir et un Petit d'espingles.* Aliæ ann. 1460. in Reg. 190. ch. 57 : *Après Petits jours, ... icellui Peyroton s'en ala à la porte de la maison du suppliant, etc.* Prolog. in Chron. S. Dion. tom. 3. Collect. Histor. Franc. pag. 152 : *Longue parole et confuse plait Petit à ceus qui l'escoutent. Bien petitet*, pro *Très-peu*, Perexigue, in Mirac. B. M. V. Mss. lib. 2 :

En liu de porée au mouton,
En liu d'espissez et de chars,
Bien petitet et à escars
Bis pain mange et noire tourte.

* 2. **PARVUS**, Submissus, Gall. *Bas.* Vita S. Eugen. tom. 4. Aug. pag. 626. col. 1 : *Quod tacite dixeritis ego audiam, quod vero clare, quanto magis exaudiam ? Quod veraciter completum est : non solum enim cantus, sed et voces quamvis Parvas, quas illi in cella monachorum peccata confitendo proferebant, ... audiebat.*

* **PASATA**, Præstationis species apud Occitanos, eadem quæ infra *Passata* 1. Vide in hac voce. Charta ann. 1320. in Reg. 61. Chartoph. reg. ch. 246 : *Item in Pasata bladi tres cartones frumenti. Pasat* vero aliud sonat, Aream nempe, in Lit. remiss. ann. 1467. ex Reg. 201. ch. 3 : *Ouquel estable le suppliant avoit certaine quantité de blé, lequel il avoit mis sur le Pasat dudit estable.*

¶ 1. **PASCAGIUM**, a Gall. *Parcage*, Jus pascendi porcos in silva domini. Charta Richardi Reg. Angl. ann. 7. regni ejusdem tom. 4. Hist. Harcur. pag. 1281 : *Aisamenta sua cum libertate Pascagii et pasturæ et materiem lignorum ad ædificia facienda.*

* 2. **PASCAGIUM**, Convivium, refectio, idem quod *Pastus, Procuratio.* Vide in his vocibus. Charta Caroli regent. ann. 1358. ex Bibl. reg. : *Item unum modium bladi et unum modium vini et duas fressingias valore xij. sol. et xij. denariorum; ..... quæ omnia debet decanus. S. Quintini pro Pascagio regio.... Item illa, quæ custos ecclesiæ prædictæ S. Quintini debet quolibet anno pro Pascagio regio, videlicet unum modium vini, etc. Item triginta solidos redditus, in quibus tenetur regi quolibet anno pro Pascagio abbas de Humbleriis.* Quod quidem jus in pecuniarias aliasve præstationes sæpe commutabatur.

* 1. **PASCAIRAGIUM**, Jus pascendi animalia in pascuis. Inquisit. ann. 1268. ex sched. Pr. *de Mazaugues : Vidit quod prædicta civitas vendebat quantumcumque Pascairagium in prædicto territorio hominibus extraneis, pro eorum animalibus intromittendis.* Ibid. : *Itaquod nullus audebat ire in dictum territorium, nisi emeret Pascairagium ab ipsis.*

* 2. **PASCAIRAGIUM**, Tributum, quod pro pascuis solvitur. Charta ann. 1377. ex sched. Pr. a S. Vincent. : *Item habet in dicto territorio jura Pascairagiorum.* Vide *Pasquerium.*

¶ **PASCAIRARE.** Vide *Pasquerium.*

* **PASCALIS**, Solemnis; unde *Pascaliter*, pro solemniter, prout in majoribus festis solitum est. Parid. de Grass. Cæremon. capell. papal. MS. : *In die Jovis sanctæ ebdomadæ. Missam solemnem et Pascalem in capella palatii prior presbyterorum cùm paramentis albis preciosis celebrat. Item pontifex Pascaliter vestitus, etc.* Vide in *Pascha.*

¶ **PASCALIUM.** Vide *Pastio.*

¶ **PASCARE**, Pascere. Vide *Paschare.*

¶ **PASCARIUM**, Pascasium. Vide *Pascuarium.*

PASCATA, Avis quæ mures capit. Vide *Muriceps.*

¶ **PASCAYRARE.** Vide *Pasquerium.*

¶ **PASCEL**, Pascella, pro Pastel, Pastella. Ch. Henrici IV. Reg. Angl. ann. 1409. apud Rymer. tom. 8. pag. 580 : *Diversæ mercandisæ, ut panni, vina, Pascellæ de gaides, frumentum, etc.* Infra : *Pro dolio de Pascel septem ardicos.*

* **PASCENTUM**, Pascuum ; unde *Pascentare*, Pascere. Charta pro consul. Appam. ann. 1343. in Reg. 75. Chartoph. reg. ch. 605 : *Cum Arnaldus Vasconis in quodam loco seu territorio dictæ grangiæ, ubi est et esse consuevit Pascentum animalium, ... custodiret animalia prædictæ grangiæ, et ea infra limites dictæ grangiæ Pascentare faceret, etc.*

PASCEOLUM. Vide *Paculum.*

* **PASCERE** de Verbis, Verba dare, Gall. *Repaître de paroles.* Steph. de Infesi. Ms. de bello inter Sixt. IV. PP. et reg. Ferdin. ann. 1482 : *Ideo ad portas missum est proclama per urbem ad Pascendum populum de verbis.*

PASCHA, vox Hebraica, quæ transitum significat. Duplex autem a Christo factus fuit transitus : prior quidem ex vita in mortem, quo die crucifixus fuit, feria scilicet hebdomadis sexta, posterior vero ex morte in vitam, quo die resurrexit a mortuis, feria nempe prima, vocata deinceps Dominica. Eapropter alii existimarunt celebrandum Pascha ipso die crucifixionis, unde et dictum fuit σαυρώσιμον Pascha; alii die Resurrectionis, unde et Pascha dictum ἀναστάσιμον fuit : *Pascha Resurrectionis*, in Charta ann. 1259. apud Ughellum tom. 2. pag. 465. Sancitum tamen a Pio Papa scribunt, ut *Pascha* die Dominica lunam 4. proxime insequente celebraretur : quo alii ab ipsis Apostolis institutum volunt. Vide Baronium ann. 34. num. 23. et seqq. ann. 159. n. 1. 2. ann. 198. n. 4. et alios passim.

Paschatis festum semper Christianis præcipuum habitum fuit : Πασχαλία ἡμέρα, ἣν δὴ σέβονται χριςιανοὶ πασῶν μάλιςα, inquit Procopius lib. 1. de Bello Persico cap. 18. Hinc ἑορτὴ τῶν ἑορτῶν, καὶ πανήγυρις τῶν πανηγύρεων, dicitur Eustathio in Vita S. Eutychii P. CP. n. 91. [ἡ πρώτη καὶ κυρία τῶν ἡμερῶν, Continuatori Theophanis lib. 4. n. 23.] *Solennitas solennitatum*, Gregorio M. Homil. 22.

Pascha præterea interdum pro ipso Christo accipitur, ut apud sanctum Paulum 1. Corinth. 5. 7 : *Pascha nostrum immolatus est Christus.* Interdum pro ipsa Eucharistia, ut apud S. Augustinum contra literas Petiliani Don. lib. 2. cap. 37 : *Aliud est Pascha, quod adhuc Judæi de ove celebrant, aliud autem quod nos in corpore et sanguine Domini accipimus.* Ἐσθίειν τὸ θεῖον καὶ ἀληθινὸν πάσχα, apud Isidorum Pelusiotam, lib. 4. Epist. 162. Μεταλαμβάνειν τοῦ πάσχα, Gregorius Nazianzenus dixit orat. 42. in Cœna Dom. in Cœna Domini communicantes : atque inde Poeta mediæ ætatis de significatione vocis, *Pascha* :

Hebdomas, hora, dies, epulæ, pecus, azyma, Christus.

Raymundus Ord. Prædicat. in Summula :

Non inconfessis des sanctum sumere Pascha.

Pascha, Hebdomada Paschalis. Missale Gotthicum pag. 341 : *Missa matutinalis per totam Pascham pro parvulis, qui renati sunt.*

Paschales Dies, Hebdomadis scilicet Paschalis, quæ pari cultu ac ipse Paschatis dies colebantur a Christianis. Unde Durandus lib. 6. Rat. cap. 81. n. 6. ait dies omnes hujus octavæ esse Dominicos. Amalarius lib. de Ord. Antiphonarii cap. 52 : *Paschalis dies, qui per septem dies quasi unus dies celebratur.* Theodulfus in Capitul. cap. 41 : *Ipsi dies Paschalis hebdomadæ omnes æquali religione colendi sunt.* [Concil. Matiscon. can. 2. statuit, ut *illis sanctissimis sex diebus*, qui Paschæ diem subsequuntur, *nullus servile opus audeat facere : sed omnes simul coadunati, hymnis paschalibus indulgentes, perseverationis nostræ præsentiam quotidianis sacrificiis ostendamus, laudantes creatorem et regeneratorem nostrum vespere, mane, et meridie.*] Add. Capitul. Caroli M. lib. 2. cap. 35. Concilium Moguntiac. ann. 813. can. 36. Meldense ann. 845. can. 77. Suessionense II. can. 8. Engelenheimense ann. 948. can. 6. Turonense can. 97. Bertholdum Constantiensem ann. 1073. etc. Idem porro Bertholdus ait Gebehardum Constantiæ Episcopum magnam Synodum Constantiæ in hebdomada majore ante Pascha celebrasse ann. 1094. et in ea statuisse, ut tam in hebdomada Pentecostes, quam in hebdomada Paschali tres tantum dies festivi celebrarentur. Quod quidem hodie apud omnes Christianos observari constat. Durandus lib. 6. cap. 81. n. 10 : *His tribus diebus primis solenniter est feriandum : insequentibus vero licet viris ruralia opera quæ magis necessaria sunt exercere : sed feminis non licet nere; nunquam autem choreas ducere, etc.* Quatuor in Paschate, et totidem in Pentecoste dies celebrandos statuit Concilium Exoniense ann. 1287. can. 23. et Maghfeldense ann. 1332. duos vero Concilium Toletan. ann. 1229. can. 26.

Pascha Floridum, Dominica in Palmis, qua cantatur, *Occurrunt turbæ cum floribus et palmis : et nos similiter debemus ei occurrere cum floribus virtutum et palmis victoriarum.* In Ordine Romano, *Dies Palmarum, sive Florum atque ramorum* dicitur : *Pascha Florum*, apud Ordericum Vital. lib. 8. pag. 696. Historia Hierosol. ann. 1118 : *Eo die et hora quo Pascha Floridum celebrans eo more populus Hierolymitanus solemnem ageret processionem, etc.* Vide Durandum lib. 9. Rat. cap. 65. num. 5.

Pascha Petitum, Ita Ordo Romanus ait appellari primum Pascha, seu Dominicam Palmarum, *Pascha petitum, sive competentium*, quia hoc die *Symbolum competentibus tradebatur*, ut est apud Isidorum, Alcuinum, et Rabanum Maurum lib. 2. de Instit. Cleric. cap. 25. Concilium Agathense, in eamdem sententiam can. 13. statuit *Symbolum omnibus Ecclesiis una die, id est, ante octo dies Resurrectionis publice in Ecclesia competentibus prædicari.* Cujus quidem consuetudinis meminit [S. Ambrosius Epist. 20. n. 4. et] S. Augustinus serm. 115. cui titulus iste præfixus legitur : *In Dominica Palmarum, de traditione Symboli*, his verbis : *Symbolum quod vobis tradituri sumus, fratres charissimi, comprehensio est fidei nostræ atque perfectio.* Alii contra hac in parte, ut et in plerisque aliis, variasse consuetudinem volunt : unde hunc ex Ordine Romano locum proferunt ad tertiam Quadragesimæ hebdomadam, quartamque (non autem secundam, ut aliqui legunt) ejusdem feriam : *Eadem die percipiunt orationem Dominicam, et Symbolum ad reddendum in Sabbatho sancto Paschæ.* At Amalarius lib. de Eccles. offic. cap. 8. factum in significat, non tertia, sed hebdomade quarta, quartaque itidem feria. Hincque non levis ob discrepantes super ea consuetudine sententias inter eruditos controversia oritur, quæ ut concilientur, dicere inprimis licet, quicumque traditum aiunt die Palmarum Dominica Symbolum, eos de publica solennique loqui traditione, quæ non sine apparatu pompaque soleret fieri, ut testatur Beroldus : quippe, ut ait, in traditione Symboli omnia *tintinnabula sunt sonanda, et cuncta ostia claudenda, tuncque incipit Symbolum Archiepiscopus, et dicit regenerandis majori tono Evangeliorum, Signate vos, et audite Symbolum, etc.* Tum ad finem, *in majori etiam tono Evangeliorum, et excelsa voce Archiepiscopus dicit : Accepistis dilectissimi.* Quæ traditio pro expositione etiam publica, et quæpalam in Ecclesia fieret, ejusdem Symboli accipienda est : ad quam omnino respicit Augustinus, cum sermone 116. in Dominica Palmarum sic ait : *Hodie, fratres carissimi, specialiter ad Competentes humilitatis nostræ sermo dirigitur.* Cum alias, toto videlicet ipsius Quadragesimæ decursu subinde ipsiusmet Symboli traditio, seu perspicua illius facilisque enodatio repeteretur : de qua Ambrosius Ep. 33. audiendus : *Sequenti die, erat autem Dominica, post lectiones, atque tractatum*, (quibus etiam interresse poterant non initiati religionis Christianæ mysteriis) *dimissis Catechumenis, Symbolum aliquibus Competentibus in baptisteriis tradebant Ecclesiæ.* Quod et fortasse fieri solitum erat, non privatim, sed publice, scrutiniorum diebus : e quibus primum omnium scimus feria quarta hebdomadis tertiæ Quadragesimæ, tertium illudque præcipuum feria quoque quarta, sed quartæ hebdomadis institutum; postremum denique sabbato sancto : quibus diebus, ut ritus cæteri, sic professio fidei, seu Symboli redditio (utique post illius forsan explicationem, sive traditionem) usurpabatur. Hæc fere ex Dissertationibus de Sacramentorum ritibus ineditis R. P. Michaelis *Du Fresne*, Soc. Jesu, fratris τοῦ μακαρίτου, qui hæc fusius prosequitur capitibus seqq.

Pascha Clausum, [vel potius *Clausum Paschæ*, ut legitur in Missali Gothico et in veteri Gallicano, apud Mabillonium de Liturg. Gall. pag. 147. et 374.] Dominica octavarum Paschæ, qua Paschalium festivitatum solennitas clauditur. *Clausula Paschæ*, apud Grodegang. Metens. Episc. in Regula Canonicorum cap. 36. novæ edit. cap. 30. Statutum primum Westmonasteriense dicitur editum ann. 3. Edwardi I. Regis Angl. : *Lendemaine de la cluse de Pasche.* [Tabular Calense : *Le merquedy apres Pasques cluses l'an de grace* 1326.] Gregorius Turon. lib. 9. cap. 44 : *Eo anno post clausum Pascha, etc.* Ita apud Alcuinum Epist. 1. ad Carolum M. de Ratione Septuagesimæ, Rabanum lib. 3. de Instit. Cleric. cap. 34. Giraldum lib. 1. de Hibern. expugn. cap. 39. etc.

* Chartul. Godefr. dom. Asperim. fol. 4. v° : *Données l'an de grace Nostre Signor* 1350. *le jour de l'escluse de Pasques.* Lit. remiss. ann. 1395. in Reg. 148. Chartoph. reg. ch. 324 : *Le jour des closes Pasques, que l'en chante Quasimodo, etc.*

Pascha Annotinum, quod proprie fuerit, et quando celebratum, non una est sententia. Micrologus de Eccles. observ. cap. 56 : *Romani Annotinum Pascha, quasi anniversarium Pascha dicunt, quia antiquitus apud illos qui in priori Pascha baptizati erant, insequenti anno, eadem die, ad Ecclesiam conveniere, suæque regenerationis anniversarium diem cum oblationibus solenniter celebraverunt.* Eadem habet Honorius Augustod. lib. 3. cap. 137. Nec dissentit Beletus de divin. offic. cap. 84 : *Vocatur autem Pascha Annotinum, quando aliquis diem quo baptisma suscepit annuatim celebrat : atque eo tum ipsius diei Paschæ officium integre cantari debet, præter Alleluya, si accidat tempore Quadragesimæ.* Ita Durandus lib. 7. cap. 1. n. 37. 38. Ex quibus confici videtur non semper statum ac fixum fuisse cuique Paschatis Annotini diem, propter Paschatis diversos in singulis annis dies, sed celebratum ipsomet die recurrente quo quis priori anno baptizatus fuerat, quod *Annotinum* vox suadet, id est ἐπέτειον, ἐνιαυσιαῖον, περυσινόν, ut in Glossis redditur. [Aliæ apud Baluz. in Notis ad Capitul. : *Annotini*, ἐτησίαι, ἐνιαύσιοι.] Atque ita *Pascha Annotinum* incidere poterat in Quadragesimam, vel post Quadragesimam, ut habet Beletus.

☞ Iis omnino consentit Gervasius Tilber. in Otiis Imper. apud Leibnit. tom. 1. Script. Brunsvic. pag. 889 : *Sane ab anno dicitur annuum Pascha et Annotinum. Annuum Pascha, quod celebratur singulis annis die Dominica, tamen semper concurrit lunatio paschalis cum die Dominica. Annotinum Pascha dicimus ubicumque quarta luna concurrit. Unde in quibusdam ecclesiis quamvis non concurrat cum die Dominica, cantatur* Resurrexi, *cum toto paschali officio.*

* Ordinar. eccl. Camerac. Ms. fol. 48. v° : *Feria vj. post Quasimodo: Attendendum est quod Pascha annotinum celebrari non debet, nisi pascha anni præcedentis tardius fuerit, quam in anno ipsius; quare paschæ terminus soleriter notandus est, ut in ejus anniversario Pascha annotinum celebretur, nullo festo novem lectionum impediente.* Cærem. vet. Ms. Eccl. Carnot. : *Ordo in Pascha annotino. Si per octabas Paschæ, annotinum Pascha evenerit, in secunda feria celebrabitur; anno vero bissextili in tertia feria; si vero ante, penitus demittetur. Ad primas vesperas nihil fit de eo, ad matutinum autem incipitur festum, et sonantur signa sicut in Dominica, altare paratur crucibus et accenditur magnus cereus.... Quod si in majori letania evenerit, penitus dimittetur.*

☞ Alia alibi obtinuit disciplina : cum enim in Quadragesimam incidebat, omittebatur solemne officium hanc in rem institutum; tametsi forte unicuique privatim et solitarie id agere licebat. Id aperte docet Guido in Discipl. Farfensi lib. 1. cap. 7. cui titulus, *Pascha Annotina. Sanctum Pascha quod præterito anno celebravimus, si in Quadragesima occurrerit, nullatenus agitur : si vero post Pascha inventum fuerit, omne, quemadmodum in Domini resurrectione decantandum est, ita adimpleatur; præter Evangelium quod legitur :* Erat homo ex Pharisæis. Breviarum Paris. MS. in Bibl. Colbert. : *L'Annotif Pasquel doit estre tousjours fait en l'année revolute, se il ne avient en Karesme.* Ex his vero quæ sequuntur efficio post Octavam Paschæ celebratum fuisse, ubi in Quadragesima occurrerat; quod minime innuunt a nobis paulo ante laudata.

Ab aliis Pascha Annotinum videtur collocari in Sabbato ante Dominicam in Albis, id est, ante *clausum Pascha :* [nisi *Annotinum Pascha* intelligas quasi consummatum et absolutum, quod aliis *Pascha conclusum* dicitur, ut recte observant Bollandistæ ad] Vitam S. Petri Mart. Ord. Prædic. num. 38 : *Die Sabbati illius, quod est finis Septuagesimæ, diciturque Sabbatum in Albis, et Pascha Annotinum.* Sabbato quippe ante octavas Paschæ quo alba tolluntur vestimenta a novis baptizatis, dicitur finire Septuagesima, in Ordine Romano. At in Martyrologio Victorino MS. *Pascha Annotinum* dicitur Dominica quæ Paschalem subsequitur. Sed id negat Hugo Menardus, putatque fuisse post Dominicam in Albis celebratum, cum in Codicibus MSS. ejus Missa assignetur tantum post prædictum diem, quod etiam innuere videtur Kalendarium editum ab Allatio lib. de Dominicis et hebdomad. Græcor. n. 37 : *Dominica octava Paschæ ad Lateranis... in Pascha Annotina, in illo tempore erat homo ex Pharisæis.* Et Ordinarius MS. Ecclesiæ Rotomagensis : *Nota, Officium de Annotino Pascha non potest fieri, nisi evenerit post Octavam Paschæ.* Et alibi, de festo S. Romani : *Si in die Octavarum Paschæ evenerit, fiat memoria tantum de illo in ultimis verbis, et in crastino celebretur, nisi fuerit Annotinum Pascha, et tunc reservetur usque ad tertiam feriam.* Verum officium seu Missa Paschalis Annotini ita adjungitur officio Dominicæ in Albis, ut eodem aut sequenti die celebratum par sit credere. In lib. 1. Sacramentorum Eccles. Rom. cap. 53. titulus ita concipitur : *Octabas Paschæ die Dominico.* Cap. 54 : *Orat. et prec. de Pascha annotino.* Cap. 56. *Incipiunt orationes Paschales.* Denique cap. 57 : *Orat. et prec. Domini cum post octabas Paschæ.* Ita in Missali Gallicano pag. 485. Ex quibus sane videtur colligi hunc postremum diem statutum fuisse ab Ecclesia ad omnium baptizatorum anniversarium diem, cum singuli sua propria haberent *Paschata Annotina*, et ea celebrarent, prout quisque baptismum exceperat.

☞ Atque hunc quidem statutum diem legimus in veteri Breviar. Paris. a Baluzio in Notis ad Capit. laudato : *De Annotino Paschæ nota quod debet semper fieri in crastino octavarum Paschæ anno revoluto aut non revoluto, nisi revolutio in Quadragesima evenerit.*

Ad ejusmodi annuam baptismatis celebrationem respexit Joannes Archiepiscop. Nicænus in Orat. de Christi Nativitate pag. 308 : Ἐὰν πατὴρ τὸ βάπτισμα καί τὸν γάμον τοῦ προφιλοῦ υἱοῦ ἑορτάσει, ἐὰν ἐν μιᾷ ἡμέρᾳ οὐκ ἔςιν ἄτοπον, οὐδ' ἀπρεπὲς εἰ καὶ διὰ πενίαν τοῦτο ποιήσῃ. Adde Gregor. Nazianzen. Orat. 40. init. In ejusmodi porro festivitate convivia exacta testatur Ruodbertus Magister S. Galli Ep. 7 : *Quæris a me quid sit Pascha Annotinum? Est conventus compatrinorum ad Missas ejusmodi per omnes octavas sabbati sancti, id est, baptismi per annum, et per ordinem cujuscunque cum cæteris convivium. Quod vidimus, hoc testamur. Presbyter Symbolum super infantem dicit, et mensæ participat aquam sapientiæ....* Idem Ep. 7 : *In Pascha Annotino, id est, Paschali festo prioris anni.* Vide Capit. Herardi Archiep. Turon. cap. 93.

¶ Pasques Communicans, *Pasques Communiant*, Dies Resurrectionis Dominicæ, in Charta Caroli VI. Reg. Franc. ann. 1387. tom. 2. Hist. Eccl. Meld. pag. 248 : *Le Jeudi devant la feste de Pasques Communiant.*

* Lit. remiss. ann. 1398. in Reg. 153. Chartoph. reg. ch. 183 : *Comme le jour de Pasques escommichans, etc.* Aprocha Ant. *de Wavrans* apud Duchesn. inter Probat. Monmor. lib. 3. cap. 1. pag. 224 : *Le deux d'Avril, nuit de Pasques communiaux, avant le cierge beni l'an 1490.* Vide Ordinat. reg. Franc. tom. 8. pag. 480.

* Qua etiam loquendi formula significatur spatium quindecim dierum, quo fideles sacram Eucharistiam percipere debent. Lit. remiss. ann. 1389. in Reg. 138. ch. 27 : *Le Mardi après la quinzaine de Pasques communians, etc.* Aliæ ann. 1390. ibid. ch. 148 : *Le Lundi de Pasques communient suivant, etc.* Charta ann. 1454. ex Chartul. Latiniac. fol. 78 : *Icellui ban commençant la veille de Pasques commenians, durant la quinzaine d'icelluy jour de Pasques, etc.*

¶ Pascha Carnosum, *Pasques charneux*, Dies Resurectionis in quo carnium esus resumitur, ut a Pascha florido, quo carnis abstinentia præcipitur, sit distinctum. Literæ ann. 1350. inter Ordinat. Reg. Franc. tom. 4. pag. 81 : *Par vertu desquelles Lettres comparu pardevant nous à Chalons, le mardi devant Pasques charneux l'an 1350.*

* Pascha Bonum, Dies resurrectionis. Chartul. Godefr. dom. Asperim. fol. 80. r°. ex Bibl. reg. : *Donné l'an mil trois cent cinquante trois, le Jeudy après bonnes Pasques.* Ibi non semel.

* Pascha Magnum, Dies resurrectionis Dominicæ. Charta Radulfi de Castro Port. in Chartul. Campan. fol. 223. r° : *Actum anno gratiæ M. CC. XVI. in die magni Paschæ.* Comput. ann. 1382. ex Tabul. S. Vulfr. Abbavil. : *Item die Lunæ ante magnum Pascha, nuncio domini nostri regis per præceptum dom. decani, iiij. sol.* Lit. remiss. ann. 1376. in Reg. 108. Chartoph. reg. ch. 348 : *Comme par cas de fortune le jour des grans Pasques, etc. Le Mardi prochain d'après Pasques les grans,* in aliis ann. 1398. ex Reg. 153. ch. 272.

* Pascha Resurrectionis, Quo ab aliis diebus, eadem appellatione donatis, distinguitur. Charta ann. 1248. in Chartul. AD. S. Germ. Prat. fol. 100. r° : *Datum anno Domini 1248. die Jovis proxima ante Pascha Resurrectionis.*

* Pascha Novum, Eadem notione; quod ab hac die novus annus putabatur. Vide supra in *Annus.* Lit. remiss. ann. 1397. in Reg. 152. Chartoph. reg. ch. 320 : *Et à un autre jour ensuiant, qui fu la veille de Pasques neves, l'an mil ccc. iiij^{xx}. et xv. etc.*

¶ Pascha Intrans, *Pasques commençant*, Nota chronologica, qua usi sunt ii qui a Paschate annum putabant; iidem, ne aliqua suboriretur confusio *ante* vel *post Pascha* apponere solebant ut annum proxime elapsum, vel subsequentem certius denotarent. Vide in voce *Annus.* Charta Baillivi Senon. pro prioratu de Petra : *Du Vendredi après Pasques commençant l'an 1387.*

* *Pasquerez entrant*, in Comput. Rob. de Seris ex Reg. 5. Chartoph. reg. fol. 62. r° : *Pour vj^{xx}. ij. l. x. s. Tour. febles prestez à Mons. en Pasquerez entrant cccxliij.* Lib. rub. fol. parvo domus publ. Abbavil. ad ann. 1373. fol. 127. r° : *Le Mardi en Pasqueret xix. jour d'Avril, etc.* Lit. remiss. ann. 1392. in Reg. 143. ch. 99 : *Un jour de Mercredi de Pasquerez, que le suppliant estoit en la ville de Fresne, etc.*

* Alias hujusce festi appellationes, quantumvis barbaras, accipe ex Sequentia in Cod. Ms. Camerac. : *Pascha yeronymin, symeron, anadedicte. Pascha keron agyon. Pascha mysticon. Pascha pan sevasmyon. Pascha Christus tulit trotu. Pascha amomon. Pascha mega. Pascha zonpiston. Pascha taspilas, ymin tu paradisu aneoxan. Pascha panthas, anapleustron, vrotus, kenon, papan Christe filaxon.* Quas voces in Græco perquirat, qui voluerit.

¶ Pascha Medium, Mercurii dies infra octavam Paschæ. Vide in *Pentecoste.*

Pascha dicitur etiam tempus a Dominica in Ramis palmarum, usque ad octavam Paschatis. Durandus lib. 6. Ration. cap. 81. n. 5.

Paschatis nomenclatura donati pariter dies omnes Dominici in Ordine Romano. Gregorius Turon. in Vita MS. S. Maurilii Episcopi Andeg. cap. 18 : *Belgicus quidam nomine primo die Paschæ proprias segetes servis propriis temerario jure mundare præceperat. Maurilius vero cum reniti cœpissent, ac dicere, contra autoritatem fore, ut die dominica servilia opera agerentur, etc.*

Pascha, Quodlibet magnum festum in quibusdam provinciis vocari observat Durandus lib. 7. cap. 1. n. 25. Certe constat hodie omnes majores festivitates *Paschata* Italos [et Hispanos] vocare : Pentecosten vero *Pascha rosada* seu Rosaceum, quia incidere solet in tempus rosarum. Hinc πασχαλικὸν et φιλέορτον, pro eo qui libens festum colit, confundit Marcus Hieromonachus in Respons. Otto Morena in Hist. rerum Laudensium pag. 41 : *In prima die Sabbati, quæ fuit post Pascha Resurrectionis Domini ann. 1158. etc.* Pag. 42 : *Insequenti vero Paschate Pentecostes quod fuit tunc 27. Maii indict. 7. etc.* Pag. 54 : *Quadam die, in qua fuit Pascha Epiphaniæ, venere Cremenses, etc. Pascha della Pentecosta*, apud Ricordanum Malespinum pag. 142. Occurrunt alia ejusce vocis exempla apud Italos scriptores. Sed et Græci κύριον πάσχα vocant, *proprium festum* alicujus Sancti, ut ex Menæis constat.

☞ Quod et apud Gallos in usu fuisse colligo ex Chron. Fontanell. tom. 4. Spicil. Acheriani, ubi festum alicujus Sancti ideo potissimum *Pascha* dictum innuitur, quod hac die celebratur ejus ad cælestem gloriam transitus : *Quia solemnem diem pro venerandi confessoris Christi Vandregesili transitu colimus, quem Pascha ipsius non incongrue nuncupari... monstravimus.*

Pascha Rosata : ita Pentecosten appellant Itali, quod eo fere tempore rosæ floreant, ut tradunt Cruscani. Occurrit in Historia Mortis et Miraculor. S. Leonis IX. PP. n. 21. *Dominica quæ dicitur Pascha Rosata.* Vide *Rosalia.*

* Pascha Rosarum, Idem quod *Pascha Rosata.* Vita S. Rosæ tom. 5. Aug. pag. 902. col. 2 : *Ipso dein festivissimo Pentecostes die, qui Hispanis æque ut Italis Rosarum Pascha dicitur, baptizata est Rosa.*

* Pascha Album, Dominica in Albis. Necrol. Rotomag. ex Cod. reg. 5196. fol. 69. v° : *Sex libræ, quæ sunt ad processiones albi Paschæ, S. Marci et Rogationum.*

* Paschæ Hebdomadæ tres computantur, in Charta Rob. ducis Burg. ann. 1285. ex Chartul. Buxer. part. 1 : *Donné à Ostun le Jeusdi après les trois semeignes de Pasques.* Die scilicet Jovis post Quasimodo.

* Paschæ Mensis. Vide supra in *Mensis.*

Paschalia Indumenta. Cæsarius Arelatensis Archiepisc. in Testamento suo : *Indumenta Paschalia, quæ mihi data sunt, omnia illi* (successori) *serviant, simul cum casula villosa, et tunica, vel galnape, quod melius dimisero.* Id est, quibus utebatur diebus *Paschalibus*, seu Dominicis. Vide Vitam Aldrici Episcopi Cenom. n. 44. pag. 109.

Pascha in prima declinatione passim usurpatur a scriptoribus. Durandus lib. 6. Ration. cap. 86. n. 4. observat *hoc solum in tribus Græcis nominibus inveniri, scil. Pascha, manna et mammona.*

Paschare, *Pascha celebrare*, Ugutioni. Vox Italica. Joannes Villaneus lib. 7. cap. 61 : *Tutti i Baroni et Caporali che teneano mano al tradimento, furono nella citta di Palermo à Pasquare.* Et cap. 147 : *Molti de' fanti venutisene à Pasquare à Firenza.*

¶ Paschalis Cereus. Vide *Cereus.*

Paschalis Epistola, qua Pontifex Maximus Metropolitanis Episcopis denuntiabat, quo die celebrandum esset Pascha : *Ad præcipuum enim religionis nostræ Sacramentum pertinere, ut in festivitate Paschali nulla esset toto orbe diversitas*, censuerunt sancti Patres; ut ait Leo I. PP. Epist. 95. ad Ravennium Arelatensem. Unde uno eodemque die per totum orbem celebrandum, in eumque finem dirigendas ad omnes Episcopos literas, quæ id potissimum indicarent, statuerunt Concilia, atque in primis Arelatense I. can. 1. et Cæsaraugustanum III. can. 2. Ejusmodi Litterarum Paschalium formulam exhibet Leo. I. in laudata ad Ravennium Epist. 95. aliæ habentur in Diurno Romano cap. 3. tit. 10. apud Bucherium in Victorii Canonem Paschalem pag. 72. 78. 82. 469. et reqq. in Spicilegio Acheriano tom. 6. pag. 8. etc. *Paschalis Epistolæ* Theophili meminit S. Hieronymus lib. 3. in Ruffinum cap. 5. His acceptis literis Episcopi Epiphaniorum die, vel Christi Natalitio, in Ecclesia populis denuntiabant qui esset ille dies Paschatis, ut indicat Concilium Aurelian. IV. can. 1. vel certe principium Quadragesimæ ut est in Autisiodorensi can. 2. Bracarensi II. can. 9. Toletano IV. can. 5. etc. Vide Hieronym. Ep. 31. Gregorium M. lib. 7. Ind. 2. Epist. 8. Baronium ann. 412. num. 43. ann. 419. n. 96. Henr. Valesium ad Euseb. lib. 17. cap. 20. et Ferrarium de Ecclesiast. Epistolis lib. 2. cap. 3.

Paschales Epistolas præterea vocat Avitus Viennensis Epist. 65. quas Pontifices sibi invicem scribebant, sese consalutantes, et de exacta festivitate nuntium mittentes, quæ proinde erant ex iis quas Græci ἑορταστικὰς nuncupabant : nam hæ non modo in Paschalibus, sed et in aliis solennioribus festis scribebantur ab Episcopis, ut ex aliis Aviti et Theodoreti Epistolis colligitur. Quo spectat ista ex Actis Episcop. Cenoman. pag. 102 : *Ego Domnolus in Christi nomine Episcopus. Cum evocassem domnum et fratrem meum Audoenum Episcopum Andegavæ civitatis visitare sancta limina patroni peculiaris mei Victoris Episcopi, immo et solemnitatem ipsius celebrare, etc.*

Paschales Denarii, [Præstatio, quæ a presbyteris pro chrismate quod circa Pascha ab Episcopo accipere solent, eidem Episcopo exsolvebatur.] Vide *Chrismales denarii* in *Chrisma.*

* Adjectivum est vocis denarii. Vide supra in *Denarius.*

¶ Paschalis, Præstatio, quæ ad Pascha exsolvitur. Rotulus sæc. 12. de Prioratu S. Pauli *de Tartas* in Archivis Casæ-Dei : *Dono.... duos mansos.... ex quibus exeunt duo agni censi et duo solidi inter Kalendares et Paschales et majenses et meisonegs.* Ibid. : *Petrus Bernardi dedit.... II. sol. Pod. in Maio et Kl. III. sol. per recetum, et VI. denar. Paschales.* [** Vide Altaserram de Jurisdict. Eccles. pag. 90.]

¶ Paschalis Agnus. Vide *Agnus.*

¶ Paschalis Ignis. Vide *Ignis.*

¶ Paschale Lignum. Vide *Lignum* 1.

¶ Paschalis Terminus, Nota chronologica qua utebantur notarii qui peritiam suam in arte computi ostentare amabant; hac inter primos usus est Rodradus presbyter Ambianensis, quam libro sacramentorum manu sua descripto apposuit : *Anno Incarnationis Dominicæ DCCCLIII. indictione I. epacta VII. concurrente VII. Termino Paschali IIII. Kal. Aprilis.*

¶ Paschales Missæ dicuntur in veteri Missali Gallicano, quæ tota Paschatis hebdomada decantari debent.

¶ Paschalium, πασχάλιον, Canon de celebrando Paschate, apud Martinium.

Paschale, Computum Paschale, seu ratio inveniendi diem quo celebrari debet Pascha quolibet anno : a die scilicet Martii 8. ad Aprilis 5. *Paschalis cursus*, Honorio Augustod. cap. 88. *Paschalis recursus*, Gennadio de viris illustribus cap. 88. *Paschalis circulus*, Adoni Vienn. Victorius in Canone Pasch. : *Theophilus quondam Alexandrinus Antistes, ad Theodosium Imp. datis Epistolis ex primo ipsius et Gratiani 5. Consulatu conditum Paschale direxit.* Infra : *Propter diversorum Paschalium conditores.* Senator in fine Chronici : *Sicut ex Tito Livio, et Aufidio Basso, et Paschali virorum clarorum auctoritate firmato collegimus, anni sunt* 1031.

Paschale, Districtus Parœciæ, sic dictus, quod Parœciani in festo saltem Paschatis ad Ecclesiam parœcialem convenire, et ibi *communicare* ex Canonum præscriptis tenerentur. In Tabul. Monast. S. Savini Levitanensis non semel mentio occurrit *Paschalis S. Savini*, pro districtu 8. Parœciarum, quarum Parœciani ex veteri instituto tenebantur certis anni festis solennioribus, Paschatis scilicet, Pentecostes, et Nativitatis Domini, Baptismum et sacram Communionem recipere in Ecclesia S. Savini : quod præsertim cavetur in Concil. Agathensi can. 18. Vide Marcam lib. 9. Hist. Benebarn. cap. 2. n. 4. [Mabillon. tom. 3. Annal. Bened. pag. 478. et Marten. tom. 1. Anecd. col. 199.]

* Pascha, Convivium, refectio. *Esse in Pascha*, Epulari. Comput. ann. 1362. inter Probat. tom. 2. Hist. Nem. pag. 242. col. 2 : *Pro uno vitulo empto.... et tribus edulis, præsentatis domino Petro Raimundi, senescallo Bellicadri, quia dominus episcopus Meldunensis erat in Pascha cum ipso, etc.* Vide supra *Pascagium* 2. [** Ecbasis vers. 272 :

Hæc caro nectarea festivum sit mihi Pasca.

Et vers. 1217 :

Qui dixit vitulum festivum Pasca futurum.

Ruodlieb. fr. 3. vers. 305 :

Huc postquam veni, pie rex, tibi meque subegi,
Pascha fuit tecum mihi semper cottidianum.

Idem fr. 5. vers. 5 :

.... Cum Christus quem mihi mittet,
Tunc est Pascha meum mihi velque meis celebratum.

Ita *Ostertag* Poetis German. medii ævi Dies albus et voluptatis plenus.]

¶ **PASCHAGIUM**, Quod pro pascuis præstatur. Statuta Mont. Regal. fol. 306 : *Quælibet persona... quæ duxerit aliquas bestias ad pascandum... solvere teneatur emptori seu collectori Paschagii, ut infra pro godia et Paschagio dicti alpis.* Vide *Pascuarium.*

¶ **PASCHARE**, Pascare, Pascere. Statuta Montis Regal. fol. 308 : *Item statutum est quod quælibet persona quæ Pascharet aliquas bestias in alpibus dictæ civitatis, etc.* Charta Guidonis Archiep. Bituric. ann. 1279. apud Thomasser. in Biturig. pag. 113 : *In quo nemore ipsi homines habebunt usagium suum ad ædificandum, claudendum, ardendum et Pascandum animalia sua.* *Paschare*, pro Pascha celebrare, occurrit supra in *Pascha.*

¶ **PASCHARIUM**, Jus pascendi porcos in silva domini. Hist. MS. S. Cypriani Pictav. pag. 294 : *Item concessit monachis Pascharium in omnibus silvis... ut non reddant de propriis porcis.* Item, tributum quod pro eo jure exigitur. Vide *Pascuarium.*

¶ **PASCHASE**, Eadem notione, in Charta

Willelmi Aquitan. Ducis ann. 1069. ibid. pag. 248 : *Insuper in nemore meo... dono jam dictæ ecclesiæ... pasturale ad universa animalia, et etiam Paschase de porcis si fuerit, tam ipsis monachis, quam omnibus eorum.*

¶ **PASCHERIA**, Pascherium, etc. Vide *Pasquerium.*

¶ **PASCHERUM**, Idem quod *Pascharium*, in Chartulario Aureliensi in Lemovicibus.

¶ **PASCHIVUM**, Eadem notione. Tabul. Prioratus S. Johannis Tolos. : *Pertineant nunc et in perpetuum ad Bertrandum de Opiano et suos heredes : retento tamen dicto hospitali et suis hominibus Paschivo et talivo in garrigiis a cacumine montis usque ad caminum.*

* **PASCHUM**, Pascuum, pratum, Ital. *Pasco.* Stat. Taurin. ann. 1360. cap. 119. ex Cod. reg. 4622. A. : *Item quod homines Taurini et districtus possint sine aliqua pœna.... pascuare cum eorum animalibus in Paschis et gerbis illorum de Droscio.*

PASCILIS, *Animal, vel avis quæ in manu pascitur.* Joan. de Janua.

¶ **PASCINATUS**, Glandatio. *Pascinatus tempus*, quo scilicet glandes maturæ sunt, pascendisque porcis idoneæ. Hist. Mediani Monast. pag. 269 : *In saltu autem tempore Pascinatus, centum porcos impinguandos monachi dictæ cellæ mittent.* Vide *Pascio.*

PASCIO. Polyptychus Floriacensis : *Solvit inter vineritiam et Pascionem de vino mod.* 6. Alibi : *Solvebat unusquisque de Pascione denarios* 12. *et pullos* 3. *cum ovis* 15. *etc.* An vero *pastio?* Vide *Madascia.*

☞ Rem tetigit vir oculatissimus; est enim reipsa *Pascio*, Porcorum ex glandibus pastio, Gall. *Paisson* vel *Pesson ;* est etiam tributum vel census qui domino silvæ pro glandatione excolvitur : *Pasnage* sive *Pennage*, in Consuetud. municipalibus plerisque ; *Paix* et *Glandage*, in Solensi art. 1. tit. 13. Significat præterea tempus quo glandes et fanias porci pascuntur in nemoribus, quod mense Octobris incipit, Decembris concluditur. Charta Libert. Bellomont. ex Cod. MS. Coislin. : *Quotiescumque erit Pascio glandis seu faniæ in aliquo dictorum nemorum... quilibet poterit ponere in nemoribus* XX. *capita porcorum... ad totam Pascionem.* Charta Libertatum oppidi S. Palladii ibidem : *Salvis tamen ipsis hominibus usagio suo animalia in illa foresta ad pascendum animalia sua.... excepto tempore quo Pascio sive Paisson erit in illa foresta generali.... et si tempore, quo dicta Paisson erit in illa foresta, porci ipsorum hominum immissi fuerint ad pascendum, solvent* XII. *denar. Turon. pro quolibet porco.* Codex MS. Irminonis Abb. Sangerm. fol. 11. v°. : *Mansos ingenuiles* CVIII. *qui solvunt omni anno ad hostem carra* VI.... *ad alterum annum vervices cum agnis* CVIII. *de vino in Pascione mod.* CCXL. *de argento in lignericia sol.* XXXV. Ibid. fol. 83 : *Sigramnus servus.... habet de terra arabili bun.* IIII. *solvit Pascionem et de vino mod.* III. Ver Poetæ nostrates *Pascor* vocant : at unde ducta vocis origine non constat, ni a pascuis, quod nimirum vere novo herba pascendis animalibus tenerior sit ; vel fortassis a Pascha, quod veris initio incidit. Le Roman *de Partonopex* MS. :

> L'erbe verdoi soz la flor,
> Com el novel tens do Pascor.

Infra :

> Plus bel et plus fine blanchor
> Que flor d'espine en Pascor.

Le Roman *de la guerre de Troyes* MS. :

> Biaus tens fist com au tens Pascors
> Q'as arbres vienent foilles et flors.

Hanc vocem accepisse videntur a Poetis Provincialibus : eam certe eadem notione usurpat *Blacasset* circa ann. 1250. apud *Crescimbeni* ad calcem versionis Nostradami pag. 229 :

> Ben plaz le gai temps de Paschor
> Que fai foillas et flors venir.

¶ **PASCISSI**, pro Pacisci, in Instrum. ann. 1348. inter Ordinat. Reg. Franc. tom. 3. pag. 290.

* *Pastiger*, eodem significatu, in Charta ann. 1368. ex Reg. 99. Chartoph. reg. ch. 591 : *Lesquelz mariz et femme ont fait et accordé, Pastigé et transigé entre eulz les pactions et convenances qui s'ensiguent, etc.* Neque aliter intelligenda vox *Pastoier* in *Pastus*, male, quasi Pastum dare, convivio excipere, interpretata. Hinc *Pateis* et *Patis*, pro Pactum, conventio. Lit. ann. 1371. tom. 5. Ordinat. reg. Franc. pag. 719 : *Donner Patis, travers, souffrances et sausconduiz.* Lit. remiss. ann. 1389. in Reg. 137. ch. 106 : *Bernart de Mirmont, qui au temps passé a pour les manans et habitans de la terre et lieux du seigneur de Pierre, au pays de Gevaudain, frontiere des Anglois, participé et conversé avec yceulx Anglois, en faisant Pateis pour lesdiz habitans.* Aliæ ejusd. ann. in Reg. 138. ch. 154 : *Jean Feytau prestre fit avec les Anglois Patiz ou raencon pour les habitans de la parroisse S. Victor, en la conté de la Marche, etc.* Occurrit præterea in Lit. ann. 1410. tom. 9. earumd. Ordinat. pag. 612. Glossar. Provinc. Lat. ex Cod. reg. 7657 : *Pateiar, Prov. pacisci, pangere.* Vide *Paticium.*

* **PASCIUM**, Eodem significatu atque supra *Paschum.* Glossar. Provinc. Lat. ex Cod. reg. 7657 : *Pasquiar, Prov. ferrago, Pascium.*

* **PASCLERIUM**, perperam pro *Pascherium*, pascuum, in Charta ann. 1168. inter Instr. tom. 6. Gall. Christ. col. 195.

¶ **PASCOLUM**, ut *Pasculum* infra. Charta ann. 1079. apud Murator. delle Antic. Estensi pag. 47 : *In loco et prædicto fundo... cum capolo, Pascolo, erbatico, etc.*

* **PASCORITARE**, f. pro *Pastoricare*, Pascere. Vide *Pastorgare.* Charta ann. 1406 : *Quod prædicti conjuges debebunt et eisdem erit licitum.... ire, remeare cum suis animalibus grossis et minutis, et eadem pascere seu Pascoritare in omnibus et singulis terris absis et frigidis dicti mansi.*

PASCUA, Æ, pro Pascuum. Glossæ Græc. Lat. : Νεμή, ἡ βοσκή, *pastus, pastio, pascua.* [Charta Ludovici VI. Reg. Franc. ann. 1154. apud Lobinell. tom. 3. Hist. Paris. pag. 34 : *Terra est, quam mariscos vocant, in usum communis Pascuæ constituta.* Hist. Novient. Monast. apud Marten. tom. 3. Anecd. col. 1132 : *Usum vero lignorum et Pascuam porcorum in Westerholz habere debet.* Histor. Mediani Monast. pag. 269 : *Sibi retinens usum sylvæ Pascuæque per totum allodium suum.*] Usurpant versio vulg. Psalm. 22. Tertullian. Apologet. cap. 22. Arnobius in Psal. 22. et 106. Edictum Rotharis Regis Longob. tit. 108. [r* 363.] etc.

¶ **PASCUAGIUM**, Pascuum, herba pascibilis, in Extrav. comm. de Decimis : *Quia tunc solvitur ex venditione Pascuagii seu herbagii.* Infra : *Si non vendantur Pascuagia.* Macri Hierolex.

¶ Pascuagium, Tributum quod pro pascuis exigitur. Charta fundat. Monast. de Bosco-Ratherii ann. 1172. apud Marten. tom. 1. Anecd. col. 573 : *Dedimus etiam et concessimus prædictis fratribus duos homines... liberos et immunes in toto regno nostro tam in aqua quam in terra ab omnibus costumis et actionibus... scilicet tallagio, pontagio, telonio, passagio, Pascuagio, etc.* Monast. Angl. tom. 2. pag. 23 : *Et habere viginti porcos quietos de Pascuagio, et fualium ad panem suum et ad cibos coquendos.* Vide *Pascuarium.*

¶ **PASCUALE**, Jus pascendi animalia vel in pascuis vel in silvis. Charta Guillenci Episc. Lingon. ann. 1126. tom. 4. Gall. Christ. inter Instr. col. 159 : *Et ligna ad ignem et ad varia opificia, et Pascuale per terras et in silvis ad opus animalium usuaria.*

PASCUALIS, *cum diligentia nutritus.* Glossar. Arabico-Latinum.

* **PASCUARE**, Pascere ; de porcis præsertim dicitur, qui glandes pascunt. Charta ann. 1243. ex Chartul. S. Steph. Autiss. : *Quandocumque tertium folium erit transactum, poterunt dicti homines in dicto nemore animalia sua immittere et per totum nemus Pascuare.* Vide supra in *Paschum.*

PASCUARIUM, Quod pro pascuis præstatur. Constitutio Chlotarii Regis cap. 11 : *Agraria, Pascuaria, vel decimas porcorum, etc.* Lex Wisigoth. lib. 8. tit. 5. § 8 : *Quod vero sortem suam totum forte concluserit, et aliena pascua absente domino invadit, sine Pascuario non præsumat, nisi forte dominus pascuæ voluerit.* Lex Bajwar. tit. 1. cap. 14. § 1 : *De triginta modiis tres donet, et Pascuarium desolvat secundum usum provinciæ.* Charta Caroli C. tom. 8. Spicileg. Acheriani pag. 350 : *Et ut nullus paraveredam, aut Pascuarium, vel mansionaticum... exigat.* Charta ejusd. Imp. ex Tabulario Brivatensi fol. 1 : *Aut fidejussores tollere, aut Pascuaria accipere, etc.* Tabular. Eleemosynæ Montismorionis in Pictonibus fol. 66 : *Porci pauperum Pascuarium non dabunt in Ero luco, sed... in omni tempore pascua habentes, idem Pascharium dabunt, quod in nomore morabitur.* [Vetus Notitia inter Concil. Hispan. tom. 3. pag. 142 : *Pascuario et teloneo quod dominus Imperator.... perdonavit et cessit... Adalaricus Comes... ipso Pascuario et teloneo illi contendit injuste et contra legem.* *Pascario* editum in Append. Marcæ Hispan. col. 779.] Occurrit etiam alibi. Adde Chartas alias apud Baluzium in Append. ad Capitul. n. 64. 116. 119. etc. Vide *Pasquerium.*

Pascasium, Eadem notione, apud eumdem Baluzium n. 89 : *Neque salvaticum, neque Pascasium, neque teloneum, etc.*

¶ **PASCUATICUM**, Jus pascendi porcos.

Bulla Alexandri III. PP. ann. 1179. tom. 4. Gall. Christ. inter Instr. col. 190 : *Et pasturam omnium animalium ejusdem villæ et Pascuaticum LX. porcorum.*

* **PASCUATICUS**, Tributum, quod pro pascuis exigitur. Charta Caroli M. ann. 806. ex Bibl. reg. col. 16 : *Nolumus præterea ut ab istis vel eorum hominibus aut rebus aliquid de vectigali, theloneï, id est, portaticus,.... Pascuaticus.... exigatur.* Vide *Pascuarium*.

* **PASCUATIO**, Jus pascendi animalia in pascuis vel silvis. Charta Henr. I. imper. apud Lam. in Delic. erudit. inter not. ad Chron. imper. Leon. Urbevet. pag. 54 : *Confirmamus et corroberamus monasterium S. Salvatoris,.... cum omnibus eorum rebus et proprietatibus ac terris, vineis, pratis, pascuis, silvis, Pascuationibus, etc.*

¶ **PASCUERIUM**, Idem quod *Pascuarium*. Charta ann. 1242. in Tabular. Cartusiæ Montis-rivi : *Investivit per pollicem dextrum Hugoni de Miramars Priori Cartusiæ Montis-rivi totum Pascuerium castri de Mazargas.* Charta ann. 1250. apud *Chanteloup* in Histor. MS. Montis-major. : *Animalia possint pascere sine præstatione Pascuerii seu usatici.*

PASCULARE, Pascere. [Occurrit passim apud Scriptores Italos.] Hist. Cortusiorum lib. 3. cap. 14 : *Pasculandi causa misit ad villas plebatus quosdam equos, etc.*

PASCULUM, Pasculus, Pascuum, Pratum, Cæsario Heisterbach. lib. 3. cap. 11. Charta ann. 1072 in Hist. Pergamensi tom. 3. pag. 273 : *Totæ insimul extra Pasculum et communalia.* [Chron. Farfense apud Murator. tom. 2. part. 2. col. 602 : *Descendendo per... pratorias S. Mariæ usque in Pasculos. Pasculum*, in Statutis Mutin. fol. 61. v°. Italis *Pascolo*, eadem notione.]

¶ **PASCUS**, Idem quod *Pasculus*. Chron. Monast. Novalic. apud Murator. tom. 2. part. 2. col. 751 : *Casalis in Tenegaudia una cum terris et Pascos in ipso monte, quem de Valeriano genitor meus conquisivit, te heredem meam Sacrosancta Ecclesia Domini Petri Monasterii habere volo ac jubeo.*

¶ **PASCUUM**, Quod pro pascuis præstatur. Charta ann. 1219. apud Spon. Hist. Genev. tom. 2. pag. 50 : *Forum totius ville et justitia fori, pedagium et Pascua, moneta, latrones, et bona eorum ad solum Episcopum pertinebunt.* Eadem, ut videtur, notione accipienda hæc vox in Litteris Caroli V. Reg. Franc. ann. 1366. pro instituendis Consulibus Marologii tom. 4. Ordinat. pag. 677 : *Quod dicti Consules cum eorum consilio, valeant defendere devesia, jura et libertates, pacua et Pascua universitatis predicte, etc.* adeo ut *Pascua* de ipsa præstatione intelligatur : *Pacua* vero (si tamen legendum non sit *Patua*, ut videre est in v. *Patuum*) pro ipsis pascuis usurpetur. Vide *Pascuarium*.

¶ **PASELIUS**. Vide *Pradisterium*.

¶ **PASELLUS** S. Martini. Charta Dagoberti Reg. Franc. apud Doublet. pag. 655 : *Venientes in illa strada quæ vadit ad Parisius in loco qui dicitur Pasellus S. Martini.* Idem dicitur, in Charta Ludovici VI. ann. 1122. apud eumdem Doublet. pag. 852 : *Ne qua mansio vel inhabitatio a prædicto burgo usque ad ecclesiam S. Laurentii quæ sita est prope Pontem S. Martini de Campis, et ex altera parte stratæ regiæ ab eadem villa S. Dionysii usque ad alium pontem prope Parisium juxta domum leprosam.* Eadem habet Charta Ludovici Junioris ann. 1143. ibid. pag. 867.

* **PASENARIUS**, Ædilis, scabinus. Charta F. præpos. Argent. ann. 1297. in Reg. 3. feud. episc. Metens. fol. 154. r°. ex Bibl. reg. : *Universis et singulis militibus, armigeris, Pasenariis, scultetis, officiatis cæterisque cujuscumque status, etc.* Vide *Paciarius* in *Pax*.

¶ **PASFIEUDUM**. Charta ann. 1475. apud Calmet. tom. 3. Hist. Lothar. col. 280 : *Sub.... restitutione omnium sumptuum, expensarum, dampnorum, disturbiarum, gravaminum, et interesse fieudorum, Pasfieudorum et subtinendorum,... super quibus omnibus universis et singulis dampnis, sumptibus, expensis, interesse, disturbiis, ut supra, fieudis, Pasfieudis et sustinendis stare promissis, etc.*

* Leg. *Pasfiendum*, ut et *fiendorum*, loco *fieudorum*. Formula est, qua debitor sese obligat ad restituenda creditori damna cujuscumque generis, quæ ex non solutione debiti prodirent.

* **PASIAGIUM**, in Charta ann. 1306. ex Reg. Ludov. Hutini ch. 107. pro *Paxiagium*. Vide in hac voce.

¶ **PASINOLA**, mendose, ni fallor, pro *Palmola*; in hac enim voce facillime errare potuit exscriptor. Testamentum Bertrandi de Turre ann. 1285. apud Baluz. tom. 2. Hist. Arvern. pag. 532 : *Item legavit caritati, quæ fit annuatim apud S. Saturninum, quatuor sextarios Pasinolæ reddituales.*

* Vel *Pasmola*; nam *Pasmole*, pro *Paumelle*, nostrates dixerunt. Charta ann. 1317. in Reg. 53. Chartoph. reg. ch. 356 : *Neuf setiers de Pasmole, etc.* Vide *Palmola*.

¶ **PASMUS**, Deliquium, Gall. *Pamoison*. Jacob. Delayto in Annal. Estens. ad ann. 1395. apud Murator. tom. 18. col. 917 : *Sed omnibus frustra tentatis ex vehementia doloris coactus in Pasmum, sequenti nocte decessit.* [* Spasmus, Ital. *Pasmo*.]

* **PASNADIUM**, Jus pascendi porcos in silva. Charta Henr. I. reg. Franc. ann. 36. regni ejusd. in Tabul. S. Petri Carnot. : *Dedit* (Albertus) .... *in Bosco S. Remigii agripennarium unum, cum Pasnadio porcorum monachorum.* Vide *Pastio*.

¶ **PASNAERIUM**, Pascuum, pratum. Charta ann. 1064. ex Tabular. Major. Monast. : *Porro latitudo duabus coartatur viis, una etc... altera quæ de Pasnaeriis veniens per plaxitium S. Karileffi ad idem castrum vientes ducit.*

¶ **PASNAGERIUS**, Pasnagium, Pasnaticum. Vide *Pastio*.

* **PASNAGIARIUS**, Qui *pasnagium* seu tributum pro facultate pascendi porcos in silva exigit ac recipit. Vide *Panagator* in *Pastio*. Charta ann. 1296. in Reg. 75. Chartoph. reg. ch. 383 : *In franchisia et possessione franchisiæ, quam habebant de pasnagio porcorum in foresta de Bruiz, per Pasnagiarios forestæ prædictæ molestabantur. Pasnaiger*, pro *Paître*, pascere, in Lit. remiss. ann 1450. ex Reg. 185. ch. 71 : *En icellui bois avoient esté mis plusieurs pourceaulx pour Pasnaiger.*

* 1. **PASNAGIUM** Venale, Cum scilicet glandes divenduntur. Vide infra *Pastura vendibilis*. Charta Henr. episc. Trec. in Chartul. Pontiniac. pag. 99 : *Excepto quod in tempore venalis Pasnagii, non poterunt fratres in foresta Petri oves pascere.* Alia notione, vide in *Pastio*.

* 2. **PASNAGIUM**, Tributum, quod pro mercium transitu exigitur; unde forsan leg. *Passagium*. Charta Phil. Pulc. ann. 1293. in Reg. A. Cam. Comput. Paris. fol. 46. r° : *Duci Burgundiæ transitum seu Pasnagium lanarum concessimus, etc.* Vide in *Pastio*, ubi *Panagium* pro quovis tributo.

¶ **PASON**, ut supra *Diapason*. Jacobus Cardin. de Coronat. Bonifacii VIII. PP. inter Acta SS. Maii tom. 4. pag. 465. :

> Concrepat inde chorus, duplicat sua vulnera Pason,
> Hic petit unisonum, stabili firmatus in unco.

Hæc ad musices peritos. Alia, nescio qua, notione *Pason* usurpat le Roman *d'Athis* MS. :

> Moult furent li Pason
> Bien fait et riche de fason.

¶ **PASONNIA**, Idem videtur quod *pastio*. Charta Petri dom. de Lonnis ann. 1246. in Tabular. S. Nicasii Rem. : *Orta discordia de venditione, Pasonnia, custodia, emendis, justiciis et forefactis dicti nemoris.*

¶ **PASPALE**, *Rerum minuties*. Vocabul. Sussannæi. *Res vilissima*, in Amalth. a Græco Πασπάλη.

¶ **PASQUARE**, Pascere. Vide *Peissonagium* et *Paschare*.

¶ **PASQUARIUM**, Idem quod *Pasquerium*. Charta ann. 1290. tom. 1. Hist. Dalphin. pag. 21 : *Item quidquid idem Aymo habet... infra castrum et parrochiam Burgundii ex quacumque causa, et omnes terras cultas et incultas, prata, nemora, molendina, stagna, riperia, Pasquaria, etc.*

¶ Pasquayragium, Eadem notione. *Pasquayrium*, Pascuum, pratum. *Pasquayrare*, Pascere. Charta ann. 1298. ibid. tom. 2. pag. 38 : *Tradentes etiam eidem Episcopo Pasquayragia seu jura Pasquayragiorum quæ percipiebamus in Cascis... ita quod nihilominus jus, quod habebant homines dictarum parrochiarum Pasquayrandi seu animalia sua immittendi in Pasquayriis inferius, eisdem salvum remaneat.*

¶ Pasqueragium, Eodem significatu. Charta ann. 1309. ibid. tom. 1. pag. 87 : *Tamen quolibet anno sunt ibi castaneæ et Pasqueragium, quæ possunt valere per annum centum solidos.* Computa Grasivod. ann. 1333 : *Item deducuntur de laudimiis pro jure mistralis xv. l. xv. s... de Pasqueragiis pro eodem. 1. gross.*

* Pasqueiragium, Pastio, jus pascendi in pascuis. Inquisit. ann. 1268. ex sched. Pr. *de Mazaugues : Accipiebant de singulis bailliis pascentibus in dicto territorio unum annoje de uno anno, pro Pasqueiragio.*

¶ **PASQUERGIUM**, Pratum, pascuum, in Charta ann. 1337. apud Columb. in Stemmate Simian. pag. 582.

PASQUERIUM, Quod præstatur pro pasquis : ut *Pasquairare*, tributum exigere pro pascuis. Charta Theobaudi *Chabot* apud Sammarthanos in Abbatib. Absiensibus : *Pasquerium vero a Gaufredo Mainardi ego illis vendicabo.* Charta Raimundi Berengarii Comitis Provinciæ ann. 1232. pro Arelatensibus : *Nullo modo audeat vel præsumat aliquem vel aliquos de prædictis civibus Arelatis in personis vel rebus suis pedagiare, vel Pascairare, vel aliquid ab eis extorquere occasione Pasquerii, pedagii, vel usatici, quæ recipiuntur vel recipi consueverunt in aquis et riperiis, vel alterius cujuscumque exactionis, etc.* [Charta ann. 1227. ex min. Chartul. S. Vict. Massil. fol. 150 : *Item quod Pasquerium habent dom. de Castellana in territorio de villa Crota sicut habuit usque nunc.* Pancharta S. Stephani de Vallibus apud Xantones Ch. 44 : *Do et concedo quidquid juris habebam vel habere poteram in peticione Pasquerii et prohibitione calfagii.* Notitia Eccl. Diniensis pag. 83. ex Charta ann. 1320 : *Bona, proventus... Præposituræ consistunt.... in Pasqueriis, bannis, pulveragiis, etc.*] Vide *Pascuarium.* Statuta MSS. Caroli I. Reg. Siciliæ cap. 163 : *Se les bestes prennent Pasquier, etc.*

¶ Pascheria, Eadem notione. Charta Othonis Aquitan. Ducis tom. 2. Gall. Christ. inter Instr. col. 478 : *Nihil ab eis exigatur, obtentu cujuslibet consuetudinis, videlicet Pascheriæ, vectigalium, et tributi et talliatæ, seu cujuslibet alterius exactionis.* Charta Petri Reg. Aragon. ann. 1212. tom. 10. Spicil. Acher. pag. 178 : *Cum nemoribus, sylvis,... pratis, pascuis, Pascheriis, cum fontibus, etc.*

¶ Pascherium, Eodem significatu. Charta ann. 1182. in Archivis S. Victoris Massil. : *Liberum facimus Monasterium Monialium S. Cesarii Arelatensis nunc et in perpetuum a Pascherio dando sive in Camargis, vel in Cravi, vel alicubi in terra nostra.* Occurrit præterea tom. 3. Gall. Christ. col. 1103.

Pascherium Ovium, in Charta Raimundi Comitis Provinciæ ann. 1179. apud Sammarthanos in Archiepisc. Aquensibus. [* Charta ann. 1157. ex sched. Pr. *de Mazaugues : Concedo de pratis per totam terram meam Pascherium ovium suarum, etc.*]

¶ Paschericium, in veteri Notitia apud Stephanot. tom. 3. Antiquit. Bened. Pictav. MSS. pag. 241 : *Nullus homo post mortem ipsius Frotselmo passionem vel Paschericium partibus S. Hilarii Nobiliacense... intendiderat*, (f. impenderat.)

¶ Pascherium, Jus pascendi animalia in alterius silva. Charta ann. 1201. tom. 2. Gall. Christ. inter Instr. col. 322 : *In eodem quoque loco dedi Deo et B. M. de Faezia et fratribus ibidem manentibus jure perpetuo in foresta mea de Faezia Pascherium scilicet et paduentiam ad omne genus animalium.*

¶ Pascheria, Pascuum, pratum. Charta Ludov. II. Reg. Sicil. : *Molendina, piscarias, Pascherias, etc.*

¶ Pascherium, Eadem notione, in Charta ann. 1133. inter Probat. tom. 2. Hist. Occit. col. 471. Charta Roberti Comit. Clarom. ann. 1248. apud Baluz. tom. 2. Hist. Arvern. pag. 261 : *Campis et nemoribus, et pascuis seu Pascheriis;* nisi *Pascherium* hic de glandatione accipias.

¶ Pasquerium, Pascuum, in Charta ann. 1263. ex Schedis Præs. *de Mazaugues.* Vide *Lignerare.* Charta ann. 1438. ex eisdem Schedis : *Est certa pars montis in qua... dominus... non debet immittere avere extraneum ad Pasquerium juxta libertatem et franquesiam dicti castri.* Charta ann. 1216. tom. 1. Histor. Dalphin. pag. 18 : *De Pasquerio dictum est, quod animalia utriusque castri possunt pascere in territorio alterius castri sine damno et salvo blado alterius castri, ita quod revertantur in suo territorio; si oves quæ veniunt pro Pasquerio non habent istam commoditatem.*

Paschiers, Pascua vocat Consuetudo Marchensis articulo 425 : *Terre herme, qu'on appelle chaumes et Paschiers de bestes.* [* Lit. remiss. ann. 1393. in Reg. 144. Chartoph. reg. ch. 326 : *Comme le suppliant eust affermé de l'abbé de Riom les Paschiers ou pasturages d'Yssac, etc.* Aliæ ann. 1460. in Reg. 192. ch. 73 : *Auprès du chemin publique à ung Paschier ou herbage publique... Paschier ou Pasturaige.*] *Pascage* vero art. 362. ejusd. consuet. Marchens. ipsa pastio. [*Pasquis*, in Charta ann. 1497. in Cod. MS. Commerc. pag. 206 : *La troisiéme crovée se nomme la crovée de Lazeralle qui est par dessus le Pasquis qui est jusqu'au chemin dit le chemin des foins. Pasquier*, in Litteris Roberti Ducis Burgund. ann. 1282. inter Ordinat. Reg. Franc. tom. 4. pag. 381.]

¶ Pascayrare, Pascere. Charta ann. 1405. in Tabular. S. Victoris Massil. : *Pro Pascayrando vel pasqueria sumendo cum eorum averi grosso vel minuto.*

* Pasquerium, Jus pascendi animalia in pascuis, in Inquisit. ann. 1268. ex sched. Pr. *de Mazaugues : Vendendo etiam herbas sive Pasquerium volentibus pascere animalia.*

¶ **PASQUETUM**, Jus pascendi animalia in alterius silva. Charta ann. 1312. in eod. Tabul. : *Dedit bostazarium et Pasquetum in territorio de Camporcino.*

PASQUILIS, [Pascuum.] Tabularium S. Remigii Remensis : *Prata 2. ubi possunt intelligi* (colligi) *de fœno carri 4. Pasql. 2. continentes map. 3. vineas ubi possunt intelligi* (colligi) *de vino mod. 61. etc.* Occurrit ibi semel ac iterum.

* **PASRI**, *a cognatione fratres vocantur, qui sunt de una familia, id est Pasria, quod Latine paternitas interpretatur.* Glossar. vet. ex Cod. reg. 7613.

PASSA, in Glossis Lat. Græc. ὀρνέου εἶδος. Etiamnum Andegavenses Passerem, *Paisse* et *passe* vocant. Vide Salmasium ad Solinum pag. 444.

* **PASSABILIS**, a Gallico *Passable*, Non rejiciendus, probabilis. Instr. ann. 1438. inter Probat. tom. 3. Hist. Nem. pag. 259. col. 2 : *Item quod vayssela dicti Nyela, videlicet scutellæ et plati, est bona et finis et Passabilis per totam patriam Franciæ.*

¶ **PASSACRIARIUM**, ὑδρία, *Hydria.* Gl. Lat. Gr. MSS. Sanger. Leg. monet Martinius, *Vas aquarium.*

* **PASSADIUM**, idem quod *Passagium*, Tributum quod a transeuntibus exigitur. Charta ann. 1267. apud Lam. in Delic. erudit. inter not. ad Hodoepor. Charit. part. 2. pag. 385 : *Pedagia et Passadia, quæ exigi et percipi consueverunt pro imperiali curia, dictum commune Castelfranci sinet.... exigere.... Pedagium aut Passadium vel exactionem aliquam non tollent aliquibus personis vel locis, nisi de licentia et voluntate Pisani communis.* Vide supra *Palliaria.*

* **PASSADORIUM**, Transitus pervius pro domibus Hisp. *Passadizo*, Gall. *Passage.* Testam. Isaac medici Carcass. ann. 1305. ex Chartoph. reg. Montispessul. : *Item lego .... unum cameram et unam coquinam, quæ sunt in Passadario, juxta januam de supra stalario domus meæ.*

* *Passador* vero vel *Passadour*, est sagittæ species seu tragula, Hispanis etiam *Passador.* Lit. remiss. ann. 1468. in Reg. 197. Chartoph. reg. ch. 66 : *Un fer de Passador ou raílhon, etc.* Aliæ ann. 1474. ex Reg. 195. ch. 1025 : *Le suppliant pour soy défendre mist ung roillon ou Passadour sur son arbaleste. Pasadouz*, apud Rabelais. lib. 4. cap. 52.

¶ **PASSAGENII.** Vide *Passagini.*

* **PASSAGERIRUS**, Qui naulum pro transvectione sui rerumque suarum solvit, Ital. *Passeggiere*, Gall. *Passager.* Stat. Genuens. lib. 4. cap. 16. pag. 120 : *Non liceat patrono seu præfecto navigii, neque alicui pro eo, onerare in dicto viagio aliquid in quovis loco seu scala, nisi tantummodo victualia pro usu et necessitate navigii, merces subtiles et capsias Passagerirorum.* Vide in *Passagium.*

¶ **PASSAGERIUS**, Passagiarius. Vide infra *Passagium.*

PASSAGINI, Hæretici Valdensium sectarii, quorum passim mentio in Constitutionibus Friderici II. Imp. contra Catharos et Patarenos, in Gregorii II. PP. Epistolis, apud Bonacursum lib. de Vita hæreticorum, cui *Pasagii* dicuntur pag. 75. et ubi eorum errores recenset, et Waddingum in Annalib. Minorum ann. 1254. n. 16. ann. 1325. num. 18.

¶ Passagivi, pro *Passagini*, in Bulla Innocentii PP. inter Statuta Vercell. lib. 7. fol. 195. v°. *Passagenii*, apud Stockman. in Lexico Hær. Quod vitæ sanctimoniam simulabant *Passagini* sunt appellati, a Gr. ut videtur πᾶς ἅγιος. Hos damnavit Lucius PP. III. ann. 1184. in Conc. Veron. Vide *Paronistæ.*

PASSAGIUM, Transitus, iter, et iter institutum, vulgo, *Passage.* [Edictum Philippi VI. Reg. Franc. ann. 1329. tom. 2. Ordinat. pag. 36 : *Custodes portuum et Passagiorum confinium regni nostri sint amoti, quantum ad factum auri et argenti et monetarum.*] Ita porro nostri appellabant peregrinationes, atque adeo ipsas Hierosolymitanas et sacras expeditiones. Jacobus de Vitriaco lib. 3. Hist. Orient. initio : *Fecit treugas usque ad magnum Passagium.* [Chron. Siciliæ cap. 39. apud Marten. tom. 3. Anecd. col. 29 : *Habebat præparata pro eundo ad Passagium, quod contra Sarracenos facere intendebat.* Statuta Massil. lib. 2. cap. 2. § 46 : *Item, excipimus omnes controversias pecuniarias quas peregrini cruce signati habebunt ad invicem, vel etiam cum civibus, vel aliis personis, occasione Passagii sui, vel eorum quæ ad Passagium pertinuerint.* Adde Lobinell. Hist. Paris. tom. 3. pag. 402. Murator. tom. 12. col. 864. 1036. etc.] Sanutus lib. 3. part. 4. cap. 2. de Petro Eremita : *Deinde per illas partes transcurrens, et ad Passagium cunctorum corda succendens, etc.* Testamentum

Caroli Pulcri Regis Franc. mense Octobr. ann. 1324 : *Je laisse à la Terre Sainte 50. mille livres à payer et delivrer quant Passage general se fera, et est mon entente que se le Passage se faisoit en mon vivant, de y aler en ma personne. Passagio d'oltre mare*, apud Joannem Villaneum lib. 7. cap. 37. [* *Passahgium et Passatgium ultramarinum generale Terræ sanctæ*, in Testam. Petri Beraldi episc. Agath. ann. 1351.] Duplex autem erat passagium, *vernale* alterum, alterum *æstivale*.

PASSAGIUM VERNALE dicitur illud potissimum tempus quo maria aperiuntur, ut loquitur Vegetius lib. 5. cap. 9. vere nempe, unde *Passagium Vernale* Oliverio Scholastico pag. 1188. et Jacobo de Vitriaco lib. 3. pag. 1138. *Transitus Vernalis*, Tyrio lib. 17. cap. 8. nuncupatur : [*Passagium Paschæ* dicitur, in Charta ann. 1233. in Tabul. Commendariæ Arelat.] circa mensem Martium, ex quo *Passagium* Martii vocant Matthæus Paris ann. 1244. Acta Innocentii III. [Clemens IV. PP. in Epist. ann. 1266. apud Marten. tom. 2. Anecd. col. 336.] Vita S. Hildegundis dictæ Josepli, num. 5. Rigordus ann. 1190. etc. Adde Odoric. Rainaldum ann. 1266. num. 43.

PASSAGIUM ÆSTIVALE, Illud est quod mense Junio aut Julio peragebatur, vulgo *Passagium S. Joannis Baptistæ* dictum in Epistola S. Ludovici de captione sua, et in Epist. Gregorii IX. PP. apud Rainaldum ann. 1328. n. 11. [Quod mense Augusto etiam interdum fieret, dictum *Passagium Augusti*, in Charta ann. 1233. superius laudata.] Quando vero aperiantur, et quando claudantur maria, vide quæ notant Casaubonus ad Theophrasti Characteres, Meursius ad Constantin. de Adm. Imp. Jacobus Gothofredus ad l. 3. Cod. Th. de Naufrag. (13,9.) etc. Adde Notas ad Villhard. num. 39.

* PASSAGIUM MESSIS, idem quod *Æstivale* vel *Augusti*. Chron. Claustro-Neoburg. ad ann. 1227. apud Pez. tom. 1. Script. Austr. col. 453 : *Lancravius Turingiæ in Passagio messis cum multis Crucesignatis obiit.*

¶ PASSATGIUM, in Testam. Bertrandi de Turre ann. 1328. apud Baluz. tom. 2. Hist. Arvern. pag. 799 : *Lego primo generali Passatgio ultramarino quinquaginta libras semel in pecunia solvendas.*

¶ PASSAGIUM, Semita, callis, Gall. *Sentier*. Charta ann. 1501. ex Schedis Præs. de *Mazaugues* : *Confrontatur cum.... hermassio Joannis Venelli Passagio in medio. Passeau*, eadem notione, in Consuetud. Leodic. cap. 9. art. 15.

PASSAGIUM, Tributum quod a transeuntibus exigitur, *Droit de passage*. Leges Henrici I. Regis Angliæ cap. 2 : *Sint quieti et liberi... de theolonio, Passagio, et lestagio, Plateatica, Passagia, etc.* in Constit. Neap. l. 1. tit. 59. § 2. S. Bernardus Epist. 119 : *Passagium transeuntibus, et si quod est juris vestri debitum, mercantibus libenter dimisistis.* [Placitum in Itin. apud Cestriam ann. 14. Henrici VII. Regis Angl. : *Per Passagium clamat esse quietum de omnibus Passagiis in Comitatibus Cestriæ et Flint pro omnibus carectis, cariagitis, equis, servientibus et summagiis suis oneratis.* Tabular. Veteris-villæ : *Gauffridus Giron dedit abbatiæ Veteris-villæ libertatem et quietanciam in coustumis et Passagiis per totam terram suam.*] Adde Ordericum Vital. lib. 5. pag. 579. 596. Statutum 2. Westmonasteriense cap. 29. Concilium Herbipolense ann. 1287. can. 40. [Saltzburgense ann. 1420. cap. 27.] Monast. Anglic. tom. 1. pag. 310. Sammarthanos in Archiepisc. Turon. pag. 771. etc. Ita etiam *passaggio* usurpant Itali. Joan. Villaneus lib. 9. cap. 173 : *Levarono un Passaggio, che il detto Conte vi faceva ricogliere.*

* *Passenage*, eodem sensu, in Charta Margar. comit. Fland. ann. 1274. ex Chartul. 1. Fland. in Cam. Comput. Insul. ch. 264 : *Nous avons donnei à loial cense.... no tonliu dou mairien et no Passenage.*

* PASSAGIUM, Tributum, quod pro transvectione de ripa ad ripam alteram, vel pro navibus in portubus consistentibus exsolvitur. Chartul. Floriac. fol. 164. r° : *Religiosi viri prior et monachi acquisiverunt... a Petro Bienvenue viginti solidos Turonenses annuos et percipiendos super portum seu Passagium S. Benedicti.* Charta ann. 1327. in Reg. 64. Chartoph. reg. ch. 492 : *Item Poncius Parelli pro Passagio seu portu cujusdam molendini, unam eminam ordei. Le port, c'est assavoir le Passaige de la Saone*, in alia ann. 1325. ex Reg. 93. ch. 43.

¶ PASSAGIUM, Naulum. Charta ann. 1257. ex Schedis Præs. de *Mazaugues* : *Dominus Episcopus possit... ad sui voluntatem recipere naulum sive Passagium, et reditum dictarum navium et aquæ etiam specialiter pedagium.*

* PASSAGIUM, Jus transitus, seu eundi et redeundi, Gall. *Droit de passage*. Terrear. Apchon. : *Cum eorum juribus, servitutibus, Passagiis, aysinis, appendentiis et dependentiis, etc.*

* PASSAGIUM, Transactio, pactio. Libert. Rupellæ ann. 1372. tom. 5. Ordinat. reg. Franc. pag. 572. art. 2 : *Concedimus eis per præsentes,... quod ipsi et successores sui nunquam in aliud demanum* (domanium) *transferantur.... per matrimonium, cambium, Passagium, aliegnacionem, etc.* Vide *Passare* 3.

* PASSAGIUM, in Ordine S. Joan. Hierosol. appellatur Jus admissionis, Gall. *Passage*. Stat. ejusd. Ord. ann. 1584. tom. 2. Cod. Ital. diplom. col. 1774 : *Statuimus quod quicumque ordinem nostrum deinceps profiteri volet : si in gradum militum recipi cupiat, solvet pro suo trajectu, quod Passagium dicimus, communi nostro ærario, ... antequam ad professionem admittatur, scuta auri in auro ducenta.*

PASSAGIARIUS, Portitor, publicanus, Italis *Passaggiere*, nostris *Passager*, in Constit. Sicul. lib. 1. tit. 76 : *Gabelloti, forestarii, platearii, portonarii seu Passagerii, etc.* Est etiam

PASSIAGIARIUS, Navita, qui de ripa in ripam alteram transeuntes navicula transmittit. Willel. Thornus ann. 1287 : *Si Monachus vel aliquis de familia Abbatis ad dictum portum ex quacunque parte fluminis veniens batellum dicti Passiagiarii ibi præsentem invenerit, et Passiagiarius vel sui noluerint ipsum vel tradaverint transducere, seu transire, etc.*

* Nostris *Passageur*, eodem sensu. Charta ann. 1362. ex Chartul. 23. Corb. : *Porront aller, passer et repasser par ledit bac, à pié, à queval, à car, à carrette, à wit et à barques paisiblement et franquement, sans paier au Passageur dudit bac.* Aliæ ann. 1460. ex Chartul. Latiniac. fol. 75 : *Promettent à nous, nos commis et Passageurs pour nous qu'ils puissent mettre et ficher sur la terre et seigneurie desdits religieux.. pieux ou fiches pour lyer et rettenir lesdits bac, barge ou basteaulx.*

¶ PASSAGERIUS PORTUS, Ripa, ni fallor, in quam transeuntes deponit navita. Charta ann. 1301. in Tabular. Floriac. : *Item duas partes medietatis reddituum... quam habemus... in portu et ratione portus Passagerii de Regula.*

¶ PASSAGERIUS, Idem qui *Passiagiarius*. Computus ab ann. 1333. ad ann. 1336. tom. 2. Hist. Dalphin. pag. 280 : *Item, apud Novas Passageriis aquæ pro duabus navibus, flor.* 11.

¶ PASSAGIUM, Canalis. Charta ann. 1164. apud Kennet. in Antiquit. Ambrosd. pag. 120 : *Dedi itaque et concessi.... omnes percapturas quas fratres inceperunt versus me in faciendo Passagium suum, et in... aquæ et in fossis et in ponte et in omnibus rebus ubicumque præsumpserit quiete clamavi.*

¶ PASSAGIUM, perperam pro *Pasnagium*, tom. 4. Hist. Harcur. pag. 1347 : *Noverint universi præsentes et futuri, quod... Passagium etiam porcorum suorum quietum est in foresta mea.* Rectius in sequentibus *Pasnagium* legitur. Vide *Pastio*.

PASSALORINCHITÆ, [PATTALORINCHITÆ,] Hæretici sic dicti, quod digitum imponentes in nares, et ora sua, et in labia, quasi silentium semper exercerent, soli taciturnitati quasi studium commodantes. Vide Philastrium, [et S. Augustinum hær. 63. a Græco πάσσαλος, paxillus, et ῥίν, nasus, vel a ῥύγχος, rostrum, rictus; unde alii *Tassalorynchitæ* scribunt. Alia dialecto dicuntur *Tascodrogitæ*. Vide in hac voce et Cuperum in Harpocr. cap. 27.]

¶ 1. **PASSANS**, a Gall. *Passant*, Viator, peregrinus. Libellus supplex Postulensium Canon. ad Reg. Hispan. ann. 1600. tom. 4. Gall. Christ. inter Instr. col. 422 : *Nec non quascumque miserabiles personas transeuntes, sive uti communiter vocant, Passantes.*

* 2. **PASSANS**, Gall. *Passant*, Monetæ Hannoniensis species. Lit. remiss. ann. 1399. in Reg. 154. Chartoph. reg. ch. 592 : *Le suppliant tira deux Passans de sa bourse, monnoye dudit païs de Haynaut, etc.* Vide infra *Passavant*.

¶ 1. **PASSARE**, Transire. Charta ann. 1493. in Tabular. Jotrensis Monast. : *Habita primitus licentia a domina sua.... Abbatissa ejusdem ecclesiæ B. M. Jotrensis ad præsentem Prioratum Passandi.*

* Nostris *Passeporte*, pro scheda liberi commeatus, quo transeundi facultas conceditur, vulgo *Passeport*, *Passe-avant*. Lit. remiss. ann. 1434. in Reg. 174. Chartoph. reg. ch. 289 : *Un batellier tenant en sa main une Passeporte, etc.*

2. **PASSARE**, Transgredi, Gall. *Outrepasser*. Charta ann. 1262. tom. 13. Spici-

legii Acheriani pag. 315 : *Et si ego hoc Passaverim, vel fregerim, etc.*

¶ 3. **PASSARE**, Transigere, pactionem facere, Gall. *Passer un contrat, un traité, un acte.* Charta Fulconis Episc. Andegav. ann. 1337. in Tabular. S. Albini Andegav. : *Habeant potestatem ad concordandum, integrandum et Passandum cum dictis Abbate, etc.* Ibid. : *Ad Passandum compositionem cum dicto etc..... Ad Passandum Litteras et instrumenta, etc.* Charta ann. 1402. in Tabular. Floriac. : *Cum certum tractatum et accordum Passatum fuisset inter nos, etc.* Judicatum ann. 1495. in Tabular. B. M. de Bono-nuntio Rotomag. : *Compromisso super quæstione, lite et processu ac expensis pro bono pacis et concordiæ nutriendæ inter partes Passato.* Occurrit præterea apud Marten. tom. 4. Anecd. col. 402. Lobinell. tom. 2. Hist. Britan. pag. 561. et 765. Rymer. tom. 11. pag. 832. et in Constitut. ann. 1515. ad calcem Joh. Abrinc. de Offic. Eccl. pag. 3. et 4.

¶ PASSARE DONATIONEM, et alia ejusmodi dicuntur Notarii publici qui Instrumenta conficiunt. Arestum Parlamenti ann. 1484. apud Baluz. tom. 2. Hist. Arvern. pag. 232 : *Eademque die coram notariis qui dictas venditionem et donationem Passaverant.* Occurrit passim.

¶ 4. **PASSARE**, Permittere aliquid per Instrumentum authenticum. Statuta Eccl. Carnot. ann. 1325. apud Marten. tom. 7. Ampl. Collect. col. 1365 : *Gratias quascumque de non residendo in ecclesiis parochialibus,... utilitate ipsarum ecclesiarum Passatas, et alias quascumque gratias revocamus.*

* 5. **PASSARE**, Transmittere. Reg. feud. Normann. ex Cod. reg. 4653. A. fol. 136 : *Guillelmus le Portiers de S. Egidio tenet portum S. Egidii et unum mesnagium per sergenteriam : unde debet Passare servientes regis pauperes gentes.*

* 6. **PASSARE**, Valere. Pacta inter reg. Tunet. et Pisan. ann. 1398. tom. 1. Cod. Ital. diplom. col. 1122 : *Non obstante quod* (procuræ) *non sint scriptæ in Saracinesco, et quod dicta procura translatetur de Latino in Arabicum, et quod Passare debeat contra Saracenos ad posse petere.... Item quod dicta pax Passare debeat in omnibus terris subditis dicto regi.*

* **PASSARELA**, Ludi species. Stat. crimin. Cumanæ cap. 80. ex Cod. reg. 4622. fol. 84. r° : *Nullus homo nec puer habens a decem annis supra, ludat nec ludere debeat in civitate Cumarum, ... nec in plateis publicis ad Passarelam.* Idem videtur ludus, qui nostris *Passe* dicebatur, quo ad metam, iisdem *Passe* nuncupatam, sagittas dirigebant. Lit. remiss. ann. 1463. in Reg. 199. Chartoph. reg. 311 : *En jouant les ungs à ung jeu que on appelle au toquon, et les autres à ung autre jeu, appellé la Passe, auquel jeu l'on joue avecques javelines.* Aliæ ann. 1383. in Reg. 122. ch. 337 : *Icellui Philippot.... prist un baston à terre, qui ilec estoit gisant, et qui faisoit criée et Passe de leur jeu.*

* **PASSARINUS**, Machinæ species, qua pondera levantur. Tract. Ms. de re milit. et mach. bellic. cap. 68 : *Passarinus, alias tolleone, potest altius levari et inferius declinari ac circiter girari. Hoc instrumentum potest operari in ædificiis murandis, de terra levandis et altius ponendi ad opus lapides, saxa et alia pondera.* Aliud videtur instrumentum de quo Froissart. vol. 3. cap. 18 : *Un engin qui avoit quatre estages; et en chascun estage pouvoit vingt arbalestriers; .... on amena et bouta celui engin, qu'ils appelloient Passavant, au plus foible lieu du chastel.* Vide *Tollenum.*

¶ **PASSARIUS**, Aridus, passus, exsiccatus. Capitolinus in Albino cap. 11 : *Quingentas ficus Passarias, quas Græci callistruthias vocant, jejunum comedisse dicit Cordus.*

1. **PASSATA**, Præstationis species, apud Occitanos. Charta Occitanica ann. 1312. in 48. Regesto Philippi Pulcri Regis Franc. ex Tabulario regio num. 28 : *Item Passatam seu bladatam quam nos habebamus in dicto loco de Sonolhaco, videlicet in quolibet agricultorum cum uno pari animalium, unum sextarium bladi, frumentum et avenam per medium ad mensuram Albiensem, etc.* Infra : *Item habebamus tunc in dictis locis una cum dicto Episcopo in quolibet animali grosso, exceptis animalibus terram excolentibus 8. den. Turon. pro Passata, et in quolibet pecude seu animali minuto unam pictam Caturcensem, etc.* Occurrit ibi pluries. [Codex MS. Consuet. et privileg. Tolos. fol. 38 : *Senescallus deffendat Consules et Universitates a nova impositione servitutis facienda per Prælatos... et a nova exactione præstationis Passatæ.*]

* PAZATA, PESATA, Pensitationis pecuniariæ aut annonariæ species; non a *Passare*, transire; sed a voce *Pax* deducenda; eadem proinde atque supra *Commune* 1. Vide ibi. Charta ann. 1319. in Reg. 61. Chartoph. reg. ch. 166 : *Item pro medietate Pazatæ in pecunia sex libras, quindecim solidos, septem denarios Turon. Item in Pazata in frumento extimantur valere annui redditus triginta sex sextaria.... Item in Pesata in avena tantumdem, etc.* Ch. 167 : *Homines existentes infra dictos terminos.... debent pro Passata pro se et animalibus et aratris suis in universum, tam in blado quam in pecunia annuatim, quatuor libras, duos solidos, undecim denarios Turon.* Vocis sensum simul et originem declarant Chartæ sequentes : prima ann. 1322. in eod. Reg. ch. 440 : *Cum per dominum nostrum regem et dominum Albiensem episcopum quolibet anno certa bladi et pecuniæ quantitas, per modum pacis, ab hominibus de Scura levaretur; fuit de consilio dictorum consulum et universatis prædictæ quod supplicaretur dicto summo pontifici, quod mandaret domino nostro et regi et episcopo Albiensi, quod supersederet a perceptione dictæ Passatæ.* Altera ann. 1329. in Reg. 66. ch. 353 : *Taliter duximus ordinandum, videlicet quod dicta Passata seu commune pacis balliviæ de Cassaneis, terminis solutionum solitis ab antiquo apud Cassaneas, et non alibi, persolvatur. Pazata* semel et iterum ibi occurrit, ut et in Charta ann. 1319. ex Reg. 59. ch. 315 : *Item pro medietate Pazatæ in pecunia, vj. lib. xv. sol. vij. den. Item pro Pazata in frumento extimantur valere annui redditus xxxvj. sextaria..... Item pro Pazata in avena tantumdem.* Vide infra in *Pax* et *Pazagium* 2.

* 2. **PASSATA**, Vicus, via, semita, qua passare seu transire licet. Charta ann. 1319. in Reg. 59. Chartoph. reg. ch. 318 : *Ascendendo usque ad carreriam seu Passatam de masqueriis, etc.* Alia ann. 1415. in Reg. 168. ch. 328 : *Item pro quodam orto, in quo solebat esse molendinum pastelli, cum quadam Passata.* Adde Ordinat. reg. Franc. tom. 8. ex Lit. ann. 1356. pag. 287. art. 2. et tom. 9. ex Lit. ann. 1410. pag. 559. art. 16. unde emendandum *Passatarum*, pro *Passatares*, tom. 5. earumd. Ordinat. pag. 6. art. 2.

* *Passe* vero nostratibus appellatur, Limbus, ora, panni extremitas, qua largus est, vulgo *Lisiere.* Stat. pannif. Rotomag. ann. 1424. in Reg. 173. ch. 151 : *Se aucun veult faire drap, entre drap et demi-drap, il sera tenu mettre au bout du demi-drap une boutiere ou Passe.*

* **PASSATARES.** Vide supra in *Passata* 2.

¶ **PASSATGIUM.** Vide *Passagium.*

PASSATICUM. [Testamentum Guillelmi Raymundi Comit. Ceritan. ann. 1095. Marcæ Hispan. col. 1194 : *Relinquo... et ipsas meas franchesas quas habeo in villa Peladol et decimum de leuda et de Passaticum Villæ-franchæ et decimum pascuarii de insula.*] Charta Raymundi Comitis Provinciæ ann. 1179. apud Sammarthanos in Archiepisc. Aquensibus : *Pascherium ovium suarum, et Passaticum, et usaticum, et omnia quæ emere voluerint, libera sint ab omni usatico et lesda.* Alia Jacobi Regis Aragonum ann. 1230 : *Emfranquimus ab omni lezda, pedagio, Passatico, portatico, tolta, consuetudine, etc.* Libertates Regni Majoricar. ann. 1248 : *Non donetis carnaticum de vestro bestiario ullo tempore, Passaticum, herbaticum, neque quarentenum.* Videtur idem quod *passagium*, jus transitus. [Vide *Pedagium.*]

¶ **PASSATIO**, Instrumentum a Notario publico *passatum* seu confectum. Statuta Eccl. Trecor. ann. 1372. apud Marten. tom. 4. Anecdot. col. 1123 : *Mandamus officialibus nostris sub debito præstiti juramenti, ne aliquem advocatum ad procurandum coram se admittant, nec notarium ad scribendum in curia, nec Passationi ejus fidem adhibeant, quousque præstiterint juramenta.*

* Vel subscriptio, nominis appositio; quo sensu *Passement* legitur in Apocha Joan. *de Rieux* ann. 1400. tom. 2. Probat. Hist. Brit. col. 705 : *Donné tesmoin mon Passement et le seau Guillaume de Theillac à ma priere.* Qua eadem voce significatur etiam facultas conficiendi acta publica, in Sentent. inter comit. et monach. Vindoc. ann. 1332. ex Reg. 81. Chartoph. reg. ch. 741 : *Item nous conte voulons et accordons o tout ce que lesdiz religieux aient et puissent avoir pour le temps avenir en leur abbaye, Passement de lettres, de ceulz seulement à qui il plaira de y faire lettres passer.* Hinc *Passe*, pro Notarius, in Præf. ad tom. 1. Probat. ejusd. Hist. pag. viij.

PASSATOR, Dominus, cui *Passagii*, seu transitus præstatio competit. Charta Edw. III. Regis Angliæ in Monastico Angl. tom. 1. pag. 505 : *Donationem etiam... quam Hugo de Bradewardin, Passator, filius Stephani Ponc, per scriptum suum fecit eisdem* *fratribus de libero passagio apud Bradewardin.*

* **PASSATORIUM**, Pons, vel quidquid ad transeundum utile est, Ital. *Passatoio*. Lit. Phil. VI. ann. 1335. in Reg. 69. Chartoph. reg. ch. 330 : *Desupra Passatorium, quod est in via quæ vadit de S. Bricio ad grangiam monachorum S. Andreæ de Gofer.* Vide infra *Passipedium*.

* **PASSATUS**, Præteritus, Ital. *Passato*, Gall. *Passé*. Tabul. S. Germ. Prat. : *Octava die Maii anno Domini* 1459. *Passato.*

* **PASSAVANT**, Monetæ species, eadem forte quæ supra *Passans* 2. Reg. Cam. Comput. Paris in Bibl. reg. sign. 8406. fol. 147. r° : *Esterlins d'Angleterre et d'Escoce, Gambroisins de Philippe, Chevaliers de Guillaume, Passavans neufs, sont à onze deniers ob. argent le roy.* Vide supra *Passarinus*.

* **PASSAVOLANTUS**, Ital. et Hisp. *Passavolante*, Gall. *Passevolant*, Tormentum bellicum exile. Barel. serm. 2. in Dom. 1. Quadrag. : *Ut bombardæ, schiopeti, Passavolanti, etc.*

¶ **PASSAYRAGIUM**, a *Passagio* distingui videtur; est tamen tributum quod a transeuntibus exigitur. Charta ann. 1317. tom. 2. Hist. Dalphin. pag. 166 : *Cum suis territoriis, districtibus... pasqueriis, pascuis, passagiis, Passayragiis, pulveragiis, etc.*

* **PASSAZIUM**, Idem quod *Passagium*, Tributum, quod a transeuntibus exigitur, Ital. *Passaggio*. Pactum inter Mutin. et Pistor. ann. 1225. apud Murator. tom. 4. Antiq. Ital. med. ævi col. 413 : *Salvis antiquis, consuetis et drictis Passaziis in utraque civitate et districtu. Et de novo nullum Passagium exigatur vel imponatur.* Vide infra *Passibile*.

* **PASSELLUS**, Paxillus, pedamentum quo vinea fulcitur, Gall. *Echalas*, alias *Paissel*. Vide supra *Paissellare*. Charta ann. 1202. in Chartul. Buxer. part. 18. ch. 5 : *Prædictis quoque monachis usuagium in nemoribus suis ad faciendos Passellos ad omnes vineas, quas ibidem possidebant.* Lit. remiss. ann. 1357. in Reg. 89. Chartoph. reg. ch. 313 : *Cum in certo loco Passellos in terra percurent, ad ipsum locum præparandum pro perchis et aliis lignis in eodem ponendis, etc.*

¶ **PASSER** Paradisi, Avis fictitia, vulgo *Oiseau de Paradis*. Epistola Alph. Ciaconii apud Marten. tom. 3. Ampliss. Collect. col. 1324 : *Taceo tintinnabula et auricalco dulce sonantia, aves ex provincia de Banda, quas Passeres paradisi Lusitani vocant, expedes, perpetuo volatu errantes.*

PASSERIA. [* Nostris *Passiere*. Lit. ann. 1371. tom. 5. Ordinat. reg. Francor. pag. 393 : *Eo quia Passeriæ nonnullorum dictorum molendinorum ad gentes ecclesiæ et alias spectantium super ripparіam Orbi, etc.* Aliæ ann. 1389. in Reg. 146. Chartoph. reg. ch. 223 : *Lequel maistre Bernart rompy la Passiere de son moulin par force et grant influence des eaues.* Lit. remiss. ann. 1450. in Reg. 186. ch. 45 : *Icellui Chalemay ala en une Passiere à mettre du poisson pour icelle curer. Paissiere*, in aliis ann. 1396. ex Reg. 151. ch. 147 : *Icellui Vigier passoit sur une planche, qui est sur la Paissiere de certains moulins, etc.*] Vide in *Paxera*.

* **PASSETUM**, Suggestum, Gall. *Estrade*. Ordinar. eccl. S. Petri Insul. Ms. : *Postea præcentoribus existentibus super Passetum, organista incipit super organa hymnum*, Veni, Creator. Comput. Ms. fabr. ejusd. eccl. ann. 1475 : *Item pro duobus Passetis servientibus ad reponendas Reliquias sub candelabro majoris altaris, etc.*

¶ **PASSIAGERIUS**, Idem qui *Forensis* et peregrinus alibi dicitur, qui ex aliena diœcesi vel ecclesia est. Obituar. MS. Eccl. Morin. fol. 43. v°. : *Canonicis vero vere residentibus et qui suum stagium compleverunt cuilibet* x. *sol. aliis denique stagiariis et Passiageriis cuilibet interessenti* 11. *sol.* Vide *Presbyter forensis*.

¶ **PASSIAGIARIUS**. Vide *Passagium*.

PASSIATUM. Charta Alamannica Goldasti 61 : *Et quando opus fuerit aut ad messem vel pratum colligendum, vel ad reliqua, in Passiato faciam, etc.* [f. Gall. *en paix*.]

* **PASSIBILE**, Tributum, quod a transeuntibus exigitur, idem quod supra *Passazium*. Stat. ann. 1401. inter Leg. Polon. a Prilusio collect. pag. 160 : *Omnesque et singulos clericos, scholares, studentes.... ab omnibus damnationibus, solutionibus, Passibilibus.... eximimus ac authoritate regia liberamus.* Vide infra *Passus* 5.

¶ **PASSIBILIS**, Calcabilis. Dudo de Ducibus Normannorum :

> Christus se pelago fluctivago intulit
> Sicco vestigio, seque per æquora
> Fert flectu liquido Passibilis maris.

PASSIBILITAS. Arnobius Junior in Psalmum 11 : *Fiducialiter, id est Passibilitate carens, nulli morti succumbens.*

¶ **PASSIM**, Lento gressu, seu passu, Gall. *Au pas*. Rolandinus Patav. de Factis in marchia Tarvis. lib. 12. cap. 8 : *Tendebat ad partes illas cum gente sua, non equidem sicut fugiens, equis immo procedentibus quasi Passim.*

* **PASSIMA**, atis, Panis subcinericius vel recoctus. Vita S. Joan. a Caramola tom. 5. Aug. pag. 860. col. 2 : *Ibi enim, ut aiunt, ex septeno Passimate, quod vix ad septenum prandiolum suffecisset, refectionem suam totius Quadragesimæ coarctavit.* Vide *Passimæ* et *Paximatium*.

PASSIMÆ, Matthæo Silvatico, *Tortellæ panis azymi, biscoctæ de Sen, i. de terra Jerusalem; quoniam ibi Arabes impastant ea cum aqua masticis.*

* **PASSIMATA**, ut *Passima*. Acta S. Joan. Firm. tom. 2. Aug. pag. 462. col. 2 : *Aliam fecit Quadragesimam iterum in cella reclusus, in qua sportulam unam parvulam, pane bis cocto plenam, solummodo manducavit, non accipiendo qualibet die, nisi simplicem Passimatam.*

1. **PASSIO**, Passio Domini, Dominica quinta Quadragesimæ, quæ *Ramispalmas* præcedit. In Epistola Balduini Imperatoris de expugnatione Constantinop. urbs obsessa a nostris dicitur 5. *Id. April. feria* 6. *ante Passionem Domini* et *capta* 2. *Id. April. feria secunda in Passione*, id est, die Lunæ hebdomadis quæ Dominicam Ramis palmarum præcedit, quam *Hebdomadam Passionis* vocamus. Amalarius lib. 4. cap. 48. apud Mabillonium : *In Passione Domini, quindecim videlicet dies ante Pascha.* Vide notas nostras ad Villharduinum num. 129. et supra in vocib. *Dominica*, et *Hebdomada*.

¶ Passio Domini, pro ejusdem Incarnatione interdum accipi, ex Charta ann. 1083. in Tabular. Eccl. Carnot. supra observatum est in voce *Annus*, pag. 268. col. 3.

¶ Passio, Ea Evangelii pars quæ *passionem* Christi continet, apud Mabill. tom. 4. Analect. pag. 455. et alibi passim.

* Comput. ann. 1479. inter Probat. tom. 3. Hist. Nem. pag. 337. col. 1 : *Pro missa singulis diebus totius anni in eadem* (capella) *celebrari pro conservatione salutis dictæ villæ et habitantium ejusdem cum Passione in introitu missæ dici consueta.* Notandus omnino usus.

¶ Passio, Martyrium. Ordo officii Gothici inter Concil. Hispan. tom. 3. pag. 272 : *Pro innexa collo suo fune ad Passionem tractus est, lætabundus.*

* Passio, Crucifixus, Christi ad crucem affixi imago, aliaque fortasse Passionis ejusdem instrumenta. Charta Mich. Paleol. imper. CP. ann. 1403. ex Gazoph. eccl. Paris. : *In cujus crucis medio Passio composita est ex ligno pretioso.*

* Passio, Acta cujuslibet sancti. Charta Sancii comit. pro fundat. S. Severi in Vascon. : *Ipsi vero sapientes inquirebant si S. Severus gestam vel Passionem haberet scriptam.* Vide *Passionarius*.

¶ Passio, Quinta e novem partibus in quas hostia dividitur apud Muzarabes. Vide *Hostia*.

¶ 2. **PASSIO**, Morbus, Medicis passim. Chron. Romualdi II. Archiep. Salernit. apud Murator. tom. 7. col. 206 : *Rex autem Guillelmus circa Quadragesimam fluxu ventris et molestia cœpit affligi, quam Passionem quum aliquanto tempore occultasset, circa mediam Quadragesimam, eadem Passione crescente, credens se moriturum, etc.* Vide mox *Passionarius*.

¶ Passio Scotomatica, Cæcitatis dolor, a Græco σκότος. Miracula S. Bertini sæc. 3. Bened. part. 1. pag. 131 : *Sed pæne exanimis ante in terram proruit, nequaquam ut Passione Scotomatica ictus, sed pro animæ illius... salvatione, imo magis nominis Dei laude, ipsiusque dispositione luminum delectabilium visu privatus, ac bimatu vel eo amplius in hujus cæcitatis permansit amaricatu.*

* Typica Passio, Febris interpolata, ex Gloss. ad Alex. Iatrosoph. Ms. lib. 1. Passion. cap. 76. Nostris *Passion*, pro Dolor. Lit. remiss. ann. 1412. in Reg. 166. Chartoph. reg. ch. 449 : *Icellui Flouriet s'est fait garir, où il a eu moult de Passions, grans fraiz et interestz.* Vide infra *Patibulum* 3.

3. **PASSIO**, Mala cogitatio, quam quis in mente volutat, in Pœnitentiali Egberti Archiepisc. Eborac. cap. 19.

¶ 4. **PASSIO**, perperam pro *Pastio*, Convivium, refectio, in Charta Ludovici Pii ann. 18. imperii ejusd. Imp. Hist. Alsat. inter Instr. pag. 19 : *Nullum telonium, aut ripaticum,... aut cenaticum, aut Passionem, aut laudaticum, etc.* Vide *Pastus*. Nec rectius *Passio* pro *Pastio* seu *Pasquèrium* occurrit in vet. Notitia apud Stephanot. Locum vide in *Paschericium* ad vocem *Pasquerium*.

¶ **PASSIONABILITER**, Inordinate, perturbate. Joan. Gersonius de Consolat. Theol. lib. 4 : *Alii frustra conati sunt ad nihil Passionabiliter affici, cum sentiret Apostolus aliam legem repugnantem.* Vide infra *Passionate.*

PASSIONARIUS, *Passionalis*, *Passiones Martyrum.* Joan. de Janua : *Passionarium, liber continens Passiones Sanctorum : vel Passiones id est morbos.* [Gloss. Lat. Gall. Sangerm. : *Passionarium*, *Passionnaire*, *c'est livre des passions des Sains.*] *Passionarius*, Durando lib. 6. Ration. cap. 1. n. 29. *est liber continens Passiones Sanctorum, qui legitur in Ecclesia in festis Martyrum :* ex instituto nempe Antheri PP. qui Martyrum gesta scribi, et in Ecclesiis haberi præcepit. Gregorius M. lib. 7. ind. 1. Epist. 9 : *Nos autem pene omnium Martyrum distinctis per dies singulos Passionibus collecta in uno codice nomina habemus.* Regula S. Ferreoli cap. 18 : *Gesta Martyrum, id est, Passiones Sanctorum fidelium, quodam compaginata studio et sermone digesta sunt, tempore quo nobis diem migrationis eorum anni meta cursus sui legibus repræsentat, recenseri in oratorio, audientibus cunctis, omnino decernimus.* Id etiam statuitur in Concilio Africano can. 13 : *Liceat etiam legi Passiones Martyrum, cum anniversarii dies eorum celebrantur.* Adde Concilium Carthag. can. 47. Attonis Episcopi Capitulare cap. 58. Canones Saxonicos Ælfrici ad Vulphinum Episcopum can. 21. Epistolam Buggæ ad Bonifacium Moguntin. Episc. Vitam S. Gilberti *de Sempringham* pag. 682. etc.

Passionarius, Passionarium. Liber MS. Ordinis S. Victoris Parisiensis cap. 19 : *Quales sunt Bibliothecæ, majores expositores, et Passionarii, et Vitas Patrum, etc.* Et cap. 48 : *In festivitatibus Sanctorum leguntur vitæ vel Passiones eorum.* Chronicon Casinense lib. 3. cap. 62. (al. 63 :) *Passionaria totius anni libros quatuor.* Lambertus Ardensis pag. 155 : *Veteris Testamenti libros, et Passionarium.* Vide Monasticum Anglic. tom. 3. pag. 322.

¶ Passionale. Chron. S. Bertini apud Marten. tom. 3. Anecd. col. 592 : *Librum Effrem pronosticorum, Collationes Patrum, Augustinum super Johannem, et Passionale totius anni.* Occurrit præterea apud Mabill. tom. 4. Annal. Bened. pag. 441.

Passionalis. Necrologium Ecclesiæ Parisiensis 6. Id. Jan. : *Dedit etiam tres libros, duos Passionales, et unum qui dicitur Martinellus.* Occurrit apud Ratpertum Monachum de Casib. S. Galli cap. 9. et in veteri Charta apud Buzelinum lib. 2. Gallo-Flandr. cap. 25. Vide Testamentum S. Everardi apud Miræum in Cod. Donat. piar. cap. 21.

* *Passionaire* appellatur, Liber passionem Christi ex Evangeliis complectens, in Inventar. S. Capel. Paris. : *Un Passionnaire noté, etc.* Vide supra *Passio.*

¶ **PASSIONATE**, Inordinato et impotenti studio. Acta SS. Julii tom. 2. pag. 391. de S. Godeleva : *Circa translationem et reformationem monasterii S. Godelevæ asserens Passionate fuisse processum.* Vide supra *Passionabiliter.*

PASSIONATICUS, Jus transitus, *Droit de Passage.* Charta Dagoberti Regis apud Doubletum pag. 656 : *Et cæteri pagenses de alias civitates persolvant de illos navigios de unaquaque quarrada denarios duodecim, et vultaticos, et Passionaticos per omnes successiones et generationes illorum secundum antiquam consuetudinem.*

¶ **PASSIONATUS**, Infensus, a Gall. *Passionné.* Instrum. ann. 1409. apud Marten. tom. 7. Ampliss. Collect. col. 957 : *Et primo dolet quod Concilium quod congregaverunt ad deliberandum utrum eidem domino nostro Papæ* (Gregorio) *deberet per ipsos totaliter auferri obedientia, fuit ex personis, ut plurimum, Passionatis contra justitiam suæ Sanctitatis, etc.*

* Animi impotens, ardentiore studio accensus. Imitat. Christi lib. 2. cap. 3 : *Homo passionatus etiam bonum in malum convertit, et faciliter malum credit.*

¶ **PASSIONITÆ**, Hæretici qui Christum Deum in passione carnem dimisisse atque in cœlum ascendisse mentiebantur. De iis Philastrius cap. 71. Vide Stockman. Lex. Hær.

* **PASSIPEDIUM**, Passipedum, Via angusta et soli pedestri itineri ex lapidibus accommodata, ut interpretantur docti Editores ad Mirac. S. Rufin. tom. 6. Aug. pag. 819. col. 2 : *Donec adversam aquam, ubi juxta ripam fluminis de via ad viam Passipedis per lapides fit transitus, pervenerunt. Cum jam ipse dictus Joannes per Passipedum illuc incederet, ... tunc elapso pede accidit ipsum usque ad umbilicum in aquam de Passipedio cecidisse, etc.* Vide supra *Passatorium.*

¶ **PASSITARE**, Sturnorum clamor. Vide *Baulare.*

PASSIVARE, Transire, quasi *passus*, seu *strictiora* loca emetiri, vel *vagari*, quomodo *passivus*, pro *vagus*, usurpatur. Vita S. Wunebaldi cap. 3 : *Et protinus Passivantes super Alpium oneos, etc.*

* **PASSIUM**, perperam, ni fallor, pro *Pallium*, Aulæum. Testam. ann. 1274. tom. 2. Hist. Cassin. pag. 502. col. 2 : *Relinquo tarenos quatuor pro Passiis et unctione tarenos quatuor.*

PASSIVUS, Vagus, inconstans, incertus; vox Afris scriptoribus familiaris. S. Augustinus lib. advers. Adimantum cap. 24 : *Si hoc ideo dictum est, ut non servetur panis in crastinum, magis hoc implent vagi Romanorum, quos Passivos appellant, qui annona quotidiana satiato ventre, aut donant statim quod restat, aut projiciunt. Passiva libido*, apud S. Hieronymum in Ezech. cap. 16. vaga ac promiscua, quæ *errabunda Venus*, Saxoni Grammatico lib. 5. dicitur. *Passivus obtutus*, apud Cassianum Collat. 1. cap. 5. vagus, incertus. Josephus Iscanus lib. 3. de excidio Trojano :

. . . . . Subit illa pudica
Ora gerens, oculis nusquam vaga.

Πάνδημοι ἔρωτες, apud Nicetam in Manuele lib. 1. Julius Firmicus lib. 8. Math. cap. 23 : *Mulieres vere meretrices, quæ pudorem suum sine ullo respectu, Passivis libidinum conversationibus vendant.* Ibidem cap. 25 : *Quod si mulieris fuerit ista genitura, Passivis erit libidinum cupiditatibus prostituta.* Et cap. 30 : *Mulieres vero faciet pudorem suum Passiva libidinis nundinatione prostituere.* Chromatius Aquileiens. Episcop. Conc. 1 : *Et Passivam Judæorum licentiam, et stultam ac miserabilem Manichæorum præsumptionem, etc.* Auctor homiliæ 3. ad Monachos, inter homilias Eusebii Emiseni : *Aves ipsæ diligunt nidos suos, amant feræ loca in quibus nutritæ sunt, amant cubilia et pascua : et quamlibet naturali libertate Passivis perversa rapiantur incursibus, sæpius tamen ad chara sibi loca quodam cibi desiderio revertuntur. Communio passiva*, in Concilio Carthag. I. pag. 8. i. indifferens, cuivis nullo passim discrimine permissa. *Passiva corpora*, ibidem cap. 11. promiscua. Tractatus Gelasii PP. : *Ne si semel talis fuerit intromissa licentia, omnibus exinde omnia liceant, fiatque, quod absit, tam Passiva rerum confusio atque commixtio, ut nulla inter mundum et immundum... sit discretio.* Aldhelmus de Virginitate cap. 1 : *Passivus lascivusque oculorum obtutus.* [S. Ildephonsus in Addit. ad libellum S. Isid. de Viris illustr. Eccles. : *Cantus Passivis usibus vitiatos, melodiæ cognitione connexit* (leg. correxit ;) tom. 3. Concil. Hispan. pag. 80.] Utitur passim Tertullianus.

Passive. Apuleius lib. 11 : *Crines... per divina colla Passive dispersi molliter fluebant.*

Passivitas. Salvianus lib. 7. de Gubern. Dei : *Quis conjugii fidem reddidit? imo quantum ad Passivitatem libidinis pertinet, quis non conjugem in numerum ancillarum non redegit?* Infra : *Atque illi.... et minore fortasse crimine, et minore, ut reor, numero ac Passivitate peccabant.* [Tertullianus Apolog. cap. 9 : *Turbulentia et Passivitas.* Idem adv. Hermog. cap. 41. et alibi passim; ubi *Passivitas* idem quod frequentia promiscua seu confusio, interdum quod libertas, communitas, sonat. Vide Jac. Billium lib. 1. Observat. sacr. cap. 15.]

¶ Passivitus, Vulgo, promiscue. Tertullianus de Pallio cap. 3 : *Pars vero Passivitus omnibus utiles.*

¶ **PASSNAGIUM.** Vide *Pastio.*

* **PASSO**, idem quod *Pastio*, Census vel tributum pro glandatione et jure pascendi porcos in silva domini. Charta Henr. I. reg. Angl. ann. 1126. inter Instr. tom. 11. Gall. Christ. col. 235 : *Decimam sui nemoris in Passione et venditione.* Vide mox *Passonagium 2.*

¶ 1. **PASSONAGIUM**, Charta ann. 1233 : *Nos Humbertus dominus Bellijoci petebamus Passonagia molendinorum in ripa Rodani.* Videtur esse præstatio quædam sic dicta a *Passonus*, quod videas.

* Melius fortassis, Præstatio pro facultate figendi palos seu *passellos*, piscium capiendorum causa. Vide supra *Paisseria* et mox *Passorgium.*

* 2. **PASSONAGIUM**, Census vel tributum, quod pro jure pascendi porcos in silva domini exsolvitur. Charta abb. Senon. Tull. diœc. ann. 1244. ex Reg. 3. feud. episc. Metens. fol. 215. r°. in Bibl. reg. : *Concessit usuarium.... ad usus porcorum, ... mediante Passonagio tali, videlicet quale homines de Moiens solvunt pro Passonagio porcorum suorum.* Ubi secundo loco pro ipso jure pascendi accipitur. Vide supra *Passo.*

¶ **PASSONUS**, Rhodani ostium, vulgo *le Gras*, vel *le Pas* dictum. Tabular. Massil. : *Cum dominus Amiratus decessisset hodie grassi Arelatis vocatæ Passoni.*

¶ **PASSOR**, Patiens, Gall. *Patient*. Vita S. Johannis Bonvisii tom. 5. Maii pag. 111 : *Orate pro me ut patientiam non amittam. Et quamvis erat optimus Passor, cum suum præcipuum in patientia fuisset.*

* **PASSORGIUM**, f. Præstatio pro facultate figendi *passellos* in molendinis vel aliubi, seu *paxerias* construendi. Pariag. inter reg. et monast. Grandis-silvæ ann. 1290. in Reg. 152. Chartoph. reg. ch. 25 : *Item in furnis, blanchis* (l. blancheriis) *tabulis, leudis, salinis, portibus, ribagiis, maguillis* (l. marguillis) *Passorgiis, clamoribus, etc.* Vide supra *Passeria* et *Passonagium* 1.

* **PASSOTUS**, Gall. *Passot*, Pugionis species; cujus proinde appellationis origo non ab ejus longitudine, ut vult *Duchat* in nova edit. Diction. Menag. accersenda videtur. Lit. remiss. ann. 1465. in Reg. 202. Chartoph. reg. ch. 14 : *D'une dague ou Passot, que le suppliant avoit à sa sainture, donna ung cop de plat.*

* **PASSUATIM**, Lento et composito passu. Andr. Floriac. lib. 4. Mirac. S. Bened. Ms. : *Per medium custodum undique circumjacentium, sed divino sopore stertentium, elabitur Passuatim : post demum pro viribus iter arripit.* Quod *Aller le Passet* dicitur, in Poem. *d'Athis* Ms. minus bene allegato in voce *Passus* 3. Vide *Passim*.

* **PASSULLARE**, *Passellis* seu pedamentis vineam fulcire, idem quod supra *Paissellare*. Charta S. Ludov. ann. 1260. in Reg. 119. Chartoph. reg. ch. 365 : *Usagium in foresta nostra Cuisiæ, ... tam ad ardendum quam ad ædificandum, claudendum, resarciendum sive reparandum et ad Passullandum vineas dictæ domus.* Vide supra *Passellus*.

¶ **PASSUM**, Vadum, Gall. *Gué*. Charta ann. 1204. tom. 1. Annal. Tolos. inter Instr. pag. 53 : *Faciebant parare Passa fluminis Agodi, ut illum transirent et pergerent cum communi exercitu Tolosæ apud Rabastenses.*

¶ **PASSURASSE**, ἀνέξασθαι, in Gloss. Lat. Græc.

¶ 1. **PASSUS**, Locus, auctoritas, nostris *Passage*. Processus de Vita S. Thomæ Aquinat. tom. 1. Martii pag. 706 : *Quando scribebat dictus frater Thomas super Isaiam, venit ad quemdam Passum Scripturæ, etc.* Vita S. Catharinæ Senens. tom. 3. April. pag. 905 : *Per doctores exponentes hunc Passum.* Processus de B. Petro de Luxemb. tom. 1. Julii pag. 543 : *Volebat quod ipse loquens legeret Passus, ubi loquitur de salute animæ.*

* Arest. parlam. Paris. 13. Mart. ann. 1407 : *Quia beatus Thomas de ordine fratrum Prædicatorum extitisse dicitur, cujus dicta ipsi Prædicatores exaltare cupientes dicunt in omnibus fore approbata et ab Ecclesia pro veris determinata; licet rei veritas sit in contrarium, in multisque Passibus ipsius dicta reprobentur, etc.* Quæ ultima verba notatu dignissima sunt.

¶ 2. **PASSUS**, Mensuræ, vel ponderis species. Statuta Vercell. lib. 4. fol. 66. vº. : *Ordinatum est quod si aliqua persona.... scienter seu dolose habuerit vel tenuerit falsam pensam, stateram, Passum, balanciam, marchum, vel aliquam aliam mensuram vel pondus, etc.* Vide *Pazellus*.

* Ea præsertim mensura qua pannos metiebantur, apud Italos. Stat. ant. Cuman. cap. 41. ex Cod. reg. 4622. fol. 34. vº : *Quod passus, cum quo mensurantur panni lanæ et lini et bombacis, fiat talis qualis est passus.* Stat. crimin. Riper. cap. 219. fol. 29. rº : *Quilibet persona vendens pannum lanæ, debeat mensurare cum Passo justo et bullato.*

* Passus, Mensura agraria, modus agri, nostratibus etiam *Pas*. Charta ann. 1122. tom. 1. Hist. Cassin. pag. 279. col. 2 : *Omnes vero isti Passus sunt mensurati ad Passum quinque pedum et semisses; et mensura pedis est quantum est a capite hujus cartulæ, usque ubi in latere incisa est.* Hinc eruitur, ut observat Gattula, quot pedibus constaret passus, quo apud Trojam prædia dimetiebantur, et quam longus pes esset, nempe 14. Neapolitanas uncias. Lit. admort. ann. 1481. in Reg. 207. Chartoph. reg. ch. 281 : *Item demi-arpent de pré d'une part, neuf Pas de pré d'autre part, et cinq Pas de pré de l'autre part, tenant ensemble et contenant le tout trois quartiers de pré ou environ.*

3. **PASSUS**, Angustiæ et claustra itineris, vel montium : *Clausuræ, clusæ.* [Italis *li Passi*, nostris *Pas, passage, detroit.* Testam. Bertrandi de Turre ann. 1286. apud Baluz. 2. Hist. Arvern. pag. 535 : *Lego pontibus et malis Passibus Alverniæ reparandis et restituendis triginta libras Turon.* Chron. Siciliæ apud Marten. tom. 3. Anecd. col. 38 : *Interea tamen posuit insidias per Passus, per quos idem Rex Petrus debebat transire.* Albertinus Mussatus de Gestis Henrici VII. lib. 3. rubr. 5. apud Murator. tom. 10. col. 369 : *Inseditque circumpositis castris per planitiem, et omnes adversos colles Passibus occupatis.* Adde eumdem Murator. tom. 12. col. 457. 645. tom. 18. col. 917. et tom. 3. Ordinat. Reg. Franc. pag. 158.] Matth. Paris pag. 443 : *Dum per quoddam iter arctissimum, quod vulgariter Passus dicitur, forent transituri.* Matthæus Westmonaster. ann. 1260. : *Emanavit a Cancellaria Breve domini Regis.... ad omnes Vicecomites, in quorum Ballivis solebant viatoribus imminere pericula, ut omnes Passus periculosos, tam in viis concavis, et boscis, et haiis, quam aliis pacis regiæ perturbationibus faciant videri; etc.* Occurrit præterea apud Silvestrum Giraldum lib. 2. de Expugn. Hibern. cap. 26. lib. 1. Itinerarii Cambriæ cap. 4. Sanutum lib. 3. part. 11. cap. 13. etc. Guillelmus *Guiart* anno 1284 :

Passa li Rois et ses compaignes
De Pirro les hautes montaignes,
Que noif, ne vent, ne glace n'use,
Assés prés du Pas de l'Écluse.

[Le Roman *d'Athis* MS. :

Tout le Passet sur le rivaige
S'en vint Athis vers son lignaige.

Infra :

Serrez s'en vont tout le Passet.

Le Roman *de Vacce* MS. :

A la voiz et au cri vindrent li paissant
As hayes, as Pas lor sont venuz devant.

Trespas, eadem notione, ibid. :

Mout curiousement toute nuit les gaitassent,
Les Trespas et lor camps et les voies gaitassent.

Rursum :

Normanz gardoient les issues,
Et les Trespas au chief des rues.]

* *Trespas*, eodem sensu, in Lit. remiss. ann. 1398. ex Reg. 153. Chartoph. reg. ch. 508 : *Laquelle ville du Puy est scituée en grant Trespas et près de pluseurs païs et contrées, qui ne sont mie de nostre royaume.*

¶ Passus Arripere. Metiri *passus* alicujus longitudinis. Processus de Canonizat. S. Francisci de Paula tom. 1. Aprilis pag. 121 : *Cum rochum prædictum sic suspensum viderent, Passus suos arripuerunt.*

¶ Passum Facere, Phrasis Gallica, *Faire un pas*, apud Robert. Avesbur. in Hist. Edwardi III. Reg. Angl. edit. Hearnii pag. 179.

Passus Ecclesiastici. Vide *Dextri*.

* 4. **PASSUS**, Transitus, iter, via, Gall. *Passage*, Ital. *Passo*. Arest. parlam. Paris. ann. 1390. quo judicatur marchionatum Saluciarum de dalphino Viennensi movere seu dependere ex Cod. reg. 6015 : *Guillelmus longua spada* (marchio Montisferrati) *qui contra Sarracenos in Passu Salhadini interfuerat.* Steph. de Infest. Ms. ubi de Innoc. VIII. PP. : *Quod dux Renati et Francigenæ volentes venire contra regem, non possint impediri a subditis ecclesiæ, imo papa et ejus terræ possint eis dare Passum et victuagliam.*

* 5. **PASSUS**, Tributum, quod a transeuntibus exigitur. Stat. crimin. Riper. cap. 213. fol. 28. vº : *Quod non sit aliqua persona quæ audeat.... exigere aliquod datium, vel pedagium, Passus, pontes, portus, etc.* Vide supra *Passazium*.

* 6. **PASSUS**, Palorum contextus ac series in molendinis et aliubi. Libert. Caturc. ann. 1369. tom. 5. Ordinat. reg. Franc. pag. 326. art. 11 : *Quod ex privilegiis suis præfati consules habeant, ut dicunt jus cognoscendi de Passibus molendinorum et paxeriarum.* Sentent. ann. 1414. ex sched. Pr. *de Mazaugues* : *De piscibus captis seu piscatis in stagno de Volmon, robina seu burdigolo et aliis Passibus aquarum in tenemento dicti loci existentibus, ... quocumque nomine intitulentur, sive sint burdigoli, robinæ seu Passus, etc.* Vide supra *Passeria*.

* 7. **PASSUS**. Super isto Passu, Phrasis Gallica, *sur ce pied*, hoc posito. Instr. ann. 1401. inter Probat. tom. 3. Hist. Nem. pag. 158. col. 2 : *Concludit populus in se ipso, quod melius est non culturare, quam ex cultura utilitatem non habere; et ideo super isto Passu, supplicant humiliter, quathinus dictum quartum vini dignemini tollere. Pas*, pro Admissio, receptio, in Lit. remiss. ann. 1409. ex Reg. 164. Chartoph. reg. ch. 198 : *Comme Pierre des Champs eust fait assemblée de plusieurs foulons... pour leur donner à disner et à eulx païer son Pas, pour estre maistre ouvrier dudit mestier de foulon, etc.* Nisi legendum sit *Past*, ut in aliis Lit. ann. 1382. ex Reg. 121. ch. 120 : *Requist Jehan le Boulengier audit*

Chaumoncel qu'il paiast son Past comme boucher, pour ce qu'il avoit tué ledit pourcel; lequel de Chaumoncel lui respondi que.... supposé qu'il deust Past, si n'estoit-ce pas audit Boulengier, qui n'estoit pas boucher, ne maistre du mestier. Adde tom. 5. Ordinat. reg. Franc. pag. 559.

* **PASSUTUS**, *Che a grandi passi*, in Glossar. Lat. Ital. Ms.

1. **PASTA**, Massa, Gall. *Paste*, crudus panis. Guill. Brito in Vocabul. : *Pistor dicitur qui panem facit, a pinso, is, quod est panem facere, Pastam deducere et terere.* Cæsarius lib. 4. cap. 65 : *Cum pistorem pro eo quod panes nimis magnos faceret, argueret, respondit ille, Credite mihi Domine, in Pasta valde parvi sunt, et in fornace crescunt.* [Tabular. Capituli Ambian. : *In furno ejusdem villæ furnarius debet instituere unum portitorem Pastarum, et homines villæ alium qui duos panes ponderis decem librarum debent habere.* Limborch. Sent. Inquis. Tolos. pag. 132 : *Dicebant quod capellani faciunt pluries deos de Pasta, et postea comedunt eos.*] Occurrit apud Cæsarium rursus lib. 5. cap. 32. lib. 10. cap. 17. in Vita B. Andreæ de Galerannis n. 5. Michaelem Scotum de Physion. cap. 1. et 13. in Statutis Ordinis *de Sempringham* pag. 786. apud Bernardum Dapiferum in Vita S. Gothalmi, in lib. 2. Miracul. S. Bertini cap. 29. [Bernard. Mon. in Ord. Cluniac. part. 1. cap. 75. Hist. Dalphinal. tom. 1. pag. 28. col. 1. Statuta Vercell. lib. 4. fol. 72. v°.] Joannem de Garlandia in Hortulano cap. 6. et alibi non semel, etc.

¶ PASTARE, *Pastam* seu massam farinæ subigere, depsere, Gall. *Paitrir.* Processus de B. Petro de Luxemburgo tom. 1. Julii pag. 604 : *Qui non poterat se juvare de brachio, videlicet in Pastando et in furnando.*

* Stat. Avenion. ann. 1243. cap. 52. ex Cod. reg. 4659 : *De furnagia.... Non mandetur Pastari, nisi quantum commode possit capere furnus.*

2. **PASTA**, [Gallina.] Vide *Pullipasta.*

¶ 3. **PASTA**, ut *Pastus*, Convivium. Charta ann. 1181. apud Baluz. Hist. Tutel. col. 494 : *Concedo prædictas villas... nullo jure mihi penitus in eis retento, nec homicidio, nec fossadera, etc.* Nisi *Pastionem* malis intelligere. Vide infra *Pastio.*

* 4. **PASTA**, Hispan. Massa metallica, aurea vel argentea, Gall. *Lingot.* Charta ann. 1429. inter Probat. tom. 1. Hist. geneal. domus Portugal. pag. 471 : *Item quod præfata solutio fiat.... in prædictis coronis aureis de Tornay, vel in alio auro alterius monetæ, vel in Pasta; dum tamen sit ejusdem ponderis et ligæ.*

* 5. **PASTA**, Materiatio, lignum ædificationi aptum et necessarium, Gall. *Charpente.* Pactum inter Guigonet. *de Jarente* dom. de Montecl. et homin. ejusd. loci ann. 1395. ex sched. D. *Chaix* advoc. Aquens. : *Item convenerunt quod dictus dominus Pastam necessariam ad opus soleriorum suis sumptibus tradi faciet, et illam exolvet, videlicet trabes et fustes, et alia necessaria ad opus hujusmodi et omnia ferramenta habebit : trabes et fustes adduci faciet usque ad territorium Sedenæ, et dicta universitas usque ad turrim ipsam adducere teneatur.* Ubi tamen *Pasta*, vox generica esse potest, qua quidquid ædificationi necessarium est intelligatur; atque eo sensu Gallicum *Paste* videtur usurpari, in Lit. remiss. ann. 1380. ex Reg. 116. Chartoph. reg. ch. 232 : *Icellui Morelet fist marchié de mener les guesdes dudit Enguerran, au molins aus guesdes d'Encre, jusques à la quantité de douze journeux ou environ de toutes Pastes, selon l'usage de pais.* Ibi enim glasti massam seu collectionem significari opinor.

* *Porter la paste au four,* nostris, Proverbialis loquendi formula, pro Meritas ab alio luere pœnas, vulgo *Payer la sottise d'autrui.* Lit. remiss. ann. 1409. in Reg. 164. ch. 94 : *Guiot le faucheur dist Thibaut Aillet, de quoy il se mesloit et qu'il en porteroit la paste au four.*

* 6. **PASTA**, *Præclara*, in vet. Glossar. ex Cod. reg. 7613. Vide in Amalth.

* **PASTAGIUM**, Præstatio, quæ in *pasta* fit pro coctione furnaria. Charta ann. 1330. in Reg. 66. Chartoph. reg. ch. 795 : *Nullam aliam novam servitutem seu exactionem furnagii seu Pastagii ex hoc inducent seu sustinebunt introduci.*

¶ **PASTAYRAGIUM**, Idem quod *Mandamentum*, Jurisdictio, territorium. Locus est in *Obedimentum.*

* **PASTELLARIA**, Glastum, Gall. *Pastel.* Vide *Pastellum* 1. Charta ann. 1312. in Reg. 53. Chartoph. reg. ch. 88 : *Dereliquit domos cum orto et tegularia, cum vineis et molendinis aquæ et Pastellariæ.* Lit. remiss. ann. 1442. in Reg. 176. ch. 153 : *Homines et mulieres existentes in quodam campo,... colligentes Pastellariam sive gaydam.* Hinc

* **PASTELLERIUS**, Ad *pastellariam* spectans. Vide supra *Molendinum Pastellerium.*

¶ **PASTELLIO**, PASTELLUS, PASTICERIUS, etc. Vide *Pastillus* 2.

¶ 1. **PASTELLUM**, Herbæ genus, nostris *Pastel*, qua infectores lanarum utuntur, ab effigie *pastillorum* in quam glomerantur ejus cineres, sic dicta; aliis quippe *Guesdium* vel *Guesdum* nuncupatur, quæ *Vitrum* Latinis, Græcis ἴσατις dicitur. Vide *Guaisdium.* Statutum Comitatus Fuxi ann. 1332. tom. 2. Ordinat. Reg. Franc. pag. 90 : *Hactenus inhibitum fuerat, quod lanæ aiguelini (aignelini).... garanciæ tinctæ, nec non Pastellum, cardones domestici,.... et cætera omnia et singula, quæ ad paranturam, tincturam.... pannorum... utilia necessaria et expedientia sunt... nullatenus extraherentur.* Adde Litteras Johannis Reg. Franc. ann. 1356. ibid. tom. 3. pag. 75.

¶ 2. **PASTELLUM**, Idem quod *Pastitium*, Pascuus ager. Testamentum Johannis Episc. Albiensis ann. 1473. apud Marten. tom. 1. Anecd. col. 1842 : *Cum mihi deberet octocentas et octogintas libras Guillelmus Lebas, pro quibus habent sibi adjudicatum Pastellum per clientem regium de castro Karoli.*

¶ **PASTELLUS**, PASTELLATICUM. Vide *Pastus.*

* **PASTENAGO**. Vide infra *Pastinaca.*

* **PASTENARE**, pro *Pastinare*, Agrum fodere. Charta ann. 1065. apud Murator. tom. 1. Antiq. Ital. med. ævi col. 198 : *Et quia acquiebimus ipsum rogatum vestrum et hecce in præsentis concedimus tibi scripta Itta honesta femina parenti nostra, scripta Icaba, qui modo est explanata et Pastenata, cum scriptos duos passus de scripta terra.* Vide infra *Pastinare*, 2.

* **PASTENCHUM**, Jus pascendi porcos in silva domini, vel etiam Census, qui pro ipso jure exigitur. Charta ann. 1397. in Reg. 153. Chartoph. reg. ch. 339 : *Abbas, monachi et eorum monasterium de Bolbona habebunt.... forestam de Podio alto, cum... pascuis, Pastenchis, rivalagiis et omnibus aliis juribus.* Vide *Pastinagium.*

* **PASTENQUUM** VIRIDARIUM, Ager pascuus. Charta ann. 1364. in Reg. 103. Chartoph. reg. ch. 78 : *Idem vendidit omnes terras proprias, nemora, vineas, prata et viridaria Pastenqua. Pastenc*, eodem sensu, in Charta ann. 1339. ex Reg. 71. ch. 317 : *Herbagium sive Pastenc nemoris dicti loci de Plasentia, sine tamen deterioratione et cisione ejusdem.* Vide mox *Pasticium.*

* 1. **PASTERIA**, Mactra, in qua *pasta* seu massa farinæ subigitur, Gall. *Paitrin*; sed et Pistrinum seu locus, ubi est mactra. Lit. ann. 1375. in Reg. 108. Chartoph. reg. ch. 68 : *Item unam archam. Item unam Pasteriam.* Testam. Jacobi de Grassa ann. 1519 : *Item legavit Sibillæ de Bellojoco suæ consorti cameram existentem super carceres et cameram existentem super Pasteriam;.... sic tamen intelligens, quod ipsa.... habeat usum suum in quoquina nova, et etiam in Pasteria nova, una cum hærede suo universali.*

* 2. **PASTERIA**, Massa sebi, Gall. *Pain de suif.* Inventar. ann. 1476. ex Tabul. Flamar. : *In pincernia sive botelheria, quæ est prope dictam coquinam,... primo unum quintalle sepi sive ceu in Pasteris.*

* **PASTICA**, *Espesche*, in Glossar. Lat. Gall. ann. 1352. ex Cod. reg. 4120. Vide *Pastura vana* in *Pastura* 1.

* **PASTICERIUS**, Dulciarius pistor. Vide mox *Pastillaria* et *Pastillus* 2. Nostris, *Pastoier*, in Ordinat. hospit. reg. ann. 1285. in Reg. Cam. Comput. Paris. sign. *Noster* fol. 52. r°. : *Item le Pastoier fera les pastez le roy et du commun, et en prendra la façon aussi comme il seut.*

* **PASTICIA**, Pastillus. Dipl. Chilper. II. ann. 716. tom. 4. Collect. Histor. Franc. pag. 694 : *Pasticias libras triginta, etc.* Vide alia notione infra in *Pastucia.*

¶ **PASTICIO**, Jus pascendi porcos in silva domini. Tabular. S. Sulpitii Bituric. : *Concessimus ei de bosco ad ardendum et ad Pasticionem porcorum.* Vide *Pastio.*

* Charta ann. 1250. in Chartul. Pontiniac. pag. 270 : *Dedit ecclesiæ Pontigniacensi... omnes pasturas et Pasticiones, quas habebat, tam in nemore quam in plano.*

¶ **PASTICIUM**, Pascuus ager, vulgo *Pastis.* Tabular. S. Vencentii Cenoman. : *Hubertus Blodus et uxor ejus Wiburgis et filius ejus Herveus d. [illegible] S. Vincentio... quoddam Pasticium ad Sordonem.* Vide infra *Pastitium.*

* *Paistis*, in Bestiar. MS. :

L'oliphant est moult corporu,
Quant il vient en Paistis herbu, etc.

Ibidem :

Pors qui près d'iluec estoient
En un Paistis, où il passoient.

¶ **PASTICIUS**, Idem quod mox *Pastillus*, vulgo *Pasté*. Ordinat. Humberti II. super numero et ordine mensarum ac ferculis apponendis, tom. 2. Hist. Dalphin. pag. 311 : *Item, volumus et ordinamus quod in cœna diei Dominicæ serviatur nobis pro persona nostra de duobus Pasticiis, et quod in quolibet Pasticio sit una gallina magna, aut duo pulli si non habeantur gallinæ.* Ibidem pluries occurrit.

* **PASTICUS.** Lambert. *Nerden* in Tract. MS. de Variolis etc. ex Cod. reg. 6983. fol. 194. r°. : *Est enim quædam species* (variolarum et morbillorum) *quæ a quibusdam ravallis nominatur et a quibusdam Pasticus.*

¶ **PASTILLARE**, Pastillarius. Vide *Pastillus* 2.

* **PASTILLARIA**, Dulciarii pistoris ars, Gall. *Patisserie.* Lit. remiss. ann. 1362. in Reg. 91. Chartoph. reg. ch. 416 : *Robertus dictus le Prevost pasticerius; Belvaci manens, tunc firmarius impositionis Pastillariæ, etc.* Cujus artis opus, *Pastaierie* dicitur, in Ordinat. hospit. reg. ann. 1317. ex Reg. Cam. Comput. Paris. sign. *Croix*, fol. 75. v°. : *Item Jehan de Vernon fera le pain de bouche, les pastez et les oublées et fera l'en à lui marchié du pain et de la Pastaierie faire.*

* Pastillariæ Actus, in scholis medicorum, in quo *Pastilli* olim distribuebantur, ex Animadv. D. *Falconet.*

¶ **PASTILLATICUM.** Vide *Pastus.*

¶ 1. **PASTILLUS** dimin. a *Pastus.* Vide in hac voce.

2. **PASTILLUS.** Celsus lib. 5. cap. 17 : *Malagmata atque emplastra Pastillique, quos* τροχίσκους *Græci vocant, cum plurima eadem habeant, differunt eo quod malagmata maxime ex floribus, eorumque surculis : emplastra Pastillique magis ex quibusdam metallicis fiunt..... Inter emplastrum autem et Pastillum hoc interest, quod emplastrum utique liquati aliquid accipit; in Pastillo tantum arida medicamenta aliquo humore junguntur.* Hinc

Pastillus, et Pastellus appellatus Panificium carne aut alio edulio fartum, nostris *Pasté*, quod in modum medicorum *pastilli* compositum et fartum sit. Bulla Honorii III. apud Margarinum : *Tenentur præstare.... unam gallinam et 2. panes, et unum Pastillum, vel loco pastilli unam gallinam.* [Transactio inter Abbatem et Monachos Crassenses ann. 1351 : *Tenetur dare dictus... Abbas pro flanzonibus, artecreis, sive Pastillis faciendis pastam necessariam de frumento.*] Vita S. Ulrici Eremitæ n. 26 : *Duos pueros cum panibus, Pastellis et duobus vasis vini... misit.* Monasticum Angl. tom. 2. pag. 935 : *Habebunt etiam annuatim duas summas frumenti pro Pastellis, cum voluerint, faciendis.* [Occurrit præterea apud Marten. tom. 4. Anecd. col. 1248. et tom. 1. Hist. Dalphin. pag. 26.]

* Consule D. *le Vert* in Dissert. de Missa et Communione pag. 138.

¶ Pastilli de Lotaringia, in Ordinat. Humberti II. tom. 2. Hist. Dalphin. pag. 313 : *Item, volumus quod serviatur nobis in dicta die Veneris de uno intromeysio, videlicet de Pastillis de Lotaringia cum aliquibus aliis frixuris.*

¶ Pastillare, in Medicina Salernit. pag. 152 : *Cæterum pro caponum et gallinarum pinguium Pastillatarum condimento, præter exiguam specierum dulcium copiam nihil penitus adhibendum est, idque in fine tantum, per æstatem quidem cum omphacio, per hyemem vero cum optimo vino.*

Pastillescere, In Pastillum evadere. Gariopontus lib. 3. Passion. cap. 24 : *Et simul omnia mixta tamdiu malaxa, donec Pastillescant.*

Pastellio, Pastillus. Alexander Iatrosophista lib. 1. Passionum : *Galbanum et sapa quæ tundes simul, et facies Pastelliones, qui possint in foramen dentis intrare.*

Pastillarius, Pastillorum confector, apud S. Augustinum lib. 2. de Moribus Manichæor. cap. 15. Ordinatio Hospitii S. Ludovici Regis ann. 1261 : *Joannes Pastillarius... habebit autem pretium pastillorum, tartarum, et flatonum, sicut solet.* [Occurrit præterea in Statutis Collegii S. Bernardi ann. 1493. apud Lobinell. tom. 3. Hist. Paris. pag. 176.]

¶ Pasticerius, Eadem notione. Edictum Philippi VI. Franc. Reg. ann. 1329. tom. 2. Ordinat. pag. 33 : *Quod Pasticerii dictæ villæ Andegaviæ, et singuli eorum jurare teneantur, quod ipsi facient fieri, et facient bonos et legitimos pastillos, et pasta, carnibus, et pretio legitimis.* Obituarium S. Gerardi in Lemovic. fol. 31. : *Quæ summa prædicta fuit data in custodiam Joanni Mourelli Pasticerio.* Occurrit etiam in Charta ann. 1358. ex Reg. Johan. Comit. Pictav. fol. 77. v°. in Camera Comput. Paris. asservato. *Pistores dulciarii seu Pasticerii simplices*, in Aresto Parlam. Paris. ann. 1508. ex Lib. griseo Castelleti Paris. fol. 76.

PASTINA, Pastinum, Terra *pastinatione* renovata, apud Pallad. Gloss. Græc. Lat. : Βωλοςρόφιον, *Pastinum.* Βωλοςροφία, *Pastinacio, repastinacio.* Βωλοςροφητέα γῆ, *Pastilenda.* Βωλοςροφῶ, *Occo, occilio, pastinor, pastino.* Leo Ostiensis lib. 1. cap. 26 : *Et curtes alias duas in campis, et Pastena, et domum unam in Cannis, etc.* Lib. 3. cap. 18 : *Et integram curtem Banioli, et Sipizani : Castrumque, Pastinam, et quatuor terræ jugera.* Romualdus in Chron. MS. ann. 1125 : *Castrum Olibani reddidit, et totam Pastinam moriens Ecclesiæ reliquit.* Charta anni 1201. apud Ughellum in Episc. Valvensib. : *Reddentque vobis in cambium clausuram et Pastinum quod est super viam.* Vide *Pastinare*, 2.

* **PASTINACA**, *Pasnasie*, in Glossar. Lat. Gall. ex Cod. reg. 6792. vulgo *Panais* et *Pastenade.*

PASTINAGIUM, [Jus pascendi porcos in silva domini; item, census qui pro ipso jure exigitur. Charta Richardi Reg. Angl. tom. 2. Gall. Christ. inter Instr. col. 388 : *Ubique in eadem foresta pascua equabus fratrum, armentis et gregibus et eorum porcis Pastinagium.* Tabular. S. Sulpitii Bituric. fol. 20 : *Concessimus ei... quartum denarium Pastinagii porcorum.*] Charta Artaudi Vicecomitis Matiscon. ann. 1227 : *Et omnia usuaria ad usum omnium animalium per totam terram meam in bosco et in plano, et porcorum pastiones in nemoribus meis absque Pastinagio.* Charta Philippi Ebroicensis ann. 1320. pro incolis Mellenti in Tabular. Prioratus S. Nicasii fol. 72 : *Les Pastinages et usages que les habitans ont és mareis de mener leurs bestes pastiner et de saier l'erbe, etc.* Vide *Pastio.*

¶ 1. **PASTINARE**, Pascere. Charta ann. 966. apud Calmet. tom. 1. Hist. Lothar. col. 378 : *In villa Rorbach, mansum unum cum toto servitio; pratum ad quinquaginta carradas; forestum ad quinquaginta porcos Pastinandos.* Occurrit ibi non semel.

2. **PASTINARE**, Columellæ, est agrum fodere. Vetus Charta apud Ughellum tom. 5. Ital. sacræ pag. 1538 : *De terra ad pastinandum, etc.* [** Chart. Longob. ann. 765. apud Brunett. in Cod. Diplom. Tusc. tom. 1. pag. 584 : *De quartam pars est terrula, quod dedit Florino ad Pastinare.*] Vide *Pastina.*

* Glossæ Bibl. MSS. ex Bibl. reg. : *Pastinare, colere, plantare, fodere, fimare; et proprie pertinet ad vineas plantandas : unde hoc Pastinatum, id est, vinea novella. Item, Pastinatum, sicut ait Isidorus in fine Ethymologicarum, vocatur agricolæ ferramentum bifurcum, quo semina panguntur, id est, plantantur. Quidam dicunt Pastinare, idem quod Paxillare.* Vide *Pastenare.*

¶ 3. **PASTINARE**, Plantare, conserere. Chron. Farfense apud Murator. tom. 2. part. 2. col. 511 : *Cum horto in circuitu ejusdem ecclesiæ, et terra Pastinata arboribus olivarum et nucum et ceterorum pomorum pomiferorum, fructiferorum vel infructiferorum.* Gloss. Lat. Gall. Sangerm. : *Pastinare, planter, provigner.* Vide Johannem de Janua.

¶ **PASTINARI**, Edere, prandere. Gocelinus in Miraculis S. August. Cantuar. tom. 6. Maii pag. 399 : *Cui devote prandenti unus suorum principum cum furiosa ironia irruens: Pulcre, inquit, Rex tot gentium, ad unius nescio cujus transmarini mortui declinavit sepulcrum, et relictis tot legionibus sine duce oberrantibus, ad regni et optimatum suorum injuriam, despicabili hic accubitu Pastinatur.*

¶ **PASTINATICUM.** Vide *Pastio.*

¶ **PASTINATIO**, Pastus porcorum. Charta ann. 1133. tom. 3. Gall. Christ. inter Instr. col. 33 : *Concesserunt omnes asencias in nemoribus ad colligendos fructus, ad Pastinationem porcorum, ad pasturagium exterorum animalium sine pasnagio et omni alia exactione.* Vide *Pastio.*

¶ **PASTINATUM**, *vocant agricolæ ferramentum bifurcum quo semina panguntur.* Gloss. Sangerm. MSS. num. 501. *Pastinum*, Columellæ, Gall. *Houë.*

PASTIO, Pastionaticum, Census vel tributum pro glandatione, et jure pascendi porcos in silva domini. *Panage*, in Consuetud. Norman. art. 30. et Andegavensi art. 497. *Pasnage*, in Pictavensi art. 159. et Britannica art. 255. [Dicitur etiam *Pastio* ipse glandarius herbariusque porcorum pastus; usurpatur præterea pro ipso tempore quo porci ad nemora mittuntur glandationis causa, Gall. *Paisson*, vel *Glandée.*] Edictum Chlotarii II. Regis cap. 23. in Concilio Parisiensi V. : *Et quando Pastio non fuerit, unde porci non debeant saginari, cellarinsis in publico non exigatur.* [Capitul. Caroli M. de villis cap. 25 : *De Pastione* *autem Kal. Septemb. indicare faciant, si fuerit an non.* Capitul. Caroli Cal. tit. 27. § 14 : *Custodiant silvas, unde habeant Pastiones.* Codex MS. Irminonis Abb. Sangerman. fol. 27. v°. : *Rodoardus lidus.... solvit in Pastione de vino mod* III. Vide *Pascio.* Concil. Trevir. ann. 1152. apud Marten. tom. 7. Ampl. Collect. col. 72 : *Advocati vero in potestatibus avenam non accipient, nisi Pastione cum fidelitate renunciata.*] Charta Caroli Regis Franc. ann. 921. pro Abbatia Maricolensi : *Ut de porcis fratrum ibi saginatis nemo Pastionaticum expetat. Consuetudo Pastionis, et de Pastione,* in Chron. Besuensi pag. 601. Mox : *Ita ut homines illorum nostræ partis Pastionaticum ipsis monachis solvant.* Et pag. 700 : *Donavi Monachis Besuensibus ut porcos suos indominicales in nemora mea ubicumque habuero mittant, et sine Pastionatico per omnia liberè currant.* Adde pag. 660. Acta Episcop. Cenoman. pag. 266. Vitam Aldrici Episc. Cenoman, pag. 31. etc. [*Pastio usuraria,* pro usuaria, in Charta ann. 1362. ex Regest. 93. Chartophyl. Regii n. 44.]

¶ Pastinacum, Eodem significatu. Tabul. Dunense Ch. 61 : *Concessit nobis... per universas forestes suas pastionem ad omnes porcos monachi præpositi obedientiæ ejusdem... sine ullo Pastinaco.*

Pastinaticum, Eadem notione. Historia Episcopor. Autisiod. cap. 49 : *Præcepitque ut in silvis S. Stephani de porcis illorum nunquam acciperetur Pastinaticum.* Charta Mauricii Episcopi Paris. in Tabulario S. Maglorii : *Et insuper prior habeat decimationem totius Pastinatici porcorum.* Occurrit ibi non semel. Alia Radulphi Bulgiacens. apud Juretum in Notis ad Epist. 172. Ivonis Carnot. : *Quod si glandibus et pascuis porcorum boscus..... abundaverit; omnes porci monachorum... liberum habeant transitum per eandem silvam sine ulla Pastinatici exactione.*

Pasnaticum, Idem quod *Pastio,* ex Gallico *Pasnage.* [Charta Rotberti Reg. pro Miciacensi Monast. ann. 1022. tom. 4. Annal. Bened. pag. 707. col. 2 : *Per totam silvam quæ adjacet Fontanellæ.... omni tempore glandis porcos ducentos absque ullo Pasnatico vel aliquo servitio habere sibi liceat.*] Charta Fulcherii de Turre ann. 1079. in Tabulario Vindocinensi Ch. 232 : *Do.... et pastionem ad eorum omnes porcos dominicos, sine Pasnatico.* Charta Gaufredi Comitis Andegav. pro S. Nicolai Monasterio : *Dimidium Pasnaticum, quod in foresta nunc habere dignoscor : ita ut et mei porci dominici, si ibidem impinguabuntur, similiter et monachorum illorum proprii et mei, ab illis in perpetuum a Pasnatico immunes sint.* Notitia de fundatione Abbatiæ Theoloci in diœcesi Lingonensi ann. 1130 : *In omnibus etiam suis nemoribus ipsorum porcis recursum, et omnimodos fructus ad eorum pabulum; absque eo pretio, quod vulgo Pasnaticum dicitur.* Occurrit præterea in Charta Ludovici VII. ann. 1159. pro Ecclesia SS. Bartholomæi et Maglorii.

Pasnagium, et Pannagium, simili pariter significatu. Vita S. Waningi Confessor. : *Si per totum Ducatum tuum consuetudinem, quæ vulgariter Pasnagium dicitur, Domino donaveris.* Ordericus Vitalis lib. 5 : *Annuit etiam quidquid ad Garlemvillam habebat, terram scilicet ac Pasnagium. Ita ut primum Pasnagium famulorum non daretur, secundum vero vel tertium daretur, monachorum autem nullum daretur.* Charta Rogerii Comitis Scrobesburiensis apud eumdem : *Et in omnibus nemoribus meis Pasnagium de monachorum porcis in perpetuum indulgeo.* Alia apud eumdem pag. 582 : *Porci quoque monachorum nullatenus Pasnagium in meo nemore dabunt.* [Charta Roberti Comit. Leicestr. ann. 1195. tom. 2. Histor. Harcur. pag. 125 : *Quia debent habere pasturam animalibus suis et porcis per totam forestam et porcos suos quietos de Pasnagio.* Tabular. B. Magdalenæ Castridun. : *Gaufridus de Brullon... donat et concedit.... Pasnagium porcis et plenarium usagium in nemore de Faio.*] Leges Forestarum Scoticarum cap. 7 : *Si copia glandis in foresta domini Regis contigerit, forestarius debet citare tam burgenses, quam rure manentes, ut porcos suos adducant, ut Dominus Rex ab eis Pannagium habeat. Iste autem est modus Pannagii : videlicet de qualibet cindra, id est de decem porcis, Rex habebit meliorem porcum, et forestarius unum hogastrum, etc.* Charta fundationis Abbatiæ S. Trinitatis Exaquensis in diœcesi Constantiensi : *Rectam decimationem, et decimam de nutrimentis, et de totis exitibus illorum nutrimentorum quæ in eadem silva et in parco erunt facta : et si in parco mittentur porci deforis causa pastionis, tunc habeant monachi ibi a festivitate S. Martini usque ad Quadragesimam centum porcos sine Pasnagio. Pannagia silvarum,* in Provinciali Ecclesiæ Cantuar. lib. 3. tit. 16. Adde Vitas Abbatum S. Albani pag. 48. Libertates de Foresta Joannis Regis Angl. Capitula placitorum Coronæ Regis Richardi I. apud Rogerum Hoveden. pag. 784. etc. [Miræum Diplomat. Belgic. tom. 1. pag. 299. Marten. tom. 1. Ampliss. Collect. col. 982. tom. 1. Anecdot. col. 647. et 649. Lobinell. tom. 3. Hist. Paris. pag. 86. et alibi.] *Plain pennaige, demy pennaige,* in Computo Domanii Boloniæ ann. 1478 : *Plains Pennaiges de chevaux, de jumens, poutrains, vaches, veaux, et pourceaux allans à ladite forest de Cressi, etc. Demy Pennaiges de chevaux, etc. allans en ladite forest depuis la my May jusques au jour de S. Andrieu ensuivant.* In Computo Domanii Stapularum fol. 39. 40 : *Recepte des Pennaiges de vaches et veaux allans en la forest d'Hardelo pour* 5. *sols la vache,* 2. *sols six deniers le veau, quant il sont à plain Penaige à paier au jour de saint Andrieu.* Infra : *Recepte des Pennaiges de pourceaux qui ont esté mis à Pennaige en la forest de Hardelo à* 2. *sols le porc, et* 2. *deniers le petit, pour paier au jour de S. Andrieu.*

¶ Panagium, Idem quod *Pastio.* Charta Guillelmi *Goet* domini *de Gien : Concessi etiam eidem domo pasturagium pecoribus absque Panagio.* Occurrit præterea in Litt. Johannis Reg. Franc. ann. 1360. tom. 3. Ordinat. pag. 431.

* *Panaige,* eodem sensu, in Lit. ann. 1293. tom. 5. Ordinat. reg. Franc. pag. 514. art. 4. *Panage,* pro quovis tributo, in Lit. ann. 1343. ibid. pag. 318 : *Paier coustumes, trespas, Panages et plusieurs choses, dont mention est faicte ès lettres dessus dictes.*

¶ Parnagium, Eadem notione. Charta Roberti Comit. Cestriæ apud Stephanot. tom. 13. Fragm. Hist. MSS. pag. 115 : *Habeant omnia asiamenta sua in bosco meo de Mensingues ad ædificia sua et ad alia usagia sua et Parnagium eorum.* Chartular. S. Vincentii Cenoman. fol. 17 : *Asserebant etiam abbas et monachi prænotati quod in prædicta foresta.... decimam Parnagii habere debent. Parnage,* in Consuetud. Andegavensi artic. 497.

¶ Pasnachium, Eodem intellectu, in Charta Alani Comit. Britan. ex Tabul. Major. Monast. : *De suis villanorumque suorum porcis Pasnachium sibi tantummodo vindicantes.*

¶ Passnagium. Bulla Nicolai IV. PP. ann. 1289. ex Cod. MS. Sangerm. : *Ex venditione Passnagii seu herbagii, vel alterius consimilis proventus, eorumdem nemorum et silvarum; et si non vendantur hujusmodi Passnagia, herbagia et similia, non solvetur decima.*

¶ Pascalium, Eodem sensu. Charta ann. 1124. tom. 1. Gall. Christ. inter Instr. pag. 14. col. 1 : *In toto ipso nemore quidquid opus fuerit monachis ibidem Deo servientibus, ad animalium suorum pascua, sine servitio et sine Pascalio.*

Pasnagerii Forestarum, in Regesto Parlamenti B. fol. 78. qui jus pasnagii habent in forestis.

Pannagium interdum pro ipsa glandatione animalium sumitur. Monasticum Angl. tom. 1. pag. 116 : *Concessit autem ut porci Prioris cum suis in pessum communiter eant, et Pannagium edant.*

Panagator, qui *Panagium* exigit ac recipit pro domino silvæ. Charta Henrici II. Regis Angliæ, in Regesto Normannico signato P. ex Camera Comput. Paris. : *Sciatis me confirmasse Baldrico filio Gilleberti servienti meo totas esentias suas et ministeria sua cum liberationibus quæ ministeriis et sergentiis pertinent, et hæredibus suis, videlicet custodiam gaiolæ nostræ Rotomag. et portæ castelli mei; et pro ipsa custodia habet unoquoque die duos solidos usualis monetæ... et prædictus Baldricus et regardator et Panagator meārum forestarum habens tantum in donis et liberationibus reguardi et Panagii, quantum unus ex magistris reguardatoribus et Panagatoribus meis per totam Normanniam, et custorum meorum ad justitiam Gladii mei pertinentium, et custos meretricium venalium in lupanar* (sic) *de Roth. et Marescallus meus quamdiu moror Rothom. habens unaquaque die pro ordinationis meæ Roth. deliberatione* 6. *panes, et* 6. *fercula coquinæ, et unum sextarium vini, et habet anno quoque unum scutum in redditu scutorum meorum Roth. per manus Turresiis* (sic) *mei, etc.*

Panagium, et Pannagium, pro quovis tributo. Primum Regestum Parlamenti Parisiensis inter Aresta ann. 1271. fol. 187 : *Ipsi satagebant levare Panagium de quadrigis et vecturis deferentibus bladum, vinum, etc.* Regestum B. fol. 32. inter Aresta ann. 1276. : *Responsum fuit civibus Rothomag. quod Panagium apud Claillocl non levaretur post proximum Pascha.* Charta Joannis Reg-

Angl. tom. 1. Monast. Anglic. pag. 310 : *Soluta et quieta de... festagio, et stallagio, et cariagio, et Pannagio, et de omnibus occasionibus quæ ad nos pertinent.* Alia Philippi Reg. Franc. ann. 1314. in Hist. Episcopor. Cadurcens. n. 191 : *Ac dispensatione Panagii, quod pro ejusmodi opere faciendo hominibus ejusdem civitatis concessimus.* Alia ejusdem Regis ann. 1307. pro Archiep. Lugdun. : *Nos... domum, fortalitium vel castrum acquirere vel construere,... feodum, retrofeodum, scorietatem vel Panagium, seu alias quascumque res immobiles... acquirere... poterimus.* Alia ann. 1254. in Regesto Andegav. : *In Pannagio ovium habet B. Martinus dimidium, et Comes dimidium.* Ridicule porro Santyonius *Pannagium* dictum scripsit, quod sit *Panis porcorum.*

¶ Pastio, Idem quod *Pastus*, convivium, refectio, nostris *Past.* Vide in *Pastus.*

** **PASTIONALIS** Silva, Quercubus glandiferis consita ad pastum porcorum. Polypt. Irmin. Br. 9. sect. 1. pag. 76 : *Habet ibi de silva Pastionali inter totas decanias bunuaria 70. in quibus possunt porci saginari 100.*

¶ **PASTIONARE**, de porcis præsertim dicitur qui glandes pascuntur. Tabularium Prioratus de Paredo fol. 94 : *Tam de hospitibus, qui in villa ipsa manent vel laborant, quam de porcis, qui ibidem incrassati fuerint et Pastionati.*

* **PASTISSERIUS**, a Gallico *Pastissier*, Dulciarius pistor. Comput. ann. 1399. inter Probat. tom. 3. Hist. Nem. pag. 153. col. 1 : *Pastisserio pro coquendo ortocresia et alia, sex grossos.* Vide supra *Pasticerius.*

* **PASTISSUS**, Panificium carne aut alio edulio fartum, Gall. *Pasté.* Comput. ann. 1362. inter Probat. tom. 2. Hist. Nem. pag. 244. col. 1 : *Item pro edulo ad faciendum Pastissum cum vitulo, ... vj. gross. Item pro speciebus ad opus Pastissorum, vj. grossos. Item pro faciendo flansonos et Pastissos, ... duos florenos.* Vide *Pastillus* 2.

PASTITIUM, Pascuus ager, *Pastis.* Tabularium Fossatense ann. 1268. fol. 99 : *Unum quarterium et dimidium terræ seu jardini, vel Pastitii, uno quarello minus, etc.* [Vide *Pasticium.*]

¶ **PASTIZAGIUM**, ut *Pastitium.* Charta Gaufridi Vicecomitis Castrid. ann. 1232. in Tabulario Bonæ-vallis : *Pastizagia de sancto Mauro et de sancto Christoforo et eorum proventus cum emenda et omni justicia quam dictus dominus habebat ibidem.* Alia Johannis Camit. Carnot. ann. 1234. ibid. : *Pastizagia et omnes marescalciatas quas percipiebat, etc.* Occurrit ibi non semel.

PASTOFORIUM, pro Pera pastorali usurpat auctor Prædestinati lib. 1. extremo : *Nos Hebræi pueri tui David Pastoforium adsumentes, de lapide tuo angulari pugnemus.*

¶ **PASTOLARE**, Ager pascuus. Charta Ludovici IV. Reg. Franc. ann. 950. apud Miræum tom. 1. pag. 260. col. 2 : *Et in pago Flandrensi, in loco nuncupato Morona Benonis, Pastolaria quæ sufficere possunt ovibus* cxx. *et in alio loco mari proximo, vocabulo Bescura, terram in qua possunt alere oves centum.* Vide *Pastorale.*

¶ **PASTONARE**, Implicare, implectere, Gall. *Enlacer.* Statuta Placent. lib. 4. fol. 46. recto : *Si quis civitate vel suburbiis requirat clausuram inter se et suum convicinum in domibus vel curtibus, compellatur per judicem convicinus communicare ad dictam clausuram fiendam de muro vel gratitio Pastonato vel pariete, etc.*

¶ **PASTOPHORI**, Sacerdotes, qui thalamos vel ædiculas, *Pastophoria* dictas, in quibus deorum simulacra posita erant, portabant in pompis publicis, Græcis etiam παςοφόροι, de quibus Apuleius lib. 11. Metamorph. : *Proxima nocte vidi quemdam de sacratis, linteis intectum, qui thyrsos et hederas, et tacenda quædam gerens, ad ipsos meos Lares collocaret : et occupato sedili meo, religionis amplæ denuntiaret epulas... de Pastophoris unum conspexi statim, præter indicium pedis, cætero etiam statu atque habitu examussim nocturnæ imagini congruentem.* Vide Cuper. in Harpocr. pag. 129. et Epist. Steph. *le Moyne* ibidem pag. 257.

PASTOPHORIUM, *Atrium templi, aut sacrarium*, in Gloss. Isid. [Papias : *Pastophoria Græce, Latine thalami dicuntur.* Idem : *Pastophoria, atria templi, gazophylacia, cellæ parvæ.* In Excerptis additur, *alviale templi, vel safurium.* Ubi Grævius leg. monet *sabarium.* Vide *Pastorium.*] Glossæ MSS. : *Pastophoria, vestibula in circuitu domus.* [*Pastophorium, chambrete*, in Gloss. Lat. Gall. Sangerm.] Eucher. Lugdun. : *In Ezechielis extrema parte in visione civitatis, in veteri translatione habetur Pastophoria, in nova gazophylacia, id est cellulas parvas.* Occurrit etiam 4. Machab. cap. 4. Radevicus lib. 4. de Gestis Frider. cap. 13 : *Vulpes, lepores, Pastoforia Ecclesiæ, et officinas Canonicorum ingressæ, etc.* Aliud significare videtur in Chronico Mosomensi pag. 633 : *Locus enim non tam naturali munitione firmus, quam humano labore et opere manuali factus, modo aggere terræ, modo Pastophorio, interdum ubi opportunum erat roboratus, non faciles præhebat accessus.*

☞ Videtur esse munimenti genus ex cratibus confectum, quibus pastores includunt oves de nocte ut a luporum incursibus tutæ sint; unde fortean *Pastophorium* nuncupatum.

PASTOR Ecclesiasticus, *Laicus.* Vide *Advocatus.*

Pastorum Officium, quod in Ecclesia Rotomagensi celebratum statim post Nocturnale officium Natalitii Christi, sic describit Ordinarius MS. ejusdem Ecclesiæ : *Finito* Te Deum laudamus, *peragatur Officium Pastorum hoc modo secundum Rothomagensem usum. Præsepe sit paratum retro altare, et imago S. Mariæ sit in eo posita. In primis quidam puer ante chorum in excelso in similitudinem Angeli Nativitatem Domini annuntians ad quinque Canonicos quindecim marcharum et librarum, vel ad eorum vicarios de secunda sede, Pastores intrantes, per magnum ostium chori, per medium chorum transeuntes, tunicis et amictis indutos, hunc versum ita dicens*, Nolite timere, ecce enim *usque* in præsepio. *Sint plures pueri in voltis Ecclesiæ, quasi Angeli, qui alta voce incipiant*, Gloria in excelsis Deo, *et cantent usque* voluntatis. *Hæc audientes Pastores, ad locum in quo paratum est præsepe, accedant cantantes hunc versum*, Pax in terris *totum. Quod dum intraverint, duo Presbyteri dalmaticati de majori sede, quasi obstetrices, qui ad præsepe fuerint, dicant*, Quem quæritis, *usque* dicite. *Pastores respondeant*, Salvatorem Christum, *usque* Angelicum *Item obstetrices cortinam aperientes, Puerum demonstrent, dicentes*, Adest hic parvulus, *usque* Isaias dixerat Propheta. *Hic ostendant matrem pueri, dicentes*, Ecce Virgo, *usque* qui natus est. *Tunc eo viso, inclinatis cervicibus adorent Puerum, et salutent, dicentes*, Salve Virgo singularis, *usque* frui natus visione. *Deinde vertant se ad chorum redeuntes, et dicentes*, Alleluia Alleluia jam vere scimus, *usque* cum Propheta dicentes. *Hoc finito, incipiatur Missa, et Pastores regant chorum. Dom. Archiepiscopus, si præsens fuerit, cantet Missam.*

* **PASTORAGIUM**, Jus pascendi pecora in pascuis. Charta ann. 1222. in Chartul. Buxer. part. 11. ch. 2 : *Concesserunt Deo et fratribus Buxeriæ in elemosinam perpetuo possidendam in eis, quæ ad eos pertinebant, videlicet Pastoragium Albigniaci et Gombernionis ad usum pecorum dictorum fratrum.*

PASTORALE, Ager pascuus. Charta Communiæ Bituric. ann. 1181 : *Si quis accusatus fuerit Pastorale, vel torallum, vel viam, vel plateam, vel metam arasse vel fodisse, vel aliquam arborem in Pastorali, sive in via, seu in platea incidisse, etc.* Eadem verba habet [Charta Guidonis Archiep. Bituric. pro villa S. Palladii ann. 1279. et] Charta libertatum villæ *des Ais* in Biturigib. ann. 1301. [Vide *Pastolare.*]

* Glossæ Bibl. MSS. anonymi in Bibl. reg. : *Pastoralia dicuntur pastorum loca pascendis animalibus apta. Amos. cap.* 1. Charta Henr. I. reg. Franc. ann. 1037. in Chartul. S. Petri Gand. ch. 34 : *In Testrep Pastoralia ad oves pascendas* 900.

* **PASTORALIS**, Pari intellectu. Charta ann. 1150. inter Probat. tom. 2. Hist. Occit. col. 527 : *Damus similiter... in silvis et in heremo et in circumdirecto herbas et Pastorales per totum ad bestias, etc.*

¶ **PASTORALITAS**, Præsulatus, Episcopi vel Abbatis dignitas, munus, cura ovium ipsis demandatarum. Charta ann. 1034. tom. 4. Annal. Bened. pag. 394 : *Acta sunt hæc... Brunone Episcopo Pastoralitatem sanctæ Tullensis ecclesiæ sobrie, feliciterque regente.* Charta ann. 1168. tom. 2. Rer. Mogunt. pag. 752 : *Ad hoc a summo pastore Pastoralitatis cura nobis est commissa.* Gesta Abbatum Gemblac. tom. 6. Spicileg. Acher. pag. 521 : *Adeptus ergo curam Pastoralitatis, non segniter laborabat nomen abbatis factis implere.* Chron. Valciodor. tom. 7. Spicileg. Acher. pag. 562 : *Hæc tempore domni Lamberti atque rebus acquisitis amplificatione, sine diminutione, et infra terminum suæ Pastoralitatis accidentalibus casibus et periculosis anfractibus dicta sufficiant.* Charta S. Gerardi Episc. inter Probat. Tullens. pag. lxiv. : *Ad B. Mansueti oratorium me totum et susceptæ plebis Pastoralitatem... contradidi.* Pontificalia antiqua MSS. in benedict. Abbatum : *Accipe baculum Pastoralitatis, quem præferas cateræ tibi commissæ ad exemplum justæ et piæ correctionis.* Occurit præterea in Chron. Novalic. lib. 3. cap. 20. in Vita S. Medardi tom. 2. Junii pag. 90. et apud Marten. tom. 1. Anecd. col. 207. Hinc

¶ PASTORALITAS, Titulus honorarius Episcoporum vel Abbatum. Manasses Episc. Camerac. in Epist. ad Lambertum Atrebat. Episc. apud Baluz. tom. 5. Miscell. pag. 319 : *Pater sanctissime, portate onus meum, interdicite per terram prædictæ Comitissæ* (Montensis) *divinum officium, quæ neque Deum offendere, neque Romanam sedem, neque Remensem Ecclesiam, neque Pastoralitatem vestram erubescit dedecorare.*

¶ PASTORALITAS, Jus pastoris, Episcopi jurisdictio. Charta fundationis Prioratus S. Amandi in diœcesi Noviom. ann. 1103. tom. 3. Gall. Christ. inter Instr. col. 44 : *Salva tamen Noviomensis episcopi Pastoralitate et obedientia.*

* 1. PASTORARE, Pastorem agere, episcopi vel abbatis officio fungi; nisi legas distinctis vocibus, *Pastor, abis?* Epitaph. S. Gauzlini archiep. Bitur. apud Andr. Floriac. MS. ad calcem vitæ ejusd. Gauzl. :

Quo pietas, bonitas, dilectio sancta recedis?
Quo, moriens terris, splendide Pastorabis?

* 2. PASTORARE, Pascere, pecus ducere in pascua, et servare. Inquisit. ann. 1268. ex sched. Pr. *de Mazaugues : Et dixit quod illis tribus annis Pastoravit per Cravum;... et Pastoravit oves ibi.* Infra : *Et tempore illo ipse Pastorabat oves.... per totum Cravum, sine contentione alicujus.*

* PASTORISARE, Eadem notione, in ead. Inquisit. : *Dixit quia ipse Pastorisavit ibi oves... in pace, quiete et secure.* Infra : *Requisitus quanto tempore Pastorisavit ibi oves, etc.* Vide infra *Pasturare.*

¶ 1. PASTORATUS, Pastoris officium, ipse pastoris titulus. Robertus monachus in Histor. Palæst. apud Ludewig. tom. 3. Reliq. MSS. pag. 99 : *Cui Pastoratum ovium suarum dedit ipse Dominus.* Instrum. ann. 1600. tom. 4. Gall. Christ. inter Instr. col. 423 : *Et pastoribus diversis et multis singulis annis magnam frumenti et siliginis copiam in dotationem Pastoratus sive curæ eorum numerare et persolvere astringitur.*

¶ 2. PASTORATUS, Pastus porcorum. Litteræ H. Abbat. Pontiniac. apud Stephanot. tom. 7. Fragm. Hist. MSS. pag. 236 : *Hos itaque fines sic alterutrin utraque domus conservare debebit, ut eos neutra contra alteram propter Pastoratum porcorum vel quorumlibet animalium transeat.* Vide *Pastio.*

* PASTORCULUS, dimin. a *Pastor*, in Glossar. Provinc. Lat. ex Cod. reg. 7657.

¶ PASTORELLA, Gall. *Bergere.* [* Alias *Pastore*, ut in Poemat. reg. Navar. tom. 2. pag. 92.] Hist. Britan. tom. 2. pag. 885 : *Ferebatur unum parvum penoncellum in quo depingebatur ymago cujusdam Pastorelle.*

PASTORELLI, Factiosorum quædam cohors exorta in Francia S. Ludovico IX. regnante anno 1251. de qua præter Thomam Cantipratanum lib. 2. de Apibus cap. 4. n. 14. 15. Nangium in S. Ludovico, Matth. Paris. ann. 1251. Anonymum Gallum in Chron. in Hist. Merovingica pag. 1072. Anonymum alium in Chronicis Slavicis Lindenbrogianis, Sanutum lib. 3. part. 12. cap. 3. Chronic. Andeg. apud Labbeum pag. 291. et cæteros Gallicæ historiæ scriptores, ita Guill. *Guiart* in Hist. MS. vers. 1294 :

L'an mil deux cens cinquante et un,
Sans nombrer à mon retour el,
Cheminerent li Pastourel,
Qui à eus vanter s'atiroient,
Que S. Loys vangier iroient.
Uns homs menoit cele mesnie,
C'on clamoit Mestre de Hongrie,
Il depeçoient mariages,
Et faisoient pluseurs domages,
Car fol estoient, et testu.
A Paris fu l'un d'eux vestu
En guise d'Evesque à grant coite,
Et i fist yaüe benéoiste,
Si con si compaignon requistrent.
Plusieurs Clers à Orliens ocistrent,
Des biens du monde desnuez.
Fu leur mestre à Bourges tuez.

Historia Francor. MS. ex Bibliotheca Memmiana : *En France vint lors un trompeur, qui se disoit le Maistre d'Hongrie, et faisoit accroire qu'il convenoit que la Sainte Terre fut délivrée des mescreans, et par jeunes Pastoureaux, luy qui sembloit être preud'homme et estoit vestu bien humblement, assembla au Royaume de France bien* LX. *mille Pastoureaux. A Paris vindrent, où la Roine Blanche festoia le Maistre, et donna grans dons, cuidans qu'il dit vérité, etc. mais quant les Pastoureaux furent passez Loire, ils firent tant de maux et de persecutions à Juifs et à plusieurs gens d'Eglise, que merveilles, etc.*

Exorta perinde in Francia et Anglia, eadem appellatione, simili in Terram Sanctam proficiscendi proposito, factiosorum alia cohors anno 1320. de qua pariter agunt historici, ac in primis Thomas Walsinghamus pag. 112. Cosmas Pragensis pag. 34. Chronicon Rotomagense editum a Labbeo, [Continuator Nangii vernaculus sub ann. 1320.] etc. quibus addendus Odoricus Rainaldus ann. 1320. n. 21. 22. 23. De iis etiam hæc habet Chronicon MS. vernaculum Monspeliense : *En l'an 1320. fou gran moguda ves le més de May que hom appellana Pastorels, li qual dizian que volian passar la mer por conquerne la Santa Terra otramar, et aussinan los Juizveu en Bordilés, et en Aienés, et Tolzau, e per tota la terra communamenz quan los trobanon, en tal manieira quel Rei de Fransa ne fés pendre plus de 60. à Toloza en un jorn, et à Carcassona 38. que grans que pau.* Historia Francor. MS. ex Biblioth. Memmiana : *Il avint l'an 1320. qu'il fut en France si grantment de Pastoureaus et de menue gent, qui disoient qu'il vouloient aller en la Sainte Terre contre les Sarrazins, que ce fut merveilles, moult grant multitude en alerent jusques en Languedoc, et firent moult de maux à Juifs et autres gens, dont on en pendit plusieurs, et les autres s'enfouirent en divers lieux.*

☞ De iis posterioribus Pastorellis aliter scribit Auctor poematis cui titulus, *les Adventures advenuës en France* ab ann. 1214. ad 1412. docet quippe eos ann. 1306. penitus exstinctos, cum a Judæis illata plurima sustinuissent mala. Sed nolim ejus hac in re fidem præstare. Ut ut est, hæc sunt ejus verba :

Puis vist on avenir, c'est bien vérité pure,
Les Pastoureaulx aller, qui grief mort et obscure
Receurent par les Juifs, à qui Dieu doint laidure.
Moult de très beaux enffans laisserent leur pais,
Qui oncques puis ne virent ne parens ne amis.
Las! ce fut grant pictié, mors furent et destruits;
Ce fût en l'an de grace mil trois cent et six.

☞ *Pastorellos* vero appellatos scribit Macer in Hierolexic. quod in vexillo agni effigiem ferrent. Rectius deducenda videtur vocis erigo a Gallico *Pastoureau*, quod pastorem infimæque plebis hominem significat, cujusmodi erant plerique ex Pastorellis, ut testatur Continuator Nangii vernaculus sub ann. 1251. Statuta Scabinorum Maceriar. ad Mosam : *Chacun Pastoureau, herdier, porchier ou vachier dudit Maisieres est tenu rendre compte des bestes que il aura receu devant lui.*

¶ PASTORGAGIUM, Ager pascuus maxime pecudum, Provincialibus etiamnum *Pasturgagi.* Item, Census qui pro facultate pascendi exigitur. Charta ann. 1490. ex Schedis Præs. *de Mazaugues : Quod pascua, sive Pastorgagia, ac glandagia, et relargueria... vendantur.* Alia ann. 1497 : *Licitum sit propria authoritate recipere equas sine præstatione alicujus Pastorgagii, cabestrugii... et dicti domini nihil tunc eo casu de calcaturis, Pastorgagiis, et cabestragiis exigere possunt.* Charta ann. 1435. in Tabul. S. Victor. Massil. : *Prior deportabit decimas laboragii et Pastorgagii.* Hinc

¶ PASTORGARE, Pascere, pecus ducere in pascua, et servare. Charta ann. 1327. Tabular. S. Victoris Massil. : *Usum pascendi, Pastorgandi et senhairandi et alia faciendi in Arbosiis.* Charta ann. 1497 ex Schedis Præs. *de Mazaugues : Ex adverso ipsa universitas de Calliano seu habitantes in eodem dicunt et asserunt ipsos homines habuisse et præsentialiter habere, et fuisse in antiquissima et vera possessione Pastorgandi.* Alia ann. 1501. apud eumdem : *Quod... neque pastores aliqui, neque gardiani extranei pastores in eadem terra et territorio Pastorgantes, etc.*

¶ PASTORIGARE, Eodem significatu, in Charta Ludovici Reg. Siciliæ ann. 1359. ex Cod. MS. D. *Brunet* fol. 108 : *Jura lignerandi et Pastorigandi in prædicta tota villa Baucii.*

¶ PASTURGARE, Eadem notione. Charta ann. 1206. apud Pitton. Hist. Aquens. lib. 2. pag. 114 : *In recompensationem vestræ fidelitatis... licentiam, franchesiam et libertatem in terris cultis et incultis quibuscumque et quorumcumque locorum distantium circa civitatem meam Aquensem spatio* V. *leucarum pascendi, Pasturgandi quæcumque animalia vestra.* Charta ann. 1435. in Tabular. S. Victoris Massil. : *Eis dignaremus concedere franquesias et libertates necnon Pasturgandi et laborandi in loco de Chaudelo.*

* *Pastourger*, in Charta admort. ann. 1412. ex Reg. 166. Chartoph. reg. ch. 272 : *Une piece de terre pour Pastourger bestes, contenant environ une meitere de terre.*

¶ PASTORIA, Parochia, Ecclesia, seu ipsarum bona et reditus. Charta ann. 1351. tom. 2. Rer. Mogunt. pag. 281 : *Pastorias parochialium ecclesiarum in Bischouisheim, in Burgestad,.... cum omnibus juribus et perti-*

nentiis earum integraliter vobis et prædictæ Ecclesiæ nostræ, in auxilium cottidianarum distribucionum hujusmodi, inter Canonicos et vicarios... equaliter distribuendarum... annectimus et unimus. Acta SS. tom. 1. Maii pag. 774 : *Item dedit Pastoriam Wassenhein.*

¶ Pastoria, domus pastoris seu curionis. Miracula B. Wernheri tom. 2. April. pag. 720 : *Respondit quod apud S. Wernherum in Pastoria per tres septimanas pausaverint.*

¶ **PASTORICIUM**, Jus ducendi animalia in pascua aliena. Tabular. Aureliense in Lemovic. : *In hoc manso non est Pastoricium, quia judicialis mansus est.*

¶ **PASTORIGARE**, ut *Pastorgare*. Vide in hac voce.

* **PASTORISARE**. Vide in *Pastorare* 2.

PASTORIUM, Pastoria. Lex Bajwar. tit. 2. cap. 6. § 1 : *Si quis in exercitu aliquid furaverit, Pastorium, capistrum, frenum, feltrum, etc.* Lex Long. lib. 1. tit. 25. § 35 [** Roth. 302. 303.] : *Si quis capistrum de capite caballi tulerit, componat sol. 6. Si quis Pastoriam de caballo alieno tulerit, comp. sol. 6.* Ubi editio Heroldi habet *Pastorium*, pag. 193. Occurrit *Pastorium*, in Gloss. Isidori, in quo esse dicitur *Alviale templi vel safurium*, ubi legendum, *Pastoforium, atriale templi, vel * safurium.* Alias *safarium.* [Vide *Pastophorium.*]

☞ Idem videtur *Pastorium* quod Italis *Pastoia* etiamnum dicitur, Pedica nempe seu compedes quibus equi, ne aberrent in pascuis, impediuntur : nostris *Entraves*, Normannis inferioribus, aliisque *Patures*, a parte pedum equi, vulgo *Paturon*, qua innectitur *pastorium*. Vide *Pasturale* 1. et *Pedica* 1.

* **PASTRINE**, perperam pro *Pastione*, in Diplom. Mabill. pag. 307. Vide *Lignaricia*.

¶ 1. **PASTRIX**, dicta Abbatissa quod in moniales officio pastoris fungatur. Litteræ Henrici V. Reg. Angl. ann. 1414. apud Rymer. tom. 9. pag. 157 : *Eidemque Archiepiscopo eligendi, sibi et domui suæ prædictæ, personam ydoneam in Abbatissam et Pastricem liberam potestatem concesserunt ista vice.* Charta ann. 1439. in Tabular. Faremonasterii : *Aliique in electione Abbatissæ dicti monasterii vocem habentes, ad electionem futuræ Abbatissæ seu Pastricis ejusdem monasterii procedere cupientes, etc.*

* 2. **PASTRIX**, Puella gregis custos, Gall. *Bergere*. Lit. remiss. ann. 1373. in Reg. 105. Chartoph. reg. ch. 227 : *Audito clamore et crido validis cujusdam Pastricis et aliorum quorumdam; quæ Pastrix per quosdam vinorum cum barellis et animalibus conductores... infestabatur.* Vide supra *Pastorella*.

* **PASTROFORMEN**, *Une chambre*, in Glossar. Lat. Gall. ex Cod. reg. 7692.

¶ **PASTUAGIUM**, Idem quod *Pastio*. Charta ann. 1067. ex Tabul. Major. Monast. : *Dedimus etiam... decimum porcum Pastuagii de Brionensi.* Vide *Pasturagium*.

¶ **PASTUARIUM**, Pascuum, pratum, vel etiam Census qui ex pascuis percipitur. Charta ann. 1265. in Chartul. S. Vandreg. tom. 2. pag. 1611 : *Omne tenementum et totum jus quod de ipsis tenebam apud Liebecort in parrochia de Forest et alibi in suo feodo videlicet in terris, redditibus, Pastuariis, consuetudinibus, nemoribus, etc.* Vide *Pastio*.

* **PASTUCIA**, Panificium carne aut alio edulio fartum, Gall. *Pasté*. Charta ann. 1221. tom. 1. Hist. Cassin. pag. 317. col. 1 : *In Quadragesima sex panes et duas Pastucias, et in festo sanctæ Mariæ sex panes et duos pullos, etc.* Infra : *Pasticias*. Vide supra *Pastissus*.

PASTULA, Levior pastus. Vita S. Gerardi Abbatis Broniensis n. 15 : *Hujus ergo veneni attaminatus Pastula, etc.* Gustatione.

* **PASTULLARE**, Depascere, morsu carpere, Ital. *Pasturare*, Gall. *Brouter*. Stat. Vallis-Ser. rubr. 184. ex Cod. reg. 4619 : *Si pastullata fuerit in totum vel in parte aliqua planta vitis, vel aliqua arbor a vite, per aliquam capram, vel ircum, etc.*

¶ **PASTUM**, Pascuum. Charta ann. 1196. in Tabular. S. Victoris Massil. : *De malo-fossato præcipiunt ut esset Pastum et gastrum.*

¶ **PASTUMGIUM**, Pastus animalium. Charta ann. 1272. tom. 3. Hist. Harcur. pag. 52 : *Unam acram prati ad Pastumgium ad viginti boves et ad centum oves et ad triginta sues et ad duos equos, etc.* Lege *Pasturagium*.

1. **PASTURA**. Lindewodus in lib. 3. Provincial. Angl. tit. de Decimis : *Differunt pascua et pastura : nam Pastura omne genus pascendi significat, sive fiat in pratis, sive in stipula sive in agris, sive in campis : sed pascua est locus principaliter deputatus pecoribus pascendis, ut puta in montibus, moris, mariscis et planis non cultis nec aratis.* [*Omnes Pasturas forestæ*, in Charta ann. 1172. apud Pillet. Hist. Gerbored. pag. 336.]

¶ Pastura Vana, *Vaim pasturaige*, in Litteris Roberti Ducis Burgund. ann. 1282. inter Ordinat. Reg. Fr. tom. 4. pag. 381. *Vain pasturage*, in Consuetudin. Trecensi art. 170. *Vive et vaine pasture*, in Burgund. Ducat. tit. 13. art. 3. Aliis *pascuum viride et vacuum* : viride seu vivum dicitur; cum in pratis herbæ virent et in silvis glandes maturescunt; vacuum vero seu vanum, tempore quo fœnum aliique fructus conditi sunt, quod Arelatenses vocant *Esplechea*. Charta ann. 1186. Hist. Mediani Monast. pag. 309 : *Conferimus dilectis fratribus nostris de Boumgart vanam Pasturam per totum bannum Visevallis, quamdiu nos oves non habebimus quibus pasturæ jam dictæ sint necessariæ.* Consule Fortium in notis ad Decis. 9. Steph. et Gloss. jur. Gall.

* Pastura Vendibilis, Cum scilicet glandes divenduntur. Chartul. Pontiniac. ch. 29 : *Si evenerit quod aliquo anno Pastura glandium vendibilis in nostra tertia parte habundaverit,.... animalia vestra in ipsam tertiam partem nostram differetis.* Vide supra *Pasnagium*.

¶ 2. **PASTURA**, Alimentum. Charta Eustachii de *Campaines* ann. 1227. tom. 9. Spicileg. Acher. pag. 657 : *Dedi et concessi in puram et perpetuam eleemosynam... Andrensi ecclesiæ sex polkinos frumenti ad Pasturam.* Proprius de animalibus dicitur in Statutis Bressiæ. Locus est in *Micallia*.

* Quidquid educandis hominibus inservit. Lit. ann. 1371. tom. 5. Ordinat. reg. Franc. pag. 419 : *Cum igitur inclita nostra civitas et villa Parisiensis, imperii nostri caput et mater in congregacione, et Pastura nostro subjectorum imperio esse noscatur, etc.* Eædem Gallico idiomate ibid. pag. 418 : *Comme nostre noble cité et ville de Paris, soit congneue estre chief de nostre seigneurie, et mere en congregacion et Pasture de subgez, en nostre seigneurie, etc.*

* 3. **PASTURA**, Farrago, pabulum equorum, Gall. *Fourrage*. Acta MSS. capit. eccl. Lugdun. ad ann. 1345. fol. 112. v°. col. 2 : *Item (debet) ratione dictæ vigiliæ dimidiam trossam feni, dimidiam trossam Pasturæ, dimidiam gallinam.* Et fol. 113. r°. col. 1 : *Stephanus de Garda* (debet) *suo nomine et aliorum hominum... duas partes dimidii fayssi feni, duas partes dimidii fays Pasturæ.*

¶ **PASTURAGIUM**, Pascuum, jus in eo pascendi, necnon et census qui pro ejusmodi jure percipitur. Charta ann. 1202. in Tabular. Belli-portus : *Alanus Dominus de Goelou Henrici Comitis filius, dedi Abbatiæ Belli-portus in forestis meis pannagium porcorum suorum, et Pasturagium cæterorum animalium suorum.* Charta Philippi Augusti ann. 1207. apud Duchesn. Hist. Norman. pag. 1063 : *Præterea concedimus eis pasnagium et Pasturagium porcorum et animalium suorum ad suum proprium usum in forestis et domaniis nostris.* Charta ann. 1227. in Tabular. S. Nicasii Rem. : *Homines de Baio habeant Pasturagium et usum pasturagii.... ab usu pasturagii in omnibus aliis nemoribus abstinebunt.* Alia ann. 1286. apud Stephanot. tom. 3. Antiquit. Bened. Pictav. MSS. pag. 909 : *In pertinentiis ejusdem nemoris, sive sint prandio costumali, avenagio, Pasturagio, guardis, vel rebus aliis quibuscumque.* Charta Henrici V. Reg. Angl. ann. 1421. apud Rymer. tom. 10. pag. 89 : *Una cum libera molaria in molendinis,... ac libero pascuagio in Pasturagio pro omnibus animalibus suis (exceptis capris) in foresta etc.* Vide *Pastuagium*.

* Pasturagium Vanum, Idem quod *Pastura vana*. Vide in *Pastura* 1. Charta ann. 1270. in Chartul. Pontiniac. ch. 105 : *Salvo vano Pasturagio eorum, qui debent illud habere in nemore antedicto.*

* **PASTURAIGIUM**, Pratum, pascuum. Charta ann. 1280. ex Chartul. S. Vincent. Laudun. : *Item habebunt justitiam in casu cavandi in cheminis, aisiamentis et Pasturaigiis suis.* Vide mox *Pasturale* 2.

1. **PASTURALE**, Equi pedum, et aliorum quadrupedum pars ima, Italis *Pasturale*, Gallis *Pastereau*, [vel potius *Paturon*.] Petrus de Crescentiis lib. 9. de Agricult. cap. 9 : *Equus habens juncturas crurium naturaliter grossas, et Pasturalia curta velut bovina, fortis esse censetur.* Ubi nescio cur vetus interpres Gallicus verterit, *qui a les jointures des cuisses naturellement grosses, et les machoüeres courtes comme bœuf.* Nam alia sunt *pasturalia* a maxillis. Adde caput 57. ejusdem libri, ubi perperam *postucalia* editum, quo loco interpres *pasture* reddidit.

* Hinc *Pastures*, appellatus funis, quo

equi ad hanc pedis partem alligantur, ne evagari possint. Lit. remiss. ann. 1460. in Reg. 189. Chartoph. reg. ch. 431 : *Le suppliant frappa icellui Godart deux ou trois coups par le costé d'unes cordes, appellées Pastures.* Vide *Pastorium.*

¶ 2. **PASTURALE**, Idem quod *Pasturagium.* Charta Willelmi Aquitan. Ducis ann. 1069. in Histor. MS. S. Cypr. Pictav. pag. 348 : *Dono jam dictæ ecclesiæ nemus vivum et mortuum, et omnia jam dictæ ecclesiæ necessaria, et Pasturale ad universa animalia.* Charta ann. 1100. tom. 10. Spicil. Acher. pag. 164 : *Totum alodium et dominium... cum terris cultis et incultis... cum herbis, cum pascuis et Pasturalibus, cum rivis, etc.* Tabular. Prioratus Regniac. ad annum 1152 : *Hugo de Ulmo et ejus uxor Parisia dederunt Pasturalia suæ terræ.* Charta ann. 1207. in Hist. Codiac. pag. 166. inter Instr. : *Concedo etiam Pasturalia usque ad Travecy.* Vide *Pastura* 1.

¶ Pasturalle, in Charta ann. 1301. apud Thomasserium Consuet. Bituric. pag. 123 : *Si quis accusatus fuerit de Pasturali, turelli vel platea arata, etc.*

¶ Pasturalis, Eadem notione. Vetus Charta Aragon. tom. 8. Spicil. Acher. pag. 268 : *Et insuper vobis dono omnes Pasturales.*

* Nostris *Pastural* et *Pasturau*, eadem acceptione. Lit. remiss. ann. 1408. in Reg. 162. Chartoph. reg. ch. 311 : *Lesquelx enfans menerent leurs chevaulx ou jumens pasturer en une terre ou Pastural.* Aliæ ann. 1455. in Reg. 187. ch. 101 : *Laquelle vache entra en ung Pasturau estant illec près. Pastureaul,* in Lit. ann. 1352. tom. 6. Ordinat. reg. Franc. pag. 63. art. 15.

* **PASTURAMENTUM**, Jus pascendi pecora in pascuis. Charta Caroli VI. ann. 1400. in Reg. 155. Chartoph. reg. ch. 18 : *Item Pasturamentum et pesnagium in silvis insularum et alibi pro nutrimento bestiarum dicti hospitii.*

¶ **PASTURARE**, Pascere. Charta Arnulfi Comit. Gisn. ann. 1217. tom. 9. Spicil. Acher. pag. 627 : *Sive ad ædificandum in eo, sive ad fodiendum, sive ad Pasturandum, sive ad glebas vendendum.* Tabular. Dolense ad ann. 1291 : *Asserebamus nos et homines nostros habere usagium ad Pasturandum et ad alia necessaria in quibusdam terris.* Charta ann. 1388. apud Rymer. tom. 7. pag. 607 : *Dicta animalia... Pasturanda et susteutanda.* Vide *Pastorgare.*

* Nostri *Pasturer* et *Empasturer*, eodem sensu, dixerunt. Lit. remiss. ann. 1370. in Reg. 102. Chartoph. reg. ch. 68 : *Ouquel lieu ledit Jehan et les autres boviers gardoient et Pasturoient leurs beufs.* Aliæ ann. 1404. in Reg. 159. ch. 14 : *Lesquels enfans Empasturoient les chevaux de leursdiz peres oudit pré... Lesdiz qui Pasturoient leurs chevaux, etc.*

* **PASTURARIUM**, Pascuum. Charta ann. 1362. in Reg. 93. Chartoph. reg. ch. 174 : *De uno prato continente quinque sechoyratas,... cum quodam Pasturario.* Vide *Pasturatio.*

¶ **PASTURATIO**, Pascuum, pratum. Bulla Innocentii IV. PP. ann. 1245. apud Marten. tom. 1. Ampliss. Collect. col. 1291 : *Si vero de communi pastura et aliis terris adjacentibus sit divisio facienda, fiat per servientes hæreditarios monasterii* (S. Vedasti) *et ad divisionem hujusmodi, baillivus Comitis ex parte ipsius monasterii tanquam advocatus, vocetur, et ea per divisionem remanebunt ad communem pasturam, sint perpetuo Pasturationes.*

¶ **PASTURELLUS**, Ager pascuus. Charta venditionis prædii dicti *Caseaux : Sive consistant in terris cultis et non cultis, vineis, pratis, pascuis, sive Pasturellis, nemoribus, etc.*

* **PASTURGAGIUM**, Ager pascuus maxime pecudum, Provinc. et Occit. *Pasturgagi.* Charta ann. 1483. inter Probat. tom. 4. Hist. Nem. pag. 31. col. 1 : *Item quod dicti habitantes Nemausi uti possint et debeant, ad eorum usum et alias, pro libito voluntatis, omnibus patuis, Pasturgagiis et garrigiis dictæ civitatis.* Vide *Pastorgagium.* Hinc

* **PASTURGARE**, Pascere, pecus ducere in pascua, nostris *Pasturager.* Charta ann. 1319. ex Tabul. S. Germ. Prat. : *Quod inantea homines et incolæ dicti loci de Ripperiis absque contradictione possit facere pascere et Pasturgare quæcumque animalia usque ad summitatem rupis.* Lit. remiss. ann. 1395. in Reg. 148. Chartoph. reg. ch. 321 : *Lesquelx eussent menez leurs buefs Pasturager.... en certain pré.* Vide supra *Pastorgare.*

* **PASTURIA**, Ager pascuus. Charta ann. 1344. ex sched. Pr. a S. Vinc. : *In quibuscumque rebus et causis consistant,... Pasturiis, etc.* Vide supra *Pastura* 1.

PASTUS, Convivium, refectio : nostris *Past.* Concilium Nannetense can. 15 : *Pastos autem et comessationes quas divina autoritas vetat, etc.* [Riculfus Suess. Episc. in cap. 20. Constitut. : *Per singulas decanias presbyteri simul conveniant, non Pastis vel potationibus vacent.*] Tabularium Brivatense Ch. 160 : *Ut per singulos annos ad annuale meum in meam commemorationem Pastum optimum persolvant Canonicis S. Juliani.* Charta Gilberti Episcopi Parisiensis : *Omnesque qui pro investitura illa pecuniam, Pastum vel aliquid ullo tempore promittent, darent vel acciperent, sub perpetuo anathemate poneremus.* [*Concordare in Pastum*, in Actis S. Francisci de Paula tom. 1. Aprilis pag. 169. de solvendo in singulos pastus convenire.] Hinc *Pastoier*, pastum dare, convivio excipere. *Caton en Roman :*

Quant dois avoec gens Pastoier,
Si dois ta langue castoicir
Qu'elle soit de parler courtoise.

* *Paast*, in Charta ann. 1509. ex Chartul. 13. Corb. sign. *Habacuc : La somme de dix-sept livres Tournois, avec chascun an deux Paast à ceulx qui seront envoyez pour visiter ledit lieu d'Ansacq.* A voce *Pastus*, nostri *Apasteller* dixerunt, pro Pastum ministrare. Chartul. Corb. sign. *Ezechiel* ad ann. 1419. fol. 70. v°. : *Sera tenus ledit fermier de Apasteller les poissons et trouver la pasture à ses couls et frais, et warder lesdiz poissons et fosses bien et souffisamment. Appasteler* vero vulgari popularique sensu, pro Jugulare, *Couper la gorge*, usurpatur in Lit. remiss. ann. 1389. ex Reg. 136. Chartoph. reg. ch. 188 : *Se tu me approches, je te Appasteleray de ceste cy; et trait un grant coustel, etc.*

¶ Pastus, Cibaria, annona, Gall. *Vivres.* Elmham. in Vita Henrici V. Reg. Angl. edit. Hearnii cap. 32. pag. 78 : *Omnia victualia ab eadem villa, et ejus custodibus, secludere, et ipsos in eorum, secundum ejus beneplacitum, reddicionem fame coercere satagit et anelat... Sicque Pastus defectum pacientes, comes Dorcestriæ,... et populus sibi commissus, egere cæperunt.*

Pastus sumitur eadem notione, qua *Procuratio, convivium, cœnaticum, etc.* de quibus vocabulis, suis locis agimus, seu pro eo jure, quo vassalli et tenentes Principem ac Dominum statis ac definitis vicibus, vel diebus, vel etiam quoties per vassallorum prædia iter agebat, convivio tenebantur excipere : quod quidem jus in præstationes pecuniarias sæpenumero commutatum legitur. Ac *Pastus* quidem qui Principes spectabat, mentio est in capitulis post Concilium Romanum ann. 904. cap. 8 : *Ut Pastus Imperatoris ab Episcopis et Comitibus secundum antiquam consuetudinem solvatur.* Et in Charta Wiglafi Regis Merciorum in Monastico Anglic. tom. 1. pag 123 : *Hoc modo per ævum liberabo a Pastu Regis et Principum etc.* Concilium Trosleianum ann. 909. cap. 6. initio : *Exactiones census ab ipsis Sacerdotibus sibi exquirunt, et xeniis ac Pastis, vel paraveredis, vel caballorum saginationibus Presbyteros affligunt.* Charta Galonis Episcopi Paris. ann. 1107 : *Sciendum vero est, quod illo die prædictus Pastus redditur, scilicet ex 6. porcis vivis et sanæ carnis, ex 2. modiis vini, et dimidio sextario, etc.* [Præceptum Theodorici Calensis apud Eccardum in Famil. Habsburgo-Austr. col. 113 : *Non Archidiaconus, non ecclesiæ judices, nec censum mittere, neque Pastum, neque honorem in rebus monasterii accipere audeat.* Charta ann. 1244. in Tabular. Compend. : *Major autem Pastum quem dicebat se habere etc.*] *Pastus consuetudinarii*, in Tabul. S. Cyrici Nivern. num. 80. Pastus hac notione passim meminerunt veteres Chartæ apud Miræum in Donat. Belgic. lib. 1. cap. 38. Hemeræum in Augusta Viromand. pag. 96. 121. 177. in Regesto pag. 33. 37. 53. 55. Sammarthanos in Episcopis Tolosanis pag. 680. in Monastico Anglic. tom. 1. pag. 100. 236. apud Rouillardum in Meleduno pag. 415. 416. et in Lebuno pag. 57. Jacob. Petitum post Pœnitentiale Theodori pag. 669. 670. etc. Adde Leges Longob. lib. 3. tit. 12. § 1. [** Carol. M. 121.] Vide *Paratæ* et *Procuratio.*

¶ Pastus Nuptialis, Jus quod a recens nuptis parocho debetur. Bulla Clementis PP. V. ann. 1309. apud Lobinel. tom. 2. Hist. Britan. pag. 461 : *Nec non et super Pastu nuptiali parochianis ipsis a nubentibus seu nuptis debito ex consuetudine simili.* Vide *Missus* 1.

Pastus Caballi, Qui debebatur missis Dominicis, et a quo immunes erant prædiorum Ecclesiasticorum coloni. Capitul. Caroli C. tit. 32. cap. 2 : *De manso... ad Ecclesiam dato nullus census, neque caballi Pastus a senioribus de Presbyteris requiratur.* Eadem habentur in Concilio apud S. Macram can. 6. Adde Hincmarum Rem. in Capitulis ad Archidiaconos datis cap. 6. *Caballorum saginationibus Presbyteros affligere*, in Concilio Trosleiano ann. 909. can. 6. [Tabular. Rothon. : *Gleumonoc dat S. Salvatori Rothonensi Botdearec et Randobrocar cum massis... sine censu, sine tributo et sine Pastu caballis.*]

PASTUS CANUM venaticorum. Vetus Charta apud Augustinum *du Pas* in Stemmat. Armoric. 823 : *Duos nihilominus Pastus, quos ex consuetudine habebant in Obedientia Chameriaci, unum mihi, alterum canibus meis, unoquoque anno solvendos etc.* Regestum Castri Lidi in Andibus fol. 27 : *Comes habet etiam in terra de Corcillon hostem, custodiam, talliatam, et in molendino de Sarrevel Pastum canibus semel in anno.* [Vide *Bren.*]

PASTIO, Idem quod *Pastus*, in Charta Caroli Calvi pro Ebroino Episcopo Pictav. apud Beslium : *Aut cœnaticum, aut Pastionem, aut laudaticum, etc.*

PASTELLUS, PASTILLUS, diminutivum a *Pastus*. Joan. de Janua : *Pastillus, parvus pastus.* Concilium Romanum II. sub Gregorio I. PP. et lib. 4. Epist. 44 : *Antiquam Patrum regulam sequens, nihil unquam de ordinationibus accipiendum esse constituo, neque ex datione pallii, neque ex traditione chartarum, neque ex ea quam nova per ambitionem simulatio invenit appellatione Pastelli.* Hincmarus in Capitulis ad Presbyteros parochiæ suæ cap. 15 : *Non quasi ad prandium ibi ad tabulam resideant, et per tales inconvenientes Pastellos se invicem gravent.* Vide *Pastillus*.

PASTILLATICUM et PASTELLATICUM, Jus *Pastus*, seu *Pastelli*. Joan. Diaconus lib. 2. de Vita S. Gregorii M. cap. 5 : *Omnes consuetudines quas contra priscam traditionem Apostolicam noviter pullulasse cognoverat, videlicet de contegendo Dalmaticis Apostolico feretro, de Pastillatico pro pallio, vel consecratione Pontificum,... segregavit.* Et lib. 3. cap. 5 : *Cum vero quosdam cognosceret, ad evitanda simoniacæ hæresis crimina, pestiferæ negotiationis munera Pastellaticum callide vocitare ac hujusmodi mutato nomine suæ cupiditatis avaritiam velle contegere, etc.*

☞ Rectius Macer in Hierolex. *Pastellum* interpretatur Sigillum sive ejus impressionem in *pasta* cerea, quomodo in Brevibus Apostolicis, aliisque privilegiis fieri solet : hinc *Pastillaticum* et *Pastellaticum*, si eidem fides, specioso nomine dicebatur quidquid pro ejus sigilli impressione exigebant; quam simoniacam labem penitus sustulisse Gregorium M. refert Joannes Diaconus locis supra laudatis. Nec ab eo dissentit Christianus tom. 1. Rer. Mogunt. pag. 307.

* PASTUS, Præstatio, forte quod in cibariis, quæ iis fiebat qui *ripaticum* exigebant a navibus ad portum appulsis. Charta ann. 851. apud Murator. tom. 2. Antiq. Ital. med. ævi col. 952 : *Asserebant quod Benedictus episcopus eis multas violentias injuste facit, eo quod eis ripaticum et palificturam et Pastum ad riparios per vim accipiat... Ad hæc respondebat præfatus episcopus, quod quotienscumque quislibet negotiator cum suis navibus in portum ipsum aplicat, omnia hæc, scilicet ripaticum, palificturam et Pastum ad riparios dare debeat ad partem ecclesiæ.* Ibid. col. 953 : *Ripaticum et palificturam dabant et riparios Pascebant, juxta istud pactum.*

* PASTUS, Jus pascendi pecora in pascuis. Charta Beatr. comit. Bigor. pro monast. de Scala Dei ann. 1160. in Reg. 148. Chartoph. reg. ch. 51 : *Donavi Pastum in æstivis.... centum vaccis cum vicibus suis,.... similiter et Pastus consulares gregibus et armentis de Scala Dei.*

PASTUS, Pastio, vel Pascuum, *Pastis*. Chronicon Fontanellense cap. 3 : *Wandonis equum qui ibi in Pasto constitutum ceperit, extemplo assumpsit.*

* Charta ann. 1138. ex Tabul. capit. Carnot. : *Concesserunt in perpetuum absque omni penitus calumpnia deinceps et reclamatione omnes penitus Pastus de majoria Vouarum.*

* PASTUS SILVASTICUS, Glandatio, jus pascendi porcos in silva. Charta Willel. Bellim. in Reg. forest. comitat. Alenc. fol. 11. v°. ex Cam. Comput. Paris. : *Per omnia mea nemora silvasticum Pastum accipientes, et a nemine requiratur pasnagium.* Vide *Pastio*.

* PASTUS COLUMBARUM *et camelorum apud Avicennam, quid sit, ignoro : arbitratur tamen Judæus esse Salviam; quod non credo.* Glossar. medic. Ms. Simon. Januens. ex Cod. reg. 6959.

¶ PASTUS, haud satis mihi nota significatione, in Libertat. Pontis-Ursonis tom. 4. Ordinat. Reg. Franc. pag. 640 : *Molendinus tenet in angulis, dimidium boessellum et Pastum;* nisi idem sit quod *Pugillata*, quantum pugillo seu manu, vulgariter *Pate*, continetur, Gall. *Poignée*.

¶ **PASUAGIUM**, Pascuum, pratum, pro *Pasnagium*. Vide *Pastio*. Charta Philippi Nobilis Comit. Namurc. ann. 1198. apud Miræum tom. 2. pag. 1203 : *Unum porcum quadraginta denariorum quoquo anno in Pasuagiis Namurcensibus.* Rursum occurrit infra.

¶ 1. **PATA**, Ornamentum ecclesiasticum, limbus quidam quo utuntur in plerisque ecclesiis Cathedralibus. Inventar. Ornament. et Reliq. Eccles. Noviom. ann. 1419 : *Item quædam Pata de panno aureo, bordata de sandalo nigro, duplicata etiam de eodem sandalo.*

* 2. **PATA**, Turris seu ædificii pars ima. Reg. 34. bis Chartoph. reg. part. 1. fol. 96. r°. col. 2 : *Omnes Patas tornellarum de gressiis.* Ibid. fol. 98. v°. col. 1 : *Omnes tornellæ habebunt supra terram xij. pedes de Pata matissitia.*

* 3. **PATA**, Calicis vel poculi basis, Gall. *Pate*. Testam. Guill. de Meled. archiep. Senon. ann. 1376. in Reg. 108. Chartoph. reg. ch. 338 : *Item in pede dicti calicis sunt tres grossi saffiri quadrati Orientales, et sunt in Pata dicti calicis novem trochæ, et in qualibet trocha tres pellæ Orientales, et unus baleius in medio cujuslibet trochæ. Pade*, eodem sensu, in Invent. jocal. Eduard. I. reg. Angl. ann. 1297 : *Item une coupe dorée à chevaliers esleveis à cheval, et trois aygleaus volans en le Pade dou hanap.... Item une coupe d'argent dorée, dont li piés est une rose, etc.* Aliud ann. 1492. in Necrol. eccl. Paris. Ms. : *Ung calice Patu garny de douze esmaulx d'or.*

* 4. **PATA**, Pars calcei. Stat. Avenion. ann. 1243. cap. 129. ex Cod. reg. 4659 : *Statuimus quod de calopedibus sive soccis,.... zoquerii teneantur dicere ementibus, interrogantibus vel non, quod Pata est corii novi vel veteris.* An Gallicum *Pâton*, coriaceum fulcimen?

* 5. **PATA**, Minutioris monetæ genus, idem quod *Patacus*. Tabul. Massil. : *Item quilibet mennonus.... solvat quatuor Patas.* Vide mox *Patacus*.

* **PATACALIS**, Res quæ *pataco* emitur, valoris unius *pataci*. Comput. ann. 1393. inter Probat. tom. 3. Hist. Nem. pag. 125. col. 1 : *Item dicti domini consules ordinaverunt dari in offra dicti cantaris cum candelis Patacalibus et denayralibus, etc.* Alius ann. 1399. ibid. pag. 149. col. 1 : *Pro duodecim clavellis Patacalibus.... Item pro clavellis denayralibus, etc. Item emerunt dicti domini consules duas libras candelarum, de uno Pataco candela*, in altero ann. 1495. ibid. tom. 4. pag. 64. col. 1. Vide mox *Patacus*.

¶ **PATACO**, vulgo *Patagon*, Moneta Flandrensis argentea, in cujus altéra parte efficta Crux S. Andreæ cum corona in ejus medio atque hac inscriptione : *Albertus et Elizabetha Dei gratia*; ex aversa vero parte scutum coronatum cum leunculis, in circulo *Archiduces Austriæ. Duces Burgundiæ et Brab.* pretii saltem ann. 1651. 48. dehinc 58. *patarorum* seu solidorum. Chron. Bonæ-Spei pag. 547 : *Anno 1651. mutuo cepit.... mille Patacones.* Pag. 548 : *La somme de 2400. florins une fois en espece de Patacons à 48. patars piece.* Synodus Limæ ann. 1594. tom. 4. Conc. Hisp. pag. 707. col. 1 : *Quod opus a dictis Indis factum vel septem vel octo Pataconibus vendant, cum ipsis constiterit tantum tribus.* [** Nummus argenteus Hispan. unciæ ponderis.]

¶ **PATACUS**, Idem quod *Patarus*, Minutioris monetæ genus apud Provinciales, Delphinates, aliosque, pretii duorum denariorum. Charta ann. 1490. ex Schedis Præs. *de Mazaugues : Pro quolibet animali grosso reducto cujuscumque speciei sit... Pataci decem... et pro quolibet animali porcino reducto, hoc est pro bestia grossa... similes Pataci decem.* Rabelaisius lib. 3. cap. 26 : *Tant que le sac de bled ne vaille trois Patacs, et le bussart de vin que six blancs.* Villon :

Ce Limousin, c'est chose vraye,
Qu'il n'avoit vaillant un Patac.

* *Pactac* et *Patac*, nostratibus. Charta admort. ann. 1375. in Reg. 109. Chartoph. reg. ch. 401 : *Decostiterunt prædictæ terræ noningentos septuaginta septem francos, quinque grossos et quinque Patacos.* Lit. remiss. ann. 1433. in Reg. 175. ch. 282 : *Lesquelz compaignons ordonnerent que l'en paieroit un demi Pactac.* Infra bis : *Pactact*. Aliæ ann. 1455. in Reg. 195. ch. 58 : *Jehan Gilles clerc des questeurs de l'ordre des Quinzevins demourant a Riom,.... vouloit payer ung Patac ou deux deniers.*

* PATAQUUS, Eadem notione. Comput. ann. 1362. inter Probat. tom. 2. Hist. Nem. pag. 244. col. 1 : *Emi... xxj. florenos de Pataquis pro helemosina caritatis danda*

pauperibus Christi, si panis defficeret. Testam. Petri de Sade episc. Massil. ann. 1433 : Volumus quod detur omnibus pauperibus intervenientibus in die obitus nostri, cuilibet unus Pataqus. Ubi aliud exemplar habet, Patagus. Vide in hac voce num. 2.

PATAGINE, quum propius (f. propter) pituitam, non facile labra moverunt, (f. moventur.) Sic in Glossis antiquis MSS. apud Festum, Patagium est morbi genus. [Is est morbus, inquit Grævius ad Gloss. Isid. quo qui corripiuntur, subito tanquam fulmine tacti moriuntur, aliter dicitur ἀποπληξία.]

* **PATAGO**, Genus mortui (leg. morbi). Glossar. vet. ex Cod. reg. 7641. Vide Patagine, Patagus 1. et infra Petago.

¶ 1. **PATAGUS**, Morbus, vitium, et plaga nascens ex cæsura dum colitur. Item morbi genus pestilentis, quo correpti morientes nævolos in corpore ostentant et maculas. Laurent. in Amalth. post Scaliger.

¶ 2. **PATAGUS**, Idem quod Patacus. Charta ann. 1433. in Tabular. Eccl. major. Massil. : Volumus quod detur omnibus pauperibus intervenientibus in die obitus nostri cuilibet unus Patagus.

* **PATALIA**. Vide infra in Paterinus.

PATAMEN, Patens aditus et egressus, in lege 53. Cod. Th. Operib. publ. (15, 2.): A platea aditus atque egressus Patamen. [** In prioribus Cod. Theod. editionibus pa* tamen. Signum, quod indicabat hiatum hic reprehendi, primus omisit Gothofredus, qui vocem Patamen ad analogiam vocis Foramen confictam esse opinabatur. Sed excidit librarii oscitántia integer versus inter pa et tamen, quem primus ex codice palimpsesto Vatinaco restituit Maius ita ut locus integer ita legendus sit : Eas vero (sc. exedras), quæ tam orientali, quam occidentali lateri copulantur, quas nulla a platea aditus atque egressus PAtens pervias facit, veterum usibus popinarum jubebit adscribi. His TAMEN ipsis quæ humiliores aliquanto, etc. Vide Wenkium et Hænelium ad h. loc. Cod. Theod.]

* **PATAQUUS**. Vide supra in Patacus.

PATARACINUM. Fragmentum Petronii : Clamat itaque primus, cum Pataracina poposcisset, dies, inquit, nihil est, dum versus te nox fit.

¶ **PATARDUS**, pro Patarus. Vide in hac voce. Menoti Serm. fol. 140 : Non sic Galli et maxime Picardi faciunt : postquam summam numeraverunt et hospiti satisfecerunt, adhuc bene potabunt vinum pro sex Patardis, si sit parum panis duorum denariorum super mensam.

PATAREA, Hæresis Paterinorum. Bonizo Episcopus Sutrinus in Chronico Romanor. Pontificum ex Bibliotheca Cæsarea apud Lambecium lib. 2. Comment. : Et de Stephano Godefridi Regis germano, et qualiter ejus temporibus Patarea apud Mediolanum exorta est : et de Nicolao Papa, etc. [Vide infra Paterinus.]

¶ **PATARENI**, PATARINI. Vide Paterinus.

* **PATARIA**, Locus, ut videtur, ubi pannus texitur vel venditur. Stat. datiar. Riper. cap. 12. fol. 3. r°. : De qualibet petia panni alti laborati in Pataria, ad introitum soldi decem. Et fol. 4. r°. : De quolibet pense Patariæ veteris, denarii quatuor, salvo quod si fuerit a dorsu dictæ talis personæ conducentis, nihil solvatur; de alia vero Pataria, solvatur ut supra. Propolæ Mediolanensibus appellantur Pate, teste Muratorio tom. 5. Antiq. Ital. med. ævi col. 85. Vide alia notione infra in Paterinus.

¶ **PATARUS**, vulgo Patart, idem Provincialibus ejusdemque pretii ac patacus, Belgis vero solidum valet. Charta Renati Reg. Provinc. ann. 1460 : Rex ordinat levari Pataros duos pro quolibet floreno super extraneos vendentes pisces Massiliæ loco medii grossi. Statuta MSS. Card. Trivoltii Abb. S. Victoris Massil. ann. 1531 : Item pitansarius tenetur dare tempore Adventus et Quadragesimæ singulis diebus Pataros tres pro pitantia cuilibet religioso. Ibid. : Item tenetur facere ardere die ac nocte unam candelam ceream grossitudinis (i. pretii) unius Patari in capella B. Mariæ.

* Pastar, in Charta ann. 1473. ex Chartul. 23. Corb. : Moiennant le pris et somme de 48. livres, ving Pastars, monnoie courant pour la livre.

¶ **PATATIUS**, ut Patacus, Moneta Dalphinalis. Charta Humberti II. ann. 1343. tom. 2. Hist. Dalphin. pag. 516 : Patatius niger pro tribus denariis, denarius niger pro uno denario, etc.

¶ **PATEGARE**, Pascere. Transactio inter Conventum S. Andreæ Regensis diœcesis et D. Jacobum Aperi oculos dominum de Trevanis ann. 1317. ex Schedis Peiresc. apud Præs. de Mazaugues : Quod avere.... possit perpetuo et sine aliqua contradictione pascere, et ipsi homines et dominus dicti castri Pategare in aliis possessionibus.

* A Provinciali Pategar, eadem acceptione; quod ire et percurrere etiam sonat. Hinc

* **PATEGIUM**, PATEGUM, Pascuum commune. Charta Joan. dalph. Vienn. ann. 1315. in Reg. 101. Chartoph. reg. ch. 100 : Concedimus in emphiteosim perpetuam.... pascua, Pategia, pasqueragia,.... et quod possint eisdem uti et frui, essartare et essartata tenere, pasqueyrare, depasi (leg. depasci), etc. Libert. Brianc. ann. 1343. tom. 7. Ordinat. reg. pag. 730. art. 25. : Concessit quod sindici seu consules dictarum universitatum deboynare, restringere et ampliare possint... vias, Patega et nemora, etc.

PATELLA, apud Celsum lib. 8. cap. 1. dicitur Commissura femorum osse parvo molli et cartilaginoso tecta. Utitur etiam Sextus Platonicus lib. 1. de Medicina animal. cap. 1. num. 14. ut et Anonymus de Gestis Constantini M. de Zenone Imperat. : Perhibent de eo quia Patellas in genucula non habuisset, sed mobiles fuissent, ut etiam cursu velocissimo ultra modum hominum haberetur.

PATELLA. Papias : Arula, patella carbonum, craticula. [Charta Alphonsi VI. tom. 3. Concil. Hispan. pag. 284 : Nullus habeat ibi furno vel Patella, sed ubi fuerit invento, frangatur, et det abbati quinque solidos.]

PATELLA SALIS, vel salinarum, [Salina, Gall. Saline, Locus in quo sal conficitur. Charta Lotharii Imper. ann. 844. apud Marten. tom. 1. Anecd. col. 35. : Nulla thelonia de illa eorum Patella, quæ est in Mediano vico, hoc est Marsalle dare nec solvere debeant. Testam. Eddonis Episc. Argent. sub Pippino Rege apud Eccardum in Origin. Habsburgo-Austr. col. 145 : Dedimus... in Marsalla villa mediam Patellam salis ad prædictam cellam in stipendium ipsorum monachorum. Charta ann. 1138. apud Calmet. Hist. Lothar. tom. 2. col. 316 : Jus unius Patellæ apud Marsal, tam in nummis quam in sale in perpetuum damus.] Testamentum Fulradi Abbatis S. Dionysii : Patellas ad salo faciendum in vico Bodatio seu Marsallo cum sessis eorum. Annotatio Arnonis Episcopi sub Carolo M. apud Canisium : Simulque et tradidit jamdictus Dux in eodem pago, in loco qui vocatur Salinas, fornaces 20. et totidem Patellas, et tertiam partem de putiatorio concessit. Metellus in Quirinalibus :

> Fonte salinarum loca viginti Patinarum,
> Duobus additis, simul sustulit ille furor.

Chronicon S. Michaelis Virdun. pag. 385 : Huic Smaragdo auctoritatis suæ præceptum contulit, de prædicta loci libertate : contulit et aliud de libertate carrorum et summariorum et Patellarum in Vico et Marsallo. Adde pag. 412. Chronicon Reichersperg. ann. 1137 : Patellam in Halla cum uno curtili in ipsa villa Hallensi. Patella salis, in eodem Chronico ann. 1141 : Patellam salis in Halla. Ann. 1146: Patellam salis et alia prædia ab eodem Episcopo donata. Joannes Abbas in Vita B. Joannis Abb. Gorziensis cap. 10. n. 89. : Salinas... exstruere (curabat) ut in loco eodem plures, duas dicunt Patellas, partim ex integro cum ipsis sedibus emptas, partim.... reparatas, etc. Historia Australis ann. 1295 : Qui combusserunt et destruxerunt Duci Austriæ duas Patellas salis, etc. Adde Acta S. Quirini Mart. num. 12. et Chartas Caroli Cal. et Mainardi Comitis Morspecensis ann. 1125. apud Doubletum pag. 779. Metropolim Salisburgensem tom. 2. pag. 264. tom. 3. pag. 243. etc.

¶ PATELLA, Præstationis genus, quæ ex Patellis percipitur. Charta Narrioti domini de Tuciaco ann. 1110. in Tabular. Floriac. : Dimisit abbati Floriacensi omnes malas consuetudines quas usurparat, videlicet talliam denariorum, raptum, incendium,... vaccam ex karro, tripediam, Patellam et cacabum. Codex MS. Irminonis Abb. Sangerman. fol. 72. v° : Solvunt de unaquaque Patella omnes in eodem fisco, postquam tres vices ibidem in anno bratsaverint modium 1. de avena. [** Br. 13. sect. 106. Guerardo Vas in quo cerevisia conficitur.]

PATELLA. Charta Gaufredi Comitis Andegav. ann. 1135. ex Archivo Regio, [nunc edita tom. 4. Ordinat. Reg. Franc. pag. 633.]: Quicunque autem voluerit vinum Andegavis adducat, ibique non cum Patella, sed cum lagunculis illud vendat, Comitique suam costumam rectam, scilicet de singulis modiis quinque denarios reddat. [Galli dicerenus Vendre à plats et assietes.]

PATELLÆ COCTÆ singulis hebdomadis ex micis quæ e mensis monachicis levantur, apud Magistrum in Regula cap. 23. 25.

¶ PATELLA, Lampadis species, ab ejus forma sic dicta, quæ sebo aliave materia alebatur. Bernardus Mon. in Ord. Cluniac. part. 1. cap. 3 : Quo ex more expleto extinguit candelam, et ponit eam cum sconsa *juxta Patellam illam quæ in fenestra dormitorii et necessariorum accensa illuminat utramque.* Ibid. cap. 13 : *Patellas dormitorii, infirmariæ, cellarii cellæque novitiorum, recepto servo a camerario, ipse implere facit famulis suis, et ponit lychnos de suo.* Et cap. 27 : *Statim accendat Patellam quæ in schola est.*

¶ PATELLA, Objectaculum ligneum, Gall. *Bonde.* Litteræ Caroli V. Franc. Reg. ann. 1365 : *Si contigerit per diruptionem seu fractionem calceiæ sive Patellæ stagni aquam arrestari, etc.*

* Charta ann. 1252. ex Chartul. Campan. fol. 295. v°. col. 1 : *Tenet in feodo ab illustri domino Theobaldo.... calceiam et Patellam vinarii* (leg. vivarii) *sui de Lecheriis, et quod dictæ calceia et Patella dicti vinarii sunt de justitia domini regis* (Navarræ) *supradicti.*

* **PATELLA DECANATUS**, Festum ejusdem furfuris atque fatuorum aut innocentium : unde cum iisdem prohibetur in Conc. Senon. ann. 1528. apud Bochel. Decr. pag. 1365. Ex animadv. D. *Pocquet* Jur. Gall. profess. in Universit. Andegav.

* **PATELLARIA**, Quantum *patella* continetur. Necrol. B. M. de Medunta fol. 2. r° : *Percipiunt annuatim xx. solidos in molendino de planchia, et refectorium salmonem Quadragesimæ, et in furno suo Patellariam carbonis.* Vide in *Patella.*

* 1. **PATELLATA**, Eodem intellectu. Chartul. Floriac. fol. 188. r°. : *Singulis diebus, in quibus furnum de platea calefieri contigerit, ipse Garnerius habebit unam Patellatam brasiæ.*

¶ 2. **PATELLATA**, diminut. a *Patella*, Gall. *Petit plat.* Ordinatio Humberti II. super numero et ordine mensarum, tom. 2. Hist. Dalphin. pag. 313 : *Diebus vero quibus non comeduntur carnes, dentur eisdem panes et vinum, prout supra, quatuor Patellatæ ovorum et in qualibet Patellata sint sex ova.*

* **PATELLUM**, in Stat. pannif. ann. 1317. ex Reg. A. Cam. Comput. Paris. fol. 195. v°. rectius *Pastellum*, in eod. Stat. ex Reg. 56. Chartoph. reg. ch. 154.

* **PATELLUS**, Comput. Ms. fabr. S. Petri Insul. ann. 1475 : *Item pro reparando magna organa, in eis scilicet faciendo bursas et Patellos, etc.*

PATENA, *Vas latum* definitur a Columella lib. 12. cap. 43. Unde Walafridus Strabo lib. de Reb. Eccles. cap. 24. ait paternam dictam *a patendo, quod patula sit.* Joannes de Garlandia in Synonymis :

> A pateo dicas patenas, conjunge patellas,
> Vas dico Patenam, calicis tectura patenam.

[* Glossar. Lat. Gall. ann. 1352. ex Cod. reg. 4120 : *Patena, covreciaus.* Stat. synod. eccl. Castrens. ann. 1358. ex Cod. reg. 1592. A. fol. 76. r° : *Item unam Patenam ferream.*] Est autem vas Ecclesiæ ministeriis dicatum, cujus usus in oblatione Corporis Dominici olim fuit, et jam est, δισκοκάλυμμα, Germano Patr. in Theoria, δισκοποτήριον, Nicetæ et auctori Descript. S. Sophiæ. [Lex Bajuvar. tit. 1. cap. 3 : *Si autem de ministerio ecclesiæ aliquid furaverit, id est, calicem, aut Patenam, vel pallam, etc.*] Alcuinus Poem. 3 :

> Aureus atque calix gemmis fulgescit opertis,
> Ut cælum rutilat stellis ardentibus aptum;
> Sic lata argento constat fabricata Patena,
> Quæ divina gerunt nostræ medicamina vitæ.

Anastasius in S. Silvestro : *Obtulit Patenas aureas 7. quæ pensant singulæ libras 30.* In Nicolao : *Patenam ex auro purissimo misit Michael Imp. cum diversis lapidibus pretiosis, etc.* Vita S. Desiderii Episc. Cadurc. cap. 9. : *Nec desunt Patenæ sacris Propositionis panibus præparatæ.* Helgaudus in Roberto Rege Franc. : *Fecit in ipso sancto calice Patenam ad conficiendum in ea Corpus Redemptoris mundi.* Exstant in Ordine Romano orationes ad Benedictionem Patenæ, quæ ibi appellatur *Vasculum in quo Eucharistia reconditur,* [in Missali Francor. *in quo conficitur Corpus D. N. J. C.*] Vide Card. Bona lib. 1. Liturgicor. cap. 25. num. 3.

* Unde *Venire ad Patenam*, pro ad *offerendam* seu oblationem inter missarum solemnia procedere, ubi *Patena* deosculanda præbetur. Charta ann. 1249. ex Tabul. S. Florent. Salmur. : *Persona vero de omnibus, qui venient ad Patenam, tertiam partem tantummodo percipiet.*

PATENA, Lamina, vel ferrum latius, et deductum in laminas, quibus ferrei thoraces constabant : limbos vocat Ammianus lib. 16 : *Thoracum muniti tegminibus, et limbis ferreis cincti.* Willelmus Brito lib. 3. Philipp. :

> Vix obstat ferro fabricata Patena recocto,
> Qua bene munierat pectus sibi cautus ab hoste.

Lib. 11 :

> Tot ferri sua membra plicis, tot quisque Patenis
> Pectora, tot coriis, tot gambesonibus armant.

Vide *Plata.*

¶ 1. **PATENS**, nude pro *Litera patens.* Litteræ Eduardi III. Reg. Angl. ann. 1367. apud. Rymer. tom. 6. pag. 573 : *Cujus tenorem, sub magno sigillo nostro, in forma Patentis, vobis mittimus.* Vide *Literæ.*

* 2. **PATENS**, Iter apertum seu vadum. Comment. Benzon. episc. Albens. in Henr. III. imper. apud Ludewig. tom. 9. Reliq. Mss. pag. 369 : *Per circuitum denique montis Soratis gradientes, post novem dies venimus ad fluminis ripam.... Caret tamen Patentibus et vadis, arenas involvens turbidus amnis.* Vide *Passum.*

¶ **PATENTA**, ut *Patens*, 1. *Patente.* In Cancellaria Ferdinandi II. Imperat. : *Comiti Johanni de Nassaux Patenta transmissa est.*

* **PATENTITIUM**, Exactionis species, forte quod *Literis patentibus* indiceretur, sic appellata; nisi legendum sit, ut in aliis ejusdem regis Chartis ibid. *Freda aut tributa.* Dipl. Pippini Aquit. reg. ann. 836. tom. 6. Collect. Histor. Franc. pag. 674 : *Nulla cujuslibet judiciariæ potestatis persona aliquem distringere, aut fidejussores tollere, aut Patentitia accipere, neque mansionaticos, sive paratas, etc.* Forte etiam pro *Paticia*, tributa ex pacto concessa. Vide *Paticium.*

* **PATENULA**, dimin. a *Patena.* Vita S. Germ. Autiss. tom. 7. Jul. pag. 219. col. 1. : *Remittens loco muneris Patenulam ligneam, panem hordeaceum continentem.* Vide *Patella.*

PATER. Papias : *Genitor naturæ vocabulum est, Pater dignitatis.* Quod quidem discrimen observare est in Epistola Theodeberti Regis ad filium Mauricii Imperatoris : *Et quia ad serenissimum atque piissimum Patrem nostrum, genitorem vestrum Mauricium Imperatorem... legatarios direximus, etc.* Vide Dissertat. 23. ad Joinvillam pag. 288.

☞ Eo potissimum titulo, honoris et observantiæ causa donati seniores a junioribus, qui vicissim ab eis ad animi paterni testimonium *filii* vocabantur; eodem præterea utebantur inferiores erga superiores suos; sed et pares dignitate interdum iis titulis sese invicem compellant : sic Jacobus IV. Rex Scotor. Henricum VII. Regem Angliæ *patrem* nominat, in Epist. apud Rymer. tom. 13. pag. 50 : *Excellentissimi et illustrissimi principis Patrisque et consanguinei nostri carissimi Henrici... Regis Angliæ, etc.* Et Henricus Jacobum *filium* vocat, in Epist. apud eumdem ibid. pag. 56 : *Illustrissimi principis consanguinei et Filii nostri carissimi Jacobi Scotorum Regis, etc.* At, quod notandum est, Abbas Certensis Henricum Reg. Angliæ eodem *Patris* nomine compellat, in lib. nigro Scaccarii pag. 62 : *Venerabili karissimo domino suo Henrico Dei gratia Angliæ Regi... frater A. indignus minister Certes, salutem et orationes. Sciat diligentia vestra, karissime Pater et domine, quod etc.*

PATER, et PATER MONASTERII, Abbas. S. Augustinus lib. 1. de Morib. Eccl. Cath. cap. 31 : *Illi autem Decani cum magna sollicitudine omnia disponentes,... traditionem tamen etiam ipsi reddant uni, quem Patrem vocant.* Gregorius M. lib. 1. Dial. cap. 1 : *Monasterium construxit, in quo ducentorum ferme monachorum Pater extitit.* Adde lib. lib. 2. cap. 3. 3. cap. 23. 33. Cæsarium Arelat. in sermonibus non semel, Regulam S. Fructuosi cap. 15. Isidorum Hispal. Epist. ad Leudefred. Cordub. Episc. Regularum Concord. Anglicæ nationis apud Selden. ad Eadmer. pag. 150. 153. etc. [Sic et Abbatissa *Mater monasterii* dicitur.] Vide *Mater.*

PATER, Patrinus. Pœnitentiale Theodori Cantuar. cap. 4 : *In Catechumenæ et baptismate et confirmatione unus potest esse Pater, si necesse sit.* Ruffinus lib. 1. in S. Hieronym. : *Quorum alter nunc Presbyter beatæ memoriæ Valeriani, alter Archidiaconus, alius Diaconus, simulque Pater mihi et doctor symboli ac fidei fuit.*

* PATER FIDEI, Patrinus, ut videtur. Charta ann. 1215 : *Guillenus quondam filius Adæ de Goumercourt recognovit Patrem suum fidei.*

PATER ABBAS, seu Abbas domus illius quæ alteram genuerit, qui *Abbas majoris Ecclesiæ* dicitur, in Charta Charitatis Cisterciensis cap. 5. Rainardus Abbas Cisterc. in Constitutionib. ejusdem Ordinis cap. 65 : *Defuncto Abbate, Pater Abbas vocetur, et si qui sunt Abbates quos domus illa genuerit.* Qui quidem Abbas jus superioritatis et visitationis habebat in monasteriis quæ genuerat, ut habent institutiones Capituli General. ejusd. Ordin. distinct. 1. cap. 4. 6. dist. 5. cap. 3. 18. 19. 22. dist. 17. cap. 1. 2. dist. 15. cap. 4. Ejus vero respectu dicuntur alii Abbates *Filii*. Idem Rainardus cap. 77 : *Abbas filius qui Abbatem suum eum corripientem de ordine suo contempserit, etc.* Et jus superioritatis, *paternitas* appellatur in Antiquis definitionibus ejusdem Ordinis distinct. 15. cap. 1. et in novis, distinct. 14. cap. 1.

* Eadem appellatione donabatur abbas, cujus regimini altera domus volens se se subjecerat, licet illius monasterio originem suam minime acceptam referret, ut colligitur ex Charta Sancii abbatis S. Salvatoris in Hispania, quam abbatiam non genuerat Cluniacensis, in Chartul. Cluniac. ch. 247. ann. 1265 : *Quando autem ad prædictum monasterium S. Salvatoris Cluniacensem abbatem contingerit declinare, eum tanquam Patrem abbatem, nos abbas et conventus S. Salvatoris prædicti et successores nostri honorifice cum processione tenebimur recipere in capite et in membris, et ad ipsum in sedili, sibi in claustro parato, sedentem omnes venient, et singuli manus suas inter manus ipsius Cluniacensis abbatis ponentes, recipientur ad pacis osculum ab eodem.* Ubi notanda prorsus ratio recipiendi abbates, monasteria sibi subjecta visitantes.

* Eodem quoque titulo, licet ejusmodi appellatio ad abbatem Præmonstratensem, totius ordinis caput, potiori jure pertineat, apud Præmonstratenses compellantur ii abbates, qui in aliis monasteriis visitatorum jurisdictionem exercent. Bulla Alex. III. PP. ann. 1177. inter Privil. Mss. Præmonst. ordin. : *Sane si abbas aliquis vestri ordinis infamis vel inutilis, aut ordinis sui prævaricator inventus fuerit; et prius per Patrem abbatem suum, aut per nuntios ejus ammonitus suum corrigere et emendare delictum neglexerit,..... auctoritate generalis capituli deponatur.... Id ipsum et alio tempore, si necesse fuerit, et capitulum sine scandalo vel periculo expectari nequiverit, per abbatem Præmonstratensem et Patrem abbatem et alios abbates, quos vocaverit, fieri licebit, etc.* Alia Innoc. IV. PP ibid. : *Quare volumus et mandamus ut in qualibet ecclesia ipsius ordinis abbas loci, vel negligente abbate proprio, Pater abbas, aut utroque cessante, visitatores qui pro tempore fuerint, etc.* Stat. ejusd. ordin. Mss. dist. 4. cap. 2 : *Abbas filius non faciat abbatiam, nisi assensu Patris abbatis.* Et cap. 3 : *Pater abbas monasterium filii abbatis visitans, non ejus canonicum vel novitium ad obedientiam vel professionem recipiet.*

Pater Civitatis. Synodus Mopsuestana in quinta Synodo Constantinopolitana collat. 5 : *Comitas Agens in rebus et Pater civitatis dixit, etc.* [Vide Glossar. med. Græcit. col. 1131.] [** Idem qui alias Quinquennalis vel Curator. Vide Savinii Histor. Jur. Rom. med. temp. tom. 1. § 107. et 112.]

¶ Paterfamilias, Qui sui juris est, a paterna potestate liber. Charta Caroli IV. Reg. Franc. ann. 1325. tom. 8. Spicileg. Acher. pag. 263 : *Ludovicum ætatis septem annorum vel circa emancipare possit, et a potestatis paternæ vinculis liberare... ad finem quod extunc dictus ejus filius Ludovicus, in quantum ad paternam attinet potestatem, existat sicut Paterfamilias sui juris... Agat idem Ludovicus et contrahat, ceteraque faciat sicut Paterfamilias, sui juris existens, potestate paterna sibi extunc in antea non obstante.*

Pater Imperatoris, πατὴρ Βασιλέως, Βασιλεοπάτωρ, Dignitas qua donatus Romanus Lecapenus, priusquam Imperator dictus fuisset, apud Luithprandum lib. 3. cap. 7. 8. et Tzautzas Stylianus socer Leonis Philosophi Imperatoris, apud Zonaram, Cedrenum, Leonem Grammaticum, et alios. Constantinus Manasses de Romano : Πατέρα καὶ προφύλακα ποιεῖ τῆς βασιλείας. Ita πατὴρ τοῦ κοινοῦ, Suidæ dicitur Patricius, ut *Pater Imperii*, Coripp. Dignitas vero ipsa Βασιλεοπατορία, Georgio Pachyneri lib. 1. Hist. cap. 27. pag. 44. ubi de Michaele Palæologo, qui junioris Lascaris tutelam exceperat. Et sane aliam nec diversam esse a Patriciatu plerique censent; cum ab ipsa ferme istius dignitatis origine Patricii *Patres Imperatorum* compellati legantur. Philostorgius lib. 11. cap. 4. et ex eo Nicephorus lib. 13. cap. 1. de Rufino Eunucho Patricio, Arcadio imperante : Ἀλλ' ἐπειδήπερ αὐτὸν ἡ ἐκτομὴ τῆς ἁλουργίδος ἀπεσέρει, πείθει Βασιλέα Πατρίκιόν τε καὶ ὕπατον ἀναγράφειν, καὶ ἦν λοιπὸν Πατὴρ ὁ εὐνοῦχος Βασιλέως, ὁ μηδὲ τὸν τυχόντα παῖδα φῦναι δυνάμενος. Majorianus Nov. 3 : *Cum Patre Patricioque nostro Richimere, etc.* Hinc sancitum a Theodosio juniore, μὴ εἰσέρχεσθαι εἰς Πατρικίου ἀξίαν εὐνοῦχον, apud Cedrenum, et Suidam in εὐνοῦχος, quod tamen non obtinuit, cum alii legantur deinceps Eunuchi apud Cedrenum et Luitprandum in Legatione. Claudianus lib. 2. in Eutropium perinde Eunuchum prolog. vers. 49 :

> Direptas quid plangis opes quas natus habebit,
> Non aliter poteras Principis esse Pater.

Alibi de eodem Eunucho lib. 2. vers 68 :

> ... præsidium legum, Genitorque vocatur
> Principis, et famulum dignatur regia Patrem.

Et Sozomenus lib. 8. cap. 7. de eodem ὑπατοῦ καὶ πατρὸς Βασιλέως ἀξίᾳ ἐτιμήθη. Justinianus lib. 1. Inst. Quibus modis jus patriæ potestatis solvitur, de dignitate patriciatus : *Quis enim patiatur patrem quidem posse per emancipationis modum potestatis suæ nexibus filium liberare, Imperatoriam autem celsitudinem non valere eum quem sibi Patrem elegit, ab aliena eximere potestate?* Idem leg. 5. C. de Consul. (12,3.) : *Ne videantur qui a nobis loco Patris honorantur, alieno juri esse subjecti.* Corippus lib. 4. vers. 333 :

> Patricius senio fulgens Calinicus honore,
> Qui pater Imperii meruit jam factus haberi.

Theophylactus Simocatta lib. 1. cap. 10 : Οἱ ταῖς κορυφαῖς τῶν ἀξιωμάτων περιλαμπόμενοι, οὓς καὶ γονεῖς ἀποκαλεῖν Βασιλεὺς οὐκ ἀπηξίωσεν. Huc denique pertinet Anonymi Epigramma lib. 4. Anthol. cap. 4 :

> Οὗτος ὁ κοσμήσας ὑπάτων θρόνον, τὸν τρισέπαρχον,
> Καὶ Πατέρα Βασιλῆες ἑὸν καλέσαντο μέγιστοι.

Nescio an eo etiam respexerit vetus Interpres Juvenalis Sat. 10 : *Tutor haberi Principis, Patricius fieri* : nam is post Constantinum, a quo inventa Patricii dignitas, vixit, ut observatum a Petro Pithœo ejus editore. Ut porro *parentes*, ita et *patres* compellabant, summos magistratus, ut est in Passione S. Savini n. 2. Vide Gloss. med. Græcit. in Πατὴρ col. 1131.

¶ Pater Maternus, Matris gerens affectum. Gerardus in Vita S. Adalardi n. 36. sæc. 4. Bened. part. 1. pag. 354 : *Sed non est permissus, a filiis suis scilicet, quorum erat spes maxima post Deum, et Pater maternus.*

¶ Pater Naturalis, Genitor. Formula inter Sirmondicas 23 : *Dum peccatis meis facientibus orbatus sum a filiis, mihi placuit ut illum una cum consensu patris sui in civitate illa cum curia publica de potestate Patris naturalis discedentem et in meam potestatem venientem in loco filiorum adoptassem.*

Pater Patrum, Titulus concessus summo Pontifici ab Africanis Episcopis in Epist. ad Theodorum PP. quæ exstat in Synodo Lateran. sub Martino I. PP. act. 2. a Cyro Episcopo Phasidis in Epistola ad Sergium PP. quæ legitur in sexta Synodo act. 13. a Patribus Concilii Constantinopolitani Hormisdæ PP. apud Baron. ann. 520. n. 41. ab Anastasio Bibl. in Epist. ad Adrianum PP. seu præfat. ad VIII. Concilium Oecumenicum, in Reclamatione Hincmari Laudunens. in Concilio Trecassino ann. 878. Epist. 9. etc. Will. Brito lib. 9. Philipp. :

> Audet Apostolicis dare sub pietatis amictu
> Verba viris qui sunt a Cardine nomen adepti,
> Et Patrum Patri blando supplicare precatu.

Ita lib. 10. pag. 223. 226. lib. 12. pag. 245. et Ordericus Vital. lib. 12. pag. 861. 895. *Papa patrum*, in Diurno Romano cap. 3. tit. 1. qui cap. 5. tit. 3. *Pater patrum*. Gregorius IV. PP. in Epist. ad Episcopos Regni Francorum, queritur quod *frater et Papa* ab iis compellatus fuerit, cum Patrem appellare debuissent : *Romano Pontifici scribentes contrariis eum in præfatione nominibus appellastis Fratrem videlicet et Papam, dum congruentius esset solam ei Paternam reverentiam exhibere.* Vide Durandum lib. 2. Ration. cap. 1. n. 18. Ughellum tom. 1. part. 1. pag. 162. Savaronem ad Sidonium lib. 6. Epist. 1. Browerum lib. 11. Annal. Trevir. num. 70. [Masarum in Hist. Patr. pag. 148. Goarum ad Euchologi. pag. 313.] Glossar. med. Græcit.

☞ Eodem titulo donati etiam interdum Episcopi. In Conc. Nicæno II. sess. 6. tom. 5. Gregorius Nyssenus dicitur ab omnibus appellatus πατὴρ πατέρων. Sic et apud Athanasium in Epist. ad Solitar. Osius Cordubensis Episcopus πατὴρ τῶν ἐπισκόπων dicitur.

* Pater Patrum Sanctus Benedictus dicitur Andreæ Floriac. in Præfat. ad lib. 1. Mirac. ejusdem.

¶ Pater Religionis, Antistes, qui iis, quæ ad Religionem spectant, præest. Arnobius lib. 4. adv. Gent. : *Quid dicitis, o Patres magnarum Religionum et potestatum? ergone a vobis Deos violari et negligi sacrilege clamitatis, quiritaminique contemni?*

Pater Spiritualis, dicitur Sacerdos, illius cui baptismi Sacramentum impertiit. Avitus Viennensis in homilia de Rogationib. : *Prædecessor namque meus, et spiritalis a baptismo Pater, Mamertus Sacerdos, etc.* Petrus Damianus lib. 2. Epist. 14. pag. 200 : *Senex quidam Presbyter, Severus nomine, qui nimirum spiritualis ejus Pater extiterat.* Vita S. Rictrudis Abbat. cap. 6 : *Mauronto siquidem... Richarius Pater extitit spiritualis, cumque per sacrum baptisma Deo regeneravit.* Vita S. Trudonis cap. 14 : *Baptizavit illum, et a sacro fonte suscepit in utroque Pater illi spiritualis effectus.* Sed et Patrinus. Homilia Anonymi in Ascensu Domini : *Et certe dignum est, ut qui peccato carnalium parentum polluuntur, fide spiritualium Parentum salventur.* [Le Roman de *Vacce* MS. ubi de Richardo :

Dex crainst et ama le Pere esperital.]

* Hac notione nequaquam intelligendus *Pere esperital* ex Poemate Vaccii, sed Deus Pater.

Pater Spiritualis, Qui a Confessionibus est, *Confessor* : Wigorniensi, loco laudando, *Pater confessionum.* Petrus Damiani lib. 4. Epist. 7. de Hildebrando Comite Tusciæ : *Hic Presbyterum quemdam, religiosum videlicet et honestum virum, spiritualem sibi fecerat patrem, a quo et pœnitentiam ex more percipiebat.* Leo Ost. lib. 2. cap. 30. de Lucio Abbate : *Reversus ad Principem... cui dudum et Pater spiritualis, et familiaris super omnes extiterat, etc.* De *confessione* etiam videtur intelligenda Regula Tarnatensis cap. 3 : *Spiritualem se fieri Patrem sine Abbatis imperio nullatenus acquiescat.* Ita Græci πνευματικὸν πατέρα indigitant, ut [Anonymus Combefisianus in Lacapeno n. 58. et] Pachymeres lib. 2. cap. 27. lib. 4. cap. 2. quem interdum πατέρα nude vocant, ut idem Pachymeres lib. 6. cap. 10. lib. 8. cap. 10. Vide Christophorum Angelum lib. de Hodierno Græcorum statu Græce edito Londini ann. 1619. cap. 22. [** et Glossar. med. Græcit. voce Πνευματικός, col. 1186.]

* *Beau-pere*, eodem sensu, in Testam. Cathar. de Burg. ducissæ Austr. ann. 1404. inter Probat. tom. 3. Hist. Burg. pag. 234. col. 1 : *Donnons à frere Jehan Beguinet cordelier, nostre Beau-pere, vingt frans pour une fois.*

Pater Confessionum, Qui vulgo Confessarius, apud Florentinum Wigorniensem pag. 604.

* Vita S. Bertini tom. 2. Sept. pag. 588. col. 1. : *Huic vero Waldberto et conjugi suæ Pater confessionum beatus fuit Bertinus.*

¶ Pater-Noster, Ital. *Paternostro*, nostris *Patenotre*, Sacer globulus, seu corolla precatoria ex his globulis composita, Gall. *Chapelet.* Computus ab ann. 1333. ad ann. 1336. tom. 2. Hist. Dalph. pag. 275 : *Pro pectinibus sex et speculis sex et duobus filis de Paternostris de ambro, et duobus filis de Paternostris de curallo, et duobus filis de Paternostris de vitro.. . Item, in quatuor filis de Paternostris de cristallo, etc.* Litteræ Henrici IV. Reg. Angl. ann. 1402. apud Rymer. tom. 8. pag. 277 : *Duo paria cultellorum, unum parvum par de Paternosteres auri, etc.* Chron. Mellic. pag. 435 : *Verum moniales in Goss præsentaverunt Paternoster de corallis et annulos.* Vita B. Columbæ Reatinæ tom. 5. Maii pag. 389 * : *Genuflexi oravimus ipsam habitum de pœnitentia vestitam, zona cinctam, velato capite, floribus redimitam, cruce munitam ac Paternostris et liliis. Filum unum Paternostrorum argenti, etc.* in Anonymi Annal. Mediolan. apud Murator. tom. 16. col. 808. Statuta Monialium S. Salvat. Massil. ann. 1400 : *Moniales annulos in digitis non habeant, quæ sacratæ non fuerint. Devotiones etiam quæ Patrenostres vulgariter nuncupantur ad collum non portent.* Testam. B. Johannæ tom. 5. Spicileg. Acher. pag. 630 : *Et veux qui dient les heures telles qui sont ordonnées pour les freres lays en leur regle, c'est à sçavoir... Ave Maria et Patenotes.*

* Cujus corollæ crassior præsertim globulus ita appellatur : nostri quamlibet precationem, precumve libellum *Pastenostres* dixerunt. Lit. remiss. ann. 1399. in Reg. 154. Chartoph. reg. ch. 735 : *Le suppliant.... trouva une huche ou huchel, et ou cheston de ladite huche ou huchel.... unes Pastenostres de saint Nicolas. Paterlie*, eadem, ni fallor, notione, in Mirac. Mss. B. M. V. lib. 1 :

N'ai nul talent, c'a piece dic
Pater nostre, ne Paterlie,
Ne prieres, ne miserelcs.

* PATERA, pro Patella, vas coquinarium, Gall. *Poele.* Glossar. ex Cod. reg. 7679 : *Patera, pouaille.*

PATERÆ, Beleni, seu Apollinis Sacerdotes, Gallis. Auson. in Profess. Burdig. Ep. 4 : *Tibi Pateræ, sic ministros nuncupant Apollinaris mystici.*

PATERCA. Epistola Balduini Imperat. Constantinopolit. apud Arnoldum Lubec. lib. 6. cap. 20 : *Inter duas turres qualibet seu Paterca, seu magnellus erigitur.* Sed nemo non videt legendum *petraria* et *mangonellus.* Vide in his vocibus.

¶ PATERE, Patefacere. Vita S. Wilfridi cap. 23. sæc. 4. Bened. part. 1. pag. 689 : *Veniente vero Archiepiscopo ad eos, quid mente agerent in contemtu ejus Patentes.*

PATERINUS. Hugo Flaviniacensis in Chronico pag. 228 : *Jam vero si quis esset qui Gregorio* (VII. PP.) *communicaret, his publice conviciis appetebatur, Hic hæreticus, destructor regni... et quodam adinventitio nomine Paterinus dicebatur,* forte quod Papæ, quem *Patrem* appellabant, adhæreret.

☞ A loco urbis Mediolani, qui *Patarea* vel *Pataria* vocabatur, Arialdistæ dicti olim *Patarini*, quod eo ad celebranda seorsim divina mysteria congregarentur; exstat etiamnum Mediolani locus seu via quæ *Pattaria* seu *contrada de' Pattari* vulgo nuncupatur. Id testatur Sigonius lib. 9. Histor. ad ann. 1058. licet minus recte hujus vocis originem ad Arialdistarum adversarios referat : *Res eo usque infamiæ mutuis altercationibus jurgiisque deducta fuit, ut sacerdotes qui uxores haberent, præ pudore separatim a cæteris rem divinam facere cogerentur in loco qui Pataria dicitur; unde vulgo a pueris Patarini ad contumeliam dicebatur.* Exinde vero hæretici, qui circa undecimi sæculi initium Ecclesiam vexabant, eodem nomine a populo donati, quasi horrendum quid et infame sonaret, et ut quantum ab illis abhorrerent, manifestius ostenderent; quod etiam labente eodem sæculo eadem ratione ab Henricianis ad Gregorium VII. ejusque fautores delatum est, ut pote qui omnium criminum rei habebantur. Vide *Pagi* ad ann. 1058. Nec alia causa assignari legitime posse videtur cur *Paterini* dicti Valdenses.

* Novam hujus vocis originem Muratorius, cui Cangiana interpretatio nimis contorta videtur, proponit tom. 5. Antiq. Ital. med. ævi col. 84. quam ex iis, quæ apud Landulph. Senior. lib. 3. cap. 8. leguntur firmare pertentat : *Tu solus in mundo universo per detestabilem hypocrisim audes vitam sacerdotum diffamare. Numquid tu solus per exsecrabilem Pathaliam, et quamplurima sacramenta prava, populi flammam super nos accendis?* Et cap. 11 : *Quum hujus inauditæ Pataliæ placitum cogitasti commovere, prius cum jejuniis multis debuisses consiliari, quam hujusmodi negotium, tam magnum et tam periculosum, cum viris inliteratis inchoasse.* Rursus cap. 20 : *Alii intra urbem et foris palatini canes, fibula dimissa et acu, ceterisque negotiis, e quibus vita illorum redimebatur, nec non asinarii, quibus Patalia vitam malis ministrabat, mulierum ornamenta clanculo in nocte per fenestras in domibus sacerdotum, ipsis ignorantibus, immittebant.* Ex quibus efficit vir doctissimus vocem *Patalia* sive *Pataria* nihil aliud significasse primo, quam vilium personarum congeriem, et deinde seditionem abjectorum artificum, ac gentis indoctæ rudisque, ab Arialdo scilicet contra clerum incontinentem primo excitatam, tum a quibusdam nobilibus magno animi æstu amplificatam. Fortassis, subdit ille, aut plures ad inchoandum hunc motum fuere propolæ, quos Mediolanensibus appellare mos est *Pate*, atque inde adinventum *Patariæ* et *Paterinorum* vocabulum, irrisionis et contemtus causa, cum adeo abjecta gens ac illiterata se se adversus clerum erigeret. Cui opinioni favet Arnulph. Mediol. lib. 3. cap. 11. scribens *Patarinos ironice* appellatos, et lib. 4. cap. 11. hoc vocabulum, *non quidem industria, sed casu prolatum.* Verum hæc non plus satis asserta videntur, cum ipsemet Arnulphus synchronus a Græco *Pathos*, quod Latine dicitur *Perturbatio*, nominis hujus originem arcessendam opinetur ibid. cap. 12. Cæterum repudianda illa, quam a *pactis* proponunt Octav. Ferrar. et Menag. in Origin. linguæ Ital.

Paterini, Dicti præterea hæretici Valdensium sectarii, de quorum appellatione sic Constitutio Friderici II. contra Hæreticos apud Vaddingum ann. 1254. n. 14 : *In exemplum Martyrum, qui pro fide Catholica martyria subierunt, Patarenos se nominant, veluti expositos passioni.* [Idem docent Assisæ MSS. Siculæ Caroli I. Regis cap. 1. de Paterinis : *Li vice de ceaus sont coneu en leur anciens nons, et ne vueulent mie qu'il soient apelé par leur propres nons, mais s'appellent Paterins, par aucune excellence, et entendent que Paterins vaut autant come chose abandonnée à souffrir passion en l'essemble des Martyrs, qui soufrirent torment pour la sainte foy.*] Jacobus Petri Luccarus in Annalib. Ragusiensib. lib. 1. pag. 17. tradit ex Chronicis Bosnicis, et Petro Livio Veronense, sic nuncupatos *da Paterno Romano hæretico pessimo, che ricovero in Bosna, et sparse semi della sua diabolica dottrina in questo regno, et nel Ducato di Chelmo.* Quidam sic nuncupatos volunt, quod orationis dominicæ recitatione salvari se putarent. Petrus Monachus Vallis Sarnei in Hist. Albigensium cap. 2 : *Isti siquidem ideo securius et effrenatius peccabant, quia credebant sine restitutione ablatorum, sine confessione et pœnitentia esse salvandos, dummodo in supremo mortis articulo Pater noster dicere, et manuum impositionem recipere a Magistris suis potuissent.* Alii sic nuncupatos putant, quod cum sola eadem oratione Dominica sacrificium consecrarent, ut est apud Rupertum lib. 2. de Divin. offic. cap. 21. Evervinus Steinfeldensis in Epist. ad S. Bernardum, de Hæreticis sui temporis : *Nobis aperte confessi sunt, quod in mensa sua quotidie cum manducant, ad formam Christi et Apostolorum cibum suum et potum in corpus Christi et sanguinem per Dominicam orationem consecrant, ut inde se membra et corpus Christi nutriant.* Sed et Gregorius M. lib. 7. Ep. 64. Ind. 2. ait *orationem Dominicam ideo post precem dici, quia mos Apostolorum fuit, ut ad ipsam solummodo orationem oblationis hostia consecraretur.* Quæ caute capienda jam olim monuerunt viri doctissimi : nam Orationem Dominicam dictam super ipsum corpus jam consecratum suadent quæ sequuntur.

De *Paterinis* plura habent Reinerus libro contra Valdenses cap. 6. Gesta Innocentii III. pag. 135. Matthæus Paris ann. 1236. Concilium Lateran. III. sub Alexandro III. PP. cap. 27. Constitutiones Friderici II. Constitutions Neapolit. lib. 1. tit. 12. et Gretzerus in prolegomenis ad scriptores contra sectam Valdensium. Hos porro nostri *Patalins* et *Patelins* vocarunt. Assisiæ Hierosolym. MS. cap. 266 : *Se il avient par aucune malaventure, ou par aucun mal enseignement que un Chevalier soit Palatin*, (sic MS. codex, et in lemmate capitis,) *ou mescreant en Jesus Christ, et il en peut estre attaint et prové par veue de ses voisins, ou par sa reconnaissance, ou par ses compagnons qui reviennent à la droite foy, et l'encusent, ses Pers le doivent juger à arder, et tout quanque il a, escheit au Seignor par droit, etc.* At infra MS. codex præfert *Patalin*, duobus locis : *Soient enfans dou Patalin, ou d'autres Barons, etc. Et se le fié ment de par le Baron Patalin.* Hinc *Patelins*, vulgo appellamus fallaces adulatores, blandos assentatores, qui, ut sunt hæreticorum plerique, palpando decipiunt; quod de ipsis Paterinis observatum a nobis ad Alexiadem pag. 422. Institutiones Justiniani vernaculæ, seu *en Roman*, MSS. : *Et peur che sunt il dit Paterins, et est autant a dire come deviserres.* Id est, garruli, *causeurs.*

* **PATERIUM**, Libri cujusdam titulus, forte qui passionem Christi ex Evangeliis complectitur. Inventar. ann. 1218. inter Probat. tom. 1. Hist. Nem. pag. 67. col. 2 : *Paterium, quatuor Evangelia in uno volumine, etc.* Vide supra *Passionarius.*

1. **PATERNA.** Vide Canones Hibern. lib. 31. cap. 20.

* 2. **PATERNA**, Imago Patris æterni. Ordinar. Ms. S. Petri Aureæ-val. : *Benedicat* (abbas) *incensum et thurificet textum, et se inclinando deosculetur Paternas ipsius textus devote.* Infra : *Ebdomadarius cum ministris eat in capitulum dicendo suffragia ad hoc consueta, et se prosternant ante Paternam capituli.* Ibid. : *Cùm venerint in reffectorium, omnes se inclinent ante Paternam ejusdem loci, dicendo* Pater noster et Ave, Maria. Perperam semel ibidem, *Pathena.*

¶ **PATERNALIS**, Paternus. Charta ann. 1438. ex Schedis Præs. *de Mazaugues* : *Intervenientibus licentia et autoritate Paternalibus ante dictis quitavit, etc.*

¶ **PATERNIANI**, Hæretici, qui *inferiores humani corporis partes non a Deo, sed a diabolo factas opinantur, et omnium ex illis partibus flagitiorum licentiam tribuentes impurissime vivunt. Hos etiam Venustianos quidam vocant.* Ita S. Augustinus hær. 85.

PATERNICUM, Successio vel hæreditas paterna, bona paterna. *Hæreditas paternica*, in Lege Alamann. cap. 57. et 91. ex Cod. Corbionensi, ut monet Baluzius. Charta Alamannica 50. ex Goldastinis : *Quantumcunque mihi in jamdicto pago Auguscauginse advenit tam de Paternico, quam de materno, seu de conparato, etc.* Adde Chartam 58.

PATERNITAS, Abbatis munus, dignitas. Synodus Tullensis apud Saponarias ann. 858. cap. 12 : *Quod si Abbas negligens et sacris regulis inconveniens per directos Missos inventus fuerit, ab eadem Paternitate removeatur, alius qui dignus fuerit, substituatur.* Vide *Pater.*

☞ Fuit et *Paternitas* titulus honorarius Episcoporum et Cardinalium. S. Bernardus Epist. 44. ad Henricum Senonensem Archiep. : *Meminit vestra Paternitas, quod etc.* Occurrit rursum Epist. 47. et alibi. Laurentius Byzinius de Orig. belli Hussitici ann. 1415. apud Ludewig. tom. 6. Reliq. MSS. pag. 138 : *Et surgens unus doctor, dictus Naso, dixit ad Cardinales, Miramur de vobis, patres reverendi, quod Paternitates vestræ pro tali pessimo hæretico intercedunt.*

* **PATHALIA.** Vide supra in *Paterinus.*

* **PATHELA**, pro *Patena*, Vas ecclesiasticum. Vide supra in hac voce. Inventar. ann. 1411. in Reg. 4. Armor. gener. pag. 11 : *Unum calicem argenti cum sua Pathela argenti, totum ponderis unius marchæ argenti.*

* **PATHENA.** Vide supra in *Paterna* 2.

* **PATHNUTIA**, f. Cantilena. Benzon. episc. Albens. Comment. in Henr. III. imper. apud Ludewig. tom. 9. Reliq. MSS. pag. 341 : *Canones divinos putant nugales Pathnutias.*

¶ **PATIBULATUS**, *Patibulo affixus aut destinatus, cruciarius.* Laurentius in Amalthea ex Sidonio. Utitur Plautus in Mostellaria Act. 1. sc. 1.

1. **PATIBULUM**, *Res patens*, in Gloss. Isid. [Laurentius in Amalth. : *Patibulum, sera lignea, qua ostia clauduntur. Item crux. Item instrumentum vindemiatorum, scalæ plicatiles.*]

* 2. **PATIBULUM**, Carcer, quia in eo quis inclusus patitur. Charta ann. 1208. tom. 7. Ordinat. reg. Franc. pag. 603. art. 3 : *Statutum est igitur, ut quicumque de furto reus convincetur et comprobabitur,.... primum tradendus erit communiæ judicibus, et ab ipsis in Patibulo et in cathena mittendus; postea michi vel vicecomiti meo reddendus.* Nisi sit pro *Pilorium.* Vide in hac voce.

* 3. **PATIBULUM**, Pœna, dolor, Gall. *Souffrance.* Prolog. commun. Barel. in serm. : *O quot Patibula! quot sunt ægritudines corporis!* Vide supra *Passio* 2.

¶ 1. **PATIBULUS**, Idem quod *Patibulatus*, apud Apuleium Metamorph. lib. 4 : *Exitiabili nexu Patibulum relinquens.* Alii Codices *patibulatum* legunt.

2. **PATIBULUS**, Patibulum. Capitulare 2. ann. 813. cap. 11 : *Et judices atque vicarii Patibulos habeant.* [Utitur Lucilius apud Nonium 3. 184 : *Deligata ad Patibulos.*]

¶ **PATICES**, Ἕλκη κτηνῶν ἐν τραχήλῳ, in Gloss. Lat. Græc. MSS. Sangerm. id est Petimina, seu ulcera in collo jumentorum. *Pantices* emendat Meursius. Vide *Panceps.*

¶ **PATICHUM**, Collegium, Societas maxime mercatorum. Statuta Placent. lib. 1. fol. 12. recto : *Item statuimus quod aliquis qui non sit de collegio seu Paticho mercatorum, seu mercandie civitatis Placentie, non possit ibi recipere terminum, nec se aliqualiter supponere jurisdictioni ipsius societatis vel collegii.* Vide *Paticus.*

¶ **PATICIUM**, pro *Pacticium*, Tributum ex *Pacto* concessum. Charta ann. 1396. apud Rymer. tom. 7. pag. 832 : *Pro moderatione Paticiorum, ac reparatione et reformatione attemptatorum in eisdem partibus.* Litteræ Henrici IV. Reg. Angl. ann. 1401. tom. 8. pag. 223 : *Ac super moderatione pactorum seu Paticiorum infra Ducatum nostrum.* Vide *Pactum* [* et *Pascissi.*]

¶ Paticia, fem. gen. in Charta Henrici V. Reg. Angl. ann. 1421. apud eumdem Rymer. tom. 10. pag. 307 : *Præcipimus et mandamus quod non faciatis, nec per soldarios... seu ministros vestros fieri permittatis aliquas exactiones, Paticias prisias animalium, etc.*

PATICUS, *Negotiator ipse*, in Glossis antiquis MSS. Vide *Particus* 1. et *Patichum.*

¶ **PATIENS**, Qui passus est. Missale Franc. apud Mabill. Liturg. Gallic. lib. 3. pag. 315 : *Sanctificamus hanc patenam ad conficiendum in ea Corpus D. N. J. C. Patientis crucem pro salute nostra omnium.*

¶ **PATIENTIA**, Scapulare monasticum, nostris etiam *Patience.* Vita B. Augustini Ord. Eremit. tom. 4. Maii pag. 623 : *Tertia* (pictura) *continet dictum beatum cum splendoribus aureis, indutum tunica, Patientia ac capuccio albis et corrigia nigra.*

* **PATIENTIAM** Præstare, Tolerare, patienter ferre, Gall. *Souffrir.* Pactum inter Joan. dalph. et Petr. Barralis ann. 1315 : *Promittentes non ædificare nec ædificari facere furnum seu furna, molendinum vel molendina, nec sustinere seu Patientiam præstare per aliquem fieri. Paciens*, nude, in quibusdam locis dicitur vir, cujus uxor, ipso sciente et patienter ferente, mœchatur. Lit. remiss. ann. 1396. in Reg. 149. Chartoph. reg. ch. 203 : *Pierre Dasy en passant par devant icelui Thiebaut lui dit : Dieu gart se Paciant* (sic) *laquelle parole signifie en icelui pais* (Chateau-thierry) *coux Paciens.* Vide supra *Nima.*

* Dei Patientia, Formula, quam titulis suis honorariis præponebant ecclesiastici

simul et laici. Occurrit passim in veteribus Tabulis.

* PATIENTIA, Induciæ. Vide supra *Pacientia.*

PATIGINARIUS, *Janitor, qui januam facit patere.* Joan. de Janua.

¶ **PATIGUS.** Ordinat. Humberti Dalph. ann. 1348. inter Ordinat. Reg. Fr. tom. 3. pag. 277 : *Quicumque incola villæ Romanis volens in communibus plateis, viis seu carreriis seu Patigos vel vicis otreis ejusdem villæ construere bancam, etc.* Monet Cl. Editor *Patigos* interdum occurrere in antiquis Recognit. pro loco derelicto; unde utcumque colligi potest hic usurpari pro plateis deviis, Gall. *Rues écartées.*

* **PATILE.** Ager pascuus, pratum. Charta ann. 1282. ex Bibl. reg. cot. 16 : *Vendimus.... quoddam Patile terræ, nostrum a cœlo usque in abissum, quod habemus et pertinet ad nos.* Charta admort. pro capit. Anic. ann. 1417. in Reg. 170. Chartoph. reg. ch. 60 : *Item pro quodam hospicio cum grangia, curte, Patilibus invicem contiguis.* Alia ann. 1445. in Reg. 177. ch. 121 : *Item acquisivit quoddam casale cum suo Patili, sitis Anicii in claustris.* Quo ultimo loco pratulum, vulgo *Préau*, intellige. Vide *Pratellum.*

* *Patoueil* vero Cœnosam lacunam, vulgo *Bourbier, mare*, sonat, in Lit. remiss. ann. 1473. ex Reg. 195. ch. 979 : *Icelle femme tumba le visaige adens en ung petit Patoueil, qui estoit en la rue,... et là en l'eaue dudit Patoueil estouffa.*

PATILITER, *Divise, aut patenter*, in Glossis antiquis MSS. forte *partiliter*, prima significatione.

¶ **PATIMONIUM**, Passio, Gall. *Souffrance.* Disput. inter Cathol. et Pater. apud Marten. tom. 5. Anecd. col. 1720 : *Per amaritudinem et viam Patrimoniorum salvantur.* Ubi leg. *patimoniorum.*

¶ 1. **PATINA** SALINARIUM, Idem quod *Patella salis.* Vide in hac voce.

¶ 2. **PATINA**, pro *Patena*, Vas ministeriis sacris destinatum, in Provinciali Lyndwoodi lib. 3. tit. 23. Alia notione vide in *Padena.*

¶ PATINA ANIMARUM. Synodus Valentina ann. 1584. inter Conc. Hisp. tom. 4. pag. 290 : *Impensæ sumentur ex eleemosynariis Beatæ Mariæ Virginis, et animarum Patinis, ubi eleemosynæ abundaverint.* Id est, ex eleemosynis, quæ pro defunctis scutellatin ecclesiis colliguntur.

* **PATINAGIUM**, PATINATICUM. Testam. ann. 1342. tom. 2. Hist. Cassin. pag. 563. col. 1 : *Item relinquo presbytero Benedicto de dicta villa Peule pro Patinatico tarenos tres. Item relinquo presbytero Johanni de Caira de dicta villa Matruntulæ pro Patinatico tarenos tres.* Aliud ann. 1409. ibid. pag. 591. col. 2 : *Item legavit primicerio Tancredo Giptio de S. Germano patino suo pro Patinagio tarenos quinque. Item legavit D. Benedicto Spagnolo etiam patino suo pro Patinagio tarenos quinque.* An pro *Patrinagium* et *Patrinaticum*, officium patrini, seu *confessarii?* Vide infra in *Patrinus.*

¶ 1. **PATINUS**, Calopodium, seu lignea crepidula corio pedibus aptata, interdum et ferro instructa, Gall. *Sabot, galoche, patin.* Statuta MSS. Eccl. Aquens. ann. 1259 : *Nec etiam in ecclesia vel claustro portabunt* (canonici) *Patinos sive soccos ferratos strepitum magnum facientes.* Stat. Capit. Audomar. : *Inhibemus ne aliquis deambulet per chorum cum calopodiis sive Patinis ferratis vel non ferratis dum Horæ cantantur.* Computus ab ann. 1333. ad an. 1336. tom 2. Hist. Dalphin. pag. 279 : *Item, pro uno paro de Patinis pro Domino, gran.* x. Statuta Collegii Cornugall. ann. 1380. apud Lobinel. tom. 3. Hist. Paris. pag. 502 : *Nullus ambulet... cum calepodiis, id est, cum Patinis.* Hinc emendanda Bulla Innoc. VIII. PP. ann. 1484. in Continuat. magni Bullar. Rom. part. 3. pag. 288. col. 1. ubi perperam editum *Pativos* pro *Patinos.*

¶ PATINI, Leviores calcei, vel udones, Gall. *Chaussons.* Bernardus Mon. in Ord. Cluniac. part. 1. cap. 27 : *In omni quarta feria, si est privata dies, et in omni Sabbato lavant* (pueri) *post vesperas calceos suos, lavant quoque Patinos suos consuetudinaliter ante Natale apostolorum Petri et Pauli.... quos tamen non suspendunt ad siccandum in chorda, ut alii fratres, sed tantum deponunt in herbario claustri.*

* PATINUS, *Patinorum* confector, nostris *Patinier*, cujus ars *Patinerie* dicitur. Stat. ann. 1302. ex Tabul. Massil. : *Item etiam pro parte Patinorum supplicantium, quod de quolibet pari patinorum recipere possint decem solidos, etc.* Lit. remiss. ann. 1416. in Reg. 169. Chartoph. reg. ch. 126 : *Pierre Boyvin Patinier acheta du bois convenable à faire patins et galoches.* Stat. pro iisdem artific. ann. 1452. in Reg. 181. ch. 157 : *Nous avoir receu l'umble supplication des maistres du mestiers de Patinerie de nostre ville de Tours.*

* Aliud vero sonat vox Gallica *Patinous*, miserum nempe et calamitosum, a Latino pati, in Vitis SS. MSS. ex Cod. 28. S. Vict. Paris. fol. 61. r°. col. 1 : *Liquels est Patinous, laiz, consumpmez par maigresce.*

* 2. **PATINUS**, f. pro Patrinus. Vide supra *Patinagium.*

¶ **PATIRE**, f. Disciplinam seu flagellationem pati. Libellus de Remed. peccat. apud Marten. tom. 7. Ampl. Collect. col. 48 : *Si vult minus psallere et non vult Patire, prosternet se, canet frequenter in oratorio, videlicet vicibus centum, et dicat Miserere.*

* **PATISSIS**, idem quod *Patinus* 1. Stat. sabbat. Carcass. ann. 1402. tom. 8. Ordinat. reg. Franc. pag. 560. art. 7 : *Sive sint sotulares, stivales, Patisses, vel aliud quodcumque obragium sive opus novum, etc.*

¶ **PATISSIUM**, Tutela, protectio. [* Quæ ex pacto seu conventione conceditur. Vide supra *Pascissi.*] Litteræ Henrici VI. Reg. Angl. ann. 1440. apud Rymer. tom. 10. pag. 807 : *Existentes dictæ civitas et villa in Patissio seu sufferentia domini de Labreto, Rodrigo de Vilandrando.... contra dictam sufferentiam, Patissium literas, promissiones et sigilla dictorum.*

¶ **PATITUR** vocant Libellum ægrotanti præbendario concessum ut choro non intersit; est etiam signum quo notatur præbendarius absens ex morbo, vel ex licentia, quo fit ut reditibus consuetis non privetur. Regula consueta Toribii Archiepisc. Limæ tom. 4. Concil. Hispan. pag. 677 : *Præbendarius qui petierit vel acceperit Patitur, dum infirmus est, et sine licentia domo egressus fuerit ad aliquam aliam partem civitatis et non ad ecclesiam, perdet in pœnam Patitur totius temporis per quod non frequentavit ecclesiam.* Concil. Mexicanum ann. 1585. ibid. pag. 408 : *De Patitur præbendatis ægrotantibus concesso.* Pag. 409 : *Si quis capitularis personaliter in choro vel alibi existens sibi pro vespertino tempore vel sequenti die hoc signum Patitur apponi a punctatore petierit, illud non obtineat. Quod si obtinuerit, totidem dierum aut horarum quibus tale Patitur habuerit, emolumentis mandato præsidentis multetur. Si tamen aliquis ecclesiæ actualiter præsens adverso aliquo accidenti vel indubitato morbo correptus fuerit, idque punctator insinuaverit, ejusdem Patitur signo in quadranti valide notetur.* Quod esse *ensigne* dicitur, in Statutis Eccl. Leichefeld. tom. 3. Monastici Anglic. pag. 244.

¶ **PATITUS**, ut *Patinus* vel *Patina.* Statuta Vercell. lib. 3. fol. 101. v°. : *Item licitum sit cuilibet.... ducere vel duci facere .... calderias, subtulares, cathenas, Patitos, mercarias, etc.*

¶ **PATIUM**, Pratum, pascuum, Gall. *Pâtis.* Charta ann. 1196. in min. Chartular. S. Victoris Massil. pag. 188 : *Prior de Sexfurnis contendebat Dellembis esse publicum Patium et pascuum.... De malofossato præcipiunt quod esset Patium et gastum.* Charta Curiæ Arelat. ann. 1225 : *Ex injuncto igitur sibi officio... determinaverunt corsoria et Patia in modum infrascriptum.*

¶ **PATIVUS**, pro *Patinus.* Vide in hac voce.

¶ **PATOR**, Hiatus, apertura, a verbo patere. Apuleius lib. 1. Metamorph. : *Et jugulo ejus vulnus dehiscit in profundum Patorem.* Et lib. 3 : *Pamphile mea jam vecors animi, tectum scandulare conscendit, quod altrinsecus ædium Patore perflatili nudatum.* Occurrit præterea lib. 10. et 11.

¶ **PATRABULUM**, Factum. Acta S. Huberti mon. tom. 7. Maii pag. 275 : *An hoc egregium ac divinum Christi Patrabulum frustra litterarum monimentis traditum est?*

¶ 1. **PATRARE**, Generare. Anonymus in Hist. Palæst. apud Ludewig. tom. 3. Reliq. MSS. pag. 25 : *Satisfaciant ventribus, imperent et sermocinent per universam regionem illam, ut omnino dent sese ad petulantiam et luxuriam, multosque filios Patrare congaudeant.* Hinc emendandæ Glossæ Isidori : *Patravit, patrem fecit.* Leg. *patrem egit*; quod jam monuerat Grævius. Onomast. : *Patro*, παιδοποιῶ. Vide *Patratio* et Lexicon Martinii v. *Patro.*

* Glossar. Provinc. Lat. ex Cod. reg. 7657 : *Fotre, Provinc. opus venereum consummare, Patrare.*

* 2. **PATRARE**, Palam facere, pervulgare. Vita B. Joach. tom. 2. April. pag. 456. col. 2 : *Post eum diem, cum omnia Patrata essent, Joachimus hujus rei inscius, nequaquam per urbem aliquo pergendum dabatur, etc. Patration*, pro Charta, instrumentum, in Chartul. S. Mart. Pontisar. ad ann. 1332 : *Portant ces lettres au terme dessus dit, si comme dit est, sans autre Patration moustrer.*

PATRASTER, *Vitricus*, Jo. de Janua.

Gloss. Sax. Ælfrici : *Vitricus, vel Patraster*, steop-feder, [Gall. *Paratre*. Vetus Gloss. MS. Sangerm. : *Vitricus, Patraster, vultuosus, contristatus.*]

* Glossar. Provinc. Lat. ex Cod. reg. 7657 : *Payrastré, Prov. patreus, Patreaster, vitricus.* Occurrit in vet. inscript. apud Murator. tom. 3. Inscript. pag. 1510. 2. Vide *Patreus.*

¶ PATRASTUS, Ead. notione, in Chron. Besuensi tom. 1. Spicil. Acher. pag. 576 : *Quædam mulier Sufisia nomine, pro remedio animæ filii sui Vuidonis, quem ex Gisleberto suscepit, etc. Signum Sufisiæ. Sign. Æduini Patrasti ejus.*

PATRATIO, *est rei veneris consummatio*, in Gloss. Arabico-Lat. [Vide *Patrare.*]

PATREUS, *Vitricus*, in Gloss. Lat. MS. Reg. cod. 1013. et Isidori. Vide *Matrea*. In Gloss. Arabico-Lat. habetur *Patros, vitricus*. [Scribendum monet Grævius *Patrous*, πατρῶος. Gloss. Lat. Gall. Sangerm. : *Patreus, parrastre.* Occurrit eadem vox *Parastre* apud Bellomaner. cap. 57. in Consuet. Montensi art. 6. 8. et Melodun. art. 149.]

1\. PATRIA, Pagus, provincia, regio, nostris, *Pays* : vox Virgilio lib. 1. Æneid. vers. 539. nota :

> Quod genus hoc hominum? quæque hunc tam barbara morem
> Permittit patria? hospitio prohibemur arenæ?

S. Augustinus lib. 1. contra Epist. Parmeniani cap. 7 : *Multæ interjacent Patriæ gentium.* Arnobius Junior in Psalmum 104 : *In quibus linguis gentes sunt Patriarum quadringentæ sex non diversarum linguarum, sed, ut dixi, diversarum Patriarum : verbi gratia, cum una lingua, Latina sit, sub una lingua diversæ sunt Patriæ, Brutiorum, Lucanorum, Apulorum,... et his atque hujuscemodi Patriis similia si dicamus.* Gregor. Turon. lib. 5. Hist. cap. 1 : *Qui diversos reges interfecit, noxias gentes elisit, Patrias subjugavit.* Epitaphium Johannis XIX. PP. apud Baron. ann. 1009. num. 2. ex Vegio :

> Doctrinis comptus sacris, et dogmate claro,
> Per Patrias sancta semina fudit ovans.

S. Bernardus de Morib. Episcop. cap. 7 : *Cum præsideant urbibus valde populosis, et totas, ut ita dicam, Patrias propriæ diœcesis ambitu circumcludant, etc.* Willelmus Brito lib. 8. Philippid. :

> Mox omnem Patriam sua Rex in jura reducens, etc.

Utuntur Gesta Dagoberti Regis cap. 36. Liber 3. Capit. cap. 8. Synodus Vermeriensis ann. 752. cap. 14. Isidorus Pacensis in Chronico pag. 2. 13. 19. 20. Aimoinus lib. 1. de Miracul. S. Benedicti cap. 33. lib. 2. Hist. cap. 1. Vita S. Pauli Episc. Leonensis § 3. Thwroczius in Chron. Hungar. cap. 3. Hariulfus lib. 1. cap. 11. Simeon Dunelmensis ann. 786. Guillelmus de Baldensel in Hodœpor. pag. 111. etc.

* Vide supra in *Comes* 2. Observat autem Just. Fontan. in vita Philippi a Turre, *Patriæ* nomen præsertim oræ Fori Julii adhæsisse, cujus populos M. A. Sabellicus inde *Patrianos* appellat. Hist. Venet. decad. 2. lib. 9. pag. 1327. tom. 2. edit. C. S. Curionis, ubi etiam legitur, *nunc vulgo alii Forum Julii, ipsi incolæ Patriam appellant.*

¶ PATRIA CONSUETUDINARIA, Gall. *Païs Coustumier*, ut apte reddit V. Cl. *Secousse*, in Litteris Caroli V. Reg. Franc. ann. 1366. tom. 4. Ordinat. pag. 686 : *Qua lite pendente, Nos ipsos exponentes coram Gentibus nostris, videlicet ad Sedem de Sancti-Petri-Monasterio, coram baillivo nostro ipsius loci, qui propinquior Judex regius est et erat dictorum exponentium, in Patria Consuetudinaria.*

PER PATRIAM SE DEFENDERE, In Fleta lib. 1. cap. § 2. 3. et alibi non semel, opponitur *defensioni per corpus suum*. Est autem genus defensionis, qua accusatus seu reus judicio totius patriæ se submittit : idque in factis publicis locum habebat. *Sunt autem 4. casus qui imponunt homini necessitatem, quod per patriam se defendat*, ut est in cap. 34. § 25. *regia* nempe *dignitas, cum patriam habeat pro campione, fœmineus sexus, vitium mahemii, et ætas* 60. *annorum et ultra.* Adde cap. 35. § 4. et Bractonum lib. 2. cap. 35. § 15. lib. 3. Tr. 2. cap. 19. § 6. cap. 22. § 6. cap. 25. § 1. [** Vide Phillips. Histor. Jur. Anglic. tom. 2. pag. 299.]

PER JUDICIUM ET BONAM PATRIAM *ab imposito crimine se purgare*, in Regiam Majestatem lib. 4. cap. 5. § 10. id est, Skenæo, *per assisam ex bonis hominibus patriæ. Inquirere per bonam Patriam super facto alicujus*, cap. 28.

¶ PER PATRIÆ TESTIMONIUM *contentio terminari* dicitur in Charta ann. 1255. ex Tabular. Rothon. cum a *pagensibus* seu hominibus ejusd pagi judicatur : *Item si inter nos et dictum Oliverium aliqua contentio oriatur, hinc inde concessum est, quod per Patriæ testimonium sine decasura feodi terminetur.*

* 2\. PATRIA, Familia. Charta Phil. de Sabaud. ann. 1331. tom. 1. Cod. Ital. diplom. col. 639 : *Quidam æmuli, volentes plus sapere quam oportet, asserunt et affirmant per Patriam inter nos et charissimos nepotes nostros.... esse aliqualem discordiam.* Lit. remiss. ann. 1395. in Reg. 149. Chartoph. reg. ch. 164 : *Respondit dictus Raymundus quod ea quæ arrestaverat* (bajulus), *ipse desarestabat, et quod de ejus arresto aliud compotum non tenebat, quam de pejori fundo femoralium sive bracarum totius Patriæ faciebat.*

* PATRIALES, *Patriæ* seu pagi alicujus incolæ, indigenæ. Joan. Blakman. de virtut. Henr. VI. reg. Angl. pag. 302 : *Isti Patriales insimul conglobati, rabie quadam crudelissima præfatum regem misericordissimum potestate regia privaverunt.* Vide supra *Patria* 1. et *Patrienses.*

PATRIARCHÆ, in Ecclesia primitus quinque fuere, tres per se et ex natura sua, *Romanus, Alexandrinus*, et *Antiochenus* : duo per accidens, *Constantinopolitanus* et *Hierosolymitanus*. Hæc nota.

PATRIARCHÆ, dicti etiam Primates. Ita Desiderius Episcopus Cadurcensis Epist. 12. Sulpitium Archiepiscopum *Patriarcham* compellat, et *primæ Sedis Antistitem*, Innocentius III. Papa in Epist. ad Trinovitanum Archiepisc. Primatem totius Bulgariæ et Blachiæ, in Gestis ejusdem PP. pag. 60 : *Fraternitatem suam scire volentes, quod apud nos hæc duo nomina, Primas et Patriarcha, pene penitus idem sonant, cum Patriarchæ et Primates teneant unam formam, licet eorum nomina sint diversa.* Adde Gregorium VII. lib. 6. Epist. 35. In præfatione Synodi Matisconensis II. ann. 585. Priscus Lugdunensis Episcopus *Patriarcha* nuncupatur; in Canone vero ultimo *Metropolitanus.* [Cantuarienses Archiepiscopi *Patriarchæ* dicuntur, in Hist. Translat. S. August. et aliorum, sæc. 6. Bened. part. 2. pag. 749.] Petrus venerab. in Epitaphio Reinaldi Archiep. Lugdunens. qui obiit ann. 1129 :

> Vezeliacensis prius Abbas, post Patriarcha Lugduni, etc.

Epitaphium Henrici Archiepiscopi Bituricensis qui decessit ann. 1199 :

> Hic bonus Henricus, vir nobilis et Patriarcha
> Quondam Bituricus, tumuli jacet hujus in arca.

Vide Epistolam 3. Anacleti I. PP. cap. 3. Epist. Nicolai I. PP. ad Bulgar. cap. 92. ejusdem Epist. ad Rodulphum Archiep. Bituricensem cap. 2. Concilium Matisconense II. in Præfat. Vitam S. Bernardi Archiepiscopi Viennensis, frag. 2. pag. 565. Morinum lib. 1. Exercit. sacr. exercit. 7. 8. 27. Allatium de Concordia utriusque Eccles. lib. 1. cap. 25. Marcam de Primat. et alios.

* PATRIARCHÆ titulus concessus episcopo Parisiensi, in Hist. Senens. Fr. Thomasii apud Murator. tom. 20. Script. Ital. col. 24 : *Archiepiscopus, sive potius Patriarcha Parisiensis* (*utroque siquidem modo appellabatur*) *Senas venit, sacræ theologiæ ac sacrorum canonum doctores sex a Parisiensi gymnasio missos, secum adducens; statimque Francorum nationi præses declaratur.*

☞ Haud scio tamen an iste *Patriarchæ* titulus aliquam prætulerit prærogativam et jurisdictionem in ceteros Metropolitanos. Et quidem Agilufus Bituric. Archiepiscopus, tametsi *Patriarcha* vocatur a Theodulfo, Archiepiscopis nihilominus Narbonensi et Burdegalensi postponitur in Capitulari Ludovici Pii ann. 828. Illud idem colligere licet ex Episcopis quibus idem nomen concessum est, quod ob eximias quorumdam virtutes, aut a privatis hominibus factum credere par est. Sic Alcuinus Arnonem Episcopum Saltsburgensem *Patriarcham* compellat tom. 9. Spicileg. Acher. pag. 116.

> Te ducente, Pater, Pastor, Patriarcha, Sacerdos.

☞ Exstat vetus Inscriptio Ecclesiæ S. Agathæ apud Fleetwood. in Inscript. antiq. Sylloge pag. 386. in qua 318. Niceni Patres titulo *Patriarchæ* omnes donantur; quod fœdissimo errore factum notat Fleetwoodus : sed vereor ne inclementius dictum videatur, cum eumdem titulum Episcopis concessum constet, nisi monitum lectorem velit ea ætate inusitatum fuisse *Patriarchæ* vocabulum; quod probabilissimum est.

PATRIARCHÆ, titulus etiam datus Summo Pontifici Romano, qui in Occidente unicus est, semperque fuit, Occidentis Patriarcha, inquit Morinus. Leo *Romanus Patriarcha* nominatur a Theodosio in Epistolis Concilio Calchedonensi præfixis. Epistola 3. Ratherii Episcopi Veronensis inscribitur *Summo primæ, hoc est Romanæ Sedis Pontifici, Domino Patriarchæ reverendissimo Joanni.* Rabanus de Gregorio IV. Papa :

Tu caput Ecclesiæ es, primus Patriarcha per Orbem.

[Gualdo in Vita S. Anscharii ubi de Clemente II. PP. :

Auspiciis Patriarcha tuis ad regmina surgit.]

Vide Glossar. med. Græcit. col. 1134. Adde Baronium ann. 515. num. 4. ann. 520. num. 41.

PATRIARCHÆ titulus concessus Episc. Gradensi et Aquileiensi. Vide Baronium ann. 570. n. 10. ann. 630. n. 18. Allatium de Concordia utriusque Eccl. lib. 1. cap. 25. n. 7. Ughell. in Ital. sacra, et Marcam de Primat. n. 20. 21. [*Domnus Radaldus Patriarcha istius sancte sedis Aquilensis ecclesie*, in Notitia ann. 971. apud Murat. delle Antic. Estensi pag. 552.]

PATRIARCHÆ nomenclatura ἡγουμένοις seu Abbatibus tribuitur in Vita S. Nili Junioris pag. 12. 20.

* Charta Hugon. reg. Ital. ann. 928. apud Murator. tom. 5. Antiq. Ital. med. ævi col. 939 : *Idcirco noverit omnium fidelium sanctæ Dei ecclesiæ... industria, Ursum venerabilem Patriarcham nostram humiliter adiisse clementiam, quatenus pro Dei amore animæque nostræ remedium, monasterium ejus de Gazo... sub nostræ tuicionis munburgum obtegere debuissemus.*

PATRIARCHIÆ, seu *Patriarchales*, 5. præcipuæ Romæ Basilicæ apellatæ, ut iis adjuncta Palatia, Patriarchia : sc. Lateranensis, S. Petri in Vaticano, S. Pauli extra muros, S. Mariæ Majoris, et SS. Stephani et Laurentii. Vide Conciliab. Rom. ann. 1160. Hist. Pergam. tom. 3. pag. 422. Attil. Serranum, Panvinium, etc.

PATRIARCHICON, Ecclesia Patriarchalis, apud Anselmum Havelbergensem Episc. lib. 3. Dialogor. cap. 3.

¶ PATRIARCHIUM, Palatium Patriarchæ. Anastasius in Vita Gregorii III. PP. : *Ut oblationes de Patriarchio per oblationarium deportarentur ad celebrandas Missas.* Idem in Vita Zachariæ : *Hic in Lateranensi Patriarchio ante basilicam beatæ memoriæ Theodori Papæ novo fecit triclinium.* Synodus Leonis PP. III. adv. Felicem act. 2 : *Ipsum suum orthodoxum libellum super sacrosancta Dei mysteria in nostro Patriarchio ponens, juravit sic tenere et confiteri.*

¶ PATRIARCHIUM, Dignitas Patriarchæ, apud Guibertum in Hist. Palæstina.

PATRIARCHÆ JUDÆORUM, in Palæstina dicti Principes ac Summi Pontifices Judæorum, qui successionis jure ad hanc dignitatem perveniebant, ut Epiphanius docet in hæresi Ebionit. cap. 30. de quibus copiose egit Jacobus Gotofredus ad l. 1. Cod. Th. de Judæis, etc. Horum nomen exstinctum ac dignitatem sublatam a Theodosio juniore observat idem Gotofredus ad leg. 29. eod. tit. quibus successere *Primates*, qui in Synedriis eligebantur.

¶ PATRIARCHISSA. Bernardus Thesaur. de Acquisitione T. S. cap. 143. apud Murator. tom. 7. col. 779 : *Sciscitantibus, quænam esset hæc mulier tanti fastus, responsum erat Patriarchissam esse.*

* PATRIARCHARI, Patriarchæ dignitatem obtinere. Hist. suscept. brachii S. Stephan. in Breviar. Bisunt. xij. sæc. ubi de Joanne Hierosol. : *Is enim ea tempestate Patriarchabatur Jerosolymis, ut sibi transmitteret partem pretiosissimi thesauri a se reperti, videlicet de corpore prothomartyris Stephani.*

** **PATRIARE**, In patriam reverti. Ruodlieb. fr. 3. vers. 222 :

Reges inter se quando dixere valete,
Oscula dando sibi placet his patriando reverti.

Adde ibid. vers. 412.

¶ **PATRIATUS**, Pars hæreditatis paternæ, quæ secundogenitis datur a primogenito fratre. Litteræ Caroli V. Reg. Franc. ann. 1366. tom. 4. Ordinat. pag. 685 : *Nonobstante quod dicta prepositura de Firmitate, cum certis aliis, dictis fratri et sorori nostris, in Patriatu seu appanagio, tradite fuerint seu eciam assignate. Pariatus* eadem notione occurrit in Litteris Johannis Reg. Franc. ann. 1361. ibid. tom. 3. pag. 544 : *Nonobstantibus quod hujusmodi villa* (de Virtuto) *castrum, castellania, prepositura et ressortum dicti loci de Firmitate super Albam, cum aliis terris predictis dicto filio nostro* (genero scilicet Johanni Galeaz).... *in Pariatu.... tradite existant.* Haud scio an mendose, cum utraque vox eodem significatu usurpari potuerit. Vide *Apanamentum* in *Apanare* et *Paragium.*

PATRICIANI, Hæretici, qui ab auctore quodam Patricio ann. circ. 387. humanam carnem a diabolo creatam impie asserebant. Vide August. hær. 61. Isidorum lib. 8. cap. 5. Philastrium hær. 62. Baron. ad annum 203. Stockman. in Lexico Hæres. et supra *Paterniani.*

¶ **PATRICIATUS**. Vide *Patricius.*

PATRICINUS, αὐτόχθων, *aborigo, indigina*, in Gloss. Gr. Lat. Glossæ aliæ pag. 386. Edit. H. Steph. habent *Patricius.*

¶ **PATRICISSA**. Vide post *Patricius.*

PATRICIUS, Dignitas a Constantino M. instituta ut auctor est Zozimus lib. 2. quæ cæteras anteibat, etiam Præfectos prætorio. Priscus in Hist. pag. 56. edit. Reg. : Ἐν τοῖς Πατρικίοις σὺν ἐκείνῳ καταλεγόμενον οἱ δὴ τὰς ἀρχὰς ἀναβεβήκασι πάσας. Procopius lib. 1. de Bello Vandal. τιμὴ ἡ ἀνωτάτω. Walafridus Strabo lib. de Rebus Eccl. cap. 31 : *Patriciis, qui primi post Cæsares in Imperiis fuisse videntur.* Patriciatus dignitatis formulam descripsit Senator lib. 5. Epist. 2. ex qua observare est [hanc dignitatem *uni tantum cedere fulgori*, hoc est, Consulatui, atque] sola morte solutam : *Mox ut datus fuerit hic honor in vitæ tempus reliquum homini fit coævus, etc.* Atque id forte causæ est quod *Patriciatus* dignitas cum alia persæpe dignitate copulata legatur, cum hæc perpetua esset, altera vero temporaria. Sed id obtinuisse apud Gothos tantum volunt alii : cum in Synodo Chalcedonensi Act. 1. initio, et in Cod. Theod. *Expatricius* legatur. Cum vero plures interdum essent hac dignitate conspicui, qui ante alios eam obtinuerat, *Primus Patriciorum* dicebatur, ut Aspar apud Marcellinum Comitem. Πρωτοπατρίκιον etiam dixit Malchus in Excerptis pag. 92. Vide Glossar. med. Græcit. col. 1135.

PATRICIATUS dignitatem ut eminentissimam Regibus ac principibus exteris, ab Augustis Byzantinis sæpe delatam legimus : sed maxime iis qui Constantinopolim concedebant, vel sedibus suis depulsi ad Imperatores confugiebant, ut Theodorico Gothorum Regi, et Odoacro, a Zenone, apud Procop. lib. 1. de Bello Goth. cap. 1. lib. 2. cap. 6. et Malchum in Excerptis pag. 94. Sigismundo Regi Burgundionum, apud Avitum Viennensem Epist. 7. Vitigi Gothorum Regi, et Arethæ Saracenorum Principi, a Justiniano lib. 16. Histor. Misc. pag. 457. 469. apud Theophanem pag. 203. Vide Procopium lib. 1. de Bello Vandal. cap. 9. Hunnorum Regi, et Nicetæ Sarbari Persarum Ducis filio, et Curvato Hunogundurorum Domino, ab Heraclio, apud Nicephorum Constantinop. pag. 36. 64. 72. 1. edit. Telericho Bulgariæ Principi a Leone Philosopho, apud Landulphum Sagacem lib. 23. Hist. Miscellæ pag. 720. Taronis Principibus ab eodem Leone, apud Constantinum de Admin. Imp. cap. 43. Bologudæ et Gylæ Turcorum seu Hungarorum Ducibus, a Constantino Porphyrogenito, apud Zonaram pag. 155. et Scylitzem pag. 636. Adalgiso Desiderii Longobardorum Regis filio, a Constantino Copronymo, apud Eginhardum ann. 774. Bulgariæ Principibus aliquot, a Basilio Bulgaroctono apud Zonaram pag. 181. Cegeni denique Patzinacorum Principi, a Constantino Monomacho, apud eumdem Zonaram pag. 205. Vide *Pater Imperatoris*, præterea quæ alii de hac dignitate congessere, ac præsertim Jacobus Gotofredus ad leg. 1. Cod. Th. de Consulibus.

Exstat hæc forma constituendi Patricii, in Historia Pauli Forojuliani de Gestis Longob. asservata in Bibliotheca Vaticana : *Patricii dignitas taliter disponenda est, quatenus illa non vili personæ, nec alicui concedatur ignoto. Sit enim valde notus Imperatori, sit fidelis et prudens, non elatus. Protospatharius veniens ante Imperatorem, osculetur suum humerum, et dicat : Maxime Imperatorum, adest quem vocasti. Tunc stet ad sinistram Imperatoris illius Hyparchus, quem nos dicimus Præfectum, et dicat ei Imperator, Cum Protospathario futurum Patricium adducito. Dum autem venerit Patricius, in primis osculetur pedes Imperatoris, deinde genu, ad extremum osculetur ipsum : tunc osculetur omnes Romanos circumstantes, et dicant omnes, Beneveniatis : Nobis nimium laboriosum esse videtur concessum nobis a Deo ministerium solum procurare : quocirca te nobis adjutorem facimus, et hunc honorem tibi concedimus, ut Ecclesiis Dei et pauperibus legem facias, et inde apud altissimum Judicem rationem reddas. Tunc induat eum Imperator mantum, et ponat ei in dextro indice annulum, et det ei bombacinum propria manu scriptum, ubi taliter contineatur scriptum : Esto Patricius, misericors, et justus. Tunc ponat ei in caput aureum circulum, et dimittat.* [Eadem fere habet Cassiodorus var. lib. 3. Epist. 9. nisi quod præter chlamydem, etiam calceos addit. Hæc præterea oculis firmare licet ex figura Caroli M. in Patricii habitu quam exhibuit Chiffletius in Anastasi Childerici et ex eo Mabillonius in Supplem. Diplom. pag 40.]

Sane *Protospatharius* et *Hyparchus* in hac Patricii constituendi forma nominati, satis arguunt id potissimum spectare Patricios qui ab Imperatoribus Constantinopolitanis constituebantur, maximeque, ni fallor, Patricios Italiæ, vel Siciliæ. Nam *Patricios* etiam peculiari nomenclatura appellabant, Siciliæ et Longobardiæ Præfectos, Constantinopoli ab Augustis submissos : cum in Italiam potissimum soli fere Patricii mitti solerent. Malchus Rhetor pag. 93. ait Augustum Orestis filium orasse Zenonem Imper. ut Odoachrum Patriciatus dignitate ornaret, et Italicam diœcesim ei regendam committeret. Constantinus vero Porphyrogenit. de Administ. Imp. cap. 27. scribit translata Contantinopolim Imperii sede, missos inde Patricios duos, qui utramque provinciam regerent, quorum, inquit, alter Siciliæ, Calabriæ, Neapoli, et Amalphiæ præerat : alter vero Benevento, Capuæ, Papiæ, et reliquis urbibus quæ Byzantinis Augustis parebant : quod intelligendum, maxime post occupatas plerasque Italiæ provincias a Gothis, Longobardis, et Saracenis. Hinc *Patricios Siciliæ*, id est, Præfectos, legimus in Codice Carolino Epist. 73. 88. *Patricium Panormitanum*, apud Gregorium M. lib. 10. Epist. 44. *Patricios Italiæ*, locis indicatis in voce *Catapanus; Patricium Africæ*, apud eumdem Gregorium eodem lib. Epist. 43. et Victorem Tunnensem. Ita etiam Damianum quemdam *Patricium Seleuciæ*, id est Præfectum, nominat Codinus in Originib. edit. Meursii pag. 75. ut *Patricios Laziæ* Cedrenus pag. 443. et Anastasius in Collectaneis pag. 254. *Patricium Alanorum*, idem Anastasius pag. 255. *Patricium Armeniorum*, Theophanes pag. 286. De ejusmodi Patriciis, ac præsertim Italiæ, intelligendus Diurnus Romanus cap. 1. tit. 3.

Neque alii fuere, *Patricii Romanorum*, quam *Præfecti* Romanæ urbis : quam quidem dignitatem, postquam sese a Græcanici Imperii jugo subduxere, Longobardis etiam devictis et superactis, Pipino primum, deinde Carolo Magno et Carolomanno Romani ipsi adscripsere, ut colligere est ex Anastasio in Vita Stephani IV. Papæ : *Itaque in exordio ordinationis suæ, quo isdem sanctissimus Præsul Pontificatus apicem assumpsit, direxit Franciæ partibus ad excellentissimos viros Pipinum, Carolum, et Carolomannum Reges Francorum, et Patricios Romanorum, etc.* Exstant ejusdem Stephani et Pauli Summorum Pontificum Epistolæ in Codice Carolino 1. 4. 7. 8. 9. 41. 42. 45. 47. etc. inscriptæ *Dominis excellentissimis Pippino, Carolo, et Carolomanno Regibus, et nostris Romanorum Patriciis.* Habentur complures aliæ in eodem Codice ab iisdem Pontificibus, *Pippino Regi Francorum, et Patricio Romanorum* scriptæ, ut Adriani ad Carolum M. quarum pleræque, post devictos et exactos Longobardos, exaratæ, *Carolo Regi Francorum et Longobardorum, atque Patricio Romanorum* inscribuntur : [quem titulum ipse Carolus ante initum Longobardiæ regnum minime usurpare consueverat.] Sed coronato a Leone III. Papa eodem Carolo, *ablato Patricii nomine, Imperator et Augustus appellatus est*, ut habent Annales Francor. ann. 801. Atque abstinuere deinceps hocce titulo gentis Francicæ Augusti, ut qui Imperatoriæ dignitatis longe eminentiori obscuraretur, eoque ipso Romæ imperarent; tametsi in aliquot veteribus Tabulis sub eodem Carolo tum Imper. in adscriptis annis, *Rex Longobardorum et Patricius Romanorum* adhuc indigitetur, apud Mabillonium tom. 5. Vitar. SS. Ord. S. Benedicti pag. 88. 89. Quippe Patriciatus *Romanorum* intelligendus proprie de urbis Romæ, vel etiam Italiæ præfectura, quæ a Patriciis, uti diximus, regi solebat, quæ est etiam sententia Nicolai Alemanni in Dissert. de Lateranensibus Parietinis cap. 11. Non mirum igitur, si Carolus Imperator factus a Patricii titulo abstinuit, cum Patriciatus dignitas fuerit Imperatoriæ subdita : non quod idem Carolus Imperatori Constantinopolitano, ea ultro accepta, sese ei obnoxium reddiderit, cum contra, Summo Pontifice id enixius postulante, hanc arripuerit, ut et Romam et Italicas provincias, cum adversus Græcos, quibus Romana tum Ecclesia secesserat, tum etiam Longobardos, qui eam acrius infestabant, tutaretur, idque obiret muneris quod ipsi Italiæ Patricii seu Præfecti, qui ab Imperatore Constantinopolitano mittebantur.

Patriciatum Caroli, a *Patriciatu Beati Petri* distinguit exerte Hadrianus PP. in Codice Carolino Epist. 85. ita ut *Patriciatus Caroli* fuerit urbis Romæ et Romanorum præfectura, vel etiam dominium : *Patriciatus* vero *B. Petri*, id quod *Ecclesiæ Romanæ Patrimonium* vulgo vocamus, ex Pipini et ejusd. Caroli liberalitatibus conflatum. Sic autem Summus Pontifex : *Tamen fidelissimi vestri præfati Missi viderunt ipsos Ravennianos, quos vobis præsentaverunt, qualiter nobis in superbia extiterunt : sed quæsumus vestram Regalem Potentiam, nullam novitatem in holocaustum, quod Beato Petro, sanctæ recordationis genitor vester obtulit, et vestra Excellentia amplius confirmavit, imponere satagat, quia, ut fati estis, honor Patriciatus vestri a nobis irrefragabiliter conservatur, etiam et plus amplius honorifice honoratur : simili modo ipse Patriciatus Beati Petri, fautoris vestri, tam a sanctæ recordationis Domno Pippino, magno Rege, genitore vestro, in scriptis in integro concessus, et a vobis amplius confirmatus, irrefragabili jure permaneat.* [** Vide Savinii Histor. Jur. Rom. med. temp. tom. 1. § 110.]

Putant Junius et Meursius *Patricios Romanorum* dictos primitus Imperatores, quos postea *Romanorum Reges* appellavere, Imperatores nempe Principum consensu et electione ad supremum istud fastigium eductos, qui *Regum* primo, tum corona ac diademate donati, *Imperatorum* titulos sibi adrogabant : quod vel inde eliciunt, quod Carolo M. in Imperatorem coronato a Leone Papa 1. Patricii Romanorum in eo titulus cessarit. Improbat id Gretzerus lib. 3. Comment. in Codinum cap. 17. hac potissimum ratione, quod hac dignitate donati fuerint Pipinus et Carolomannus, qui Imperatoriam nunquam adepti sint : quamquam non desunt, atque in iis Landius, qui nescio quo argumento aliam fuisse in Pipino et Carolomanno, aliam in Carolo M. Patricii dignitatem contendunt, quod sane ægre ii possent firmare. Hadrianus Valesius lib. 6. rerum Francicarum eosdem censet *Patricios Romanorum*, et *Patricios urbis Romæ*, quos *Senatores* inferior ætas appellavit, qui eadem qua olim Consules dignitate fungebantur.

* Consule Tract. Gentilis de Patriciorum jure et dignitate, ubi lib. 2. de Patriciatu Caroli M. disserit.

Verum, non alia indubie fuit *Patricii Romæ* dignitas, a præfectura urbis et circumjacentium regionum, quam ultro Pipino, Carolomanno, et Carolo Magno concessere Romani, ut essent qui eos regerent et tutarentur : unde *Patricii et Defensores Romanorum* ii conjunctim vulgo appellati. Annales Francor. Metenses ann. 773 : *Ibi venit ad eum Missus D. Adriani Papæ nomine Petrus, obnixe postulans, ut ad defendendam Ecclesiam Romanam festinaret, et ut populum Romanum de manibus superbi Regis Desiderii liberaret : adjungens, quod ipse legitimus tutor et defensor esset ipsius Ecclesiæ, quoniam illud prædecessor suus sanctæ memoriæ Stephanus Papa unctione sacra liniens, in Regem ac Patricium Romanorum ordinavit.* In Capitulari 1. ann. 769. et Aquisgr. ann. 789. Carolus M. inscribitur *Rex, regnique Francorum rector, et devotus S. Ecclesiæ defensor atque adjutor in omnibus Apostolicæ Sedis.* Hugo Flaviniac. in Chron. pag. 223 : *Non debere Regem Imperatoris filium, qui non sine causa gladium portaret, qui Romanæ reipublicæ Patricius, tutor, et defensor esse deberet, tantam pati Ecclesiæ Dei conculcationem, etc.* Neque alia videtur esse sententia Nicolai Alemanni in Disserat. de Lateranensibus Parietinis, quam tamen non omnino probat vir doctissimus Carolus Cointius in Annalibus Ecclesiast. Francor. ann. 796. Quibus omnibus addendus Alcuinus Epist. 84. sub nomine Caroli M. ad Leonem PP.

☞ Idem exerte docet Gregorius Mon. in Chronic. Farfensi apud Murator. tom. 2. part. 2. col. 640. ubi scribit *Italiam totam semper habuisse imperatorios procuratores, rectores, Patricios, exarchos, et duces qui imperatoria jura et reipublicæ potentissime possidentes defenderent, dominiumque Italicum obtinerent, usque ad tempora Pipini Regis Francorum, quem Stephanus Papa II. apud Parisium coronavit et unxit cum duobus filiis suis circa annum Dominicæ Incarnationis* DCCLIV.

Exstat Statutum Leonis VIII. PP. in concilio Romano anni 957. in Chronico Reicherspergensi, ex quo docemur Hadrianum PP. Carolo M. *Patriciatus dignitatem, ac ordinationem Apostolicæ Sedis, et investituram Episcoporum concessisse.* Idne verum sit, non disquiro : id constat eamdem Patricii non omnino extinctam dignitatem cum Carolo M. Siquidem prostat Epistola Paschalis Papæ apud Mabillonium tom. 6. Vitar. SS. Ordin. S. Benedicti pag. 567. quæ sic clauditur : *Data per manum Georgii Bibliothecarii S. Sedis Apost. nonis Decemb. imperante D. nostro piissimo*

Principe Augusto Ludovico a Deo coronato, magno et pio Imperatore, anno quarto, et Patriciatus ejus tertio. Id præterea colligitur ex iis, quæ scribit Adrianus II. PP. in Epist. 34. ad Carolum Calvum Regem : *Te optamus omnis clerus et plebs, et nobilitas totius orbis et urbis, non solum ducem et Regem, Patricium et Imperatorem, sed in præsenti Ecclesia defensorem, et in æterna cum omnibus Sanctis participem fore.* Præterea cum hanc ambierint postmodum Germanici Imperatores, et peculiaribus ipsius dignitatis insignibus interdum ii donati legantur, ut ex sequentibus facile erit colligere.

Otto Imp. in Charta ann. 963. in Chron. Laurishamensi pag. 69. et apud Meibomium ad Wittikindum pag. 123. inscribitur *Rex Francorum et Longobardorum, ac Patricius Romanorum.*

De Henrico III. sic Hermannus Contract. et Bertholdus Constantiensis ann. 1061 : *Romæ Nicolao PP. defuncto Romani coronam et alia munera Henrico Regi transmiserunt, eumque pro eligendo Summo Pontifice interpellaverunt. Qui ad se convocatis omnibus Italiæ Episcopis, generalique conventu Basileæ habito, eidem imposita corona, Patricius Romanorum appellatus est.* Concilium Osboriense ann. 1062. ubi Regius Advocatus : *Hoc negare non potes quod pater domini mei Regis piæ memoriæ Henricus (III.) Imperator, factus est Patricius Romanorum, a quibus accepit in electione super ordinando Pontifice principatum.* Ipse Henricus III. in Bullario Casinensi tom. 2. pag. 11 : *Ego Henricus Dei gratia Romanorum Imperator et Patricius, dum adhuc regni et coronæ de statu incertus hinc inde anxius volutabar, etc.*

De Henrico IV. Leo Ostiensis lib. 2. cap. 80 : *Bambergensis Episcopus de gente Saxonum Papa Romanus eligitur, eique Clemens nomen imponitur ; ob hujusmodi res tam prospere, tam canonice gestas, eidem Henrico Patriciatus honorem Romani tribuunt : eumque præter imperii coronam auream, torque uti decernunt.* Albericus et Matth. Paris. ann. 1084 : *Henricus Rex Patricius Romanorum constituitur, et a Clemente Papa in Imperatorem benedicitur.*

De Henrico V. Willelm. Malmesbur. lib. 5. Hist. pag. 167 : *Imperatori autem exeunti de camera, et suis regalibus exuto,* (post ejus coronationem) *occurrerunt Romani Patricii, cum aureo circulo, quem imposuerunt Imperatori in capite, et per eum dederunt sibi summum Patriciatum Romanæ urbis, communi consensu, et volenti animo.*

De Lothario, Petrus Diacon. lib. 4. Chronici Casinensis cap. 120 : *Ipse vero coronam Patriciatus accepturus in civitate remansit.*

Aliis tamen interdum quam Augustis Germanicis concessa legitur Patricii Romanorum dignitas. Hugo Flaviniacensis ann. 941 : *Hoc anno Dominus Odo venerabilis multorum Monasteriorum restaurator, cum multum laborasset in componenda pace, inter Hugonem Regem Italiæ et Albericum Patricium Romanorum, obiit Turonis.* Helinandus in Chronico ann. 999 : *In Italia Crescens Patriciatu Romanorum arrepto contra Ottonem Imperatorem rebellat.* Idem ann. 1001 : *Otto Imperator Romæ Crescentem Patricium aggreditur. Victus Crescens, etc. ex fuga retractus capitur, vilique jumento averse impositus circumducitur, etc.* Romualdus Salernitanus Archiep. in Chron. MS. ann. 998. de Silvestro PP. : *Hic autem mortuo Alberico, qui Patriciatus sibi nomen vindicaverat, a Crescentio Numentano, qui Patricius dicebatur, Papa ordinatus est.* Vide Vincentium Belvac. lib. 24. cap. 108. Scribit Otto Frisingensis lib. 7. Chr. cap. 31. et 34. ex Epistola Lucii Papæ ad Conradum Imper. Romanos tumultuantes, *Senatoribus quos ante instituerant, Patricium adjecisse, atque ad hanc dignitatem Jordanem Petri Leonis filium eligentes, omnia ei tanquam Principi subjecisse,* Præfecturæ dignitate abolita : sed Eugenio III. Pontificatum excipiente, pacem cum Romanis compositam, ea conditione *ut Patriciatus dignitatem exfestucarent, et Præfectum in pristinam dignitatem reciperent, Senatores vero ex ejus auctoritate tenerent;* quod actum ait sub annum 1145. Id ipsum ex Alberico habet Magnum Chronicon Belgicum, in quo restituendum ann. 1146. pro 1144. ex Ottone. Romualdus Salernitanus in Chronico MS. eodem an. : *Non multo autem post populus Romanus contra voluntatem ejusdem Papæ Jordanum filium Petri Leonis Patricium promovit, et Senatores de novo in urbe creavit.*

☞ Inter Duces Amalphitanorum quorum catalogum exhibet Julius Cæsar Capacius in Hist. Neapolit. memorantur ad ann. 952. Sergius *Imperialis Patricius*, et ad ann. 959. Manso *Imperialis* itidem *Patricius et Antipatus.* Ibidem in quodam Instrumento legitur : *Temporibus dom. Johannis gloriosi Ducis et Imperialis Patricii, Antipati et Vestis.* Vide Brencmanni Dissertat. de Republ. Amalphit. pag. 23.

Patricii dignitas in Francia etiam obtinuit, eodem fere quo apud Byzantinos gradu, cum post Regem proxima fuerit. Lex Ripuar. tit. 50. § 1 : *Si quis testes ad mallum ante Centenarium, vel Comitem seu ante Ducem, Patricium vel Regem necesse habuerit, ut donent testimonium, etc.* Ubi *Patricius* Duci præponitur, ut etiam apud Marculfum lib. 1. form. 8 : *Ideo tibi actionem Comitatus, Ducatus, Patriciatus in pago illo, quem antecessor tuus ille usque nunc visus est egisse, tibi ad agendum regendumque commisimus, ita ut semper extra regimen nostrum fidem inlibatam custodias, et omnes populi ibidem commanentes, tam Franci, Romani, Burgundiones, vel reliquæ nationes sub tuo regimine ac gubernatione degant, etc.* Ex quibus primum eruimus *Patricios*, perinde ac Duces et Comites, provincias rexisse, et populis jus dixisse, suosque habuisse districtus, quos *Patriciatus terminos* vocat Fredegarius in Chron. cap. 90. Deinde quod *Burgundiones* tertio loco, ut *Patriciatus*, locentur, satis indicari *Patricios*, præsertim Burgundiones spectasse; cum in Burgundionum regno maxima ac suprema post Regem exstiterit dignitas, alia tamen a dignitate *Majoris-domus*, licet summa parque fuerit utriusque potentia et auctoritas, dispari tamen nomine. Quanquam Patricios domui etiam regiæ præfuisse videatur indicare Cyprianus in Vita S. Cæsarii Arelatensis : *Partherius Patricius, qui cæteris servis præfectus, apud Dominum suum præcipuum gratiæ locum obtinebat, etc.*

Id porro nominis ac dignitatis apud Burgundiones potius obtinuisse quam apud Francos, ex eo conjicere est, quod data primitus Sigismundo Burgundionum Regi ab Imperatore Constantinopolitano legatur; in cujus aula cum præcipua fuerit, ita Reges Burgundici primam in sua esse statuerunt : nisi dicamus *Patriciorum* servatam in Burgundiæ, atque adeo Provinciæ, Regno dignitatem, eique attributam rerum administrationem, quod Gothorum in Italia Reges, qui huic parti Galliarum, inclinante Romanorum in Italia et in Galliis potestate, imperabant, hanc regendam committerent viris illustribus qui Patricii dignitatem obtinebant : qua certe donatus legitur Petrus Marcellinus Felix Liberius Præfectus Prætorio Galliarum, qui Concilio Arausicano ann. 529. interfuit, sub Theodorico II. Gothorum in Italia Rege, a quo restaurata fuerat præfectura in Galliis anno 511. quæ dominantibus Wisigothis desierat, ut observat vir doctissimus Ægidius Lacarrius in Historia Galliarum sub Præfectis Prætorio. Sed et ante hæc tempora Romanos Augustos viros illustres dignitate Patricios in Gallias, qui eas regerent, misisse satis convincunt quæ de Aetio, Ægidio, et aliis Patriciis, habent Scriptores Francici.

Utcumque se res habeat, constat Patricios Francicos promiscue *Patricios Galliæ*, vel *Galliarum*, *Burgundiæ*, vel *Massiliæ* sese inscripsisse, quod regni Burgundiæ urbs præcipua esset, atque in ea degerent regni Burgundiæ Reges, ut et Præfecti. Unde Fortunatus de Bodegisilo Duce lib. 7. Poem. 5 :

> Massiliæ Ductor felicia vota dedisti,
> Rectoremque suum laude perenne refert.

Exercitus etiam duxisse Patricios Francicos, testantur passim historici, ex quibus eorum qui hac in Galliis, seu potius in Burgundico regno functi sunt dignitate, sequentem seriem eruimus, omissis cæteroquin Galliarum Patriciis a Romanis Imperatoribus subinde submissis. Ac primus quidem occurrit

Secundinus Patricius, in Vita S. Joannis Abbat. Reomaensis lib. 2. cap. 1. qui idem forte est qui sub Theudeberto Rege magnæ auctoritatis habebatur, ut tradit Gregorius Turon. lib. 3. Histor. cap. 33.

Placidus Patricius inscribitur in Epistolis Pelagii PP. ad Sapaudum Arelatensem Episcopum, cujus genitor fuisse dicitur, apud Baronium ann. 556. num. 21. ann. 559. n. 9.

Hecca ex primoribus Palatii mortuo Clotario missus a Sigeberto Rege, ut provinciam Massiliensem disponeret, in Vita S. Eucherii Lugdun. pag. 76. edit. Chifflet.

Agricola Patricius sub Guntranno Rege ann. 565. apud Gregor. Turon. lib. 4. Hist. cap. 24. et Fredegarium in Histor. Epitom. cap. 55. quo amoto

Celsus Patriciatu donatur ab eodem Rege. Gregor. Turon. lib. 4. cap. 24. 30.

Marius Aventic. ann. 4. Justini, Fredegarius cap. 55. 62. Habetur Epitaphium Silviæ matris Celsi Patricii in tom. 1. Histor. Francor. pag. 516.

Amatus, Celsi in Patriciatu successor, a Guntranno in Longobardos missus, ab iis cæsus interiit anno 575. Gregorius Turon. lib. 4. cap. 36. Hermannus Contract. ann. 575. *Patricius Provinciæ* dicitur Paulo Warnefrido lib. 3. cap. 3. huic successit

Ennius cognom. *Mummolus*, de quo agunt Greg. Turon. lib. 4. Hist. cap. 36. 37. 39. 40. lib. 7. cap. 34. 36. etc. Fredegarius, Aimoin. Hermannus ann. 576. 579. 584. 585. Paulus Warnefrid. lib. 3. cap. 3. Vita S. Quintidii Episcopi Vasion. num. 7.

Ægilanes, qui et *Ægila*, Patricius anno 24. Guntranni, et ann. 7. Theuderici. Chron. Fredegar. cap. 2. 21.

Dinamius *Patricius Galliarum* ann. 593. 596. apud Gregorium M. lib. 2. Ind. 11. Epist. 33. lib. 5. Epist. 6. quem *Massiliensem* vocat Fortunatus lib. 6. Poemat. 11. De eo etiam Poem. 12. ubi, ut hoc obiter moneam, sub finem, pro *sedis aplaudo*, Codex S. Germani Parisiens. Longobardicis literis exaratus præfert, *Sede sapaudo*. Ejusdem Dinamii, et Eucheriæ conjugis habetur Epitaphium in tom. 1. Hist. Franc. pag. 519. Exstat Vita S. Maximi Episcopi Regiensis, scripta ab eodem Dinamio Patricio, in Chronologia Lerinensi.

Arigius *Patricius de Galliis*, ann. 596. 604. eidem Gregorio M. lib. 5. Epist. 57. lib. 12. Epist. 12.

Asclepiodotus Patricius in Galliis ann. 599. 604. eidem Gregorio lib. 7. Epist. 125. Ind. 2. lib. 12. Epist. 17. Eumdem esse putant viri docti qui *Asclipiadus* dicitur in Decretione Childeberti Regis ann. 595. cap. 14.

Leudegisilus *Patricius partibus Provinciæ ordinatur* a Guntranno ann. 26. regni. Fredeg. cap. 5. Hermannus ann. 587.

Gundobaldus et Wintrio, Patricii dicuntur Childeberti Regis Austrasiorum, qui defuncto Guntranno patruele regnum Burgundiæ acceperat, in Gestis Regum Francor. cap. 36. postremus *Quintrio Dux Campaniensis* appellatur a Fredegario in Chronico cap. 14. et 18. quo occiso, Brunechilde instigante, anno 3. Theodeberti

Colenus, genere Francus anno 3. Theuderici Patricius ordinatur. Fredeg. cap. 18.

Partherius *Patricius*, circa tempora Childeberti Regis, apud Cyprianum in Vita S. Cæsarii Arelat.

Liberius *Patricius*, circa eadem tempora apud Messianum, in Vita ejusdem S. Cæsarii.

Protadius genere Romanus, defuncto Wandalmaro Duce in Pago Ultrajurano et Scutingorum, Patricius ordinatur ann. 8. Theuderici, ut est apud Fredegar. cap. 24. adeo ut incertum sit, an Wandalmarus revera Patricii dignitatem et titulum obtinuerit. Protadio arte Brunechildis interfecto, eadem procurante,

Vulfus Patricius substituitur, ut est apud Fredeg. cap. 27. 29. quo perinde occiso,

Richomeres genere Romanus, in Patriciatum ejus subrogatur ann. 11. Theuderici. Fredeg. cap. 29.

Philippus Patricius, cujus mentio est in Epistolis ad Desiderium Episc. Cadurcensem Epist. 65.

Alethius Patricius ann. 30. Chlotarii II. Fredeg. cap. 43. 44.

Willibaldus Patricius Burgundiæ sub Dagoberto Rege, a Floacato Majore-domus interfectus circa ann. 651. Gesta Dagob. cap. 21. 36. Fredeg. cap. 90. Vita S. Eligii, etc.

¶ Auderdus *vir inlustris atque Patricius* subscribit Chartam Chlodovæi II. Reg. ann. 653. apud Felibian. inter Probat. Hist. Sandionys. pag. 6.

¶ Audobercthus et Roccus *Patricii* ex Charta Theuderici Reg. ann. 678. ibid. pag. 8.

Hector vel Hictor, *in fascibus Patriciatum Massiliæ rexisse*, Childeberto II. regnante, dicitur in Vita S. Leodgarii cap. 5. et in Vita S. Leodgarii cap. 5. et in Vita S. Præjecti n. 10. 12. Exhinc Patricii Provinciæ aliquot alii occurrunt usque ad tempora Caroli M. in veteri Charta quam descripsere Sammarthani in Episc. Massiliensibus n. 14. scilicet

Memphidius Patricius, cui uxor fuit Adultrudis. Deinde

Antenor Patricius, qui non alius videtur ab eo qui

Antherius *Patricius Provinciarum* appellatur in vetustissima Charta edita a Columbo in Episc. Vivariensibus lib. 1. n. 35. in qua etiam *Sulpitia* ejus uxor nominatur.

Metrano Patricius in eadem Charta Massiliensi. Denique

Abbo Patricius. Atque hic videtur postremus qui inter Patricios Provinciæ occurrat, cum hæc dignitas exstincta postmodum fuerit sub altera Regum stirpe, Regibus ipsis alias sibi hunc titulum asserentibus, uti supra observatum. Incertum porro an is Abbo sit ille *Abbo Patricius*, qui sub Theoderico Franciæ Rege vixit, et Monasterium Novalicense construxisse dicitur in ejus Testamento, in quo etiam

Agnaricus Patricius nominatur : *Et colonica in ipso pago* (Viennensi)... *quem incontra Ardulfo per judicio Agnarico Patricio evindicavimus.*

Bonitus, postea Arvernorum Episcopus, electus a Theodorico I. Rege *Præfectus Massiliæ primæ Provinciæ* fuit, ut est in ejus Vita. Sed an *Patricii* dignitatem gesserit, incertum. Vide tom. 1. Hist. Franc. pag. 862. et Diurnum Romanum cap. 6. tit. 7.

Verum quamquam exstincta in Francia fuisse videatur dignitas post Pipinum et Carolum M. rursum tamen obtinuisse videtur sub Regibus Burgundicis qui posthæc in hisce Galliæ provinciis regnavere, quod præsertim docet Synodi Mantalensis ann. 879. legatio ad Bosonem Regem (Provinciæ) designatum : *Justus Patricius vestris majoribus et minoribus apparentes, veritatem ore et opere proferentes, etc.*

Patricii titulum Erchinoaldo Majori-domus Franciæ tribuunt Beda lib. 3. Hist. cap. 19. et Chronicon Fontanellense cap. 1. n. 5. 6. 8.

Patricium sese indigitat Richardus Dux Normanniæ in Charta ann. 1015. apud Hemeræum in Augusta Viromanduorum : *Qui nuncupor Richardus, felicissimi Comitis filius, dicorque gratia summæ individuæque Trinitatis deificæ Normannorum, licet indignus, Dux et Patricius.* Hocce etiam Patricii titulo non semel donatur a Dudone de Moribus Normann. : *Hic Comes, Dux Patriciusque summus.* Et infra :

Patrici Richarde, Comes, Dux, Marchio, Princeps.

Infra : *Plaudebant omnes... qui illis Patricium et Ducem tantorum bonorum incrementis largitus est cluentem.* Unde firmari posset eorum sententia, qui *Pares Franciæ* a Patriciis Francicis deducunt, nisi aliunde cónstaret vocis origo. Vide *Par Franciæ.*

Patricios suos habuere etiam Reges Anglo-Saxonum. Charta Inæ Regis tom. 1. Monastici Anglic. pag. 13 : *Pro ampliori firmitatis testamento Principes et Senatores, Judices et Patricios subscribere fecimus.* Charta Athelredi Regis ibidem pag. 51 : *Quapropter ego Athelredus Rex Merciorum rogatus a Patricio meo, et propinquo Coenfrido, etc.* qui in subscriptione *Comes* indigitatur. Aliam Offæ Regis Merciorum subscripsit statim post Episcopos, et ante *Principes* et *Duces*, *Brordanus Patricius*, in Additamentis ad Matth. Paris pag. 155. In Concilio Calchutensi sub eodem Offa ann. 787. subscribit *Goscha Patricius.* Unde colligitur præcipuam fuisse in hoc regno dignitatem. Apud Simeonem Dunelmensem ann. 780. mentio fit *Bearn Patricii Elfwadi, Regis.* Anno 786. *Sicgan Patricii* ejusdem Elfwadi, a quo Rex ipse interfectus est ann. 793. ut narrat idem scriptor, quo loco *Sicgan* Ducis titulo donatur. Idem denique ut et Hovedenus, meminit anno 796. *Osbaldi Patricii*, qui Ethelredo Regi occiso in regnum est suffectus, ut et Alcuinus in inscriptione Epistolæ 29.

Patricissa, uxor Patricii : quæ *Patricia*, apud Gregorium M. in Epistolis. Anonymus Barensis in Chron. ann. 1024 : *Barcavit Bugiano in Corbatia cum Barenses, et comprehendit ipsam Patricissa uxor Cosmizi, et adduxit illam in Bari.* [Vide Brencmanni Dissertat. de Republ. Amalphit. pag. 23.]

¶ Patricii Lovanienses, quorum frequens mentio in Charta Wenceslai Ducis Brabantiæ ann. 1373. apud Miræum tom. 2. pag. 1024. De eorum origine ita scribit Justus Lipsius in Descript. Lovanii lib. 2. cap. 3 : *Aiunt Bastinum quemdam olim fuisse (tempus aliter non designant) corpore et animo validum, qui septem filias habuit, et eas totidem viris elocavit; sed cum lege, quoniam ipse virilis sexus liberos non haberet, hæ nobilitatis suæ jus tenerent et diffunderent, atque ex iis nati tales censerentur. Sive res fuit, sive inventiuncula est, non tamen absona a vero et more.* Plura vide in notis Miræi ad hunc locum.

* Patricius Imperialis, Præfectus ab imperatoribus Constantinopolitanis regendæ alicui provinciæ, ita appellabatur. Charta ann. 899. apud Murator. tom. 1. Antiq. Ital. med. ævi col. 181 : *Declaro ego Waimarius princeps et imperialis Patricius, quia concessum est mihi a sanctissimis et piissimis imperatoribus Leone et*

Alexandro per berbum et firmissimum præceptum bulla aurea sigillatum, integram sortem Benebentanæ probinciæ, sicut divisum est inter Sichenolfum et Radelchisum principem, ut licere me exinde facere omnia, quod voluero, sicut antecessores mei omnes principes fecerunt.

* Patricius, idem interdum apud nostros, qui *Major domus*. Chron. Asserii Menev. ex Cod. reg. 6236 : *Dimissis ordinate omnibus, navigavit* (Furseus) *Galliam: ibique a rege Francorum Lothario vel Patricio Erconpaldo honorifice susceptus, monasterium construxit in loco Latiniaco nominato; ac non multo post infirmitate correptus, diem clausit ultimum. Cujus corpus idem Erconpaldus Patricius accipiens, etc.*

* Patricialis Circulus, Aureus scilicet, quo *Patricii* caput ornabatur. Benzo in Panegyr. Henr. IV. apud Menck, tom. I. Script. rer. Germ. lib. 1. cap. 9 : *Cum viridissima chlamyde, cum nivea mitra, cui superimponit Patricialem circulum.*

PATRIENSES, Indigenæ : Galli *Ceux du du païs* dicunt. Encomium Emmæ Reginæ : *Terra quod esset optima inspecta, maluit conversari vitam fertili patria, cum Patriensibus pace confecta, quam velut expulsus domum redire.* Occurrit apud Hariulfum lib. 3. cap. 8. 20. 25. et in Vita S. Eusebiæ Abbatissæ Hamaticensis num. 3.

¶ **PATRILOQUIUM**, Corolla precatoria, Gall. *Chapelet*. Processus de canonizat. S. Francisci de Paula tom. 1. Aprilis pag. 121 : *Utebatur etiam ad orationes tam verbales quam vocales actitandas solum Patriloquiis, vulgo dictis corona Dominæ nostræ.* Menoti serm. fol. 42 : *Quero a vobis in bona equitate : vos domine que estis ita bene ornate, et habetis grossa Patriloquia de auro valentia L. ducatos, an hoc prosit vobis?* Vide *Pater-noster*.

¶ **PATRIMONIALES** Filii, Legitimi. Concil. Mexican. ann. 1585. inter Hispan. tom. 4. pag. 387 : *Statuimus filiis dumtaxat Patrimonialibus, descendentibus ab incolis, qui ex Hispania dictam provinciam transmearunt, etc.* Ibidem pag. 388 : *Volumus autem quod donec existant filii Patrimoniales, qui juxta præfatam consuetudinem Palentinam possint eligi ad dicta beneficia, provisio dictorum beneficiorum fiat ad præsentationem dictarum Catholicarum Majestatum, patronorum et non alias.* Pluries ibi.

* **PATRIMONIALIA** Regia, Tributa, vectigalia publica et fiscalia, bona quæ ad regium domanium pertinent. Charta ann. 1342. in Reg. 72. Chartoph. reg. ch. 341 : *Cum judex major... archivum regium, in quo scripta Patrimonialia regia et aliæ scripturæ dominum regem tangentes, sub quatuor clavium clausura, in turri firmata in castro regio civitatis Carcassonæ tenentur, intrasset, etc.*

* **PATRIMONIALIS** Titulus. Vide in *Titulus* 3.

PATRIMONIUM varie sumitur apud JC. nam, ut de vulgari significatu taceam, cum tres essent Principis περιουσίαι, seu facultates, Largitiones, Privatæ, et Patrimoniales, Largitionum appellatione donatus est fiscus seu thesaurus Principis, cui regendo præfectus erat Comes sacrarum largitionum; Rerum privatarum nomine, intelliguntur bona Principis quæ privatis usibus erant dicata, quibus gubernandis præerat Comes rerum privatarum. Denique per Patrimonium, sacrum intelligitur, proinde diversum a privato, cui præerat Comes sacri patrimonii, cujus curæ incumbebat regias, ut ait Senator, epulas sollicita ordinatione disponere, ut et apothecas et enthecas aulicas, præterea prædiorum patrimonialium proventus excipere, etc. Quæ patrimonia pluribus explicat Cujacius in Paratitl. lib. 1. Cod. tit. 32. 33. et 34. et ad lib. 11. tit. 62. Atque ita domus regiæ fundi appellantur a Procopio lib. 1. de Bello Goth. cap. 4. et 6 : Χωρία τῆς Βασιλέως οἰκίας, ἣν δὴ πατριμόνιον καλοῦσι.

Patrimonium Ecclesiasticum, seu *Patrimonium S. Petri* : ita appellabant Ecclesiæ Romanæ prædia, ditiones vel census in provinciis. Anastasius in S. Conone PP. pag. 59 : *Hujus temporibus pietas Imperialis relevavit per sacram jussionem suam ducenta annonæ capita, quæ Patrimonii custodes et Lucaniæ annue persolvebant.* Infra : *Rector Patrimonii Siciliæ.* In S. Zacharia pag. 8 : *In Patrimonio Tusciæ. Ecclesiarum Patrimonium*, in Hadriano pag. 119. Diurnus Romanus cap. 6. tit. 3. 4 : *Patrimonium juris S. Romanæ Ecclesiæ.* Theophanes in Leone Isauro, et ex eo Cedrenus : Τὰ δὲ λεγόμενα πατριμόνια τῶν ἐν Ρώμῃ ναῶν τῶν ἁγίων καὶ κορυφαίων Ἀποστόλων. Vide Nicolaum Alemannum in Dissertat. de Lateranensibus parietinis cap. ult. et Paulum *Sarpi* in libello *De materia Beneficiar.* nuper edito pag. 40. et infra in voce *Rector*.

¶ Patrimonium Crucifixi, Bona ecclesiastica vocat S. Bernardus lib. 4. de Considerat. : *Qui non de dote viduæ, et Patrimonio Crucifixi se vel suos ditare festinent;* quæ et *Patrimonia pauperum* dicuntur in Capitul. lib. 1. cap. 77.

Patrimonium. Tabularium S. Mauricii Andegav. de donatione Plessiaci *au Grammoire* eidem Ecclesiæ facta a Fulcone Comite Andegav. anno 1109 : *Statuit* (Fulco) *Ecclesiam S. Mauricii Andegavensis Episcopi sedem, ut quæ sua mater, suæque terræ caput est, non Patrimoniis, non muneribus transitoriis, sed rebus in posterum mansuris pro sua suorumque antecessorum suorumque successorum salute ampliare. Quidquid enim habebat in Plaissiaco Grammatici, cum omnibus appendiciis suis, nec non et apud Ruigniacum cum suis.... ei benigne ac libere dedit, donumque cum baculo in manu domini Marbodi Redonensis Episcopi, qui tunc temporis Rainaldo secundo Adegavensi Episcopo Romæ morante Episcopi negotia administrabat, posuit, etc.* Ubi *patrimonium* pro re mobili usurpatur.

¶ Patrimonium, Quod a patre in dotem filiæ concessum est. Charta ann. 1095. ex Tabul. Major. Monast. : *Hildebertus.... civis Nannetensis habuit ibidem duos molendinos in exteriis marinis, quorum unum dedit Frioldo... cum filia sua nomine Delicata quam ille in uxorem accipiebat... Concessit igitur B. Martino... idem Frioldus... molendinum sæpedictum, concedente Delicata uxore sua, ex cujus Patrimonio ipse erat molendinus.*

¶ **PATRINA**, pro *Matrina*, Gall. *Maraine.* Ricobaldus in Histor. Pontif. Roman. apud Murator. tom. 9. col. 149. ubi de Hygino PP. : *Hic constituit ut patrinus vel Patrina suscipiat levatum a fonte baptismatis.*

* **PATRINARIUS**, *Paillier*, in Glossar. Lat. Gall. ex Cod. reg. 7692.

¶ **PATRINATUS**, Officium patrini. Statuta Danielis Episc. Nannet. apud Marten. tom. 4. Anecd. col. 954 : *Prohibemus ne baptizandis parvulis, plures personæ quam tres ad Patrinatum seu compatrinatum hujusmodi admittantur.*

PATRINUS, Ἀνάδοχος, Sponsor, *qui levat aliquem de sacro fonte, vel intromittit in Ecclesiam*, apud Jo. de Janua. Nostris *Parrain*. Higinus PP. de Consecr. dist. 4 : *In Catechismo, et in Baptismo, et in Confirmatione unus Patrinus fieri potest, si necessitas cogit. Non est tamen consuetudo Romana, sed per singulos singuli suscipiunt.* [Charta Pipini Reg. ann. 752. apud Calmet tom. 1. Hist. Lothar. col. 273 : *Sanctissimus vir Patrinus videlicet seu spiritualis pater noster Willibrordus, etc.*] Chronicon Urspergense ann. 1124 : *Infantes suos in Sabbato sancto Paschæ et Pentecostes cum candelis, et cappa, quæ dicitur vestis candida, et Patrinis comitantibus ad baptismum deferant, ... ne etiam filios suos, et filias suas ad baptismum teneant, sed sibi Patrinos quærant, Patrinis etiam fidem et amicitiam, ut carnalibus parentibus servent.* Epistola 5. inter Francicas tom. 1. Historiæ Francicæ : *Ipse ergo meus est Pater ex lavacro.* [Jesse Episc. Ambian. libello de Ord. baptismi cap. 1 : *Signent ipsos infantes in fontibus eorum susceptores viri vel feminæ, id est, Patrini vel matrinæ.*] Domnizo lib. 2. de Vita Mathildis cap. 1 :

Qui Pater in lavacro Regis fuerat sacrosancto.

Leges Henrici I. Reg. Angl. cap. 79 : *Qu alicujus filiolum, vel Patrinum occiderit, erga eum et parentes mortui conjunctim reus sit, et crescat emendatio secundum weram, sicut manbota secundum dominum.* Adde Concilium Calchutense ann. 786. cap. 2. Walafridus Strabon. lib. de Reb. Eccl. cap. 26. Honorium Augustod. lib. 3. cap. 115. Fulbertum Carnot. Epist. 33. Leges Alfonsi IX. Regis Hispaniæ part. 1. tit. 4. lege 7. etc. Vide *Tenere*.

In aliquot Conciliis et Synodis plures statuuntur adhiberi *Patrini*, *in levatione scilicet maris, duo mares et una femina, in feminæ vero levatione unus mas et duæ feminæ*, in Eboracensi ann. 1195. cap. 4. Sarisberiensi ann. 1217. cap. 19. Wigorniensi ann. 1240. cap. 5. Coloniensi ann. 1280. cap. 4. Synodo Santoniensi ann. 1280. cap. 6. Exoniensi ann. 1287. cap. 2. etc. Adde Statuta Odonis Episcopi Parisiensis cap. 3. § 5.

☞ Varia fuit hac in re Ecclesiæ disciplina. Unum patrinum præcipiunt Statuta Eccles. Biterr. ann. 1368. apud Marten. tom. 4. Anecd. col. 644 : *Item, præcipimus plures ad suscipiendum infantem de sacro fonte non accedent. Sit autem unus Patrinus tantum in baptismo, sive vir, sive mulier, et alius si voluerit in catechismo.* Idem definiunt Statuta Eccles. Cadurc. etc. ibid. col. 685. ut et Eccl. Nemaus. col. 1026. Sistaric. col. 1080. et Trecor. ann.

1457. col. 1161. Duos susceptores adhiberi posse permittunt Statuta Eccl. Æduensis ann. 1468. ibid. col. 505 : *Inhibetur quod ad levandum puerum de sacro fonte, ne ultra recipiantur.* Idem legitur in Statutis Eccles. Catalaun. ann. 1393. ibid. col. 669. Tres vero admittunt Statuta Eccl. Trecor. cap. 8. ibid. col. 1098 : *Item, ad levandum infantem de sacro fonte duæ personæ vel tres tantummodo admittantur.*

☞ Ab officio patrini excluduntur Regulares, excommunicati, pœnitentes publici, et nondum confirmati. Concil. Paris. VI. cap. 34 : *Illos tamen specialiter ab his officiis removendos judicamus ne alios de sacrosancto fonte baptismatis suscipiant, nec etiam ad percipiendum S. Spiritus donum aliorum patroni existant, qui et communione canonica privati et pœnitentiæ publicæ sunt subacti.* Statuta Eccles. Cadurc. etc. apud Marten. tom. 4. Anecd. col. 685 : *Prohibemus etiam districtè ne in Patrinum Regularis aliquis admittatur, nec aliquis alius qui in sententia est positus vel ligatus excommunicationis vel interdicti, vel qui non est confirmatus.* [** C. 103. D. IV. de cons.]

Patrini, in Confirmatione pueri. Concilium Sarisberiense ann. 1217. cap. 74 : *In hoc Sacramento contrahitur proximitas spiritualis, sicut in Baptismo, inter illos qui suscipiunt pueros, et illos quorum sunt pueri, et inter pueros susceptos.*

☞ Quid vero requiratur ut in Confirmatione patrinus quis esse possit, docent Articuli Paris. ann. 1586. a Marten. editi tom. 4. Anecd. col. 1202 : *Nulli præterea Patrini vel susceptores, ad susceptionem adhibeantur, nisi sacro chrismate inuncti, confirmatique sint, ac nisi ejusdem sexus, cum mulieres a viris suscipi e re non esse, nisi urgente necessitate, compertum sit : ac ne parentes aut conjuges, fratresve sint, aut eorumdem qui confirmantur in baptismo susceptores fuerint.*

* *Patrini* officium præstare non debet pater aut mater confirmandi, ex Stat. synod. Guill. *Duprat* episc. Claromont. ann. 1537 : *Confirmati alios procurent habere Patrinos, quam patrem aut matrem.*

** Patrini eorum, qui in monachos attondebantur. Vide Glossar. med. Græcit. voce Ἀνάδοχος, col. 67.

** Patrini in baptismate campanarum. Vide Haltaus. Glossar. German. voce *Grospathen* col. 756.

* Patrini appellati, qui duello privato testes aderant. Vide supra in *Duellum*.

* Patrinus, idem qui *Confessarius* et *Pater spiritualis.* Ritus publ. pœnit. impon. homicid. in eccl. Senensi an. circ. 1220. apud Murator. tom. 5. Antiq. Ital. med. ævi col. 767 : *Feria quarta in capite Quadragesimæ, pœnitentes qui pro homicidio sponte commisso carcerem subire tenentur, debent prius a Patrinis suis pœnitentiam recipere de omnibus aliis peccatis. Et postea cum ipsis Patrinis venire ad episcopalem ecclesiam ante archipresbyterum vel pœnitentiarium canonicum. Et tunc ipse quæret ab eo, si de aliis peccatis, quæ commisit, fecerit confessionem.... Postea loco carceri ordinato, ipse pœnitentiarius canonicus vel Patrinus ejus vadit cum eo ad carcerem, etc.*

¶ Patrinus, pro *Patronus*, in Testam. Bertichramni Episc. Cenoman. tom. 3. Analect. pag. 127 : *Ut basilica quæ in honore beatissimi ac peculiaris Patrini nostri Martini sancti Episcopi, etc.*

PATRIOTA, Indigena. Metellus in Quirinalibus :

> Patriæ consilium rite tuendæ
> Tribuerunt peregrini Patriotis pavefactis.

Vita S. Deicoli Abb. Lutrens. num. 7 : *B. Columbanum egregium Scottigenarum omnium Patriotam.* [Acta S. Ottonis tom. 1. Julii pag. 376 : *Non absque summa Patriotarum admiratione convaluit.*] Thierricus Valliscolor in Urbano IV. PP. :

> Hancque sibi recipit, Patriotas convocat, ac de
> Urbevetanorum posse redemit eos.

Occurrit præterea apud Silvestrum Giraldum in descriptione Cambriæ cap. 7. Thwroczium in Chron. Hungar. 1. part. cap. 23. in Actis S. Foranni Abb. num. 11. in veteri Charta Sancii M. Regis Navarræ, apud *Yepez* in Chron. Ordinis S. Benedicti tom. 5. pag. 468. etc.

Patrioticus, non semel apud Senatorem lib. 11. et. 12. in Concilio Aurelian. can. 7. et apud Gregor. Turon. in Vita S. Maurilii Episc. MS. cap. 9. [Pro Patrius, apud Marten. tom. 9. Ampliss. Collect. col. 921 : *Ubi ventum fuerit ad vestitum peregrinis, ut dixi, potiusquam Patriocitis amiciuntur ornatibus.*]

PATRIPASSIANI, Sabelliani Hæretici, qui Patrem passum esse asserebant, apud S. Augustinum hær. 41. Philastrium, etc. *Unde eos etiam*, inquit Ferrandus Diac. in Epist. ad Severum, *Patripassianos appellari vestustas ostendit.* Vetus auctor Consultationum, sive altercationum inter Zachæum Christianum, et Apollonium Philosophum lib. 2. cap. 11 : *Patripassianus esse quidem astruit Patrem, sed ipsum mox esse sibi Filium, atque eumdem ab inita substantia, in nativitatem passionemque descendere, sanctum perinde Spiritum etiam in persona eumdem esse, non tertium.* Adde S. Cyprianum in Epist. ad Jubaianum de baptizandis Hæreticis, Marium Mercatorem in Anathematismo Nestoriano § 20. Agunt de iis præterea Ruffinus Aquileiensis de Symbolo et in Apologia Eusebii Pamphyli pro Origene, Faustus Regiensis de Ratione fidei, Marius Victorinus lib. 1. adversus Arium, Rupertus lib. 11. de Divin. offic. cap. 11. Isidorus lib. 8. cap. 5. Papias in *Noechiani hæretici*, etc. *Deipassiani* dicuntur Marcellino Comiti in Anastasio.

¶ **PATRIXARE**, pro *Patrissare*, Patrem imitari. Charta ann. 1095. in Tabular. B. M. de Bono-Nuntio Aurelian. : *Adela Comitissa.... Stephani Comitis uxor bene Patrixans erga nos beneficia multa contulit.*

¶ **PATRIZARE**, Eadem notione. S. Bernardus in Vita S. Malachiæ : *Patrizans in sectando justitiam et amorem viri.* Vita S. Drausii tom. 1. Martii pag. 406 : *Procurent in exequendis antecessorum fideliter factis Patrizare et per omnia commorigerari.* Bovo in Relat. invent. Reliquiar. S. Bertini sæc. 3. Bened. part. 1. pag. 161 : *Tripertito paterno imperio, dum singuli per singula regna Patrizare, seque secundum paternam magnificentiam protelare cupiunt* Lotharius, Ludovicus et Carolus. *Patrissare* dixit Terentius Adelph. Act. 4. sc 2.

¶ **PATROCIDA**, Patriorum interfector. Processus Ludovici Imper. in Johannem XXII. PP. in Chr. Siciliæ apud Marten. tom. 3. Anecdot. col. 100 : *Captus est igitur persecutor iste nequissimus, prædo in domesticos, plebis interemtor, occisor filiorum, in patrios Patrocida.*

* **PATROCINARI**, Præesse, regere. Charta ann. 1062. in Chartul. Vindoc. ch. 168 : *Abbate Oderico congregationi monasterii Vindocinensis eo tempore Patrocinante.* A Latino *Patrocinari*, Causam agere, nostri *Patrociner* dixerunt, pro *Plaider, défendre une cause.* Lit. remiss. ann. 1370. in Reg. 100. Chartoph. reg. ch. 900 : *Comme Guillaume Ferrecoq reparast à la court espirituelle de l'evesque de Meaulz et y Patrocinast et feist fait de procureur, etc.* Occurrit rursus in Stat. ann. 1367. tom. 7. Ordinat. reg. Franc. pag. 705. art. 1.

* **PATROCINATUS**, Jus patronatus ecclesiæ, Gall. *Patronage.* Vide in *Patronus* 2. Chartul. S. Ymer. fol. 2. v°. : *Noverint nos.... abbati et monachis Becci donasse ecclesiam S. Ymerii cum Patrocinatu, cum pertinentiis in usum monachorum integre et quiete possidendam.* Occurrit rursum in Ch. Hug. de Montef. ann. 1197. ibid. fol. 5. et fol. 67. ex Ch. ann. 1155. Alia ann. 1253. in Chartul. Fiscan. fol. 29. v°. : *Radulfus filius meus nullum jus habet in Patrocinatu ecclesiæ de Heuditot ; sed illud ad abbatem et conventum Fiscan. noscitur pertinere.* Vide in *Patrocinium* 1.

1. **PATROCINIUM**, Tutela Patroni, cui se committebant liberti, seu servi libertate donati. Primum Testamentum Widradi Abbatis : *Similiter et illas cessiones, quas ad libertos nostros Gisleberto et Grimberto Clericis ad eorum ingenuitates confirmandas Duolonecas in Bornato et in Ceresio fecimus, quando ipsos pro animæ nostræ remedio ingenuos dimisimus, ut dum advivunt, hoc teneant, et post eorum discessum, cum omne superposito ad jam dictam casam S. Projecti, ubi eorum Patrocinia et defensionem constituimus, revertere faciant.* Capitula ad Legem Bajwar. tit. 1. cap. 7 : *Qui vero per chartam ingenuitatis dimissi sunt liberi, ubi nullum Patrocinium et defensionem non elegerint, similiter Regi componantur cum 40. sol.* Concilium Toletanum IV. can. 68 : *Episcopus qui mancipium juris Ecclesiæ, non retento Ecclesiastico Patrocinio, manumitti desiderat, duo meriti ejusdem et peculii coram Concilio cui præminet per commutationem.... offerat.* Adde can. 69. 70. 71. 72. 73. 74. Concil. Tolet. IX. can. 14. 16. Emeritense can. 20. Leges Wisigoth. lib. 8. tit. 1. § 3. 4. Additam. 2. ad Legem Burgund. § 2. Capitulare 3. ann. 813. cap. 11. 13. etc.

Patrocinia Sanctorum, Reliquiæ Sanctorum quorum patrocinia invocantur, vel reliquiæ *Patronorum*, seu Sanctorum *tutelarium.* Aimoinus de Miracul. S. Benedicti cap. 15. [36] : *Erant autem quæ ferebantur cum Patrocinio S. Benedicti pretiosissimæ reliquiæ beatissimorum Confessorum Eucherii et Verani.* Odo Abbas lib. de Miracul. S. Mauri cap. 6. [17.] : *Beati quoque Petri Apostoli Patrocinia sunt reperta, etc.* Vita S. Judoci cap. 13 : *Pretiosa plurimorum Sanctorum Patrocinia secum inde reversurus tollere cupiebat.* Adde cap. 14. Leo Ost. lib. 3. cap. 23 : *Cum diversis Ecclesiastici ministerii apparatibus, ac Sanctorum Patrociniis plurimis.* Aribo Episcopus Frising. in Vita S. Corbiniani cap. 20 : *Basilicam ædificavit, et Valentini atque B. Zenonis in ea Patrocinia collocavit.* Juramentum Hincmari Archiepisc. Remensis in Concilio Pontigonensi : *Sic me Deus adjuvet et ista sancta Patrocinia.* Vide Capitulare 2. ann. 802. sub finem. Sebastianus Salmaticensis Episc. in Histor. Hispan. : *Gratuita Christi clementia collata sibi Sanctorum pignorum Patrocinia, etc.* Infra : *Quarum ergo præsentia reliquiarum se credit Patrocinari.* [Vita S. Walpurgis cap. 8. sæc. 3. Bened. part. 2. pag. 293 : *Accepto præterea idem Episcopus super hoc negotio Regis et regalium virorum consilio, Virginis Patrocinia sancta daturum esse promisit. Patrocinia S. Remigii*, in Charta Lotharii Reg. apud Baluz. in notis ad Capitul.] Adde Alcuinum Epist. 65. 192. Concilium Liptinense sub Carolomanno ann. 743. can. 2. Capitul. 1. ann. 769. cap. 1. lib. 7. Capitul. cap. 123. Adamum Bremensem cap. 19. Albertum Stadensem ann. 961. tom. 2. Canisii pag. 470. 471. in Hist. Translat. S. Pusinnæ Virg. num. 4. Andr. Monach. lib. 1. Vitæ S. Ottonis Episc. Bamberg. cap. 39. 41. Cod. Officii domor. S. Benedicti apud Mabillon. tom. 4. Analect. etc.

* Patrocinium, Festum patroni alicujus ecclesiæ. Necrol. B. M. ad Scotos Vienn. apud Pez. tom. 1. Script. Austr. col. 702 : *vj. Id. Septembris... Est hac die Patrocinium ecclesiæ hujus.*

Patrocinium. Sanctus Eulogius lib. 2. Memorial. SS. cap. 7 : *Quorum corpora loco quo deciderant derelicta, summo militum observantur studio, ne Christiani ad emolumentum patrocinationis furtim ea surriperent et reconderent*, i. ut iis tanquam reliquiis uterentur : vel sane ut per ea Sanctorum sibi demerentur patrocinia. Dinamius Patricius in Vita S. Maximi Episcopi Regiensis : *Corpus beatissimi Antistitis... est humatum in Ecclesia B. Petri quam ipse condiderat, quæ postea ipsius nomine appellata est, ob crebra ejus Patrocinia*, i. miracula.

Patrocinium, Jus Patronatus Ecclesiæ. Exstat in Tabulario Ecclesiæ Gratianopolitanæ fol. 13. Charta fundationis Ecclesiæ S. Stephani in territorio Viennensi a Lempteo et Agiloide ejus uxore sub Bernardo Viennensi, et Agobardo Lugdunensi Archiepiscopis, in qua hæc habentur : *Teque hæredem nobis in rebus perpetualiter pro Dei amore et sanctorum Apostolorum, et remedio animarum nostrarum instituimus, honorem quidem tantummodo loco Patrocinii nostris hæredibus reservantes.* Ex quibus colligitur jus patronatus esse perantiquum.

Patrocinium, pro *Patrimonium*, apud Fortescut. de laudibus legum Angliæ cap. 49. nisi mendum sit : *Quamvis non gliscant eos* (filios) *legum imbui disciplina, nec ejus exercitio vivere, sed solum ex Patrociniis suis.*

PATRON, pro Patronus. Alcuinus de Ecclesia S. Ludgeri Episc. Mimigard. :

Spes tibi magna fiat, lachrymas ascendere cælum
Hinc potuisse tuas, fultas Patronibus istis.

¶ Patrones, Majores, auctores. Homagium Bernardi Attonis Vicecom. Carcasson. præstitum Abbati S. M. Crassæ ann. 1110. inter Probat. novæ Hist. Occitan. tom. 2. col. 375 : *Ut ei recognoscerem fidelitatem et hominium pro castris et villis, et locis quæ... tenebant Patrones et antecessores mei in feudum.*

¶ 1. **PATRONAGIUM**. Vide *Patronus* 2.

* 2. **PATRONAGIUM**, Navis gubernatio, *Patroni* seu naucleri officium; unde *Patronisare*, navem gubernare. Form. MSS. ex Cod. reg. 7657. fol. 17. r°. : *Gaspar mercator, factor et procurator seu negociorum gestor nobilis viri Melchionis,.... nomine factorio antedicto fecit et constituit.... Patronum, dominum, ductorem, gubernatorem et administratorem dicti ligni... Petrum præsentem et onus hujus Patronagii et gubernationis in se gratis suscipientem,.... ad ducendum, Patronisandum, dominandum... ipsum lignum;... ipsumque lignum naulizandum quibuscumque personis voluerit. Patroniser*, eodem sensu, in Lit. remiss. ann. 1456. in Reg. 191. Chartoph. reg. ch. 234 : *Le suppliant a fait et traffiqué fait de marchandise,... et Patronisées les galées de Jaques Cuer.* Vide *Patronisare*.

¶ **PATRONALE** Hospitium, Diversorium, ni fallor. Statuta Astens. Collat. 4. cap. 25. fol. 18. v°. : *Juro quod non permittam quod duo unius hospitii Patronalis sint in uno et eodem officio simul tempore mei regiminis.* Vide infra *Patronus hospitii.*

* **PATRONANTIA**, Jus seu tributum, quod *patrono*, ratione tutelæ seu protectionis, debetur. Charta ann. 1228. apud Murator. tom. 1. Antiq. Ital. med. ævi col. 335 : *Cum omni jure, dominio, honore et signoria,... albergariis, fumantibus, Patronantiis, et cum omnibus aliis ad nos.... pertinentibus.*

¶ 1. **PATRONARE**, Jus patronatus exercere. Histor. MS. Monast. Gemmetic. pag. 175 : *Quod si aliqua quæstio super his oritur, abbas Gemmeticensis Patronabit ubique.*

* 2. **PATRONARE**, Ad *patronum* seu archetypum exigere. Charta Edw. primog. reg. Angl. ann. 1356. ex Cod. reg. 8387. 4. fol. 28. r°. : *Mensuræ et pondera..... de merca seu patrono regio et nostro in dicta villa* (Liburniæ) *instituto consignentur et etiam Patronentur. Appatronner*, eadem notione, in Charta ann. 1348. ex Reg. 103. Chartoph. reg. ch. 316 : *Item l'esmolument de tailler et Appatronner les boisseaus et les mesures en la ville de Beaufort.* Vide infra *Patrunnus.*

* **PATRONARIUS**, idem qui *Patronus* 2. Stat. Pistor. ann. 1107. apud Murator. tom. 4. Antiq. Ital. med. ævi col. 542 : *Si aliquis rector ipsius ecclesiæ alienaverit et pignori obligaverit, vel alio modo alicui personæ in conquestum dederit, sine licentia sui patroni, si habuerit, vel de aliquo de Patronariis, infra quadraginta dies proximos, ex quo scierint, rescindant et rescindere faciant.*

PATRONATICUM, Obsequium quod patrono libertus debet. Formula vetus 48. ex Bignonianis : *Nec ulli hæredum meorum nullum impendas servitium, nec hominium, nec libertaticum, nec ullum obsequium, nec Patronaticum.* Ubi Lindenbrogius form. 99. habet *nec patronatus gratias.*

¶ 1. Patronatus, Eadem notione, in Append. ad Marculf. form. 18 : *Nulli heredum ac proheredum meorum nullum impendant servitium nec hominium vel Patronatus obsequium.* Adde form. 56. Idem quod *Libertinitatis obsequium* dicitur apud eumdem Marculf. lib. 2. form. 32. et in form. Sirmondica 12. Testam. ann. 1145. apud Murator. delle Antic. Estensi. pag. 331 : *Universa masnata mea libera sit, jure Patronatus penitus remisso, peculiis uniuscujusque sibi concessis. Patronatus*, alio sensu, vide in *Patronus* 2.

* 2. **PATRONATUS**, pro *Patronus*, qui clericum in ecclesia instituendum nominat vel præsentat. Scacar. S. Mich. ann. 1223. in Reg. S. Justi fol. 22. r°. col. 1. ex Cam. Comput. Paris. : *Jurati dixerunt quod nesciebant quis Patronus præsentasset personam mortuam; sed sciunt quod reddebat abbati Exaquii pensionem annuam.*

¶ **PATRONES**. Vide *Patron.*

¶ **PATRONISARE**, Patronizare, Officium *patroni* seu naucleri gerere. Charta ann. 1382. in Tabular. Communit. Massil. : *Franchesinus de Montexoro cordoanerius cum certis mercibus et coraminibus per quamdam galeotam de portu Massiliæ Patronisatam.* Chron. Tarvisin. apud Murator. tom. 19. col. 671 : *Veneti deliberaverunt* vi. *galeas... navigare debere ad securitatem et transductionem dictæ sponsæ Lombardæ, quas Patronizabant Johannes Miani, etc.* [* Vide supra *Patronagium* 2.] Hinc

¶ **PATRONISATIO**, Conventio cum ejusmodi *patrono*, in Charta ann. 1298. in eodem Tabular.

¶ **PATRONIUM**, Tutela, protectio, contracte pro *patrocinium.* Charta ann. 1206. ex min. Chartul. S. Victoris Massil. pag. 151 : *Rembaudus de Bellojoco relinquo ecclesiam B. M. de Clocario liberam et quietam a talliis et quistis et ab omnibus aliis exactionibus... Volo quod heredes mei defendant eam et tueantur et fidele Patronium studeant impertire.*

1. **PATRONUS**. Gloss. Saxon. Ælfrici, ubi de partibus domus : *Patronus*, stapul. Quæ vox Saxonica, *basim* sonat, ut observat Somnerus. Aliud Gloss. Saxonicum MS. laudatum ab eodem Somnero : Stapul, *Batis*, ubi *basis*, restituit.

2. **PATRONUS**, [Qui alicujus ecclesiæ exstruendæ, aut alterius cujuscumque fundationis ecclesiasticæ auctor est. *Advocatus* interdum nuncupatus, ut videre est in hac voce, pag. 111. col. 1.] Joan. de Garlandia in Synonymis :

Patronum faciunt dos, ædificatio, fundus.

Leges Alfonsinæ seu *Partidæ*, parte 1. tit. 15. lege 1 : *Padronadgo es derecho o poder que gana en la Eglesia por los bienes que hi face el que es padron de ella, et este derecho gana home por tres cosas : La una, por el suelo que da en que se faga la Eglesia ; la segunda, por facerla ; la tercera, por el heredamiento quel da à que llaman dote, onde vivan los clerigos que la sirvieren et de que puedan complir las otras cosas, etc.*

Patronatus, seu *jus Patronatus*, *Patro-*

nage, nostris; *Padronaggio*, et *Padronatico*, Matthæo Villaneo lib. 1. cap. 33. l. 9. cap. 98. est *jus honorificum, onerosum, et utile alicui in Ecclesia competens pro eo, quod de diœcesani licentia sive consensu illam fundavit, dotavit, vel construxit ipse, vel is a quo justam causam habet.* Ita Joan. Andr. et alii Canonistæ. Chronicon Montissereni ann. 1171 : *Iniquum censum 20. talentorum, et servitium, et jus Patronatus quod Imperator in præfata Ecclesia habebat, etc.* [Charta Margaretæ Flandr. Comit. ann. 1250. apud Miræum tom. 2. pag. 1233 : *Patronatum ecclesiæ de Commines cum jure conferendi præbendas et beneficia... cessimus.*]

☞ Præter hanc legitimam usuque receptam juris patronatus originem, quæ ex ecclesiarum fundatione manavit, aliam, eamque longe frequentiorem, repetere licet ab ecclesiarum infeodationibus. Et quidem ubi laici ecclesias et earum bona, quæ vel a Principibus in feudum concessa habebant, vel ipsi sibimet arrogaverant, restituere tandem statuerunt, iis ea lege cesserunt, ut jure patronatus gauderent, atque in iis ecclesiis clericos instituendos Episcopo præsentarent, quos ipsi prius inconsulta Episcopo instituebant destituebantque ad libitum. Quo spectat Capitul. Ludovici Pii ann. 816. cap. 9 : *Statutum est ut sine auctoritate vel consensu Episcoporum presbyteri in quibuslibet ecclesiis nec constituantur nec expellantur. Et si laici clericos probabilis vitæ et doctrinæ Episcopis consecrandos suisque in ecclesiis constituendos obtulerint, nulla qualibet occasione eos rejiciant.* Adde Capitul. Caroli C. tit. 40. cap. 9. *Et ita*, inquit Fransciscus *de Roye*, in Prolegom. ad tit. de jure patronatus pag. 55 : *Solum jus Patronatus habere ceperunt in iis ecclesiis, quas olim in beneficium, vel etiam in alodem acceperant, ut nempe clericos diœcesanis Episcopis præsentarent tantum, non etiam instituerent. Unde et eo fere tempore Hincmarus Remensis in suis Capitulis eos appellat Patronos : qui dicebantur etiam Abbates laici, Abbicomites apud Gerebertum in Epist. 17. sicque invaluit, ut qui ecclesiam aliquam olim accepisset in beneficium, in ea jus Patronatus haberet, quamvis eam nec ædificasset, nec dotasset, nec quidquam ei contulisset. His adde præstantissimum Paris. Archiep. Petrum de Marca lib. 1. Hist. Benearn. cap. 28. et lib. 5. cap. 30.*

☞ Inter jura *patronorum* laicorum illud recensetur, ut inter clericos intra cancellos sedere possint. Constitut. MS. Roberti Episc. Lincoln. apud Kennet. in Gloss. : *Ad hæc adjicimus ne laici stent vel sedeant inter clericos in cancello dum divina ibidem celebrantur, nisi forte ob reverentiam vel aliam rationabilem causam et manifestam. Hoc solum Patronis permittitur.* Alia patronorum privilegia his duobus versiculis exprimuntur :

Patrono debetur honos, onus, utilitasque.
Præsentet, præsit, defendat, alatur egenus.

** Jus Patronatus *scholarum*. Vide Haltaus. Glossar. German. voce *Schullehen*, col. 1660.

¶ Patronagium, idem quod *Patronatus*. Statuta Monast. S. Claudii ann. 1448. pag. 75 : *Item, Patronagium parochialis ecclesiæ de Juerro Lugdunensis diœcesis.* Pluries ibid. occurrit.

* Charta Phil. V. ann. 1317. in Lib. rub. Cam. Comput. Paris. fol. 560. col. 2 : *In recompensationem ipsorum, Patronagium et jus patronatus... concedimus. Patronnage* præterea appellatur, Portio redituum ecclesiæ, quæ ad illius *patronum* pertinet. Charta ann. 1428. in Chartul. Latiniac. fol. 211. v°. : *Déclaré avons ladite église avoir droit de prendre aux quatre festes, Pasques, Pentecouste, Toussains et Noel soixante-dix solz Tournois de rente ou Patronnaige.* Alia ann. 1443. ibid. fol. 212. v°. : *A cause et pour raison de soixante solz Tournois de rente annuelle, appellée Patronnage, que ladite église, à cause dudit office, a droit de prendre et percevoir... en et sur la revenue, oblacions et autres prouffitz appartenans à icelle cure.* Vide suo loco alio sensu.

¶ Patronata Beneficia, Ad quæ *patronorum* præsentatione quis instituitur. Expositio compendiosa benefic. fol. 30 : *Institutio ad beneficia Patronata pertinet; non enim proprie conferuntur : et differt institutio a collatione, quod hæc voluntaria sit, illa necessaria : Ordinariis enim recusantibus instituere, jus ad superiorem devolvitur, et meo judicio recusantes Ordinarii a Patronis conveniri poterunt interdicto retinendæ possessionis coram judice regio.*

Patroni, dicti veteribus Christianis *Sancti*, præcipue *tutelares*, S. Augustino lib. de Cura pro mortuis cap. 4. 18. S. Ambrosio lib. 10. in Lucam cap. 21. Prudentio hymn. 1. et 2. Peristeph. Paulino Epist. 3. ad Sever. et Paneg. 3. in Felicem, et in libris de Vita S. Martini, S. Eulogio in Apologet. etc. Vide *Patrocinium*

3. Patroni, Episcopi. Vetus Scheda de Ordinat. Episc. edita a Baluzio : *Et dum fuerint introducti*, (qui *Decretum* deferunt) *interrogantur ab Episcopo suo, Quid est fratres, quod vos fatigastis? Illi respondent Ut nobis, domine, concedas Patronum.* [Fridegodus in Vita S. Wilfridi sæc. 3. Bened. part. 1. pag. 177. ubi de Episcopatu Eborac. :

Nam postquam dicto sedes viduata Patrono.]

* Pro Archiepiscopus, legitur in Charta Ludov. Jun. ann. 1157. inter Probat. tom. 2. Hist. Occit. col. 562 : *Ad quæ renovanda et quadam novæ scripturæ pueritia convenustanda, providus ejusdem ecclesiæ Patronus et dignissimus archiepiscopus Berengarius humiles nostræ serenitati preces porrexit.*

Patroni Regionum, Præcipui, nisi sint, quos ἀμφοδάρχας vocat Chronic. Alexandrin. Historia S. Clement. I. PP : *Tunc comes sacrarum Publius Tarquinius, videns innumerabilem multitudinem Christo credere, invidia ductus, vocavit ad se Patronos regionum, et data eis pecunia, monuit ut seditionem excitarent nomini Christiano.* [Acta S. Sebastiani tom. 2. Jan. pag 276 : *Beatissima Zoe in Apostolorum natale dum ad Confessionem Petri apostoli oraret ab insidiantibus paganis arctatur, ducitur ad Patronum regionis Naumachiæ... tunc Patronus regionis misit eam in custodiam obscurissimam.* Ubi *Patroni regionum* iidem videntur qui sub urbis Præfecto civili politiæ invigilabant, nostris *Commissaires de quartier.*][** *Patronus civitatis* apud Gregor. M. lib. 9. epist. 69. Vide Savin. Histor. Jur. Roman. med. tempor. tom. 1. § 108.]

¶ Patronus, Dominus, *Senior, Seigneur*. Charta Hamelini Episc. Cenoman. in Tabul. Major. Mon. : *Hoc audientes et scientes tam monitu Juelli de Meduana Patroni ejusdem loci, quam clamore vulgi.* Infra : *Hoc approbante loci Patrono, etc.* In alia Charta ex eod. Tabul. : *Nobilis viri Juhelli de Meduana domini et Patroni ejusdem loci assensu.* Ratherius Episc. Veron. lib. 1. Præloq. apud Marten. tom. 9. Ampl. Collect. col. 805 : *Patronus, sive, ut usitatius a multis dici ambitur, senior es?*

* Hinc *Patronnée*, pro Domina alicujus loci, in Cons. Petri de Font. cap. 18. cap. 74. pag. 115 : *S'eles* (femmes) *sunt Patronnées, et eles oient les quereles à cieus à qui elles ont franchis, etc.*

¶ Patronus Galeæ Navis, Nauclerus. Charta ann. 1326. in Tabular. S. Victoris Massil. : *Mandetis singulis Patronis galearum de dicta civitate recollectis ad gagia curiæ, ut etc.* Computus ab ann. 1333. ad ann. 1336. tom. 2. Hist. Dalphin. pag. 278 : *Item, Angelono Patrono galeæ domini quos solverat Trombettæ Vice amirati de mandato domini, taren. 11... Item, pro loherio unius barcæ apud S. Restitutam retinuit Patronus taren. 1.* Inferiores esse *Capitaneis* navium docet Bern. *de Breydenbach* in Itin. Hierosol. pag. 239 : *Eodem die misit Capitaneus navium Sirie nuncios per omnes galeas, et invitavit ad prandium alios Capitaneos et Patronos et omnes principales officiales navium et gubernatores et dominos.*

¶ Patronus Hospitii, Diversorii magister, caupo. Computus mox laudatus ibid. : *Item, Patrono hospitii in quo dominus fuit hospitatus de mandato dominæ Dalphinæ, taren. 11.* Vide *Patronale hospitium.*

¶ Patronus, pro *Patrinus*. Annal. Bened. tom. 3. pag. 23 : *Patroni filiis suis symbolum et orationem Dominicam insinuent.* Vide *Patrinus.*

* 4. **PATRONUS**, Autographum, Gall. *Original.* Charta Frotarii episc. Petragor. regnante Hugone rege ex Cod. reg. 5851. A. : *Adalradus rogitus scripsit Patronum, et Iterius iterum in hoc libello conscripsit.*

¶ Patronus, exemplar, seu Charta enumerationis, in qua bona sua quis recenset, Gall. *Dénombrement.* Charta ann. circ. 1320. ex Regesto *Noster* fol. 440. v. : *Ordinatum est quod Thesaurarius abbas d'Elevin et domnus Michael Moza recipiant Patronos dictorum Judæorum, et sciant veritatem de valore, ut possint exigi dictæ xvm. libræ a Judæis prædictis. Et illud quod in Patronis non posuerint, confiscetur domino Regi.*

* 5. **PATRONUS**, Archetypum, specimen. Charta ann. 1356. inter Probat. tom. 4. Hist. Occit. col. 237 : *Quod capitularii Tolosæ.... habeant tradere Patronum dictæ monetæ, et quod dicti capitularii, vocatis gentibus regiis,... possint facere assay.* Vide supra *Patronare* 2.

¶ Patronus, Exemplar, nostris etiam *Patron.* Menoti Serm. fol. 120 : *O juvenes hic notetis;* voyés la forme et le Patron ou a été prinse vostre vie; *ecce formam et Patronum a quibus sumpta est vita vestra.*

* **PATRUNNUS**, Patruus, Exemplar, archetypum, Gall. *Patron*, *étalon*. Charta Nic. episc. Andegav. ann. 1275. in Chartul. priorat. de Guilcio fol. 50. v°. : *Habebunt... Patrunnos seu Patruus mensurarum bladi et vini ad Patrunnos mensurarum bladi et vini de Durostallo... Tenentur talliare et signare dictos Patrunnos seu Patruus, quando apportabuntur eisdem.* Vide supra *Patronare* 2.

¶ **PATRUOLUS**, Fratris seu sororis filius. Chron. MS. Regum Franc. : *Et ex statim a Ludovico fratre suo, eoque ipso inconsulto et invito imperium sui Patruoli seu nepotis usurpavit.*

* **PATRUUS**, pro Paternus. Vide supra *Domus patrua* in *Domus* 6.

¶ **PATTA**, Fibula lignea, a Gall. *Patte.* Tabular. Capituli Ambian. : *In die Lunæ unum* (boissellum) *pro apertione molendini, et in reparatione molendini unum ad Pattam conficiendam.*

¶ **PATTALORINCHITÆ.** Vide *Passalorinchitæ.*

PATUA. Vide *Patuum.*

¶ **PATUATIO**, pro *Pactuatio*, Pactum, conventio. Chron. Casaur. lib. 1. Spicil. Acher. tom. 5 : *Loca in eadem commutationis cartula reperiuntur, et tenores, et Patuationes, cambitiones, etc.*

* **PATUENTIUM**, idem quod *Patuum*, Pascuum, pratum. Charta ann. 1054. inter Instr. tom. 6. Gall. Christ. col. 177 : *De ipsis terris, de ipsis pratis et de ipsis Patuentiis, et de ipsis boscis, etc.* Vide supra *Padoentium.*

PATULA, Pugio, ensis. Lambertus Ardensis pag. 168 : *Manus in eum injecerunt, et extractis Patulis, sine misericordiis eum... jugulaverunt.* Sed legendum reor *spatulis*, id est, parvis spathis.

¶ **PATULE**, Pascuum. Chron. Casaur. apud Murator. tom. 2. part. 2. col. 929 : *Cum silvis,... rivis, rupinis ac Patulibus, etc.*

¶ **PATULUM**, Locus patens et apertus, area, Gall. *Cour*, ubi interdum conventus habebantur. Annal. Bened. tom. 5. pag. 70 : *Factum est hoc... apud castrum Blesium intra curiam, retro palatium prope turrem, Patulo inter caminatas quidem palatii sito.* Gall. Christ. tom. 3. col. 21. inter Instr. : *Hanc chartam scripsi et subscripsi et in Patulo relegi.* Vide *Patuum.*

¶ **PATURAGIUM**, a Gall. *Paturage*, Pascuum. Charta MS. Libert. Bellomont. : *Concedimus plenum ac liberum habere usagium... ad omne Paturagium dictorum nemorum.* Charta ann. 1249. tom. 1. Ampliss. Collect. Marten. col. 1305 : *Ut omnia animalia tam frutrum quam hominum suorum Paturagia habeant libera per totam terram nostram.* Charta Itherii *de Mengnac* ann. 1278. apud Thomasser. in Biturig. pag. 110 : *Et percipiant usagia sua et Paturagia suis animalibus.*

1. **PATUS**, Gaza, thesaurus, πάτος in cod. Barbaro-Græco Nicetæ in Alexio Duca, ubi exponitur πλοῦτος, *divitiæ.* Auctor Queroli : *Si dives fueris, Patus appellaberis, sic nostra loquitur Græcia.* Monet præterea Petrus Daniel in veteri Glossario *Patus*, *pacem tenens*, exponi, quam interpretationem secutus est Papias.

¶ 2. **PATUS**, mendose in Charta Guillelmi de Calviniaco ann. 1218. apud Thomasser. in Biturig. pag. 724 : *Ita quod si sorores meæ maritatæ vel maritandæ, et etiam frater meus qui mecum est partiturus super eos vel suam partem, aliquid requireret eis, suam partem prout nunc Pata est, garirem et deffenderem.* Lego *Rata.* Vide alia notione mox in *Patuum.*

1. **PATUUM**, [Pascuum, pratum, Gall. *Pastis.* Charta ann. 1144. inter Probat. novæ Hist. Occitan. tom. 2. col. 507 : *Ego Bernardus Athonis Vicecomes Nemausi dono et in perpetuum concedo ad Patuum popolo Nemausensi omnes garigas.* Charta ann. 1204. in min. Chartular. S. Victoris Massil. pag. 66 : *Concedimus vobis ad opus S. Sepulcri quoddam Patuum.* Charta Curiæ Arelat. MS. ann. 1225 : *Elegerunt.... infrascriptos qui... cognoscere debent quid Patuum, quid consorcium, vel devesum, quid privatum, quid publicum, quid ad communes usus in Cravi pascuis pertinent.*] Tabular. Eccl. Uzetiensis ann. 1272. fol. 5 : *Quartas, thascas, census, usatica et obedimenta, pascua, Patua, et res omnes alias, etc.* Occurrit in hoc Tabul. non semel. [Charta ann. 1339. ex Schedis Præsid. *de Mazaugues* : *Via quæ procedit a Patuo de Sablono et prætenditur usque ad Rhodanum.* Testam. Anglici Cardin. ann. 1388. apud Stephanot. tom. 10. Fragm. Hist. MSS. pag. 334 : *Et lego pro ipsa capellania fundanda omnes census,... terras cultas et incultas, heremas et vestitas, Patua, pascua et obedimenta, etc.* Vide alia notione in *Pactum.*]

* Quod omnibus patet et commune est. Inquisit. ann. 1268. ex sched. Pr. *de Mazauges* : *Vidit..... venare per dictum territorium, per quæcumque loca eis placebat, sicut in Patuis, quæ non deffenduntur.*

¶ Patus, Eodem significatu, in Charta ann. 1154. inter Probat. tom. 2. novæ Hist. Occitan. col. 549 : *Ego.... Guillelmus de Tortosa providens communi utilitati villæ S. Martini de Cretio,.... ea pascua et Patus, quæ vel qui modo sunt, et ab antiquo fuerunt, ut ea communiter habeant, etc.*

¶ 2. Patuum, Idem quod *Patulum*, Provincialibus vulgo *Pati.* Charta ann. 1320. ex Tabular. Commendariæ Arelat. : *Idem cum in Patuis, plateis et locis publicis tam in civitate quam in territorio existentibus.* Charta ann. 1490. ex Schedis Præsid. *de Mazaugues* : *Acta fuerunt hæc.... in Patuo fortalitii ipsius castri.* Statuta Massil. lib. 3. cap. 8 : *Ordinamus ut Communis Massiliæ sive aliquis nomine Communis non cogant nec possint cogere, aliquem Massiliensem ad vendendum aliquem honorem, vel domos sive Patuum infra muros Massiliæ, vel extra.*

* Locus vacuus. Charta ann. 1332. in Reg. 66. Chartoph. reg. ch. 968 : *Quoddam hospicium,... cum omnibus suis Patuo et operatoriis et pertinentiis, situm in villa seu burgo Carcassonæ, etc.* Charta admort. pro eccl. Narbon. ann. 1406. in Reg. 161. ch. 137 : *Item aliquas plateas seu spatia, quæ ibi nuncupantur Patua, quæ sunt vacantia et sine aliquo possessore.*

¶ Patuum, Cloaca, fimetum, fossa fimaria. Statuta Massil. lib. 1. cap. 59 : *Statuimus ut si aliqua persona Patuum habet vel habebit infra Massiliam alicubi, ubi fit vel fiet fimoratium, etc.* Ibidem lib. 5. cap. 40 : *Statuimus... ut illi probi viri, qui electi et statuti sunt super claudendis Patuis et casalibus civitatis inferioris, et super carreriis Massiliæ ab omni immunditia purgandis, etc.* Ubi Commentarium Gallicum habet, *Cloaques, vulgairement Patis.*

¶ **PATUUS**, Pascuum. Testament. Guidonis Gueregiati ann. 1177. tom. 9. Spicil. Acher. pag. 152 : *Dimitto adhuc uxori meæ pignora et Patuos de castello de Armazanicis.*

* **PATUZARE**, Pascere. Stat. Vallis-Ser. cap. 67. ex Cod. reg. 4619. fol. 117. v°. : *Possint ire per totum montem.... cum suo bestiamine ad pascullandum et Patuzandum, etc.* Vide supra *Patuentium.*

* **PAVA**, *Pavonesse*, in Glossar. Gall. Lat. ex Cod. reg. 7684. Pavo femina.

¶ 1. **PAVAGIUM**, perperam pro *Pariagium*, in Charta Philippi Pulcri ann. 1307. apud Menester. Hist. Lugdun. pag. 42 : *Nos vel successores nostri, domum, fortalitium, vel castrum acquirere vel construere, construi nostro nomine permittere quoquo modo et casu, feodum, retrofeodum, scorietatem vel Pavagium, seu alias quascumque res immobiles quovis nomine, etc.* Ubi leg. omnino *societatem vel Pariagium.* Vide supra in voce *Par.*

2. **PAVAGIUM**, ex Gallico *Pavage* : tributum quod pro viarum pavimentis præstatur : nostris, *Droit de chaucée.* In Monastico Anglic. tom. 1. pag. 722. 767. 976. locos vide in *Picagium*; a *Pavire*, Lat. quod ἐδαφίζειν redditur in vett. Gloss.

Paviagium. Catalogus Episcoporum Leichefeldensium in Anglia, in Waltero *de Lagton* circa ann. 1300 : *Paviagium Leichefeldiæ, et alias quamplures libertates Ecclesiæ Lichefeldiensi a Rege Edwardo.... concedi impetravit.*

* Charta ann. 1316. in Reg. 54. Chartoph. reg. fol. 1. v°. : *Concessit majori, juratis et communitati villæ Silvanectensis barragium seu Pavagium in dicta villa et locis circumvicinis consuetum usque ad triennium, pro pontibus, calceis et malis passagiis præparandis.* Occurrit rursum ibid. fol. 15. r°. Alia ann. 1321. in Reg. 61. ch. 425 : *Cum rex periculis sæpius emergentibus in aqua seu flumine Atacis villæ Limosi.... volens obviare,... consulibus et burgensibus ad faciendum et construendum unum pontem lapideum pro securitate communi, barragium sive Pavagium concessisset, etc.* Charta Phil. V. ann. 1331. in Reg. B. ch. 35 : *Item nous voulons que le Pavage acoustumé à lever à Laon, soit levé et converti enterinement ès réparations et soustenement des chauciés.* Ita quoque legendum pro *Panage*, in Lit. ann. 1317. tom. 5. Ordinat. reg. Franc. pag. 467. *Pavageur*, qui ejusmodi tributum exigit. Lit. remiss. ann. 1393. in Reg. 145. ch. 156 : *Le Pavageur ou coustumier, qui est commis à recevoir la coustume ou acquit de la ville de Tremblay dist à icellui Adam que point ne se esmoiast de ses vaches et qu'il les avoit trouvées en la maison du suppliant.* Pavage vero, pro Pavimentum

vel ars pavimentandi, in aliis Lit. ann. 1389. ex Reg. 138. ch. 46 : *Icellui exposant pour faire ouvrer de Pavage ou chauciée ou nom et pour Pierre le Chaudelier maistre du Pavage en Anjou et ou Maine, etc.* Vide *Pavare.*

¶ **PAVAILLONUS**, Papilio, tentorium, Gall. *Pavillon.* Charta treugarum ex Archivis Ducis Sabaudiæ Taurini : *Hæc treuga facta est quoad dictum Amedeum de Sabaudia in acie intra ejus Pavaillonum ante villam et castrum de Chalamont die Martis 12. Julii anno* 1380. Vide *Pavellio.*

* **PAVALHONES**, Nummi aurei Francici, sic dicti, quod rex in iis sub *pavallione* in throno sedeat. Charta ann. 1343. ex Bibl. reg. : *xlij. leones auri et lix. Pavalhones auri et ix. coronatos auri, etc.* Vide in *Papilio* 1. et infra *Pavilio* 2.

* **PAVALHONUS**, Papilio, tentorium. Glossar. Provinc. Lat. ex Cod. reg. 7657 : *Papilio, Pavalhon, Prov.* Comput. ann. 1412. inter Probat. tom. 3. Hist. Nem. pag. 205. col. 1 : *Pro faciendo agulhetas positas in Pavalhono.* Pluries ibi. Eo spectare videtur vox Gallica *Pavaille*, qua tela crassior significatur, ut opinor, in Lit. remiss. ann. 1372. ex Reg. 103. Chartoph. reg. ch. 375 : *Icellui Nicolas fist chargir sur un cheval draps, linges, nappes et touailles, pos, Pavailles et autres menuz mesnages.* Nisi legendum sit *Pauailles*, et vasa coquinaria designentur. Vide *Paella.*

¶ **PAVALLYO**, Eadem notione. Charta ann. 1332. tom. 2. Hist. Dalphin. pag. 238 : *In una parte ejusdem sigilli erat figura Majestatis regiæ sedentis in Pavallyone liliis seminato cum aliis characteribus suis.* Vide *Pavilio.*

¶ **PAVAMENTUM**, Pavimentum, Gall. *Pavé.* Comput. ann. 1261. ex bibl. reg. : *Pro terra apportanda pro Pavamento, etc.*

¶ **PAVARE**, Pavire, pavimentis sternere, *Paver. Pavator, Paveur.* Idem Comput. : *Pavatori qui Pavavit curiam, scilicet teisiam oro* VI. *sol.* XXXVI. *lib.* Liber anniversar. et censuum S. Germ. Paris. fol. 72 : *Super granchia Johannis de campis in vico Pavato,* XVIII. *den.* Vide *Paviare. Pavamenter* et *Empaventer* apud Poetas nostrates. Le Roman *de Vacce* MS. :

> L'Iglise de l'Archevesquié
> De Roen du plus riche sié,
> Fist abatre et faire graignor...
> Plus longue la fist et plus lée,
> Plus haute et miex Empaventée.

Le Roman *de la guerre de Troyes* MS. :

> En une chambre à or ovrée,
> Et de cristal Pavamentée.

* Pavare de Plastro, Gypso, loco pavimentis, sternere. Charta ann. 1252. in Chartul. thesaur. S. Germ. Prat. fol. 17. r°. : *Item quod tenemur facere Pavari de plastro dictam domum novam subtus ad terram.*

¶ **PAVASIUM**. Vide *Pavisarii.*

¶ **PAUCA**, Mensura vinaria, vulgo *Pauque* vel *Pauche.* Necrologium Abbatiæ S. Petri de Casis : XXIII. *Maii... dimisit tres metretras vini seu tres Paucas.* Ibid. : XI. *Julii. Margareta de Pruneto abatissa de Casis contituit et donavit unam Paucam vini singulis Dominicis a festo Pasche usque ad vendemias.* Ancilla Lemovicibus etiamnum *Pauca*, vulgo *Pauche*, dicitur, quasi femina ex *pauco* orta.

PAUCEDO, *Paucitas*, Joanni de Janua.

¶ **PAUCIO**, pro Pactio, pactum. Charta ann. 1217. in Chartular. S. Vandreg. tom. 1. pag. 1055 : *Et ut hæc Paucio rata sit et stabilis hanc præsentem cartam sigilli mei munimine roboravi.*

* **PAUCITARE**. Vide supra *Baulare.*

¶ **PAUCIUM**. Vide *Pausa.*

* **PAUCRUM**, Ellychnium, ut videtur, Gall. *Méche*, Ital. *Lucignolo* et *Stoppino.* Stat. crimin. Cuman. cap. 204. ex Cod. reg. 4622. fol. 110. r°. : *Nemini spiziario seu apotecario.... liceat facere,... vel vendere... aliquos dupplerios seu cilostros vel candelotos.... cum Paucro de stupa.*

¶ **PAUDER**. Placitum Chlodovei III. ann. 692. apud Mabill. lib. 6. Diplom. Ch. 15 : *Placita inter se habuerunt, ut medio minse Aprile jam præteriti et ipsi Ermenoaldul abbâ Pauderis homenis sua mano quarta ante ipso Pontefici, aut hoc conjurare debirit quod, etc.* [** In 2, edit. Diplom. cap. 16. legitur *apud tris homenis.*]

PAVELLA. Charta Petri de Condeto Capellani Regis tom. 2. Spicileg. Acheriani pag. 557 : *Et idem Dom. Rex et alii Barones, sicuti erant ordinati per bella, exierunt circa exercitum contra Saracenos qui erant infiniti, ne possent intrare Pavellam, vel habere accessum ad castrum.* [f. Contextus et series palorum, Gall. *Palissade*, olim *Pavesade*; nisi mavis *pavellam* interpretari Diversorium, hospitium, nostris veteribus *Pavaie.*]

¶ **PAVELLIO**, ut *Pavaillonus*, in Computo ex Bibl. reg. : *Pro quodam magno Pavellione ad comedendum, etc.*

¶ **PAVELLUS**, Scutum minus. Statuta Equit. Teuton. art. 79. apud R. Duellium tom. 2. Miscel. pag. 60 : *Vicemarschallus potest de carvana fratri dare veterem sellam, Pavellum, vel frænum, cum relicta fuerit et abjecta.*

PAVENSES. Charta ann. 1299. apud Cherubin. Ghirardaccum lib. 12. Histor. Bononiens. pag. 375 : *Precamur quatenus dictum castrum miniatis victualibus, balistis, sagittamentis, Pavensibus, lumeriis, et pannellis.* Ubi *Pavenses* videntur esse scuta majora, quæ nostri *Pavois* vocabant. [Hinc emendandum videtur Chron Domin. de Gravina apud Murat. tom. 12. col. 721 : *Territi timore mortis, repositis Pallarensibus magnis in terram.* Ubi leg. *Pavensibus.*]

PAVERE Messem aut *annonam*, Frumentum *excutere*, ut in leg. 7. D. de adquir. rer. Dom. (41, 10.) vel *exprimere*, ut in leg. 14. § 3. D. de Aliment. (34, 1.) Capit. Caroli M. lib. 3. cap. 66. et Lex Longob. lib. 1. tit. 14. § 11. [** Carol. M. 32.] : *Si quis messem aut annonam in hoste super bannum dominicum rapuerit, aut furatus fuerit, vel Paverit, aut cum caballis vastaverit, etc.* Festus ait *paveri frumenta* veteres dixisse, *quæ de vagina non bene exibant.*

¶ **PAVERIUS**, f. Junci species, quæ nonnullis *Pavée* dicitur. Chartular. V. S. Vedasti Atrebat. pag. 48 : *Sit in posssssione ... de cinnis ponendis in aqua ... de arundine et Paverio.*

¶ **PAVERUS**, Anserculus, Gall. *Jeune oye*, Ital. *Pavoro.* Johan. Demussis Chron. Placent. ad ann. 1388. apud Murator. tom. 16. col. 582 : *In æstate in cœnis dant... post assatum pullorum, capredum, vitelli, vel Paveri, vel anetris, etc.*

* **PAVES**, Panni species, pavonatilis. Stat. Massil. MSS. fol. 60. r°. col. 2 : *Item de mantello Paves cum frezo, vel veta, vel perfilo, cum sendato vel cum penna, vel cum froire, ij. solidos.* Male in edit. lib. 2. cap. 39. pag. 303. *Panes.* Vide *Pavesca* et mox *Pavonaceus.*

* **PAVESATUS**, Scuto, quod *Pavesium* dicebant, instructus, nostris *Pavesché.* Lit. senesc. Prov. ann. 1388 : *Castra metati sumus cum nostris armorum gentibus, nec non et duobus trabuchis, quingentis balistariis, et aliis in copioso numero peditibus Pavesatis de dicta civitate Massiliæ.* Froissart. vol. 1. cap. 46 : *Ils bleçoient merveilleusement les gens d'armes, s'ils n'estoient fort armez et Paveschez. Pavetier*, vel potius *Pavesier*, in Lit. ann. 1410. tom. 9. Ordinat. reg. Franc. pag. 540. *Pavoisien*, in aliis ann. 1358. tom. 3. earumd. Ordinat. pag. 298. *Pavisieur, Pavaiseur* et *Pavoiseur*, in Hist. Caroli VII. pag. 253. et 464. Vide *Pavisarii.*

PAVESCA, Vestis species, pavonatilis. Statuta Massiliensia MSS. ann. 1276 : *Mantellum, Pavesca sine penna et sendato et frezo.* Vide *Pavonatilis.*

¶ **PAVESERIUS**, ut *Pavisarius.* Vide *Pavisarii.*

¶ **PAVESIUM**, Scuti genus, nostris *Pavois*, Italis *Pavese.* Vide *Pavenses.* Charta ann. 1377. in Tabular. S. Victoris Massil. : *Stephanus abbas S. Victoris dedit monasterio pro arnesio, pro defensione et tuitione, videlicet balistas, viratones, Pavesia,... et alia quæcumque arnesia.* Hinc *Pavesiator* dictus miles qui ejusmodi scutis utebatur in præliis. Vide *Pavisarii.*

¶ Pavesis, Eadem notione, ab Ital. *Pavese.* Charta ann. 1359. apud Illust. Fontan. in Antiquit. Hortæ pag. 417 : *Et dimittat* (Potestas) *et dimittere debeat unum Pavesem de Pavesibus ipsius.... et si non dimiserit dictum Pavesem, etc.*

¶ Pavesius, Eod. significatu, in Charta ann. 1345. tom. 2. Hist. Dalphin. pag. 510 : *Quod in dictis galeis sint in qualibet* CC. *homines,...* CLXXX. *Pavesii*, CC. *lanceæ, etc.*

¶ Pavessus, et Pavexius, in Chron. Tarvisino apud Murator. tom. 19. col. 792 : *Multas manu unica experientias fecit in erigendo lanceas, et Pavexios, etc.* Ibid. col. 858 : *Accedere deberem cum paghis* LXXXV. *balisteriorum atque Pavesorum, etc.*

[* Rectius de milite *pavesio* instructo intelligitur.]

* Alias nostris *Pavail* et *Pavart.* Convent. inter commiss. reg. et Ayt. Doria Genuens. ann. 1337. in Reg. Cam. Comput. Paris. sign. *Croix* fol. 187. v°. : *Et doit ledit Ayton livrer et tenir en chascune galée* 210. *hommes... bien armez de plates, de bacinez, de coliers, autrement gorgieres de fer et de Pavars.* Inquisit. ann. 1378. ex Tabul. Cartus. B. M. de Parco : *Dit que quand le feu viconte fut navré à mort, qu'il fut un de ceulx qui aida à le mettre hors du champ sur un Pavail. Pavoisine*, eadem notione,

in Lit. remiss. ann. 1459. ex Reg. 190. Chartoph. reg. ch. 20 : *Le suppliant print une Pavoisine et son espée, et sailly en la rue, etc. Pavesche* et *Pavesme*, apud Joan. *de Saintré* pag. 63. et 601.

* **PAVETARE**, Pavire, pavimentis sternere. Comput. MS. eccl. S. Egid. Abbavil. ann. 1386 : *Item Jacobo Laleu pro quod Pavetavit, vj. den.* Vide *Pavare.*

¶ **PAVEXARIUS.** Vide in *Pavisarii.*

¶ **PAVIA.** Vide *Pausea.*

PAVIAGIUM. Vide *Pavagium.*

¶ **PAVIARE**, ut supra *Pavare.* Vide in hac voce. Charta ann. 1353. apud Rymer. tom. 5. pag. 774 : *Ordinavimus quod quilibet. . ante tenementum suum a pariete sive muro ejusdem tenementi, ubi via fuerit lata, per septem pedes usque canellum... de proprio faciat Paviari.*

¶ **PAVICLARE**, ut *Paviare.* Gloss. Lat. Græc. MS. Sangerm. : *Pariclare*, ἐδαφίζειν. Hinc

¶ **PAVICULA**, Instrumentum quo pavimentum coæquatur et firmatur, Gallic. *Hie, Demoiselle.* Gloss. Lat. Græc. : *Paviculæ*, ὁμαλιςῆρες.

¶ 1. **PAVILIO**, Pavillio, Papilio, tentorium, a Gall. *Pavillon.* Computus ann. 1202. apud D. *Brussel* tom. 2. de Usu feud. pag. CXCIV : *Expensa pro Pavilionibus et tonellis ad denarios portandos*, XXXV. *s.* Bartholomæus Scriba lib. 6. Annal. Genuens. apud Murator. tom. 6. col. 502 : *De voluntate totius Consilii stabilitum fuit contra Savonenses exercitum facere generalem, et ut quilibet Paviliones et tentoria in exercitu appareret.* Litteræ Henrici V. Reg. Angl. ann. 1415. apud Rymer. tom. 9. pag. 200 : *Pro factura et emendatione Pavilionum et tentoriorum nostrorum, etc.* Occurrit præterea apud eumdem tom. 15. pag. 175. et in Gestis Manfredi et Conradi Reg. apud Murator. tom. 8. col. 116. *Pavilliofoderati*, in Chron. Estensi apud eumdem Murator. tom. 15. col. 426. Vide *Pavallyo*, et *Pavellio.*

¶ Pavilionus, Ead. notione Chron. Parmense ad ann. 1308. apud Murator. tom. 9. col. 874 : *In dicto exercitu remanserunt omnia manghana Communis, tenda et Pavilioni Communis.* Vide *Pavaillonus.*

¶ Pavillo, in Computo ann. 1324. tom. 1. Hist. Dalphin. pag. 133 : *Item cuidam nuntio misso Philipo Reymundi, pro adducendis tendis et Pavillonibus* VI. *sol. Pavilo*, in Hist. Cortusior. apud Murator. tom. 12. col. 796.

* 2. **PAVILIO**, Nummus aureus Francicus, sic dictus, quod rex in eo sub *pavilione* in throno sedeat. Reg. Univers. Paris. : *Anno Domini 1348. die Sabbati proxima ante festum S. Joannis, convocatis omnibus magistris nationis Anglicanæ, concessum erat magistro Joanni Thomæ, electo in nuntium ad curiam Romanam, quod haberet a quocumque posito in rotulo Universitatis unum Pavillonem.* Vide supra *Pavalhones.*

¶ **PAVILLONARIUS**, Papilionum confector. Charta ann. 1377. apud Rymer. tom. 7. pag. 156 : *Sciatis quod assignavimus dilectum nobis Thomam de Thorneton Pavillonarium nostrum, ad tot Pavillonarios, quot pro operationibus et pavillonis quas pro solemnitate coronationis nostræ in palatio nostro, etc.*

¶ **PAVIMENTATIO**, Actio pavimentandi. Charta Henrici IV. Reg. Angl. ann. 1410. apud Rymer. tom. 8. pag. 635 : *Mandamus quod... proficua earumdem consuetudinum circa Pavimentationem et reparationem prædictas ponatis.* Vide *Pavare.*

¶ **PAVIMENTATOR**, Pavimentorum structor, Gall. *Paveur.* Chron. Corn. *Zantfliet* apud Marten. tom. 5. Ampliss. Collect. col. 363 : *Jacobus Baddu Pavimentator calceatæ.*

PAVIO. Acta dedicationis Ecclesiæ S. Juliani de Lepida in Veronensi districtu ann. 1186. apud Ughellum : *Deinde venerunt ad Pavionem, ubi erant reliquiæ B. Mariæ V. et S. Juliani, et multorum aliorum Sanctorum, et portaverunt prædictas reliquias cum magna reverentia in prædictam Ecclesiam.* Idem forte quod *Pavo*, de qua voce mox, [vel potius quod]

¶ **PAVIONUS**, Papilio, tentorium, *Pavillon.* Chron. Parmense ad ann. 1279. apud Murat. tom. 9. col. 791 : *Et tota civitas, clerus et populus illuc* (Parmam) *iverunt. Et travachæ et Pavioni erant in platea Communis, ubi jacebant infirmi.* Vide *Pavilio.*

¶ **PAVIRE**, *id est, ferire, percutere.* Gloss. MSS. S. Andreæ Avenion. XIII. sæc. exaratum. Vide *Pausea.*

PAVISARII, Milites *Pavasiis*, scutis ita dictis, in præliis ac bellis instructi. Thomas Walsinghamus in Ed. III. : *Venientem contra eum cum 7. millibus electis armatorum, aliisque armatis Pavisariis, ac balistariis, in numero excessivo.* Computum Barthol. *du Drac* Thesaur. Guerr. ann. 1350. fol. 52 : *M. Savari de Vivone sire de Tors Chev. banneret, pour luy*, 5. *Chev. Bacheliers*, 36. *Escuyers au prix*, 10. *Archiers à cheval, et un Pavessier à pié etc. Pavescheurs*, apud Froissartem 4. vol. cap. 13. Guillelmus *le Seur* in Hist. MS. Gastonis Comitis Fuxensis cap. 5 : *En laquelle bataille il povoint bien estre environ 4000. hommes d'armes, et de 5. à 6000. arbalestriers et Pavoisiers. Pavesari*, apud Joannem Villaneum, lib. 6. cap. 41.

¶ Paveserii, Pavexarii, Eadem notione. Ordinat. Caroli Johannis Reg. Primogen. ann. 1356. tom. 3. Ordinat. pag. 102 : *Obtulerunt nobis nomine Regis... nos juvare... de quatuor balisteriis et Paveseriis medium per medium equitibus. Pavesiens*, ibid. pag. 109. ex Epist. ejusd. anni. Chron. Tarvisin. apud Murat. tom. 19. col. 858 : *In ratione librarum* XVIII. *pro singulo balisterio, et librarum* XII. *pro singulo Pavexario in mense.*

Pavesiatores, in Charta ann. 1383. apud Guesnaium in Annalib. Massiliensib. pag. 437. [Hinc emendandus Pittonus in Hist. Aquensi lib. 3. pag. 200. ubi ex eadem Charta edidit *Panefiatores.*] Vide Notas nostras ad Villharduinum pag. 284. 285. Sunt autem *Pavasia*, Canano παβέτζια, Cambro-Britannis *Pafais*, scuta grandiora, quibus tecti milites, hostes impetebant. Ejusmodi sunt parmæ, quæ describuntur a W. Britone lib. 10. Philipp. pag. 216 :

Hunc præcedebat cum parma garcio, sub qua
Nil sibi formidans obsessos damnificabat
Assidue, poterat nec ab illis damnificari,
Asseribus latis dum parma protegit ipsum,
Quam nexu taurina tegit septemplice pellis.

Pavasiorum, seu scutorum ita dictorum meminit Chronicon Bertrandi Guesclini :

D'escus et de Pavas, les a bien acordez.

Alibi :

Arbalestes, Pavas, et fors escus bandez.

Computum de Auxiliis pro liberatione Joan. Regis Franc. ann. 1368 : *Artillerie, comme canons, arbalestes, viretons, Pavais.* Petrus Gerardus lib. 7. de Vita Ezelini : *Mille fanti Pavani tutti con Pavesi, balestre et lancee.* Octavianus *de S. Gelais* in Viridario honoris :

Dessus la mer fist assembler navires,
Pleins de harnois, d'arbalestes, de vires,
De gros canons, serpentines courtaux,
Pavois dorez, grans escussons divires,
Lances, gourgons, et feu gregois en buire.

Ejusmodi *Pavisarios* nauticos, τοιχάρχους appellabant Græci, apud Pollucem et Suidam. Claudianus de Consulatu Mallii vers. 42 :

Ac velut exertus lentandis navita tonsis
Præficitur lateri custos.

* **PAVISERIUS**, Pavisius, ut supra *Pavesium.* Form. MSS. ex Cod. reg. 7657. fol. 24. v°. : *Diversis armorum generibus prænominati* (instructi) *ut puta gladiis, platis, Paviseriis, etc.* Stat. Mantuæ lib. 1. cap. 6. ex Cod. reg. 4620 : *Alia medietas armata lanciis, spatis et cultellis et Pavisiis seu rotellis, etc.*

¶ **PAVISSIS**, Scuti genus, *Pavois.* Charta Henrici IV. Reg. Angl. ann. 1405. apud Rymer. tom. 8. pag. 384 : *Viginti et novem Pavisses, cum armis sancti Georgii depictos, et quindecim Pavisses cum armis Oxoniæ et Deverosse depictos.* Vide *Pavesium.*

* **PAVITOR**, a Gallico *Paveur*, Pavimentorum structor. Comput. MS. eccl. S. Petri Insul. ann. 1429. : *Item Pavitoribus pro pavimento facto in cimiterio, etc.* Vide *Pavimentator.*

¶ **PAVITUM**, ἐδαφισμένον, in Gloss. Lat. Græc.

¶ 1. **PAULA**, pro *Palla*, linteum quo tegitur altare. Rituale vetus Suession. apud Marten. Tract. de Rit. pag. 381 : *Dein imponat duos pannos super sacrosanctum altare,... in facie autem illa, quæ ad chorum respicit, duo manutergia tantummodo dependeant. Adhuc super omnia Paula addatur, super quam divina celebrentur. Deinde duæ Paulæ plicatæ ad cornu altaris ponantur.* Vide *Palla* 2. et *Pallium* 2.

* 2. **PAULA**, Humerus, Gall. *Epaule.* Arest. parlam. Paris. ann. 1338. in Reg. 71. Chartoph. reg. ch. 296 : *Dictum Bernardum in quadam fovea seu raterio posuerunt, ita aspere tormentando, quod Paulam seu humerum ab ejus humero disruperunt.*

PAULATIVE, Paulatim, sensim. [Charta Philippi Pulcri Reg. Franc. ann. 1304. tom. 1. Ordinat. pag. 426 * : *Statuentes nihilominus, quod... residuum ad mercata circumvicina Paulative ad sufficientem necessitatem villarum et locorum vicinorum, non totum insimul una vice, defferri faciat et vendi.* Charta ann. 1337. in Tabul. S. Victoris Massil. : *Edificia Paulative et successive reparentur.* Occurrit rursum apud

Marten. tom. 2. Anecd. col. 1736.] Sanutum lib. 3. part. 11. cap. 13. et Continuatorem Nangii non semel.

¶ **PAULATIVUS**, Qui fit paulatim. Engelbertus de S. Mariæ virtut. tract. 4. cap. 16. apud Bern. Pezium tom. 1. Anecd. col. 721. par. 1 : *Ita est duplex mors; una quasi naturalis quæ est Paulativa consumtio humidi radicalis, donec illo consumto etiam simul deficiat calor vitalis. Deperditio paulativa*, apud Goclen. in Lex. philos.

PAULEUM, Paulium. Vide *Pallium* 2.

¶ **PAULIANI**, Pauliciani. Vide *Populicani.*

PAULINA Potio. Ditmarus lib. 6. cap. 52. pag. 80 : *Marchio Lutharius in Occidente infirmatus, et potione Paulina inebriatus, ex improviso obiit.* Potio, ut videtur, venenata, qua postea exstinctus Henricus VII. Imp. data a Paulino Monacho ordinis Prædicatorum, quæ revera *Potio Paulina* dici potuit. Rythmi in Obitum Henrici VII :

In grandi stat tristitia
Exercitus militia,
De Principis ruina,
Quam feritas damnabilis
Manusque detestabilis
Coagulat Paulina.

Meminit Myrepsus sect. 4. cap. 1. antidoti *Paulina* appellatæ, quæ ad tussim confert. [** Ægidius Corboilensis lib. 4. vers 70. apud Leyser. Histor. poet. med. ævi pag. 629 :

Potio sancti Pauli.

Quos apoplexiæ pestis violenta procellat,
Quos furor invadit maniæ, quos insita nervis
Sensifici motus vis sopitiva resolvit,
Potio restituit, gaudens cognomine Pauli :
Asmaticos cantus compescit, menstrua solvit.
Hanc annis potes illæsam servare duobus.

Idem ibidem vers. 85. de alio antidoto :

Paulinum.

Paulinum caput et stomachum de fleumate purgat, etc.....
Potio Paulini crebro repetita potenter
Excoquit et levigat, placat faciemque venustat,
Paullini stabilis viget ætas quatuor annis.]

¶ **PAULLINÆ** Litteræ dici videntur eæ quibus excommunicatio pronuntiatur; forte quod verbis Apostoli Pauli, *Anathema, Maran Atha*, in iis uterentur. Synodus Valentina ann. 1584. tom. 4. Concil. Hispan. pag. 286 : *Quia tamen aliquando ad perlegendas in pulpito diebus festis privatarum personarum literas, quales sunt monitoriæ, et illæ quibus excommunicatio infertur et quæ dicuntur Paullinæ, non parum laboris insumendum est; statuimus, Synodo approbante, ut in posterum... pro Paullina una et aliis quæ minime breviores fuerint, solidum unum accipere possint.*

* 1. **PAULUS**, *Parus, brevis. Mss. Parvus.* Castigat. in utrumque Glossarium.

* 2. **PAULUS**, Simplex, candidus. Vita S. Tillon. apud Mabill. sæc. 2. Bened. pag. 998 : *Ex industria nomen suum celaverat* (Tillo) *et pro sua simplicitate* (*erat enim multum simplex*) *Paulus ab omnibus vocabatur.*

* 3. **PAULUS**, Palus, a veteri Gallico *Paul*, eodem sensu, in Lit. remiss. ann. 1381. ex Reg. 119. Chartoph. reg. ch. 412. Libert. novæ bastidæ *de Avoy* ann. 1308. in Reg. 40. ch. 62 : *Cum pertica seu Paulus ejectus ac plantatus existeret pro conservanda nova bastida ibidem, vocata Avoy, etc.*

* **PAUMANNI**, f. pro *Herimanni*, ut conjectat Muratorius ad Judic. ann. 715. tom. 6. Antiq. Ital. med. ævi col. 368 : *Quidem et missus excellentissimi domni Liutprandi regis, nomine Guntheramus, qui per ipsum Tagipert gastaldium Senensem, ac per ipsos presbiteros et Paumannos, veritatem cognovi, etc.*

* **PAUMELA.** Pannus de Paumela. Vide supra in hac voce.

¶ **PAUMELLYA**, Hordei genus, vulgo *Paumelle.* Index MS. benefic. eccl. et diœc. Constant. fol. 15 : *Rector habet annuatim in grangia decimarum quadraginta bussellos de Paumellya nomine novalium.* Vide *Palmola.*

* **PAUMETA**, Hordei genus. Inventar. ann. 1476. ex Tabul. Flamar. : *Item plus unam mapam et unam longeriam fili lini Paumetarum testutas et factas.* Ubi de mappis sermo est, quæ ejusmodi granis interstinctæ erant. Vide infra *Spaumeta.*

* **PAUNAGIUM**, perperam pro *Pannagium.* Vide in *Pastio.* Charta Rich. comit. *de Clare* inter Probat. tom. 1. Annal. Præmonstr. col. 191 : *Concessi viginti quinque porcos annuatim in foresta mea de Tenebrug.... quietos ab omni Paunagio.*

PAVO, Pavus, Pabo. Gloss. Isidori : *Pabo, vehiculum unius rotæ.* Papias : *Pabo, genus vehiculi.* Idem : *Pavus, genus operimenti, vel vehiculi.* Alibi : *Pavo, genus operimenti.* In littera F. : *Favo, operimentum quoddam.* Vita S. Agili Abbatis cap. 25 : *Dum ergo corpus ejus sepulturæ traderetur, quidam e fratribus validissima febre exæstuans advenit, linteum, quod Pavonem tegebat, in fide pro remedio tetigit, etc.* Acta S. Marcelli PP. cap. 5. n. 21 : *Condivit corpora Sanctorum cum aromatibus, et linteaminibus, et imposuit noctu in Pavone cum Eunuchis suis.* S. Ambr. in Actis S. Sebastiani n. 89 : *Et levans eum, posuit in Pavone suo.* [Marten. tom. 6. Ampliss. Collect. col. 976. ubi de S. Trophimene : *Ecce Petrum Episcopum cum suo Petro Archidiacono cæterisque presbyteris reperiunt propriis ulnis in tenuissimo Pabone sanctam Martyram simul gestantes.*]

Pavo, Ipsum operimentum, Palla. Diploma Lotharii Imp. apud Browerum lib. 8. Annal. Trevir. pag. 504. 1. edit. 401. 2. ed. : *Offertorium aureum gemmatum cum patina, fontem aureum cum gemmis, Pavonem auro et margaritis distinctum, casulas duodecim.*

Pavo, Alia notione. Matth. Westmonasteriensis ann. 1255 : *Dedit insuper Regina Franciæ Regi Angliæ unum Pavonem, videlicet lavacrum lapideum mirabile, quod similitudinem pavonis in forma ostendebat : et erat lapis pretiosus, qui perla dicitur, ex auro, et argento, et saphiris, sicut verus pavo orbiculatus.* Eadem ferme habet Matth. Paris pag. 606. Vide *Pavio.*

* **PAVONACEUS**, Color violaceus, Ital. *Pavonazzo.* Cærem. Rom. MS. fol. 31. v°. : *Feria quarta majoris hebdomadæ hora 21. fit officium matutinale tenebrarum. Papa habet cappam sine mitra; cardinales Pavonaceas cappas panni, vel etiam chameloti.* Vide *Pavonatius.*

¶ **PAVONARIUS**, Cui pavonum cura demadata. Liutprandi Hist. lib. 2. cap. 57. apud Murator. tom. 2. pag. 441 : *Dum Lanthbertus, defuncto decessore suo, Mediolanensis Archiepiscopus ordinari debuisset, non parvam ab eo Rex Berengarius contra Sanctorum instituta Patrum pecuniam exigebat, jussitque scribi in tabulis..., quantum cubicularii, quantum ostiarii, quantum Pavonarii, ipsi etiam altilium custodes accipere deberent.*

* *Paonnier*, in Poem. Alex. MS. part. 1 :

Des gens le duc Betis ont fait maint Paonnier.

[** Vide *Pedones.*]

PAVONATILIS, Pannus in pavonum caudarum speciem variegatus. Anastasius in Vita Stephani VI. PP. pag. 236 : *Fecit in eadem prædicta Basilica vela 4. in circuitu altaris majoris, quorum duo sunt de serico pigacio, tertium Pavonatile, quartum de Alexandrino. Paonacé* et *pannacé* nostri dicunt : *Velluiaux paonnez, escarlate paonacé et paonasse*, in Computo Stephani Fontani Argentarii Regis ann. 1351. *Une robre d'un marbre paonassée fourrée de menu vair de 4. garnemens*, in Inventario bonorum mobilium Ludovici Regis Franc. ann. 1316. Vetus Poeta :

Aussi bien son bureau comme son Paonace.

Itali *Paonazzo* et *Pavonazzo* colorem appellant violaceum; *Pavonacium* et *Pavonatum* dixisse veteres auctor est Salmasius.

Pavonatilis dici etiam potuit vestis, quod revera intextæ et effictæ essent in iis pavonum figuræ. Codex Carolinus Epist. 15 : *Storacinum pallium unum habentem pavones.* Willelmus Malmesbur. lib. 2. de Gestis Angl. cap. 11 : *Pallium misit versicoloribus figuris pavonum, ut videtur, intextum.* Matth. Westmonaster. ann. 1026 : *Pallium obtulit variis coloribus, et pavonum figuris contextum.* Vita Garnerii Præpositi S. Stephani Divion. : *Nec non et pallium optimum pavonibus ordinatis intextum.* Sed his locis idem esse quod *Pavonatile* prorsus censuerim, ita ut nec reapse pavonum figuras intextas fuisse panno existimandum sit. Vide Anastas. in Vitis PP. pag. 211.

¶ **PAVONATIUS**, Violaceus. Ordinar. Rom. apud Marten. Tract. de Rit. pag. 605 : *Tunc Cardinales accedunt cum cappis Pavonatiis.* Anonymus in Annal. Mediolan. apud Murator. t. 16. c. 809 : *Opelanda una Pavonatii grane, etc.* V. supra *Pavonatilis.*

¶ **PAVONICI**, Capribarbi, Geisbart, Factiosi quidam, de quibus Meisterlinus in Hist. Rer. Noriberg. apud Ludewig. tom. 8. Reliq. MSS. pag. 122 : *Pavonici prætorium occupantes, nitebantur Capribarbis tributa rursus abolita imponere, sed hi refutabant.* Harum nomenclaturarum rationem aperit idem Meisterl. ibidem pag. 96 : *Partes denique jam animo unitæ, speciales tamen in sectas divisæ sunt, quo facilius conventicula celebrarent. Una eorum... erat circa theatrum ac prætorium deambulantium novaque perscrutantium, Ociosorum, qui ob incessus sui compositionem, quam gradatim ac pene ex arte faciebant, cum quodam signo conspirationis, vocantur Pavonici. Altera pars fœtida, hircum olens, nigram capram *barbatum pro capitali ductore habens, de artificio ferri ferarumque fœtidum profecto monstruosum distortumque animal. Ad illam confluxit omnis fex et ut in sentinam totius civitatis. Tertia vero pars, erant cupidi alienæ rei, dilapidatores propriarum, perditi, prodigi, lenones, adulteri, ganei, blasphemi, lusores, percussores, invidi ultimoque supplicio dignissimi, qui exhaustis deperditisque bonis, non solum rebus, sed et fama turpiter incedebant in foribus tabernarum, tumultum præstolantes... licet iis secundum accidentia nomen dare. Igitur Geisbart sunt dicti, hi et alii seorsim, etc.*

* **PAVONUS**, Pavo, Gall. *Paon.* Comput. ann. 1351. inter Probat. tom. 2. Hist. Nem. pag. 143. col. 2 : *Fuerunt præsentati domino regi Navarræ duo Pavoni, decostantes vj. libras, viij. solidos. Item decem octo capones, decostantes xiiij. libras. viij. solidos. Item portantibus dictos capones et Pavonos dicto regi, etc.*

PAVORABILIS, Qui *pavorem* et metum infert. *Signa Pavorabilia et insolita*, apud Adamum Bremensem cap. 187.

* **PAVORATUS**, Pavore concitatus, Gall. *Effrayé.* Anonymus de S. Lamb. tom. 5. Sept. pag. 530. col. 2 :

> Hæc pater advertens cœpit cum supplice voto
> Mente Pavoratus, quosdam disponere fratres
> Ut subeant, ipsumque rogent ad ovile reverti.

Nostris *Espeurir* et *Espoenter*, pro *Epouvanter*, Perterrere. Vita S. Ludov. edit. reg. pag. 307 : *Li benoiez rois,.... qui de riens ne fu Espoenté, etc.* Lit. remiss. ann. 1451. in Reg. 185. Chartoph. reg. ch. 153 : *Ilz tirerent leurs espées,.... criant à mort, à mort, pour les Espeurir.* Vide *Pavorabilis.*

* **PAUPA**, *Peu. Paupela, idem.* Glossar. Lat. Gall. ex Cod. reg. 7692.

PAUPADA. Tabularium Abbatiæ Conchensis in Ruthenis ch. 97 : *Et inter totas unum receptum, illi mansi de Seroni una Paupada de Canbe*, i. fascis Cannabis, *poupée*, (vox nostris hac notione usurpata) quod complicatus *puparum* infantilium speciem referat.

1. **PAUPER.** Cælius Aurelianus Siccensis lib. 1. Chron. cap. 1 : *Sicut enim Themison ait, est natura caput carnibus Pauperum, et nervosum, et duris cutibus et capillis obtectum.* Ubi *pauperum* dixit pro *carens.*

Paupertas, Simili notione, defectus. Gregorius Turonensis lib. 5. cap. 5 : *O si te habuisset Massilia Sacerdotem, nunquam naves oleum aut reliquas species detulissent, nisi tantum chartam, quo majorem opportunitatem scribendi ad bonos infamandos haberes. Sed Paupertas chartæ finem imponit verbositati.* Apud S. Columbanum Instruct. 12. *Fidei paupertas, etc.* pro defectu fidei. Rabanus Poem. 13 :

> Jam mihi concessit bonitas tua discere libros,
> Sed me Paupertas suffocat ingenii.

Marbodus in Vita S. Roberti Abb. Casædei n. 1 : *Neque enim timendum est ne Paupertas orationis divitias rerum exhauriat.* [Elmham. in Vita Henrici V. Reg. Angl. edit. Hearnii cap. 6. pag. 12 : *Serenissimus princeps,.... nec in molem Titaniam indecenter elatus, nec in pigmeæ brevitatis Paupertatem dejectus, mediocri statura decenter enituit.*]

* 2. **PAUPER**, *Mediocris*, in Glossis vett. MSS. *Mediocres*, pro *Pauperioribus* ac infimis, respectu potentum, passim in Cod. Theod. Hinc *Poure homme*, pro Plebeius, apud Guiart. in Phil. Aug. :

> En cele part que j'ai descrite,
> Que li rois Jouan leur ot dite,
> Ou li Poure homme de l'ost ierent.

Pouraille, eodem sensu, in Poem. MS. *du Riche homme et du Ladre*, ubi de vino vapido :

> Ensi n'en a cose qui vaille,
> Pour ce que le boivent Pouraille.

* Pauperes, Iidem atque alibi *Matricularii*, qui ecclesiasticis stipendiis alebantur, atque idcirco ecclesiæ ipsius servitiis addicti. Charta Wencesl. reg. Bohem. ann. 1249. inter Probat. tom. 1. Annal. Præmonst. col. 521 : *Sint etiam Pauperes.... ab operibus castrorum, seu fossatorum atque piscinarum liberi et absoluti. Super omnia, id quod dicitur cetzne, super currus antedictæ ecclesiæ et Pauperes ipsorum exigi penitus inhibemus, nisi quando ducunt ligna de nostra sylva speciali; quando vero de propria sylva quæcumque ligna duxerint, in nullo prorsus molestentur.*

Pauperes Christi, dicti primitus Cartusienses. Guigo Prior Cartusiæ secundus in Epist. dedicatoria ad librum de Quadripertito exercitio cellæ : *Reverentissimo Domino et Patri in Christi visceribus dilectissimo B. Priori Pauperum Christi, qui in Witteham commanentes, Ordinem sunt Cartusiensem professi, etc.* Ita Guigo Prior V. majoris Cartusiæ in prologo ad Vitam S. Hugonis Episcopi Gratianopol. : *Domino Patri carissimo ac reverendissimo Sedis Apostolicæ Pontifici Innocentio, Cartusiensium Pauperum servus inutilis Guigo, perpetuam salutem.* Et Cartusienses Majorevi inter Epistolas Petri Cluniac. lib. 6. Epist. 23 : *Petro.... Cluniacensium Abbati, frater humilis Pauperum Majorevi Prior vocatus, cum eisdem Pauperibus, æternam a Domino salutem.* Vide tom. 3. Analect. Mabillonii pag. 483.

* Pauperes Christi, nuncupati Hospitalarii S. Joannis Hierosolymitani. Formul. MS. Instr. fol. 38 : *Frater Elionus de Villanova, Dei gratia sanctæ domus Hospitalis S. Johannis Jerosolymitani magister humilis et Pauperum Christi custos, salutem.*

☞ Eodem nomine designantur Benedictini, in Charta ann. 1147. apud Ludewig. tom. 1. Reliq. MSS. pag. 2 : *Salutari igitur desiderio idem Comes salubriter flagrans, et commoditati Pauperum Christi in posterum sollerter consulere volens, pro eo quod situs loci in Ludesbure fratribus minus erat oportunus, eandem cellam in locum utiliorem, uberiorem et commodiorem, quem modo Cellam B. Mariæ nuncupamus,.... utiliter transposuit.*

Pauperes de Lugduno, Hæretici, qui vulgo *Valdenses* : de quorum hæresi ac nomenclatura sic Reinerus contra Valdenses cap. 5 : *Secta pauperum de Lugduno, qui etiam Leonistæ dicuntur, tali modo orta est. Cum cives majores pariter essent in Lugduno, contigit quendam mori subito coram ex iis. Unde quidam inter eos tantum fuit territus, quod statim magnum thesaurum pauperibus erogavit : et ex hoc maxima multitudo pauperum ad eum confluxit, quos ipse docuit habere voluntariam paupertatem, et esse imitatores Christi et Apostolorum. Cum autem esset aliquantum literatus, novi Testamenti textum docuit eos vulgariter; pro qua temeritate cum fuisset reprehensus, contempsit, et cœpit insistere doctrinæ suæ, dicens discipulis suis, quod Clerus, quando malæ vitæ esset, invideret sanctæ vitæ ipsorum et doctrinæ. Cum autem Papa excommunicationis sententiam tulisset in eos, pertinaciter contempserunt : et sic usque hodie in omnibus terminis illis proficit doctrina ipsorum et rancor.*[r] De his consulendi præterea Conradus Usperg. ann. 1212. Conradus Marpurgensis de S. Elizabeth pag. 284. Concilium Tarraconense ann. 1242. sub finem, Jacobus Gretzerus in Prolegomenis ad scriptores contra Valdenses cap. 2. [denique Martenius noster qui ad calcem tom. 5. Anecd. multa congessit quæ ad illos hæreticos spectant.] Vide *Valdenses, Albigenses, Boni homines, etc.* Iidem dicti etiam

¶ Pauperes Lombardi, *Ultramontani*, in Summa Reinerii apud Marten. tom. 5. Anecdot. col. 1775 : *Nunc dicendum est de hæresi Leonistarum seu Pauperum de Lugduno. Dividitur autem hæresis in duas partes. Prima pars vocatur Pauperes Ultramontani, secunda vero Pauperes Lombardi. Et isti descenderunt ab illis. Primi, scilicet Pauperes Ultramontani.*

* Pauperes Evangelici. Stat. ant. Florent. lib. 3. cap. 41. ex Cod. reg. 4621 : *In ortodoxa civitate Florentiæ et ejus locis, Christiani nominis inimico procurante Satana, apparuerunt nuperrime certi fraticelli variis nominibus interdum nuncupati, eorum aliqui Apostatæ ordinis B. Francisci, aliquando Fratres Minores, aliquando Fratres della povera vita, aliquando Pauperes Evangelici, sectatores damnatæ memoriæ Michaelis sive Michelini de Cesena, olim generalis fratrum Minorum, hæretici et de hæresi ab Ecclesia dampnati, eorum variis et pravis doctrinis seculares simplices a recta via divertentes, novas oppiniones et errores seminando, et a divinis officiis et a perceptione Sacramentorum et ab ecclesiastica sepultura dissuadendo, oppiniones falsas et novas intra populum Christianum pullulare nitentes, inter ceteros errores papam Johannem XXII. et ceteros, qui post ipsum summi pontifices fuerunt, non erubescentes in suarum animarum præjudicium, et secutos cardinales asserere hæreticos, in temerariam præsumptionem audentes se solos sacerdotes, et Sacramenta ecclesiastica posse conferre; et quod ad ipsos solos electio papæ et totius universalis Ecclesiæ reformatio spectat, et quod nullus verus papa deinceps dici potest, ipsique soli sunt universalis Ecclesia aliisque multis erroribus Christiani nominis culmen inficere nituntur.*

Pauperes Minores. Vide *Minores* 2.

PAUPERARE, Pauperem facere, Gall. *Appauvrir.* Vox veteribus nota apud Nonium. Glossæ antiquæ MSS. : *Pauperantur, pauperes efficiuntur.* [S. Paulinus in Epist. pag. 212 : *Ergo nunc istic Pauperemur, ut* *tunc ibi locupletemur.* Charta fundationis S. Silvani tom. 2. Gall. Christ. inter Instr. col. 489 : *A remuneratore Christo procul dubio mercedem recepturus est, pro quibus se in terra Pauperaverit.*] Chromaticus Aquileiensis Episc. Homil. 2 : *Talium ergo pauperum Dominus docet esse regnum cœlorum, qui se causa religionis ac fidei seculo Pauperaverunt, ut locupletum S. Spiritum possiderent.* Utitur etiam Petrus Blesens. sermone 6.

* Glossar. Gall. Lat. ex Cod. reg. 7684 : *Pauperare, Estre povre.*

Depauperare, Privare. Alanus de Insulis in Anticlaudiano lib. 4. de Luna :

> Quomodo junctus ei Phœbus Depauperat illam
> Luce, etc.

Idem in Planctu Naturæ :

> Quo Phœbus noctem propriis Depauperat horis.

Ibidem : *Sororem etiam quam sui splendoris Depauperaverat ornamentis,.... jubet occurrere.* Adde pag. 301. et in lib. 4. Anticlaudiani cap. 6. lib. 6. cap. 2. lib. 7. cap. 5. [*Pauperare*, eadem notione, usurpat Horat. lib. 2. Sat. 5 :

> Eripiet quivis oculos citius mihi, quam te
> Contentum cassa nuce Pauperet.]

Paupertare, Idem quod *Pauperare*. Concilium Ticinense sub Benedicto VIII. in Præfat. : *Et hi maxime qui videntur esse rectores, modis omnibus quibus possunt, conculcant et Paupertant.* [S. Bernardus Epist. 442 : *Ibi superbi humiliantur, ibi Paupertantur divites, etc.*] Vide Savaronem ad Sidonii lib. 2. Epist. 2.

¶ Pauperescere, *Pauperari.* Eliæ Episc. Jerosol. Epist. encyclica apud Mabill. tom. 3. Analect. pag. 434 : *Qui ipse* (Christus) *dives existens, pauper factus est pro nobis, ut nos divites existentes in peccatis Pauperescamus spiritu.*

PAUPERIA, Pauperies, πενία, in Gloss. Græc. Lat. [Deest vox *Pauperia* in Cod. Sangerm.]

PAUPERINUS, pro *Paupertinus*, de qua voce Varro lib. 1. de Vita populi Romani apud Nonium. Jonas Aurelian. lib. 2. de Cultu imag. : *Contra sanctam Ecclesiam magno cum supercilio et pompa armorum bellaturus, Pauperina ejus arma contemnens, procedat.* Utitur etiam Cumeanus Abbas lib. de Mensura pœnitentiar. cap. 6.

PAUPERTAS, *Adolescentia, sive juventus*, in Glossis MSS. ad Concilium Carthagin. cap. 16. [Sed legendum est *Pubertas.*] Vide alio sensu in *Pauper*, 1.

Paupertas, πτωχεῖον, Domus ubi pauperes aluntur, in Charta Sohieri Castellani Despauhensis ann. 1080. apud Joan. Carpentarium in Hist. Camerac. 4. part. p. 11.

Paupertatem Probare tenetur, in Consuetudine Pontivensi, qui prædia sua alienare vult. *Necessité jurée*, id est, *necessitas* vel *paupertas jurata*, seu virorum legalium sacramento firmata. Lex Vervinensis ann. 1233. art. 8 : *Et sciendum quod nullus hominum hujus libertatis terram suam nisi Paupertate coactus, et etiam consideratione Villici et Scabinorum vendere poterit.* Charta Hugonis Castellani Gandensis ann. 1238 : *Præfati Gerardus et Perona fidem et juramentum præstiterunt corporale, quod paupertate compulsi dictam werpitionem faciebant : quam Paupertatem bene et per legem sub meorum hominum testimonio probaverunt.* Alia ann. 1252. in Tabular. Episcopat. Ambian. fol. 93 : *Noveritis, quod ego probata Paupertate seu necessitate mea sufficienter in Curia Pinchoniensi, et legitime per judicium hominum ipsius Curiæ vendidi etc.* Alia ann. 1302. fol. 125 : *Je Gilles de Canapes chevallier, sire de chelle mesme ville, fais sçavoir.... que je par grant necesité jurée et prouvée suffisament, et pour pieur marché eschiwer, ay vendu, etc.* Similis Charta alia Gallica habetur in Probat. Hist. Bethuneæ pag. 162. Lex Saxonum tit. 15. § 2. : *Nulli liceat traditionem hæreditatis suæ facere, præter, ad Ecclesiam, vel Regi : nec hæredem suum exhæredem faciat, nisi forte famis necessitate coactus, ut ab illo qui acceperit sustentetur.* Leges Burgorum Scoticor. cap. 125. § 5 : *Omnia ista quæ ad jus hæreditarium pertinere dignoscuntur, vendi possunt in legitima sua potestate, si dominus eorundem Paupertate et necessitate compulsus fuerit, et hoc testificetur per 12. legales homines.* Subditur cap. 127. § 5 : *Videlicet per 4. manentes ex una parte, et 4. ex alias parte, et 4. ex opposito domus seu mansionis : aliter enim venditio nulla est.* Adde cap. 11. § 2. et Leges Luitprandi Regis Longob. tit. 117. § 1. [** 146. (6, 96)] Assisiæ Hierosol. MSS. cap. 187. : *Hom ou feme qui a fié ne peut vendre partie de son fié, mais tout son fié peut l'on bien vendre par ladite assise. Et l'assise de la vente des fiés est tel, que l'on peut, et doit fié vendre pour dethe conue, ou provée en court, se celui de qui est le fié ne n'a autre chose que ce que il puisse la dethe paier que de la vente dou fié, etc.*] Butillerius lib. 2. cap. 7 : *Par coutume locale l'homme ne peut vendre son patrimoine, et heritage qui de par pere et de par mere luy échett, sinon par le gré et consentement de son hoir, ou par Pauvreté, au cas que verité seroit. Et selon l'usage d'aucuns lieux, en fief conviendroit que de ce il jurat en tierce main, et que ce fut pour employer en suffisans heritages, etc.* Fori Navarræ rubr. 20. art. 2. 3. tit. 20 : *Alienation universala de bees avitins de tout le fonds et proprietat, ne sera valable, en deguna sorta, si no es por grandes necessitatz, et ab connetxença et permission de justicis, lo quoalle conneixença le parra far sommairemene pardevant les gens de la Chancelleria, per le regoard des nobles, et per les autres pardevant les baillis ou autres magistrats, et juges ordinaires deus locs, ou losdits bees seront assis.*] Vide Joan. Stiernhookum lib. 2. de Jure Sueonum vetusto cap. 5. pag. 245. ubi idem observatum apud Suecos tradit; Speculum Saxonicum lib. 1. art. 34. § 1. art. 52. § 3. [et Gloss. Jur. Gall. v. *Pauvreté jurée.*] [** Mittermaier. Princip. Jur. German. § 157. not. 17.] Hinc *propria* seu *proprietates* alienari non potuisse, nec dari vel distrahi, nisi proximis affinibus, ex causa paupertatis, evincit præterea Charta ex Tabulario Vindocinensi, quam descripsit Gallandus lib. de Franco-alodio pag. 21. 22. Utinam hæc hodie adhuc obtineret Jurisprudentia : non enim tam facile viri nobiles sua prædia oppignerarent, ac distrahere judicis decreto cogerentur, et familiarum illustrium bona sarta tecta permanerent, et ad posteros, ut olim, dum ea lex vigebat, transirent.

* Charta ann. 1271 in Lib. nig. 2. S. Vulfr. Abbavil. fol. 95. v°. : *Je Engerrans de Rainvilers.... ai vendu bien et loiaument au dien et au capitre de l'eglyse saint Oufsran en Abbeville.... les coses que j'avoie ou reclamer pooie à Rainvilers..... Cheste devant dite vente j'ai fait par Poverté et pour le soustenanche de moi, de me femme et de nos enfans. Lequele Poverté fu sousffisamment prouvée en le court noble homme le conte de Pontieu ,.... présent les pars et les hommes de Pontieu.*

Paupertas, Pauperis qualiscumque facultas, [parva et modica possessio.] Tabularium Ecclesiæ Gratianopolitanæ fol. 13 : *Vovimus circa domum nostram construere ad divinum honorem Ecclesiam, et juxta vires Paupertatis nostræ ditare.* Charta Witlafii Regis Merciorum, apud Ingulfum pag. 856 : *Offero et ego magno altari prædicti Monasterii de Paupertate mea calicem aureum, crucem auream, etc.* Stephanus Episcopns Rhedonensis in Vita S. Guillelmi Firmati n. 17 : *De mea, inquit, Paupertate quod potui Sanctitati vestræ detuli munusculum.* Vita S. Materniani Episcopi Remensis n. 11. : *Filiosque ejus duos in gravi custodia recluserat, eo quod segetes Paupertatis suæ ab illius potentis famulis vel animalibus defendere auderent.* Adde S. Anselmum lib. 4. Epist. 86.

* Paupertas, idem quod *Semipræbenda*; quia mediocris redditus, sic appellata. Vide supra *Pauper*, 2. et mox *Paupertacula*. Charta ann. 1484. ex Tabul. eccl. Remens. : *Fundavit dimidiam præbendam seu Paupertatem in ecclesia Remensi ad collationem capituli.* In libello apologetico, vulgo *Factum*, edito ann. 1734. pag. 25. memorantur *les Pauvretez S. Rigobert.*

Paupertaticula, Paupertticola, etc. Paupertatiuncula. Formulæ Andegavenses : *Proinde cido tibi de rem Paupertatis meæ tam pro Sponsalitia, quam pro largitate tua, etc.* Ibid. form. 38 : *Ut tibi aliquid de re Pauperticola mea concidere debirent.* Charta ann. 778. apud Perardum pag. 11 : *Ut aliquid de Paupertaticula nostra ad ipsum locum, vel suis custodibus concedere veleamus, etc.* [Charta Caroli Imper. in Tabul. Major. Mon. : *Timentes ne iniquius eis accideret super Paupertaticulam quam ad præsens in suo habebant dominio etc.*] Atque forte sic legendum in Tabulario Brivatensi ch. 305 : *Inconvulsa custodiatis ea quæ de Paupertacula nostra non secundum velle, sed secundum posse restaurare cœpimus.* [Vide mox *Paupertacula.*] Historia Translat. S. Gorgonii Mart. n. 9 : *Proclamare cœpit, ne eis suam Paupertatiunculam tolleret.*

Paupertatula. S. Hieronym. in Epitaph. Marcellæ extremo : *Et te Paupertatulæ suæ, imo per te pauperes re[illegible]quit hæredes.* [Epist. Jarentonis Abbat. S. [illegible]nigni Divion. tom. 5. Annal Bened. pag [illegible] : *Sancti Benigni domus fugam filiorum [illegible] æ in Christi gratia benigne suspiciet, [illegible] upertatulam nostram voluntati vestræ [illegible] dicam dare, sed quasi vobis reddere [illegible] ministrare sumus parati.*]

* PAUPERTACULA, Mediocritas, facultas modica. Mirac. S. Gerardi tom. 2. Aug. pag. 697. col. 1 : *Quoniam filii sospitatem admodum desiderabat, de Paupertacula sua medium bovis pedem repromisit, si filius ejus servi Dei meritis sanaretur.* [Itiner. Ratherii tom. 2. Spicil. Acher. pag. 269 : *Cum de mea Paupertacula non sim vobis adeo inhumanus, ut militari beneficio habeam.*]

* PAUPERTATES, Gall. *Pauvretez*, Pars corporis, qua quis vir est. Lit. remiss. ann. 1479. in Reg. 206. Chartoph. reg. ch. 431 : *Aucuns d'iceulx jeunes gens se vergonnoient de jouer l'esbatement, pour ce qu'il se failloit descouvrir jusques au ventre et montrer ses Pauvretez.*

¶ **PAUPERUS**, pro *Pauper*, in Præcepto Dagoberti Reg. Franc. ann. 638. tom. 1. Annal. Benedict. in Append. pag. 685 : *Pauperis inibi consistentibus, pro regni stabiletate, vel remedium animæ nostræ absque ullius in postmodum refragatione, temporebus debeat profecere.*

¶ **PAUPULARE**, Pavonum clamor, ab *ululare*, et *pau*, quod est strepitus quem clamando edunt pavones. Vide *Baulare.*

* **PAUQUINUS**, Mensuræ frumentariæ species. Charta Phil. Pulc. ann. 1312. in Reg. 48. Chartoph. reg. ch. 30 : *Cum Matheus de Varenis miles teneret in feodum a Johanna comitissa Augi centum quinquaginta Pauquinos bladi renduales.* Rursum occurrit in Lit. remiss. ann. 1360. ex Reg. 89. ch. 561. Vide infra *Polkinus.*

* **PAURIRE**, Pantheris vox. Carm. de Philom. ex Cod. reg. 6816 :

Panther Paurit amans, pardus hiando felit.

PAUSA, Requies, cessatio alicujus rei, mora, nostris *Pause*, vox veteri Latio cognita, Lucilio, Claudio in Annalibus, Lucretio, Plauto, et a sequiori revocata. Odo Cluniac. lib. 2. de Vita S. Geraldi cap. 21 : *Nec illam Pausam placebat prolongari.* Vide Henric. Stephanum de Latinitate falso suspecta pag. 4. et seq. [Guido in Vit. Pontif. Rom. de Mirac. S. Petri, apud Murator. tom. 3. pag. 668 :

Mira sed ejusdem patris decessio nostris
Explanata modis, licuit nec carpere Pausam.]

[* Stat. ann. 1408. ad calcem Necrol. eccl. Paris. Ms. : *Item psalmodia debet tractim et morose cantari, singula verba pronuntiando distincte in medio versuum fiat Pausa.*]

¶ *Pose* Poetis nostratibus. Le Roman *de Vacce* MS. :

Ne pout passer isnelle toute,
Grant Pose mistrent à li essir.

* Alias *Pausée*. Guignevil. in Peregr. hum. gener. Ms. :

Et chi ferai une Pausée.

* PAUSA COMMUNIS, Dicitur de navibus, quæ in aliquem locum se recipiunt. Vide supra *Nedderlage*. [illegible] et Haltaus. Glossar. German. col. 1[illegible]

PAUSA, dein[illegible]ta ea requies quæ somno carpit[illegible]essianus Presbyter in Vita S. Cæsar[illegible]elat. : *Inter Pausas somni, quas ja[illegible]as non solum exigebat, sed etiam pro i[illegible]nitate aliquotiens premebat, etc.* Hinc h[illegible]ser nostris, pro *dormire*, quomodo *Repausare* dixit Ailredus Rievallensis in Vita Edwardi Confessoris, de 7. Dormientibus : *Iis quippe 70. annis.... in sinistro latere Repausabunt.* Et Helinandus in Chron. pag. 77 : *Quem resuscitatum jussit vestiri et Repausari.*

PAUSA, pro tumulo ac sepulchro usurpari cœpit, quod mors *Pausa* sit vitæ malorum. Vetus Inscriptio, 690. 5 :

Jam datus est finis vitæ, jam Paussa malorum
Vobis quas habet hoc gnatam matremque sepulchrum.

Vita S. Winoci Abbatis cap. 18 : *Tandem visere locum venit, quo Pausam membrorum S. Winocus elegit.*

¶ PAUSA, *Exclusa*, vel jus valvulam *exclusæ* demittendi. Tabular. Casauriense : *Donavimus medietatem de uno molino in fluvio de Orfente cum leva et Pausa sua, cum forma et sertura, cum introitu et exitu suo.* Addit. ad Chron. Casaur. ex Charta ann. 1047. apud Murator. tom. 2. part. 2. col. 998 : *Ipsa suprascripta res... cum vinea, et pomis, et arboribus, et cum molinis, et formis, et Pausis, etc.* Vide *Paxera.*

¶ PAUSA, f. Limes, terminus, Gall. *Borne*. Charta Wifredi Comit. Ceritaniæ in Marca Hispan. col. 964 : *De meridie adicimus ei terminum in ipsa gleva, et vadit per ipsam serram quæ vadit per Bacieros, et sic pervenit ad Pausam Guillelmi.*

PAUSARE, Cessare ab aliqua re. Glossæ : *Pausat*, ἀναπαύει. Lex Bajwar. tit. 6. cap. 2. § 4 : *Pauset die dominico usque in secundam feriam.* [Vita Vener. Idæ tom. 2. Aprilis pag. 163 : *Intromitti se, Pausandi simul et hospitandi gratia... exoravit.*] *Pausare*, dormire, *reposer*. Aldhelmus de Laudibus virginitatis cap. 12. de S. Ambrosio : *Infantulus cum in cunis supinus quiesceret, ex improviso examen apum ora labraque sine periculo Pausantis complevit.* Vita S. Tillonis Monachi n. 22 : *Cum quadam nocte omnes Pausare cœpissent fratres.* [Guidonis Discipl. Farf. cap. 30 : *Post sextum eant in dormitorium ad Pausandum, et dum pulsatum fuerit signum surgant et provideant necessitatibus suis.*] Saxo Grammatic. lib. 1 : *Nec sinit Pausare noctu mergus alte garrulus.*

PAUSARE et PAUSANTES dicuntur mortui, qui ab hac vita temporanea ad cælestem evocati, a laboribus sæculi demum quiescunt. Concilium Aurelian. cap. 6. et Capitula Theodori Cantuar. cap. 55 : *Quando recitantur Pausantium nomina.* Cassianus Collat. 2. cap. 5 : *Memoria et oblatione Pausantium judicaretur indignus.* Ita *Pausantes* habent Commodianus Instr. 42. Petrus Blesensis serm. 29. et S. Bernardus serm. 18. in Cant. *Pausare*, in tumulo quiescere. Vetus Inscriptio 1050. 9 : *M. M. Aureliæ Pum. Vitaliæ matri piissimæ quæ vixit annis* XX. *Julianæ conjugi sanctissimæ, quæ vixit annis* XX. *et dominæ sororis quæ vixit annis* 11. *Aurelius Eusebius contra votum fidel. Pausam.* Traditiones Fuld. lib. 2. cap. 239 : *Monasterium S. Salvatoris, in quo egregius martyr Christi Bonifacius sacro Pausat corpore.* In Missali Gotthico pag. 332. habetur *Oratio pro spiritibus Pausantium*, [Sanctorum scilicet Confessorum aliorumque omnium defunctorum. Vide Mabill. Liturg. Gall. pag. 12. et 446.] Hinc

PAUSATORIUM, Sepulchrum, cœmeterium. Papias : *Kimeterium, Pausatorium, vel dormitorium.* Vita S. Deicoli Abbatis Lutrensis num. 3 : *Concremare tanti patris Pausatorium studentes.* Theodericus Mon. in Hist. Invent. S. Celsi Episc. Trevir. n. 16 : *Cum diu noctuque Fratres... in Pausatorio justorum... divinum frequentarent officium.* Diedericus Monachus de Illatione S. Benedicti cap. 7. : *Ut quantocius loco renovato clementissimus habitator Pausatorium quod sibi delegit... libens revisere dignaretur.*

PAUSATORIUM, Cœnaculum. Charta ann. 1153. apud Ughellum in Episc. Patavin. sic clauditur : *Actum in Episcopali domo in Pausatorio vel cænaculo dom. Episcopi.*

¶ PAUSATIO, Requies, mora. S. Bernardus de Consider. lib. 1 : *Vix relinquitur necessitati naturæ, quod corpusculi Pausationi sufficiat.* De Obitu Angeluciæ apud Marten. tom. 3. Anecd. col. 1706 : *Postea pusillum quievit. Post hanc Pausationem clamavit et dixit, etc.* Vide *Incisio.*

PAUSATIO, Mors, obitus, *dormitio*. Kalendarium Romanum vetus apud Allatium de Hebdom. et Dominic. Græc. pag. 1491 : *XVIII. Kal. Sept. solemnia de Pausatione sanctæ Mariæ.*

REPAUSARE. Historia Wambæ Regis Gothor. : *Ubi duobus diebus exercitu Repausato; etc.*

PAUSARII, qui dicantur Latinis, vide Salmasium ad Hist. Aug. pag. 166. [** et Murat. Antiq. Ital. med. ævi tom. 1. col. 887.]

PAUSARE, pro Ponere, deponere. Lex Alemann. tit. 45 : *Et Pausant arma sua josum.* Gall. *Posent les armes jus, bas.*

PAUSANÆ, Induciæ, cum bellum *pausat*, cessat. Luitprandus in Legat. cap. 7 : *Pausanas exigis, quas nec te exigere, neque nos concedere ratio ipsa compellit.*

PAUSATIM, per *pausas*, τακτῶς, *pausément*. Statuta Synodalia Nicolai Episc. Andegavens. ann. 1272 : *Pausatim faciant cum campana pulsari. Pausate*, dixit eadem notione Arnobius lib. 5. adversus Gentes.

PAUSIDIUM, Requies. Lambertus Ardensis pag. 79 : *Albellus cum tilia juxta crucem ad peregrinorum et quorumdam viatorum ibi plantata est requiem et Pausidium.*

PAUSIUM, Locus ubi *pausatur*. In sigilli Hugonis Ducis Burgundiæ et Albonii Comitis Chartæ ann. 1189. appensi aversa parte exstat Castellum tribus instructum turribus, quas inter exarati leguntur hi characteres, PAUCIUM VIANTIS, in circulo vero, *Sigillum Hugonis Comitis Albonii.* Exstat apud Perardum in Chartis Burgundicis pag. 262.

* **PAUSATERUS**, f. Apparitor vel quivis judicialis minister. Libert. Mozarab. tom. 6. Jul. pag. 57. col. 1 : *Jussit* (rex Alfonsus Raymundi) *ut nullus Pausaterus descendat in una ex domibus Toletanorum intus civitatis, nec in villis suis.*

PAUSEA. Joan. de Janua : *Pavia, a pauco, vel pausia quoddam genus olivæ, quam corrupte rustici Pauseam vocant, viridi oleo et suavi : sic dicta quod paviatur,* *i. tundatur.* [Vide Servium in lib. 2. Georgic. et infra *Pusia*.]

¶ PAUSICAPE, *Machina rotæ instar collo molentium servorum inserta, ne polentam, hoc est, hordei farinam inter molendum esitarent, neve manus ad os applicarent.* Laur. in Amalth.

* PAUTACIUM, Aquarium, ubi aqua palorum contextu continetur : certe *Pautaut* palum significat, in Lit. remiss. ann. 1376. ex Reg. 110. Chartoph. reg. ch. 237 : *Le frappa d'un grant baston, appellé Pautaut.* Stat. Avellæ ann. 1496. cap. 185. ex Cod. reg. 4624 : *Si aliqua persona posuerit .... in aliquibus fossatis, bolengis seu abrevationibus, vel locis seu Pautaciis aliis communibus,.... et maxime in fossato portæ novæ, et in pessinacio aut Pautacio S. Martini aliquas balchas seu paleas.... pro fimo faciendo, etc.* Vide supra *Paulus* 3.

* PAUTINUS, Divionensibus, *Pautenei*; ut legitur in Glossar. ad calcem Cantil. natalit. Burg. idem quod supra *Pantonarius.* Charta an. 1260. in Chartul. Buxer. part. 8. ch. 22 : *Vendidimus... domum nostram,.. quæ sita est Divion. in vico, qui vocatur Pautinorum,... juxta domum Galteri Pautini.*

* PAUTONARIUS. Vide supra *Pantonarius.*

* PAUTONERIA, Bursæ seu marsupii species. Vide supra in *Pantonarius.*

¶ PAVUS. Vide *Pavo.*

¶ PAVYS, a Gall. *Pavois*, Scutum. Charta Henrici V. Reg. Angl. ann. 1418. apud Rymer. tom. 9. pag. 543 : *Quot pro factura trescentorum Pavys grossorum pro gunnis.* Vide *Pavesium.*

PAX, Venia, dimissio, et absolutio delictorum quæ fit a Sacerdote, reconciliatio, communio, seu potius admissio pœnitentis in communionem Ecclesiæ : quæ *Pax Ecclesiæ* dicitur in Concilio Taurin. can. 6. Aurelianensi III. can. 16. Aurelian. IV. can. 13. 26. S. Cyprianus Epist. 11 : *Cum ante actam pœnitentiam, ante exomologesim gravissimi atque extremi delicti factam, ante manum ab Episcopo et Clero in pœnitentiam impositam, offerre lapsis Pacem, et Eucharistiam dare, id est, sanctum Domini profanare, audeant.* Epist. 23 : *Mandat Pacem dari, et peccata dimitti.* Epist. 52 : *Ut lapsis, infirmis, et in exitu constitutis Pax daretur.* Et lib. de Lapsis : *Ante expiata delicta, ante exomologesim factam criminis, ante purgatam conscientiam sacrificio et manu Sacerdotis, ante offensam placatam indignantis Domini et minantis, Pacem putant esse, quam quidam verbis fallacibus venditant.* Atque hac notione usurpat passim idem Cyprianus, quomodo etiam accipitur in Concilio Eliberit. can. 61. et in Consult. Zachæi lib. 2. cap. 18.

Pacem a Martyribus et Confessoribus, libellis ab eis acceptis, expetere, impetrare, habet non semel idem Cyprianus Epist. 14. 15. etc. ut et Tertullianus ad Martyr. : *Pax vestra bellum est illi : quam pacem quidam in Ecclesia non habentes, a Martyribus in carcere exorare consueverunt.* Quæ quidem *pax*, inquit Pamelius, non aliud videtur fuisse quam relaxatio satisfactionis per Episcopum pœnitentibus impositæ, atque ad Ecclesiæ communionem ante expletum præscriptæ pœnitentiæ tempus admissio. Eorum autem libellorum formulam tradit idem Cyprianus Epist. 22 : *Cum Benedictus Martyr Paulus adhuc in corpore esset, vocavit me, et dixit mihi, Luciane, coram Christo tibi dico, ut si quis post arcessitionem meam abs te Pacem petierit, des in nomine meo.*

PAX VOBIS, Prima vox Domini ad discipulos, quando eis post Resurrectionem apparuit. Est autem formula salutationis ad populum in Missa, qua Episcopi utuntur, ut auctor est Alcuinus lib. de Divin. offic. cap. *Quid significent vestimenta.* Beletus de Divin. offic. cap. 36. ait orationem qua Sacerdos populum salutat, *Dominus vobiscum*, sumptam ex veteri Testamento, ex libro Ruth, pertinere ad minores Sacerdotes : aliam vero, *Pax vobis*, sumptam ex Evangelio, solum spectare ad Episcopos, et qui iis sunt superiores : *Quo*, inquit, *sane illud expresse innuitur, quod novum Testamentum dignius sit veteri.* Ordo Romanus : *Postea salutans populum Pontifex, dicit, Pax vobiscum, sive Pax vobis; Sacerdos autem, Dominus vobiscum, etc.* Ad calcem Chronici Reicherspergensis addita sunt quædam a Christ. Gewoldo Diplomata Pontificum Roman. atque in iis unum Leonis VII. PP. ubi hæc habentur : *Consultum est etiam, utrum Episcopi Pax vobis, an Dominus vobiscum pronunciare debeant. Sed non aliter per omnem provinciam tenendum est, quam in sancta Rom. Ecclesia. In Dominicis enim diebus et præcipuis festivitatibus, atque Sanctorum natalitiis, Gloria in excelsis Deo, et Pax vobis pronunciamus. In diebus vero Quadragesimæ, et in IV. Temporibus, sive in vigiliis Sanctorum, et in reliquis jejuniorum diebus, Dominus vobiscum tantum dicimus.* Vide Lambertum in Vita S. Heriberti Archiep. Colon. n. 8. Durandum lib. 4. cap. 14. n. 7. [Goarum ad Eucholog. pag. 145.] et Menardum ad lib. Sacramentorum Gregorii M. pag. 66.

PAX DOMINI, Idem quod *Pax vobis.* Joan. Abrincensis Episcop. de Offic. Eccl. : *Quod solus Episcopus salutando populum, Pax Domini dicit, ostendit eum esse vicarium Christi, qui resurgens a mortuis, pacem Apostolis nunciavit.*

PACEM DARE, Osculari : osculum enim, pacis est symbolum et concordiæ. Diurnus Romanus cap. 2. tit. 8. de Summo Pontifice : *Deinde ascendit ad sedem et dat Pacem omnibus Sacerdotibus.* Vita S. Sifredi Episcopi Carpentoratensis apud Vinc. Baralem : *Cumque ex more Pacem omnibus daret, cæcum osculatur, etc.* Historia de exilio S. Martini PP. pag. 101 : *Et surgens... dicit ad unum concurrentium sibi dilectum, qui erat ibi : Veni, domine frater, et da mihi Pacem.... non valens ergo, et aiebat, exhibere seipsum, vocante eum beato ad osculum, irrugiit frater ut leo.* Anastasius in Stephano IV. PP. : *Et ibidem similiter in sella Pontificali sedens, tribuensque denuo, ut mos est, Pacem, ascendit rursum, et mensam, ut assolent Pontifices, tenuit.* Concilium Duziacense I. part. 2. cap. 33 : *Tunc domnus Rex Pacem illi dedit, et ego* (Hincmarus) *post illum.* Vetus Expositio Missæ : *Deinde dat Pacem altari, vel patenæ.* [*Pacem facere*, in Addit. 3. ad Capitul. cap. 35 : *Oblationem quoque et Pacem in ecclesia facere jugiter admoneatur populus Christianus : quia ipsa oblatio sibi et suis magnum est remedium animarum, et in ipsa Pace vera unanimitas et concordia demonstratur.*] *Pacem offerre*, in Regula SS. Patrum cap. 8. *Exhibere Pacem peregrino advenienti*, in Regula Patrum ad Monachos cap. 3. *Sociari hospiti advenienti in Pace*, eidem *Pacis osculum offerre*, in Regula S. Benedicti cap. 53. Vide *Osculum pacis*, et Glossar. med. Græcit. voce Εἰρήνη col. 354.

¶ PAX, Instrumentum, quod inter Missarum solemnia populo osculandum præbetur. Missale Mozarabum : *Et statim det* (Sacerdos) *Pacem diacono vel puero, et puer populo.* Concil. Hispal. ann. 1512. inter Hispan. tom. 4. pag. 9 : *Item ad evitanda inconvenientia et tollendum impedimentum quod causatur divino officio... mandamus ut Pax non vadat per ecclesiam, sed ponatur in loco, in quo commode illi qui devotione fuerint moti, illam capere valeant.* Ibid. pag. 26. ex Constitut. Card. de Mendoza : *Item quia reperimus quod fere in omnibus ecclesiis... sôlet porrigi Pax cum patenis consecratis (quod cedit in dedecus et vilipendium dictarum patenarum).... propterea mandamus ut in omnibus ecclesiis fiant Paces argenteæ vel ligneæ tam pro viris quam pro mulieribus.*

* Necrol. eccl. Paris. Ms. : *Dedit ipsa domina* (Margareta de Rupeguidonis) *ad usum dictarum Missarum unam calicem cum una paneta, duas burettas, unum Pacem, totum de argento deaurato, etc.*

¶ PAX BANDITA, Publicata, denuntiata, in Chr. Tarvis. apud Murator. tom. 19. col. 876. Vide in *Bannum* 1.

PAX DEI ET ECCLESIÆ. Vide *Treva Dei.*

* PAX BEATÆ MARIÆ. Hist. Occit. tom. 3. inter Probat. col. 153 : *Anno ab incarnatione Domini MCLXXXIII. Philippo Francorum rege regnante, Guillelmo Usetiæ Nemausensi episcopo existente, eodem anno quo Pax Beatæ Mariæ incœpit et divulgata fuit.* Quæ pertinent ad celebrem illam societatem in ecclesia Aniciensi, miraculo, ut putabant, præeunte, initam anno 1183. qua confratribus pacem ubique restaurare propositum erat. Vide lib. 19. ejusd Hist. pag. 63.

* PACIS ORDO. Vide supra *Ordo fidei et pacis.*

PAX ECCLESIÆ, Immunitas, privilegia quibus illa munitur, quæ quis infrinxit, reus fit fractæ pacis Ecclesiæ. Concilium Berghamstedense anno 697. cap. 2 : *Pacis Ecclesiæ (quod Mundburgum vocant) 50. solidorum esto compensatio.* Ita pax Ecclesiæ accipitur in Capitulari Bajwarior. ann. 788. cap. 2. in Capitulari ann. 801. cap. 2. in Capitul. ann. 808. cap. 2. in Capitul. 1. ann. 810. cap. 18. in Capitul. 2. ann. 813. cap. 2. in Lege Longob. lib. 1. tit. 14. cap. 14. [** Carol. M. 80.] etc.

PAX ECCLESIÆ, de reis qui ad Ecclesias, veluti ad asylum confugiunt : tum enim *pacem Ecclesiæ* habere dicuntur. Capitularia Caroli M. lib. 5. cap. 90. [** 155.] et Conc. Moguntiac. cap. 39 : *Reum confugientem ad Ecclesiam... rectores Ecclesiarum Pacem, et vitam ac membra ei obtinere studeant.*

Lemma capitis est, *Ut Ecclesiæ Pacem habeant.* Capitulatio ejusdem Caroli de Partibus Saxoniæ cap. 1 : *Si quis confugium fecerit in Ecclesiam, nullus eum de Ecclesia per violentiam expellere præsumat, sed Pacem habeat usque dum ad placitum præsentetur, et propter honorem Dei, Sanctorumque Ecclesiæ ipsius reverentiam, concedatur et vita et omnia membra.* Vide Capitulare Bajwarior. ann. 788. cap. 2. Fleta lib. 1. cap. 29. § 1 : *Constitutum est enim quod Ecclesia Anglicana sua habeat jura, libertatesque suas illæsas. Item quod Pax Ecclesiæ et terræ inviolabiliter observetur, ita quod communis justitia singulis pariter exhibeatur.* Apud Rogerium Hovedenum pag. 777. Philippus Bellovacensis Episcopus, qui in turri Rothomagensi servabatur captivus, evocatus in hospitium Alienoris Reginæ Angliæ, dum transiret per atrium cujusdam Ecclesiæ, arrepto ejusdem Ecclesiæ annulo, exclamavit dicens, *Peto Pacem Dei et Ecclesiæ.* Lege quippe Edwardi cap. 6 : *Quicunque reus vel noxius ad Ecclesiam causa præsidii confugerit, ex quo atrium Ecclesiæ tenuerit, a nemine insequente nullatenus apprehenditur.* De hac pace Ecclesiæ intelligenda etiam Charta Adelstani Regis Anglor. in Monastico Anglicano tom. 1. pag. 173 : *Sciatis quod ego confirmo Ecclesiæ et Capitulo Ripon. Pacem suam, et omnes libertates et consuetudines suas.* Adde pag. 377. Concilium Ænhamense ann. 1009. cap. 9. Leges vernaculas Willelmi Nothi cap. 1. Ricardum Hagustaldensem in Descriptione Hagustaldensis Ecclesiæ cap. 14. eumdem de Episcopis Hagustald. cap. 5. etc. Quando vero jure asyli donatæ fuerint ædes sacræ apud Christianos, sat multis docet Jac. Gothofredus ad leg. 1. Cod. Th. de His qui ad Eccles. confug. (9, 45.)

Apud Anglos qui ad Ecclesiam confugiebat, aut locum alium religiosum, vel asyli privilegio donatum, siquidem crimen, de quo incusabatur, a se admissum fateretur, regnum abjurare tenebatur, et eligere portum aliquem, per quem transire posset ad terram aliam extra regnum Angliæ, quia non tenebatur abjurare terram et potestatem Regis præcise, sed tantum regnum Angliæ. Quo casu computari ei debebant rationabiles dietæ usque ad portum illum, (aut transitum per talem villam, si per continentem exire eligeret) et debebat ei interdici ne exiret regiam viam, nec moram faceret alicubi per duas noctes,... sed semper tenderet recta via ad portum, ita quod ibi esset ad diem sibi datum, et quod transfretaret, quam cito navem haberet et ventum, nisi tempestate esset aut aliquo imminenti periculo impeditus. Morari autem poterat in Ecclesia per 40. dies, nec intererat, an esset tantum accusatus vel judicio condemnatus. Hæc fere Bracton. lib. 3. Tract. 2. cap. 16. § 1. et auctor Fletæ lib. 1. cap. 29. Vide *Abjuratio 1. Dextri*, *Immunitas*, et *Salvitas.*

¶ Pax Totius Hebdomadæ, id est, Integra. Gerardus in Mirac. S. Adalhardi sæc. 4. Benedict. part. 1. pag. 361 : *Requiruntur reliquiæ : ad reliquias ut quæque loca sibi adjacent conferuntur, ibique pacis inviolabile pactum confirmatur. Ita Ambianenses et Corbeienses cum suis patronis conveniunt, integram Pacem, id est totius Hebdomadæ decernunt, et ut per singulos annos ad id confirmandum Ambianis in die festivitatis sancti Firmini redeant, unanimiter Deo repromittunt.* Vide *Treva.*

¶ Pax Firma, Securitas, immunitas a quavis molestia, Gall. *Sûreté.* Charta Henrici Vinton. Episcopi ann. 1144. apud Kennett. Antiquit. Ambrosden. pag. 100 : *Cum in literas quas novissime vobis direxi, firmam Pacem omnibus ad feriam meam venientibus a vobis et vestris dari quesierim, etc.*

Pax Regis, Regia protectio, *Sauvegarde Royale.* [Capitulare 1. Caroli M. ann. 802. cap. 30 : *De his quos vult domnus Imperator Christo propitio ut Pacem ac defensionem habeant in regno suo, id sunt, qui ad suam clementiam festinant aliquid nuntiare cupientes, sive ex Christianis, sive ex paganis, aut propter inopiam vel propter famem suffragantiam quærunt, ut nullus eos sibi servitio constringere vel usurpare audeat, neque alienare, neque vendere; sed ubi sponte manere voluerint, sub defensione domni Imperatoris ibi habeant suffragia in sua eleemosyna.*] Concilium Ænhamense ann. 1009. can. 9 : *Fruatur unaquæque Ecclesia pace Dei, Pace Regis, et pace omnium Ecclesiarum.* Leges Henrici I. Regis Angl. cap. 53 : *Omnis homo Pacem habeat, quam Rex ei dabit.* Cap. 76. de crimine homicidii : *Et cum hoc factum erit, elevetur inter eos Pax Regis.* Statuta Davidis II. Regis Scotiæ cap. 31 : *Firma pax teneatur et servetur ubique per totum regnum, inter omnes subditos Domini Regis ad Pacem suam existentes : ita quod nullus de cætero moveat guerram contra vicinos suos quoscunque, sub pœna plenariæ forisfacturæ.* In Speculo Saxonico lib. 3. art. 2. Clerici dicuntur *Pace quotidiana imperii communiri.*

Ad Pacem Redire dicitur *Utlagatus* et proscriptus, cum a Rege recipitur, ejusque pacem, qua cæteri subditi fruuntur, denuo consequitur. Bracton. lib. 3. Tract. 2. cap. 11. § 2. de malefactore : *Oportet quod redeat ad Pacem infra tempus præfinitum, vel quasi inobediens legi... utlagetur.* Cap. 14. § 12 : *Non enim poterit Rex gratiam facere cum injuria et damno aliorum : poterit quidem dare quod suum est, hoc est, Pacem suam, quam utlagatus amisit, etc.*

¶ Pacem Jurare, dicebantur privati qui inter se dissidiis compositis, pacem sibi invicem solemni juramento asserebant, cujus violator a Rege mulctabatur. Ordinat. Caroli Joannis Reg. primogen. ann. 1356. tom. 3. Ordinat. pag. 129 : *Nous ne ferons pardons, ne remissions de murdres,... de trieves, asseuremens, ou Paix jurées, rompuës ou brisées.*

Pacem Proclamare, Silentium indicere, quomodo etiamnum cum alios silere jubemus, *Paix, Paix*, dicimus. Si quando enim pax publica infringeretur, tum ab omnibus jurgantes admonebantur pacis indictæ, hacce voce, *Pax* : quod maxime in duellis obtinuit, ne quis decertantium partes amplecteretur. Quoniam Attachiamenta cap. 73. de pœna non silentis tempore duelli : *Item statutum est, quod postquam Pax proclamatur in Palatio Domini Regis, vel in platea, ubi pugna duorum hominum vadiatur : nemo loquatur præter eos qui debent custodire plateam aut Palatium..... et si quis, postquam Pax tueri debet, loquutus fuerit, etc.* Statuta MSS. Caroli I. Reg. Sicul. cap. 38 : *De garder Paix en jugement. Silence est une maniere de nourrir Paix. Por ce nos, qui volons chastier les folies de ceus, qui par lour clamors troublent aucunefois l'ordre des droits, establissons, etc.* Le Roman *de Philippe de Macedoine* MS. :

Li Rois li dist, faites Pais,
Escoutez ce que dire je vueil.

☞ *Pais*, pro venia, licentia, usurpat le Roman *de Rou* MS. :

De tout le lor rienz ne demande
Fors le marchié de la viande,
Pais de venir et Pais d'aler,
Et Pais de viande achater.

Littera Pacis, quam vulgo *Remissionem* vocant, quæ criminis admissi abolitionem continet, et a solo Rege concedi et impetrari solet pro quolibet crimine, in Legibus Malcolmi II. Regis Scotiæ cap. 2. § 5.

Pax Regis multiplex esse dicitur in Legibus Edwardi Confessor. cap. 12. scilicet ipsius manu, vel brevi data, vel in diebus coronationis, vel in præcipuis anni festivitatibus, vel in quatuor viis regalibus, vel denique in majoribus fluviis. Adde Henricum Knyghtonem lib. 4. de Eventibus Angliæ cap. 4.

Pax Regis ipsius *manu* vel *brevi data, quam Angli vocant Cyninges hante sealde gryth*, eadem est cum regia protectione, quæ brevi seu diplomate Regis manu subscripto, alicui, vel Ecclesiis conceditur. Capitulare 2. ann. 802. cap. 17 : *De his quos volumus ut Pacem habeant, et defensionem per regna Christo propitio nostra.*

Pax Regis quæ ab ipso datur cum primum coronatur, *et dies durat octo* : de qua præterea agunt eædem Leges Edwardi Confess. cap. 31.

Pax Regis in præcipuis anni festis, in Natali scilicet Domini per dies octo, totidem in Paschate, et totidem in Pentecoste, cap. 12. et 31.

Pax Regis in quatuor præcipuis Angliæ viis regalibus, de quibus in voce *Erminstreat*, et in voce *Cheminus*, egimus. Pacis istius mentio est etiam in Legibus vernaculis Willelmi Nothi cap. 30. et apud Bractonum lib. 3. tract. 2. cap. 23. § 1. Matth. Westmonaster. ann. 1224 : *Incipiens ergo Falcasius recalcitrare, cepit quasi in hostili guerra unum de Justitiariis Regis, scilicet Henricum de Braibrok, in Pace Regis per stratam regiam itinerantem. Cheminus Regis infractus*, in Epist. Sugerii Abbatis 120. *Chimini* vero *minores de civitate ad civitatem ducentes, et de burgis ad burgos... sub lege comitatus sunt*, ut est in Legibus Edwardi Confessoris.

Pax Regis in *aquis nominatorum fluviorum, quorum navigio de diversis locis victualia deferuntur civitatibus vel burgis.* Aquæ vero minores, perinde ac chemini minores sub lege Comitatus sunt.

Pax Curiæ Regis, Quæ scilicet contineri debet intra Curiæ ipsius terminos, qui ita describuntur in Legibus Henrici I. Regis

Angliæ cap. 16. cujus titulus est, *de Pace Curiæ Regis : Nam longe debet esse Pax Regis a porta sua ubi residens erit a quatuor partibus loci illius, hoc est, quatuor* (in aliis Codd. *tria*) *miliaria et tres quarantenæ, et novem acræ latitudine, et novem pedes, et novem palmæ, et novem grana ordei. Multus sane respectus esse debet, ac multa diligentia, ne quis Pacem Regis infringat, maxime in ejus vicinia.* Adde cap. 68. et Bractonum lib. 3. tract. de Corona cap. 25. § 1. Charta Witlafii Regis Merciorum apud Ingulphum pag. 856 : *Quicunque in Regno meo pro quocunque delicto, reus inventus et legibus obnoxius fuerit, si fugerit ad dictum Monasterium, ... sicut in asylo, vel in camera mea propria, Pace mea et impunitate gaudeat.* Vide præterea Capitularia Carlomanni Regis tit. 3. cap. 1. et *Virga* 3.

☞ Idem videtur quod *Bannum Regis* dicitur in Capitul. 2. Caroli M. ann. 813. cap. 2 : *Ut ecclesiæ, viduæ, pupilli per Bannum Regis Pacem habeant.... Ut jumenta Pacem habeant per Bannum Regis;* nisi malis intelligendum de ambitu intra quem regia potestas exercetur. Vide *Bannum* 3.

Pax Sancti Petri. Wichbild Magdeburgense art. 9. § 2 : *Unicuique Provinciæ jus sancitum ac statutum est... Imperator vero de consilio Romanorum demandavit et judicavit, ut civitates firmas cum muris, turribus ac propugnaculis.... extruerent. Ipsis reiterantibus instanterque postulantibus declarari, ac statui eis jus quo vivere debeant : ad instantiam tandem eorum Imperator dedit ac largitus est eis jus, quod quotidie in Curia usitatum fuit sua, illudque cum veridicis confirmavit signis, et manum desuper extendit suam, stipulatione facta : et Pax sancti Petri cum signo Crucis eisdem concessa. Idque signum huc usque servatur ubi civitates vel foralia noviter fundantur, figitur crux in testimonium pacis, quodque ibi cernatur municipalis Pax : appenditurque Imperatoris signum, ut appareat de voluntate ejus id factum fore.*

¶ Pax Parva et Melior, Quies, sedatio, in Lege Alaman. tit. 36. num. 2 : *Ipsum placitum fiat de Sabbato in Sabbatum, aut quali die Comes aut Centenarius voluerit, a septem in septem noctes, quando Pax parva est in provincia; quando autem melior est, post quatuordecim noctes fiat conventus in omni centena.*

Pacis Fractio, *infractio*, Cum *Pax* indicta a Rege, vel alicui, aut Ecclesiæ, locisve aliis concessa, violatur. *Actio de Pace fracta*, in Speculo Saxonico lib. 1. art. 59. § 1. lib. 3. art. 8. § 36. in Wichbild Magdeb. art. 16. § 3. Nude, *appellare aliquem de Pace*, apud Bractonum lib. 3. tract. 2. cap. 34. § 8. id est de pace Regis fracta. Matthæus Paris ann. 1251 : *Pacem regni et Coronæ Regiæ enormiter læserat, dum quasi prædo violentus equum cujusdam famuli de Curia S. Albani abstulit... unde per ipsum famulum de crimine Pacis appellabatur, et impetrata litera in Curia Regis, Miles super hoc criminatus attachiabatur. Sanctæ Pacem Ecclesiæ violenter infringere*, in Legibus Edwardi Confess. cap. 7. cujus criminis cognitio Episcoporum esse dicitur. *Infractio Pacis regiæ per manum vel breve datæ*, et illius cognitio inter jura regia recensetur in Legibus Henrici I. Regis Angl. cap. 10. 12. 13. 16. *Actio de Pace Domini Regis infracta*, in Regiam Majestatem, lib. 1. cap. 3. § 8. Habetur Statutum Philippi Regis Franc. datum in Parlamento Pentecostes die Mercurii ante festum S. Lucæ ann. 1279. quo quid sit *infractio pacis*, declaratur, quod eruimus ex veteri Regesto Cameræ Comput. Paris. Ita autem concipitur : *Ne ex omni delicto Pacis fractio requiratur, et jurisdictiones dominorum aut communitatum ex hoc usurpari contingat, frangi Pacem, seu violari tunc dicimus, cum in castris, aut civitatibus facta seditione publica, pars partem ejecerit, vel cum armis invaserit, vel civitas, castrum, aut villa, aut Baro, aut castri Dominus alii guerram moverint, aut furtive castrum, aut villam, aut munitionem substraxerint. Quod si Personæ privatæ in civitatibus, vel municipiis sese aggressæ fuerint, aut etiam pastores in pascuis, veluti, ut sæpe contingit, occasione eorundem rixati, licet ad Pacis non pertineant fractionem. Sane aggressores itinerum, sive plures fuerint, sive unus, Pacis violatores censendi sunt, qui sive ad manus Paciarii, sive ad sui ordinarii manus devenerint, unus alteri eos remittere minime teneatur.* Vide Michaelem *del Molino* in Repertorio Fororum Aragon. in voce *Fractor pacis vel treugæ*. [Pacem frangere, *Efforcier paix*, in Poemate *de la guerre de Troyes* MS. :

Si se resont auqes garniz
Cels de la ville et afaitiez,
Et lor Peis ont efforciez.

Pais brissiez, in Litteris ann. 1291. inter Ordinat. Reg. Franc. tom. 3. pag. 294.]

Paci Regis Stare, de fracta Regis pace juri stare. Statutum Edwardi I. Regis Angl. ann. 21 : *Qui se forestariis aut warennariis illis post clamorem et hutesium levata, ad Paci Regis standum recte reddere noluerint : immo ad malitiam suam exequendam, et continuandam, et Pacem Regis diffugiendam, fugam fecerint, etc.*

Pacem Imperii et *quietem* habere dicuntur feudatarii, non modo dum servitium et obsequium militare exhibent domino suo Imperatori per sex hebdomadas ratas ac de jure feudali definitas, sed etiam per totidem septimanas ante et post, *ita quod nullus dominorum suorum ipsum evocare valeat ad judicium feudale, nec quisquam aliquod judicium Cæsaris impetrare.* Jus feudale Saxonum cap. 5.

Pax Villæ, Banleuca, districtus urbis intra quem *Paciarii* seu *scabini* jurisdictionem habent. *Potestas et terminus Pacis*, in Charta Communiæ Cerniacensis ann. 1184. [Charta Philippi Augusti ann. 1194 : *Burgensis vadium Militis ad abandum accipiet, intra Pacem civitatis sine forisfacto..... Nullus intra Pacem civitatis manens submoneri debet nisi per Scabinos.*] Regestum Parlamenti Paris. signatum B. inter Aresta Pentecost. ann. 1282. fol. 60 : *Servientes Episcopi Laudunensis, custodes nemorum, et garennarum suarum, per villam et Pacem Laudunensem deferre possunt enses suos cinctos ad latera, vel pendentes ad collum sive ad humeros, et arcus suos distentos; sicut voluerint.* Et fol. 77 : *Pronuntiatum fuit, quod dicti Major et Scabini* (villæ S. Richarii) *levabunt talliam a manentibus infra Pacem villæ, etc.* Adde pag. 108. Liber 8. Memorialium Cameræ Comput. Paris. : *Dominus Hugo de Moy, dictus Tristantius, Miles electus per Cameram præsente Procuratore Regis Generali in officio Præpositure civitatis et Pacis Laudunensis, tam in justitia, quam in recepta, vacante per resignationem in manibus Regis factam per Joannem de Sarny Militem nuper Præpositum ibi, per litt. Reg.* 19. *Sept.* 1413. *Communia Pacis Ruthenensis*, in libro 4. eorumdem Memorialium fol. 3. *Termini Pacis*, seu banleuca, in Libertatib. villæ Cerniaci in agro Laudunensi ann. 1184. Descripsit Thomasserius Chartam Pacis Communiæ Faræ indultam ab Ingeranno de Couciaco ann. 1207. in qua hæc habentur : *Hominibus de Fara Pacem indulsimus.* Ibidem *Homines Pacis Faræ*. Rursum : *Termini Pacis hujus sunt, etc.* Hinc *maison de la Paix*, domus Pacis, in Consuetud. Montensi cap. 12. art. 2. in qua conveniunt Scabini de rebus publicis cognituri.

* Pax, Districtus, intra quem quis jurisdictionem habet. Charta ann. 1367. tom. 5. Cod. diplom. Polon. pag. 78. col. 2 : *Pax incipiat ab Ixkulle, ubi Pax prædicti ducis Stupeyken terminatur.*

¶ Paces in plurali usurpant Statuta Vercell. lib. 1. fol. 1 : *Ordinamenta facta de Pacibus et treugis firma tenebo.*

* Pax, Scabinorum seu ædilium corpus. Charta Nic. abb. S. Joan. Laudun. ann. 1196. ex Tabul. ejusd. monast. : *Si qua vilis et inhonesta persona, honestum virum vel mulierem turpibus conviciis inhonestaverit, liceat alicui viro probo de Pace, si supervenerit, illum objurgare, et illum uno vel duobus aut tribus colaphis sine forisfacto ab importunitate sua compescere.* Hinc

Paciarius, Ædilis, Scabinus, qui pacem inter cives tuetur. [*Paiseur*, in Statuto Caroli V. Reg. Franc. ann. 1364. pro electione Scabinorum Insulensium tom. 4. Ordinat. pag. 471 : *Et que le Conseil qu'il* (le Commissaire) *appellera avecque lui, il fera faire ledit serement; et aussi aux Curez qui sont acoustumez de rapporter chascun en droit soy, les personnes qui leur semblent estre ydoines pour estre créez en Eschevins, homme et Paiseurs.* Unde ibi legendum suspicor *Preud-hommes* vel quod idem forte est *Wil-hommes*, ut in altero exemplo scriptum esse testatur D. *Secousse*.] *Præfectus Pacis, aut Decurio*, in leg. 1. Cod. Th. de Pignoribus (2, 30.) : εἰρηνάρχης, Græcis; *Juré de la paix*, in Consuetudine Valentinianensi art. 130. 132. 136. 138. 141. Vide Consuetud. Tornacensem cap. 2. et Buzelinum in Gallo-Flandr. lib. 3. c. 15. pag. 512. Libertates villæ S. Desiderii in Campania ann. 1228. MSS. : *Si dissensiones aut guerræ, aut aliquod aliud malum inter probos viros exoriatur, unde ad aures Scabinorum clamor perveniat, salvo jure domini Scabini illud componere et pacificare poterunt. Qui vero compositionem vel pacem, quam super hoc Scabini consideraverint, sequi noluerit, forefactum 60. librarum incurret.*

Charta Jacobi I. Regis Aragon.: *Mandamus itaque Vicariis, Bajulis, Paciariis, Justitiis, Judicibus, etc.* Curia Generalis Barcinonensis ann. 1283. sub Petro II. Rege Arag. cap. 28: *Concedimus etiam.... quod Paciarii et Jurati et Consules sint in civitatibus, villis, et aliis locis nostris in quibus esse antiquitus consueverunt.* Curia generalis Catalaniæ acta in villa Montisalbi sub Alphonso Rege Arag. ann. 1333: *Ordinamus quod Consiliarii, Paciarii, vel Jurati uniuscujusque capitis Vicariæ, etc.* Apud Venetos *Anciani pacis* dicti, qui publicæ paci inter cives invigilabant. Vide Chronic. MS. Andreæ Danduli ann. 1205.

* *Tractator pacis*, in Lit. ann. 1501. Vide in *Tractator*. 5.

Pacis Adsertores, εἰρηνάρχαι, in Legibus Wisigoth. lib. 2. tit. 1. § 16. sunt *qui sola faciendæ pacis intentione, Regali sola destinantur auctoritate, qui eas solum dirimunt causas, quas illis regia deputaverit ordinandi potestas.* Adde lib. 2. tit. 1. § 26. *Præpositi pacis*, in leg. 49. Cod. Th. de Decurionib. (12, 1.) ubi tamen quidam censent legendum *præpositi pagis*, de quibus in leg. 1. de Pignoribus eodem Cod. et alibi.

¶ Pax, Paciariorum collegium. Vide *Paciarii*.

* Pax, Pensitationis pecuniariæ aut annonariæ species, quæ primitus pro securitate et pace præstabatur, exinde ut consuetum exacta. Libert. villæ de Naiaco ann. 1368. tom. 7. Ordinat. reg. Franc. pag. 220. art. 4: *Emolumentum seu emolumenta, quæ de Pace nuncupatur, et quæ exigi et levari consuevit in senescallia Ruthenensi, ... in usus dictæ fortificationis castri et villæ prædictorum, et non alibi, convertenda, etc.* Vide supra in *Passata* 1. et infra *Pazagium* 2.

Pax, Laudimium, id quod pro venditionis aut alienationis auctoramento, domino superiori solvitur, quasi ut *Pax* cum eo ineatur, ut venditionem et alienationem non interturbet, dato ad id consensu suo. In Consuetudin. Municip. Tolosæ part. 4. tit. de Feodis art. 9. statuitur dominos feodales non teneri ad recipiendos, aut investiendos vassallos, *nisi prius satisfecerint iisdem dominis de Pax, vel aliter inter se cum eodem corcordaverint.* Adde part. 3. tit. de rerum communium divisione, part. 4. tit. de Feud. art. 17. Charta ann. 1183. pro lanionibus Tolosanis, in Regesto Tolos.: *Habeat dominus Comes, vel suus Bajulus, suos Pax integre.* [** Vide Haltaus. Glossar. German voce *Friedpfennig*, col. 523.]

* Charta ann. 1326: *Convenit dictum feudum non dare ad superfeudum,.... nec aliter a se alienare cur dominus Raimundus Ysalguerii nec ejus ordinium possit inde perdere suos Pax, nec aliquid suarum dominationum.* Pariag. inter reg. et abb. Gemondi ann. 1322. in Reg. 65. Chartoph. reg. ch. 53: *Census seu obliæ, vendæ seu Pax, etc.* Vide mox *Paxus*.

* Pacem Portare, Evictionem præstare. Charta ann. 1346. ex sched. D. Schœpfl.: *Promittimus sollenniter fide, qua supra, præfato Henrico et suis successoribus de prædicta obolata prati, tanquam de vero allodio, firmam, perfectam et justam portare warranciam et Pacem contra personas quascumque, sicut in talibus est consuetum, etc.* Vide *Warantus*.

¶ Pax. *Quantum mihi pax obvenit*, passim in Chartis Provincialibus venditionis, cessionis et compositionis occurrit isthæc formula, qua significari existimo reditus qui, non interpellata possesssione, ex aliquo fundo percipiuntur. Charta Guarachonis regnante Chunrado Rege Indict. vi. ex Chartular. Aptensi fol. 22: *Idcirco ego Guaracho tibi cedo Umberte aliquid de hæreditate mea per forasfactum quod tibi feci, ut cum te finem habeam: Sunt ipsas res.... in villa Calvisias et in suum terminium quantum mihi Pax obvenit, hoc est tertiam partem in Argallo quantum mihi Pax obvenit; subtus Gargutio quantum mihi Pax obvenit, et in Gargis vinea et campis quantum mihi Pax obvenit, in Clavagiana et in Baxo et in Lausnara quantum mihi Pax obvenit, hoc est duas partes.* Pluries ibid. Charta ann. circ. 1090. in Tabul. S. Victoris Massil.: *Dono unam peciam de vinea quæ mihi per opera manuum mearum obvenit ad proprium alodem quantum in ipso clauso mihi Pax obvenit vel obvenire debet.*

¶ Pax, Stipendium, Gall. *Paie.* Obertus Annal. Genuens. lib. 2. apud Murator. tom. 6. col. 308: *Ipsis morantibus solverunt Pacem militibus et bausengiis, quia Fanuensibus auxilium et consilium amicabiliter præstarent, quæ promissa fuerant illis et ultra, et hoc fuit circa libras* dccc. Vide *Pacare*.

Salva Vestra Pace, Formula loquendi etiam haud omnino extra usum apud nos, *Sauf vostre paix.* Goffridus Vindocin. lib. 3. Epist. 18: *Et ideo salva vestra Pace dicimus, quod, etc. Pace tua*, apud Joan. Sarisberiensem Epist. 203. initio.

¶ **PAXAMENTUM**, Solutio, Gall. *Paiement.* Charta Caroli Hungariæ Reg. ann. 1338. apud Ludewig. tom. 5. Reliq. MSS. pag. 490: *Nos e converso assigamus... eidem dominæ Margaretæ pecuniam cum augmento tertiæ partis quindecim millia marcarum propter suam prædictam dotem ejusdem rationis et Paxamenti.* Hinc *Paxare*, pro solvere, *Payer*, ibid. pag. 435. ex Charta Adolphi Rom. Reg. ann. 1292: *Proportionaliter solvere promiserit et Paxare.* Vide *Pacare*.

¶ **PAXBRED**, Paxbrede, Instrumentum *pacis*, seu *patena*, vas ministeriis sacris dicatum. Testamentum Henrici *le Scrop* ann. 1415. apud Rymer. tom. 9. pag. 273: *Cum uno pari candelabrorum argenteorum, ... cum una Paxbrede argentea et deaurata, etc.* Testam. Rotherami Eborac. Episc. ann. 1498. in Lib. nig. Scaccarii pag. 673: *Item dedi eis unum deosculatorium, videlicet a Paxbred deauratum, cum ymagine Trinitatis... Item unum Paxbred deauratum cum ymagine Christi passi.* Vide *Osculatorium*.

* **PAXEMA**, Panis subcinericius, bis coctus. Decembr. apud Murator. tom. 5. Antiq. Ital. med. ævi col. 77: *Proinde eadem floralia cum Paxemadibus et azimis, cum ovorum testis, et offarum simulacris, etc.* Vide *Paximatium*.

¶ **PAXEMATIUM**, ut *Paximatium*. Chronic. Andr. Danduli apud Murator. tom. 12. col. 216: *Romualdus igitur fragilitati ejus pie compatiens, consuetæ mensuræ quadram Paxematii superaddidit.*

PAXERA, Paxeria, Palorum contextus ac series in molendinis, in pontibus, et aliubi, Occitanis, *Paissiero*, agger molendini. Tabularium Silvæ latæ apud Marcam lib. 6. Hist. Beneharn. cap. 7: *Vendidit Fratribus de Silva lata agrum qui est juxta Paxeram molendini, etc.* [Charta Pipini Reg. ann. 767. tom. 1. Hist. Occitan. inter Instr. col. 24: *Cum vineis, ortis, terris cultis et incultis, aquis aquarumve decursibus, Paxeriis, molendinis.* Charta ann. 1062. in Tabular. S. Victoris Massil.: *Et in Paxeria supradicti molendini unam piscatoriam.* Charta ann. 1216. ibid.: *Concedo quod in fluvio Sorgiæ possis facere Paxeriam sive reclausam.* Tabul. Gellon.: *Et ipsi pisces qui capti fuerint in ipsa Paxeria dividant.*] Tabularium Abb. Belliloci in Lemovicib. ch. 45: *Cunctos portus, et cunctas Paxerias, quæ ibidem sunt in dominio, ad Monachos cedimus.* Charta ann. 1250: *Cum piscationes quæ fiunt a Paxeria pontis inferius, usque ad Paxeriam molendinorum de filo sint nostræ, etc.* Charta ann. 1298. in Regesto Philippi Pulcri Reg. Franc. ann. 1299. num. 13: *Item in Paxeriis aquæ Garonæ octavam partem, etc.* Infra: *Solidos debitos annuatim pro tribus Paxeriis quas tenebant ab eodem in aqua Garonæ.* Vide in *Cleia*.

* Etiam agger ex lapidibus confectus. Arest. ann. 1387. in Memor. E. Cam. Comput. Paris fol. 123. v°.: *Certam Paxeriam et ædifficationem lapidum in capite et introitu ejusdem rivuli.... construi.... fecisset;.... prædictamque Paxeriam seu ædifficationem ipsius rivuli destrui fecerat et amoveri;.... una cum ædifficatione seu Paxeria prædicta reficietur.* Vide supra *Passeria*.

Passeria, Eadem notione. Tabularium Prioratus de Paredo fol. 61: *Dedit etiam illis hominibus qui terram tenuerint, vel ibidem manserint, usuariam in silva, quæ vocatur Maosta, ad domum ædificandam, ad molendinum faciendum, ad sclusam, ad Passeriam, ad clausuram ortorum, etc.*

¶ Paysseria, Eodem significatu. Charta Bernardi de Turre ann. 1308. apud Baluz. Hist. Arvern. tom. 2. pag. 783: *Item quod possint homines sancti Amantii piscari in ripperia S. Amantii, exceptis levatis et Paysseriis molendinorum infra aquas.*

¶ Paxeria, Ipsa aggeris molendini seu exclusæ valvula, Gall. *Vanne.* Chartular. Anian.: *Ut positis Paxeriam vestram levare et demittere atque mutare quotiescumque vobis placuerit.* Vide *Pausa*.

¶ Paxeria, Rivulus, seu rivuli alveus. Charta ann. 1125. inter Probat. Hist. Occitan. tom. 2. col. 435: *Post hoc responsum fuit... quod Bernardus Guadalmart vult mihi guerram facere pro Paxeria, etc.* Quid autem intelligendum voce *Paxeria* docet Compositio hæc eadem de re ibid. col. 436: *Primum Guillelmus incisionem alvei quam fecerat ita restituat, ut non minus quam antea solebat usque ad molendinum Bernardi decurrat.* Occurrit rursum *Paxeria* hac notione in Charta ann. 1322. Locus in *Ichat*.

Praxeria, pro *Paxeria*, sæpe etiam occurrit in veteribus Tabulis. Pactum initum inter Abbatem Galliacensem et Raymundum Comitem Tolosanum ann. 1231. in Regesto

Tolosano : *Item petebat molendina et Praxeriam de ponte, quæ dicebatur ad Ecclesiam pertinere.* Charta alia ann. 1231. ibidem : *De censu quem dom. Comes habet in nautis et piscatoribus Tolosæ. In istis duabus aquis prædictis, ubi possunt ingredi cum eorum corseriis, excepto deves de Praxeria D. Comitis, quæ Praxeria est ante Blanhacum, scilicet dum prædicta Praxeria fuerit cledata, et postea dum fuerit descledata, quod debent et possunt piscare ubicumque voluerint, et deves ipsius Praxeriæ est de ore carreriæ de orto D. Comitis, etc.* Alia ann. 1244. in eodem Regesto fol. 14 : *Praxeriam illam et marguillum, quam et quod habemus in flumine Tarni, etc.* Alia ann. 1236. ibid. fol. 51 : *Molendina, et loca molendinorum, Praxerias, et piscarias, et questas, et toltas, etc.* Alia ann. 1350. in Hist. Turenensi pag. 104 : *Piscationum, molendinorum, portuum, Praxeriarum, inibi existentium.*

PAXERE, pro *Pascere*, semel ac iterum occurrit in Charta Attonis Episcopi Pergamensis ann. 1072. in Hist. Pergam. tom. 3. pag. 274.

* **PAXEROTUM**, Agger molendini, Occitanis *Paissiero.* Charta ann. 1402. in Reg. 157. Chartoph. reg. ch. 247 : *Molendina supradicta cum eorum paxeria, Paxeroto, piscaria, introitibus, exitibus etc.* Infra : *Lo payssayro.* Vide infra *Payseria.*

¶ **PAXIAGIUM**, Paciagium, Præstatio quæ primitus pro securitate et pace pensitabatur, exinde uti consuetum tributum a dominis passim exactum est. Charta ann. 1306. in Tabular. Minat. : *Ad episcopum et ecclesiam Mimatensem pertinet jus... cudendi monetam contaminatam et monetam argenteam, levandi compensum seu Paxiagium pro pace servanda, et omnia alia et singula explectandi pro majori potestate et seignoria sua, quæ ad majorem potestatem, regaliam et majus dominium pertinere noscuntur.* Ibidem : *Compensum seu Paciagium erit commune nobis et dicto Episcopo, et levari non poterit nisi communi nomine.* Vide *Commune* 1. et *Compensus.*

PAXILLARE, Paxillo vineam fulcire. Paxillum, *Paisseau*, plerique e Gallis vocant, quod alii *Eschalas* : unde et *Paisselare, Ficher pesseaux*, in Consuet. Turonensi art. 139. Bituric. tit. 15. art. 2. et Autissiodor. art. 117. Charta ann. 1267. in Tabulario Eccl. Autissiodor. : *Dictam tertiam partem vinearum tenebitur annis singulis excolere... videlicet circumfodere, talliare, fodere, Paxillare, binare, et rebinare.* In aliis Chartis est *paisselare.* [Vide in hac voce.] Eadem notione usurpat Petrus Blesensis serm. 37. *Pessons*, olim paxillos appellarunt nostri. Guill. *Guiart.* ann. 1214 :

Li autre vont tentes tendant,
Dont les Pessons fichent en terre,
C'est bien appert signe de guerre

¶ **PAXILLUS**, *Paisseau, maschoir de chanvre.* Vocabular. Sussannæi. Belgis *Serinsoir* dicitur.

PAXIMATIUM, Παξαμάδιον, Græcis recentioribus : *Panis subcinericius*, in Glossis Isidori : δίπυρος ἄρτος, *Panis recoctus.* Nam Hesychio δίπυροι ἄρτοι dicuntur ἐκ δευτέρου ὀπτώμενοι. A *Paxamo* quodam appellatum *Paximatium* quidam censent, qui, ut auctor est Suidas, scripsit ὀψαρθυτικὰ κατὰ ςοιχείων, de quo etiam S. Hieronymus lib. 1. adversus Jovinianum cap. 25 : *Ad mulsum, et eleboratas carnes, ad jura Apitii et Paxami, etc. Panis Paximatius*, in Vita S. Severi Abb. Agathensis, cap. 11. *Panis Paximatus*, apud Ordericum lib. 9. pag. 740. *Paximatium panis*, in Regula S. Columbani cap. 3. *Paximates similaginei* in Gestis Abbatum Gemblacensium pag. 534. Felix Faber. lib. Hist. Suevorum cap. 8 : *Non solum autem nostrum usualem panem bene percoquunt, sed Paximacios vel bis coctos pro cibo marino vel bellico adeo artificialiter parant, ut domini Venetiani in publicis furnariis Paximatios non nisi Theutonicos habeant, etc.* Andreas Dandulus in Chron. MS. ann. 8. Caroli Mag. : *Veneti vero hoc audientes panum ac Paximatum multitudine machinis projecta exercitum verberant.* [Bernardus de *Breydenbach* in Itiner. Hierosol. pag. 197 : *Nec alia nobis erat aqua nisi in utribus corrupta, nec panes nisi Paximates sive biscoth.*] Vox passim obvia, qua præsertim utuntur Cassianus de Instit. Cœnob. lib. 4. cap. 14. lib. 5. cap. 5. Collat. 2. cap. 11. 19. 24. Collat. 12. cap. 15. Collat. 19. cap. 4. [ubi scribit ejusmodi panes sex unciarum fuisse, duosque monachis ad refectionem singulis diebus tribui solitum.] Pœnitentialis S. Columbani cap. 10. et 11. Regula S. Fructuosi cap. 9. Vita S. Macarii Abb. n. 34. Vita S. Joan. Abb. Reomaensis lib. 2. n. 4. Vita S. Præjecti n. 8. Petrus Damian. in Vita S. Romualdi n. 14. Vita S. Geremari Abb. cap. 13. Vita S. Judoci cap. 7. Luitprandus in Legat. cap. 62. etc. Ex Græcis vero Johannes Moschus in Prato spirit. cap. 184. Palladius in Hist. Lausiaca cap. 28. 151. Leo in Tactic. cap. 5. § 28. cap. 10. § 13. cap. 12. § 123. cap. 13. § 11. Tzetzes, Suidas, etc. Vide Salmasium ad Vopiscum pag. 373. 374. et Onomasticum Rosweidi ad Vitas Patrum.

* Paximaticus Panis, Eadem notione, in Vita S. Geremari tom. 6. Sept. pag. 701. col. 2. Vide *Paxema.*

PAXUM. Acta Capitularia Eccl. Lugdun. MSS. ann. 1340. fol. 67. Cod. Reg. : *Item dederunt eidem Paxum, quod tenebat in resignationem in Ecclesia Lugdunensi, etc.* Occurrit alibi.

* **PAXUS**, *Laudimium*, id quod pro venditionis aut alienationis auctoramento, domino superiori solvitur, quasi ut *Pax* cum eo ineatur, et ut venditionem et alienationem non interturbet, dato ad id consensu suo. Charta ann. 1233. in Chartul. Raim. comit. Tolos. pag. 337 : *Non debet prædictum honorem ad feudum dare, nec a se alienare aliquo modo, pro quo dominus comes possit inde perdere suos Paxos, nec aliquid suarum dominationum.* Vide supra in *Pax.*

* **PAYA.** Vide *Refusio* in *Refundere.*

PAYARE, Solvere, a Gall. *Payer.* [Charta ann. 1238. tom. 4. Hist. Harcur. pag. 1276 : *Vendidi et omnino dereliqui monachis Mortuomaris in Leonibus pro viginti duabus libris Parisiensium de quibus jam integre Payatus sum.* Diploma Bolkonis Ducis Silesiæ ann. 1358. apud Ludewig. tom. 6. Reliq. MSS. pag. 498 : *Pro ducentis marcis simul et semel Abbati et Conventui Payatis et numeratis.*] Utitur Bractonus lib. 3. Tract. 2. cap. 1. Vide *Pacare.*

* **PAYERIA**, Præstationis species, a *focagio* distincta, quæ in *Payrola* vel ejusdem pretio et estimatione, unde vocis origo, exigebatur, nostris *Payre.* Charta ann. 1319. in Reg. 59. Chartoph. reg. ch. 316 : *Item valet communiter Payeria quatuor libras Turon.... Item focagium et operagia valent annuatim lx. sol. Turon.* Reg. Cam. Comput. Paris. sign. *Bel* fol. 123. r°. : *Item chascun fuys doit par an une Payre, prisié quatre deniers.* Vide supra *Paironal* et mox *Payreria.*

¶ **PAYLA**, Sartago, instrumentum coquinarium, Gall. *Poesle.* Statuta Montis Regal. fol. 267 : *Vicarius teneatur... facere jurare omnes cauderarios quod non vendant libram ferri fabricati seu laborati in vasis æreis, Payrolis, cauderiis, caciis, Paylis, et quibuslibet aliis vasis æreis, ultra solidos duos Astenses.*

* *Payelle*, pro Labrum æreum, vulgo *Cuve, baignoire.* Lit. remiss. ann. 1381. in Reg. 120. Chartoph. reg. ch. 240 : *Icellui chastellain.... par ledit sergent de fait fist prendre, et en sa présence, la Payelle où l'en vouloit prestement mettre baignier l'enfant, et si rudement que à petit que ledit enfant ne fu noyez, ou au moins très bien bleciez.*

* **PAYRERIA**, ut supra *Payeria.* Charta ann. 1322. in Reg. 61. Chartoph. reg. ch. 126 : *Habent ab aliis personis diversas summas pecuniæ in operatoriis suis, tam de Payreria quam de ypoycaria.* Infra : *Perayreria.*

* **PAYRERIUS**, Lapicida, cæmentarius latomus, Gall. *Maçon.* Comput. ann. 1399. inter Probat. tom. 3. Hist. Nem. pag. 154. col. 1 : *Item expost dicti domini consules fecerunt dictum opus advisare per Payrerios et fusterios expertos, etc.* V. supra *Pairarius.*

¶ **PAYROLA**, Payrolia, Lebes minor, Gall. *Chaudron*, in Statutis Montisregal. laudatis in *Payla.* Charta Philippi Pulcri ann. 1310. ex 47. Regesto Tabular. regii n. 38 : *De sommata ferri, ... de calderiis, anderiis, patellis, aichatis, Payroliis, cutellis, etc.* Vide *Parolla.* Hinc *Payrolerius*, pro Ærarius, lebetum opifex, Gall. *Chaudronnier*, in vet. Catalogo MS. B. M. Deauratæ Tolos.

* **PAYROLERIUS**, Ærarius faber, *payrolarum* seu lebetum opifex. Stat. Avellæ ann. 1496. cap. 156. ex Cod. reg. 4624 : *Si aliquis faber vel Payrolerius seu aciererius.... haberet in fusina sua aliquod ferrum, arainum vel cuprum ad coquendum seu mascerendum et collandum, etc.* Vide *Payrola* et mox

* **PAYROLIUM**, Lebes, ahenum. *Item unum Payrolium*, in Inventar. ann. 1360. ex Tabul. S. Vict. Massil.

¶ **PAYROLIUS** dicitur a *Payrola*, mensura quædam, quod ex ære erat. Litteræ Johannis Archiep. Ausc. ann. 1401. ex Tabul. ejusdem Eccl. : *Pro qualibet sarcinata cujuslibet salmarii ascendens communiter* xv. *Payrolios mensusuræ Auxitanæ.* Vide *Paironal.*

PAYROLLUS, ut *Payrolium.* Lit. remiss. ann. 1370. in Reg. 100. Chartoph. reg. ch. 771 : *Guillelmus Amorosii asser-*

bat quendam ubetam sive Payrollum, qui erat ibidem (ubi lanæ consueverunt Carcassonæ lavari) fuisse munualiter perforatum. *Payscolle*, pro *Poele*, sartago, in aliis ann. 1450. ex Reg. 180. ch. 131 : *Une paesle, appellée Payscolle, de cuivre, etc.* Vide supra *Payla*.

PAYSANÆ Aves, vocantur eæ *quæ propter infirmitatem transire non possunt, cum sint de speciebus transeuntium, in regione in qua manent, et in sua patria commorantes.* Fredericus II. de Arte venandi cap. 17.

* **PAYSERIA**, Payserota, Contextus ac series palorum in molendinis in pontibus et alibi, agger molendini. Inventar. ann. 1476. ex Tabul. Flamar. : *Item plus totum locum de Cluseto,.... cum.... aquis, pascuis, Payseriis et Payserotis, etc.* Vide supra *Passeria*, *Paxera* et *Paxerotum*.

¶ **PAYSNATICUM**, pro *Pasnaticum*, a Gall. *Pasnage*, Census vel tributum pro glandatione et jure pascendi porcos in silva domini. Notitia de fundatione Theoloci ann. 1130. tom. 4. Gall. Christ. inter Instr. col. 164 : *In omnibus etiam suis nemoribus, ipsorum porcis recursum et omnimodos fructus ad eorum pabulum, absque eo pretio quod vulgo Paysnaticum dicitur.* Vide *Pastio*.

* **PAYSSARIA**, ut *Payseria*. Pariag. inter Phil. V. et prioris. *de Paulhaguet* ann. 1316. in Reg. 56. Chartoph. reg. 273 : *Item retinemus molendina facta et facienda et batiffolla cum eorum decursibus aquarum, alveis, reclausis, levatis et Payssariis.*

¶ **PAYSSERIA**, ut *Paxera*. Vide in hac voce.

¶ **PAYSSONNA**, Pastio porcorum in silvis, Gall. *Paisson*. Charta Mathildis Comit. Nivern. ann. 1222 : *Donamus etiam pasturas ad opus omnium bestiarum suarum, tempore Payssonnæ non excepto.* Vide supra *Paisso*.

* **PAYUM**, Solutio. Vide supra *Paium*.

* **PAZAGIATOR**. Vide mox in *Pazagium* 2.

* 1. **PAZAGIUM**, Tributum, quod a transeuntibus exigitur : unde *Paciarius* et *Paziarius*, qui illud exigendi jus habet. Lit. Alfonsi comit. Pictav. an 1269. in Reg. 11. Chartoph. reg. fol. 142. r°. : *Ex parte venerabilis patris episcopi Ruthenensis nobis extitit intimatum, quod ipse xvj. milia solidorum consuevit percipere in Pazagio Ruthenensi; et quod emptores dicti Pazagii eidem tanquam Paziario et Paciario respondebant, etc.* Vide supra in *Passagium*. Nisi tamen idem sit quod sequens : cui acceptioni illud tantum repugnare mihi videtur, quod non ad episcopos, sed ad urbium præfectos pertinere soleat ejusmodi tributum exigere.

* 2. **PAZAGIUM**, Pensitationis pecuniariæ aut annonariæ species, quæ primitus pro securitate et pace præstabatur, exinde ut consuetum tributum exacta : unde *Pazagiator*, ejusmodi tributi portitor et publicanus. Charta ann. 1252. inter Probat. tom. 3. Hist. Occit. col. 495 : *Quodcumque Pazagium constituitur, ad hoc potissime constituitur, ut de proventibus Pazagii fractores pacis compescantur, et damna pacis fractæ omnino emendentur : quod hucusque de Pazagio Albiensi numquam extitit observatum; imo etiam villa Galliaci per violatores pacis multa damna sustinuit, quæ numquam de Pazagio, nec per Pazagiatores sibi fuerunt emendata.* Alia ann. 1272. ex Bibl. reg. cot. 15 : *B. de Podio dictus bajulus de Layssazes pro illustrissimo domino rege Franciæ levator communis pacis sive Pazagii;.... in possessione pacifica, seu quasi, levandi commune pacis sive Pazagium.* Vide supra *Commune* 1. *Passata* 1. et in *Pax*.

* **PAZATA**, Eadem notione. Vide supra in *Passata*. 1.

¶ **PAZELLUS**, Mensuræ vel ponderis species. Statuta Vercell. lib. 3. fol. 72. recto : *Item quod fornarii seu bolengarii... debeant facere panem pulchrum ad pensam et Pazellum eis datum et ordinatum per commune Vercellarum.* Vide *Passus* 2.

* **PAZIARIUS**. Vide supra in *Pazagium* 1.

PEA. Charta ann. 1123. in Tabular. Eccles. Viennensis fol. 71 : *Porro Domnus Archiepiscopus ei centum quinquaginta solidos dedit, et duas Peas, domum videlicet Stephani Malerasi et aliam quæ illi juncta est.*

* Spatium certo pedum numero definitum, idem quod *Peda* 2. et *Pedatura*. Vide in his vocibus.

* **PEAGILE** Jus, Jus de iis, quæ ad *pedagium* spectant, cognoscendi. Charta ann. 1300. in Reg. 38. Chartoph. reg. ch. 21 : *Jus quod se habere asserunt levandi pedagium antedictum apud Agennum, et Peagile dicti pedagii.* Vide *Pedagii justitia* in *Pedagium*.

¶ **PEAGIUM**, Vide *Pedagium*.

¶ **PEALIS**, pro Pedalis, in Charta Petri *de Roteys* Vicarii Tolos. ann. 1272 : *Requirimus... quod trabes Peales et palmites de cor et de abiete de* VI. *brachiatis et de* V. *et de* IV. *quod illas habeant similiter ut infra trancos et escalmamentos, et quod habeant unum bonum palmum de spisso; et fustes de* III. *branchiatis et de duabus et dimidia et de duabus sunt Pedales et palmales.*

¶ **PEANIUS**, Lignum tectis conficiendis aptum. Charta ann. 1264. in Tabular. Sangerm. : *Merramentum etiam quod habet idem Abbas eidem Guillermo jam tradiderat, ut dicebat, scilicet duo millia et centum de chevrones, item quingentos et duodecim Peanios, etc.* f. Quod Vitruvio columen dicitur, nostris *Poinçon*.

* **PEASO**, Peazo, Spatium vacuum certo pedum numero definitum, in quo ædificari, aut aliquid poni locarive potest, quod ad fiscum domini feudi pertinet, Gall. *Peason* et *Peazon*. Libert. Montisfer. ann. 1291. in Reg. 181. Chartoph. reg. ch. 154 : *Item quicumque infra dictum mandamentum accipiens pedam sive Peazo, debet ibi ædificare, sive eam claudere infra annum et diem.... Item las Peazos sive pedæ, quæ datæ seu concessæ fuerunt, etc.* Pactum inter Guigon. *de Jarente* dom. de Montecl. et homin. ejusd. loci ann. 1392. ex sched. D. *Chaix* advoc. Aquens. : *Item convenerunt quod dicti homines curari facient Peasones dictæ turris, etc.* Libert. villæ *d'Aigue-perse* ann. 1374. in Reg. 198. ch. 360 : *Se homs ou femme prent Peazon en ladite ville ou franchise, il y doit bastir dedans un an, ou la doit clorre.* Infra : *Poyason*. Terrear. *de Nerenx* ann. 1418. ex Cod. reg. 9899. fol. 40. r° : *Item plus quatre deniers et malhe Tour. de cens pour une escoux et Peasons atouchans situez aux ayses dudit Gensac.... Item plus demie geline de cens pour une Peason et escoux.* Vide *Peda* 2. et *Pedatura*.

¶ **PEATGA**, Idem quod *Pedagium*. Charta Archembaldi Borbonii pro Villafranca, in Tabular. Bituric. : *Burgenses Liberæ-villæ non dabunt Peatgas.*

* **PEATICUS**, Tributum, quod penditur, idem quod *Pedagium*. Testam. Raym. VI. comit. Tolos. ann. 1209. inter Probat. tom. 3. Hist. Occit. col. 215 : *Habeant decem millia solid. Melgor. singulis annis de meis Peaticis, quos habeo ad portum S. Ceornini et ad Palusciam.*

* **PEBERERIUS**, Piperis seu aliarum quarumcumque specierum mercator, Gall. *Epicier*. Stat. ann. 1272. inter Probat. tom. 1. Hist. Nem. pag. 98. col. 1 : *Prima scala erit campsorum, et apothecariorum, et Pebereriorum, et aliorum qui ponderant cum balansa.* Vide in *Piper*.

* **PEBRATUS**, Piperatus, coloris species. Testam. ann. 1347. in Chartul. Canon. regul. congregat. S. Ant. Massil. fol. 220 : *Item lego Vivaudæ Michaelæ de Massilia tunicam et eptitogium meum panni coloris Pebrati, pro diversis servitiis mihi per eam impensis.*

¶ **PECA**, pro *Pecia*, ut videtur. Statuta Mutin. rubr. 182. fol. 34 : *Ordinamus quod Massarius... fieri facere debeat unam scalam de lapidibus, et calce coopertam de Pecis vivis, et ibi eam manutenere.*

* **PEÇARIUS** inter minores artifices recensetur, in Stat. ant. Florent. lib. 5. cap. 19. ex Cod. reg. 4621. An qui in *pecias* seu frusta comminuit?

* **PECCA**, Tributum, vectigal, Hisp. *Pecho*. Charta Sancii reg. Navar. pro homin. de Larraga æra 1246. in Reg. 64. Chartoph. reg. ch. 68 : *Quod non peccent ad ricominem neque ad ullum hominem,.... nisi tantum suprascriptam Peccam.* Vide *Pecha*.

PECCAMEN, Peccatum. Prudentius in Apotheosi :

> Exin tincta malo Peccamine principis Adæ
> Infecit genus omne hominum.

Idalius Barcinonensis in Epist. ad Julian. Tolet. : *Recordatione Peccaminum meorum pavidus, et memoria ingentium criminum usquequaque perterritus, etc.* Translatio S. Baudelii Martyris : *Propter immanitatem Peccaminum.* Vita MS. Magnobodi Episcopi cap. 2 : *Pro diluendis originalibus Peccaminum contagiis.* Adde Concilium Cloveshoense ann. 747. cap. 3. Vitam Aldrici Episcopi Cenom. pag. 69. 72. 74. 90. [Chartas ann. 709. et 722. apud Calmet. tom. 1. Hist. Lothar. col. 264. 269.] Occurrit passim. *Peccaminosa vita*, apud Joannem Gersenium lib. 3. de Imitatione Christi cap. 50. n. 6.

¶ **PECCANTIA**, Peccatum, delictum. Vita S. Columbæ Abbat. tom. 2. Junii pag. 207 : *Amarissime ingemuit, et coram omnibus qui ibidem inerant, Peccantias confitetur suas.*

¶ **PECCARIA**, perperam pro *Petraria* editum ex Placito ann. 1158. inter Probat. tom. 2. novæ Hist. Occitan. col. 568 : *Recognoverunt* (affectatores) *quod debent dare totos corios, qui fuerint opus Comiti vel bonis hominibus Tolosanæ urbis et suburbii,* in faciendis Peccariis et frondevolis. Vide Frondevola in Fundabulum.

PECCARIUM, [Vas, calix, cyathus, vel mensura potoria.] Vide *Bicarium*.

¶ **PECCATORES** subscribunt quandoque Episcopi, suppresso etiam *Episcopi* titulo; eos imitati sunt Abbates aliique viri humilitatis amatores : quod monuisse sat est.

¶ **PECCATRICIUS**, Malus, flagitiosus. Epist. encyclica de morte Bernardi Abb. Majoris Monast. tom. 5. Annal. Bened. pag. 668 : *Non solum verba Peccatricia, sed et vana et scurrilia* abhorrebat.

* **PECCATUM** Indicibile, Sodomiticum peccatum, propter enormitatem non appellandum. Constit. Carmelit. MSS. part. 3. rubr. 6 : *Si quis autem in Peccatum indicicibile, quod absit, lapsus fuerit, et convictus vel confessus, aut violenter suspectus; quam violentam suspicionem esse dicimus, si per duos pueros vel plures publice confiteatur, aut de hoc querelletur, vel si quis puerum in cella sua de nocte habuerit vel de die, etc. Péché désordonné*, quod ab ordine et lege naturali abhorreat, dicitur in Reg. parlam. Tolos. ad ann. 1456. ex Cod. reg. 9879. B. : *On imposoit à Octo Castellan, lors trésorier de Thoulouse, et depuis argentier du roy, qu'il avoit commis le Péché désordonné ou bougrerie*. Opus vero meretricium, *Péchié du monde* nuncupatur, in Lit. remiss. ann. 1377. ex Reg. 111. Chartoph. reg. ch. 78 : *Jehan le Pionnier,.... qui estoit homme de legier esperit, diffamez de houllerie, et de maintenir et fréquenter femmes exposans leurs corps au vil Péchié du monde*. Hinc *Femme de péchié*, pro Meretrix, in aliis ann. 1459. ex Reg. 188. ch. 209. Unde Magdalena *Pecceris* appellatur in Vita J. C. MS. :

> Après son resuscitement
> Vout demoustrer apertement
> A Marie la Pecceris,
> Anchois qu'à tous ses amis.

Peciere, pro Peccator, libidinosus, apud Philip. *Mouskes* :

> Vint converser un peneans,
> Auques Peciere et mescreans.

* **PECCHENARIUS**, Pecchenerius, Pecchinerius, Pectinum artifex, vulgo *Penchenier*, cujus ars *Peccheneria*, vernacule *Penchenayrie*, appellatur, in Stat. ann. 1390. ex Reg. 157. Chartoph. reg. ch. 77 : *Johannes Staffredi Pecchinerius et Raymondus Mazerollis Pecchenerius promiserunt tenere et servare ordinationes factas de voluntate et consensu Pecchenariorum Limosi, Carcassonæ et Tholosæ,.... super arte sive ministerio Peccheneriæ. Peschenerius* et *Pechenerius*, ibidem. Vide *Penchenerius*.

* **PECCININUS**, Ital. *Piccinino*, Parvulus. Acta S. Bernard. tom. 7. Sept. pag. 908. col. 2 : *Bernardinus Feltriensis, Peccininus, alias Picolinus nuncupatus, etc.*

* **PECCOREUS**, Ad pecora pertinens. *Peccorea*, Quævis pecudum alimenta. Annal. Victor. MSS. ad ann. 1258 : *Fecerunt edictum generale sub formidabilibus pœnis... ne victualia quæcumque, etiam et Peccorea, in eis introducerent.... Quod quidem edictum tali modo servaverunt, quod non multis lapsis temporibus fame et inedia ac multis aliis miseriis lacessiti, post perditionem et ruinam equorum, etc.*

* **PECCUNIA**. Charta ann. 1257. in Lib. nig. 2. S. Vulfr. Abbavil. fol. 26. r° : *Datum anno Domini* M. CC. LVII. *mense Marcio. Peccunia approbamus. Datum ut supra.* An peculiaris subscribentis nota?

¶ **PECEATA**. Vide *Peciatum*.

PECEIUM, Fractura navium, ex Gallico *Piece, depecé*. Charta Philippi Regis Franc. ann. 1317. apud Argentreum in Hist. Armoric. lib. 5. cap. 34 : *Exceptis et retentis dicto Duci*, (Britanniæ) *et ejus hæredibus in prædictis locis omnibus et singulis regalia et gardia Ecclesiarum, Peceio seu naufragio marino, forefacturis, emendis, et emolumento ex fractura navium, et ratione præmissarum Peceii et naufragii ob defectum brevetorum, eique in præmissis locis universis et singulis, ac in mari circumadjacenti obvenientium quoquo modo*. At in versione Gallica Chartæ S. Ludovici, quæ refertur ab eodem Argentreo eod. lib. cap. 17. vertitur *Droit de pesche*. Latina, quam vidi, male præfert, *seu pesseia naufragia marina*.

☞ Et quidem *Peceium* dicitur, Jus quod domino competit ex fractura navium seu naufragio, Gall. *Droit de bris*, et in veteribus Chartis vernaculis, *Pecoy de la mer*. Charta S. Ludovici ann. 1231. in Tabular. Castri Nannet. : *Ludovicus D. G. Francorum Rex, etc. Promisimus Petro de Drosco, alias de Brenne, Duci Britanniæ et ejus successoribus omnia sua jura illæsa servare... portus marinos habendi, Peceia seu naufragia marina, cum forefactis et emendis ex fractura navium et ratione præmissorum Peceyorum*. Instrum. ann. 1235. tom. 2. Hist. Britan. col. 385 : *Bernardus filius Tangui Miles juratus dixit quod Barones debent habere Peceium navium in terris suis*. Vide *Naufragium*.

* Charta S. Ludov. ann. 1231. ex Bibl. reg. : *Avec forfaitures, amendes et émoluments, tant pour raison des nefs périllées, Peczais, naufrages, comme de deffaut de brevets ou sceaux de mer. Briseiz et Peceiz des nez*, in Charta ann. 1288. ex Reg. 66. Chartoph. reg. ch. 1081. Pactum inter Joan. ducem Brit. et Yoland. ducis. ann. 1322. in Reg. 61. ch. 203 : *La garde des églises et le Pecou de mer demeurent ou ledit duc*. Charta Joan. ducis Brit. ann. 1422. ex Bibl. reg. : *Ports de mer, coys et Pecoys, et ce que la mer cuevre et descuevre, etc.* Vide *Lagan*.

¶ **PECES**, Vas, calix, Gall. *Pot*. Testamentum Johannis *de Nevill* ann. 1386. apud *Madox* Formul. Anglic. pag. 427 : *Item Thomæ filio meo* (lego) XXIIII. *discos argenteos*, XII. *saucers*, II. *bacynes, et* II. *cavers*, VI. *Peces unde* II. *cooperta et* IIII. *sine coperculis de argento*. Vide *Bicarium*, et in voce *Pecia*.

¶ **PECHA**, Emenda, præstatio, impensa, tributum quodvis, Hispan. *Pecha* vel *Pecho*. Charta Petri Reg. Aragon. apud Rymer. tom. 2. pag. 210 : *Arrarum nomine damus et assignamus loca inferius notata... cum omnibus villis, aldeis, Pechis, moneticis, etc.* Statuta Auscior. art. 11 : *Item pronuntiaverunt quod de omnibus Pechis, messegueriis domini predicti, scilicet Comes et Archiepiscopus tertiam partem habeant quilibet pro regione sue jurisdictionis... Ad expensas autem quas ratione Pecharum fieri contigerit, domini teneantur contribuere secundum partem quam de dictis Pechis recipiunt, et prestare auxilium dictis Consulibus et Universitati contra rebelles in solvendis Pecis commissis*. Vide *Pecta*.

* Libert. Petræ assis. ann. 1341. in Reg. 74. Chartoph. reg. ch. 647 : *Emolumentum Pecharum sive pœnarum, taliarum ad ipsos consules et utilitatem universitatis dictæ villæ applicentur*. Vide supra *Pecca*.

* **PECHARE**, ab Hispanico *Pechar*, Solvere. Leg. Portugal. sub Alph. reg. tom. 1. Probat. hist. geneal. domus regal. Portug. pag. 11 : *Homo qui fecerit roxum cum ferro moludo,..... faciat illum alvazir componere damnum et Pechare decem morabitinos*.

* **PECHENERIUS**. Vide supra *Pecchenarius*.

¶ **PECHERIUM**, Vas, calix, cyathus. Nicolaus Specialis de Reb. Siculis lib. 6. cap. 14. apud Murator. tom. 10. col. 1045 : *Alii læta Bacchi munera sumministrant, ii crateres magnos bacchatos gemmis statuunt, ii Pecheria, cuppas, aliaque vasa regalibus apta in numerum congerunt*. Vide *Bicarium*.

* Mensura potoria. Instr. ann. 1439. inter Probat. tom. 3. Hist. Nem pag. 260. col. 1 : *Item unam pintam de tribus Pecheriis. Item tres pintas, quælibet de duobus Pecheriis*. Vide *Picarium*.

¶ **PECHIA**, Frustum, membrum; item, modus agri. Charta ann. 1249. in Tabular. B. M. de Bononuntio Rotomag. : *Ad natale Domini unam Pechiam carnis de valore sex denariorum*. Chartul. S. Vandreg. tom. 1. pag. 524 : *Quitationem istius prædictæ Pechiæ terræ... tenemur garantisare*. Vide mox *Pecia*.

PECIA, Petia, Fragmentum, frustum, membrum : nostris *Piece*. Auctor Mamotrecti 29. Exodi : *Frustum, pars, sive Pecia*. [Charta pro Aquariatu Monast. de Talemundo ann. 1366 : *Item in diebus quibus debent comedi pisces, dabit et ministrabit dictus Aquarius secundum tempora, videlicet de marlucio recenti fercula de duobus Pecitis pro duobus, quarum Peciarum quælibet debet habere in longitudinem plenam palmam*. Acta S. Vernheri tom. 2. April. pag. 706 : *Seclusa Pecia pedis sinistri satis parvula. Petia carnis*, apud Murator. tom. 16. col. 581. *Petia fusti*, in Charta ann. 1435. *Pecia pargameni*, in Tabular. S. Victoris Massil.] Sanutus lib. 3. part. 11. cap. 11 : *Imperator magnum ostendens gaudium, mutare jubet nigras vestes,... et pro novis indumentis donant Petias de scarleto*. Benedictus XII. PP. lib. Secret. Epist. 147 : *Diversis se nominibus appellantes diversorum colorum seu Petiarum variarum curtos et deformes gestant habitus, ab illis quibus fratres Minores utuntur, plurimum discrepantes*. [Concil. Terracon. IV. apud Marten. tom. 4. Anecd. col. 323 : *Socios nostros induamus de panno, cujus communis Pecia ultra viginti quinque libras... constet*. Pluries ibi. Adde Statuta Massil. lib. 1. cap. 36. Statuta Vercell. lib. 3. fol. 85. Anonymi Annal. Mediolan. apud Murator. tom. 16. col. 729.] Vide *Pecium*.

Petia terræ, Modus agri, quomodo etiam vulgo dicimus, *Piece de terre*.

[Chartular. Aptense Charta 5. ann. 43. Chunradi Reg. Provinc. Indict. II : *Pecia de terra herma... donat terram illam per talem convenientiam, ut etc.* Charta ann. 1266. in Tabular. S. Victoris Massil. : *Magister Fulco assignavit dictæ elemosinæ quatuor Pecias terrarum sitas in tenemento Alaudii.*] Charta Alrici Episc. Astensis ann. 1029. apud *Lachieza* in Hist. Eccl. Pedem. cap. 22 : *Detinemus ad nostram proprietatem Petiam unam de terra intra hanc Secusiensem civitatem positam.* Vide ibid. pag. 233. 311: Petrum Joffredum in Nicea pag. 159. Petrum Diacon. lib. 4. Hist. Casin. cap. 18. 53. ult. edit. [** Chart. ann. 759. apud Brunett. in Cod. Dipl. Tosc. tom. I. pag. 566. aliam ann. 1078. in De Blasio Series Princ. Salernit. num. 7. pag. 18.] etc. Ita

Petium Terræ, crebro usurpat Tabularium Casauriense : '*Primum Petium de terra, ubi vinea plantata est, etc.* [Chron. Episc. Mindens. apud Leibnit. tom. 2. Script. Brunsvic. pag. 176 : *Nam si Ecclesia habet aliqua Pecia sive Morgen-landes, statim acquiritur per laycos ad vitam, et sic annis* x. *elapsis, tunc est hereditas illorum laycorum, sicut luce clarius apparet. Petium vineæ*, in Chron. Farf. apud Murat. tom. 2. part. 2. col. 427. *Tria petia litterarum*, id est, partes, in Actis SS. tom. 4. Jun. pag. 769.] Vide *Peciola.*

* *Peile de terre*, non alio sensu, ut videtur, in Charta Margar. comit. Fland. ann. 1276. ex Cam. Comput. Insul. : *Nous avons dounei.... soissante et dis Peiles de terre gisans en Chavetinghes,.... et lor avons cuitiée toute la rente ke les 70. Peiles devoient à nous et à nos hoirs segneurs de Flandres; et est ascavoir de chascune Peile quatre sols de la monnoye de Flandre.* Pro Fragmentum, vulgo *Morceau.* Lit. remiss. ann. 1450. in Reg. 180. Chartoph. reg. ch. 153 : *Le suppliant scisailla lesdittes pieces de monnoye,..... et le seurplus desdittes scisailles il avoit mises en quinze petites Peilles de papier.*

Petium. Statutum S. Ludovici ann. 1255. cap. 26. de meretricibus : *Bona earum per locorum judices capiantur, vel auctoritate a quolibet occupentur, etiam usque ad tunicam vel Pecium.* Absunt hæc postrema verba apud Nangium pag. 363. [Ubi leg. *Pellicium.* Vide *Pellicia.*]

¶ Petius, ut *Pecia*, Fragmentum. Miracula S. Simonis tom. 2. April. pag. 823 : *Et ex fractura exierunt sibi tres Petii de osse.*

* Unde dimin. *Pecete*, apud Guill. Guiart. in S. Ludov. pag. 148 :

Anglois, puis que mort l'en trecierent
Par Pecetes le depecierent.

Pinsse, eodem sensu, in Lit. remiss. ann. 1405. ex Reg. 160. Chartoph. reg. ch. 241 : *Le suppliant print une Pinsse de cuir, où il avoit environ six paires de semelles à souliers, et une petite Pinsse de cuir à faire rivés.*

Peciatus, et *Repeciatus.* Vita B. Hermanni Josephi num. 41 : *Cum manicis Peciatis.* Vita B. Margaretæ Hungaricæ cap. 2 : *Portabat vestes laceras et Repeciatas.* [Charta ann. 1227. ex Tabular. Audomar. : *Incedant autem Canonici honeste,... videlicet superpellicio et cappa honesta non taconata seu Petiata.* Bulla Benedicti XII. PP. ann. 1337. in Tabular. S. Victoris Massil. : *Cucullæ fractæ et dissolutæ ac Repeciatæ.* Ibidem : *Sotulares Repeciati sive Peciati.* Galli *Rapiecer, Rapieceter* et *Rapetasser* dicunt, pro vestem reficere, resarcire. Hinc *Repetaciatus*, in Limbroch. Sent. Inquisit. Tolos. pag. 329 : *In vestibus de pannis grossis... et etiam Repetaciatis resplendebat Jesu Christi paupertas.* Vide *Petacia.*]

☞ Hinc *Espeecer* et *Specier* apud Poetas nostrates, pro in *pecias* seu frusta frangere, comminuere, *Mettre en pieces, briser.* Le Roman *de Vacce* MS. :

Tous les fist tristes et dolens,
A plusors fist traire les denz,
Les autres fist Espeecer.

Le Roman *de la guerre de Troyes* MS. :

Thoas li ot li escu Specié,
Et li hauberc li ot desmaillé.

☞ Nec aliunde repetenda vox *Pecoier*, quam eadem notione usurpare videtur laudatum Poema *de la guerre de Troyes* MS. :

Patroclus sor selle ploie,
Et l'arçons derriere Pecoie.

Ibidem :

Tiels colps s'entredonnent ambesdui,
Si qe les lances Pecoierent.

Occurrit ibi pluries. Inde etiam *Pecoieis*, pro ipsa frangendi actione, ibidem :

Là ot des lances froisseis,
Et estrange Pechoicis.

* Vitæ SS. MSS. ex Cod. 28. S. Vict. Paris. fol. 32. r°. col. 2 : *Sainz Policars et sainz Sebastiains appareillié, Pecoierent plus de deux cent ydoles.* Sed et pro Diruere, vastare, funditus evertere usurparunt. Guill. Guiart. :

Niais il conquit Calabre et Puille,
Ou il Pecoia mainte ville.

Le Roman *de Garin* :

Le borc entor ont Pecoié et pris.

Rursum :

Abat mesons, viles fet Pecoier.

* Ejusdem originis *Piecer*, pro Reficere, resarcire, vulgo *Mettre des pieces, rapetasser.* Lit. remiss. ann. 1475. in Reg. 195. Chartoph. reg. ch. 1528 : *Le suppliant* (couturier) *bailla audit Pierre Renel son varlet et apprantitz unes paires de chausses pour Piecer et coudre.* Haud scio an inde accersenda sit vox *Peufferie*, qua vestium detritarum collectio significatur, in aliis Lit. ann. 1382. ex Reg. 122. ch. 98 : *Il pris en un fardel de Peufferie ou freuperie ou ailleurs, en l'ostel de ladite taverne, neuf chaperons et une cotte à femme.*

Depeczatus, in Concilio Andegavensi ann. 1365. cap. 13. Salmasius vocem hanc a *Pictacium* accersit, cui favet Will. Brito lib. II. Philipp. ubi de tunica Militari :

Sic percussa patet, sic intercisa minutis
Pictaciis pendet, etc.

Præterea Joan. de Janua : *Pictacium, dicitur illa corii particula quæ soleæ repeciatæ insuta est, et dicitur a pingo : quia sicut partes picturæ distincte in pavimento sunt, sic apparent pictacia in calciamento : unde pictaciatus, i. repeciatus.*

¶ Pecia Argenti, Nummus, nostris *Piece d'argent.* Statuta Avenion. lib. I. rubr. 29. art. 4 : *Recipere teneatur... testulos seu testonos, et alias Pecias argenti hic recipi solitas.*

¶ Pecia Artelariæ, Gall. *Piece d'artillerie*, Tormentum bellicum. Charta ann. 1489. apud Lobinellum tom. 2. Hist. Britan. pag. 1513 : *Et si contingat aliquam partem vel Peciam artelariæ ad custodiam et defensionem necessariam deesse, etc.*

* Pecia, ubi de animalibus, Caput, Gall. *Piece.* Lit. remiss. ann. 1358. in Reg. 86. Chartoph. reg. ch. 44 : *Dictus Guillelmus furtive ceperat sex Pecias pullarum.* Aliæ ann. 1394. in Reg. 146. ch. 177 : *Auquel hostel le suppliant trouva sept Pieces de bestes aumaille.*

* Pecia, Exemplum, Gall. *Modele, essai.* Stat. ann. 1314. Universit. Tolos. ex Cod. reg. 4222. A. fol. 49. r°. : *Statuuntur aliquæ certæ personæ sufficientes et discretæ, quæ videant Pecias seu exemplaria, quæ tenentur in stationariis vel in aliis locis pro libris scribendis vel faciendis.* Stat. Universit. Aurel. ex Cod. reg. 4223. A. fol. 6. v°. : *Et est sciendum quod si habeat Pecias, debet jurare quod nullas additiones ponat in libris quibuscumque, nisi de doctorum consilio et assensu.* [** Quid sit *Pecia* docent Stat. Artist. Patav. lib. 3. tit. 27 : *Secundum taxationem studii Bononiensis firmamus quod Pecia constituatur ex sexdecim columnis, quarum quælibet contineat 62. lineas et quælibet linea litteras* 32. Est igitur Pecia dimidius quaternio. Inde]

** Peciarii vel *Petiarii* dicti, quorum munus erat *pecias et quaternos omnium stationariorum videre et examinare... et cognoscere super facto petiarum... ratione defectus Petiarum a quibuscumque scriptoribus possint et debeant exigere sacramentum quod petias quas corruptas invenerint nunciabunt, etc.* in Statut. Univers. Bononiens. lib. I. pag. 18. apud Savin. in Histor. Jur. Roman. med. temp. tom. 3. Vide eumd. ibid. § 169. et 214.

* Pecia Candelæ, Una candela. Chartar. Norman. ex Cod. reg. 4653. A. fol. 79 : *Quitus de pasnagio propriorum porcorum suorum per..... quinquaginta Pecias candelæ et dimidio pedo longas.* Charta ann. 1208. in Reg. feud. comitat. Clarimont. ex Cam. Comput. Paris. : *Li chapelains aura pour livroison par sengles jours.... quatre Pieces de candoile.*

* Pecia, nostris *Piece*, ut temporis spatium significent. Gesta Ludov. Pii tom. 6. Collect. Histor. Franc. pag. 129 : *Quant li peres ot là demoré une Piece, etc.* Guill. Tyrii contin. Hist. apud Marten. tom. 5. Ampl. Collect. col. 684 : *Quant li Crestiens orent esté en l'isle grant Piece, etc.* Joinvil. in S. Ludov. edit. reg. pag. 60 : *J'ai vescu grant Piesce.* Charta ann. 1312. ex Tabul. episc. Carnot. : *Lequel* (ban) *ha cessé à estre fait puis une Piece de temps.* Lit. remiss. ann. 1379. in Reg. 115. Chartoph. reg. ch. 129 : *Et une piece apres, ainsi comme environ souleil couchant, ledit Symon yssi hors de ladite taverne. Grant Piece après*, in aliis ibid. ch. 151.

* Pecia, vox Heraldica, nostris *Piece*, Figura. Testam. ann. 1433. ex Tabul. eccl. Massil. : *Paramenta altaris de panno auri*

et de veluto rubeo circumcirca, cum armis nostris in quolibet buto, in quibus sunt tres Peciæ.

¶ Pecies, pro *Pecia*. Vita B. Kingæ tom. 5. Julii pag. 741 : *Hæc dierum processu in quatuor Pecies divisa, majorem afflictionem ægræ per singulos dies post hujusmodi apostemationis sequestrum efficiebat.* Occurrit rursum tom. 2. April. pag. 723.

Pecies occurrit apud Higenum in Gromat. : *Quorum pedatura in singulas Pecies ad homines solet computari.* Sed Salmasius *pedes* restituit.

¶ Pecia, Vas, calix, cyathus. Testam. Johan. *de Nevill* ann. 1386. apud *Madox* Formul. Anglic. pag. 28 : *Item* (lego) *Willelmo de Hoton de Todow* v. *marcas et* 1. *Peciam argenti coopertam... Item Ricardo Basy* xx. *marcas et* 1. *Peciam argenti deauratam coopertam.* Vide *Peces.*

* Inventar. ann. 1420. inter Probat. tom. 2. Annal. Præmonst. col. 591 : *In thesauraria dictæ ecclesiæ invenimus.... tres Pecias deauratas cum cooperculis.... Unam Peciam cum cooperculo interius deaurato.* Vide supra *Pecherium.*

¶ Pecia, pro *Pena*, rupis, cellis, in Hist. Cortusior. lib. 8. cap. 3. apud Murat. tom. 12. col. 903 : *Sic liberavit Mundianum, Vericulum, et alia castra impugnavit, et cepit Pecia sancti Martini.* Ubi rectius alter Codex, monente Cl. Editore, habet, *pennam.* Vide *Pena* 1.

¶ **PECIATUM**, Peceata, Mensura frumentaria. Charta ann. 1228. in Tabular. Castri Blein. : *Herveus de Leonia... Pater meus dedit monasterio S. Mathæi de finibus terrarum tria Peciata frumenti ad magnam mensuram de frumento suo de Ploeyon. Et ego dicta tria Peciata frumenti in certis assignavi locis, etc.* Alia ejusdem Hervei ann. 1206. ex eod. Tabulario : *Ego H. de Leonia, qui primus dominorum Leonensium tunc temporis receptioni ac venerationi sacrosancti capitis B. Matthæi interfui, dedi B. Matthæo tres Peceatas frumenti in perpetuum possidendas in tribu Maenuili, quæ est in plebe Ugon.*

* **PECIDA**, diminut. a *Pecia*, Modus agri. Charta ann. 1227. ex Chartul. Valcel. sign. E. ch. 9 : *Recognoverunt se legitime vendidisse ecclesiæ Valcellensi duodecim et dimidiam modiatas terræ, sitas in una Pecida.* Vide *Peciola.*

¶ **PECIELLA**, perperam pro *Pajella.* Vide ibi.

* **PECIES**, Tributi seu vectigalis species. Libert. villæ de Alavardo concessæ per Humbert. dalph. ann. 1337 : *Item statuimus et ordinamus, quod nullus de dicta universitate Francorum et franchesiæ... aliquatenus teneatur.... ad solvendum aliqua pedagia, gabellas, barralagia, bastagia seu Pecies, ubilibet statuta et statuenda.* Vide mox in *Pecta* 1. Alia notione extat in *Pecia.*

PECIOLA, [diminut. a *Pecia*, Fragmentum; interdum et Modus agri. *Petiola tunicæ B. Virginis Mariæ*, in Actis SS. tom. 3. Jun. pag. 137.] Speculum Vitæ S. Francisci : *Fr. Leoni B. Franciscus sua stigmata committebat tangenda, ut novas Peciolas* (*id est, linteola*) *apponeret, amotis aliis sanguine cruentatis.* [** Folcuin. Gesta abbat. Lobiens. cap. 3 : *Sed in chartis sub ejus tempore factis ac perantiquis membranarum Peciolis, quæ continentur in ecclesiæ nostræ archivis, etc.*] Vetus Charta apud Perardum in Burgundicis : *Peciolas duas de terra culturale.* Alia ibid. : *Peciolas de terra duas, etc.* [Charta ann. 879. Marcæ Hispan. col. 805 : *In ipso villare Peciolas de terra retinent.* Occurrit etiam in Charta ann. 932. apud Eccardum in Orig. famil. Habsburgo-Austr. pag. 151.] [** in Charta ann. 784. in Alsat. Diplom. num. 61. tom. 1. pag. 53. ubi etiam *Peciolum.*] Adde Chron. S. Benigni Divion. pag. 409.

¶ Petiolum, in Chron. Farfensi apud Murat. tom. 2. part. 2. col. 611 : *De valle Ansefredæ petiam* 1. *et de Petiolo duas partes* (concessit.)

¶ Peciotta, Eadem notione, in Charta ann. 1276. ex min. Chartul. S. Benigni Divion. : *Item super unam Peciottam terræ quæ fuit perprecier.*

¶ Peciuncula, Eodem significatu. Charta ann. 1447. in Chartul. S. Vandreg. tom. 2. pag. 1750 : *Aut de oratorio præfato alienare præsumat, vel Peciunculam quamvis minimam abstrahat.*

PECIOLI, apud Apicium lib. 1. cap. 20. videntur esse quos Columella et alii *pediculos* vocant, quibus fructus ramusculis adpendent. At Celsus lib. 2. *petiolos* de animalium pedibus usurpat.

* **PECIUM**, pro *Pecia*, Gall. *Piece.* Convent. Saonæ ann. 1526 : *Item pro singulo Pecio bechinorum, denarium unum.* Vide in *Pecia.*

¶ **PECLUINCERIA.** Vide *Pulvinceria.*

* **PECOL.** Vim vocis indicat Charta ann. 1313. in Reg. 50. Chartoph. reg. ch. 1 : *Dicta universitas de Giniaco emit unum Pecol molendini, quæ est quarta pars unius rotæ.* Vide mox in *Pecta* 1.

* **PECOLLORIUS**, Columella, fulcrum lecti vel sellæ. Leudæ min. Carcasson. MSS. : *Item de saumata Pecollorii, j. ob.* Vide mox *Pecollus.*

¶ **PECOLLUS**, Columella, fulcrum lecti, vel sellæ, nostris *Pied, quenouille de lit*, Occitanis *Pecoul.* Chart Petri *de Roteys* Vicarii Tolos. ann. 1272 : *Quod pedes seu Pecolli archarum* VIII. *palmorum et barroti* IV. *palmorum et omnes perticæ rotundæ sint illarum pajellarum quarum debent esse.* Le Roman *de Blanchandin* MS. :

> De sor un faudestuel fu mis
> Dont li Pecol estaient d'or :
> Les pierres valent un tresor.

Le Roman *d'Athis* MS. :

> Et li Pecoul tous quatre d'or
> Bien valoient ung grant tresor...
> Es pecouls ot pierre assises
> Vermeilles, jaunes, verds et bises.

* Hinc *Picouil de faux*, falcis manubrium appellatur, in Lit. remiss. ann. 1395. ex Reg. 148. Chartoph. reg. ch. 321 : *Un baston ferré, appellé au pays* (en la chastellenie de Montagu) *un Picouil de faux.*

PECORANTES, et *Sodomitæ*, junguntur in Fleta lib. 1. cap. 37. § 3. Ἀλογευόμενοι, κτηνοβάται. Vide Meursii Gloss. in Ἀλογευόμενοι.

PECORARIUS, Bubulcus. Charta Desiderii Regis Longob. in Bullario Casinensi tom. 2. pag. 7 : *Qui sit Pecorarius,... qui vaccas ipsius Monasterii pascat, etc.* [Bartholomæus Scriba Annal. Genuens. lib. 6. ad ann. 1227 : *Et de mandato dicti Pecorarii plures muri facti sunt.* Occurrit præterea in vet. Pœnitentiali apud Morinum pag 24. Vide *Pegorarius.*]

* Charta ann. 867. apud Murator. tom. 5. Antiqu. Ital. med. ævi col. 514 : *Et de suprascripta Casprina pastores, servos et ancillas, nomina eorum : id est, Magiolo Pecorario, etc.*

PECORIA Chronicon Afflegemiense cap. 20 : *Duo prædia, quæ secundum linguæ suæ* (Flandricæ) *consuetudinem Pecorias appellant, pretio grandi comparavimus.*

* Pascuum, ni fallor, ubi pecus pascitur. Vide supra *Peccoreus.*

¶ **1. PECTA**, Quævis præstatio, tributum, vectigal, emenda. Charta Aldefonsi Reg. pro Monast. Casæ Dei ann. 1216 : *Concedo medietatem de omni Pecta tam de homicidio quam de pedagio et de omni regali exactione quæ ratione viciniæ urbis in barrio S. Johannis exigentur.* Charta ann. circ. 1320. ex Regesto *Noster* fol. 440 v° : *Cum prædicti Judæi Navarræ nolint solvere dicta* xv. *librarum secundum taxationem Pectæ, sed secundum facultatem cujuslibet, etc.* Vide *Facendeira* et *Pecha.*

* Charta ann. 1322. in Reg. A. Cam. Comput. Paris. fol. 160. v°. : *Cum laboratores solvant in Pectis regis, pro viginti kaficiis bladorum servandorum, unum kaficium, etc. Pecoust*, eodem sensu, in Charta Caroli IV. ann. 1323. ex Reg. 62. Chartoph. reg. ch. 444 : *Cum Philippo de Valesio,.. domino ad vitam baroniæ Fulgeriarum, licentiam de gratia concesserimus speciali, ut ipse semel in vita sua, cum in dicta baronia hæreditates et terram acquisierit, ab hominibus ipsius terræ tailliam, dictam Pecoust, levare valeat, etc.* Idem proinde quod *Auxilium* pro emptione terræ. Vide supra in hac voce.

* **2. PECTA**, perperam pro *Pecia*, Pannus. Charta ann. 1019. tom. 1. Hist. Cassin. pag. 80. col. 2 : *Inveni autem hic unam Pectam sericam cum quatuor leones, quam ego undique adornari feci ex optimo pallio.*

* **PECTALUM**, Lamina, pro *Petalum.* Vide in hac voce. Composit. ad tingenda musiva, pelles et alia ante ann. 900. apud Murator. tom. 2. Antiq. Ital. med. ævi col. 365 : *De inoratione musiborum facis peculæ plus erosa quejussans. Post hæc facis illa alia : et pones peculum heramentinum, ut incensum non hærebit. Post hæc pone Pectalum aureum super Pectalum vitri. Et supra ponis Pectala, super alia multum supra Petalum auri. Et mittis utraque in fornace, donec inchoat solvi Petalum vitri; et postea eicis, ut refridet.*

PECTARE, Solvere, *Pagare*, ex *Pactare*, pactum seu tributum solvere, præstare. Vox olim Hispanis familiaris, qui et *peytare* dicebant. Charta Alboaceni Regis Mauri in Conimbra ann. Chr. 734. apud Sandovallium, *Ego ordinavi quod Christiani de meas terras Pectent dupliciter quam Mauri, etc.* Occurrit ibi non semel vox eadem, tametsi prave scripta. Alia Aldegastri, filii Sylonis Regis Ovetensis, ann. 781. apud eumdem : *Et quanta calumnia fuerit, Pectent et emendent, etc.* Charta Adefonsi Regis Aragon. æræ 1160. apud Oyhenartum : *Et nullus homo qui vobis pignoraverit in istos montes* suprascriptos Pectabit mihi 60. sol. Alia æræ 1167 : Et mando et concedo quod non Pectetis pedagium neque lesda. Alia Sanctii Regis Navarræ : Et qui super hoc meum donativum fecerit vobis aliquam contrariam, perdat meum amorem, et Pectabit mille solidos. Fori Jaccenses : Si quis rapuerit, vel furatus fuerit oves vel capra, pro unaquaque Pectet novem. Vide Foros Leirenæ, Histor. Segoviensem cap. 20. § 13. Biblioth. Cluniac. pag. 1435. et in vocibus Pactum, Peitare.

1. **PECTEN**, inter ministeria sacra recensetur, quo scilicet Sacerdotes ac Clerici antequam in Ecclesiam procederent, crines pecterent. [Testament. Everardi Comitis ann. 837. apud Miræum tom. 1. pag. 21 : De paramento vero capellæ nostræ ciboreum cum cruce aurea,.... Pectem auro paratum unum concedimus. Chron. Calmaliac. apud Stephanot. tom. 3. Fragm. Hist. MSS : Tabulæ eburneæ ad ornamentum altaris, Pectines eburnei quatuor aut quinque, etc.] Testamentum Riculfi Episc. Helenensis ann. 915 : Pectenem eburneam unam, tabulas eburneas duas, etc. Charta ann. 1231. apud Catellum in Hist. Occitan. pag. 901 : Sunt ibi octo cingula serica, et 6. Pectines eburnei, etc. Charta Joannis Archiep. Capuani ann. 1301 : Item Pettenem unum de ebure, item calicem unum, etc. Vide Monasticum Anglic. tom 3. [pag. 314. et infra Sedes majestatis.]

☞ Enumeratur præterea inter utensilia seu supellectilem monachorum, in Guidonis Discipl. Farfensi cap. 47. Omnibus fratribus dentur tabulæ, acus, Pectene (l. Pectines) cum dumento, capellum in capite quod alio nomine capitium vocatur. [** Confratern. inter Monaster. S. Galli et episc. nonnullos ann. 908. apud Neugart. Cod. Diplom. Alem. num. 667. tom. 1. pag. 550 : Præsul pyrale congregationis intravit, Pectinesque eburneos magnitudine et artificio insignes catenis fecit æneis ibidem suspendi.] Ex quibus colligitur monachos tunc temporis non omnino tonsos fuisse, quod ex dicendis infra iterum manifestius fiet. Vide Pectinare, Pectinarium, et Pexere.

* 2. **PECTEN**, Pars rotæ dentata. Charta ann. 1342. in Reg. 74. Chartoph. reg. ch. 62 : Item faciebamus et facere debebamus tertiam partem in Pectinibus et bresolis rotæ prædictæ (molendini) necessariis. Hinc, quod pectinis formam referat, Pigne vocatur instrumentum, quo tectum stramineum pectinatur, in Lit. remiss. ann. 1388. ex Reg. 132. ch. 335 : L'exposant couvreur de maisons à chaume print un Pigne à pigner maisons de chaume, etc.

* 3. **PECTEN**, Metacarpus. Constant. African. Locor. commun. lib. 2. cap. 7. Vola manus in duo dividitur : Pecten pars una, digiti vocantur altera. Eidem ibid. cap. 8. Pecten in pede est metatharsus. Jam Græcis κτεὶς in manu : Polluci enim ὀπισθέναρ ἢ κτένες, dorsum manus. Hæc ex animad. D. Falconet.

* 4. **PECTEN**, Pubes. Glossar. Gall. Lat. ex Cod. reg. 7684 : Pegnil, Pecten, i. inferior pubes viri vel mulieris. Haud scio an huc spectet vox Gallica Pigné, qua significaretur morbum in hac parte patiens. Lit. remiss. ann. 1411. in Reg. 165. Chartoph. reg. ch. 231 : Lequel Berthelemi dist à icellui Jehan : Goytreux qui t'eust fait raison, tu feusses mis au ratier; lequel Jehan Vaure lui dist, que s'il estoit goytreux, il n'estoit pas Pignez. Vide infra Pinchilichium.

* 5. **PECTEN**, vel Pectinus, Piscis, ex Gloss. ad Alex. Iatrosoph. MS. lib. 1. Passion. cap. 6 : Accipiat vero steriles et pedes de bobus, et hisicia de Pectinis. Glossar. Lat. Gall. ann. 1348. ex Cod. reg. 4120 : Pectines, Gallice, plais.

* **PECTENEGIUM**, ab Italico Petteneggio, Pecten, pubes, ut notant docti Editores ad Acta B. Amadei tom. 2. Aug. pag. 604. col. 2 : Palamides de Carpanis dixit, quod cum a certis proximis mensibus citra ob maximos labores, quos in equitando sustinuit, in fundo ventris super Pectenegium in inguinibus crepatus seu apertus esset, etc. Vide supra Pecten 4.

¶ **PECTERE**, pro Petere, in Charta ann. 1218. apud Lobinell. tom. 2. Hist. Britan. pag. 336 : Terram sanctam Pectens jam navigans per mare, dedit abbatiæ Pontis-Otranni, etc.

* **PECTIA**, ut Pecia, Modus agri. Charta ann. 1217. inter Instr. tom. 11. Gall. Christ. col. 336 : Item supra Bellum-montem in duabus Pectiis septem acras terræ, etc.

PECTICUS, Digestibilis, a pectus. Joan. de Janua.

¶ **PECTINA**, Pectis, κτένιον, in Gloss. Lat. Gr.

¶ **PECTINARE**, Pectere, Gall. Peigner. Leges Palatinæ Jacobi II. Reg. Majoric. tom. 3. SS. Junii pag. XXXI. : Ut videlicet caput nostrum Pectinent opportuno tempore. Consuet. Sangerm. inter Instr. Hist. ejusd. Monast. pag. 136 : Ibunt ad lavatorium lotum manus suas et Pectinabunt se in parte claustri versus eleemosinam. Occurrit præterea apud Bernardum Mon. in Ord. Cluniac. part. 1. cap. 9. Utitur etiam Apuleius Metamorph. lib. 6.

* Pignier, in Stat. barbit. Paris. ann. 1383. tom. 7. Ordinat. reg. Franc. pag. 16. art. 5.

¶ Pectinatus, Comptus, nostris bien Peigné, eadem notione. Vita B. Coletæ tom. 1. Martii pag. 573 : In formis virorum vel mulierum satis pulcris, cum capillis longis et magnis et bene Pectinatis.

PECTINARIUM, Theca pectinis, Etuy de peigne : nisi sit quod vulgo peignoir appellamus, linteum quod collo aptamus, cum capillos pectimus. Liber Ordinis S. Victoris Parisiensis MS. cap. 18 : Cinctoria et corrigias femoralium, et vaginas, et pectines, et Pectinaria, et cætera hujusmodi, cum opus fuerit, fratribus Vestiarius ministrare debet.

☞ Haud improbabili conjectura Pectinarium ibi interpretari licet linteum illud quo ea corporis pars quæ Pecten dicitur, cooperitur. Vide mox Pectinium. Pro theca pectinis occurrit in Revelatione ann. 1180. apud Marten. tom. 1. Anecd. col. 605 : Ita ut etiam illo vivente ejus dentem in Pectinario pro reliquiis portaret, Ita et

¶ Pectenarium, in Statutis Ord. Grandimont. apud Marten. tom. 4. Anecd. col. 1234 : Pecten quoque numquam sit eburneus, sed tantum corneus. Pectenarium etiam et aculerium.... sint parvi pretii.

Pectinium, Eadem, ni fallor, notione usurpavit Sigebertus in Chronico : Rejicientes a se quidquid regulæ refragabatur, foricas videlicet et pelliceas, estamina, caputia quoque et femoralia, Pectinia, et coopertoria. [Ut supra Pectinarium ex Libro Ord. S. Victoris, ita et hic Pectinium idem esse videtur quod Capucini vocant Mutande.]

¶ Pectinarius Lanarius, in veteri Inscriptione, Qui lanas pectit.

Pectinator, Pectinum confector, in Miracul. S. Stanislai Canon. Reg. [Pectinarius apud Plautum.]

* **PECTINATURA**, Actio, qua panni densantur, desquamantur et poliuntur. Stat. pannif. ann. 1317. in Reg. A. Cam. Comput. Paris. fol. 202. v°. : Quæ ratione texturæ, tincturæ, fulloniæ, purgaturæ seu Pectinaturæ pannorum,..... quoquo modo agitari contigerit, etc. Hinc emendandum aliud stat. ann. 1322. ibid. fol. 210. r°. : Ratione.... fulloniæ, purgaturæ seu Pincturaturæ pannorum, etc. Ubi leg. Pectinaturæ.

* **PECTINERIUS**, Pectinum faber vel mercator, Ital. Pettinagnolo, Gall. Peignier, alias Pignier. Acta Mss. Inquisit. Carcass. ann. 1308. fol. 24. r°. : Videtur sibi quod esset Pectinerius, et dedit sibi pectines. Lib. 1. statut. artif. Paris. ex Cam Comput. fol. 234. r°. : Des Pigniers et lanterniers de cor.... Nul Pignier ne puet, ne ne doit rappareiller pignes vielz;.... nulz Pigniers ne puet, ne ne doit mettre cor neuf ne vielz en merrien de vielles lanternes. Vide in Pectinarium.

PECTINEUM Opus, [Illud forte quod Galli vocamus Ouvrage au petit point. Pecten enim etiam radium, Gall. Navette, sonat.] Visitatio Thesaurariæ S. Pauli Londinensis ann. 1295 : Capa Fulconis Episcopi bene operata opere Pectineo auro et argento. Alibi : Vestimentum Fulconis Basset habet paruram de opere Pectineo, cum rosis, arboribus, floribus, et bestiis. Occurrit ibi non semel. Pectinator, κτενιςής, in Gloss. Gr. Lat. Claudianus lib. 2. in Rufinum vers. 381 :

. . . . doctissimus artis
Quondam lanificæ, moderator pectinis unci

* **PECTINUS**. Vide supra Pecten, 5.

¶ **PECTIO**, Pactum, conventio, contractus, ipsa conventionis Charta. Chron. Monast. Novalicens. apud Murator. tom. 2. part. 2. col. 751 : Et placuit michi in hac pagina testamentis mei adnecti de alode parentum meorum.... quem apud consobrina mea Honorata filia Eptolenæ amitæ mei pro Pectionis titulum inter nos divisimus.... Quod si fecerint, pœna quod in Pectionis nostræ per commune consensum continet, incurrant.

PECTORABILITER. Isidorus Pacensis Episcopus æra 769 : Sed ubi gens Austriæ, mole membrorum prævalida, et ferrea manu perardua, Pectorabiliter ferientes Regem inventum exanimant. Id est in pectore.

* Melius, ni fallor, toto pectore, Gall. De tout son cœur; vel Fortiter, graviter.

1. **PECTORALE**, Cingulum quo equi pectus ambitur, et stringitur, Antilena : ςηθόδεσμος, in Gloss. Græc Lat. Gallis Poitrail. Fasciæ pectorales, apud Hierem. cap. 2.

ςηθοδεσμίδες, apud Phlegontem de Mirabilib. pag. 57 et Isidor Pelusiot. lib. 1. Epist. 74. Glossæ S. Benedicti : *Fascia*, ςηθόδεσμος. Innocentius III. lib. 3. Decretal. tit. 1. cap. 15. de Clericis : *Pannis rubeis aut viridibus, nec non manicis aut sotularibus consutitiis, frenis, sellis, Pectoralibus, calcaribus deauratis, aut aliam superfluitatem gerentibus nonutantur.* Eadem ferme habentur in Concilio Albiensi sub Zœno Episcopo Avenionesi S. R. E. Legato cap. 15. Monspeliensi ann. 1214. cap. 15. et in Regula Militum templariorum cap. 37. [Bernardus Mon. in Ord. Cluniac. part. 1. cap. 9 : *Habeant in sellis suis Pectoralia et postas.*] Vincentius Belvac. lib. 30. cap. 85 : *Habent etiam frena phalerata, et inargentata, et inaurata, atque in Pectoralibus campanulas infixas, magnum emittentes sonitum ad gloriam earum et decorem.* Adde lib. 32. cap. 30. [et Stephanum Tornac. Epist. 230. novæ edit.] Le Roman *de Parise la Duchesse* MS. :

Il viot à son cheval, s'il la foit conraer,
Il a mise la selle, s'a lo Poitral fermé.

2. **Pectorale**, Idem quod *Rationale*. Glossæ MSS. : *Rationale, Pectorale.* [Expositio divin. offic. ad calcem Johan. Abrinc. pag. 414 : *Postea sequitur Pectorale, quæ a vulgo alba dicitur.*] Burchardus de Casib. S. Galli cap. 1 : *Abbas quoque quasdam* (casulas) *deauratas in margine, et in Pectorali.... ipse elaboravit.* Ceremoniale Rom. ex MS. Vaticano de Consecr. PP. apud Rayn. ann. 1272. num. 9 : *Cum ad ordinem Presbyteratus ordinari debebit... nec tamen habebit tunicellam, nec dalmaticam, nec calciabitur sandaliis, nec habebit Pectorale, sed solum amictum, et albam.* Liber anniversariorum Basilicæ Vaticanæ fol. 144. ubi de Bonifacio VIII. PP : *Item quatuor camisas de cortina, cum Pectoralibus et gramiciis de opere Cyprensi.* Necrologium Ecclesiæ Carnotensis 2. Id. April. : *Pectorale unum ex auro mundissimo et gemmis pretiosis.* Visitatio Thesaurariæ S. Pauli Londinensis ann. 1295 : *Item capa Ricardi de Windlesore de rubeo sameto, cum Pectorale, optime breudata, etc. Item capa Magistri Ricardi Ruffi de rubeo sameto, cum rotundis Pectoralibus aurifrigiis.... Capa Indica breudata cum pulchris Pectoralibus, etc. Casula Alardi Decani de nigro sameto, dorsali et Pectorali optimi aurifrigei vineati. Item casula Petri Bleven. de sameto purpureo, aliquantulum sanguineo, cum Pectorali literato.... Casula Hugonis de Orivalle, de albo diaspro, cum Pectorali et dorsali largo, de flosculis de fino auro, etc.... Casula Vulfranni cum Pectorali et imaginibus Petri et Pauli de fino auro, et humerali vineato de fino auro breudato, et lapidibus insertis, et extremitate talari consimili.*

* Nostris etiam *Pectoral*. Charta ann. 1355. in Reg. 84. Chartoph. reg. ch. 153 : *Item un amit et trois Pectoraux pour aube, de euvre de broderie, prisé trois escus.*

* 3. **Pectorale**, Pars vestimenti canonicis regularibus concessi, qua pectus tegebatur. Stat. S. Vict. Paris. Mss. part. 1. cap. 18 : *Hæc sunt vestimenta, quæ secundum consuetudinem uni canonico conceduntur.... Æstivo tempore nigrum almutium de pellibus agninis cum pileo quadrato, superpellicea tunica linea* (*rocheta vulgo dicimus*) *tunica lanea, femoralia, Pectorale, tibialia, socci, sotulares et cothurni.*

¶ **Pectorale**, Pectus. Buschius de Reform. Monast. apud Leibnit. tom. 2. Script. Brunsvic. pag. 904 : *Quamvis a quibusdam senioribus monialibus rogatus fuerim, ut ipsæ ita possent suas recipere disciplinas, ne in Pectoralibus infrigidarentur.*

Pectoralis Fascia. S. Hieronymus in Isaiæ cap. 3. ad hæc verba : *Et pro fascia Pectorali cilicium. Fascia pectus texit, et eum possidet locum in fœminis, quem rationale in Pontificibus.* [Menoti Serm. f. 25 : *Pectus discoopertum.... cum Pectorali albo per quem quis clare possit videre.* Item quod Gallis *Gorgerette*, vel *Gorgette*.]

¶ **Pectorale**, Lorica, qua pectus tegitur, unde nomen, Gall. *Cuirasse*. Statuta Riper. cap. 12. fol. 4. v°. : *De qualibet soma calybis, ferri soldi, lameriarum et Pectoralium, de pensibus duodecim pro introitu soldi sex.*

Pectorale, Cancellus. Gesta Innocentii III. PP. : *Super novos gradus constituens novum altare, novaque Pectoralia faciens ante chorum.* Germanus Patr. CP. in Mystagogia pag. 148. id ita ferme expressit : Τὰ κιόνια, ἤτοι τὰ ςήθεα διχχωρίζοντα τὸ βῆμα ἀπὸ τοῦ λοιποῦ λαοῦ, καὶ κάγκελλα. Græci enim recentiores ςήθεα vocant, columellas ordine dispositas, ac superiori epistelio junctas, ut recte observat Goarus ad Cedreni pag. 631. qua etiam notione ςήθεα usurpat Codinus in Orig. CP. Meursianis pag. 68. Vide Glossar. med. Græcit. c. 1446.

¶ **Pectorale Tutamentum**, Munimenti genus, sic dictum quod milites ad pectus tegat, Gall. *Parapet*. Telomonius apud Leibnit. tom. 2. Script. Brunsvic. pag. 94 : *Inter hos turbidos rerum successus, in vallo fossatorum civitatis, et lignorum congerie et arborum illic amputatarum una cum terræ intermixtione, per girum urbis totius munimenta, quæ Pectoralia vocant tutamenta et propugnacula parantur, fossataque nova cavantur.*

PECTORALIS, Tunica hyemalis, qua pectus tegitur. Gregorius M. lib. 10. Epist. 52 : *Fratrem et Coepiscopum nostrum Ecclesium frigore omnino laborare cognovimus, pro eo quod hiemalem vestem non habeat. Et quia aliquid sibi a nobis petiit debere transmitti, fraternitati tuæ ad hoc per latorem præsentium transmisimus amphimalum tunicam, vel Pectoralem, ut a te ei debeat sine more transmitti.*

¶ **PECTOROSE**, Superbe. Acta S. Etheldredæ tom. 4. Junii pag. 549 : *Modo Pectorose gradiebar, modo contumaciter adversus proximos spirabam.*

¶ **PECTUM**, Idem quod *Pecta*. Vide in hac voce. Charta Aldefonsi Reg. æra 1230. apud Stephanot. tom. 4. Fragm. Hist. MSS. pag. 228 : *Et sint illi* x. *Excusati ab omni Pecto, posta, fossado,... et ab omni regia exactione semper liberi et immunes existant.*

PECTURA, **Pettura**, pro *Plectura*. Polyptychus Floriacensis : *Facit Petturam in cultura dominicata, et seminat ibi de suo tritico mod. 2. etc.* Tabularium S. Remigii Remensis : *Faciunt caplim diebus 15. aut donant den. 4. faciunt et Pecturam ad cortem perticas 4. annis singulis per successiones sibi convenientes.* Infra : *Faciunt et Pecturam ad cortem, scurias, et hortum claudendum.* Ibidem : *Facit et Pecturas ad claudendam cortem, et ad tegumen scuriarum, ubi de materiamine, quantum necesse est, mittit.* Vide *Plecta*.

* **Pectura Vineæ**, Vinea ex virgultis implexis clausa. Charta ann. 952. tom. 9. Collect. Histor. Franc. pag. 383 : *Ad Novam-villam mansa quatuor, cum sylvis et Pectura vineæ unius.*

* **PECUALIS**, Pecuarius. Mirac. S. Audoeni tom. 4. Aug. pag. 826. col. 1 : *Miserabile corpus circumplexus, asino superposuit, et iter prævius ire cœpit sperans ex vestigio Pecualem sellarium ex more subsequi.*

PECUARE, Pecus. Waldrammus Decanus Sangallensis :

Francico te Suevis, o Rex, direxit alendis;
Jam Pecuare tuum pasce diu viduum.

Pecuaria, femino gen. Tabularium S. Crucis Talemondensis fol. 4 : *Si homo S. Crucis vendiderit bovem, vel vaccam, vel aliam Pecuariam in toto honore meo, etc.* Ex quibus videntur emendandæ Leges Henrici I. Regis Angl. cap. 17 : *Si quis per curam suam reclusam dimiserit de ædificiis in foresta.* Legendum enim videtur *Pecuariam*. [Rectius infra in voce *Stabilitas* ipse Cangius *pecuram* edidit.]

¶ **Pecuaria**, pro *Pecunia*, in Chartular. S. Vandreg. tom. 2. pag. 2059 : *Dedi non parvam Pecuariam, id est viginti quinque libras.*

¶ **PECUARIUS**, *Armentarius*. Gloss. MS. Sangerm. num. 501.

¶ **PECUATUS**, θηριώδης. Gloss. Lat. Gr.

¶ **PECUDIARIUS**, προαλής, in iisdem Gloss. Leg. suspicatur Vulcan. πρὸ ἀγέλης.

¶ **PECUDINEUS**, Membranaceus. Vita S. Johannis Gualberti tom. 3. Julii pag. 316 : *Liber est Pecudineus chirographicus in 4. minori, ab extra literis deauratis sic inscribitur, etc.*

* Ital. *Pecorino*, ovinus. Stat. Mantuæ lib. 1. cap. 127. ex Cod. reg. 4620 : *Condemnationes vero damnorum datorum et aggerum fiendæ in posterum scribi debeant per notarium dicti officii in foliis realibus Pecudineis.*

* **PECUDIUM**, Pecudes. Vita S. Walth. tom. 1. Aug. pag. 262. col. 1 : *Abbate namque imperante, et cellerario obtemperante, conventu conveniente, mactabatur Pecudium, distributum expendebatur, pauperes sustentabantur.* Vide in *Peculium*.

¶ **PECULARIUM**, Vide *Peculium*.

* ¶ **PECULENTUM**, mendose pro *Poculentum*, in Statutis Arelat. MSS. art. 175. Vide *Species*.

¶ **PECULIALIS**, Pecorinus. Vita S. Bernardi Menthon. tom. 2. Junii pag. 1083 : *Referunt enim quod a carnis et ovorum lactisque Peculialis comestionibus ætatula tam molli abstineret.*

¶ **PECULIARE**, **Peculiaritas**. Vide *Peculium*.

¶ **PECULIO**, Opilio. Vita S. Heriberti Archiep. Colon. tom. 2. Martii pag. 472 : *Egenus erat Peculio, pagano onustus infantulo.*

PECULIUM, Bona quæ sunt extra dotem Galli appellarunt, quæ Græci παράφερνα. Ulpianus l. *Si ego*, § *Cæterum*, D. *de Jure dot.* (23,3. fr. 9. § 3.) : *Cæterum si res dentur, in ea quæ Græci παράφερνα dicunt, quæque Galli Peculium appellant.*

Pecularium, Eadem videtur sumi notione in Tabulario Castri Melliandi in Biturigibus Ch. 56 : *Recognovit præmissa dedisse eisdem conjugibus, in matrimonio et Peculiario ipsius Isabellis.*

Peculium, Pecudes. *Peculium utriusque sexus*, in Charta donat. Leotheriæ tom. 2. sæculi 3. SS. Ord. S. Benedicti pag. 615. Codex Carolinus Epist. 74 : *Arripiens ex ea inliciter plura Pecula, quæ illi minime pertinent abstollenda.* Charta Aystulfi Regis Longob. ann. 753. apud Ughellum tom. 2. pag. 107 : *Si in ipsis silvis aliquid roncare fecerit, aut si Peculia pabulaverit.* Paulus Warnefridus lib. 2. de Gestis Longob. cap. 3 : *Peculia sola remanebant in pascuis, nullo astante pastore.* [Lex Bajwar. tit. 9. § 2 : *Nisi forte vitium invenerit quod ille venditor celavit, hoc est, in mancipio, aut in caballo, aut in qualicumque Peculio, id est aut cæcum, aut herniosum, aut caducum, aut leprosum.* Leges Rotharis cap. 238 : *Servus massarius licentiam habeat de Peculio suo, id est bovem, vaccam, caballum similiter et de minutis Peculiis in socio dare.* Statuta antiqua Monast. Corbeiens. tom. 4. Spicil. Acher. pag. 20 : *Similiter quidquid in diversis laborationibus quolibet modo acquiritur, vel in variis Peculium generibus enutritur.*] [** Eberhardi comit. Alsat. donatio facta Murbacensi cœnobio, ann. 731. in Alsat. Diplom. num. 12. tom. 1. pag. 14 : *Cum omni supraposito, domibus, mancipiis, acolabus, Peculiis utriusque sexu, terris, silvis, pratis, etc.*] Vide Leg. Longob. lib. 1. tit. 23. § 1. [** Roth. 348. et confer infra *Pecunia.*]

¶ Peculies, in Charta Pipini Regis pro Monast. Prumiensi : *Una cum terris... movilibus et amovilibus, pecunies, Peculies, utriusque sexus gregis cum pastoribus, etc.*

Peculiare, Idem quod *Peculium*, apud Latinos : quidquid scilicet servus domini permissu possidet. Lex Wisigoth. lib. 10. tit. 1. § 18 : *Omnis res quæ mobilis immobilisque consistit, cujuscunque fuerit generis, sive formæ, an peculii, an Peculiaris nomen habuerit, unius intelligentiæ vim evidentiamque obtineat.* [Testamentum S. Irminæ ann. 698. apud. Marten. tom. 1. Ampliss. Collect. col. 10 : *Similiter dono ad jam dicta loca Sanctorum vineæ pedeturam unam in monte Viennensi cum vinitore nostro Alitfrido cum omni Peculiari suo.* Ibid. col. 13. ex Charta Hedeni Ducis pro S. Willibrordo : *Et in castello Mulenberge donamus tibi tres casatas cum mancipiis, una cum omni Peculiari eorum.*] Præceptum Barnoini Archiep. Viennensis ann. 881 : *Et unum servientem de ipso beneficio nomine Deodatum, cum omni suo Peculiari, et filio.* Vetus Charta apud Sanjulianum in Matiscone pag. 275 : *Mancipiis desuper manentibus, cum Peculiartis eorum, etc.* Alia apud Vadianum pag. 50 : *Cum servis, ancillis, Peculiaribus, tum domibus, ædificiis, et mancipiis domesticis, etc.* Alia pag. 74. de servo manumisso : *Suumque Peculiare quod habet, aut quod adhuc adquiri poterit, faciat.* Hincmarus in opusculo LV. Capitulorum cap. 43 : *Et res et mancipia in regno senioris nostri non habeat, per quæ illum constringere ad reddendum rationem valerem, et per beneficium, vel per Peculiare noluit sustinere distringi, et excommunicavi illum a mea parochia.* Ubi cum *beneficium* distinguatur a *peculiari*, videtur *peculiare* sumi pro *proprio* : nisi mancipia ipsa intelligantur. Charta Arnulfi Regis ann. 892. apud Meurissium pag. 295 : *Prout eis more Ecclesiastico placuerit ad sui Peculiaris utilitatem universa disponere vel ordinare, etc.* Vide Marculfum lib. 2. form. 32. Columbum in Episcopis Vivariensibus lib. 1. num. 23. etc.

¶ Peculiaris, Eadem notione, in Testamento Dadilæ ann. 813. inter Instr. tom. 1. Hist. Occitan. col. 38 : *Omne pecus et Peculiarem illorum mobilem vel immobilem, quidquid tempore meo conquisierint, aut in antea, Deo propitio, acquirere potuerint, etc.*

Peculiare, Propriis usibus adhibere, applicare. Ordericus Vitalis lib. 9 : *Ecclesias suis usibus illicitis Peculiaverant, ac indecenter contaminaverant.* Infra : *Domos... suis necessitatibus Peculiatas reservaverunt.*

Peculiaritas, Peculium. Bovo Abbas Sithiensis de Invent. S. Bertini cap. 2 : *Nec minus omnis Peculiaritatis reculas in medium proferri, etc.*

¶ Peculiaritas, Peculium, bona quæ sunt extra dotem. Charta Ademari Vicecom. ann. 931. apud Baluz. Hist. Tutel. col. 334 : *Ego Ademarus vicecomes dimitto domnæ Gauzlæ uxori meæ causas Peculiaritatis, scilicet villam meam quæ vocatur Collia.* [** Idem quod *Proprietas.* Donat. Arnolph. Imper. Monast. S. Maximin. Trevir. ann. 893. in Guden. Cod. dipl. tom. 1. pag. 3 : *Hec loca illis ad suam Peculiaritatem perpetualiter habenda... concedimus.*]

Peculiaritas, Peculium monachi. Willelmus Malmesbur. lib. 1. de Gest. Pontif. de Anselmo postea Cantuariensi Archiepiscopo : *Peculiaritatis vitium cum in se voluntate, tum in aliis prædicatione extirpabat, id esse solum dictitans, quod diabolum e cœlo, hominem e Paradiso eliminaverat.* Vide *Proprietarii.*

¶ Peculiaritas, Familiaritas, consuetudo, usus. Concilium Hispal. II. inter Hispan. tom. 2. pag. 465 : *Ea tamen circa monachos disciplinæ cautela servata, ut remoti ab earum Peculiaritate, neque usque ad vestibulum habeant accedendi familiare permissum.* S. Ildephonsus in Addit. ad lib. S. Isidori de Viris illust. Eccl. ibid. tom. 3. pag. 79 : *Remota clientum sæculique pompa decoris, monachorum Peculiaritatibus inhærebat* Helladius Toletan. Episc.

* **PECULTUS**, Inhonestus, inverecundus. Comœd. sine nomine act. 5. sc. 6. ex Cod. reg. 8163 : *Noster ille summus de Lenno amicus, Pecultis Mensalmus agreditur verbis.*

PECUNIA, Æreus nummus. Lampridius in Alexandro Severo : *Scenicis nunquam aurum, nunquam argentum, vix Pecuniam donavit.* Vide Salmasium.

Pecunia, Pecudes, Grex. Lex Alamann. tit. 74 : *Quidquid ibi toltum fuerit, mancipium, Pecuniam, omnia tripliciter restituat.* Leges Edw. Confess. cap. 28 : *Si quis adduxerit animal in villam, vel apportaverit Pecuniam, et dixerit se invenisse; etc.* S. Adalardus in Statutis Abbatiæ Corbeiensis lib. 1. cap. 8 : *Boves et reliquam Pecuniam habeat, cum quibus laborare possit; unde et ipse et omnis familia ejus possit vivere.* Epistola Synodalis Concilii Duziacensis I : *Annonam, vinum, et generis diversi ac sexus Pecuniam... abstulit.* Ubi vir doctus *pecuniam*, prout apud Latinos vulgo sumitur, hic accipi ratus, nescio quid de *sexu* auri et argenti commentatur. *Pecunia diversi generis*, in Vita Aldrici Episcop. Cenoman. pag. 83. Vide Theodorum Studitam in Vita S. Platonis n. 23. et ibi virum doctissimum Danielem Papebrochium. Charta ann. 1082. apud Sammarthanos in Episc. Abrincensib. : *Dederunt etiam decimam totius suæ pecuniæ quæ decimatur, ovium, vaccarum, equarum, etc.* Notitia pro Ecclesia S. Martini in Nemore in Tabul. Fiscanensi fol. 9 : *Divisit fratribus eodem in loco Deo servientibus pascua suæ pecuniæ, scilicet 6. vaccas cum vitulis 2. annorum, et suis dominicis bobus, etc.* Charta Arnulfi Lexoviensis Episc. in Tabul. S. Egidii Pontis Audomari : *Dedit... communem pascuam... quietam et liberam ad nutrituram Pecuniæ ipsorum.* Adde Leges Ethelredi cap. 8. apud Bromptonum, Leges Longob. lib. 2. tit. 8. § 2. [** Luitpr. 13. (2,6.)] Synodum Metens. cap. 1. Chartam Childeberti Reg. apud Mabillon. de Re Diplom. Ch. 24. Capitula Caroli M. lib. 5. cap. 2. 195. [** 347.] lib. 6. cap. 11. Chartam ejusdem Caroli apud Mabillonium tom. 5. pag. 222. Adrevaldum Floriac. lib. 1. de Miracul. S. Benedicti cap. 20. Monasticum Anglic. tom. 1. pag. 325. etc. Vide *Peculium.*

Pecunia Viva, Pecudes. Leges Edwardi Confess. cap. 10 : *Omnis qui habuerit 30. denariatas vivæ Pecuniæ in domo sua, de suo proprio, Anglorum lege, dabit denarium S. Petri.* Leges Guillelmi Nothi cap. 9 : *Interdicimus ut nulla Pecunia viva vendatur, aut ematur, nisi intra civitates, etc.* Florentius Wigorniensis et Simeon Dunelmensis, ann. 1086 : *Guillelmus Rex fecit describi omnem Angliam, quantum terræ quisque Baronum suorum possidebat,... quæ animalia, immo quantum vivæ Pecuniæ possidebat. Vivens captale*, in Legibus Adelstani Regis cap. 1.

Pecuniana. Charta Alamannica 62. apud Goldastum : *Cum omnibus ædificiis quæ ibi esse videntur, et servos et ancillas, et omnia Pecuniana, campis, silvis, etc.* Ubi legendum forte *peculiaria.* Adde Ch. 15. Vide supra in *Peculium.*

Pecunia interdum usurpatur pro quibusvis bonis seu pro peculio, vel peculiari. Synodus Leptinensis ann. 742. cap. 1 : *Ut sub pecuario et censu aliquam partem Ecclesialis Pecuniæ in adjutorium exercitus aliquanto tempore retineret, ea conditione, ut annis singulis de unaquaque casata solidus unus, id est 12. denarii, ad Ecclesiam vel Monasterium reddantur, eo modo ut si moriatur ille cui Pecunia commodata fuit, Ecclesia cum propria Pecunia revestita sit.* Lex Longobard. lib. 2. tit. 8. § 2. [** Liutpr. 13. (2, 6.)] : *Et ipsa revertatur in casam, et* *in Pecuniam suam*, id est bona sua recipiat. [** Chart. ann. 752. apud Brunet. Cod. Diplom. Toscan. tom. 1. pag. 543 : *Repromito me ego Arnifrid.... resedire in casa quondam Martaloni socero meo diebus vitem mee, quodque nullam combersationem facias nec in Clusio nec in alia cibitatem ad abitandum, nisi in... Pecunia de socero meo Martalone. Et si forsitans ego suprascriptus Arnifrid de jam dicta pecunia exire voluero... aut ipsa Pecunia non laborabo aut dilientaro, pro eo quod ipsa pecunia demittere presumpsero, aut de judiciaria vestra Suaninse exire voluero quoquo tempore, tunc componere promitto, etc.* Eodem sensu *Pecuniata* accipiendum videtur, apud Erchempert. in Histor. Longob. cap. 44 : *Prius tamen illos qui residebant in termis juxta arenam Pecuniata deposuit et Capuam remisit.*] Synodus sub Carlomanno ann. 742 : *Fraudatas Pecunias Ecclesiarum restituimus.* Liber Ramesiensis apud Spelmannum : *Et nisi feceris, ipse te justificet per Pecuniam tuam, donec facias.* Alibi : *Quod si nolueris, ipse vos constringat per Pecuniam vestram*, id est, *per catalla vestra.* Ita usurpant Capitulare Compendiense ann. 757. cap. 19. Capitula Caroli M. lib. 5. cap. 195. [347.] l. 6. cap. 11. 321. [** 427.] [Canones Isaaci Episc. Lingon. tit. 4. cap. 1.] Tradit. Fuldenses lib. 2. trad. 15.

¶ Pecunia, Merces quævis, *Marchandises.* Litteræ Philippi Flandr. Comit. inter Ordinat. Reg. Franc. tom. 4. pag. 254 : *Quod burgenses S. Audomari, Greningis ac* (a) *tholoneo liberi sint, undecunque veniunt vel quocunque porixerint, vel qualencunque Pecuniam adduxerint, vel abduxerint : nisi eam in aliquam domum posuerint, eamque ibi vendiderint, etc.*

¶ Pecunia Auri et Argenti, in Hist. Glabri Rodulphi apud Duchesn. tom. 4. pag. 58 : *Sola Pecunia auri et argenti plus commendavit, quam ætas aut sanctitas.*

¶ Pecunia Dormiens et Jacens, Gall. *Argent en reserve.* Constitut. Cluniac. MSS. ann. 1301. in Tabular. B. M. Deauratæ : *Excommunicamus... omnes illos qui jacentem seu dormientem Pecuniam penes se aut alios habent.*

Pecunia Operata, Moneta, ad discrimen *pecuniæ*, seu pecudum. Burchardus Episcopus Wormaciensis in Lege familiæ : *Si ex familia vir aliquis et uxor ejus obierint, et filium cum filia reliquerint, filius hæreditatem servilis terræ recipiat, filia autem vestimenta matris, et Pecuniam operatam accipiat.* [*Pecuine*, in Charta vernacula ann. 1308. ex Chartul. S. Vandreg. tom. 1. pag. 197 : *Pour la somme de Pecuine et le danger dessus dis.*]

Pecunia Sicca, Numerata, quomodo vulgariter dicimus, *Argent sec.* Charta Guillelmi Episc. Ambian. ann. 1281. pro Ecclesia Vinacurtensi : *Statuimus etiam quod tota Pecunia sicca dictæ ecclesiæ debita deputetur ad officiandam dictam Ecclesiam in modum, qui sequitur, etc.* Occurrit ibi rursum in Tabular. Episcopat. Ambian. fol. 26. Vide *Census siccus*, et *Molta sicca.*

* Pecunia Prompta, Præsens, numerata, vulgo *Argent comptant. En bonne Pecune nombrée*, in Charta ann. 1288. ex Tabul. episc. Paris. Chron. Salisburg. ad ann. 1375. apud Pez. tom. 1. Script. Austr. col. 424 : *Johannes Rosses emit a turnario milite pro promptis pecuniis, per industriam acquisitis, certa prædia.* Vide *Paratus*, 2.

* Pecunia Sepulchralis, Quæ a morientibus ecclesiæ conceditur. Vide *Symbolum animæ.*

¶ Pecuniam Exercere, Fœnori eam dare atque usuras ex ea consequi. Ulpianus D. lib. 17. tit. 1. l. 10 : *Quod si procurator non exercuit Pecuniam, sed ad usus suos convertit, in usuras convenietur, quæ legitimo modo in regionibus frequentantur.*

¶ **PECUNIALIS**, Pecuniarius. Gloss. Lat. Gr. : *Pecunialis*, χρηματικός. Charta Bolkonis Ducis Silesiæ ann. 1337. apud Ludewig. tom. 5. Reliq. MSS. pag. 615 : *Juribus, dominiis, libertatibus, honoribus, exactionibus, Pecunialibus, annonalibus, emphyteutis, etc.* Cælius Aurel. Tard. lib. 1. cap. 5 : *Pecunialis quæstus.*

¶ **PECUNIALITER** Condemnari, Pecuniaria mulcta puniri. Lanfrancus Pignolus lib. 7. Annal. Genuens. ad ann. 1266. apud Murator. tom. 6. col. 539 : *Quia vero dictus Admiratus et consiliarii et comiti ejus male se habuerunt, adeo quod præsumptum fuit eos fuisse proditores, fuerunt in banno positi et Pecunialiter condemnati.* Concil. Palent. ann. 1388. inter Hispan. tom. 3. pag. 624 : *Pro commissis ab eis excessibus vel delictis, non possint a sæcularibus judicibus personaliter, aut etiam Pecunialiter condemnari.*

¶ Pecuniariter, Eadem notione. Charta ann. 1348. ex Schedis Præs. *de Mazaugues : Quod possint dictos homines suos inquirere, corrigere et punire et facere condemnari Pecuniariter de adulteriis voluntariis seu sine violentia perpetratis.* Occurrit etiam in Charta Guillelmi de Hala ann. 1289. apud Baluz. tom. 2. Hist. Arvern. pag. 293.

¶ **PECUNIARIA**, Præstatio in numerata pecunia. Charta inedita ann. 1364 : *Dixerunt præterea prædicti homines jurati, quod si contingat cavalcatas fieri, et servire personaliter, in illo casu dicti homines, si personaliter faciant cavalcatus, non teneantur ad Pecuniarias.*

¶ Pecuniaria Missa, Quæ in numerata pecunia statim exsolvitur, quo ab ea distinguitur cui annuus reditus est assignatus. Statuta Collegii Plessæi ann. 1466. apud Lobinell. tom. 3. Hist. Paris. pag. 383 : *Quas Missas ordinarias et etiam Pecuniarias seu lucrativas, si contigerit, sine diminutione ordinariarum prædictarum, ordinamus celebrari per illum de sacerdotibus qui ultimo suam hebdomadam perfecerit.*

PECUNIARIUS, χρηματιστής, in Gloss. Græc. Lat. : Χρηματίζω, *Adquiro, pecuniam colligo.*

PECUNIATA. Vide in *Pecunia.*

* **PECUNIATUS**, Pecuniosus, locuples, Gall. *Pécunieux.* Benincont. Hist. Sicul. part. 3. apud Lam. in Delic. erudit. pag. 55 : *Deinde, auro qui se redimere volebant multos reliquit, et tandem valde Pecuniatus in Alemanias rediit.*

¶ **PECUNIBILES** Denarii, Qui in usu sunt, qui dantur et accipiuntur. Tabular. Conchense in Ruthenis Charta 85 : *Centum 84. solidos denariorum exibilium et Pecunibilium publicæ monetæ Carcassonæ, etc.* Vide *Moneta usualis.*

¶ **PECUNIOLA**, Æreus nummulus. Vitæ Patrum Emerit. inter Concil. Hispan. tom. 2. pag. 656 : *Accidit ut S. Massona Episcopus puerulis qui ei fidele exhibebant servitium, libertatis chartulas conscriberet, et per confirmandas eorum libertates aliquam particulam Pecuniolæ tribueret, aut certe exiguas possessiunculas conferret.* Synodus Oriolana ann. 1600. ibid. tom. 4. pag. 724 : *Omnes hujus diœcesis patres familias... hortamur in Domino ut singulis diebus Sabbathi totius anni... saltem ad minus singulas Pecuniolas seu nummulos, vel pro suarum rerum facultate eleemosynas tribuant.*

PECUOSUS, *Qui multa pecora habet*, in Gloss. Isid. [Ποιμὴν ἀρχαῖος, in Gloss. Lat. Gr.]

¶ **PECURA.** Vide *Pecuare.*

PECUS Alatus, pro *Alitus*, seu *manupastus.* Lex Aleman. tit. 99. § 14 : *Si quis Pecus manualem, qui dicitur Alatus, aut verrem, aut ducariam occiderit, etc.* Vide *Manualis, Manupastus.*

¶ Pecus, pro *Fœtus*, Embryo, ex scribæ oscitantia, ut videtur, in MS. Pactus Legis Salicæ tit. 76. apud Eccardum pag. 137 : *Si quis mulierem prægnantem in ventre aut in renis percusserit.... Si quis ancillæ Pecus mortuum excusserit, etc.*

* **PECUSIUS**, *Pastor.* Glossar. vet. ex Cod. reg. 7641.

1. **PEDA**, *Vestigium humanum*, Ugutioni et Joanni de Janua.

* Glossar. Lat. Gall. ex Cod. reg. 7692 : *Peda, trache de piés.* Aliud Provinc. Lat. ex Cod. 7657 : *Peada, Prov. Peda, vestigium, talassus.*

2. **PEDA**, Mensura agraria 4. teisarum. *Teisa* vero sex pedes quaquaversum continet, scilicet 36. pedes in universum. Charta Libertatum Bellævillæ ann. 1233. quæ est Humberti D. Bellijoci : *Quicumque tenet Pedam integram, debet ex ea 12. denarios. Peda integra est 4. teyses, et ita debet teysa 3. denarios.* Charta ann. 1180. in Bibl. Cluniacensi pag. 1440 : *Ego autem dedi dictæ Capellæ 5. annuos solidos debitales in pedagio ejusdem castri, et unam Pedam domui ædificandæ liberam et quietam ab omni consuetudine et exactione.* Tabular. Brivatense ann. 1277 : *Cum pagesiis infrascriptis, et in rebus nominatis inferius, et in confinatis, videlicet in duabus plateis seu Pedis de chalmes 2. solid.* Infra : *Item in quadam platea seu Peda Stephani Boni 12. den.* Charta Delphini Arvern. ibid. fol. 223 : *Clamamus quitas capitulo Brivatensi les Pedas, quæ sunt Brivate ante ecclesiam S. Juliani, etc.* Vide *Pedalis.*

☞ Melius *Pedam* interpretari licet quodlibet spatium certo pedum numero definitum, in quo aliquid poni locarive potest, quod ad fiscum domini feudi pertinet; atque adeo idem quod *Pedatura.* Id præter allata superius, probant Libertates Bellivisus ann. 1256. tom. 1. Hist. Dalphin. pag. 59 : *Omnes Pedæ burgi et castri remanent de nostro dominio, Pedæ tamen Nobilium non tenentur ad aliquod usagium, excepto quod Nobiles gaytare et excubiare tenentur. Item, retinemus in qualibet teysia Pedarum sitarum in castro vel burgo, exceptis Pedis Nobilium, quatuor denarios census, et debent mensurari Pedæ per teysias in largum et latum, ab uno pariete usque ad alium.... Item, si domus, Peda vel alia res immobilis infra terminos subsequentes vendatur, debemus inde laudas et vendas habere.* Charta ann. 1309. ibid. pag. 97 : *Item solebat habere dominus prope pontem de Auzone a parte Prioratus quamdam domum quæ valebat per annum de locagio quadraginta solidos, postea fuit destructa, et modo tenet Pedam ipsius domus Prioratus S. Simphoriani ad tres solidos annui redditus.* Codicillus Johannis Delphini ann. 1318. ibid. tom. 2. pag. 176 : *Voluit etiam et præcepit, quod D. Henricus frater suus compleri faciat Pedam monacho apud S. Stephanum, prout dictus D. Dalphinus promiserat eidem et prout debet muniri.* Charta Bernardi de Turre ann. 1308. apud Baluzium tom. 2. Hist. Arvern. pag. 783 : *Item volumus et concedimus quod bajulus S. Amantii,.... possit vestire et deinvestire, dare Pedas, recipere vendas et supervendas in absentia domini.* Charta Thossiacensis ann. 1404 : *Debet* VI. *denarios Viennenses pro Peda sibi asservisada.* Vide *Pœda*, *Pedale* 2. et *Pedica* 2.

* Idem quod supra *Peaso*. Pariag. inter reg. et abb. monast. Campor. bonor. ann. 1323. in Reg. 62. Chartoph. reg. ch. 139 : *Ibidem possint dari et fieri Pedæ communes et bonæ ad faciendum hospicia et alium usum, et quod bajulus communis dictæ villæ possit dictas Pedas investire et laudare nomine domini regis et monasterii.* Vide infra in *Pes*.

* PEDA VINEÆ, Modus agri vineis consiti, nostris *Piece de vigne*. Acta Mss. capit. eccl. Lugdun. ad ann. 1347. fol. 128. v°. : *Quatuor solidos Viennenses censuales.... pro duabus Pedis vineæ, sitis in territorio reclusseriæ Coyndriaci et contiguis juxta Pedam vineæ liberorum Johanneti Girodi.... Item duos solidos Viennenses censuales.... pro quadam alia Peda vineæ, sita ibidem juxta duas vineas seu Pedas vineæ dictorum liberorum.* Vide *Pedatura* et *Pedica* 2.

* 3. **PEDA**, Pactum, conventio; vel *Laudimium*, seu id, quod pro venditionis et alienationis auctoramento domino superiori exsolvitur. Charta Guid. Claromont. episc. ann. 1281. in Reg. 73. Chartoph. reg. ch. 1 : *Item volumus et concedimus, quod quicquid bajulus noster concesserit in vendis, Pedis et convenientiis, ratum et firmum nostro nomine habeatur.* Vide supra *Paxus*.

¶ **PEDADGES**, PEDAGERIUS, PEDAGIARE, etc. Vide in *Pedagium*.

* **PEDAGARIUS**, Exactor *pedagii*, portitor, publicanus. Lit. Phil. Pulc. ann. 1300. in Lib. rub. Cam. Comput. Paris. fol. 161. v°. col. 2 : *Dantes Pedagario nostro Royensi moderno,.... ut prædictas centum libras eidem Egidio..... liberet.* Occurrit rursum infra. Vide *Pedagium*.

* **PEDAGIALIS**, Ad *pedagium* spectans. *Cheminus pedagialis*, publicus, in quo *pedagium* exigitur. Charta Phil. Audac. ann. 1281. in Reg. 53. Chartoph. reg. ch. 279 : *De quodam latrone capto in uno quatuor cheminorum Pedagialium et principalium in villa S. Maxentii et extra.* Vide in *Pedagium* et in *Via* 1.

* **PEDAGIATUS**, ut supra *Pedagarius*. Charta ann. 1342. in Reg. 159. Chartoph. reg. ch. 222 : *Quod si homines dicti domini dalphini delinquerent.... rixando in Pedagiatum dicti domini Raymundi exercentem officium suum, etc.*

* **PEDAGILE**, Territorium, districtus intra quem *pedagium* exigitur. Charta ann. 1346. in Reg. 76. Chartoph. reg. ch. 232 : *Duo solidi et quatuor denarii Arnaldenses, quos habemus in dicta villa nostra* (Marmanda) *de et super quolibet dolio vini per Pedagile nostrum dictæ villæ et flumen Garonæ transitum faciente, etc.*

PEDAGIUM, PEDATICUM, PEDIALE, etc. Tributum quod penditur, exsolvitur; ex Gallico *Peage* : nostris enim *Paier* est solvere, præstare. Auctor Breviloqui : *Pedagia dicuntur quæ dantur a transeuntibus in locum constitutum a Principe.* Charta Willelmi Ducis Aquitan. ann. 1087 : *Dono etiam omnia Pedagia mea monachis et hominibus terræ eorum, ut omnes sint liberi de Pedagiis terræ meæ in eundo.* [Charta Eugenii PP. III. ann. 1148. tom. 4. Gall. Christ. inter Instr. col. 172 : *Pedagium quoque quod de carris vestris communibus sive propriis in transitu portæ Divionensis accipiebatur, omnino dimisit.* Charta ann. 1257. ex Schedis Præs. de *Mazaugues* : *Dominus Episcopus possit... ad sui voluntatem recipere... aquæ etiam specialiter Pedagium. Pedagium salis, ferri et piscium*, in Sententia Navarri Episc. Conseran. ann. 1208. apud Marten. tom. 7. Ampliss. Collect. col. 93.] *Pedagiorum exactiones*, in Concilio Lateranensi III. ann. 1179. cap. 22. Innocentius III. PP. lib. 13. Epist. 95 : *Ne quid nomine Pedagii tuum monasterium a Revennatibus extorqueret, etc.* Idem lib. 14. Epist. 39 : *Propter Pedagia, exactiones indebitas, et alias iniquitates, quas in stratis publicis et fluminibus committere non verentur.* Utuntur passim Scriptores ævi medii, atque in iis Petrus de Vineis lib. 5. Epist. 115. Marsilius de Menandrino in Defensore pacis part. 2. cap. 4. pag. 131. Gregorius lib. 5. tit. de Verb. signific. cap. 26. Guillelmus de Podio-Laurentii cap. 48. Charta ann. 1169. in Histor. Vergiacensi pag. 140. etc.

* *Paiage*, in Inventar. Chart. reg. ann. 1482. fol. 201 : *Lettres de cent livres de rente, que prenoit à héritage Camus de Beauvoir sur le Paiage de Roye. Poiage*, in Reg. Cam. Comput. Paris. sign. *Pater* fol. 134. v°. col. 2.

¶ PEDAGIUM, pro qualibet præstatione. Pro *Capitagio* seu capitali censu occurrit in Statutis Eccles. Ambian. apud Marten. tom. 7. Ampl. Collect. col. 1233 : *Præmissæ personæ de suis rebus propriis solvere teneantur Pedagium sive testam. Pedagium sive in aqua sive in terra*, in Charta Michaelis Archiep. Arelat. ann. 1214. *Paiage*, eadem generali acceptione adhibet le Roman *de la Rose* MS. :

Tant leur set chier vendre et merir
Son servise et son ostelage,
Q'ele en prent si cruel Paiage,
Qu'il leur convient leur terres vendre.

* PEDAGIUM JUDÆORUM nuncupatur Pedagium *de Ferrieres, Dordaines* et *Chasteaulandon*, in Charta ann. 1295. in Inventar. Chart. reg. ann. 1482. fol. 252. v°. Quod Judæis percipiendum locatum esset.

¶ TENERE IN PEDAGIO, Idem quod sub annuo censu, in Aresto Parlamenti ann. 1322. ex Chartular. Domus Dei Pontisar. : *In feodo et hereditatgio que dictus Symon Miles habebat et tenebat in Pedagio apud Maisons super Secanam.*

¶ PEDAGIUM, Territorium, districtus intra quem *pedagium* exigitur. Tabular. S. Albini Andegavens. : *Savaricum ortolanum districxerunt pedagiarii Ebardus et Calvinus propter ruscam de apibus, quam portabat ad Salvum-murum, propter hoc solum quod posuit eam ad terram de collo suo intra Pedagium.* Arestum Parlamenti Candelosæ ann. 1269 : *Conquerebatur Guillelmus Morelli et Stephanus Chanarde mercatores, quod cum ipsi die Veneris ante festum B. Gervasii præteriti venirent de nundinis de Ponteferend per Soliacum eundo apud Virsionem desrobati fuerunt hora nona de* IIII^{XX}. VIII. *l.* 2. *s. quas portabant inter villam de Monasterio et Combelay in loco de quo est facta ostensio, qui locus est infra Pedagium, vel fines Pedagii Virsionensis vel S. et in justitia D. Roberti de Sacros.... petentes quod dominus Rex sibi dedi faceret damna sua. Dominus Rex volens scire in quo Pedagio hoc actum fuit et utrum ita actum fuit, fecit super hoc inquiri per V. baillivum. Qua inquesta facta et visa, qua probatum est quod ipsi mercatores desrobati fuerunt infra metas Pedagii domini Virsionensis, condemnatus fuit per Curiam idem dominus ad restituendum ipsis mercatoribus sibi ablata.* Hinc disce hujus præstationis originem et onera; cujus reditus non viis publicis tantum, pontibus, aliisque rebus ad viatorum commodum spectantibus restaurandis insumebantur, sed iis etiam restituendis quæ intra *pedagiarii* domini fines, lucente sole, furto ablata fuerant. Vide Glossarium Juris Gall. v. *Peage*.

¶ PEDAGIARIÆ VIÆ, Publicæ, in quibus *pedagium* exigitur. Charta Ludovici Comit. Blesensis ann. 1198. ex Tabul. Bonævall. : *In viis Pedagiariis extra Bonamvallem, si homines ad justitiam ecclesiæ pertinentes rixati fuissent, etc.* Vide *Pedagialis*.

¶ PEDAGII DOMUS, In qua *pedagia* exsolvuntur, vel inferuntur. Statuta Vercell. lib. 3. fol. 50. recto : *Idem quod notarius communis non possit facere aliquod scriptum pedagii, nisi in domo Pedagii, presente pedagerio.*

¶ PEDAGII JUSTITIA, Jus de iis, quæ ad pedagium spectant cognoscendi. Charta Hugonis Ducis Burgund. ann. 1171. tom. 4. Gall. Christ. inter Instr. col. 91 : *Sunt itaque prædicti in revelatione scilicet et in Septembri, emancipati et liberi ab omni justitia mea, excepto pedagio et justitia Pedagii.*

PAAGIUM, pro *Peagium*. Matth. Paris ann. 1256 : *Telonium, quod vulgariter dicitur Paagium.* Adde pag. 515. [Charta ann. 1260. tom. 2. Hist. Eccl. Meldens. pag. 165 : *Et novem libras in Paagio de S. Patusio in Purificatione B. M. Virginis.* Occurrit pluries in Cod. MS. redituum Episcopat. Autissiodor. ann. circ. 1290. *Paiage*, eadem notione, usurpat le Roman *de la Rose* MS. :

Car gi passai tous li premiers,
N'encor n'ere pas coustumiers
Li lieus de recevoir Paiage.]

¶ Pedadges. Charta ann. 1070. Marcæ Hispan. col. 1160 : *Sunt namque prædicta omnia, civitates, comitatus,... alii honores et dignitates,.... telonea, leddes, Pedadges, etc.*

Pedagicum, in Epist. 116. ex Sugerianis, et apud Doubletum pag. 861 : *De Pedagico, quod in strata colligitur.*

¶ Pedatia, in Actis S. Gregorii VII. PP. tom. 6. Maii pag. 148 : *Et a transeuntibus de novo Pedatiam jugiter extorquebat.*

Pedaticum. Charta Willelmi Ducis Aquitanorum apud Beslium pag. 280 : *Statuimus ut malæ adinventiones quas... in nostro . Comitatu exercuerunt, funditus aboleantur, hoc est omne Pedaticum de asinis nullatenus recipiatur, etc.* In Historia Episcopor. Lodovensium pag. 96 : *Telonea, Pedatica, Judæi, quintale, montationes, etc.* [Charta Conradi II. Imper. ann. 1147. tom. 1. Hist. Dalphin. pag. 89 : *Concedimus justitias, monetam, Pedaticum, utraque strata telluris et fluminis Durantiæ.* Alia ann. 1164. ex Schedis V. Cl. *Lancelot : In Pedatico quod per aquam accipitur, duæ partes erunt meæ, tertia illorum* (monachorum.) Adde Chartam ineditam Alfonsi Reg. Aragon. ann. 1184. Gall. Christ. tom. 1. inter Instr. pag. 67. et Probat. tom. 2. novæ Hist. Occitan. col. 603. 604.]

¶ Pediaticum, in Charta Ricardi Norman. Ducis ex Tabular. Montis S. Michaelis fol. 98 : *Dedi et nundinas duas et pedagium, aliter Pediaticum.*

Pediale, Idem quod *Pedaticum*. Charta Ludovici VI. Regis Franc. ann. 1130. in Tabulario Cluniacensi Thuani, et in Biblioth. Cluniac. pag. 1392 : *Concedimus ut nullus Cluniacensium fratrum tribuat amplius Pediale apud Monasteriolum, neque aliquam consuetudinem, quæ ad regale pertineat ministerium.*

¶ Pedida, Pedidum, Eadem notione. Vetus Charta apud Anton. Brandaon. lib. 12. Monarch. Lusitan. cap. 11 : *Nec dent Pedidam, nec collectam ad Regem, nec dent portagem per totum Portugale.* Charta Aldefonsi Regis æra 1230. apud Stephanot. tom. 4. Fragm. Hist. MSS. pag. 288 : *Et sint illi decem Excusati ab omni pecto,.... Pedido, facendera... et ab omni regia exactione semper liberi.* Vide *Plecta* 2.

¶ Podidum, Eodem significatu, nisi *Pedidum* legendum sit, in Charta Aldefonsi Reg. ann. 1181. in Hist. Tutel. Baluzii col. 494 : *Concedo prædictas villas,... nullo mihi jure penitus in eis retento,.... nec calumpnia, nec Podido, nec foro aliquo, nec aliqua penitus regali exactione, etc.*

Pesagium, pro *Peagium*. Epist. 378. ex Francicis quæ habentur tom. 4. Hist. Francor. : *Dicens et promittens mihi in bona fide, ut quicquid de Pesagiis possit acquirere, inde debitum argentum solveret. Insuper ipse Vicecomes voluit et mecum concordavit, ut nostri homines cum suis hominibus Pesagia servarent, ne aliqua fraus de Pesagiis mihi fieret. Sed recepta sunt Pesagia, et ego argentum ab illo postulo, et ille indignatur solvere mihi, etc. Pesatge*, et *Pezage*, in Usaticis MSS. Montispessulani art. 97 : *Le senher de Monpeslier non pren Pesatge, en tota la terra.* Eadem Latine scripta ibi habent, *Non accipit pedaticum.* Cap. 23 : *Trossels ny fardels que en Monpeslier non son vendut, non donnon ni fan negun usagge, ny Pesagge.* Ubi Lat. *Trosselli neque fardelli qui in Montepessulano non venduntur, non donant neque faciunt aliquod usaticum, neque teloneum.* Adde Bromptonum pag. 1456.

¶ Pesaticum, Eadem notione, in Charta ann. 1197. apud Stephanot. tom. 1. Antiquit. Bened. Occitan. MSS. pag. 474 : *Ipse Salomon usque modo exigebat... nomine guisatici et Pesatici in trocellis, carguis, balis, saumatis ac oneribus quarumlibet rerum eorum per castrum de Felgariis transeuntium, etc.*

¶ Pessaticum, Passaticum, Eodem significatu, in Charta ann. 1156. inter Probat. tom. 2. novæ Hist. Occitan. col. 555 : *Ego Raymundus Comes Tolosæ... dono cum hac carta Abbati Francarumvallium et ibidem monachis habitantibus... ut numquam amplius dent usaticum aliquod, vel Passaticum in tota terra mea... Hoc donum sic intelligatur, quod numquam fratres prædictæ domus de aliquibus rebus suis dabunt usaticum aliquod nec Pessaticum per terram, nec per aquam in omni potestate mea.*

¶ Pidagium, pro *Pedagium*, in Charta Philippi Flandr. Comit. ann. 1176. apud Miræum tom. 1. pag. 713 : *Vinagium et Pidagium de omni vino, quod fratres ducunt ad ecclesiam, ad opus suum, per transitus nostros libere transire, et nihil omnino a ductoribus vini exigere.*

Pedagiaria, in Monasteriis, dicitur *Balia*, seu *Præpositura*, vel officium, cui competit *pedagia*, quæ ad Monasterium pertinent, recipere, apud Innocentium III. PP. lib. 13. Epist. 55. In Consuetudine Turon. art. 86. *Peagerie*, sumitur pro loco ubi et ratione cujus *Pedagium* præstatur.

Pedagiator, Exactor pedagiorum. Tabularium Carnotensis Ecclesiæ Ch. 72 : *Jurabit autem Pedagiator, sicut molendinarius, quotiescunque mutabitur, quod nullum scienter accusabit injuste.* [Consuetud. Lugdun. ann. 1206. apud Menester. Hist. Lugdun. pag. 96 : *Si quis extraneus vel civis civitatem de nocte exierit non oblato pedagio Pedagiatori vel nuntio suo, etc.*]

¶ Paagerius, Eadem, notione, in Cod. MS. redituum Episcopat. Autiss. ann. circ. 1290 : *Piper debet paagium. Equus aut mulus* 11. *den. asinus* 1. *den.... Paagerius tenet ad equos aut troussellos ad libitum.*

¶ Pedagerius, in Charta ann. 1342. tom. 2. Hist. Dalphin. pag. 442 : *Archam Dalphinalem dicti pedagii fregistis,... et Pedagerium Dalphinalem vulneravistis.* Adde Statuta Vercell. lib. 3. fol. 50.

¶ Pedagiarius, Idem. Charta Henrici Trecens. Comit. ann. 1161. tom. 2. Hist. Eccl. Meldens. pag. 50 : *Quos videlicet* lx. *solidos Pedagiarius meus Resbacensis tempore nundinarum Barri thesaurario ecclesiæ annuatim dabit.* Charta Hugonis Ducis Burgund. apud Perardum pag. 335 : *Si quis pedagium vel ventas extra villam Divionensem absque assensu Pedagiarii vel ventarii portaverit* lxv. *sol. persolvet.* Alia ann. 1177. inter Privileg. Equit. S. Johan. Jerosol. pag. 30 : *Nullum publicanis nostris vel Pedagiariis donent usaticum.* Charta Isnardi de Antravenis ann. 1283. inedita : *Pedagiarii locorum ipsorum contra conventiones hujusmodi venientes, etc.* Adde Ordinat. Reg. Franc. tom. 1. pag. 401. et tom. 2. pag. 542. Macerias Insulæ-Barbaræ tom. 1. pag. 143. etc.

¶ Pedigiarius, in Charta Philippi Pulcri ann. 1293. apud Marten. tom. 1. Anecdot. col. 1255 : *Pedigiarii tamen S. Quintini eumdem Comitem in possessione hujusmodi minus juste turbantes, vina quæ pro usu dicti hospitii ad partes suas transvehi faciebat et gentes ejus arestari fecerunt.*

¶ Pedagiare, *Pedagium* exigere. Guido in Vita Innocentii IV. PP. apud Murator. tom. 3. pag. 591 : *S. Ludovicus... venit Lugdunum, ubi Innocentius Papa cum sua tunc curia morabatur, recedensque de Lugduno, dum iter aggressus fuisset, castrum, quod dicitur Reca supra Rodanum, obsedit, quod Rogerius de Cloregio dominus castri Pedagiari fecerat peregrinos cunctos, qui ibant in subsidium Terræ sanctæ.* Charta Franchisiarum urbis Lugdun. ann. 1320. apud Menester. Hist. Lugdun. pag. 95 : *Item de vino vinearum suarum cives Lugduni Pedagiari non possunt, nec de vino quod expendunt in hospitiis suis.* Vide *Pasquerium.*

* **PEDAGNUS**, Ital. *Pedagna*, Tignum, quo fossatum transmittitur. Stat. Mantuæ lib. 1. cap. 134. ex Cod. reg. 4620 : *Nec super dictam foveam.... fieri facere* (audeat) *aliquem pontem, nec Pedagnum.*

¶ 1. **PEDAGOGIUM**, pro *Pædagogium*, nostris vulgo *Pension*. Consuet. Univers. Paris. per Robert. *Goulet* fol. 7 : *Mandavit ut singula collegia ac Pedagogia in quibus commorantur artiste, visitent.*

* 2. **PEDAGOGIUM**, pro *Pedagium*. Inventar. Chart. reg. ann. 1482. fol. 197. v° : *Quictantia religiosarum de Moncello, quæ quictant regem de Pedagogio seu vectigali de Verberie.*

* **PEDAGUERIUS**, Cujuslibet impositionis collector. Libert. villæ de Viridi-fol. ann. 1369. tom. 5. Ordinat. reg. Franc. pag. 277. art. 6 : *Quam quidem compulcionem et exequcionem fieri faciant* (consules) *per eorum Pedaguerios seu bannerios.*

* **PEDAHGIUM**, non semel pro *Pedagium*, in Testam. Beraldi episc. Agath. ann. 1351.

¶ **PEDAICA**, Idem quod *Pedica*. Vide in hac voce. Radulfus de Gestis Friderici I. Imper. apud Murat. tom. 6. col. 1190 : *Mediolanensibus tam civibus quamque et rusticis venationem inturbavit, id est, ut nemo venaretur cum cane, aut neque Pedaicam vel canceulos poneret, neque fossam faceret.*

1. **PEDALE**, Cornelio Frontoni de Differentiis Vocabul. est *mensura pedis* : alias ποδεκμάγιον exponitur in Gloss. Græc. Lat. quo pedes exterguntur. [ποδεκμαγεῖον, in Gloss. Lat. Gr. MSS. Sangerm.] Vox *Pedale* occurrit etiam in Notis Tyronis pag. 96.

Pedale, Pediale, Pedum tegumentum, *pedulis*. Chronicon Vindeshemiense lib. 2. cap. 23 : *Pro corporalibus fratrum suorum necessitatibus, indumentis, calceamentis, saccis*, *Pedialibus*, *valde fuit sollicitus*. Cap. 58 : *Subtilia et Pedalia indigentibus est largitus*.

PEDALE, Aulæum, stragulum quod pedibus insternitur, *Tapis de pied*. Ingulfus : *Dedit etiam duo magna Pedalia, leonibus intexta, ponenda ante magnum altare in festis principalibus*.

PEDALE, Via qua pedes itur. Michael Scotus lib. 4. Mensæ Philosophicæ cap. 15 : *Quidam Christianus cum stipite occurrit Judæo in Pedali stricto; et cum Judæus cito illi non cederet, cum stipite trusit illum, ut caderet ad aquam, etc.*

PEDALE EXAMEN, [Purgationis species, qua ferrum candens pedibus premere quis cogebatur.] Vide *Vomeres igniti*.

¶ 2. **PEDALE**, Idem videtur quod *Pedatura*. Synodus Pergam. ann. 1311. apud Murator. tom. 9. col. 552 : *Nulla persona secularis vel ecclesiastica.... jurisdictiones, aut honores, feuda, seu jus decimandi aut eligendi seu præsentandi, aut beneficia conferendi, seu Pedalia conferendi ad quendam locum venerabilem nostræ civitatis.... vel ad aliquam episcopalem mensam dictæ provinciæ quovis modo pertinentes... usurpare vel invadere... præsumat*. Vide *Pedalis* 2.

* PEDALE, Tributum quod penditur, idem quod *Pedagium*. Stat. ann. 1401. inter Leg. Polon. a Prilusio collect. pag. 160 : *Scholares.... ab omnibus.... gabellis, pedagiis, Pedalibus.... eximimus ac auctoritate regia liberamus*.

1. **PEDALIS.** Bulla Stephani PP. apud Ughellum tom. 2. pag. 102 : *Ut... consecraremus ipsum Abbatem, et cuculla induerremus secundum regulam S. Benedicti, ejus manibus traderemus simul et baculum pastoralem, et Pedales secundum ordinem, etc.* [Vita B. Rogerii tom. 1. Jan. pag. 184 : *Sotulares nihilominus tamdiu frequenter portabat perforatos, donec stramen per soleas exiret. Pedales aut raro aut numquam dicitur habuisse*. Buschius de Reformat. Monast. apud Leibnit. tom. 2. Script. Brunsvic. pag. 938 : *Præfata autem amita mea procuraverat mihi.... album pannum sufficientem pro tunicis snperioribus, mediis et inferioribus camisiis, caligis, soccis et Pedalibus*. Ubi *Pedales* idem esse quod *Pedules* infra, nemo non videt.]

2. **PEDALIS.** Vetus Charta apud Perardum in Tabulis Burgundicis pag. 18 : *Et habet in longo perticas agripennales 34. in uno fronte perticas 6. pedes 12. in alio fronte perticas 6. Pedales 5.* Occurrit ibi pluries pag. 20. 22. 145. 146. [Codex MS. Irminonis Abb. Sangerm. fol. 79 : *De vino in pastione mod. 11.... de carratione Pedalem 1.* Et fol. 94 : *Facit in vinea arpen. 1. pullos 111. ova xv. lignaritia Pedalem 1.*] Idem forte quod *Peda*. Vide in hac voce.

¶ **PEDALUM**, Pedum, baculum Pastorale, apud Marten. tom. 9. Ampliss. Collect. col. 890. ex lib. 4. Præloq. Ratherii Episc. Veron. : *Quod terribilius inveniri potest signum, quam pontificale Pedalum?*

* *Pede* vero, Armorum genus, in Charta ann. 1363. ex Reg. 98. Chartoph. reg. ch. 333 : *Pourveu de espée, hate, Pede, glave, de ars à main et de saietes, qui sont armes défendues*.

1. **PEDANA**, Isidoro est *Pedulis novus*, *qui caligæ assuitur*. Certe testatur Hugo Gratianopolitanus Episcopus apud Surium 1. April. pedules caligis assutos : jussit *ut de caligis pedules abscinderentur, quatenus præter pedes totus monachus jaceret vestitus : nam dolebat nonnullos in religioso habitu ad sanctitatis injuriam, tibiis dormire nudatis*. Vide *Pedules*.

* Glossar. Lat. Gall. ex Cod. reg. 7692 : *Pedana, cheanne, vel Chausoir*.

2. **PEDANA**, Morbus equis familiaris, quo in pedibus laborare solent. Sanutus lib. 3. part. 12. cap. 11 : *Morbus vulgariter dictus Pedana equos invaserat*.

3. **PEDANA**, Catena circa pedes, apud Ugutionem, Joannem de Janua, et in Gloss. Lat. Gall. [Sangerm. *Chaine à mettre ès piés comme as prisonniers*.]

* 4. **PEDANA**, *La boga e schifoni*, in Glossar. Latin. Ital. Ms.

¶ **PEDANEUS** JUDEX, Inferior, qui minora judicia exercet in Digesto non semel. Sic apud Gellium lib. 3. cap. 18. *Pedarii* dicti Senatores qui, nondum majoribus honoribus functi, pedibus itabant in curiam. Regest. 93. Chartophyl. regii Ch. 65. ann. 1315 : *Pedaneus judex dicti loci, qui Castellanus nuncupatur. Bayles royaux Pedanens*, in Consuetud. Aquarum Tarbell. tit. 9. art. 43.

¶ PEDANEA CAUSA, Quæ ad *pedaneum* judicem spectat, levioris momenti. Statuta Saluciar. Collat. 1. cap. 6 : *In causis Pedaneis et levibus nulla est visio actorum*.

¶ **PEDARE**, Pedibus metiri. Charta ann. 1080. inter Instr. tom. 2. Hist. Occitan. col. 307 : *Laxamus ipsum alaudem qui est infra terminos quos ego Willelmus terminavi, et in præsentia bonorum hominum ego ipse monstravi et pedibus meis Pedavi*. Vide infra *Pediare*. [** Ire, in Ruodlieb. fr. 12. vers. 5 :

Cum dominis domina Pedat ad solaria celsa.

Adde fr. 10. vers. 10.]

* Glossar. Gall. Lat. ex Cod. reg. 7684 : *Pedare, marchier des piés. Aler nus piés*, in altero Lat. Gall. ex Cod. 7692. Hinc *Petier*, ni fallor, Deambulare, vulgo *se promener*, apud Froissart. vol. 1. cap. 176 : *Messire Guillaume de Granville s'en vint Petier en la place devant le chastel, ainsi qu'il avoit fait jadis plusieurs fois. Tant alla et vint en Petiant, etc.* Vide *Pedarius* et infra *Peditare*.

¶ PEDARI AQUÆ dicuntur, cum quis in iis vadum invenit, pedesque stare potest. Tabul. Capituli Ambian. : *Si vero aquam falcari oportuerit, quantum aquæ Pedari potuerunt sine nave, molendinarii sumptu proprio falcabunt : si plus autem oportuerit, Canonici et eorum duo participes sumptum providebunt*.

PEDARIUM, Idem videtur quod *Pedatura*, Agri portio certo pedum numero finita. Tabularium Casauriense : *Tradidi in Ecclesia S. Trinitatis ad ipsa Pedaria, ubi vinea plantata est*. Interdum *Pedarium* sumitur pro pedali, ut in Inscript. Neapol. apud Grut. pag. 207 : EX. TIGNO. PEDARIO. FACITO. ANTEPAGMENTA.

PEDARIUS, *Nudis ambulans pedibus*, Ugutioni; [*Nus piés alans*, in Gloss. Lat. Gall. Sangerm.]

* **PEDATA**, Macula oculi, quasi vestigium; unde nomen. Vita S. Gandolphi tom. 5. Sept. pag. 712. col. 2 : *Raynaldus a Camerata Pedatam in oculo sinistro habens spatio dierum quinque, quo nihil videre poterat,.... sanatus est*. Rursum infra pag. 713. col. 1 : *Varos seu Pedatam in oculo sinistro habebat, etc.*

* **PEDATGIUM**, pro *Pedagium*, in Inventar. ann. 1476. ex Tabul. Flamar. : *Cum suo vectigali sive Pedatgio terræ*.

PEDATIO. Vide *Pedatura*.

PEDATUM, *Carcer*, in Gloss. antiquis MSS. [quod in eo *pedanis* reorum pedes vinciuntur. Vide *Pedana* 3. et *Pediculum*.]

* *Pedation, carcer*, pro *Pedatum*, in vet. Glossar. ex Cod. reg. 7641.

¶ **PEDATIA**, PEDATICUM. Vide *Pedagium*.

PEDATURA, Quodlibet spatium certo pedum numero definitum, in quo aliquid poni locarive potest. [Cæsario Abbati Prumiensi in lib. censuum ejusd. monast. : *Pedatura est Area certo pedum dimensu comprehensa, quam posteri dixerunt Picturas et Pitteras corruptissime*. Idem proinde quod alibi *Area* dicitur, ut in Charta ann. 1098. ex Tabul. S. Albini Andegav. : *Dedit etiam Aream terre ad domum monachorum edificandam*.] Gloss. Gr. Lat. : Ποδισμός, *Pedatura*. Vegetius lib. 3. cap. 8 : *Singulæ centuriæ, dividentibus Campidoctoribus et Principiis accipiunt Pedaturas*. Idem paulo ante *podismum* dixit, ut et lib. 2. cap. 7. lib. 3. cap. 15. pro dimensione pedibus facta, seu spatio certo pedum numero definito. Ita *Pedaturam* usurpant veteres aliquot inscriptiones pag. 556. et 996. 14. et Agrimensores. Nec aliud significat, si non fallor, apud Flodoardum in Testamento S. Remigii Archiep. Remensis, lib. 1. cap. 18. et 23 : *Delegoque benedictæ filiæ meæ Hilariæ Diaconæ ancillam nomine Nocam, et vitium Pedaturam, quæ suæ jungitur vineæ, quam Catusio facit, dono*. Hoc est spatium vitibus plantandis idoneum, aut vitibus consitum, aliquot pedum numero finitum, vicinum vineæ Hilariæ Diaconæ. Frustra enim sunt, qui *Pedaturam* hoc loco pro vinearum pedamento et statamine accipi putant, nisi fallar : quod verba *quam Catusio facit*, omnino declarant, quæ ad *pedaturam* referuntur, de quorum notione mox dicturi sumus. Neque perinde aliter accipienda vox *Pedatura* in antiqui testamenti fragmento apud Gualterum in Tabulis Siculis pag. 58 : *Hoc amplius ab hæredibus meis volo præstari Reip. Petelinorum, corpori Augustalium, ex prædiis meis palum redicam omnibus annis sufficiens Pedaturæ vineæ, quam Augustalibus legavi*. Ubi *palus redica* legatur ad statumina *pedaturæ* vineæ, id est, ποδισμοῦ, seu quantum sufficit in agri pedatura plantatæ.

☞ *Pedaturæ* vocis interpretationem, quam pro solita modestia uti dubiam proposuit Vir eruditissimus, mire firmat illustratque Testamentum Ermentrudis apud Mabillonium Liturg. Gall. pag. 462 : *Dono tibi, dulcissime fili,.... vineæ Pedaturas duas, sitas in monte Maurilioni, quas Theodaharius et Garimundus colunt. Vineæ Pedatura tertia, sita in monte Metobaure, cum vinitore Guntrachario... Vineæ Peda-*

tura quarta, sita Taurimaco, quem Innerdus colit cum vinitore Munegisilo. Vineæ Pedatura quinta, sita in monte Vultoricino, quem Sevila colit, cum vinitore... Vinea sita in monte... quem Habundantius colit... Vinea, quam Agila femina tenuit, et vineam, quam Imnacharius colit... Vineaplantas, qui sunt secus vineam Sevilam, dulcissimo nepoti meo Berterico habere præcipio. Ex quibus haud obscurum est per *Pedaturam* significari spatium vitibus consitum, ubi vineæ pedamentis fulciuntur : alias vero nude vineas dici, quod hoc adminiculo careant.

Ad *Pedaturas* porro militares, de quibus Vegetius, quæ scilicet militibus assignantur ad consistendum in castris, vel alibi, referendum quidam censent quod habetur in Notitia Orientis cap. 151. et 152 : *De cohortibus quintæ Pedaturæ inferioris vel superioris legionum Herculiæ, et Joviæ;* ita ut *pedatura*, hoc loco sumatur pro eo podismo, qui hisce legionum cohortibus assignatus erat : quod Pancirolus *de munitione ex aggeribus et pedamentis facta* haud recte, opinor, interpretatur. Ita etiam *Pedaturas* usurpant Tactici Græci, atque in primis Mauricius lib. 11. Strateg. cap. 3. et Leo in Tactic. cap. 15. § 56. ubi mentionem agunt *pedaturarum* in mœnibus, quæ ad custodiam oppidi vel castri assignari solent militibus. Mauricius : Εἰ δὲ δῆμός ἐςι ἐν τῇ πόλει, δέον κἀκείνους συμμίξαι ἐν ταῖς τοῦ τείχους πεδατούραις. Hinc apud Senatorem lib. 5. Ep. 9. *Pedatura murorum* accipitur pro ea mœnium parte, in qua consistunt milites ad eorum custodiam, quam περιπάτους vocat Constantinus Porphyr. de Administr. Imp. cap. 29. διάβατα, Harmenopolus lib. 2. tit. 4. § 59. quod hæc mœnium pars pervia sit, et *deambuletur.* Vetus Chronicon Veronense, apud Hieronymum *dalla Corte* lib. 4. Histor. Veron. pag. 178 : *Anno Dom. Incarn. 798. Notitia qualem Pedaturam murorum Veronensis civitatis pars domus Episcopii S. Zenonis prædictis temporibus facere solita fuerit tempore Regis Pipini.* Et infra : *Et de his* (*muris*) *cum suis sociis pars Episcopii quartam partem Pedaturæ accepit, et opus illud perfecit.* Habetur eadem Notitia apud Ughellum tom. 5. ubi anni 818. esse dicitur.

¶ Pedetura, Eadem notione qua *Pedatura.* Testamentum Burgundofaræ ann. 633. in Tabular. Fare-monast. : *Et ut festi dies ante sanctum altare solemnius recolantur, dare volo vineas, id est Pedeturas duas, in Cavaniaco villa in Kalente.* Testam. S. Irminæ ann. 698. apud Marten. tom. 1. Ampliss. Collect. col. 10 : *Similiter dono ad jam dicta loca Sanctorum vineæ Pedeturam unam in monte Viennensi cum vinitore nostro Alithfrido.* Ubi *Pedecuram* mendose edidit Miræum tom. 1. pag. 244.

Peditura, Idem quod *Pedatura.* Annales Francorum Bertiniani ann. 868 : *Idem Rex ad Pistas medio mense Augusto veniens, annua dona sua ibidem accepit : et Castellum mensurans, Pedituras singulis ex suo regno dedit.* Polyptychus S. Remigii Remensis : *Helmegaudus ingenuus... facit Pedituram in tecto pertic. 2. in sepe perticas 2. ad curtem claudendam pertic. 2.* Alibi : *Facit Pedituram in circuitu hortorum pertic. 1.* Quibus locis *peditura in tecto* et *in circuitu hortorum*, est pedum limitatus et finitus numerus in domus tecto reficiendo, vel ad claudendos hortos, ad quod tenetur qui operas debet, ubi *Peditura* definitur ad perticas duas. Idem Polyptychus Remensis : *De scuria facit plenam perticam, et omni tempore ipsam mensuram restaurat.* Rursum : *Facit Pedituram in circuitu horti pertic. 1.* Neque aliter accipi videtur in Legibus Bajwar. tit. 1. cap. 14. § 5 : *Ad casas Dominicas, stabulare,* (edit. Heroldi *stabulum* præfert) *fœnile, granicam, vel tuninum recuperandum, Pedituras rationabiles accipiant, et quando necesse fuerit omnino componant.* Editio Heroldi habet *petoritas*, et ad marginem, *pedituras.* Cujus § sensus, ad ea ædificia nominata, *recuperanda*, i. reficienda, vel de novo *componenda*, i. ædificanda, iis qui debent operas dominis suis, *rationabiles pedituras* esse dandas, id est, moderatum pedum spatium, intra quod operentur. Ch. Caroli C. Reg. in Tabul. Dervensi : *Et in villa Brais mansas cum Ecclesia, et Peditura de pratis, quas homines monachorum faciunt, qui de eorum villis ad hoc idem agendum more solito conveniunt.* Charta Dudonis Abbatis Dervensis ex Tabulario ejusdem Ecclesiæ : *Ut neque suis neque successorum suorum temporibus quisquam vel ministralium vel officialium aliquam vim vel malam consuetudinem contra nostrum decretum inferre audeat, neque mensuras imponere, augere, vel minuere, neque carropera extorquere, neque pastum equorum, vel canum aut ursorum requirere, seu Pedituram vel aliqua opera contra morem exigere, etc.*

Ejusmodi pediturarum in operis rusticorum rationem illustrant Acta Murensis Monasterii pag. 45 : *Quantum enim hereditatis unusquisque possidet, tantum dat et census, et quantum census dat et arat, et secat fœnum, et metit sepitque, et pullos dat, et lini resticulas. Cum autem debent arare, cum virga metitur eis, qua et mansi solent metiri, et ipsa virga signata est secundum uniuscujusque rationem, et ubicunque signum occurrerit, ibi parvum lignum figitur in terra, et ipsi tamen in prima scissura et seminatione arant. Semen enim quod seminat et metit, et fœnum quod secat, sæpe debet obtendere. Cumque illi prædicitur ut secet fœnum, si statim crastina die vel ipsa non incidit, et venerit pluvia, judicium inde patitur.*

¶ Pedatura, Modica possessio, apud Rabanum Maurum lib. 3. in Jos. cap. 8. ubi hæc verba cap. 17. v. 14 : *Quare dedisti mihi possessionem sortis et funiculi unius*, interpretatur : *Quare nobis dedisti in hereditate sortem et Pedaturam unam?*

Pedatura. Interpres Esdræ lib. 1. cap. 4 : Καὶ τούτων ζητηθείσης τῆς γενικῆς γραφῆς ἐν τῷ καταλογισμῷ, καὶ μὴ εὑρεθείσης, ἐχωρίσθησαν τοῦ ἱερατεύειν, *Horum quæsita est generis scriptura in Pedatura, et non est inventa.* Ubi *Pedatura* est καταλογισμός, laterculum in quo generationes descriptæ : quam vocem perperam Didacus Ximenes Arias in Vocabulario Ecclesiast. a Gr. παῖς, παιδός, deducit. [Vide *Pedicru.*]

Pedatio, Idem quod *Pedatura*, certum agri spatium definitum. Charta Archembaldi Borboniensis Domini ann. 1217. pro libertatibus Villæ-franchæ : *Præpositus de Villa-Franca potest accensare Pedationes hermes,* (i. eremas) *quæ non reddunt fructus domino, etc.*

* **PEDATUS**, dicitur de cupa seu vase pede aut basi instructo. Inventar. ann. 1420. tom. 2. Annal. Præmonst. col. 591 : *In thesauraria dictæ ecclesiæ invenimus tres cupas argenteas deauratas et Pedatas,.... tres pecias deauratas cum cooperculis, unde una Pedata.* Vide supra *Pata* 3.

* **PEDEGOGALITER**, pro *Pædagogaliter*, Magistri seu puerorum institutoris more. Instr. ann. [1391. [inter Probat. tom. 3. Hist. Nem. pag. 113. col. 2 : *Item quod dictus Petrus fuit Tholosæ studens in legibus, Pedegogaliter vivens in docendo pueros, suas lectiones continuando.* Vide supra *Pædagogium.*

PEDECURA. Vide in *Pedatura.*

PEDEFINIS, [Ad agri pedes finis, limes.] Vide *Caput-finis*, in *Caput* 3.

* **PEDELATA**, Assula, ligni bractea, Gall. *Late*, Comput. ann. 1475. ex Tabul. S. Petri Insul. : *Coopertori ardesiarum,.... pro qualibet virga iiij[s]. pedes continente, exponendo et liberando omnia necessaria, excepta ipsa ardesia et Pedelata, cum magnis clavis, xvj. libras monetæ Flandrensis.*

¶ **PEDELLUS**, Idem qui *bedellus*, Apparitor. Laur. Byzinius de Orig. belli Hussit. ann. 1414. apud Ludewig. tom. 6. Reliq. MSS. pag. 126 : *Item Pedelli cum baculis argenteis 24. Item Pedelli Consistorii 28. etc.* Buschius de Reformat. Monast. apud Leibnit. tom. 2. Script. Brunsvic. pag. 828 : *Duxerunt autem me Pedelli, et super omnes doctores præsentes me locaverunt.* Processus de S. Wernhero tom. 2. April. pag. 715 : *Et magna multitudine hominum ad hoc speciatim vocatorum et per Pedellum, secularem citatorum.* Vide *Bedelli.*

* **PEDEMA.** Vide infra *Pytisma.*

PEDEPLANUM, Pars ædificii quæ pede plano teritur, aditur. Græcis Ἐπίπεδον, nostris vulgo, *le Plain-pied.* Lex 13. Cod. Th. de Metatis (7, 8.) : *Devotissimos milites ex procinctu redeuntes, vel proficiscentes ad bella, muri novi sacratissimæ Urbis singulæ turres in Pedeplanis suis suscipiant.* Vide *Pedatura.*

¶ **PEDEPRESSIM**, Nonius : *Pedetentim et Pedepressim dictum est, caute, quasi lenta et tarda itione.*

PEDE-PULVEROSI, Advenæ, extranei. Hesychius : Κονιορτόποδες, ἀγροῖκοι, ἐργάται. Cicero lib. 1. de Inventione : *Tum verisimilia, hoc modo : si multus erat in calceis pulvis, ex itinere eum venire oportebat.* Quintilianus lib. 5. cap. 10 : *Iter pulverulentum facit.* Leges Burgorum Scoticorum cap. 120 : *Si burgenses mercatores et Pedepulverosi, etc.* Cap. 134 : *Si quis extraneus mercator transiens per regnum, non habens terram, vel mansionem infra Vicecomitatum, sed vagans, qui vocatur Piépoudreux, hoc est Anglice Dustiefoote.* Occurrit et cap. 140. et apud Bracton. lib. 5. Tract. 1. cap. 6. § 6. Willibrandus ab Oldenborg in Itinerario Terræ Sanctæ, de Antiochia : *Ipsa civitas adeo ampla est, ut qui eam peragraverit, Pulverulentos habens pedes, totam erra-*

visse putetur. Id est extraneus, advena. [Vide *Pulvereus.*]

Habent autem *Pedepulverosi* isti *Curiam* peculiarem in publicis nundinis, quam *Pedis pulverizati* vocant Cowellus lib. 1. Instit. Jur. Anglic. tit. 1. § 2. et Spelmannus, Angli vero *Piepouder :* sic dictam, quod in ea *Pedepulverosorum*, seu extraneorum, mercatorum præsertim negotia et causæ de plano, et summarie dirimantur. Christophorus de S. Germano de Consuet. regni Angl. cap. 5 : *In omnibus nundinis et feriis habetur quædam curia eisdem feriis incidens, quæ vocatur Curia Pedis pulverizati, quæ solum tenebitur durante tempore feriarum illarum.* [Charta apud *Madox* Formul. Anglic. pag. 18 : *Ad Curiam Pedis pulverizati, ibidem tentam infra clausum Canonichorum, in septimana Penthecostæ,... Clemens Slegge attachiatus fuit per corpus, pro pigatione unius bursæ.*]

¶ **PEDERE**, pro Petere, apud Buschium de Reformat. Monast. tom. 2. Script. Brunsv. Leibnit. pag. 871 : *Quia jam per octo annos sororem meam priorissam et omnes alias moniales B. M. Magdalenæ in Hildesheim in confessionibus expedivistis; et quia jam ab onere confessionis earum exonerari Pedivistis, volumus vobis condescendere, et eis de alio confessore providere.*

1. **PEDES**, pro *Pedum*, Episcopale scilicet; occurrit in Vita S. Eremberti Episcopi Tolosani cap. 8. [Vide *Pes.*]

* 2. **PEDES**, Homo inferioris ordinis, plebeius, qui *Caballero* apud Hispanos seu equiti et nobili opponitur. Constit. Ms. Petri III. reg. Aragon. ann. 1356 : *Ne de cetero in recipiendis securitatibus et obligationibus Peditum et rusticorum materia infamiæ eis detur,.... mandamus.... quatenus ab aliquo rustico seu Pedite, prætextu cujuscumque obligationis seu securitatis, nullum homagium recipiatis. Pietaille*, plebecula, apud Philip. *Mouskes :*

> Mais li tellier et la Pietaille
> Disoient que ci ert il sans faille.

* **PEDESTALLUS**, Columella, fulcrum lecti. Testam. ann. 1342. tom. 2. Hist. Cassin. pag. 563. col. 2 : *Quilibet lectus habeat tabulas et Pedestallos, etc.* Vide supra *Pecollorius.*

* Aliud vero sonat vox Gallica *Piedeal*, in Lit. remiss. ann. 1451. ex Reg. 185. Chartoph. reg. ch. 261 : *Le suppliant print le Piedeal de ses beufz, duquel.... il donna un seul coup par la teste à Jehan Dufour.* An aculeus, quo boves punguntur?

PEDESTELLÆ, ἱστόποδες, in Gloss. Lat. Gr. [Sed legendum vult Martinius, ut est in Glossis Cyrilli, *Pedes telæ*, id est pedes textorii ligni.]

* Legendum quidem est divisis vocibus *Pedes telæ* : at minus bene pedes textorii ligni intelliguntur; est enim pes veli, Gallice *Escoute.* Vide infra *Pedus navis.*

* 1. **PEDESTER**, Qui in pedes stat. Charta ann. 1418. apud Mann. de Sigil. ant. tom. 4. pag. 46 : *Vir prudens ser Colustius Jacobi unus ex consiliariis dicti consilii surgens Pedester, etc.* Galli dicimus, *Se lever en pieds.*

* 2. **PEDESTER**, Agrimensor, qui pedibus metitur. Vide *Pedare.* Charta ann. 1267. inter Instr. tom. 12. Gall. Christ. col. 395 : *Super eo quod dictus dominus Brianconis.... Pedestribus hominibus fecerat determinari juxta civitatem de Musterio, ubi dictus dominus archiepiscopus merum et mixtum imperium asserit se habere.*

PEDESTICUM. Charta ann. 1151. in Histor. Monast. S. Barbaræ Lugdun. pag. 84 : *Pedesticum de Roccatallia... misit Girino Senescallo et Lugdunensi Ecclesiæ in gageria pro 10. millibus solidor. Lugdunensis monetæ.* Ita rursum mox, ubi videtur legendum *Podestaticum.* [*Podesticum*, editum tom. 4. Gall. Christ. col. 201.] Vide *Potestas.*

* **PEDESTRINUS**, Pedester. *Gentes pedestrinæ*, Pedites. Comput. ann. 1362. inter Probat. tom. 2. Hist. Nem. pag. 257. col. 1 : *Pro cordulis faciendis penono noviter facto pro armorum gentibus Pedestrinis, missis apud Mayrorium, etc. Pietaille*, eodem sensu, apud Guil. Guiart. ad ann. 1241 :

> Et chevaliers quarante et un,
> Et quatre-vingt de leur Pietaille.

Rursum :

> De gens d'armes et de Pietaille.

Vide *Pedones.*

PEDETENTAS, *Subtilitas : Pedetentim, subtiliter, sensim.* Ita Glossæ antiquæ MSS. forte *Pendentinitas.*

¶ **PEDETURA.** Vide in *Pedatura.*

¶ **PEDIA**, Pedum, baculus pastoralis. Arnolfus in Vita B. Ramuoldi [** Liber 2. de memoria B. Emmerammi et ejus cultorum, apud Pertz. Script. tom. 4. pag. 557.] num. 3 : *Unanimiter episcopali facta electione, ad Imperatorem eum miserunt cum universali legatione... Imperiali eum assumens potentia per Pediam pastoralem, honorem ei dedit pontificalem.*

1. **PEDIALE**, Idem quod *Pedagium.* Vide ibi.

¶ 2. **PEDIALE**, Tegumentum pedum. Vide *Pedule.*

PEDIARE, Quasi per pedes metiri, mensurare. [Notitia judicati pro Monast. Arulensi ann. 994. Marcæ Hispan. col. 949 : *Postea intraverunt infra termines de Tapias et Pediaverunt ibi condamina una per voce S. Mariæ.*] Fori Aragon. lib. 3. pag. 59 : *Et secundum forum non tenetur ibi aliquid Pediare, aut per bogas sive sitas aliquid demonstrare, quia non sunt talia loca, quæ aliter possent dividi.* Exstat ibid. titul. *de pedianda hæreditate.* Adde Observantias pag. 29. [Vide *Pedare, Pedificare*, et *Piduare.*]

¶ **PEDIATICUM.** Vide *Pedagium.*

¶ **PEDIATOR**, f. Agrimensor. Chartularium S. Vincentii Cenoman. fol. 43 : *Hanc venditionem annuit Stephanus filius Gauterii Pediatoris.*

PEDIBULUM, Sonitus pedum. Gregorius Turon. lib. 3. cap. 15 : *Quibus pergentibus audiunt Pedibulum equorum currentium, etc.* Acta SS. Fructuosi et Sociorum n. 1 : *Direxerunt Beneficiarii in domum ejus,... qui cum sensisset Pedibulum ipsorum, confestim surrexit.* Agones Martyrum habent hoc loco *sonitum pedum eorum.* Perperam Baronius ann. 262. n. 61. *Virgam lictoriam* interpretatur, qua fores Episcopi pulsaverint Beneficiarii, et a *pedum*, quod est baculus pastoralis, deducit.

1. **PEDICA**, Gallis *Piege.* [Gloss. Lat. Gall. Sangerm. : *Pedica, piege, c'est las à prendre beste, ou chaine.*] [* Glossar. Gall. ann. 1352. ex Cod. reg. 4120 : *Pedica, alouviere.*] Lex Burgund. tit. 72 : *Si quis Pedicam feris fecerit extra culturas, etc.* Lex Anglior. tit. 18 : *Si homo laqueum, vel Pedicam, vel quodlibet machinamentum ad capiendas feras posuerit, etc.* [Lex Ripuar. tit. 70. § 2 : *Si quis autem fossam vel puteum fecerit, seu Pedicam vel balistam incaute posuerit, etc.* Excerpta ex Lege Longobard. n. 5 : *Ut nemo Pedicas in foresto dominico, nec in quolibet regali loco tendere præsumat.*]

Pedicla, παγὶς ἐπὶ ζώου, in Gloss. Gr. Lat. edito et MS. pro *pedica.* [* Castigat. in utrumque Glossar. *Pedicla*, βρόχος. leg. *Pedical.* Gotefr. Jungermanus ad Longi Pœmenica pag. 225.] est autem

Pedica, Vinculum seu ligamen, quo animalia pedibus constringuntur in agris dum pascunt. Gloss. Lat. Gr. : *Pedical*, παγίς, σκελόσπόδη, forte σκελοπόδη, id est vinculum cruris, *pedica* cruris vel pedis. [Lex Salica tit. 29. § 4 : *Si quis Pedicam de caballis furaverit, etc.*] Lex Burgund. tit. 4. § 6 : *Si autem impedicato caballo ingenuus Pedicam tulerit, etc.* Lex Wisigoth. lib. 8. tit. 4. § 1 : *Si quis caballum alienum, vel aliud animal de Pedica sive de ligamine tulerit sine conscientia domini sui, etc.* [Vide *Pastorium.*]

Pedicarii, Qui *pedicis* feras aut aves capiunt, venatores, in Gestis Consulum Andegav. cap. 1.

Pedicarii, Qui *pedicas* conficiunt. Vide *Cinerarius.*

Pedica, ποδάγρα, in Gloss. Gr. Lat.

2. **PEDICA**, Modus agri, idem forte quod *peda* dicitur, vel quod nos dicimus *Piece de terre.* Anastasius in Hadriano PP. pag. 119 : *Nec non et toto Ecclesiastico patrimonio, omnibus prædicans, et dividens ex sumptibus, etc.* Ubi codd. alii : *Et tota Ecclesiastica patrimonia omnibus per Pedicas dividens.* Sic *Pedicans* pro *prædicans* in priori codice legendum esset, ita ut *pedicare*, sit per pedes metiri. Charta Alexandri VI. PP. ann. 1255. apud Ughellum tom. 1. part. 1. pag. 68 : *Terram quæ vocatur Duo foca, et unam Pedicam terræ et dimidiam de Anserano, unum filum salinæ in Pedica S. Aureæ, et tres filos salinæ in Pedica ultra Tiberim, etc.* Occurrit etiam ibid. pag. 140. in Bulla Joannis XIX. PP. et in alia pag. 143. [Chronic. Farfense apud Murator. tom. 2. part. 2. col. 524 : *Item Guinisius Negotians et Saxa jugalis ejus dederant filum salinæ in Pedica veteri.*]

¶ 3. **PEDICA**, Digitus pedis. Acta S. Christinæ tom. 4. Junii pag. 298 : *De quo quatuor rivi sanguinis, non ad Pedicas, sed per transversum pedis fluxerunt, in latitudine non modica.* Histor. Novient. Monast. apud Marten. tom. 3. Anecd. col. 1141 : *Cumque inibi per totum fere annum podagricus et chiragricus jacuisset, mures immitissimi extranei coloris ac formæ Pedicas pedum ipsius, ac digitos manuum corrodere cœperunt.* Acta S. Lidwinæ tom. 2. April. pag. 278 : *Adeo aggravatus fuit hujusmodi vigiliis, quod contractionem majoris Pedicæ* *dexteri pedis sui ex frigore reportavit.* Vide *Pedicus.*

¶ **PEDICARIUS.** Vide *Pedica* 1.

* **PEDICATUS,** *Multitude de gens allant à pié.* Glossar. Gall. Lat. ex Cod. reg. 7684.

¶ **PEDICEA,** Pediceca, pro Pedisequa, ancilla. Testament. Droconis *de Vaucelles* ann. 1358 : *Item do Alizonæ de Nigella Pediceæ meæ in retributionem et restitutionem servitiorum suorum mihi tempore recreato exhibitorum*, x. *libras Paris. Pediceca*, in Regesto 80. Chartophyl. reg. Ch. 543. ann. 1352.

¶ **PEDICIO,** *Saltuosus*, πηδητής, in Gloss. Lat. Gr.

¶ **PEDICLA.** Vide *Pedica* 1.

¶ **PEDICLI,** ἀσπεδόνες, Funiculi. Gloss. Lat. Græc. MSS. Sangerm.

¶ **PEDICRU,** Charta ad generis descriptionem pertinens, ab Angl. *Pedigree*, Generis descriptio, Gall. *Genealogie.* Charta ann. 1410. apud *Madox* Formul. Angl. pag. 15 : *Omnibus Christi fidelibus ad quos præsens Pedicru pervenerit etc. Noveritis nos inquisisse... de progenie et sanguine Johannis Shapwyk capellani, etc. Sigilla nostra huic præsenti Pedicru apposuimus.* Vide in *Pedatura*, pag. 172. col. 2.

PEDICULARE. Vide *Puduclare.*

¶ **PEDICULI** Pharaonis. Bernardus *de Breydenbach* in Itin. Hierosol. pag. 208 : *Porro locus ubi nocte illa mansimus plenus erat magnis Pediculis qui dicuntur Pediculi Pharaonis, et grandes sunt instar nucum avillanarum.*

PEDICULUM, ποδόψελον, in Gloss. Gr. Lat.

¶ 1. **PEDICULUS,** Carcer sic dictus quod in eo pedes reorum vinculis constringantur. Charta Philippi Augusti pro Communia Hesdinii ann. 1191 : *Quando fur capietur, Major et Jurati mittent furem in Pediculo, et postea tradetur Ballivo nostro Hesdinii, ut de ipso fure justitiam faciat.* Vide *Pedatum.*

¶ 2. **PEDICULUS,** Colliculus, monticulus, ni fallor. Vide infra *Poulum.*

PEDICUS, pro *Pedalis. Digiti Pedici*, pedum, in Vita B. Rayneri solitarii n. 2. [Vide *Pedica* 3.]

¶ **PEDIDA,** Pedidum. Vide *Pedagium.*

¶ **PEDIFICARE,** Calcare, pedibus proterere, per pedes metiri. Moretus in Antiquit. Navar. lib. 2. pag. 271. ex Tabular. S. Johannis Pinnat. : *Ipse Rex venit cum multitudine virorum et posuerunt terminum. Ipse Rex in equo suo Pedificando antecedebat, et alii viri post eum agmina multitudo confirmaverunt.... Circuierunt eum : sicut viderant Regem transeuntem, transierunt et ipsi per illam lineam de rigo.* Pag. 273 : *Et postea venit Rege Sancio Garseanis.... cum suos Varones et Abbates, et circuierunt illum pedibus suis, et confirmaverunt illud.* Ibid. pag. 381. ex eodem Tabul. : *Hæc est carta de illo termino de Labasal monasterio, quomodo partivit illa Rex Fortunio Garseanis alia vice in era* DCCCCXXXI. XIIII. *annos postquam Carolus Rex venit in Hispaniam. Quia sicut ab antiquitate requirebant suos terminos Labasales usque ad Aragon, antequam Sobales et Sarraceni disperserunt illo monasterio cum suos mesquinos, quando nondum erant illas villas populatas, venit ille Comite Galindó Aznar, et invitavit Regem Fortunium Garcianes, ut partirent illos terminos illis, et venerunt ad Labasal, et steterunt in die Sabatho et Dominico.... Et die Lunis manescente, Rege equitante suo equo Roselio cum totos suos Varones et Comite cum suos, etc.* Addit Moretus : *Prosigue en como corrieron en torno los terminos, y señalaron los majones, que va expressando;* id est, Tum enarrat quomodo terminos circuierunt, et dictos limites annotaverunt. Hinc discere est quid in agrorum limitibus figendis statuendisque olim apud Hispanos observatum fuerit. Vide *Pediare* et *Percalcare.*

* Qui usus tetram, alicui ecclesiæ concessam peragrandi, ut de ipsius limitibus constaret, apud nostrates etiam obtinuit. Charta Gaufr. episc. Carnot. ex Chartul. B. M. de Josaphat : *Ipso* (Hugone milite) *nos ducente profecti sumus ad locum, præeunte vel subsequente nos numeroso agmine, tam militum quam clericorum.... Priusquam nostrum inchoaremus officium* (consecrationis cœmeterii) *circumduxit nos undique per fines ejusdem terræ, de cujus dimidio prius donum fecerat, tanquam de vastitatis ejus desiderio nos afficere cupiens, etc.* Vide infra *Proculcare.*

¶ **PEDIGIARIUS.** Vide *Pedagium.*

* **PEDILIGULA,** Postilena, ut videtur, Gall. *Croupiere.* Vita S. Walth. tom. 1. Aug. pag. 259. col. 2 : *Ipse vero more clientum sarcinulas in vectura retro ligatas gestare solebat sotulares aut caligas garcionum suorum, et aliquoties desuper equorum Pediligulas, quas vulgo posturas vocant.* Vide *Postella* 1.

PEDIOLI. Vide *Pedules.*

¶ **PEDIS,** Idem quod *Peda*, in Recognit. de Volta num. 18. cap. 41. ex Archivo Principis *de Rohan* : *Item duos denarios Turonenses quos Bartholomeus Mecleri pro quadam Pede terre scita infra locum Rupismaure.*

¶ **PEDISQUA,** Pedisequa, ancilla. Chron. Corn. *Zantfliet* apud Marten. tom. 5. Ampliss. Collect. col. 130 : *Qui* (Valterus) *festinanter absque bracis et caligis, scuto et galea se muniens, ostium conclavis fortiter obseravit, emittens Pedisquam per murum, quæ casum Leodiensibus annuntiet.*

* **PEDISSECA,** pro Presbyteri ancilla. Lib. nig. 1. S. Vulfr. Abbavil. fol. 45. v°. : *Furnus Hispanietæ et domus cum tenemento, quæ fuerunt Mariæ, quæ fuit Pedisseca presbiteri Hispanietæ, xxv. sol.*

¶ **PEDISTALLUM,** Pedestallum, Basis, fulcrum, nostris *Pied-d'estal.* Acta B. Amædei Sabaudiæ Ducis tom. 3. Mart. pag. 895 : *Extracta est ab arca lignea... capsa argentea... cum Pedistallo pariter argenteo.* Et pag. 896 : *Ipsa capsa argentea est ponderis librarum centum quadraginta cum dimidia, et habet Pedestallum ligneum argento dealbatum et ornatum.*

PEDITARE, Pedes ire. Lambertus Ardensis pag. 83 :

Hinc socer, hinc soceri nati, proceresque propinqui,
Hinc populus Peditat, cui solo nomine guerræ
Sponte subit, vel adit tanti discrimina belli.

Vita Henrici Episcopi et Mart. num. 10 : *Vovit Peditando visitare reliquias S. Henrici.* [Iperius in Chron. S. Bertini part. 2. apud Marten. tom. 3. Anecd. col. 623 : *Nudis pedibus Peditantem usque Ipram duxit.* Occurrit apud Murator. tom. 12. col. 1028. 1047. et in Vita B. Lidwinæ tom. 2. April. pag. 316. Gloss. Lat. Gr. : *Pedito*, πεζεύω, pedes eo. *Peditare, aler de pié*, in Gloss. Lat. Gall. Gall. Sangerm.]

* Nostris *Pietoier*, Ambulare. Stat. pro parlam. ann. 1344. tom. 2. Ordinat. reg. Franc. pag. 223. art. 8 : *La cour seant, souvent sont venus plusieurs des seigneurs Pietoiant par salle du palais, dont c'est blame et deshoneste chose à euls et à la court.* Vide supra *Pedare.*

* *Paiteler* vero, pro Pedes trepido motu agitare, in Lit. remiss. ann. 1383. ex Reg. 123. Chartoph. reg. ch. 213 : *Jehan Vincent donna audit exposant tel cop dudit baston sur la teste, qu'il l'abati à terre aussi comme mort et Paitelant des piés, comme se il feust malade du hault mal.*

Peditanter, Pedes, *à pied.* Continuator Nangii ann. 1330 : *Peditanter ut pauper quærens eleemosynas in habitu Begardorum, etc.*

¶ 1. **PEDITATUS,** *Propagatio filiorum ac nepotum.* Gloss. vetus MS. Sangerm. num. 501.

* 2. **PEDITATUS,** *Compeditus, compeditatus, Prov. Enferrat*, in Glossar. Provinc. Lat. ex Cod. reg. 7657.

1. **PEDITURA.** Vide *Pedatura.*

** 2. **PEDITURA,** Vectigal, quod a viatoribus solvitur. Conventio episc. Lingon. et Senior. Cluniac. adversus Landricum Grossum de mercatoribus et de injusta Peditura circa ann. 1076. post Irmin. Polypt. pag. 362 : *Scilicet ut cunctis per terram meam iter agentibus, seu causa negotiationis seu orationis, exactionem, quam vulgo Pedituram vocant, imponerem, et hoc meos ab iis exigere juberem.*

¶ **PEDIVA** Pila, Quæ pede propulsatur. Litteræ Eduardi III. Reg. Angl ann. 1363. apud Rymer. tom. 6. pag. 417 : *Et jam dicta arte* (sagittandi) *quasi totaliter dimissa, idem populus ad jactus lapidum, lignorum, ferri, et quidam ad pilam manualem, Pedivam et bacularem, etc.*

* **PEDIVIA,** Semita, pedum via. Comput. ann. 1471. ex Tabul. S. Petri Insul. : *Item pro reparatione Pediviarum prædicti campanilis de plumbo coopertarum, etc.*

* **PEDO,** *Campio*, pugil, qui pedes pugnat. Usat. Barcin. Mss. cap. 47 : *Sacramenta burgensium credantur, ut militum, usque ad quinque uncias : deinde quidquam jurent, per bellum defendant, scilicet per Pedonem.*

PEDOCHIUM, seu *Pedocium*, Idem quod *Pedaticum*, seu tributum, in Statutis Ragusii lib. 7. cap. 56.

¶ **PEDOCUCULLI,** Cuculli pedum, in Notis Tyronis. Vide *Cucullus.*

PEDONES, Pedites milites, nostris *Pietons*, Italis *Pedoni*, Hispanis *Peon.* Simeon Dunelmensis ann. 1085 : *Solidariis Pedonibus, et sagittariis multis millibus conductis.* Adde eumdem ann. 1094. Tudebodus lib. 2 : *Occideruntque multos et nostris milites et Pedones.* Lib. 3 : *Imprimis exierunt Pedones Hugonis Magni, etc.* Raimundus de Agiles : *Duxerunt secum multos milites et Pedones.* [Caffarus Annal. Genuens. lib. 1. apud

Murator. tom. 6. col. 289 : *Omnes tam milites quam Pedones etc.*] In Gloss. Lat. Gr. : *Pedo, Plancus*, πλατύπους.

☞ Pedites *Paon, Paonniers* vocarunt Poetæ nostrates. Le Roman *d'Athis* MS. :

Lui et sa route ont si bien fait
Qu'auques les ont arriere trait,
Plus qu'à deux fois ne trait archiers,
Plusieurs en a fait Paonniers ;

eos vulnerando scilicet atque ex equis dejiciendo. Le Roman *de la Rose* MS. ubi ad scaccorum ludum spectat :

Et roys, et fox, et Paonnés,
Et chevaliers au gieu perdirent,
Et hors de l'eschequier saillirent....
Ou li rois perdit comme fos
Roys, chevaliers, Paons et fos.

Ubi MS. codex alter sign. 1534. in Bibl. Sangerman. habet, *Poons, Poonnés*, alii sign. 1526. et 1546. ibid. legunt, *Pionnes*. Eadem notione *Pietaille* usurpat le Roman *de la guerre de Troyes* MS. :

Rois Epistor, Rois Cellidis
Ot la grant gent de Focedis,
Feirent la septime des batailles,
Sans nue gent et sans Pietailles,
Mes à bucus Chevaliers eslis
De grant proesse et de grant pris.

Pedones, in Foris Aragon. lib. 1. pag. 35. ed. 1624. dicuntur, qui nostris *Manducatores*, de quibus in hac voce : *Prætextu alicujus resistentiæ vel rebelliæ eisdem factæ procedebantur ad appositionem Pedonum Regiorum in aliquibus de dictis locis, etc.* *Apposer garnison* vulgo dicimus.

* **PEDOROSUS**, *Che a sporchi li pedi.* Glossar. Lat. Ital. Ms.

¶ **PEDOTTÆ**, *Quorum est scire intrare et exire portus*, in Gloss. Barber. ad Docum. d'Amor. edit. Ubaldini pag. 257 :

Pedotte, e temonieri.

* **PEDREGATA**, Ludi genus, Hisp. *Pedregal*, Saxetum. Lit. remiss. ann. 1416. in Reg. 169. Chartoph. reg. ch. 226 : *Carbonerii villæ Molinæ ludebant cum taxillis ad ludum vocatum Pedregatam. Peiregade*, eodem sensu, in aliis Lit. ann. 1464. ex Reg. 199. ch. 551 : *Après souper les supplians et Paoul Arnaud se prindrent à jouer à la Peiregade, etc. Pensant en soy que ledit Paoul asseoit le dé, ou quoyque ce soit, le decevoit, etc.*

¶ **PEDRENYAL** Curt. [* Hisp. *Pedreñal.* Sclopus brevior.] Concil. Tarracon. ann. 1591. inter Hispan. tom. 4. pag. 511 : *Si quis beneficiatus.... tormentum hujusmodi, Pedrenyal curt vulgo dictum, detulisse convictus fuerit.... puniatur.*

* **PEDROLES**, idem quod *Pedules*, Pedum indumenta, tibialia. Rit. publ. pœnit. impos. homic. in eccl. Senen. ann. circ. 1220. apud Murator. tom. 5. Antiq. Ital. med. ævi col. 767 : *Pœnitens deponit vestes consuetas, et exuens sibi omnes pannos lineos, induit se asperam tunicam et cappam, si opus fuerit et caligas sine Pedrolibus, et scoffones, si friguerit, habeat in pedibus.*

¶ **PEDUALIS**, Idem qui *Pedagiator*, exactor pedagiorum. Tabular. S. Vincentii Cenoman. : *Quartus obsidum illorum nuncupatur Stephanus Pedualis Comitissæ, Walterii filius, qui tributa exigit a pontem transeuntibus*; quæ ultima verba si ad Walterium referantur, *Pedualis*, idem erit qui Pedisequus, Gall. *Page*.

¶ Pedualis, pro Pedalis, mensura pedis. Charta ann. 1250. in Tabular. S. Nicasii Rem. : *Quæ virga debet habere mensuram duorum Pedualium et dimidium.*

¶ **PEDUCLARE**, Peduculatio, Peduculus. Vide *Puduclare*.

PEDULES, Pedum indumenta, tibialia : *peduli*, Italis. Gloss. Keronis : *Pedules, Suelf, i. indumenta pedum.* Gloss. Basilic. : Πεδοῦλια, ποδῶν καλύμματα. Vetus interpres Juvenalis sat. 1. v. 3 : *Pedules novos in braccis, quos pedornes dicunt.* Cornelius Fronto de Differentiis vocabulorum : *Pedale, mensura est pedis : Pedula vero sub pedibus præstat utilitatem.* Ugutio et Jo. de Janua : *Pedules, pars caligarum quæ pedes capit.* Gloss. Lat. Gall. : *Pedules, Avant pié de chausses.* Gregorius Turon. de Vitis Patr. cap. 8 : *Denso cucullo, aptatus Pedulis pedes operuit.* Pœnitentiale Theodori cap. 3 : *In Abbatis vero ordinatione Episcopus debet Missam agere,.... et donet ei baculum et Pedules.* Leo IX. PP. Epist. 1. ad Patriarch. CP. cap. 37 : *Nempe refutat pes coronam, galeam, et pileum, caputque sandalia, vel Pedules ad suum non applicat usum.* Guigo in Vita S. Hugonis Episc. Gratianop. n. 30 : *Id etiam mandare curavit, ut de caligis Pedules abscinderet, quatenus præter pedes totus jaceret vestitus. Pedules limbati*, in lib. de Disciplina Scholarium cap. 2. Bulla Innoc. IV. de Instit. Clarissarum : *Omnes infirmæ habeant Pedules laneos, et si potest fieri, soleatos, quos cum necesse eis fuerit, in pedibus habeant, atque portent.* Regula earumdem cap. 8 : *Quæ indigent, Pediolis laneis, et calcitris uti possint.* Statuta Ordinis Cartusiensis : *Ad vestitum autem duo cilicia... 2. paria caligarum, 3. paria Pedulium,... sotulares diurnos et nocturnos.* Adde Ulpianum leg. 25. D. de Auro, argento, etc. (34,2.) Addit. 1. ad Capit. Caroli M. cap. 22. Regulam S. Benedicti cap. 55. Regulam S. Isidori cap. 13. Regulam S. Fructuosi cap. 4. Udalricum lib. 3. Consuet Cluniac. cap. 11. Vitam Christiani Mon. in prolegom. pag. 66. Gregor. Tur. in Vitis Patrum in Nicetio Lugd. Episc. Vitam S. Gilberti Sempringhamensis ex Capgravio n. 6. Capit. Theodori Cantuar. Archiep. cap. 3. Bernardum Priorem Portarum Ep. 3. Ordericum Vital. lib. 6. pag. 601. Nomasticum Cisterciense pag. 354. Joan Villaneum lib. 2. cap. 7. Cujacium lib. 5. Observat. c. 11. Salmasium ad Lampridium, præterea Haeftenum lib. 5. Disquisit. Monast. tract. 2. Ex quibus emendandus auctor Vitæ B. Rogerii Abb. Ellantii n. 12. apud Bollandum tom. 1. ubi perperam *pedales*, pro *pedules* irrepsit. [Haud scio tamen an mendum sit, cum pluries alibi occurrat. Vide *Pedalis* 1.]

Pedule, in notis Tyronis pag. 196. [Charta ann. 1348. tom. 2. Hist. Dalph. pag. 578. col. 2 : *Quando et quoties tunicas et scapularia, caligas et pedulia... de novo recipient, etc.*]

* Pedulus, *Avantpiés*, in Glossar. Lat. Gallic. ann. 1352. ex Cod. reg. 4120. Aliud Lat. Ital. Ms. : *Pedulus, Lo calceto de tela.*

** **PEDULLANEUM** Lignum, Lignum betullæ, Gall. *Bouleau.* Miracul. S. Oudalrici Ep. apud Pertz. Script. tom. 4. pag. 419 : *Concidit sibi baculum de ligno Pedullaneo, etc.*

¶ **PEDUM**, Pondus, portio. Capitul. MSS. S. Victoris Massil. : *Dum infirmi fuerint in convalescentia, postquam conceduntur eis carnes, quorum Pedum debet inter duo monachos unum quartonem mutonis cum media libra carnium salsarum, etc.* Vide *Pensa*.

¶ **PEDUNCULUS**, Pediculus. Luitprandus in Hist. apud Murator. tom. 2. pag. 431 : *Minutis quippe vermibus, quos Pedunculos aiunt, vehementer afflictus spiritum reddidit.* [** Ita etiam nonnulli apud Plinium legunt. Vide Forcellinum in *Pediculus. Peduncularia herba* apud Marcel. Empir. 1. pro *Pedicularia.*]

* **PEDUS** Navis, *Funes quibus tenduntur.* Glossar. vet. ex Cod. reg. 7641. Vide supra *Pedestellæ*.

* **PEDUX**, *Lo laciolo de pedi*, in Glossar. Lat. Ital. Ms.

* **PEDUZO**. Mirac. S. Angeli Carmelit. tom. 2. Maii pag. 94. col. 1 : *Jacobus de Labiso.... vidit quemdam Antonium Morinellum, alias Peduzo dictum, a vitio pedis, quem habebat inversum, unde et claudicabat, etc.*

* **PEFELLIT**, *Latuit*, in vet. Glossar. ex Cod. reg. 7641.

¶ **PEGA**, Pix, picea materia, Provincialibus *Pego*. Charta ann. 1497 : *Neque etiam dicti domini licentiam dare valeant ac possint aliquibus exteris in dictis mauris legneirandi,... ac Pegas faciendi.* Vide *Pegua* et *Pegunta*. Est etiam *Pega*, vulgo *le pega*, apud Tolosates mensura vinaria quæ octo sextarios Parisienses continet. Vide *Peguarium*. Nescio an eadem notione accipienda vox *Pegacius*.

* *Peghe*, eadem notione, in Charta ann. 1374. ex Reg. 198. Chartoph. reg. ch. 360. *Pegue*, in Lit. remiss. ann. 1409. ex Reg. 164. ch. 26 : *Icellui poix ou Pegue fist mesler avec deux ecuelles de miel, etc.* Vide infra *Pegua*.

* **PEGAGIUM**, idem quod *Pedagium*. Tributum quod penditur. Charta Phil. Pulc. ann. 1313. in Reg. B. Cam. Comput. Paris. fol. 152. r° : *Item apud Bruerias medietatem Pegagii villæ ejusdem, et emendas ipsius medietatis Pegagii.*

¶ **PEGACIUS**, in Tabul. Camalariensi diœc. Anic. : *Ad pinos est una appendaria quæ reddit* IV. *Pegacios.* Vide *Pega*.

* **PEGALO**, vox Aremorica, a *Peg*, pix, ut videtur. Lit. remiss. ann. 1474. in Reg. 195. Chartoph. reg. ch. 1387 : *L'un desquelz compaignons s'adreça au suppliant et lui dist ces mots, Pegalo; aquoy ledit suppliant respondit qu'il n'estoit point Breton, et qu'il n'y entendoit riens.* Nisi sit pro *Pehano*, quod nomen tibi est? ut legitur in Diction. D. *le Pelletier*.

* **PEGANIS**. Alex. Iatrosoph. Ms. lib. 1. Passion. cap. 140 : *Similiter autem et Peganis, quam quidam dyapeganon appellant, satis in profundo potest flegmonem digerere per se.*

* **PEGAR**, Pegarius, Mensura liquidorum apud Occitanos, continens octo sextarios Parisienses, nostris *Peghe;* unde *Pigour*, qui ejusmodi mensuras facit. *Peguad*, apud

Rabelais. lib. 1. cap. 22. Charta ann. 1391. in Reg. 142. Chartoph. reg. ch. 68 : *Item pro duabus sarcinatis et tribus Pegariis vini, annui census et redditus, quos religiosi dominus prior et domina prioressa manasterii B. M. de Prolhiano titulo legati acquisiverunt.*. Martyrol. eccl. SS. Steph. et Sebast. Narbon. ann. 1482 : *Poncius Capi de Pini dimisit ecclesiæ S. Stephani duo Pegar olei.... Arnalda uxor Stephani Filioli dimisit ecclesiæ S. Stephani Pegar olei annuatim.* Libert. villæ *d'Aigueperse* ann. 1374. in Reg. 198. ch. 360 : *Item le Pigour devra l'an deux Peghes de peghe de l'aide.* Vide *Peguarium* et *Bicarium*.

PEGASO, *Homo jocularis*, in Glossis antiquis MSS. [Petauristam interpretatur Martinius.]

¶ **PEGATICUM**, Idem quod *Pedaticum* seu *Pedagium*. Vide in hac voce. Saisimentum Comit. Tolos. ann. 1271. tom. 1. Annal. Tolos. inter Instr. pag. 28 : *Item dominus Comes prænominatus concessit monachis ejusdem monasterii, quod ipsi et eorum res propriæ eant et redeant libere per totam terram suam et per aquam sine ullo Pegatico, quod ei vel suis successoribus non præbeant.*

¶ **PEGAVIENSIS** Monetæ schediasma Jenæ ann. 1695. edidit Joh. And. Schmidius; quem consule, si lubet.

PEGEN, Anglis veteribus, *Liberalis homo*, in Legibus Canuti Regis de Forestis cap. 1. 12.sed ibi legendum þegen contendit Spelmannus, ut *thainus* intelligatur, de qua voce suo loco.

* **PEGERARE**, pro *Pejorare*, Pejorem facere, reddere. Charta ann. 870. apud Murator. tom. 3. Antiq. Ital. med. ævi col. 156 : *Si vero, quod absit, ex ipso censo negligens fueritis aut reddere recusaveritis, vel, quod non credimus, ipsas res Pegeraveritis, auro libras xxv. ad ipsum monasterium ejusque rectoribus persolvere debeatis.*

* **PEGIA**. Charta ann. 1328. ex Cod. reg. 10197. 2. 2. fol. 92. v°. : *Requisisti.... de conferendo Willelmo..... custodiam sive officium de pannis et Pegiis pannorum ad ramas custodiendum.... Conferimus prædicto Willelmo.... prædictum officium.... in hunc modum, videlicet quod panni et Pegiæ pannorum erunt interim sub ejus custodia et fortuna, a tempore quo ad ramas positi fuerint, quousque fuerint depositi et deliberati magistro ramarum aut famulis ejus aut domino pannorum et Pegiarum.* Forte pro *Pergia*, pertica, Gall. *Perche* : unde *Aparchis*, Locus, ubi panni in perticis extenduntur, ut infra *Pentorium*, in Stat. ann. 1361. tom. 3. Ordinat. reg. Franc. pag. 517. art. 24 : *Un chascun puet lever un mestier en son hostel à tixtre draps et Aparchis pour couroier lesdiz draps. Apercher* quippe est Perticis fulcire, in Vita J. C. Ms. Vide supra in *Cooperatus*.

* **PEGIE**, Sub protectione regia, qua gaudent itinerantes per vias publicas. Lit. remiss. ann. 1355. in Reg. 84. Chartoph. reg. ch. 341 : *Cum Andreas, dictus Chicaut, pacifice super unum equum per viam publicam equitaret veniendo de S. Clodoaldo versus villam de Menus, in qua Pegie et causa suorum negotiorum peragendorum iverat, etc.* Vide *Pegium* et *Pergus*.

¶ **PEGIMENTUM**, pro *Pigmentum*, ni fallor, in Statutis MSS. ann. 1208. pro Monast. S. Victoris Massiliensis : *A dispensatore de piscibus et Pegimento et nebulis et mortariolo secundum antiquam monasterii consuetudinem temporibus constitutis, et a Celerario lardum, vel oleum et non sagimen prestari mandamus.*

PEGIUM, Jurisdictio in viis publicis, *Pax regia*, unde forte nomen, ex Gallico *Paix*. Charta Simonis Episc. Noviom. ann. 1139. in M. Pastorali Eccles. Paris. lib. 13. ch. 7 : *Tres pastus habet unoquoque anno in Viriaco sine oppressione hominum. Via publica, quæ vulgo Pegium dicitur, est Advocati, et latro, et injusta mensura, etc.*

¶ **PEGMA**, *Machina lignea in qua statuæ collocabantur*, in Amalth. vox Latinis haud ignota. *Pegma crucis*, in Actis S. Cassiani metrice descriptis apud Illust. Fontaninum in Antiquit. Hortæ pag. 353 :

Hoc etiam Verbum carnis ceu sumserit ortum
Edocet in populis, rescrans arcana Tonantis,
Pegma crucis subiisse, hinc infernum spoliasse.

* **PEGNA**, Rupes, collis, unde diminut. *Pegnella*. Charta fundat. abb. Aquilar. ann. 832. inter Probat. tom. 1. Præmonst. col. 104 : *Erat ipsa ecclesia fundata latus unæ Pegnæ, et subtus ipsa Pegna invenit aliam ecclesiam cum tres titulos.* Col. 105 : *Dedit de sua hæreditate a parte hujus regulæ, id est, in Pegna de Aranda sua portione, etc. De illa Pegnella usque a summo cerro, etc.*

¶ **PEGOLA**, vox Italica, Pix, picea materia, Gall. *Poix*. Statuta Riper. cap. 12. fol. 5. v°. : *De quolibet barili Pegolæ pro introitu denarii sex.* Vide *Pega*.

* **PEGOLOTUS**, Qui *pegolam* seu picem vendit. Stat. Avellæ ann. 1496. cap. 172. ex Cod. reg. 4624 : *Quod aliqui Pegoloti.... et aliis quivis non debeant..... ire hostiatim per locum Avillianæ.... ad vendendum mercerias.* Vide *Pegola*.

¶ **PEGORARIUS**, pro *Pecorarius*. Vide in hac voce. Ab Ital. *Pecoraio*. Chron. Parmense ad ann. 1277. apud Murator. tom. 9. col. 790 : *Et preliando ibi cum illis de dicta parte, Pegorarii de castro Gualterio cum hominibus de contrata velociter cucurrerunt, et dictos malefactores pro majori parte ceperunt.*

¶ **PEGUA**, Pix, Gall. *Poix*, Massiliensibus *Pegue*. Charta ann. 1243. ex Tabular. Communiæ Massil. : *Item pro carricha Peguæ quæ de Massilia extrahetur* XII. *denarii.* Vide *Pega* et *Pegunta*.

* Unde *Pegouse* appellatus piscis quidam, in Tract. Ms. de Pisc. cap. 94. ex Cod. reg. 6838. C. : *Solea oculata Massiliæ frequens est, ubi et apud nos Pegouse dicitur ab squamarum tenacitate.* Vide supra *Pega*.

¶ **PEGUARIUM**, Peguarius, Mensura vinaria apud Tolosates octo sextarios Parisienses continens. Litteræ Johannis Franc. Reg. ann. 1356. tom. 3. Ordinat. pag. 76 : *Item quod de quolibet dolio vini quod vendetur in taberna in villa prædicta, dicti Consules ejusdem pro dictis suis clausuris faciendis, habeant sexdecim Peguaria vini, et de quolibet dolis vini quod ibidem vendetur per laicos in grosso, quatuor solidos Turon.* Vetus Ceremoniale MS. B. M. Deauratæ Tolos. : *Pro duobus Peguariis, quia Domus Deauratæ tenetur dare in isto die illos duos Peguarios vini. Deinde ex illis duobus Peguariis vini Prior distribuit illis monachis existentibus in reffectorio juxta ejus voluntatem.* Vide *Pega* et *Pegar*.

¶ **PEGULA**, ut supra *Pegola*, Pix. Locus est infra in *Peza*.

* **PEGULUS**, Cumulatus, Gall. *Comble*. Terrear. Bellijoc. fol. 11. r°. : *Recognoscit pro se et suis se bene et legitime debere.... decem copponos silliginis, unum rasum cum dimidio et unum copponum avenæ Pegulum ad prædictam mensuram Bellijoci.* Ibid. fol. 308 : *Unam cuppam siliginis Pegulam.*

PEGUNTA, Pix, picea materia, ex Hispanico *Pegote*. Secunda Curia Generalis Cataloniæ sub Jacobo Rege Arag. ann. 1299 : *Nec etiam aliquis possit extrahere de terra nostra istas res prohibitas, scilicet Peguntam, cepum, alquitranum, fustam, canabum, etc.* Occurrit etiam in Charta ejusd. Regis ann. 1274. Vide *Pegua*.

* **PEIA**, Præstatio, tributum, quod penditur. Charta ann. 1277. in Chartul. Cluniac. ch. 276 : *Item tertiam partem duarum Peiarum et tertiam partem unius corveiæ sex boum, etc.* Vide *Payare*.

¶ **PEJA**, Perga, Pedica, Gall. *Piege*. Inquesta ann. 1308. ex Schedis V. Cl. *Lancelot* : *Captus in una ex Pergis quas venatores Prioris Balneolis tetenderant in quodam nemore causa capiendi lupos... sic captus in dicta Perga confessus est se furatum fuisse tres cirogrillos.* Ibidem : *Captus in una Peja dum furtive accipiebat cuniculos in ceponibus.* Rursum : *Duas Pejas ad capiendum lupos... Amaranus captus in una dictarum Pejarum.* Tabular. Camalar. in diœc. Anic. : *Ademarus Archatius donavit terram de Laspoleiras, cujus exitus est una dorcha de Peja,* hoc est, ni fallor, una dama in retibus capta. Alia notione, nempe pro minutiori quadam moneta, accipienda vox *Pejaz* apud Thomasserium in Biturig. pag. 333 : *Qui vent poiz à Bourges, soit defors ou dedans, il doibt un Pejaz pour toute l'année.* Vide *Peiosa*.

PEJANA, Luis equorum species. Historia Cortusiorum lib. 1. cap. 20 : *Asserens... equos quasi omnes infirmatos peste quadam, quæ dicitur Pejane etc.* Videtur legendum *pedana*. Vide in hac voce.

¶ **PEICHIA**, Modus agri, Gall. *Piece de terre*. Charta ann. 1241. ex Tabular. B. M. de Bono-nuntio Rotomag. : *Noveritis me... reddidisse Deo et B. M. de Prato et religioso viro Johanni de Quinevilla Priori et ejusdem loci conventui unam Peichiam terræ... absque aliqua mei vel alicujus heredum meorum in prædicta Peichia terræ de cætero reclamatione.* Vide *Pecia*.

PEJERARIUM. Epistola 21. inter Cyprianicas : *Saluta Numeriam et Candidam, quæ secundum Pauli præceptum, et cæterorum Martyrum, quorum nomina subjicio, Bassi in Pejerario, Mappalici in quæstione, Fortunionis in carcere, Pauli a quæstione, Fortunatæ, Victorini, etc. qui Deo volente in carcere fame necati sunt.* Ubi Pamelius opinatur *pejerarium* dici locum tormentorum in quo multi fideles jam pejerarant. Nec scio an feliciori conjectura Ludovicus *d'Orleans* ad lib. 1. et 3. Annal. Taciti, *Pejerarium* dici carcerem, in quem conjiciebantur ii qui se perjurio maculassent, existimet. [Melius, in fallor, Rigaltius conjicit legendum esse in *Petrario*, id est, in lapidicina.]

* **PEILERA**, f. Ager pascuus, locus palustris. Charta ann. 1221. in Reg. 30. Chartoph. reg. ch. 11 : *Nos Sicardus de Montealto recepimus de domino comite Almarrico... totam terram, quam Sicardus de Lauraco habebat et tenebat cum suis pertinentiis, exceptis Peileris plantis. Peleiriis*, in Reg. feud. senescal. Carcass. etc. fol. 41. v°.

¶ **PEILHA**, Pellis. Vide infra *Pelharius*.

* **PEILLERIUS**, Pelherius, Qui pelles parat et vendit, in Stat. ann. 1272. inter Probat. tom. 1. Hist. Nem. pag. 98. col. 2. Vide *Pelharius*.

¶ **PEJOR**, Pejus, id est, Minoris pretii. Charta ann. 1244. in Tabular. Betun. fol. 45 : *Debet autem frumentum esse Pejus meliore quatuor denariis ad quadrigam quod in foro Bethuniensi invenietur. Mixtura autem debet esse Pejor duobus denariis meliori avena quæ in foro Bethuniensi invenietur.* Occurrit passim in eodem Tabulario.

¶ 1. **PEJORAMENTUM**, Damnum, jactura, detrimentum. Statuta Massil. lib. 4. cap. 21 : *Si quis alterius avere in nave, vel ligno aliquo positum sive oneratum, puta coria, vel becunas seu stannum, vel aliquas alias merces sine voluntate domini illarum mercium dissolvit, vel dissolveret seu dissularet, et damnum aliquod in dictis mercibus dissolutis, sive Pejoramentum proinde contingeret, statuimus, etc.*

¶ Pejoratio, Eadem notione, in iisdem Statutis cap. 30 : *De jactu mercium in mari. Damnum illius jactus, et Pejoratio mercium propter jactum illum facta, super totum avere, quod in nave dicta, vel ligno tempore illius jactus remanserit, nave etiam, vel ligno ita salvatis ibi computatis, per solidum et libram adæquentur, vel contributio inde fiat, in qua contributione, avere dictum quod jactum est, et merces inde Pejorata computentur.*

* 2. **PEJORAMENTUM**, ubi de monetis, idem sonat quod Gallicum *Alliage*, quo materia aurea vel argentea *pejor* redditur. Stat. Ludov. VIII. ann. 1225. in Reg. Cam. Comput. sign. *Noster* fol. 199 : *Sciendum est quod in principio monetæ, operarii tenentur venire coram magistris juraturi, quod in argento nullum ponent Pejoramentum, nec polluent denarios ullo modo.* Ubi *Uniamentum*, pro *Pejoramentum*, legitur tom. 2. Ordinat. reg. Franc. inter notas pag. 141. Vide *Pollucio*.

1. **PEJORARE**, Impejorare, Pejorem facere, reddere, apud Paulum lib. 2. Sentent. tit. 28. In Addit. ad legem Frision. tit. 11. § 1. de equo præstito : *Si forte Pejoratum reddiderit, componat ei juxta quantitatem qua rem ejus impejoravit.* Vide Statuta Ord. Præmonst. distinct. 3. cap. 1.

¶ Pejorare, Magis ægrotare. Acta S. Herculani tom. 1. Martii pag. 54 : *Et quanto plus aliquis medicabatur, tanto plus Pejorabat.*

* 2. **PEJORARE**, Infamiæ notam alicui inurere, Gall. *Décrier, noircir*. Chron. Joan. Whethamst. edit. Hearn. pag. 365 : *Tam graviter granditerque apud regem Pejoratus fuerat ac etiam accusatus, ut, etc.*

* **PEJORESCERE**, Pejor fieri. Charta Beatr. comit. Cabilon. ann. 1212. in Chartul. Cluniac. : *Si vero, quod absit, contigerit quod moneta Cluniacensis tantum pondere et lege Pejorescat, quod marca argenti minus duos solidos, quam tempore meæ concessionis valebat, etc.*

* At vero *Avoir le pejor*, in Guill. Tyrii contin. Hist. apud Marten. tom. 5. Ampl. Collect. col. 598. idem sonat quod vulgare *Avoir du dessous*, In pejus abire, male accipi : *Quan li escuier du temple et de l'Ospital virent que lor maistres s'estoient feris entre les Sarasins, et qu'il en avoient le Pejor, si tornerent en face à tot lor hernois etc. Puir*, eodem, ni fallor, sensu, in Lit. remiss. ann. 1391. ex Reg. 142. Chartoph. reg. ch. 20 : *Icellui Bernart dist audit Duchesne, que se Jehan de Sapigneux y survenoit, que la chose pourroit bien Puir, ou il le pourroit bien courrecier. Pieur*, pro *Pire*, pejor, in Charta ann. 1415. ex Chartul. Corb. sign. *Ezechiel* fol. 11. r°. : *Un journel de bos, ... ne du Pieur, ne du milleur.* Ita quoque in Pœm. *du Riche homme et du Ladre* Ms. :

> Après yauls sont guerrieur,
> De toutes gens n'est nul Pieur,
> Qui ardent villes et moustiers.

Piour, eodem sensu, in Pœm. *Le Caton en Roman* :

> Doit on les mains Piours eslire.

Poior, in Serm. xiv. sæc. ex Cod. S. Vict. Paris. : *Autre gent mettent avant lor bon vin et lo meillor qu'il ont à lor noces au commancement, et quant il sunt de celui échaufé, lors aportent il lo Poior.*

¶ **PEIOSA**, Nummulus, minutior moneta, eadem forte quæ *Picta*. Tabularium S. Nicasii Rem. : *Recognoverunt se teneri annuatim..... Ecclesiæ Sancti Nicasii Remensis in sex denariis Parisiensibus et una Peiosa annui recti census.* Vide *Peja*.

¶ **PEIREIRA**, Machina bellica qua jactantur lapides, Gall. *Perriere*. Tabular. S. Martialis Lemovic. : *Populus Lemovicensis emit decem Peireiras contra Philippum Regem.* Ibidem : *Instructæ sunt hoc anno decem Peireiræ super muros Lemovicenses.* Vide *Petraria* 3.

¶ **PEIRERIA**, Lapicidina, Gall. *Carriere*. Pancharta Monast. S. Stephani de Vallibus apud Xantones Ch. 36 : *Concessi... quicquid juris habebam in Peireria sive in lapidicina de Vallibus que vocatur Katipeau.* Sententia arbitr. ann. 1292. inter abbat. et consul. Gimont. : *Sibi liceat extrahere et accipere libere lapides et petras ad suam voluntatem de omnibus et singulis Peireriis et locis ex quibus lapides et petræ extrahuntur.* Pluries ibi. Statuta Massil. lib. 6. cap. 65 : *Statuimus quod omnes lapides qui apportabuntur ad hanc Massiliæ civitatem, vel ejus territorium venales de Peireria Columnæ seu de quocumque alio loco, sint a modo de bona et sufficienti materia lapidea ad cognitionem arbitrorum proborum.* Vide *Petraria* 1.

¶ Peyreria, Eadem notione, in Regesto 95. Chartophyl. reg. Ch. 133 : *Cum furnis panis et calcis, ac Peyreriis, etc.* Occurrit etiam in Charta ann. 1470. ex Tabular. S. Victoris Massil.

¶ **PEIRERIUS**, Latomus, lapidicida, Gall. *Carrier*, in Charta ann. 1369. ex Archivo Massil.

¶ **PEIROL**, Lebes, cacabus, Gall. *Chauderon*. Charta ann. 1525. in Tabular. S. Victoris Massil. : *Emptio cacabi sive Peirol cupri ad tinturandum retia, una cum suis furnimentis et pertinentiis, etc.* Vide *Payrolia*.

* Peirola, Peirolus, Provincialibus *Peirolo, Peirou*, apud Pell. in Diction. Prov. prima voce Lebes minor, altera major significari videtur. Inquisit. ann. 1268. ex sched. Pr. *de Mauzaugues* : *Habuit unam Peirolam et unam capam pro banno.* Ibidem : *Pignoraverunt.... de uno Peirolo, quem restituit.* Bursum infra : *Pignoravit ibi Gorgolam de Arelate de una Peirola et una capa.* Vide supra *Pairola*. Hinc

¶ **PEIROLIUS**, Lebetum faber, vel venditor, Gall. *Chauderonnier*. Statuta Montis Regal. fol. 206 : *Et Peirolii teneantur ad vendendum juxta puteum novum plateæ, et non alibi.*

¶ 1. **PEIRONUS**, Jus erigendi *Peironum* inter insignia superioris justitiæ recensetur, in Charta ann. 1443. ex Schedis Peiresc. apud Præs. *de Mazaugues* : *Ab inde in antea tenere et erigere furca, patibula, Peironum, et alia signa executionis justitiæ regaliarum.* Quæ voces, ni fallor, unum idemque sonant, aut parum inter se differunt. *Peironus* ergo est Patibulum ex *petris* seu lapidibus exstructum. Vide *Furca*. [** Idem videtur quod *Pilorium*. Vide in hac voce.]

¶ 2. **PEIRONUS**, Podium, Gall. *Perron*. Charta ann. 1212. in Tabul. S. Victoris Massil. : *Actum ad Peironum S. Ferreoli.*

* 3. **PEIRONUS**, Meta lapidea. Charta ann. 1234. qua territorium Avenionis cum dominis de Berbentana terminatur, ex Cod. reg. 4659 : *Sicut ducit caminum Arelatense versus circum usque ad Peironum, qui est in camino Arelatensi, et ab ipso Peirono usque ad Durentiam.* Inquisit. ann. 1268. jamjam laudata : *Sicut protenditur a dicto deffenso per claperios et partidam tenementi Arelatis et Auriculæ usque ad primum Peironum, .., in quo Peirono sunt litteræ sculptæ, et a dicto Peirono, sicut protenditur recta linea usque ad aliud Peironum, in quo similiter sunt litteræ sculptæ, et a dicto secundo Peirono usque ad tertium Peironum.*

¶ **PEISA**. Vide *Pensa*.

* **PEISIA**, Ager pisis consitus, nostris alias *Pesiere* et *Peziere*. Charta Henr. Hosati inter Probat. tom. 1. Annal. Præmonst. col. 535 : *Dedi totam decimam esserti mei de Standene, ... præter unam Peisiam, quæ ad ecclesiam de Herting pertinet.* Lit. remiss. ann. 1358. in Reg. 86. Chartoph. reg. ch. 164 : *Lesquels furent un soir par nuit en une Peziere, ... de laquelle il voloient apporter des rains et des cosses, pour faire une groslee aus champs.* Aliæ ann. 1392. in Reg. 143. ch. 102 : *L'exposant pour garder des coulons et bestes une Pesiere qu'il avit emmy les champs, loua pour le pris de huit solz Parisis un jeune enfant.* Vide *Pisia*.

PEISSELLUS, Paxillus, ex Gallico *Peisseau*. [* *Peissel*.] Libertates oppidi Jasseronis in Sebusiis ann. 1283 : *Concedentes in dictis nemoribus plenum usum videlicet pro* *domibus, grangiis,... Peissellis, et vimine ad ligandum pallicias, etc.*

* Unde *Peyseller*, Paxilis vineam fulcire, in Lit. remiss. ann. 1480. ex Reg. 207. Chartoph. reg. ch. 21 : *Jehan Foncquier dist au suppliant s'il vouloit venir avecques lui faire du Peyssel, pour Peysseller les vignes.* Vide supra *Paissellare.*

PEISSONAGIUM, Idem quod *Pastionaticum*, census pro pastione porcorum. Libertates oppidi Jasseronis in Sebusiis ann. 1283 : *Item concedimus prædictis hominibus quod ipsi imponant et pasquent in dictis nemoribus nostris... duos porcos absque Peissonagio : de aliis vero porcis, quos pro peyssonando imposuerint in dictis nemoribus, peyssonagium nobis solvere teneantur.* Vide *Pastio* et *Paisso.*

¶ Peysonagium, Eodem significatu, in Litteris ann. 1324. tom. 1. Hist. Dalph. pag. 148 : *Salvo emolumento pro fenagio seu Peysonagio ibidem levari consueto.* Vide ibid. pag. 116.

¶ **PEISSONARIUS**, Peissonerius, Peissoneria, Gall. *Poissonier* et *Poissoniere*, Provincialibus *Peissounié*, Qui vel quæ pisces vendit. Vetus Necrolog. S. Salvatoris Aquensis : *Anno Domini 1319. 2. id. Maii, obiit Amelia Peissoneria filia Petri Amelii Peissonerii, qui reliquit etc.* Instrum. ann. 1321. ex Schedis Præs. *de Mazaugues : Stare Joannis Peissonerii.* Charta ann. 1452. ex Archivis Piscatorum Massil. : *Quod piscatores non audeant vendere Peissonariis privatis aut extraneis antequam sit meridies.* Vide *Peyssonaria.*

* *Peychonier*, in Lit. ann. 1330. tom. 2. Ordinat. reg. Franc. pag. 56. art. 4.

PEITARE, vel Peytare, Solvere. *Peyterius*, qui solvit, qui tributis obnoxius est. Charta Adelfonsi Regis Aragonum æræ 1153 : *Et insuper Peitet mihi mille Moravedinos.* Salanova Examinius Justitia Aragonum, apud Hieron. Blancam, de Infantionibus : *Non contribuunt cum Peyteriis in exactionibus regalibus, vel vicinalibus, nisi tempore guerræ.* Infra : *Si Peiterius Regis in domibus Infancionis steterit commodatus; non Peytabit pro domibus vel mobilibus, etc. sed pro hæreditatibus signi Regis Peytabit.* Rursum : *Si Peyterius Regis in villa Regis voluerit stare in domibus Infancionis, ut Exarichus, vel alter; pro omnibus tam mobilibus, quam immobilibus et se moventibus, Peytabit Regi, salvo pro hæreditatibus Infancionis.*

Peytæ, Præstationes, tributa. Passio B. Dominici Martyris Cæsaraugustani : *Ut quicumque occulte furaretur aut raperet parvulum Christianum, et eis* (Judæis) *traderet ut morti daretur, esset ab omnibus Peytis ac tribulationibus et impositionibus quibuscumque per eos solvendis exemtus.* Idem Salanova apud Mich. *del Molino* in Repertorio pag. 75 : *Debent tamen vocari terras tenentes per vicinos illius loci, quando Peitas imponunt, ne ultra modum graventur.* Vide eumdem in *Peyta.*

¶ **PEIVRE**, a Gall. *Poivre*, Piper. Charta apud *Madox* Formul. Anglic. pag. 181 : *Reddendo annuatim unam libram de Peivre ad festum S. Michaelis.*

¶ 1. **PELA**, Castellum, arx, Anglis *Pile* vel *Pille.* Charta Henrici Regis Angl. ann. 1399. apud Rymer. tom. 8. pag. 95 : *De gratia nostra speciali et ex certa scientia nostra, dedimus et concessimus eidem Comiti Northumbriæ insulam, castrum, Pelam, et dominium de Nan... Castrum, Pelam et dominium prædicta una cum regaliis.* Alia ejusd. Regis ann. 1403. ibid. pag. 289 : *Dedimus et concessimus... omnimoda alia dominia, castra, Pelas, fortalitia, maneria, villas, hameletta, etc.* Occurrit rursus infra.

¶ Pelum, Eadem notione, in Charta Edwardi III. Reg. Angl. ann. 1336. apud eumdem Rymer. tom. 4. pag. 686 : *Quod custodes omnium aliorum castrorum, Pelorum et fortalitiorum, in dicta terra Scotiæ, et alii in eis ad fidem nostram commorantes, eadem castra, Pela et fortalitia libere et absque perturbatione qualibet exire... valeant. In Pelo de Horton latuit*, apud Joh. Trokelov. in Annal. Edwardi II. pag. 42.

¶ 2. **PELA**, a Gall. *Pele*, Batillus, pala. Codex MS. redituum Episcopat. Autissiod. ann. circ. 1290 : *De sale chariato ad Pelam absque brunello habet Episcopus unum denarium.* Vide *Pelia.*

* Unde *Pellir*, *Pela* cogere, in Charta ann. 1411. ex Tabul. episc. Carnot.

¶ **PELAGARIS** Ventus, Gall. *Vent de mer*, Australis ventus. Acta B. Raynerii tom. 3. Junii pag. 464 : *Tunc ventus Pelagaris qui sic a nobis dicitur, cœpit fortiter flare.*

* **PELAGIA**, Pilus. Stat. Taur. ann. 1360. cap. 36. ex Cod. reg. 4622. A. : *Debeant accusare ipsis judicibus omnes alias personas, quas juraverint facere pannos fraudulentos, maxime in quibus reperietur Pelagia bona caprarum. Pelaige*, eodem sensu, in Lit. remiss. ann. 1469. ex Reg. 196. Chartoph. reg. ch. 262 : *Lesquelz compaignons trouverent en ung pasquier.... une jument de Pelaige grisart.* Ejusdem originis videtur vox Gallica *Pelaille*, qua hominum quisquiliæ significantur. Lit. remiss. ann. 1450. ex Reg. 184. ch. 90 : *Vous ne daigneriez boire avec telle Pelaille que nous sommes, comme vous nous appellé.* Vide infra *Pelanus* 1.

1. **PELAGIUM**, vulgo *Pelage*, Præstationis species, cujus mentio est in Consuetudine Meduntensi art. 196. quæ scilicet pro appulsu navium vinum ad littus deferentium exigitur, ab *appellendo* dicta, ut in Adversariis MSS. Augusti Gallandii Patroni Paris. doctissimi legisse me memini. [Computus ann. 1318 : *Item de Pelagiis, 4. lib. 10. sol.*] Vide *Arripagium* [in *Adripare*, et *Palagium.*]

* 2. **PELAGIUM**, Pellis. Stat. Taur. ann. 1360. cap. 86. ex Cod. reg. 4622. A. : *Nullus beccarius.... imponat alicui bestiæ feminini generis, seu faciat aut teneat vestem seu Pelagium, vel scindere præsumat Pelagium alicujus bestiæ in fraudem.*

* 3. **PELAGIUM**, Mendose pro *Pedagium*, in lemmate cap. 138. Correct. stat. Cadubr. : *Quod patroni stratarum proclamatarum non possint impedire transire volentes, soluto Pelagio.* In capite legitur *Pedagium.* Vide infra *Pellagium* 2.

PELAGUS, Quævis aqua seu unda, etiam fluvialis. In Glossis Isid. : *Pelagus, prœluvium.* [Constantiensis : *Pelagus, eluvium.* Forte *proluvium*, et *eluvium*; vulgatius *eluvium*, communius *eluvies*; quando pelagus terras obruit. Vide ibi Grævium. Hinc *Pelagus peregrinum* dicitur Elmhamo in Vita Henrici V. Reg. Angl. edit. Hearnii cap. 122. pag. 318 : *Post aliquot tamen dies, cessante tanto diluvio, Pelagus peregrinum evanuit, et rivo in proprium alveolum se recolligente, ac aquis suis domesticis contento rediere commoda, quæ ab Anglis per nimietatem laticis oblata fuere.*] Pactus Legis Salicæ tit. 44. § 13 : *Qui in Pelagus hominem impinxerit, etc.* Adde Recapitulat. ejusdem Legis § 14. 19. Gregorius Turon. lib. 1. Miracul. cap. 70. de muliere in Ararim fluvium demersa : *Interrogabant autem mulierem qualiter sub Pelago vivere potuisset.* Idem de Gloria Confess. cap. 22 : *Dum Ararim fluvium transire cuperet, nave impleta demergitur, et ipse Sacerdos Pelago operitur.* Adde eumdem in Miracul. S. Martini cap. 17. Adrevaldus lib. 1. de Miracul. S. Benedicti cap. 19 : *Medium Ligerim petit, ibique contra adversum Pelagus enatando, etc.* Abbo lib. 1. de Bello Parisiaco :

Ambusti Sequanæ ad Pelagos concurrite, etc.

Eckehardus junior de Casib. S. Gall. cap. 11. de lacu : *Quod piscem de Pelago illo non vidisse me memini.* Charta Ordonii II. Regis Legionensis, æræ 953. apud Anton. *de Yepez* in Chronico S. Benedicti tom. 4 : *Cum omnibus adjacentiis, vel præstationibus suis, domibus, arvis, hortis, pratis, paludibus, azeniis, piscariis, aquis, aquarumve ductilibus, suis Pelagis, cum accessu recessuque suo, etc.* Alia Ferdinandi I. Reg. æræ 1081. ibid. : *Cum suis terminis, et montibus, et fontibus, et Pelagis, etc.* Charta Garsiæ Regis Navarræ æræ 1082. apud Sandovallium in Episc. Pampilonensib. pag. 70 : *Et de illa area de Veraso, inusque ad Pelagum rotundum de Anoz, sit defensum et vetatum tam aquarum quam terræ, etc.* Adde Walafridum Strabum de Vita S. Galli cap. 18. Theodorum Campedonensem in Vita S. Magni cap. 24. Ughellum tom. 1. Italiæ sacræ part. 1. pag. 65. etc. Wendelinus vocis etymon a Toxandrico *Poel*, et *Poelghen* arcessit, quod *lacunam*, vel *lacunulam* sonat. Hunc consule si lubet.

¶ **PELAMEN**, Lignum decorticatum, ut videtur, quo utuntur coriarii, Italis *Pelame*, nostris *Pelard.* Jacobus Aurias in Annal. Genuens. lib. 10. ad ann. 1285 : *Quum autem esset in Sardinia in portu Orestani cepit unam navem Gajetanorum caseo et Pelamine oneratam, quam misit Januam.* [* Idem quod infra *Pellamen.*]

* **PELANDA**, Pallii seu tunicæ species, Ital. *Pelando*, nostris *Houppelande.* Testam. Joan. Franc. de Gonzaga Mantuæ march. ann. 1444. tom. 3. Cod. Ital. diplom. col. 1789 : *Item volo et jubeo, quod.... vestiantur ipsi pauperes a capite usque ad pedes, videlicet Pelandæ et capuccio.*

¶ 1. **PELANUS**, *Tannaria*, officina ubi coria subiguntur, Gall. *Tannerie.* Charta ann. 1395 : *Ut possint utilia reddi prope Pelanum Calomontis.* Vide *Escofferius.*

* Nostris *Pelain*, quibus proprie significatur Aqua calce infecta, qua coria pilis exuuntur : unde nomen. Lit. remiss. ann. 1400. in Reg. 155. Chartoph. reg. ch. 346 : *Comme le suppliant eust prins.... en la*

tennerie de Perrot Baudry, tenneur à Vernon.... deux cuirs entier de vache ou de buef, qui estoient en un Pelain; ... lesquelx il mis en Pelain en sa tanerie, etc. Occurrit prætcrea in Stat. ann. 1372. tom. 6. Ordinat. reg. Franc. pag. 120. art. 7.

*Hinc Pelain, pro Clades, strages, vulgo Défaite, déroute, in Gest. Brit. apud Marten. tom. 3. Anecd. col. 1465 :

Ceci leur fist à Crespelain,
Ou il les mist en tel Pelain.

* Ejusdem originis vox Gallica Pelenx vel Peleux, qua Ager incultus vel leviter aratus indicatur; quo ultimo sensu Peler dicimus. Lit. remiss. ann. 1374. in Reg. 106. Chartoph. reg. 259 : Demi arpent de vigne et demi arpent de Pelenx (vel Peleux).... Desquelx vigne et Pelenx, comme de leur bon et loyal achat, ils aient joy..... Ouquel Pelenx assez tost après il fist planter vigne.

¶ 2. **PELANUS**, *Placentæ genus, quod Jovi offerebatur ex farre, mica thuris, etc. Item, Obolus vaticinantibus dari solitus.* Laur. in Amalthea, ex Gr. πέλανος.

¶ 1. **PELARE**, Ex feni metis seu acervis extrahere, pro *pilare*, nostris *Piller*. Charta ann. 1344. ex Schedis *Lancelot* : *Item quod nulla persona cujuscumque conditionis existat sit ausa Pelare per itinera trossas feni.*

* 2. **PELARE**, Pilis spoliare, a Gall. *Peler*. Reg. Cam. Comput. Paris. sign. JJ. rub. fol. 9. r°. : *Recognoverunt se debere tres porcos Pelatos et mundos, videlicet pejorem et meliorem, quos poterunt invenire in foro Burdegalensi.* Vide infra *Pellare* 2.

¶ **PELATA**, Ars proxenetica, Gall. *Courtage*. Statuta Montis Regal. fol. 276 : *Item statutum est, quod nulla persona de civitate Montis Regalis, vel posse, vel ibi habitans, debeat ponere, vel poni facere, vel exerceat sub aliquo ingenio Pelatam in panno.*

¶ **PELATUS**, Decorticatus, cute exutus, Gall. *Pelé*. Joh. Demussis Chron. Placent. apud Murator. tom. 16. col. 582 : *Et post ficus cum amigdalis Pelatis, etc.*

¶ PELATUS. De nummis dicitur quorum inscriptio vix agnoscitur. Statutum S. Ludovici ann. 1262. tom. 1. Ordinat. pag. 94 : *Et ne seront refusez parisis, ne tournois, tous soient ils Pelez, més que ils aient connoissance devers croix, ou devers piles, que ils soient parisis ou tournois.* Quæ sic Latine redduntur in Statuto Philippi III. eadem de re ann. 1275. ibidem pag. 813 : *Nec reffutabuntur parisiensis et turonensis, licet sint Pelati, dum tamen habeant cognitionem versus crucem, vel versus pilam, quod sint parisienses vel turonenses.*

PELAX. Vide *Pilax*.

* **PELECANUS**, Ital. *Pelacane*, Pellium concinnator. Serm. Barel. in festo S. Steph. : *Mulier unius Pelecani, vult æquiparari unius comitis.*

* **PELEGANTERIUS**, Qui pelles præparat. Vide infra *Pelleganterius*.

¶ **PELEGIA**, Rixa, jurgium, Gall. *Querelle, contestation*. [** Hispan. *Pelea*, Pugna, rixa.] Statuta Arelat. MSS. art. 141 : *Nullus Arelatis sit ausus recipere in domo sua aliquem extraneum qui venit causa faciendi rixam seu Pelegiam in Arelate.* Statuta MSS. Forojul. ann. 1235. ex Archivis S. Victoris Massil. : *Quod si inter milites et homines in eodem castro vel ejus territorio Pelegia fiat seu rixa, vel furta, vel alia maligna, statuimus etc.* Alia ann. 1292. ex iisdem Archivis : *Si homines diversorum pareriorum seu coheredum in uno castro Pelegiam faciant sive rixam inter se etc.* Statuta Massil. lib. 1. cap. 11 : *Attamen ista faciant eo salvo quod dicti syndici vel actores non possint vel debeant aliquam controversiam seu causam movere, nomine vel occasione dicti communis, ex qua discordia vel Pelegia maxima creari possit in Massilia vel oriri.* Charta ann. 1261. in Tabular. S. Victoris Massil. : *Requisitus a D. Abbate S. Victoris si fuerint aliqui excommunicati in electione de se facta : dixit quod duo verberatores monachorum non fuerunt presentes, sed Prior claustralis et quidam alii monachi qui fuerunt in Pelegia cum illis duobus fuerunt presentes in electione predicta.* Vide *Pelejare*.

* **PELEGIARIUS**, pro *Plegiarius*, Fidejussorius. Charta Edw. II. reg. Angl. ex Cod. reg. 10197. 2. 2. fol. 119. r°. : *Nullatenus arrestentur* (mercatores) *nisi duntaxat pro transgressionibus, debitis, conventionibus et contractibus suis propriis et Pelegiariis secundum legem mercatoriam.* Vide in *Plegius*.

* **PELEJARE**, Rixari, Occitanis proprie est in capillos involare. Charta ann. 1252. ex sched. Vaisset. : *Non est bonum Pelejare se vel rixari cum istis monachis.* Vide *Pelegia*.

* **PELEIRIA**. Vide supra *Peilera*.

* **PELERINAGIUM**, a Gallico *Pélérinage*, Peregrinatio. Testam. ann. 1450. in Reg. 3. Armor. gener. part. 2. pag. xv : *Anthonius de Viriaco.... intendens se ad partes remotas, scilicet ad Romagium seu Pelerinagium Romæ accedere et transportare, etc.*

¶ **PELERIUS**, Præco rerum venalium, Gall. *Crieur*. Curia gener. Catalaniæ in villa Montis-albi ann. 1333 : *Mercator vel draperius et eorum negotiatores seu factores... hoc idem observari jubemus in curritoribus et Pelerüs... qui pels o robes recipiunt ad vendendum, etc.* Vide *Pelharius*.

¶ **PELETARIUS**, Pellio, qui pelles parat et negotiatur, Gall. *Peletier*. Charta ann. 1350. apud Rymer. tom. 5. pag. 693 : *Item, quod sellarii, Peletarii, alutarii, sutores, etc.* Vide *Pellipartii*.

¶ **PELFRA**. Placitum in Itin. apud Cestriam ann. 14. Henrici VII. Reg. Angl. apud Th. *Blount* in Nomolex. Anglic. : *Clamat quod si aliquis tenens sive residens infra dominium sive manerium de Kinderton feloniam fecerit, et corpus ejus per ipsum Thomam super factum illud captum et convictum fuerit, habere Pelfram, videlicet omnia bona et catalla hujusmodi seisire, et ea quæ domino Comiti pertinent ad castrum Cestriæ præsentare, etc.* [** Anglis *Pelf* sunt *Divitiæ male partæ*.]

¶ **PELHA**, Pellis. Vide in *Pelharius*.

¶ **PELHARIUS**, PELHERIUS, Idem qui *Pelerius*. Statuta Arelat. MSS. art. 156 : *Omnes Pelherii et inquantatores* (incantatores) *Arelatis jurent... quod bene et fideliter vendent omnes res que sibi tradite fuerunt... ad vendendum.* Lemma Gallicum : *Tous les Crieurs et Trompettes jureront en la Cour de bien et fidelement vendre et inquanter tout ce qui leur sera baillé à cet effet.* Consuetud. Tolos. rubr. de debit. art. 1 : *Nec Pelhariæ aut Pelharii qui supellectilia per villam defferunt ad vendendum, etc. Exceptis prædictis corrateriis peilhæ, supellectilia per villam defferentibus ad vendendum, quibus posse concessum fuerit vendendi, sed non impignorandi.* Vide *Peillerius*.

¶ PELHERIUS, Pellium venditor, in veteri Catalogo MS. B. M. Deauratæ Tolos.

PELHERIA, Pellium venditrix. Consuetudines Tolosæ part. 2 : *Mulier Pelheria, seu corrateria de Pelha.* [Vide *Pelharius*.]

PELIA, PELLUS, Batillus, nostri *Pelle, pellée*. Monasticum Anglic. tom. 2. pag. 528 : *Debet habere.... caseum de melioribus domus, et plenam Peliam salis.* Infra : *Dimidium Pellum salis.* [Vide *Pela* 2.]

¶ **PELICANUM**, ut *Pelliceum* in *Pellicia*. Anonymi Annal. Mediolan. apud Murator. tom. 16. col. 808 : *Fermalium unum ad unum Pelicanum cum rubino uno in pectore, et perlis IV. grossis.*

* **PELICARE**, pro Pellicari. Glossar. Gall. Lat. ex Cod. reg. 7684 : *Pelicare, exercer luxure en concubine.*

¶ **PELICATOR**, ζηλότυπος. Gloss. Lat. Græc. MSS. Sangerman.

¶ **PELICIUM**, Pellis, Gall. *Peau*. Computus ann. 1202. apud D. *Brussel* de Usu feud. tom. 2. pag. CLVI : *Pro capa domini Hugonis de Gravella et pro Pelicio gris, XII. l... Pro II. Pelicitis escurellorum et pro II. leporum, VI. l. et II. s.* Vide *Pellicia*.

* **PELIÇO**, Vestis pellita, Gall. *Peliçon*. Lit. remiss. ann. 1350. in Reg. 80. Chartoph. reg. ch. 57 : *Mulierem ipsius pictoris in suo Peliçone, cum quodam superpellicio desuper, existentem percussit dictus Dionysius.* Vide *Pellicia*.

* **PELIDO**, vox Gallica, Gemmæ species. Lit. remiss. ann. 1449. in Reg. 179. Chartoph. reg. ch. 349 : *Lors icellui suppliant tira une pierre... disant que c'estoit Pelido, et toutesvoies ce n'estoit que voiries.*

* **PELINERIA**. Vide infra *Pelnieria*.

¶ **PELINUS**, Piscis genus. Rumplerus in Hist. Monast. Formbac. lib. 1. apud Bern. Pezium tom. 1. Anecd. part. 3. col. 433 : *Producit et Pelinum quem etiam Tencam nuncupant.*

¶ **PELIPARIUS**, PELIPERIUS. Vide *Pellipartii*.

¶ **PELLA**, pro Pellis. Vide *Pellarda*.

* **PELLACITAS**, *i. Fallacia*, in vet. Glossar. ex Cod. reg. 521. Vide *Palax*.

PELLÆ. Vide *Perla*.

¶ 1. **PELLAGIUM**, f. pro *Paragium*, a Gall. *Parage*, Certus maris tractus. Charta Eduardi IV. Reg. Angl. ann. 1474. apud Rymer. tom. 11. pag. 799 : *Quod providebitur per totum regnum Angliæ, de hiis, qui casu fortuito, ex aliqua navi in Pellagiis maris præcipitati, aut alias intra vel extra navim etc.* Confer *Pelagus*.

* 2. **PELLAGIUM**, pro *Pedagium*, Tributum, quod penditur. Charta ann. 1114. ex Tabul. episc. Carnot. : *Concessit quod ipsi* (monachi Tironenses) *et sui conversi, donati, servitores et cæteri homines sub ipso monasterio et ejus membris manentes, præsentes et posteri a Pellagiis, traversibus,*

barragiis... in perpetuum liberi sint et immunes. Vide supra *Pelagium* 3.

* **PELLAMEN**, Pili, Acad. Crusc. *Pelame*, pilorum qualitas. Privil. Pisanis concessa a Conr. II. Sicil. reg. ann. 1269. apud Lam. in Delic. erudit. inter not. ad Chron. imper. Leon. Urbevet. pag. 273 : *Pisani... possint libere et sine impedimento aliquo emere, vel acquirere totum coriamen, seu coria cujuslibet speciei vel materiei, totum Pellamen, etc.* Vide mox *Pellata*.

¶ **PELLARDA**, Pallii seu tunicæ species, nostris *Houppelande*, Ital. *Pelando*. Johan. Demussis Chronic. Placent. ad ann. 1388. apud Murator. tom. 16. col. 580 : *Juvenes homines portant cabanos, barillotos et Pellardas... longos et largas per totum usque in terram, et cum pulchris foratuis pellarum domesticarum etc.* Occurrit præterea in Chron. Bergom. ibidem col. 945.

¶ 1. **PELLARE**, An idem quod *Pellicium?* Charta ann. 1420. tom. 4. Histor. Harcur. pag. 1258 : *Per homagium et redendo apud castrum de Cadomo unum Pellare ad festum Nativitatis S. Joannis, et de inveniendo unum hominem ad arma et duos sagittarios ad equitandum.*

* 2. **PELLARE**, Pilis spoliare, pilos detrahere, Ital. *Pelare*. Stat. Taurin. ann. 1360. cap. 88. ex Cod. reg. 4622. A : *Licitum a festo S. Micaelis usque ad nativitatem Domini excoriare boves, vel porcos Pellare, sive de die sive de nocte.* Vide supra *Pelare* 2.

¶ **PELLARIUS**. Vide *Pelliciarius* in *Pellicia*.

* **PELLATA**, Pili. Stat. Avenion. MSS. ann. 1243. ex Cod. reg. 4659. fol. 50. v°. : *Et huic statuto addimus, quod... Pellatæ in dictis pannis nullatenus apponantur.* Vide supra *Pellamen*.

PELLATOR, ἀπωθητής, in Gloss. Gr. Lat.

* **PELLATURA**, Pellium rasura. Stat. Avellæ ann. 1496. cap. 69. ex Cod. reg. 4624 : *Nulla persona possit vel debeat ponere vel poni facere in viis vel plateis publicis infra burgos... aliquas Pellaturas coriorum aliquorum.*

¶ **PELLAX**. Vide *Palax*.

¶ **PELLEGANTERIUS**, Qui pelles præparat, in veteri Catalogo MS. B. M. Deauratæ Tolos. Hinc emendanda videtur Charta ann. 1341. tom. 2. Ordinat. Reg. Franc. pag. 171 : *Inter mercatores dictorum coriorum et pellium tam affatorum paragaminarios et Pellegantios, quam alios dicentes et allegantes se esse.... in possessione et saisina vendendi in dictis vicis seu carreriis dicta coria et pelles.* Legendum enim opinor *Pelleganterios*. [* Emendanda ex Reg. 72. Chartoph. reg. quæ ex ipso edita sunt tom. 2. Ordinat. reg. Franc. pag. 171. ita enim habet : *Tam affattores, pergamenarios et Peleganterios.*]

* **PELLENARIUS**, inter censuales recensetur, in Lib. cens. S. Emmer. apud Pez. tom. 1. Anecd. part. 3. col. 69 : *Pellenarii x. Ipsi dant xxx. porcellos, singulos denarios v. valentes.* Forte pro

* **PELLERARIUS**, Pellium concinnator. Inquisit. ann. 1288. in Access. ad Hist. Cassin. part. 1. pag. 387. col. 1 : *Pellerarii debent servire de arte sua abbatibus monasterii Cassinensis de pellibus novis.* Vide *Pelletarius*.

¶ **PELLERICUM**, Pellerinum. Vide *Pilorium*.

* **PELLERIUS**, Pellio. Constit. MSS. Alf. II. reg. Aragon. ann. 1333 : *Hoc idem observari jubemus in curritoribus et Pelleriis Christianis, Judæis et Sarracenis, qui pellers et robes recipiunt ad vendendum.*

PELLES Silvaticæ, Silvestres, Gall. *Peaux sauvages.* Liber ordinis S. Victoris Parisiensis MS. cap. 18 : *Pellicia et Pelles, et coopertoria de pellibus agninis, ita ut Pellis silvatica cujuscumque generis, in nullo habitu nostro admittatur. Pelles silvestres*, apud Vincentium Belvac. lib. 28. cap. 95. *Pelles delicatæ et coloratæ*, in Statutis Synodalib. Episcopi anonymi ann. 1237. in Conciliis Anglic. tom. 2. *Pelles latinæ*, lanatæ, quibus lanæ adhuc hærent, in Statutis Gildæ Scot. cap. 20. 36. [*Peaux*, pro veste pellita, usurpat le Roman *de Vacce* MS. :

Fauces leva l'espée que sous ses Peaux porta, etc.

Vide *Pellicia*.]

¶ **PELLETARIUS**, Pellio, qui pelles parat et vendit. Tabul. S. Vincentii Cenoman. fol. 40 : *Quidam homo Gauterius nomine, Pelletarius.* Hinc

¶ 1. **PELLETERIA**, Pelles ipsæ præparatæ, Gall. *Pelleterie*. Charta ann. 1309. tom. 1. Hist. Dalphin. pag. 86 : *De quolibet vendente... Pelleteriam, merceriam, ferrum, acerrum seu callibem... capitur unus denarius.*

* *Peleteuverie*, in Lit. remiss. ann. 1389. ex Reg. 138. Chartoph. reg. ch. 137 : *Que tout ce jour de Lundi il ouvra tout le jour chez son pere de son mestier de Peleteuverie. Pletterie*, in Pedag. Peron. ex Chartul. 21. Corb. fol. 336 : *Item brouette, qui maine Pletterie ouvrée ; doit xj. solz, ob.*

* 2. **PELLETERIA**, Officina, ubi pelles præparantur. Fundat. abbat. *de Rille* tom. 1. Probat. Hist. Brit. col. 606 : *Molinos et stagnum de valle Landri, Pelleteriam de Filgeriis, etc.*

¶ **PELLEXOR**, *Persuasor*. Auctarium Isidori. Melius *Pellector*.

* **PELLIA**, Pellis. Fragm. hist. de Conc. Aquisgr. tom. 6. Collect. Histor. Franc. pag. 446 : *In illo tempore monachis Gallicanis est indultum ut femoraliis, laneis camisiis, pelliciis, botis, caperonis de Pelliis... uti possint.* Nostris *Pelete*, Pellicula, quæ in circumcisione abscindebatur. Sermo in Circumc. ex Cod. S. Vict. Paris. : *Moult a grant senefiance la Circoncisions : car selonc la costume de la Loi li fu tranchiée la Pelete de sa nature.*

PELLICIA. Papias : *Pellicia, vestis, indumentum pellibus factum.* Joan. de Janua : *Moderni dicunt Pellicea, æ.* Nostri *Pelice*. [Charta ann. 879. Marcæ Hispan. col. 807 : *Vidimus dicta femina recipiente pretium de hæc omnia præscripta gugnapie una valente solidos* VII. *et Pellicia valente solidos* II. Testamentum Guislæ Comit. Ceritan. ann. 1020. ibidem col. 1020 : *Mobilem vero meum quem habeo, id est meum bombicum et meas Pellicias, unam martrinam et aliam armellinam vendite ut melius potueritis.* Charta ann. 1168. tom. 2. Histor. Eccles. Meld. pag. 57 : *Ad Pellicias quoque dominarum decem libras per singulos annos concessi.* Tabularium Nobiliac. apud Stephanot. tom. 3. Antiquit. Bened. Pictav. MSS. 128 : *Facit homagium planum et petit Pelliciam vairiam.*] Vita S. Gaugerici Episcopi Cameracens. lib. 1. cap. 8 : *Accede ergo ad Sanctum regenerationis lavacrum, ubi certe habes exuere vetustatis Pelliciam, et induere novitatis Evangelicam stolam.* Goffridus Vindocin. lib. 1. Ep. 12 : *Grisiam Pelliciam, atque varias vestes obtuli patri meo, etc.* Chronicon S. Trudonis lib. 7 : *Pellesque et Pellicias tam varias, quam grisias, etc.* Le Roman *de Guillaume au Court-nez* MS. :

Or ferai-je s'il prennent ma Pelice,
Il est frivort, si est froide la bise.

Le Roman *d'Aubery* MS. :

Senebam fust vestue de nouvel,
D'une Pelice qui fu dou taos Abel.

¶ Pellica, Idem quod *Pellicia*. Charta ann. 855. Marcæ Hispan. col. 788 : *Donamus de rebus præfatis... curtinas* II. *Pellicas* VI. *et suscinta parata una.*

Pellitia. Chronic. Andrense : 24. *paria Pellitiarum, froccorum, et cucullarum.* Adde Ordericum Vital. lib. 8. pag. 711. Gaufridum Grossum in Vita S. Bernardi Tironensis cap. 46. etc. [** Adalbardi Statut. Corbeiens. lib. 1. cap. 3.]

¶ Pelitium, in Charta ann. 1299. apud Rymer. tom. 2. pag. 855 : *Excepto reddita unius Pelitii in eadem civitate.*

Pellicea. Jo. de Janua : *Pellicea, quoddam indumentum quod de pellibus fit. Invenitur etiam Pellicia, sed moderni dicunt Pellicea.* Ardo in Vita S. Benedicti Anianensis num. 40. [52.] : *Duas scilicet stamineas, et femoralia, Pelliceas quoque, etc.* [Codex MS. S. Martialis Lemovic. num. 58. pag. ult. : *Hoc anno proximo habeant omnes claustrales Monasterii S. Martialis Pelliceas et tunicas, in festo S. Michaelis unusquisque Pelliceam et tunicam, sequenti anno tunicam, et alio subsequenti Pelliceam, et sic deinceps interpolatæ Pelliceæ agninæ erunt.*] Utuntur præterea Synodus Aquisgr. can. 22. Petrus Venerab. lib. 1. Epist. 28. Aimoinus de Vita S. Abbonis Floriac. cap. 20. Statuta Ordinis *de Sempringham* pag. 715. Vitæ Abbatum S. Albani pag. 63. Bernardus, Prior Portarum Epist. 3. etc.

Pellicia, Præstationis species, forte *pelliciarum*, seu pellium ad Canonicorum Anianensium usus. Charta ann. 1244. ex Tabulario S. Aniani Aurelian. : *Totum illum redditum annuum tam hibernagii, quam avenæ, quem habuerant ad ostium granarii B. Aniani Aureliani, qui vulgariter dicitur Taxamentum, et Pelliciam quam habuerant in territorio dictæ Ecclesiæ super homines ipsius territorii, confessi sunt se vendidisse, etc.* Charta alia ann. 1344. ibid. : *Accordé est que les Doyen et Chapitres se départent de toutes prestations, charges, services ou servitudes, à savoir de tailles, mortailles, formariages, ou deniers de Pelices, etc.*

Pelliceum. Cæsarius lib. 6. cap. 5 : *Cum ad prunas sederet, nec Pelliceum secundum consuetudinem levaret, etc.* Ekkehardus junior de Casib. S. Galli cap. 1 : *Cum uni reverendo quidem..... Pelliceum traderet, etc. Pelliceum vestimentum*, apud

Odonem Cluniac. lib. 2. Vitæ S. Geraldi cap. 3.

PELLICIUM, in Decretis Calomani Regis Hungar. lib. 1. [Ordinat. S. Ludovici Franc. Reg. ann. 1254. tom. 1. Ordinat. pag. 74 : *Expellantur autem publice meretrices, tam de campis quam de villis, et factis monitionibus seu profectionibus, bona earum per locorum judices capiantur, vel eorum auctoritate a quolibet occupentur, etiam usque ad tunicam vel ad Pellicium*; quæ ultima verba in versione Gallica sic redduntur : *Et si soient depouillez jusqu'à la cote, ou au Peliçon*. Occurrit præterea apud S. Wilhelmum in Constit. Hirsaug. lib. 2. cap. 37. et Marten. tom. 4. Anecd. col. 249 : *Unum parvum Pellicium, quod Gallice dicitur Pelliçon, furtive cepisset*, in Regesto 82. Chartophyl. reg. Ch. 573. ann. 1356. Vide mox *Pellicio*. *Pellicium varium*, in Tabul. S. Sergii Andegav.] [** Ruodlieb. fragm. 2. vers. 4 :

Sed quid donorum mittamus ei variorum,
Est ut equis, frenis, auro compte faleratis,
Pelliciis crisis, varicosis, sive crusennis.

Idem fragm. 14. vers. 90 :

Ruodlieb Pellicium dederat bene valde gulatum.

Adde fr. 2. vers. 161. 237. fr. 3. vers. 142. fr. 10. vers. 39. *Pellicium ovinum*, in chart. ann. 1220. in Alsat. diplom. num. 417. tom. 1. pag. 340.]

PELLICIUM CHORALE. Concilium Coloniense ann. 1260. can. 9 : *Ne Canonici Ecclesiarum in solennitatibus et stationibus sine chorali Pellicio, vel veste Canonicali sub superpellicio incedant in Ecclesiis conventualibus et in choro.*

PELLICIO, Bocacio *Pellicione* : nostris, *Pelliçon*. Domnizo lib. 1. de Vita Mathild. cap. 13 :

Sex sibi mastrucas post escam maxime pulchras
Donavit, florent quoque Pelliciones.

S. Franciscus in Regula Tertiariorum cap. 3 : *Circa humilitatem vero panni, et Pelliciones sororum ipsarum, juxta conditionem cujuslibet earumdem, ac loci consuetudinem, poterit dispensari*. [Computus ab ann. 1333. ad ann. 1336. tom. 2. Histor. Dalphin. pag. 282 : *Item, pro infoderanda roba Dom. Andreæ filii Domini, et factura unius Pellicionis pro eodem, gross.* III. *Recipiens.... unum Pellicionem varium*, in Charta ann. 1080. ex Tabul. S. Albini Andegav.] Le Roman *de Parise la Duchesse* MS. :

Le matin te donrai un hermin Peliçon,
Unes chauces de pailes, solers pains à Lyon.

Hugo de Villanova vetus Poeta MS. :

N'en vol prendre cheval, ne la mule feltrée,
Peliçon, vair, ne gris, mantel, chape fourrée.

[Le Roman *de la guerre de Troyes* MS. :

Lermes li moillent li menton,
Et les gollées dou Pilliçon.]

Pliçon, in Charta ann. 1282. in Histor. S. Mariæ Suession. pag. 467. In Computo Stephani *de la Fontaine* Argentarii Regii ann. 1350 : *Un Pelliçon de menu vair à grosse seuraille*. Alibi : *Un Pelliçon de menu vair à manches*. In Computo anni 1351 : 18. *aunes de fine toile de Morigny pour couvrir le poil des Pelliçons du Roy et de nos jeunes Seigneurs ses enfans*. Alibi : *Pour son Pelliçon de menu vair à purer*, 200. *ventres, et pour son Pelliçon de menu vair à grosse seuraille mis entre* 2. *toilles*, 160. *ventres, et pour manches* 40. *ventres*. Computum ejusdem pro anno 1351 : *Pour* 6. *pieces de cendaux vermeux en graine, tant pour couvrir Pliçons comme pour estoffer robes pour le Roy, etc. Pour* 2. *fourrures de menu vair, tenans chacun* XIII^{xx}. *ventres à faire deux Pliçons couvers de cendal sur le cuir, et devers le poil de toille pour ledit Seigneur au terme de Toussaints, etc. Pour une fourrure de bieure à faire un Pliçon couvert de cendal sur le cuir, et devers le poil de toille pour ledit Seigneur, etc. Pour une fourrure de gris à faire un autre Pliçon pour ledit Seigneur, et pour* 50. *ventres de menu ver à faire manches audit Pliçon.*

¶ PELLICIA, Pellicula. Charta ann. 1036. in Chartul. S. Vedasti V. pag. 243 : *Penna agnina vel Pellicia*, 1. *den.* Epistola Johanni presbytero seu Regi Abissinorum falso adscripta ad calcem MS. Cod. Corbeiensis : *Isti vermes non possunt vivere nisi in igne et faciunt Pellicium quandam circa se sicut alii vermes qui faciunt sericum. Hæc pellicula a dominabus palatii nostri studiose operatur.*

¶ PELLICEOLI, diminut. a *Pellicia*. Ordinatio Humberti II. Dalph. ann. 1348. tom. 2. Hist. Dalphin. pag. 578. col. 2 : *Pelliceæ et Pelliceoli novi de triennio in triennium.... Quod tunicas et scapularia, ... et Conversorum caputia, sotulares, pelliceas et Pelliceolos de novo recipient, veteres et ultimo ipsis datos ex integro pauperibus J. C.... erogare teneantur.*

¶ PELLICERIA, Pelliciæ aptatæ, præparatæ. Extractum computi ann. 1339. tom. 1. Hist. Dalphin. pag. 98 : *Quælibet bestia onerata telis, pannis cujuscumque maneriæ sint,... mercimoniis, pellibus aptatis, Pelliceria aptata, lana lavata, canabo batuto, et similibus debet pro pedagio duodecim denarios.* Vide infra *Pellizaria*.

PELLICIARIUS, Gall. *Pellicier*, Pelliciarum venditor. [Charta Willelmi domini Montispessul. ann. 1103. apud D. *Brussel*. tom. 2. de Usu feud. pag. 727 : *Et totam estare Cairhberti Pelliciarii, quod est juxta estare Walcherii. Et estare Petri Pelliciarii, etc.* Tabular. Casæ-Dei sac. 12 : *Ebrardus Pelliciarius et filii ejus dederunt dimidiam appendariam de feve*. Occurrit præterea in Chron. Parmensi ad annum 1291. et] apud Willelmum Gemetic. lib. 7. cap. 18. Glossæ vett. : *Pellarius*, Πελλοράφος.

* PELLICIOSUS, idem quod *Pellicia*, Vestis pellita. Stat. nova ord. Cartus. in Append. ad tom. 6. Annal. Bened. pag. 692. col. 2. art. 57 : *Pelliciosos vulpinos et de bestiolis silvestribus... reprobamus.*

PELLICIUS, *Gloriosus*, Ugutioni. Cujusmodi forte est, qui *pelliciis* in vestibus utitur. Vide *Palliosus*.

¶ PELLICULA, Item quod *Pellicia*. Guidonis Discipl. Farfensis cap. 16 : *Frater in sua cuculla, vel in alia veste, quæ super cucullam induitur, potest mutare sua vestimenta, similiterque in cuculla et Pellicula, in sola cuculla non debet facere.*

¶ PELLICULUM, Eadem notione, ibidem : *Hebdomadarius coquinæ potest ministrare cum Pelliculo sine manicis, vel cum manicis si desuper induerit bracile.*

¶ PELLICULARE, δερματῶσαι. Gloss. Lat. Græc. MSS. Sangerm. Id est pellibus obturare.

¶ PELLICZONES, *Pelliciones*, quibus utuntur Canonici, nostris *Pelissons*. Charta ann. 1307. tom. 2. Hist. Dalphin. pag. 134 : *Item Ecclesiæ B. Mariæ seu procuratori aut correario dictæ ecclesiæ triginta solidos pro officio Pelliczonum*. Vide *Pellizona*.

¶ PELLIFEX, Idem qui *Pelliparius*. Charta Archembaldi Borbonii : *Quisque Pellifex dabit duos denarios.* Chartular. Sand-Hippolyt. art. 9. apud R. Duellium lib. 2. Miscell. pag. 451 : *Item petimus ut servitori nostro, Friderico Pellifici restituat beneficium suum.* Statuta Ord. Cisterc. ann. 1195. apud Marten. tom. 4. Anecd. col. 1284 : *Nec tales habeantur in officina, textorum, sutorum vel Pelleficum, qui minus quam duodecim annos habeant.* Occurrit rursus in Actis S. Erconwaldi Episc. num. 19. et in Mirac. S. Stanislai tom. 1. Maii pag. 790. [** Vide Guerard. Prolog. in Chartul. S. Petri Carnot. pag. 58.]

¶ PELLIGER. Vide *Pelliti*.

¶ PELLIGRINASIUM, Peregrinatio, Italis *Pellegrinaggio*, Gall. *Pelerinage*, occurrit ex Lectionibus S. Alexandri ex Cod. MS. Florent. ut testantur Bollandistæ tom. 1. Junii pag. 750.

* PELLINE, vox Germanica, Præstationis species. Glossæ Cæsar. Heisterbac. in Reg. Prum. tom. 1. Hist. Trevir. Joan. Nic. ab *Hontheim* pag. 670. col. 2 : *A primis ecclesiæ nostræ fundatoribus, id est, Pippino et Karolo Magno ejus filio, possessiones nostræ ecclesiæ ac bona ab omnibus potestatibus secularibus sunt exemta : quæ potestates vulgariter appellantur Pelline, etc.* Vide supra *Pellenarius*.

¶ PELLINARIUS, Idem qui *Pelliparius*. Vetus Inscriptio apud Sponium Antiquit. erud. pag. 65. *Procurator coll. Pellionarior.*

PELLIPARII, Qui pelles parant, præparant, vendunt; Latinis, *Pelliones*. Glossæ Gr. Lat. : Δερματοπώλης, *Pellio*. Δερματοράφος, *Pellio, sutor*. Aliæ Glossæ : *Pallio*, δερματουργός. Rursum : *Pellio*, βυρσεύς, ὁ βατροτρόφος, f. προβατοτρόφος. Ugutio in Gloss. : *Pelliparius, qui parat, id est, præparat pelles*. In Gloss. Lat. Gall. : *Peletier, Coréeur*. *Pellifex*, in Actis S. Ercouwaldi Episc. num. 19. Consuetudines Monasterii Regulæ : *Omnes Pelliparii debent Priori bonam pelliciam uno quoque anno in Ramis palmarum.* Iter Camerarii Scotici cap. 23 : *Pelliparii, seu pelliones.... Pelliones debent accusari quod faciunt chirothecas, et res alias prius quam pelles.... Corrumpunt pelles sive coria in aquis*. Monachus Autisiod. pag. 110 : *Agricola, sutor, Pelliparius, carpentarius, etc.* [Enumeratio jurium Com. Biterr. in civitate Albiensi ann. 1252 : *A singulis Pellipariis unam folraturam pellium, etc.* Charta ann. 1288. inter Anecd. W. *Wycester* libr. nig. Scaccarii pag. 528 : *Charta Walteri abbatis de* IIII^{or} *libris annuatim percipiendis de domibus Pellipariorum in nundinis Westmonasterii.* Statuta Arelat. MSS. art. 29 : *Omnes Pellaparii totius Arelatis.... et eorum scolares jurent singulis annis, quod etc.* Occurrit præterea in Cod. MS. redituum

Episcopat. Autiss. ann. circ. 1290. et in Computo ann. 1333. tom. 2. Hist. Dalphin. pag. 273. et 274.] *Vicus Pellipariorum*, Hierosolymis, apud Will. Tyrium lib. 14. cap. 18. Adde Bromptonum pag. 910. et Roverium in Reomao pag. 288. *Fratres Pelliparii*, in Monasteriis, quibus *pelliceatum* Monasticarum cura incumbebat in Statutis Ordinis *de Sempringham* pag. 715. Frustra igitur viri docti ad Acta S. Willelmi pueri Martyris, *Pellitarius*, pro *Pelliparius* restituunt.

¶ Pelliperius, in Charta 13. sæculi ex Schedis D. *le Fournier* : *Item quod sartores,.... sabaterii, Pelliperii et alii artistæ, etc.*

¶ Peliparius. Tabular. Calense pag. 338 : *Thomasius aurifaber, Garnerus Peliparius, Symonetus charronus, etc.*

¶ Peliperius. Litteræ patentes Caroli V. Regis Franc. ann. 1367. de forma vestium : *Item, quod nullus Peliperius, sabaterius, sartor, etc.*

¶ Pellipария, Ars pelles præparandi; item, Officina ubi præparantur, Gallice *Pelleterie*. Statuta Avenions. MSS. : *Statuimus quod curia eligat duos viros legales de draperiis,.... et alios duos in Pelliparia, et alios duos de sabbateriis qui quæstiones qui orientur inter ipsos possint quilibet in arte et professione sua componere.* Charta ann. 1223. in Chartul. S. Vandreg. tom. 1. pag. 727 : *Dedi et concessi in puram eleemosinam.... unam acram prati quæ est in alneto de Goville juxta pratum Pellipariarum. Peliparia*, in Statutis Astens. Collat. 4. cap. 12. fol. 17. v°.

Pelliparia Cruda *et non cruda, sive parata*, in Charta Philippi Pulcri Regis ann. 1340. in Regesto 12. Chartophylacii Regii n. 196. [hoc est, Pelles præparatæ et non præparatæ, ipsa pellium merx. Codex MS. redituum Episcopat. Autiss. ann. circ. 1290 : *Bazenna sic tela, Pelliparia merces, draperia.... debent paagium velut aliæ res desuper nominatæ.*]

* **PELLISERIA**, Ars pelles præparandi, unde *Pellissier*, qui illas parat, pellio. Stat. ann. 1389. in Reg. 137. Chartoph. reg. ch. 55 : *Ad opus faciendi forraturas sive pennas indumentorum et pro opere Pelliseriæ, etc.* Vide *Pellissarius*.

¶ **PELLISSARIUS**, Pellio, nostris *Pellicier*. Acta S. Francisci de Paula tom. 1. April. pag. 154 : *Uxor Guilielmi Chevrest, alias le Bourbonnois Pellissarii Turonensis.* Vide *Pelliciarius* in *Pellicia*.

¶ **PELLISSES**, a Gall. *Pelissons*, *Pelliciones*. Charta ann. 1309. tom. 1. Hist. Dalphin. pag. 87 : *Item de grossa bestia oncrata amygdalis, alecibus, Pellissibus, chevrotins, et telis, leventur quindecim denarii.*

¶ **PELLISSIA**, Idem quod *Pellicia*, in Statutis Massil. lib. 2. cap. 39 : *Item de Pellissia dominæ cum frezio 2. sol. et 6. den. et sine frezio 2. sol.*

PELLITI, Gothi dicti, quod pellibus vestirentur : *Pelliti populi*, S. Hieronymo. Σισυροφόροι, Synesio de Regno pag. 23. Vetus Auctor Vitæ S. Lupicini Abbat. Jurensis : *Nonne cernis.... nutare muriceos Pellito sub judice fasces.* Ita Francos nostros pellitos repræsentat Fortunatus lib. 9. Poem. 5 :

Pelligeri veniens Chlodovechi gente potenti.

Vide Savaronem et Sirmond. ad Sidon. Cluver. lib. 1. Germ. Antiq. cap. 16. et supra *Cagoti*.

¶ **PELLITUS**, pro Pulsus, a verbo *pellere*. Leges Palatinæ Jacobi II. Reg. Majoric. tom. 3. SS. Junii pag. LXXI : *Oblivione procul Pellita, etc.*

* Nostris vero interdum *Pelé*, idem quod nude Vestitus, veste qualibet indutus. Stat. Confr. S. Pauli Paris. ann. 1332. in Reg. 66. Chartoph. reg. ch. 1123 : *Item nul ne puet estre de ladite confrarie, ne estre en aucun service d'icelle, s'il n'est souffisamment Pelez.... Item audit siege a. quinze poures souffisamment Pelez, qui sont les premiers assis et servis à un doys des plus riches hommes.*

¶ **PELLIZARIA**, ut supra *Pelliceria*. Statuta Vercell. lib. 7. fol. 151. v°. : *Liceat pellizartis Vercellarum Pellizariam suam alibi tenere et vendere. Pilizaria*, in lemmate hujus capitis. Hinc

¶ **PELLIZARIUS**, Pellio, qui pelles parat aut vendit. Statuta Placent. lib. 4. f. 45 : *Ita quod ea de causa consules seu paraticus Pellizariorum seu robarollorum non possint eos... compellere ad intrandum in paratico Pellizariorum.* Occurrit præterea in Chr. Parmensi apud Murator. tom. 9. col. 971. Vide *Pellissarius*.

¶ **PELLIZONA**, Vestis pellita. Ordinat. Humberti II. ann. 1348. tom. 2. Hist. Dalphin. pag. 578 : *Item, statuit quod in dicto monasterio sint tres aut quatuor Conversi, quorum unus sit pelliparius, et alius sutorius pro Pellizonis et sotularibus dictarum monialium familiæ dicti monasterii faciendis.* Vide *Pellicia*.

¶ **PELLORICUM**, Pellorium. Vide *Pillorium*.

* **PELLUBRIUM**, *Vas aquaticum, ubi pedes lavantur*, in Glossar. Prov. Lat. ex Cod. reg. 7657. *Pelluvium*, Festo; *Pelluvianum*, in Cath.

PELLUM, *Vestis vocata stola*, Papiæ. Forte pro *Pallium*. Vide in hac voce, et supra *Pelliti*.

☞ *Pellum* vocem esse genericam qua ornamenta significantur, colligere est ex Epist. Cardinalis Sabinensis de expugnat. urbis CP. ann. 1453. tom. 8. Spicileg. Acher. pag. 289 : *Mox enim in templo eximio et præclaro S. Sophiæ ingressi sunt, et sacratissimas imagines Sanctorum Sanctarumque omnes pedibus conculcarunt, deturparunt et diripuerunt, super quas omne genus vituperii, opprobrii et sorditatis indicarunt. Similia hiis et in sacra Pella, hoc est ornamenta egerunt.*

¶ **PELLURA**. Vide supra *Pelluræ*.

* **PELLURIS**, *Heaume de cuir, ou de pel, i. Galea ex corio, vel pelle.* Glossar. Gall. Lat. ex Cod. reg. 7684.

¶ **PELLUS** Salis. Vide *Pelia*.

¶ **PELLUTI**. Sic Aquitanos nuncupabant *Cagoti*. Vide in hac voce.

¶ **PELMA**, *Planta pedis ante digitos, qua solum teritur*, a Græc. πέλμα, Solum. *Pedion, superior cui adjacent digiti*, Laur. in Amalth. ex Lex. med.

* **PELNIERIA** vel Pelineria, Pubes, a Gall. *Penil*, alias *Peniliere*. Lit. remiss. ann. 1358. in Reg. 86. Chartoph. reg. ch. 276 : *Cum dictus Bouchardus et Guillelmeta inter se amplexarentur, unus modicus cutellus, quem dictus Bouchardus ad zonam suam habebat pendentem, cujus cuspis extra vaginam modicum exibat, inter ipsos ambos existens, in corpus dictæ Guillelmetæ, videlicet inter umbelicum et Pelnieriam intravit, etc.* Aliæ ann. 1383. in Reg. 124. ch. 116 : *Icellui Boisselet fery ledit Jehannin l'Emperiere d'une lance qu'il portoit un coup tant seulement, entre la Penniliere et le nombril, ou environ. Peniliere*, in aliis ann. 1397. ex Reg. 152. ch. 135. *Penillere*, in aliis ann. 1378. ex Reg. 114. ch. 59. *Panilliere*, in aliis ann. 1377. ex Reg. 111. ch. 215.

¶ **PELOPS**, *Qui habet uxorem et amicam.* Gloss. Isid. Vide ibi Grævium.

* **PELORCUS**, Vestis villosæ species. Formul. MS. Instr. fol. 92. v°. : *Antonius fuit confessus... se habuisse et recepisse a dom. M. ejus sponsa,... nomine dotis,... xxv. libras bonas in novem brachiis panni de Ypro et uno Pelorco de flanchis, pro vestibus ipsius.* At vero voce, *Peloinge*, Villosum sericum, vulgo *Peluche*, vel quilibet pannus villosus, significari videtur, in Pedag. Divion. ex Cod. 14. sæc. : *Une piece de Peloinge paiera xj. deniers de paaige; et se l'on vant ledit Peloinge à Dijon, l'on paiera de xx. solz, iiij. deniers de vante.* Ubi alter Codex habet, *Pelonge*.

¶ **PELOSUM**, et Pilosum, Campus gramineus, Gall. *Pelouse*. Charta Domus Templi in Dombis ann. 1492 : *Juxta iter tendens de Peloso, alias Piloso, etc.* Codex censualis Castell. Dombens. ann. 1463 : *Juxta Pilosa seu broerias, etc.*

1. **PELOTA**, vel Pellota, Monticulus in pede canis, Gallis *Pelote*, Anglis *the ball of the foot*, i. Pilula. Charta de Forestis cap. 7 : *Talis autem expeditatio* (canum) *fiat per assisam communiter usitatam, videlicet quod tres ortelli abscindantur, sive Pelota de pede anteriori.* [Vide *Poleta* 1.]

¶ 2. **PELOTA**, Globus, Gall. *Boule, Pelote*. Charta ann. 1319. apud Rymer. tom. 3. pag. 790 : *Lapides ac Pelotes terreas ad hoc aptas, et alia nociva emmittunt per balistas et arcus supradictos, per vices et venellas in civitate.*

¶ 3. **PELOTA**, Pilota, Pila lusoria, quæ ludentium manibus hinc inde comploditur, Gall. *Pelote, balon*. Statutum Capituli Autissiod. 18. April. ann. 1396 : *Ordinatio de pila facienda. Ordinatum fuit quod domini Stephanus de Hamello et magister Johannes Clementeti qui fuerunt novi stagiatores facient Pilotam proxima die Lunæ post Pascha... et consensit primum mensem pro dicta pila solvi.* Aliud Statutum ejusdem Capit. 19. April. ann. 1412 : *Fuit ordinatum quod Pilota fiat minor solito, tamen quod non possit comprehendi seu apprehendi una sola manu hominis.* At ne ejusmodi ludus ecclesiæ ceremoniis extraneus omnino videretur, sacra profanis miscentes, inter ludendum Prosam *Victimæ Paschali, etc.* decantabant, et ad ejus modulos retorquebatur pila. Hæc pluribus referuntur in Cod. MS. Autiss. quæ ex Mercurio Gallico mensis Maii ann. 1726. hic exscribemus : *Accepta Pilota a proselyto seu tirone Canonico, Decanus, aut alter pro eo olim ge-*

stans in capite almutium ceterique pariter, aptam diei festo Paschæ prosam antiphonabat quæ incipit Victimæ Paschali laudes : *tum læva Pilotam apprehendens, ad prosæ decantatæ numerosos sonos tripudium agebat, cæteris manu prehensis choream circa dædalum ducentibus, dum interim per alternas vices Pilota singulis aut pluribus ex choribaudis a Decano serti in speciem tradebatur aut jaciebatur. Lusus erat et organi ad choreæ numeros. Prosa ac saltatione finitis chorus post choream ad merendam properabat.* Nec insolens erat in aliis ecclesiis pilæ ludus, ut testatur Durandus Ration. lib. 7. cap. 16. Verum quod Autissiodori in ecclesia agebatur, decentius Viennæ Allobrogum in palatio Archiepiscopali fiebat : cujus ceremoniæ meminit Codex MS. ejusdem Ecclesiæ 500. annorum in Rubricis diei Lunæ post Pascha his verbis : *Ad Vesperas dum signa pulsantur, totus Conventus conveniat in domo Archiepiscopi; ibi debentur mensæ apponi, et ministri Archiepiscopi debent apponere pigmentum cum aliis, et postea vinum. Postea Archiepiscopus jactet Pelotam.* In margine ejusdem Codicis recentiori manu annotatum legitur : *Et est sciendum quod Mistralis debet providere de Pelota, et debet eam jactare domino Archiepiscopo absente.* Et quidem hæc erat Domini seu ejus *Locum-tenentis* prærogativa, ut pilam propellendam ludentibus projiceret. Vide *Mellat*.

☞ Diu obtinuit ejusmodi ludus, præsertim inter Clericos Autissiodorenses quos huic retinendo pertinaciores fuisse observatur in Mercurio Gallico mensis Martii ann. 1727. Sed hæc tandem amandavit purior ætas, cui auctoritatem præbuit Arestum Parlamenti 7. Junii ann. 1538. Nec tamen, re ipsa abolita, penitus nomen interiit; a Canonicis enim recens receptis etiamnum præstatio pecuniaria exhibetur sub nomine *Pilotæ*. Utcumque ludum *Pelotæ* describit le Roman *d'Athis* MS. :

Li preudome et li bacheler
Alerent les jeux resgarder
De Pelotte et de ploumées
Dont se donnoient grans colées....
Chascune aloit à la fenestre
Veoir le jeu de la palestre.

Ibidem :

Font la Pelote tressaillir,
Puis encommencent à courir
Tout coste à coste sans trespas,
Que l'un fesist l'aultre d'un pas ;
Tels les suivent de leur povoir,
Qui faillirent à leur espoir.

¶ PILLOTA, Eadem notione, in Statutis Montis Regal. fol. 178 : *Item statutum est quod aliquis non ludat... præterquam ad scacos, et tabulas, et Pillotam.*

* 4. **PELOTA**, apud Provinciales appellatum id, quod exigebatur a sponsis ad secundas nuptias convolantibus, aut ab iis qui alienigenas in matrimonium ducebant, ut ab inconditis vociferationibus, vulgo *Charivari*, se redimerent. Stat. Provinc. : *Charavits non fiassan, et Pelotas non si pagan.... No si demande ren per loudich abus, que on appelle la Pelota, quant una fema va en mariage d'un luech en autre.* Vide *Mourgues* in Comment. ad ead. Stat. edit. 1658. pag. 309. et supra *Charavaritum*.

* **PELOTRIA**, *Magna vel ingens*, in vet. Glossar. ex Cod. reg. 7641.

¶ **PELS.** Vide *Pelerius.*

* **PELTA**, *Scutum Amagonticum*, in Glossar. cod. reg. 7641. Aliud Lat. Gall. ex Cod. 7692 : *Pelta, bouglier. Peltarius, bougleour. Peltarius, qui facit peltas. Peltissa, doctor in illa arte*, ex Cod. 521. [** Vide Forcellin.]

¶ **PELTEOLUS**, Tintinnabulum orbiculare, Gall. *Grelot.* Vita S. Humilitatis tom. 5. Maii pag. 207 : *Die quadam mustella quædam cum Pelteolo ad collum in cellam introivit,... super fenestram ascendit.... sonalium ibi deposuit.*

¶ **PELTIS**, vel PELTYS, Pellis depilata, Aleman. *Peltz*, Sax. Fælt, Angl. *Pelt.* Concil. Trevir. ann. 1310. apud Marten. tom. 4. Anecd. col. 254 : *Interdicimus ne quis eorum cum calice ligneo vel vitreo, vel stanneo, vel plumbeo, vel de Pelte, vel de auricalco, vel de electro, infra nostram provinciam ulterius celebrare præsumat.* Computus ann. 1425. apud Kennett. Antiquit. Ambrosden. pag. 572 : *De tribus solidis 1. den. ob. receptis de* xv. *Peltys bidentum de stauro necatarum in hospitio inter prædictam tonsuram et finem S. Michaelis.*

* **PELTUM**, ut *Pelta*, in Lit. ann. 1398. tom. 8. Ordinat. reg. Franc. pag. 260 : *Peltum consciencicæ carpsimus ad conterendum, talium comitati auxiliis, quæ malinatus est inimicus in sancta.*

* **PELU**, Pellitium, vel Pallii seu tunicæ species. Charta Phil. comit. Fland. ann. 1163. ex Chartul. 1. Fland. in Cam. Comput. Insul. ch. 325 : *Qui emit Pelu, id est, puloci, obolum dabit, et qui vendit, obolum.* Vide supra *Pelanda.*

* Aliud vero sonat vox Gallica *Peluc*, Purgamenta scilicet ex frumento ventilato, in Charta ann. 1253. ex magn. Chartul. nig. Corb. fol. 132. v°. : *Nous avons vendu... au convent de Corbie... tous les fourrages et le grain et le Peluc et le conroi de nous et de no maisnié, quant on vane.*

¶ **PELVIS**, Mensura aridorum. Charta ann. 1207. in Tabular. Gemetic. : *Equus ejus et pallefridus tam suus quam uxoris aut militis ejus tres Pelves avenæ habebunt.* Tabular. Glaston.: *Homines de Dukelechurch debent habere unum baconem de tribus solidis, et duos caseos, et duas Pelves plenas salis, et duas summas de ligno.*

¶ PELVIS AD BAPTISMUM. Anastasius in S. Silvestro PP. : *Pelvim ex argento ad baptismum, pensantem libras viginti.* Hydriam, qua continebatur aqua benedicta ad baptismum interpretantur viri docti.

¶ **PELUM**, Castellum. Vide *Pela* 1.

PELURÆ, Pelles. Fleta lib. 2. cap. 14 : *De expensis garderobæ, in quibus emptiones pannorum, Peluræ, ceræ, specierum.... comprehenduntur.* Forte *Peliciæ*, ex Gallico *Peluches.*

☞ Nihil emendandum innuit Charta apud Thom. *Blount* in Nomolex. Anglic. v. *Esquier : Noveritis me obligari Rogeron Marmion filio quondam Philippi Marmion omnibus diebus vitæ suæ in una roba cum Pellura de secta Armigerorum meorum annuatim ad festum Nativitatis Domini percipienda.*

* **PELZIRE**, idem quod *Pediare* et *Pedificare*, Quasi per pedes metiri, mensurare. Charta ann. 1236. in Chartul. Raym. VII. comit. Tolos. pag. 216 : *Dicti probi homines jurati... ostenderunt et Pelzierunt, dicentes in virtute præstiti juramenti, quod ita triginta annis et amplius viderant illud tenere et possidere, sicut superius est expressum... Actum fuit hoc ita a prædictis hominibus probis, et ostensum et Pelzitum sexto die exitus mensis Martii.* Vide infra *Pendire.*

1. **PENA**, Rupis, collis, Hispanis *Peña.* Glossæ antiquæ MSS. : *Penis, caput.* Charta Aldegastri, filii Sylonis Regis Ovetensis ann. 781. apud Sandovallium : *Et per illa via quæ vadit ad Petra Terta, et per Pena de Ceija, et inde per illa strada de Guardia, etc.* Occurrit ibi pluries. Observat Camdenus in Britannia *Pen* summitates montium etiamnum Britannis vocari, vocemque esse veterum Gallorum, unde *Appenninus* mons, etc. Vide *Pinna* 4. et *Penna* 1.

¶ 2. **PENA** TERRÆ, Modus agri, eadem notione qua *Pecia*, ab Armorico *Pen*, Caput, finis, terminus, Gall. *Bout.* Necrolog. Abbatiæ *de Daoulas* in diœc. Quimperleg. : *Pro quo habemus.... unam Penam terræ juxta domum.* Vide *Pendallet.*

¶ 3. **PENA**, Idem, ni fallor, quod *Pellicia.* Testamentum Sancii I. Reg. Portugalliæ æræ 1217. apud Brandaon. tom. 3. pag. 260 : *Habeat et meas cinctas, et meas scarlatas, et Penas varias, arençanes et lencios.* Vide *Pannus* 2.

¶ 4. **PENA**, f. Idem quod *Pecia*, vel mensuræ species. Chartular. Latiniac. : *Mercatores Remenses qui vendunt telas et tapina, debent in nundinis pro qualibet archa quæ fuerit aperta cotidie unum denarium. Et post finitum pagamentum debent de qualibet Pena tantum quantum illi qui emunt.*

¶ 5. **PENA**, Alia notione, in eodem Chartular. ex Charta ann. 1265 : *Quietaverunt... quidquid juris habent et habere possunt quoquo jure seu quacumque ratione in quadam pecia terræ arabilis.... sita.... supra rectam viam, quæ Pena vulgariter nuncupatur.*

* 6. **PENA.** PER PENAS VENDERE, Particulatim divendere. Arest. parlam. Paris. ann. 1379. tom. 6. Ordinat. reg. Franc. pag. 408 : *Qui a dictis venditoribus dictos pisces emebant, et in dicta villa nostra... per Penas et ad detaillium vendebant.* Id est, per *Pecias*, quomodo f. legendum.

* 7. **PENA**, Ignota mihi notione, nisi sit pro Retis specie. Vide infra *Pennellus* 2. Unde contracte scriptam hanc vocem male fuisse lectam suspicor. Charta ann. 1292. apud Schwartzium in Hist. fin. principat. Rug. pag. 223 : *Habebunt... piscationem per dictum stagnum et Penam infra et supra a rota molendini.*

* **PENACLA**, *Imago pulcherrima.* Glossar. vet. ex Cod. reg. 7641.

¶ **PENALDUS**, PENALLIS, Gall. *Penaul*, Mensuræ species, eadem quæ *Bichetus*; in Barensi tractu ponderis 100. lib. ut vult *de Lauriere* in Gloss. Jur. Gall. Charta Officialis Lingon. ann. 1291 : *Confitetur se te-*

neri ex causa mutui religiosis viris magistro et fratribus Grosse sylve in centum et decem solidos Turonenses et in uno modio et tresdecim Penallibus frumenti mensure Fontisvenne. Litteræ Philippi Dom. Joinvillæ ad Ararim ann. 1354. inter Ordinat. Reg. Francorum tom. 4. pag. 298 : *Encor avons octroyé et octroyons, qu'il puissent moorre à touz temps à noz molins de Jonville, pour paiant pour Penaul, une escuelle de mousture, tel bles comme serait li Penaulx : et qui moorrai oultre ledit Penaul, li muniers panrroit pour un chascun Penaul, plaine ladicte escuelle : et sera ycelle escuelle mesurée en maniere, qu'il en haurait vint et quatre, en un Penaul.* Ex his perspicuum est iis saltem locis *Penaldum* longe minoris fuisse ponderis quam in Barensi tractu; scutella enim parva admodum erat mensura, ut in voce *Escuella* videre est, quarum 24. nusquam pondus 100. lib. efficient. Sed et utrum alibi tanti fuit ponderis subdubitare licet; cum *bichetus* nullibi ponderosior exstiterit quam apud Lugdunenses, ubi 60. tantum lib. appendit. Vide *Bichetus.*

* **PENALE.** Charta ann. 1170. in Chartul. monast. Caunens. : *Berengarius abbas Guillelmo Bonet et omni ejus posteritati tres in memorata villa braçadas de solario, simul cum sotulo, qui est ad cortale, nec non unum in pariete, qui est juxta viam, et alium in Penale solarii.... concedit.* An pro *Penetrale*, adytum? an idem quod infra *Penna* 5.

¶ **PENARDUS**, Gladii seu pugionis species, Gall. *Poignard*, vulgo *Penard.* Arestum Parlamenti Paris. ann. 1335. tom. 1. Annal. Tolos. inter Instrum. pag. 89 : *Confessus fuerat palam et publice se dictum vulnus fecisse cum quodam suo Penardo, quo dicto Aymerio ostenso, inter plures enses ipsum Penardum cognoverat esse suum, et cum eo dictum vulnus intulisse.*

* Nostris *Pannart*, *Pennart* et *Penardeau*, qui longioris cultelli appellatione donatur. Lit. remiss. ann. 1381. in Reg. 120. Chartoph. reg. ch. 260 : *De chaude cole feru ledit Helyoton sur la teste un cop d'un coutel, dit Pannart. D'un grand coustel, appellé Pennart, qu'il avoit, frappa sur la jambe d'icelui feu Jehan*, in aliis ann. 1396. ex Reg. 149. ch. 315. *Un coustel à deux taillans, nommé Panart*, in aliis ann. 1408. ex Reg. 163. ch. 179. Aliæ ann. 1462. in Reg. 198. ch. 510 : *Icellui Dusol consul, lequel portoit ung Penardeau ou grant cousteau.*

¶ **PENARIUS**, ταμιοῦχος, in Gloss. Lat. Græc.

¶ **PENATICUS**, Qui res ad victum necessarias vendit, a *Penu*. Vide in hac voce et *Penesticus.* Meisterlinus de Rebus Noriberg. apud Ludewig. tom. 8. Reliq. MSS. pag. 130 : *Mandataque dat omni Consulatui, ut foro amplo, ubi erant domunculæ, gazæ et tiguria carnificum, pistorum, Penaticorum,.... omnino amoverentur.*

* **PENATUM**, Italis *Pennato*, Falx. Stat. crimin. Cumanæ cap. 138. ex Cod. reg. 4622. fol. 92. v°. : *Genera armorum prohibita... spata, quadrellus, hoc est, daga, cutella, fureta, Penatum seu dardus, lancea, etc.* Ubi tamen idem videtur quod jaculum pennis instructum; unde nomen. *Penart*, eodem intellectu, in Hist. Joan. *de Saintré* cap. 50. pag. mihi 328 : *Sur lequel* (beaulme) *estoit un demy buef de gueulles, entre deux Penars d'argent, naissant d'un carcoys de mesme et de gueulles. Penas* vero, pro Panicula plumacia, vulgo *Panache*, in Lit. ann. 1412. ex Reg. Castel. apud Thaumass. in not. ad Usat. Bellovac. : *Sur lequel escu est un timbre couronné, à un col de heron et un Penas.*

PENAX. Codex Croylandiæ sub Joffrido Abbate, apud Spelmannum : *Pulcherrimumque Penacem, per incendium illud tunc perdidimus, et valde sumptuosum de omni genere metalli pro varietate siderum et signorum mirabiliter fabrefactum. Saturnus enim argenteus, Jupiter autem aureus, Mars vero ferrugineus, Sol de auricalco, etc.* Ubi *penax*, est pro *pinax*, πίναξ, tabula. Hic autem pro sphæra cœli.

* **PENCELLUM**, Locus, in quem aqua molendini decurrit et continetur. Charta ann. 1221. in Chartul. Mont. S. Mart. part. 7. fol. 118. v°. : *Determinabunt quantum terræ sufficiet ad sclusam prædictam et molendinum et Pencellum et viam faciendam.* Vide infra *Pendulum* 1.

¶ **PENCELLUS.** Vide *Pennones.*

¶ **PENCHENERIUS**, Pectinum confector, in veteri Catalogo MS. B. M. Deauratæ Tolos. Vide supra *Pectinarium.*

* **PENCHOINA**, ut *Pencellum*, a Gall. *Penchon* et *Pençon*, eadem notione. Charta Joiæ dom. *de Vallaincort* ann. 1241. in eod. Chartul. part. 1. ch. 116 : *Penchonia cum raeriis dictæ sclusæ, cum omnibus receptionibus suis dictæ ecclesiæ in perpetuum remanebunt.* Alia ann. 1272. ibid. : *Le witisme anguille ki descent au Penchon de che molin. Pençon*, in alia ann. 1281. ibid. part. 7. fol. 124. r°. col. 1. Haud scio an idem sit *Penel*, in Charta ann. 1340. ex Chartul. 23. Corb. : *Ils puissent clorre de masons le Penel, que on dit Barrette, pour l'eaue dudit aiguet venir et tourner oudit fossé pour aroer.* Vide supra *Panchon.* An quod palis, *Penchots* dictis, construeretur, sic appellabatur? nam *Penchot*, Pali species videtur, in Lit. remiss. ann. 1470. ex Reg. 196. Chartoph. reg. ch. 202 : *Alors prinst icellui Gailleu ung gros Penchot,.... pour frapper le suppliant sur la teste.*

¶ **PENCHUN.** Tabular. S. Genovefæ Paris. ann. 1187 : *Quantum area molendini ipsorum cum utensilibus suis, scilicet gordana et instrumento piscatorio, quod dicitur Penchun, extenditur.*

PENCINA, al. *Pencila*, *lacinia*, *vel stola*, in Gloss. Isid. Forte *Penula.* [Nullum dubium, inquit Grævius, quin legendum sit : *Pænula, lacerna, vel stola.* Lacernas esse genus pænularum docti ostenderunt. Emendationem Grævii firmat Constantiensis : *Penula, stola cum clavis, quasi lacerna.*]

¶ **PENCIONARIUS**, Vide *Pensionarius.*

* **PENDALE**, Pars umbraculi vel lecti, quam *Pente* appellamus. Ordo canonizat. ex Cod. MS. Morton. archiep. Cantuar. ann. circ. 1494. apud Labb. : *Fit unum baldachinum cum chamis broccali de auro, habens Pendalia de carmusino.*

* **PENDALIA**, Infulæ pontificiæ ornamentum pensile, tænia, Gall. *Pendant* vel *Fanon.* Inventar. MS. thes. Sedis Apost. ann. 1295 : *Item unam mitram magnam,... in Pendaliis sunt inter rubinos et balassios quinquaginta octo.* Vide *Pendulæ.*

¶ **PENDALLET.** Acta S. Samsonis MSS. : *Samson autem juxta linguæ Britannicæ idioma locum illum Pendallet nominavit, id est Caput cæcatum; eo quod in eodem loco Regina fuerat cæcata et extincta.*

* **PENDARIA**, Clivus, collis dejectus, Gall. *Panchant.* Pactum inter episc. S. Flori et Rigald. Tortol. domicel. ann. 1326. in Reg. 66. Chartoph. reg. ch. 85 : *Item quandam costam, sive Pendaria, vocatam de la Constancia;.... quam Pendariam ipse Rigaldus tenet ad manum suam.* Vide mox *Pendens*, 2.

¶ **PENDEARE** Super Feodum, Vexilli appositione feodum vassalli ob denegata servitia sibi asserere. Vide *Pennones.* Charta Roberti Betuniæ domini ann. 1228. apud Miræum tom. 1. pag. 417 : *Et si homines mei ibidem manentes, exercitus meos vel equitaturas non fecerint, sicut debent, vel ad placita mea non venerint; ego pro forefacto tali, sicut homines mei judicaverint, potero Pendeare super feodum, quod mei homines tenent de me.*

¶ 1. **PENDENS**, vox Practicis nota, Lis pendens, causa nondum judicata, *Procès pendant.* Eduardi II. Reg. Angl. ann. 1307. apud Rymer. tom. 3. pag. 9 : *Salvis etiam nobis cognitionibus.... querelarum..., in Curia Pendentium, et non determinatarum.*

¶ In Pendenti Esse, Incertum esse. D. lib. 5. tit. de Judiciis leg. 35 : *Non quemadmodum fidejussoris obligatio in Pendenti potest esse, et vel in futurum concipi, ita judicium in Pendenti esse potest.*

¶ 2. **PENDENS**, Clivus, Gall. *Panchant.* Tabular. Calense ann. 1262 : *Duodecim arpenta et dimidium nemoris vel circiter sita supra villam quæ vocatur Couteron in Pendenti de fossis ejusdem villæ.* Le Roman *de Vacce* MS. :

D'un Pendant sorstrent ou il furent,
D'une valée et d'un Pendant,
Sourt un conreiz qui vint avant.

Le Roman *de la Rose* MS. :

Fors que sans plus en un Pendant,
Si comme ele vient descendant.

Ubi de aqua decurrente mentio fit.

* Idem quod supra *Pendaria.* Charta Reneri de Nogento ann. 1219. in Chartul. Campan. ex Cam. Comput. Paris. fol. 396. r°. col. 2 : *Dedi ... totum etiam Pendens ipsius collis, præterquam id quod in ipso Pendente habent abbas et monachi S. Benigni de Divione.* Alia ann. 1337. inter Probat. tom. 2. Hist. Dalph. pag. 350. col. 2 : *Protendendo per pedem montis.... usque ad Pendentia montium supra Conziacum;.... sive in Pendentibus, sive in costis, etc.*

* 3. **PENDENS**, Appensum domui tectum, seu umbraculum ligneum projectum, Gall. *Auvent.* Stat. Avenion. MSS. ann. 1243. cap. 81. ex Cod. reg. 4659 : *Removeantur appensæ vel Pendentia super viis publicis, quæ obesse possent equitantibus, vel arma portantibus, sive aliter transeuntibus.*

* 4. **PENDENS**, a Gallico *Pendant*, Dum, tempore. Necrol. eccl. Paris. MS. ad ann. 1492 : *In die autem Dominico dicent* (pueri chori) *psalmum et orationem*

prædictam supra tumbam dicti defuncti, Pendente offertorio supradictæ Missæ de Trinitate.

PENDENTES, nostris *Pendants d'oreilles*, κρεμαςῆρες Græcis Scriptoribus. Arculfus de Locis sacris : *Ornata virgis ferreis, Pendentes, brachialia, dextroceria, murenæ, monilia, annuli, etc.*

* **PEDENTILIS**, Pensilis, pendulus. *Pedentiles calices*, qui scilicet pendebant ex arcu ecclesiæ resticulo, apud Ott. Sperling. in Testam. dom. Absolon. pag. 89.

¶ **PENDENTIÆ**, Dona, quæ ad tumulos Sanctorum suspendebantur. S. Audoenus in Vita S. Eligii tom. 5. Spicil. Acher. pag. 289 : *Non timuit miser ex Pendentiis aureis, quæ illic pro ornatu sepulchri* (S. Eligii) *innumeræ dependebant, quædam clancule præsumere*

PENDERE, Laqueo suspendere, Gall. *Pendre*. Decretio Childeberti Regis cap. 8 : *Et si debilior persona fuerit, in loco Pendatur.* Capitulare triplex ann. 808. cap. 2 : *Nullus hominem Pendere præsumat, nisi per judicium. Si vero aliquis sine culpa Penditus fuerit, et ibi moritur, tunc ab eo qui eum absque judicio Pendidit, proximus parentibus sit compositus.* [Regest. Magn. Dier. Campaniæ fol. 87. apud D. *Brussel* de Usu feud. tom. 1. pag. 226 : *Diem quam domina de Chassins habebat ad istos dies Trecenses, super eo videlicet quod sibi est imputatum Huardum Baudier injuste justitiasse ac Pependisse, sicut filia dicti justitiati per multas rationes.... proposuit ad hunc finem ut corpus dicti justitiati patris sui a furchis deponatur et in cimeterio sepeliatur.*] Vide Annales Francorum Bertinian. ann. 842.

PENDUTUS, in Lege Ripuar. tit. 79. : *Si quis homo propter furtum comprehensus fuerit, et legitime superjuratus, judicio principis Pendutus, vel in quocumquelibet patibulo vitam finierit, etc.*

* Unde *Pendart* et *Pendeur*, pro *Bourreau*, qui reos laqueo suspendit. Lit. remiss. ann. 1380. in Reg. 117. Chartoph. reg. ch. 35 : *A un Vendredy il fut condempné à estre pendu; .... mais pour ce que le Pendart n'y estoit pas, il fu différé jusques au Dimenche que ledit Pendart vint, auquel il fu livré à pendre par le bailli. Le Pendart ou bourreau*, in aliis ann. 1416. ex Reg. 169. ch. 232. *Le Pendeur ou bourreau de la ville de Laon*, in Ch. ann. 1382. ex Tabul. S. Joan. Laudun. *Pent-larron*, eadem acceptione, in Charta ann. 1366. ex Reg. 97. ch. 605 : *Comme ès metes de l'abbaye de S. Estienne de Caen soit un certain fyé, appellé le fyé Pent-larron.... Ledit fyé a esté pris et mis en nostre main pour ce que il failloit un bourrel ou Pent-larron en ladite ville de Caen.*

* **PENDEX**, idem quod supra *Pendens* 2. Charta ann. 1358. inter Probat. hist. geneal. domus *de Gondi* pag. 157 : *Item unum petium terræ laborativæ, positum.... in Pendicibus Vespignani.*

* **PENDIA**, Territorium, districtus a potiori loco dependens. Charta Henr. VI. imper. ann. 1187. apud Lam. in Delic. erudit. inter not. ad Hodoepor. Charit. part. 3. pag. 1181 : *Hanc considerationem habentes circa fideles nostros homines de Ficeclo et de Curte, et eos qui venient ad habitandum castrum, vel Pendias, etc.*

* 1. **PENDICIUM**, Eodem intellectu. Charta ann. 1017. apud eumd. Lam. inter not. ad Hist. Sicul. Laur. Bonincont. part. 2. pag. 325 : *Et in omnibus ubicumque per loca et casalia, vel vocabulis et Pendiciis de supposita curte et domnicatis, etc.*

2. **PENDICIUM**, Pensitatio, præstatio. Charta Anselmi Archiep. Mediolanensis, in Tabul. Cluniacensi Ch. 136 : *Eo scilicet ordine, ut præfata Ecclesia de Calvenzano amodo absque Pendicio et conditione libera, libere Cluniacensi Monasterio deserviat.*

¶ **PENDICLUM**. Gloss. Gr. Lat. ἀρπεδὼν, *Pendiclum*, ἀρπεδόνιον, *Pendiculus, peniculum*. MSS. *Pendiculum*. Cod. Reg. *Penniculus.*

¶ **PENDICULARIS**, Pendulus. Vita S. Stanislai Episcopi tom. 2. Maii pag. 260 : *Insuper... intra ecclesiam S. Francisci in editiori loco fabricata est Pendicularis capella.*

PENDIGO, [Compago, Græcis πῆγμα.] Vide *Labandago.*

PENDILATORIUM, in Catholico Armorico, *Pilory*, item Capitolium.

PENDIRE, Demonstrare, indicare in jure. Charta ann. 1204. in Regesto Comitum Tolosæ Cameræ Comput. Paris. fol. 105 : *Ammonuit eos ex parte Comitis per eorum legalitatem et per eorum credentiam, ut bona fide demonstrarent ei et Pendirent, et et terminarent illas terras et honores, etc.* Infra : *Demonstraverunt et Pendiverunt ei unam petiam terræ in qua habet unam cartaratam et plus terræ, etc.* Ibid. : *Penditio et demonstratio*, Gallis *Monstrée de terre*. Vide an a *Bandire* vox deducatur, tametsi istius notio vix quadret. [f. *Pendire* per metaplasmum a verbo Pandere, unde *Pandire* et *Pendire* : nisi idem sit quod *Pediare, Pedificare.* Vide in his vocibus.]

* Lego *Peudire* et *Peuditio* in eodem Regesto, atque ita legendum esse opinor. Idem proinde quod supra *Pelzire*. Vide ibi.

¶ **PENDIS**, Rusticum ædificium majori appensum, *Appentis*. Testamentum Adelaidis Viceconit. Narbon. ann. 989. apud Marten. tom. 1. Anecd. col. 102 : *Sunt mansi* IIII. *cum curtes et Pendis* I. *ad ipsa ecclesia, cum torculari, cum hortis, quantum ibidem habeo.* Vide *Appendaria*, et *Penticium.*

* **PENDITIA**, Pari significatu atque supra *Pendia*. Charta ann. 1272. apud Lam. in Delic. erudit. inter notas ad Hodoepor. Charit. pag. 2. pag. 402 : *Habeant, teneant, usufructent rigariam* (f. ripariam) *et portum, ripam, plageas et Penditias infra dictos confines, etc.* Mox legitur *Adpenditias.* [* Vide infra *Pentorium.*]

¶ **PENDITIO**. Vide *Pendire.*

PENDITORIUM, Pertica, ad quam appenduntur panni desiccandi. Locus est in *Pannificus.*

PENDO, Vexillum, Gall. *Penon*. Coronatio Alfonsi Regis Portugalliæ apud Brandaon. lib. 10. cap. 13. *Nobiles si fugerint de lide... si non liberaverint regem, aut filium ejus, aut Pendonem pro suo posse in lide, etc.* id est, in *lite*, seu prælio. [* Vide *Pennones.*]

* **PENDOLOSUS**, Venum expositus, signo domui appenso ; dicitur de vino a cauponibus vendito. Paltrami Chron. Austr. ad ann. 1443. apud Pez. tom. 1. Script. Austr. col. 735 : *Illo anno quasi omnia vina fuerunt Pendolosa : et fuerunt vina illo anno in bono foro.* Vide *Pandoxare.*

PENDULÆ, Vittæ, quæ a mitra Episcoporum dependent; ἐνώτια, apud Durandum lib. 3. Ration. cap. 13. num. 4. *Penduli*, non semel in Monastico Anglic. tom. 3. pag. 313.

¶ **PENDULIUM**, Pœna patibuli, suspendium. Acta S. Hoarvei MSS : *Vir Dei, ut erat pietate plenus, nihil aliud voluit recipere, nisi neci obnoxios a furcifero Pendulio liberare.*

¶ 1. **PENDULUM**, Pars molendini. [* Idem videtur quod supra *Pencellum.*] Charta ann. 1165. apud Hemeræum in Augusta Viromand.: *Concessi domui infirmorum sancti Quintini molendinum de Rovereio, cum raeria et Pendulo, perpetuo tenendum.*

* 2. **PENDULUM**, Pars cinguli seu baltei, unde cultellus vel gladius dependet, nostris alias *Pendoyre*. Lit. remiss. ann. 1355. in Reg. 84. Chartoph. reg. ch. 102 : *Qui Nicholaus sentiit Pendulum sui cutelli, quem ad zonam gerebat, abscissum fuisse, et cutellum sibi ablatum una cum vagina.* Aliæ ann. 1393. in Reg. 144. ch. 252 : *Icellui de Saint Symon mist la main à un badelaire, que le suppliant portoit pendu à sa sainture, et le tira tellement et si fort qu'il rompy la Pendoyre, aquoy icellui badelaire estoit pendu. Pendouer*, pro *Pendoir*, Instrumentum suspendendis animalibus aptum, in Lit. remiss. ann. 1419. ex Reg. 172. ch. 9 : *Un Penduer à pendre bestes.*

¶ **PENDUTUS**. Vide *Pendere.*

PENELLUM, Rete quo cuniculi comprehenduntur, Gallis *Penneau*, vel *panneau*. Charta Willel. Comitis Pontivi ann. 1203. in Tabulario Abbatiæ S. Judoci : *Comes Monsteroli et Pontivi debet habere leporem ac Penellum infra guarennam, quæ est, etc.* Alia Matth. Comitis ann. 1248. in eodem Tabul. : *Damus et concedimus in puram eleemosynam Ecclesiæ S. Judoci supra mare leporem et Penellum quæ habebamus in domis* (dunis) *quæ sunt infra garennam quæ est inter prata de Trepié et mare, etc.* *Penneau* vero aliud sonat in Regesto Peagiorum Paris.: *Si bacon viennent en Penneaux engresse, li 4. Penneau doivent un denier de tonlieu. L'en appelle Penneaux en gresse, fiche de bacon sans os.* [* Vide supra *Panellum* 3.]

☞ Cistæ species esse videtur, ut et *Pennel* in Statuto Caroli Ducis Norman. ann. 1363. inter Ordinat. Reg. Franc. tom. 4. pag. 729 : *De chascun cheval, jument, asne, mulet, et broete chargés ou wis, sens selle et sens fraude, à bas ou Pennel, etc.*

* **PENELLUS**, Mensura annonaria. Vide supra *Panellus* 4.

¶ **PENENSIS** DENARIUS. Henrici Berntenii Chron. apud Leibnit. tom. 2. Script. Brunsvic. pag. 444 : *Status autem monasterii* (Marienrodensis) *in temporalibus, in quo ipsum reliquit, hic est : debita ad manus 58. talenta Penensium denariorum. Pensio ad vitam 24. marc.*

* Qui, ni fallor, ex quavis consuetudine

pro facultate aliqua vel privilegio habendo penditur. Vide *Penigeldum.*

* **PENESTICA**, *Gremperia, seu Auccionaria,* apud Twing. in Vocab. Lat. Germ. Vide mox

PENESTICUS. Wichbild Magdeburg. art. 44 : *Qui Penestici et revenditores vocantur, si in aliquo demeruerint, vel excesserint, contra statuta civitatis. . . . in esculentis falsificandis, etc.* Vox, ut videtur, deducta a *Penu.* [Vide *Penaticus.*] [** et Haltaus. Glossar. German. voce *Hoke*, col. 946.]

* Qui minutas res ad victum necessarias vendit. Instr. ann. 1308. tom. 5. Cod. diplom. Polon. pag. 31. col. 1 : *Contra militarem decentiam mercationes omnes, imo tanquam Penestici* (revenditores) *vilissimum genus mercationis exercent, poma, caules, raphanum, cepe, et alia et his similia vendentes.*

¶ **PENETA.** Vide *Pineta.*

* **PENETARIUS**, pro *Panetarius*, Officium et dignitas in aula regia. Charta ann. 1247. ex Chartul. Campan. fol. 175. col. 2 : *Saletus de Juilliaco Penetarius illustris regis Navarræ, etc.* Vide in *Panetarius* et *Pennetarius.*

* **PENETRAL.** Dialog. creatur. dial. 107. ubi de lupo et asino serra desecantibus : *Lupus autem præ dolore se retorsit, et juravit ut vehiculum præcipitaret; sed judicio Dei Penetral cecidit et lupum mactavit.* Serra eo nomine videtur significari, quia lignum secando illud penetrat.

* **PENETRARE**, Perfodere, Gall. *Percer.* Charta Henr. Clarom. episc. ann. 1392. tom. 8. Ordinat. reg. Franc. pag. 190. art. 9 : *Nituntur dicti habitantes* (Laudozi) *Penetrare murum fortalicii, faciendo fenestras, hostia et vitrialia in dicto muro.*

¶ **PENETRATIVUM VULNUS**, Altum, profundum, Gall. *Blessure profonde.* Vide *Dorgingha.*

¶ **PENIA.** Vita SS. Voti et Felicis tom. 7. Maii pag. 64 : *Et inde vadit contrario de caulo, quemadmodum dividit illa Penia S. Cypriani in suso, et quomodo vadit via quæ exit de Spina-Alba.* Idem est quod *Pena* 1.

¶ **PENICELLUS.** Vide in *Pennones.*

¶ **PENICIUS**, f. Ramusculus. Statuta Montis Regal. fol. 231 : *Quoniam multæ querelæ sunt de castaneis et aliis fructibus cadentibus super terra consortis et damnis quæ in eis inferuntur propter castaneas et alias arbores, tam propter frondes, Penicios et ligna cadentia in eis, etc.* Vide *Pennula* 2.

* **PENICULA.** Vide infra *Pernicula.*

¶ **PENICULAMENTUM**, Corrigia. Translatio S. Antonini tom. 1. Maii pag. 768 : *Demum dictum sanctum corpus caligis et filaticcio, ut dicunt, albo et sandalibus ex ermisino rubeo ac calceamentis ex raso rubeo confectis, cum Peniculamentis aureis et sericeis ornatis more Archiepiscoporum calceatus extitit.* Arnobio *Peniculamentum* est cauda. Gloss. Lat. Gr. : *Peniculamentum*, κρόσσιον.

* **PENICULUS**, Baculus præcentoris. Monach. Sangall. de Gest. Caroli M. lib. 1. tom. 5. Collect. Histor. Franc. pag. 109 : *Ad quem* (clericum) *paraphonista, levato Peniculo, ictum ei nisi cantaret minabatur.*

¶ **PENICUM**, f. Proprium. Charta Abbatis et Conventus S. Johan. Morinensis ann. 1237. in Tabular. Corb. : *Impignoravit nobis... tertiam partem suam tertiæ partis de decima de Westoure et aliam sextam partem suam tertiæ partis de Penico decimæ de Waumes, quam decimam dictus Richouardus tenet ad censum de ecclesia Corbeiensi.*

* An non potius pro *Panicum*? Vide *Panicium.*

PENIGELDUM, Denarii pensitatio ex quavis Consuetudine pro facultate aliqua vel privilegio habendo, ut in foresta, aut alibi : ex Saxon. Peny, denarius, et geld, pensitatio. Monasticum Anglic. tom. 1. pag. 372 : *Sint quieti de... omnibus geldis, fenneldis, horngeldis, forgeldis, Penigeldis, etc.* Adde tom. 2. pag. 812. 827.

¶ **PENINGUS.** Vide *Penningus.*

¶ **PENITA**, *Aula regia.* Gloss. Isid. Grævius ex Constantiensi : *Penita, secreta, penitralia, interiora regiæ loca, vel secreta et abdita oracula.* Translatio SS. Sebast. et Greg. sæc. 4. Bened. part. 1. pag. 392 : *Illis itaque susurronibus foras inpectis* (sic) *nostrates tantum cum Johanne Episcopo et Ingoaldo abbate intra Penita semet receperunt, et obseratis januis ad bustum constanter accesserunt.*

¶ **PENITEMEN**, Pœnitentia. Charta Eadgari Regis ann. 964. apud Hickesium in Grammat. Anglo-Sax. pag. 139 : *Hoc ni digno prius dempserit Penitemine, se sentiat, etc.*

¶ **PENITENCELLIUS**, *Penitenciaria, Penitenciatus.* Vide in *Pœnitentes.*

* **PENITENCIA.** Charta ann. 1319. in Reg. 59. Chartoph. reg. ch. 242 : *Excepto jure, quod dominus rex.... ratione furnagiorum percipit annuatim a bordalériis habitantibus inter Penitencias dicti loci* (Gimontis). Sed legendum prorsus *Pertinencias.*

¶ **PENITI**, PENITITIUM. Acta S. Goluenni MSS. : *S. Goluennus elegit sibi locum juxta littus... aptissimum contemplationi divinæ, ædificavitque ibi domunculam quadrangulam in formam oratorii, quæ lingua Britonum Peniti dicitur, hoc est, pœnitentiæ vel pœnitentis domus.... Sanctus igitur Goluennus intra septa Penititii sui se inclusit.* Acta S. Goëznovei MSS. : *B. Goëznoveus... ædificavit oratorium in quodam nemore juxta rivulum quemdam in loco... quatuor millibus passuum a civitate Ocismorum distante, quod oratorium hodie dicitur Penititium S. Goëznovei.*

PENKYNYT, vox Wallica in Legibus Hoeli Boni Regis Walliæ cap. 5.

* **PENLAURI**, idem quod *Pilorium*, Columbar, numella versatilis, vulgo *Pilori.* Charta ann. 1330. in Reg. 66. Chartoph. reg. ch. 324 : *Fieri fecit in medio plateæ dictæ villæ* (S. Desiderii) *postellum sive Penlauri.*

¶ 1. **PENNA**, vox Hispanica, Rupis, collis. Moretus in Antiquit. Navarræ pag. 45 : *Propter quod populetis sursum in illa Penna, etc.* Ibidem pag. 574. ex Tabul. Millan. : *Propter animam de Garcia Moza meo caballarizo illas suas casas quæ sunt super Penna, et sub Penna in barrio quem dicunt de sub Penna ad integrum.* Charta Hugonis Abb. Corb. ann. 1227 : *A calceia de Folliaco usque ad Hamelet, et ab Hamelet usque ad Pennam de Vers sicut se habet aqua quæ ab eadem Penna descendit usque ad dictam villam de Hamelet.* Vide *Pena* 1.

* Petra, saxum, Acad. Hispan. Unde nostris *Penne* et diminut. *Pennette*, clivus, collis dejectus. Charta ann. 1332. in Chartul. 21. Corb. fol. 330. v° : *Une pesquerie à tous harnas qu'il avoient heritablement en l'eaue, qu'on ait de Bousencourt, depuis le Penne du cherisier jusqu'a le cauchie de Sailly leaurech.* Alia ann. 1511. in Reg. 13. ejusd. monast. sign. *Habacuc* fol. 84. v°. : *A esté accordé ausdits habitans qu'ilz puissent faire remplir au masses le Pennette prochaine desseure le bouteillerie, affin que l'eaue, qui passe à ladite Pennette, puisse deschendre en la ville.* Hinc

* PENNA, pro Arx, castellum, quia in rupe sive clivo sæpius exstructum. Charta ann. 1252. apud Cencium inter Cens. eccl. Rom. : *In qua concione seu parlamento nobilis vir Monalducius domini paganelli, olim unus ex dominis dicti castri seu Pennæ,..... surrexit et inter alia concinando dixit, etc.* Vide *Rocca.*

¶ 2. **PENNA**, Calamus, quo in scribendo utimur, cujus usum ad principatum Ludovici Pii revocari posse docet Mabillonius in Supplemento Diplom. pag. 51. Johannes in Vita S. Odonis lib. 1. num. 20 : *Vidit veluti more scriptoris super auriculam ejus hærentem Pennam, et quasi doctoris magisterio productim acuminatam, et in summo fixam. Quam sumens beatus* (Gregorius PP.) *eamque illi tradens ait : Age ergo securus, et perfice opus tibi indictum. Quem vero composueris librum, non delebitur.* Vide *Plumæ. Pennas* quibus sagittæ instruebantur *Panons* vocat le Roman *de la Rose* MS. :

Mes moult creut de ces v. floches
Les Panons bien fés et les coches...
Il n'i out riens qui d'or ne fust,
Fors que les Panons et le fust.

3. **PENNA**, Pellitium. Vide *Pannus* 2.

* 4. **PENNA**, Tabularium forense, Gall. *Greffe*, alias *Penne.* Charta ann. 1308. in Reg. 41. Chartoph. reg. ch. 107 : *Donamus* (*Johanni dé Prucino clerico et notario nostro*) *ad vitam suam officium Pennæ vicecomitatus de Bernayo.* Alia ann. 1318. in Reg. 56. ch. 600 : *Dictum redditum supra sigillum et Pennam seu scripturam castelaniæ Pontisarensis, ac supra proventus et emolumenta quoscumque sigilli ac Pennæ seu scripturæ ipsarum.... assignamus. Les paages de Gien, ... la Penne et le scel*, in alia ann. 1298. ex Lib. rub. Cam. Comput. Paris. fol. 41.

* 5. **PENNA**, ut *Panna* 2. Tigum quadratum sex aut septem pollicum, quod super tecti canterios impositum, ligneisque retentum fulcris, portat asseres, Gall. *Panné.* Comput. eccl. Paris. ann. circ. 1381. ex Bibl. S. Germ. Prat. : *Item quatuordecim pecias pro Pennis et filleriis.* Hinc

* PENNA, appellatur in ecclesiis Trabecula, sive lignea sive ferrea sit, in qua cerei accenduntur. Charta ann. 1213. ex Chartul. episc. Paris. fol. 57 : *Cum Andreas matricularius B. Mariæ Parisiensis.... residuum cereorum, quos præfatis sollempnitatibus super Pennam chori episcopus ponebat, haberet, necnon et residuum octo cereorum, quos episcopus Paris. ponebat super Pennam*

circa sanctuarium S. Crucis, etc. Necrol. Ms. ejusd. eccl. : *In festivitatibus, in quibus fit semiduplum, erunt... duo cerei super altare et septem super Pennem* (sic) *ferream.* Infra : *super Pennam ferream.* Idem mihi est quod *Regula ferrea* ibid. dicitur : *Candela quædam integra erit super Regulam ferream.*

¶ **PENNACULUM**, Calamorum theca. Statuta Canon. Regul. art. 66. apud R. Duellium lib. 1. Miscell. pag. 98 :

Cingula simplicia, tabulas et pecten, acumque,
Fila, stylum, cartas, incaustum, Pennaculumque.

* **PENNAGIUM**, Census vel tributum pro glandatione et jure pascendi porcos in silva domini, idem quod *Pannagium*. Vide in *Pastio*. Charta Rich. de Vernone ann. 1186. ex Cod. reg. 9612. X : *Canonici de Vernone habeant..... quartam partem omnium occasionum et omnium redditium, qui de supradicta foresta provenient in venditione, in Pennagio, in denariis, pane et gallinis, etc.* Lit. ann. 1250. tom. 1. Probat. Hist. Brit. col. 945 : *Et plenarium Pennagium porcorum in omni silva mea propria.... In pascuis animalium, excepto Pennagio porcorum infra supradictas metas.*

* Glossar. Gall. Lat. ex Cod. reg. 7684 : *Pennare, couvrir ou orner de plumes.*

¶ **PENNARI**, Ornari et quasi pennis vestiri. Dracontii Hexaemer. v. 145 :

Pennantur tunc membra globis, animantur, anhelant.

Vide Indicem Weitzii in eumdem Dracontium.

¶ **PENNATIUS IGNIS**, Materia ignita tormentis et machinis bellicis in hostes et castella immissa. Chron. Pisanum apud Murator. tom. 6. col. 102 : *Factum est ut de ingenio Pisanorum ignis Pennatius de castello Christianorum per antennam porrigeretur in castellum, et comburitur.*

¶ **PENNATUS**, Genus gladii, ab Ital. *Pennato*, falx. Statuta Astens. cap. 92. fol. 34. v°. : *Gladii vetiti sunt isti, spate, Pennati et omnes falzoni.* [* Vide supra *Penatum*.]

¶ 1. **PENNELLUS**, Pila ephippii, Gall. *Pommeau d'une selle*; si non mendose scriptum pro *Pomellus*. Computus ann. 1328 : *Item apud Porsanum pro uno Pennello sellæ dicti domini Johannis*, IV. *gross.* Alia notione vide in *Pennones*.

* Male; est enim Ephippii pulvillus, vulgo *Panneau de selle*. *Penon*, eadem notione, apud Froissart. vol. 1. cap. 18.

* 2. **PENNELLUS**, Retis species ad capiendos cuniculos aut aves, piscesve, Gall. alias *Penel*. Charta capit. Rem. ann. 1156. inter Probat. tom. 1. Annal. Præmonst. col. 214 : *Ut liceret fratribus piscari in reliqua aqua inferius et superius, cum opus esset, cum retibus et Pennellis tantum.* Lit. remiss. ann. 1390. in Reg. 139. Chartoph. reg. ch. 109 : *On avoit tendu assez près d'illec un grant Penel ou filé pour la revenue des bestes sauvages.* Vide *Panellus* 1. et *Penellum*.

¶ **PENNENSIS**, *Qui exercet officium nocleri seu nautæ cum dormit aut vacat; et iste nocte calamitatem custodit*, in Gloss. Barber. ad Docum. D'Amor. edit. Ubaldini pag. 257. v. 13.

¶ **PENNESCERE**, Pennis vestiri; metaphorice, Vires acquirere, virtutibus augeri. Sallas. Malaspinæ de Reb. Sicul. lib. 1. cap. 5 : *Volat audax aquila, quæ nondum ætate plene cœperat adulta Pennescere, et rapaces ungulas assuefacit ad prædas.* Occurrit rursum lib. 3. cap. 17. Paschas. Rathertus lib. 2. de Fide, etc. cap. 5 : *Et virtutum Pennescit alis.* Utitur etiam Cassidorus lib. 1. Epist. 38. etc.

¶ **PENNETARIUS**, pro *Pannetarius*. *Gencianus de Parisiis D. Regis Franciæ Pennetarius*, in Tabulario Calensi pag. 218. [* Occurrit præterea in Lit. ann. 1372. tom. 5. Ordinat. reg. Franc. pag. 499.]

* **PENNIGERARE**, idem quod apud Græcos πτεροφυεῖν. Vetus Interpres Origen. Comment. in Matth. tract. 30. sic reddit vers. 31. cap. 40. Isaiæ : *Pennigerabunt sicut aquilæ, et current, et non laborabunt, ibunt et non deficient.* Ubi vulgata : *Assument pennas, etc.* Vide *Pennescere*.

¶ **PENNINGUS**, PENINGUS, Argenteus nummus Anglo-Saxonum, de quo ita Hickesius Dissert. pag. 109 : *Tres denarios esterlingos pondere et valore æquabat; quinque Penningi unum scyllingum; triginta Penningi unam mancusam seu marcam. Quemadmodum unus Penningus Anglo-Saxonicus tres nostros* (Anglos) *continebat : sic unus scyllingus eorum ex 5. Penningis constans, 15. nostros Penningos complectebatur, unumque scyllingum nostrum 5. parte excedebat. Mancusa pariter argentea quæ 30. Penningos tales continebat, 90. nostros valebat Penningos seu 3. excusos patriæ nostræ nummos argenteos quos vocamus Halfcrowns. Mancusa vero vel marca auri decies valebat mancusam argenti.* Penningi dimidium hilfling, quadrans vero feorðling vocatur. Ita autem *Penningus* fusus seu percussus erat ut ipse in semisses, et semisses in quadrantes facile scindi et dividi possent. Hæc iterum Hickesius.

¶ **PENNITUS**, Pennatus, quasi alis instructus. Charta Eduardi II. Reg. Angl. ann. 1307. apud Rymer. tom. 3. pag. 16 : *Duo millia et ducentos quarellos Pennitos de cupro.*

¶ **PENNIUM**. Vide *Pinna* 4.

PENNONES, PENONES, Banna, edicta publica ac regia. Nostris *Pennon* est vexilli species, ut mox observamus. Banna autem appositione vexilli fiebant interdum. Edictum Nunonis Sancii D. Rossilionis ann. 1217. pro treuga tenenda : *Item guidatica et Pennones, et omnia regalia firmiter observari et custodiri sub hac pace et securitate jubemus, etiam omnes venientes ad curiam nostram, stando, eundo, redeundo cum omnibus rebus eorum, etc.* Petrus I. Rex Aragonum in Constitut. Catalaniæ MSS. : *Scatica nostra et Pennones, atque alia Regalia nostra firmiter observari... jubemus.* Tertia Curia generalis Catalaniæ sub Jacobo II. Rege Arag. ann. 1311 : *Quod nos vel officiales nostri non ponemus nec mittemus Pennones, vel porterios, nec alium hominem ratione guidatici in aliquo loco, qui sit infra jurisdictionem castrorum Richorum hominum vel Militum.* Vide *Scatz*.

* *Penonceller*, nostratibus, eadem acceptione. Pactum inter ducem Burg. et episc. August. ann. 1387. inter Probat. tom. 3. Hist. Burg. pag. 109. col. 1 : *Nous* (duc) *avions tout droit de y saisir, brandonner, sceller, Penonceller, bonner et deguier fonds d'heritaige.*

PENNONES porro vocabant nostri quævis vexilla. Le Roman *de Garin* MS. :

L'espié el poing à un Panon porprin.

Alibi :

Pris ont és poins les rois espiés forbis,
Desuere sont li Panon de samit.

Rursum :

La veissiés mil Panons venteler
Et mil bannieres desploier et montrer.

Chronicon Bertrandi *de Guesclin* MS. :

A tant és les Anglois à Penon de sandal.

PENUNCELLUS, vel PENICELLUS, diminut. ex *Penno*, nostris *Pennonceau*, [Scriptoribus quibusdam Gallicis, *Pignon*, *Pignonciel* :] a *panno* vel *pannuncello* bastæ in vexilli in acutum desinentis speciem, adfixo. Thomas Walsinghamus in Ricardo II : *Vexilla et Penicellos erigentes.* Infra : *Deferens ante eum vexillum, vel Pencellum displicatum de armis S. Georgii.* [Le Roman d'*Athis* MS. :

Et ont chascun recongnoisancé,
Et Pencel en son sa lance.]

Fuit autem ejusmodi vexillum proprium eorum Militum, quos *Baccalarios* vocabant : *Banneretis* enim quadratum vexillum competebat. [Le Roman *de Vacce* MS. :

Li Barons ourent gonfanons,
Li Chevaliers ourent Penons.

Oliverius *de la Marche* lib. 6. cap. 25. ubi de *Baccalario* ad dignitatem *Bannereti* promovendo : *Qu'il vous plaise le faire Bannerel, et relever Banniere. Il vous presente son Pennon armoié, suffisamment accompagné de vingt cinq hommes d'armes pour le moins, comme est et doit étre l'ancienne coutume. Le Duc luy repondit que bien fut il venu, et que volontiers le feroit. Si baille le roy d'armes un couteau au Duc, et prit le Pennon en ses mains, et le bon Duc sans oter le gantelet de la main senestre, fit un tour autour de sa main de la queuë du Pennon, et de l'autre main coupa ledit Pennon, et demuera quarré, et la banniere faite, le roy d'armes bailla la banniere audit Messire Loys, etc.*] Id præsertim docet vetus Ceremoniale MS. ubi de Rege expeditionem militarem obeunte : *Aprés les Pages viennent les trompettes, aprés les trompettes viennent les Pennons des Bacheliers : aprés les Pennons viennent les bannieres des derrains Bannerets deux à deux, etc.* Alio loco ubi describuntur ceremoniæ in Militum obsequiis : *La quatriéme offrande doit estre d'un cheval couvert du trespassé, et sera monté dessus un gentilhomme, ou ami du trespassé, qui portera sa banniere, s'il est Banneret, ou s'il est Bachelier son Penon.* Ita Froissartes fere semper *Pennones* seu *Pennuncellos* Baccalariis adscribit, 2. vol. cap. 135 : *Là estoit Messire Hue le Despensier à Pennon, et là estoit à banniere et à Pennon Messire Hue de Caurelée, et à Pennon sans banniere Messire Guillame Dracton.* Et cap. 161 : *Messire Jean de Jumont son Pennon devant.* Idem scribit 1. vol. cap. 237. Joannem *de Chandos* in Navarrensi expeditione sub se habuisse 1200. *Pennons tous parez de ses* armes, d'argent à un pel esguisé de gueules, qui estoit chose moult belle à regarder. Et cap. 241 : *Sous le Pennon de S. Georges à la banniere de Messire Jean Chandos estoient les Compagnies, ou bien estoient* 1200. *Pannonceaux.* Ex quibus satis colligitur *pannones* et *pannoncellos*, eadem notione usurpari. Le Roman *de Guarin :*

Là veissiés tant Panoncel fermer,
Tante baniere sus laucier et lever.

Guill. *Guiart* ann. 1304 :

Pannonceaux par leurs flots ventelent,
Et mainte banniere isabelle.

Et ann. 1306 :

En autres plusieurs manieres
Bruient Pannonceaux et bannieres.

Adde eumdem Froissartem 2. vol. cap. 51. 4. vol. cap. 18.

Interdum etiam Scutiferis *Pennoncellos* deferre jus erat, quod ex Froissarte licet colligere 4. vol. cap. 21 : *Et cheurent d'aventure sur le Pennon d'un gentilhomme Escuier, et pour lors bon homme d'armes, qui se nommoit Affrenal.* Ita vero Baccalariis et Scutiferis *pennones* seu *pennoncellos* in militaribus expeditionibus deferre jus erat, si vassallos complures haberent, qui eorum signa ac vexilla subsequi tenerentur : seu quod nondum *Banneriam*, uti tum loquebantur, per ætatem erexissent : seu quod eum vassallorum numerum non haberent, qui ad Bannereti dignitatem obtinendam reqirebatur.

Scribit laudatum Ceremoniale, Regum, Ducum, Marchionum, et Comitum, non vero cæterorum, Banneretorum, eam fuisse prærogativam, ut *Banneriam*, et *Pennonem* in bellis ac præliis deferre possent; sed contrarium indicare videtur Froissartes locis supra citatis. [Vide *Bannereti.*]

Erant porro ejusmodi *Pennones* Militum armis seu insignibus ornati. Idem Froissartes 4. vol. cap. 18 : *Les François avoient bannieres desploiées, et Pennons desploiez et armoiez de leurs armes.* Ibid. : *Grande beauté estoit à voir les bannieres et les Pennons de soie, de cendal, armoiées des armes des Seigneurs ventelans au vent, et reflamboier au soleil.* Rursum 1. vol. cap. 198 : *Et mit son Pennon devant luy, qui estoit d'hermines à 2. hamaïdes de gueules.* [Alanus *Chartier* ad ann. 1448 : *Derriere les pages du Roy estoit Havart escuier trenchant, monté sur un grand destrier, qui portoit un Pennon de veloux azuré, a quâtre Fleurs de lis d'or de broderie, brodées de grosses perles.* Hist. Johannis IV. ab ann. 1341. ad ann. 1381. apud Lobinell. tom. 2. Hist. Britan. col. 698 :

Lors vint il descendre en Bretaigne,
Et fit desploier son enseigne,
Et porta pour l'amour s'amie,
De blanc, de noir robe partie.
C'estoit livrée convenable
A ses armes sans nulle fable.

Guill. *Guiart* ann. 1304 :

Es Pannonceaux et ès bannieres,
Dont le vent tient maintes enverses,
Reluisent les couleurs diverses,
Comme or, azur, argent et sable.]

☞ Interdum et *Pennones* insigniebantur sacra aliqua imagine, vel alterius cujusvis effigie. Lobinellus tom. 2. Hist. Britan. pag. 885 : *Ferebatur unum parvum Penoncellum in quo depingebatur ymago cujusdam pastorelle.* Villharduinus lib. 4. Hist. : *Quand le tyran Murzufle fut deconfit, l'estendart royal fut pris avec une Banniere, qu'il faisoit porter devant luy, en laquelle estoit representée une image de Nostre Dame, qu'il avoit en grand respect.* Quod quidem ex aliis bene multis Instrumentis constat.

Pennoncellos etiam vocabant hastarum infulas, quas Græci recentiores *Flammula.* Chronicon Flandriæ cap. 15 : *Une bataille de ses gens à cheval, qui tous portoient Pennonceaux à leurs glaives.* Et cap. 113 : *Portoit celui Chevalier en sa main une glaive d'un pignon (Pennon) d'or à un bouel de sable.* [*Perceval* apud Borellum :

Et Gauvain par le Penoncel
Print la lance au verd lioncel.

Idem :

Puis li baillent sans demeurance,
Et le Penoncel et la lance.]

☞ Neque obscura videtur vocis origo; a *Pannus* quippe *Pannones* dixerunt, quod ex pannorum segmentis, Gall. *Pan*, fierent ejusmodi vexilla. Vide *Pannus* 1. Le Roman *d'Alexandre :*

Les flans il li essuie des Pans de son cendal.

¶ PENNONUS et PENONUS. Charta ann. 1338. tom. 2. Hist. Dalphin. pag. 358 : *Pennonum regium in signum protectionis ac salvæ-gardiæ nec non jure superioritatis apposuisset ibidem... et Pennonum regium vituperose inde amovit.* Charta ann. 1351. in Tabular. Massil. : *Contra quemdam qui cum Pennos de armis Massiliæ falso modo portans, etc.* Occurrit passim apud Scriptores Italicos, quibus vexilla dicuntur *Pennoni.*

¶ PENONSELLUS, in Extracto computi ann. 1336. tom. 2. Histor. Dalphin. pag. 306 : *Item pro* VII. *Penonsellis positis de mandato majoris judicis Graisivaudani in turribus et castris dominorum de Campis, etc.*

¶ PENNELLUS, in Chron. Parmensi ad ann. 1296. apud Murator. tom. 9. col. 834 : *Et habuerunt quinque Pennellos et insignia Marchionis Estensis cum tribus aliis banderiis magnis.*

¶ PENNUCELLUS. Charta ann. 1381. apud Rymer. tom. 7. pag. 317 : *Cum vexillis et Pennucellis displicatis.*

* PENNUNCELLUS, PENUNCELLUS, dimin. a *Penno*, Vexillum. Lit. ann. 1370. tom. 5. Ordinat. reg. Franc. pag. 295 : *Penuncellos seu baculos nostros regios in dicta villa .... apponant, etc.* Libert. loci de Salvit. ann. 1369. ibid. pag. 386. art. 1 : *Poni faciemus super dicto loco et suis pertinentiis universis Pennuncellos ad arma dicti domini nostri regis, in protectionis et salvæ gardiæ signum. Penonceaux*, in Libert villæ *de Peyrusse* ann. 1368. ibid. pag. 704.

* PENONCELLUS, in Inquisit. ann. 1480. ex sched. D. *Aubret.*

* PENONUS, Gall. *Pavillon.* Instr. ann. 1301. ex Tabul. Massil. : *Inquiratur contra talem, qui cum Penono de armis Massiliæ falso modo portans, quemdam mercatorem de Saona proditionaliter et inhumaniter cum suis sequassibus interfecit infra mare Massiliæ.*

* Hinc *Pennonier* dictus qui *pennonem* fert, vexillifer, vulgo *Porte-étendart*, in Gest. Brit. apud Marten. tom. 3. Anecd. col. 1469 :

Tantoust s'en part tout le premier,
Et vet prendre du Pennonier,
De monseignour de Malestroit
La benniere que il avoit.

¶ 1. PENNULA, diminut. a *Penna*, Calamus. Versus antiqui ex Cod. MS. Corb. quibus Corbeienses monachis S. Germani Paris. significant societatis suæ officio erga defunctos fratres se satisfecisse :

Sed quia vestrorum potius resolutio fratrum
Vos conturbat, eis et nos persolvimus ipsi
Quod debebamus, quod et a vobis rogitamus
His fieri quos hic designat Pennula vobis.

¶ 2. PENNULA, Ramusculus. Vita S. Hugonis de Lacerta, apud Marten. tom. 6. Ampliss. Collect. col. 1145 : *Huic vero erat ædicula tam pauper, tamque angusta, quod ex Pennulis juniperi, aliorumque humilium arbustorum, collo quidem suo delatis, in ipso ostiolo prope limen se focularet.* Vide *Penicius.*

¶ PENNUM, *Bis acutum*, in Gloss. Isid. ex edit. Grævii. Vide *Pinna* 4.

¶ PENNUS, pro *Pannus*, in Charta ann. 1362. ex Chartophylacio reg. Regest. 92. num. 155 : *Certam quantitatem Pennorum de bruneta bonorum, etc.*

* Arest. ann. 1321. 9. Maii in Reg. *Olim* parlam. Paris. : *Tres capas, duos Pennos ad altare, tres albus, etc.* Invent. S. Capel. Paris. ann. 1363. ex Bibl. reg. : *Item fronterium novum cum dorserio de Penno aureo.* Pluries ibi. Aliud incerti anni ibid. : *Item duo Penni aurei antiqui.*

* PENONA, ut *Penno*, Vexilli species. Chron. Angl. Th. *Otterbourne* edit. Hearn. pag. 252 : *Supervenientes soldarii Calisiæ, dissolvi fecerunt obsidionem, ... vexillum suum et Penonam; et totam cameræ suæ suppellectilem ibi deserens* (comes S. Pauli).

* PENNONCELLUS, PENONUS. Vide supra in *Pennones.*

* PENORUM, Penarium. Terrear. S. Maurit. in Fores. ann. 1474 : *Juxta Penorum seu cellarium dicti, etc.* Vide *Pennus* 1.

¶ PENOSA HEBDOMADA. Vide in *Hebdomada.*

PENSA, PENSUM, Pondus, *Poids.* Chronicon Normannor. ann. 869 : *Carolus cum Normannis in* 4. *millium libris argenti ad Pensam eorum paciscitur.* Edictum Pistense cap. 13 : *Et sine fraude, tam in Pensa, quam in purgatione denarios concambient.* Adde cap. 14. Adhalardus in Statutis Corbeiensib. lib. 1. cap. 6 : *Separet inde primo illos provendarios (panes) qui per Pensas semper æqualiter et habentur et liberantur*; Lib. 2. cap. 8 : *Similiter ut ipsi provendarii eadem qualitate et quantitate cibi et potus, sicut ceteri provendarii nostri, sustententur; id est, ut Pensam secundum cæterorum consuetudinem per mensem, similiter panem et potum secundum eorum consuetudinem accipiant.* [** Lib. 2. cap. 12 : *Ad opus provendariorum qui illas Pensas accipiunt, debet per singulos menses* 10. *baccones accipere, ad* 10. *Pensas faciendum, de singulis bacconibus singulas Pensas facere.* Guerardo his locis *Pensæ* sunt *Porcina, pro cibariis menstruis erogata.* Annona statuta pro victu quotidiano in Edict. Diocletian. de pret. rerum. Vide Forcellinum.] Miracula S. Gengulfi num. 15 : *Cum sui corporis Pensa*, [*et aliis donariis quæ illuc devoverat, venit.* Ubi Bollandistæ *Pensam corporis* interpretantur tantum frumenti, quantum pendet alicujus corpus; quod oblationis votivæ genus usitatissimum esse in Belgio observant.]

PENSA, Libra, ut *Pondo* et *Pondus*. Flodoardus lib. 1. Hist. Remensis cap. 20 : *Et ut picem religiosis annuatim locis Ecclesiæ Remensis administrarent instituit, quibus et Pensam tribuit,... cum qua suum quoque persolvunt debitum*. Idem lib. 2. cap. 3 : *Victus Pensam pauperibus erogabat.* Charta Geraldi Morinensis Episc. ann. 1084. in Chronico Andrensi pag. 809 : *Comes* (Gisnensis dedit) *sedem molendini cum stagno apud Gisnes, et Pensam caseorum singulis annis*. Teloneum S. Audomari in Tabul. S. Bertini : *De pensa anguillarum, pensa adipis, pensa caseorum, pensa butiri, pensa ceræ, pensa filorum, etc.* [Constitutio Ansegisi Abbatis Fontanell. sæc. 4. Bened. part. 1. pag. 639 : *De prædicta gregaria caseorum Pensas* xxx. *per libras* LXXII. Charta Leduini Abbat. S. Vedasti ann. 1036 : *De Pensa alarum*, II. *den.*] Occurrit apud Galbertum in Vita Caroli Comit. Flandr. n. 129. in Charta Caroli Calvi apud Mabillonium tom. 4. SS. Ord. S. Bened. pag. 119. et aliis apud Buzelinum in Gallo-Flandr. pag. 306. 399. in Hist. Guinensi pag. 24. apud Doubletum pag. 740. 793. etc.

☞ *Pensa* plerisque in locis libra cum quadrante constare solet; alicubi verò longe majoris ponderis exstitisse colligitur ex Charta ann. 1345. tom. 3. Gall. Christ. inter Instr. col. 123. ibi enim duæ *Pisæ* butyri sex libras valere dicuntur, et *una Pisa et dimidia casei* 45. *solidos*.

PENSA AURI, crebro occurrit in Decretis Hungaricis Stephani Regis lib. 2. cap. 13. 16. 43. *Pensa*, nude, in Decretis Ladislai Regis lib. 1. cap. 14. 29. 42. lib. 2. cap. 3. 4. 6. 8. lib. 3. cap. 29. ubi Molnerus ait ita appellari nummum pretii 40. denar. interdum florenum. *Pensæ ferri et aquæ*, in iisdem Decretis S. Ladislai lib. 1. cap. 28. [*Poise*, eadem notione, in Statutis Scabinor. Maceriarum ad Mosam : *Et de chascune Poise de fer, c'est assavoir de sept cens pesant*, XII. *den. Paris.* Chartul. Gemmet. tom. 1. pag. 19 : *Pour chacune piece de vin, de harenc, Poise de sel... deu. Tour.*]

¶ PESA DENARIORUM, in Testament. Seniofredi Comit. Barcin. ann. 966. Append. Marcæ Hispan. col. 887 : *Et ipsos alodes qui fuerunt de Elderico et fratre suo Argemiro reddere illis faciatis; et apprehendere faciatis de illos Pesas decem de dinarios Ausonæ aut Barcinonæ aut Gerundæ.*

** PESUM in Edicto de Monetar. Ital. ann. 1311. apud Pertz. Leg. tom. 2. pag. 517 : *Operarii debent habere de quolibet Peso* 20. *marcarum et onciarum duarum*, 10. *solidos.... et de dicto Peso poterint facere, etc.*]

PENSUM PALATII. Charta Dagoberti Regis apud Doubletum pag. 661 : *Auri purissimi decem libras, ac argenti probatissimi pondo viginti ad Pensum nostri Palatii solvere cogatur.* Ubi Charta Ludovici Pii, apud eumdem pag. 736. habet *ad pondus nostri Palatii*. Libertates Regni Majoricæ MSS. : *Vicarius, bajulus, vel sagio non possit cognoscere de falsitate Pensi vel mensurarum.* Leo Ost. lib. 1. cap. 57 : *Cochlearia argentea* 3. *Penso libræ unius.* [Codex MS. Irminonis Abbatis Sangerm. fol. 72 : *Isti solvunt de ferro Pensas* XXXIII. *de fumlone modios* VIII.] [** Locos alios ubi in Polypt. Irmin. occurrit vide in Guerard. Indice qui *pensam* ibi pondus 100. librarum esse opinatur.]

PEISA, Eadem notione. Charta Edw. III. Regis Angl. ann. 1343 : *Super perceptione* 10. *librarum, et* 8. *Peisarum casei, etc.* [Charta Henrici IV. Reg. Angl. ann. 1410. apud Rymer. tom. 8. pag. 634 : *De qualibet Peisa butiri, casei, cepi, sive uncti venalium, unum obolum.*] Adde Will. Thorn. pag. 2072. [et Statuta Montis Regal. fol. 183.]

¶ PENSIS, Libra. Chron. Bergom. apud Murator. tom. 16. col. 906 : *Item quod quælibet talea mensualis, quæ posita erat in Bergomo de soldis* XXII. *impendendis super quolibet Pense salis, etc.* Statuta Pallavic. lib. 2. cap. 61. fol. 123 : *Si vero dicta res ponderata, fuerit minoris ponderis uno Pense, etc.* Adde Statuta Riper. cap. 12. fol. 3. etc.

¶ PENSUS, Pondus, in Charta ann. 1159. inter Probat. tom. 2. novæ Hist. Occitan. col. 574 : *Lex vero et Pensus illius monetæ sit in potestate bajuli mei, et non in vestram, neque de eo, videlicet de Penso et lege respondeatis mihi.*

PESA. Fori Morlanenses art. 17 : *Statuo etiam quod teneant rectas Pesas et rectas libras et rectas mensuras.* Habetur etiam art. 37. *Pees*, in Foris Beneharn. *Un quintar de biscuyt, et* 10. *Peses de formatge*, apud Raimundum Montanerium cap. 200.

PISA. Galbertus in Vita Caroli Comitis Flandr. n. 117 : *Caseorum Pisas viginti duas.* [Charta Arnulfi Comit. Flandr. ann. 961. tom. 4. Gall. Christ. inter Instr. col. 353 : *Item in eadem parochia Oostkereka* VIII. *Pisæ caseorum, et denarii de vitulis, de terra Herradi, Pisæ caseorum, etc.* Occurrit ibi non semel.] In Charta Theoderici Comitis Flandriæ ann. 1187. in Donat. Belgicis Miræi lib. 2. cap. 65 : *Pisa caseorum, et butyri.* In alia Willelmi Atrebatensis Advocati in Probat. Hist. Guinensis pag. 238 : *Ad pictantiam Conventus tres Pisas caseorum Flandr. singulis annis, etc.* Occurrit apud Willelm. Thorn pag. 1777. 1931. 2073. 2074.

PESARE, *Librare*, in Gloss. Arabico Lat. Gall. *Peser*.

PENSA, Tributum quod pro *pensis* seu ponderibus pensitatur, passim in Curiis generalibus Catalaniæ.

PENSATOR, Qui ejusmodi *pensas* exigit, in Consuetudinibus Barcinonensibus MSS. [*Pensatores panis*, in Statutis Vercell. lib. 3. fol. 51. recto.]

¶ PENSA, Præstatio seu census annuus. Charta Bodonis ann. 1311. apud Ludewig. tom. 1. Reliq. MSS. pag. 263 : *Homines vero ipsorum in abbatia ubilibet commorantes in Liebenwerde Pensam debitam ab antiquo secundum consuetudinem annis singulis solvere non obmittent.*

¶ PENSA, Dimensum diurnum, statuta annona pro quotidiano victu. Translat. S. Guthlaci tom. 2. April. pag. 57 : *Pensam statutam ad victum fratrum conductores nostri deferre nullo vehiculo possunt.*

¶ PENSA, pro Pensum, in Chron. Modoet. apud Murator. tom. 12. col. 1067 : *Nihil tibi restat, nisi ut cum puellis ingenio lanarum facias Pensam, cum sis eunuchus.*

¶ PENSA, Suffragium, uti interpretantur Bollandistæ, in Vita S. Petri Cælestini tom. 4. Maii pag. 444 : *Et Pensas justo libramine damnat degeneres.*

PENSABILITER, in Usaticis Barcinonensibus MSS. idem quod cap. 2. *Considerata mente; à guet apensé*, in Consuetud. Namurc. art. 79. vulgo *guet à pens.* Vide *Aguayt*. Hinc

¶ PENSATÆ INSIDIÆ, Consulto ac dedita opera factæ. Instrum. ann. 1313. in Tabular. castri Nannet. : *Joadocinus de Dolis armiger, contra Johannem de Rogé militem, Gauffridum de castro Brierii, Radulfum l'Avocat armigeros et alios, in Curia Regis Franciæ conquerebatur, quod isti, post juramentum ab eisdem sibi præstitum, quod eidem malum non facerent, ipsum nihilominus ex insidiis, et quidem Pensatis, proditorie, cum armis prohibitis invaserant.* Charta ann. 1313. apud Lobinell. tom. 2. Hist. Britan. pag. 468 : *Cum armis prohibitis ac Pensatis insidiis, more hostili ac proditionaliter accesserunt, portasque domus ejusdem fregerunt. Aguet pourpensé*, in Consuet. Norman. cap. 75. Vide *Insidiæ* et *Pensatio*. Le Roman *de Vacce* MS. :

Par toute Normandie fist crier et banir,
Qu'il y ait tant hardi qui ost autre assaillir,...
A gait, à Porpensé, ne homme autre trair.

* **PENSAMENTUM**, Examen, consilium, deliberatio, Ital. *Pensamento*. Charta ann. 949. tom. 1. Cod. Ital. diplom. col. 2492 : *Pluries inter cos habito Pensamento, et in capitulo et extra pluries, deliberarunt, etc.*

1. **PENSARE**, Cogitare, Gallis *Penser*. [Vita S. Gerardesihæ tom. 7. Maii pag. 178 : *Et ponens* (*avis*) *rostrum ejus auriculæ exposuit sanctæ omnia quæ in corde Pensaverat.* Occurrit præterea] apud Gregorium Mag. non semel, Agobardum lib. de Dispensatione cap. 6. Ivonem Carnotensem Epist. 25. 33. 120. 180. 260. in Actis Murensis Monasterii pag. 44. etc.

¶ 2. **PENSARE**, Dispensare, disponere. Canones Hibern. tom. 9. Spicil. Acher. pag. 25 : *Oportet Principem omnia Pensare per manus ministrorum in usus parochiæ, et subjectorum et pauperum.*

¶ 3. **PENSARE**, Solvere, Gall. *Payer*. Charta ann. 1188. apud Spon. tom. 3. Itin. pag. 15 : *Ut nullo deinceps tempore a me vel ab alio successorum meorum violentas, sive injustas exactiones Pensare cogantur.*

¶ 4. **PENSARE** EQUUM, a Gall. *Panser*, vel *Pancer*, Procurare, instruere. Leges Palatinæ Jacobi II. Reg. Majoric. tom. 3. SS. Junii pag. XXIII : *Liceat eis habere mancipia adductitia, ad Pensanda seu procuranda animalia supradicta.* Instr. ann. 1430. tom. 1. Hist. Dalphin. pag. 63 : *Iis igitur sic paratis, dictus D. Gubernator voce tubæ proclamari mandavit, quod quilibet suorum armatorum pranderet, et leviter absque stomachi repletione, et de equis suis bene Pen-*

saret, et se incontinenti armaret bene et condecenter.

¶ 5. **PENSARE**, Ponderare, Gall. *Peser.* Lex Bajwar. cap. II. n. 1 : *Fiat tunica plumbea secundum statum ejus, et quod ipsa Pensaverit, auri tantum donet qui eum* (Episcopum) *occidit.* Anastasius in Symmacho PP. : *Duodecim Apostolos posuit qui Pensabant libras centum viginti.* Hinc

Pensare dicitur moneta quæ pondus legitimum habet, in legibus Wisigoth. lib. 7. tit. 6. § 5. in Addit. 2. Legis Burgund. § 6. in Capit. ad Legem Salicam cap. 3. § 11. in Leg. Longob. lib. 3. tit. 28. [** Lud. P.. 26.] in Capitul. Caroli M. lib. 4. cap. 32. in Capitul. Caroli C. tit. 28. in Edicto Pistensi cap. 8. 9. in Vita Aldrici Episc. Cenoman. num. 69. etc. quomodo *peser* dicimus. [Charta ann. 2. Childeberti Reg. apud Mabill. tom. 3. Analect. pag. 89 : *Et dedimus inter nos fidejussores Berhardum Episcopum, et Landolenum Abbatem, et Ganduinum Comitem, per libras quingentas de auro Pensante.*]

* 6. **PENSARE**, Statuere, animo definire votivam oblationem sancto alicui offerendam, a quo quis curationem exorat; atque ita esse intelligendum *Pensare* eo loco, innuere mihi videtur vox *Pensatio* eadem de re adhibita. Vita S. Berth. tom. 6. Jul. pag. 486. col. 1 : *Accedite mane ad altare, quando Missam celebraturus sum, et Pensate vos ibi, ut moris est, et permittite vos aspergi aqua benedicta.* Mirac. ejusd. ibid. pag. 488. col. 2 : *Igitur percepta ab abbate indulgentia, et præsentia Spiritus Sancti et præsentium fratrum conniventia, positis ad memoriam viri Dei cum sui Pensatione oblationibus, etc.* Rursum ibid. pag. 490. col. 1 : *Quæ cum mutam suam juxta tumbam, ut moris est, Pensasset, fusaque oratione aliquantulum differretur exauditio, tulit etiam ad principale altare, ... ibique similiter Pensatam dimisit, quasi per horam superni muneris solamen expectare.* Nisi hæc spectent ad unum offerendi munus ad rationem sui ponderis : vix enim est ut cum doctis Editoribus *Pensare* hic, pro Collocare, dictum esse existimem. Vide *Pensa* et infra *Ponderare* 1.

* **PENSATE**, Consulto, cogitate, Ital. *Pensatamente.* Stat. Cadubr. lib. 3. cap. 26 : *Si quis aliquem Pensate sagitaverit cum balista vel arcu cum sagittis, et non vulneravit, in xxv. libris Pap. condemnetur.* Vide *Pensabiliter.*

¶ 1. **PENSATIO**, Insidiæ, Gall. *Guet-à-pens.* Chron. Veron. ad ann. 1329. apud Murator. tom. 8. col. 647 : *Bartholomæus et Zilibertus fratres.... diffamati et accusati de Pensatione mortis et status contra dominos Albertum et Mastinum de la Scala, capti fuerunt, et in carceribus Communis Veronæ positi et perpetuo condemnati.* Vide *Pensabiliter.*

* 2. **PENSATIO**: Vide in *Pensare* 6.

** 3. **PENSATIO**. Vita Hludovici Imper. cap. 28 : *Volens etiam unamquamque ecclesiam habere proprios sumptus.... inseruit prædicto edicto, ut super singulas ecclesias mansus tribueretur unus cum Pensatione legitima et servo atque ancilla.* Forte Obventiones Presbyteri, *Pensitatio.* Vide Capitul. Aquisgran. ann. 817. ad Episcopos cap. 10.

PENSATOR. Vide *Pensa.*

* **PENSENHUS**, ad *Pensum* pertinens. Charta ann. 1323. ex Tabul. S. Vict. Massil. : *Actum in castro de Podio lupino infra domum dominarum prædictarum, infra cameram Pensenham, quæ subtus magnum egredarium, quo ascenditur supra magnam aulam.* Cubiculum, ni fallor, in quo mulieres *pensis* vacant.

* **PENSIERUM**, Cogitatio, Ital. *Pensiero.* Barel. serm. in fer. 5. in cap. jejun. : *Tunc diabolus suggerit Pensierum divitiarum, vel bonorum, vel deliciarum.*

PENSILARII, Pensiles [Ancillæ, Qui et quæ pensa trahunt.] Vide in *Gynæceum* ad fin. Exinde etc.

PENSILIS Domus, [Sublimis, edita, vel pontibus inædificata. *Pensile horreum, Pensiles horti.*] Vide *Domus.*

¶ 1. **PENSIO**, Idem quod *Pensa.* Charta Gosvini Episc. Tornac. ann. 1210. tom. 3. Gall. Christ. inter Instr. col. 61 : *Fratres jam dictæ S. Martini Ecclesiæ VIII. Pensiones butiri probati et benevalentis ad pondus castri Brugensis, ab Ecclesia S. Petri Aldeburgensis annuatim sibi solvendas adquisierunt.* Adde Mabillon. tom. 3. Annal. pag. 71. num. 44.

¶ 2. **PENSIO**, Præstatio annua. Gregorius mon. in Chron. Farfensi apud Murator. tom. 2. part. 2. col. 395 : *Concessit.... unum servum manualem, nomine Marcellinum, cum ecclesia S. Mariæ ibidem sub annuali Pensione denariorum XII.* Ibidem col. 540 : *Concessit.... in casale Caniano modium 1. ad reddendam Pensionem denarii 1. et medietatem oblationis omnis Natalis Domini.*

¶ Pensio, Locatio, Gall. *Loier.* Tabul. B. M. Magdalenæ [de Castroduno fol. 48 : *XXV. solidi Dunensis monetæ de Pensione cujusdam stalli quod idem Guillelmus habebat in bocheria Castridun.* Memoriale Potestat. Regiens. ad ann. 1281. apud Murator. tom. 8. col. 1148 : *Et stationes dicti palatii novi Communis date fuerunt ad Pensionem pro Communi merzadris.*

¶ Pensio, Quævis exactio, tributum. Charta Friderici Ducis Austriæ ann. 1243. apud Ludewig. tom. 4. Reliq. MSS. pag. 228 : *Statuentes ut in terris vehendo vino suo vel annona sua nomina tolonei sive in aquis, sive in terris, nulla unquam ab eis Pensio exigatur.*

¶ Pensio, Merces, salarium, Gall. *Salaire, honoraire.* Mandatum Philippi Pulcri ann. 1302. apud Menester. Hist. Lugd. pag. 83. col. 2 : *Item nolumus quod aliquis consiliarius noster de cætero recipiat vel habeat Pensionem ab aliqua persona ecclesiastica, vel seculari, nec ab aliqua ecclesia, villa, vel communitate.* Charta ann. 1345. tom. 3. Gall. Christ. inter Instr. col. 122 : *Item Pensiones consiliatorum, medicorum et chirurgorum triginta sex libræ et decem solidi. Item Pensiones in rebus... Summa omnium Pensionum tam in pecunia quam in rebus et assignamentis* 477. 15. 3.

¶ Pensio, a Gall. *Pension*, Certa redditutum beneficii ecclesiastici portio. Index MS. Beneficior. Eccles. et diœc. Constant. fol. 54 : *Et solvit Curatus Priori quinquaginta solidos pro Pensione.*

* **PENSIONALIS**, Reditus annuus, Gall. *Rente*, et adject. pro Singulis annis pendendus. Lit. ann. 1375. in Reg. 108. Chartoph. reg. ch. 62 : *Usatica sive tasquæ 150. sextariorum bladi censualium sive Pensionalium, etc.* Instr. ann. 1391. inter Probat. tom. 3. Hist. Nem. pag. 414. col. 1 : *Item quod dictus Petrus acquisivit .... quendam ortum dominæ Martinæ, et multa alia bona, et census sive et Pensionales annuales.*

¶ **PENSIONALIS** Ecclesia, Quæ *pensionem* solvit. Charta ann. 1300. apud Ludewig. tom. 5. Reliquiarum MSS. pag. 261 : *Nos proprietatem ejusdem* (pensionis) *dimidio merce Pensionalis præmemoratæ ecclesiæ Novioperis, etc.*

** **PENSIONALITER**, Pro præstatione vel pensione annua. Charta ann. 1256. in Guden. Codic. Diplomat. tom. 2. pag. 126 : *Nos villam Sigelbach... pro annuo censu 30. solidorum ab ecclesia Herbipolensi nobis concessam Pensionaliter possidemus.*

¶ **PENSIONARE**, Annuos reddituus assignare nomine *Pensionis.* Testamentum Agnonis de Turre ann. 1382. apud Baluz. tom. 2. Hist. Arvern. pag. 718 : *Et in casu in quo essent filiæ ex dicto Ludovico seu ex aliis filiis meis supradictis, volo quod prima maritetur ad et secundum ordinationem amicorum meorum, et aliæ ponantur in Ordine et Pensionentur competenter.*

¶ **PENSIONARIS**, Qui *pensionem* seu præstationem annuam debet. Charta ann. 1402. tom. 2. Rer. Mogunt. pag. 886 : *Nostris et dictæ nostræ præpositurae redditnariis, censuariis, Pensionaribus, arrendatoribus, decimatoribus, colonis, incolis et subditis... insinuamus, intimamus, etc.*

* **PENSIONARIA** Reditio, Eodem intellectu. Juram. Rob. ducis Apul. apud Cenc. inter Cens. eccl. Rom. : *Promitto me annualiter pro unoquoque jugo boum pensionem scilicet xij. denarios Papiensis monetæ persoluturam B. Petro .... Hujus autem Pensionariæ redditionis erit semper terminus, finito quoque anno, sanctæ resurrectionis dies Dominicus.*

¶ 1. **PENSIONARIUS**, In beneficiis Principis relatus, Gall. *Pensionnaire*, interdum et Nobilis satelles Regis. Regest. 80. Chartophyl. reg. Ch. 529. ann. 1350 : *Guillelmi de Roello armigeri et advocati quondam Pensionarii carissimi domini et genitoris nostri dum vivebat, etc.* Acta S. Francisci de Paula tom. 1. Aprilis pag. 150 : *Nobilis vir Patricius Loquebourg, de custodia D. N. Regis Francorum et nunc ejus Pensionarius.* Charta ann. 1465. apud Miræum tom. 2. pag. 1348 : *Magistri Mathiæ Grothere oppidi Gandensis Pensionarii etc.* Litteræ Othonis Ducis Brunsvic. ad Elizabeth. Regin. Angl. ann. 1591. apud Rymer. tom. 16. pag. 147 : *Generosus Comes Frisiæ Orientalis Joannes, affinis meus carissimus, qui per aliquot annos R. M. V. cliens et Pensionarius fuit.* Notus est Hollandiæ *Pensionarius*, quo nomine significatur primus hujus Reipublicæ minister.

¶ 2. Pensionarius, Cui ex camera seu fisco domini annuus reditus constitutus est : hunc inter servos manumissos referri debere existimo, ut pote qui *libellariis* accensetur. Charta Ottonis III. Imper. pro Monast. Farf. ann. 1001. apud Murator. tom. 2. part. 2. col. 494 : *Sive Latinus nun-*

tius de eodem monasterio fodrum tollat, aut placitum super terram jam dicti Monasterii faciat; aut libellarios aut Pensionarios ad placitum constringere præsumat. Nisi forte Pensionarios interpreteris qui censui sunt obnoxii.

* PENSIONARIUS, Qui aliquid nomine pensionis seu annui reditus possidet. Charta ann. 1287. tom. 1. Hist. Trevir. Joan. Nic. ab Hontheim pag. 820. col. 2 : Præpositus ecclesiæ S. Simeonis Trevirensis Pensionarius curtis de Nagilbach.

¶ PENSIONARIUS, et PENCIONARIUS, Lictorum seu servientium testis et stipator, Gall. Recors. Chron. Bonæ Spei pag. 277 : Stephanus quidam Pensionarius cum aliis a Nicolao de la Haye Præposito Binchiensi missus ad instantiam cujusdam civis Binchiensis solutionem sibi debitorum prætendentis, ejus equum in stabulo nostro ligatum solvens, Binchium abduxit in præjudicium nostræ jurisdictionis. Histor. MS. S. Cypriani Pictav. pag. 449 : Vendidi et concessi.... nonam partem me contingentem in serventia decimæ de Linors quam ego et Pencionarii mei habebamus ab elemosinario.

* PENSIONARIUS LIBELLUS. Vide supra in Libellus.

* PENSIONATUS, à Gallico Pensionné, Cui annuus reditus est assignatus. Instr. ann. 1483. inter Probat. tom. 4. Hist. Nem. pag. 29. col. 2 : Primo cum egregio viro magistro Johanne Garcini, doctore in medicina, medico Pensionato villæ prædictæ, etc. Pensionnier, Qui aliquem alendum instituendumve suscipit, in Lit. remiss. ann. 1480. ex Reg. 208. Chartoph. reg. ch. 36 : Le suppliant se mist à pension avecques ung nommé Le Desert;.... et après qu'il euist esté par certain temps avec ledit Desert son Pensionnier, etc.

¶ 1. PENSITATIO, Meditatio. Acta S. Senorinæ tom. 3. April. pag. 75 : Exacte martyrum acta legebat, in quorum studio et in æternorum Pensitatione cruciatuum diu noctuque percurrebat.

¶ 2. PENSITATIO, ut Pensio 2. præstatio annua. Chron. Modoet. apud Murator. tom. 12. col. 1080 : Cum burgo, et prato, et omni districtu, et Pensitationibus, et cum omnibus possessionibus, ac pertinentiis suis... recuperavimus.

¶ PENSIVA, Census, seu præstatio annua, quæ a Judæis, ut mercaturam exercere possint, pensitabatur. Computus ann. 1322. tom. 1. Hist. Dalph. pag. 74 : Pro Pensiva casanæ Lombardorum de Mentio recepit etc. Alter ejusd. anni ibid. : Pro Pensiva Baudani Lombardi recepit, etc. Census et Censiva dicitur in Computo ann. 1329. ibid. 92. Vide Pensus.

¶ PENSIUS, δαπανηρός, in Gloss. Lat. Græc. Pensius, pro pretiosus dixit Gellius lib. 12. cap. 5 : Ita prorsus, ut nihil quicquam esset carius Pensiusque nobis, quam nosmetipsi.

¶ PENSORES, Tortores, carnifices. Vita S. Victoris Massil. apud Bosquetum :

Pugnant Pensores nimios inferre dolores.

PENSUM, PENSUS. Vide Pensa.

* PENSUM. Vita S. Vict. III. PP. tom. 5. Sept. pag. 406. col. 2 : Incitabatur quidem animo illas (officinas) aggredi ad renovandum; sed angebatur iterum, quia, ut tam arduum inciperet opus, nichil fere Pensi habebat. Id est, ut notant docti Editores, nihil fere habebat, quo necessarias expensas solveret; a Pensare, solvere.

¶ PENSUS, Census qui statuto tempore persolvi debet. Littera Agapiti PP. ann. circ. 955. inter Instrum. tom. 6. novæ Gall. Christ. col. 104 : Ita sane ut a vobis vestrisque successoribus singulis quibusque indictionibus Pensus nomine rationibus ecclesiasticis decem argenti solidi anno denarios duodecim difficultate postposita persolvatur... nullaque præterea ad dandum annuo Pensus a vobis mora proveniat. Vide Pensiva.

PENTAEMTARCHUS, pro Pentecontarchus. Lat. Quinquagenarius. Charta ex Tabulario Ecclesia Brivatensis ann. 924. num 17 : Consultu Aklebaldi Præpsiti Ecclesiæ S. Juliani martyris, et Cuneberti Pentaemtarchi ipsius loci, cæterorumque Canonicorum, etc. Ita enim præfert ipse codex, licet vir doctissimus Pentacontarchus ediderit. Idem porro Cunebertus sub eundem annum 924. ch. 194. Decanus dicitur. Vide Spicilegium Acherianum tom. 11. pag. 284. [Vide Pentarcontarrochium.]

PENTECOMARCHUS, perperam etiam apud Simeonem Dunelmensem ann. 887 : Perturbatus erat frequenter animo contra Principes et Pentecomarchos.

¶ PENTALACIA, PENTALAICA, Columna, sic dicta ab ejus forma. Anastasius in Vita S. Hilari PP. apud Murator. tom. 3. pag. 120. inter varias lectiones : Ecaton Pentalaicas, et concas striatas duas... columnæ miræ magnitudinis, quæ dicuntur Ecaton, fecit, et Pentalaicas et concas castriatas duas, etc. Columnæ ecaton Pentalacias, etc. Nec sanior videtur ipse textus.

¶ PENTANUMMUS, inter signa terminorum, apud Agrimensores.

¶ PENTAPHARMACUM. Spartianus in Ælio Vero : Nam tetrapharmacum, seu potius Pentapharmacum, quo postea semper Adrianus est usus, ipse (Ælius) dicitur reperisse; hoc est sumen, fasianum, pavonum, pernam crustulatam et aprugnam. Vide Penthiacus.

¶ PENTAPROTUS, πεντάπρωτος, Quinque primi, quinque summates. Πενταπρωτεία, Quinque primatus, magistratus nomen, munus quinque primorum. Cod. lib. 12. tit. 29 : Obsequium temonariorum vel Pentaprotiæ. Cujacius vult, prototypiæ. Hæc Martinius in Lexico. [** Vide Savin. Histor. Jur. Rom. med. temp. tom. 1. § 24.]

¶ PENTAPTOTUS, πεντάπτωτος, Quinque casus habens, scilicet diversos. Isidorus lib. 1. cap. 6. Pentaptota, quod tantum quinque casibus variantur, ut doctus. Πέντε quinque, πτωτὸς cadens, casualis. Hæc iterum Martinius.

¶ PENTARCHIA. Sicardi Episc. Cremon. Chron. apud Murator. tom. 7. col. 530 : Gabinius Scauro succedit. Gentem Judæorum per Pentarchias, id est, quinque conventus divisit. Vox notissimæ originis.

¶ PENTARCONTARROCHIUM, vox a Græco πεντηκοντάρχιον consarcinata ad indicandum Decani munus in Eccl. Brivatensi. Charta ann. 905. tom. 2. Gall. Christ. inter Instr. col. 130 : Adierunt serenitatem nostram Eldefredus auiæ S. Juliani Brivatensis eximius præfectus, et Nectardus Pentarcontarrochii adminiculator non infimus, cæterique Canonici quamplures. Vide Pentaemtarchus.

¶ PENTECOMARCHUS. Vide Pentaemtarchus.

¶ PENTECOSTALIA, Præstatio quæ a parochianis ad festum Pentecostes Curioni, vel ab inferioribus Ecclesiis matrici seu Episcopo exsolvebatur. Charta Elizabethæ Reg. Angl. ann. 1560. apud Rymer. tom. 15. pag. 564 : Cum omnibus et singulis suis commodis, emolumentis, procurationibus. Pentecostaliis, pensionibus, etc. Kennettus in Antiquit. Ambrosden. pag. 596 : Ut omnes parochiani prædictæ villæ venient ad suam matrem Ecclesiam de Pyrthon cum eleemosynis suis et oblationibus quibuscumque his festivis diebus per annum, scilicet ad Natale, ad Pascha, ad Penteceston. Consule Th. Blount in Nomolex. Anglic. hanc ad vocem.

* Hinc Nummi Pentecostales appellabantur. Vide supra in Nummus.

PENTECOSTALITER. Breve recordationis ann. 1140. in Tabulario Casauriensi : His ita institutis atque perfectis præfati fratres ex intimo viscerum suorum dixerunt, quod si quis nostrum vel eorum qui de gente nostra nascituri sunt, frangere voluerit hæc, aut fregerit, sit anathematizatus et excommunicatus... et persolvat mille mancosos purissimi auri, et his persolutis, ista quæ facimus, sicut in isto brevi continentur, et in carta primæ donationis perleguntur, Pentecostaliter, et sine fine permaneant. Ubi forte pentecostaliter idem valet ac si res ea per 50. annos possessa fuisset. Nam annorum 50. præscriptio omnem redimendæ possessionis spem tollebat. Charta Frideric Imperat. ann. 1219. apud Ughellum tom. 4. pag. 1503 : Ad hæc regia auctoritate statuimus et ordinamus, ut nulla præscriptio noceat, vel possit objici eidem Ecclesiæ, nisi 50. annorum curriculis sit munita. Vide Canones Hibern. lib. 35. cap. 7. 8. 10. lib. 41. cap. 7. Leges Wisigoth. lib. 4. tit. 3. § 2. 4. Goffridum Vindocin. lib. 2. Epist. 30. leg. 10. Cod. de Prædiis Navicular. (11, 3.)

PENTECOSTE, Festum adventus Spiritus sancti in Apostolos, quod celebrant Christiani quinquagesimo die post Pascha. Vide Durandum lib. 6. cap. 107. et alios passim. Per septem autem dies festum Pentecostes celebrabatur, ut auctor est Honorius Augustod. lib. 3. cap. 147. et 149.

* Qui fuerint in hoc festo aliquot ecclesiarum usus, videsis in Nebula 2.

* Alterius jocularis usus, qui postridie ejusdem festi agebatur, mentio fit, in Lit. remiss. ann. 1400. ex Reg. 155. Chartoph. reg. ch. 114 : Comme le lendemain de la Pentecouste, auquel jour l'en a acoustumé d'aler gaiger par maniere d'esbatement ceulx qui ne sont pas levez, pour aler boire sur lesdiz gaiges, Estenart acompaignié de la femme de Jehan des Mares et de la femme Jehan Paon, ala en l'ostel de Jehan Duquief de la ville, et prist des gaiges en sa maison par bonne amour et esbatement, pour ce que ledit Duquief de la ville n'estoit pas vestu; et ce fait alerent en l'ostel de Jehan Leureux

porteur de pardons, et y entrerent par l'uys de derriere, et pour ce qu'il n'estoit pas levé, prindrent semblablement des gaiges en sa maison par bonne amour et esbatement ; et quant vint à heure de disner, ledit Estenart appella ou envoya querir ledit Duquief de la ville pour venir disner en l'ostel du dit des Mares sur lesdiz gaiges ; lequel y vint et aussi fist ledit Jehan Leureux. Quod ad posterum diem Pentecostes hic assignatur, alibi postridie Paschæ fiebat. Vide infra *Prisio* 3. et *Robinetus*.

Pentecoste, Intervallum a Dominica Resurrectionis ad festum Pentecostes, Græcis et Latinis scriptoribus passim etiam dicitur. Ordo Romanus : *Tempus autem Pentecostes inchoatur a prima die Resurrectionis, et currit usque ad diem quinquagesimum post Pascha.* S. Hieronymus : *Non quo, et per totum annum, excepta Pentecoste, jejunare non liceat.* S. August. Epist. 86 : *Dies illi quinquaginta post Pascha usque ad Pentecosten quibus non jejunatur, etc.* Ita etiam Tertullianus lib. de Corona militis cap. 3. de Baptismo cap. 83. etc. Adde Amalarium lib. 1. de Eccles. offic. cap. 36. lib. 4. cap. 46. In illo autem 50. dierum intervallo, stantes liturgiæ olim intererant, eo elapso de geniculis adorabant, uti testantur Tertullianus, S. Hieronymus, S. Ambrosius serm. 61. Concilium Aurelianense, Epiphanius serm. Catech. S. Augustinus Epist. 119. cap. 17. S. Columban. in Pœnitent. cap. 9. B. Dorotheus Doct. 15. S. Germanus Patr. CP. in Theoria Mystica, Ordo Romanus, Isidor. lib. 1. de Eccles. offic. cap. 33. etc. In illo etiam intervallo *Alleluya* in Ecclesia ubique cantatur. S. Augustinus Epist. 119. cap. 17. Vide Scaligeriana pag. 261. et Henricum Valesium ad Eusebium lib. 4. de Vita Constant. cap. 64. [** Glossar. med. Græcit. voce Πεντεκοστή, col. 1147.]

¶ Pentecostes Media, Feria quarta intra octavam Pentecostes. Epist. S. Maximi mart. apud Sirmondum in Collect. Anastasii pag. 139 : *Media Pentecostes heri, quod fuit octava decima mensis dies, qua solemnitas agebatur sancta mediæ Pentecostes.*

Pentecosten, indeclinabiliter. Liber Ordinis S. Victoris Pariensis MS. cap. 33 : *Similiter fiat in Septimana Paschæ et Pentecosten.* Occurrit ibi non semel, in Capitulari ann. 828. apud Anselmum Havelsbergensem Episc. lib. 3. Dialog. cap. 14. extremo, et alibi passim.

¶ **PENTEPITROPUS**, Unus e collegio quinque Procuratorum, a Græco πεντεπίτροπος. Vita S. Auxentii Archimand. tom. 2. Febr. pag. 781 : *Conjux quoque alterius cujusdam Pentepitropi nomine Cosmia.*

¶ **PENTES** Manicæ, f. pro *Pendentes*. Litteræ Caroli V. Franc. Reg. ann. 1367. de forma vestium : *Item, quod non audeant portare mochas vel manicas Pentes latiores trium digitorum vel majoris latitudinis.*

¶ **PENTEUS**. Vide *Typus* 1.

* **PENTHANA**, Retis species. Lit. remiss. ann. 1461. in Reg. 198. Chartoph. reg. ch. 78 : *Quoddam rethe, vocatum Penthana, pro capiendo pisces tetenderant, etc.* Vide supra *Panthera* 1. et *Penellus* 2.

¶ **PENTHE**. Chron. Episc. Mindens. apud Leibnit. tom. 2. Script. Brunsvic. pag. 193 :

> M. trecenteno cum nono septuageno,
> Mindæ districtus conterrent fulminis ictus,
> Pentheque profesto feria quinta memor esto.

[** Legitur ibidem hanc tempestatem ortam esse *in crastino S. Urbani Papæ*, qui dies cum sit 26. Maii et Pascha anni 1379. incidat in 10. April. patet *Penthe*, vel ut Meibomius habet *Pente*, idem esse ac *Pentecoste*, quod festum eo anno fuit die 29. Maii.]

PENTHIACUS. Fragmentum Petronii pag. 30 : *Gallum enim gallinaceum, Penthiacum, et ejusmodi nænias rustici faciunt.* [Vide *Pentapharmacum*.]

PENTICIUM, Appendix ædis, gurgustium, tuguriolum parieti affixum, adjunctum, nostris *Appentis*, [Anglis *Penthouse* vel *Pentise*.] Regula Fratrum domus S. Juliani juxta S. Albanum in Anglia : *Similiter inhibemus ne stationes fiant in Penticio, quod se extendit in longitudine ante domus fratrum versus viam regiam : neque quisquam fratrum teneat ibi parliamentum cum alio fratre, sed si quis fratrum voluerit habere colloquium cum aliquo fratre, transeat ordinate per dictum Pentitium unusquisque alter ad alterum pro libito suo sine statione, etc.* Thomas Walsinghamus in Ricardo II. pag. 259 : *Intravit quidam cum gladio et parma Penticium Abbatis, audacter petens centum marcas ab Abbate donari sibi, etc.* Infra : *In camera Abbatis, in capella, in Penticio pro libito deambulabant.*

PENTIFARIE, In quinque partes, vox hibrida. Erchembertus, et ex eo Leo Ost. lib. 1. cap. 31 : *Pentifarie regnum Francorum divisum est.*

* **PENTORIUM**, Locus, ubi appenduntur panni desiccandi, nostris alias *Pentouer*. Charta ann. 1327. in Reg. 64. Chartoph. reg. ch. 706 : *Item de septem solidis super quoddam Pentorium, situm in parrochia S. Gildardi Rothomagensis.* Necrol. Rotomag. ex Cod. reg. 5196. fol. 13. v°. : *Obiit Johannes Luce, pro quo habemus xx. solidos in Pentoriis, quæ fuerunt Nicolai de Goy, extra portam Belvacensem.* Ibid. fol. 16. r°. : *Item iiij. solidos in quodam Pentorio, quod tenet modo Johannes Talemer, in parrochia S. Gildardi.* Charta ann. 1359. in Reg. 87. ch. 178 : *Item un Pentouer à pendre draps, avecques une loige assise en la parroisse de S. Goudart de Rouen.* Lit. remiss. ann. 1451. in Reg. 184. ch. 170 : *Le suppliant trouva ung drap de brunette de onze aulnes ou environ oudit hostel sur ung Pentour.* Ubi *Pentour*, perticam sonat, ad quam appenditur pannus desiccandus. Vide supra *Pegia* et *Penditorium*.

* **PENTURA**, a Gallico *Panture*, Longurius ferreus. Comput. ann. 1450. ex Tabul. S. Vulfr. Abbavil. : *Item dicto Petro pro quadam Pentura Flamenga, cum una vervella, ad quamdam fenestram cameræ domus,.... xviij. denarios.*

¶ **PENU**, Cella, Gall. *Cellier*, quia in eo penus servantur. Charta ann. 1404 : *Item confitetur tenere quoddam Penu seu Celier, cum quodam parvo plastro.* Occurrit in Consuetud. Brageriac. art. 122. et 123. Vide *Penus* 1.

¶ **PENUCULA**. Vide *Panucula* 2.

* **PENULA**, *Caverna*, *lucerna*, in vet. Glossar. ex Cod. reg. 7641. Hinc forte *Penulchia*.

PENULATUS. Joan. Fortescutus de Laudibus Legum Angl. cap. 51. de Justiciario Angl. : *Serviens ad legem ipse existens roba longa, ad instar Sacerdotis, cum capitio Penulato circa humeros ejus, et desuper collobio, cum duobus labellulis... vestibatur.* Infra : *Et capicium ejus non alio quam menevero* (Menu-vair) *Penulatur, capicium tamen servientis pellibus agninis semper albis implicatur.* [Hist. Harcur. tom. 4. pag. 2210 : *Priore Warwici hiis diebus amicto griseo Penulato cum baculo pastorali, etc.*] Vox videtur formata a *pannus* seu nostro *panne*, id est *pellis* vel *pellicium*; ita ut *penulatus*, idem sit quod *foderatus*, quasi *pannulatus*.

* **PENULCHIA**, Cavernula. Charta ann. 1334. in Reg. 66. Chartoph. reg. ch. 1358 : *Quod quidem castrum de Salaguerio, seu ejus mandarum confrontatur cum Penulchiis de Verneto et de Gaurelhs diocesis Ruthenensis.* Vide *Penula*.

¶ **PENUNCELLUS**. Vide *Pennones*.

1\. **PENURIOSUS**, Qui penuriam patitur. Utitur Alanus de Insulis in Planctu naturæ pag. 283. 321. ult. edit.

* 2\. **PENURIOSUS**, Rebus penuariis abundans. Chron. Joan. Whethamst. edit. Hearn. pag. 357 : *Quia populi illi* (Boreales Angli) *plus sunt Penuriosi quam pecuniosi, majorem habentes habundanciam orobi et ordei, siliginis et frumenti, quam aut ostri, aut habeni, aut eboris, muricis, auri vel argenti.*

¶ 1\. **PENUS**, *oris*, Idem quod *Penu*. Charta Humberti Dalph. ann. 1348. inter Ordinat. reg. Franc. tom. 3. pag. 275 : *Ecclesia de Romanis sola et in solidum habuit, habere consuevit et habet in singulis cellariis seu Penoribus sitis infra villam de Romanis, a tenentibus cellaria, unum quartale vini semel in anno.* Transactio inter Abbat. et monachos Crasseuses ann. 1351 : *Quod vinum refectorarius dicti monasterii recipere debet et tenetur in Penore domini abbatis.* Recognit. de Vouta tom. 3. fol. 353 : *Item super Antonio de Ranco pro vinea et Penore simul contiguis sitis in manso de Blachia confrontante cum Penore Petri Vinhalis... Item pro Penore et vinea sitis, etc.* Utitur Columella.

¶ 2\. **PENUS**, τιμωρός, *Ultor, ultrix.* Gloss. Lat. Gr. MSS. : *Punitor, ultor.*

* 3\. **PENUS**, femin. gen. Cella, penarium. Charta ann. 1329. in Reg. Caroli Pulc. et Phil. VI. ex Cam. Comput. Paris. fol. 60. v°. : *Pronuntiamus dictos patrem et filium amisisse.... quandam Penum, quam habebant apud Burdegalas.*

¶ **PENUSA**, βρωτὰ καὶ ποτά, in Gloss. Lat. Gr.

PENY-GAVEL, Vetus Charta apud Somnerum in Tractatu de Gavelkind pag. 26 : *Tenentur de prædictis Abbate et Conventu, et prædecessoribus suis per fidelitatem et relevium, et per redditum et servitium vocatum Penygavel, videlicet reddendo annuatim eisdem Abbati et Conventui, et eorum successoribus de qualibet Swillinga dictarum 42. Swillingarum in festo S. Martini in hieme* decem et novem solidos et 8. denarios, etc.

PENYPISE, Pondus denariorum, statera; ex Sax. peny, denarius, et pise, ponderatio. Willelmus Thorn ann. 1335: *Fabricavit sibi staterum Abbati et Conventui postea dolosam et abominabilem, quæ dicitur Penypise, et cum illa triavit 20. sol. in denariis antiquis ponderis maximi, cum quibus æqua lance recipiebat denarios quorumcumque.*

¶ **PEPEDERE.** Gloss. Lat. Græc.: *Pepedo*, πέρδομαι.

¶ **PEPERCIO**, Indulgentia, remissio. Tabular. Montis-albani ann. 1295. apud Baluz. tom. 2. Hist. Arvern. pag. 549: *Omnibus vero illis qui rogarent quod Deus manuteneret illos qui servarent illam pacem, dedit* (Papa) *centum dies Pepercionis totiens quotiens die qualibet pro dicta pace servanda precarentur.*

¶ **PEPERERE.** Gloss. Lat. Græcæ: *Pepero*, γέννω.

¶ **PEPERONI**, ut *Perones*, ni fallor, Calceamentorum genus. Vide in *Pero* 1. Statuta Eccl. Carnot. ann. 1325. apud Marten. tom. 7. Ampl. Collect. col. 1365: *Præcipimus sub pœna prædicta fratribus et magistris hujusmodi* (leprosariarum) *quod vestibus indecentibus et Peperonis de cetero non utantur.*

¶ **PEPIGENA.** Vide *Pepigna.*

* **PEPILIO**, onis, *Peuples*, in Glossar. Lat. Gall. ann. 1352. ex Cod. reg. 4120. *Pepin* vero nostratibus, dictus Seminarii cultor, in Charta ann. 1333. ex Reg. 73. Chartoph. reg. ch. 287: *Item huit livres de monnoie courant, lesquelles me font... chascun an de rente les Pepins de la pepiniere, parroissiens de S. Savenien, pour cause et raison d'un moulin à vent qu'ils tiennent de moi, appellé Guingueputain.*

¶ **PEPIGERE**, f. Præstare, exsequi. Concilium Egarense ann. 614. inter Hispan. tom. 2. pag. 457: *Et omne quicquid ex castimonia presbyterorum et inferius clericorum conscriptum fuit, eadem forma etiam de omnibus Episcopis sub tali industria solertiaque omni tempore Pepigendo scrutetur.*

* **PEPIGNA**, Minutæ monetæ species, [eadem videtur quæ *Pictavina.*] Tabular. Albæ-ripæ in diœcesi Lingonensi ann. 1219: *Liberas ab omni censu et servitio, præter 5. denarios censuales una Pepigna minus.*

¶ Pepigena, Eadem notione. Charta ann. 1206. in Tabular. Calensi pag. 190: *Recipiant de cætero... quinque Pepigenas super terra sua desuper Riart... Item Laurentius quadrigarius* (debet) *tres denarios et unam Pepigenam de terra sua de bosco.* Charta ann. 1304. in Tabular. Corb.: *Vendidit... ad opus ejusdem ecclesiæ... viginti quatuor denarios et unam Pepigenam annui census seu redditus quos habebat super diversis locis.*

PEPIONES. Vide *Pipiones.*

* **PEPLARE**, *Peplo* seu velo tegere, apud Will. Dugdal. in Antiq. Warvic. pag. 654: *In signum cujusmodi continentiæ et castitatis promisso perpetuo servando, eandem Margeriam velandam seu Peplandam... vobis committimus potestatem.* Vide *Peplum.*

¶ **PEPLUM**, Pannus lineus, quem moniales gerunt sub mento. Ita Lyndwoodus lib. 3. Provinc. tit. 19. ad hæc verba: *Moniales et cæteræ mulieres divino cultui dedicatæ velum vel Peplum sericum non habeant, nec in velo acus argenteas vel aureas audeant deportare.* Erat autem et *peplum* feminei capitis involucrum, quo fauces etiam tegebantur usque ad nasum, ut observat Spelmannus ex Matthæo Paris ad ann. 1191. ubi de summo Angliæ Cancellario eodemque Antistite, cultu cincto muliebri: *Tunica viridi fœminea indutus, capam habens ejusdem coloris, Peplum in capite muliebre portans.* Mox: *Dolum suspicantes manus injecerunt in Peplum, quo fauces tegebantur; et summittentes a naso usque deorsum, faciem hominis viderunt nigram et nuper rasam.*

* **PEPULA** *est quædam nigra spina, quæ dicitur Gallice Bourque espine. Pepulum est fructus ejus.* Glossar. Lat. Gall. ann. 1348. ex Cod. reg. 4120.

* **PEPULARE**, Pellere, Gall. *Pousser.* Lit. remiss. ann. 1352. in Reg. 81. Chartoph. reg. ch. 641: *Ipse Jaquinus hurtando et Pepulando ipsum Johannem violenter, duxit usque ad hostium dictæ domus, etc.*

1. **PEPULUM**, *Speculum*, in Gloss. Arabico-Lat. Glossæ antiquæ MSS.: *Pepulo, palleum, pepulum, spelunca. Pepulum, speculum.*

* Idem quod *Peplum.* Charta ann. 1316. in Chartul. S. Petri Gand. ch. 55: *Ipsa nobilis domicella Yolenta... in ulnis duorum nobilium scutiferorum tenue Pepulum dumtaxat supra caput tenens, etc.*

* 2. **PEPULUM**, Alia notione. Vide supra in *Pepula.*

¶ **PEPUSIANI**, Pepuziani appellati Montanistæ a Pepuza Phrygiæ pago. Vide Philastrium cap. 49. S. Epiph. hær. 19. S. August. hær. 27.

PEQUICHINUS. Vide *Piquechini.*

¶ **PER**, Præpositio variæ significationis apud Scriptores medii ævi. Usitatiores annotabimus.

¶ Per, Ad. Vitæ Patrum Emerit. tom. 2. Concil. Hispan. pag. 656: *Accidit ut... Per confirmandas eorum libertates aliquam particulam pecuniolæ tribueret.*

¶ Per, Apud, coram. S. Bernardus Epist. 428: *Servientes Episcopi et quotquot erunt de familia ejus, numquam justiabunt se Per Comitem.*

¶ Per, Cum. Charta ann. 1198. tom. 9. Spicil. Acher. pag. 525: *Et ut hæc charta perpetuæ stabilitatis robur obtineat, ipsam Per chirographum scriptam et divisam sigillis nostris corroborari fecimus.*

¶ Per, Pro, sæpius occurrit hac notione. Pactus Leg. Salicæ tit. 19. edit. Eccardi: *Per unumquemque ictum semper ternos solidos solvat.* Rotulus sæc. xii. in Tabular. Casæ Dei: *Dalmacius Dentil arcasium quod habebat in ecclesia S. Pauli, Per unam mulam et c. sol. dedit monachis presentibus et futuris.* Chron. Andrense tom. 9. Spicil. Acher. pag. 366: *Partem meam wastiniæ... do sub firma manu Ostellariæ ad Andernes... Per tres firtalas avenæ per singulos annos reddendas.* Acta S. Raynerii tom. 3. Junii pag. 434: *Non Per te desinam hanc precem fundere.* Et alibi passim.

* Per Nomen, Nominatim, specia[l]im, Gall. *Nommément.* Charta Ludov. VI. reg. Franc. ann. 1122. in Reg. 62. Chartoph. reg. ch. 200: *Præcipimus ut tam ipse quam hæres ipsius,... sit liber ab omni servitio, et Per nomen ab omni expeditione et cavalcaria.*

1. **PERA**, Monachorum propria fuit. Cassianus de Monachis Ægyptiis: *Ultimus est habitus eorum pellis caprinæ, quæ melotes, vel Pera appellatur, et baculus.* Ita peram et baculum Monachis tribuit Palladius in Hist. Lausiaca cap. 83. *Melotem* vero *Peram* apud Cassianum vocari mirum videtur viris eruditis: unde quidam *penulam*, alii *diphteram* restituunt. Ego vero vocem *appellatur* post *melotes* ponendam existimabam, tametsi ita legisse veteres apud Cassianum, ut ferunt editiones, pro certo sit. Vide Joann. de Janua in *Pera*, et Rosweidum ad Paulinum pag. 822. [*Pera, escharpe* in Gloss. Lat. Gall. Sangerman.]

Peregrinantium etiam fuit *Pera.* [Vide in *Peregrinatio* 3. laudatum Poema *de la Rose* MS.] Sic enim Christus ministris suis, apud Salvianum lib. 2. ad Eccles. Cathol.: *Nolite possidere aurum neque argentum neque pecuniam in zonis vestris, non Peram in via, neque duas tunicas, etc.* Baldricus in Chron. Camerac. lib. 1. cap. 10: *Sumpta Pera cum baculo, ad cœnobium viri Dei pergere festinavit.* Charta Ademari Vicecomitis Lemovic. ann. 1179. ex Tabular. Dalonensi fol. 23; *Eo die, quo Hierusalem proficiscens cum Pera, quam collo deferebam, Joannem ejusdem Ecclesiæ Abbatem et cæteros fratres Dalonenses investivi, etc.* Peregrinantium vero peræ a Presbyteris benedici solebant, ut observat Honorius Augustodun. lib. 1. Gemmæ animæ cap. 181. pro quibus benedictionibus fiebant oblationes. Diploma Alexandri PP. ann. 1234. in Tabulis Burgund. Perardi pag. 434: *Item Sacerdos solus habebit...: oblationes quæ fiunt pro baptismo et pro Pera.* Charta Rogeri Abbat. Dervensis in Tabul. ejusdem Monasterii: *Benedictiones Perarum, capillorum quoque suæ erunt.* Charta ann. 1221. apud Jacobum Petitum ad Pœnitentiale Theodori pag. 401: *In prædicta etiam ecclesia peregrinis de castro presbyter consuevit benedicere Peras et baculos, et missam, si ei placuerit, celebrare, et solum denarium de oblationibus recipere.* Vide Vitam S. Tellai apud Capgravium cap. 2. et quæ super peregrinantium peris observavimus in Dissertat. 15. ad Joinvillam. Benedicebantur etiam a Sacerdote ipsimet *peregrinaturi*, ut est apud Gillebertum Lunicensem Episcopum de Usu Ecclesiastico.

* Chartul. episc. Paris. fol. 127: *Anno Domini 1269. mense Martio pridie Idus, die Veneris post Dominicam qua cantatur Reminiscere, Ludovicus rex Franciæ arripuit iter ad partes transmarinas de S. Dionysio, et ibi accepit Peram et baculum peregrinationis suæ, quos benedixit et tradidit sibi in ecclesia S. Dionysii Radulphus episcopus Albanensis, tunc Apostolicæ Sedis legatus in Francia et partibus transmarinis. Die vero Sabbati in crastino Idus Martii accepit licentiam in ultimo suo recessu in ecclesia Parisiensi, et venit ad dictam ecclesiam de domibus suis Paris. discalciatus, et dominus Petrus filius suus similiter cum eo nudus*

pedes. Dominus Philippus primogenitus suus et dom. Robertus comes Atrebatensis et quamplures alii non discalciati venerunt cum eo. Charta Hug. episc. Autiss. ann. 1143 : *De visitatione, de baptismo et de Peris totum ipsius erit.* Alia Renaudi Tull. episc. ann. 1211 : *In oblationibus, in confessionibus, Peris, nuptiis, et in omni usu tertiam partem accipiet.* Vide infra *Scarcella.*

Pera, inter ministeria sacra. Chronicon Moguntin. pag. 384 : *Peram ad corporalia filis aureis insertis miri operis et decoris.*

2. **PERA**, Anglis, est quævis structura contra fluctuum impetus, tam in mari, quam in fluminibus, ex Lat. *petra*, seu Gallico *pierre*, quod idem sonat. Usus enim obtinuit, ut ejusmodi moles, cujuscumque materiæ sint, ita appellentur, ut illa ad Germuthiam ex ingentibus trabibus maximaque vi saxorum constructa hodie id nominis habet : quomodo etiam *peras* vocant ipsa fundamenta quibus innituntur columnæ, quæ pontes sustinent, sive ex saxis fiant, sive ex pilis, tabulis, et aggesta terra. Vetus membrana de restauratione pontis Rovecestriæ in Itinerario Cantii, apud Spelmannum : *Primum ejusdem civitatis Episcopus incipit operari in Orientali brachio* (pontis) *primam Peram de terra, etc.* Occurrit ibi pluries.

* **PERABSIS**, Paropsis, vas escarium, Gall. *Plat.* Comput. ann. 1334. inter Probat. tom. 2. Hist. Nem. pag. 88. col. 1 : *Locavi quinquaginta Perabsides et quinquaginta escudelonos,.... et pro quinquaginta sissoriis, inclusis xvij. Perabsidibus, quæ fuerunt amissæ, etc.* Vide *Paropsis.*

* **PERACCEDERE**, Accedere. Chron. Sigeb. Gemblac. ad ann. 989. tom. 10. Collect. Histor. Franc. pag. 216 : *Karolus dux Montem-acutum expugnat, Suessionis usque vastando Peraccedit.*

* **PERACHABERE**, Perficere, Gall. *Parachever.* Comput. ann. 1488. inter Probat. tom. 4. Hist. Nem. pag. 47. col. 1 : *Alia expensa de soqueto seu emolumento provento ex eodem, facta per dictos dominos consules pro finiendo sive Perachabendo turrim dudum incœptam, etc.*

PERACIA, Pera, pharetra. Anonymus de Gestis Friderici II. Imperatoris : *Saraceni more solito, priusquam se jungant, manualiter hostibus, ex Peraciis tela projiciunt, et subito sagittantes Ribaldos sine numero vulnerant.*

¶ **PERACTOR.** Præceptum Caroli M. ann. 770. apud Marten. tom. 1. Ampliss. Collect. col. 32 : *In præsentia nostra de ipsa silva retulit ad relegendum, et innotuit nobis, ut Peractores iniquiter ipsa silva ex parte invasissent.* Ubi divisim legendum videtur *per actores.* Vide *Actor.*

PERACULUM, *Sacculus.* Gloss. MS. Reg. Cod. 1013. Vox a *pera* efficta.

¶ **PERADOTA**, Species lapidis pretiosi. Charta ann. 1272. apud Rymer. tom. 1. pag. 879 : *Et unum anulum cum Peradota, pretii decem librarum.* Vide *Peritot.*

¶ **PERÆ**, *Omnia vasa necessaria usui bellico.* Glossar. Gasp. Barthii ex Guiberti Hist. Palæst. apud Ludewig. tom. 3. Reliq. MSS. pag. 429.

¶ **PERÆQUARE** Talliam, *Talliam ex æquo inter homines illi obnoxios partiri. Peræquatio*, Ipsa partitio. Libertates Montis-Britonis ann. 1376. tom. 1. Hist. Dalphin. pag. 83 : *Nec eis licitum sit in futurum dictos homines, incolas et personas, cujuscumque status sint, qui nunc sunt, aut qui pro tempore fuerint, talliare seu Peræquare talliam, seu Peræquationem aliquam eis facere, aut aliquam servitutem talliæ, doni vel exactionis pecuniæ cujuscumque eis imponere.* Vide *Peræquatores.*

¶ Perequare, in Edicto Johannis Reg. Franc. ann. 1356. tom. 3. Ordinat. pag. 157 : *Ipsi Consules* (S. Genesii)... *habeant potestatem indicendi et Perequandi et levandi per certos suos nuncios, talliam, seu tallias, etc.*

PERÆQUATORES, in Cod. Theod. et in Novellis, qui tributa ex æquo inter cives partiuntur, Græcis, ἐξισωταί, de quibus etiam agunt Ennodius lib. 1. Epist. 6. Senator lib. 5. Epist 14. 15. et alii a nobis laudati ad Alexiadem pag. 346. Vide prætera Sirmondum ad Ennodium, Jacobum Gotofredum ad Cod. Th. Chopinum lib. 1. de Dom. tit. 2. num. 5. etc. Ad hanc tributorum peræquationem pertinet locus Gregorii Turon. lib. 9. cap. 30 : *Childebertus vero Rex descriptores in Pictavos.... jussit abire... ut scilicet populus, censum quem tempore patris reddiderat, facta ratione innovaturæ, reddere deberet. Multi enim ex his defuncti fuerant, et ob hoc viduis orphanisque ac debilibus tributi pondus insederat. Quod hi discutientes, per ordinem relaxantes pauperes ac infirmos illos, quos justitiæ conditio tributarios dabat, censu publico subdiderunt.* Adde Diurnum Romanum cap. 6. tit. 3. [** Glossar. med. Græcit. voce Ἐπόπται col. 431. supra *Inspectores.*]

Peræquatores *victualium rerum in urbe regia*, apud Senatorem lib. 6. Epist. 6. qui rebus venalibus pretium indunt ac indicunt.

¶ **PERAFFINARE**, de metallis dicitur quæ purgantur et diligentius excoquuntur, Gall. *Affiner.* Charta Eduardi III. Reg. Angl. ann. 1338. apud Rymer. tom. 5. pag. 71 : *Et dictam minam auri et argenti valeant purgare et Peraffinare... et sic purgatum et Peraffinatum ad cunea nostra et hæredum nostrorum deferatur.* Hinc

¶ **PERAFFINATIO**, Ipsa purgatio, ibidem : *Assignavimus ipsum... ad superavidendum: purgationem et Peraffinationem auri et argenti prædictorum.* Vide *Affinare.*

* **PERAGERE**, Abigere. Mirac. S. Apri tom. 5. Sept. pag. 70. col. 1 : *Referunt namque nostri majores natu plurima sibi ejus et visa et audita miraculorum beneficia, quæ dæmoniosorum, cæcorum, claudorum, aliorumque debilium Peregit incommoda.*

¶ **PERAGERE** Pecuniam, Colligere. Chron. Trudon. lib. 6. tom. 7. Spicil. Acher. pag. 413 : *Persoluta est ibi Peracta prius pecunia, Comiti Gisleberto reddita est Ducis gratia, oppidani liberati sunt a timore.* Nisi forte ibi sensus sit, persoluta est pecunia conventa.

* **PERAGRARE**, Venire, accedere ad aliquem. Charta Caroli C. ann. 845. tom. 8. Collect. Histor. Franc. pag. 470 : *Dignum est sanctæ Ecclesiæ loca auctoritate regali stabilire, et justis monachorum divini cultus amore ad nos Peragrantium precibus favere.*

* **PERAGRATOR**, *Aleur, découvreur çà et là.* Glossar. Gall. Lat. ex Cod. reg. 7684.

* **PERALBA.** Lib. virid. ann. circ. 400. eccl. Carnot. : *Tenetur capicerius.... ad recuperanda et sustinenda ornamenta, capas, casulas, albas Peralbas, etc.* Sed legendum videtur, *Albas paratas*, id est, Phrygio opere ornatas.

¶ **PERALIS** Benedictio. Vide in *Benedictio.*

* **PERAMBULARE**, Invadere, per vim occupare. *Perambulare violentia alodium*, in Chartul. Pontisar. cap. 123. pag. 33. Vide alia notione in *Perambulatio.*

PERAMBULATIO, a Practicis Anglicis dicitur perquisitio, quæ a judice fit finium Comitatus, aut alterius tenementi, cum de iis non consentiunt partes. Tum enim *perambulantur* et inspiciuntur, ut de iis constet. Tabularium Burgoliense fol. 9 : *Quibus congregatis idem Albinus fines nostræ terræ cœpit Perambulare ac incisuras arborum, quæ easdem terras terminabant, eisdem demonstrare, ostensioni cujus præfatus Hugo noluit credere.* [Chron. Nic. Trivetti : *Perambulatio autem forestæ commissa est per totam Angliam tribus Episcopis, totidemque Comitibus, Baronibusque in eodem numero, ut ipsi Deum habentes præ oculis, executionem facerent, et si qua emergerent dubia, illa secundum Deum et justitiam declararent.*] Vox etiam cognita hac fere notione sub priore Regum Stemmate. Charta Chlotarii III. apud Petr. Chiffletium : *Qualiter... una cum ipsis vel parentes eorum de parte maxima de infra termino ipso Flaviacense contentionem maximam habuissent, et ipsas terminationes Perambulassent et signa posuissent, etc.* Vide Leges Baronum Scoticor. cap. 78. § 2. Bracton. lib. 4. Tract. 1. cap. 31. § 2. et Fletam lib. 4. cap. 15. § 1. 2. 4. et infra *Percalcare* et *Visus.*

PERAMENTUM, Pera, cingulum a quo pera pendet : *Escarcelle.* Joannes Beka in Herberto Episcopo Trajectensi. 26 : *Theodoricus itaque Comes*, (Hollandiæ) *his agnitis, in se reversus erubuit, et de proposito malæ voluntatis compunctus ingemuit : qui statim abjiciens pilum fraxineum, galerum splendidum, leonineum clypeum, et Peramentum aureum, discalciatus, flexis genibus expetivit veniam.* Ita 1. editio, at Bucheliana habet *paramentum.*

PERAMPLIUS, ita Anastasius in Hist. Eccl. vertit Theophanis ἐπὶ πλεῖον pag. 91. [*Peramplius, encor plus largement*, in Gloss. Lat. Gall. Sangerm.]

¶ **PERANGADA.** Vide *Paragauda.*

¶ **PERANGARIÆ.** Mendum esse pro *Parangariæ* suspicatus est erudit. Cangius : sed frequentius occurrit quam ut huic conjecturæ calculum meum addam. *Perangaria* definitur apud Spelm. ex veteri Vocabul. Latino-Angl. : *Servitus personarum et rerum. Dicitur quasi perfecta et magna angaria. Est autem angaria servitus personarum et non rerum. Item Perangaria dicuntur exactiones et præstationes patrimoniorum.* Charta Caroli IV. Imper. apud Ludewig. tom. 1. Reliq. MSS. pag. 377 : *Ab omnibus exactionibus, collectis, precariis, angariis, Perangariis et aliis impositionibus*

... *valeant eximere*. Legitur iterum pag. seq. Charta Ludovici II. Reg. Siciliæ MS. : *Questas, aut tallias, angarias sive Perangarias.... imponere non audeant*. Occurrit in Statutis Vercell. lib. 6. fol. 132. v°. Vide *Angariæ* 2. et *Angariare* 1.

¶ **PERANNO**, Per annum duro. Onomast. apud Martin. : *Peranno*, ἀπενιαυτίζω; rectius διενιαυτίζω.

PERANTE, ex Gallico, *Pardevant*. Statuta Ordinis *de Sempringham* pag. 733 : *Potest .... in aliam partem Perante chorum transire*. Liber Ordinis sancti Victoris Parisiensis MS. cap. 38 : *Quotiens Conventus cum processione Perante lavatorium transit, etc.* Monachus Vallis Sarnei cap. 72 : *Cum transiret Perante basilicam, etc.* Adde librum Usuum Cisterciensium cap. 75. 90.

¶ **PERANTEA**, Prius, Gall. *Auparavant, ci-devant*. Charta ann. 1377. apud Rymer. tom. 7. pag. 164 : *Item quod, ubi per officiarios Pontivi, per tempus sufficiens Perantea certificatum fuit pro dando succursu, etc.* Instrumentum ann. 1459. apud D. *Brussel* tom. 2. de Usu feud. pag. 747 : *Magister Petrus de Saint-Amant, nunc clericus Regis in Thesauro, et Perantea receptor Parisius, etc.*

* Obituar. eccl. Paris. MS. ad 23. Febr. : *Obitus reverendissimi patris D. Stephani de Poncher archiepiscopi Senonensis et Per antea episcopi Paris.*

* **PERANUS**. Bened. abb. Petroburg. in Henr. II. reg. Angl. ad ann. 1190. tom. 2. pag. 601. edit. Hearn. : *Insula de Majork reddit regi Arroganiæ* (sic) *trecentos Peranos sericos de tributo per annum : insula vero de Enviz reddit eidem regi per annum ducentos Peranos sericos de tributo*. Ubi Hovedenus pag. 672. habet, *Pannos*, et quidem rectius.

PERARARE Scribere, apud Sidonium lib. 5. Ep. 17. lib. 7. Epist. 2. [Utitur Ovidius lib. 3. Trist. Eleg. 7 :

Vade salutatum subito Perarata Perillam
Littera, sermonis fida ministra mei.]

¶ **PERAREDA**, an Lapicidina, Gall. *Carriere*, vel vox corrupta ab Hispan. *Paradero*, Terminus, portus, ripa? Charta ann. 1057. in Tabular. S. Victoris Massil. : *Donamus illi nostrum decimum de una condamina juxta fluvium Argentiam, et de alia parte Perareda, etc.*

¶ **PERARIA**. Vide *Petraria* 3.

¶ **PERARIUM**, Lapidum acervus. Notitia judicati pro Monast. Arul. ann. 949. Marcæ Hispan. col. 950 : *Ambulaverunt juxta ipsas parietes de ipso maso qui fuit de Saniario et circumdarunt ipso maso usque ad ipso Perario*. Belgis *Pierier*, eadem notione.

¶ **PERARIUS**, Pirus, Gall. *Poirier*. Pactus Leg. Salicæ tit. 8. edit. Eccardi : *Si quis vero pomarium domesticum aut Perarium deintus curte aut latus curte furaverit, etc.* Vide *Pererius*.

¶ **PERATÆ**, Hæretici, quos a regione in qua versati sunt sic dictos, ad sæculum 2. refert Bohem. Hist. Eccl. pag. 727. Vide Stockman. Lexic. Hæres.

* **PERATIUM**, f. Ager *piris* consitus. Inquisit. ann. 1268. ex sched. Pr. *de Mazaugues : Et a dicta ecclesia, sicut protenditur recta linea usque ad Peratium, quod Peratium vocatur Peratium Laurentii*. Pluries ibi. Vide *Perarius*.

* **PERATRIX**, An quæ *peras* conficit et vendit? Mirac. S. Hyacint. tom. 3. Aug. pag. 375. col. 2 : *Puer decem annorum in domo Dorotheæ Niclowa, filius cujusdam Peratricis de cerdonia Cracoviæ, etc.*

* **PERAYRERIA**. Vide supra *Payreria*.

¶ **PERBANNIRE**, Peremptorie citare, edicto seu *banno* judicis in jus vocare. Pactus Leg. Salicæ edit. Eccardi tit. 50. num. 2 : *Si vero præsentes in testimonium fuerint vocati, et ea quæ viderunt testimonium præbere noluerint, et Perbanniti fuerint*, DC. den. *qui fuerint sol.* XV. *culpabilis judicetur*.

PERCA, pro *Pertica*, ex Gallico *Perche*. Monasticum Anglican. tom. 2. pag. 87 : *Et unam acram prati majorem Percam*. [Charta Rotrodi Archiepisc. Rotomag. : *Ut Ecclesia Mortuimaris.... prædictas terras in pace possideat in perpetuum; quarum omnium summa est sexagintarum acrarum ad Percam Regis de Leone*.] Hinc

PERCATA TERRÆ, ibid. pag. 305. *Perchée de terre*. [Chartular. SS. Trinit. Cadom. fol. 56 : *Unaquæque virga quæ est in hida debet claudere quinque Percatas*.] Vide *Pertica*.

¶ **PERCACIA**, et PERCATIA, Salaria, quæ Canonicis seu inferioribus clericis, præter principalem portionem, competunt, ab Hispan. *Percances*. Statuta Eccles. Valent. tom. 4. Concil. Hispan. pag. 134 : *Quicumque de clero... verba injuriosa seu contumeliosa contra suum rectorem, vicarium aut alium clericum ... intra ecclesiam vel chorum aut extra... dicere præsumpserit... si beneficiatus vel substitutus fuerit, Percatiis quæ ei pervenient per mensem continuum, sit ipso facto privatus... Quæ Percacia.... a collectore Percaciorum exigantur, et inter illos qui ad Horas et divinum officium in forma assueta convenerint, dividantur*. Ibidem pag. 170 : *Nullus in dicta ecclesia beneficiatus ad Percatia et emolumenta ecclesiæ admittatur, nisi omnia et singula sui prædecessoris debita et alia onera... realiter et cum effectu persolvat*. Vide *Anniversarium*, distributio, etc.

PERCALCARE. Tabularium Prioratus Neronisvillæ f. 23 : *Dederunt,... quicquid habebant in Fromundvilla, sive in territorio ejusdem Brocis adjacenti. Donum istud Percalcavit per circuitum ipse Stephanus* (donator) *et Ascelinus ejus Major, et alii plures, ... et sicut Percalcavit, sic hoc donum confirmavit*. Tabularium S. Eparchii Inculismensis fol. 8 : *Audita querela, et eorum responsione, laudavimus et præcepimus, ut Abbas S. Eparchii produceret duos testes idoneos, qui Percalcarent et monstrarent terram de qua possent jurare, quod ipsi viderunt investitam Ecclesiam, etc.* Infra : *Producti testes, qui Percalcationem fecerant, jurare noluerunt, etc.* Fol. 20 : *Et facta percalcatione cimiterii*. Tabular. Absiense fol. 27 : *Qui etiam Percalcavit terram e lo motatges ad molendinum*. Ubi *Percalcatio*, idem fere valet quod *perambulatio*, de qua voce supra egimus, id est, ostensio rei quæ in controversia vertitur.

☞ Erat hæc *Percalcatio* apud Hispanos veteres et Gallos inter *investiturarum* formas, usu ac moribus definita et recepta : quod solemniori pompa fieri consueverat; anteibat quippe venditor aut donator, sequebatur emptor, aut is qui agrum recipiebat cum quanto poterat peditum et equitum comitatu. Qui omnes longissimo agmine ordinatim incedentes, agrum venditum aut donatum circuibant, suisque vestigiis ponebant terminos ac limites. Tum de his charta conficiebatur. Hæc innuit, præter allata, Charta Archimbaldi de Lamoniaco Militis ann. 1096. in Tabular. B. M. de Charitate : *Campum etiam de Chancerano sicut eum in præsentia monachorum duorum Percalcari fecit, eisdem tradidit*. Vide *Pedificare* et *Perchauchare*.

¶ **PERCAMENA**, Idem quod *Pergamenum*, Charta. Fundatio Parthenonis S. Alexandri Parm. tom. 2. Annal. Bened. pag. 741. col. 1 : *Et hanc Percamenam cum atramentario de terra levavi, et Aresindo notario civitatis Parmensis ad scribendum, adque cum stipulat spopondi, ut ei auctor conscriptionis omnibus essem, necnon et testibus obtulit roborandum et firmiorem omni tempore obtineat roborem*. Quid hac formula significetur, vide in *Pergamenum*.

¶ PERCAMENTUM, Eadem notione. Acta S. Alenæ tom. 3. Junii pag. 396 : *In Percamento descripsit*.

¶ **PERCANTARE**, Absolvere, ad finem cantare. Drogo in Hist. Translat. S. Lewinæ num. 8 : *Postquam talia delatravit, id optimum factu ducens, orare perrexit, et psalmos quos necdum finierat Percantare satagit*.

* **PERCANTARE** CAPELLANIAM, Officium ecclesiasticum, ut capellano convenit, cantare, peragere. Testam. Petri Beraldi episc. Agath. ann. 1351 : *Item fecimus et ordinavimus duas capellanias, quas etiam de præsenti facimus et ordinamus in ecclesia dicti loci nostri de Lhivernant, in capella seu altari B. Joannis Baptistæ perpetuo Percantandas et officiandas per duos sufficientes presbyteros, qui celebrent perpetuo pro anima nostra*. Vide supra *Cantare* 1.

¶ **PERCANTATIO**, Cantus. Elmham. in Vita Henrici V. Reg. Angl. cap. 79. pag. 231 : *Intonuit ipse Rex...* Te Deum laudamus *Percantatione devota et solemni*.

¶ **PERCAPTURA**, Palorum contextus et series in fluminibus certa ratione dispositorum, ut pisces facile in retibus capiantur ac in iis serventur. Charta ann. 1164. apud Kennett. Antiquit. Ambrosden. pag. 120 : *Dedi itaque et concessi... cum donatione hujus elemosynæ omnes Percapturas quas Fratres inceperunt versus me.... in.... aquæ et in fossis et in ponte et in omnibus rebus ubicumque persumpserint*.

¶ **PERCATA**. Vide *Perca*.

PERCATAPSAT, Papiæ, *valde cedit, vel blande cedit*. [Gloss. Isidor. : *Percartapsere, valde dividere*. Martinius malit *perdepsere*, quod est περαίνειν. Sic Plauto *dividere* nequam est verbum.]

* **PERCEDERE**, Pergere. Instr. ann. 1308. tom. 5. Cod. diplom. Polon. pag. 30. col. 1 : *Joannes archiepiscopus Rigensis triduo ante expirationem treugarum Rigam reversus, assumptis sibi pluribus bonis, honestis et religiosis viris, ad prædictos magistrum et fratres, ut pacem reformaret,*

festinans Percessit. Mendum f. pro *Processit.*

PERCENARE, ἀποδειπνίσαι, in Gloss. Græc. Lat.

* **PERCENSUS**, Census secundarius, Gall. *Surcens*, idem quod *Supercensus*. Vide in hac voce. Chartul. Monmorill. : *Ferrant frater Bernardi de Colonges dedit quatuor denarios Percensus in quodam orto ad portam fori, pro anima fratris sui Bernardi.*

¶ **PERCEPTIBILITER**, Aspectabili specie, ita ut oculis percipiatur. Chron. Engelhusii apud Leibnit. tom. 2. Script. Brunsvic. pag. 1133 : *Incubus loquebatur cum hominibus, lusit in instrumento musicali, Perceptibiliter lusit ad taxillos.* Elmham. in Vita Henr. V. Reg. Angl. edit. Hearnii cap. 38. pag. 105 : *In tantum terræ viscera ipsorum* (saxivomorum) *impulsibus agitantur, ut ipsa maximæ fabricæ ecclesia abbatiæ, notabili distancia a retro existens, prout ejusdem fenestræ vitreæ minutim confractæ probarunt, tanto impetu multum Perceptibiliter quateretur.*

** **PERCEPTOR** Ungelti, Collector tributi in chart. Carol. IV. Imper. apud Haltaus. in Glossar. German. voce *Ungelter*, col. 1935.

PERCERI, *Celeres*, Papiæ, idem : *Percibus, celerrimis, velocibus.* Perceleres.

* **PERCERIA**, Portio, quæ iis, qui in societate possident, competit. Charta ann. 1305. in Reg. 37. Chartoph. reg. ch. 67 : *Assignavimus... omnes Percerias et decimas bladi, et vini, et feni pratorum de la Verneda, quas decimas et Percerias habebatis.... in præpositura vestra Cebasiaci.* Alia ejusd. an. ibid. ch. 75 : *In terris et ortis, in quibus Perceria levatur eorumdem, inclusis etiam in extimatione triginta solidis,...... assignatis in quibusdam pratis de novo in assensam redactis, olim Percerialibus.* Vide supra in *Parceria.*

* **PERCETUS**, Pannus cæruleus, nostris alias *Perset.* Vide in *Persus.* Contract. matrim. ann. 1290. apud Jenas diœc. Albiens. : *Constituimus vobis in dotem et ratione dotis octo millia solidorum Turonensium nigrorum, et ipsam* (Ceseliam) *indutam de mantello de Perceto virmilio, cum pellibus de vayrs et tunica ejusdem panni.*

¶ **PERCHA**, Pertica, Gall. *Perche.* Computus ann. 1202. apud D. *Brussel* tom. 2. de Usu feud. pag. CLXIII : *Robertus hurdator, pro Perchis et cleis et burdeicio, 11*^c^. *et* LXI. *l. et* x *s.*

¶ **PERCHAUCHARE**. Pancharta MS. Abbatiæ S. Stephani de Vallibus apud Xantones, Charta 37 : *Dedimus Deo atque Ecclesie beati Stephani prothomartiris de Vallibus quicquid juris habebamus in peireria que vocatur Katipeu, omni occasione remota, in perpetuum pacifice possidendam, prout Willelmus abbas de Vallibus que Picherius et Arnaudus de Somatula et plures Perchauchaverunt.* Ubi nescio an legendum sit *Porchauchare*, ut videre est in hac voce. Ut ut est idem sonat quod *Pediare*, *Pedificare*, *Percalcare*, terram pedibus metiri, ut ejus termini certius assignentur, quod in venditionibus vel concessionibus usitatum erat.

¶ 1. **PERCHEIA**, Percheya, Pertica, Gall. *Perche.* Histor. MS. Monast. Beccens. pag. 520. n. 21 : *Beccenses retinuerunt jus piscandi per cursum aquæ cum bacello et Percheia.* Tabular. Calense pag. 231 : *Possidebant in territorio de Kala quamdam petiam prati continentem septem carteria septem Percheyas minus.*

* 2. **PERCHEIA**, f. pro *Parcheia*, Mulcta, quæ domino exsolvitur pro damno animalium in agris, quæ in *parco* ob id includuntur, donec resarciatur damnum. Charta Erardi dom. *de Chascenai* ann. 1206. in Chartul. Arremar. ch. 9 : *Si vero animalia vel pecora.... in dampno capta fuerint,.... de equo reddentur pro Percheia sex denarii, de bestia almelina quatuor denarii.* Haud scio an non idem sonet vox *Perchéel*, in Charta Rain. episc. Noviom. ann. 1177. ex Chartul. Mont. S. Mart. part. 5. fol. 92. r°. col. 1 : *Dedit ecclesiæ Montis S. Martini..... quicquid terræ habebat in territorio de Brancort cum Perchéel et omni interpresura. Parchye* vero appellari videtur territorium, in quo ejusmodi mulcta exigi potest. Assiss. ann. 1335. in Chartul. Regalis-loci part. 1. ch. 136 : *Le maires de Retondes avoit fait une prinse en la Parchye de Ruyssiaus, en la justice et seignorie desdiz religieux de Royallieu. Parchée*, ibid. Vide in *Parcus* et supra *Pargea.*

¶ 1. **PERCHIA**, ut *Percheia*, 1. Charta apud *Madox* Formul. Anglic. pag. 299 : *Dedi et eisdem monachis locum aptum, de octo Perchiis in longum et de sex Perchiis in latum, etc.*

¶ Perchia, Contus, pertica ad usum naviculariorum. Charta Philippi Augusti ann. 1207. apud Duchesn. in Norman. pag. 1063 : *Naves quoque et homines ipsorum cum averiis et pecuniis suis poterunt ascendere et avallare per aquam Sequanæ in quamcumque partem voluerint, et pontes et Perchias, si eis necesse fuerit, levare et reficere sine licentia alicujus.*

* *Perchot*, Contus, in Lit. remiss. ann. 1406. ex Reg. 161. Chartoph. reg. ch. 185 : *Le suppliant prinst un Perchot ferré, lequel il appointa contre la poitrine de Thevenin.*

* *Perche* vero Calceus parvus appellatur, in Lit. remiss. ann. 1452. ex Reg. 184. ch. 228 : *Une paire de solers et une paire de Perches ou petits solers à enfans.*

Perchia, Cornua cervi, ex Gall. *Perche*, in Charta Henrici III. Regis Angl. apud Guillel. Prynneum in Libertatibus Eccl. Anglic. tom. 3. pag. 65.

¶ 2. **PERCHIA**, Piscis, Plinio perca, nostris *Perche.* Fleta lib. 2. cap. 73. § 20 : *Vicaria, stagna, lacus, servoria et hujusmodi piscarias suas quisque discretius bremiis et Perchiis faciat instaurari.* Vide *Pertica* 2.

¶ **PERCHICA**, ut *Perchia*, pertica mensoria. Charta ann. 1177. apud Thomasser. in Biturig. pag. 73 : *Item præcipimus ut Perchicæ quælibet mensura ad instar Magduni, quod semel Præposito tradita nunquam possit immutari ob calumnium.*

* **PERCHRECHT**, Pergrecht, a Germ. *Perg*, pro *Berg*, Mons; et *Recht*, Jus; quodnam illud fuerit, docet Charta Henr. VI. imper. ann. 1191. inter Probat. tom. 2. Annal. Præmonst. col. 535 : *Cum piscaturis et molendinis, alpibusque et venis, ferris, quod vulgo dicitur Pergrecht.* Alia Frider. ducis Austr. ann. 1240. apud Pez. tom. 6. Anecd. part. 2. pag. 94. col. 1 : *Jus montis, quod vulgariter dicitur Perchrecht, cum sylva quadam prædictæ villæ adjacente.* Vide *Bergrecht.*

PERCIDUS, Appendix Cod. Theodos. Const. 20 : *Si autem infirmior persona, prius cogitet animo suo Percido, et sic accuset, etc.* [f. placido.]

* **PERCISSETUM**, Territorium, districtus, ut videtur. Inventar. MS. ann. 1366 : *Dictus episcopus nuncius Apostolicus et Nicholaus Bandini de Saliceto civis Bononiensis et sindicus existentes in casserio seu turri principali castri S. Johannis in Percisseto comitatus Bononiæ.* Infra : *Persiceto.*

* **PERCITUS** Fama, Celebris, famosus. Glab. Rodulph. tom. 10. Collect. Histor. Franc. pag. 39 : *Hujusmodi enim fama ubique provinciarum Percitus peroptabatur a multis.*

¶ **PER CONSEQUENS**, a Gall. *par consequent*, Igitur, itaque, in Litteris ann. 1357. inter Ordinat. Reg. Franc. tom. 4. pag. 448.

* **PERCONSUMMARE**, Perficere, absolvere. Ursin. in Vita S. Leodeg. episc. August. : *Cum suum Perconsummasset officium, et merum cum suis accepisset, etc.*

¶ **PERCONTENTUS**, Per omnia satisfactus, nostris *tres content.* Charta ann. 1356. tom. 2. Hist. Eccles. Meld. pag. 230 : *Et tenemus nos omnimode Percontentos.*

¶ **PERCOQUUS**, Præcoquus, præcox, Gall. *Précoce.* Bern. *de Breydenbach* Iter Hierosol. pag 87 : *Erat autem tempus quando jam Percoque uve vesci poterant.*

* **PERCORALE**, perperam, ni fallor, pro *Pectorale*, ornamentum muliebre. Locus est supra in *Acaihia.*

¶ **PERCREBATUS**. Gloss. Isid. : *Deditum, Percrebatum, divulgatum.*

¶ **PERCULA**, f. *Pclotæ*, seu pilæ lusoriæ species. Acta S. Pomponii Episc. tom. 3. Maii pag. 373 : *Ob ejus facti memoriam Neapolitani singulis annis in majori ecclesia ludos quosdam Perculæ ad solatium animique recreationem, magna populi frequentia, celebrarunt.* Vide *Pelota.*

¶ **PERCULSERIT**, pro Perculerit, [* vel *Percusserit*,] a verbo percellere, in Vita S. Guthlaci tom. 2. April. pag. 38 : *Ut si... illic vitiosus sermo aures Perculserit.*

PERCURRERE. Marculfus lib. 1. form. 38 : *Super Capellam domini Martini, ubi reliqua Sacramenta Percurrunt, debeant conjurare.* Id est, ubi præstari solent.

¶ **PERCURRIBILIS** Moneta, Quæ in usu publico est, Gall. *Monnoie courante.* Charta ann. 1148. inter Probat. tom. 2. novæ Hist. Occitan. col. 521 : *Propter solidos* CCCCLXXX. *Biterrensis bonæ Percurribilis monetæ.* Alia ann. 1152. ibid. col. 539 : *Propter* v. m. *solidos Melgorienses bonos et rectos, metibiles et Percurribiles, quos mihi dedisti.* Vide in *Moneta.*

PERCURSUS, Societas quædam inita inter duos dominos pro utriusque tenentibus seu hominibus : Gallis *Parcours*, *entrecours. Percursus* vero aut homines spectabat, aut pastionem animalium. *Percursus hominum* dicitur ea facultas concessa hominibus utriusque feudi, *percurrendi* seu migrandi ad utrumlibet feudum : ita ut si homo, vel tenens alicujus, dominum suum deserere velit, et ad alium dominum, quocum percursum ille habet, transire, id ei licet. Charta Petri Comitis Autissiodor. ann. 1205. in Tabulario Campaniæ Thuani fol. 196 : *Veritate super hoc inquisita didicimus Percursum esse inter dictas villas.* Charta Odonis Ducis Burgund. ann. 1215. ibidem f. 49 : *Concessimus alter alteri quod Percursus qui est inter quasdam villas nostras et suas suspendatur in 4. annos, ita quod interim nec homines nostri in terra sua, nec homines sui in nostra valeant retineri.* Tabularium S. Benigni apud Perardum : *Dederunt .... Percursum plenarium in omnibus terris suis, silvis, et planis, et pascuis.* Regestum Magnorum Dierum Trecensium ann. 1285. fol. 23 : *Dicebat dominus de Hans quod per compositionem olim inter ipsum ex una parte, et dom. Regem Navarræ Comitem Camp. ex altera factam, burgenses sui de Hans non habebant Percursum in terra domini Comitis Camp. dicens et asserens, quod si contingeret aliquem de ipsis burgensibus ire ad villas Comitis Camp. causa morandi, vel burgesiam faciendi ibidem, dictus dominus de Hans posset totam remasanciam ipsius burgensis retinere.* Dux Burgundiæ Divionensibus concessit, litteris ann. 1268. *le Parcours de ces qui san vouldront aler de Dijon sans la taille de la ville paier. En tel maniere que cil qui s'en voudront aler, soient hommes, ou femmes véves sans la taille de la ville paier por demorer aillors, sau doivent aller devant la Tosseins, et doivent demeurer et tenir feu et leu et leur maisnie là où il iront ester, et fors de la baulie de la Tosseins jusque à la feste de la nativité S. Jean Baptiste : ne ne peuvent dedans cel terme tenir hostel à Dijon etc. et ny peuvent venir que pour leurs affaires particulieres pour vendre leur bled ou leur vin, sauf que depuis la S. Jean jusques à la Toussains ils peuvent y venir avec tout leur mesnage pour leurs moissons et pour leurs foins, etc.* in Regesto feodor. Burgundiæ 2. part. pag. 134. De ejusmodi hominum percursu agunt Consuetudines, Trecensis art. 7. Vitriacensis art. 78. 79. et Senonensis art. 136. 138. Adde chartam ann. 1270. apud Roverium in Reomao pag. 282.

☞ *Percursus* conditiones a voluntate dominorum, inter quos ejusmodi societas inita erat, pendebant; hinc pro diversis locis varias exstitisse colligere est ex allatis. Idem docet Charta conventionis inter Hugonem III. Burgund. Ducem et Manassetum Lingonens. Episc. ann. 1188. apud D. *Brussel* tom. 2. de Usu feud. pag. 1008. ubi percursus in eo positus videtur ut dominus nihil exigere possit ab homine servo alterius domini qui feminam suam de corpore in uxorem duxit, quamdiu eorum liberi apud patrem manserint : *Quod ego nichil possum capere in homine Lingonensis Episcopi manente Castellioni vel in castellaria, propter mulierem meam, dum liberi manebunt cum patre existentes de manupastu et familia patris. Ipse Episcopus similiter nichil poterit capere in homine meo propter mulierem suam, dum etc.* Vide supra *Intercursus*, Gloss. Jur. Gall. voce *Parcours*, et *Procursus* 1.

¶ Burgenses de Percursu, *Bourgeois de Parcours*, in Consuet. Senon. art. 137. 138. 139. 140. Iidem qui *Burgenses Regis*. Vide in *Burgenses*, et laudatum Gloss. ibid.

Spectabat etiam *percursus* facultatem datam hominibus in alieno feudo operas faciendi, ut est in Consuetudine Nivernensi cap. 12. art. 1.

Percursus in pastionibus, erat facultas ponendi pecudes suas, et eas pascendi, in alterius domini, quocum *percursus* erat, pascuis. Tabularium S. Benigni Divion. : *Dedit Canonicis ... usus suorum nemorum ad construenda ædificia, Percursus quoque in eisdem nemoribus, et pasnaticum, etc.* Guido VI. Dom. Lavalli in Tabulario Abbat. de Rota : *Do et concedo prætereà omnibus bestiis suis, exceptis capris, Percursum nemorum meorum.* Vetus Inquesta in Regesto Philippi Aug. Herouvalliano fol. 118 : *Dominus Montisfortis non potest ponere porcos in defenso nisi suos, donec pasnagium sit acceptum : postea vero Percussum* (sic) *dare potest cui voluerit in defenso, absque vendere.* [Chartular. S. Vincentii Cenoman. fol. 80 : *Dedit perpetualiter in foreste sua de Burceio pasnagium et Percursum centum porcorum in glande et filgeria.*] De percursu in pascuis agunt Consuetudines Comitat. Burgundiæ cap. 16. art. 103. et Lotharingiæ tit. 15. art. 1. *Præcursus*, pro *percursus*, habetur in Chronico Besuensi pag. 660. ut *Procours* in Consuetud. Nivernensi.

¶ Percursus, Districtus, territorium. Charta hominii a Petro Com. Autiss. præstiti Durando Episcopo Cabilon. ann. 1216 : *Inquisivi autem per bonos et legitimos viros quod hæc sunt de feodo suo, Baignaus, Bellumvidere, Vitres, Branchegenouilles, Landes et Ricy, et ultra, et quidquid continetur in Percursu S. Vincentii et magnum terragium apud Molesmes.* Occurrit rursum in Charta hominii Mathildis Comit. Nivern. ann. 1237.

¶ Percursus, Præstatio quæ in avena exsolvebatur, forte ob concessum a Domino jus *Percursus*, ut conjicit D. *Secousse* in Notis ad Litteras Aalaydis Burgund. Comit. ann. 1231. inter Ordinat. Reg. Franc tom. 4. pag. 221 : *Inveni ipsum dominum* (Vergei) *habere magnam justiciam et parvam in eadem villa* (d'Eschemone) *si clamor venerit ad prepositum suum, et albergariam semel in anno, que recipi debet communiter ab omnibus hominibus totius ville et Percursus in quolibet manso usque ad tres quartellos avene ad mensuram currentem apud Belnam, si facultas aderit; sin autem, minus.*

¶ **PERCUSSATUS**, Perforatus. Bullarium Fontanell. MS. ad ann. 1125 : *Dedit Ergenulfus Sanson præfatæ ecclesiæ 11. acras terræ ad alnam Percussatam, et decimam molendini de Fransneto.*

PERCUSSIO, Pœna monasticæ species. Pœnitentialis S. Columbani cap. 8 : *Cui ceciderit Chrismal, nihil confringens, 12. Percussionibus emendetur.* Sic alibi non semel. *Verbera* appellantur cap. 12. 13. 14. alibi *plagæ*. Vetus Pœnitentialis Andegavensis apud Morinum post libros de Pœnitentia pag. 36. ubi de Redemptionibus pœnitentiarum : *Quidam dicunt, centum Percussiones in hyeme vel centum psalmos in æstate valent etc.* Vide *Palmata* et eumdem Morinum lib. 7. cap. 14.

PERCUSSORES, Qui anteneasmo, specie maniæ, laborant; *Hos*, inquit Gariopontus in Passionario Galeni lib. 1. cap. 11. *Latini Percussores, alii Causarios vocant.*

* Qui morbus *Percussion*, nisi sit pro Apoplexia, vel percussione capitis, appellatur in Lit. remiss. ann. 1391. ex Reg. 140. Chartoph. reg. ch. 158 : *Pour cause de une Percussion et grant maladie, qui li estoit survenue, pour laquelle il avoit perdu son sens et bon memoire, etc.*

1. **PERCUSSORIUM**. Gloss. Ælfrici Saxonic. : *Percussorium*, slege, i. clades, occisio.

* 2. **PERCUSSORIUM**, Torcular, Gall. *Pressoir*. Bulla Adriani PP. ann. 1155 : *Duo molendina et vini Percussorium ad pontem, etc.* Mendum forte est pro *Pressorium*.

¶ **PERCUSSURA** Monetæ, Jus monetam cudendi, signandi. Diploma Rodulphi Reg. Franc. ann. 930. apud Marten. tom. 1. Anecd. col. 65 : *Concedimus et nostræ largitatis munere, ut Percussuram numismatis, quæ et moneta dicitur, secluso fisci jure, iidem Canonici* (S. Martini Turon.) *ex more habeant semper.* Charta Othonis I. Imper. ann. 948. apud Miræum tom. 1. pag. 141. col. 1 : *Et quia sub nostra consistit ditione, annuimus Abbati cancellarium sibi constituere quemcumque voluerit ex suis : similiter mercatum, Percussuram monetæ, etc.* Vita Theoderici Metens. Episc. apud Leibnit. tom. 1. Script. Brunsvic. pag. 30 : *Ut locus celebrior haberetur, et ut oppidanis vel indigenis commeatus undecunque suppeditarentur, Percussuram monetæ ibi fieri, et mercatum publicum constituit celebrari.* [** *Percussura proprii numismatis*, in chart. Conrard. II. Imper. ann. 1029. apud Meichelbeck. in Histor. Frising. tom. 1. pag. 223. et in alia Henrici Leon. Ducis Saxon. ann. 1164. in Orig. Guelph. tom. 3. Probat. tom. 3. num. 2. pag. 424.]

¶ Percussura, Percussio, in leg. Rotharis [** 43.] apud Murator. tom. 1. part. 2. pag. 13 : *De ferita, aut Percussura hominis liberi.*

* **PERCUTIVUM**, Instrumentum quo percutitur, clava. Proces. Egid. *de Rays* ann. 1440. fol. 149. r°. ex Bibl. reg. : *Nonnullos cum baculis vel aliis Percutivis supra capita ictibus violentis percutiendo, etc.*

PERDA, Jactura, Gall. *Perte*. Usatici Barcinonenses MSS. cap. 24. 28 : *Emendet ei totum damnum et missiones et Perdas, quas senior per fallimentum illius fecerit.* Tabularium Castri-Meliandi in Biturig. tit. 57 : *Perdas, vero et missiones, etc.* [Charta ann. 1412 : *Guillelmus Bruncoste infirmarius de Charitate fecit damna et Perdas de bonis suis in prioratu suo de Berriaco propter guerram damnosam in partibus istis habitam.*] Adde Thomasserium in Consuet. Bituric. pag. 158. Le Roman *d'Aubery* MS. :

Il me feroit ma Perde restorer.

Vide Salmasium ad Pollionem pag. 312. et *Perdita*.

* *Pearde*, in Charta Ferr. Comit. *de Linanges* ann. 1291. ex Bibl. reg. : *Pour les pans et les Peardes qne je fix en laditte chevalchié; lesquelz Peardes et despans mon-*

toient à cent livres de Messeins. Vide mox *Perdida.*

¶ **PERDELE**, Endele, Voces mysticæ, quibus Henrico Regi Angliæ significabatur ut Publicanos funditus perderet ac deleret, apud Hovedenum ad ann. 1182 : *Cum Walterus serviens domini Eustacii abbatis de Flaii dormiret nocte quadam, audivit vocem de cœlo semel, secundo, et tertio dicentem sibi, Vade et dic Henrico Regi Angliæ, In nomine Christi Perdele, Endele; et dic ei, quod ita faciat, et nisi fecerit, filii ejus et ipse morte morientur... Tempus vero in quo hæc visio contigerat, erat tunc quando Publicani comburebantur in pluribus locis per regnum Franciæ, quod Rex nullo modo fieri permisit in terra sua, licet ibi essent perplurimi.* Forte a voce composita Anglo-Sax. *art*, et *deele*, dividere. Vide *Divisio* 1. [** Forte *Perdele, en dele!*]

¶ **PERDERE.** Vide *Pœna perdita.*

* **PERDERE** Ad Finem, In judicio cadere, vox forensis. Scacar. Paschæ apud Rotomag. ann. 1227. ex Cod. reg. 4653. A : *Judicatum est quod ille, qui petiit recordationem septem, quorum tres fuerunt scientes, quatuor nescientes, Perdit ad finem.*

* **PER-DE-RETRO**, Gall. *Par derriere*, Retro. Charta ann. 1367. in Chartul. Guill. abb. S. Germ. Prat. fol. 38. v°. : *Hospitium .... tenens Per de retro ex omnibus partibus supradicto hospitio,.... oneratum..... in uno parvo Turonensi thesaurario dictæ ecclesiæ etc.*

* **PER DESUPER** Esse, dicitur de superiore arbitro, qui rem supremo judicio definit. Charta Phil. comit. Bolon. ann. 1230. in Chartul. Campan. ex Cam. Comput. Paris. : *Quod si discordaverimus, domina regina Per desuper erit.* Alia ejusd. ann. 1208. ibid. : *Si autem ipsi duo non potuerunt concordare, dominus rex Franciæ erit Desuper. Pardessus*, unde appellatur dominus superior, Gall. *Seigneur dominant*, apud Belloman. Ms. cap. 45 : *Aucuns ne peut afranchir son serf, sans l'auctorité de son Pardessus; tout aussi ne puet nus donner abriegement de serviches de fiés, ne franchise d'iretages, sans l'otroi de son Pardessus.* Interdum etiam usurpatur pro Contra, Gall. *Contre, malgré, nonobstant.* Lit. remiss. ann. 1408. in Reg. 162. Chartoph. reg. ch. 381 : *Icellui Monnin avoit et portoit une espée,.... Par dessus le cry fait de non porter armes.*

* **PERDIBILIS**, Miser, calamitosus. Vetus Interpr. Origen. in Matth. tract. 35 : *Judas non erat Perdibilis naturæ.* Vide mox *Perditus.*

PERDICERE, [Idem videtur quod *Percantare.* Vide in hac voce.] Statuta Ord. S. Gilberti *de Sempringham* pag. 772 : *Cum sorores dixerint horas, quamvis bis Pater noster Perdixerint, potest aliqua absens ad horam ingredi. Si plures Perdixerint, non ingrediatur, sed per se debitum horæ persolvat.*

* Absolvere, nostris etiam *Pardire.* Vita S. Hildeg. tom. 2. Apr. pag. 789. col. 2 : *Statione facta, recitatur psalmodia; dein subfertur letania; qua Perdicta, etc.* Chron. S. Dion. tom. 5. Collect. Histor. Franc. pag. 310 : *Je n'oi pas Pardit le siaume que je avoie commencié, etc.*

PERDICETA, Perticheta, Machina jaculatoria. Historia MS. Excidii Acconis ann. 1191 : *Secum ducens machinarum multitudinem fundibularium, sicut sunt petrariæ, biblietæ, Perdicetæ, et mangonelli.* [*Perdissetæ*, edidit Martenius tom. 5. Ampliss. Collect. col. 769.] Sanutus lib. 2. part. 4. cap. 6 : *In prora vero cujuslibet galearum fieri possent aliqua bellica instrumenta, ut consulerent exercitati in talibus et docti, Pertichetas sive furcatas a puppe usque ad prorum circa latera cujuslibet ordinando, juxta id quod fieri consuevit. Similiter balistariæ a capite bancorum in tanto numero, quantus necessarius et utilis videretur. Quæ quidem castra, Pertichetæ, balistariæ, et bellica instrumenta sic debent fore ingeniis ordinatæ, quod possent removeri et erigi secundum quod fuerit opportunum.* Italis *Pertighette*, est parva pertica : et machina ista *furcæ* etiam speciem retulit, cum *perticheta sive furcata* dicatur Sanuto. Sed cujusmodi illa fuerit, mihi incertum, nisi ea fuerit, quam *Perdriau*, seu Perdicem vocat Will. *Guiart* sub ann. 1304 :

> Prés du Roy devant sa banniére
> Metent François trois Perdriaus,
> Getans pierres aus enviaus
> Eutre Flamens grosses et males,
> Joignant deus rot deus espringales,
> Que garçons au tirer avancent.

* **PERDIDA**, vox Hispanica, Jactura, damnum. Usat. Barcin. Mss. cap. 23 : *Si quis contradixerit seniori suo potestatem de suo castro,.... si senior potuerit ipsum castrum prendere, licitum sit ei castrum tenere, ... donec contemptor habeat ad seniorem emendatas omnes missiones et Perdidas, quas habuit factas in apprehensione castri.* Vide supra *Perda.*

PERDIDOSUS, Qui rem aliquam perdidit. Martinus Didacus *Daux*, Justitia Aragon. lib. 6. Observant. tit. de Privileg. Militum pag. 9 : *Quod si facere noluerint, vel nequiverint, dominus loci, et homines teneantur emendare maleficium Perdidoso, sacramento ejus, etc.*

* **PERDIGALIS**, Perdigallus, Perdix junior, Gall. *Perdreau.* Comput. ann. 1383. inter Probat. tom. 3. Hist. Nem. pag. 53. col. 1 : *Die xj. Augusti, duobus capitulariis Tholosæ præsentatum, videlicet pro vj. Perdigalibus emptis, viij. grossos.* Alter ann. 1393. ibid. pag. 124. col. 2 : *Pro vj. pullis et vj. Perdigallis, datis et præsentatis cuidam magistro in sacra pagina ordinis Carmelitarum,.... solvi xiij. grossos.*

PERDINGI. Leges Henrici I. Reg. Angl. cap. 29 : *Villani vero vel cotseti, vel Perdingi vel qui sunt viles vel inopes personæ, non sunt inter legum judices numerandi.* [** Wilk. legit *Pardingi*, Thorp. *Ferdingi.*]

¶ **PERDISSENA**, Perendissena, ex D. Augustino, apud Gratiani Decretum in can. quæris. de Consecrat. dist. 4. ubi sic habetur : *Nempe sæpe ita loquimur, crastinam, vel Perdissenam, vel Perendissenam Domini passionem dicamus, cum ille ante multos annos passus sit.* Ubi Glossa sic exponit : *Perdissenum, id est, per senum, scilicet, per sextum diem. Perendissenam, id est, perempto die seno, sive sexto, nempe, post sex dies, uno perempto.* Hæc Macer in Hierolexico.

¶ **PERDISSETA.** Vide *Perdiceta.*

¶ **PERDITA**, Jactura, decessio, Gall. *Perte, déchet*, Ital. *Perdita.* Computus ann. 1202. apud D. *Brussel* tom. 2. de Usu feud. pag. CCVII : *Summa operum, tachiarum, et Perditarum, et donorum et munitionum Feritatis, etc.* Charta ann. 1208. apud Murator. delle Antic. Estensi pag. 387 : *Stando in eorum servicio omnibus suis expensis et Perditis per* XV. *dies,... et transactis dictis* XV. *diebus, si Cremonenses voluerint expensas et dampna, et Perditas reficere rerum, etc.* Chron. Parmense ad ann. 1308. apud Murator. tom. 9. col. 874 : *In dicto exercitu remanserunt omnia manghana Communis, tendæ et pavilioni Communis... In summa dici non potest, quanta fuit Perdita.* Vide *Perda.*

¶ **PERDITUM**, Perditio. Vita MS. S. Winwaloei fol. 66 : *Latam declinas et spaciosam viam, quæ ducit ad Perditum.*

¶ **PERDITUS**, Miser, calamitosus, misere afflictus. Mirac. S. Willelmi Gellon. : *Quin imo diabolus Perditam illam solito amplius diversis torquere modis, eam discerpere, atque vexare cepit.*

* Nostris *Apperdu*, pro *Eperdu, qui a l'esprit troublé.* Lit. remiss. ann. 1399. in Reg. 154. Chartoph. reg. ch. 694 : *Duquel cop fu tellement Apperdu le suppliant à icelle heure, comme s'il feust hors de son mémoire.*

* **PERDIUS** et Pernox, Qui per diem et noctem agit. Chron. Ditm. ad ann. 998. tom. 10. Collect. Histor. Franc. pag. 123 : *Qui eandem* (domum) *Perdius et Pernox lacescere non desistens, tandem per machinamenta alte constructa ascendit, etc.*

* **PERDONANTIA**, Indulgentia, Ital. *Perdonanza.* Charta ann. 1232. tom. 4. Cod. Ital. diplom. col. 1568 : *Super Perdonantiis sive indulgentiis et publicis pœnitentiis et excommunicationibus, etc.* Vide supra *Pardonantia.*

PERDONARE, Concedere, donare, *Accorder.* Ritus unctionis Regum, ex Codice Ratoldi, apud Menardum : *A vobis Perdonari petimus, ut unicuique de nobis... justitiam conservetis.* Adde Capitula Caroli Cal. tit. 1. cap. 3. tit. 14. cap. 3. tit. 34. cap. 3. tit. 43. cap. 4. Capit. Ludovici II. tit. 1. Capitulum Karlomanni Regis, Alcuinum Epist. 29. 86. Chartam Malgerii Archiepisc. Rotomag. apud Sammarthanos in Archiep. Rotom. n. 46. etc. Exstat in M. Pastorali Ecclesiæ Paris. Charta ann. 1350. in qua formula describitur sacramenti, quod Joannes Rex Franciæ præstitit *in suo jucundo adventu* Parisios Episcopo et Canonicis Ecclesiæ Paris. in vestibulo ejusdem his verbis conceptum : sic enim Episcopus Regem compellavit : *A vobis Perdonari petimus, ut unicuique de nobis, et Ecclesiis nobis commissis Canonicum privilegium et debitam legem atque justitiam conservetis, et defensionem exhibeas, sicut Rex in suo regno debet unicuique Episcopo et Ecclesiæ sibi commissæ.* Cui Rex respondit : *Promitto vobis et Perdono, quia unicuique de vobis et Ecclesiis vobis commissis Canonicum privilegium et debitam legem atque justitiam servabo, et defensionem, quantum potero, adjuvante Domino, exhibebo, sicut Rex in suo regno unicuique Episcopo et Ecclesiæ *sibi commissæ per rectum exhibere debet.* Hinc

¶ Perdonationis Scriptura dicitur ejusmodi professio, qua Ludovicus II. Ecclesiæ jura et privilegia servaturum se Episcopis pollicetur, in Capitul. ejusdem tit. 1 : *Ad suprascriptam vero Episcoporum petitionem hæc quæ sequuntur Rex Hludouvicus professus est Episcopis, et istam Perdonationis scripturam manu sua eis dedit in Compendio* 11. *Kalendas Decembris. Ego Hludouvicus, etc.*

Perdonare, Concedere, condonare, indulgere, parcere; unde nostris *Pardonner.* Charta Pippini Regis apud Doubletum pag. 696 : *Propter hoc missus fuit ad causas, sed Fulradus Abbas, vel ipsa Congregatio S. Dionysii nos deprecati sunt pro eo, et suam illi vitam Perdonavimus in Dei amore et Domini Dionysii.* Synodus Metensis : *Volo vos precari, ut hoc mihi Perdonetis, ut inantea securus vobiscum loqui possimus.* Capitula Caroli Calvi tit. 26 : *Propter illius amorem et pro illius gratia, totum Perdono quod contra me misfecerunt.* Adde tit. 27. cap. 6. Synodum Pistensem cap. 2. Edictum Pistense cap. 21. etc. Florentius Wigorniensis ann. 1103 : *Perdonavit ter mille marcas argenti, quas Rex sibi omni anno per conventionem debuit,* i. dimisit. Charta Florentii Comitis Hollandiæ, apud Joann. a Leydis lib. 16. cap. 3 : *Ab hac die præsenti Perdonamus, ac deinceps .... perdonatum esse volumus, ea conditione ut, etc.* [Adde Chronicon Andreæ Danduli tom. 12. Murator. col. 491.]

¶ Perdonare Membra, Vitam sonti indulgere. Eginhardus Epist. 18 : *Duo servi sancti Martini fugerunt ad limina beatorum Christi Martyrum pro eo quod frater eorum quemdam socium suum occidisset, rogantes ut eis liceat solvere illum weregeldum pro fratre suo, et ut ei membra Perdonentur.* [** Ubi codex MS. habet *Prodonentur.*]

¶ Perdonare Debitum, *Servitium, tributum*, Condonare debitum, tributum remittere, a debitis servitiis eximere. Capitul. 4. Ludovici Pii ann. 819. cap. 2 : *Nisi forte talem firmitatem de parte dominica habeat per quam ipsum tributum sibi Perdonatum possit ostendere.* Charta Balduini Episcopi Noviom. ann. 1049 : *Cupiens ipse absolvi ab omni cura seculari, petit servitium de nostro fetico sibi minui, cujus timens impedire devotioni, Perdono servitium in vita sua debitum nobis.* Chartular. S. Odilon. apud Baluz. tom. 2. Hist. Arvern. pag. 29 : *Et in vineis quas ipsi monachi excolunt et operantur exacturas, vestituras etiam de omnibus terris... quas ad præsens monachi tenent.... Perdonavit, reddidit.* Testam. Radulphi de Nevill ann. 1440. apud *Madox* Formul. Anglic. pag. 433 : *Tunc volo, quod de firmis tenencium meorum ubique de mea propria hæreditate, qui tenent de me annuatim xx. s. et infra, videlicet pro uno tantum termino ante obitum meum debito, nichil de eis inde levetur vel capiatur; sed omnino est mea voluntas, ut inde singuli Perdonentur.*

Perdonatio, Concessio, in Capitul. Caroli Cal. tit. 16. cap. 11. tit. 23. cap. 10. etc. [Charta apud Lobinell. tom. 2. Histor. Britan. col. 249 : *Hanc vero Perdonationem annuerunt filii sui Goscelinus videlicet atque Paganus et omnes alii.*]

¶ Perdonatio, Condonatio, remissio, Gallice *Remise.* Charta ann. 1452. apud *Madox* Formul. Anglic. pag. 333 : *Ac nullam acquietanciam, solucionem, Perdonacionem, relaxationem.... allegemus seu allegari faciamus.*

Pardonare, Parcere, indulgere, *Pardonner.* Leges Adelstani Regis [** Decret. Episc. et aliorum sapient. de Kancia, Thorp. pag. 91.] : *Tertium est quod gratiant omnes misericorditer Hermerum* [** al. *te karissimum*] *dominum suum de dono quod forisfactis hominibus concessisti, hoc est quod Pardonatur omnibus forisfactura, etc.* [Charta ann. 1174. apud Rymer. tom. 1. pag. 37 : *Et Rex filius ejus similiter Pardonavit omnibus tam clericis quam laïcis.* Tabular. Gemetic. tom. 1. pag. 39 : *La haulte justice a esté baillée par le Roy nostre Sire, à quy Dieu Pardoint, à Monsr. le Comte d'Alençon.*]

Pardonna. Charta de his quæ inquirere debent Barones errantes, seu Justitiarii itinerantes : *Et inquiratur de auxilio ad maritandam filiam Regis quod inde exierit de singulis hundredis, et de singulis villatis, et de singulis hominibus, sive in redditis, sive in Pardonis, et cui illud traditum et liberatum fuerit.* Ubi *Pardona*, idem valet quod *Misericordia*, seu mulcta judiciaria. Vide in hac voce.

¶ **PERDONUM** Maximum, Jubilæus, seu plenaria peccatorum indulgentia a Summo Pontifice concessa, nostris etiam *le grand Pardon.* Chronic. Estense ad ann. 1349. apud Murator. tom. 15. col. 455 : *Dom. Episcopus Veronensis de mandato Dom. Papæ Clementis VI. venit Ferrariam ad ordinandum.... de maximo Perdono, et indulgentia in civitate Romæ.* Chron. Bergom. ad ann. 1392. apud eumdem tom. 16. col. 859 : *Visitavi supradictas quinque ecclesias decem diebus continuis semel in die et pro jubilæo, seu Perdono et indulgentia, etc.* Vide *Jubilæus.*

* **PERDOR**, *Aurium sordes, squalor*, in vet. Glossar. ex Cod. reg. 7641. Mendose pro *Pædor.*

* **PERDRIX**, pro Perdix, a Gallico *Perdrix.* Terrear. S. Maurit. in Foresio ann. 1472 : *Plus confitetur dictus Joannes teneri solvere unam Perdricem.* Hinc *Perdrieur*, qui ad perdices venatur, in Ordinat. hospit. reg. ann. 1317. ex Reg. Cam. Comput. Paris. sign. *Croix* fol. 80. r° : *Item le Perdrieur mengera à court et aura xviij. derniers de gaiges par jour, hors et ens, tant comme la saison durera. Perdrier* editum apud Marten. tom. 1. Anecd. col. 1366.

¶ **PERDUTA**, ut *Perdita*, Jactura, Gallice *Perte.* Ogerii Panis Annal. Genuens. ad ann. 1214. apud Murator. tom. 6. col. 407 : *Consules vero vocatis universis hominibus galeæ, fecerunt eos jurare Perdutam totam; et a mercatoribus Pisanis qui Januæ erant, tandem extorserunt, et perdentibus restituerunt.*

¶ **PERE** et Pite. Constit. Canuti Reg. de foresta cap. 17 : *Si quis autem contra primarium pugnaverit, in placito emendet secundum pretium sui ipsius, quod Angli Pere et Pite dicunt, et solvat primario quadraginta solidos.* Ubi observat Spelmannus mendum esse ex imperitia Saxonicorum characterum et idiomatis; w enim Saxonicum pro *p* Romano legit scriptor; et perinde Pere et Pite pro were et wite. Vide *Wera.*

* **PEREA**, Mensura frumentaria, Gall. *Perrée.* Charta ann. 1289. tom. 1. Probat. Hist. Brit. col. 1090 : *Gaufridus de Trevili armiger.... dedit monachis de Lambalia duas Pereas frumenti de mangerio annui redditus, ad mensuram Lambaliæ.* Alia ann. 1319. ibid. col. 1287 : *Item sur les tenemens aus Rignes audit gentilhomme et à la dégrepie Hericon tres Perrées de seille de rente à la mesure de Lamballe.* Vide *Petrata* 1.

¶ **PERECIA**, Idem quod *Pecia*, Frustum. Charta ann. 1374. apud Ludewig. tom. 1. Reliq. MSS. pag. 390 : *Cellerarius domus supradictis decumbentibus dabit ebdomadibus cuilibet eorum duas Perecias butiri integras, duos caseos et octo ova.* In alia ann. 1359. ibid. pag. 361 : *Duo ova dimidiam Peciam butiri, etc.*

* **PERECIUM**, f. Locus unde *petræ* eruuntur, Gall. *Carriere;* vel Via lapidibus munita, Gall. *Chaussée.* Charta ann. 1035. ex Tabul. S. Vict. Massil. : *Girat super viam usque ad vineam S. Mariæ, et postea flexit se super Perecium, et donat usque in viam quæ venit de Frejurio.* Ubi leg. fortassis *Pererium.* Vide infra in hac voce et *Petraria* 1. et 2.

¶ **PERECLIXION**, Genus arboris. Vita B. Columbæ Reatinæ tom. 5. Maii pag. 323 * : *Arborem quoque Pereclixion incolere, ejus fructu refici, umbra requiescere, ramis protegi, dicunt et a crudeli dracone tueri. Istiusmodi physici de columba docent.* Monent Bollandistæ in margine MS. annotari, *hanc arborem cerro opinor interpretandam.* Cerrus autem Latinis est quercus quædam.

¶ **PEREDES**, f. vasa thuraria, acerræ, Gall. *Navettes.* Histor. Monast. S. Florentii Salmur. apud Marten. tom. 5. Ampliss. Collect. col. 1096 : *Tornacenses monachi quædam reddere sunt coacti, scilicet vas cœnæ Dominicæ, thuribulum cum Peredibus a S. Eligio fabricatum, missale quoddam, etc.*

PEREFFLUUS, Abundans. Syrus et Aldebadus in Vita S. Majoli Abbat. in Prologo lib. 3 :

Quamquam tanta sit hæc, tamque Perefflua,
Ut sensus merito mensque perhorreat.

* **PEREGRINA** Falco, Falconis species, Ital. *Pellegrino*, nostris *Faucon pelerin.* Pactum inter Joan. *le Meingre*, dictum *Bouciquaut*, et Gabr. Mariam de vicecomit. Pisarum ann. 1404. in Reg. 158. Chartoph. reg. ch. 460 : *Quod dictus dominus Gabriel Maria, et ejus descendentes et successores in dicto feudo, dabunt quolibet anno eidem domino nostro regi vel ejus locumtenenti equum unum vel falconem unam Peregrinam, in signum recognitionis veri dominii et feudi prædicti.*

¶ **PEREGRINAGIUM**, Peregrinatio. Charta ann. 1236. in Tabular. Fiscamn. : *Concessi.... pro quindecim libris Turonensium quas ipse mihi pagavit ad faciendum Peregrinagium meum ultra mare.* Vita B. Columbæ Reatinæ tom. 5. Maii pag. 333 :

Qualiter sub eo tempore Hierusalem fuisset... De Peregrinagio autem et singulis quibuslibet ita distincte exposuit.

¶ **PEREGRINANTER**, Peregere. Vita S. Gervini tom. 1. Martii pag. 283 : *Constituit eum* (Gervinum) *capellanum suum, et secum duxit Peregrinanter in Jerusalem.*

¶ **PEREGRINANTES** in tres classes dividit Petrus Abbas Juncellensis lib. de Laude cœnobii Anian. apud Stephanot. tom. 8. Fragm. Hist. MSS. pag. 255. Prima est eorum, qui Sanctorum oratoria pietatis causa frequentant; altera Pœnitentium, quibus peregrinatio in pœnam indicta est, vel qui sponte eam suscipiunt, tertia Morientium, qui in loco sancto sepulturam eligunt.

¶ **PEREGRINARI.** Vide *Peregrinatio* 2.

PEREGRINARIUS, Officium Monasticum, qui peregrinos et hospites excipit, alias *Hospitalarius* et *Hospitarius* dictus. Vide Goldastum tom. 2. Rerum Alamann. pag. 189. in margine.

1. **PEREGRINATIO**, Jus pastus, vel procurationis, quod exsolvitur domino, dum peregre vadit. Charta Philippi Regis Franc. ann. 1170. apud Perardum pag. 244 : *Porro dum terram suam simpliciter deambularet,* (Comes Cabilonensis) *Peregrinationem, semel, aut bis in anno, in hospitio Paredi sibi deberi asserebat, etc.*

2. **PEREGRINATIO**, Vita Monastica. Chronicon Casin. lib. 3. cap. 65. de Victore II. PP. : *Magis optabat in divina Peregrinatione suum tempus finire.* Eadem verba habentur cap. seq.

¶ **PEREGRINARI**, Vitam monachicam agere. Petitio monachi ante votum sæc. 4. Bened. part. 1. pag. 738 : *Simul cum felici Congregatione vestra, quam Dominus de diversis provinciis ad Peregrinandum propter nomen suum sub jugo militiæ atque servitutis Christi, etc.* [** Adde chart. ann. 735. in Alsat. Diplom. tom. 1. pag. 14. num. 13. ubi similis omnino formula occurrit. *Peregrini monachi* inde dicti in chart. ann. 731. ibid. num. 12 : *Ubi venerabilis vir Romanus abba, cum Peregrinis monachis suis, quem dominus de diversis provinciis quoadunavit, preësse videtur.* Spectant hæ chartæ monasterium Murbacense.]

3. **PEREGRINATIO** indicta in pœnam. Canones S. Patricii apud Wareum : *Qui furatus fuerit pecuniam ab Ecclesia sancta, ... illius manus vel pes circumcidantur, aut in carcerem mittatur, aut in Peregrinationem ejiciatur, et restituat duplum, et jurabit quod non revertetur, donec impleverit pœnitentiam.* Ad de Canones Hibern. lib. 28. cap. 6. Leges Henrici I. Regis Angl. cap. 5. § 17. de Sacerdote qui Confessionem relevavit : *Omnibus diebus vitæ suæ ignominiosus Peregrinando pœniteat.* Chronicon Andrense : *Suis tamen hostibus sibi pacificatis, tali modo quod Terram Sanctam pro anima occisi infra biennium adirent.* [Formula inter Bignon. 15 : *Cognoscat magnitudo seu et sanctitas vestra quod iste frater noster nomen ille serviens vester petiit nobis ut ad basilicam S. Petri patris vestri pro suis culpis vel pro nostra stabilitate valeat ambulare ad orationem.*] Philippus de Beaumanoir cap. 63 : *Se li souverains set que pés de vilain cas soit fete, dont aucuns se soit obligez à rendre argent, ou qui vaille argent, si comme d'aller en Pelerinage, ou d'autre paine, li souverains pot penre celi por attaint du fet.* Vide Nangium in S. Ludovico ann. 1256. Summam Roberti de Chorcon Cardinalis in Tract. de Pœnitentia, quæst. 2. c. 13. et Ughellum tom. 4. pag. 867. Ejusmodi peregrinationum reis a judice in mulctam indictarum non semel mentio occurrit in magno Recordo Leodiensi pag. 51. 52. 54. 55. 56. ubi certa pecunia summa redimi dicuntur. Vide Joann. Morinum lib. 7. de Pœnit. cap. 15. 16. 17. [Vide in *Processio* 1.]

☞ *Peregrinationes* vero quæ in pœnam indicebantur, aliæ majores, minores aliæ nuncupabantur; quæ ad S. Jacobum, Romam et Jerusalem dirigebantur majores vocabant, minores quæ versabantur in invisendis oratoriis intra provinciam aut regnum positis. Codex MS. D. *de Chalvet* de Hæret. Albigens. : *Confessus fuit dicto fratri Poncio Inquisitori de hoc quod participaverat cum dicto fugitivo, et petivit consilium ab eodem, quid faceret de parte gregis predictum B. contingente, quam idem R. Godail mandaverat restitui sorori sue. Tunc dictus Inquisitor absolvit eum de participatione quam habuerat, cum dicto fugitivo, injungens ei pro penitentia Peregrinationes minores.*

☞ Habita autem criminum ratione durior aut levior erat peregrinatio : qui majora crimina, puta homicidium, perpetraverant, ferreis vinculis constricti, per loca sancta peregrinari jubebantur, donec divina virtute, aliove quovis modo, iis liberarentur. Huic rei illustrandæ aptissimum est quod ex Cod. MS. de Mirac. SS. Floriani et Florentii refert Mabillonius in Præfat. ad sæc. 2. Benedict. § IV, num. 41 : *Consuetudine antiqua partibus interioris Franciæ usque hodie mos inolivit, ut quisquis propinquiorem sibi parentem gladio jugulaverit, et postea pœnitentia ductus, ad Pontificem crimen admissi facinoris detulerit, ipso decernente Pontifice, ex ipso gladio ferrei nexus componantur, et collum peccatoris, venter atque brachia strictim innectantur ex ipsis ferreis vinculis : sicque de propria patria et solo patrio pellatur. Interim quousque divina pietas eadem vincula solvi præcipiat, primum Romæ, dehinc per diversa Sanctorum loca veniam criminis efflagitando peregre proficisci cogitur.* Adde Mirac. S Bavonis lib. 3. et Mirac. S. Galli cap. 34. Vide *Pœnitentiale ferrum* in *Pœnitentes.* [** Et *Circuli ferrei* in *Circulus*, 1.] Notanda omnino quæ hanc in rem leguntur in Append. 1. ad lib. 4. Capitul. num. 34 : *Non sinantur vagari.... isti nudi cum ferro, qui dicunt se data pœnitentia ire vagantes. Melius videtur ut si aliquod inconsuetum et capitale crimen commiserint, in uno loco permaneant laborantes et servientes et pœnitentiam agentes secundum quod canonice sibi impositum sit.* Interdum nihilominus perpetua peregrinatio injungebatur. Capitul. lib. 6. cap. 421 : *Sciendum est omnibus quod conjunctio spiritualis commatris maximum peccatum sit, et divortio separandum, atque capitali sententia multandum, vel Peregrinatione perpetua delendum.*

* Lit. ann. 1371. tom. 5. Ordinat. reg. Franc. pag. 460 : *Voulons que noz diz eschevins à celui ou ceulz qui par eulz seront condampnez pour leurs démérites, à faire aucuns voyages ou Pélerinages, puissent enjoindre et commettre à faire lesdis voyages et Pélerinages, à painnes de certeinnes sommes de monnoies.* Lit. remiss. in Chartul. 23. Corb. monast. concessæ a Carolo V. reg. Franc. juveni cuidam et puellæ, ex quorum concubitu puer natus, paulo post obierat : *Parmy ce toutesvoies que en dedens quinze mois après ce que ladite Morotte sera délivrée de ladite prison, elle et ledit Robin sont et seront tenus aller en Pélerinage à Nostre Dame de Boulongne sur la mer,.... et de rapporter.... lettres de certiffication, comment il y auront esté.* Interdum ejusmodi Peregrinationes certa pecuniæ summa redimebantur, ut efficitur ex jamjam allatis Literis et ex aliis ann. 1326. in Reg. E. E. Chartoph. reg. ch. 24 : *Concedimus ut ipse* (Ludov. comes Clarimont.) *summam decem milium librarum Turonensium, quam homines et habitatores de Brugis, de Cortraco et de Ypra ratione certæ Peregrinationis et virtute nuper tractatæ pacis, solvere tenebantur, habeat et percipiat.*

☞ Sæpius religionis tantum et pietatis causa peregrinabantur. Marculfus, lib. 2. form. 49 : *Quatenus præsens portitor ille, radio inflammante divino, non (ut plerisque mos est) vagandi causa, sed propter nomen Domini, itinera ardua et laboriosa parvipendens, ob lucrandam orationem, limina SS. Apostolorum domini Petri et Pauli adire cupiens, etc.* Quonam vero habitu id peragerent, docet le Roman *de Vacce* MS. :

> En Jerusalem fist Peregrination
> En langes et nus piez à grant devotion.

Le Roman *de la Rose* MS. :

> Tantost comme bons Pelerins
> Hastis, fervens et côterins ...
> Et port o moi par grant effort
> Escherpe et bordon grant et fort.

* Præter baculum et peram, quodam insuper signo in capite vel super vestes distinguebantur peregrinantes, ut discimus ex Stat. Mantuæ lib. 1. cap. 63. in Cod. reg. 4620 : *Intelligantur peregrinari.... habentes habitum vel signum peregrinationis et peregrinorum, videlicet galerum, bordonum et signum in capite et manibus, seu eorum signum super vestes.*

* Peregrinandi usus adeo iis temporbus invaluerat, ut peregrinantes canonici, præsentes divinis officiis censerentur. Stat. ant. eccl. cathed. S. Petri Redon. Mss. cap. 10 : *Quod canonici..... peregrinantes..... ad septem sanctos Britanniæ,..... pro residentibus habeantur.*

* **PEREGRINATIO**, Latius usurpatur pro quavis, ut loquuntur, indulgentia, in Lit. remiss. ann. 1363. ex Reg. 92. Chartoph. reg. ch. 253 : *Cum Johannes de Sargiaco una cum pluribus aliis sociis de galearia, Gallice de la heaumerie, Parisius ad ecclesiam Villetarum Parisius assessissent* (accessissent), *quæ causa Peregrinationis seu indulgentiæ dicta die* (Dominica Quasimodo) *a cæteris fidelibus colebatur; deinde finita Peregrinatione prædicta, etc.*

PEREGRINATIONES SOLENNES, in Jure et Consuetud. Normanniæ cap. 91. dicuntur : *Cum peregrinus accepta in parochia sua licentia, cum cruce, et aqua benedicta, et pro-*

cessione extra parochiam conducitur, pergens Hierusalem, Romam, vel sanctum Jacobum, vel in aliam Peregrinationem per crucesignationem. Vide *Peregrinus*, 1.

Peregrinatione Attonitus. Petrus Venerabilis lib. 1. de Miracul. cap. 8 : *Qui cum aliquandiu, velut Peregrinatione attonitus siluisset.* Phrasis Gallica, *comme s'il fust revenu de loin.* Alanus de Insulis in Planctu naturæ : *A meæ mentis igitur Peregrinatione ad me reversus, etc.*

¶ **PEREGRINI**, *dicuntur omnes qui non sunt de Episcopatu ordinantis, sive sint clerici, sive laïci, secundum Goffredum ni summa de clericis peregrinis... unde clericus peregrinus est qui in alia provincia ordinatur.* Vocabular. Juris utriusque.

1. **PEREGRINUS**, *Peregrinorum officium*, quod in Ecclesia Rotomagensi ita celebratum feria 2. post Pascha observat Ordinarius MS. ejusdem Ecclesiæ : *Officium Peregrinorum debet fieri hoc modo : Duo de secunda sede qui sint scripti in tabula ad placitum scriptoris, induti tunica, et desuper cappis transversum, portantes baculos et peras in similitudinem Peregrinorum. Et habeant capellos super capita et sint barbati. Exeant a vestiario, cantantes hymnum*, Jesu nostra redemptio, *venientes lento pede per dextram alam Ecclesiæ, usque ad portas occidentales, et subsistentes in capite processionis, et tum cantabunt hymnum usque ad eum locum,* Nos tuo vultu saties. *Tunc quidam Sacerdos de majori sede, scriptus in tabula, indutus alba et amictu, nudus pedes, ferens crucem super dextrum humerum, vultu demisso veniens usque ad eos per dextram alam Ecclesiæ, et subito stet inter illos et dicat,* Qui sunt ii sermones? *Peregrini quasi admirantes, et eum respicientes, dicant,* Tu solus peregrinus. *Sacerdos interroget,* Quæ? *Peregrini respondeant,* De Jesu Nazareno. *Sacerdos utrumque respiciens, dicat,* O stulti et tardi corde. *Quibus dictis, statim recedens Sacerdos, fingens se longius ire, et Peregrini festinantes, prosequentes, eum detineant, quasi ad hospitium invitantes, et trahentes baculis, ostendentes castellum, et dicentes,* Mane nobiscum. *Et ita cantantes ducant eum usque ad Tabernaculum in medio navis Ecclesiæ in similitudinem castelli Emaüx præparatum. Quo cum ascenderint, et ad mensam ibi paratam sederint, et Dominus inter eos sedens panem fregerit, et fractione panis agnitus ab illis subito recedens ab oculis eorum evanescat. Illi autem stupefacti quasi surgentes, versis vultibus inter ipsos cantent lamentabiliter,* Alleluya, *cum versu,* Nonne cor nostrum. *Quo iterato, vertent se versus pulpitum, et cantent hunc versum,* Dic nobis Maria. *Tunc quidam de majori sede indutus dalmatica et amicto, in modum mulieris, caput circumligatus respondeat,* Sepulchrum Christi, Angelicos testes. *Tunc extendat, et explicet unam syndonem ex una parte loco sudarii, et aliam ex alia parte loco vestium, et projiciat ante magnum ostium chori. Deinde dicat,* Surrexit Christus. *Chorus cantet alios duos versus sequentes residuos, et interius recedant M. et Peregrini, et processio factis memoriis redeat in Choro, et ibi finiantur vesperæ.*

** Peregrinus, Crucesignatus. Annales Brunwilarens. apud Pertz. Scriptor. tom. 1. pag. 100 : *Hierusalem, Antiochia, Nicea, aliæque civitates regiæ a Peregrinis captæ.* Vide alio sensu in *Peregrinatio*, 2.

* 2. **PEREGRINUS**, Qui jure civitatis gaudet, sed extra urbem habitat. Charta ann. 1224. tom. 5. Cod. diplom. Polon. pag. 9. col. 1 : *De consilio venerabilis fratris nostri Alberti Rigensis episcopi et ecclesiæ suæ, Peregrinorum quoque, ac civium Rigensium.... Lutpertus de Norchoipe advocatus Peregrinorum.* [** i. e. mercatorum extraneorum.] Passim ibidem pro extraneo usurpatur.

* **PEREIUS**, Pirus, f. pro *Pererius*. Vide in hac voce. Charta ann. 1332. in Reg. 66. Chartoph. reg. ch. 1098 : *Arboribus fructiferis, videlicet pomeriis, Pereiis, etc.* Hinc *Peré*, *Perey* et *Pery* dictus, Potus ex piris expressus, vulgo *Poiré.* Lit. remiss. ann. 1397. in Reg. 152. ch. 291 : *Lequel serourge acheta du merrien pour la somme de vingt solz, et deux pos de Perey de marchié.* Aliæ ann. 1406. in Reg. 161. ch. 68 : *Le suppliant.... envoya querir un gallon de Pery en la taverne, etc.* Aliæ ann. 1408. in Reg. 162. ch. 198. bis : *Le suppliant mena à certain jour ensuyant une queue de vin et un poinçon dudit beuvrage de Peré en la ville de Chaussoye.* Vide *Piratium.*

* **PEREMDINE.** Glossar. Provinc. Lat. ex Cod. reg. 7657 : *Posdema, Prov. Peremdine, posteras.* Vide *Perendinare.*

* **PEREMPNITER**, pro *Perenniter*, semper. Charta ann. 1239. ex sched. D. *Chaix* adv. Aquens. : *Willelmus de Claromonte et Alinois ejus uxor promiserunt super dictam olcham domo Boscaudo inviolabiliter salvare, Perempniter et contra ullo tempore vel ullo modo non venire.* Vide *Perennitus.*

PEREMPTORIUS, διηνεκής, in Gloss. Gr. Lat. [** Ulpian. in Dig. lib. 5. tit. 1. fr. 70 : *Peremtorium edictum... quod inde hoc nomen sumsit, quod perimeret disceptationem, hoc est, ultra non pateretur adversarium tergiversari.*]

¶ Peremptorius Dies, *Terminus*, Ultra quem non datur dilatio. Vox forensis. Epist. Innocentii PP. III. tom. 3. Concil. Hispan. pag. 441 : *Cum autem judices ipsi partes tandem edicto peremptorio citavissent, Templarii ... ad diem Peremptorium nec venerunt, nec pro se miserunt aliquem responsalem. Termino Perhentorio utrique parti statuto*, in Charta ann. 1198. apud Murator. delle Antic. Estensi pag. 374. Rolandinus Patavinus lib. 5. cap. 14 : *Idem S. apostolicus Innocentius Papa IV. post multos terminos Peremptorios constitutos, etc.* Adde Radevicum lib. 1. cap. 27. Concil. Hispan. tom. 4. pag. 68. etc. [** Vide Haltaus. Glossar. German. voce *Usstag*, col. 2013. JCtos et mox *Peremptorius, nude.*]

¶ Peremptoriæ Exceptiones. Statuta Eccles. Leodiens. ann. 1287. apud Marten. tom. 4. Anecd. col. 877 : *Cum judex viderit aliquam partium per exceptiones frivolas, dilatorias et Peremptorias litem protrahere, etc.* [** Ubi legendum videtur *non peremptorias.* Confer Dig. lib. 44. tit. 1. fr. 3. et Gaium lib. 4. cap. 117.] Occurrit in Charta ann. 1482. ex Tabular. B. M. de Bononuntio Rotomag.

** Peremtoriæ vel Peremtoriales Causæ sunt ubi accusatus si convictus fuerit, morte plectendus est, alibi *summæ.* Vide Haltaus. Glossar. German. voce *Tod-wurdig*, col. 1790. *Peremtorium judicium*, ibid. col. 250. voce *Echttag*; *Peremptorium capitulum* col. 1295. voce *Mæchtichlich.*

¶ Peremptorius, nude, Ultimus. Translat. Crucifixi miracul. tom. 3. Julii pag. 457 : *Quæ* (imago) *cum tribus tantum diebus aperta et exposita fuerit, ad vesperam diei* XXVII. *cooperta et clausa est : quæ dies a die* XXV. *prædicta erat tertia et Peremptoria.* Vide *Peremptorius dies.*

¶ Peremptorie, Definite, ultimum. Chronic. Andrense tom. 9. Spicil. Acher. pag. 583 : *Cujus* (commissionis) *auctoritate adversarios nostros a Pictavia Peremptorie citari facimus.* Adde Statuta S. Claudii ann. 1448. pag. 40.

PERENDINARE, Morari. [Annal. Bened. ad ann. 981. tom. 4. pag. 6 : *Ex Romulea egressus urbe* (Otto Imperator) *et ædificata sibi regali domo in campo, qui vocatur Cedici, toto ipso æstivans tempore ibi Perendinans mansit.* Computus ann. 1202. apud *D. Brussel* tom. 2. de Usu feud. pag. CLXVI : *Pro palefrido Regis qui Perendinavit* XXX. *s.*] Lambertus Ardensis : *Multos in hospitio recepit, et secum Perendinare vel hospitari fecit et coëgit.* Matthæus Westmonast. ann. 1016 : *Patri qui tunc Londoniis Perendinavit, nuntios dirigens.* Ita non semel, ann. 1059. 1087. 1101. 1244. 1254. Fortescutus de laudibus Legum Angl. cap. 35. 36. etc.

¶ Perhendinare, Eodem intellectu, in Literis ann. 1227. tom. 1. Corp. Diplom. pag. 165 : *Milites vero nostri... poterunt ire per terras quas Rex Franciæ et sui possident more transeuntium, ita quod non possint Perhendinare in villis Regis Franciæ et suorum.*

Perendinatio, [Idem videtur quod *Peregrinatio* 1.] Articuli Cleri Gallicani oblati Edw. II. Regi ann. 1316. cap. 11 : *Item petitur quod dom. Rex et Regni magnates non onerent domos religiosas, vel Ecclesiasticas personas, pro corrodis, pensionibus, Perendinationibus faciendis in domibus religiosis, etc.* [* Jus divertendi in domum alicujus atque in ea pro libito morandi. Vide *Pernoctatio* 1.]

¶ Perhendinatio, Eadem notione. Charta Roberti Franc. Reg. ann. 999. apud Doublet. pag. 826 : *Interdicens ante omnia, etiam super omnia omnes hospitationes, Perhendinationes, potentiumque per vim diversiones.*

Perendinare, Ingeminare. Vita S. Pharaildis Virg. cap. 3 : *Nec vir immoderatæ atrocitatis a consueta desistebat insania, sea usu quotidiano flagra Perendinabat ferocia.* Ubi *flagra perendinare*, est diu flagellis cædere : nisi legendum sit, *ingrandinabat.* Vide in *Grandes.*

¶ Perendinare, *De die in diem prolongare.* Gloss. MS. XIII. sæc. Avenion.

¶ **PERENDISSENA.** Vide *Perdissena.*

¶ **PERENNARE**, Perenne facere. Charta ann. 1030. apud Calmet. Hist. Lothar. tom. 1. col. 403 : *Mortalium facta ne simul cum memoria hominum fragili labantur, scripturæ apicibus solent Perennari.* Formula haud infrequens in veteribus Chartis. Utitur Macrobius lib. 1. Saturnal. cap. 12. Vide *Perhennare.*

¶ **PERENNITUDO**, Diuturnitas. Rolandinus Patavinus lib. 11. cap. 16. apud Murator. tom. 8. col. 339 : *Reversi sint omnes alacres et ditati : præter quod zaffonum præda forensibus injuste concessa, rumorem movit in populo, et inolevit fere seditio Perennitudinis et damnosa, quæ tandem sopita fuit studio et peritia sapientum.* Non male alii Codd. MSS. : *Pœnitudinis.*

¶ **PERENNITUS**, Omnimode, penitus. Charta ann. 1269. in Chartular. S. Vandreg. tom. 2. pag. 1716 : *Guillelmus de Hamello minor viginti quinque annis cum auctoritate Nicholai de Monte Sora curatoris sui a nobis ei dati Perennitus facta solempnitate quæ in curatore dando requiritur.*

* **PERENONCIO**, pro *Præmonitio*, ut videtur, Submonitio, citatio. Libert. Montisol. ann. 1312. tom. 7. Ordinat. reg. Franc. pag. 504. art. 29 : *Si quis etiam pulsatum vel verberatum se dicat,.... pro talibus et aliis injuriis levioribus, ad denunciationem vel Perenoncionem alicujus curia non procedat.* Vide *Præmunitio*. [** f. per enonciationem.]

¶ **PEREQUARE** Talliam. Vide *Peræquare.*

* **PERERIUM**, Locus, unde *petræ* eruuntur, vel acervus lapidum. Inquisit. ann. 1268. ex sched. Pr. *de Mazaugues : Et a dicto Pererio protenditur usque ad aliud Pererium, quod est in costato.*

PERERIUM. Vide *Petraria* 2.

¶ **PERERIUS**, Pirus, ut *Perarius*. Charta ann. 1316. ex Schedis Præs. *de Mazaugues : Pererii tamen habeantur pro non fructiferis, nisi essent emptati.*

* Nostris *Perier*. Acta capit. eccl. Lugdun. ad ann. 1347. fol. 130. r°. ex Cam. Comput. Paris. : *Item sex cupas siliginis.... super quibusdam terra et prato contiguis,.... una cum quadam piru seu Pererio in dicto prato existente. Perier et pomier*, in Chron. S. Dion. tom. 8. Collect. Histor. Franc. pag. 339. Chartul. Latiniac. fol. 260. v°. : *Item la moietié de cinq quartiers de terre assis audit lieu, et y a ung Perrier au cornet de ladite piece.*

PERETRA, [f. Idem quod *Petraria*, lapidicina,] in Testamento Guillelmi D. Montipessulani ann. 1211. [* 1146.] Locum vide in *Orrata.*

* **PEREVISUS**, pro *Paravisus*, Atrium, Gall. *Parvis*. Charta Guill. Episc. Paris. ann. 1222. in Reg. B. Cam. Comput. fol. 150. r°. : *Dominus rex vult et concedit, ut .... habeamus apud Parisius.... unum carnificem in Pereviso, etc.* Vide *Paradisus* 1.

¶ **PEREUTA**, Vas coquinarium. Statuta Monast. Lirinensis ann. 1453 : *Item tenetur* (abbas) *providere coquinæ... ollis, olletis, Pereutis, endecis, etc.*

PEREXIRE. S. Irenæus lib. 2. in Præfat. : *Quonam modo per numeros veritatem affirmare conantur, minuatim Perexivimus*, id est commemoravimus, ex Græco διεξελθεῖν. Vide Jacob. Billium lib. 1. Observat. Sacrarum cap. 33.

¶ Perexire, Peragere. Capitula Synod. Orient. inter Concil. Hispan. tom. 2. pag. 332 : *Non liceat quinta feria novissimæ septimanæ jejunium solvere et omnem exhonorare Quadragesimam, sed sincere abstinentes totam Quadragesimam Perexire.*

¶ **PEREXPECTARE** ad Missas, Dimissionem ab officio expectare. Capitul. lib. 1. cap. 132 : *Ut omnes fideles communicent et ad Missas Perexpectent sine alia deprecatione.*

* **PEREXSANGUIS**, Valde exanimatus. Mirac. S. Servat. tom. 3. Maii pag. 225. col. 1 : *Ut moveri supra verticem cadaver mortuum cernebant, capti pavore Perexsangues expalluere, exclamavere, etc.*

¶ **PERFECTI**, a seipsis dicti olim Valentini discipuli, ut testatur Irenæus lib. 1. adv. Hær. cap. 6. num. 4 : *Semetipsos extollunt, Perfectos vocantes, et semina electionis.* Eodem nomine gloriabantur hæretici recentiores Albigensium sectarii, qui et *Consolati* interdum nuncupabantur. Vide in hac voce. De iis sub *Perfectorum* nomenclatura hæc habet le Roman *de la Chantepleure* MS. :

> Li bougres, Li Parfés,
> I cil qui riens ne croit,
> Ne cuide pas qu'enfers,
> Ne que paradys soit.

Infra :

> Je nel porroie croire
> Dist li bougres Parfés.

Ab iis ad Quietistas transiit hæc appellatio, qua præ cæteris donabantur mulieres quæ eo perfectionis pervenerant ut crimina, pudet referre, consecrarent.

PERFECTIALES, Ministri judicum, servientes. Ordericus Vital. lib. 12. pag. 857 : *Rediviva prosperitas illis blande favens, sævos Perfectiales admodum terruit, etc.* Infra pag. 871 : *Per diœceses suas illis contumelias irrogarunt, et tam per se quam per suffectos Perfectiales acriter oppresserunt.* Forte quasi *Præfectiales.*

¶ **PERFECTIO.** Vide *Perfectum.*

PERFECTISSIMUS, διασημότατος, in Gloss. Gr. Lat. et apud Eusebium lib. 10. cap. 6. etc. Titulus honorarius aliquot Magistratibus attributus, qui *Perfectissimatus* dicitur, de quo est titulus in Cod. Theod. lib. 6. tit. 37. et Justiniano lib. 12. tit. 32. De eo copiose egerunt Pancirolus ad Notitiam Imperii lib. 1. cap. 3. Cujacius, Valesius ad Ammianum, Jacobus Gotofredus ad leg. 1. d. tit. et alii. Vide Glossar. med. Græcit. col. 299.

PERFECTUM. *Ad perfectum suscipi*, in Ordine Romano cap. 6. *Perfectionem consequi*, in Concilio Tribur. can. ult. ἐλθεῖν ἐπὶ τὸ τέλειον, non semel in Concilio Ancyrano, cum scilicet exactis pœnitentiæ gradibus ad sacram Communionem admittebantur Pœnitentes. [Adde Capitul. lib. 5. cap. 136. Spicil. Acher. tom. 11. pag. 55. et 73.]

¶ Perfectum Salutis, Perfectio seu consummatio salutis, gloria scilicet æterna. S. Iræneus lib. 4. cap. 9 : *Ut possint semper proficere credentes in eum, et per testamenta maturescere Perfectum salutis.* Paulo ante dixerat : *Sicut igitur adveniente Perfecto, non alterum Patrem videbimus.*

¶ Perfectum, Debitum servitium. Capitul. de partibus Saxon. cap. 29 : *Ut universi Comites pacem et concordiam ad invicem habere studeant. Et si forte inter eos aliqua discordia aut conturbium ortum fuerit, ut nostrum solatium vel Perfectum pro hoc non demittant.* [** i. e. Profectum.]

¶ **PERFICERE**, pro *Proficere*, in Charta Johannis Reg. Angl. Lib. nigro scaccarii pag. 379 : *Sed cum ibi Perficere non possent, diverterunt ad quandam villam, etc.*

¶ **PERFIDARE**, Perfide agere, a fide, quam quis alicui debet aut pollicitus est, deficere, fidem fallere. Concil. Toletan. XVI. inter Hispan. tom. 2. pag. 746 : *Quorum denique sceleratorum, qui et in præteritis et nunc Perfidasse detecti sunt, prævaricatione compellimur cœtus vestri in universitatem consulere.*

¶ 1. **PERFILATUS**, Netus, Gall. *Filé*. Vita B. Humilianæ tom. 4. Maii pag. 401 : *Capillos habebat longos et flavos; et non videbantur capilli, sed aurum potius optimum polymitice Perfilatum.*

¶ 2. **PERFILATUS**, Filis connexus, Gall. *Enfilé*. Anonymi Annal. Mediolan. apud Murator. tom. 16. col. 809 : *Cum rosettis perlarum Perfilatarum cum floribus intus, etc.* Supra : *Filorum auri et setæ se tenentes.*

¶ **PERFILIS**, μακροσκελής. Gloss. Lat. Græc. MS. Sangerm. Qui longis est cruribus. Leg. forte ex Vulcan. *Petilis.*

¶ **PERFILUM**, Opus intertextum, nostris olim *Pourfilure, ouvrage tissu, broché*. Statuta Massil. lib. 2. cap. 39. num. 3 : *De vestibus filioli vel filiolæ sine frezio, et veta, et Perfilo accipiant in hunc modum scilicet de tunica* IV. *den.... si est cum frezio, vel veta, vel Perfilo* XII. *den. Profilum*, ibid. num. 2. pluries occurrit. Litteræ patentes Caroli V. Franc. Reg. ann. 1367. de forma vestium : *Item, quod nulla dictarum mulierum audeat portare in vestibus suis circa pedes vel alibi aliquod Perfilum pellis, vel panni cirici, vel lanei.* Concil. Massil. ann. 1381 : *Quod nulla mulier aliqua audeat.... deferre in capuciis sive aliter nec rivets seu Perfils de pennis variis, erminis, etc.*

¶ **PERFINELLI**, f. Funiculo colligare, nostris *Ficeller*. Statuta Equitum Teuton. artic. 86. apud R. Duellium tom. 2. Miscell. pag. 61 : *Sellis superpositis et trossarii possint Perfinelli alia quæ cum parvis corrigiis ligari consueverunt, et cum aliis, quæ liganda sunt majoribus corrigiis, expectabunt jussum mandatoris.*

¶ **PERFINITIO**, Definitio, judicium. Lex Bajwar. tit. 11. § 6. num. 1 : *Et is propter contumaciam legi obtemperare noluerit, sed suam perfecerit domum, et cetera ædificia sepis conclusione firmaverit, tunc dicat, Emunda territorium meum usque ad legis Perfinitionem.*

* **PERFIRMARE**, Munire, muris claudere. Charta Eust. dom. *de Conflans* ann. 1242. in Chartul. Campan. ex Cam. Comput. Paris. fol. 380. v°. col. 2 : *Ego teneo domum meam de Maruel de dom. Theobaldo; .... et ipse mihi concessit, quod ego possim ipsam Perfirmare de plenis muris sine turribus, etc.* Vide *Firmare* 3.

PERFORACULUM, *Terebra*, τρύπανον, in Gloss. Græc. Lat. [τέρετρον, in aliis Gloss.]

* **PERFORAGIUM**, Jus, quod domino solvitur pro perforatione dolii vinarii. Charta Ludov. Jun. pro monast. S. Sulpit. Bitur. ann. 1168. in Reg. 194. Chartoph. reg. ch. 232 : *Portagium et roagium et Perforagium per totam urbem.* Vide supra *Foragium* 1.

¶ **PERFORARE** Chartam, Tabulas solebant, cum falsitatis insimulabantur, sive genuinæ, sive supposititiæ essent; non ergo perforatio indicium erat convictæ falsitatis. Lex Ripuar. cap. 58. n. 5 : *Quod si quis tabulas Episcoporum manibus seu clericorum roboratas inrumpere voluerit,... tunc tabulæ in præsentia judicis Perforentur,... et nihilominus tabulæ stabiles permaneant.* Ibid. cap. 59. num. 3 : *Quod si charta in judicio Perforata idonea fuerit, tunc ille qui causam prosequitur, dupla repititione culpabilis judicetur,... et ipsum testamentum inviolatum perseveret.*

¶ Perforatæ Monetæ. Vide in *Moneta*.

¶ **PERFORATIO** Barrii, seu muri civitatis apertura, pro qua tributum aliquod domino exsolvebatur. Charta ann. 1292. Caroli II. Comit. Provinciæ ex Schedis Præs. *de Mazaugues : Hugo Teronus servit pro domo sua sex denarios, et pro Perforatione barrii* XII. *denarios.* Ibi pluries.

* **PERFORMATIO**, Exsecutio, perfectio. Chron. Joan. Whetham. edit. Hearn. pag. 383 : *Ad executionem et Performationem vestræ aut suæ voluntatis, etc.*

¶ **PERFORRATURA**, Pellitium, ni fallor. Capitul. gener. S. Victoris Massil. MS. ann. 1313 : *Statuimus ut nullus de cætero portet in vestibus Perforraturam, cendatum, vel folraturam albam in caputio cisso.* Vide *Pellicia*.

¶ **PERFOSSARE**, *Perforare*, διατετρεῖν. Gloss. Lat. Græc. MSS. Sangerman. Acta SS. Hermagoræ et Soc. tom. 3. Julii pag. 257 : *Et cum locus amplus esset Perfossatus, capsa una cernitur.*

PERFUNDERE dicitur Sacerdos eum quem tingendo, non mergendo baptizat. Summula Raymundi Ord. Prædicat. :

> Infirmus vel abortivus baptismatis unda
> Ter perfundatur, ne non mersus moriatur.
> Si glaciata sit hæc, formam teneas modo dictam.

Vide *Clinici*, *Superfusi*.

Perfusio, [Ablutio, apud Liturgicarum rerum Scriptores, cum scilicet sumtis sacræ Eucharistiæ speciebus, sacerdoti vinum et aqua infunduntur ut digitos abluat. Concil. Rotomag. ann. 1231. apud Marten. tom. 4. Anecd. col. 177 : *Celebraturus quoque Missam secundam vinum Perfusionis non sumat, sed ministro habenti bonam conscientiam conferat.*] Statuta Ord. Præmonstrat. dist. 1. cap. 1 : *Cum aliquis in Natali Domini vel alias de necessitate duas Missas debuerit celebrare, post primam Missam, sumpto Sacramento Eucharistiæ, vinum Perfusionis, sive ablationis non sumat, sed alii ad sumendum tradat.* Vide *Superfusio*.

¶ **PERFURNIRE**, Perficere, explere, Gall. *Rendre complet.* Liber niger Scaccarii pag. 258 : *Canonici Hutindoniæ tenent feodum* I. *militis et dim. et ultra* X. *solidatas terræ, unde Perfurnitur servitium Willelmi, filii Olifard, qui tenet feodum militis* X. *solidatas terræ minus.* Nostratibus olim *Parfournir.* Le Roman *de Giron le Courtois : Et quant il eust ce fait si s'en passe oultre pour Parfournir son poindre.*

¶ **PERFUSIO.** Vide *Perfundere*.

* **PERFUSORIUM**, Vas perfundendis digitis vel manibus aptum. Inventar. Ms. thes. Sedis Apost. ann. 1295 : *Item unum nappetum purificatorium vel Perfusorium de auro, cum una manica.* Vide supra *Nappus*.

¶ **PERGA**, Vide *Peja*.

¶ **PERGAMA** Aulica, Palatia. Fridegodus in Vita S. Wilfridi sæc. 3. Bened. part. 1. pag. 172 :

> Aulica perspicuis penetravit Pergama plantis,
> Insignis populi qua tempestate regebat
> Dux præclara nimis Æonfled cognomine habens.

¶ **PERGAMENA**, Pergamenarius, etc. Vide *Pergamenum*.

PERGAMENUM, a Pergamenis Regibus cum charta indigerent primo excogitatum, ut scribit Isid. lib. 6. Orig. cap. 11. [* *Ab Eumene rege Pergami*, ex Plinio lib. 13. cap. 11.] [Vide Mabill. lib. 1. Diplom. cap. 8.]

Pergamenum de Terra Levare. Tabularium Casauriense ann. 22. Lud. Imper. F. Loth. : *Et pergamena cum atramentario de terra elevans Ariperto notario tradidi, et scribere rogavi,... testibusque obtuli roborandam.* Alibi : *Unde pro stabilitate vestra ego Rimo cum pinna et calamario et Pergamena de terra levavi, et potestative hanc cartulam venditionis, secundum ritum gentis meæ Almannorum, Audoaldum notarium scribere rogavimus.* Charta alia apud Ughellum tom. 3. pag. 49 : *Atramentario, penna, et Pergamena manibus meis levavi, et Theuperto notario... ad scribendum tradidi.* Alia pag. 61 : *Et Pergamenam, pennam, atramentarium, juxta Legem meam Ripuarirum de terra levavi, et Rolando notario ad scribendum dedi, etc.* Adde pag. 416. et Bullarium Casinense tom. 2. pag. 70. [Charta Mathildis Tusciæ Ducissæ ann. 1102. apud Miræum tom. 1. pag. 370 : *Sed præsens hæc chartula offertionis omnibus temporibus firma permaneat atque persistat et Pergamenam cum attramentario de terra levavi, paginam Guidonis notarii tradidi et scribere rogavi.*] Occurrit etiam hæc formula non semel in Chartis Sabaudiæ Comitum apud Guichenonum : quæ quidem nihil aliud sonat, quam quod donator sponte, nec coactus donationem facit, pergamenum tradendo in manus Notarii.

☞ Cujus ritus observatio memorabatur ab ipso Notario, ut discimus ex Charta ann. 1033. apud Murator. delle Antic. Estensi pag. 100 : *Et bergamena* (sic) *cum atramentario ego qui supra Adeleyda de terra levavi, et Agimoni notario sacri Palatii tradidi et scribere rogavi, in qua supter confirmans, testibusque obtuli roborandam. Ego qui supra Aimo notarius sacri Palatii rogatus, scriptor hujus cartule offersionis post tradita complevi et dedi.*

¶ Pergamena, Idem quod *Pergamenum*, in Epist. Petri Delphini apud Marten. tom. 3. Ampliss. Collect. col. 1129 : *Ubi redierint Venetiis nostri, mittam ei qui Pergamenas vendidit, reliquum pecuniæ.* Pluries supra occurrit.

¶ Pergamentum, Eadem notione, in antiquis Consuetud. Monast. S. Jacobi de Monteforti apud Marten. Collect. novæ part. 1. pag. 317 : *Nullus ingrediatur coquinam, excepto cantore et scriptoribus ad planandam tabulam, aut faciendum incaustum, ad exsiccandum Pergamentum.* Hist. MS. Beccensis pag. 62 : *Eam* (scripturam) *in Pergamento jubet tradi.*

¶ Pergamerium, in Capitulo gener. MS. S. Victoris Massil. : *Unus liber in Pergamerio magnus fiat, et in armario teneatur.* Leg. videtur *Pergameno*.

¶ Pergamenarius, Qui *pergamena* parat vel vendit. Charta Ruperti Comit. Palat. ann. 1386. apud Tolner. Hist. Palat. pag. 124. inter Instrum. : *Concedimus per præsentes ut universi servientes, sui videlicet bedelli, librarii, stationarii, Pergamenarii, etc.* Occurrit præterea in vet. Catalogo MS. B. M. Deauratæ Tolosanæ.

¶ Pergaminerius. *Raimundus Ruffi Pergaminerius* cum aliis testibus subscribit testamentum Sauræ de Medullione ann. 1286. tom. 2. Histor. Dalphin. pag. 62.

Pergamenarius, Officium in Monasteriis, apud Adalardum in Statutis Corbeiensib. lib. 1. cap. 1. *Qui pergamena parabat*, ut est in Vita B. Mariani Abbat. Ratispon. num. 9.

* **PERGAMINUS**, inter arma, quibus offendi potest, recensetur, in Stat. Mantuæ lib. 1. cap. 112. ex Cod. reg. 4620 : *Arma autem ab offensione sint et intelligantur.... Pergaminus, basclarius, daga, etc.*

¶ **1. PERGAMUM**, Suggestus, ab Ital. *Pergamo.* Acta SS. Junii tom. 1. pag. 367. de B. Andrea Hispellate : *Corpus B. Andreæ de Hispello in capsa lignea fere consumpta, existente subtus Pergamum.*

* **2. PERGAMUM**, Arx, castrum, locus munitus, Bollandistis; proprie, Vinea, pluteus, machina bellica oppugnandis vel defendendis urbibus idonea. Acta S. Desid. tom. 5. Maii pag. 245. col. 1 : *Alii scalis oppositis in muros diversa de parte ruentes, ignis in Pergama submittebant.... In totis namque Pergamis in Christi confessione perseverantes, etc.* Vide *Catus* 2.

* **PERGEA**, Pergeia, Mulcta, quæ domino exsolvitur pro damno animalium in agris, quæ in *parco* ob id includuntur, donec resarciatur damnum, Gall. *Pergie.* Vide supra *Pargea.* Charta Odon. III. ducis Burg. ann. 1207. inter Probat. tom. 1. novæ Hist. Burg. pag. 95. col. 2 : *Habet.... Pergeas bladorum et vinearum.* Charta Erar. dom. Chacenaii ann. 1218. in Chartul. Arremar. ch. 201 : *Si præpositus Chacenaii ibi personaliter supervenerit, pecora vel animalia abandunnata invenerit, de illis Pergeias levare poterit. Pergée* et *Pergie*, interdum pro consueto tributo, quod domino quotannis penditur, ut agrorum custodes instituat. *Census, servitia, Pergies et corvées*, in Charta ann. 1265. ex Chartul. eccl. Lingon. Cod. reg. 5188. fol. 206. v°. Alia ann. 1321. in Reg. 61. Cartoph. reg. ch. 123 : *Tuit lidiz habitans de ladite ville paieront chascun an au seigneur de ladite ville, lendemain de Pentecoste, vint et cinc solz Tornois petiz, monnoie cursable, pour cause des Pergies et de la messerie de ladite ville de Franoy et du finage.* Terrear. Castel. ad Sequanam ex Cod. reg. 9898. 4 : *Les Pergées de chastillon et les pastures sont communes ausdiz seigneurs, desquelles ils ont une obole pour chacune berbis par an, et n'en ont riens en l'autre suivant.* Vide mox *Pergia*.

PERGENUARE, Genibus repere, γονυπετεῖν. Saxo Grammaticus lib. 6 : *Cumque extis vacuus, labefactis viribus, gravi sitis* *angustia premeretur, petendæ potionis cupiditate Pergenuans, labentis cominus rivi lympham exposcit.*

* **PERGERE**, Ire, ambulare. Mirac. B. Gerl. tom. 3. Jun. pag. 659. col. 2 : *Isabella de Sportella.... clauda Pergebat cum digito tantum pedis.*

¶ **PERGESTUS**, Constitutus, definitus. Charta ann. 1449. apud Rymer. tom. 11. pag. 240 : *Tractatum, concordatum aut conclusum fuerit quomodo seu Pergestum, etc.*

PERGIA, [et PARGIA, Jus quoddam, quod domino competit ratione *Emendarum*, quæ pro damno animalium in agris et pascuis irrogari solent, absque tamen præjudicio æstimationis damni, ei exsolvendæ, cui illud factum est, ut ex Adversariis MSS. Augusti Gallandi definitur in voce *Spargicia*, quam vide.] Charta Stephani Comitis Burgundiæ et Joannis Comitis Cabilonensis ann. 1229. pro Libertatibus oppidi Ausso-nensis apud Claudium Juranum in Antiquit. Ausson. : *Se beste est prise en dommaige de bley ou de prey par eschappée, cils cui la beste sera doit rendre le dommaige et la Pergie, qui monte quatre deniers, se ce est chevaux : se ce est beste aumaline, 12. deniers, se ce est porcs, un denier. Se elle y est menée, cils cui elle est doit rendre le domaige, et la Pergie, et la loi, etc.* [Eadem edita rursum habes tom. 4. Ordinat. Reg. Franc. pag. 395. Litteræ Philippi Dom. Joinvillæ ad Ararim ann. 1354. ibid. pag. 301 : *Et en cas que beste seroit perduë, et elle estoit trouvée en dommage, elle paieroit quatre deniers pour Pergie, et rendroit le dommage.*]

* Libert. Clarimont. ann. 1248. tom. 5. Ordinat. reg. Franc. pag. 600. art. 2 : *De Plana Pergia, quatre derniers et dampnum illi, cui est illatum; de Pergia ovis, un denier, etc* Vide supra *Pargia* 1. et *Pergea*.

¶ **PERGOLARE**, ut mox *Pergolatus*. Mirac. B. Simonis tom. 2. April. pag. 824 : *Faciendo quoddam Pergolare, visum fuit eidem, quod malus Spiritus introiret in eum.*

¶ **PERGOLATUS**, Trichila Columellæ, Gall. *Treille*, Ital. *Pergolato*. Statuta castri Redaldi lib. 1. fol. 22. v°. : *Ordinamus quod omnes et singuli qui laborant et decætero laborabunt vineas, Pergolatos, et alias quascumque vites alicujus districtualis castri Redaldi teneantur et debeant ipsas tales vites, vineas et Pergolatos putare debitis temporibus etc.* Vide *Pergula* 3.

¶ **PERGOLUM**. Vide *Pergulum*.

¶ **PERGOLUS**, ut *Pergula* 3. in Statutis Pallavic. lib. 2. cap. 73. fol. 132 : *In vinea, vel Pergolo accipere uvas, etc.*

¶ **PERGOMASCHÆ**, Bergomates, nostris *Bergamasques*, qui ex Bergomo vel ejus districtu sunt, *b* mutato in *p*, ut Italis usitatum est. Statuta Placent. lib. 6. fol. 69. recto : *Licet omnibus Pergomaschis et aliis personis, undecunque sint, qui venerint in episcopatu Placentino causa pasculandi bestias.... finito pascuo cum bestiis exire.*

¶ **PERGOTTARE**, ab Ital. *Percotere*, Verberare, cædere. Chron. Petri Azarii apud Murator. tom. 16. col. 410 : *Tenor autem, quo tormentorum series indicitur, talis est.... Decima tertia die serpiantur eis duæ corrigiæ per spallas, et Pergottentur.*

* **PERGRECHT**. Vide supra *Perchrecht*.

* **PERGRERIA**, Spiculi genus, ut videtur. Stat. Arelat. Mss. : *Non defferatur, sine licentia consulum,.... per Arelatem Pergreriam accutam vel gazarniam, vel falsonum longum, vel alia arma.* Vide supra *Pergaminus*.

1. **PERGULA**, Trabecula in ædibus sacris, a qua pendent Lychnuchi. Anastasius in Greg. III. : *In quo* (oratorio) *faciens Pergulam, contulit dona diversarum specierum, id est, gabathas aureas duas, etc.* Infra : *Et super eandem absidem cruces argenteas 3. et cætera quæ in ornamento Pergulæ, seu ad vestes altaris ordinata sunt.* In Leone III. : *Nec non et gabathas fecit ex auro purissimo 15. cum gemmis pendentes in Pergula ante altare, etc.* Alibi : *Verum etiam et polycandilum porphyreticum pendentem in Pergula ante Confessionem in catenulis aureis, etc.* Adde pag. 13. Guillelmus Biblioth. in Stephano VI. : *Et in Pergula ipsius Basilicæ... posuit cantharam auream unam cum pretiosis margaritis ac smalto, cum perpendiculo ad pendendum.* Vocem pro tabulato usurpat Gobelinus Persona in Cosmodromio ætate 6. cap. 74. de Papa : *Et deinde die Paschæ... ordinata Pergula, ante primas portas Basilicæ S. Petri ipsum solenniter coronaverunt.* Utuntur etiam Latini scriptores. [Vide *Pergulum*.]

¶ 2. **PERGULA**, *Tuguria parva alto posita*. Gloss. vetus MS. Sangerman. num. 501. Aliud Lat. Græc. : *Pergula*, μεσόδμη, ὑπερῷον, ὀροφή, ξανόν σίκημα. Vocabular. juris utriusque : *Pergula, est tugurium, vel obumbratio frondosa. Pergula, officina publica pictorum*, in l. ult. Cod. Theod. tit. 4. de excusat. artific. Vide ibi Jac. Gotofredum.

3. **PERGULA**, Vitis species, de qua Petrus de Crescentiis lib. 4. cap. 4. extremo. [Chron. Farf. apud Murator. tom. 2. part. 2. col. 466 : *Dedit præfatus Campo abbas in territorio Reatino res Johannis Decani et in Oliano et Bajono, et casalicium de Cupenco, et Pergulam ibidem.* Italis *Pergola*. Vide *Pergolatus*.]

¶ **PERGULUM**, PERGOLUM, Italis *Pergolo*, Tabulatum, suggestus, podium. Charta ann. 1185 : *Postea exivit dominus Papa* (Urbanus III.) *de ecclesia et ascendit super Pergulum et prædicavit populo.* Acta S. Aldebrandi tom. 1. Maii pag. 159 : *Ipse vero fugiens de Pergulo, recuperavit se in campanile.* Acta S. Jacobi Philippi tom. 6. Maii pag. 174 : *Ascendat Pergolum seu aringheriam consuetam, suamque declaret de hac re sententiam.*

* **PERGULUS**. Vita S. Walth. tom. 1. Aug. pag. 259. col. 2 : *In equitando monachum et conversum cum tribus tantum Pergulis coitinerantes habere consuevit;.... ipse vero more clientum sarcinulas in vectura retro ligatas gestare solebat sotulares aut caligas garcionum suorum.* Ibid. pag. 260. col. 1 : *De quibusdam abbatibus ordinis Cisterciensis doleo, qui nesciunt, cui vel quali manno velint insidere, nec pergunt pernoctandi causa ad grangiolam, nisi cum Pergulis pluribus, clitellis et mantellis subtilissimæ lanæ, etc.* Ubi cum docto Editore suspicari mihi non licet pro *servulis* scriptum esse : vehiculi genus esse videtur, quod trabecula, unde vocis etymon, consistit, non dissimile ab eo quod Germani *Vourst* appellant. [** An *Perulis*, parvis peris?]

PERGUS. Charta Henrici Imp. ann. 932. apud Miræum in Codice Donat. Belgic. lib. 2. cap. 30 : *Et in his locis, et in omnibus quæ possidet, concedimus et confirmamus ei bannum et justitiam, impetum et burinam, ictum et sanguinem, reperturam, Pergum regium, fora, telonea, Vicecomitatum, wagaria, rectum, et non rectum, vectigalia, et quidquid pertinet ad judicatum, integritatem reipublicæ et incolumitatem, etc.* Eadem Charta edita a Barthol. Fizenio in Hist. Leod. pag. 233. *pirgum* præfert. Vide an non significet carcerem seu jus carceris regii, ex Græc. πύργος. Vide *Turris*.

☞ Vim vocis non intellexit doctissimus Cangius. *Pergus*, vel *Pirgus*, hic idem omnino sonat quod infra *Pirgius* vel *Pirius*, Itinerarius agger, via strata, publica, regia. Vide *Pirgius* et *Pirgus* 1. Unde pro *reperturam* legendum loco laudato *rupturam* facile conjicies.

* Quæ interpretatio apte confirmatur Charta Gualt. episc. Laudun. ann. 1172. ex Chartul. S. Vinc. ch. 65 : *Illas etiam forisfacturas* (vendicabat), *quæ ibi in Pergis et antiquis viis solent evenire.... Eandem etiam ecclesiam et curtem, maxime de Mechumia a forisfactis Pergorum et antiquarum viarum prorsus absolvit in posterum. Pierge*, eodem sensu, in Charta ann. 1270. ex eod. Chartul. : *Denqui au buisson, et dou buisson outre le Pierge selonc les terres S. Vincent, duques à la bonde Willaume, c'on dit le Flamenc, et denqui à la bonde Arnoul le Clap.*

¶ **PERHEMNITER**, Peremptorie, definite. Charta ann. 1277. tom. 2. Hist. Dalphin. pag. 15 : *Nos vero dictæ justæ petitioni annuentes, fecimus citari precise et Perhemniter ad diem Sabbati post octabas Conceptionis B. Mariæ.*

¶ PERHEMNITER, Perenne, perpetuo. Donatio Abbatiæ S. Eusebii monasterio S. Ægidii ann. circ. 1048. in Tabular. ejusdem monast. : *Perhemniter hæreditario possidendum.*

¶ PERHEMNIS, pro Perennis, in Charta ann. 1277. tom. 2. Hist. Dalphin. pag. 16 : *Et in publicam formam redigere ad Perhemnem rei memoriam... mandamus.* [** *Perhenis*, in chart. ann. 1043. apud *di Blasio*, Series princip. Salern. pag. 76. num. 36.]

¶ **PERHENDINARE**, PERHENDINATIO. Vide *Perendinare*.

¶ **PERHENNARE**, ut *Perennare*. Vide in hac voce. Charta Alberti Magdeburg. Archiep. ann. 1231. apud Ludewig. tom. 5. Reliq. MSS. pag. 28 : *Et ut hæc nostra ordinatio Perhennetur super ea presentem paginam scriptam appensione nostri sigilli fecimus corroborari.* Charta ann. 1244. Hist. Mediani Monast. pag. 317 : *Solemus eas* (res) *vivacis linguæ testimonio et scripturæ memoria Perhennare.*

¶ PERHENNIRE, Eadem notione. Charta ann. 1347. apud Ludewig. tom. 7. Reliq. MSS. pag. 509 : *Evanescunt de medio, si non Perhenniantur cum firmatione scripturarum.*

¶ PERHENNITER, Perenne, perpetuo. Charta Erici Magdeburg. Archiep. ann.

1291. apud Ludewig. tom. 5. Reliq. MS. pag. 38 : *Ut autem hæc nostra donatio grata, rata et inconvulsa Perhenniter perseveret, etc.* Vita MS. S. Winwaloei fol. 17 : *Hortus Salomonis conclusus et signatus, atque omnium Perhenniter plenus pomorum.* Ubi *Perhenniter* per annum sonare videtur.

¶ **PERHENTORIUS**, pro *Peremptorius*. Vide ibi.

¶ **PERHERBARE**, Pascere. Charta ann. 1366. pro officio Aquarii de Talemundo : *Item poterit dictus Aquarius habere et tenere in maresiis dicti monasterii animalia sua Perherbanda tempore primæ herbæ.*

* **PERHORRENTIA**, Ingens timor, magnus metus. Lit. remiss. ann. 1358. in Reg. 86. Chartoph. reg. ch. 611 : *Perterritus sui dicti avunculi Perhorrentia et timore, cupiens dicta verbera evitare, etc.* Vide *Perhorrescentia* et *Perrorescencia*.

PERHORRESCENTIA, Idem est quod timor seu magna suspicio, vel magnus metus. Vox fori Hispanici, de qua Michael *de Molino* in Repertorio Fororum Aragon. in hac voce. Vide *Perhorrentia*.

* **PERIANEA**, f. Viridarium piris consitum, vel Septum a domo dependens. Charta ann. 1336. in Reg. 68. Chartoph. reg. ch. 17 : *Item emit.... unum sestarium avenæ censualem, cum dominio, percipiendum in et super Perianea dicti mansi.* Vide supra *Pereius*.

* **PERIATUM**, Mensura frumentaria, eadem quæ supra *Perea*. Charta ann. 1228. tom. 1. Probat. Hist. Brit. col. 863 : *Herveus de Leonia.... significo, quod pater meus dedit.... sancti Mathæi de finibus terrarum monasterio et ibidem Deo servientibus tria Periata frumenti, ad magnam mensuram de frumento suo de Ploeyon.... Ego vero.... in majorem affectus mei certitudinem, prædicta tria Periata frumenti in certis assignavi locis et a certis hominibus persolvenda.* Vide *Petrata* 1.

* **PER IBI**, Gall. *Par là*, Illac. Sentent. arbitr. ann. 1500 : *Quod dicti parerii martineti de Reveniers habeant et teneantur facere unam deffencionem seu amparamentum a parte archæ dicti Glaudii Lamberti, alias Guillion, bonam et sufficientem, et talem quod aqua Per ibi sic conducta, non inferat dampnum in archa martineti dicti Glaudii Lamberti.* Vide mox *Per inde*.

PERIBOLUS, Urbis murus, seu potius mœnia. Gloss. Gr. Lat : Περίβολος, *Mœnia*. Will. Tyrius lib. 8. cap. 14 : *Tota nocte circuibant Peribolon.* Albertus Argentin. ann. 1375 : *Dein mœnia muri antiquitatis prædictæ exaltata sunt cum Peribulo seu deambulacro novo.* [** Richerus lib. 1. cap. 50 : *Obsidione disposita, vallum quo cingebatur irrumpit; atque sic tyrones Peribolum conscendentes, adversarios pervadunt.*]

Peribolus, Peribulum, Ambitus ædis, maxime sacræ. Will. Brito in Vocabul. MS. : *Peribolus dicebatur murus exterior qui cingebat gazophylacia cantorum custodientium altare.* Mamotrectus ad 1. Machab. cap. 13 : *In Peribolo, i. muro atrii domus Domini, quod totum templum per quadram in circuitu ambiebat.* Durandus lib. 1. Ration. cap. 3. n. 35 : *In primitiva Ecclesia Peribolus, id est paries qui circuit chorum, non elevabatur, nisi usque ad appodiationem, quod adhuc in quibusdam Ecclesiis observatur, quod ideo fiebat, ut populus videns clerum psallentem, inde bonum sumeret exemplum :* Περίβολος ἐκκλησιαστική, in Constitut. Theodosii et Valentin. de his qui ad Eccles. confug. *Templi circumjectum*, in l. 4. Cod. Th. eod. tit. (9, 45.) *Septum Ecclesiæ*, in Concilio Aurel. IV. can. 21. in Capitul. Caroli Mag. lib. 5. cap. 177. 219. [** 329. 371. ultimo loco eo sensu quo W. Brito et Durandus.] Gloss. : *Conseptum*, περίβολος. [** Vide Glossar. med. Græcit. in hac voce col. 1151.] Ita *conseptum* de ædibus sacris usurpant Solinus, Apuleius, S. Ambrosius, et alii. Amalarius lib. de Ordine Antiphonarii cap. 27 : *Manifestum est quod castigatio corporis per jejunium, et humiliatio mentis... excludat diabolum de Peribolo sanctæ Ecclesiæ.* Fridegodus in S. Wilfrido cap. 15 :

> .... Exhorruit ilicet alti
> Viribus ingenii reparare Peribula templi.

Flodoardus in Adriano PP. :

> Culmina restituit, fabricisque Peribola cingit.

Thietfridus Epternacensis Abbas in Floribus libro 1. capite 6 : *Taceo quæ ipse Deo mihi teste et conscio olfactu persensi de nostræ Ecclesiæ Peribolo, etc.* Ordericus Vitalis lib. 12 : *Defunctum in Aquilonali climate Periboli sepelierunt.* [Histor: S. Juliani Turon. apud Marten. tom. 5. Ampliss. Collect. col. 1076 : *Decursis itaque matutinis, ad monasterium rediit, et juxta ecclesiam B. Albini in quodam suo Peribolo membra languida locavit.*] Quid autem Ecclesiæ *Peribolus* contineret, docet prædicta Theodosii Constitutio et d. l. 4. nempe *cellulas, domus, hortulos, balnea, areas, atque porticus*, infra quos limites his qui ad Ecclesias confugiebant, vitæ immunitas erat.

¶ Peribolus, nude, Septum, vallum. Chron. Monast. Novalic. apud Murator. tom. 2. part. 2. col. 701 : *Erat enim ipse locus ita in circuitu suo oppido præmunitus, ut cum modicis obstaculis posset undique protegi, aut cum stipitibus, maceriave vel Peribolo.*

Perybolus, Xystus, porticus. Papias : *Deambulatorium, Peribolus.* Glossæ MSS. Regiæ cod. 1673 : Ξυςίδας, περιβόλαια. Odo Abbas lib. de Translat. S. Mauri Abb. cap. 1. [7] : *Deprecari illum cœpi, ut si aliquid ex his* (testamentis seu donationibus) *in Peribulis, aut in scriniis tomo cartarum ejusdem loci sciret, nobis reddere dignaretur.* ☞ Rectius Mabillonius post Bollandum *Peribolum* hic interpretatur Archivum seu Tabularium : ubi præterea monet vocem *tomo* glossema esse. Neque alio significatu accipienda eadem vox in Vita MS. S. Gurthierni ex Tabular. Quimperleg. : *Hæc cartula præscripta inventa de genealogia S. Gurthierni cum reliquis revelatis, multum vetustate confecta servatur in Peribolo celebris nostri monasterii.*

Peribolum, in Glossario Saxon. Ælfrici redditur scire, quæ vox *Pagum*, seu *Comitatum* sonat. Vide *Perivolium* in *Brolium*.

¶ **PERICHELIS**, *Ornamentum puellarum*. Gloss. MSS. S. Andreæ Avenion. Hinc emendandum Carmen de varia fortuna Ernesti Bavar. Ducis, apud Marten. tom. 3. Anecd. col. 372 :

> ...... Hæc pulcras jactat inaures,
> Illa Perichorides et torques versat, et altas
> Ventillat armillas.

Nisi legendum malis *Periscelides*, ut habet Horatius Epist. 17. lib. 1. Gloss. Lat. Gall. Sangerm. : *Perichesis, vel Periscesis, secundum Antiquos Perichelis, Une maniere de aournemens de femes és bras, ou és cuisses.*

* Gloss. Bibl. Mss. anonymi ex Bibl. reg. : *Perichelides, sunt apud feminas crurum ornamenta, quibus gressus earum ornantur. Ugutioni, Perichelis, dicitur ornamentum mulierum circa brachia, vel potius circa crura, quo gressus earum ornantur.* Glossar. Gall. Lat. ex Cod. reg. 7684 : *Perichelis, pourfil de manches à femme.*

PERICLA. Meminit Rocchus Pirrus tom. 2. Notit. Sicul. pag. 368. Chartæ Rogerii Comitis Siciliæ ann. M. 6645. qua cuidam Monasterio concedit : *Periclas terrarum ad laborandum, et animalia sine quavis exactione pascantur in tenimento Saccensi, etc.* [Ubi f. legendum *Perticulas*. Vide in hac voce.]

¶ **PERICLAMIUM**, Precatio, oratio. Hymnus de S. Wulfranno : *Ad ejus* (S. Wulfranni,) *Periclamia patena quidem aurea maris revecta gurgite, hæsit ministri dexteræ.*

1. **PERICLITARI**, Naufragio perire. [Gloss. Lat. Gall. Sangerman. : *Periclitari, Perir.*] Charta Philippi Comitis Flandriæ ann. 1180. in Tabular. S. Bertini : *Si autem gubernatores navium cum sociis suis forte, quod absit, Periclitati fuissent, pro redemptione animarum eorum tricenarium cum præbenda eis, quasi uni ex Fratribus Ecclesiæ concesserunt.* Vide *Periculare*.

* Glossar. Provinc. Lat. ex Cod. reg. 7657 : *Perilhar, Prov. naufragari, Periclitari. Periller*, in Annal. regni S. Ludov. edit. reg. pag. 226 : *Avint que à poi que il ne furent tuit Perillé; car la nef le roy se feri à plain voile en une havaire de terre endurcie.* Occurrit præterea in Lit. ann. 1364. tom. 4. Ordinat. reg. Franc. pag. 429. art. 12. Hinc

* Periclitari, pro Aqua superfundi, exstingui, apud Alex. Iatrosoph. Ms. lib. 2. lib. 2. Passion. cap. 103. : *Videmus enim quia ignis sub viridibus lignis positus Periclitatur, et iterum sublatis eis a quibus Periclitabatur, accenditur.*

* 2. **PERICLITARI**, Agitari, perturbari. Conc. Ancyran. cap. 15 : *Eos qui irrationabiliter vixerunt et lepra injusti criminis alios polluerunt, præcepit sancta synodus inter eos orare; qui spiritu Periclitantur immundo.* Ex vet. Pœnit. Ms.

PERICLYSIS, Περίκλυσις, Ora, extremitas, circumtextum vestis vel veli, purpura in orbem currens, quam Pollux περιῤῥοὴν vocat. Ita Salmasius ad Vopiscum. Anastasius in Leone III : *Cortinas albas holosericas rosatas habentes in medio crucem de chrysoclabo, et Periclysin de fundato unam.* Infra : *Cortinam majorem sericam albam habentem Periclysin et crucem de fundato.* Ibid. : *Et vela holoserica majora sigillata habentia Periclysin et crucem de blattin,... item vela modica de stauracin... ex quibus* *tria habent Periclysin de fundato.* Occurrit ibi sæpe pag. 121. 122. 123. 128. 130. etc.

¶ **PERICONIUM**, a Græco περικωνεῖν, Oblinere, obducere, ut in opere tectorio atque in albario fit, apud Tamayum contra Quevedum in Prologo ad Vitam S. Pauli.

¶ **PERICULARE**, Naufragio perire. Miracula B. Simonis Eremit. August. tom. 2. April. pag. 827 : *Dicta navis ex fortunali et periculo Periculavit et suffocavit in mari,... qui in dicta navi erant morientes suffocati fuerunt.* Vide *Periclitari*. *Periller*, eadem notione, apud Poetas nostrates. Le Roman *de Vacce* MS. :

> Ni out que deus nefs Perilliés,
> Ne sai si furent trop chargiés.

Le Roman *de Blanchandin* MS. :

> Et com il furent Perillié,
> Et trestuit en la mer noié.

¶ **PERICULARITARE**, Periclitari. Ratherius Episc. Veron. lib. 5. Præloq. apud Marten. tom. 9. Ampl. Collect. col. 924 : *Tempestas ergo est in mari, si Periculantaret navis? etc.* Vide *Periculare*.

PERICULONES, Periculosi, ῥιψοκίνδυνοι. Commodianus instruct. 12 :

> Aut Periculones, Mimnermonisque sutores.

* **PERICULOSUS**, Qui periculum seu damnum infert. Meginfr. in vita S. Emmer. tom. 6. Sept. pag. 493. col. 2 : *Illico mente captus, per urbis plateas perque loca petrarum abrupta, et monumenta mortuorum discurrendo, terribiliter perstrepebat, et tamen ita stupidus, nulli fuit Periculosus.* Ubi Aribo in ejusd. vita ibid. pag. 478. col. 2 : *Et tamen nemini inferens damnum.*

* **PERICULUM**, Malum, damnum. Charta Innoc. III. PP. ex Chartul. Campan. fol. 3. v°. : *Quod inventum est in remedium, in Periculum est conversum.*

PERIDOPARE. Fragmentum Petronii : *Sic istos Peridopabant, ut illis Jupiter iratus esset.* Ubi forte legendum *peridorpabant*, id est, *tractabant* a δόρπον, *cœna*, unde περιδορπάζειν.

¶ **PERIDOT.** Vide infra *Peritot*.

¶ **PERIERGIA**, vox Græca, Solertia, sedulitas. Abbo de Obsid. Lutetiæ a Normannis apud Duchesnium pag. 36 : *Qui tamen Periergia, quæso, industriaque legentis debitæ virtuti restituantur.* Fridegodus in Vita S. Wilfridi sæc. 3. Bened. part. 1. pag. 195 :

> Testis adest hujus sanctæ Periergia sedis,
> Hæc quia non sprevi, nam nec spernenda putavi.

¶ **PERIERMENIÆ**, Interpretationes; vox Græcæ originis περὶ ἑρμηνείας. Bernardus Pezius tom. 1. Anecd. Præfat. pag. xi : *Incipiunt Periermeniæ Apulei : Studium sapientiæ, quam Philosophiam vocamus, plerisque videtur.* Librum præterea inscripsit Aristoteles περὶ ἑρμηνείας, [* hoc est, de Elocutione, non de interpretatione; quem consulere licet inter opera ejusdem philosophi,] cujus meminit Placidus Diaconus in Supplem. virorum illustr. Casin. cap. 19. apud Murator. tom. 6. col. 73. Vide Isidorum lib. 2. Orig. cap. 27.

PERIGIUM, Periculum. Charta Alfonsi Comitis Bononiensis ann. 1288. tom. 4. Monarch. Lusit. pag. 279 : *Et excepto Perigio de navibus in mari periclitantibus.*

* **PERIGNIATIUM**, Peregrinatio, pro *Peregrinagium*. Vide in hac voce. Testam. Rob. de Colaverdeyo ann. 1451. ex Bibl. reg. : *Item voluit unum Perigniatium fieri apud B. Mariam du Corray.*

PERILARE, Periculum incurrere. Anonymus Barensis in Chron. ann. 1064 : *Dux venit in Bari... et Gozelino Perilavit cum suis ac Petrino. Periller*, Gallis. Leges Normannicæ Willelmi Nothi cap. 32 : *Et si avers trespassent, Perilot, ú el devient waté, é il ne pussent mustrer ne cri ne force, qui l'on fu faite, si rendissent l'aveir.* Id est, *si averia moriantur, vel in ejusmodi periculum incidant, ut deinceps vitium aut labem aliquam incurrant, etc.* Le Roman *de Jordain* MS. :

> De ma compaigne que je fis Perillier.

Occurrit etiam apud Joinvillam in Hist. S. Ludovici pag. 112. et in Consuet. Britan. art. 644.

* **PERILEPSIS**, Sic omnino legendum censet Bollandus, pro *Peruilepsis*, a Græco περίληψις, comprehensio, in Hist. translat. S. Pauli primi eremit. tom. 1. Jan. pag. 568. col. 2 : *In ecclesia S. Mariæ Peruilepsi, id est, circumsepta,.... repausari* (fecit).

* **PERIMA**, Pelta, clypeus. Glossar. Lat. Gall. ann. 1352. ex Cod. reg. 4120 : *Perima, Targe.*

¶ **PERIMACHIA**, Certaminis apparatus, contentionis cumulus, Græc. περιμαχία. Sidonius Epist. 7. lib. 1 : *Deferimus nihil tale metuenti totam Perimachiam, etc.*

* **PERIMETRUM**, *La linia de mesura.* Glossar. Lat. Ital. Ms.

* **PER INDE**, Gall. *Par là*, Illac. Charta ann. 1332. in Reg. 66. Chartoph. reg. ch. 1333 : *Insuper portum suum et naves tenere et habere libere possit.... ad transeundum gentes pedes vel eques et alia, non faciendo exigi salarium indebitum ab eisdem transeuntibus Per inde.* Vide supra *Per ibi.*

* **PERINDIE**, Pridie. Contin. chron. Odoran. tom. 10. Collect. Histor. Franc. pag. 168 : *Rege recumbente ad mensam, monachisque edentibus, sedebat ibi sæpe dictus monachus, ubi cum Perindie sedentem suprascriptus invenerat cœcus, etc.*

¶ **PERINDIGERE**, Omnino destitui, ad summam indigentiam redigi. Tertull. in Scorpiac. cap. 13 : *Indigeamus, sed non Perindigeamus.* Sic reddit verba Græca Epist. 2. ad Cor. cap. 4. 8 : Ἀπορούμενοι, ἀλλ' οὐκ ἐξαπορούμενοι. Ubi Vulgata habet, *Aporiamur, sed non destituimur.*

¶ **PERINŒA**, Animadversio, censura, Græce περίνοια. Justin. Novel. 146. edit. Lugdun. : *Neque licentiam habebunt hi qui ab eis majores omnibus archipherecitæ aut presbyteri, forsitan vel magistri appellantur, Perinœis aliquibus aut anathematismis hoc prohibere.*

* **PERIODUS**, Lapidis pretiosi genus, sed inferioris ordinis. Inventar. Ms. thes. Sedis Apost. ann. 1295 : *Item unum annulum cum uno topacio obscuro vel Poriodo.* (sic). Ibidem : *Item tres accus, unam cum uno granato, aliam cum Periodo.* Infra : *Periodi et alii viles lapides, etc.* Vide *Peritot.*

¶ **PERIPETASMA**, Velum nauticum. Translat. S. Mauri sæc. 4. Bened. part. 2. pag. 178 : *Cum rudentem Peripetasmatis malum navis scandens, tornaturæ, de qua dissilierat, reaptare vellet, etc.*

¶ **PERIPHERIA**, Circumferentia, ambitus; vox Græca. Mullerus in Introduct. ad Hist. Sand-hippolyt. apud R. Duellium lib. 1. Miscell. pag. 283 : *Tametsi supra memoratus Episcopus Pataviensis Petrus huic tunc oppido murum circumdedisse, et in civitatis formam instaurasse dicatur, id attamen non de integra illius intelligendum est Peripheria.* Utitur Mart. Capella lib. 6. pag. 229. et lib. 8. pag. 278.

* Annal. Estens. apud Murator. tom. 20. Script. Ital. col. 470 : *Descendebat e cœlo S. Petrus, duobus angelis parum humilioribus comitatus, quos globi Peripheria una mirabiliter ambiebat.*

* **PERIPHYSEON**, a Gr. περὶ et φύσις, Natura. Chron. Leob. ad ann. 1197. apud Pez. tom. 1. Script. Austr. col. 800 : *Qui omnes errores inveniuntur in libro, qui intitulatur Periphyseon; qui omnes libri damnati sunt, et ipse Almaricus cum suis Parisius est combustus.* [** Vide *Jourdain* de Aristot. oper. lat. versis pag. 212.]

¶ **PERIPITISMA**, f. perperam pro *Peripetasma*. Annales Franc. Anianenses : *Dedit idem Rex serenissimus Augustus quatuor Evangeliorum librum, ... cujus postes sunt mirabili schemate compositi, ut unum electri aureolum conformet Peripitisma, alterum vero eburis pulchre cælatum distinguat iconisma.*

* **PERIPLEUMONICUS**, Qui *peripneumonia* laborat; apud Alex. Iatrosoph. Ms. lib. 1. Passion. cap. 9.

PERIPSEMA. Glossæ MSS : *Peripsema, limatura metalli, et purgamenta pomi, et quisquiliæ domus, et rasura cujusque rei.* Res vilis et abjecta, apud S. Paulum. Liber Epistolarum S. Bonifacii Arch. Mogunt. Epist. 74 : *Hæc xeniola direximus tuo cultui... caligas, et Peripsemata, orarium et coculam, et gemmam brevem.* [Ubi *Peripsemata* videntur Grævio recensenda esse inter pedum tegumenta, quod caligis jungantur.] [** f. leg. *Peripetasmata*, Aulæa.]

Peripsema, fem. gen. Liber Sacramentor. Gregorii M. : *Si a me omnium Sacerdotum Peripsema sacrificium offeratur; pollutæ conscientiæ crimen augetur.* Vel indeclinabile. [** Odilon. vita Adalheidæ apud Pertz. Script. tom. 4. pag. 637 : *Domno Andreæ... frater Odilo, Cluniensium pauperum cunctorum Peripsema, etc.*]

Peripsima, *Media planta pedis.* Gloss. Isid.

* Glossar. Gall. Lat. ex Cod. reg. 7684 : *Peripsima, purgement de froument, c'est assavoir la paille.*

Peripsima, Sordes, immunditiæ. Bernardus Mon. in Consuetud. Cluniac. MSS. cap. 48 : *In sabbato autem post Nonam, vel post Vesperas, totam coquinam bene cum scopis emundant, adunantes ante ostium ipsius coquinæ totum pulverem ac Peripsima, unde in crastina, dum Missa matutina cantatur, custos vini faciet auferri.*

* **PERIPSERE**, Abrogare, ad nihilum reducere. Vide *Peripsema.* Charta ann. 1121. inter Probat. tom. 1. Hist. geneal. domus reg. Portugal. pag. 3 : *Magnus est titulus donationis, in quo nemo potest au-*

ctum largitatis irrumpere, nemo extra legum jura Peripsere. [** Eo sensu latini *Perimere* dicunt.]

¶ **PERIPSYCIS**, *Frigdor*, in Gloss. MSS. a Græco περίψυξις.

* **PERISSERIUS**, Pirus silvestris, vulgo *Perussier*, id est, *Poirier sauvage*. Charta ann. 1460. ex Tabul. S. Vict. Massil. : *A dicto regagio usque ad Perisserium, et de dicto Perisserio usque ad arcam novam.* Infra : *Arborem Perusserii, etc.*

* **PERISSOCHOREGIA**, in leg. 2. Cod. Theodos. de frumento Alexand. Vide ibi Gothofred.

PERISTERIUM, Ciborium, in cujus cavo appensa erat columba, ex qua pendebat pyxis, sacram Eucharistiam continens. Testamentum Perpetui Episcopi, quo legat *Amalario Presbytero casulam unam communem de serico, item Peristerium et columbam argenteam ad Repositorium.* Hinc emendandus, ni fallor, Rainerus de Translat. reliquiarum SS. Eutychetis et Acutii : *Cujus claustri prominens pulchritudine decenti fastigium, columnis ambitum purpureis sculptarum vario schemate figurarum insignitum; argenteum bajulat, quod vulgo ciborium dicitur, nitens Peristerium, sub cujus umbraculo altare similiter statuit, argenteis undique redimitum tabellis, etc.* Editio præfert *Pyrasterium.*

* Apud Rainerum edit. Ughelli *Pyrasterium*, typothetæ mendum esse censent docti Bollandi Continuatores tom. 6. Sept. pag. 893. col. 1. qui tamen non *Peristerium*, sed *Pyraterium* ex Ms. et Caracciolo ediderunt; ubi Falconius *Porphyratorium* substituit. Cangio consentit Mazochius in Dissert. de Cathed. eccl. Neapol. pag. 15. quam consule.

* **PERITIO**, Interitus, jactura, damnum. Vita S. Clari tom. 1. pag. 12. col. 1. *Divinæ veritatis ignari, post temporalem corporis mortem, æternam sine dubio subibunt animarum Peritionem.*

PERITOT, [Gemma viridis coloris smaragdo durior, sed minoris pretii, nostris *Peridot* vel *Pelidor*. An veteribus cognita fuerit, incertum est. Vide *Paradota.*] Monasticum Anglic. tom. 1. pag. 6. de reliquiis S. Thomæ Cantuariensis Archiep. : *Annulus, qui fuit super digitum suum, cum dicto Peritot, tempore, quo gladiis impiorum occubuit.* [Haud scio an idem sit lapis qui *Pedoire* dicitur in Poemate *de la guerre de Troyes* MS. :

> Li qart pillier fu d'un Pedoire....
> Sont pierres serrées et dures, etc.]

Vide *Periodus.*

¶ **PERIVOLIUM**, Silva muris aut sepibus cincta, in qua feræ venaticæ concluduntur. Vide *Brolium.*

¶ **PERJURAMENTUM**, PERJURATIO. Leges Henrici I. Reg. Angl. cap. 64 : *Judicatur simplex lada simplici Perjuramento, triplex lada Perjuratione, et nullum unquam Antejuramentum condonetur.* Ubi *Perjuramentum* est sacramentum; *Perjuratio* vero sacramentum solemnius, puta super Crucem, Altare, etc. [** Edit. Thorp. : *Et inducatur simplex lada simplici Prejuramento et triplex lada triplici Prejuracione, etc.* Vide *Antejuramentum.*]

PERJURARE, Dejerare, vel falso jurare. Lex Salica tit. 50. § 2 : *Si aliquis alicui imputaverit, quod se Perjurasset, et non potuerit affirmare, etc.* Ita § seq. Phrasis Gallica, *se parjurer.* [Perjuris pœnas inflictas videsis passim in Capitularibus Regum nostrorum.]

* Lit. remiss. ann. 1362. in Reg. 93. Chartoph. reg. ch. 177 : *Ipsos Perjurasse confessi fuerunt; et propter hoc dictus Jacobus ad admittendum* (leg. amittendum) *vel scindendum lingam* (sic) *extitit condempnatus, et eidem de facto linga fuit excisa.* Perjurii pœnam, ridendum potius, quam culpæ dignam, memorat Bareleta in serm. fer. 5. hebd. 3. Quadrag. : *Præterea antiquæ leges puniunt sacramentum falsum, ut ponantur super asinum cum cauda in manu, et quod a parvulis cum ovis lapidentur et cum tympanis associent per civitatem.*

¶ PERJURATUS, Perjurus. Synodus adversus Felicem sub Leone III. PP. inter Concil. Hispan. tom. 3. pag. 114 : *Non solum hæresiarcha dudum de adoptione in Filio Dei latrans factus est; sed etiam et semel et bis et tertio Perjuratus effectus est.*

¶ 1. **PERIZOMA**, Quo aliquid circumcingitur, a Græc. περίζωμα, quod idem est, Gen. 3. 7. Isidorus lib. 19. Origin. cap. 22 : *Vestis antiquissima hominum fuit Perizomatum* (l. Perizomatium) *id est, succinctorium, quo tantum genitalia conteguntur. Hoc primum primi mortales e foliis arborum sibi fecerunt, quando post prævaricationem erubescentes pudenda velabant.* Gloss. Lat. Gall. Sangerman. : *Perizoma, une maniere de vestement, surceint, braie.* Idem quod aliis *Campestre.* Vide *Campestratus.*

* 2. **PERIZOMA**, *Pelure de pume* (leg. pomme). Glossar. Lat. Gall. ann. 1352. ex Cod. reg. 4120.

¶ **PERIZONIUM**. Perottus : *Castula, palliolum præcinctum, quo nudæ virgines infra papillas præcinguntur, id et Perizonium et præcinctorium appellatur.* Vocabul. Sussannæi : *Perizonium, Devanteau, alias castula et præcinctorium.* Vide *Perizoma.*

PERLÆ, Margaritæ, uniones, nostris *Perles.* Matthæus Paris et Matthæus Westmonast. ann. 1255 : *Et erat quidam lapis pretiosus, qui dicitur vulgariter Perla.* Jacobus de Vitriaco lib. 3. Hist. Orient. : *In auro, et argento, Perlis, et pomis ambræ, filis aureis, phylacteriis, etc.* [Venditio quorumdam jocalium ann. 1347. tom. 2. Hist. Dalphin. pag. 567 : *Videlicet quandam Crucem magnam de argento deaurato, operatam et factam de et cum smaltis ac lapidibus, margaritis seu Perlis, etc.* Testam. Beatricis de Alboreya Vicecomit. Narbon. ann. 1367. apud Marten. tom. 1. Anecd. col. 1524 : *Item, legamus conventui dominarum de S. Pontio Thomeriarum quinque lapides vocatos saphirs perforatos, qui sunt in opere, cum Perlis, nec non et omnes alias Perlas operatas, et non operatas, et omnes botonos auri et argenti, cum Perlis et sine Perlis.*] Occurrit non semel apud Odoricum de Forojulio in Peregrinat. sua. Scripsit Wido de Pileo, Episcopus Ferrariensis, Poema, de veteri novoque Testamento, cui titulum fecit : *Perla Bibliorum.* Statuta MSS. pro aurificib. Paris. ann. 1355 : *Ne Orfevre ne peut mettre en œuvre d'or ne d'argent Perles d'Escoce avec Perles d'Orient, se ce n'est en grand joyaux d'Eglise, etc.*

PELLÆ, Eadem notione. Michael Scotus lib. de Physion. cap. 8 : *Pella rotunda.* Adde cap. 17. Necrologium Ecclesiæ Paris. Id. Junii : *In qua planeta sunt quidam lapides pretiosi, qui vulgo Pellæ vocantur.* Hauserunt Latini scriptores a nostris. Auctor Rosarii S. Dionysii MS. :

> Elle est en plusieurs lieux semée,
> Embellie et peinturée
> De Pelles et de biaux saphirs.

Chron. MS. Bertrandi Guesclini :

> Et quant le Roy le vit, son chapel à jus mis,
> Qui fut moult noble et biaus, à vrais Pelles massis.

Alio loco :

> En couronnes plaisans d'or fin Arabiois,
> A pierres et à Pelles aussi grosses que pois.

PERULI. Iso Magister in Glossis : *Bacas, gemmas rotundas, qui uniones vocantur, eo quod in capite ostrearum aperto cerebro semel in anno et unus tantum, quos et Perulos vocant.* Vide *Perula.*

Casaubonus ad sat. 2. Persii observat, margaritas infimæ Latinitatis scriptores vocare *Perulas*, vocemque exstare apud veterem interpretem Horatii. Salmasius ad Hist. Aug. *perulas* dictas censet, voce ex Latino deflexa, quasi *pilulas*, seu parvas pilas. Unde et *pirula* Isidoro rotunda illa nasi extremitas, pro *pilula*, dicitur. Et in Notis ad Solinum, *perula*, pro *sphærula*, i. parva sphæra, dixisse veteres scribit : ita enim recentiores sphæram appellasse, indeque perulas uniones Gallis dici, ut Græcis σφαιρία. Alii a *Perna*, quæ est conchæ species, de qua Plinius lib. 32. Vide in *Pernæ.* [** Furlanett. in Forcell. Lexic. voce *Pirula*, Murat. Antiq. Ital. med. ævi tom. 2. col. 1263. Graff. Thesaur. Ling. Franc. tom. 3. col. 347. voce *Perala.*]

* **PERLARCHUM**. Libert. Barcin. Mss. ann. 1283. concessæ a Petro II. reg. Aragon. : *Item quod quilibet potest habere atans Perlarchi pro traves in pariete vicino, sine impedimento lucernarum vicini.* An divisis vocibus legendum *Per larchum*, pro *Per largum*, ea scilicet parte, qua quid largum est. [** In vulgari tit. 1 : *Tot hom puxa hauer atans en paret propria o communa, en paret pres de son vehi de lonc, e de traves, etc.*]

¶ **PERLIMITARE**, Limites alicujus provinciæ pertransire. Chron. Mosomense apud Acher. tom. 7. Spicil. pag. 626 : *Interim Porciensem comitivam ingressus, prope jam egrediens Perlimitabat eam, cum ecce a latronibus vitæ vel pecuniis transeuntium insidiantibus occursu improviso exceptus, etc.*

* **PERLINA**, in Stat. crimin. Saonæ cap. 28. pag. 57. pro *Berlina.* Vide supra in hac voce.

* **PERLIRICUS**, *Delectabile e dolce*, in Glossar. Lat. Ital. Ms.

* **PERLISIA**, ab Hispanico *Perlesia*, Paralysis. Mirac. B. Petri Arbues. tom. 5. Sept. pag. 745. col. 1 : *Mariana de Bolas, vidua ex Luca Brerge civis Cæsaraugustæ, infirmitate Perlisiæ gravata, etc.*

* **PERLOCI**, Margaritæ, uniones, Contract. matrim. inter Gast. de Fuxo et Beatr. de Armaniaco ann. 1379. ex Bibl. reg. : *Ex causa dictæ pacis melius observandæ,... diversorumque jocalium aureorum et Perlo-*

corum, diversisque aliis gemmis ornatorum, etc. Vide mox *Perlula.*

¶ **PER LONGUM**, Gall. *de long*, Ea parte qua quid longum est. Litteræ Caroli V. Fr. Reg. ann. 1367. de Forma vestium : *Item, quod nulla ipsarum audeat portare mantellos apertos a lateribus, quia videntur esse viri, ipsos tamen a parte ante in medio personæ ante Per longum possint portare apertos.*

* **PERLUCIDARE**, Illuminare, perlucere. Acta S. Franciscæ tom. 2. Mart. pag. 105. col. 2 : *Amor sum dilucidus, qui mentem Perlucido, si eam inspicio terrenis spoliatam, quod se non reputet in cogitatu et in visu, sed semper videat se annihilatam, etc.*

* **PERLUCRUM**, Altera judicialis mulcta, quæ, priore non persoluta, imponitur, assignaturque ad quoslibet damnati redditus. Stat. ann. 1505. inter Leg. Polon. tom. 1. pag. 306 : *Statuimus, quod capitanei districtuum tenentur et debent exequi omnia Perlucra contra omnes sui districtus subditos.* Eædem ex Collectione Prilusii pag. 243 : *Capitaneus.... cum parte victore rem judicatam seu Perlucra in scripto sibi repræsentata.... ad bona partis jure convictæ diriget, et præsertim ad talia bona super quibus Perlucra censentur esse jure obtenta.* Et pag. 244 : *Tam in Perlucris, quam in vadio intromissionem dando, juxta continentiam vadii et Perlucrorum.* Rursum pag. 247 : *Si in lucro condemnatus, rei judicatæ non curat satisfacere, tunc concitatur ad satisfactionem Perlucris et pœnis.*

* **PERLULA**, dimin. a *Perla*, margarita, unio. Inventar. S. Capel. Paris. ann. 1363. ex Bibl. reg. : *Item solebant esse duæ custodiæ et una toaillia parata ad lilia aurea et aquilas et leunculos de Perlulis.... Item una alia toaillia... virgulata de Perlulis ad fimbrias.* Aliud Gallic. : *Item souloit avoir deux custodes et une touaille parée à fleurs de lis d'or, et à aigles et à lyons de Perles.* Vide in *Perlæ.*

* **PERLUSTRATUS**, Radians. Acta S. Hildeg. tom. 5. Sept. pag. 698. col. 1 : *Beata Hildegardis in lecto ægritudinis semper fuit Perlustrata.*

¶ **PERMANENTIA**, Perpetuitas. Diploma Henrici Ducis Slesiæ ann. 1319. apud Ludewig. tom. 6. Reliq. MSS. pag. 3 : *Ut modus et ordo gestorum nostrorum, quæ efficaci Permanentia perpetuo oportet et debent subsistere et solida permanere, etc.*

* Unde *Permenablement*, nostris, perpetuo, in Lit. ann. 1264. tom. 5. Ordinat. reg. Franc. pag. 390. *Permenaulement*, in Charta ann. 1265. ex Chartul. S. Joan. Laudun. *Permanaulement*, in alia ann. 1293. ex Chartul. 21. Corb.

¶ **PERMANSIVE**, *non dispositive*, Voces quæ passim occurrunt apud Scholasticos, id est, inquit Goclenius in Lex. Philos. per modum habitus, non affectionis.

PERMENTARIUS, seu *Parmentarius*, ex *paramentarius*, qui vestes *parat*, id est, ornat, nostris olim *Parmentier*, qui hodie *tailleur d'habits.* In Regesto Ambianensis urbis ann. 1265 : *Parmentier et tailleur de draps.* Catholicon Armoric.: *Courezaff, Gall. Correer, Parmento, as, etc.* Monasticum Anglic. tom. 1. pag. 987 : *Ut nec mercator, nec institor, nec Permentarius, nec corvesarius, nec ullus minister, volens vendere vel emere, non vendant, nec emant aliquid alicubi, nisi ibi quamdiu nundinæ duraverint.* Guillelmus de Guignavilla Monachus Carolilocensis Monasterii, in Peregrinatione animæ :

Ceus qui serrent desloiaument .
Et qui labeurent faussement;
Maunier qui emplent leur raison
Des grains d'autrui contre raison :
Faus Parmentiers, et autres gent
Qui de l'autruy si largement
Prennent, que se seus estait,
Le meins mesme les prendroit.

¶ PARMENTARIUS, in Chartular. V. S. Vedasti Atrebat. pag. 262 : *Singulis debent annis de sua caritate et confraternitate Parmentarii* IV. *sol.* Et pag. 266 : *Hala Parmentariorum præposito* II. *den.* Vide *Parator.*

* **PERMERDATUS**, Totus merda infectus. Fragm. Hist. Forojul. apud Murator. tom. 3. Antiq. Ital. med. ævi col. 1207 : *Homo iste longus ipsum parvum cepit in suis ulnis, ipsum velit nolit portans extra domum ipsam.... Sed ipse priusquam ab eodem relaxaretur, totus in cerabulis ex gravi dolore deturpatus, et ut ita loquar, deterius Permerdatus est, et se reddidit eidem.* Vide *Merdare.*

* **PER MINUS**. Charta ann. 1096. inter Probat. tom. 1. Hist. geneal. domus reg. Portugal. pag. 2 : *Pro nullo abere, que venditus fuerit Per minus de duodecim denarios, non dent inde portaticum.* Id est, minori pretio quam, etc. Galli diceremus, *Moins, au-dessous.*

* **PERMIRABILLIMUS**, Perquam mirabilis. Glab. Rodulph. tom. 10. Collect. Histor. Franc. pag. 49 : *Illud præterea stupore nimio Permirabillimum, etc.*

¶ **PERMISSIO**, Dimissio, Gall. *Delaissement, abandon.* Litteræ Henrici VII. Reg. Angl. ann. 1509. apud Rymer. tom. 13. pag. 244 : *Relaxavimus eidem Episcopo (Londoniensi) omnimodas prostrationes, abrutiones, sive Permissiones cadendi aliquarum domorum.*

* **PERMISSUM**, Valedictio, abeundi facultas. Vita S. Udalr. tom. 2. Jul. pag. 113. col. 1. cap. 14 : *Cum inde recedere debuisset, expleta multimodo amabilitatis locutione, acceptoque cum orationibus in ecclesia Permisso, ad vehiculum suæ reportationis egressus est.* Rursum occurrit ibid. pag. 115. col. 2. [** Ita cap. 26 : *Manus Hiltini camerarii comprehendens, suæ fidelitati commendavit, et cum caritate eum Permisit*, i. e. missionem dedit ei, valedixit ei.]

¶ **PERMITTENTE** APOSTOLICO, in lib. 7. Capitul. cap. 260. Verba illa, inquit Marca lib. 2. de Concordia cap. 12. § 7. formulam redolent qua Magistratus utebantur cum Rescriptorum principalium tristitiam molliebant, quaque usus est Gregorius M. cum legem Mauritii de militibus ad monachismum properantibus temperavit. Quod nos hodie *cum bona venia*, aut *sub beneplacito Pontificis* fieri dicimus.

* **PERMITTERE**, Dimittere, derelinquere, Gall. *Laisser, abandonner*, Hist. belli Forojul. in Append. ad Monum. eccl. Aquilej. pag. 46. col. 2 : *D. Nicolaus cum intravit terram Utini in furore populi interfectus fuit, et ductus fuit super plateam Utini, et ibi Permissus quasi per totam diem.* Ubi Murator. tom. 3. Antiq. Ital. med. ævi col. 1195. habet, *Stetit.*

¶ **PERMOLDER**, f. Præstationes quæ ex molendino percipiuntur. Chron. Hamelense apud Leibnit. tom. 2. Script. Brunsvic. pag. 512 : *Ut ego ejusdem ecclesiæ fratres in decima villæ Hamelen et majori molendino et in bonis quæ quondam Permolder dicebantur, quæ nos ipsi ad Hamelen firmis præbendæ fructibus assignavimus, etc.*

* **PERNA**. Vide supra in *Parva.*

PERNADA, Ager vel prædium. Prima Curia Generalis Barcinone celebrata a Jacobo II. Rege Aragonum ann. 1283. cap. 23 : *Si tenent masatam, bordam, vel Pernatam, aut alia bona talia unde possent hospitium competenter tenere.* Alia Curia Barcinon. ann. 1291 : *Item quod aliquis homo, qui teneat mansum, vel Pernadam, vel bordam in dominio alicujus, et faciat focum inibi, non possit se facere hominem alterius sine licentia domini sui.*

PERNÆ, inquit Papias, *vulgo procellæ de montibus*, dicuntur.

PERNÆ, alia notione. Plin. lib. 32. cap. ult. : *Appellantur et Pernæ concharum generis circa Ponticas insulas frequentissimæ : stant velut suillo crure longo in arena defixæ, hiantesque.* Chron. Casin. lib. 3. cap. ult. *Coppetellæ de Pernis* 3. id est, de conchis istis. Vulgo *nacre de perles.* Ita vero Latinis dictæ conchæ marinæ, e quibus colliguntur margaritæ; seu uniones, quos inde *perlas* vocamus, quasi *pernulas.* [Constitut. Frederici Reg. Siciliæ cap. 86 : *Quod nullus, sive vir, sive mulier,... audeat portare in vestibus, quas induerit, aliquam frisaturam de Pernis, etc.* Ibid. cap. 107 : *Liceat in hujusmodi mantello posse fieri coxellos de auro filato, vel seta absque Pernis.*] Charta Joannis Archiepisc. Capuani ann. 1301. in Sanctuario Capuano : *Mitram unam cum smalto, auro et argento lapidibus et Pernis ornatam.* Infra : *Item parvum chirothecarium de seta alba cum smaltis Impernatis.*

PERNARIUM, Perna. Charta Rogerii I. Regis Siciliæ apud Ughellum tom. 9. pag. 45 : *Concedimus.... villanos* 80. *demanios nostros, qui reddant singulis annis.... et herbaticum cum terris suis, et Pernarium leporis, etc.*

¶ **PERNATA**. Vide *Pernada.*

* **PERNICARI**, Perniciem inferre. Glossar. Lat. Gall. ex Cod. reg. 7692 : *Pernicari, Damager.* Vide mox *Pernicio.*

¶ **PERNICATOR**, Perdicum venator, ab Ital. *Pernice*, Perdix. Statuta Montis Regal. fol. 282 : *Et teneantur prædicti Pernicatores apportare insimul omnes perdices quas capient in finibus dictæ civitatis.*

¶ **PERNICIO**, *Freisaist, lesio, offensio.* Gloss. MSS. x. saltem sæc. ad calcem Collect. Can. ex Bibl. D. D. *Chauvelin* Regiorum sigillorum Custodis.

* Pro Pernicies. Mirac. S. Verenæ tom. 1. Sept. pag. 169 : col. 1 : *Sic fit, nisi adsit gratia Spiritus Sancti, Deo et sanctis suis adversantibus periculum ad Pernicionem interitus imminere.*

PERNICULA, ἱματίου σίπα, in Glossar. Gr. Lat. [* Adde ex Castigat. in utrumque Glossar. Cod. Germ. : *Prænicula*, ἱματίου σιρά, σειρά. Reg. *Penicula.*]

** **PERNIGER**, Qui pernam gerit, in Reinardo Vulpe lib. 1. vers. 239.

¶ 1. **PERNIO**, Pernium, Ital. *Pernione*, Ulcus quod ex frigore hiberno in digitis manuum pedumque, vel in talo contrahitur. Utitur Plinius lib. 20. cap. 3. Glossæ Græc. : *Pernium*, χείμεθλον. Vide *Mugæ*.

* 2. **PERNIO**, Compages ferrea, Ital. *Perno*, Hisp. *Pernio*. Chron. Jordani apud Murator. tom. 4. Antiq. Ital. med. ævi col. 955 : *Ferreum Pernionem candens in manibus clerici deferendum jubet. Quod quum clericus innocue sustinuisset, quousque adstantibus placuisset, rex cum suis ad solum Christum colendum conversus est.* Vide *Ferrum candens*.

* **PERNIS**, Pelvis. Acta capit. eccl. Lugdun. ad ann. 1338. fol. 45. v°. col. 1. ex Cam. Comput. Paris. : *Dom. Henricus quondam decanus ecclesiæ Lugdunensis legavit.... octo marchas argenti pro faciendo uno turribulo deaurato et duos Pernes seu bacins argenti.* Leg. forte *Perves ;* ubi etiam *r* pro *l*, quod sæpe fit : unde idem quod *Pelves*.

* **PERNOCTANTIA**, Pernoctatio. Glossar. Gall. Lat. ex Cod. reg. 7684 : *Pernoctantia, Veillance.* Nostri à Lat. Pernoctare, *Pernocter*, dixerunt, eo sensu quo *Pernoctatio*, 1. Reg. 13. Corb. sign. *Habacuc* ad ann. 1513. fol. 191 : *Il est expressement prohybé et deffendu.... aux archevesques de Rains et pareillement aux évesques d'Amiens .... de aller, venir, passer, rapasser, estre, Pernocter ne demourer en ladite ville de Corbie.*

PERNOCTARE, Differre. *Pernoctatus*, Dilatus. [** German. *Overnachtich*.] Speculum Saxon. lib. 1. art. 58. § 1 : *Et sic coram eo deliberatum rusticorum arbitrium procedit, liciteque Pernoctatas judicat injurias seu violentias.* Art. 70. § 3 : *Contra quem actio injuriarum cum clamore judicario proponetur, dum adhuc injuria non sit Pernoctata, si actor septem virorum testimonio factum poterit comprobare, statim reus proscribetur.* Lib. 2. art. 10 : *Istud est majus judicium, quod pertinet ad Sculterum, hoc tamen facere non poterit, si actio Pernoctetur.* Wichbild Magdeb. art. 72 : *Vir si vulneratus fuerit, et eodem die judicium non quæsierit, negotiumque Pernoctatum sit, etc.*

¶ 1. **PERNOCTATIO**, Idem quod *Procuratio*, *gistum*, Jus divertendi in domum alicujus ad pernoctandum. Diploma Bretislai Ducis Boemiæ ann. 1045. apud Ludewig. tom. 6. Reliq. MSS. pag. 52 : *Ita ut domino Abbati et fratribus ejus, singulis annis quilibet illorum duodecim denarios persolvat, et porcum tenuem bene pastum dent, semel in anno; et Pernoctationes et conductum, quoties expedit, domino Abbati vel nunciis ipsius.* Charta Henrici IV. Imper. ann. 1114. in Hist. Mediani Monast. pag. 262 : *Nullus Episcoporum, Ducum vel advocatorum exactiones faciat vel Pernoctationes.*

* Charta Hug. ducis Burg. ann. 1270. ex Chartul. S. Mart. Augustod. : *Super etiam quadam Pernoctatione seu procuratione, quam petebat nomine nostro castellanus noster Cabilonensis ab hominibus prædictæ villæ de Grangiis.* Vide *Pernoctantia*.

* 2. **PERNOCTATIO**, Quodlibet gravamen, quævis injusta molestia; quo sensu sequioribus sæculis sumpta est vox, *Excubiæ*, ut in hac voce observat Cangius. Charta ann. 1190. inter Probat. tom. 3. Hist. Occit. col. 168 : *Ad evacuandas et frustrandas Pernoctationes et insidias conductorum exercituum, qui diutissime hanc terram perturbant, etc.*

** **PERNOTARE**, Notare, distinguere, apud Richerum in Prologo : *Pro tempore actorum prudens lector reges æquivocos Pernotabit.*

* **PERNOVARE**, De novo ad cultum redigere. Charta ann. 1211. in Chartul. S. Corn. Compend. fol. 166. r°. : *Creantaverunt autem ecclesiæ coram nobis homines, quod ab instanti nativitate Domini in quatuor annos, boscum Pernovabunt, quod ad terram arabilem trahi poterit.*

* **PERNOX**. Vide supra *Perdius*.

PER NULLIS Ingeniis, pro *Per nulla ingenia*, occurrit in Chartis Alamannicis Goldasti 47. 58. 59. et 60.

1. **PERO**, Saccus coriaceus. Acta S. Thyrsi Mart. cap. 7 : *Ipsius autem Peronis fortioribus ligaturis constringite fauces.* Jusserat nempe Præses S. Thyrsum sacco inclusum in mare demergi. Occurrit ibi non semel. Utitur etiam Plinius lib. 36. cap. 14. pro sacco, ut et Hieron. Quæstione in Genesim. [Vita S. Romani Archiep. Rotomag. metrice scripta apud Marten. tom. 3. Anecd. col. 1662 :

> Vis angit horeæ, tetra premor anxia nocte,
> Si saltem trita, si cum Perone lucerna
> Texeris hanc nudam, etc.]

* Castigat. in utrumque Glossar. ex Cod. Germ. : *Pero*, ὠμοβυρσινωτον. Gloss. Gr. Lat. ὠμοβύρσινον, *Pera de corio*.

Perones, Latinis, dicuntur calcei, qui tibiatim calceabantur. [Gloss. Isid. : *Pero, Calciamenta pilosa.* Gloss. MS. Sangerm. num. 501 : *Perones, Rustica calciamenta.* Vide *Culpones*. Carolo de Aquino in Lex. milit. dicitur a Pera, sacculi genere; quod sit laxius calceamentum ad peræ similitudinem.] De iis Virgilius, 7. Æneid. Juvenal. Sat. 4. etc. Vide Savaronem ad Sidon. lib. 4. Epist. 20. Bened. Balduinum nostratem in Calceo antiquo cap. 17. Salmasium ad Tertull. de Pallio cap. 5. et alios. De Peronibus Scoticis, sic Hector Boethius lib. 14. Hist. Scotor. pag. 308 : *Postea Peronum decem millia sparsim per exercitum projectorum* (inventa.) *Calceamenti autem id genus est hirsutum, ex corio crudo confectum, quo Scoti veteri Romanorum more in expeditionibus atque venatibus, quod ad cursum celeriorem nihil præstaret impedimenti, uti consuevere.*

* **PER OLIM**, Quondam, olim. Charta ann. 1335. in Reg. 72. Chartoph. reg. ch. 406 : *Cum nuper occasione mortis Aymerici Berangarii, Per olim capitularis Tholosæ, etc.*

¶ **PERO**, Podium, suggestus, a Gall. *Perron*. Chron. Corn. *Zantfliet* apud Marten. tom. 5. Ampliss. Collect. col. 380 : *Singuli nominatim, tam clerici quam laici, voce præconia ad Peronem proscripti sunt et a patria banniti, præbendis eorum aut distributis aut venditis, etc.* Vide *Theclatura*.

* **PERONATUS**, *Calciato de stivali*, in Glossar. Lat. Ital. MS. Vide *Perones* in *Pero* 1.

* **PERONNIUM**, f. Forum, ubi *perones* seu calcei venduntur. Charta G. comit. Nivern. ann. 1228. ex Cod. reg. 9612. T. : *Quittaverunt nobis et hæredibus nostris episcopus et capitulum Lingonenses centum solidos annui redditus, quos habebant in Peronnio Tornodorensi.* Ubi Chartul. eccl. Lingon. ex Cod. reg. 5188. fol. 243. v°. habet, *Perronnio*. Vide in *Pero* 1.

* **PERONUM**, Clivus, collis dejectus, Gall. *Panchant*. Charta ann. 1320. in Reg. 59. Chartoph. reg. ch. 528 : *Usque ad aliam bodulam positam in collo seu Perono de Seritata, etc.* Vide supra *Pendaria*.

¶ **PERPACARE**, Debitum integre persolvere. Litteræ Jacobi Reg. Aragon. ann. 1252. inter Instr. tom. 6. novæ Gall. Christ. col. 65 : *Confitemur nos habuisse a vobis in pecunia numerata duodecim millia solidorum Melgoriensium pro expensis quas fecimus tam in aquirendo quam custodiendo castra prædicta, de quibus Perpacatos nos tenemus, etc.* Vide *Pacare*.

¶ Perpagare, Eodem intellectu. Charta Communiæ Rotomag. etc. apud Duchesn. Hist. Norman. pag. 1068 : *Et si debitor non habet tantum, unde ille possit Perpagari, tamdiu ponetur extra civitatem,.... quod faciat gratum Majoris et creditoris sui.* Vide infra *Propagare*.

¶ Perpacatio, Perfecta et integra debiti solutio. Charta Eduardi II. Reg. Angl. ann. 1309. apud Rymer. tom. 3. pag. 125 : *Liberate de thesauro nostro.... quingentas quater viginti et duodecim libras, quatuor solidos et undecim denarios, in Perpacationem decem milium marcarum, quas dominus, etc.* Occurrit rursum infra.

¶ Perpagatio, Eadem notione, in Charta Guidonis Comit. Flandriæ ann. 1297. apud eumdem Rymer. tom. 2. pag. 773 : *Integraliter recepimus in Perpagationem solutionis pecuniæ prædictæ, etc.*

* Nostris *Parpaie* et *Parpaiement*, eadem acceptione. Comput. Rob. de Seris ab anno 1332. ad 1344. in Reg. 5. Chartoph. reg. fol. 63. r°. : *Pour la Parpaie de six cent livres Tournois fors, dehus à Bonnachin de la Rose, pour la vendue de trois chevaux.* Lit. remiss. ann. 1391. in Reg. 141. ch. 144 : *Journées furent prises entre lesdites parties sur le Parpaiement de ladite somme.*

PERPARS, Portio hæreditaria, seu divisio hæreditatis per partes, Anglis *Purpart* et *Propertie*. Fleta lib. 2. cap. 54. § 19 : *Tanquam terram quæ sibi descendit in Perpartem de hæreditate talis antecessoris.*

Propars, ibidem lib. 5. cap. 9. § 13. lib. 6. cap. 21. § 2. [Charta ann. 1319. apud Rymer. tom. 3. pag. 795 : *Nec non dilectum et fidelem nostrum Rogerum Damory, nunc dictæ ecclesiæ patronum, ratione Propartis suæ, et tibi et Elezabethæ uxori suæ, uni cohæredum et participum hæreditatis, factæ, etc.* Vide *Carterium*.]

¶ Purpars, in Charta ann. 1366. apud Kennett. Antiquit. Ambrosden. pag. 502 : *In Purpartem ipsius Elizabethæ ipsam de terris et tenementis prædictis in dicto comitatu Oxon. contingentem, una cum feodis militum et advocatione ecclesiarum ad Purpartem illam spectantibus.* Charta ann. 1290. tom. 1. Chartul. S. Vandreg. pag. 196 : *Et jura ladite Jehane pardevant nous... que contre cette vente.., riens ne demandra james par reson de don, de douaire,... et de Pourpartie d'heritage.*

Purpartia. Genealogia Perciorum, in Monastico Anglic. tom. 1. pag. 847 : *Qui quidem Ricardus, quia vir animosus erat, intravit in Purpartiam matris suæ, vivente matre sua, etc.*

Propertia. Idem Monastic. pag. 305 : *Inter quas* (sorores) *Propertia facta fuit de prædictis Comitatibus, advocationibus, et castris, etc.* Vide Edw. Cokum ad Littletonem sect. 219. Statutum Henrici IV. Reg. Angl. ann. 4. cap. 3 : *Et que nul tiel Clerck convicte de tel treason, ou que il soit common laron, come desvez, après que il sera livrés à l'ordinaire, onques ne ferra purgation countre la Purpart de la susdite constitution, etc.* Vide *Porportus.*

¶ **PERPARUS**, Moneta Imperatorum Byzantinorum aurea. Vide *Hyperperum.*

PERPENDICULARIUS. Aurelius Victor in Epit. in Hadriano : *Namque ad specimen legionum militarium, fabros, Perpendicularios, architextos, genusque cunctum exstruendorum mœnium seu decorandorum in cohortes centuriaverat.* Vide mox *Perpendiculum.*

1. **PERPENDICULUM**, Ansa, Catena, qua quippiam pendet. Willelm. Brito in Vocabular. MS. : *Perpendiculum dicitur illud unde lebetes feruntur et suspenduntur.* [Gloss. Lat. Græc. MSS. Sangerman. : *Perpendiculum*, κρέμαστῆς οἰκοδόμου. Aliæ Lat. Gall. : *Perpendiculum, Perpendicles, un instrument à maçon de quoy il fait le mur droit, ou ance de chauderon.*] Poeta infimi ævi eidem Britoni subjectus :

> Cum Perpendiculo defert ancilla lebetem,
> Sed Perpendiculum sit linea macerionum,

Guill. Bibliothecarius in Stephano VI. PP. pag. 236 : *Et in pergula ipsius Basilicæ.... posuit cantharam auream unam cum pretiosis margaritis, et gemmis ac smalto, cum Perpendiculo ad pendendum.*

¶ Perpendiculariter, Recta linea. Iter Indicum Balthasaris Spingeri apud Marten. Itiner. 2. Litter. pag. 362 : *Introrsus hic puer oceanum spatio* ccd. *milliarium navigatur Perpendiculariter sub sole et luna et circulo æquinoctiali.*

2. **PERPENDICULUM**, *Pannus mulierum, quo pudenda tegunt, vel vestes defendunt.* Glossæ MSS. in Prudentium ex Bibl. Sangermanensi Cod. 561.

¶ **PERPENNIUS**, αὐθέντης, in Gloss. Lat. Gr. Aliæ Gr. Lat. : Αὐθέντης, *Auctor, Perpennius.*

¶ **PERPENSORIA**, Excellentia, præstantia. Charta Philippi V. Regis Franc. ann. 1338. pro erectione Baroniæ Harcur. in Comitatum tom. 3. Hist. Harcur. pag. 248 : *Ex stirpe nostræ consortis charissimæ et parentum ejusdem non ambigitur descendisse nobilitas prædictæ baroniæ et terræ de Harcuria, amœnitate loci, feodorum, rerum et fructuum opulentia, ab antiquis temporibus præpollenti Perpensoria nobilitatis obtineat.*

¶ 1. **PERPERA**, Idem quod *Perparus.* Monetæ species. Vide *Hyperperum.*

* 2. **PERPERA**, *Uno morbo che perverte la facia*, in Glossar. Lat. Ital. MS.

¶ **PERPERAGERE**, Perperam agere. Epist. Synodalis apud Felibian. Hist. Sandion. pag. lxxii : *Eum velut rapacem atque sacrilegum a populi Dei societate justo atque tremendo anathemate separamus, nisi digna Pœnitentia et subsequenti emendatione quæ Perperegit, correxerit.*

¶ **PERPERAM**, indecl. Labes, ignominia, macula. Charta Gerbergæ Reginæ ann. 959. apud Mabill. Diplom. lib. 6. Ch. 139 : *Si ecclesiasticis negotiis juste disponendis operam damus, non regiæ dignitati Perperam inferimus. Homo Perperam*, pro Malus, perversus, apud Anastasium in Vita Cononis tom. 3. Murator. pag. 148. *Perpetrus* ex alio Cod. ibid. laudato in Notis, pro *Perperus*, ni fallor. Vide Martinii Lexicon.

¶ **PERPERUM**, Moneta Byzantinorum Imperatorum. Vide *Hyperperum.*

PERPESSICIUS, *Tolerans, patiens*, ὑπομενητικός, in Gloss. Græc. Lat. Mox : Ὑπομένω, *perpesso, perfero.* [*Perpessus*, in Cod. Sangerman.] [** Vide Forcellin.]

¶ **PERPETRUS.** Vide *Perperam.*

¶ **PERPETUALES**, Officia ecclesiastica quæ ex institutione perpetua esse debent, apud Hispanos. Synodus Valent. ann. 1566. inter Concil. Hispan. tom. 4. pag. 130 : *Ut chorus, cum divina officia aguntur, haud quaquam deseratur, rationalibus et collectoribus mandamus, ne pro Missis, aut Perpetualibus aut aliis quibuscumque actibus, eo tempore quo divina officia celebrantur, aut sacra concio ad populum habetur, ullam solutionem faciant.*

* Eo nomine donantur *beneficiarii* ecclesiæ Lugdunensis.

PERPETUALIS, Perpetuus, Gall. *Perpetuel.* [Acta B. Joagnoli tom. 2. April. pag. 955 : *Ut de hujusmodi vero miraculo Perpetualis mentio habeatur.*] Utitur Quintilianus lib. 2. cap. 14.

¶ Perpetualiter, Perpetuo, Gall. *Perpetuellement.* Præceptum Caroli Mag. ann. 789 : *Partem prænominatæ regionis, videlicet Fresiæ.... Willehado Episcopo ejusque successoribus Perpetualiter delegavimus retinendam.* Charta ann. 1292. ex Schedis Præsidis *de Mazaugues* : *Recipiendos per eum et suos Perpetualiter in civitate Aquensi.* Occurrit passim.

¶ Perpetuare, Sacramento firmare rem aliquam perpetuo se non facturum. Auxilii Libellus apud Mabill. tom. 4. Analect. pag. 613 : *Ergone absolutus, ut habuisset facultatem... scandere ad primatum, quod ne fieret scripto juramentoque Perpetuaverat?* Infra : *Quia æternum firmaverat.*

¶ **PERPETUARIUS** Colonus, *Qui fundum conducit in vitam, vel ut ad alias transferre possit : emphyteuticus vero etsi sit Perpetuarius, attamen suscepit solum sterile et infructuosum.* Laur. in Amalth. *Perpetuarii*, qui in perpetuum res civitatum aut fisci conducunt, leg. 1. 3. et ult. Cod. de locat. præd. civil. lib. 11. Hinc *fundi perpetuarii* dicti leg. 3. ejusd. Cod. de privil. dom. Aug. lib. 11.

¶ **PERPETUATIO**, Perpetuitas, diuturnitas. Charta Petri de Gressibus Episc. Autissiod. ann. 1321 : *Dudum vobis Archipresbyteratus prædictos, ante ipsorum Perpetuationem, contulimus.* Epist. ann. 1408. apud Marten. Ampliss. Collect. tom. 7. col. 855 : *Petunt omnes in pace reuniri, considerantes quod ex vobis non est qui desolationi huic vere compatiatur, quamvis sit Perpetuationi proxima, si toleretur diutius.*

¶ Perpetuatio, *Affiliatio*, in perpetuam societatem alicujus monasterii susceptio. Constitut. Dominic. cap. de Affiliationibus : *Item ordinamus quod fratres, qui obtinuerunt Perpetuationes, aut originarii fieri in aliis conventibus, infra annum eligere possint unum dumtaxat conventum et non plures.*

¶ **PERPETUUS**, Nomen cujusdam officii, apud Anonymum Floriac. lib. 4. de Mirac. S. Bened. cap. 24 : *Jubet ergo Perpetuos ire, et quantum hordei necessitas expetebat, suis præbere equis.*

** Perpetuus. Titulus Imperatorum inde a sec III. et postea regum Longobardor. Charta ann. 724. apud Brunett. in cod. dipl. Tosc. tom. 1. pag. 469 : *Regnante et piissimo atque Perpetuo et a dno conservando domno Liuprando, etc.*

** Perpetuæ et Perpetuatæ Vaccæ dicuntur quæ in demortuarum locum substituendæ sunt a colono vel conductore ita ut numerus gregis idem semper permaneat, in charta ann. 1392. Vide Haltausii Glossar. German. voce *Eisern*, col. 310.

¶ **PERPIRIARII**, Homines præstationi annuæ *hyperperorum* obnoxii. Vide *Hyperperum.*

PERPLUMIS. Theodoricus Monachus de Inventione S. Celsi Episc. Trevir. n. 17 : *De Deo, dando Ecclesiæ suæ apud Trevericam Metropolim novum patronum B. Celsum, quem virtutibus Perplumem, plenumque dierum... hactenus in supernis sedibus concivilitavit.* Galli dicerent, *Emplumé de vertus.*

¶ **PERPONCHA**, Idem quod mox *Perpunctum.* Consuetud. Brageriac. art. 28 : *Armaturæ ut pote enses, ... pileus ferreus, sive capellus, Perponcha, sive gambaycho, guisarma, balista, etc.*

PERPORTARE. Chartæ Parensales form. 24 : *Precamur vos de illis homunciunculis, qui in vestro ministerio commanent, vel de nostris causis invicem nostrum bonum certamen exinde mittatis, sicut nos de vestra caritate bene confidimus, ut sic exinde Perportare faciatis, usque nos insimul conjungimus.* Judicatum sub Carolo M. apud Sammarthanos in Episcopis Massiliens. : *Sed contra Episcopum ipsum, vel ipsas cartas aliquis sic rebellabat, quod per annositatem, seu per legem tricenariam in tempore pacis ad ipsum beneficium sui senioris, aut ad partes Domni Caroli Regis Perportare voluerunt.*

☞ Quid sibi velit vox *Perportare* ex allatis vix expiscari licet : paulo clariora sunt quæ subjicimus. Notitia guirpitionis ann. 968. apud Marten. tom. 1. Ampliss. Collect. col. 323 : *Tunc Comes præfatus et judex Berengarius judicaverunt ut Episcopus Perportare fecisset ad servos S. Victoris, hoc sunt homines, Letus, Avustus, etc. ibi fuerunt adepti qui volunt jurare et Perportare, ipsas vineas et ipsos campos, quod melius eis succederet ex parte S. Victoris, quam ipsi homines ad tenendum propter causam alodis, quod etiam Episcopus paratus fuit.* Vetus Charta apud Stephanot. tom. 3. Antiquit. Bened. Pictav. MSS. pag. 735 : *Fecerunt judicium rectum et Perportavit ter-*

ram Marchaanda filia Peofiz, sicut justum erat, audientibus et videntibus istis testibus idoneis, etc. Ex his *Perportare* idem significare videtur quod *Guerpire*, rem possessam dimittere, quo etiam sensu Galli dicimus *Se deporter*, eo fortean tantum discrimine, quod *Perportare* sit rem abjicere post latam judicum sententiam. Confer *Proportatio*.

¶ **PERPRE**, Moneta Byzantina. Vide *Hyperperum*.

* **PERPREHENSIO**, Perprensio, Possessio, vel Locus sepibus, muris aut vallis conclusus, Domus aut prædii appendices. Charta ann. 1082. inter Instr. tom. 11. Gall. Christ. col. 73 : *Ego Willelmus filius Sueni, trado ecclesiæ S. Stephani domum meam in civitate Rotomagi, cum viridariis atque tota ipsius Perprehensione.* Alia ann. 1093. ibid. tom. 6. col. 432 : *Similiter retineo unum campum et Perprensionem ipsius campi de Monte majore, etc.* Vide *Porprisum* in *Porprendere*.

* **PERPRESIA**, Ambitus, fines ac limites, intra quos locus quispiam *perprenditur* seu concluditur. Comput. ann. 1356. inter Probat. tom. 2. Hist. Nem. pag. 172. col. 2 : *Pro quatuor caternis papiri emptis.... ad scribendum nomina omnium singulorum dictæ civitatis et Perpresiarum.* Instr. ann. 1397. inter Probat. tom. 3. ejusd. Hist. pag. 143. col. 1 : *Quamvis..... ipsi conjuges non haberent in civitate Nemausi seu ejus districtu, nisi solum et dumtaxat quendam ortum et quandam terram contiguam dicto orto, scitum et scitam in Perpresia Prædicatorum Nemausi.* Vide *Porprisa* in *Porprendere*.

PER PRIMITIONEM, Peremptorie. Occurrit in Decretis Hungaricis.

¶ **PERPRISIO**, Acquisitio, comparatio. Charta Borelli Comit. Barcinon. ann. 973. in Append. ad Marcam Hispan. col. 902 : *Sic concedimus ad monasterium S. Saturnini prælibato vel ad abbates ac monachos præsentes et futuros, ut faciant Perprisiones ubicumque voluerint vel potuerint longe lateque, ... et adquirant ibi et emant de ipsis possessionibus quantum illis Deus dederit et de ipsis Perprisionibus quæ jam ibidem factas sunt, vel futuræ facturi sunt, seu de acquisitionibus eorum ipsas decimas quæ inde exierint.*

PERPRIUS, pro *Prius*, quod *prius* est. Arnobius junior in Conflictu cum Serapione lib. 1 : *Ergo Perprius est, ut sapientiam habeat, quam virtutem, qua possit aliquid velle vel non velle.*

Perprius, adverb. Antea, Gallis *par-cy-devant*. Testamentum S. Elphegi Episcopi Wintoniensis : *Terras has apud Tauntune Ecclesiæ Episcopatus assigno permanendas, qui Perprius mihi ab ipsa Ecclesia tradita erant.* Infra : *Secundum quod Perprius legavimus.* Vita Clementis VI. PP. pag. 90 : *Et aliorum, quorum consilio Perprius regebantur.* [Adde Chron. Veron. apud Murator. tom. 8. col. 622.]

¶ Perprius, Imprimis, Gall. *Avant toutes choses.* Charta ann. 1330. apud Rymer. tom. 4. pag. 459 : *Jura tamen coronæ nostræ, prout astringimur vinculo juramenti, Perprius convenit nos tueri.*

PERPUNCTUM, Purpunctum, Vestis militaris *coactilis*, et πιλωτή, ut Græci efferunt, lana vel gossipio farta, et acu stipata ac *perpuncta*; unde nomen non modo ejusmodi vesti inditum, sed et thoraci vestiario nostrati, quod ad umbilicum lana spissiori perpuncta et coactili fartus sit. [Ultima hac notione vocem *Parpointe* usurpat le Roman *de la guerre de Troyes* MS. :

> Sor une Parpointe de ciglaton
> Le couchierent, puis li desarment.]

Perpunctum. Histor. MS. Excidii Acconis ann. 1191 : *Portantes ibidem... lanceas, falcastra, cassides et loricas, scammata et Perpuncta, scuta cum clypeis, etc.* In Regesto homagiorum Nobilium Aquitaniæ ann. 1273 : *Bertrandus de Podenssac domicellus dixit, quod ipse tenet a D. Duce Podenciacum, etc. et debet facere personaliter exercitum cum gonjone et Perpuncto, si sit sanus, et si sanus non est, debet mittere quemdam domicellum, vel Militem, dum fuerit Miles.* Pag. 25. verso : *Geraldus de la Mota domicella etc. debet etiam D. Regi obsequium exercitus de uno Milite armato Perpuncto et gonjone.* Occurrunt eadem verba iterum in eadem pag. *Gonjon* hoc loco sonat *Gambezonem*. Chr. Bertrandi Guesclini MS. :

> Un Heraut qui estoit d'un Propoint vestus.

Raimundus Montanerius in Chron. Reg. Aragon. cap. 227 : *Eyo ab un bon cavall, que tenia mi terç de Cavallers armats ab llorigues e Perpunts, etc.*

¶ Perpoinctum, Porpointum. Testament. Odonis de Rossilione ann. 1298. apud Marten. tom. 1. Anecdot. col. 1306 : *Lego dom. de Monte Ancelini... unam integram armaturam de armaturis meis, videlicet meum heaume a vissere, meum bassignetum, meum Porpoinctum de cendallo, etc.* Libertat. Briancon. ann. 1343 : *Omnes de dicto numero cum Porpointis, gorgeriis, chirothecis ferreis, etc.*

¶ Propunctum, in Statutis Forojul. ann. 1235. ex Tabul. S. Victoris Massil. : *Militem sine equo armato intelligimus armatum auspergoto et Propuncto et scuto. Pediteni armatum intelligimus armatum scuto et Propuncto, seu aspergoto, etc.*

¶ Propunctus. De Excidio urbis Aconis apud Marten. tom. 5. Ampliss. Collect. col. 765 : *Portantes... scamata et Propunctos,... et alia quorumcumque armorum genera.*

Purpunctum. Mandatum Henrici III. Reg. Angliæ super juratis ad arma, in Addit. ad Matth. Paris : *Ad centum solidatas terræ unum Purpunctum, capellum ferreum, gladium, etc.* Occurrit ibi semel ac iterum. Est autem hoc loco *purpunctus*, idem quod *Gambiso*. Willel. de Guignavilla in Peregrinatione animæ :

> De pontures le Gambison,
> Pourquoi Pourpoint l'appelle-on.

Guill. *Guiart* ann. 1304 :

> Si comme de cotes faitices
> De coton à poins entailliez.

Doublet, in Statuto 13. Edw. I. Regis Angliæ cap. 6. appellari, quod in Mandato Henrici *Purpunctus* dicitur, annotat Watsius, quod ex panno duplicato et farto confectus sit.

* *Prepoint*, in Lit. remiss. ann. 1463. ex Reg. 199. Chartoph. reg. ch. 263 : *Duquel* (baston) *icellui Jehan persa le manteau et la manche du Prepoint du suppliant.* Hinc *Pourpointier* appellatus ejusmodi vestis artifex, cujus ars *Pourpointerie* dicitur, in Lib. 1. stat. artif. Paris. fol. 167. v°. ex Cam. Comput. : *Des Pourpointiers de Paris. Item qu'il y aura trois maistres jurez et ordonnez pour revisiter... les ouvrages de Pourpointerie.*

PERPUTATIO, Membri amputatio. Concilium Andegavense ann. 453. can. 3 : *Ut a violentia et crimine Perputationis abstineatur.*

* **PERQUA**, Pertica, mensura agraria, Gall. *Perche*, Picardis *Perque*. Necrol. Rotomag. ex Cod. reg. 5196. fol. 47. v°. : *Quadraginta duos solidos, sex denarios,... pro sex acris et quindecim Perquis nemoris.* Vide *Perca*.

¶ **PERQUERIUS**, an idem qui *Parcarius* supra, parci custos? Charta ann. 1317. in Tabular. S. Victoris Massil. : *Bartholomæus de Montilis Perquerius.* Vide *Parcus*.

* **PERQUETUS**, Conseptum fori judiciarii, Gall. *Parquet*. Lit. remiss. ann. 1356. in Reg. 84. Chartoph. reg. ch. 810 : *In Perquetum, in quo tenentur placita præpositi Laudunensis, ascenderunt, et deinde per januam curiæ, in qua dictus Perquetus situatur,.... fugerunt.* Vide *Parquetum*.

PERQUIRERE, Acquirere, *Purchasser*, forensibus Anglis, *Perquisitum*, et *perquisitio*, acquisitum, acquisitio, ut auctor est Cowellus, quem consule.

* Charta Henr. II. reg. Angl. pro Libert. Norman. ex Reg. S. Justi in Cam. Comput. Paris. fol. 36. r°. col. 2 : *Ita scilicet quod quilibet libertates suas habeat, quas habuit et habere consuevit tempore Henrici regis avi nostri, vel quæ postea Perquisivit.* Ibid. fol. v°. col. 1 : *Concessimus etiam pro eisdem nobis et hæredibus nostris, quod nec nos nec hæredes nostri aliquid Perquiremus, per quod libertates istæ infringantur vel infirmentur. Et si ab aliquo aliquis contra hoc Perquisitum fuerit, nichil valeat et pro nullo habeatur.* Malè *Proquirere* apud *Brussel* tom. 2. de Usu feud. pag. 6. et 7. Vide mox *Perquisitio*.

Perquisitum, Acquisitum, possessiones ære proprio emptæ, Gallis *Acquest*. Fleta lib. 1. cap. 11. § 1 : *Quædam tenentur in capite de Corona, quædam vero de Rege per escaetam, vel per Perquisitum.* Vide *Quæstus*.

¶ Perquisita Curiarum, Acquisita et addita *curtis* seu prædiis rusticis; est enim *curia*, prædium rusticum, possessio, *curtis*. Vide *Curia* 5. Charta ann. 1380. apud *Madox* Formul. Anglic. pag. 65 : *Cum Radulphus de Bassett... nuper concessit et ad firmam dimisit.... manerium de Chacombe in Comitatu Northamptoniæ, cum omnibus suis pertinentiis, simul cum terris, tenementis, redditibus, serviciis, pratis, pasturis et Perquisitis curiarum, etc.*

* Perquirere Dominum, Alicujus vassallum se profiteri. Charta W. de Dampetra ann. 1223. in Chartul. Campan. ex Cam. Comput. Paris. fol. 286. v°. col. 1 : *Et sciendum quod amici mei supradicti non procurabunt nec Perquirent contra illud auxilium, quod dom. comiti promiserunt, aliquem*

vel aliquos dominos, præter illos, quos modo habent ante comitem, vel habituri sunt. Hinc *Porquir saudoyers*, Milites stipendiis acquirere, in Poem. Rob. Diaboli MS. :

Assemble grant chevalerie,
Et sergens et arbalestriers,
Tant a Porquis de saudoyers,
Que la terre gaste et essille.

¶ **PERQUIRITARE**, Perquirere. Claud. Mamert. Præfat. lib. 1 : *Opusculum illud sine auctore proditum et usquequaque Perquiritatum, etc.*

* **PERQUISITIO**, Acquisitio, Gall. *Acquet.* Bened. abb. Petroburg. in Henr. II. reg. Angl. ad ann. 1177. edit. Hearn. tom. 1. pag. 179 : *Comitissa, noverca ipsius Rogeri Bigot, optulit regi multa et magna, ut ipse concederet filio suo emptiones et Perquisitiones ipsius comitis. Dicebat enim quod comes Hugo Bigot dimisit filio suo, quem de ea genuit, omnes emptiones et Perquisitiones suas.* Vide supra *Perquirere.*

¶ **PERQUITARE**, Persolvere, Gall. *Acquiter.* Acta S. Christinæ tom. 4. Junii pag. 342 : *Debitisque suis Perquitatis, cunctisque mundi curis et solicitudinibus postpositis, etc.*

* **PERRACULUM**, *Sacculum*, in vet. Glossar. ex Cod. reg. 7641. Vide *Peraculum.*

* **PERRALHA**, a Gallico *Perrelle*, Terræ medicamentariæ genus. Leudæ major. Carcass. MSS. : *Pega et sodanum, qua fit vitrum, Perralha seu terra alba, et casei, non dant leudam.* Quæ vox omittitur in versione Gallica ann. 1544 : *Pegue, soudre et fromages, ne paie droit de leude.* Consuet. Paris. in Reg. Cam. Comput. sign. *Pater* fol. 247. v°. : *Perrelle et saumate, le cent iij. den.*

* *Perre* Ludi genus, de quo in Lit. remiss. ann. 1384. ex Reg. 125. Chartoph. reg. ch. 187 : *Icellui Perrin et un sien compaignon,.... en gardant leurs brebis en ladite isle d'Oleron, jouoient au jeu de la Perre, et tant que ledit Perrin perdi environ dix deniers Tournois.*

¶ **PERRARA**, vel Perrata Aignelinorum, Par velleris agnini, Gall. *Une paire de toisons d'agneau.* Locus in *Perreia* 1. [** Vide *Petra*, Pondus.]

* **PERRARIA**, Lapicidina, Gall. *Carriere.* Charta Guid. Catal. episc. ex Chartul. Monast. in Argon. fol. 20. v°. : *Si in eodem nemore minaria ad ferrum faciendum inventa fuerit, vel Perraria, etc.* Vide infra *Perreria* 1.

PERRATA Via. Vide *Via.*

* **PERREATOR**, Lapidum sector, seu qui *petras* e *petraria* eruit, nostris alias *Perreur;* unde *Perroyer*, ejusmodi opus præstare, in Lit. remiss. ann. 1457. ex Reg. 187. Chartoph. reg. ch. 75 : *Le suppliant qui est demourant.... près Angiers, où il a acoustumé de gaingner la poure vie de lui, ses femme et mesnage à labourer et Perroyer.* Lit. remiss. ann. 1387. in Reg. 131. ch. 117 : *Postea audierunt dici, quod erant lathomi et Perreatores.* Aliæ ann. 1469. in Reg. 195. ch. 292 : *Jehan Meliart Perreur.... se partit de la ville de Nevers avec son pere et George Gauvignon Perreurs.... pour aler besoigner en une Perriere, etc.* *Perrier*, eadem notione. Vide in *Petrarius.* Sed et pro *Jouaillier*, qui lapides pretiosos secat et polit, in Vitis SS. MSS. ex Cod. 28. S. Vict. Paris. fol. 359. r°. col. 1 : *Alez as orphevres et as Perriers; et quant vos aurez prouvé que ce sont fins ors et vraies gemmes, etc.* *Pierrier*, in Lib. 1. stat. artif. Paris. fol. 124. r°. : *Des cristalliers et des Pierriers des pierres naturelz, etc.* Vide infra *Perreria* 2.

¶ 1. **PERREIA**, Perteria, Porreta, Preya. Sic varie effertur hæc vox, qua, nisi fallor, significatur locus, ubi Carnotenses mercatores congregabantur, de iis quæ ad mercaturam spectabant, disceptaturi : ubi etiam merces ponderabantur ad pondus Comitis, cui ob id tributum aliquod exsolvebant. Quod in prato Comitis esset, *Perreia* et *Preya* dictus : interdum vero *Perteria*, *Porreta*, quod prope civitatis portam exstaret. Hoc tamen non affirmando dictum velim. Charta Theobaldi Comit. Blesensis ann. 1213. ex Schedis Cl. V. *Lancelot*, cujus inscriptio sic concipitur : *Ordonnance et tencrist de la chartre de la Perrée aux marchands qui marchandent en la Perrée de Chartres. Statui quod omnes mercatores tam de Carnoto, quam de universis regionibus, qui apud Carnotum aignelinos vendunt, ponderabunt illos eque et juste,.... et quia male gestum erat ab antiquo, tam de ponderatione hospitis Porretæ, quam de aliis interpressionibus, districte prohibeo ne supradicto hospiti liceat aliquam Perrarum agnelinorum ponderare, nisi ex grato et voluntate venditoris. Unus autem quisque emptor et venditor dabit michi unum denarium, sicut antea solet esse, de unaquaque Perrata.* Necrolog. Eccles. Carnot. 13. sæc. : x. *Cal. Maii, obiit Theobaldus Blesensis et Clarimontis comes illustris, qui dedit Ecclesiæ B. Mariæ Carnotensis* vii. *lib. et* x. *sol. annis singulis ad festum S. Remigii capiendos in redditu quam habet in Perreia Carnotensi, ab illo videlicet qui perreiam prædictam tenebit, reddendos.* Charta fundationis ejusdem Anniversarii ann. 1218. ubi de prædictis vii. lib. x. sol. habet, *in Perteria mea de Carnoto.* In Computo ann. 1380 : *Super Preya Comitis;* in aliis : *Super Perreia Comitis.* Charta ann. 1406 : *Item et n'a gueres avoit* (le Comte) *un poids qu'on appelloit la Portiere, que tenoit un ès fauxbourgs de porte Guillaume, où se pesoient les aignelins pour la marchandise de la riviere.* [** *Petra* pondus quo lanæ ponderabantur. Vide in hac voce.]

* Corruptas esse aut male lectas fuisse voces, quæ voci *Perreia* quasi synonimæ hic allegantur, non una ratione ductus existimo. Et primo quidem ex nota abbreviationis haud satis attente inspecta aut perperam intellecta, facillimum fuit *Perteria*, *Porreta*, *Preya* formare, pro *Perreria*, *Perreia* et *Perreya.* Alterum argumentum suppeditat vox Gallica *Perrée*, qua *Perreia* redditur; quod rursum firmat alia, *Perroy* scilicet vel *Perrail*, eodem sensu accipienda. Lit. remiss. ann. 1425. in Reg. 173. Chartoph. reg. ch. 246 : *Les supplians convoyerent icellui Raoul sur le Perroy de la mer, etc.* *Sur le Perrail de la mer*, in alia ibid. Aliæ ann. 1455. in Reg. 187. ch. 93 : *Le suppliant garni d'une arbalestre de bois.... s'en ala avec les autres sur la greve et Perroy de la mer.* Unde quid *Perreia* significet apud Carnotenses facile expiscari licet, littus nempe seu ripam fluvii Auturæ, ubi mercatores negotiabantur et quidquid ad negotium necesse erat, reperiebatur; unde etiam jura sua percipiebat comes. Nihil ergo sunt conjecturæ circa vocis etymon supra propositæ. Sententiam denique nostram probat Charta Isabel. comit. Carnot. ann. 1248. ex Chartul. S. Carauni : *Concessi in puram eleemosinam quadraginta solidos Carnotenses, cum aliis beneficiis, jamdiu est, a me collatis ecclesiæ beati Carauni Carnotensis, capiendos et habendos in Perreia mea de Carnoto ad festum B. Remigii annuatim.* *Perreia* vero dictum sabulum maris videtur, quod multi in eo sint calculi.

¶ 2. **PERREIA**, f. Lapis pretiosus. Charta ann. 1425. apud Rymer. tom. 10. pag. 346 : *Unam paruram positam cum Perreia et armis Angliæ, tres cappas de velvet rubeas, cum rosis aureis, etc.* Vide supra *Peritot.*

* 1. **PERRERIA**, Locus unde *petræ* et lapides eruuntur, Gall. *Carriere*, alias *Parriere.* Charta ann. 1265. in Chartul. eccl. Lingon. ex Cod. reg. 5188. fol. 206. v°. : *Perreriæ pro trahendo lapide, et laviæ terra pro faciendo morterio, totum commune.* Alia ann. 1497. in Reg. Commerc. pag. 206 : *Quatorze jours de terre, les Parrieres d'une part et le ruz venant de là delue d'autre part.* Vide *Petraria* 1.

* 2. **PERRERIA**, Gemmula. Inventar. S. Capel. Paris. ann. 1376. ex Bibl. reg. : *Item quidam tabuleti argenti deaurati, claudentes et firmantes cum cherneriis, ornati de minuta Perreria et de perlis.* Aliud Gallicum ibid. : *Item uns tableaux d'argent doré fermans à chernieres, où il y a plusieurs reliques, aornée de menue Pierrerie et de pelles.* Vide supra in *Perreator.*

* 3. **PERRERIA**, Parium dignitas. Vide supra in *Par.*

¶ **PERRERIUS**, Lapidum sector, cæmentarius latomus. Litteræ Johannis Reg. Franc. ann. 1356. tom. 3. Ordinat. pag. 78 : *Quod dicti Consules Avinioneti qui nunc sunt et erunt pro tempore, compellere seu compelli facere possint omnes magistros Perrerios, tegularios et fusterios eorum jurisdictionis ad operandum, etc.*

* **PERRETA**, Locus muris cinctus, ambitus. Charta offic. Lemovic. ann. 1340. in Reg. 72. Chartoph. reg. ch. 556 : *Item tres cartas censuales, quas debet Johannes Guasguo ratione cujusdam vineæ, sitæ inter muros sive Perretas loci sive manerii de Prat.*

¶ **PERRIA**. Vide in *Par.*

* **PERRIGERE**, *Pergere*, in vet. Glossar. ex Cod. reg. 7641.

¶ **PERRIMARI**, Sedulo rimari. Testam. Giraldi Matisc. ann. 888. apud Marten. tom. 1. Anecdot. col. 53 : *Proinde dum pro successu temporis aliquod Perrimari niteremur, et ne ex assim expertes hujusce crediti munii videremur, etc.*

PERRIPARIUS. Monachus Sangall. lib. 1. de Carolo M. cap. 21 : *Cum quidam juvenis cognatus Regis optime in quadam festivitate caneret, Alleluya : dixit Imperator ad eundem Episcopum : Bene cantavit modo ille noster Clericus. Qui juxta stultitiam suam jocularitet illa verba suscipiens, et illum*

Imperatoris cognatum esse nesciens, respondit : Sic omnes Perriparii possunt bubus agricolantibus vetrenere, (al. *veternere*) *etc.* Idem forte qui *Pelliparii*, tametsi acumen responsi non omnino percipio. At hic *Perriparii*, videntur esse bubulci aut agricolæ, qui bobus arantibus insistunt, quibus, dum ad laborem exequendum hos urgent, nescio quid agreste aut insulsum occinunt; unde pro *vetrenere* legendum forte *occinere*. Vide in hac voce.

* **PERRO**, a Gallico *Perron*, Podium, suggestus. Charta ann. 1272. in Chartul. AD. S. Germ. Prat. fol. 72. v°. col. 2 : *Domus sita apud S. Germanum prædictum juxta Perronem, quæ facit cuneum.* Vide *Pero* 2.

* **PERROLOSENCIA**. Vide mox in *Perrorescencia*.

* **PERRONNIUM**. Vide supra *Peronnium*.

* **PERRORESCENCIA**, Magna suspicio, vel Magnus metus; unde *Perrorescere*, eadem notione. Constit. MSS. Ferdin. reg. Aragon. ann. 1413 : *Ordinamus nullum prætextu Porrolosentiæ* (sic) *per ejus adversarium allegando, extra suam propriam vicariam aut bajuliam ad nostrum consistorium trahi, aut causas ejus evocari debere, nisi Perrolosencia* (sic) *aliter, quam per juramentum probetur, ut ipsi vicariæ aut bajuliæ vicini fuerimus, per dictam et extra nostram curiam Perrolosencia aliter, quam per juramentum, ut dictum est, si unum tantum locum ipsius vicariæ aut bajuliæ recurrens ad nos se Perroscere* (sic) *dicat, in alio loco ipsi tuto in ipsa vicaria aut bajulia judicem assignemus : sed si totam vicariam aut bajuliam merito Perrorescat, probare ipsa Perrorescencia dicto modo, infra aliam vicariam aut bajuliam illi viciniorem, in aliqua civitate aut loco ydoneo, si reperiri poterit, in quo possit copia peritorum haberi,.... ibi causa debeat, cessante Perrorescencia, per justitiam agitari.* In iisdem Statutis vernacula lingua scriptis ibidem legitur, *Porrolosencia* non semel. Unde ab Hispanico *Porro*, Stolidus, rusticus, hebes, deducenda videtur hujus vocis origo; ita ut quis ex imperitia judicum causa cadere metuens, ad alios causam deferendi licentiam petat; quod aperte, ni fallor, indicant hæc verba : *in quo possit copia peritorum haberi;.... ibi causa debeat, cessante Perrorescentia, per justitiam agitari.* Vide *Perhorrescentia*.

¶ **PERROSUM**, f. leg. *Perrasum*, Quidquid extra mensuram est, cum radio æquatur. Charta ann. 1251. in Tabular. Sangerm. : *Reclamabant super molendino S. Germani plenam minam bladi tale quale molendinum ipsum lucrabatur qualibet septimana, immo et revannas et Perrosum molturæ molendini prædicti, ut dicebant, quia minam bladi, revannas et Perrosum dictus defunctus percipiebat.*

¶ **PERS**, Color. Vide *Persus*.

PER SE, Separatim, *Apursoi*. Statuta Ord. *de Sempringham : Modus iste in domibus Canonicorum Per se manentium servetur.* Occurrit ibi non semel pag. 721. 729. [Bernardi Mon. Ordo Cluniac. part. 2. cap. 15. de feria v. in Cœna Domini : *Postea vero quisque finit Per se quod restat, et ex hac hora .... quisque singulariter et cum silentio Per se cantat omnes Horas, usque ad Vesperas Sabbati, toto conventu verso ad altare :.... Conversi autem qui nesciunt Per se cantare, etc.*]

PERSEA. Disputatio Archelai Episcopi Mesopotamiæ cum Manete : *Cum ergo corpus hoc principium sit et materia, necesse est eam qui plantaverit Perseam, transire per multa corpora, usque quo Persea illa, quam plantaverit, concidat.* Videtur hac voce intelligi malus persica, quam Græci περσίαν dixerint.

* **PERSEGIES**, Persegues, Panni species coloris *persici*. Vide *Persus*. Comput. ann. 1482. inter Probat. tom. 4. Hist. Nem. pag. 20. col. 2 : *Item exposuerunt Dominica ultimâ Augusti in Persegies datis lutatoribus, decem denarios. Item Dominica vij. Septembris in Persegies, x. den.* Alius ann. 1498. ibid. pag. 71. col. 2 : *Alia expensa pro panno des luches et los Persegues. Item habuit Guillermus Gimoni, mercator Nemausi, pro panno viridi des luches, xxv. sol. Tur. Item per los Persegues, diversis temporibus emptos, iv. sol. Tur.*

¶ **PERSEGMEN**, Minutum segmen. Epist. S. Paciani ad Sempronianum inter Conc. Hispan. tom. 2. pag. 93 : *Tandem.... non pigeat esse cum multis, tandem libeat reduvias Novatianorum et Persegmina vestra contemnere.*

¶ **PERSEITAS**, Facultas per se subsistendi. Catalogus operum B. Raymundi inter Acta SS. tom. 5. Junii pag. 705 : CCLXXIX. *de Perseitate Dei. Incipit, Volo credere.*

* **PERSEVERABILITER**, Perseveranter, in Charta Pippini II. reg. Aquit. ann. 847. tom. 8. Collect. Histor. Franc. pag. 361.

¶ 1. **PERSEVERARE**, Commercium, Societatem cum aliquo habere. Litteræ ann. 1364. inter Ordinat. Reg. Franc. tom. 4. pag. 440 : *Nichilominus nonnulli Prelati.... de facto prohibere.... subditis dom. nostri Regis, ne ignem, aquam, panem, vinum, seu plura alia...* (Judæis) *tradant, vendant, sive aliter cum eisdem Judeis Perseverent, etc.*

* 2. **PERSEVERARE**. Lit. ann. 1411. tom. 9. Ordinat. reg. Franc. pag. 626. art. 1 : *Mercatores mercaturarum salis, quomodolibet exercentes, sive per terram sive per aquam sal portantes et conducentes seu vehentes, seu alias factum dicti salis investigantes et Perseverantes, etc.* Ubi legendum puto *Perscrutantes*.

* **PERSEVERENTIA**. Lit. ann. 1369. tom. 5. Ordinat. reg. Franc. pag. 220 : *Auctoritate regia, qua fungimur in hac parte, de gratia speciali omnem pœnam, emendam et offensam.... occasione præmissorum, promulgacionisque et Perseverentiæ.... remittimus.* Hanc vocem contracte scriptam esse monet doctus Editor, quam et mendo non carere suspicatur : ut ut est, pro *Præsumptio*, id est, usurpatio, accipiendam opinor. *Perseveration* vero, *Pertinaciam* sonat, in Lit. remiss. ann. 1413. ex Reg. 167. Chartoph. reg. ch. 310 : *Le suppliant veant l'outrage, injure et Perseveration d'icellui Pierre de Landa, etc.*

* Aliud vero est *Perseverie*, Jus nempe persequendi et repetendi servum suum, in Charta prior. Comsiaci ann. 1261. ex Chartul. Campan. fol. 398. v°. col. 1 : *Sauf ce que li devant dit Jehans Oliviers demore entierement sans Perseverie de nos hom de cors audevant dit roi, et ausement la devant dite Aceline redemore nostre fame de cors sans Perseverie do devant dit roi.*

PERSEUS, Color. Vide *Persus*.

PERSICA, Malum Persicum, Gallis *Pesche*. Letaldus Mon. lib. Miracul. S. Maximini Abbat. Miciacensis num. 16 : *Ad arborem accessit, in qua tres miræ specici Persicas invenit.* [S. Wilhel. Constit. Hirsaug. lib. 1. cap. 10 : *Pro signo Persicæ, generali signo præmisso, pelliciæ signum adde.*]

Persicum, Eadem notione. Fortunatus lib. 7. Poëm. 14 :

> Attamen ante aliud data sunt mihi mitia poma,
> Persica quæ vulgi nomine dicta sonant.

Persicarius, Malus Persica, Gall. *Pescher*, in Capitulari de Villis cap. 70.

* **PERSICETUM**. Vide supra *Percissetum*.

¶ **PERSICHOMACHIA**. Ita inscribitur liber quidam in Catalogo Bibl. Canoniæ S. Nicolai Patav. apud Bern. Pezium tom. 1. Anecd. Præfat. pag. LII.

PERSICIOR. Hincmarus Laudunensis in Responsione ad Remensis Epistolam L. Capitum pag. 615 : *Sperabam Persiciorem sanctitatis vestræ fore romphæam, si ferro vicarii Apostolorum Principis Petri acueretur, non obtusiorem*, i. acutiorem : Galli dicerent *Perçante*. [** *Persicus, peracutus*, apud Festum. Vide Forcellinum.]

* *Persepoux*, vox apud nostrates sarcinatoribus injuriosa. Lit. remiss. ann. 1386. in Reg. 130. Chartoph. reg. ch. 39 : *Icellui charpentier criant à haulte voix auxdiz cousturiers, Or ça, chetis Persepoux, prenez chascun un bon baston.*

¶ 1. **PERSICUS**, *Qui frequenter aliquid patitur*. Gloss. MSS. Sangerm. num. 501. Vide *Perpessicius* et *Persus*.

* 2. **PERSICUS**, an Hortus? Charta ann. 1369. ex Cod. reg. 5187. fol. 81. v°. : *Et protendendo recta linea ab ipsa czochia quercus per transversum, per quamdam parvam Persicum.*

* **PERSICUS** Morbus. Vide in *Morbus*.

¶ **PERSINA**, Vipera. Chron. Sicardi Episc. Cremon. apud Murator. tom. 7. col. 533 : *Et posuit* (Cleopatra) *ad mammillas duas Persinas, quod est genus serpentis.*

* An inde *Persinée*, Morsus viperinus, ut lingua nocens significetur, in Lit. remiss. ann. 1432. ex Reg. 175. Chartoph. reg. ch. 125 : *Icellui Petit dist que ceulx qui en icelle femme, vulgaument nommée la Pucelle, avoient creance, estoient folz et sentoient la Persinée.* An non potius a veteri Gallico *Persin*, pro *Persil*; petroselinum redolere, proverbii genus. Vide infra *Petrocinillum*.

PERSISTATUS. Marculfus lib. 2. form. 18 : *Ita ut pro ipsa causa solidos tantos, quos in præsentia mihi dare deberes, quos in præsenti per wadium tuum visus es transsolvisse, et nos ipse causa Persistata, contra te visus sum werpisse.* Galli dicerent, *la chose ayant été persistée*, hoc est, cum in ea re perstitum sit. [** Baluz. *Et nos ipsa causa per festuca contra te visus sum werpisse.*]

* **PERSISTENTER**, Continue. Acta S.

Franc. Rom. tom. 2. Mart. pag. 155. col. 1 : *Duo dæmones... illam portaverunt ad deambulatorium illius domus... in quo etiam magna cum rabie eam Persistenter percusserunt. Pert*, pro *Persiste, continue*, Permanet, in Lib. rub. fol. parvo domus publ. Abbavil. ad ann. 1309. fol. 103. v°. : *Se uns bourgois prent une femme non bourgoise, ledite femme est bourgoise; et se li bourgois muert, elle Pert bourgoise, tant qu'ele se tenra en se veveté.*

* **PERSO**, Vectigalis species, quod *Personæ* imponitur, idem quod *Capitagium*. Charta ann. 1247. in Chartul. Raym. VII. comit. Tolos. pag. 104 : *Tallivos et expleclivos,... thascas et omnes Persones, leidæ et pontonagium, introitus et exitus, etc.*

* **PERSOCLAMIUM**, Sortilegii species. Stat. S. Flori MSS. fol. 59. v°. : *Divinationes, sortilegia, fachinationes, Persoclamia, auguria, et alia quælibet consimilia... prohibemus.*

* **PERSOLENCIA**, *La assiduita*, in Glossar. Lat. Ital. MS.

* **PERSOLIDUS**, Totus, solidus. Vita B. Petri episc. tom. 1. Aug. pag. 236. col. 1 : *Ob incursum supervenientium obducta catena inter aulam præ cubiculis imperialibus per se, præsule superveniente, Persolida scinditur, acsi materia fragilis, præcidente gladio, partiretur.*

* **PERSOLLA**, *Persona*, in vet. Glossar. ex Cod. reg. 7641.

PERSOLENTER, *Assidue*. Gloss. Isid.

¶ **PERSOLTO**, vox Hispanica quæ idem sonare videtur quod Permitto, concedo. Charta Alfonsi I. Reg. æræ 1157. apud Michaelem *del Molino* in Repertorio pag. 265. col. 3 : *Persolto vobis totas illas aquas, quod pesquetis ubi posueritis.* [* Æræ 1165. in Reg. 53. Chartoph. reg. ch. 295 : *Dono et confirmo vobis fueros bonos, quales vos michi demandastis. In primis Persolto vobis totos illos sotos de illo Miratulo inviso usque ad novellas, quod talietis ibi ligna sicca et tamarices.*]

* **PERSOLUS**, *Assiduo*. Glossar. Lat. Ital. MS. Forte pro *Persolitus*.

¶ **PERSOLVEBUNT**, pro *Persolvent*, in Decreto Flavii Reg. inter Conc. Hispan. tom. 2. pag. 704.

¶ **PERSOLUTOR**, Qui stat promissis. Chronic. Mellic. pag. 348 : *Deus creator bonorum, fidelissime promissor, certissime Persolutor.*

PERSONA, Dignitas. Constitutio Diocletiani et Maximiani in Collatione Legis Mosaicæ cap. 15 : *Si qui sane etiam honorati aut cujuslibet dignitatis, vel majoris Personæ, etc.* Bonifacius Mogunt. in Epist. ad Zachariam PP. apud Baron. ann. 741. num. 35 : *Laicus quidam magnæ Personæ ad nos veniens dicebat, etc. Splendida Persona*, apud Celsum in Proœmio lib. 1.

Personam Suam Amittere, i. Libertatem seu dignitatem; in servitutem cadere. *Nam servi Personam legibus non habent*, ut est apud Senatorem lib. 6. Epist. 8. et Paschasium Diacon. lib. 2. de Spiritu sancto cap. 4. Constitutiones Catalaniæ MSS. : *Statuimus, quod Saracenus vel Saracena non possit fieri Judæus vel Judæa... et qui hoc fecerint amittant. Personas suas.* Constitut. Siculæ lib. 1. tit. 50. § 2 : *Si tale quidc ontra eos probatum extiterit, ex quo Personam amittere debeant, vel membrorum mutilationem incurrere, etc.*

¶ Persona, Qui dignitatem habet cum prærogativa in choro et capitulo. Charta ann. 1227. tom. 2. Hist. Eccl. Meld. pag. 120 : *Canonicus eorum in choro nostro non habebit staulum in ordine Personarum, sed habebit primum staulum in ordine sacerdotum. Bona Persona*, in Capitul. Metens. ann. 756. cap. 5 : *De ecclesiasticis vero qui supradicta facinora commiserint, si bona Persona fuerit, perdat honorem suum.* Quod de majori clerico, sive qui honore quodam præditus est, ut Decani illi qui singulis decuriis præsident, intelligendum conjicit Janus a Costa in Decret. pag. 44.

* Charta Nicol. episc. Camerac. ann. 1141. ex Tabul. ejusd. eccl. : *Cum vero inter Guidonem eorum nepotem et canonicos nostros in diebus nostris sub præsentia nostra controversia haberetur, consilio Personarum nostrarum et laicorum nostrorum attestatione controversiam hac ratione terminavimus.* Chartam subscribunt archidiaconi, præpositus, decanus; et ex laicis castellanus, majores communiæ et scabini.

Personatus, in dignitate aliqua constitutus, vel cujus fama longe personat. Miracula S. Eutropii Episcopi Santonensis num. 20 : *Quidam e Francia multum Personatus, etc.* Gesta Consulum Andegavensium cap. 5. num. 6 : *Proconsulares et alii Personati viri. Viri nobiles et Personati*, apud Conradum Uspergensem in Philippo Imp. Historia Archiepiscopor. Bremensium ann. 1179 : *Decretorum legumque industria peritum, virum, ut apparet, Personatum, canonice et sine omni contradictione electum.* [** Statuta Friburg. Brisgov. ann. 1120. in Schœpfl. Histor. Zaring. Badens. tom. 5. pag. 50 : *Mercatoribus quibuscumque Personatis.*] Conventus Alsaticus ann. 1051. § 6. apud Goldastum : *Liber vel Personatus serviens.* Bovo Abbas Sithiensis de Invent. S. Bertini cap. 3 : *Aliis itidem Personatis viris conclamantibus.* Vetus Scheda in Historia Episcop. Cadurcensium num. 194 : *Frater W. de Labroa licet bene Personatus, et gratus prolocutor, etc.* Adde Chronic. Colmariense ann. 1273. [et Rolandinum Patav. de Factis in marchia Tarvis. lib. 11. cap. 4. apud Murator. tom. 8. col. 328. Vide *Personare*.]

Personalis, Eadem notione. Charta ann. 1103. ex Tabulario Eccles. S. Laudi Andegav. fol. 89 : *Hæc concordia firmata est Andegavi in Capitulo S. Laudi ante Goffridum filium Comitis, et alios Personales viros, etc.*

Personatus in Monasteriis dicuntur Dignitates, Decani scilicet, Thesaurarii, Cantoris, etc. quas alibi Officia claustralia vocant. Statuta ad instaurandam monasticam disciplinam in Monast. S. Andreæ Avinion. ann. 1253. tom. 8. Spicil. Acher. pag. 239 : *Volumus et mandamus in hoc monasterio consuetos cum suis juribus restitui Personatus, præter Decanatum dumtaxat.... In dictis autem Personatibus bonas personas poni volumus et præcipimus, quæ videlicet non solum debitis insistant officiis, sed etiam Abbatem suo sciant et valeant fulcire consilio in religione tenenda, etc.*

Persona, Dominus. Siculus Flaccus de Condit. agror. : *Nam cum pulsi sunt populi, potestatique locupletiorum fuissent lati fundi, in cujus agro fuissent plures Personæ, hic divisus, ut assignatus, est.*

* Persona, pro Homo; quo sensu *Personne* dicimus. Charta Joan. comit. Cabilon. ann. 1227. in Chartul. Campan. ex Cam. Comput. Paris. fol. 211. v°. col. 1 : *Universi Personæ, qui capti sunt ex utraque parte, etc.* Scacar. S. Mich. ann. 1220. ex Cod. reg. 4653. A : *Judicatum est, quod mater custodiet Personas filiarum suarum, cum victu eis assignato.*

** Persona media, in discordia arbitrorum communiter electus ad judicandum, Gall. *surarbitre*. Chart. ann. 1290. in Guden. Cod. Diplom. tom. 1. pag. 841 : *Predictis autem quatuor in unam sententiam concordare nequientibus, in ill. principem Heinricum Lantgravium, terræ Hassiæ dominum, tamquam in Personam mediam consensimus, et quicquid idem statuerit ... tenebimur irrefragabiliter observare.* Alia ann. 1293. ibid. pag. 869. *Persona tertia* eodem sensu in chart. ann. 1278. in Lebman. Chron. Spir. pag. 565. *Persona superior* in chart. ann. 1349. in Tenzel. Suppl. II. Goth. pag. 109. Vide Haltaus. Glossar. German. vocibus *Obmann, Drittmann, Gemeiner* et *Mittelmann*, supra *Medius*.

* Persona Altior, Eminentioris ordinis. Charta ann. 1073. in Reg. 3. Amor. gener. part. 1 : *Anniversaria dies obitus ipsorum,... sicut pro altioribus Personis mos est, celebrabitur.*

¶ Personæ Auctenticæ, Proceres, magnates. Elmham. in Vita Henrici V. Reg. Angl. edit. Hearnii cap. 30. 15. cap. : *Versus Regem Angliæ Personæ notabiles et auctenticæ gunt transmissæ.* Vide *Authenticus*.

¶ Persona Solemnis, Vir illustris, et aliqua dignitate conspicuus. Charta ann. 1423. in Tabular. B. M. de Bono nuntio Rotomag. : *Solet fieri et est assuetum quidam sermo solemnis per unum doctorem in sacra pagina, aut aliam Personam solemnem.*

* Persona Probabilis, Probatæ fidei. Charta Manass. archiep. Rem. ann. 1099. in Chartul. Cluniac. ch. 196 : *Ut hujus pactionis assertio in futurum non cassanda permaneat, testamentali eam schedula cum sigilli sui imagine Personarumque probabilium signis et testimoniis roboravit.*

¶ Persona Utilis, Probatæ fidei, digna cui fides habeatur. Capitul. Sicardi apud Camillum Pereg. Hist. Longobard. cap. 15. *Si autem venditor negaverit, ut non ipsum cavallum, vel bovem vendidisset, et illi, in quorum præsentia venditur, fuerint Personæ utiles, quibus credatur absque crimine, non habeat licentiam venditor negandi; sed illæ tres si non fuerint fide dignæ Personæ, præbeant sacramentum, etc.* Vide *Utilis*.

¶ Personæ Inconvenientes, in Capitul. Caroli Calvi ann. 858. tit. 27. cap. 9. *Persona honestioris et minoris loci*, in Capitul. lib. 7. cap. 476. *Personæ mediocres.* Vide *Homo*.

** Persona Opposita. Frequens apud Marculfum et in antiquissimis chartis usque ad sæcul. XI. formula : *Si quis autem heredum vel proheredum meorum vel ulla Op-*

posita Persona hanc donationem irrumpere voluerit et similia, ubi Opposita Persona videtur esse Interposita, substituta; quo facit charta ann. 744. apud Neugart. Cod. Aleman. num. 14 : *Ipsam rem tradit imtori ut neque per se neque Persona popsita er se nunc quæssitum turet, etc.* i. e. *opposita per se etc.*

* Persona Amissa, pro Emissa, [** vel Admissa.] ut videtur, in Chartul. major. S. Vict. Massil. : *Si quis nos aut successores nostri, vel ullus homo, aut ulla opposita vel amissa Persona, etc.*

Persona Publica. Aggenus : *Quædam loca feruntur ad Personas publicas attinere; nam Personæ publicæ etiam coloniæ appellantur, etc.* Alius Agrimensor : *Hæc inscriptio videtur ad Personam coloniæ ipsius pertinere, etc.* [** Alio sensu in Justin. Instit. lib. 1. tit. 11. de adopt. § 3.]

* 1. Persona Conditionis, Manumissus e servitute sub certis conditionibus. Vide supra *Conditionati.*

* 2. Persona Conditionis, Ejus scilicet ordinis, ut rem quampiam possidere possit. Ordinat. Phil. VI. in Reg. E. E. Chartoph. reg. fol. 12. v°. : *Si ecclesia financiam præstare recuset, offerens res acquisitas transferre in Personam conditionis, quam conditio rerum ipsarum exposcit, etc.*

* Personam Tenere, dicitur Fidejussor, qui in certo loco consistere tenetur, donec promissa et conventa, ipso vade, fuerint perfecta, vel damnum emendatum; quod aliter *Hostagium tenere* dicebant. Vide in *Hostagium* 3. Charta Ludov. VII. ann. 1172. inter Probat. ult. Hist. Trenorch. pag. 170 : *Comes Stephanus juravit, quod quoties per se vel per submonitionem sciret hoc contigisse, infra quadraginta dies inter Senonis et Parisius, donec totum foret emendatum, Personam nobis teneret.* Forte, pro *Prisonam.*

¶ Persona, Corpus. Mirac. B. Henrici Baucenens. tom. 2. Junii pag. 384 : *Non exibat de domo, nec se poterat adjuvare de Persona; modo sentit omnia membra consolidata et confirmata ita quod vadit.*

* Persona, Corporis species; dicitur de equo, in Stat. Mantuæ lib. 1. cap. 119. ex Cod. reg. 4620 : *Qui quidem guaragnum talem et equum de Persona, forma et membrorum proportione, de viribus et sufficientia opportuna examinent diligenter.*

Personare. Gloss. Græc. Lat. χαρακτηρίζω, *Persono*, id est rei alicui incorporeæ personam aliquam attribuo, uti vocem hanc interpretatur Vulcanius. In MS. additur *Noto.*

¶ Personandus, Qui alicui ordini vel societati præsidet. Charta Maximiliani I. Imper. ann. 1486. apud Miræum tom. 1. pag. 232. col. 2 : *Mandamus igitur omnibus et singulis Principibus Ecclesiasticis et Sæcularibus, Ducibus, Marchionibus, Comitibus, Baronibus, Militibus, Clientibus, Officialibus quibuscumque, Capitaneis, Burggraviis, Potestatibus, Ancianis, Gubernatoribus, Præsidibus, Judicibus, Regibus armorum, Haraldis, Personandis, civitatum, opidorum, villarum et locorum Communitatibus, etc.*

Persona, Facultas, licentia. Charta ann. 1214. apud Georgium Pilonum in Hist. Bellunensi pag. 118. : *Ut habeat potestatem et Personam emendi, et vendendi, donandi, etc.*

¶ In Persona, quomodo Gallice dicimus, *en Personne*. Litteræ Renati Reg. Comit. Provinciæ ann. 1477. pro piscatoribus Massil. : *Quod a loco illo de la Corona et ultra, tam respectu maris inibi dubiosi et inorescentis, quam metu inimicorum sepe concurrentium periculosum multum est in Persona et bovia piscari inibi arte ipsa de Corre.* Vereor tamen ne mendum subsit : est enim retis genus quod *Perriere* dicitur in Privileg. Maceriarum ad Mosam : *Il peut pescher à tous autres harnas et manieres quelconques resques, lesrois, Perrieres, les trayneaulx, etc.*

Personarum Nomen, ait Facundus Hermianensis lib. 1. cap. 3. *Non nisi cum Sabellius impugnaret Ecclesiam, necessario in usum prædicationis assumptum est : ut qui semper tres crediti sunt et vocati, Pater, et Filius, et Spiritus sanctus, uno quoque simul et communi Personarum nomine vocarentur. Deinde etiam Subsistentiæ dictæ sunt, quoniam Ecclesiæ placuit ad significandum Trinitatem, et hoc nomen distinctioni personali tribuere.*

Personæ, Clerici, qui Beneficia Ecclesiastica obtinent, quod, ut quidam putant, *magnam propter officium Personam sustineant* ; sed maxime ii, qui Beneficiis, seu Ecclesiis per Vicarios deserviri curant, dum ipsi potiori redituum parte fruuntur; et, ut ait Johannes Sarisberiensis lib. 7. Policrat. cap. 17 : *Qui quocunque modo plura conquirunt altaria, et nolentes servire altario, de quo vivunt, Personatus quosdam introduxerunt, quorum jure ad alium onera, ad alium referantur emolumenta.* Unde apud eumdem Scriptorem Epist. 1. *Personæ* opponuntur, *conductis, conductitiis Sacerdotibus et Vicariis.* Concilium Claromontanum ann. 1095. cap. 3 : *Ecclesiæ, seu decimæ.... sæpius ab Episcopis sub palliata avaritia venduntur, mortuis nimirum, seu mutatis Clericis, quas Personas vocant.* Charta Bartholomæi Episcopi Laudunensis ann. 1125 : *Notum igitur esse volumus.... quod cum Monasterium B. Dionysii de Francia infra terminos nostræ diœceseos altaria duo, videlicet de Sorbais et de Altrepia sub obtentu Personarum ab antiquo tenuisset, novissime temporibus nostris mortua Persona vicedomini Abbatis Sugerii et monachorum, a Petro ipsius Camerario requisiti, ut B. Dionysii Personæ gravamen remitteremus, et quod de cætero altaria illa solida et quiete firma possessione tenenda concederemus, ex decretis Romanorum Pontificum, ne ulterius altaria per Personas tenerentur, sancitum esse recordantes, etc.* [Charta Eugenii III. PP. ann. 1150. apud Miræum tom. 2. pag. 1170 : *Sane pravam illorum consuetudinem, quæ sub nomine Personatus usque ad tempus prædecessoris nostri bonæ memoriæ. PP. Urbani extraordinarie inoleverat, submovemus.*] Annales Wintoniensis Ecclesiæ ann. 959 : *Nuda fuit Ecclesia, intus et extra, qui Vicarii non habebant, unde eam vestirent et tegerent, nec Præbendarii, qui Personæ dicebantur, talibus poterant intendere.* Infra : *Mandavit, ut bona Ecclesiæ non sine causa percipientes, in Ecclesia, cujus se Personas confitebantur, in propria Persona Deo servituri perpetuo facerent stationem.* Lambertus Ardensis pag. 111. : *Ecclesiæ S. Petri... procuratorem et Personam.* Pag. 121. : *Gaufridum Morinensis et Brugensis Ecclesiæ Canonicum, et in Anglia multarum Personam et procuratorem.* Vide Concilium Rotomagense ann. 1189. cap. 6. 8.

* Hinc *Persona* opponitur vicario, in Conc. Oxon. ann. 1222. can. 15 : *Pensata ecclesiæ facultate, utrum vicarius onera ecclesiæ subire debeat, an Persona.* Ita et Conc. Bajoc. ann. 1300. can. 101. Vide *Du Perray* in tract. de Portion. congr. tom. 1. pag. 102. et 149.

¶ *Persona* sæpius pro Curio, parochus occurrit : Britan. etiamnum *Personne*, Angli *Parson* ea notione dicunt. Chartularium S. Vincent. Cenoman. fol. 115 : *Ego Persona ecclesiæ de Solineio habui medietatem investituræ præfatæ ecclesiæ de Solineio.* Tabular. S. Florentii : *Dolensis Electus vel Archiepiscopus, ad præsentationem monachorum Personas recipit, qui eis de temporalibus, ipsi autem Electo vel Archiepiscopo de spiritualibus respondebit. In tribus aliis ecclesiis prædictus Electus seu Archiepiscopus Personas pro sua eliget voluntate.* Tabular. S. Sulpitii Bituric. : *Cum inter Abbatissam S. Sulpitii et Simonem Personam de Chaneio controversia verteretur, etc.*

* *Personne*, eadem notione, nostratibus. Lit. remiss. ann. 1389. in Reg. 135. Chartoph. reg. ch. 210 : *Comme il feust venu en la ville de Necie près Faloise un questeur ou porteur de pardons, qui dist et fist commandement à la Personne ou curé d'icelle ville, que il fist assembler... ses paroissiens, etc.* Aliæ ann. 1393. in Reg. 144. ch. 254 : *Richart Simon prestre, Personne de la paroisse de saint Oen, etc.*

Varie ab Episcopis *altaria*, uti vocantur Ecclesiæ, concedebantur Monasteriis, vel Capitulis Canonicorum, vel etiam Dignitatibus Ecclesiasticis. Interdum enim ea conditione dabantur, ut iis liceret *Personam* constituere, Clericum scilicet, qui *altaris* titulo et proventibus sibi reservatis, ei per vicarium deserviri curaret : quo quidem vacante personatu, Monasteria confirmationem eorumdem altarium ab Episcopis rursum impetrabant, per præstationem quandam, *altarium redemptionem* vulgo nuncupatam, uti in hac voce docuimus. Exstant apud Haræum in Castellanis Insulensibus lib. 2. pag. 170. 171. diplomata Radbodi Noviomensis Episcopi ann. 1090. et Lamberti Atrebatensis Episcopi ann. 1111. quæ istius moris meminerunt. Alia profert Buzelinus in Gallo-Flandria pag. 307. 308.

☞ Appellata quoque interdum hæc præstatio *Personalis redemptio*, ut in Bulla Paschalis II PP. ann. 1107. ex Tabulario S. Albini Andegavensis : *Has nimirum ecclesias, juxta prædecessoris nostri felicis memoriæ Urbani decretum in Alvernensi Concilio constitutum, ab omni Personali Redemptione liberas vobis permanere censemus.*

Interdum etiam altaria concedebant Episcopi absque *Personatu*; id est, ut liceret Monasteriis, aliisve Ecclesiis, Vicarios in ipsis altaribus delegare, qui eis deservirent, *Personatus* proventibus ad ipsa Monasteria, Ecclesiasve spectantibus . quæ quidem *altaria a Personatu libera* dicuntur in Charta Baldrici Noviomensis Episcopi ann. 1103. apud Vassorium in Noviomo pag. 797. ex qua præterea discimus, *Vicarios*, qui ejusmodi altaribus deserviebant, *Juniores*, eorumque ministeria, *Junioratus* appellatos. [Charta Manassis Episc. Camerac. ann. 1096. apud Miræum tom. 1. pag. 165 : *Altare videlicet de Hauthem cum appenditiis suis, Heldreghem, et Idrighem sine Persona, sed cum debitis obsoniis.* Alia Lamberti Episcopi Atrebatensis ann. 1097. ibid. pag. 116 : *Altare de Huchin ea conditione ibi dedit, ut singulis annis, in festivitate S. Remigii* XII. *denarios solvat, et deinceps ab omni redemptione liberum faciat. Altare quoque de Rodricourt ita dedit, ut sine Persona permaneat.*] Charta Gerardi Episcopi Morinensis apud Willelmum Andrensem pag. 808 : *Altare villæ, quæ vulgo Andernes dicitur, ad opus Monachorum Cœnobii S. Salvatoris Caroffensis ibidem Deo famulantium, omni exactionis debito liberum concedo,... aliud quoque altare, quod dicitur S. Martini.... concedo, non liberum, sed sub Persona.* Vide *Junioratus*.

☞ Hinc *Personaliter tenere* dicebantur qui sub annua præstatione, *altarium redemptio* dicta, beneficia ecclesiastica possidebant : *impersonaliter* vero qui ea obtinebant libera a *personatu*. Vide Mabillonium tom. 5. Annal. pag. 387.

¶ Personatus Jus, Quo *personam* in ecclesia aliqua quis constituere potest. Charta Officialis Remensis ann. 1364 : *In quibus* (ecclesiis) *Ecclesia S. Bertini dinoscitur patronatus ac Personatus jus habere, ac ad prædictas ecclesias ab antiquis temporibus Episcopi Morinensium... personas ydoneas præsentatas per ipsum Abbatem.... ad dictas capellarias seu capellas admiserint.* Infra : *Capella S. Katarinæ de Kalais existens in patronatu ecclesiæ S. Bertini, etc.*

Personator, Idem quod *Persona*. Lambertus Ardensis pag. 151 : *Erat autem tunc temporis in Ardea quidam sub Morinensis Episcopi præsidio substitutus Personator, sive persona, nomine Walterus, qui etiam Nelensis et Althingensis villæ simili professione procurabat Ecclesiam.*

Personatus, *Personæ* dignitas, seu beneficium ipsum, ac Ecclesia, quam quis *sub personatu* possidet, ut est in Charta Walterii Episcopi Tornacensis, apud Haræum in Castellanis Insulens. Petrus Bles. Epist. 120 : *Nepos vester in diversis Ecclesiis diversos adeptus est turpi commercio Personatus.* Scriptores Vitæ S. Thomæ Cantuar. cap. 5. de Archidiaconatu : *Nam post Episcopos et Abbates in Ecclesia Anglorum, hic primus et dignior Personatus habetur.* Thierricus Valliscolor. in Urbano IV. PP. :

Hic tres instituit Personatus, ibi Cantor,
Thesaurarius hos, atque Decanus habent.

Provinciale Ecclesiæ Cantuar. lib. 3. tit. 1 : *Ut omnes tam Archidiaconi quam Decani, et omnes alii in Personatibus et dignitatibus constituti, etc.* Adde tit. 7. et Historiam Episcopor. Cadurcensium num. 118. Lindwodus, *Personatum* esse ait *prælaturam, sive titulum ad personam, sive rectorem Ecclesiæ pertinentem* : hæcque subdit : *Scias tamen, quod de personatu doctores varie scribunt. Nam Archidiaconi et Archipresbyteri, in Ecclesiis Cathedralibus dicuntur habere Personatus. Cognoscitur enim Personatus, quando aliquis habet prærogativam in Choro vel in Capitulo, in optionibus, in processionibus, in vocibus dandis, et hujusmodi præ aliis canonicis ejusdem ordinis : non tamen sicut hi, qui sunt in majoribus dignitatibus constituti : unde, ut dicit Cardi. Personatus et dignitas vere supponunt pro eodem, licet in aliquibus locis rectores Ecclesiarum vocentur Personæ, et sic habent personatum, non tamen dignitatem.* [Compendiosa benefic. Expositio fol. 12 : *Personatus jurisdictionem non habet ut præbenda, quæ nihil aliud est quam jus percipiendi fructus ratione canonicatus.*] Ita *estre en personnage*, dicuntur in dignitate aliqua Ecclesiastica constituti, in Statuto Philippi Pulcri ann. 1294. de superfluitatibus in qualibet hominum conditione auferendis : *Nul Clerc, s'il n'est Prelaz, ou establis en Personnage, ou dignité, ne pourra porter vair ne gris, ne hermines, fors en leurs chaperons.* Infra : *Nul Bourgeois ou Bourgeoise, ne Escuier, ne Clerc, s'il n'est en prelation, ou en Personnage, ou en greigneur estat; n'aura torche de cire.*

* Consule *Van-Espen* in Tract. *de Dignitatibus et Personatibus.*

¶ Personalia Beneficia, in Concil. Tarracon. ann. 1591. inter Hispan. tom. 4. pag. 524 : *Licet personatus sive Personalia beneficia ideo nuncupata sint, quod non ut in perpetuum beneficia remanerent, sed ad vitam aliquarum personarum ecclesiasticarum duntaxat instituerentur, etc. Nullus personatus seu Personale beneficium, sine auctoritate et decreto Episcopi.... erigatur.*

Personagium, Idem quod *Personatus*. Monastic. Anglic. tom. 1. pag 816 : *Pro illo novo ædificio, quod ipse fecit in Personagio de Dasesboroug.*

* Nostris *Personnage*. Lit. remiss. ann. 1391. in Reg. 140. Chartoph. reg. ch. 158 : *Thomas Durescu prestre, personne d'un benéfice en icelle eglise, nommé le Personnage de Mireville.* Charta ann. 1399. ex Chartul. 21. Corb. : *Patrons de plusieurs cures, chappeleries, personnages et autres bénéfices, etc.* Interdum et pro districtu parochiæ, ut in Charta ann. 1226 : *Je Jehans sire de Cison fas asavore à tous cilz ki sont et ki à venir sont, que je ai vendut as chanoines de Sainte Crois de Cambrai toute le disme entirement que je avoie el Personnage de me vile d'Angheriel.* Vide mox *Personale*.

☞ Rectius *Personagium*, eodem quo apud Anglos *Personage*, pro districtu ecclesiæ curionis, qui *persona* iisdem dicitur, accipi posse arbitror; qua etiam notione vox *Parochia* interdum usurpatur, ut supra observatum est in hac voce.

¶ Personalitas, Eodem significatu, in Charta apud *Madox* Formul. Anglic. pag. 248 : *Volo etiam omnibus fidelibus esse constans, me neminem alium autoritati domini Episcopi præsentasse de Personalitate ecclesiæ de Suthun, nisi Priorem et fratres ecclesiæ de Trentham.*

Personaticum, ut *Personatus*. Charta Henrici I. Regis Franc. ann. 1057. in Historia Monasterii S. Mariæ Suession. pag. 436 : *Alia* (persona) *in loco ejus præsentetur, cui Episcopus Personaticum ipsorum altarium sine aliqua pecunia tribuat.*

¶ Impersonata Altaria, Quæ a *Personatu* libera sunt. Charta ann. 1105. ex Tabular. Mon. Elnon. : *Eaque* (altaria) *libera et Impersonata Ecclesiæ S. Amandi concedimus, ea conditione ut presbyteri qui iisdem altaribus deservierint Episcopo præsententur.*

Inpersonare, in *Personatus* possesionem mittere. Charta Hugonis *du Puiset* Dunelmensis Episcopi : *Sciatis, nos ad præsentationem Roberti Capellani in Ecclesiam de Witefeld, quæ in feudo suo sita est, canonice Inpersonasse Robertum nepotem suum, etc.*

¶ 1. **PERSONAGIUM**, perperam pro *Prisonagium*, quod commentariensi ab incarcerato seu *imprisonato* exsolvitur, in Charta ann. 1319. inter Instr. tom. 1. novæ Gall. Christ. pag. 191 : *Item quod si aliquis clericus vel persona ecclesiastica in habitu et tonsura clericali capiatur per dictas gentes nostras, quamvis ratione vel causa dicti officiales nostri compellant eundem ad solvendum carteragium, seu Personagium, quod abusu in contrarium nonobstante de cætero fieri vetamur, nisi hoc casu quo clericus a jure permittitur a secularibus capi.* Ubi haud dubie legendum, *carceragium seu Prisonagium*. Vide in *Priso* et *Persona*.

* 2. **PERSONAGIUM**, Beneficium seculare ad vitam duntaxat concessum. Charta ann. 1235. in Reg. 31. Chartoph. reg. fol. 93. r°. : *Fit ista locia cum omnibus feodis, Personagiis et aliis pertinentiis.*

* 3. **PERSONAGIUM**, Actio scenica, quæ per *personas* exprimitur. Comput. MS. ann. 1486 : *Pro misterio passionis Jesu Christi anno præsentis computi, Andegavi per Personagia manifestato, data fuit ex parte nationis summa decem librarum ad onera hujusmodi misterii surpportanda. Jeu de personnages*, in Lit. remiss. ann. 1403. ex Reg. 157. Chartoph. reg. ch. 333 : *Comme la veille de la St. Fremin les jeunes gens de la ville d'Amiens ont acçoustumé de soy jouer et esbatre et faire jeux de Personnages, Jehan le Corier se feust accompaigné avec plusieurs jeunes enfans de ladite ville, qui faisoient un jeu de Personnaige, etc.* Vide supra *Ludus Christi* et *Ludus Personarum*.

* 4. **PERSONAGIUM**, *Personæ*, seu hominis effigies. Comput. MS. fabr. S. Petri Insul. ann. 1489 : *Item relictæ quondam Jacobi le Wattier pro mundando tombam et Personagia circa eam existentia, in capella B. Mariæ de Trillia, etc.*

* **PERSONALE** Beneficium, Idem quod *Personagium* in *Persona*. Charta ann. 1268. ex Tabul. S. Vict. Massil. : *Guillelmus... S. Victoris Massiliensis abbas, de consilio et consensu devoti conventus dicti monasterii,... confert beneficium Personale, scilicet ecclesiam de Salagrifon Glandensis diœcesis tibi Guillelmo Grasseto clerico, accipienti et recipienti toto vitæ tuæ tempore, ea lege quod sis obediens domino abbati et successoribus suis;... et juravit ad sancta Dei Evangelia,... quod vocatus ad capitulum generale veniet, et quod longas peregrinationes S. Jacobi seu

ultramarinas non faciet, sine licentia ejusdem dom. abbatis vel successorum.

** **PERSONALIA**, Census annuus ex pactione usus fructus personalis ad vitæ tempus persolvendus. Chart. ann. 1318. apud Haltaus. in Glossar. German. voce *Leibgeding*, col. 1242 : *Item sunt 100. lib. Hallenses, quas tenemur pro personalibus, vulgariter dictis Leibgedinge, quæ in siligine, avena et promptis Hall. exsolvere nos oportet.*

¶ **PERSONALIS** Cavalcatus, Servitium quod quis per se cum equo præstare tenetur. Charta Caroli II. Reg. ann. 1291. apud Pitton. Histor. Aquens. pag. 170 : *Volumus in posterum homines.... immunes taschis, lædis, cossis, pedagiis, boagiis, saunariis et Personalibus cavalcatibus infra fines comitatuum, etc.*

* **PERSONALIS** Decima. Vide supra in *Decimæ*.

* **PERSONALITAS**, *Personæ* qualitas vel status. Charta Ludov. VI. ann. 1120. inter Instr. tom. 8. Gall. Christ. col. 321 : *Deffectu justitiæ, realitate, Personalitate, etc.* Vide alia notione in *Persona*.

PERSONALITER. Salvianus lib. 6. de Gubern. Dei : *Personaliter diu locuti sumus, et excessisse videmur regulam disputandi*, id est, ut interpretatur Alexander Brassicanus, in personam tantum unius, nemine interea suo nomine notato. Quidam codd. habent *Personanter*. Infra : *Nunquid læditur scelere personali causa cunctorum.* Leo Ost. lib. 3. cap. 34. (al. 36.) : *Concessit etiam prædictus Papa Alexander Personaliter Desiderio nostro civitatem Terracinensem.* Id est, ipsi soli, non successoribus Abbatibus. Chronicon Montis Sereni ann. 1208 : *Et ipse Personaliter accessit.* Utitur alibi.

¶ Personaliter, Præsens, coram, Gall. *en Personne*. Occurrit passim in Instrumentis Notariorum ævi inferioris.

Personaliter Judicare, i. cum personarum acceptione, quam προσωποληψίαν appellant Græci : vide S. Antiochum Homil. 93. Senator lib. 2. Epist. 8 : *Quis melius ad æquitatis jura dirigitur, quam qui Sacerdotio decoratur? qui amore justitiæ Personaliter nescit judicare, etc.* Lupus Abb. Ferrar. Epist. 64. ad Karolum C. Reg. : *Imitatione Dei nolite Personaliter judicare.* Lex Bajwar. tit. 2. cap. 17 : *Judex... non sit personarum acceptor, neque cupidus pecuniæ.*

¶ Personaliter Condemnari, Pœnis vel suppliciis ex sententia affici. Concil. Palent. ann. 1388. inter Hispan. tom. 3. pag. 624 : *Pro commissis ab eis* (Clericis) *excessibus vel delictis, non possint a sæcularibus judicibus Personaliter, aut etiam pecunialiter condemnari.*

¶ 1. **PERSONARE**, Prædicare, extollere, efferre, Mabillonio æstimare, in Hist. belli sacri tom. 1. Musei Ital. pag. 206 : *Tandem cum magnis muneribus, quæ Rex ipse singulis Principibus miserat, conductu ipsius regressi sunt. Boamundo enim, quem plus omnibus aliis Personabat, plus cunctis pretiosa munera contulit.* Vide in *Persona*.

¶ 2. **PERSONARE**, Instrumentis musicis canere. Epitome Constit. Eccl. Valent. inter Conc. Hisp. tom. 4. pag. 187 : *Nec aliquis ejus* (Capellæ) *singularis cantor seu ministris de cætero non possit ullo tempore diebus festivis nec feriatis die aut nocte cantare, neque Personare in aliqua ecclesia, absque licentia.*

¶ **PERSONARII**, Qui aliquid in commune possident, unde iisdem sunt servitiis seu debitis obnoxii, *Personniers*, in Consuetudinibus Burbon. art. 417. Marchensi art. 163. 271. Inculism. art. 25. 27. et Angeriac. art. 107. Pro cohæredibus, in Consuet. Insul. art. 7. Norman. cap. 26. 35. 101. Pro ejusdem sceleris et culpæ sociis, in eadem Consuet. Norman. cap. 80. et in Assisiis Hierosol. cap. 95. Interdum et pro institoribus, Gall. *Facteurs, commissionaires*, qua notione accipienda hæc vox videtur D. *Brussel* tom. 1. de Usu feud. pag. 243. in Regesto Magn. Dier. Campaniæ fol. 61 : *Curia ordinavit, quod omnes Personarii qui pro debitis in prisionibus tenebuntur, quoquomodo obligati fuerint, per litteras Ballivïarum, vel alio modo, dum tamen sine fraude et malitia, bonis suis tam mobilibus quam immobilibus cedere voluerint, liberabuntur.* Vide *Parcennarii*.

* Ejusdem rei participes, societate conjuncti, nostris *Personniers*; unde ipsa societas, *Personnerie* dicitur. in Lit. remiss. ann. 1412. ex Reg. 166. Chartoph. reg. ch. 329 : *Le suppliant dist à icellui Duval qu'il vouloit qu'ilz comptassent ensemble de la ferme de la revenderie des namps,... dont ilz estoient Personniers ensemble. A quoy ledit Duval respondi qu'il n'avoit plus cure de la Personnerie dudit suppliant.*

¶ 1. **PERSONETA**, f. Apparitor. Statuta Vercell. lib. 3. fol. 78. recto : *Et si aliquis tabelio, advocatus, Personeta, vel testis contrafecerit, sit infamis ipso jure, et in banno de maleficio, de quo non possit exire, nisi solverit Communi Vercellarum duplum precii rei alienate in denariis numeratis.*

* Vel potius Procurator, qui *personam* alterius gerit : unde nomen. Hinc

* 2. **PERSONETA**, Proxeneta, Gall. *Courtier*. Libert. Petræ-assisiæ ann. 1341. in Reg. 74. Chartoph. reg. ch. 647 : *Item quod dicti consules... possint... instituere in dicto loco et destituere Personetas et corraterios in et super quibuscumque mercaturis.* Charta ann. 1474. in Reg. 119. ch. 1 : *Qui Personetæ et corretarii retulerunt ipsis consulibus, etc. Corretarii seu Personetæ*, ibidem.

* **PERSORIUM**, Torcular, ex vitiosa pronuntiatione, pro *Pressorium*. Vide in hac voce. Chartul. Med. monast. Bitur. fol. 137. r°. : *Dedit insuper miles quadraginta septem modios vini, super decima vini de Aiis percipiendos apud Aias, in Persorio dominæ de Lerbero.*

PERSPICIENTIA, *Vigilantia*, in Gloss. Lat. MS. Regio, cod. 1013.

* **PERSPICILIA**, Conspicilla, Gall. *Lunettes*. Acta capit. eccl. S. Petri Insul. ad ann. 1539. ex Reg. L. fol. 90. v°. : *Recreati sunt ludo tabularum, una cum domino præside cameræ computorum et domino Barberio canonico.... Antequam denuo luderet præfatus Barberius, facta fuit mentio debitorum per eumdem Barberium, ipso videlicet deponente asserente esse quinque, e contrario dicto Barberio esse tantum quatuor per eum debita. Tandem post aliquantas rixas dictus Barberius impegit pugnum apertum in faciem ejusdem deponentis, qui tunc habebat sua Perspicilia in naso.* Vide supra *Ocularia*.

¶ **PERSULIRUM**, f. Extraordinaria exactio. Charta Pontii Comit. Tolosani ann. 936. apud Catellum pag. 89 : *Et tallias, et omnes actus, et seguis, et justitias,... et leudas, et Persulira, et venationes,.... totum illud damus.* Occurrit eadem Charta inter Probat. tom. 2. novæ Hist. Occitan. col. 76. [* Mendum esse suspicor : idem forte quod supra *Perso*.]

PERSULTRA. Vide *Satirus*.

* **PERSUPER**, Insuper, Gall. *Par dessus*. Charta ann. circ. 1220. in Bibl. reg. cot. 19 : *Persuper ego eis quittavi moltam, quam eadem terra mihi solvebat.*

PERSUS, Color, ad cæruleum, vel ad floris *persicæ mali* colorem accedens, Gallis *Pers*, Italis *Perso*. Recte Acarisius : *Perso e colore de la Persa, donde prende il nome, cioè azuro scuro et non aperto.* Glossæ MSS. : *Synopes, color perseus.* Scio, originem a Græcia quosdam arcessere; sed valeant originationes istæ græcissantes in vernaculis nostris. Leo Ost. lib. 3. cap. 57. (al. 58.) : *Tunicam unam de panno Perso inaurato.* Charta Heccardi Comitis Augustodun. apud Perardum : *Casulas 2. una Persa, alia virida.* [Tabular. Montis Mart. ann. 1324 : *Item Isabelli suum supertunicale de Perso legavit.* Vita S. Philippi Bituric. Archiep. apud Marten. tom. 3. Anecd. col. 1937 : *Faciem habebat Persam et credebatur mortuus.* Inventar. Eccl. Aniciens. ann. 1444 : *Item alia mappa de lino operis Franciæ cum parvis barris in capitibus de Pers. seminata de crucibus de Pers.*] Χρυσοπερσικὸς χιτώνισκος, apud Leonem Grammatic. pag. 465. Vide Jul. Scaliger. exercit. 325. n. 10. et Glossar. med. Græcit. in Περσικὸς, col. 1158. [Le Roman *de la guerre de Troyes* MS. :

Mort le trebuche tot en vers,
En pui d'ore su paille et Pers.]

☞ Interdum et pro panno hujusce coloris accipitur. Statuta pro villa *de Commercy* MSS. pag. 18 : *Ceux dudit mestier qui feront Pers, brunettes, verdz et manbres marchands, soient urdiz en XVI. filz, qui soient à trois piedz sur le moins.*

* Lit. remiss. ann. 1386. in Reg. 130. Chartoph. reg. ch. 35 : *Une paire de chauces de Pers noir.* Unde de carne livore decolorata dicitur, in Mirac. S. Ludov. edit. reg. pag. 412 : *La char de li estoit Perse, seche et megre.*

¶ Persicus, Eodem significatu. Processus de Vita S. Yvonis tom. 4. Maii pag. 547 : *D. Yvo indutus tunica, supertunicali et epitogio de Persico.* Charta ann. 1321. tom. 2. Histor. Paris. pag. 527 : *Unum supertunicale ad uxorem de Persico.* Pro ipso colore occurrit in Inventar. Eccl. Aniciens. ann. 1444 : *Item quædam servieta modici valoris cum barris de Persico.* Hinc emendandum Testament. Guillelmi de Turre ann. 1461. apud Baluz. tom. 2. Hist. Arvern. pag. 726 : *Casulam meam ciricis Persici coloris, etc.* Ubi perperam editum, *Pertici*.

Perseus, Idem quod *Persus*. Ælfricus in Gloss. Saxon. cap. de Coloribus : *Perseus*, blaven. i. blavius, nostris *Bleu*.

¶ Perset, in Charta fundat. Priorat. S.

Petri de Soldiaco ann. 1070. apud Marten. tom. 1. Ampliss. Collect. col. 482 : *Ipso die dederunt Monachi S. Vincentii... uxori ejus* (Achardi) *Gilæ unam tunicam de Perset.*

¶ **PERSUTA**, ab Italico *Persutto*, Perna, Gall. *Jambon.* Statuta Riperiæ cap. 16. fol. 9. v°. : *Item quod quælibet persona quæ mactaret aliquem porcum in locis dictæ Riperiæ causa vendendi, et illum venderet integrum, sive ad mezenas integras recentes, intelligantur mezenæ integræ etiam absciso capite, et spallis, et Persutis a qualibet ipsarum mezenarum.*

PERTALLUS. Bulla Innocentii VI. ann. 1355. pro Clarissis Tolosanis, apud Waddingum : *Hoc salvo, quod dictæ Religiosæ possint habere, construere, et tenere porticum et Pertallum pro introitu et exitu ad dictam rectam carreriam, habentem sex brachiatas duntaxat in latitudine, cum clausuris.* Sed legendum *portallum*, portam majorem, Gall. *Portail.*

¶ **PERTENEMENTUM**, Prædium, hæreditas, feudum. Charta ann. 1209. in Tabular. Domus Arelat. S. Johan. Hieros. : *Do in retornum tibi et in potecham* (f. hypothecam) *totum meum Pertenementum.* A *tenemento* nude distinctum existimo, ita ut *Pertenementum* sit prædium seu feudum liberum quod nullo medio tenetur. Vide in *Tenere.*

* **PERTERRARE**, Diruere, ad terram dejicere. Steph. de Infestura MS. ubi de Innoc. PP. VIII : *Eam turrim funditus et a fundamento Perterrarunt, invito, ut credendum est, pontifice.* Vide supra *Atterrare* 2.

¶ **PERTERRITUS**, δέος, in Gloss. Lat. Gr. Metus.

1. **PERTICA**, *Pertica regio*, Agrimensoribus, est territorium in quatuor partes divisum et comprehensum limitibus maximis Decumano et Cardine : totum territorium coloniæ divisum et assignatum. Frontinus : *Solum autem quodcunque coloniæ est assignatum, id universum Pertica appellatur.* Aggenus : *Pertica quatuor regionibus æqualiter divisa.* Vide Gromaticos.

Pertica, Certus agri modus, decem pedibus constans, quæ ideo *Pertica decempeda* dicitur apud veterem Agrimensorem pag. 330. duobusque passibus constare : *Alii autem voluerunt*, subdit ille, *ut pertica 48. palmorum esset, quæ pertica ad manus 12. pedes habet : quod per extensionem brachiorum verius esse probatur.* Isidorus lib. 15. cap. 15 : *Pertica passus duos*, (habet) *id est decem pedes.* Glossæ Lat. Gr. MSS. : *Pertica*, Κανών, κόντος. Vide Salmasium ad Solinum pag. 684.

Pertica 10. *pedum* longitudinis apud Anglos olim perinde fuit. Vide Monasticum Anglic. tom. 1. pag. 313. Habuerunt etiam *perticam* 18. *pedum*, ut est in eodem Monastico tom. 2. pag. 157. 158. 159. et *perticam* 15. *pedum*, ibid. pag. 157. et *perticam* 20. *pedum*, ibid. pag. 204. 273. tom. 3. pag. 15. 16. [** Placit. Trinit. ann. 29. Edw. I. reg. Angl. apud Ebor. rot. 34. in Placit. Abbrev. pag. 245 : *In villa de Wartre longitudo Perticæ Regis continet decem et octo pedes hominis.*]

* Pertica 10. *palmorum.* Charta ann. 1341. in Reg. 74. Chartoph. reg. ch. 643 : *Item quod dicta arpenta perticentur ad mensuram, ad quam dictâ villa de Pampilona fuit in fundatione dictæ villæ perticata ; quæ Pertica continet decem palmos ad mensuram Ruthenensem, et arpentum continet triginta duas perticas in latitudine et in longitudine sexaginta quatuor.*

¶ Pertica 7. *pedum*, 7. unciarum, et 8. lin. totidem quippe valent. 10. palmi ex quibus constare perticam dicitur in Sententia arbitrali ann. 1292. pro Abbate Gimontensi in Occitania : *Perticus cum quo mensurantur arpenta et terræ, vineæ et alii honores, habeat in perpetuum et habere debeat decem palmos bonos et largos de longo ut hactenus habere convenit.*

* Pertica 9. *pedum et semis.* Charta ann. 1027. in Chartul. S. Joan. Angeriac. fol. 109. v°. : *Ipsa area octo habet perticas in longum et septem in latum ad Perticam novem pedes manuales et semis.*

* Pertica 12. *pedum*, in Charta ann. 1010. apud Lam. in Delic. erudit. inter not. ad Hist. Sicul. Benincont. part. 2. pag. 323 : *Et est mensurata ad Perticas legitimas de pedis duodecim.*

* Pertica 12. *pedum et semis*, in Charta Caroli C. ex Chartul. Brivat. : *Ipsa Pertica habet pedes xij. et dimidium.*

¶ Pertica 15. *pedum*, in Charta Gunfindi Abbat. S. Sulpitii Bituric. ex Tabul. ejusdem Monast. : *Ipsa Pertica unde mensuratum fuit, habet pedes* xv.

Pertica 16. *pedum.* Vide in *Quarentena.*

¶ Pertica 20. *pedum.* Charta ann. 1239. in Tabul. Meld. : *Vendidit P. Dei gratia Meldensi Episcopo sexaginta arpenta nemoris sita in Medonto juxta essarta ipsius Episcopi ad Perticam* xx. *pedum.* [** Chart. Longob. ann. 738. in Brunett. Cod. Dipl. Tusc. tom. 1. pag. 494 : *Quod est totus in circus Perticas 30. et ipsa Pertica abente in se per una, pedi 20. ad pede mauichisi, etc.*]

¶ Pertica 21. *pedum.* Charta S. Gerardi ann. 971. inter Probat. Hist. Tullens. pag. lxv : *Quæ Pertica continuit numerum pedum viginti et unum.*

¶ Pertica 22. *pedum*, in Chartular. S. Vandreg. tom. 1. pag. 716 : *Viginti acras terræ mensuratas ad Perticam viginti duorum pedum.*

* Pertica 22. *pedum.* Adde Chartam Theob. comit. in Chartul. Campan. ann. 1223. fol. 298. r°. : *Unoquodque arpentum ad Perticam xxij. pedum, pro quinquaginta solidis.*

* Pertica 24. *solearum.* Reg. Cam. Comput. Paris. sign. *Noster* fol. 340. r°. : *xxiiij. soleæ pedis faciunt Perticam : xl. perticæ faciunt virgatam : iiij. virgatæ faciunt acram. Pertica terræ facit xxiiij. passus seu soleas pedis : xl. perticæ terræ faciunt virgatam : duæ virgatæ faciunt arpentum.*

¶ Pertica 25. *pedum.* Charta Ricardi Reg. Angl. tom. 4. Hist. Harcur. pag. 1414 : *Fundavimus.... viginti carrucatas terræ, scilicet unicuique carrucatæ sexaginta acras terræ ad Perticam nostram, videlicet viginti quinque pedum.*

Pertica 27. *pedum.* Tabular. Dervense : *Centum perticas in longitudine, totidem in latitudine. Dimensionem autem Perticæ ipsius ad mensuram pedum 27. protendere volui.*

* Pertica 12. *ulnarum et* 12. *pollicum.* Chartul. S. Joan. Angeriac. fol. 155. r°. : *Ego Francha femina* (dono) *medietatem unius operis de vinea, habentem perticas decem de longe et de fronte quinque ; et Pertica habet ulnas xij. et pollices xij.*

Pertica 12. *pedum, quæ dicitur Luitprandi*, et *pertica legitima de pedes duodecim ad extensis brachiis mensurata*, vel *ad extensionem brachii*, in Chartis Longobardicis apud Ughell. tom. 3. Italiæ sacræ pag. 289. tom. 5. pag. 659. tom. 7. pag. 1442. et tom. 9. pag. 121. Chronicon Novalicense cap. 1. de Luitprando Rege Longobardorum : *Qui tantæ longitudinis fertur pedes habuisse, ut ad cubitum humanum metirentur. Horum vero pedum mensura pro consuetudine inter Longobardos tenetur in metiendis arvis usque in præsentem diem, ita ut pedes ejus in Pertica fune duodecim fiat tabula.* Statuta Mediolanensia part. 2. cap. 350 : *Mensura pedis Litprandi sit et esse intelligitur de unciis novem ad brachium lignaminis.* Vide Tristanum Calchum lib. 4. Histor. Mediolan. ubi de Luithprando.

☞ Observat Mabillonius Itin. Ital. pag. 177. post Benvenutum, nostra etiam hac tempestate hujus pedis mensuram ad agros dimetiendos usui esse in tota Insubria, licet in Tuscia sit abrogata, eamque corrupto vocabulo *Aliprandi pedem* apud Mediolanenses appellari, quem in uncias xii. partiuntur. Denique Pes Luitprandi ad nostrum morem compositus, Parisiensem pedem regium continet, et insuper ipsius pedis trientem. Vide in *Pes.*

Perticæ Arpennales, *agripennales*, quibus agri *arpennis*, seu *agripennis* constat. [S. Bernardus Epist. 426 : *Haia non extendetur in latum ultra quadraginta Perticas arpennales.*] Chronicon Besuense pag. 511 : *Habet vero ipsa terra Perticas arpennales in longo 43. et pedales 10. et in lato de uno capite superiore perticas 9. et pedes 4.* Occurrit prætereapag. 512. *Perticæ agripennales*, pag. 525. et in Charta Warnerii Sombernensis apud Petrum Chiffletium in S. Bernardo pag. 519. in aliis denique apud Perardum in Burgundicis pag. 13. 14. 17. 18.

* Pertica Accinga, Eadem quæ *Arpennalis.* Charta ann. 837. inter Instr. tom. 12. Gall. Christ. col. 247 : *Locum... adeptus est... sub mensura videlicet Perticarum accingarum in longitudine quingentarum, in latitudine ducentarum viginti.* Vide supra *Accinga* et *Andecinga.*

Pertica Agripedalis, in Tabul. S. Stephani Divion. apud Perardum pag. 48. 56. Vetus Charta in Vita S. Domitiani : *Et habet in longitudine cum colle et silva supra viam, secundum virilem manum, Perticas agripedales centum duodecim, in latitudine et parte meridiana, cum sarpo* (f. carpo i. palmo) *Perticas agripedales septuaginta duas ac semissem.* Hinc liquet, quid sit

Pertica Manualis. Charta Ludovici Imp. data Remis ann. 5. Imp. 4. Indict. : *In ipsis quoque finibus vel adjacentiis Geminiacum nuncupantem villam et circumquaque tantum in omni parte ipsius fossæ ordine quadrato perticas 30. quam Perticam manualem ad mensuram 30. pedum designavimus.* Vide Agrimensores pag. 330.

☞ Huc etiam spectat Charta an. 3. Rodulfi Reg. in Tabular. S. Sulpitii Bituric.: *Et habet mensura in circomcintum perticas* XXIIII. *et ipsa Pertica unde mensuratum fuit habet pedes* VII. *s.* (f. septem et semis) *ad manus hominum.*

¶ PERTICA DE CAUDA, Nomen est proprium cujusdam loci. Charta Henrici Comit. Barrens. tom. 4. Histor. Harcur. pag. 1373: *Pro jamdicto usagio omnium gentium de Torciaco capienda ad Perticam de Cauda juxta nemus Drogonis, etc.*

PERTICA JUGIALIS. Charta ann. 893. apud Puricellum in Ambrosiana Basilica pag. 258: *Est autem mensura ipsius terræ secundum hujus temporis Geometras, Perticas jugiales septem, et tabulas sedecim.* Pertica, qua jugera agraria metimur. Vide *Jugis.*

PERTICA *terræ legalis*, in Charta Childeberti Regis pro Ecclesia sancti Germani de Pratis.

¶ PERTICAS FACERE, Agrum ad tot *Perticas* colere. Codex MS. Irminonis Abb. Sangerman. fol. 2. v°. : *Gautselmus colonus habet de terra arabili bun.* XII. *de vinea aripen.* II. *de prato arip.* III. *facit inde Perticas* VI. *corvadas donat, etc.*

¶ PARTICHA, pro *Pertica*, pluries in Charta ann. 1121. apud Murator. delle Antic. Estensi pag. 327. et in Statutis Montis Regal. fol. 229.

PARTICA, pro *Pertica.* Cæsarius Nunbergensis de Miracul. S. Erendrudis cap. 7: *Particæ sive mensuræ.* [Charta ann. 1290. tom. 2. Hist. Eccl. Meld. pag. 185: *Sex arpenta, et quinque Particas terræ, etc.* Occurrit ibi pluries.]

¶ PERTICARE, Ad *perticam* mensurare. Sententia arbitralis ann. 1292. inter Abbat. et Consules Gimont.: *Schedia dictarum terrarum et aliorum honorum non possint venire in commissum, quo usque fuerint Perticatæ et certa mensura tradita mensuranda.*

PERTICATA, Modus agri *perticam* continens. Spelmanno, est terræ portio, quæ latitudine perticam continet: longitudine vero per stadium integrum, quod *Quarentenam* dicunt, distenditur, hoc est ad 40. perticas, alias *Roda* dicta. Continet ergo *Perticata* terræ in integra superficie 40. perticas, i. quartam partem uniusacræ, quæ octogies perticam comprehendit, etc. Leges Burgorum Scoticorum cap. 119: *Perticata terræ in Baronia debet mensurari per sex ulnas, quæ faciunt octodecim pedes mediocres, hoc est, neque de majoribus, neque de minoribus. Perticata terræ in burgo, continet viginti pedes.* Adde Assisam Regis Davidis de Ponderibus et mensuris cap. 3. Vide præterea Ingulfum pag. 856. Monasticum Anglic. tom. 2. pag. 212. etc.

PERTICATIO, Terræ modus *perticis* dimensus. Vetus Charta in Vita S. Domitiani: *Vineam unam... infra hunc terminum et Perticationem sub integritate vobis cedimus.* Alia ex Tabulario S. Benigni, apud Perardum: *Infra istas terminationes, vel Perticationes, etc.* Vide pag. 17. 18. 20.

PERTICAS, seu *trabes*, quibus ex ligno facta columba immineret ad sepulcra erigi solitas, a Longobardis, testatur Paulus Warnefridus lib. 5. de Gestis Langob. cap. 34: *Ad Perticas autem locus ipse ideo dicitur, quia ibi olim perticæ, i. e. trabes erectæ steterant, quæ ob hanc causam juxta morem Langobardorum poni solebant: si quis enim in aliquam partem, aut in bello, aut quomodocumque exstinctus fuisset, consanguinei ejus inter sepulcra sua perticam figebant, in cujus summitate columbam ex ligno factam ponebant, quæ illuc versa esset, ubi illorum dilectus obisset; scilicet ut sciri posset in quam partem is qui defunctus fuerat quiesceret.* [Laudes Papiæ apud Murator. tom. 11. col. 13: *Fertur autem hanc Ecclesiam ideo dictam in Pertica, quia cum in ejus cœmeterio multi antiquitus sepelirentur Nobiles de longinquis partibus, faciebant supra sepulcra sua singulas Perticas, quibus discernerentur singula monimenta, plantari.*]

☞ Recensetur etiam *Pertica* inter ornamenta quibus altaria in solemnioribus festis decorari solebant. Inventarium sacræ supellectilis Eccl. Mogunt. tom. 1. Rerum Mogunt. pag. 94: *Nunc de ornatu et thesauro ecclesiæ, et primo de Pertica audiatis. Erat Pertica argentea, concava, deaurata, quæ tantum præcipuis festis, ut in Passione, Pentecoste, in Dedicatione Ecclesiæ, in festo patroni, gloriosi confessoris beati Martini, in Nativitate Salvatoris, ante altare dependebat. In qua vascula suspendebantur, quædam eburnea, quædam argentea, formarum diversarum, omnia reliquiis plena.*

2. PERTICA, pro *Perca*, piscis ita dictus, in Vita S. Willelmi Abbat. Roschild. num. 41. [Chartular. Latiniac.: *Sciendum quod piscatores debent singulis annis refectorario unum piscem laudabilem quem Perticam nominant.*]

¶ 3. PERTICA, αὐτοσχέδιον σχημάτιον, ἀπὸ ξύλων ὀρθῶν γινόμενον καὶ συνιδὼν ἢ ἄλλης ὕλης, in Gloss. Lat. Græc. Sangerman. Hinc *Pertica* dicitur tabulatum seu mensa operaria sartorum. Litteræ Joannis Francor. Reg. ann. 1351. quibus confirmat Statuta sartorum Montispessulan. tom. 2. Ordinat. pag. 469: *Ordinaverunt et convenerunt inter se, quando morietur aliquis ex dictis magistris, vel uxor, vel mater, etc. quod illa die qua sepelietur, omnes tenentes operatoria de dicto misterio, debeant levare suas Perticas, et tenere medias Perticas operariorum* (operatoriorum) *clausas, quousque corpus sit traditum ecclesiasticæ sepulturæ.*

¶ 4. PERTICA MANGANI, Machinæ jaculatoriæ lignea compages, quomodo nunc *l'Afut d'un canon* dicimus. Chronic. Parmense ad ann. 872. apud Murator. tom. 9: *Quum ordinatum esset per Commune Parmæ exercitum facere generalem contra prædictos extrinsecos, et multa manghana et apparamenta fierent ad prædicta, quædam Pertica magna cujusdam manghani... onerata esset super carro Communis in platea pro ducendo eam in glaream Communis ad quoddam manghanum ibi factum, antequam boves ducerentur pro ipsa Pertica sic ducenda, etc.*

* 5. PERTICA, Machina bellica ex longa pertica et castello ligneo illi perticæ super imposito constans; unde obsessores ad murorum altitudinem usque elevati, ab iis obsessos expellere urbemque vel castrum sic expugnare tentabant. Hanc pluribus describit Guido de Vigev. in Tract. MS. de Modo expugnandi T. S. cap. 2.

* 6. PERTICA, Trabecula in ædibus sacris, in qua cerei accenduntur, vel a qua pendent lychnuchi. Sent. ann. 1282. ad calcem Necrol. eccl. Paris. MS.: *De cereis, qui ponentur super Perticam, quæ est in capitio,... sunt illius ad quem officium diei pertinebit.* Vide *Pergula* 1.

* 7. PERTICA, Patibuli species, cui rei suspenduntur. Charta ann. 1354. in Reg. 84. Chartoph. reg. ch. 235: *Supplicatio dictorum religiosorum* (Bonævalis diœc. Carnot.) *humilis nobis porrecta continebat, quod in dicto loco Bonævallis et ejus pertinentiis, ubi noscuntur habere jurisdictionem omnimodam, altam, mediam et bassam, et exercitium ejusdem, ... quod cum contingit per eorum officiales seculares aliquem ad suspendium condempnari, oportet et est consuetum talem condempnatum suspendi in quadam eorum Pertica, vocata gibet, quæ cum magna difficultate et copia gentium, et cum magno labore oportet ipsam incurvari seu protrahi juxta terram; et interdum, quando in eadem Pertica est cadaver alicujus aut aliquorum, qui ibidem fuerunt suspensi, cum magna abominatione, fœtore atque corruptione descenditur aut inferius incurvatur, ex quibus vix inveniunt aliquem, qui velit ipsam descendere seu trahendo, sicut prædicitur, incurvare; supplicantes ob hoc humiliter nobis, quod inibi seu prope dictam Perticam in dicta eorum jurisdictione valeant furcas patibulares ligneas aut lapideas cum tribus pilariis construi et erigi facere, et erectas inibi tenere pro condempnatis ad suspendium ibidem ponendis.* Vide supra *Furca* 1.

¶ PERTICARE. Vide in *Pertica* 1.

¶ PERTICARIUS, Apparitor, *bedellus*, a *pertica* seu virga quam gestat sic dictus, Gall. *Bedeau, porte-verge.* Concil. Mexicanum ann. 1585. inter Hispan. tom. 4. pag. 385: *Officium Perticarii, cujus in processionibus ordinare, Prælato, presbytero, diacono, subdiacono et reliquis altari ministrantibus de choro ad sacristiam vel altare, ... in chorum euntibus... anteire, officium erit.* Interdum *Portingherius* dicitur apud eosdem Hispanos, teste Macro in Hierolexico.

¶ PERTICATA, PERTICATIO. Vide *Pertica* 1.

* PERTICATOR, Agrimensor, qui *pertica* metitur. *Magister Jacobus Garini Perticator regius*, in Charta ann. 1320. ex Lib. rub. Cam. Comput. Paris. fol. 572. r°. col. 1. Alia ann. 1321. in Reg. 60. Chartoph. reg. ch. 160: *Quadraginta quatuor arpenta dictæ forestæ ad mensuram Franciæ, perticata per dictum Perticatorem regium.*

¶ PERTICENSIS MONETA. Vide in *Moneta Baronum.*

PERTICHETA. Vide *Perdiceta.*

¶ PERTICULÆ. Charta ann. 5. Henrici IV. Reg. apud Th. *Blount* in Nomolex. Anglic.: *Quandam eleemosynam vocatam Perticulas ad sustentationem cujusdam pauperis scholaris de Insula prædicta ad exercendum scholas per progenitores nostros quondam Reges Angliæ datam et concessam, etc.*

¶ PERTICUS. Vide in *Persus* et *Pertica* 1.

¶ PERTIGERE, Adire, convenire. Elmham. in Vita Henrici V. Reg. Angl. cap. 73.

pag. 208 : *Ambassiatores Karoli Dalphini prætensi... Regis* (Henrici) *adhuc existentis Rothomagi, Pertigere præsenciam, etc.* Ubi MS. cod. *Pertingere.*

PERTINACES Febres, *i. continuæ.* Ita Glossæ MSS. ad. Alexandrum Iatrosoph.

1. **PERTINACIA**, pro *Constantia*, usurpari a S. Eulogio lib. 2. cap. 7. et in Commonitorio Ludovici Pii ad Hieremiam Archiep. Senonensem, observat Baronius ann. 25. Verum id ægre inde colligitur, cum potius in malam hisce locis videatur accipi, non in bonam partem : nam *Pertinacia*, ut ait S. Augustinus Epist. 29. *constantia dici affectat, et non est, quia illa est virtus, hoc vitium.* Et Beda de Ortogr. : *Pertinacia malæ rei perseverantia dicitur : Constantia bonæ.* [Vide Baluzii Notas ad Capitul. tom. 1. pag. 644.]

* Pro Asperitas, rusticitas, in Glossar. Lat. Gall. ex Cod. reg. 7692 : *Pertinacia, Ruderie.* A Lat. Pertinaciter, *Pertinassement*, vulgo *Opiniatrément*, in Lit. ann. 1356. tom. 4. Ordinat. reg. Franc. pag. 182. art. 8.

¶ 2. **PERTINACIA**, Consummatio, absolutio. Hericus in Præfat. ad Lib. carm. de S. Germ. : *Animum impuli ut viro* (Lothario Abbati) *morigeratus fueram, etiam mortuo obsequi, inque defuncti gratiam cœpto operi perfectionis Pertinaciam admovere.*

3. **PERTINACIA**, pro *Pertinentia.* Liber Ramesiensis sect. 298 : *Placitum... pro quodam crasso pisce in Pertinacia Bramcestre capto.*

* **PERTINAX**, pro Pertinens. Testam. Romei de Villanova ann. 1250. ex Tabul. dom. Venciæ : *Nulli tradantur* (claves) *nisi gadiatoribus, quibus liceat accipere, cum terram vendent, cartas Pertinaces ad terram seu castrum venditionis.*

¶ **PERTINEMENTUM**, Territorium, districtus, ut infra *Pertinentiæ*, Gall. *Appartenances.* Charta ann. 1168. inter Probat. tom. 2. novæ Hist. Occitan. col. 608 : *Ego Bremundus D. Uceciæ et Poscheriarum.... dono et in perpetuum concedo Deo et B. Mariæ, et tibi Mathfredo abbati de Bonnacumba .... xx. cartellos olei singulis annis in meos olivarios quos habeo in Pertinemento Poscheriarum.* Ita forte legendum est in Charta ann. 933. inter Instr. tom. 6. novæ Gall. Christ. col. 127 : *Quantum ibidem ad Pertinendum est.*

¶ **PERTINENTER**, Congruenter. Statuta reformat. S. Claudii ann. 1448 : *Dum necessario cum sæcularibus pro ecclesiæ aut monasterii negotiis, vel alias fuerit loqui necessarium, in capitulo vel in locis extra quatuor arenas claustri constitutis Pertinenter accedant.*

* Apposite. Charta ann. 1391. inter Probat. tom. 3. Hist. Nem. pag. 113. col. 2 : *Item in casu, quo Pertinenter seu admissibiliter daretur et probaretur prædictos nominatos, seu parentes ipsorum, esse et fuisse nobiles, etc.*

¶ **PERTINENTIA**, Fruitio, possessio. Oratio Ferdinandi Vacecapitis ann. 1378. apud Marten. tom. 1. Ampliss. Collect. col. 1508 : *De illis saltem quæ ad vestram Pertinentiam devenerunt per emtionem et munificentiam ostendere liberalem.*

PERTINENTIÆ. Paschalis II. PP. in Bulla ann. 1102. apud Ughellum tom. 1. Italiæ sacræ : *Civitates autem fines dicimus, qui Pertinentias suas longe lateque concludunt.* Galli *Appartenances* eadem notione dicunt. [Statuta Auscior. MSS. art. 54 : *Aqua et alia necessaria predictis animalibus per omnes Pertinentias et laborantias civitatis predicte.* Nicolaus de Jamsilla de Gestis Friderici II. Imperatoris apud Murator. tom. 8. col. 513 : *Comitatum Alesinæ ac honorem montis S. Angeli, qui erat ejusdem Principis Pertinentiæ a summo Pontifice.... obtinuerat sibi concedi.* Chron. Farfense apud eumdem Murat. tom. 2. part 2. col. 556 : *Otto filius Octaviani donavit atque confirmavit in hoc monasterio terras et vineas.... juxta Pertinentiam de Spongia.* Adde col. 598. Vide *Pertinementum.*]

PERTINERE AD, pro *Frui.* Lex 3. Cod. Th. de Privileg. eor. qui in sacro Palatio milit. (6,35.) : *Nemo possit ad indultum a nobis beneficium Pertinere, nisi qui, etc.* [Notitia de fundat. B. M. de Tenallia tom. 2. Gall. Christ. inter Instrum. col. 484 : *Responderunt, nos, Domine, terram illam diu Pertinuimus, et eam sine judicio amittere nolumus.*]

PERTINENTES HOMINES, Servi, qui ad aliquem *pertinent.* Lex Longobard. lib. 1. tit. 16. § 8. [** Aist. 6.] : *Nam si Pertinentes homines sine voluntate domini sui hoc fecerint et dominus per sacramentum se purificaverit, per ejus consensum non fuisset factum, servi ipsi tradantur in manus mundualdi ejus, et ipse faciat de eis, quod placuerit.* Lib. 2. tit. 18. § 3. [** Aist. 3.] : *Pertinentibus libertatem donare.* Tit. 35. § 9. [** Aist. 2.] : *Si quis Longobardus Pertinentem suum in quarta manu tradiderit, et a se amund fecerit,... solutus ab omni conditione servitutis permaneat.* Adde Leges Luithprandi Regis tit. 62. [** 86. (6, 33.)] et Aistulphi tit. 8. [** 2.] Vetus Instrumentum manumissionis ann. 1152. apud Georgium Pilonum in Hist. Bellunensi pag. 77 : *Breve recordationis.... qualiter Bernardus de Baldeniga licentiam dedit Ugolino Pertinenti suo, et permittit ei de rebus suis, quas habebat et tenebat, faciendi vel disponendi, quomodo vel qualiter voluerit, etc.*

PERTINENTES, Subditi, *tenentes.* Charta Friderici II. Imperat. in Metropoli Salisburgensi tom. 3. pag. 399 : *Statutum habemus, ut ad placitum cujuslibet Advocati semel in anno, quando præceptum fuerit, omnes Pertinentes certis in locis conveniant, etc.* [Chronic. Novalic. lib. 3. cap. 19. apud Murator. tom. 2. part. 2. col. 721 : *Nos neque nostri Pertinentes, non sumus de vestro monasterio, pro eo quia aviones nostri vobis Pertinentes non fuerunt.*]

PERTINENTES dicuntur etiam Affines et cognati, qui cognatione, seu *parentela*, aliquem contingunt, *qui appartiennent de parenté à quelqu'un*, quomodo usurpatur hæc vox in tit. Cod. *Si Rector provinciæ, vel ad eum Pertinentes sponsalitia dederint,* (5,2.) id est προσήκοντες, liberi, cognati, adfines, atque adeo domestici, etc. ut observat Cujacius. Leges Canuti Regis cap. 48. al. 76 : *Si quis cum Pertinente suo jaceat, emendet hoc secundum cognitionis modum, sit wera, sit wita, sit omni pecunia. Non est æquale, si quis cum sorore sua concumbat, et fuerit de longe Pertinens.* Synodus Ticinenses ann. 850. cap. 15. de Xenodochiis : *Quæ autem sub defensione quidem sunt Ecclesiæ, sed juxta institutorum decreta per hæredes vel Pertinentes, qui religiosam vitam duxerint, regi debent, procuret Episcopus, ut ab eis non negligantur.* Vide Legem Salicam tit. 48. [Eadem notione le Roman *de la guerre de Troyes* MS. :

Ne m'ont leissié soror, ne frere,
Ami, parent, ne Apertinant.]

¶ **PERTINXERIT**, pro *Pertigerit.* Charta Stephani V. PP. ann. 803. sæc. 4. Bened. part. 1. pag. 7 : *Cum divina vocatione abbas præfati monasterii Pertinxerit, et resolutionis tempus advenerit, de propria semper congregatione eligatur abbas.* Acta SS. Junii tom. 2. pag. 75. de S. Medardo : *Ubicumque ejus Pertinxerit notitia.*

* **PERTIXANA**, Armorum genus, Hasta bipennis, Ital. *Partigiana*, Hisp. *Partesana*, Gall. *Pertuisane*, alias *Pertuisegne* et *Pourtisaine.* Stat. crimin. Cumanæ cap. 138. ex Cod. reg. 4622. fol. 92. v°. : *Genera armorum prohibita..... lancea, gravarina, Pertixana, etc.* Lit. remiss. ann. 1468. in Reg. 195. Chartoph. reg. ch. 85 : *Un baston, appellé javeline ou Pourtisaine.* Aliæ ann. 1474. ibid. ch. 1297 : *Son baston, appellé Pertuisegne.* Vide supra *Partesana.*

PERTONGAR. Vita S. Gerardi Abbatis Broniensis num. 29 : *Dominus Stephanus sanctæ Romanæ sedis tunc Apostolicus jussit fieri,* (*ipso consistente viro Dei, immo dictante debentia scribi,*) *plumbeo bullatum sigillo privilegium, quod et Pertongar appellant, contulit illi, etc.* Ubi monet doctissimus editor, alias *ptongar* scribi, qui *Pantochartam* hic innui putat.

* **PERTRACTABILITAS**, Accipiendi ratio, indulgentia. Lit. ann. 1275. apud Pezium tom. 6. Anecd. part. 2. pag. 122. col. 2 : *Cum vestra jocunda familiaritas et benigna Pertractabilitas nos semper de vobis fecit habere confidentiam singularem, etc.*

¶ **PERTRACTATUS**, Pertractatio, administratio. Leges Caroli Magni apud Murator. tom. 1. part. 2. pag. 101 : *Ut Episcopi et Comites concordiam et dilectionem inter se habeant et ad Dei sanctæ Ecclesiæ Pertractatum peragendum.*

¶ **PERTRACTUS**, Vectio, vectura, Gall. *Voiture, transport.* Charta regnante Roberto Rege Franc in Tabular. Gellon. : *Præterea ut Pontius abbas et monachi Anianenses Pertractum faciam ad pontem, id est de ligno et de petris, et de calce et de arena et de ferro, et de plumbo, et de cordas. Et deinde abbas* (Gellonensis) *Gautfredus et monachi illius medietatem de ponte faciant.*

¶ **PERTRADICIUS**, Hostis, prædo, ut videtur. Capitulare Sicardi Principis Beneventani ann. 836. apud Murator. tom. 2. pag. 257 : *Neque per exercita, aut cursas, neque per scammeras, neque per Pertradicios qui a partibus vestris nobiscum sunt, vel fuerint nobis volentibus, aut consentientibus, aut per nostram voluntatem contra vos submissos.* Alibi, *Petradicios.*

¶ **PERTRANSIBILIS**, Qui pertransit, penetrat. Isidorus in Alphabeto : *Amarum hoc est et leve, quia Pertransibile.*

PERTULUSUS. Guibertus lib. 3. de Vita

sua cap. 18. de quodam, qui sibi mentulam absciderat : *Et abrasa tentigo Pertulusum, ut sic dicam, ad urinas residuum habuisset.* Ex Gallico forte *pertuis*, foramen; sic *pertuisum* legendum esset. Vide mox *Pertusare.*

PERTUM. Henricus de Knyghton ann. 1391 : *Convenerunt in Curia sua multæ turmæ atomorum et muscarum, et in modum prælii congredientes fecerunt maximam stragem invicem; adeo ut scopis et Pertis mundarent locum de interfectis.* Puto legendum *percis*, pro perticis, ex Gallico *perche.*

¶ **PERTURBIA,** Perturbatio, litigatio, contentio, Practicis nostris *Trouble*, cum quis in possessione alicujus rei turbatur. Charta ann. 1311. tom. 1. Histor. Dalphin. pag. 144 : *Bona universa dicto D. Humberto et suis servent illæsa, custodiant et deffendant, nec super eisdem impedimentum vel Perturbiam faciant vel fieri permittant, nec damnum vel injuriam, etc.*

* A Latino *Perturbare, Pertroubler*, in Charta ann. 1428. ex Chartul. Latiniac. fol. 208. v°.

PERTUSAGIUM, Idem quod *Foragium*, Tributum scilicet, quod domino feudali præstatur pro facultate perforandi dolium et exinde vinum vendendi. Charta vetus in Histor. Monasterii S. Nicolai Andegavensis pag. 42 : *Dedit quoque eis Pertusagium feriæ S. Petri, ad quod colligendum famulos suos dominicos mittent.* [Charta Eraclii Archiepiscopi Lugdunensis ann. circ. 1157. tom. 4. Gall. Christ. inter Instrum. col. 18 : *Eleemosynam* XL. *sol. quos illustris Comes palatinus Henricus Ecclesiæ Lingonensi ad mensam canonicorum apud Barrum super Albam in Pertusagio nundinarum... donavit.*] Doubletus in Histor. San-Dionysiani Monasterii pag. 434 : *Si aucune personne vend vin en la dite terre à taverne, il doit l'argent d'un sextier de vin pour chacune piece, qu'il vendra, soit queue, tonnel, ou poinçon, au prix qu'il est premier afforé, et si doit quatre deniers de Pertusage pour chacune piece depuis le jour de S. Denys jusques à la S. Andry du vin afforé en icelui temps.*

* Sed et pro quovis tributo usurpatum videtur, maxime pro eo quod ad urbium portas exigitur, vel quod ex nundinis percipitur. Charta ann. 1270. in Chartul. eccl. Lingon. ex Cod. reg. 5188. fol. 145. r°. : *Item sciendum quod nos dicti decanus et capitulum redditum nostrum, qui vulgaliter dicitur Pertusagium, quem percipiebamus in porta de sub muro in die apparitionis et crastino, admodiavimus in perpetuum dicto reverendo patri et successoribus suis per xx. solidos Lingonensium.* Alia Phil. V. ann. 1319. in Reg. 58. Chartoph. reg. ch. 131 : *La quele foire* (de S. Quentin) *durant, certaines redevances, appelées Pertruisage, estoient à nous deues et paiées des marchands et repairans, vendans et achetans, et des hostelains herbergens en ycelle.* Infra : *Petruisage* et *Patruisage.* Chartul. Latiniac. fol. 246. v° : *Ce sont aucunes fermes qui estoient de prouffit à l'abbaye de Laigny ès foires de Champaigne et Brye à Laigny sur Marne.... Le Pertuisage, cent solz.*

PERTUSARE, Perforare, Italis *Pertugiare.* Guibertus lib. 1. de Vita sua cap. 22. de fulmine : *In quorundam sinus flamma subintroiit,... pedules ac soleas Pertusando per extrema progreditur.* Hinc forte nostris nomen mansit ejusmodi majori securi, quam *Pertuisane* dicimus.

¶ **PERTUSERIA,** Aditus, porta, Gall. *Porte, ouverture.* Charta Guillelmi Episcopi Gratianopolis ann. 1288. tom. 2. Hist. Dalphin. pag. 46 : *Considerantes et attendentes, quod in prædicta civitate in loco ubi dicitur versus Pertuseriam, etc.* Alia ejusdem Episcopi ann. 1290. ibidem pag. 49 : *Concedimus etiam prædictis fratribus, quod ipsi possint facere porticum vel Pertuseriam in muro nostræ civitatis Gratianopolis.* Le Roman *de Vacce* MS. :

> Chevaliers et borjoiz firent tost sus lever,
> Les breteschés garnir et les Pertus garder.

* **PERTUSIACIUM,** Idem quod *Pertusagium.* Charta Hugon. comit. Campan. pro eccl. Dervensi ann. 1114. in Reg. 142. Chartoph. reg. ch. 134 : *Dedi etiam.... in nundinis Barensibus redditus, quos ventas vocant, equorum cæterorumque animalium quæ ibi vendentur, ab illo die, quo nundinæ deliberatæ fuerint, usque ad illum diem quo Pertusiacium accipietur.*

¶ **PERTUSUS,** Foramen, Gall. *Pertuis.* Translat. S. Savini apud Marten. tom. 6. Ampliss. Collect. col. 809 : *Ducilem a terra non longe jacentem recepit, atque ad patentem qui erat in tonna Pertusum applicuit.* Mirac. S. Gibriani tom. 7. Maii pag. 647 : *Qui carnem ejus coxæ perforans Pertusum grandem fecit.* Adde Hist. Dalphin. tom. 2. pag. 188.

* **PERVADERE,** Invadere, usurpare, injuste occupare. Chartul. eccl. Vienn. fol. 38. v°. col. 2 : *Convenit.... vigilantiæ pastorali ut reformari jura ecclesiastica omni studio ostendat, qualiter status sanctæ Dei ecclesiæ.... a perversis quibusque indesinenter et impune minuatus et Pervasus, ad culmen removeatur sui honoris.* Hinc *Pervasio.*

PERVASATUS, *Dæmoniacus.* Ugutio. Vide *Vas.*

* **PERVASIO,** Usurpatio, injusta occupatio. Charta Henr. I. reg. Franc. ann. 1059. in Chartul. S. Magl. ch. 11 : *Venit congregatio..... monachorum conquerentium pro quadam Pervasione, quam vicecomes Milidunensium in eorum terra injuriose usurpaverat.* Vide *Pervadere* et *Pervasor.*

* **PERVASITUS,** *Indemoniato*, in Glossar. Lat. Ital. Ms. Vide *Pervasatus.*

¶ **PERVASOR,** Qui sibi injuste aliquid usurpat, invasor, prædator. Concil. Tolet. XI. inter Hispan. tom. 2. pag. 665 : *Qui nullis habitis rebus propriis, aut in quocumque Pervasores existerint, aut quibuslibet personis cædes vel quodcumque præsumptionis intulerint.* Oratio apud Mabillon. tom. 4. Analect. pag. 402. inscribitur : *Item ante communionem contra Pervasores... Terras hujus sanctuarii tui.... invadunt, deprædantur, vastant, etc.*

¶ PERVASORIE, Injuste. Mirac. S. Eadmundi Reg. Angl. apud Marten. tom. 6. Ampl. Collect. col. 826 : *Exsequitur velit nolit quæ Pervasorie Rex imponit, nec persona quævis ab hac executione fit immunis.*

* **PERVASORIUS,** Usurpatus. Charta Rob. reg. ann. circ. 1004. tom. 10. Collect. Histor. Franc. pag. 583 : *Quidquid reddebat eis retrahens de Pervasorio episcopali stipendio, etc.* Vide supra *Pervadere.*

¶ **PERVATURIA,** mendum esse videtur pro *parva curia.* Diploma Ludovici VI. Reg. Franc. ann. 1336. apud Marten. tom. 1. Ampl. Collect. col. 749 : *Item in Pervaturia Episcopi et infra domos ejus conventus suos faciebat, et in magna curia captos suos, nolente Episcopo, incarcerabat.*

* **PER UBI,** Gall. *Par où*, Qua. Leg. Portugal. sub Alph. reg. inter Probat. tom. 1. Hist. geneal. domus reg. Portugal. pag. 21 : *Homo si furtaverit, per prima vice et secunda, ponant eum medium vestitum in loco Per ubi omnes vadunt.*

PERUDUM. Diedericus Monachus de Illatione S. Benedicti cap. 5 : *Sanctissimam Patris ac Patroni sui glebam, aureis invasatam cistellis, de ex imis Perudi sustollunt, cursuque pernicissimo navi spem beatam imponunt.* Legendum forte *telluris.*

¶ **PERVENTOR,** Qui ad aliquem per alium accedit, *pervenit.* S. Augustinus de Consensu Evang. cap. 10 : *Quod ita tenuit consuetudo, ut jam etiam vulgo Perventores appellentur, qui potentiam quorumlibet tamquam inaccessibiles animos, per convenientium personarum interpositionem, ambitionis arte pertingunt.*

PERVERSUM, seu in *perversum*, Contra, contrario : utitur Tertullianus in Praxeam, ut et S. Hieronymus Epistola 20. ubi Gravius.

¶ **PERVIGILIUM,** Pernoctatio in Ecclesia in vigiliis Sanctorum. Constitut. Cardinalis de Mendoza inter Conc. Hispan. tom. 4. pag. 27 : *Reperimus aliam constitutionem sinodalem.... circa Pervigilia quæ in ecclesiis et eremitoriis fiunt, quæ statuit ne dicta Pervigilia fiant. Cum in more positum sit ut in vigiliis Sanctorum plures tam viri quam mulieres, clerici et laici pro devotione veniant ad pernoctandum in ecclesiis, et.... quod sub prætextu devotionis plura in eis committuntur maleficia, et signanter scortationes et adulteria : et ulterius fiunt compotationes, et proferuntur plures cantilenæ sæculares et fiunt choreæ et alia inhonesta... Statuimus ut in posterum in vigiliis gloriosæ Virginis Mariæ et cujusvis festivitatis... in nostra ecclesia cathedrali, nec in qualibe alia... fiant ejusmodi Pervigilia. Pervigilatio*, eadem notione, in Concil. Toletan. ann. 1565. ibid. pag. 43.

* Pro die, quæ festum præcedit, apud Lunig. in continuat. Spicil. eccl. pag. 460 : *In Pervigilio, hoc est, pridie ejusdem festi, etc.* Vide Haltaus. in Calend. med. ævi pag. 17. ubi etiam de *Prævigiliis* agit.

* **PERVILEPSIS.** Vide supra *Perilepsis.*

¶ **PERVIRTUOSUS,** Summa virtute præditus. Epist. Johannis de Monsterolio apud Marten. tom. 2. Ampliss. Collect. col. 1383 : *Clypeum sese gerens ac intercessorem semper strenuum et athletam, ubi maxime Pervirtuoso opus est monitore.*

¶ **PERVISOR,** Inquisitor. Fragm. Vitæ MS. sancti Germerii apud Stephanot. tom. 1. Antiquit. Bened. Occitan. MSS. pag. 523 : *Fama illius* (Germerii) *pervenit usque in palatium Clodovæi Regis, et misit isdem Rex in omni regno suo Pervisores ut eum solicite perquirerent.*

¶ **PERVISUS.** Vide *Paradisus* 1.

PERVIUM, Via. Glossæ : *Pervium*, ὁδεύσιμον. Pactum inter Guntchrannum et Childebertum Reges Franc. apud Gregorium Turon. lib. 9. cap. 20 : *Cum castellis Duno et Vindocino, et quicquid de pago Stampensi, vel Carnoteno in Pervio illo antefatus Rex cum terminis et populo suo perceperat, etc.* Galli dicerent, *En ce chemin là.* Infra : *Et quia inter præfatos Reges pura et simplex est in Dei nomine concordia inligata, convenit, ut in utroque regno utriusque fidelibus tam pro causis publicis, quam privatis, quicunque voluerit ambulare, Pervium nullis temporibus denegetur.* Ubi *Pervium*, est facultas iter aggrediendi vel transeundi : ut et apud eumdem Gregorium eodem libro cap. 32 : *Præcepit, ne ullus de Childeberti regno per ejus regni territorium Pervium possit habere.* Charta Caroli Simplicis apud Baldricum lib. 1. Chronici Cameracensis cap. 67 : *Cum... farinariis, piscationibus, Perviis, vineis, mancipiis, etc.* In alia cap. 52 : *Terras cultas et incultas, Pervia, uva* (f. invia) *discapia, prata, pascua, etc.* ubi *Pervium* idem valet ac *via*.

* Rectius doctissimus vir in *Discapia* monet legendum esse una voce *Wadiscapia*. Vide in *Waterscapum*.

¶ 1. **PERULA**, *Parva pera*. Johannes de Janua; *Petite escharpe*, in Gloss. Lat. Gall. Sangerman.

2. **PERULA**, Oculorum albugo, ex Gallico *Perle*. Wolfardus Presbyt. lib. 5. de Vita S. Walburg. cap. 1 : *Dum ergo Ratfridus... prius cæca caligine premeretur, et geminis orbibus mala albuginaria, quæ vulgo Perulas nuncupamus, obnoxia pateretur, etc.* Vide *Perlæ* et *Pirula*.

¶ **PERULI.** Vide *Perlæ*.

* **PERUM**, Pirum, Occit. *Pero*, Gall. *Poire*. Leudæ min. Carcass. Mss. : *Item de saumata... Perorum et pomorum, quolibet j. den.*

PERUNCTUM, inquit Fridericus II. Imper. lib. 1. de Venat. cap. 31 : *est quoddam membrum*, (in avibus) *quod superest caudæ, constitutum ex geminis quasi glandibus : in medio illarum prope finem est quoddam nervosum, durum, elevatum ad modum virgæ. Juvamentum enim hujus Peruncti est, recipere a reliquo corpore humiditatem virulentam, quam receptam, et in ipso congregatam, avis cum opus fuerit, comprimendo cum rostro suo suget, et cum eodem rostro pennas suas et ungues perungit, quatenus pennæ melius possint resistere madefactioni : aqua enim pluens super pennas Perunctas minus adhæret eis, et integrius et lubricabilius descendit, etc.* Adde cap. 52.

PERUNDARE, Καταποντίζειν, *Demergere, perfundere*, in Gloss. Lat. Græc. MSS. perperam *pesundare*, in edito habetur.

¶ **PERURSUS**, a verbo *Perurgere*. Sallas Malaspinæ lib. 2. Rer. Sicul. apud Baluz. tom. 6. Miscell. pag. 244 : *Et dum hostes a duabus partibus instantissimo bello Perursi se in fugam convertunt.* Et pag. 246 : *Gratuito animo quidam melliflua Karoli suasione Perursi, etc.*

* **PERUSIUM.** Charta Galt. episc. Carnot. ann. 1226. ex Chartul. Bonæval. : *Monachi in loco, qui dicitur Peureus, vulgariter Perusium, etc.*

* **PERUSSERIUS.** Vide supra *Perisserius*.

* **PERYSTILLUM**, pro Peristylum, Gall. *Peristyle*. Parid. de Grassis Cærem. capel. papal. MS. : *In fine* (benedictionis cereorum) *accenduntur omnes candelæ, et fit processio usque ad pergulam, id est, logiam, ubi projiciuntur populo candelæ.* Infra, *Perystillum magnum* appellatur.

PES, *Pedis abscissio, amputatio*, inter pœnas non semel occurrit. Vigilius Tapsensis lib. 1. contra Arianos cap. 1 : *Alios quoque effossis oculis, ac Poplitibus amputatis, semivivos reliquit.* Leges Willelmi Nothi cap. 67 : *Interdicimus etiam, ne quis occidatur, vel suspendatur pro aliqua culpa, sed eruantur oculi, abscindantur Pedes, vel testiculi, vel manus, etc.* Ingulfus pag. 856 : *Sub pœna perditionis dextri sui Pedis, etc.* Assisiæ Hierosolymitanæ MSS. 2. part. cap. 31 : *Les Juges doivent enquerre selon leur conscience tous ceaus, qui ont emblez bestes menues, ou pors, à la premiere fois il li feront tailler le nez, à la seconde fois, il li feront tailler le Pié, et à la tierce fois pendre : et ceaus que ils trouveront, que ils auront emblés bœufs ou chevauchures, ou armes, à la premiere fois ils li doivent tailler le Pié, à la seconde fois pendre : et se il a emblé des bestes menues, ou de pors, tant que il soit de la valeur de 25. bezans, il doit avoir le Pié taillé, et à la seconde fois pendre, etc.* Le Roman *de Vacces* MS. :

> Crever ex, ou ardre en poudre,
> Et Piés et point couper.

De hac pœna vide L. 8. C. de servis fugit. (6,1.) Nov. 134. cap. 13. Nicephor. Constantinop. in Breviario Histor. pag. 77. 1. edit. Theophanem ann. 3. Copronymi, Nicetam in Andronico, Canones S. Patricii apud Waræum pag. 48. Canones Hiberniæ lib. 28. cap. 6. Leges Inæ cap. 39. apud Bromptonum, Stabilim. S. Ludovici lib. 1. cap. 29. Gregorium Turon. lib. 7. cap. 20. Fredegar. Chron. cap. 28. Capitulare 3. ann. 813. cap. 19. Petrum Blesensem in Canone Episcopali pag. 454. Ordericum Vitalem lib. 4. pag. 535. lib. 8. pag. 702. 707. Gesta Dominorum Ambasiens. cap. 5. num. 22. Bractonum lib. 3. Tract. 2. cap. 32. § 7. Fletam lib. 1. cap. 38. § 8. Monasticum Anglic. tom. 1. pag. 166. Veterem Consuetud. Norman. cap. 23. Cujac. lib. 7. observ. cap. 13. Menagium in Amœnitatib. Jur. cap. 32. 2. editionis, [** Grimm. Antiq. Juris Germ. pag. 705.] etc.

* In raptores indicta hæc pœna, ex Charta ann. 1214. in Chartul. Campan. fol. 429. v°. col. 2 : *Omnia erunt in eodem statu, in quo erant antequam dominus Milo hominem capi fecisset, cui fecit amputari Pedem propter raptum, ac si numquam prædicta forisfacta infractionum et amputationis pedis facta fuissent.*

Ad Pedes Regis Conquirere. Lex Alamannorum tit. 35. § 3 : *Tunc illa hæreditas, quam ille Dux habuit, post mortem ejus in potestate Regis sit, vel cui vult, donet, aut illi filio Ducis, qui rebellavit, si potuerit per servitium hoc ad Pedes Regis conquirere, etc.* Id est prosternendo se ad pedes Principis.

¶ Pedes, indecl. usurpatur in Litteris Johannis Franc. Reg. ann. 1356. tom. 3. Ordinat. pag. 77 : *Possint a transeuntibus per locum predictum exigere et levare, videlicet a quolibet eques transeuntium per locum eumdem unum denarium Turon. et a quolibet Pedes transeuntium unum obolum Turon.*

Pedes Linei, vel *Lignei*. Concilium Autissiod. can. 3 : *Quicumque votum habuerit, in Ecclesia vigilet,... nec sculptilia, aut Pede, aut homine lineo fieri penitus præsumat.* Ubi legendum videtur *ligneo*. Indiculus *Paganiarum*, seu superstitionum in Concilio Liptin. ann. 743 : *De ligneis pedibus, vel manibus pagano ritu.* S. Eligius apud S. Audoenum in illius Vita lib. 2. cap. 15 : *Pedum similitudines, quos per bivia ponunt, fieri vetate, et ubi inveneritis, igni cremate.* Homilia ejusdem S. Eligii : *Arbores, quas sacrivos vocant, succidite, plantas sive ungulas Pedum, quos per bivia ponunt fieri vetate.* Quibus locis perstringuntur veterum Gallorum magici ritus vel superstitiones, qui in biviis ac compitis hominum membra pedesve ex ligno, (vel *lino*) conflatos collocabant, existimantes, hac ratione morbos et ægritudines persanari. *Imagines ex lino et cera confictæ* a maleficis, in Historia Pontificum et Comitum Engolismensium cap. 25. Certe lanas ad φαρμακείας olim adhibitas testatur Scholiastes Theocriti Idyl. 2. v. 2. ut et imagines laneas Horatius lib. 1. Sat. 8. Nescio an huc etiam spectet, quod habet vetus Formula Pœnitentialis, edita ex Codice Thuano a Jacobo Petito : *Idem si observat auguria,.... item si fecit, vel fieri fecit, vel curavit, quod aliquis faceret Pedem in domo.*

* Pedes Lignei, Scabellula, quibus repentes manibus innituntur. Mirac. S. Helenæ tom. 3. Aug. pag. 615. col. 1 : *Haderici filia, nomine Bava, genibus repens, manibus ligneos Pedes tenens, etc.*

Pes Forestæ. Tabularium Abbatiæ de Novo-loco in Comitatu Nottinghamensi : *Notandum est, quod Pes forestæ usitatus tempore Ric. Oysell in arrentatione vastorum, factus est signatus et sculptus in pariete cancelli Ecclesiæ Edwynstowe,... et dictus Pes continet in longitudine 18. pollices, et in arrentatione quorumdam vastorum pertica 20. 21. et 24. pedum usa fuit : sed semper 40. perticatæ, videlicet 40. full. in longitudine, et 40. full. in latitudine faciunt unam acram, et quælibet acra continet in se 4. rodas, secundum longitudinem et latitudinem, ut prædictum est.*

¶ Pes Manualis, Mensuræ genus, apud Stephanotium in Antiquit. Bened. Aurelian. MSS. pag. 559. Vide *Pertica manualis*.

* Charta ann. 761. apud Murator. tom. 2. Antiq. Ital. med. ævi col. 407 : *De jure sancti Desiderii, comprehendit Pedes manuales numero viginti quinque.* Alia ann. 1139. ex Tabul. M. Magdal. Aurel. : *Sunt autem ipsæ areæ a prima fronte a parte ecclesiæ Pedes manuales lj. a posteriori fronte lxj. ab uno latere Pedes manuales xxxv. ab alio latere totidem.*

* Pes Manus, Eadem notione nostris *Pié main*. Pactum inter reg. et episc. Paris. ann. 1222. inter Instr. tom. 7. Gall. Christ. col. 95 : *Sciendum est præterea quod nos habemus omnem justitiam.... in strata*

regali, quæ est decem et octo pedum ad Pedem manus. Aliud inter abb. et commun. S. Rich. ann. 1324. in Reg. 64. Chartoph. reg. ch. 2 : *Et se pourra giter la boiche de la dite esclaire seur le froc, un pié tant seulement à Pié main.*

Pes Luitprandi. Vide *Pertica* 1.

* Vel *Aliprandi.* De eo consule Dissert. editam tom. 10. Collect. cui titulus *Raccolta d'opusc. scientif. et filolog.* Venet.

* Pes Portæ *Sancti Pancratii,* Mensuræ species apud Florentinos, de qua multis disputatur in Dissert. edita Venet. tom. 10. Collect. cui titulus : *Raccolta d'opusc. scientif. et filolog.*

* Pes Publicus, Mensura publica et legitima. Charta ann. 951. apud Cl. vir. Garamp. in Disquis. de sigil. Garfagn. pag. 65. ubi de mensura cujusdam terræ *habentis per longitudo Pedi publici centum dece, et in alia longitudo Pedi publici octuaginta sex, et per latitudo Pedi publici quinquaginta.* Occurrit rursum in alia ann. 957. ibid.

* Pes Submissalis. Cenc. in Ord. Rom. ad calcem ex Cod. reg. 4188 : *Coliseum ampheteatrum habet in altum Pedes submissales centum octo.*

¶ Pes, Temporis nota. Missale Gemmeticense datum a Roberto Episc. Londin. an. circiter 1150. ubi ad calcem uniuscujusque mensis diei noctisve horæ notantur : *Januarius; nox horarum* xvi. *dies.* viii. *hora* iii. *et* ix. *Pedes* xvii. *hora* vi. *Pedes* xi.... *Februarius : nox horarum* xiii. *dies* x. *hora* iii. *et* ix. *Pedes* xv. *hora* vi. *Pedes* ix.

¶ Pes Monetæ. Vide in *Moneta.*

Pes Montis, Ima et inferior pars, unde *S. Joannes pedis portus,* oppidulum in Pyrenæis, *S. Jean Pied de Port. Pedes Cassii montis,* apud Ammianum lib. 14. ubi Lindenbrogius quædam observat ex Suida et Eustathio. Hegesinus apud Pausaniam : Ἑλικῶνος ἔχει πόδα πιδακόεντα.

¶ Pes. Charta apud *Madox* Formul. Anglic pag. 225 : *Inspeximus transcriptum Pedis cujusdam finis levati in curia domini E. nuper Regis Angliæ avi nostri, quod coram nobis in cancellaria nostra certis de causis venire fecimus, in hæc verba : Hæc est finalis concordia, etc. Nos autem transcriptum Pedis finis prædicti... tenore præsentium duximus exemplificandum.* Ubi *pes finis* idem videtur significare quod Charta authentica, qua alicui controversiæ finis imponitur; quomodo *Pedefinis* usurpatur pro ea agri parte qua inferior est. Vide *Caputfinis.*

** Pes, Inferior agri pars *capiti* opposita. Vide *Caputfinis* et *Capus*, 3. Charta ann. 746. apud Brunett. in cod. Dipl. Tusc. tom. 1. pag. 522 : *Terrula in fundo Matiani qui habet in lungo ipsa terrula pedes publici tricenti et in latu da capu pedes publici sexsaginta et in mediu locu pedes septuaginta et in Pede in latu pedes publici nonaginta.* Adde chart. ann. 759. ibid. pag. 566. lin. 8. ann. 765. pag. 586. lin. 6. alia ejusd. ann. pag. 588. lin. 8.

Pes. Tabularium Prioratus de Domina in Delphinatu fol. 109. : *Pro porco* 2. *solidos, et tascham, et quartam partem vini cum Pede.* Occurrunt eadem verba rursum infra.

☞ Nisi me fallo *vinum cum pede* vel *de pede*, ut alibi legitur, de vino quod ex uvis calcatis expressum est, intelligendum. Hanc conjecturam firmat Charta Friderici II. Imper. ann. 1211. apud Rocchum Pirrum tom. 1. Sicil. Sacræ pag. 144 : *Et de vineis musti nupti puri lagenas magnas* cc. *et de Pede lagenas centum.* Mustum quippe ibi a vino presso distingui videtur.

¶ Pes Fixus. Synodus Oriolana ann. 1600. inter Concil. Hispan. tom. 4. pag. 745 : *Cum pecunia, quæ Pes fixus dicitur, necessaria sit ad Dei cultum promovendum, ne temporis necessitate si desit, studium et ecclesiæ ornatus negligatur.... Inde volumus, ne defunctorum canonicorum vacationis tempore, donec alii defunctorum loco succedant, fructus et redditus aliis accrescant, ne aliquis de mortis annata testari possit; sed hoc omne quodcumque fuerit, Pedi fixo accumuletur et aggregetur, donec competenter fuerit ecclesiæ necessitati consultum.*

* Ad Pedes puellarum sedere, Urbanitatis consuetæ apud nostros. Lit. remiss. ann. 1388. ann. in Reg. 133. Chartoph. reg. ch. 25 : *Lors lesdiz escuiers entrerent dedenz l'hostel Thiebaut Brisse et se assistrent dus piez de deux des filles dudit Thiebaut sueurs dudit le Galois, avec lesquelles ilz se esbatirent un pou, sanz penser en aucune villenie ou deshonneur envers lesdittes filles, ne leur amis.*

* Pedes Ambulantes. Charta ann. 1326. in Reg. 65. bis Chartoph. reg. ch. 149 : *In nostra et nostri proprii corporis sospitate per Dei gratiam existentes et Pedes ambulantes.* Formula in Chartis donationum aliisve usitata, qua eas sana mente et sano corpore factas fuisse significabatur.

Pes Clausus. *Animal ad pedem clausum.* Vide supra in *Animal.*

* Pied-levé, *Costumæ* seu pensitationis species, quæ ex consuetudine præstatur, nomen in ecclesia Remensi. Arest. ann. 1263. in Reg. *Olim* Paris. : *Per arrestum patet archiepiscopum Remensem debere canonicis Remensibus quamdam coustumam, quæ dicitur, Pied-levé, et regem quando tenet regalia.... Petebat capitulum Remense a domino rege, quod ipse faceret eis persolvi quamdam coustumam, quæ dicitur Pied-levé, videlicet certam summam pecuniæ cuilibet canonicorum Remensium in die cœnæ, cum ipse teneat regalia, quia ipsis canonicis hoc solvebat idem archiepiscopus dum viveret.... Placuit domino regi, quod.... custodes ipsorum regalium solvant de ipsa costuma, quæ dicitur Pied-levé, canonicis prædictis.* Ludi genus eodem nomine donatur, in Lit. remiss. an. 1478. ex Reg. 206. Chartoph. reg. ch. 2 : *Lesquelz alerent aux jeux de billes en l'ostel de la Boussicauldé; .... icellui suppliant qui jouoit au Pié levé, etc.*

* Pede Vicino, Continuo, Gall. *Incontinent.* Acta S. Lupi episc. Trec. tom. 7. Jul. pag. 81. col. 2 : *Inter quos et Sabaudus rex Alemannorum eminentius humilitatis impendebat obsequium, Pede vicino complens in omnibus ejus præceptum.*

¶ Pleno Pede, id est, Jure pleno et certo, in Chartul. S. Vandreg. tom. 2. pag. 2101 : *Ita ut numquam ullius rationis causa, nullius occasionis malitia quisquam dominetur saltim in Pleno Pede supradictarum terrarum... nisi abbas et ab eo ordinata potestas.*

Pedes, in Glossis antiquis MSS : *dicuntur duo fines,* (funes) *navium, qui extremos velorum angulos tenent.* [Consulendus omnino Isac. Vossius in Phaselum Catulli.]

* Pes, Truncus, stirps. Charta Nic. episc. Andegav. ann. 1289. in Chartul. priorat. de Guilcio fol 58. r°. : *Concessit quod ipsi* (monachi) *in perpetuum habeant et percipiant in dicta foresta duas summas per Pedem ad equos vel asinos.... singulis diebus, vice et loco duarum summarum, quas antea tantummodo habebant, ad branchas; .... ita tamen quod dictas duas summas perficiant, tam de Pedibus scisarum arborum, quam de branchis.*

* Pes, Locus vacuus, certo pedum numero definitus, ædificandæ domui concessus. Pactum inter reg. et episc. Anic. ann. 1307. in Reg. 44. Chartoph. reg. ch. 20 : *Si in prato suo brolii fiant, seu concedantur Pedes seu loca ad ædificandum, ... emolumentum erit commune nobis et sibi : loca vel Pedes concedere, ac vestire seu devestire nos seu gentes nostræ non poterimus.* Vide supra *Peaso* et *Peda* 2.

¶ **PESA.** Chartarium Eccles. Auxitanæ cap. 112. : *Et tentoria P. Amarici juxta ecclesiam sanctæ Mariæ, et medietatem tum Pesarum quæ sunt in loco qui dicitur Albetoa.* Vide alia notione in *Pensa.*

¶ **PESADURA**, Quod pro ponderibus publicis domino loci exsolvitur, dum res et merces ponderantur. Occurrit in Sententia arbitrali inter Priorem et Abbatem S. Ægidii ann. 1222.

¶ **PESAGIUM**, Eadem notione qua *Pesadura.* Charta Innocentii IV. PP. ann. 1246. in Tabular. Calensi pag. 140 : *Ut de iis quæ aliquotiens emere pro vestris utilitatibus vos contigerit, nulli pedagia, winagia, rotatica, traversa, roagia, Pesagia, minagia et fortigia quæ pro iis a sæcularibus exiguntur, solvere teneamini, vobis auctoritate præsentium indulgemus.* [** *Concessimus ... tronagium et Pesagium lanarum apud Suthampton mare transeuncium etc.* in rot. *Sutht.* ann. 28. Edw. I. Reg. Angl. in Rotul. Abbrev. tom. 1. pag. 109. col. 2. *Rex... concessit ei custodiam Pesagii villæ nostræ Suthampton* in rot. *Sutht.* ann. 30. ejusd. Reg. ibid. pag. 119. col. 1. *Concessit custodiam Pesagii plumbi, averii de pondere et tronagii lanarum, etc.* eod. rot. *Kingeston* ibid. pag. 120. col. 1. et sæpius.] Interdum idem quod *Pedagium.* Vide in hac voce.

* *Pesage* et *Peziel*, eodem sensu, nostratibus. Charta Margar. comit. Fland. ann. 1274. in Chartul. 1. Fland. ch. 264. ex Cam. Comput. Insul. : *No Pesage de Mons, etc.* Redit. comitat. Namurc. ann. 1265. ex Reg. ejusd. Cam. sign. *Papier velu* fol. 6 : *Et si a li cuens le ucage et Pesiel et le menu cens.*

¶ **PESAIT**, Pisum, Gall. *Pois.* Necrolog. Eccl. Carnot. : *Acquisivit etiam apud Menuesin generaliter quicquid Major habebat in granica Capituli, scilicet.... vechiat, Pesait, lentilat, favat.* Le Roman *d'Athis* MS :

Et feves freschcs, et Pesus,
Et cerisié, et sallez lus.

* *Pesols*, in Inquisit. ann. 1268. ex sched. Pr. *de Mazaugues : Item dixit quod habuit*

similiter tascham a Pontio Arnaudo, videlicet tres sextarios de Pesols. Infra : *Duos sextarios ordei et unum de Pesols.* Hinc *Pesa* et *Pesaz*, Farrago ex pisis. Lit. remiss. ann. 1375. in Reg. 108. Chartoph. reg. 120 : *Le suppliant se muça en un solier en ladite maison et se bouta dedens un tas de Pesaz.* Le Roman *du Chevalier Délibéré* Ms :

Là gisoit mort sur ung Pesac
Ung prince ou j'allay le cours,
Ce fut le conte d'Armaignac.

Vide infra *Pezada.*

* **PESAR,** Damnum, incommodum, nostris alias *Pesance.* Glossar. Provinc. Lat. ex Cod. reg. 7657 : *Pesar, Prov. piget, gravare.* Homag. æræ 1241. in Chartul. Campan. ex Cam. Comput. Paris. : *Adhuc si Binianus de Agremont fecerit dampnum vel Pesar alicui de vassallis regis Navarræ, vel cuilibet alteri, quod Binianus de Agremont cumplat de directo in curia regis Navarræ.* Mirac. B. M. V. Mss. lib. 2 :

Car sainte Eglise edefierent;
Et de tous biens tant i donnerent,
Que lor enfans après lor vie
Pesance en ont, del et envie.

Hinc *Pesamment*, pro Acerbiori modo, in Chron. S. Dion. tom. 8. Collect. Histor. Franc. pag. 327 : *Li apostoles Jehans fu moult durement esmeuz et corrociez contre dui contes Lambert et Albert, qui li avoient ses citez et ses viles proiées et robées : si Pesamment com il pot les escomenia.* Ubi in Annal. Bertin. ad ann. 878. ibid. pag. 28 : *Eis horribiliter excommunicatis.* Ejusdem originis videtur vox Gallica *Pesme*, pro Crudelis, acerbus, pessimus; unde vocis etymon accersitur in Glossar. ad calcem Joinvillæ edit. reg. haud scio an bene. Eadem Chron. tom. 3. ejusd. Collect pag. 242 : *Qui soz l'abit de religion ne portes pas l'ordre de prestre nostre Seigneur, mes de felon et de Pesme traitour.* Ubi Aimoin. lib. 3. cap. 61. ibid. pag. 96 : *Crudelissimi geris officium proditoris.* Villehard. paragr. 57 : *Dedenz cel sejor lor avint une mesaventure, qui fu Pesme et dure.* Annal. regni S. Ludov. edit. reg. pag. 173 : *Cil roy des Haussasis, Pesmes et desloyaus, etc.* Le Reclus *de Moliens* in suo Miserere :

Tant est fols de Pesme nature.

Le Roman *du Chevalier au Barizel* :

Chi a, fait il, pesme nouvelle,
Che ne porroie jou souffrir.

PESARE. Vide *Pensa.*

¶ 1. **PESAROLUS,** Statera, verticulum, Gallice *Peson.* Statuta Placent. lib. 7. fol. 78. recto : *Teneantur becchari vendere omnes carnes ad pondus fiendum per balantias, et non per Pesarolum : et habeant libras de ferro.*

¶ 2. **PESAROLUS,** Alia notione, Pars aliqua torcularis. Statuta Riperiæ cap. 12. fol. 4. v° : *De quolibet Pesarolo a torculari pro introitu solidi quinque.*

* **PESATA.** Vide supra *Passata.*

¶ **PESATICUM,** pro *Pedagium.* Vide in hac voce.

PESCA. Epitaphium Thomæ Benedicti Prioris S. Genovefæ :

Nunc viret ut Pesca, nunc est homo vermibus esca.

id est, ut malus persica, quam *Pesche* vocamus.

* Vox Italica. Charta ann. 1272. ex Lib. nig. episc. Carnot. : *Cum..... Carnotensis episcopus teneretur.... in vigilia B. Mauritii post vesperas dare nobis euntibus ad processionem Pescas ad manducandum et mustum ad bibendum, etc.* *Empesche*, Mali persicæ species, in Lit. remiss. ann. 1409. ex Reg. 163. Chartoph. reg. ch. 316 : *Icellui Hugue Gros meneroit ledit Jaquet en un autre lieu, où ilz trouveroient de bonnes pesches ou Empesches.*

* **PESCARIUM,** Vivarium piscium, locus in quo piscatur, Gall. *Etang*, alias *Pesquier.* Charta ann. 1304. in Reg. 45. Chartoph. reg. ch. 86 : *Item duas punhariatas vineæ in loco vocato al pont del Pesquier.... Item sex quartonatas terræ et prati et planterii, cum domo et columbario et Pescario. Pesquerie*, in Ch. ann. 1380. ex Chartul. 21. Corb. fol. 312. v°. Vide *Pesquerium.*

PESCARIUS. Vetus Pœnitent. apud Morinum pag. 24 : *Si Comes aut Judex est, dic illi, ut non accipiat præmia,... si est Pescarius, etc.*

* **PESCHENERIUS.** Vide supra *Pecchenarius.*

PESCLUS. Charta Zachariæ I. PP. in Bullario Casinensi tom. 1. pag. 4 : *Inde per monticellos de mari descendens vadit ad Pesclos, qui sunt in pede montis, qui dicitur Balba, inde per Duos Leones, etc.*

* **PESCULI,** *Puerili, clavi lignei.* Glossar. vet. ex Cod. reg. 7641.

¶ **PESELLUS,** Paxillus, ut videtur, nostris *Paisseau* vel *échalas.* Litteræ Officialis Andegav. ann. 1269. in Tabul. S. Albini Andegav. : *Fulco de Torallo minor Miles... vendidit et concessit.... omnes fructus quos habere poterat in... nemoribus ad faciendum Pesellos.*

* Alias *Pescheau.* Lit. remiss. ann. 1388. in Reg. 132. Chartoph. reg. ch. 204 : *Un Pescheau ou escharas de vigne, etc.*

¶ **PESEMGIES,** Inter utensilia domestica recensetur in Inventar. rerum mobilium ann. 1342. ex Tabular. S. Victoris Massiliensis : *Item, unam mapam piste. Item, duas manceas. Item, unam Pesemgiem, sex tabulas panis, etc.*

* **PESGENTERIA,** Idem quod *Sergenteria, servientis* feudum, quomodo etiam forte legendum est. Chartul. Floriac. fol. 34. v. : *Noveritis nos reddidisse Petro filio dicti Hugues Pesgenteriam, quæ fuit Martini de Antiquis avunculi sui, cum omnibus pertinentibus ad eandem.* Vide in *Serviens.*

¶ **PESIA,** Modus agri, quomodo Gallice dicimus, *Piece de terre.* Charta ann. 1496 : *Item plus quamdam aliam Pesiam prati sitam et positam in dicta juridicione et in ripeyria del Togat.* Vide *Pecia.*

¶ **PESITARE,** *Liberare.* Gloss. MS. Sangorm. num. 501. legendum, *Pensitare, librare.*

PESLUM. Tabularium Vindocinense ann. 1076. Ch. 321 : *Ascelinus Chotardus retinuit domum parieti Ecclesiæ quasi appenditium, quod vulgariter Peslum vocant, ubi annonam suam, et vinum, quod ibidem collegerit, reponat.* [Vide *Pessulum.*]

* **PESNAGIUM,** pro *Pasnagium.* Vide supra in *Pasturamentum.*

* **PESNE,** vox Gallica, Mantile, *manutergium.* Lit. remiss. ann. 1355. in Reg. 84. Chartoph. reg. ch. 103 : *Ipsa Johanna duo paria lintheaminum, cum duabus peciis manutergiorum, Gallice Pesnes, furata fuit.*

¶ **PESQUERIUM,** Vivarium piscium, locus in quo piscatur, Gall. *Pescherie, étang.* Pactum inter Jacobum Aragon. Reg. et Berengarium Episcopum Magalonens. ann. 1272 : *Et sic protenditur ab ipso termino recte usque ad alium terminum positum in capite Pesquerii ipsius Ecclesiæ; et deinde sicut protenditur alveus sive vallatus, per quem transit aqua circa eandem Ecclesiam.* Vide *Piscaria.*

¶ **PESSA,** Fragmentum, frustum, *petia*, Gall. *Piéce.* Statuta Card. Trivult. Abbat. S. Victoris Massil. MSS. ann. 1531 : *Camerarius tenetur dare juvenibus et pueris florenos sex pro vestiario ultra et præter calceos seu sotulares; quos honestos sine fractura et Pessis ab extra, toties quoties opus fuerit, dabit.* Vide *Pessia.*

* Glossar. Provinc. Lat. ex Cod. reg. 7657 : *Pessa, Prov. frustrum. Pessat, Prov. fractus, fresus, ruptus.*

* **PESSALE,** Fasciculus certi ponderis, ut videtur; unde nomen. Glossar. Lat. Gall. ex Cod. reg. 7692 : *Pessale, peissel.* Stat. ann. 1299. in Lib. 1. ordinat. artif. Paris. ex Cam. Comput. fol. 193. v° : *Quiconques est linier, il peut et doit vendre son lin en gros, par poingnées, par Pessiaus, par quartiers et botelleites de Bethisy, et lin cerancié, bon et loyal, pour qu'il soit prest à filler, etc. Pesiaus*, ex eod. Stat. inter Consuet. Genovef. MSS. fol. 12. v°. Vide *Pensa.*

* **PESSARIUS,** f. pro Pessimus. Charta ann. 1321. inter Probat. tom. 2. Hist. Nem. pag. 30. col. 1 : *Pro eorum Pessaria cupiditate detinuerunt partem de hiis, quæ debebant solvere, etc.* An inde *Pezellouse*, de carne corrupta vel maculis interstincta dicitur, in Constitut. Tull. ann. 1297. ex Reg. A. Chartoph. reg. ch. 1 : *Se aucuns masceclier avoient char sorcemée communement ou Pezellouse en langue, ou de crue ou d'oile, il ne la doneroient, ne ne porroient vendre en estaus communs avec la bonne char.* Vide supra *Persus.*

PESSARIZARE, In modum πεσσοῦ, seu pessarii conficere : est autem *pessarium*, lana concepta, et ad digiti figuram rotunda facta, in qua pharmaca excipiuntur et continentur. Vide Constantinum Africanum lib. de Gradibus pag. 373.

¶ **PESSATICUM,** ut *Pedagium.* Vide ibi.

PESSIA, Idem quod *Petia*, Gallis *Piece.* Vetus Charta apud Columbum lib. 2. de Episcopis Vivariensibus : *Dono Pessiam de campo,... Pessia habet fines de latus, etc.* Vide *Pecia.*

* *Pessate* et *Piessate*, eadem acceptione, in Charta ann. 1272. ex Chartul. S. Petri de Monte : *Jeu ai vendut à l'abbeit et au couvent de S. Pierremont... une Piessate de terre. Trois Pessates de preit*, in Charta ann. 1282. ibid.

¶ **PESSILE,** vel Pessilis, Idem videtur quod *Pessulum*, apud Gregorium Turon. lib. 8. Histor. col. 391 : *Parentes congregati super hunc* (Guerpinum) *irruunt, inclusumque in Pessilem domus interimunt.* Ita præfert ultima Editio ex Cod. MS. Colbert. Aliæ legebant, *pensilem domum*, vel *pensilem domus*. Vide *Domus pensilis*.

PESSIMARE, Pessimum efficere, affligere. Vetus Interpres Ecclesiast. cap. 38. v. 22 : *Te ipsum Pessimabis*. S. Eulogius lib. 3. Memor. SS. cap. 5 : *Importabili census onere colla aggravant miserorum, quotidie plebem Domini Pessimantes*. Utitur præterea Hugo Flaviniacensis in Vita S. Sacerdotis Episcopi Lemovicens. num. 25. [Lactantius lib. 1. Instit. cap. 11 : *Ætate pessumata* : ubi emendant alii *pessum acta*. Vetus Interpres S. Ignatii pag. 104. Κακίζειν, *Pessimare* vertit. Epist. ann. 1408. apud Marten. tom. 7. Ampliss. Collect. col. 847 : *Statim monstruoso cathedrarum honore sublimati, aut verius Pessimati, etc.* Fridegodus in Vita S. Wilfridi sæc. 3. Bened. part. 1. pag. 187 :

Hoc virus ne serpat, et incautos malesano
Inficiat succo, dum justum Pessimat atrox.]

* **PESSINACIUM**, ab Italico *Pescina*, Piscina, stagnum, locus ubi piscatur. Locus est supra in *Pautacium*.

PESSO, Pessona. [* *Pesson*, Locus ad pastionem porcorum aliorumve animalium assignatus, in Charta ann. 1287. ex Chartul. archiep. Bitur. fol. 104. v°. : *Dicta armenta nostra ducemus semper eundo et transeundo, sine aliqua mora, donec sint extra glandes seu Pesson; et si aliqua armenta nostra evaserint, vel casu remanserint intra la Pesson durante mense, etc.*] Vide *Paisso*.

* **PESSOILLII**, Pessolli, a Gallico *Pessols*, vulgo *Pennes* vel *Pesnes*, Fila de stamine. Stat. pannif. ann. 1317. in Reg. A. Cam. Comput. Paris. fol. 196. r°. : *Item quod... Pessollos, id est, fila de stamine, cum pannus sciuditur in texorio remanentes,... de regno poterunt extrahi in futurum, solvendo... pro quolibet quintali Pessollorum quatuor solidos Turon. domino nostro regi*. Aliud de ead. re ejusd. an. ibid. fol. 202. r°. : *Super emolumentis,... maxime Pessoilliorum, etc.* Hinc emendandæ Lit. in Reg. 56. Chartoph. reg. ch. 154. ubi legitur, *Possolli*. Stat. pannif. Carcass. renovata ann. 1466. ex Reg. 201. ch. 121. : *Item quod nullus parator.... poterit in pannis.... apponere seu immiscere Pessols sive borrethos, etc.*

¶ **PESSONSERA**, Navigii genus apud Anglos. Charta Edwardi III. Reg. Angl. ann. 1341. apud Rymer. tom. 5. pag. 243 : *Volumus quod centum naves, vocatæ Pessonseræ et creyeræ, et aliæ minutæ naves, infra pondus 30. doliorum... arrestentur.* Infra : *Hujusmodi centum naves vocatas Pessonseras et creyeras, ac tot alias minutas naves... provideri et arrestari faciatis.*

¶ 1. **PESSULUM**, Idem quod supra *Peslum*, Gratianopolitanis vulgo *lou Peslou*, Appensum domui tectum, quodvis ædificiolum extra murum in viam prominens. Sententia Johannis Archiepisc. Viennens. ann. 1228. tom. 1. Histor. Dalphin. pag. 142 : *Volumus et præcipimus habito consilio Sapientum, ut omnia Pessula quæ sunt et erant extra muros apud sanctum Romanum, et in Chapelleys et in Changeriis, etc. sunt de jurisdictione Bajuli prædicti et successorum ejus in perpetuum.* Vide *Pestillum* et *Pessile*.

* 2. **PESSULUM**, pro Pessulus. Glossar. Lat. Gall. ex Cod. reg. 7692 : *Pessulum*, *Clenche*. Vide supra *Clingere* 1.

* **PESSUNNIA**, Pastio porcorum in silvis; unde *Pessunniare*, pascere. Charta ann. 1244. ex sched. Mabill. : *Quando Pessunnia erat in foresta, et prohibebatur omnibus animalibus, prior de Meduana servabat animalia sua et porcos extra forestam, quousque Pessunnia esset bannita; et tunc poterat porcos suos proprios absque pasnagio Pessunniare*. Vide *Paisso*.

* **PESSUS**, Pessulus. Comœd. sine nomine act. 1. sc. 2. ex Cod. reg. 8163 : *Gradus ascendit, Pessum abducam, ne intrans faciat crepitare fores*. Vide alia notione in *Paisso*.

¶ **PESTALLUM**. Vide *Pestillum*.

PESTARE, Italis, Subigere, comminuere, tundere. Recuperus lib. de Virtutibus S. Ambrosii Senensis cap. 2 : *Dicebat, in hoc esse laborem suum, pullum Pestare ægrotis, id est divinam sapientiam rudibus intellectibus perceptibilem facere*.

* Nostris *Pesteler*, eadem acceptione. Lit. remiss. ann. 1414. in Reg. 168. Chartoph. reg. ch. 141. : *Lequel valeton commença à soy jouer et à broyer du pestel qu'il tenoit; lors icellui Pierre lui dist que s'il ne se cessoit, que il lui Pesteleroit sa teste*. Aliæ ann. 1480. in Reg. 206. ch. 666 : *Que s'il le tenoit dehors, il le Pesteleroit aus piés*. Hinc *Petailler* et *Peteller*, pro Cædere, vexare. Fabul. tom. 1. pag. 90. ubi de asino :

Souvent me carche l'en l'eschine,
Point et Peteille et fiert tozdis.

Mirac. B. M. V. MSS. lib. 1 :

Et tant le Petella envie, etc.

Quæ omnia a *Pestillum* accersenda. Vide in hac voce. [** A lat. *Pinsere* Murator. Antiq. Ital. tom. 2. col. 1163.]

¶ **PESTARIUS**, Pistor, seu *pastillorum* confector, Gall. *Patissier*. Consuetud. Fontanell. MSS. fol. 95 : *Magister Pestarius* VII. (ova.) Eadem notione *Pestor* in Charta ann. 1219. inter Ordinat. Reg. Franc. tom. 2. pag. 31 : *Que tous Pestors, tous bolengiers de la ville d'Angers, feissent loiaux denrées de pain*. Vide *Pastillus* 2.

* *Pestor*, in Lit. ann. 1219. tom. 2. Ordinat. reg. Franc. pag. 31. art. 1 : *Que tous Pestors, tous bolengiers de la ville d'Angers, etc.* Glossar. Lat. Gall. ex Cod. reg. 7679 : *Pesteur, ou boullengier, pistor*. Aliud Provinc. Lat. ex Cod. 7657 : *Pestre, Prov. ceragius, artecopus, panetarius*. Hinc *Pestril*, Locus ubi panis conficitur. Lit. remiss. ann. 1390. in Reg. 138. Chartoph. reg. ch. 251 : *Le suppliant entra en un lieu de l'ostel de sa maistresse, appellé Pestril, pour prendre du pain*.

¶ **PESTAT**. Necrolog. Parthenonis S. Petri de Casis : XXIV. *Junii, obiit Dalmacius Chandorati civis Aniciensis, cujus amita Dña Katerina Chandorata fecit fieri lo Pestat S. Michaelis*. Forte pro *lo Portal*, Porta major, nostris *Portal*. Confer *Pessulum*.

¶ **PESTELLUM**. Vide *Pestillum*.

* **PESTELLUM**, Glastum, herbæ genus, qua infectores lanarum utuntur, Gall. *Pastel*. Vide *Pastellum* 1. Stat. pannif. Carcass. renovata ann. 1466. in Reg. 201. Chartoph. reg. ch. 121 : *Item quod nullus potest... tingere seu tingi facere aliquem pannum brunetæ,... nisi cum Pestello*. Hinc

* Pestelerius, Ad *pestellum* pertinens. *Molendinum pestelerium*. Vide supra in *Molendinum*.

¶ **PESTIALIS**, Pestilens. Miracula MSS. Urbani V. PP. in Tabul. S. Victoris Massil. : *In una galea navigando in plagia Romana habebat febrem Pestialem*. Infra : *Patiebatur febrem Pestilentialem*

PESTICIUM. Monasticum Anglican. tom. 2. pag. 1007 : *Dedimus etiam... et omnia prata nostra, scilicet de Guanerio,... de Leyre, cum Pesticiis ejus, et omne fœnum nostrum in valle Rodolii, etc.* Forte legendum *Pasticis*, Pascuis, Gall. *Pastis*.

☞ *Pesticium* et *pasticium* promiscue usurpatum fuisse, ut ager pascuus significaretur, innuit le Roman *de Rou* MS. ubi *Pestis* pro *Pastis* occurrit :

Grant alcure vont par Pestiz et par blez,
Au main por reposer tornerent en un prez.

PESTICUS et Pesticosus, *Peste plenus*. Johan. de Janua.

PESTIFERARE, Inficere, peste polluere, *Empester*. Lucifer Calaritan. lib. 1. pro S. Athanasio : *Munera enim excæcant oculos videntium, et Pestiferant sermones justos*.

¶ **PESTILENTIALIS**. Vide *Pestialis*.

¶ **PESTILENTIATUS**, Pestilentiarius, Peste contractus, *Pestiféré*. Addit. ad Vitam S. Antonini tom. 1. Maii pag. 342 : *Vidit tempore pestis pluries illum euntem ad Pestilentiatos*. Ibid. pag. 343. *Vidisse eum tempore pestis ad Pestilentiarios ire* testatur.

* Inhumanum apud Massilienses usum, cum peste afficiebantur, refert Conradus in Fabulario ex Cod. reg. 8169. A. : *Massilienses, quotiens pestilentia laborabant, unus ex pauperibus offerebatur alendus anno integro primoribus urbis. Hic postea ornatus verbena et vestibus sacris indutus per totam urbem ductus cum exsecrationibus, id est, ut in ipsum recidereut et redundarent mala totius urbis, tandem præcipitabatur*.

¶ **PESTILENTIOSUS**, Pestifer, nostris *Pestilenciel*. Concil. Toletan. V. inter Hispan. tom. 2. pag. 508 : *Sed et hoc pro Pestilentiosis hominum moribus, salubri ordinatione censemus, ne quis in Principem maledicta congerat*.

¶ **PESTILIFER**, λοιμοφόρος, in Gloss. Lat. Græc.

¶ **PESTILITAS**, Pestis, lues pestifera. Vita B. Simonis de Lipnica tom. 4. Julii pag. 528 : *Pestilitatis tempore septuaginta novem de morte.... triumphantes, etc.*

¶ **PESTILITER**, *Demisse, divise*. Gloss. Isid. Martinius recte emendat, *partiliter, divise*.

PESTILLUM, pro *Pistillum*, instrumentum, quo aliquid teritur, comminuitur : *Pestello*, Italis, *Pestle*, Anglis. Glossar. Græc. Lat. : Ἀλετρίβανος, *pestillum* : alias pestillus, quo sal teritur : *Cylindrus*, Senatori lib. 12. Epist. 24. : *In salinis autem exercendis tota contentio est : pro aratris, pro falcibus cylindros volvitis*. Accipitur etiam pro palo ligneo. Gloss. Lat. Gall. : *Pilus, poil, ou pestoil.*

Qui terit, est Pilus : Pilus est in froute capillus.

Idem : *Pistillum, pesteil.* Gloss. Arabico-Lat. : *Pessulum, pestum, pestilum.* Joan. Hocsemius in Henrico Gueldrensi Episcopo Leod. cap. 3 : *Cum juvando suum magistrum læsisset quemdam laicum ictu Pestilli, qui unus est ex illis baculis, inhibitis in Lege Leodiensi.* Le Roman *de Garin* :

Devant lui gardé vit un Pestel ester,
Dont l'en souloit les poisons destremper, etc.

[Le Roman *de la Rose* MS. :

Et vit gelousie venant,
Un Pestel en sa main tenant.-]

Chron. Bertrandi *du Guesclin* MS. :

Li un tient une pare, l'autre une fourche agusie
De bastiers, de Pesteaux et maint autortelie.

Alibi :

Li uns porte un Pestel, et li autre un mortier.

¶ Pestallum, Eadem notione. Tabular. Compendiense : *Duos mortarios cum Pestallis suis.*

* *Pestail*, in Lit. remiss. ann. 1390. ex Reg. 138. Chartoph. reg. ch. 174 : *Tant se multiplia le debat qu'Ingrant prist un Pestail et de Marre un baston.*

¶ Pestellum, in Inventar. ann. 1342. ex Tabular. S. Victoris Massil. : *Unum morterium et unum Pestellum.*

¶ **PESTIMUS**, λοιμοφόρος, in Gloss. Lat. Græc.

¶ **PESTINCIUS**, *Violentius.* Gloss. Isid. Excerpta habent, *Pervicatius.* Emendant alii *pestilentius.* Sed hæc non placent.

PESTINUNTIUM, *Qui pestem nuntiat.* Gloss. Lat. MS. regium cod. 1013. et Gloss. Isid.

¶ 1. **PESTIS**, pro quavis Miseria, et exitio; pro fame usurpat Obertus Cancellar. in Annal. Genuens. ad ann. 1164. apud Murator. tom. 6. col. 342 : *Sed quia tempus nimis erat ineptum et carnes et victualia deerant, per loca nobis vicina ascendit, ut ita dicamus, mina grani pretio soldorum decem et infra; et duravit hæc Pestis per spatium anni et medii.*

¶ Pestis Feralis, Genus supplicii in maleficos. Lex 5. Cod. Theod. tit. 16. lib. 9. : *Hos* (magos) *quoniam naturæ peregrini sunt, feralis Pestis absumat.* Quærunt quænam sit hæc pœna. Alii capitale supplicium, alii vivicomburium interpretantur. Græci vero Basilic. Interpretes lib. 60. tit. 39. Photius tit. 9. Nomoc. cap. 25. et Balsamo bestiarum supplicium intelligunt : quæ sententia Gotofredo magis probatur. Hunc, si placet, consule in Notis ad hanc legem.

* 2. **PESTIS**, f. idem quod *Pestillum.* Comput. ann. 1358. ex Tabul. S. Petri Insul. : *Item pro quadam Peste et uno collo et tribus coclearibus bosci, v. sol.*

¶ **PESTIVINUM.** Chronicon Petri Azarii apud Muratorium tom. 16. col. 340 : *Facere tesseras, et vendere Pestivinum, et alias nummatas valentes uno denario pro quatuor, etc.* Haud scio an ita legendum sit, an potius

¶ Pestumum, quod ejusdem significationis esse videtur, in Statutis Riperiæ cap. 12. fol. 4. v° : *De quolibet modio mellis soldi quatuor. De quolibet modio Pestumi de pensibus quatuordecim pro introitu soldi quatuor.*

* **PESTRINEUM**, Mactra, Gall. *Paitrin. Item duo Pestrinea*, in Inventar. ann. 1379. MS. Vide infra *Petrinum.*

* **PESTRUM**, Metalli species, nostris *Peautre* et *Piautre.* Ordinat. Caroli IV. ann. 1324. in Reg. 66. Chartoph. reg. ch. 560 : *Quascumque* (corrigias) *falsas et sophisticatas,... de stanno, plumbo, Pestro factas, clavatas vel ferratas..... comburi faciatis.* Charta Gallica ibid. : *Courroies ferréez, clouées et autrement ouvréez d'estain, de Piautre ou de plonc, etc.* Lit. remiss. ann. 1392. in Reg. 143. ch. 185 : *Quatre ceintures à femme cloées de Peautre.* Vide infra *Peutreum.*

PESTUMUM. Vide *Pestivinum.*

¶ **PESTUS.** Capitul. lib. 6. cap. 326 : *Placuit ut omnis qui in expeditionem exercitus absque gravi necessitate non progreditur, aut de exercitu fugit, testimonio dignitatis suæ sit irrevocabiliter carens; ita ut in quibusdam villulis vel territoriis sive vicis Pestus, hujus infamationis habitatores ipsorum locorum sint degeneres, et testificandi vel accusandi nullam habeant licentiam.* Alibi, *Pestis.* Locus male sanus. [** Ex Prolog. Concil. XII. Toletani ubi legitur : *Ita ut quia in quibusdam villulis vel territoriis sive vicis Peste hujus infamationis habitatores ipsorum locorum sunt degeneres redditi, etc.*]

¶ **PESULLA**, φλοκτίς, in Gloss. Latin. Græc. Vide *Forstulla.*

** **PESUM.** Vide *Pensum.*

¶ **PESUNDARE.** Vide *Perundare.*

¶ **PESUS**, Idem quod Pondo, libra argenti, quæ 13. Regalibus et 8. Albis valet. Concil. Limanum ann. 1582. inter Hispan. tom. 4. pag. 263 : *Mandavit quod hinc in posterum... uniformiter procedatur concedendo censurarum chartas quando excusari non poterunt et pro ea Pesorum quantitate, quæ Episcopo ad id sufficere videbitur.* Ibidem pag. 386 : *Decano scilicet centum et quinquaginta libras, Pesos vulgariter in illis partibus nuncupatos, quarum librarum quælibet unum castellanum aureum, quadringentos octoginta quinque morapetinos monetæ usitatæ Hispaniæ constituentes; Archidiacono centum et triginta valoris ejusdem Pesos seu castellanos.*

PETA. Leges Burgorum Scotic. cap. 38 : *Nullus debet namare .....illos, qui portant boscum, turbas, vel Petas ad vendendum, nisi pro bosco, Petis, vel turbis, seu propriis debitis suis.* [Vide *Petaria.*]

¶ **PETAACIA**, Petacia, Panni fragmentum, assutum pannum, Gall. *Pièce*, Tolosanis et Occitan. *Petas*, Italis *Petaccia.* Statuta Vercell. lib. 7. fol. 150. v° : *Item statutum est quod si quis homo... aliquas scopaturas,... calcinarium, Petaacias, cretas,... in viis projecerit, etc.* Limborc. Sent. Inquis. Tolos. pag. 305. de Beguinis : *Item credidit et credebat quod de perfectione Evangelica est habitus dejectus et deformis, et Petacia, quia in talibus relucet paupertas Christi.* Vide *Pecia.*

¶ **PETAGIUM**, Idem videtur quod *Pedagium*, tributum quod penditur. Meisterlinus Histor. Rer. Noriberg. apud Ludewig. tom. 8. Reliq. MSS. pag. 122 : *Pavonici prætorium occupantes, nitebantur Capribarbis tributa rursus abolita imponere, sed hi refutabant, vectigalia nulla obveniebant, nec de Petagiis ulla spes deficiente, nedum Baccho, sed etiam Cerere.* Chartular. S. Vandreg. tom. 1. pag. 1148 : *Dimisi . . . viginti octo perticas terræ ad faciendum fossatos circa nemus dictorum Religiosorum de Guise pro quitatione et remissione unius minæ brasii et quinque ovorum de Petagio, quam minam brasii et quæ ova prædicti Religiosi mihi et hæredibus meis penitus remiserunt.*

* **PETAGO**, *Genus morbi*, in vet. Glossar. ex Cod. reg. 7641. Vide supra *Patago.*

PETALICUS. Cummeanus Hibernus de Controversia Paschali : *Ob diversitatem successorum Apostolorum, ... id est S. Petri Clavicularii, et sancti Joannis Petalici, alterius in circumcisionem, alterius in præputium prædicantis.* Ubi *Petalicus*, vel *Pectalicus*, est Ἐπιστήθιος, quo epitheto donatur S. Joannes Evangelista a Græcis.

☞ Hujusce vocis interpretationem, quam sub oculis habebat, curiosius conquirendo, erravit doctissimus Cangius; cum enim *petalum* laminam auream interpretatus esset, *Petalicum* S. Joannem a *Petalo* dictum facile subodorari poterat. Et quidem ejusmodi ornamentum ferre consueverat S. Evangelista, ut testatur Polycrates Ephes. Episcop. in Epist. ad Victorem PP. : Ὃς (Ἰωάννης) ἐγενήθη ἱερεὺς τὸ πέταλον πεφορεκώς. Rufinus : *Qui* (Joannes) *fuit summus sacerdos et pontificale Petalon gessit.* S. Hieronymus : *Et pontifex ejus, auream laminam in fronte portans.* Eodem ornamento usum esse S. Jacobum fratrem Domini, auctor est S. Epiphanius hær. 78. num. 14 : Καὶ πέταλον ἐπὶ τῆς κεφαλῆς ἐφόρεσε. Idem cæteris Christi Pontificibus, qui in locis, ubi frequentes erant Judæi, degebant, commune fuisse vix dubito; id quippe a Judæis sacerdotibus mutuaverant.

PETALUM, Lamina aurea in capite summi Pontificis, ut in Gloss. Arabico-Latin. Beda de Tabernacul. lib. 3. cap. 3 : *Et lamina aurea super cidarim, quæ titulo nominis Domini cæteris altior omnibus eminebat.* Adde cap. 9. Arnoldus Abbas Bonævallis : *Præter hæc laminam auream, quam Petalum vocant, fronti habebat insertam.* [Acta SS. Bened. sæc. 6. part. 2. pag. 604. ubi de Victore III. PP. : *Quatuor etiam trabes propter cibarium altaris simili modo sculpto, ac deaurato argento extrinsecus induit; ab intus vero Petalis et coloribus decoravit.* Ubi nude Laminas intellige. Eadem notione occurrit apud Anastas. in Sergio I. pag. 61 : *Crucem diversis ac pretiosis lapidibus perornatam inspexit; de qua tractis quatuor Petalis in quibus gemmæ clausæ erant, etc.* Perperam nuperus auctor lib. Gall. cui titulus, *le Tombeau de J. C.* edidit *Peralis*, nec felicius de unionum circulo exposuit.] Vide Eusebium lib. 3. Histor. cap. 31. lib. 4. cap. 24.

Petalum, *Forma marmorea instar tesseræ quadrata, unde pavimenta templorum, vel domorum, et palatiorum quondam sternebantur.* Josephus lib. 8 : *Stravit autem pavimentum templi Petalis aureis.* Jo. de Janua.

Petalum, Virga Pontificalis, Harigero

Lobiensi Abbati cap. 18. Miracula S. Ursmari num. 5 : *Baculum recurvum, quem plerique cambutam, alii Petalum vocant.* [** Ubi *Petaculum* habent Folcuini gesta abbatum Lobiensium cap. 40.] Vide Browerum lib. 2. Annal. Trevir. pag. 150. 1. edit. [** Sigebert. vita Deoderici I. cap. 3. apud Pertz. Scriptor. tom. 4. pag. 465. lin. 45.]

PETAMINARII, dicti videntur a voce Græca πετάμενοι, qui in aere volant, seu, *qui more avium sese ejaculantur in auras*, ut ait Claudianus : vel qui agilitate corporis quasi volare videntur, ἀπὸ τοῦ πέτεσθαι, apud Julium Firmicum lib. 8. Mathes. cap. 15. Salvianus lib. 6. de Gubern. Dei : *Longum est nunc dicere de omnibus, amphitheatris scilicet, odeis, lusoriis, pompis, athletis, Petaminariis, pantomimis, cæterisque portentis.* At Salmasius ad Plinium emendat, *Pyctis, mimariis.*

¶ **PETAMUM**. Vide *Massacuma.*

¶ **PETARDA**, Mortarium murale. Mirac. S. Casimiri tom. 2. Martii pag. 556 : *Captis vexillis* XXI. *tormentis* VI. *et una Petarda.*

¶ **PETARIA**, Locus unde eruuntur *Petæ*, species cespitis nigri, qui e terra palustri et bituminosa effoditur, f. a Belgico *Pet* vel *Put*, Lacus, locus palustris. Charta Walteri *de Gant* Comit. apud Edward. Bysseum in Notis ad Uptonum pag. 86 : *Cum suis pertinentiis sibi congruentibus, ... mariscis, turbariis, tresidiis, Petariis, gardinis, etc.* Assignatio dotis Margaretæ Reg. Scotorum ann. 1503. apud Rymer. tom. 13. pag. 63 : *Cum.... piscationibus, Petariis, turbariis, carbonariis, etc.*

¶ **PETASMA**. Ebrardus Bethunniensis in Græcismo :

> Aulæ dicuntur aulæa : Petasmata templi :
> Cortinæ thalami : velaria vela theatri.

¶ **PETASO**, PETASUM. Perottus : *Petaso ea pars suis dicitur, quæ ab alis incipit et costas comprehendit, quibusdam veluti virgulis pinguibus distincta.* Interdum et porcum integrum significat. Informatio ann. 1459. ex Archivis Trevolt. : *Inimici ceperunt in dicta domo sex tibias Petasonis saliatas et quatuor grossas petias alterius Petasonis, quas sex tibias et quatuor petias Petasonis dicti malefactores secum importaverunt.* Testament. ann. 1484 : *Item unum quateronum Petasonis, unam mensuram olei*, legat. *Dimidium quarteronum Petasonis*, in Contractu matrimonii. Charta pedagii Trevolt. ann. circ. 1250 : *Item, Petasum 4. denar.* Ubi *quarteronus*, ut nos monuit V. Cl. *Aubret*, non de quarta partæ libræ intelligendum, sed de centenarii quadrante, seu de 25. libris.

¶ **PETATIA**. Vide *Pittacium.*

¶ **PETATICUM**. Charta Theoderici III. Reg. Franc. ann. circ. 688. apud Felibianum Hist. Sandion. pag. IX : *Nec rotatico, nec salutatico, nec sis Petatico.... nullatenus quoque tempore quiratur nec exigatur.* Ubi leg. *Cespitaticum.* Vide in hac voce.

¶ **PETATIOLA**, Cento. Papias MS. Bituric. : *Filacteria, vanitas, cantica turpia, vel carmina Petatiola.* Vide *Pittacium.*

PETATIOLUM, pro *Pittatiolum*, Scheda. Fulcuinus de Gestis Abbatum Lobiens. cap. 3. [tom. 6. Spicileg. Acher. pag. 547 :] *Perantiquis membranarum Petatiolis... inscriptum invenimus.*

¶ **PETATIUM**, Scheda, vel etiam chartæ seu pergameni fragmentum. Geso Abbas de Corpore et Sanguine Domini apud Murator. tom. 3. Anecd. pag. 298 : *Theodosius famosus Imperator quadam vice a quodam monacho . . . excommunicatus est. Et monachus quidem excommunicatione in Petatio descripta, et quo ab Imperatore inveniri posset projecta, discessit.* Vide *Pittacium.*

PETAURISTARII, apud Jul. Firmicum lib. 8. Math. cap. 15. qui aliis *Petauristæ*, seu Græcis Πεταυρισταὶ, de quibus scriptores Græci et Latini. Manilius lib. 5. Astr. :

> Ad numeros etiam ille ciet cognata per artem
> Corpora, quæ valido saliunt excussa Petauro,
> Alternosque cient motus, elatus et ille
> Nunc jacet, atque hujus casu suspenditur ille.

Fragment. Petronii : *Petauristarii autem tandem venerunt : baro insulsissimus cum scalis consistit, puerumque jussit per gradus et in summa parte odaria saltare : circulos deinde ardentes transire, etc.*

¶ **PETECCIA**, Febris pestilens, Italis *Petecchio*, nostris *Pourpre.* Acta SS. Maii tom. 7. pag. 375. de S. Ferdinando Reg. Castel. : *Conflictatus cum pestilenti ac maculosa febre quam Peteccias Itali, Tabardilos autem vocant Hispani.* Hinc

¶ PETECCHIALIS FEBRIS, in Mirac. Pii V. tom. 1. Maii pag. 718 : *Tiburtia Florentii, annorum septuaginta duorum, febri Petecchiali aliisque letalibus infirmitatibus oppressa . . . . pristinam sanitatem in instanti recepit.* Perperam *Peticularis* ibidem pag. 671.

* Rectius *Petechialis.* De illa febre Ol. Borrich. et alii. *Petricularis* etiam vocitura ab Octav. Roboreto, quæ et *Lenticularis* et *Pulicaris* dicitur. Hæc post doctiss. virum *Falconet.*

PETEGOLÆ, dictæ Italis, quæ Gallis *Beghinæ.* Vide *Beghardi.*

¶ **PETEGRATIA**, Animal quoddam. Statuta Riperiæ cap. 12. fol. 4 : *De qualibet soma pensium duodecim pili bovis, caprarum, stratiarum, Petegratiarum pro introitu solidi duo.*

¶ **PETELLUM**, perperam ni fallor pro *Pedagium.* Charta S. Ludovici ann. 1255. tom. 4. Histor. Harcur. pag. 1353 : *Item herbagium magnæ bruerice, roagium et Petellum.*

PETENS, forense vocabulum, pro *Actore*, Gall. *le Demandeur.* Vide Regiam Majest. lib. 2. cap. 2. § 3. Occurrit passim in Legibus Scoticis et Anglicis. Collatio Carthaginensis III. cap. 200 : *Omnis actio duas solet suscipere personas, Petitoris, et e diverso respondentis.*

¶ **PETERCORNE**, Præstatio quæ in blado, avena etc. ex agris S. Petro pensitari solet, ex Angl. *Peter*, Petrus, et *Corn*, frumentum, vel quodvis granum. Histor. fundationis Monast. S. Leonardi Eboracensis : *Rex Athelstanus concessit Deo et B. Petro Eboraci et Colideis prædictis de qualibet caruca arante in Episcopatu Eboraci unam travam bladi, anno Domini 936. quæ usque in præsentem diem dicitur Petercorne.*

PETEREDIUM, *abjecta h in compositione, a petendis hæreditatibus.* Beda de Orthographia.

PETERMANNI, Homines seu servi S. Petri Lovaniensis, apud Lipsium in Lovanio lib. 2. cap. 4.

* **PETHAGIUM**, Idem quod *Pedagium*, Tributum, quod penditur. Charta ann. 1157. apud Murator. tom. 4. Antiq. Ital. med. ævi col. 57 : *Abbatissa debeat habere aliam medietatem sine fraude, exceptis illis quatuor, quæ tolluntur per Pethagium, et non per portum.* Vide *Petagium.*

¶ 1. **PETIA**, Instrumentum lite pendente productum, qua notione etiam Practici nostri *Piece* dicunt. Tabular. Castri Nannet. : *Visis aliis documentis, scripturis et Petiis per distas partes productis, etc.*

¶ 2. **PETIA**, PETIATUS, Alia notione. Vide *Pecia.*

¶ **PETIBILIS**, de præstatione dicitur, quæ a dominis sub nomine *petitionis* exigitur, ad discrimen aliarum servitutum quas ex jure et auctoritate exigebant a subditis. Acta Murensis Monast. apud Eccardum de Origin. familiæ Hasburgo-Austr. col. 224 : *Ita omnia primitus fuerunt Petibilia, modo sunt potentibilia.* Vide *Petitio.*

PETICA. Charta Aldegastri filii Sylonis Regis Ovetensis, ann. 781. apud Sandovallium : *Et tres calices, duos de argento, et unum de Petica.* Ubi Sandovall. vertit, *dos de plata, y uno de piedra*, i. lapide pretioso.

¶ **PETICULARIS**. Vide *Peteccia.*

PETICUS, *Qui amat petere*, in Gloss. antiq. MSS. [Gloss. MS. Sangerman. num. 501 : *Qui amat petere alienum.* Grævius legendum censet *Petitius*, ex Gloss. Isid. : *Petitius, qui frequenter petit.*] [* Glossar. vet. ex Cod. reg. 7641 : *Petitius, qui amat petere alienum, vel Petilius.*]

¶ **PETILIO**, PETILIUM, PETILLA. Voces ejusdem notionis quæ jaculorum seu sagittarum speciem significare videntur. *Petillarius*, qui eas operatur. Charta Edwardi III. Reg. Angl. ann. 1372. apud Rymerum tom. 6. pag. 749 : *Nec non duodecim arcubus, viginti quinque cornubus, et viginti et quatuor sagittis vocatis Brodarwes, quatuor duodenis Petiliorum, videlicet Boltes.* Charta Richardi II. Regis Angl. ann. 1383. apud eumdem tom. 7. pag. 415 : *Unam garbam sagittarum largarum, unam garbam sagittarum parvarum, unam garbam parvorum Petilionum volatilium.... cum pannis, equis, sellis, arcubus, sagittis, Petilionibus, etc.* Charta Edwardi IV. Reg. Angl. ann. 1474. apud eumdem tom. 11. pag. 838 : *Quod nullus Petillarius aliquod genus Petillarum, nisi solummodo sagittas vocatas Shefe Arowes, faciant quoque modo, et quod Petillarii illi sagittas, ac omnes et singuli artifices sive operarii arcuum, etc.*

* **PETILUM**. Bestiar. MS. cap. 44 : *Qui* (equi) *albos tantum pedes habent, Petili appellantur.* Vide *Petulus.*

¶ **PETIN** vel PETTIN, Bulengero, Radioli pectinatim inserti monilibus oblongis murenarum instar. Anastasius in Valentino II. PP. apud Murator. tom. 3. pag. 224 : *Signum Christi habet navicellas duas, et murenas tres. Omnes morenas, cum Petinante eorum.*

¶ **PETINEA** CASA. Placitum ann. 862. inter Probat. tom. 1. novæ Histor. Occitan.

col. 113 : *Duvigildus in suo responso dixit : ipsas casas Petineas cum curte, exitia, et regrecia earum... ego retineo.* Paulo supra *Petitneas casas* vocat.

PETINEI, et Petinegi, apud Ditmarum lib. ult. pag. 113. sunt ii populi, quos Græci inferioris ævi Πατζινάκας vocant, quod moneo, quia editor vocem non intellexit. Vide notata ad Alexiadem.

¶ **PETIOLA**, Petiolum, dimin. a *Pecia*. Vide *Peciola*.

¶ **PETISSEQUA**, pro Pedisequa, in Charta Henrici IV. Imper. ann. 1058. apud Ludewig. tom. 4. Reliq. MSS. pag. 241 : *Pro anima Imme nostræ Petissequæ, ante januam ejusdem monasterii sepultæ.*

PETITIO, Præstatio, quæ a dominis sub nomine *petitionis*, vel *mutui* exigitur. Charta Friderici Imper. ann. 1152 : *Exactiones, tallias, quas quidam precarias vel Petitiones nuncupant, sive hospitationes, regia censura penitus interdicimus.* In Charta Comitis Guinensis in Chronico Andrensi, *coactiva petitio, sive incisura*, i. tallia. Vide *Demanda* 1. *Mutuum coactum*, *Quæsta*. [** Vide *Bede* et *Precaria*. *Peticiones ad Judæos*, in chart. ann. 1212. in Guden. Cod. Diplom. tom. 1. pag. 419.]

* Petitio Publica, Præstatio, quam domini a tenentibus seu vassallis, in certis eorum necessitatibus, petunt, idem quod *Tallia*. Charta Phil. I. reg. Franc. in Chartul. Campan. fol. 53. r°. col. 2 : *Cum... Petitiones quasdam publicas, quas vulgo talliam vocant, pro utilitate ecclesiæ exigendo, in eos potestatem propriam exercuisset dominus Nevelo, etc.*

Petitio, in Regula S. Benedicti, pro formula professionis non semel usurpatur, cap. 58. 59. Unde *petitio* et *votum* juguntur apud S. Anselmum lib. 6. Epist. 23 : *Qui apud nos Petitionem et votum Monachi fecit.* Quia nempe novitius exacto novitiatus tempore *petebat* ab Abbate ut ad professionem admitteretur. [Charta ann. 1029. in Tabular. Gellonensi : *Ad monasterium S. Salvatoris Gellonensis adducantur et ibidem benedicantur, et Petitionem seu professionem faciant.*] Formulas ejusmodi petitionum habes inter Baluzianas 32. 33. Vide Udalricum lib. 2. Consuetud. Cluniaciens. cap. 26. Librum usuum Cistercensis Ord. cap. 117. Raynardum Abb. Cisterciens. in Institut. cap. 28. Vitam S. Willelmi Ducis n. 22. Mabillonii, etc.

** Petitio, Pars sacræ liturgiæ, seu potius orationum quæ in ea dicuntur et concinnuntur. Vide Glossar. med. Græcit. voce Αἴτησις, col. 37.

Petitio, Libellus supplex, unde Magistri libellorum, ἐπὶ τῶν δεήσεων dicebantur apud Byzantinos. Thwroczius in Bela Rege Hungar. cap. 64 : *Et Petitionibus loqui traxit originem, ut Romana habet curia et Imperii.* Vide Symmach. lib. 1. Epist. 11. Confer *Requesta*, 1.

* Ad Petitionem Stare, dicitur de concubina, in Stat. Mantuæ lib. 1. cap. 152. ex Cod. reg. 4620 : *Nulla mulier audeat vel præsumat stare pro concubina, seu ad Petitionem alicujus sacerdotis presbiteri, seu clerici in sacris constituti.* Italis, *Stare à petto*, pro Congredi, ex adverso stare.

¶ **PETITIONARIUS**, Qui stipem, eleemosynam colligit, *petit* : quod de iis præsertim intelligendum qui per vicos et provincias reliquias circumferentes vagabantur ad corrogandas pecunias, quibus ecclesiarum indigentiæ, vel ædificationi aut restaurationi succurreretur. Statuta Arnaldi Episc. Valent. inter Concil. Hispan. tom. 3. pag. 516 : *Item, statuimus quod quæstor aliquis seu Petitionarius non admittatur sine litteris nostris vel Officialis nostri. Et tunc non admittatur ad alia, nisi ad illa solum exponenda, quæ in suis litteris indulgentiæ contineri inveniantur.*

¶ **PETITIUS**. Vide *Peticus*.

¶ **PETITNEA** Casa. Vide *Petinea*.

1. **PETITORIUM**. Actio in jure, *Calumnia*, Practicis, *Action en petitoire*. [Charta fundat. S. Eligii Noviom. ann. 1240 : *Auditis quæ partes hinc inde tam super possessorio quam super Petitorio proponere voluerunt.* Litteræ Philippi Pulcri Reg. Franc. ann. 1290. tom. 1. Ordinat. pag. 319 : *Quod de cognitione decimarum non feodalium in Petitorio, vel possessorio, præsertim inter personas ecclesiasticas ministri loci se nullatenus intromittant.*] Gloss. Græc. Latin. : Αἴτησις, *Petitorium, petitio, postulatio.* Joannes Sarisber. Epist. 6 : *Procuratores Comitis adversus E. Petitorium instituerunt, dicentes ipsum injuste occupare Ecclesiam, etc.* Adde Epist. 11.

2. **PETITORIUM**, et *Pittacium*, idem sunt in leg. 29. Cod. Th. de Petition. (10, 10.) id est schedula, *brevis*, etc. *Uno tamen Petitorio singulorum bonuscula jubemus adscribi, nefas esse censentes, plurimorum uno pittacio postulari sub inlicita cupiditate fortunas.* Joannes II. PP. Epist. 2 : *Contumeliosum Episcopum, ut habeat pœnitendi licentiam Petitorium vobis dare censemus, ubi errorem suum.... fateatur.* Adde Stephanum Tornac. Epist. 68. 113.

PETITUM, Mensuræ liquidorum species apud Romanos sub ann. 1300. ut auctor est Nicolaus de Fractura, et ex eo Petrus Boërius in Commentario in Regulam S. Benedicti; sic appellata a quodam *Pæto*, ut est apud Villalpandeum lib. de Mensur. cap. 20.

¶ **PETITUS**, inter famulos Regis Angliæ recensetur, in Charta Edwardi IV. ann. 1475. apud Rymer. tom. 11. pag. 848 : *Pro vadits Matthæi Scarden Petiti Domini Regis in servitio suo guerræ, per breve de privato sigillo de vadiis suis, videlicet pro dicto primo quarterio per manus proprias.... 45. s. 6. denar.*

PETIU, [inter vestes ecclesiasticas, vel ministeria sacra recensitum.] Vide *Betiu*.

¶ **PETIVA**, Præstatio quæ sub nomine *petitionis* exigitur. Litteræ ann. 1249. apud Marten. tom. 1. Anecdotorum col. 1044 : *Item voluit et mandavit, quod Petiva illa quam habuit de vicesimis ecclesiarum, et de legatis, et de redemtione votorum, restituatur ab hærede suo domino Papæ.* Vide *Petitio*.

¶ **PETIVINA**, pro *Pictavina*, in Tabular. S. Vandreg. : *Dimisi Johanni dicto Louvel burgensi de Novocastro undecim solidos, septem denarios et tres Petivinas Turonenses.* Vide *Picta*.

¶ **PETIUM**, Petius, Frustum, fragmentum. Vide *Pecia*.

¶ **PETIUNCULA**, Petitio de re exigui momenti. Charta Pippini Reg. apud Stephanot. Antiquit. Bened. Pictav. MSS. pag. 411 : *Placuit nostræ dignitati parvam eorum inserere huic præcepto Petiunculam.* Vide *Pecia*.

¶ **PETIVOLUM**, σκοπός, in Gloss. Lat. Græc. An *petibulum*, inquit Martinius, quod petitur telis?

¶ **PETORITA**, Idem quod *Petraria* 3. Vide in hac voce.

PETORITUM, vel Petorritum, vox Gallica, Vehiculum, quod dictum existimant *a numero quatuor rotarum*, inquit Festus; unde quidam a Græco Æolio πέττορα, pro τέσσαρα deducunt. Wendelinus a Flandrico etymon arcessit; *Fitter-radt*, vehiculum *rotarum quatuor*. Petoriti meminerunt Varro apud A. Gellium lib. 15. cap. 30. Quintilianus lib. 1. Institutionum capite 5. et Horatius lib. 1. serm. 6.

* **PETOSUM**, pro *Petasum*. Vide *Petaso*. Reg. visitat. archid. Paris. apud Villam Paris. ann. 1471 : *Proposuit promotor contra prædictum reum, quod posuit quandam petiam Petosi seu lardi, pendentem infra dictam ecclesiam ante magnum altare.*

PETRA, Ponderis species, quod constat 12. libris et dimidia : [12. tantum libris constat ex Compositione de ponderibus apud Th. *Blount* in Nomolex. Anglic. : *Le charre de plumbo constat ex 30. formellis, et quælibet formella continet 6. Petras, exceptis duabus libris, et quælibet Petra constat ex 12. libris :*] libra vero 15. unciis, ut est in Fleta lib. 2. cap. 12. § 1. cap. 79. § 10. At apud Henric. Knyghtonem ann. 1340. *Saccus lanæ* dicitur *continere in pondere 26. petras : petra vero 14. libras.* [Charta Edwardi III. Reg. Angl. ann. 1338. apud Rymerum tom. 5. pag. 10 : *Quinque milia et nongentas Petras casii, etc.*] Ita quidem apud Anglos; at secus apud Scotos : quippe in Assisa Davidis Regis Scotiæ de ponderibus § 4. et 5 : *Petra ceræ continet octo libras : Petra vero ad lanam ponderandam, et ad alias res, continet quindecim libras.* Eadem habentur in Statutis Roberti III. cap. 22. § 2. ubi dicitur *Petra seu lapis.* Quod postremum vocabulum occurrit in Charta Philippi Regis Franciæ ann. 1288. apud Perardum in Burgundicis pag. 562 : *Pro quolibet sacco lanarum et aignelinorum, pondus viginti duorum Lapidum Provini continente, etc.* [et apud Ludewig. tom. 1. Reliq. MSS. pag. 261 : *Pie memorie Friso in extremis suis Religiosis viris fratribus in Dobirlugunum Lapidem sepi* (sebi) *in remedium anime sue annis singulis assignavit.* Ubi Ludewig. in margine : *De 20. libris sebi a Frisone ecclesiæ in Dobirlug. quotannis assignatis.*] Regestum Peagiorum Parisiens. : *Laine, qui vient d'Angleterre, le vendeur doit pour chascun sac vendu 18. deniers, et s'il poise 36. Pierres au poix de 9. livres la Pierre, etc.* Vide Monasticum Anglicanum tom. 1. pag. 148. 482. Thomam Walsinghamum ann. 1399. Knyghtonem pag. 2737. etc.

* Unde nostris *Pierre* et *Perée*, eadem notione. Lit. ann. 1336. in Reg. B. 2. Cam. Comput. Paris. fol. 66. r°. : *De chascune Perée de laine, deux deniers.* Reg. Corb. 13. sign. *Habacuc* ad ann. 1511. fol. 39. v°. : *Douze Perées de sieu à faire candeilles, et*

une Perée de sieu à fondre. Arest. ann. 1402. 19. Apr. in vol. 9. arestor. parlam. Paris. : *Certaine quantité de cire, que l'on nomme une Pierre, pesant treize livres.... Une Pierre de cire pesant six livres.*

¶ Petra, Mensuræ genus. Libertates Moiricensium ann. 1164. tom. 1. Histor. Dalphin. pag. 17 : *Pro hac autem concessione, quam ego Berlio Moiricensibus constitui, ipsi mihi et hæredibus meis in perpetuum donaverunt Petram in quam mensuratur.* Vide *Petrata* 1.

* Qua ad mensurandum frumentum utebantur. Charta ann. 1337. in Reg. 74. Chartoph. reg. ch. 125 : *Supplicabant sibi concedi licentiam, quod in platea de Portello possent construere et facere unam capellam seu alam, et in eadem Petram seu mensuram bladorum facere et tenere ad mensurandum.* Vide supra *Perea*.

* Petra, Tributum, quod pro *Petris*, ponderibus scilicet vel mensuris, pensitatur. Charta ann. 1209. ex Bibl. reg. cot. 19 : *Vendimus.... tertiam partem totius Petræ, quæ est in illo portale vouto ibimet.*

* Petra Bombardarum, Globus ferreus, Gall. *Boulet*. Joan. Germ. Cabilon. episc. in Phil. III. duce Burg. apud Ludewig. tom. 11. Reliq. MSS. pag. 33 : *Igneque ad uncum ferreum interjecto pixidis latera contunduntur, et orbici, quos Pierres de bombardes nominant, igne et fumo artati decutiuntur, partemque murorum objectam, horribili actu, quatiunt quassatumque prosternunt, muri suffodiuntur, etc.*

* Petra Tailliæ, a Gallico *Pierre de taille*. Comput. eccl. Paris. an. circ. 1381. ex Bibl. S. Germ. Prat. : *Johanni Huberti lathomo per forum factum cum ipso... corruendi hostiariam magnæ portæ,.... et reficiendi de novo de petra et plastro, et quærendi certas Petras tailliæ pro dictis hostiariis, etc.*

* Petram Trahere, Gall. *Traire la pierre*, Ludi genus, in Lit. remiss. ann. 1389. ex Reg. 137. Chartoph. reg. ch. 34.

¶ Petra Elemosynæ. Vide *Dasium*.

Petra Nativa, Indigena. Vide *Enthori*.

Petra Sicca, non constricta ex calce et arena. Hygenus de Limitibus constituendis : *Gamma de Petra sicca constructa.*

Ad Petram Votum Reddere, Superstitionis paganicæ species, Christianis interdicta. Indiculus Paganiarum in Concilio Liptinensi ann. 743 : *De his, quæ faciunt super petras.* S. Eligius apud S. Audoënum in ejus Vita lib. 2. cap. 15 : *Nullus Christianus ad fana, vel ad Petras, vel ad fontes, vel ad arbores.... vota reddere præsumat.* Concilium Nannetense cap. 20 : *Lapides quoque, quos in ruinosis locis et silvestribus, dæmonum ludificationibus decepti venerantur, ubi et vota vovent et deferunt, funditus effodiantur, etc.* Vide Concilium Arelat. II. can. 23. Turon. II. can. 22. Capitula Theodori Cantuar. cap. 107. Capitul. Aquisgran. ann. 789. cap. 63. lib. 1. Capitul. cap. 62. etc.

¶ Petra, nude pro Sepulcro lapideo, in Lege Salica tit. 17. § 3 : *Si quis mortuum hominem aut in noffo, aut in Petra, quæ vasa ex usu sarcophagi dicuntur, etc.*

Petra, Chronicon Windesemense lib. 2. cap. 54 : *Quem libellum in diversis membranis, quaternulis, aut Petris conscripsit.* Cap. seq. : *Exercitia sua membranis et Petris diversisque foliis, ut dictum est, conscripta.* Vocabularium Gherardi de Schueren : *Petra, æ, Eyn stein oft leye.* Est autem Teutonibus *leye*, tabella scandularis, cui vel stylo, vel creta inscribitur; nostris, *Ardoise*.

¶ Petra, nude, pro Castello vel præsidio in *petra* seu rupe exstructo; hinc nostris *Petra Domini*, Gall. *Dampierre*. Prosper in Prol. libr. de Provid. Dei, ubi de Aquitania sua :

> Non castella Petris, non opida montibus altis
> Imposita, aut urbes amnibus æquoreis, etc.

¶ **PETRACHA**. Vide *Petrecha*.

1. **PETRARIA**, Locus unde *petræ* et lapides eruuntur : *Carriere*. Monasticum Anglic. tom. 2. pag. 595 : *Præterea dedi eis turbariam et Petrariam, et quarerieram ubicumque invenire poterunt in territorio, etc.* Et pag. 165 : *Noveritis me dedisse.... petram in Petraria de Fidele ad fabricam Monasterii sui, etc.* [Charta ann. 1126. apud Calmet. tom. 2. Histor. Lotharing. col. CCLXXXII : *Usque ad semitam quæ exiens a via de Venderiis scindit nemus, et transit juxta Petrariam.* Sæpius in Tabular. Autissiod. occurrit mentio *Petrariæ S. Gervasii*, Gall. *la Perrière S. Gervais*. Adde Breviar. Hist. Pisanæ ad ann. 1159. apud Murator. tom. 6. col. 172.]

¶ 2. **PETRARIA**, Via lapidibus munita. Chronic. Siciliæ apud Martenium tom. 3. Anecdot. col. 63 : *Fecere insultus, spoliationes, violentias, et homicidia per Petrariam; viasque publicas... bellicis apparatibus claudebat.*

3. **PETRARIA**, λιτοβόλος et λιτοβόλον, Athenæo lib. 5. et Heroni in Belopœecis, etc. Evagrius lib. 5. cap. 10 : Καὶ μάλιστα τοὺς καταπέλτας ἐξ ὑπερδεξίων ῥιπτοῦντας, οὓς Λιτοβόλους ἡ συνήθεια καλεῖ. Ugutio : *Tormentum, quod vulgo dicitur Petraria, vel mangonum.* Gallis *Perriere*. [Epist. Balduini Imper. CP. ann. 1204. apud Miræum tom. 1. pag. 111 : *Nihilominus tamen inter quaslibet duas turres seu Petraria seu mangonellum erigitur.*] Willelm. Tyrius lib. 8. cap. 6 : *Machinas jaculatorias, quas mangana vel Petrarias vocant.* Ita lib. 15. cap. 9. lib. 19. cap. 27. Paulus Warnefridus lib. 5. de Gest. Longob. cap. 8 : *Belli machina, quam Petrariam vocant.* Anastasius in Gregorio IV. PP. : *Et desuper ad inimicos, si venerint, expugnandos, Petrarias nobili arte composuit.* Guillelmus Apul. lib. de Gestis Normann. :

> ... turrim fabricat, quæ lignea muris
> Prominet, ac juxta de quaque Petraria parte
> Ponit, et adjuncto muros quæ evertere possit
> Diversi generis tormento.

Et lib. 3 :

> Et valido cum forte Ducis Petraria saxi
> Ictu dimissi percussa fuisset ab alto.

Vocem usurpant passim Scriptores, Annales Francor. Loiselliani et Bertiniani ann. 776. Historia Hieros. pag. 1154. Fulcherius Carnot. lib. 1. Histor. Hieros. cap. 4. 18. Willelm. Brito in Philippide pag. 110. 119. 170. 180. Jacobus de Vitriaco in Epist. de Captione Damiatæ pag. 1148. Radulphus de Diceto pag. 623. 661. Monachus Florentin. de Expugn. Accon. pag. 232. 233. Otto Morena in Histor. Rerum Laud. non uno loco, etc. Ex quibus emendare licet Vitam S. Joannis Episc. Tragur. pag. 5 : *Machinam, quæ vulgo T. Artæria dicitur, erexerunt.* Legendum enim *Petraria* suadent sequentia. Vide Glossarium ad Villharduinum, Lipsium lib. 3. Poliorcet. dial. 3. Felicem Osium in Not. ad Morenam pag. 83. etc. [Le Roman *de Partonopex* MS. :

> Si garnissiez si vos chasteax
> De Perieres, de mangoneax.

Le Roman *de la Rose* MS. :

> Et deux (*portaus*) en coste, et un derriere
> Qui ne doute cop de Perriere....
> Dedens le chastel out Perrieres
> Et engins de maintes manieres.]

¶ Pertreria, Eadem notione. Breviar. Histor. Pisanæ ad annum 1171. apud Murator. tom. 6. col. 184 : *Tertia autem die, quæ fuit quarto Cal. Decembris, ad castrum de Motrone iverunt cum manganis, gattis, castellis ligneis, et Petreriis, et illud in recinctu obsederunt.* Memoriale Potestatum Regiens. ad ann. 1218. apud eumdem tom. 8. col. 1088 : *Et illico ligna et trabes in fluvio submergi fecit, et ripam ipsius fluminis Petreriis et manganis et aliis machinis muravit et castris lignorum.*

Petrorita, et Petorita, Idem quod *Petraria*. Joannes Monachus lib. 1. Histor. Gaufr. D. Norman. : *Mandat in his exasperatus Consul Petroritas, fundibularias, mangonellos et arietes erigi.* Occurrit ibi rursum. Gesta Consulum Andegav. cap. 11. num. 6 : *Arietibus et Petroritis Comes eos aggressus.* Habetur etiam in gestis DD. Ambasiensium cap. 5. num. 25.

Peraria. Bromptonus ann. 1173 : *Perariis suis et aliis machinis bellicis paratis.* Utitur alibi non semel.

Pererium, Charta Nunonis Sancii pro Pace seu treuga servanda ann. 1217. descripta in tom. 8. Spicilegii Acheriani : *Quod nullus expugnet aliquod castrum vel aliquam munitionem cum gussa, vel Pererio, vel manganello, etc.*

¶ Petrariæ, Lapilli, gemmæ, Gall. *Pierreries*. Charta Edwardi III. Reg. Angl. ann. 1338. apud Rymer. tom. 5. pag. 49 : *Unum calicem aureum cum diversis Petrariis in fundo.* Infra : *Cum diversis scuchonibus et Petrariis.*

¶ **PETRARIUM**. Vide *Pejerarium*.

¶ **PETRARIUS**, Cæmentarius, latomus. Computus ann. 1202. apud D. *Brussel* tom. 2. de Usu feud. pag. CLXXXIII : *Garinus Petrarius, de quatuor mensibus usque ad Martium*, VIII. *l. Pro duabus seris et pro tribus ferratis*, XIII. *s.* Le Roman *de la Rose* MS. :

> El païs ne remest maçon,
> Ne Perrier qu'ele ne mant.

¶ 1. **PETRATA**, Mensura frumentaria. Charta ann. 1218. in Tabular. castri Blein. : *Herveus de Leonia dedi abbatiæ de Daoulas tres Petratas frumenti per annos singulos in decimis nostris in plebe castelli Eiscoet.* Alia ann. 1228. apud Lobinellum tom. 2. Histor. Britann. pag. 129 : *Tres Petratas frumenti per annos singulos duximus concedendas in decimis nostris.* Vide *Petra*.

¶ 2. **PETRATA**, pro Petita, vel imperata. Charta ante ann. 1010. in Chartular. Aptensi fol. 35. sic terminatur : *Valete super Petrata in Christo per tempus et tempora.*

¶ **PETRECHA**, Turris, munitio. Caffarus in Annal. Genuens. lib. 2. apud Murator. tom. 6. col. 338 : *Pisanis vero ibi remanentibus, nostra galea ivit ad quamdam Petrecham, quam Lucenses fecerant non longe ab illo loco versus Pisas circa* v. *vel* vi. *milliaria.* Alter Codex MS. habet, *Petracha.* Vide *Bretachiæ.*

* Haud scio an eadem notione intelligenda sit vox *Petris*, in Lit. remiss. ann. 1426. ex Reg. 173. Chartoph. reg. ch. 650 : *Trois compaignons portans harnoiz, engins et habillemens pour prendre Petris.*

¶ **PETRERIA**, Aqualis, guttus, quo aqua infunditur lavantium manibus, supposita pelvi sive lance. Leges Palatinæ Jacobi II. Reg. Majoric. inter Acta SS. tom. 3. Junii pag. LIX : *Omnibus autem Militibus, Doctoribus seu Sacerdotibus, et aliis personis magni status, cum pelvi et Petreria argenteis in fine mensæ præbeatur lavandi facultas.* Vide in *Petraria* 3. et *Petus.*

¶ **PETRESPENY**, Denarius S. Petri. Vide *Romepeny.*

* **PETREUS**, Lapideus. *Petrea sepulchra*, in Charta ann. 1005. tom. 10. Collect. Histor. Franc. pag. 585.

¶ **PETRIFICUS.** Ricobaldi Ferrar. Histor. Pontif. Rom. ad ann. 1154. apud Murator. tom. 9. col. 177. ubi de Anastasio IV. : *Ecclesia Laterani dedit calicem pensantem marchas* xx. *et alia plurima dona. Jacet ibidem Petrifico lapide.* Melius Codex Estensis : *Porphyretico lapide.*

* **PETRILLOSUS**, Lapidosus, Gall. *Pierreux.* Tract. MS. de Re milit. et mach. bellic. cap. 97 : *Si ipsa* (rocha) *est cretosa, sive tuffosa aut Petrillosa, etc.*

¶ 1. **PETRINA**, a Gall. *Poitrine*, Pars corporis, pectus. *Petrinas vaccarum*, inter præstationes quæ dominis debentur, recenset Inquisitio ann. 1181. apud Lobinellum tom. 2. Histor. Britann. pag. 133 : *Quidquid Canonici habent in lumbis porcorum et Petrinis vaccarum, et in buticulatione, est de donis Juhelli Archiepiscopi.* Ita et Poëtæ nostrates *Petrine* pro *Poitrine* dixerunt. Le Roman *de la guerre de Troyes* MS. :

> Et por l'auberc en la Petrine
> Li fet passer l'aste frasine.

* 2. **PETRINA**, Lapidicina, Gall. *Carriere.* Charta capit. S. Petri de Curia Cenoman. ann. 1338. in Reg. 71. Chartoph. reg. ch. 391 : *Cum nos olim tradidissemus.... unam domum, unamque Petrinam cum ruppe subtus sita, puteoque et aliis pertinentiis.* Pluries ibi. Vide *Petraria* 1.

¶ **PETRINUM**, Pars ædis rusticæ, Pistrinum, ni fallor, seu locus ubi farina pinsitur ad panem conficiendum; Gall. *Paitrin* dicimus arcam subigendæ farinæ, mactram. Charta apud *Madox* Formul. Anglic. pag. 89 : *Secunda pars accidit Thomæ le Halveknyzt, scilicet Petrinum cum celario subjacente, cum quadam camera.... retro dictum celarium et Petrinum adjacente.... Tertia pars accidit Rogero le Halveknyzt, videlicet Petrinum cum celario juxta parvam Venellam, cum furno et parvo stabulo retro dictum celarium et Petrinum adjacente.*

* Charta ann. 1258. ex Bibl. reg. : *Tradidi unum ortum,.... et abotat Petrino hæredum Stephani carnificis ex una parte, et ex alia usque ad finem quoquinæ prædicti Johannis. Pestrin*, eodem sensu, in Lit. remiss. ann. 1397. ex Reg. 152. Chartoph. reg. ch. 30 : *L'exposant fust trouvé saisi de quatre solz Parisis, que il avoit apportez à son hostel et mis en son Pestrin.* Ubi forte pro Mactra. Vide supra *Pestrineum.*

¶ **PETRINUS**, Lapideus, e *petra* factus. Codex MS. Irminonis Abbat. Sangerman. fol. 108 : *Et broilum muro Petrino circumseptum.* Charta ann. 1477. apud *Madox* Formul. Anglic. pag. 127 : *Clausum suum extra muros villæ prædictæ, ex opposito domui prædictæ muro Petrino inclusum.* Epitaph. Atoli apud Flodoard. lib. 1. cap. 23 :

> Subtus enim tria consistunt monumenta Petrina,
> Sub quibus almorum corpora condita sunt.

Interdum et pro toto ædificio usurpatur. Chron. Hamelense apud Leibnit. tom. 2. Script. Brunsvic. pag. 512 :

> Christiana fundarunt Petrina;
> Cœli regina tribuens his gaudia bina.

¶ **PETRIQUI**, dimin. a *Petrus.* Sic Benedictum XIII. seu Petrum de Luna quidam, schismatis tempore, ironice appellabant. Bonifacius Ferrerius in Defensione Benedicti XIII. cap. 104. apud Marten. tom. 2. Anecd. col. 1508 : *Vocabant dominum nostrum Papam in maxima vindicta, Petriqui. Considerate supremam vindictam, recipere lutum in ore, et revolvere per linguam, dicere Petriqui : o vindicta inexplicabilis! Petriqui!.... Istas vindictas exercent* (mulierculæ) *post potum contra vicinas, in diminutionem scilicet nominum, replicatione fœdorum et turpium.*

¶ **PETRISELLUM**, Apium, Plinio petroselinum, nostris *Persil.* Ordinat. super numero et ordine mensarum Hospitii Dalphin. tom. 2. Histor. Dalphin. pag. 312 : *Item, de pedibus dictorum boum in aceto cum Petrisello paratis et dictum intromeysium ut supra paratum coram nobis apportetur.*

¶ **PETRITÆ**, Hæretici, a Petro quodam Severitarum Episcopo sic nuncupati, qui circa medium sæculi sexti vel septimo ineunte prodierunt, *Sabellianistæ* interdum appellati quod multa cum Sabellianis sentirent. Vide Stokman. Lex. Hæres.

* **PETRO**, onis, *La staya de petre, quando se la vorano.* Glossar. Lat. Ital. MS.

¶ **PETROBRUSIANI**, Asseclæ Petri *de Bruis* Antuerpiensis, qui 12. vel 13. sæculo baptismum infantium inutilem esse, atque adultis denuo conferendum docuit. Vide Histor. Magd. Cent. 12. cap. 5. Bœhm. Hist. Eccles. pag. 943. et Stockman. in Lexico Hæres.

¶ **PETROCILLUM**, Idem quod *Petrisellum.* Vetus Ceremoniale MS. B. M. Deauratæ Tolos. : *Prius administrator debet providere expensis conventus de alleis et lactucis et de Petrocillo.*

* **PETROCINILIUM**, *Gallice Persin*, in Glossar. Lat. ann. 1348. ex Cod. reg. 4120. *Pierrecin*, in Lit. remiss. ann. 1474. ex Reg. 106. Chartoph. reg. ch. 83. Vide *Petrocillum.*

¶ **PETROLEIA** Fons, f. Quod ex lapidibus constructa, nisi sit nomen proprium. Charta ann. 1022. apud Menester. Histor. Lugdunens. pag. VI : *Finalisque canalium per fontem Petroleiam et per vetulas ceppas Noiriarum, quæ sunt juxta plantata Burciaci.*

* **PETROLEUS**, Ad petras pertinens. *Oleum Petroleum*, Quod inter petras seu rupes effluit. Chron. Tegerns. apud Oefelium tom. 1. Script. rer. Boicar. pag. 631, col. 2 : *Ex opposito capellæ jam dictæ reperta est per fratres vena olei Petrolei, jam per al. fere annos manans, quo liniti præsertim paralitici et contracti pristinæ sanitati sunt plures restituti.* Vide *Petroleia fons.*

¶ **PETRONES**, Paulo, *rustici, a petrarum asperitate et duritia dicti.* Vide Festum.

PETRONIUS. Vide *Canis petrunculus.*

¶ **PETRONUS**, Acervus lapidum, Occitan. *Petron.* Pactum inter Jacobum Aragon. Reg. et Berengarium Magalon. Episc. ann. 1272 : *Et sic eundo per ipsam viam versus ad stratam publicam Montispessulani ad Petronum vocatum de sancto Joanne de Vedatio, qui est in strata publica et generali Montispessulani.*

PETRORITA. Vide *Petraria* 3.

¶ **PETROSILLUM**, Idem quod *Petrisellum.* Vita S. Francæ tom. 3. April. pag. 388 : *Coxerunt radices tres Petrosilli in aqua.* Poëma MS. ævi infimi :

> Salvia, serpillum, piper, allia, sal, Petrosillum.

* **PETRUDONUS** Lapis, Gemmæ species. Inventar. MS. thes. Sedis Apost. ann. 1295 : *Item duos annulos, cum duobus lapidibus Petrudonis.*

¶ **PETRUNCULUS.** Vide *Canis Petrunculus.*

¶ **PETRUS**, Moneta aurea in Hannonia, f. ab effigie S. Petri sic dicta. Chronic. Bonæ Spei ad ann. 1456. pag. 398 : *Æstimans seu taxans ad 27. florenos Rhenenses auri, 40. Petros auri, 18. scuta etc.*

* *Pietre*, Monetæ minutioris species. Lit. remiss. ann. 1455. in Reg. 189. Chartoph. reg. ch. 34 : *La suppliante requist à icellui Saunier qu'il voulsist lui prester cent Pietres pour autres ses affaires.* Aliæ ann. 1474. in Reg. 195. ch. 1157 : *Et presta lors son maistre au suppliant ung Pietres et cinq patars, faisant lors iceulx trente solz.*

¶ Sancte Petre, Clamor militaris, quo non solum copiæ Pontificiæ, verum etiam Principum laicorum usæ sunt sæpenumero in conflictu, patrocinium inclamantes Apostolorum Principis. Acta Innocentii III. PP. : *Prosiliit ad arma cum suis; et benedictione ac remissione a Legato recepta, cum idem Legatus maledixisset hostibus in nomine Domini, Comes alta voce S. Petrum invocans adjutorem, processit ad pugnam.* De copiis vero laicis testatissimum id reliquit Bruno de bello Saxonico : *Ibi quidam de nostris adversarium sibi videns obvium, velut suum salutavit socium dicens S. Petre, quod nomen Saxones pro symbolo tenebant omnes in ore.* Hæc post Carolum de Aquino in Gloss. milit.

¶ **PETSA**, Mensura salis, f. pro *Petra.* Vide in hac voce. Charta Roberti *Malet* Militis ann. 1227. tom. 4. Histor. Harcur. pag. 2049 : *Concessi Deo et Ecclesiæ S. Mariæ de Belloloco et Canonicis ibidem Deo* *servientibus in puram et perpetuam eleemosynam dimidiam Petsam salis recipiendam singulis annis in festo S. Michaëlis per manum illius qui sal meum servabit.* Vide *Pensa.*

¶ 1. **PETTA**, Quævis præstatio, tributum, vectigal. Regest. Philippi V. Reg. Franc. ann. 1316. et 1317. Charta 259. in Chartophylacio regio : *Ab omni Petta, tallia seu tributo quibus esset totaliter immunis.* Vide *Pecta.*

* 2. **PETTA**, Panis seu placentæ species. Charta ann. 1249. inter Monum. eccl. Aquilej. cap. 74. col. 746 : *Debentur servitoribus sive familiæ duæ azimæ similes superioribus, et duæ Pettæ de millio : Petta vero quælibet debet constare ex uno pisonali.*

¶ **PETTEN**, inter ministeria sacra. Vide *Pecten.*

¶ **PETTIN**, Radiolus. Vide *Petin.*

PETTURA, pro *Plectura.* Vide *Pectura.*

PETTUS, Crepitus, Gallis *Pet*, a sono. Vide in *Bombus*, et Ferrarium in Orig. Ital.

* Non multus a conservis suis abibat, qui ejusmodi edebat crepitum. Lit. remiss. ann. 1379. in Reg. 116. Chartoph. reg. ch. 54 : *Un varlet de chevaux de nostredit chevalier* (Mahieu de Roye) *vint en la cuisine dudit hostel, et là se despoilla pour soy toster ou rostir; et avint que en soy tostant, il fist une vilenie, appelée Pet; pour laquelle vilenie ainsi faite, le valleton soillart de laditte cuisine sonna une paelle, comme accoustumé avoit esté et estoit à faire oudit hostel en tel cas, etc.*

* **PETULUM**, *Matras*, in Glossar. Lat. Gall. ann. 1352. ex Cod. reg. 4120. Hinc nostratibus *Pateil*, *Petail* et *Petueil*, eadem acceptione. Lit. remiss. ann. 1375. in Reg. 107. Chartoph. reg. ch. 326 : *Le suppliant prist un Petueil et en frappa un desdiz deux pillars et le tua.* Aliæ ann. 1398. in Reg. 153. ch. 170 : *L'exposant print un Pateil qu'il trouva d'aventure,..... duquel Pateil par maniere de chastiement il frappa son filz deux coups.* Aliæ ann. 1413. in Reg. 167. ch. 190 : *Print icellui Guiot un Petail, et frappa le suppliant sur les bras.*

PETULUS, *Equus, qui habet tantum pedes albos.* Ugutioni. [*Cheval qui a blans piés*, in Gloss. Lat. Gall. Sangerman.]

¶ **PETUMEN**, Κτήνους ἕλκος. Gloss. Lat. Græc.

¶ **PETUOSUS**, μύωψ, in Gloss. Latin. Græc. malim cum Martinio ex iisdem Gloss. *Pætus*, μύωψ τοῖς ὄμμασι; nam *Petus*, Johanni de Janua est *Strabo aliquantulum* : unde Gloss. Latin. Gall. Sangerman. : *Petus, louches qui muet souvent les yeulx. Et producitur prima. Inde hæc Peta, petæ.*

Vult sibi strabo peti, se dici nomine Peti.

Vide *Guelcus.*

¶ **PETURA**, pro *Pectura*, septum. Chartular. SS. Trinit. Cadom. fol. 59 : *Cujus Petura non fuerit clausa in die Ascensionis, dabit ovem cum agno de forisfacto.* Vide *Pectura.*

* Minus bene; idem enim est quod *Pastura* 1. Pascuum, pratum, a Gallico *Peuture*, pro *Pâture*, qua voce nostri alimentum, tam hominum quam animalium, designaverunt. Lit. ann. 1387. tom. 7. Ordinat. reg. Franc. pag. 182 : *Et aussi anciennement n'a mie esté usé de paier amende pour un petit poisson, se on le met en fosses aus becqués, pour leur Peuture.* Le Roman *du Riche homme et du Ladre* Ms. :

Que dira Dius des labourcurs,
Qui pour autrui font les labeurs,
Qui jour et nuit sont en grant cure
De labourer pour leur Peuture.

¶ 1. **PETUS**, inter utensilia domestica recensetur, in Inventar. ex Tabular. Compend. : *Et* VII. *Peti cuprei, et unus est ad abluendum manus*, IV. *patellæ.* Vide *Petreria.* Occurrit alia notione in *Petuosus.*

* 2. **PETUS**, Gladius. Specul. hum. salvat. Ms. ex Bibl. Sorb. pag. 34 : *David occidit octingentos viros cum Petu suo.* Ubi David gladio feriens pingitur.

* **PEUDIRE**, PEUDITIO. Vide supra *Pendire.*

* **PEULA**, Gallico *Peule*, Pabulensis ager. Ch. Phil. comit. Fland. ann. 1188. in Reg. 61. Chartoph. reg. ch. 324 : *Hominibus de Orchies libere concessi,.... ut nusquam debeant stare juri infra Peulam, nisi intra villam de Orchiis.* Eadem habet Charta Will. de Dampetra ann. 1225. ibid.

¶ **PEURARIUS**, f. pro *Peutarius* vel *Peutrarius.* Codex MS. redituum Episcopat. Autissiodor. ann. circ. 1290 : *Coustumæ Peurariorum: Quicumque vendit ceram aut cuminum, aut piper, et sint de Autissiodoro, nihil debent nisi vendant cum his aliud de ligno, veluti scutellas et discos et cifos. Et quando vendit de ligno debet ad quindenam die Sabbati.* Videtur autem *Peurarius* is esse qui vasa stannea operatur vel vendit, Angl. *Pewterer*, Gall. *Potier d'étain*, a *Peutreum.*

* Haud felici conjectura; legendum enim *Pevrarius*, qua voce specierum propola significatur, a Piper, Gall. *Poivre*, inter species tunc præcipua, unde Gallicum *Pevrier.* Consule notas ad tom. 6. Ordinat. pag. 423.

¶ **PEUTREUM**, Stannum, Angl. *Pewter*, Gall. *Etain.* Instrument. ann. 1382. apud Rymer. tom. 7. pag. 357 : *Nec non certa vasa de Peutreo, videlicet, sex chargeours magnas, viginti et quatuor paropsides, viginti et quatuor discos, viginti et quatuor fauceria de magna forma.*

* Vel Metalli species, a stanno non multum dissimilis. Stat. S. Flori Mss. fol. 58. v°. : *Interdicimus ne quisquam cum calice ligneo, vel vitreo, vel stagneo, vel plumbo, vel de Peutre, vel de auricalco, vel de electro infra fines diocesis nostræ ulterius celebrare præsumat.* Vide supra *Pestrum.*

* **PEXA**, Pix, picea materia. Stat. crimin. Cumanæ cap. 204. ex Cod. reg. 4622. fol. 110. r°. : *Nemini spiziario seu apotecario... liceat facere,.... vel vendere.... aliquos dupplerios,.... cum mixtione larexinæ, Pexæ seu raxæ.* Vide *Peza.*

¶ **PEXERE**, pro Pectere, Gall. *Peigner.* Bern. Ordo Cluniac. part. 2. cap. 4 : *Scilla more solito ad calciandum pulsatur, qua audita surgunt omnes, calciantur, levantur, Pexuntur, et ecclesiam petunt.* Et cap. 5 : *In coquinam continuo ambulant, ut manus et faciem lavent, atque se Pexant.*

* **PEYA**, Modus agri, idem quod *Pecia.* Charta ann. 1314 : *Item en Allevard quandam peciam nemoris, quod vocatur Peya de Cheyfer.* Recognit. feud. Ms. ann. 1343 : *Item duas partes unius peciæ* (sic) *nemoris,.... et pro dictis duabus partibus Peyæ nemoris, confitetur dictus Guillelmus se debere dicto domino dalphino sex denarios bonæ monetæ census.* Terrear. Bellijoc. ann. 1529. fol. 273. v°. : *Super duabus septimis partibus medietatis indivisæ unius Peyæ nemoris forestæ de Tradès.* Et fol. 299. r°. : *Item pro et super duabus tertiis unius quartæ partis unius Peyæ trium Peyarum nemoris. Pey*, pro *Pieu*, palus, in Lit. remiss. ann. 1459. ex Reg. 188. Chartoph. reg. ch. 212 : *Icellui suppliant print un pal ou Pey en une haye etc.*

¶ **PEYLO**. Charta Dom. *de Charnay* in Lugdunensi pago ann. 1520 : *Sub servitio unius bicheti frumenti rasi et Peylo*; id est, lente admensi, cui opponitur, *Feru et ras*, cum scilicet prompte frumentum metitur ac repetitis radii ictibus in modio coacervatur.

* **PEYRA**, Pondus seu tributum, quod pro ponderibus pensitatur. Charta Guid. vicecom. de Combornio ann. 1284. in Reg. 61. Chartoph. reg. ch. 424 : *Retinemus etiam.... exitus domorum de mercato et de porta, et platearum dictarum domorum, et de la Peyra, et del sestayralh et de la pradela, et omnes alios census.* Vide supra in *Petra.*

¶ **PEYRARIA**, Ars poliendi lapides. Charta ann. 1490. ex Schedis Præsidis *de Mazaugues* : *Exercere artem Peyrariæ.* Vide *Peyratonus.*

¶ **PEYRARONUS**, Qui machinæ jaculatoriæ, quam *Peireiram* vel *Petrariam* vocabant, præerat. Statuta Arelat. MSS. art. 80 : *Et commune habeat in dicto castro* III. *guachas,... et* VII. *alios servientes cives Arelatis, et non extraneos, quorum duo sint Peyraroni.* Nisi idem sit qui

¶ **PEYRATONUS**, in Charta ann. 1371. ex Schedis Præsid. *de Mazaugues*, Lapicida quadratarius, Provincialibus *Pereiroun*; vel Ærarius, Gall. *Chaudronnier*, Iisdem *Peiroulié.* Vide *Peyronus.*

¶ **PEYRATUM**, f. Podium, Gall. *Perron, balcon.* Concordia inter Episcopum Lemovic. et homines suos ann. 1255. apud Marten. tom. 1. Ampliss. Collect. col. 1321 : *Item potestas ipsorum consulum erit talis; videlicet quod ædificari et reparari facient muros villæ, tornellas et fossata, et curabunt de clausura villæ, et ea mundanda, de Peyratis, ubi expedierit, faciendis, et his similibus quæ spectant ad ornatum villæ.*

* Malim, Pavimentum, via lapidibus munita vel munienda.

* **PEYRENARIUS**, Qui lapides ex *peyreriis* seu lapicidinis eruit et polit. Charta ann. 1388. ex Tabul. Massil. : *Item solvatis Brilhona Peyrenario, recipienti nomine Johannis Joglarii lapicidæ, etc.* Vide *Peyratonus* et mox

* 1. **PEYRERIA**, Lapicidina, Gall. *Carriere.* Inventar. ann. 1476. ex Tabul. Flamar. : *Item plus tres picas ferri latomorum sive Peyreriorum, cum earum manibus sive caudis. Item plus quinque cugnos ferri aptos ad extrahendum lapides ex Peyreriis.* Vide *Peireria.*

* 2. **PEYRERIA**, Unidens ligo, Gall. *Pic*; sic dicta quod ea in eruendis lapidibus ex *peyreriis* utuntur. Lit. remiss. ann. 1367. in Reg. 99. Chartoph. reg. ch. 129 : *Venit*

postea dictus defunctus Bernardus portans secum quamdam Peyreriam ferream et gladium ponhalem.... supplicans ipse.... de dicta Peyreria, quam sibi abstulit, ipsum uno ictu de cuspide supra pectus percussit.

* **PEYRERIUS.** Vide supra in *Peyreria* 1.

* **PEYROLERIUS,** Faber ærarius, Gall. *Chauderonnier*. Terrear. abbat. de Jugo Dei ann. 1490 : *Thevenetus Royer Peyrolerius burgensis Villæ franchæ, etc.* Vide *Peirolius*.

* **PEYROLLUS,** PEYROLUS, Lebes, cacabus, Gall. *Chauderon*. Charta ann. 1501. ex sched. Pr. *de Mazaugues : Nec ad perdices cum thuna ac Peyrolo, sive de nocte cum lumine sub pœna prædicta, videlicet* 100. *solidorum de die, et duplum de nocte pro quolibet et vice qualibet, et perditione sive confiscatione balistarum, furonorum, thunæ et Peyrolli.* Vide supra *Peirola*.

¶ **PEYRONUS,** Vas quoddam statutæ formæ et mensuræ ad usus piscatorum. Charta ann. 1434. ex Lib. Stat. piscator. Massil. : *Quod dicti piscatores fuerint sine Peyrono... Etiam quia esset impossibile eos habere et servare certam formam et certum Peyronum in dictis vasibus, etc. lou Peyro* lebetem vocant Massilienses et Provinciales.

¶ **PEYSONAGIUM,** Idem quod *Pastio*. Vide *Peissonagium*.

* **PEYSSERIA,** Idem quod *Piscaria*, locus ad capiendos pisces accommodus et instrumentis ad id necessariis instructus, puta retibus, etc. Acta capit. eccl. Lugdun. ad ann. 1337. fol. 34. r°. col. 1. ex Cam. Comput. Paris. : *Præceperunt dom. Francisco de stagno et Petro de Pollens procuratoribus capituli præsentibus, ut prosequantur illos, qui Peysserias supra flumen Sagonæ retro domum domini custodis delaceraverunt.* Vide mox

PEYSSONARIA. Charta ann. 1260. apud Sammarthanos in Episcopis Massiliensibus : *Peyssonariam vero, vel tinctum rubeum, dicto Episcopo vel suis successoribus in parte sua facere nequaquam liceat sine domini Regis vel hæredum suorum DD. Montispessuli consensu.*

☞ Nihil est, ni fallor, quominus *Peyssonariam* hic Forum piscarium intelligamus; Massiliensibus quippe *lou Pey* est piscis. Certe ea notione vox *Peysonaria* occurrit in Litteris Johannis Franc. Reg. ann. 1363. tom. 3. Ordinat. pag. 625 : *Ordinarunt quod super carnibus et piscibus recentibus qui vendentur ad masellum sive in Peysonaria imponatur et solvatur pro libra octo denarii.* Vide *Peissonarius*.

* PEYSSONAYRIA, PEYSSONERIA, Forum piscarium, Gall. *Poissonnerie*. Charta ann. 1333. ex Bibl. reg. col. 2 : *Quam* (jurisdictionem) *dom. archiepiscopus habet in dicta cohopertura Peyssonayriæ, nomine dictæ suæ ecclesiæ Narbonensis,.... hostendendo dicto gardiatori.... baculos seu astellas signo dicti dom. archiepiscopi signatos in octo columpnis lapideis dictæ cohoperturæ Peyssoneriæ appositos seu affixos.* Stat. Montispess. Mss. ann. 1204 : *Omnia officia et officinæ, quæ per diversa loca hactenus usitata et frequentata sunt in Montepessulano, in suis locis semper permaneant, et nulla occasione in aliis locis debent mutari, nisi solummodo Peyssoneria, quæ semel debet mutari.*

¶ **PEYTA,** PEYTARE, PEYTERIUS, Vide *Peitare*.

* **PEYTRALE,** Cingulum, quo equi pectus ambitur et stringitur, Gall. *Poitrail*. Comput. ann. 1334. inter Probat. tom. 2. Hist. Nem. pag. 85. col. 1 : *Item per unas senglas et per unas capsanas.... Item pro uno Peytrali, etc.* Vide *Pectorale*.

¶ **PEYTRALIS,** Trabs, Gall. *Poutre*. Charta Petri *de Roteys* Vicarii Tolos. ann. 1272. ex Cod. MS. Consuetud. Tolos. fol. 27 : *Requirimus... quatenus a modo faciatis fieri per magistros et carpentarios vestros et fusterios vobis subditos fustas bonas et pulcras et de legitimis peciellis, videlicet quod Peytrales de cor et de abiete, de* VI. *brachiatis et de* V. *et de* IV. *quod illas habeant infra trancos et infra eschalmamentos secundum longitudinem cujus debent esse.*

¶ **PEYTUS,** an Pila, Gall. *Pilier?* Chronic. Parmense ad ann. 1294. apud Murator. tom. 9. col. 827 : *Elevata fuit turris majoris ecclesiæ a fenestris campanarum in sursum. Et facti sunt ibi archi, Peyti, et quatuor cantoni, et super quolibet unum capitellum cum pomis deauratis.*

¶ **PEZA,** Pix, picea materia. Statuta Vercell. lib. 3. fol. 101. v°. : *Item licitum sit cuilibet... ducere vel duci facere.... ferramenta, speciarias, gallum, et Pezam, lignamen, etc.* Statuta Astens. ubi de *intratis* portarum : *Peza, sive pegula ponatur et solvat pro quolibet rubo lib.* 1. *sol.* 5. Vide *Pega*. Alia notione apud Laur. in Amalt. : *Peza, fimbria, ora, limbus.*

¶ **PEZADA,** f. Ager pisis consitus; Occitanis quippe pisa *Pezes* dicuntur. Charta ann. 1166. inter Probat. tom. 2. novæ Histor. Occitan. col. 606 : *Ego Willelma Nemausensis Vicecomitissa... dono... illam Pezadam, quæ est ad grunum de Anagia.* Vide *Pezza*.

* Nostri *Pezeau*. Lit. remiss. ann. 1447. in Reg. 178. Chartoph. reg. ch. 163 : *Les coulons qui gastoient certains poix ou Pezeaux nouvellement semez, etc.* Vide supra *Pesait*.

PEZAROLA. Sanutus lib. 2. part. 4. cap. 8 : *Posset valde utile comprobari, quod in quolibet navigio dulcis aquæ balistæ grossæ a turno cum suis muniminibus portarentur, nec non balistæ a Pezarola tot, quod utiles viderentur, etc.*

* **PEZEGNUM,** Jus pascendi oves, ut videtur. Charta ann. 1460. ex Tabul. S. Vict. Massil. : *Dedit ad acapitum quartam partem jassi supremi de alpibus et de subtus cum Pezegno dicti jassi, etc.*

¶ **PEZIUM,** an Pisum? Statuta Riperiæ cap. 12. fol. 5. recto : *De quolibet carrerio Pezii tenutæ quartarum septem denarii sex.* Ibidem fol. v°. : *De qualibet tina doarum Pebii, albaræ pro carrezando ab uvis pro introitu soldus unus.*

¶ **PEZO,** vox Hispanica, Pondus, Gall. *Poids*. Vide *Cazeni*.

* **PEZUM,** Pondus. Stat. pannif. Carcass. renovata ann. 1466. in Reg. 201. Chartoph. reg. ch. 121 : *Item quod nullus parator aut alius non poterit.... aliquod pondus sive Pezum lanæ fieri facere de majori pondere, quam trium librarum tantummodo.* Vide *Pensa*.

** **PEZZA,** ut *Pecia terræ*, in charta Longob. ann. 729. apud Murat. Antiq. Ital. tom. 1. col. 129. c.

¶ **PFALBURGERE,** PFALBURGERIUS, quasi Falsus burgensis, qui nimirum invito domino in aliarum civitatum cives se recipi curabat, atque in prioris domini terris residens iisdem juribus ac libertatibus gaudere volebat, quibus cives inter quos adscriptus fuerat. Charta Henrici Imper. ann. 1308. apud Ludov. *Laguille* Histor. Alsat. inter Probat. pag. 49 : *Non liceat uncquam de cætero alicujus civitatis, opidi sive burgi rectoribus, seu universitati cujuscunque exemptionis.... aliquem vel aliquos de hominibus seu ministerialibus ipsius Argentinensis Ecclesiæ, vel etiam de opidorum, burgorum et villarum quarumlibet ad eandem Ecclesiam jure dominii vel quasi pertinentium incolis præsentibus et futuris, recipere in cives seu burgenses qui Pfalburgere vulgariter nuncupantur : decernentes ex nunc, quod receptio talium.... non valeat ipso jure.* Charta Caroli IV. Imper. ann. 1356. pag. 51 : *Est districte prohibitum, ne quis cives, homines et subditos ipsius Ecclesiæ in Pfalburgerios auderet suscipere.* Infra : *Cæterum quia nonnulli cives et subditi Principum, Baronum, et aliorum hominum... jugum originariæ subjectionis quærentes abjicere, imo ausu temerario contempnentes, in aliarum civitatum cives recipi se procurant,.... et nihilominus in priorum dominorum, quos tali fraude præsumpserunt vel præsumunt deserere, terris, civitatibus, opidis et villis corporaliter residentes, civitatum, ad quas hoc modo se transferunt, libertatibus gaudere, et ab eis defensari contendunt, qui in partibus Alamanniæ Pfalburger consueverunt vulgariter appellari.* Alia ejusdem Imper. ann. 1365. ibidem pag. 53 : *Nous permettons à toutes lesdites villes et à une chacune en particulier, qu'elles puissent et doivent avoir des Faux Bourgeois dits en Allemand Pfalbourguers, que nous leur aurions pris depuis quelques années, de sorte qu'elles doivent avoir lesdits Faux Bourgeois, etc.* Vide Mager. de Advocat. armata cap. 11. pag. 525. et cap. 16. pag. 684. [** Haltaus. Glossar. German. col. 1464. Eichhorn. Histor. Jur. German. § 243. not. f. et 247. not. dd. Mittermaier. Princip. Jur. German. not. 12. et 13. et Imperatorum de Phalburgeris constitutiones apud Pertz. Leg. tom. 2.]

¶ PHALBURGERE, Eadem notione, in Bulla aurea Friderici II. Imper. ann. 1232. apud Ludewig. tom. 7. Reliq. MSS. pag. 516 : *Item cives, que Phalburgere dicuntur, penitus ejiciantur.*

* PHALBURGENSIS, Idem qui *Pfalburgere*. Charta Henr. VII. reg. Rom. ann. 1231. tom. 1. Hist. Trevir. Joan. Nic. ab *Hontheim* pag. 708. col. 2 : *Item cives, qui Phalburgenses dicuntur, penitus deponantur.*

** **PFALZ.** Vide *Palatium*.

¶ **PFALTZGRAVIUS.** Vide *Palansgravius*.

¶ **PFENNNING,** Denarius, Teuton. Saxon. Peny. Enumeratio bonorum ann. 1359. apud Ludov. *Laguille* Histor. Alsat. inter Probat. pag. 55 : *Item trois livres et* demi Pfenning de rente sur la taille des sujets établis dans le fauxbourg. Item vingt-deux schillings et six Pfennings de Strasbourg de rente des maisons de Werde. Vide Penningus.

* **PFUNDTZOL**, Vectigalis species apud Polonos. Charta ann. 1424. inter Leg. Polon. tom. 1. pag. 88 : *Quod de cætero prædicta datia Pfundtzol et ejus solutio suspendatur et sit suspensa, nec ad ipsius solutionem mercatores duntaxat et incolæ regni Poloniæ et terrarum prædictarum teneantur.* [** Vide Haltaus. Glossar. German. voce *Pfundzell*, col. 1489. Schœpflin. Alsat. Diplom. tom. 2. pag. 165. not. f : Vectigal hoc *Pfundzoll* adhuc in usu ; præstant exteri, sive emtores sive venditores pecuniæ, sive expensæ sive acceptæ, vigesimam partem, h. e. de libra 20. solidos valente solidum unum.]

PHACULLA, *Perna*, *petaso*, *petasunculus*. Gloss. Isidori. [Ubi Grævius : Hæc sunt mendosa et trunca. Scribe, *Phascola*, *Pera*. Festus : *Phascola appellant Græci, quas vulgus peras vocant.* Sic enim ibi emendarunt, cum male legatur *pernas*. A Græco φασκώλιον. Hesychius : φασκίολιον, βαλάντιον. Post hæc in Isidoro lege : *Perna*, *petaso*. *Pera* propter similitudinem vocis *perna* excidit. Inde illa adhæserunt voci *phascolu*. Vide Lexicon Martinii.]

¶ **PHADERPHIUM**. Vide *Faderfium*.

¶ **PHÆBIGENA**. Vide *Phœbigena*.

¶ **PHAGEDENA**, Græce φαγέδαινα, Ulcus tumidum, profundum, et vicinas partes arrodens et depascens, a Græc. φαγεῖν, edere. Vita S. Lucæ Junioris tom. 2. Febr. pag. 98 : *Hanc gravis tenebat morbus, ac curatu difficilis, Phagedenam appellare consueverunt medici.* Vide Plinium lib. 26. num. 68. Cælium Aurel. lib. 3. de Chron. morb. cap. 3.

* **PHAGICIDÆ** Venæ. Vide supra *Fagecidæ*.

* **PHAGIPHANIA**, Dies, qua Christus quinque millia hominum de quinque panibus satiavit, ex Kalendar. etymol. Lombard. Hist. Jac. de Vorag. Vide Amœnit. Liter. tom. 11. pag. 324. etc.

¶ **PHAGO**, *Cibus : unde* φάγος ἡμερινός, ἄρτος καὶ τυρὸς καὶ οἶνος, *in vita monachorum.* Gloss. Isid. Addit Grævius : Ex quibus vidit Vulcanius legendum *Phagos*. Sed *Phagones* sunt comedones, edaces, ut Nonius ostendit.

* **PHAGROS**, Piscis genus. Vide supra *Pagrus*.

* **PHAGUS**, Ficus, Gall. *Figuier*. Glossar. Lat. Gall. ann. 1348. ex Cod. reg. 4120 : *Phagus, Gallice Phichier, et fructus ejusdem arboris vocatur Figue.*

1. **PHALA**, Genus vestis, de qua Synodus Coloniensis ann. 1280. cap. 3 : *Cappas tunicatas, tunicas, Phalas, indumenta, tabbardos, calceos vel caligas non ferant nisi B. Benedicti, vel B. Augustini regulæ congruentes.* Etiamnum Belgæ *failles* appellant vestimentum, quo caput et totum corpus vice pallii operiunt feminæ. Kylianus : *Falie, palla, cyclas, vestis muliebris spatiosa, totum corpus circundans.* Vide *Phaleræ*.

* 2. **PHALA**, Porticus nundinaria, locus ubi merces venum exponuntur, Gall. *Halle.* Ordinar. Ms. S. Petri Insul. : *In processione Sanctissimi Sacramenti..... defertur Corpus Christi a prælato qui missam celebravit,.... et pausatur ante Phalam villæ, et ibi supra altare ad hoc dispositum ponitur Corpus Christi.* Vide supra *Fala* 3.

PHALÆ, Turres rotundæ in ovi speciem Vitruvio; sic dictæ a Circorum *Phalis*, quæ dividebant Euripum et Metas, constructis ad tempus turribus, ut ait Servius ad 9. Virgil. *Phalarum* Circi meminit etiam Juvenalis, quas δημιουργήματα ὠοειδῆ vocat Dio. Ita porro appellabant turres ligneas ad oppugnanda oppida. Papias : *Phalas dicunt ligneas turres.* Ita et Ugutio. [Gloss. Lat. Gall. Sangerm. : *Fala, Tour de bois, Beffroi.* Eod. sensu utitur Plautus. Liber MS. redituum Eccl. N. sæc. 14. apud Schilter. in Gloss. Teut. : *Notandum est etiam quod in dicta villa B. est quædam Phala sive castellum ligneum, et fundi circumpositi redacti de pratis in agros frugiferos. Phalarum compitus*, in Charta ann. 1532. ex Tabul. Redon. vulgo *les Porches de la grande pompe*.] Guibertus in Histor. Hieros. lib. 7. cap. 6 : *Duo jubentur institui lignea castra, quæ nos sumus soliti vocare Phalas.* Adde lib. 3. cap. 4. lib. 6. cap. 18. Abbonem de bellis Parisiac. pag. 502. 505. 509. 513. 517. Historiam Hierosol. pag. 1154. Ordericum Vitalem pag. 624. Vitam S. Fidis cap. 16. etc.

Falæ, Tædæ, quæ in funeribus deferri solent, nostris *Falots*. Charta ann. 1240. in Tabular. Episcopat. Ambian. fol. 42 : *Decanus percipiet luminare; sed de Falis prædictorum extra claustra manentium, si intra muros civitatis decesserint, habebit dictus Episcopus luminare.* [Eadem notione *Failles* usurpant Poetæ nostrates. Le Roman *d'Athis* MS. :

Ont tous couvers les alcours,
Et des murs toutes les cutrailles,
Portent brandons et mettent Failles.

Le Roman *de la guerre de Troyes* MS. :

Failles enportent et brandons,
Tot en resplent la regions.]

¶ 1. **PHALANGA**, Fustis teres, Nonio. Charta Emehardi Episc. Herbipol. ann. 1097. apud Freder. Schannat. in Vindem. litter. pag. 178 : *A provisoribus inibi constitutis pauperes ac debiles illuc adventantes desolati, voce injuriosa contristati, tamquam demonicæ phalanges teretibus Phalangis duratisque fustibus cedebantur, cesiqe miserabiliter expulsi ab inde ejiciebantur.* Nicolaus Specialis de Reb. Siculis lib. 7. cap. 17. apud Murator. tom. 10. col. 1070 : *Alii unctas tabulas quas nautæ Phalangas vocant, labentibus trabibus subministrant.* Adde Vitam S. Romualdi cap. 5. tom. 2. Febr. pag. 110. Vide *Falanga*.

* Glossar. Lat. Gall. ann. 1352. ex Cod. reg. 4120 : *Phalanga, Escherson. Eschurlat*, in altero ex Cod. 7692.

¶ Phalanga, Trabs, vel potius postis pensilis ad aquam hauriendam. Mirac. B. Stanislai tom. 1. Maii pag. 783 : *Ipsa mulier... arripiens urceum ad fontem cucurrit pro aqua. Sed trahens Phalangam cum urceo ad fontem, Phalangam fregit, et urceus cadens super quoddam lignum in fonte, totus dissipatus est.*

¶ 2. **PHALANGA**, pro Phalanx. Acta SS. tom. 5. Maii pag. 279. de SS. Donatiano et Rogatiano : *Ac protinus omnis Phalanga hostilis immenso pavore exterrita, etc.* Bernh. *de Breydenbach* Iter Hierosol. pag. 263 : *Victoria potius Princeps insigni equo vectus, illustri comitatus Phalanga, etc.* Vide *Phalangia*.

* **PHALANGAICUM**, Tributum, quod pro facultate figendi *phalangas* seu fustes aut palos ad ripam, ad quas religentur naves, exigebatur, idem quod supra *Palificatura* et *Palliaria*. Charta Henr. IV. imper. ann. 1195. in Access. ad Hist. Cassin. part. 1. pag. 280. col. 2 : *Ut non exigatur ab his, qui missi fuerint pro vestimentis et calceamentis monachorum, et aliis rebus necessariis monasterio, passagium, plateaticum, Phalangaicum et anchoraticum de mercibus, quas emerint vel vendiderint ad opus monasterii.* Neque alio sensu accipienda est vox *Phalangeticum*. Vide supra *Falangagnum*.

¶ **PHALANGARIUS**, Qui *phalangis*, seu fustibus aliquid oneris transvehunt. Vide *Falanga*.

* **PHALANGATA**, pro *Palancata*, Contextus et series palorum, quibus urbs vel castrum defenditur, Ital. *Palancato*, Gall. *Palissade*. Charta ann. 1212. apud Murator. tom. 2. Antiq. Ital. med. ævi col. 279 : *Vendidere atque tradidere ad proprium.... duas partes medietatis.... castri Castrigualterii,.... cum omni jure et jurisdictione curtis et castri, et specialiter guaritæ et sceleraguatæ, bocatæ et Phalangatæ, atque sepis et pontis.* Vide supra *Palada* et *Palancatum*.

¶ **PHALANGETICUM**, Species tributi forte exsolvendi pro mercibus, quæ *Phalangis* exsportantur. Epist. Friderici II. Imper. apud Marten. tom. 2. Ampliss. Collect. : *Immunitates tamen et libertates alias ipsis indultas tam super herbaticis, pedagiis, Phalangeticis et specialiter de transitu, faciat de rebus provenientibus ex fœtibus et fructibus possessionum domus ejusdem, a regno in Syriam transferendis, libera per officiales nostros tuæ jurisdictioni subjectos, ipsis facias inviolabiliter observari.* Vide *Falangaticum* et *Phalangaicum*.

¶ **PHALANGIA**, pro Phalanx, agmen, congregatio. Vita S. Anselmi Abb. Nonantul. sæc. 4. Bened. part. 1. pag. 5 : *Paullo ante idem vir construxerat cœnobia, fratrumque decorabat agminibus : in quorum maximo quod Nonantulæ vocitatur, monachorumque præpollet Phalangiis, etc.* Vide *Phalanga* 2.

¶ Phalangia, Potestas, auctoritas, jurisdictio. Charta ann. circ. 813. tom. 1. Hist. novæ Occitan. inter Instrum. col. 37 : *Ut nulla magna parvaque persona, neque dux, neque comes, neque marchio, vir vel fœmina, neque ulla clericalis vel laïcalis Phalangia, etc.*

PHALANGUS. Vide *Falangus*.

PHALARICA, Falarica. Gloss. Græc. Lat. : Χειροβαλίστρα, *Falarica*. Gloss. Latin. MS. Reg. : *Falarica, Lancea magna, telum mulieris*, quia forte mulieris est eminus pugnare. Servius ad 9. Æneid. et ex eo Isidorus lib. 18. cap. 7 : *Falarica est telum ingens, torno factum, habens ferrum cubitale, et rotunditatem de plumbo in modum* *sphæræ in ipsa summitate... Hoc autem telo pugnatur de turribus, quas Palas dici manifestum est... A Phalis igitur dicta est Phalarica, sicut a muro muralis.* Addunt Ugutio et Joannes de Janua : *Et quia hoc telum tormento mittitur, inde est, quod quandoque ponitur pro tormento, quod vulgo dicitur Petraria, vel Manganum.* Priori notione, præter classicos scriptores, utuntur Fortunatus lib. 3. de Vita S. Martini, Gregorius Turon. lib. 9. cap. 35. Abbo, et alii. Posteriori vero, seu pro machina jaculatoria, Guibertus lib. 3. Histor. Hierosol. cap. 5 : *Cœpere pro muris urbem undequaque pervadere, et machinas instruere, phalas erigere, instaurare Phalaricas, murorum ac turrium gyros frequentibus per ambitum pulsare balistis.* Et lib. 6. cap. 23 : *Ad jaciendos lapides Phalaricarum nostros apparare instrumenta commonuit.* Auctor Historiæ Hierosolymitanæ pag. 1154 : *Erat crux quædam lapidea, quam.... supra murum erexerant : hanc ictu Phalaricæ gens sæva diruit.* Guibert. lib. 3. de Vita sua cap. 18 : *Aledrannus quidam, talium peritissimus duas, quas instituerat, Phalaricas opponit, et quater vicenas pene mulieres, ad saxa quæ imposuerat, intorquenda disponit.* Fulco lib. 5. Viæ Hierosolymitanæ :

Fiunt balistæ, plumbata, Phalarica, talpæ.

[Vide Lexicon Martinii v. *Falarica.*]

¶ **PHALASIA**, Ager ad Sequanam, ab editiori margine sic dictus. Calendarium MS. anniversar. B. M. de Argentolio : xiº. *Kal. Junii, anniversarium Nicholai Prioris Argentolii, XII. sol. super Phalasiam Odonis pontenarii.* Vide *Falesia.*

¶ **PHALBURGERE**, PHALBURGENSIS. Vide *Pfalburgere.*

PHALDEFIUM. Vide *Fardefium.*

PHALERA, Instrumenta rustica, vel equorum rusticorum. Fleta lib. 2. cap. 85. de carectario : *Ejus est scire Phalera, attillamenta, et harneza minuta carectis appendentia præparare et emendare.* [Vide Martinii Lexic. v. *Falere.*]

¶ **PHALERÆ**, Ornatus mulierum. Vita B. Giraldi de Salis apud Stephanotium tom. 2. Antiquit. Bened. Pictav. MSS. pag. 576 : *Vidit in mulieribus illis Deo et Angelis abominabile monstrum ; nam crinium suorum tortura et circumdatura more meretricio Phaleras et manticas prætendebat posterius.* Hinc eadem vox usurpata sæpius ab Ecclesiasticis Scriptoribus ut futiles sæculi ornatus significarent. Vide *Faleræ.*

¶ PHALERAMENTUM, Eadem notione. Vita S. Eustasii Abbat. Luxoviens. tom. 3. Martii pag. 788 : *Et illum dignum ac omnibus ecclesiasticis Phaleramentis decoratum esse diceret.* Vita S. Leudini Hist. Tullens. pag. 264 : *Postposita Phaleramenta mundi ad Dominum conversi sunt.* Adde Bern. Pezium tom. 1. Anecd. part. 1. col. 50. et Acta SS. tom. 1. Maii pag. 276. Vide *Faleramentum.*

¶ PHALERARE, *Phaleris* ornare. S. Ambrosius in Lucam 2. 18 : *Plebem Dominus simplicem requirebat, quæ Phalerare audita et fucare nesciret.* Idem de Offic. 1. 12 : *Eloquentiæ Phalerandæ gratia.* V. *Falerare.*

¶ IMPHALERARE, Eadem notione. Epist. Adami Abb. Persenniæ, apud Marten. tom. 1. Anecdot. col. 754 : *Non patitur mediocritas ut de exactionibus viduarum equorum stramenta Imphaleret ambitiosior apparatus.*

¶ PHALERATOR, Ornator. Acta S. Ansueri Mart. tom. 4. Julii pag. 103 : *O militantis ecclesiæ capitanei fortissimi, o triumphantis militiæ Phaleratores doctissimi, etc.*

PHALERGIUM, *Ornamentum*, Papiæ. Vide *Palergium*, et *Parergum.*

¶ **PHALINGUS**, Saga villosa. Vide *Falangius.*

¶ **PHALTA**, PHATTA. Vetus designatio bonorum S. Michaelis Bamberg. inter Vindem. Litter. Freder. Schannat. pag. 53 : *Possessores etiam eorumdem mansorum unusquisque solvit sindonem unam, quæ vulgo dicitur Phalta.* Ibidem, in Catalogo lib. pag. 51 : *A. Symmachi de præfectura lib. 1. Phatta 1. medicinalium 6.* Vide *Phala.*

¶ **PHALTENA**, Idem quod *Phalta.* Tradit. Fuldens. apud Johan. Schannat. pag. 403 : *Slavi XIII. quorum unusquisque unam libram lini debet et duas Phaltenas.* [** Charta Adalberti Archiep. Mogunt. ann. 1121. in Guden. Cod. Diplom. tom. 1. pag. 50 : *In festo S. Mariæ unicuique Phaltinam unam, quæ valeat 30. denarios.*]

¶ **PHALZ**, Locus judicii apud Schilterum in Gloss. Teuton. Vide *Palatium.*

PHAMECANTHARUS. Anastasius in S. Silvestro PP. pag. 15 : *Coronam auream ante corpus, ubi est Phamecantharus cum Delphinis 50.* Alii Codd. rectius præferunt, *Pharum cantharum.* Vide *Pharus.*

¶ 1. **PHANO**, Navis sic dicta quod *phanonem* aliis navibus noctu præferat. Gabutius in Vita B. Pii V. PP. tom. 1. Maii pag. 688 : *E quadraginta triremibus honorariis, quæ quod nocturni luminis ferant signa, Græco nomine Phanones appellantur, omnes una dempta in Christianorum potestatem pervenerunt.* Vide *Falo.*

¶ 2. **PHANO**, inter vestes sacras recensetur in Actis consecrat. Eccles. S. Benedicti de Bagiis ann. 972. Marcæ Hispan. col. 899 : *Aygo (donat) solidos centum et stola et Phanon, etc.* Est etiam velum, vexillum. Guidonis Discipl. Farfens. cap. 23 : *Basilica sanctæ Mariæ optime decoretur tam palliis quam Phanonibus auro textis.* Vide *Fano.*

¶ PHANONUS, Eadem notione. Inventar. Eccl. Noviom. ann. 1419 : *Item quidam Phanonus de serico.* Vide in *Fano.*

* *Phanon*, eadem notione, pro *Fanon*, in Charta ann. 1389. ex Reg. 138. Chartoph. reg. ch. 28 : *Une aube, une chasuble, estole et Phanon, etc.*

¶ **PHANTASARE**, Imaginari. *Actus phantasandi*, apud Gabr. *Biel.* Lex. Phil.

1. **PHANTASIA**, FANTASIA, Phantasma, spectrum. Glossæ Gr. Lat. : Φαντασία, *vana visio, imago, vanitas, visio.* Papias : *Phantasia, imago alicujus corporis visa, et cogitatio animo postea figurata, ut puta patris species, quam vidimus. Phantasma vero est, quam nunquam vidimus, species animo figurata, ut puta avi. Fantasma, visio vana.* Ammian. lib. 14 : *Visa nocturna, quas Phantasias nos appellamus.* Consulatio Zacchæi et Apollonii lib. 1. cap. 9 : *Nec præstigiorum more Phantasiam pro homine monstrari.* Utitur et cap. 12. Chronicon Casauriense l. 4 : *Contra se vidit stantem Phantasiam, quasi de scelere perpetrato applaudentem. Ex ipsius igitur Fantasmatis apparitione, etc.* [Gesta Hugonis Cenoman. Episc. apud Mabillonium tom. 3. Analect. pag. 352 : *In domo Nicolai præpositi Fantasia, quod in libris Gentilium Faunus solet appellari, minus credentes, et in fide Christi modice catholicos, ut mulieres plerasque, et simplicis ætatis pueros, noctibus jugiter exterrebat.*] Ita non semel usurpat Gervasius Tilleberiensis decis. 3. de Otiis Imperial. ac præsertim cap. 95. Adde Claudianum Mamertum lib. 1. de Statu animæ cap. 22. S. Eulogium lib. 3. Memor. cap. 10. Bedam in Vita S. Cuthberti num. 28. Auctorem Vitæ S. Lupicini Abbatis Jurensis num. 6. Anastasium Biblioth. in Vita S. Demetrii Mart. pag. 78. Ordericum Vitalem lib. 2. pag. 387. [** Thietmar. lib. 8. cap. 8.] Jacobum Gothofredum ad l. 5. C. Th. de Malefic. etc. S. Antiochus Homil. 84 : ἀφηγησάμενος αὐτοῖς τὰς φανέσας αὐτῷ διαβολικὰς φαντασίας. Passim apud Palladium in Historia Lausiaca cap. 20. 31. 44. 46. *Phantasia inimici*, seu Diaboli, apud Rabanum lib. 2. de Institut. Cleric. cap. 55. Vide Glossarium mediæ Græcit. in Φαντασία. [et Martinii Lexicon.] [** Grimm. Mythol. German. pag. 273.]

¶ PHANTASIARI, Imaginari. Instrum. ann. 1048. apud Marten. tom. 7. Ampliss. Collect. col. 837 : *Aliqui Filium corpus induisse phantasticum Phantasiabantur, somniatores improbi.*

* Hinc *Enfantement*, pro *Ensorcelement, maléfice*, Fascinatio, incantatio, in Mirac. B. M. V. Mss. lib. 1 :

En la ville un Juis avoit,
Ki tant d'engieng et d'art savoit,
D'entreget et d'Enfantement,
De barat et d'encantement.

Unde *Enfantomer* et *Enfantosmer*, pro Incantare, fascinare. Fabul. tom. 2. pag. 182 :

Que vous estes Enfantomez
Par la rien que vous plus amez.

Guignevilla in Peregr. hum. gener. Ms. :

Qu'est che, dist-il, Enfantosmer
Vous me volez et enchanter.

¶ PHANTASIARI, Cupere, appetere. Hist. brevis Ordinis Cartus. apud eumdem Marten. tom. 6. col. 212 : *Novitius quidam in Carthusia recens juvenis, dum aliquando Phantasiaretur de carnibus; ecce diabolus ut quidam juvenculus portabat scutellam carnium optime præparatam dicens : comede, comede, quia optime sunt præparatæ et sapidæ.* Eadem notione Galli dicimus, *Avoir fantaisie. Enfantosmer*, pro Inescare, illicere, fascinare, utitur le Roman *de Vacce* MS. :

A tort m'avez sitost de covenant faussé;
Les pramesses le Roy vous ont Enfantosmé.

2. **PHANTASIA**, Pompa, magnificus apparatus. Eustochius in Vita S. Pelagiæ meretricis cap. 2. in Vitis Patrum : *Et processit cum summa Phantasia, adornata ita, ut nihil videretur super ea nisi aurum et margarita, et lapides pretiosi.* Gildas de Excidio Britann. : *Cum magno apparatu, magnaque Phantasia, vel potius insania, repetentes ad patriam.* [Vide Chron. Alexandr.

pag. 682. Theophanem pag. 37. 100. Combefis. ad tom. 2. Oper. S. Maximi pag. 688. et Glossar. med. Græc. *Fantosme*, pro Res mirabilis, mira, sed vana, usurpat, le Roman *de Vacce* MS. :

Tant lor a dit Fantosmes que decbéus les a.]

¶ **PHANTASIASTÆ** nuncupati potissimum circa medium sæculum VI. qui famen, sitim et alias humanas ejusmodi corporis affectiones, non vere sed apparenter tantum in Christo fuisse somniabant. Vide Nicephorum lib. 18. cap. 45. Baron. ad annum 535. et Stockman. Lex. Hæres.

¶ **PHANTASTICUS**, Fictus, commentitius. Paulus Diac. in Vitis Patrum Emerit. inter Concil. Hispan. tom. 2. pag. 640 : *Testor Dominum cœli et terræ, me tibi Phantasticam visionem nullam referre.*

PHANUM, Wanum, vel Fanum. Vocem veterem Francicam esse opinatur Wendelinus, idemque sonare, quod Belgis *veen*, et plur. *venen*, lacus, paludes. Harum autem vocum vestigia habentur in Malbergiis, quæ recensentur in Lege Salica edit. Heroldi, scilicet in *Reppophano*, *Repphano*, *Theophano* et *Trowidowano*, quæ quidem terminatio arguit locos fuisse sitos in locis palustribus, quos *faignes* inde vocant Luxemburgenses : unde nostri *fange* pro luto formarunt. [Ea notione vox *Phanus* occurrit in Epist. Simonis de Gramaudo Patriarchæ Alexandr. ann. 1400. apud Martenium tom. 2. Anecdot. col. 1239 : *Phanus enim schismatis quos inquinat, æquat.*]

¶ **PHARA**, Generatio, linea. Vide *Fara* 1.

¶ **PHARALES** Coronæ, Candelabra in modum coronæ ac circuli, variis lucernis instructa. Vide in *Corona*, et infra *Pharus*.

¶ **PHARETRA**, Liber quidam; unde sic inscriptus docemur in Chron. Mellicensi pag. 479 : *Liber unus, qui Pharetra solet nominari, conscribatur, continens magis communia super cultu divino, quoad modum legendi epistolas, prophetias, evangelia, lectiones et capitula Horarum canonicarum, nec non lectiones ad matutinum, ad mensam et collationem in refectorio, etc.*

PHARISEARE, Dividere, separare, ex Hebraico *phares*, divisiō, et *phariseus*, divisus, separatus. Joan. de Janua : *Farisei a fares, quod est divisio, dicitur fariseus, i. divisus, et hinc quidam hæretici dicti sunt Farisei, qui divisi interpretantur, quia traditiones et observationes Legis, quas illi deuterosas vocant, justitia proferunt* [*justitiæ præferunt*,] *etc.* Philippus Galtherus lib. 4. Alexandreidos pag. 32 :

Consilio juvenum Pharizeat cisma perenne
Cum regno populum, lis est de divite regno, etc.

S. Hieronymus adversus Luciferianos cap. 8 : *Pharisæi a Judæis divisi propter quasdam observationes superfluas, nomen quoque a dissidio susceperunt.* Alanus de Insulis in Planctu naturæ : *Quæ* (vestes) *virgineo corpori tanta fuerant connexione conjunctæ, ut nulla exuitionis diæresis eas aliquando faceret virginali corpori Phariseas.* Nicolaus de Braia in Ludovico VIII. pag. 293 :

.... Obeunt alterno vulnere fratres,
Frater et a furtis fraternis se Phariseat.

Infra de Comite S. Pauli Avenionem subeunte pag. 315 :

Cumque Comes Regis a castris se Phariseum
Cerneret, et secum tam paucos, horret ut agna,
Quæ divisa suo grege sola relinquitur arvis.

* **PHARMACACEUTIARE**, Venenum præbere. Benzo episc. Albens. in Henr. III. apud Ludewig. tom. 9. Reliq. Mss. pag. 362 : *Morbi quidem sunt pestilentiæ Sarabaita Prandellus, factiossimus monachellus, morbidavit gentes et regna, Pharmacaceutians ea per plurima tempora.*

PHARNATIA. Charta Friderici II. Imperat. qua *regalia* concedit Archiepiscopo Arelatensi, apud Guesnaium in Annalibus Massiliensibus ann. 1219 : *Sicut sunt telonea, pedatica, justitias, Judæos, cordam, quintale, Pharnatiam, monetam, portus, etc.* Vereor, ne mendum subsit. [Legendum omnino videtur *Pharnaria* pro *Farnaria*. Vide in hac voce.]

PHARRO Pharro, Clamor militaris Hibernorum. Utrum a Pharaone, Gandeli socero, an ab alia causa clamor iste natus sit, parum ad rem attinet explicare. Verba sunt Richardi Stanihursti lib. de Rebus Hibernicis.

PHARUS, Pharum, Farus, Farum, Lucerna, sive Lychnuchus orbicularis et circularis cum certo lucernarum aut candelarum numero, cujusmodi passim in templis nostris visuntur : sic dictus, quod instar Phari sit, ejusque speciem referat. Papias : *Fara, vasa sunt luminatoria, quæ nos Retia dicimus diverso modo formata.* Alibi : *Farum, instrumentum ad luminaria ordinanda, sicut etiam candelas*, Anastasius Bibl. in S. Hilaro PP. : *Pharos cum Delphinis quæ pensant. lib.* 5. In Silvestro PP. : *Pharum ex auro purissimo, quod pendet sub fastigio cum Delphinis* 50. In Hadriano pag. 109 : *Fecit et Pharum majorem in eadem B. Petri Ecclesia in typum crucis, qui pendet ante Presbyterium, habentem candelas mille trecentas et septuaginta.* In Leone III : *Fecit... Pharum ex argento purissimo cum lucerna et cereapto suo.* [Guidonis Discipl. Farfens. cap. 5 : *Sanctissimi dominici Paschæ die ante nocturnale obsequium accendantur omnes coronæ et Phari, et tria candelabra ante altare, et una post tergum ejus.*] Anonymus Poeta de Pontificib. Eboracensibus :

Hoc altare Farum supra suspenderat altum.

Adde Bedam de Rat. temp. cap. 24. Vitam S. Medardi ex Cod. Resbac. cap. 17. Vitam S. Gudilæ virg. num. 18. Histor. Translat. S. Sebast. n. 94. Ardonem in Vita S. Benedicti Abbat. Anianensis num. 37. edit. Mabillon. etc.

Pharus, fœminino genere, quomodo φάρος dicitur a Græcis turris Alexandrina. Statius :

Lumina noctivaga tollit Pharos æmula lunæ.

Inscriptio phari in Ecclesia S. Willibaldi Eystetensi apud Gretzerum in Episcopis Eystet. cap. 12 :

Præsul devotus Mengosus nomine dictus
Hanc Willibaldo Pharum construxerat almo.

Ita etiam usurpat Walafridus Strabo lib. de Mirac. S. Galli cap. 35.

Ejusmodi autem Lychnuchorum variæ erant figuræ. Quidam enim coronæ in speciem efformati erant. Leo Ost. l. 3. Chron. Casin. cap. 31 : *Fecit et Pharum, coronam scilicet maximam argenteam,.... cum 12. extrinsecus prominentibus turribus, sex et* 30. *lampadibus ex ea pendentibus. Phara coronata* vocat idem Anastasius in S. Silvestro PP : *Phara coronata* 10. *pensante singula libras octonas. Pharales coronas*, in Sixto III. Vide in *Corona.*

De Lychnuchis istis in Crucis vel in Retis figuram compositis, pluribus egimus in Descriptione ædis Soph. num. 49. Quidam etiam Arborum speciem præferebant, quomodo describuntur a Plinio lib. 34. cap. 3. ex quo docemur, habuisse veteres *lychnuchos pensiles in delubris, aut arborum modo mala ferentium lucentes.* Vide *Arbor*. Denique ita effícti erant, ut ab iis penderent cantbari seu disci, in quibus erant vel candelæ, vel lucernæ. Hos *Pharochantaros* vocat Anastasius in S. Silvestro : *Coronam ex auro purissimo, qua est Pharus cantharus, etc.* In Leone III : *Pharocantharos in Presbyterio numero* 14. *ex argento mundissimo. Phara canthara*, in Sixto III. In Benedicto III : *Pharum cantharum argenteum sedentem in pedibus, a Saracenis olim ablatum, in quo ad decus ipsius Basilicæ in diebus festis atque dominicis lucernæ simul et cerei ponebantur, juxta lectorium, mirifico opere fecit ac renovavit.* [Vide Anastasium cum notis variorum edit. 1728. tom. 3. pag. 96.]

PHASALLUS, Miracula S. Ludgeri Episcopi Mimigard. num 34 : *Neglecto denique tali præcepto secunda et tertia vice quemdam Monasticæ vitæ Phasallum, purpureo perfusum capillo, nigroque vestimento indictum, conspexit.* An *vasallum?*

PHASCOLLA, *Parvapetaso, petasunculus.* Ugutio. Vide *Phaculla.*

* **PHASEOLUS**, Tuberculum in naribus exortum, a similitudine pisi vel fabæ, *Phaseolus* nuncupatæ, sic dictum, ut observant docti Editores ad vitam S. Rosæ tom. 5. Aug. pag. 903. col. 2 : *Idem Rosæ jam sexennis patuit robur sub ejusdem chirurgi forcipe, cum sibi ex intimo nare eximendus fuit Phaseolus, tertio demum tractu erutus.*

¶ **PHASIANARIUS**, Qui *phasianos* pascit, apud Paulum JC : *Phasianarii autem et pastores anserum non continentur.*

¶ **PHASIANUS**, *id est Gallus*, Cognomen erat Johannis XIX. PP. apud Mabillonium tom. 4. Annal. Benedict. pag. 206. Notum est gallum gallinaceum a veteribus nonnullis *Phasianum* dictum fuisse.

¶ **PHASIOLUS**, λεβός, in Gloss. Lat. Græc. Sangerm. Phaseolus, Columellæ, Genus leguminis.

¶ 1. **PHASIS**, *Cujuslibet occulti criminis apud Magistratus demonstratio, vel denuntiatio fraudum, quas in elocutione domorum tutores orphanorum struunt.* Vocabular. Sussannæi. A Græco φάσις, eadem notione.

¶ 2. **PHASIS**, Pascha. Epist. apud Marten. tom. 1. Ampliss. Collect. col. 479 : *Idcirco statim post sanctum Phasem in ebdomada azymorum ad eum ire dispono; adjutorio Dei per vestras orationes fultus.*

¶ **PHAVO**, inter vestes vel arma militum recensetur in Statutis Equitum Teuton. artic. 73. apud R. Duellium tom. 2. Miscell. pag. 59 : *Ipse* (*Treperarius*) *tenetur dare fratribus ad arma deputatis spallaria, wappenrock, kilinge, Phavones,.... et cingulos, vestimenta, etc.* F. leg. *Phano.* Vide *Fano.*

¶ **PHENO.** Epitaph. Almanni monachi atque Philosophi apud Marten. Itiner. Litter. 2. pag. 46 :

His intentus erat, Phenonem bisque secabat,
Quando hominem hic ponit, spiritus astra petit.

[** An *Phenomen?*]

¶ **PHENOLIUM,** Penula, φαινόλη, Græcis. Acta S. Leonis PP. III. tom. 2. Junii pag. 588 : *Accessit his candidum sticharium et castanei coloris contextum Phenolium.*

* **PHEO,** apud Ludewig. tom. 9. Reliq. Mss. pag. 40. ubi legendum, *A perfidis viris et Phelonibus*, pro *A perfidis juris et Pheonibus. Phelo*, pro *Felo.* Vide in hac voce.

¶ **PHEODUM,** pro *Feodum*, in Charta ann. 1093. apud Miræum tom. 2. pag. 1141. Occurrit præterea apud Ludewig. tom. 5. Reliq. MSS. pag. 38. tom. 7. pag. 15. et in Chron. Domin. de Gravina apud Murator. tom. 12. col. 615.

* Ita *Phié*, pro *Fief*, in Charta ann. 1301. ex Lib. rub. Cam. Comput. Paris. fol. 137. v°. col. 1.

* **PHEONIA,** pro *Feonia*, Daniæ regni insulæ nomen, vulgo *Fionie.* Lit. Wald. II. reg. Danor. ann. 1229. in Reg. 3. Chartoph. reg. ch. 15 : *Dilectus filius noster rex Waldemarus uxori suæ inclitæ A. Danorum reginæ.... medietatem totius Pheoniæ, illam videlicet et quæ est versus Australem plagam, in qua sunt tria hæc castra sita, Swineborgh, Wordborgh, Foborgh, et medietatem monetæ ejusdem terræ. totamque civitatem Otheniensem integraliter in dotem contulit.*

¶ **PHERONYMUS,** a Græco φερώνυμος, Ferens veritatem nominis sui. Translat. corporis S. Athanasii Episcopi Neapolitani apud Murator. tom. 2. part. 2. col. 1069: *Ut qui Pheronymi fuerunt, congruum nominis meritum a Domino pertulerint.*

¶ **PHEUDATARIUS,** Vassallus. Vide in *Feudum.*

¶ **PHEUDUM,** pro *Feudum*, in Pacto inter Jacobum Aragon. Reg. et Berengarium Magalonens. Episcop. ann. 1272. et in alia Charta ann. 1313. tom. 2. Histor. Dalphin. pag. 147.

¶ Pheuu, Eadem notione, in Tabular. S. Michaelis in Periculo maris ann. 990.

PHIALA, Fons, aquarum receptaculum : Græcis recentioribus, φιάλη. Adamnanus lib. 2. de Locis SS. cap. 19 : *Est ergo illius fontis nomen, qui est in Trachonitide, Fiala, plena aquarum semper, unde Jordanis mediterraneis meatibus derivatur.* Vide quæ de Phialis adnotamus in Descriptione ædis Sophianæ n. 22.

Phiala cum Candela. Anastasius in S. Silvestro PP. pag. 14 : *In medio fontis columna porphyretica, quæ portat Phialam auream, ubi candela est auro purissimo pens. libr. 50. ubi ardent in diebus Paschæ balsami libræ 200. etc.* Vide *Phyala.*

* **PHICO,** Piscis genus. Vide supra *Fuca* 2.

* **PHICUS,** pro *Fiscus.* Charta ann. 29. Henr. I. reg. Franc. ex Tabul. S. Petri Carnot. : *Si quis autem prophanus hanc cartam violare temptaverit.... auri libras centum Phici regis persolvat.* Occurrit rursum in alia ex eod. Tabul. Vide infra *Phiscus.*

PHILANTHROPUM, Præmium, quod proxenetæ nominum contrahendorum accipiunt. Gloss. Latin. Græc. : *Salarium*, φιλάνθρωπον, ἁλατικόν. Ulpianus JC. : *Idem dico, et si quid Philanthropi nomine acceperit.*

PHILARCHICUS, Dominationis amans, φιλαρχικός. Charta ann. 990. in tomo 8. Spicilegii Acheriani pag. 155 : *Frugalem, non gastrimargicum : humilem, non Philarchicum, etc.*

¶ Philargia, a Græco φιλαρχία, Amor regnandi, dominandi cupiditas. Halitgarius Camerac. Episc. in Capit. de Vita Sacerdotum, apud Marten. tom. 1. Ampliss. Collect. col. 75 : *De gastrimargia ceterorumque principalium vitiorum recapitulatio.* L. *de fornicatione.* L. *de Philargia.* LII. *de ira.*

* **PHILARGUS.** Vide infra *Pigargus.*

¶ **PHILARGYRIA,** Græce φιλαργυρία, Avaritia, amor pecuniæ. Charta Eadredi Reg. ann. 850. apud Hickes. Dissert. pag. 84 : *Deprecans Dominum nostrum, ut si quis tam inflatus, Philargyriæ seductus amentia.... suam munificientiæ largitatem confringere tentaret, etc.* Agnellus in Vita S. Reparati Pontif. apud Murator. tom. 2. pag. 148 : *Non fuit cupiditate plenus, non tumidus,... non repletus Philargiria, etc.* Occurrit præterea tom. 2. Concil. Hispan. pag. 532. apud Marten. tom. 1. Anecdot. col. 139. ubi perperam editum *Philargaria*, et tom. 3. col. 1663.

¶ **PHILASTRIA,** pro *Filiastra*, Privigna. Concil. Epaon. can. 30. apud Marten. tom. 4. Anecdot. col. 36 : *Si quis relictæ avunculæ miseratur* (misceatur) *aut patrui* (patruæ) *aut privignæ, id est, Philastriæ concubitu polluatur, sine* (sive) *quibus conjunctio inlicita habeatur, interdicitur eundi* (ineundi) *melioris conjugii libertatem.* Vide *Filiaster.*

¶ **PHILATERIUM.** Vide *Filaterium*, et *Phylacteria.*

PHILETRUM. Visitatio Thesaurariæ S. Pauli Londinensis ann. 1295 : *Item unus pannus, cujus campus aureus, cum leonibus et aquilis bicipitibus de aurifilo contextis in Philetris rubeis.* Vide *Feltrum.*

¶ **PHILETUM,** Rete venatorium, a Gall. *Filet.* Chartular. S. Vandregesili tom. 2. pag. 1377 : *Prior venari poterit se sexto cum furone et Phileto sine canibus, vindemiis præteritis usque ad brandones.* Vide *Filetum.*

PHILIPPANA Ars. Rollandinus in Tract. de Notulis : *Promitto te docere artem Philippanam, et tu promittis mihi dare* 10. *corbes frumenti.*

1. **PHILIPPI,** Philippei, Nummi, a Philippo, patre Alexandri Magni, primum cusi, quorum cum forma recepta semel placuisset, ea retenta est simul cum appellatione, addita principis, cujus esset, nomenclatura. Horatius :

Rettulit acceptos regale numisma Philippos.

Prudentius Peristeph. hymn. 3 :

Nec cum veniret aureos
Secum Philippos detulit.

Ubi Iso Magister : *Philippi, Mancosi.* Glossæ antiquæ MSS. et Papias : *Philippeus, solidus.* Valerianus Imperator apud Pollionem in Claudio : *Philippeos nostri vultus annuos centum quinquaginta.* Idem Valerianus apud Vopiscum in Aureliano : *Argenteos Philippeos minutulos, etc. Ærei Philippei, etc.* Ordericus Vitalis lib. 10. pag. 796 : *Obsecrans, ut maximam pro Boamundo redemptionem reciperet, ipsumque acceptis centum millibus Philippeorum sibi redderet.* Vide Budæum lib. 4. de Asse, Scaligerum, et alios, qui de re nummaria scripserunt.

☞ *Philippi* aurei Hispanici in usu per Hannoniam, quorum novem valebant 11. florenis et 5. assibus ann. 1531. ex Chron. Bonæ Spei pag. 459.

* Annal. Placent. ad ann. 1474. apud Murator. tom. 20. Script. Ital. col. 946 : *Lazare, si tibi perstat animus, Christianum puerum furari, et nobis illum tradere, centum Philippos illico tibi donabimus.* Reg. 13. Corb. sign. *Habacuc* ad ann. 1512. fol. 146. v°. : *Sera tenu paier pour une fois six Philippes de* xxv. *solz la pieche.* Ibid. ad ann. 1513. fol. 174. v°. : *La somme de* vj^xx. *Philippes d'or, qui sont cl. livres Tournoiz.*

2. **PHILIPPI.** Ingulphus pag. 910 : *Et forte leuca dicitur a Leucon, quod in Scythica lingua interpretatur Philippus. Unde Magister in Isagogis suis O. M. l.* 3. *Et niveus Leucon dicit ibi, hunc Leucon fuisse Philippum Imperatorem, qui niveus descriptus est, quia Christianus, et Baptismo super nivem dealbatus. Et alio in loco ubi exponit illud, id est, Phœbum adamasse Leucothoën, dicit, Deüm adamasse Christianitatem regni Franciæ, id est Philipporum, quum apud Francos nomen Philippi frequentissimum habetur, in tantum, ut Rex Henricus, qui modo regnat in Francia, filium suum primogenitum Philippum fecit appellari. Beatus enim Christi Apostolus Philippus, cum Scythis verbum Dei prædicasset, et plurimos eorum ad fidem Christi convertisset, rediens in Asiam, per Sicambros viam fecit, ac illis Christi nomen primus annuntiavit, de quibus exeuntes Franci, ut plures eorum Hierochronographi testantur, beatum Philippum Apostolum suum specialem Protodoctorem, et Neoapostolum adhuc tenent. Ex his omnibus colligitur, quod leuca dicitur a Leucon, id est mensura terræ Philippicæ, id est Philippi, vel Philipporum.* Atqui ante Henricum I. quo regnante vivebat Ingulfus, Philippi nomen in veteribus tabulis vix legitur : quomodo igitur Franci nostri crebra ista apud eos nomenclatura *Philippi* appellari potuere?

* **PHILISTÆI,** Errones, iidem qui *Ægyptiaci.* Vide supra in hac voce. Capitulum 19. Leg. Polon. inscribitur apud Prilusium pag. 351 : *De vagis ac Philistæis*; ad quod sic commentatur ille : *Multo magis in Philistinos, Cyganos apud nos vocitatos, ex instituto vitæ vagos et errones, animadvertere leges nostræ debuerant.*

PHILLATERIUM. Vide *Filaterium.*

¶ **PHILOCALUS,** a Græco φιλόκαλος, Honesti studiosus. Vita B. Lidwinæ tom. 2. April. pag. 309 : *Vir Philocalus ac devotorum pauperum zelator magnus.*

¶ **PHILOCAPTUS,** vox ibrida, a Græco φίλος, et Lat. *Captus*, Amore captus. Acta S. Franciscæ Romanæ tom. 2. Martii pag. 106 * : *Ut se unire possit illi, qui eam Philocaptam sui fecit.* Vita S. Bernardini tom. 5. Maii pag. 305 * : *Quandoque dicebat, Philocaptus sum ; morerer ea die qua meam amasiam facialiter aspicere non valerem.*

¶ **PHILOCHRISTUS**, vox ejusdem originis, Christi amator. Vita S. Gerardi Abb. Bron. sæc. 5. Bened. pag. 275 : *Tandem convictus convictor fit Philochristus.*

PHILOCOMPUS, ex Græco φιλόκομπος, Jactantiæ amator, jactator. Suidas : Φιλοκόμπων, μεγαλοῤῥημονῶν, ὁ ἑαυτον ὑψῶν. Gloss. Lat. MS. Reg. Cod. 1013 : *Philocompos, amator jactantiæ.* Addit Ugutio, *qui vult, ut labor suus appareat propter vanam gloriam.* Fridegodus in Vita Wilfridi cap. 23 :

..... Erwinus Philocompos.

PHILOCOMPIA, Vana gloria, apud Ratherium Veronensem in Apologetico : *Afficit hæc ineptissima, imo pernulla Philocompiæ urbanitatis vestræ angustia.* Sed vereor, ne legendum sit *philocompicæ*. [Melius editum apud Acher. tom. 2. Spicil. pag. 225 : *Tanta, inquam, me afficit hæc eadem ineptissima, immo pernulla, Philocompiæ urbanitas vestræ, angustia, ut etc.*] Wolphardus Presbyter lib. 1. Vitæ S. Walburg. in Præfat. : *Ne a lectore Philocompica noter infamia.* Scholiastes Gregorii Nazianzeni in 1. in Julian. : Κομψὸν ἐςὶ τὸ εὐπρεπὲς καὶ χαρίεν· κόμπον δὲ τὸ μέγα. Est porro κόμπος, ut est apud Varinum, ἀλαζόνεια, ἡ διὰ τοῦ λόγου ἔπαρσις παρὰ τὸ κενὴν ὄπα ἔχειν, ὅ ἐςι φωνήν.

¶ **PHILOGÆUS**, Solis epitheton, a Græco φίλος, amicus, et γῆ, terra. Odo in Carmine de varia fortuna Ernesti Bavar. Ducis apud Marten. tom. 3. Anecdot. col. 322 :

Ecce Philogæus tepidas inclinat habenas,
Et properat sol Hesperias incendere Gades.

¶ **PHILOLADIUM.** Tabular. Cluniac. ad annum circiter 990. Ch. 591 : *Dono monasterio Cluniacensi terram quam mihi Bernardus et Wicardus in Philoladium dederunt in villa Buffarias.* Haud scio an mendum sit pro *Filiolagium*, Donum, quod *filiolo* a susceptore seu patrino in adoptionis spiritualis tesseram confertur. Vide in *Filiolus.*

* **PHILOMENA**, pro Philomela, Gall. *Rossignol.* Glossar. Lat. Gall. ann. 1348. ex Cod. reg. 4120 : *Philomena, Gallice Locengnos.* [** Vide Schmeller. in Poet. Lat. sec. X. et XI. pag. 322.]

PHILOPARES. Vide *Filopares.*

PHILOPECUNIA, vox hybrida. Pseudo-Ovidius lib. 1. de Vetula :

..... sed Philosophia
Exilium patitur, et Philopecunia regnat.

PHILOPOMPUS, ex Gr. φιλόπομπος, qui *pompam*, fastum et jactantiam amat. S. Gerardus Abb. Sylvæ Major. in S. Adelardi Vita cap. 3. [14]: *Cujus dignitatis honore indusiatus,... non efficitur Philopompus, non, ut plures assolent, pompolentus.* [Sed vereor ne legendum sit *Philocompus;* ibi enim *pompolentus* idem est ac *philopompus.*] Vide *Philocompus.* Vita MS. S. Gaugerici Episcopi Cameracensis lib. 1. cap. 12 : *Philopompi tyrannidem divinæ virtutis opitulatione fefellit.*

¶ **PHILOPOPUS**, Eadem notione, apud Marten. tom. 9. Ampliss. Collect. col. 887 : *Dum magis Philopopi, quam veri philosophi, licet habitum prætendas, morem secteris, etc.*

* **PHILOSOPHELLUS**, dimin. a Philosophus, in Vita S. Trudpert. tom. 2. Apr. pag. 431. col. 2.

1. **PHILOSOPHIA**, Vita Monastica, θεία φιλοσοφία, apud Isid. Pelusiotam lib. 1. Epist. 260. [Ἡ εἰς Χριςὸν φιλοσοφία, in titulo libri Nili, quem Ἀσκητικὸν inscripsit.] Majorianus Nov. de Sanctimonialibus : *Cum hujusmodi observatio Philosophiam religiosa mente suscipiens, non cogentis imperio, sed spontanea et matura deliberatione capiatur.* Willelmus Neubrigensis lib. 3. cap. 5 : *Ædificando insigne illud Cristianæ Philosophiæ speculum, Monasterium scilicet de Fontibus.* Joannes Sarisberiensis lib. 7. Policrat. cap. 21 : *Vita Claustralis virtutem Philosophorum incomparabiliter antecedit, aut, quod melius crediderim, rectissime et tutissime philosophatur.* [** Brunon. vita S. Adalberti cap. 27 : *In monasterio quo sanctus iste Phylosophya Benedicti patris nutritus erat.*] Vide Vitam S. Nili Junioris pag. 164. et Gloss. mediæ Græciatis.

* Pro Fide Christiana, occurrit in Annal. Hermanni apud Oefelium tom. 1. Script. rer. Boicar. pag. 676. col. 2 : *Otokarus dux.... arma in Prussia movit, crucesignatus terræ maximam partem Philosophiam Christianam recipere vi coegit.*

PHILOSOPHARI, Monachum agere. Luithprandus lib. 5. cap. 9 : *Et ad vicinam insulam, in qua Cœnobitarum multitudo Philosophabatur, tonso ei, ut moris est, capite, ad Philosophandum transmittunt.* Et cap. 10 : *Atque ad vicinum Monasterium.... tonsis, ut moris est, capitibus Philosophatum transmittaat.*

¶ 2. **PHILOSOPHIA**, Litteratura, eruditio. Chronic. S. Petri Vivi tom. 2. Spicil. Acher. pag. 709 : *Erat enim* (Hieremias ex monacho Centulensi Archiepisc. Senon. electus) *valde eloquens et studiosus in omni Philosophia.* Hinc

¶ 1. **PHILOSOPHUS**, Doctus, litteris egregie instructus. Henricus Huntindon. in Epist. ad Walter. tom. 8. Spicil. Acher. pag. 190 : *Splenduit temporibus nostris Lanfrancus Archiepiscopus vir Philosophus, vir perspicuus; cui successit Anselmus Philosophus et sanctissimus.* Ibidem : *Tempore nostro.... Episcopus Londoniensis.... Gillebertus magnus Philosophus.* [** Vide Chron. Salernit. cap. 122. ubi *filosofi* forte sunt monachi vel clerici; et Liudprand. Antapod. lib. 3. cap. 19.]

2. **PHILOSOPHUS**, Dignitas in Ecclesiis Canonicorum : eadem forte quæ magistri Scholarum, seu Scholastici. Tabularium Brivatense Ch. 385 : *Signa Canonicorum S. Mauricii Viennensis Ecclesiæ, Otmari Decani, Rostanni Archidiaconi, Adalardi Philosophi, Benardi Canonici, Ricardi Præcentoris, et aliorum Canonicorum.* [** Thietmar. Chron. lib. 6. cap. 58 : *Magisterio Geddonis Philosophi traditur,* qui quidem Geddo apud eumdem lib. 7. cap. 35. dicitur *quondam scolæ magister, sed tunc æcclesiæ custos.*]

¶ **PHILTRUM**, pro *Feltrum.* Vide in hac voce.

¶ **PHILUS**, PHILOSUS, pro *Pilus, Pilosus.* Vita MS. S. Wenwaloæi fol. 79 : *Omnia tamen membra ejus Philosa erant quasi capreæ. Phili quoque ferrei omnes inerant durissimi.*

* **PHINOBOLUM**, quid sit docet Cæremon. Rom. ad calcem Cod. Ms. eccl. Camer. 13. sæc. : *Mansionarius indutus tunica vel camiso, et coronatus corona de floribus cornuta, habens in manu Phinobolum. Est quidam caulus æreus concavus, unius brachii longitudo, a medietate et supra plenus tintinnabulis.*

¶ **PHIO.** Miracula MSS. Urbani V. PP. : *Passam fuisse Phionem in digito sinistræ manus* (dicunt.) An idem quod Paronychia, Gallice *Mal d'adventure*, a Gr. φύω, nascor? Vide *Pinus.*

* **PHISAGIUM.** Chartul. Medii monast. Bitur. fol. 63. r°. : *Promisissent etiam bona fide assignare ipsius Johannis anniversarium super dictis decem solidis et super illo Phisagio, si quod fuit, et in perpetuum.* Quæ Charta sic inscribitur : *Litteræ accensationis domus cum toto virgulto Joh. Durandi, etc.* Unde an aliquid effici valeat ad vocis intellectum haud satis scio.

* **PHISCUS**, pro *Fiscus,* Prædium dominicum. Charta ann. 1017. inter Instr. tom. 12. Gall. Christ. col. 428 : *Donamus.... ad mensam eorum in refectorio Phiscos Sigiciacum, Lulliacum, etc.*

* **PHISIGARDUM**, in Charta Rob. ducis Norman. ann. 1030. ex Reg. 191. Chartoph. reg. ch. 25. ubi *Fisigardum* edidit Cangius ex Hist. monast. S. Audoeni. Vide in hac voce.

¶ **PHITONES**, pro *Pythones,* Pythone spiritu afflati. Charta Henrici IV. Reg. Angl. ann. 1406. apud Rymer. tom. 8. pag. 427 : *Quia datum est nobis intelligi quod quamplures sortilegi, magici, incantatores, nigromantici, divinatores, arioli, Phitones.* Occurrit præterea in Capitul. incerti anni Caroli Magni num. 40.

¶ PHITONISSA, Eadem notione, pro *Pythonissa*, in Epist. Innocentii PP. III. tom. 3. Concil. Hispan. pag. 463 : *In animæ tuæ periculum detinens Phitonissam, excommunicatos defendis et usurarios atque Ecclesiæ inimicos.* Hinc

¶ PHITONIZARE, pro *Pythonizare.* Vide in hac voce.

PHLEBOTOMUM, FLEBOTOMUS, FLEBOTOMUM, Scalpellum venæ secandæ, ex Græca voce φλεβότομον, [quæ occurrit apud Hesychium, Symeon. Logoth. in Michaele Theophili filio num. 1. et aliquot alios recentiores Græcos.] Ugutio : *Flebotomum, est illud instrumentum, quo vena percutitur in minutione sanguinis.* Gloss. Ælfrici : *Flebotomus,* blod-sex. Somnerus vocem Anglo-Saxonicam, *Scalprum Chirurgicum,* vertit. Saxonibus blod est sanguis. Isidorus lib. 4. cap. 11 : *Phlebotomum, ab incisione venarum, etc.* Gregorius II. lib. 1. Dialog. cap. 4 : *Medicinale ferramentum, id est, Phlebotomum.* Acta S. Agnelli Abbatis : *Medicinale ferramentum meum tenens, quod ab incisione venarum, quæ Græce Fleve nominatur, Flevotomus dicitur.* Constantinus lib. de Chirurgia cap. 2 : *Phlebotomus quoque non sit æruginosus, non asper, non longus, non tenuis, non rotundus, vel brevis, sed mediocris.* Beda lib. de Minut. sanguinis : *Dies Caniculares, in quibus nec Phlebotomum imponent, nec potionem dabunt.* Leges Wisigoth. lib. 11. tit. 1. § 6 : *Si quis medicus Flebotomum exercet, et ingenuum debilitaverit, etc.* Octavianus Horatianus lib. 2. cap. 16 : *Quo vero repentinus dolor stomachi comprehenderit,... his et Phlebotomo convenit subvenire.* Passim apud hunc Scriptorem. Adde Vegetium lib. 1. de Arte veterin. cap. 21. et alibi non semel, Matthæum Westmonast. ann. 1100. Walafridum Strabum de Miraculis S. Galli cap. 37. Vitam Godefredi Comitis Campebergensis cap. 48. etc. Vide *Minuere.*

¶ Phlebotemus, in Actis S. Udalrici tom. 2. Julii pag. 117 : *Adalbero ibi cum Phlebotemo sibi phlebotemando sanguinem minui fecit.*

¶ Phlebotomia, a Gr. φλεβοτομία, Venæ sectio. Chronic. Modoët. apud Murator. tom. 12. col. 1074 : *Grimoaldus Rex X. in Mediolano coronatur, qui per* IX. *annos regnavit; qui a Phlebotomia, dum columbam sagittat vena aperta est, in civitate Papiensi .... moritur.* Medic. Salernit. pag. 376 :

Exhilarat tristes, iratos placat, amantes
Ne sint amentes Phlebotomia facit.

Phlebotomare, *Percutere, sanguinare sanguinem*, Ugutioni. Ex Græco φλεβοτομεῖν. Fulgentius lib. 3. Mythol. : *Ischiacos eodem Phlebotomant loco, etc.* Beda de Minutione sanguin. : *In his diebus Phlebotomari prohibetur.* Tudebodus de Hierosol. Itinere lib. 1 : *Fuerunt itaque nostri in tanta afflictione sitis, quod Flebotomare facerent suos equos et asinos, quorum sanguinem bibebant.* Occurrit passim apud Cælium Aurelian. Siccensem in libris Chronicon, Octav. Horatianum, Alexandrum Iatrosophistam, Vegetium de Arte veterin. libro 1. capite 24. et alios medicos : præterea in Legibus Wisigothorum lib. 1. tit. 1. § 1. in Chronico Montissereni ann. 1137. 1146. in Vita Adelheidis Imperatricis lib. 2. pag. 413. in Histor. Translat. S. Joannis Abb. Reomaensis num. 8. in Chronico Sublacensi ann. 1003. etc. Metaphorice Galvaneus Flamma in Manipulo florum cap. 139 : *Monasterium S. Vincentii Phlebotomavit, de cujus sanguine Monasterium S. Dionysii construxit.* Similia habet Chronicon *Flosflorum* fol. 128.

¶ Phlegbotomare, in Statutis Avenion. lib. 1. rubr. 43. art. 20.

¶ Flebotomare. Computus ann. 1336. tom. 2. Histor. Dalphin. pag. 275 : *Quando dominus fuit Flebotomatus, taren.* 3. *gran.* 10.

Flebotomizare, apud Conradum de Fabaria de Casibus S. Galli cap. 7.

Flebotomarius, qui venam secat, Chirurgus, Græc. φλεβοτόμος. Gloss. Ælfrici : *Flebotomarius*, blod-lætere, Chirurgus, qui venam aperit. Saxonibus blod-lætan, est *Phlebotomare.* Chronicon Farfense : *Qui Romam venit, et completo anno quidam Flebotomarius malivolus veneno imposito flebotomo illum interfecit.*

Phlebotomator, Eadem notione, in Historia mortis S. Leonis IX. PP. num. 15. Constantinus Africanus lib. de Chirurg. cap. 2 : *Phlebotomator discat tactu digitorum venas, carnem, nervum agnoscere.*

¶ **PHLEGARIUS.** Charta Archiduc. Austriæ ann. 1365. apud Steyer. in Histor. Alberti II. Duc. Austr. col. 426 : *Mandamus... omnibus nostris provincialibus marscalcis, amministratoribus, capitaneis, vicedominis, Phlegariis, castellanis, etc.* [** Vide Haltaus. Glossar. German. voce *Pfleger*, col. 1482.]

¶ **PHLEGBOTOMARE.** Vide in *Phlebotomum.*

* **PHLEGMONICUS**, Phlegmone laborans. Acta S. Gauger. tom. 2. Aug. pag. 688. col. 2 : *Pedem Phlegmonicum tantus timor* (leg. tumor) *et ardor invasit, ut medici desperantes, crescenti periculo obviare non possent.*

* **PHOCAICUS**, Purpureus. Vide supra *Fucaycus.*

PHOCAPIS. Vetus Gloss. Lat. Gall. Thuanum MS. : *Phocapis, icis, Tartre.*

¶ **PHOCIA**, pro Phoca, si bene conjecto, Vitulus marinus. Vide *Esono.*

* **PHOEBE** Facere, Phoebissare, Sortiri, Gall. *Tirer au sort.* Alicubi legi; sed ubinam mihi excidit.

¶ **PHŒBIGENA.** Ita epistolæ cuidam seipsum inscribit Alcuinus, apud Mabillonium tom. 4. Analect. pag. 211 : *Dilectissimo in Christo filio, humilis Phœbigena perpetua prosperitate salutem.* Ubi male editum *Phæbigena.* Hujus nomenclaturæ non aliam suspicor rationem, nisi quod Alcuinus litteris apprime edoctus instituerit scholas iisque præfuerit.

PHŒNICIUM, Pannus coccinus, seu *scarlatinus*, in quo remedia quædam topica includebant, convolvebant, et conligabant medici. Marcellus Empiricus pag. 58 : *Eamque Phœnicio convolvas, colloque suspendas, etc.* Infra : *Cancri oculus subtiliter sublatus, et in Phœnicio conligatus, colloque suspensus, etc.* Adde pag. 67. 110. 122. etc.

* **PHOLAGIUM**, Pholebe. Vide supra *Foulagium.*

¶ **PHOLIDOTUS**, Græc. φολιδωτός, Squamatus. Sic vocabant milites qui loricis squamatis utebantur; unde S. Petrus Hispanus *Pholidotus miles* dicitur Tamayo Salazari in Martyrolog. Hispan. ad diem 11. Martii, quod militiæ terrestri nomen primum dedisset. Vide Lipsium de Milit. Rom. lib. 3. dialog. 6.

¶ **PHOLLIS**, Græc. φόλλις, Genus monetæ, apud Byzantinos potissimum. Acta SS. 20. Martyr. Tarsi tom. 1. Junii pag. 633 : *Quinquagenos Pholles, unde vestimentum emeret, petivit.* Vide *Follis* 2.

¶ **PHONITUS.** Index veter. Can. tom. 3. Concil. Hispan. pag. 26 : *Quod surreptum fuerit Apostolicæ sedi et suam in melius sententiam commutaverit, quando damnationem Phoniti rescindat.* Hæc ex Epist. Innocentii I. PP. unde desumta sunt, cap. 7. num. 14. edit. Coustantii nostri, emendare licet; ubi Innocentius Photinum, quem decessor ex falso rumore damnaverat, absolvit.

¶ **PHONO**, pro *Phano.* Vide in hac voce. Vexillum. Guidonis Discipl. Farf. cap. 30 : *Reliquiæ sint congrue collocatæ; .... Phonones a famulis deportentur, et unum signum cum eis mittant.* Vide in *Fano.*

¶ **PHONOS**, a Græc. φόνος, cædes, Herba quædam, sic dicta quod sanguineum succum fundat. Vide Plinium lib. 21. cap. 56.

¶ **PHORITANUS**, Externus, Gall. *Forain.* Charta ann. 1243. ex Archivis Massil. : *Item quod omnis navis Phoritanorum iens ultra mare cum peregrinis, etc.* Vide *Foritaneus.*

¶ **PHORONOMUS.** Vide *Photonomus.*

¶ **PHOSATUM**, Arx, fossa ad urbis tutelam, ut interpretantur Bollandistæ, *Fossatum.* Vita S. Stephani Sabait. tom. 3. Julii pag. 549 : *Non enim te latet, quantum gratia apud Phosati symbolum valeam.*

¶ **PHOSCAS**, Anatis species. Vide *Circella.*

¶ **PHOTINIANI**, Hæretici, quorum antesiganus Photinus Sirmiensis Episcopus circa ann. 351. Ii in primis impie docebant Christum nudum esse hominem ex Josepho et Maria natum. Vide Euseb. lib. 2. cap. 2. et. 4. S. Epiphan. Hær. 71. et alios passim.

PHOTONOMUS, Qui lumen distribuit, illuminator. Rotgerus in Vita Brunonis Abbat. S. Pantaleon. Colon. cap. 24. apud Mabillonium : *Quibus Abbatem præposuit nomine Christianum, suæ videlicet professionis Photonomum, et in lege Domini apprime eruditum.* [*Phoronomum* edidit Mabillonius; et recte quidem : cujus vocis notio eadem est ac *Pheronymus* supra.]

* **PHRAGOLINO**, Phrangolino, Piscis genus. Tract. Ms. de Pisc. ex Cod. reg. 6838. C. cap. 63 : *Erythrinus in Gallia Narbonensi et Hispania vocatur pagel, Romæ Phrangolino vel Phragolino, quasi parvus pagrus.*

¶ **PHRATRIA**, Societas, conspiratio, a Gr. φρατρία. Index vett. Can. tom. 3. Concil. Hisp. pag. 24 : *De conjurationibus et conspirationibus, quod crimen Græci Phratrias dicunt, etc.* Vide *Fratreia.*

* Greg. Grimaldi lib. 1. cap. 47. Hist. leg. et magistr. regni Neapolit. : *Plurima Græcorum institutorum ibi* (Neapoli) *supersunt vestigia, ut gymnasia ephæborum, cœtus, curiæ* (*ipsi Phratrias vocant*) *et Græca nomina Romanis imposita.* Spon. Miscell. pag. 169 : *Phratria est Græcum vocabulum partis hominum, ut Neapoli etiam nunc.*

PHRONTISTERIUM, φροντιστήριον, Monasterium. Acta SS. Phileæ et Philoromi, Rufino interprete, num. 8 : *Jam immolavit in Phrontisterio.* Ἁγνευτήριά τε καὶ παρθενῶνες, καὶ φροντιστήρια, apud Gregor. Nazianz. orat. 3. quæ prima est in Julianum, τὰ τῶν ἀσκητῶν φροντιστήρια, Palladio in Vita Chrysostomi pag. 96. edit. Emerici Bigotii, ψυχῶν φροντιστήρια, Theophylacto in Institut. Reg. cap. 10. [in Synaxariis in Constantino Judæo 26. Decemb.] Perdiccas Ephesius de Themat. Hieros. : Καὶ δέκα φροντιστήρια παρθένων ἰσαρίθμων. Ita auctor Vitæ S. Nili Junioris pag. 112. [Anonymus in Porphyrogen. num. 49.] et alii, qui laudantur in Notis ad Cinnamum pag. 430. Vide Glossar. med. Græcitat.

¶ **PHRONYMUS**, a Græc. φρόνιμος, Prudens; *Phronyme*, prudenter. Fridegodus in Vita S. Wilfridi sæc. 3. Bened. part. 1. pag. 185 :

Rex vero Phronymus scindens ferale volumen,
Aspernatus eos, flammis projecit in altis.

Et pag. 192 :

Sæpe meis, fateor, parcebas Phronyme dictis.

¶ **PHRYGES**, Turcæ dicuntur Urbano VI. PP. quod Natoliam, cujus Phrygia pars est, occupabant, eosque cum priscis Trojanis confundit : usque adeo his temporibus historiæ invaluerat ignoratio. Epist. ann.

1388. apud Raynaldum in Annal. Eccles. : *In tantum rabies efferata Phrygum, qui Teucri alias Turchi nuncupantur, nominis Christiani perpetuorum et immanissimorum hostium intumuit, etc. Deliberavimus.... duas sufficienter armare et contra hujusmodi Phryges in subsidium fidelium in proximo destinare.*

¶ **PHRYGIARE**, Acu pingere, opere Phrygio ornare. Vita B. Columbæ Realinæ tom. 5. Maii pag. 396 * : *Et pallium altaris argento Phrygiatum obtulit.*

PHRYGIUM, interdum sumitur pro limbo seu ornatu ex opere Phrygio, ut apud Leon. Ostiensem lib. 2. cap. 44 : *Obtulit similiter S. Benedicto planetam purpuream, aureis Phrygiis, mensium 12. signa in se habentibus, ornatam.* Lib. 3. cap. 57 : *Planetam purpuream cum Phryso et cum aquila ex margaritis contexta.* [Chronic. Franc. Pipini lib. 2. cap. 49. apud Murator. tom. 9. col. 669 : *Illic argentum, aurum, margaritæ, mire fabricata Phrygia latissima, fulcimenta vestium serica.*] Vide *Plumarium*, 2. Præterea

PHRYGIUM sumitur pro præcipuo capitis summi Pontificis ornamento, quod hodie triplici corona insigne est, vulgoque *Regnum* appellant Scriptores, quo in solennibus ceremoniis utitur, quodque a Constantino Mag. Silvestro PP. concessum aiunt. [* Ementitæ nimirum Constantini donationis fundamento innixi; qua de re consulendus Papebrochius in Propylæo ad Acta SS. Maii num. 5. et 7.] Vetus Interpres Juvenalis Sat. 6 : *Tiara, est Phrygium, quod dicunt.* Arnoldus Abbas Bonæ-vallis de 7. Verbis Domini : *Hac* (thyara) *etiam minores Sacerdotes utebantur, eratque byssina, circumdata coronula aurea, opere textili facta, sicut hodie Phrygium mitris nostrorum Pontificum plerumque consuitur.* Charta donationis Constantini Magni apud Anastasium Biblioth. : *Deinde diadema, videlicet coronam capitis nominis nostri, simulque Phrygium, nec non et superhumerale, etc.* Calistus II. PP. in Epist. ad Stephanum Camerar. Legat. Sed. Apost. : *Et Frigii quidem corona capiti nostro imposita, gaudentes exultantesque per viam sacram ad Lateranense palatium usque solenni ritu nos porsecuti sunt.* Chronicon Mauriniacense lib. 2 : *Ibique Romani Pontificis, ac ut sibi consuetudinis est in sacris magnisque festivitatibus, Frigio coronatus, ... ad Ecclesiam matricem pervenit.* Sugerius in Ludovico VI. Rege, de Alexandro PP. : *Cumque Turonis apud S. Martinum, ut mos est Romanis, Frigium ferens, Lætare Hierusalem celebrasset.* Et infra, de Callisto II. : *Ibique more Romano seipsos præparantes multo et mirabili ornatu, circundantes capiti ejus Frigium, ornamentum imperiale instar galeæ circulo aureo circuncinnatum, imponunt.* Joann. Sarisberiensis lib. 8. Policrat. cap. 23. de Adriano PP. : *Spinosam dicit Cathedram Romani Pontificis, in tantum acutissimis usquequaque consertam aculeis, tantæque molis, ut robustissimos premat, terat, et comminuat humeros. Coronam et Phrygium clara merito videri, quoniam ignea sunt, etc.* [Guido in Vita Cælestini V. PP. apud Murator. tom. 3. pag. 617 : *Romæ itaque Bonifacius Frigii regnive corona festive redimitus.*] Denique Jacobus Stephanescus Cardin. lib. 2. de Coronatione Bonifacii VIII. cap. 7 :

Tunc Senior Levita manu diadema venustum
Imperii signum, pavonis cortice candens
Pennarum intexto, gemmis radiantibus auro,
Vallatum in gyro, cui summo in vertice carbo
Evomit et cubito gemmarum maxima flammas,
Imposuit capiti, spheræ cubitique figuram,
Accipiens Phrygium, lapidem fulgoris inanem
Quondam, sed nivei plenum candoris acuto
Vertice contentum gemma, nunc temporis auctum :
Hæc Romana tenens quondam fastigia Cæsar
Constantinus apex statuit, tum primus in orbe
Fonte sacro purgatus herus, propriis sibi Regnum
Seu Phrygium manibus Silvestri in vertice pressit.

Ex qua sane *Phrygii* Pontificii descriptione colligi potest, similis fuisse figuræ, qua Constantini M. *Camelaucium*, de quo pluribus egimus in Dissert. 24. ad Joinvillam pag. 291.

¶ **PHRYSICUM** BUTYRUM, pro *Friscum*, ni fallor, Gall. *Beurre frais.* Medic. Salern. edit. 1622. pag. 227 : *Sexta* (cerevisiæ proprietas) *quod ventrem molliat. Ejusmodi inter triticeas Hamburgensis existit : grati saporis est, multum substantiæ habet, ... et in solvendo alvo per se, aut cum butyro Phrysico primum locum sibi vendicat.* Vide *Friscus.* [** Friscicum, e Frisia orientali.]

¶ **PHRYSUM**. Vide *Phrygium.*

PHTISISCERE, Phtisica passione laborare, apud Sidonium lib. 5. Epist. 14.

** **PHTHONGUS**, Sonus, a Gr. φθόγγος in Reinard. Vulp. lib. 3. vers. 615.

* **PHUCA**, Piscis genus. Vide supra *Fuca* 2.

¶ **PHUND**, Libra. Vide *Funt.*

¶ **PHYALA** FRANCISCA, inter ministeria sacra recensetur in donatione S. Rudesindi Episc. pro Monast. S. Salvatoris de Cellanova, tom. 3. Concil. Hispan. pag. 181 : *Concedimus etiam Phyalas argenteas Franciscas* II. *soparia exaurata, lopas exauratas cum coopertoriis* II. Vide *Phiala.*

PHYLACTERIA, appellant veteres *Amuleta*, ad arcendos vel pellendos morbos. Gloss. Græc. Lat. : Φυλακτήριον, *Servatorium, amolimentum, amoletum, prævia*, (l. brevia) [Gloss. x. sæc. ad calcem collect. Can. e Bibl. DD.: *Chauvelin* Reg. sigill. Custodis : *Philacteria, id est* x. *verba legis aut scriptura vana, quod ligat homo super caballum aut super caput suum.*] Gloss. Latin. MS. regium : *Phylacteria, carmina.* Vett. Glossæ MSS. ad Concilium Laodic. cap. 36 : *Pittatiola decalogi collis suis suspendentes Judæi Filacteria vocabant : sed hic obligationes, quas hominibus suspendunt incantatores intellige.* Marcellus Empiricus cap. 8 : *Et Gaitano lino inserto pro Phylacterio uteris, voto prius facto contra Solem orientem, quod eo anno cerasa non sis manducaturus.* Cap. 14 : *Et laboranti de uva, luna septima, Phylacterii more suspendes.* Adde pag. 104. 155. Quæ quidem *Phylacteria* ut diabolicas adinventiones semper proscripsit Ecclesia. S. Augustinus serm. 215. de Temp. : *Per fontes et arbores, et diabolica Phylacteria, per characteres, et aruspices et divinos.... sibi mala miseri homines conantur inferre.* Serm. 163 : *Auguria non observent, Phylacteria et characteres diabolicos, nec sibi, nec suis, aliquando suspendant.* Capitula S. Bonifacii Mogunt. cap. 33 : *Si quis auguria,.... Phylacteria, id est scripturas, observaverit, etc.* Capitula Caroli M. lib. 6. cap. 72 : *Phylacteria, vel falsæ inscriptiones, aut ligaturæ, etc.* Ita passim utuntur S. Audoenus in Vita S. Eligii lib. 2. cap. 15. pag. 216. Acta S. Anastasii Martyris apud Baronium ann. 713. num. 7. Vita S. Nili junioris pag. 4. Gregor. III. Epistola 3. ad Optimates German. Beda lib. 4. Hist. cap. 27. Synodus Laodic. cap. 36. Trullana cap. 61. Moguntin. ann. 742. Romana sub Gregor. II. PP. cap. 22. Agath. cap. 68. Liptin. cap. 5. Capit. Caroli Mag. lib. 7. cap. 94. [** 129.] Addit. 2. Ludovici Pii cap. 18. [** 21.] [Marbodus de Herbis lib. 5. cap. 11.] etc. Vide *Brevia, Ligatura*, [Martinii Lex. in hac voce,] et quæ de ejusmodi amuletis et phylacteriis contra morbos congessit Jacobus Gothofredus ad leg. 3. Cod. Th. de Maleficis, et Leo Suavius ad Paracelsum. [** Glossar. med. Græcit. col. 1709. in Φυλακτήρια et Φυλακτόν.]

¶ PHYLACTIRIA, in Libello Pirminii tom. 4. Analect. pag. 587 : *Omnia Phylactiria diabolica et cuncta supradicta nolite eu credere, etc.*

¶ PHILATERIA, Eadem notione, in Conc. Tolet. XVII. inter Hispan. tom. 2. pag. 760.

PHYLACTERIA apud Christianos, dictæ Arculæ, in quibus Sanctorum reliquiæ reconduntur, quod eæ serventur, vel deferentur εἰς φυλακτήριον, ut loquitur Theophanes ann. 31. Copronimi, pag. 375 : Καὶ εἴπου λείψανον ἅγιον ἐφάνη τις ἔχων εἰς φυλακτήριον, καὶ τοῦτο τῷ πυρὶ παρέδωκεν. Ita hoc loco ἐγκόλπιον indigitat, quod φυλακτὸν vocat Leo Grammaticus in Theophilo pag. 451. Albericus in Chron. : *Phylacterium a collo usque ad pectus pendens Sanctorum reliquiis refertum, quorum patrocinio se in periculis tutum futurum credebat.* Joan. Diaconus in Vita Gregorii Mag. lib. 4. cap. 80 : *Reliquiarum Phylacteria, tenui argento fabricata, vilique pallio de collo suspensa.* Histor. Miscella lib. 20. pag. 629 : *Et pretiosa quidem ligna ab eo sublata supra mensam posuit, Phylacteria vero in collo suo suspendit.* Vide *Encolpium.*

PHYLACTERIA etiam appellabant Thecas, in quibus reconduntur Sanctorum reliquiæ, quæ in ædibus sacris servantur. Beletus de Divinis Offic. cap. 115 : *Est tamen discrimen inter Phylacterium et Phylacteriam. Phylacterium enim chartula est, in qua decem Legis præcepta scribebantur, cujusmodi chartas solebant ante suos oculos circumferre Pharisæi, in signum religionis. Unde in Evangelio : Dilatant enim Phylacteria sua, et magnificant fimbrias. Atque hoc quidem Phylacterium a* φυλάσσω, *et Thorah, quod est Lex. Philacteria autem, phylacteriæ, vasculum est, vel argenteum vel aureum, vel etiam crystallinum, in quod Sanctorum cineres et reliquiæ reponuntur.* Dudo lib. 3. de Morib. Norman. : *Delatisque Sanctorum Phylacteriis, manibus super ipsa impositis... juravit, etc.* [Testament. Everardi Comit. ann. 837. apud Miræum tom. 1. pag. 21 : *Phylacterium de almandinis et cristallo paratum unum, Phylacterium argenteum unum, etc.* Translat. S. Ebrulfi sæc. 5. Bened. pag. 230 : *Pyxides vero plures protulit, ac Phylacteria in quibus erant sacra cum inscriptionibus suis pignora.*] Hugo

Flaviniac. in Chron. Virdun. : *Phylacteria aurea et argentea et crystallina cum Sanctorum reliquiis.* Utuntur hac notione Bonifacius, Hugo Flaviniacensis in Chronico Virdunensi, pag. 167. 246. Petrus Cluniac. lib. 6. Epist. 28. Vita S. Willelmi Ducis cap. 16. Harigerus in Vita S. Landoaldi num. 9. Ordericus Vitalis lib. 6. pag. 599. 619. Helgaudus in Vita Roberti Regis pag. 74. Gesta expugnantium Jerusalem cap. 17. etc.

¶ Philacteria, fem. gen. Guidonis Discipl. Farf. cap. 5 : *Philacteriæ superstolantur et tapetia ex formis auferantur.* Et cap. 8 : *Post versum seniores ponant Philacterias super altare hinc inde, sicuti in choro consistunt.*

Philaterium. Gregorius Mag. lib. 12. Epist. 7 : *Adulovaldo Regi transmittere Philateria curavimus, id est, Crucem cum ligno sanctæ Crucis, etc.* Dudo lib. 2. de Actis Normannorum :

> Reliquiæque simul, Philateria, cruxque verenda.

Monast. Anglic. tom. 1. pag. 93 : *Dedit etiam de suis capellis capsides et Philateria cum nonnullorum Sanctorum reliquiis.*

Phylatteria. Durandus lib. 1. Ration. cap. 3. num. 26 : *Philatteria, est vasculum de argento vel auro vel crystallo, vel ebore et ejusmodi, in quo Sanctorum cineres vel reliquiæ reconduntur.* Le Roman *de Rou* MS.:

> Desous out une Filatire
> Tout le meillor qu'il pot eslire
> Et le plus chier qu'il pot trover.

Alibi :

> Filatieres et Testes, et autres sainctuaires.

Le Roman *du Rénard couronné* MS. :

> Qui dont oist vilain jurer
> De crois, de Dius, et de Philateres,
> Qu'il fu pendus ainsi con lerres.

Adde Dissert. 26. ad Joinvillam pag. 310. et Concilia Ecclesiæ Rotomagensis pag. 254.

PHYLARCHI. Ita Saraceni Duces suos vocabant, quod εἰς φυλὰς, seu *tribus* divisi essent 12. quibus ii imperabant, ut testatur Procopius lib. 1. de Bello Persico cap. 17. 19. 20. Julianus Antecessor Constit. 95 : *Neque Phylarchum, id est Saracenorum Ducem, etc.* Marcellinus Comes : *Quindecim millia Saracenorum ab Alamundaro cum Chabo et Hesido Phylarchis limites Euphratesiæ ingressa sunt.* Occurrit passim apud Theophanem, et alios scriptores Byzantinos, et in Vita S. Nili junioris pag. 26. Vide Henricum Valesium ad Ammiani lib. 24. Glossarium Fabroti ad Constantinum Manassem et Glossar. med. Græcit. col. 1710.

PHYSICA, Medicina, ἰατρική, quæ circa hominis naturam versatur. Willelmus Malmesbur. in prologo libri 2. de Gestis Angl. : *Logicam enim quæ armat eloquium, solo libavi auditu : Physicam, quæ medetur corporis valetudini, aliquanto pressius concepi.* Will. Tyrius lib. 18. cap. 34 : *Nostri enim Orientales principes, maxime id efficientibus mulieribus, spreta nostrorum Latinorum Physica et medendi modo, solis Judæis, Samaritanis, Syris et Saracenis fidem habentes, eorum curæ se subjiciunt imprudenter, et eis se commendant Physicarum rationum prorsus ignaris.* Hugo Falcandus de Calamitate Siciliæ pag. 683 : *Misit Archiepiscopum Salernitanum, virum in Physica probatissimum.* Egidius Corboliensis MS. de Virtutibus medicaminum :

> Quo Pessulanus ubi Mons auctore niteret,
> Jam dudum Physicæ laus ecclipsata fuisset.
> Qui vetulo canos profert de pectore sensus
> Ricardus, senior quam plus ætate senili.

Et lib. 3. de Salerno :

> Fons Fisicæ, pugil eucrasiæ, cultrix medicinæ.

De Studio Physicæ Montispessulani vide præter Ranchinum, Gariellum in Episcopis Magalonensibus pag. 155. Gaufridus de Vino Salvo in Poetria MS. :

> Instar Papa boni pastoris ab ore supino
> Servat ovile suum, vel quomodo Physica curat
> Corpora, sic animas et vulnera curat eorum.

[* Alex. Iatrosoph. Ms. lib. 1. Passion. cap. 68 : *Quoniam autem et Phisicas (Phisica vocantur illa in quibus causæ occultæ sunt) et ligaturas circa se habere multi volunt, etc.*] Utuntur Guigo in Vita Hugon. Episc. Gratianop. num. 32. Ordericus Vital. lib. 3. pag. 477. Will. Tyrius lib. 18. cap. 19. Arnoldus Lubec. lib. 2. cap. 40. Honorius III. PP. in V. Compilat. tit. 27. cap. 1. Matth. Paris pag. 639. Concilium Turon. ann. 1163. Tho. Archidiac. in Hist. Salonit. cap. 19. Joann. Sarisberiensis lib. 1. Metalog. cap. 4. lib. 2. cap. 6. Vitæ Abbatum S. Albani pag. 67. etc. Le Roman *de la Malemarastre* MS. : *Jadis Ypocras si fu li tres plus sages clers de Physique, qui onc fut à son tans.* Guillelmus *Guiart*, in Philippo Augusto :

> Grand dueil en orent Crestiens,
> Tant que tous ses Physiciens
> Qui de luy garir s'entremissent,
> D'assentement commun li distrent, etc.

¶ Physica Confectio, Medica. Concil. Turon. ann. 1163. cap. 8 : *Sub obtentu languentium fratrum medendi corporibus.... regulares quosdam ad legendas leges, etiam confectiones Physicas ponderandas, de claustris suis educit* (diabolus.)

¶ Physicalis, Medicinalis. Charta ann. 1230. apud Marten. tom. 1. Anecd. col. 968 : *Consideratis meritis et fama et ægritudine tanti viri,... et quæ in physicis et Physicalibus rebus et familia sua oporteret sustinere, provisionem ei assignavit, etc.*

Physicus, Medicus. Lambertus Ardensis pag. 117 : *Unde et Physici ejus neminem ad ipsum accedere permittebant.* Adde pag. 118. Testamentum Asini editum a Petro Lambecio : *Fel apothecariis, stercus meum medicis, urinam quoque Physicis.* Rigordus *professione physicum* se dicit in prologo Historiæ. *Medici physici*, apud Sanutum lib. 2. part. 4. cap. 21. *Magistri in Physica*, in Constitut. Sicul. lib. 3. tit. 34. Ita usurpant hanc vocem Concilium Turon. III. ann. 813. can. 48. Willelm. Tyrius lib. 18. cap. 19. Oliverius Scholast. pag. 1186. Jacobus de Vitriaco lib. 3. Hist. Orient. pag. 1135. Arnoldus Lubecensis lib. 2. cap. 40. Anonymus in Chronicis Sclavicis cap. 34. Matth. Paris pag. 234. 511. Liber de Gozecensis Monast. fundatione pag. 226. etc. Vide præterea Leges Alfonsinas parte 1. tit. 17. lege 28. part. 2. tit. 9. lege 10. Ita usurpavere etiam hanc vocem nostrates : Alanus Charterius in Parlamento amoris :

> Et la tres douce Physicienne
> Pour guerir son servant feable.

Idem de tractatu *de l'Esperance : Et se le patient crie, et se guerment de la dureté de son mire, qui la laisse en tele chaleur eslever, pourtant n'est meu le sage Physicien à lui ottroier.* Vide Monstrelletum 1. vol. pag. 66. 3. vol. pag. 25. Christianum Pisanum 1. part. cap. 13. et Stephan. Paschasium lib. 8. Disquisit. Francicar. cap. 26.

* Charta Rob. reg. comit. Provinc. ann. 1319. ex sched. Pr. *de Mazaugues : Sane venerabilis et discretus vir magister Gaufridus Isnardi Aquensis ecclesiæ præpositus ac Physicus et familiaris domesticus..... DD. Joannis..... summi pontificis, etc.* Eadem appellatione donati quoque apud nostrates chirurgi. Lit. remiss. ann. 1475. in Reg. 195. Chartoph. reg. ch. 1563 : *Lesquelz gens de guerre prindrent ung homme de bien, nommé maistre Hugues Chaulagnes, vulgairement dit maistre Gregoire, qui estoit notable homme et cieurgien de feu nostre tres cher seigneur et pere;.... lesdiz gens de guerre ne vouldrent rendre ledit Physicien.*] Clericos *Physicæ* seu medicinæ operam dedisse probat Angelus a Nuce ad Leonem Ost. lib. 1. cap. 33. lib. 3. cap. 7. Vide Concilium Mouspeliense ann. 1195.

☞ Fatendum tamen est Clericis, Monachisve sæpius interdictum fuisse a canonibus ne huic scientiæ vacarent. Concil. Turon. ann. 1163. cap. 8. et alia bene multa. Id sub pœna excommunicationis *ipso facto* incurrendæ vetant Statuta Eccles. Cadurc. etc. apud Marten. tom. 4. Anecd. col. 743 : *Item, religiosi leges vel Physicam audientes.* Statuta Ordin. Prædicat. ann. 1243. ibidem col. 1685 : *Item, fratres non studeant in libris Physicis.*

¶ Physicus Monasterii, Cui in Monasterio cura infirmorum demandata. Capitul. gener. MSS. S. Victoris Massil. : *Item de officio infirmariæ; primo statuimus et ordinamus quod annuatim scilicet in festo S. Joannis Baptistæ Physicus monasterii juret in Capitulo coram conventu in manibus Prioris claustralis recipientis juramentum nomine ipsius et totius conventus fideliter se habere circa curam infirmorum, ut habeant omnia necessaria tam in rebus medicinalibus, quam in aliis condecentibus et necessariis juxta infirmitatem quam quilibet patietur; quod nec amore, nec odio, nec prece, nec pacto alicujus moveatur, quin provideat cuilibet.*

¶ Physice, i. e. secundum Medicos. Miracul. S. Humilianæ tom. 4. Maii pag. 406 : *Patiebatur infirmitatem in femore, quæ vulgo dicitur anghio, Physice dicitur bubo.*

PHYSICULATUS, in Catholico parvo, *divinatus, vel pronunciatus.* Ibidem : *Physiculo, deviner, prononcer.* Vox augurum et aruspicum. Gloss. Isid. : *Physiculo, propitio deos. Physiculator, augur, naturas in extis animantium quærens.* Proinde vox formata, ut putat Scaliger, a φυσικεύειν. Martianus Capella lib. 1. pag. 5 : *In funis, quibus aut vaticinia obliquis fundebantur ambagibus, aut denuntiata pecudum cæde Physiculatis extorum prosiciis viscera loquebantur.* Et lib. 2. pag. 38 : *Hæc aruspicio exta Physiculant admonentia quædam, vocesque trans-*

mittunt. Fridegodus in Vita S. Wilfridi cap. 47 :

Et quamvis odiis proscriptus Physiculatis, etc.

[Malim *Physiculatum odium* capitale, naturale seu domesticum interpretari, ut ex sequenti versu colligi posse videtur :

Protinus arbitrio, Wilfride, piabere nostro.]

Saxo Grammaticus lib. 1. Histor. Danicæ, de variis Mathematicis : *Secundi post hos primum Physiculandi solertiam obtinentes artem possedere Pythonicam, etc.* [Hinc emendandus Robertus monachus in Histor. Palæst. apud Ludewig. Reliq. MSS. tom. 3. pag. 96. ubi perperam editum *physicaculari*, pro *physiculari*. Vide *Fissiculare*.]

¶ **PHYSIOLOGUS**, Medicus, qui de iis quæ ad naturam hominis spectant, disserit. Acta Murensis Monasterii apud Eccard. de Orig. Habsburgo-Austr. col. 217 : *Item Augustinus de verbis Domini, et de verbis Apostolorum, et Physiologus.* Johann. Abrinc. de Offic. Eccles. pag. 46 : *Tot enim diebus secundum Physiologos humanum corpus intra matris uterum adita nativitatis die compaginatur.*

¶ **PIA**, Eo nomine Reliquias Sanctorum aliaque pietatis instrumenta, quibus donantur ii qui summum Pontificem adeunt, intelligere videtur Johannes Fiscamnensis Abbas in Epist. ad Leonem IX. PP. apud Marten. Nov. Collect. vett. Script. pag. 22 : *Hi certe contempta super pace Apostolica vestra sanctione, me invaserunt, spoliaverunt, et omnibus Piis lacrymabiliter dehonestaverunt, etc.*

* 2. **PIA**, pro *Peya*. Vide supra in hac voce. Charta ann. 1256 : *Item fenateriam in Pia nemoris de Merderel in certis et positis.*

PIABILIS, *Grandis*. Sic Glossæ antiq. MSS.

PIACA, Papiæ, *Aigatia*. [Jam monuimus in v. *Aigatia* legendum esse *Pica*, Gall. *Pie*, quam Picardi *Agache* vocant.]

* **PIACIO**, *Lo remedio*, in Glossar. Lat. Ital. Ms.

¶ **PIACUM**, Pœna, animadversio, Gall. *Punition*. Statuta antiqua Canonic. Regul. apud R. Duellium Miscell. tom. 1. pag. 88 :

Qui non prodit se, punitur, nonque pusille,
Sed quasi pro duplici, quia peccavitque reatum
Celari voluit; gravius capit ergo Piacum.

[** f. Piaclum.]

¶ **PIAGO**, ἁγνίζω, in Gloss. Lat. Græc. Cod. Reg. *Purifico, purgo;* Sangerman. *Pugno;* forte *Pie ago*, ex Barthio.

¶ **PIANCA**, vox Italica, Asser, Gall. *Planche*. Chronic. Petri Azarii ad ann. 1357. apud Murator. tom. 16. col. 344 : *Et tunc castellanus, deposito assere seu Pianca cum cuzella, dixit, etc.*

¶ **PIANCAVUM** SAMITUM. Sallas Malaspinæ de Reb. Sicul. lib. 4. cap. 6. apud Baluz. tom. 6. Miscell. pag. 295 : *Suspensis ad chordas strophæis, flectis,... cultris tectis de Piancavo samito, bysso et purpura, etc.* Vide *Exametum*, et *Pigacium*.

¶ **PIANTONUS**, ab Ital. *Piantone*, idem quod infra *Planco*, et *Plansonus*, ramalis talea. Statuta Placent. lib. 5. fol. 65. recto : *Item quicunque destruxerit salices francischos et Piantonos, et insedumina novella, solvat communi Placentiæ soldos 20. pro qualibet salice et Piantono.*

* **PIARDA**, an Vadum? Annal. Placent. ad ann. 1481. apud Murator. tom. 20. Script. Ital. col. 964. : *Capta igitur Melaria ad Padi Piardam non longe distantem,... ut Padum ponte firmaret ac vi pertransiret, properans summa ope conatus est.*

PIASTER, Pinus silvestris. Ebrardus in Græcismo cap. 25 :

Arboreumque tamen dic femineum fore nomen,
Ni dumus, rubus, oleaster, sive Piaster.

* **PIATNADZIESTA**, Polonici juris vox, mulctæ species. Stat. Casimiri ann. 1346. inter Leg. Polon. tom. 1. pag. 5 : *Damna passo juxta valorem animalis deperditi,.... cum pœna Piatnadziesta tenebuntur restituere.* Infra pag. 8. et 9. *Pietnadziesta*. Ibid. pag. 13 : *Pœna Pietnadziesta quæ dicitur quindecim.* Ita etiam passim legitur in Stat. Uladisl. Jagel. ann. 1420. ibidem. In aliis Stat. ann. 1505. ibid. pag. 344 : *Pœna trium marcarum, quæ dicitur Piatnodziesta. Pyathnadzyesta*, in iisd. Leg. a Prilusio collectis pag. 275. et 276.

* **PIBALES**, Piscis genus. Vide infra *Plota*.

* **PIBOL**, *Prov. Populus, arbor est*, in Glossar. Provinc. Lat. ex Cod. reg. 7657. Unde nostratibus *Pible* et *Piboust*, eodem intellectu. Lit. remiss. ann. 1473. in Reg. 194. Chartoph. reg. ch. 362 : *Icellui homme mist du feu en la raze de la chabanne et du bois, ung fagot ou deux de saulze et de Piboust, qui est ung bois aussi aisé à bruster que est paille.* Aliæ ejusd. ann. ibid. ch. 365 : *Ung petit baston de Pible, qui croist sur les rivieres, etc.*

1. **PICA**, PICCA, ex Gallico *Pic*, Unidens ligo, quo terra atteritur, et foditur; *epupa*, Plauto in Captivis, ut observatum a Salmasio ad Pollionem, *obpopa* et *otpopa*, ὄρυξ, in veteribus Glossis, unde nostrum *houë* eruit. Will. Brito lib. 2. Philippid. pag. 115 :

. . . . Sub eisque secare minarius instat
Cetibus et Piccis imi fundamina muri.

Will. de Podio-Laurentii cap. 38 : *Turribus et muris fortiarum destruendis Picas ferreas applicabant.* [Monstræ factæ apud Chassagniam ann. 1511 : *Stephanus Rigelon, injunctum est ei quod habeat unam Picam.*]

PICATOR, Qui *pica* terram fodit. Lambertus Ardensis pag. 258 : *Fossarii cum fossoriis, ligonistæ cum ligonibus, Picatores cum picis, malleatores cum malleis.*

PICO, Idem quod *Pica*. Epistola Arnoldi Archiepiscopi Narbonensis de parta victoria contra Mauros in Hispania ann. 1212 : *Postmodum capiti castri ejusdem incessanter sagittis et lapidibus per totum diem et noctem impugnarunt, muros nihilominus cum Piconibus fodientes.*

¶ PICHA, Eadem notione. Chronic. Tarvis. apud Murator. tom. 19. col. 765 : *Impugnans partim cum scalis erectis muris, et partim cum Pichis ferreis sudibusque, etc.*

¶ PICHO, in Annal. Estens. Jacobi de Layto apud Murator. tom. 8. col. 981 : *Paratis itaque multis malleis, sive Pichonibus ferreis atque scalis, etc.*

A voce *Pica*, dictæ sarissæ, seu longiores peditum hastæ, ut quibusdam placet. At cum alia prorsus sit picarum, seu sarissarum, forma, aliis non arridet hæc sententia. Turnebus lib. 21. Adversar. cap. 25. *Picas* nostrates, quasi *spicas* appellatas putat; et revera spicarum speciem prorsus referunt. Octavius Ferrarius a *spiculum* deducit. [** A German. *Pike* Murator. Antiq. Ital. tom. 2. col. 1264. Vide Graff. Thesaur. Ling. Franc. tom. 3. col. 324. voce *Pichan*.]

* Inter ejusmodi hastas celeberrimæ erant Flandrenses. Lit. remiss. ann. 1376. in Reg. 109. Chartoph. reg. ch. 37 : *Icellui Fournier avoit donné un certain baston qu'il avoit apporté, appellé Piques de Flandres, etc.* Aliæ ann. 1382. in Reg. 121. ch. 180 : *Icellui Barre feri ledit Pautange de la rouelle, qui est autour du fer de ladite Pique de Flandre.* Hinc *Piquenaire* vel *Piquier* appellatus miles, qui ea hasta in præliis utebatur. Charta ann. 1382. ex Cam. Comput. Paris. : *La reveue de huit vins et sept hommes à pié, que l'en dit Piquenaires, establis en la ville d'Ardres pour la deffense d'icelle.* Lit. remiss. ann. 1480. in Reg. 206. ch. 579 : *Toutes gens de guerre estans de six milles Piquenaires par nous mis sus, etc. Certaines gens de guerre, appellez Piquiers*, in aliis ejusd. ann. ibid. ch. 587. Occurrit præterea apud Froissart. vol. 4. cap. 77. *Piqueman* vero dici videtur Baculi genus, forte quod ferro acuto armatus esset, in Lit. remiss. ann. 1415. ex Reg. 168. ch. 395 : *Le suppliant.... print un Piqueman ou plançon et se mist au chemin.* Unde ludus quidam *Piquerommier* appellatus, in aliis Lit. ann. 1379. ex Reg. 115. ch. 330 : *Comme pluseurs enfans s'esbatoient de bastons, un petit pointus à l'un des bouz, au jeu, que aucunz appellent Piquerommier, etc.*

¶ 2. **PICA**, Ordo recitandi divini officii, vulgo *Directoire*. Breviarium edit. Londini ann. 1555 : *Incipit ordo Breviarii seu portiforii secundum morem et consuetudinem ecclesiæ Sarum* (seu Sarisburiensis) *Anglicanæ una cum ordinali, seu quod usitato vocabulo dicitur Pica, sive directorium sacerdotum. Pica de Dominica prima Adventus.* Vide *Ordinale*.

PICAGIUM, Tributi species, quod, ait Spelmannus, in nundinis penditur ob veniam effodiendi soli; sic ut tabernacula ponantur nundinalia, stationes, et officinæ, quas *stalla* vocant; facultas *de piquer la terre*, nostris. Monasticum Anglic. tom. 1. pag. 722 : *Sint quieti de... omnibus auxiliis, placitis, querelis, et ad omnia Comitatus, et de muragio, pontagio, pannagio, pavagio, passagio, cariagio, tallagio, Picagio, etc.* Idem pag. 976 : *Quieta de omnimodo pavagio, passagio, lestagio, stallagio, cariagio, Picagio, teragio, tronagio, etc.* Vide *Pictare*.

* **PICALOTTUS**, Qui *pica* terram fodit, idem qui *Picator*. Vide in *Pica* 1. Inquisit. ann. 1288. in Access. ad Hist. Cassin. part. 1. pag. 387. col. 1 : *Tenentur Picalotti et corrizzarii ad serviendum monasterio et abbatibus in suendis et aptandis taxillis in tendis abbatum.*

PICANTIARIUS. Vide *Pictantia*.

PICARDIA, Belgicæ notissima hodie

Provincia, cujus urbs præcipua Ambianum, unde id nominis acceperit, nemo adhuc, ut opinor, assecutus est; adeo ut mirum sit, ab aliquot sæculis appellationis originem hactenus incompertam esse. Quis enim Jacobi Guisii lib. 1. Annal. Hannonensium cap. 32. amplectatur sententiam, scribentis, a nescio quo Pignone, ex Alexandri M. Ducibus, qui castrum Piquiniacense ad Somonam fluvium struxerit, sic appellatam? tametsi Joannes Curbichonus, qui Caroli V. Regis mandato librum de Rerum proprietate in Gallicam linguam vertit ann. 1372. lib. 15. cap. 122. eidem adstipulari quodammodo videatur, hisce verbis : *Picardie est une partie de France vers Beauvais, qui est ainsi appellée, pour le chasteau de Piquigny, comme dit Grodogne au livre de la Destruction des Troiens. Car le chasteau Piquigny eut jadis la Seigneurie de tout le pays jusques à la mer d'Angleterre, pour ce de Piquigny fut Picardie nommée.* Mox subdit, Picardiam complures urbes complecti, Ambianum scilicet, Bellovacum, Abbatis-villam, Clarummontem, Hamum, S. Quintinum, Durlanum, Noviodunum, Tervannam, Turnacum, Atrebatum, S. Audomarum, Bethunam, Duacum, Orchiacum, et alias complures : præterea Picardiam dividi in superiorem, quæ Parisiorum provinciæ finitima est, et inferiorem, quæ Flandriæ et Brabantiæ. Sed cum castrum *Pinchiniacum*, uti vocatur a Dudone lib. 3. de Act. Norman. pag. 104. non ut hodie *Piquigny*, sed *Pinkeni*, et Latine *Pinconium*, in veteribus utriusque linguæ Tabulis appelletur, vix est, ut in hanc sententiam aliquis facile concedat : cum præterea castrum nudum sit, nec ullius apud Romanos antiquitatis, tametsi illustri admodum familiæ, quæ Ecclesiæ Ambianensis Vicedominatum obtinuit, nomen dederit.

Falcetus lib. 2. de Militia Francorum pag. 123. Papyrius Massonus in Notitia Galliæ, et aliquot alii post laudatum Curbichonum, ab eo armorum genere, quod vulgo *Pique* appellamus, dictos Picardos volunt, quod ea, ut aiunt, gentis ejusce propria fuerint, juxta illud Lucani lib. 1. de Suessionibus :

. . . . Longisque leves Suessones in armis.

De quo etiam egit Cluverius in Germania antiqua pag. 297. Sed et neque eæ Suessionibus propriæ fuerunt hastæ longiores, ut quæ Pannonibus etiam ab Ammiano lib. 17. et Armoricis nostris tribuantur ab Eucherio Lugdun. lib. 2. de Instruct. cum deinde longe recentior legatur *picarum* apud nostros usus, vel saltem nomenclatura, nec illa videtur propior vero sententia. In Charta Caroli VI. Reg. Franc. ann. 1321. ex Regesto 120. Tabular. Reg. Ch. 33. *picarum* Flandrensium mentio fit : *A tout grans bastons ferrez, comme glaives et piques de Flandres.*

Andreas Thevetus lib. 15. Cosmogr. cap. 3. a quibusdam gentibus, quæ regiones has inhabitarunt, denominatam scribit Picardiam, nullo prorsus fundamento, cum, quæ eæ fuerint, non nominet, nisi forte *Begardos* hæreticos intelligat, quorum nomen tantum auditum docuimus sub finem 13. sæculi a quibus denominatos Picardos non desunt qui existimaverint : tametsi *Beguinorum*, quos eosdem cum Begardis plerique censent, nomen longe antiquius sit, cum ab ejusmodi hæreticis, quos cum Valdensibus eosdem esse volunt, hæreticos Bohemos *Picardos* vulgo inde appellari, constans fere sit opinio, quod ex Belgio in has provincias transierint. Esti non magnopere repugnaverim, si quis ita dictos velit ab eorum quodam primario signifero, cui *Picardi* nomen fuerit, ut *Sicardos* olim ipsos Albigenses appellatos scribit Paulus Perrinus, a Sicardo præcipuo hæreseos doctore apud Lomberias, cujus meminit Willelmus de Podio-Laurentii cap. 4.

Sane *Picardos* Bohemos à Belgicis appellatos, nullo licet præterquam æquivocæ nomenclaturæ fundamento, ea, ut diximus, obtinuit hactenus sententia, præsertim cum Picardiæ provincia hac ipsa tempestate ea hæresi infecta legatur; quod præ cæteris testatur Matthæus Paris ann. 1236 : *Circa autem dies illos, invaluit hæretica pravitas eorum, qui dicuntur Paterini et Bugares in partibus Transalpinis, de quorum erroribus malo tacere quam loqui, adeo quod fidei puritatem in finibus Franciæ et Flandriæ ausi sunt perturbando violare.* Quod rursum ingerit sub ann. 1238. Sed et aiunt, Valdum, hæresis auctorem, cujus propagatores, atque adeo hæredes sese hodie profitentur nostri Calvinistæ, ac gloriantur, quod videre licet apud Paulum Perrinum in Valdensium Historia, summo Pontifice et Lugdunensi Archipræsule potissimum adnitentibus, pulsum Lugduno ann. 1163. in finitimas Flandriæ provincias migrasse, ubi pravas suas opiniones propagaverit, adeo ut ea statim tabe infectæ fuerint : quam quidam ut a populorum animis avelleret, Philippum Augustum in Picardiam cum valido exercitu profectum, urbes complures, ac nobilium castra fere trecenta funditus excidisse, hæreticos usque in Flandriam secutum, ubi eorum quamplurimos ignis supplicio damnaverit : ita Dubravius lib. 14. Hist. Bohem. qui vera falsis hac in re miscet. Falsum enim, ullam suscepisse in Picardiam contra hæreticos expeditionem Philippum Regem, quam pro eo, quod in Occitania gestum est, bello perperam cepit, tametsi verum sit, *Bulgaros*, uti Valdenses vocabant, in Flandria et regionibus adjacentibus igne consumptos, quod in voce *Bulgari* adnotamus. Quinimmo longe ante Valdum, Manichæorum hæresis, a qua Valdensium profluxit, in iis viguit provinciis, ut colligere est ex Guiberto lib. 1. de Reliquiis Sanctorum cap. 3. lib. 3. de Vita sua cap. 16. et Synodo Atrebatensi ann. 1025. nuper edita a viro doctissimo D. Luca Acherio tom. 13. Spicilegii. Ab istis tamen qui Picardiam insederant et infecerant, hæreticis, Bohemicos Picardos appellatos doctiorum fere est sententia, atque inprimis Æneæ Silvii in Histor. Bohem. cap. 41. ubi de Adamitis. Sed et de iis ita Thuanus noster lib. 6. Hist. : *Petrus Valdus eorum antesignanus patria relicta in Belgium venit, atque in Picardia quam hodie vocant, multos sectatores nactus, cum inde in Germaniam transiisset per Vandalicas civitates diu diversatus est, ac postremo in Bohemia consedit, ubi etiam hodie ii, qui eam doctrinam amplectuntur, Picardi ea de causa appellantur.* At Bohuslaus Balbinus in Epitom. Rerum Bohemicarum lib. 4. cap. 5. Picardos in Bohemiam tum primum venisse ann. 1418. scribit. Vide Epistolam Valdensium ad Calvinum inter ejusdem Epist. num. 250. Georgium Bartholdum Pontanum in Bohemia sacra lib. 7. cap. 9. Gretzerum in Præloquio ad Ebrardum contra Valdenses cap. 4. [*Lenfant* in Hist. Belli Hussit. lib. 5. pag. 79. et Dissert. *de Beausobre* de Adamit. Bohem. ad calcem laudatæ Historiæ.]

Non defuere denique, qui nullo vero simili fundamento Picardiæ nomen huic Provinciæ inditum scripsere, ab incolarum indole, quos in rixas, quas nostri *piques* dicunt, procliviores esse aiunt : quasi vero, licet de Picardorum moribus id concederetur, quod in dubium jure vocari potest, toti provinciæ invidiosum et contumeliosum imponeretur nomen, quod ab omnibus tam facile reciperetur. Ita dum in rebus dubiis, incertis conjecturis ac divinationibus longe petitis indulgemus, fere semper nugas vendimus ac illudimus.

* Et hodie incerta origo, etiam post Dissertationem ea de re editam in Mercur. Franc. tom. 2. mens. Dec. ann. 1752. pag. 58. Ecquis enim a Celtico natam existimet vocem, quæ nullibi legitur ante annum 1100. Nec magis asserta est Anglica illius originatio : ex Matth. Paris id quippe unum colligi potest, ea tempestate usitatam apud Anglos fuisse hanc nomenclaturam, quam a Francis hauserant. Et certo, si quid valeret hæc ratio, eam appellationem circa medium 15. sæculi exortam esse apud Francos, imo hanc ab Italis illos accepisse, recte concluderetur, quod absurdum est, ex Joan. Simoneta in Hist. Franc. Sfortiæ ad ann. 1449. apud Murator. tom. 21. Script. Ital. col. 529 : *Erat eorum omnium numerus ad sex equitum millia; in quibus merebant sagittarii, ex eo genere Belgarum, quos hac tempestate Picardos appellant, ad facinus omne promtissimi atque vitæ prodigi.* Et ad ann. 1453. ibid. col. 650 : *Quinque et triginta omnino equestres fuerunt turmæ, quatuordecim Gallicæ, quarum sagittarii quatuor ex ferocissima atque immanissima Belgica gente, quam recentiore vocabulo Picardam dicimus.* Annal. Plac. ad ann. 1478. apud eumd. tom. 20. col. 957 : *Postmodum ad Florentiæ subsidium quam plurimi sunt profecti,.... multi Theutonici, Picardi et in dies millia quatuor militum christianissimi Francorum regis.... expectantur.* Quibus id tantum docemur, tunc temporis cœpisse Italis notam esse hanc vocem, Picardosque bellica virtute celeberrimos fuisse. Verum haud leviter prætereundum est a laudato Simoneta *Picardos* inter equestres copias et sagittarios annumerari; ex eo namque repudianda est originatio nominis ab eo armorum genere, quod vulgo *Pique* appellamus deducta, cum illud peditum proprium fuerit. Ut ut est de nomenclaturæ etymo, *Picardi* a cæteris Francis ut moribus, ita et lingua seu idiomate distinguebantur. Ad iracundiam illos procliviores habitos, probant

Lit. remiss. ann. 1397. in Reg. 152. Chartoph. reg. ch. 105 : *Icellui Pertat dist au suppliant, comment sanglant Picart banny, avoie tu paour que je ne te peusse paier;.... auquy eust respondu ledit suppliant, je ne suis pas Picart, car je sueffre bien que on me desmente.* Alterum docent aliæ Lit. ann. 1388. in Reg. 133. ch. 106 : *Icellui de Chastillon cognut au parler que icellui Thomas estoit Picart, et pour ce par esbatement se prist à parler le langage de Picardie; et ledit Thomas qui estoit Picart prist à contrefaire le langage de France, et parlerent ainsi ensemble longuement, et tant que ledit Thomas se prist à courcier de ce que ledit de Chastillon contrefaisoit son langage, et l'appella, pour lui faire desplaisir, Sires homs, en lui disant que c'estoit à dire, en langage de leur pays, coux.* Denique aliæ Lit. ann. 1377. in Reg. 111. ch. 78 : *Thevenon doubtanz la mort et la grant austerité de Jehan le Pionnier, qui estoit homme estrange, Picart et de mauvaise vie, comme dit est, etc.*

Cum igitur incertum maneat hujusce provinciæ nomenclaturæ etymon, duo potissimum supersunt investiganda; ac primum, quis ex antiquioribus Scriptoribus Picardiæ nomen ei attribuerit; alterum, an propriam antea nomenclaturam habuerit, priusquam ita indigitaretur. Falcetus ait, Petrum Blesensem in Epistolis *Picardiam* nominasse; vixit ille circa ann. 1200. quod sane nondum deprehendi, nec scio an Blesensem legenti id mihi elapsum fuerit. Utcumque sit, constat Nicolaum de Braia, qui circa id temporis vixit, Picardiæ meminisse, adeoque his tum primum seculis ejusmodi nomen invaluisse. Ille enim in Vita Ludovici VIII. sub quo vivebat, quod in exitu operis testatur, ita ait :

> At Comes egregius, et Martius ille Philippus,
> Boloniæ patris imitans pia gesta Philippi,
> Gloria Picardis, Comitem sed Flandria luget.

Matthæus Paris, qui obiit ann. 1256. sub ann. 1229 : *Qui enim seminarium tumultuosi certaminis moverunt, erant de partibus conterminis Flandriæ, quos vulgariter Picardos nominamus.* Describitur Epistola Alexandri IV. PP. a Waddingo ann. 1256. num. 3. cum hoc titulo : *Venerabilibus fratribus Archiepiscopis et Episcopis ac dilectis filiis Abbatibus, Prioribus... per Franciam, Burgundiam, Picardiam, Britanniam, et Normanniam constitutis.* In Charta Simonis Card. Legati Apostolici ann. 1266. fit mentio 4. Nationum Academiæ Parisiensis, Franciæ, Picardiæ, Normanniæ et Angliæ. Neque memini, me legisse id nominis in antiquioribus Tabulis ejusdem Academiæ, tametsi Nationum mentio fiat, iis non nominatis, circa ann. 1232. in ejusdem Histor. Bulæanæ tom. 3. pag. 141. Exhinc *Picardia* et *Picardum* sat frequens occurrit mentio, apud Eberhardum in Chron. ann. 1287. auctorem Hist. Australis ann. 1285. Guillelmum Nangium in S. Ludovico pag. 377. et in Philippo Pulcro pag. 540.

Jam vero ut quædam dicamus de propria ac genuina Picardiæ provinciæ nomenclatura, antequam ita indigitaretur, quod uti observatum, vix ante annum 1200. obtinuit : constat nulla peculiari appellatione apud Scriptores denotari, si cum iis, quibus hodie porrigitur, tractuum spatiis illa spectetur : sed sui quique tractus a primariis urbibus, vel ab ipsis Comitatibus denominationem accipiebant. Verbi gratia, Ambianensis, *Pagus Ambianensis* dicitur Dudoni lib. 3. de Act. Normann. pag. 104. 135. 138. Philippus *Mouskes* in Ludovico V. :

> En la contrée d'Aminois,
> As paiens firent mult d'anois.

Et in Philipp. Aug. :

> C'il d'Aminois et de Pontieu,
> Tinrent bien d'autre part lor lieu.

Apud Suger. in Ludov. VI. pag. 313 : *Pontivos et Ambianenses et Belvacenses in sinistro* (cornu) *constitui approbavit.* Apud Rigord. ubi de prælio Bovinensi : *Supervenientes communiæ specialiter Corbeii, Ambianenses, Belvaci, et Compendii, Atrebatæ, etc.* Ita Ambianenses, Pontivos, et Corbeienses una memorat Chron. vernac. Flandriæ cap. 55. [Exstant, teste D. *le Beuf*, in veteri Antiphonario Senonensi MS. 13. sæculi, hi de Picardis versiculi, auctoris in Picardos paululum infensi :

> Isti Picardi non sunt ad prælia tardi,
> Primo sunt hardi, sed sunt in fine couardi.]

Sed et qui huic regni Francici regendæ provinciæ a Regibus nostris præficiebantur, serius sese Picardiæ Gubernatores inscripserunt. Quippe Petrus *de la Palu* Dom. *de Varenbon* sub ann. 1341. inscribitur *Gouverneur des Bailliages d'Amiens, de l'Isle et de Douai, et Capitaine des frontieres de Flandres* : interdum *Gouverneur des marches de Flandres.* Matthæus *de Trie* Franciæ Marescallus ann. 1342 : *Lieutenant du Roy és parties de Flandres et de Hainaut.* Gaufridus *de Charni* apud Froissartem vol. 1. cap. 150 : *Lieutenant du Roy sur les frontieres de France.* Carolus *D. Montmorenci, Capitaine General pour S. M. sur les frontieres de Flandres et de la mer, et en toute la langue Picarde*, in Litteris 5. Febr. ann. 1349. (1350.) Ita primus is fuit, qui Picardiæ Proregem se dixerit. Exhinc Edwardus *de Beaujeu* Franciæ Marescallus in Computo Bartholomæi *du Drach* Thesaurarii Guerrarum ann. 1350. dicitur *Capitaine pour le Roy és parties de Picardie, de Boulogne et de Calais.* Comes Inculismensis Franciæ Comestabularius, *Lieutenant pour le Roy és parties de Picardie, d'Artois, et de Boulenois*, ann. 1351. Qui deinceps hos excepere, *Gouverneurs et Lieutenans*, vel *Capitaines*, vel *Souverains Gouverneurs pour le Roy au pays de Picardie* inscribuntur.

Denique, ut et hoc breviter attingam, in Academia Parisiensi ex 4. Nationibus, quibus facultas artium componitur, secunda est Picardia, quæ, ut jam ab olim, in 2. partes divisa, 5. diœceses continet : prima quidem istas, Belvacensem, Ambianensem, Noviomensem, Atrebatensem, Morinensem : altera Cameracensem, Laudunensem, Tornacensem, Leodiensem, Trajectensem. Vide Historiam Academiæ Paris. tom. 3. pag. 559. Vide *Poheri*.

* Picardina Patria, Gall. *Le pays de Picardie.* Lit. remiss. ann. 1362. in Reg. 91. Chartoph. reg. ch. 336 : *Guerram facientes, prout per legem et consuetudinem patriæ Picardinæ licebat.*

* Picardus, Cognomen olim usitatum fuisse observat Mabillonius ex Chartario Dunensi, scripto ineunte sæculo duodecimo, tom. 5. Annal. Benedict. pag. 438.

¶ **PICARDUS**, Qui *pica* seu sarissa, Gall. *Pique*; in bello utitur. Innocent. PP. VI. in Epist. ad Joh. Reg. Franc. ann. 1361. apud Marten. tom. 2. Anecdot. col. 910 : *Inter stipendiarios alios Robertum eumdem ad nostra et Romanæ Ecclesiæ obsequia et stipendia cum certa armigerorum hominum, seu Clavorum* (perperam apud Baluz. tom. 2. Hist. Arven. pag. 441. *Glanorum*) *et Arceriorum, Picardorum comitiva jussimus usque ad nostrum beneplacitum remanere.* Vide in *Picardia.*

¶ 1. **PICARE**, Cædere, Gall. *Tailler.* Chronic. Petri Azarii ad annum 1362. apud Murator tom. 16. col. 393 : *Invenit unum rusticum pauperem et male vestitum, tapas pro faciendo novas parasides laborare ... Respondit rusticus et semper lignamina Picando, etc.* Vide *Pichare.*

* 2. **PICARE**, Terram *pica* effodere, nostris *Picquier.* Arest. ann. 1354. 23. Jun. in vol. 4. arestor. parlam. Paris. : *Per judicium curiæ nostræ dictum fuit, quod dictis matriculariis fiet et fit recredentia Picandi.... et faciendi fossas infra dictas ecclesias. Ne pooient lesdits habitans Picquier, fouyr, etc.* in Ch. ann. 1448. ex Chartul. 23. Corb.

* 3. **PICARE**, Verberare, plagis afficere, Ital. *Picchiare.* Serm. Barel. in fer. 2. hebd. 4. Quadrag. : *O quot sunt reperti, qui seipsos occiderunt et iverunt se Picandum.* Hinc, vel a Latino *Pungere*, nostri *Picaude* dixerunt, pro Punctio, vulnus leve, vulgo *Piquure, blessure legere.* Lit. remiss. ann. 1460. in Reg. 190. Chartoph. reg. ch. 154 : *Jehan le Roy fist à icellui Gaschot une Picaude ou visaige o le doy, etc.* Hist. Joan. *de Saintré* pag. mihi 284 : *Vostre dame vous a-t-elle commandé que tels Picaudes faciez ainsi?* Haud scio an huc spectet vox Gallica *Piquant*, in Lit. remiss. ann. 1372. ex Reg. 104. ch. 73 : *Icellui Pieros Dauby geta en piquant d'un noyel de cerise à l'encontre dudit Roghier; pour lequel Piquant ledit Saudrars dist pluseurs paroles injurieuses audit Pieros, combien que ledit Pieros ne le eust feru que par esbatement.* Vide infra *Picatoria.*

* Nostris præterea *Piquer* et *Picquier*, pro Frumentum terere, flagellare. Lit. remiss. ann. 1408. in Reg. 163. ch. 139 : *Le suppliant habitant de Tarbe en Bigorre loua les jumens ou eques de Raymond de Fort de Bearn, pour Piquer ou batre son mil ou blé.* Aliæ ann. 1410. in Reg. 165. ch. 25 : *Le suppliant estoit alé..... Picquier et messonner certaine vesce,.... lequel tenant en sa main le hocquet, dont il picquoit sadite vesce, etc.*

* 4. **PICARE**, More gallinarum victum quærere, rostro appetere, Gall. *Bequeter.* Dialog. creatur. dial. 61 : *Gallus et capo in curtino uno morabantur; sed gallus dominabatur gallinis : capo autem humiliter cum ipsis Picabat.*

* **PICAREL**, Piscis genus. Vide supra *Gerruli.*

¶ **PICARIA**, perperam pro *Precaria*, in

Testam. S. Bertichramni Cenomanensis Episcopi tom. 1. Junii pag. 721. Vide *Pixita*.

¶ **PICARIUM**, Vas, calix, cyathus, vel mensura potoria, vulgo *Pichier*. Necrolog. FF. Prædicat. tom. 2. Rer. Mogunt. pag. 436 : *Item, decem Picaria argentea* (recepit) *in valore octoginta florenorum, etc.* Ibidem pag. 543 : *Nec non tria Picaria vacua, quorum duo debent esse coperta.* Vide in *Bicarium*.

¶ PICHERIUS, Eadem notione. Charta ann. 1261. in Tabul. S. Victoris Massil. : *Quod dispensarius in refectorio* VI. *mapas et duo manutergia, Picherios, cyphos et cochlearia conventui necessaria teneat.* Tabul. Communit. ejusdem urbis : *Recipit... cupas duas deauratas cum pedibus, unum Picherium argenti deauratum.* Inventarium ann. 1347. tom. 2. Hist. Dalphin. pag. 555 : *Dom. Rolletus butelherius recognovit... duos Picherios magnos cum copertoriis, argenteos deauratos, etc.* Le Roman *de Partonopex* MS. :

Dementres me faites livrer
Deux beax Pichers de beau vin cler,
S'en donerai l'un à mon fils;
Que s'il en boit deux trais petis,
Tos ert en autre sens tornez
Et fera bien vos volantez.
Vostre niece nos servira,
Que de cel vin l'abeuvera,
Nos prenrons cel autre Picher,
Lairons lui et lui plaidoier.

Ibidem :

Enpres le vespres un vallet vient,
Qui un pain d'orge en sa main tient,
Et un picher en s'autre main
Moult petit de fontaine plain.

¶ PICHERIA, Provincialibus *Pichié*. Statuta Avenion. lib. 1. rubr. 27. art. 1 : *Statuimus quod quicumque vinum vendere voluerit minutatim, teneatur habere minutiores mensuras legales et signo curiæ signatas, vulgo Picheriam et fulhetum.*

PICARIUS, PICHERIUM, PICUS. Vide *Bicarium*.

* Glossar. Provinc. Lat. ex Cod. reg. 7657. *Pichier, Prov. catinum, urceus, pitalfus.* Vide infra *Pigarium*.

* **PICASSA**, PIGASSA, PICASSONUS, PIGASSONUS, Ligonis et securis species, nostris alias *Piarde, Piasse* et *Picasse*. Charta ann. 1327. in Reg. 65. Chartoph. reg. ch. 55 : *Item dictus notarius visus fuit frangere cum Picassis portas dicti Remondi circa sompnum primum.* Lit. Phil. VI. ann. 1336. in Reg. 69. ch. 320 : *Raymundus de Putheo.... expugnavit hospitium Jordani Pictavini et portas ejusdem clausas cum magnis Pigassis et gassarinis fregit.* Lit. remiss. ann. 1399. in Reg. 154. ch. 407 : *Nichilominus sibi abstulit quandam securim sive Pigassam, cum qua ipse Bernardus ictum dicti ensis repugnaverat.* Aliæ ann. 1460. in Reg. 192. ch. 80 : *Dictus Georgius supplicanti unum magnum ictum in spatulis dedit,.... et plures ictus sibi dedisset, nisi esset quædam Picassa ,.... cum qua eidem Georgio dictam furcam rebatebat.... Cum dicto Picassono, quem adhuc tenebat, venit ad eumdem Georgium.* Infra : *Pigassonus*. Lit. remiss. ann. 1385. in Reg. 128. ch. 223 : *Le suppliant print une Piasse, et en frappa ledit Perrourx par la teste.* Aliæ ann. 1454. in Reg. 191. ch. 71 : *Le suppliant faignist qu'il alast querir une Piarde et une sarpe de quoy il avoit à besongner. Une Picasse dont iceulx compaignons avoient plaié la vigne*, in aliis Lit. ann. 1469. ex Reg. 196. ch. 101. *Pieuchon*, eadem, ut videtur, notione. Lit. remiss. ann. 1410. in Reg. 165. ch. 352 : *Lesquelx s'en alerent l'un un planson et l'autre un Pieuchon en leurs mains.* Nisi tamen hic palus Gall. *Pieu*, intelligendus est, ut et *Peauchon*, in aliis ann. 1422. ex Reg. 172. ch. 55 : *Espées, dagues, princhons ou Peauchons et autres armeures invasibles et defendues.* Vide mox *Picatorium*.

¶ 1. **PICATIO**, Medicis dicitur Mollities prægnantium, depravata et vitiosa in eis appetentia, cum nempe cibos a natura alienos concupiscunt. Miracula S. Francisci Solani tom. 5. Julii pag. 891 : *Joanna Rodriguez gravida, ob Picationem intensos per viginti quatuor horas absque levamine perpessa cruciatus.*

* 2. **PICATIO**, Picis admotio, unde cutis rubefit. Vide supra *Ferulatio*.

¶ **PICATOR**. Vide *Pica* 1.

* **PICATORIA**, Lacessio, offensio, Gall. *Picoterie*. Lit. remiss. ann. 1401. in Reg. 156. Chartoph. reg. ch. 341 : *Semper investigas et perquiris contra me Picatorias, ut homo parvi valoris, sicut tu es.*

* **PICATORIUM**, *Sarpeste*, in Glossar. Lat. Gall. ann. 1352. ex Cod. reg. 4120. Vide supra *Picassa*.

* **PICCIA**, Pullus, f. ab Italico *Piccino*, parvulus. Charta ann. 1300. tom. 1. Hist. Cassin. monast. pag. 295. col. 1 : *Item ecclesia S. Nicolai.... tenetur reddere.... in festo S. Nicolai par unum Picciarum.* Hinc emendanda videtur Charta ann. 1273. ibid. pag. 271. col. 1 : *Quilibet habitator tenetur præstare gallinam unam, si vero careat gallina, tenetur præstare unum par de Pitiis.* Vide infra *Picza*.

* **PICCO**, ut *Pica* 1. Unidens ligo. Stat. ant. Florent. lib. 3. cap. 127. ex Cod. reg. 4621 : *Si quis.... aliquem vulneraverit cum sanguinis effusione cum mannariis, spedis, securibus, Picconibus, etc.* Vide infra *Pico* 1.

PICCUS. Tabularium Brivatense fol. 198. v° : *Molinarii et tres submolinarii et tres gartiones, qui portant Piccos molendinorum.*

¶ **PICEA**, Idem videtur quod *Pica* 1. Unidens ligo. Computus anni 1202. apud D. *Brussel* tom. 2. de Usu feud. pag. CLX : *Pro* C. *Piceis et* L. *huellis, et pro vectura a Belvaco usque ad Archa*, VI. *libr. et* XIII. *sol.*

¶ **PICERNA**, et PISTERNA, pro *Pincerna*, in Distribut. quotidianis MSS. Ecclesi. Lugdun. Vide in hac voce.

¶ **PICHA**, ut *Pica* 1. Vide in hac voce.

¶ **PICHARE**, Leviter incidere, Ital. *Piccare*, Gall. *Piquer*. Statuta Placent. lib. 6. fol. 68. v°. : *Potestas seu judex victualium teneatur jurari facere mulinarios granarolos quod, postquam molas molendini Pichaverint, antequam macinent de alicujus grano, de suo purgabunt et præparabunt bene molas Pichatas.*

PICHEA, Modus agri, in Normannia. *Pichea prati, terræ, etc.* in Tabulario Leprosariæ pontis Audomari. [Vide *Bichetus*.]

¶ **PICHEL**, PICHERIA, etc. Vide *Bicarium* et *Picarium*.

* **PICHERUS**, Mensura liquidorum, nostris *Pechier* et *Pichier*. Reg. S. Justi ex Cam. Comput. Paris. fol. 185. v° : *Usagium quadrigarum in foresta et tres Picheros vini, etc.* Lit. remiss. ann. 1389. in Reg. 137. Chartoph. reg. ch. 53 : *Francois Chapus, dit Valier, lui dist que s'il beuvoit plus, il lui donneroit et ferroit du Pechier ou pot, etc.* Aliæ ann. 1397. in Reg. 152. ch. 19 : *Comme le suppliant eust gaigné dudit Dominique un pot ou un Pichier de vin, etc. Trois Pichiers ou justes d'argent*, in aliis ann. 1457. ex Reg. 187. ch. 69. Vide in *Picarium*.

* Hinc forte Arvernis *Picorner*, pro Inebriari, Gall. *S'enyvrer*. Lit. remiss. ann. 1449. in Reg. 179. ch. 302 : *Picorner, qui veult dire* (en Auvergne) *soy enyvrer.*

* 1. **PICHETUS**, Mensura annonaria, idem quod *Bichetus*. Necrol. eccl. Meld. Ms. fol. 1. v° : *Johannes de Solio clericus... dedit duodecim solidos et sex denarios de censu apud Congi, novem Pichetos avenæ, etc. Pichet*, pro Mensura salis, in Lit. remiss. ann. 1390. ex Reg. 138. Chartoph. reg. ch. 280 : *Dix Pichez de sel blanc, duquel elle porta vendre à Fymes en plain marchié.*

* 2. **PICHETUS**, Mensura granorum, eadem quæ *Bichetus*. Charta ann. 1269. ex Tabul. S. Crispini in cavea : *Habeant et possideant in perpetuum in mortua manu xxxvij. aissinos et unum Pichetum terrarum arabilium.*

¶ **PICHI**, Nomen portæ cujusdam urbis CP. Expugnatio ejusdem urbis apud Marten. tom. 5. Ampliss. Collect. col. 794 : *Biglardi Dux exercitus Turcorum ordinatus et constitutus erat cum viginti millibus bellatorum ad portam civitatis vocabulo Pichi.*

PICHIN. Eckeardus Junior de Casibus S. Galli cap. 5 : *Illique rabidi advolant, hominem dicto citius corripiunt, cultellos ut ludicrum, quod Theutones Pichin vocant, in coronam ejus facerent, antequam capite illum plecterent, exigunt.* Vide ibi Goldastum pag. 195. [qui *Pichin* ludi speciem interpretatur; sed perperam, ut auctor est Schilter. in Gloss. Teuton. est enim illusio in Clerici tonsuram. Freherus : *Picken, scabere, pungere.*] [** Pertz. Script. tom. 2. pag. 106. leg. *Picchin*. Vide Graff. Thesaur. Ling. Franc. tom. 3. col. 324. voce *Pichan*.]

* **PICICHAGNOLUS**, inter minores artifices recensetur, in Stat. ant. Florent. lib. 5. cap. 19. ex Cod. reg. 4621. Vide *Pictaciarius*.

¶ **PICIETUM**, Herbæ genus, f. Petunum, nostris *Petum*. Concil. Mexic. ann. 1585. inter Hispan. tom. 4. pag. 356 : *Ne ullus sacerdos ante Missæ celebrationem... quicquam tabaci Picietive, aut similium medicamenti causa, per modum fumalis evaporationis aut alio quovis modo percipiat.*

* 1. **PICIUM**, pro *Pecium*, Frustulum. Vita B. Laur. eremit. tom. 3. Aug. pag. 306. col. 1 : *Discumbentibus itaque pariter omnibus, sub aspectu illius tres exigui allati fuere panes cum uno subcinericio, atque*

parva, *ut dicunt, Picia ex semine canabis facta, etc.*

* 2. PICIUM, Pars navis. Guido de Viveg. Ms. de Modo expugn. T. S. cap. 8 : *Pro faciendo Picia navis, quæ non sint multum acuta, et iste fundus scindatur per medium per longum, etc.* Proram et puppim intelligo.

¶ PICIUS, Idem quod *Picarium*. Vide *Picarium*.

¶ PICIUTA, *Morbus gallinæ, id est, pipido*, in Gloss. MS. S. Andreæ Avenion. Gall. *Pepie*. Corrupte fortassis pro *Pituita*. [* Et quidem ita legitur in Gloss. ad Doctr. Alex. de Villa Dei : *Pituita, infirmitas in lingua gallinæ*.]

¶ PICKETTUS, an pro *Bickettus*, Hinnulus, Gall. *Fan?* Instrum. ann. 1355, apud Rymer. tom. 5. pag. 828 : *In foresta nostra de Ingelwod, pro deductu suo habendo, de licentia nostra fugaverit decem et novem cervos, XIV. bissas,.... unum Pickettum et duos faunos ceperit.*

1. PICO, Picho. [* Charta ann. 1252 : *Picones et palas et expletam et alia aptamenta inde asportaverant*.] Vide in *Pica* 1.

* 2. PICO, Cacumen, mons, collis, Hisp. *Pico*, Gall. *Pic*. Charta ann. 1295. inter Probat. tom. 4. Hist. Occit. col. 105 : *Ponantur limites,...., scilicet eundo per terram de piquono in Piconem, et de collo in collum, et de serra in serram, etc.* Infra non semel *Piquo*. Vide *Podium* 3.

¶ PICOLERIA, Vasa fictilia, Gall. *Poterie*, interprete Cl. Auctore Hist. Dalphin. tom. 1. pag. 86. ex Charta ann. 1309 : *De qualibet vendente eodem modo paganum panem, pelleteriam,... Picoleriam, caseos, cortia, etc.* Ibidem pag. 87 : *Onerata pannis, Picoleria debet duos denarios.* Forte a *Picarium*, Gall. *Picher*, quod in pluribus Galliæ locis est vasis fictilis species. Vide supra.

* Haud scio an non melius de *Piconibus* intelligeretur : *Picolo* enim Provincialibus, idem quod ligo, marra. Vide supra *Pico* 1.

¶ PICOTA, Morbus variolarum, Gall. *Petite verole*, non raro *Picote* dicitur quod faciem punctis deformet. Mirac. MSS. Urbani V. PP. in Tabul. S. Victoris Massiliens. : *Patiens febrem, cum Picota vel vayrola debilitans.* Vide alio sensu in *Picotus*.

¶ PICOTINUS, Mensura frumentaria, non avenæ tantum ut vult Nicotius, Gall. *Picotin*, quod a Latino *paucum*, quia parva mensura, deductum scribit Menagius. Obituar. Eccl. Morin. MS. pag. 8 : *Item quatuor magni Capellani et duo Capellani S. Dionysii habent in quolibet mense quilibet sex Picotinos bladi.* Descriptio bonorum Dom. de Eska in Tabular. Audomar. : *Quæ raseria vel mensura... debet valere tres quarterios et 2. partes unius Picotini et parum plus ad mensuram vel raseriam S. Audomari.*

¶ PICOTUS, Mensura liquidorum. Regestum 87. Chartophylacii Regii : *Item dominus Aynardus de Bellacumba senior quatuor Picotos et dimidiam Picotam vini.* Ibidem : *Terram heredum Guillelmi Bucheti, pro quibus faciunt domino quinque cartas avene,... decem denarios et duodecim Picotos vini.*

* Lit. ann. 1335. tom. 7. Ordinat. reg. Frang. pag. 388 : *Propter quod possint et ipsis liceat libere sic mensuras magnas vel paucas diminuere, quod duodecim Picoti seu quarteyrones valeant tresdecim.* Hinc

* Picotus, Dicta quædam vini præstatio, quæ ejusmodi mensura percipiebatur. Pactum inter Joan. dalph. et Petr. Barral. ann. 1315 : *Concesserunt etiam nobis et succesoribus nostris perpetuo valorem seu communitatem Picotorum vallis et villæ de Alavardo prædictarum, de vinis, quæ vendentur ad tabernam : qui Picoti leventur et levari debeant de prædictis vinis vendendis ad tabernam, ab illis a quibus levari et exigi consueverunt.* Charta ann. 1323 : *Concedimus Joanni et Guigoni Barralis de Alavardo .... Picotos nostros et commune nostrum vini de Alavardo et totius mandamenti vallis de Alavardo,.... id est quidquid ratione et occasione Picotorum communis vini percipimus et habemus.... a quibuscumque personis, vinum in locis prædictis..... vendentibus.* Alia ann. 1346. in Reg. 151. Chartoph. reg. ch. 279 : *Supplicarunt nobis ut eis concedere dignaremur, quod inter se commune vini possint facere, constituere et ordinare, videlicet Picotorum, adeo quod de qualibet sommata vini, quod ab inde in antea venderetur ad minutum,.... exigere valeant tres Picotos vini.*

¶ PICRALE f. pro Pectorale, in Charta ann. circ. 1320. Vide *Cambale*.

¶ PICRIA, a Græco πικρία, Amaritudo; metaphorice Adversitas, mala fortuna. Fridegodus in Vita S. Wilfridi sæc. 3. Benedict. part. 1. pag. 180 :

> Non igitur cœptum dissolvit dexia votum,
> Picra neve tulit.

1. PICTA, æ, *Tinctura, sive Pictura*. Joan. de Janua. In Catholico parvo : *Picta, cote, ou pointure*. [Leg. f. *Puncta*. Vide in hac voce num. 5.]

¶ 2. PICTA, pro *Pica*, Unidens ligo, Gall. *Pic*, in Vita Gregorii IX. PP. apud Murator. tom. 3. pag. 571.

* Libert. loci de Portello ann. 1405. in Reg. 184. Chartoph. reg. ch. 586 : *Tenetur aguzare cuilibet laboratori unam Pictam pro fodiendo contornerias camporum sine aliquo pretio.* A

* Picta, Acumen, Gall. *Pointe*. Charta ann. 1344. in Reg. 75. Chartoph. reg. ch. 360 : *Invaserunt ipsum Robertum cum ensibus, cutellis ad Pictam et aliis gladiis.* Unde *Piquot*, Gladius, in Lit. remiss. ann. 1370. ex Reg. 100. ch. 682 : *Icellui Huguenin portant sur lui et en ses mains un glaive, appellé Piquot.* Eadem rursus occurrunt in aliis Lit. ann. 1381. ex Reg. 120. ch. 227.

3. PICTA, Pictavina, Pictavensis, Moneta Comitum Pictavensium, minutissima fere omnium monetarum : Gallis *Pite*. Charta Guillelmi Comitis Forcalcarii Gauserandæ filii : *Quicumque a 20. solidis ad quantitatem 20. librarum in bonis habuerit, pro qualibet libra unam Pictam solvat.* Tabul. Brivatense ann. 1276 : *Et unam caterencham frumenti, et tres Pictas, et unam gallinam, etc.* [Inventar. *Piquet*. in Tabul. Principis *de Rohan* num. 18. cap. 41. de Volta fol. 12 : *Primo duos civaderios cum dimidio frumenti et dimidiam Pictam quos servit Petronilla.*]

☞ *Pictam* a Pictavis, ubi primum cusa, appellari nemini vix dubium est : occurrit nihilominus interdum *Picta Turonensis* vel *Parisiensis*, quod ad valorem denariorum, quorum in computis ratio habetur, referendum; nam si denarii Turonenses computantur, *Picta*, si quæ in eodem computo addenda, dicetur Turonensis. Edictum Philippi Pulcri Reg. Franc. ann. 1294 : *De qualibet Turonensium parvorum dabunt unam pogesiam, sive Pictam Turonensem.* Unde *Pictam* idem fuisse cum *Pogesia* certum est. Vide in hac voce.

¶ Pictavia, Eadem notione, in Charta ann. 1248. tom. 2. Hist. Eccl. Meld. pag. 151 : *Pitanciarius de Chagia, XI. den. et 1. Pictaviam.*

¶ Pitta, in Inquisit. pro Canonisat. S. Yvonis MS. : *Quidam homo Hispanus pauperi petenti elemosynam pro amore Dei et D. Yvonis, porrexit ei præ irrisione unam Pittam non habentem cursum in Britannia.*

¶ Picta Rata, Bona et legalis, ni fallor; in Charta ann. 1271 : *Et ad septem Pictas ratas Parisienses, etc.*

Pictavina. Charta ann. 1206. ex Tabul. Fossatensi fol. 39 : *Quandam vineam, quam tenet a nobis ad tres Pictavinas de censu, etc.* Alia ann. 1239 : *Ego Simon de Præsepibus Miles sedecim solid. 17. denar. et unam Pictavinam census dedi.* Gesta S. Ludovici tom. 5. Histor. Francor. pag. 394 : *Quandam maculam circa caudam oculi dextri, ad modum puncturæ pulicis rubeum, latam sicut una Pictavina.* Unde apparet ut minimæ fuerint Pictavinæ. Chronicon MS. Bertrandi Guesclini :

> Més tout ce ni valoit une Poitevine.

Charta ann. 1379. apud Loisellum in Bellovaco pag. 317 : *Vint deniers Beauvaisiens, lesquels valoient chacun un denier Parisis, et demie Poitevine Parisis.* Adde Chartam ann. 1328. in Probat. Hist. Monmorenc. pag. 142. Hinc *Poitevineur*, Pictavinarum adulterator, apud Guignevillam Monachum Carilocensem :

> Et si est fausse serruriere,
> Et une fausse monnoiere,
> Et une Poitevineresse,
> Et de deniers mesconteresse.

Pictavenses. Gregorius VII. PP. lib. 9. Epist. 7 : *Octo nummi Pictavensium, Pictavenses bruni*, in Tabulario Angeriacensi fol. 222. *Solidi Pictavenses masculi*, ibidem fol. 47. et in Tabulario S. Stephani Lemovicensis in Charta ann. 1081 : *Solidi ejusdem monetæ masculinæ, et solidi nummorum Pictavinorum.* Ita apud Goffridum Vindocin. lib. 1. Epist. 21 : *Quod si trecentos solidos Pictavensium masculorum vobis daret.* Ubi *Pictavenses masculi* dicuntur *Malliæ Pictavinæ*, seu *mailles Poitevines*. Ita enim expressere hanc vocem *maille* per *masculus*, quæ vox apud nos *masle* redditur, uti monemus in Dissertatione de Byzantinorum Impp. nummis.

Pictavini. Raimundus de Agiles in Hist. Hierosolymit. pag. 165 : *Erat moneta nostra hæc, Pictavini, Cartenses, Mansei, Lucenses, Valentinenses, Mergoresi, et duo Pogesii pro uno istorum. Denarii Pictavini*, in Charta ann. 1058. in Histor. Comitum Pictav. Beslii pag. 429. in alia ann. 1105. pag. 493 : ccc. *solidos Pictavenses veteres* et cc. *alios solidos minutarum optimæ monetæ.* Charta Alphonsi Comitis Pictavensis: *Nous vous mandons, que vos nos puissiez rendre certain du prix et de la loy de Poitevins, et du pois et de la loy d'Angevins, du pois et de la loy de Nantois à l'escu, et du pois et de la loy de Mansois, et combien chascune monnoye devant dite vaut de loy et de pois à tornois, et quelle monnoye nos porrions faire en nostre terre de Poitou à nostre preu, et de la terre, etc.* Le Roman *de Garin*:

Je vos rendrai deux sols de Poitevins.

Pictata, Valor unius *Pictæ.* Charta Occitana ann. 1299. in Regesto Philippi Pulcri Regis ejusdem anni ex Tabul. Regio num. 47 : *Item acquisivit dictus Prioratus in pertinentiis de Blanhaco tres Pictatas vineæ in loco vocato, etc.* Occurrit ibi rursum.

* **PICTACIARIUS**, *Savetier*, in Glossar. Gall. Lat. ex Cod. reg. 7684. Lit. remiss. ann. 1367. in Reg. 99. Chartoph. reg. ch. 207 : *Cum Warinus de Grebovalle armiger duas maviscos, aves videlicet vocatus Gallice Mauvis, pro suo solacio, ad instruendum garrulare vel loqui, ut faciant aves hujusmodi, Petro Heuvin Pictaciario vel saveterio in talibus, una cum quadam ejus filia experte, qui se oneravit super hoc, tradidisset, etc.* Vide infra *Pictatium.*

* **PICTACIOLUM.** Vide in *Pittacium.*

* **PICTACIONARIUS**, ut supra *Pictaciarius.* Charta ann. 1328. in Reg. 65. 2. Chartoph. reg. ch. 24 : *Item Petrus Pictacionarius tenet dimidium arpentum.*

PICTANTIA, Portio monachica in esculentis ad valorem unius *Pictæ*; lautior pulmentis, quæ ex oleribus erant, cum Pictanciæ essent de piscibus et hujusmodi. Vincentius Belvac. lib. 32. cap. 49 : *Aquam etiam puram frequentius bibebant, et quandoque pro magna Pictantia mixtam vel aceto, vel lacte, nulla de vino facta mentione.* Cæsarius lib. 8. cap. 94 : *Dum... a celleraria per totum conventum Pictantia, id est ova frixa dividerentur... invisibilem ei Pictantiam misit,.... quod omnibus diebus vitæ suæ Pictantiis omnibus carere vellet.* Histor. Abbatum Ramesiens. in Monastico Angl. tom. 1. pag. 242 : *Et assignavit Pictantiam propter cœnas conventus.* Utuntur Constitut. Ordinis Prædicat. distinct. 1. cap. 5. § 2. [Capitula gener MSS. S. Victoris Massil. occurrit et alibi passim.]

¶ Pidantia, Eadem notione, in Epist. Fulconis Comitis Andegavensis ann. 1124. apud Marten. novæ Collect. tom. 1. part. 2. pag. 69 : *Habebit tota congregatio Vindocinensis de reditu piscationis ejusdem Pidantiam generalem.* Charta ann. 1344. tom. 2. Hist. Dalphin. pag. 500 : *Quod in singulis prædictis anniversariis abbas dicti monasterii teneatur providere toti conventui de Pidantia sufficienti de et super bonis sibi largitis per dictum D. Dalphinum.* Tabular. Monast. Melereii : *Dedimus abbatiæ de Melereio cum assensu D. Arturi* xl. *solidos de Pidancia in vigilia Purificationis B. M. per manum firmarii nostri Nannetis reddendos.*

* *Pedance*, nostris, eodem sensu. Testam. Hugon. de Burgund. ann. 1312. ex Cod. reg. 9484. 2. fol. 148. v° : *Item à l'hopital de Saint Esprit de Besançon pour la Pedance des pauvres deix livres.... Item doin et lais ès frères Preschours et ès freres Menours de la Basle de Losenne de Balois et de Genesve, à chascun couvent, soixante solz pour Pedance.*

¶ Pictentia. Charta ann. 1319. in Tabul. Pontisar. : *Item sex libras Parisienses pro faciendo sex Pictentias in Quadragesima.*

¶ Pietanstra, Eodem significatu. Meisterlini Hist. Rerum Noriberg. apud Ludewig. tom. 8. pag. 31. Reliq. MSS. : *Tandem denique est amor civium ad devotos ac irreprehensibiles monachos ac claustrales, ut de ipsis bene institutis possumus dicere, egentes, sed sine penuria; afflicti, sed quotidianis Pietanstris consolati.*

¶ Pietantia, in Charta Bernhardi Ducis Silesiæ ann. 1317. apud eumdem Ludewig. tom. 6. pag. 518 : *Unum insuper servicium cum Pietantiis sæpe dictis fratribus in Grizow in ipsorum refectorio annis singulis in festo Assumptionis gloriosæ Virginis M. ministrari et fieri debet, etc.* Decretum pro Monasterio Dobirluc. ann. 1374. ibid. tom. 1. pag. 388 : *Nos frater Johannes Abbas etc. Pietantiæ modus et ordo sic conscripti.... observentur. In primis videlicet, quod pietantiarius qui pro tempore fuerit omni anno singulis festivitatibus infrascriptis duo ova in brodio, pipere et croco bene condito omnibus et singulis fratribus..... tenebitur ministrare.* Occurrit præterea apud S. Wilhelmum in Constit. Hirsaug. lib. 1. cap. 97. Guidonem in Discipl. Farf. cap. 18. in Charta pro Aquariatu de Talmundo ann. 1366. etc.

¶ Pistancia. Necrolog. MS. S. Martialis Lemovicensis : xvi. *Kal. Maii dompnus Hymbertus abbas dedit nobis* lxv. *sol. ad Pistanciam faciendam cum flodonibus et cepis.* Consuetud. MSS. S. Augustini Lemovic. fol. 18 : *Et prius faciat dari panem et vinum servienti a cellario et a sacrista unum denarium pro Pistancia, et sic recedere.*

Pitancia. Udalricus lib. 2. Consuetud. Cluniac. cap. 35 : *Generale appellamus, quod singulis, in singulis datur scutellis; Pitancia, quod in una scutella, duobus; verbi gratia, aliquando pro Pitancia absque scutella unum crudi casei frustum, vel quatuor ova : pro generali ova quinque, et caseus nunquam nisi coctus.* Guigo II. in Statutis Ordinis Cartus. pag. 10. cap. 33. § 5 : *De caseo namque seu piscibus, aut ovis, vel, si quid ejusmodi, quæ Pitancias vocamus, semel sumimus.* Nescio an alia significatione cap. 35. § 2 : *Sed et si cui Pitanciam aliquam, seu cibi seu somni, vel alterius cujuslibet rei facere, aut durum et grave aliquid imponere voluerit, etc.* Ita in Statutis antiquis ejud. Ordinis parte 2. cap. 14. § 27. ubi videtur sumi pro *Pœnitentia.* Charta ann. 1278 ex Tabulario S. Bertini : *Benigne concesserunt, quod.... centum solidi Paris. post decessum nostrum annis singulis bis in anno videlicet qualibet vice 50. solidi in Pitantiam dicti conventus in perpetuum specialiter convertentur, et quod quolibet die, quo fiet hujusmodi Pitantia, celebrabitur in ipsa Ecclesia pro anima nostra... una Missa specialis, etc.* Tabular. Dalonensis Monast. fol. 33 : *Pictanciam unam communem de caseis, vel ovis seu piscibus.* Statuta Joannis Archiepiscopi Cantuariensis ann. 1279 : *Quod si aliqua secundo vocata venire contemserit, insequenti prandio ei Pitancia subtrahatur. Plenariæ et aptæ Pitanciæ,* in Testamento Sugerii Abbat. S. Dionysii ann. 1137. Occurrit passim, apud Cæsarium lib. 8. cap. 11. in Chronico Andrensi pag. 486. in Regula Ord. S. Gilberti pag. 734. in Libro Usuum Ordinis Cisterciensis cap. 76. 90. apud Raineruin Abbatem Cisterciens. in Institut. cap. 19. 60. in Vita B. Mauricii Ordinis Prædic. num. 6. apud Jacobum de Vitriaco in Hist. Occident. cap. 14. Matthæum Paris pag. 553. in veteribus Chartis apud Perardum pag. 480. in Histor. Pontivensi pag. 204. 205. in Monastico Anglic. tom. 1. pag. 104. in Chronico Beccensi ann. 1223. etc.

¶ Pittantia. Statuta Ordinis Cisterc. ann. 1221. apud Marten. tom. 4. Anecd. col. 1330 : *Visitatores una tantum Pittantia sint contenti, exceptis ovis, caseo et butyro. Pittantia potus*, in Statutis ejusdem Ordinis ann. 1180. ibid. 1252.

* Pictantia, Quidquid procurandis *pictantiis* assignetur. Charta Will. abb. Præmonst. inter Probat. tom. 2. Annal. ejusd. ordin. ann. 1303. col. 47 : *Nostrorum prona obedientia filiorum et devotione permoti, infra scriptam Pictantiam, videlicet villam nostram Obluck dictam, eis conferimus.* Unde *Un muy de blei à Pitanche*, in Ch. ann. 1256. ex Tabul. S. Elig. Noviom. : *Je Gauchiers de Thorote.... ay donné en pure et perdurable aumone au couvent de S. Eloy de Noion un muy de blei à Pitanche... à penre chascun an à la feste de S. Martin ivernal au Plessis devant dit.* Vide *Pitanciaria* et *Consolatio.*

¶ Pictantia, Pitantia, Cibus generatim, pastus, Gallice *Repas.* Testamentum Bernardi de Turre ann. 1270. apud Baluz. tom. 2. Histor. Arvern. pag. 515 : *Bertrandus filius et heres meus faciat Pictantiam seu refectionem fratribus Prædicatoribus Claromontensibus annis singulis, quamdiu vixerit.* Charta Guillelmi Abbat. S. Benigni Divion. ann. 1375. tom. 4. Gall. Christ. inter Instrum. col. 214 : *Sibi vendidimus et concessimus ad vitam suas duas Pitantias ordinarias procurandas et percipiendas statutis temporibus in dicto monasterio nostro; et dictam præbendam monachalem cum duabus Pitantiis vendidimus et concessimus pretio sex viginti florenorum de Florentia.* Charta apud Lobinell. tom. 2. Hist. Britan. pag. 149 : *Abbas copiosam Pitantiam de Pane albo et vino et piscibus, die constituta de proprio faciet conventui.* Adde Acta S. Yvonis MSS. et Necrol. Nivern. *Pitantia*, eadem notione, in Charta ann. 1295.

Perperam Acarisius, Pergaminius, et viri docti in Notis ad Miracula S. Thomæ Aquin. et in Nomastico Cisterciensi, a *Pietate* dictam *Pitanciam* scripsere : quia forte *Pietancia* aliquando scriptum reperitur, quomodo semper apud Bernardum Monach. in Consuet. Cluniac. MSS. in Codice Sangermanensi, [et alios plures, ut supra videre est.] Neque felicius Browerus in Antiquit. Fuld. pag. 207. *Pitantiam* dictam vult, *quasi Pitissantiam* et *Pitissando*, ut et Salmasius ad Hist. August. Alciat. lib. 8. Parerg. cap. 17. Maranus, Cironus, et alii, qui a *Pittacio* deducunt, ita ut Canonicis et Præbendariis, ut olim militibus, secundum porrecta illis pittacia, erogarentur species annonariæ, ut panis, vinum, lardum, caro, etc. vel quod in tabella seu pittatio describeretur, quam quisque sportulam et portionem esset suscepturus.

¶ Pitantialis Oblatio, Quæ *pitantiis* distribuendis destinatur. Synodus Limensis ann. 1585. inter Concil. Hispan. tom 4. pag. 418 : *Collectoribus præcipimus ut librum habeant, in quo per ordinem descripta servabunt omnia anniversaria, ... oblationes votivas ac testamentarias et Pitantiales, etc.*

Pitantiarius, Officium Monasticum, cui munus incumbit componendi et distribuendi singulis Monachis *pitancias* suas. Charta ann. 1292 : *Idem Abbas assignavit pitanciariæ certos reditus ad summam 8. librarum et 14. solidorum et 2. denariorum, tali modo disponendam, videlicet quod Pitantiarius ministret inde conventui singulis annis in anniversario suo vinum, piscem, et species : scilicet cuilibet de conventu unam caritatem integram boni vini, et unum ferculum boni piscis, et species per visum Subprioris, etc.* Hujus meminit Ingulphus pag. 886.

☞ Cum vero Pitantiarii munus circa esculenta versaretur, iisque componendis et distribuendis invigilaret, *Dominus domus*, eadem notione qua nos dicimus *Maître-d'Hôtel*, qui mensis præest, appellatur in Chron. Senon. cap. 25. tom. 3. Spicil. Acher. pag. 391 : *Constitutum est quod... Dominus domus, id est Pitantiarius singulis annis in anniversario dicti Simonis canonici S. Deodati v. solidos Tullenses conventui Senoniensi pro Pitantia persolveret.* [** *Magister Pictantiarum*, in charta ann. 1323. in Guden. Codic. Diplom. tom. 4. pag. 1034.]

¶ Pitancerius, ut *Pitantiarius*. Charta Ludovici Abbat. Angeriac. ann. 1420. in Tabular. ejusdem Monast. pag. 527 : *Cum dilectus frater noster Foulqueius Acarie Pitancerius ejusdem monasterii tradiderit perpetuo pro se et suis successoribus Pitanceriis dicti monasterii totas terras de Arczon, etc.*

¶ Pitansarius, in Statutis Cardinalis Trivultii Abbat. S. Victoris Massil. ann. 1531 : *Item Pitansarius tenetur dare tempore Adventus et Quadragesimæ singulis diebus pataros tres pro pitantia cuilibet religioso.*

¶ Pitenserius, Sententia arbitralis ann. 1497 : *Pitenserium pitenseriæ sacri monasterii S. Honorati Lirinensium, etc.*

¶ Pictantiarius, Constitut. Cluniac. MSS. ann. 1301. ex Archivis B. M. Deauratæ Tolos. : *Præcipimus in virtute obedientiæ et sub pœna beneficii amittendi infirmario et Pictantiario Cluniacensi qui nunc sunt et pro tempore fuerint, et etc.*

¶ Pietantiarius, in Decreto pro Monast. Dobirluc. ann. 1374. Vide supra *Pietantia*.

¶ Pistanciarius. Necrolog. MS. S. Martialis Lemovic. : *Pistanciarius debet solvere* LX. *sol. au mesier.*

¶ Pittantiarius, in Statutis S. Claudii ann. 1448. pluries occurrit.

¶ Pitantiaria, Quæ apud Sanctimoniales *pitantias* componit et distribuit. Charta Margaretæ Abbat. Faremonast. ann. 1291. in Tabular ejusdem Monast. : *Hoc excepto quod in pitantiis quas facit et distribuit Pitanciaria Faremonasterii, nihil percipiet, nisi sex denarios pro qualibet pitancia.*

Pitanciaria est Officium Pitanciarii, in Monastico Anglic. tom. 1. pag. 148. [Adde Bullam Pauli III. PP. ann. 1536. tom. 4. Gall. Christ. inter Instrum. col. 334. *Pittantiaria*, pluries in Statutis S. Claudii ann. 1448. *Beneficium* dicitur in Charta ann. 1301. supra in *Pictantiarius*.]

¶ Pitenseria, Eadem notione. Vide supra *Pitenserius*.

¶ **PICTARE**, a Gall. *Piquer*, *Pica* terram fodere. Regest. Prioratus Cokesford. apud Th. *Blount* in Nomolex. Anglic. : *Aliquis veniens ad forum nostrum de Rudham cum rebus suis, et frangendo vel Pictando aliquam placeam in dicto foro; Prior habebit inde redemptionem.* Vide *Picagium*.

¶ **PICTATA**, Valor unius pictæ. Vide *Picta* 3.

¶ **PICTATIATUS**, Resarcitus. Vide *Pecia* et *Pittacium*.

¶ **PICTATIUM**, Pictatiolum, etc. Vide *Pittacium*.

* **PICTATIUM**, *Illa corii particula, quæ soleæ repeciatæ insuta est; unde Pictatiatrix, i. repeciatrix.* Glossar. vet. ex Cod. reg. 521. Aliud Gall. Lat. ex Cod. 7684 : *Pictatium, tacon de soullers. Pictatiare, taconner soullers.* Aliud Lat. Gall. ann. 1352. ex Cod. 4120 : *Pictatiatium, tacon. Pictarius, taqueniers.* Vide supra *Pictaciarius*. Alia notione, vide in *Pittacium*.

PICTATORIÆ Tabulæ. Adso in Vita S. Soli cap. 8. de quodam muto et surdo curato : *Et sanatus est homo, quod quidem tabulæ Pictatoriæ ibidem pendentes testantur.* Tabellæ scilicet plectiles quas muti, dum eleemosynam petunt, invicem concutiunt.

¶ **PICTATUS**, Punctis distinctus. Statuta Eccles. Biterr. ann. 1368. apud Marten. tom. 4. Anecdot. col. 628 : *Ut manicis consutitiis amplis aut sotularibus cordellatis, seu diversitate foraminum Pictatis laicali abusione non utantur* (clerici.)

¶ **PICTAVENSIS**, Pictavia, Pictavina, etc. Vide *Picta* 3.

* **PICTAVINAGIUM**, Præstatio, quæ *Pictavinis* solvitur. Charta ann. 1163. tom. 1. Probat. Hist. Brit. col. 617 : *Sal quoque ipsarum unde navis illa Nannetis onerata fuerit, quotcumque navibus de Belverio adductum fuerit, nullum estimagium vel Pictavinagium, nullamque prorsus costumam reddat.* Vide *Picta* 3.

¶ **PICTAUMUS**, Caffari Annal. Genuens. lib. 1. apud Murator tom. 6. col. 253 : *Aliud vero quod remansit, inter viros de Tomilia diviserunt, et unicuique per partem solid.* XLVIII. *de Pictaumis, et libr.* II. *piperis dederunt, præter honorem Consulis et naucleorum, qui magnus fuit.* [* Legendum haud dubie *Pictavinus.* Vide in *Picta* 3.]

PICTELLUM, et Pightellum, Anglis exigua fundi portio, sepimento conclusa. Ita Spelmannus. Vide *Pictura*.

¶ **PICTENTIA**. Vide *Pictantia*.

* **PICTEREN**, Pictiren, Germanis, idem quod *Pictura*. Vide mox in hac voce.

PICTIONES, in Gloss. Isid. *qui vendentes vincunt in pictura.* Rectius apud Papiam : *Qui vincuntur in pictorum certamine.* [Gloss. Sangerman. num. 501 : *Qui vincitur* (leg. vincuntur) *in picturarum certamine.*] Galli dicimus, des *Peintereaux*, ignaros in arte pictoria.

PICTOMACHARIUS, apud Firmicum lib. lib. 8. Math. cap. 8 : *Hunc locum si Mars respexerit, stadiodromotos facit, si Luna cum Marte, Pictomacharios.* Ex Græco πύκτης, et μάχαιρα, Pycta, Gladiator, qui cum machæra pugnat : nisi legendum sit *Pyctomachos*, quod quidam volunt.

¶ **PICTORALIS** Major, Minor, Genus scripturæ. Vide in *Scriptura*.

¶ **PICTORES** Armorum. Titulus cap. 37. lib. 2. Statut. Massil. sic concipitur : *De Pictoribus armorum et aubergariis et aurifabris.* Ubi *Pictores armorum* intelliguntur ii qui insignia gentilitia in armis seu clypeis et scutis depingebant. Vide *Arma* 3.

PICTURA, Modus agri, vel vineæ. Hugo Flaviniac. in Chronic. pag. 135 : *Cum silvis et pratis ad eandem Ecclesiam pertinentibus, et Pictura vineæ una, et molendino uno, etc.* Tabularium S. Vitoni Virdunensis : *Dedit... super Mosam in finibus Novæ-villæ 18. Picturas vinearum, cum silva circumposita, quas dedit dominus Gaufredus Episcopus ad consecrandum sanguinem Domini.* Charta Egberti Archiepiscopi Trevirensis ann. 981. apud Browerum in Annalib. Trevir. : *In Castenich quoque Picturas 4. in Burbracho Picturas tres cum omnibus ad easdem rite pertinentibus, etc.* [Vide *Pedatura*.]

* Glossæ Cæs. Heisterbac. in Reg. Prum. tom. 1. Hist. Trevir. Joan. Nic. ab *Hontheim* pag. 670. col. 2 : *Habent curtiles duos et faciunt Picturas duas* (*modo appellamus Picteren*) *et trialas tres.* Et pag. 671. col. 1 : *Facit pagines septem. Sunt autem ibi Pictiren quinquaginta octo, qui mansi appellantur ibidem; sed non sunt veraciter mansi.* [** Guerardo, Pars vineæ *pecturis* circumclusa. Certe *pictura* idem valet quod *pectura* in Cod. Lauresham. num. 3672. tom. 3. pag. 212 : *Facit.... Picturas in sepe et in grania.* Vide *Pittura*.]

PICTURARE, Pingere, apud Joannem Sarisberiensem Epist. 297. hinc *Picturatus*, apud Claudianum, et aliquot alios : *Picturatio*, apud Rigordum ann. 1185.

* *Paintrerie*, Ars pingendi imagines, earumve negotium, in Ordinat. ann. 1412. ex Reg. 167. Chartoph. reg. ch. 6 : *Les jurez ougar des des mestiers de ganterie,... espinglerie, Paintrerie, etc.* Ii artifices vendebant, ut legitur infra, *des ymaiges paintes.*

¶ Piturare, Ornare, illustrare. Magister Boncompagnus de Obsid. Anconæ cap. 22. apud Murator. tom. 6. col. 943 : *Licet oratio mea verborum nonradiet venustate, nec philosophicis præfationibus Picturetur, etc.*

* **PICTURERIUS**, Carminator, Gall. *Cardeur de laine*, alias *Peignier*. Charta admort. Caroli VII. in Reg. Cam. Comput. Paris. alias Bitur. fol. 146. v° : *Item super domo.... quam tenebat Arnaldus Dursot Picturerius lanæ, iij. den. Tolos.* Lit. remiss. ann. 1480. in Reg. 206. Chartoph. reg. ch. 536 : *Aucuns Pigniers ou gens de la mortepaye, etc.* Lib. nig. S. Petri Abbavil. fol. 30. r°. : *Pierre Maillart Pignier,..... Jehan Moullair faiseur de gardes* (cardes). Hinc *Pigneresse*, quæ lanas pectit, in Judic. ann. 1304. ex Reg. *Olim* fol. 107 : *Du commun assentement des Pigneresses et file-*

resses de layne, etc. Vide in *Pectinarium.*

* **PICUM.** Percutere de Pico, Cæsim ferire, Gall. *Frapper de taille;* [** Pungere, Gall. *Frapper d'estoc :*] unde nostratibus ejusmodi ictus *Pic*, Italis *Picchio*, dicitur. Lit. remiss. ann. 1400. in Reg. 155. Chartoph. reg. ch. 86 : *Dictum Monentum in humeris, collo et capite de Pico sive talio percussit.* Aliæ ann. 1397. in Reg. 152. ch. 224 : *Dictum Vitalem duobus vulneribus de Pic sive de tallio, uno super capite et alio super altera suarum tibiarum sic deffendendo percussit. Jacobus de Pugulhano, alias Bort de Termes, dedit unum magnum Pic seu ictum cum ense evaginato super capud Johannis de Castro Baiaco,* in aliis ann. 1455. ex Reg. 189. ch. 33. Vide *Picare.*

¶ **PICUS**, Uncus. Vide *Piquus.*

* **PICZA**, Pullus, ut supra *Piccia.* Charta ann. 1184. in Access. ad Hist. Cassin. part. 1. pag. 266. col. 2 : *Nihil amplius exigemus ab eis, qui accipiunt ipsas asas, nisi tres operas per tres dies, duas ad arandum et unam ad metendum, et duas Piczas et unam ancam de porco.* A

* **PICZOLUS**, Parvulus, Ital. *Piccolino.* Charta ann. 1065. tom. 1. Hist. Cassin. pag. 254. col. 1 : *Nudillu unu cum gemmæ duæ; altare Piczolum de ebore unum, ... cortinæ lineæ majori duæ et Piczolæ duæ.*

¶ **PIDANTIA**, Vide in *Pictantia.*

* **PIDELIUM.** Charta pro eccl. Trec. ann. 1374. in Reg. 105. Chartoph. reg. ch. 553 : *Episcopus pro se retinuit Pidelium vel vertibulum, et tamquam proprium demanium episcopatus.* Partes animalium indicari suspicor, quæ dominis debentur.

PIDRISIGULA. Petrus Damiani lib. 6. Epist. 7 : *Cui... chirothecæ, calcaria, scutica, Pidrisigulæ, et si quæ alia equitandi sunt utensilia, nunquam otioso situ neglecta marcescunt.* Forte *pediligulæ* legendum.

¶ **PIDUARE**, Quasi per pedes metiri, mensurare, mensuratim assignare. Charta ann. 855. in Append. ad Marcam Hispan. col. 788 : *Ego Victor presbyter dono vacas* III. *et vitulos* II. *porcos* II. *et libros* IIII. *et vineas* III. *quas vobis Piduavi vel in præsenti tradidi.* Alia ann. 1035. ibidem col. 1061 : *Quantum prædictæ affrontationes terminant, et quantum ego præfatus Comes infra jam dictas affrontationes Piduavi et signare feci, omnia et in omnibus ad integrum dono atque concedo.* Vide *Pediare.*

¶ **PIECA**, pro *Picta*, in Charta ann. 1278. Vide *Raimundensis* in *Moneta Baronum.*

¶ **PIECHIA**, Piecia, Modus agri, Gall. *Piece de terre.* Charta ann. 1268. tom. 1. Chartul. S. Vandreg. pag. 122 : *Sciendum est quod dictus Petrus et ejus heredes debent dictum reditum de tribus Piechiis terræ, etc.* Charta ann. 1283. in Tabul. B. M. de Bono-nuntio Rotomag. : *Sciant omnes præsentes et futuri quod... dimisi... tres solidos monetæ currentis annui redditus annuatim reddendos ad festum O. SS. super unam Pieciam prati.* Vide *Pecia.*

¶ **PIEGA**, Plica, vox Italica, Gall. *Pli.* Translat. S. Antonini tom. 1. Maii pag. 767 : *Ac Piegas seu crispas vestis ipsius, etc.*

¶ **PIENTUS**, Pius. De S. Symeone Stylita tom. 5. Maii pag. 301 : *Pientissimus autem Imperator Justinus, re cognita, ingenti dolore animi percussus. Pientissime,* pro piissime, in Mulleri Introduct. ad Hist. Canon. Sand-hippolyt. apud R. Duellium tom. 1. Miscell. pag. 285 : *Eadem fidei dogmata Regi et gregi Pientissime instillasse* (Rupertum) *refert coævus autor Paulinus.*

* *Pientus* et *Pientissimus* passim occurrunt in vett. Inscript.

¶ **PIERERIA**, Lapidicina. Acta S. Francisci de Paula tom. 1. April. pag. 187 : *Solo remanente B. Francisco in Piereria sive lapidicina, ubi lapides excidebantur.*

☞ **PIERIUS.** Balbus in Catholico : *Pierius, Musaticus.* [Apud Auctores Classicos, *Pierius chorus, Pieriæ aquæ*, et *Pierides* dicuntur ipsæ Musæ.] Hepidannus in Vita S. Wiboradæ lib. 2. cap. 7 : *Scholari sudabat Pierio*, i. studebat. Matth. Vindocin. in Tobia :

Pierius tædet inseruisse librum.

* **PIERUS**, *Lo pare de nove mese.* Glossar. Lat. Ital. Ms.

PIES, *Freres pies*, dicti quidam Religiosi ac Monachi, [Dominicani scilicet,] quod instar *picarum*, albis et nigris vestibus una et simul induerentur. Thomas Walsinghamus pag. 124 : *In quodam veteri cœmeterio, quod fuerat quondam fratrum, quos Freres Pies veteres appellabant.* [Vide *Fratres Pyes.*]

¶ **PIETANSTRA**, etc. Vide *Pictantia.*

1. **PIETAS**, Miseratio, misericordia, ex Gall. *Pitié.* Glossator Historiæ Scholasticæ Petri Comestoris cap. 50. Act. Apostol. : *Pietas æquivocum est ad cultum Dei, et ad compassionem proximi.* Vita S. Stephani Abb. Obasin. lib. 2. cap. 16 : *Cum ad placitum veniret, videretque omnes suæ parti favere, adversarium vero undique et ab omnibus destitutum, Pietate ductus, aliquos e suis placitoribus clam dirigebat, qui ejus partes defenderent.* Galfridus Monemuthensis, lib. 2. cap. 5 : *Maximamque partem sine Pietate trucidarunt.* Lib. 7. cap. 3 : *Quos sine Pietate laceratos coegit in patriam remeare.* Chronic. Episcop. Metensium : *Pietate ipsorum ductus.* Mox : *Quem suorum movebat Pietas.* Vide Salmasium ad Capitolinum pag. 249.

* *Pitié*, idem quod *Aumône*, in Testam. ann. 1366. inter Probat. Hist. Sabol. pag. 384 : *Laquelle chappellenie nous avons donnée en Pitié et en aumosne à nostre bien amé chappellin, monsieur Gilles Gaulier prestre.*

¶ 2. **PIETAS**, Imago Deiparæ mortuum filium gremio tenens. Ita Bollandistæ tom. 2. Junii pag. 498. ubi de S. Rosselina : *Unum calicem, tabulam depictam in qua est Pietas, unam capam floridam et capellam rubeam.* Nostris *Notre Dame de Pitié.*

¶ Pietas, Titulus honorarius quo utitur Lambertus Comes et Abbas S. Albini in Charta ex Tabul. ejusdem Mon. : *Ego Lambertus divina annuente clementia Congregationis S. Albini... Rector. Notum siquidem fieri exopto... quod adierint clementiam Pietatis nostræ fratres prædictæ Congregationis etc.* Occurrit rursum infra.

* Quo donati etiam imperatores. Charta ann. 969. apud Murator. tom. 3. Antiq. Ital. med. ævi col. 193 : *Imperante domno nostro Ottone pacifico magno imperatore, anno Pietatis ejus viij. etc.* Alia ann. 972. ibid. : *Regnante domno Ottone piissimo perpetuo augusto, ... anno Pietatis ejus... sexto, etc.*

PIETATICULTRIX. Ciconia dicitur in Petronii Fragmento.

PIETICUS, Papiæ, *tardior* : Ugutioni et Joanni de Janua, *compassivus, a pius.* [Gloss. Lat. Gall. Sangerman. : *Pieticus, Piteux, compassis.*]

* **PIETNADZIESTA.** Vide supra *Piatnadziesta.*

PIETOSUS, Misericors, compatiens, Gallis *Piteux*, Italis *pietoso.* Vita S. Drausii Episc. Suession. num. 14. *Quia Pietosæ erat mentis, animo indoluit.* [Joh. Demussis Chron. Placent. apud Murator. tom. 16. col. 513. ad ann. 1372 : *Et certe nunquam visum fuit in aliqua civitate tam enorme, nec Pietosum, nec dolorosum infortunium quantum ibi tunc evenit.*]

* Item, Luctuosus, miserabilis, Gall. *Pitoyable.* Annal. Placent. ad ann. 1474. apud Murator. tom. 20. Script. Ital. col. 947 : *Tunc respiciens puer cœpit cum lacrymis Pietosos extollere vagitus.* Hinc *s'Appitoyer*, Misericordia commoveri, vulgo *S'attendrir, être touché*, apud Monstrel. vol. 3. fol. 18. v°. : *Ausquelles parolles le duc se Appitoya, si que l'en lui veoit les larmes aux yeux. Apiter*, eodem sensu, in Mirac. Mss. B. M. V. lib. 2 :

Car il chantoit de Nostre Dame
Si doucement, n'est home ne fame
Cui tous li cuers n'en Apitast.

PIFFARUS, Pifferus, Fistula, Italis *Piffaro* et *Piffero*, nostris *Fifre.* [Castelli Chron. Bergom. ad ann. 1386. apud Murator. tom. 16. col. 155 : *Cum hominibus numero* XXXVI. *equestribus et cum Piffaris pulsando per civitatem et burgia Bergomi.*] Computum Thesaurariæ urbis Bononiæ in Italia ann. 1364. ex Bibl. Regia : *Pro quolibet roncino in mense et ultra, pro provisione personæ suæ, cum uno equo palafredo et Piffero, ad rationem 28. sol. in mense, etc.* [Vide Oct. Ferrar. in Origin. Ital. v. *Piffaro.*] [** et Graff. Thesaur. Ling. Franc. radice *Phifa*, tom. 3. col. 330.]

* *Pifre*, pro *Fifre*, apud Rabelais. lib. 4. cap. 36.

¶ **Pifart**, nostris Panni species. Arest. ann. 1311. ex Regest. *Olim : Cinq draps... deux bleus, et un rouge, et un vert de Carcassione, et un de Bruges que l'on appelle Pifart.*

PIFLI, ita dicti hæretici Albigenses per contumeliam. Eckbertus Schonaugiensis adversus Catharos, serm. 1. de iisdem Catharis : *Hos nostra Germania Catharos, Flandria Piphles, Galli Texerant, ab usu texendi appellat,... quia veram fidem Christi, verum cultum Christi non alibi esse dicunt, nisi in conventiculis suis, quæ habent in cellariis et textrinis, et in hujusmodi subterraneis domibus.* Chr. Abb. S. Medardi ann. 1236 : *Hæreticorum maxima multitudo, quos quidam vocabant Bulgaros, alii Piflos, per diversas civitates et castella Franciæ etc.* Etiamnum *Pifres*, vocamus gulosos, qui largioribus epulis indulgent.

☞ Exstat præterea de iis hæreticis titulus in Conc. Rem. ann. 1157. apud Marten. tom. 7. Ampl. Collect. col. 74. unde quæ fuerin eorum dogmata, qui mores, quove tandem supplicio mulctabantur, discere est: *De Piphilis. Quoniam impurissima Manichæorum secta tergiversatione lubrica sub specie religionis apud imperitissimos se occultans, simplicium animas perditum ire molitur, et per abjectissimos textores, qui sæpe de loco fugiunt ad locum, nominaque commutarunt, captivas ducunt mulierculas oneratas peccatis.... conjugium quod a Domino institutum sanctumque est, ut quasi puriores mundioresque valeant apparere, impudenter damnant, et tamen in suggillatione mendacissimæ simulationis feminarum etiam consanguinearum contubernia affectant et frequentant... Majores vero quibus alii seducuntur, si confessi fuerint vel convicti, carcere perpetuo, nisi gravius aliquid mihi eis fieri debere visum fuerit, recludentur. Sequaces vero itidem confessi vel convicti, his exceptis qui ab eis seducti correptique facile resipiscant, ferro calido frontem et facies signati pellantur.*

* **PIGA**, *Nates, vel bursa, mentula.* Glossar. vet. ex Cod. reg. 7613. Aliud Lat. Gall. ex Cod. 7692 : *Piga, nache.*

PIGACIÆ, Calceorum rostra et aculei, seu eorum caudæ veluti scorpionicæ. Ordericus Vitalis lib. 8. ejusmodi calceorum rostratorum Fulconem Andium Comitem repertorem fuisse ait, *qui cum pedes haberet deformes, instituit sibi fieri longos et in summitate acutissimos subtalares, ita ut operiret pedes, et eorum celaret tubera, quæ vulgo vocantur Uniones. Insolitus inde mos in occiduum orbem processit, levibusque et novitatum amatoribus vehementer placuit. Unde sutores in calceamentis quasi caudas scorpionum, quas vulgo Pigacias appellant, fecere, idque genus calceamenti pene cuncti divites et egeni expetiere.* Vide Notas nostras ad Alexiadem Annæ Comnenæ, et in v. *Rostra*, nec non et in v. *Poulainia* et *Calceus.*

* Fuit etiam vestium ornamentum, quod nostri *Pigache* appellabant. Codex Ms. ex Bibl. S. Vict. Paris. inscriptus : *Aventures arrivées à Reims en* 1396. *à une fille nommée Ermine : Car* (ton confesseur) *vouldroit bien que les femmes, à qui il parle de leur habit, eussent vendu leur seurscos et leurs manches à Pigaches, et donné l'argent en leur maison.*

PIGACIUM SERICUM. Guillelmus Biblioth. in Stephano VI. PP. pag. 236 : *Fecit in eadem prædicta Basilica vela 4. in circuitu altaris majoris, quorum sunt duo de serico Pigacio, tertium pavonatile, quartum de Alexandrino, etc.* [Vide *Exametum* et *Piancavum.*]

¶ **PIGAGIUM**, pro *Picagium.* Vide in hac voce. Charta ann. 1526. apud Rymer. tom. 14. pag. 165 : *Stallagio, tallagio, cariagio, pesagio, Pigagio, etc.*

¶ **PIGARDUS**, *Gallus silvester,* in Gloss. MSS. XIII. sæc. S. Andreæ Avenion.

* Dialog. creatur. dial. 68 : *Pigardus, dicit Ugucio, est avis quædam, et dicitur a Pige, quod est depressio, quia forte parva est et inter animalia comestibilia numeratur Deuteron* 14.

* PIGARGUS, Eadem notione. Glossæ Bibl. Mss. anonymi ex Bibl. reg. : *Pigargus, quædam avis est, ut dicit Hugutio, et inter animalia comestibilia numeratur Deuteron.* 14. *ubi quidam legunt Philargus; sed male, sicut patet in novis Bibliis et antiquis correctis. Pigargus, non Philargus, est avis,* in vet. Glossar. ex Cod. reg. 4120.

* **PIGARIUM**, Vas, calix, cyathus. Charta fundat. priorat. Viviani Vasat. ann. 1081. vel 1082. ex Tabul. S. Flor. Salmur. : *In unoquoque foro unam junctam salis et de uno tupinario indeterminato unam tupinam et unum Pigarium.* Vide supra *Picarium.*

* **PIGASSA**, PIGASSONUS. Vide supra *Picassa.*

¶ **PIGATIO**, Furtum. Instrument. apud *Madox* Form. Angl. pag. 18 : *Clemens Slegge attachiatus fuit per corpus pro Pigatione unius bursæ cujusdam Johannis Thomæ de London.* Angli furem subdolum *Pick-pocket* vocant, quem nos Galli *Filou* dicimus.

PIGATUM, Chronicon Fontanellense, cap. 6 : *Deinde per Casalis usque ad fines Bovaricenses in dextera per summum illius Pigatum exsartum, usque ad fines Glaccolinses.*

* F. Cacumen, mons, collis, idem quod supra *Pico* 2. Vide in hac voce et *Pignaculum* in *Pinna.*

* **PIGERE**, ab Italico *Pigiare*, Premere, calcare, in titulo cap. 18. lib. 3. Statut. Cadubrii.

PIGELLA, *Quoddam genus vasis, scilicet artopta, quia depressa est.* Ugutio. [Vide Martinium.]

¶ **PIGHTELLUM.** Vide *Pictellum.*

PIGINCULUS, pro *Penicillus.* Vide Savaronem ad Sidon. lib. 7. Epist. 3.

* **PIGIO**, PIGO, a Gallico *Pigeon*, Columbus; *Penjon*, in Chartul. Corb. sign. *Ezechiel* ad ann. 1415. fol. 11. r°. : *Le fermier goira du coulombier et ara à son pourfit tous les Penjons dudit coulombier.* Comput. ann. 1403. inter Probat. tom. 3. Hist. Nem pag. 177. col. 1 : *Pro xij. polassis et xij. Pigionibus, j. libr. xv. sol. Turon.* Alius ann. 1488. ibid. tom. 4. pag. 46. col. 1 : *Item ulterius solverunt pro octo parelhs Pigonum,.... xvj. sol.* Et col. 2 : *Item in oleo pro coquendo dictas machinas et la pitit oye dictorum pullorum et Pigionum, etc.* Vide *Pipiones.*

¶ **PIGIS**, Species leguminis, f. Pisum, Gall. *Pois.* Statuta Monast. Lirin. MSS. ann. 1453 : *Item de septem sestariis leguminum, videlicet de duobus sestariis cicerum, de duobus sestariis fayolorum et uno sestario Pigium, et uno sestario lentium, et uno sestario fabarum, etc.*

¶ **PIGMENTALE**, PIGMENTARIUS, etc. Vide mox in *Pigmentum* 1.

1. **PIGMENTUM**, Recentioribus usurpatur, pro *potione ex melle et vino et diversis speciebus confecta, suavi, et odorifera,* ut est apud Joan. de Janua. Catholicum Parvum : *Pigmentum, pigment, confection souef, odorant, fait de vin et de miel, et autres espices.* Alibi : *Nectar, dulcis liquor, vel vinum pigmentatum. Vinum Cypricum, pigmentatum et clarificatum*, apud Lambertum Ardensem pag. 119. *Mellita ac pigmentata potio*, apud Petrum Damian. lib. 1. Epist. 11. *Mulsum melle simul et diversis Pigmentorum generibus paratum*, eidem lib. 6. Epist. 32. [*Bacchus pigmentatus*, pro vino pigmentato, apud Willelm. Pictav. pag. 198.] Petrus Venerab. in Statutis Ordinis Cluniac. cap. 11 : *Statutuum est ut ab omni mellis et specierum cum vino confectione, quod vulgari nomine Pigmentum vocatur, Cœna Domini tantum excepta, qua die mel absque speciebus vino mistum antiquitas permisit, omnes Cluniacensis Ordinis Fratres abstineant.* Udalricus lib. 1. Consuet. Cluniac. cap. 52 : *Et pigmentum, ad cujus tamen propinationem scilla non sonatur.* Lib. 2. cap. 4 : *Potio pigmentata.* Lib. 3. cap. 21 : *Quotiens Pigmentum datur, ipse modiolis infundit.* Occurrit apud eumdem locis aliis, ex quibus colligitur, statis diebus pigmentatam potionem Monachis datam : quod improbat S. Bernardus lib. de Vita et Moribus Religiosor. cap. 8 : *Quale est autem illud, quod nonnulla Monasteria ex more observare dicuntur, in magnis videlicet festis vina delibuta melle, Pigmentorum respersa pulveribus, in Conventu bibere?* Charta Caroli C. apud Joan. a Bosco et Joan. *le Lievre* in Vienna : *Illud etiam donativum censale, aliud in speciebus vel in Pigmentis Græcorum, præter justitiam, quam nostræ cameræ reservavimus.* Vide Fragmentum Historicum de Concilio Aquisgranensi, Rembertum in Vita S. Anscharii num. 59. Joan. Diacon. in Vita S. Gregorii Mag. lib. 2. cap. 26. Testamentum Sugerii Abbat. etc.

PIMENTUM, pro *Pigmentum.* Laudat Salmasius ad Vopiscum pag. 404. Excerpta Apicii a Vinidario hoc titulo : *Brevis Pimentorum, quæ in domo esse debent.* Tabularium Prioratus de Domina in Delphinatu ch. 215 : *Et in festivitate O. SS, unum receptum in refectorio de pane et vino, et Pimento, et piscibus, et fabis, etc.* [* Reg. episc. Nivern. ann. 1287 : *Item si dominus episcopus:.... celebraverit missam in abbatia B. Mariæ, abbatissa debet eidem domino unum pavonem et unam tinetam Pimenti : cucufæ et corrigiæ defferentium dictum pavonem et Pimentum, debent remanere cambellariis domini episcopi.*] Ita *Piment* usurparunt nostri. Le Roman *d'Auberi* MS :

> Qui porteront le vin et le Piment.

Le Roman *de Florimon* MS. :

> Vins vermaus, et blans, et herbez,
> Et de Pieumens y ot assez.

Le Roman *de Girard de Vienne* MS. :

> Et plein bocel de vin o de Pimant.

Chron. MS. Bertrandi *du Guesclin* :

> Tant luy ont presenté de vin et de Piment,
> Qu'il fut tout enyvrez, car li vin le sourprent.

Alibi :

> Ne ne beuray de vin, ne de Piment jolis.

Rursum :

> Et quant raffrechi fut l'Abbé à son talent,
> Et il ot bû un cop de ce riche Piment.

[Le Roman *de la Violette* MS. :

> Et si furent bien abeuvrez
> De Pymant qui n'est pas peuvrez.]

Hist. Prioratus *de Vigmore* in Agro Hereford. in Anglia : *Il dona adonks al Evesk une juste d'argent pleine de Piement, laquelle il reçut pur grant doun.*

PIGMENTALE, pro *Pigmentum*, apud Ebrardum Betuniensem contra Valdenses cap. 20.

PIGMENTARIUS, vel PIMENTARIUS, Pigmenti confector, ἀρωματοπώλης, in Glossis Græc. Latin. sic etiam legendum in Lat. Græc. Glossæ Græc. Gr. MSS. Regiæ : Πιμεντάριοι, οἱ βοτανολόγοι. *Pigmentarius*, in vet. Inscript. 1033. 1. apud Firmicum, Aponium lib. 5. Commentar. in Cantica Cantic. et Martianum JC. *Pigmentaria ars*, apud eumdem Aponium lib. 3. [et Gilbertum Episc. Londin. in eadem Cantica cap. 5. num. 13.] Sed de Pigmentis et arte pigmentaria, plura Salmasius ad Solinum pag. 1051. et Beroaldus ad Apuleium.

¶ PIGMENTUM, metaphorice pro Oratio in Dei amorem excitatoria, apud S. Rembertum in Vita S. Anscharii cap. 35. sæc. 4. Bened. part. 2. pag. 107 : *Denique ex ipsis compunctivis rebus, ex sacra Scriptura sumtis, per omnes psalmos propriam aptavit oratiunculam, quod ipse Pigmenta vocitare solebat : ut ei psalmi hac de causa dulcescerent. In quibus videlicet Pigmentis, non compositionem verborum curabat, sed compunctionem cordis tantum quærebat : in quibus Pigmentis aliquando Dei laudat omnipotentiam, et judicium; aliquando semetipsum vituperat, aliquando Sanctos, qui Deo obediunt, beatificat; aliquando miseros et peccatores luget.* Eadem ratione *divini Pigmentum verbi* occurrit in Vita S. Gerardi sæc. 5. Bened. pag. 273, ubi addit anonymus Scriptor : *Noverit utique sermonem divinum aptissime appellari Pigmentum, qui quo magis ruminando teritur ore sermocinantium, eo magis reddit saporis odorisve oblectamentum.*

¶ 2. **PIGMENTUM**, Species aromatis, Gall. *Epice. Pimienta* Hispanis est piper : sed a pipere *pigmentum* hic distingui videtur. Charta ann. 984. apud Baluz. Histor. Tutel. col. 380 : *Has res superius nominatas dedit Ecclesiæ B. Martini et monachis ibidem Deo famulantibus Johannes abbas, hac quidem conditione ut unoquoque anno in festivitate B. Geraldi tres libras piperis aut Pigmenti Tutelenses fratres Aureliacensibus persolverent.* Vide *Pignoletum*, et *Piper*.

¶ 3. **PIGMENTUM**, κεφάλαιον. Gloss. Lat. Græc. MSS. Sangerm.

¶ **PIGMENTUS**, Bene olens. Vita S. Romani Archiepisc. Rotomag. metrice scripta apud Marten. tom. 3. Anecd. col. 1657 :

Stella maris, portus, Pigmentis consitus hortis.

Haud scio tamen an legendum sit *hortus*, adeo ut *pigmentum* sit substantivum et quamlibet herbam odoriferam significet. [* Leg. *Pigmentum;* adeo ut substantivum sit, quo Melissa hortensis, Gall. *Melisse* vel *Citronnelle*, significatur, quam vulgus Normannorum etiamnunc *Piment* appellat : atque eo sensu intelligendum *Pigmentum*; quod rurales ecclesiæ alternis vicibus ad festum Assumptionis B. M. cathedrali Parisiensi præstare tenebantur; cujus præstationis mentio fit apud Sauval. tom. 2. Antiq. Paris. pag. 459. et D. *Le Beuf* tom. 8. Hist. diœc. Paris. pag. 483. et alibi. *Pieument*, pari significatu.] Cæterum *Empimenter* dixerunt Poetæ nostrates pro suavi et grato odore perfundere. Le Roman *d'Athis* MS :

Parmi la salle Empimentée,
De lis, de glaiuire enjonchée,
De roses fresches et nouvelles.

[* *Enpieumenter*, in Mirac. B. M. V. Mss. lib. 1 :

Si Empieumente ses florettes,
Ses flors de lis, ses violetes,
Ki entour li vont et repairent,
Que plus souef que Pieument flairent.]

¶ **PIGNA**, PIGNACULUM, etc. Vide *Pinna* 5.

* **PIGNA** PERLARUM, Ornamentum quoddam, a forma acuminata sic dictum. Charta ann. 1351. in Reg. 80. Chartoph. reg. ch. 503 : *Item unum capellum in auro cum quatuor Pignis perlarum, de pelis duodecim pro qualibet Pigna*. Vide *Pinna* 5.

* **PIGNATARIUS**, Ollarum, ex terra cocta, *Pignatte* Italis dictarum, artifex. Convent. Saonæ ann. 1526 : *Item Pignatarii pro unaquaque fornaxiata operum suorum, soldos quinque.*

PIGNALE, Idem quod *Pignus*. Fori Oscæ ann. 1247. fol. 4 : *Qui pignorat unus ad alium hæreditatem, aut res mobiles, dando suum haver, quantum habet super suum Pignale, debet statim suum Pignale recuperare, et qui tenet ipsum in pignore, debet accipere in compotum, si quod expleytum acceperit de ipsa hæreditate.* Fol. 13 : *De illo qui emit, aut accepit in pignus hæreditatem aliquam... emtor, aut qui Pignale accepit, potest de facili eam amittere.*

* **PIGNATORIUS**, perperam pro *Pignoratorius*, Pigneratitius, in Stat. synod. eccl. Tornac. ann. 1366. pag. 60. art. 2 : *Item ut custodes de commissis sibi rebus ecclesiæ fideliter custodiendis fidejussoriam vel Pignatoriam præstent idoneam cautionem.* Rectius infra pag. 67. art. 5 : *Præstent idoneam cautionem, scilicet fidejussoriam vel Pignoratoriam.* Vide in *Pignus*.

¶ **PIGNERA**. Vide *Pignus*.

¶ **PIGNERARIUM**, πρακτόριον, in Gloss. Lat. Gr. MSS. Sangerman. Tributum.

* **PIGNERATURA**, *Pigneratio*, *Engagement.* Glossar. Gall. Lat. ex Cod. reg. 7684.

* **PIGNETUM**, Panni species, idem quod *Pignolatum*. Vide in hac voce. Charta ann. 1215. ex Cod. reg. 4659 : *De pecia panni bruni, nigri, blanqueti, Pigneti, singulorum tres obol.*

¶ **PIGNERIA**. Vide in *Pignus*.

PIGNIO. Charta ann. 1213. in Historia S. Mariæ Suession. pag. 446 : *Quidquid est inter novam viam, quæ protenditur a Pignione veteris hospitalariæ ex parte Axonæ, etc.* Alia ann. 1231. ibidem pag. 44. habet *Pignone*. Idem videtur quod *Pignaculum*, de qua voce infra in *Pinna*.

☞ Idem unumque esse quod *Pignaculum* infra, Culmen domus, Gall. *Pignon*, dubitare non sinit Computus ann. 1347. tom. 1. Histor. Dalphin. pag. 84 : *Imprimis debebant facere et construere... ecclesiam.... cum triginta fenestris et Pignoribus* (l. pignonibus) *decentibus. Item dormitorium.... cum fenestris et Pignonibus decentibus, videlicet primam cannam in altum grossitudinis quatuor pedum, et supradictam cannam usque ad Pignones grossitudinis trium pedum, Pignones vero grossitudinis duorum pedum cum dimidio.*

* *Pignon*, Partem domus interiorem designat, in Lit. remiss. ann. 1468. ex Reg. 195. Chartoph. reg. ch. 148 : *Jehan Rodigo et Guillaume son voisin mangerent des chastaignes en la maison dudit Guillaume ou au Pignon d'icelle.* Halecum doliolum significat, in Charta Phil. VI. ann. 1337. ex Reg. B. Cam. Comput. Paris. fol. 183. r°. : *Sur chascun Pignon de harenc, oict deniers.* Pro *Pennon*, vexillum, legitur in Poem. *de Cleomades* Ms. :

Che fu à une matinée
Mainte enseigne desvelopée
Y ot au vent, et maint Pignon.

¶ **PINNOLARE**. Vide mox *Pignolatum*.

PIGNOLATUM. Chronicon Nonantulanum [Ricobaldi Ferrariensis] MS. de Institutis et ritibus sub Friderico II. Imper. [nunc editum apud Murator. tom. 9. Script. Italic.] : *Viri chlamydibus pelliceis, vel chlamydibus laneis sive pellibus ac infulis de Pignolato utebantur. Mulieres de tunicis de Pignolato, quando veniebant ad nuptias, utebantur.* Urbanus IV. PP. in Regula Militum Ordinis S. Mariæ, apud Ghirardaccum in Histor Bonon. : *Habeant tunicam interiorem de panno laneo albo vel Pignolato, etc.* [Gualvaneus Flamma apud Muratorium tom. 12. col. 1033 : *Virgines, antequam nuptui traderentur, vestiebantur tunica de Pignolato, quæ dicebatur sotanum.* Statuta Riperiæ cap. 12. fol. 3. v°. : *Item de qualibet petia Pignolati alti, sive colorati, sive non, pro introitu soldi tres. Item de qualibet petia Pignolati bassi, sive colorati, sive non, pro introitu soldi tres.*] Italis *Pignolo*, est fascis lini vel cannabis, *Pignolare*, linum terere, infringere. [Nostri *Teiller* dicunt, quibus etiam *Pignon* est stupa cannabina.]

¶ **PIGNOLETUM**. Edictum Philippi Pulcri Reg. Franc. ann. 1304. tom. 1. Ordinat. pag. 423 : *Nostræque intentionis existit ut gingibretum, Pignoletum, ciminum et ceteræ species aromaticæ edibiles superius non expressæ, ad quascumque partes amicorum nostrorum, de prædicto nostro regno libere possint trahi.* Aliud ejusdem Regis ann. 1312. ibidem pag. 513 : *Que nuls ne vende, ne achate pour revendre Gimgembrat ne Pignolat enbouchié, et qu'il ne soit autel desous comme dessus, et sans enchapleures, qui ne saint de meme le sucre, et la confiture sans yringes.* Nostri *Pignolat* vocant nucleos pineos sacchro conditos, a

¶ 1. **PIGNOLUS**, Nucleus pineus, Gall. *Pignon*, Ital. *Pignolo*. Charta ann. 1233. ex Schedis Præsid. *de Mazaugues* : *Ut de Pignolis possint de ipsis quolibet anno accipere et exportare ad usum propriæ comestionis.*

* Haud scio an inde accersenda sit vulgaris nostratum loquendi formula, qua quis desertum se in periculo queritur, in Lit. remiss. ann. 1414. ex Reg. 167. Chartoph. reg. ch. 405 : *Le suppliant commença à appeller et crier son compaignon,.... A! Jehan du Bourc, tu me laisses en la Pignole.* Vide infra *Pineola*.

2. **PIGNOLUS**, Vitis species in agro Mediolanensi, de qua Petrus de Crescentiis lib. 4. cap. 4.

* Eadem forte quæ *Pinot*, pro *Pineau*,

dicitur in Lit. remiss. ann. 1394. ex Reg. 146. Chartoph. reg. ch. 400 : *Le supliant dist à iceulx vendengeurs que ilz meissent les Pinoz à part, sans y mettre autres raisins : mais ce nonobstant ledit Jehannin mettoit des treceaus et autres raisins avec les Pinoz.*

¶ **PIGNORA**, Pignoragium, etc. Vide *Pignus.*

¶ **PIGNORANTIA**, Pignoratio, Facultas a Principe subdito cui jus denegatum est, concessa sibi jus faciendi atque *Pignori* capiendi etiam per vim quicquid poterit ab alterius Principis subdito, a quo injuria affectum se vel spoliatum queritur. Exstat hac de re Edictum Philippi Pulcri Reg. Franc. ann. 1313. quod in v. *Marcha* descripsimus. Statuta Eccles. Cadurc. etc. apud Marten. tom. 4. Anecd. col. 744 : *Item, persona singularis ipso facto excommunicata est et universitas interdicta, quæ concedit reprensalias sive marchas, id est Pignorantias fieri contra personas ecclesiasticas, vel bona ipsarum.* Concil. Paris. ann. 1314. apud eumdem Marten. tom. 7. Ampl. Collect. col. 302 : *Et si Pignorationes, quas vulgaris elocutio repræsalias nominat, in quibus alius pro alio prægravatur, tamquam graves legibus et æquitati naturali contrariæ, civili sunt constitutione prohibitæ, etc.* Vide *Pignus*, et *Repræsaliæ.*

¶ **PIGNORARE**. Vide in *Pignus.*

* **PIGNORATICIA** Charta, Qua aliquid in pignus assignatur. Charta Petri abb. Caun. ann. 1183. ex Chartul. ejusd. monast. : *Et totam substantiam, quæ in alia vestra Carta Pignoraticia sonat.* Vide in *Pignus.*

* **PIGNORATIO**, Obsignatio, Gall. *Saisie.* Inquisit. ann. 1268. ex sched. Pr. de Mazaugues : *Interrogatus quantum tempus est quod dictam Pignorationem fecerunt, dicunt quod sunt bene viginti anni.* Vide alia notione in *Pignus.*

* **PIGNORATISSE**, Pignoris nomine, Gall. *A titre de gage.* Charta ann. 1351. in Reg. N. Chartoph. reg. ch. 26 : *Pro quibus (florenis) jocalia prædicta Pignoratisse acceperat.*

* **PIGNORATORIUS**. Vide supra *Pignatorius.*

¶ **PIGNOTA**, Domus eleemosynæ, ubi panis, qui Italis *Pagnotta* dicitur, pauperibus distribuitur. Testamentum Humberti II. ann. 1355. tom. 2. Histor. Dalphin. pag. 620 : *Residuum et quod de prædicto residuo supererit... concedimus Pignotæ Avinionensi, quam quidem Pignotam in dicto residuo prædicti residui nostri hæredem instituimus.* Infra : *Possit... curare ad opus dictæ Pignotæ, ad hoc, quod potius abundet dictum residuum per nos concessum eidem Pignotæ, ut est dictum. Domus librationis* dicitur in Charta ann. 1335. ibidem pag. 294. Vide *Pagnota.*

¶ **PIGNUM**. Gloss. Græc. Lat. : Πραιτώρων δικαιενέχυρον, *Honorarium jus vel Pignum.*

¶ **PIGNURA**, ut *Pignus*, Gall. *Saisie.* Concil. Legion. ann. 1012. inter Hispan. tom. 3. pag. 191 : *Item si aliquis sayo Pignuram fecerit in mandamento alterius sayonis, persolvat quemadmodum si non esset sayo.*

* Alias *Pigneure.* Sent. ann. 1447. ex Cod. reg. 8387. 4. fol. 114. r°. : *Les quelz débats commencerent pour la Pigneure de certaines bestes, prinses par les serviteurs dudit conte de Longueville.*

PIGNUS. Ebrardus in Græcismo :

> Pignora pro natus, dic pignera pro vadiatus.
> Pignora natorum dicuntur, pignera rerum.

Ita etiam Iso Magister in Glossis pag. 800. Idem in Psycomachiam Prudentii : *Pignera filii nuncupantur, eo quod in eis spes habeatur futuræ posteritatis.* Alius Poëta infimi ævi MS. ex Bibl. Thuana :

> Pignus præbet oris, cum fœderis est vel amoris,
> Sed cum præbet eris, defectum mitigat æris,
> Sed cum lex docuit pro pignere pignora ponit.

Gloss. Lat. MS. Reg. cod. 1013 : *Pignera, res positas, vel sanctorum cineres. Pignora, liberi, filius, aut filia.* Altera hac significatione, id est pro reliquiis Sanctorum usurpant non semel scriptores. Gregorius Turon. lib. 9. cap. 39 : *In partes Orientis Clericos destinat pro dominicæ Crucis ligno, ac sanctorum Apostolorum, cæterorumque Martyrum reliquiis : qui euntes detulerant hæc Pignera.* Idem de Gloria Confess. cap. 20 : *Cumque sacrosancta Pignora, palliis ac mappis exornata, in excelsum deferremus, etc.* Chronicon Novalicense lib. 5 : *Contulit et duo magna Pignora, scilicet SS. Frontiniani et Sylvestri.* Adde Histor. Translat. S. Sebastiani n. 73. 83. Huc etiam spectat vetus Romæ inscriptio :

> Quod dulcis nati, quod cara Pignera præstant
> Continet hic tumulus membra qui parva retentat.

[Exstant Guiberti libri 4. de Pigneribus SS.]

¶ Pignus Mortuum, Gall. *Mort-gage*, Species usuræ, quæ Cowello lib. 2. Instit. tit. 4 § 1. dicitur Hypotheca creditori sic oppignerata, ut fructus, quos durante tempore oppignerationis producit, omnes fiant creditoris, idque sine computo inde debitori faciendo. Bulla Martini PP. V. ann. 1429. apud Lobinell. tom. 2. Hist. Britan. col. 1009 : *In nonnullis Capitulis Cathedralium et Collegiatarum usura publica exercetur, et centum pro decem annuis sub hoc figmento dantur; recipientibus ab eis pecuniam vendunt super decimis feodalibus quas dicunt possidere, licet nullas possideant, vel super eorum patrimonio decem libras Turon. redditus annui pro centum scutis, et arreragia in sortem convertunt; qui contractus vocatur vulgariter Pignus mortuum.* Vide in *Vadium.*

☞ Pro rebus mobilibus in pignus assignatis usurpant Statuta Vercellens. lib. 1. fol. 5 : *Item quod Potestas seu rector, vel ejus judices, seu milites non possint alicui persone de districtu Vercellarum, que parata sit pro aliquo facto dare fidejussorem idoneum, precipere quod det Pignus mortuum, vel in pecunia numerata, vel Pignus mortuum, vel pecuniam ponere in fortia clavarii vel alterius persone ante condemnationem factam.* Vide in *Pignoragium.* [** De pignoribus multa apud Haltaus. in Glossar. German. voce *Pfand* et compositis col. 1466. sqq. et col. 1091. voce *Kistenpfand.* Adde Grimm. Antiq. Jur. Germ. pag. 618. et Mittermaier. § 260. sqq.]

Pignora Viva, Animal, pecus. Fori Oscæ ann. 1247. fol. 3 : *Cum super aliquod factum voluerit homo pignorare alium hominem, et is, quem vult pignorare, habuerit Pignoram vivam, qualem judicat Forus, si tenuerit eam inclusam, etc.* Fol. 8 : *Et quod ipsa casa sit cum habitatore, qui faciat ibi ignem, et adhuc quæ habeat Pignoram vivam in eadem villa, cavallum, aut equam, etc.* Occurrit passim in Foris Aragon.

Pignorare, Pignori capere, Gallis *Saisir.* Lex Bajwar. tit. 12. cap. 1 : *Pignorare nemini liceat, sine jussione Ducis.* Cap. 3. § 1 : *Si quis aliquem contra Legem Pignoraverit, et sine jussione Ducis, pignus sine læsione reddat, et aliud simile addat.* Vide totum titulum, qui est de pignoribus, Legem Longobard. lib. 2. tit. 21. § 28. 30. [** Rach. 1. Lothar. I. 74.] Capitulationem Caroli Mag. de partibus Saxoniæ cap. 24. etc. Libertates concessæ Villæ Montisbrusonis a Guigone Comite Forensi ann. 1223. MSS. : *Item ut si aliquis Pignoraret vel gatjaret ipsos,... vel eorum caperet pro debitis, etc.* Constit. Jacobi I. Regis Aragon. ann. 1234 : *Statuimus, quod nullus Vicarius noster, vel aliquis homo de villa Pignoret aliquem Militem, vel ejus hominem, aut Ecclesiarum... nisi prius invenerit faticam de directo in eo, vel in domino suo, etc.* Alia Jacobi II. ann. 1269 : *Nolumus, quod persona alicujus Pignoretur, vel ratione alicujus pignoris capiatur, aut detineatur pro debito alieno in terra nostra,... quoniam cum vicinus pro vicino Pignoratur, sufficit quod res, et non personæ Pignorentur.* [Edictum Caroli Regentis ann. 1357. tom. 3. Ordinat. Reg. Franc. pag. 206 : *Nisi hoc facere voluerit, dictus baillivus Pignoret eum ad instanciam Consulum prædictorum.*] Ita in Consuetudinibus municipalibus vox *Pignorer* passim accipitur, Aquensi tit. 11. artic. 14. Bayonensi tit. 2. art. 17. tit. 19. art. 7. tit. 26. art. 13. Labort. tit. 3. art. 11. etc. tit. 7. art. 9. etc. [Adde Statuta Cadubrii lib. 2. cap. 20.]

¶ Pignorare, Prædari, hostium agros incursare, Gall. *Piller, faire des courses, picorer.* Regest. Comput. Dalphin. ann. 1310. fol. 54 : *Castellanus Bellæcombæ computat pro expensis quorumdam equorum vulneratorum Pignorando gentes Sabaudiæ, 10. lib.*

Pignora Capere, Gall. *Saisir les meubles.* Libertates Regni Majoricarum ann. 1248 : *Si Miles noluerit facere justitiæ complementum, nec a curia possit distringi, liceat adversario capere propria auctoritate sua, præter equum, quem ipse equitat.*

Pignora Mittere, Satisdare, pignus dare. Edictum Nunnonis Sancii D. Rossilionis de Treuga, ann. 1217 : *Violatores autem pacis satisdare, et Pignora mittere in manu Vicarii nostri in propriis personis, si tamen dominus, qui eos ad maleficium duxerit, vel ad guerram, voluerit Pignora mittere pro se et pro Militibus, ... recipiatur.*

Repignorare, in Legibus Luithprandi Regis Longobard. tit. 82. § 2. [** 108. (6, 55.)] : *Licentiam habeat Repignorare usque in secundam vicem.*

¶ Pignoragium, Cautio, fidejussio, pignus, Gallice *Plegerie, caution, garantie.* Litteræ Comit. Hollandiæ ann. 1284. apud Rymer. tom. 2. pag. 283 : *Præfatus domi-*

nus Rex vel sui... pacifice possideant sine impedimento seu calumpnia mei vel hæredum meorum nomine Pignoragii seu cautionis.

¶ Pignorantia, Eadem notione, in Litt. Eduardi III. Reg. Angl. ann. 1341. apud Rymer. tom. 5. pag. 244 : *Set ipsi nuncii... dixerunt præcise quod solam Pignorantiam argenti, vel jocalium reciperent cautionem.*

¶ Pignoratio, Eodem intellectu. Statuta Cadubrii lib. 1. cap. 26 : *Et si est forensis, ultra viginti dies Pignoratio non valeat, et æstimatio, et datio in solutum vigore dictæ Pignorationis fieri non possit.*

¶ Pignoratio, Præstatio ob pignorationes factas domino interdum persoluta. Statuta Ausciorum MSS. art. 41 : *Item est consuetudo ibidem quod pro aliqua pignoratione, vel venditione, vel alienatione, vel permutatione non datur aliquid ratione venditionis, vel impignorationis, vel alienationis, vel permutationis nec laudaminium, nec retrocapita, nec vendæ, nec Pignorationes, etc.*

¶ Pignería. Tabular. Vosiense fol. 26. v° : *Præcepit namque ut ille qui terram suam habuerit, omnem terram quæ est in Pigneria de eleemosina Sanctis redimeret; absolvit vero omnes conlibertos et conlibertas et ipsorum tributum Deo.* Occurrit præterea apud Stephanot. tom. 2. Antiq. Bened. Lemovic. pag. 288.

Pignoraria. Charta ann. 1116. in Tabul. Ecclesiæ S. Laudi Andegav. fol. 77 : *Concordia, quæ inter Ecclesiam Fontisebraldi et Ecclesiam S. Laudi facta est super Pignoraria et terra Petri de Monte, etc.*

Pignorator, Fidejussor, in Charta Raimundi Comitis Paliarensis ann. 1055.

¶ Pignoratitium Instrumentum, Charta, qua aliquid in pignus datur. Charta Raimundi Rogerii Vicecom. Biterr. ann. 1204. inter Instrum. tom. 6. Gall. Christ. novæ edit. col. 149 : *Item promitto vobis... quod non inquietabo..., vos.... occasione.... instrumenti Pignoraticii olim confecti inter Bermundum Episcopum Biterrensem et Ceciliam Biterrensem vicecomitissam, ac filios ejus, donec prædicti sex millia solidi Melgorienses sint vobis redditi.* Infra *Pignoris obligatio* et *cirographum* dicitur.

Pignora, æ. Tabularium Cadurc. Eccles. : *Gulielmus Vicecomes S. Cyrici fecit Pignoram Raimundo Rateri in villa, quæ dicitur Crem, videlicet unum prandium cum centum Militibus per trecentos solidos Aquitanenses.* Infra : *Et omne quod in hac terra juste vel injuste quærere poterant, cum ista Pignora, jure perpetuo... Ecclesiæ relinqueret, quoadusque Pignoram supradictam redderet, videlicet 300. solidos nummorum, etc.*

☞ Ex his haud facile efficitur quæ sit nativa vocis *Pignora* notio : utcumque tamen colligi posse videtur hac voce significari quicquid ab alio sub pignore datur vel tenetur; ita ut *Pignora* opponatur *alodio* seu immobili proprio : qua nomenclatura non tantum res ipsa, sed et præstatio quæ ob eam rem reddebatur, veluti rei pignus, donata est. Hæc apertius docent sequentia. Charta ann. 1125. inter Probat. novæ Historiæ Occitaniæ tom. 2. col. 429 : *Donamus tibi* (Bernardo de Tresmals) *totum ipsum honorem quem ipsi habuerunt,.... sive per alodium, sive per fevum, sive per tenentiam; exceptis burgis de Carcassona, et exceptis Pignoribus illorum. Et donamus vobis totum ipsum honorem quem Guilhermus Arnaldi tenuit,... sive per alodium, sive per Pignoras.* Ibid. col. 430 : *Si vero ipsæ Pignoræ quas mihi donatas habetis fuerint de me* (Bernardo de Tresmals) *redemptæ, donem ipsum arere propter ipsum honorem.... Quod si non fecero, habeatis retornum in toto ipso meo honore qui mihi accidit ex parte patris mei et matris meæ.* Testam. Rogerii Vicecom. Biterr. ann. 1150. apud Marten. tom. 1. Anecd. col. 411 : *De Comite de Fusco habeo et teneo villas et honorem per Pignoram septem millia solidorum Tolosanorum, et si Raymundo Trencavello ipsos septem millia solidos reddiderit, aut cui ille voluerit, ipsam Pignoram recuperet.* Tabular. Fuxense inter Instrum. tom. 1. novæ Gall. Christ. pag. 4 : *Istas Pignoras suprascriptas teneat Froterius et Bernardus, per quinque millia solidorum vel solidatas apretiatas justis apreciatoribus.*

¶ Pignus, *eris. In Pignere mittere*, in pignus dare. Charta apud Stephanot. tom. 2. Antiquit. Bened. Lemovic. MSS. pag. 287 : *Qui ante longe pro centum solidis ipsi prædicto Apostolo* (Petro) *in Pignere miserat.*

PIGRA, Medicina. [* Vita S. Joan. episc. Laudens. tom. 3. Sept. pag. 163. col. 2 : *Medicinam æger spernebat, quam sanum pro se medicum gustasse cernebat. Sic nonnumquam glacies, quam duravit aquilo, liquatur ab austro : sic quod nequivit Pigra, perfecit gera.* Adagium est, ut monent docti Editores, quo videtur auctor dicere voluisse : Quod non potuit amara medicina, seu increpatio, effecit suavis, sancta scilicet humilitas.] Vide *Girapigra*.

¶ **PIGRANIMUS**, Piger, ignavus, tardus. Avienus apud Barth. in Advers. 46. 1.

PIGREDO, in Glossis antiquis MSS. *Pigritia, torpor, stupor.* Occurrit 19. Proverb. v. 15.

PIGRI, *Jura pigrorum*, quorum cognitio ad majores judices spectat. Charta Heriberti Comitis Viromand. ann. 1076. tom. 12. Spicilegii pag. 157 : *Manentes injuste vexando, jura Pigrorum vel viarum, aliasque justitias, quas ad majorem potestatem pertinere dicebant, violenter usurpando.* Infra : *Neque in omnibus supranominatis locis et districtis Pigrisque quibuslibet seu viis interpositis aliquam justitiam, ... usurpare audeat.* Vide *Pita* 1.

* Id est, *Pirgiorum* seu viarum publicarum. *Pigoriaus*, nostris, ut videtur, eodem sensu. Charta Phil. Pulc. ann. 1298. in Lib. rub. Cam. Comput. Paris : *Le rouage des Pigoriaus, la taille du pain et du vin.* Vide *Pirgius*.

¶ **PIGRIDITAS**, Prigrities, socordia. Maurisius de Dissidiis Marchionis Estensis apud Leibnit. Script. Brunsvic. tom. 2. pag. 46 :

Quod propria culpa castrum sic perdit amœnum
Perpetuo doleat Pigriditate sua.

¶ **PIGRITANUS**, Piger, tardus. Roswita de fundat. Cœnobii Gandershem. apud eumdem Leibnit. ibidem pag. 319 :

Ecce meæ supplex humilis devotio mentis,
Gliscit felicis primordia Gandeshemensis
Pendere cœnobii, quod cura non Pigritana
Construxere Duces Saxonum jurepotentes.

* **PIGRITARE**, Pigrari. Helg. in vita Rob. reg. tom. 10. Collect. Histor. Franc. pag. 108 : *Ceterum quod pontifices ipsi abbatesque facere Pigritabant, quorum est errantes corrigere,.... ipse verus Dei amicus audebat.* Vide *Pigritari*.

¶ Pigritari, Pigrari, morari. Reinardus Abbas in Epist. ad Wibaldum ann. 1146. apud Marten. tom. 2. Ampliss. Collect. col. 198 : *Si tamen tibi placuerit, sæpius te visitare non Pigritabor.* Caffari Annal. Genuens. lib. 1. apud Murator. tom. 6. col. 251 : *Surrexit et dixit : O cives et bellatores Dei, præcepta Dei quæ per Patriarcham modo audistis, complere ne Pigritemini. Pigritatus sum,* ὤκνησα, in Gloss. Latin. Græc. [** Occurrit in Vulgat. Acta Apost. cap. 9. vers. 38. et alibi.]

PIGRITAS. Gloss. Græc. Lat. ἀργία, *Socordia, Pigritas.* [Vide *Pigriditas.*]

* **PIGUS**, Piscis genus. Tract. Ms. de Pisc. cap. 10. ex Cod. reg. 6938. C. : *Ciprinus clavatus.... a Mediolanensibus Pigus vocatur.*

* **PIGUUS**, *Pigro*, in Glossar. Lat. Ital. Ms.

* **PIISSIMUS**, Eo titulo donatur Ludovicus Junior, in Charta Guillelmi com. Nivern. inter Probat. Hist. Autiss. pag. 19. col. 2 : *Actum est hoc Autissiodori, anno ab incarnatione Domini millesimo centesimo sexagesimo primo, regnante Ludovico Piissimo rege Francorum.* Vide infra *Pius*.

* **PIKARIUM**, Mensura vinaria. Charta Frider. ducis Austr. ann. 1231. apud Pez. tom. 6. Anecd. part. 2. pag. 82. col. 2 : *Singulis annis liceat procuratori camerarii ejusdem ecclesiæ.... vendere quindecim carratas vini per Pikaria.... Quicquid vero vini ultra quindecim carratas fuerit a camerario transmissum, hoc non per Pikaria, sed per vasa integra in civitate vendat.* Vide in *Picarium*.

¶ **PIKERELLUS**, Luciolus, Angl. *Pickrel*, Gall. *Brocheton*. Charta ann. 1356. apud Rymer. tom. 5. pag. 870 : *Ac etiam in stagnis ejusdem dominii piscatus fuerit, et duos luceos (quorum uterque tres pedes et dimidium)... quinquaginta Pikerellos (quorum quilibet unum pedem et dimidium.)*

1. **PILA**, Monetæ cujusvis pars aversa, vulgo, *la Pile*. Vetus Charta apud Argentreum in Hist. Britann. lib. 1. pag. 95 : *Parvi denarii currebant tunc in Britannia, in qua siquidem moneta alba erant insculptæ duæ herminæ circa crucem et in Pila tres herminæ, etc.* [* Memor. D. Cam. Comput. Paris. fol. 52. v°. : *Item tradidi eidem cl. jactatores argenti ad Pilam Turon.*] Sic autem dictas pilas a nobis observatum in Notis ad Joinvillam, quod plerisque monetis Franciscis efficta esset templi seu ædis sacræ species, columnis, quas vulgo *pilas* et *pilaria* dicimus, sustentati.

☞ Erit fortasse qui hanc monetæ partem *Pilam* nuncupatam malit ab instrumento ejusdem nominis, quo olim ad signandam partem nummi aversam utebantur. Vide *Poulain* et *Boizard* ubi monetariorum voces interpretantur : quibus addendus Felibianus qui in Diction. Artium docet etiamnum Pilam apud Batavos in usu esse, eademque ratione cusa fuisse veterum numismata. Monendus tamen obiter Lector in eo falli Felibianum quod partem nummi pila signatam, quæ est inferior, superiorem esse scribat. [* Eo sensu *Pila* legitur in Stat. ant. Florent. lib. 3. cap. 129. ex Cod. reg. 4621 : *Domini monetæ seu alius.... partiri faciat.... quonium, torsellum, Pilam, puntellum, marchium seu pondus monetæ aureæ vel argenteæ.*] Latius vocem *Pille* usurpat Le Roman *de Vacce* MS. pro quavis pecunia signata :

Boton estoit sés maistres moult proux et moult cortoiz,
Ne faillissent au Duc por Pille, ne por croiz.

Vide *Crux in Monetis.*

¶ 2. **PILA**, Idem quod *Lobia*, Porticus operta ad spatiandum idonea; quod *pilis* sustentetur sic dicta. Statuta Vercell. lib. 2. fol. 37. v°. : *Que banna judex et consul justitie Vercellarum dare et scribi facere teneatur per notarium ad hoc deputatum, et legi facere publice ad Pilam vel lobiam ubi fiunt cautiones Communis Vercellarum.* Occurrit rursum fol. 38. et 170. v°.

* Eadem ratione porticus nundinaria seu locus, ubi merces venum exponuntur, *Pila* dicitur, in Charta ann. 1326. ex Reg. 72. Chartoph. reg. ch. 51 : *Concesserunt dictæ universitati* (de Lautrico) *plenam et liberam potestatem domos et Pilas communes et marcellum faciendi. Forum sive messegueriam, Pilas, macellum*, in Lit ann. 1410. tom. 9. Ordinat. reg. Franc. pag. 559. art. 16. Vide supra *Apilagium.*

3. **PILA**, Taberna, *Taverne.* Unde versus :

Est pila, pes pontis : pila, ludus : pila, taberna :
Pila terit pultes ; sed pila geruntur in hostes.

Versus alius :

Ludum laudo pilæ, plus laudo pocula pilæ.

[Glossæ Lat. Gall. Sangerm. : *Pila, Pelote, esteuf, taverne, ou pilier de pont, ou pile à piler fromant.*] Vide *Pinna* 2.

¶ 4. **PILA**, Agger, moles, via strata, nostris *Chaucée.* Enumeratio jurium Comit. Biterr. in civitate Albiensi ann. 1252 : *Item recognovit eidem quod insimul habebant pedagium Pilæ.* Charta ann. 1509. apud Rymer. tom. 13. pag. 243 : *Relaxavimus eidem Episcopo* (Londoniensi)... *forisfacta vel forisfacienda... contra formam seu effectum statutorum, actuum sive ordinationum pro ripariis, gurgitibus, stangnis, Pilis, etc.*

¶ 5. **PILA**, Uter. Inventar. rerum bellicarum ann. 1260 : *Item* IIII. *tonelli sine vino. Item* V. *Pilæ ad oleum reponendum.* Vide *Pilasca.*

¶ 6. **PILA**, Vas quoddam ad usum eorum qui pannos parant. Statuta Montis Regal. fol. 273 : *Talis persona de civitate Montis Regalis et posse, ibi battere seu parare possit, et debeat pannum seu canabum extranei ejicere extra Pilam paratoris et batenderii licite.* Vide *Pilum* 2.

¶ 7. **PILA**, Mensuræ frumentariæ species. Charta ann. 1362. inter Instrument. tom. 6. Gall. Christ. col. 92 : *Remanente .... dicto prioratu de Lavineria libero et exonerato de monachis sociis et omnibus pensionibus tàm in blado, quam in pecunia, et oleo,.... videlicet de duobus monachis, et sexaginta Pilis frumenti pro mezada, ac cyminam olei, et sexaginta quinque solidos Turonenses.*

¶ 8. **PILA**, Porta, nostris *Portail*, a Græc. Πύλη. Agnellus in Vita S. Felicis apud Murator. tom. 2. pag. 163 : *Cumque pervenisset prædictus Johannicis ante ejusdem Pilam ecclesiæ, statim patefactæ sunt januæ, et vectes et serræ in aliam tacitæ evulsæ sunt partem.* Gualvaneus Flamma apud Murator. tom. 12. col. 1009 : *Tunc temporis cives de Papia sui idoli Regisolis absentiam non sustinentes de alta Pila dejecerant, cum civitatem superassent.*

¶ PILA IGNEA, Machinamentum repertum in obsidione Melitensi; quo pilo militari cum extante cuspide addebantur fistulæ ad ignem ejiciendum. Organum sicæ fistulariæ *bajonetta* oppositum : nam huic tubo sica addita, illi hastæ tubi adjecti. Hæc Carolus de Aquino in Lex milit.

* 9. **PILA**, Pars altaris, in qua Reliquiæ reconduntur, idem quod *Tabula* 1. Chartul. eccl. Vienn. fol. 67. r°. col. 1 : *Richardus sanctæ Vivariensis ecclesiæ episcopus.... ad eundem venit oratorium, et more episcopali illud consecrari studuit, atque pignora sanctorum in honore sanctæ Dei genitricis Mariæ in Pila altaris ibidem recondidit.*

* 10. **PILA**, Nummaria trutina, nostris alias *Pile*, vulgo *Trebuchet.* Charta ann. 1332. in Reg. 68. Chartoph. reg. ch. 2 : *Item quod tempore, quo fuit magister monetæ regiæ Tholos. pondera sive Pilæ, cum quibus ipse et ejus locumtenens recipiebant argentum et billonem a campsoribus et mercatoribus, fuerint inventa falsa et majoris ponderis, quam Pilæ custodis monetæ, cum quibus deliberati; et dictis Pilis usus fuit per magnum tempus scienter, et applicando sibi lucrum ex inde proveniens.* Lit. remiss. ann. 1390. in Reg. 140. ch. 137 : *Comme Olivier Pignie, maistre particulier de nostre monnoie de Tours, eust par certains temps pesé en icelle monnoie à une Pile de cuivre pesant xxxij. mars, qui paravant avait esté et estoit en ladite monnoie; laquelle Pile fu depuis trouvée plus forte, etc.*

* 11. **PILA**, Globus, quo imperium in orbem significatur. Hist. Senens. fragm. apud Murator. tom. 20. Script. Ital. col. 42 : *Ad sinistram* (imperatoris) *princeps quidam, Maticus nomine, auream Pilam signo crucis insignitam, orbem terræ denotantem elevabat.*

* 12. **PILA**, *Rotunditas quæ in platano crescit*, ex Gloss. ad Alex. Iatrosoph. Ms. lib. 1. Passion. cap. 130 : *Platani Pilas colligens, siccabis eas in umbra, et in cilicio aspero, et fricabis ipsas Pilas ad cilicium.*

PILÆ LUDUS in equis. Vide Glossar. med. Græcit. col. 1576. voce Τζυκάνιον.

PILÆ, *pluraliter, silvæ montuosæ.* Papias.

1. **PILAGIUM**, [Idem videtur quod *Pelagium.* Vide in hac voce. Charta Philippi V. R. Fr. ann. 1319 : *Cum aquis et porto et Pilagiis, consuetudinibus ac tranverso.*] Charta Henrici Abbatis Fiscan. in Tabulario Fiscanensi f. 36 : *Pilagium navium quietum est Abbatis.* Vetus Notitia in eodem Tabular. f. 69 : *Et de consuetudine illarum navium, quæ Pilagium dicebatur, habebat Comes medietatem.*

* 2. **PILAGIUM**, Servitii genus, messem nempe seu fenum in *Pilam*, sive struem ordinare, quod aliquando pecunia redimebatur, Gall. *Pilage.* Reg. S. Justi ex Cam. Comput. Paris. fol. 211. r°. : *Redevanciæ et Pilagia jardinorum, etc.* Charta ann. 1310. in Reg. 47. Chartoph. reg. ch. 98 : *En ladite ferme sont deus à la feste S. Remi par parties douze livres nuef solz, dix deniers d'annuel rente en deniers, et pour Pilage cinc solz quatre deniers.* Alia ann. 1312. in Reg. 48. ch. 111 : *Services de Pilage, de fenage, de chariage, etc.* Vide mox *Pilare* 4.

¶ **PILALIUM**, Pila, columna, Gall. *Pilier.* Charta ex Bibl. Bigot. tom. 3. Hist. Harcur. pag. 299 : *In quolibet Pilaliorum erant quatuor magnæ pieces de cendal.*

¶ **PILAR**, ut *Pilalium.* Charta ann. 1309. apud Menester. Histor. Lugdun. pag. 112 : *Quod ipse Dominus Henricus possit ædificare et bastire et ædificari seu bastiri facere supra pilam prædictam dicti arcus mirabilis seu miraculosi unum Pilar seu duos Pilars lapideos de grossitudine et longitudine tales quales poterunt esse ad appodiandum super eos.* Le Roman *de la Rose* MS. :

Entre deux Pyleres assise,
Cil dui Pyler d'yvoire estoient.

¶ **PILARDI**, PILLARDI, Milites, quidam a *pilis* quibus potissimum pugnabant sic dicti, vel a *pilare*, deprædari, Gall. *Piller*, quod incursionibus magis ac depupulationibus quam pugnæ aptiores essent; ac proinde ejusdem originis atque *Brigancii.* Vide in hac voce. Consultatio de recusanda obedientia Petro de Luna apud Marten. tom. 2. Anecd. col. 1181 : *Dictus Benedictus fecit Pilardos et gentes armorum intrare, comitatum Venaissini deprædaverunt, homines occiderunt, et infinita mala fecerunt.* Inquisitio ann. 1395. in Tabular. B. M. de Bononuntio Rotomagens. : *Per illas partes transierunt Gentes armorum, Britones et Pillardi et amoverunt ab ipso teste quatuor jumenta sua,.... et dum sic erant in illis partibus gentes vix audebant itinerare vel se talibus Pillardis exhibere.* Miracula MSS. Urbani V. PP. ex Archivis S. Victoris Massil. : *Captus fuit per Gentes armorum de Anglicis, et fuit deductus ad quoddam castrum Ruppis, et iste Joannes ad partem custodiebatur per sex Pillardos.* Vide *Palearii.*

* Nostris *Pilleurs.* Ordinat. ann. 1360. ex Memor. D. Cam. Comput. Paris. fol. 33. r°. : *Chacier et faire widier de nostre royaume les compagnies et les Pilleurs, qui tiennent plusieurs forteresses.*

1. **PILARE**, pro *Expilare*, nostris *Piller.* Ammianus Marcell. lib. 14 : *Cognitis Pilatorum cæsorumque funeribus, nemo deinde ad has stationes appulit navem.* Lib. ult. : *Nec castra inimica Pilantes.* Rursus : *Pilando villas et incendendo.* Hanc vocem a veteribus usitatam hac notione auctor est Festus.

¶ PILLARE, in Statutis Eccles. Trecor. ann. 1334. apud Marten. tom. 4. Anecd. col. 1116 : *Terram, dicti Minihii Pillant, invadunt et deprædant.* Edictum Johannis Reg. Franc. ann. 1361. tom. 3. Ordinat.

pag. 496 : *Patriam Pillaverunt et dextruxerunt.* Occurrit rursum apud Baluz. tom. 2. Hist. Arvern. pag. 442.

¶ PILLARIA, PILERIA, Direptio, Gall. *Pillerie, pillage.* Instrument. ann. 1385. apud Rymer. tom. 7. pag. 470 : *Roberias, incendia, Pilerias, murdra, raptus, etc.* Occurrit iterum tom. 8. pag. 141. Charta Henrici VI. Reg. Angl. ann. 1431. apud eumdem tom. 10. pag. 488 : *Omnes Pillarias, roberias, incendia, demolitiones domorum, etc.*

¶ PILLATOR, Direptor, Gall. *Pillard*, apud Lobinellum tom. 2. Histor. Britan. col. 568 : *Qui cum diceret quod D. Carolus fuerat malus homo, Pillator et depredator, etc.*

¶ 2. **PILARE**, Pila ludere. Lex. Phil. Goclenii : *Pilabimus seu ludemus pila pro aliquot vini congiis ad collationem.* Vide *Pilarius.*

3. **PILARE**, PILARIUM, PILARIUS, Cambro-Bitannis *Piler*, nostris *Pilier*, Pila, columna, fulcrum. Guibertus lib. de Vita sua cap. 5 : *Erat autem columnæ appodiatus cuidam, quam Pilare vocant.* [Translat. S. August. Cantuar. tom. 6. Maii pag. 412 : *Tumbam ejus amplectitur columna quam vulgo Pilare dicimus.*] Chronicon S. Trudon. lib. 10. : *Suis sumptibus unum Pilarium cœpit ædificare, ... post illos oppidani nostri de suis facultatibus quatuor incœperunt Pilaria, et duo reliquerunt imperfecta.* Lib. 12 : *Pilariisque per circuitum erectis, locum columnarum distantium signavit.* Gervasius Dorobernensis de Combustione Dorobern. Eccl. : *Pilarii turris Orientales muro solido prominebant, ... super hos Pilarios tam in directum, quam in circuitu positos de pilario in pilarium arcus volvebantur.* Occurrit ibi pluries, et alibi passim.

¶ PILLARE, apud Lobinell. tom. 2. Hist. Britan. col. 550 : *Fecit fieri... sex imagines Angelorum pulcherrime depictas super Pillaria cortinarum.* Adde Menester. Hist. Lugdun. pag. 56. *Pilleret* nostris pro Columnella. Le Roman *de la guerre de Troyes* MS. :

> Chascune ymage ot en sa main
> Un Pilleret de pierctain.

¶ PILLEARE, Eadem notione, in Processu vener. Mariæ de Malliaco tom. 3. Martii pag. 752 : *Prope altare S. Crucis juxta Pilleare, ubi nunc est altare S. Stephani.*

¶ PILLIARE. Inventar. ann. 1419. in Tabulario Eccles. Noviom. : *Item unum aliud breviarium.... qui ponitur in uno trilleto in quodam Pilliari in navi ecclesiæ ante altare S. Eligii.* Statuta S. Claudii ann. 1448. pag. 66 : *Tenetur etiam* (Sacrista) *in anualibus festis ponere et ministrare candelas in quatuor Pilliaribus capituli.*

PILLERII, in Statutis Ordinis Hospitalar. S. Joann. Hierosol. tit. 8. § 9. tit. 19. § 4 : *Vocantur Baillivi Conventuales, Capita, et Præsides, ac veluti Columnæ nationum : nam columnas vulgus Pillerios vocat.*

* 4. **PILARE**, In *pilam* seu struem coacervare, aggerere. Reg. S. Justi ex Cam. Comput. Paris. fol. 205. r°. : *Debent.... unam jornatam in Augusto, tassare, Pilare, fodere ortos et colligere linum.* Vide supra *Pilagium* 2.

¶ **PILARICUM**, Columbar. Vide *Pilorium.*

PILARIUS, σφαιριστής, in Gloss. Gr. Lat. [σφαιροπαίκτης, in Cod. Sangerm.] qui pila ludit. Gloss. Lat. MS. Reg. : *Pilicrepus, Pilarius.* Eædem Glossæ Gr. Lat. : Σφαιροειδής, *Globolus, Pilarius.* Sed postrema vox pertinet ad subsequentem σφαιροπαίκτης. [Vide *Pilare* 3.]

PILASCA, Uter. Joan. de Janua, ex Glossis Isid. : *Pilasca, vas vinarium corio piloso apertum, et derivatur a pilis.* [Addi poterat et ἀσκός, id est pilosus uter, adeo ut sit vox ibrida.] Græcis ὄλπη. Scholiast. Theocriti, ὄλπη κυρίως ἡ δερματίνη λέκυθος. [Vide *Pila* 4.]

¶ **PILASTRATA**, Pila, columna. Chron. Modoet. Bonincontri apud Murator. tom. 12. col. 1094 : *Quatuor pueri annorum octo, vel decem ætate pro quolibet.... soli caregabant Pilastratas et alios lapides grossos, qui ponderabant unum plaustrum vini.* Italis *Pilastrata* est columnarum series; Architectis nostris *Pilastre*, Vitruvio parastata, dicitur columna quadrata cum basi et capitello.

¶ **PILASTRUM**, Columna fructilis, Italis, *Pilastro.* Chron. Estense ad ann. 1341. apud eumdem Murator. tom. 15. col. 404 : *His diebus completa fuit trayna episcopatus S. Georgii de Ferraria, ... et Pilastrum Virginis Mariæ in dicto episcopatu.*

¶ PILATORIUM, Eodem significatu. Inventar. Reliquiarum Monasterii S. Severi apud Stephanot. tom. 1. Antiquit. Vascon. MSS. pag. 57 : *Item de Pilatorio in quo Dominus noster Jesus Christus fuit ligatus.* Goclenio in Lex. Phil. : *Pilatorium, a pila, sphæristerium.*

¶ **PILATA**, Vas, ni fallor, statutæ mensuræ, diminut. a *Pila* 5. Vide in hac voce. Statuta Vercell. lib. 3. fol. 76. v°. : *Teneantur olearii facere Pilatam olei librarum decem olei pro denariis, etc. Pro qualibet Pilata et non ultra capere debent, etc.* Occurrit rursum ibidem fol. 183. Vide *Panellus* 3.

* Glossar. Lat. Gall. ex Cod. reg. 7692 : *Pilata, un vessel.*

* **PILATURA**, Pilorum color in equis. Stat. Mantuæ lib. 1. cap. 119. ex Cod. reg. 4620 : *Quemcumque* (equum) *diligenter examinatum ad fructuram et prolis procreationem commodum esse crediderint, in guaragnum admittere debeant,..... et in libro communis Mantuæ scribi facere cum insignis et Pilaturis ejus.*

PILATUS, Latinis πιλοφόρος. Joan. de Janua : *Pilatus, pilum habens, pilata, hic et hæc, fur, latro. Pilatulum, tale latrocinium, quod cum pilo i. telo lateat.* Sed aliud sonat in Mandato Henrici III. Reg. Angliæ super Juratis ad arma, in Adversar. ad Matth. Paris pag. 149 : *Omnes alii, qui possunt habere arcus et sagittas, extra forestam habeant : qui vero in foresta, habeant arcus et Pilatos.* Ubi Watsius annotat, in simili mandato Edw. I. cap. 6. hanc vocem Anglice verti *bolts*, quæ vox, inquit, sagittas catapultarum totas ligneas et obtusas, quibus aves feriebantur, significat. [Vide *Piletta.*] Quod vero *Pilatus* Matthæo Parisio, *Pyle* dicitur in Statutis Willelmi Regis Scotiæ cap. 23. *de venientibus ad guerram*, § 5 : *Et omnes alii, qui habere poterunt, habeant arcum et sagittas extra forestam ; et intra forestam arcum et Pyle.* Sed quidquid sit apud Anglos, constat expressam ac redditam vocem *Pilet*, nostris olim notam, seu pro pilo ac spiculi specie quadam, seu pro arcubalistarum *quadrellis.* Le Roman *de Garin* MS. :

> Volent Pilet plus que pluie en pré,
> Et les sajettes, et carriax empenez.

Guillelmus *Guiart* ann. 1214. [* V. *Piletus.*] :

> Ribaus qui de l'ost se partent,
> Par les chans çà et là s'espartent,
> Li uns une Pilete porte,
> L'autre croc, et maçue torte.

Infra :

> Maces levées, et Piletes,
> Se fierent parmi les viletes.

[Le Roman *de la guerre de Troyes* MS. :

> Des tors lor lancent Pels agus,
> Aubere, heaume, ne escus
> Ne puet garir qui n'est attaint.]

Neque aliud videtur *Pilum*, in Epistola Ricardi Regis Angliæ apud Hovedenum pag. 698 : *Tertia autem die ante ipsius Saladini confusionem, in sinistro latere cum quodam Pilo vulnerati fuimus.*

PILOTUS, PILOTA, Eadem notione, apud Ottonem Morenam in Histor. Rerum Laudensium pag. 54 : *Nec.... ad ipsum murum aliquis appropinquare poterat, quem hi, qui supra castellum stabant, lapidibus vel Pilotis non vulnerarent.* Infra : *Per totum etiam castrum Cremæ lapides atque Pilotos projicere leviter poterant.* Et pag. 71 : *Projicientes ignem cum ipsis petreriis et Pilotas seu sagittas igne accensas infra civitatem.* [Chron. Placent. Joh. Demussis apud Murator. tom. 16. col. 488. ad ann. 1311 : *Dominus Valeranus frater dicti Imperatoris fuit percussus cum uno Piloto, ex qua percussione mortuus est.* Oberti Cancellarii Annal. Genuens. apud Murator. tom. 6. col. 338 : *Ecce duæ galeæ Pisanorum venientes obviam illis cum tribus buciis et non dimiserunt pro illis, quin in terram ponerent Lucenses quosdam et res illorum ejectis Palotis et sagittis.* Ubi leg. *Pilotis*, ut habet alter Codex MS. teste Muratorio.]

* Unde nostris *Apillette*, Instar pili acutus. Lit. remiss. ann. 1476. in Reg. 195. Chartoph. reg. ch. 1592 : *Le suppliant joua et tira d'un arc de couldre ou tremble, et une sayette ou volet, ou avoit ou bout ung fer Apilletté.*

* *En estre Pilate*, More Pilati agere, in aliis Lit. ann. 1404. ex Reg. 159. ch. 162 : *Lequel Bauduin respondi qu'il en estoit Pilate et en lavoit ses mains.*

** **PILAUCA**, Canis species, in Reinard. Vulp. lib. 3. vers. 746. idem forte qui *Acceptoricius*, qui aves venatur, ut Falco dicitur *Aucarius*, et Accipiter in Leg. Alam. *qui aucam mordet.*

PILAX, in Gloss. Isid. *Murilegus, cattus.* Gloss. Lat. Gall. : *Pillax, chat, qui prend souris.* Joan. de Janua : *Pilax, cattus murilegus, quod multis pilis abundet, vel quod ejus pilus est pretiosus : unde in vita B. Samsonis legitur, quod Celerarius fecit venenum, et probavit per Pilacem esse mortiferum.* Vitæ S. Samsonis Episcopi Dolensis verba sunt lib. 1. cap. 16 : *Tillum quoddam* *fricans, dedit ei bibere, atque quatenus fieret probabile mortiferum, parum de eo prius Pilaci dedit. Pilax autem ut bibit, statim mortuus est.* Ubi perperam *Pelax* editum. Canones Hibern. lib. 51. cap. 8 : *Pilax, si quid malifecerit nocte, non reddet dominus ejus : in die vero nocens, reddet.* Pœnitentiale MS. Thuanum : *Quod si casu quis immunda manu cibum tangit, vel si canis, vel Pilax, aut catus, vel mus, aut animal immundum sanguinem hominis edit, etc.* Vide Cumeanum Abbatem de Pœnitentiarum mensura cap. 7.

* **PILEÆ**, *Le Muse, e sciencie.* Glossar. Lat. Ital. Ms.

PILEARI. Ulpianus in Collat. Legis Mosaicæ tit. 11 : *Qui in ludum damnantur, non utique consumuntur; sed etiam Pileari et rudem accipere possunt, etc.* Id est pileo donari ; quod fuit liberationis, ac manumissionis insigne apud Romanos. Vide quæ de Pileo, libertatis symbolo, adnotarunt Cujacius lib. 3. Observat. cap. 23. Turneb. lib. 8. Adv. cap. 4. lib. 18. cap. 33. Bayfius de Revestiaria, Alciatus Embl. 150. et ejus Scholiast. Carolus Paschalius lib. 4. de Coron. cap. 21. Theophilus Rainaudus in Tract. de Pileo, et Critici alii.

¶ **PILEARIUS**, Qui pileos facit aut vendit, Gall. *Chapelier.* Statuta Avenion. lib. 1. rubr. 43. art. 7 : *Item, quod Pilearii suas perticas, ubi pileos ad desiccandum ponunt, ita teneant, quod non protendantur supra viam publicam.*

PILEATI, apud Gothos dicti potissimum, *qui inter eos generosi extabant, ex quibus eis et Reges et Sacerdotes ordinabantur,* ut ait Jornandes de Rebus Geticis cap. 5. Idem cap. 11 : *Elegit namque ex eis tunc nobilissimos prudentiores viros, quos Theologiam instruens, numina quædam et sacella venerari suasit, nomen illis Pileatorum contradens, ut reor, quia opertis capitibus tiaris, quos pileos alio nomine nuncupamus, litabant.* Adde Rodericum Toletan. lib. 1. de Rebus Hispan. cap. 15. Jornandi concinit Aurelius Victor Schotti in Trajano : *Primus, aut solus etiam vires Romanas trans Istrum propagavit, domitis in provinciam Dacorum Pileatis Sacisque nationibus, etc.* Πιλοφόρους vocat Xiphilinus e Dione, ut et Petrus Patricius in Excerptis de Legat. ubi de Dacis pag. 24 : Δεκέβαλος πρὸς Τραιανὸν πρέσβεις ἔπεμψε πιλοφόρους· οὗτοι γάρ εἰσι παρ' αὐτοῖς τιμιώτεροι. Πρότερον γὰρ κομήτας ἔπεμπον εὐτελεστέρους παρ' αὐτοῖς δοκοῦντας εἶναι. Ex quibus vulgus dumtaxat commatum fuisse colligitur, cui scilicet coma pro pileo erat. Idipsum denique observat de Getis Dio Chrysost. orat. 71. Atque eo quidem verbo usus videtur Paulinus in Carmine de Niceta Daciæ Episcopo, ad designandos præcipuos e Getis aut Dacis :

> Et Geta currunt, et uterque Dacus,
> Qui colit terræ medio, vel ille
> Divitis multo bove Pileatus
> Accola ripæ.

Gualterus Tervann. in Vita S. Caroli Comitis Flandr. C. S. Willelmum Notum Regem Anglor. *Pileati* cognomine donatum fuisse ait : sed an quod Normannici Duces a veteribus istis *Pileatis* Gotis genus ducerent, an vero quod ille pileo caput operire soleret, mihi incertum. Joannes Magnus *Pileatos* et *fyan* appellatos antistites sacrorum apud Gotthos scribit, fortassis a pileo vel tiara, integumento capitis, quo usi sunt Sacerdotes. [** Vide Grimm, Antiq. Jur. German. pag. 240. 271. et Mythol. German. pag. 60.]

PILEATIO. Charta ann. 988. apud Ughellum tom. 5. pag. 661 : *Cultis et incultis, Pileationibus, decimis, etc.* Sed leg. *Piscationibus.*

* Emendatione nihil opus est, si eodem sensu intelligatur atque infra *Pilio* : quod haud improbabile mihi videtur.

* **PILEATOR**, dicitur Joseph. Tattus Mediolanensis, in Inscript. Patav. Tomasini pag. 130. An qui pileos facit aut vendit? Certe *Pileatrix*, pro uxore ejusmodi opificis occurrit in Mirac S. Hyacint. tom. 3. Aug. pag. 365. col. 2.

* **PILENS**, pro Pilentum. Fortunatus lib. 6. Poëm. 4:

> Hinc Pilente petens loca Gallica Galesuintha.

¶ **PILERIA**, Direptio. Vide *Pilare* 1.

¶ **PILERITUM**, Pilleritus, Pilleritum, Columna quæ magnis justitiariis competit, patibulum, Gall. *Pilier de justice.* Charta ann. 1341. tom. 2. Hist. Dalphin. pag. 428 : *Videlicet quod Pileritum dicti dom. Dalphini, quod constructum erat ad portam Cleriaci, et alia Pilerita, quæ reperirentur evulsa per illos de Romanis, in statum pristinum per seipsos de Romanis reducantur.* Alia ejusdem anni ibidem pag. 430 : *Et jam in tantæ præsumptionis prorumpit insaniam, quod in territorio de Romanis prope portas dictæ villæ fecit per gentes suas plures Pileritos parari pariter et affigi.* Charta ann. 1342. ibid. pag. 442 : *Quoddam Pilleritum pro exequutione justiciæ, infra dictum mandamentum positum, destruxistis.*

* **PILERIUM**, Pila, columna, Gall. *Pilier.* Charta Ludov. Jun. ann. 1158. in Chartul. S. Joan. Laudun. : *Plateam illam donavimus in elemosinam ab exteriori Pilerio sinistræ crucis S. Petri, etc.* Vide *Pilare* 3.

¶ **PILETTA**, Pilum, spiculum, Gall. *Javelot.* Litteræ Eduardi III. Reg. Angl. ann. 1363. apud Rymer. tom. 6. pag. 417 : *Publice facias proclamari, quod quilibet ejusdem Comitatus, in corpore potens, diebus festivis cum vacaverit, arcubus et sagittis vel Pilettis aut boltis in jocis suis utatur, artemque sagittandi discat et exerceat.* Vide *Pilatus.*

¶ **PILETUM**, f. Grana frumenti, vulgo *Gruinum*, Gall. *Grouin*, dicta, quæ cadunt in area dum segetes in horreis conduntur : a Gall. *Piler*, quod equorum pedibus conterantur ; vel Palea triturata et quicquid projicitur postquam frumentum *pila* est contusum. Charta ann. 1253. in Tabular. Floriac. : *Girardus quittat et concedit quidquid habet in grangia de Figiaco, scilicet vicesimam partem bladorum, Piletum, guapandum, etc.* Vide *Pilo* et *Pilum*. [* *Gaspaleum* et *Spilo.*]

* **PILETUS**, Pistillum, instrumentum, quo aliquid teritur, comminuitur, nostris alias *Pilet* et *Pillette*; unde *Piloter*, pro *Ecraser*, conterere. Charta ann. 1448. ex Chartul. 23. Corb. : *Faisoient amener, Piloter pour froissier leurs raisins ès auges, qui pour ce faire estoient ordonnés.* Charta ann. 1386. in Reg. 86. Chartoph. reg. ch. 492 : *Cum accepissent quemdam locum.... ad molendinum ad molam construendum, et non ad Piletos, etc.* Lit. remiss. ann. 1415. in Reg. 169. ch. 61 : *Laquelle suppliante d'un Pilet ou pestail qu'elle avoit,..... frappa un gros cop sur la teste d'icellui Girart.* Aliæ ann. 1377. in Reg. 112. ch. 179 : *Icelle Jaquenette* (demeurant en Viennois) *print une grant vorlete, appellée en France pestail ou Pillette, de laquelle elle bati ladite marastre.* Quo sensu, non vero pro spiculi specie, accipienda vox *Pilete* ex Guill. Guiarto laudata voce *Pilatus.* Diminutivum vero *Pilonete*, malleus minor, quod pistilli formam referret, in Chron. S. Dion. tom. 5. Collect. Histor. Franc. pag. 254 : *En ces hologes estoit ordenez li cours des xij. heures du jour, et autretant de Pilonetes d'arain qui en la fin de l'eure cheoient sour un tymbre et le faisoient sonner melodieusement.* Ubi Annal. Franc. ad ann. 807. ibid. pag. 56. habent : *Cum totidem Pilulis æreis, etc.*

1. **PILEUS** Episcoporum sic describitur in Ceremoniali Episcoporum lib. 1. cap. 2 : *Pileus Pontificalis cordulis ac floccis sericis coloris viridis ornatus.*

* Pilei usum abbati et monachis S. Cornelii Compendiensis concedit Innoc. IV. PP. Bulla in Chartul. ejusd. monast. fol. 40. r°. col. 2 : *Præsentium vobis auctoritate concedimus, ut uti Pileis vestro ordini congruentibus valeatis.*

* Pileus Altus et Strictus. Stat. provinc. Conc. Trevir. ann. 1310. cap. 114. tom. 2. Hist. ejusd. eccl. Joan. Nic. ab *Hontheim* pag. 76. col. 1 : *Aliqui* (monachi)... *Pileis altis et strictis diversorum colorum uti præsumunt, ad instar omnino secularium personarum.*

¶ Pileus Clericalis, Qui Clericos deceat, in Concil. Tarracon. ann. 1591. inter Hispan. tom. 4. pag. 509 : *Sotanam vel tunicam talarem, superpelliceum mundum seu roquetum pro tempore congruens et Pileum clericalem induatur.*

¶ Pileus Cornutus Judæorum proprius. Synodus Vienn. ann. 1267. in Chron. Mellic. pag. 146 : *Judæi ut dignoscantur cornutum Pileum deferant, deponentes illum pecuniaria pœna puniantur.*

* Pileus Cornutus, Mitra dicitur ob ejus extremitates in acumen desinentes, apud Cl. vir. Garamp. in Disquis. de sigil. Garfagn. inter not. pag. 73 : *Desuper cappam clausam et in capite Pileum cornutum habebat.* Ubi de visione episcopi agitur. Vide supra *Cornu* 6.

¶ Pileus Crocei Coloris iisdem assignatur, in Statutis Avenion. lib. 1. rubr. 34. art. 5 : *Item quod Judei portent Pileum crocei coloris, quo a Christianis discerni possint.*

* Pileus Ducatus, Ducum proprius. Viti Arenpeck. Chron. ad ann. 1156. apud Pez. tom. 1. Script. Austr. col. 1196 : *Dux Austriæ, principali amictus veste, supposito ducatus Pileo, etc.*

¶ Pileus Fœmininus, Eo utebantur mulieres ; unde ignaviæ signum habebatur. Witichindus lib. 3. Annal. refert in toto Ottonis Regis exercitu nullum militem fuisse qui non *Fœmino Pileo* uteretur; ut Hugoni, quem pugnaturus erat, illuderet, quasi ab effœminatis esset debellandus.

¶ Pileus Ferratus, pro *Forratus*, Pellitus, Gall. *Fourré*, in Statutis Ord. Cisterc. ann. 1212. apud Marten. tom. 4. Anecd. col. 1311.

* Pileus Lineus. Stat. synod. eccl. Carcass. ann. 1270. cap. 2. ex Cod. reg. 1613 : *Pileum similiter lineum deferre in publico non attemptent beneficiati, clerici vel in sacris ordinibus constituti; sed nec etiam alii intra ecclesiam, dum divina celebrantur officia, vel si comparuerint coram nobis.*

Pileus Naturalis, Membrana vel pellicula, qua interdum pueri caput involuti nascuntur : unde quos felices esse dicimus, aut futuros auguramur, solemus dicere, *ils sont nez coeffez.* Lampridius in Diadumeno : *Solent deinde pueri Pileo insigniri naturali, etc.*

¶ Pileus de Pinillis. Vide *Pinilla.*

* Pileus Romarini, in Stat. Mss. eccl. Tull. ann. 1497. fol. 65. v° : *Pileum romarini vel alterius confectionis florum exhibet ipsi episcopo, etc.*

¶ Pileus Rubeus ad usum Cardinalium. Vide *Galerus.*

Pileum Facere, Pileo salutare, quod nostri puerulis non ita pridem occinebant, cum, ut obvios salutarent, identidem urgerent : *Faites le chapeau.* Joannes Sarisberiensis libr. 3. Polycratici cap. 6 : *Memini me audisse Romanum Pontificem solitum deridere Lumbardos, dicens, eos Pileum omnibus colloquentibus facere, eo quod in exordio dictionis benevolentiam captent, etc.*

* 2. **PILEUS**, Arca sepulcralis. Steph. de Infestura Ms. ubi de Innoc. VIII. : *Invenerunt capsam quandam marmoream, marmoreo lapide copertam et implumbatam, et unum corpus cujusdam mulieris, involutum cum quadam odorifera mixtura seu infula aurea in capite..... Pileus marmoreus, ubi fuerat reperta, dimissus est in reclaustro dictorum conservatorum.* Vide *Pilum* 2.

¶ **PILHA**, Præda, Gall. *Butin.* Rotulus insertus in Ordinat. Johannis Reg. Franc. ann. 1363. tom. 3. Ordinat. pag. 623 : *Quod ea quæ per dictas Gentes armorum seu servientium capientur communiter seu divisim, super dictis inimicis, sive sit Pilha, sive prisonerii, sive aliud quodcumque, quod sint eorum et cujuslibet eorum propria. Pilles faites sur nor ennemis*, in Statuto Johannis Regis ann. 1351. tom. 3. Ordinat. pag. 35.

* **PILHAGIUM**, idem quod *Pilha*, Præda, Gall. *Butin.* Charta ann. 1390. in Reg. 141. Chartoph. reg. ch. 33 : *Animalia grossa et minuta capiendo, aprisionando, interficiendo et finare faciendo, redimere faciendo, dictaque Pilhagia receptando.* Vide infra *Pillagium.*

* **PILIA**, Pila, columna, Gall. *Pilier.* Stat. S. Capel. Bitur. ann. 1407. ex Bibl. reg. : *Ardebunt sex alii cerei, quilibet unius libræ, quos tenebunt angeli Piliarum seu columnarum, circumquaque dictum majus altare existentium.*

¶ **PILIATUS**, pro *Pileatus*, in Litt. Henrici VII. Abb. Fuld. apud Schannat. Diœc. Fuld. pag. 315.

¶ **PILICALIS Prisca**, Scripturæ species. Vide *Scriptura.*

PILICREPUS, *Qui pila ludit*, in Gloss. Isidori. Vetus Inscriptio : *Ovantes convenite Pilicrepi... ursumque canite voce concordi senem hilarem, jocosum, Pilicrepum, scholasticum, etc.* [Vide *Pililudius*, et Pitiscum in Lex. Antiquit. Rom. ad hanc vocem.]

¶ **PILIGERARE**, τριχολογεῖν, in Gloss. Lat. Græc. MSS. Sangerm. Pilos seu crines componere.

¶ **PILILUDIUS**, *Qui cum pila ludit, et componitur a pilo pro pilocello et ludo*, apud Johannem de Janua. Gloss. Lat. Gall. Sangerm. : *Pililudius vel ludipilus, Qui joe à la Pelote ou à l'estueuf. Pililudii*, ut observat Grævius ad Gloss. Isid. dicebantur omnes, qui pila ludebant, tam ii qui datatim, quam qui soli pilas alternis manibus jactabant et exercebant. Vide *Pilicrepus.*

¶ **PILIMA**, *Filtrum*, Matth. Silvatico, a Græc. πίλημα. Vide *Feltrum.*

¶ **PILINGELLUS**, diminut. a *Pallingus*, Fustis cui aliquid alligatur. Vide *Falanga.* Chron. Bergom. ad ann. 1402. apud Murator. tom. 16. col. 905 : *Et ipsa nocte antecedente ipsam turrim cavaverunt et posuerunt eam in Pilingellis.* Ibidem ad ann. 1403. col. 947 : *Die dicto deruinavit et penitus derucavit turris illorum de Grumello,... quæ turris erat posita in Pilingellis.* Vide *Phalanga* 1.

* **PILIO**, idem quod *Pillo*, quomodo etiam forte legendum est, Purgamentum frumenti, seu spicæ remanentes post ventilationem. Charta ann. 1224. ex Tabul. B. M. de Josaphat : *Super paleis, Pilionibus, trituratoribus granchiarum Fraxineti et Ulmeti, etc.* Vide *Gaspaleum* et *Spilo.*

¶ **PILIPARIUS**, ut *Pelliparius*, in Statutis Vercell. lib. 7. fol. 150. Vide in hac voce.

¶ **PILIZARIA**. Vide *Pellizaria.*

¶ 1. **PILLA**, Pillum, Pilus, Gallice *Poil.* Statuta Perus. fol. 62 : *Si quis fecerit ad vendendum in Perusia vel valle, aut territorio sarcillum, vel alium pannum vitiosum, ponendo ibi Pillam vel Pillum capræ, yrci, vel asini, etc. Pelisse*, pro *Poil* vel *Laine*, occurrit in Statuto Caroli V. Reg. Franc. ann. 1366. tom. 4. Ordinat. pag. 704 : *Chappelliers de gans de lainne ou de bonnet, ne puet ouvrer de lainne, fors que de droite lainne tonduë, ou Pelisse de droite saison.*

* A qua voce nostri *Poiler* dixerunt, pro Pilos detrahere. Mirac. Mss. B. M. V. lib. 2 :

Plus le Poilent et plus le plument.

* *Poler au baston*, Pilos fuste radere, in Stat. ann. 1407. tom. 9. Ordinat. reg. Franc. pag. 211. art. 7.

¶ 2. **PILLA**, pro *pila*, Columna, in Statutis Montis Regal. fol. 204. Vide *Pantaleria.*

* 3. **PILLA**, Mensura annonaria. Stat. Pistor. ann. 1107. apud Murator. tom. 4. Antiq. Ital. med. ævi col. 544 : *Item statuimus, ut potestas.... faciat colligere et ordinari mensuram et Pillam blavæ ad rugulum talem, qui non sit major nec minor illius mensuræ et Pillæ quæ nunc est. Pille à mil*, mensura, qua milium mensuratur, apud Rabelais. lib. 3. cap. 17. pag. mihi 92.

* 4. **PILLA**, Vas, in quo aliquid teritur, puta olivæ, Ital. *Pila.* Instr. ann. 1480. inter Probat. tom. Hist. Nem. pag. 306. col. 1 : *Et pariter legavit eis usum parvi penoris, in quo sunt Pillæ oleaceæ.* Vide *Pila* 5.

* 5. **PILLA**, Pertica, contus, Gall. *Perche.* Arest. parlam. Paris. ann. 1473. in Lib. pitent. S. Germ. Prat. : *In loco, in quo dictus actor veutam seu ostensionem fecerat et unde conquerebatur faciendo Pillas et pallos seu ligna ad gurgitem seu gortum.*

* **PILLAGIUM**, Præda, Gall. *Pillage, butin.* Lit. remiss. ann. 1358. in Reg. 86. Chartoph. reg. ch. 230 : *Cum Girardus Lamiraut in recoussa Pillagiorum contra Petrum de Haraudi curia.... in armis accessisset, et de dicto Pillagio accepisset,.... ipse omne quod ex eo Pillagio habebat, prout ordinatum erat, statim retulisset.* Vide supra *Pilhagium.*

* **PILLARE**, a Gall. *Pilier*; pro Carcere in *pillari* constructo, ex Reg. capit. Bitur. ad ann. 1537 : *D. Enoc Andreas vicarius ecclesiæ propter scandalum per eum commissum.... incarcerabitur in Pillari.*

¶ **PILLARE**, Pillaria, Pillator. Vide supra *Pilare* 1.

¶ **PILLAURIUM**. Vide *Pilorium.*

¶ **PILLEARE**, Columna. Vide *Pilare* 3.

* **PILLEOLUS**, Capitis tegumentum in sacris officiis. Inventar. ann. 1218. inter Probat. tom. 1. Hist. Nem. pag. 66. col. 2 : *Item in sequenti armario inveni sex Pilleolos officiariorum, et octo mitras, etc.*

¶ **PILLERA**. Odo in Carmine de varia Ernesti fortuna, apud Marten. tom. 3. Anecdot. col. 309 :

. . . . . . Commenta Sophiæ
Nobilis inquirit, discens quid littera, quid sit
Pillera, quot partes, quæ cujus partis origo,
Quot versus currat pedibus, etc.

Hæc ad elementa litterarum spectant; sed quid sit *Pillera*, si tamen bene scriptum, nescio.

* **PILLERETUM**, Supplicii genus, quo reus ad *pilorium* seu columbar astringitur. Charta ann. 1360. inter Stat. Delph. : *De remissione fustigationis et Pilleteti, duos florenos.* Ubi authenticum habet, *Pilliriei.* Vide infra *Pilorisare.*

¶ **PILLERII**. Vide *Pilare*, 3.

¶ **PILLERITUM**. Vide *Pileritum.*

* **PILLERIUM**, Pila, columna, Gall. *Pilier.* Inventar. S. Capel. Paris. ann. 1363. ex Bibl. reg. : *Item unum sanctuarium de capite S. Blasii, in quo a longo tempore deficiunt quinque lapides et tria parva Pilleria argenti.* Aliud Gall. : *Ouquel deffaut v. pierres et iij. petits Pilliers d'argent.* Vide supra *Pilerium.*

PILLEVILLA, Monetæ species. Vide *Tullensis*, in *Moneta Baronum.*

* *Poilevillain*, in Lit. remiss. ann. 1353. ex Reg. 82. Chartoph. reg. ch. 83 : *Item ipsa existens nuper in domo sui hospitii prædicti, invenit in lare... unum denarium argenti, qui dicitur Poilevillain.* Aliæ ann. 1355. in Reg. 84. ch. 73 : *Furata fuit unum florenum de Florentia cum octo obolis albis et sex aliis peciis argenti, vocatis Poilevillains.* Forte a veteri Gallico *Pilleville*, Lamina, ut videtur, vulgo *Plaque*, in Comput. Rob. de Seris ex Reg. 5. fol. 3. r°. : *Item delivré pour mons. le Mardy vj. jour de No-*

vembre ccexxxvij. trois selles, l'une de coursier garnie de soye à parer les arçonnieres devant et derriere de Pillevilles d'argent soudé, etc.

¶ **PILLEUM** Filtreum, Pileus vel pannus ex coactis lanis factus. Vide *Feltrum*. Vita B. Giraldi de Salis apud Marten. tom. 6. Ampliss. Collect. col. 1010 : *Tandem applicans Castellariis equos, et lanceam vibrans habentem in ferro Pilleum filtreum, quærebat ubi esset militum hospitium.*

¶ **PILLIARE**, Columna. Vide *Pilare* 3.

PILLIATOR. Pilichdorffius contra Valdenses cap. 8 : *Cum enim fueris sartor, faber, sutor, rusticus, Pilliator, molendinator, aut alius ex artificibus, etc.* Ubi Gretzerus ad oram libri monet, quosdam legere hoc loco *Palliator*, aut *Pileator, Huter* Germ.

¶ **PILLICANA**, Scripturæ species. Vide *Scriptura*.

¶ **PILLIONES**, *Portitores mortuorum*. Gloss. Isidori. Ubi Excerpta recte emendant *Vespillones*.

* **PILLIRICUM**. Vide supra in *Pilleretum*.

¶ **PILLO**. Vide *Pilo*.

* **PILLOCELLUS**, Pila lusoria. Lit. remiss. ann. 1354. in Reg. 82. Chartoph. reg. ch. 542 : *Cum de ludendo ad pilam insimul convenissent, et Johannes Clerici de Cissiaco eisdem unum Pillocellum tradidisset ad ludendum, etc.*

* **PILLONIUM**, idem quod supra *Pilio*. Charta ann. 1221. ex Lib. albo episc. Carnot. : *De porcis episcopi, dicimus quod semper possunt ire per curiam granchiæ absque dampno gaspalii et Pillonii, quæ sunt majoris*. Vide *Pilo*.

¶ **PILLONUS**, Pila, columna, Gall. *Pilier*. Charta ann. 1390. in Tabular. Massil. : *Juxta Pillonum capellæ nostræ S. Bernardini*. Charta Thossiac. ann. 1462 : *Pro licentia manutenendi in ala Thossiaci duo scamna inter duos Pillonos existentes econtra domum M. Prisselli juxta alatoria ejusdem alæ*. Vide *Pilare* 3.

¶ **PILLORALIUM**, Pilloricum. Vide *Pilorium*.

* **PILLORIACUM**, Columbar, numella versatilis, Gall. *Pilori*. Lex Godefr. Camerac. episc. ann. 1227. art. 37 : *Si quis aliquod eorum commissorum fecerit, quod pecuniaria pœna debeat multari, et statutam pœnam solvere noluerit vel nequiverit, quindecim dies in prisonia ponatur, quibus transactis in Pilloriaco ponatur, et a civitate bannietur*. Vide *Pilorium*.

* Hinc, ni fallor, Gallicum *Pillory*, pro Ornamento muliebri, sic dictum, quod circa collum poneretur. Lit. remiss. ann. 1428. in Reg. 174. Chartoph. reg. ch. 187 : *Le suppliant print une cotelle à usaige de femme avec unes manches et un Pillory de toile.*

¶ **PILLOTA**, Pila lusoria. Vide *Pelota* 3.

* **PILLOTUS**, Pilotus, Pilottus, Pilum, spiculi species, telum balistarum, Ital. *Pilo*. Stat. Ferrar. ann. 1279. apud Murator. tom. 2. Antiq. Ital. med. ævi col. 508 : *Funes, balistas, Pillotos, turnos, etc.* Hist. belli Forojul. apud eumd. tom. 3. col. 1204 : *Et in ipso castro tot et tanta jacula seu Pilotti balistrarum et arcorum fuerunt, quod de cœlo videbantur cadere, non minus quam facit pluvia*. Stat. Mantuæ lib. 1. cap. 3. ex Cod. reg. 4620 : *Quodlibet caput domus de insula S. Benedicti.... habeat unum arcum cum apparatu* 25. *Pilotorum*. Vide in *Pilatus*.

* **PILLULA**, Pilula, Glans plumbea, Gall. *Bale de plomb*. Tract. MS. de Re milit. et mach. bellic. cap. 46 : *Bombarda cerbotana ad longe Pillulas suas expluit*. Ibid. cap. 144 : *Eques scoppettarius.... in sella habeat peras sive bisazas, in quibus sint pulver et Pillulæ plombeæ scoppetti*. Annal. Placent. ad ann. 1447. apud Murator. tom. 20. Script. Ital. col. 893 : *Cum bombardis, scorpionibus et Pilulis.*

¶ **PILLULA**, Pilula Plinio, nostris *Pillule*, in Statutis Avenion. lib. 1. rubr. 21. art. 9. et 11.

PILLUM, [pro Pilus, Gall. *Poil*; neque enim infrequens fuit apud nostros pilo vestimenti donationem aliquam seu cessionem confirmare. Vide *Disvestire* in *Vestire*. Interdum et capillorum pilis id fiebat. Vide in *Capilli*.] Formula 30. ex Baluzianis : *Et cum de ipsas res in omnibus vestrum et Pillo et festuca exinde in omnibus se exitum dixit et fecit*. [Vide *Pilla* 1.]

* Nonnumquam et barbæ pilis tribus sigillo obsignatis id præstabant. Charta ann. 1181. ex Tabul. S. Florent. Salmur. : *Et ut elemosina ista monachis inconcussa remaneret, sigilli mei impressione, una cum tribus Pillis barbæ meæ, sicuti apparet, corroborari feci*. Vide in *Barba* 1.

* **PILLUS**, Pila, columna, Gall. *Pilier*. Charta Joan. comit. Droc. ann. 1330. ex Tabul. capit. Carnot. : *Quoddam altare in ecclesia Carnotensi situatum prope lictrinum ante Pillum juxta allogias a dextris dictæ ecclesiæ, in honore ipsius Genitricis Dei*. Vide *Pillonus*.

* Aliud vero sonat vox Gallica *Pillon*, Obturamentum scilicet stagni, vulgo *Bonde*, in Lit. remiss. ann. 1451. ex Reg. 184. Chartoph. reg. ch. 131 : *Lesquelz compaignons alerent audit estang, et eulx illec arrivez.... leverent le Pillon ou bonde dudit estang.*

PILO, Pillo. Glossæ antiquæ MSS. : *Pilo, Unde contunditur, quidquid in pila mittitur*. Charta. ann. 1225. in Tabulario Ecclesiæ Carnotensis num. 203 : *In ea* (grangia) *habere debent jure perpetuo omnia straminaet forragia cujuslibet bladi, tam hybernagii quam marciagii, exceptis tamen paleis et Pillone*. Alia ejusdem num. 245 : *Scilicet stramina, forragia, Pilonem bene extractum, et paleas avenæ bene exquisitas ad voluntatem Canonicorum totius granchiæ de Grandi husso... relevavit*. Alia num. 257 : *Medietatem omnium palearum granchiæ, medietatem totius Pillonis, etc.* [Ubi *Pilo* idem est quod supra *Piletum*.] Vide *Pilumen* et *Trituratores*. [* Vide supra *Pilio* et *Pillonium*.]

¶ **PILORIA**, Idem quod mox *Pilorium*. Charta apud *Madox* Formul. Anglic. pag. 18 : *Tunc adjudicatus Piloriæ, ibidem moraturus per duas horas tempore nundinarum*.

* **PILORISARE**, Ad *pilorium* alligare. Arest. ann. 1402. 23. Febr. in vol. 9. arestor. parlam. Paris. : *Pilorisari et in scala poni fecerant* (Joannem Maurini). *Perololisier*, eodem sensu, in Lit. remiss. ann. 1385. ex Reg. 127. Chartoph. reg. ch. 167 : *En concluant ledit procureur contre ledit Poissant que.... on devroit porter punition de crime de faulx, tele que de estre Perololisiez pars jours solempnez. Estre puni Pilorieusement*, in aliis ann. 1404. ex Reg. 159. ch. 113. Vide *Pilorium*.

PILORIUM, Spilorium, Columbar, numella versatilis, seu *Collistrigium* : vulgo *Pilori*, in Consuetudinibus municipalibus, Nivernensi cap. 1. art. 9. Meledun. art. 3. Meldensi art. 209. Senonensi art. 2. Altisiod. art. 3. etc. in quibus *Pilorium* dicitur esse argumentum altæ seu majoris justitiæ. Fleta lib. 2. cap. 10 : *Pilorium, sive collistrigium*. Leges Burgor. Scoticor. cap. 21. § 3 : *Ponatur super collistridium, quod dicitur Pillorie*. Monasticum Anglic. tom. 1. pag. 977 : *Habere possunt Thew, Pillorium, atque tumbrellum pro punitione malefactorum*. Pag. 196 : *Cum furcis, Pilloriis, et cum omnibus aliis pertinentiis, etc.* Charta Theobaldi Comitis Campaniæ ann. 1227. in Tabulario Ecclesiæ Meldensis pag. 30 : *Asserebat etiam dictus Episcopus, quod ego non debebam habere Pilorium in foro, et facere justitiam in eodem loco, prout mihi placeret*. Will. Thorn in Edw. II. : *Et similiter clamat habere furcas, Pilorium, tumberellum, emendas assisæ panis, et cervisiæ, factæ in eodem manerio*. [Receptio Caroli VII. Lemovicas ann. 1438. apud Stephanot. tom. 1. Fragment. Histor. MSS : *Ante prandium fecit Rex publice in alto loco prope Pillorium amputare caput Bertrandi de Arat Militis proditoris, qui fecerat se Anglicum*.]

¶ Pillaurium, in Statutis MSS. Augustæ Ausciorum art. 39 : *Item est consuetudo ibidem quod si aliquis furatus fuerit aliquid non excedens valorem* xx. *denar. Morlanorum, quod pro furto prædicto ad aliquam legem nullatenus condemnetur, tamen ascendat in Pillaurium et currat villam.*

Spilorium. Regestum Constabulariæ Burdegalensis fol. 100 : *Jurisdictionem altam ibi occupando, Spilorium fieri, et ibidem poni, et aurem cujusdam mulieris, quæ ibidem furtum commiserat, abscidi fecerunt.*

¶ Pelloricum, in Chartul. S. Quintini in insula pag. 123 : *Ubicumque invenerint bannitum pro furto... eum in Pellorico ponere debet et de eo facere justitiam.*

Pilloricum, Charta Majoriæ Rotomagi et Falesiæ : *Latro, falsonarius, judicabitur per communiam, et ponetur in Pillorico, ut omnes eum videant et cognoscant*. [Perperam *Paloricum* editum tom. 1. Ordinat. pag. 307. Charta Philippi Aug. pro communia Calniaci ann. 1213 : *Præpositus noster.... eum* (furem) *in Pillorico ponere debet*.]

Pellericum. Observantiæ Regni Aragon. lib. 8. tit. de Crimine falsi : *In Pellerico ponatur in camisia, et stet ibi a pulsatione tertiæ usque ad meridiem.*

¶ Pellerinum, in Statutis Montis Regal. fol. 175 : *Item statutum est, quod si aliquis malum dixerit de Deo... ponatur ad Pellerinum non expectato judice, vel aliqua condemnatione, seu defensione, sed incontinenti.*

Pelloriu. Consuetudines Villæ Arkensis ann. 1231. in Tabulario S. Bertini : *Debet cavere de emenda solvenda infra* 15.

dies;... qui pauper fuerit, et improbus, poterit poni in Pelloriu, et sic dimitti.

Pilaricum in Chartis Communiæ Royensis et Peronensis.

Pilloralium, in Fleta lib. 2. cap. 12. § 19. *Judicium pillorale* lib. 1. cap. 34. § 35. cap. 37. § 10. cap. 38. § 10. *Pœna pillorii*, in Charta Communiæ Abbatis-villæ § 3. *Pœna pilloralis*, apud Bractonum lib. 3. Tract. 1. cap. 6. n. 1. Tract. 2. cap. 3. num. 6. in Fleta lib. 1. cap. 34. § 11. cap. 38. § 11. lib. 2. cap. 1. § 8. *Pilorisation*, in Consuetudine Insulensi tit. 1. art. 2. *Pilloret*, in Foris Berebarn. Rubr. *de Penas* art. 14. 39. *Pilorier*, in Consuetud. Meledunensi art. 1. 3. Senonensi art. 1. Altisiod. art. 1. Barrensi art. 28. 33. *Pilloriser*, in Consuet. Burbonensi art. 1. Nivernensi cap. 1. art. 15. *Estre mis et tourné au Pillori par trois festes solemnelles ou Dimanches*, in veteri Consuetudinario Franciæ, ubi de usurariis. Joannes Abbas Laudun. in Speculo Historiali MS. lib. 11. cap. 11 : *Premierement il fut tourné au Pillory, puis luy furent les deus puings coppez, etc.* Vide Chartam Communiæ S. Quintini apud Hemereum pag. 49. et quæ adnotarunt Chopinus in Consuetud. Andium, Loisellus de Dominiis, et alii.

De vocis origine non omnino constat : neque enim Cowellus audiendus, qui a πύλη et ὁράω deducit, quod reus, ac si per januam emisso capite, prospiceret : ut nec Spelmannus, qui a Gallico *pilleur*, quod depeculatores hac pœna vulgo damnentur. Videtur potius a voce *pilier*, id est pila, columna, ad quam alligabantur rei, desumendum etymon : idem enim fuit *pilorium* cum *postello*, seu columna lignea. Concilium Bituricense ann. 1336. cap. 12 : *Item Pilorium, seu postellum in cœmeteriis et locis sacris affigunt et apponunt.* Vide quæ adnotamus in Constantinopoli Christiana, ubi de Milio aureo. Observat Ferrarius, Italos *gogna* appellare supplicii genus, quo noxii injecta bojæ, sive numellæ cervice, in suggestu omnium sibilis ac ludibrio exponuntur. Vide eumdem in *Berlina*.

¶ 1. **PILORUS**, Pila, columna, Gall. *Pilier*. Charta ann. circ. 1047. apud Calmet. tom. 1. Hist. Lotharing. col. 30 : *Hanc ipse labore magno et impensa, eisdem columnis quasi circumactis vasibus, quas usuali locutione Piloros nuncupant, itemque arcubus prioribus laudabili arte substractis, novis aliis resolidavit, etc.*

¶ 2. **PILORUS**, pro *Pilotus*, Pilum. Hist. Cortusior. lib. 2. apud Murator. tom. 12. col. 805 : *Sed hi contra ipsum sagittaverunt, ita quod cum singulo Piloro dominus Canis et Cechinus ejus nepos vulnerati fuerunt.* Vide *Pilatus*.

* **PILOSELLUS**, Campus gramineus, Gall. *Pelouse*. Charta ann 1139. inter Probat. tom. 1. Annal. Præmonst. col. 64 : *Transeundo usque ad collem ultra minorem Pilosellum et territorium de Corbigny, etc.* Vide *Pelosum*.

¶ **PILOSITAS**, Pilorum abundantia. Fridericus II. Imper. lib. 1. de Arte venandi cap. 45 : *Pennas dicimus, quæ habent majores cannulas, radices sibi et similiter costam protensam per medium Pilositatis usque ad summum.*

¶ 1. **PILOSUM**, Gall. *Pelouse*. Vide *Pelosum*.

* 2. **PILOSUM**, Pellis pilis munita. Arest. ann. 1354. 9. Aug. in vol. 4. arestor. parlam. Paris. : *Quod dicti tagnatores Pilosa per eos empta, de cætero modo prædicto nullatenus acquestabunt.*

PILOSUS, Isidorus lib. 8. Orig. cap. ult. : *Pilosi, qui Græce Panitæ*, (Joan. de Janua habet *Ephialtæ*) *Latine incubi appellantur, sive inivi, ab ineundo passim cum animalibus, unde et incubi dicuntur, ab incumbendo, hoc est stuprando. Hos dæmones Galli Dusios nuncupant.* Sunt, qui Satyros designatos fuisse existimant apud Isaiam Prophetam cap. 13. v. 21. cap. 34. v. 14. ubi Græca editio δαιμόνια, Aquila τριχιῶντες præferunt. Eucherius Lugdunensis : *Pilosi, in Esaia, dæmonum genera. Nonnulli etiam hos doctissimorum incubones, vel satyros, aut quosdam silvestres homines intelligendos putaverunt.* Mammotrectus : *Pilosi, monstra sunt ad similitudinem hominum, quorum forma ab humana effigie incipit, sed bestiali in extremitate terminatur, vel sunt dæmones incubones, vel satyri, vel homines silvestres.* Quod confirmari videtur ex Hebraico vocabulo *Saher*, quod pilosum, hirsutum, et hircum, cujus formam partim referunt satyri, significat. Textus Arabicus habet ibi *alghilan*, quod satyrum, vel animal aliquod humanam repræsentans aliquo modo figuram denotat. Monachus Sangall. lib. 1. de Carolo Magno cap. 25 : *Tunc dæmon, qui dicitur larva, cui curæ est ludicris hominum, vel illusionibus vacare.* Mox : *Cumque pater ille familias signo salutiferæ crucis se suaque munire conaretur, respondit Pilosus, etc.* Radevicus lib. 2. de Gestis Friderici : *Pilosi, quos Satyros vocant, in domibus plerumque auditi.* [** Vide Grimm. Mythol. German. pag. 272.]

* Hinc nostratibus *Poilleux*, hodie *Pouilloux*, Immundus, sordidus, in Lit. remiss. ann. 1376. ex Reg. 110. Chartoph. reg ch. 73. Aliæ ann. 1384. in Reg. 125. ch. 128 : *Appellant* (le suppliant) *sanglant, meschant homme, vermineux et Poilleux, et autres pluseurs oultrages.*

¶ 1. **PILOTA**, Pilum. Vide in *Pilatus*.

¶ 2. **PILOTA**, Pila lusoria. Vide *Pelota* 3.

PILOTONSUS, *Lupus cervinus*, in Gl. Arab. Lat.

PILOTRIUM. Fridegodus in S. Wilfrido cap. 47 :

Nec Romana prius falsi Pilotria testes
Excedent, justas donec pro crimine pœnas
Jure luant, etc.

Legendum forte *Palatia*.

* **PILOTTUS**, Pilotus. Vide supra *Pillotus*.

¶ **PILOTUM**, Glomus, Gall. *Pelote*, Inventar. Rerum bellicarum ann. 1260 : *Item* XVII. *Pilota fili.*

¶ **PILOTUS**, a Gall. *Pilote*, Navarchus. Charta ann. 1486. apud Rymer. tom. 12. pag. 300 : *Patronos, marinarios, Pilotos et servientes carcarum.* Occurrit rursus apud eumdem tom. 13. pag. 780. *Pilotus*, alia notione, vide in *Pilatus*.

* **PILTATOR**, f. pro *Pileator*, qui pileos facit aut vendit, in Charta ann. 1262. ex Chartul. AD. S. Germ. Prat. fol. 68. r°. col. 2. Vide supra in hac voce.

¶ **PILTRUM**, perperam pro *Filtrum*. Vide *Feltrum*.

* **PILULA**. Vide supra *Pillula*.

* **PILULARIUS**, Qui *pilulas* emittit. Hist. Franc. Sfort. ad ann. 1448. apud Murator. tom. 21. Script. Ital. col. 499 : *Dum eo Franciscus* (Sfortia) *proficisci maturat, ita Mediolanensis quidam e muro in eum pilulam contorsit, ut si posset, euntem vita spoliaret. Quod sceleratam Pilularii mentem haud fefellisset, nisi forte venabulum pilulæ ictum excepisset.*

1. **PILUM**, in Fleta lib. 1. cap. 39. § 1. qui appellat aliquem de roberia, aut furto, debet *designare certam rei qualitatem, quantitatem, pretium, et pondus, numerum, valorem et Pilum.* Ubi *pilum* est, quod *pile* vocamus in Monetis, id est figura nummi, quomodo hæc vox exponitur in vett. Glossis. Vide quæ de ea annotamus in Dissert. 19. ad Joinvillam pag. 256.

¶ 2. **PILUM**, Sarcophagus, arca lapidea, capsa sepulcralis, Ital. *Pilo*. Mirac. B. Ægidii tom. 3. April. pag. 244 : *Et puellam duceret cum candela cingere Pilum ejus.* Acta S. Secundi tom. 1. Junii pag. 56 : *Cujus reliquiæ dicebantur fuisse et esse in sepulcro seu Pilo existente in ecclesia. D. de Montfaucon* Diar. Italici pag. 157 : *In ultimo loco fundamenti, capsam quamdam marmoreo lapide coopertam et implumbatam invenerunt; quod cum aperuissent, unum corpus cujusdam mulieris integrum invenerunt... cumque Conservatores in eodem Pilo in locum incognitum reportaverunt, etc.* Infra : *Et Pileus marmoreus ubi fuerat reperta, dimissus est in reclaustro dictorum Conservatorum.* Etruscis *Pilæ* etiamnum dicuntur vasa grandia quæ ad continendam aquam excavantur e petra, ut observant Bollandistæ ad Mirac. B. Ægidii. Vide *Pila* 5.

¶ 3. **PILUM**, Lanceola chirurgica. Vita B. Francisci Fabr. tom. 3. April. pag. 986 : *Erat autem corium ejus spatularum propter multas et horribiles disciplinas ita grossum et callosum, quod Pilo sive rasorio vix penetrari posset.*

PILUMEN, *Quidquid in pilo tunditur.* Gloss. Isid. [Johannes de Janua : *Pilumen, quidquid in pila tunditur, vel potius, quod projicitur a rebus vel granis in pila tunsis.* Vide *Piletum* et *Pilo*.]

¶ **PILURICA**, Vestis genus intus et foris pilosa; unde vocis origo, teste Raizzio. Acta S. Raynerii tom. 3. Junii pag. 427 : *Vesteque, quæ vulgo Pilurica dicitur, sola contentus induebatur.*

¶ 1. **PILUS**, f. pro *Palus*, Gall. *Pieu*; nisi pilum, Gall. *Javelot*, olim *Pile*, intelligas. Computus. ann. 1202. apud D. *Brussel* tom. 2. de Usu feud. pag. CXCI. : *Pro septem quadrigis quæ adduxerunt Pilos et uncinos et alium harnesium apud Vernonem*, XI. *l.* et XII. *den. Pilx* pro *Pieu* usurpat le Roman *de Rou* MS. :

Lors voissiez haster vilains
Pilx et machues en lor mains.

Ibidem :

Et o les arz traient archiers,
Et o les Pilz vilains lour donnent.

* 2. PILUS, Maceratus, ni fallor : dicitur de lino, in Invent. ann. 1342. ex Tabul. S. Vict. Massil. : *Unum lectum munitum de una culcitra virgata, uno pulvinari, quatuor drapis Pili lini.... Item plus unam mappam cum uno manutergio Pili lini, etc.*

* PILUM VESTIMENTI *projicere* in signum possessionis rei cujuspiam dimissæ. Vide *Disvestire* in *Vestire* 1.

¶ PIMARIUM. Charta S. Rudesindi Episcopi inter Conc. Hispan. tom. 3. pag. 180 : *Cum porto de Reza et suos saltus ex utraque fluminis parte. In Caldelas Pimaria media.* f. Pomaria.

PIMENTUM, PIMENTARIUS. Vide *Pigmentum* 1.

PIMIENTA. Charta Ferdinandi Gonsalvi Comitis Castellæ æræ 972. apud Ant. de Yepez in Chron. Ordinis S. Benedicti, tom. 1. pag. 32. appendic. : *Istæ prædictæ per omnes de ferro azero* (acier) *singulas libras, medium ferro, medium Pimienta.* Hispanis, *Pimienta*, est piper. Sed quid ad ferrum ?

* PIMPILORATUS. Vide supra *Pannus Pimpiloratus* in *Pannus* 1.

* PIMPINELLUS. Vide *Pinpenellus*.

** PINA, pro Pœna in chart. Longob. ann. 734. apud Brunet. in Cod. Diplom. Tusc. tom. 1. pag. 488 : *Conpunamus Pinæ nomine, etc.* Inde German. *Pina*. Vide Grimm. Antiq. Jur. Germ. pag. 680.

¶ PINAGIUM, Tributi species. Charta Treugarum ann. 1343. apud Robertum Avesbur. in Hist. Edwardi III. Reg. Angl. pag. 106 : *Item accordé est que durauntz les ditz trewes que les seigneurs coadjutours pourront aller seuremeut de l'un païs al aultre et toutz marchauntz.... auxi fraunchement come ils soleient aler et venir en temps des predecessours des ditz Rois paiauntz les pesages, vinages et Pinages qe sount ascustumez.*

¶ PINAX. Gloss. Eccles. Bituric. : *Abbacus vel abax, tabula in qua viridi pulvere formæ pinguntur, qua Philosophi utuntur, quæ et Pinax dicitur.* Johannes de Janua : *Pinax dicitur tabula in qua Philosophi figuras faciunt in supposito pulvere. Pinax, pugillaris, ephemeris, tabula manualis, ex pino facta. Pinax* præterea dicitur librorum index, auctore Bern. Baldo; antiquitus enim in tabellam notanda conjiciebantur. Denique *Pinax* est tabula, quadra lanx; proprie est asser, inquit Martinius, in quo edebant et bibebant : unde a πίνω bibo, derivat Eustathius. Glossæ Gr. Lat. : Πινακίς, Tabella. Πινακίδες, *Pugillares*. Πινακὶς βασιλική, *Codicillus*.

¶ PINAX CÆLICA, Cælum. Fridegodus in Vita S. Wilfridi, sæc. 4. Bened. part. 1. pag. 723 :

O defesse, sagax curat quem cælica Pinax.

1. PINCA, Subula. Petrus de Natalibus lib. 2. cap. 73 : *Felix Presbyter et Martyr pronomine dicitur in Pincis, a subulis, quibus passus perhibetur : nam Pinca dicitur subula.* Eckehardus junior de Casibus S. Galli cap. 9 : *In die Felicis in Pincis vindemiata est ipsa, etc. Pinces* vero nostri vocant instrumenta, quibus aliquid evellitur.

☞ Errat Vir eruditissimus vestigiis insistens Petri de Natalibus, cui etiam præiverat Jacobus de Voragine. *Pincis* enim Romæ locus est a palatio Pincii Senatoris sic dictus : unde *collis Pincius, porta Pinciana.* Erroris causa est quod Felicem Nolanum, ab alio Felice Romano in *Pincis* sepulto, non distinxerunt; qui et, ne hærere viderentur, *Pincam*, subulam interpretati sunt. Palatii Pinciani meminit Anastasius Bibl. in Vita Silverii ann. 536. in Vita Hadriani apud Murator. tom. 3. pag. 188. ubi leg. *in Pincis* pro *in Pineis*, et in Vita Benedicti III. ann. 855. Vide Frontonem in Kalendar. Rom. pag. 10. Alex. Donatum in sua Roma, et Famian. Nardi.

* *In Pineis* legendum vult *Chastelain* in suo Bimest. Jan. et Febr. ad diem 14. Jan. quem consule.

¶ 2. PINCA, vox Hispanica, Granarium, Gallice *Grenier*. Vide *Panera* 2.

* PINCELLUM *dicitur a forma pinni, i. acutæ summitatis; et est instrumentum ad aliquid obstringendum ab oculis, præcipue factum ex re molli, sicut quo pictores pingunt. Galienus vero ad Glauconem exponit spongiolam, similiter et Demosthenes.* Glossar. medic. MS. Simon. Januens. ex Cod. reg. 6959. Vide mox *Pincillus*.

¶ PINCEMEDALLIA, nostris *Pincemaille*, Homo sordidus, minutioris monetæ parcus et cupidus. Tabular. Majoris Monasterii : *Benedictus Aletensis Episcopus superveniens cum clericis suis Rivallone archidiacono, Gladilonio, Roberto Pincemedallia, similiter donum concessit.*

1. PINCERNA, Qui vinum convivis miscet, a Græco πίνειν κίρνα, ut censet Tanaquillus Faber Epist. 76. Gloss. Gr. MS. Reg. : Οἰνοχόος, ὁ πιγκέρνης. Glossæ MSS. : *A Caliculis, Pincerna.* Joan. de Janua : *Pincerna dicitur vini dispensator, vel potius propinator, qui porrigit ex officio poculum domino suo. Et dicitur Pincerna, quasi penum cernens, i. Cellarium : quia semper habet oculos ad vinum suo tempore propinandum.* Catholicon parvum : *Pincerna, Bouteiller.* [** Vide Glossar. med. Græcit. in Πιγκέρνης et Ἐπιγκέρνης col. 1167. unde etymon arcessit Forcellin. voce *Pincerna*.] Lampridius in Alexandro Severo : *Vestitores, et pictores, et Pincernæ, etc.* Valerius in Epist. ad Ruffinum : *Sic sementem serit Pincerna pluviarum auster.* S. Hieronymus in Quæst. in Genesim : *Ubi nos posuimus Principem vinariorum,... quem nos possumus more vulgi vocare Pincernam. Nec vile putatur officium, cum apud Reges barbaros usque hodie maximæ dignitatis sit, Regi poculum porrexisse.* Gregor. Turon. lib. 2. Histor. cap. 23 : *Cui oblato, Pincerna, poculo, ait, etc.* Apud Hariulfum lib. 4. cap. 22 : *Hugo Pincerna Regis.* In Charta Gervini Abbatis Centulensis, eidem Hariulfo *Buticularius regius* dicitur. Theodolfus Aurel. lib. 3. Carm. :

Adveniat Pincerna potens Eppinus, et ipse
Pulchraque vasa manu, vinaque grata vehat.

Guillelm. Apul. lib. 4. de Gestis Normannorum :

.... Iste solebat
Crateras mensis plenas deferre lyæo,
Et de Pincernis erat inferioribus unus.

Petrus Damian. in Vita S. Odilonis Abbat. Cluniac. cap. 13 : *Allatum ergo* (vinum) *ante se posuit, et ipse potissimum more Pincernæ sibi duntaxat et Abbati, qui juxta se discumbebat, expendit.* [Vita MS. S. Winwaloei : *Item quidam vir nomine Warhenus, erat vir nobilis et auctor atque Pincerna Regis Grudloni, etc.*] Theodorus :

Nomen Pincernæ quod possedit prius Hebe.

Vita S. Hermelandi Abbat. : *Ex tirunculo ita perfectus effectus est miles,... ut nimio eum Rex amplectens amore, dispensatorem sui potus, Principemque, renuente eo, constitueret Pincernarum.* Ubi Princeps *Pincernarum*, is est qui ἀρχιοινοχόος dicitur Gen. cap. 40. v. 2. et Philoni lib. περὶ ὀνείρων. Diploma Ludovici II. Imper. filii Lotharii subscribit, *Hechideus Comes et Primus Pincernarum*, in Chartulario Casauriensi. Vide *Buticularius* in *Butta* 3. [** et Murator. Antiq. Ital. tom. 1. col. 118.][* *Capitalis Pincerna* dicitur, *Radulphus Cotiller*, in Chartul. Henr. V. et VI. reg. Angl. ex Cod. reg. 8387. 4. fol. 84. v°.] Πιγκέρνης, passim apud Byzantinos Scriptores. Gloss. Gr. Lat. : Πιγκέρνης, *Pocillator.* [Haud scio an huc pertineat vox *Pinconart* qua utitur le Roman *de Partonopex* MS. :

Gautier avon perdu qui ert pru et voisox,
Ja l'ont pris Sarrasin ou Pinconart ou Rox.]

Vide *Pincinnati*.

* 2. PINCERNA, PINCERNIA, Cella vinaria. Inventar. ann. 1476. ex Tabul. Flamar. : *Item plus in eodem loco de Flamarenxis totum emolumentum, jus et deberium Pincernæ sive tabernæ et macelli.* Ibidem : *In Pincernia sive botelheria, quæ est prope dictam coquinam, etc.*

¶ PINCERNARIUS, ut *Pincerna*. Diploma Adephonsi Regis Hispan. ann. 1094. apud Marten. tom. 1. Ampliss. Collect. col. 549 : *Sancius Pincernarius Regis confirmat. Diacus coquinarius Regis confirmat.*

PINCERNARE, more Pincernarum vinum prægustare, priusquam Principi propinetur. Fortunatus lib. 5. Poem. in Epist. ad Martinum Episc. Gallic. : *Dives pauperi propinavit, et, ut ita dixerim, quasi falerni nobilis ipso me prius odore Pincernante, supplevit.*

PINCERNATUS, Dignitas Ecclesiastica. Albertus Argentinensis ann. 1349 : *Joannem de Liechtemberg, qui et in Argentinensi Ecclesia Præposituram, Decanatum, Cantoriam, et Pincernatum simul tenebat.* Adde pag. 160. Vide *Pintrici*.

* Charta ann. 1329. tom. 2. Hist. Trevir. Joan. Nic. ab *Hontheim* pag. 113. col. 1 : *Officium Pincernatus, ad quod pertinet decima in Morscheit, cum jure patronatus ecclesiæ.*

* PINCETUM, Mensuræ liquidorum species. Redit. eccl. parroch. de Thoisiaco Eduens. diœc. ann. 1383. ex Cod. reg. 5529. B. : *Hæredes Johannis Maiselier super prato suo de Veura unum Pincetum olei.* Leg. forte *Pintetum*. Vide *Pinta*.

* PINCHILICLHIUM, Pubes. Formul. MSS. ex Cod. reg. 7657. fol. 40. v°. : *Ex quibus ictibus dictus talis percussus, vulneratus extitit quatuor ictibus, uno videlicet super tempe seu Pinchiliclhium prope inguinem de stoco.* Vide supra *Pecten* 4.

* **PINCILLUS**, Penicillus, Gall. *Pinceau*. Vita S. Helenæ tom. 3. Aug. pag. 596. col. 1 : *Decoremus solemniter quasi quodam Pincillo, et si non verborum eloquentia, saltem devotionis atque debitæ charitatis pictura transitum S. Helenæ*. Vide supra *Pincellum*.

* **PINCINNATI**, Mahumetani. Charta ann. 1096. apud Menag. in Hist. Sabol. pag. 91 : *Actum Andegavis.... anno, quo innumerabilis populus ibat in Jerusalem ad depellendam Pincinnatorum perfidiæ persecutionem*. Ubi Menag. ad marginem : Vide Cangium ad Niceph. Bryen. pag. 199. et ad Annam Comn. pag. 327. et 339.

PINCIO. Papias : *Fringellus, Pincio, avis :* nostris *Pinçon*.

* **PINÇOCHERUS**, Ital. *Pinzochero*, Secularis, qui religionis causa veste monastica induitur. Stat. ant. Florent. lib. 3. cap. 52. ex Cod. reg. 4621 : *Nullus deferat habitum Pinçocherum, scilicet clamidem nigram ad becchetum et similitudinem eorum vitæ, nisi foret de vita et regula ipsorum Pinçocherorum*. Vide *Pinzocha*.

* **PINCONES**, *Qui vincuntur in picturarum certamine*. Glossar. vet. ex Cod. reg. 7613. Vide *Pictiones*.

* 1. **PINCTA**, pro *Picta*, Moneta comitum Pictavensium. Reg. episc. Nivern. ann. 1287 : *Alius mercerius qui non vendit orellos, debet Pinctam de tribus in tribus Sabbatis*. Vide *Picta* 3.

* 2. **PINCTA**, pro *Pinta*, Mensura liquidorum. Charta ann. 1249. in Chartul. Buxer. part. 20. ch. 22 : *Pinctam olei possidendam perpetuo et recipiendam annuatim Deo et fratribus Buxeriæ.... dedit et concessit*.

* **PINCTURATURA**. Vide supra *Pectinatura*.

¶ **PINDÆ**, *Pinnæ dictæ sunt a pendendo, sed usus obtinuit ut pinnæ dicantur*. Gloss. Isid. Ubi Grævius monet leg. : *Pendæ, pennæ dictæ sunt etc.* Isid. lib. 6. Orig. cap. 14 : *Penna a pendendo vocata, id est volando*.

¶ **PINDERE**, *Pilo tundere, terere, secundum Hugutionem*. Johannes de Janua.

¶ **PINEA**, Arbor pinus, vel pini fructus. Anastasius in Gregorio IV. PP. : *Item gabatham saxiscam habet in modum leonis, cum diversis historiis serpentium, et in medio stantem Pineam, et quatuor leunculis exauratam, qui pendent in catenulis tribus et uncino uno*. Vide *Pinca* 1.

* Pro Strobilo, in Lib. de Mirabil. Romæ apud Montemfalc. in Diar. Ital. pag. 287 : *In fastigio Pantheon, id est, sanctæ Mariæ rotundæ, stabat Pinea ærea, etc.* Ibid. pag. 291 : *Pinea ærea cum simo æreo, etc.*

¶ **PINEATUS**, *Pineis* ornatus. Visitatio Thesaurariæ S. Pauli London. ann. 1295 : *Calix argenteus Henrici de Northampton deauratus, cum pede cocleato et scapolato, et Pineato ponderis cum patena* 50. *sol.* Vide *Pinonatum opus*.

* **PINELLUS**, Vexillum, ut videtur, idem quod *Penicellus*. Vide in *Pennones*. Hist. belli Forojul. apud Murator. tom. 3. Antiq. Ital. med. ævi col. 1198 : *Nos autem de Maniaco.... animum robuste sumentes,... cum felici Pinello domus Maniaci, sæpissime ante portas Meduni ivimus, locum exterminando, et villicos capiendo, bona ipsorum derobando*.

* **PINEOLA**, idem quod *Piniola*, Nucleus pineus, Gall. *Pignon*. Inventar. MS. thes. Sedis Apost. ann. 1295 : *Item unam planetam de panno Tartarico rubeo ad aurum laboratam ad Pineolas inter listas ad modum spinæ piscis*. Vide supra *Pignolus* 1.

¶ **PINERIUM**, pro *Panerium*, ut videtur, Cista, ex Gall. *Panier*. Aresta Parlamenti O. SS. ann. 1295. ex Regesto *Olim : In mercato Atrebatensi in quo dicti Religiosi venerunt et in præjudicium dicti Comitis, Scabinorum et justitiæ, sciderunt cordas, costas et Pineria pisces apportantia*. Vide *Panerius* 1.

PINETA, seu PINETUM, Locus pinis consitus, apud Innocentium III. PP. lib. 13. Epist. 115. Italis, *Pigneta*, et *Pineta*. [Charta Willelmi Sancii Vascon. Comit. tom. 1. Gall. Christ. inter Instr. pag. 182 : *Vel in appenditiis ejus aliquam calumniam facere præsumat, in aquis, in silvis, in pratis, in landis, in piscationibus, in Penetis seu in venetis, etc.* Ubi leg. *in Pinetis*, ut infra ibidem habetur. Occurrit rursum in Charta ann. 1026. ibidem tom. 2. col. 268.]

¶ **PINGACULUM**, pro *Pignaculum*, Culmen domus. Charta ann. 1207. in Tabular. Compend. : *Querela super aula illa quam præter licentiam ipsorum in fundo ecclesiæ suæ ædificavimus videlicet a domo Petri de Gellis... usque ad Pingaculum ipsius aulæ quod est junctum mazuræ Claronis*. Vide *Pinna* 5.

¶ **PINGERE** SIBI, Animo concipere, sibi fingere. Fulcuinus de Gestis Abb. Lobiens. tom. 6. Spicil. Acher. pag. 570 : *Plerisque mortem sibi, plerisque deditionem Pingentibus, ecce etc.*

¶ PINGERE IN FURTUM. Pactus Leg. Salicæ tit. 10. § 2. edit. Eccardi : *Si quis vero animal, caballum vel jumentum in furtum Pinxerit, etc.* hoc est, inquit eruditus Editor, notam suam adpinxerit animali : moris enim est ut animalia, sues, equos, boves in pascua dimittentes, nota certa inusta vel picta insigniamus, quo eos ab aliis dignoscere possimus; quæ consuetudo, ut ex hoc loco apparet, ab antiquo ad nos propagata est. Eadem Lex a Carolo Magno emendata tit. 10. cap. 4. apud eumdem Eccardum pag. 147. ut et apud Baluz. habet : *in furto punxerit*, non male; sed prima lectio potior Eccardo videtur.

* **PINGIA**, Ponderis vel mensuræ species, ut videtur. Inquisit. ann. 1371. in Access. ad Hist. Cassin. pag. 428. col. 1 : *Item homines de dicto castro habentes franchitiam, tenentur pro copis et Pingiis, qui soliti erant solvere annuatim tarenos viginti duo*. Vide mox *Pingueia*.

¶ **PINGNUS**, *i*. pro Pignus. *Ex comparatione opvenit in Pigno*, in Charta ann. 1053. apud Murator. delle Antic. Estensi pag. 203. *Pingnora*, in Charta ann. 1045. inter Instr. tom. 6. Gall. Christ. col. 105.

¶ **PINGUAMEN**, λίπος, in Gloss. Lat. Græc. Aliæ Græc. Lat. : Λίπος, *Servum, Pinguamen, Adeps, Popa, Sebrum*.

* **PINGUARE**, *Engressir*, in Glossar. Gall. Lat. ex Cod. reg. 7684.

PINGUEDO, in Capitulari Aquisgran. ann. 817. cap. 22. idem quod *sagimen*, de qua voce infra, et Menardus ad Concord. Regular. pag. 709. Aliud sonat in Charta Edwardi I. Regis Angliæ apud Guillel. Prynneum in Libertat. Eccl. Angl. tom. 3. pag. 786 : *Mandamus vobis, quod in parcis Episcopatus prædicti centum damos in instanti seisona Pinguedinis capi, saliri et siccari... faciatis*. [Vide *Ferinesona*.]

* **PINGUEIA**, f. Præstatio, quæ ex mensuris percipitur, a *Pinguetus*, ut mox videre est. Inventar. Chartar. reg. ann. 1482. fol. 224. v°. : *Littera Guillermi Laudunensis episcopi, super compositione facta inter eum pro se et successoribus suis in episcopatu ex una parte, et majorem ac juratos Laudunenses ex altera, super quæstione orta inter eos ratione Pingueiarum et jurium, quæ dictus episcopus dicebat, jus habere capiendi. De anno* 1266.

* **PINGUETUS**, Mensuræ annonariæ species. Charta Thomæ de Couciaco ann. 1247. ex Bibl. reg. : *Concessimus.... decem modiatas, tres galetos et unum Pinguetum ad mensuram de S. Petri monte.... In territorio vero Novæ-villæ de Bomont quatuor modiatas, octo galetos et tres Pinguetos*. Vide supra *Pingia*.

PINHOTA, [Idem quod *Pignota*. Vide in hac voce.] Epistola Clementis VI. ann. 1346. apud Waddingum : *Et essent perpetuo certæ religiosæ mulieres sub regulari habitu Domino famulantes, ac in domo eleemosynariæ præfata singulis Christi pauperibus ad eam confluentibus eleemosyna pacis ad instar Pinhotæ papalis diebus singulis largiretur, etc.*

* **PINHOTERIUS**, Qui ex *Pinhota*, seu domo eleemosinaria panem, Italis *Pagnotta*, seu victum accipit. Vide *Pinhota*. Comput. ann. 1356. inter Probat. tom. 2. Hist. Nem. pag. 171. col. 2 : *Duobus Pinhoteriis, qui prædicta portarunt ad domum thesaurariæ, etc.*

¶ **PINIA**, f. Perna. Chartular. Camalar. : *Ad calmem est unus masus qui reddit* 1. *Piniam baconis*.

¶ **PINILLA**, f. diminut. a Pinna. Charta ann. 1265. apud Lobinell. Hist. Britan. tom. 2. pag. 1614 : *Statuimus ut nullus, nisi Canonicus, utatur publice pileo de Pinillis in Ecclesia Dolensi; et si quis contra hoc venire præsumpserit, eo præsente in choro cum pileo de Pinillis cessatur penitus a divinis*.

¶ **PINIOLA**, Nucleus pineus, Gall. *Pignon*. Sententia ann. 1339. ex Schedis Præsidis *de Mazaugues : Possint Piniolas pinuum dictæ sylvæ regalis colligere*. Vide *Pignolus* 1.

1. **PINNA**, Ora, limbus. Lucifer Calaritanus ex lib. 1. Reg. : *Et dempsit Pinnam chlamydis Saül occulte*. Edit. vulgata : *Præcidit oram chlamydis Saül silenter*.

2. **PINNA**. Concilium Londoniense ann. 1102 : *Ut Presbyteri non eant ad potationes, nec ad Pinnas bibant*. Forte legendum *Pilas*. Vide in hac voce, et infra *Pinnacum*.

3. **PINNA**, Instrumentum Chirurgicum, quo vulnera tentantur. Lex Alemann. tit. 59. § 6 : *Si autem testa transcapulata fuerit, ita ut cervella appareat : ut medicus cum Pinna, aut cum fanone cervella tetigit, etc.* Ita etiam editio Heroldi : at in aliquot MSS. *penna* legi monet Lindenbrogius.

¶ 4. PINNA, Mons. Vita SS. Voti et Felicis tom. 7. Maii pag. 61 : *Fontium quoque venis per devexa Pinnarum scaturientibus, etc.*

¶ PINNACULUM, Eadem notione, tom. 2. Junii pag. 698. ubi de S. Fandila : *Quod haud procul a civitate Cordubæ in parte Septemtrionis ad radicem Mellaris Pinnaculi situm est.*

5. PINNA, PINNACULUM, PINNIUM. Glossæ antiquæ MSS. : *Pinnaculum, altitudo parietis excelsi.* Gloss. Græc. Lat. : Ἔπαλξις, *Pinna, propugnaculum.* Onomast. : *Pinnaculum*, ἔπαλξις. *Pinnaculum templi*, Matth. 4. 5 : Πτερύγιον τοῦ ἱεροῦ. Anastasius in Histor. Eccles. pag. 131 : *Volebant enim ea die vesperi ad ripæ muros applicare stationem, et temones supra propugnacula imponere.* Ubi Codex Thuanus habet *Pinnacula*, Theophanes εἰς τὰς ἐπάλξεις. [Tabular. S. Clodoaldi : *Et si prædictus Remboldus domus Pinnaculum auferre voluerit, vel heres ipsius, usque ad pannam guttæ auferre licebit.*] Isidorus Pacensis æra 769 : *Sese in scisuris petrarum ab alto Pinaculo jam vulneratus cavilando præcipitat.* Idem æra 772 : *Ad quem Christiani tandem præparvi Pinacula* (montium Pyrenæorum) *retinentes postulabant misericordiam, etc.* [Chartular. Eccles. Claromont. apud Baluz. Hist. Arvern. tom. 2. pag. 253 : *Dixit se ædificaturum quandam capellam, hoc est ecclesiam, ad Pinnam refectorii Claromontis in honore sancti Nicolai.*] Isidorus lib. 11. cap. 1 : *Pinnula summa pars auris, ab acumine dicta : Pinnum enim antiqui acutum dicebant.* Gloss. Isid. : *Pennium, bis acutum.* Papias : *Pinnium, Acutum.* Vide Camdenum in Britannia, ubi de voce Gallica veteri *Pen.*

¶ PIGNA, Eadem notione. Gesta Consulum Andegav. tom. 10. Spicil. Acher. pag. 460 : *Repente supervenit a plaga australi vehementissimus turbo,.... deinde vero solutis laquearibus, universæ ejusdem ecclesiæ trabes, simulque tota teges per Pignam templi ejusdem occidentalem in terram corruentes eversum ierant.*

PIGNACULUM, Culmen domus, Gall. *Pignon de maison. Pinnaculum*, Matth. 4. 5. Charta Episcopi Parisiens. ann. 1222. in M. Pastorali lib. 19. Ch. 69 : *Quod domum suam..., non levabit, nec poterit levare... ultra 6. pedes,... et secundum hanc elevationem modo competenti domum pignaculabit, ita tamen quod in anterioris Pignaculi elevatione nullam fenestram.... facere poterit.* Tabularium Fossatense : *Abbas convenit cum Granchiario de una domo ibidem facienda, quæ habebit 8. taisias longitudinis, et 3. Pignacula, et solarium per totum, etc.*

¶ PIGNACULUM, PINNACULUM, Turris ecclesiæ, ubi *campanæ* pendent, Gall. *Clocher.* Notæ ad Martyrol. vetus Eccl. S. Salvatoris Aquensis : *Eodem die fuit inceptum Pignaculum hujus S. Ecclesiæ S. Salvatoris an. Dom.* 1323.... *Eodem die et an. Dom.* 1411. *fuit reincæptum dictum Pignaculum supra ecclesiam usque ad aguillam.... Item an.* 1415. *et die* 20. *Maii fuerunt positæ magnæ campanæ in dicto Pignaculo.* Sententia Navarri Episc. Conseran. ann. 1208. apud Marten. tom. 7. Ampliss. Collect. col. 92 : *Postea in contemtum universalis Ecclesiæ horribilius erigentes calcaneum, in loco publico Pinnaculum construxerunt, ibidem campanas et cymbalas suspendentes, quas ad matutinas et singulas horas diei pulsare, contemnentes matrem Ecclesiam, præsumpserunt.*

* PINNACÆ, *Plagæ sunt, vincula retium, quibus capiuntur aves.* Glossar. vet. ex Cod. reg. 7613.

¶ PINNACUM, Taberna, Gall. *Hôtellerie.* Charta ann. 1226. in Chartul. S. Vandreg. tom. 2. pag. 1658 : *Concessit mihi Abbas terram in latere domus ad faciendam coquinam et Pinnacum hospitum.* Vide *Pinna* 2.

* PINNATÆ, *Crepidines alacres valde et veloces*, in eod. Glossar.

* PINNEATUS, Ad modum *pinnæ* formatus. Charta Frider. II. imper. ann. 1156. in Chron. Viti Arenpec. apud Pez. tom. 1. Script. Austr. col. 1196. Vide infra *Pinnitus.*

¶ PINNICULA, Calamus. Vita S. Dunstani tom. 4. Maii pag. 346 : *Ploranti Pinnicula profluentis encausti...... emendare præcipias.*

¶ PINNIRAPI, *Sectatores, gladiatores, quod pinnas rapiunt.* Gloss. Isid. Emendant viri docti *secutores* pro *sectatores.* Utitur Juvenal. Sat. 3. ubi vetus ejusdem Interpres : *Pinnis pavonum ornari solent gladiatores, si quando ad pompam descendunt. Pinnirapes autem dicit lanistas ex habitu gladiatorum : quia post mortem retiarii pinnam, id est, manicam rapit, ut ostendat populo se vicisse. Aut ideo Pinnirapes, quia pinnas in galeis habebant.* Vide Lexic. Martinii.

¶ PINNITUS, Ex *pinnis* compositus. Charta Friderici Imperat. ann. 1156. in Chron. Mellic. pag. 65 : *Dux Austriæ principali indutus veste, supposito pileo ducali circumdato serto Pinnito.* Vide *Pinneatus.*

¶ PINNIUM, PINNULA. Vide *Pinna* 5.

* PINOLETUM, diminut. a *Pinetum*, Locus pinis consitus. Charta ann. 1460. ex Tabul. S. Vict. Massil. : *Usque ad Pinoletum subtus aream, versus fontem Dinsa.* Vide *Pineta.*

PINONATUM OPUS. Visitatio Thesaurariæ S. Pauli London. ann. 1295 : *Duo thuribula argentea, exterius totaliter deaurata, de opere Pinonato, et cathenis argenteis, pond. 8. marc. etc.* Infra : *De opere cocleato et Pinonato.* [Vide *Pineatus.*]

PINPENELLUS, Monetæ minutioris Franciæ species, [quod haud ita certum videtur D. *le Blanc*, ubi de Monetis Philippi Augusti.] Charta Philippi Aug. ann. 1218. ex Regesto Normannico Cameræ Computor. Paris. signato B. : *Et de censibus villæ S. Cyrici 9. lib. et 4. sol. et 2. denarios Turon. et ducentos Pinpenellos apud Pontem Archæ, etc.* [* Idem Reg. ex Bibl. reg. habet : *De censibus villæ S. Cyrici viij. lib. et iv. sol. et ij. den. Turon. et x. Pimpinellos.* In Reg. autem Phil. Aug. part. 2. fol. 104. r°. col. 2. ex Chartoph. reg. legitur : *ducentos Pinpenellos.*]

PINSA, *Instrumentum pinsendi; unde quidam; Neque pinsis suis, neque mol. lui, unde habet pinulam edi.* Sic Ugutio MS. [** *Neque molis molui, neque pilis pinsui*, apud Prisian. lib. 10. cap. 8.]

¶ PINSARE, Pinsere, subigere, Gall. *Paitrir.* Vita B. Columbæ tom. 5. Maii pag. 337* : *Quædam etenim coætaneæ virgines Pinsaverant pastam.*

PINSINOCHIUM, Locus ubi pinsitur, et panes conficiuntur. Vitæ Abbatum S. Albani : *Iste hanc Ecclesiam cæteraque ædificia, præter pistrinam et Pinsinochium reædificavit ex lapidibus, etc.*

PINTA, Mensura liquidorum, nostris *Pinte.* Philippus Eystet. in Vita S. Willib. cap. 34 : *Adeo abundanter erupit* (liquor) *ut ampullam dimidiæ Pintæ capacitatis... adimpleret.* Iter Camerarii Scotici cap. 10. § 5 : *Non habent mensuras, videlicet quartam, Pintam, tertiam, et partes concordantes monetæ Regis, per quas mensuras populus possit deserviri debite, cum indiguerit.* [Statuta Collegii S. Bernardi ann. 1493. apud Lobinell. tom. 3. Hist. Paris. pag. 173 : *Verbis Latinis et non aliis sub pœna solutionis unius Pintæ vini qualibet vice assistentibus illico distribuendæ, loquantur.* Occurrit præterea in Charta ann. 1357. ibid. pag. 443. in Statutis Montis Regal. fol. 200. et alibi.]

* *Une pinte droite*, legitima, in Lit. remiss. ann. 1404. ex Reg. 158. Chartoph. reg. ch. 342. *Pintat* vero et *Pintot*, pars *pintæ* media. Lit. remiss. ann. 1384. in Reg. 124. ch. 304 : *Alons boire un Pintat de vin.* Aliæ ann. 1395. in Reg. 148. ch. 188 : *Icelle Huguette, demourans auprès de Chalon sur la Sonne, demanda un Pintot de vin.* Consuet. Castell. ad Sequanam ex Cod. reg. 9898. 2 : *A Chastillon a la plus grant mesure de vin de Bourgoingne.... Premierement tient deux pintes de icelles qu'on vend le vin en menu, et est appellé le marc au vin; et s'il estoit perdu, l'on prendroit la mesure au blef, et empliroit l'on de millet ou de senevey, et le sixieme d'icelle mesure seroit le marc au vin, et le douzieme la pinte, à quoy l'on a acoustumé de vendre vin : le Pintat à quoy l'on vend le vin est le quart du marc.*

* Hinc *Pintage*, Præstatio, quæ pro *pintis* seu mensuris adæquandis exsolvitur, vel jus illas adæquandi. Charta ann. 1331. in Chartul. Arremar. ch. 32 : *Item disoient avoir l'adjustement et Pintage des mesures, la voille et le jour de la feste de Viviers.*

* PINTA, Poculum, vasculum. Charta ann. 1351. in Reg. N. Chartoph. reg. ch. 26 : *Item cuppas duas de auro magnas, unum potum sive Pintam unam, et unam cuppinam.* Unde *Pintier*, poculorum opifex nuncupatur. Lit. remiss. ann. 1474. in Reg. 195. ch. 1520 : *Colas et René Levesques Pintiers d'estain, etc. Pion Pichart, qui est Pintier d'estaing*, in aliis ann. 1461. ex Reg. 198. ch. 163.

* PINTALPHUS, Vas vinarium, lagena major. Comput. ann. 1484. inter Probat. tom. 4. Hist. Nem. pag. 33. col. 2 : *Uno vase vini, cum certis aliis Pintalphis vini, etc.* Vide *Pitalfus* et infra *Pitalpha.*

¶ PINTAPHUS. Charta Piperac. : *Morphea panis et Pintaphus vini.* Idem videtur quod infra *Pitalfus.*

PINTHARA, f. idem quod supra *Pinta.* Missale vetus eccl. Vien. apud D. *d'Antigny* in Comment. histor. tom. 4. pag. 308 : *Debet deferre secum idem S. Paulus unum cadulum plenum unius Pintharæ vini, unum panem album, etc.*

* **PINTHERIATA**, Modus agri. Charta ann. 1342. in Reg. 74. Chartoph. reg. ch. 465 : *Item et unam peciam bartæ seu silvæ, vocatæ Prat, servat, continentem tres quarteriatas et unam Pintheriatam terræ et silvæ.* Vide supra *Pictura.*

¶ **PINTORUS**, Avis. Vide *Bitorius.*

¶ **PINTRICI**, Pincerna : erat enim *pincernatus* dignitas Ecclesiastica. Vide *Pincerna.* Constitut. Arnaldi Episcopi Barcinonens. ann. 1277. apud Marten. tom. 4. Anecdot. col. 605 : *Ordinavimus quod omnes officiales nostræ Ecclesiæ præsentes et futuri, scilicet monachus, dormitoriarius, portarius, diaconus, subdiaconus, ministralis, pistor, Pintrici faciant in propriis personis perpetuo assiduam et continuam residentiam in civitate.* In alia ejusdem Arnaldi Constitut. ann. 1280. ibidem col. 606. ubi iidem officiales recensentur, loco *Pintrici* legitur *Botellarius.*

¶ 1. **PINUS**, Genus morbi. Mirac. S. Mariæ Magdal. de Pazzis tom. 6. Maii pag. 309 : *Eadem in uno digitorum malum ferens, quod Pini nominant, et dolores spasmaticos inde obvenientes evadere cupiens, iterum votum fecit.* Ibidem pag. 372 : *Dominæ Mariæ de Garba... in uno digitorum morbus venit quem Pinum appellant; unde cum dolores veluti spasmaticos multis diebus pateretur, etc.* Vide *Phio.*

* 2. **PINUS**, Locus fortasse pinis consitus. Bulla Bened. VII. PP. ann. 974. tom. 9. Collect. Histor. Franc. pag. 243 : *Villam Filgari cum ecclesia S. Cypriani et ecclesiam S. Justæ, cum decimis et primitiis et oblationibus ad easdem ecclesias pertinentibus, et ipsum qui fuit de Borello et alaudia de Soccoronio.* Vide supra *Pinoletum.* Nisi montem malis interpretari. Vide *Pinna* 4.

¶ **PINZOCARI**, Pinzoccheri, qui et *Fraticelli*, Secta religiosorum Minoritarum damnata. Vide *Bizochi.*

¶ **PINZOCHA**, Pinzochera, Soror alicujus tertii Ordinis, puta S. Francisci, etc. Italis *Pinzotta*, *Pinzochera*, idem sonat quod nostris *Bigote.* Vita B. Columbæ Reatinæ tom. 5. Maii. pag. 328* : *Quædam præterea pia soror, quam Pinzocham dicunt, ipsi beatæ Columbæ affectu charitatis et pietatis solicitudine juncta.* Bulla Bonifacii IX. PP. in Bullar. Carmelit. pag. 326 : *Sit licitum ac permissum quascumque mulieres, ... quæ habitum regularem prædicti Ordinis ad instar mantellatarum seu Pinzocherarum Ordinum fratrum Minorum et Prædicatorum habere voluerint et gestare, tam virgines ac matronas, quam viduas, in mantellatas seu Pinzocheras dicti Ordinis Eremitarum recipere.* Vide *Bichini* et *Pyrocaræ.*

* **PIOCUS**, Ligo, Gall. *Pioche*, alias *Piochet* et *Piochon.* Inquisit. ann. 1268. ex sched. Pr. *de Mazaugues : Requisitus quæ pignora fuerunt apportata, dixit quod Piocos, etc.* Lit. remiss. ann. 1403. in Reg. 158. Chartoph. reg. ch. 57 : *Icellui Jobelin qui en sa main tenoit un Piochet, en volt ferir les supplians.* Rursum occurrit in aliis ann. 1478. ex Reg. 205. ch. 111. Aliæ ann. 1480. in Reg. 208. ch. 139 : *Ung petit Piochon, autrement dit fosseur.* Unde *Pioer*, pro *Piocher*, Fodere, terram ligone versare. Lit. remiss. ann. 1469. in Reg. 195. ch. 230 : *Les supplians alerent ouvrer et Pioer en la vigne d'un nommé Guillaume Turreau.* Vide mox *Pionarius.*

PIOLA, vox Italica, Gallis *Rabot*, in Statutis Mediolanensibus 1. part. cap. 255. [Hinc *Pyoler*, pro *Raboter*, *polir*, lævigare, polire, dixit le Roman *de la Rose* MS. :

> Mes seus veulent autrefois traire
> Nouviax ars leur convient refaire,
> Que li soleus puist Pyoler,
> Nes convient autrement doler.

Pypoler, Eadem notione, ibid. :

> Si fu bien fés et bien dolés,
> Et si fu moult bien Pypolés.

In eodem Poemate, si fides Borello, *pipoler* variegare sonat.]

* Alia est horum verborum notio : *Pyoler* vel *Pioler*, est Diversis coloribus variare; *Pypoler* vero vel *Pipoler*, Lepide ornare significat, ut *Appipauder*, in Mirac. MSS. B. M. V. lib. 2 :

> Se vos serours et vos parentes
> Ont lor lorains et lor sambuës,
> Se parées sont et vestuës,
> Et ricement Appipaudées.

Vide infra *Pompare.*

¶ **Piola** inter arma prohibita recensetur in Statutis Astens. cap. 92. fol. 34. v°. : *Gladii vetiti sunt isti : spate, apie, Piole, jusarme, etc.*

¶ **PIONARIUS**, Fossor castrensis, vel qui ligone terram atterit et fodit, Gall. *Pionnier.* Comput. ann. 1202. apud D. *Brussel* tom. 2. de Usu feud. pag. CLX : *Et pro duobus maçonibus et pro.... duobus Pionariis... III^c. et XXXV. l. et V. s. et dim.*

* Memor. H. Cam. Comput. Paris. ad ann. 1423. fol. 160. r°. : *Colardus Martini de novo institutus in officio custodis stagnorum forestæ de Wailly, Pionarius pour gasonner calcietas dictorum stagnorum, etc.* Hinc *Pionnier*, pro *Vigneron*, vineæ cultor, in Lit. remiss. ann. 1380. ex Reg. 118. Chartoph. reg. ch. 276 : *Le prisonnier, qui estoit Pionnier de Baudenet Lescot de Reims, et faisoit ses vins a moitié, recela une queue de vin sanz en faire compte à son maistre.* Vide supra in *Piocus.* Opificium vero *pionarii*, *Pionnaige* dicitur in aliis Lit. ann. 1458. ex Reg. 189. ch. 250 : *Plusieurs pionniers ouvrerent de leur mestier de Pionnaige et Jouaige, etc.*

¶ **PIONES** Legis, apud Papiam MS. et edit. ubi forte leg. *Spiones Regis*, Gall. *Espions.*

* Ut ut est, nostri *Pyonner* dixerunt, pro *Espionner*, Explorare. Lit. remiss. ann. 1472. in Reg. 195. Chartoph. reg. ch. 750 : *Icellui Rogneret dist au suppliant qu'il avoit prins et emblé de l'argent pour aler Pyonner à l'armée.*

* Aliud vero sonat *Pion* in Stat. cordariæ ex Lib. rub. fol. magn. domus publ. Abbavil. art. 1 : *Nous avons ordené que blans Pions, que on dist estouppes, ne soient mis aveuc blanque canvre.* Haud scio an idem sit *Pione*, in Reg. Cam. Comput. Paris. sign. *Pater* fol. 250. v°. : *Pour la bole de Pione, vj. deniers.*

¶ **PIOTA**, Solea ferrea, ab Italico *Piota* planta pedis. Statuta Placentiæ lib. 6. fol. 80. verso : *Item de ferratura boum seu vaccharum in aliquo pede, cum duabus Piotis novis, et cum clavis et cum una Piota munitum : et cum clavis ultra VI. den. Item de remittendo alicui bovi seu vacche in aliquo pede cum duabus Piotis, et cum clavis ultra IV. den. Item cum una Piota tantum cum clavis, II. den.*

1. **PIPA**, Vasculum, cadus. Testamentum S. Everardi apud Miræum in Cod. Donat. piar. cap. 21 : *Thuribulum argenteum unum, Pipam auream unam, tabulas, etc.* Ubi *pipa* videtur fistula, qua sanguis dominicus hauriebatur. Ita sane Card. Bona. Henr. de Knyghton ann. 1345 : *Dicebatur namque ipsum de dicta villa unam Pipam plenam auro... reportasse.* [Charta ann. 1338. in Tabular. Majoris Monast. : *Frater Robertus de Castelloduno Prior de Vareda redditus prioratus exponens, appretiat sextarium bladi* 8. *sol. sextarium avenæ* 5. *sol. Pipam vini* 30. *sol.* Charta ann. 1375. in Tabul. de Troncheto : *Gaufridus de Pleguen domicellus...: legat Guillemetæ sorori suæ unam Pipam vini.* Adde Consuet. Brageriac. art. 111. et 124. *Pipes de corio*, in Charta Henrici V. Reg. Angl. ann. 1415. apud Rymer. tom. 9. pag. 261.] *Pippe de vin*, in Consuetud. Turon. art. 63.

* *Pipæ* capacitas, apud Montem Albanum, declaratur in Lit. remiss. ann. 1381. ex Reg. 120. Chartoph. reg. ch. 146 : *Jehan Channet, dit Gerald, de la ville de Montauban vendit audit exposant une Pipe de vin à la mesure dudit paiz; laquelle mesure est telle, que la Pipe de vin tient quatre chevaux ou sommiers chargiez de vin.* Pro mensura frumentaria occurrit, in Testam. Franc. ducis Brit. ann. 1449. ex Bibl. reg. : *Trois Pipes de froment.... Deux tonneaulx fourment de rente.* Vide infra *Pippata.*

¶ **Pipa**, Canalis, Gall. *Conduit d'eau*, Angl. *Pipe.* Charta Richardi Abb. ann. 1439. apud Rymer. tom. 11. pag. 31 : *Pipas et fistulas plumbeas, cæterasque machinas sub et supraterraneas, in quibus aqua ipsa in et a prædicto clauso capite, fontibus, cisternis, cæteris quoque machinis, descendere et decurrere valeat, usque dictam civitatem.* Vide *Augea* et *Clericus Pipæ* in *Clerici.*

* 2. **PIPA**, Uter symphoniacus, Gall. *Cornemuse*, *musette*, alias *Pipe.* Lit. remiss. ann. 1357. in Reg. 86. Chartoph. reg. ch. 101 : *Rogerius dixit, quod si non posset habere bucinatorem seu pipatorem, saltem haberet fistulam, Pipam seu cornemusam.* Aliæ ann. 1382. in Reg. 120. ch. 302 : *L'exposant avoit dit par esbatement audit Jehan Haveberc, qu'il avoit desirié ou souhaidié la Pipe ou musette de un varlet de la ville de Pucheviller. Une Pipe ou musette*, in aliis ann. 1407. ex Reg. 162. ch. 15. Denique aliæ ann. 1376. in Reg. 110. ch. 132 : *En la ville de Senarpont estoit un menestrel pippant pour ladite feste, le suppliant, qui estoit sergent en ladite ville, ... feust alé depecier la Pippe dudit menestrel.*

* Fustis species *Pipe* præterea appellatur, in Lit. remiss. ann. 1491. ex Reg. 141. ch. 190 : *Icellui Girart feri l'exposant de son plançon ou Pipe un grant cop.*

PIPARE, Fistula canere, *Chanter ou jouer de la pipe*, instar forte Gallinarum, quæ Latinis *pipare* dicuntur. Italis enim

Pipare idem est quod *Piptre*, Columellæ lib. 8. cap. 5. *Pipilare*, Catullo, πιπίζειν Aristophani, etc. Guill. *Guiart* MS. ann. 1304 :

Tabours croistre, cors bourdonner,
Flagiex Piper, et trompes braire.

S. Aldhelmus de Laude Virgin. :

Limpida præpetibus sic comples æra catervis,
Garrula quæ rostris resonantes cantica Pipant.

Milo Monachus in Vita S. Amandi lib. 3. cap. 3 :

Qui possunt trimoda vobis Pipare camœna.

[Vide Martinii Lex. v. *Pipo*.]

¶ **PIPELLA**, Pisciculus quidam. Polyptych. Fiscamn. ann. 1235 : *Durandus de Lametria tenet* 19. *acras terre, unde reddit duo centum Pipellarum et tres anguillas comptabiles*. Vide *Pipernella*.

PIPELO, *convicio*, Glossæ antiq. MSS. [* Vide *Pipulare*.]

* **PIPENNA**, Bipennis. Vita S. Emer. tom. 6. Sept. pag. 484. col. 1 : *Excepto singulari habitu et Pipenna, quam manibus gestabat, nihil secum inde sustulit*.

PIPER, Πέπερι, Arbor in India nascens, cujus fructus nunc notissimus, olim admodum placuit sola sua amaritudine, et *pondere emptus ut aurum et argentum*, inquit Plinius lib. 12. Quæ quidem piperis raritas ac pretium fecit, ut deinceps pro quibusvis aromaticis speciebus hæc vox usurpata sit. S. Augustinus lib. 2. de Morib. Manichæor. cap. 13 : *Alius... exquisitas et peregrinas fruges multis ferculis variatas et largo Pipere aspersas nona hora libenter assumat*, etc. S. Hieronymus Epistol. ad Evagrium : *Omne quod rarum est, plus appetitur. Pulegium apud Indos Pipere pretiosius est*. Theodulfus lib. 1. Carm. pag. 148 :

Heu quantum scelus est animæ præponere corpus,
Et rem mortalem non moribunda tibi,
Ancillam dominæ, Piperi præferre cicutam,
Plumbum auro, gemmis sordida saxa bonis.

Ita in Codice Epist. S. Bonifacii Archiep. Moguntini Epist. 5. 146. et 148. *piper* jungitur thuri, cinnamomo, costo, et incenso, quæ omnia vice *Eulogiarum* amicis mittebantur. Chronic. Reichersperg. : *Misi ei* 30. *quintarios de Pipere*. Quibus in locis *piper* sumitur pro quibusvis speciebus aromaticis. Alanus in Planctu naturæ, de Prælatis : *Qui salmones, et lucios, cæterosque pisces æquipollenti generositate præsignes, variis decoctionum cruciatos martyriis, baptizandi adulterantes officium, sacri Piperis fonte baptizant, ut ex tali baptismate baptizati, multiformis saporis gratiam consequantur*. Statuta antiqua Canonicorum S. Quintini in Viromanduis : *Sunt in costa farta* 24. *frusta carnis, et* 300. *ova, cum Pipere, id est speciebus quibuscumque*. Consuetudines Tolosæ part. 2. Rubr. de Donationib. : *Piper, cera, carnes, scyphi argentei, vel aurei,.... et quæcunque alia sint, quæ mittantur vel dantur marito*, etc. Vide Constantinum Afric. lib. de Gradib. sub finem, et Gorræum in Definit. medic.

☞ Præstitum etiam piper in censu non semel ex vett. Chartis constat. Charta ann. 1196. ex Tabul. S. Andreæ Avenion. : *Pro qua* (medietate) *darent ipsi monasterio libram unam Piperis censualem singulis annis*. Alia omitto.

* Inter præcipua etiam dona ecclesiis aut monasteriis collata recensetur. Stat. Massil. lib. 1. cap. 45 : *De pipere dando religiosis domibus. Statuimus quod Piper illud, quod domini Massiliæ olim donaverunt vel reliquerunt domibus vel locis religiosis dandum vel solvendum, super redditibus exeuntibus occasione portus vel ripæ Massiliæ vel pro eis, faciant rector aut consules dari per officium suum sine mora, postquam requisiti fuerint*.

¶ Piperata, Piperis vasculum, Gallice *Poivrier*. Annal. Mediolan. apud Murator. tom. 16. col. 812. ad ann. 1389 : *Bussola una pro Piperata argenti deaurata, etc*.

Piperarii, in veteri Charta apud Gariellum in Episcopis Magalonensibus pag. 160. *Pevriers*, vel *poivriers*, olim Parisiensibus, quos postea *Espiciers*, seu *Speciarios* dixerunt, ut docemur ex Regesto peagiorum Parisiens.

¶ Piperamenta, Aromaticæ quævis species. Cæsarius lib. 6. Miracul. cap. 5 : *Accipe ositium et ossibus ejectis cum Piperamentis præpara, etc*.

Piperatum, Condimentum a pipere dictum, apud Apicium lib. 3. cap. 14. [et in Chronic. Placent. apud Murator. tom. 16. col. 582.] *Piperata*, in Charta ann. 1148. apud Puricellum in Basilica Ambrosiana pag. 704 : *Pullos plenos et carnem vaccinam, cum Piperata*. [Boncompagnus de Obsid. Anconæ apud Murator. tom. 6. col. 936 : *Quidam cum Piperata vini vel aceti, quidam etiam simpliciter comedebant assata in oleo*. Laudes Papiæ apud eumdem tom. 11. col. 27 : *Communiter omnes apponunt juxta carnes prædictas calidum saporem quem Piperatam vocant*.] Galli *Poivrade* dicunt. [** Vide Schmeller. in Poetis Lat. sec. X. et XI. pag. 323.]

¶ Piperatus, Pipere conditus. *Dulcia Piperata*, apud Apitium lib. 7. cap. 11. Charta Eberhardi apud Schannat. Vindem. litt. pag. 164 : *Unusquisque fratrum accipiat..... duas positiones piscium, unam salsuginatam, alteram Piperatam*.

Piperatius, Asper. Latinus Agrimensor : *Terminus si aspratilis fuerit, et mixta Piperatia loca habuerit, sine dubio in trifinio constat*. Λίθον πιπεράτον, et κίονας ἀληθοπιπέρους habet Continuator Theophanis lib. 3. num. 43.

Piperis Granum. Eckehardus junior de Casibus S. Galli cap. 9 : *Notkerus, quem pro severitate disciplinarum Piperis granum cognominabant* : ob mordacitatem et acredinem.

¶ **PIPERETUM** *accipitur pro quodam vase perforato, per quod solent prospicere tauxilla, ne fiat ibi fraus*. Ugutio et Johannes de Janua. Vide *Fractillus*.

* **PIPERIUS**, Piperis seu specierum mercator, Gall. *Epicier*. Charta ann. 1407. in Reg. 161. Chartoph. reg. ch. 337 : *Vitalis de Bonuco Piperius, etc*. Vide *Piperarii* in *Piper*.

¶ **PIPERNELLA**, Pisciculi genus : idem videtur qui Normannis *Pimperneau*, alibi *Pimpreneau* dicitur. Spicil. MS. Fontanell. pag. 258 : *Quilibet monachus habebit quatuor Pipernellas ad prandium*. Vide *Pipella*.

* Nostris *Piperneau, Pinperneau* et *Pipreneau*. Lit. remiss. ann. 1398. in Reg. 154. Chartoph. reg. ch. 15 : *Icellui Jaquiet prist cent et demi d'anguilles et quatre ou cinq cent Piperneaulx ou environ, lesquelles anguilles et Pinperneaulx povoient valoir en tout quinze francs*. Reg. Corb. sign. *Ezechiel* ad ann. 1421. fol. 98. v°. : *Quatre cent de Pippreniaulx, telx que on dit de couvent,... le cent de Pippreniaulx xxx. solz, et Pippreniaulx, que ont dit de maisnie, chascun cent pour xviij. solz*. Reg. 13. ejusd. monast. sign. *Habacuc* ad ann. 1511. fol. 116. v°. : *Pour chascun cent de Pipreneaulx, xxx. solz*.

* *Pinpernel* vero, idem videtur quod Agilis, levis, vulgo *Dispos*, *leger*, in Mirac. B. M. V. MSS. lib. 2 :

Quant l'acointa la jovincele,
Qui estoit jone, Pinpernele, etc.

* **PIPERNUS**, Lapidis species, ab urbe *Piperno* in Campania Romana unde eruitur, ex Felibiano sic dicta. Charta ann. 1306. tom. 4. Cod. Ital. diplom. col. 466 : *Item pro qualibet barcha onerata lapidibus calcinariis vel Pipernis,... grana tria*.

PIPETH, Cantus vel instrumentum musicum, *pipæ* seu fistulæ cantum imitans. Fortunatus ad Clerum Parisiensem :

Cymbalicæ voces calamis miscentur acutis,
Disparibusque tropis fistula dulce sonat.

Vide *Decentum*.

¶ **PIPETUS**. Inventar. ann. 1419. in Tabular. Eccles. Noviom. : *Item tres libri pontificales,... et habent asseres coopertas argento, et in duobus majoribus sunt duo Pipeti argentei et sine clausuris; et alter sine Pipeto qui habet unum firmerium cum dimidio*. Haud scio an illud sit quo fibula detinetur.

* Uncus, ut videtur, quo fibula astringitur, nostris *Pipe*. Inventar. bonor. ducis Bitur. ann. 1416. ex Cam. Comput. Paris. fol. 53. v°. : *Item un petit livre en Francois, appellé le Livre de divination,... fermant à deux fermouers d'or esmaillé, aux armes de monseigneur, et tixus de soye, et aux boutz deux gros boutons de perles, et en la Pipe à deux perles*. Ibid. fol. 74. v°. : *Ung breviaire en deux volumes à l'usage de Paris,... fermant à deux fermouer d'argent dorés, aux armes de monseigneur, et en l'un a une Pipe d'argent*. Aliud ann. 1403. inter Probat. tom. 3. novæ Hist. Burgund. pag. 217. col. 2 : *Un messel... garni de fremouers et Pipes d'argent dorez*.

¶ **PIPEUS**, f. Populus. Charta ann. 1007. 2. Bullar. Casin. pag. 67 : *Adque tertia pars de Pipei, quod exeunt de ripa Gubernulo; et tertia parte de omnibus rebus quod exeunt de rivatico, etc*. [* Vectigalis genus esse videtur.]

¶ **PIPHILI**, Hæretici. Vide *Pifli*.

PIPICUS. Odorannus in Chron. ann. 956 : *Gislebertus Comes Burgundionum obiit, et honorem ejus cum filia Leudegarde, ex qua postea a Radulpho Divionensi Pipicus factus est, Otho frater Hugonis Ducis accepit*.

* Idem forte quod *Cugus*, Gall. *Cocu*, a Gallico *Piper*, fallere; quia vir ab uxore fallitur.

¶ **PIPIDO**. Vide *Piciuta*.

* **PIPILO**, *Combustio planata*. Glossar. vet. ex Cod. reg. 7613. Hæc parum sana. Vide *Pipelo* et *Pipulare*.

* **PIPILUS.** *Pipilos temporis vellere*, pro *Pilos*, aut capillos circa tempora vellere : quod spectat ad veterem usum, quo testi auriculam vel capillos vellebant, ut rei factæ memoriam servarent. Vide in *Auris* et supra *Capillos excutere* in *Capilli*. Charta ann. 1085. ex Chartul. nig. S. Florent. Salmur. fol. 126 : *Quod concessit Hugo dominus S. Chrisostofori et Richeldis uxor ejus et Hugo puer filius Hugonis, cui tunc pater Hugo Pipilos temporis vellit, et flevit puer.*

PIPIONES, Matthæo Silvatico, *sunt pulli columbarum, et est nomen formatum a proprio sono animalis.* Joan. de Janua : *Pipio, resonare, clamare, accipitrum est, vel pullorum columbarum : unde hic pipio, pullus columbarum.* [Gloss. Lat. Gall. Sangerman.: *Pipiare, Pipier comme poucins, ou pijons, ou outour. Inde pipio, pijon, et hic pipiunculus et hæc pipiuncula, outour.*] Glossar. Gr. Lat. : Τριγόνισσα, περιστερά, *Pipio.* [Emendat Vulcanius, τρυγών, τρύζουσα περιστερά. *Pipioni*, Joanni Villaneo lib. 12. cap. 72. Hinc nostri *Pigeons* dicunt. Vetus interpres Alexandri Iatrosophistæ lib. 1. Passionum : *Aspratiles pisces, et Pipiones, et de domesticis pullis extremæ partes.* Ubi Glossæ MSS. : *Pulli columbæ.* Idem lib. 2. cap. 75 : *Interdum et columbæ et maximæ Pipiones.* Lampridius in Alexandro Severo : *Servos habuit vectigales, qui eos* (palumbos) *ex ovis ac pullicinis, ac Pipionibus alerent.* Vide ibi Salmasium pag. 227. Plinium lib. 5. Medic. cap. 34. 41. Oliverius Maillardus serm. 21. Fer. 2. Domin. advent. : *Et domini advocati, nunquid plumatis aliquando anseres pingues, sive Pipiones?*

¶ Pipionus, Ital. *Pippione*, nostris *Pigeonneau.* Statuta Vercell. lib. 4. fol. 69. v°. : *Item quod nullus de civitate vel districtu Vercellarum audeat vel præsumat emere nec vendere aliquos columbos domesticos in civitate vel districtu Vercellarum, preter Pipionos.*

Pipio, Moneta minutior Hispanica. Charta Alphonsi Regis Romanorum et Regis Castellæ ann. 1258. apud Perardum : *Decem millia Moravotinorum, computatis quindecim solidis Pipionum pro Moravotino. Solidi monetæ Pepionum*, in Histor. Segoviensi cap. 21. § 9. Covarruvias de Veteribus numismat. Hispan. cap. 5. num. 5. in MS. ait, se legisse, *que el pepion valia dos meaias, y el Burgales dos Pepiones, o quatro meaias.*

Pipiunculus, *Accipiter, Acceptor,* in Gloss. Isid. In Glossis Pithœanis, *Acceptor, tiruncultus, qui scilicet pipit.* Sed legendum *Pipiunculus.* Glossæ Regiæ cod. 1013. habent *Piunculus.* Ex his emendandæ Gloss. Græc. Lat. : Κεγχρίς, εἶδος ἱέρακος μικροῦ, *Titiunculus.* Ubi leg. *Pipiunculus.* [In Cod. Sangerman. *Tutiunculus;* Vulcanius emendat *Tinnunculus.*]

¶ **PIPITA**, Κόρυζα, in Gloss. Lat. Græc.

¶ **PIPITARE**, Murium et accipitrum vox. Vide *Baulare.*

¶ **PIPIUNCULUS.** Vide *Pipiones.*

PIPIZO. S. Hieronymus Epist. 22. cap. 21 : *Huic inimica castitas, inimica jejunia; prandium nidoribus probat et altili Geranopepan*, (al. *Geronopepan*) *vulgo Pipizo nominatur.* Ubi Marianus ex voce *Geronopepan*, γέρων ὁ πέπων conficit, ut dictus ille fuerit *senex delicatulus*, vel forte etiam ironice *maturus.* Addit et *Pipizonem* vocatum, quod altilibus et saginatis cibis delectaretur, quia *pipizare* propria sit cortalium avium vox. Quid si legatur *altili gerano, qui vulgo pipizo nominatur.*

☞ Potior videtur Martianæi nostri lectio : *Altilis geronepopan, quæ vulgo Pappezo nominatur.* Vide ibi ejusdem conjecturas, quas referre longum esset.

* **PIPLITARE**, pro *Pipitare.* Vide supra *Baulare.*

* **PIPOTUS**, Vas vinarium. Burdegalenses *Pipot* vocant dolium, in quo mel recondunt. Charta ann. 1346. in Reg. 81. Chartoph. reg. ch. 530 : *Item pro una conqua vini debita a dicta universitate de Godorio,.... quæ conqua vini est octava pars saumatæ, computando saumatam saumerii duorum Pipotorum ad viginti solidos Turonenses, juxta usum senescalliæ Bigorrensis, etc.*

¶ **PIPPA**, Fistula, qua inter sacra utebantur. Inventar. ann. 1419. in Tabular. Eccl. Noviom. : *Item duæ Pippæ argenteæ pro magno altari ad capiendum vinum.* Vide *Pipa.*

* **PIPPATA**, Mensura annonaria. Testam. Hervei de Leonia ann. 1363. tom. 1. Probat. Hist. Brit. col. 1563 : *Item lego Herveo Omnes unum doliatum frumenti et unam Pippatam saliginis.* Vide supra in *Pipa*, 1.

¶ **PIPRUM**, pro Piper, in Chartular. S. Vandreg. tom. 1. pag. 897.

¶ **PIPULA**, κηκὶς ἥτις εἰς τὸ μέλαν εἰσπέμπεται, *Galla*, Glossar. Lat. Græc. pro *Pilula*, inquit Salmas. ad Plin. pag. 1070.

PIPULARE. Papias : *Pipulo, convitior ploratu*, ex quo emendandæ Glossæ Isid. : *Pipuli, convitio plorati.* [Vide Martinii Lex. in *Pipulum.*]

* **PIQUETARE**, Punctis distinguere. Stat. S. Capel. Bitur. ann. 1407. ex Bibl. reg. : *Neque sotulares habeant* (canonici) *caligis consutos, seu Piquetatos, aut fenestratos. Piquoinnage*, Punctio, vulgo *Piquure*, in Charta ann. 1394. ex Reg. 148. Chartoph. reg. ch. 265 : *Item le coins de Piquoinnage, congnoissance et ajoustement de mesures, tant à buvrages, à blez et à draps.* Punctione enim ferro acuto facta probabantur mensuræ.

PIQUICHINI. Willelmus Brito lib. 2. Philipp. :

> Cessent censores, cesset Pequichinus, et ignis,
> Terminet una dies longæ certamina litis.

Et lib. 7 :

> At per plana jacent Ribaldi cum Piquichinis,
> Et qui res propter venales castra sequuntur.

Ita quidam dictos putant infimam lixarum et calonum partem, a curandis canibus, vel potius a venatorum ministris equitibus, qui canes venaticos ad venationem educunt, ac propellunt, quasi *Pique-chiens.*

* Ea voce significatur Instrumentum bellicum pice nocens, vel olla pice fluens, qua utebantur olim obsessores alicujus castri, in Glossar. Frisch. Germ. Lat. part. 2. pag. 43. At mihi non placet hæc interpretatio. Ut ut est eo spectare videtur vox Gallica *Pissechien*, quæ injuriæ loco legitur, in Lit. remiss. ann. 1375. ex Reg. 107. Chartoph. reg. ch. 321 : *Laquelle femme par courroux et ire appella ledit Pierre Pissechien.* Quo servus, qui canes curat, designatur. Vide infra *Pissare.*

* **PIQUO**, Piquonus. Vide supra *Pico* 2.

¶ **PIQUUS**, Uncus, Gall. *Crampon.* Reparationes factæ in Senescallia Carcass. ann. 1435. e Cod. MS. V. Cl. *Lancelot* : *Eidem* (manuoperario) *pro assiendo Piquos dicti molendi,... VIII. sol. IIII. d.* Ibidem : *Pro faciendo et ponendo in dicto molendino... duos Piquos ferreos asseratos, etc. Picus*, ibidem.

* **PIRA**, Navis species. Glossar. Lat. Gall. ex Cod. reg. 7692 : *Pira galie vel nef.* Aliud Lat. Ital. MS. : *Pira, lo legnaro.*

* **PIRAGRA**, *Estreul*, in eod. Glossar. Lat. Gall.

* **PIRANAMELLA**, *quam nos vatulam dicimus.* Glossar. medic. MSS. Simon. Januens. ex Cod. reg. 6959.

PIRARIUS, Pirus, *Poirier.* Lex Salica tit. 29. § 3 : *Si quis impotos de melario aut de Pirario tulerit, etc.* § 10 : *Si quis melarium decorticaverit.* Occurrit præterea in Capitulari de villis cap. 70.

PIRATA, Miles maritimus, qui Latinis *prædo*, vel *latro maritimus*, ut est in Glossis antiquis MSS. Ita *latrocinium maris* dixit Justinus lib. 43. num. 3. *Latrones* nude piratas vocat Florus lib. 3. cap. 6. et *Latrocinari*, dixit pro *piraticam exercere*, lib. 2. cap. 3. Schol. Sophoclis in Ajace de vocabuli etymo : Πεῖρα, Ἀττικῶς, δόλος καὶ τέχνη, ὅθεν καὶ πειραταὶ οἱ κατὰ θάλασσαν κακοῦργοι. Aliter Papias : *Piratæ sunt prædones marini, ab incendio navium vel insularum, quas capiebant, dicti.* [Errat, ut jam monuit Martinius, quippe qui non sint πυραταί, sed πειραταί.] Joan. de Garlandia in Synonymis :

> Qui pecus aut pecudes abigunt, hi sunt Abigei,
> Raptoresque maris Piratas dicimus esse.

Catholicum parvum : *Pyrata, Larron de mer, et dicitur a pir, quod est ignis, quia ferunt ignem in manu sua, et sternunt alias naves cum prora, quia est acuta, et ferrum ponitur in principio navis, cum quo frangunt alias naves.*

¶ Piratator, Eod. significatu. Litteræ ann. 1414. apud Rymer. tom. 9. pag. 84 : *De nominibus aliquorum hujusmodi proditorum, fugitivorum, Piratatorum aut bannitorum, etc.*

¶ Piratus, ut *Pirata*, in Litt. Eduardi III. Reg. Angl. ann. 1328. apud eumdem Rymer. tom. 4. pag. 340 : *Captis per quosdam malefactores et Piratos villarum de sancto Andero etc.*

Pirata, Nauta, vel miles maritimus. Asserus in vita Ælfredi : *Rex Elfredus jussit cymbas et galeas, i. longas naves fabricari per regnum, ut navali prœlio hostibus adventantibus obviaret. Impositisque Piratis in illis, vias maris custodiendas commisit.* Annales Gisburnenses in Willelmo Rufo cap. 1 : *Robertus vero Comes attentavit venire in Angliam cum magno exercitu, sed a Piratis Regis, qui curam maris a Rege susceperant, repulsus est.* Matthæus Westmonaster. ann. 1040. de Hardecanuto : *Ex tributo Piratis suis ministrabat.* Vetus Poëta apud Guil.

Malmesbur. de Gestis Reg. Angl. lib. 2. cap. 6 :

Jam jacet in campo, pelago Pirata relicto.

Matthæus Paris ann. 1215 : *Ipse autem Rex interim cum paucis ministris... Piratæ exercens officium, nautarum sibi quinque portuum gratiam reconciliare vacavit.* Alibi : *Quod comperientes nautæ et Piratæ, etc.* Guillelmus Apuliensis lib. 3. de Gest. Normann. :

Nuntius Imperio Bari Legatus ad urbem
Supplicat ut miseris jam civibus auxilietur.
Piratis aptæ naves ex more parantur,
In quibus efferri frumenta jubentur et arma,
Classe quibus tuta transire possit ad urbem.

Piratica, inquit Olaus Wormius ad Monumentum Tirstadense, *olim honesta ac licita erat, atque in ea crebro se Reges ipsi, aut eorum liberi exercebant, ascitis famosioribus Athletis corporis robore et virtute præstantibus. Constabat autem piratica hæc certis legibus.* Mitto reliqua, quæ in gratiam veterum Daniæ Regum prosequitur, qui in hacce arte exercere se soliti erant. [Vide Eustathium in Homer. pag. 1457. 1475.]

¶ PIRATIA, Piratica, Gall. *Piraterie. Per modum Piratiæ*, in Charta Henrici V. Reg. Angl. ann. 1419. apud Rymer. tom. 9. pag. 754. Charta ann. 1492. apud eumdem tom. 12. pag. 501 : *Latrocinia, deprædationes, furta, excursus, Piratias aut malefacta, etc.*

¶ PIRATIO, in Charta Elizabethæ Reg. Angl. ann. 1559. apud eumdem Rymer. tom. 15. pag. 559 : *In aliquas partes transmarinas, et moram ibidem trahentes absque licentia regia et Pirationes quascumque* (exercentes.)

PIRATIRIUM, PIRATERIUM, Eadem notione. Monachus Sangallensis de Carolo Mag. lib. 2. cap. 22 : *Ad cujus portum, eo prandente, sed ignorato, Piratirium exploratores Nordmannorum fecerunt.* Tho. Archidiac. Spalatens. in Hist. Pontif. Salonit. cap. 1 : *Exercebat Piraterium propter opportunitatem locorum, etc.* [Vide Martinii Lex. in hac voce.]

PIRATICA, JC. Anglis, non solum est deprædatio marina; sed omnis felonia supra mare, aut infra magni Amiralii jurisdictionem perpetrata. Cowellus lib. 4. tit. 18. § 22.

PIRATERIUM. Apud S. Maximum Taurin. Homil. de non timendis hostibus carnalibus ex Jobi cap. 7 : *Piraterium est vita hominis super terram.* Ubi vulgata, *Militia* habet. S. Hieronymus lib. 2. adversus Jovinianum *tentatio*, Græca vero πειρατήριον. Lege eumdem Hieronymum. Vide in *Pirata*.

¶ **PIRATIA**, PIRATIO, etc. Vide *Pirata*.

* **PIRATICUM**, Tributum, quod in viis regiis exigitur. Charta ann. 937. tom. 9. Collect. Histor. Franc. pag. 586 : *Neque theloneum, neque portaticum, neque Piraticum seu viaticum... exinde aliquid accipiat potesta judiciaria.* Vide mox *Pirgus* 1.

PIRATIUM, PIRATICUM, Vinum piraceum, Gallis, *Poiré*. S. Hieronymus lib. 2. contra Jovinianum : *Paulus Timotheo, dolenti stomachum, vinum suadet bibere, non Piraticum.* Fortunatus in Vita S. Radeg. cap. 15. 21 : *Potum præter aquam mulsam et Piratium non bibit.* Lupus Ferrar. Epist. 109 : *Folchricum et Mauricium cupimus cum fratre memorato redire, ut Piratio, quo unice delectantur, (nam hoc anno penuria vini timetur) nobiscum fruantur.* [Adde Capitul. de villis Caroli Mag. cap. 45.]

¶ **PIRATUS**, Vide *Pirata*.

* **PIRCHO**, Instrumentum, ut videtur, quo aliquid teritur et comminuitur. Acta MSS. notar. Senens. ad ann. 1283 : *Confiteor conduxisse a vobis.... unum molendinum... cum uno martello et uno Pirchone, etc.*

¶ **PIREISA**, Prolusio, Gall. *Tentative*, velitatio, *Escarmouche*, f. a Græc. πεῖρασις. Anamodi liber. 1. tradit. S. Emmer. cap. 3. apud Bern. Pezium tom. 1. Anecd. part. 3. col. 203 : *Hæc sunt nomina eorum qui audierunt rationem istam, et cavallicaverunt illam commarcam; et fuerunt in ista Pireisa die Mercurii* XVIII. *Kal. Jan.* [** Idem quod *Landtleita*. Vide in hac voce et Graff. Thes. Ling. Franc. tom. 2. col. 524.]

¶ **PIRETRUS**, ab Italic. *Piratro*, Materia aliqua ex qua potio medica conficitur. [* Pyrethrum, ex Oriente radix calidissima.] Statuta Astens. ubi de Intratis port. : *Piretri ponantur et solvant pro qualibet libra sol.* 10.

¶ **PIRETUM**, Cella ubi ignis accenditur, Gall. *Chambre à feu*, a Gr. πῦρ, ignis, ni fallor. Chronic. Casin. lib. 4. cap. 16 : *Tradidit per scriptum 4. castella monasterio in territorio Casseolano, duriculam* (f. cuniculum) *scilicet fossam cæcam, cameralem et Piretum.* [** Nomina castellorum.]

* An inde vox *Piretoins*, qua Britones, quasi incendiarii, deridendo appellantur, in Lit. remiss. ann. 1399. ex Reg. 154. Chartoph. reg. ch. 640 : *Iceulx Hanotins demondaient aux gens que ilz trouvoient, se ilz avoient point veus les Bretons, et par maniere de derision les appellaient les Piretoins.* Iidem Britones, *Pitoulons* nuncupantur; nisi calones aut pedites copias potius significari hac voce existimes, in aliis Lit. ann. 1388. ex Reg. 132. ch. 275 : *Pour le temps que la guerre estoit entre nous et le duc de Bretaigne, ledit exposant estant en une embusche en la compaignie du connestable de S. Jame de Bevron,.... en un lieu.... où les Pitoulons et pluseurs autres passerent en une nuit sanz mot sonner près de ladite embusche; et lors l'un des varlés dudit exposant lui dist qui il avoit veu gens d'armes passans près d'eulz sans mot sonner, et lors icellui exposant cuidant que ce feussent nos ennemis, etc.*

¶ **PIRGIUS**, PYRGIUS, Itinerarius agger, via strata, publica, Gall. *Grand chemin, chemin ferré.* Charta Roberti de Tornell, ann. 1213. in Tabular. Compend. : *Præterea eidem ecclesiæ benigne concessi quod ei culturas suas de Mesviler, de Faverolis, de Villula, muro et fossato et quacumque alia clausura, salvo Pirgio, circuire et claudere licebit.* Charta Ansoldi Abb. Compend. in eodem Tabular. : *Carrucas ejusdem ecclesiæ pro transforatione Pyrgii vel alio forefacto non poterit* (advocatus) *capere... De tribus causis unde litigium erat inter ecclesiam et advocatum, scilicet de incisione busci, de transforatione Pyrgii et de latrocinio, submonitus homo veniet ante advocatum, etc.* Vide *Pergus*, et mox *Pirgus* 1.

¶ PIRIUS, Eadem notione, in Tabular. Montis S. Eligii : *Compromissum inter nos etc. super controversia justitiæ et dominii in quodam Pirio protenso ante parvum montem S. Eligii.* Sequitur hujus compromissi tenor Gallice : *Comme contens et controversies fuissent sourses entre nous... C'est à savoir ke li dis Jehans demande justice et signerie, si comme de sanc et de larron en tout un kemin par lequel on va d'Asch à Vilers par le petit mont S. Eloy.* Idem Tabular. : 14. *virgis terræ contiguis Pirio de Karenchi.* In quibusdam Chartis ejusdem tractus : *Listant au kemin du pire*; in aliis : *Listant au kemin piré*; in recentioribus vero ubi de eodem agro : *Listant au kemin ferré.* Unde ejusmodi viæ a *petris* ex quibus compactæ sunt sic dictæ videntur.

¶ 1. **PIRGUS** REGIUS, Idem quod *Pirgius*, Via regia. Charta Alexandri Leodic. Episc. ann. 1131. apud Marten. tom. 1. Ampliss. Collect. col. 710 : *In his locis et vicis præscriptis possidet ecclesia bannum et justitiam, impetum et burinam, ictus et sanguinem, rupturam et Pirgum regium, fora, telonea, etc.* Vide *Pergus*.

* Charta Rainald. archiep. Rem. ann. 1134. tom. 2. Monum. sacr. antiq. pag. 14 : *Transeundo fluvium, qui dicitur Vidulus, ad Pirgum, qui vocatur Marlois, usque ad territorium de Scon.*

2. **PIRGUS**, Turris, ex Gr. πύργος. Testamentum Guillelmi Jordanis Comitis Ceritaniæ Id. April. ann. 42. Philippi Regis Franc. : *Videlicet castella, rochas, Pirgos, et omnes fortitudines, etc.* Est etiam *Pyrgus*, turricula, sive fritillus, ex quo tesseræ mittebantur in tabulam, apud Sidonium lib. 3. Epist. 3. lib. 5. Epist. 17. lib. 8. Epist. 12. [Vide Salmas. in Solin. ubi docet quid Pyrgus a fritillo differebat.]

¶ PYRGUS, Suggestus, ambo, nostris *Jubé*. Johannes Diac. in Vita S. Gregor. Mag. lib. 4. cap. 69 : *Itaque cum Evangeliis in Ambonem venerabilis Levita Petrus ascendens, mox ut Gregorianæ sanctitati testimonium præbuit, inter verba veræ confessionis spiritum efflavit, et a dolore mortis extraneus juxta Pyrgi basim... meruit sepeliri.* Diarium Italic. Dom. de *Montfaucon* pag. 100. ubi de ambone Ravennensi : *Servus tuus Agnellus episcopus hunc Pyrgum fecit.* Quod ambo turris instar concinnatus erat, *Pyrgus* dictus est.

* 3. **PIRGUS**, Capsa Reliquiarum, quod ad modum turris formata vel turribus ornata sit. Glossar. Lat. Gall. ex Cod. reg. 521 : *Pirgus, fierte, Gallice.*

* **PIRICUDIUM**, idem quod *Fugillus*, Gall. *Fusil*; Tudicula igniaria. Glossar. Lat. Gall. ann. 1352. ex Cod. reg. 4120 : *Pericudium, Fouissis. Fouesil*, in alio ex Cod. reg. 7679.

¶ **PIRITEGIUM**, Nostris *Couvre-feu*, vox ibrida a Græc. πῦρ, ignis, et Lat. tegere. Compend. jurium et consuet. Univers. Paris. per Robert. *Goulet* fol. 18 : *Hora nona vesperi pulsetur Piritegium seu discessus ad lectum et non prius.* Vide *Ignitegium*.

¶ **PIRIUS**. Vide *Pirgius*.

* **PIROGIUM**, ut *Piricudium*. Glossar. Lat. Gall. ex Cod. reg. 7692 : *Pirogium vel Pirogus, foisil.*

¶ 1. **PIROLUS**, Chron. Tarvisin. ad

ann. 1379. apud Murator. tom. 19. col. 768 : *Victor autem Pisani capitaneus Venetorum vita donatus est beneficio unius Piroli argentei deaurati, in quem veretonus unus balista emissus repercussit, ita ut intra viscera nequivit adire.* Haud scio an eadem notione qua *Pirolo* Itali turbinem vocant.

2. **PIROLUS**, inquit Nicolaus Uptonus lib. 4. de Militari officio pag. 168 : *Parva bestia est major sed longior mustela, in Anglia satis nota. Rubeus est, et in ventre candidus, mira agilitate viget, in arboribus habitat et fœtus fovet, de arbore in arborem saltu potius quam volatu migrat, etc.* [Johannes de Monsterolio in Epist. ubi de Monast. Caroli-loci, apud Marten. tom. 2. Ampliss. Collect. col. 1390 : *Non sum ratus subjicere religiosum hic degere non magnæ corpulentiæ, qui octogesimum ætatis suæ annum infra mensem subintrabit. Et jam sexagesimum annum, quo professus est, præteriit, erectum ut est scirpus, vivacem ut Pirolus, lætum ac benignum adversus omnes, ita ut ametur ab omnibus.* Utrobique legendum videtur *Periolus* per aphæresin pro *asperiolus*, sciurus, Gallic. *Ecureuil.* Vide in hac voce.]

* Glossar. ex cod. reg. 7692 : *Pirolus, Escureul.* Occurrit præterea in Dialog. creatur. dial. 110. Vide infra *Pirulus* 1. et *Varius.*

* **PIROMA** *Lo lavoro de monume ni*, in Glossar. Lat. Ital. MS.

* **PIROMANCIA**, *Devinement que l'en fait en feu. Piramanticus, celui qui devine en icelle science.* Glossar. Lat. Gall. ex Cod. reg. 7684.

PIRONADUS, seu Pironatus, Clavis compactus, ex Italico *Pirone*, Clavus ligneus, *Cheville.* Sanutus lib. 2. part. 4. cap. 11 : *Galeæ sint sex aliquantum ex majori forma,... et fiant ex multo meliori lignamine, et melius Pironadæ, et sint ligatæ, et specialiter pusticæ pro sustinendo laborem melius et impetum remigandi, etc.*

PIROTAUS. Epistola Friderici II. Imp. ad Saladinum apud Rogerum Hovedenum pag. 650 : *Intelliges, quid nostræ victrices aquilæ,... quid Anconitana Marchia, quid Venetus Pirotaus, quid Pisanus nauclerus, etc?* Sed legendum *pirata.*

PIROTTUM. Synodus Sodorensis in Mannia ann. 1229. cap. *de Mortuariis discedentium* : *Statuendo pronuntiamus, quod de bonis cujuslibet discedentis Ecclesia habeat optionem de omnibus, juxta consuetudinem vicinarum provinciarum, excepto uno, cum omnibus indumentis suis, et fulcro vel culcitra. Quod si non habeat Pirottum, vel culcitram, septem dentur denarii.* Proinde *Pirottum* idem est quod *fulcrum*, [nisi legendum malis *Birettum* pro *Pirottum.*]

* **PIRRULA**, *Pars naxi* (nasi), in Gloss. ad Doctr. Alex. de Villa Dei. Vide *Pirula.*

¶ **PIRVERIE**, Retis genus, forte illud rete rotundum, cujus pars inferior globulis plumbeis instruitur, superior in conum desinit : quodque a nostris vocatur *Epervier.* Charta ann. 1119. ex Tabul. Partiniac. et Casæ Dei apud Stephanot. tom. 2. Antiquit. Bened. Pictav. MSS. pag. 499 : *Donavimus etiam et concessimus prædictis monachis piscationem aquæ Thoerii,... vare et Pirverie atque vervicune.*

PIRULA, Extremitas : *Pirula nasi, le bout du nez.* Glossæ Isidori : *Perula, extremitas nasi*, Papias habet *Pirula, a formula piri.* Glossæ Latino-barbar. Hrabani Mauri : *Ejus* (nasi) *extremitas Pirula vocatur, a forma pomi pyri.* Glossar. Ælfrici : Pirula, foreveard-nosu, i. extremus nasus. Michael Scotus de Physionomia cap. 22 : *Cognoscitur etiam omnis juvenis de virginitate et corruptione per multa signa, ut uterque ad Pirulam nasi, quia manente virginitate, cartilago Pirulæ nasi sentitur indivisibilis : sed si est violata, sentitur partibilis.* Olla patella :

Pirula, pupillæ, palpebræ, stiria, malæ.

[Vide Collectanea in Isid. Gloss. v. *Perula.*]

* 1. **PIRULUS**, ut supra *Pirolus* 2. Glossar. Lat. Gall. ex Cod. reg. 521 : *Pirulus, Gall. Escureul, et Pirula, femella.* Charta ann. 1273. in Chartul. Buxer. part. 6. ch. 59 : *Lego monachis Buxeriæ.... mantellum meum de bruneta, forratum de pellibus Pirulorum.*

* 2. **PIRULUS**, Sturnus, Gall. *Etourneau.* Glossar. Lat. Gall. ann. 1352. ex Cod. reg. 4120 : *Pirulus, avis, Esturnes.*

* **PIRUM**, Vas ad instar piri effictum. Inventar. ann. 1420. inter Probat. tom. 2. Annal. Præmonst. col. 591 : *In thesauraria dictæ ecclesiæ invenimus... unum Pirum argenteum pro pulvere.* Ejusdem originis est vox Gallica *Poire*, qua fustis species significatur, in Lit. remiss. ann. 1416. ex Reg. 169. Chartoph. reg. ch. 531 : *Une barre, que l'on nomme Poire au païs* (Languedoc).... *Une Poire ou grant baston, etc.*

* Pirum Angustiæ, Gall. *Poire d'angoisse*, alia a vulgari, ut videtur, notione, in Lit. remiss. ann. 1454. ex Reg. 191. Chartoph. reg. ch. 91 : *Le suppliant print quatre grans blans, appellez targes ,.... et deux Poires d'angoisse, qu'il trouva en icellui forcier.* An inauris, quia aurem molestat, vel Capsula pulveris tormentarii? utrumque enim eo nomine designatur.

¶ 1. **PIRUS**, Petra seu meta lapidea in modum pyramidis desinens. Libertates concessæ habitatoribus Belli-visus ann. 1256. tom. 1. Histor. Dalphin. pag. 59 : *Metæ autem sive termini... sunt ii, videlicet a molendino de Girboles per stratam veterem usque ad ulmos subtus Bello-videre, et a dictis ulmis usque ad trivium de la Caucoin, et a dicto rivo usque ad Pirum de la Cioignieri, et a dicto Piro, per summitatem de Sauren recta linea usque ad dictum molendinum de Girboles.* Ubi pro *trivium*, rivum : vel pro *rivo*, trivio legendum videtur. Terragium Castellionis in Bressia ann. 1497 : *A quadam Piro fixa, seu limite lapideo respiciendo per rectam filationem et lineam.*

* 2. **PIRUS**, quartæ declinat. Gall. *Poirier.* Vide supra *Pererius.*

¶ **PIS** *Græce, Aurum Latine.* Gloss. Lat. Gall. Sangerman. post Johan. de Janua, qui recte subdit : *Non credam sine teste.* Vide *Herbilia.*

¶ 1. **PISA**, pro Pisum, Gall. *Pois.* Tabular. Aquicint. fol. 60 : *Godefridus de Strumel dedit ecclesiæ Aquicinensi.... censum duorum modiorum avenæ, duorum etiam mancaldorum Pisæ.* Ibidem : *Duos mancaldos Pisæ.* Occurrit præterea apud Mabillonium tom. 4. Annal. pag. 459. *Madox* Formul. Angl. pag. 144. Rymer. tom. 5. pag. 12. et alibi passim. [** Vide Forcellinum. Eodem sensu accipiendum videtur in Ruodlieb. fragm. 2. vers. 212 :

Et dat quæ posuit, Pisa quod non una remansit.

Locutio Germanica *Nilit eine bône*, Res minimi pretii.] Vide alia notione in *Pensa.*

* 2. **PISA**, Pondus. Charta Phil. comit. Fland. pro libert. castel. Brug. : *Omnis mensura sive Pisa æqualis erit in villis et in oppido.* Vide in *Pensa.*

* 3. **PISA**, πάσσαλος. Ita reg. at Germ. *Pica.* Castigat. in utrumque Glossar.

PISACEUM, Præstatio ex Pisis. Vide in *Mestiva.*

¶ **PISACULUM**, ὕπερον, in Gloss. Lat. Græc. [* Adde ex Castigat. : *Pistaculum, pilum.*]

* **PISAIGRA**, *La pece humida*, in Glossar. Lat. Ital. MS. Vide *Pissogo.*

PISALIS, Pisilis, Piselum. Adalardus lib. 2. Statutor. Corbeiensium cap. 6 : *Hæc inter etiam plurima cætera, quæ in dormitorio servanda, sunt breviter dicta,... in Piselo vero, tempore, quando illo uti necesse est, eadem pene in omnibus, excepto quod ad dormiendum pertinet, cautela et honestas servanda est, quæ de dormitorio diximus; et si forte quædam ad eandem domum specialiter pertineant, ut est de pannis infusis qui suspenduntur, de pigritantibus et somnolentis, et propter caloris suavitatem minus attente legentibus, etc.* Ex quibus, *pisalis* et *piselum* videtur fuisse quod Zelandi *Piiseel* dicunt, vestiarium seu vestiaria theca : quod præterea firmat Charta ann. 803 : apud Ughell. in Episc. Veronensibus : *De vestimentis, quæ de Pisele veniunt, vel gynecio, decimam partem.* Acta Murensis Monasterii pag. 9 : *Cœpit inde vir venerabilis Reginboldus cellam ordinare et construere; ædificavitque primum dormitorium, subtus autem Pisalem, congruaque habitacula alia fratribus constituit, et sic fundavit Monasterium.* Vox autem formata ex Latino *Pensile*, i. locus, in quo *pensa* trahunt mulieres, *Gynæcium.* Vide supra in hac postrema voce. Frisiis, *Piisel*, culinam sonat. [** Guerardo in Glossar. Polypt. : Conclave vaporario vel fornacula calefactum, unde Gall. *Poêle.* Vide *Pisla*, 1.]

¶ Pysalis, Eadem notione, nisi etiam de eo qui *Pisali* præest intelligas. Consuetudin. MSS. Eccles. Colon. ex Biblioth. Eccles. Atrebat. : *Cuilibet vicario datur 1. den. dormitorio dantur 4. den. Pysali dantur 11. den. cellerario vini 1. den.*

* **PISANA** Litera. Vide supra in *Litera.*

¶ **PISANUM.** Litteræ Eduardi III. Reg. Angl. ann. 1343. apud Rymer. tom. 5. pag. 384 : *Cum triginta paribus platarum, basmettorum Pisanorum cum eorum adventalibus pretii 30. librarum.* Vox f. corrupta, nisi sit nomen proprium.

PISARE, pro Pinsere : *Pisones*, instrumenta, quibus pinsitur, aut res quævis teritur, subigitur. Anonymus de re Architecton. cap. 30 : *Tertio olei adjicies sextarium : ea ratione spatha commovebis, tunc alii juvenes succedant cum Pisonibus ligneis, et id efficiant Pisando, ut concalefiat, ita ut non dissimilis sit farinæ subactæ.*

PISARIA, Ager pisis consitus, in Lege

Salica tit. 29. § 13. [Nostris olim *Pesiere*.]

¶ **PISATIUS**. Ernaldus in Vita S. Bernardi inter opera ejusdem tom. 2. col. 1108. edit. 1690 : *Et secedens in casulam Pisatiis torquibus circumtextam, solus meditationibus divinis vacare disponit*. Id est, foliis pisorum coopertam, interprete Mabillonio.

1. **PISCA**. Charta Ildefonsi Regis Aragon. ann. 1187. pro libertatib. villæ Amiliani, (*Milhau*) in Regesto Ludov. Hutini Reg. Franc. fol. 7. ubi de Molendinariis : *Non detur de sextario nisi libra Piscæ appensa, quæ currit in Montepessulano, quotcumque sint ibi subfornarii, vel alii nuncii, et propter hoc feratur et referatur Pisca et panis ad domum vel hospitium dequoquentis; et si occasione plus dandi Bisca vel panis deterioretur, restauretur in duplum dequoquenti*. Pro *pasta*, forte.

* Legendum videtur *Pista*, a *Pistare*, pinsere, quod vide.

* 2. **PISCA**, Piscatus, Gall. *Pêche*, alias *Peschage*. Charta circa finem xj. vel initium xij. sæc. in Reg. 3. part. 1. Armor. gener. pag. 111 : *Acomodavit quoque eidem Stephano quinquaginta solidos pro Pisca sclusæ*. Alia ann. 1332. in Reg. 66. Chartoph. reg. ch. 1333 : *Proviso etiam quod non teneat nec fieri faciat Piscam in dicto loco, nisi prout est fieri consuetum in terra per ipsos, qui non habent a principe vel longa consuetudine jus piscandi*. Charta Hugon. Archiep. dom. *de Partenay* ann. 1268 : *Et encore oguissent à prendre et à espleiter treis Peschages à chascun an en celui estanc desusdit*. *Pescaille* vero et *Peschalle*, dicitur de piscibus piscando captis. Stat. ann. 1369. tom. 5. Ordinat. reg. Franc. pag. 253. art. 9 : *Nous avons ordenné que nul marchant, ne autre, ne puisse..... mettre.... denrées embouchées avec franche* (l. fraische) *Pescaille*. Lit. remiss. ann. 1398. in Reg. 154. ch. 15 : *En laquelle nasselle avoit un vaissel, nommé vivier, dedans lequel vivier avoit certaine quantité de menue Peschalle*. Hinc navicula piscatoria, *Batellet pescheret* appellatur, in Ordinat. ann. 1415. ex Reg. 170. ch. 1. Vide infra *Piscataria*.

* 3. **PISCA**, Locus in fluvio capiendis piscibus accommodatus. Charta ann. 1330. in Reg. 66. Chartoph. reg. ch. 724 : *Dicta medietas aquæ seu fluminis se tenet cum alia medietate ejusdem fluminis,... ad faciendum ibi marguillum et quemvis alium modum Piscæ et utilitates suas, etc*. Vide infra *Piscalis gurges*.

* **PISCAGIUM**, Jus piscationis, vel Præstatio pro jure piscandi. Charta Amalr. vicecom. Narbon. in Reg. 13. Chartoph. reg. ch. 22 : *Cum omnibus dictarum insularum ribagiis, proprietatibus et emolumentis et Piscagiis universis*. Vide *Piscatgium* et mox

* **PISCAIRAGIUM**, Piscayratgium, Præstatio pro facultate piscandi. Charta ann. 1307. in Reg. 44. Chartoph. reg. ch. 171 : *Item jus depascendi Piscairagium, quod habet dictus rex in canoribus dicti castri, pro viginti libris Turon. annui et perpetui redditus*. Nisi forte quis credat ex verbo *depascendi*, legendum esse *Pascairagium*. Vide supra in hac voce. Alia ann. 1345. in Reg. 75. ch. 280 : *Homines mansorum de Liveriis:... pro Piscayratgio dictæ forestæ, quolibet anno pro redditu, serviunt ipsi dicto dalphino quadraginta octo solidos Turon*. Nihil hic emendandum propono : nam *Foresta* interdum vivarium piscium sonat, ut videre est in hac voce.

* **PISCALE**, Locus in quo piscatur. Charta ann. 1344. ex sched. Pr. a S. Vinc. : *In quibuscumque rebus et causis consistant, sive sit... in aquis aquarumque decursibus, piscariis et Piscalibus, sive in aliis, etc*. Vide mox *Piscare*.

* **PISCALIS** Gurges, Locus in fluvio coarctatus piscium capiendorum gratia. Charta Henr. I. reg. Franc. in Chartul. S. Magl. ch. 4 : *Denique præcepimus inserere gurgites Piscales tres*. Vide supra *Pisca* 3.

* **PISCAMEN**, Pisces piscando capti. Stat. pro reformat. regni Navar. ann. 1322. in Reg. Cam. Comput. Paris. sign. *Noster* fol. 442. r°. : *Fiant decem tabulæ carniceriæ, videlicet in quolibet vico quinque tabulæ; et subtus dictam coöperturam, quod descendant Piscamina, quæ ad villam Pampilonensem venerint, et quod ibidem vendantur*. Vide supra *Pisca* 2.

* **PISCAMENTUM**, Piscatus, idem quod supra *Pisca* 2. Charta ann. 1025 : *Concessit nobis totam exclusam,... et foramina ad Piscamentum nostrum*.

* **PISCANTIUS**, Piscarius. Chartul. Ravennat. : *Aquæ Piscantiæ, quæ vocantur Longoni*. Ibid. : *Aquæ Piscariæ. Piscatrices aquæ*, in Charta ann. 1285. ex Tabul. capit. Carnot.

¶ **PISCARE**, Idem quod mox *Piscaria*, Locus in quo piscatur. Charta ann. 1291. apud Miræum tom. 2. pag. 873 : *Donationem ipsius factam in eleemosynam propter Deum... tam in vastina.... quam in terris cultis et incultis, decimis, censibus et reditibus, Piscaribus, tractibus aquarum... confirmamus*. *Peschiere*, in Computo ann. 1268. ex Bibl. reg. : *De mestre Guillaume de saint Vaise pour la Peschiere de l'iaue de Niort et confirmation general* VIII ^{xx}. *lib. Pict. et une meaille d'or chascun an, et uns esperons d'or pour servise en muance de Segneur*.

* *Peschier*, eodem sensu, in Lit. remiss. ann. 1407. ex Reg. 162. Chartoph. reg. ch. 152 : *Je achetasse voulentiers..... cent de petites bresmes, se il peschast son Paschier; ..... ledit Peschier ne fu point peschié*. Vide supra *Piscale*.

PISCARIA, vox Latinis nota, Locus, in quo piscatur, Italis *Peschiera : Estang, ou Pescherie*, in Consuetud. Norman. art. 210. 215. 221. Arvernensi cap. 31. art. 35. 40. 41. Pictavensi art. 157. Chronicon Farfense : *Qui contendebat Piscarias per singula loca Ducatus Spoletani, et retia nostra ruperant homines ejus, et Pisces tulerunt, etc*. Leo Ost. lib. 2. cap. 26 : *Obtulit ibidem Piscariam suam, etc*. Gesta Innocentii III. pag. 106 : *Piscariæ in mari et in aqua dulci*. Regestum Philippi Aug. fol. 69. *Dedimus Piscariam unius archæ pontis, etc*. Occurrit etiam apud Giraldum in Itinerario Cambriæ lib. 2. cap. 3. In Monast. Anglic. tom. 1. pag. 236 etc. [*Precariam* pro *Piscariam* lege in Charta Caroli Calvi ann. 849. apud Marten. tom. 1. Ampliss. Collect. col. 120.]

Piscarium, in Fleta lib. 1. cap. 12. § 21.

¶ Piscaria, Jus piscationis, Gall. *Droit de pescherie*. Charta Henrici VII. Reg. Angl. ann. 1487. apud Rymer. tom. 12. pag. 326 : *Materia quæstionis de et super quadam Piscaria sive jure piscandi in dicta riparia, etc*. Occurrit rursum pag. 339. Vide *Piscatio*.

¶ Piscaria, Piscatorium forum, Gall. *Poissonnerie*. Statuta Massil. lib. 1. cap. 49. § 3 : *Item, statuimus quod aliquis extraneus vel civis non possit vendere pisces nisi in Piscaria Communis*. Ibidem cap. 50 : *Omnis nobis cura est debet ut pisces qui in Piscaria Communis Massiliæ apportantur vendendi, boni et recentes vendantur*. Pluries ibi.

¶ **PISCAROLUS**, Piscarius, qui pisces vendit. Processus de Thoma Aquin. tom. 1. Martii pag. 702. : *Interrogavit ipsum Piscarolum quot pisces haberet*.

* **PISCATARIA**, Piscatus, Gall. *Pêche*. Libert. MS. Barcin. ann. 1283 : *De Piscataria. Primum scilicet capitulum Piscatariæ, concedimus quod reducatur ad antiquum modum et pristinum usum, nisi inter vos, dictam universitatem et tenentes Piscatariam, aliter conventum fuerit vel ordinatum*. Potest et de piscatorio foro intelligi. Vide in *Piscaria*.

¶ **PISCATARIUM**, pro *Piscatorium*, in Charta ann. 1209. apud Marten. tom. 1. Ampliss. Collect. col. 1090.

¶ **PISCATGIUM**, Piscaticum, Quod pro jure piscationis præstatur. Charta Guidonis D. Montislauri ann. 1387. apud Baluz. tom. 2. Hist. Arvern. pag. 610 : *Homines, homagia, pedatgia, herbatgia, quæstus,.... Piscatgia, etc*. Charta Caroli Calvi Reg. Franc. ann. 848. tom. 1. Histor. novæ Occitan. inter Instrum. col. 95 : *In ipso Comitatu pulveraticum, pascuarium, Piscaticum, tam maris quam aquæ currentis, etc*. Vide in *Piscatorium*.

PISCATIO, Jus piscationis in fluviis, etc. in Charta Guidonis Episcopi Lingonensis ann. 1267. Chronicon Laurisham. pag. 61 : *Tantis munificentiæ suæ beneficiis adjecit clementissimus Rex Piscationis concessionem in Rheno flumine, in vico cognominato etc*. Charta vetus in Probat. Hist. Castrivillanensis familiæ pag. 8 : *Concessit quoque... quantum Piscator unus piscari posset, quousque aqua ejus durat, Piscationem*. Vide Chronolog. Præsulum Lodovensium pag. 56. 96. et Sanjulianum in Tornutio pag. 521. ubi quæstionem agitatam ait, an jus *piscationis* et *piscandi* idem sit.

¶ Piscatio, Piscatus, Gall. *Ce qu'on a pris à la pesche*. Lex Ripuar. tit. 42. cap. 1 : *Si quis de diversis venationibus furaverit aliquid, et celaverit, seu et de Piscationibus, quindecim solidis culpabilis judicatur*. Eadem habet Lex Salica tit. 35. cap. 1.

* **PISCATOR** Regius, Is qui a rege iis, quæ ad piscatum pertinent, judex præpositus est. Charta ann. 1317. in Reg. 58. Chartoph. reg. fol. 9. r°. : *Adenotus de Therote constitutus est Piscator regius ad capiendos omnes pisces forefactos : item ad capienda reccia vetita, et ad faciendum de ipsis justitiam consuetam. Item eidem concessa est custodia stagnorum regiorum de Voua. Quæ officia tenebit et exercebit, quamdiu placuerit domino regi*. *Paucheur*, pro *Pêcheur*, piscator, a verbo *Paucher*,

piscari, vulgo *Pêcher*. Consuet. Aurel. apud Thaumasser. ad calcem Assis. Hierosol. pag. 474 : *Li Paucheur. Tuit cil* (qui) *Pauchent à trable* (truble) *et à fillé.... doivent de quinzene en quinzene obol.* Vide infra *Piscionarius*.

PISCATORES, in commercio perinde ac servi et coloni. Charta Ludovici Pii Imper. in Chronico Farfensi : *Curtibus, villis, piscationibus cum Piscatoribus suis, servis, ancillis, etc.* Ibidem pag. 664 : *Et Piscatorem nomine Aunefridum, et fratres ejus, manentes in territorio Reatino, in loco qui dicitur Semptempontius, cum uxoribus et filiis eorum, terris ac domibus eorum, et piscationem, quam ipsi facere consueverunt cum omnibus rebus suis.* Alia Charta apud Hieron. Vignerium in Stemmate Alsatico pag. 105 : *Quidquid ibi possideo apud Domnum Remigium, Fulcodum Piscatorem cum omni familia sua.* Tabularium Montismajoris apud Rufium in Comitibus Provinciæ pag. 61 : *Videlicet Piscatores cum omni censu piscium, quod mihi facere debent, qui in villa manent Cotignavicis, etc.* Ordericus Vitalis lib. 4. pag. 466 : *Dedit.... et duos Piscatores de Tervanto.* Petrus Diac. lib. 4. Chr. Casin. cap. 20 : *Cum omnibus pertinentiis suis, ac rebus, et uno servitio Piscatorum.* Tabularium S. Albini Andegav : *Et cum una masura terræ, concesso eis uno Piscato e in aqua ibi fluente.* Adde Spicilegium Acherianum tom. 13. pag. 289.

¶ **PISCATORIA.** Vide mox in *Piscatorium*.

PISCATORIUM, ἰχθυοπώλιον, in Gloss. Gr. Lat. Idem etiam quod *Piscaria*, [in lib. 5. Capitul. cap. 279. et in Charta ann. 804. tom. 1. Histor. novæ Occitan. inter Instrum. col. 31.] Charta Philippi I. Francor. Reg. ann. 1066. apud Marlotum in Chronico S. Nicasii Remensis cap. 2 : *Alodium de Mandrisiaca curte, cum Piscatorio et sede molendini.* Mox : *Cum Ecclesia, Piscatorio magno, et sedibus molendinorum.* [Tabul. S. Albini Andegav. : *Concedo ipsi S. Albino.... terram vel aquam ad Piscatoria facienda omnibus diebus quibus orbita hujus sæculi volvitur.*]

Piscatoria, [Locus in quo pisces capiuntur; item Jus piscationis. Charta ann. 1062. in Tabular. S. Victoris Massil. : *Et in paxeria supradicti molendini unam Piscatoriam.* Acta S. Techildis tom. 2. Junii pag. 363 : *Piscatoriam habentem perticas 46. et dextros duos.*] Helgaudus in Roberto Rege : *Piscatoriam Ligeritti fluminis attribuit.* Chronicon Hugonis Flaviniac. pag. 133 : *Et ad Flaviniacum Piscatoriam totam, et alteram Piscatoriam ad Tiliacum pertinentem.* [** Vide Mitterm. princip. Jur. Germ. § 233.]

¶ Piscatoria, Vectigal, quod a piscatoribus præstatur, in Cod. MS. reddituum Episc. Autiss. ann. circ. 1290. exarato : *Piscatoria aquæ, sex libras.* Vide *Piscatgium*.

¶ **PISCATRIA**, ut supra *Piscaria*, Locus in quo piscatur. Charta Pontii Comit. Tolos. ann. 936. inter Instrum. tom. 6. novæ Gall. Christ. col. 78 : *Concedimus... totum honorem prædictum... cum molendinis, et cum omnibus paxeriis, tam de Piscatriis quam de molendinis.* Vide *Piscatura*.

PISCATUM. Capitulare de Villis cap. 44 : *De leguminibus quoque et de Piscato, seu formatico, butiro, melle, etc.* [Concil. Legion. ann. 1012. inter Hispan. tom. 3. pag. 193 : *Piscatum maris et fluminis et carnes quæ adducentur ad Legionem ad vendendum, non capiantur per vim in aliquo loco a sayone.* Ubi pro Piscatus seu pisces ipsi usurpatur.]

¶ **PISCATURA**, Idem quod *Piscaria*. Charta Mauritii Episc. Paris. ann. 1171. in Tabular. Montismart. : *Item molendinum quoddam et Piscaturam ejusdem molendini.* Tabular. Landeven. : *Notum sit.... qoud Alanus Britanniæ Comes dedit S. Gwingaloeo... sclusum cum molendinis in ea sitis et totam Piscaturam sibi appendentem.* Vide *Piscatria*.

Piscatura Bannalis, in Charta ann. 956. apud Meurissium in Episc. Metensibus pag. 137.

* **PISCAYRATGIUM.** Vide supra *Piscairagium*.

* **PISCEARE**, Pice illinere. Glossar. Provinc. Lat. ex Cod. reg. 7657 : *Péguar, Prov. Pisceare.*

¶ **PISCENARIUS**, Piscarius, Gall. *Poissonnier.* Charta ann. 1350. apud Rymer. tom. 5. pag. 694 : *Item, quod carnifices, Piscenarii, hostelarii, brasiatores, etc.* Vide *Piscionarius*.

* **PISCERNA**, Cella vinaria. Acta MSS. capit. eccl. Lugdun. ad ann. 1344. fol. 96. v°. col. 2 : *Considerantes quod duæ personæ ad officium Piscernæ reffectorii ecclesiæ debent esse, videlicet unus pro clerico et alter pro layco, officium dictæ Piscernæ vacans de præsenti... Girino de Curresia contulerunt.* Vide supra *Pincerna* 2.

* **PISCERNARIA**, Eodem intellectu. Process. Egid. *de Rays* ann. 1440. fol. 173. r°. ex Bibl. reg. : *Eis visum extitit dictum animal accessisse versus lucanar Piscernariæ dicti castri, etc.* Galli diceremus, *vers le soupirail de la cave.*

* **PISCIASIS**, *Lo fetore de la urina*, in Glossar. Lat. Ital. MS. Ab Italico *Piscia*, urina.

* **PISCIDA**, Pyxis, Gall. *Boete*, apud Barel. in serm. de choreis. Vide *Pissida*.

1. **PISCINA**, Locus in quo manus Sacerdotes lavant, et ubi ablutiones Sacerdotis, Missam celebrantis, injiciuntur, in lib. Usuum Ordinis Cisterciensis cap. 21. 53. in Statutis Synodalibus Odonis Episcopi Parisiensis cap. ult. num. 24. 28. in Concilio Salmuriensi ann. 1253. cap. 3. in Synodo Bajocensi ann. 1300. can. 21. 22. et apud Durandum lib. 1. Ration. cap. 1. num. 39. Summula Raymundi Ordin. Præd. de lotione calicis :

Hanc in piscinam volo projicias, vel in ignem.

Vide Concilia Rotomagensia pag. 228. [** et Glossar. med. Græcit. voce Ἰπνός, col. 519.]

Piscina, Solium balnei. S. Augustinus lib. de Dialect. cap. 5 : *Piscina dicitur in balneis, in qua piscium nihil sit, cum nihil piscibus simile habeat : videtur tamen a piscibus dicta propter aquam, ubi piscibus vita est.* Vetus Interpres Alexandri Iatrosophistæ lib. 3. Passion. de Balneo : *Et sic stet aliquandiu in solio, ac post modicum descendat in Piscinam.* Ubi Glossæ MSS. : *Solium balneorum vocant Piscinam, vel quodlibet, in quo continetur aqua.*

¶ 2. **PISCINA**, Locus in quo piscatur, Stagnum, Gall. *Etang.* Charta Arnulf. Luxov. Episc. in Tabul. Corbeiensi : *Omnes autem aliæ res, quæcumque in controversia nominatæ fuerunt, tam in placitis quam in regardis, in molendinis, in pratis, in pascuis et Piscinis, in grangia, etc.* Chron. Farfense apud Murator. tom. 2. part. 2. col. 395 : *Et cuidam viro presbytero concessit res cum Piscinis v. ad linum macerandum in Decano.*

PISCINALE, Piscinalis, Idem quod *Piscina* 2. Gloss. Sax. Ælfrici : *Piscinale*, fischus, i. piscium domus. Charta Roberti Principis Capuæ ann. 1121 : *Et qualiter venit ipsam viam revolvendo, usque ad Piscinalem ei pertinentem.*

* **PISCINARIA**, Locus in fluvio capiendis piscibus et maxime anguillis accommodatus. Charta Guill. comit. Moretonii ann. 1105. in Reg. 62. Chartoph. reg. ch. 231 : *Dedi ego comes Guillelmus.... unam Piscinariam anguillarum.* Vide supra *Pisca* 3.

¶ **PISCIONARIUS**, Piscarius, Gall. *Poissonnier.* Charta Comit. Gaufredi apud Baluzium Miscell. tom. 7. pag. 234 : *Signum Rainaldi coqui. Signum Tetbaldi Piscionarii.* Inquesta ann. 1255. in Tabul. Conbeiensi : *De hoc quod ipsi inhibuerant Radulfo monacho Piscionario quod ipse non venderet pisces usque ad annum.* Charta ann. 1403. apud Rymer. tom. 8. pag. 309 : *Pro expediendis et liberandis mercatoribus Piscionariis et aliis personis, per utramque partem captis, contra formam treugarum prædictarum.* Vide supra *Piscenarius*.

* Officium monasticum, cui piscium ministrandorum vel etiam vivariorum piscium cura incumbit. Comput. ann. 1326. ex Cod. reg. 9434. fol. 2. r°. : *Item a Piscionario monasterii S. Crucis Burdegalensis, ix. lib. Burdegal. Poissonnier* appellatur, in Chartis Gallicis ex Tabul. ejusd. monast. Occurrit præterea in Lib. pitant. S. Germ. Prat.

* Piscionarius Regius, idem qui supra *Piscator regius*. Memor. D. Cam. Comput. Paris. fol. 65. v°. : *Philippus Maudisnc Piscionarius domini regis, ad vadia quatuor solidorum Paris. per diem, et centum solidorum per annum, per Litteras regis confirmatorias datas v. Julii* 1364.

1. **PISCIS**, Panni species. Hariulfus lib. 2. cap. 10 : *Albas lineas 260. casulas de pallio 30. de purpura 10. de storace 6. de Pisce 1. de plata 15. etc.* Ita lib. 3. cap. 3 : *Casulæ... sericæ 3. ex Pisce 1. etc.*

* Coloris, ni fallor, ad florem persici accedentis : ibi enim varii enumerantur colores. Vide *Persus*. Reg. visitat. Odon. archiep. Rotomag. ex Cod. reg. 1245. fol. 494 : *Inhibuimus expresse* (monialibus monasterii villaris) *ne in extremitatibus pelliciarum, puta in manicis et circa collum paraturæ seu ornatus, aliqui fierent de Pisce vel hujusmodi.* Quo spectant Lit. remiss. ann. 1375. in Reg. 108. Chartoph. reg. ch. 66 : *Il print à une haie une robe à femme sur rougegoute, qu'il vendi à Aucerre vij. solz Tournois. Item a confessé qu'il print un*

chaperon vert à femme à Peschoires, et le vendi ij. solz Tournois.

2. PISCIS REGALIS, qui ad Regem jure regio pertinet, ut sunt balæna et sturgio apud Bractonum lib. 1. cap. 5. § 7. et in Consuetudine Norman. art. 603. [Fleta lib. 1. cap. 45 : *De sturgione aliter observetur, quod Rex illum integrum habebit propter privilegium regale.* Et cap. 46 : *De balæna vero sufficit si Rex habeat caput, et Regina caudam habeat.*] Charta Almarici Vicecomitis Narbonæ in 2. Regesto Philippi Pulcri Reg. Franc. num. 22. ex Tabulario Regio: *Salva... prærogativa Piscium regalium, qui capiuntur in mari.* Vide *Craspiscis.*

* PISCIS PENDICULUS, An qui ex præstatione debetur et penditur, vel qui hamo capitur, a quo pendulus est? Charta Theodor. comit. Fland. ann. 1145 : *Duas partes Piscium pendiculorum et rohagium, et ab eodem molendino quicquid aquæ et prati continetur a ripa in ripam.*

* PISCIS S. PETRI. Vide supra *Citula.*

¶ PISCIS PUBLICUS, Vendibilis, ni fallor, Gall. *de Vente.* [* Melius forte, Communis, id est, majorem inter et minorem.] Chron. Farfense apud Murator. tom. 2. part. 2. col. 479 : *Ubi judicatum est ut non habeat potestatem ullus piscator piscari in supradictis piscariis, nisi reddiderit per omnem hebdomadam Pisces publicos* III. *aut sex minores valentes ipsos tres publicos Pisces.*

PISCIS GROSSUS. Vide *Craspiscis.*

PISCES ALBI, in Itinere Camerarii Scotici cap. 16. 19.

* PISCIS REGIUS. Tract. MS. de Pisc. cap. 19. ex Cod. reg. 6838. C. : *Umbra a toto illo tractu, qui a Massilia est Neapolim usque, umbrino vocatur, Baionæ borrugat, quasi verrucatus, a verruca quam in mento habet, a Gallis maigue, in Gallia nostra Narbonensi daine, nonnullis peis rei, id est, Piscis regius.* Vide *Piscis Regalis.*

* PISCIS SACER, in eod. Tract. cap. 28 : *Nautæ pompilum, sacrum Piscem vocant, quod ex pelago deducat naves ad portum usque.*

* Præstationis species, quæ *Poissons de morz* nuncupabatur, mentio fit in Charta Ludov. comit. Nivern. ann. 1312. ex Reg. 48. Chartoph. reg. ch. 3 : *Item deniers deus à Cone, appellez les Poissons de morz, prisiez dix solz Tournois de rente chascun an; et sont paiez chascun an le jour des brandons.*

¶ PISCOSITAS, Piscium abundantia; item, jus piscationis. Guibertus in Vita sua cap. 12 : *Celebrioris nominis undas Piscositate superans uberrima, alodi sui nequaquam meatu concluditur.* Charta Hugonis Dom. de Arcellis ann. 1215 : *Concessimus... similiter aquarum Piscositates in Gurs, et a Gurs usque ad molendinum de Chaumes, ad usus ejusdem Domus Dei.*

PISELE, PISELIS, PISELUM. Vide *Gynæceum* ad fin. Exinde accidit, etc. et *Pisalis.*

PISEMA, *Specular, Specula, Phylacteria.* Ita Glossæ antiquæ MSS.

1. PISETUM, Jus Strigoniensis urbis in urburis aurariis, Sambuco. Tractatus de urburis : *Archiepiscopis de singulis marcis pagamenti monetæ tempore currente singuli unum Pisetum exsolverent, etc.*

* 2. PISETUM, Ager pisis consitus. Glossar. Lat. Gall. ex Cod. reg. 7692 : *Pisetum, Pesiere.* Vide *Pisaria.*

¶ PISICUM, Præstatio ex pisis. Tabular. S. Vincentii Cenoman. : *Dedit Deo sanctoque Vincentio.... quicquid habebat in ecclesia de Attanaiaco, scilicet primitias, panem et candelam et sepulturam, fabas et Pisicum, cannabum et linum.*

* PISMA, *Ira, altitudo, superbia.* Glossar. vet. ex Cod. reg. 7613.

¶ PISO, Instrumentum quo pinsitur, etc. Vide supra *Pisare.*

* PISONALE, PISSONALE, Mensuræ species videtur; an ab Italico *Pizzico*, pugillus? Charta ann. 1249. inter Monum. eccl. Aquilej. cap. 74. col. 746 : *Debent autem tales esse azimæ : duæ scilicet de uno Pisonali de sextario.... Debentur servitoribus sive familiæ duæ azimæ similes superioribus; et duæ pettæ de millio : petta vero quælibet debet constare ex uno Pisonali.* Ubi Bern. Maria de Rubeis inter voces Latino-barbaras, quibus Cangii Glossarium augeri potest, has recenset, quas explicare non tentat : *Congia, Pissonal, juncata,.... Pissonales fructuum, Pissonale de Boreis, etc.*

* PISQUA, Locus in fluvio capiendis piscibus accommodatus. Charta ann. 1316. in Reg. 53. Chartoph. reg. ch. 327 : *In quodam marguillo Pisquæ fluminis Agoti decem solidos Turon. annui redditus.* Vide supra *Pisca* 3.

* PISQUERA, Eadem notione, Hisp. *Pesquera.* Charta Ferdin. reg. Castel. tom. 6. Jul. pag. 56. col. 1 : *In ipso flumine molendinum, aut vaccat, sive Pisqueram ædificare quæsierit, faciet sine ullo timore.* *Pesquier*, pro *Pêcher*, Piscari, in Ch. ann. 1448. ex Chartul. 23. Corb.

* *Pesquerie*, vero ludi nomen est, in Lit. remiss. ann. 1449. ex Reg. 176. Chartoph. reg. ch. 699 : *Le suppliant et Jehannin le Prevost jouoient à la Pesquerie l'un contre l'autre.*

PISQUERIUM, pro *Piscaria*, Vivarium. Vide *Claperius.*

* PISSA, Mactra, arca in qua pinsitur. Glossar. Lat. Gall. ex Cod. reg. 7692 : *Pissa, Met à petrir.* Unde *Pisseteur*, Pistor, qui pinsit, in Arest. ann. 1402. 19. Apr. in vol. 9. arestor. parlam. Paris. : *Ont accoustumé d'estre détraites quatre napes pour le Pisseteur ou boulenger du chapitre.* Vide mox *Pisselli.*

PISSAGO, *Pix liquida.* Gloss. Isid. [Ex vet. Vocab. ubi legitur, *Pissaygra, pix liquida*, Martinius emendat *Pissa hygra*, a Græc. πίσσα ὑγρά.]

* PISSARE, a Gallico *Pisser*, Mingere, meiere, Ital. *Pisciare.* Lit. remiss. ann. 1357. in Reg. 89. Chartoph. reg. ch. 201 : *Certi batellarii supra pomum, quod comedebat, minxerant seu viliter Pissaverant.* Mictum mittere, gravioris injuriæ loco olim habebatur. Lit. remiss. ann. 1465. in Reg. 194. ch. 34 : *Y eut pluseurs autres grandes parolles dittes entre eulx; entre lesquelles le suppliant envoya Pisser icellui homme.* Vide supra *Piquichini.*

¶ PISSASPHALTUS, Græc. πισσάσφαλτος, Pix bitumine mista. Vita S. Syncleticæ tom. 1. Januar. pag. 251 : *Insuper augentes incendium... ac si quis ardenti navigio ex pice pro aqua suggereret Pissasphaltum aut cedria.* Aliis *naphta* dicitur.

¶ PISSATUM. Charta ann. 1250. in Tabul. Capituli Paris. lib. 2. Ch. 35 : *Et de omnibus pertinentibus ad majoriam antedictam, videlicet messariam, investituras, esbonagia, cossatum, et Pissatum grangiæ de Civiliaco.* Præstationis species videtur, quæ pro ponderibus publicis, exigebatur, a Gall. *Poiser* vel *Peser*, ponderare. Id maxime suadet vox *cossatum*, qua significatur id quod pro mensuris pensitatur. Ne cui vero vox *grangia* negotium facessat, monemus eo loci villam, prædium rusticum sonare.

* PISSAXERA, *La pece dura.* Glossar. Lat. Ital. MS. Vide supra *Pisaigra.*

* PISSELLI, *Pissa, pictamen ovi,* λέκυθος. Reg. in Castigat. ad utrumque Glossar.

¶ PISSENTUNEGA, Mingens in tunica. Vita B. Amati tom. 2. Maii pag. 351 : *Superna erat vestimentum, utrimque a dextris et sinistris apertum, quod pallii vicem gerens, tunicam exteriorem ad pedes usque tegebat... Inter cetera ludibria quæ quotidie in ipsum meditabatur* (uxor ejus) *Pissentunega vocitare illum consuevit ex longiore vestimento, quo usum fuisse diximus.*

* PISSIA, Pisum et quidquid leguminis eo nomine intelligitur. Reg. Cam. Comput. in Bibl. reg. sign. 8406. fol. 180. v°. : *Domania in præpositura Parisiensi... De allagio coriorum, Pissiarum et cepium, etc.*

¶ PISSIDA, PISSIS, pro *Pixis*, Gall. *Boete.* Litteræ Philippi V. Reg. Franc. ann. 1317. tom. 1. Ordinat. pag. 754 : *Poni mandavimus ad regiam manum nostram, capique fecimus, et ad certam diem precepimus nobis afferri Pissides assaiarum monetarum ipsarum, etc.* Eædem Gallico idiomate ibidem pag. 755 : *Et aiens ainsi fait prendre les boites des essaiz des dites monnoies.* Inventar. ann. 1339 : *Item Pissida de ebore pro hostiis.* Statuta Cadubrii lib. 1. cap. 70 : *Ordinamus quod si quis gratiam aliquam in consilio petierit, eidem fieri non possit, neque facta valeat, nisi posita et obtenta fuerit per Pissides et ballotas.*

* PISSITARE, Gustare. Comœd. sine nomine act. 6. sc. 3. ex Cod. reg. 8163 : *Modo Pissitare liceat externum heræ falernum.* Vide *Pitissare.*

PISSONAGIUM, Tributi species, primitus ex piscibus, etiamnum Picardis *pissons* dictis : traducta deinde ad cæteras præstationes. Tabularium Episcop. Autissiod. : *De vinagio et Pissonagio draperiorum Autissiod. quilibet draperius debet Comiti* 12. *den. de vinagio ad festum S. Remigii... et* 6. *den. de Pissonagio ad mediam Quadragesimam.* Pluries ibi.

* PISSONALE, PISSONALIS. Vide supra *Pisonale.*

PISSONARIA, Forum piscarium, in Testamento Geraudi de Abbatisvilla ann. 1271. in Historia Pontivensi pag. 205 : *Poissonerie*, seu *pissonerie*, ut Picardi efferunt.

¶ PISSORIUM, Vas coquinarium. Statuta MSS. Monast. Lirin. ann. 1453 : *Item tenetur* (Abbas) *providere coquinæ parasidibus, Pissoriis, graseletis, etc.*

¶ 1. PISTA, in Capitul. Caroli Magni de villis cap. 49 : *Ut genitia, nostra bene sint ordinata, id est, de casis, Pistis, tuguriis.* Ædificii genus esse suadent vett. Gloss.: *Casa, tugurium, pergula.* Unde *Pista* idem omnino videtur quod *Pergula* 2°. loco Vide in hac voce. [** Pertzius habet *Pislis.* Vide *Pisalis.*]

¶ 2. **PISTA**, vox Italica, Impressi vestigii nota, Gall. *Piste.* Annal. Estens. ad ann. 1408. apud Murator. tom. 18. col. 1058: *Forsitan ex indagine vestigiorum et Piste equorum, notum fuit illis de Scandiano de istorum adventu, etc.*

PISTACULUM, *Pilum*, ὕπερον, in Gl. Gr. L.

* **PISTÆ**, *quibus raduntur capita*, in vet. Glossar. ex Cod. reg. 7613.

¶ **PISTANCIA**, Pistanciarius. Vide *Pictantia.*

1. **PISTARE**, Idem quod *Pinsere*, [Subigere, Gallice *Paitrir;*] ex *pistus* vox conficta. [Leg. Palat. Jacobi Reg. Majoric. tom. 3. Act. SS. Junii pag. xvi: *Pistor.... domus nostræ regiæ panem quo in mensa nostra utemur... per se Pistare et alias præparare debeat.*] Lib. 2. Miracul. S. Bertini cap. 29: *In vase ligneo, in quo pasta Pistari solet.* Occurrit passim apud Constantinum African. et medicos.

¶ Pistare, Pilo tundere, Gall. *Piler.* Veget. lib. 1. Mulomedic.: *In pila lignea Pistabis cernesque subtiliter.* Memoriale Potest. Regiens. ad ann. 1275. apud Murator. tom. 8. col. 1138: *Fuit maxima mortalitas porcorum et aliarum bestiarum in prædictis partibus montaneæ propter pestilentiam famis, quia non habebant aliquod quod darent prædictis bestiis, et coquebant fœnum et Pistabant pro porcis pascendis.* Adde Statuta Vercell. lib. 3. fol. 100. v°.

* 2. **PISTARE**, Premere, calcare, Ital. *Pestare.* Inquisit. ann. 1273. in Access. ad Hist. Cassin. part. 1. pag. 337. col. 1: *Item universi habitatores castri Cerbarii... non debent uvas Pistare, etc.*

¶ Pistatus, ab Ital. *Pistare*, contundere, Gall. *Piler.* Chronic. Mutin. ad ann. 1311. apud Murator. tom. 11. col. 99: *Die etiam ipsa Guidalostus ex urbe discessit maximo cum dedecore et Pistatis scaffis per artifices post eum.* Vide *Pestare.*

* Minus bene; pro Tundere, pulsare usurpatur hoc loco, ubi quis ex urbe discedens, ignominiæ causa, cum pulsatione *scaffarum*, id est, mensurarum seu instrumentorum quorumdam a populo deducitur. Vide *Scaffa* 1.

* **PISTATRIX**, Quæ panem facit et vendit. Libert. Montisol. ann. 1312. tom. 7. Ordinat. reg. Franc. pag. 506. art. 46: *Quod pistores seu Pistatrices panes vendentes, etc.* Occurrit rursum ibid. pag. 508. art. 68. Vide supra *Pissa.*

¶ **PISTE**, Telæ seu panni species. Inventar. ann. 1342. in Tabular. S. Victoris Massil.: *Item unam mapam Piste.* Haud scio an legendum sit *Piscis.* Vide in hac voce.

* **PISTELLA**, σχωφάριον. Germ. *Fiscella.* Reg. *Piscella.* f. Cistella vel scutella. Castigat. in utrumque Glossar.

* **PISTELLUM**, Campanæ clava ferrea, Gall. *Battant de cloche.* Comput. MS. fabr. S. Petri Insul. ann. 1508: *Datum item aurigæ Le bon, qui vexit Tornacum Pistellare, la, et de grossiori campana... Item ad ponderandum antiqua Pistella, quæ directa sunt ad Tornacum, etc.*

¶ **PISTENARIUS**, Pistor, Gall. *Boulanger.* Charta Eduardi III. ann. 1341. apud Rymer. tom. 5. pag. 254: *Audito quod quædam pugna seu dissentio inter Pistenarios et pelliparios civitatis nostræ prædictæ* (Londonensis)... *subito fuerat suscitata.* [* Vide supra *Pissa* et *Pistatrix.*]

¶ **PISTERNA**, pro *Pincerna.* Vide *Pincerna.*

¶ **PISTEUGIS.** Pontificale Benignianum: *Oratio in Sabbato sancto Paschæ ad Reddentes; dicit domnus Papa post Pisteugis, etc.* In Cod. MS. Card. Otthoboni, *post Pisteusis.* Ubique legendum videtur divisis vocibus πιςεύω εἰς, quæ sunt prima Symboli Græci verba.

PISTICUS, Probus, fidelis, non adulterinus: ex Græco πιςικός. [Gloss. Lat. Gall. Sangerm.: *Pisticus, i. fidelis, feal.*] Adhelelmus Sagiensis Episc. in Miraculis S. Opportunæ num. 2: *Vitæ ejus Pisticus scriptor*, id est fidelis, verax. Anonymus MS. ex Biblioth. Thuan. Cod. 525:

Qui calus est, in praxi similis est, et Pisticus [homo,
Illius oda placet, qui recte Theologizat.

Id porro epitheti maxime tribuitur *Nardo*, quam πιςικὴν vulgo vocant Græci, [** Evang. sec. Joann. cap. 12. vers. 3.] id est, non adulteratam, uti Baronius ann. 32. num. 26. Casaubonus in Exercit. Scaliger, Salmasius et alii vertunt. Glossæ Latinæ MSS. Regiæ: *Nardum pisticum, Chrisma sine impostura.* Papias: *Nardum pisticum, Chrisma sine impostura.* Ugutio: *Nardum, unguentum confectum ex ea* (herba) *Nardum Pisticum dicitur, fidele, purum, sine omni impostura, vel commixtura compositum, nec adulteratum aliis herbis.* Quo sensu verba, *sine impostura*, usurpat perinde Alexander Iatrosophista lib. 2. Passionum: *Reupontico est 3. folio sine impostura 3. prioniæ radicibus est 1. aristologia rotunda est, 2. spica nardi est 4. has omnes sine impostura mundas species tundes.* Ubi Glossæ interlineares, *sine impostura*, *mundum* interpretantur. Ita ἄδολον, hac notione dicunt Græci. Vita S. Eudociæ Martyris, cap. 8: Στύρακος, Ἰνδικοῦ ἀδόλου κάμπςραι λγ. Etymi hujusce vocis rationem aliam prodit Ordericus Vitalis lib. 1: *Nardus, aromatica species est, Pistis Græce, fides dicitur Latine, inde Pisticum, id est fidele dicitur unguentum, quia cadaver eo perunctum a putredine servat illæsum.*

A certo vero loco dictam *Pisticam nardum* censet S. Augustinus in Evang. Joan. Tract. 50. cap. 12: *Quod ait Pistici,* (nardi) *locum aliquem credere debemus, unde hoc erat unguentum pretiosum.* Alii sic dictam putant a πιεῖν, bibere, ut sit *potabile* liquidumque unguentum: πιςὸς enim apud Æschylum in Prometheo, idem est quod ποτιμός. Nec abhorret Eusebius Apod. lib. 9. cum vocat πιςικὸν τῆς καινῆς διαθήκης κρᾶμα.

Alii Nardum *spicatam*, non *pisticam* dictam volunt. Marcus enim ut et Joannes σπικάτης, habet, unde Marci interpres *Spicata* retinuit, ita ut nardus sic dicta fuerit, quasi ex spicis confecta, eoque pretiosa ac βαρύτιμος. Brito in Synon.:

Nardum spicatum, de spicis sit tibi factum;
Est nardum Pisticum purum sive fidele.

Ugutio: *Nardus, herba est spicosa et aromatica, fragili radice; sed nigra et foliis densa, quorum summitates conveniunt in spicas; unde a Græcis Nardos stacos appellatur.* Glossæ ad libros Alexandri Iatrosophistæ: *Cyprinum, de spica nardi, de spina Indica, de nardostochio;* [vulgo *Nardostachyum.*] Alio loco *Nardum Celticam, spinam Celticam* vertit. Rursum, *de spica Indica, de nardostochio.* Anastasius in S. Silvestro: *Farum cantharum ex auro purissimo ante altare, in quo ardet oleum nardinum Pisticum, etc.* Infra: *Annis singulis olei nardi libras 90.* At aliud *Nardum pisticum*, aliud *spicatum* esse scribit Eucherius Lugdunensis de diversis vocabulis: *Nardum pisticum, nardum fidelem, id est sine impostura, Græcum est. Nardum spicatum, ab eo, quod species ipsa nardi in modum spicæ sit, quæ infusa conficitur.* Hinc Pistis, *genus aromatis*, in Gloss. Arabico-Lat. Sed de Nardi variis speciebus, vide Ruellium.

* An inde *Pisne homme*, pro Homo simplex et probus, in Lit. remiss. ann. 1386. ex Reg. 129. Chartoph. reg. ch. 155: *Icellui Jehan, qui estoit Pisne homme, par simplesse s'accompaigna avec ledit bastart, etc.*

* **PISTIGLIO**, Fibula vel globulus, quo vestis astringitur et ornatur. Constit. synod. eccl. Sabin. editæ ad calcem synod. Hannib. Alb. episc. ann. 1737. rubr. 27: *Item statuimus,..... quod quilibet sacerdos sive prælatus diœcesis Sabinensis, cum cuppis seu tabarris honestæ et communis longitudinis,... sine Pistiglionibus seu bottonibus ante pectus.... incedant.*

¶ **PISTININUM**, f. Opus pistorium, Gall. *Paté*, Ital. *Pastizzo*, cujus dimin. est *Pasticcino.* Chronic. Petri Azarii ad annum 1327. apud Murator. tom. 16. col. 344: *Compater, ne discedas, comedemus Pistininum. Respondit proditor: bene placet; sed comedemus domi meæ, quia habeo melius vinum.* Nisi pastinacam Gall. *Panais* intelligas. Vide *Pistritia.*

¶ **PISTIS.** Vide *Pista* 2. et *Pisticus.*

* **PISTOLARE**, pro *Epistolare*, Liber epistolarum, quæ leguntur in sacris liturgiis. Inventar. eccl. S. Egid. ann. 1491. inter Probat. tom. 4. Hist. Nem. pag. 55. col. 1: *Item librum vocatum Pistolare, etc.* Vide *Pistolarium.*

¶ **PISTOLARIUM**, pro *Epistolarium*, Liber epistolarum quæ leguntur in sacris Liturgiis. Occurrit in Inventar. ann. 1342. ex Archivo S. Victoris Massil.

¶ **PISTOLETTUS**, Brevior sclopetus, nostris *Pistolet*, apud Prosper. Sanctacrucium de civilibus Galliæ dissensionibus tom. 5. Ampliss. Collect. Marten. col. 1442. Unde ducta sit vocis origo, vide in Etymol. Gall. Menagii.

¶ **PISTOR DULCIARIUS**, Gall. *Patissier.* Vide *Pastillus* 2.

¶ **PISTORA**, Pistrix, quæ panem conficit vel vendit. Inquisitio ann. 1276. tom. 1. Hist. Dalphin. pag. 25: *Tempore nundinarum ceperunt panem omnium pistorum* et Pistorarum; quia panis erat nimis parvus secundum valorem frumenti. Vide Pistorissa.

* **PISTORESSA**, ut *Pistatrix* et *Pistorissa*, quæ panem facit et vendit. Libert. Novæbast. in Occit. ann. 1298. ex Reg. 38. Chartoph. reg. ch. 16 : *Quilibet pistor seu Pistoressa, vel quicumque alius panem faciens, etc.*

PISTORIA, Locus, ubi pistores panem conficiunt, in Lege Bajwar. tit. 9. cap. 3 : *Balneurium, Pistoriam, coquinam, etc.*

¶ Pistoria, Ars pistoria. Charta ann. 1309. tom. 1. Hist. Dalphin. pag. 97 : *Item a quolibet pistore vel pistorissa, levantur ratione Pistoriæ semel in anno in festo B. Tartini, sex denarii.*

¶ Pistoria, Dignitas Ecclesiastica. Litteræ Galteri ann. 1208. in Tabul. Audomar. : *Notum facio quod ordinationem de quinque officiis factam, videlicet subpræpositura, magisteria scholarum, Pistoria, celeraria et chochia.... Est autem forma ordinationis talis quod Pistoria, celeraria et cochia ad communes usus ecclesiæ nostræ cedent.* Vide *Panetarius*.

PISTORISSA. Glossæ vett.: *Pistrix*, χῆτος, καὶ ἀρτοποιός. Libertates MSS. Salvæterræ in Ruthenis ann. 1284 : *Pistor vel Pistorissa, etc.* [Charta ann. 1256. tom. 1. Hist. Dalphin. pag. 58 : *Si pistores vel Pistorissæ minorem panem quam debeant, habito respectu ad forum bladi fecerint, etc.* Occurrit alibi non semel.] Vide *Panetarius* et *Pistoressa*.

* **PISTREGA**, Molendinum ad tundendum et comminuendum. Charta ann. 998. apud Murator. tom. 3. Antiq. Ital. med. ævi col. 742 : *Alpibus et planiciebus, ripis, rupinis, Pistregis, molandinis et piscationibus, etc.*

* **PISTRILA**, *Lo furno*, in Glossar. Lat. Ital. Ms.

¶ **PISTRINARE**, Panem conficere, Gall. *Faire du pain.* Charta Henrici V. Reg. Angl. ann. 1415. apud Rymer. tom. 9. pag. 253 : *Quod omnes et singuli ligei nostri in eisdem commorantes, quibus attinet, Pistrinent et brasient, etc.*

¶ Pistrire, Eadem notione, ex Catholico apud Laur. in Amalthea.

PISTRINARII, Pistores, in Regula S. Pachomii cap. 67. [Ulpian. D. lib. 16. tit. 3. lex 1 : *Si quis servum custodiendum conjecerit in pistrinum, si quidem merces intervenit, puto esse actionem adversus Pistrinarium ex conducto.* Ubi *Pistrinarius* est pistrini custos.]

¶ **PISTRINICUS**, ἀρτοκοπικός, in Gloss. Lat. Gr. *Pistrinensis*; Sangerm. *Pistrinicusis*.

¶ **PISTRIRE.** Vide *Pistrinare*.

¶ **PISTRITIA**, Opus pistorium, Gallice *Patisserie*. Chron. Mutin. apud Murator. tom. 11. col. 117 : *Mulier dicti burgi in ultimis constituta Confessori suo in foro pœnitentiæ propalavit se dicto tempore præsentis anni 1329. Pistritias construxisse ad quamdam juvenem pistrizandum, ut ipsa juvenis quemdam juvenem diligeret vehementer.* Vide *Pistrinum*.

¶ **PISTUM.** Laudes Papiæ apud Murator. tom. 11. col. 29 : *Cum vadunt ad indulgentiarum loca, nunquam vacua manu pergunt, quin ferant secum.... alicujus speciei leguminа, milium contusum, quod Pistum vocatur.*

* **PISUM** Brunum, a colore sic dictum. Charta ann. 1407. in Reg. feud. comitat. Pictav. ex Cam. Comput. Paris. fol. 246. r°. : *Item habeo (ego Johannes Rabaudi) cogrerium seu laegier.... de Piso bruno.* Alia ann. 1318. in Reg. 56. Chartoph. reg. ch. 548 : *Huit boissiaus de Pois blans et huit boissiaus de Pois communs.* Lit. remiss. ann. 1393. in Reg. 145. ch. 4 : *Deux boisseaulx feves, deux boisseaulx pois blans et deux boisseaulx de cerres, tout à la mesure de Lodun.* In quibusdam locis *Pois blanc* appellatur, quod Parisiis *Haricot*, phaseolus. *Cerre* vero a Cicer, Gall. *Pois chiche.*

¶ **PISUS.** Constitut. Jacobi Reg. Siciliæ cap. 33 : *Si aliquem a nostra Curia feuda tenentem in capite, vel etiam subfeudatarium nullo hærede legitimo per lineam descendentem, sed fratre, seu ejus liberis superstitibus, mori contingat, si feudum Pisum ab aliquo ex parentibus sibi et fratri communibus, vel non communibus, pervenerat ad defunctum, etc.* Nihil in hanc vocem habet Marius Muta earumdem Constit. Commentator; forte leg. *possessum*, adeo ut *pisum* contracte scriptum fuerit.

1. **PITA.** Lambertus Ardensis, pag. 141 : *Ubi usque hodie inveniuntur quasi reliquiæ gentilium, rubeæ videlicet tegulæ, testæ vasorum minii coloris, et fragmenta vasculorum vitreorum, ubi nunc sulcante aratro reperitur Pita sive via dura et lapidea, a marisco in silvam calcata. Pistes* etiamnum viæ vestigia appellamus. [Haud scio an legendum sit *Pira*. Vide *Pirgius*.]

2. **PITA**, Moneta minutior Francica. Vide *Picta* 3.

* **PITACEATUS**, Pannus *pitaciis* seu frustis resarcitus. Vide in *Pecia* et *Pittacium*. Testim. de S. Domin. tom. 1. Aug. pag. 646. col. 2 : *Item dixit, quod numquam vidit eum nisi cum una tunica, et illa erat Pitaceata.*

¶ **PITACIOLUM.** Vide *Pittacium*.

* **PITAGIUM**, idem quod *Pedagium*, Tributum, quod penditur. Bulla Greg. X. PP. ann. 1271. inter Probat. Hist. Autiss. pag. 290. col. 1 : *Significarunt nobis dilecti filii decanus et capitulum ecclesiæ Autissiodorensis, quod nonnulli iniquitatis filii.... quadam jura, quæ Pitagia vulgariter appellant, decimas, terras, possessiones, redditus et nonnulla alia bona ipsius ecclesiæ malitiose occultarunt et occulte detinent, etc.* Vide *Petagium*.

¶ **PITALFUS**, Vas vinarium, lagena major, idem quod aliis *Bota* vel *Butta* dicitur. Vide in hac voce. Forte a Gr. πίθος, dolium, urceus, πιθάκνη, doliolum. Vide *Pitharia*. Vetus Ceremon. MS. B. M. Deauratæ Tolos. : *Item postea prior mittit unum de servitoribus ad clavigerium... pro duobus Pitalfis sive botis vini.* Tabular. Eccl. Vivar. : *Singulis diebus librabatur cuilibet Canonico mesagium panis, id est quinque panis libræ, de vino autem ad mensuram trium Pitalforum.* Pontificale MS. Eccles. Santon. ann. 400 : *Electus ex consuetudine S. Romanæ Ecclesiæ offerat Episcopo duos panes et duos Pitalfos vini et duos ardentes cereos.* Inquisit. pro Canonisat. S. Yvonis MS. : *Vicarius D. Yvonis posuit panem suum super quoddam lignum ubi custodiebantur Pitalfi.* Ibidem : *Cum essent appositæ carnes, D. Yvo fingebat se comedere, sed non comedebat nisi de pane, et aquam solam bibebat, quam accipiebat de quodam Pitalfo.*

¶ Pitalphus, Pytalphus, Eadem notione. Tabul. Piperac. ann. 1394 : *Tenebuntur offerre in Missa obitus unum Pitalphum vini, unum panem cum una candela cerea.* Charta ann. 1336. in Tabular. Episcopat. Massil. : *Novem tassis diversarum formarum, uno Pytalpho pro vino, etc.*

* Pitalpha, Vas vinarium, idem quod *Pitalfus*. Inventar. ann. 1476. ex Tabul. Flamar. : *Item plus dixit se invenisse tres justas sive Pitalphas stagni.* Ibid. : *Item aliam Pitalpham rotondam stagni, absque coopertorio unius quarti.*

* Pitalphius, Pitalphus, Pari intellectu. Instr. ann. 1372. ex Tabul. S. Vict. Massil. : *Quidam de famulis castellani loci de Durbano portavit ad quamdam bordam quemdam Pitalphium vino plenum.* Ibid. : *Cum quodam Pitalpho stagni, etc.* Occurrit præterea in Comput. ann. 1482. inter Probat. tom. 4. Hist. Nem. pag. 20. col. 1. Vide supra *Pintalphus*.

¶ Pitelfus, Eodem significatu, in Litt. Humberti II. ann. 1347. tom. 2. Hist. Dalphin. pag. 567 : *Omnes habebitis unam libram de candelis ceræ, et de vino unum Pitelfum inter duos pro collatione facienda.*

¶ **PITALLUM**, ut supra *Pestillum*, instrumentum quo aliquid teritur. Comput. ann. 1239. MS. : *Pro mortariolis et Pitallis,* XLVIII. *sol.*

* **PITANCHARIUS**, Officium monasticum, cui munus incumbit componendi et distribuendi singulis monachis *pitancias* suas; *Pitancier*, in Ch. ann. 1470. ex Chartul. Latin. fol. 231. v°. Comput. ann. 1319. ex Tabul. S. Vulfr. Abbavil. fol. 5. r°. : *Pitancharius S. Petri vij. sol. vj. den. tribus terminis, etc.* Vide in *Pictantia*.

* **PITANCIA.** Vita S. Rayn. Pisani tom. 3. Jun. pag. 430. col. 2 : *Verum die contigit quadam, ut quo nummos acciperet, suam aperiret arcam.... Accidit et secundo pro numerandis Pitanciis suis ad eandem arcam accessisse, etc.* Ubi legendum videtur *Pittaciis*, atque de schedulis mercatoriis intelligendum : porro mercaturam exercebat S. Raynerius. Vide *Pittacium*.

* **PITANCIARIA**, Quidquid ab abbate procurandis monachorum *pitanciis* attributum erat. Juram. abbat. Cormeriac. inter schedas Mabil. : *Item juro quod indebite vel injuste bona mobilia vel immobilia Pitanciariæ et pixidi conventuali, nec non officiariis hujus monasterii pertinentia.... non usurpabo.* Vide supra in *Pictantia*. *Pitancerie* vero pro Pitanciarii officio, in Ch. ann. 1516. ex Chartul. Latiniac. fol. 244. v°. : *Les rentes dudit couvent, à cause de la Pitancerie, vallent par an huit vingt livres Tournois.*

¶ **PITANSARIUS**, Pitantia, etc. Vide supra *Pictantia*.

* **PITARCIA**, idem quod *Banneria*, Vexillum. Joan. Germ. episc. Cabilon. in vita Phil. III. ducis Burg. apud Ludewig. tom. 11. Reliq. Mss. pag. 26 : *Res novas molliuntur, Pitarcias quas rusticas bannerias*

dicunt, in foro erigunt, etc. Rursum pag. 111 : *Pro standaribus ad munerum officiorum oppidi suis notis depictas Pitarcias, quas rusticas bannerias dicimus, super forum comportant : in aera depliquant, quas agitatus ventilare condelectant, pro signiferis plebeios designant, earum Pitarciarum portitores omni tempore armati invigilant.*

***PITARGUS**, *Bordon*, *Prov.* in Glossar. Provinc. Lat. ex Cod. reg. 7657.

* **PITATIO**, Charta, scheda. Vita S. Magni tom. 2. Sept. pag. 755. col. 2 : *Ego itaque Theodorus.... sicut a Theodegisilo.... de tanti viri conversationibus simul cum beato Columbano comperi, et post oculis meis vidi et auribus audivi, ... plurima, sed non omnia in Pitatione mea scribere curavi, et ad caput ejus posui reconditum in sepulchro.* Vide *Pittacium.*

PITHARIA. Vincentius Belvac. lib. 31. cap. 144 : *Ubi est thesaurus suus, et dicitur quod ibi sunt 16. Pithariæ plenæ auro depurato, etc.* Πίθος, πιθάριον, dolium, doliolum. Hollandi vulgo dicunt *tonne d'or*. Vide *Pittarium.*

* Male fortassis lectum, pro *Picharia*; qua voce Vasis species indicatur. Vide *Picarium.*

¶ **PITHAULES**, Qui utre symphoniaco, Gallice *Cornemuse*, canit. Utitur Vopiscus in Carino 1. 19. de ludis : *Choraulas centum : etiam Pithaulas centum : pantomimos et gymnicos mille.* Usus est etiam Seneca Epist. 76.

* *Pithaulæ*, πυθαύλαι, ex Cujac. in Castigat. in utrumque Glossar.

* **PITIA**, Vide supra *Piccia.*

¶ **PITIGMATA.** Vide *Ptigmata.*

¶ **PITISMA**, *Cordæ extensæ in templo*, in Glossis ad Doctrinale Alex. de Villa-Dei.

PITISSARE, vel PYTISSARE, Papiæ MS. *Portare.* Leg. *Potare.* Eadmerus lib. de S. Anselmi similitud. cap. 15 : *Aliquando* (simul delectantur) *auditus et gustus, ut cum aliquem sic bibere delectat, ut inter labia sua sonitum quemdam Pitissando faciat.* Vox veteribus nota, [ad quam consule Martinii Lexicon.]

* **PITISSATOR**, Qui ex officio degustat, ut de potionum bonitate judicet. Reg. capitul. eccl. Belvac. ad 22. Nov. ann. 1535 : *Guillermus Heuze, serviens ecclesiæ ordinarius, institutus est in officio Pitissatoris cerevisiarum.* Vide *Pitissare.*

* **PITIUS.** Pactum inter Odon. III. ducem Burg. et episc. Lingon. ann. 1206. inter Probat. tom. 1. novæ Hist. Burg. pag. 94. col. 2 : *Vinctos etiam suos, quos vulgo Pitios vocant, potest episcopus vel ejus vicarius mittere in turre Castellionis.* Sed leg. *Prisios.* Vide *Priso* 1.

PITRATUS. Fragmentum Petronii : *Etiam rides, cepa Pitrata.*

¶ **PITT**, Fossa, qua Scoti fures femineas immergebant. Ita Spelman. ex Skenæo. Vide *Possa* 1. [* *Pitt* vel *Pit*, Anglosaxon. Puteus.]

¶ **PITTA**, Moneta minutior. Vide *Picta* 3.

* **PITTACIARIUS**, *Chavetier*, a *Pittacium*, *savate.* Glossar. Lat. Gall. ex Cod. reg. 7679. Vide supra *Pictaciarius.*

PITTACIUM, Tabula fusili pice, (Græci πίσσαν et πίτταν vocant) illita ad exarandum : Scheda, epistola; sed maxime ea, quæ in quadrum est complicata, ut observat Eustathius ad Homerum pag. 633. : Διὰ τὸ τετραγωνίζεσθαι πτυσσόμενον, ὁμοίως πῶς τῷ τῆς χυτῆς πίττης σχηματισμῷ. Papias : *Petatia et Petatiola, modica pars cartæ.* Alibi : *Pitacium vel pitaciola, membranula, epistola.* Guill. Brito in Vocab. : *Pictacium a pingo dicitur epistola brevis et modica. Item pictacium dicitur cedula de membrana decisa. Item pictacium dicitur corii particula, quæ soleæ repetiatæ insuta est. Unde pictatiatus, repetiatus.* Ex Josuæ cap. 9 : *Calceamentaque perantiqua, quæ ad indicium vetustatis Pittaciis consuta erant.* Ubi Gr. Editio σανδάλια καταπεταλματομένα habet. (Vide *Pecia.* Vita B. Stephani Abbat. Obasin. lib. 2. cap. 15 : *Iste, et si appellavit, appellationem suam non segniter consummabit, plusque proficiet uno nuntio quatuor Pitaciis pedibus insignito, quam Dominus noster egregiis nuntiis multis pecuniis oneratis.*) [Gloss. Lat. Gall. Sangerman. : *Pittacium, Tacon de soler, ou Epistre breve, ou cedule.*] Gloss. Græc. Lat. : Πιττάκιον, *Brevis.* [*Pittacium aureis conscriptum litteris*, in Vita S. Wiboradæ sæc. 5, Bened. pag. 62.] Utuntur S. Augustinus de verbis Apost. serm. 19. cap. 7. Concilium Carthag. 1. can. 12. Fragmentum Petronii pag. 40. Leges 11. 13. 16. Cod. Th. de Erogat. milit. annonæ, (7, 4.) leg. 19. de Petition. (10, 10.) Celsus lib. 3. cap 10. Marcellus Empiricus, Rhabanus in Epist. ad Regimboldum, etc. VII. Synodus act. 4 : Ἀντὶ βιβλίων πιττάκια ἡμῖν ἐπεδείκνυον. Vide Saracenica Silburgii pag. 43. 62. 81. [et Lexic. Martinii in hac voce.]

PITACIUM. S. Eulogius in Epistola ad Alvarum : *Ut erat cartulis et Pitaciis diversis dispositum.* Testamentum S. Cæsarii Arelatensis : *Si cui aliquid per epistolam, aut per Pitacium, aut verbo, pietatis intuitu, contuli, valere volo. Per Pitacium* Episcopum constituere. Hadrianus II. PP. in Epist. ad Carolum Calvum, apud Baronium ann. 871. num. 87 : *Constituimus Cardinalem Metropolitanum et Archiepiscopum Turonicæ provinciæ per ferulam, Pitacium, et anulum, nec non per nostræ autoritatis litterale decretum, etc.* Apud Joannem Episcopum Citri quæritur, an Patriarcha possit per sola *Pittacia* et *brevia*, et mandato suo, præferre aliquos nullo officio insignitos, illis qui priores fuerant, nullo tamen ipsi etiam officio decorati.

PICTACIUM, Idem quod *Pittacium.* Vocem deducunt quidam ex πυκτός, πίναξ πυκτός, *Pugillares tabellæ*, indeque Germanos *buch*, Anglos *book*, et *bega boek* pro libro dixisse volunt. Glossæ Isidori : *Pictacium, Epistola brevis et modica. Pictaciuncula, Membrana.* Novella Theodosii de Siliquarum exact. : *Ut gestis municipalibus immobilium rerum contractus constet initus : mobilium vero emissis Pictaciis transigatur.* Anastasius in S. Zacharia PP. : *In quo et Pictacium invenit pariter literis exaratum Græcis.* Rodericus Toletanus in Præfat. ad Hist. Hisp. : *Et aliis scripturis, quas de membranis et Pictatiis laboriose investigatas laboriosius compilavi, etc.* Occurrit præterea in Edicto Theoderici Regis cap. 126. apud Theodorum Eremitam in Vita S. Magni cap. 16. Willel. Britonem lib. 11. Philippid. in libro Miraculor. S. Vulfranni Episc. num. 26. etc. Vide *Pecia.*

¶ PYCTATIUM et PYTATIUM, Eadem notione. Johannes Diaconus in Vita Gregorii Magni cap. 45 : *Et scribens orationem in Pyctatio, etc.* Atto Episcop. Vercel. apud Acherium tom. 8. Spicil. pag. 74 : *Vel in aliquo tremens leget Pytatio, etc.* Arnulphus in Hist. Mediol. lib. 3. apud Murator. tom. 4. pag. 24 : *Deinde providet callide scribi Pytacium de castitate servanda.*

PITTACIOLUM, et PITACIOLUM, diminut. a *Pittacium*, pro schedula : unde forte nostri suum *billet*, pro *pillet* hauserunt. Hariulfus lib. 4. cap. 17 : *Quorum nomina vel chartæ, vel quælibet Pittaciola insinuare videbantur.* Utuntur præterea Theodericus de Inventione S. Celsi Episcopi Trevirensis num. 16. Epistola Monachorum Remensium ad Casinenses, Concilium Dusiacense I. part. 2. cap. 27. Ratherius Veronensis in Epist. ad Joannem PP. apud Chapeavillum tom. 1. Hist. Leodiens. et tom. 2. Spicilegii Acheriani, etc.

☞ Hinc est quod apud Laur. in Amalthea *Pittaciolum*, *Pittatiuncula* usurpatur pro cartula doliis affixa ad patriam et numerum vini designandum, ut et pro annonaria specie militibus data.

¶ PICTACIOLUM. Glaber Rodulphus lib. 3. apud Duchesnium tom. 4. pag. 31 : *Miserunt* (Judæi) *ad Principem Babilonis cum Hebraicis caracteribus scriptis epistolis, Pictaciolis ferri baculo insertis, ne quo casu potuissent ab eo divelli.* Præfatio in Bedam ex vet. Cod. apud Mabillon. in Itin. Burgund. : *Ille multa sacra Pictaciola in Apostolorum variis in locis scribendo dispersit.*

PITTACIOLUS. Hincmarus Episcopus Laudunensis in Præfatione ad Collectionem ex Epistolis Romanorum Pontificum :

Iste Pittaciolus plane depromit et apte
Sedem appellandam libere Apostolicam.

Sed *Pittaciolum* dicendum fuisse eidem objecit Remensis avunculus pag. 383 :

Namque Pitaciolum neutro dixere priores.

Ex his emendandus Monachus Sangallensis lib. 1. cap. 36. de sagis virgatis Fresonicis ac curtulis, ubi Carolus Magnus sic ait : *Quid prosunt illa Putaciola, in lecto non possum eis cooperiri, cavallicans contra ventos et pluvias nequeo defendi, ad necessaria naturæ secedens tibiarum congelatione deficio.* *Pittaciola* enim vocat *virgas* sagorum, quæ inde *virgata* dicuntur Poetæ, quod instar *Pittaciorum* essent effictæ. Atque ita vocari videntur frustula sagi militaris sericei, a Willelmo Britone lib. 11. Philippid. pag. 231 :

Sic percussa patet, sic intercisa minutis
Pictaciis pendet, dum demolitur eandem
Tunsio crebra nimis clavæ, mucronis et hastæ.

¶ **PITTANTIA**, PITTANTIARIA, et Vide *Pictantia.*

¶ **PITTAPHIUM**, in Append. 2. ad Vitam S. Angeli Carmel. tom. 2. Maii pag. 841 : *Legerunt quoddam scriptum seu Pittaphium scripturæ, etc.* Epitaphium interpretantur Bollandistæ : malim ego pro *pittacium* esse scriptum. Vide in hac voce.

¶ **PITTARIUM**, Vas quoddam, idem

quod *Pitharia.* Vide in hac voce. Necrolog. Lauresham. apud Schannat. Vindem. Litter. pag. 37 : *Dedit nobis xx. floren. et Pittarium argenteum cum coopertorio argenteo in valore vii. floren.*

* Male fortassis lectum, pro *Picarium.* Vide in hac voce.

¶ **PITTERA**, Modus agri vel vineæ. Vide *Pedatura.*

PITTO. Caput. 72. Legis Salicæ ex Cod. Regio, apud Steph. Baluzium : *Si quis Pitto alterius excusserit invitu stricto,* 120. *denariis, qui faciunt solidos* 3. *culpabilis judicetur.* Paulo aliter in Codice Pithœano apud eumdem tom. 2. pag. 989 : *Si quis alterum Pitto excusserit, Malb. Vuistritto sunt den.* 120. *qui faciunt, etc.*

☞ Utrumque emendat Eccardus in Notis ad huncce titulum, censetque legendum *widu snitto*, quod salicis excussionem seu incisionem significat quæ eo gravius puniebatur, quia magnus salicum usus est in sepibus conficiendis. Est autem a Saxon. *wide*, salix, et *Sniden*, incidere, excutere. Hinc Gloss. Ratisbon. *Salix*, *wida*; unde *wittus*, primum, exin *pittus* corrupte natum existimat vir eruditus. *Pittus* legitur tit. 32. cap. 9. ejusdem Leg. Salicæ edit. Baluz. : *Si quis compari suo Pittum excusserit, etc.*]

PITTURA. Vide *Pitura.*

* **PITUITA.** Vide supra *Pictuta.*

¶ **PITUITAS**, Latinis Pituita, narium vel oculorum humor redundans. Quæst. MSS. Mag. Odonis de Missa : *Mapula Pituitates oculorum detergimus et narium.* Utitur Arnobius.

¶ **PITURA**, Præstatio, tributum, a *Peyta*, Gall. *Paye.* Vide *Peitare.* Tabular. S. Vincentii Cenoman. : *Pituram autem quam ibi domino Comiti haberi volebam, et quam, ut a multorum virorum didici testimonio, injuste reclamabam, eisdem... concessi.*[* Nequaquam; idem quippe est quod supra *Pictura*, Modus agri vel vineæ. Charta Petri Nivern. comit. ann. 1190. inter Probat. Hist. Autiss. pag. 31. col. 2 : *Pro Pitura, quæ fuit Theobaldi majoris, sex denarios et quatuor bichez avenæ. Pro vinea Odonis Borni, novem denarios.*] [** *Pittura* in Codic. Laurasham. tom. 3. pag. 198 : *In Momenheim huba una et* 4. *Pitturæ solvunt* 7. *carradas de vino, etc.*]

PITZULUM. Gloss. Medicum MS. Reg. sign. 1486 : *Pusca, i. Pitzulum, ex quo fit pusca medicinalis.*

PIVANGA, Mensura agraria apud Germanos. Wiguleius Hondius in Metropoli Salisburgensi tom. 2. pag. 8 : *Hermannus Abbas obtinuit campum dividi per funiculos, jugera* 12. *huoba jugerum habebat* 12. *Pivangas. Facta hæc partitio præsente Hermanno anno* 1247. Vide *Bifang.*

¶ **PIVIALE**, vox Italica, idem quod infra *Pluviale*, vestis Episcopalis. Chron. Foroliv. apud Murator. tom. 19. col. 888 : *Perrexit de porta Sclavoniæ ad ecclesiam majorem, in qua descendit cum ornamentis episcopalis dignitatis, scilicet cum mithra et Piviali.*

¶ **PIVIO**, Idem quod *Pipio*, Gall. *Pigeon.* Johannes de Monster. Epist. 40. apud Marten. tom. 2. Ampliss. Collect. col. 1391 : *Capones, gallinæ, aucæ et anseruli, pulli, porci, porculi, palumbes, turdi, pavones, Piviones, etc.*

PIUNCULUS. Vide *Pipiones.*

* **PIVOTUS**, a Gallico *Pivot*, Axis, cardo. Comput. eccl. Paris. ann. circ. 1381. ex Bibl. S. Germ. Prat. : *Item faciendi.... posticium prope in introitu dictæ curiæ totum de novo, ... ac barrandi cum ferratura, videlicet pailleriis, Pivotis, etc.*

1. **PIUS**, Epitheton, ut videtur, urbis Toletanæ, apud Isidorum Pacensem Episcopum in Chronico æra 685 : *Hic crebra Concilia clarente Eugenio urbis Regiæ Metropolitano Episcopo Toleto Pio... recollegit.* Ex quo sane loco dubium videtur, quod alias asserit Antonius Augustinus de Numismatibus dialogo 7. Inscriptionem, quæ in aversa complurium nummorum Hispaniæ Gothicorum Regum conspicitur ac legitur, TOLETO PIUS, vocem postremam ad Principem, cujus est, spectare, ut in Leovigildi Regis numismate, TOLETO JUSTUS. Hunc lege, si tanti est, et expende. Ejusmodi etiam Regum Hispanicorum Gothicos nummos cum hac voce, PIUS, adjecta urbium aliarum nominibus recenset Ambrosius Morales toto lib. 12. ubi quasdam profert, quæ habent TOLETO JUSTUS, ELBORA JUSTUS, cap. 4.

* 2. **PIUS**, Titulus in monetis Romæ cusis concessus, non Ludovico tantum, qui eo agnomine solet etiamnum appellari; sed et Lothario ejus filio tributus, qui tamen parum pius extitit : unde pietatis imperatorum causa minus, quam ex usu iis tunc concessum fuisse existimo : nisi alius tum fuerit, quam nunc est, hujus vocis intellectus : quod mihi haud improbabile videtur. Consule Murator. tom. 2. Antiq. Ital. med. ævi col. 549. Vide supra *Piissimus.*

* A voce *Pius*, haud dubie Actiones scenicas, quibus acta Christi vel Sanctorum exprimabant, quod pietati conducere posse ipsis videbatur, *Piteux* vel *Pitoux* appellarunt olim nostrates. Lit. remiss. ann. 1384. in Reg. 125. Chartoph. reg. ch. 26 : *Comme plusieurs amis charnelz de Jacob le Grant deussent et eussent promis aux enfans dudit Alixandre de venir à un esbatement, que on dit Piteux, environ la Chandeleur derreniement passée ot deux ans, etc.* Aliæ ann. 1395. in Reg. 149. ch. 30 : *Advint que à une feste ou assemblée de Pitoux; .... à laquelle feste ou assemblée on a usé et accoustumé de sonner un bassin pour assembler les voisins et gens d'entour, pour venir à ladite feste.* Denique aliæ ann. 1442. in Reg. 176. ch. 126 : *Il y avoit une grande assemblée de jeunes gens faisant esbatemens et jeux de personnaiges, que on nomme ou pais* (Chatellenie de Lille) *Piteux.* Vide supra *Ludus Christi*, *Moralitas* 2. et *Personagium.* 3.

* **PIX** *bulliens effusa super caput latronis*, Supplicii genus. Vide supra *Latro.*

* **PIXA**, ut supra *Piccia* et *Picza*, Pullus. Charta ann. 1175. in Access. ad Hist. Cassin. part. 1. pag. 264. col. 2 : *Salutem de quinquaginta Pixis et uno porco remisi, et ex toto ipsi ecclesiæ relaxavi.*

* **PIXARIUS**, Specierum mercator, Gall. *Epicier.* Charta Mathil. comit. Nivern. pro libert. Autiss. ann. 1223. tom. 6. Ordinat. reg. Franc. pag. 423. art. 32 : *Nullus de villa prædicta cambire potest intra cambia vel extra, nisi fuerit cambitor; .... hoc excepto, quod Pixarii et cerarii de dicta villa, et omnes de foris venientes in omnibus nundinis Autissiodori, salvo in omnibus jure meo, cambire possint absolute.* Vide supra *Pevrarius.*

* **PIXIDARIUS**, Qui machinæ bellicæ, *Pixis* appellatæ, præest. Joan. Germ. episc. Cabilon. in Vita Phil. III. ducis Burg. apud Ludewig. tom. 11. Reliq. Mss. pag. 33 : *Pixidarii, quos Coliviriniers* (l. Coulevriniers) *appellant, veniunt in medium; perlongas Pixides, quas grosos* (l. *grosses*) *bombardes dicunt, ad bases turrium complantantur; eas forti stipite, quem escandis nuncupant, colligant, quas pulvere sulphurato, manibus compresso, adimplent; igneque ad uncum ferreum interjecto pixidis latera contunduntur, et orbici, quos Pierre de bombardes nominant, igne et fumo artati decutiuntur, partemque murorum objectam horribili actu quatiunt quassatamque prosternunt, muri suffodiuntur.* Vide *Pixis* 1.

1. **PIXIS**, PYXIS, Machinæ bellicæ species, Germanis *Blech*, ut auctor est Freherus. Thwroczius in Joanne Huniade cap. 46 : *Ac castris bellicis machinarum, Pixidum, ac aliorum tormentorum hostem ferientium ingeniis munitis et refertis.* Et cap. 48 : *Fortuito ictu Pixidis ad mortem vulneratus.* Ita MS. præferre monet idem Freherus. [Bibaldus Birckheimerus lib. 2. de Bello Helvetico : *Confestimque non parvam Pyxidum* (*bombardas Itali a sono vocant*) *cum magistris et pulvere mittit sulphureo.* Infra : *Hi præter suorum cædem, duas etiam Pyxides, quas colubrinas vocant, perdiderant.* Occurrit etiam apud Laur. Byzinium de Orig. belli Hussitici tom. 6. Reliq. MSS. Ludewig. pag. 172.] [** Germ. hodie *Büchse.*]

* 2. **PIXIS**, Pix, gummi. Glossar. Provinc. Lat. ex Cod. reg. 7657 : *Pegua, Prov. Pixis, sagana.* Vide *Sagana.*

* 3. **PIXIS** CONVENTUALIS, Quod conventui pro anniversariis aliisque exequendis concessum est, vulgo apud monachos, *Le petit couvent.* Locus est supra in *Pitanciaria.* Vide in *Pyxis.*

¶ **PIXITA**, Locus pici conficiendæ aptus. Testamentum Bertichramni Episc. Cenoman. tom. 3. Analect. Mabill. pag. 130 : *Ipsam rem cum precariis inibi manentibus et familias eorum, vel Pixita, sicut a me præsente tempore possidetur, et post meum obitum tu sancta ac venerabilis basilica domni Petri et Pauli ad tuam revoces ditionem, ut exinde annis singulis pix recipiatur.* Picem maxime ad usum Ecclesiarum fuisse rursum ostendit Testam. Ermengaudi Episc. Urgell. ann. 1033. in Append. Marcæ Hisp. pag. 1055 : *Donet... oleum ad sanctos altarios inluminandos.... Et ipsum alaudem meum de Rossilione... remaneat ad suprascripta canonica per* (pro) *Pices.*

¶ **PIXONANDUS**, Locator, conductor, ab Ital. *Pigionare*, Gall. *Locataire.* Statuta Astens. f. 9. v°. : *Nec possit vetari alicui civi Astensi quin possit ponere Pixonandum in domo sua exceptis publicis meretricibus.*

¶ **PIZARE**, Firmare, stabilire, ni fallor, Gall. *Assurer.* Reparationes factæ in Senescallia Carcassonæ ann. 1435. ex Cod. MS. V. Cl. *Lancelot* : *Pro faciendo unum estaut* *cum uno boqueto pro Pizando seu tenendo sommerium dicti molendini.*

¶ **PIZOCATA**, Laicus inter fratres alicujus tertii ordinis relatus, Italis *Pizzochero*. Bulla Leonis PP. X. ann. 1516. in Magno Bullar. part. 4. pag. 37 : *Sorores tertii ordinis, nec non mantellati, corrigiati, Pizocatæ, cordellati, et alii quocumque nomine nuncupati, in propriis domibus habitantes, sepulturam ubi voluerint, eligere valeant, etc.* Vide *Pinzocha* et *Pyrocaræ*.

* **PIZOCHERA**, Mulier alicui tertio ordini religioso addicta. Bulla Eug. IV. PP. ann. 1443. apud Cl. V. Garamp. in Ind. ad Hist. B. Chiaræ pag. 539. col. 1 : *Mantellatæ seu Pizocheræ ordinis fratrum Heremitarum S. Augustini de Vicentia.* Vide supra *Pinçocherus*.

¶ **PIZUM**, pro Pisum, *Pezés* Fuxensibus. Obituar. S. Martialis Lemovic. : *Dabit frustulum piscis cum Pizis... Domnus Abbas dabit Piza, etc.*

PIZZA, Placenta, ex Italico *Pinza*. Charta ann. 1195. apud Ughellum tom. 7. pag. 1321 : *Duas spallas porcorum, et sex Pizzas : et in Carnelevamine, unam gallinam et tres Pizzas,... unam gallinam, unum pullum, et 6. Pizzas, etc.*

¶ **PIZZICARIUS**, Salsarum aut pinguium mercium minutim vendendarum propola, pinguiarius, Italis *Pizzicagnolo*, ut observant Bollandistæ. Vita B. Luchesii tom. 3. Aprilis pag. 598 : *Illorum artem exercebat quos Pizzicarios, ut vulgo dicitur, appellare solemus, vel collybistas... Cum in hujusmodi emptionibus et venditionibus minutorum laqueum diaboli paratum sibi conspiceret, alium lucrandi modum assumpsit.*

1. **PLACA**. Contractus Navigii D. Regis cum Venetis ann. 1268. tom. 5. Hist. Franc. : *Et pro uno Milite habendo Placam coopertam ab arbore de medio versus puppem, marchas duas et quartam : et pro uno scutifero habendo Placam discoopertam in loco prædicto uncias septem argenti,... et pro quolibet alio peregrino habendo Placam ab arbore de medio ad proram cum suis viandis et habuisiis marcham unam, etc.* ubi *habendo* sumitur pro *habente*, et pro *habuisiis*, leg. *harnesiis*; [ut *Plaça*, pro *Placa*. Vide *Placea*.]

2. **PLACA**, Moneta, quæ in Statuto Henrici Regis Angliæ, dato Parisiis 20. Novemb. ann. 1426. 4. majoribus *Blancis*, seu *Albis* æstimatur : *Plaque*.

¶ **PLACCA**, Chron. Bonæ Spei pag. 417. ad ann. 1481 : *Declarare cogitur nos illi debere solum annue 64. Placcas et tres grossos monetæ Brabantinæ. Placa* erat ponderis 68. vel 69. gran.

* Nostris *Placar* et *Plaquar*. Obituar. eccl. Camer. fol. 54. r°. : *Ex quibus anno quolibet recipiuntur decem floreni Renen. et viginti Placæ, qui valent ad monetam Cameracensem xvij. lib. iiij. sol. v. den. Debent de redditu annuo novem Placas valentes v. sol.* Lit. remiss. ann. 1406. in Reg. 160. Chartoph. reg. ch. 335 : *Vint quatre pieces de vieille monnoye, appellez Plaquars.* Aliæ ann. 1425. in Reg. 173. ch. 265 : *Soixante solz Parisis en gros ou Placars de Flandres. Plaque, monnoye de Bourgogne, valant douze deniers Parisis,* ad calcem Diar. Carol. VI. et VII. pag. 528. *Huit gros ou Placques de Flandres,* in Lit. remiss. ann. 1426. ex Reg. 173. ch. 456.

¶ 1. **PLACABILIS**, Placitus, gratus, acceptus. Charta ann. 2. Caroli Calvi in Chartular. Eccles. Aptens. fol. 114 : *Unde accepimus de vos pretium, sicut inter nos bona fide placuit atque convenit in argento quod nobis Placabile fuit, solidos* xxx. Alia ann. 41. Chonradi Reg. ibid. fol. 139 : *Convenit in merce Placabile valente solidos novem.* Charta ann. 1175. apud Rymer. tom. 1. pag. 41 : *De singilis* x. *animalibus unum corium Placabile mercatoribus.* Vide *Placibilis.*

* 2. **PLACABILIS**, vox chimica, Plicatilis, Gall. *Pliable*. Rosar. Ms. cap. 4 : *Est enim amicabile et metallum Placabile ac medium conjungendi tincturas, quoniam miscetur per intima cum ipsis.*

¶ **PLACAMENTUM**, Propitiatio. Vita B. Simonis de Lipnica, tom. 4. Julii pag. 522 : *Carne lacerata, velut mactata hostia, Placamentum facere Domino solens.* Utitur Plinius lib. 8. cap. 72. et lib. 21. cap. 19.

¶ 1. **PLACARE**, Pacisci cum aliquo, pactum inire. Lex Bajwar. tit. 11. cap. 7. § 2 : *Et si ea sibi in usum miserit, nisi per convenientiam non potest, debet ei in mallo Placare ad restituendum, et cum solido, dum ipsam habet, componat.* Vide *Placitare* in *Placitum*.

¶ 2. **PLACARE**, ut *Pacare*, solvere, nisi etiam ita legendum sit, in Consuetud. Vernolii ann. 1365. tom. 4. Ordinat. Reg. Franc. pag. 644 : *Si dominus Rex equis indigens vel quadrigis, apud Vernolium capientur, et Placabuntur de denariis domini Regis, per precium legale et legitimum.*

3. **PLACARE**, ex Gall. *Plaquer*. Concilium Avenionense ann. 1279. cap. 1 : *Domos Ecclesiarum occasione quacunque serrare, seu claudere, vel ferrare, seu Placare, etc.* [Ubi legendum arbitror *Plancare*. Vide in hac voce.]

¶ **PLACARE SIGILLUM**, Apponere. Continuat. Chron. Guillel. Nangii tom. 11. Spicil. Acher. pag. 751. ad ann. 1331 : *Ipsamet recognovit et modum faciendi et Placandi sigillum coram Rege ostendit.*

* Consule Diplom. Mabil lib. 2. cap. 14. pag. 131. Vide *Placatum*.

* 4. **PLACARE**, a Gallico *Plaquer*, Inducere, vulgo *Enduire, crepir*, unde *Placatura*, ipsa inducendi actio, Gall. *Placage*. Comput. fabr. S. Petri Insul. ann. 1520. ex Tabul. ejusd. eccl. : *Item pro tribus belneriis de cendrea ad Placandum in circuitu chori ecclesiæ. Item pro Placatura sacristiæ S. Michaelis ab extra, xxxij. sol.*

* **PLACATICUM**, pro *Plateaticum*. Vide in hac voce. Charta ann. 1235. apud Cenc. inter Cens. eccl. Rom. : *In hominibus, servitiis, terris,... passagiis, Placaticis et aliis nostris juribus omnibus, quæ ibidem habemus.*

* **PLACATUM**. Inventar. Chartar. reg. ann. 1482. fol. 126 : *Litteræ ducis Britanniæ missivæ, sigillatæ in Placato contentes plures articulos, etc.* Ibid. fol. 178 : *Litteræ patentes dicti ducis Mediolani sub suo sigillo Placato, etc.* Infra : *Littera sub sigillo in Placato.* Id est, sigillo Literis ipsis apposito, ad discrimen sigilli pensilis.

* **PLACATURA**. Vide supra *Placare* 4.

¶ **PLACATUS**, Planus. Mirac. B. Simonis Eremit. August. tom. 2. April. pag. 825 : *Et hoc accidit sibi in uno campo Placato.*

¶ **PLACCA**, Moneta. Vide *Placa* 2.

* **PLACCA**, Armaturæ species ex laminis confecta. Testam. ann. 1349. apud Cl. V. Garamp. in Ind. ad Hist. B. Chiaræ pag. 510. col. 2 : *Placcas, corellum, gurgeriam, etc.* Vide infra *Plata* 1.

¶ **PLACCELLUS**, Discus cibarius, lanx, Gall. *Plat*. Chron. Domin. de Gravina apud Murator. tom. 12. col. 628 : *Superveniente igitur nocte, quod cœnaremus minime habebamus, nisi quia miles idem tabulam dicti Ducis adiens, magnum exinde tulit Placcellum, quem in nostrum omnium cœnam duxit.*

1. **PLACEA**, Locus, ex Gallica voce *Place*, quæ a Germanico *Plats*, campus, forte orta; [vel potius a Gr. πλατεῖα, unde Lat. platea non absimili notione.] Vetus Charta apud Waddingum ann. 1231. 53 : *Confirmavi... Placeam terræ, quæ se extendit in longitudine, etc.* [Charta ann. 1291. in Chartular. Domus Dei Pontisar. : *Dicens se habere et percipere singulis annis super domum... sitam... inter domum dicti Joannis olearii ex una parte, et Placeam seu masuram magistri Mathæi Bartholomei, etc.*] Monasticum Anglic. tom. 1. pag. 111 : *Placea, ubi nunc turris stat.* Adde pag. 408. Willelm. Thorn pag. 1940. 2036. [*Madox* in Formul. Anglic. pag. 89. et 310. etc. Vide *Placia* 2.]

¶ **PLACEA**, Arx, castrum, locus munitus; *Place* eadem notione dicimus. Litteræ Henrici IV. Reg. Angliæ ann. 1409. apud Rymer. tom. 8. pag. 611 : *Quidam Monot de Cantelope armiger, qui castrum illud nuper emit... dicendo se hæreditarium et dominum dictæ Placeæ de Camarssac, Placeam illam fortificare incepit, et in dies fortificat.*

* *Plache* nostris, domus, ubi congregantur mercatores seu artifices de rebus suis disputaturi. Charta ann. 1319. in Reg. 59. Chartoph. reg. ch. 414 : *Les tisserans avoient Plache en la ville de Rouen pour eus alouer, jouste une maison que l'en appelle Damiete; et en ladite Plache, quant il y assemblaient pour eus alouer, il firent compilations, taquehans; .... pour lesquiex meffaiz la Plache leur fu ostée, ... et depuis chu temps, eus ont eu certaine maniere de eus alouer sans Plache avoir.*

* 2. **PLACEA**, Locus sepulturæ. Comput. fabr. S. Petri Insul. ann. 1408. ex Tabul. ejusd. eccl. : *A domicella d'Eclebesque pro Placea sua in parochia ecclesiæ juxta altare, decem francos valentes xvj. lib. x. sol.* Vide infra *Processio* 3.

* **PLACEARE**, Incedere, ambulare, Ital. *Piaggiare*, quibus *Piazzeggiare*, per plateam incedere sonat. Stat. Taurin. ann. 1360. cap. 96. ex Cod. reg. 4622. A. : *De Placeando ante domum suam, post signa pulsata et sine lumine et sine pœna et banno. Item quod quisque possit Placeare ante domum suam, sive ex alia parte viæ, etiam post signa pulsata sine lumine.*

* **PLACEARIUS**, Ædilis, scabinus, qui *placita* seu lites civium dijudicat. Lit. pro consul. villæ et burgi Narbon. ann. 1338.

in Reg. 197. Chartoph. reg. ch. 183 : *Debato moto inter populares burgi Narbonæ ex una parte, et alias qui Placearii dicuntur dicti burgi ex altera.* Vide *Paciarius* in *Pax*.

* **PLACEATIO**, Locus vacuus indefinitæ magnitudinis, Gall. *Place, emplacement.* Chartul. S. Joan. Angeriac. fol. 63. r°. : *Concessi etiam.... domos ubicumque voluerint eas ædificare S. Joannis rustici, hortosque et areas et Placeationes.* Vide infra *Plastrum* 1.

* **PLACEBO**, Vesperæ pro defunctis ita designantur a prima earumdem antiphona, in Testam. Franc. ducis Brit. ann. 1449. ex Bibl. reg. : *Un anniversaere solemnel.... à Placebo, vigiles et messes de morts.*

¶ **PLACENS**, Amatus. Instrum. ann. 1099. apud Mabillon. tom. 5. Annal. pag. 414 : *Salva serenissimi domini nostri Heinrici semper augusti Imperatoris fidelitate, ipsique Placentis prolis retineam.*

PLACENTARIUS. Glossæ Græco-Lat. : Πλακουντάριος, *Placentarius*, *Dulciarius*. Palladius in Hist. Laus. cap. 6 : Ἐν τούτῳ τῷ ὄρει καὶ ἰατρεὶ διάγουσι καὶ πλακουντάριοι.

PLACENTARII, Scurræ, ludiones, faceti, Gall. *Plaisanteurs*, vel *Plaisantins*. Petrus Damiani lib. 6. Epist. 33 : *Adhibet adhuc et quoslibet assentatores, ac Placentarios incitat, ut hoc extrinsecus discant, quod ille interius seminat, etc.*

¶ 1. **PLACENTIA**, *Placendi studium*, Laur. in Amalth. Apul. de Dogm. Plat. : *In homine ad Placentiam ac mediocritatem libido flectitur.* Summa Magistri Pauli apud R. Duellium tom. 1. Miscell. pag. 65 : *Quædam* (circumstantiæ) *adhærent ipsi peccato, ut est Placentia, horribilitas, detestatio.*

* 2. **PLACENTIA**, f. pro *Patientia*, tranquillitas. Acta S. Franc. Rom. tom. 2. Mart. pag. 142. col. 1 : *Nihil aliud sibi remanet nisi ut faciat quæ placita sunt Deo : nec se unquam perturbat, nec displicentiam habet; sed cum Placentia semper respicit ad solum Deum.* Vide in *Placibilitas*.

* 3. **PLACENTIA**, Voluntas, arbitrium. Testam. Alph. III. reg. ann. 1271. inter Probat. tom. 1. Hist. geneal. domus reg. Portugal. pag. 56 : *Rogo reginam Beatricem uxorem meam, ... quod videat de eis* (filiis suis) *Placentiam. Plaisance* vero, pro Voluptas, in Lit. remiss. ann. 1487. ex Reg. 206. Chartoph. reg. ch. 418 : *Laquelle femme a tousjours persévéré en sa Plaisance et charnalité, au grant esclandre et deshonneur du suppliant son mary.* Vide in *Placitum*.

PLACENTINUM, Vestis muliebris species, in Regula Tertiariorum Ordinis S. Francisci cap. 3. Locum vide in *Guarnellum*.

PLACENTINUS. Gloss. Gr. Lat. MSS. S. Germani Paris. : Ἀρεσός, *Placentinus*, in edit. *Placivus*. Goldastus *placitus* restituit. Certe etiamnum joculatores *Plaisantins* appellamus. Sed an hac notione vox hæc accipi debeat in Capitulari de causis Regni Italiæ cap. 15. et in Lege Longob. lib. 3. tit. 34. [** Pippin. 39.] jure controvertitur : *Non est nostra voluntas, ut homines Placentini per eorum præceptum de curte palatii nostri illos aldiones recipiant.*

☞ Ibi, ut monet Baluz. in Notis ad Capitul. Glossa interlinearis in Codd. regiis habet : *Placentini, id est, adulatores.* Verum haud scio an pro *Placentini* legendum sit *Palatini*. Vide in hac voce.

PLACERE, *Placitum* suum implere, juri stare. Lex Ripuar. tit. 67. § 3 : *Quod si sacramentum ille, qui prosequitur, non pronunciaverit, ipse, qui Placuit, ante annum revolutum, vel 7. noctes, sacramentum suum coram testibus offerat, et conjurare studeat, et deinceps innocens habeatur.* [Melius *placitavit* edidit Baluzius.]

¶ **PLACERIUS SCRIBA**, Publicus, tabellio, Gall. *Greffier*. Statuta Genuens. lib. 4. cap. 13. fol. 81 : *Non possint nec debeant, consul aliquis vel potestas seu scriba Placerius, sive nuncius in diversis mundi partibus constituti emere seu acquirere per se vel alium, de quibus rebus, quas incantare, vel incantari faciant.*

¶ **PLACETUM**, pro *Pleissetum*, Sepes, virgulæ simul implexæ, Gallis veteribus *Plesseis*. Vide *Pleisseicium*. Albericus in Chron. MS. ann. 1239 : *Duo castra firmavit contra eos, ultra silvas et nemora in partibus istis fecit indaginari, id est in Placeta redigi.*

¶ **PLACETI LITTERÆ**, quibus *placet* adscribitur, ut petitio vim habeat. Statuta Eccles. Meld. ann. 1493. tom. 2. Hist. ejusd. pag. 516 : *Item, nulli ecclesiarum rectores ullum ad quæstam in suis ecclesiis faciendam admittant absque nostris, aut vicariorum nostrorum Placeti litteris sigillo cameræ nostræ vel Meldensis curiæ sigillatis, neque a quæstoribus etiam qui prædictas Placeti litteras obtinuerint, etc.*

* **PLACHEA**, Platea, Gall. *Place*, in Charta ann. 1061. apud Cl. V. Garamp. in Dissert. 13. ad Hist. B. Chiaræ pag. 361. inter notas. Vide *Placea* 1.

* **PLACHETUM.** Charta Odon. Episc. Belvac. ann. 1136. inter Instr. tom. 10. Gall. Christ. col. 254 : *Infra has metas, scilicet a districto propinquiori Achy, descendente a Placheto ipsius Achy ad vivarium, etc.* Vide infra *Plaketum*.

1. **PLACIA**, **PLAZIA**. Charta Guillelmi Siciliæ Regis ann. 1179. apud Ughellum tom. 7. pag. 704 : *De Placia autem, foresteria, et bando, sit ita ipsa Ecclesia libera... sicut est, etc.* Alia Rogerii I. Siciliæ Regis apud eumdem tom. 9. pag. 45 : *Concedimus... de ipsis hominibus, et ab eis descendentibus perpetuo habere legem et Plaziam, sicut a suis hominibus et villanis.* [Ubi *Placia* idem videtur quod infra *Servitium placiti*; *Plazia* vero idem quod *Placitum spatæ*. Vide in *Placitum*.]

* Tributi seu vectigalis species. Vide *Plaza* 2.

¶ 2. **PLACIA**, Locus, a Gall. *Place* : item Modus agri, ut supra *Pecia*, Gall. *Plaçage*. Charta Guillelmi *de Baux* Principis Arausion. ann. 1215 : *Damus vobis in augmentum staris vestri totam illam Placiam, vel totum illud spatium quod est inter murum novum et barrium vetus.* Charta ann. 1230. apud Kennet. Antiq. Ambrosden. pag. 208 : *Noverit universitas vestra... hac præsenti charta mea confirmasse pro me et hæredibus meis Deo et Ecclesiæ B. M. et S. Edburgæ.... totam illam Placiam quæ se extendit, etc.* Charta apud *Madox* Formul. Angl. pag. 116 : *Noverit.... concessisse.... unam Placiam et unam acram terræ arabilis in villa de Cadwely; quæ quidem Placia jacet inter Placiam Johannis Stiward ex parte australi, et Placiam Johannis Aylward ex parte boriali.* Statuta Massil. lib. 1. cap. 35 : *Sane in hoc numero Placias illas non computent, quæ ab antennis, anchoris et focone necessario pluries occupantur.* Occurrit præterea in Maceriis insulæ Barbaræ tom. 2. pag. 634. et Murator. tom. 9. col. 434. Vide *Placea*.

* **PLACIATIUM**, idem quod *Plateaticum*, apud Cenc. inter Cens. eccl. Rom. Mss. : *Placiatium, quod extranei debent solvere, curiæ solvatur.*

1. **PLACIBILIS**, Placitus, gratus. Anastasius Bibl. in Hist. Eccl. : *Tolle igitur quidquid tibi Placibile fuerit.* Theophanes habet ἀρεστόν. Idem in Stephano IV. PP. pag. 95 : *Et si Placibiles fuissent coram populo civitatis suæ, etc.* Mox : *Si qui eorum Placibiles extitissent, etc.* [Chartular. Aptense fol. 64. Ch. 5 : *Unde et accepimus de te pretium sicut inter nos et te bonæ fidei placuit atque convenit, in merce Placibile solidatas viginti duas, etc.* Tertull. de Resurrect. carnis cap. 47 : *Obsecrat exhibere hostiam vivam, sactam, Placibilem Deo.... quomodo Placibilem, si damnata sunt?* Ubi Vulgata, *Placentem*. Vide *Placidus*.]

* **PLACIBILIS**, Alia notione. Lit. quibus Carolus VI. Joan. *Galeaz* ejusque successoribus concedit, ut insignia Franciæ cum suis simul deferant ann. 1393. in Reg. 145. Chartoph. reg. ch. 433 : *Ut insignia seu arma nostra regalia liliorum, cum aliqua differentia nobis Placibili, in armis suis de nostra licentia deinceps portare valeant.* Id est, cum differentia, quam indicare nobis placuerit.

¶ **PLACIBILITAS**, Placendi studium, amabilitas. Sallas Malaspinæ lib. 1. Rer. Sicul. apud Baluz. tom. 6. Miscell. pag. 204 : *Se industriose omnibus reddebat amabilem, et Baronum sensus blandimentis noverat placibilibus demulcere... Sed jam benivolentiæ omnium Placibilitatis studio coaptatus, etc.* Gualvaneus Flamma apud Muratorium tom. 12. col. 1034 : *Placentia sua Placibilitate hanc provinciam illustravit.... sed heic quia hodie Papia suas delicias convertit in penuriam, Placentia suam Placibilitatem in displicentiam, etc.*

¶ **PLACIBILITAS**, Quies, tranquillitas. Collatio Matthæi de Cracovia, apud R. Duellium lib. 1. Miscell. pag. 144 : *In parte notatur auctoritas, pietas, charitas; in tempore Placibilitas, opportunitas, etc.*

¶ **PLACIDA**, Lamina. Acta SS. tom. 1. Junii pag. 56. de S. Secundo : *Præfatum sepulcrum constructum Placidis ferreis plumbo conficcatis, aperuerunt aliqua rimula.*

* **PLACIDE**, Lepide, venuste, Gall. *Agréablement*. Dialog. creatur. dial. 59 : *Hæc* (upupa) *propter quod est pulchra et Placide cristata pennisque variata, sublimare se cepit, intuens papagum penes regem morari in cavea deaurata, qui splendide pascebatur de cibo regis, ait : Placida sum, ut papagus, tamen magno labore cibum mihi quæro. Plaisamment* vero, pro *Commodément, aisément*, Commode, facile, in Lit. ann. 1372. tom. 6. Ordinat. reg. Franc.

pag. 485 : *Afin que les gens puissent.... les foires et marchiez en icelles* (villes) *estans fréquenter plus Plaisamment.*

¶ 1. **PLACIDITAS**, Mansuetudo, humanitas. S. Nilus Epist. 162 : *Maximum bonum est Placiditas, quam assecutus Moyses Deum intuitus est, ut humanæ vires intueri possunt.*

* 2. **PLACIDITAS**, Obsequium, officium. Charta Phil. Pulc. ann. 1297. in Lib. rub. Cam. Comput. Paris. fol. 29. r°. col. 1 : *Nos consideratione et obtentu devotæ et obsequiosæ Placiditatis, nobis a dilecto et fideli nostro Adam, vicecomite Meleduni, grataner in multis exhibitæ, etc.* Vide infra *Plaserium.*

¶ **PLACIDUM**, Lis intentata, controversia, litigatio. Acta S. Lidani tom. 1. Julii pag. 346 : *Devoratus extitit a lupis, de quo maximum Placidum habuerunt.* [* Vide in *Placitum.*]

¶ **PLACIDUS**, ut *Placibilis.* Bulla Bonifacii VIII. PP. ann. 1295. ex Bibl. Reg. : *Si tam utilis et Deo Placidæ pacis, alligatæ jam vinculum dissolutionis, quod absit, dispendium sustineret, etc.* Infra : *Ne tractatus tam Deo Placidus, etc.*

* Glossar. Provinc. Lat. ex Cod. reg. 7657 : *Plasent, Prov. Placidus, placens.*

¶ **PLACIMENTUM**, ut *Placidum.* Chartul. S. Petri de Domina fol. 63 : *Reliquerunt domino prædictam decimariam.... promittentes quod eos custodirent a cunctis senioribus de quibus hanc decimariam per feudum tenebant, et si in ea aliquod Placimentum insurgeret, ipsi eum inter se omnibus temporibus donarent.*

* **PLACITAMENTUM** Præbendarum, Præstationis species videtur, quæ ab iis, qui præbendam obtinebant, episcopo pensitabatur. Charta ann. 1063. inter Instr. tom. 8. Gall. Christ. col. 495 : *Juravit itaque idem Hadericus eisdem canonicis, ... quod omnes donationes et authorationes præbendarum et ministeriorum, et beneficiorum .... fideliter attenderet ac inviolabiliter custodiret, et firmationes præceptorum, ... et maxime illius præcepti, quod Odolricus episcopus fecerat et firmaverat de consuetudinibus claustri canonicorum, et de Placitamentis præbendarum, et de libertate domorum, sicut in illo præcepto est statutum et confirmatum.* Vide alia notione in *Placitum.*

¶ **PLACITARE**, etc. Vide in *Placitum.*

¶ **PLACITAS**, Territorium, districtus. Charta ann. 1142. ex Tabul. S. Tiberii : *Totas firmantias quas demandabam... in toto ejus* (S. Tiberii) *termino et Placitate.*

* **PLACITATORIUM**, Locus Parisiis, in quo Præpositus mercatorum et scabini de rebus civitatis agebant, causasque ad eos spectantes dijudicabant, idem quod *Parlatorium.* Charta ann. 1370. in Reg. 100. Chartoph. reg. ch. 869 : *Quinquaginta libratas capiendas, videlicet super Placitatorio burgensium Parisiensium.* Vide in *Placitum.*

PLACITONIUM, in Chronico Mosomensi, pro vitilitigationibus placitorum, Gallis, *Plaidoiries, chicanes : Et Monachorum Placitoniis, qui novos sibi hodie Advocatos adtrahunt,.... factum est.*

PLACITOR, etc. Vide in *Placitum.*

PLACITUM, Placitare, etc. *Placita* vocabant, conventus publicos totius regni Ordinum, quibus Reges ipsi præerant, et in quibus de arduis regni negotiis et imminentibus bellis tractabatur. Annales Francor. Bertiniani ann. 763 : *Pipinus Rex habuit Placitum suum Nivernis.* Ita ann. 764. 765. 766. Anno vero 767 : *Ibi Synodum fecit cum omnibus Francis in campo.* Passim. Bis autem quotannis tenebantur ejusmodi placita. Hincmarus de Ordine Palatii cap. 29 : *Consuetudo autem tunc temporis talis erat, ut non sæpius, sed bis anno, Placita duo tenerentur : unum quando ordinabatur status totius regni ad anni vertentis spatium,... in quo Placito generalitas universorum majorum tam Clericorum, quam Laicorum conveniebat, etc.* Adde cap. 30. Cum igitur omnes regni vassalli ad ea placita convenirent

Generalia Placita, ea appellata, [vel *Communia*, ut in Charta Ludovici Reg. ann. 847. apud Miræum tom. 1. pag. 24.] Charta Vindiciani Episcopi Atrebatensis apud Baldricum lib. 1. cap. 25 : *In conventu venerabilium Episcoporum, coram Rege piissimo Theoderico, in generali Placito hanc epistolam roboravimus.* Gesta Dagoberti cap. 40 : *Dagobertus Rex.... convocatis filiis, omnibusque totius regni primatibus, 10. Kal. Junias in Palatio Bigargio Placitum generale instituit.* Annales Francor. ann. 811 : *Placito generali secundum consuetudinem Aquis habito, in tres partes regni sui totidem exercitus misit.* Poeta Saxonicus lib. 1. de Gest. Caroli M. ann. 777 :

.... Conventum Placiti generalis habere,
Cum ducibus se velle suis denunciat illic.

Ardo Monach. in Vita S. Benedicti Anianensis num. 43 : *Cum ad generale Placitum, jubente Imperatore, pergeret.* Charta ann. 858. ex Tabulario Monasterii Deiparæ Suessionens. apud Rainaldum in Suessione : *Anno Dominicæ Incarnat. 858. Indict. 6. regni vero Caroli Imperatoris 32. congregata Compendio palatio non minima coadunatione Episcoporum, summæ autoritatis virorum, multorum quoque illustrium procerum seu quamplurimorum nobilium, ut pote generale Placitum ibidem agentium, etc. Placitum generale apud Gundulfivillam*, in Capitul. Caroli Calvi tit. 38. *Placitum generale apud Carisiacum*, tit. 39. Idem placitum Carisiacense cap. 8 : *Per Capitula avi et patris nostri, quæ Franci pro lege tenenda judicaverunt, et fideles nostri in generali Placito nostro conservanda decreverunt.*

☞ Quid autem in his placitis generalibus sanciretur ac definiretur brevi exponendum duximus. Ac primo quidem totius regni negotia, sive Ecclesiasticos sive laïcos spectarent, expendebantur; de utriusque Ordinis emendatione, quibus remediis ingravescentibus malis subveniendum mature disceptabatur. Capitul. Ludovici Pii ann. 828 : *Volueramus siquidem tempore congruo Placitum nostrum generale habere, et in eodem de communi correctione agere.* Aliud ann. 829 : *Volumus ut omnes res ecclesiasticæ eo modo contineantur sicut res ad fiscum nostrum pertinentes contineri solent, usque dum nos ad generale Placitum nostrum cum fidelibus nostris invenerimus et constituerimus qualiter in futurum de his fieri debeat.* Capitul. Caroli C. ann. 858. tit. 27 : *Litteras dominationis vestræ quique nostrum habuimus, quibus jussistis ut vobis VII. Kal. Decembr. Remis occurreremus, quatenus ibi nobiscum et cum ceteris fidelibus vestris de restauratione sanctæ Ecclesiæ et de statu ac salute populi Christiani tractaretis. Sed nos ad Placitum illud occurrere non potuimus.* Adde Hincmar. loco supra laudato. In iis præterea dirimebantur causæ quæ in placitis Comitum finiri non potuerant. Capitul. 6. ann. 803. cap. 2 : *Si autem ad Salicam pertinet legem, et ibi minime repereris quid exinde facere debeas, ad Placitum nostrum generale exinde interrogare facias.* Concessa demum a Principibus in iis Comitiis firmabantur. Concessio Caroli Mag. ann. 803 : *Ad proximum synodalem nostrum conventum ac generale Placitum, ubi plures Episcopi et Comites convenerint, ista, sicut postulastis, firmabimus.* Vide Simeon. Dunelmensem, et Radulfum de Diceto ann. 1014. Suenonem in Hist. Danica cap. 1. etc. Hinc

☞ *Placita* dicuntur Regiæ litteræ, quibus controversiæ judicium in frequenti ejusmodi Optimatum placito definitum continebatur. Neque etiam aliunde repetenda origo tritæ hujus formulæ qua Regum Francorum Edicta concluduntur : *Quia tale est nostrum placitum*, Gall. *Car tel est notre plaisir*, quamvis enim nunc de speciali ac determinata Principis voluntate et auctoritate intelligi debeat, hoc unum olim significabat, *ita in generali nostro placito statutum est, seu tale est nostrum placitum.* Vide Salvaingum de Usu feud. cap. 12.

* Quod an ita certum sit, haud satis scio : hanc quippe eamdem formulam, ubi *voluntas*, loco *placitum*, legitur, exhibet Charta Balduini Fland. et Hannon. comit. ex Chartul. Mont. S. Mart. ch. 14 : *Unde volo* (baillivos suos alloquitur) *præcipiens districtius, quatinus prædictam abbatiam, cum omnibus ad eam pertinentibus, tamquam meas res proprias defendatis, manutenentis et protegatis.... Talis enim est voluntas mea; et sic faciatis.* Neque alia videtur esse formula quæ occurrit passim in Literis regiis; cujus exempla accipe ex Lit. Caroli V. ann. 1367. tom. 5. Ordinat. reg. Franc. pag. 64 : *Quoniam ea sic fieri volumus perpetuo et jubemus.* Quæ verba absolutam et determinatam principis voluntatem auctoritatemve significant. Ea quoque formula usi sunt viri privati, ubi *placiti* seu conventus publici judicium esse nemo dixerit. Charta ann. 1300. in Lib. rub. Cam. Comput. Paris. fol. 146. v°. col. 1 : *Nous Fouguauz et Milet.... de nostre bonne, pure et liberau volunté, et quar il nous plaist, vendons, donnons, etc.* Vide mox *Placitum*, Jussus.

Placitum Regale, in Miraculis S. Ursmari cap. 1. et apud Reginonem ann. 956. Vide præterea, quæ de hisce regalibus Conventibus observavimus in Dissertat. 4. ad Joinvillam.

Placita Generalia interdum etiam appellant dominorum feudalium judicia, quod ad ea vassalli omnes convenire tenerentur : quæ quidem aliis *Curiæ generales* dicuntur : *Plaits generaux*, in Consuetud. Valentian. art. 35. 36. Hugo Flaviniacensis in Chronic. pag. 132 : *Exceptis alodiis, quæ homines tenent ad Placitum generale* respicientes, id est, quorum tenentes placitis dominicis interesse debent : seu qui servitio placiti obnoxii sunt. Charta Beatricis Abbatissæ B. Mariæ Suession. ann. 1231 : *Sciendum autem, quod homines justitiabiles, qui de nobis terras tenent, debent nobis unum Placitum generale singulis annis in Curia nostra de Parigni ad vicesimum diem Natalis Domini, et qui inde defecerit, per 2. solid. Paris. de lege emendaret.* Est autem

Servitium Placiti, nostris, *Service de plaits*, quod vassallus domino suo feudato debet, cum *placita* sua, seu *assisias* tenet, [quod *sequi et juvare dominum de Placito* vocabant.] Hinc formula in hominiis, in Regesto Tolosano Cameræ Computor. Paris. passim : *Pro prædictis feudis vobis fidelis existam, et fidele servitium faciam, videlicet guerram et Placitum, ad submonitionem vestram, vel cujuslibet certi nuntii vestri.* [Charta Conradi Imper. ann. 1145. apud Miræum tom. 1. pag. 105 : *In tribus scilicet Placitis generalibus, quotannis servitium determinatum, etc.* Charta ann. 1228. tom. 1. Macer. Insulæ Barb. pag. 147 : *Nomine dicti castri præstabilis auxilium et juvamen contra quemlibet in Placito et in guerra.* Tabul. Capit. Ambian. : *Hospites veteris villæ totum Placitum generale debent.* Adde Chartam Hugonis Ducis Burgund. ann. 1172. tom. 4. Gall. Christ. inter Instrum. col. 187.] Vassalli quippe omnes ad ea placita convenire tenebantur, nisi eximerentur indulto ad id speciali privilegio; ac Proceres quidem utriusque ordinis, Ecclesiastici scilicet et secularis, ut si aliquæ de iis querelæ fierent, coram judice regio responderent. Lex Longob. lib. 2. tit. 45. § 2. [** Lothar. I. 83.] : *Ut omnes Episcopi, Abbates, et Comites, excepta infirmitate vel nostra jussione, nullam habeant excusationem, quoniam ad Placita Missorum nostrorum veniant, aut tales Vicarios suos mittant, ut in omnibus causis pro illis rationem reddere possint.* [Epist. Caroli M. Capit. tom. 1. col. 416 : *Vos autem, qui contemptores nostræ jussionis extitistis, sive canonici sive monachi vocamini, ad Placitum nostrum, juxta quod præsens missus noster vobis indixerit, nobis vos adsistere scitote. Et quamvis ad nos missa hic factæ seditionis vos excuset epistola, venite et condigna satisfactione inustum crimen eluite.*] Cæteri vero liberi homines eadem de causa intererant, atque adeo etiam ut munia sibi demandata, seu ad judicia, seu alia quælibet peragenda exequerentur : eoque nomine a Missis, vel a Comite, *per bannum ad placitum venire* compellebantur, ut est in Concilio Triburiensi cap. 9. seu *ad curiam*, ut est apud Walsing. pag. 268. Verum ne cæteris incolis oneri essent, jubebantur ad *placitum*, perinde etiam ac *in hostem, sive ad curtem, de domo sua sic warniti* movere, *ut cum pace venire, stare, et ad domum suam redire possent*, ut habent Capitula Caroli Calvi tit. 27. Vide Jacobinum de S. Georgio, in Tract. de Feudis cap. 25. § 24. pag. mihi 71. ubi quærit, quid in partibus Provinciæ intelligatur per obligationem qua tenentur *vassalli et subditi præstare auxilium de suis Placitis et litigiis.*

☞ Si quis vero vassallus sumtus, præter consuetos, fecisset, illi a domino resarciebantur. Edictum Johannis I. Regis Franc. ann. 1356. tom. 3. Ordinat. pag. 64 : *Ordinamus quod sumptus quos fecerunt et damna quæ habuerunt vel sustinuerunt in Placito vel in guerra... remittant eis et quittant... quousque de summa dictorum triginta milium librarum.... sibi plene fuerit satisfactum.*

☞ Fuere et Abbatum *Placita generalia*, quibus primum solus Abbas vel Præpositus præsidebat, circumsedentibus *scabinis* quibusdam seu assessoribus; is querelas audiebat, dirimebatque lites. Constitutio Leduini Abb. S. Vedasti apud D. *Brussel* de Usu feud. pag. 789 : *Homo de generali placito tria placita debet in anno... In quibus Placitis nulla extranea potestas debet venire, neque præsidere ad judicandum, neque Comes, neque advocatus ullus, nisi tantum Abba aut Præpositus.... In hoc itaque generali placito præsidente Abbate seu Præposito, circumsedentibus etiam scabionibus, etc.* Exinde Advocatus ab Abbate accersitus iis placitis interfuit. Vide *Advocatus.*

☞ De privatis itaque monachis intelligenda Capitularia Regum nostrorum quibus iis prohibetur *placita exercere, in iis disputare.* Capitul. ann. 794. cap. 9. Addit. 4. cap. 46. Nisi de placitis secularibus, interpreteris, ut innuere videntur Capitul. ann. 788 : *Nullus monachus foris monasterio judiciaria teneat, nec per mallos et publica placita pergat :* et Capitul. ann. 789. cap. 71 : *Et ut monachi ad secularia placita non vadant.*

At cum ejusmodi placitorum onus grave videretur, pauperibus præsertim, cautum est Capitul. Caroli Imper. : *ut nemo ad mallum, vel ad Placitum, cogeretur venire, nisi scabini, et qui causam suam, et cui quæratur*, ut est apud Hincmarum Opuscul. 15. § 14. in Capit. 1. ann. 809. cap. 13. Capit. 2. ejusdem anni cap. 5. libro 3. Capit. cap. 40. Quod quidem Capitulare Caroli Magni intelligit Concilium Ticinense ann. 855. cap. 14 : *Quosdam ministros Comitum propter frequentia Placita pauperiorem populum nimis affligere comperimus; unde Majestatem vestram obsecramus, ut Capitulare avi vestri de hac re observari faciatis.* Aut forte Capitulare ann. 769. cap. 12 : *Ut ad mallum venire nemo tardet, primum circa æstatem, secundo circa autumnum. Ad alia vero placita, si necessitas fuerit, vel denunciatio Regis urgeat, vocatus venire nemo tardet.*

Neque tamen remissum omnino id oneris liberis hominibus; sed ad tria in anno placita veniendi necessitas mansit. Capitul. 5. ann. 819. cap. 14. et lib. 4. Capitul. cap. 57 : *Ut videlicet in anno tria solummodo generalia Placita observent, et nullus eos amplius Placita observare compellat, nisi forte quilibet aut accusatus fuerit, aut alium accusaverit, etc.* Lex Longob. lib. 2. tit. 21. § 30. [** Lothar. I. 74.] de liberis personis : *Neque cogantur ad Placita venire, præter ter in anno.* Quod postmodum indictum legitur apud cæteros vassallos dominicos, qui *servitio placitorum* obnoxii erant. Charta ann. 960. apud Hemereum in Augusta Viromand. : *Quod eandem terram ter in anno ad generale Placitum domini præfatæ villæ convenirent.* Alia ann. 986. ibidem : *Et homines in eo districtu manentes tribus vicibus in anno ad Abbatis Placita veniant.* Alia in Tabulario S. Vitoni Virdunensis : *Nisi solummodo ob nostri memoriam retineant Advocatiam, eo tenore ne aliquid exinde accipiant, neque in tribus Placitis, ut fit in aliis Advocatiis, etc.* Alia ibid. : *Placita generalia in jam dicta villa Hassud ter in anno servant, etc.* Vide *Advocatus.*

☞ Tempus autem quo tria illa placita habebantur pluribus in Chartis indicatur, *scilicet post Natale Domini, post Pascha et post festivitatem S. Johannis*, ut legitur in Charta ann. 1116. ex Tabul. Elnon.

Cur autem vassalli omnes dominicis judiciis et placitis adesse tenerentur, pluribus docent Assisiæ Hierosolymitanæ MSS. cap. 222. ubi exactis, quæ ad *servitium corporis*, quod vassallus domino debet spectant, hæc subduntur : *Et celui, qui doit service de cors et de Chevaliers, ou de Sergens, en doit faire par tout le royaume service, ô lui, ou sans lui, se il en est semons, si comme il doit : Et quand il est à Court, d'aller à Conseill de celuy, ou de celle, à qui le Seigneur le donra, se il n'est au conseill de son aversaire, ou se la quarele ne n'est contre luy mesmes, que nul ne doit plaidoier par comandement de Seignorie d'autre, et doivent faire esgart, on connoissance, et recort de Court, si le Seignor lor commande à faire : et doivent aler veir murtre ou homecide, se le Seignor lor commande d'aler veir come Court : et doivent par le comandement dou Seignor veir les cos de quoi l'on se clame de lui que l'on veaut mostrer à Court. Et doivent aller par tout le Royaume semondre come Court, quant le Seignor leur comandera. Et li doivent service d'aler faire devise de terre et d'aigues, entre gens, qui ont contens, quant leur Seignor leur comande. Et doivent faire enquestes, quant l'on requiert au Seignor, que il face enquerre, et il lor comande à faire. Et doivent veir mostres de terres, ou d'autres choses, quel qu'elles soient, que le Seignor leur comande à veir come Court. Et doivent service de faire toutes les autres choses, que les homes de court doivent faire come court, quand le Seignor le comande.* His adjungenda sunt, quæ habent Consuetudines aliquot municipales de *servitio placiti* : maxime Ambianensis art. 186. 187. 188. Peronensis art. 65. 78. 79. sancti Quintini art. 82. etc. Vide præterea Chartam ann. 1349. apud Salvaingum de Juribus dominicis cap. 12. et Ughellum tom. 1. pag. 960.

Multiplices ejusmodi placitorum vexationes sic perstringit le Roman *de Rou et des Ducs de Normendie* MS. :

Toute jour sont lor bestes prises,
Pour ayes et pour servises,
Tant y a plaintes et querelles,
Et coustumes viez et nouvelles,
Ne peuvent une hore avoir pez.
Toute jour sont, dient, as plez,
Plaiz de forez, plaiz de monnoies,
Plaiz de porprise, plaiz de voies,
Plaiz de gaaing, plaiz de graveries,
Plaiz de mellées, plaiz d'ayes,
Plaiz de blet, plaiz de moutes,
Plaiz de defautes, plaiz de toutes,

Tant y a provos et bedeaux,
Et tant baillis viez et nouveaux,
Ne paons avoir paix une hore, etc.

Interdum, ut dixi, ab hac conditione immunitas concedebatur. Charta Communiæ Meldensis ann. 1179 : *Omnes homines meos, quicunque in præscripta communia fuerint, quietos et immunes a tallia et Placito, quod dicitur Generale, in perpetuum esse concedo.* Nisi hoc loco *placitum* sumatur pro ea pensitatione, quæ præstabatur a quibusvis vassallis pro immunitate a *servitio placiti.* Charta Communiæ Brueriarum ann. 1186 : *Tria placita per annum solvent, et per singula placita 4. denarios bonæ monetæ reddent.* Quod denique *servitium placiti* vocant nostri, *sectam* et *sequelam Curiæ* appellant Angli. Vide in voce *Secta* 3.

¶ Placitum, Pensitatio præstita pro immunitate a *servitio.* Charta ann. 1068. in Append. ad Marcam Hispan. col. 1144 : *Et castros istos supradictos et alodium emi.... dono eos.... cum omnibus juribus et servitiis cunctis, cum calonicis et Placitis... et omnia Placita quæ pertinent ad seniorem majorem.* Charta Aldefonsi Comit. Tolos. ann. 1131 : *In villa Biterrensi quistam et firmantias, Placita et justicias, etc.*

¶ Placitorum Commonitores, Quibus ex officio competit ad *placitum*, in jus vocare, apparitores. Primordia Calmosiac. Monast. apud Marten. tom. 3. Anecd. col. 1165 : *Porro liberi qui tunc adfuere homines judicarunt æquum sibi videri, ut si qui eum ad placitum convocassent in conspectu omnium hoc probarent.... et quoniam præsentes aderant Placitorum Commonitores.... probaverunt se ad condictum diem sæpe memoratum Joscelmum ex parte Ducis legitime convocasse.*

Placita Tenere. Synodus Carisiaca cap. 2 : *Episcopi quique in suis Parochiis, et Missi in illorum Missaticis, Comitesque in eorum Comitatibus, pariter Placita teneant.* Occurrit præterea in Capitularibus Caroli Calvi tit. 21. post cap. 5. in Epistola Episcoporum regni ad Ludovicum cap. 12. apud Lanfrancum Epist. 39. etc. Hinc formula etiam hodie recepta : *Tenir les plaits.*

Placita Custodire. Capitul. 3. ann. 789. cap. 1 : *Comites... in venationem non vadant illo die quando Placitum debent custodire, nec ad pastum.* Vide infra.

Placita vero tenebantur in locis apertis, publicis, sub dio. Simeon Dunelmensis ann. 1070 : *Verum cum illis Episcopus sub divo placitare noluit.* Jus feudale Saxonum cap. 32. § 19 : *In curia serata, vel sub tecto non licet domino feudali judicio præsidere.* Et cap. 39. § 1 : *Nullam curiam oportet illum* (Regem) *in literis assignare, quia ubi Rex judicat in aperto, ibi est curia sua.* [** Vide Grimm. Antiq. Jur. German. pag. 793. sqq.]

In campo. Notitia judicati ann. 981. in Tabulario Casauriensi : *In territorio Marsicano, in ipso campo de Cedici, ubi erat ipsa casa Domini Ottonis ædificata, ubi residebat in placito Gisalbertus venerabilis Episcopus, et cum eo residebat Arnulfus Comes et Missus sacri Palatii, et cum eo Gebourdus et Anfredus Missi sacri Palatii, et cum eis residebant Raynaldus Comes, etc.* [Sententia ann. 1339. tom. 1. Hist. Dalphin. pag. 213 : *Acta fuerunt hæc in campis prope l'Alben juxta metam positam juxta viam publicam, etc.*]

Sub arboribus. Charta Bertoldi Leucorum Episcopi ann. 1005. apud Perardum : *Acta sunt hæc, quando fuit placitum de Abbatia Poloniacensi inter Domnum Bertoldum et Domnum Brunonem Episcopos, in Dodonis corte, juxta quercus, etc.* Tabularium S. Dionysii de Capella diœcesis Bituric. ch. 162 : *In Uriacensi curia, sub quadam ulmo, quæ est situ ante domum Radulphi de Porta.* In Charta ann. 1205. in Histor. Monmorenciaca pag. 75. mentio fit *assemblationis*, i. placiti, *factæ ad ulmum di spinogilo*, ubi sopita quædam discordia a judicibus vel arbitris. Charta Willelmi Ducis Aquitan. ann. 1137 : *Hoc donum feci apud Mausiacum in curia Ottonis sub umbraculo, etc.* Le Roman *de Parise la Duchesse* MS. :

A l'issue del montier trouva Raimon son sire,
Ou il tenoit ses Plais sous l'ombre d'un olive.

In plateis. Tabularium Casauriense ann. 975 : *Notitia judicati, qualiter pro futuris temporibus memoria recordandum, i. in territorio Teatense, in ipso plano de Piscaria, justa via salaria, in platea, ubi residebant Domnus Otto et Ottone filio ejus insimul Comitibus, etc.* Tabularium Vindocinense ann. 1061. ch. 189 : *Facta est hæc emptio apud Lavarzinum in platea, ubi placita fieri solent.*

Ante portas castrorum. Tabularium Vindocinense Thuani ch. 52 : *Perrexit illuc Prior noster, ivitque placitum in castro Raynaldi ante portam ipsius castri, quæ est a meridie, ubi interrogatus ille, quare saisisset plaxitium nostrum, respondit, etc.*

Ante Ecclesias. Notitia judicati in Tabulario Casauriensi : *In ipso Castaldato de Colle majore, in ipsa villa, quæ nominatur Banio, ante Ecclesiam illam, quæ S. Joannes vocatur, ubi residebant in placito Sifredus Vicecomes, et Tresidius Castaldius, et Guarnerius judex, per singulorum hominum causas audiendum, vel justitiam faciendum, vel deliberandum intentionem, et residebant cum eis de bonis hominibus, hoc erant Adelbertus, etc.* Alia Notitia in eodem Tabulario :... *In locum, qui nominatur Pecanie, juxta ipsam Ecclesiam S. Leopardi, ubi residebant in placito, Atto Comes, et Transmundus,... judices.* Alia apud Franciscum Mariam in Comitissa Mathildi lib. 3. pag. 28 : *In atrio ante Basilicam S. Joannis B. resideret in judicio, etc.* Adde Matth. Westmonaster. ann. 1051. et Gervasium Dorobernensem pag. 1292. Vetantur autem fieri in ipsis Ecclesiis, vel in earum atriis, seu cœmeteriis, in Capit. 1. ann. 819. cap. 14. in Capit. Caroli M. lib. 4. cap. 28. lib. 5. cap. 91. [** 156.] in Capit. Caroli Calvi tit. 39. cap. 12. [tit. 11. cap. 7. tit. 38. cap. 7. tit. 45. cap. 12.] in Concilio Arelat. VI. cap. 22. Mogunt. cap. 40. Turonensi III. can. 39. Suession. II. cap. 7. in Canonibus Isaaci Episcopi Lingon. lib. 3. in Decretal. Gregor. tit. 49. cap. 5. etc. [in terris Ecclesiæ circumjacentibus vel cohærentibus, in Capitul. Caroli Magni ann. 801. cap. 31. in immunitatibus Ecclesiarum, inter Fragment. Capitul. Ludovici II. cap. 14.]

Interdum tamen in ædibus ac locis opertis tenebantur placita, propter aeris incommoda, maxime Placita majora. Capitula Caroli Calvi tit. 39. cap. 12 : *Domus vero, sicut in Capitulis avi et patris nostri continetur, a Comite in loco, ubi mallum tenere debet, construatur, quatenus propter calorem solis et pluviam publica utilitas non remaneat. Minora vero placita Comes sive intra suam potestatem, vel ubi impetrare potuerit, excepto in Ecclesia et porticibus, atque atrio Ecclesiæ et mansione Presbyteri, habeat.* Synodus Romana ann. 904. cap. 11 : *Ut in domibus Ecclesiarum, neque Missus, neque Comes, vel judex quasi pro consuetudine, nec placitum, neque hospitium vendicent : sed in publicis vicis domos constituant, in quibus placitum teneant, et secundum antiquam consuetudinem hospitentur.* Adde Capitul. 1. ann. 809. cap. 25. Capitul. 2. ejusdem ann. cap. 13. Capitul. 1. ann. 819. cap. 14. lib. 3. Capitul. cap. 57. lib. 4. cap. 28. etc.

Placita jejuni judices tenere jubentur in Capitul. Caroli Mag. lib. 1. cap. 62. [** 60.] lib. 3. cap. 38. in Legibus Longobard. lib. 2. tit. 52. § 4. 11. [** Carol. M. 42. 114.] in Capitulo ad Legem Salicam cap. 1. § 15. in Capitul. 1. Caroli M. incerti ann. cap. 38. in Speculo Saxon. lib. 3. art. 69. § 1. etc. Theodulfus lib. 1. Carm. v. 400 :

Crapula vitetur semper, plus tempore eodem
Quo pia justitiæ lora regenda manent,
Nam qui se nimiis epulis somnoque sepelit,
Corporis atque animæ vim sibi demit hebes.
Cum venit ad causas nudatus acumine sensus,
Marcidus et segnis, et sine mente sedet, etc.

Odo Cluniacens. lib. 1. de Vita S. Geraldi cap. 11 : *Jejunus ibat ad Placitum, ne mersa sobrietate, rationis judicio caruisset.*

Placita diebus dominicis teneri prohibentur in Capit. Caroli Magni lib. 2. cap 7. [maxime ubi aliquis ad mortem vel ad pœnam tradendus, in lib. 5. Capitul. cap. 153.] in Capit. Compendiensi ann. 868. [A quarta feria ante initium Quadragesimæ, nec in ipsa quarta feria, usque post octavas Paschæ pariter vetantur, in Capitul. Caroli Calvi tit. 11. cap. 8.]

Placitum Custodire dicebatur, qui in jus vocatus a judice, placito intererat *per triduum, secundum Leges.* Charta Clodovei III. Regis ann. 2. apud Mabillonium : *Sed venientes ad eorum placitum ipsi agentes jam dicto Abbati Noviento, in ipso Palatio nostro, per triduos, per plures dies, ut lex habuit, Placitum custodissent.* Alia ejusdem Regis ann. 3 : *Postea memoratus Chrotcharius per triduum aut etiam amplius Placitum suum, ut lex habuit, custodissit, et ipso Amalberchto abjectissit, vel subsadissit, etc.* Eadem formula habetur apud Marculfum lib. 1. form. 37. in Formulis vett. cap. 38. et in Formulis secundum Legem Romanam cap. 33. Capitula Caroli C. tit. 21 : *Ut per omne regnum nostrum Episcopi et Missi nostri ac Comites in singulis parrochiis ac Comitatibus placita teneant, et illa placita omnis homo, qui Placitum custodire debet, et in illis Comitatibus commanet, sine exceptione et excusatione custodiat.* Adde [lib. 4. Capitul. cap. 4.] Ughellum tom. 4. pag. 632. 794. Contra *placitum suum neglexisse*, vel non *adimplevisse*, dicebatur, qui nulla missa excusatione ad condictam diem juri stare neglexerat, in iisdem form. 37. et 38. [et in form. 33. inter Sirmondicas.] Vide supra.

¶ Placitum Custodire, nude pro iis interesse. Capitul. excerpta ex Leg. Longobord. cap. 27 : *Et ad ingenuos homines nulla Placita faciant custodire postquam illa tria custodierint placita quæ instituta sunt; nisi forte contingat ut aliquis aliquem accuset.*

* Placitum Servare, Habere, tenere. Vide infra *Servare placitum.*

* Placitum Refutare, Litem intentatam dimittere. Charta Theob. comit. Bles. ann. 1156. ex Tabul. Capit. Carnot. : *Assistente ibi Roberto pontifice coram rege et multiplici baronia, protestatus sum me in terra de Bussiaco nichil juris habere, et ita placitum dimisi.... Et ideo tam solempniter, post certissimam inquisitionem, Placitum refutavi, et jus suum episcopo et ecclesiæ dimisi.* Vide *Refutare.*

Placitum Capitale. Leges Henrici I. Regis Angl. cap. 31 : *In summis et capitalibus Placitis unus Hundredus vel Comitatus judicetur a duobus, non unus duos judicet.* Charta Henrici II. Regis Angliæ in Monastico Anglic. tom. 1. pag. 387 : *Et statuto die veniant in Curia S. Mariæ, et ibi habeant rectum de capitali Placito suo, et S. Maria habeat quicquid pertinet ad Curiam suam.*

* Placitum, Conventus quivis, in quo res controversa discutitur et judicatur. *Placitum sive judiciale colloquium*, apud Arnolf. in Mirac. S. Emmer. tom. 6. Sept. pag. 510. col. 2. Vide supra *Placitatio.*

* Placitum in Amore, Quod coram arbitris habetur. Charta ann. circ. 1130. ex Chartul. Stirp. : *Tandem mandavit michi per Petrum nepotem meum.... Placitum in amore ad octabas S. Michaelis, quod accepi.*

¶ Placitum Centenarii, Cui præerat judex minor qui per centenas jus dicebat, quique non nisi de minoribus causis dijudicabat. Capitul. 3. cap. 4 : *Ut nullus homo in Placito Centenarii neque ad mortem, neque ad libertatem amittendam aut ad res reddendas, vel mancipia, judicetur.* Adde Capit. 5. ann. 819. cap. 14. Charta Conradi II. Imper. ann. 1146. apud Marten. tom. 1. Ampliss. Collect. col. 799 : *Abbas Walciodorensis Theodericus.... conquestus est de quibusdam malefactoribus, qui.... legem Centenarii Placiti, hospitationes et violentas oppressiones inferebant.* Vide *Centenarius.*

* Et ad quod homines seu vassalli omnes ejusdem *centenæ* convenire tenebantur; *Plet centain* inter Redit. comit. Namurc. ann. 1289. ex Reg. Cam. Comput. Insul. sign. *Le papier aux ayssellés* fol. 23. v° : *Encor i a (à Spies) li cuens trois fiés l'an, à trois nautaus de l'an, trois plés, k'on apele Plés centains, c'est à chascun natal un plait, à queis plais to li homme et dou comte et de l'evesko doivent venir par le semonse do sergant le comte.*

¶ Placitum Christianitatis, in quo causæ ac quæstiones, quæ ad religionem pertinent, agitantur, cui Episcopus vel alius ejus nomine præest. idem quod infra *Placitum Episcopi*; Gall. *Plait de Chrétienté.* Charta Otakeri Ducis Styr. apud Ludewig. tom. 4. Reliq. MSS. pag. 175 : *Capellas duas meæ ditionis quas a plebano jure absolutas, præter jus convocandi conventum in Placito Christianitatis, etc.* Vide *Christianitas.*

* Quod et *Placetum synodale* dicitur, Jus nempe *synodum* convocandi et *synodalem* censum exigendi. Vide *Synodare* et *Synodus.* Pactum inter Henr. Gradens. et Ulderic. Aquilej. Patriarch. ann. 1180. tom. 4. Cod. Ital. diplom. col. 1551 : *Tradimus vobis domino Henrico Gradensi patriarchæ.... duas plebes.... cum Placito christianitatis, quod est jus synodandi.... Banna quæ de Placito christianitatis, vel alio placito spirituali provenire solent, etc.* Charta Gerardi Aquilej. patr. ann. 1122. inter Monum. ejusd. eccl. cap. 59. col. 558 : *Si quidem prædictæ ecclesiæ clerus vel populus, una cum cæteris meis fidelibus, me sæpissime et humillime rogavit, ut Placitum synodale cum integra justitia ad eamdem plebem pertinens, altari Beatæ Mariæ et S. Stephani perpetualiter traderem.* In foro ecclesiastico, *Placet* nuncupatur Charta, qua quis in jus vocatur. Lit. remiss. ann. 1389. in Reg. 138. Chartoph. reg. ch. 8 : *Pour certaines cemonses ou citations, appelées Pacet en court d'église, que a fait oucunefoiz ledit Thirant, comme procureur en la court spirituele d'Arras, etc.*

¶ Placitum Commune, Cui Missi regii una cum Comitibus intersunt jus dicturi, in lib. 3. Capitul. cap. 87. *Communia placita* interdum dicuntur quæ alibi *generalia.* Vide supra.

Placita Coronæ dicta, in quibus de delictis judicatur, quorum cognitio ad solum Regem spectat, seu ejus Justitiarios, quos *Justitiarios Coronæ*, et *Coronatores* vocant Angli. Quæ quidem crimina quatuor esse dicuntur, *murdrum*, *incendium*, *rapina* sive *roberia*, et *raptus mulierum*, in Legibus Malcolmi II. Regis Scotiæ cap. 11. et in Statutis Alexandri Regis cap. 14. § 2. Horum, inquam, jurisdictio, escheta, et pœna pertinet ad solum Regem, non vero ad Barones, nec ad Curias burgorum, nec ad ullas Curias inferiores, neque etiam ad Curias Ecclesiasticorum : et si accidant, infra Vicecomitatum aliquem debent teneri etiam a justitiario ad caput 40. dierum. Vide Leges Burg. Scot. cap. 6. § 3. Quoniam Attachiam. cap. 76. Statuta Alexandri Reg. Scot. cap. 14. § 2. Statuta Willelmi cap. 2. § 4. Stanfordius lib. 1. de Placitis Coronæ cap. 1 : *Plees del Corone, sont les plees queux conteignent l'offense faits encounter la Corone et dignitié le Roy.* Vide Leges Henrici I. Regis Angliæ cap. 2. Rogerum Hoveden. pag. 783. 786. Monasticum Anglic. tom. 2. pag. 660. etc.

¶ Placitum de Nova Disseisina, Leguleis Anglis *Assise of novel disaisin*, quo scilicet aliquis per curiæ judicium a possessione dejicitur. Matth. Paris ann. 1224 : *Justitiarii Regis, quos Itinerantes appellamus,.... tenebant Placita Regis de nova disseisina.*

Placitum Episcopi, Conventus ab Episcopo de rebus Ecclesiasticis indictus. Concilium Triburiense ann. 895. cap. 9 : *Cum autem Episcopus Ecclesiam a Domino Deo sibi commissam regens, Episcopatum circumeundo perrexerit, et placitum canonice constitutum decreverit, populumque sibi creditum illo invitaverit, atque Comes eadem die sciens placitum ab Episcopo condictum, vel nesciens, placitum cum populo condixerit, et per bannum illuc venire præceperit : placitum Comitis omnes postponant et Comes ipse. Denique populus post Episcopum festive pergant, scientes, se non illic contentiosa contentione decertare, sed pro fide Catholica invigilare; non cumulum pecuniarum, sed lucrum congregare animarum.* Concilium Rom. ann. 904. cap. 12 : *Habeant igitur Episcopi singularum urbium in sua diœcesi liberam potestatem, adulteria et scelera inquirere, ulcisci et judicare, secundum quod Canones censuerunt, absque impedimento alicujus. Et cum opus fuerit ad comprimendos rebelles, et contemptores, publicum Placitum convocent, non ad præjudicandum, sed potius ad ea, quæ Deo placita sunt, et saluti animarum conveniunt, prosequendum.* [Adde Capitul. Caroli Calvi tit. 27. cap. 7.]

Placitum Exercitale, Conventus, seu Statutum Principum super re *exercitali, hostili.* Capitul. 1. ann. 802. cap. 40 : *Si de mundeburde sanctarum Ecclesiarum, vel etiam viduarum, et orphanorum, seu minimum potentium, atque rapina, nec non de exercitali Placito instituto, et super ipsis causis, etc.* Capit. 2. ejusdem anni cap. 20 : *De banno Domni Imperat. Karoli, quod per semetipsum consuetus est bannire, id est de mundeburdo Ecclesiarum,... atque de rapto, et de exercitali Placito, ut hi, qui ita irruperint, bannum dominicum omnimodis componant.* Adde Capit. 7. ann. 803. cap. 1.

Placitum Fractum dicitur, cujus dies condictus præteriit, in Legibus Henrici I. cap. 59.

¶ Placitum Fundi, JC. nostris jus cognoscendi de re fundali, quod domino fundi competit, a quo ad altum justitiarium potest appellari.

* Charta ann. 1249. ex Cam. Chartoph. Atrebat. : *Hoc salvo comiti Pontivensi, quod habet ibi Placitum fundi, ubi habet feodum vel dominium.*

* Placitum Generale, idem quod supra *Foagium*, 1. sic dictum, quod ab omnibus focum habentibus exigatur. Libert. castri Theodor. ann. 1301. in Reg. 38. Chartoph. reg. ch. 77 : *Concedimus quod omnes domus castri Theodorici, a quibus gentes nostræ levabant Placita generalia, quæ sunt pro quolibet foco domus ad festagium, duos solidos ; et pro quolibet foco domus ad appentitium, xij. denarios, sint liberæ a prædictis.*

Placitum Generale. Vide supra ex Hugone Flaviniacensi.

¶ Placitum Gladii, Idem quod *Placitum spatæ.* Charta Johannæ filiæ Philippi Comit. Bolon. apud Baluz. tom. 2. Hist. Arven. pag. 101 : *Do, lego et concedo carissimæ matri meæ M. Comitissæ Boloniæ totum et integrum Placitum gladii quod habebam jure hæreditario in tota terra Insulæ bonæ et etiam in Kaleto.*

** Placitum Judicare, in Charta Walt. de Amersleben ann. 1205. apud Leuckfeld. Histor. Walkenried. pag. 423.

¶ Placitum Legale, in Capitul. Caroli Calvi tit. 34. cap. 2 : *Ut secundum legem quæ ibi male facta habent emendent, aut solvant secundum legale Placitum, aut per indulgentiam sibi impetrent perdonari.*

Placitum Lethiferum, ubi de rebus criminalibus cognoscebatur, quod *placitum criminale* dicitur in Regiam Majestatem lib. 1. cap. 1. Matthæus Paris ann. 1075 : *Episcopum crudeliter peremerunt, et centum homines cum eo, juxta flumen Tyne, ubi Placita lethifera ab Episcopo tenebantur.*

¶ Placitum Manusmortuæ, Redemtio quæ debetur domino post mortem vassalli. Vide in *Manus* et infra.

¶ Placita Minora dicuntur Placita Comitum, in Capitul. 1. ann. 819. cap. 14. et in Capitul. Caroli Calvi tit. 45. cap. 12.

¶ Placitum Missum, De quo utraque pars convenit. Notitia ann. 972. apud Muratorium delle Antic. Estensi pag. 150 : *Et ipse dedit mihi wadia de placito, unde hodie est inter nos constitutum et unitum Placitum Missum, ut ipsam probationem, etc.*

Placitum Nominatum, quod indicitur a judice reo, vel accusato, de crimine, aut quavis alia re responsuro, cujus dies definitus est, in Legibus Henrici I. Regis Angl. cap. 20. 46. 50.

Placitum Innominatum, non indictum, aut cujus dies definitus non est, in iisdem Legibus cap. 46.

¶ Placitum Plassagiorum. Vide infra et *Plassagium.*

* Placitum Planum, Sine juris formula, *sine strepitu et figura judicii*, ut aiebant. Charta commun. Clarimont. ann. 1248. tom. 5. Ordinat. Reg. Franc. pag. 606. art. 5 : *Burgensibus de plano Placito coram villico et scabinis suis discutietur inter ipsos.*

** Placitum Populi, in Charta ann. 1147. Frider. Archiep. Magdeburg. apud Lunig. Spicil. Eccles. Pars. I. Contin. Append. pag. 34.

¶ Placitum Publicum, Solemne, in Capitul. 1. Caroli Mag. ann. 813. cap. 22. et lib. 2. Capitul. cap. 32.

Pulchrum Placitum, Anglis, *Beaupleades.* Statutum Marlebrigense sub Henrico III. : *Provisum est etiam, quod nec in itinere justitiariorum, nec in Comitatu, in Hundredis, nec in Curia Baronum de cætero capientur fines ab aliquibus pro pulchre Placitando, neque pro eo, quod non occasionentur.* Adde Statutum 1. Westmonast. cap. 8.

¶ Placitus Sacialis, f. pro *Sationalis*, qui scilicet tempore Sationis tenebatur. Charta ann. 879. in Append. ad Marcam Hispan. col. 806 : *Præsentes eramus in dicta valle Confluentana, in locum Exalata, ante domum S. Andreæ Apostoli Christi, et in Placitos Saciales, ubi vidimus et audimus ipsas scripturas legentes et relegentes.*

Placitum Spatæ, seu *ensis*, Merum imperium, justitia major, *Haute justice*, quæ jus gladii habet. Charta Philippi Comitis Boloniæ ann. 1223 : *Et in prædictis istis locis... habebimus magnam justitiam, quæ vocatur Placitum ensis.* Charta Philippi Regis ann. 1296 : *Concedimus eidem* (Episcopo Ebroicensi) *et successoribus suis Episcopis Ebroicensibus in terra sua et Ecclesiæ Ebroicensis... totam altam justitiam, quæ vocatur in Normannia Placitum spathæ.* Alia Joannis Regis Angl. ann. 1205. pro Episcopo Lexoviensi, in Regesto Philippi Aug. Herouvalliano fol. 132. et apud Guill. Prynneum in Libertatib. Eccles. Angl. tom. 3. pag. 2. [** Hæc Joannis regis charta script. ann. 1199. die 4. sept. exstat apud Marten. Ampl. Collect. tom. 1. pag. 1022, itemque alia ann. 1205. in qua § 5. de placito spatæ apud Lexovium agitur ibidem pag. 1060. B. et alibi.] : *Nos tantummodo tria Placita, quæ de spata vocantur, in illa civitate Lexoviensi et banleuca habere, videlicet de submonitione exercitus nostri, et de via Curiæ nostræ, et de moneta, etc.* Aresta ann. 1258. in 1. Regesto Parlamenti Paris. fol. 12 : *Placitum ensis, Placitum mortis, mutilationis membrorum, mulieris difforciatæ, et novæ dissaisinæ.* Ibidem fol. 18. sub ann. 1259 : *Placitum ensis, seu alta justitia.* Charta Communiæ Rotomagensis ann. 1207: *Recordationem quoque tenebunt de iis, quæ facta fuerint inter eos, salvo nobis Placito ensis.* Occurrit ibi semel ac iterum. Vide Historiam Castilionensem in Probat. pag. 70. Chartas Normannicas post Ordericum Vitalem pag. 1060. etc.

¶ Placitum Spadæ, Eadem notione. Charta Radulphi Abb. Fiscamn. ann. 1211. apud D. *Brussel* de Usu feud. tom. 1. pag. 263 : *Philippus Dei gratia illustris Rex Franciæ.... nobis et ecclesiæ nostræ in perpetuum concedit Placitum spadæ totius terræ nostræ.* Charta ann. 1235. apud Lobinell. tom. 2. Histor. Britan. pag. 384 : *Quod Barones... habebant Placitum spadæ. Plet de l'espée*, in Charta ann. 1309. ex Bibl. reg. Strictiori tamen significatu accipienda hæc eadem vox videtur in Litteris Philippi III. Reg. Franc. ann. 1278. tom. 1. Ordinat. pag. 306. ibi enim Philippus concedit Communiæ Rotomagensi *jurisdictionem de Placitis spadæ*, sed *retenta sibi justitia mortis, mehagnii et vadiorum belli*; unde cum D. *de Lauriere* lubens crediderim *Placitum spadæ* hic intelligendum jus cognoscendi de duello.

* Placitum Synodale. Vide supra *Placitum Christianitatis.*

Placitum Vicedominarium, in Chronico Hugonis Flaviniacensis pag. 132. quod ab Ecclesiæ Vicedomino tenetur.

¶ Placitum Vigiriale, in Charta Johannis Ducis Cabilon. ann. 1232. apud Chifflet. in Beatrice Comit. Cabilon. pag. 48 : *Quitavit... quicquid habebat idem Dux* (Hugo) *in charreria Cabilonensi : et vinum quod tannatores debent annuatim censuale : et Placitum vigiriale, etc.*

** Placitum Vulgare, in Charta Henric. de Schwartzburg. ann. 1253. legi scribit Haltaus. Glossar. German. col. 1165. voce *Land-gerichte.*

¶ Placita Majorare, Minorare. Vide *Majorare* 2.

¶ Ad Placitum Mannire, Vocare in jus, in Capitul. Caroli M. ann. 797. cap. 5. Vide *Mannire. In Placitum trahere*, in Charta ann. 1296. apud Kennett. Antiq. Ambrosd. pag. 328.

Placitum, Lis intentata. Pactum inter Venetos et Principes Regni Hierosol. ann. 1123. apud Will. Tyrium lib. 12. cap. 25 : *Si vero aliquod Placitum, vel alicujus negocii litigationem Veneticus erga Veneticum habuerit, in Curia Veneticorum diffiniatur.* [Litteræ Gualteri Episcopi Laudunensis ann. 1164. apud Mabillon. Diplom. pag. 267 : *Si in eadem villa Placitum oriatur, in quo gagia dentur; Placitum illud, etc.* Charta ann. 1275. apud Kennett. Antiq. Ambrosd. pag. 285 : *Placitum motum fuit inter dictos religiosos, etc.*]

* Charta Will. Lingon. episc. ann. 1209. in Chartul. Campan. fol. 201. v°. col. 1 : *Usus et consuetudo talis est in regno Franciæ, et justum est, quod nullus respondere deberet infra vicesimum primum annum ætatis suæ de aliquo, quod pater ejus teneret sine Placito, cum decessit.* Occurrit rursum in Ch. Alber. Rem. archiep. ann. 1210. ibid. fol. 111.

Placitus, pro *Placitum.* Lex Ripuar. tit. 30. § 2 : *Et sic denuo Placitus ei concedatur.* Tabularium Lascurrense apud Marcam lib. 4. Histor. Beneharn. cap. 8 : *Et misit missaticum Gassiarnaldum Vicecomitem Aquis, qui tenuisset Placitos ante se, sicut Comes debebat facere.* [Tabular. S. Florentii : *Contigit ut Placitus fieret in confinio Andegavorum et Turonorum, in quo conventus factus tam Nobilium Francorum, quam et Britonum.... anno IV. Hlotarii Regis.*]

¶ Placitus, Constitutus, definitus. Lex Ripuar. cap. 66. § 1 : *Si autem contentio orta fuerit quod sacramentum in die Placito non conjurasset, etc.*

Placitum, Quod debetur domino pro redemptione, seu *rachato* feudi, in morte vel mutatione vassalli. [Charta ann. 1240. tom. 1. Hist. Dalphin. pag. 124 : *Feudus bayllia debet, sicut dictum est, hominium et jurare fidelitatem et centum solidos de Placito, tempore mutationis.* Litteræ Humberti II. ann. 1334. ibid. tom. 2. pag. 246 : *Mandamus quatenus Placita quæque debita propter obitum dom. et germani nostri Guigonis Dalphini Viennensis,... recuperare euretis.* Computus ann. 1333. pag. 272 : *Pecunia recepta de Placitis per mutationem novi domini in eo dicto anno, etc. summa cccxc. flor. Dalph.*] Charta ann. 1406. ex Tabulario S. Cypriani Pictavensis : *Sine ullo Placito, sive deverio.* Alia ann. 1370 : *In feodum cum 12. denariis monetæ currentis de accaptamento seu Placito.* Tabularium Nantoliense in Pictonibus ann. 1399 : *Pro decimo denariorum achaptamenti, seu Placiti in mutatione Domini.* Vetus Consuetudo Pictavensis cap. 70 : *Le Seigneur, auquel est deu hommage plain, et fondé par la Coustume d'avoir pour chaque mutation Plet et cheval de service, par borderies et masure.* [Adde recentiorem art. 31. et 169.] Hinc *Placitum manus mortuæ*, (de quo in *Manus mortua*) pro *rachato*, quod in morte vassalli exsolvitur. Quidam tamen existimant discrimen esse inter *plait*, et *plait de Mortemain* : ita ut prius dicatur de *rachato* in mutatione vassalli, alterum in morte vassalli. Ita Theveneus et Raguellus : at Gallandus ait, se observasse in veteribus tabulis idem unumque esse. In aliquot Chartis vernaculis *Placitum* hac notione per *Plaisir* redditur. Charta ann. 1459 : *Homage lige à 25. sols de devoir ou Plaisir.* Alia ann. 1460. in Tabul. Nantol. : *Sans aucun Plaisir ni achaptement.*

☞ Triplex ejusmodi placitum distinguit Salvaingus in Tractatu quem in hanc rem edidit; conditionatum nempe, consuetum et arbitrarium, sive *placitum*, ut loquuntur, *ad misericordiam*, *Plait à mercy.* Distinctam hanc distributionem, et quid his verbis intelligendum, habes ex Inquisit.

facta pro Dom. Dalphino tom. 1. Hist. Dalphin. pag. 94 : *Item omnes tenentes in Oysentio per feudum, si Placitum non sit determinatum, debent Placitum ad misericordiam, ad mutationem tenementarii, et omnes tenentes per villanagium, si Placitum non est determinatum, debent Placitum ad duplicem censum, et admutationem tenementarii.* Ubi *Placitum ad duplicem censum* idem esse ac consuetum existimo; et ita quidem judicatum est Aresto Parlamenti Gratianopolitani ann. 1652. quod vide apud Salvaingum de Usu feud. cap. 35. Quod vero *Placitum* vocant Delphinates, *Recognitio* dicitur in provinciis Lugdunemsi, Dombensi, etc. Vide in hac voce num. 4.

* *Plaisir*, eodem sensu, in Charta ann. 1406. ex Reg. feud. comitat. Pictav. in Cam. Comput. Paris. fol. 310. v° : *Belote de la Ligne tient.... à hommaige lige et à dix solz de Plaisir et dix solz de chamberlaige, etc.* Ibid. pluries *Plaist*.

Est etiam *Placitum*, exactio, vel præstatio quævis. Tabularium Prioratus de Domina in Delphinatu fol. 15 : *Salvo Placito meo, scilicet 7. solidos solvendo in Nativitate Domini de geria tantummodo.* [Hinc *Placitum plassagiorum*, præstatio quæ pro *stallis* seu locis in foro tempore nundinarum exigitur. Vide *Plassagium*.] Libertates villæ Perusiensis ann. 1260. apud Thomasserium pag. 98 : *De home, qui eraet à la Paerose, ne doit lever si sires ne los ne Plaet.*

* *Plait* et *Plet*, eadem notione. Charta ann. 1311. in Reg. 47. Chartoph. reg. ch. 129 : *Derrechief iiij. deniers, que l'en dit les Plaiz de Noel et de Pasques, que plusieurs personnes doivent par an, pour raison de sept pieces de vignes.* Alia ann. 1328. in Reg. 65. ch. 164 : *Item à la Toussainz une coustume, que on appelle Plez et recez, quarente solz.* Reg. Cam. Comput. Paris. ad ann. 1287. fol. 62. ubi de redditibus Branæ : *Item li Plet de la lecherie vaut par an xij. livres.* Illud scilicet, quod a meretricibus præstabatur.

¶ Placitum, Judicium, jurisdictio. Charta ann. 843. in Append. ad Marcam Hispan. col. 781 : *Contradicere non possum hodie nec in ullo Placito per quibus illi reprobi sint aut illorum testimonium invalidum esse debeat.* Tabular. Farfense apud Mabillon. tom. 4. Annal. pag. 700 : *Ipso denique anno interfectus est Crescentius Comes, jussu Ottonis Imperatoris et Gregorii Papæ, ut audistis, qui nimis districte Placita infra Romam exercebant.*

¶ Placitum, Conventio, pactum. Isidorus lib. 4. Orig. cap. 24 : *Pactum dicitur inter partes ex pace conveniens sciptura, legibus, ac moribus comprobata : et dictum pactum, quasi ex pace factum... Placitum quoque similiter ab eo, quod placet. Alii dicunt Pactum esse, quod volens quis facit : Placitum vero quod quisquam nolens compellitur : veluti quando quisquam paratus sit in judicio ad respondendum, quod nemo dicere potest pactum, sed Placitum.* Gregorius Turonensis lib. 6. cap. 34 : *Legati iterum ab Hispania venerunt, deferentes munera, et Placitum accipientes cum Chilperico Rege, ut filiam suam, secundum convenientiam anteriorem, filio Regis Leuvichildi tradere deberet in matrimonium. Denique dato Placito, et omnibus pertractatis, Legatus ille reversus est.* Lib. 7. cap. 6 : *Deprecor, ut Placita, quæ inter nos post patris mei obitum sunt innexa, custodiantur.* Fœdus Regum, apud Nithardum lib. 3 : *Et ab Ludher nul Plaid nunquam prindrai, qui meon vol cist meon fradre Karle in damno sit.* Ubi *plaid*, pactum significat, non vero *rixam*, ut Bodinus lib. 5. de Rep. cap. 6. Falcetus, et alii verterunt. Hæc enim sonant : *Et cum Lothario nullum pactum inibo, quod quantum sciam, meo fratri Karolo damno futurum sit.* [Charta ann. 1276. apud Kennett. Antiquit. Ambrosden. pag. 286 : *Unde Placitum conventionis sumptum fuit inter eos in eadem curia; scilicet quod etc.* Eadem habentur in Charta ann. 1292. ibid. pag. 321. *Placitum ecclesiasticum*, eadem notione, in vet. Charta Ravennensi apud Mabillon. Diplom. pag. 457. Tabular. Vosiense fol. 17 : *Quod si fevales mei de hac terra S. Petro dare voluerint, Placitum vel donum quod ipsi fecerint, et ego concedo permanendum et tenendum.*] Ita Placitum usurpatur in Concilio Emeritensi cap. 4. Tolet. XI. cap. 10. in Legibus Wisigoth. lib. 2. tit. 5. § 5. 7. 8. 9. lib. 3. tit. 4. § 2. lib. 5. tit. 7. § 9. lib. 10. tit. 1. § 11. 12. [in Lege Bajwar. tit. 15. cap. 13.] in Capitulis Caroli Calvi tit. 7. et alibi non semel, apud Joannem VIII. PP. Epist. 36. Flodoardum ann. 953. Erchembertum in Histor. Longob. cap. 32. Reginon. ann. 743. Goffridum Vindoc. lib. 3. Epist. 36. etc.

¶ Placitum, Donatio. Tabul. Vosiense fol. 66 : *Notum esse volumus quoniam Bonius de Vosias... dedit Deo et B. Petro Apostolo Vosiensi medietatem mansi Albou... Uxor ejus et filii Helias etc. concesserunt hoc Placitum quod pater suus et mater et fratres fecerant.* Hinc

¶ Placitum dicitur Charta conventionis vel donationis. Idem Tabular. fol. 8 : *Auditores hujus rei fuerunt Ademarus presbiter, qui propter hoc eis Placitum fecit*, id est, Chartam hanc scripsit.

¶ Placitum, Terminus legitimus communi partium consensu, vel judicis sententia constitutus, unde *placitum* dictus. Lex Salica edit. Baluz. tit. 42. cap. 10 : *Et sic iterum ad alias septem noctes Placitum tribuat, id est, ut quatuordecim noctes a prima admonitione compleantur.* Adde tit. 47. cap. 2. *Placitus*, eadem notione, in Leg. Ripuar. cap. 30. § 2. et in Lege Bajwar. tit. 15. cap. 10.

¶ Placitum, Decretum, statutum. Formulæ antiq. promot. Episcop. apud Baluz. tom. 2. Capitul. col. 614 : *Tunc relecta sunt ei Placita quæ Episcopus jam ordinatus ab ordinatoribus et electoribus suis suscipere debet; ubi continetur qualiter vivere, docere, et subditos suos regere debet secundum sacros Canones.* Form. 14 : *Sed et observationes ac regularia mandata sacrosanctorumque Conciliorum Placita, etc.* Occurrit rursum in form. 18.

¶ Placitum, Jussus, voluntas, sensus. Capitul. de Villis Caroli Magni cap. 16 : *Volumus ut quicquid nos aut Regina unicuique judici ordinaverimus, aut ministeriales nostri Sinescalcus et Butticularius de verbo nostro aut Reginæ ipsis judicibus ordinaverint, ad eorumdem Placitum, sicut eis institutum fuerit, impletum habeant.* Capitul. lib. 7. cap. 379 : *Non secundum Placitum hominis, sed secundum Dei voluntatem. Nec in hac parte voluntas aut gratia hominis sectanda est, sed voluntas Dei in omnibus exquirenda.* Eadem notione *Plait* apud vet. Poetam MS. :

Droit à l'ostel Guillaume vait,
Ou il avoit basti son Plait.

Ita *Plaisir* usurpat le Roman *d'Athis* MS. :

Messager doit tout son Plaisir
Dire, sans le seigneur laidir.

Le Roman *de la Rose* MS. :

Car il convient, soit mal, soit bien,
Qu'il face votre Plaisir.

* Hinc *ad Placitum alicujus continere.* Charta ann. circ. 1231. in Chartul. Guill. abb. S. Germ. Prat. fol. 191. v°. col. 2 : *Homines vestri de S. Germano et de Valle recognoverunt coram nobis, priore vestro præsente se vobis debere talliam ad voluntatem vestram, et quod ipsi ad vestrum Placitum amodo continebunt.*

* Placitum, Colloquium, congregatio monachorum. Vita S. Berth. tom. 6. Jul. pag. 480. col. 1 : *Nunquam in illius ore aliquid, ... nisi pax, nisi Christus, nisi misericordia erat; ita ut in Placitis sedens, sacras aliquas recitationes, præsentibus causis idoneas, simplici ore ediceret.*

* Placitum, Oblectamentum. Charta ann. 1438. inter Probat. tom. 3. Hist. Nem. pag. 261. col. 1 : *Plerumque, tam ipsæ moniales quam cives, manentes et habitantes civitatis Nemausi, ad umbras ipsarum salicum acciperent Placitum et ebatum.* Vide in *Placitare*.

¶ Placitum, pro *Palatium*, et vicissim, sæpissime legi in veteribus libris monet Baluz. in Notis ad Capitul. col. 1077. ubi exempla nonnulla refert, quæ videsis. *Placitum*, apud Papiam pro *Plocium*. Vide *Plotei*.

Plaitum, pro *Placitum*. Vetus Placitum in Chronico S. Vincentii de Vulturno lib. 2 : *Et dum nos per plures dies ibidem in Plaito resedissemus.* Habetur ibi pluries pag. 690.

Plaitare, Placitum, seu pactum inire. Joannes VIII. PP. Epist. 69 : *Quia utrique Abbates..... non in decem millium tantum mancusorum, sed in duodecim millium Plaitasse..... astruunt.* Supra *pactum facere* dixit. Adde Epist. 74. Vide Octavium Ferrarium in *Piatire*.

Placitare, Litigare, lite contendere. Capitula Caroli Calvi tit. 43. cap. 10 : *Si aliquis ex fidelibus nostris.... sæculo renuntiare voluerit, et filium, vel talem propinquum, habuerit, qui reipublicæ prodesse valeat, suos honores, prout melius voluerit, ei valeat Placitare.* [Ubi *Placitare*, non litigare, sed aliquid ex pacto concedere sonat. Vide infra.] Leges Henrici I. Regis Angl. cap. 59 : *Si dominus Placitat contra suum hominem de proprio placito suo, etc.* Tabularium Vindocinense Thuani Ch. 177 : *Omniaque supradicta calumniavit, et in Comitis Vindocinensis Curia omni generositate procerum Vindocinensium ibi circumastante, atque audiente, cum eis Placitavit.* Goffridus Vindoc. lib. 2. Epist. 24 : *Mihi vestra bonitate mandastis, quod inter me et illam aut Placitandi, aut concordiam faciendi respectum usque ad festivitatem S. Beati accepistis.* Littleton. sect. 534 : *Et saches, mon fils, que est un de pluis honorables, laudables et profitables choses en nostre ley, de aver le science de bien Pleder en actions reals et personals, et pur ceo jeo toi counsaile especialement, de mitter ton courage et cure de ceo apprender.* [Wilh. *Wyrcester* Annal. Rer. Angl. ann. 1363. in Lib. nigro Scaccarii pag. 433 : *Hoc anno statutum est in Parlamento, quod homines juris regni de cetero Placitarent in lingua materna.*]

* *Plaidoier*, eodem sensu, in Lit. ann. 1372. tom. 5. Ordinat. reg. Franc. pag. 516 : *Comme.... l'archevesque de Tours maintiengne.... que lui et ses prédécesseurs .... aient accoustumé à ressortir et Plaidoier en notre court de Parlement, etc.* Quæ vox, ut et *Pleidoier*, nostris etiam Jurgari, rixari sonat. Lit. remiss. ann. 1397. in Reg. 152. Chartoph. reg. ch. 173 : *Lequel varlet commença à rioter et Plaidoier avec Jehan Guiot, et desmentirent l'un l'autre.* Aliæ ann. 1373. in Reg. 105. ch. 154 : *Le mary de ladite Emelot, qui estoit en sa maison, yssi et prist à Pleidoier et maudire ledit prisonnier.* Unde *Plaidoieur*, Jurgiosus, rixosus, in aliis Lit. ann. 1409. ex Reg. 164. ch. 11 : *Lequel prestre, qui estoit rioteux et Plaidoieur, etc.* *Plaider* vero, pro Jocari, cavillari, vulgo *Badiner, plaisanter.* Lit. remiss. ann. 1392. in Reg. 143. ch. 308 : *Le suppliant se appoya à l'uis d'un mercier voisin de son père, à la femme duquel mercier et à son varlet il Plaidoit et s'esbatoit.* Aliæ ann. 1454. in Reg. 184. ch. 463 : *Ainsi que les supplians passoient leur chemin, ilz trouverent Jaques le Leu, qui estoit fort chargié de vin, et qui Plaidoit à aucunes personnes, qui estoient contre ung estal audevant d'une maison.* *Plaidier*, eodem intellectu, tom. 1. Fabul. pag. 159 :

> Car il avoit trové amie
> Si bele c'on pot souhaidier;
> N'avoit cure d'aillors Plaidier,
> Fors qu'avoec lui manoir et estre.

¶ Placitare Per Brevem, id est, Scripto seu citatione causam breviter continente, aliquem in jus vocare, atque litigare. Tabular. B. M. de Bono-nuntio Rotomag. : *Dicit quod vidit in dicta curia plures personas per brevem Placitare.* Vide *Brevis*.

¶ Placitare, Placitis præsidere, *Tenir les plaits*. Capitul. Caroli Magni ann. 807. cap. 4 : *Ad exemplum quod nos cum illis* (Comitibus) *Placitare solemus, sic et illi cum suis subjectis Placitent.* Charta ann. 1114 : *Debetis vos aut vestri homines... Placitare ipsum placitum cum illo bajulo per vos et per nos, et si vos aut vestri homines non potueritis ibi esse, accipiat noster bajulus ipsam fiduciam per vos et per nos, et Placitet ipsum placitum nobiscum aut cum nostris hominibus.* Caffari Annal. Genuens. ad annum 1156. apud Murator. tom. 6. col. 259 : *In 14. consulatu unius anni fuerunt Consules de Communi tres,.... et de placitis sex, de quibus tres Consules Placitabant in quatuor compagniis, etc.* Adde Chartam Ludovici I. ann. 852. tom. 5. Gall. Christ. inter Instr. col. 509. Histor. Lotharing. tom. 2. col. 318. Miræum tom. 1. pag. 105. col. 1.

* *Plaider*, eadem acceptione, in Stat. ann. 1355. tom. 5. Ordinat. reg. Franc. pag. 510. art. 7 : *Quant li maires Plaide, et il commande que on se traiz, etc.* Hinc *Plaidéeur*, qui judex in placitis sedet, in Ch. ann. 1315. ex Chartul. Pontin. pag. 234 : *Dans Jehan de Brene Plaidéeur de Pontigny .... seoit comme juges et tenoit ses plaiz et exercoit jurisdiction.*

¶ Placitare, Ad placitum vocare, submonere. Lex Ripuar. cap. 67. § 3 : *Quod si sacramentum ille qui prosequitur non pronuntiaverit, ipse qui Placitavit ante annum revolutum vel septem noctes sacramentum suum coram testibus offerat.*

Placitare. Convenire, pacisci, in Chartis Olai Roschildensis Episc. ann. 1318. et Magni Reg. Daniæ ann. 1343. apud Pontanum lib. 7. et 8. Rer. Danic. [Statuta Humberti Bellijoci Dom. ann. 1233. tom. 9. Spicil. Acher. pag. 184 : *Pro modo verberaturæ debet verberato per manus burgensium verberis injuria Placitari.* Charta Casimiri Reg. Polon. apud Ludewig. tom. 5. Reliq. MSS. pag. 513 : *Concedentes eisdem procuratoribus nostris plenam.... potestatem..... cum prædicto fratre nostro carissimo D. Carolo Romanorum et Boemiæ Rege illustrissimo tractandi, Placitandi et procurandi.*] Ado Viennensis ann. 743 : *Cepitque castrum, quod dicitur Hocfeoburg, et Theotecnum Saxonem Placitando sibi conquisivit.* Ericus Upsaliensis lib. 3. Hist. Suecicæ pag. 66 : *Taliter Placitatum est fide media et condictum, etc.* Pag. 85 : *Placitatum extitit in hunc modum, etc.* Ita lib. 5. pag. 108. et alibi.

¶ Placitare, Aliquid ex *placito* seu pacto concedere. Lex Alaman. cap. 55 : *Si quis liber mortuus fuerit, et reliquerit uxorem sine filiis aut filiabus,... sequatur eam dotis legitima, et quicquid parentes ejus legitime Placitaverint.* Adde Capitul. 4. Ludovici Pii cap. 4. Tradit. 70. S. Galli : *Post ejus presbyteri obitum, nepta illius eandem traditionem possideat. Et si nepta illam traditionem sibi Placitatam dimittere voluerit, tunc locum et præbendam habeat quasi unus monachus, et traditionem præfatam sibique Placitatam nobis dimittat.* *Plaider*, pro *Jouer, amuser*, ludificari, usurpat le Roman *de la Rose* MS. :

> Vés de quel truffle il nous Plaide.

* Placitare Hominium, Illud in judicio discutere. Charta Rich. I. reg. Angl. ann. 1196. inter Probat. tom. 2. Annal. Præmonst. col. 33 : *Concessimus etiam eis, ne aliquis officialium nostrorum præsumat hominia eorum Placitare, sine aperta rationabilique causa de illo distringat.*

Explacitare Se, Ex placito se tollere, *Se tirer hors de procez.* Leges Henrici I. Regis Angl. cap. 5 : *Alius dies ponatur ei, et tunc Explacitet se, vel emendet, nisi competens soinus imercedat.* Willelmus Malmelsb. lib. 2. de Gestis Angl. cap. 13 : *Ut magnates illius castelli blande in curia Regis de seditione convenirentur, si se possent Explacitare, illæsi abirent.*

Subplacitare, Ad placitum, in jus vocare, citare, *admallare.* Regula S. Fructuosi cap. 10 : *Tertio qualiter quotidie vivere debeant, ibi disponant, et tanquam a sajonibus comprehensi, ad cellas revertantur Subplacitati.*

Implacitare, In placitum, et in jus vocare. *In placitum ponere*, in Monastico Anglic. tom. 2. pag. 828. Nostris, *Mettre en procez.* Leges Henrici I. Regis Angl. : *Si de nominatis placitis Implacitatus non erat.* Occurrit præterea cap. 41. 43. 47. 61. Eadmerus lib. 2. Novor. pag. 38 : *His pro licentia dictis, statim omnis commentatio Implacitandi Anselmum compressa, omissa est.* Ordericus Vital. lib. 11. pag. 804 : *Nec simul, sed separatim variisque temporibus, et multimodis violatæ fidei reatibus Implacitavit.* Leges Guillelmi Nothi vernaculæ cap. 39 : *Dous sunt peroeners d'un crichet, e est l'un Emplaidé sans l'altre, e per sa folie si pert, etc.* Adde cap. 38. etc. Maria Francicas in Proverbiis Æsopicis MSS. :

> Or conte d'un chien veneour,
> De male guise menteour,
> Qui une brebis Emplaida.

Adde Monasticum Anglic. tom. 3. pag. 54. Hemereum in Augusta Viromand. pag. 121. Chartam Communiæ S. Quintini ann. 1195. initio, etc. præterea Leges Alfonsinas parte 2. tit. 7 : *De los Emplazamientos.*

Implacitata Causa, non definita in placito, *cause qui n'a pas été plaidée.* Hincmarus Laudunensis Episcopus : *Eorum causa usque ad alium tractatum, certis causis intervenientibus non diffinita, sed Implacitata remansit.*

Placitamentum, Consensus domini, seu præstatio pro eodem consensu, ut est *laudimium.* Tabularium Ecclesiæ Gratianopolitanæ sub Hugone Episcopo fol. 50 : *In quibus aquis accipio de Placitamento in unumquodque molendinum, quando ædificatur.* Occurrit præterea in veteri Charta apud Columbum in Episcopis Valentin.

Placitatorium, *Locus, ubi fit placitum,* [*litigatio, controversia.*] Joan. de Janua.

* Placitorium, Aula, locus ubi *placita* aguntur. Charta ann. 1319. in Reg. A. Chartoph. reg. ch. 18 : *Necnon et Placitorium altum prædictæ curiæ Parisiensis, cum suis ad hoc pertinentiis, ad tenendum in Placitorio seu curia prædictis placita, ut est inibi fieri consuetum, de speciali gratia concessit* (Philippus rex). Reg. Cam. Comput. Paris. sign. *Noster* ad ann. 1328. fol. 411. r°. : *Custos Placitorii castelleti, per diem viij. den.* Comput. fabr. S. Petri Insul. ann. 1473. ex Tabul. ejusd. eccl. : *Item.... pro tribus hostiis, uno scilicet in processionibus in ingressu Placitorii baillivi, etc.* *Plaidoir*, eadem significatione, in Lit. remiss. ann. 1375. ex Reg. 108. ch. 161 : *Lesquelx maieur et eschevins estoient enfermez en leur Plaidoir, etc.* Aliæ ann. 1396. in Reg. 149. ch. 274 : *Le suppliant et un sien vallet avec lui, alans paisiblement leur chemin en la ville de Bruges, devers le Plaidoir, que ont et tiennent illecques ceulx du terroir du franc.* Vide *Placitatorium* suo loco.

Placitatio, Ipsa actio placitandi. Leges Kanuti Regis cap. 17 : *Ipsa vero die Dominica publica mercimonia vel Placitationum conventicula..... prohibemus.* [Charta Quilenci Episc. Lingon. ann. 1135. tom. 4.

Gall. Christ. inter Instr. col. 165 : *Et si quid in fratribus... inventum seu receptum fuerit, liberum et absolutum absque omni Placitatione concedo.* Litteræ ann. 1356. tom. 3. Ordinat. pag. 117 : *Concessimus, quod nullum eorum extra villam Nivernensem pro Placitatione aut pro aliqua causa trahemus.*] Item Garrulitas. Arnoldus Lubecensis lib. 3. cap. 5 : *Inter Missarum quoque solemnia non, ut quibusdam moris est, susurrationibus aut Placitationibus intendebat, etc.* Vox nostris, maxime Belgis, sat in usu.

* Placitatio, Colloquium, Gall. *Pourparler.* Chron. Noriberg. apud Oefelium tom. 1. Script. rer. Boicar. pag. 325. col. 2 : *Rex Wenceslaus et Electores venerunt ad civitatem Egram....feria quarta post Pascha ad dietam.... Ibi multæ Placitationes habitæ sunt.*

1. Placitator, Litigator, *Plaideur.* Gervasius Dorobernensis ann. 1196 : *Cum ex talibus aliquem ob generis sui favorem in Episcopum vel Archidiaconum promovemus; populo Dei non prædicatorem verbi Dei, sed Placitatorem, ne dicam lætatorem præesse conspicimus.* Simeon Dunelmensis, et Florentius Wigorniensis ann. 1100. de quodam Radulfo : *Cujus astutia et calliditas tam vehemens extitit, et parvo tempore adeo excrevit, ut Placitatorem ac totius regni exactorem illum constituerit.* Quod quidem munus idem videtur quod fisci Procuratoris, seu uti vocamus, *Procuratoris Generalis.*

* Consuet. Norman. part. 1. cap. 55. ex Cod. reg. 4651 : *Placitatores dicuntur, qui in placitis coram justitiario querelam deducunt.* Ubi in Gallico : *Ceux sont appellés Plaidoiers, qui mainent les quereles en court pardevant la justice.* Quo sensu *Plaideur,* pro vulgari *Procureur,* qui res et causas monasterii curat et sequitur, in Charta ann. 1297. ex Chartul. Valcell. sign. E. ch. 66 : *Dant Mahieu abbet, dant Jehan de Cambrai prieur, dant Jehan de Tournai Plaideur, etc.* Hinc *Plaidereau,* pro *Plaideur, chicanneur,* homo litigiosus, in Lit. remiss. ann. 1478. in Reg. 205. Chartoph. reg. ch. 189 : *Ung nommé Cotame dist au suppliant qu'il n'estoit que ung Plaidereau; aquoy ledit suppliant respondit qu'il estoit aussi homme de bien que lui.*

* 2. Placitator, Judex, arbiter. Charta ann. circ. 1130. ex Chartul. Stirp. : *Iterum causa pacis, concessi sibi dare conductum quinque festo* (festis), *laudantibus Placitatoribus nostris; sed ipse contemptis placitis,.... injuste quæsivit pluribus festis manducare.*

1. Placitor, Patronus, defensor. Vita S. Stephani Abbat. Obasin. lib. 2. cap. 15 : *Nam actor noster rex centum solidis Placitores atque fautores suos hodie convivabit, exceptis muneribus donisque promissis.* Et cap. 16 : *Aliquando cum ad Placitum veniret, videretque omnes suæ parti favere, adversarium vero undique et ab omnibus destitutum, pietate ductus aliquos e suis Placitoribus clam dirigebat, qui ejus partes defenderent.*

* *Plaideriau,* eodem sensu, in Mirac. Mss. M. B. V. lib. 1 :

Tout a partout de Plaideriaus,
D'esquevins, de serjanteriaus, etc.

* 2. Placitor, Qui alteri tenetur ad evictionem, Gall. *Garant.* Chartul. S. Vict. Massil. fol. 26 : *Nos jam dicti venditores erimus adjutores, assertores et Placitores contra cunctos homines.*

Jam vero de vocis, *Placitum,* etymo, variæ sunt sententiæ. Edwardus Cokus ad Littletonem sect. 10. a *placendo* deducit, *quia,* inquit, *bene placitare super omnia placet.* Guillimanus lib. 1. de Rebus Helvet. cap. 9. et alii a Germanico *plats,* campus, quod in *campo* tenerentur placita. Casanova vero *placita* ejusmodi conventus appellari putat, quod in iis Leges conderentur, (quod sane de Lege Salica testatur ejus prologus, quæ in tribus mallis a IV. Viris condita dicitur) eæque promulgarentur hac formula, quæ habetur in eodem Prologo : *Placuit atque convenit inter Francos, etc.* [** Vide de etymo Grimm. Antiq. Jur. German. pag. 748. num. 8. et omnem librum sextum.]

* **PLACITUS,** pro Plicatus. Gall. *Plié.* Cæremon. Rom. Ms. fol. 5. v° : *Cedulam ipsam bene Placitam sigillo suo annulari signat, et, ut diximus, facto prius oratione, illam deosculatam quisque in calicem ponit.* Vide alia notione in *Placitum.*

¶ **PLACIVIUM** Auxilium, Præstatio quæ primum ex *placito* seu mero vassallorum arbitrio, deinde ex lege domino pensitabatur. Charta S. Ludovici ann. 1267. inter Privileg. Ord. S. Joh. Hieros. pag. 32 : *Præcipimus quod homines prædicti sui hospitalis, sint liberi et quieti de exercitu et equitatu,... Placiviis auxiliis et de tallacis, etc.* Vide *Auxilium.*

1. **PLACIUM,** Locus planus, Gallis *Place.* Fleta lib. 1. cap. 18. § 5 : *In terra, vel in aqua, bosco, Placio, vel marisco.* [Vide *Plotei.*]

* 2. **PLACIUM,** *La stopa, e seda grossa.* Glossar. Lat. Ital. Ms.

¶ **PLACIVUS.** Vide *Placentinus.*

¶ **PLACOMA.** Vide *Platonæ.*

PLACOR, ἀρέσκεια, in Gloss. Gr. Lat. *Tranquillitas,* in Gloss. Isid. [Gloss. Lat. Gall. Sangerman. : *Placor, Apaisemens.* Vita S. Guillelmi tom. 1. Januar. pag. 60 : *Sanctus quoque nolens Placorem animi ejus turbare.*] Ecclesiastic. cap. 4 : *Complectuntur lætitiæ Placorem.* Adde cap. 39. [Vide Lexic. Martinii.]

* Modus placendi, comitas. Vita S. Walth. tom. 1. Aug. pag. 260. col. 1 : *Omnes aspicientes et alloquentes eum in sui dilectionem et reverentiam quodam dulcifluo Placore conducebat.*

¶ **PLACOTON.** Vide *Platonæ.*

1. **PLACTA,** Navigii fluvialis genus. Sanutus lib. 2. parte 4. cap. 7 : *Præcipue Plactarum navigia, quæ per Padi flumen sunt ad ferenda mercimonia deputatæ, etc.*

* Ital. *Piatta,* ab Italico *Piatto,* planus. *Plecte,* eodem sensu, in Lit. remiss. ann. 1453. ex Reg. 182. Chartoph. reg. ch. 59 : *Quant leur navire, que on appelle une Plecte, fut arrivée avec les autres des pais de Hollande et de Flandres en la chesne et port de la Rochelle, etc.* Vide *Plata* 2.

* 2. **PLACTA,** f. pro *Placea,* forum. Charta ann. 1268. tom. 2. Cod. Ital. diplom. col. 1966 : *Habeant.... locum bonum et idoneum pro habitatione sua,.... tabernam, Plactam, bochariam et piscariam.* Vide supra *Placea* 1.

* 3. **PLACTA,** Patina, vas planum, Ital. *Piatto.* Invent. ann. 1240. apud Cl. V. Garamp. in Dissert. 7. pag. 232 : *Viginti unam Plactas argenti. Item duas scutellas argenti.* Invent. Ms. thes. Sedis Apost. ann. 1295 : *Duo candelabra de argento quadra... et duas Plactas de argento ad ponendum sub ipsis candelabris.* Hinc

* Plactellus dimin. Ital. *Piattello,* Patella, in eodem Invent. ann. 1295 : *Plactellos planos, concavos de argento, in modum scutellæ.*

* Aliud vero sonat vox Gallica *Placte* et *Platte,* qua certa pannorum sarcina significari videtur, in Pedag. Peron. ann. 1295. ex Chartul. 21. Corb. fol. 341. v°. : *Item le char qui maine draps en Platte, l'en compte dix draps pour le troussel,..... et s'il y a vingt draps ou plus en le Platte, c'est gibe; et doit le gibe xlviij. solz Par.* Ibid. fol. 356. v°. : *Vingt draps ou vingt soyes pour la Placte, la Placte doit sept solz.*

* **PLACTANNITUM,** idem quod *Placitum.* Census eccl. Rom. apud Murator. tom. 5. Antiq. Ital. med. ævi col. 871 : *Et omni anno bis, scilicet in Madio et in sancto Martino, generale Plactannitum.* Forte leg. *Placitamentum.* Vide in *Placitum.*

* **PLACTATA,** Navis, *Placta* appellatæ, onus. Census eccl. Rom. apud Murator. tom. 5. Antiq. Ital. med. ævi col. 852 : *In episcopatu Ostiensi. Homines ejusdem civitatis in festo Nativitatis Domini et Paschæ, duas Plactatas lignorum.* Iidem Cens. Mss. : *Dabunt* (Ostienses) *duas Plactatas lignorum domino papæ, qui pro tempore fuerit, et suis sumptibus afferent et deponent ad mandatum domini papæ a marmorata sive a ripa Romea, unde dominus papa voluerit : hoc modo persolvent, unam Plactatam in Nativitate Domini, et aliam in Pascha de resurrectione.* Ubi perperam editum *Platrata,* apud eumd. Murator. tom. 1. earumd. Antiq. col. 675. Hinc, ut videtur, *Apleitage* dicitur Locus, ad quem ejusmodi naves onerandæ vel exonerandæ appellunt; nisi malis a *Plagea,* ora, æstuarium, campus planus, deducere. Redit. comit. Namurc. ann. 1265. in Reg. Cam. Comput. Insul. sign. *Le papier velu* fol. 22. v°. : *Et si a une piece de tiere sor le Muceze u on met faissel, sel apicle on Apleitage.* Reg. ann. 1289. ejusd. Cam. sign. *Le papier aux ayselles* fol. 69. v°. : *Encor i a li cuens sor Meuze une pieche de terre, c'on apele Apleitage, si vaut par an xx. sols.*

* **PLACTELLA,** Lamella, Ital. *Piastretta.* Annal. Placent. ad ann. 1447. apud Murator. tom. 20. Script. Ital. col. 891 : *Die 25. mensis Julii hora 12. pluit fortiter,.... cum impetu et vento quammaximo : et tanta fuit vis et violentia, quod.... Plactellas plumbeas ecclesiæ S. Antonini revolvit.* Vide *Plata* 1.

* **PLACTELLUS.** Vide supra in *Placta* 3.

¶ **PLACTERIA,** pro *Flacteria.* Vide *Flactra.*

* **PLACTINA,** ut infra *Platina* 2. Inventar. Ms. thes. Sedis Apost. ann. 1295 : *Item unum par Plactinarum copertarum de xamito rubeo.*

* **PLACTUM.** Charta ann. 1096. inter Probat. tom. 1. Hist. geneal. domus reg.

Portugal. pag. 2 : *Si illo sagion intraverit in casa de illo burges per mal sr istum Plactum occidatur, et ille burges non pectet pro eo nulla rem.* Id est, ni fallor, si intra domum, vel si ni ipso facto.

¶ **PLACUS**, πλακοῦς, in Gloss. Lat. Græc.

PLADA, Piscis species, *Plays*, [hodie *Plie* vel *Plye*, Anglis *Plaise.*] Teloneum S. Audomari, in Tabul. S. Bertini: *De carreia piscium* 2. *den. de centum Pladis* 2. *den. de* 100. *salmonibus saldis* 4. *den.* [Vide *Plays.*]

* **PLAETHIZ**, Piscis species, idem qui *Plada*, vulgo *Plye*. Charta Phil. comit. ann. 1163. in Chartul. 1. Fland. ex Cam. Comput. Insul. ch. 325 : *Centum Plaethiz, unum denarium.* Vide *Platesia.*

1. **PLAGA** Legalis, *Playe leyau*, vel *plaga leyau*, in Consuetud. S. Severi tit. 18. art. 1. et 2. et Foris Bearn. tit. de homicidiis, art. 4. 13. ea dicitur, quæ habet in longitudine et incisione unciam pollicis, quæ est quinta pars *du pan de canne.* Dicitur autem legalis, quia ob talem plagam debetur domino feudi *lex*, seu mulcta 7. librarum, et 8. solidorum Turonensium.

Plaga Currit, in Lege Salica tit. 19. § 6. Gall. *La plaie court*, vel *coule*, sanguis ex plaga decurrit.

¶ Plaga Aboriendi, Morbi genus. Vide *Jejunium Banni.*

¶ Plaga ad Bannileugam, Vulnus grave, apparens, apertum, *Plaie ouverte*; dicitur *ad bannileugam*, vel quod qui plagam intulerat, puniebatur mulcta quæ imponi solet iis qui infra *bannileugam* delictum aliquod perpetrant, vel quod ad jurisdictionem *bannileugæ* pertinebat, ut de ea judicaret. Charta Philippi Augusti Reg. Franc. ann. 1194. pro Communia Atrebat. : *Quicumque per scabinos convictus fuerit quod treugas infregerit de Plaga ad bannileugam, caput perdet : quod si Plaga ad bannileugam non fuerit, sexaginta libras amittet.* Infra : *Si Scabini viderint quod vulnus illud non sit ad mortem, sed ad Bannileugam, sexaginta libras perdet.* Rursum : *Quicumque intra pacem civitatis infracturam fecerit de raptu, vel de furto, vel de Plaga ad bannileugam, justitia nostra eum debet arrestare.* Haud scio tamen an *Plaga ad bannileugam* dicta fuerit quod percussorem intra bannileugam seu immunitatem absque domini *forisfacto* persequi poterant burgenses; quod innuere videtur Charta laudata : *Quicumque alium occiderit, vel ad mortem vulneraverit, Major, et Scabini, et tota Communia, debent juvare justitiam nostram ad capiendum eum, et Communia poterit eum sequi ubique infra bannileugam sine forisfacto nostro.* Utcumque est de vocis etymo, obscura non est ejusdem significatio ex Charta Comitissæ Fland. ann. 1379 : *Quiconque enfraindra les trieves par fait dont mort, affolure, ou playe ouverte, que l'on dit Playe à banlieue, s'ensuit, puni sera de peine capitale.* Vide *Ictus apparens* et *Banlauca.*

* *Playe perciée*, in Lit. Joan. ducis Burg. ann. 1410. tom. 9. Ordinat. reg. Franc. pag. 585. art. 7. Dici vero videtur *Plaga ad bannileugam*, quod banno seu exsilio extra *bannileugam* mulctaretur : et quidem opponitur capitali supplicio. *Plague*, pro *Plage*, in Lit. remiss. ann. 1470. ex Reg. 196. Chartoph. reg. ch. 356.

* Plagam Conjurare, Vulnus sortilegio curare. Vide supra in *Conjurium.*

Plaga, *liber*, in Glossis antiquis MSS. Vide *Plagia.*

¶ Plaga, Modus toni musici. Vide *Autentus*, 3.

* 2. **PLAGA**, f. pro *Plagia*, Locus vacuus ædificationi aptus. Charta ann. 1203. in Hist. Ms. monast. S. Andr. Avenion. fol. 38. v°. : *Concessit.... ut castellum in eo construeret, ea tamen lege, ut quicumque domos ibi vellent ædificare, duos nummos usitatos de singulis parietum, vulgari mensura definitorum, Plagis, annuatim... penderent.* Vide infra *Plaidura.*

* 3. **PLAGA**, *Corda qua navis trahitur vice remi.* Glossar. Provinc. Lat. ex Cod. reg. 7657.

PLAGARE, Plagas inferre, vulnerare. Lex Salica tit. 19 : *Si quis hominem in capite Plagaverit, etc.* Lex Alamann. tit. 65. § 31 : *Si quis in geniculo transpunctus fuerit, aut Plagatus, etc.* Adde Legem Ripuar. tit. 4. Leges Bajwar. tit. 1. cap. 8. 10. Edictum Rotharis Regis Longob. tit. 44. tit. 104. § 1. [** 128. 314.] etc. Constantinus in Vita S. Germani cap. 16 : *Ipsis iratis Plagatus fuisset.* Hist. Miscella : *Qui plagatus mortuus est.* Theophanes πληγείς. Utitur vetus interpres Juvenal. Sat. 6. v. 652. Sat. 13. v. 113. [et Canon. 58. inter Hibern. apud Marten. tom. 4. Anecdot. col. 18. *Plaier* apud Poetas nostrates. Le Roman *de la Rose* MS. :

> Qui de cele fleiche est Plaiés,
> Son mal en est miex emplaiés.

Le Roman *d'Athis* MS. :

> Deux Roys leur a dèschelvaulchiez,
> L'un fut mort, et l'autre Plaiés.

Le Roman *de la guerre de Troyes* MS. :

> M'avez en champ mult esmaié,
> Et encors navrez et Plaié.]

Plagiare, Eadem notione. Leges Alvredi Regis West-Sax. cap. 51 : *Si quis in testiculis Plagietur, etc.* Mox : *Si quis homini manum extra Plagiaverit, etc.* Ita etiam in Legibus Henrici I. Regis Angl. cap. 93.

* Nostris *Player.* Lit. remiss. ann. 1380. in Reg. 118. Chartoph. reg. ch. 1 : *Icellui Aubert Brun, George Roux.... issirent audehors de la ville de Paloise, où ilz trouverent lesdiz Anthoine et son filz, qui Playerent et navrerent à sanc et à playe.*

** Plagatus, Vehementi morbo prægravatus, leprosus, etc. Summa privilegiorum quibus fratres S. Antonii gaudent apud Haltaus. in Glossar. German. voce *Geplagte Leute* col. 661 : *Quod per universum mundum possunt et debent colligere eleemosinas Christi fidelium, pro sustentatione pauperum et infirmorum igne sacro seu infernali Plagatorum in hospitalibus eorum degentium.* Infra : *Pauperibus Plagatis in hospitalibus S. Anthonii degentibus largiter subveniant et subsidia ministrent.*

¶ **PLAGARIUS**, Chirurgus, qui curat plagas. Papias MS. Bituric : *Aliptes, sculptor vel Plagarius, id est plagas curans.*

* Glossar. Provinc. Lat. ex Cod. reg. 7657 : *Mege, Prov. medicus, Plagarius.*

¶ **PLAGATURA**, Vulnus, plaga. Chron. Mosomense tom. 7. Spicil. Acher. pag. 627 : *Immensitatem considerabant dolorum et Plagaturæ ipsius.*

* **PLAGEA**, Ora, æstuarium, vel etiam campus planus. Charta ann. 1272. apud Lam. inter not. ad Hodœpor. Charit. part. 2. in Delic. erudit. pag. 402 : *Habeant, teneant, usufructent rigariam et portum, ripam, Plageas et penditias, etc.* Vide mox *Plagia* 1.

* **PLAGEAGIUM**, Vectigalis species. Charta Joan. episc. Carnot. ann. 1114. ex Tabul. ejusd. : *Concessit... quod ipsi* (monachi Tironenses) *a tolturis, platragiis* (alias *Plageagiis*) *deablagiis, boissellagiis.... liberi sint et immunes.* Vide infra *Plassagium* 1.

¶ **PLAGEARIUS.** Vide *Plagium.*

PLAGELLA, Furfur panis, in Gloss. Medico MS. Reg. Cod. 1486. Gariopontus lib. 2. cap. 26 : *Et nitrum et salem cribellatum cum melle in Plagella imponis.* Cap. 59 : *Stercus columbinum, mellis quod sufficit, cum calida Plagellà, imponis.* Adde lib. 3. cap. 18. 39.

1. **PLAGIA**, Ora, æstuarium, vel etiam campus planus, Italis *Piaggia*, vel *spiaggia.* Servius in Virgil. : *Statio est, quam Plagiam dicunt.* Gregorius M. lib. 8. Epist. 39 : *Monachos Monasterii Gazensis, quod situm est in Plagia.* Chronicon Farfense : *De curte in Aciano, quæ fuit Scaptolphi, et de curte in Plagia loci, qui dicitur Brezzenanus.* Isidorus Pacensis æra 680. de quibusdam oppidis : *Quæ supra Ægyptum in eremi adjacent Plagiis.* Vetus Charta apud Baron. ann. 1019. num. 8 : *De terris, campis, pratis, pascuis, atque silvis, montibus, et collibus, Plagiis, et planitiis, etc.* Tabularium Narbonense ann. 1250 : *Fecit piscari Bruginam in stagno in præjudicium nostrum; cum exeat in Plagiam nostram.* [Charta ann. 1460. in Tabul. Piscator. Massil. : *Quod nulla persona... præsumat piscari... a faroto usque ad Plagiam portæ Gallicæ inclusive.* Mirac. MSS. Urbani V. PP. in Tabul. S. Victoris Massil. : *In una galea navigando in Plagia Romano habebat febrem pestialem.*] Occurrit præterea in Charta Pisana apud Guesnaium in Annalib. Massil. ann. 1312. n. 4. apud Nicolaum Villaneum pag. 6. etc. [et alios Scriptores Italicos passim.]

* Charta ann. 1290. ex Chartoph. Occit. : *Jus locandi.... venationes et piscationes, quæ ibi sunt et fuerunt in Plagia maris et in alta maris, et in aqua Rodani.* Vide supra *Plagea.*

Plaga, Eadem notione. In Charta Ludovici Pii Imperat. apud Mabillonium in Notis ad Vitam S. Benedicti Anian. pag. 224 : *Item in eodem pago illos segos, cum ipsa piscatoria, et Plagis maris, et fiscum nostrum adhærentem illis, etc.* Hieron. in Zachar. cap. 2 : *Plagæ orbis, quas Græci appellant κλίματα.*

* 2. **PLAGIA**, Pæderastia. Stat. Mantuæ lib. 1. cap. 22. ex Cod. reg. 4620 : *D. potestas Mantuæ.... cognoscere possit de masculorum falsitatibus, quibuscumque Plagiis, sodomia et quoquo modo luxuriantibus contra naturam, etc.* Vide in *Plagium.* 2.

* **PLAGIARE**, Plagius, pro *Plegiare*, Fidejubere, et *Plegius*, fidejussor. Charta Regn. dom. Baugiaci ann. 1236. inter Pro-

bat. ult. Hist. Trenorch. pag. 198 : *Promisi.... liberare.... omnes illos, qui erant Plagiati in manu mea, pro redemptione et expensis factis in prisona mea.... Posset dictus abbas cum mandato domini regis nantare Plagios constitutos super quingentis marcis.* Vide aliis notionibus in *Plagare* et *Plagium* 2.

¶ **PLAGIARE**, PLAGIARIUS. Vide *Plagare* et *Plagium* 2.

* **PLAGIARIUS**, *Quello che fa rete, e piage*, in Glossar. Lat. Ital. Ms. Vide alio significatu in *Plagium* 2.

* **PLAGIATOR**, *Lo seductore*, in eodem Glossar. Vide in *Plagium* 2.

¶ **PLAGIO**, inter vestes sacras reponitur in Testamento Andreæ Episc. Dertonensis exarato Hugone et Lothario in Italia regnantibus, apud Ughellum in Append. tomi 4: *Facistergios 2. ara unam, Plagione duos, velo uno, calices argenteos duos cum patenis, etc.*

PLAGITATUM, Idem quod *Placitatum*. Charta 64. ex Alamannicis Goldasti : *Sub ea ratione, ut easdem res ad me recipiam, annisque singulis exinde vobis censum persolvam,... ita tamen volo habere apud vos Plagitatum, sicut et in priori mea traditione sonat, ut nulli unquam in beneficium concedantur.*

¶ **PLAGITIA**, Piscis species, in Medic. Salernit. pag. 180. et 182. An idem quod *Plagusia*, genus conchæ, apud Plautum, an potius *Plada?*

¶ 1. **PLAGIUM**, Plaga, regio. Epist. Philippi Reg. Franc. ann. 1270. tom. 2. Spicil. Acher. pag. 568 : *Nondum tamen his minime contentus mundanæ hujus Plagii pestilentiæ non reliquit.*

2. **PLAGIUM**, PLAGIARE, PLAGIARIUS, dicitur de eo, qui mancipium alienum, vel hominem liberum pro mancipio distrahit ac vendit. Edictum Theoderici cap. 81 : *Si quis nesciens a plagiatore mancipia comparaverit, reatu Plagii non potest obligari.* Lex Wisigoth. lib. 7. tit. 3. § 2 : *Si quis ingenuus servum alienum vel ancillam alienam Plagiaverit, etc.* Adde § 3. 4. 5. 6. *Usurpaverit*, in § 1. Lex Salica tit. 41. § 2 : *Si quis servum alienum Plagiaverit : id est, per circumventionem de servitio domini sui abstraxerit, et trans mare, sive in quamlibet regionem ipsum duxerit, etc.* In Lege Frisionum titulus 21. *de Plagio*, inscribitur, in quo agitur de eo, qui hominem nobilem aut liberum extra patriam vendiderit.

* Charta Phil. IV. reg. Franc. ex Reg. A. Cam. Comput. Paris. fol. 47. v°. : *Sed et crimen Plagii dolorosius committentes, utriusque cessus* (sexus) *impuberes juveniles aliasque personas ad ipsos hostes dampnabili transfretatione producunt.*

PLAGIARIUS, in Glossis antiquis MSS. : *Qui inducit* (leg. *seducit*) *pueros, et sollicitat servos alienos. Mancipiorum alienorum distractor, abigeator, qui mancipium aut pecus alienum seducendo distrahit.* Alexander Nequam :

Qui pueros vendis, Plagiarius est tibi nomen.

¶ PLAGEARIUS, apud Mabillon. tom. 5. Annal. pag. 29. ex Epist. Widrici ad Heinricum Imper. : *Quidam suorum nostros, sanctum corpus sustentantes, tantis verberibus affecerunt, ut loculus Sancti sanguine vulneratorum pollueretur. Heu! quot servos et fideles ecclesiæ nostræ Plagneariis suis captivos tradidit.*

* **PLAGIUS**, pro *Plegius*. Vide supra in *Plagiare*.

¶ **PLAGULÆ**, *Funiculi retium, superne aut inferne discurrentes. Item, latera seu lacinia in veste et tota vestis ex Plagulis constans. Iris. Item, latera et transversa quæpiam.* Laur. in Amalth. ex Lexic. Phil.

PLAIA. [* Clivis. Acad. Crusc. *Piaggia.*] Charta Alphani Archiepiscopi Salernitani ann. 1071. apud Ughellum : *Construere fecerunt Ecclesiam.... in Plaia montis.* [Chron. Farfense apud Murator. tom. 2. part. 2. col. 599 : *Concesserunt in Plaia ad Racaneta modios quinque, et inter vallem Acutianam, etc.*] Vide *Plagia.*

* **PLAIDURA**, Locus vacuus ædificationi aptus, idem quod supra *Amplastrum* et *Plaga* 2. nostris *Pledure*, pro *Emplacement*. Charta ann. 1354. in Reg. 84. Chartoph. reg. ch. 822 : *Cum domibus, albergamentis,..... aysinis, Plaiduris, pertinentiis et sequelis et aliis juribus quibuscumque.* Charta ann. 1487 : *Recognovit tenere.... quamdam domum cum medietate cujusdam Playduræ ad invicem contiguæ.* Vide infra *Pleduira*.

* **PLAIGA**, Pari intellectu. Charta ann. 1182. apud Ughell. tom. 1. Ital. sacr. edit. 1717. col. 1238 : *Hortum, qui est ante portam prædictæ civitatis Signinæ, cum Plaigis et longara et omnibus utilitatibus.* Vide supra *Plaga* 2.

PLAINTAGIUM, Tributi species. Tabularium Episcopatus Autissiodor. : *Clerici, Milites, Religiosi non debent rouagium; Plaintagium, nec minagium, nisi modient.* Vide *Modiare* in *Modiatio*.

☞ *Plaintagium* idem esse quod *poulenagium* conjicere licet ex iis quæ in eodem Tabular. leguntur : *De Plaintagio et minagio de iis qui sunt de villa et extra. Omnes tam foranei quam de villa qui adducunt vinum ad portum villæ, dolium debet* VI. *den.* IV. *den. pro Poulenagio et* II. *den. pro minagio.* Vide *Polanus*.

¶ **PLAISAITIUM**, Locus palis seu virgulis implexis conclusus, vel silva sepibus clausa, *Plessis* nostris. Tabular. Veterisvillæ ann. 1213 : *Monachi Veteris-villæ habent de Jodoino filio Hamonis totam decimam suam, videlicet medietatem totius parochiæ, præter... Plaisaitium Gailechien.* Vide *Pleisseicium*.

¶ PLAISSICIUM, Eadem notione, in eodem Tabul. : *Filii Gualterii Trusser dederunt abbatiæ Veteris-villæ totum Plaissicium suum et motam et sedem molendini et totam terram quæ est intra fossatum quod cingit ipsum Plaissicium, et exit a capite Plaissicii et pergit in Coldreiam.*

* **PLAISARE**, male lectum, ni fallor, pro *Plaitare*, Pactum inire. Vide hanc vocem in *Placitum*. Charta ann. 1239. in Chartul. archiep. Bitur. : *Ordinamus et dicimus, quod Guillelmus et successores ejus non poterunt de cætero vendere, dare vel tollere; sed poterunt Plaisare ad deffensionem terræ.*

¶ **PLAISSIA**, Sepes ex virgulis implexis confecta, rusticis Dombensibus *Plaissay*. Charta ann. 1379 : *Juxta pratum dicti Petri quadam Plaissia intermedia.*

* *Plaiz*, eodem significatu, in Lit. remiss. ann. 1474. ex Reg. 204. Chartoph. reg. ch. 90 : *Les supplians demanderent pourquoy ilz copoient et rompoient le Plaiz de leur clos.* Aliæ ann. 1479. in Reg. 205. ch. 279 : *Pour la conservation des fruiz de laquelle terre ou verguhe, les supplians fermerent et clouyrent icelle terre ou verguhe de Plaix. Plassis*, eodem sensu, in aliis Lit. ann. 1454. ex Reg. 191. ch. 64 : *Pour faire ung Plassis et clousture de leurs terres, blez et prez, etc.* Hinc

* **PLAISSIARE**, *Plaissiis* seu sepibus includere. Charta ann. 1247. in Chartul. Buxer. part. 19. ch. 7 : *Pars illa nemoris, quæ remanet inter.... metas positas ibidem, non permittetur crescere, sed debent illud Plaissiare abbas et conventus sæpefati.* Vide *Plaxitium*.

PLAITARE, PLAITUM. Vide *Placitum*.

PLAITIA. Statuta antiqua Canonicorum S. Quintini in Viromand. : *In die Cœnæ Domini debet Hospitalaris* 10. *sext. frumenti et* 4. *Plaitias unicuique domino, et* 13. *Plaitias minutis officiis.* [Placentæ genus videtur.]

* **PLAKETUM**, Canaliculus, per quem aqua fluvii in terras decurrit, nostris alias *Plache*. Charta Gaufr. episc. Ambian. ann. 1236 : *Per arbitralem sententiam pronuntiamus haustoria, Plaketa, vergnas, pontes debere fieri de licentia decani et capituli Ambianensis in rivis Ambianensibus, a ravina usque ad Goudran.* Alia ann. 1364. ex magn. Chartul. nig. Corb. fol. 112. v°. : *Deviens avoir l'aaisement et usage de aler et venir à navel, portans quatre muis et demi de blé, de nostre manoir à la riviere de Somme parmi le flaque ou Plache, estant au derriere de nostredit manoir.* Vide supra *Plachetum* et *Planketa* in *Planca*.

¶ 1. **PLANA**, Planities, planus ager, Gall. *Plaine*. Charta ann. circiter 1215. apud Calmet. tom. 2. Hist. Lotharing. inter Instr. col. 11 : *Quicumque vero Abbas sit Senoniensis villicos, decanos, forestarios, scabinos, et etiam ecclesiarum S. Mauritii, S. Joannis, de Plana, de Wipodi cella, matricularis ponet et deponet.* Hinc

¶ PLANA PATRIA, Regio planis spatiis porrecta, Gall. *Plat païs*. Charta Johannis Reg. Franc. ann. 1363. in Chartophylacio Regio Reg. 95. num. 6 : *Tempore commotionum gentium Planæ Patriæ contra regni Nobiles.*

¶ 2. **PLANA**, a Gall. *Plane*, Dolabra duplici manubrio instructa. S. Willel. Constit. Hirsaug. lib. 1. cap. 25 : *Pro signo securis, dolabri, runcinæ, terebri, Planæ, præmisso signo metalli, simula quod competentius possis operantem in eis.*

¶ PLANARE, *Plana* excolere, adæquare, Gall. *Planer*. Vita MS. S. Wenvaloei fol. 76 : *Quidam cum securibus ligna concidere, et dolatoriis Planare, etc.*

¶ 3. **PLANA**, ab Ital. ut videtur, *Piana*, Trabs, Gall. *Solive*. Statuta datiaria Riperiæ cap. 12. fol. 5 : *De qualibet libra æstimationis cujuslibet Planæ pro exitu denarii sex.*

* 4. **PLANA**, *Instrumentum ferreum, quo pergamenistæ præparant pergamenum.* Glos-

sar. Lat. Gall. ex Cod. reg. 7679. *Plaine*, inter instrumenta artis veterinariæ recensetur, in Lit. remiss. ann. 1391. ex Reg. 141. Chartoph. reg. ch. 52 : *Une hachete, une gouge quarrée, une Plaine,.... iceulz ostilz l'exposant emporta* (de la boutique d'un marechal). *Plenne*, pro *Plane*, dolabræ species, in aliis Lit. ann. 1414. ex Reg. 167. ch. 473 : *Certains ferremens à faire pipes à vin, c'est assavoir un ferrement, appellé un fer de Plenne.*

* **PLANALIUM**, Platea, Gall. *Place*, quod sit locus planus, sic dicta. Lit. remiss. ann. 1386. in Reg. 129. Chartoph. reg. ch. 41 : *Cum ipse Johannes.... audivisset tumultuare, quod in Planalio dicti loci Guiniaci, Deodatus Vassalli, ejus consobrinus germanus, a quibusdam interficiebatur, confestim ad dictum Paniolum* (sic) *accessit. Plain*, eodem sensu, in aliis Lit. ann. 1395. ex Reg. 147. ch. 266 : *Au plain, au plain; ne nous entrebatons point au cymetiere.*

PLANARATI, Gallis, genus vomeris, quod duabus rotulis nititur ad arandum terram. Vide Plin. lib. 18. cap. 18. Cluverium lib. 1. German. Antiq. pag. 57. et Joan. Gryphiandrum de Weichbildis Saxonic. cap. 28. num. 9.

¶ 1. **PLANARE**, Adæquare, planum reddere; item demoliri, subvertere. Burchardus in Epist. de Excidio Mediolan. apud Murator tom. 6. col. 915 : *Conventio talis erat : totum fossatum Planare, muros et omnes turres destruere, etc.* Laurentius Veron. ad ann. 1104. ibid. col. 158 :

Ut castella trabant Pisani mœnia sternunt,
Urbeque de capta Planant obstantia quæque.

¶ PLANARE, Eradere, expungere. Consuet. antiquæ Canon. Regul. cap. 15. apud Marten. Collect. novæ part. 1. pag. 317 : *Nullus ingrediatur coquinam, excepto cantore et scriptoribus ad Planandam tabulam, aut faciendum incaustum, ad exsiccandum pergamentum.* Vita B. Notkeri tom. 1. April. pag. 593 : *Videt iterum diabolum manu celerrima quod scripserat Planasse.* Vide *Plana* 2.

* Hinc nostris *Planer*, pro *Défalquer*; de summa deducere. Charta Ludov. comit. Fland. ann. 1331. ex Chartul. 2. Fland. ch. 573. in Cam. Comput. Insul. : *Nous avons mandé..... à tous nos reneurs.... qu'il Plaissent et ostassent de nos gros briefs de renenghe.... cinquante quatre livres, etc.*

¶ 2. **PLANARE**, Decipere, in errorem inducere, a Græc. πλανάω, seduco. Vide *Implanare.*

¶ **PLANARIS**, Planus. *Planaris figura*, apud Mart. Capellam lib. 1.

¶ **PLANARIUS**, dicitur de eo quod fit in plano, vel in ipso temporis articulo. *Planaria interpellatio*, apud Constant. leg. 4. C. de dilat. Ammianus lib. 19. cap. 5 : *Viri ad Planarios conflictus apti.*

¶ **PLANATORIUM**. Vide *Plantata.*

* **PLANATORIUM**, *Rabot*, in Glossar. Lat. Gall. ex Cod. reg. 7684.

* **PLANATURA**, Locus vacuus ædificationi aptus, idem quod supra *Plaidura*. Charta ann. 1265. in Reg. feud. Aquit. ex Cam. Comput. Paris. sign. JJ. rub. fol. 47. r°. : *Quitaverunt omnes Planaturas, manamenta, plateas, domos et lapides, quæ sunt in castro Podii Willelmi.*

PLANCA, Tabula plana. Festus : *Plancæ, tabulæ planæ, etc.* Charta Libertatum urbis Teneræmundæ cap. 20. apud Lindanum : *Quicumque per vim feminam violaverit, et super hoc veritate coram Scabinis convincatur, ei collum cum assere, qui vulgo nominatur Plancke, debet abscidi.* Utuntur Plinius lib. 8. cap. 43. Acta SS. Marcelli PP. 16. Januar. Anastasius in eodem S. Marcello pag. 11. Petrus Damian. in Vita S. Romualdi, Anonymus de Miracul. S. Ursmari num. 23. Jus feudale Saxonum cap. 39. § 11. etc. Observat Joannes Lucius ad Vitam S. Joannis Traguriensis, *Plancas* appellari superficies planas, indeque id nominis hyllidi, seu promontorio Diomedis, vel potius rupi, juxta Tragurium dari ab Auctore illius Vitæ.

* PLANCA, PLANGA, Tabula, in qua merces venum exponuntur, mercatorum sedes et apotheca, Gall. *Etal.* Charta ann. 1058. apud Murator. tom. 1. Antiq. Ital. med. ævi col. 190 : *Concedimus in eodem archiepiscopio, ut quando tu et successores tui et pars jam dicti archiepiscopii volueritis intra ipsas terras et cavas et potechas in ipsa platea, Plangas secus eas ponere faciatis et habere quantas volueritis, et in ea lignamina rigere et habere, et super eas ædifigia qualiter volueritis, et in ipsis terris et casis et potechis et Plancis, quot volueritis, homines ordinare licentiam habeatis, et carnes et alia mercimonia in eis mercimoniare et vendere et emere, quantas tibi tuisque successoribus et pars ipsius archiepiscopii placuerit.* Vide eamd. Chartam editam ab eod. Murator. ibid. tom. 2. col. 12. *Planca piscium*, apud Cencium inter Cens. eccl. Rom. Mss.

* PLANCA, ubi de equo calceando sermo est, in Comput. ann. 1334. inter Probat. tom. 2. Hist. Nem. pag. 87. col. 2 : *Antequam dictus dom. Petrus Ruphi recederet a Nemauso, fecit ferrari suum ronsinum una Planca et uno ferro.* Ubi legendum forte *Planta* vel *Plata.* Vide infra in *Plata* 1.

¶ PLANCA MOLENDINI, Qua continetur aqua molendini. Charta ann. 1192. inter Consuetud. Tolos. : *Prohibetur ipsis.... ne stacarent molendinos in rippis, nec ibi mitterent Plancas.* Charta ann. 1223. in Chartul. S. Vandreg. tom. 1. pag. 953 : *Masura illa quæ sita est apud Caudebec juxta masuram Landrici de Boute ex una parte et Plancam molendini Caverois ex alia.*

¶ PLANQUA, Eadem notione, in Charta apud Stephanot. tom. 3. Antiq. Bened. Pictav. MSS. pag. 605 : *Terra supradicta Despineia ita terminatur sicut aqua currit,... et de altera parte usque ad viam quæ incipit a Planqua usque ad calfurnum.*

¶ PLANKETA, in Tabular. S. Quintini in Insula ann. 1223 : *Construi fecerunt sub illis tribus arcubus.... tria paria Planketarum lignearum cum ventaliis ligneis.* Vide suo loco.

¶ **PLANCARE** DOMUM, Repagulis ac septis ex *plancis* seu tabulis domus introitum obstruere, ne in eam aditus pateat : quod in signum *banni* seu proscriptionis fieri solitum videtur; interdum *barris* seu repagulis ferreis idem præstabatur, et tunc domum *ferrare* dicebant vel *barreiare*, ut est in Statutis Arelat. MSS. art. 141. quod suo loco de *barris* seu signis, quibus domus proscripta notabatur, minus bene sumus interpretati. Charta Ludovici II. Reg. Siciliæ : *Nec non et qui contra ecclesias sive capellas, aut clericos sive personas ecclesiasticas, vel domos religiosas, aut hospitalia sive reclusoria, vel leprosarias quomodolibet edere vel facere quævis statuta seu banna, vel præconisationes aut novitates quascumque,... sive domos ecclesiarum aut clericorum seu personarum ecclesiasticarum occasione quacumque ferrare sive Plancare, seu eorum bona quæcumque bannire, etc.* Vide *Placare* 2.

¶ **PLANCATIO**, Tabula. Charta Petri de *Roteys* Vicarii Tolos. ann. 1272. inter Consuetud. MSS. ejusdem urbis : *Quod Plancationes v. palmorum habeant unum palmum de amplo.* Vide *Planco.*

PLANCATUM, Tabulatum, *Plancher*, asserum compages. Vita MS. S. Ambrosii Episcopi Cadurcensis : *Discipulus autem vehementer composuit Plancatum super eum, ut nihil appareret.* Sugerius lib. de Rebus in administr. sua gest. cap. 16 : *Domus.... miserabiliter corruit, ut etiam.... Plancatum solarii, et tonnas inferioris promptuarii et vasa vinaria omnino confregerit.* [Chron. Andrense ad ann. 1234 : *Quidam monachus de hujus Ecclesiæ custodibus, Simon nomine, dum nocturno tempore super prioris Ecclesiæ Plancatum cum sua lanterna discurreret,... cujusdam foraminis immemor, quod erat in Plancato, unde ligna sursum trahebantur, aut deorsum demittebantur, per ipsum miserabiliter cecidit.*]

PLANCATUM, Domus ipsa *plancis* instructa et constructa. Tabularium Abbat. Belliloci in Lemovic. num. 24 : *In primis Ecclesia nostra indominicata, quæ est fundata in honorem S. Dionysii, cum ipsa curte, quæ vocatur Lensiacus, cum omnibus ad se pertinentibus, cum ipsa curte, et cum Plancato, cum mansionile, ubi Donandeus visus fuit manere, cum ipsa vinea, vel cum terris ad ipsum Plancatum pertinentibus, etc.*

¶ PLANCATUM, Cella superior, *Chambre haute.* Charta ann. 1191. ex Schedis Præs. de *Mazaugues* : *Acta sunt hæc apud Avenionem in præsentia dom. Rostagni ejusdem civitatis Episcopi, in domo ejusdem, in Plancato subscripta ante ostium S. Stephani.* Tabular. Eccles. Carpentor. sæc. 12. et 13. : *Actum Carpentoracte in stari dom. Episcopi in Plancato super cameram inferiorem.* Ibidem : *Lata fuit ista sententia in curia Carpentoratensi in Plancato curiæ.*

* **PLANCELLA**, diminut. a *Planca*, Tabula plana, asser. Charta ann. 1386. in Access. ad Hist. Cassin. part. 1. pag. 425. col. 1 : *Item tenentur homines dictæ terræ... portare lignamina grossa pro ponte, et Plancellas.... pro dicto molendino.*

¶ 1. **PLANCHA**, PLANCHIA, Modus agri, maxime qui in longum protenditur vel in plano situs. Tabular. Veteris-villæ ann. 1213 : *Monachi Veteris-villæ habent decimam quatuor jornalium terræ ad Plancham Amauri.* Tabul. B. Magdal. Castrodun. ann. 1220. fol. 24 : *Concessi abbati et conventui B. Magdalenæ.... censum vineæ de Santlievée.... et centum duarum Plancharum sitarum ultra lidum juxta Buxeriam.* Ibidem fol. 39 : *Præterea dimidium arpentum et unam Planchiam vineæ in clauso meo de Lanercio, etc.* Litteræ Philippi III. Reg. Franc. ann. 1273. apud Lobinell. tom. 3. Hist. Paris. pag. 25 : *Terram quæ est in Vanneria, vel ad Planchias de Mibray.*

* *Planche*, eadem notione, in Lit. remiss. ann. 1479. ex Reg. 206. Chartoph. reg. ch. 249 : *Pour le labour d'une demy Planche de terre, qu'il lui avoit labourée par plusieurs années.*

¶ 2. **PLANCHA**, PLANCHIA, Tabula plana, a Gall. *Planche*, in Tabular. Episcopat. Autissiod. mox laudando in *Planchagium.* Charta ann. 1395 : *Pro Planchiis molendinorum* 12. *sol.* Vide *Planca.*

* *Plancher*, eodem sensu, in Lit. remiss. ann. 1460. ex Reg. 190. Chartoph. reg. ch. 86 : *Dix huit ou vint pieces de Plancher, deux quarterons de sercle, etc.*

¶ **PLANCHAGIUM**, Tributi species, quod pro *planchis* exsolvitur. Tabul. Episcopat. Autissiod. : *In Planchagio et rougio habet Episcopus* I. *den. Comes* I. *den. Vicecomes* I. *ob. scilicet plancha* II. *den. catena* II. *den. charrus* V. *den. cadriga* II. *den. et ob.*

* **PLANCHEARIUM**, Pons ligneus seu ex *planchis* confectus. Charta ann. 1197. ex Tabul. S. Petri Carnot. : *Hominibus de burgo S. Romani, ubi voluerint molere et Planchearia super aquam meam habere,.... concedo et concessi.* Vide infra *Planchia.*

* 1. **PLANCHERIUM**, Eodem intellectu. Charta ann. 1202. ex Chartul. S. Joan. in valle : *Confiteor quod tertiam debeo mittere portionem a Plancherio molendini et subtus, etc.*

* 2. **PLANCHERIUM**, Cella superior, Gall. *Chambre haute*, alias *Plancher* et *Planchier.* Vide in *Plancatum.* Lit. remiss. ann. 1394. in Reg. 146. Chartoph. reg. ch. 152 : *Considerato quod hostium sui hospitii erat apertum, et quod tutius esset in superiori parte, videlicet in Plancherio hospitii prædicti.* Aliæ ann. 1390. in Reg. 140. ch. 65 : *Icellui exposant beust.... avecques pluseurs compaignons.... en une des loges ou Planchier d'icellui hostel; et en la chambre dessoubz eulx Colart le Maistre, Pierrot et Huet buvoient.* Rursum aliæ ann. 1391. in Reg. 141. ch. 139 : *Le suppliant se bouta en une chambre de ladite maison et y geust celle nuit sur un lit jusques environ le jour, et lors se leva et ala dessus le Plancher de l'escriptoire dudit de Lainques, en laquelle il avoit acoustumé de mettre sa finance;.....et dudit Plancher desterra et osta un trapen, etc.* Hinc *Planchier*, Tabulatum, sive ex *Plancis*, sive ex terra aut gypso construere. Charta ann. 1364. in Reg. 96. ch. 75 : *Item lesdiz habitans porront prendre terre esdiz pastiz.... pour Planchier ou faire planchiez, etc. Planchiere* vero, pro Projectura, prominentia ex *plancis* confecta, vulgo *Saillie, avance.* Charta ann. 1391. in Reg. 141. ch. 97 : *Dessoubz les avantages ou Planchieres et combles d'icelles maisons.*

* **PLANCHETIUM**, Locus *planchis* seu asseribus clausus. Charta ann. 1170. inter Instr. tom. 12. Gall. Christ. col. 50 : *Dono.... totum clausum vineæ, quod ipsi fecerunt et in fosseto cinxerunt in Planchetio meo, quod quondam fuit firmitas castelli Montisargi, antequam muro clauderetur.*

* **PLANCHIA**, Pons ex *planchis* seu asseribus confectus, idem quod supra *Planchearium.* Charta ann. 1225. in Chartul. Arremar. ch. 218 : *Dominus Caparum dedit monachis Arremarensibus licentiam perforandi murum ejusdem castri, contiguum porprisio eorum, et facere Planchiam sive pontem per fossatum, etc.* Aliis notionibus, vide in *Plancha* 1. et 2.

¶ **PLANCHILLA**, diminut. a *Planca.* Statuta Astens. Collat. 16. cap. 74. fol. 53 : *Si quis cum aliquo habet domum vel aliud hedificium commune, cujus.... trabes, lignamina, tegule, Planchille, vel aliquid aliud videatur minari posse ruinam, etc.*

* **PLANCHONEIA**, Ager ramalibus salicum, *Plançons* dictis, consitus. Charta S. Ludov. ann. 1226. in Cod. reg. 5149. fol. 1. v° : *Quittavimus.... xlvj. arpenta et dimidium ad eandem similiter perticam in Planchoneia nostra sub S. Martino in colle. Pleon*, eodem sensu, in Charta ann. 1328. in Reg. donor. Car. IV. et Phil. V. ex Cam. Comput. Paris. fol. 30. r° : *Item l'erbe des prés de Brio et la Pescherie de la riviere d'Isme, les Pleons et les soloies d'environ.* Vide mox *Plancio* 2.

¶ 1. **PLANCIO**, Tabula plana, *Planche.* Statuta Avenion. MSS. : *Intelligimus ligna, trabes, Planciones, latas, redortas, amarinas, et alia quæ in nemoribus colliguntur.*

* 2. **PLANCIO**, Talea, Gall. *Plançon.* Stat. Avenion. Mss. ex museo meo fol. 44. v° : *Statuimus quod si aliquis Planciones, vel alias arbores non fructiferas, de dic eradicaverit, vel inciderit, etc.* Reg. 34. bis Chartoph. reg. part. 2. fol. 137. v°. col. 2 : *Et si secarent ibi Planciones, caperentur.*

PLANCO, ex Gall. *Plançon.* Inquesta de foresta in Regesto Philippi Aug. fol. 126 : *Quando faciebat scindere branchias aut Plancones in suo bosco, etc.* [Le Roman de la *Rose* MS. :

> Li un des ars fu d'un Plançon
> Longuet et de bele façon.

Vide *Plansonus.*]

¶ **PLANCO**, Asser, Gall. *Soliveau, Chevron.* Charta Petri de *Roteys* Vicarii Tolos. ann. 1272. inter Consuet. MSS. ejusdem urbis : *Quod Plancones de cor et de fagio habeant* IV. *palmos de longo et medium pedem de amplo ad minus.* Vide *Plancatio.*

* **PLANCQUARIUM**, Tabulatum, Gall. *Plancher*, alias *Plancquier.* Vide supra *Asseratum.* Comput. fabr. S. Petri Insul. ann. 1507. ex Tabul. ejusd. eccl. : *Datum Johanni Nollart carpentario pro omnibus partibus lignorum pertinentium, tam ad tectum librariæ, quam ad Plancquarium, cccxxvij. lib. viij. sol.*

¶ **PLANCTA**, PLANCTUOSUS. Vide *Planctus.*

¶ **PLANCTURIA**, Querela judiciaria. Formulæ vett. apud Baluz. tom. 6. Miscell. pag. 546 : *Petimus ut hanc contestatiuncula seu Plancturia per hanc cartolas in nostro nomine collegere vel adfirmare deberemus.... ut cum hanc contestatiuncula seu Plancturia juxta Legum consuetudinem in præsentia vestra relata fuerit, etc.*

* Practicis nostris, *Complainte.* Placit. ann. 927. inter Probat. tom. 1. Hist. Nem. pag. 19. col. 2 : *Plancturia contra collecta ad aures publice per biduum vel triduum appendat, ut auctor vel defensator Fredeloni de castro Andusiense in ejus præsentia facimus Plancturiam, etc.*

PLANCTUS, Querela, ex Gallico *Plainte.* Occurrit in Epistola Gerardi Episcopi Camerac. ad Archidiaconos Leodienses. [Le Roman *de Vacce* MS. :

> D'une avision qu'ele vit
> Jeta un Plaint, si tressailli.]

PLANCTA, Eadem notione, in Statutis Ordin. Hospitalar. S. Joann. Hierosol. tit. 8. § 2. tit. 10. § 40. tit. 19. § 28.

¶ PLANCTUOSUS, Querulus, Gall. *Plaintif*, in Vita Vener. Idæ tom. 2. April. pag. 168.

¶ PLANCTUS VIRGINIS, Prosa quædam querula in honorem B. M. composita, quæ sic incipit : *Stabat mater, etc.* Quo ritu olim decantaretur in ecclesia B. M. Deauratæ Tolos. habemus ex vet. Ceremoniali MS. ejusdem Ecclesiæ : *Officium matutinorum incipitur hora meliori propter solempnitatem diei* (feria v. in Cœna Domini) *et propter gentium multitudinem et etiam propter Planctum beatissimæ Virginis Mariæ, quæ dicitur a duobus puerulis post Matutinum, et debent esse monachi, si possunt reperiri; ad hoc apti, sin autem dicetur a secularibus ad hoc fundati, monachisque deficientibus. Et omnes candelæ extinguntur post Matutinum, scilicet post Kyrie eleyson quod dicitur super altare cum versibus, excepta una candela quæ remanet accensa usque Planctus finiatur; ad denotandum quod in ista die tota fides remanserit in sola Virgine Maria, quia omnes discipuli erraverunt seu dubitaverunt secundum magis et minus, excepta Virgine Maria. Ita Planctus dicitur in cathedra prædicatorii, et debet esse coperta et circircumcinta de cortinis albis prædicta cathedra ad finem, quod dicentes sive cantantes prædictum Planctum non possint videri a gentibus, nec ipsi videant gentes, ut securius possint cantare sine timore, quia forte videndo gentes turbarentur.*

* **PLANCUS**, *Pedibus latis*, in vet. Glossar. ex Cod. reg. 7613. Vide in *Pedones.*

¶ **PLANE**, Lente, pedetentim, Italis *Piano.* Acta S. Franciscæ tom. 2. Martii pag. 143* : *Et iter facit per stylum ipsius Dei, Plane incedit, sed cito jungit.* Vide *Planum.*

PLANELLA, [Crepida, Ital. *Pianella*, Gall. *Pantoufle.* Statuta Placent. lib. 6. fol. 82. v°. : *Et de pari Planellarum ab homine ultra* III. *sol. Et dictæ Planellæ tam de homine quam de domina habeant corollos etc.*] Occurrit præterea apud Petrum de Crescentiis lib. 5. cap. extremo. [Vide *Planelli.*]

¶ **PLANELLARE**, Lapidibus sternere, pavire, pavimentare. Gall. *Paver.* Chron. Parmense ad ann. 1283. apud Murator. tom. 9. col. 803 : *Facti sunt omnes arcus sive voltæ pontis de Galeria, quæ fuerunt numero octo, et incollatus* (pons) *et Planellatus per Dei gratiam, et totus completus.* Ibidem col. 826. ad ann. 1294 : *Item eo anno platea communis de novo facta tota fuit per Commune Parmæ et Planellata.* Hinc

¶ Planellatio, Pavimenti structio, in eodem Chron. ad ann. 1284. col. 806 : *Pons dominæ Giliæ de Porta-nova expletus est, et constitit in summam* mmdv. *libras et solidos* vi. *imperiales ; et hoc sine Planellatione.*

¶ Planellatura, Eadem notione, ibidem ad ann. 1286. col. 810 : *Pons de Hentia de Strata Claudia completus fuit, præterquam de Planellatura.*

¶ **PLANELLI**, Crepidæ, Ital. *Pianella*. Cencius Camerar. in Cæremoniali MS. : *Cumque venerit* (Papa) *ad portam dictæ ecclesiæ exuit Planellos, et nudis pedibus vadit cum aliis in processione.* Ita Macri in Hierolex. Vide *Planella.*

* **PLANESIUM**, Planus campus, planities, Ital. *Pianezza*, Gall. *Plaine*, Provinc. *Planesteou*. Inquisit. ann. 1268. ex sched. Pr. *de Mazaugues : Confrontabatur et confrontatur cum dente Planesii, et a dicto dente protendebatur et protenditur usque gresium.* Ibidem : *Pascebat cum averi suo in Planes et in græso.* Rursum : *Pascebat oves... usque ad S. Gabrielem per Planesium. Planece*, eodem sensu, apud Guiart. ad ann. 1264 :

Sous Boniuant, en la Planece,
Ou tant a armes et richece,
Et ou l'en trait si druement,
Est hydeus l'envaissement.

PLANETA, Vestis sacerdotalis, quæ vulgo *Casula* dicitur, [unde *Planeta casula*, in Vita S. Ansegisi sæc. 4. Bened. part. 1. pag. 633. et 634.] Papias ex Isidoro lib. 19. cap. 24 : *Planeta Græce et Latine dicitur Casula, quæ totum tegit, vestis, dicta quod oris errantibus evagatur.* Gloss. Sax. Ælfrici : *Planeta*, Cæppe, i. cappa, seu pallium. Luithprandus lib. 6. cap. ult. : *Cui casulam, quam Planetam vocant, cum stola pariter abstulit.* Rabanus lib. 1. de Institut. Cleric. cap. 21 : *Casulam, Græci Planetam vocant.* Ivo Carnot. serm. 3. de Rebus Ecclesiast. : *His omnibus indumentis superponitur casula, quæ alio nomine Planeta vocatur.* Adde Innocentium III. PP. lib. 1. Myst. Missæ cap. 10. 42. 58. Hugonem a S. Victore lib. 1. de Sacram. cap. 50. Brunonem Signiensem de Vestim. Episcop. pag. 96. Baronium ann. 58. cap. 59. *Planetam B. Petri* Antiochia delatam, in Ecclesia S. Genovefæ Parisiensis olim asservatam, scribunt Hildebertus Cenomanensis, et Hugo Monachus Cluniacensis in Vita S. Hugonis Abbat. Cluniac. pag. 425. 442. ut et Sugerius in Epistolis. Testamentum S. Everardi : *Planetas duas, unam variatam, alteram de cendalo.* Infra : *Planetam diploidam unam, de cendalo unam, etc.* Anselmus Leodiensis cap. 29 : *Post hæc autem induunt eum, prout erat solitus indui, divino altari assistens, subucula scilicet linea, atque Planeta.* Herbertus de Miracul. cap. 9 : *Diacones Dalmaticæ fulgidæ decorabant, ipsosque Presbyteros Planetæ olosericæ insigniter adornabant.*

* Diaconis tribuitur in diebus jejuniorum. Consuet. monast. S. Emmer. Ratisbon. art. 21. ex Cod. S. Germ. Prat. 1074. 3 : *Dalmaticis tempore prandii et cœnæ utantur diacones, videlicet quando ad sextam reficitur tempore jejuniorum Planetis et casulis.*

Planetas etiam aliis, quam Sacerdotibus, [ipsis licet veluti proprium indumentum assignet Concil. Toletan. ann. 633. adscribunt Scriptores Ecclesiastici. Diaconis tribuit Joannes Diaconus lib. 2. Vitæ S. Gregorii Magni cap. 43 : *Cumque magi ex Planetatorum mappulatorumque processionibus magnum Pontificem cognovissent, etc.* Ubi *Planetatos* Diaconos, *mappulatos* Subdiaconos vocat. Clericis inferioribus author Vitæ B. Marcwardi sæc. 4. Benedict. part. 1. pag. 617 : *Est consuetudo loci, ut die sollemnitatis paschalis Clerici vespertinum celebrantes officium ita sacris induantur, ut in Missarum agitur celebratione. Factum est igitur, ut custos de more cum aliis indutus, lampades accensurus ecclesiæ procederet. Sed dum incaute progrederetur, positus sub lampadibus oleum lampadis cecidit, atque partem Planetæ qua forte indutus erat, non absque deformitate infecit.*] Laicis idem Joannes Diaconus lib. 4. de Vita S. Gregorii M. cap. 83. Gordiano nempe, et Silviæ ejusdem Pontificis parentibus : *Cujus Gordiani habitus castanei coloris Planeta est, sub Planeta dalmatica, in pedibus caligas habens, etc.* Adde cap. seq. Inter solitas ac seculares vestes reponit pariter S. Isidorus in regula cap. 13 : *Porro linteo non licet Monachum indui : orarium, birros, Planetas, non est fas uti, neque illa indumenta vel calceamenta, quæ generaliter cætera Monasteria abutuntur*, i. non utuntur. [Vita S. Fulgentii tom. 1. Januar. pag. 43 : *Tantum fides Nobilium crevit, ut Planetis suis super B. Fulgentium gratanter expansis, repellerent imbres.*] Huc denique spectant, quæ habet Cassianus de Hab. Monach. lib. 1. cap. 7 : *Et ita Planeticarum atque birrorum pretia simul et ambitionem declinant.* Nam *planeticam* diminutive a *Planeta* dictam hoc loco censent doctiores.

Planetatus, Planeta indutus. Guillelmus Bibliothecarius in Hadriano II. pag. 228 : *Omnibusque Clericorum Planetatis ordinibus, etc.* Vide supra.

Planetile. Epistola Basilii Macedonis Imperat. ad Hadrianum II. PP. apud Baron. ann. 871 : *Transmisimus autem vobis .... mulchumat unum, Planetilia castanea duo.*

Planeta cum Tintinnabulis. Charta Benedicti VIII. PP. ann. 1023. in Bullario Casinensi tom. 1. pag. 7 : *Obtulit Planetam purpuream optimam aureis listis* 12. *signa habentibus in circuitu.*

PLANETARII, Mathematici, Divini. S. Augustinus lib. 4. Confess. : *Illos Planetarios, quos Mathematicos vocant plane consulere non desistebam.* Utitur etiam Joannes Sarisberiensis lib. 2. Policrat. 19. 26. etc.

¶ **PLANETATUS**, Planetica. Vide *Planeta.*

¶ **PLANETICUS**, Qui planetarum vim patitur. Egidius Corbol. in Proœmio ad lib. de Urinis : *Ab hoc autem opere fugiant, qui Planetici sunt, et discursores alienis febribus imbuti.*

¶ **PLANETILE.** Vide *Planeta.*

¶ **PLANEUS** Pannus, Simplex, unius fili et texturæ, Gall. *Uni*. Statuta S. Severi MSS. ann. 1104. apud Stephanot. tom. 1. Antiq. Bened. in Vascon. pag. 485 : *Statutum etiam fuit quod qui pannos Planeos in villa venales habuerit octo den. annuatim Abbati persolvat.* Ejusmodi panni *plani operis* dicuntur in Excerptis e Johanne a Bayono de Abbatibus Mediani Monast. in Histor. ejusdem Abbat. pag. 242 : *Cortina ubi miracula Domini sunt depicta, et altera parvula ubi vita sancti Hidulphi depicta. Cortinæ Plani operis*, v. *dorsalia de lana. Drap plein*, vel *de lanure planive*, in Statuto ann. 1350. inter Ordinat. Reg. Franc. tom. 2. pag. 397 : *Que leur mestier d'œuvre rayée estoit plus soutif, que le mestier de lanure Planive, et que celui qui bien savoit faire rayez, savoit bien faire draps Pleins. Tartarin planket*, in Monast. Anglic. tom. 3. part. 2. pag. 86. Vide *Tartariscus.*

* **PLANGA.** Vide supra in *Planca.*

¶ **PLANGERE** Pecuniam, Parcere pecuniæ, Gall. *Plaindre l'argent*. Charta circa init. xiij. sæc. ex Bibl. Reg. : *Quod si posset Rex pacem... per pecuniam habere,... nullam pecuniam Plangere deberet.*

¶ **PLANICIUM**, Ager cultus. Charta Petri Comit. Autissiod. ann. 1229. apud Thomasser. in Biturig. pag. 709 : *Si aliquod animal de parrochia Mailliaci villæ a tauris fugatum vel a muscis coactum nemus meum sive hayam, sive Planicium,... intraverit, etc.* Vide *Planum.*

* **PLANIFICARE**, Adæquare, planum reddere. Reg. visitat. Odon. archiep. Rotomag. ex Cod. reg. 1245. fol. 402 : *Quia claustrum erat minus decenter æquatum, præcepimus quod illud Planificari et adæquari facerent.* Vide *Planare* 1.

* **PLANISTRUM**, perperam editum pro Plaustrum, in Charta Riccardi Capuan. princ. inter Access. ad Hist. Cassin. part. 1. pag. 163. col. 1 : *Concedimus ut, nullo adveniente tempore, audeat ab eo tollere vel exigere aliquis boves vel Planistra, aut caballum, vel quodlibet peculium ad faciendum quodcumque servicium publicum.*

* **PLANITA**, Locus arboribus consitus, idem quod *Plantata*. Charta ann. 1297. apud Lam. in Delic. erudit. inter not. ad Hodœpor. Charit. part. 1. pag. 116 : *Et ab ipsa pinu recto tramite, usque ad quamdam Planitam olivarum,.... et ab illa Planita* (sic) *olivarum recte usque ad ulmos plebis sancti Regoli, etc.* Vide *Planta* 2.

1. **PLANITIA**, pro *Planities*. Utuntur Innocentius de Casis litterarum, Otfridus in Prologo ad Evangel. Chronicon Farfense pag. 662. etc.

2. **PLANITIA**, pro Basi, apud Hygenum de Limitibus constituendis : *Deinde lineas basi, hoc est Planitiæ ejiciamus in cathetum ex præcisuris hypotenusarum et circumferentiæ.*

PLANITIOLUM, Planities, planum. Charta Lotharii Regis Franc. ann. 958. tom. 8. Spicilegii Acheriani : *Cum domibus,.... exitibus, regressibus, et Planitiolis sive terradis, etc.*

¶ **PLANKETA**, Planqua. Vide *Planca.*

* **PLANKETA**, diminut. a *Planca*, Pons ex *plancis* seu asseribus confectus. Charta Phil. III. reg. Franc. ann. 1283. pro capit. Ambian. : *Quandocumque casticia fuerit facienda in locis ab exclusa, quæ dicitur Ravine, usque ad locum, qui dicitur Goudran, aut Planketa, vel pontes, vel pali figendi, etc.* Ita quoque intelligendus est

locus laudatus in *Planca.* Vide supra *Planchia.*

* **PLANSONA**, Talea, idem quod mox *Plansonus.* Stat. Taurin. ann. 1360. cap. 162. ex Cod. reg. 4622. A. : *Si aliquis incideret in tota vel in parte, vel arrencaverit alienam arborem plantatam, vel plantam, vel Plansonam, etc.*

¶ **PLANSONUS**, Gall. *Plançon*, Talea, rami salicum qui ad plantandum reservantur, sic dicti donec comam habuerint, et tunc salices vocantur. Statuta Arelat. MSS. art. 33 : *Qui dampnum dederit seu eradicaverit Plansonos et arbores fructiferas, etc.* Charta ann. 1344. ex Schedis V. Cl. *Lancelot* : *Item quod nullus cujuscumque conditionis existat sit ausus... colligere Plansonos sive ramos, nec etiam accipere ligna clausurarum extranearum. Plantin*, in Charta vernacula ann. 1287. ex Chartul. Domus Dei Pontisar. : *Apres il est assavoir que les saus et le Plantin qui sont et seront desore en avant entour le fossé... seront coupé et doivent estre coupé de trois ans en trois ans,.... en telle maniere que ce qui demoura audit fossé de Plantin et entour, ne doit avoir que un pied de haut par desus le mur qui est devant ladite porte et devant ledit Plantin.* Vide *Planco.*

* Charta ann. 1352. inter Probat. tom. 2. Hist. Nem. pag. 148. col. 1. : *In quodam Plansono sive arbore salicis ibidem plantato.... In quadam virga seu Plansono salicis, etc.* Hinc nostris *Planchon* et *Plançon*, Pili seu hastæ species. Lit. remiss. ann. 1374. in Reg. 105. Chartoph. reg. ch. 607 : *Un grant et cruel baston, appellé Planchon.* Aliæ ann. 1376. in Reg. 109. ch. 289 : *Se combatirent avec eulx de massues et d'un baston, appellé Planchon, ou pique de Flandres. Ung Plançon esquartelé de grans broches de fer*, in aliis ann. 1463. ex Reg. 199. ch. 70. Unde diminut. *Planchonchel* et *Plançonnet.* Lit. remiss. ann. 1416. in Reg. 169. ch. 283 : *Un petit baston, que l'en appelle au pays* (Boulonois) *Planchonchel.* Aliæ ann. 1461. in Reg. 198. ch. 236 : *Le suppliant donna à icellui garsson ung coup sur la teste d'un petit Plançonnet, qu'il tenoit en sa main. Blanchon*, pro *Planchon*, in aliis Lit. ann. 1396. ex Reg. 150. ch. 372.

* **PLANSSO**, Locus arboribus consitus, Gall. *Plant.* Charta ann. 1319. in Reg. 61. Chartoph. reg. ch. 117 : *Banderii de Limoso.... depopulaverunt Planssones fructiferas et non fructiferas, scilicet pomerios, pirus, ulmos ad faciendum barras.* Vide *Plantata.*

1. **PLANTA**, [Idem quod mox *Plantare* 3. Charta apud Mabill. tom. 5. Annal. pag. 679 : *Datur et singulis ad vestitum per singulos annos.... duæ pelles caprinæ et Plantæ* IV. XVIII. *ulnæ panni linei.*] Acta Murensis Monasterii pag. 39 : *Ad quod iter debet Præpositus unicuique bubulcorum dare duas Plantas ad calceos faciendos.*

¶ 2. **PLANTA**, Locus, ager vitibus vel arboribus consitus, idem quod *Plantata.* Charta ann. 874. tom. 2. Spicil. Acher. pag. 588 : *Mansa in gyro monasterii sita, et ut vulgo loquamur, clausi vinearum, scilicet ille qui adhæret monasterio, et campaniæ, Plantæ abundantia, curticanus, et clausellus de Patriniaco.* Charta ann. 1286. in Chartul. S. Vandreg. tom. 2. pag. 1392 : *Et siti sunt duo solidi prædicti supra unam Plantam, quæ vocatur Longa rea.* Le Roman *de la guerre de Troyes* MS. :

Freres estoient ambdos jumel,
Pais avoient buen et biel,
Et riche Plainteif tot dis, (*tous deux*)
C'est li regne de Focedis.

[* Gallicum *Totdis* male redditur *Tous deux;* ibi enim *Aussi*, *pareillement*, itidem, pariter, sonat : alibi vero semper, vulgo *Toujours.*]

* Nostris *Plante*, eadem acceptione. Charta ann. 1190. in Chartul. Buxer. part. 8. ch. 3 : *Minori nepti meæ Clemenciæ dedi Plantam, quæ est retro Mirandam, debentem viij. denarios censuales.* Alia ann. 1255. ex Chartul. Campan. fol. 439. col. 1 : *In molendino novo decem solidos, tribus denariis minus, annui redditus, et super Plantas as Barbez octo solidos annui census.* Inventar. ann. 1476. ex Tabul. Flamar. : *Item plus unam petiam prati.... confrontatam ab una parte cum terra et Planta dom. Joannis de Condomina.* Charta ann. 1375. in Tabul. S. Joan. Laudun. : *Sur la Plante Andriu le Couvreur séant à Miremont, trois solz Parisis.* Vide infra *Plantica* et *Plantitium.*

¶ 3. **PLANTA**, pro *Plancta*, querela, in Litt. ann. 1313. apud Rymer. tom. 3. pag. 460. Vide *Planctus.*

* 4. **PLANTA**, Pes. Libert. Belliv. ann. 1333. tom. 8. Ordinat. reg. Franc. pag. 162. art. 20 : *In venacionibus... retinemus nobis.... Plantas cervorum, etc.*

* **PLANTA MANUS**, Vola, Gall. *Paume.* Mirac. B. Gerl. tom. 3. Jun. pag. 663. col. 2 : *Allegrantia de Platia.... adeo patiebatur in manu sinistra, quod digitos ipsius manus curvos in Planta tenebat.*

* 5. **PLANTA**, Tabula plana, asser, nostris alias *Plateau.* Charta Landenulfi Langob. princ. in Access. ad Hist. Cassin. part. 1. pag. 87. col. 1 : *Et super arcora ipsos ponere deveant strabes* (f. trabes) *et Plantas sternere et astrecas facere.* Charta ann. 1380. inter Probat. ult. Hist. Trenorch. pag. 252 : *Nous déclairons par ces présentes que ledit prieur doit prendre tous gros bois en nos bois, pour maintenir lesdits deux grans pons pour toujours, mais sauf que de Plateaulx, lesquelx Plateaux ne se doivent point prendre en nos bois.*

¶ **PLANTADA**, PLANTADICIUM. Vide *Plantata.*

PLANTAGINES, Loci, agri vitibus consiti. Arno Archiepiscopus Salisburgensis : *In loco qui dicitur.... in quo nunc sunt Plantagines vinearum institutæ.*

¶ **PLANTAGIUM**, Locus arboribus consitus. Chartul. S. Vandreg. tom. 1. pag. 48 : *Prædictum masagium.... capiant.... cum ædificiis et Plantagiis in domo sicuti facerem sine reclamatione.* Vide *Planta* 2.

* **PLANTAMENTUM**, Positio. Charta ann. 1342. in Reg. 84. Chartoph. reg. ch. 134 : *Dicebat Johannes de Carboneriis se habere debere ratione dicti bajulatus emolumenta dictarum bailliviarum, videlicet clamorem bannorum, deffectuum et affectionum seu Plantamentorum metarum.... Item et medietatem emolumentorum provenientium in dictis bailliviis pro affectione seu Plantamento metarum.* Vide mox *Plantare* 2.

¶ 1. **PLANTARE AGRUM**, Illum arboribus conserere. Statuta Arelat. MSS. art. 162 : *Si aliquis habet fronteriam in riparia Arelatis.... et voluerit eam Plantare, etc.*

¶ 2. **PLANTARE**, Collocare, statuere, erigere; qua notione Galli dicimus : *Planter l'étendart.* Charta Ludovici Ducis Brandenburg. apud Ludewig. tom. 7. Reliq. MSS. pag. 101 : *Appropriavimus et appropriare decrevimus altari in ecclesia ville Gracs, sancti Nycolai civitatis nostre Steindal situando et Plantando, et in honore B. Catherine dedicando.* Smaragdus in Vita S. Benedicti Anian. sæc. 4. Bened. part. 1. pag. 206 : *Quidam siquidem frater tabulam sacratam, in qua beati Dionysii erant reliquiæ aliorumque Sanctorum Plantatæ, etc.* Vita S. Eigilis ibidem pag. 238 : *Simul etiam et Sanctorum nomina, quorum reliquiæ ibidem Plantatæ sunt, disciplinabiliter litteris inserendo HRabanus magister memoriæ commendavit.* Elmham. in Vita Henrici V. Reg. Angl. edit. Hearnii cap. 26. pag. 61 : *In qua* (galea) *istac trium florum aureorum, in agro Plantatorum azureo, splendor sydereus emicabat.* Vide *Plantatio.*

* Ital. *Piantare.* Acta S. Desid. tom. 5. Sept. pag. 789. col. 2 : *Credens sibi sufficere posse, si omnem delectationem in solo Patre cœlesti Plantaret.* Necrol. eccl. Paris. Ms. : *iij. Idus Sept. Obiit Mauricius bonæ memoriæ Paris. episcopus; qui.... quatuor abbatias novellas sub ecclesia Parisiensi Plantavit.*

3. **PLANTARE**, Id quod ponitur sub planta pedis in sotulari, Gall. *tacon*, inquit Metulinus ad illud Ebrardi Betun. cap. 12 :

Plurali numero Plantaria denotat illa
Quæ tanquam soleas sub planta conspicis esse.
Si singulare sit nomen, significabit
Ramum quem plantas, vellisque, deinde replantes.

Adde Servium, et Isidorum lib. 17. cap. 6. De postrema notione vide supra in *Plansonus.*

* 4. **PLANTARE**, Decernere, sancire. Constit. Christof. reg. Danor. ann. 1320. apud Ludewig. tom. 12. Reliq. Mss. pag. 198 : *In die conversionis S. Pauli, convenientibus vibergis regni melioribus, una cum popularibus, ad electionem novi regis, Plantatum fuit et concorditer ordinatum, etc.* Ubi forte leg. *Placitum* vel *Placitatum.*

* 5. **PLANTARE DEORSUM**, Supplicii genus, inverso capite suspendere. Stat. ant. Florent. lib. 3. cap. 124. ex Cod. reg. 4621 : *Assassinus.... trahatur ad caudam muli sive asini usque ad locum justitiæ, et ibidem Plantetur deorsum, ita quod moriatur.* Ibid. cap. 126 : *Capite Plantetur, ita quod moriatur.*

¶ **PLANTARIA**, Idem quod *Plantata.* Charta Udonis Episc. Leucor. ann. 1065. inter Probat. Hist. Tullens. pag. LXXV : *Item Plantariam in eodem monte quam noviter plantari fecimus.... Adjungimus etiam* XXI. *ordines vineæ in Plantaria sancti Mansueti, etc.*

* Charta Conradi imper. ann. 1033 : *In Bruniziaco quoque Plantariam Edenulfi et Leutmondi, cum quibusdam vineis aliis.* Glossar. Lat. Gall. ex Cod. reg. 7692 : *Plantaria, plante, vel londe, vel eschapin.*

Plantaria Dentium, [Dentitio, Gall. *Pousse des dents.*] Miracula S. Cunegundis edita a Gretzero : *Alteri vero tam mira macies corpusculum consumpserat, ut gressu et loquendi usu a nativitate usque ad ætatem, quæ Plantaria dentium dicitur, omnino careret.*

PLANTARIUM, Planterium, Idem, quod *Plantata*, de qua voce mox. Tabul. Conchense in Ruthenis ch. 169 : *Unum aripendium de Plantario, etc. Planteriam*, in Charta alia apud Gariellum in Episcopis Magalonensibus pag. 72.

* **PLANTARIUS**, ut mox *Plantata.* Charta ann. 981. ex sched. Pr. *de Mazaugues : Donamus Deo... Plantarios, videlicet quos ibi in prædicto alode ædificavimus, totum et ab integro.* Vide *Plantarium.*

PLANTATA, Plantada, Locus vitibus vel arboribus consitus, *Planteis*, in Consuetud. Britannica art. 605. [*Plantié* Provincialibus.] Glossæ antiquæ MSS. : *Plantatorio, pomario sive orto.* [*Planatorium*, perperam pro *Plantatorium*, in Gloss. Sangerman. num. 501.] Vetus Charta apud Paradinum in Histor. Lugdun. lib. 2. cap. 103. de quadam vinea : *Sita est namque ipsa Plantata in pago, vel agro Lugdunensi, etc.* Alia ibid. : *A mane via publica, a medio die et circio Plantata Belloni, de terra S. Stephani, a sero est Castellum Buci.* [Statuta Arelat. MSS. art. 162 : *Et quod Plantata tota, quantum est sua fronteria, sit illius civis cujus est fronteria.*] Tabularium Abb. Belliloci in Lemovicib. num. 44 : *Ut teneat mansum de Ampulliaco, et Plantandam meam, quæ est juxta S. Michaëlem.* Occurrit iterum in eodem Tabular. Vetus Charta apud Dominicum de Prærogat. allod. pag. 217 : *Sex denarios de vinea, quæ infantes Bonaldi plantaverunt pro suo cavallo :... et illum capmansum, quæ habuit de Fraunone, sit Ranulpho... cum ipsas Plantadas.* Adde Tabular. Brivatense ch. 167. et Testamentum Ademari Vicecomitis Scalarum editum cum Reginone de Eccl. disciplin. pag. 630. 632. [* Ital. *Piantata*, nostris, *Plantis*, in Charta ann. 1339. ex Tabul. S. Joan. Laudun. : *Item un bos ou Plantis tenant au bos Gobin Chanet.* Vide *Planterium*, 2.]

¶ Plantadicium, Planticidium, ut *Plantata.* Præceptum Carlomanni ann. 881. apud Baluz. in Append. ad Capitul. col. 1510 : *Et villanem Farum cum vineis, terris, silvis, et omnibus terminis suis, et Plantadicium Gondemari Episcopi cum omnibus.* Charta Udonis Episc. Leucor. ann. 1065. inter Probat. Hist. Tullens. pag. LXXV : *Cum omni hæreditate sua, scilicet in Warneri Planticidium* II. *ordines et dimidium vineæ, etc. Plantiditium*, in Charta ann. 1105. apud Calmet. tom. 1. Hist. Lotharing. inter Instrum. col. 517.

Plantatitium, Eadem notione, in Charta Caroli III. Imper. ann. 887. ex Tabulario Ecclesiæ Gerundensis.

¶ **PLANTATICUM**, Tributi genus, f. quod pro facultate *plantandi* seu figendi in porto anchoram exigitur. Præceptum Pippini Reg. Aquitan. ann. 831. apud Baluz. in Append. ad Capitul. col. 1431 : *Jubemus ut nullus ex vobis neque de junioribus vestris ullo teloneo, vel pontatico, aut ripatico, sive portatico seu modiatico, vel Plantatico,... ullatenus de ipsis navibus exigere præsumatis.*

¶ 1. **PLANTATIO**, Ædificatio, erectio. Charta Ludovici Ducis Brandenburg. apud Ludewig. tom. 7. Reliq. MSS. pag. 94 : *Appropriavimus altari ecclesiæ parochialis in villa Borchagen de novo plantandæ in honorem B. Mariæ Virginis.... duos mansos .... Renunciantes omni juri actioni ac impetioni, si prædicta Plantatio complebitur.* Vide *Plantare* 2.

* 2. **PLANTATIO.** *Dare ad mediam Plantationem*, Ea scilicet conditione, ut plantationis expensæ partito fiant. Chartul. Nivern. : *Tribuo eis decimas omnium vinearum suarum, quas habent apud Tiliam, et decimas earum ad mediam Plantationem.* Vide infra *Plantum* 1.

¶ **PLANTATITIUM**, Plantatorium. Vide *Plantata.*

¶ **PLANTATUM**, ut *Plantata*, in Charta ann. 1022. apud Menester. Histor. Lugdun. pag. 6.

¶ **PLANTEA**, Locus arboribus consitus. Charta Ludovici VII. Reg. Franc. ann. 1168. in Tabul. Gemetic. : *Cognovit se in pace reddidisse decimam, et Planteam quandam quam clamabat super monachos omnino dimisisse.* Nisi leg. sit *Platea.*

* Nescio undenam *Plantées* appellatæ fuerint serotinæ congregationes juvenum ac puellarum, quæ hyemis tempore in privatis domibus fieri olim consueverant. Lit. remiss. ann. 1449. in Reg. 176. Chartoph. reg. ch. 699 : *Quant le suppliant et autres eurent souppé, s'en alerent aux Plantées, c'est assavoir à la feste et esbatement, qui se faisait en l'ostel de Jehan Ydier de pluseurs filles et compaignons de la ville d'Acquin; laquelle Plantée ou feste se fait chascun Dimenche ou feste en la nuit, depuis la S. Martin d'yver jusques à Caresme-prenant.* An a *Plenitudo*, copia, multitudo? Vide infra in hac voce.

PLANTELLA. Vetus Notitia ann. 829. apud Perardum in Chartis Burgundicis : *Præter illa area in castello, et illa vinea foris muro, illa Plantella ad Tremoledo, etc.* Vide *Plantata.*

¶ 1. **PLANTERIUM**, Idem quod *Plantata.* Charta ann. 1490 : *Usque finem Planterii Damiani.*

* 2. **PLANTERIUM**, Vitis recens plantata. Charta ann. 1048. ex Tabul. S. Vict. Massil. : *Dono ecclesiæ S. Petri de Roma, et in manu Isarni vel Petri abbatis, duas modiatas de vineis cultis et duas modiatas de Planterio.* Alia ann. 1304. in Reg. 45. Chartoph. reg. ch. 86 : *Item sex quartonnatas terræ et prati et Planterii cum domo et columbario.* Reg. feud. Aquit. in Cam. Comput. Paris. sign. JJ. rub. fol. 5. r° : *Item dixit* (Heliona) *se habere in allodio in parochia de Barsaco medietatem Planterii, appellati Planterium de Laubareda.*

* *Planteys*, Surculus vitis, vulgo *Marcotte*, in Lit. remiss. ann. 1398. ex Reg. 153. Chartoph. reg. ch. 148 : *Marcos, que l'en appelle Planteys de vigne. Planteir*, eodem sensu, in aliis ann. 1466. ex Reg. 194. ch. 212 : *Le suppliant continua les Planteirs de sa vigne en une piece de terre près de leur maison.*

* **PLANTICA**, Plantula, Plantarium, seminarium, Gall. *Pépiniere*, alias *Plante.* Charta an. 1233. in Chartul. thesaur. S. Germ. Prat. fol. 103. r° : *Christianus de Castelliode et Hodeburgis ejus uxor recognoverunt se vendidisse.... quandam peciam Planticæ, ... et quod dictam peciam Planticæ dicto thesaurario ad usus et consuetudines Franciæ contra omnes garantizabunt,... Prædicta autem Hodeburgis uxor prædicti Christiani quietavit expresse quicquid in prædicta Plantula habebat.* Quæ Charta vernacule sic inscribitur : *Achat d'une piece de Plante.* Hinc *Rente planteice* appellatur, census, qui ex *Planticis* percipitur, in Charta ann. 1312. ex Reg. 48. Chartoph. reg. ch. 107 : *Item les rentes Plantheiches qui sont deues à Belencombre pour cause de la forest.* Infra : *Les rentes Planteices, etc.* Vide supra *Planta* 2.

¶ **PLANTICIDIUM**, Plantiditium. Vide *Plantata.*

¶ **PLANTICUM**, ut *Plantata.* Charta ann. 1142. inter Instrum. tom. 1. Gall. Christ. pag. 192 : *Tunc ipse Augerius et nepotes sui, ne posteri de hujus venditionis causa dubitarent, terminum posuerunt ad radicem montis, qui est super Planticum de Salis.*

* **PLANTITIUM**, ut *Plantica*, vel Locus arboribus consitus. Charta ann. 1187. in Chartul. S. Joan. Laudun. ch. 95 : *Quod si ipse aut aliquis successorum ejus alibi ad habitandum voluerint transmigrare, domos suas licebit eis ausportare et Plantitia, si fuerint, incidere.*

¶ **PLANTONARIUS**, f. Qui marmora in Tabulas secat. Vide *Plutonæ.* Chartular. S. Vincentii Cenoman. fol. 38 : *Robertus nepos Ingelbaudi, Robertus Plantonarius, etc.*

* 1. **PLANTULA**, metaphorice, pro Nova monasterii institutio, erectio. Stat. ordin. Cartus. ann. 1261. in Append. ad tom. 6. Annal. Bened. pag. 689. col. 1. art. 88 : *Aliqua monialis non mittatur de domo sua per visitatores, nisi pro nova Plantula construenda, et tunc de licentia prioris Cartusiæ vel capituli generalis.* Vide *Plantatio* 1.

* 2. **PLANTULA**, Plantarium, Gall. *Pépiniere.* Vide supra *Plantica.*

¶ 1. **PLANTUM**, Ager jure usufructuario ad plantandas vineas certis conditionibus datus. *Dare ad medium plantum* dicunt, cum ea lege conceditur ager, ut inde fructuum partem habeat dominus fundi, alteram colonus veluti ex sibi proprio agro. Charta undecimi sæculi in Chartul. Aptensi fol. 58 : *Mea ingruente atra necessitate precio* XIII. *solidorum quandam semodiatam vineæ, quam ex medio Plantu manuum mearum adquisivi, vendo.* Quæ expressius habentur in Charta ann. 43. Chunradi Reg. ibidem fol. 25 : *Donat ipsam terram per talem convenientiam, ut ille Allaldus illam terram ad terminum legis, id est, per septem annos bene plantare vites et propagare, atque ædificare studeat, et cum ad ipsum terminum bene advineata fuerit, prænominatus Episcopus* (Teudrichus) *unam medietatem de ipsa vinea recipiat, aliam autem medietatem ipse Allaldus et uxor ejus pro sua ædificatione habeant.* Ex his quam facillime intelligere licet quid sit in aliis Chartis, *dare medium plantum*. Plura vide in *Complantare*.

* Consuet. novæ bastidæ de Trya ann. 1325. in Reg. 64. Chartoph. reg. ch. 54 : *Quod si aliquæ placiæ concederentur ad medium bastimentum, seu terræ ad plantandum vineas ad medium Plantum, quod inde vendæ.... non solvantur.* Id est, ea lege ut plantationis expensæ partito fiant. Vide supra *Plantatio*.

¶ PLANTUS, Eadem notione. Placitum ann. 878. inter Probat. tom. 1. novæ Hist. Occitan. col. 136 : *Hictarius et Ingilbaldus de illorum partibus in contra Fulcradane (guirpierunt) omnes Plantos, etc.*

¶ PLANTUM, a Gall. *Plant*, locus arboribus consitus. Charta ann. 1347. tom. 1. Hist. Dalphin. pag. 67 : *Item fuit injunctum dicto Cellarerio quod.... plantare faciat Plantum albapinorum ubi deficiant, cum expensis domini. Item quod ponatur bannum quod nulla animalia veniant nec intrent Plantum prædictum.*

* **PLANTUMEN**, Plantarium. Stat. Mutin. ann. circ. 1225. apud Murator. tom. 2. Antiq. Ital. med. ævi col. 341 : *Plantumina arborum, non deferentium fructum, faciat redigi ad æqualem staturam hominis, si querimoniam habuerit.*

* **PLANULA**, Crepida, sandalium, Ital. *Pianella*. Inventar. ann. 1497. tom. 2. Hist. Cassin. pag. 599. col. 1 : *Item quatuor paria Planularum pontificalium, etc.* Serm. Barel. in Sabb. 5. Quadrag. : *Sextum ornamentum, ut sunt Planulæ in pedibus.* Vide *Planella*.

1. **PLANUM**, Ager cultus, cui opponitur nemus, silva, boscus. Apud Hieronym. de Locis Hebraicis, *Araba, Aquila Planum, Symmachus Campestrem interpretatur. Planus campus*, in Capit. Caroli Mag. lib. 3. cap. 54. Ordericus Vital. lib. 5. pag. 590 : *Reditus autem qui de bosco et Plano exierint, etc.* Infra pag. 594 : *Tam Plani quam nemoris.* [Charta ann. 1154. tom. 2. Hist. Eccl. Meld. pag. 43 : *Similiter Adam de Osseriaco dedit pro filiabus suis terram suam de Antilliaco, scilicet nemus et Planum et censum.*] Feoda Campaniæ fol. 69. in Camera Comput. Paris. : *Omnia autem feoda, quæ in prædicta villa tenentur, sive in Plano, sive in bosco, sive in furnis, etc.* Charta ann. 1255. apud Golutum lib. 4. Rerum Sequanicarum cap. 30 : *Il a nommé ceux, de qui il est advisé, qui sont gens d'honneur, qui tiennent de lui maisons fortes, et terres Plaines.* [*Plaines charmes*, in Consuetud. Trecensi art. 170. ubi legendum *Plaines hermes*, vel *Plaines chaumes* auctor est *de Lauriere* in Glossar. Juris Gallici.] Le Roman de *Garin* :

> Passèrent les terres, les Pleins et les destroits.

¶ PLANA TERRA, Eadem notione. Charta ann. 1075. inter Instrum. tom. 4. Gall. Christ. col. 283 : *De terris vero arabilibus et Planis, etc.* Stabilim. Blanchæ Comit. Trecens. ann. 1212. apud D. *Brussel* de Usu feud. tom. 2. pag. 876 : *Si aliquis Baronum, vel Vavassorum Campaniæ vel Briæ sine herede decesserit, et plures habuerit filias, primogenita filiarum habeat castellum, aliæ vero habeant Planam terram; ita quod de illa Plana terra unicuique illarum portio rationabilis assignetur juxta valentiam redditum castelli.*

¶ PLANUM, Planities, *Plaine*. Statuta Arelat. MSS. art. 145 : *Planum sicut protenditur a barrio Communis... sit dictum Planum perpetuo Communis Arelatis.* Jacobi Auriæ Annal. Genuens. ad ann. 1282. apud Murator. tom. 6. col. 578 : *Et invento in Plano ibidem dicto judice cum militibus CCC. et peditibus MD. dictum castrum præliaverunt.* Occurrit præterea in Memor. Potest. Regiens. apud eumdem tom. 8. col. 1128. apud Ludewig. tom. 5. Reliq. MSS. pag. 615. et tom. 6. pag. 392. *Plain païs* apud Vaccium in Histor. MS. Ducum Normanniæ :

> En la cité se sont tuit mis,
> Guerpi ont tout le Plain païs.

* 2. **PLANUM**, Atrium, cœmeterium. Lit. remiss. ann. 1390. in Reg. 139. Chartoph. reg. ch. 91 : *Eundem servientem in Plano sive simentorio sancti Affrodisii interfecerunt et murtro tradiderunt; sacrilegium in præmissis committendo.*

* 3. **PLANUM**, Area, solum; vox usurpata, cum modulis ligna mensurantur. Charta ann. 1326. in Reg. 64. Chartoph. reg. ch. 129 : *Cum sorores B. Ludovici de Pissiaco.... quingentas quadrigatas bosci, quamlibet quatuor modulos continentem.... percipiant;.... verum quia moduli antedicti fuerunt.... interdum incompetenter mensurati,.... concedimus quod in mensuratione cujuslibet moduli,.... tres buschæ, videlicet unam* (sic) *pro Plano, et duas pro testimonio deinceps.... tradantur.* Nisi legendum sit *pro Pleno*, id est, ad complementum mensuræ. Vide infra in *Plenus 2*.

PLANURIUM, Planus campus, planities, Gall. *Planure*. Vitalis Agrimensor : *Et ipsum trifinium duabus lineis descendit per Planuria, et aliam a duodecima parte in subrectioribus locis usque in aquam vivam, etc.*

* **PLANUS**, Simplex, nudus : dicitur præterea de re minoris momenti. Libert. Clarimont. ann. 1248. tom. 5. Ordinat. reg. Franc. pag. 600. art. 2 : *De Plana emendacione, douze deniers; ...... de Plana pergia, quatre deniers.* Ibid. art. 5 : *De Plano placito, etc.* Planus clamor per sex denarios emendabitur, in Libert. villæ de Andeloto ann. 1269. tom. 8. earumd. Ordinat. pag. 126. art. 4. Vide supra in *Clamor 2*.

* Hinc *Maison plate* appellatur, quæ nullis munitionibus septa est, in Lit. remiss. ann. 1424. ex Reg. 173. Chartoph. reg. ch. 12 : *Laquelle maison est sans forterresse et Plate maison sans deffense.*

¶ PLANA AQUA. Tabular. S. Petri de Cellafroini in pago Engolism. 12. circ. sæc. : *Dono.... in ipso loco unam sclusam et piscationem per totam aquam Planam;* id est, stagnantem, ni fallor.

* PLANUS ICTUS, Levis. Vide supra *Ictus Planus*.

* PLANUM PSALTERIUM, In quo textus sine Glossa. Inventar. ann. 1218. inter Probat. tom. 1. Hist. Nem. pag. 66. col. 1 : *Item inveni in armario.... psalterium Planum, colletanum, psalterium Jeronimi Planum,.... psalterium cum glossa.*

¶ PLANUM OPUS. Vide *Planeus Pannus*.

¶ PLANUM SERVITIUM. Vide in *Servitium*.

DE PLANO INQUIRERE, *sine strepitu ac figura judicii, ac indagine*, in Epistolis Clementis V. PP. et Joannis XXII. PP. apud Waddingum ann. 1308. 1317. 1320. 1328. [Charta ann. 1257. ex Schedis Præs. *de Mazaugues* : *Statuit... inquisitores et auditores, ut prædicta de Plano sine strepitu judicii audirent et inquirerent.* Testam. Jacobi Reg. Aragon. ann. 1272. tom. 9. Spicil. Acher. pag. 247 : *Omnia debita nostra.... solvantur per dictos manumissores nostros de Plano et sine strepitu judiciario.* Edictum Philippi Pulcri Reg. Franc. ann. 1302. tom. 1. Ordinat. pag. 357 : *Et ista mandabuntur executioni debite breviter et de Plano, sine strepitu judicii.* Eadem habentur in Edicto Johannis Reg. Franc. ann. 1351. ibidem tom. 2. pag. 454. Quæ vernacule sic exprimuntur in Litteris ejusd. Reg. ann. 1361. ibidem tom. 3. pag. 521 : *Procedez sommierement et de Plainz, senz ordre de plait et de procés et senz figure de jugement, etc.* Occurrit præterea apud Rymer. tom. 3. pag. 501. in Statutis Massil. lib. 1. cap. 34. § 4. et cap. 36.] Vide Cujacium lib. 7. Observat. cap. 29. et Jurisconsultos. [** Haltaus. Glossar. German. voce *Schlecht* col. 1635.]

¶ DE PLANO COMPROMITTERE, apud Bartholomæum Scribam Annal. Genuens. lib. 17. ad ann. 1227. apud Murator. tom. 6. col. 450 : *Januam pro dicto concordio sunt reversi, ostendentes in pleno et magno consilio civitatis Januæ, qualiter Astenses de Plano compromiserunt in commune Mediolani.* [* Absolute, plane, Gall. *Pleinement*.]

¶ DE PLANO, Moderate, sine vi, Gall. *Doucement*, Ital. *Piano*. Statuta Massil. lib. 2. cap. 40 : *Constituimus quod omnes draperii... ex debito juramenti teneantur servare quæ in hoc præsenti statuto continentur, scilicet pannos quando ipsos vendent extendere supra bancam non trahendo, sed extendendo de Plano.* Vide Plane.

PLANX, *Lanx, lancula*, πλάστιγξ, in Gloss. Gr. Lat.

* **PLANZONUS**, ut supra *Plansonus*. Stat. Avellæ ann. 1496. cap. 52. ex Cod. reg. 4624 : *Si aliquam arborem grossam vel parvam seu Planzonum,... sciderit vel pellaverit, etc.*

* **PLAPERIUS**, mendose, pro *Claperius*, Hara cunicularia. Charta ann. 1336. in Reg. 70. Chartoph. reg. ch. 211 : *Nec non et medietatem..... nemorum, bartarum, Plaperiorum, pratorum, etc.*

¶ **PLARIA**, *Dilucida*. Gloss. Isid. Emendat Grævius, *Plana*. Papias : *Planum, æquale, apertum, liquidum.*

¶ **PLASEA**. Arnobius lib. 7. adv. Gentes : *Quid polimina? quid omenta? quid palasea, sive (ut quidam cognominant) Plasea? ex quibus est nomen omenti pars quædam, quo receptacula ventrium circumretita finiuntur. Bovis cauda est Plasea, siligine et sanguine delibuta.*

* **PLASERIUM**, Obsequium, officium, ut supra *Placiditas 2*. Gall. *Plaisir*. Charta ann. 1338. in Reg. 71. Chartoph. reg. ch. 245 : *Propter multa grata et vera servicia et Plaseria, quæ per dictum Bernardum Arnaldi eidem militi.... facta et impensa fuerunt*

Contract. matrim. inter Gast. de Fuxo et Beatr. de Arman. ann. 1379. ex Bibl. reg. : *Ex causa dictæ pacis melius observandæ pluriumque aliorum diversorum beneficiorum, amorum, Plaseriorum.... Dictaque dona et beneficia, amores, Plaseria et jocalia, etc.*

1. **PLASMA.** Arnaldus Franciscanus in Vita B. Angelæ de Fulginio num. 256 : *Scire loqui de Deo, intelligere Scripturam, facere magnas Plasmas, habere cor quasi occupatum in rebus spiritualibus.* [Id est, ni fallor, magna et phalerata pietatis verba loqui : ibi enim de arrogantia spiritali sermo fit.]

¶ 2. **PLASMA.** Privileg. Matthiæ Reg. pro Monast. Dobirluc. apud Ludewig. tom. 1. Reliq. MSS. pag. 508 : *Qui mundi deliciis sapienter abjectis in simplicitate spiritus.... pro modo utriusque hominis sospitate agnorumque* (*regnorum*) *nostrorum prospero et quieto statu Cunctipotenti reddunt Plasma*; hoc est, laudes, f. pro *Psalma*.

¶ 3. **PLASMA**, Homo, creatura. Literæ Caroli Johannis Reg. Franc. primogeniti ann. 1359. tom. 3. Ordinat. pag. 395 : *Conditoris omnium immensa benignitas post lapsum primi Plasmatis, nolens quod humana creatura quam sue similitudini conformarat, ruditate vilesceret, etc.* Vita S. Udalrici tom. 3. Julii pag. 169 : *In quo homine pulcra manus omnipotentis pulchræ excellentisque staturæ Plasma confinxit.* Occurrit etiam apud Prudentium. Vide Weitzii Indicem in Dracont.

* Glossar. Provinc. Lat. ex Cod. reg. 7657 : *Plasma, plasmatura, Prov. creatura.*

¶ 4. **PLASMA**, Status, dignitas, fortuna, ordo. Charta Alphanti Episc. Aptensis in Chartul. ejusdem Eccles. : *Sane si quis extiterit undecumque adveniens, cujusquam Plasmatis aut conditionis qui hanc donationem... voluerit deperdere, etc.*

PLASMARE, Formare, ex Gr. Πλασμάζειν. Glossæ antiquæ MSS. : *Finxit, Plasmavit, composuit, formavit.* [Pactum matrimonii inter Herbertum et Godehildem ann. 1086. apud Marten. tom. 1. Ampliss. Collect. col. 518 : *Propriis manibus hominem non est dedignatus Plasmare e limo.*] Arator lib. 2. Histor. Evangel. :

.... Ne fabrica pulchra creantis
Qua Plasmata solo cælestis imaginis instar
Traxit, et authoris speciem pro pignore gestat.

Nicolaus de Braia in Ludovico VIII. Rege Franc. :

Hic Pytho Plasmavit hominem tellure recenti
Iapeto natus mixta cum fluminis undis.

Ubi perperam editum *psalmavit*. Occurrit non semel in sacris Libris.

* Unde nostris *Plasmer*, eadem notione. Pœnit. Adami Ms. cap. 9 : *Car quant tu fus Plasmé* (hominem alloquitur) *et fait de la main de l'omnipotent Dieu, etc.*

PLASMATOR, Conditor. Julius Africanus lib. 7. Histor. Apost. : *Deus Plasmator corporum, afflator animarum, etc.* [Utitur præterea S. Ambrosius. Glaber Rodulphus in Histor. apud Duchesn. tom. 4. pag. 36 :

Plasmator parce mœstis mundialibus.]

¶ 1. **PLASSA**, Locus, a Gall. *Place*. Statuta Massil. lib. 4. cap. 24 : *Quod nullus dominus navis recipiat peregrinum, vel recipi patiatur in navi nisi, secundum quod consuetum est, locum seu Plassam, et victualis in ipsa nave habeat.... Sane ab hac conditione excipimus servitiales,.... quamvis non habeant certam Plassam vel viandam.* Vide *Placea*.

* 2. **PLASSA**, Alia notione. *Homo de Plassa*, Vir publicus, præcipuusque ac notus. Vide supra in *Homo*.

1. **PLASSAGIUM**, Jus *stalli*, seu loci, in foro tempore nundinarum, ex Gallico *Place* vel *Plasse*. *Droit de Plassage*, in Consuetud. locali Castelli novi in Biturig. tit. 2. art. 6. [Charta ann. 1240. tom. 1. Hist. Dalph. pag. 142 : *In placitis Plassagiorum habet tertiam partem, et dominus duas partes per omnia ; veruntamen in Plassagiis macelli, et in illis qui possunt dari ad censum et firmamentum nihil habet.*] Pactum inter Comitem Marchiæ et Canonicos Doratenses ann 1321 : *Unaquaque die mercatores feriarum seu nundinarum habebunt jus locarii, seu Plassagii, et Estalagii in villa Doratensi super mercaturas ligneas et terreas.*

* Nostris *Plassage* et *Plassaige*. Charta ann. 1343. apud Thaumasser. inter notas ad Consuet. Belvac. pag. 429 : *Rouage, Plassage, mesurage, fenestrage, etc.* Privil. piscator. Bitur. ann. 1403. in Reg. 207. Chartoph. reg. ch. 138 : *Item sont quittes et exemps de tout eschauguet, peage, rotage, pavage, Plassaige, etc. Plazezage*, eadem notione, in Charta And. *de Chauvingni* dom. castri Radulfi ann. 1325. ex Reg. 65. bis ch. 278 : *Item avons franchi et franchissons lesdites personnes de.... roage, paage, leyde, Plazezage, vendes, estoicages et de toutes autres costumes.*

¶ 2. **PLASSAGIUM**, *Parcus*, seu locus palis vel virgulis implexis conclusus. Chartophylacium Regium Regest. 87 : *Item tenet domum suam cum suis pertinentiis et Plassagiis sitis in monte Alodio.* Charta ann. 1353. tom. 1. Histor. Dalphin. pag. 147 : *Item* (tenet) *domum suam fortem de Domena, una cum suis Plassagiis et pertinentiis, et molendina et omnia ædificia intus sita.* Vide *Pleisseicium*.

PLASSARE, Effingere, a Gr. πλάσσειν. Apitius lib. 2. de Re culin. cap. 1 : *Et exinde hysitia Plassantur, quod est, effinguntur.* Infra : *Inde hysitia Plassantur, id est, formantur.* [Autissiodorenses dicunt *les vignes plassent*, cum onere racemorum pene effringuntur.]

* **PLASSEARIUM**, *Parcus*, seu locus palis vel virgulis implexis conclusus. Charta Hugon. dom. Ulmi ann. 1222. in Chartul. Cluniac. : *Nullus habebit de cætero furna vel molendina infra Plastrearia* (sic) *Castricanini, exceptis dictis monachis.... Ego vero et omnes successores mei tenemur cogere omnes morantes infra Plassearia, coquere ad furnum dictorum monachorum. Concessi etiam dictis monachis B. Christofori in omnibus nemoribus meis boscum mortuum, exceptis Plassenriis Castricanini, plenarium usuarium ad furnum suum.* Vide *Plassagium* 2.

* **PLASSEIATUM**, Eadem notione. Chartul. vet. Casal. fol. 31 : *Albertus Crepans... saccum retinuit sibi in Plasseiato de Echeria tantum, quod molendinum suum inde, cum opus esset, reficeret.*

* **PLASSEITUM**, Pari intellectu. Libert. Mailliaci ann. 1229. tom. 5. Ordinat. reg. Franc. pag. 716. art. 21 : *Si aliquod animal de parrochia Mailliaci, a tauris fugatum vel a muscis coactum, forestam de Fretoy, sive haiam, sive Plasseitum, quod est juxta pargum Mailliaci, intraverit, etc.*

PLASSETA. Fleta lib. 2. cap. 79. § 3 : *Bidentes in locis aquosis, mariscis, Plassetis, vel profunditatibus et pasturis insanis depasci non permittant. Plassatum*, perperam, ni fallor, scribitur apud Hemereum in Aug. Virom. in Regesto pag. 41. Vide *Pleisseicium*.

* **PLASSETUM**, ut *Plassearium*. Charta ann. 1214. in Chartul. Campan. fol. 146. r°. : *Notum facio.... quod domum meam de Herviaco.... cum toto porprisio suo et quicquid habebam in Plassetis de Herviaco, etc.* Vide infra *Plaxetum*.

* **PLASSONUS**, Ager ramalibus salicum, *Plançons* dictis, consitus, vel salicetum. Terrear. S. Maurit. in Forezio ann. 1472 : *Juxta Plassonum prati dicti, etc.* Vide supra *Planchoneia*.

¶ 1. **PLASTA**, Vestis sacræ genus. Laur. Byzinius de Orig. Belli Hussitici apud Ludewig. tom. 6. Reliq. MSS. pag. 195 : *Nolebant* (Beguttæ) *a suis sacerdotibus, in apparatu officiantibus, communionis sacramentum sumere, nisi prius vestes, quas Plastas nuncupabant, deponerent.*

* 2. **PLASTA**, PLASTRA, Lamina, Ital. *Piastra*. Inventar. Ms. thes. Sedis Apost. ann. 1295 : *Item duæ Plastræ rotundæ pro cirothecis,.... et due frixia pro chirothecis de Plastis auri.* Vide *Plata* 1.

¶ **PLASTARIA.** Vide *Palastria*.

PLASTEGUM, *Plasticum*, ex Græc. πλαςικόν, seu πλαςική, *Plastice*, fictrix ars ex argilla vel creta rerum similitudines exprimens. Breviarium Vivariense ex veteribus actis : *Nihilominus et Baptisterium in ista Ecclesia, cum tabulatis et columnis marmoreis, atque cum corona ex Plastego desuper in altum deducta, miro fundavit opere.*

* Hinc *Plastreau*, Emplastrum, dictum nostris videtur, quod ex variis rebus confectum sit. Lit. ann. 1372. in vol. 6. arestor. parlam. Paris. : *Les compaignons mirent sur la playe un Plastreau d'estoupes et d'un blanc d'œuf.*

¶ **PLASTERIA**, PLASTRERIA, Gypsi fodina, vel officina, Gall. *Platriere*. Tabular. Calense pag. 234 : *Item super Plasteriam Johannis de Barra* VIII. *den. censuales.* Pluries ibi. Charta ann. 1195. tom. 2. Hist. Eccles. Meld. pag. 81 : *Viginti arpenta terræ sita apud Plastrerias juxta Munbulum... contulit.* Charta Philippi III. Reg. Franc. ann. 1273. apud Lobinell. tom. 3. Histor. Paris. pag. 26 : *Quæ quidem domus faciunt cuneum vici, qui quidem cuneus est ab altera parte Plastreria.* Litt. ann. 1293. ibid. pag. 206 : *Usque ad vicum, qui dicitur vicus Maversæ, in quo vico est Plastreria quædam.*

¶ PLASTRARIUS, Gypsarius, Gall. *Platrier*. Tabul. B. M. de Bono-nuncio Rotomag. ann. 1255 : *Noverint... quod ego Radulphus Plastrarius de Prato dedi et concessi... duodecim denarios Turon.*

¶ **PLASTES**, Cæmentarius, Gall. *Mas-*

son. Chron. Wastinense apud Marten. tom. 3. Anecd. col. 805 : *Cum cœmentariis ac fossoribus operi immorata, sub divo solis patiens, sancti ædificii, quod usque hodie est, fundamenta jecit, et abscedens hac vice non modicum censum ad Plastarum expensas.... dereliquit : quas quidem, ne serius opificium, exhaustis quas prius miserat, consummaretur, per plura incrementa non semel aut bis, sed multoties... augere curavit.*

PLASTICATOR, πλάστης, Fictor. Jul. Firmicus lib. 8. cap. 16 : *Bractatores, inauratores, Plasticatores, margaritarii, etc.*

¶ **PLASTICUS**, Fictus, simulatus. Lambertus Ardensis apud Ludewig. tom. 8. Reliq. MSS. pag. 479 : *Quod Plasticis ergo medicamentis vel ei proficientibus, sed et eu in mortem provocantibus, etc.*

¶ **PLASTRA**, Nummus argenteus, Italis *Piastra*, Gall. *Piastre*. Acta S. Mariæ Magdal. de Pazzis tom. 6. Maii pag. 338 : *Et ecce ex fundo lancis liquefacti stanni tantum decidit in foculum, quantus est orbis unius nummi argentei septem librarum, quem Plastram nominamus.*

* **PLASTRARE**, Gypsum. Glossar. Lat. Gall. ex Cod. reg. 7692 : *Plastrare, plastre.* Hinc

* **PLASTRARIA**, Gypsi fodina, in Charta ann. 1265. ex Chartul. Campan. fol. 508. col. 1. Vide *Plasteria* et infra *Platreia.*

¶ **PLASTRARIUS**, Plastreria. Vide *Plasteria.*

* **PLASTREARIUM**. Vide supra *Plassearium.*

¶ **PLASTREUS**, Gypseus, Gall. *de Platre.* Capitulum Ordin. Prædicat. ann. 1239. apud Marten. tom. 4. Anecd. col. 1679 : *Poterit in extremitatibus lectorum in altitudine unius cubiti usualis a superficie lecti aliquod intermedium ligneum, vel Plastreum interponi.* Occurrit rursum in Capit. ann. 1240. ibidem col. 1681.

* **PLASTRIERIUS**, Gypsarius, Gall. *Platrier*, in Charta ann. 1261. ex Invent. Chart. reg. ann. 1482. fol. 97. Vide in *Plasteria.*

1. **PLASTRUM**, Modus agri sic dictus; *Plastre*, apud Sanjulianum in Trenorchio pag. 533. Charta P. Episcopi Matisconensis ann. 1208. apud eumdem Sanjulianum in Matiscone pag. 239 : *Dominus V. Plastrum proprium habebit, in quo firmitatem et defensionem faciat et munimen ad arcendos raptores et malefactores ipsius obedientiæ, etc.* Charta Abbatis S. Steph. Divion. ann. 1220. apud Perard. : *Si autem vacuum (mansum) non invenerit, et aliud Plastrum in villa vacuum inventum fuerit, ubi domus posset ædificari, Prior ei... dabit.* Ibidem : *Prior ei Plastrum cum horto eidem contiguo dare tenetur, si in villa vacuum inventum fuerit, salvo tamen jure suo, et bubulterio suo excepto, et salvis reditibus suis, etc.* [Chartophylacium Regium Reg. 87 : *Genetus Perrini circa unam fossoyriatam Plastri ... juxta Plastrum Anthonii Galerii, pro qua facit dymidium quartale vini.*] Occurrit in Chronico Besuensi pag. 660. 666. 667. in Charta homagiorum virorum nobilium Bressiæ ann. 1272. apud Guichenonum in Probat. Hist. Bressensis pag. 14. 18. 21. præterea pag. 89. Charta ann. 1310. in 2. Tabulario Regio, num. 156 : *C'est à sçavoir une maison, uns Emplastres, et les appartenances joignans et seans entre etc.* Tabularium Albæ Ripæ in Episcopatu Lingonensi ann. 1357. : *Idem domum, seu Emplastrum, situm in villa de Orgiis, cum manso retro dictum Emplastrum.* Ibid. ann. 1463 : *Un Emplastre en S. Pere, auquel souloit avoir une maison, etc.* Ibid. ann. 1461 : *Promisit dictum Emplastrum ædificare, et in unam domum convertere.* Occurrit ibi pluries. Vide *Emplastrum.*

☞ Ex his nemini obscurum est *Plastrum* hic significare locum vacuum indefinitæ magnitudinis; qua notione *Plastre* etiamnum usurpant Dombenses, Lugdunenses et alii. Inquesta ann. 1440 : *Item confitetur tenere quoddam penu seu celier cum quodam parvo Plastro.*

*. Domibus ædificandis vel reædificandis idoneus locus, Gall. *Emplacement, masure*, alias *Plaistre* et *Plastre*. Charta ann. 1234. in Chartul. Cluniac. : *Helisabeth relicta Renoldi Senebrum.... concessit ecclesiæ Cluniacensi in perpetuum quoddam Plastrum, in burgo Montismoreti,.... ad ædificium ibidem ad opus ejusdem ecclesiæ construendum.* Alia ann. 1367. in Reg. 97. Chartoph. reg. ch. 553 : *Item un Plastre de maison, autrement dit masure,.... ouquel Plastre ou masure souloit estre édifiée une maison dudit feu Jehan Esmerey.* Rursum alia ann. 1393. in Reg. 144. ch. 343 : *Lesquelx comme ilz eussent mis en vente et exposé vendables, ou marchié de Luzey, deux Plaistres de maisons arses.... Le vendage desdittes murailles et Plaistres, etc.* Vide supra *Amplastrum* et infra *Pleduira.*

¶ 2. **PLASTRUM**, Gypsum, Gall. *Platre.* Ep. Mauricii Archiep. Rotomag. ann. 1233. tom. 2. Spicil. Acher. pag. 522 : *Inhibentes sub pœna excommunicationis, ne aliquis præsumat in eis (cimiteriis) corpora sepelire, vel in terra, vel super terram, in Plastro, vel in trunco, vel lapide vel aliquocumque modo.* Comput. ann. 1261. ex Bibl. Reg. : *Pro lignis emptis ad coquendum Plastrum* xxxiiii. *sol.* iii. *den.*

* 3. **PLASTRUM**, Solum, pavimentum, forte ex gypso confectum. Mirac. S. Emmer. tom. 6. Sept. pag. 500. col. 2 : *Tunc demum relapsus in pavimentum, per dæmoniacam discerptionem erecto collo, cœpit evomere cruorem cum sanie. Qua cum Plastrum horribiliter esset pollutum, etc.* *Ploistre*, Murus gypseus, in Lit. remiss. ann. 1389. ex Reg. 138. Chartoph. reg. ch. 158 : *Lesquelx rompirent le Ploistre et les serrures de l'huis desdites prisons.*

* **PLASTRUS**, idem quod supra *Plastrum* 1. Charta Steph. abb. ann. 1202. inter Probat. ult. Hist. Trenorch. pag. 182 : *Tandem mensurari fecimus ad tesam rapinalem totam villam infra ambitum murorum, tam domos quam Plastros et hortos, etc.*

** **PLASTUS**, Plasmatus, creatus, in Ecbasi vers. 863. et 919 : *Primus Plastus.*

1. **PLATA**, Lamina, metallum quodvis in laminas diductum, unde, quidquid planum est, etiamnum *plat* dicitiius. Henricus de Knyghton ann. 1340 : *Et quod quilibet Angligena, egrediens fines Angliæ... possit secum reportare Platam argenti vel auri ad valorem duarum marcarum pro quolibet sacco lanæ, et sic pro reliquis prætactis in suo primo reditu. Et eamdem Platam ferre deberet ad escambium Regis, et ibi recipere suos denarios.* Idem ann. 1364 : *Congregaverunt electum aurum regni, et fecerunt in Platas, et miserunt in batellos ferratos ad adducendum in Franciam.* Ita passim.

* Charta ann. 1328. in Reg. 65. Chartoph. reg. ch. 261 : *Idem Raimundus fecit fieri quandam cavillam bridæ et Platas necessarias,..., et habuit dictam cavillam et Platas pro xviij. lib. Plate*, eodem sensu, in Reg. Cam. Comput. Paris. sign. *Pater* fol. 248. r° : *Fer; le cent de Plates, xij. deniers. Plateinnes d'argent à mettre dessoubz clous de ceinture*, in Lit. remiss. ann. 1397. ex Reg. 153. ch. 53. Hinc *Platine*, pro Equi solea ferrea, in aliis Lit. ann. 1457. ex Reg. 189. ch. 213 : *Lesquelz compaignons jouerent ensemble aux Platines de fer de chevaulx, au plus près de deux esticquetes.*

Plata, pro Argento, aut auro infecto, in laminis adhuc existente, necdum in vasa, aut monetam conflato, sumitur. *Lateres aureos et argenteos* vocat Varro lib. 3. de Vita Populi Romani apud Nonium, πλίνθους χρυσοῦς Herodotus, ubi de Crœso. Fleta lib. 1. cap. 20. § 126 : *Vicecomitibus, Constabulariis, vel aliis, qui retonsores ceperint vel attachiaverint cum retonsura cruda, vel cum Platis saisitos, etc.* § 127. *De his qui emerint per seipsos vel per alios tonsuram, vel Platas, scientes ipsas esse retonsuræ.* § 130. *De iis, qui emerint Platas tonsuræ non affinatas, licet non de retonsoribus.* [* Nostris quoque *Plate*. Charta ann. 1315. ex Bibl. reg. : *Item in massa seu Platis argenti, tria millia, sexties centum, sexaginta et decem marchas.* Stat. ann. 1310. tom. 1. Ordinat. reg. Franc. pag. 479. art. 5 : *Au marc d'or fin en or, en Plate et en paillole, etc.*] Hinc universim

Plata, Argenteum metallum, maxime apud Hispanos, quibus etiam hodie hæc vox idem sonat. Usatici Barcinonenses MSS. cap. 46 : *Rustici, qui tenent mansum... sunt credendi usque ad 7. solidos Platæ.* Capite 72 : *Leges judicant, homicidium esse compositum in 300. solidis aureis, quæ valent 2400. sol. Platæ finæ.* [Charta ann. 941. in Append. ad Marcam Hispan. col. 853 : *Suprataxatas quoque res sub omni integritate... vindo et de meo jure in jus et potestatem vestram fideliter trado propter pretium librarum quinque obtimæ Platæ.* Charta ann. 1068. inter Probat. Hist. Occitan. tom. 2. col. 264 : *Vendimus propter pretium quingentorum mancusorum Barchinonensis monetæ inter aurum et Platam.* Ubi per *Platam* non obscure argentum significatur, ut et in Charta ann. 1114. ibidem col. 389 : *Totum ab integro impignoramus ad S. Mariam propter 68. libras de Plata fina,... 25. uncias de auro optimo et fino;... si reddiderimus istud aurum et istam Platam, etc.*] Charta Petri Regis Aragon. in Curia Gener. Catalaniæ ann. 1351 : *Solidus aureus valet 16. sol. Barcinonensis monetæ : Argenteus vero solidus, vel Platæ, quod idem est, valet duos solidos monetæ prædictæ.* Monasticum Anglic. tom. 1. pag. 301 : *Centum marcas* Regesto Philippi Pulcri Regis Franc. ex *de Plata, et eo amplius, et marcas auri ad tabulam faciendam dedicavit.*

☞ Pro argento in monetam cuso usurpare videtur le Roman *de Blanchandin* MS. :

Ains vos donrai or du mien,
Vint muis entre vin et forment,
Et soixantes Plates d'argent.

Nisi idem sit quod *Placa* 2. Vide in hac voce.

Sed maxime ita nostri appellabant armaturas ex laminis ferreis confectas, cujusmodi habuisse Sarmatas scribit Tacitus. *Squammosas vestes ferri* vocat Albertus Aquensis lib. 3. cap. 63. Virgilius :

Nec duplici squamma lorica fidelis et auro.

Idem lib. 11 :

... Quem pellis ahenis
In plumam squammis auro conserta tegebat.

[Charta Hermanni Ordin. Milit. Prussiæ Magistri : *Is vero qui idem allodium vel decem mansos emerit, debet ratione ejusdem allodii cum armatura, quæ Plata vulgariter dicitur, et aliis levibus armis, et uno equo, ad arma talia competente, domui nostræ ad tale obsequium esse adstrictus, etc.* Quo loco Christoph. Hartknochus editor dissert. 18. n. 10. observat *Platam* esse loricam qua pectus tegitur; indeque eos qui loricas conficiunt *Platner* appellari.] Præsertim vero chirothecas ferreas ex ejusmodi laminis confectas ita appellarunt. [Charta ann. 1347. tom. 1. Hist. Dalphin. pag. 67 : *Et invenerunt ibidem domini Commissarii antedicti oculata fide duo paria Platarum, quatuor arnesia ferri, etc.* Computus ann. 2336. ibidem tom. 2. pag. 276 : *Item, Barthol. Lapo mercatori pro uno paro de Platis cum cosseriis et gamberiis, unc. II. taren. XII.* Alius ejusdem ann. ibidem pag. 326 : *Videlicet II. paria de Platis coopertis de fustouyo, etc.*] [* Form. Mss. ex Cod. reg. 7657. fol. 31. v° : *Armati diversis armorum generibus, ut pote lanceis, gladiis, servelheriis, Platis, loricis, etc.* Stat. ann. 1351. tom. 4. Ordinat. reg. Franc. pag. 69. art. 8 : *Et sera armé de Plates, de crevelliere* (cervelliere) *de gorgette, etc.*] Eadem notione *Plates* usurpasse videntur Poëtæ nostrates. Guil. *Guiart* ann. 1296 :

Les mains couvertes de balaines,
Et de gans de Plates clouées
En plusieurs parties trouvées.

Idem ann. 1304 :

Gans de Plates et de balaine,
Lances roides, juisarmes saines.

Alibi :

Qui les mains garnies de Plates,
Les épaules d'armes fretées,
Et les targes sur eus getées.

Chron. Bertrandi Gueselini :

Ils ont dedans leurs chefs leurs bacinetz fermez,
Les escus à leur cols dont il i ot assez,
Bonnes Plates d'acier, et de glaives assez.

Inventarium armorum Ludovici Regis Franc. ann. 1316 : *Item unes Plates neuves couverte de samit vermeil. Item deux paires de Plates autres couvertes de samit vermeil.* Infra : *Un estuiau de Plates garni de samit.*

☞ Hinc *Chirotheca de plate*, in Charta Henrici IV. Reg. Angl. ann. 1405. apud Rymer. tom. 8. pag. 384 : *II. palettes, 23. paria cirotecarum de Plate, 13. loricas.* Alia Henrici V. tom. 4. Hist. Harcur. pag. 1440 : *Terram habuit, tenuit et possedit per homagium nobis et heredibus nostris prædictis, faciendo ac reddendo nobis et eisdem heredibus nostris unam cirotecam de Plate pro dextra manu.*

¶ PLATA ALBERJONATA, Chirotheca maculis contexta ad modum loricarum, quæ *Alberjones* dicuntur, hamis consertarum. Libertates Briancon. ann. 1343 : *Omnes de dicto numero cum porpointis, gorgeriis, chirothecis ferreis seu Platis Alberjonatis malliæ competentibus, etc.*

PLATUM. Gloss. Saxon. Ælfrici : *Platum*, seolce hrygele, i. sericum putamen. Somnerus *Placium* restituit.

¶ 2. **PLATA**, PLATTA, Navis planæ species; unde vocis origo. Breviar. Hist. Pisanæ apud Murator. tom. 6. col. 171 : *Ad quod castrum vincendum Pisani fuerunt cum 50. navibus, Plattis et schafis, et cum 12. manganis ordinatis in Plattis.* Ogerii Panis Annal. Genuens. ad ann. 1218. ibidem col. 413 : *Erat enim galea illa de Arelate, quæ super gradum Pisanorum Platas duas oneratas rerum cujusdam navis de Tunesi redeuntis ceperat.* Iidem Annal. auctore Jac. Auria ibidem col. 580 : *Euntes apud Arnum invenerunt ibi barcham unam, in qua erant grani minæ ccc. et unam Platam oneratam de pipere et cottono.*

¶ 3. **PLATA**, pro *Platea*, *Grande place*, in Statutis Montis Regal. fol. 204 : *Quod omnes porticus Platæ civitatis Montis Regalis remaneant et stent aperti, ita quod quilibet possit ire.*

* 4. **PLATA**, Vectigalis species, f. quod a navibus, *Platæ* dictis, exigebatur. Charta ann. 1168. apud Cenc. inter Cens. eccl. Rom. : *Promisit de cætero reddere domino papæ et ecclesiæ Romanæ medietatem de placitis et bannis,... de Plata et scortu, et passagio et ponte Reatinæ civitatis.* Vide *Plata* 2. et mox.

¶ **PLATAGIUM**, Idem quod infra *Plateaticum*. Charta Heliæ Archiep. Burdigal. ann. 1195. inter Instr. tom. 2. Gall. Christ. col. 286 : *Insuper fuit condictum ut redditus plateæ, quæ est ante Ecclesiam, procuratores utriusque partis fideliter colligent, et medietatem habebit dicta Ecclesia, alia vero medietas conferetur Ecclesiæ de Solaco ad opus candelæ;.... si vero medietas Platagii ad hoc sufficere non poterit, dominus de Lesparra aliunde supplebit.* Litteræ Philippi Valesii ann. 1351. inter Ordinat. Reg. Franc. tom. 3. pag. 576 : *Leurs gens puissent bonnement leurs biens et marchandises charger et descharger de nuit et de jour sans payer aucune congé, ne Platage, ne autre chose quelle qu'elle soit.*

* Stat. Taurin. ann. 1360. cap. 57. ex Cod. reg. 4622. A : *De nulla re, quæ portata fuerit super dorsum, capiatur aliqua curaga seu pedagium, Platagium, etc.*

¶ **PLATANUM**, Locus arboribus consitus. Ital. *Plataneto.* Agnellus in Martino Episc. apud Murator. tom. 2. pag. 182 : *Vascula argentea tota expleta mensa in modum Platani.... disposuit.*

* **PLATE**, Disci plani species, Gall. *Plat.* Inventar. ann. 1420. inter Probat. tom. 2. Annal. Præmonst. col. 591 : *Unum Plate argenteum pro speciebus, pedutum.* Vide infra *Platellus.*

1. **PLATEA**. Gregorius Turon. lib. 2. Hist. cap. 31. de Baptismi Chlodovei solennibus : *Velis depictis adumbrantur Plateæ Ecclesiæ, curtinis albentibus adornantur, baptisterium componitur, etc.* Ubi *Plateas Ecclesiæ* porticus interiores interpretor.

2. PLATEA, [Locus vacuus, ager incultus, a Gall. *Place.* Decretum Philippi III. Reg. Franc. ann. 1282. inter Instr. tom. 2. Gall. Christ. col. 147 : *Quod muri, turres murorum, tornellæ, fossata et pertinentiæ eorum,.. Plateæ vacuæ quæ vocantur froci, pertinent ad Ecclesiam supradictam.* Tabular. B. Magdal. Castrodun. fol. 55 : *Ego vendidi Sancio majori quatuor Platas, quæque de una tesia, tali pacto quod quæque Platea redderet quatuor denarios censuales.*] Tabular. Brivatense fol. 193 : *Per traditionem clavis cortilis seu Plateæ de Chalas.* Fol. 196 : *De cognitione et jurisdictione delz mezes, seu Platearum vacuarum, fossatorum, etc.* Vide *Peda* 2.

* *Platte*, eodem sensu, in Reg. 13. Corb. sign. *Habacue* ad ann. 1510. fol. 30 : *Le surplus desdites terres de ledite cense ledit prendeur les trouvera wides et Plattes.*

¶ PLATEA, Ager cum mansione, seu domo. Charta ann. 1212. ex Chartul. S. Aviti Aurel. : *Venit ad nos Goherius de Brissiaco humiliter rogans ut Plateam unam in claustro S. Aviti sitam juxta puteum, quam Johanni Vallot servienti suo dederat ad hospitandum, liberam et immunem a relevationibus et venditionibus, ab omni exactione et gravamine sigilli nostri auctoritate confirmaremus : voluit etiam supradictus Goherius et Johannes Vallot in Platea sive domo ibi sita, e c. Et quia Platea sive domus claustralis existit, etc.*

¶ PLATEA TERRÆ, Modus agri qui colitur, quomodo supra *Pecia*. Chartular. S. Vandreg. tom. 1. pag. 20 : *Concessi... unam Plateam terræ sicut se præportat de longo in latum, cum gardino eidem masuræ pertinente.* *Plage*, in Charta ann. 1290. ex eod. Chartular. pag. 1009 : *Ai vendu et otroié.. por sessante sis sols d'annuel rente Tornois assis sur la Plage as dis Religieux... laquelle Plage est assise en ladite paroisse de Caudebec.*

¶ 3. PLATEA, Via publica. Dietmarus in Chronico Mersburg. lib. 1. cap. 3. apud Ludewig. tom. 3. Reliq. MSS. pag. 55 : *Non longe a prædicto amne in Pago Chutizi dicto Arnus, Episcopus S. Wirceburgensis Ecclesiæ nonus, cum ab expeditione Boiemorum reversus, juxta Plateam in parte Septentrionali, fixo super unum collem tentorio, Missam caneret, etc.* [* Chron. Angl. Th. Otterb. pag. 5 : *Plateas etiam habet* (Anglia) *quatuor principales, quarum prima et maxima, Fossa scilicet ab austro extenditur in boream, etc.*] [** Vide Forcellinum.]

¶ 4. PLATEA, Locus ubi quis stat, Gall. *Place.* Litteræ Philippi Aug. Reg. Franc. ann. 1215. apud Lobinell. tom. 3. Histor. Paris. pag. 95 : *Duo vel tres ex Burgensibus Paris. prima die Maii convenient Præpositum S. Dionysii in loco in quo indictum solet convenire, et ipsi denunciabunt quod ipsi volunt capere Plateas suas et signare logias* suas ad opus indicti. Statuta Massil. lib. 4. cap. 25 : *Constituimus ut cuilibet peregrino detur Platea duorum palmorum, et dimidii cannæ in latitudine, et in longitudine septem palmorum,.... pro equo detur Platea in latitudine trium palmorum, quæ Plateæ ex quo domini navium inde pretium habuerint, nullatenus minuantur.* Occurrit ibi pluries.

¶ Platea, Tributum. Vide *Plateaticum*.

¶ Platea Fortis, Arx, castrum, locus munitus, Gall. *Place forte*. Charta ann. 1451. apud Lobinell. tom. 2. Hist. Britan. pag. 1320 : *Villamque seu villagium cum castro sive Platea forti, etc.*

¶ Plathea, pro *Platea*, in Charta ann. 1386. ex Schedis D. *Lancelot* : *Acta fuerunt hæc in Plathea dicti loci præsentibus testibus, etc.*

* **PLATEACIUM**, idem quod *Plateaticum*, quomodo etiam forte legendum est, apud Cenc. inter Cens. eccl. Rom. Mss. : *Plateacium de ponticello et pontilli, etc.*

¶ **PLATEARII**. Vide mox *Plateaticum*.

* **PLATEATICARIUS**, *Plateatici* exactor, idem qui *Platearius*. Vide in *Plateaticum*. Inquisit. ann. 1288. in Access. ad Hist. Cassin. pag. 388. col. 2 : *Plateaticarii non debent emere victualia pro revendendo.* Ubi semel et iterum legitur *Platearii*.

PLATEATICUM, Tributum, quod in *plateis*, seu pro transitu platearum, id est viarum publicarum, præstatur : vox deinde pro quibusvis tributis usurpata. Leo Ostiensis lib. 1. cap. 59. (al. 56) : *Ut in tota civitate Neapolis nullum Plateaticum, sive portaticum nostri Monachi aliquando darent.* Lib. 3. cap. 60. (al. 61) : *Et ut nullum Plateaticum vel portaticum Monachi nostri aliquando darent in omni jure et ditione potestatis suæ.* Charta Caroli II. Regis Siciliæ ann. 1303 : *De.... jure Plateatici, seu passagii.*

Platea, et Jus Plateæ dicitur etiam in veteribus Tabulis. Charta Friderici I. Imp. ann. 1185. tom. 2. Ughelli pag. 762 : *Ut tales justitiæ, quæ vel de placito, vel de bando, vel de mercato, sive de Platea, vel pontibus... proveniunt, etc.* Adde pag. 764. Charta ann. 1134. apud Rocchum Pirrum in Episcop. Catan. : *Concessi etiam præfatæ Ecclesiæ totam terram meam, venditiones, emptiones, libere absque omni jure Plateæ, libera pascua, glandes, etc.* Charta ann. 1215. apud Ughellum tom. 7. Ital. sacræ pag. 1329 : *Quod bona et spontanea voluntate nostra jus nostrum Plateæ die Sabbati, quod habemus in mercato civitatis Pennensis, ad nos specialiter spectans... in perpetuum remittimus, etc.*

Plateaticum, Quodvis tributum. Epist. Innocentii III. PP. ann. 1211. apud Ughellum tom. 1. part. 1. pag. 783 : *De rebus tamen ipsius Episcopi, ut dictum est, venditis, aut quoquam transmissis, Plateaticum remittimus.* Charta Rogerii Regis Siciliæ ann. 1137. tom. 7. ejusdem Ughelli pag. 564 : *Plateaticum etiam sandalium, et lenticum, quæ veniunt de Calabria, Sicilia, et Lucania, similiter eis condonamus. Plateaticum quoque piscium, quos Salernitani capiunt, eis iterum dimittimus.* Charta Rogerii et Boëmundi Ducum Apuliæ apud Baronium ann. 1090. num. 18 : *Utrumque autem Plateaticum emptionis et venditionis omnium rerum, quas pars Monasterii cum quibuscumque contraxerit, eis ubique pariter condonamus.* Charta Friderici II. Imperat. ann. 1209. apud Rocchum Pirrum tom. 2. pag. 637 : *Concedentes.... ut de fructibus ipsarum domorum libere de cætero sine datione aliqua, sine Plateatico, passagio et portulatico mittere, introducere, et exhibere liceat, tam per mare, quam per terram, tam per portas, quam per portus, et passagia, etc.* Alia ejusdem Imperat. ann. 1226 : *Super redditibus, vulgariter Plateaticis appellatis.* Occurrit vox *plateaticum* passim in vett. Tabulis apud eumdem Ughell. tom. 1. pag. 298. tom. 7. pag. 1133. 1362. tom. 8. pag. 79. 201. 321. 658. tom. 9. pag. 99. 273. Rocchum Pirrum tom. 2. pag. 632. Guichenonum in Prob. Histor. Sabaud. pag. 74. 93. in Constitut. Sicul. lib. 1. tit. 59. § 2. in Bullario Casinensi tom. 2. pag. 175. etc. [** Vide Murator. Antiq. Ital. tom. 2. col. 11. sqq.]

Platearii, *Plateatici* exactores. Charta Rogerii Ducis Siciliæ ann. 1088 : *Præcipimus itaque et omnino confirmamus, Stratigotis, Præsopiis, Vicecomitibus, Gromarthiis* (Turmarchis), *Plateariis, et omnibus aliis, qui sub nostra potestate sunt, ut nullus ausus sit eos angariare, sive Platearios laicales reditus ab eis exigere, etc.* Constit. Siculæ lib. 1. tit. 76 : *Rapinas, quas gabelloti, forestarii, Platearii, portionarii, seu passagerii.... exercent.* Adde Ughellum tom. 1. pag. 995. et tom. 9. pag. 651.

* **PLATELLA**, Tabella. Lit. official. Paris. ann. 1380. in Reg. 118. Chartoph. reg. ch. 428 : *Item quod subtus pondus centum librarum, posuit unam Platellam plombi, ponderis duarum librarum.*

PLATELLUS, Disci species, ex Gallico *Plateau, escuelle*. Will. Thorn ann. 1302 : *De discis et Platellis.* [Inventarium ann. 1377. ex Archivis S. Victoris Massil. : *Item duos Platellos cum armis domini Franciæ de latono fino bonos et sufficientes.* Aliud ann. 1419. in Tabular. Eccles. Noviom. : *Item quidam Platellus stanneus ad lavandas manus.* Tabul. B. M. de Argentolio : *Dederunt sex libras Paris. quæ dictæ sex libræ positæ fuerunt in Platello argenti.* Occurrit præterea in Legibus Palatinis Jacobi II. Reg. Majoric. tom. 3. SS. Junii pag. LIX. apud *de Lauriere* tom. 1. Ordinat. Reg. Franc. pag. 481. apud Lobinell. tom. 3. Histor. Paris. pag. 670. tom. 2. Hist. Dalphin. pag. 312. et alibi.] Glossar. Gr. Lat. Reg. Cod. 85 : Τρίπους, *cortina, unde dabantur oracula, et Platellum.*

* Nostris alias *Platiau*. Testam. Bern. milit. dom. de Morolio ann. 1302. in Chartul. 21. Corb. fol. 101 : *Et avec aura elle toute nos vaissellemenche d'or et d'argent, si comme pos, grans et petits, escuelles et Platiaus.* Le Roman de *Cleomades* Ms. :

Pos, hanas et Platiaulx d'argent.

Hinc *Platelée*, quantum *platello* continetur. *Une escuellée ou Platelée de salade de herbes*, in Lit. remiss. ann. 1448. ex Reg. 179. Chartoph. reg. ch. 300. Vide supra *Plate*.

* **PLATEMARE**, an Stagnum, lacus? Charta ann. 1222. ex Bibl. reg. cot. 19 : *Quæ terra est apud fossam Farmani ante Platemare et le costil de Chesneto.* Vide infra *Plesculum*.

PLATEN. Lewoldus Northowius in Chronico Markano ann. 1222 : *Idem Dux tantam multitudinem militum ibi habuit, quot tot erant milites, quot tabulæ, sive Platen, quibus arx muniebatur.* Goldastus *platonias*, de quibus infra, ait esse, quod Germani vocant *platten*, lapides cæsos in formam orbicularem aut quadratam.

** **PLATENA**, Vestis sacerdotalis species. Fragment. Gest. Episc. Virdun. apud Pertz. Script. tom. 4. pag. 37 : *Dedit etiam ad ipsum altare unum sacerdotale vestimentum auro ornatum, Platenam scilicet, id est ex dirotano cum guttis, etc.* Vide *Plata*, 1.

1. **PLATEOLA**. Vetus Liber Artis Notariæ in Bibl. Regia Cod. 874. laudatus a Baluzio ad Capitular. Regum Franc. tom. 2. pag. 1162. de studio Notarum : *Sunt igitur aliqui, qui dimittunt* (hoc studium) *ad tertiam partem, aliqui tamen ad medietatem, et sunt plures, qui non dimittumt nisi ubi in fine dicitur Plateola.* Unde colligitur, hanc vocem, quæ habetur in Notis Tyronis pag. 194. ultimam fuisse in Codice hujus Notarii.

* 2. **PLATEOLA**, diminut. a *Platea*, Locus vacuus. Charta ann. 1232. ex Tabul. S. Autberti Camerac. : *Quamdam Plateolam, ubi domus Gossemare consistebat, quæ diruta fuerat pro gravi excessu ipsius,.... contulimus.*

* **PLATERE**, Plectro lanam præparare : unde legendum videtur *Plectere*, in Arest. ann. 1399. 19. Apr. in vol. 9. arestor. parlam. Paris. : *Omnes lanerii villæ Belvacensis, qui proprium habebant artificium, lanas suas Platebant, etc.*

PLATESIA, Piscis species, *Pleis*, forte, quomodo dicuntur in ostio Somonæ. Glossar. Anglo-Sax. Ælfrici, cap. de Piscibus : *Platesia*, fasg. Charta Caroli Calvi ann. 23. Ind. 10. in Tabul. S. Dionysii num. 31. et apud Doubletum pag. 795 : *Et in Pago Pontiu solitum censum de Platesiis, hanonibus, ac anguillis Somnensibus, ac de Flandris.* [*Platessas* dixit Ausonius Epist. 4. v. 57 :

. . . . Referuntur ab unda
Corroco, letalis trygon, mollesque Platessæ.

Quod sit piscis planus, *platesia* vel *platessa* dictus videtur. Vide *Plays* et *Plada*.]

¶ **PLATEUS**, a Gall. *Plat*, Pelvis. Testam. Beatricis de Alboreya Vicecomit. Narbon. ann. 1367. apud Marten. tom. 1. Anecdot. col. 1523 : *Item* (legamus) *duos bassinos sive Plateos argenti pro abluendo manus presbyterorum in dicta capella celebrantium, signatos armis et signis nostris.*

* **PLATEZOLUS**, Tributi, quod *Plateaticum* vocabant, exactor. Stat. Ferrar. ann. 1288. apud Murator. tom. 5. Antiq. Ital. med. ævi col. 890 : *Fratres de boleta et Platezolos communis, qui Platezoli debeant esse fratres.* Vide supra *Plateaticarius*.

* **PLATHEA**, *Parcus*, seu locus palis vel virgulis implexis conclusus, idem quod supra *Plussearium*. Charta Joan. de Cabil. episc. Lingon. ann. 1331. in Chartul. ejusd. eccl. fol. 272. v° : *Item octies viginti vel circa arpenta nemorum vestitorum, sine Platheis, quæ ascendunt ad sexaginta arpenta, franca domino sine usagiariis,.... et alia sexaginta*

arpenta de Platheis, valere possunt quadraginta solidos. Vide alia notione in Platea.

¶ **PLATHOMA**, pro Platonia. Agnellus in S. Felice, apud Murator. tom. 2. pag. 162 : *Et extensum desuper lapidem unum, et aliam Plathomam desuper.... colla emissa fregit corpus ejus, et reliquerunt eum mortuum.* Vide *Platonæ*.

* **PLATIATICUM**, idem quod *Plateaticum*, in Charta ann. circ. 1108. apud Murator. tom. 2. Antiq. Ital. med. ævi col. 11.

¶ **PLATICE**. Vide *Platicus*.

¶ **PLATICISPATE**. Charta Philippi V. Reg. Fr. tom. 3. Hist. Harcur. pag. 248 : *Cum plenitudine juris altæ justitiæ, merique et mixti imperii, videlicet Platicispate, clamoris de Haro, etc.* Ubi legendum *Placiti spatæ*, divisis vocibus.

¶ **PLATICUS**, a Græc. Πλατικός, Latus, remotus. Firmicus lib. 3. cap. 2 : *Platica dispositio. Platice*, ruditer, apud eumdem Firmicum lib. 2. cap. 16 : *Debet is, qui instituitur, primum Platice institui : ut his apertioribus levioribusque compositus atque formatus, secretiora deinceps genituræ confidentius consequatur.*

* **PLATIM**, dicitur de ictu ensis, ea parte qua planus est, Gall. *du Plat de l'épée.* Lit. remiss. ann. 1412. in Reg. 167. Chartoph. reg. ch. 32 : *Prælibatus Petrus eidem Martino ex latitudine sive Platim dictæ ensis dedit unum ictum.* Vide infra *Platum* 2.

¶ 1. **PLATINA**, Disci plani species, artopta, Gallice *Tourtiere*. Petrus Delphinus in Epistola 91. apud Marten. tom. 3. Ampliss. Collect. col. 1041 : *Ad tortas conficiendas non indigemus coquo, cum sit apud nos Platinæ studiosus.* Vide *Platonæ*.

* Hinc *Plataine*, Vas ecclesiæ ministeriis dicatum, vulgo *Patene*, in Inventar. ann. 1492. ad calcem Necrol. Paris. Ms. : *Ung calice et Plataine, etc.* Vide supra *Plate* et *Platellus*.

* 2. **PLATINA**, Chirotheca ex laminis ferreis confecta, quæ et *Plata* nuncupabatur. Vide supra in hac voce. Charta ann. 1312. ex Bibl. reg. : *Cum armis discopertis, videlicet lanceis, ballistis,.... et capellinis ferreis,.... et Platinis, etc.* Lit. remiss. ann. 1349. in Reg. 78. Chartoph. reg. ch. 45 : *Aycardus de Miromonte cum hominibus armatis diversorum armorum generibus, ut pote Platinis, gonjonibus, spaleriis, clipeis, etc.*

¶ **PLATOCERUS**, a Græc. Πλατυκέρως, Latis cornibus. Vita S. Romani Abb. Jurensis tom. 3. Febr. pag. 741 : *Inter juga quoque præcelsa cervorum Platocerum prærupta convallia.... transcendere.*

¶ **PLATOMA**. Vide mox *Platonæ*.

PLATONÆ, PLATONIÆ, PLATUNIÆ, dicta marmora, in tabulas dissecta, et Gr. Πλατύνιον, ut videtur. Cum enim marmor majoris sit pretii quam lapides cæteri, non quadratum, sed in tabulas dissectum, vulgo in opus mitti solet. Vetus Agrimensor : *Termini sunt majores, qui juxta flumina positi sunt, mensales vocantur,.... et in modum Platuniæ eos posuimus.* Ubi male editum *platumæ*. Senator lib. 3. Epist. 9 : *Ut nec aliquid publico nunc ornatui probatur accommodum supra memoratas Platonias, vel columnas ad civitatem Ravennatem, contrahat modis omnibus devehendas, etc.* Supra lapides dixit : *In municipio itaque vestro sine usu jacere comperimus columnas et lapides vetustatis invidia demolitas. Lapidem* vero pro *marmore* non semel usurpant Agrimensores et alii. Anastasius in S. Liberio PP. : *Hinc Liberius ornavit de Platoneis marmoreis petris sepulchrum S. Agnetis Martyris.* [*Platinis*, ex edit. Murator. tom. 3. pag. 113.] In S. Damaso : *Et ædificavit Platoniam, ubi corpora Apostolorum jacuerunt, id est B. Petri et Pauli, quam et versibus ornavit.* Ado Viennensis in Chronico de eodem Damaso : *Fecit basilicam juxta atrium S. Laurentii, et aliam in catacumbis, ubi jacuerunt corpora SS. Petri et Pauli, in quo loco Platoniam ipsam, ubi jacuerunt sancta corpora, versibus adornavit.* Item Anastasius in Sixto III. : *Fecit... cancellos argenteos et supra Platonias porphyreticas pensantes, etc.* Infra : *Hic fecit Platoniam in cœmeterio Calixti, via Appia, ubi nomina Episcoporum et Martyrum scripsit, cum memoriis.* In Leone Papa III. : *Platonias posuit, diversisque picturis miræ magnitudinis opus decoravit.* Hieronymus Rubeus in Histor. Ravennat. ex Vita S. Maximiani Episcopi Ravennat. lib. 5. pag. 238 : *Fabris mandavit, ut tabulam e marmore, quam appellabant Græca voce Platoniam, tollerent.* Simeon Dunelmensis et Rogerus Hovedenus ann. 794 : *Est quoque in Ecclesia S. Petri Apostolorum Principis sepultus, et super sepulchrum ejus Platona, id est marmor, parieti infixa, gesta bonorum ejus aureis literis et versibus scripta, etc.* Dunelmensis habet *platoma*, pro *platonia*, ut et Ordericus Vitalis lib. 1. pag. 357. ubi de Damaso PP. et apud Epiphanium Scholasticum : *Sicut lex ipsa in marmorea Platonia noscitur esse conscripta.* Ubi Socrates lib. 1. cap. 16. ἐν λιθίνῃ στήλῃ habet. Perperam etiam apud Adonem in Martyrologio, in eodem Damaso editur *Placoma*, unde quidam legendum putarunt *Placoton*, ut Baronius ann. 374. num. 17. et ex eo Cæsar Bulengerus, qui *Platonias* fuisse censet, loca marmorum crustis inducta, aut pavimenta tessellatis emblematis et insertis variata, quæ Græci πλακωτὰ vocant. Sed *Platonia*, aliud est a πλακωτῷ, etsi πλακωτὸν ex marmoribus confectum sit : *Platonia* enim quævis est marmorea tabula. Vide *Platen*, et Octav. Ferrarium in Orig. Ital. v. *Piastra*.

☞ *Plataine* eadem notione usurpat le Roman *de la guerre de Troyes* MS. ubi de Sepulcro Patrocli :

> Un sarcheu fist fere Achilles,
> Biels est et grans et loing ades,
> De vert marbre fu tot ovrez,
> Dentre fu li cors enseelez.
> La tombe fu et belle et saine,
> Et si soldée la Plataine
> Que nus n'i coneust jointure,
> Mout fu riche la sepulture.

Rursus ibidem :

> Ciment fet o sanc de dragon
> Ont pris li maistre et destrempré,
> Si en ont le sarqeu scelé.
> Une molt chiere Plataine
> De piere qe hom claime getaine,
> Plus preciousse est et plus riche
> Qe calcedoine moniche.

* 1. **PLATOS**, *Latum*, in Gloss. ad Doctrinale Alex. de Villa-Dei. Vide in *Platus*.

* 2. **PLATOS**, *Pampini*, in vet. Glossar. ex Cod. reg. 7613.

* **PLATRAGIUM**. Vide supra *Plagagium*.

* **PLATRATA**, male, pro *Plactata*. Vide supra in hac voce.

* **PLATREIA**, PLATRERIA, a Gallico *Plâtriere*, Gypsi fodina, vel Fornax gypsea. Charta ann. 1257. in Reg. parvo S. Germ. Prat. fol. 47. col. 2 : *Cum causa verteretur.... super domo contigua et adjacente dictæ plateæ, sita apud Meledunum prope Secanam, in vico de Platreia.* Ibid. in alia ead. de re : *In vico de Platreria.* Vide *Plasteria*.

1. **PLATTA**, Tonsura Clericalis, quæ fit ab aure usque ad aurem, apud Honorium Augustod. in Gemma animæ lib. 1. cap. 196. [Laur. Byzinius de Orig. belli Hussitici apud Ludewig. tom. 6. Reliq. MSS. pag. 192 : *Item omnis presbyter cum Platta et in ornatu vel superpellicio divina peragens, aut Missam ritu consueto celebrans, est sicut illa meretrix.... Sed Missa est ad instar Christi et Apostolorum cum barbis et sine Platta in communi veste et sine altari, in quocumque loco contigerit, celebranda.*] [** Vide Graff. Thesaur. Ling. Franc. tom. 3. col. 349. voce *Blatta*.]

¶ 2. **PLATTA**, Purpura, vel pannus purpurei coloris, pro *Blatta*. Vide in hac voce. Hariulfus in Vita S. Angilberti sæc. 4. Bened. part. 1. pag. 116 : *Insuper donavimus ibi... casulas de pallio xxx. de purpura x. de storace vi. de pisce i. de Platta xv. de cendato v.* Anastasius in Gregorio IV. PP. apud Murator. tom. 3. pag. 223 : *Pari modo et in titulo Æmilianæ obtulit vestem de fundato habentem aquilas, et periclysin de Platta Byzantea.* Habetur infra *Blatta*.

* **PLATTUM**, Locus planus, Gall. *Plat*. Inventar. Chart. monast. Athanat. ann. 1519. fol. 56. v° : *Instrumentum anni 1472. unius floreni debiti.... super quodam Platto, dicto le petit Plat, sito Lugduni a parte imperii.*

¶ 1. **PLATUM**, a Gall. *Plat*, Lanx. Testam. Petri de Casa Episc. Vasion. ann. 1348. inter Instr. tom. 1. Gall. Christ. pag. 153 : *Item legamus sive relinquimus prædictæ ecclesiæ parochiali B. M. de Vasione duo Plata argentea majora de nostris.* Vide supra post *Plata* 1.

* 2. **PLATUM**, Pars ensis, qua planus est, Gall. *Le plat d'une epée.* Lit. remiss. ann. 1381. in Reg. 119. Chartoph. reg. ch. 435 : *Guillemetus passus fuit se percuti bis vel ter supra caput, cum Plato seu latitudine cujusdam bazelaire.* Vide supra *Platim*.

¶ **PLATUMÆ**, PLATUNIÆ. Vide *Platonæ*.

PLATURA, [Idem quod *Plata* 1. Vide in hac voce.] Lambertus Ardensis pag. 161 : *Idem de logio in oratorium sive capellam, Salomoniaco tabernaculo in Platura et pictura assimilatum, etc.*

¶ 1. **PLATUS**, Lanx, *Plat*. Charta ann. 1433. in Tabular. Eccles. major. Massil. : *Nec non Platos argenti deauratos quos habemus ad lavandum manus.* Vide supra *Platum*.

¶ 2. **PLATUS**, adject. Planus, Gall. *Plat*. Gloss. MSS. S. Andreæ Avenion. : *Platos, est latum, sive planum, idem platea*. Mandatum Eduardi III. Regis Angliæ ann. 1334 : *Et cristam Platum ejusdem cameræ de mæremio et plumbo cooperiri*. Inventar. ann. 1419. in Tabul. Eccl. Noviom. : *Item quædam fiala Plata de vitro, in qua est de oleo sancto*. Adde Vitam S. Raynerii tom. 3. Junii pag. 449. Vide *Plaudus*.

* Inventar. ann. 1476. ex Tabul. Flamar. : *Item plus unum mille tegulorum Platorum cum crochetis*. Hinc

* Esse ad Platum, dicitur de eo, quod plane destructum est. Arest. ann. 1346. 28. Mart. in vol. 3. arestor. parlam. Paris. : *Quæ quidem sedes seu tabula erat ad Platum, aliter à Plat, dictusque archiepiscopus per se seu gentes suas fecerat destrui seu demoliri, etc.*

Platus Mantuanus. Historia Obsidionis Jadrensis lib. 1. cap. 37 : *Cum novem galeis mirabiliter præparatis, quarum sex erant tabulis tectæ, ac cum quadam turre lignea operata fabricatione in quodam carabolato fere cubitorum octo, quam Italici Burgum, seu Platum vocant Mantuanum, præfixa versus catenam ad infringendam ipsam se direxit, etc.*

¶ **PLATYCORIA**, Gr. Πλατυκορία, Morbi genus, pupillæ dilatatio. Vita S. Sophronii tom. 2. Mart. pag. 67 : *Alii vitium hoc reffusionem, alii Platycoriam seu pupillæ dilatationem nominabant*. A Græc. πλατύ, latum, et κόρη, pupilla.

PLAUDARE, Quasi *applausum dare*. Hrabanus Maurus Poemat. 29. de diabolo, Christum in deserto tentante :

> Tantum perverse locutus,
> Quantum fuerat perversus :
> Sæpe (*vel* seque) Seps ipse se Plaudaverat
> Posse quod nunquam poterat, etc.

Id est, sibi *applauserat*, sese jactaverat. Landulfus de S. Paulo in Chronico Mediolanensi cap. 5 : *Pars itaque cleri et populi ad nutum Arialdi Abbatis monasterii S. Dionysii clamavit et laudavit Grasulanum sibi in Archiepiscopum : ipse vero statim ut vidit se a quadam magna multitudine vulgi et nobilium conclamatum, et ab Abbate illo Plaudatum, Archiepiscopalem sedem ascendit*. Et cap. 39 : *Causa itaque ista sic Plaudata et statuta, etc.* Mox : *Ex parte totius cleri et populi legationem de Plaudato* (plaudando) *et coronando Rege Conrado Pontifici Anselmo contulerunt*. Hinc forte vocis origo, *Plauder*, apud nos, quam vulgo usurpamus de iis, quos arguimus, et verbis castigamus, a sensu contrario, et quasi per ironiam.

¶ 1. **PLAUDUM**, *Placitum*, libitum. Charta Ludovici Reg. ann. 1151. apud Marten. tom. 1. Ampliss. Collect. col. 816 : *Piscaturas et juridiaria, et mercatum, cum res illud postulaverit, et quæcumque illorum Plaudo et usibus visa fuerint, eis libere permittimus et donamus*.

2. **PLAUDUM**, Alia notione. Tabularium Castri Lidi in Andibus fol. 48. v°. : *Omnes isti Milites prædicti debent quadrigatum ad pontem, et biennium, et corveiam, et exercitum, et equitationem et Plaudum, et virgam*. Adde fol. 47. v°.

* Idem forte quod *Ploum*, aratrum, vel quod infra *Ploda* 2.

¶ **PLAUDUS**, *Canis, cujus aures languidæ sunt ac flaccidæ et latius videntur patere*. Festus. Ubi a Gr. πλατύς, *Plautus* vel *Platus* legendum censent viri docti. Nostri ea notione *Clabaud* dicunt.

PLAVIS, Planities. Charta Henrici V. Imperat. pro Venetis : *Ut terminatio, quæ a tempore Luithprandi Regis facta est inter Paulucionem Ducem et Marcellum Magistrum militum, deinceps manere debeat, id est de Plave majore ad Plavem siccam*. [** Nomen fluminis, hodie *Piave*.]

* **PLAUSIBILITER**, Cum plausu. Gall. *Avec l'approbation*. Joan. VIII. PP. epist. ann. 876. tom. 7. Collect. Histor. Franc. pag. 461 : *Per quem Gallicanarum ecclesiarum status, et totius religionis vigor illis in partibus Plausibiliter refloruisse cognoscitur*.

* **PLAUSIDICUS**, *Che fa festa cum signi*, in Glossar. Lat. Ital. Ms.

¶ **PLAUSTELLUM**, dimin. a *Plaustrum*, Minor currus. Miracula B. Apri apud Marten. tom. 3. Anecd. col. 1037 : *Juvenculus quidam... pene toto effeto debilitatoque corpore, solo vociferationis clamore perstrepens, Plaustello advectus est*. *Plostellum* usurpat Horatius lib. 2. Sat. 3. 247. Vide *Plaustrellum*.

¶ **PLAUSTRARIUS**, Artifex plaustrorum, item qui plaustrum regit. Lampridius in Alex. Severo : *Braccariorum, linteonum, vitreariorum, pellionum, Plaustrariorum.... pulcherrimum vectigal instituit*. Testam. Johan. *de Nevill* ann. 1386. apud *Madox* Formul. Angl. pag. 428 : *Item volo quod* CC. *marcæ de illis* D. *marcis superius legatis ad distribuendum inter non nominatos in hoc testamento, distribuantur inter carucarios, Plaustrarios et custodes animalium meorum*. *Plostrarius*, apud Ulpianum leg. 27. § 33. Dig. ad Leg. Aquil.

¶ **PLAUSTRATA**, Plaustratum. Vide *Plaustrum*.

¶ **PLAUSTRELLUM**, Idem quod *Plaustellum* supra. Radulfus de Gestis Friderici I. Imper. apud Murator. tom. 6. col. 1184 : *Egressi sunt... valde baldaciter cum carroceno et aliis Plaustrellis centum.... In prima acie posuerunt Plaustrella, in secunda carrocenum cum peditibus et sagittariis*.

¶ **PLAUSTRIRE**, *Resonare per modum plaustri, vel resonare plaustro, secundum Ugutionem*, Joanni de Janua. Papias : *Plaustrit, quod plaustro sonat*. Hinc *Plaustrum*, κρόταλον, in Gloss. Lat. Græc. Sangerm. Κρόταλον quippe nonnullis plaustrum resonans, non crepitaculum, significat.

PLAUSTRUM, Currus quatuor rotis constans. Theloneum S. Bertini : *Carteia fossoriorum sine ferro, 2. den. si super Plaustrum*, 8. *den. etc. Pratum* 12. *plaustrorum*, in Charta Canuti Regis Daniæ ann. 1184. apud Stephanium in Prolegomenis ad Hist. Saxonis Grammatici pag. 17. [Charta Alberti Ducis Austriæ ann. 1330. apud Steyerer. in Commentar. pro Histor. Alberti II. col. 29 : *Item dedimus eidem fundationi de salina nostra in Halstat unam libram Plaustrorum salis, id est ducenta quadraginta Plaustra a rectoribus officiorum prefate saline in festo S. Matthei Apostoli et Evangeliste annis singulis sine impedimento quolibet persolvenda*.] Vide *Carra*.

Plaustrata, Onus plaustri, Gallis *Charetée*. Charta ann. 1155. apud Haræum in Castellanis Insulens. lib. 2 : *Et duo Plaustrata nemoris, quæ pater eorum Ecclesiæ concesserat*. Charta Jacobi Avesnarum et Guysiæ Domini ann. 1177. in Tabulario Foisniacensi : *Concessi.... prata usque ad* 20. *Plaustratas feni*.

* Plaustratum, Eadem significatione. Charta Odon. episc. Camerac. ann. 1112. inter Probat. tom. 1. Annal. Præmonst. col. 509 : *Prædictus vero Onulphus, cum domino Willelmo de Wolverthem, Plaustratum lignorum singulis diebus ad usus coquinæ fratrum dederunt*.

* 2. **PLAUSTRUM**, Sera catenaria, Gall. *Cadenat*, alias *Ploustre* et *Ploutre*. Lit. remiss. ann. 1361. in Reg. 95. Chartoph. reg. ch. 204 : *Quadam nocte ad quandam naviculam, cum quodam Plaustro firmatam, venit et accessit ad* (et) *dictum Plaustrum dirrupit, etc.* Aliæ ann. 1383. in Reg. 122. ch. 314 : *Ouquel mur entroit le verrouil d'icellui huis, et par lequel on le fermoit à un Ploustre par ledit cloistre, etc.* Aliæ ann. 1400. in Reg. 155. ch. 262 : *Un coffret en maniere d'une longue laiette, fermée d'un petit Ploustre*. Denique aliæ ann. 1429. in Reg. 174. ch. 296 : *La suppliante rompi d'un sireau ou autre ostilz qu'elle avoit, la serreure ou Ploutre dudit coffre*.

PLAUSUS, pro *Strepitu*, non semel usurpat Columbanus in Regula Pœnitentiali cap. 1 : *Qui locutus fuerit in Plausu, id est altiore sono solito sonaverit, etc.* Adde cap. 14.

¶ **PLAUTUS**, Latus, planus, a Græc. πλατύς. Tertullianus de Pallio cap. 3 : *Nam et de mari vellera, quo muscosæ lanositatis Plautiores conchæ comant*. Festus : *Ploti appellantur qui sunt planis pedibus... Soleas quoque dimidiatas, quibus utebantur in venando, quo planius pedem ponerent, semiplotia appellabant*. Papias : *Plautus, languidus pedibus, auribus*. Leg. *planis pedibus, languidis auribus*. Gloss. Lat. Græc. : *Plautus*, βαρύωτος. Vide *Plaudus*.

* **PLAXETUM**, Locus palis vel virgulis implexis conclusus, idem quod supra *Plasseium*. Charta Guid. Lingon. episc. ann. 1263. in Cartul. Pontiniac. pag. 180 : *Exceptis Plaxetis moventibus a rua de Avaranda usque ad exclusam de Boy;.... quæ Plaxeta similiter dictis Pontigniacensibus remanebunt pacifice*. Vide *Placitium*.

PLAXITIUM, Sepes ex virgulis implexis confecta, vel locus ejusmodi sepe clausus. Tabularium Vindocinense Thuani Ch. 52 : *Saisivit Plaxitium, quod olim nobis vendiderat*. Charta 88 : *Ex quibus scilicet arpennis unus est Plaxitium, in quo domus habetur una, alter vero est ab exitu, ubi grangica consistit*. Idem Tabularium Ch. 231 : *Apud curcellas una* (masura) *habetur cum Plaxitio et cumbris, quæ sunt in flumine Ledi*. Tabularium Majus S. Sergii Andegav. Ch. 15 : *Dedit Ecclesiam cum toto Plaxitio in circuitu Ecclesiæ sito*. Vide *Pleisseicium*, et *Plectare*.

* **PLAYDURA**. Vide supra *Plaidura*.

PLAYS, Piscis latus, vulgo *Pleys*. Alanus in Planctu naturæ : *Illic Plays sui cor-*

poris dulcoratis saporibus in Quadragesimali austeritate carnis redimebat absentiam. [Vide *Plada* et *Platesia*.]

¶ 1. **PLAZA**, Platea, Ital. *Piazza*, Gall. *Place*. Memoriale Potestat. Regiens. ad annum 1232. apud Murator. tom. 8. col. 1107 : *Et in suo regimine in anno novo in Plaza Communis fuit magnum prœlium inter partem Rugheriorum et partem Malaguiciorum.*

¶ Plazola, diminut. a *Plaza*, Ital. *Piazzetta*, *Piazzuola*. Statuta Mutin. Rubr. 20. fol. 3. v° : *Civitas Mutinæ intra foveas tota et Plazolæ ejusdem debeant tavellari hinc ad quatuor annos per homines habentes caput ad stratam, seu vias, seu Plazolas.* Pluries ibi.

¶ 2. **PLAZA**, Plazza, Tributum, vectigal. Charta Rogerii Reg. Siciliæ ann. 1137. tom. 5. Sanctorum Junii pag. 129 : *Nemo sit qui aliquid eis de rebus ipsis* (pannis emptis) *Plazam vel aliquam justitiam pro parte curiæ exigat aut tollat.* Charta Unfredi Comit. ann. 1085. apud Mabillon. tom. 5. Annal. pag. 666 : *Teneatis.... cunctas possessiones, territoria, villas,.... ut nec ego vel mei heredes, aut ordinati audeamus ab eis quærere datum aut servitium, vel angariam seu Plazzam erga eos exigere.*

* 3. **PLAZA**, Locus vacuus, ubi ædificium construi potest. Charta ann. 1150. tom. 10. Collect. Venet. edit. cui titulus, *Raccolta d'Opuscole scient. et filolog.* : *Concedit libellario nomine Plazam cum fundamento et terra*, etc. Vide supra *Plastrum* 1.

* **PLAZARIUS**, Vectigalis, *Plaza* nuncupati, et cujusvis alterius, exactor. Pactum inter Mutin. et Pisan. ann. 1257. apud Murator. tom. 4. Antiq. Ital. med. ævi col. 405 : *Et quod præcones seu Plazarii, sive nuncii rectorum utriusque comunis, per ultra marinas partes constitutorum, portent et deferant baculos in manu, cum lignis* (f. signis) *utriusque comunis.* Vide supra *Plateaticarius*.

¶ **PLAZIA**, Ora, æstuarium, idem quod *Plagia*. Barthol. Scribæ Annal. Genuens. ad ann. 1242. apud Murator. tom. 6. col. 500 : *Fecit universos milites et Lombardos, qui erant in Savona, ire ad Plaziam Arbizolæ, et exivit cum galeis usque ad Plaziam, semper stringens se ad terram.* Oberti Stanconi iidem Annal. ad ann. 1271. ibid. col. 553 : *Ac per mare nostrum transiens, nolens Janüensem civitatem intrare, in S. Petri de Arena Plazia declinavit.* Vide *Placia*.

¶ **PLAZOLA**. Vide *Plaza* 1.

PLAZUM, Placitum, pactum. Charta Lusitanica æræ 1067. in Histor. Episcopor. Portensium 1. parte pag. 184 : *Ego Garsia Moniz facio vobis Alfonsus et Joanne Presbyteros et a fratres, qui sunt in illo acistario Plazum et omnis propinquis vestris in genu, quæ bonos fuerit, et in vita sancta perseveraverit*, etc. Alia ibid. 2. parte pag. 33 : *Hunc Plazum vel testamentum.... manibus nostris roboravimus.* Adde pag. 51. Versio Lusitanica habet *Prazo*. Vide supra *Placitum*.

¶ **PLAZZA**. Vide *Plaza*.

* **PLEASAUNCE**, vox Anglica, cujus sensus declaratur in Chron. Angl. Th. Otterbourne edit. Hearn. pag. 199 : *Deinde misit* (Ricardus II. rex.) *certos episcopos, cum aliis honoratis personis, ad eosdem comitatus, qui moverent, tam dominos spirituales quam temporales, ut se regi suo submitterent, et se proditores sibi fuisse faterentur per literas sub sigillis eorum confectas, cum hii numquam sibi malum fecissent dicto vel facto. Qua occasione coacti sunt sibi concedere, tam clerus quam vulgus et domini, importabiles summas pecuniæ, pro regis benevolentia recuperanda. Vocabantur itaque tales summæ, sic levatæ de singulis comitatibus, le Pleasaunce.* Vide supra in *Placitum*.

¶ **PLEBALIS**, etc. Vide infra in *Plebes*.

* **PLEBANATUS**, Ecclesiæ cujusvis districtus et territorium. Bulla Celest. III. PP. ann. 1194. apud Lam. in Delic. erudit. inter not. ad Hodœpor. Charit. part. 1. pag. 170 : *Prohibemus insuper ut nullus laicus audeat aliquam ecclesiam vestri Plebanatus alicui presbitero assignare, vel etiam in sede ponere.* Ubi *Plebs* et *Parochia*, eodem intellectu, non semel occurrunt. Vide in *Plebes*.

¶ **PLEBANIA**, *est aliud genus beneficii, et majus quam Rectoria, habet sub se capellas, et dignitatem esse putant Interpretes.* Ita Kennettus in Gloss. ad calcem Antiq. Ambrosden. Bulla Eugenii IV. ann. 1443. apud Miræum tom. 2. pag. 898 : *Quodque si præsentati et instituti pro tempore Plebanus et Canonici prœbendati dictæ ecclesiæ S. Petri* (Lovaniensis) *solum et dumtaxat censeantur et existant, quamdiu in præfato studio sine intermissione degerint vel rexerint; ac quod eorum singulis, impedimento non existante legitimo, in ipso studio legere vel regere cessantibus... Plebania, Canonicatus et prœbenda per cessationem hujusmodi eo ipso vacare censeantur, ac in eorum locis, quoties id evenire contigerit, alii modis et formis similibus illico substituantur et surrogentur.* Pluries ibi. *Plebania Ultiensis* dicitur districtus Archipresbyteri ruralis, in Charta ann. 1065. laudata tom. 2. Histor. Dalphin. pag. 8. Vide *Adulturum*, et *Plebegium*.

* Cornel. *Van Gestel* Hist. sacr. et prof. Mechlin. tom. 1. pag. 313 : *Ex xiij. prœbendis istis canonicalibus, quatuor sunt dignitates, scilicet præpositura, decanatus, Plebania et cantoria. Investitus sive plebanus, ut canonicus admittitur et introducitur a capitulo, et ut pastor instituitur ab archidiacono loci.* Vide *Plebanus* in *Plebes*.

¶ Plebania, Altare parœciale. Codex MS. citatus tom. 2. Rer. Mogunt. pag. 326 : *Anno Domini 1591. infra dedicationem summi templi, cœperunt domini nostri gratiosi de Capitulo, et præsertim Magister fabricæ tunc temporis, renovare a summo usque ad imum chorum ferreum, maxime quoad Plebaniam, una cum anterioribus cancellis et sacrario Eucharistiæ. Plebania*, pro parœcia, lib. 3. Decret. tit. 24. cap. 1.

PLEBANUS. Vide *Plebes*.

¶ **PLEBATUS**, Districtus, territorium non unius tantum *plebani*, sed plurium. Regimina Paduæ ad ann. 1325. apud Murator. tom. 8. col. 466 : *Et combustæ fuerunt infinitæ villæ Paduani districtus per Canem de la Scala, et maxime in Plebatu Sacci, Insulæ, Consilvarum et Caseradæ.* Annal. Mutin. ad ann. 1240. apud eumdem Murator. tom. 11. col. 61 : *Eodem anno Guallandelli reversi sunt in gratiam, et ad mandata Communis Mutinæ cum omnibus castris et Plebatu pelagi.* Vide in *Plebes*.

¶ **PLEBEGES**, Laici. Electio Wigonis Episc. Gerund. ann. 908. apud Marten. tom. 1. Anecdot. col. 61 : *Conventus Clericorum atque Plebegium factus est citra portam Gerundæ civitatis in ecclesiam sanctissimi Felicis Christi martyris,... et maxima conglobatio religiosi cleri Gerundensis, atque nobilium et fidelium laicorum.* Vide *Plebeius*.

¶ **PLEBEGIUM**, Districtus Archipresbyteri ruralis. Litteræ Bernardi Parmensis Episc. apud Stephanot. tom. 5. Fragm. Hist. MS : *Interdicimus vero ex parte Dei omnipotentis pro reverentia Casconi, ut nullus Archipresbyterorum, in quorum Plebegio prædictæ sunt sitæ ecclesiæ, audeat in eisdem Missas majores celebrare.* Vide *Plebania*.

PLEBEIATI, Plebeii, in Hist. Obsid. Jadrensis ann. 1345. lib. 2. cap. 15. 17. 22. 23. etc.

1. **PLEBEIUM**, Plebium, pro Facultas, *posse*, Gall. *Pouvoir*. Capitulare de Villis cap. 24 : *Quicquid ad discum nostrum dare debent, unusquisque judex in suo habeat Plebeio, qualiter bona et optima, atque bene studiose et nitide omnia sint*, etc. Cap. 42 : *Et ferramenta, quæ in hostem ducunt, in eorum habeant Plebio, qualiter bona sint, et iterum quando revertuntur, in camera mittantur.* Vide *Plebium* 1.

¶ 2. **PLEBEIUM**, Parœciæ districtus. Vita beatæ Finæ Virg. tom. 2. Martii pag. 241 : *Et dicit quod de his omnibus factis est publica fama in Plebeio prædicto.*

PLEBEIUS, Laicus, nullum in Clero ordinem adeptus. Glossæ MSS. ad Concilium Laodicenum cap. 58 : *Plebeius, homo sine dignitate.* Pontius Diaconus in Vita S. Cypriani : *Plebeis, Catechumenis martyrium consecutis.* Infra, de eodem Cypriano : *Multa sunt, quæ adhuc Plebeius, multa quæ jam Presbyter fecit.* Capitul. Aquisgran. ann. 817. cap. 42 : *Ut nullus Plebeius, seu clericus sæcularis in Monasterio ad habitandum recipiatur, nisi voluerit fieri Monachus.* Vide *Plebeges*.

¶ Plebeius Tabernarius, Caupo, qui vinum minutatim vendit. Statutum Concil. Bituric. ann. 1280. apud Marten. tom. 4. col. 191 : *Ordinatum fuit... quod Clerici exercentes vilia officia moneantur in casibus infra scriptis. In primis fabri ferrarii... Item, tabernarii Plebeii.* Vide in *Plebes*.

* Nostris *Plébeïens*, Urbana multitudo, populus, plebs. Lit. remiss. ann. 1390. in Reg. 140. Chartoph. reg. ch. 100 : *Comme vingt et six ans a ou environ, que nostre saint Pere le pape donna la croisée encontre les compaignies, lors estant en nostre royaume, les communs et Plébeïens des villes de Gimont et de Simorra en la Seneschaucié de Thoulouse*, etc. Vide infra *Plebes* et *Populares*.

¶ **PLEBERE**. Vide *Plebescere*.

¶ 1. **PLEBERIUM**, Parœcialis ecclesia. Vita B. Jacobi de Certaldo tom. 2. April. pag. 154 : *Pleberiis S. Petri in mercato, S. Lazari et S. Mariæ.* Mirac. SS. Justi et Clementis tom. 1. Junii pag. 445 : *Quod* (templum) *ab ipso prodigio Pleberium S. Justi in Salice, ad hanc usque diem appellatur.*

* 2. **PLEBERIUM**, Parœciæ districtus, territorium. Charta ann. 1073. apud Lam. in Delic. erudit. inter not. ad Hodœpor. Charit. part. 3. pag. 1070 : *Petrus, filius bonæ memoriæ Joannis, vendidit Ugoni comiti, filio Wilielmi,.... bona ad Caprariam et in Pleberio S. Gavini sito Mucillo.* Vide *Plebeium* 2.

PLEBES, vel Plebs, Fideles, qui Episcopo vel Sacerdoti proprio subsunt. Ugutio : *Plebes collectio hominum. Item Ecclesia baptismalis. Et proprie plebs, hominum : plebes, Ecclesiarum.* Ebrardus in Græcismo :

Plebs hominum dicas ; sed Plebes Ecclesiarum.

Salvianus lib. 6. de Gubernat. Dei : *Quæ spes Christianorum Plebibus ante Deum?* Lex Bajwar. tit. 1. cap. 13. § 1 : *Ut nulli Presbytero vel Diacono liceat habere secum in domum extraneam feminam, ne.... Plebs per ejus offensionem corruat.* Capit. Caroli C. tit. 5. cap. 4 : *Et illuc Presbyteri Plebes suas adducant, etc.* [S. Cyprianus in Epist. ad Clerum Hispan. inter Conc. Hisp. tom. 1. pag. 203 : *Felici presbytero et Plebibus consistentibus ad Legionem et Asturicæ, etc.* Contestatio Missæ 2. in Rogat. apud Mabillonium Liturg. Gall. pag. 265 : *In hoc jejunio triduana humiliatione instituto, invictum hoc signum cum Plebium cunctis præferentes, etc.* S. Paulinus Poem. 6. de S. Johanne Bapt. :

Consona quem celebrat modulato carmine Plebes.]

[** Lex Roman. Utinens. lib. 4. tit. 7. : *Quicumque homo servos suos ingenuos dimiserint in bassilica presente sacerdotes et Plebem dimittat.* Vide Savin. Histor. Jur. Roman. tom. 1. § 131. not. B.]

* Plebes, Laicorum ordo. Glab. Rodulph. in prol. tom. 10. Collect. Histor. Franc. pag. 1 : *Quæ videntur fieri tam in ecclesiis Dei, quam in Plebibus, minime abdenda, etc.* Vide supra *Plebeius*.

Plebes, Diœcesis, parœcia, districtus Episcopi vel Sacerdotis. Lucifer Calaritanus lib. 1. pro S. Athanasio : *An negabis, te exhonorasse Dominum, tollendo Sacerdotes e Plebibus, quos ordinavit ille?* Idem lib. 2 : *Tulisti Episcopos e Plebibus.* Concilia Afric. can. 20 : *Statutum est, ut Plebes, quæ in diœcesibus ab Episcopis retinentur, quæ Episcopos nunquam habuerunt, non nisi cum voluntate ejus Episcopi, a quo tenentur, proprios accipiant Rectores, id est, Episcopos.* Quo loco Codex Canon. African. cap. 53. habet τὰ πλήθη. Capit. 72. λαοί. Collatio 1. Carthagin. cap. 65 : *Nam in Plebe mea, id est, civitate Constantinensi, adversarium habeo Fortunatum.* Concilium Milevit. cap. 21 : *Placuit, ut quicumque Episcopi quascunque Ecclesias vel Plebes, quas ad suam cathedram æstimant pertinere, non repetierint ut causas suas, etc.* Concilium Carthag. VI. cap. 2 : *Faustinus Episcopus Plebis Potentinæ, provinciæ Italiæ.* [Charta ann. 1206. in Tabul. castri Blein. : *Dedi B. Matthæo tres peceatas frumenti in perpetuum possidendas in tribu Mæcnvili, quæ est in Plebe Ugon.*] Vide Concilium Carthag. I. can. 5. 7. 12. Carthag. III. can. 20. Acta Synodi Carthag. ann. 525. tom. 6. Spicilegii Acheriani pag. 5. 7. 9. 10. Canones S. Patricii cap. 24. 33. Capit. Caroli M. lib. 6. cap. 236. [** 308.] Concilium Ticinense ann. 855. etc.

Plebes, Ecclesia parochialis; Italis *Pieve. Ecclesia plebi congrua*, in Charta Angilrami Archiep. Viennensis tom. 12. Spicilegii Acheriani. *Ecclesiæ baptismales, quas Plebes appellant*, in Synodo Pontigonensi ann. 876. cap. 11. *Plebes baptismalis*, in Charta veteri apud Ughellum tom. 3. pag. 41. *Ecclesia Plebalis seu parochialis*, in Chronico Reichesperg. ann. 1084. 1095. 1131. 1132. Synodus Romana ann. 826. cap. 8 : *Episcopi in subjectis baptismalibus Plebibus, ut certe propriis, diligenter curam habere debent.* Cap. 16 : *Nulli Episcoporum liceat res immobiles de subjectis Plebibus, seu aliis locis piis in proprio usu habere, etc.* Concilium Valentinum III. ann. 855. cap. 17 : *Ut ipsa visitatio Plebium et parochialium Sacerdotum... juxta canonicam institutionem fiat, etc.* Joannes Gualbertus Vallis Umbrosæ Abbas in Epist. : *Dum autem parochias per Ecclesias baptismales, quas Plebes vocant, Episcopus circuit, etc.* Synodus incerta ann. 904. cap. 12 : *Ut singulæ Plebes Archipresbyterum habeant... qui non solum imperiti vulgi sollicitudinem gerant, verum etiam eorum Presbyterorum, qui per minores titulos habitant, vitam jugi circumspectione custodiant.* Adde Synodum Pontigonensem cap. 7. Bulla Joannis IV. PP. apud Ughellum in Episcopis Aesernensibus : *Ædificavit Ecclesiam vocabulo S. Mariam, eamque in Plebem erectam dotavit suis propriis bonis.* Bulla Paschalis II. PP. apud Herimannum de Restaurat. S. Martini Tornacensis cap. 87 : *Illis tantum Ecclesiis, quæ Plebes dicuntur, deberi decimas indicat.* Domnizo lib. 1. de Vita Mathildis cap. 16 : *Sed et omnis Episcopus urbis Plebes vendebat, quas sub se quisque regebat.* Idem lib. 2. cap. 1 : *Plebes, capellas, precio clericis tribuebant.* Adde Bullam Innocentii PP. ann. 1070. apud Franc. Mariam in Mathildi lib. 3. Innocentium III. lib. 13. Epist. 178. etc. [** Vide Muratorii Dissertat. 74. in Antiq. Ital. med. ævi tom. 6. col. 359. sqq.]

¶ Plebes. Villas seu vicos parœciales *plebium* nomine appellare familiare est Britonibus. Vita S. Conwoionis sæc. 4. Bened. part. 2 pag. 194 : *Ille Conwoion quem quæris, filius cujusdam nobilissimi est viri, nomine Cononi,... de Plebe Camlicinca, ex genere senatorio.* Ibidem pag. 201 : *In illo die tradidit supradictus Nominoe quartam partem Plebis Bain sancto Salvatori... Placuit ei* (Ludovico Imper.) *quod Nominoe fecerat :... insuper etiam totum Plebem Bain, sed et aliam Plebem, nomine Lancum, tradidit.* Ita hanc vocem apud Britones sæpius usurpatam iterum evincit Hist. Roton. Monast. lib. 1. cap. 48. etc. Hinc

Plebicula, Ecclesiola, [vel potius viculus, villula. Vita S. Conwoionis mox laudata ibidem pag. 203 : *Illo vero die dedit Ludovicus Imperator abbati Conwoiono plebem, quæ dicitur Rannac, atque aliam Plebiculam, quæ vocatur Placia, necnon et aliam Plebiculam quæ nuncupatur Ardon.*] Charta Junkeni Archiepiscopi Dolensis, apud Augustinum *du Pas* : *Quandam Plebiculam, Gwerwidel nomine, cum silvis, aquis, etc.* Alia ann. 1101. apud eumdem pag. 624 : *Nec non quandam Plebiculam, quæ vocatur Alarac, quæ erat dedita victui dictæ Congregationis, ditioni Prioris qui præesset illi loco, in perpetuum contulit.*

¶ Plebs, Conventus publicus. Leges Lotharii cap. 13. apud Muratorium tom. 2. part. 2. col. 138 : *Ostendatur* (Charta) *ante Episcopum, et Comitem, et judicem vel vicarios, aut in Plebe, ut veraces esse cognoscantur.*

¶ Plebs Parva, Plebecula, Gall. *Populace, petit peuple.* Charta apud Lobinellum tom. 2. Histor. Britan. pag. 555 : *Et cum gentes parvæ Plebis et alii ponerent paleas et pannos in via sua, etc.*

Plebes, dicta etiam Ecclesia Cathedralis seu Episcopalis. Charta Caroli Calvi pro Ecclesia Parisiensi in Pastorali minore Eccl. Paris. et in 9. Regesto Philippi Pulcri Reg. Franc. ch. 5. ex Tabul. Regio : *Ideoque dum pluribus habetur præcognitum, qualiter Ecclesia Parisiaca, quæ est in honore S. Mariæ matris Domini nostri Jesu Christi, et S. Stephani Protomartyris, et S. Dionysii, et S. Germani, et S. Marcelli, vel S. Clodoardi Confessoris, vel cæterorum dominorum, quorum pignora in ipsa Plebe vel in ipsa Ecclesia Parisiaca adunate requiescunt, etc.* Occurrit ibi non semel. [Ubi *plebem* malim de diœcesi seu districtu Episcopi interpretari ; quod cuique attente legenti patebit.]

Plebes, Decimæ Ecclesiasticæ, quæ ad *plebanos* vel ad plebanas Ecclesias pertinent. Concilium anonymum anno 904. cap. 10 : *Ut Plebes Ecclesiæ nullatenus aut Comitibus, aut Episcoporum vassallis, aut ullis Laicis in beneficia tribuantur.* Petrus Damian. lib. 4. Epist. 12 : *Sunt etiam qui Plebes sæcularibus tradunt.* Et mox : *Quid est enim decimas in usum sæcularium vertere, nisi mortiferum eis virus, quo pereant, exhibere? huc accedit quod et Plebesanis justa datur occasio, ut matricibus suis Ecclesiis obedientiam subtrahant, ut non eis legitima decimarum tributa persolvant.* Vide *Altare* 1.

Plebanus, Parœcus, curio, Sacerdos, qui *plebi* præest, Italis *Piovano*, [Gallo-Belgis *Pleban.*] Balbus in Catholico : *Plebanus, dominus plebis. Presbyter, qui plebem regit*, apud Gregorium lib. 3. cap. 3. Burchardus de Casib. S. Galli cap. 21 : *Immo etiam Plebanos et Clericos minoris ordinis cohibuit. Sacerdos plebanus*, in Chronico Reichersperg. ann. 1144. *Clerici plebani*, eidem Burchardo cap. 13. [Charta Henrici IV. Ducis Slesiæ ann. 1288. apud Ludewig. tom. 5. Reliq. MSS. pag. 427 : *Dominus Petrus notarius noster olim Plebanus in Olsnitz, nunc autem Præpositus S. Crucis.* Occurit præterea in Charta ann. 1196. inter Probat. tom. 2. novæ Hist. Occitan. col. 498. Vide *Annona missalis.*] [** et Haltaus. Glossar. German. voce *Leutpriester*, col. 1265.]

☞ *Plebanum* vero maxime vocant in Ecclesiis Cathedralibus seu Collegiatis canonicum, cui plebis earum jurisdictioni subditæ cura committitur. Statuta Eccl. Argent. ann. 1435. apud Marten. tom. 4.

Anecd. col. 532 : *Statuimus ut promissarii seu præbendarii parochialium ecclesiarum suis Plebanis seu viceplebanis reverentiam exhibeant.*

VICEPLEBANUS, Curionis Vicarius. Vide Gretzerum in Episcopis Eystetensibus pag. 458. [** *Socius Plebani* dicitur in Statut. eccles. Francof. apud Würdtwein. in Subsid. Diplom. tom. 1. pag. 22 : *Forma Juramenti Sociorum Plebani.... Ego N. juro... quod omnia et singula officio seu ministerio Plebanatus hujus ecclesiæ incumbentia quantum michi committentur, exerceam et respiciam fideliter et diligenter, etc.*]

PLEBESANUS, apud Petrum Damian. lib. 4. Epist. 12. et apud Rainerum contra Valdenses cap. 9.

¶ PLEBALIS ECCLESIA, Parœcia. Gerohus Præpos. Reichersperg. de corrupto Eccl. statu apud Baluz. tom. 5. Miscell. pag. 217 : *Qui vero sine lege claustrali sub lege sunt canonum, sive ab Episcopo, sive ab Abbate, vel Præposito in ecclesiis Plebalibus ponantur, secundum canones ibidem stipendiandi sunt.*

¶ PLEBANA ECCLESIA, Eadem notione, in Chron. Mellic. pag. 53 : *Dotavit* (Leopoldus IV. Austriæ Marchio Mellicensem ecclesiam) *quinque ecclesiis Plebanis, cum suis partibus decimationis.*

¶ PLEBEIA ECCLESIA, Eodem significatu. Vita S. Audoeni Episc. Rotomag. apud Surium 24. Aug. pag. 259 : *Eadem cura et diligentia vicos publicos et Plebeias ecclesias fundavit.*

PLEBESANA PAROCHIA, in Vita Altmanni Episcopi Pataviensis sub finem : *Hæc cum solenni processione plebis Plebezanæ parochiæ, quæ Tuln vocatur, ad memoriam B. viri ducta venisset.* [Litteræ Otakeri Styr. Ducis ann. 1188. apud Ludewig. tom. 4. Reliq. MSS. pag. 175 : *Capellas duas meæ ditionis quas a plebano jure absolutas.... monasterio Admuntensi potestativa manu contradidi, eo tenore, ut si posthac Plebesana ecclesia in Liegnich... ab Admuntensi cœnobio ablata forte fuerit, etc.*]

¶ PLEBISANUS, Qui *Plebano* subest, parochianus. Miracul. B. Wernheri tom. 2. April. pag. 726 : *Plebisanis ecclesiæ Bacheracensis, etc.*

PLEBANATUS, *Dignitas vel districtus plebani*, Ugutioni et Balbo. Thomas Archid. in Hist. Salonitana cap. 19 : *Plebanatum Ecclesiæ S. Anastasiæ contulit nepoti suo.* Occurrit præterea apud Innocentium III. lib. 15. Epist. 198. 199.

¶ PLEBATUS, Parœcia, districtus *plebani*. Charta Aimerici Epic. Cæsenat. ann. 1274. apud Ughellum tom. 2. Ital. Sacræ : *Insuper largior, do, trado... in perpetuum canonicam portionem testamentorum et aliarum ultimarum voluntatum de jure spectantium mihi meisque successoribus ab hac hora in antea in perpetuum per totum Plebatum dictæ plebis S. Mauri.* Latiori significatu, pro districtu nimirum Archipresbyteri ruralis, usurpatur in Vita B. Finæ Virg. tom. 2. Mart. pag. 241 : *Rector ecclesiæ S. Mariæ de Alica, Plebatus S. Gervasii, Lucensis diœcesis.*

PLEBESCERE, Ugutioni, ex Glossis Isid. *a plebs, Plebeo, bes, plebem imitari, vel alloqui, unde Plebesco, et Plebicito, plebem imitari, vel alloqui, vel commovere.* Alanus in Planctu naturæ : *Alii dum scurrilis generis vilitate Plebescunt, verbo tenus se sanguinis generositate exaltant.* Rursum : *Vestes vero nunc grossioris materiæ vulgari artificio Plebescere, nunc subtilioris materiæ artificiosissima contexione crederes superbire.* Idem in Anticlaudiano in Præfat. : *In hoc etiam nulla vilitate Plebescat, etc.* Adde lib. 1. cap. 4. 5. lib. 8. cap. 1. Interdum est in modum plebis et numerose convenire. Hildebertus Episcop. Cenoman. Ep. 33 : *Semen eras informe, nec adhuc ex hac humo materia emerserat, cum tibi servorum familiæ Plebescerent, designarentur honores, divitiæ foverentur.*

¶ **PLEBIALIS**, Plebeius, infimus de plebe. Vita S. Reguli tom. 3. Martii pag. 819 : *Ideo Nobilium, mediocrium et Plebialium accessui pio amore dilectionis, pietatis gremium aperiens, etc.*

PLEBICINIUM. Vide *Plebiscitum*.

¶ **PLEBICITARE**. Vide *Plebescere* et *Plebiscitum*.

* **PLEBICITAS**, Hominis plebeii seu innobilis conditio, Gall. *Roture*. Tiraquel. de Nobilit. cap. 27 : *Nisi interveniret principis restitutio, quæ Plebicitatis maculam abstergat.*

PLEBICTEA. Vetus Charta in Chronico Beneventani Monasterii pag. 588 : *Ut habeat potestatem eam* (Ecclesiam) *dandam in Plebictea parte esse voluerunt, aut subtrahendam.* Puto legendum, *in plebem, ea, etc.* id est parochiam.

* **PLEBICULA**, *Qui amat aves*. Glossar. vet. ex Cod. reg. 7641. Vide alia notione in *Plebes*.

¶ **PLEBILIS** CLERICUS, Parœcus, curio. Libellus de Remediis peccat. apud Marten. tom. 4. Anecd. col. 27 : *Si post Clerici Plebilis obitum*, xx. *dies in pane et aqua. Si post anachoritæ, vel scribæ, vel episcopi, vel principis magni, vel regis magni obitum* xv. *dies in pane et aqua.*

PLEBISCITUM, Conventus plebis. Jo. de Janua : *Plebiscitare, plebem imitari, vel alloqui, vel vocare, etc.* Catholicum parvum : *Plebicitum, estatut ou ordre de peuple. Plebicito, ensuivre le peuple, ou émouvoir, ou assembler.* Andreas Silvius Marcianensis in Chronico cap. 12 : *Quo etiam tempore Boëtius, vir litterarum studiis clarissimus, Senatusconsultum atque Plebiscitum prudentissime administrans, ab eodem Theodorico Arriano gladio extinctus est.* Et cap. 22 : *In commune placuit arma corripi, profugis et viduis subveniri : Plebiscitum acclamatur : ab utrisque partibus in Carbonarias convenitur, etc.* Ubi *plebiscitum* idem valet ac *placitum*, quomodo usurpat Radulphus de Hengham in Summa magna cap. 6. initio.

* Idem quod *Placitum*. Vide in hac voce. Charta ann. 1335. apud Ludewig. tom. 10. Reliq. Mss. pag. 29 : *Præco civitatis accusabit illos pro tali delicto in Plebiscito, quod dicitur Echtedinght; et illud Plebiscitum servabitur ter in anno, scilicet proxima feria secunda post octavam Paschæ, proxima feria secunda post octavam Penthecostes, proxima feria secunda post Epiphaniam Domini. Et quicumque burgensium non interfuerit hujusmodi Plebiscitis, incurret pœnam sex denariorum.* [** Vide Haltaus. Glossar. German. voce *Einung*, col. 307. et *Landding*, col. 1160.]

PLEBISCITUM, Statutum. Glossa ordinaria ad Wichbild Magdeburgense in prooemio sub finem : *Præterea Imperator ille gloriosus Otto, inter alia præclara opera, Maideburgum erexit, jusque municipale, quod præ manibus habemus, ex Speculo Saxonum, seu jure provinciali excerptum, appositis etiam nonnullis juxta eorum arbitrium Plebiscitis, civitati statuit, etc.* Eadem ad art. 1 : *Ex jure provinciali quod speculum vocatur, extractum est certis quibusdam Plebiscitis superadditis.* [Chronic. Petri Azarii ad ann. 1312. apud Murator. tom. 16. col. 305 : *Quo tempore in ipsa civitate fuerunt leges et Plebiscita facta.*]

PLEBISCITI, qui Plebiscitis, seu conventibus publicis interesse solent. Vita S. Drausii Suessionum Episcopi : *Convocat ergo seniores et Plebiscitos, quorum consilio et astu solitus erat de majoribus aliquid agere, vel dijudicare omnimodis rebus.*

* **PLEBITANEUS**, Ad *plebanum* seu parœcum spectans. Vide supra, *Ecclesia Plebitanea*.

1. **PLEBIUM**. Decretio Chlotarii II. cap. 8. [** 3.] : *De servis Ecclesiæ aut fisci vel cujuslibet quicunque inculpatur, ad sortem veniat, aut ad Plebium promoveatur, aut ipse precius a domino reformetur : nam probati periculo subjacebunt.* Vide *Plebeium*.

☞ Legendum ibi *æneum* vel *inium*, ut in MS. codice, monet Bignonius; nam, inquit, de sortibus hic agitur et purgationibus. Eccardus in Lege Salica pag. 170. *Plebeium* edidit et laicum interpretatur. Neutrum placet : malim, si mendum non est, de conventu publico intelligere.

¶ 2. **PLEBIUM**, PLEBEIUM, Locus publicus, platea, vicus. Oberti Cancellarii Annal. Genuens. lib. 2. apud Murator. tom. 6. col. 327 : *Namque multæ conjurationes per urbem nostram hinc inde factæ fuerant... etenim per Plebia nostra rixæ et factiones semper tempore litis civilis aderant.* Ibid. col. 328 : *Elegerunt tandem ut irent per Plebeia cum parentibus, ut forte in domibus aliquos de malefactoribus capere possent.* Rursum : *Nam insultationes, homicidia, furta, rapinæ, incendia per Plebia nostra sæpissime fiebant.*

* **PLEBOTOMARE**, pro *Phlebotomare*, Venam secare. Vide in *Phlebotomum*. Chron. Sublac. apud Murator. tom. 4. Antiq. Ital. med. ævi col. 1040 : *Post hæc, ut audivi a majoribus nostris, jussu dominorum illorum Plebotomati sunt oculi ejus et cœcus factus est* (Petrus abbas). Inter varias excæcandi rationes, hæc fuit in usu, ut scilicet scalpello oculi percuterentur. Vide in *Abacinare*.

¶ **PLEBS**, Eadem notione qua *Plebium* 2. Statuta Mutin. rubr. 202. fol. 38 : *Sdugarium quod vadit juxta viam S. Petri de Citanova cavetur, et projiciatur terra versus campos a domo quondam Tetelmini usque ad Plebem juxta viam, etc.* Vide *Plebes*.

¶ **PLECHA**, Circulus doliaris, Massiliensibus *Pleches*, a Latino Plectere. Charta an. 1336. in Tabul. S. Victoris Massil. : *Duas magnas tinas vinarias bonas et pulchras cum Plechis.* Hinc

¶ Plechata Cupa, Quæ est ejusmodi plechis munita, Massil. *Un tonneau plechat.* Charta ann. 1436. ex eodem Tabular. : *Unam cupam vini Plechatam, etc.*

¶ **PLECHIUM**, Peplum muliebre, maxime viduarum. Statuta Arelat. MSS. tit. 52 : *Nulla meretrix tanquam vidua sit ausa portare Plechium vel velum in capite, quod si fecerit, quælibet proba mulier habeat potestatem auferendi.*

PLECIA. Gloss. Arabico-Lat. : *Bombycina, id est, Plecia*, forte *Plecta*. Vide mox

1. **PLECTA**, ex Gr. Πλεκτός. Gloss. Lat. MS. Reg. cod. 1197 : *Parma, plecta, clipeum, scutum, defensaculum.* Ugutio : *Plecta, nexio cum virgulis.* Joan. de Janua : *Plecta, quilibet nexus ex virgulis, vel papyro, vel carecto factus, unde cofinos faciebant : unde hæc plectula. Josephus lib. 8. Erant crateres ex crispantibus plectulis factæ. Plecta etiam dicitur calix duas ansas habens, idem et caracter, secundum Ugutionem.* Regum 3. cap. 7. 29 : *Et inter coronulas et Plectas, leones et boves et Cherubim.* Græc. edit. : Καὶ ἐπὶ τὰ συγκλείσματα αὐτῶν ἀνὰ μέσων ἐξεχομένων, λέοντες καὶ βόες καὶ χερουβίμ. Ubi Glossa : *Tabulæ, quibus bases factæ sunt, quadratæ fuerant, in quibus rotundæ erant formulæ, quæ coronulæ, sive Plectæ appellantur, circuli quidam erant.* Histor. Miscella lib. 16. pag. 471 : *In capite autem pannum gemmatum habentem ex utroque ligamento Plectas quatuor.* Ubi Theophanes pag. 207. Σειρὰς τέσσαρας habet. Pelagius in Vitis Patrum libello 5. § 5 : *Faciebat quoque Plectam de ipsis palmis, et cusabat usque ad horam sextam.* Habes etiam in Vita Macarii Ægyptii cap. 11. in Vita S. Posthumii cap. 2. et alibi non semel. S. Hieronymus Epist. 4. instituens Monachum : *Vel fiscellam texte junco, vel canistrum lentis Plecte viminibus.* Vide Epist. 114. Jacobus de Cessolis de Ludo Scaccorum, apud Spelmannum : *Loricam habuit in corpore, Plectas in pectore ferreas, ocreas in tibiis, etc.* Vide *Plata, Platura.*

** Glossar. Lat. Gall. ex Cod. reg. 7692 : *Plecta, nate.*

¶ 2. **PLECTA**, Mulcta qua quis plectitur. Charta Alfonsi Regis Castellæ apud Stephanot. tom. 3. Fragm. Hist. MSS. : *Præterea prænominato S. Johannis et universo ejusdem Capitulo prædicta ratione dono et solemniter concedo medietatem de omni Plecta, tam de homicidio quam de omni pedido et de omni regali exactione et servitio, quæ ratione vicinæ urbis in barrio S. Johannis exigentur.* Vide in *Placitum*.

** 3. **PLECTA**, *Lo scarnutio*, in Glossar. Lat. Ital. Ms.

PLECTARE, Plectere, virgultis implexis locum claudere. Charta ann. 1115. pro fundatione Abbatiæ Landesii in diœcesi Bituric. : *Dederunt etiam eis terram ad operandum et excolendum, nemus autem ad claudendum et Plectandum, quantum sibi necessarium foret.* [Le Roman *de la Rose* MS. :

Et li portier les murs hourdoient
De fors cloies refusciées,
Tyssues de verges Pleicés.]

Vide *Plaxitium, Pleisseicium.*

* **PLECTELLUM**, *dimin, a Plectrum, lengua, Prov.* Glossar. Provinc. Lat. ex Cod. reg. 7657. Vide *Plectrum* 2.

PLECTETUM, pro *Placitum*, ex Gallico *Plet.* Charta Ludovici Transmarini Regis Fr. sic clauditur : *Actum in Plectetis, quod fuit in villa, quæ dicitur Trisluro, 6. Id. Junii, Ind. 8. anno autem 14. regnante Ludovico Rege*, in Probat. Histor. Vergiacensis pag. 42.

* **PLECTIBILIS**, Plectendus, puniendus. Theod. reg. Ital. epist. ad Chlodov. ann. 496. tom. 4. Collect. Histor. Franc. pag. 2 : *Sed quoniam semper in auctoribus perfidiæ resecabilis videtur excessus, (quia et primariorum Plectibilis culpa omnium debet esse vindicta) motus vestros in fessas reliquias temperate.*

* **PLECTICIUM**, Locus palis vel virgulis implexis conclusus. Charta Rath. episc. Veron. apud Pez. tom. 6. Anecd. part. 1. col. 105 : *Delegavi jam dictis presbyteris et subdiaconibus atque acolytis de Secretatio in Bodanigo casalem j. in Porto campos iij. in Cerreta hortum unum, in Roveclaria casalem j. cum Plecticiis tribus, etc.* Vide supra *Plaxetum*.

¶ **PLECTIO**, Pœna. Charta Agnetis Ducissæ Slesiæ ann 1369. apud Ludewig. tom. 6. Reliq. MSS. pag. 405 : *Ad capitis Plectionem et membri mutilationem se extendens in oppido Lobbow.*

* **PLECTORA**, *i. Repletio, vel corruptio*, in Gloss. Iatricis ex Cod. reg. 6881. Vide *Pletoricus*.

¶ **PLECTRIPOTENS**, Musices et poeticæ peritus. Sidonius lib. 9. Epist. 13 :

Qua Flaccus lyricen Pindaricum ad melos
Frænis flexit equos Plectripotentibus.

1. **PLECTRUM**, Ferrum, quod interius ex utraque parte campanam feriens sonum reddit, Durando lib. 1. Ration. cap. 4. num. 5. Vide *Batillus*.

¶ 2. **PLECTRUM**, *Gubernaculum navis*, Joh. de Janua. *Gouvernail de nef, ou langue, ou archet de vielle*, in Gloss. Lat. Gall. Sangerm. Silius lib. 14. v. 403 :

Deduxit telum et residentis puppe magistri
Affixit Plectro dextram.

¶ 3. **PLECTRUM**, Alia notione, in Carmine Ermoldi Nigelli pro Ludovico Imper. lib. 4. vers. 379. apud Murator. tom. 2. part. 2. col. 69 :

Aurea mox geminos constringant vincla lacertos,
Fembra gemmatus balteus ejus obit,
Et caput insigni donatur rite corona,
Perstringuntque pedes aurea Plectra suos.

Ubi Cl. Editor : Sipontino teste, inquit, *Plectrum* interdum est appellatum Calcar æneum, quod olim addebatur gallis gallinaceis inter se pugnaturis; qui mos apud Britannos viget. Num ergo calcaria hic innuuntur? an pro *Plectra* legendum *Plata*, aut aliquid aliud? Calceamenta hic designari video, quæ Monachus Sangallensis lib. 1. cap. 36. Francorum Regibus fuisse *forinsecus aurata* scribit.

* **PLEDUIRA**, Pledura, Pleyduyra, Locus vacuus indefinitæ magnitudinis, domibus aliisve ædificiis construendis vel reædificandis idoneus, idem quod supra *Plaidura* et *Plastrum* 1. nostris, *Pledure, Plesure* et *Pleure*. Reg. feud. Aquit. in Cam. Comput. Paris. sign. JJ. rub. fol. 29. r° : *Item duos solidos, duos denarios de Pleyduyra castri podii Willelmi.* Ibid. fol. 30. r° : *Bertrandus Pelagus juratus recognovit, quod tenet in feodum a domino rege Angliæ duas Pleduiras seu localia domorum, pro quibus debet unum mensem castellaniæ, sicut alii dicti castri.* Chartul. monast. S. Barthol. de Benevento in Lemovic. fol. 115 : *Exceptis Pleduris de burgo, et exceptis ortis avensatis ad ipsas Pleduras.* Charta ann. 1404. in reg. feud. comitat. Pictav. ex ead. Cam. fol. 231. v° : *Johannes de Podio..... me habere et tenere confiteor...., unam Pleduram seu Pleure et viridarium pertinens, sitam in dicto villagio.* Alia ann. 1405. ibid. fol. 130. r° : *Ego Johanna de Menoneria, relicta deffuncti Johanneti Clerici,.... recognosco me tenere.... Pleduras domorum de la Valade.* Alia ann. 1407. ibid. fol. 127. r° : *Je Yvam du Breuil, seigneur de Fonssac,.... advoue à tenir.... à foy et hommaige lige.... ma maison ou Plesure de Montmorillon, avecques ses appartenances et appendances.* Denique alia ann. 1353. in Reg. 85. Chartoph. reg. ch. 75. : *Comme nous aions entendu que plusieurs places et Pledures soient assises en la ville de la Rochelle, etc.* Voces vero *Pleidura* et *Pleura* ita quoque intelligendæ. Vide infra *Plesdura*.

¶ **PLEDURA**, Modus agri. Vide *Pleidura*.

* **PLEGADURA**, *Prov. flexura, curvitas.* Glossar. Provinc. Lat. ex Cod. reg. 7657.

¶ **PLEGAGIUM**, Plegeria, Plegia, etc. Vide in *Plegius*.

PLEGIUS, Fidejussor, Gallis *Plege.* Jura et Consuetudines Normanniæ cap. 60 : *Plegii dicuntur personæ, quæ se obligant ad hoc, quod qui eos mittit tenebatur. Plegiorum autem quidam sunt simplices, et quidam debitum retinentes, etc.* Regiam Majestatem lib. 3. cap. 1. § 6 : *Cum autem creditur alicui, solet illud plerumque credi sub Plegii datione, quandoque sub vadii positione, quandoque sub fidei obligatione, etc.* Adde §§ seqq. [** et Glanvill. lib. 10. cap. 3. § 4. cap. 4. et 5.] [Charta ann. 1219. apud Menester. Hist. Lugdun. pag. 45 : *Et in amore requirimus quatenus sitis Plegii et debitores in manu Poncii de Chaponay.*] Will. Brito lib. 1. Philippid. :

A Duce sufficiens fit Regi cautio, missis
Obsidibus, Plegiis, juramentoque recepto.

Occurrit apud Matth. Paris. et alios non semel.

☞ *Plegii* seu fidejussores interdum assignati domini capitales a feudalibus suis. Charta apud Lobinell. tom. 2. Hist. Britan. col. 228 : *De hac venditione et conventione in perpetuum firmiter tenenda misit Willelmus Plegios per fidem Willelmum de Ploasmo de cujus fevo molendinum erat, etc.*

Pligius. Thierricus Valliscolor in Urbano IV. PP. :

Per Pligios plures reddere damna cavent.

¶ Plegia, ut *Plegius*. Charta ann. 1160. apud Miræum tom. 1. pag. 704 : *Ego* (Theodoricus Flandr. Comes) *et filius meus Plegiæ fuimus..... Homines quoque Ingerranni fide et juramento Plegias se interposuerunt.* Instrum. ann. 1293. apud Rymer. tom. 2. pag. 614 : *Invenit Plegiam de relevio suo prædicti Comitatus.... et insuper invenit*

Plegiam ad faciendum dominum Regem habere scriptum de resignatione. Hunc *Plege de droit* vocat vetus Consuetud. Britan. art. 129. *Donner Plege parlant*, in Lodunensi cap. 1. art. 24. dicitur de eo qui aliquem *plegium* seu fidejussorem constituere tenetur, ita ut res suas in *plegium* mittere illi non sufficiat.

* *Ploige*, in Charta ann. 1272. ex Chartul. Campan. fol. 260. v° : *Je Hues vidumes* (de Chalons) *m'establis Ploige et randeres anvers mon seignor lo roi devant dit, de tenir et de garentir toutes ces choses et les convenances devant dites.*

¶ PLEGIUS PER FIDEM, Qui fide interposita fidejubebat. Tabul. Meldense : *Unde Plegii per fidem fuerunt, Matheus, etc.*

¶ PLEGIUS DE PROSEQUENDO, Fidejussor de lite peragenda, *Plege de suivir sa clameur* in Consuet. Norman. Vox fori maxime Anglici, Nostris tamen non penitus ignota. Præceptum Philippi Aug. ann. 1190. apud Rigord. sub eodem anno : *Præpositis insuper nostris et baillivis prohibemus, ne aliquem hominem capiant, neque averium suum, quamdiu bonos fidejussores dare voluerit de justitia prosequenda in Curia nostra, nisi pro homicidio vel murtro, vel raptu, vel proditione.*

PLEGIUM, Vadimonium, *Plege*. Matth. Paris ann. 1164 : *Excommunicati non debent dare vadium ad remanentiam, nec præstare juramentum; sed tantum vadium et Plegium standi judicio Ecclesiæ, ubi absolvuntur.* [Charta Johannis Reg. Angl. in Libro nigro Scaccarii pag. 379 : *Insuper totam terram Angliæ et Walliæ nobis in Plegium posuit.* Statuta Roberti III. Reg. Scot. cap. 2. § 5 : *Et postea cum ad præsentiam sui superioris domini accesserit, ante exitum anni et diei, prædictas terras suas ad Plegium liberari petat;* hoc est, inquit Spelmannus, sub fidejussione restituendi eas, si in lite ceciderit. Infra § 7 : *Tenens qui tenementum sic recognitum petit ad Plegium, etc.*]

¶ PLEGII VADIUM, Res ipsa in *plegium* seu vadimonium data. Charta Philippi Aug. Reg. Franc. ann. 1187. in Tabul. Archiepisc. Senon. : *Nullus in die mercati vel feriæ in villa vadium Plegii sui capiat, nisi die simili plegiatio illa facta fuerit.* Hæc de bonis *plegii* seu fidejussoris quæ obsignari vetantur, intelligenda existimat D. *Secousse* tom. 4. Ordinat. Reg. Franc. pag. 74. Adde Chartam ann. 1216. apud Thomasser. in Biturig. pag. 83.

FRANCUM PLEGIUM, et in eo esse dicebatur, qui in *decenna* erat, seu decem hominum collegio, qui sibi invicem *plegii* erant, ac fidejussores erga Regem de damno ab eorum quolibet illato restaurando. Bracton. lib. 3. Tract. de Corona cap. 10. § 1 : *Omnis homo sive liber, sive servus, aut est, aut debet esse in Franco Plegio, aut de alicujus manupastu, nisi sit aliquis itinerans de loco in locum, qui non plus se teneat ad unum quam ad alium, vel quid habeat, quod sufficiat pro Franco Plegio, sicut dignitatem, vel ordinem, vel liberum tenementum, vel in civitate rem immobilem... et in Franco Plegio esse debet omnis, qui terram tenet et domum, qui dicuntur Husfastene, et etiam alii, qui illis deserviunt, qui dicuntur Folgheres, etc.* Vide quæ hac de re adnotavimus in voce *Friborga*.

VISUS FRANCI PLEGII, est ipsa inquisitio aut examinatio, an omnes, qui duodecimum annum attigerunt, et ultra, *liberum plegium* habeant, id est sponsorem capitalem, quod Regis pacem conservabunt, seu an in *decenna* aliqua sint. Bracton. loco citato : *Secundum Leges Eduardi Regis, omnis qui est ætatis 12. annorum, facere debet sacramentum in Visu Franci Plegii, quod nec latro vult esse, nec latroni consentire, etc.* Hæ autem inquisitiones bis quotannis fiebant a Vicecomite. Idem lib. 3. tract. 2. cap. 35 : *Pertinet ad Vicecomitem Visus Franci Plegii in turnis suis duobus, singulis annis, per hundreda et Wapentakia faciendis.* Videlicet *semel post Pascha*, et *iterum ad terminum S. Michaelis*, ut est in Charta libertatum Angliæ apud Matth. Paris ann. 1215. pag. 180. et in Fleta lib. 2. cap. 52. § 2. Omnes autem ad eos Conventus de *visu franci plegii* convenire tenebantur. Thomas Walsinghamus pag. 268 : *Ut essent in libertate pares dominis, et quod non essent cogendi ad curias, nisi tantummodo ad Visum Franci Plegii bis in anno.* Nisi speciali privilegio quis eximeretur, quod *quietum esse de franco plegio* appellabant, ut est in Monastico Anglic. tom. 1. pag. 310. Cujusmodi autem essent inquisitiones, quæ fiebant in *visu franci plegii* a Vicecomitibus, pluribus habet Fleta lib. 2. cap. 52. Atque id olim apud Anglos obtinuit : sed hodie statur juramento cujusque, qui annum duodecimum implevit.

☞ Jus vero tenendi *Visum Franci Plegii* inter regalia non ita recensetur, ut aliis omnino communicari non possit : id enim non raro Ecclesiis, Monasteriisve, aut nobilibus a Principibus concessum multa probant. Charta ann. 1083. apud Kennett. Antiq. Ambrosd. pag. 60 : *Ecclesia S. Georgii data fuit fratribus Osen. et habet ibidem Visum Franci Plegii et totum regale servitium.* Alia ann. 1288. ibid. pag. 313 : *Johannes filius Nigelli sen. summonitus fuit ad respondendum domino Regi de placito quo warranto clamat habere Visum Franciplegii de tenentibus suis in Borsstall..... Et Gilbertus de Thornton qui sequitur pro Rege dicit, quod Franciplegium est quædam libertas regia mere spectans ad coronam et dignitatem domini Regis, contra quam longa seisina valere non debet... Prædictus Johannes per attornatum suum dicit... quod reddit decem solidos pro habendo Visu Franciplegii de tenentibus suis, et quod ipse et omnes forestarii qui tenuerunt prædictam hidam terræ, semper habuerunt Visum Franciplegii.*

☞ Bis quotannis tenebatur *Visus Franci Plegii*, ut supra monuit D. Cangius; at de regio id intelligendum : alii quippe semel in anno interdum congregabantur. Charta ann. 1292. apud eumdem Kennett. pag. 319 : *Baillivi Comitis Glouc. venient quolibet anno semel ad tenendum Visum Franciplegii.* Alia ann. 1298. pag. 331 : *Quod cum dom. Johannes de Diggeby.... accessisset ad Visum suum tenendum, prout mos singulis annis existit, etc.*

☞ Tenebantur *Visus Franci Plegii*, ut et *placita* apud Gallos, in locis apertis, publicis, sub dio, nisi propter aeris incommoda in ædibus convenire cogerentur qui aderant. Charta mox laudata pag. 333 : *Et fuit locus tenendi Visum ibidem in quadam viridi placea in villa de Knytlinton contra domum quandam Hugonis de Gardino, et in tempore pluvioso, per licentiam baillivi Prioris aliquando Senescallus tenuit Visum ibidem in curia Prioris, et aliquando in domibus aliorum tenentium in villa prædicta.*

☞ A vassallis quædam pensitatio exigebatur pro *Visu Franci Plegii*. Charta eadem ibid. : *Ibidem tenuit Visum per annum levando de eadem villata XII. denarios de recto Visu pro omnibus.* Quæ præstatio *Visus Franciplegii* dicitur in Charta ann. 1447. apud Calmet. tom. 3. Hist. Lotharing. col. 198.

ADVENTUS *ad Visum Franci Plegii*, inter onera recensentur in Charta Edwardi III. Regis Angl. in Monast. Anglic. tom. 2. pag. 832.

FRANCIPLEGIA, unica voce, in Monastico Anglic. tom. 3. pag. 22.

PLEGIUM LIBERALE, Idem quod *Francum Plegium*, id est, plegium hominum liberorum. Leges Henrici I. Regis Angl. cap. 8 : *Statutum est, ut a 12. ætatis suæ anno et in hundredo sit, et decima, vel Plegio liberali, quisquis were vel witte, vel jure liberi dignus curat æstimari.* Leges Willelmi Nothi : *Omnis homo qui voluerit se teneri pro libero, sit in Plegio, ut plegius eum habeat ad justitiam, si quid offenderit.*

¶ PLEGIUM PLANUM, Simplex, non dato videlicet vadimonio, nec fide interposita. Charta apud Lobinell. tom. 2. Hist. Britan. col. 228 : *Misit Willelmus Plegios per fidem Willelmum de Ploasmo, de cujus fevo molendinum erat,... et in Plano Plegio Goffridum de Dinam et filium ejus Oliverium.* Vide supra.

☞ Clericorum maxime proprium erat ejusmodi *plegium*; religio quippe fuit ab ipsis, uti a laicis, fidei sacramentum exigere. Tabular. Calense ann. 1209 : *Laudante hoc filio ejus Arnulpho et Agnete uxore ejus, qui etiam Plegii sunt fide interposita de recta garancia, et dom. Hugo Miles de Marelio similiter fide interposita fidejussit, et Garinus Meldensis archidiaconus hoc similiter sine fidei interpretatione fidejussit.*

PLEGIARE, Fidejubere. [Charta ann. 1191. inter Instrum. tom. 3. Gall. Christ. col. 123 : *Insuper dom. Willelmi Rhem. Archiep. et dom. L. Morinensis Episc. auctenticorum suorum auctoritate confirmari feci et Plegiare.*] Leges Henrici I. Regis Angl. cap. 43 : *Jure potest eum Plegiare.* Adde Regiam Majest. lib. 3. cap. 1. plures : nostris vulgo *Pleger.*

☞ Quid inter *Plegiare* et *warantizare* intersit expiscari licet ex Hovedeno Annal. Par. poster. Ric. I. : *Præceperunt, homines Archiepiscopi, qui calumpniati fuerant de robberia, capi et incarcerari. Et quamvis Archiepiscopus warantizaret, non tamen potuit eos Archiepiscopus Plegiare.* Vide *Warantus.*

* PLEGIRE, Fidejubere. Charta ann. 1190. ex Lib. nig. episc. Carnot. : *Rembertus et Amauricus de Levesvilla fide interposita Plegiverunt, quod censum istum Ysembardo et ejus hæredibus bona fide garandizabunt.*

PLEGIATIO, Ipsa fidejussio, in Regiam Majest. lib. 3. cap. 1. § 8. 9. 14. 19. [Charta ann. 1236. in Tabular. Meld. : *Plegios erga dictum Episcopum se constituerunt et garantitores; ita ut quod quilibet eorum in solidum de dictis Plegiatione et garancia teneatur.*] *Plegement*, in Consuetud. Britann. art. 27. 38. 131. 172.

PLEGAGIUM, PLEGIAGIUM, Fidejussio. Matth. Paris ann. 1250. : *Et sic sub electorum fidejussorum Plegagio dimissus.* Alibi *Plegiagium* habet. Adde Glanvillam lib. 10. cap. 5. Quoniam attachiam. cap. 49. [et *Madox* in Formul. Angl. pag. 77.]

* *Pleigaige*, eodem sensu, in Charta ann. 1333. ex Reg. C. Chartoph. reg. ch. 14 : *Pour cause dou Pleigaige que ycellui Guillaume avoit pieça fait envers ledit receveur de la prevosté de Loches.* Hinc emendanda alia Charta ibid. num. 37. ubi *Preleiaige* legitur, pro *Pleigaige : Et tout pour le pris de xxc. livres de bonne monnoie courant, desquieulx il estoit tenus et obligiez à nostre dit seigneur, par resson du Preleiaige de la prevosté de Tours, pour Jean de Rogemont, dou temps que il fu fermier de ladite prevosté.*

¶ PLEGERIA, Eadem notione, *Plegerie*, in Consuet. Hannon. cap. 98. Sollens. tit. 32. art. 1. 4. 5. Baion. tit. 9. art. 41. Labourt. tit. 18. art. 1. 5. 6. Charta ann. 1213. ex Bibl. Reg. : *Quitos clamavit.... plegios eorumdem de omnibus debitis et Plegeriis erga dictum Judeum.* Charta Galcheri Comit. S. Pauli ann. 1216. apud Marten. tom. 1. Anecd. col. 853 : *Blancham illustrem Comitissam Trecensem plegiam constituimus erga nobilem virum H. Comitem Barri-ducis.... Si autem occasione hujus Plegeriæ domina Comitissa aliquod damnum incurreret, etc.* Charta ann. 1268. ex Bibl. Regia : *Loquel home icil aveent mis en Plegerie por eaus envers Lombars, etc.* Statutum ann. 1320. tom. 2. Ordinat. Reg. Franc. pag. 589 : *Tuit li vendeurs de poisson de mer donnent chacun Pleigerie de soixante livres Parisis.*

* PLEGIACIO, Ipsa fidejussio. Libert. castri Maill. ann. 1229. tom. 5. Ordinat. reg. Franc. pag. 715. art. 4 : *Nullus in die mercati vel feriæ Mailliaci, vadium plegii sui capiat, nisi die consimili Plegiacio illa facta fuerit.* Vide in Plegius.

* PLEGIAMENTUM, Intercessio, vulgo *Opposition*, apud Argentr. in Consuet. Brit. art. 4. edit. Paris. ann. 1608. pag. 1153 : *Intercessio apud Romanos, oppositio : nostri Plegiamenta eodem significatu accipiebant, voce ne Francis quidem incognita, ex eo dicta, quod intercessores vades dare, id est pleges, fore semper adigebantur, ex natura formulæ solemnis.*

* PLEGIARIUS, Fidejussor, idem qui Plegius. Inventar. Chart. reg. ann. 1482. fol. 44. v° : *Littera Philippi ducis Burgundiæ, per quam promittit acquietare dominum regem et ejus Plegiarios sive fidejussores erga comitem Flandriæ, de summa quinquaginta mille francorum. De anno 1369.* Occurrit ibi non semel.

APPLEGIARE, Plegium seu vadem dare : *Appleger et cautionner*, in Consuetud. Altissiod. art. 135. Juliodun. cap. 1. art. 25. cap. 11. art. 2. Turon. art. 370. Pictav. art. 264. 279. 295. Rupell. art. 58. 59. Andegav. art. 69. 146. 167. 171. Cenoman. etc. Concilium Roffiacense ann. 1258. cap. 5. de Clericis : *Ne agant, vel respondeant, vel se Applegient in foro seculari, de his, quæ ad Ecclesiasticum, non ad forum pertinent, seculare, etc.* Concilium Turonense ann. 1282. cap. 10 : *Item præcipimus, Potestates, Ballivos, et quoscumque alios justitiæ secularis ministros, qui amodo personas Ecclesiasticas, pro eo, quod super possessionibus, redditibus, et rebus aliis quibuscumque, quas Ecclesiarum et Beneficiorum, seu administrationum suarum nomine et ratione possident, se Applegiaverunt, vel Contraplegiaverunt coram eis, etc.* Tabularium Grandimontense anno 1316 : *Eidem procuratori nostro plenam et liberam potestatem agendi,... libellum, seu libellos dandi et recipiendi, Applegiandi et Contraplegiandi, exigendi, etc. Applegiationem facere de homine, Applegiamenta et Contraplegiamenta*, in Regesto Parlam. B. fol. 79. Vide Sanjulianum in Antiq. Cabilonensibus pag. 405. *Applegement et Contraplegement*, in Consuetud. Juliod. cap. 2. art. 13. cap. 37. art. 5.

☞ Vocem hanc minus dilucide exposuit doctissimus Cangius; *plegium* quidem seu vadem dare interdum sonat : sed sæpius *Applegiare* est Querelam instituere, ut quis rem aliquam obtineat, aut amissam recuperet; atque ea notione accipienda hæc vox in locis a Cangio laudatis. Is autem *Applegiare* dicebatur, quod *plegium* seu pignus daret in commodum rei cessurum, si ipse actor causa vel querela caderet : *Contraplegiare* vero reum dicebant, cum dato sufficienti *plegio*, rem possessam contra actorem sibi in judicio asserere contendebat. Hæc aperte docet vetus Consuetudo Andegav. apud *de Lauriere* in Gloss. Juris Gall. voce *Applegement : Sont nommez Applegemens et Contr'applegemens par coutume,... quand aucun se dit dessaisi par autre de sa chose, soit meuble ou heritage, et il en met celuy en procez à cause de la dite saisine; disant la dite saisine des dites choses luy appartenir, et requiert que les parties presentes, sequestration soit faite en main de justice de la dite chose de quoy il dit avoir été dessaisi, la justice ne le doit pas croire de sa simple parole, et ne doit pas recevoir la sequestration estre faite de chose, que autre possede, s'il ne baille Plege.... et si ledit deffendeur se Contr'applege en advouant à soy la saisine de la dite chose, ou s'applege seulement, et il baille Plege, lors la chose doit demeurer en main de Court jusqu'à la fin du procés.... et ainsi pour cause desdits Pleges, que baillent lesdits demandeur et deffendeur chacun de son cousté, ils sont nommez et appellez par la dite Coutume Applegemens et Contr'applegemens.* Adde vet. Consuet. Pictav. lib. 2. cap. 19. et Stabil. Franc. cap. 63. lib. 1. *Se appleger, ou complaindre*, in Consuet. Lodun. cap. 1. art. 25. cap. 11. art. 2. et in vet. Turon. cap. 1. art. 25. cap. 12. art. 2. cap. 25. art. 7. cap. 27. art. 5. *Faire applegement*, in laudata Lodun. cap. 1. art. 23. et in vet. Turon. cap. 1. art. 23. quod in recentiori art. 27. dicitur *Former complainte.* Charta Durandi Episc. Cabilon. ann. 1221. apud Cussetum in Histor. Cabilon. : *Liberi sunt ab omnibus coustumis, nec debent Applegiare de forefacto, nisi coram Domino suo unusquisque.* Vide Gloss. Juris Gall. loco citato.

* *Applegier*, eodem sensu, passim in Ordinat. reg. Franc.

☞ Vox etiam nota in rebus feodalibus; quo potissimum sensu, discimus ex vet. Stylo Andegav. tit. *d'Applegement privilegié : Si aucun seigneur de fié a prins et saisi en sa main aucune chose tenuë de luy pour aucun cens ou devoir ou autre cause, le sujet qui tient icelle chose peut venir requerir delivrance du sien o Plege, et offrir à le bailler à son seigneur, bailly ou procureur, et le Plege present offrir à le pleger. Et si ledit seigneur, ne ses officiers ne lui veulent faire delivrance, ne faire raison, le sujet peut faire Applegement contre le seigneur qui luy a fait tort, force et de nouvel depuis an et jour en ça, en detenant le sien, (et nommera quoy) à tort et sur refus de plege.*

¶ APPLEGIAMENTUM, Querela, *Applegement, ou complainte possessoire*, in Consuet. Andegavens. art. 167. et alibi. Statutum Ludovici X. Reg. Franc. ann. 1315. tom. 1. Ordinat. pag. 622 : *Item, super eo quod Curia nostra de novo recipit Applegiamenta a subditis dicti Ducis* (Britanniæ) *in ejus prejudicium, sicut dicit. Respondemus eidem quod hujusmodi Applegiamenta recipi de cetero nullatenus permittemus.* Statuta Eccl. Nannet. ann. 1385. apud Marten. tom. 4. Anecd. col. 968 : *Ne in eodem foro litigent per Applegiamenta vel querelas justitiæ seu potestati sæculari deferendo.*

¶ CONTRAPLEGIAMENTUM, *Plegium* seu vadimonium a reo datum, qui contra actorem causam suam est prosecuturus, *Contr'applegement*, in Consuet. Lodun. cap. 2. art. 13. cap. 37. art. 5. in vet. Turon. cap. 2. art. 18. et in Pictav. art. 16. 385. 397. etc. Charta Philippi V. Reg. Franc. in Tabul. S. Capellæ : *Annis singulis de cætero satisfiet de eisdem firmis et redditibus,... retentis nobis et successoribus nostris Regibus Francorum in locis prædictis omnimoda justitia, alta et bassa, omnique commodo Contraplegiamentorum dictarum firmarum, in casu in quo dicti firmarii firmas dimitterent prædictas; in quo siquidem casu nos dictum commodum retinentes, pretium firmarum, de quibus Contraplegiamenti perciperemus commodum... sibi præficere teneremur.* Ubi *Contraplegiamentum* videtur esse vadimonium, quod quis in fidejussionis suæ pignus constituit; idem quod

¶ CONTRAPLEGIUM, Gall. *Contreplege, contregage.* Tabul. B. M. de Bono-nuntio Rotomag. sæc. 12 : *Posuit Michael Caillou frater prædicti Oini de suo hereditagio ad valentiam prædictæ terræ et domus in Contraplegium, et idem Oinus prædictus de suo hereditagio ad valentiam prædictæ terræ et domus similiter in Contraplegium.* Occurrit ibi non semel. Charta ann. 1256. in Chartul. S. Mellani Pontisar. : *Droco molendinarius de Drincuria et Eustachia uxor ejus dederunt in Contraplegium quoddam herbergamentum cum virgulto dicto herbergamento tenenti.* Vide *Contraplegium* suo loco.

¶ RETROPLEGIA, Eadem notione. Charta ann. 1180. ex Tabul. S. Mariani Autiss. :

Quod si facere noluerint, aut ipse Garnerius pactum quod se tenere plexivit non servaret, res suas misit in Retroplegias, ut ad eas canonici se verterent.

IMPLEGIARE, In *plegium* mittere. Leges Henrici I. Regis Angl. cap. 5 : *Si accusatus inductas competentes, et respondendi vel defendendi licentiam legitimam habuit, ne dissaisiatus, vel implegiatus, vel illegiatus, vel surreptione aliqua circumventus, aut fraude, judicetur.* Adde cap. 53.

REPLEGIARE, Cautione redimere aliquid captum, Cowello. Fleta lib. 2. cap. 1. § 16 : *De iis qui vetant averia Replegiari.* Matth. Paris. ann. 1240 : *Aliquando ceperunt canes ipsorum, et homines suos male verberaverunt, et male tractaverunt, unde pugnæ aliquando factæ fuerunt in Comitatu, et canes Replegiati, et pax facta inter eos de talibus conventionibus.* [Consuetud. Hasprenses ann. 1176. apud Marten. tom. 1. Ampl. Collect. col. 894 : *Si quis in villa de latrocinio suspectus habeatur, ante Præpositum ecclesiæ per Majorem et Scabinos ad justitiam submonetur; et si fidejussores habuerit, qui eum usque ad diem placiti sibi assignatum Replegiare velint, liber dimittetur.* Ubi *Replegiare* tantumdem valet ac *Plegiare, Cautionner;* ita et in Chartul. SS. Trinit. Cadom. f. 76 : *Solebat interesse placitis dominæ Abbatissæ apud Bavent et Cadomum, et debet Replegiare homines Abbatissæ apud Waravillam, vel alibi, si necesse fuisset.*] Le Roman *de Gaidon* MS. :

Car envers vous le voudrai Raplegier.

Vide Rastallum verbo *Replevin.*

REPLEGIABILIS, Qui *plegio*, seu fidejussore dato, liber evadit, causam suam prosecuturus. *Replevisable*, in Statuto Westmonast. cap. 15. Idem Statutum cap. 2 : *Quia Vicecomites, et alii, temporibus retroactis, latrones notorios et manifestos, et pro morte hominis et aliis feloniis captos et imprisonatos, et qui non sunt Replegiabiles, per plevinam dimiserunt, contra formam Statuti apud Westmonasterium editi, de his, qui sunt Replegiabiles, et qui non, per quod ipsi malefactores irreplegiabiles, etc.* Vide Fletam lib. 1. cap. 20. § 11. lib. 2. cap. 1. § 16. cap. 52. § 29. 41. cap. 65. § 7. cap. 70. § 13. 14.

IRREPLEGIABILIS, Qui alicujus criminis accusatus *plegium* de juri stando dare non potest : sed statim carceri mandatur. Fleta lib. 1. cap. 20. § 97 : *De Irreplegiabilium dimissionibus per plevinam, de plegiabilia injuste detinentibus.* Cap. 25. § 5 : *Indictati autem, de facto Irreplegiabiles remaneant.* Vide lib. 2. cap. 1. § 11. 16. cap. 52. § 29. 41. etc.

PLEJUS, pro *Plegius*. Fidejussor, ex Gallico *Pleje*, unde *Plejer l'amende*, emendam ponere in pignus, quod male *Ploier* dicunt : nam *je*, consonans est in hac voce. Fori Bigorritani art. 37 : *Quilibet Miles Plejum Comitis super eum ponat.*

☞ Haud scio tamen an ita male *Ploier* pronuntient; occurrit quippe *Amende ployée, Gage ploié.* Vide *Emenda* 1. et in *Vadium* [* et *Plicare.*] Consulendus præterea Raguellus v. *Pleger.*

¶ PLEGIS, ut *Plegius*. Notitia ann. 1124. apud Marten. tom. 1. Ampliss. Collect. col. 683 : *Promisit quod... ipse eumdem Henricum monachis concordaret, et inde Pleges dedit.* Tabul. S. Vincentii Cenoman. : *Inde fuerunt Pleges de parte Abbatis et monachorum, etc.*

PLIVUS, Eadem notione. Usatici Barcinonenses MSS. cap. 22 : *Placitum, in quo sit directum firmatum per Plivos vel pignoras convenientes.*

PLIVIUM, Vadimonium, *Pleige*. Usatici Barcinonenses MSS. cap. 114 : *Si ille, qui Plivium fecerit, fidem, quam convenerit portare contempserit, liceat illi, cui mentitus fuerit, eum distringere, etc.* Occurrit ibi pluries. [Constitut. pacis in Append. ad Marcam Hispan. col. 1140 : *Item constitutum est ut nullus homo pignoret res alterius pro Plivio vel pro alio quolibet negotio quod alicui vel cum aliquo fecerit, quamvis ille solverit.* Aliæ ann. 1174. ibidem col. 1365 : *Nullus homo ea animalia* (aratoria) *pro Plivio vel alia occasione capere vel rapere præsumat.*] Vide tom. 8. Spicilegii Acheriani pag. 385. 370.

PLIVIRE, Fidejubere. [Charta ann. 1080. in Bibl. Colbert. : *Usque ad diem quo Pliverit drictam in manu Vicecomitissæ debet ita emendare Imbertus, etc.*] Charta ann. 1244. in Regesto Comitum Tolosæ fol. 72 : *Et ibidem Dom. Bernardus de Marestanno concessit eidem Dom. Comiti homagium, et Plivitus per fidem sui corporis, et juratus super sancta Dei Evangelia, et mandavit et promisit, etc.* Alia anno 1238. ibid. fol. 80 : *Per fidem suorum corporum Pliviverunt, et super sancta Dei Evangelia juraverunt, etc.* Le Roman *de Garin* MS. :

Si ont lor seins et Plevi et juré.

PLEVIRE, Eadem notione. Tabular. S. Eparchii Inculism. fol. 46 : *Post me Plevit similiter fidem suam in manu ipsius abbatis Otto Bernardus, etc.* [Charta Archembaldi dom. de Soliaco apud Thomasser. in Biturig. pag. 714 : *Quod si jurare non poterit, serviens Pleniet et rusticus emendabit 12. denariis.* Litteræ Joannis Dalph. Vienn. ann. 1310. in Maceriis Insulæ Barbaræ tom. 2. pag. 558 : *Tractatus fuerit prolocutus et fide corporali Plevita invicem concordatus. Droit de main plevie*, in Consuet. Leod. edit. 1663. cap. 11. art. 13. dicitur jus quo superstes ex conjugatis, ubi non exstant liberi, in bona defuncti succedit, exceptis feodis aliisque nobilibus tenementis, quorum ususfructus tantum penes uxorem remanet. *Fille Pleviée*, in Chronico Flandr. sponsa nuncupatur. Le Roman *de Blanchandin* MS. :

Mais au vallet por le covrir,
A fait fiancer et Plevir
Qu'il jamais n'en parlera,
Home ne feme nel dira.

Le Roman *de la guerre de Troyes* MS. :

Les trieves furent demandées,
Et cels dedens les ont donées,
Les Troiens et les Grecois
Les ont Plevies à un mois.]

PLEVISSARE. Charta Vulgrini Comitis Engolismensis ann. 1147 : *Et ut hoc firmum et ratum sit, Plevissando fidem meam firmavi in manu Girardi Episcopi et Apostolicæ Sedis Legati, et obsides dedi, etc.* Infra : *Promisi etiam Plevissando fidem meam, quod quo* (filius meus) *Miles erit, in fide sua simi firmet.*

¶ PLEUVIRE, apud *la Faille* Annal. los. tom. 1. inter Instr. pag. 54 : *Et totum Pleuvierunt eis prædictus Pilisfo et Salvanacus per fidem suorum corpori*

¶ PLEXIRE, Eodem significatu, in Cha ann. 1180. ex Tabul. S. Mariani Autis *Quod si.... ipse Garnerius pactum quo tenere Plexivit, non servaret, etc.* Si tan legendum non est *Plevivit.*

¶ PLEVIMENTUM, Fidejussio, juram tum. Litteræ Johannis Reg. Franc. a 1351. tom. 2. Ordinat. pag. 470 : *Se prædicta invicem adstrinxerunt et obliga runt,... sub suæ fidei Plevimento.* Infr *Sub dicto juramento.*

* Charta ann. circ. 1030. ex Tabul Vict. Massil. : *Homines qui se dicebant a darios, ante potestates fidejussores dedern ut transacta S. Apostoli festivitate Petri r derent aut defenderent; quibus visum quasi deliramentum nec curaverunt ill attendere Plevimentum.* Hinc *Plevisaill* pro *Fiançailles*, Sponsalia, in Lit. remi ann. 1388. ex Reg. 132. Chartoph. reg. 270 : *Jehan Crouset et laditte Oudinette voient plevir et fiencer l'un l'autre;,... le dittes Plevisailles ne se peuvent faire, e Plevye*, eadem acceptione, supra in *Fia cialia.* Unde etiam *Pesvissable*, pro *Ple sable*, qui in vadimonium seu *plegium* cà potest. Charta Joan. ducis Lothar. an 1382. in Chartul. Romaric. ch. 36 : *Q ladicte terre ensy apartenent à ladicte e glise, comme dit est, ne puet, ne doit po quecumque cause, juste ou raisonnabl estre gayable, Pesvissable, ne guerriable po nostre fait.*

¶ PLUVIMENTUM, Eodem intellectu, ni etiam legendum sit *Plevimentum.* Char Jordani Abbatis Juncell. ann. 1266. int Instrum. tom. 6. Gall. Christ. novæ edi col. 159 : *Pro quo feudo seu feudis dic domino Comiti* (Tolosano) *suisque success ribus esse boni promittimus et fideles p nostræ fidei Pluvimentum.*

¶ PLEVINA, Eadem notione. Char Ludovici Comit. Blesensis et Clarimon ann. 197 : *Ego plegium meum nantabo sic soleo, nisi Plevinæ emendandæ plegiu dederit.* Tabular. Calense pag. 62 : *De q racheto plegii sive fidejussores erant.... er dictam Abbatissam de stando voluntati ipsi Abbatissæ, a qua fidejussione sive Plevi petebant liberari.* Vide Probat. Hist. Casti lon. pag. 40. et Marten. tom. 1. Amplis Collect. col. 1127.

PLEUVINA, Gall. *Plevine*, in Consu tud. Britan. cap. 11. et art. 192. Vet Consuetudo Norman. cap. 60 : *Plevi est autant comme promesse de loiauté : c celui qui pleige aucun, promet, que cil fe loyaument ce de quoi il le pleige.* Char Petri Ducis Britanniæ anno 1237 : *Et sin liter plegii a Pleuvina prædicta tunc eru penitus absoluti.* Perperam *pleumina* edid Augustinus *du Pas* in Stemmate Acigni censi. Charta anni 1301. in Tabular Sulliaci : *Census autem meos et venditione et olchiam meam mihi retineo sicut solit sum. Quibuslibet vero, quocumque di ubicumque voluerit et potuerit, plegiu* suum vantare, si notum fuerit esse ipsum plegium, vel nisi Pleuvina negata fuerit.

PLUVINA. Vetus Placitum apud Perardum in Burgundicis pag. 229 : *Sententiam autem ab ipso Comite et ipsius curia Guido Princeps judicialiter suscepit, et per Pluvinæ sacramentum confirmavit.* Infra : *Et fidem suam super hoc per Pluvinam obligavit.*

☞ Vocis etymon a Saxon. pleoh quod damnum vel Periculum sonat, deducendum opinatur Spelmannus; quia scilicet *plegius* damnum omne et periculum in se recipit : hinc *plegiare* dictum videtur, quasi periclitari vel damnum subire. A Latino præs, quasi *plegius*, pro *pregius* vel *prejus* sit dictum, accersit Salmasius, quem consule de Modo usur. pag. 741. [** Vide Schmveller. Glossar. Saxon. voce *Plegan.*]

¶ **PLEJARIA.** Vide *Pleraria.*

* **PLEIDEN**, vox Germanica, Machinæ bellicæ species. Chron. Noriberg. ad ann. 1384. apud Oefelium tom. 1. Script. rer. Boicar. pag. 326. col. 2 : *Herbipolenses se opponentes et resistentes, cum machinis, vulgo Pleiden, jaciebant lapides.*

PLEIDURA, [Locus, ni fallor, virgulis implexis conclusus. Vide *Pleisseicium.*] [* Idem quod supra *Pleduira.*] Vetus Notitia in Tabulario Abb. S. Amantii Inculismensis : *Dederunt S. Petro et S. Amantio omnes Pleiduras, quæ sunt juxta murum.* Charta anni 1228. in Tabul. Comitatus Inculismensis : *Quidquid juris habebamus pro Ecclesia S. Pauli in Pleiduris, quæ sunt ex parte novi Castri D. Comitis, et in Pleiduris ipsius Castri, et in barbacana, subposita Castro, etc.* Alia Iterii de Magnaco : *Ego Iterius de Magnaco dono filios et filias Giraudi et eorum Pleduras, et omnium eorum progeniem, etc.* Alia ann. 1314. in 50. Regesto Philippi Pulcri Regis ex Tabulario Regio num. 4 : *Sive sint domus, Pleyduræ, vel arcæ, redditus, census, vel accaptamenta, etc.* Tabular. Nantoliense in Pictonibus ann. 1335 : *Quandam Pleyduram una cum chappali domus.* Vide *Pleura.*

PLEISTURA, in Charta Jordani Episcopi Lemovicensis apud Beslium in Comitibus Pictavensib. pag. 304 : *Dat in alodum... turrem superiorem et dumjono, ubi sedet, et domos, et illos Pleisturas, quæ ad suam pertinebunt divisionem, pratum superius, etc.* [*Pleiduras*, editum tom. 2. novæ Gall. Christ. inter Instrum. col. 172.]

PLEISSEICIUM, Gall. *Pleissis*, Domus suburbana, *Maison de Plaisir*, a placendo dicta, inquit Camdenus in Britan. in Trinobantibus. Alii Sylvulam, seu *Parcum* undique clausum esse contendunt. Josephus Scaliger, *Plessis* sepem esse ait seu *plicationem ligni*, ita ut *pleissicium* sit locus, palis seu virgulis implexis conclusus; vel certe domus rustica, aut prædium, in quo sunt parci : nam *Plaissier*, nostris est plectere. Le Roman *de Garin* :

> Les haies fait Plaissier et enforcir
> Fossez emprez, fossez recueilleis.

Charta Michaelis Archiep. Senonensis ann. 1199. in Tabular. S. Joan. de Jardo prope Meledunum : *Tam in nemore quam in plano, præterquam in hais Pleissiatis, etc.* Atque ita vox *Pleisseis*, sumi videtur in Charta ann. 1445 : *C'est à sçavoir, que chacun homme, qui me doit lesdits bians, doit faire iceux bians par chacun Samedy d'entre le premier jour de l'an et le jour de Pasques tant à Plessez de la Guilleterie, qu'à faire toutes autres besognes.* [Alia ann. 1473 : *S'ensuit les bianneurs et corvayeurs qui me doivent le bian à Plesser et hayer mes hayes en garenne.*] *Bois en plessis, que les aucuns appellent Tousche*, in Consuet. Carnot. art. 12. Sunt autem *Bois de tousche*, arboreta, quæ circa domum principalem consita sunt ad ejus ornatum, vel quibus cingitur ac clauditur, in Consuetudin. Andegav. art. 117. Bles. art. 78. Britan. art. 275. [Habetur vestigium istius vocis in Tabul. Absiensi fol. 10 : *Unam borderiam terræ, quæ vocatur Toscha rotunda.*] Ut ut est, constat vocem *pleissis* apud nos semper sumtam pro *parcis*, seu silvis sepibus clausis. Ordericus Vital. lib. 5. pag. 583 : *Tunc etiam dedit totam decimam de Norum, propriumque Plesseicium, et partem sylvæ.* [Tabular. B. Magdal. Castrodun. fol. 17 : *Ut ipsi libere mortuum nemus ad usus suos et herbagium ad pecora sua alenda in nemoribus meis capiant, præter defensum meum et haias et Plesseicia.*] Charta Fulconis Comitis Andegav. apud Sammarthanos in Abbatib. Bellilocensib. : *Ad hunc autem præfatæ Ecclesiæ dono Pleusiacum* (leg. *Plessiacum*) *meum, quod est juxta Tanseniacum, cum nemoribus, terris cultis et incultis, servis, ancillis, etc.* Tabul. S. Genovevæ Paris. ann. 1226 : *In Plessicio et nemore quod dicitur Cointart.* [Tabul. Abiense fol. 18 : *In allodiis, in gastis et in omnibus boscis de Condars ex vestro Plaiseit circa castellum.* Vide *Plaisaitium.*] Le Roman *de Garin* MS. :

> Ni a guichet, ne sentier, ne larris,
> Ne bois hautein, ne riche Plesseis,
> Que ne sachons et moy et Hernaudin.

Alibi :

> Si n'en chassieroent jusques à un Plesseis.

Idem Poëta :

> Sor ciel n'a tor, ne chastel si garni,
> Recet, ne voute, ne mur ne Plesseis,
> Se il puet converser dis ù dis,
> Qu'il ne l'est ars, ô abatu, ô pris.

Piessié apud eumdem :

> Ni ot maupas, eue, bois, ne Plessié,
> Fors que la lande et le sablon legier.

Le Roman *d'Aubery* MS. :

> Tuit en tentissent li bois et li Plaissié.

Plessier in Chron. MS. Bert. *du Guesclin* :

> Comtes, Dus y ot mains, et chevaliers prisiés,
> Qui mout grand desir out d'issir sur le Plessier.

Vide *Plaxitium*, *Exemplum* 2. et Augustinum *du Pas* in Stemmate Acigniensi pag. 584.

¶ PLESSEIA, Locus vel Silva sepibus clausa. Charta Philippi Episc. Brioc. in Hist. MS. Monast. S. Albini Cisterc. : *Concessit prædictis abbati et conventui illam partem forestæ quæ est ante portam dictæ abbatiæ, de illa non quæ descendit ad Plesseiam monachorum dictorum. Plesseya*, in Charta ann. 1294. Vide *Laeya.*

¶ PLESSIACUM, Eadem notione, in Tabul. S. Vincentii Cenoman. fol. 93 : *Nec porci Roberti in sepibus monachorum, nec porci hominum monachorum in Plessiaco Roberti habebant pastionem.*

¶ PLESSITIUM, in eodem Tabular. fol. 38 : *Eisdem monachis dedi.... boscum situm inter Plessitium metëariæ meæ et eorumdem boscos.*

¶ PLEXITIUM. Tabul. Vindocin. Ch. 231 : *Apud Curcellos una masura habetur cum Plexitio, etc.* Adde Chartam ann. 1209. apud Menagium in Histor. Saboliensi pag. 364.

¶ PLESSETUM, Villa, sic dicta a sepibus quibus clauditur, nostris *Plessis* hac notione, vox notissima. Charta Eugenii III. PP. ann. 1145. pro Abbat. Faremonast. : *Ecclesiam beati Johannis Evangelistæ cum omnibus decimis, sitam in Plesseto Arnulphi.*

¶ **PLEISSIARE**, Plectere. Vide *Pleisseicium.*

¶ **PLEISTURA.** Modus agri. Vide *Pleidura.*

¶ **PLEITUS**, pro *Placitum*, Hispan. *Pleyto.* Tabul. Pinnat. apud Moret. Antiq. Navarræ pag. 496 : *Et convenerunt ad me in eadem villa Vharte omnes Principes Pampilonenses, viri pauperes et feminæ super malos judicios et super malos Pleitos quos habebant.* Vide *Pletum.*

PLEJUS Vide *Plegius.*

PLEMINA, PLEMINARE. Joan. de Janua : *Plemina, sunt ulcera et sulci in manibus et in pedibus callosis, unde Pleminare, repplere, secundum Ugutionem.* [Gloss. Isid. : *Plemina, cum in manibus et pedibus calusi sulci sunt.* Ubi leg. *callosi.* Rupturæ sunt, addit Martinius, ex inflammatione, Gr. φλεγμοναί.] Papias : *Pleminare, Replere, plenarie et perfecte complere.*

* **PLENADERIUM**, Infundibulum, Gall. *Entonnoir.* Inventar. ann. 1476. ex Tabul. Flamar. : *Item plus unum Plenaderium, sive entonade, cum sua canela ferri.*

PLENAGIUM. Monasticum Anglic. pag. 596 : *Et pasturam porcorum suorum, sive Plenagiorum, et decimam panagii mei.*

¶ **PLENALITER**, PLENARIE, Plene, omnino. Acta S. Hemmæ tom. 5. Junii pag. 502 : *Et quis sua opera ac virtutes Plenaliter possit enarrare.* Rolandinus de Factis in marchia Tarvis. lib. 10. cap. 17 : *Decapitati sunt ambo eadem hora. Et sic juramentum ipsorum adimpletum est Plenarie, quod unus videlicet alterum non deseruit.*

1. **PLENARIA**, seu *plenaria securitas*, ἀποχὴ πληναρία, cujus formulam sub Justiniano exaratam descripsit ex veteri Instrumento Bibliothecæ Regiæ Barnab. Brissonius lib. 6. Formul. pag. 646. [Deinde Naudæus et postremo Mabillonius in Append. Suppl. ad Diplom. pag. 90.] Julianus Antecessor Constit. 124. § 3 : *Exactores tributorum Plenarias, vel securitates, sive apochas pensitantibus faciant, etc.* Ubi in Græco textu Nov. 128 : Ὑπὲρ δὲ τῶν δημοσίων συντελειῶν τὰς ἀποχὰς ἤτοι ἀμεριμνίας, μερικάς τε καὶ πληναρίας, πᾶσι τρόποις παρὰ τῶν τὰ δημόσια ὑποδεχομένων γίνεσθαι διορίζομεν. S. Augustinus in Psal. 61 : *Nam quisque pro modulo nostro exsolvimus, quod debemus, et pro posse virium nostrarum, quasi canonem passionum inferimus. Parata vero Plenaria passionum omnium non erit, nisi cum sæculum finitum fuerit.* Diurnus Romanus cap. 6. tit. 20 :

Unde amplissima vobis hæredibusque vestris cautela, Plenariam securitatem duximus muniendam.

* 2. **PLENARIA**, Proluvies, eluvio, Ital. *Piena*, Gall. *Débordement*. Fragm. Hist. Fulgin. ad. ann. 1288. apud Murator. tom. 4. Antiq. Ital. med. ævi. col. 141 : *Et fuit tam magna Plenaria fluminis, quod bladum repositum prope flumen arripuit aqua, et devastavit molendina rotaria.... Fulginates videntes tam magnam Plenariam, exiverunt per portam Contrastanghæ; et quum venissent in campo juxta S. Catherinam veterem, Plenaria incœpit minuere, etc.*

¶ **PLENARIE**, Plene, Gall. *Entierement*. Constitut. pro Abbatia S. Pauli Narbon. ann. 1127. inter Instrum. tom. 6. Gall. Christ. novæ edit. col. 34 : *Et non sint negligentes, neque egrediantur a choro in Laudibus neque ad* Te Deum laudamus, *imo sint ad Primam Plenarie et ad capitulum.* Vide *Pleniter*.

¶ **PLENARIS**, Integer, totus. Charta Guidonis Archiep. Bituric. ann. 1279. apud Thomasser. in Biturig. pag. 113 : *In ipsa medietate nemoris ubi non erit foresta, dicti homines habebunt suum Plenare usagium.*

1. **PLENARIUM**. Amalarius lib. 4. cap. 48 : *In præcipuis Dominicis, in quibus cantilenæ ac officia lectionis absque recordatione transigi non possunt, ut puta per Adventum et Quadragesimam, si excellentissimorum advenerint solemnitates Sanctorum, in procrastinatione observantur : videlicet ut eodem datario quo accidit, si non potest persolvi, crastino reddatur Plenarium solenne*, i. officium plenarium. [*Officium plenarium mortuorum*, in Maceriis Insulæ Barb. tom. 1. pag. 89. id est, cum Vesperis, tribus Nocturnis et Laudibus. Vide in *Officium*, et infra *Plenus*. *Plenarium*, alia notione, vide in *Missale* 2.]

* In quo positum fuerit aperte docet Charta ann. 1196. in Chartul. Clarifont. ch. 76 : *Quod singulis annis, revoluto anniversario die obitus mei, fiet pro me in vigilia, et commendatione et missa Plenarium servitium in conventu.*

* 2. **PLENARIUM**, Liber quivis, in quo aliquid plene continetur, puta quatuor Evangelia, omnes epistolæ canonicæ, etc. Charta Ludov. Pii ann. 832. tom. 6. Collect. Histor. Franc. pag. 585 : *Census cunctos, tam in oleo quam in cera, sive denariis, pleniter partibus præfatæ ecclesiæ, sicut in Plenariis et breviariis ejusdem matris ecclesiæ continetur.* Alia Henr. dom. de Sevelde ann. 1249. apud Pez. tom. 6. Anecd. part. 2. pag. 99. col. 2 : *Ut autem adhuc dilectio, qua ipsam ecclesiam ex intimis sincere amplectimur, in effectu operum amplius elucescat, prælibatæ ecclesiæ Plenarium nostrum gloriosius, quod habemus, nobis de seculo migrante, ordinavimus insuper exhibendum.* Rursum alia ejusd. Henr. ann. 1268. ibid. pag. 115. col. 2 : *Addentes eidem domui pro suo decore partem reliquiarum nostrarum, id est, Plenarium, quod est sine libro Evangeliorum, etc.* Invent. ann. 1387. tom. 7. Sept. pag. 807 col. 1 : *In quinta tabula in parte superiori habens Plenarium S. Marci.*

* 3. **PLENARIUM**, Arca, theca. Chron. Tegerns. apud Oefel. tom. 1. Script. rer. Boicar. pag. 631. col. 1 : *Hic* (Marquardus abbas) *anno Domini* 1306. *Plenarium magnum, in quo S. Quirini et aliorum reliquiæ sanctorum inclusæ fuerant, aperiens, in duo Plenaria pretiosa auro fulvo tecta et gemmis decorata reposuit; quæ quidem Plenaria hodie habentur.*

¶ **PLENARIUS**, Plenus, integer. Charta ann. 1340 : *Prout de procuratione sua in nota subscripta Plenariam fidem fecit. Plenaria indulgentia*, in Chron. Astensi apud Murator. tom. 11. col. 276. et alibi. Vide *Missale* 2.

¶ PLENARIA SYNODUS. Collector anonymus Canonum Pœnit. qui ante sæculum nonum vixit, in fine Præfat. suæ tom. 11. Spicil. Acher. pag. 10 : *Denique ipsa sacra et generalia Canonum decreta.... Plenarium Synodum dicunt esse ubi cum suis diœcesanis Metropolitanus fuerit Episcopus.*

* **PLENCHERIUM**, Tabulatum, suggestum. Charta ann. 1380. in Reg. 118. Chartoph. reg ch. 472 : *Quæ quidem capella, licet unum Plencherium erexerint, ut in ipsa in majori possent existere quantitate, sic modicum continet spatium, etc.* Vide supra *Plancherium* 2.

* **PLENCUS**. Charta Carlom. reg. Ital. ann. 878. apud Murator tom. 1. Antiq. Ital. med. ævi col. 929 : *Dedimus præfato Hilloni in comitatu Prissano in loco, qui dicitur Ritolfa, curtem illam cum domibus et ædificiis omnibus, et hobas, hoc est, sortes, Plencos quatuordecim, cum mancipiis utriusque sexus, cum agris cultis, etc.* An pro *Plentus* vel *Plantus*, locus arboribus consitus ?

¶ **PLENICENTRUM**, Punctus mundi. *Plenicentrum aperi*, apud Mart. Capellam lib. 8. pag. 290.

¶ **PLENIPOTENTIARIUS**, Legatus cum summa potestate, qui habet *plenum posse*, *Plenipotentiaire*. Archivum Turris Londin. : *Litteræ patentes de potestate data Johanni Britanniæ Duci nepoti suo, capitaneo generali Anglorum et aliorum suorum militum in Aquitania militantium et Locotenenti in Aquitania Johanni de S. Johanne Aquitaniæ senescallo... suis Plenipotentiariis tractandi de confœderatione ineunda inter prædictum Regem et magnificum principem Regem Castellæ illustrem.* Adde Instrum. tom. 4. Gall. Christ. col. 455.

¶ **PLENITER**, Plene, omnino. Gesta Episc. Cenoman. apud Mabillon. tom. 3. Analect. pag. 71 : *Cum sancto Remigio diu conversatus est* (Principius) *suisque exemplis et doctrinis instructus, Pleniterque edoctus, etc.* Vetus Notitia inter Concil. Hispan. tom. 3. pag. 142 : *Testes veraces homines pagenses, perspicui fide, atque rebus Pleniter opulenti.* Vide *Plenarie*.

PLENITUDO, Res integra. Optatus lib. 1. de Synodo Cirtensi Donatistarum agens : *Harum Plenitudinem rerum in novissima parte istorum libellorum ad implendam fidem adjunximus.* Concilium Parisiense ann. 847 : *Plenitudo autem Capitulorum, quæ in plenitudine Synodalium actionum habentur, unde hæ commemorationes excerptæ sunt, ita per loca continentur.* Concilium apud S. Macram ann. 881. cap. 8. de Carolo Mag. : *Et quando ad placitum suum veniebat, omnia subtiliter tractata Plenitudini consiliariorum suorum monstrabat, et communi consilio illa ad effectum perducere procurabat.* Vide [Addit. 2. ad Capitul. cap. 28. Capitul. Caroli C. tit. 32. tit. 37. num. 14.] Avitum Viennensem Epist. 2. ex Baluzianis et Glossar. med. Græcit. in Πλήρωμα.

* Nostris *Plenité*. Chartular. S. Joan. in valle : *Hæc est libertas ecclesiæ beati Johannis de Braioto; quod prior illius ecclesiæ in tota terra, quam sub potestate mea possidet, ubicumque sit, tam in feodis quam in proprio meo, jurisdictionis habet Plenitudinem.* Stat. ann. 1254. in Reg. Cam. Comput. Paris. sign. *Pater* fol. 46. v°. : *Voulons que* (*toutes les choses devant ordenees*) *soient déstroitement gardées de nos baillis et subgés, retenue à nous la Plenité de la royal puissance de i déclarer, muer ou corrigier, adjouster ou amenuiser.*

¶ PLENITUDO, Copia, abundantia. Memoriale Potestat. Regiens. ad ann. 1280. apud Murator. tom. 8. col. 1148 ; *Pons do Brazolo destructus fuit per Plenitudinem aquarum; et inundationes diluvii ita venerunt magnæ et maximæ quod dictum pontem destruxerunt.* Adde Gasp. Barthii Gloss. ex Histor. Palæst. Raimundi Aquilæi, apud Ludewig. tom. 3. Reliq. MSS. pag. 266. Hinc *Plainte*, nostris, eadem notione. Le Roman *de la guerre de Troyes* MS. :

> C'est li regne de Focedis,
> Une terre mult deliteuse,
> Et de tresors bien abondeuse,
> O grant Plainte de Chevaliers
> D'armes garnis et de destriers.

Planté, ibidem :

> De vitaille ont grant Plantez.

Le Roman *de Vacce* MS. :

> Li Duz a la Planté de la Chevalerie,
> Li Duz a la Planté de la gaaignerie,
> Li Duz a la Planté de la bonne gent garnie.

Occurrit passim apud Scriptores nostros vernaculos.

* *Plenté*, eodem intellectu, in Comment. ad Psalt. ex Glossar. ad calcem Joinvil. edit. reg. *La terre est au Seigneur et sa Plenté.* Ubi Psal. 23 : *Domini est terra et Plenitudo ejus, etc.* Unde nostratibus *Plenteif* et *Plentiveus*, pro *Fertile*, *abondant*, fertilis, rebus omnibus abundans. Chron. S. Dion. tom. 3. Collect. Histor Franc. pag. 196 : *Li terrois qui est entour, est moult Plentiveus et moult habundanz.* Ubi Aimoin. lib. 2. cap. 24. ibid. pag. 59. habet : *Terras habens fertiles.* Hist. contin. Guill. Tyrii apud Marten. tom. 5. Ampl. Collect. col. 693 : *Li vaissel de l'ost aloient chascun jor à Damiete, et amenoit en l'ost viandes, si que li os estoit bien Plenteif.* Ibid. col. 702 : *Un vaillant home, qui avoit nom Anseau, lequel maintain bien la terre, selonc le mauvais point où ele estoit. Et por ce qu'il la pust miex maintenir, fit il pès et aliance as Comans, et espousa la fille d'un Comans por miex atraire à soi; et de ce avint que la terre fu en meillor point et plus Pleinteive.* Hinc *Planté*, pro Amplius, vulgo *Plus*, *davantage*, in Lit. remiss. ann. 1406. ex Reg. 160. Chartoph. reg. ch. 317 : *Icellui Blondel dist au suppliant moult arrogamment et par grant air, que s'il en parloit Planté, qu'il le getteroit sur les chiennez.* Vide *Planta* 2.

* Ejusdem originis videtur vox Gallica *Plaintif*, pro Saccus; quia in eo multa congeri possunt. Lit. remiss. ann. 1459. in Reg. 188. ch. 178 : *Jame Vidau monstra au suppliant ung plain Plaintif ou sac plain de bourre, etc.*

¶ Plenitudo, Integritas. Charta Wernheri Argentin. Episc. apud Eccardum Origin. Habsburgo-Austr. col. 112 : *Donec facultas rediret reformandi in pristinum Plenitudinis statum.*

¶ Plenitudo, Absolutio, expletio, Gall. *Accomplissement.* Capitul. lib. 7. cap. 380 : *In sacerdotis pendeat arbitrio utrum dignus sit corpus Christi accipere aut usque ad Plenitudinem pœnitentiæ ab eo separari.*

* **PLENITUS**, Plene, omnino. Charta Ludov. Pii ann. 819. tom. 6. Collect. Histor. Franc. pag. 517 : *Ut Plenitus sub regula S. Benedicti Domino militarent, etc.* Vide *Pleniter.*

¶ **PLENIUM.** *In plenium*, Plurimum. Acta S. Procopii tom. 2. Julii pag. 146 : *Monasterium ipsum in Plenium exaltavit.*

* **PLENTERIUM**, Plantarium, vel locus arboribus consitus. Charta ann. 1371. in Reg. 103. Chartoph. reg. ch. 37 : *Item quoddam Plenterium situm ad dictam fontem S. Bartholomei, continens decem quarteriatas vel circa.* Vide supra *Plantitium.*

¶ **PLENUM-POSSE**, Summa et amplissima potestas, Gall. *Plein pouvoir.* Procuratio Petri Reg. Aragon. ann. 1282. apud Rymer. tom. 2. pag. 210 : *Damus vobis Bernardo,.... et Jarberico.... Plenumposse, quod authoritate nostra possitis consentire super matrimonio.* Charta Henrici VII. Reg. Angl. ann. 1496. apud eumdem tom. 12. pag. 637 : *Damus et concedimus vobis dicto Episcopo commissario et procuratori nostro Plenum-posse nostrum, ut etc.*

* **PLENUNARE**, *Replere*, in vet. Glossar. ex Cod. reg. 7613.

¶ **PLENUS.** *Plenum officium. Plena vigilia*, Voces usitatæ, ubi de societatibus initis inter monachos variorum monasteriorum, quibus sibi invicem preces, cum e vita migraverint, pollicentur. *Pleno officio* significant officium solemne defunctorum, hoc est, cum Vesperis, tribus Nocturnis et Laudibus; *Plena vigilia* indicant tres Nocturnos. Martyrolog. S. Albini Andegav. : *De monacho S. Mariæ de Ponte Otranni unum officium Plenum cum Missa.* Ibidem : *De Canonicis S. Mauricii Andecavensis... VII. vigilias, quarum primam Plenam, ceteras cum tribus lectionibus.* Vide *Plenarium.*

* Nemus Plenum, Integrum scilicet et densum, Gall. *Un bois bien fourni.* Charta ann. 1357. in Reg. 89. Chartoph. reg. ch. 521 : *Item quamdam peciam nemoris, sitam in foresta dictæ villæ de Nantiau, continentem viginti sex arpenta nemoris Pleni, Gallice Avenable.*

* Plena Crux. Testam. Petri dom. de Paluello ann. 1241. inter Probat. tom. 2. Hist. novæ Burg. pag. 14. col. 2 : *Concedo ecclesiæ B. Vincentii de Cabilone.... omnes annulos nostros et lapides meos et reliquias, quæ invenientur in cophinello meo sigillato sigilli mei, pro quadam cruce Plena facienda.* Id est, quæ tota ex his compingatur.

¶ Ad Plenum informari de re aliqua, Omnino, plene, Gall. *Pleinement*, apud Ludewig. tom. 5. Reliq. MSS. pag. 417. et tom. 6. pag. 67. Vox non ignota Latinis.

* Ad Plenum Ascendere, dicitur de canonico, qui a plano chori ad superiores sedes ascendit. Vide supra *Ascendere.*

* Ad Plenum Recordari, Gall. *Se ressouvenir en plein.* Acta Mss. Inquisit. Carcass. ann. 1308. fol. 60. v°. : *De quorum numero non recordatur ad Plenum.*

¶ In Plenum Dare, Plene, in totum et absque conditione. Pomponius D. leg. 40. tit. 7. lib. 11.

* In Pleno Mensurare, id est, Ad mensuram cumulatam; *rasæ* enim opponitur. Charta ann. 1346. in Reg. 81. Chartoph. reg. ch. 530 : *Item pro 152. conquetis avenæ,.... quarum 12. faciunt unum cartaronem, quia mensurantur et solvuntur in Pleno,.... computando cartaronem avenæ ad tres solidos Turon.... Item pro lv. conquetis frumenti,.... quarum undecim faciunt unum cartaronem, quia mensurantur et solvuntur in raso.*

* In Pleno Vico, Gall. *En pleine rue.* Lit. remiss. ann. 1362 in Reg. 93. Chartoph. reg. ch. 6 : *Cum dictus Richardus dagam suam in Pleno vico.... super ipsum Johannem traxisset, etc.*

PLERARIA. Charta Senatus populique Romani apud Baronium ann. 1188 : *Quidquid ab eis conventum est et permissum Romæ per scriptum, et juramenta, ac Plerarias, et stararias, ac præcones, etc.* Leg. forte *plegerias*, nisi *pleraria* idem sit quod *pletum*, seu *placitum*, de quo mox. [Mendum esse pro *plejaria*, vix mihi dubium est.]

* Præterquam quod *plejarias* habet eadem Charta apud Cenc. inter Cens. eccl. Rom. Mss. ita legendum esse probat Regula hospit. S. Jac. de Alto-passu ann. circ. 1240. cap. 65. ex Tabul. archiep. Paris. : *De fratre Plejariam faciente. Frater si res hospitalis comitibus et baronibus secularibus vel personis mutuaverit, vel Plejariam fecerit, vel sub pignore.... posuerit, etc.* Vide *Plejus* in *Plegius.*

* **PLERIUM**, Plerum. Gloss. Gr. Lat. : Ῥυμὸς ἁμάξης, *temo*, *Plerum*, *armamentum.* Tract. Ms. de Re milit. et mach. bellic. cap. 163 : *Navis habens in malo duas perticas,.... et in Plerio runcula sive falce inciderefunes caratellis ligatas, ut ruant super navigia tuorum hostium causa comburendi et fragilandi.*

PLEROMI, et Plerosimi, Numeri militares, qui sacramentum suum πληροῦσι, seu complent, ut est apud Scholiastem Juliani Antecess. Vide Jacob. Gothofredum ad Leg. 1. Cod. Th. de Domestic. et Glossar. med. Græcit. col. 1182.

¶ **PLERUM.** Vide *Plerium.*

¶ **PLESBICITARE**, Plesbiscitare, Litigare, lite contendere. *Plesbicitare seu judicialiter agere*, in Charta ann. 1502. apud Lobinell. tom. 5. Hist. Paris. pag. 737. Menoti sermones fol. 79. v° : *Sed si deberem cras incipere ducere processum, potius vellem dare adverse parti* DC. *scuta, quam incipere rursum Plesbiscitare pro habendo tantos labores, etc.*

* **PLESCULUM**, an Vivarium, receptus aquarum? Charta ann. 969. tom. 1. Hist. Cassin. pag. 41. col. 1 : *Quomodo vadit ipso Plesculo.* Vide supra *Platemare.*

* **PLESDURA**, Locus vacuus indefinitæ magnitudinis, ubi ædificium quodvis construi potest, idem quod supra *Pleduira.* Charta ann. 1309. in Reg. 48. Chartoph. reg. ch. 73 : *Item quod dictus armiger et sui hæredes habeant perpetuo, in dicta bastida S. Ludovici, duas Plesduras franchas, pro faciendo furno vel alio ædificio.*

¶ 1. **PLESSA**, Virgulta implexa. Charta ann. 1215. pro Monasterio Burguliensi, apud Labbeum in Miscell. pag. 641 : *Prædicti vero homines de tenemento de Coldris debebunt ire.... ad Plessas per tres dies in feriis Natalis.* Vide *Plesses.*

* Haud scio an non de *Placito* hic *Plessa* intelligenda sit : opera quippe non exigi debet in feriis Natalis : at *placita* in iis habebantur, ut videre est in *Placitum.*

* 2. **PLESSA**, *Parcus* seu locus palis vel virgulis implexis conclusus, nostris *Plessée* et *Plesses*; unde *Plessare*, sepibus claudere. Charta ann. 1244. ex sched. Mabill. : *Item quod Plessæ de Lince sunt monachorum;.... ita tamen quod non possunt in dictis Plessis exempla facere; sed Plessare possunt et defendere quousque pessunnia sit bannita.* Alia ann. 1396. tom. 1. Probat. Hist. Brit. col. 908 : *Præterea quietavi dictis fratribus Plessam suam, quæ est circa ambitum domus de Fonteharuys, ad omnem voluntatem suam faciendam, usque ad magnam meam forestam.* Vadia official. reg. in Reg. Cam. Comput. Paris. sign. *Noster* fol. 413. v°. : *Pour la garde de herbegement de la Plessée et de la terre d'Avese, viij. den.* Lit. remiss. ann. 1476. in Reg. 195. Chartoph. reg. ch. 1575 : *Le suppliant et ung autre en sa compaignie enmenerent une jeune femme amoureuse en unes Plesses, et groyes près d'illec.* Hinc *Plesseur*, qui *Plessas* facit, in Recognit. feud. Ms. dom. de Veteriponte et *de Buri* ann. 1366 : *Item de chascun obliau une journée de Plesseurs.* *Plesser* vero, pro *Plier, baisser*, Flectere, in Lit. remiss. ann. 1476. ex Reg. 201. ch. 74 : *Jehan Patarin bailla à Guillaume Suyre du poing sur la teste, tellement qu'il lui fist treffort Plesser le coul.* Vide supra *Plecticium.*

¶ **PLESSATUM**, Jus *Plessas* seu virgulta in foresta cædendi; nisi locum intelligas sepibus conclusum, atque adeo idem sit quod *Defensa* 3. Charta ann. 1209. apud Menagium in Hist. Sobol. pag. 364 : *Dederunt etiam.... Plessatum forestarum, et molendina, et stagnum, cum omnibus pertinentiis de Perodio-Novo.*

¶ **PLESSEIA**, Plesseicium. Vide *Pleisseicium.*

* **PLESSEIUM**, Sepes ex virgulis implexis. Lit. Henr. comit Trec. ann. 1170. in Reg. 122. Chartoph. reg. ch. 367 : *Totum nemus cum fundo terræ in quo habitant, sicut exteriorum et Plesseiorum et fossatorum clausura circumquaque demonstrat.* Vide supra *Plaissia.*

¶ **PLESSES**, ut *Plessa*, a Gall. *Plessis.* Vide *Pleisseicium.* Tabul. Burgol. ann. 1263 : *Cum nos peteremus plures angarias, perangarias et costumas ab hominibus virorum religiosorum abbatis et conventus de Burgolio,.... videlicet.... boquespent et Ples-*

ses ad animalia silvestria capienda, etc.

¶ **PLESSIACUM**, Plessitium. Vide *Pleisseicium*.

* **PLESSITIA**, Virgula, virgultum. Chartul. S. Petri Carnot. : *Boscho autem prædicto utentur iidem Tironenses, præter defensa scilicet et haias, de Plessitia ad calcefaciendum.*

¶ **PLETHORIASIS**, Plethoricus. Vide mox *Pletoricus*.

¶ **PLETONEDA**, Locus palis seu virgultis implexis conclusus, *parcus*. Charta ann. 1060. in Tabul. S. Victoris Massil. : *Donamus totam decimam tam in pane quam in vino, quam in carne, quam in fructibus, et totam Pletonedam quæ est contra S. Christophorum in consta, quæ consta tenet se cum prato.* Vide *Pleisseicium*.

PLETORICUS. Hermannus de *Lerbeke* in Chronico Comitum Schawenburgensium pag. 35 : *Et quia multum fuit Pletoricus, toto corpore denigratus est.* [Lexicon medic. : *Plethorici, quatuor humoribus abundantes, pingues, pleni. Plethoriasis, humorum repletio.* A Græc. Πλῆθος, multitudo, copia.]

* Glossar. medic. Ms. Simon. Januens. ex Cod. reg. 6959 : *Pletoricus, plenus, repletus.* Vide mox *Pletura*.

PLETUM, Placitum, Gallis *Plet*. Charta Anacleti PP. in Chron. Benev. S. Sophiæ pag. 694 : *Ut nullus... hæc molendina... in Pletum ponere, vel oppignerare præsumat.* Vide *Placitum*, et *Plitum*.

* Vel potius *Plegium*, vadimonium. Vide in *Plegius*.

* **PLETURA**, *Repletio*, ex Glossis ad Alex. Iatrosoph. Ms. lib. 1. Passion. cap. 140 : *Quod si te fomentante cum sacellis, dolores fuerint levigati, ut etiam ægrotans manifeste leviorem se sentiat, cognosse non in eo esse Pleturam.* Vide supra *Pletoricus*.

¶ **PLEVESIS**, Pleuritis, Massiliensibus *Plevesin*. Miracula MSS. Urbani V. PP. : *Patiebatur gravissimum dolorem in latere sinistro, quod Plevesin vulgariter appellatur.*

¶ **PLEVIANUS**, Parœcus, *Plebanus*. Acta SS. tom. 1. Junii pag. 772. ubi de S. Gerardo : *Qui debebant ex debito post crucem cum Pleviano suo venire, ad visitandum ibidem sanctum corpus. Plevitas*, pro Plebitas, ignobilitas, apud Nonium ex Catone et Hemina.

* **PLEVIMENTUM**. Vide supra in *Plegius*.

PLEVINA, Plevine, etc. Vide *Plegius*.

PLEURA, Modus agri in Pictonibus, forte ex Gr. πλέθρον, mensura 100. pedum quaquaversus. Laudatur in Historia Richeliana Duchesnii pag. 117. Charta Thomæ Abb. de Englia anno 1289. qua *Joannes Chaillac vendit quasdam Pleuras, quæ fuerant defuncti Joannis de Yprio.* Vetus Consuetudo villæ de Perusa ann. 1275. apud Thomasserium lib. 1. Consuet. Bituric. cap. 66 : *Ou chemin devet avoir 16. braces de lonc, et oct braces de ample, laus autres fors de chemin 16. braces de ample, et checune Pleure douet au Seigneur l'an une quarte de froment, vendant et comptant, aensi com est taillé la quarte.* Infra : *Et si hom i prant Pleure, doit batir vint un an, ou la daet clorre, etc.* Occurrit ibi pluries, ubi pro *masura* videtur usurpari, [vel potius pro loco vacuo, Gall. *Place vacante.* Vide *Platea*.] Vide *Pleidura*.

* Idem quod supra *Pleduira* et *Plesdura*. Vide in his vocibus.

PLEURESIS, pro *Pleuritis* : Nostris, *Pleuresie*. Utitur Hubertus in Vita S. Gudilæ num. 36.

¶ Pleuris, Eadem notione. Vita B. Columbæ Reatinæ tom. 5. Maii pag. 363 * : *Qui cum pluribus infirmis profuisset, et semel pro quodam Ple[illegible]tigato voluisset particulam dividere,* [illegible]

* **PLEURISIS**, Pleu[illegible]leurisi, Gall. *Pleurésie*. Acta B. Amad. tom. 2. Aug. pag. 602. col. 2 : *Paucis vero post diebus, febri continua et Pleurisi, ac ilium seu laterum doloribus eodem in conventu detentus seu percussus fuit.* Vide *Pleuresis*.

¶ **PLEUSIACUM**. Vide *Pleisseicium*.

PLEUTERIA. Charta Ludovici Regis Franc. ann. 1279. in 30. Regesto Archivi Regii ch. 129 : *Item assignamus eidem Episcopo et successoribus suis... 4. libras Turon. annui redditus percipiendas ab eodem Episcopo et successoribus, in Pleuteriis dictis Vicecomitalibus, sitis in tenemento Nemausensi, quæ a domino rege tenebantur cum dominio, laudimio, consilio, et censu 2. solid.... Item quod dicta assignatio Pleuteriorum continet in se 32. quarterias, quæ 32. quarteriæ sunt versus honorem dicti Episcopi de Bastida, etc.* Sic omnino scriptum, forte pro *Plantariis*. Vide *Plantata*.

* Recte Cangius restituendum esse *Plantaria* suspicatus est. Et quidem in Charta sequenti, quæ est de eadem re in eod. Reg. legitur, *in Planteriis vicecomitalibus*. Vide supra *Planterium* 2.

¶ **PLEUVINA**, Pleuvire, Plexire. Vide *Plegius*.

* **PLEXACEUM**, Locus vacuus indefinitæ magnitudinis, ubi ædificium quodvis construi potest. Chartul. Miciac. : *Habitationes rusticanas, id est, grancas suas, quæ necessariæ erunt, tam ipsis monachis quam rusticis eorum, qui ad hospitandum venerint implexaceis* (leg. haud dubie *in Plexaceis*) *veteris sive novis, concedo eis, et unusquisque arpennum suum habebit, qui et ipsi cum arpenno suo et hospitatu suo in dominatu monachorum erunt.* Vide supra *Pleduira*.

* **PLEXICIUM**, Locus palis vel virgulis implexis conclusus. Charta Guill. de Rupibus ann. 1209. inter Probat. Hist. Sabol. pag. 364 : *Dederunt molendina de Rougeret.... et potestatem ibi faciendi compros et Plexitia.* In eadem Charta edita inter Probat. tom. 2. Annal. Præmonst. col. 356. loco *Plexitia*, legitur *Potineaux*; quia in hujusmodi *Plexitiis*, postibus seu palis utuntur. Alia ann. 1215. in Tabul. S. Petri Carnot. : *Concessi in perpetuam elemosinam ecclesiæ B. Petri Carnotensi et monachis ibidem Deo famulantibus heremitagium de Fatgermont, cum Plexicio eidem heremitagio adjacente, quiete et libere possidendum.* Vide supra *Plecticium* et *Pleisseicium*.

¶ **PLEXITIUM**. Vide *Pleisseicium*.

* **PLEYARE**, In pignus dare vel accipere. Charta ann. 1328. in Reg. 65. bis Chartoph. reg. ch. 194 : *Per bajulum regium possint dictos sindicos et gardias facere pignorari, vel animalia eorum et aliorum hominum Pleyari facere et bannire; et si plegium vel bannum propter hoc positum fractum fuerit sive spretum, propter hoc habebit bajulus regius suam legem.... Dicta animalia de dicto castro Pleyata seu bannita, etc.* Vide in *Plegius*.

¶ **PLEYDURA**. Vide *Pleidura*.

* **PLEYDUYRA**. Vide supra *Pleduira*.

¶ **PLEZARIA**, Cautio, vadimonium, Italis *Piezzaria*. Chron. Andr. Danduli apud Murator. tom. 12. col. 492. ad ann. 1311. : *Pro quolibet termino non observato, et de sic observando det idoneam Plezariam ad beneplacitum domini Ducis.* Vide *Plegius*.

1. **PLICA**, Plicatura, vel involutio. Matth. Westmonasteriensis ann. 1217. : *Prisones, castra, debita redemptionum, obligationes, juramentorum fidei interpositum, obsides et consimilia, utrobique sine Plica fraudis plene et plane dimitterentur.* Idem ann. 1254 : *Insonuit ictus tonitrui cum fulgure, quod cadens super turrim Ecclesiæ.... maximam quercum, quasi Plicam contorsit, et quasi in fila minuta dissipando contrivit.* [Spicileg. Fontanell. MS. pag. 397 : *Cum vero corporale plicatur, sint quatuor Plices in longi[illegible]et tres in latitudine; per quatuor Plicas [illegible]ur quatuor virtutes cardinales, et p[illegible]alias tres virtutes theologales.*]

¶ Plica, Plicatura, Gall. *Dos, repli d'une lettre.* Bulla Clementis V. PP. ann. 1311. inter Instrum. tom. 6. Gall. Christ. novæ edit. col. 72 : *Et super Plicam scriptum est, registrata.*

¶ 2. **PLICA**, Vestis monachicæ pars, a plicaturis sic dicta. Constitut. Cluniac. MSS. ann. 1301. in Tabul. B. M. Deauratæ Tolos. : *Nullus monachus, sive in abbatia moretur, sive in conventuali vel non conventuali prioratu, per villam in qua habitat sine froco, aut capa regulari, Plica circumquaque collum non suta, præsumat incedere, aut alicubi equitare.*

3. **PLICA**, Morbi genus, in Vita B. Ladislai apud Papebroch. [tom. 1. Maii pag. 603 : *Plica, lingua nostra vernacula Gozdziec, morbus ille vocatur. Malum et virus hoc, non modo circa capillos, sed et in venis, nervis, musculis, carne et ossibus hærens, vehementer homines cruciat et torquet; ossa interdum non solum loco movet, sed etiam in partes minutas confringit; grassatur perniciose per omnia membra, cibos grossiores respuit, delicatos potus interdum solos admittit; alias ad pugnam paratus maximorum dolorum gignit materiem, universaque viscera corporis cruciando depopulatur, artuum quoque penetrat intima, plena doloris ingerens vestigia; in Russiæ potissimum provinciis omnibus perniciosa parturit germina.* Occurrit iterum in Mirac. B. Kingæ tom. 5. Julii pag. 755. ubi Sollerius notat sub finem sæculi 16. hunc morbum observari primum cœpisse.]

* 4. **PLICA**, Angulus, curvatura, Gall. *Angle, coude*. Charta Phil. Pulc. ann. 1310. in Chartul. abbat. Regal. loci part. 1. ch. 28 : *Pro ampliatione et directione dicti loci sui, ut fieri possit dicta clausura sine angulis sive Plicis.*

* 5. **PLICA**, Excusatio futilis, qua quis sese implicat, rem propositam denegando.

Vita S. Goberti tom. 4. Aug. pag. 393. col. 2 : *Imminente quippe tempore, quo pius Gobertus ad nuptias superni regis convocatus, omni occasione spreta, nec juga boum, nec villas emens, sine Plica et scrupulo, simplex et rectus ad cœnam paschalis agni pervolaret, etc.*

¶ At vero *Plois de toilles*, Tela filatim dissoluta seu linamentum significari videtur, in Stat. artif. Paris. ex Cam. Comput. fol. 191. r°. : *Que nul ne puisse faire cote ne gamboison de telle, dont l'envers et l'endroit ne soit de telle neufve, et dedens de coton et de Plois de toilles.*

* **PLICARE** Emendam, Illatam injuriam, *plicata* veste, emendare; unde vocis etymon. Lib. rub. S. Vulfr. Abbavil. ad ann. 1323. fol. 95. v°. : *Frater Hugo magister* (hospitalis S. Nicolai) *domino Johanni de Materinguehan, canonico ejusdem ecclesiæ S. Wlfranni, nomine dicti hospitalis, cum supertunicali suo plicato in manu, pro injuria inde eisdem decano et capitulo et ecclesiæ S. Wlfranni illata, emendavit; et obtulit se paratum ad emendam faciendam eisdem decano et capitulo, ad voluntatem ipsorum decani et capituli.* Vide supra *Emenda* 5.

* Plicare Emendam, M[illegible] solvere. Reg. capitul. eccl. [illegible] ad ann. 1359 : *Plicavit dictus m[illegible]s emendam.* Rursum ad ann. 1473 : *Thesaurarius S. Laurentii Plicavit emendam in manu domini archidiaconi pro offensa commissa.* Passim ibi. Eodem sensu nostri *Ploier l'amende* dixerunt. Charta ann. 1339. ex Tabul. S. Joan. Laudun. : *Luy ploieront l'amende et ly amenderont du haut et du bas.* Hinc *Ploy de l'amende*, Mulctæ solutio. Sent. baillivi Ambian. ann. 1372. ex Tabul. ejusd. civit. fol. 98 : *Et le constraint à lui amender, et avoit receu le Ploy de l'amende, etc.* Lit. remiss. ann. 1375. in Reg. 107. Chartoph. reg. ch. 251 : *Le fait ainsi advenu et confessé par ledit Perrin, ycellui Perrin pour obeir à justice, fist Ploy d'amende.* Vide *Plejus* in *Plegius*.

* Plicare Vadia, Pignori ponere. Vide in *Vadium*. Hist. translat. S. Corn. tom. 1. Dissert. D. *Le Beuf* pag. 366 : *Quo divinitus cognito, de locorum more Plicatis vadiis, quicquid te sentire potuit velle, pro posse imperiali dicto citius, devota mente non distulit libenter supplere.*

* **PLICATA.** Tabularium Ecclesiæ Cadurcensis : *Illum alodem de Cassinolas illo capud manso, cum ipsa Plicata, et cum ipso torculario, et cum omnibus ædificiis.* Ubi *plicata*, idem forte est quod cratis, *plaxitium, pleisseicium*. Vide in his vocibus. Ita πλεκοτάς, crates vocat Joannes Cananus de Bello Constantinopolitano pag. 194. Πλεκάδια Laonicus lib. 7.

* **PLICATOR**, Redituum seu vectigalium collector et exactor. Charta Bern. Jord. dom. de Insula ann. 1324. in Reg. 70. Chartoph. reg. ch. 279 : *Concedentes vobis plenam et liberam potestatem.... ponendi bajulum seu bajulos, collectores seu Plicatores reddituum, et distringendi ac forciandi dictos redditus et debitores ipsorum.*

* **PLICATURA**, Involucrum, Gall. *Enveloppe*. Stat. pannif. ann. 1317. in Reg. A. Cam. Comput. Paris. fol. 196. v°. : *Item quod aliquis ligator balarum,.... pannos crudos.... non audet ponere in bala seu trossello, seu ad modum aliorum pannorum adaptatorum ligare, sed in aperto sine Plicatura aliqua portentur.*

¶ **PLICIA**, pro *Pellicia*. Vide in hac voce. Testam. ann. 1314 : *Unum supertunicale forratum de cindalo. Unam Pliciam de cuissetis, etc.*

PLICTON. Chartula plenariæ securitatis scripta sub Justiniano, apud Brissonium lib. 6. Formul. [illegible]47 : *Stragula polimita duo valente s[illegible] tremisse uno, scamnile [illegible]e solido uno, Plicton vetere siliquas aureas, camisia tramosirica, etc.* [Vide *Pellicia*.]

* 1. **PLIGARE**, *Plegium* seu fidejussorem dare. Charta ann. 1020. apud Murator. tom. 1. Antiq. Ital. med. ævi col. 1012 : *Unde qualiter fuimus pro parte prædictæ ecclesiæ, quatenus nos a parte nostra pro parte supradictæ nostræ sedis Pligaremus nos cum ratione nostra, et cum rationes prædictæ nostræ sedis; et ipse qui supra Petrus presbyter et custas pro parte supradicti monasterii Pligaret se cum rationem suam et cum rationibus jam dicti monasterii, et de jam dictis quatuor curtibus et territoriis, etc. faceremus inter nobis exinde secundum legem finem, unde inter nobis pro parte fidejussorem posueramus.* Vide supra *Pleyare*.

* 2. **PLIGARE**, pro *Plagare*, Plagas inferre, vulnerare. Lit. remiss. ann. 1373. in Reg. 104. Chartoph. reg. ch. 146 : *Dictus reus præfatum Johannem invasit ipsumque percussit, verberavit et Pligavit.* Ter ibi legitur.

PLIGIUS. Vide *Plegius*.

¶ **PLIGORIUS**, Prolixior, longior, apud Innocent. de Cas. pag. 224 : *Per Pligorias lineas.* Ita Faber in Thesauro.

¶ **PLISTOBOLINDA**, *Ludus, quo qui plura jactu enumerat puncta, appositam argenti summam aufert.* Laur. in Amalth. ex Jun. Gr. πλειςτεβολίνδα.

PLITUM. Leges forestarum Canuti Regis cap. 17 : *Si quis autem contra primarium* (forestarium) *pugnaverit, in Plito emendet secundum pretium sui ipsius, quod Angli were et wite dicunt.* Ubi *Plitum*, idem forte est quod *Placitum*, Gall. *Plet*. [Vide *Pletum*.]

¶ **PLIVIRE**, Plivium, Plivus. Vide *Plegius*.

¶ **PLIX**, πτυχή, in Gloss. Lat. Græc. Vide *Plica* 1.

* **PLMERAGIUM**. Pariag. inter reg. et episc. Anic. ann. 1307. tom. 6. Ordinat. reg. Franc. pag. 347. art. 21 : *Medietas leudæ nundinarum, pro centum solidis; medietas Plmeragii, pro septem libris et decem solidis; et quarta pars pedagii S. Johannis de Gradonenqua.* Ubi legendum videtur *Pulveragii*. Vide in *Pulveraticum*.

* **PLOBEGUM**, Tributi genus, forte quod ex bobus sive terris aratoriis exigebatur, Ital. *Piovègo*, a vulgo *Piod* seu *Pieu*, aratrum, ut conjectat Muratorius tom. 2. Antiq. Ital. med. ævi col. 84. ad Chartam ann. 1140. edit. a Campagn. in Proleg. ad Stat. ant. Veron. : *Commune de Soavo remisit omnia servicia, scilicet Plobegum et daciam et waitas.* Vide infra *Plogs-penninge* et *Ploum*. [** An Publicum? *Via plubica* pro *publica* in charta Longob. ann. 849. apud De Blasio Series princip. Salern. pag. 10. Append.]

¶ **PLOCIUM**. Vide *Plotei*.

* 1. **PLODA**, Lapis sepulcralis, forte ex *plastro* seu gypso. Acta S. Secundi tom. 5. Aug. pag. 797. col. 1 : *Fideles populi sive de pulvere* (sepulcri) *colligentes, seu de Ploda, quæ superposita est, radentes, secum deportant, et salutem sibi celerem adesse confidenter sumunt.*

* 2. **PLODA**, Italis *Pioda*, Asser, scandula, Gall. *Bardeau*. Stat. civil. Cuman. cap. 30. ex Cod. reg. 4622. fol. 132. v° : *Si aliquis massarius de cetero derelinquerit aliquod massaritium,... non possit nec debeat exportare de ipso massaritio.... assides, nec Plodas inficatas, nec aliqua lignamina posita in labore.*

* **PLODIUS**, Modus agri. Testam. Guill. milit. de Castro Barco ann. 1319. tom. 3. Cod. Ital. diplom. col. 1942 : *Item relinquo plebi S. Mariæ de Lagaro duos Plodios terræ arativæ, positos in pertinentiis in contrata Vodi S. Johannis.*

¶ **PLODRABOTH**. Vide *Pluslaib*.

* **PLOGETUM**, Terra arabilis, a vulgari Italico *Piod*, aratrum. Charta ann. 1130. apud Murator. tom. 1. Antiq. Ital. med. ævi col. 633 : *Castrum Brittonori cum suo tenimento, cum montibus et collibus, cum Plogetis et pascuis, viis et semitis, etc.* Vide supra *Plobegum*.

* **PLOGHS-PENNINGE**, Tributum, quod ex aratris seu terris aratoriis exigebatur, a Saxon. Plough, aratrum, et Penninge, nummus argenteus. Vide *Penningus* et *Ploum*. Constit. Christof. reg. Dan. ann. 1320. apud Ludewig. tom. 12. Reliq. Mss. pag. 201, art. 28 : *Item, ut omnia et singula gravamina noviter imposita, amodo non petantur, videlicet Ploghs-penninge, kulkorn, thelonea, aut alia quæcumque post mortem Voldemari regis imposita et inventa.* Vide supra *Plobegum*.

* Huc fortassis spectat vox Gallica *Ploumetiere*, inter Redit. comitat. Namurc. ann. 1265. ex Reg. sign. *Papier velu* Cam. Comput. Insul. fol. 30. v° : *Encor a li cuens une Ploumetiere à Sell, et une autre Ploumetiere à Esclayn; se valent ces deux Ploumetieres par an trente livres Louegnois : mais li cuens i doit livrer bos.* Nisi sit officina plumbaria seu fornax, ubi plumbum funditur. Vide mox *Plomellus*.

¶ **PLOMBATÆ**, ut *Plumbatæ*, in Statutis Astens. cap. 92. fol. 34. v°.

* **PLOMBEGUS** Fustis, Clava plumbo, quo gravior sit, munita. Joan. Germ. Cabilon. episc. in vita Phil. III. ducis Burg. apud Ludewig. tom. 11. Reliq. Mss. pag. 77 : *Tutides et Plombegos fustes comportant, lanceas devibrant, etc.* Vide infra *Plumbatæ*.

* **PLOMELLUS**, pro *Pomellus*, Globulus. Testam. Guill. de Meleduno archiep. Senon. ann. 1376. in Reg. 108. Chartoph. reg. ch. 338 : *In dicto vero calice, scilicet in Plomello, sunt tres grossi balei et sex grossæ pellæ orientales.*

* *Plommet* vero, pro Plumbo, quod ad pannos appenditur, in Stat. pannif. ex Lib. rub. fol. magn. domus publ. Abbavil. art. 28 : *Que les wardes des draps parés seront*

tenus de mettre nouvel Plommet aveuc le Plommet de l'escruerie.

* **PLONGEONUS**, a Gallico *Plongeon* in aliquot locis, Meta, feni acervus, vel spicarum inversarum moles, alias *Plaujon* et *Plonghon*. Redit. eccl. parroch. de Thoisiaco Æduens. diœc. ann. 1383. ex Cod. reg. 5529. B. : *Item quintam partem duarum secturarum prati, in quibus esse possunt ultra tres Plongeoni feni..... Item sedem trium Plongeonorum feni.* Lit. remiss. ann. 1468. in Reg. 195. Chartoph. reg. ch. 124 : *En laquelle piece de terre avoit ung Plaujon ou monceau de blé.* Aliæ ann. 1442. in Reg. 176. ch. 136 : *Le suppliant se loua avecques ses beufs pour aider à conduire et mener certains Plonghons de gerbes de blé.... en la ville de Clermont* (en Auvergne)..... *Quant ilz eurent deschargié les gerbes desdiz Plonghons, etc.* Unde *Plonger*, Manipulos in acervum, capite inverso, cumulare, disponere. Lit. remiss. ann. 1456. in Reg. 189. ch. 121 : *Le suppliant estant en une terre, ... où il Plongoit certaine quantité de gerbes, qu'il avoit faites en sa dite terre. Plonlrier*, nostratibus olim, pro *Plonger*, Immergere. Lit. remiss. ann. 1372. in Reg. 103. ch. 24 : *Icellui Renaut fut tant Plonlriés et tant demenés en l'iauwe, que il fu noiés.*

* **PLONICA**, Perpendiculum, Gall. *Aplomb.* Charta ann. 1417. ex Tabul. S. Germ. Prat. : *Et hoc faciendo dicti defensores ad demoliendum et refici faciendum super suo recto pede et ad justam suam Plonicam omne illud, quod moli reperiretur in duobus pannis muri. Plomme*, pro *Sonde*, Perpendiculum nauticum, apud Joinvil. in S. Ludov. edit. reg. pag. 129. Unde *Plommée*, Norma, libella; et *Vivre sans Plommée*, Immoderate vivere, ib. in Gloss. :

> Aussi ces fols en mainte guise,
> Qui d'amors portent la devise,
> Vivent sans regle et sans Plommée.

* **PLONQUATUS**, PLUNCATUS, a veteri Gallico *Plone*, pro *Plomb*, idem quod infra *Plumbatus*. Inventar. S. Capel. Paris. ann. 1335. in Reg. I. Chartoph. reg. ch. 7 : *Item una tunica, una casula et una dalmatica de tartara Plonquata.* Aliud ann. 1340. ibid. ch. 8 : *Item una casula, dalmatica et tunica de panno de tartaire Pluncata.*

¶ **PLONUM.** Vide infra *Ploum.*

PLOPLA, Populus. Vide *Oplus.*

¶ **PLORATIO**, Ploratus. Martyrol. antiq. apud Struvium t. 2. Act. litter. p. 214 :

> Qui nube levi qua intravit
> Ægiptum ad se levavit
> De valle Plorationis.

Occurrit etiam apud S. Augustin. Serm. 17. de Sanctis.

* Nostris *Plorement*. Vita J. C. Ms. :

> Duel i ot grans et Ploremens.

* Aliud vero sonat vox Gallica *Plore*, in Charta Guid. comit. Fland. pro Audomar. ann. 1282. ex Reg. 61. Chartoph. reg. ch. 196 : *Et pour che que chil de Saint Omer ont estei aucunefois empechié, nous voulons que ches Plores et ches mes de leur privileges, soient sainement et cleirement entendues.* Ubi *Plore*, idem videtur quod Exceptio, Gall. *Exception, clause.*

* **PLORATORIUM**, Sudarium, linteum, quo ploratus extergunlur. Vita S. Coletæ tom. 1. Mart. pag. 585. col. 2 : *Sed ex confidenti devotione sumpsit secrete quoddam Ploratorium ejusdem matris totum madidum lacrymis, etc.*

PLOSTELLUM. Miracula S. Joan. Beverlac. num. 5 : *Qui antea in motu suo effigiem repræsentaverat belluinam, in suæ tamen erectionis initio pyramidis usus est appodiamento, ad modum pueri Plostello innixi, et humum pene signantis mento.* Vox, ut videtur deducta a *plaustrum*, ut recte conjectat Papebrochius, [qui vehiculum interpretatur, cui axillarum tenus innixi pueri prohibentur a lapsu, dum interim illud corporis nixu protrudentes formare gressum discunt. Vide *Plaustellum.*]

¶ **PLOSTRARIUS.** Vide *Plaustrarius.*

¶ **PLOSUS**, Explosus. Statuta antiqua Canonic. Regul. sæc. 13. apud Duellium Miscell. tom. 1. pag. 94 :

> Quæ communia non poterunt fore, tibi Plosa.

Ubi Glossæ, *i. e. Explosa?*

* 1. **PLOTA**, Piscis genus. Tract. MS. de Pisc. cap. 1. ex Cod. reg. 6838. C. : *Est et alia Aristotelis et Plinii remora seu echeneida, pisciculus saxis assuetus..... Diversis nominibus appellant. Nam Plota fluta, vermis marinus, asterias, hirudo, murena nominatur.*

* 2. **PLOTA**, Palus, ut videtur. Arest. ann. 1326. 13. Dec. in Reg. *Olim* parlam. Paris. : *Prædictus miles dictum Galterum imprisionari fecerat,..... detinerique cum cathenis ferreis ad unam Plotam ligatum.*

¶ **PLOTEI**, *Proprii.* Gloss. Isid. Martinius recte emendat, *Plocii*, *stupei*, ex eodem Isid. lib. 19. cap. 27 : *Placium est stuppa et quasi crassedo serici, et est Græcum nomen.* Ubi ex Hesychio leg. monet *Plocium;* pro *crassedo*, scribe crassitudo. Non minus vitiose Papias : *Placitum est stuppa quasi grossitudo serici.*

¶ **PLOTEUM**, παράδειμα, in Gloss. Lat. Græc. Sangerman. pro *Pluteum.*

¶ **PLOTUS.** Vide *Plautus.*

¶ **PLOUDA**, an Pluvia? Acta SS. tom. 3. Junii pag. 452. de S. Raynerio : *Et præcepit ei ut nunquam amplius sibi caput de Plouda ablueret.* Italis *Plota* et *Piova* pluviam sonat.

PLOUM, in vett. Glossis : *Quod habet duas rotas*, aratrum, cujusmodi fuit illud, quod Galli *plaurati*, aut *plammorati* vocabant, ut auctor est Plinius lib. 18. cap. 18. [*Planarati* edidit Harduinus, sed *Plaustrarati* haud improbabiliter legendum putat, ob rotulas nempe aratro additas, similitudinemque plaustri vel currus.] Lex Longob. lib. 1. tit. 19. § 6. [** Roth. 293.] : *Si quis Ploum aut aratrum alienum iniquo animo scapellaverit, etc.* [*Plovum*, in Cod. Mutin. apud Murator. tom. 1. part. 2. pag. 40. Statuta Montis Regal. fol. 223 : *Si transeundo, et faciendo viam novam per alienam possessionem cum bestiis a basto, seu cum curru, Plovo, seu carrula, solvat bannum.*] Aratrum Danos etiamnum *Plowen* appellare alii notarunt. At editio Boerii habet *Plonum*, Heroldi vero *Prælonum*, pag. 193. [** Vide Graff. Thesaur. Ling. Franc. voce *Ploh*, tom. 3. col. 359. et Grimm. Grammat. tom. 3. pag. 414.]

¶ **PLOWALMES**, Eleemosynæ aratrales, tributi genus quod Ecclesiæ pensitabatur apud Anglos. ab *Alms* eleemosyna, et *Plough* vel *Plow*, aratrum. Monast. Anglic. tom. 1. pag. 256 : *De qualibet caruca juncta inter Pascha et Pentecosten unum denarium, qui dicitur Plowalmes.*

¶ **PLOWBOTE**, Jus percipiendi lignum necessarium ad conficiendum vel reficiendum aratrum; vox ejusdem originis ac superior : bote Anglo-Saxon. est mulcta, emendatio, ita ut qui jus illud habet quietus sit a mulcta quæ infligi solet aliis id agentibus. Charta ann. 1426. apud *Madox* Formul. Anglic. pag. 145 : *Et prædictus Ricardus et assignati sui habebant racionabilia Plowbote, cartbote et fyrebote, in prædictis terris et tenementis.*

¶ **PLOWLAND**, Idem quod *Hida.* Vide locum in *Carrucagium* 1.

¶ **PLOVUM.** Vide *Ploum.*

¶ **PLOWSHUM**, Pars aratri; de laminis ferreis quibus aratrum firmatur, intelligit Kennettus in Glossar. ad calcem Antiq. Ambrosd. ex Computo ann. 1406 : *Cum uno vomere et una cultura, et dimidia toughe cum uno Plowsho emptis* XXIII. *den.* Anglis *Plough-share* est vomer, Gall. *le soc.*

* Eadem pars, ut videtur, quæ *Plaion* et *Ploion* rusticis nostris appellatur. Lit. remiss. ann. 1414. in Reg. 168. Chartoph. reg. ch. 171 : *Le suppliant faisoit semblant de dormir sur le fossé atout un Playon de charrue, lequel il avoit mis à sa sainture en guise d'espée. Li Ploion de la charrue, qui est ung grant baston*, in aliis ann. 1449. ex Reg. 176. ch. 686. Aliæ ann. 1457. in Reg. 189. ch. 173 : *Ung baston, nommé vulgaument ung Plaion de charrue. Le suppliant .... trouva que on avoit osté ung baston, appellé Ployon, duquel on fait tourner le coultre de la charrue*, in aliis ann. 1459. ibid. ch. 299. Vide supra *Plobegum.*

* **PLUDERO**, Vilis et detrita vestis. Vita S. Rosæ tom. 5. Aug. pag. 965. col. 1 : *Mox illa primo obvium mendicabulum invitabat ad lares proprios,.... hujus mundabat vestes, reficiebat laceros Pluderones.* Ab Italico *Piovere*, pluere.

* **PLUDIT**, *Cludit*, in vet. Glossar. ex Cod. reg. 7641.

¶ **PLUENTA**, ῥεύματα, in Gloss. Lat. Græc. f. pro *fluenta.* Occurrit tamen alibi, ut ibid. observatur.

PLUERIUS, Avis, quæ nostris *Pluvier*, apud Fridericum II. lib. 1. de Venat. cap. 2. § 11. 12. etc.

* **PLUMACEUS**, *Cliche, illud quo ligantur membra fracta.* Glossar. Lat. Gall. ex Cod. reg. 521. Nescio unde *Plumes* appellatur, Stateræ species, nisi sit a *Plumbata*, pondus, in Lit. remiss. ann. 1386. ex Reg. 130. Chartoph. reg. ch. 78 : *Lequel exposant prist un troneau, appellé Plumes au pays* (Meun sur Loire) *duquel il pesoit à la main son chanvre, ses cordes et denrées, etc.* Vide *Plumbata* et *Trona.*

PLUMACIUM. Glossæ Gr. Lat. : Πλουμάκιον, πλουμίον, *Plumacium.* Anastasius in Sergio pag. 61 : *Locellum aperuit, in quo interius Plumacium ex holoserico superpositum, quod stauracis dicitur, invenit.* [Perperam *Plumonium* edidit nuperus auctor in lib. Gall. cui titulus : *le Tombeau de J.*

C.] Idem videtur quod *opus plumarium*, de quo infra. [Eadem quoque notione accipienda hæc vox videtur in Hist. Leutoldi, apud Ludewig. tom. 4. Reliq. MSS. pag. 139 : *Jussit autem ut uxor ejus in Plumaciis sericis et vestibus nobilibus, et in pendenti curru nobiliter residens, pauperem virum.... eminus prospectaret.*]

PLUMACIUM, PLUMACIA, Pulvinar, Papiæ, *quod plumis impleatur.* Alibi : *Pulvillus, Plumacium.* Jo. de Janua : *Plumacium, cervical, vel scriptorium.* Gloss. Lat. Gall. : *Plumacium, chevessier, coissin de plume, ou escriptoire.* Capitulare de Villis cap. 42 : *Ut unaquæque villa infra cameram lectaria, culcitas, Plumatias, batlinios, drappos.... habeat.* Traditiones Fuldenses lib. 1. cap. 125 : *De elaboratu meo sunt hæc, boves 39.... mappas 4. manutergia 2. Plumacia 6. opertoria 2. pallia linea 6. pulvilli 14. lectisternia 6. etc.* Vita S. Odiliæ num. 13 : *Pro Plumatio capiti suo petram imponere solebat.* Vita S. Macarii Ægyptii cap. 3 : *Erant istic antiquitus Ethnicorum sepulta corpora : ex quibus unum arripuit, capitique supposuit tanquam Plumacium de scirpo.* Neque alia notione usurpavit Gotefridus Viterbiensis part. 9. Chron. :

Ultimus Assyriæ Rex nomine Sardanapala
Fecerat ex pluma Plumacia clausus in aula,
Facta suis digitis culcitra prima fuit.

Charta Sisnandi Episcopi Iriensis, seu Compostellani, æræ 952. apud Antonium de Yepez tom. 4. Chron. Ordinis S. Benedicti : *Venapes 4. Plumatios 5. tapete 1. lectos 6. cathedras 10. mensas 8. mensorios 8. etc.* Alia Rudesindi Episcopi Dumiensis æræ 953. apud eumdem tom. 5 : *Plumatios digniores paleos* (ex pallio, seu serico,) *10. alios subminores 8. etc.* [Chron. Domin. de Gravina apud Murator. tom. 12. col. 572 : *Non soliti* (Neapolitani) *jacere sub armis, sed lectis mollibus et Plumaciis.* Adde S. Ambros. Epist. 27. ad Valentin. Imperat. Vitam Udalrici Episcopi tom. 2. Julii pag. 102. etc.] Joannes Villaneus lib. 6. cap. 42 : *Con un Pimaccio ch'à Frederigo puose il detto Manfredo insu la bocca, si l'affogo.* Scribit Gobelinus lib. 6. Comment. Pii II. pag. 154. Henricum V. Regem Angliæ *plumeos lectos* Anglicis interdixisse : animum etiam ei fuisse, si Regnum Franciæ totum obtinuisset, vini usum auferre, omnesque vineas aratro vertere, nihil tam enervare hominum vires quam plumas, et vina, putanti.

¶ PLUMATIUNCULA, dimin. a *Plumacium.* Vita S. Columbæ Abb. tom. 2. Junii pag. 204 : *Sed in sua, super suam Plumatiunculam, morietur domo.*

¶ PLUMACUS, forte ut *Plumacium.* Charta ann. 855. in Append. ad Marcam Hispan. col. 788 : *Donamus... cangaves duas sanias et una siricia et Plumacos siricios v. et seplesanios tapites II.*

PLUMÆ, in avibus, differunt a *pennis. Nam plumas dicimus*, inquit Fridericus II. Imp. lib. 1. de Arte venandi cap. 45 : *Quæ habent cannulas in radice, et costam procedentem per medium gibbositatis usque ad ultimum earum. Hæ Plumæ nascuntur per totum corpus, et cooperiunt cutem : sed pennas dicimus, quæ habent majores cannulas, radices sibi et similiter costam protensam per medium pilositatis usque ad summum. Hæ sunt majores Plumis, et multo magis sunt ad sustinendum volucrem in aere, quam ad cooperimentum cutis.*

PLUMAGIUM, Plumæ avium, nostris *Plumage*, apud eumdem Fridericum ibid.

* *Plusmars*, Pennarum ornatus, apud *Desrey* in Chron. Caroli VIII. ad ann. 1516. fol. 124. r° : *Ils estoient fort gorgias d'accoustremens, faites à plaisir et force Plusmars.*

PLUMALE. Willel. Thorn ann. 1179 : *Misit idem Papa Alexander prædicto Abbati Rogero, Monasterio S. Augustini, Plumale suum et zonam suam in signum et memoriam specialitatis et dilectionis perpetuæ. Et venit Plumale istud ad sanctum Augustinum 6. Kl. Julii etc.* Sed legendum *Pluviale.* Vide in hac voce.

* Haud scio an ita male : occurrit quippe rursum in Testam. Cardin. Ambian. ann. 1402. inter Addit. ad Hist. Caroli VI. pag. 758.

PLUMALIA, sunt pellicia, Electorum Imperii indumenta, humeris superinjecta. Goldastus.

* **PLUMARE**, a Gallico *Plumer*, Plumas detrahere. Acta Mss. Inquisit. Carcass. ann. 1308. fol. 18. r° : *Ivit ad domum dicti Guillelmi de Area ad Pllumandum pullum.*

PLUMARE. Vide *Plumarium* 2.

1. **PLUMARIUM**, Pulvinus plumis fartus. Chronicon Montissereni ann. 1126 : *Ferunt, quod ipsa Plumario ventri alligato, prægnantem se esse hoc artificio mentiretur.* Ubi legendum *Plumacio.* Vide supra in hac voce. [Litteræ Johannis Reg. Franc. ann. 1351. tom. 2. Ordinat. pag. 434 : *Quando veniebamus Parisius, in domibus quibusdam, capiebant ad opus nostrum servientes culcitras et Plumaria.* Inventar. vetus apud Marten. Itin. Litter. pag. 241 : *Tria Evangelia, Plumaria VI. etc.* Occurrit præterea apud S. Ambros. Epist. 24.]

2. **PLUMARIUM**, PLUMARIUS. *Plumarium opus* dicitur, quod ad modum plumarum texitur et variegatur, Galli, *Ouvrage à ramage* dicunt. Papias : *Plumario opere, in modum plumarum.* Tabular. Monasterii S. Theofredi in Velavis : *Sunt et aliæ Cortinæ lineæ 3. artificio Plumarii compositæ.* [Chronic. Farfense tom. 2. Muratorii part. 2. col. 469 : *In silva-plana, ubi fuit antiquitus congregatio ancillarum, quæ opere Plumario ornamenta ecclesiæ laborabant.*]

PLUMARII, Plumariorum textores. Vetus inscriptio Romæ : *Artemidoro Plumario conlegæ. Ars plumaria*, apud S. Hieronymum in Chronico ann. 345. Vitruvius lib. 6. cap. 7 : *Plumariorum textrinæ. Plumariorum officinæ*, ejus Abbreviatori cap. 15. Recensentur *Plumarii*, apud Varronem, Vopiscum, veterem Biblior. Interpret. Exodi cap. 35. et 38. Firmicum lib. 3. Math. cap. 10. et 13. et in Lege 1. Cod. de Excus. artif. lib. 10. apud quos Jac. Cujacius, Bulengerus, et alii censent ita vocari artifices, qui vestimenta ex plumis avium conficiunt. [Vestes ejusmodi sericas aut lineas, quibus intextæ non sine ingenio plumæ varii coloris, ex America adlatas vidisse se testatur Muratorius in Notis ad locum jam laudatum.] Prudentius in Hamartig. :

... Hunc vides lascivas præpete versu
Venantem tunicas, avium quoque versicolorum
Indumenta novis texentem Plumea telis.

Corippus lib. 2. vers. 302 :

.... sedemque paternam
Constructam plumis, pulchrisque tapetibus altam.

Et Seneca Epist. 91 : *Non avium plumæ in usum vestis conservantur.* Varro : *Nulla, quæ non didicit pingere, potest judicare, quid sit bene pictum a Plumario.* Certe vidimus tabellas ejusmodi opere plumario affabre effictas : et Fullerus lib. 1. Miscellan. sacror. cap. 20. in ea est sententia, plumariam artem circa hæc primitus versatam, nomenque inde mansisse Polymitariæ et acupictoriæ. Constat enim *plumariam* artem eam postmodum fuisse, quam ποικιλτικὴν vocabant, ac dictos *plumarios*, qui *plumas*, atque adeo alias, verbi gratia, florum, animalium vel hominum figuras, aut acu pingebant, aut arte textoria exprimebant in serico : de quibus Isidorus Pelusiota lib. 1. Epist. 403 : Ὑφανταὶ οἱ τοὺς Σηρῶν ὑμένας ἐξεργαζόμενοι, πολλοῖς χρώμασί τε καὶ νήμασι τὰς ἑαυτῶν τεχνουργίας ποικίλλουσιν εἰς τελείας εἰκόνος ἐκπλήρωσιν. Paulinus lib. 1. de S. Martino :

.... quid serica tactu
Lenia, vel docte expressis viventia signis.

Proinde *Plumarii*, sunt ποικιλταί, ut est in veteri Gloss. Neque aliter Isaacus Tzetzes ad Lycophronem pag. 241 : Νῦν δὲ ἁπλῶς βεβαμμένους διὰ πολλῶν βαφῶν, καὶ πεποικιλμένους, καὶ πλουμαρικοὺς λέγει, et recentiores Grammatici. [* Acupictores, Gall. *Brodeurs.* Comput. fabr. S. Petri Insul. ann. 1479. ex Tabul. ejusd. eccl. : *Item Gerardo Domartin Plumario, Gall. Broudeur, pro reparatione trium capparum ecclesiæ, c. sol.* Vide *Plummare.*] Willel. Brito in Vocab. : *Plumarius, operarius, qui operatur cum pluma, i. cum acu. Plumarium, opus acu pictum.* Addit auctor Mamotrecti ad cap. 26. Exodi : *Nam quadam lingua pluma dicitur acus.* Quæ quidem hauserunt a Petro Comestore in Histor. Eccles. cap. 53. Exodi : *Et coccinei coloris opere plumario. Pluma enim lingua quadam acus dicitur, scilicet Ægyptiorum, quorum sunt diversæ linguæ, sicut Græcorum. Hoc genus veli vulgo Distratum dicitur, quasi bis stratum. Prima enim fit tela, cui cum acu opere manuali substernuntur picturationes. Sunt qui dicunt opus plumarium a similitudine avium, quibus superaddita plumarum varietas : idem opus dicitur etiam Polymitum, etc.* Hanc plumariæ artis varietatem expressit vetus Interpres Exodi cap. 26 : *Decem cortinas... variatas opere Plumario facies.* Et cap. 28. *Opus Plumarium* rursum habetur, ubi 70. Interpretes ἐργασίαν ὑφάντου, et ἔργον ὑφαντὸν ποικιλτοῦ. Ibidem denique ἔργον ποικιλτοῦ, *opus polymitarium* redditur. Sic *plumaria ars*, eadem est cum ποικιλτικῇ, quam πολυμιταρικὴν τέχνην vocant Hesychius et Suidas. Atque ita fere usurpant Scriptores. Regula S. Cæsarii ad Virgines cap. 42 : *Plumaria et acupictura et omne Polymitum, vel stragula, sive ornaturæ nunquam in Monasterio fiant. Ipsa etiam ornamenta in*

Monasterio simplicia esse debent, nunquam plumata, nunquam holoserica. Eadem pene habentur in Recapitulatione ejusdem Regulæ cap. 11. et in Regula S. Donati ad Virgines cap. 63. Thomas Cantipratanus cap. 54. num. 14 : *Opus vero earum* (vestium) *nec Plumarium, id est ex acu factum adverti poterat, nec textrinum.* Historia de fratribus conscriptis ann. 908 : *Cozzonem sive lenam opere Plumario contextam.* Monasticum Angl. tom. 3. pag. 318 : *Habet paruras de opere Plumario longas, etc... amictus de opere Plumario consutus cum nodis auri et argenti, etc.* Alanus in Planctu naturæ : *Tunica vero polymita opere picturata Plumario, infra se corpus claudebat virgineum.* [** Vide Glossar. med. Græcit. voce Πλοῦμος, col. 1183. et Murator. Antiq. Ital. tom. 2. col. 401.]

Plumatum Opus. Glossæ antiquæ MSS. : *Textilia, plumata.* Petronius : *Plumato amictus aureo Babylonico.* Anastasius in Greg. IV : *Et vela ante januas lineum Plumatum unum.* Charta donationis Ecclesiæ Cornutianæ, edita a Suaresio : *Ante regias Basilicæ vela linea Plumata majora, etc.* Vita S. Amatoris Episcopi MS. : *Thalamus intra ædium splendidissima spatia rite construitur, cui pars auro Plumata nitet, alia vero cocco ac serico non semel tincto, eboreque lucido coruscat.* [Vide *Græciscus.*]

Plumeum Opus. Dudo lib. 3. de Moribus et actis Normanni, pag. 153 : *Bissosque niveas purpureasque auro intextas, Plumeoque mirabilis artificii holoserica commisit.* Sic πλουμμία appellant Procopius lib. 3. de Ædif. Justin. pag. 27. edit. 1607. et Chronicon Alexandr. pag. 728. Πλουμιςός dixit Anonymus de Locis Hierosol. cap. 1. extremo : Καὶ ἡ ἁγία τράπεζα ἦναι σκεπασμένη μετ' ἔντα πλουμιςῆ, *et sancta mensa tacta est umbraculo opere Plumario contexto.* Et cap. 3 : Καὶ ἡ ὄχρα τῆς πέτρας εἶναι κυνωπῇ πλουμιςῆ.

Plumare Opus, apud Alcuinum lib. de Divinis Officiis.

Plumare, Operi plumario dare operam. Vopiscus in Carino : *Quid lineas petitas Ægypto loquar? quid Tyro et Sidone tenuitate pellucidas, micantes purpura, Plumandi difficultate pernobiles?* [Vide Lexic. Martinii v. *Plumo.*]

* **PLUMARIUS,** *Avis quædam, Ploumier,* in Glossar. Lat. Gall. ann. 1352. ex Cod. reg. 4120. Vide *Pluerius.*

* At vero *Garçon plumet*, appellari videtur ille, cui lanugo nascitur, in Lit. remiss. ann. 1478. ex Reg. 206. Chartoph. reg. ch. 161 : *Laquelle femme dist à Jehan de Fer qu'il estoit un garson Plumet et qu'il avoit grant tort de l'avoir ainsi boutée.* Animal quodvis plumis vestitum, *Plumail* vocat Rabelais. lib. 1. cap. 35.

¶ **PLUMASSERIUS,** Gall. *Plumacier,* Plumarius, in Catalogo Confratriæ B. M. Deauratæ Tolos.

¶ **PLUMATIA,** Plumatiuncula, etc. Vide supra *Plumacium.*

¶ **PLUMATUM,** Pulvinar, pars lecti superior. Guidonis Discipl. Farfensis cap. 47 : *Hos versus conscriptos habeat camerarius in fuste lectorum, sive in Plumatis ipsorum in dormitorio fratrum, etc.*

¶ **PLUMATUS.** Vide *Plumarium* 2.

¶ **PLUMAZOLUM.** Anonymus in Annal. Mediolan. apud Murator. tom. 16. col. 813 : *Ovariolum unum deauratum cum tribus pedibus leonum. Plumazolum unum deauratum cum pedibus quatuor leonum.* Videtur esse vas ad usum mensæ.

¶ **PLUMBARICIUS,** Ad *plumbum* pertinens. *Plumbaritiæ fossæ*, unde plumbum eruitur, in Capitul. de Villis cap. 62.

¶ **PLUMBARIUS,** μολυβδουργός, in Gloss. Lat. Gr. Qui opera ex *plumbo* conficit. Ejusmodi artifices memorantur a Vitruvio lib. 8. cap. 7. et Herone cap. 6. de Machinis bellicis. Hi sequebantur exercitum ad usum machinarum, ut observat Carolus de Aquino in Lex. milit. ut eas construerent, vitiatas sarcirent apteque collocarent. Charta ann. 1318. apud *Madox* Formul. Angl. pag. 316 : *Dum potens et habilis fuerit ad laborandum in arte piscatoris vel Plumbarii, seu quocumque honesto opere alio.* Occurrit præterea in Computo ann. 1261. ex Bibl. Reg. Vide *Pomellus* et *Plumbator.*

PLUMBATÆ, Clavæ plumbo, quo graviores sint, munitæ : Gallis *Plommées.* Gauterius Cancellarius de Bellis Antiochenis pag. 453 : *Telis, sagittis, Plumbatis ferratis, et crebris gladiorum ictibus reinvadendo acerrime percusserunt.* Consuetudo Montium in Hannonia cap. 50 : *Et soit entendu qu'avec tels bastons d'armes esmoluës, sont compris trait de poudre, arbalestre, dard à main, Plommées, mailles de plomb, et autres bastons ayans fer, plomb, estain et autre métail.* Guillelmus *Guiart* MS. :

Là veissiez entasser maçes,
Et Plommées pour faire plaies,
Lances brandir, et archegaies.

Alio loco :

Comme espées, coutiaus, et haches,
Plommées fermement tenuës,
Fauchons, juisarmes esmouluës.

Rursus ann. 1214 :

Là ot tant bastons et Plomées,
Viez espées, et lances seches,
Et juisarmes pleines de breches.

Guignevilla Monachus Carilocensis :

Ma grant machuë et ma Plomée
Est la venganche Diu nommée.

Henricus *de Gauchy*, in versione MS. libri de Regimine Principum : *La siste chose con doit apenre les batilleurs, est ferir de maches Plomées penduës à chaines de fer à un baston gros, et cele plomée donne tres grand cop, qui ferir en sot.* Froissartes 1. vol. cap. 316 : *Le sire de Chin tenoit une Plombée, dont il enfondroit les bacinets qu'il attaignoit.* Adde tom. 2. cap. 125. et Historiam obsidionis Aurelianensis pag. 45. 48. Berrium, etc. [Vide Lexic. milit. Caroli de Aquino v. *Plumbata.*]

* Stat. senesc. Bellic. ann. 1320. inter Probat. tom. 4. Hist. Occit. col. 162 : *Quicumque portaverit Plumbatam manualem aut pugnalem, etc.* Vide supra *Plombegus.*

¶ Plumbata, Globulus plumbeus, *Bale de plomb*, apud Lobinell. tom. 2. Histor. Britan. pag. 568 : *Percussus fuit Plumbata quæ ipsius caput intravit, et subito expiravit.*

* Alias *Plommée.* Charta ann. 1349. in Reg. 78. Chartoph. reg. ch. 247 : *Lesquelz moines geterent Plommées d'acier et de plonc en pommer d'orenges, et de ses pommes ledit Bernart fu ferus et porté par terre.* Hinc *Plommer*, pro *Plomber*, Plumbo munire. Lit. remiss. ann. 1409. in Reg. 163. ch. 464 : *Comme le suppliant eust marchandé à certains compaignons maçons.... de lever du plonc, duquel la terrasse de l'esglise de Bruyeres estoit lors Plommée, etc.*

Plumbata, Idem cum seq. *Plumbatum*, de quo statim. Acta Martyrii SS. Maximiani et Isaaci : *Jacebat identidem classis illa carnivororum violentiam Plumbatarum.*

Plumbata, Ponderis species. Tabular. S. Dionysii Novigenti num. 1240 : *Dicunt se esse in possessione a singulis hospitibus seu stagiariis Prioris et Conventus S. Dionysii de Nogento Rotrodi ementibus in villa.... in die mercati, ad pondus, quod Plumbata vulgo dicitur, quamdam summam pecuniæ semel in anno, etc.* Vide *Campanum.*

* Hinc *Plommée*, Pensitatio, quæ pro ponderibus solvitur. Charta Renaldi vicecom. Fales. ann. 1295. in Lib. rub. Cam. Comput. Paris. fol. 242. v°. col. 2 : *Item pour la Plommée en ladite ville, six livres l'an.* Vide mox *Plumbum* 2.

¶ 1. **PLUMBATOR,** Idem qui *Plumbarius*, in Litteris Eduardi IV. Reg. Angl. ann. 1474. apud Rymer. tom. 11. pag. 840 : *Carpentarios, lathomos, fabros, Plumbatores, et alios artifices, etc.*

* 2. **PUMBATOR,** Qui bullis papalibus, plumbum appendit, officium in cancellaria Romana, apud Hug. de prima scribendi origine pag. 192.

PLUMBATUM, Flagellum, cujus lora plumbeis globulis in extremo instructa erant. Acta S. Castuli Mart. num. 4 : *Jussit.... deorsum in eculeo suspendi, et atrocissime Plumbatis cædi.* Vox frequens in Vitis SS. in Cod. Theod. et apud Scriptores, quos laudant Brissonius de Verbor. significat. Meursius in Gloss. voce Πλουμβάτον, [** Glossar. med. Græcit. voce Πλοῦμος col. 1182.] Jacobus Gothofredus ad leg. 2. Cod. Th. de Quæstion. etc.

* *Plumbati* figuram exhibet Molinetus in Museo Genovef. part. 1. tab. 8.

Plumbatum, *Perpendiculum, amussis*, Ugutioni.

PLUMBATURA, [Conjunctio ex plumbo facta, in Leg. 23. § 5. Digest. de rei vindic.] Vide *Applumbatio.*

* **PLUMBATUS,** Color lividus, plumbo similis, Gall. *Plombé.* Inventar. S. Capel. Paris. ann. 1363. ex Bibl. reg. : *Item una casula, una dalmatica, et una tunica de tartaire, Plumbatæ et forratæ cendalo rubeo pro officio Quadragesimæ.* Infra : *Forratæ cendalo Plumbato.* Aliud ann. 1376. ex ead. Bibl. : *Tunica de panno de tartaire, Plumbeo, pro officio Quadragesimæ.* Invent. Gall. incerti anni : *Item un chasuble, dalmatique et tunique de tartaire, Plumbée, pour Caresme.* Vide supra *Plonquatus.*

¶ **PLUMBERIA.** Charta ann. 1223. ex Tabulario S. Andreæ Avenion. : *Vendidimus.... domino Bermundo abbati et toti conventui quinque partes taschæ quas habemus in Plumberiis.* Forte nomen est proprium loci alicujus a lapidibus plumbariis quibus abundabat sic dicti.

¶ **PLUMBETUM,** Lamina plumbea, cui aliquid inscriptum sit. Acta SS. tom. 1.

Junii de S. Symeone recluso, pag. 102 : *Porro residuum corpus in plumbea reconditum tumba, cum Plumbeto indigna manu mea super re gesta conscripto, etc.*

* **PLUMBINUS**, Instrumentum plumbeum lucernis accommodum, Ital. *Piombino.* Ordo eccl. Ambros. Mediol. ann. circ. 1130. apud Murator. tom. 4. Antiq. Ital. med. ævi col. 906 : *Minor cicendelarius habet xij. denarios de eadem camera in opus Plumbinorum, qui per totum annum sunt necessarii in supradictis cicendelis.* Ibid. col. 930 : *Et minor cicendelarius similiter habet a pontifice xij. den. ad Plumbinos emendos, qui tantum ponuntur in cicendelis illis, in quibus pontifex dat oleum.*

1. **PLUMBUM**, Inter suppellectilem domesticam recensent Leges Burgorum Scoticor. cap. 125. § 1 : *Habebit ad domum suam ista utensilia, videlicet mensam meliorem, mappam,.... lectum plumalem, melius Plumbum, cum le mask-fat, cupam, barrellum, etc.*

☞ Haud scio an pro perpendiculo hic usurpetur : certe ea notione occurrit in Statutis antiquis Cartusianorum part. 2. cap. 16. Vide *Cornu* 3. Eodem significatu nostri *Plommet* usurparunt, ut auctor est Borellus.

Plumbum in Oculis, *Macula coloris plumbei.* Gloss. Isid. Vide *Bulla.*

* 2. **PLUMBUM**, Ponderis species, nostris etiam *Plonc*, eadem notione. Charta Henr. reg. Angl. Reg. 155. Chartoph. reg. ch. 375 : *Confirmo abbatiæ S. Mariæ sanctique Laurentii de Belbec...... redditum Plumborum trium salinarum et residuum Plumborum apud Buteilas.* Ordinat. ann. 1330. in Reg. B. Cam. Comput. Paris. fol. 6. v° : *Que li ouvriers puissent faire demi marc de cizaille, plus de Plonc de vingt mars et un freton.* Vide supra *Plumbata* 2.

¶ **PLUMBUS**, Symbolum seu tessera ex plumbo. Vide in *Metallus.*

¶ Plumbus, pro *Plumbeus*, in Charta ann. 1541. apud Rymer. tom. 14. pag. 726.

PLUMEA, *Avium multitudo*, Papiæ, et Glossis antiquis MSS.

¶ **PLUMECULA**, Plumula, pluma levior, in Vita B. Columbæ tom. 5. Maii pag. 378 *.

¶ **PLUMELLA**, Cervical plumis fartum. Acta SS. tom. 1. Julii, de S. Monegunde, pag. 314 : *Hoc* (de matta loquitur) *erat quotidianum scamnum, hoc culcitra, hoc Plumella.* Vide *Plumacium.*

¶ **PLUMERATUS**. *Plumerata retia*, in lib. de castro Ambasiæ apud Acher. tom. 10. Spicil. pag. 513. ubi alias *plumbata.*

¶ **PLUMEUM** Opus. Vide *Plumarium* 2.

¶ **PLUMINARE**, Pulvinus plumis fartus, Ital. *Piumaccio.* Chron. Mutin. ad ann. 1329. apud Murator. tom. 11. col. 119 : *Multi etiam cives, alii metu, alii amore, culcitras, Pluminaria, et alias suppelectiles commodarunt eisdem.*

* **PLUMMARE**, Plumis texere, variegare, acu pingere. Vita S. Patric. tom. 5. Aug. pag. 218. col. 2 : *Dum puella venisset in monasterium virginum propter causam discendi Plummare, etc.* Vide supra *Plumarii.*

¶ **PLUMMATUS**, f. pro Plumeus. Vide post *Baculus* 2.

¶ **PLUMMISTUM**, *Plumis refertum, ornatum.* Laur. in Amalth. ex Gennadio.

* **PLUMMUM**, Plumbum, Ital. *Piombo.* Charta ann. 1349. tom. 2. Hist. Cassin. pag. 545. col. 2 : *Item dictus dominus abbas promisit eis dare omnia marramina in dicto monasterio,.... Plummum seu alias tegulas necessarias.*

* **PLUMUM**, *Locum sacrum;* in vet. Glossar. ex Cod. reg. 7641. Vide infra *Polomum.*

* **PLUNCATUS**. Vide supra *Plonquatus.*

* **PLUPLICUS**, pro Publicus. Charta ann. 1054. ex Tabul. S. Vict. Massil. : *Ex alia parte sita est juxta strata Pluplica.*

¶ **PLURALES**, Qui plura beneficia ecclesiastica simul possident. Litteræ Eduardi II. Reg. Angl. ad Johannem XXII. PP. ann. 1318. apud Rymer. tom 3. pag. 691 : *Quandam constitutionem a vestra sanctitate emanasse, per quam pluralitatum dispensationes tolluntur quodammodo : et vacatura, per eandem constitutionem, Pluralium beneficia, vestræ et sedis apostolicæ dispositioni reservantur, etc.*

PLURALITAS, pro *Numerus*, Multitudo, in Regula S. Columbani cap. 7 : *Cum tanta Pluralitas eorum sit, ita ut mille Abbates sub uno Archimandrita esse referantur.* [Elmham. in Vita Henrici V. Reg. Angl. edit. Hearnii cap. 62. pag. 167 : *Rugiencium saxivomorum horrenda Pluralitas, etc.* Vide supra *Plurales.*]

¶ **PLURALITER**, Plurifariam. Oratio in Nativit. D. N. J. C. ex Missali Mozarabum, apud Mabillonium in Append. ad Liturg. Gall. pag. 454 : *Te Domine Jesu Christe, te Deum Pluraliter homines salvantem, et hominem in Deo singulariter potentem invocamus, etc.*

* **PLURATICA**, Multitudo. Dipl. Ludov. Pii ann. 854. apud Murator. tom. 1. Antiq. Ital. med. ævi col. 926 : *Et quidquid de præfatæ ecclesiæ rebus jus fisci exigere poterat, id est annona, vinum, caseum, pulli, ova, castaneæ, fructusque messis atque lentibus gignitur Pluratica, etc. Plustatica*, in Ch. confirm. ann. 878. ibid. col. 928. Vide *Plurima.*

¶ **PLURIFICARE**, Augere. Chronic. Mellicense Schrambii pag. 412 : *Denique post regulæ descriptionem Plurificata sunt Sanctorum festa.*

¶ Plurificare, Sæpius facere. Idem Chronic. pag. 415 : *Rasura etiam fratrum ultra 14. dies non solet differri, nec citra decem dies Plurificari.*

¶ Plurificare, Longius producere. Tract. inter Carolum de Malatestis et Cardinales, apud Marten. tom. 7. Ampliss. Collect. col. 1070 : *Supplicabat igitur Sanctitati suæ, ne vellet propter modicum permittere tot fidelium errare mentes, et pessimum schisma tot inveteratum annis Plurificari, intendi et extendi.*

¶ Plurificatus, Frequens, iteratus, apud eumdem Marten. ibid. col. 692 : *Neque per eorum crebras instantias, neque per Plurificatas litteras.... potuerunt finaliter obtinere.*

* **PLURILOQUIUM**. Steph. de Infestura Ms. ubi de Innoc. PP. VIII : *Cum juvenis interrogasset causam quare ita clauserunt, vel forte, ut aliqui credunt, verba aliqua cum illis haberet; absque tamen Pluriloquio, unus ex his ferro hastato pectus illius juvenis perfodit.* Id est, Confestim, nihil ultra loquendo. Vide *Multiloquium.*

PLURIMA, Turma, multitudo. Anonymus de Miracul. S. Bertini cap. 9 : *Apparuerunt pedites inæstimabilis Plurimæ, etc.* Cap. 10 : *Quod audiens omnis Plurima.* Utitur præterea cap. 11. ut et de Inventione reliq. S. Bertini cap. 12.

PLURIOR, comparat. vocis *Plus.* Gloss. Gr. Lat. : Πλείονα, *pluriora, plurima.* Hinc nostri *Plusieurs* hauserunt. Paulus Warnefrid. in Episcopis Metensib. : *Prædicit ei Pluriora eundem quam reliquerat habiturum.* Utuntur præterea Leges Wisigoth. lib. 5. tit. 7. § 8. [** Bened. Capit. Addit. 4. cap. 97.] Capitula Caroli Cal. tit. 14. cap. 3. Regula Magistri cap. 7. Alcuinus Epist. 14. 27. Vita ejusdem Alcuini num. 15. edit. Mabillonii. Hist. Translat. S. Sebastiani num. 100. etc.

* Unde *Plurieus*, pro *Plusieurs*, in Charta ann. 1311. ex Lib. rub. Cam. Comput. Paris. fol. 393. v°. col. 2. et *Pluriex*, apud Bellomaner. Ms. cap. 3. fol. 12. r°. col. 1.

PLURITAS, Multitudo, *pluralitas*, æque barbarum, occurrit apud Fredegar. in Chron. cap. 20. [Chron. Corn. *Zantfliet* apud Marten. tom. 5. Ampliss. Collect. col. 387 : *Juxta exigentiam Pluralitatis vel populositatis oppidorum.*]

¶ **PLURIVOCUS**, Plura significans. Mart. Capella lib. 4. pag. 97 : *Quæritur quid sit equivocum, quid univocum, quid Plurivocum.*

¶ **PLUS**. *Sine pluri*, Gallice *Sans plus*, nihil addito. Statuta Massil. lib. 1. cap. 57 : *Quod teneat* (argentum) *marcham argenti 2. den. et obolorum sterlingorum sine Pluri.*

* Plus, adv. Amplius. Charta Fulb. episc. Camerac. ann. 941. ex Cod. Ms. 66. ejusd. eccl. : *Ab omnibus inventum est Plus, per legem et debitam justitiam.... supradictas feminas, matre videlicet cum filiabus suis, unaquaque earum ad supradictam villam dare de suo capite denarios duos.*

¶ Plus. Charta ann. 1013. apud Murator. delle Antic. Estensi pag. 86 : *Et quod Plus est, querimus ut, etc.* Phrasis Gallica, *Et qui plus est, davantage*, Insuper, præterea.

¶ Ad Plus, Ad summum, Gall. *Au plus.* Statuta Cluniac. ann. 1200. in Bibl. Cluniac. pag. 1464 : *Qui* (Eleemosynarius) *una ad plus sit equitatura contentus.*

¶ **PLUSAGIUM**, Summa excurrens, residuum, Gall. *Surplus.* Litteræ Eduardi I. ann. 1295. apud Rymer. tom. 2. pag. 692 : *Et si forte aliquid ultra retinuerit, vel ceperit; de illo Plusagio teneatur fideliter respondere.* Aliud sonat in Charta ann. 1285. ibid. pag. 299 : *Gilbertus de Clare Comes Gloverniæ.... dedit eidem dom. Aliciæ.... maneria de Welles et Warham.... una cum octo libratis, undecim solidatis, et octo denaratis in reditu super Plusagio, operibus et perquisitis de visu franciplegii.* Sed legendum videtur *Plassagium.* Vide in hac voce.

* *Plusage*, eodem sensu, in Charta ann. 1309. ex Reg. Phil. Pulc.

¶ **PLUSCOAT**. Tabul. Begar. ann. 1130 : *Perrexerunt ad Gaufridum filium Comitis Stephani, qui missi ab eo ut locum explorarent, pervenerunt ad locum dilectæ solitu-*

dinis, cui nomen est Pluscoat, sive Pura sylva.

¶ **PLUSCULUS.** Annal. Estenses Jacobi De Layto ad ann. 1399. apud Murator. tom. 18. col. 955 : *Ad id faciendum promptissime annuerunt, tum causa viciniæ, et amicitiæ, ac ligæ, et tum quod Plusculis ante diebus Comes Johannes multa scelesta fecerat.* Id est, paucis ante diebus, Gallice *Peu de jours auparavant.*

PLUSLAIB. Lex Longobard. lib. 1. tit. 8. § 24. [** Roth. 125.] : *Si battiderit, aut percusserit, pro una ferita, id est Pluslaib, si vulnus aut livor apparuerit, componat, etc.* Tit. 9. § 3. [** Roth. 14.] : *Et si spolia de ipso mortuo tulerit, id est Pluslaib, componat, etc.* [*Plodreboth*, ex Cod. MS. Estensi, apud Murator. tom. 1. part. 2. pag. 19. *Pulisclagi*, ex Cod. Mutin. ibid. pag. 24. *Pulslahi*, ex Edit. Heroldi tit. 43. § 30.] Vox formata, inquit Lindenbrogius, ex German. *bloss*, nudum, et *laib*, corpus. [** Apud Rothar. cap. 125. legendum videtur *Pulslahi* vel *Pulisclag*, Ictus quo tuber enascitur, uti interpretatur Grimm. Antiq. Jur. German. pag. 630. Capite vero 14. Roth. variantes lectiones proferunt *plodraboth* et *pertub*, Heroldus *proraub*, Glossarium Cavense *Ploderaub i. e. spolia deniortuorum. Raub* est Spolia, *Blôt* Sanguis, unde hoc genus criminis, quo quis eum quem occiderat spoliabat *spolia sanguinis* eo dictum esse opinor, ut internosceretur ab alio *quo qui hominem mortuum invenerat eum expoliabat*, quod *Rhairaub* dicitur in Leg. Roth. cap. 16. qua voce postea utrumque genus significabant. Vide Grimm. Antiq. Jur. German. pag. 635.]

¶ **PLUSSIVETUM**, Πλέον τοῦ δέοντος, in Gloss. Lat. Gr. Ubi Vulcanius restituit *Plus justo* ut alibi legitur vel *debito.*

* **PLUSTATICA.** Vide supra *Pluratica.*

PLUSTRUM. Testamentum Herberti Comitis Veromand. ann. 1059. apud Joan. Carpentarium in Histor. Cameracensi : *Cum hüobis, areis, Plustris, et aratris ab his* (mansis) *dependentibus.* Nostri *Ploustre* [vel *Ploutider, Ploutroir* et *Plotroer*, ut apud Nicotium,] vocant cylindrum, quo agri occantur, ac glebæ obteruntur : sed an hoc loco id intelligatur, non definio.

* **PLUSTULA**, *Boucle. Plustularius, bouclier*, in Glossar. Lat. Gall. ann. 1352. ex Cod. reg. 4120. Aliud ex Cod. 7679 : *Plustulla, bouglete. Plustularius, qui facit plustullas.*

* **PLUSVALERE**, Summa excurrens, auctarium, accessio, Gall. *Surplus.* Charta ann. 1230. ex Bibl. reg. cot. 17 : *Si forte campi isti et mallolium ultra hoc precium amplius valent vel adhuc valuerint, illud totum Plusvalere seu magisvalentiam gratuitis animis tibi et tuis donatione inter vivos donamus.* Occurrit rursum ibid. in Ch. ann. 1247. Vide supra *Plusagium.*

* **PLUTEAMEN**, ut mox *Pluteus.* Annal. Hermanni ad ann. 1260. apud Oefelium tom. 1. Script. rer. Boicar. pag. 679. col. 2 : *Civitas Braunawe intra novem dies novis undique Pluteaminibus circumsepta, etc.*

¶ **PLUTEUS**, Machina bellica antiquis notissima, quam describit Vegetius lib. 4. cap. 15. Ejusdem meminit Abbo in Obsidione Paris. lib. 1. vers. 217. pag. 505 :

> Mille struunt etiam celsis tentoria rebus
> Tergoribus collo demptis tergoque juvencum.
> Bis binos tressisve viros clypeare valebant,
> Quæ Pluteos calamus vocitat cratesque Latinus.

A similitudine aliqua plutei veteris, ut scribit Carolus de Aquino in Lex. milit. eodem plutei nomine notat recens militia machinam tectoriam in oppugnatione urbium, ad figuram arcæ vel ambulacri ductilis, qua fossor cunicularius cum suis armamentis inclusus per fossam transmeat ad cuniculos destinato in loco aperiendos. Id genus machinæ vocamus *Galeria.*

* Tract. MS. de re milit. et mach. bellic. cap. 22 : *Pluteus est machina contexta lignaminibus ; in qua, si sunt homines et ducunt eum ad murum, et adito muro exeunt cum ferramentis ad frangendum murum castelli,.... sine lexione, quia sunt coperti frangentes.*

PLUVIALE, PLUVIALIS, Vestis, quæ totum hominem operit, et a *pluvia* defendit. *Pluviales lacernæ*, apud vet. interpr. Juvenalis : *Pallium pluviale*, apud Joannem Monachum in Vita S. Odonis Abbatis Cluniac. lib. 2. de S. Martino Episc. : *Stolaque candidissima indutus, super quam pallio Pluviali utebatur. Vestis Pluvialis, quæ cappa vocitatur*, apud Wibertum in Vita Leonis IX. PP. cap. 8. Bulla Nicolai III. PP. apud Bzovium ann. 1280. num. 5 : *Ad incensandum altare, cum ex more hoc fuerit faciendum, non in cappa linea, sed serica, quæ Pluviale dicitur, Sacerdos accedat.* [Testam. Cardinalis Talairandi ann. 1360. apud Martenium tom. 1. Anecdot. col. 1472 : *Duo Pluvialia de opere Anglicano.*]

PLUVIALIS, Vestis Episcopalis, quam sic describit Durandus lib. 3. Ration. cap. 1. num. 13 : *Pluviale vel cappa, habet caputium, prolixa est usque ad pedes, in interiori parte fimbriis adornata, quam non nisi in majoribus festivitatibus induunt.* Ceremoniale Cencii Camerarii de summi Pontificis inauguratione : *Prior Diaconorum ipsum de Pluviali rubeo ammantat, et eidem electo nomen imponit.* Hugo Lugdunensis Archiep. de Electione Victoris II. PP. apud Hugonem Flaviniac. pag. 234 : *Abbas pro mercede nefandissimæ consecrationis, fultus auctoritate Ducis, Pluvialem sibi ipse imposuit.* Arnulfus Lexoviensis in Epist. de Electione Alexandri PP. : *Impositumque sibi manibus fere omnium Pluviale repellit.* Alia Epist. de eodem : *Præparatoque furtim, sicut dicitur, Pluviali, de manibus offerentis arrepto, in humeros suos tanta festinatione conjecit, ut hærentibus collo fimbriis pavimentum lamberet pars superior indumenti.* Concilium Budense ann. 1279. cap. 19 : *Præterea statuimus, quod Archiepiscopi, Episcopi,.... mitrati cum superpelliciis, stolis, et cappis, seu Pluvialibus, Synodo adsint.* Domnizo lib. 1. de Vita Mathild. cap. 2 :

> Pallia, planeta, Pluvialia etc.

Vide Leonem Ost. lib. 2. cap. 79. 99. 103. etc.

PLUVIANA, Canalis, per quem effluunt aquæ pluviales. Charta ann. 1180. apud Petrum Mariam Campum in Histor. Eccles. Placentinæ in Regesto 2. part. ch. 29 : *Item de omnibus scolaturis et Pluvianis, quæ labuntur vel decurrunt per omnes stratas, etc.* Occurrit ibi pluries.

PLUVICINO. Gloss. Saxon. Ælfrici : *Pluvicino*, ic stancrige. *Pluvicinatio*, stanc. Saxon. rige, dorsum sonat.

* **PLUVIENS**, Pluvius. Charta ann. 1517. ex sched. Pr. *de Mazaugues* : *Asserebant quod, licet antiquitus omnes rivi, torrentes et aquæ Pluvientes, etc. Plouage*, pro *Pluie*, pluvia, in Chron. S. Dion. tom. 5. Collect. Histor. Franc. pag. 244 : *La terre qui estoit mole et enace de sa nature, et meismement pour les continueus Plouages, etc. Mais li yvers commença... par Plouages*, in Gest. Ludov. Pii ibid. tom. 6. pag. 155.

¶ **PLUVIMENTUM.** Vide in *Plegius.*

PLUVINA. Vide *Plegius.*

* **PLUVINACIUM**, *Lo piumaço*, in Glossar. Latin. Ital. MS.

* **PLUVINARE**, *Parum pluere, Ploure, Prov. Plueya, Prov. pluvia.* Glossar. Provinc. Lat. ex Cod. reg. 7657. *Aplovoir* vero et *Aplouvoir* nostri dixerunt de magno hominum concursu. Chron. S. Dion. tom. 7. Collect. Histor. Franc. pag. 127 : *Tant assemblerent de genz, que il Aplovoient de toutes pars, ausi comme lagostes.* Guill. Guiart. ad ann. 1248 :

> Roboient tous les trepassans
> Qui là pouvoient Aplouvoir.

¶ **PLUVIUM**, Fidejussio. Confirmatio treugæ Domini apud Stephanot. tom. 8. Fragm. Hist. MSS. pag. 98 : *Item constitutum est ut nullus homo pignoret alterius res pro Pluvio, vel pro alio negotio aliquo.* Vide *Plegius.*

* *Pluvissage*, eadem notione, in Lit. remiss. ann. 1466. ex Reg. 200. Chartoph. reg. ch. 176 : *Lequel Jehan Frohen estoit venu audit lieu de S. Crespin ou bois, au Pluvissage de Jehan Saillard.* Vide supra *Plevimentum.*

PNEUMA, Flatus, πνεῦμα. Henricus Monach. Autisiodor. de Vita S. Germani lib. 6. pag. 65 :

> Pneumata ventorum, tempestatumque tumorem.

Pneuma quod alias *jubilum* dicitur, est cantus species, quo non voces, sed vocum toni longius cantando diducuntur et protrahuntur : quod quia cum respirationis difficultate fit, ideo πνεῦμα appellatum est. Quippe, ut est apud Galenum in Lexico Hippocratis καὶ αὐτὴν τὴν δύσπνοιαν significat. Hugo a S. Victore in Speculo lib. 1. cap. 7 : *Unde Alleluya modicum est in sermone, multum est in Pneumate.* Occurrit ibi et cap. 3. non semel, et apud Durandum lib. 4. cap. 20. num. 6. et Joannem Abrincens. de Offic. Eccles. pag. 13 : *Pneuma, quod in fine antiphonarum canitur*, in Statutis Cluniacensib. Petri Venerabilis cap. 67.

PNEUMATIZARE. Hugo a S. Victore in Speculo lib. 1. cap. 3. et 7 : *Sic itaque Ecclesia Pneumatizando expressius quodammodo sine verbis, quam verba innuit.* Ibidem, *Jubilare cum Pneumate*, idem sonat.

NEUMA, æ, quæ et *Jubilus*, *productio cantus in finali litera antiphonæ.* Ita Durandus lib. 5. cap. 2. num. 31. Papias : *Neuma, i. pars cantilenæ, quæ fit de geminatione ptongorum, ut tam, etc.* Belethus de

Divin. Offic. cap. 59 : *Hic etiam notandum, quod semel diximus, Neumam fœminei generis absque P. accipi pro jubilo : pro Spiritu autem sancto dicitur Græce Pneuma, Pneumatis.* Hinc nescio quis Poeta MS. ex Bibl. Thuana :

Neuma canit sine p; cum p fit Spiritus almus.

Certum tamen, vocem deductam a Gr. πνεῦμα, unde recte et quidam *neuma* dixerunt neutro genere pro *pneuma*. Perperam enim Petrus Maillartus lib. de Musica cap. 9. dixit *neuma*, (quod esse ait cantum, arte confictum ac inventum, ad supplendum cantus Antiphonæ defectum circa tonum,) ex Græco νεῦμα, *assensus*, appellatum, quod illius proprium sit, Antiphonæ et Psalmorum tonum eundem tribuere. Ugutio : *Neuma, atis, vel Neuma, æ, i. vocum emissio, in hymno modulatio, unde Neumaticus, modulator dulcis.* [Gloss. Lat. Gall. Sangerman. : *Neumes, emission de voix, modulation. Neumaticus, de neume, modulateur, douls, souef, consonant.*] Gregorianæ Psalmodiæ Enchiridion : *In quovis tono est Neuma proprium,.... et dicitur illa melodia, quæ fit in caudis antiphonarum.* Ordinarius MS. Ecclesiæ Rotomagensis : *In hebdomade ista nullum Neupma dicatur in fine antiphonæ. Per neupma significatur suspiratio animæ redemptæ ad cœlestem patriam.* Udalricus lib. 1. Consuet. Cluniac. cap. 11 : *Post Alleluya, quædam melodia Neumatum cantatur, quod Sequentiam quidam appellant.* Usus antiqui Ordin. Cisterciensis cap. 56 : *In fine vero Responsoriorum et versuum ad omnes Missas totum Neuma dicatur, ad omnes dissonantias evitandas.* Infra : *Idem alleluia cum suo Neumate integro cantatur.* [Charta ann. 1180. apud Marten. tom. 1. Anecd. col. 594 : *Cantor monachorum incipiet Kyrie eleison, et monachi cantabunt versum, et canonici Neuma ejusdem versus.* Statuta Ordin. Cisterc. ann. 1191. apud eumdem tom. 4. col. 1271 : *Ad missas matutinales dicatur totum Neuma in fine responsorii.*] Will. Brito lib. 3. Philipp. :

Voti non meminit mens carminis immemor, ori
Subtrahit assueti cor flebile Neumatis ausum.

Fatendum tamen, crebrius *neuma* feminino genere usurpari a Scriptoribus. Alcuinus lib. de Offic. divin. cap. 33 : *Solet enim auctor Antiphonarii aut distinctione cantus, aut distinctione ordinis varium affectum monstrare sanctorum : sicut de Joanne Symmista fecit per Neumam circa intellectum verborum, sapientiæ, et intellectus in Responsorio, in medio Ecclesiæ.* Rupertus lib. 2. de Divin. offic. cap. 2 : *Offerendæ gravis et grandisonus imitatur cantus, quæ Neumis distenta frequentibus, et suis fœcunda versibus, quantumvis longa jubilatione, non valet satis exprimere, quod significat.* Adde Honorium Augustod. lib. 1. cap. 14. 88. lib. 3. cap. 8. Belethus cap. 121 : *Nota interim non debere in festo B. Mariæ Annuntiationis sequentiam, quam etiam Prosam apellatam esse diximus, cantari, etiam causa devotionis, nec unquam nisi canatur Alleluya : moris enim fuit, ut post Alleluya cantaretur Neuma. Nominabatur autem Neuma cantus, qui sequebatur Alleluya, etc.* Udalricus lib. 1. cap. 15 : *Plures statuuntur ad prosam concinendam, quibus chorus per Neumas respondet* Et cap. 16 : *Post Alleluya, nescio quæ Gallicanæ Neumæ cantantur.* Ordinarius MS. Ecclesiæ Rotomagensis : *Antiphona.... ultima de uno quoque Nocturno cum Neupma finiatur.* Passim ibi. Hinc forte *le droit de neufme*, apud Britannos, sive *mortuarii*, quod Parochis pensitari solet, pro cantu Ecclesiastico in obitu Parochiani. Vide Raguellum.

☞ Alia est hujus nomenclaturæ origo; scilicet quod hæc pensitatio, quæ primum in tertia parte bonorum decedentis consistebat, ad nonam tertiæ partis mobilium redacta fuerit; unde dicta *Droit de neufme.* Vide *Judicium defunctorum.*

* Pneumatica Nota, Eadem cantus species. Ordinar. MS. eccl. Camerac. fol. 9. r°. : *Ad matutinas* (Natalis Domini). *Accedunt alii duo subdiaconi cantantes prosam*, Verbum Patris, *præcentoribus sedentibus ante pulpitum ligneum, ceteris vero in suis locis. Finita prosa a choro, dicitur Pneumatica nota* (in alio antiquiori, *Neumatica nota*) *prosæ*, Super fabricæ mundi; *deinde accedunt duo diaconi cantantes prosam*, Lumen de lumine,.... *dicitur tertia prosa*, Facturæ dominans, *a duobus capellanis.*

* Pneumatibus *musicæ artis dictare*, Notas musicas verbis cantandis superponere, apud Andr. Floriac. in Vita MS. S. Gauzlini archiep. Bitur. lib. 1.

Neumatizare, Neumas producere cantando, apud Durandum lib. 5. cap. 2. num. 31. [* Elog. Herman. Contracti ann. 1054. apud Murator. tom. 3. Antiq. Ital. med. ævi col. 934 : *Cantus item historiales plenarios, utpote quo musicus peritior non erat, de S. Georgio, de SS. Gordiano et Epimacho, de S. Afra martyre, de S. Magno confessore, de S. Wolfango episcopo mira elegantia et suavitate euphonicos, præter alia hujusmodi perplura, Neumatizavit.*]

Neumæ, præterea in musica dicuntur Notæ, quas musicales dicimus : unde *Neumare*, est notas verbis musice decantandis superaddere. Anonymus interpres Hugonis Reutlingensis Sacerdotis in Floribus Musicæ : *Antiphonarium et Graduale collegit, dictavit, et Neumavit, seu notavit.* Mox : *Omissis clavibus et lineis, quæ in Neuma seu nota musicali requiruntur.* [Bernardi Mon. Ordo Cluniac. part. 1. cap. 17 : *Pro signo antiphonariorum, præmisso generali signo libri, adde ut pollicem inflectas, propter Neumas quæ sunt ita inflexæ.*] Occurrit non semel apud Guidonem Monachum, et Joannem Monachum in libris de Musica. [Vide *Figmentarius Cantor.*]

* **POBOL**, *Prov. Populus, plebs.* Glossar. Provinc. Lat. ex Cod. reg. 7657. Formulæ MSS. ibid. fol. 31. v°. : *Armati diversis armorum generibus.... per dictam civitatem, non sine alia rebellitatis specie incedentes, altis vocibus corcorditer proclamando à mort, viva, viva Pobol, viva Pobol. Poblo*, in Sacram. Ludov. Germ. tom. 17. Comment. Acad. Inscript. pag. 178.

¶ **POCAGIUM**, Tributi genus. Litteræ Henrici VIII. Reg. Angl. ann. 1526. apud Rymer. tom. 14. pag. 165 : *Quieti sint imperpetuum de... muragio, passagio, Pocagio, lestagio, stallagio, etc.* Legendum forte *Picagium.* Vide in hac voce.

POÇALIS, Mensura vinaria, pro *potio, potionalis.* Charta Ferdinandi Comitis Castellæ æræ 972. apud Anton. de *Yepez* in Chron. Ord. S. Benedicti pag. 31. append. : *Cum suis villis ad suas alfozes pertinentibus, per omnes domus singulos Poçales de vino. Santa Maria de Pelago saiales per omnes domus singulos cubitos.*

☞ *Poçalis* idem omnino videtur quod *Buccalis*, lagena vitrea, vel *Baucalis*, vasis species, nostris *Bocal.* Vide in *Bauca* 1. et infra *Poconnus.*

¶ **POCCÆ**, Variolæ, in quibusdam provinciis *Poques*, a Lat. pungere. Iperius in Chron. S. Bertini cap. 28. apud Marten. tom. 3. Anecd. col. 560 : *Balduinus filius Arnulfi Flandriæ comitis morbo, quem medici variolas sive Poccas nominant, corripitur.* Mirac. S. Cuneræ tom. 2. Junii pag. 565 : *Alteri per Poccas per triennium oculi extincti fuerunt.* Adde Annal. Bened. tom. 3. pag. 441. [** Anglos. Poc, Pustula, Belgis, Germanis etc. *Pocke.*]

¶ **POCHETEAU**, Piscis species, f. Porculus marinus, Gall. *Marsouin*, Belgis *Posch.* Charta de Aquariatu Monast. de Talmundo ann. 1366 : *Si autem de radia seu raye aut Pocheteau, quinque pecias tenebitur ministrare.* Vide *Porpecia.*

POCHIA, Pera. Vide *Punga.*

* Nostri *Poche* et *Poque* præterea appellarunt saccum. Lit. remiss. ann. 1396. in Reg. 151. Chartoph. reg. ch. 6 : *Icelle exposant print oudit hostel... une Poche tenant une mine de blé ou environ.* Aliæ ann. 1393. in Reg. 145. ch. 371 : *Il eust trouvé une des Poques ou sacs où ledit sel avoit été mis.* Unde *Pochée*, quantum sacco continetur, in aliis Lit. ann. 1470. ex Reg. 196. ch. 170 : *Une Pochée de seigle, que le suppliant avoit fait amener.... pour mouldre ausdiz molins.... Le suppliant ala lever une de ses Poches, qui estoit chayte, etc. Ponchée* et *Ponchiée*, vel *Pouchée* et *Pouchiée*, eodem significatu. Lit. remiss. ann. 1379. in Reg. 115. ch. 264 : *Comme icelui Jehan eust mené en la ville d'Evreux une charrete de bois, avec une Ponchiée de poires;... ledit Jehan prist sadite Ponchiée de poires pour porter et donner à son frere.* Aliæ ann. 1394. in Reg. 147. ch. 125 : *La chamberiere d'un appellé Quoquart, mist une Ponchée ou saichée de laine à l'uis du suppliant.* Vide infra *Poucha* 2. Sed et *Poche* dixerunt, pro *Cuillier*, Cochlear. Lit. remiss. ann. 1453. in Reg. 184. ch. 362 : *Jehan Esperon cuisinier frappa le suppliant d'une cuillier, autrement dit Poche de bois.* Hinc diminut. *Pochonne*, eadem acceptione, in Inventar. eccl. Camerac. ann. 1371. ex Tabul. ejusd. eccl. : *Item deux Pochonnes.*

¶ **POCHITUS**, a Gall. *Poché. Ova pochita*, Elixa, Gall. *Oeufs pochés.* Ordinat. Humberti II. super numero et ordine mensarum, tom. 2. Hist. Dalph. pag. 313. col. 1 : *Alias si non possunt haberi pisces recentes, dentur nobis sexdecim ova Pochita in aqua cum aliquo bono salsamento.* Occurrit ibi pluries.

* **POCHONUS**, Mensura vinaria, vulgo *Poçon* vel *Poisson*, alias *Pochin.* Inventar. ann. 1476. ex Tabul. Flamar. : *Item unam pitalpham rotundam stagni, tenendæ quinque Pochonos vini.* Lit. remiss. ann. 1391.

in Reg. 140. Chartoph. reg. ch. 266 : *Lesquelz Guillaume et Porchier se prindrent à jouer.... à un jeu ou esbatement de pailles ou festuz, pour un Pochin de vin. Possonne* vero, pro *Burette*, Urceolus, in Cod. MS. S. Vict. Paris. ubi de Eventibus ann. 1396 : *Adoncques se agenouillerent les deux, qui avaient apporté les Possonnes, le calice et les paremens.* Vide *Pocalis* et *Poconnus.*

* **POCHOTROPHIUM**, *Lo logo dove manga li infirmi.* Glossar. Lat. Ital. MS.

¶ **POCILLATOR**, Pincerna, buticularius, *Echanson*, qui est a poculis, apud Ludewig. tom. 6. Reliq. MSS. pag. 342. de Modis observ. in coronat. Reg. Hungar. : *Pocillatoris munere fungetur Dn. Andreas Dozy.* Occurrit apud Miræum tom. 1. pag. 450. *Pocillateur* nostri ebriosum vocant.

¶ **POCINAGIUM.** Computus ann. 1202. apud D. *Brussel* de Usu feud. tom. 2. pag. CLI : *De Pocinagio Stamparum*, XVII. s. Præstationem intelligo, quæ ex *Polkinis*, seu mensuris frumentariis domino debetur. Vide *Polkinus.*

POCIOLUS, seu POTICULUS, Potiuncula. Joannes Episcopus Arelatensis in Epist. ad Moniales S. Mariæ Arelat. : *Nulla sit vobis cum viris aut mulieribus religiosis aut laicis, quamvis quibuslibet propinquis aut extraneis, potandi licentia; sed tantum ipsis, quibus præfati sumus, pro caritatis officio, sicut condecet vestram sanctitatem, Pociolos offerre præcipimus. Vos tamen in eorum præsentia in omnibus abstinete, ne si licentius cum eis indulta occasione potatæ fueritis, in resolutione potandi aut cor vestrum contraria cogitatio subripiat, aut jocus indecens per oculos et aures, et verba, et cachinnos prorumpat.*

¶ **POÇO**, vox Hispanica, Puteus, fons. Charta Ferdinandi *Gonzalez* Comit. Castellæ, inter Conc. Hispan. tom. 3. pag. 175 : *Quorum termini hæc sunt : de parte Orientis Peña-rubia; et Poço antiquo semper manante, etc.*

¶ **POCONNUS**, Eadem notione qua *Pocalis* supra. Tabular. Calense ann. 1288 : *Ita tamen quod solam præbendam una cum potagio et duobus Poconnis vini semper habebit, sive vacet, sive non.*

¶ **POCULAMENTUM**, Potus, poculum. Vita S. Guthlaci tom. 2. April. pag. 41 : *Excepta hordeacei panis particula et lutulentæ aquæ Poculamento.*

** **POCULARIS**, Ad potum spectans. *Vasa tam escaria quam pocularia*, apud Paul. rec. Sentent. lib. 3. tit. 6. sect. 61. et 67.

¶ **POCULENTUM**, Quævis potio, quidquid ad potum spectat. Statuta Massil. lib. 1. cap. 1. § 17 : *Item, quod* (Rector) *nullum munus... recipiet ab aliquo, vel aliquibus per totum tempus sui regiminis,.... nisi essent canes et aves ad venandum, vel res pertinentes ad esculentum et Poculentum, Valentes a 5. sol. ad plus.* Occurrit etiam in Statuto Philippi Pulcri ann. 1302. tom. 1. Ordinat. pag. 364.

* **POCULUM**, Quævis potio, maxime vero Potus in usus domesticorum. Lit. remiss. ann. 1404. in Reg. 158. Chartoph. reg. ch. 463 : *Sibi imponebatur pociones seu mala Pocula dedisse seu administrasse cuidam filiæ,.... ex quibus Poculis dicta filia devenit insensata.* Inventar. ann. 1476. ex Tabul. Flamar. : *Item plus unam barriquam Poculo sive vinada plenam.* Ibidem : *Item plus unam pipam ex Poculo sive vino agasato plenam.* A Latino Poculum, diminutivum *Poçonet* et *Poçonnet.* Mirac. S. Ludov. edit. reg. pag. 392 : *Adonques ladite Marote prist un Poçonnet et vint à ce ruissel et volt puisier de l'iaue.* Occurrit etiam tom. 1. Fabul. pag. 241 :

Son Poçonet et s'escuelle, etc.

* POCULUM EXCOMMUNICATIONIS *propinare*, Excommunicare, in Charta Burch. Camerac. episc. ann. 1118. ex Chartul. antiq. S. Autberti fol. 15. v°.

¶ POCULUM CARITATIS, Convivium, quo amici excipiuntur. Vita B. Edmundi Cantuar. Archiep. apud Marten. tom. 3. Anecd. col. 1809 : *Die sancti Gregorii Papæ, Papa Gregorius Prælatos, quotquot in curia aderant, invitavit ad caritatis Poculum.* Vide *Potus.*

¶ POCULUM LAUDIS Judæis dicebatur illud, quo convivium Agni paschalis claudebant. Vide *Eucharistia* initio.

¶ **POCZOLLUM**, f. Terrenus agger, ab Ital. *Poggiuolo.* Chron. Estense ad ann. 1299. apud Murator. tom. 15. col. 346 : *Circa horam tertiam finito consilio ipsorum venerunt extra cameram super quodam Poczollo, ubi invenerunt mensas paratas.*

* **PODADOIRA**, *Prov. Falx, puta. Podar, putare*, in Glossar. Provinc. Lat. ex Cod. reg. 7657. Hispan. *Podadera.* Inquisit. ann. 1268. ex sched. Pr. *de Mazaugues : Requisitus quæ pignora fuerunt apportata, dixit quod Piocos et Podadoiras. Podadoirre*, in Lit. remiss. ann. 1454. ex Reg. 182. Chartoph. reg. ch. 130. *Podet*, eadem notione, in aliis ann. 1481. ex Reg. 209. ch. 105 : *Le suppliant qui tenoit en ses mains ung hernois, que on appelle* (en Auvergne) *Pouda ou Podet de fer, avecques son marge de bois, etc.* Hinc *Poder*, Vitem putare. Lit. remiss. ann. 1469. in Reg. 197. ch. 88 : *Laquelle vigne j'ai Podée, fossée, vinée et gouvernée.* Vide *Podare.*

¶ **PODAGIUM**, Idem videtur quod *Pedagium.* Vide in hac voce. Charta S. Ludov. Reg. Franc. ann. 1259. inter Instrumenta tom. 2. novæ Gall. Christ. col. 234 : *Podagium etiam civitatis et alii reditus in eadem civitate vel territorio ad Episcopum pertinente, etc.*

¶ **PODAICUS** dicitur Christus in Orat. cujusdam librarii ad calcem libri Theogeri Episc. Metens. de Musica, apud Pezium tom. 1. Anecd. Præfat. pag. 15. forte quod illum *podere* seu tunica talari vestitum repræsentet S. Johannes in Apocal. cap. 1. 13.

¶ **PODARE**, dici videtur de prima vineæ pastinatione, quod circa pedem vitis fiat. Tabular. S. Victoris Massil. ann. 1349 : *Teneatur vineam laborare seu laborari facere tribus vicibus, videlicet Podare, fodere et reclaudere temporibus opportunis.* Rem tamen non definio, cum Provinciales *Poudar* dicant pro Vitem putare : unde

¶ PODARE CULTELLUM, vulgo *Poudadoire*, ipsis dicitur falx vineatica, qua ad vitem putandam utuntur, in Inventar. ann. 1294. ex Tabul. S. Victoris Massil. *Doujat* in Diction. Tolosan. : *Poudo, serpe, Pouda, élargeonner, effeuiller la vigne.* Vide *Podadoira.*

PODENCUS, Canis species, Hispanis *Podenco*, Nebrissensi *Vertagus.* Fori Aragonenses tit. de venatorib. : *Si aliquis furatus fuerit Podencum aut canem custodem domus.* Fori Oscæ ann. 1247. fol. 36 : *Quicunque leporarium aut alanum furatus fuerit,.... et qui Podenco furatus fuerit, cum duobus aliis reddat domino suo, etc.*

PODERAGIUM, Primarium jus hypothecæ in prædium, aut feudum, quod a Domino feudi creditori conceditur, vel sibi ipsi, si vassalli creditor est, reservat. Consuetudines Tolosæ : *Est usus et consuetudo Tolosæ quod Dominus feudi potest dare Poderagium et primariam creditoribus in feudo illo, quod tenetur ab ipso, et sibi ipsi potest in dicto feudo dare et retinere Poderagium pro debito, quod feudatario et aliis debet, etc.* Adde part. 2. Rubr. *de Poderagio et banno.* Part. 4. tit. de feudis, art. 16. [Vide *Potioritas* et *Primaria.*]

1\. **PODERE**, PODERUM, PODERIUM, Ital. *Podere*, Possessio, prædium rusticum, *Potestas*, nostris, quæ vis est vocis Italicæ. [Charta ann. 1195. tom. 2. Bullar. Casin. pag. 225 : *Philippus Dei gratia dux Tusciæ et dominus totius Poderis comitissæ Matildis, etc.* Chron. Parmense ad ann. 1292. apud Murator. tom. 9. col. 823 : *Et etiam ob hoc per Commune Parmæ fuit eis largita quarta pars Poderis dom. Jacobi Tavernerii quam sibi reliquerat in testamento suo.*] Charta Ottonis V. Imper. ann. 1212. pro Monasterio Aquæ frigidæ in Italia : *Venam ferream, quæ est in prædicto monte super Podere, sive in terra, quæ est illius Monasterii.* Occurrit non semel in Chartis Italicis, ut et *Poderum*, et *Poderium*, unde emendandus Petrus de Vineis lib. 5. Epist. 84. ubi perperam *ponderis*, pro *poderis*, editum. Adde Ughellum tom. 4. pag. 857. Frideric. II. Imper. Epist. 2. ex Baluzianis. [** Fœdus Henrici Regis cum Mediolan. ann. 1234. apud Pertz. tom. 2. Leg. pag. 306. lin. 39.] et Carol. Molineum in Consuetud. Paris. tit. 1. de feudis Gloss. 5. § 17. Vide *Potestas* et *Poderium.*

☞ *Podere* mobili opponitur, ut colligimus ex Statutis Cadubrii lib. 2. cap. 26 : *Ordinamus quod Podere alicujus in curia seu super curiam ad petitionem alicujus creditoris, vel personæ poni non possit, et ipsum recipere officialis aliquis non possit, nec sit ausus, nec scribere in quaterno nisi primo et ante omnia varrentatum sit ipsi officiali per aliquem præconem curiæ se non invenire aliqua bona mobilia debitoris, seu illius qui dicitur esse debitor ad pignorandum, seu ponendum in sua manu, vel jurati usque ad summam debiti creditoris.*

* Acta notarii Senens. MSS. ad ann. 1285. ex Cod. reg. 4725. fol. 71. r°. : *Confiteor habuisse.... quinquaginta starios frumenti,.... quod bladum seminavi in tuo Poderi quod habes.*

* 2\. **PODERE**, Posse, valere, Hispan. *Poder.* Charta Alph. VI. Castel. reg. inter Acta SS. tom. 6. Jul. pag. 53. col. 2 : *Et pro nulla exquisitione non Podant inde quidquam, nec pro nullo rege subsequente, sive cabet-medina, aut comite vel principe mili-*

tiæ, de quanto hodie pertinet, dare, etc. Vide *Podibat.*

PODERIS, Tunica talaris, ποδήρις, vestis Sacerdotum antiquæ legis, quam in nova vulgo *camisiam* vocant. [Tertullianus adv. Judæos cap. 11. ex Ezechiele cap. 9. 2 : *Et unus vir in medio eorum indutus Podere*; LXX. Interpretes ἐνδεδυκὼς ποδήρη, vulgata, *vestibus lineis.*] Eucherius Lugdunensis : *Poderis, sacerdotalis linea corpori penitus adstricta, eademque talaris, unde et Poderis appellata, hæc et subucula dicitur.* Papias, pro *subucula*, habet *camisia.* Ita etiam Isidorus lib. 19. cap. 21. [Gloss. Lat. Gall. Sangerman. : *Poderis, vestement à Prestre comme aube.*] Adde Ivonem Carnot. serm. 3. de Reb. Eccles. Innocentium III. lib. 1. de Mysterio Missæ cap. 10. 16. 39. etc. Anonymus de Revelatione corporis S. Austremonii, in Prologo : *Podera quoque et ciclades, quarum amiciebantur tegmine, nimium superabant candorem.* Ordericus Vitalis lib. 12. pag. 867 : *Quidam illorum* (Clericorum) *Poderibus suis induti, etc.* Metellus in Quirinalibus :

> Pedum levi de fune fert Episcopus,
> Presbyter a scapulis, et partem Poderis sequens.

Fridegodus in S. Wilfrido cap. 11 :

> Comuntur roseo candentia Podere colla.

[** Vide Forcellin. et Furlanett. in Append.]

¶ Vestis Poderis, Linea et acupicta, in Bulla Nicolai III. PP. ann. 1278. apud Rymer. tom. 2. pag. 99 : *Nobis vestem Poderis universum orbis ambitum continentem .... ingerentes, etc.*

¶ **PODERIUM**, Villa, pagus, districtus Potestatis, judicis, etc. Statuta Montis Regal. fol. 276 : *Item statutum est quod nulla persona de civitate Montis Regalis, vel posse, vel ibi habitans, debeat.... illos pannos vendere in civitate Montis Regalis vel Poderio, sub pœna sol.* LX. Statuta Vercell. lib. 3. fol. 87. v°. : *Nullus bubulcus ducens vinum ad civitatem Vercellarum ad victuram possit nec debeat pernoctare cum ipso vino in loco vel Poderio terre ubi habitat, etc.* Vide *Potestas. Poderium, Poderum*, pro Possessio, prædium rusticum, sæpius usurpant Scriptores Itali, ut supra observatum in *Podere*, 1.

¶ **PODEROS.** Charta ann. 1111. inter Probat. tom. 2. Hist. Occitan. col. 378 : *Ego Bernard Amel te reddria lo castel de Cheralb et forsas quas ibi fuerint. Et si ego non fuero Poderos*, DM. *sol. donem tibi.* Vox Vasconica quæ idem sonat atque *Et si ego non potuero, etc.*

* Glossar. Provinc. Lat. ex Cod. reg. 7657 : *Poderos, Prov. pos, potens.*

¶ **PODESTAS.** Vide *Potestas.*

¶ **PODESTATICUM**, Idem quod *Potestas*, jurisdictio, dominium. Charta ann. 1202. in Tabular. regio Provinc. : *Ego Guillelmus gratia Dei comes Foroalquerii confiteor et recognosco Consulibus Avenionis in toto populo et territorio ejusdem civitatis plenum Podestaticum et plenam dominationem, etc.* Vide *Potestativum.*

¶ **PODESTICUM.** Vide *Pedesticum.*

* **PODIALE**, Collis, mons. Charta ann. 1415. in Reg. 168. Chartoph. reg. ch. 328 : *Item pro tribus carteriatis vineæ, sitis ad Podiale Raust, unam punheriatam frumenti.* Vide *Podium* 3.

¶ **PODIARIUS**, *inter mimos.* Gloss. Isid. Qui ad *podium* fabulas agebat, interprete Grævio.

¶ **PODIATA.** Vide *Podium* 2.

¶ **PODIBAT**, Poterat, in Charta Chlotarii III. Reg. ann. circ. 657. apud Felibian. Hist. Sandion. pag. VII. : *Idio ipsa aucturetate mano propria non Podibat subscribere.*

¶ **PODICUS**, Pedestris, Ποδικός, apud Mart. Capellam lib. 9. pag. 328 : *Temporum alia simplicia sunt, quæ Podica etiam perhibentur.*

¶ **PODIDUM.** Vide in *Pedagium.*

¶ **PODIENSIS** Solidus. Vide in *Moneta Baronum.*

¶ **PODIOLUS.** Vide *Podium* 2.

PODISMUS, Ποδισμός, *Pedatura : Podismatus ager*, pedibus dimensus. Glossæ MSS. : *Podismus, Gr. Lat. pedalis mensura.* Vide *Pedatura* [** et Forcellin. Ruodlieb fr. 3. vers. 6 :

> Curti contiguum stat tentorium satis amplum
> Solis ad exortum, de quo posuère Podismum.

Ubi glossa marginalis *Gang. Podismare, Podismalis, Podismaticus* et *Podismatio*, apud Boeth. in Geometr. Euclid. Vide Furlanett. Append. Lexici Forcell.]

☞ Occurit hæc eadem vox, ut observat Carolus de Aquino in Lex. milit. apud Scriptores Tacticos, præcipue Ælianum, ut significent spatium illud in instructione aciei, quo unus miles ab alio sejungitur, non solum a lateribus, sed etiam a fronte et tergo. Distabant autem inter se vel sex, vel tres pedes, aut etiam pedem et semis.

1\. **PODIUM.** Leges Inæ Regis cap. 74. edit. Saxon. : 70. *Plena ambra butyri, salmones* 5. 20. *Podia fœni, et* 100. *anguillæ.* [Certum pondus significari videtur.] [** Cap. 70. In versione antiqua *Pondia fodri*, in Anglosaxon. P u n d - w æ g a f o d r e s.]

2\. **PODIUM**, Res quævis, cui innitimur : a podiis Circorum, vel ædium mœnianis, voce Latinis Scriptoribus nota, de qua copiose Vitruvii interpretes, ac præsertim Bernaldinus Baldus. Jo. de Janua : *Podium, baculus, super quem innitimur, cum sæpe terram terimus. Unde et podium dicitur ubicumque innitimur, et inde Podio, as, appodio, as, compodio, suppodio, omnia pro valde inniti.* [Gloss. Lat. Gall. Sangerm. : *Podium, baston pour apoier, ou apoieur.*] Petrus Damian. lib. 3. Epist. 8 : *Ut nec Podio, nec adjacenti prorsus ulli materiæ dignentur inniti.* Sugerius lib. de Consecrat. Eccles. S. Dionysii : *Arcus nullo suffulti Podio.* Diploma Friderici I. Imper. ann. 1162. apud *Diago* in Comitib. Barcin. lib. 2. cap. 174 : *Cum Romani Imperii dignitas.... nullo nisi divino innixa Podio, etc.* Philippus Eystetensis Episc. in Vita S. Willibaldi, de contracto : *Qui cum relatu didicisset reliquias S. Walpurgis ad Ecclesiam deportari, sumptis Podiis more solito, firmiter claudicando chorum ascendit.* Et infra : *Sanitatem omnimodo est adeptus, ita quod Podiis et baculis abjectis cœpit jubilare et salutare.* Ordericus Vitalis lib. 12 : *Alii vero Podiis vel lapidibus, quos ibi forte invenerant, arreptis, repugnare conati sunt.* [Ingelramnus in Relat. S. Richarii, sæc. 5. Bened. pag. 565 :

> Ut per circuitum posses incedere templi
> Tutius utque per hos valuisses figere gressus,
> Desuper adjunctum munimen erat Podiorum.]

* *Puye*, eodem sensu, in Lit. remiss. ann. 1394. ex Reg. 146. Chartoph. reg. ch. 139 : *La suppliante esmeue de chaleur et courroux.... bouta des mains et du genoul ledit sergent,.... telement que il chey à l'entrée de l'alée dudit celier, et se tint à une Puye ou boise qui y estoit.* Hinc

* Podium, Subsellium, minoribus canonicis in ecclesia Lugdunensi destinatum. Acta capitul. ejusd. eccl. ad ann. 1342. ex Cam. Comput. Paris. fol. 77. v°. col. 1 : *Commiserunt prænominatis capitulantibus, quod.... Humbertum de Briot canonicum Lugdunensem subdiaconum ponant ad Podium.*

Podium, Pars *formæ* monachicæ, cui Monachi, cum procumbunt, innituntur. Usus antiqui Ordin. Cisterciensis cap. 68 : *Et paululum a Podio semotus; stet usque ad metrum.* Cap. 69 : *Quicunque hymnos incipit stet semotus a Podio.* [Statuta ejusdem Ordinis ann. 1219. apud Marten. tom. 4. Anecd. col. 1314 : *Monachis in stallis suis manentibus, dum antiphona canitur, et semotis a Podio.*]

Podiata. Gauterius Cancellarius de Bellis Antiochenis pag. 459 : *Facto specu subterraneo, infodientes intitit homines, igniferosque parat currus siccis lignis insitos, ut cum ad turres pervenerint, sub Podiatæ postibus eisdem immissis ignibus corruant.* De cuniculis, qui lignis sustentabantur.

Appodiare, Inniti in rem aliquam, incumbere, Gall. *Appuyer, s'appuyer*, Ital. *Appoggiare.* Gloss. MSS. : *Fulcio, apodio.* Ugutio : *Sufflare, id est apodiare, fulcire, appodiamentum supponere. Vel hoc sufflamen, appodiamentum, quod cui innititur ut sustentetur.* Ordericus Vitalis lib. 8. pag. 693 : *Et baculo, quem bajulabat Appodiatus immobilis stetit.* Willebrandus ab Oldenborg in Itin. T. S. : *In Joppem pervenerunt, ubi navim, quam sine remis et velo in portum hujus Tarsis Appodiaverunt.* Jacobus de Vitriaco lib. 3 : *Cadaver perfidi armatum, ad modum autem vivi Appodiantes, erexerunt.* Utuntur præterea Rigordus ann. 1190. Cæsarius lib. 5. cap. 5. Willelmus Brito lib. 2. et 3. Philipp. pag. 115. 133. Walsinghamus ann. 1271. Matthæus Paris, Chronicon Aulæ Regiæ ann. 1321. et 1329. Chronicon Windes. lib. 1. cap. 11. Petrus de Dusburg in Chron. Prussiæ cap. 53. Vita S. Constanbilis Abb. Cavensis cap. 4. num. 25. etc. Le Roman *d'Amile et d'Amy* MS. :

> Qui les veist sor les chevax Puier.

[Le Roman *de Floire* MS. :

> L'en li amoinc un vairon,
> Tos fut coverts d'un siglaton,
> Li Seneschax i est Puié.

Ibidem :

> Et sont es bons chevax Puiez]

Appodiamentum, Gall. *Appuy*, Italis *Appoggio*, res quæpiam cui innitimur. Conradus Marpurg. in Vita S. Elizabeth, de claudo : *Suræ tibiarum adeo evanuerant, similiter et nates, quod ire non potuit ullatenus, nec sine Appodiamento sedere.* Et infra : *Cœpit ad sepem et ad Appodiamenta alia se erigere, et sic gradi.*

Appodiatio, Eadem notione, in Epist. Balduini de Expugn. Constantinopolitana apud Arnold. Lubec. pag. 190.

Appodiatorium, Fulcrum, nostris *Potence*, apud Recuperum in Actis B. Ambrosii Senensis num. 1. 139.

Suppodiare, Sustinere, *Soustenir*. Sugerius in Vita Ludovici VI. pag. 318 : *Descendente vero tota statione, eum Suppodiando deportans, celsitudinem Paternitatis ejus notis et ignotis clarificavit.* Ita enim vox hæc restituenda apud Bertrandum in Miraculis S. Roberti Abbat. Casæ-Dei num. 13.

Repodiatio. Chronicon Windemense lib. 1. cap. 27 : *Sine Repodiatione et brachiorum super stalla reclinatione communiter in Choro stare consuevit.*

Pogium, Idem est quod *Podium*, quo innitimur. Chronic. Fontanellense cap. 16 : *Porticus honestas cum diversis Pogiis ædificari jussit, quibus trabes imposuit, ac juxta mensuram eorumdem tectorum in longum extendit.*

¶ Poïus, Eadem notione. Vetus Monast. Casin. descriptio a Ruinartio laudata in Apolog. S. Mauri : *In Poïo, qui est in dormitorio ante portam de turre, sanctus Benedictus solsit rusticum.*

¶ Podiolus, dimin. a *Podium*, Balcon. Regimina Paduæ ad ann. 1282. apud Murator. tom. 8. col. 461. : *Factæ fuerunt stationes Communis Paduæ subtus Podiolum potestatis. Pudiolus* editum ibidem col. 427. Chronicon Tarvisinum apud eumdem tom. 19. col. 781 : *Cum illis deambulans per Podiolos ita studiose, etc.* Vita B. Henrici Baucens. tom. 2. Junii pag. 372 : *Prout clare poterant etiam de Podiolo episcopatus intueri.*

3. **PODIUM**, Collis, mons : Gallis *Puy*, [et *Pec*, *le Pec de S. Germain en Laye; Pou*, Normannis, *le Pou de Flamanville;* alibi *Pic*, *Pic de Teneriffe;*] Occitanis et Arvernis, *Poy*, *Peu*, vel *Puesch*. *Puey*, et *pueyo*, in Charta Sanctionis Abarcæ Regis Aragonum æræ 971. apud Blancam in Commentario rerum Aragon. pag. 613. [Chartophylacium Regium Regesto 49. fol. 50 : *Donavimus... Podium sive montem vulgariter appellatum de Champinac.* Charta ann. 1047. in Tabul. S. Victoris Massil. : *Et pergit ad ipsum Podium sursum, etc.*] Theodulphus Aur. in Parænesi ad judices :

Hinc Magalona habuit lævam, Sextantio dextram,
Hic scabris Podiis cingitur, illa mari.

Hinc dicta urbs Aniciensis in Arvernis, quod supra *podium* extructa sit. Vita S. Georgii Episc. Aniciensis : *Surge velociter, et cacumen istius montis ascende, quem majores vestri Græco sermone Anitium*, (ab ἄνω) *vos autem quasi propriæ nationis vocabulo dicitis Podium.* Vide Odonem de Gesseio in Histor. Aniciensi lib. 1. cap. 26. [Valesium in Notit. Gall. pag. 452. Huetii Orig. Cadom. pag. 322. et infra *Puteus* 2.] Quod vero *Podium* alii, nostri *Pui* dicunt. Le Roman *de Florimon*, cujus auctor vixit anno 1188 :

Li Rois fu bien apareilliez,
Le Pui descent tout embronchiez,
Le Pui devale contreval, etc.

Le Roman *d'Auberi* MS. :

Ainsi que gi muire, en aurai tant ocis,
Couvert en ierent li Pui, et li larris.

Alibi :

Envers Cortrai par larris et par Puis.

Le Roman *de Roncevaux :*

Rollans regarde ens Puit, et ens valées.

Le Roman *de Garin* :

Tant a Girbert le roi Pepin seü,
Qu'il l'a trouvé el Pui de Mon-Loon.

Alter Poëta MS. :

Chevaux fuians courir le Pui et la Valée.

Alibi :

Que li Puis et li vaus trestout en resonna.

* Charta ann. 1203 : *Ego Bermundus abbas S. Andreæ, consilio et voluntate totius conventus, adquiescens precibus tuis Raymunde de Agoudo, concedo tibi et tuis Podium S. Martini, quod est proprietas S. Mariæ de saltu, ad faciendum castrum : hoc tamen retinemus in prædicto Podio, quod quicumque ibi ædificaverint domos, pro singulis cannis duos nummos curribilis monetæ persolvant annuatim priori de saltu.* Lit. remiss. ann. 1450. in Reg. 185. Chartoph. reg. ch. 2 : *Estienne Mitrault, qui estoit logé en ung Puy ou montaigne, etc.*

Poium, pro *Podium*, Collis, mons, [*una Poya* etiamnum rusticis Dumbensibus. Notitia ann. 876. in Append. ad Marcam Hisp. col. 798 : *Per summitate de ipso Poio infrontat in kero Dandriso, etc.*] Occurrit in Bulla Leonis IX. PP. et in Diplom. Conradi Imp. apud Ughellum in Episcopis Asculanis : passim etiam in Tabulario Casauriensi, ubi interdum *poiora*, pro *poio* reperitur. Adde Franciscum Mariam in Mathilde lib. 3. pag. 105. 106. 108.

¶ Poius, in Charta ann. 1058. ex Tabul. S. Victoris Massil. : *A meridie sicut est Poius qui dicitur Castlar, et strata publica, etc.*

Pogium, Idem quod *Podium* et *poium*, Collis. Italis *Poggio*. [Charta ann. 1011. apud Murator. delle Antic. Estensi pag. 194 : *De monte et Pogio, seu castello illo, qui esse videtur in loco et finibus, ubi dicitur Vico.* Charta ann. 1124. ibid. pag. 155 : *Ad proximum Pogium ire placuerat, qui est in monte, qui vocatur Caprione, ad ædificandum super eum castrum.... Pogium ipsum tandem ascenderunt, et in quantum poterant, invito prædicto exercitu, ædificare cœperunt.*] Diploma anni 1224. apud Ughellum in Episcopis Lunensibus : *Cum suis viribus resistendo Pogium ipsum tandem ascenderunt.* Et infra : *Prædictum Pogium causa castelli ædificandi ascenderunt.*

Pugium, in Charta Lotharii Regis Franciæ ann. 987. apud Michaëlem Carbonellum in Chronico Hispan. fol. 7.

Poggiare, Ascendere, apud Petrarch. parte 1. can. 1. 10. Dantem in Paradiso 6. etc.

☞ Sic *Pojar* et *Pujar*, pro Ascendere, extollere, dixerunt Poetæ Provinciales. Folquetus Massil. Episcop. Tolosæ ex Cod. MS. apud V. Ill. Præs. *de Mazaugues* :

Quan plus deiscen, plus Poia humilitas,
Et orgoill chai ou plus halt es Pojas.

Giraldus *de Borneil* apud Crescimb. pag. 227 :

Mos scigner cui es Mouferras,
Qui per dreig segnerage
Est en tan grand honor Pojats.

Blascasset in Beatrice Comit. ibid. pag. 240 :

Vostre fin pritz et tant Pujats,
Que sobre totz es exauzats.

Podium, Pogium, Lectrum, analectrum in Ecclesia, ad quod gradibus ascenditur. [Cyprianus in Vita S. Cæsarii Arelat. num. 17 : *Videntur etiam hodieque securium ictus in Podiis et cancellis, dum inde columnarum ex argento excutiuntur ornamenta.*] Ordo Romanus : *In Pogio juxta ambonem cum capsa in qua Subdiaconus idem ponit Evangelium ut sigilletur.* Alibi : *Qui ordinandi sunt, stent in Pogio sub gradibus.* Rursum : *Veniunt usque ad altare, ascendentibus Diaconibus in Pogium, Episcopi et Presbyteri statuuntur in locis suis, et schola ante altare.*

¶ 4. **PODIUM**, Domus rustica, curtis, prædium rusticum, castrum, castellum; maxime de iis dicitur quæ supra *podium* seu collem exstructa sunt. Vide *Podus*. Charta ann. 1201. inter Instr. tom. 2. Gall. Christ. novæ edit. col. 323 : *Unum sextarium frumenti, et unam saumam vini... de frumentada et de vinada quæ censualiter in terra et Podio Johannis... præcipio reddendam.* Chron. Farfense apud Murator. tom. 2. part. 2. col. 535 : *Item Martinus et Sobinus filii Dominici dederunt in hoc monasterio portionem suam de Podio in Sorbiliano.* Ibid. col. 594 : *Concesserunt in hoc monasterio res suas territorii Sabinensis in Ciliano, et in monte qui nominatur Costa, ubicumque Podium ædificare oportuerit.* Oberti Cancell. Annal. Genuens. lib. 2. apud eumdem tom. 6. col. 299 : *Injungentes quod super podium, in quo nemo exterus partem habebat cum alio commune, posset castrum ædificari, cujus fortitudine a suis inimicis possent commodius se tueri.... Tamen ipso consulatu ædificatum fuit Podium illud, nomen cui fuit impositum Mons-leo.* Le Roman *de Garin :*

Tant a Girbert le Roy Pepin seu
Qu'il l'a trouvé el Poi de Mont-Loon.

¶ Podius, Eadem notione. Charta ann. 1166. inter Probat. tom. 2. novæ Hist. Occitan. col. 606 : *Ego Guillelma vicecomitissa Namausensis... trado ad beneficium in perpetuum sine dolo tibi Duranto Alafredo de Bedillano, et tibi Petro fratri ejus, et infantibus et omnibus successoribus vestris, scilicet unum Podium qui vocatur Escata. Tali videlicet pacto dono vobis hunc Podium, quod vos et successores vestri mihi vicecomitissæ et vicecomiti de omnibus fructibus qui de Podio exierint, de blado, et de ligno et de contiis tascham detis.*

* *Puy*, eodem sensu, nostratibus. Lit. remiss. ann. 1472. in Reg. 197. Chartoph. reg. ch. 287 : *Pour faire pasturer ensemble leur bestail en ung grant Puy ou pasturage.* Nisi sit Pascuum in montibus.

* 5. **PODIUM**, *Ebur ustum*, in Gloss. ad Alex. Iatrosoph. MS. lib. 1. Passion.

cap. 111 : *Item Podium teres et pulverem insufflabis.*

* **PODIUS**, Res quæpiam, cui aliquid innititur. Guido de Vigev. MS. de Modo acquirendi T. S. cap. 2 : *Et habeant Podii quatuor longi brachiis octo pro Podio facti in calosis;.... et in pertica circa calosum sextum sint dubiones quatuor, cum quibus plicentur seu ligentur ipsi Podii;.... ponatur baltrisca in pertica usque supra Podios, et illi quatuor Podii ligentur cum suis dubionibus.*

¶ **PODIXA**, *Tallia*, seu præstatio a civibus exsolvenda. Tabul. S. Victoris Massil. : *Viginti florenos solvatis de resta centum illorum per civitatem debitos ex quadam Podixa anni* 1379.

* Male prorsus; idem quippe quod *Apodixa*. Vide in hac voce. Charta Rob. reg. ann. 1324. ex Tabul. Massil. : *Et recipiatis exinde Podixam debitam ad cautelam.*

***PODOGRAICUS**, Podagricus. Locus est supra in *Morpheaticus.*

¶ **PODOTA**. Leunclavius in Pandecte Turcico num. 24 : *Conductus a navarcho, ut index itineris interdiu noctuque nobis esset, quem Podotam Græci nunc dicunt, vocabulo peculiari, quod in Pulologo reperitur, vulgus nautarum Pelotam vocat.*

* **PODRA**, a Gallico *Poudre*, Pulveris aromatici species. Comput. ann. 1483. inter Probat. tom. 4. Hist. Nem. pag. 23. col. 1 : *Item in sex onciis Podræ finæ, pro ponendo in pastillis et potagio, vij. solidos, vj. denarios.*

¶ **PODRIGIA**, ut *Pogesia*. Vide in hac voce.

PODUS, vel Podum, Domus rustica, curtis, prædium rusticum. Tabularium Ecclesiæ Landavensis in Monastico Anglic. tom. 3. pag. 193 : *Mandavit Rex propter sanctum Telliaum, conversantem tunc apud Pennalun, Podum suum, ut cito ad eum veniret, ut sibi et curiæ suæ benedixisset, etc.* Ibid. pag. 194 : *Ablatis filiis septem patri funesto, vir magnæ pietatis nutrivit eos, et ad studium literarum misit, quos in Podo suo Laun Teliau dimisit.* Pag. 195 : *Sciendum est sane, quod Oudoceus Episcopus suum proprium aquisivit agrum, id est Podum Eynguulan, agrum quidem S. Dubricii in patria Guhyr, etc.* Adde pag. 197. 198. [Vide *Podium* 4.]

* **PODWODA**, Servitium cum equis, apud Polonos. Charta Vladisl. Jagel. ann. 1433. inter Leg. Polon. tom. 1. pag. 91 : *Absolvimus insuper.... kmethones ab omnibus solutionibus, contributionibus et exactionibus, vecturis, laboribus, equitaturis, Podwodis dictis, angariis, etc.*

* **PODYMNE**, Tributi species, apud Polonos. Charta Casimiri III. ann. 1462. ibid. pag. 201 : *Omnes et singuli kmethones.... de quolibet laneo possesso.... singulis annis exactionem, alias Podymne.... exolvent.*

¶ **PŒLEX**, ζύλη, παλλακή, in Gloss. Lat. Gr. Sed legendum Pellex.

1. **PŒNA**. *Pœna obligata*, in quam quis se ex pacto *obligavit*, adstrinxit. Lex Longobard. lib. 3. tit. 10. § 1. [** Aistulph. 7.] : *Sed semper commutatio ipsa firma permaneat, et si removere voluerit, Pœnam inter se obligatam componat.* Supra : *Excepto si Pœnam obligatam componere voluerint.* [** Vide Dirksen. Manuale Juris in hac voce § 3.]

☞ Præter imprecationes in Chartis apponi solitas Pœnarum quatuor genera distingui possunt, quibus coarctandas hominum pravas voluntates existimabant antiqui. De iis vide Mabillonium lib. 2. Diplom. cap. 8. in cessionibus tamen nullam pœnam fuisse adhibitam probant formula 36. inter Sirmondicas et form. 29. novæ Collectionis. Vide Baluzii Notas ad lib. Capitul.

Poena Mutorum. Vide *Panis fortis et durus.*

¶ Poena, *Emenda*, mulcta. Charta Adami Episc. Meld. ann. 1289. in Tabular. ejusdem Eccles. : *Tenebuntur dicti hospites solvere nobis Episcopo decem solidos Turon. pro Pœna, quam Pœnam nobis facient dicti decanus et capitulum reddi et solvi, ut dictum est, cum pecuniæ expensarum prædictarum.* Charta ann. 1265. in Chartul. Domus Dei Pontisar. : *Ils estoient tenus à paier.... 11. sous en nom de Peine.*

¶ Poena Faillita, Eodem intellectu. Charta ann. 1379. ex Schedis Præs. *de Mazaugues : Dicta curia habet ibidem condemnationes latas et Pœnas faillitas; quæ lata solvitur pro confesso denar.* 12. *pro libra et de negatis solidos* 2. *Item Pœnæ faillitæ solvuntur per hunc modum : de prima citatione, si sit contumax, solvit denar.* 6. *de secunda solidum unum, etc.*

¶ Poena Perdita, Eadem notione. Charta ann. 6. Henrici VIII. Reg. Angl. apud *Madox* Formul. Angl. pag. 273 : *Tunc volo et per præsentes concedo, pro me, hæredibus et assignatis meis, ad forisfaciendum et perdendum dictis abbati et conventui eorumque successoribus nomine Pœnæ perditæ, alios octodecim solidos bonæ et legalis monetæ Angliæ.... Et quod bene licebit dictis Abbati et conventui.... tam pro prædicta annuitate sive annuali redditu* 18. *denariorum, quam pro hujusmodi Pœna sive pœnis, sicut præmittitur, perditis et forisfactis.*

* Poena Fiscalis, Mulcta, quæ ad fiscum pertinet. Vide supra in *Fiscus.*

* 2. **PŒNA**, In jus vocatio, actio in jure, qua quis molestatur. Charta Phil. Aug. ann. 1195. in Reg. 34. bis Chartoph. reg. part. 2. fol. 116. r°, col. 1 : *Si vero consanguinei Galcheri eos super hoc mittebant in Pœnam et placitum, etc.*

* 3. **PŒNA**, Tributum, onus agris vel personis impositum. Charta Phil. I. ann. 1061. in Reg. 62. Chartoph. reg. ch. 283 : *Apud Tinevalle habet alodum ab omni Pœna relaxatum.* Alia Galteri Laudun. episc. ann. 1164. ex Chartul. S. Vinc. Laudun. ch. 69 : *Ecclesia igitur super prædicta terra contra omnes, qui jus exequi voluerint, Arnulfo garandiam portabit; nisi aliquis rusticorum in aliqua terra Pœnam suam monstrare valuerit. Painnée*, eadem, ut videtur, acceptione, in Lit. ann. 1390. ex Reg. 138. ch. 195 : *Le pénultieme jour du mois de March, Jacques Mariée enchérit ledit fief d'un gros de Flandres, pour le denier Dieu; quatrevins frans d'or du roy, pour le gros du marquiet, lxij. sols de carité, lxij. sols pour la premiere Painnée, et pour cascune des autres selon l'ordenance; et quant aux deux cens, un gros pour le denier Dieu, dix frans d'or du roy, pour le gros du marquiet, wit gros du carité, wit gros pour la premiere Painnée, et pour cascune des autres, que on y referoit, cinq gros.* Hinc

* Terra Poenæ, de Poena vel Poenosa, Tributis, angariis et aliis exactionibus obnoxia. Charta ann. 1166. ex Tabul. S. Crucis Camerac. : *Sigerus major de Busseriis, concedente uxore sua Geberga, terragium trium modiatarum, quod in feodo a præposito S. Crucis Cameracensis tenebat, et pœnam quatuor modiatarum.... domui hospitalis de Jherusalem, per manus magistri Letaldi, reddidit.... Quoniam terra feodi sive Pœnæ ab ecclesia S. Crucis detinebatur, quia domus hospitalis hanc gratiam promeruit ut terra nominata, feodi scilicet atque Pœnæ sibi ab ecclesia concederetur, majoriam retinendam ecclesiæ reddidit et perpetuo possidendam concessit.* Alia ann. 1247. ex Chartul. Valcel. sign. E. ch. 42 : *Dimidiam alteram modiatam terræ Pœnosæ, contiguam viæ de Bauduinvalle, inter Fai et Tavielmes sitæ, quam similiter de me tenebat tamquam terram de Pœna.* Vide *Pœnales terræ* et mox *Pœnaliter.*

¶ Ad Poenam Tenere, id est, sub onere, vel præstatione aliqua. Charta Wilfridi Abbat. S. Richarii ann. 1165. in Tabul. ejusdem loci : *Guido de Calmont.... quidquid ad feodum Girardi hereditario jure spectat, nempe curtillum.... ad Pœnam tenebit a festivitate S. Remigii, quæ est anno Incarnati Verbi* 1166. *ad duos annos in pace tenebit : ecclesia vero S. Richarii omnia præscripta a festo S. Andreæ, quod est in priori prædictorum annorum usque ad ejus festum sequens, abque ullo obstaculo de quindecim libris denariorum redimens, tamdiu in pace tenebit donec prædictos nummos a Girardo accipiat.* Vide *Pœnales terræ.*

PŒNALES Terræ, Tributis, angariis, et aliis exactionibus obnoxiæ, *Terres à cens, terres villaines.* Charta Balduini Domini *de Wallaincourt* ann. 1224. in Tabulario Abbat. Montis S. Martini diœces. Cameracensis num. 37. [28] : *Eo quod non essent feodales, sed Penales, etc.* Vide in *Pœna*, 3.

¶ **PŒNALIS** Hebdomada, Nostris *Semaine peneuse.* Vide in *Hebdomada.*

¶ 1. **PŒNALITAS**, Mulcta. Chron. Mellicense Scrambii pag. 576 : *Unaquaque domus nocentium et innocentium duos aureos exhibere debuit fisco principis, et vocabatur brandschatzung, absque Pœnalitate qua domino fundi tenebantur.* Occurrit præterea apud Rymer. tom. 13. pag. 222. et 340. Vide *Pœna.*

* 2. **PŒNALITAS**, Animi anxietas, molestia. Lit. Ludov. II. reg. Jerus. et Sicil. ann. 1402 : *Pœnalitate multiplici in sui cordis ærario, amoris purissimi vinculo federando mirabili ascensurus ad patris dexteram, etc.*

* 3. **PŒNALITAS**, Pœna, supplicium. Joan. de Cardalhaco serm. in nativit. Dom. : *Quarto et ultimo attende homo ad mortis Pœnalitatem et necessitatem, etc. Pouance*, eodem sensu, in Sent. locumten. Duac. ann. 1377. ex Reg. 142. Chartoph. reg. ch. 138 : *Enfin tele Pouance et pugnition.... qu'il seroit dit et jugié pour droit.*

PŒNALITER, Sub tributo, servitiove

aut alia quavis conditione possidere. Charta ann. 1145. ex Chartul. S. Vinc. Laudun. ch. 213 : *Cujus* (alodii) *incolæ loci dominium sibi potius ascribentes, quidam Pœnaliter, quidam aliter atque aliter eam* (terram) *usurpabant; ita ut fructus totius terræ in usus rusticorum pene redigeretur*. Vide supra *Terra pœnæ* in *Pœna* 3.

PŒNARE, Pœnis afficere, in Actis S. Basilisci, Martyr. cap. 3. num. 14. [Le Roman. *de Rou* MS. :

Solonc lor felonnie fessoit chascun Pener]

* Nostris alias *Espenir* et *Empenner*. Cons. Petri de Font. cap. 31. art. 2 : *Le crime ne doit pas remanoir sans estre Espeni*. Lit. remiss. ann. 1472. in Reg. 195. Chartoph. reg. ch. 706 : *Icellui Gieuffroy dist que s'il trouvoit plus au jardin son pere les pourceaulx d'icelui Poitevin, il les Empenneroit*. Hinc, ni fallor, *Espenuier*, pro Operarius, homo pœnæ et labori addictus. Lit. remiss. ann. 1459. in Reg. 189. ch. 361 : *Jehan le Cat poure homme Espenuier... en nostre ville de Tournay, etc*. Ejusdem forte originis vox Gallica *Penisson*, qua vir hebes et stolidus significari videtur, in Lit. remiss. ann. 1478. ex Reg. 205. ch. 153 : *Par le cap de Dieu, jamais tant que le roy vivra n'auren repos et n'auren que mal; car il n'est que ung fol et ung Penisson*.

PŒNATOR, *Tortor*, in Gloss. Arabico-Lat.

PŒNITENTES, Quibus ob crimina publica imponebatur pœnitentia publica; quique *in extremo Christianorum ordine* esse dicuntur apud S. Columban. lib. de Pœnitent. mensura cap. 37. S. Augustinus Epist. 108 : *Quod autem dicitur Petrum egisse pœnitentiam, cavendum est, ne ita putetur egisse, quomodo agunt in Ecclesia, qui proprie Pœnitentes vocantur*. Idem Homil. 49. cap. 2 : *Quod dico competentibus, audiant et Pœnitentes : quod dico fidelibus, dico et competentibus et Pœnitentibus, audiant Catechumeni, audiant omnes. In pœnitentia positi*, in Concilio Arelat. II. can. 21. *In ordine pœnitentium stare*, apud S. Hieronym. Epist. 30. cap. 1. *In pœnitentiam mittere*, apud Gregorium Mag. lib. 9. Epist. 32. *In pœnitentia missi*, in Capitulis Caroli Calvi tit. 13. cap. 8. *Communionem inter pœnitentes præsumere*, in eodem Concilio Arelatensi II. can. 10. *Inter pœnitentes a Communione suspendi*, in eodem Concilio can. 11.

☞ *Pœnitentia solemnis* a publica distinguitur in Statutis MSS. Augerii Episc. Consecran. ann. 1280. ubi casus reservati enumerantur : XVI. *Ubicumque est solemnis pœnitentia injungenda, non dicimus hoc de publica*. Ubi *solemnis pœnitentia* ea dici videtur quæ pro gravioribus delictis occultis a Canonibus est præscripta. [** Vide Morinum de Disciplin. in administr. sacr. pœnit. lib. 5. cap. 8. sqq.]

Pœnitentia autem *publica* dicitur ea, quæ pro expiandis criminibus et delictis publicis imponitur, *iis, qui publico crimine convicti sunt*, in Concilio Arelatensi VI. can. 25. *Qui publice peccarunt*, in Cabilonensi II. *Qui criminale peccatum perpetrarunt*, apud Hincmarum in Capit. 5. Augustinus Homil. 49. cap. 3 : *Propterea Deus voluit, ut Theodosius Imperator ageret Pœnitentiam publicam in conspectu populi, maxime quia peccatum ejus celari non poterit*. Capitula Caroli Magni lib. 6. cap. 96. [** 97.] : *Nam si publice actum fuerit, publicam inde agat Pœnitentiam, juxta sanctorum Canonum sanctionem : si vero occulte, Sacerdotum consilio ex hoc agat pœnitentiam*. Concilium Mogunt. ann. 847. cap. 31. et Concilium Ticinense ann. 855. cap. 13 : *Qui publice peccat, oportet ut publica mulctetur Pœnitentia, et secundum ordinem Canonum pro merito suo excommunicetur et reconcilietur*. Id pluribus probarunt Sirmondus in Historia de Pœnitentia publica, Jacob. Petitus ad Pœnitentiale Theodori, et alii; tametsi viri doctissimi aliquot, atque in iis Joan. Morinus et Arnaldus in libris de pœnitentia, etiam pro occultis delictis pœnitentiam publicam peractam contendunt.

* Pœnitent. vetus Ms. ex Bibl reg. cap. 12 : *Cujuscumque autem Pœnitentis publicum et vulgatissimum crimen est, quod universam ecclesiam commoverit, ante absidam manus ei imponatur*.

Sed quæri solet vulgo, quorum criminum rei, publicæ potissimum addicerentur pœnitentiæ, cum peccare atrocius impune non liceret, et ex legibus gravior pœna gravius delinquentibus statueretur, interdum etiam et fere semper extremum supplicium.

Cui quidem quæstioni ut fiat satis, ut sileam contra Christianam fidem ac religionem et Conciliorum Canones admissa delicta, cujusmodi passim in iisdem Conciliis enarrantur, et in Capitul. Caroli Magni lib. 6. cap. 101. 102. etc. observandum primo, non semper, in antiquis maxime ac barbaricis legibus, mortis pœna, sed mulcta pro modo delicti, expiata crimina : ita tamen ut qui ea admisissent, a judicibus ad Episcopos amandarentur, qui pœnitentiam iis imperarent ac indicerent *pro differentia peccatorum*, ut est in Concilio Carthaginensi III. cap. 31. in Capitulari 1. Caroli Magni ann. 802. cap. 32. 33. 37. in Lege Longob. lib. 1. tit. 10. § 4. [** Henr. I. 2.] in Capitul. Caroli M. lib. 6. cap. 100. [** 101.] in Edicto Pistensi Caroli Calvi cap. 2. 33. in Capitulis ejusdem Caroli tit. 26. cap. 5. in Legibus Henrici I. Regis Angl. cap. 68. etc. [** Regino lib. 2. cap. 5. num. 38 : *De furto et sacrilegio.... Quamvis enim hæc secundum legem humanam emendari debeant atque exsolvi, tamen pœnitentia ad Episcopum pertinet*.] Atque inde *Episcopalis pœnitentia* appellatur in Capitulis ad Silvacum cap. 2. quod ab Episcopis imponeretur, *inspecta discretione et qualitate, prout cuique ad salutem viderent expedire*, ut est in Edicto Pistensi cap. 2. atque ii *reddi Pœnitentiæ* dicebantur. Paschasius Radbertus in Epitaphio Walæ Abb. Corbeiensis lib. 1. cap. 26. de quodam patrono, qui tria homicidia commiserat, ut viduæ bona invaderet : *Sed jam divino convicti judicio, confusi omnes discessere, ac miserclementer redditus est Pœnitentiæ*.

In eorum præterea numero erant rei, pro quibus intercedebant Episcopi, quibus licebat pro iis causa cognita veniam a judicibus postulare : tum enim iis canonica ab Ecclesia imponebatur pœnitentia, quam illi ultro se obituros spondebant, veniam alias non consecuturi, quod ex Concilio Remensi cap. 7. supra docuimus in voce *Intercedere* 1.

Episcoporum etiam intercessio obtinuit pro reis, qui ad Ecclesias confugiebant, uti ibidem diximus. Nam licet Ecclesiæ immunitas a pœna quavis Legibus inflicta reos tutaretur, a satisfactione tamen non eximebantur erga eum, quem offenderant, vel ejus agnatos : neque eorum tutelam aggrediebatur Ecclesia, nisi publica pœnitentia crimen se suum expiaturos spopondissent, ut est in Concilio Remensi ann. 626. cap. 7. Nicolaus I. PP. in Respons. ad Bulgaros cap. 26 : *Si ad Ecclesiam convolaverint, mortis quidem legibus eruantur, Pœnitentiæ vero quam Antistes loci vel Presbyter consideraverit, absque dubio submittantur*. Atque ejusmodi reorum, qui ad Ecclesiam, veluti ad asylum, confugiebant, infinitum fuisse ferme numerum ex auctoribus abunde constat.

☞ Perjuris quoque indicta pœnitentia publica; quod labente etiam XIV. sæculo factitatum docemur ex Charta ann. 1383. tom. 2. Histor. Eccles. Meld. pag. 242 : *Nec non perjurio pro quo Ecclesia consueverit publicam Pœnitentiam imponere*.

Spectabat etiam publica pœnitentia eos potissimum, qui intra gradus cognationis vetitos nuptias contraxerant, seu auctoritate Ecclesiastica separarentur, ut in tertio gradu, sive non, ut in quarto, ex Capitulis Synodalibus Pipini Regis cap. 1. Reginone lib. 2. cap. 213. et Burchardo lib. 17. cap. 10.

* *Pœnitentiæ* subjecti olim parentes, quorum negligentia parvuli sine baptismo moriebantur. Stat. synod. eccl. Rotomag. ann. 1156 : *De parvulis, qui baptizati vel sine baptismi remedio infra septem annos, per negligentiam parentum mortui sunt, totam Pœnitentiam parentibus eorum remittimus, excepta feria sexta in ebdomada; in qua etiam die, si ad ecclesiam pœnitens perrexerit, qualem ei caritatem presbyter dederit, talem habeat*.

* *Pœnitentia* publica iis quoque imposita, qui homines ecclesiæ injuriis aut verberibus exceperant. Regist. visitat. Odon. archiep. Rotomag. ex Cod. reg. 1245. fol. 334. v°. : *Apud S. Victorem in Caleto, auctoritate dom. Papæ functi, injunximus Guiardo de Montchevrel, Rogero de Montchevrel et Petro de Essartis, qui interfecerant quendam conversum de Mercato Radulfi, Pœnitentiam subsequentem, videlicet, quod ipsi discalciati et nudi, braccis tantummodo retentis, corrigia ad collum ligata, ferentes virgas in manibus, facerent processionem in ecclesia loci illius, in quo homicidium perpetrarunt, Dominica palmarum, et ante fores ecclesiæ facerent se verberari a sacerdotibus dicentibus psalmum pœnitentialem, et publice reatum suum confitentur et quare injuncta erat eis talis pœnitentia. In octabis paschæ sequentis simili modo facerent apud Gisortium. In quindena paschæ apud Calvummontem, Dominica proxima post dictam quindenam apud Fresneaus. Item injunxi eisdem quod jejunarent usque ad decennium feria sexta cujuslibet ebdomadæ, et quod in-

fra festum B. Johannis Baptistæ limina B. Jacobi visitarent. Charta Guar. episc. Silvanect. ann. 1224. ex Tabul. Carnot. : *Filii dicti Hervei quemdam* (hominem capituli) *excæcaverant et pugno mutilaverant.... Filii præfati...: Robertus et Herveus publicam Pœnitentiam faciant nudi et discalciati, virgas in manibus portantes ad processionem in ecclesia Carnotensi in instanti Ascensione Domini, et per manum episcopi Carnotensis vel sacerdotis, secundum consuetudinem ecclesiæ accipiant disciplinam : item in die Penthecostæ in ecclesia Senonensi, et Parisius in octabis Penthecostæ, et Aureliæ in festo S. Johannis Baptistæ, et Meldis in festo S. Stephani martyris in Augusto.* Charta ann. 1281. ex eod. Tabul. : *Præterea dictus Guillelmus tenetur facere publice tres processiones in tunica alba, sine zona et cucufa, vel alio tegumento in capite, nudus pedes et sine caligis ad requisitionem dictorum decani et capituli.* Vide infra in *Processio* 1.

Publicæ denique subjiciebantur pœnitentiæ, qui vel dignitatis aut natalium prærogativa ac auctoritate a pœnis, lege decretis, sese subtrahebant : vel a patria extorres in alias migrabant regiones, aut aliorum principum ditiones; vel tandem qui in solo ipsomet natali, ex solita criminum impunitate, vel dominorum largiori indulgentia, seu potius impotentia, ea perpetrarent. Nam cum olim ex recepta prædiorum feudalium lege sua quisque gauderet juris dicendi facultate, seu, uti loquimur, justitia, vix erat qui in ejusmodi prædiorum dominos animadverteret. Unde crebrius excommunicatos ab Episcopis legimus, qui, quod leges ipsæ minime poterant, Ecclesiastica ferula eos a tam frequentibus delictis gravioribus coercerent, a qua non absolvebantur, nisi post publicam peractam pœnitentiam. Atque ex his licet haurire, cur tantus olim ejusmodi pœnitentium numerus ad Ecclesiarum vestibula, porticus et nartheces stetisse legatur.

Quippe hi donec impositam sibi pœnitentiam adimplessent, arcebantur ab ingressu Ecclesiæ, et in *loco Pœnitentium* consistebant, ut est apud Abbonem Monachum serm. 3. et Joannem Episcopum Abrincensem de Offic. pag. 38. ut cæteros omittam, quos laudat Leo Allatius in Dissertat. de Narthece. Quod quidem intelligendum, cum sacræ peragebantur Liturgiæ, seu potius sacra ipsa mysteria : nam eatenus, ut et Catechumeni, in Ecclesia ipsa stabant, divinasque lectiones auditu excipiebant, et una cum iis excedebant, cum dimittebantur, ut est in Concilio Agathensi can. 60. In Ecclesia vero sinistram ad partem secedebant, ut auctor est S. Eligius serm. 8. cum fideles alii ad dextram starent. Ditmarus lib. 6. pag. 80 : *Sepultus in Colonia,.... in australi parte templi, qua in Cœna Domini Pœnitentes introducuntur.* Nam cum ædes sacræ ad orientem ædificarentur, australis pars fuit sinistra. [** Publice pœnitentium quatuor ordines sive classes constituerant. Ordo primus *Flentium* erat, qui in ecclesiæ vestibulo strati fidelium preces, utque ad agendam publicam pœnitentiam admitterentur, flagitabant, juxta Tertullian. de Pœnit. cap. 9. quorum precibus, cum ecclesia annueret, ista *pœnitentiam dare*, illi *pœnitentiam accipere*, atque ita 2° *Audientes* dicebantur, quibus in infima ecclesiæ parte, scripturam tantum atque sermones audire licebat, quam stationem egressi, 3° *Genuflectentes* seu *Substrati* adpellabantur, qui in navi ecclesiæ consistentes crebras manuum impositiones et benedictiones ab episcopo recipiebant, precibus pro ipsis fieri solitis in genua nixi intererant et opera *pœnitentia privatim exercenda* suscipiebant. Inde gradus patuit ad 4° *Consistentes*, sic dictas, quod ipsis licuerit consistere una cum fidelibus in oratione communi et sacrificio usque ad finem; in eo solum pœnitentes, quod nec oblationes suas facere nec eucharistiæ participes fieri poterant. Hæc Riegger. in Institut. Jurisprud. Ecclesiasticæ part. 4. § 547. post Morinum de Discipl. Pœnit. lib. 4. cap. 16. num. 5. lib. 6. cap. 1. sqq. Græcis dicuntur hi quatuor gradus Προσκλαύσις, Ἀκρόασις, Ὑπόπτωσις et Σύστασις. Vide Glossar. med. Græcit. in his vocibus et in Χειμαζόμενοι.]

☞ Quo vero ecclesiæ loco potissimum constituerentur Pœnitentes, docet cap. 136. lib. 5. Capitul. : *Tribus vero annis subjaceant inter Pœnitentes manibus sacerdotum in loco retro ostio ecclesiæ pœnitentibus constituto, et seorsum, infra ipsam tamen ecclesiam.*

Pœnitentia imponebatur et suscipiebatur in Capite jejunii, seu Quadragesimæ, feria scilicet quarta, quam *Cinerum* appellamus, quod pœnitentes non modo *omni corpore in terram* prosternerentur, ac cilicium induti veniam peccatorum postularent, sed et eorum capita cinere aspergerentur, quod pluribus observat Menardus ad librum Sacramentorum Gregorii M. pag. 221. 222. Edictum Pistense Caroli Calvi cap. 33 : *Ipsam autem Quadragesimam a quarta feria, id est, a Capite jejunii, cum ipsa quarta feria, qua publice Pœnitentes pœnitentiam accipiunt, observari usque ad sanctum Resurrectionem secundum consuetudinem antiquam præcipimus.* Matthæus Westmonaster. ann. 974 : *De beato quoque Ælfego legitur, quod in die Cinerum, cum de more Pœnitentes Ecclesiæ liminibus removerat, hortatus est eos, ut tempore Quadragesimali, jejunio et castitati vacantes, diebus illis uxorum etiam delitiis abstinerent.* Vide Sirmondum in Historia Pœnitentiæ publicæ cap. 9. ubi etiam de Pœnitentium reconciliatione; de qua quædam attigimus in vocibus *Absolutio*, et *Reconciliatio*. Adde Filesacum lib. de Quadragesima Christiana cap. 12.

* Quos cineres et cilicia suppeditare tenebatur thesaurarius in ecclesia Autissiodorensi, ut testis est Charta ann. 1398. inter Probat. Hist. Autiss. pag. 132. col. 1 : *Item* (*thesaurarius debet ministrare*) *cineres benedicendos die Cinerum et pilos caprarum pro Pœnitentibus.* Ne vero hujus moris memoria omnino pereat, in ecclesia Augustodunensi etiamnum, ut observat Martenius de Ant. eccl. discipl. cap. 17. ultimus canonicorum, personam pœnitentium repræsentans, eodem die ejicitur de ecclesia.

* In quibusdam ecclesiis iisdem pœnitentibus tradebatur globus tomento fartus, in Cœna Domini reportandus. Pontif. Senon. Ms. ad usum eccl. Paris. in die Cinerum : *A pontifice ejiciuntur Pœnitentes cinere imposito et dicendo ut supra*, Memento, homo, etc. *et singulis tradendo globum borreum in signum pœnitentiæ, reportandum pontifici vel ejus pœnitentiario in die Cœnæ cum candela.* Ibid. in Cœna Domini : *Nota quod Pœnitentes debent reportare globum borreum cum candela, eisdem traditum in Capite jejunii.* Eadem leguntur in Pontif. Virdun. Ms. ex Cod. reg. 966.

☞ Id autem omnino observandum, quod pœnitentes a Presbyteris suarum parœciarum ad Ecclesiam Cathedralem, pœnitentiæ ab Episcopo suscipiendæ causa, etiam sæculo IX. adducerentur. Gesta Gunherii Episcopi Cenoman. apud Mabill. tom. 3. Analect. pag. 290 * : *Presbyteros parochiæ nostræ, qui in Capite jejunii pœnitentes ad pœnitentiam suscipiendam adducebant, nec portam ingredi sinebant.* Cilicium a sacerdote accipiebant, quod uno anno gestare tenebantur. Lib. 5. Capitul. cap. 122 : *Pœnitentes, tempore quo pœnitentiam petunt, impositionem manus super caput et cilicium a sacerdote, sicut ubique constitutum est consequantur.* Et cap. 136 : *Debent unum annum esse cum cilicio.*

Multa habent Concilia et sancti Patres de ritu pœnitentiæ publicæ, quæ indicare satis erit ad alia festinanti. Iis enim, cum ab Ecclesiæ liminibus abstinerent, Sacramentorum etiam perceptio denegabatur, atque adeo ipsa extrema Unctio, ut est in Synodo Ticinensi sub Leone IV. cap. 8. In infirmitate tamen positis Viaticum concessum, ex Concilio Carthaginensi IV. can. 77. Arausicano I. cap. 3. Agathensi cap. 15. Arelatensi II. cap. 28. Innocentio I. Epist. 1. c. 7. etc. Sed et si accepta pœnitentia ante reconciliationem morerentur, pro iis licebat offerre, *pro eo, quod honoravissent Pœnitentiam*, ut est in eodem Concilio Carthaginensi cap. 79. Arelatensi II. cap. 12. et in Capitulis Caroli M. lib. 5. cap. 61. [** 125.]

Ad Clericatum aliosve ordines Ecclesiasticos promoveri pœnitentes vetantur in Concilio Carthaginensi IV. cap. 68. Epaonensi cap. 3. Aurelianensi III. cap. 6. Aurelianensi IV. cap. 12. Agathensi cap. 43. Toletano I. cap. 2. Toletano III. cap. 12. Romano ann. 465. cap. 3. in Epistola Concilii Cabilonensis, in Epist. 9. Gelasii I. PP. Innocentii I. Epist. 6. Epist. Joannis II. PP. ad Cæsarium, in Capitul. Gregorii II. PP. cap. 5. in Synodo Ticinensi ann. 850. cap. 1. in lib. 1. Sacramentorum Ecclesiæ Romanæ cap. 95. apud Egbertum in Dial. cap. 15. etc.

☞ At pristina hæc severitas sequioribus sæculis est mitigata; ad Ostiariatus quippe gradum promotos pœnitentes discimus ex Dialogo inter Cluniac. et Cisterc. apud Marten. tom. 5. Anecdot. col. 1647 : *Quid dicis de homicidis, qui in sæculo publicam egerunt Pœnitentiam?.... venientes ad conversionem in monasteriis, accipiunt clericale signum, id est coronam, sunt ipsi clerici? Revera clerici sunt, sed nullum gradum clericalem ascendere possunt præter primum. Possunt enim fieri Ostiarii.*

☞ Id præterea discriminis statutum inter pœnitentes ex can. 53. Toletani Concilii. IV. quod qui ex sola devotione sese pœnitentiæ subjiciebant, pro morum probitate ad gradus ecclesiasticos promoveri possint; secus vero qui ob grave aliquod peccatum eidem pœnitentiæ addicti fuerant.

☞ Obtinuit etiam in Monasteriis ecclesiasticæ disciplinæ adversus pœnitentes publicos severitas : qui enim *pro culpa publicam egerant Pœnitentiam ad legitimos actus admitti*, id est, ad officia monastica, vetantur in Statutis Cisterc. ann. 1280. apud Marten. tom. 4. Anecd. col. 1471.

☞ Ab officio *patrini* seu susceptoris excluduntur pœnitentes, in Addit. 2. ad Capitul. cap. 1. Vide *Patrinus.*

Matrimonium contrahere pœnitentibus interdictum fuisse docent Concilium Arelatense II. cap. 21. et Ticinense sub Leone IV. cap. 8. At in Wormaciensi ann. 868. cap. 30. 37. ab uxoribus, si habuerint, separari vetantur : si autem non habuerint, et se continere non voluerint, legitimas accipere in conjugio feminas non prohibentur, *ne in fornicationis voraginem incidere videantur.* Vide Joannem VIII. Epist. 62. et S. Columbanum de mensura pœnitentiarum § 30.

☞ Varia fuit ut ex allatis aliisque patet, hac in re in variis ecclesiis atque pro variis temporibus disciplina. Neque tamen cum viris doctis sentire possum in ecclesiis, in quibus severior obtinebat disciplina, qua a matrimoniis contrahendis prohibebantur pœnitentes, de ipso tantum pœnitentiæ curriculo hæc intelligenda esse, adeo ut ipsis peracta pœnitentia ad nuptias convolare licuerit. Huic enim sententiæ nequaquam accomodari posse videntur quæ habet Siricius PP. in Epist. ad Himerium num. 6 : *De his vero non incongrue dilectio tua Apostolicam Sedem credidit consulendam, qui acta Pœnitentia, tamquam canes ac sues ad vomitus pristinos et volutabra redeuntes, et militiæ cingulum et ludicras voluptates et nova conjugia et inhibitos denuo appetivere concubitus.* Vide S. Ambros. lib. 2. de Pœnit. cap. 10. §. 96.

☞ Id etiam suadet disciplina quæ in iisdem Ecclesiis vigebat circa conjugatos pœnitentes, quibus ut cælibem deinceps vitam agerent indicebatur, nedum ut nova inirent conjugia permitteret. Si mitius interdum cum iis actum est, ut ad uxores suas redire licitum fuerit; id ex indulgentia factum docet Epistola Leonis Magni ad Rusticum Episcop. Narbonensem. Hinc *ne benedictio pœnitentiæ juvenibus personis, maxime conjugatis concedatur, nisi ex consensu partium et ætate jam plena,* statuunt Concilia Aurelian. III. can. 24. et Arelat. II. can. 21.

Nullam præterea dignitatem obire poterant, ex laudato Concilio Ticinensi cap. 5. sed et si *militares* essent, arma deponere jubebantur, ac proinde militare iis interdictum erat, ut in voce *Arma* docemus. [Qui secus fecerint, iis viaticum usque ad exitum negatur, ex can. 25. Concil. Aurelianensis III.]

Comas deponere, et vestimenta mutare jubentur in Concilio Agathensi can. 15. Toletano III. can. 12. Arelatensi II. cap. 22. 25. etc. Vide Gregorium II. PP. Epist. 2. præfixam VII. Synodo sub medium, Honorium Augustodun. cap. 3. et 78. Spicilegium Acherianum tom. 6. pag. 427. Hemereum in Augusta Viromand. in Reg. pag. 30. etc.

☞ *A conviviis et ornamentis atque alba veste* ut abstineant, statuit Herardus Archiepisc. Turon. cap. 120. ad bibendum aut manducandum carnem non sunt invitandi; quod qui fecerit unum vel duos denarios juxta qualitatem pœnitentiæ dare tenetur, ex lib. 1. Capitul. cap. 151. et Reginone lib. 1. cap. 259. Ut epulis non intersint, sed tantum in suis domibus frugalem vitam ducant, præscribit Conc. Barcinon. can. 7.

☞ Ex hoc Pœnitentium ritu, quod scilicet comas deponere, mutare vestimenta, cælibem vitam agere cogerentur, profecta est consuetudo, ut infirmi monasticum habitum peterent : quo accepto, si convaluissent, nefas erat ad sæcularia vota reverti; quod ut magis ratum esset, sanitati redditi denuo professionem solemnem emittebant, ut in voce *Monachus ad succurrendum* docuimus. Vide Gregor. Turon. lib. 9. cap. 33.

☞ Interdum vero eo usque crevit ejusmodi pœnitentiæ severitas, ut, qui eam in extremis, etiam non sentientes, id est sui non compotes, nec proinde eam petentes, accepissent, eam servare tenerentur. Insigne præ omnibus est exemplum Wambæ Visigothorum Regis, cui ex veneni haustu pæne exanimi, nec scienti, nec sentienti, pœnitentiæ ordinem imposuit Quiricius Toletanus antistes; quam, ubi convaluit, ut impleret monasterium petiit, ibique usque ad obitum in proposito pœnitentiæ perseveravit. Vide Mabillon. tom. 1. Annal. Bened. pag. 111.

Vehiculis uti prohibentur, sed *pedibus propriis*, vel *pedestri more proficisci* jubentur, in Concilio Wormaciensi ann. 868. can. 26. 30. Moguntiacensi ann. 888. can. 26. et Triburiensi ann. 895. can. 5. 55. apud Reginonem. lib. 2. cap. 6. Burchardum lib. 6. cap. 1. etc.

☞ *Nulla lucra negotiationis pœnitentibus exercere convenit*, in lib. 7. Capitul. cap. 62. Isaaci Episcopi Lingon. c. 14. in Cap. Herardi Turon. 100. etc.

Non iteratur pœnitentia, ut habet Hugo a S. Victore lib. 1. Observat. Eccles. cap. 24. [Vide S. Ambros. lib. 2. de Pœnit. cap. 10. num. 95. cap. 11. n. 104. et Notas Cotelerii ad Hermæ Pastorem pag. 90.]

Qui hominem liberum, publicam agentem pœnitentiam, interfecisset, graviori, quam si alium, mulcta punitum, indicant Capitula Caroli Magni lib. 4. cap. 18. Lex Longob. lib. 1. tit. 9. § 31. [** Lud. P. 13.] et Regino lib. 2. cap. 30. 190.

☞ Et quidem sub tuitione et custodia Regis erant, uti patet ex Concil. Aquisgran. ann. 816. cap. 21. et lib. 1. Capitul. cap. 96.

De his qui resiliunt a pænitentia, agunt Concilium Turon. cap. 8. Veneticum cap. 3. et Aurelian. I. cap. 11.

Denique pœnitentiæ publicæ jus omne penes Episcopum; nullum, nisi ejus vice aut jussu penes Presbyteros fuit, quod fusius probat Sirmondus cap. 6. Adde Joannem VIII. PP. Epist. 62. [iis addendum, modo nullum mortis periculum immineat, ut statuit Isaac Episc. Lingon. can. 35.]

* *Pœnitentes* ab ipsis confessoribus nonnumquam verberibus affectos fuisse, præter alia, docet Vita S. Berth. tom. 6. Jul. pag. 480. col. 1 : *Sed, ut redeam ad confessiones (nam his maximam partem temporis expendebat); morem habuit verberare omnes absque personarum acceptione, nullum omnino sinens transire implagatum.* Rursum pag. 486. col. 2 : *Sed antequam obiret, vocata ad se omni congregatione, singulorum audivit confessiones, datisque omnibus propria manu flagellis, et eos absolvit.*

* Inauditum quid hactenus referunt Acta S. Gerardi tom. 2. Aug. pag. 697. col. 1. in mortis scilicet periculo ex consuetudine, ab uno presbytero vocatum esse alium sacerdotem, ut moribundum simul absolverent : *Vehementer vocari fecit quemdam clericum presbyterum,.... qui armis Christi se ab eo indueret, ut* (et) *de criminibus suis a Jesu Christo Domino, qui peccatrici mulieri indulsit, ipsum presbyterum rogavit ut eum absolveret. Ipse presbyter, sicut consuetum est., vocavit alium sacerdotem socium suum et Absolverunt eum a peccatorum vinculis in die Dominico.*

Pœnitentiam publicam non excipiunt Presbyteri, ut est apud S. Leonem in Epist. ad Rusticum, et Joan. II. Epist. 1. ad Cæsarium. Nec Clerici, in Concil. Coloniensi ann. 1310. can. 10. Vide Sirmondum in Histor. publicæ Pœnitent. cap. 6. et Morinum. lib. 2. Exercit. cap. 23. 24. et in libris de Pœnitentia.

☞ Id autem de Presbyteris intelligendum, qui honorem suum servant; qui enim eo privati sunt, Presbyteri sive Diaconi, pœnitentiæ publicæ subjici possunt, ut colligitur ex lib. 6. Capitul. cap. 76. Addit. 2. cap. 8. et ex Addit. ad Leg. Longobard. cap. 2. Vide *Communio laica.*

Expœnitentes, Qui pœnitentiam publicam aliquando subierant, eoque ipso ad sacros ordines promoveri vetantur. Vide Diurnum Romanum cap. 3. tit. 9.

Pœnitentia Absconsa, Cui opponitur *publica*, in Concilio Remensi II. can. 31. Concilium Moguntin. I. cap. 10 : *Discretio servanda est per pœnitentes publice et absconse, etc.* Quippe occulta ob delicta publicam imponi pœnitentiam vetant Canones, apud Sirmondum c. 4. Rhabanus in Epist. ad Heribaldum cap. 10 : *Qui autem de prædictis vitiis per occultam Confessionem mala abs se obsconse commissa coram oculis Dei, præsente etiam Sacerdote, qui eis indicturus est Pœnitentiam, confitentur, et semetipsos graviter accusant, si veraciter pœnituerint, et si per jejunia et eleemosynas.... purgare certaverint, his etiam gradu servato, spes veniæ de misericordia Dei promittenda est, etc.*

¶ Pœnitentia Episcopalis, ab Episcopo imponenda, in Edicto Pistensi cap. 2.

Pœnitentia Momentanea, apud Avitum Viennensem Epist. 4. est, quæ sub vitæ exitum confitenti imponitur, seu, ut ejusdem Aviti verbis utar, *in ægritudine, quasi sub momento accipitur. Subita* dicitur Paulino. Hanc Faustus hæreticus, adversus quem exstant libri S. Augustini, inutilem esse contendebat, quod falso dici docet Avitus loco cit. et ante eum Gennadius Massil. Eccl. Dogmat. cap. 48. Vide Cælestinum PP. Epist. 1. ad Episc. provinciæ Vienn. cap. 2. Augustinum lib. 50. Homil. 41. Innocentium I. PP. Epist. ad Exuperium cap. 2. Concil. Nannetense cap. 2. etc.

¶ Pœnitentiæ Processionales, Publicæ, in Statutis Eccles. Meldens. apud Marten. tom. 4. Anecd. col. 903 : *Inhibitio publicæ pœnitentiæ. Item, quia Pœnitentiæ processionales jam abierunt in contemtum, prohibemus ne quis presbyter prædictam pœnitentiam injungat, nisi de mandato superioris.* Vide *Processio*, 1.

¶ Pœnitentiæ Regularis septem modos distingunt antiquæ Consuetudines Benedictinæ, quas videsis apud Mabill. tom. 4. Analect. pag. 461.

Pœnitentiarum Redemptiones. Capitula Herardi Archiepisc. Turon. cap. 26 : *Ut nullus pœnitentem cogat manducare vel bibere, nisi redemptio permissa sit : ita tamen ut prius pro eo donet coram ipso redemptionem.* Pœnitentia injuncta his, qui bello Suessionico.... interfuerunt : *Omnibus his tribus Quadragesimis* 2. 4. *et* 6. *feria in pane, sale et aqua abstineant, aut rediniant.* Vide Decretales Precum Episcoporum ann. 779. Concilium Remense incerti loci ann. 923. Canones Saxonicos, datos sub Edgaro Rege cap. de Satisfactione §. 18. 19. et quæ de ejusmodi redemptionum origine et usu annotarunt viri doctissimi Joan. Morinus lib. 10. de Administratione Sacramenti cap. 16. et Jacob. Petitus ad Pœnitentiale Theodori pag. 119. 120.

Varie autem redimebantur pœnitentiæ. Interdum enim eleemosyna ac erogatione bonorum in usus pauperum vel Ecclesiarum, atque adeo prædiorum ipsorum : unde Petrus Damiani in Epist. apud Boronium ann. 1055 : *Non ignoras, quia cum a pœnitentibus terras accipimus, juxta mensuram muneris, eis de quantitate pœnitentiæ relaxamus.* Quæ vero pecuniæ erogatione in pauperes redimebantur, vel quæ imponebantur, *Pœnitentiæ deargentatæ* nuncupantur a Guigone in Vita S. Hugonis Episcopi Gratianopolitani num. 20 : *Non deargentatam convictis vel confitentibus imposuit Pœnitentiam.* Halitgarius in Pœnitentiali : *Si quis vero non potuerit jejunare, et habet unde dare ad redimendum, si dives fuerit, pro 7. hebdomadibus det solidos 20. Si autem multum pauper fuerit, det solidos 3. Neminem vero conturbet quia jussimus 20. solidos dare, aut minus, quia si dives fuerit, facilius est illi dare solidos 20. quam pauperi solidos 3. Sed unusquisque attendat, cui dare debet, sive pro redemptione captivorum, sive super sancto altari, sive pauperibus Christianis erogandum.* Concilium Triburiense anno 895. cap. 56 : *Tunc licitum sit ei tertiam feriam et quintam atque Sabbatum redimere uno denario vel pretio denarii, sive tres pauperes pro nomine Domini pascendo, etc.* Adde cap. 57. 58. Articuli oblati a Prælatis Angliæ Eduardo II. Regi Angliæ in Concil. Britan. tom. 2. cap. 3 : *Si Prælatus imponat pœnam pecuniariam alicui pro peccato, et repetat illam, regia prohibitio non habet locum. Verumtamen si Prælati imponant pœnitentias corporales, et illi, sic puniti, velint hujusmodi Pœnitentias per pecuniam sponte redimere, locum non habet regia prohibitio, si coram Prælati pecunia ab eis exigatur.* Vide Reginonem lib. 2. de Ecclesiast. Discipl. cap. 438. et seqq. Burchardum lib. 19. cap. 19. et seqq. Synodum Salmuriensem ann. 1294. cap. 4. Radulfum in Vita S. Richardi Episcopi Cicestrensis num. 50. etc. [** Consule Murator. in Antiq. Ital. dissertat. 68. *De redemtione peccatorum.*]

* *Pœnitentiæ* interdum redimebantur, ut monet Cangius, eleemosyna ac erogatione bonorum in usus pauperum vel ecclesiarum ; quod tamen non raro ea conditione factum est, ut monachi partem impositæ pœnitentiæ exequendam in se susciperent. Charta ann. 1080. apud Lamium in Delic. erudit. inter not. ad Chron. Pontif. Leon. Urbevet. pag. 116 : *Manifesti sumus nos Alfredus, Bernardus, a domino Lamberto Boloniensi episcopo accepimus Pœnitentiam triginta annorum, qua suscepta, professi sumus coram Domino sustinere non posse ; qua de causa præfatus episcopus.... præcepit nobis pro remissione peccatorum nostrorum ad hospitium S. Salvatoris.... omnium bonorum nostrorum rerum decimas fideliter obferamus ; et ita recepimus.... Pro quo præfatus Rusticus abbas, cum suis fratribus, viginti annos de Pœnitentia illorum receperunt.* Alia ann. 1154. apud Murator. tom. 5. Antiq. Ital. med. ævi col. 757 : *Et quidem per hanc refutationem quam feci, monachi ejusdem monasterii, cum adjutorio Domini nostri Jesu Christi, participem et consortem me fecerunt omnium orationum suarum et divini servitii, quod omnipotenti Domino die noctuque exhibere videntur. Et insuper a me humiliter exorati, onus trium annorum de Pœnitentia mea super se susceperunt, quam de peccatis meis ab Aretino episcopo acceperam.*

Redimebantur præterea flagellationibus, *palmatis*, (de quibus diximus in hac voce) et psalmorum recitationibus. Petrus Damiani lib. 1. Epist. 19. de quodam Dominico suo Monacho : *Centum autem annorum Pœnitentia, sicut ipso auctore didicimus, sic expletur. Porro cum tria scoparum millia unum Pœnitentiæ annum apud nos regulariter expleant : decem autem psalmorum modulatio, ut sæpe probatum est, mille scopas admittat, dum* 150. *psalmis constare Psalterium non ambigitur,* 5. *annorum pœnitentia in unius Psalterii disciplina recte supputantibus invenitur. Sed sive quinque vicies ducas, sive* 20. *quinquies, centum faciunt. Consequitur ergo, ut qui* 20. *psalteria cum disciplina decantat,* 100. *annorum pœnitentias se peregisse confidat.* Et mox, de eodem Dominico : *Hanc autem centum annorum pœnitentiam.... facile* 6. *diebus ex more consummat.* Et infra testatur illius exemplo ejusmodi faciendæ disciplinæ morem adeo in Italia inolevisse, *ut non modo viri, sed et nobiles mulieres hoc purgatorii genus inhianter arriperent.* Eadem habet lib. 6. Epist. 30. et lib. 7. Epist. 19. Idem lib. 9. Epist. 27 : *Nam et ante nos, omnibus fere sanctis Monasteriis hæc disciplinæ regula nequaquam fuit incognita, et si non adeo frequentata, unde et singulos annos pœnitentiæ millenis scopis redimere consueverunt.* Adde lib. 3. Epist. 10. Cod. MS. : *Qui autem implere potuerit, quod est in pœnitentia, impleat, quia bonum est ; qui autem non potest, consilium damus per misericordiam Dei, imprimis pro uno die, in pane et aqua* 50. *psalmos cantet, genua flectendo, vel sine flectendo* 70. *psalmos cantet infra Ecclesiam, vel in uno loco per ordinem psallat. Hæc pro uno die valent ; vel unum denarium pro uno die valet, et si* 4. *eleemosynas tribuit pauperibus, pro uno die valent. Quidam dicunt,* 100. *percussiones in hieme, vel* 100. *psalmos in æstate valent, id est in hieme, in autumno et in verno* 100. *percussiones, vel* 100. *psalmi in æstate, vel* 150. *percussiones. Item pro uno mense, quod in pane et aqua pœnitere debet, psalmos mille* 200. *genuflectendo, vel sine genuflexu ,* 1670. *et postea omnis dies reficiat ad Sextam, et nisi* 4. *et super jejunet ad Nonam, et a carne et vino abstineat se. Alium cibum postquam psallerit, sumat. In secundo anno remissior pœnitentia erit. De Natale Domini usque Epiphania, et illos prædictos dies qui superscribuntur, qui in pœnitentia non computantur, reficiat. Qui non potest sic agere pœnitentiam, sicut diximus, in primo anno eroget eleemosynam solidos* 25. *et in una hebdomada jejunet ad Nonam, et altero ad Vesperam, et* 3. *Quadragesimas. In secundo anno* 200. *solidos, pro tertio anno solidos* 18. *id sunt* 64. *solidi. Potentes homines pro culpis et criminibus faciant, ut Zachæus ait Domino : Omnium bonorum meorum dimidium do pauperibus, et si aliquid alicui injuste abstuli, in quadruplum reddam : et de mancipiis dimittant liberos, et captivos redimant, et a quo die desiit peccare, non desinat communicare, sicut Apostolus dixit, etc.* Idem Codex MS. : *Edidit S. Bonifacius, quomodo possumus pœnitentiam* 7. *annorum in uno anno percurrere, triduana cantatio psalmorum pro* 30. *diebus et noctibus,* 115. *Psalteria, et* 50. *Pater noster, et* 50. *vicibus prosternat se in terra cum oratione Dominica, quam in prostratione dicat. Sic pro uno die, si vult minus psallere, prosternat se in oratione* 100. *vicibus, et dicat Miserere mei Deus et Dimitte mihi delicta mea. Fiat hoc pro uno die. Qui vult confiteri peccata sua cum lacrimis, quæ lacrimæ veniam non postulant, sed merentur, roget Presbyterum, ut Missam cantet pro eo, nisi sint criminalia peccata, quæ debent ante lavari cum lacrimis. Cantatio unius Missæ potest* 12. *dies redimere :* 12. *Missæ* 4. *menses, si volunt confessores esse cum lacrimis. Hæc pro hebdomada :* 350. *Psal. flectendo genua in Ecclesia, aut in uno loco per ordinem. Qui unum Psalmum non novit, et jejunare non potest, hic quantum sumit, penset, et tribuat medietatem in eleemosynis.* Vide Reginonem lib. 2. de Ecclesiast. dicipl. cap. 446. novam editionem Conciliorum tom. 7. pag. 1478. d. et Ivonem decret. part. 15. cap. 191. et seqq. Pœnitentialem Andegavensem apud Morinum post libros de Pœnitentia, eumdem Morinum lib. 10. cap. 17. 18. etc. Vide *Flagellatio.*

☞ Varias pœnitentiarum redemtiones simul referunt Statuta Eccl. Nannet. apud Marten. tom. 4. Anecd. col. 949 : *Dicendum est quod omnibus qui ex justa causa videntur non posse vel sine magno gravamine fre-*

quenter jejunare, possunt redemtiones vel compensationes adhiberi per eleemosynas, per peregrinationes, vel per disciplinas, per abstinentiam a carnibus, vel piscibus, vel hujusmodi, secundum personarum statum, vel a vino, vel a quadragesimalibus cibis. Propter viam autem peregrinationis facilius quam propter aliud relaxatio est indulgenda, vel commutatio concedenda.

☞ Inde est quod sectarii quidam sub ann. 1349. *Flagellatores* nuncupati, pœnitentiam publicam agere se jactabant, dum sua auctoritate corpus suum dilaniabant crebris flagellationibus, quæ tunc temporis maxime in usu erant ad redimendas pœnitentias. De his plura in voce *Flagellatores*, quibus addere haud pigebit quæ de iisdem scribit Robertus Avesbur. in Histor. Edwardi III. Regis Angl. edit. Hearnii pag. 179 : *Anno Domini* 1349. *circiter festum S. Michaelis plusquam* VI^{xx}. *homines, pro majori parte de Selond et Houtond oriundi, per Flandriam venientes Londonias, aliquando in ecclesia S. Pauli, et aliquando aliis locis ejusdem civitatis, bis in die in conspectu populi, a femoribus usque ad talos panno lineo cooperti, toto residuo corporis denudato, supra caput singuli habentes singulos capellos cruce rubea ante et retro signatos, singulique habentes in manu dextera flagellum cum tribus cordulis, singulis habentibus unum nodum, per mediumque cujuslibet nodi illac et istac quasi acus acuti infixi fuerant, per medium processionis quolibet post alium nudos pedes incedente, seipsos cum dictis flagellis in nudo sanguinolento corpore flagellarunt, ipsorum quatuor cantantibus in ydiomate proprio, ceteris omnibus dictis quatuor respondentibus, ad modum Letaniæ a Christicolis decantandæ, et omnes simul trina vice in hujusmodi processione se ad terram, per modum crucis extensis manibus prosternebant, continue, ut præfertur, cantantes, et ultimo ipsorum sic jacencium inchoando quilibet ultra alium passum faciens cum suo flagello sub se jacentem semel percussit, sicque de uno ad reliquum usque ad completum numerum sic jacencium similem ritum quilibet observavit. Deinde singuli se suis consuetis vestibus induebantur, et semper capellos in capitibus, et flagella in manibus deportantes, ad sua hospicia declinarunt, similemque Pœnitentiam, ut dicebatur, singulis noctibus faciebant.*

Poenitentiæ inter obventiones Curionum vulgo recensentur, quæ aliis *Confessiones* dicuntur. Vide in hac voce. Tabularium Conchense in Ruthenis Ch. 15 : *Et mansiones de ipsas Ecclesias, et quartam partem de sepulturam et Pœnitentiam, etc.* Ch. 27 : *Et nihil retineo ibi, nisi solummodo gaddium, et Pœnitentiam de illis hominibus, qui mansos vel appendarias de parochia mea tenuerint, hoc est unum denarium pro gaddio, et medaculam pro Pœnitentia.* [Hinc emendanda Charta tom. 1. novæ Gall. Christ. inter Instrum. pag. 160 : *Dedit... medietatem oblationum et Pœnitentium.* Leg. *Pœnitentiarum.* Tabular. Celsiniac. apud Stephanot. tom. 4. Fragm. Histor. MSS. : *Quidquid habebant in ecclesia S. Florinæ in fevo presbyterali, decimis, sepulturis, altario et Pœnitentiis.* Charta ann. 1228. apud Lobinell. tom. 2. Hist. Britan. pag. 381 : *Præter Pœnitentias morientium et baptismata parvulorum.*] Adde Ughellum tom. 4. pag. 1213. et infra *Pœnitentiale* in fine.

¶ Poenitentiæ Benedictio, *Viaticum*, sacra Eucharistia quæ ægris ac morituris datur. Concil. Gerundense apud Gratian. can. Si vero, dist. 50 : *Si vero, qui in ægritudinis languore depressus Pœnitentiæ benedictionem, quam viaticum dicimus, per communionem acceperit, etc.* Vide in *Benedictio.*

Poenitentiarum Remissio, vel *Indulgentia.* Historia Andegavensis : *Et edicto jussit, ut... septima pars Pœnitentiarum populo convenienti ad illam celebritatem dimitteretur.*

☞ Erant præterea aliquot dies quibus pœnitentia remittebatur. Horum mentio fit in antiqua Collect. Can. pœnit. apud Marten. tom. 4. Anecd. col. 55 : *In secundo anno remissio Pœnitentiæ est de Natali Domini usque in Epiphaniam, et de Pascha usque ad Pentecosten... Hi sunt dies qui non computantur in pœnitentia, dies Dominici, Natale Domini, Epiphania, Pascha, Ascensio Domini, Pentecostes, S. Joannis Bapt. et S. M. semper virginis, et SS. Apostolorum* XII. *vel S. Martini, sive veneranda solemnitas illius Sancti, qui in ipsa provincia corpore quiescere videtur.*

Libellus Poenitentiæ, Quo quis imposita et indicta pœnitentia, a reatu, quem ultro fatetur, absolvitur, aut absolvendus reservatur et Ecclesiæ reconciliandus. Anastasius ad VIII. Synod. act. 2 : *Habentes præ manibus Libellum Pœnitentiæ, deprecantur sanctam Synodum, ut introeant.* Act. 3 : *Quamvis ipse Theodorus post scriptum Romanum libellum indulta culpa, quam contra Patriarcham Ignatium... commiserat, per Libellum Pœnitentiæ receptus sit, etc.* Nicetas Paphlago in Vita Ignatii Patr. CP. pag. 713. edit. 1618 : Λιβέλλους μετανοίας ἐπιδεδωκότες. Βιβλία μετανοίας, apud Socratem lib. 1. cap. 8. lib. 2. cap. 12. 14. Sozomen, lib. 2. cap. 14. 16. et Evagrium lib. 3. cap. 9. Vide Synod. Trull. can. 95.

Libellus, nude. Formosus PP. Epist. 1 : *Decrevimus, ut oblatis Libellis se deliquisse fateantur, et pœnitentia veniam deprecentur.* Anastasius in S. Gelasio PP. : *Revocavit Mesenum Episcopum ad Communionem, et recepit eum Ecclesiæ suæ sub satisfactione Libelli, et purgatus est, receptus. Libellum pœnitentiæ* idem vocat in S. Hormisda. Vide S. Leonem PP. Epist. 80. ad Episcop. Campan. cap. 2. et quæ observat Morinus lib. 9. de Pœnit. cap. 26.

¶ Libellus Poenitentialis, Idem quod infra *Pœnitentiale.* Addit. 3. ad Capit. cap. 63 : *Modus autem pœnitentiæ peccata sua confitentibus aut per antiquorum canonum institutionem, aut per sanctarum scripturarum auctoritatem, aut per ecclesiasticam consuetudinem,.... imponi debet, repudiatis ac penitus eliminatis Libellis quos Pœnitentiales vocant; quorum sunt certi errores, incerti auctores, etc.* Capitula Rodulphi Archiep. Bituric. tom. 6. Miscell. Baluz. pag. 140 : *Valde etenim me sollicitat quoniam ita in sacerdotum nostrorum Libellis reperi quos vulgo Pœnitentiales vocent, quorum errores certi, auctores sunt incerti, confusa judicia pœnitentium, atque ita diversa et nullius auctoritate suffulta, etc.* Vide Concil. Cabilon. II. cap. 38. Mogunt. ann. 847. cap 31. Reginonem lib. 1. cap. 292. etc.

Libellus Confessionis, in Epistola Episcoporum Regni Lotharii in Synodo Aquisgran. ann. 860. qua quis reatum suum confitetur, et ab eo absolvi flagitat. Exstat apud Sirmondum post Concilium Duziacense, ejusmodi libellus Confessionis Roberti Episcopi Cenomanensis, cum Epistola absolutionis, quam ei remiserunt venerabiles Consacerdotes. Et alter Anscarii, qui Lingonensem Episcopatum usurpaverat, in Synodo Tullensi apud Saponarias cap. 5. unde conficitur, olim etiam Confessionem, libellis porrectis, factam Presbyteris aut Episcopis. Cujus etiam moris exemplum proferunt Palladius in Vita Chrysostomi cap. 17. Anonymus Combefisianus in Porphyrog. num 4. Amphilochius in Vita S. Basilii Cæsar. cap. 10. et Ditmarus lib. ult. pag. 108. Vide *Temperantiæ libellus.* Atque inde forte fluxit loquendi formula, *Confessionem dare*, pro *Confiteri.* Capitula Herardi Archiepisc. Turon. cap. 75 : *Ut jejuni ad confirmationem veniant perfectæ ætatis, et moneantur confessiones dare prius, etc.* ann. 253. num. 58. 59. 60. Vide *Confessiones dare* in *Confessio*, 3.

Litera Poenitentialis, Idem quod *Libellus pœnitentiæ* : quæ scilicet pœnitentibus in argumentum statæ ac certæ indictæ pœnitentiæ dabatur ab Episcopis, præsertim iis pœnitentibus, quibus indictæ erant ob graviora crimina certæ quædam pœnitentiarum species, quas ii extra diœcesim interdum exigere deberent, verbi gratia, cum sacræ iis injungebantur peregrinationes, aut circuli ferrei deferendi, et hujusmodi. Joannes Monachus in Vita S. Bernardi Pœnitentis num. 5 : *Cur tamen exulaverit, vel propter quam offensionem tanta austeritate pœnituerit, temere definire non audeo, præsertim cum ipse omnia opera sua, in quantum potuit, occultaverit, et in Literis Pœnitentialibus, quas sigillo Magalonensis, sui scilicet Episcopi, et Narbonensis, sui quoque Archiepiscopi, signatas secum ferebat, nihil aliud de reatu ejus scriptum fuerit, nisi quod pro horribilibus suis peccatis pœnituerit.* Et num 7 : *Pœnitentiale mandatum appellatur.*

¶ Poenitentia Plenaria, Ipsa reconciliatio, absolutio. Vitæ Patrum Emeritens. tom. 2. Conc. Hispan. pag. 642 : *Sed dum antefatus almus pater putaret eum phrenetica aut improba mente id flagitare, Pœnitentiam Plenariam dare distulit; sed tantundem ei viaticam gratiam impertivit*, id est, nudam benedictionem.

¶ Poenitentia, nude, Eadem notione. Radulfus de Gestis Friderici I. Imperat. apud Murator. tom. 6. col. 1184 : *Celebrato itaque divino Officio, et confessione facta, et Pœnitentia accepta processerunt ad bellum cum carrozeno.* Chron. Romualdi II. Archiep. Salern. apud eumdem tom. 7. col. 206 : *Eadem passione crescente, credens se moriturum, Pœnitentiam et confessionem accepit.* Vide *Pœnitentiari.*

De Poenitentia S. Dominici : ita vocantur viri et feminæ, qui in vita laicali sub directione PP. Dominicanorum vitam instituunt, etiam habitu modestiore utentes. Vide Mirac. S. Thomæ Aquin. num. 15, et Henschenium ad 19. Martii, ubi de B. Sibyllina Papiensi.

De Poenitentia S. Francisci. Vide *Continentes.*

Ordo de Poenitentia *S. Mariæ Magdalenæ* fundatus ann. 1272. aut 1277. Massiliæ, per Bertrandum virum pium ac civem Massiliensem, qui suis virtutibus hunc illustravit ordinem, confirmatum sub Regula S. Augustini a Nicolao III. PP. Ex Cruzenio in Monastico.

Ordo Fratrum de Poenitentia *Jesu Christi, apud Massiliam institutus an.* 1260. Ita Chronicon MS. Lemovicense Joannis de Nigella Physici Regis Caroli. Vide Guillel. Prynneum in Libertatibus Angl. tom. 2. pag. 1065.

☞ Eorum institutionem ad ann. 1251. refert Chronicon Bernardi Guidonis Episc. Lodov. tom. 7. Miscell. Baluz. pag. 406: *Anno Domini* MCCLI. *institutus est ordo fratrum de pœnitentia D. J. C. apud Massiliam de speciali mandato Innocentii PP. IV.* Hispali exstabant ejusdem Ordinis monachi ann. 1280. ut constat ex Statutis Cisterc. ejusdem anni apud Marten. tom. 4. Anecd. col. 1472: *Petitio illustr. dom. Regis Castellæ, qui petit ut possit fundare abbatiam monachorum apud Hispalim, et ut incorporentur ordini nostro fratres qui illic habitant ordinis Pœnitentiæ Jesu Christi, totaliter exauditur.*

¶ Poenitentiale Ferrum dicuntur ferrea vincula, quibus ab Episcopis constricti potissimum homicidæ per loca sancta peregrinari jubebantur. Acta Tullens. Episc. apud Marten. tom. 3. Anecd. col. 1025: *Hoc crimine sæpedictus clericus ligatus interius, a suo Pontifice Pœnitentiali ferro vincitur exterius, ac toto trunco corporis artatur strictis circulis.* Ejusmodi pœnæ occurrunt exempla complura in Actis Sanctorum. Vide in *Peregrinatio* 3. Id autem in Lege parricidarum sancitum scribit auctor Vitæ S. Conwoionis lib. 3. cap. 1. Verum hanc Legem in Codice veterum Legum nullus hactenus reperit. Cæterum hunc morem elevare voluit Carolus Magn. Capitul. ann. 11. regni sui cap. 8. et Conc. Aquisgran. cap. 79. qui tamen sublatus non est ante sæculum 12. Vide Mabill. loco citato et in *Circuli.*

☞ Hoc erat illorum temporum ingenium, ut insolitas, ne dicam ridiculas, pœnitentias excogitarent; ejusmodi est quæ mulieri cuidam libidinosæ, ineunte sæculo decimo quarto, injuncta est, uti nimirum *quadraginta diebus per communia fora nudo corpore ab usque ad umbilicum incedens, cedulam sui delicti conscriptam deferret in capite manifeste*, ut legitur in Formulario pœnitentiariæ Romanæ MS. cujus exceptum edidit Baluzius in Append. ad Capitul. col. 1563.

Poenitentia. Leges Edmundi Regis apud Londonium cap. 3: *Si quis sceleratis manibus effundat sanguinem Christianum, non appareat in conspectu Regis, priusquam emendationem ineat, sicut Episcopus docebit, et Pœnitentiam consulet.* Hic *pœnitentiarium* interpretatur Somnerus: sed puto potius librum *pœnitentialem* intelligi.

¶ Ministerium Poenitentiæ. Anastasius in Sixto III. PP. apud Murator. tom. 3. pag. 118: *Ministerium ad baptismum, vel Pœnitentiæ ex argento, pensant. libras quinque.* Vas aliquod indigitatur; sed quodnam sit non percipio.

Poenitentes Mulieres, quas anteactæ vitæ lascivioris pœnitet, quæque in Monasterio sese ad agendam pœnitentiam recludunt, quod Μετάνοιαν appellabant Byzantini. Duplex enim fuit hac nomenclatura Monasterium Constantinopoli, alterum ad Freti littus dextrum, a Justiniano et Theodora exstructum, uti narrat Procopius lib. 1. de Ædific. cap. 9. et in Hist. arcana pag. 75. 1. edit. alterum quod τῆς Νέας μετανοίας dicitur apud Theophanem pag. 250. De utroque agimus in nostra Constantinopoli Christiana. Charta Philippi Regis Franc. anno 1312. in 48. Regesto ejusdem Regis Tabularii Regii num. 136: *Ex parte mulierum Pœnitentium, vulgariter vocaturum Repenties, de Dolencio, nobis fuit humiliter supplicatum, etc.* Sub finem: *Nos igitur attendentes, quod mulieres prædictæ mundanæ lubricitatis flagitio et luxuriæ fœditate relictis, elegerunt Domino famulari in fructu continentiæ, et munditia castitatis, quam nostris temporibus in regno nostro præcipue augeri cupimus, cum ipsa sit possibilis animas hominum Deo cum fiducia præsentare, etc.*

¶ Penitencellius, Idem qui *Pœnitentiarius* infra, apud Baluz. tom. 7. Miscell. pag. 345: *Incipit liber pœnitentialis magistri Roberti canonici S. Victoris Pœnitencellii Parisiensis.*

¶ Penitenciatus, Cui pœnitentia imposita est. Limborch. Inquisit. Tolos. pag. 104: *Plures de genero suo Penitenciati et puniti, etc.* Vide *Pœnitentialis.*

* Poenitentia, nude, pro Confessio peccatorum. Charta ann. 1310. apud Lamium in Delic. erudit. inter not. ad Hodœpor. Charit. part. 2. pag. 346: *Subditus non tenetur a dicto rectore in dictis ecclesiis S. Viti et S. Crucis.... alibi missas et alia divina officia celebrare, tamen debita honestate ipsius Pœnitentias, tam sanorum quam infirmorum, audire, et eis, quando expedierit, Eucharistiam et Oleum sanctum conferre, etc.*

* Poenitentiæ Fructus, Ipsa reconciliatio, absolutio, vel ipsa sacra Communio, quæ alibi *Perfectum* nuncupatur. Vide in hac voce. Conc. Neocesar. cap. 2. in vet. Pœnit. Ms. ex Bibl. reg.: *Mulier si duobus fratribus nupserit, abjiciatur usque ad mortem: verumtamen in exitu propter misericordiam, si promiserit quod facta incolomis, hujus conjunctionis vincula dissolvat, fructum Pœnitentiæ consequatur.*

* A Gallico *Penance* et *Peneance*, Pœna, pœnitentia, nostri *Penant* et *Peneant*, Pœnitens, dixerunt. *La Peneance des pécheours*, in Chron. S. Dion. tom. 3. Collect. Histor. Franc. pag. 203. Lit. remiss. ann. 1375. in Reg. 107. Chartoph. reg. ch. 244.: *Pourquoy le suppliant fu de laditte ville de Tournay banny à trois ans et lui fu interdit à tousjours son mestier de tistre draps en icelle ville, dont il a souffert la Penance à son grant dommage et meschief de cuer.* Phil. Mouskes Ms.:

Vint converser un Peneans.
Auques peciere et mescreans;....
Certes il parfait sa Penence.

Guignevil. in Peregr. humani generis Ms.:

Lors purrés vous l'uis deffremer,
Et vos Peuans faire ens entrer.

POENITENTIALE, Poenitentialis, Liber Ecclesiasticus, in quo continentur, quæ ad pœnitentiam imponendam, et ad reconciliandum pœnitentem spectant. [Acta Murensis Monast. apud Eccardum de Orig. famil. Habsburgo Austr. col. 218: *Ex his unus habet obsequium mortuorum, et unus breviarius. Item duo Pœnitentialia.*] *Liber Pœnitentialis*, in Concilio Turon. IV. can. 22. *Pœnitentiales Codices, Codicilli, Libelli*, in Parisiensi VI. lib. 1. cap. 32. ubi et quidam *contra Canonum autoritatem confícti, et quorum sunt certi errores, incerti autores prohibentur. Sacramentum ad dandam pœnitentiam*, in Capitul. Caroli Magni lib. 5. cap. 52. [** 116.] ubi forte legendum *Sacramentarium*, ut lib. 7. cap. 143. [** 202.] *Canon Pœnitentialis*, in Capitulis Aytonis Episcopi Basileensis cap. 6. in Statutis Odonis Parisiensis Episc. cap. 8. et apud Stephanum Tornac. Epist. 1. *Leges Pœnitentium*, apud Bernardum Presbyt. Constantiensem lib. de Reconciliatione lapsorum pag. 285. *Peccantium judicia*, apud Reginonem ann. 576. *Judicium pœnitentiæ*, in Charta ann. 1197. apud Ughellum tom. 7. pag. 1275: *Præterea obtuli eidem Ecclesiæ... Lectionarium unum cum Epistolis, Benedictionarium, cum Judicio pœnitentiæ, Orationale unum Franciscum, etc.* Beda de Remediis peccatorum cap. 1. de Sacerdote: *Præparet sibi.... suum Pœnitentialem, qui hoc ordine secundum auctoritatem Canonum ordinatur, ut discretiones omnium causarum investiget primitus. sine quibus rectum judicium non potest stare etc.* Joannes Abbas S. Arnulfi in Vita B. Joannis Gorziensis num. 18: *Præcepta Canonicæ institutionis, hoc est decreta Conciliorum, Judicia Pœnitentum, ordinem actionum Ecclesiasticarum,.... corde recondita mire continuit.* Vita Burchardi Episcopi Wormatiensis: *Canones in unum corpus collegit, non pro ulla arrogantia, sed ut ipse dixit, quia Canonum jura, pœnitentiumque Judicia, in Episcopatu suo fuerant neglecta ac destructa.* S. Stephanus in Regula Grandimontensium cap. 5: *Nec etiam Judicia pœnitentiæ viris exterioribus injungere præsumatis: hujusmodi namque negotium nihil ad vestrum spectat propositum. Sententiæ judiciorum*, in veteri Scheda in Appendice ad Capitularia Reg. Franc. pag. 1385. edit. Baluzianæ. Epitaphium S. Isidori Hispalensis Episcopi:

Ut sincere credidit, sincere sic edidit
Formam pœnitudinis.

Ubi Regula ejusdem Isidori, ni fallor, innuitur. *Peccantibus discretionem pœnitentiæ judicare*, in Concilio Cloveshoviensi ann. 747. cap. 6. *Judicare*, nude ibidem cap. 11. Quo etiam spectant hæc ex Appendice 1. ad lib. 4. Capitulor. Caroli Magni cap. 30: *De Judicio pœnitentiæ ad interrogandum relinquimus per quem Pœnitentialem, vel qualiter judicentur pœnitentes, etc.* Capitulare Haitonis cap. 19: *Nec diversa sentiant in Judiciis pœnitentium, etc.* Varii enim circumferebantur libri Pœnitentiales, qui prostant et laudantur passim a Scriptoribus, atque in primis *Pœnitentialis Romanus*, *Pœnitentialis Bedæ Presbyteri*, *Pœnitentialis Gregorii III. PP.* editus in Conciliorum voluminibus : *Pœnitentialis Halithgarii* Episcopi Cameracensis, editus a Canisio tom. 5. Lection. antiq. et a Menardo ad Sacram. Gregorii M. quique laudatur a Baldrico Noviomensi lib. 1. Chron. Camerac. cap. 38. 39. et a Flodoardo lib. 2. cap. 19. *Pœnitentialis Theodori*, ut quidam volunt Archiep. Cantuariensis, crebro laudatur a Reginone, ann. 576. et in Canonibus a Burchardo, Ivone Carnot. et aliis, cujus indicem Spelmannus, fragmenta vero nuper edidit Jacobus Petitus. Exstant præterea in Bibliotheca S. Victoris Parisiens. *Petri Pictaviensis* Canonici ejusdem Ecclesiæ, [*Roberti* itidem Canonici,] et *Petri de Flamesburgo* Pœnitentiales libri : quibus adjungi possunt Canones, dati sub Edgaro, de Modo imponendi pœnitentiam, ut et *Pœnitentialis* Monasticus Columbani : cujus etiam est Liber de *Pœnitentiarum mensura taxanda*, editus ann. 1667. inter ejusdem Sancti opera, cum quibus editus perinde alter Cumeani Abbatis Scoto-Hiberni, *de Mensura pœnitentiarum. Liber Pœnitentialis* Alani de Insulis, et similes libri Pœnitentiales, secundum quos, *non ex corde suo, juxta delicti qualitatem pœnitentiam* reo Sacerdos imponebat, ut est apud Reginonem lib. 1. de Disciplinis Ecclesiast. cap. 57. unde in Capitulari Caroli Magni apud Saltz. præcipitur, *ut Sacerdos doctus sit, et suum Pœnitentiale bene sciat.* Habuerunt etiam Græci suos Pœnitentiales, in quibus recenseri debent ea ἐπιτίμια, quæ inter opera Basilii M. edita sunt, et quem pronuper, sub titulo Nomocanonis, recentioris omnino ætatis, publicavit vir admodum eruditus Joan. Bapt. Cotelerius Regius Linguæ Græcæ Professor. in tom. 1. Monumentorum Ecclesiæ Græcæ. Ejusmodi Pœnitentialium Librorum meminit Joannes Antiochenus editus ab eodem Cotelerio cap. 1 : Οἱ γὰρ ἅγιοι πατέρες ἡμῶν μετανοίας τρόπους ἐκθέμενοι, καὶ ἐπιτιμίων ἰδέας ἀναλόγους τοῖς τῶν ἀνθρώπων ἁμαρτήμασιν ἔσπευδον δι' αὐτῶν ἀνακαθαίρειν τὸ σῶμα τῆς ἐκκλησίας. Complures vero Pœnitentiales collegit ac edidit Joan. Morinus in libris de Pœnitentia. Vide *Judicare*. Interrogato confitente, confessor statim promebat librum suum pœnitentialem, quæsitoque in eo delicto, locum ei ostendebat, ut videret ipse agnosceretque, legitimam sibi imponi pœnitentiam. Vide Anonymum in Pœnitent. Græc. apud eumdem Morinum pag. 120. Ejusmodi porro *judicia* inter obventiones Curionum recensentur in Tabular. Celsinianensi : *Dimisit in manu ipsius Prioris.... ipse Arnulfus Presbyter Capellaniam S. Hilarii, et medietatem denariorum, quæ dicuntur judicia, et septima, et pœnitentias de villa S. Hilarii, etc.* Vide in *Pœnitentia* pag. 324. col. 1.

¶ **PŒNITENTIALERIUS**, Idem qui mox *Pœnitentiarius*. Statuta antiqua Eccl. Æduensis, apud Marten. tom. 4. Anecd. col. 468 : *Si aliqua dubitatio intervenerit, ad nos, vel ad officialem nostrum, vel ad Pœnitentialerium nostrum recurrat.*

* 1. **PŒNITENTIALIS**, Jus instituendi *pœnitentiarios* vel imponendi pœnitentiam. Charta Guid. episc. Catalaun. ann. 1183. ex Tabul. Derv. : *Præterea nobis retinuimus chrisma, Pœnitentiales et sanctam synodum, ad quam abbas, si citatus fuerit, pro omnibus clericis suis debet venire.* Vide *Pœnitentiarius*.

2. **PŒNITENTIALIS**, Vir, cui imposita est pœnitentia. Acta S. Willelmi pueri Martyris, apud Capgravium : *Pœnitentialis quidam brachia ferreis innexus nexibus.* Charta Robaldi Archiepisc. Mediolanensis ann. 1141. apud Ughellum tom. 4. pag. 654 : *Asserebant, quod in die Cœnæ Domini Pœnitentiales per aliquem Diaconum suum Archidiacono ... semper fore præsentandos.* Adde pag. 661. [Concil. incerti loci apud Marten. tom. 4. Anecd. col. 150 : *Maxime a sua Pœnitentiali se contineat* (Sacerdos) *Sciens.... sic peccare Pœnitentialem suam cognoscentem sicut cognoscentem a se baptizatam vel in baptismo susceptam.* Adde eumd. Marten. in Tract. de antiq. Eccles. Discipl. pag. 147.]

* Nostris *Penancier*. Lit. remiss. ann. 1382. in Reg. 121. Chartoph. reg. ch. 129. *Geffroy.... fort homme et de grant corpulance, portoit une bende de fer autour de son corps à sa char nue, et disoit qu'il estoit Penancier.* Vide supra *Pœnitentes* et infra *Pœnitentiarius* 2.

* **PŒNITENTIARE**, Pœnitentiam indicere, imponere. Constit. Carmelit. Mss. part. 2. rubr. 1 : *Poterit prior generalis fugitivos cujuscunque provinciæ ad ordinem recipere et Pœnitentiare de commissis.* Lit. ann. 1572. inter Probat. tom. 5. Hist. Nem. pag 79. col. 2 : *Plenam et liberam confero auctoritatem.... citandi, sententias ferendi, Pœnitentiandi, etc.*

¶ **PŒNITENTIARI**, Pœnitentibus accenseri, pœnitentiæ subjici. Chron. Farfense apud Murator. tom. 2. part. 2. col. 631 : *Quia factum emendare non poterat, petebat a quodam canonico clanculo perungi, et confratribus ignorantibus Pœnitentiari.*

¶ Poenitentiatus, Reconciliatus, absolutus. Bartholomæi Scribæ Annal. Genuens. ad annum 1242. apud eumdem Murator. tom. 6. col. 496 : *Dum ceteri de exercitu ad honorem ecclesiæ et ad reverentiam veræ crucis Pœnitentiati essent, et crucem quilibet assumsisset in humero dextro, summo mane cum magna festinantia et vigore, facta maxima et potenti acie, etc.* Vide supra in *Pœnitentes*.

¶ **PŒNITENTIARIA**, Dignitas et officium *pœnitentiarii*. Litteræ ann. 1289. tom. 2. Hist. Dalphin. pag. 49 : *Nos igitur pium ejus propositum in Domino confoventes, autoritate ipsius D. Papæ, cujus Pœnitentiariæ curam gerimus, etc.* Adde novam Gall. Christ. tom. 3. inter Instrum. col. 108.

¶ Poenitentiaria, Jus absolvendi pœnitentes. Statuta Johannis Episc. Trecor. ann. 1423. apud Marten. tom. 4. Anecd. col. 1130 : *Præterea quia de novo intelleximus, quod nonnulli religiosi et alii forte sæculares prætextu officii Pœnitentiariæ se ingerunt ad absolvendum subditos nostros in foro confessionis de casibus, tam dom. nostro Papæ, quam Episcopis respective de jure reservatis absque licentia nostra, etc.*

** Poenitentaria, Tribunal Romanum, cui præest *Pœnitentiarius major.* Vide mox *Pœnitentiarius*, 1.

1. **PŒNITENTIARIUS**, Dignitas instituta in Ecclesiis Cathedralibus a Concilio Tridentino sess. 24. cap. 8. sess. 14. cap. 7. penes quem facultas est casus Episcopis, ut vocant, reservatos absolvere. Erant tamen longe ante Concilium Tridentinum *Pœnitentiarii*, qui interdum ab Episcopis per villas et oppida in Quadragesima destinabantur, qui imbecilles, impotentes, et pauperes a casibus, qui *Majoribus* reservantur, absolverent, ut est in Concilio Arelatensi ann. 1260. cap. 16. [Hi *principales Pœnitentiarii* dicuntur in Concil. incerti loci cap. 16. apud Marten. tom. 4. Anecd. col. 151.] Charta Everardi Episcopi Ambianensis ann. 1218. qua in sua Ecclesia tres personatus erigit., Præcentoriam, Magisteriam scholarum, et Pœnitentiariam : *Pœnitentiarius vero loco nostri Confessiones audiet de quacunque parte diœcesis ad ipsum referantur, exceptis Confessionibus Curatorum nostrorum, et Magnatum, et Baronum, quas nobis reservamus. Ad illum etiam, tanquam ad illum, quem post nos in hoc officio proximum esse volumus, dubitationes, si quæ emergent, in foro Pœnitentiali jubemus reportari. Pœnitentias injunctas ab aliis Confessoribus relaxare poterit, aut mutare, prout secundum Deum viderit expedire.*

Scribit Socrates lib. 5. cap. 19. regnante Decio in singulis Ecclesiis ordinatum Presbyterum, qui pœnitentiæ præesset, πρεσβύτερον ἐπὶ μετανοίας, quod qui post baptismum lapsi erant, coram eo peccata sua confiterentur. Similia fere habet Sozomenus lib. 7. cap. 16. Adde Niceph. Callist. lib. 12. cap. 28. Unde colligi daretur tum primum institutos *Confessarios* : sed id refellit Baronius ann. 255. n. 9. commentumque esse contendit Novatianorum. Vide Maturinum Simonium de Pœnitentiæ ritu cap. 4. et Altaserram lib. 2. Dissertat. Juris Canonici cap. 8. [** *Pœnitentialis* seu *presbyter super pœnitentes* Cassiodor. 9. Histor. Ecclesiast. 35. Vide Forcellinum.]

Poenitentiarius *Ecclesiæ Romanæ*. Ex Presbyteris Ecclesiæ Romanæ quosdam constituit Simplicius Papa, ut auctor est Anastasius Bibliothecarius, super pœnitentes, qui iis præessent, et eorum exomologeses seu Confessiones audirent : *Hic constituit ad sanctos Petrum, Paulum, et Laurentium hebdomadas, ut Presbyteri ibidem manerent propter pœnitentes et baptismum, etc.* Horum primus hodie *Magnus Pœnitentiarius* dicitur, qua dignitate in Ecclesia Romana fungitur unus e Cardinalibus, de cujus officio pluribus agit Octavianus Vestrius lib. 1. de Judiciis aulæ Rom. [Epitomæ Constit. Eccl. Valent. inter Concil. Hispan. tom. 4. pag. 194 : *Antonius Cardinalis summus Pœnitentiarius, etc.*] Wil. Brito lib. 12. de Pœnitentiario Eccl. Romanæ :

Dic Jacobo, Papæ vice qui delicta reorum
Audit, et absolvit confessos rite reatus.

* Nostris *Penancier*, *Penanchier* et *Peneancier*. Vita S. Ludov. edit. reg. pag. 293 : *Frere Jehan, dit Antyochie, Peneancier nostre saint pere le pape, etc.* Infra : *Penan-*

rier. Lit. remiss. ann. 1376. in Reg. 110. Chartoph. reg. ch. 230 : *Fu enchargié à ladicte femme par les Penanciers de nostre saint Pere le pape qu'elle allast à Rome. Assez tost après s'en ala confesser au Penancier de l'eglise de Reins*, in aliis Lit. ann. 1377. ibid. ch. 346. Le Roman *du Riche homme et du Ladre* Ms. :

Un prestre li convient querir,
Qui d'evesque soit Penanchier,

* 2. **PŒNITENTIARIUS**, Vir, cui imposita est pœnitentia, nostris *Penancier.* Reg. visitat. Odon. archiep. Rotomag. ex Cod. reg. 1245. fol. 12. r° : *In capite jejuniorum et ipsa die ejecimus Pœnitentiarios ab ecclesia.* Vide supra *Pœnitentialis* 2.

* **PŒNITERE** Se, Se revocare, Gall. *Se retracter.* Charta Joan. comit. Matiscon. et Aalid. ejus uxoris ann. 1238. in Reg. D. Chartoph. reg. ch. 2 : *Et sciendum est quod si.... ista quittatio non placeret eidem domino regi, potest se Pœnitere, sine se mesfacere erga nos.*

PŒNITUDO, pro *Pœnitentia*, in leg. 11. Cod. Th. de Indulgent. crimin. (9, 38.) et passim. [Epist. Siricii PP. cap. 6. lib. 5. Capitul. cap. 133. Capitul. Ludovici II. Reg. Franc. tit. 2. cap. 5. et in Chron. Farfensi apud Murator. tom. 2. part. 2. col. 548.] [** Vide Forcellin.]

¶ **PŒNITUERINT**, pro *Pœnituerit*, in Concilio Ilerdensi inter Hispan. tom. 2. pag. 283.

¶ **PŒNOSA** Hebdomada, *Septimana.* Vide in *Hebdomada.*

¶ **POERARIA**, pro *Petraria*, Lapicidina, *Carriere.* Charta Galeranni Comit. Mellenti tom. 4. Hist. Harcur. pag. 1350 : *In eadem foresta unam Poerariam apud Fecheham cum dimidia virgata terræ.*

¶ **POESA**, Idem quod infra *Pogesia.* Chartul. S. Petri de Domina fol. 122 : *Habemus in domo Joannis Belin duos denarios et unam Poesam. In domo Juliani tres denarios et unam Poesam. Ricardus tres denarios et unam Poesam.* Pluries ibi.

¶ **POESSELLATA**, pro *Boessellata*, Gall. *Boisselée*, Modii seu *boiselli* mensura. Necrolog. Abbat. *de Daoulas* diœc. Quimperleg. : *Miles qui dedit nobis XXV. solidos et unam Poessellatum frumenti.* Vide *Boicelata.*

¶ **POESTALDUS**, Supremus magistratus, vel advocatus. Chron. Corn. *Zantfliet* ad ann. 1400. apud Marten. tom. 5. Ampliss. Collect. col. 357 : *Terram ejusdem nobilis ingressi sunt cum peditibus numerosis, cum suo signifero Sandero de Rosmelli, quem Warnerus de Sclaida, pro tunc abbas ecclesiæ Stabulensis, in Poestaldum patriæ substituerat vice sua.* Vide infra *Potestas.*

POETARE, More Poetarum fingere. Lucifer Calaritanus lib. 2. pro S. Athanasio pag. 108 : *Te falsa hæc cum sacrilegis tuis Poetasse.* Dantes in Purgatorio St. 28 :

Quelli ch' anticamente Poetaro
L'eta del oro, et su stato felice.

Utitur etiam Petrarcha part. 1. son. 10 :

Onde, si scende Poetando, e poggia.

¶ Poetare, Versificare. Vita S. Bennonis tom. 3. Junii pag. 157 : *Quo tempore unico illi* (Bernwardo) *solatio erat puer Benno, modo Poetando, modo legendo, modo disputando.*

☞ Poetas inter funerum curatores recenset le Roman *de la guerre de Troyes* MS. ubi de Sepultura Hectoris et Paridis :

Tos li Poetes et les clergiez
De par de trestotes les contriez,
Furent au cors, ce vos di bien,
Et il ne s'en faignent de rien,
De bien chantier et de bien lire.

Alibi :

Seveillis fu li cors Paris
Au riche temple Lonnois....
Tos les Poetes et les devins
Y sont au grant service fere.

* Poetizare, More poetarum fingere. Epist. Wigon. apud Pez. tom. 6. Anecd. part. 1. col. 113 : *Cum illi tricies et sexies in binarium divisi, si non sanctitate, vel ut ita Poetizemus, effectum sibi injunctæ præceptionis numerositate supplere potuissent.* Nostri *Poetes*, ut et scriptores medii ævi *Vates*, vocant episcopos seu primarios inter sacerdotes, ut videre est in voce *Poetare.*

** Poetizans legi in glossa manuscr. vetere ad Juven. sat. 7. vers. 49. monet Maius in Glossario novo Latinitatis.

¶ **POETICA** Vera, *Poeticalis alta, cursiva, mediana, Poeticana serrata*, Variæ scripturæ species. Vide in *Scriptura.*

¶ **POETRIA**, Poeta. Johan. de Monsterolio Epist. 41. apud Marten. tom. 2. Ampliss. Collect. col. 1308 : *Existimas.... philosophiæ fructum capere dulcissimum, et quæ insuper jocunda et idonea dicitur vice Poetriarum invenire;* id est, more poetarum. *Per istius carminis rudem Poetriam*, in Gloss. ad lib. Salomon. in Bibl. Heilsbr. pag. 62. Rursum pag. 125.

¶ **POEXIA**, Poesis, Italis *Poesia.* Chron. Placentin. ad ann. 1359. apud Murator. tom. 16. col. 588 : *Ipse* (Lanzalottus) *fuit sapientissimus in quibuscumque scientiis, et maxime Poexia, in qua multum se delectabat, et multoties scribebat per rimam, aliis poetis multa pulchra, moralia, etc.* Gloss. Lat. Gall. Sangerm. : *Poesis, Poetrie ou fiction.*

* **POGADA**, Pogadus, Polgada, Polgata, Pollex, uncia. Consuet. S. Crucis Burdegal. Mss. ante ann. 1305 : *Item quando dictus cellerarius dat lampredones seu lucia in Adventu, debet recipere dictus abbas xxv. lampredones vel xxv. Polgatas luciorum.... Tempore piscium in Adventu, quilibet monachus recipit quinque lampredones, vel unum dornum de lucio quinque dictorum* (leg. digitorum) *seu Pogadorum.... Item dictus sacrista habet tradere continue in diebus trium lectionum.... unam candelam de cera, longam de sex digitis, aliter Pogadas, et in festis xij. lectionum et duplicium xij. digitorum, aliter Polgadarum; in diebus fersalibus et solemnibus xv. digitorum, aliter Polgadarum.*

* **POGESA**, Monetæ Gallicæ minutioris species, Gall. *Poges* et *Pogeoise.* Vide *Pogesia.*

¶ **POGESALE**, Pogesiale, Mensura vinaria minutior, f. quod *Pogesiam* valeat, sic dicta. Statuta Arelat. MSS. art. 74 : *Vinum non vendatur cum Pogesali ad sobreversum.* Statuta Avenion. MSS. : *Qui vendiderit vinum minutatim teneatur habere ad minus mediam cociam, quartonem et Pogesiale, quibus teneatur mensurare sine superverso.*

¶ Poiezale, Poizale, Eadem notione. Statuta Massil. lib. 1. cap. 56 : *Quotiens vinum præconisatur ad vendendum... inquirere teneantur.... an mensuræ justæ sint dozenum, et medium dozenum, et carteironum, et Poizale, et meillairola... et quod non permittant superfundere seu superversare Poiezale seu quamlibet mensuram, nec minorem mensuram vel injustam habere.*

¶ **POGESATA**, Pogesatum. Vide mox *Pogesia.*

* **POGESATUM**, Mensuræ agrariæ species. Charta ann. 1303. in Reg. 74. Chartoph. reg. ch. 308 : *Item acquisiverunt.... quandam domum cum orto ibi contiguo et quandam bordam cum una medallata, medio Pogesato inter ortum et cazale eidem bordæ contiguis,..... et tres medallatas et duas partes unius Pogesati terræ.* Pro mensura liquidorum, ut *Pogesale*, occurrit apud Graverol. in not. ad Arest. Rocheflav. lib. 2. tit. 7. pag. 207. et tit. 10. pag. 642. Vide *Pogesata.*

POGESIA, Pogesus, Pogesius, Monetæ Gallicæ species, sed minutioris, [ejusdem valoris atque *Picta.* Vide in hac voce.]

Pogesa. Charta Capituli Lactoratensis ann. 1273. in Regesto homagiorum Aquitaniæ fol. 52 : *Pro quibus 60. libris assignavit et tradidit dominus Rex dicto Capitulo unam Pogesiam, seu pictam, seu quartam partem unius denarii* Burdegal.* In Usaticis *d'Ayguemortes* ann. 1246 : *Bannum autem tale sit, scilicet de ovibus et capris una Pogesia, de porco obolus, de bestiis grossis duo denarii.* [*Pogias* Provincialibus. Charta telonei vernacule scripta ex Cod. MS. D. *Brunet* fol. 118 : *Item cascuna saumada doli, un Pogias.*] Vide Hist. Cadurcens. num. 105. Gariellum in Episcop. Magalon. pag. 278. [et tom. 4. Ordinat. Reg. Franc. pag. 47.]

* Charta ann. 1270. ex Chartul. Caunensi : *Conventus Caunensis.... cedit totum jus, quod habet in salino de Caunis.... et in perceptione cuparum et Pogesarum de qualibet sarcila* (sarcina) *salis, pro mensuragio ab illis, qui sal inde extrahunt.* Lit. remiss. ann. 1416. in Reg. 169. Chartoph. reg. ch. 456 : *Une monnoye, que l'en appelle ou pays* (Gascogne) *Poges, qui valent les deux un denier Tournois.* Charta ann. 1328. inter Probat. ult. Hist. Trenorch. pag. 243 : *Item une Pogeoise Paresise sus chacune charge de sel, prime que l'on décharge et vent à Tornus.*

Pogesus, in Charta Ildefonsi Comitis Tolosæ anni 1144. apud Catellum in Histor. Occitan. pag. 323. 324. *Solidi Pogesi*, in Tabulario Conchensis Abbatiæ Ch. 44. 109. 155. et alibi non semel. *Denarii poiesi*, ibid. Ch. 269.

Pogesius. Raymundus de Agiles : *Erat moneta hæc Pictavini, Cartenses, Mansei, Lucenses, Valentinenses, Mergoresi et duo Pogesii pro uno istorum. Denarii Pogisii.* [Catalog. Confratriæ B. M. ex Tabular. B. M. Deauratæ Tolos. : *Receptoribus pictarum seu Pogesiorum, etc.*] Vetus Charta apud Columbum in Episcop. Vivariensibus : *Donant ei sex denarios Pogisios in singulis* marcis quæ percipiebantur in argentariis, etc. Pougeesse et Pougeoise, nostris olim. Charta Alphonsi Comitis Pictav. ann. 1253. in Tabulario Regio, Scrinio *Monetarios* : *Simplices autem Tolosani debent esse legis et ponderis Turonensium, hoc est sciendum ad quatuor Pougecsses minores legales, sicut debet fieri moneta Regis apud Carcassonam et Nemausum.* Charta anni 1282. apud Perardum pag. 554 : *Et seront li dis deniers à 3. deniers Poigeoise moins de loi, etc.* Alia ann. 1306. in Probat. Hist. Castilionensis pag. 97 : *Et les maailles de deux deniers, et Pougeoise de loi argent le Roy, et de 17. sous six den. de pois au marc le Roy.*

Pougesia. Charta ann. 1306. in Regesto 9. Philippi Pulcri Regis Franc. Ch. 14. ex Tabular. Regio : *Item 29. solid. et 6. denar. et Pougesiam, quos dominus Rex percipit in censibus denariorum annis singulis, etc.* Legi in adversariis D. Peyrescii viri doctissimi, *Poitevines, Pites, Pougeoises, Pougoires, et Poioiessas Aragonenses*, unum idem esse.

¶ Podrigia, ut *Pogesia*. Recogn. antiquæ Albæripæ Regest. *Probus* fol. 67 : *Guigo Oudraz.... tenet* v. *fossor. vin. et debet* v. *denar. et* III. *Podrigias*. Recogn. de Moras ibid. fol. 37 : *Petrus Martins tenet de Comite* I. *castanearium, et debet inde* IIII. *den. et* I. *Podrigiam. Armandus de Borgia tenet de Comite* I. *castanearium et debet inde* VII. *Podrigias.*

¶ Posegia, Posigia, Eodem significatu. Charta ann. 1195. apud Fanton. Hist. Avenion. tom. 2. pag. 83 : *De singulis ovibus singulas Posegias.* Charta pro Communia Balneoli ann. 1208 : *Ovis vel capra* (dat) *unam Posigiam.* Occurrit etiam in Hist. Episc. Lodovensium pag. 169. ex Charta ann. 1246.

¶ Pogisia, in Charta ann. 1125. inter Probat. Hist. novæ Occit. tom. 2. col. 437 : *Comes autem de cætero Melgoriensem monetam fabricare non faciat nisi denarios de* v. *denariis argenti fini, et medallias similiter de* v. *denariis argenti fini Pogesia minus.*

Pogesata, Pretium unius *pogesiæ*. Consuetudines Tolosæ part. 2 : *Denariatam, et etiam obolatam, et etiam Pogesatam potest quilibet vendere sine aliqua certa mensura.* Charta ann. 1300. in Regesto Philippi Pulcri Reg. Franc. ann. 1299. Tabularii Regii num. 49 : *Tria Pogesata vineæ de Gratalausa.*

POGETUM, Colliculus ex *Poium*, eadem notione. Tabularium Conchense in Ruthenis Ch. 151 : *Et in illo loco in Pogeto dono similiter.... illo meo alode, etc.* Infra : *Et teneat ipsum alodem; excepto illo Pogeto, si Abbas donare voluerit ad filios meos, etc.* Vide *Podium* 3.

¶ **POGGIARE**, Pogium. Vide *Podium* 2. et 3.

* **POGGIUM**, Gradus. Acta S. Rufini tom. 5. Aug. pag. 820. col. 2 : *Et exiens* (episcopus) *clausit ipsis religiolas, quæ sunt ante altare, et reversus sedit super Poggium, quod est ante ingressum de episcopio.... Et veniens* (mater) *ante gradum, ubi præsul sedebat, etc.* Vide in *Podium* 3.

* **POGICA** Charybdis, Rupes alta Danubio imminens, quæ vulgo *Trou Pilate* corrupte appellatur. Vita S. Emmer. tom. 6. Sept. pag. 487. col. 1 : *Cum periclitarer sæpius in profundis Danubii decursibus apud Pogicam Charybdin, ubi videtur mortis esse hospitium, maximum experiebar periculum.* Non ita mihi visum est, cum anno 1751. Danubium navigans ad hanc rupem adeo prope accessi, ut baculo meo ipsam contigerim.

¶ **POGISIA**, Pogisius, Moneta. Vide *Pogesia.*

* **POGNADINA**, Poingnadina, Mensura, qua molitores jus molituræ exigunt; *Poingnet*, in Lit. remiss. ann. 1427. ex Reg. 184. Chartoph. reg. ch. 44 : *Lesquelz eurent debat l'un à l'autre au molin du prieuré de Guicourt, pour cause d'une mesure, appellée Poingnet.* Stat. Avenion. Mss. ann. 1243. cap. 53. ex Cod. reg. 4659 : *Statuimus quod omnes molendinarii.... habeant Pognadinas et alias mensuras ferro communis signatas, et non mouturent, nisi cum Poingnadina.* Vide *Poinanderia.*

* **POGNUS**, pro *Pugnus*, Mensuræ species. Charta ann. 1212. ex Chartul. S. Joan. Laudun. ch. 74 : *Quinque Pognos in valle S. Vincentii.... Warnerus de Granlu tres Pognos avenæ.* Vide infra *Pugnus* 2.

POHERI, qui dicti fuerint apud Willelmum Britonem in Philippide, video passim ignorari, vel sane a viris doctis prætermitti. Is lib. 10. pag. 221 :

> Pontivii Comitem comitantur in arma Poheri.

Et lib. 11. pag. 233 :

> Stant contra oppositis Thomas Gallericus armis,
> Gamachiosque Vimosque ciens, Robertigenæque,
> Pontivusque Comes, Drocensis, atque Poheros.

Quos vero *Poheros* Willelmus, Poetæ nostrates *Poihiers* vulgo vocant. Magister Vaccius, qui scribebat ann. 1160. in Historia MS. Ducum Normanniæ in Willelmo Notho :

> Les Bolongnois, et les Poihiers
> Aurés tous, et mes soudoiers.

Auctor MS. Poematis de Varino Duce, qui eodem vixit sæculo :

> Moult le regardent François et Berruier,
> Et Alemant, et Flament, et Pohier.

Alibi :

> Mande Normans, et Flamans et Pohiers,
> Et Bourguignons, François, et Berruiers.

Philippus *Mouskes* in Hist. Franc. MS. (vivebat is ann. 1240.) in Carolo M. :

> Et li Pouhiers et Champenois.

In Lothario :

> Lohiers, qui donques estoit Rois,
> Assembla Pouhiers et François,
> Si quist tote la Loheraine.

In Philippo Augusto, de Prælio Bovinensi :

> Li Pouhiers et li Champignois,
> I furent preut, et cil d'Artois,
> Li Ilurepois d'outre Seine,
> Là leur font pas meslée seine,
> Cil d'Aminois et de Pontiu,
> Tinrent bien d'autre part leur liu.

Quibus versibus reddidit quæ hoc prælium commemorans habet Willelmus Brito.

Poheri igitur populi fuere in Belgio, quorum nomenclatura tam late patuit, ut Golutus in Historia Sequanica lib. 10. cap. 81. et 109. scribat Duces olim Burgundiæ, qui complures etiam Germaniæ inferioris tractus possedere, Heraldos seu Fæciales habuisse, quorum alii Poihieri, (*Poihiers*,) alii Ripuarii, (*Ruyers*) appellabantur; Poheros vero Fœciales intra Franciam, et Ripuarios intra Germaniam inferiorem suum obiisse munus. Sed appellationis rationem non reddit, quæ non alia est, quam quod Ducum ejusmodi Burgundicorum modernorum dominia partim in Francicis, partim in Germanicis regionibus protenderentur, id est, in provinciis, quæ aut Gallica aut Germanica lingua utebantur : cum Ripuariorum nomine, eæ quæ Rheno conterminæ erant, Poherorum quæ versus Franciam excurrebant, intelligerentur. Unde omnino conficitur *Poherorum* nomen generale fuisse, pluresque comprehendisse populos.

Horum præterea mentio est in veteri Ceremoniali Gallico MS. ubi agitur de Torneamentis, ad quorum evocationem in hæc verba facta proclamatio describitur : *Or oyez Seigneurs Chevaliers que je vous fais à sçavoir le grand digne pardon d'armes, et le grand digne tournoyement de par les François, de par les Vermandisiens et Beauvaisiens, de par les Poihiers et Corbeans, de par les Arthisiens et les Flamens, de par les Champenois et les Normans, de par les Angevins, Poitevins et Tourangeaux, de par les Bretons et Manceaux, de par les Rives et Hasbegnons, et de par tous autres Chevaliers qui accordez si sont, etc.*

Verum hoc loco *Poherorum* nomen haud tam late patet, satisque innuitur vicinos fuisse Corbeiensibus atque Bellovacensibus, proindeque eos esse qui castro, quod vulgo *Poix* vocant, et ab Orderico Vitali lib. 10. pag. 783. *Castrum de Pice* appellatur, vicinam incolebant regionem : quod prorsus firmant antiqui Fœcialium libri, quos *Provinciales* dicunt, quod Nobilium nomina et insignia secundum provincias digesta contineant. Quippe sub *Poherorum* titulo, seu *Poihiers*, recensentur vulgo Domini *de Pequigny, de Rivery, de Sissolleu, le Vicomte des Quesnes, de Rambures, d'Araines*, et familiæ aliæ nobiles, quæ in eo tractu qui Ambianum inter et Pontivensem Comitatum jacet, atque adeo in Vinemacensi pago, sedes suas habebant.

A castro igitur Piciacensi, seu *de Poix*, Poheri dicti : quomodo Ordericus Vitalis lib. 12. pag. 844. *Braiheros* appellavit, qui Normanniæ tractum, Bellovacis conterminum, vulgo *le Pays de Bray* vocatum, incolunt.

Id præterea nominis haud intra prædictos limites sese continuit, cum ultra Somonam obtinuerit : quippe in Tabulario Canonicorum Ecclesiæ Vineacurtensis fol. 10. mentio fit mensurarum frumentariarum, *Sestiers Pohiers* dictarum : ut in Ecclesiæ Ambianensis Chartarum Inventario pag. 3. *du muy Pohier*, seu modii Poheri.

¶ **POHINA**, Lateris species, ni fallor. Statuta Riperiæ cap. 222. fol. 29. v°. : *Teneantur fornasarii facere et fieri facere cuppos, quadrellos, Pohinas, matonos, tavellonos, et tavellas longas sive magnas et parvas; et alia quæcumque in fornacem coquenda ad infrascriptam mensuram, etc.*

¶ **POJADAS**, Præstatio ex pisis, ut videtur. Charta Willelmi Ducis Aquitan. ann. 1027. tom. 2. Gall. Christ. inter Instrum. col. 268 : *Concedo... omnes res cum Ecclesiis earum et cum omnes consuetudines et jura, cum consuetudine trium modiorum salis et cum la Pojadas et la fromentada, etc.*

* **POIALLUS**, f. dimin. a *Poius*, Collis, mons, Regio montuosa, Gall. *Pays montueux*. Reg. Cam. Comput. Paris. sign. JJ. rub. fol. 16. r° : *Item præpositus de Interduomaria se altero, equis et cum uno garcione debet per Poiallos recipi et procurari semel in anno*. Et fol. 17. r° : *In locis appellatis à Poious*. Vide in *Podium* 3.

POICHIA, Ponchia, Mensura frumentaria, in diœcesi Biterrensi. Charta Philippi Regis Franciæ ann. 1304. ex Chartophylacio Regio : *Donamus* 55. *sextarios, dimidium quarterium, dimidiam Poichiam, et dimidiam cupam frumenti, et* 63. *sextar. dimid. quarterium dimid. Ponchiam et dimidium cupam ordei, etc.*

¶ **POIESUS**, Moneta. Vide *Pogesia*.

¶ **POIEZALE**, Mensura. Vide *Pogesale*.

* **POIGESIA**, ut supra *Pogesa*. Reg. episc. Nivern. ann. 1287 : *Item tres Poigesias de quarta parte campi Debacum..... Perrinus filius Honeritz duos denarios et Poigesias de duabus peciis vinearum*.

* **POIGNEIA**, Quantum pugno continetur, a Gallico *Poignée*, aliàs *Poignie* et *Poingnie*. Charta Guill. episc. Laudun. ann. 1266. in Reg. B. Chartoph. reg. ch. 16 : *Cum discordia esset inter nos ex una parte, et majorem et juratos Laudunenses ex altera, super Poigneiis et joloneiis, quas nos diebus Sabbatis Lauduni in foro et extra, per servientem nostrum capere volebamus, de porris et caulibus et oignonnis et nucibus et aliquibus rebus aliis venalibus, quæ ad vendendum aportabantur : dictis majore et juratis dicentibus e contra, quod dictas Poigneias et joloneias non poteramus capere nec facere capi, etc. Puigneia*, ibid. Lit. remiss. ann. 1421. in Reg. 171. ch. 405 : *Icellui varlet en baillant à son maistre ladite tieule quatre et quatre, que l'en appelle Poingnies, etc.* Aliæ ann. 1457. in Reg. 189. ch. 162 : *Iceulx Gontault et Pomaret prindrent noise ensemble, tant pour raison d'une Poignie de blé, de laquelle ledit Pomaret disoit que Domenche du Castellar l'avoit mesconté. Pougnieul*, eodem sensu, in aliis ann. 1408. ex Reg. 162. ch. 356 : *Un Pougnieul de farine bultée*. Hinc *Poignal* dicebant quod manu contineri potest. Lit. remiss. ann. 1367. in Reg. 152. ch. 61 : *Quod icellui Breton se senti ainsi frappé, se baissa à terre et print deux pierres Poignaux, etc.* Vide infra *Pugnata* 1.

* **POIGNELLUS**, Modus agri, idem quod *Pugillus* 1. Charta S. Ludov. ann. 1258. in Reg. 30. Chartoph. reg. ch. 282 : *Item centum et viginti quinque essinos et unum Poignellum terræ arabilis*.

* **POIGNETUS**, Puignetus, a Gallico *Poignet*, Ornamentum pugni seu assuta extremæ manicæ fasciola. Inventar. S. Capel. Paris. ann. 1363. ex Bibl. reg. : *Item de eadem sorte qua supra immediate, sunt una stola, unus manipulus, una alba, unus amictus et quidam Poigneti*. Infra : *Sex Puigneti, et plures alii Puigneti antiqui*. Aliud Gall. ibid. : *Item d'icelle propre sorte un estole, un fanon, une aube, un amit et deux Poignez*. Codex MS. Bibl. S. Vict. Paris. ad ann. 1396 : *Il me vint deux femmes qui... avoient aussi Poingnez en leurs surcos pendans aus coudes*. V. *Pugnale*.

POIGNIA. Inquesta de Foresta Aquilina in Regesto Philippi Aug. Herouvalliano f. 118 : *Habet et carbonarios asignarios Poigniarum ad mortuum nemus in defenso Molinelli*. Infra : *De pasnagio, quod domini Regis est, habet dominus Monfortis unum centenarium, si inventus fuerit apud Rambolhec, sive ad Poignias*. [Nomen esse alicujus loci proprium suspicor.]

¶ Poignia aliud sonat in Charta thelonei Episcopat. Autissiod. MS. : *Episcopus habet in uno die Sabbati et in alio non, duas Poignias de tribus digitis ad minus quo voluerit telonearius*. A Gall. *Poignée*, Pugillata, hæc vox deducenda videtur.

¶ **POINANDERIA**, Mensura, qua molitores jus molituræ exigunt, *quantum semel cum palma levatur*, ut habent Libertat. Pontis Ursonis tom. 4. Ordinat. pag. 640. Massiliensibus *Pougnadiere*. Statuta Massil. MSS. ann. 1258 : *Statuimus quod sex boni viri eligantur qui præsint mensuris sextariis, eminis, Poinanderiis molendinorum, millaroliis et aliis. Poinhanderia* ibidem occurrit. Hinc emendanda eadem Statuta edita lib. 1. cap. 53. et 55. ubi *Pomaderia* legitur pro *Poinanderia*.

¶ Ponaderia, Eadem notione, in Statutis Avenion. MSS. : *Item statuimus quod omnes molendinarii... habeant Ponaderias et alias mensuras ferro Communis signatas*.

¶ Ponhaderia, sæpius in veteribus Chartis burgi S. Andeoli. Vide *Poneria* et in *Puginata*.

¶ **POINCETUS**. Expensa militiæ Comitis Atrebat. ann. 1237. ex Bibl. Reg. : *Pro soumario in capella Comitis* XVI. *l. Turon. Poincet. pro soumario in stabulo Comitis* X. *l. Tur. Poincet. pro quodam roucino Rad. de Veris qui (est) ad Comitem* VII. *l. Tur. Poincet. pro roucino ad lavanderiam et sella* VI. *l.* X. *s. Tur. Poincet. pro duobus roucinis ad capellanum Comitis* XX. *lib. Tur. Poincet. pro expensa istorum roucinorum* XIII. *l. Par. Poincet.* Hæc ad monetam spectare dubium non est : quæ sit tamen genuina vocis notio, non percipio. An *Poincetus* signatum vel gravem sonat? Monetariorum enim est utraque vox.

* Vox contracte scripta et haud scio an bene lecta, quæ idem significare videtur quod vulgatum in computis *Item, Plus*. Vide *Punctum*, 1.

* **POINETA**, Pugillata, quantum pugno continetur, Gall. *Poignée*. Charta ann. 1218. in Chartul. Cluniac : *Item de furno, ubi recipiunt tres Poinetas prior et monachi, non solebant nisi unam*. Infra : *Pugneta*. Vide in hac voce.

¶ **POINGITIUM**, Velitatio, leve prælium, Gall. *Escarmouche*, f. a Lat. Pungere. Genealog. Comit. Flandr. apud Marten. tom. 3. Anecd. col. 410 : *His temporibus multa fiebant Poingitia et particulares conflictus in confinibus terræ*.

* Pugna, nostris *Poingneis*. Reg. 50. Chartoph. reg. ch. 11 : *Les prisonniers qui furent pris auvec ledit Conte en Poingneis*, *Poignars*, vel potius *Poigneis*, in Hist. contin. Guill. Tyr. apud Marten. tom. 5. Ampl. Collect. col. 712 : *Li Chiprois qui furent montés si comme il porent, que armé que desarmé, se mistrent ensemble une partie d'eus et se mistrent à deffense, tant qu'il i ot bons Poignars*. Vide in *Pugna* 3.

¶ Poingneicium, Eadem notione. Charta Johannæ Comit. Flandr. ann. 1225. apud Baluz. tom. 7. Miscell. pag. 264 : *De prisonibus et de lucro guerræ sic erit... Si in Poingneicio capiantur Milites vel servientes vel balistarii qui sint homines mei, dominus Rex habebit corpora eorum, et ego habebo terras eorum quæ sunt de feodo meo. Si qui vero capiantur in Poingneicio qui non sint homines mei, etc.*

* **POINGNADINA**. Vide supra *Pognadina*.

* **POINGNERIA**, Mensuræ species, Gall. *Poignée*. Charta ann. 1306. in Reg. 38. Chartoph. reg. ch. 159 : *Quinquaginta quinque sextaria, dimidium quarterium, dimidiam Poigneriam et dimidiam cupam frumenti*. Rursum occurrit infra. *Poingnierée* vero, pro Mensura agraria, idem quod supra *Poingnellus*. Lit. admort. pro eccl. Tolos. ann. 1471. in Reg. 197. ch. 159 : *Dix Poingnierées de pré, dont les quatre Poingnierées ou mailhées font l'arpent, en deux pieces*. Vide *Pugneriata*.

¶ **POINHANDERIA**. Vide *Poinanderia*.

¶ **POINSO**, Poinsonus, a Gall. *Poinçon*, Vas vinarium, dolium, idem quod Parisiis *Semicauda vini, Demie queue*. Bellijoci valet quatuor barales vel duas asinatas. Hist. Paris. Lobinelli tom. 3. pag. 695 : *Tenebitur quilibet... in fine caudæ vel Poinsonis solvere quod apparebit per dicam suam habuisse*. Regest. 2. Ministeriorum Paris. in Camera Comput. Paris. : VI. *den. pro qualibet cauda vini, et* III. *den. Paris. pro qualibet modio seu Poinsono vini*.

* **POINTA**, a Gallico *Pointe*, Angulus. Charta Phil. Pulc. ann. 1299. in Reg. *Olim* parlam. Paris. : *Juxta Pointam jardini nostri*.

¶ **POJOLIS**, Colliculus, *podiolum*, dimin. a *podium*. Vide in hac voce. Charta ann. 1030. in Tabular. S. Victoris Massil. : *Sicut aqua vergit de meridie usque ad montes majores, a Septentrione usque ad Pojoles, quos vocant guardias, etc.* Vide *Pogetum*.

¶ **POIPIA**. Vide *Poypia*.

¶ **POIRATA**, Leguminis species, beta, Gall. *Poirée, bette*. Constitut. pro Abbatia S. Pauli Narbon. ann. 1127. inter Instrum. tom. 6. Gall. Christ. novæ edit. col. 33 : *Tamen fragilioribus et frequentius infirmantibus semper misereantur, et donent illis carnem salubrem, et a Nativitate Domini usque ad Quadragesimam dare carnem sale conditam tertiis feriis, et aliquando quintis feriis eis licitum sit cum Poirata vel cum caulibus*. Vide *Poreta*.

¶ **POISA**, ut supra *Pensa*, Libra. *Semipoisa*, semilibra, in Chartul. S. Vedasti Atrebat. V. pag. 265 : *Debemus.... in Natali Semipoisam casei Flamingi*.

* **POISONERIUS**, Piscarius, qui pisces vendit. Arest. parlam. Paris. ann. 1328. in Reg. 66. Chartoph. reg. ch. 1285 : *Ponere debeamus in macello et piscaria Biterris taxatores, qui taxant contra macellarios et Poisonerios,... ne carnes et pisces plus debito*

vendant. Poisselarius, ex eodem Aresto in Reg. *Olim* parlam. Paris. ubi et *Poissonneria*, pro Piscatorium forum, vulgo *Poissonnerie*. Unde *Poissonnage*, Præstatio pro jure vendendi pisces, in Consuet. Bituric. ex Reg. Joan. ducis Bituric. fol. 118. v°. : *Ci s'ensuivent li cens et li Poissonnage dudit mons. le duc à poier à la saint André*. Vide *Piscionarius*.

* **POITRINA**, Pectus, Gall. *Poitrine*, alias *Poitron*. Lit. remiss. ann. 1354. in Reg. 82. Chartoph. reg. ch. 403 : *Ipsum Johannem una cum manu cepit per Poitrinam sive per pectus, ponens manum aliam ad cutellum*. Aliæ ann. 1376. in Reg. 110. ch. 190 : *Par grant chaleur dist ces paroles, que par le Poitron Dieu sanglant, si feroit, etc.*

¶ **POIUM**, Porus. Vide *Podium* 2. et 3.

¶ **POIZALE**, Mensura. Vide *Pogesale*.

¶ **POKETTA**, ab Angl. *Pocket*, Pera, sacculus. Instrument. ann. 1341. apud Rymer. tom. 5. pag. 234 : *Rotulos in 4. nigris bagis de corio, et 20. Pokettis de canevacca.*

* **POL**, Idem videtur quod *Polmentum* et *Pulmentum*, Census nempe feudalis, qui domino debetur ex captis in stagno alibive piscibus, quorum ferculum unum illi exhibetur. Charta ann. 1342. in Reg. 74. Chartoph. reg. ch. 238 : *Item unum Pol debitum quolibet anno per Pontium Sauls et ejus parcerarios.*

1\. **POLA**, Pertica, vel alius modus agri. Liber Prioratus Dounstapl. cap. 4 : *In qualibet dola habet 4. Polas, sive 8. andenas, jacentes simul*. Alibi : *Habet Prior primo 4. perticas sive Polas in latitudine, etc.* Vide *Dola* 2.

¶ 2. **POLA**, f. Agger ad ripam. Charta ann. 1369. apud Rymer. tom. 3. pag. 191 : *Antiquam et debitam prisam nostram de vinis, quæ in portu de Dert-muth, et in Pola aquæ de Eshe, in Comitatu Devoniæ applicare contigerit.*

¶ **POLACIADA** Spada. Fori Alcaçonenses : *Et qui feriret de lancea aut de Spada Polaciada peitet 10. sol.* Vide *Polaxis*.

¶ **POLAGIUM**, Præstatio ex pullis, pro *Pulagium*. Vide in hac voce. Polyptychus Fiscamn. ann. 1235 : *Nicolaus de Monte tenet unum bordagium, et debet... relevare fossata, cagiam facere in bosco, et deferre Polagium apud Fiscamnum et ova et pasnagium.*

* *Pollage*, eodem sensu, in Charta ann. 1309. ex Reg. 47. Chartoph. reg. ch. 117 : *Toute la forez de Meince, les biens, les corvées, les gelines, les Pollages et la garenne.* Vide infra *Pulagium*.

* **POLAGLIUM**, Pullarium genus, Gall. *Poulaille; Polage*, in Charta ann. 1543. Stat. Avel. ann. 1496. cap. 126. ex Cod. reg. 4624 : *Emere non liceat... caseos, seracios, vacherinos, capones, polastros, gallinas, perdrices, vel alia volatillia seu Polaglia, cujuscumque generis sint.* Vide *Pollaylia*.

* **POLALHA**, Eadem notione. Comput. ann. 1380. inter Probat. tom. 3. Hist. Nem. pag. 26. col. 2 : *Solvi Maritæ l'Espanhole pro octo peciis Dolalhæ ab eadem emptis, pro præsentando magistro Yvoni Adriani, secretario domini nostri regis.*

* **POLALLIA**, Eodem intellectu. Charta ann. 1388. in Reg. Joan. ducis Bitur. ex Cam. Comput. Paris. fol. 136. r°. : *Quoddam hospitium, vocatum hospitium de Oriaco, prope villam Bituricensem situatum, cum terris, pratis, nemoribus, redditibus in bladis, vinis, denariis, Polalliis, vineis, etc.* Quæ Gallice sic redduntur ibid. fol. 141. r°. : *Avecques toutes les appartenances;... tant en terres, prez, bois, rentes de blez, de vins, de deniers, Poulailles, vignes, etc.* Vide supra *Polagium*.

POLANA. Vide *Poulainia*.

* **POLANDA**, Piscis species. Vide supra *Glaucus*.

POLANUS, Trochlea, ni fallor, nostris *Poulie*; [nisi sit machina devolvendis doliis apta, quam *Poulain* nuncupamus.] Tabularium Episcopat. Autisiodor.: *Costumæ de cordis, Polanis, et minagium sunt Comitis.* [*Poulanus*, ibidem : *Ille ballivus debet conreer habentem chordas et Poulanos.*]

* Sed et vehiculi species sine rotis, seu traha vehicularis, eodem nomine appellatur : quo ultimo sensu occurrit in Chartul. Fossat. fol. 2. v°. : *Item pro quolibet dolio vini ibidem vendito, et non amoto vel ducto de loco ad locum infra villam ad Poulains, quatuor denarii debentur.*

Poulenagium, Præstatio pro *polanis*, seu trochleis, quibus dolia e navibus in littus educuntur. Idem Tabularium : *Omnes tam foranei quam de villa, qui adducunt vinum ad portum, dolium debet 6. den. et 4. den. de Poulenagio et 2. den. pro minagio. Poulenagium illorum qui sunt de foris et de villa; omnibus diebus quibus aliquis ducit ad ripam, Polanus debet 4. den.* Et infra : *Dolium ductum extra villam.... debet 6. den. de Poulenagio, et si emptum fuerit, debet roagium et minagium cujuscumque modiationis sit, et Poulenagium, nisi oneratum fuerit ad situlam super axem.*

* **POLASSUS**, Pullus. Comput. ann. 1399. inter Probat. tom. 3. Hist. Nem. pag. 150. col. 2 : *Item solvit... pro sex Polassis præsentatis duobus scutifferis dictæ societatis dictarum gentium armorum, etc.*

* **POLASTER**, Eadem notione. Locus est supra in *Polaglium*.

¶ **POLAXIS**, Gladii species. Charta Henrici VI. Reg. Angl. ann. 1450. apud Rymer tom. 11. pag. 262 : *Quod nullus de cætero palettos, loricas, gladios, Polaxes, gleyves, seu aliqua alia arma invasiva, etc.* Vide *Polaciada spada*.

¶ **POLAYNA**, Rostra calceorum. Vide *Poulainia*.

¶ **POLCHEHART**, Qui pullos curabat, seu cui incumbebat cura eos condiendi et tabulis regiis apparandi, interprete Hearnio in Lib. nigr. Scaccarii pag. 348 : *Omnis Polchehart consuetudinarium cibum, et tres ob. homini suo.* Vide *Poleta* 2.

¶ **POLCINUS**, Mensura. Vide *Polkinus*.

* **POLDRA**, Pulvis tormentarius, Gall. *Poudre*. Comput. ann. 1495. inter Probat. tom. 4. Hist. Nem. pag. 65. col. 1 : *Item solverunt... pro octo libris de salpetre, pro reparando quamdam Poldram antiquam, quæ erat in archivis villæ pro custodia civitatis, etc.*

* **POLE**. Chron. Bohem. apud Ludewig. tom. 11. Reliq. MSS. pag. 130 : *Sciendum est, quod in lingua Sclavonica campi plani, Pole nuncupantur, et ideo nominata Polonia, quod campestris planicies interpretatur.* Gallis vero *Pole*, Piscis species dicitur. Tract. MS. de Pisc. cap. 95. ex Cod. reg. 6838. C. : *Cynoglossos a Gallis Pole dicitur, et buglossi speciem forma ipsa satis arguit.*

* **POLEA**, Trochlea, Gall. *Poulie*. Consuet. S. Crucis Burdegal. MSS. ante ann. 1305 : *Habet* (sacrista) *tenere seu facere tenere decem lampades munitas et garnitas de oleo, lampadariis funibus et Poleis.* Vide mox *Polegia*.

¶ **POLECTICUM**, Polyptychum. Vide in hac voce.

* **POLEDIA**, Grus tractoria. Mirac. MSS. S. Lazari : *Ad opus ecclesiæ beati Lazari construendæ quercus quatuor advolvebantur, ex qua fieret machina, quæ vulgo appellatur Poledia.*

¶ **POLEDRA**, Poledrarius, etc. Vide mox *Poledrus*.

POLEDRUS, Pulletrum, Pultrinus, Pullus equinus, Ital. *Poledro, puledro*, et *poltro* : ex qua voce Landinus ad Dantem ignavos *poltronos* dictos putat. Nostri *Poutre* dicunt. [*Poultrain*, in Consuet. Montensi cap. 50. et apud Butiller. lib. 1. cap. 88.] Gloss. Ælfrici : *Poledrus*, fola. i. pullus. Testam. Bertichramni Episc. Cenoman. : *Reliquos vero caballos, tam Warannonis quam spadas seu Poledras, etc.* Charta Adalberonis Archiep. Hammaburg. ann. 1143 : *Sed et Poledrum denario, et vitulum dimidio redimant.* Alia Hartwici Archiep. ann. 1149 : *De animalibus autem, veluti Polledris denarium, de vitulis obulum, de reliquis quoque justam decimationem administrent.* Cæsarius Heysterbac. lib. 7. cap. 39 : *Erat Monasterio Poledrus pulcherrimus, species.... enim optimi dextrarii in eodem erat Poledro.* [Histor. Cortusior. lib. 2. cap. 22 : *Plures villæ existentes in plebatu sacchi,... derobatæ et consumtæ fuerunt, in quibus repertæ fuerunt equæ et Poledri innumerabiles et magnæ. Polledra mula*, in Chron. Bergom. apud Murator. tom. 16. col. 1006. Statuta Pallavic. lib. 2. cap. 73. pag. 132 : *Pro qualibet equa vel equo, Poledro vel Poledra, asino, asina, sol. 4.*] M. Justinus Lippiensis in Lippi-florio pag. 149 :

Colligit æs, vestes, fruges, pecus, arma, Poledros.

Occurrit in Lege Salica tit. 40. § 7. 8. et Aleman. tit. 53. in Capitulari de Villis cap. 14. 15. 50. 62. in Charta Ludovici Pii apud Mabillonium tom. 5. Vitarum SS. Ordin. S. Benedicti pag. 67. in Charta Aldrici Episcop. Cenoman. pag. 89. 90. in Speculo Saxon. lib. 2. cap. 48. § 14. etc. Vide *Boledrus, Polenus* et *Pollenus*.

Pulletrum, Eadem notione, in Legibus Wisigoth. lib. 8. tit. 4. §. 5. et in Charta ann. 813. apud Ughellum in Episcopis Veronensibus. *Pullitras* Gallinas *vetulis* opponit Varro lib. 3. de Re rust.

¶ Pultrellus. Charta ann. 1059. in Tabular. S. Victoris Massil. : *Et pro hac donatione recipio unum Pultrellum per manum dom. Petri Abbatis.* Le Roman *de Partonopex* MS :

Le fiert si dedens le chastel,
Qu'il le tresbuche du Peutrel.

Pultrinus, in Gloss. Theotisco, *Fuli.*

Poutrain au laict, in Consuetud. Montensi cap. 50.

Poledrio, apud Sambucum ad Leges Hungaricas.

¶ Polerius, Poleria, Eodem significatu, in Statutis Montis Regal. fol. 306 : *Item pro quolibet Polerio vel Poleria, sol. duos den.*

¶ Poledrus, in Lege Salica tit. 11. § 5. edit. Eccardi.

* *Poutrain*, in Lit. remiss. ann. 1391. ex Reg. 140. Chartoph. reg. ch. 308 : *Pierre le Blot sur un cheval tenant une bouteille d'estain en sa main, et un Poutrain qui le suivoit lequel il presenta à vendre audit Robert de Crehem; lesquelz exposans atargerent pour ledit Poutrain barguignier et advister. Poutrel*, in Poem. Alex. MS. part. 2 :

Encontre Perdicas a brochié son Poutrel.

Pouldre, Poultre et *Poutre*, Junior equus vel equa, in aliis Lit. ann. 1472. ex Reg. 195. ch. 817 : *Le suppliant changa la sienne* (sa jument) *à une Pouldre avec ung laboureur.* Infra : *Poultre.* Inventar. ann. 1361. ex Tabul. D. Venciæ : *Item novem Poutres inter masculos et femellos unius anni.* Hinc *Poutrenier* nuncupatus, qui *poledros* curat et vendit, inter Redit. comitat. Hannon. ann. 1265. ex Cam. Comput. Insul.

Poledrarii, qui *poledrorum* curam gerunt, in Capitulari de Villis cap. 10. 50.

Pultrellæ, Equæ adultæ, rusticis nostris *Poutrelles*. Capitulare de Villis cap. 14 : *Ut jumenta nostra bene custodiant, et poledros ad tempus segregent, et si Pultrellæ multiplicatæ fuerint, separatæ fiant.* Cap. 62 : *Quid de poledris et Pultrellis, etc.*

Poletria, Pullorum equinorum grex. Fleta lib. 2. cap. 87. § 1. de Caseatricis officio : *Item ejus est... facere butyrum, curamque de Poletria obtinere, ac exitibus inde provenientibus compotum reddere.* [Ubi *Poletriam* malim de pullis seu altilibus intelligere; quod ad Caseatricis officium magis pertinet. Vide *Pulletria.*]

* Alia rursum notione *Poultre* occurrit in Lit. remiss. ann. 1426. ex Reg. 173. ch. 447 : *Le suppliant rompi l'escrain par la Poultre, d'une besague et d'un coustel à clou.* Sed legendum *Ploutre*, sera catenaria. Vide supra *Plaustrum* 2.

* Præterea *Poulain* et *Poutrain* a nostris appellatum quoddam ludi genus. Lit. remiss. ann. 1399. in Reg. 154. ch. 566 : *Icellui Baudet et aucuns autres s'esbatoient à un jeu, que l'en dit le Poulain ou raffle.* Aliæ ann. 1420. in Reg. 171. ch. 310 : *Lesquelz compaignons se prinstrent à jouer aux dez au Poutrain, que on dit la raffle.*

* **POLEGIA**, Polegium, Trochlea, Gall. *Poulie*. Comput. ann. 1362. inter Probat. tom. 2. Hist. Nem. pag. 261. col. 1 : *Pro duabus Polegiis necessariis ad levandum et bayssandum lampadem noviter institutam in platea, pro lumine faciendo custodibus, j. gross.* Form. MSS. ex Cod. reg. 7657. fol. 36. v°. : *Fuit tertio tortus atque levatus in dicto eculeo... semel in altum, usque Polegium ipsius eculei, et bis usque medium.* Vide supra *Polea.*

POLEGIUM. Vide *Polyptychum.*

¶ **POLEMARCHUS**, a Græc. πολέμαρχος, Dux belli, ad quem summa rei militaris refertur. Occurrit apud Stephanot. tom. 1. Antiq. MSS. Vascon. pag. 129. Vide Budæi Notas in Pandect. l. ult. ad fin. de muneribus.

¶ Polemarchia, Dignitas et munus *Polemarchi*. Vide eumdem Budæum loco citato.

¶ **POLEMITUM.** Vide *Polymitus.*

POLENA, Rostra calceorum. Vide *Poulainia.*

* **1. POLENTA**, Mensuræ species, eadem quæ supra *Pognadina*; unde mendose scriptum suspicor. Inquisit. ann. 1257. in Reg. *Olim* parlam. Paris. : *Qui tenet molendina domini regis de Mellento, usus fuit percipere quandam Polentam farinæ ab omnibus burgensibus de Mellento, qui venerint molere ad dicta molendina.*

* **2. POLENTA**, Puls ex farina et lacte, Gall. *Bouillie*; cujus avidi sunt Normanni, unde *Boulieux* cognominantur, si fides *de Brieux* in Orig. Consuet. antiq. pag. 6. ubi id ex Elegiis Textoris laudat : *Normannis tolle Polentam.*

POLENTARII, Qui *brasium* curant, molunt, et conficiunt ad *cerevisiam* componendam. Iter Camerarii Scotici cap. 26. § 1 : *Polentarii, qui brasium curant et faciunt, Malt-makers, calumniari debent, quod faciunt bonum brasium, et malum, et simul et conjunctim : cum debent ea facere separatim, et pro diversis pretiis.* Adde §§. seqq. Vetus Charta vernacula post Historiam W. Thorn pag. 2206 : *Et quant l'Ercevesque tient grauntz festez, les Polentiers l'Ercevesque averent lieuz lor pleytrie, ou bien leur soit.*

POLENTRUDIUM, Politrudium, Cribrum farinarium. Gloss. Lat. Gall. Thuanum MS. : *Politrudium, buretel.* Veteres Schedæ MSS. : *Ego comedi panem polentrudizatum ad Polentrudium delicatum.* Vox videtur deducta a *polenta*, farina delicatior, vel a *polline truso*, Gall. *Farine passée.*

* Glossar. Lat. Gall. ann. 1352. ex Cod. reg. 4120 : *Politrudium, Gallice Buletcil; inde Politrudiare.* Aliud ex Cod. 7692 : *Polentrudium, belutel.*

¶ **POLENUS**, Pullus equinus, *Poulain.* Charta Henrici Comit. Vadani-montis ann. 1252. in Hist. Mediani Monast. pag. 322 : *Contulit etiam idem Hugo pater meus decimam Polenorum dictæ cellæ Bellæ-vallis.* Vide *Poledrus* et *Pollenus.*

¶ **POLEPTICUS.** Vide *Polyptychum.*

¶ **POLERIA**, Polerius. Vide *Poledrus.*

* **POLERIUM**, f. Collis, mons, idem quod *Podium* 3. Charta Frider. III. imper. ann. 1466. tom. 1. Cod. Ital. diplom. col. 1382 : *Cum omnibus redditibus et introitibus,..... rivis, rugeriis, avastariis, Poleriis, molendinis, piscariis.* Vide supra *Avastarium* et mox *Polesinus.*

* **POLERIUS**, Pollerius, Catalogus ecclesiarum seu beneficiorum ecclesiasticorum cujuscumque episcopatus, vulgo *Poullié.* Inquisit. ann. 1315. in Chartul. Arremar. ch. 30 : *Ita vidit scriptum in Pollerio, in quo scripta sunt nomina et patroni parrochialium ecclesiarum existentium in diocesi Lingonensi.* Charta ann. 1337. ibid. ch. 238 : *Nos plenarie informati, tam per Polerios sive rotulos episcopatus, in quibus declarantur ejusdem* (Lingonensis) *episcopatus beneficia, et ad quos pertinent præsentationes eorum et jura patronatus, etc.* Vide in *Polyptychum.*

* **POLESENUS**, *De piu seni.* Glossar. Lat. Ital. MS. Nostris vero *Palasineux* dicitur is, cujus membra minus firma sunt, Gall. *Qui a un tremblement de nerfs*; quod proprie senum est. Lit. remiss. ann. 1418. in Reg. 170. Chartoph. reg. ch. 177 : *Icellui suppliant estoit Palasineux, et non pas bien seur en ses membres.* A voce *Palasine*, Nervorum trepidatio, apud D. *Le Beuf* tom. 1. Dissert. pag. 210.

* **POLESINUS**, Policinus, Pollicinus, Pullicinus, Mons, collis, locus editior; unde Insula ita nuncupatur, quia aquis supereminet. Charta ann. 894. apud Murator. tom. 2. Antiq. Ital. med. ævi col. 164 : *Unam ex ipsis est sita in insula, quæ dicitur Barco;.... cui cohæret ex una parte Polisino, et ex aliis tribus partibus fluvius Padi.* Diplom. Ludov. III. reg. ann. 900. ibid. col. 169 : *Cum aliis insulis, quæ vulgo Pullicini vocantur.* Sent. ann. 1198. ibid. col. 85 : *Quod nemo debebat in Pollicinis venari vel aucupari.* Stat. Ferrar. ann. 1288. ibid. col. 169 : *Et dabo operam, ut aggeres et ripæ Padi efficiantur et manuteneantur. Et quod Policini divisi aggerentur.* Charta ann. 924. ibid. tom. 6. col. 50 : *Cum omnibus insulis et Pollicinis in Padum existentibus, seu et molendinis, etc.* Alia ann. 1141. ibid. tom. 5. col. 228 : *Similiter do vobis totum Policinum, ante prædictam ecclesiam S. Georgii positum, præter vineam meam domnicatam.* Diplom. Frider. III. imper. ann. 1451. tom. 3. Cod. Ital. diplom. col. 1815 : *Cum aquis et fluminibus publicis vel privatis, rivis, rugeriis, arastariis* (f. pro avastariis) *Polesinis, molendinis, piscariis, etc.* Vide supra *Polerium.*

1. POLETA. Matthæus Paris ann. 1215. in Charta Joannis Regis. Angl. pro libertatibus forestæ : *Tres ortilli scindantur de pede anteriori sine Poleta.* Scilicet parte carnosa, quam *montem pedis* vocant. Ita Watsius.

☞ Rectius supra in voce *Pelota* 1. editum, *Tres ortelli abscindantur, sive Pelota de pede anteriori.* Ita etiam legunt Spelmannus et Th. *Blount* ad hanc vocem. Græcis hæc pars θέναρ dicitur.

2. POLETA. Fleta lib. 2. cap. 18 : *Officium coquinæ est, denarios recipere de Gardaroba pro officiis emptoris, Poletæ, salsariæ, aulæ, et cameræ, etc.*

Poletarius. Fleta lib. 2. cap. 14. § 3 : *Item duos Magistros Coquorum, Lardenarium, Poletarium, Scultellarium, Salsarium, etc.* Sed his locis opinor legendum, vel intelligi *Polentam* et *Polentarium*, qui polentas conficit. Non tamen temere definio.

☞ *Poletarium* legendum censet Hearnius in Notis ad Lib. nig. Scaccarii pag. 348. eumque esse coquinæ ministrum existimat, cui pullos condiendi cura incumbit. Vide *Polchehart, Pullarius* et *Pulletarius.*

* **3. POLETA**, pro *Pelota*, Pila lusoria. Reg. episc. Nivern. ann. 1287 : *Item episcopus debet dare ad potandum omnibus illis, qui sunt de choro, qui veniunt in curia episcopi ferire Poletas die Resurrectionis Domini post prandium.* Vide *Pelota* 3.

¶ **POLETICUM.** Vide *Polyptychum.*

¶ **POLETRIA**, Pullorum equinorum grex. Vide supra in *Poledrus.*

¶ **POLETUM**, ut *Polyptychum.* Vide in hac voce. Statutum MS. Eccl. Lugdun. : *Sicut in charta, quæ vocatur Poletum, continetur; ubi describuntur omnes presbyteratus ecclesiæ, quæ debent ceram Ecclesiæ Lugduni.... Ita authenticata fuit charta, quæ vocatur Poletum, in qua charta describuntur omnes archipresbyteri, qui debent incensum, et ecclesiæ, quæ debent ceram Ecclesiæ Lugduni. Et sicut creditur libro primæ, similiter creditur illi chartæ, quæ vocatur Poletum.*

* 1. **POLETUS**, ut supra *Polerius.* Extat in Tabul. Matiscon. liber inscriptus, *Poletus Matisconensis redactus an.* 1513. *ex archivis ejusdem ecclesiæ, Poletis seu matriculis antiquis, etc.* Vide supra *Polerius* et *Poletum.*

* 2. **POLETUS**, Pullus equinus. Anonymi epist. apud Pez. tom. 6. Anecd. part. 1. col. 231 : *Equidem nimium compulsus ebrietate asperæ fortunæ, ex infortunio dico equorum, precor quo Poletum unum mihimet tribuatis in proprium.* Vide *Poledrus.*

* **POLEXUS**, *Corrupto*, in Glossar. Lat. Ital. MS.

POLEYNA. Vide *Poulainia.*

* **POLGADA**, Polgata. Vide supra *Pogada.*

¶ 1. **POLIA**, a Gr. πολιός, canus. Rochus *le Baillif* in Diction. Spagyrico : *Amianthus est impolitus salamander lapis aluminis plumæ similis, cujus inextincta fiunt ellychnia, alias linum vivum et Polia.*

2. **POLIA.** Jo. de Janua : *Polia, armentum, vel grex, vel collectio equorum, vel aliorum jumentorum. Et dicitur a polis, quod est pluralitas.* [Gloss. Lat. Gall. Sangerman. : *Polia, Tropiau de beste.*]

* Glossar. Provinc. Lat. ex Cod. reg. 7657 : *Equaria, Prov. armentum equorum et aliorum jumentorum. Polia, idem.* Hinc fortassis *Polie* et *Poulie*, pro Equile, vulgo *Ecurie, étable.* Lit. remiss. ann. 1396. in Reg. 151. Chartoph. reg. ch. 132 : *Lequel Chouquet lui respondi moult eschaufrement que s'estoit un merdier bougre et vuideur de Poulies.* Infra : *Polies.*

* 3. **POLIA**, Locus, ubi panni extenduntur desiccandi aliave ratione præparandi, nostris *Polie* et *Poulie;* unde *Poulier* dicebant, pro pannos sic præparare. Stat. pannif. Rotomag. ann. 1424. in Reg. 173. Chartoph. reg. ch. 151 : *Item nul ne pourra Poulier, ne faire Poulier draps tonduz au travers, etc.* Arest. ann. 1299. in Reg. *Olim* parlam. Paris. : *Cum inter textores et fullones Parisienses esset discordia, super eo quod dicti fullones nolebant pannos, quos folabant, portare ad novas Polias extra muros Paris. situatas, etc.* Liber nig. 2. eccl. S. Vulfr. Abbavil. fol. 42. v°. : *Nicholaus Boisset tres solidos de domo, quæ est sub Poliis Petri de Marolio.* Ibid. fol. 43. r°. : *Johannes Warlande duos solidos de quadam parte Poliarum, quæ fuerunt Stephani Burel.* Rursum fol. 45. r°. : *Tenementum situm in vico ad Polies.* Charta ann. 1375. in Reg. 107. Chartoph. reg. ch. 375 : *Item sur une maison et Poulie seant en la rue Portechar de Beauvez,... quatre solz.* Lit. remiss. ann. 1400. in Reg. 155. ch. 90 : *Il lui dist que ilz trouveroient grant quantité de draps ès cloeres ou Poulies du pontoir de l'espau.* Vide infra *Polium* 1.

* Fuit et ludi genus, nostris *Polie* et *Poulie* nuncupatum. Lit. remiss. ann. 1385. in Reg. 126. ch. 161 : *Jehan Mauvoisin et autres alerent hors de la ville de Liencour, et commencerent à jouer à un jeu, nommé le jeu de la Poulie.* Aliæ ann. 1391. in Reg. 142. ch. 23 : *L'exposant feust en la ville de Montigny sainte Felise avec pluseurs compaignons, qui jouoient à un jeu, appellé la Polie. Poulye,* in aliis ann. 1406. ex Reg. 160. ch. 324.

¶ **POLIANDRUM**, Poliandrium, Cœmeterium. Vide *Polyandrum.*

POLIANESUM. Charta Algari Comitis Angli in Monastico Angl. tom. 1. pag. 1022 : *Cujus etiam putrili corpori Roma quidem venienti in præscripto Polianeso Basilicæ divina prædestinatio sepulturam ordinavit.* Ubi loci legendum forte *polyandrio*, vel *paradiso.*

POLICARA. Vetus Notitia Sicula apud Rocchum Pirrum tom. 1. pag. 311 : *Et deinde vadit usque illo Mizano vallone, ubi sunt multæ Policaræ.*

¶ **POLICERI**, pro Polliceri. Elmham. in Vita Henrici V. Reg. Angl. edit. Hearnii cap. 60. pag. 162 : *Policebantur præmissa, quod, hiis exilis stili transcursis officio, ad alia, quæ agebantur temporibus mediis, rediretur.*

¶ **POLICIÆ.** Charta Ysnardi Senescalli Provinciæ in Cod. MS. D. *Brunet* fol. 90 : *Cum bladum de Arelate abstrahitur, Policiæ per vicarium Arelatis fiunt, accipiendo inde pecuniam,* id est, ad Vicarium pertinet de delicto cognoscere et judicare. V. *Pollex*, 3.

* **POLICINUS.** Vide supra *Polesinus.*

¶ **POLICOGUM.** Vide *Politogum.*

¶ **POLICUS**, Cælestis. Vita SS. Bovæ et Dodæ tom. 3. April. pag. 286 : *Ut dotem æternæ remunerationis caperet in curia Policæ sedis.*

* **POLIETUS.** Obituar. eccl. Lingon. ex Cod. reg. 5191. fol. 246. r°. : *Johannes de Gilauco puer nobilis canonicus Lingonensis, qui dedit.... unum Polietum et sex carcellos, ad ponendum circa majus altare in diebus majorum solemnitatum.* An liber seu codex evangeliorum et epistolarum? Vide *Textus* 1.

¶ **POLIFORMIS**, Multiformis. Dudo de Ducibus Norman. apud Duchesn. Hist. Norman. pag. 158 :

Qui propriis cedis Poliformia munera servis.

Vide *Polyformis.*

¶ **POLIMANDRITA**, Qui pluribus monasteriis præest. Hieratium juris Pontificii : *In quorum exemplum nostri Polimandritæ eosdem sacerdotes custodes sacrorum præponunt, sicque miseri triturantes alienis affliguntur officiis.*

¶ **POLIMEN**, Politura. *Baltei Polimina inspicimus* apud Apul. de Deo Socratis.

* Nostris *Polissement* dicitur id, quo aliquid paratur. Stat. ann. 1470. in Reg. 201. Chartoph. reg. ch. 67 : *Item que nul ne puisse mettre.... painture, fart, ne Polissement en cuyr, etc. Politement*, pro Eleganter, polite, apud *Desrey* in Chron. Caroli VIII. ad ann. 1496 : *Bouquets d'orfaverie Politement faits.*

POLIMETARE. Vide in *Polymitus.*

* **POLIMIRE**, pro Polire, apud Cl. vir. Garamp. in Disquis. de sigil. Garfagn. ex Sicardi Mitr. pag. 104 : *Os et lignum arte rasili Polimitur, etc.*

¶ **POLIMITA**, Polimitum. Vide *Polymitus.*

* **POLINA**, Equa junior. Testam. ann. 1469. ex Tabul. Flamar. : *Item plus tres porcos, unum bravem sive bovem ætatis trium annorum, et unam Polinam ætatis trium annorum.* Vide supra *Poledrus.*

¶ **POLINCTORIUM**, Sepulcrum. Vita B. Richardi sæc. 6. Bened. part. 1. pag. 523 : *Nec enim venerandi Præsules hunc locum vilipendere dignum duxerunt, in quo sepulturæ requiem delegerunt, et sedis suæ relicto Polinctorio, hoc in loco sepeliri maluerunt.* Hinc

¶ Polinctores, Sepulturæ curatores, ibidem pag. 561 : *Oculos patris clausit Episcopus, Polinctores funeris Richardus, Odilardus, Stephanus et Walerannus abbates fuerunt. Ipsi corpus sanctissimum procuraverunt, vestibus sacratis ex more induit Episcopus, etc.*

* Proprie, qui mortuos curabant et ungebant. Plaut. in Pænulo : *Quia mihi Pollinctor dixit, qui eum pollinxerat.* At Fulgent. Grammat. *Pollinctores* dicuntur quasi *Pollutorum unctores*, id est, cadaverum curatores. Vide Vales. pag. 6.

¶ **POLINGION.** Vide *Polyandrum.*

POLINUS. Vide *Pullani* 2.

* **POLINUS**, an Pullus equinus, aut ex iisdem præstatio? Charta Guid. episc. ann. 1260. inter Probat. Hist. Autiss. pag. 60. col. 1 : *Quæ quindecim libræ assignatæ erant super Polinis de sancto Prisco.*

¶ **POLIO**, Qui arma polit, apud Firmicum. *Poliones et custodes armorum*, in leg. ult. Dig. de jure immunit. (50, 6.) In Gloss. Lat. Gr. *Polio* est πατροφάγος, *glutto.* [** Vide Forcellin.]

* *Polion*, Pars quædam arcus, in Lit. remiss. ann. 1480. ex Reg. 206. Chartoph. reg. ch. 621 : *Le cuidant fraper des Polions de son arbaleste.*

POLIS, Urbs, πόλις. [Elmham. in Vita Henrici V. Reg. Angl. edit. Hearnii cap. 65. pag. 185 : *Sed dum ipsa Polis* (Rothomagensis) *tam numerosa pugnantum multitudine superbiret, etc.*] Græcismus :

Urbs est dicta Polis, dicuntur plurima polis.

Epitaphium quod habetur apud Ughellum tom. 7. Ital. sacr. pag. 894 :

Hos rea mors rapuit, Reatina Polis sepelivit.

Bondelmontius in Descript. Constantinopolitana : *Tertiaque quarta columnarum quasi in medio Polis sunt positæ.* Vide ibi Notas nostras. [** Ruodlieb. fr. 3. vers. 322 :

Ex una parte lancis nummos posuere
Ex auro factos et in igne sat examinatos,
A Pole Byzante quibus agnomen tribuere,
Est quibus insculpta græce circum titulata
Istac majestas, illac regisque potestas.]

* **POLISINUS.** Vide supra *Polesinus.*

POLISIS. Joan. Sarisberiensis Epist. 268 : *Is qui ventis et mari imperat, exigentibus hominum meritis, in Polisi mundana,* re scilicet publica degentium, in hoc seculo, seditiones esse patitur. Ubi *polisis* pro *republica* ponitur. Sed nescio an non legendum sit *politia*, quomodo vernacule *Police* dicimus, pro *Politica*.

POLISSEMUS, Multæ significationis, πολύσημος, apud Auxilium de Causa Formosi Pap. : *Communicare vero Polissemum est, etc.*

¶ **POLITA** Media, Scripturæ genus. Vide infra in *Scriptura*.

POLITANUS. Adamnanus lib. 1. de Locis sanctis cap. 1. : *Camelorum et equorum... numerositas.... per illas Politanas plateas stercorum abominationes propriorum passim sternit.* Quidam MSS. habent *Politarias*. Gretzerus *politas* legendum censet, hoc est elegantes. At hoc loco *politanæ*, sunt ni fallor, *urbicæ plateæ*, voce ex πόλις efficta.

¶ **POLITHOGUM**. Vide *Politogum*.

¶ 1. **POLITIA**, Respublica, hominum in eadem urbe simul habitatio. Acta ad Conc. Basil. apud Marten. tom. 8. Ampl. Collect. col. 454 : *Oportuit fundari Politias, provincias et regna, in quibus humanæ indigentiæ subveniatur.*

* 2. **POLITIA**, Regimen, administratio. Translat. S. Gorgon. apud Mabill. sæc. 3. part. 2. pag. 208 : *Hæc sunt jocunda et mirifica omnipotentis Dei opera, per quæ dignatur glorificare servos suos in hujus vitæ Politia.* Ubi Bollandistæ tom. 3. Sept. pag. 344. col. 2. habent, *Politio. Policité*, eadem acceptione, in Stat. ann. 1399. tom. 8. Ordinat. reg. Franc. pag. 335. Vide infra *Pollere* et *Pollitia*.

* 3. **POLITIA**, Urbanitas, morum elegantia, Gall. *Politesse*. Gabr. Barel. serm. in festo S. Cathar. Senen. : *Cum esset* (Catharina) *annorum duodecim, cogitantes parentes eam nuptui dare, miserunt eam ad sororem suam nuptam, ut eam hortaretur ad Politias et mundi delitias.*

POLITICI, Hæretici quidam sic appellati, quos alii *Arnaldistas* vocabant, ab Arnaldo Brixiano, quorum hæresis sub Innocentio III. PP. vulgari cœpta, damnata vero ab eodem Pontifice in Concilio Lateranensi, ab obitu Cælestini PP. rursum invalescere cœpit. Vide Baronium ann. 1144.

POLITICI VERSUS, quo carminis genere conscripti complures in manibus teruntur recentiorum Græcorum libri, unde dicantur, non parva est difficultas : in qua enodanda, si liceat mihi extra instituti metas paulo excurrere, dicam quod sentio.

Versus Politici haud multum abludunt ab eo genere versuum, quos dithyrambicos veteres appellarunt. Nam ut ii nullam numerorum, nullam carminum recurrentium certam legem habebant, quod docet Aristoteles, sed numeris lege solutis feruntur, ut ait Horatius : ita et politici minime ad exactam metri formam conscripti sunt. Syllabarum enim certo numero, qui vix ultra 15. excurrit, crebrisque metaphoris, ὀνομάτων διπλώσεσι, et συνθέτοις ὀνόμασι, constant : quæ omnia dithyrambicis adscribit Demetrius Phaleræus seu Dionysius Halicarnasseus lib. περὶ ἑρμηνείας, pag. 39. 44. edit. Morellianæ, nisi forte dicamus eos similes esse veteribus Sibyllinis, quos longos fuisse asseverant Cicero ac Varro.

Versus politicos heroicis adscribit Scholiastes Hephestionis pag. 91. quo loco septem genera carminum heroicorum recenset, in quibus *politicum* est postremum, quod sic definit : Πολιτικὸν δὲ τὸ ἄνευ πάθους, ἢ τρόπου πεποιημένον, veluti inquit, ἵππους τε ξάνθας ἑκατὸν καὶ πεντήνοντα, moxque λογοειδῆ appellatum fuisse ait, quod videlicet solutæ orationis speciem magis quam strictæ præ se ferat, quod et alibi innuit his verbis : λογοειδὴς δέ ἐστιν ὁ πεζότερος τῇ συνθέσει, quomodo *versum pedestrem* dixit Fortunatus Pictaviensis Episcopus lib. 5. cap. 4. aut quomodo Commodianum scripsisse ait Gennadius libro de Scriptor. Ecclesiasticis, *quasi versu*. Unde constat πολιτικοῦ vocem pro soluta oratione, præcipue apud Græcos medii ævi Grammaticos, intelligendam, ut apud Phrynichum in brevi illa quam conscripsit Ἀττικῶν ὀνομάτων συλλογῇ, in qua duobus locis, ποιητικὸν πολιτικῷ opponit : ait enim ἐρεύγεσθαι ὁ ποιητής, ἀλλ' ὁ πολιτικὸς ἐρυγγάνειν λεγέτω : et alibi : μεσονύκτιον, ποιητικόν, οὐ πολιτικόν. Ejusmodi est λεξικὸν τοῦ πολιτικοῦ λόγου, quod laudat Photius in Bibliotheca cod. 148. cui subjungitur aliud, ποιητικὰς λέξεις continens.

Unde vero pedestris oratio, πολιτικῆς nomen sumpserit, vix constat. Quidam, ait vir illustrissimus Episcopus Monspeliensis ad Psellum, quasi *politos* dictos volunt : quomodo forte *politos sermones* dixit Victor Utic. lib. 3. de Persecut. Vandal. pag. 42 : *Si quis incredulus esse voluerit, pergat nunc Constantinopolim, et ibi reperiet unum Subdiaconem Reparatum sermones politos sine ulla offensione loquentem.* Alii πολιτικὴν orationem eo sensu accipiendam volunt, quo apud Rhetores sumptam legimus : tradit enim Hermogenes lib. 2. Orator. alios πολιτικοὺς alios σοφιστὰς appellatos, quorum etiam φράσιν diversam fuisse scribit : φράσιν quippe πολιτικὴν eam dici, quæ seclusa erat ab ornatissimo dicendi modo, quem σοφιστικὸν vocabant : sophistæ enim ἐν τοῖς ὀνόμασιν ἐσοφίζοντο, οὐκ ἐν τοῖς νοήμασιν, inquit Xenophon. Unde si quæ in eorum oratione δεινότης, erat tantum φαινομένη, καὶ μὴ οὖσα. Præterea *Politici*, ejusmodi versus forte nuncupantur, quasi civiles ac populares ; quorum nempe in colloquiis familiaribus vulgo usus erat. Sic enim πολιτικὸν interpretatur Cicero lib. 5. de Finibus : *Namque sic hominis natura generata sit, ut habeat quiddam innatum quasi civile, atque populare, quod Græci* πολιτικὸν *vocant, etc.* Longe enim popularior est oratio pedestris ac soluta, quam stricta. Unde veteres Comici dum quotidianum sermonem imitari volunt, consulto a stricta versificationis observatione recesserunt, uti observat Terentianus Maurus :

> Sed qui pedestres fabulas socco premunt
> Ut quæ loquuntur sumpta de vita putes,
> Vitiant iambon tractibus spondaicis,
> Et in secundo, et cæteris æque locis :
> Fidemque fictis dum procurant fabulis,
> In metro peccant, arte, non inscitia,
> Ne sint sonora verba consuetudinis,
> Paulumque rursus a solutis differant.

His consentanea scribit Hephestion pag. 17. comicos nempe ita versus suos exarasse, ut non observata ad normam metrorum lege soluta quodammodo oratione scripserint : τὸν γὰρ βίον οὕτοι μιμούμενοι, θέλουσι δοκεῖν διαλελυμμένως διαλέγεσθαι, καὶ μὴ ἐμμέτρως, *dum enim vitam imitantur, soluta oratione disserere videri volunt, non vero stricta.* Idem tradunt de comicis Cicero, Priscianus, et Rufinus lib. de Metris. Et sane hocce comicorum scribendi genus potissimum inventum fuit, quod ad mores informandos aptius et magis idoneum videretur : unde ἠθικὸς λόγος, Græcis; Latinis, *morata oratio* appellatur, in quo Terentius, et in sermonibus Plautus, excelluit, teste Varrone apud Nonium. In utroque autem scribendi genere, Terentii nimirum et Plauti, *non qualiacumque, sed grandia, pulchra, et elaborata* verba observare est, quod de ethica dictione Sidonius dixit lib. 8. Epist. 11. quæ quidem omnia etiam Politicis versibus conveniunt. Grandibus enim, et compositis ferme semper farciuntur, seu, ut voce utar Joannis Tzetzæ Chil. 9. v. 282. ἡμαξουμένοις στίχοις ut sunt, quibus Historiam suam contexuit Constantinus Manasses : atque hi quidem, ut cæterorum ejusmodi scriptorum, ut observat Martinus Crusius in Turcogræcia pag. 193. *quindenis syllabis constant, ex 2. iambicis dimetris versiculis, priore Catalecto, posteriore Catalectico Anacreonteo : in quibus potius tonorum, (ut apte et leniter inter metiendum cadant) quam quantitatis syllabarum ratio habetur.* Hos versus, ni fallor, seu potius politicorum versuum concinnatores carpit Joannes Euchaita Carm. πρὸς τοὺς ἀκαίρως στιχίζοντας pag. 26. ubi sic ait :

> Μέτρον δ' ἄμετρον οὐδαμῶς μέτρον λέγω.

Sed de hoc versuum genere audiendus in primis Leo Allatius in Diatriba de Simeonum scriptis : *Versus*, inquit, *Politici, ut plurimum Iambicis et Anacreonticis constant : ita tamen ut nulla quantitatis syllabarum, quod accuratissime veteres observabant, ratio habeatur, tantum earum numerus, declinationesque accentuum attendantur, et ratio ista confingendorum carminum non nunc primum in ea natione, sed multa abhinc sæcula, laboris forsan pertæsa ante, et barbarie omnia occupante, (adde quoque similium rerum ignorationem) in usu fuisse comperitur, ut videmus in Photii Patriarchæ, Christophori Primi a Secretis, Constantini Anagnostæ, Manuelis Imperatoris, et aliorum Hemiiambis, sive Anacreonticis, Pselli, Metaphrastæ, Manassæ, Philippi Solitarii, Manuelis Philæ, Tzetzæ iambis et politicis : quo tamen recentiores et negligentiores in illis pangendis fuere. Et quemadmodum Anacreontici non omnes, eodem syllabarum ac pedum numero concluduntur : ita et hi nunc pluribus, nunc paucioribus syllabis, ad eorum tamen normam componuntur. In iambicis aliter factum est : nam veteres ratione pedum longiorum, aut contractiorum, nunc syllabis auctiores, nunc imminutiores dictos versus fecerint licet, semper pedum numerum observarunt; recentiores syllabas tantum, easque duodecim religiosissime servant. Quod idem servatum est in Politicis, in quibus syllabas quindecim nunquam excedunt : et si quæ ultra videntur, eas per aphæresin, sive synalephen decurtant et absumunt; quod magis in Græcorum recenti vulgatoque sermone, ut et in Italorum, apud quos similes hiatus ad numerum syllabarum retinendum restringuntur, conspicitur. Politici ideo dicti, quod communes omnium sunt, usuique eorum accommodati : sic quoque scorta et meretrices, quod omnibus sunt obsequiosæ et peculiares, et servitutem publicam serviunt, non alio addito, sed solummodo* πολιτικῶν *nomine innotescunt. Meri Trochaici sunt : quemadmodum enim illi septem pedibus et syllaba constant, ita et hi : nisi quod antiquorum similes versus ratione pedum longiorum quindecim syllabas aliquando excedunt, Politici numquam, ut de Iambicis dictum est. Et quemadmodum antiquorum duobus membris integrantur, mediique inciduntur, ita et hi qui nuncupantur Politici.* Hactenus vir doctissimus.

Complura ejusmodi poemata, Politicis scilicet versibus conscripta servat Bibliotheca Regia, quorum indicem contexuit Philippus Labbeus in Nova Bibliotheca pag. 132. 133. 134. et 135. Exstant etiam non modo Politicis, sed et rythmicis versibus, Græcobarbaro idiomate aliquot scripta, ut Historia Appollonii Tyrii edita Venetiis, Βατραχομυομαχία Demetrii Zeni, in Turcogræcia Crusii, et ejusdem Alexander Macedo edit. Venetiis ann. 1529. et alia similis farinæ Græculorum opuscula. Laudatur Joannis Tzetzis liber de versibus politicis a Labbeo in Bibliotheca nova MSS. pag. 196. Vide Glossar. med. Græcit. col. 1196.

POLICUM. Vide *Polyptychum.*

POLITOGUM, vel POLITHOGUM, *quod et psalterium dicitur*, in MSS. codd. Papiæ. Editus habet *Policogum*, sed videtur legendum *polypticum*, id est liber.

* **POLITRUDIARE**, POLITRUDIUM. Vide supra *Polentrudium.*

* **POLITUS**, Purus, sincerus. B. de Amor. in Speculo sacerdotum MS. cap. 18 :

Numquam sis fictus ypocrita, bonus apparens, malus [intra;
Non vult Christus ita, sed plus vult corda Polita.

Et cap. 29. de Virtutibus :

Virtus est habitus mentis bonus atque Politus.

* 1. **POLIUM**, ut supra *Polia* 3. Invent. Chart. reg. ann. 1482. fol. 96. v°. : *Littera,.... per quam apparet magistrum Hugonem Burgundum dedisse et quietavisse comiti et comitissæ Pictavensibus quasdam domos, sitas Parisii in vico des poulies, cum tribus Poliis retro sitis. De anno* 1260. Charta ann. 1308. in Reg. 40. Chartoph. reg. ch. 122 : *Domus, quæ fuit Gaufredi le Pelle, et aboutizat retro Poliis, quæ fuerunt Johannis Nobleti.*

* 2. **POLIUM**, Registrum beneficiorum ecclesiasticorum cujuscumque episcopatus, Gall. *Poullié.* Stat. MSS. eccl. Tull. ann. 1497. fol. 117. v°. : *Ex dominis archidiaconis aliqui sunt, qui habent plura beneficia curata conferre, quorum declarationem remittimus ad Polia episcopatus aut registra sua.* Vide *Polerius* et *Polyptychum.*

* Hinc accersenda videtur vox Gallica *Pueille*, qua Liber commentarius, vulgo *Registre, journal*, significatur, in Lit. remiss. ann. 1442. ex Reg. 176. Chartoph. reg. ch. 167 : *Comme Enart de Beaujeu, essaieur de nostre monnoye de Lyon, ait obmis d'escripre en ses Pueilles le foiblage,.... et consenti que semblablement fussent corrigez les papiers des deux gardes correspondans à sesdittes Pueilles, etc.* Pluries ibi.

POLKINUS, Mensuræ frumentariæ species in Morinis, in variis Chartis in Chronico Andrensi pag. 363. 396. et apud Duchesnium in Probat. Hist. Guinensis pag. 153. 261. 262. 282. 307. [Charta ann. 1240. in Tabul. S. Vulmari : *Dono.... in redditibus decem Polkinos avenæ ad mensuram de Wissanch.*] *Polkin* in Charta anni 1324. *Pocquin de froment, d'aveine*, in Computis Domanii Bononiensis Comitatus. Charta ann. 1478 : *Rentes d'avoines deuës chascun an. C'est à sçavoir que en chascun Poquin a 8. butels, et en chacun butels 4. provendieres.* In iisdem Computis Bononiensibus, *Poquinages et rentes de la Vicomté de Boulenois*, dicuntur præstationes quædam quæ in frumento vel avena fiunt. In Charta anni 1402. mentio fit, *des poquinages des vaissiaux qui admenent grains au hable de Bouloigne, lesquels doivent chacun vaissel un poquin de blé ou de quelque grain que ce soit, s'ils sont querquiez au bout de la nef, et s'ils ne sont querquiez que devant mast, au derriere mast, ils ne doivent que demy poquin.*

¶ POLCINUS, Eadem notione. Lambert. Ardensis apud Ludewig. tom. 8. Reliq. MSS. pag. 528 : *Decimulas vel prædiola obtulerunt : hic unum Polcinum vel bustellum frumenti, etc.*

* *Paukin*, in Charta ann. 1319. ex Reg. 59. Chartoph. reg. ch. 82 : *Item chiunc Paukins et vij. boisteaux de fourment, qui valent xv. solz le Paukin.... Item xxj. Paukins de feves et de baillark, qui valent ix. solz le Paukin.* Vide infra *Poquinus.*

¶ **POLLA**, Pullastra, gallinula, *Poulette.* Charta ann. 1330. in Tabul. S. Victoris Massil. : *Item pro jure decimæ..... De pollacis quantumcumque fuerint unum pollossum et unam Pollam tempore quo a gallina dimittuntur.* Leg f. *Pulla.* Vide in hac voce secunda notione.

¶ **POLLACIUS**, Pullus gallinaceus, *Poulet.* Charta ann. 1190. in cod. Tabul. : *Dat .... unum sextarium avenæ et unum Pollacium in unoquoque suorum hominum.* Vide *Pollaster.*

¶ **POLLACUS**, Gallinæ, pulli, pullaria species. Locus est in *Polla.* Vide *Pollatura.*

* **POLLANÆ**, Rostra calceorum. Stat. S. Capel. Bituric. ann. 1407. ex Bibl. reg. : *Nullus prædictorum* (canonicorum, etc.) *præsumat alta deferre collaria,.... nec in sotularibus rostrum deferant sive Pollanas.* Vide *Poulainia.*

POLLARDUS, Monetæ adulterinæ species. Thomas Walsinghamus et Henricus de Knyghton ann. 1301 : *Prohibita est moneta alienigenarum surreptitia et illegitima, quam Pollardos et Cocodones atque Rosarios appellabant, qui paulatim et latenter loco irrepserant sterlingorum. Hanc monetam primo Rex Eduardus jusserat valere obulum, deinde omnino exterminavit.* [** Placit. ann. 28. Edw. I. Linc. rot. 11. in Abbrev. Placit. pag. 295 : *Eo tempore currebant Pollardi loco sterlingorum, videlicet quamlibet pro denario.*] [Vide *Crocardus.*]

¶ **POLLARIS** DIGITUS, Pollex. Acta SS. tom. 1. Junii, ubi de S. Bertrando pag. 791 : *Et in digito Pollari manus dexteræ, etc.*

¶ **POLLASTER**, Pullus gallinaceus, ni fallor, Ital. *Pollastro.* Charta Paulli Hortani Episc. ann. 1391. apud Illustr. Fontan. in Append. ad Antiq. Hortæ, pag. 455 : *Volumus tamen, quod.... pro censu solvere teneantur... in festo Exaltationis sanctæ Crucis de mense Septembri unum par Pollastrorum annis singulis.* Vide *Pollatus.*

* **POLLASTRUM**, Præstatio ex *pollastris* seu pullis gallinaceis. Charta ann. 1120. apud Murator. tom. 3. Antiq. Ital. med. ævi col. 1133 : *Hæc sunt feoralis ; cetera scilicet placitum, guaittam, et albergariam, et allogamentum ; et Pollastrum et olera curti reddantur.* Pluries ibi. Vide *Pollaster.*

¶ **POLLATURA**, Volatile pecus, Gall. *Volaille.* Acta visitat. provinc. Burdegal. et Bituric. ab ann. 1284. ad ann. 1291. apud Baluz. tom. 4. Miscell. pag. 215 : *Et ita gravabantur ut in grossis carnibus et Pollatura et palea et in fœno, etc.* Vide *Pollayllia.*

¶ **POLLATUS**, Pullus gallinaceus, *Poulet.* Charta ann. 1305. tom. 2. Hist. Dalphin. pag. 113 : *Item tresdecim solidos et sex denarios pro pretio 27. Pollatorum, etc.* Computus ann. 1324. in Camera Comput. Dalph. : *Cellerarius de Briordo computat de censibus et redditibus dicti loci in.... gallinis, Pollatis ; vino ; etc.* Occurrit rursum in alio Computo ann. 1333. ibid. Vide *Pollaster.*

¶ **POLLAYLLIA**, Idem quod *Pollatura*, Ital. *Pollaglia.* Edictum Humberti II. ann. 1333. tom. 2. Hist. Dalph. pag. 245 : *Quod nulla persona cujuscumque conditionis existat, aliqua blada, vina, boves, vaccas, porcos, mutones, Pollaylliam, vel alia animalia, seu victualia quæcumque extra terram nostram transferre audeat.*

¶ **POLLEDRUS**, Pullus equinus. Vide *Poledrus.*

¶ **POLLEGETICUM**, ut *Polyptychum.* Vide in hac voce.

* **POLLEMETUM**, *La bataya*, in Glossar. Lat. Ital. MS.

* **POLLENÆ**, ut supra *Pollanæ.* Stat. colleg. Fux. Tolos. ann. 1457. ex Cod. reg. 4223. fol. 231. r°. : *Neque sint* (sotulares) *nimis rostrati, sive Pollenas habeant aut fibulas argenteas.*

¶ **POLLENATUS**, Pullus equinus, domi natus, educatus. Polyptychus Fiscamn. ann. 1235 : *Non potest maritare filium vel filiam suam sine licentia domini, nec vendere pullum suum masculum sibi Pollenatum, vel bovem sibi vitulatum.* Vide *Pullonatus.*

* **POLLENTISSIME**, Magnopere, valentissime. Willel. Gemetic. tom. 10. Collect. Histor. Franc. pag. 191 : *Sapientum cœpit* (Robertus dux) *tractatibus uti, et solerti industria ad summi honoris incrementa Pollentissime provehi.*

POLLENUS, Pullus equinus, Gall. *Poullain*, in Legibus Luitprandi Regis tit. 107. § 1. [** 137. (6, 34.)] *Pullenus*, in Charta ann. 1242. apud Baluzium in Notis ad Concilia Narbonensia pag. 92. Vide *Polenus.*

* Invent. ann. 1361. ex Tabul. D. Venciæ : *Item tres Pollenos ; quod avere tenet Guillelmus Audeberti de Gauda in meyaria causa societatis.* Vide supra *Poledrus.*

* **POLLERE**, Regere, gubernare. Vita S. Winnoci tom. 7. Collect. Histor. Franc. pag. 379 : *Karolus, cognomento Calvus, Francorum in sceptris imperium agebat; Baldewinus ejusdem gener monarchiam Flandriarum gloriose Pollebat.* Vide supra *Politia* 2. [** F. leg. *monarchia* i. e. imperio. *Pollere* pro Excellere passim apud scriptores medii ævi.]

* 1. **POLLERIUS**, Pullorum seu altilium venditor. Comput. ann. 1356. inter Probat. tom. 2. Hist. Nem. pag. 172. col. 1 : *Bertrando, Pollerio, pro sex caponibus, etc.* Vide *Pulletarius*.

* 2. **POLLERIUS**, Alia notione. Vide supra *Polerius*.

1. **POLLEX**, Mensuræ species, de qua sic Statuta Roberti III. Regis Scotiæ cap. 22. § 1 : *Ulna communis Regis David debet continere in se 37. Pollices mensuratos cum Pollicibus trium hominum, cum videlicet ex magno, mediocri et parvo, et secundum mediocrem Pollicem debet stare, aut secundum longitudinem trium granorum hordei sine caudis.* Adde § 10. [*Once de poulce*, uncia pollicis, in Consuet. S. Severi tit. 18. art. 2. est quinta pars palmi, seu *du pan de cane*, ut habet eadem Consuet.]

2. **POLLEX**, Alia, sed incerta mihi notione. Tabularium Ecclesiæ Viennensis, sub Theobaldo Archiep. fol. 35 : *Sunt autem res istas, quas tradimus ad mensam fratrum sub Pollice sancti Mauricii Christo militantium, sitæ in pago Viennensi, etc.*

☞ Quis sit hujusce vocis intellectus certo docet Charta Caroli II. Reg. Provinciæ in Tabul. S. Victoris Massil. : *Locus appensionis sigilli tria lilia Gallica ex una parte, ex alia impressione Pollicis Cancellarii præfati Principis.* Ubi *Pollex* idem quod sigillum.

☞ Pollice dextro mulctabatur Cancellarius qui chartam falsam scripserat, *aut eum cum quinquaginta solidis redimere cogebatur*, in Leg. Ripuar. tit. 59. cap. 3.

* *Pollicis* appositione ad gladium, sponsio matrimonii ab utraque parte firmabatur. Gesta quarumdam sororum ord. Prædicat. ex Cod. reg. 5642. fol. 8. v°. : *Soror Hedewige de Gundoltzhem adhuc existens in sæculo, cum parentes ipsius cuidam juveni in divitiis et possessionibus bene dotato matrimonio copulari eam deberent, requisita de consensu, præsentibus parentibus hinc et inde, respondit se numquam consensuram. Cumque, ut moris est, gladius afferretur, ut superpositione Pollicis utriusque sponsio matrimonii firmaretur; dicta puella sic infra pugnum Pollicem firmavit et firmiter inclusit, ut per nullius violentiam educi posset, nec manus de ipsius sinu valeret extrahi.* [** Vide Grimm. Antiq. Jur. German. pag. 165. 896. et 431. et Haltausii Glossar. German. voce *Daume*, col. 220.]

* *Pollicibus* suspendi, supplicii genus, ad veritatem a reis extorquendam. Sent. præpos. S. Florent. ann. 1354. in Reg. 84. Chartoph. reg. ch. 722 : *Ordonné fu que ledit prisonnier seroit mis par trois foiz à question et pendus par les Pooces, etc. Posse*, pro *Pouce*, in Lit. remiss. ann. 1377. ex Reg. 111. ch. 175. *Pouchier*, in aliis ann. 1367. ex Reg. 99. ch. 204 : *Lequel Mahieu perdi la main, excepté le Pouchier. Poussier*, in aliis ann. 1397. ex Reg. 152. ch. 99. Hinc forte, quod vult Nicotius, *Poucher*, nunc *Pocher*, Oculum effodere. Lit. remiss. ann. 1460. in Reg. 192. ch. 65 : *Icellui Vincent dist que s'il trouvoit le suppliant à son avantaige, qu'il lui árèveroit et Poucheroit les deux yeux.*

* 3. **POLLEX**, Nostris *Police* et *Pollice*, Schedula, scripta testificatio, vulgo *Certificat.* Lit. ann. 1371. tom. 5. Ordinat. reg. Franc. pag. 405 : *Bailleront les gardes desdites ports bullete, autrement dite Police, à ceux qui auront passé ledit sel, etc.* Lit. remiss. ann. 1470. in Reg. 196. Chartoph. reg. ch. 147 : *Le suppliant a esté l'un des gardes des salins de Pettays, où il a baille du sel aux marchans.... plus grant quantité, qu'il n'estoit contenu ès Pollices, qu'il bailloit ausdiz marchans de leurs chargemens.* [** Italis *Polizza*. Vide *Polyptychus*.]

* 4. **POLLEX**, Hastæ pars ferrea. Chron. Volcmari apud Oefelium tom. 2. Script. rer. Boicar. pag. 534. col. 2 : *Hasta intuita a multis habetur suspecta, habuit enim in summitate acutam Pollicem, cui nihil est inpenetrabile, sed pervia universa.* [** Vide Liudprand. Antap. lib. 4. cap. 24.]

¶ **POLLICERI** passive usurpatur in Conc. Tolet. XI. inter Hispan. tom. 2. pag. 666 : *Solet enim plus timeri quod singulariter Pollicetur, quam quod generali innexione concluditur.*

¶ **POLLICIA**, pro Politia, apud Bernhard. *de Breydenbach* Itin. Hierosol. pag. 22.

¶ **POLLICINUM**, f. Itinerarius agger, iter, Ital. *Poleggio.* Chronicon Estense ad ann. 1333. apud Murator. tom. 15. col. 393 : *Habuerunt pontem S. Georgii et Pollicinum S. Antonii; et sic super glaram venerunt ad portam S. Petri.... Redeuntes in burgo inferiori et super Pollicinum S. Antonii, ibi firmaverunt campum totius exercitus, facientes fortilitias multas.*

* **POLLICINUS.** Vide supra *Polesinus*.

* **POLLICITURA.** Glossar. Provinc. Lat. ex Cod. reg. 7657 : *Floredura, Prov. floritura, Pollicitura.*

* **POLLICIUM**, Quædam monialium vestis, forte pro *Pallium*. Pontif. MS. Senon. ad usum eccl. Paris. : *Consecrandæ moniales indutæ desuper Polliciis et capitegiis albis, tenentes quælibet unum cereum in manu sua.* [** F. pro *pellicium*.]

POLLILACIUM, *Flos lactis, quod Gallice vocatur, Craime.* Ita Gloss. MS. ad disticha Magistri Cornuti. Græcismus :

Pollilacque cium flos lactis dicitur esse.

¶ **POLLILOCUS**, *Multilocus*, in Gloss. Sangerm. MSS. num. 501. leg. *Polyloquus, multiloquus*, ut apud Papiam. Vide infra.

¶ **POLLINARE** CRIBRUM, γυρις?ήριον κόσκινον, in Gloss. Lat. Gr. Cod. Reg. *Pollinarium.* Vide *Polentrudium*.

* **POLLINCTORES.** Vide supra *Polinctores*.

* **POLLITIA**, Regimen, administratio. Lit. ann. 1410. tom. 9. Ordinat. reg. Franc. pag. 559. art. 19 : *Ordinat quod cura et solicitudo,.... quæ pertinet.... consulibus de Lautrico circa regimen victualium et aliarum rerum, et circa alias Pollitias et regimina dicti loci, etc.* Vide supra *Politia* 2. et *Pollere*.

POLLUARI, pro *Pollui*, in Capitul. 1. Caroli M. ann. 802. cap. 17.

POLLUCIBILITER, Sumptuose, magnifice, vox Plauto nota. Joanni de Janua, *Pollucibilis, est facilis ad donandum.* Fulgentius lib. 1. Mytholog. de Saturno : *Pollucis etiam filium sive a pollendo, sive a pollucibilitate, quam nos humanitatem dicimus. Unde Plautus in comœdia ait, Bibite, pergræcamini Pollucibiliter.* Passio S. Vitalis Mart. n. 3 : *Vitalis cum ante conspectum judicis, iniquorum ductus manibus, consisteret, et cum Catholicis lacessere spiculis Pollucibiliter inciperet, etc.* Petrus Damian. lib. 7. Epist. 11 : *Tertius Otto, qui Imperialis apicis dignitate Pollucibiliter floruit, et Romanam Remp. strenue gubernavit.* Et Epist. 19 : *Et quoniam scribendi peritus extitit, non pauca nobis librorum volumina Pollucibiliter exaravit.* Theodericus Monachus de Inventione S. Celsi num. 5 : *Et revera quia ipsa gemina claritudine Pollucibiliter viguit, uti honor debitus poposcit, totius regni Pontificibus atque optimatibus ipsa sui reverentia præcelluit.* Vide Beroaldum ad Apulei lib. 1. Metamorph.

¶ **POLLUCIO**, Adulteratio. *Polluere*, adulterare. Instrum. ann. 1225. inter Notas ad Ordinat. Reg. Franc. tom. 2. pag. 141 : *Operarii tenentur venire coram magistris jurituri, quod in argento nullum ponent uniamentum, nec Polluent denarium ullo modo. Et si aliquis deprehensus fuerit in aliquam Pollucionem pulveris ac cineris,.... condemnabitur in quinque solidos, qui distribuentur leprosis.*

¶ **POLLUCTARE**, *Consecrare.* Gloss. Isid. A pollucere, inquit Grævius, quod est diis offerre. Vide Festum et ibi Scaligerum.

¶ **POLLUERE**, Adulterare. Vide *Pollucio*.

¶ **POLLUUS.** Vide *Polulus*.

¶ **POLMENTARIUM**, f. Commeatus. Chron. Andr. Danduli apud Murator. tom. 12. col. 461 : *Cunctis itaque ad pugnam loci expositis, supervenit una ex galeis commissis viro nobili Francisco Mocenico ad custodiam Polmentarii deputato, etc.*

* Vel potius Navale, navium statio, Gall. *Bassin*, ab Italico *Polmentario*, Vasis species. Haud scio an non inde *Polet*, in Lit. remiss. ann. 1379. ex Reg. 116. Chartoph. reg. ch. 128 : *Comme Jehan Mignot et Jehan Colin se feussent acompaigniez pour estre à un proffit à peschier harenc,.... ilz se feussent arrivez assez près du Polet lez Dieppe, etc.* Nec me latet apud Plessæum tom. 1. Descript. geogr. et histor. Norman. super. pag. 128. scriptum *Pollet*, atque ibi interpretari *Port d'Est.* Judicent, quibus per otium licet. Vide mox *Polomeria*.

¶ **POLMENTUM**, Piscis vivarii vel stagni, seu ex pisce præstatio. Pactum inter Jacobum Aragon. Reg. et Berengarium Magalon. Episc. ann. 1272 : *In dicto portu et in omni alio loco, in quo aliquis portum applicaret a dicto termino usque ad Latas, quod Episcopus et præpositus et ecclesia Magalonensis percipiant et percipere possint libere pedagium; Polmentum et alia quæ percipere consueverunt ratione stagni et gradus.* Vide *Pulmentum*.

* **POLOMAR**, Polomarium, Filum crassius; *Poulemart*, apud Rabelais. lib. 1. cap. 2. Comput. ann. 1399. inter Probat. tom. 3. Hist. Nem. pag. 149. col. 1 : *Item pro Polomario ad suendum tendam*, v. *den. Turon.* Alius ann. 1412. ibid. pag. 204. col. 2 : *Item solverunt pro filo de Polomar pro suendo pannos positos in dicto cadafaut, etc.* Rursum alius ann. 1482. ibid. tom. 4. pag. 21. col. 2 : *Item pro filo Polomaris, empto pro actachiando dicta intorticia prædictis stagiis, j. solid. tres denarios.*

* **POLOMERIA**, Statio in portu. Libert. MSS. Barcinon. ann. 1283 : *Item concedimus capitulum quod de navibus, lignis, barchis transeuntibus, qui non dederint Polomeriam firmam in terra, vel non discarricaverint, non detur leuda, nisi sicut antiquitus consuetum est.*

* **POLOMUM**, *Locum sacrum.* Glossar. vet. ex Cod. reg. 7641. Vide *Polumum.*

POLOSE, *Alte. Polosas, Altas.* Ita Glossæ Isidor. Papias : *Polose, alte et sublimiter.* [Quasi propior polo, inquit Grævius. Gloss. Lat. Gall. Sangerm. MSS. : *Polosus, Haulz, orguilleux ou ournés.*] [* *Polosus, alto, superbo e ornato*, in Glossar. Lat. Ital. MS.] Martianus Capella lib. 1. pag. 14 : *Circulorumque volumina, vel orbiculata parallela, vel obliqua decussata Polose, etc.*

¶ **POLOSUS**, Illustris, in Actis S. Henrici Imperat. tom. 3. Julii pag. 786 :

Ecce coronatur divinitus atque beatur
Rex pius, Henricus proavorum stirpe Polosus.

POLOTELLUS. Glossæ Isidori : *Pililudius, qui Polotello ludit.* Hinc origo forte vocis, nostris, *Pelotte*, pro pila qua manu luditur. [Vide *Pelota* 3.]

¶ **POLPA**, vox Italica, Sura, Gall. *Gras de la jambe.* Addit. ad Vitam S. Antonini tom. 1. Maii pag. 332 : *Magna plaga et scissura facta in sura, sive ut vulgariter loquar in Polpa cruris.*

* **POLPEDUM**, Polpedus, Infundibuli, Gall. *Tremie*, pars inferior, ut videtur. Stat. Vallis-Ser. cap. 58. ex Cod. reg. 4619. fol. 116. r°. : *Consules dicti communis teneantur.... molendina aptari facere taliter, quod in ipsis molendinis, seu Polpedis eorum, nulla sit fractura, et nulla sint foramina, per quæ foramina farina exire possit de Polpedis ipsorum molendinorum.* Ibid. cap. 61. fol. 116. v°. : *Non sit aliquis conductor,...... qui audeat nec præsumat sorare, alargare ipsas seraturas, Polpedos et assides positos pro includendo ut supra.* Rursum cap. 64. fol. 117. r°. : *Singula lignamina, videlicet rothæ, rodesini, et arbores, canales et Polpeda, et generaliter omnia lignamina, etc.*

¶ 1. **POLPRA.** Computus MS. ann. 1435. pro reparationibus factis in Senescallia Carcassonæ : *Bernardo Barbe mercatori Carcassone pro una sarcinata fustis vocate Polpre ab ipso empta pretio* XIX. *sol.* VI. *den. Turon.* Rursum : *Pro duodecim cannis,.... et pro media sarcinata de Polpre de coralli ..... emptis pretio* XXVI. *sol.* III. *den.* Lignum quoddam significari videtur.

* Ligni elaborati species. Leudæ min. Carcass. MSS. : *Item pro Polpra, j. den.*

* 2. **POLPRA**, Pannus purpureus, Occit. *Poulpro.* Testam. Beatr. *de Benat* ann. 1262. ex sched. Mabill. : *Item volo habere in die sepulturæ meæ super corpus meum quandam Polpram, quadraginta solidorum Claromontensium. Forreures de Popres*, in Consuet. Paris. ex Reg. Cam. Comput. sign. *Noster* fol. 36 r°.

* 3. **POLPRA**, Pisciculi species, purpura, murex, Gall. *Pourpre.* Charta ann. 1381. ex Tabul. Massil. : *Quælibet canastella de Polpres vel sepias, solvat xij. denarios.* Vide *Polyppus.*

* **POLRA**, Gall. *Polre*, Terra palustris exsiccata, vox Belgis frequens. [** Vulgo *Polder.* Vide *Waterscapum* et *Aquagium.*] Charta ann. 1269. ex Chartul. 2. Fland. fol. 24. r°. in Cam. Comput. Insul. : *Quadringentas et sexaginta mensuras Polram, quæ vocatur Alexandri, habentem, cum terra et aqua, septingentas et octoginta mensuras Polram de novo Havech, etc.* Alia Ludov. comit. Fland. ann. 1331. ibid. ch. 573 : *Item neuf livres, dix huit solz et quatre deniers de rente qu'il nous devoit, et paia pour son nouvel Polre, gisans là en droites. Poulre*, eodem sensu, in Ch. Guid. comit. Fland. ann. 1290. ex Reg. 48. Chartoph. reg. ch. 200 : *Comme nostre chiere compaigne Ysabeaux contesse de Flandre et de Namur tenist aucun yretage, si comme meur et Poulres, ki sont waingnet des giés de le mer, etc.* Haud scio an eadem notione, in Lit. admort. ann. 1377. ex Reg. 111. ch. 242 : *Jus ad faciendum unam Polram in ipso orto; quod jus potest valere quatuor solidos vel circa annui et perpetui redditus.* Vide *Polrus.*

POLRUS, Modus agri, in Charta ann. 1323. ex Tabular. sancti Quintini in insula fol. 42. 43 : *De terris et Polris infra scriptis : videlicet de Polro Dom. Amelii, sita inter villam de Dam, continente 64. mensuras, unam lineam et octo virgas terræ, etc.* Occurrit ibi passim. Vide *Polra.*

¶ Polriolus, diminut. a *Polrus*, ibidem : *Deinde in fine Polrioli prædicti in principio villæ de Houck alius limes, etc.*

* **POLTAT**, vox vulgaris, f. pro *Portail.* Vide *Portale.* Obituar. monast. S. Petri de Casis : *xxiv. Junii obiit Dalmacius Chandorati civis Aniciensis, cujus amita domina Catharina Chandorata fecit fieri lo Poltat S. Michaelis.*

* **POLTRONUS**, Desidiosus, segnis, ab Italico *Poltrone*, eodem sensu. Barel. serm. 2. in Dom. 1. Quadrag. : *Est unus Poltronus mortuus fame.* [** Vide in *Poledrus* et *Pultrones.*]

* **POLVERAGIUM**, Polvoragium, Tributum, quod ab animalibus vel carris per viam publicam transeuntibus exigebatur : interdum idem quod *Pedagium.* Charta ann. 1271. inter Probat. tom. 1. Hist. Nem. pag. 95. col. 2 : *Possint uti vel debeant jurisdictione omnimoda et Polveragio in castro de Bana et ejus mandamento.* Alia ann. 1397. ibid. tom. 3. pag. 144. col. 1 : *Totum et universum emolumentum annatæ proximæ instantis, de proximo proventurum et habiturum ex facto Polveragii animalium lanutorum et aliorum extraneorum, per territorium et districtum Nemausi transeuntium et ad montaneas causa æstivandi accedentium.* Ubi non semel. Libert. Belliv. ann. 1313. tom. 8. Ordinat. reg. Franc. pag. 162. art. 21 : *Liberi et immunes ab omnibus toltis,...... Polvoragiis de somey, de charre, etc.* Vide *Pulveraticum.*

¶ **POLVERAGIUM.** Vide *Pulveraticum.*

¶ **POLVERELLA**, Ludi genus. Statuta castri Redaldi lib. 2. fol. 39 : *Si quis conjator repertus fuerit ludere ad corizolam vel Polverellam, solvat ipso facto soldos viginti pro qualibet vice, et si quid ob id receperit, in totum restituat.* Vide *Pulvereta.*

POLULUS, *Tenebræ noctis*, Papiæ MS. Edit. habet *Polluus.*

POLUMUM, *Locus sacrorum*, Papiæ. Rectius in Glossis antiquis MSS. *locus sartorum.* [La Cerda mallit *Polluctum.*]

¶ **POLUTARE**, Pullulare, in Statutis Placent. fol. 92. v° : *Polutantibus crebro querimoniis nonnullorum contra quos criminaliter processum esset, etc.*

* **POLWERCH**, vox Germanica, Agger ad munitionem urbis vel castri, Gall. *Boulevart.* Chron. Noriberg. apud Oefelium tom. 1. Script. rer. Boicar. pag. 325. col. 1 : *Relinquens tria valla seu aggeres seu munitiones, vulgariter Polwerch, ante civitatem.* Vide supra *Bolvetus.*

POLYANDRUM, Polyandrium, Cœmeterium. Papias : *Polyandrum, tumulus mortuorum.* Gloss. Gr. MSS. Reg. cod. 1673 : Πολυάνδριον, μνῆμα, τάφος ἐν ᾧ πολλοὶ ἄνδρες κεῖνται. Theodulfus Aurelianensis Epic. in Capitulari cap. 9 : *Antiquus in his regionibus in Eccl*e*sia sepeliendorum mortuorum usus fuit, et plerumque loca divino cultui mancipata, et ad offerendas Deo ostias præparata, cœmeteria sive Polyandria facta sunt.* Vide Alcuinum Poëm. 238.

Interdum et sæpius apud ævi inferioris scriptores sumitur pro monumento, aut sepulcro unius hominis. Vita S. Sulpitii Pii Episc. Bituric. : *Cui scilicet prudenti viro et si natura debitæ mortis extinxit corpusculum, fulget tamen viventium miraculorum Polyandro.* [Melius apud Mabill. tom. 2. Act. SS. Bened. pag. 168 : *Et si naturæ debito mors exstinxit corpusculum, fulgent tamen viventia miracula Polyandro.*] Vita S. Præjecti Episc. et Mart. : *Decem librarum pondere vas direxit argenteum ad Polyandrum S. Pontificis exornandum.* Occurrit utraque, sed crebrius postrema notione, apud Aimoinum lib. 2. de Miracul. S. Germani Episc. Parisiensis cap. 4. Theodericum Monachum de Invent. S. Celsi Episcopi Trevir. cap. 2. num. 12. Ordericum Vitalem pag. 469. 557. 623. Miræum in Diplom. Belg. pag. 69. in Vita Lietberti Episc. Camerac. cap. 46. in Vita S. Leufredi cap. 23. in Vita S. Viventii Presb. cap. 7. S. Probatii Presb. num. 8. in libro Miraculor. S. Mauri Abbat. cap. ult. apud Thietfridum lib. 4. c. 6. etc. At queritur S. Asterius orat. extrema in SS. Martyres, quod Anomæi hæretici πολυάνδριά τε καὶ τάφους, τὰς κοιμήσεις αὐτῶν, quasi per contumeliam appellarent.

¶ Polingion, *Ubi cadavera ponuntur. Græcum.* Gloss. Isid. Leg. *poliandrum* vel *poliandrium*, ut passim occurrit. Charta Eberhardi Salisburg. Episc. ann. 1160. apud Hansiz. tom. 2. Germ. Sacræ pag. 261 : *Parochiam totam.... dedicavimus et baptismalem constituimus, atriumque ejus Poliandrum fecimus.*

POLYCANDILUM, vox hybrida : Candelabrum multis instructum luminibus, Græcis recentioribus, πολυκάνδηλον, ut observatum a nobis in Descriptione Ædis Sophianæ, num. 48. Anastasius in Leone III. PP. : *Verum etiam et Polycandilum porphyreticum pendentem in pergula ante confessionem in catenulis aureis, quæ pensant libram unam.* Acta S. Eliæ Junioris pag. 199 : Καὶ ἔβλεπον ὅτι ἐκρέμασαν οἱ Χριστιανοὶ πολυκάνδηλον μέγα ἄνωθεν τῆς κεφαλῆς τοῦ ἐσταυρωμένου ἔξαπτον. Anonymus de Locis SS. pag. 83 : Καὶ κρέμεται πολυκάνδηλον. [Vide Anonym. in Leon. Phil. n. 19. et Gloss. med. Græc. in Κανδήλα.]

¶ **POLYCHRESTUS**, Perutilis, Gr. πολύχρηστος. Vegetius lib. 2. Mulomedic. cap. 6 : *Potionem ex antidoto Polychresto.* Ubi perperam edit. *Polygresto.*

POLYCHRONIA, Salutatio cum genuflexione, ex Byzantinorum more, qui in acclamationibus publicis Imperatoribus aut Patriachis, πολλὰ ἔτη, et πολυχρόνιον acclamabant, de quo quædam observavimus ad Alexiadem pag. 251. et in Dissert. de Nummis Imperatorum Constantinopolitanorum. Odo de Diogilo lib. 3 : *Polychronias eorum suscipit, sed vilipendit : sic enim vocantur reverentiæ, quas non solum Regibus, sed etiam quibuslibet suis majoribus exhibent, caput et corpus submissius inclinantes, vel fixis in terram genibus, vel etiam sese toto corpore prosternentes.* [Vide Gloss. med. Græcit. in Πολυχρόνιον, col. 1199.]

¶ **POLYCITUS**, pro *Polyptychus*, in Ceremoniali Rom. apud Raynald. ann. 1272. de Consecrat. PP. : *Ponit illam pecuniam, quam dat ei, in uno cypho argenteo camerarius, et quam dicit liber cameræ, qui vocatur Polycitus.*

POLYFORMIS, pro *Multiformis* apud Rhabanum lib. de Computo cap. 25. voce hybrida. [Vide *Poliformis.*]

¶ **POLYISTOR**. Joannes de Janua : *Quidam liber, quem Solinus composuit ex multis historiis et compilationibus, Polyistor dictus est, quasi pluralitas hostoriarum.*

POLYLOQUUS, *Multiloquus*, Papiæ, vox hybrida.

¶ **POLYMITICE**, Arte multa. Vitus in Vita B. Humilianæ tom. 4. Maii pag. 401 : *Et non videbantur capilli, sed aurum potius Polymitice perfilatum.*

POLYMITUS, POLYMITARE. *Polymita vestis*, multis variisque coloris filis et liciis contexta et variegata, apud Jul. Pollucem. Gloss. Mss. in lib. Job et Phavorinus : Πολυμιτική, πολυμιταρική. Isidorus lib. 19. Orig. cap. 22 : *Polymita vestis, multicoloris : Polymitus enim, textus multorum colorum.* Gloss. Saxon. Ælfrici : *Polimita, vel oculata* : Hring-fegh. Vita S. Sori Eremitæ num. 16 : *S. Martyris Marcelli mausoleum opere Polymito, auro gemmisque miro construxit emblemate.* Carolus M. de Cultu imag. lib. 1. cap. 12 : *Ecclesia, quæ vestis Polymita sive varia est, quia videlicet sancta Ecclesia de diversarum gentium sive linguarum varietate colligitur.* S. Cæsarius in Regula ad Virgines cap. 42 : *Plumaria et acupictura, et omne Polymitum,... numquam in Monasterio fiant.* Eadem in Regula S. Donati cap. 63. [Testam. S. Rudesindi Episc. ann. 978. tom. 3. Conc. Hispan. pag. 184 : *Et infertorias argento sculptas, et auro perlucidas, lectisternia ex omni Polimito confecta.*] *Polemitum*, in Notis Tyronis pag. 159. Historia Episcoporum Autissiod. cap. 44 : *Obtulit... unam albam Polymitam, et casulam prasinam.*

POLYMITARIUS, Papiæ, *artifex vestimentorum, i. olosericorum.* W. Brito : *Polymitarius, qui cum acu vel manu pingit.* Hos a plumariis diversos censet Philander ad Vitruvium lib. 6. cap. 7. etsi non desint qui pro iisdem accipiant. Vide *Plumarius.*

POLYMITARE. Ekkehardus Junior de Casib. S. Galli cap. 10 : *Nimia est tamen, si ausim dicere, varietas vestis Ecclesiæ, qua scribitur induere, si utrosque quos dicimus suo quidem colore in eam dignatur intexere, aut de foris, ut interdum solet, Polymitare.* [** Pertz. pag. 121. lin. 39. habet *Polimetare.*] De Polymitis multa habet Salmasius ad Hist. August.

¶ **POLYPHEMARE**, Uno oculo orbare, vocis origine ducta a Polyphemo cyclope famoso, de quo Homerus lib. 9. Odyss. et Virg. Æneid. lib. 3. v. 641. Gervas. Tilber. lib. 2. Decis. 3 : *Hunc Argum facit, illum Polyphemat.*

* **POLYPPUS**, an Tuber, fungus, vel Piscis species? Consuet. eccl. S. Dion. Exoldun. ex Chartul. ejusd. : *Item sicut superius diximus de quadriga portante pannos, ita dicimus de quadriga portante Polyppos.* Tract. MS. de Pisc. cap. 52. ex Cod. reg. 6838. C. : *Polypum, nostri per syncopen vocant Poulpe, Galli Pourpre. Horum plura sunt genera.* Vide supra *Polpra* 3.

* **POLYPSIPHUS**. Inscript. vetus ex museo quondam Jacobi *de Bary* : IN DIGITO SEQUENTI ANNULUS POLYPSIPHUS ZMARAGDIS, etc.

POLYPTYCHUM, ex Gr. πολύπτυχον, Liber commentarius in quem redigebantur seu regerebantur acta publica, atque adeo domestica quævis. [Hist. Translat. S. Glodesindis sæc. 4. Bened. part. 1. pag. 440 : *Edicta quoque publica de possessionibus ejusdem Monasterii in cunctis scriptis, vel Polypticis, vetusto stilo et calamo editis, nomen ipsius B. Sulpitii continent.*] Maxime vero ita dicti libri censuales, in quibus descripti quotquot censuales ac tributarii erant, ipsaque soluti ratio exarabatur, in leg. 2. Cod. Th. de Discussor. (11, 26.) leg. 13. eod. Cod. de Indulgent. debitor. (11, 28.) apud Senatorem lib. 5. Epist. 14. et 39. et in Legibus Wisigoth. lib. 12. tit. 2. § 13. Glossæ veteres ad Cod. Theod. : *Polypticos, id est, breves tributi et actionis.* Edictum Pistense Caroli C. tit. 29 : *Ut illi coloni tam fiscales, quam et Ecclesiastici, qui sicut et in Polypticis continentur, et ipsi non denegant carropera et manopera, etc.*

POLYPTYCHA, Libri commentarii privati, in quos vel Ecclesiarum vel privatorum bona regerebantur, in quibus Chartæ ipsæ donationum, emptionum, et similes describebantur. Gregorius Magus lib. 7. Ind. 2. Epist. 40 : *Quod hac, ut dicitur, excusatione facere distulit,* (id est reddere donationem factam Ecclesiæ) *quia notitia ejusdem donationis non esset de Polyptycis caraxata.* Id est, in *Polyptycha* relata. Joan. Diaconus lib. 1. Vitæ ejusdem Gregorii M. cap. 24 : *Cunctorum patrimoniorum prædiorumque reditus ex Gelasiano Polytycho, cujus nimirum studiosissimus videbatur, adæravit, etc.* Occurrit rursum mox infra. Fulcuinus de Gestis Abbatum Lobiensium : *Reditus villarum nostrarum describere jussit, quod Polyptychum vocant.*

☞ Exstant veterrimi etiamnum id genus libri; qualis est Irminonis Abbatis S. Germani a Pratis, unde plura in hocce Glossario exscripsimus. Optimæ quoque est notæ polyptychus Fossatensis editus a Baluzio in Append. ad Capitul. Hi antiquiores Mabillonio videntur chartaceis libris seu chartulariis; ex iis quippe nullum invenit scriptum ante sæculum x.

POLLEGETICUM. Acta Episcoporum Cenom. pag. 149 : *In Pollegiticis tamen et Plenariis sanctæ matris Ecclesiæ hactenus pleniter reperiuntur insertæ.*

POLECTICUM, in Vita Aldrici Episcopi Cenoman. num. 55.

¶ POLEPTICUS. Fredegarius in Hist. Franc. Epitom. art. 80 : *Marcus referendarius, qui hanc descriptionem faciebat, secum omnes Polepticos ferens, Kalendas Martias a Limodicinis interfectus est, et omnes Poleptici incendiis sunt concremati.*

PULETICUM, vox formata ex *polyptychum*, eadem notione. Marculfus lib. 1. form. 19 : *Præcipientes ergo jubemus, ut si memoratus ille de capite suo bene ingenuus esse videtur, et in Puletico publico censitus non est, licentiam habeat comam capitis sui tonsurare.* [*Poleptico*, in edit. Baluziana.]

PULETUM, in Charta Caroli Calvi.

¶ POLEGIUM. Brevis. Hist. S. Juliani Turon. apud Marten. tom. 5. Ampl. Collect. col. 1071 : *Duæ siquidem Ecclesiæ, ut in antiquissimis Turonicæ ecclesiæ invenimus Polegiis, longe ante Gregorii præsulatum fabricatæ fuerant.*

¶ PULEGIUM, apud Wasseburg. *Premier volume des Antiquitez de la Gaule Belgicque*, fol. 182. ubi et de vocis vi aliquid proponitur : *Omnia ornamenta ecclesiastica, cum armario et Apostolicorum privilegiis, et Episcoporum decretis, et chartarum rerum ecclesiasticarum instrumentis atque scriptis, vulgo Pulegiis nominatis, flamma consumpsit..... Ne institutio antiqua et redditus villarum atque census earum prorsus ignorando aboleretur, ad communem utilitatem præsentium et futurorum solerti indagatione hoc Pulegium super res canonicorum condere operæ pretium duxerunt. Pulegium autem, ut mihi videtur, nil aliud significat, aut latialiter sonat, quam publica lex, vel popularis lex. Si quis rectius hoc commentatus fuerit, ego Saravardus cancellarius jussis præceptorum meorum obtemperans, qui huic operi me præfecerunt, intellectui ejus, humiliter concedo.*

POLEGIUM SYNODALE, in veteri Charta apud Joan. Columbum lib. 4. de Episcopis Sistaricens. num. 36 : *Sicut ipsæ Ecclesiæ nominatim designantur in Polegio Synodali.* Alia Teotolonis Archiepisc. Turon. ann. 933. apud Sammarthanos : *Sicut antiqui homines asseruerunt, et in Polegio nostræ matris Ecclesiæ reperit, ita hic inserui.*

POLETICUM. Charta sub Carolo Magno exarata, apud Sammarthanos in Episcopis Massiliensibus num. 14 : *Et ipsum Poleticum ipse Episcopus in ipsorum præsentia ibidem ostendit ad relegendum, etc.* Baldricus lib. 1. Chron. Cameracens. cap. 53 :

Episcopus divino consilio usus, Poleticum, quod adhuc in eadem Ecclesia reservatur, scripsit. [Polyptychus Eccl. Vivar. f. 37 : *Ego Thomas Episcopus exemplavi illud Poleticum de aliis vetustissimis cartulis, quas inveni in cartulario S. Vincentii.*]

POLITICUM, in Charta apud Columbum in Episc. Vivariens. lib. 3. num. 2. Papias : *Politicum, Scriptum, Annales libri, Commentarii.* [*Libri politici*, apud Abbon. Floriac. in Epist. pag. 418.]

Hinc *Poullié* apud nos, pro regesto et catalogo Ecclesiarum seu Beneficiorum Ecclesiasticorum cujuscumque Episcopatus : cum nihil aliud sit quam Polyptychum Ecclesiasticum, in quo bona Ecclesiatica, eorumque Chartæ continerentur.

Sed et ab hac voce Salmasius ad Hist. Aug. *les Poulets*, deducit, epistolas scilicet amatorias nostris sic nuncupatas, cum et diptycis sollicitatas olim amasias auctor sit vetus Interpres Juvenalis. Verum aliud est *Polyptycum*, aliud *Diptychum*. Hanc porro vocem ab Italia manasse vir doctus affirmat, ubi epistolas suas ad amasias pullorum gallinaceorum alvo inclusas mittebant interdum ipsi amasii, qua parentes ac custodes fallerent. Fides penes eum sit.

¶ **POLYPUS**, Tuber. Elogium S. Fiacrii inter Acta SS. Bened. sæc. 2. pag. 600 : *Quidam de territorio Ambianensi, Polypum quasi ovum super nasum habens, ut anser sibilans, omnibusque monstrum apparens,... sanatum se invenit.* Gloss. ad Doctrin. Alex. de Villa Dei : *Polypus, pistis* (pestis) *vel putredo naxi* (nasi.)

¶ **POLYRIS**, Tunica interior, apud Torrigium de Cryptis Vatican. Edit. 2. pag. 352. forte eadem ac poderis. Macri Hierolex.

¶ **POMACIUM**, Idem quod infra *Pomata*, *Cidre*. Statuta S. Severi ann. circ. 1100. apud Marten. tom. 1. Anecdot. col. 279 : *Quod si quis ad domos rusticorum extra villam perrexerit, et ab eis vinum vel Pomacium emerit, etc.* Vide *Pomagium*.

¶ **POMADERIA**, pro *Poinanderia*. Vide ibi.

POMAGIUM, Pomaceum, *Cidre*. Statuta Ægidii Episcopi Sarisberiensis ann. 1256 : *Percipiet etiam persona vel Vicarius* (decimam)... *de molendino ad ventum, et aquaticis, et de columbariis, de Pomagio, et omnibus aliis de quibus Ecclesia consueverit percipere.* Vide *Pomata*.

¶ **POMAREDUS**, Idem quod mox *Pomaris*. Charta ann. 1059. inter Instr. tom. 1. novæ Gall. Christ. pag. 36. col. 2 : *Sicut finitur vicecomitalis honor, et vadi usque in illum Pomaredum cum ipso pomaredo, et venit vallis usque ad portam Auriol, etc.*

POMARIS, pro *Pomarium*, Ager pomis consitus. Charta Gennadii Episcopi Astoricensis æræ 953. apud Antonium de *Yepez* tom. 4. Chron. Ordin. S. Benedicti : *Ædificia instruxi, vineas et Pomares plantavi, etc.* Occurrit non semel in hac charta, et aliis Tabulis Hispanicis.

¶ **POMARIUM**, Johan. de Janua : *Locus ubi poma reponuntur vel reservantur; mollis et liquidus cibus, vel potus, ex pomis factus. Pommeroye, lieu où pommes sont gardés, ou viande clere faite de pommes*, in Gloss. Lat. Gall. Sangerman. MSS. *Pomatium* in Gloss. Isid. Vide *Pomerius*. [* Glossar. vet. ex Cod. reg. 7641 : *Pomarium, locus proximus maris.* (l. *muris.*) Aliud Lat. Gall. ex Cod. 7692 : *Pomarium, Migoe.*]

POMARIUS, Malus arbor, Gallis *Pomier*. Capitulare de Villis cap. 70 : *De arboribus, volumus quo habeat Pomarios diversi generis, prunarios, etc.* Vita S. Aicadri Abbatis Gemeticensis cap. 24 : *Super quamdam arborem quæ malus sive Pomarius dicitur.* [Vide *Pomerius*.]

POMATA, Potio ex pomis confecta, Vasconibus *Pomada*, nostris *Cidre*. Consuetudo Bayon. tit. 7. art. 12. Labourtensis tit. 7. art. 9 : *Citre, vulgairement dit Pomade.* Charta Monasterii Silvæ-Latæ : *Donavit unoquoque anno.... de redditibus ac cellariis nostris 60. modios Pomatæ. Pomatium*, in Capitulari de Villis cap. 45. S. Hieronym. Epist. 2 : *Sicera Hebræo sermone omnis potio nuncupatur, quæ inebriare potest, sive illa quæ frumento conficitur, sive pomorum succo, aut cum favi decoquuntur in barbaram et dulcem potionem, etc.* [Vide *Pomacium*.]

* *Pommée*, eodem sensu, in Consuet. Burbon. tit. 36.

* **POMELATUS**, a Gallico *Pommelé*, dicitur de equo scutulato. Monst. ann. 1339. inter Probat. tom. 4. Hist. Occit. col. 182 : *Lubetus de Punctis cum equo liardo, Pomelato, cauda, crine et tibiis nigris, xxx. lib.*

¶ **POMELIA**, *Sorbo similis est, mediocris arbor et flore candido, dicta quod dulcedo sit ejus fructus, et acuto sapore commixta : hæc arbor ætate durat exigua.* Gloss. Sangerm. MSS. num. 501.

* **POMELIO**, *Vendeur de pomes, vel regratier, vel porteur.* Glossar. Lat. Gall. ex Cod. reg. 7692. Vide *Pomilio*.

¶ **POMELLUS**, Globulus, Gall. *Pomme*; de eo dicitur quod formam rotundam et sphæricam, ut pomum habet. Testam. Jacobi Reg. Aragon. ann. 1262. tom. 9. Spicil. Acher. pag. 198 : *Imago Regis... coronam in capite deferentis tribus Pomellis desuper ornatam.* Statuta Cisterc. ann. 1203. apud Marten. tom. 4. Anecd. col. 1299 : *De scyphis autem argenteis, vel in quibus habentur pedes argentei vel Pomelli, interdicitur.* Comput. ann. 1261. ex Bibl. Reg. : *Cuidam plumbario qui plumbavit Pomellos ex parte muris*, xx. *sol.* Occurrit præterea apud Rymer. tom. 5. pag. 48. et 59. *Pomelli* etiam dicuntur globuli, Gall. *Boutons*, quibus in vestimentis utuntur. *Factura Pomellorum de drappo*, in Statutis Placent. lib. 6. fol. 80. v°.

* Comput. ann. 1412. inter Probat. tom. 3. Hist. Nem. pag. 205. col. 1 : *Solverunt Johanni Ruffi tornerio, pro faciendo Pomellos in bordonibus, etc.* Hinc *Pommel* dixerunt Os orbiculare, vulgo *Rotule*. Lit. remiss. ann. 1363. in Reg. 92. Chartoph. reg. ch. 223 : *Icelui Perier frappa la suppliant un coup en la senestre jambe audessus du Pommel, et lui coppa l'os de la jambe.* Aliæ ann. 1416. in Reg. 169. ch. 353 : *Le suppliant d'une faux ou daille frappa icellui Pierre environ le genoil près du Pommel de la jambe.*

* POMELLUS, Ornamentum in vestibus sacris, Gall. *Pommel*. Inventar. S. Capel. Paris. ann. 1363. ex Bibl. reg. : *Cum casula seu infula, dalmatica et tunica ac duabus capis de eadem sorte, in quibus capis defficiunt Pomelli.* Aliud Gallic. : *Esquelles chapes y faut les Pommeaulx.*

¶ POMELLATA et *Impomellata* dicitur vestis ejusmodi *pomellis* ornata. Joh. Demussis Chron. Placent. ann. 1388. apud Murator. tom. 16. col. 580 : *Tamen est Pomellatum de versus gulam pomellis argenti deaurati vel de perlis, etc.* Ibidem : *Et sunt Impomellatæ antea a gula usque in terram pomellis argenti deaurati vel de perlis.*

* POMELLUS, POMELUS, Globulus cereus, Gall. *Boulette*. Stat. ann. 1476. inter Probat. tom. 3. Hist. Nem. pag. 330. col. 2 : *Sint et esse debeant consules dictæ civitatis Nemausi ad sortem Pomelorum, prout est fieri consuetum, tradendorum sexdecim ex prædictis electis superantibus alios electos in vocibus.* Comput. ann. 1488. ibid pag. 48. col. 1 : *Item pro una libra ceræ albæ ad faciendum Pomellos in creatione consulum.*

* POMELLUS, Globulus plumbeus, Gall. *Balle*. Hist. Forojul. apud Murator. tom. 3. Antiq. Ital. med. ævi col. 1203 : *Et nos mittemus vobis de nostris Pomellis, quia sufficienter habemus in dando vobis.*

¶ **POMEN**, PONIMEN, *Impositio, a pono.* Laur. in Amalth. ex Salmasio.

¶ **POMERANCIA**, contracte pro *Poma aurantia*, Malum aureum, *Orange*, apud Bern. *de Breydenbach* Itin. Hierosol. pag. 226.

¶ **POMERANEUM**. Vide *Pomerium*.

¶ **POMERANGIUM**, Malum aureum, *Orange*. Instrum. ann. 1470. apud Rymer. tom. 11. pag. 674 : *Viginti quinque milliaria Pomerangiorum valoris quinque librarum.* Vide *Pomerancia*.

¶ **POMERARIUM**, ut *Pomerium*. Chartul. S. Vincentii Cenoman. fol. 94 : *Præterea* (concessit) *castri sui redditus decimam et furnum, et decimam pasnagii et Pomerariorum suorum de Mesnil Patricii et* 10. *sol. Cenoman.*

1. **POMERIUM**. Willelm. Brito in Vocab. : *Pomarium est ubi poma ponuntur. Pomerium ubi poma nascuntur.* [*Lieu où croissent pomiers*, in Gloss. Lat. Gall. Sangerm. MSS.] *Horticellus in quo sunt arbores pomorum*, in Charta ann. 1197. apud Ughellum tom. 7. pag. 1272. Glossæ S. Benedicti cap. de Agricultura : *Pomarium*, παράδεισος. Glossæ aliæ : *Pomarium*, ὀπωράριον, παράδεισον. Will. Tyrius lib. 10. cap. 26 : *Cæsis in circuitu Pomeriis, interemptis ex civibus nonnullis, etc.* Jacobus de Vitriaco in Hist. Hierosol. de Cairo urbe Ægypti : *Circa hanc civitatem sunt optima Pomeria, et viridaria multa.* Donationes Salisburg. cap. 13 : *Tradiderunt casam et curtum, et vineam unam cum Pomerio, et alio parvo territorio super lacum.* Adde Traditiones Fuldenses lib. 2. Trad. 37. 99. pag. 508. 528. Miræum in Cod. donation. piar. cap. 94. [Chartam ann. 758. apud Meichelbeckum tom. 1. Hist. Frising. pag. 59. etc.]

POMERANEUM, Idem videtur in Monastico Anglic. tom. 2. pag. 129 : *Concedo etiam eas duas partes decimarum totius feni mei, et Pomeranei, et totius pannagii mei, etc.*

¶ POMETUM, Eadem notione. Gloss. Lat. Græc. : *Pometum*, παράδεισος. Charta ann. 976. in Addit. ad Chron. Casaur. apud Murator. tom. 2. part. 2. col. 967 : *Et in Fundiliano terram modiorum* XII. *cum vinea, et pomis et arboribus suis, quam et in Pometo ad S. Silvestrum, etc.* Utuntur præterea Palladius de Re rust. tit. 36. et Tertull. de Pallio cap. 2.

* 2. POMERIUM, Area, locus vacuus et publicus. Charta ann. 1340. tom. 2. Hist. Trevir. Joan. Nic. ab *Hontheim* pag. 144. col. 1 : *Castrum nostrum Saynense cum suis.... pertinentiis, excepta duntaxat area quæ vulgariter Pomerium dicitur, quam vel uti nostram allodialem reservare tenebimur pro observandis in ea placitis.* [** Vide Haltaus. Glossar. German. col. 111. voce *Baumgarten*.]

¶ POMERIUS, ut supra *Pomarius*. Charta ann. 1316. ex Schedis Præs. *de Mazaugues* : *Pomerii et pererii tamen habeantur pro non fructiferis, nisi essent emptati.*

* Charta Mariæ comit. Pontiv. ann. 1247. in Lib. nig. 2. S. Vulfr. Abbavil. fol. 20 r°. : *Retentis mihi et hæredibus Pontivi* (in dicto nemore de Cresciaco) *alta justitia, Pomerio et mellerio. Exceptés mellier et Pomier*, in Ch. Joan. comit. Pontiv. ann. 1177. ex Lib. albo domus publ. ejusd. urbis fol. 167. v°. *Pomier*, quævis arbor, qua in festis rusticis utuntur, dicitur in Lit. remiss. ann. 1423. ex Reg. 172. Chartoph. reg. ch. 374 : *Lesquelz coppoient une piece dudit bois, pour faire un Pomier pour leur feste.*

* POMETUM, Idem quod *Pomarium*. Glossar. Lat. Gall. ex Cod. reg. 7692 : *Pometum, Pomerée.* Vide alia notione in *Pomerium* 1.

¶ POMIA, f. Idem quod *Pomata*. Tabular. Vosiense fol. 56 : *Alpebat debet Pomiam sicut mansus Algenre.*

POMIFER, POMIFERA, Hortus arboribus fructiferis consitus. Charta Alemannica Goldasti 33 : *Et falsicia de illum cortinum, aut de illa Pomifera in alio nostro cortino, etc.* Et Charta 36 : *Cum aquis, cum silvis, cum Pumiferis, etc.* [** Chart. Sangall. ann. 744. in Neugart. Cod. Dipl. Alem. tom. 1. n. 10. pag. 12 : *Cum curtis clausis, cum ortiferis Pumiferis vel officinis etc.*] *Arbores Pomiferæ*, quæ fructus ferunt, *Arbres à fruits.* Charta Caroli Crassi Regis, apud Joann. Columbum lib. 2. de Episc. Vasion. : *Cum servis et ancillis, campis, occlatis, vineis, perreriis, arboribus Pomiferis et impomiferis, cum molendinis, etc.* Adde Chronologiam Lerinensem parte 1. pag. 365.

¶ POMIFERARE, Poma, fructus ferre. Gloss. Lat. Græc. : *Pomiferat*, ὀπωροτροφεῖ.

POMILIO, *Venditor pomorum*, *vel pomorum custos.* Dicuntur etiam *pomiliones*, *aquarum vel lignorum portitores, quia vili pretio quasi pomo conducebantur.* Joan. de Janua. [*Vendeur ou garde de pommes, porteur d'yaue ou de buche*, in Gloss. Lat. Gall. Sangerm.]

¶ POMILIONES, Pygmæi. Odonis Carmen de varia Ernesti fortuna, apud Marten. tom. 3. Anecd. col. 363 :

> Ecce grues longisque infligunt vulnera rostris,
> Et circum volitant, nec paucos Pomilionum
> Sternentes, etc.

POMILORUS, *Mollis et enervis.* Ita Papias MS. et editus. An *Pomivorus*?

¶ POMŒRIUM, Idem quod *Pomerium*. Charta Willelmi Abb. Andern. ann. 1084. tom. 9. Spicil. Acher. pag. 349 : *In eadem villa totum prædium suum cum domo ac Pomœrio* (dedit.)

* POMOLA, Hordei genus, vulgo *Pamoule.* Charta ann. 1356. inter Probat. tom. 2. Hist. Nem. pag. 179. col. 1 : *Pomola, viij. sertaria, j. floren.* Vide *Palmola*.

¶ POMONES, *Pomorum custodes.* Papias. Vide *Pomilio*.

1. POMPA, in Baptismatis solemnibus : *Abrenuntias Satanæ et Pompis ejus*, id est, *ambitioni, jactantiæ, etc.* ut habet Theodulfus Aurelianensis de Ordine Baptismi cap. 12. Diurnus Romanus cap. 7. tit. 2 : *Sciat se anathematis vinculo innodatum, et cum diabolo et ejus atrocissimis Pompis, atque Juda traditore Domini N. J. Christi æterni incendii supplicio concremandum deputari.* Ita in Epist. 2. Leonis IX. PP. : *Cum diabolo et ejus atrocissimis Pompis.*

¶ POMPA, Fastus, luxuries. Litteræ Ludovici Reg. II, Comit. Provinc. ann. 1411. apud Pitton. Hist. Aquens. pag. 132 : *Ad tollendas Pompas nonnullas excessivas et impensas quas cives tam majores quam minores et mediocres in vestibus, jocalibus, solemnitatibus nuptiarum facere soliti non sine eorum dispendio, et contra vires et facultates bonorum suorum, etc.* [** Vide Forcellinum.]

* *Pompe*, eodem sensu, apud Joinvil. in S. Ludov. edit. Cang. pag. 5 : *Pompes et bobans d'abillemens.* Vide infra *Pompata*.

¶ POMPA AMPULLOSA. Anonymi Historia apud Murator. tom. 16. col. 274 : *Hic autem Guido mundum et Pompas ampullosas deserens in loco beati Francisci vitæ terminum dedit.*

POMPARE, *Superbire, gloriari : unde Josephus in* 20. *In gentem nostram aperta malignitate Pompabat. Unde Pompator, qui quid superbe vel præsumptuose facit.* Ita Ugutio. Sedulius :

> Cum sua gentiles studeant figmenta Poetæ
> Grandisonis Pompare modis, tragicoque boatu.

Ex Sedulio Auctor Vitæ S. Tillonis Monachi : *Cum gentiles Poetæ studeant sua figmenta prolixis Pompare stylis.* Vita S. Reguli Episcopi Silvanect. : *Ut quidam metrocanorius in suo Pompavit poemate.* Althelmus de Laude Virg. cap. 26 :

> Jupiter, ingentem quem Pompant carmina vatum.

Ethelwolfus de Abbat. Lindisfarn. cap. 15 :

> Littora quo docti non docte carmina Patris
> Pomparet, etc.

[Hildegarius in Vita S. Faronis cap. 108 : *Cum hæc usque nunc decursa narratio per insignia gesta ac dicta, devotaque opera eum studuerit mirificis laudibus Pompare et exaltare.*] Vide Meursium in Πομπή, [et Gloss. med. Græcit. in eadem voce.]

¶ POMPATIRE, Eadem notione. Acta S. Helerii Martyris, tom. 4. Julii pag. 148 : *Qui cum omnes in istis et his similibus superaret, non tamen Pompatire.... adversus suos tribules vel sibi suppositos intumuit, sed in omnibus humilior, etc.*

POMPATICUS, Pomposus, superbus. *Pompaticus habitus*, in Epistola S. Bonifacii ad Cuthbertum Archiepisc. Cantii. Vide Gualbertum in Miracul. S. Rictrudis num. 3.

¶ POMPATUS, Magnificus, lautus. Tertullianus de Spectacul. cap. 7 : *Sed Circensium paulo Pompatior suggestus.*

¶ POMPALIS, apud Capitolin. in Gordianis cap. 6 : *Erat canitie decora et Pompali vultu;* id est, gravi, conspicuo.

POMPATICE, *Superbe vel pompose*, in Vocabular. Willel. Britonis.

¶ POMPABILITER, *apud Capitolin. in Galieno : *Gladiatores Pompabiliter ornati.* Alii legunt *Pompaliter*.

POMPALITER, apud Pollionem, ubi Salmasius.

¶ POMPOSE, in Chron. Romualdi II. Archiepisc. Salernit. apud Murator. tom. 7. col. 231.

¶ POMPARE, Ornare. Vita S. Dunstani tom. 4. Maii pag. 350 : *Quamdam stolam.... quam postea posset auro gemmisque variando Pompare.*

* Hist. translat. S. Corn. apud D. *Le Beuf* tom. 1. Collect. var. Script. pag. 364 : *De quacumque voluerit locorum parte, nullo hominum obstante, sibi valebit sumere unde præscriptam basilicam quibit decorando Pompare. Popiler*, eadem, ut videtur, notione, in Consolat. Boet. Ms. lib. 2 :

> Quant vous amez aucune chose,
> Vil en soy et deffectuose,
> Vous voulez son deffa. t couvrir.
> Pour ce la faites vous polir,
> Et agencier et Popiler;
> Car voulez son deffaut celer.

Vide supra in *Piola*.

¶ POMPIFICARE, Eodem intellectu, apud R. Duellium Miscell. tom. 1. pag. 8 : *Ad hunc ergo locum ductu diabolico pervenientes, rebus, thesauris, ornamentisque omnibus, quibus ab initio fundatus ac deinceps incredibiliter Pompificatus fuerat, spoliaverunt sanctas reliquias.*

POMPARE, Ad pompam et ludibrium traducere, πομπεύειν. Historia Miscella in Leone Isauro : *Nudum super asinum verso vultu sedentem Pompavit.* In eadem, *Pompis deshonestari*, πομπεῦσαι. Theophani : *Pompis publicare*, πομπεύειν. Hermogenes lib. 2. pag. 406. ait vocem πομπεύειν hac notione, seu pro κατηγορεῖν, Græcam non esse, sed a Legibus inductam, tametsi hac usus sit Demosthenes Orat. περὶ ςεφάνου.

POMPIZARE, Eadem notione. Joannes Biclariensis in Chronico, sub finem : *Deinde turpiter decalvatus, posthæc dextra amputata, exemplum omnibus, in Toletana urbe, asino sedens Pompizando dedit, et docuit famulos Domini non debere esse superbos.* Id est, ad ludibrii pompam traductus per urbem. Isidorus Pacensis Episcopus in Chronic. æra 750 : *Et male de conspectu principis cervice tenus ejicitur Pompizando, nomine Theudimer, qui in Hispaniæ partibus non modicas Arabum intulerat neces.* Idem æra 766 : *Nec mora fortiter flagellatum, turpiter adjudicatum, capite decalvatum, asino Pompizantem post terga facie per plateas detrahunt, manibus post tergum vinctum.*

POMPOLENTUS, *Pompa plenus, Pomposus*, Ugutioni, Papiæ, et in Glossis antiquis MSS. Catholicon parvum : *Pomposus*, *pompulentus*, *Pompeux*, *orgueilleux*. S. Gerardus Abb. Silvæ Majoris in Vita S. Adelardi Abb. Corbeiensis cap. 3 : *Cujus dignitatis honore indusiatus.... non efficitur philopompus, et non ut plures assolent Pompolentus.*

¶ Pomposus, Ugutioni, *Superbus*, *altus*, *magnificus : unde Pompositas*, *et Pompare.* Fortunatus lib. 3. Poem. 21 :

Vix modo tam nitido Pomposa poemata cultu
Audit Trajano Roma veranda foro.

Vita S. Quinidii Episcopi Vasionensis num. 7 : *Indignans cur ad recipiendum submissius et Pomposius non paruisset.*

Pompositas, apud Petrum Bles. Epist. 18. [Anonymus de Gestis Manfredi apud Murator. tom. 8. col. 590 : *Et honorificè fuisset ibidem a civibus in illa vana Pompositate receptus*, *etc.* Occurrit præterea in Stat. Eccl. Andegav. ann. 1423. cap. 11.]

Pomposus, medicis, Copiosus, uber. Cælius Aurelianus Siccensis lib. 5. Chronicon cap. 10 : *Et sit impossibile atque illicitum plurimas incidere partes, ne sanguinis Pomposus fluor periculum faciat ægrotanti.* Ita lib. 2. Acut. cap. 34 : *Pomposa atque concervata sanguinis effusio*, i. abundans.

¶ 2. **POMPA.** *Pompe* Aniciensibus dicitur panis triticeus, seu placentæ species, quæ a patrinis et matrinis quotannis in vigilia Nativitatis Christi dari solent iis, quos e sacro fonte levaverunt, donec adoleverint. Hinc fortean sumta vocis origo, quod tunc *filioli* a susceptoribus admonerentur de solemni illa *abrenuntiatione pompis Satanæ*, quam eorum nomine dixerant. In quibusdam Arverniæ locis *Columba* nuncupatur, a forma placentæ, ni fallor.

¶ 3. **POMPA**, a Gall. *Pompe*, Antlia, dici videtur aquæ receptaculum, unde antlia aquam tollunt. Necrolog. Kimperleg. MS. : *Partem domus restauravit, quæ respicit ad Pompam, et unum villagium.*

* 4. **POMPA**, Immoderata animi relaxatio, oblectamentum ultra quam satis est. Lit. remiss. ann. 1352. in Reg. 81. Chartoph. reg. ch. 317 : *In parrochia prædicti armigeri pluries et frequenter veniens* (monachus) *Pompas suas et rigolamenta seu spaciamenta ibidem deducebat.*

* 5. **POMPA**, Salarii species. Stat. Avellæ ann. 1496. cap. 129. ex Cod. reg. 4624 : *Fornerius.... panem crudum ad furnum ad coquendum portabit,.... et teneatur ipsum panem decoctum.... eidem personæ.... ad domum suam reportare; et proinde Pompam seu solutionem habeat, alias non.* Vide *Pompus* 1.

* 6. **POMPA**, Alia notione. Glossar. vet. ex Cod. reg. 7641 : *Pompas*, *lictorum imagines.*

* **POMPEANUM**, *Blanche coulour*, in Glossar. Lat. Gall. ex Cod. reg. 7692.

¶ **POMPETA**, Amplum et redundans vestis ornamentum, quod levi flatu intumescit atque huc et illuc impellitur. Concil. Senonense ann. 1485. cap. 6 : *Volentes novitatibus scandalosis et deformitatibus monstruosis in Pompetis et plicaturis tunicarum... providere*, *etc.*

* Nostris *Pompete*. Lit. remiss. ann. 1472. in Reg. 195. Chartoph. reg. ch. 750 : *Icellui Rogneret d'icelle pierre frappa Jehan Guillemet sur la Pompete de son pourpoint.* Vide supra *Pompa* 1.

¶ **POMPIZARE**, Pompolentus, etc. Vide supra *Pompa* 1.

¶ 1. **POMPUS**, *Dux itineris.* Laur. in Amalth. a Græco πομπός. Ea notione accipi videtur in Leg. Luitprandi cap. 44. (lib. 5. cap. 15.) apud Murator. tom. 1. part. 2. pag. 60 : *De servo fugace et advena homine, si in alia judiciaria inventus fuerit,... qui in loco ordinarius fuerit, comprehendere eum debeat... et habeat pro prehensura servo* (sic) *pro Pompo solidos* 11. [* Vide supra *Pompa* 5.] [** Vulgo legitur *pro prehensura de ipso servo sol.* 2. Herold. : *de ipso servo per caput sol.* 2.]

¶ 2. **POMPUS**, f. Pomarium, ager pomis consitus. Chartul. S. Vandreg. tom. 1. pag. 682 : *In campo Alberede Clarel de Piru, et in Pompo domini de Piru in tribus virgis juxta campum Vavasseur.*

* **POMULA**, diminut. a *Pomum*, Nux pinea. Invent. S. Capel. Paris. ann. 1363. ex Bibl. reg. : *Item una casula, una dalmatica et una tunica de roseto violeto ad Pomulas pinus. De rose viollet à Pommes de pin*, in Invent. Gall. ibid.

***POMUM**, Arboris cujuscumque fructus. Charta ann. circ. 1060. in Tabul. S. Petri Carnot. : *Placuit dare quicquid ex omni genere olerum sive Pomorum potest accipi jure mercati.*

¶ Pomum, Globulus. Chronic. Parmense ad ann. 1294. apud Murator. tom. 9. col. 827 : *Et super quolibet* (cantono) *unum capitellum cum Pomis deauratis.* Chron. Tarvis. apud eumdem tom. 19. col. 792 : *Et adductis lanceis, pavesis, et Pomis custognis, multas manu unica experientias fecit in erigendo lanceas et pavexios atque cotoneos projiciendo.* Vide *Pomellus.*

Poma Aurea, inter ministeria et ornamenta sacra. Hariulfus lib. 2. cap. 10 : *Lampades argenteæ* 6. *Poma aurea* 3. *calices aurei cum patenis* 2. *etc.* Lib. 3. Cap. 3 : *Cruces majores* 5. *et minores* 8. *Poma altarium* 21. *e quibus tria sunt aurea*, *reliqua argentea. Item Poma guntfanorum* 7. *ex argento auroque parata.* [Adde Guidonem in Discipl. Farfensi cap. 23.] Vide Descriptionem nostram Ædis Sophianæ num. 60.

¶ Pomum Adam, Fructus arboris in Palæstina noti. Jacob. de Vitriaco lib. 3. Hist. Orient. apud Marten. tom. 3. Anecd. col. 279 : *Sunt ibi arbores quæ gignunt poma*, *quæ dicuntur Poma Adam*, *in quibus morsus evidendissime apparet.*

Pomum Ceræ. Bernardus Monachus in Consuetudinibus Cluniacensibus MSS. cap. 10 : *Dat etiam Hospitario Secretarius* 2. *cereos, qui coram eo, donec se collocet, ardeant, et unum Pomum de Cera, quod per totam noctem ardeat. Similiter dat et Pomum, quando* 6. *aut plures in Hospitio dormiunt*, *etc.*

Pomum Granatum. Mundinus in Anatomia pag. mihi 38 : *Os sive cartilago epiglottalis, quæ alio nomine nominatur Pomum granatum.* [Vulgo *Pomme d'Adam*, Anatomicis arytænoides, Græc. Ἀρυταινοειδής, Cartilago, pars laryngis prominens potius quam epiglottis.]

Pomum, quod Imperatores et Reges gestant. Vide *Palla* 1.

* Pomorum Benedictio. Vide supra in *Benedictio.*

* Pomum Calefactorium, Globulus aqua calida plenus, quo in sacris ad calefaciendas manus utebantur. Invent. Ms. thes. Sedis Apost. ann. 1205 : *Item decem Poma calefactoria argentea ad diversa laboreria.* Comput. Ms. fabr. S. Petri Insul. ann. 1462 : *Richario de Boutoville pro Pomo aureo ad calefaciendum manus illorum, qui celebrant ad magnum altare*, *xvj. sol.*

* Pomum, Id quo amphora obturatur. Comput. ann. 1380. inter Probat. 3. Hist. Nem. pag. 31. col. 1 : *Item dicta die solvi Petro Amelheri*, *pro duabus amphoris vino plenis*, *capacitatis ambarum quatuor quartonorum*, *etc. Item pro quatuor Pomis*, *pro ponendo supra amphoras prædictas*, *etc.*

* **POMYERNE**, Polonica vox. Vide supra *Mensurale.*

¶ **PONADERIA.** Vide *Poinanderia.*

¶ **PONARDUS**, pro *Penardus*, a vet. Gall. *Poine*, pro *Peine*, qui quasi senex et vetulus ob nimiam crassitudinem vix se movere potest. Johannes *Clerée* Dominicanus Ludovico XII. a Confessionibus in Serm. de malo divite : *Videbis unum grossum Ponardum in una camera nattata*, *etc.* Ubi ad hæc Villonis respexisse observatur in Glossariolo ad Cantica natalitia Burgundica :

Sur mol duvet assis un gras Chanoine
Lez un brasier en chambre bien nattée.

¶ **PONCELLUS**, Ponticulus. Charta Margaretæ Fland. Comit. ann. 1250. apud Miræum tom. 2. pag. 1231 : *In vico qui ducit ad domum Episcopi usque ad Poncellum, et a poncello infra rivulum currentem sub dicto poncello, usque etc.* Necrolog. Confratriæ Cleric. Pontisar. : xxvi. *Maii Hernovetus le Paumier dedit* v. *sol. reditus situatos prope Poncellum sancti Martini in vico dicto de malo diversorio.* Adde Chartam ann. 1296. apud Lobinellum tom. 4. Histor. Paris. pag. 516. *Poncel*, eadem notione usurpat Joinvilla pag. 122.

* *Ponchel*, eadem notione, in Charta ann. 1340. ex Chartul. 23. Corb.

¶ Poncellus, Columna, in Aresto Parlamenti ann. 1394. apud Menester. Hist. Lugdun. pag. 80 : *Et quod ad dicti magistri Petri præceptum prædictus Petrus Guernerii columnas seu Poncellos dicti tribunalis demolierat.* Vide *Pontellus.*

* **PONCHA**, Promontorium, *lingua* terræ, Gall. *Pointe de terre.* Instr. ann. 1301. ex Tabul. Massil. : *Item exposito dicto syndico navigiis periculum de nocte navigantibus in mari Massiliæ imminere maximum, defectu fanuoni introitus Ponchæ portus dictæ civitatis.* Vide *Puncta* 2.

¶ **PONCHIA**, Mensura. Vide *Poichia.*

¶ **PONDAGIUM**, Subsidii seu tributi species ex qualibet librata mercium tam evectarum quam invectarum Regi concessum. Est autem *librata* valor unius libræ, quam alias *pondum* vocant, unde *pondagium.* Hujusmodi subsidium Henrico VI. concessum fuit anno 31. regni sui ad terminum vitæ, remissumque postea in parte. Sed Edwardo IV. Henrico VIII. et subsequentibus viritim semper, sed pro more temporis restitutum. Spelman.

** **PONDARIUM**, Statera, instrumentum, quo res sine lancibus ponderantur, quod scapo constat punctis distincto, quæ pondera discriminant, Gall. *Romaine.* Stat. antiq. Novogorod. apud Lappenb. in Orig. Hanseat. Document. pag. 40 : *Bona quæ adducit hospes ponderari debent in curia in libra sicut quondam in Pondario.* Germanis dicebatur *Ponder.* Vide ibid. not. 1. et pag. 202. not. 2.

* **PONDERA**, pro Pondus. Comput. ann. 1450. ex Tabul. S. Vulfr. Abbavil. : *Item cuidam broutario, qui a magno scabinagio usque ad ecclesiam abroutavit statera et Ponderas, ad ponderandum antiquum plumbum terratiarum grangiæ, etc.*

* **PONDERAGIUM**, Actio vel jus ponderandi merces suas. Libert. castri Montisregal. ann. 1319. in Reg. 59. Chartoph. reg. 313 : *Item quod Ponderagium lanarum et lanagiorum et aliarum rerum possint ipsi consules concedere certis personis gratis.*

1. **PONDERARE.** Olim, quod et etiamnum in Belgio obtinet, in more fuit, ut ægros pueros ad Sanctorum feretra vel sepulchra appenderent, et pondus tritico, panibus, aliave re, quam offerre Deo aut Sanctis volebant, exæquarent, addita summa aliqua auri argentive. Vita S. Erminoldi Abb. lib. 2. num. 3. : *Dominus sancto suo quasi privilegium speciale concessit, quod pueri ægrotantes, ad ejus, ut fieri solet, Ponderati sepulchrum, continuo ejus meritis convalescunt.* Num. 4 : *Cum marca argenti se Ponderans.* Num. 9 : *Ad sepulchrum Sancti nummo se Ponderavit.* Occurrit ibi pluries num 16. 19. 38. 39. 40. 41. et in Miracul. S. Ludgeri Episcopi Mimigard. num. 41. De eo etiam more Wolphardus Presb. lib. 3. de Mirac. S. Walburgis num. 4. ubi *librare* vocem, pro *ponderare*, usurpat. Metellus in Quirinalibus :

Jura tamen tenet hæc specialia,
Quod puerilia corpora morbida,
Si fuerint ibi cum prece sedula
Pensa solo, sequitur reparatio.

Idem recitat miraculum aliud de quodam, *qui panibus et caseolis ibi se pensans*, hos postea *distribuebat egenis.* Vide Henricum Rebdorffensem ann. 1361. De oblationibus ceræ ad corporis pondus agit etiam non semel Anonymus de Mirac. S. Thomæ Cantuar. editus a Stapletono cap. 23. 37. 63.

* Quod *Contrepoiser* nostrates dicebant. Lit. remiss. ann. 1451. in Reg. 184. Chartoph. reg. ch. 165 : *Le suppliant et Perrenet Mourin estans en l'eglise de S. Quentin, virent en une chapelle, où l'en Contrepoise les malades, etc.* Comput. fabr. S. Petri Insul. xvj. sæc. : *Jeanne N. pour le Contrepoids de son enfant, deux solz.*

¶ 2. **PONDERARE**, Onerare, Gall. *Charger.* Caffari Annal. Genuens. lib. 1. apud Murator. tom. 6. col. 256 : *Et in ipso Consulatu galeæ* VII. *Januensium in plagia de Castaneto supra Pisanos victoriam habuerunt contra naves* XXII. *et magna pecunia Ponderatas.* Rolandinus de Factis in marchia Tarvis. libr. 8. cap. 9 : *Ponderata sunt plaustra armis, victualibus, gratis et aliis paramentis ad pugnam.*

¶ **PONDERATIO.** Vide *Pondus.*

* **PONDERATIO**, Monetæ ad trutinam examen; unde *Ponderator*, qui ita ponderat. Contin. Chron. Odoran. tom. 10. Collect. Histor. Franc. pag. 167 : *Et statim proferens auri tredecim solidos ad publicam monetam Aurelianensem appensos : Si tibi, inquit, non sufficit mea Ponderatio, præbeat fidem proprio oculo iterata propensio : quo Ponderatore, nihil aliud quam quod regina prædixerat fuit invenire.* Vide alia notione in *Pondus.*

* Hinc *Despoise* dicta videtur argenti et stanni fraudulenta permistio, quod legitimum monetæ pondus minuat, in Lit. remiss. ann. 1406. ex Reg. 160. Chartoph. reg. ch. 423 : *Iceulx supplains pensans qu'ilz feroient bien des moules pour faire icelle monnoye,..... et aussi de la Despoise ou alloy d'estain, etc.*

PONDERATURA, σαθμός, *Pondus, pensatio, pensum*, in Gloss. Græc. Lat.

* **PONDERIA** vel **PONDERIA**, Regni seu provinciæ cujuslibet limites. Ordinat. Caroli dalph. ann. 1356. in Reg. Cam. Comput. Paris. sign. *Vienne* fol. 3. r°. : *Ordinamus quod in eadem terra* (Dalphinali) *de cætero nulli castellani existant, eosque revocamus et omnino tollimus, et eorum sallaria denegamus, et ex causa, exceptis castris in Ponderia seu fronteria constitutis, ad quorum custodiam per locumtenentem nostrum provideatur de nobilibus et servientibus peditibus ad præsens.*

* **PONDERIS.** Vide infra *Sponda* 4.

¶ **PONDERITAS**, Gravitas, apud Nonium ex Accio Pragmat. lib. 2.

¶ **PONDEROSITAS.** Vide *Ponderosus* 2.

1. **PONDEROSUS.** Breviloq. : *Assiduus, i. dives, Ponderosus in pecunia.*

2. **PONDEROSUS**, Qui hernia laborat. Papias : *Herniosus, Ponderosus.* Pondus quippe de genitalibus dicitur, itaque appellabant veteres quod vulgo *gravedinem* vocant. S. Augustinus lib. ult. de Civit. Dei cap. 8 : *Quidam ab informi pondere genitalium salvus effectus est.* Gregorius Magnus de Cura Pastorali part. 1. cap. ult. de Ponderosis : *Vitium quippe est ponderis, cum humor viscerum ad virilia descendit, quæ profecto cum molestia dedecoris intumescunt.* Hernia igitur *pondus* dicitur in Querulo, ubi *Nestoris pondus*, idem est quod *Nestoris hernia :* sic autem appellatur propter rupturam *pondere* factam, cum intestina rupta tunica descendunt in vesicam. Arnobius lib. 7 : *Ingentium herniarum magnitudine Ponderosi.* Et Moses Levit. cap. 21. ubi describit quales deceat esse ministros Dei : *Nec accedet ad ministerium Dei, si fuerit Ponderosus.* Ita enim vetus versio. Lex Longob. lib. 1. tit. 8. § 31. [** Liutpr. 124. (6, 71.)] : *Si quis aldium aut aldiam... battiderit, et per ipsam batturam Ponderosi facti sunt, etc.* Tit. 16. § 4. [** Liutpr. 123. (6, 70.)] : *Si quis furore accepto battiderit hominem liberum, aut mulierem ingenuam, ... et per ipsas feritas Ponderosi, aut Ponderosæ effecti fuerint, etc.*

1. **PONDEROSITAS**, Hernia. Lex Wisigoth. lib. 6. tit. 4. § 3 : *Cui Ponderositas facta fuerit, centum solidi dentur in compositione.* ☞ Existimat vir doctissimus Muratorius *Ponderositatem* hic de gravi morbo intelligendam esse; unde *Ponderosum* ex Lege Longobard. de eo interpretatur qui ex ictibus baculi ineptus ad gradiendum factus fuerit, et lecto teneri coactus. Sed leviora mihi videntur ipsius argumenta, quam ut cum eo in hac re sentiam. Hunc consule tom. 1. part. 2. col. 1. Vide *Ponderum.*

Apud Eadmerum lib. de S. Anselmi similitud. cap. 49. *Canes ponderosi* opponuntur *Canibus agilibus :* ut cap. 49. et 51. *Ponderositas, agilitati.* Hinc

¶ 2. **PONDEROSITAS**, Gravitas, *Pesanteur*, in Actis Abbatum S. Germani Autissiod. cap. 11. ubi de Arduino Abb. : *Propter Ponderositatem vel infirmitatem suam faciebat se deferri in carrum.*

* 3. **PONDEROSITAS**, Tarditas, Gall. *Lenteur.* Regula soror. Fontis Ebr. cap. 17 : *In cæteris autem, quæ sunt in officio divino cantanda vel legenda, neque Ponderositas tædium generet; neque velocitas a devotione et reverentia vos deviet.*

¶ 3. **PONDEROSUS.** *Factum ponderosum*, permagnum negotium, res magni ponderis et momenti, *Affaire importante.* Charta infeodationis Mariæ Comit. Provinc. ann. 1394. in Camera Comput. Aquensi Regest. *Armorum* fol. 70 : *Et propter subitum recessum nostrum statim in Franciam pro factis dilecti nostri Regis Siciliæ Ponderosis Domino comitante, etc.*

¶ **PONDERUM**, Morbi species. Posthuma gloria S. Mariæ Magdal. de Pazzis tom. 6. Maii pag. 310 : *Gravem infirmitatem, quam Ponderum vulgus nominat, cum febri continua, intensisque doloribus patiens, etc.* Italis *Pondi* est dysenteria. Haud scio an huc spectet, an de hernia intelligendum Glossar. Lat. Gall. Sangerm. MS. ex Johan. de Janua : *Pondo, Pois, ou une maladie.* Vide *Ponderosus* 2. et infra *Pondus genitalium.*

PONDICITAS. Vide *Ponticus.*

PONDO, Papiæ, *genus ponderis, libra est.* Fere semper in veteribus Tabulis de argenti libra dicitur; ut *libra*, de libra aurea, in Chartis Dagoberti et Ludovici Imp. apud Doublet. pag. 661. 736. etc. Walafridus Strabus de Vita S. Galli cap. 21 : *Auri quoque libras duas, et argenti Pondo totidem cum epistola concessionis jam dictæ per suos nuncios viro Dei destinavit.* Idem in Vita S. Othmari cap. 3. *argenti libras* habet. [** Tradit. Sangall. apud Neugart. Cod. Diplom. Alem. tom. 1. n. 10 : *Auri libras* 5. *et argenti Pondura* 10. Num. 11 : *Auri uncias* 3. *et argenti Ponduos* 5. Num. 12 : *Auri libras* 5. *et argenti Pondura.* Num. 26 : *Auri uncias* 8. *argentos Pondus* 5.] [Concil. Mexicanum ann. 1585. inter Hispan. tom. 4. pag. 306 : *In Pondo minarum* 50. *condemnetur.* Ibid. pag. 362 : *Si semel id commiserint* 200. *minarum Pondo multentur.*]

PONDUS, *abusive dicitur pro una libra, vel unus as est.* Joan. de Janua. Gregorius Turon. lib. 10. cap. 19 : *Multa enim auri argentique in hujus Episcopi regesto Pondera sunt reperta.* Fredegarius in Chronico cap. 73 : *Missorium aureum.... pensantem auri Pondus quingentos.* Paulus Warnefrid. lib. 3. cap. 25 : *Cum sub monte quodam introiisset, ubi multa auri Pondera adspexisset.* Charta Ludovici Imperat. apud Ughellum in Episc. Volaterr. : *Præcepti temerarius violator duodecim Pondera auri probatissimi* *eidem Ecclesiæ persolvere compellatur.* Vita S. Deodati Abbatis num. 5 : *Ac magnificentia amphoris muneris donavit viginti sex Pondera auri argentique, etc.* Occurrit passim. [Le Roman *de la guerre de Troyes* MS. :

Covert d'un drap outremarin
Que sis, set Pois valoit d'or fin.]

* Charta ann. 1323. ex Tabul. Hospit. S. Jac. Paris. : *Campanam ponderis 200. Ponderum, quod pondus quoad hoc competens arbitramur, concedimus. Pois*, eodem sensu, in Lit. remiss. ann. 1393. ex Reg. 145. Chartoph. reg. ch. 46 : *Un Pois et demi de fer menu, etc.*

¶ Pondus, Statera seu bilanx publica, qua debent uti, qui merces habent ponderandas, atque etiam id, quod pro hujusmodi pondere exsolvitur. Charta fundat. Monast. B. M. de Consolat. ann. 1244. inter Instr. tom. 4. novæ Gall. Christ. col. 102 : *Item eisdem monasterio et monialibus donavimus in perpetuum.... Pondus nostrum de Autissiodoro, etc.*

Pondus Averii. Vide in *Averium.*

* Pondus de Basceia, Quo marca Basceiæ appendebatur. Charta Petri episc. Attrebat. ann. 1201. ex Tabul. monast. de Laude : *Per idem tempus Bartholomeus de Coidnes vendidit fratribus de Los xviij. marchis, ad pondus de Basceia, alodium quoddam.*

¶ Pondus Canavazerium, Quo cannabum appendunt, in Statutis Saluciar. collat. 4. cap. 118 : *Ut Pondere canavazerio semper canapum ponderetur.*

Pondus Caroli, quod scilicet Carolus Magnus instituit. Arnoldus Lubecensis lib. 3. cap. 2 : *Ut quatuor millia marcarum cum filia persolveret librata Pondere publico, quod Carolus Magnus instituerat.* Charta ejusdem Caroli pro Ecclesia Osnabrugensi ann. 804. apud Crantzium in Metropoli lib. 1. cap. 2. in Monumentis Paderbonensibus pag. 327 : *Sexaginta solidos nostri Ponderis.* Charta Friderici II. Imper. apud Albericum in Chron. MS. ann. 1234 : *Regi centum libras auri in Pondere Caroli persolvet.* Exstat apud Gruterum 222. 9. ponderis ænei figura cum hac inscriptione, Pondus Caroli, quod pendere dicitur uncias tres et scrupula viginti.

Pondus Palatii, idem dicitur, in Charta Ludovici Pii apud Doubletum pag. 736 : *Viginti pondo argenti probati... ad Pondus nostri Palatii solvere cogatur.* Vide Regulam Canonicorum ex Synodo Aquisgran. cap. 122. extremo. Meminit etiam Ponderis Palatini Charta alia Dagoberti Regis, apud eumdem Doubletum pag. 661 : *Legibus artatus auri purissimi 10. libras, ac argenti probatissimi pondo 20. ad Pensum nostri Palatii persolvere cogatur.*

Pondus Coloniense, Idem etiam videtur quod Pondus Caroli Magni. Charta Friderici I. Imper. ann. 1162. apud Diagum in Comitibus Barcinon. lib. 20. cap. 174 : *Quindecim marchas auri boni ad justum Pondus Coloniense, etc.* Alia Henrici VI. Imp. ann. 1189. apud Ughellum in Episcopis Volaterran. : *Persolvant sex marcas puri argenti ad Pondus Coloniense.* Adde Matth. Paris ann. 1193. pag. 122. Idem etiam pondus obtinuit in Dania et Suecia. Charta Waldemari Regis Daniæ ann. 1326. apud Pontanum lib. 7. Histor. Dan. : *Item omnia quæ sub pondere vendi solent, possunt in ipsorum bodis sive vicœn vendere et alienare, et cum statera Coloniensi, et pondere debito vendere et trutinare. Libra Coloniensis*, in alia Waldemari Sleswicensium Ducis anno 1340. apud eumdem pag. 459. *Marcæ argenti puri monetæ Coloniensis*, in Charta Caroli IV. ann. 1350. apud eumdem Pontanum pag. 477. Adde Ericum Upsaliensem lib. 3. Hist. Suecicæ pag. 75. 86.

** Pondus Normannorum, in charta Comit. Holsat. ann. 1254. apud Lappenb. Origin. Hanseat. pag. 69 : *De vase vini quod Hamborch comparatum 8. den. de dimidio vase 6. den. si vero minus fuerit de quolibet Normannorum Pondere tertium dimidium denariorum persolvant.* Vide ibi Glossarium in voce *Pondus.*

Pondus Trecense, quo Marca Trecensis appendebatur, in Charta ann. 1203. in Probat. Histor. Drocensis pag. 252. in aliis ann. 1221. in Probat. Histor. Castilioneæ pag. 42. 85. Vide *Marca Trecensis.*

Pondus Pruvinense, a Pruvino in Campania oppido, ubi cudebatur moneta Comitum Campaniæ, in Charta ann. 1238. in Probat. Hist. Drocensis pag. 261.

* Pondus Lombardorum, etc. Chartul. Latiniac. fol. 246. v°. : *Ce sont aucunes fermes, qui estoient de prouffit à l'abbaye de Laigny ès foires de Champaigne et Brye.... Le poix aux Prouvinciaulx xiij^{xx}. livres. Le poix aux Lombards vj^{xx}. livres. Cil de Rains. xxxviij. liv.*

Pondus Cathaniæ, apud Scotos, quo ii utuntur in emendo et vendendo, in Assisa Regis Davidis de Ponderibus et mensuris cap. 5. et in ejusdem Statutis cap. 14. Est autem *Cathania*, Scotiæ provincia in extrema regni plaga ad Septentrionem, *Cathnes* dicta, *Cathanesia* Buchanano lib. 1. *Cathenessia* Boëthio lib. 7.

Pondus Foeni. Acta Murensis Monasteri pag. 51 : *Habemus in Immensee 7. diurnales et piscinam, ... de pratis autem ad 16. Pondera fœni.*

¶ Pondus Genitalium, Hernia, apud S. August. lib. 22. de Civ. Dei cap. 8 : *Quidam Curabitanus non solum a paralysi, verum etiam ab informi Pondere genitalium, cum baptizaretur, salvus factus effectus est.* Vide *Ponderum.*

¶ Pondus Magnum et *Parvum*, Quanti utrumque fuerit discimus ex Charta ann. 1185. in Chartul. Meld. : *Tres libræ ceræ ad parvum Pondus, vel una ad magnum Pondus.*

¶ Pondus de Marco, *subtile*, in Statutis Saluciar. Collat. 4. cap. 118 : *Quilibet emens pesum Saluciarum teneatur habere Pondus subtile, sive de marco.*

Pondus Vini. Acta Murensis Monast. pag. 61 : *De vitibus autem, sive quod nos plantavimus, vel plantatas invenimus, quando primum possidemus, quod ad decem Pondera vini pertingit ad nostram mensuram. Rustici autem qui habent mansos, Pondera dabunt suæ mensuræ.*

* Pondus Fili, Certa fili quantitas insimul collecta, nostris *Pois.* Lit. remiss. ann. 1355. in Reg. 84. Chartoph. reg. ch. 187 : *Cum dictus Johannes quandam quantitatem, sive Pondus fili, ... vulgaliter Chaine de fil nuncupatam, cepisset, etc.* Aliæ ann. 1413. in Reg. 167. ch. 230 : *Deux Pois et demi ou environ de fille linge à faire toille.*

* Pondus Grande et Minus. Arest. ann. 1403. 1. Jun. in vol. 9. arestor. parlam. Paris. : *Item pro præcentore minore, in prima tracta certam quantitatem pecuniæ, dictam Pondus grande et Pondus minus. Certaine quantité de pecune, que l'en appelle le Poids grand et le Poids mineur, qui poize treize onces ou environ*, in alio Arest. ann. 1402. 19. Apr. ibid.

* Pondus Regis, Locus, ubi pondera regia seu publica erant. Necrolog. eccl. Paris. Ms. : *Cum nobilis et potens domina Margareta de Rupe-Guidonis.... nobis et ecclesiæ nostræ.... vendidisset pondus, vulgariter Pondus regis nuncupatum, Parisius in vico de bufeteria, vulgariter vicus Lombardorum nuncupato; ac Pondus ceræ in villa Parisiensi pretio 2176. lib. Turon. etc.*

¶ Pondus, Res quævis in fasces collecta, vel in dolia, si liquida est, infusa. Chartular. Latiniac. : *Quadriga quæ portat trossellos vel fagotos vel Pondera, solvet in exitu portæ pro qualibet pecia duos denarios. Tria Pondera de mostayla*, in Charta ann. 1327. ex Tabul. S. Victoris Massil.

* Nostris *Poise.* Pedag. Paris. in Reg. Cam. Comput. sign. *Pater* fol. 248. r°. : *Charbon de terre, la Poise viij. den.* Aliud Peron. ex Chartul. 21. Corb. fol. 334. v°. : *Item ung homs qui porte allés, le Poise doit iiij. den. et y a iiij^{xx}. loyens en la Poise.*

☞ Varia ponderum signa, quorum formas et characteres exhibet Isidorus lib. 16. Orig. cap. 26. hic pingere noluimus, cum cuivis liceat ea apud laudatum auctorem vel apud Martinium in Lexico inspicere.

Pondus Obscoenum. Articuli Cleri Anglicani oblati Edwardo II. Regi Angliæ ann. 1316. cap. 10. *De his qui ad Ecclesias confugiunt : Et dum sunt in Ecclesia, custodiuntur per armatos infra cœmeterium, et quandoque infra Ecclesiam ita arcte, quod non possunt exire locum sacrum causa superflui Ponderis deponendi, nec permittitur eis necessaria victui ministrari.*

* Pondus, Onus, Gall. *Charge.* Charta ann. 1282. in Chartul. Cluniac. ch. 393 : *Tenetur dictus Hugo garantire ecclesiæ Cluniacensi præfatæ erga omnes absque omni honere feudi, retrofeudi et alterius Ponderis vel etiam servitus.*

* Pondus Urbis, quæ Aquæ-Veteres, vulgo *Oudewater*, dicitur, Genus purgationis, de quo Balthasar *Bekker* lib. 1. cap. 21. in opere cui titulus *Le Monde enchanté*, tom. 1. pag. 318. Ipsum consule.

Ponderatio, Quod pro ponderibus publicis exsolvitur, dum res et merces ponderantur, [Nostris, *Droit de poizage. Jus ponderis virgæ*, in Charta ann. 1332. ex Regesto *Leopardus* in Camera Comput. Aquens.] Charta Joannæ Comitissæ Flandr. ann. 1243. apud Buzelinum lib. 2. Gallo-Fl. cap. 28 : *Ab omni exactione passagii, thelonei, rotagii, Ponderationis, et consuetudinum hujusmodi, etc.*

¶ **PONENS**, Occidens, nostris *Ponant* eadem notione. Jacobi Auriæ Annal. Genuens. lib. 10. ad ann. 1290 : *Die autem sequenti admiragius Januæ paratis platis et cum eis balbottis, misit eas ad turrim de versus Ponentem.*

¶ **PONEPROPE**, *Juxta et propter*. Gloss. Isidori.

1. **PONERE**, Induere, Gall. *Mettre un habit*. Panegyricus Berengarii Aug. :

Tu Ponens etiam curtum femorale Joannes.

Vide Salmasium ad Tertullian. de Pallio pag. 369.

2. **PONERE**, pro *Fingere*, ut *ponamus casum*, pro *fingamus*, ut vulgo loquimur, in leg. 7. D. de Inoffic. test. leg. 17. D. de legat. 2. leg. 1. et 3. D. de Emancip. etc. [Utuntur eadem notione purioris Latinitatis Scriptores Terentius, Quintilianus et Cicero.]

¶ 3. **PONERE**, Instituere. Lex Salica tit. 56. § 3 : *Si quis sagibaronem qui ingenuus est, et se sagibaronem Posuit, occiderit, etc.* Ubi Eccardus minus recte *Ponere*, ligare seu in custodiam dare, interpretatur.

¶ 4. **PONERE**, In jus vocare, citare, *Mettre en justice* Galli dicunt. Chartul. S. Vandreg. tom. 2. pag. 1997 : *De nullo tenemento suo quod tunc tenuerint, Ponantur nisi coram me.*

* 5. **PONERE**, Expendere, Gall. *Dépenser, employer*. Charta Erardi de Brena ann. 1218. in Chartul. Campan. Cam. Comput. Paris. fol. 311. r°. col. 1 : *Prædicti autem comitissa* (Trecensis) *et filius ejus laborabunt erga dominum papam bona fide, sine suo Ponendo, præter nuntiorum expensas, ut.... absolvamur. Sine meo Ponendo*, in Ch. Aelid. regin. Cypri ann. 1234. ibid. Unde emendanda alia ejusd. ann. 1235. ubi legitur : *Sine me opponendo*. Lit. remiss. ann. 1356. in Reg. 85. Chartoph. reg. ch. 57 : *Ipse clericus accusaverat dictos conjuges de et super eo quod Posuerant et allocaverant falsam monetam.* Arest. parlam. Paris. ann. 1361. tom. 6. Ordinat. reg. Franc. pag. 411 : *Trecentas et triginta libras pro ipsa mercatura.... anno quolibet oportuerat expendisse et Ponere oportebat.* Neque aliter intelligenda hæc eadem vox ex Charta ann. 1290. tom. 7. earumd. Ordinat. pag. 614. art. 17.

* 6. **PONERE**, Constituere. Libert. Autiss. ann. 1223. tom. 6. Ordinat. reg. Franc. pag. 422. art. 19 : *Ego debeo Ponere duos legales homines, qui per juramentum suum dictum sigillum bona fide servabunt.*

* 7. **PONERE**, Dare, concedere. Locus est infra in *Positio* 5.

* PONERE CHARRUAGIO SUO, Domanio suo adjungere, terram veluti propriam sibi usurpare. Vide supra *Charruagium*.

* PONERE SE AD DEFFENSIONEM, Phrasis Gallica, *Se mettre en défense*, Ab aggressore sese defendere. Lit. remiss. ann. 1352. in Reg. 81. Chartoph. reg. ch. 293 : *Cum dictus bajulus videret quod non fingebant se, et quod ipsum volebant interficere, Posuit se ad deffensionem.*

* PONERE EXCOMMUNICATIONIS SENTENTIAM, id est, Ferre, promulgare. Charta Manas. episc. Aurel. ann. 1163. ex Chartul. Miciac. : *Quod si ipse* (Buchardus) *ab hac recognitione aliquo modo resiliret,.... super eum et super terram suam excommunicationis sententiam Poneremus.*

¶ PONERE SE, Collocare. Laur. Byzinius de Orig. belli Hussit. apud Ludewig. tom. 6. Reliq. MSS. pag. 158 : *Circumcirca gentibus in certis se Ponentibus propugnaculis ad invicem sæpius duellabant.*

* PONERE VINUM *ad manum alicujus*, Dare licentiam illud distrahendi sub statuto pretio. Correct. stat. Cadubr. cap. 7 : *Ordinamus quod quandocumque aliquis tabernarius, vel alius volens vendere vinum ad minutum in contracta Cadubrii, teneatur et debeat denunciare jurato vel marico villæ in qua habitat, vel juratis si plures sunt, quod veniant ad Ponendum vinum ejus ad manum, et secundum quod per eos æstimatum fuerit, teneatur et debeat dictum vinum vendere.*

** PONERE JUS SUUM *ad manus alicujus*, Causam omnem illius arbitrio permittere, ut ferat sententiam. Chronic. Mindens. ad ann. 1408. apud Leibnit. Scriptor. Brunswic. tom. 2. pag. 204 : *Tunc tandem intromittebat se.... Episcopus Mindens. et nitebatur componere et discordias inter cives suos auferre, sic quod isti expulsi Ponebant Jus suum ad manus suas, similiter et civitas.*

¶ PONERE *super animam alicujus*, Illius fidei et arbitrio rem committere, Gall. *S'en remettre, s'en rapporter à quelqu'un*. Charta inter Instrum. tom. 6. Gall. Christ. novæ edit. col. 29 : *Quibus ego respondi, sicut verum erat, me omnino nescire, sed si ipse multum vellet, super animam et credentiam illius Ponerem, qui homo erat ecclesiæ et meus.*

** PONERE SUPER, Imponere. Litter. Hans. Londin. ann. 1303. apud Lappenberg. Orig. Hans. pag. 220 : *Rex mandavit ad Lenniam burgensibus, quod sibi invenire deberent 40. millena piscium, et ipsi burgenses Posuerunt super mercatores.*

¶ PONERE IN CASU, Periculo exponere, *Mettre au hazard*. Epist. Richardi I. Reg. Angl. ann. 1197. apud Rymer. tom. 1. pag. 96 : *Et in hoc facto Posuimus in casu caput nostrum et regnum supra consilium omnium nostrorum.*

¶ PONERE COR IN ALIQUEM, Illum amare. Rolandinus de Factis in marchia Tarvis. lib. 6. cap. 5 : *Conducta de Padua equitavit Veronam, et habitavit in eodem palatio cum venerando marito suo, qui prius quam eam guadiasset, ut dicebatur, Posuerat cor suum in eam.*

¶ PONERE IN FACTO, Proponere, *Mettre en fait, avancer*. Instrum. ann. 1481. in Tabul. B. M. de Bono-nuntio Rotomag. : *Quasdam rationes validas et efficaces scriptis tradiderunt et porrexerunt contra testes ejusdem de Paris Ponendo in facto, prout posuerunt et probare obtulerunt ad sufficientiam.*

¶ PONERE SE IN FUGAM, Dare se in fugam, Gall. *Se mettre en fuite, prendre la fuite*. Joannis Demussis Chron. Placent. ad ann. 1373. apud Murator. tom. 16. col. 518 : *Videntes quod gentes eorum erant sconfictæ, Posuerunt se in fugam, et campus remansit Anglis.*

PONERE OVA, dicitur gallina, cum ova edit : unde nostris *Pondre*, in Speculo Saxon. lib. 3. art. 51. § 1. Fridericus II. Imp. lib. 2. cap. 6 : *Aves de rapina Ponunt ova quandoque tria, quandoque quatuor, etc. Ponere*, pro *deponere*, dixisse veteres, notum ex Nonio.

¶ PONERE IN RESPECTUM, Differre, tempus prorogare, *Donner du respit*. Charta Eduardi III. Reg. Angl. ann. 1328. apud Rymer. tom. 4. pag. 367 : *Et homagia illorum, qui nobis homagia facere tenentur, Ponatis in respectum, quamdiu nostræ placuerit voluntati.* Vide *Respectus*, Mora.

PONERE IN SUPERBIAM, Deposito pignore certare. Miracula S. Rudesindi Episcopi Dumiensis : *Quidam ex eis, spiritu superbiæ concitati impetu furoris et crudelitatis sic dicebant : Pono in superbiam Deo et S. Rudesindo, quod hac nocte homo iste non effugiat, vel evadat.* Phrasis Hispanica : *Hago unas apuestas.*

* PONERE IN NEGATUM, Negare, Gall. *Mettre en ne* vel *en ny*. Charta ann. 1270. ex Tabul. Carnot. : *Et se il le metteint en ne, le devantdit Robin Rabardiau l'offreit à prouver par témoins ou par gage de bataille.* Lit. remiss. ann. 1377. in Reg. 111. Chartoph. reg. ch. 104 : *Et mist absolument touz nos diz, clain et calenges en ny. Et s'ilz le nyoient ou voullaient mettre en ny*, in Ch. ann. 1433. ex Chartul. Latiniac. fol. 144. v°.

* PONERE IN NESCIRE, Eodem significatu. Reg. scacar. Norman. ad ann. 1210. ex Cod. reg. 4653. A. : *Judicatum est quod episcopus Lexoviensis non potest tenere parolam uxoris Philippi Topelin, post recognitionem feudi et gagii juratam in curia regis; quæ Ponitur in nescire.*

* PONERE IN OPUS, Gall. *Mettre en œuvre*. Charta ann. 1229. in Chartul. Campan. fol. 355. v°. : *Dictus magister debet per conventionem scindere merrennum et adjuvare ad onerandum et ad charpantandum et ad Ponendum in opus.*

* PONERE AD RATIONEM, Ad judicium quemvis provocare, citare. Vide in *Ratio* 1.

¶ **PONERIA**, Annonariæ mensuræ species apud Vascones, quarteria minor, cujus videtur quadrans. Concordia inter Abbat. Crassensem et Sacristam ejusdem loci ann. 1381 : *Vesperarum officio in dicto monasterio celebrato duas Ponerias abenæ et unum panem frumenti antiqui ponderis et causillum vini.... Si festum fuerit omnium capparum recipiet pro dicto festo a dom. Abbate unam quarteriam abenæ et 2. panes ponderis supradicti, et 2. causillos vini... In quolibet festo 4. capparum duas Ponerias abenæ et unum panem.... pro quolibet animali duas Ponerias abenæ.* Vide *Poinanderia* et *Pugneria*.

¶ PONHERIA, POYNHERIA, Eadem notione. Transactio inter Abbatem et Monachos Crassenses ann. 1351. ex lib. viridi fol. 53 : *De quolibet uno sextario frumenti non debent exire nisi solum et duntaxat novem Poynheriæ floris farinæ, et in residuo dicti unius sextarii debent esse tres Ponheriæ panis bisi et quatuor Ponheriæ furfuris.*

* Nostris *Ponhere*. Charta ann. 1342. in Reg. 74. Chartoph. reg. ch. 62 : *Quæ insuper pars molneria est dare duas Ponherias inter diem et noctem, quando dicta rota molet.* Alia ann. 1360. in Reg. 138. ch. 278 : *Item a Remondo de Monderii de Mossiano unam Ponheriam ordei, super quadam vi-*

nea Stephani Monderii. Lit. remiss. ann. 1450. in Reg. 185. ch. 48 : *Pour lesquelx seize gros d'or avoir et trouver, le suppliant avoit vendu six Ponheres de blé.*

* **PONGA**, Mensura, puncto, ut videtur, notata, ut legitima habeatur. Stat. Avel. ann. 1496. cap. 101. ex Cod. reg. 4624 : *Unaquæque persona, quæ.... vina aliqua vendiderit,.... teneatur.... pura, sicut exient et haurientur de vegete seu vegetibus, et ad Pongas vendere et mensurare.* Vide mox

* **PONGIATUS**, *Pongis* seu punctis signatus. Stat. crimin. nova Cuman. cap. 89. ex Cod. reg. 4622. fol. 86. r°. : *Nulla persona patiatur aliquem ludere ad taxillos,.... vel ad aliquem ludum Pongiatum.* Et cap. 114. fol. 89. r°. : *Item statutum est quod taxilli etiam appellentur magregrassi, aselli, Punctati, et quælibet alia instrumenta Punctata, cum quibus qui luderent intelligantur ludere ad taxillos.* Vide infra *Punctare* 2.

* **PONGTUS**, pro *Punctus*, Acupictus. Necrol. B. M. de Medunta Ms. fol. 7. r°. : *Petrus de Genevilla decanus Senonensis, qui dedit nobis lx. solidos Paris. et unam culcitram Pongtam.*

* **PONHADERANIA**, Mensuræ annonariæ species, eadem quæ supra *Poingneria.* Charta ann. 1316. in Reg. 65. Chartoph. reg. ch. 210 : *Uno sextario et duabus Ponhaderaniis ordei, computato sextario duos solidos, sex denarios, etc. Ponhardiere,* in Lit. admort. ann. 1464. ex Reg. 199. ch. 418 : *Item en froment huit sextiers, une cartarenche et tiers de Ponthardiere* (sic). *Item en seigle quatre sextiers, six quartons, quarteranche de Ponhardiere.* Vide mox *Ponheria.*

* **PONHADERIA**, Mensura salis, quantum pugno continetur. Charta ann. 1376. in Reg. 109. Chartoph. reg. ch. 430 : *Super quolibet navigio onerato sale, tres Ponhaderias salis, computatis octo Ponhaderiis pro una emyna salis; quæ si arrendaretur, perpetuo haberentur singulis annis sex franci.* Vide *Poinanderia.*

* **PONHALE**, Pugio, sica, Gall. *Poignard.* Lit. remiss. ann. 1399. in Reg. 154. Chartoph. reg. ch. 294 : *Idem exponens dictum Deodatum cum quodam suo gladio, vocato Ponhali,.... percussit.* Vide infra *Pugnale.*

PONHERIA. Vide *Poneria.*

¶ **PONHETI.** Rituale MS. Eccl. Vivar. ann. 1360. ubi ornamenta Sacerdotis recensentur : *Amictus, alba, cingulum, manipulus, stola, casula seu planeta, Ponheti, collaritus.* Videtur esse pugni ornamentum, in quibusdam Ecclesiis etiamnum in usu.

¶ **PONIBILIS** MONETA, Quæ in usu est, seu in usu poni potest, Gall. *de Mise.* Instrum. ann. 1406 : *Cæteri vero dictorum servitorum qui ut præmittitur interfuerint* (missæ) *tres denarios monetæ Ponibilis in Gebennensi civitate, quorum viginti solidi valeant unam libram Gebennensem, etc.* Vide in *Moneta.*

¶ **PONIMEN.** Vide *Pomen.*

¶ **PONNADA**, PONTNADA, Lemovicensibus, Manipulus, Gall. *Poignée.* Tabular. Vosiense fol. 55. v°. : *x. sextar. segl. et 1. Ponnada de lino..... Modium segl. et 1. Pontnada de lino.* Vide supra *Poinanderia.*

¶ **PONOTERIUM**, *Laboratorium, officina in qua laboratur, a πονέω, laboro.* Goclenii Lex. Phil.

1\. **PONS.** *Pontium extructio,* inter publica onera recensetur, et a quibus *nullum genus hominum, nulliusque dignitatis ac venerationis* immune erat, ut loquitur lex 4. Cod. de Privileg. domus augustæ. (11, 75.) Sed et ne ipsæ ædes sacræ ab eo onere immunes erant, quod ejusmodi præstationes *inter sordida munera* non numerarentur, ut est in leg. 2. Cod. de sacros. Eccles. (1, 2.) ὁδοστρωσία in lib. 54. Basilic. pag. 456. γεφύρας ἀνάκτισις, Leoni Imperat. in Tacticis cap. 2. § 71. nuncupatur. Vide leg. 15. 18. Cod. Th. de Extraord. sive sord. muner. (11, 16.) L. 6. de Itiner. muniendis (15, 3.) eod. Cod. Appendicem Codic. Theod. Constit. 11. Novellam Justin. 131. etc. Hinc formula, *Ad Pontem publicum banniri,* in Capitulari 3. ann. 813. cap. 37. Monachus Sangallensis lib. 1. de Carolo M. cap. 32 : *Fuit consuetudo in illis temporibus, ut ubicunque aliquod opus ex Imperiali præcepto faciendum esset, siquidem Pontes, vel naves, aut trajecti, sive purgatio, seu stramentum, vel impletio cœnosorum itinerum, ea Comites per Vicarios et Officiales suos exequerentur, in minoribus duntaxat laboribus : a majoribus autem et maxime noviter extruendis, nullus Ducum vel Comitum, nullus Episcoporum vel Abbatum, excusaretur aliquo modo. Cujus rei testes adhuc sunt arcæ pontis Magonciacensis, quem tota Europa communi quidem, sed ordinatissimæ participationis opere perfecit.* His consentanea sunt quæ habent Capitula Caroli M. lib. 4. cap. 60. Leges Longobard. lib. 3. tit. 1. § 21. 26. 32. 42. [** Pippin. 5. 20. Ludov. P. 36. Lothar. I. 41.] Additio 4. Ludovici Pii cap. 79. Capitul. Caroli Calvi tit. 13. Petrus de Vineis lib. 5. Epist. 4. etc.

Apud Anglos etiam potissimum ejusmodi pontium exstruendorum onus obtinuit, quod fere semper adjungitur *expeditionis, et arcis extruendæ* oneribus, a quibus nemo immunis erat : quod *de pontium et arcium instructionibus* diserte ait Ethelbaldus Rex Merciorum in Diplomate quod descripsit Ingulfus pag. 853. *quæ,* inquit, *nulli possunt laxari,* adeo ut ne quidem Episcopi, Abbates, et Monachi immunes essent, ut habet Edgarus Rex Angliæ in Statutis Monasticis apud Seldenum in Notis ad Eadmerum pag. 159. unde *Trinoda necessitas* dicitur in Charta Cedwallæ Regis Angliæ ann. 730. Hinc etiam in Libertatibus Monasteriis concessis semper hæc tria reservantur et excipiuntur. Matthæus Paris ann. 1244 : *Nec adeo libertati dederunt hujusmodi possessiones, quin tria sibi reservent semper propter publicam regni utilitatem, videlicet expeditionem, Pontis et arcis reparationes, vel refectiones, ut per ea resisterent hostium incursibus.* Vide Evidentias Ecclesiæ Christi Cantuar. pag. 2215. 2222. 2223. Monasticum Anglic. tom. 1. pag. 36. etc. Locos alios indicavimus in voce *Auxilium pro castro ædificando.* Immunitas tamen ab iis oneribus habetur in Charta Ethelredi Regis Angl. in Additam. ad Matth. Paris pag. 157. pro Monasterio S. Albani. Vide Ughellum tom. 4. pag. 1342.

Ejusmodi porro onera non semper personalia erant, sed pecuniariæ præstationes, quas *descriptiones ad constructiones viarum vel Pontium* appellat Julianus Antecessor Constit. 118. § 5. quomodo eas vulgo nostri vocant, *Ponts et chaucées.*

¶ PONS, *Scala navium,* in Gloss. MSS. Sangerman. num. 501.

¶ PONS LATINUS, Navalis, ex navigiis, quæ *Latenæ* vel *Lautomiæ* dicebantur compactus : unde malim *Pons latenus.* Elmham. in Vita Henrici V. Regis Angl. edit. Hearn. cap. 121. pag. 316 : *Rex opere laudabili et miranda festinacione, Pontem hominum et jumentorum Latinum, habentem pro fundamento et columpnis naves, sagaci artificio colligatas, fecit extendi super undas.*

* PONS AMBULATORIUS, Qui, quo placet, portari potest. Tract. Ms. de Remilit. et mach. bellic. cap. 26 : *Iste Pons ambulatorius est optimus ad ponendum muris oppidorum causa præliandi.*

* PONS CADATORIUS, Cadivus. Vide supra *Cadatorius.*

* PONS FLACTUS, f. pro Fractus. Vide supra *Flactus.*

¶ PONS LEVATOR, *Levatorius,* Qui Plinio versatilis Nostris *Pont-levis.* Chron. Parmense ad ann. 1247. apud Murator. tom. 9. col. 773 : *Faciens ibi circumquaque foveas magnas valde et palancata, bitifredos et betreschas et Pontes levatores.* Ibid. ad annum 1291. col. 822 : *Dominus Oppizo Marchio Estensis fecit in civitate Mutinæ in bucca navilii... affossatum cum Pontibus levatoriis.* Extractum Computi ann. 1336. tom. 2. Hist. Dalphin. pag. 325 : *Item, in eadem turri est hostium et unus Pons levatorius ad ingressum ipsius turris. Levatilis pons,* alibi. Vide in hac voce.

* *Pont-levais,* in Stat. ann. 1355. inter Probat. tom. 2. Hist. Nem. pag. 169. col. 1. *Pont leveys,* in Ch. ejusd. ann. ex Chartul. Regniac. Vide supra *Levadissus pons.*

¶ PONS. Conventio ann. 1245. inter cives Arelat. et Barralum dom. de Baucio : *Retentum est per cives Arelatenses, quod in solo Trencatalliarum et muris possint esse annuli ad Pontem ligandum et funes Pontis ibi ligandos.* Hæc de pontone seu navigio quod pontis vicem præbet ad trajectus fluminum, vulgo *Bac,* intelligit Bonifacius Avinio qui hanc Chartam edidit ann. 1617. sed errat; notum quippe est pontem Arelatensem ex navigiis compaginatum fuisse : unde Ausonius ubi de Arelate :

Præcipitis Rhodani sic intercisa fluentis,
Ut mediam facias navali Ponte plateam.

[** De *Pontibus ex navibus* vid. Glossar. med. Græcit. col. 1203. voce Ποντογέφυρα.]

¶ FRATRES PONTIS. Vide in *Frater.*

* 2. **PONS**, Idem quod *Pondus,* Certa mercium quantitas in fasces collecta. Charta Phil. Pulc. ann. 1288. in Reg. S. Lud. ex Chartoph. reg. fol. 106. v°. : *Arrestata fuerunt.... viginti tres Pontes cordoani, duodecim Pontes comini, etc.* Arest. ann. 1330. 28. Apr. in Reg. *Olim* parlam. Paris. : *Unum Pontem de batasaluya, alias vocatum anys.*

¶ **PONTA.** Epist. Melchioris *de Redern* ad Archid. Austr. ann. 1589. apud Ludewig. tom. 6. Reliq. MSS. pag. 331 : *Anteriorem propugnaculi partem (vulgo Pontam) cum duobus lateribus ad viginti duo-*

rum cubitorum latitudinem de imo ad summum usque disjecerunt.

* Angulus. *Pont*, Acumen, cuspis, Ital. *Ponta*, vulgo *Pointe*, in Lit. remiss. ann. 1399. ex Reg. 154. Chartoph. reg. ch. 163 : *Lequel Aymeri en tirant à lui ensisa le petit doy d'icelle Jehanne du Pont de ladite serpe.* Vide mox *Pontale.*

¶ **PONTAGIUM**, Pontaicum, etc. Vide in *Pontaticum.*

* **PONTAIOLUS**, Trabs parva, Ital. *Pontaiolo.* Acta S. Juvenal. tom. 1. Maii pag. 404. col. 2 : *Retro dictum lapidem, versus murum dictæ confessionis, posuit tabulam ex ligno castaneacio, vulgo dicto Pontaiolo di castagno.*

* 1. **PONTALE**, Italis, Res quævis in *pontam* seu acumen desinens. Inventar. MS. thes. Sedis Apost. ann. 1295 : *Item duos flascones argenteos deauratos,..... cum corrigiis rubeis ad fibulas et Pontalia de argento.* Vide *Puntale.*

* 2. **PONTALE**, Tributum, quod super pontes exigitur, idem quod *Pontaticum* 1. Vide in hac voce. Charta Casimiri III. ann. 1478. inter Leg. Polon. tom. 1. pag. 231 : *Cum.... theloneis, Pontalibus et universis censibus, etc.* Vide mox *Pontiale.*

¶ 1. **PONTANARIUS**, Qui pontibus exstruendis vel reparandis præerat. Compositio pro Judæis Arelat. 17. Kal. Julii ann. 1178. ex Schedis Peiresc. apud Præs. *de Mazaugues : Sit manifestum quod de controversia quam Pontanarius, videlicet Petrus Joannis de Mandolio et populus Arelatensis Judæis quondam faciebant, etc.* Infra : *Pontanarius sive operarius eadem die domos eorum* (Judæorum) *nihilominus debet visitare et pro posse suo custodire.* Vide in *Pontaticum.*

¶ 2. **PONTANARIUS**, Pontanerius, Alia notione. Vide infra *Pontones.*

¶ **PONTARE**, *Pontem facere.* Laur. in Amalth. ex Cath. *Faire pont, ou appareiller*, in Gloss. Lat. Gall. Sangerman. MSS.

¶ **PONTATA**, f. Idem quod *Ponto.* Statuta Vercell. lib. 1. fol. 20. v°. : *Compleantur quatuor Pontate pontis Servi, quousque pons Servi fuerit completus, itaque per ipsum possit iri et transiri sine navi.* Vide *Pontones.*

1. **PONTATICUM**, *Teloneum pontium*, in Chronico Farfensi pag. 667. et in Speculo Saxon. lib. 2. art. 27. § 1. [** Germ. *Brücgetol.*] *Teloneum de navibus quæ vadunt sub pontibus*, in Capitul. Caroli Calvi tit. 13. cap. 5. Lex Longob. lib. 3. tit. 1. § 7. 31. [** Carol. M. 53 : *Nullus cogatur ad pontem ire ad fluvium transeundum, propter telonei causam, quando ille in alio loco compendiosius illum fluvium transire potest.* Ludov. P. 25.] Charta Clodovei III. Regis Franciæ apud Mabillonium tom. 4. SS. Ordinis S. Benedicti pag. 618 : *Et taliter in ipsas perceptionis videtur habere insertum, ut tam in ipsa Massilia, quam et per reliqua loca in regna nostra ubicumque telleneus, portaticus, Pontaticus, rotaticus, vel reliquas reddebutionis a judicibus publicis exigebantur, etc.* Charta Caroli M. apud *la Chieza*, in Historia Eccles. Pedemont. pro Ecclesia Novalicensi : *Pontaticum vero navium solummodo ad hoc Monasterium spectantium... concedimus.* Occurrit in Charta Clotarii Regis pro Monasterio Corbeiensi, et aliis veteribus Regum 1. et 2. stirpis Diplomatibus, apud Sanjulianum in Trenorchio pag. 510. Doubletum pag. 708. 709. Willelmum Hedam in Episcopis Traject. pag. 228. 1. edit. Beslium in Episcopis Pictavens. pag. 28. in Formulis incerti auctoris cap. 46. etc. Vide præterea Capitul. 2. anno 805. cap. 13. Capitulare 1. anno 809. cap. 19. Capitul. Caroli M. lib. 3. cap. 54. Capitul. ann. 821. cap. 1. 3. etc. Capitulare 3. ann. 803. apud Baluzium : *Teloneus aut census non exigatur a quolibet, ubi nec aquam navigio aut pontem transeundum non est.* Adde Capitul. 5. ann. 803. cap. 22. Capitul. 6. ejusdem anni cap. 6.

PONTAGIUM, Eadem notione, Charta Joannis Angliæ Regis in Monastico Angl. tom. 1. pag. 193 : *Et sint in perpetuum quietæ... tam per terram, quam per aquam, de theloneo, et passagio, et Pontagio, et tallagio, lestagio, etc.* Occurrit præterea in Regesto Parlamenti B. fol. 81. verso, et in Monastico Anglic. tom. 2. pag. 133. Computum de Domanio Comitatus Boloniæ ann. 1402 : *Recepte des Pontages de quevaux qui vont et qui viennent en Angleterre, ausquels Monseigneur doit trouver pont, et adont doit chascun queval maille esterlingue.* Vide Foros Beneharn. Rubr. *de peages, Pontages, et naulages.*

¶ PONTAICUM, Eodem intellectu. Charta Pippini Reg. apud Stephanot. tom. 2. Antiquit. Bened. Pictav. MSS. pag. 406. : *Nullus ab eis cespaticum, repaticum,... Pontaicum temptet inquirere.*

¶ PONTANAGIUM. Charta Humberti Dalph. Vienn. ann. 1348. inter Ordinat. Reg. Franc. tom. 3. pag. 275 : *Pertinuit et pertinere consuevit ad præfatam ecclesiam et capitulum de Romanis.... exigere de transeuntibus supra pontem villæ de Romanis de singulis vecturis certum tributum vocatum Pontanagium.*

¶ PONTENAGIUM. Donatio Beatricis de Medullione ann. 1294. tom. 2. Histor. Dalph. pag. 74 : *Sive prædicta donata consistant in.... naturalibus seu civilibus possessionibus, portis, Pontenagiis, regaliis, etc.*

¶ PONTENARIUM, ut *Pontaticum.* Charta Durandi Episcopi Cabilon. inter Instrum. tom. 4. novæ Gall. Christ. col. 247 : *Justitia villæ S. Laurentii et de Chavannes et sanctæ Mariæ sunt Ducissæ et Comitissæ, salva libertate ecclesiarum, et Pontenario Episcopi.*

¶ PONTINEGIUM, Eodem sensu, in Charta Frederici Rom. Imp. ann. 1483. apud Rymer. tom. 12. pag. 211 : *Absque omni solutione theolonearii, pedagii, Pontinegii, gabellæ, etc.*

PONTONAGIUM, Eadem notione. Regestum Comitum Tolosæ ex Camera Comput. Paris. ann. 1246. fol. 46 : *Tallivos et expletivos, venationes et forestagia, quartos et quintos, thascas et omnes prisones, leidæ et Pontonagium, introitus et exitus, census et usus, etc.* Regestum Constabulariæ Burdegalensis fol. 1. 100 : *Imposuit autoritate propria in Monte Marsano quamdam servitutem vocatam Malatouta, seu Pontonatge, videlicet quod a quolibet mercatore extraneo, qui cum mercaturis in dicto loco veniet, levetur certa servitus et exactio indebita.* Charta alia apud Justellum in Vicecomit. Turenensib. pag. 103 : *Cum ipsis portibus publicis, et jure exigendi et percipiendi Pontonagia, pedagia, etc.* Charta Communiæ Hamensis : *Apud pontem de Duliaco non accipiatur Pontenagium super aliquo homine de Hamensi Communia, etc. Pontenage*, in Consuetud. Peronensi, et Ambianensi. Philippus *Mouskes* MS. in Chilperico :

Si leur donna le wienage,
Des nez, et tout le Pontenage.

¶ PONTONATGIUM, pronuntiatione Arvernica, in Charta ann. 1366. apud Baluz. tom. 2. Hist. Arvern. pag. 346 : *Stagnis, vivariis, ripayragiis, pedagiis, Pontonatgiis, etc.*

¶ PONTONATICUM, ut *Pontaticum*, in Charta Ottonis III. Imper. ann. 1001. apud Murator. tom. 2. part. 2. col. 496 : *Aut in aliquo donet portonaticum, aut herbaticum, aut ripaticum, aut glandaticum, vel Pontonaticum, tam de monachis, quam de clericis.* Eadem habentur in Charta Conradi II. Imper. ann. 1027. apud Illustr. Fontaninum in Append. ad Antiq. Hortæ pag. 388. ubi perperam bis editum *portonaticum*, ut et in Diplom. Henrici III. Imper. ibid. pag. 393.

¶ PONTIONATICUM, pro *Pontonaticum*, in Diplom. Ludovici Reg. pro Monast. Stabul. ann. 874. apud Marten. tom. 2. Ampl. Collect. col. 29 : *Neque teloneum, rotaticum, Pontionaticum exigendum in aliquo loco.*

PONTANERIUS, Exactor ejusmodi tributorum, vel is ad quem jure dominii ea pertinent. Charta Raimundi Comitis Tolosæ ann. 1229. ex Hist. Episc. Cadurcens. num. 77 : *Præterea concedo... tertiam partem in venda atque dominio navis, in parte quoque Pontanerii, quæ tertia pars est, dimidiam partem dominii : possessiones vero alias atque terras, quæ Pontanerius possidet, remaneant in dominio Ecclesiæ, et serviant Decano.*

¶ PONTANARIUS, Eodem significatu, in Charta Humberti Dalph. Vienn. ann. 1348. inter Ordinat. Reg. Franc. tom. 3. pag. 274 : *Pontanarium, bajulos et censuum collectores, etc. Pontenier* vel *Pontonier*, apud Poetas nostrates. Le Roman *de Floire* MS. :

Un grant pont desus l'aiue avoit,
Qui tant fort ravinose estoit,...
Li Rois i a son Pontonier,
Qui ne le sert d'autre mestier,
Ains prent la rente sou Seignor,
Trois mille onces chascun jor.

Pluries occurrit in eodem poemate. Alibi *Pautonnier.* Vide *Pantonarius.*

¶ PONTERIUS, Eodem intellectu. Statuta Mutin. rubr. 217. fol. 40 : *Ponterius seu ille qui locum tenet et terras pontis de fredo, et etiam ille qui tenet terras et possessiones pontis de aqua longa teneantur et debeant tempore pluviarum et inundationum aquarum quilibet Ponteriorum terras et possessiones dictorum pontium tenentium esse, habere et tenere ad custodiam dictorum pontium duos vel tres bonos homines ad tuendum et defendendum ipsos pontes.*

☞ Qui vero ab ejusmodi tributi

exactione liberi et immunes erant, *pontem liberum habere* dicebantur. Charta ann. 1227. apud Kennet. Antiquit. Ambrosd. pag. 201 : *Concessi etiam dictis Canonicis quod habeant pontem liberum ultra aquam ad bladum cariandum, et alia quæ viderint sibi expedire cum quadrigis et equis ad prædictum molendinum cum libero exitu et introitu.*

PONTICINARIUS, Eadem notione. Vetus Charta apud Perardum in Burgundicis pag. 119 : *Ponticinarius, et Boteillarius, et Coquus domini de Malileio, etc.*

PONTONARIUS. Chronicon Laurishamense ann. 855 : *Præfatus Rex Ludovicus Laurishamensi Monasterio concessit, ut unam navem per Rhenum fluvium huc illucque discurrere.... absque ullo theloneo.... et ut nullus Episcopus vel Abbas... aut Vicarius, seu centenarius, aut clusarius, aut Pontonarius... hoc nomine molestiam facere præsumat.*

PONTONARIA, [Nostris olim *Pautonnerie,*] Præpositura, seu officium in Monasteriis, cui *pontagiorum* recipiendorum cura incumbebat, apud Innocentium III. PP. lib. 13. Epist. 55.

☞ *Pautonniere* nostris, Burgundionibus *Pauteneire*, olim dicebatur crumena, à sacculo seu bursa in quam *Pontonarii* receptam pecuniam conferebant. Vide Glossariolum ad Cantica natal. Burgundica.

** PONTATICUM, Pons ipse. Ecbas. vers. 461 :

More peregrini mirans ripatica Padi,
Dum prope perveni Pontatica fixa Ticini.

* 2. **PONTATICUM,** Navis contabulatio. Charta Caroli IV. ann. 1323. inter Probat. tom. 4. Hist. Occit. col. 168 : *Quod necessarium fuerit eidem ad emendum navigium memoratum, Pontaticum et armanicum galearum.... sibi tradi faciemus.*

¶ **PONTELLUM,** f. Ponticulus. Charta ann. 1129. apud Calmet. inter Instrum. tom. 2. Hist. Lotharing. col. 287 : *Deinde Pontellum quod jacet juxta communitatem et in ipsa ligna quæ vocantur mortua, tam pro foco, quam pro clausura libere.* Vide *Ponteseilum.*

1. **PONTELLUS,** *Illud cui aliquid innititur : et dicitur a Pons.* Jo. de Janua. [Italis *Pontello.* Jacobi Auriæ Annal. Genuens. lib. 10. ad ann. 1290. apud Murator. tom. 6. col. 599 : *Homines igitur in barbottis existentes cœperunt fodere dictam turrim. Quum eam fodissent, et in Pontellis posuissent, igne imposito in Pontellis tota diruit.*]

¶ 2. **PONTELLUS,** Ponticulus. Tabular. Compend. : *Se esse* (dicebant) *in saisina, justicia in omnibus dictis tornellis, præterquam in tornella, quæ est juxta parvum pontem... Pronunciatum fuit dictos religiosos non habere jus impediendi dictos Majorem et juratos, salvo jure ipsis religiosis in tornella Pontelli.*

¶ **PONTENAGIUM,** PONTENARIUM. Vide *Pontaticum.*

¶ **PONTENARIUS.** Vide *Pontones.*

¶ **PONTERIUS.** Vide in *Pontaticum.*

¶ **PONTESELLUM,** PONTESELLUS, Ponticulus, Ital. *Pontecello.* Chron. Bergom. ad ann. 1403. apud Murator. tom. 16. col. 947 : *Et dicitur quod dictus Martinus proditorie aperuit Pontesellum dicti castri, per quod intraverunt dicti Guelphi in dictum castrum.* Statuta Mutin. rubr. 60. fol. 12. v°. : *Statuimus quod dicta via debeat aptari .... a Pontesello canalis dom. Episcopi usque ad alium Pontesellum dicti canalis, qui est apud fornacem de Campilio.* Vide *Pontellum.*

¶ **PONTESIENSIS** MONETA. Vide in *Moneta Baronum.*

* **PONTETUS,** Vasculum, mensura vinaria. Stat. Avel. ann. 1496. cap. 94. ex Cod. reg. 4624 : *Vinum seu sestarium vini ad mensuram sestarii vini, et Pontetum vini ad mensuram Ponteti vini.* Nostris *Ponthonnet*, diminutivum a *Pot*, vasculum. Lit. remiss. ann. 1406. in Reg. 161. Chartoph. reg. ch. 170 : *Le suppliant trouva un pot ou Ponthonnet de terre, ouquel avait vj^{xx}. et xj. frans d'or.* Nisi legendum sit *Pouchonnet.* Vide *Poculum* et *Potus.*

* **PONTIALE,** idem quod supra *Pontale* 2. Stat. ann. 1401. inter. Leg. Polon. a Prilusio collect. pag. 160 : *Scholares..... ab omnibus damnationibus, solutionibus, passibilibus, Pontialibus.... eximimus ac auctoritate regia liberamus.* Vide infra *Pontinium.*

¶ **PONTIANUS** VENTUS. Gervasius Tilber. in Otiis Imper. apud Leibnit. tom. 1. Script. Brunsvic. pag. 972 : *Sicque factum est, quod statim rupes, facto foramine, per scissuram exhaustum ventum semper eructat, quem Pontianum vulgus nominat, quasi a Ponto illuc virtute divina translatum.*

¶ **PONTICELLUS,** Tabulatum, Gall. *Echafaut.* Parisius de Cereta in Chron. Veron. ad ann. 1242 : *Et tunc dominæ ballaverunt in Ponticellis factis extra palatium Communis Veronæ.*

PONTICINARIUS. Vide *Pontaticum.*

¶ **PONTICITAS.** Vide *Ponticus.*

PONTICULUS. Lex Salica tit. 57. § 3 : *Si quis aristatonem, hoc est staplum super mortuum missum capulaverit, aut manduallem, quod est structura, sive selave, qui est Ponticulus, sic ut more antiquorum faciendum fuit, etc.* Ubi *ponticulus*, est structura supra tumulum mortui in ponticuli speciem.

☞ *Porticulus* pro *Ponticulus* edidit Eccardus; quo minor porticus, seu ædicula super sepulcrum alicujus exstructa, eodem auctore, significatur. Vide Paulum Warnefridum lib. 5. cap. 34. et infra *Porticulus* et *Selave.*

PONTICUS, PONTICITAS. Matth. Silvaticus : *Ponticus sapor quid est, vel austera.* Constantinus Africanus lib. 4. de Morbor. cognit. cap. 3 : *Neque in cibo vel potu acida vel Pontica demus.* Infra : *Electuarium malorum granatorum, et alia Pontica et confortativa.* Idem lib. de Gradibus, ubi de Emblicis : *Quorum sapor amarus et Ponticus est.* Infra de Cuscute : *Habet amaritudinem et Ponticitatem.* Et de Cypresso : *Habet aliquantum Ponticitatis.* [Medic. Salernit. edit. 1622. pag. 217 : *Ea* (cerasa) *summo post alios cibos loco edenda sunt, ita ut os ventriculi Ponticitate sua claudant, quo clausa concoctio et citius et melius peragitur. Ponticita,* Italis, eadem notione.] Jacob. de Vitriaco in Histor. Hierosolymit. cap. 85 : *Sunt præterea aliæ arbores fructus acidos, Pontici videlicet saporis, ex se procreantes, etc.* Michael Scotus lib. 3. Mensæ Philosophicæ cap. 9. de pyris : *Præcipue si pontica sunt. Pondicitas,* pro *Ponticitas* apud eumdem lib. 1. cap. 30. Nescio an huc pertineat quod habet idem scriptor lib. 4. cap. 48 : *Et in ostio obviavit frater Gotfridus sacrista satis ventrosus. Tunc idem Gerhardus tangens ventrem ejus digito,... ait :*

O bone ventrose, quam Ponticus es cacabose,
Blasius est intus, calo ferus, et labor intus.

[Vide Martinii Lexic. v. *Ponticus.*]

¶ **PONTICUS** CANIS, Castor. Vide *Bever.*

PONTIFEX, Episcopus : passim in Legibus Wisigoth. Langobard. in Capitul. Caroli M. in vett. Formulis, etc.

PONTIFICES, vel *Sacerdotes summi* [nuncupati non raro præcipuarum Sedium Archiepiscopi. Ita Arelatensis *Summus Pontifex* dicitur in Charta an. circ. 1000; ubi de Abbate Montis majoris ab Archiepiscopo Arelat. benedicendo : *Electus igitur a fratribus qui succedere debet loco defuncti Abbatis ducatur ab ipsis fratribus, qui eum elegerunt, ante Pontificem Summum, et benedictionem percipiat ab ipso Pontifice cum adunatione fidelium.* Lanfrancus Archiepiscopus Cantuar. *Primas et Pontifex Summus* vocitatur a Milone Crispino ejus subpari in ipsius Vita num. 19. Sic etiam interdum Veteribus dicti ipsi Episcopi. Gislebertus Crispinus in Vita B. Herluini Abbat. Beccens. sæc. 6. Bened. part. 2. pag. 344 : *Rarus in Normannia tunc recti tramitis index, aut pervius erat : Sacerdotes ac Summi Pontifices libere conjugati, etc. Summi Pontifices* appellantur *Cathedrales Episcopi,* in Capitul. Aquisgr. ann. 803. cap. 5. lib. 7. Capit. cap. 424. et in Can. 31. Isaaci Episc. Lingon.] Vide observata a Baronio ad annum 397. num 61.

¶ ARCHIPONTIFEX, Archiepiscopus. Inventio corporis S. Baudelii inter Instr. tom. 6. Gall. Christ. novæ edit. col. 168 : *Comes igitur ille* (Bernardus) *devenit Narbonam, ubi totius Gothiæ provinciæ domnus Segebodus Archipontifex sedebat, etc.*

* PONTIFEX *Pontificum Apostolicæ Sedis* compellatur Papa, in Charta Berthæ regin. Burgund. ann. 962. apud D. *Bouquet* inter Probat. tom. 1. Jur. publ. Franc. pag. 399.

PONTIFICIS MAXIMI titulum sibi arrogasse Imperatores Christianos docent Zozimus et Inscriptiones aliquot veteres. Vide Baronium ann. 312. num. 95. 96. 97. 98. 99. Incedebant autem Pontifices chlamydibus candidis ornati, ut scribit Lactantius de Mortib. Persecutor. num. 56.

¶ PONTIFEX, Capellanus Palatinus. Henricus Huntindon. Episc. ann. 1153. tom. 8. Spicil. Acher. pag. 139 : *Rex vero Norwagensis fratrem suum Regem nuper bello cepit, oculos capto eruit,.... Pontificem ejus laqueo suspendit.* Episcopi erant ut plurimum, qui in Regum capellis ministrabant.

PONTIFICARE, Pontificem seu Episcopum facere. Thierricus Valliscolor in Urbano IV. PP. :

. . . . inde
Prædictus Papa Pontificavit eum.

* *Pontifier*, eodem sensu, apud Monstrel. vol. I. cap. 184 : *Après que pape Martin fut Pontifié, etc.* Unde *Pontifiement*, pro Pontificatus, in Charta ann. 1360. ex vol. 5. arestor. parlam. Paris. : *Ou Pontifiement de nostre très saint pere le pape Innocent VI. en l'an huittiesme, etc.*

¶ PONTIFICARE, Pontificatum obtinere, Pontificis munus obire. Charta apud Stephanot. tom. 4. Antiq. Bened. Pictav. MSS. sic clauditur : *Facta sunt autem hæc anno Incarnat. Domini* 1077. *Romæ Alexandro Papa II. Pontificante, in Francia Rege Philippo regnante, Domino autem nostro per cuncta sæcula imperante.* Notitia ann. 1113. inter Instr. tom. 4. novæ Gall. Christ. col. 87 : *Acta est indictione* VI. *epacta* I. *Ludovico Rege Franc. regnante, Stephano Eduorum Episcopo Pontificante.* Epitaph. Episc. cujusdam in eccl. Fratrum Prædicat. Tullens. : *Ligneio natus Nicolaus in ordine vitam duxit compositam, vultu sermoneque gratus, moribus ornatus prudentia Pontificavit, sed mors prostravit, etc.* Adde Vitam B. Lanfranci tom. 6. Maii pag. 836. et Stephanot. tom. 7. Frag. Hist. MSS.

¶ PONTIFICARE, de civitate dicitur, in qua quis Episcopatum tenuit. Epitaph. Joannis II. Episc. Leod. ann. 1238. tom. 3. novæ Gall. Christ. col. 885 :

Quem splendor morum, generosus sanguis avorum,
Famaque dotavit, quem Legia Pontificavit, etc.

PONTIFICATIO, Pontificatus, in Vita S. Materniani Episcopi Remensis num. 7.

¶ PONTIFICALE, Liber in quo continentur quæ ad Episcopum spectant. Regula consueta Toribii Archiep. Limæ, inter Conc. Hispan. tom. 4. pag. 667 : *Quod ad Missæ ceremonias pertinet.... observentur rubricæ missalis et brevia in eo contenta et Pontificale. Liber pontificalium*, vel *pontificalis* nuncupatur in Constitut. Eccles. Valent. ibidem pag. 160. et 161.

¶ PONTIFICALES ACTUS, in Constitut. mox laudatis, Episcopi functiones dicuntur.

PONTIFICALIA, Episcopalia ornamenta, vestimenta. Chronicon Montissereni ann. 1222 : *Quod etiam suis viribus majus tentare ausus est, videlicet ut ei Pontificalibus uti Papa permitteret, etc.* [Litt. Caroli VI. Reg. Franc. ann. 1410. apud Lobinell. tom. 3. Hist. Paris. pag. 140 : *Quod Thesaurarius memoratus certis diebus festis solemnibus in præfata Sacra Capella in Pontificalibus celebret, populo benedictionem tribuat, mitraque et omnibus insigniis Pontificalibus, dempto pastorali baculo, cum multis aliis prærogativis gaudeat et utatur.*]

* Monstrel. ad ann. 1415. vol. 3. fol. 39. v°. : *A la porte d'icelle* (église) *estoient l'évesque revestu en Pontificat, les chanoines et autres gens d'église revestus en chappes.*

* Aliud vero significat vox Gallica *Pontifical* apud Christ. Pisan. in Carolo V. part. 2. cap. II : *Moult sages homs estoit* (Louis duc d'Anjou) *et avisiez en tous fais, prompt en parolle belle et bien ordonnée, hault et Pontifical en maintien, etc.* Id est, Majestate ac dignitate præditus.

* PONTIFICALITER, Jure pontificio. Charta Hug. III. episc. Nivern. ex Tabul. ejusd. eccl. : *Raptus, incendia, infracturas, duella, et de nostris ecclesiis synodos et paratas similiter nobis omnino contulit, et ea nobis imperpetuum Pontificaliter assignavit.*

PONTIFICIUM, Sacerdotium, Presbyteratus. Vide Leg. 13. Cod. Th. de Hæreticis. (16,5.)

PONTIFICIUM, Dignitas Pontificis, titulus honorarius, quo Pontifex seu Episcopus compellatur. Avitus Viennensis Epist. 15 : *Probatæ summæque pietatis est, ut de causis ad Pontificium vestrum pertinentibus meum quoque consilium consulendum esse ducatis.* Occurrit non semel in Epistolis Nicolai I. Joannis VIII. et aliorum PP. et in Actis Synodi Romanæ ann. 853. etc.

¶ PONTIFICIUM, Pontificatus. Rythmus satyricus apud Mabill. tom. 3. Analect. pag. 534 :

Dormivit Rex in lectulo, Landrici Pontificio.

PONTIFICIUM, Potestas, jus. Arnobius junior in Psalmum 68 : *In portis ergo hi accipiunt Pontificium judicandi et corripiendi.* Utitur præterea in Psalmo 113. Leo IV. PP. in Actis depositionis Anastasii Bibl. in Synodo Rom. sub Leone IV. PP. apud Holstenium : *Quod omni alacritate nostro repromisit perficere Pontificio.* Charta Chlodovei III. Regis Franc. tom. 10. Spicilegii Acheriani pag. 629 : *Nam nullum Pontificium a nobis, neque a successoribus nostris, in eodem Monasterio pro causa cupiditatis, aut, quod absit, avaritiæ habeatur, sed proprio in Dei nomine fruatur privilegio.* Tabularium Gorziense pag. 150 : *Ut quamdiu Fredelendis conjux mea vixerit, usu possideat fructuario, nullum ex eis habens Pontificium minuendi, quin potius augendi, emeliorandi, etc.* Utuntur præterea Lex Burgundion. tit. 19. § 6. tit. 40. § 1. Leges Luitprandi Regis Longob. tit. 35. § 2. tit. 39. § 1. [** 54. 58. (6, 1. 5.)] Marculfus lib. 2. form. 5. 8. 9. Formulæ veteres Bignonii pag. 242. 263. 385. 401. 1. edit. [** Donat. ann. 846. in Chron. Lauresham. pag. 59.] Petrus Chrysologus homil. 5. Sed et A. Gellius lib. 1. cap. 13. Lex 1. Cod. Th. de Maternis bonis (8,18.), lex 3. eodem Cod. de Fide Cathol. (16,1.) lex 1. de Apostat. (16,7.) Gelasius I. PP. in Epist. ad Episcopos Orient. edita a Sirmondo, Arnobius lib. 2. Acta Episcop. Cenom. pag. 85. 135. 163. 198. 233. etc. Vide Juretum ad Symmachum lib. 7. Epist. 27.

¶ PONTIFEX *Regalium divitiarum*, Præfectus ærarii regii. Udalricus in Præfat. ad lib. 3. Consuetud. Cluniac. : *Senior nos er domnus Abbas cum me in Allemanniam direxisset, videlicet ad Regem et ad quendam regalium divitiarum Pontificem, etc.*

¶ PONTIFEX, Pontium exstructor. Epigram. Johan. Jucundi Dominicani apud Sauvall. Antiq. Paris. tom. 1. lib. 3.

Jucundus geminum posuit tibi Sequana pontem
Jure tuum potes hunc dicere Pontificem.

Hinc *Hospitalarii Pontifices* nuncupantur, interdum *Fratres pontis*, quod ex instituto suo pontes construerent. Vide in *Frater*.

¶ PONTIFICARE, *Pontem vel pontatum facere*, Johan. de Janua. *Faire pont ou ponte*, in Gloss. Lat. Gall. Sangerm. MSS.

* PONTIFEX, pro Maritus, si mendum non est, in Arrest. ann. 1369. ex vol. 6. arestor. parlam. Paris. : *Comite de Haricuria ex adverso proponente et dicente, quod comitissa de Haricuria, etiam per suum Pontificem, nunquam dotem seu dotalitium habuerat, licet aliqualem provisionem in et super bonis dicti comitatus de Haricuria, post obitum dicti defuncti comitis habuerit.* Ubi forte legendum, *Prædecessorem*.

¶ PONTILE, Porticus columnis fulta, ab Ital. *Pontile*, fultura. Gall. *Etaye*, sic dicta. Chron. Petri Azarii apud Murator. tom. 16. col. 322 : *Quod Pontile totum erat muro clausum et tecto coopertum, et in summitate omnium domuum subjacentium, etc.*

* PONTILIGNITIUM, Pons ligneus. Charta ann. circ. 951. apud Ughell. tom. 1, Ital. sacr. col. 722. edit. ann. 1717 : *Sicut jam dicta ipsa forma, per directum et comodo directe, videtur revolvere ab ipsa dicta forma usque in ipso Pontilignitio, quod nostris temporibus et usque hodie vocatur de Romani deustrati, sicuti directe tenditur reditum in ipsa forma, et ab ipso Pontilignitio, quod dicitur de Romani, in usum, sicuti decurrit ipsum flumicellum de subtus ipso ponti.*

* PONTILIUS, Ponticulus. Placit. ann. 920. inter Probat. tom. 1. Hist. Nem. pag. 18. col. 2 : *Ambulare fecit de ipso molino, quos vocant Sedicata, usque in ipso Pontilio, qui est in ipsa via, qui de Carto ad Costaballenes discurrit. Pontif*, eadem notione, in Comment. Cond. ad ann. 1564. tom. 1. pag. 147. ult. edit. Vide *Pontillus*.

¶ PONTILLUS, Ponticulus, in Legibus S. Severi MSS. apud Stephanot. tom. 1. Antiq. Bened. Vascon. pag. 483.

¶ PONTINEGIUM, PONTIONATICUM. Vide *Pontaticum*.

* PONTINIUM, Tributum, quod super pontes exigitur, idem quod *Pontaticum* 1. Charta Lietardi episc. Camerac. ann. 1133. ex Tabul. S. Autberti : *Emancipationem Pontinii, quod erat in porta Salis, a quodam Vuerimbaldo concive nostro, postea converso, redemptum et a dom. Burchardo bonæ memoriæ prædecessore nostro in honorem civitatis et pauperum consolationem emancipatum...... confirmamus.* De eo ita Burchardus in Charta ann. 1121. hic indicata ex eodem Tabul. : *Ante molendina tres pontes habentur, super quos usque ad dies nostros ex antiquis temporibus assumebatur pedagium, etc.* Vide supra *Pontale* 2.

* PONTIONARIUS, pro *Pontonarius*, Nauta, qui per *pontones* transvehit itinerantes. Charta Eustachiæ abbat. Heder. ann. 1213. in Chartul. Guill. abbat. S. Germ. Prat. fol. 154. r°. col. 1 : *Assensuimus Hugoni Rogerii de Villanova et Johanni filio Roberti Pontionarii et eorum hæredibus, salvo nobis passagio, sextum denarium, quem habebamus in portu Villænovæ,.... pro xj. sol. et iiij. den.* Vide in *Pontones*.

¶ PONTIVENSIS MONETA. Vide *Moneta Baronum*.

¶ PONTIUS. Vide *Poth*.

* PONTIUS, Pons, ponticulus. Charta ann. 1203. ex Tabul. S. Andr. de Villan. Avenion. : *Tu vero Raymunde de Agoudo et tui pro vestro stari, donatis prædictæ ecclesiæ duodecim nummos censuales, quos habetis*

in Pontio Veziono. Vulgo *Le pont de Vayson* in comitatu Venascino. Haud scio an eodem significatu nostri *Pontoir* dixerint. Locus est supra in *Polia* 3.

¶ **PONTNADA.** Vide *Ponnada.*

¶ **PONTONAGIUM**, PONTONARIA, PONTONATICUM, etc. Vide *Pontaticum*, et *Pontones.*

* **POTONARIATUS**, *Pontonarii* seu *pontatici* exactoris officium. Charta ann. 1382. tom. 3. Cod. Ital. diplom. col. 1571 : *Qui pontonarius sic electus confirmetur...... in dicto Pontonariatus officio, si idoneus et aptus ad dictum officium eis videbitur.* Vide in *Pontaticum.*

PONTONES, Genus Gallicanorum navium, Cæsari lib. 3. cap. 29. cui eædem sunt onerariis. Harum etiam meminit A. Gellius cum lib. 10. cap. 25. [Marchilii Annal. Genuens. ad ann. 1221. apud Murator. tom. 6. col. 425 : *Pontones quoque de Janua ibi ductos ad faciendam sepem lapideam, ibi fecit per dies quam plurimos laborare, quorum duo in plagia, quæ est inter civitatem et caput S. Ampelii, temporis sævitia naufragarunt.*] Isidoro vero lib. 19. cap. 1. dicitur *Pontonium, navigium fluminale, tardum, et grave, quod non nisi remigio progredi potest.* Gloss. Ælfrici : *Pontonium*, Punt. Alibi, flyte.

Præsertim autem Pontonum usus fuit ad trajectus fluminum, cujusmodi sunt ea navigia quæ *Bacs* vocamus, quæ pontis vicem præbent, unde videntur appellari. Apuleius : *Si vado non poterunt, Pontonibus transibunt.* Ita Paulus JC. in leg. 38. D. de Servitut. rusticor. prædior. (8,3.) : *Usque ad flumen, in quo Pontonibus trajiciatur.* [Statuta Scabinorum Maceriarum ad Mozam : *Et quiconque aura ou sera fermier dudit passage, sera tenu d'avoir un plat Ponton pour passer tous harnas et tous autres instrumens.*]

Sed aliud sonat hæc vox apud Baudoviniam in Vita S. Radegundis, cap. 10 : *Ubi vinum novum advenit, quod cellarium implevit, se tonella satisfecisse credidit : ante Pontones et tonnæ defecerunt, quam hæc quæ beatæ in omnibus fecit voluntatem.* Hic enim *Ponto* est dolii species. Ubi forte leg. *Ponçones*, nostris *Ponçons*; [unde *Poinçons.*]

PONTONARII, Nautæ qui per pontones transvehunt itinerantes, *Ponteniers.* Tabularium Prioratus de Paredo fol. 48 : *Quidam nautæ, id est, Pontonarii portus quæ dicitur ad Graverias, etc.... et ut fratres ejusdem loci et homines eorum, quotiescumque usus fuerit, transvadare ad eumdem portum sine omni lucro festinent.* [Charta ann. 1307. tom. 2. Hist. Dalph. pag. 134. col. 2 : *Item quod dictus D. Guigo et sui teneantur in dicto portu tenere et habere sufficientes et bonos Pontonarios, ac competentia et alia instrumenta ad transeundum sufficientia, etc.*] Confer *Portanarius.*

¶ PONTANARIUS, Eodem intellectu, in Charta ann. 1442. ex Schedis Præs. *de Mazaugues : Pontanariis per dictum dominum, vel suos successores ad dictam portam deputandis, etc. Pontaniers*, in numismate pro immunitate monetariorum, quod exhibet et explicat *Constans* in Tract. de Curia Monetar. pag. 70. in cujus circulo legitur, *Barriers, Peagiers, Pontaniers, laissez passer les Monnoyeurs.*

¶ PONTANERII et PONTENARII, Eadem notione. *Pontanerius portus Thossiaci*, in Charta Dombensi ann. 1404. Charta Petri Abb. S. Dionysii pro Monast. B. M. de Argentolio ann. 1224. : *De censa nostra quam habemus ad portum nostrum de Argentolio xxxv. sol. Paris. quos ei Pontenarius reddet annuatim, etc.* Occurrit præterea in Hist. Andagin. Monast. apud Marten. tom. 4. Ampl. Collect. col. 931. Vide *Pontunarius.*

¶ PONTONAGIUM, Quod pro trajectu fluminis *pontonario* exsolvitur. Tabular. S. Nicolai Andeg. : *Hernaudus et Johannes filius ejus pontonarii de portu Cordemense, contra monachos S. Nicholai ibidem residentes de Pontonagio decertarunt, dicentes se Pontonagium a Monachis in fevo tenere.*

* **PONTUNARIUS**, ut *Pontonarius*, pluries in Charta Math. Montismor. ann. 1208. ex Chartul. S. Dion. pag. 309. col. 2 : *Item de Pontunario, quem habent apud Spinolium, etc.*

* **PONTURA**, Punctus, punctio, Ital. *Punctura.* Mirac. S. Rosæ tom. 2. Sept. pag. 455. col. 1 : *Cum puer quidam.... graviter infirmaretur ex pestilentiali Pontura, etc.* Ubi docti Editores pestiferum carbunculum denotari existimant. Vide *Punctura.*

1\. **PONTUS**, Capulum ensis, nostris olim *Pont*, hodie *La poignée de l'espée.* Locum vide in *Investitura per spatæ capulum.*

¶ 2\. **PONTUS**, Pons. Tabul. Majoris Monast. : *Ego Bernardus de Macheco propter turbationem guerræ Pontem de Passu-Arnulfi feci confringere. Monachi vero sancti Martini prædictum Pontum amodo reficient et quemdam turnum ibidem facient.* Charta Willelmi Vicecom. Biterr. ann. 990. apud Stephanot. tom. 1. Antiq. Bened. Occitan. MSS. pag. 399 : *Cum omni honore ecclesiastico qui ad ipsas pertinet, et cum ipso Ponto et cum ipsis insulis usque in ripis vetulis, etc.*

¶ **PONZONARE**, Terebello seu scalpello distinguere, a Lat. pungere, *Piquer, picotter*; Itali *Ponzonare* eadem notione usurpant, Angli *Punch* dicunt. Charta Eduardi III. Reg. Angl. ann. 1338. apud Rymer. tom. 5. pag. 49 : *Unum cyphum argenti deauratum cum pede et cooperculo Ponzonato infra.* His distincta et ornata punctionibus plurima adhuc cernere est vasa antiqui operis.

¶ **POODOURIA**, *Poudouvre*, Vicecomitatus in diœcesi Macloviensi, a Britannico, *Poo*, vel *Pou*, regio, et *Dour*, aqua. Charta ann. 1184. apud Lobinell. tom. 2. Hist. Britan. pag. 339 : *De dono antecessorum meorum Vicecomitum de Poodouria, etc.*

* **POOTELLUS**, a Gallico *Poteau*, Pila, columna, vulgo *Pilier.* Reg. S. Justi in Cam. Comput. Paris fol. 192. r°. : *Item quinque Pootelli ejusdem halæ.*

¶ 1\. **POPA**, pro Puppis, Gall. *Poupe.* Charta ann. 1288. in Tabular. S. Victoris Massil. : *Actum in Popa galeæ dom. Bartholomæi Bonivini Admiratus dom. nostri Regis. Popes*, in Informat. MSS. de passagio transmarino ex Cod. Sangerm.

¶ 2\. **POPA**, πλακοῦς, in Gloss. Lat. Græc. Πλακοῦς, *Placenta*, *Popa* in Gloss. Græc. Lat. *Popanum* dixit Juvenalis Sat. 6. v. 540 :

. . . . et tenui Popano corruptus Osiris.

Vide mox *Popada* et *Popax.*

* Glossar. vet. ex Cod. reg. 7613 : *Popa, pinguedo, ponitur pro crasso, gravi, spisso.* Aliud Prov. Lat. ex Cod. 7657 : *Popa, adeps, pinguedo, grayssa, Prov.* [** Joan. de Janua : *Popa, Pinguedo, sed ponitur etiam pro pingui.* Rein. Vulpes. lib. 3. vers. 2269 :

Non costas aut ossa velim tibi tollere, paulum Cedarum clunes vindico pone Popas.]

POPADA. Tabularium S. Stephani Lemovicensis : *Bernardus Vicecomes de Comborn animæ suæ consulendum necessarium ducens, donavit S. Stephano mansum de Abiac, et hoc fecit integre, nihil inde retinendo, scilicet neque censum, neque exploit, neque Popada, neque ost, neque ullius consuetudinis exactionem.* [Charta ann. 1085. apud Baluz. Hist. Tutel. col. 427 : *Geraldum etiam de vineriis quem pro coliberto clamabat, absolvit a jugo totius servitutis,... scilicet duos sextarios de segel, et duos de civada et unam Popadam.* Tabul. Vosiense fol. 3. : *II. Sextarios segl. et II. de civada in Murcio, et I. gallina et dimidium Popadæ, etc.*] Ubi nescio an *Popada* usurpetur pro *popa*, πλακοῦς, *placenta*, uti est in Glossis vett. seu eo quod *oblias* vocabant.

¶ POPATA, in eodem S. Stephani Tabul. fol. 53 : *Mansum qui vocatur Tort, donavit Stephanus de Joumiaco, et debet S. Johanni d'Aurel scilicet troiam, capons, Popata.* Occurrit rursum pag. seq. Videtur autem his vocibus indigitari panis secalitius, qui etiamnum Lemovicensibus *Potoutan* dicitur.

¶ **POPALUM**, *Poculum.* Laurentius in Amalth. ex Salmasio.

¶ **POPARE**, *Crescere.* Papias in Amalth.

¶ **POPATA.** Vide *Popada.*

¶ **POPAX**, θύτης, in Gloss. Lat. Græc. Græc. Lat. : Θύτης, *immolator, popa, Popax.* Vide *Popa* 2. et *Popada.*

* **POPEIANUM**, *Lo cibo grasso*, in Glossar. Lat. Ital. MS.

¶ **POPELICANI** DENARII. Vide in *Moneta Baronum.*

* **POPELLUS**, Vox contemtus, qua vilissimi quique sequaces indicantur. Benzo episc. Albens. in Comment. de Henr. III. imper. apud Ludewig. tom. 9. Reliq. Mss. pag. 256 : *Hæc dicens* (Anselmus episcopus Lucensis) *retorsit frenum et Popellus ejus secutus est eum.*

* **POPERA**, Cannabi vel lini fasciculus, nostris *Poupée.* Lit. remiss. ann. 1355. in Reg. 84. Chartoph. reg. ch. 66 : *Perrotus Flamingi portans secum duo linteamina,.... et quinque Poperas lini, etc.* Aliæ ann. 1396. in Reg. 151. ch. 9 : *Paroles rioteuses se meurent entre ladite Jehanne et une sienne voisine.... pour une Poupée de lin. Une ou deux Poupées de lin, ou chanvre*, in aliis ann. 1414. ex Reg. 167. ch. 359.

¶ **POPES**, Puppis. Vide *Popa* 1.

¶ **POPIA**, ζωμήρυσις, ζωμήρυσις, in Gloss. Lat. Græc. Græc. Lat. : Ζωμήρυσις, *trulla lignea, Popia.*

¶ **POPILLER**, f. Populus arbor, Gall. *Peuplier*, Angl. *Poplar.* Charta Henrici V. Reg. Angl. ann. 1413. apud Rymer. tom. 9. pag. 543 : *Una cum sufficiente staffura* *de maeremio, salice, Popiller, carbonibus maritimis et salicis et de ferro.*

* 1. **POPINA.** Jus Popinæ, Eam scilicet instituendi et tenendi, seu præstatio, quæ ex popinis exigitur. Charta ann. 1361. tom. 2. Hist. Trevir. Joan. Nic. ab *Hontheim* pag. 214. col. 2 : *Item molendinum, pistrinum, jus Popinæ, et censualia in et juxta oppidum in Prumia.* Glossar. Lat. Gall. ex Cod. reg. 7692 : *Popina, cuisine.*

* 2. **POPINA,** Pupa, Gall. *Poupée*, alias *Popine.* Locus est supra in *Oscillum*. Panni genus etiam *Popine* appellari videtur, in Lit. remiss. ann. 1470. ex Reg. 196. Chartoph. reg. ch. 228 : *Vingt papilletes d'argent,... une robe de Popine, etc.* Vide mox *Poppea.*

¶ **POPINARIUS,** Qui popinæ præest. Firmicus lib. 4. cap. 15 : *Faciet* (constellatio hæc) *hospites, Popinarios, tabernarios, myropolas.* Lampridius in Alexand. Severo cap. 49 : *Cum Christiani quemdam locum, qui publicus fuerat, occupassent, contra Popinarii dicerent, sibi eum deberi : rescripsit melius esse, ut quomodocumque illic Deus colatur, quam Popinariis dedatur.* Ubi *lupinarios* quidam legunt. *Popinarius, Cuisinier,* in Gloss. Lat. Gall. Sangerm. Gloss. Græc. Lat. : Θύτης, *Popinarius.*

¶ Popinio, Eadem notione. Gloss. Lat. Græc. : *Popiniones,* ἄσωτοι. Leg. *popinones,* ut jam monuit Martinius in Lexico.

* **POPLEXIA,** pro Apoplexia, in Mirac. S. Cuneræ tom. 2. Jun. pag. 564. col. 2.

POPLICANI. Vide *Populicani.*

¶ **POPLICUS,** pro Publicus. *Nullus judex Poplicus ad causas audiendum, etc.* in Charta Childeberti III. ann. 695. apud Felibian. Hist. Sandionys. pag. XVI.

* **POPORTARE,** Dicitur de agro, cujus termini seu limites circumscripti sunt. Charta ann. 1280. ex Chartul. S. Vinc. Laudun. : *Prout dictæ ecclesiæ ad præsens se Poportant.... A dicta magna via sicut se Poportat usque ad domum S. Martini Laudunensis.* Id est, prout jacent et distenduntur; Galli dicimus, *Comme ils se comportent.* Pluries ibi. Vide infra *Porportare* et *Proportare.*

POPPEA, Pupa, pupæ icon, nostris *Poupée.* Vett. Gloss. : *Puppæ,* πλάγγονες, αἱ τῶν παιδίων νύμφαι. Jo. de Janua : *Pupæ dicuntur quædam statiunculæ, quas virgines solent facere in modum filiarum, et vestibus obvolvere; quas postquam ad annos nubiles veniebant, et puerilibus abrenuntiabant, quasi sub potestate Veneris futuræ, Veneri sacrificabant. Unde Persius* (2,70.) :

Dicite Pontifices in sacro quid facit aurum,
Nempe hoc quod Veneri donatæ a virgine pupæ.

Lambertus Ardensis pag. 167 : *Inter puellas puerilibus jocis et choreis, et his similibus ludis et Poppeis sæpius juvenilem applicabat animum.* De *pupis*, vel *puppis*, vide Desiderium Heraldum lib. 1. Advers. cap. 8. In veteribus Statutis peagiorum Paris. hæc lego : *Fourrures de pouppées,* sub titulo *de mercerie : La piece de pouppie et de messiviaux.* Sed quid sonent, non assequor. [* Idem forte est quod supra *Polpra* 2. Vide in hac voce.]

¶ **POPPESI,** *Funes quibus ex latere puppis sustinetur,* in Gloss. Franc. Barberini ad Docum. d'Amor. edit. Ubaldini pag. 258. *Poppesi* puppis peribolos vocant Itali.

* **POPRABESCO,** inter Justitiarios judices vel ministros recensetur, in Charta Carol. IV. imper. et reg. Bohem. ann. 1348. inter Probat. tom. 2. Annal. Præmonst. col. 49 : *Mandantes universis capitaneis, camerariis, subcamerariis, judicibus, justitiariis, zudariis, Poprabesconibus, officiatis, etc.* Vide *Poprauco* et *Præco.*

¶ **POPRAUCO,** Justitiarius judex, prorex. Charta Venceslai Rom. Imper. ann. 1405. apud Ludewig. tom. 6. Reliq. MSS. pag. 63 : *Te justitiarium seu Poprauconem districtus Bechinensis fecimus, constituimus et ordinamus, dantes et concedentes tibi auctoritate regia plenam et expressam in facinorosos et delinquentes homines exercendi et puniendi potestatem.*

¶ Poprauconatus, Dignitas, officium *Poprauconis*, in Charta Caroli IV. Rom. Reg. ann. 1345. apud eumdem Ludewig. ibid. : *Notum facimus universis, quod de nobilis Zbinkoris Leporis..... sinceræ fidei constantia præsumentes, sibi Poprauconatus officium in Lythomiricensi provincia, cujus regimini alias laudabiliter præfuit, cum omnibus honoribus, titulis, juribus, utilitatibus et pertinentiis suis...duximus committendum.*

¶ **POPULA,** Junior puella et dissolutior. Statuta Eccl. Meld. ann. 1363. apud Marten. tom. 4. Anecd. col. 916 : *Injungimus omnibus curatis et ecclesiarum rectoribus.... ne in domibus eorum concubinas, focarias, ganeas, Populas, seu alias juvenes mulieres suspectas, de quibus possit suspicio exoriri, habere præsumant.*

* **POPULANI,** Incolæ. Biblioth. Pistor. tom. 1. pag. 54 : *Populani sive capellani ejusdem* (ecclesiæ) *eligunt priorem sive rectorem et dictum capitulum confirmat.* Vide infra *Popularus.*

POPULARE, Habitare : hinc Galli *Peupler une ville.* Consuetudines Regni Majoricarum editæ a Jacobo Rege Aragonum : *Laudamus vobis dilectis..... ut ibi Populetis et habitetis.* Charta Regis Alarici ex Tabulario S. Joannis Pennensis apud Bivarium ad Chron. Maximi : *Hæc est carta populationis duarum villarum Nove et Ardanis, quas Populari fecit Rex in termino S. Juliani de Navasal.* Lucas Tudensis æra 776 : *Eo quoque tempore Populavit Asturias etc. alias autem civitates vastavit, quia illas non potuit Populare.* Vetus Nomenclatura urbium Hispaniæ : *Tunc temporis Populavit Rodericus Comes Amajain, etc.* [Ordinat. pro Judæis sub Philippo V. Reg. Franc. apud D. *Brussel* tom. 1. de Usu feud. pag. 68 : *Item ordinatum est quod Judæi vadant ad antiquas judærias ad morandum, exceptis illis qui Populant judæriam Navarreriæ Pampilon. Civitas Populabatur, construebantur ecclesiæ ædificia, etc.* in Epist. J. Episc. Accon. ad Honorium III. PP. tom. 8. Spicil. Acher. pag. 378. Adde Murator. tom. 3. pag. 445.] Vide Consuetudinem Cenomanensem, art. 131.

¶ Populare Agriculturam, Agrum colere, arare, serere. Charta Ferrandi Reg. Castellæ ann. 1224. apud Marten. tom. 1. Anecd. col. 916 : *Me obligo... ad dandum vobis viginti paria boum, cum necessariis eorum ad Populandum agriculturam usque ad annum, et vitalia ad custodiendum castrum et caveas memoratas.* Vide *Populatus.*

1. **POPULARIS.** Gregorius Turonensis lib. 1. de Miracul. cap. 14 : *Non est æquum ut hoc pignus in loco viliori teneamus, sed surge et illud accipe, et defer ad Taurinensem Ecclesiam, quæ plus Popularis habetur.* Id est, in quam populi frequentius confluunt, vel quæ majori populi multitudine repletur. Vide Desider. Heraldum lib. 1. Adversar. cap. 8.

Populares, Urbana multitudo, populus, plebs, quibus opponuntur *militares*, in leg. 1. D. de Offic. Præf. urb. (1,12.) in leg. 7. Cod. Th. de Annonis civic. (14,17.) etc. [Regimina Paduæ ad ann. 1318. apud Murator. tom8. col. 431 : *Factus fuit Capitaneus generalis civitatis Paduæ D. Jac. de Carraria in consilio majori quasi per omnes tam magnates quam Populares.*]

* Nostris *Populaires*, eodem significatu. *Les Populaires de Montpellier*, in Reg. Cam. Comput. Paris. sign. B. ad ann. 1338. fol. 143. r°. Ordinat. ann. 1361. in Memor. D. ejusd. Cam. fol. 28 : *Noz bons et loiaux subgez, tant prélaz et autres gens d'église, dux, contes, barons et autres nobles et les Populaires de nostre royaume, etc. Iceulx communs et Populaires*, in Lit. remiss. ann. 1390. ex Reg. 140. Chartoph. reg. ch. 100. Occurrit præterea in Ordinat. reg. Franc. tom. 5. pag. 451. tom. 7. pag. 527. et tom. 8. pag. 324. Vide mox *Popularus.*

* 2. **POPULARIS,** idem atque *Populatus*, Terra culta, ager cultus, cui opponitur *heremus.* Charta Ildef. comit. et march. Prov. ann. 1201. ex Tabul. D. Venciæ : *Dono tibi Gerauldo de Villanova et tuis cum omnibus suis pertinentiis, tam in hermis quam in Populare, tam in aquis quam in pascuis, etc.* Hinc *Repeuple de forestz*, pro *Repeuplement*, in Stat. ann. 1402. tom. 8. Ordinat. reg. Franc. pag. 526. art. 20.

1. **POPULARITAS,** Spectaculorum editio, in leg. 2. Cod. Th. de Offic. Rector. provinc. (1,7.) quæ *populi favor et applausus* dicitur. in leg. 1. et 3. eod. Cod. de Spectacul. (15,5.) [*Popularitas, populi festivæ congregationes,* in Gloss. MSS. Sangerm. num. 501. Vide *Populositas.*]

2. **POPULARITAS,** Multitudo, turba. Sidonius lib. 1. Epist. 9 : *Arctabat clientium prævia, pedissequa, circumfusa Popularitas.* Vide *Populositas.*

* Tertul. lib. de Anima cap. 30 : *Solemnes etiam migrationes.... consilio exonerandæ Popularitatis, in alios fines examina gentis eructant.*

¶ 3. **POPULARITAS,** Populatio, vastatio. Mirac. S. Richarii Centul. Abb. tom. 3. April. pag. 453 : *Danorum manus late maris æquora contexit suis de navibus... quorum Popularitate monasteria destructa.*

¶ **POPULARIUS,** Popularis, vulgaris. Miracul. S. Walpurgis sæc. 3. Bened. part. 2. pag. 299 : *Pro tenuissimi capacitate ingenii duos jam pridem miraculorum..... libellos succincto Populariæ orationis perstrinxi commento.*

* **POPULARUS,** Populus, plebs, incolæ; nostris *Populiers*, Ital. *Popolini.* Lit. remiss. ann. 1387. in Reg. 131. Chartoph. reg. ch. 117 : *Tantum tumultum faciebant, quod*

Popularum dicti loci scandalizabant. Lit. ann. 1405. tom. 9. Ordinat. reg. Franc. pag. 101 : *Se faisoit l'esleccion d'iceulx consulz nouveaulx par les consulz de l'année précédent, ... avec eulx appellés de leurs conseillers et Populiers de chascune partie de six parties ou gaites, esquelle ladicte ville* (d'Alby) *est divisée.* Vide supra *Populares.*

¶ **POPULASSUS**, dicitur de loco ubi frequens est populus, Gall. *Peuplé.* Charta ann. 1372 : *Dictus locus de Darbano est Populassus et pluribus gentibus populatus.*

1. **POPULATIO**, Populi cœtus. Vita S. Deicoli Abb. num. 17 : *Cumque Populatio non modica, quæ ad Ecclesiam Dei convenerat, etc.* Chartæ Inæ Regis Occidentalium Saxonum edita a Spelmanno in Concil. ann. 725. et Bollando 6. Februar. ita clauditur : .... *Cum præsentia Populationis consenserunt et firmaverunt.* Charta Lorbanensis apud Sandovallium in Favila : *In Populationibus parvis ponent suos judices, qui regant eos bene et sine rixas.* Lucas Tudensis æra 1226 : *Populationes multas et nobiles fecit in regno suo, scilicet Placentiam, Bejaram, etc.* Infra : *Rex autem Adelfonsus multas Populationes in regno suo fecit, et illud valde ampliavit.*

¶ Populationis Charta, Qua alicui locus ad populandum seu habitandum conceditur. Vide *Populare.*

¶ 2. Populatio, Villa, parochia, prædium rusticum. Charta ann. 1266 : *Volumus quod in unoquoque foco nostræ Populationis de Saissano, etc.* Vide *Populatura.*

* Charta ann. 1273. in Reg. Cam. Comput. Paris. sign. JJ. rub. fol. 52. r° : *Concesserunt..... podium, appellatum vulgariter Podium de pico, ... ad faciendum bastidam vel Populationem, videlicet tantum dicti podii, quantum necesse fuerit ad dictam bastidam ; ita quod dictus dominus rex in dicto podio vel circa faciat villam vel bastidam.* Alia Alfonsi comit. Pictav. ann. 1256. in Reg. 30. Chartoph. reg. ch. 140 : *Volumus quod novæ bastidæ seu Populationes fiant in terra ecclesiæ extra muros civitatis in diocesi Conseranensi.*

* 3. **POPULATIO**, Urbis regio, Gall. *Quartier d'une ville.* Charta Caroli IV. ann. 1326. in Reg. 64. Chartoph. reg. ch. 130 : *Triginta solidos Turon. annualis census, quos habemus...... super domibus ejusdem* (Petri Pampilonæ) *sitis in Populatione S. Nicholai ejusdem villæ.... concedimus.* Vide supra *Popularus* et mox *Populus* 2.

POPULATORES, Incolæ. Charta Sanctii Abarcæ Regis Aragon. æræ 971. apud Blancam : *Istos supradictos terminos dono et confirmo vobis Populatoribus de uno castello qui modo estis, et inibi antea ibi veneritis populare, ut habeatis illos francos et ingenuos ad vestram propriam hæreditatem, etc.* Adde aliam æræ 1118. pag. 626. Charta Alphonsi VI. Imp. Hispaniæ ann. 1086. apud *Yepez : Quando Populator acceperit solum, dabit uno solido atque duobus denariis : et ita unumquemque annum de singulos solos dabuntur singulis solidis. Sane vero si in ipso anno non populaverit illum, perdet eum. Si sane pro populato solidum non dederit, accipient eis portam aut hostium, vel aliquid quod valeat solidum, donec tectum accipiat, et usque ad duos Præcones de octo in octo diebus, sed dentur pignos accepi pro solido in solo, si nec tectum, nec aliquid pignus invenerant, illum accipiat Abbas, et det cui vult.* Vide Chartam Alfonsi Imp. æræ 1160. apud Oyhenartum in Notitia Vasconiæ pag. 85. Italis *Popolini*, sunt parochiani, *huomini della parochia.*

POPULATURA, [Villa, prædium rusticum. Vide *Populatio.*] Vetus charta apud Anton. *de Yepez* in Chronico Ordin. S. Benedicti tom. 3. pag. 284 : *Ut agnoscant et in diebus nostris qualia bona fecimus ad ipsum locum S. Vincentii, et ad radicem ipsius montis Lemabuse, ædificare Populaturam in hæreditatem ipsius Monasterii, per consensum Abbatis et cæterorum, etc.*

1. **POPULATUS**, Terra culta, ager cultus, cui opponitur *eremus.* Charta Sanctii Navarrorum Regis apud Oyhenartum in Notitia Vasconiæ pag. 99 : *Cum omnibus terminis et pertinentiis suis, cum pratis, pascuis, et sotis, et aquis, aquarumque meatibus, cum eremo et Populatu, cum ingressibus et egressibus.* [Charta ann. 1112. inter Probat. tom. 2. novæ Hist. Occitan. col. 382 : *Et de totum alium tuum honorem quam hodie habes, ermum vel Populatum.* Alia ann. 1142. ibid. col. 495 : *Cum pratis,.... et villis suis,...., heremis et Populatis, etc.* Charta Ildefonsi Reg. Aragon. ann. 1174. apud Stephanot. tom. 10. Frag. Hist. MSS. pag. 165 : *Prædictum hospitale vobis dono et concedo cum omnibus suis tenedonibus et pertinentiis ubique cum eremo et Populato.* Adde Chartam Jacobi Reg. Aragon. ann. 1228. tom. 9. Spicil. Acher. pag. 177. Vide *Populare.*]

* 2. **POPULATUS**, Habitator, incola. Constit. Mss. Mariæ reg. Aragon. ann. 1422 : *Quod notarius tabulæ officialium habeat esse Populatus, domiciliatus et habitator illius civitatis, villæ aut loci, in quibus tabula teneri consuevit.* Vide *Populare.*

* 3. **POPULATUS**, Instructus, munitus, Gall. *Garni.* Testam. Guill. de Meled. archiep. Senon. ann. 1376. in Reg. 108. Chartoph. reg. ch. 338 : *Item legamus præfatæ capellæ S. Laurentii capellam nostram albam cericeam, Populatam avibus et bestiis habentibus capita, alas et pedes auri.* Nostris alias *Peupler*, unde *Peuplement*, et *Pueploier*, unde *Pueploiement*, pro Denuntiare et Denuntiatio. Stat. ann. 1260. tom. 1. Ordinat. reg. Franc. pag. 90. art. 4 : *Et adonc l'en jugera selon le dit des tesmoins Peuplé as parties. Et se il avenoit que chil contre qui les tesmoins sont amenez, voussist dire, après le Peuploiement, aucune chose resonnable, etc. Pueploier* et *Pueploiement*, eodem sensu, in Stabil. S. Ludov. ann. 1270. ibid. pag. 112.

¶ **POPULIA**, λυχνίς, in Gloss. Lat. Græc. Græc. Lat. : Λυχνίς, *rosa Græca, Populia.* Flos quidam æstivus, Theophr. lib. 6. Hist. plant. cap. 7. genus est lilii. Vide Plinium lib. 21. num. 10. et 39.

POPULICANI, Poblicani, Publicani, Hæretici Manichæorum sectarii, qui Græcis Παυλικιανοί, Latinis scriptoribus *Pauliciani* : sic appellati a Paulo Samosateno hæresis auctore, sive a Paulo et Joanne, ut observatum a nobis ad Alexiadem, pag. 412. *Poplicani*, lib. 4. Hist. Vezeliac. pag. 644. qui *Pauliani*, apud Liberatum Diacon. cap. 2. et auctorem Prædestinati. Ita porro appellarunt nostri Manichæos, qui Franciam nostram aliquamdiu erroribus suis inquinarunt, maxime in Aurelianensi provincia, Roberto Rege regnante, de quibus Gesta Synodi Aurelianensis ann. 1017. edita tom. 2. Spicilegii Acheriani, et Excerpta ex Tabulario S. Petri Carnot. edita a Labbeo tom. 2. Miscellan. pag. 562. Hacce postea appellatione Valdenses hæreticos donarunt, quod quædam ex dogmate Manichæorum, quædam ex erroribus Origenis, plurima etiam de suo confinxissent, ut est in Magno Chronico Belgico ann. 1208. quod scilicet duo Principia, ut Manichæi agnoscerent, ut est apud Ermengardum contra Valdenses cap. 2. Vide Concilium Lateranense III. ann. 1179. cap. 27. *Populicanorum* crebra est mentio apud Albericum in Chron. MS. ann. 1148. in Chronico Vezeliacensi apud Labbeum tom. 1. Bibl. ann. 1167. 1181. et 1198. in Chron. S. Mariani Antisiod. ann. 1181. et 1198. in M. Chron. Belg. ann. 1147. et 1197. ex eodem Alberico, ut et apud alios scriptores quos laudamus in Notis ad Willhardui-num, pag. 342. ubi etiam de *Publicanis*, quorum meminere iidem scriptores. Radulphus Coggeshalensis in Chron. MS. : *Temporibus Ludovici Regis Franciæ, qui genuit Philippum, cum error quorumdam hæreticorum, qui vulgo appellantur Publicani, per plures provincias Galliæ disserperet, etc.* [Gabr. Prateolus lib. 14. de Hæres. : *Publicani quidam hæretici in Francia exorti sunt sub Philippo III. Rege, Gregorio PP. X. circa annum 1274. Hi parvulos non baptizandos dicebant, donec intelligibilem ætatem attigissent; negabant suffragia Sanctorum et orationem pro mortuis.*] Addo præterea Hugonem Plagonem vernaculum Will. Tyrii interpretem, vocem, *hæreticis*, lib. 2. cap. 13. *Popelican* vertere.

☞ Eadem voce utitur le Roman *de Chantepleure* MS. :

Merveille est coment homs
Devient Popelicans.
Il n'estoit hom ne feme,
Quand Dieu forma Adan.

Publicanorum etiam crebra est mentio apud Scriptores expeditionum Hierosolymitanarum, a quibus inter gentes, quæ Saracenis ac Persis erant conterminæ, recensentur : qua voce intelliguntur Manichæi, qui in hisce provinciis habitabant : de quibus Cedrenus pag. 541. 542. 546. 665. Vide Tudebodum pag. 782. 792. 794. 814. Robertum Monachum pag. 42. 44. 56. 109. 111. Baldricum Dolensem pag. 111. Henricum Huntindon. lib. 7. pag. 374. etc.

POPULICUS, Popularis. Utitur Gonzo Floriacensis in Miraculis S. Gengulfi num. 4.

POPULNUS, *De populo, sicut ficulnus de ficu.* Papias.

POPULOSITAS, in Glossis antiquis MSS. : *Populi festivæ congregationes.* [Vide *Popularitas.* 1.]

¶ Populositas, Copia, frequentia, multitudo. Fulgentius Mythol. 1 : *Argus luminum Populositate conseptus.* Bulla Urbani II. PP. ann. 1093. apud Miræum tom. 1. pag. 271 : *Atrebatensis urbis Populositas longe illam* (Cameracensem) *cui hactenus subdita fuerat, antecedit.* Bernardus Thesaur. de Acquisit. T. S. apud Murator. tom. 7. col. 667 : *Dum in vastam omnes planiciem convenissent, et innumerabilem eorum Populositatem conspicerent, etc.*

¶ 1. **POPULOSUS**, Numerosus, abundans. S. Pacianus Epist. 3. tom. 2. Concil. Hispan. pag. 87 : *Multus igitur huic Virgini partus et proles innumera, qua totus orbis impletur, qua circumfluis semper alvearibus Populosum fervet examen. Populosa familia,* apud Apuleium Metamorph. lib. 5. Elmham. in Vita Henrici V. Reg. Angl. edit. Hearnii cap. 79. pag. 228 : *Alium igitur cœtum Populosioris numeri pugnatorum,.. præparari jussit in arma.*

¶ Populosus, dicitur de loco ubi frequens populus habitat. Constitut. Urbani V. PP. ann. 1366. in Bullar. Carmel. pag. 127. col. 2 : *In castro Swimfint Herbipol. diœcesis, quod, ut asseritur, insigne, ac muratum et Populosum existit, etc. Populosa civitas,* apud Apuleium Metamorph. lib. 8. Adde Card. Aragonium in Alex. III. PP. apud Murator. tom. 3. pag. 460. *Plebeine,* eadem notione usurpant Poetæ nostrates. Sic lego apud Vaccium in Hist. MS. Ducum Norman. :

> La terre est Plebeine, et li homme manant,
> Là sont li bon villain et li bon paissant.

¶ 2. **POPULOSUS**, Locus populis consitus, ut videtur. Chron. Novalic. apud Murator. tom. 2. part. 2. col. 736 : *Monachi denique Novaliciensium, videntes locum aptum vel amœnum et fructiferum omnibus quæ dici possunt, tam in leguminibus quam in piscibus, sibi illum expetunt in caput, et ob id quod Populosus esset et undique septus aquarum copiis.*

* *Poubleroye*, eodem, ni fallor, sensu, in Lib. cens. terræ *d'Estilly* ex Cod. reg. 9493. fol. 12. v° : *Une boicellée de terre joignant à la terre Mace Vaugoin d'une part, et à la Poubleroye de d'Estille d'autre part. Poupelin*, pro *Peuplier*, populus, ut videtur, in Lit. remiss. ann. 1399. ex Reg. 154. Chartoph. reg. ch. 552 : *Il lui devoit deux solz pour un arbre nommé Poupelin.* Neque aliud forte sonat *Pourpoul*, in aliis Lit. ann. 1369. ex Reg. 100. ch. 362 : *Icellui Michelet prist un baston, appellé au pais* (Nogent) *un mauge de Pourpoul, etc.*

1. **POPULUS**, Turba, conserta hominum multitudo, in leg. 6. et 10. Cod. Th. de Episcop. (16,2.) Passio SS. Perpetuæ et Felicitatis : *Factus est Populus immensus.* Apuleius lib. 3. Metamorph. : *Statim civitas omnis in Populum effusa, mira densitate insequitur.* Chronicon Montis Sereni ann. 1192 : *Apud ipsum denique Populus histrionum magni favoris gratiam obtinebat, et præsentia eorum valde erat ei delectabilis et jucunda.*

Minutus Populus, Vulgus, plebecula, *le menu peuple.* Acta Purgationis Cæciliani : *De Folles, quas Lucilla dedit, Populus minutus nihil accepit.* Fragmentum Petronii : *Itaque Populus minutus laborat; nam isti majores maxillæ semper Saturnalia agunt.* Gloss. Gr. Lat. : Λεπτοῦ δήμου ψήφισμα, *Plebiscitum. Minor populus*, in Capitularibus Ludovici II. Imp. tit. 2. cap. 5.

¶ Populus Vulgaris, Eadem notione. Capitul. Caroli M. ann. 813. cap. 14 : *De officio prædicationis, ut juxta quod bene vulgaris Populus intelligere possit, assidue fiat.*

¶ Populus Mandatorum, id est, Multitudo, apud S. Bernardum lib. de Præcepto et dispensat. tom. 1. col. 109. Edit. 1690 : *Cum in tanto Populo mandatorum, quæ Prælati etiam per incuriam sæpe præcipiunt, interdum non prævaricari, aut difficile admodum, aut omnino impossibile videatur.* Hanc lectionem ex consensu MSS. Cod. restituit Mabillonius pro *cumulo*, uti prius legebatur.

** Populus Antiquus, Populus veteris testamenti, Judæi. Annales Fuldenses ad ann. 876. apud Pertz. Scriptor. tom. 1. pag. 390 : *Cur ascendisti ad bellandum contra me? Quandoquidem nec exteris gentibus bellum est antiquo populo penitus inferre præceptum, nisi pacem oblatam respuerint.*

¶ Populi, pro *Pupilli*, et vicissim, alicubi scriptum monet Baluz. in Notis ad Capitul. Ita in Addit. 3. ad Capit. cap. 98 : *Noverint* (Episcopi) *sibi curam Populorum et pauperum in protegendis ac defendendis impositam.* Ubi leg. *pupillorum.* Sic *pupillam terræ* pro *populum* habet Puteanus Codex Legis Alaman. cap. 36. § 3.

* 2. **POPULUS**, Parochia, urbis regio. Charta ann. 1258. apud Corbinel. inter Probat. geneal. domus *de Gondi* pag. clv. : *Ser Pancia Bettini notarius populi plebis S. Cresci ad Valcavam comitatus Florentiæ, qui morari consuevit in Populo S. Salvatoris de Florentia.* Et pag. clvj : *Unum petium terræ vineatæ, ... positum in Populo plebis S. Cresci.* Vide supra *Populatio* 3. Hinc

* Populus Baptismalis Ecclesiæ, Parochiæ incolæ. Diplomat. Bojoar. apud Oefelium tom. 1. Script. rer. Boicar. pag. 181. col. 1 : *Cum igitur Populus baptismalis ecclesiæ S. Martini in Lantzhuta, etc.* Vide supra *Ecclesiæ baptismales.*

* **POQUINUS**, Mensuræ frumentariæ species in Morinis, vulgo *Poquin.* Charta Egid. de Soyecuria dom. *de Vailly* ann. 1360. in Reg. 89. Chartoph. reg. ch. 560 : *De dictis munitionibus deficiunt octingenti decem Poquini bladi vel circiter.* Lit. remiss. ann. 1424. in Reg. 172. ch. 612 : *Vous me devez tant pour avaines que vous ai vendues, comme de un Poquin de blé.* Vide supra *Polkinus.*

* **POQUITUS**, ab Hispanico *Poquito*, Pauxillus, debilis; unde Gallicum *Poquet*, Equus parvus et debilis. Comput. Rob. de Seris ab ann. 1332. ad ann. 1344. in Reg. 5. Chartoph. reg. fol. 59. v° : *Pour un Poquet, que il chevauchoit, mort à Plesance, xv. liv. Paris. fors.*

* **PORADLNE**, Præstationis species apud Polonos. Stat. Vladisl. Jagel. ann. 1433. inter Leg. Polon. tom. 1. pag. 92 : *Civis seu oppidanus, qui civitatem cum uxore, filiis et familia inhabitat, et agrum solus, vel per suum hortulanum aut agricolam colit, non tenetur ad prædictam Poradlne pensionem; sed si ante oppidum vel civitatem resideret, solvat præfatam Poradlne pensionem. Census noster regius, qui Poradlne dicitur,* in Stat. Sigism. I. ann. 1538. ibid. pag. 540.

* **PORAHTANI**, Saxones. Vita S. Emmer. tom. 6. Sept. pag. 483. col. 1 : *Quidam ex his, qui eum pretio redemerat, in partibus Aquilonis Thuringorum gentis cuidam venundavit, in conjacente confinio Porahtanorum gentis, quæ ignorat Deum.* Ibid. col. 2 : *Genti Saxonum, quæ tot idolorum cultor existit.* [** Bructeri. Vide Zeussium de popul. German. pag. 352.]

¶ **PORAGO**, pro *Parago* vel *parrago.* Vide in hac voce.

PORCA. Isidorus et Papias : *Porcam Bœti faciunt 30. pedum latitudine,* [** *et 180. longitudine;*] *sed Porca est quod in 30. a rotundo* [** Leg. *quod in arando*] *extat; quod defossum est, lyra.* [** E Columella lib. 5. cap. 1.] Idem Papias : *Porca quod eminet, lira vero quod defossum est. Porca terræ quæ inter sulcos est lata.* Gloss. Ælfrici, ubi de re agraria : *Porca*, Balc. Charta ann. 1105. in Tabulario Casauriensi : *Offero tradoque omnes res proprietatis meæ, excepto una Porca de cannapina.* Vide *Porcamis.*

☞ A verbo jam inusitato *Bargen*, quod exsecare sonat, vocis etymon accersit Eccardus in Notis ad Leg. Sal. pag. 18. adeo ut *porca* sit terra vomere exsecta. Neque enim infrequens mutatio *b* in *p.* Non audiendi itaque qui ex *porrecta* vel *projecta* derivant hujusce vocis originem.

* **PORCA a Grege**, Quæ porcellos lactat. Stat. Mantuæ lib. 1. cap. 99. ex Cod. reg. 4620 : *Nullus...... possit tenere in civitate Mantuæ vel burgis Porcas a grege, nec verros, qui vadant per civitatem.*

* **PORCADA**, *Portulaca*, in Gloss. Iatricis ex Cod. reg. 6881. *Porchelaine*, eadem notione in Vitis Patrum Mss. :

> Biau cortil i ot et fontaine,
> Cherfuel, cresson et Porchelaine,
> I trova moult grant plenté.

Vide *Porciolum.*

¶ **PORCAGIUM**, Tributum ex porcis. Tabular. SS. Trinit. Cadom. fol. 83 : *Reddunt.... VI. Andegavenses ad festum S. Johannis pro fenagio, et de uno quoque porco 1. Andegavensem in autumpno de Porcagio.* Vide *Porcellagium.*

* Charta Herv. de Rotis milit. ann. 1239. ex Chartul. S. Ysmer. fol. 38 : *Relaxavi pro salute animæ meæ et antecessorum hominibus meis de Rotis.... axilium* (l. auxilium) *Porcagii et arrietagii, quod mihi faciebant in mense Septembri. Porcaing*, eodem sensu, in Ch. ann. 1301. ex Lib. rub. Cam. Comput. Paris. fol. 140. v°. col. 1. [** Vide Haltaus. Glossár. Germ. voc. *Schwein-bete* et *Schweinschätz*, col. 1665.]

* **PORCAIRATA**, Porcorum grex. Charta ann. 1262. inter Probat. tom. 1. Hist. Nem. pag. 86. col. 2 : *Quod Porcairata communis possit venire jacere et pascere infra dictos terminos,... et quod quilibet possit habere in Porcairata quatuor porcos tantum, et non ultra. Porcherie*, eodem sensu, in Lit. remiss. ann. 1410. ex Reg. 165. Chartoph. reg. ch. 131 : *Et tantost qu'il fut oudit champ, feu Berthelot Bonneau ala audit lieu menant devant lui une Porcherie de pourceaulx, jusques environ au nombre de vingtcinq. Porchiere* vero et *Porquiere* nostrates appellarunt, Hastile, spiculum, quo porci ducuntur. Lit. remiss. ann. 1388. in Reg. 132. ch. 284 : *Icellui de Bourgeauville tenant une longue lance en son poing, avec lui le*

filz dudit seigneur d'Ennebaut, qui avoit en sa main une Porchiere, etc. Aliæ ann. 1402. in Reg. 157. ch. 187 : *Et après venoient deux Navarrois portans en leurs mains deux Porquieres ou espiez. Une Porquiere ou archegaye*, in aliis ann. 1411. ex Reg. 165. ch. 389. Vide *Porcheria* in *Porcaria* 1.

PORCAMIS, Mensura agraria. Vetus Agrimensor : *Porcamis est pars agri habens in latitudine ped.* 30. *id est perticas* 3. *in longitudine* 80. *id est perticas decempedas* 7. Idem quod *Porca*. Ubi forte legend. *Porca unius, etc.*

* **PORCARANUS**, Porcinus. Benzo episc. Alb. in Comment. de Henr. III. imper. apud Ludewig. tom. 9. Reliq. Mss. pag. 378 : *Unus est de Porcarana, alter de ructeria facie.* Vide *Porcaritius* in *Porcaria* 1.

1. **PORCARIA**, Stabulum porcorum. [Computus ann. 1305. apud Kennett. Antiquit. Ambrosd. pag. 354 : *Summa redditus Porcariarum et bercarum* (bercariarum) *si fuerint ad firmam v. s. vi. den.*] Sed apud Matth. Paris ann. 1258. *Porcariæ* sumuntur pro locis cœnosis, cujusmodi sunt in quibus porci se volutare amant : *Et inventa sunt passim eorum corpora tumida præ fame, et liventia.... in Porcariis, sterquilinis, et lutosis plateis, etc.* [Vide *Porcerium*.]

Porcheria, in Fleta lib. 2. cap. 41. § 13. Nostris *Porcherie*. [Charta Hervei dom. Virzionis ann. 1209. apud Thomasser. in Biturig. pag. 714 : *Quitto in perpetuum... quod habebam in singulis Porcheriis hominum in jam dicta terra manentium, unam fretengiam, et in singulis ovilibus unam arietem.*]

¶ Porcheria, pro foro in quo porci venduntur, occurrit in Charta Matiscon. ann. 1460.

¶ Porcheria, Porcorum grex. Tabular. S. Vandreg. tom. 1. pag. 33 : *Monachi eciam omnes suas Porcherias asserebant se posse per coustumam in has duas forestes absque precio ad pascua mittere; sed Comes Ebroicensis noluit nisi duas per coustumam recognoscere... At si Comes in hayam suam et deffensionem suas Porcherias, vel aliorum miserit, tunc et monachorum Porcheriæ absque precio licenter et sine omni calumpnia intrabunt in hayam et deffensionem.*

¶ Porcaritia, ut *Porcaria*, in Capitul. de Villis Caroli Mag. cap. 23. Charta ann. 1023. tom. 2. novæ Gall. Christ. inter Instrum. col. 227 : *Donamus ad locum sacrum S. Mariæ.... aliquid de alode nostrum.... ubi vocant Porcaricias ipsos mansos, qui ibidem habemus, etc.*

¶ Porchoria, Septum ex virgultis in quo porci de nocte, tempore glandationis, solent includi, ut ab incursibus luporum tuti sint. Charta ann. 1262. apud Kennett. Antiquit. Ambrosden. pag. 259 : *Concessi etiam prædictæ Aliciæ haybotum et housbotum in dominicis boscis meis de Acle et ad faciendas Porchorias suas in boscis prædictis ubi sibi placuerit. Porcaria in parco*, dicitur apud *Madox* Formul. Angl. pag. 45.

¶ Porcaritius, Ad porcos spectans. *Porcaritia domus*, stabulum porcorum, in Leg. Aleman. tit. 81. § 3. *Porcaritius* et *Porcarius canis*, qui porcos seu apros venatur. Vide in *Canis*.

* 2. **PORCARIA**, Porca, sus femina. Charta Rob. Norman. comit. pro fundat. monast. Ciris. ann. 1032. in Reg. 153. Chartoph. reg. ch. 542 : *Concessi decimam ... in caseis vaccarum, ovium, caprarum et Porcariarum.* Vide *Porcellata*.

¶ **PORCARIUS**, *Porcorum custos*, in Leg. Aleman. tit. 79. § 1. nostris *Porcher*, Ital. *Porcaio*. S. Irminæ Testam. ann. 698. apud Marten. tom. 1. Ampliss. Collect. col. 9 : *Omnia ista cum adjacentiis una cum pastoribus, vaccariis, Porcariis, brevicariis cum gregibus eorum vel omni peculio promiscuo.* Adde Chartam ann. 704. ibid. col. 13. Leg. Alemann. tit. 98. § 2. Salicam tit. 2. § 4. et tit. 11. § 5. *Porcarii fiscales*, in Edicto Chlotarii II. Reg. cap. 21. Vide *Jumentum* et *Porquerius*.

¶ Porcarii Terra, Quæ porcario ad pascendos porcos assignatur, in Charta apud Thomam *Madox* Formul. Angl. pag. 45.

¶ Porcarium Servitium, Quo quis porcos domini sui pascentes servare tenetur. Charta ann. 1294. tom. 1. Chartul. S. Vandreg. pag. 832 : *Vendidimus.... viris religiosis... abbati et conventui S. Vandregesili x. sol. Tur. annui redditus, quos prædicti religiosi nobis debebant et solvebant ad mediam Quadragesimam quolibet anno, ratione cujusdam servitii quod dicitur servitium Porcarium pro c. sol. Turon. Service de la porguerie* dicitur in Charta vernacula quæ de eadem re ibidem habetur.

PORCASTER, Porcus junior. Althelmus de viii. vitiis cap. 8 :

> Dum stratis recubans Porcaster pausat obesus
> Juncis et stipulis, nec non filicumque maniplis.

¶ **PORCATOR**, Idem qui *Porcarius*, in Canon. Hibern. apud Marten. tom. 4. Anecd. col. 15.

* **PORCATURA**, Porcorum grex, vel Tributum ex porcis. Charta Henr. IV. imper. ann. 1070. in Chartul. Romaric. ch. 14 : *Accipiuntur de Porcaturis porci, bachones et verres, etc.* Vide supra *Porcagium* et *Porcairata*.

PORCELLAGIUM, Tributum ex porcellis, seu porcis, Gallis *Pourceaux*. [Hinc porci qui in ejusmodi tributum debebantur, *porcos debitales* vocat Charta ann. circ. 984. apud Baluz. Histor. Tutel. col. 379.] Charta ann. 1180. in Tabulario Cluniacensi n. 197 : *Non habeo talliam, vel Porcellagium, vel besenagium, vel messionagium.* Vide *Porcilatio*.

¶ **PORCELLANA**, Gallice *Porcelaine*. Ciaconius in Epist. ad Principem Card. apud Marten. tom. 3. Ampl. Collect. col. 1324 : *Vasa murrhyna ex China tot generum, quæ Porcellanæ patrio sermone appellantur.* Vide Menag. in Etymol. Gall. et Diaria Trevolt. mensis Jan. 1717. pag. 39. et seqq.

PORCELLARE, dicitur sus, cum porcellos edit, in Fleta lib. 2. cap. 80. § 2. 3. [Vide *Porcellata*.]

¶ **PORCELLATA**, Porca, sus femina, Gall. *Truie*. Charta ann. 1330. in Tabular. S. Victoris Massil. : *Item pro jure decimæ de porcellis et de pollacis; de duabus Porcellatis unum porquetum, excepta prima vice quæ porcellarent.*

¶ **PORCERIUM**, Porcorum stabulum. Charta ann. 1288. ex Archivo Auxit. Archiep. : *Quod dominus abbas et canonici pro se ipsis et successoribus a prædictis hominibus habeant suum aucarium et Porcerium communes ad custodiendum oves, porcos et aucas.* Vide *Porcaria* et *Porcile*.

¶ **PORCETRA**, *Sus quæ semel peperit; quæ sæpius, scropha*, apud Gellium lib. 18. cap. 6.

¶ **PORCHA**, pro Porca, in Statutis Placent. fol. 65. verso.

¶ **PORCHAICIA**, Comparatum, nostris *Acquest*, a vet. Gall. *Pourchas*, eadem notione; bona quævis vel emptione, vel industria, vel alia qualibet fortuna acquisita. Testam. ann. 1215. apud Stephanot. tom. 3. Antiquit. Pictav. MSS. pag. 154 : *Porchaiciis et dos expleiz præcepit quod reficiantur domus suæ de Viviona... Dos Porchaiz et dos espleiz computabunt cum prædicto abbate* (Nobiliacensi) *præfatus Philippus et Aimericus Minauz; similiter de redditibus elapsis tribus annis.* Eodem significatu intelligendus videtur Computus ann. 1202. apud D. *Brussel* tom. 2. de Usu feud. pag. clviii : *De Porchac. Guillelmi Burg. x. l. quas dedit servientibus. De Porchaz Gornai, xiii. l. et vii. l. iii. s. minus*, ibidem pag. clxxxiv. Charta Petri Comit. Alenconii ann. 1401. ex Tabul. S. Vandreg. : *Considéré que nostre dite terre d'Argenthen par nostre moyen et Pourchas est retournée de present en son essence, etc.* Le Roman *de Vacce* MS. :

> Tant conquerras et tant auras,
> Tost as eü de ton Porcas
> Plaines tes mains et plains tes bras.

Vide *Purchacia*. Nostris olim *Pourguire* pro *Poursuivre*, *Pourchasser*, persequi. Le Roman *de Vacce* MS. :

> Quant cil qu'il cachent l'ont trové,
> Demandent lui où sont, où sont?
> Et il lor dit là vont, là vont,
> Pourguiez, Pourguiez, les troverez.

¶ **PORCHAUCHARE**, ut supra *Perchauchare*. Tabular. S. Albini Andegav. : *Girardus de Mosters gravi tactus incommodo dedit Deo et S. Albino... totam terram quæ appellatur Chantalupum... Hoc viderunt et audierunt Algerius monachus, ... Drogo de Morters filius supra nominati Girardi Bastart, qui terram illam monstravit et Porchauchavit.* A Gallico *Pourchasser*, persequi, orta videtur hæc vox. Vide *Porchaicia* et *Percalcare*.

¶ **PORCHERIA**, Porchoria. Vide *Porcaria*.

* **PORCHERIUS**, Porcorum custos, Gall. *Porcher*. Charta Mich. archiep. Senon. ann. 1197. in Chartul. Pontiniac. ch. 24. pag. 105 : *Dominus fidem faciet fieri per Porcherium, vel per aliquem de suis hominibus, quod illi porci erunt sui proprii. Bubulcos, pastores, vacherios, Porcherios*, in Ch. ann. 1218. ex Chartul. S. Mich. in Eremo. Vide *Porcarius*.

* **PORCHETTA**, Tributum ex porcis. Cod. reg. 4189. fol. 40. v° : *Item pro Porchetta in dicto festo* (Nativitatis Domini) *pro quolibet foculari, iiij. den. Cort.* Vide supra *Porcagium*.

* 1. **PORCHETUS**, Porcellus, junior porcus. Charta Theob. reg. Navar. et comit. Campan. ann. 1235. tom. 7. Ordinat.

reg. Franc. pag. 466 : *Reddet nobis vel mandato nostro unum Porchetum, vel decem solidos pro Porcheto, et unam gallinam.* Obituar. eccl. Lingon. ex Cod. reg. 5191. fol. 129. r° : *Dedit pro anniversario suo.... unam minam bladi et unum gistum et duas fouaces et dimidium Porchetum.*

* Pourchetus, Eadem notione. Charta Radul. abb. S. Apri ann. 1294 : *Debentur undecim carnes porcinæ, quæ vulgaliter appellantur Pourcheti.* Vide *Porciculus.*

* Extitit apud Picardos ludi seu exercitii genus *ad Porcellum* nuncupatum, de quo Lit. Caroli VI. ann. 1401. in vol. 9. arestor. parlam. Paris. : *Comme le suppliant feust alé à un esbatement qu'on faisoit, c'est assavoir de jetter au Pourcel d'une faucille, comme il est acoustumé faire ou païs* (Picardie), *etc.*

* 2. **PORCHETUS**, Vestibulum, porticus, Gall. *Porche.* Arest. ann. 1292. in Reg. 2. *Olim* parlam. Paris. fol. 94 : *Decano et capitulo Royæ conquerentibus super eo quod castellanus Royensis tenuerat et tenebat sua placita in Porcheto seu porticu, sito ante ecclesiam suam, etc. Porche*, pro Domus pluribus membris distincta, in Lit. remiss. ann. 1410. ex Reg. 165. Chartoph. reg. ch. 82 : *Icellui suppliant se soit transporté.... en certain hostel ou Porche, où il avoit plusieurs louages en la rue de S. Severin à Paris, etc.*

* **PORCIA**, male, pro *Poreia* vel *Poreta*, apud D. *Le Beuf* tom. 5. Hist. diœc. Paris. pag. 402. ex Charta ann. 1231. in Chartul. S. Dion. pag. 227. col. 1 : *In coquina conventus generale unum et unam scutellam potagii et unam scutellam de Porcia, quando fiet.* Vide *Porea* et infra *Poreta* 2.

¶ **PORCICULUS**, Porcellus, junior porcus. Charta apud Stephanot. tom. 3. Antiquit. Bened. Pictav. MSS. pag. 686 : *Decima de Lezignée de pane et vino, de agnis et Porciculis ac vitulis, etc.* Acta Murensis Monasterii apud Eccardum de Orig. famil. Habsburgo-Austr. col. 220 : *Vacca prægnans cum duobus Porciculis, anniculus, etc.*

PORCILATIO, Idem forte quod *Frescingagium*, vel *porcorum consuetudo*, de qua mox. Tabularium Cluniacense Ch. 336 : *Porcilationem percipiet quomodo eam retroactis temporibus percipere consuevit : hoc salvo quod homines prædictas gallinas et Porcilationem ... per se vel per alias personas apportare teneantur.*

¶ **PORCILE**, Porcorum stabulum. Statuta Vercell. lib. 3. fol. 80 : *Item quod non fiat aliquod Porcile in via vel sub porticubus ; et si facta sunt vel fuerint, destruantur.* Vide *Porcaria* et *Porcina.*

¶ **PORCILIS**, Porcinus, ad porcos spectans. *Porcilis buccina*, in Leg. Bajvar. tit. 3. cap. 10.

¶ **PORCILLUS**, Sterquilinium, locus ubi fimus porcorum congeritur. Charta ann. 1344. ex Schedis Cl. V. *Lancelot* : *Item quod nulla persona cujuscumque conditionis existat sit ausa... facere femoracia nec Porcillos in carreriis.*

* **PORCILUS**, Porticus minor, locus ubi merces venum exponuntur. Stat. Avenion. ann. 1243. cap. 81. ex Cod. reg. 4659 : *Tabulæ et Porcili, quæ respondebunt in viis publicis restringuantur, vel ex toto removeantur, et omnia alia impedimenta amendantur.*

PORCINA, Porcorum grex, vel stabulum. Pactus Legis Salicæ tit. 27. et Lex Salica tit. 29. § 1 : *Si quis tintinnum de Porcina aliena furaverit, etc.* [Vide *Porcile.*]

* **PORCINATÆ** Scrofulæ, Strumæ, sic dictæ quod in porcorum gutture frequentes ejusmodi tumores reperiuntur, ut notant ex Gorræo docti Editores ad Mirac. S. Ruf. tom. 6. Aug. pag. 823. col. 1 : *Quæ* (adolescentula) *scrofulis Porcinatis in tantum obsessa erat, quod per totum guttur usque ad aures ubique cutis intensa, tanquam plena calculis, habebatur.*

¶ **PORCINARII**, Iidem qui *Suarii.* Vide ibi.

¶ **PORCINARIUM**, ὑοφορβεῖον, in Gloss. Lat. Gr. Locus, ubi porci aluntur.

* **PORCINCTA**, Porcinctus, Ambitus, Gall. *Enceinte*, alias *Pourchainte.* Charta Roric. episc. Laudun. ann. 961. ex Chartul. S. Vinc. Laudun. ch. 4 : *Concessi etiam Porcinctam et districtum montis et vallis.* Rursum occurrit in Bulla Honor. II. PP. ann. 1125. ex eod. Chartul. *Porcinctus*, in alia Eugen. III. ann. 1145. ibid. Sent. arbitr. ann. 1313. in Reg. 53. Chartoph. reg. ch. 53 : *Le maires et juré de S. Quentin ont et aront à tousjours le justiche.... ou clos et en la Pourchainte de ledite maison.* Vide infra *Procinctus* 2.

* **PORCINIUM**, Porcorum stabulum. Glossar. Provinc. Lat. ex Cod. reg. 7657 : *Porsil, Prov. hara, suarium.* Ibidem : *Porquaria, Prov. suarium.* Mirac. S. Audoeni tom. 4. Aug. pag. 832. col. 1 : *Alii manus sacrilegas ab ecclesiis Dei nunquam continuerunt ; sed tanquam vile Porcinium, Christi sacrarium, facta irruptione, frangentes, etc.*

¶ **PORCINUS**, συοφορβός. Gloss. Lat. Gr. In Græc. Lat. : Συοφορβός, *Subulcus, Porcinus. Porcinum animal*, in Charta ann. 1509. ex Schedis Præs. *de Mazaugues.*

* *Bestes porcines*, in Lit. remiss. ann. 1415. ex Reg. 168. Chartoph. reg. ch. 367. *Porchines*, in Ch. Reg. Alencon. ann. 1480. ex Tabul. Cartus. B. M. de Parco. *Pourchelines*, in Lit. remiss. ann. 1390. ex Reg. 140. col. 112.

** Porcina Victima. Idem quod *Friscingus.* Vide *Victima.*

** Porcini Pedes, Olim inter mulctas judiciorum. Vide Haltaus. Glossar. German. voce *Schwein-fuss* et mox *Porcius.*

¶ **PORCIOLUM**, Leguminis species, f. Portulaca. S. Wilhelmi Constit. Hirsaug. lib. 1. cap. 12. De signis olerum : *De signo Porcioli, generali præmisso, signum porci adde.*

¶ **PORCIONISTA**, Convictor, vel gymnasii alumnus. Compendium Jurium Universit. Paris. per Robert. *Goulet* fol. 18 : *Dentur Porcionistis jentaculum semipanis vel parvuli, ut fit, integri.*

PORCISTETUM, *Locus ubi porci stant* : Joan. de Janua. *Porcherie*, in Catholico parvo. Ita legendum apud Lindwodum in Provinciali Cantuariensis Ecclesiæ, pro *Porcitecum.* [Magis arrideret *Porcistegum*, ut *Distegus, tristegus.*]

* **PORCIUS**, Aper, Gall. *Sanglier.* Charta ann. 1501. ex schedis Pr. *de Mazaugues* : *Quod talis venator...... teneatur portare et tradere eidem domino .... dextram illius animalis, videlicet cervi aut bichæ seu aprioli, cum altero pedum ejusdem Porcii aut senglarsii.* Vide mox *Porcus.*

¶ **PORÇONARIUS**, Particeps, pro *Portionarius*, minister ecclesiasticus qui decimas ejusdem parœciæ cum alio dividit, Angl. *Portioner.* Charta ann. 17. Richardi II. Reg. Angl. : *Pateat universis quod ego Johannes Botelere, Porçonarius secundæ portionis ecclesiæ de Bromyord, dedi etc.* Nostri *Porcer*, pro *partager*, dividere, olim usurparunt. Litteræ Philippi VI. Reg. Franc. ann. 1346. tom. 2. Ordinat. pag. 349 : *Quiconque forens prent et a maison à Mascon, par mariage de filles des citoiens, et par eschoite des citoiens, il est quitte du peage.... il et tuit li hoirs qui Porceront cette maison.* Vide *Parcennarii*, et infra *Portionarius.*

PORCUS Singularis, [Aper, nostris *Sanglier. Porcus silvaticus*, in Præcepto Caroli M. ann. 814. tom. 1. Capit. col. 419. *Porcus silvester*, in Charta Stephani Comit. Blesens. ex Tabular. Major. Monast.] Vide *Singularis.*

* *Porc sengler*, in Ch. ann. 1343. ex Chartul. S. Vinc. Laudun. *Porcus*, nude, in Charta Rob. de Poissiaco ann. 1226. ex Reg. 31. Chartoph. reg. fol. 96. col. 1 : *Quitavi.... Ludovico regi Francorum illustri chaciam, quam tenebam in foresta Cruiæ..... ad magnum bestiam, videlicet cervum, bicham, Porcum, etc.*

Porci Suales, Masculi sues. Polyptychus S. Remigii Remensis : *Summa Porcorum Sualium 25. bevralium 144.*

¶ Dare Porcos in bosco dicebatur qui alteri facultatem dabat pascendi porcos in silva. Charta ann. 1236. apud Kennett. Antiq. Ambrosd. pag. 220 : *Ego Ricardus le Bigod de Merston dedi canonicis de Nuttele 40. Porcos in bosco meo.*

Porcorum Consuetudo, in Charta Guidonis Comitis Pontivi, apud Hariulfum lib. 4. cap. 22. extremo. Vide *Porcilatio.*

¶ **POREA**, Jus e pisis, nostris *Purée.* Charta Odonis Abbat. ann. 1231. apud Felibian. Histor. Sandion. pag. 120 : *Statuimus quod singulis diebus habeant duo pulmenta, sicut habentur in abbatia, scilicet pisa vel fabas et Poream et solitum generale, quæ omnia more solito condientur.* Vide *Purea.*

¶ 1. **PORETA**, Leguminis species, beta, Gall. *Porrée*, vel *Poirée.* Tabul. S. Jacuti ann. 1323 : *Controversia ratione costumarum et passagiorum cepe, alliorum, porrorum et Poretarum, et salis transeuntis per burgum de Miniac. Poretarum vicus*, in Charta ann. 1269. apud Lobinell. tom. 3. Hist. Paris. pag. 48. Vide *Poirata.*

* 2. **PORETA**, Jusculum ex porris confectum, idem quod *Porrecta.* Mirac. S. Domin. tom. 1. Aug. pag. 655. col. 1 : *Quædam mulier, quæ os quoddam cum Poreta sua satis magnum ignoranter sumpsit, etc. Porée au mouton*, Condimentum nostris olim in deliciis. Mirac. Mss. B. M. V. lib. 2 :

En liu de Porée au mouton,
En lieu d'espisses et de chars,
Bien petitet et à escars
Bis pain mangue et noire tourte.

* *Porayere* vero, quæ porros vel etiam quælibet legumina vendit, in Lit. remiss. ann. 1391. ex Reg. 141. Chartoph. reg. ch. 85 : *Une femme, appelée Anezot la Julienne, qui est Porayere, etc.* Vide infra *Porrectus.*

¶ **PORFIDUM**, Porphyrites, Gall. *Porphyre*, ab Ital. *Porfido* et *Porfiro.* Sozomenus Pistor. apud Murator. tom. 16. col. 1070 : *Duæ partes fuerunt appositæ super columnas Porfidi ante portam S. Johannis. Et hoc factum fuit quia dictas columnas Porfidi miserunt Florentiam ob beneficia recepta a Florentinis.*

¶ **PORFILIUM**, Textile, Gall. *Tissu.* Inventar. ornament. Sacristiæ S. Victoris Massil. ex Tabular. ejusdem loci : *Duo.... flabella quorum unum est de veluto violaceo cum Porfilio de serico rubeo.* Nostri *Pourfiler*, pro intexere, dicunt. Vide *Perfilum.*

* Hinc *Prouffit*, pro Limbus, vestis ornamentum, Gall. *Bordure.* Lit. remiss. ann. 1409. in Reg. 164. Chartoph. reg. ch. 169 : *Deux fourrures, l'une d'une hoppellande, et l'autre d'un mantel, l'une de gris et l'autre de menu ver, avec un Prouffit de menu ver.*

¶ **PORGATOR**, pro *Purgator*, Qui triticum ventilat. Gall. *Vaneur*, occurrit in vet. catalogo Confratriæ B. M. Deauratæ Tolos.

¶ **PORGERE**, pro *Porrigere*, apud Mabill. tom. 2. Annal. pag. 628. ex Excerptis Heirici :

Excipe dignanter quod porrigit ecce prudenter
Heiricus, capitis plenus armore tui.
Porgere parva pudet, cum maxima tu merearis :
Attamen ex minimis pendere magna decet.

Porgere, eadem notione dicunt Itali.

* Glossar. vet. ex Cod. reg. 7641 : *Porgere, porrigere. Exporgere*, Terent.

* **PORI** *esse dicuntur tuberosæ durities juncturarum, artericorum* (sic) *quæ et lapidationes dicuntur, ut Paulus capitulo de arteria et podagra. Gerodius ipsum Porum in equis vocat, quod suprosum* (sic) *vulgo dicitur.* Glossar. medic. Ms. Simon. Januens. ex Cod. reg. 6959.

¶ **PORJETTUM**, Vestibulum, atrium, porticus, Gall. *Porche.* Tabul. Major. Monast. : *Hoc idem authoraverunt multis præsentibus in Porjetto domus qui est ante ecclesiam ipsius castelli via interposita.*

* **PORIODUS.** Vide supra *Periodus.*

1. **PORISMA**, Πόρισμα, Comparatum, bona quævis. Joan. de Janua : *Porisma, quæstus, lucrum.* Ordericus Vitalis lib. 5. pag. 580 : *30. scilicet marcos argenti futuris ejus magistris et consodalibus de Porismate meo libenter erogavi.* Et lib. 6. pag. 627 : *De rebus cum sudore acquisitis eleemosynas faciebat,... et hujusmodi totius sui Porismatis quæstus superflua tribuebat.* [Dudo de Ducibus Normann. apud Duchesnium pag. 159 :

Deplorans meritis neglecta Porismata pœnis,
Aulæ detrusus a mœnibus placidæ.]

¶ 2. **PORISMA**, Meatus. Fridegodus in Vita S. Wilfridi sæc. 3. Bened. part. 1. pag. 189 :

Tempestiva tibi funduntur lumina cælis,
Inviso properat consueta Porismate lampas.

¶ 3. **PORISMA**, *Propositio consecutionem necessariam habens ex probatis et demonstratis. Geometrarum vox. Item, apertio et illuminatio sensus.* Laur. in Amalth. ex Catholico Joannis de Janua.

* 1. **PORIUS.** Charta ann. 1094. apud Murator. tom. 1. Antiq. Ital. med. ævi col. 573 : *Tantum omni anno, et dum ipse Gisolfus vixerit, in Nativitate suprascripti D. N. S. J. C. et in Pascha resurrectionis ejus et in Assumptione S. M. ipse domnus abbas ejusque successores et pars suprascripti monasterii, per unamquamque ex ipsis festivitatibus, dirigant ipso Gisolfo unum Porium de oblatis, ad faciendum ex eis quod voluerit.* Ubi legendum opinor, *Porcum.*

* 2. **PORIUS**, pro *Porrus*, leguminis genus, Gall. *Porreau.* Charta ann. 1305. in Lib. rub. Cam. Comput. Paris. fol. 263. r°. col. 1 : *Omnes parcerias et decimas bladi et vini, nucum, Poriorum, olerum, etc.*

* **PORMEUS**, *Che passa la zente de là dal fiume.* Glossar. Lat. Ital. Ms.

¶ **PORMINA**, *Fornicatio, f. pro pornia.* Laur. in Amalthea ex eodem Catholico Joannis de Janua.

¶ **PORNÆ**, a Gr. πορναί, Meretrices, quarum meminit Justinianus tit. de Consul. in Novell. Ita etiam vocantur turpissima spectacula sive ludi scenici, in quibus meretrices producebantur in scenam; eadem quæ *Floralia* aliis dicuntur. Vide Pitisci Lexic. in hac voce.

¶ **PORNIA**, *Fornicatio*, *Pornium*, *lupanar*, in Amalth.

¶ **PORNORELLUS**, Pornorerius, Idem qui Forensis, extraneus, alienigena. Unde ducta vocis origo, mihi incompertum. Inquisitio pro Jurisdict. Comitum Viennæ ann. 1276. ex Archivis Cameræ Comput. Delphin. : *Item dicit quod omnes Pornorerii, id est, omnes forenses qui intrant civitatem Vienne, quod illa die qua intrant, si delinquant, ubicumque delinquant in civitate, quod sunt de jurisdictione domini Archiepiscopi per totam illam diem.... Debet esse ipsius delinquens, si Pornorellus est vel forensis.* Quo ultimo loco *Pornorerius* etiam legendum existimo.

* **PORNUS.** Charta Rob. comit. Alencon. in Reg. forest. ejusd. comitat. ex Cam. Comput. Paris. fol. 22. r° : *Concedo* (monachis de Persania) *usagium suum,.... tam in haiis, parchis, quam in deffaiis et deffensis antiquis et novis,.... ad circulos propter tonnas ipsorum monachorum et dolia, ad Pornos et prius et alias, propter reparationem molendinorum eorumdem.* Ubi arbores iis usibus propriæ designari videntur : unde emendandum puto *Pomos et pirus.* Vide supra *Pirus* 2. et *Pomerius.*

* **PORPALUM**, Instrumentum focarium. Chartul. archiep. Bituric. fol. 165. v° : *Unum Porpalum de ferro. Item duos anderios de ferro, etc.*

PORPECIA, Piscis majoris species, [sus marinus, Gall. *Marsouin. Pourpoir* dicitur in Litteris Philippi VI. ann. 1349. tom. 2. Ordinat. Reg. Franc. pag. 319. *Pourpois*, in Litteris Johannis Reg. ann. 1351. ibid. pag. 424.] Vide *Geaspecia* et *Pocheteau.*

¶ Porpes, Eodem significatu, in Chartul. SS. Trinit. Cadom. fol. 23. v°. : *Debet* (Abbatissa) *habere salmones,.... lampreas, Porpedes et omnes francos pisces.*

¶ Porpetus, Porpeys, Eadem notione, Angl. *Porpoise.* Charta Henrici IV. Reg. Angl. ann. 1410. apud Rymer. tom. 8. pag. 634 : *De quolibet pisce vocato Porpeys venali unum quadrantem. Porpeis*, in Tabul. Fiscamn. ann. 1216. f. 48. Charta Eduardi VI. ann. 1547. apud eumdem Rymer. tom. 15. pag. 158 : *Pisces regales, videlicet sturgiones, balenas, cetas, Porpetos, delphinos, etc. Porpaiz*, in Charta Ledrini Abbat. S. Vedasti ann. 1036. in Tabul. ejusdem loci.

* **PORPHYRATORIUM.** Vide supra *Peristerium.*

¶ **PORPHYRETICA** Rota. Vide in *Rota.*

¶ **PORPHYRETICUS.** Vide *Purpurati.*

PORPHYROGENITUS, in *purpura*, patre Imperatore genitus, Græcis πορφυρογεννήτης. Luitprandus in Legatione cap. 15 : *Inaudita res est, ut Porphyrogeniti Porphyrogenita, hoc est in purpura nati filia, in purpura nata, gentibus misceatur.* Infra cap. 16 : *Sed Christophorus, aiunt, non Porphyrogenitus fuit.* [** Vide eumdem in Antapod. lib. 1. cap. 6. et lib. 3. cap. 30.] Vide quæ de hac voce adnotamus ad Alexiadem, infra in *Purpurati*, et Glossar. med. Græcit. voce Πορφυρογεννήτης.

* **PORPO**, Vestis militaris, lana vel gossipio farta et acu stipata ac *perpuncta.* Stat. ordin. S. Joan. Hierosol. ann. 1584. tom. 2. Cod. Ital. diplom. col. 1838 : *Nullus fratrum nostrorum audeat seu præsumat in conventu, extra exercitium armorum, ferre, more secularium.... diploides sive Porpones.* Vide *Perpunctum.*

¶ **PORPOINCTUM**, Porpointum. Vide *Perpunctum.*

¶ **PORPORATUS**, pro *Purpuratus*, Moneta Imperatorum Byzantinorum, in Hist. Belli sacri apud Mabill. tom. 1. Mus. Ital. pag. 164 : *Et vendebant, Sarraceni scilicet, asini onus octo Porporatis, qui appretiati erant viginti denariorum solidi.* Vide supra *Hyperperum.*

¶ **PORPORTARE**, ut infra *Proportare.* Tabular. S. Florentii ann. 1255 : *Herbergamentum in quo Brenceta... manere solebat, juxta viam quæ ducit gentes ad Dinannum, sicut se Porportat, etc.*

* Nostris etiam *Porporter*, eodem significatu. Chartul. Bellil. ad ann. 1294 : *Du moulin de la maladerie jusques à l'Indre, si comme le ruau se Porporte par devers Beaulieu; et dudit moulin, si comme le ruau se Porporte jusques au chief de la chaussée de l'estang de Ferrieres.* Vide infra *Proportare.*

¶ **PORPORTUS** Feodi, Redituum ejusdem inquisitio et declaratio, qua quomodo se *porportat* feodum, significatur. Charta ann. 1276. tom. 2. Chartul. S. Vandreg. pag. 1504 : *Vendidimus.... Guillelmo dicto Petit de Condreio unam pechiam terræ sitam in parrochia S. Martini de Cruoiola... pro IIII. lib. Turon... tenendam et habendam... jure hæreditario prædicto Guillelmo et hæredibus suis de nobis et hæredibus nostris secundum Porportum feodi, libere, pacifice.* Alia vernacule scripta ann. 1278. ibid. pag. 1471 : *De tout en tout delessie... ladite terre audit Guillaume et à ses hers quitemment et empés por deus pensions de rentes de Porport de fié, sauves aydes feax establies en Normandie.*

¶ Proportus, Eadem notione. Charta ann. 1263. ex Tabul. Fiscamn. : *Ad tenendum de me et de meis heredibus per Proportum feodi quod ipsi et heredes sui reddent mihi et meis heredibus.... et ego et heredes mei tenentur dictis G. N. et heredibus eorumdem predictas tres acras terre per Proportum feodi et per predictum redditum contra omnes bona fide garantizare.*

¶ **PORPORUS**. Chron. Tarvisin. apud Murator. tom. 19. col. 765 : *Portum autem Occidentis arctaverunt Porporis et immensa lapidum strue sub aquis latentium, et taliter quod illac nisi Liburnæ sive Faselæ poterant navigare.*

¶ **PORPREHENDERE**, Continere, Gall. *Comprendre.* Charta Reinoldi Abb. S. Crispini Suession. ann. 1212 : *Concessimus... arcam molendini de Varenes usque ad Axonam, sicut molendinum antiquitus Porprehendere poterat.*

* *Pourprendre*, pro *Entourer, environner*, Ambire, cingere, in Poem. *de Cleomades* Ms. :

> Un esprevier ot pardessus,
> Qui moult riches et biaulx estoit,
> Qui trestout le lit Pourprenoit.

PORPRENDERE, Invadere, aliquid sua auctoritate capere. Ovidius :

> .... Prendique et prendere tentans.

Præceptum Caroli M. pro Hispanis ann. 812 : *Erema loca sibi ad laboricandum Porpriserunt, et laboratas habere videntur, etc.* [*Propirserunt* editum tom. 1. novæ Hist. Occitan. inter Instrum. col. 36.] *Perprendre, qui est prendre de propre autorité terres communes*, in Consuetudine Aquensi tit. 9. cap. 11. et 18. ubi actio ipsa porprendendi, *Porprise*, et *porprison* dicitur. Le Roman de *Garin* :

> Vist de paiens mult grant ost aunée,
> Soissante mil en a premiers esmée,
> Par quatre sens ont Porprius la valée.

[Le Roman *de Vacce* MS. :

> Dont ont Porpris Meullent et toute la contrée.

Ibidem :

> Le païs a destruit et Porpris et gasté.]

Proprendere, Eadem notione. Capitula ad Legem Bajwar. tit. 2. § 12 : *Nullus præsumat alterius res Proprendere.* Lex Ripuar. tit. 75 : *Si quis caballum, hominem, vel quamlibet rem in via Propriserit. Res proprisæ*, in Capitul. Caroli Mag. lib. 5. cap. 140. [** 242.] Chartæ Parensales cap. 12 : *Eo quod terram suam de suo manso malo ordine nunquam Proprisisset, nec post se nunquam retinuerit.* Capitula Caroli Calvi tit. 39. [45.] cap. 8 : *Quia potest fieri, ut aliquis de fisco regio, vel de rebus Ecclesiæ aliquid Proprindat, aut per fraudem obtineat.* [Adde Appendicem Marculfi form. 33. et Formulam 12. inter Bignonianas.]

¶ Porprensio, Invasio, usurpatio. Tabular. S. Albini Andegav. : *Hæ sunt Porprensiones et malæ consuetudines quas Reginaldus Thesaurarius misit in curtem S. Albini de Mairono.*

** *Perprendement*, eadem acceptione, in Chartul. Celsinian. ch. 880 : *Omnes malas consuetudines et Perprendemenz, quas injuste in Carniaco tenebat, senioribus dimisit.*

Proprisæ Res, Invasæ, usurpatæ, in Capitul. 4. ann. 806. cap. 6. in lib. 6. Capitul. cap. 251. et in Capit. ad Leg. Bajwar. cap. 12. Charta Alamannica Goldasti 99 : *Proclamavit, eo quod in contradutum suum mansum ei tollutum fuisset, quod ei advenit a parte uxoris suæ simul et Flaviano, et Propresum fuisset, et legibus suum esse deberet, etc.* Ubi perperam Goldastus in *proprie suum* emendat.

Purprisus. Synodus Tricassina ann. 878 : *Si aliquis nostrorum fidelium de regno patris sui ex hoc aliquid Purprisum habet, jussu nostro illud dimittat.* Adde Aimoin. lib. 5. cap. 38. Charta Gallica apud Henricum de Knyghton pag. 2547 : *Et ensi chivachent à force et armes, Purpenant real pouare, etc.* Id est, sic equitant cum viribus et armis, usurpata auctoritate regia. Mox : *Par vostre real pouare que vos avez Purpris sur nostre Seigneur le Roi, etc.*

Purprestura, ipsa actio *proprindendi.* Vox Fori Anglici. [Liber niger Scaccarii pag. 249 : *De Purprestura marisci, qui numquam antea lucratus fuit.*] Glanvilla lib. 9. cap. 11 : *Dicitur autem Purprestura vel porprestura proprie, quando aliquid super Dominum Regem injuste occupatur, ut in dominicis Regis, vel in viis publicis obstructis, vel in aquis publicis traversis a recto cursu : vel quando aliquis in civitate super regiam plateam aliquid ædificando occupaverit, et generaliter quoties aliquid fit ad nocumentum regii tenementi, vel regiæ viæ, vel civitatis, placitum inde ad coronam Domini Regis pertinet.* Mox innuitur *Purpresturæ* tres esse species, primam contra Regem, alteram contra dominum capitalem, tertiam contra vicinum, vel non dominum. Adde Regiam Majestat. lib. 1. cap. 5. § 4. lib. 2. cap. 74.

De Purpresturis contra Regem, ita Gervasius Tilleberiensis lib. 2. cap. de Excidentibus et occupatis apud Spelman. : *Fit interdum per negligentiam Vicecomitum, vel ejus ministrorum, vel etiam per continuatam in longa tempora bellicam tempestatem, ut habitantes prope fundos, qui Coronæ annominantur, aliquam eorum sibi portionem usurpent, et suis possessionibus adscribant. Cum autem perlustrantes judices per sacramentum legitimorum virorum hæc deprehenderint, seorsim a firma Comitatus appretiantur, et Vicecomiti traduntur, ut de eisdem seorsim respondeant*, et hæc dicimus *Purpresturas*, vel occupata. Agunt etiam de iisdem contra Regem *purpresturis* Statutum de Bigamis ann. 4. Edw. 1. cap. 4. Math. Paris. pag. 180. in Additament. pag. 100. 101. Fleta lib. 1. cap. 20. § 18. 107. lib. 2. cap. 41. § 2. 3. Brittonus pag. 28. 29. etc. [** Abbreviationes Rotulorum originalium tom. 2. pag. 212. ann. 24. Edw. III : *Rex assignavit NN... ad inquirendum de Porprisis et Porpresturis quibuscumque factis super solum regis et stratam regis, ac marras et piscarias regis infra libertatem regis de Holdernesse, et per quem, vel per quos, quo tempore, qualiter et quo modo.* Occurrit ibi passim similis formula.]

Purpresturam contra dominum capitalem facere dicitur is, cum id de quo erga dominum tenetur, non facit, vel ejus juribus derogat. Unde in *purpresturam* feudum vel ejus fructus cadunt, cum vasallus intra statos ac lege definitos dies feudum ab eo non recipit, seu *relevat*, quod in *purpret*, vel *purpert* cadere vocant Consuetudo municipalis Vitriacensis, art. 29. 41. 54. et Remensis, art. 99. et 100. ubi perperam quidam emendant ac restituunt *pure perte.* Nam *purpret* idem valet ac *confiscatio*, vel *commissum*, quomodo *purprestura* usurpatur in veteribus Tabulis, in Monastico Anglic. tom. 2. pag. 1021. apud W. Thorn pag. 1936. etc.

Purprestura contra vicinum, aut non dominum. Tabular. Fiscanense fol. 82 : *Et de Purprestura quam bercarius Abbatis purprehendit super prædictum Heliam.* Vide Monasticum Anglic. tom. 1. pag. 848. tom. 2. pag. 1021. Willelmum Thorn ann. 1283. et pag. 2023.

Porprisum, Possessio, vel locus sepibus, muris, aut vallis conclusus : *Pourpris*, in Consuetud. Britan. art. 175. Silvanectensi art. 129. etc. *Pourprinse*, in Turonensi, art. 260. 295. quantum loci quis *porprisit*, usurpavit. [Tabul. SS. Trinit. Cadom. fol. 84 : *Vendiderunt unam masuram cum toto Porpriso.*] [** Idem significat Germ. *Bifang*, quod vide supra. Tradit. 329. ann. 778. in Codic. Diplom. Lauresham. tom. 1. pag. 389 : *Unum Bifangum quem pater meus Proprisit in silva.* Et quidem *Purprisum etc.* primo dictum puto de terra in novam culturam redacta et quasi *super silvam communem et eremum porprisa*, quam tamen sepibus etc. conclusam fuisse non negaverim. Confer *Aprisiones* et *Captura.*]

** Porprestura *in foresta.* Rotul. origin. Abbrev. tom. 2. pag. 21. ann. 1. Edw. I : *Mandatum est Galfrido de Pythof.... quod omnes Porpresturas factas infra forestam de Wyndesore per dominum Henricum regem, patrem regis, et alios predecessores regis ad voluntatem ipsorum tenendas commissas, in quibuscumque manibus porpresturæ illæ existant, sine dilatione capiant in manum regis, et eas excolere et seminare faciant, prout magis ad opus regis viderint expedire. Illas etiam Porpresturas, quas prædictus Henricus rex, pater regis, et alii prædecessores regis dederunt per cartas suas imperpetuum tenendas fideliter amensurari faciant, et si per amensuracionem illam inveniant, quod illi, qui per cartas prædecessorum regis hujusmodi Porpresturas tenent, aliquid ultra concessionem sibi inde factam occupaverunt vel usurpaverunt, tunc quod per ipsos sic occupatum vel usurpatum, una cum Porpresturis suis taliter concessis, capiant in manum regis etc. Placeas insuper vastas, quæ sunt de solo regis infra eandem forestam in culturam redigant prout magis etc.* De eisdem porpresturis in foresta de Wyndesore hæc leguntur in Abbrev. Rotul. tom. 2. pag. 265. anno 25. Edw. III. Berk. rot. 15 : *Rationabili relevio.... de 30. acris terræ, 3. rodis et 5. perticatis terræ de Porpresturis in foresta de Wyndesore, quas de rege tenent in capite per servicium reddendi regi annuatim ad castrum regis de Wyndesore 17. solidos; et 13. acris et dimid. et 5. perticatis terræ de porpresturis in foresta prædicta, etc.* Ibid. pag. 308. ann. 44. Edw. III. Cumb. rot. 3 : *Rex commisit Rogero de Salkeld custodiam clausuræ de Blaberythwayt in foresta regis de Ingelwo-*

de et trium porpresturarum in eadem foresta, quas J. de Raghton nuper tenuit habendas usque ad finem 20. annorum. Abbrev. Rotul. tom. 1. pag. 6. ann. 28. Henrici III : *Omnia blada, quæ inveniunt seminata in Purpresturis factis in dominicis regis infra forestam regis appreciari faciant, etc.*

¶ Porprisus et Proprisus, Muris vel sepibus cinctus, conclusus. Præceptum Ludovici Imper. ann. 835. apud Marten. tom. 1. Ampl. Collect. col. 95 : *Et de Porprisa silva jornales octo, et aliam communem silvam non Proprisam.*

¶ Porprisa, Ambitus. Charta Theobaldi Comit. Blesensis ann. 1186. apud Marten. tom. 1. Anecd. col. 627 : *Dedi et concessi in perpetuum monachis ejusdem Ecclesiæ* (S. Launomari)... *quantum opus eis fuerit ad reparationem Ecclesiæ et domorum in tota Porprisa abbatiæ. Proprisa* edidit Mabill. sæc. 4. Bened. part. 2. pag. 249.

Porprisagium, Idem quod *Porprisum*. Charta Radulfi Abbatis Fiscanensis ann. 1213. in Tabular. Fisc. f. 31 : *Masuram terræ cum terra et Porprisagio ibi pertinente .... dederunt.* [* Charta ann. 1261. ex Chartul. S. Ymer. fol. 64. v° : *Concessi priori S. Ymerii pro xvj. solidis Turon. duos solidos currentis monetæ annui redditus, percipiendos super meum Porprisagium, cum domibus ibidem positis, situm in feodo S. Ymerii. Prepuse*, mendose, pro *Proprise*, in Ch. ann. 1405. ex Reg. feud. comitat. Pictav. in Cam. Comput. Paris. fol. 22. v° : *Vergiers, clousures, touches, Prepuses et appartenances.*]

¶ Proprisagium, in Charta ann. 1261. tom. 2. Chartul. S. Vandreg. pag. 1427 : *Duos solidos Turon. sitos supra quadam domo, cum Proprisagio dictæ domus, etc.*

¶ Porpresium, Eodem intellectu, in Cod. censuali Castell. Dombens. ann. 1463 : *Super duabus partibus chappæ unius domus et totius unius grangiæ, nec non Porpresii in qua ipsa chappa et grangia situantur.* Ibidem : *Super chappa et chasso et Porpresio, ubi dicta chappa et chassum situantur.*

¶ Porprisia, Eodem significatu. Charta ann. 1228. tom. 2. Hist. Eccl. Meld. pag. 123 : *Concessit ad usum pauperum in puram et perpetuam elemosinam domum cum tota Porprisia quietam et liberam ab omnibus.* Tabul. Eccl. Autiss. ann. 1241 : *Inter alia loca civitatis domum quandam dictorum Decani et Capituli cum Porprisia, etc.* Necrolog. ejusd. Eccl. an. circ. 1270. exaratum ad 19. Novembris : *Obitus Raaudi subdiaconi et canonici. LX. sol. super domum et Porprisiam contiguam capellæ S. Stephani PP. et Mart. Porprisson*, in Tabul. S. Sulpitii Bituric.

Porprisium. Charta ann. 1218. in Hist. Castilion. pag. 39 : *Excepta domo sua de Calloe et Porprisiis ejusdem domus, sicut infra murum hodie continetur, etc.* Alia ann. 1230. in Hist. Monmorenc. pag. 408 : *Diceret se jus habere in domo et Porprisio B. Dionysii, etc.* Occurrit præterea in Charta ann. 1213. in Hist. Monasterii S. Mariæ Suession. pag. 446. [apud Marten. tom. 1. Ampl. Collect. col. 1138. tom. 2. Hist. Eccl. Meld. pag. 144. tom. 4. Hist. Harcur. num. 2161. tom. 3. Ordinat. Reg. Franc. pag. 543. et alibi passim.]

¶ Proprisia, in Charta an. circ. 1220. in Tabul. Floriac. : *Concessimus totum hebergagium suum sicut se comportat cum Proprisia sua, scilicet cum virgulto et fossatis.* Adde Chartam Philippi Pulcri Reg. Franc. ann. 1303. tom. 3. novæ Gall. Christ. inter Instr. col. 387.

¶ Proprisium. Charta ann. 1220. tom. 1. Chartul. S. Vandreg. pag. 193 : *Cum terra et Proprisio eidem masuræ pertinenti.* Charta Curiæ Suession. ann. 1261 : *Cum duabus partibus totius Proprisii et omnium appendiciorum dictæ domus.* Tabul. S. Medardi Suession. ann. 1272 : *Noverint quod Symon domum suam de burgo Axonæ cum toto ejusdem domus Proprisio nobis elemosinaverit.* Adde Hist. Monast. S. Germani Paris. inter Instrum. pag. 67.

¶ Propresium, in Terragio Bellijoc. : *Super domibus, stabulis et Propresio, tertia parte molendini, etc.*

¶ Pourprisium, Pourprisum. Charta ann. 1239. apud D. *Brussel* tom. 2. de Usu feud. pag. 855 : *Et quod possumus facere circa Pourprisium nostrum ibidem unum fossatum 12. pedum in latitudine.* Litteræ ann. 1293. apud Lobinell. tom. 3. Hist. Paris. pag. 205 : *Quoddam manerium sive Pourprisium situm extra muros Parisienses.* Occurrit rursum in Charta ann. 1313. apud eumd. tom. 2. Hist. Britan. col. 468 : *Assignaverunt* xx. *sol. alborum supra domum, curtile et totum Pourprisum Ægidii*, in Chron. Bonæ Spei pag. 268.

Propresa. Charta Philippi Regis Franc. ann. 1271. in 30. Regesto Chartophylacii Regii cap. 220 : *Ponatur in margine paludis alius terminus inter paludem et Propresam.*

¶ Proprisus, in Præcepto Ludovici Imper. ann. 835. apud Marten. tom. 1. Ampl. Collect. col. 94. [** *Proprisus* et *Purprisus* occurrunt sæpe in Cod. Diplom. Lauresh. Vide ibi Indicem rerum.]

¶ Pourprisura, ut *Porprisum*. Charta ann. 1293. in Chartul. Domus Dei Pontisar. : *Cum Pourprisura eidem domui adjacente. Pourprisia*, in alia ann. 1225. ibid. Le Roman *d'Athis* MS. :

> Hors la ville a tel Pourprissure,
> Trois grans lieues la place endure.

¶ Purprisura. Tabul. Latiniac. ann. 1195 : *Concessi in elemosinam Abbati et Conventui S. Petri Latigniacensis.... locum capellæ cum Purprisura adjacente.*

¶ Porprestura. Tabul SS. Trinit. Cadomens. fol. 43 : *Et postea istas cepit Porpresturas de dominio, etc.* Occurrit rursum pag. 63. Polyptychus Fiscamn. ann. 1235 : *Dominus Radulphus de Argentiis tenet unum masagium.... unde reddit.... sex denarios de Porprestura.*

¶ Porpristura. Charta ann. 1123. apud *Madox* Formul. Anglic. pag. 73 : *Reddidit etiam eis omnes Porpristuras, de quibus inter eos discordia et calumpnia erat.*

Purprestura, Idem quod *Porprisa*, Ambitus. Monasticum Anglic. tom. 2. pag. 139 : *Dedi.... totum pratum meum..... liberum et quietum ab omni servitio, et Purpresturam gardini sui.* [Adde Chartam ann. 1299. apud Rymer. tom. 2. pag. 855.]

¶ Propestura, Eodem significatu, in Polyptycho Fiscamn. ann. 1235 : *Willelmus filius Nicolai tenet novem masagia, unde reddit* IV. *solidos et dimidium, et de Propestura muri duos capones.*

Purprisus. Monasticum Anglic. tom. 2. pag. 106 : *Donavi eis meum Purprisum de Kirkam, et domos meas, etc.* [** Hodie JCtis Anglis *a Purprise* est *an inclosure, the appartenances of a manor.*]

* **PORPRISOR**, Fidejussor; forte quia rei, quam spondet, exsecutionem in se suscipit, vel quod rem cautione sua firmet et muniat. Charta Odon. dom. Granceii et Guid. dom. Salion. ann. 1208. ex Chartul. eccl. Lingon. Cod. reg. 5188. fol. 20. r° : *Et ut res ista majori firmitate ligetur, uterque nostrum dominum ducem de toto constituit Porprisorem.* Alia Will. Lingon. episc. ann. 1217. in Chartul. Campan. fol. 80. v° : *Et de hoc tenendo mihi constituerunt Porprisorem Odonem ducem Burgundiæ. Dominum ducem Burgundiæ fidejussorem constitui*, in alia ejusd. Will. ann. 1212. ibid.

* **PORQUATA**, Porcorum grex. Charta pro consul. Appam. ann. 1343. in Reg. 75. Chartoph. reg. ch. 605 : *Unum porcum de dicta Porquata, invito dicto porquerio, acceperunt.* Vide supra *Porcairata*.

* **PORQUEIRATA**, Eodem intellectu. Pactum inter Arnald. de Villanova dom. de Trans. et homines ejusd. castri ann. 1283. ex Tabul. D. Venciæ : *Item fuit actum expresse quod.... pro quolibet porco* (frangente bannum detur) *una picta; et si est tota Porqueirata vel major pars, solvantur pro banno duo solidi, sex denarii.*

¶ **PORQUERIUS**, Porcorum custos, subulcus, *Porcher*, Provincialibus *Pourquié*. Charta ann. 1442. ex Schedis Præs. de *Mazaugues : Possint eligere, ordinare et constituere æstimatores, sive communes bannerios, et etiam Porquerios communes.* V. *Porcarius*.

¶ **PORQUETUS**, Porcellus, junior porcus, Provincialibus, *Pourquet*. Tabul. S. Victoris Massil. : *Quod teneantur et debeant decimam Porquetorum. Pro singulo Porqueto minore unius anni*, in Transact. ann. 1501. ex Schedis Præs. *de Mazaugues*.

¶ **PORQUS**, pro Porcus, in Charta ann. 1403. inter Schedas ejusdem Præsidis.

* **PORRAGIUM**, f. pro *Portagium*, portorium seu tributum, quod ad portas civitatum exsolvitur. Charta Eustachii de Campan. ann. 1210. ex Chartul. S. Bertini fol. 307 : *Cum hoc dono omnes generaliter presbyteros et omnes clericos a Porragio absolvo.* Vide infra *Portagium* 3. et 7.

¶ **PORRATA**, ut mox *Porrecta*. Consuet. MSS. Solemniac. : *In festo Cathedres S. Petri cornutas, sepias et anguillas cum Porrata.* Ibidem : *In festo sancti Eligii sepias et rosiolos et anguillas cum Porris.* Rursum : *In festo SS. Crispini et Crispiniani martyrum, Porratam.* Vide *Poirata*.

PORRECTA, Jusculum ex porris confectum. Gall. *Porrée*. Miracula S. Galterii Abbatis Pontisarensis num. 26. [15.] : *Qui insufflans in faciem ejus, dixit, Hoc modo Porrectam tuam calidam sufflando refrigerabo.* [Vide *Porrata*.]

¶ **PORRECTURA**, Altitudo, in Gasp. Barthii Gloss. ex Baldrici Hist. Palæst.

apud Ludewig. tom. 3. Reliq. MSS. pag. 199.

* **PORRECTUS**, Porrus, leguminis species, Gall. *Porreau*, vel potius Legumen quodlibet. Vide supra in *Poreta* 2. Charta ann. 1256. inter Probat. tom. 1. Annal. Præmonst. col. 416 : *Dictus prior concessit abbati et conventui memoratis, quod ad solvendum decimas de oleribus aut Porrectis crescentibus in clauso suo apud Carlton, non exiget.* Vide *Porrecta.*

* PORRECTUS, in Libert. Montisol. ann. 1312. tom. 7. Ordinat. reg. Franc. pag. 500. art. 3 : *De fenestris et hostiis in locis debitis faciendis, sine alterius injuria et Porrectibus solaciorum et tectorum, etc.* Ubi ex Reg. 143. Chartoph. reg. ch. 172. lego divisis vocibus, *et pro rectibus, etc.* Id est, pro ductibus aquarum.

¶ **PORRELAGIUM**, f. pro *Porcellagium.* Charta Philippi II. Reg. Franc. ann. 1170. apud Perardum in Burgundicis pag. 244 : *Et in universa terra ejus non habet talliam vel Porrelagium, etc.*

¶ **PORRESTARIUM**, pro *Potestativum*, dominium, in Charta Attonis Vicecom. ann. 942. apud Stephanot. tom. 1. Antiquit. Bened. Occitan. MSS. pag. 500 : *Concedo.... totum alodum et totum Porrestarium de villa et de omni parochia S. Salvatoris de Bruera.* Infra : *Concedo... totum allodium, et totum Potestatem et dominium de prædicto honore de Brucia.*

¶ **PORRETA.** Vide *Perrara.*

PORRETANI, Gilleberti Porretani Episcopi Pictavensis sectatores, de quo Otto Frisingensis lib. de Gestis Frider. cap. 46. 47. et alii apud Baron. ann. 1147. Beslium et Sammarthanos. Ebrardus Bethuniensis contra Valdenses, cap. 1. pag. 49 : *Ne simus Nominales in hoc, sed potius Porretani.* De Gilberto, Alanus de Insulis lib. 4. Anticlaudiani pag. 50 :

> Illic castra tenet, et eodem miles in arte
> Gilbertus saltu fallaci transilit artem.

Vide Metalogicum Joannis Sarisber. lib. 2. cap. 17.

¶ **PORRIGIUM**, πίτυρον, ἡ ἐν τῇ κεφαλῇ ῥυπαρία, in Gloss. Lat. Græc. *Porrigo* apud Nonium cap. 2. 701. Horat. lib. 2. Sat. 3. 126. et Juvenal. Sat. 2. 79. *Porrigo, teigne, rache, roigne*, in Gloss. Lat. Gall. Sangerm.

* **PORRITUS** PORRUS, Minoris, ut videtur, speciei, porrus communis. Gloss. Cæs. Heisterbac. in Reg. Prum. tom. 1. Hist. Trevir. Joan. Nic. ab *Hontheim* pag. 671. col. 1 : *De porro Porrito mundat in horto agrum j. de porro majore agrum j. et dimidium.*

* **PORROLOSENCIA.** Vide supra *Perrorescencia.*

* **PORRUM**, *Baium*, in vet. Glossar. ex Cod. reg. 7641. Est autem Clavæ species, quæ *Porre* nuncupatur, in Lit. remiss. ann. 1451. ex Reg. 181. Chartoph. reg. ch. 32 : *Icellui Boere, qui avoit en sa main une massue ou Porre, vint au dit Santoret, et d'icelle massue ou Porre frappa icellui Santoret par la teste;.... et be le donat sur le cap ung coup de Porro.*

¶ **PORRUS**, Verruca, Gall. *Porreau.* Acta S. Francisci de Paula tom. 1. April. pag. 138 : *Cujus manus erant plenæ Porris et fere ex eis consumptæ. Erant porri isti ad instar ulcerum.*

* **PORSANUS**, a vulgari *Poursain*, pro Porcianus. Lit. Caroli V. ann. 1375. pro eccl. colleg. S. Galli de Lugiaco diœc. S. Flori in Reg. 108. Chartoph. reg. ch. 41 : *Per magistros aut custodes monetarum nostrarum de sancto Porsano, etc. Porsoin*, Porcellus, inter redit. comit. Namurc. ann. 1265. ex Reg. Cam. Comput. Insul. sign. *Papier velu* fol. 22. r° : *Et si a li cuens à le cort saint Jakeme trois Porsoins l'an à la volenté le conte.*

* **PORSEAMENTUM**, PORSIAMENTUM, Idem, ni fallor, quod *Percursus*, facultas nempe ponendi pecudes suas, et eas pascendi in alterius domini, quocum *percursus* erat, pascuis; nisi sit facultas pascendi porcos in silva. Chartul. feudor. episc. Aurel. fol. 262. v° : *Tenentinfeodum....septem modios cum dimidio seminaturæ terræ, cum herbergegio et Porseamento.* Ita rursum infra non semel. Ibidem fol. 272 : *Item Guillelmus de Marvillier miles tenet a dicto Petro de Varannis herbergegium de Marvillier cum Porsiamento.*

PORTÆ, Angustiæ itinerum, quas Hispani *Portus* vocant : τὰ ςένα, πυλαί, Græcis scriptoribus; *Clausuræ*, Latinis recentioribus. Jornandes de rebus Geticis cap. 7 : *Nam locatim recisus*, (mons) *qua disrupto jugo vallis hiatu patescit, nunc Caspias Portas, nunc Armenias, nunc Cilicas, vel secundum locum qualis fuerit, facit, vix tamen plaustro meabilis, lateribus in altitudinem utrimque directis, qui pro gentium varietate diverso vacabulo nuncupantur.* Otto Frisingensis lib. 1. de Gest. Frider. cap. 32 : *Igitur Rex ad Portam Mesiam 70. pugnatorum millia vel amplius habens, erupit, in campoque inter Portam præfatam, et fluvium Lithale..... castra posuit. Portæ S. Basilii*, in Expeditione Asiatica Friderici I. Imp. pag. 64. *Portæ Hispaniæ*, apud Rogerum Hovedenum pag. 560. quæ vulgo *Portus* aliis Scriptoribus dicuntur. *Porta Russiæ*, apud Rogerium de Destruct. Hungariæ cap. 14. Ita *Portas* usurpant præterea Albertus Aquensis lib. 1. cap. 8. lib. 3. cap. 5. lib. 10. cap. 38. Raimundus Montanerius cap. 207. et alii.

1. **PORTA**, Teloneum quod ad portam exigitur, *Portaticum.* Charta Petri Episcopi Atrebatensis ann. 1194 : *Sibi tamen de assensu nostro retinuit in vita sua in parte districti, quæ dicitur strata, exercitum, cavalheriam, talliam, altam justitiam, Portam, et calceiam in porta, etc.* [Charta inter Instrum. tom. 6. Gall. Christ. novæ edit. col. 30 : *Deniqùe tunc proclamavi ei lesdas quas fraudulenter et violenter, sicut audistis, mihi abstulerat, et Portam et medietatem mensis Octobris de tertio salis.*] Vide *Portaticum.*

☞ Qui ab hac exactione immunes erant, *libertatem habere in porta* dicebantur. Charta ann. 1204. ex Tabul. Episcopat. Massil. : *Libertatem quam Rex Jerusalem Balduinus fratribus S. Samuelis ordinis Præmonstrat. dedit in Porta, funda, cathena, pondere et mensura, ut possent emere, vendere et intrare et exire per totum regnum Jerosolimitanum.*

PORTA, Tribus vel urbis Regio vocatur apud Mediolanenses et Italos. Sigonius lib. 6. de Regno Italiæ, de Ottone I. : *Mediolanensium civium alios in tribubus urbis, quas illi Portas vocabant, et agri pagis, quos Plebes nominabant, Capitaneos instituit.* Vetus Charta apud Camillum Peregrinum in Dissertatione Italica [apud Murator. tom. 5. pag. 235. edita,] de notione hujus vocis : *Ut primum Presbyteri Portæ Sunimæ, et Clerici simul cum Laicis ad Episcopum descenderent.* Liber inscriptus Flos florum : *Isto tempore et per longa tempora ante, Archiepiscopus Mediolani erat Dominus spiritualis et temporalis Mediolani, et regebatur civitas per Consules datos per Archiepiscopum, quibus ensem ipse dabat, cum regere inciperet; aliquando per Capitaneos factos per Archiepiscopum in qualibet Porta specialis parentela regebat.* Mox addit unicuique *Portæ*, sive regioni fuisse vexilla propria, quorum colores et figuras describit. Occurrit non semel in Statutis Mediolanensib. Vide Falconem Benevent. pag. 209. 229. et Ottonem Morenam in Hist. Rerum Laudensium pag. 70. 75. 78. 96. [** Savin. Histor. Jur. Rom. med. temp. tom. 4. cap. 28. sect. 3. nott. 116.] et alibi.

¶ PORTA diversa nonnihil notione in Ogerii Panis annal. Genuens. ad ann. 1213. apud Murator. tom. 6. col. 405 : *Papienses vero audito hoc equitaverunt cum Portis quinque solummodo militum et peditum, etc. Ubi porta* pro militum turma videtur accipi.

* 2. **PORTA**, pro Aula regia apud Orientales, vox antiquissima; quod testantur Xenophon et Plutarchus, ut legitur in Mercur. Franc. tom. 1. Dec. ann. 1736. pag. 2617.

* 3. **PORTA**, Domus hospitum in monasteriis, quod ad portam monasterii exstructa esset; eadem de causa *Porta* apud monachos appellabatur Locus, ubi pauperibus eleemosynæ distribuebantur; sed et reditus ejusmodi eleemosynis assignatus. Charta ann. 886. tom. 9. Collect. Histor. Franc. pag. 353 : *Quinciacus cum integritate, et Cociacus, quas ipsi fratres de portione sua ad Portam deputaverunt excipiendis monachis et cæteris familiaribus suis.* Alia ann. 900. ibid. pag. 488 : *De nominatis villis vel locis, seu etiam ex villis ad hospitale nobilium, quod Porta vocatur, pertinentibus,... quidquam diminuere... præsumat.* Charta Theob. comit. ann. 1250. in Chartul. Campan. ex Cam. Comput. Paris. : *Item acquisita ad usum Portæ Clarevallensis pro pauperibus, sunt ista quæ sequuntur : medietas grossarum et minutarum decimarum de Bretenaio, de Condes, de Joncherio et de Domo Armandi, quas decimas habet Porta Clarevallensis a Renerio de Amborivilla.* Alia Mariæ dom. de Nanthobio ann. 1251. ibid. fol. 330. v°. col. 1 : *Aumona au lit de la mort messires Gaucher li Granz dix livres de Provenisiens chascun an à la Porte d'Igni, por doner cotes as mesiax de sa terre.* Vide infra *Portaria.*

PORTA, Munus ipsum Portarii Monastici, seu quod ad portæ officium pertinet, apud Adalardum in Statutis Corbeiensibus pag. 8. 19. et Hariulfum lib. 3. Chron. Centulensis cap. 19. pag. 516. in privilegio Monasterii Atrebatens. concesso in Conc. Vermeriensi circa ann. 866. etc.

* 4. **PORTA**, Custodia ad portas castri vel excubiæ, ut videtur. Stat. Carcasson. ann. 1411. tom. 9. Ordinat. reg. Franc. pag. 609. art. 10 : *Las portas acostumadas solo esser de vint jorns, et pueys per la reso dels Senteniers de las guerras, et par la voluntat del Conestable, fors escriertas en motas de manieyras de cascun Conestables, etc.*

* 5. **PORTA**, *Porticus*, locus coopertus, ubi merces venum exponuntur. Charta ann. 1197. ex Tabul. S. Petri Carnot. : *Hominibus autem villæ Villonis et Capellæ regis, Portas et fenestras erigere, ad vendendum et hospitandum,.... concedo et concessi.* Vide infra *Porticus* 2.

* 6. **PORTA**, Lignearum regularum compages, Gall. *Chassis*. Inventar. ann. 1476. ex Tabul. Flamar. : *Item plus duas Portas coralli paraventi ejusdem cameræ, non affixas in eorum locis.*

PORTÆ AUREÆ, dictæ in majoribus civitatibus portæ præcipuæ, per quas solemnes ingressus vel processus fieri solebant ut Constantinopoli *Porta aurea*, Græcis πυλὴ χρυσῆ, de qua copiose egimus ad Willharduinum num. 129. et in nostra Constantinopoli Christiana : *Romæ* apud Ottonem Frising. lib. 2. de Gest. Frider. cap. 22. et Guntherum lib. 4. Ligurini : *Hierosolymis*, in Gestis Francor. expugn. Hierusalem pag. 572. *Thessalonicæ*, apud Joannem Cameniatam de excidio Thessal. cap. 24. *Ravennæ, etc.* [Eadem notione *Mestre porte* usurpat le Roman *de la Rose* MS. :

> C'est asavoir que Dangier porte
> La clef de la plus mestre Porte.]

PORTA ARGENTEA Basilicæ S. Petri Romæ, apud Anastasium in Sergio II. PP. et Paulum Diac. lib. 4. Chr. Casin.

PORTAS ABSTRAHERE. Libertates concessæ urbi Barcinon. a Petro Rege Arag. ann. 1283 : *Dominus potest emphyteotæ abstrahere auctoritate propria Portas, si non solvit ei censum die statuto. Item si non firmat sibi jus, potest abstrahere Portas.*

¶ PORTARUM AMISSIO, Genus pœnæ, qua quis domum suam claudere tenebatur. Litteræ Johannis Reg. Franc. ann. 1351. tom. 2. Ordinat. pag. 479 : *Obediant et obtemperent sub pœna quinque solidorum Turon. domino nostro Regi danda, aut per Amissionem portarum hospitiorum suorum, etc.* Supra : *Ad hoc possint compelli... captis pignoribus, et clausura eorum hospitiorum.* Quæ loquendi formula apud nos in usu est erga mercatores, quibus mercaturas exercere prohibitum, ii enim tabernam claudere, Gall. *Fermer boutique*, dicuntur.

PORTAS APERTAS *conscribere*, Testamento aut tabulis manumittere. Lex Ripuar. tit. 61. § 1 : *Si quis servum suum libertum fecerit, et civem Romanum, Portasque apertas conscripserit, etc.*

☞ Qua loquendi formula significabatur libertas manumisso data eundi quo vellet. Leg. Willelmi Nothi : *Si quis velit servum suum liberum facere,.... ostendat ei liberas Portas et vias, etc.* Vide *Manumissio*, pag. 253. col. 1.

¶ PORTÆ APERTÆ, in Charta Alaman. 7. sub formul. manumiss. unde hodie *Pasporte* dicimus. Spelman.

* PORTA CARCERIS, Quæ Remis ad publicam ambulationem hodie ducit. Necrol. canon. regul. S. Dion. Rem. ex Cod. reg. fol. 3. r°. : *Obiit Ermenricus canonicus S. Mariæ, qui dedit nobis furnum ad Portam carceris.*

PORTÆ ECCLESIARUM *reliquiis Sanctorum consecratæ*, vel *non consecratæ*, in Legibus Longobard. lib. 1. tit. 9. § 30. [** Ludov. P. 10] in Capitularib. Caroli M. lib. 4. cap. 13. [in Capit. 1. Ludovici Pii ann. 819. cap. 1. et in Can. Isaaci Episcopi Lingon. tit. 2. cap. 2.]

* PORTA LABILIS, Cataracta, vulgo *Herse*. Charta Rogeri episc. Camerac. ann. 1180. ex Tabul. ejusd. eccl. : *Concessimus eis (portam) habere perpetuo hac ratione, quod eam validam facient et bene munitam, turre desuper constructa et Porta labili, ponte quoque levaticio ante posito.* Qua etiam notione intelligenda *Porta levatura*.

PORTA LEVATURA, Pons sublicius ad portas urbium. Hist. Cortusior. lib. 6. cap. 5 : *Qui calata Porta levatura, seu saracenesca, inter utramque partem vivus emansit inclusus.* Lib. 7. cap. 16 : *Sed propter Portam civitatis, quæ erat levatura, non fuerunt ausi intrare successive.* Lib. 1. cap. 18 : *Calatis suis pontibus levaturis, processit in hostes.* Vide *Porta labilis*.

☞ *Porte coulant*, pro Catarracta, porta pendula, occurrit in Poemate *de la Rose* MS. :

> Si a bonnes Portes coulans,
> Por faire ceus de hors dolans,
> Et por els prendre et retenir
> S'il osoient avant venir

* PORTA MAGISTRA, Præcipua, primaria. *Mestre porte*, in Poem. *de la Rose* Ms. Missale S. Joan. in valle ann. circ. 400 : *Intrant per magistram Portam ecclesiæ.*

¶ PORTA PARADISI. S. Wilhel. Constit. Hirsaug. lib. 2. cap. 50 : *Si est Papa vel Rex, vel Pater monasterii, qui suscipitur, totus conventus usque ad Portam paradisi progreditur, etc.* Vide *Paradisus* 1.

PORTA POPULOSA, in jure Hungarico domus habens justam integramque familiam. Albert. Molnarus.

PORTA REGIA. Vide *Regiæ*.

¶ PORTA REGULARIS, Monasterii janua. Litteræ ann. 1216. apud Baluz. Hist. Tutel. col. 519 : *Donet præpositus unam sextariam panis siliginei eleemosynario, quam idem elemosynarius omni die ad Portam regularem distribuat pauperibus et egenis.*

¶ **PORTABILIS**, Qui potest portari, Gall. *Supportable*. Sidonius lib. 8. Epist. 11 : *Difficilis aditu, cum facilis inspectu; et portandus quidem, sed Portabilis.* S. August. Epist. 34. ad Paullinum : *Onus tolerabilius et Portabilius.*

* Dicitur de rebus quæ facile transferri possunt. Charta ann. 1296. in Chartul. eccl. Lingon. ex Cod. reg. 5188. fol. 232. v° : *Facimus nos in solidum fidejussores, principales debitores et redditores in pignoribus sufficientibus, Portabilibus et ductilibus, reddendis et deliberandis apud Castellionem.* Alia Gilon. de Flagiaco milit. in Chartul. Guill. abb. S. Germ. Prat. fol. 202. v°. col. 1 : *Tradam et deliberabo gagia sufficientia et Portabilia, etc.*

¶ **PORTACIA**, ἀνδράγνη, in Gloss. Lat. Græc. Cod. Sangerm. : *Portacla*, ἀνδράγνη, εἶδος λαχάνου.

¶ **PORTAGIARIUS**. Vide *Portaticum*.

1. **PORTAGIUM**, Delatio vel portatio rei alicujus, in Statutis Gildæ Scoticæ cap. 44. locum vide in *Requies*. Charta ann. 1206. ex Tabulario Ecclesiæ Carnotensis num. 49 : *Prædictas autem decimas et campipartem idem Miles et hæredes ipsius ad dictam granicam deferre tenebuntur, sed a gravi excussi Portagio remanebunt immunes.*

* *Portaige*, Facultas merces transvehendi etiam per mare. Memor. C. Cam. Comput. Paris. fol. 10. v°. ad ann. 1346 : *La premiere chose, qu'il vous plaise ottroyer audit commun de Genes le treffe et le Portaige par mer des marchandises, que l'en porte de vostre royaume oultre mer, en tele maniere que nul autre entre ci et dix ans ne s'en mesle dudit Portaige, que les genz du dit commun.*

2. **PORTAGIUM**, *Portage*, in Regesto peagiorum Bappalmæ, sumitur pro ea præstatione quæ exsolvitur pro mercibus quæ collo *portantur*. Charta Philippi Reg. Franc. ann. 1222. ex M. Pastorali Eccl. Paris. : *Servitium Portagii novi Episcopi per tres milites episcopatus, etc.* [Ubi de solemni ingressu Episcopi agi videtur, qui militum humeris tum portabatur.]

3. **PORTAGIUM**, Idem quod *Portarium*, seu præstatio ad urbium portas. Vide *Portaticum*.

* Interdum idem quod *Pedagium*, nostris, *Pourtage*, eadem acceptione. Charta ann. 1200. ex Chartul. B. M. de Josaphat : *Ego Guillelmus de Veteri-ponte et filii mei.... concedimus et quietum clamamus pauperibus monachis de Josaphat Portagium, quod capiebamus ad portam Curvavillæ de quadrigis eorum venientibus de nemoribus et transeuntibus Curvavillæ.* Alia Phil. Pulc. ann. 1301. in Lib. rub. Cam. Comput. Paris. fol. 182. v°. col. 2 : *Viginti libras, quas idem Guillelmus de Villerceyo percipiebat annuatim in pedagio seu Portagio vinorum villæ Trecensis. Dix livrées de terre...... sur le Pourtage de Troyes,...... c'est assavoir cent soulz au paiement de la foire froide de Tro es, et cent soulz au paiement de la foire chaude de Troyes*, in alia ibid. fol. 183. r°. col. 2. Vide infra *Portus* 8.

¶ 4. **PORTAGIUM**, Salarium ejus qui urbis portas aperit et claudit. Statuta Communiæ de Montesquivo ann. 1306 : *Erit autem ipsorum* (Consulum) *officium portas clausuræ dicti castri... claudere et aperire per se vel per alios... nullo Portagio vel alio emolumento.... inde petendo.*

¶ 5. **PORTAGIUM**, Capacitas, Gall. *Port, portée d'un vaisseau*, quantum navis continere et vehere potest. Charta Henrici IV. Reg. Angl. ann. 1406. apud Rymer. tom. 8. col. 439 : *Nec non naves et naviculas guerrinas necessarias, cujuscumque Portagii fuerint, quotiens necesse fuerit congregandi, etc.*

* 6. **PORTAGIUM**, Officium *portarii* seu illius, qui portas urbis vel castri custodit. Charta ann. 1356. in Chartul. Henr. V. et VI. reg. Angl. ex Cod. reg. 8387. 4. fol. 36. r° : *Officium gaugati et officium turragii et Portagii castri regii Burdegalensis.*

* 7. **PORTAGIUM**, Tributi genus, quod

ex domibus et terris exigitur, nostris *Portage*, eadem acceptione. Charta ann. 1276. ex Tabul. episc. Paris. : *Quæ* (domus) *onerata est in uno modio vini capitalis census et tribus obolis Paris. pro Portagio.* Alia ann. 1293. in Lib. rub. Cam. Comput. Paris. fol. 154. r°. col. 2 : *Item vij. solz, x. den. à la S. Jehan., deus chapons, ij. solz pour Partage de trois ans en trois ans suz xxij. acres de terre.... Item vj. solz à la S. Jehan et ij. solz pour Partage de trois ans en trois ans suz dis et oict acres de terre.*

* Alia notione, forte pro quodam condimento, *Portage* pluries legitur in Comput. pitenciarii S. Germ. Prat. ann. 1374. ex Bibl. ejusd. monast. : *Item le Dismenche que l'en chante en sainte église* Domine, ne longe facias, *pour la pitence du convent d'alouses salées et quatre rouges pour mons. l'abbé, lx. solz. Item pour Portage et moustarde, trois solz.* An legendum est *Poreage?* Vide supra *Poreta* 2.

* 8. **PORTAGIUM**, Quod ad portas carceris ab incarcerando exsolvitur. Pactum inter Rob. II. ducem Burg. et capitul. Cabilon. ann. 1290. inter Probat. tom. 2. Hist. Burg. pag. 78. col. 2 : *Concedimus quod homines ipsius ecclesiæ, ducti in castellum Cabilonense, non teneantur solvere de cetero quatuor denarios assuetos solvi de Portagio, nisi capti fuerint pro facto proprio.*

* 9. **PORTAGIUM**, apud Lugdunenses dicitur Portio, quam dominus feudalis in censibus annuis concedit iis, qui illos suo nomine exigunt. Ita D. *Aubret* in animadversionibus suis.

* **PORTAGO**, idem quod supra *Portagium* 3. Charta ann. 1096. inter Probat. Hist. geneal. domus reg. Portugal. pag. 2 : *Homines que venerint de fora parte, dent Portagine, de equm aut de equa vendere, duodecim denarios;.... et pro nullo abere, que venditus fuerit per minus de duodecim denarios, non dent inde portaticum.... Nullus homo sit ausus postea que requirat eum per mal scilicet de suo Portage.*

PORTALE, Porta, Nostri *Portail*, vel *portal* vocant portam ampliorem, decumanam, cujusmodi sunt urbium. [Charta Ludovici VII. Reg. Franc. ann. 1173 : *Concedimus etiam.... licentiam* (burgum) *claudendi muris et vallis atque Portalibus.*] Charta Joannis Episcopi Magalonensis ann. 1238 : *Item concedimus vobis Portale Montispessulani et anteportale, et claves ipsorum, ut libere vos et vestri introeatis et exeatis de nocte et de die, et intromittatis illos quos videbitis intromittendos, et utamini ipsis Portali et anteportali, et clavibus ad voluntatem vestram.* Alia ann. 1262 : *Liceat etiam eidem Episcopo* (Magalonensi) *in parte sua juxta domum suam murum villæ aperire, et ibi Portale facere..... cujus claves illi custodiant.* [Instrum. ann. 1347. tom. 1. Hist. Dalph. pag. 66 : *Item injunxerunt dicto cellarerio, quod muetam quæ est super Portale de Burgo dicti burgi de Monte faciat præparari.* Charta ann. 1358. ex Schedis Cl. V. *Lancelot* : *Volens quod specialiter per Portalia dicti loci in dicto loco nullum periculum possit in aliquo evenire, claves omnium Portalium dicti loci, videlicet Portalis de Teuleria,... restituit... Sic quod dicta Portalia claudant in occasu solis, et ea aperiant in ortu solis.*] Occurrit in alia Petri Episcopi Massiliensis ann. 1163. apud Sammarthanos, [in Annal. Genuens. Barthol. apud Murator. tom. 6. col. 447. in Statut. Massil. lib. 5. cap. 11. et in Hist. Eccl. Meld. tom. 2. pag. 286.] Charta ann. 1427. apud Thomasserium in Consuet. Bituric. pag. 128 : *Lesdit Bourgeois seront tenus de garder la porte ou Portail de ladite ville, et y faire le reguet par nuit, etc.* [Le Roman *de la Rose* MS. :

> Et si y a quatre Portaus
> Dont le murs est espés et haus.

Le Roman *de la guerre de Troyes* MS. :

> Dos mois tot plein et entiers
> Avoient Grin sis as Portax
> Que n'en estoit eissu vassalx;
> Prians ni leissoit portes ovrir,
> Qui les attendoit evenir.]

¶ **Portale**, Vestibulum, atrium. Acta SS. Junii tom. 2. pag. 61. de SS. Quatuor Mart. Gerund. : *Cum magno timore intus Portale intravit, et ipsum portale jussit cum lapidibus et calce claudi.* Adde Processum de B. Petro Luxemb. tom. 1. Julii pag. 566. Pro vestibulo domus, seu porta ejusdem ampliore in Litteris ann. 1376. apud Knippenberg. Hist. Eccl. Ducatus Geldriæ pag. 104 : *Assignaverunt.... totam aream.... cum muro ipsam includente, cum capella, cum hospitali, cum Porta ac domo sua.... excepto tamen quod domum cum Portali in ipsa sitam area..... dom. Wernerius reservavit.* Transactio ann. 1233. ex Schedis Præsid. de *Mazaugues* : *Ut quoties fusta necessaria fuerit... ad ædificandum vel reficiendum domos suas, vel Portalia, vel clausuras, etc.*

¶ **Portalis Capella**, Quæ ad portam monasterii sita. Instrum. ann. 1290. apud Stephanot. tom. 13. Fragm. Hist. MSS. pag. 459 : *Missam ibidem in capella Portali, seu de porta audivit, prædicavit, indulgentiam dedit, etc.*

* 1. **PORTALERIA**, Porta, idem quod *Portale*. Charta ann. 1333. ex Bibl. reg. cot. 2 : *Inveniens baculum seu astellam dicti domini archiepiscopi in quadam porta seu Portaleria orti, etc.*

* 2. **PORTALERIA**, Cœnaculum, tabulatum, Gall. *Etage, appartement.* Charta ann. 1308. in Reg. 44. Chartoph. reg. ch. 123 : *Item hospitium, in quo est furnus, et sunt quinque Portaleriæ inter soculos et solerios.... Hospitium, in quo sunt septem stagia inter soculos et solerios.* Alia ann. 1362. in Reg. 93. ch. 241 : *Super quodam hospitio Johannis Amorosii aventurerii, continente octo Portalerias, sito ante domum charitatis in jurisdictione dom. vicecomitis* (Narbonensis). Denique alia ann. 1378. in Reg. 118. ch. 236 : *Item acquisivit.... a Guiseta de Cambanis.... terram francam, alodialem, cum quadam area et croso contiguis, et cum quadam Portaleria in area.* Vide *Portallum* 1.

* **PORTALETUM**, dimin. a *Portale*, porta minor. Stat. ann. 1381. inter Probat. tom. 3. Hist. Nem. pag. 47. col. 2 : *Item visitando dictum fortalicium, dictus commissarius ordinavit, quod porta sive Portaletum apertum et constructum in muro novo, ... lapidibus fortiter claudatur. Portelette,* in Ch. ann. 1340. ex Chartul. 23. Corb. Vide *Portalguerium.*

¶ **PORTALGUERIUM**, dimin. a *Portale* minor porta, Massiliensibus *Portalet.* Statuta Massiliens. lib. 5. cap. 37 : *Inhibente firmiter ne aliquis Massiliæ præsumat ædificare, vel bastire a via illa publica, per quam itur ab Ecclesia S. M. de paradiso apud S. Victorem usque ad Portalguerium majus versus portum.*

* **PORTALHETUM**, Ostiolum, Gall. *Guichet.* Comput. ann. 1362. inter Probat. tom. 2. Hist. Nem. pag. 261. col. 1 : *Solvit eidem pro tribus baguis necessariis Portalheto portæ Redes, etc.* Vide infra *Portellus* 3.

¶ **PORTALIS**, Qui portæ urbis curam habet, ut videtur D. *Secousse.* Litteræ Johannis Reg. Franc. ann. 1355. tom. 4. Ordinat. pag. 340 : *Tenore præsentium mandantes, ut dictos consules consulatum, domum, sive domos, Portales, clariumque* (claviumque) *detentores manuteneant.* Potest tamen et de portis amplioribus intelligi, ut supra *Portale.*

1. **PORTALLUM**, in Tabulario Ecclesiæ Brivatensi sub ann. 1253. 1256. Domuncula.

¶ 2. **PORTALLUM**, Idem quod *Portale*, nostris *Portail.* Ordinat. Johannis Reg. Franc. ann. 1356. tom. 3. Ordinat. pag. 62 : *Pro.... edificatione seu reparatione murorum, turrium, Portallorum, fossatorum, etc.* Adde tom. 4. pag. 324.

¶ **Portallum**, Vestibulum, atrium, Gall. *Parvis.* Charta ann. 1195. inter Instr. tom. 1. novæ Gall. Christ. pag. 51. col. 2 : *Portalli usus quod est inter ecclesiam S. Stephani et hospitale pauperum, communis civibus et burgensibus : ita ut sine contrarietate tempore pacis, eorum omnibus pateat aditus.*

¶ **PORTAMENTUM**, vox Italica, Actio, agendi ratio, nostris *Comportement.* Bartholomæi Annal. Genuens. ad ann. 1238. apud Murator. tom. 6. col. 479 : *Ad preces communis Januæ* (papa) *subtraxit ecclesiam Nauli episcopo Savonæ, et citavit Episcopum Albinganensem, pro malo Portamento quod ipse fecerat pro Communi Januæ in negotiis Ripariæ ad curiam suam.* Vide *Portare* 1.

* Charta Raim. comit Tolos. ann. 1242. ex Cod. reg. 8407. 2. 2. fol. 104. r°. : *Affectantes redire ad gratiam et pacem ipsius karissimi dom. nostri regis, ut cum bono Portamento nostro adversariorum nostrorum linguas reprimamus.* Alia ann. 1337. in Reg. 70. Chartoph. reg. ch. 331 : *De quorum* (servientum) *legalitate et Portamento inter alios bonum testimonium perhibebatur.* Vide infra *Portus* 5.

¶ **Portamentum Armorum.** Charta Gallica ann. 1313. apud Rymer. tom. 3. pag. 447. inscribitur : *De prærogativa Regis super Portamento armorum.* Vide *Portatio.*

¶ **PORTANAGIUM**, ut *Portaticum.* Vide in hac voce.

PORTANARIUS, **Portenarius**, Idem qui *Portarius*, Janitor : sic de hoc officio Monastico usurpat Eckehardus de Casibus S. Galli cap. 10. pag. 82 : *Nam cum Portanarius esset, de voluntate ipsius, ipsa* *cum eo pridie secreta condixerat.* Levoldus Northovius in Chronico Markano pag. 15 : *Qui postmodum castri de Altena Portenarius fuit.* Adde Goldastum tom. 2. Rerum Alemannic. pag. 189. in margine. *Portinaio* eadem notione dicunt Itali. Jacobus Passavantius : *Venne alla porta del munistero, et domando il Portinaio.*

¶ Portonarius, Portæ custos, *Portarius.* Statuta Vercell. lib. 1. fol. 6. v°. : *Teneantur potestas et rectores.... tenere portam et ostia et domus habitationis sue aperta a mane usque in sero, ita quod possit ad ipsum accessus haberi, et volentes ei loqui, audire, et nocte tenere et habere Portonarium qui pulsantibus aperiat.* Ibid. lib. 5. fol. 123. v°. : *Item quod omnia inventa portari sine licentia vel bulleta dicti domini judicis auferantur per Portonarios portarum civitatis Vercellarum et teneantur consignari judici ea die vel sequenti, sub pœna solid.* xx. *Pap. pro quolibet Portonario vel custode.*

¶ Portenarius, Dignitas in Ecclesia Coloniensi, cui portarum ecclesiæ et chori cura demandata erat. Codex MS. quotidianarum distribut. Capit. Colon. ex Bibl. Atrebat. : *Octo officiis scilicet decano majori, subdecano, choriepiscopo, scholastico, cellerario, cantori, Portenario majori, Portenario minori, cuilibet ipsorum datur una carrata vini.*

☞ Obtinuit etiam hæc dignitas in Ecclesia Fuldensi, ut constat ex Charta Berthoi II. ejusdem loci Abbatis : *Cum dilectus noster Berthous decanus et Portenarius ecclesiæ nostræ majoris consideraret bona, etc.*

Portunarius, pro Janitore, non pro eo qui *portorium* exigit, ut vult Lindenbrogius, videtur usurpari in Lege Longob. lib. 1. tit. 25. § 14. 15. 16. 17. [** Roth. 270. sqq.] ubi agitur de *Portunario qui mancipium transposuerit*, quod scilicet ejus custodiæ commendatum erat, quod verba § 17. satis declarant : *Quia postquam cognovit quod fugax erat, si eum tenere non potuerit, mox innotescere aut antecurrere debuit. Et* § 16. *Portitor* appellatur : ubi Edictum Rotharis Regis tit. 20. 21. 22. habet *Portonarius.*

☞ Litem dirimere videtur doctiss. Murator. tom. 1. part. 2. pag. 38. ex Leg. Rotharis Reg. tit. 270. qui ex Codice Ambros. ita inscribitur : *De Portinario, qui super flumina portum custodit. Si quis Portunarium pulsaverit, quod fugacem hominem transivisset, et Portunaris negaverit, ita decernimus, ut præbeat sacramentum solus, quod ad conscientiam ipsius non pervenisset, quod fugitivum hominem aut furem transposuisset, et sit absolutus a culpa.* Qui vero nesciat janitor eum esse furem vel fugitivum, qui ejus custodiæ commendatur? Præterea de fure hic sermo est qui extra provinciam cum furto aufugere tentat. *Portunarius* itaque eo loci cum Muratorio intelligendus Nauta, sive custos navis, per quam viatores ad ulteriorem fluminis ripam transmittuntur. Hujusmodi navigia *Portus* et *portora* appellantur etiamnum apud Italos, quorum nautas *Portinarios* vocant, eodem teste. Vide *Pontones.*

¶ **PORTANELLUM**, Portula, ostiolum. Epistola Petri Archiep. Narbon. ann. 1348. apud Marten. tom. 1. Anecd. col. 1396 : *Modicum Portanellum portarum dictæ ecclesiæ pro nobis aperiri fecerunt, per quod vix et cum difficultate ac pressura intrare potuimus ecclesiam.*

* **PORTANERIUS**, qui vectigalia in portu exigit. Stat. Avenion. ann. 1243. cap. 110. ex Cod. reg. 4659 : *Statuimus quod tempore pacis Portanerii portus Rodani et Durentiæ, etc.* Vide *Portanarius.*

¶ **PORTAPAZ**, vox Hispanica, nostris *Porte-paix*, Instrumentum quod inter Missarum solemnia osculandum defertur. Concil. Limanum ann. 1591. inter Hisp. tom. 4. pag. 659 : *Nec pro Regibus, neque gubernatoribus sæcularibus, nec aliis personis sæcularibus... detur.* (pax) *per patenam, sed per tabellam, vulgo Portapaz.* Vide *Pax* pag. 206. col. 3.

* Inventar. ann. 1416. in Cam. Comput. Paris fol. 18. v°. : *Un portepaix d'or, où il a un cristal rond au milieu et dessoubs une Trinité.*

¶ **PORTARATICUM.** Vide *Portaticum.*

1. **PORTARE.** Auctor Hist. Miscellæ hæc Theophanis, τῷ ςρατηγήσαντι καλῶς, sic reddidit, *qui se bene Portaverat.* Phrasis Gall. *Qui s'était bien comporté.* [Regimina Padnæ ad ann. 1325. apud Murator. tom. 8. col. 438 : *Et dictus Potestas cum capitaneo Theotonicorum, male se Portabant inter partes.* Vide *Portamentum.*]

* *Se porter*, eodem sensu, in Lit. remiss. ann. 1389. ex Reg. 137. Chartoph. reg. : *Laquelle femme s'est Portée très-désordenéement. Se mesporter*, in Lit. ann. 1351. tom. 3. Ordinat. reg. Franc. pag. 577. art. 14.

¶ 2. **PORTARE**, Ponere, dirigere, in lib. 3. de Imit. Christi cap. 4. num. 4 : *Quidam Portant suam devotionem solum in libris, quidam in imaginibus, etc.* Eadem notione *Porter* usurpant Galli.

¶ 3. **PORTARE**, Asportare, auferre, Gall. *Emporter.* Tabul. S. Albini Andegav. : *Occiderunt anseres hominum S. Albini et Portaverunt, et sui homines intraverunt per violentiam in vineas monachorum, et vinitorem verberaverunt et racemos Portaverunt.*

¶ 4. **PORTARE**, Ferre, sustinere : dicitur de oneribus et impensis, quibus aliquis obnoxius est. Capitul. gener. S. Pontii Thomer. ann. 1362. inter Instr. tom. 6. Gall. Christ. novæ edit. col. 92 : *Quæ omnia onera transferentur et supportabuntur ad et per prioratum et per dictum priorem S. Crispini, cum aliis etiam oneribus prædictum prioratum S. Crispini Portare solitum consentiant.* Infra : *Pro aliis oneribus prædictis et aliis utriusque consuetis suportare, etc.*

¶ 5. **PORTARE** Se, Se habere Gall. *Se comporter.* Charta Richardi Regis Angliæ ann. 1195. apud D. *Brussel* tom. 2. de Usu feud. pag. xiv : *Et ex illa meta, sicut se Portabit, usque in Secanam, etc.* Vide *Proportare.*

* 6. **PORTARE**, Jus habere cogendi, compellere. Charta ann. 1265. in Chartul. eccl. Lingon. ex Cod. reg. 5188. fol. 206. v°. : *Qui habebit parvum molendinum, Portat homines suos pro molendo in suo molendino..... Quilibet dominorum Portat homines suos rant, bant, justitiam, etc.* Alia ann. 1264. ibid. fol. 210. v°. : *Dominus qui habebit parvum molendinum, habet jus exinde, ut ipsius homines in dicto molendino molere teneantur.... Quilibet dominorum habet in hominibus suis raptum, bannum, justitiam, etc.*

* 7. **PORTARE**, Debere, certis præstationibus adstringi. Charta ann. 1204. in Chartul. S. Joan. Laudun. ch. 135 : *Si forte aliquid, quod venditiones Portet, vel per elemosinam, vel alio modo ad manus prædictæ ecclesiæ devenerit, infra annum sine contradictione vendere tenebitur.* Alia ann. 1269. ex Chartul. S. Vinc. Laudun. : *Item dimidium modium vini vinagii ventas Portantem, etc.* Alia ann. 1314. in Reg. 50. Chartoph. reg. ch. 78 : *Item sexdecim libras, viginti denarios et obolum Paris. annui census, Portantis vinum et ventas. Domus de xij. solidis in parvis censibus, Portantibus laudes et ventes*, in Ch. ann. 1352. ex Lib. pitent. S. Germ. Prat. fol. 101. v°. Galli dicimus, *Portant lods et ventes.*

* 8. **PORTARE**, Castigare. Vita S. Berth. tom. 6. Jul. pag. 480. col. 2 : *Quem propterea vir Domini frequentius vehementiusque ceteris increpare et castigare studebat. Sed cum diu, multumque increpatus et Portatus incorrigibilis appareret.*

* 9. **PORTARE**, Habere, re aliqua affici. Instr. ann. 1357. inter Probat. tom. 2. Hist. Nem. pag. 186. col. 2 : *Et sciatis pro certo, quod ex præmissis Porto magnum dolorem et Portabo, quousque sit perquisitum et facta justitia de præmissis.*

* 10. **PORTARE** Se Hæredem, Phrasis Gallica, *Se porter héritier*, Gerere se ut hæredem. Memor. D. Cam. Comput. Paris. fol. 135. v°. : *Fuit mentio dictorum liberorum, quod ipsi Portarent se tamquam hæredes dicti deffuncti patris sui.*

* Portare Antiphonam, Illam alicui præcinere. Cærem. Ms. vetust. eccl. Carnot. : *Ille qui cantat invitatorium, servabit chorum ad Laudes,.... et in quintum statum Portabit antiphonam ad Benedictus.*

¶ Portare ad Collum, De minutis institoribus dicitur, qui fune ad collum suspenso merces suas præferunt. Teloneum Episcopat. Autiss. : *De illis qui portant ad collum. Omnes qui Portant ad collum sunt immunes de ob. Sabbati.*

¶ Portare ad Pois, ibidem, dici videntur dossuarii propolæ, qui merces suas in dorso circumferunt : *De illis qui Portant ad poiz. Omnes de villa Portantes ad poiz debent* xviii. *den.*

¶ Portare Fidelitatem, Fide adversus aliquem teneri, constringi. Charta inter Instr. tom. 6. Gall. Christ. novæ edit. col. 29 : *Qui homo erat ecclesiæ, et meus, et fidelitatem Portare mihi debebat, et veritatem dicere.*

¶ Portare Tabulas prohibitum in plerisque Regum nostrorum Edictis quæ ad rem monetalem spectant. Litteræ Philippi VI. ann. 1347. tom. 2. Ordinat. pag. 265 : *Que nul billoneur.... ne s'entremette de billonner en hostel, ne dehors,.... ni de Porter tablete par tout nostredit royaume.* Quibus verbis vetitum existimo ne quis auri vel argenti tabulas seu laminas, Gallice *Lingots*, deferat. Vide *Tabula* 6.

* Hinc in Lit. remiss. ann. 1359. ex Reg. 90. Chartoph. reg. ch. 219 : *Billonneurs ou autrement dit, Porteurs à tablate, faisans fait et marchandise de billon, etc.*

* **PORTARIA**, Domus hospitum in monasteriis, vel Eleemosynaria. Vide supra *Porta* 3. Charta Caroli C. ann. 852. tom. 8. Collect. Histor. Franc. pag. 520 ; *Portariam quoque ejusdem monasterii prope eumdem sitam, cum omni integritate, quantumcunque ad eandem Portariam aspicit vel pertinere videtur, cum villulis quarum hæc sunt nomina, etc.* Vide aliis notionibus in *Portarium* et *Portarius.*

¶ **PORTARITIA** Troya, Sus feta, Gall. *Truye pleine.* Statuta Astens. Collat. 11. cap. 64. f. 32. v°. : *Quod aliqua personna non audeat vel præsumat tenere in civitate Astensi aliquam troyam Portaritiam, etc.* Vide *Porture*, in *Portatura.*

PORTARIUM, Portorium, ac tributum, quod ad portas civitatum exsolvitur. Gloss. Gr. Lat. : Τέλος πυλῆς, *Portarium.* [Charta Matthæi de Pariniaco apud Thomasserium in Biturig. pag. 698 : *Hoc est, medietatem de Portario, quod est apud portam novam Biturricæ urbis, tam de exeuntibus, quam de ingredientibus.* Vide alia notione in *Portus* 1.]

Portaria, Eadem notione. Pancharta nigra sancti Martini Turonensis apud Sammarthanos in Episcopis Parisiens. : *Reddidit Canonicis S. Martini Portariam quamdam pro anima genitoris Roberti, etc.* Vide *Portaticum.*

1. **PORTARIUS**, Officium Monasticum, qui Portæ Monasterii curam habet, *Ostiarius* dictus Vigilio Diacono in Regula Orientali cap. 26. S. Benedicto in Regula cap. 66. *Janitor* S. Isidoro in Regula cap. 19. et in Regula Magistri cap. 95. Illud viris ætate maturis, et vitæ inculpatæ ut plurimum committebatur : uti præcipitur in Novella Justiniani 133. cap. 1. adeo ut inter potiora Monasterii munia haberetur, interdumque in Abbates eligerentur portarii, ut est in Chronico Monasterii de Fontanis cap. 10. Ad id tamem sufficere *sapientem et honestum famulum* contendebant Cluniacenses, ut est apud Petrum Venerab. lib. 1. Epist. 28. pag. 659. 674. De hocce officio, et ejus muniis agunt iidem Vigilius, S. Benedictus, S. Isidorus, et Regula Magistri locis laudatis, Regula Canonicorum ex Concilio Aquisgranensi cap. 143. Adelardus in Statutis Corbeiensibus lib. 1. cap. 4. Chrodegangus in Regula Canonicorum cap. 12. Statuta Ordin. Præmonstrat. dist. 2. cap. 17. etc. quibus adde Vitam S. Pachomii num. 19. Formulas 47. et 48. ex Baluzianis, Itinerarium S. Wilibaldi num. 25. Scylitzem in Isaacio Comneno, Chartas Alamannicas Goldasti cap. 16. 18. 25. 66. 78. Browerum lib. 2. Antiq. Fuld. pag. 138. Odoricum Rainaldum ann. 1289. num. 29. etc. *Portarius*, et *Subportarius*, in libro Usuum Ordinis Cisterciensis cap. 84.

¶ Porterius, Eadem notione. Charta ann. 1344. in Tabul. S. Victoris Massil. : *Residuis autem servitoribus meis,.... et Porterio satisfactum est pro quolibet mense.* Occurrit præterea in Charta Humberti II. ann. 1348. inter Ordinat. Reg. Fr. tom. 3. pag. 274.

Portarius Pauperum, in Monasteriis, portæ scilicet ad quam pulsabant pauperes eleemosynam petentes. Tabularium Conchensis Abbat. in Ruthenis Ch. 312 : *Benama Cellararius, Adraldus Portarius, Rotgerius Porterius pauperum, etc.*

Portarius Exterior *sive curiæ*, ad quod officium deligi jubetur unus de conversis fratribus, probatus moribus, affabilis, etc. in libro Ordinis S. Victoris Parisiensis MS. cap. 15. De ejusmodi portariis intelligendus auctor Vitæ S. Stephani Abbat. Obasin. lib. 2. cap. 3 : *Porro hic frater, quem Procuratorem vel Portarium dicimus, ut pote Laicus exteriorum curam habet commissam, cuncta necessaria a monasterio deferens, nihil a sæcularibus petens, nisi quod ipsi sponte dederint sive transmiserint.*

Portarius Claustri, ibidem cap. 16. ex conversis pariter fratribus, cujus officium est *introitum claustri observare jugiter, ne quis extraneus ingrediatur, aut intro inspiciat, etc.*

¶ Potaria, Officium portarii, in Charta ann. 1523. apud Lobinell. tom. 3. Hist. Paris. pag. 183 : *Quæ omnia ut facilius vitari possint, præcipimus in prima porta haberi unum continuum portarium expensis solitis Portariæ.*

¶ Porterius, Officium in Aula Dalphinali. Ordinatio Humberti II. ann. 1340. tom. 2. Histor. Dalphin. pag. 396 : *Item, ordinamus in dicto hospitio unum esse Porterium peditem deputatum, qui in hospitio comedat et habeat tres florenos auri pro suo salario annuatim.... Item, sit diligens ipse Porterius et sollicitus quod statim cum aliquis nobilis aut alius ad ostium venerit, notificet nobis si poterit, vel Magistro nostri hospitii, aut Consiliariis vel Thesaurariis nostris vel cuicumque alio, per quem poterit nobis notificari, vel remedium apponi, in permittendo illos intrare, si deceret.* Vide ibid. pag. 315. ubi pro *Posterii* leg. *Porterii*, ut infra pag. 316. habetur.

Portarius, Dignitas in Aula Regum Portugalliæ. Chartam Dionysii Regis subscribit cum aliis proceribus *Monendus Roderici Portarius Major et Vicemajor domus*, apud Brandaonem tom. 5. Monarch. Lusitan. pag. 308. v°. Vide eumdem lib. 12. cap. 11. ubi videtur idem cum *Ostiario Palatii*, de quo egimus suo loco. [** Eundem esse qui alias *Mordomo* vel *Saccador dos Direitos e rendas da corôa* dicitur, scribit S. Rosa de Viterbo in Elucidarii tom. 2. pag. 245. in voce *Princeps*, 3.] Alii sunt

Portarii, Executores scilicet Regiæ Jurisdictionis, quorum numerus est 12. in Regno Aragon. de quibus multa habet Michael *del Molino* in Repertorio Foror. Aragon. *Portarii, seu Officiales Prælatorum*, in Concilio Palentino ann. 1322. cap. 19. Tertia Curia generalis Cataloniæ sub Jacobo II. Rege Arag. ann. 1311 : *Non ponemus nec mittemus pennones vel Porterios, nec alium hominem ratione guidatici in castris Richorum hominum.* Curia generalis Cataloniæ celebrata in villa Montisalbi ab Alfonso Rege Arag. ann. 1333 : *Ut executionibus fiendis modus non excedatur, statuimus quod nullus Porterius noster,.... nec aliquis alius faciat, aut facere possit executionem aliquam sine consilio Vicarii Curiæ, vel bajuli, judicis, etc.* Agitur etiam de iis in Curia celebrata ann. 1363. in villa Montissoni. *Porter*, apud Raimundum Montanerium in Chron. Reg. Aragon. cap. 217. *Porteros*, in Foris Aragonensib. lib. 1. tit. de Portariis, ubi de eorum officio. Vide *Azemblarius.*

☞ Eadem, aut certe non multum absimili, notione *Portarius* usurpari videtur in Cod. MS. redituum Monast. Corbeiensis : *Omnes generaliter præter liberos debent sex diebus pro singulis mansis ad opus manuale ad fossatum, et debent submoneri a Portariis in templo ; qui non solverit, emendat.* Ibidem : *Cum fœna abbatis colligenda fuerint, submonent Portarii, et singulæ domus debent unum mittere qui colligat.* [** Vide Adalard. Statut. supra laudata et lib. 2. cap. 8.] Rursum, ubi de falsis mensuris : *Ferratura autem mensurarum Portariorum est.* Ita et *Porterius* accipitur in Charta ann. 1288. ex Tabul. Auxit. Archiepisc. : *Habeant manderium qui... mandet communia negotia, et Porterium ponent quandocumque eis videbitur.* Neque ab iis alii videntur qui *Pourteriers* vocantur in Charta Johannis D. *de Commercy* ann. 1312. quorum præcipuum officium fuit silvas custodire et servare : *En telle maniere encore que ledit Pourterier varderont lesdits boys, c'est à sçavoir qu'il eslurent entre eulx quatre Pourteriers pour estre jurés.... qu'il garderont et garderoient bonement et feallement lesdits boys pour les Pourteriers.... et ne doivent lesdits Pourteriers rien vendre desdits boys et donner, ny dessarter sans l'octroy desd. Signours de Morvillé.*

¶ Portarius, Portorii exactor. Vide *Portaticum.*

** Portarii, Qui sunt in porta civitatis, in 4. Reg. cap. 7. vers. 11.

** Portarii, vulgo *Porters*, apud Flandrenses sunt habitatores oppidorum munitorum, quæ Flandr. *Poort*, Anglos. P o r t dicuntur. Vide Warnkœnig. Histor. Jur. Flandr tom. 1. pag. 316. et infra *Portireve.* Alia notione vide in *Portaticum.*

Portaria, in Sanctimonialium Monasteriis. Concilium Cabilonense II. cap. 64 : *Portaria non eligatur, nisi quæ ætate matura sit, etc.* Regula cujusdam ad Virg. cap. 3 : *Portariæ seu Ostiariæ Monasterii tales esse debent, quæ omnium simul mercedem ædificent, ætate senili, quibus mundus silet, etc.* Adde Regulam Sanctimonialium ex Synodo Aquisgran. cap. 26.

Portaria Domus, Ædicula *Portarii* Monastici. Laurentius Leodiensis in Episcopis Virdunensib. : *Clausuram Curiæ, domum Portariam, et lapides Ecclesiæ sculptos, etc.* Vel certe hospitale Monasterii. Bulla Alexandri Papæ pro Monasterio Corbeiensi in Tabul. Episcopat. Ambian. fol. 157 : *Hospitali autem vestro, quod Portaria dicitur, decimas a Catholicis ipsius loci Abbatibus et aliis Dei fidelibus rationabiliter concessas auctoritate Apostolica confirmamus.*

Portaria, *Portarii*, vel *Ostiarii* Officium Palatinum, de quo Leges Alfonsinæ, seu *Partidæ*, part. 2. tit. 9. leg. 14 : *Porteria en casa del Rey es muy grant oficio, et por ende aquellos que este lugar tovieren, deben seer de buen linage et leales, et haber en si todas aquellas cosas que diximos de los otros oficiales : e sobre todo deben ser muy entendidos para saber qué homes han de acoger, et á qué sazones. Et aun ha meester que sean de buena palabra, et bien razonados, de manera que los que acogieren se tengan por bien rescebidos dellos, et á los que non acogieren sepan mostrar razon por que lo fazen : et despues que los hobieren acogidos, debenlo facer saber al Rey qué homes son et por qué vienen, etc.*

* 2. **PORTARIUS**, adject. Proximus portæ. Mirac. S. Domin. tom. 1. Aug. pag. 648. col. 2 : *Juvenis quidam.... de parochia S. Petri Portarii Rothomagensis*, etc. Vide ibi notam doctorum Editorum.

* **PORTATA**, vox Italica, Qualitas, conditio. Stat. Taurin. ann. 1360. cap. 323. ex Cod. reg. 4622. A. : *Quælibet persona faciens seu fieri faciens pannos in Taurino, ... videri debeat seu videri facere telas et clavatum, de quibus fiunt ipsi panni de Portatis xxvij. cum dimidia.*

* **PORTATIA**, Servitii genus, quo quis tenetur portare quæ illi committuntur. Charta ann. 899. apud Murator. tom. 2. Antiq. Ital. med. ævi col. 159 : *Et homines residentes in ipsa massa, opera cum bovibus et manualibus in jam dictum Fainanum monasterii Salvatoris faciant, necnon et angarias atque Portatiam ibi et alibi, ubi opportunum fuerit.* Vide *Portatura*.

PORTATICUM, Idem quod *Valvarum theloneum*, in Speculo Saxonico lib. 2. art. 21. § 1. [** Art. 27. § 1. *Brücge tol oder water tol.*] Charta Chlodovei III. Regis Franc. apud Mabillonium tom. 4 SS. Ordinis S. Benedicti pag. 618 : *Nec Portatico, nec pontatico, nec rotatico, nec nullas reddibutionis... exactare penetus præsumatis.* Charta Caroli Mag. apud Ughellum in Episcopis Veronensibus : *Ita ut neque navalia telonia quæ ripaticos vocant, atque terrestria, neque in transitibus portarum, vel pontis urbis Veronæ... aliquid dare cogatur.* Charta Caroli Calvi apud Beslium in Episcopis Pictaviensibus pag. 28 : *Ullum teloneum, aut ripaticum, aut Portaticum, aut pontaticum, aut salutaticum*, etc. Charta Aystulfi Reg. Longobard. ann. 753. apud Ughell. tom. 2. pag. 108 : *Ut de singulis navibus Portaticum libera vestra exigatis libertate.* Infra : *Atque granum illum quod annue colligitur de Portatico in curte nostra*, etc. Chronicon Benevent. S. Sophiæ : *Et de Portatico ex lignis per singulas portas hujus civitatis.* Charta Radelchisi Ducis Longob. : *Concessimus vobis omne illud Portaticum, quod per singulas portas et posterulas hujus civitatis Beneventanæ annualiter dare debetis*, etc. Charta Friderici I. Imp. ann. 1158 : *Aut in portuum sive navium, aut Portarum transitu passagium accipere, aut in foris teloneum.... ab eis extorquere præsumat.* Charta Sancii VII. Regis Navarræ apud *Yepez* tom. 3. pag. 375 : *Et præcipio ut nemo accipiat in omni regno meo de censu vestro, nec de pecoribus vestris Portaticum, nec pedagium, nec alios usus.* Adde Chartas alias descriptas a Godefrido Monacho ann. 1168. pag. 142. a Doubleto pag. 656. 693. 708. 709. 732. 778. Hemereo in Academia Paris. pag. 33. Ughello tom. 4. pag. 794. Catello in Hist. Tolosana pag. 193. 194. in Hist. Occitan. pag. 746. 748. Sandovallio in Episc. Pampilon. pag. 76. Anton. Brandaon. tom. 3. Monarch. Lusitan. fol. 294. v°. Colmaneresio in Hist. Segoviensi cap. 15. § 11. etc.

Portagium, Eadem notione. [Charta Ludovici VI. Reg. Franc. ann. 1136. apud Marten. tom. 1. Ampliss. Collect. col. 749 : *Portagia quæ de feodo Episcopi casati tenebant eos accipere prohibebant.*] Hist. Episc. Autissiod. cap. 63 : *Capellanias sacerdotales et perpetuas instituit et fundavit de reditu quem acquisierat in Portagio Trecensi*, etc. Regestum feodor. Campaniæ fol. 94 : *De 60. libris annui reditus, quos percipit in Portagio vini apud Pruvinum.* Regestum feodorum Franciæ fol. 98 : *Ernoul du Vergier tient du Roy le Portage de la porte du pont*, etc. Charta Hugonis Ducis Burgundiæ ann. 1106 : *Portagium quoque Divionensis portæ, quod pater meus de vino proprio Monachorum Divionensium ubi ubi consistentium donaverat*, etc. Alia Theobaldi Comit. Campaniæ ann. 1241. apud Morinum in Histor. Vastinensi pag. 314 : *Prædictas decem libras præfatis fratribus concedo et assigno annuatim habendas apud Provinum in nundinis Maii, in Portagio portæ quæ dicitur S. Joannis.* Charta Adelfonsi Regis Hispan. in Bibl. Cluniac. pag. 1435 : *Et omnem decimam de Portagio, videlicet de pontibus de Nazara et Gronnio.* Sed videtur legendum *Pontagio*. [Alia ejusdem Reg. in Tabular. Casæ Dei : *Concedo totum Portagium et de lignis omnibus et omni madera, et de sale et de carbone, et de omnibus aliis minuciis quæ per bannum S. Johannis transeunt, quod Portagium ad regiam spectat celsitudinem.*]

Portanagium. Charta Philippi Regis Franc. ann. 1271. in 30. Regesto Chartophylacii Regii Ch. 230 : *Porro piscariæ et Portanagium Rodani,... sint communes inter castrum de Mota et domum Militiæ templi.* [Ubi *portanagium* malim de tributo, quod in portubus exigitur, interpretari.]

Portagiarius, Portoriorum exactor. Regestum Magnorum Dierum Trecensium ann. 1288. fol. 30 : *Injunctum est Baillivo Trecensi quod inhibeat expresse Portagiariis portæ civitatis Trecensis quod portagium non exigant vel levent ab aliquibus personis Ecclesiasticis vel secularibus super hoc privilegiatis.* Adde pag. 44.

Portaraticum. Vetus Charta apud Ughellum tom. 5. pag. 1541 : *Portaraticum omne de piscibus aliisque rebus dari solitum ad portas Tiburtinæ civitatis.*

Portarii, Publicani qui portoria et portatica exigunt ad oppidorum portas. Charta Siconis Principis Beneventani in Chr. S. Sophiæ pag. 591 : *Ita ut nec a gastaldis nostris neque Portariis, aut qualibet persona accipiant*, etc.

¶ **PORTATILES** Episcopi, Qui clero et populo carent. Vide in *Episcopus*.

¶ **PORTATINUS** quis fuerit docet Chron. Estense ad ann. 1351. apud Murator. tom. 15. col. 467 : *Portatinus cum LX. remis, qui habet officium præcipiendi omnibus parte Admiralii.*

* 1. **PORTATIO**, Summa redituum, Galli dicimus *Le montant*. Charta ann. 1218. in Chartul. Buxer. part. 19. ch. 13 : *Bartholomæus de Charmeio miles ecclesiæ de Buxeria in elemosinam perpetuam contulit, scilicet sextam partem decimæ de Charmeio et de Grenant, et tertiam partem Portationis in omnibus proventibus.* Vide *Portatum* et *Portus* 4.

* 2. **PORTATIO**, Dicitur de nave oneraria, in Contr. navigii reg. Franc. cum Venet. ann. 1268. ex Reg. Cam. Comput. Paris. sign. *Noster* fol. 284. v°. : *Naves vero quinque erunt quorumdam nobilium de Venetiis bonæ et sufficientes, quæ erunt de Portatione.*

* 3. **PORTATIO**, Nuncupabatur solemnis episcopi in urbem episcopalem ingressus, quod tum baronum aut militum suorum humeris portaretur. Chartul. episc. Paris. fol. 105 : *Hæc sunt vasa, quæ emit dominus Willelmus episcopus Parisiensis ante Portationem suam.* Ibid. fol. 106 : *Isti sunt qui Portaverunt dominum Willelmum Paris. episcopum, videlicet dom. Baldoinus de Corbolio et dom. Theobaudus Macer, milites destinati a domino rege pro Corbolio et pro Monte Leterici et pro Firmitate Aalidis*, etc. Et fol. 120 : *Et je mesire Johan chevalier doi porter monseigneur l'évesque, quant il est noviaus, à ses despens.* Vide *Portagium* 2.

* 4. **PORTATIO**. Charta Phil. Pulc. ann. 1309. in Lib. rub. Cam. Comput. Paris. fol. 438. r°. : *Ordinamus insuper quod nullus visitationem seu Portationem aut rationem administrationis suæ in casibus aliquibus ab eis exigat, quacumque auctoritate præfulgeat, etiamsi auctoritatem sedis Apostolicæ prætenderet se habere.* Sed leg. *Procurationem*. Vide in *Procuratio* 1.

¶ **PORTATIO** Armorum, Eorum instructus et gestatio, Gall. *Port d'armes*, inter supremi dominii jura ita recensetur, ut majori etiam justitiario, nisi illud ab antiquo habeat, de delictis in hanc rem commissis, non liceat cognoscere aut judicare. Transactio inter Philippum Pulcrum Reg. Franc. et Episcopum Capitulumque Eccles. Vivar. ann. 1307. ex Schedis Cl. V. *Lancelot : Gentes nostræ dicebant et asserebant nos in civitate Vivarii, et terris dictorum Episcopi et Capituli.... habere jurisdictionem temporalem, resortum, Portationem armorum et coercionem eorum, regalia, superioritatem, et alia quæ ad jus pertinent principatus.* Infra : *Arma Portare infra terram, et jurisdictionem suam mediatam vel immediatam, poterunt dicti Episcopus et Capitulum.* Litteræ Philippi V. Reg. Franc. ann. 1319. tom. 1. Ordinat. pag. 698. num. 18 : *Volumus etiam, et de gratia concedimus speciali, quod Senescalli nostri prædicti, ceterique officiales nostri prædictos Nobiles altam habentes justitiam, Delatores armorum, occasione criminum et excessuum aliorum, quam ipsius Delationis armorum, in eorum terris commissorum, punire permittant, quodque ab illis, a quibus emendas occasione Portationis armorum pro nobis levabunt Senescalli, vel officiales nostri, ipsas non exigant, nisi modo quo antiquitus fieri consuevit, quodque dictos Nobiles ad quos ab antiquo cognitio et punitio Portationis armorum pertinent, non impediant quominus de hoc uti possint, impedimento quocumque cessante. Portatio armorum prohibitorum*, in Constit. Jacobi Reg. Siciliæ cap. 53. Vide supra *Portamentum*.

¶ 1. **PORTATOR**, Qui aliquid portat. Spicil. MS. Fontanell. pag. 428. ubi de ordine funeris : *In exitu juniores debent præcedere, post alii per ordinem, ultimo feretrum cum suis Portatoribus, qui albis non paratis induantur.* Eadem notione *Portitores funeris* dixit Ambrosius lib. 5. in Luc. cap. 7.

* Hinc *Porteur de l'orloge*, inter ministros aulæ regiæ annumeratur, in Ordinat. hospit. reg. Caroli VI. ann. 1386. ex Memor. E. Cam. Comput. Paris fol. 100. v°.

¶ PORTATOR, Tabellarius, in Epist. Joanis VIII. PP. inter Conc. Hisp. tom. 3. pag. 154 : *Et per eorum Portatorem de benedictionibus S. Petri vos remuneremus.* Vide *Portitor.*

¶ PORTATOR, Qui panem ex officio ad furnum defert, in Litteris Philippi Aug. Reg. Fr. ann. 1186. tom. 4. Ordinat. pag. 76 : *In furnis Boscom. non erunt Portatores consuetudine.* Vide *Porterius.*

¶ PORTATORES CHRISMATIS. Inventar. ornament. tom. 1. Rer. Mogunt. pag. 94 : *Item multæ tunicæ diversorum colorum,.... quibus utebantur ministri altarium et acolyti et chrismatis Portatores.*

¶ PORTATOR *lecti Regis*, inter ministros regios recensetur in Libro nigro Scaccarii pag. 352. ut et *Portator scutellæ eleemosynariæ*, pag. 346.

2. **PORTATOR**, pro *Procurator* ; quomodo etiam forte est legendum, in Charta ann. 1328. inter Probat. filiat. domus de Cabanis fol. 63 : *Et Iterio de Cabanis milite pro se et Portatoris nomine Eblonis de Cabanis domicelli, ut constituta persona ipsius, ex parte altera.*

¶ **PORTATORIUM**, Machina gestatoria, cujus Romæ usus in Palmarum festo. Alcuinus de div. Offic. : *Hodie præparatur quoddam Portatorium honestissime, in quo intromittitur S. Evangelium.* Vide *Portitorium* 2.

¶ **PORTATORIUS**, Quo aliquid portatur. S. Augustini Serm. 7. in Ascensione : *Delectat adspicere Christum Dominum Portatoriis nubibus adscendentem. Portatoria sella*, apud Cæl. Aurelian. lib. 1. Tard. cap. 1. 15.

¶ **PORTATUM**, Reditus, proventus, Gall. *Raport.* Statuta Collegii de Monteacuto ann. 1402. apud Lobinell. tom. 5. Hist. Paris. pag. 683 : *Si quis... acquisierit beneficium vel patrimonium, quod beneficium vel patrimonium, vel etiam ambo simul possint eidem valere in Portatis summam* 30. *librarum Paris. non recipiatur ulterius ad bursas Collegii.* Vide *Portatio*, 1.

¶ **PORTATURA**, Vectura, Gallice *Port, voiture.* [** Guerardo Portatio, bajulatio.] Codex censualis MS. Irminonis Abb. Saugerman. : *Isti solvunt faculas et faciunt Portaturam, etc.* Computus ann. 1336. tom. 2. Hist. Dalphin. pag. 279 : *Item, pro Portatura arnensium domini de portu Olibani usque Nicziam, taren.* IV. Vide *Portus* 7.

¶ PORTATURA, Quantum quis ferre potest, onus viri robusti, nostris *Charge, portée.* Laudes Papiæ apud Murator. tom. 11. col. 24 : *Communiter autem venditur ibi foro mediocri triticum prædicti ponderis, scilicet unius viri robusti sex Turon. argenti.... Est autem Portatura illic tritici taxata ad tres sextarios, ex quibus unus in mense sufficit cuilibet comestori.* Statuta Vercell. lib. 3. fol. 93. v°. : *Pro qualibet Portatura ad dorsum solid.* v. *Pap.*

* Nostris *Porture*, Graviditas, prægnatio, vulgo *Grossesse.* Lit. remiss. ann. 1390. in Reg. 140. Chartoph. reg. ch. 72 : *Laquelle damoiselle pour la honte qu'elle avoit de son peschié,..... durant le temps de la Porture, ne pot avoir ne bien, ne joye. Porteure* vero, Partus ipse et facultas parturiendi. Assis. Hieros. cap. 244 : *Feme qui a passé soixante ans, se a perdu sa Porteure selon nature.* Vita J. C. Ms. :

Cele fu femme Zebedée,
Cele fist boine Porteure,
Femme ne fist tel engierure.

¶ 1. **PORTELLA**, Portula, minor porta. Charta ann. 1347. tom. 2. Hist. Dalph. pag. 568 : *Item, unum aliud tabernaculum de argento deaurato, cum Portellis operatis.* Occurrit etiam tom. 3. Conc. Hispan. pag. 166. *Portella*, ῥυμοπύλιον, παραπύλιον, in Gloss. Lat. Gr. Vide *Portellus* 2. et *Postella* 2.

¶ 2. **PORTELLA**, pro *Sportella*, Fiscella. Litteræ Eduardi III. Reg. Angl. ann. 1356. apud Rymer. tom. 6. pag. 78 : *Duas Portellas de ficubus, et duas Portellas de racemis, etc.*

* 3. **PORTELLA**, Hierotheca, in qua quiescant et circumferri possint lipsana sanctorum, ut monent docti Editores ad Translat. S. Taur. tom. 2. Aug. pag. 647. col. 1 : *Singula corpora in singulis Portellis, quas diligenter ad hæc præparaverant, mittentes, unusquisque eorum onus suave ac multum sibi leve super colla imponentes, etc.*

¶ 1. **PORTELLUS**, Portus minor, ubi naves onerantur et exonerantur. Charta Willelmi Vicecom. Biter. ann. 990. apud Stephanot. tom. 1. Antiq. Bened. Occitan. MSS. pag. 399 : *Infrontat in Petra quæ est in via super Portellum de Colcanicis.* Adde Consuet. Tolos. rubr. de terminis art. 2.

¶ 2. **PORTELLUS**, Minor porta. Hist. Episc. Autissiod. apud Labbæum tom. 1. Bibl. MSS. : *Muris novis ac fortibus, Portelloque et propugnaculis.... illum ambitum circumcinxit.* Vide *Portella* 1. et infra *Postella* 2.

* Idem vero mihi videtur hic atque *Portale*, Gall. *Portail.*

* 3. **PORTELLUS**, Ostiolum, Gall. *Guichet*, alias *Portauel.* Stat. pro castro Castell. ann. 1371. in Cod. reg. 5376. fol. 86. r°. : *Fiat in una ex dictis portis unus Portellus pro nuntiis recipiendis et mittendis quocumque tempore; cujus Portelli claves tenere debeat dictus potestas.* Lit. remiss. ann. 1412. in Reg. 166. Chartoph. reg. ch. 185 : *Ainsi que icellui Grilh ouvroit la porte du lieu de Mossoleux, le guichel ou Portauel d'icelle, le suppliant se lança sur ledit Grilh, etc.* Vide supra *Portalhetum.*

* 4. **PORTELLUS**, dimin. a Porticus, locus coopertus. Annal. Placent. ad ann. 1447. apud Murator. tom. 20. Script. Ital. col. 895 : *Videntes nostri bombardas undique ferire, loca et Portellos fecerunt subterraneos.*

¶ **PORTEMIA**, *Navicula Syriaci generis lata et sine carina, a portando vocata. Utuntur iis in Pannonia.* Isid. lib. 19. Orig. cap. 1. Idem habet Papias. Ex Hesychio *Porthmium* scribendum putat Martinius. Sed *portemiæ* proximior est *Portenna.*

* Glossar. Provinc. Lat. ex Cod. reg. 7657 : *Portomia, navis lata et sine carina.*

¶ PORTENNA, Eadem notione, apud Nicolaum Specialem lib. 7. de Reb. Sicul. cap. 17. tom. 10. Murator. col. 1070 : *Sed die tertia, ut ipsos defensores urbis in multarum partium defensione distraherent, quo debilitatam urbem viris bellatoribus facilius superarent, cathenam quæ portum urbis concluserat, præmissis Portennis, quas vulgo alii filvas, alii copas vocant, magnisque navibus succedentibus infringere conabantur.* Vide *Pontones.*

PORTENARIUS. Vide *Portanarius.*

¶ **PORTENATICUM.** Vide *Portulaticum.*

PORTENDICULUM, Felix omen, ex voce Lat. *Portendere*, Ominari. Lambertus Ardensis pag. 148 : *In cujus aggeris felicissimo latibulo felicis ominis Portendiculum, lapillum super aurum optimum perpetuo mansurum insinuatum asserunt.*

¶ **PORTENNA.** Vide *Portemia.*

PORTENSIS, *Portitor, janitor.* Ugutio, et Johan. de Janua.

¶ **PORTENTARE**, Portendere. Vita SS. Paterni et Scubilionis tom. 2. April. pag. 429 : *Recusare non poterat quod jam secreta Dei dispensatione Portentatum fuerat.*

¶ **PORTENTIO**, *Portentum, prodigium*, in Gloss. Gasp. Barthii ex Guiberti Hist. Palæst. apud Ludewig. tom. 3. Reliq. MSS. pag. 428.

** **PORTENTUOSUS**, Portentosus, portenti plenus. Jul. Valer. de reb. Alex. lib. 3. cap. 19. et 47. apud Maium Classic. Auctor. tom. 7. pag. 190. et 221. *Portentuose* apud eumdem Maium in Glossar. novo Latin. ex Opusc. vet msc. ad Canon. Chalced.

¶ **PORTERIUS**, Furni minister, qui panem ad furnum ex officio defert. Statuta Arelatens. MSS. art. 80 : *Commune habeat in dicto castro* III. *guachas, et unum fornerium, et unum fornelerium et unum Porterium, etc.* Ubi leg. *Posterius* ut in art. 154. Vide in hac voce, et supra in *Portarius*, alia notione.

¶ **PORTEROLA**, Portula, ostiolum. Chron. Atinense apud Murator. tom. 7. col. 907 : *Habebat autem civitas in gyro muros, tres portas cum viis suis,..... Porterolas septem.* Legendum forte *Posterula.* Vide ibi.

¶ **PORTGREVIUS.** Vide *Portireve.*

¶ **PORTI**, Portari. Epitaph. S. Wernheri Mart. tom. 2. April. pag. 702 :

Hoc faciet Princeps, gladius cui Portitur anceps.

¶ **PORTIANUM.** Charta ann. 1172. apud Stephanot. tom. 2. Antiquit. Bened. Occitan. MSS. pag. 390 : *Damus.... totum quod habemus in Portiano, et in vivariis, et in villa de Palatiolo.* Forte, id quod extra portam loci positum est; nisi nomen sit proprium.

¶ **PORTIANUS.** S. Ambros. Epist. 20 : *Nec jam Portiana, hoc est, extramurana basilica petebatur, etc.* Perperam Macri in Hierolex. hanc basilicam sic dictam volunt quod extra civitatis portam exstructa erat : nam a Portiano ejus fundatore nomen habuit. Vide Mabill. in Diario Ital. et Murator. tom. 1. part. 2. col. 212.

¶ **PORTICA.** Vide *Porticus.*

¶ 1. **PORTICALE**, ut infra *Porticus*: vox Italica. Cardin. de Aragon. in Alexandro III. PP. apud Murator. tom. 3. pag. 458 : *Ecclesiam cum æneis portis et vicinis Porticalibus... tradiderunt.* Vita B. Henrici Baucens. tom. 2. Junii pag. 372 : *Et se appodians ad lapides Porticalis cum capello suo in manibus etc.* Statuta Cadubrii lib. 3. cap. 31 : *Ordinamus quod si quis maleficium aliquod sive delictum commiserit.... in ecclesia, vel in Porticali ecclesiæ.*

* 2. **PORTICALE**, idem quod *Portallum*, Vestibulum, atrium, tabulatum, cœnaculum. Charta ann. circ. 1070. tom. 1. Hist. Cassin. pag. 233. col. 1 : *Cum domibus et Porticalibus, cum vineis et ortuis, etc.* Vide supra *Portaleria* 2.

PORTICANI. Concilium Lateranense I. ann. 1122. cap. 12. *Illam vero pravam Porticanorum consuetudinem, quæ hactenus ibi fuit,... removendam censemus : ut Porticanorum habitatorum sine hæredibus morientium bona contra morientium deliberationem minime pervadantur : ita tamen ut Porticani in Romanæ Ecclesiæ et nostra nostrorumque successorum obedientia et fidelitate permaneant.*

☞ Quinam sint *Porticani* in hoc canone memorati definire haud facile est. Alii *Portuenses* hic indigitatos volunt, qui a portu Romano, ubi habitabant, nomen habuerunt. Hi a Præfecto Urbis, sub cujus jurisdictione erant, varie vexabantur, maxime tunc temporis, quod Præfectus Calixto infensus esset; unde eo canone ipsis consultum est. Sed ii *Portuenses*, non *Porticani*, constanter appellantur; hinc nonnulli per *Porticanos* intelligunt peregrinos qui Romam piæ peregrinationis ergo ad SS. Apostolos pergebant, a porticibus, ubi recipiebantur, *Porticani* dicti, vel *Perticani*, a pertica viatoria quam gestare solebant. Quæ sententia ex eo potissimum firmatur, quod in præcedenti canone eorum mentio fiat qui ad loca sancta aut B. Jacobum peregrinantur : non ergo omitti debuerunt a Concilio Romano qui Romam eadem religione adibant; præsertim cum a fautoribus Burdini pseudopontificis tunc male haberentur peregrini. Denique Macri fratres *Porticanos* interpretantur Clericos, qui, a Carolo M. instituti ut peregrinos per urbis loca deducerent, ad porticum, quæ ab Adriani mole, usque ad basilicam S. Petri protendebatur, habitabant; unde nomen adepti sunt. Plura vide apud laudatos fratres in Hierolexico.

¶ **PORTICATIO**, Porticuum structura, in circuitu monumentorum ædificata, apud Macros. Lex funeris D. lib. 11. tit. 7 : *Itaque si amplum* (monumentum) *ædificari testator jusserit, veluti in circuitu Porticationis, etc.* Vide *Porticulus.*

* **PORTICELLUS**, dimin. a Portus. Charta ann. 1177. apud Murator. tom. 5. Antiq. Ital. med. ævi col. 1048 : *Insuper piscaria, quæ vocatur Volona, cum portu integro a rivo Badarino et Gavalena majore ad ipsam piscariam pertinente, cum Porticellis suis, sicut olim intraverunt mare ex utrisque partibus fluminis Padi usque in mare.*

¶ **PORTICIA**, pro *Posticia.* Vide *Posticium.*

¶ **PORTICO**, Porticus. Miracula B. Simonis August. tom. 2. April. pag. 828 : *Ipsa existente.... sub Porticone domus cujusdam vicinæ suæ, etc.*

¶ **PORTICULA**, Portula. Acta S. Richardi Episc. tom. 2. Junii pag. 248 : *Foramen basis instar Porticulæ persistebat, quantum cervix hominum cum habilitate ingerere se videretur.* Vide *Portella* 1.

PORTICULUS, Papiæ, *Malleus in manu portatus, quo signum datur remigantibus.* Ugutioni, et Joan. de Janua, *Baculus parvus ad portandum habilis.* [Aliis, *Portisculus.*]

Porticulus, Minor porticus, seu ædicula quæ tumulis ac sepulcris mortuorum superstruebatur, in Pacto Legis Salicæ tit. 58 : *Porticus* etiam et *triclinia* sepulcris adscribunt Lex funeris, fr. 37. § 1. monimentum, D. de Religios. (11, 7.) et Lex 5. Cod. Th. de Sepulcris violat. (9, 17.) Leges Henrici I. Reg. Angl. cap. 83 : *Si quis corpus in terra, vel noffo, vel petra sub piramide vel structura qualibet positum sceleratus infamationibus effodere vel expoliare præsumpserit, etc.* Vide *Selave*, et *Ponticulus.*

1. **PORTICUS** Sancta, Ædis sacræ propylæum in porticus formam exstructum, in quo consistebant Catechumeni et Pœnitentes. Gregorius Turon. lib. 5. cap. 49 : *Leudastes enim egrediebatur de basilica, et inruens in domos diversorum, prædas publicas agebat. Sed et in adulteriis sæpe infra sanctam Porticum deprehensus est.* Concilium Nannetense cap. 6 : *Prohibendum etiam secundum majorum instituta, ut in Ecclesia nullatenus sepeliatur, sed in atrio, aut in Porticu, aut in exedra Ecclesiæ.* Vide Descriptionem Ædis Sophianæ. Cæsarius Heysterbach. lib. 6. cap. 5 : *Publice pœnitentibus ita erat paratus, ut frequenter cum illis in Porticu sedens chartulas legens, consolationem impenderet, orationum suffragia scribi faceret.*

☞ Notatu prorsus dignum videtur Arestum ann. 1454. quo statuitur ut arma duorum Canonicorum Nemausensium, qui in aliquo delicto deprehensi fuerant, in porticu ecclesiæ omnibus conspicienda exponerentur : *Et ulterius Curia declaravit arnesia seu arma, quæ dicti Canonici defferebant excessus committendo, esse Regi confiscata et sibi pertinere, et ponerentur et remanerent in Porticu spatio octo dierum et postea traderentur regio Thesaurario Nemausensi.*

¶ Porticus, improprie pro Sanctuarium, seu orientalis ecclesiæ pars, in qua majus altare erigi solet. Vita S. Wunebaldi sæc. 3. Bened. part. 2. pag. 188 : *Celebratis Missarum sollemniis, statim illam Porticum quæ fabricata atque parata in orientali plaga tenebatur, hoc est Sanctuarium, almis orationum benedictionibus Christo commendando sanctum Domino consecravit templum. Non omnis illa ecclesia adhuc edita subtiliterque in sublime fuerat erecta : sed una tantum Porticus in orientali plaga præpropero tenebatur opere, ut illic almus Altissimi athleta conderetur in crypta.*

Porticus, Locus in Monasteriis ubi excipiebantur advenæ : *Locutorium*, forte etiam *Claustrum* ipsum. S. Stephanus in Regula Grandimontensium cap. 51 : *Quoties autem oportuerit vos exire in Porticum causa loquendi cum vestris visitationibus, lætam faciem eis prætendite, et cum gaudio eos suscipite, etc.*

¶ Porticus, Aditus, porta. Locus est in *Pertuseria.*

* 2. **PORTICUS**, Umbraculum ligneum projectum, quod fenestræ vel officinæ appenditur. Consuet. Perpin. Mss. cap. 42 : *Item quilibet potest projicere aubannum suum sive Porticum supra vias, usque tantum ad tertiam partem viarum.* Vide supra *Porta* 5.

* 3. **PORTICUS**, Quidquid claudendo utile est. Stat. Taurin. ann. 1360. cap. 129. ex Cod. reg. 4622. A. : *Qui ceperit portas seu cadera, clavaturas vel Porticos in vinea vel hortis alicujus, det pro bampno solidos x. et damnum domino restituat.*

¶ **PORTIFIRETICUS**, pro *Porphyreticus*, in Epist. Regi Abissinorum falso adscripta ad calcem Cod. MS. Corbeiensis : *Gradus vero sunt de Portifiretico partim serpentino et alabastro a tertia parte inferius.*

PORTIFORIUM. Ingulfus pag. 907 : *Restituit Monasterio nostro calicem quondam cappellæ suæ, unum Portiforium de usu nostræ Ecclesiæ, et unum Missale, etc.* Visitatio Thesaurariæ S. Pauli Londiniensis ann. 1295 : *Unum Portiforium plenarium cum nota veteri, non regulariter.* Bibliotheca Paulina, ibidem : *Liber vocatus Portiforium antiquum, secundum usum Sarum, etc.* Vide tom. 3. Monastici Anglic. pag. 364. et part. 2. pag. 79. Laudatur a Pitseo in libro de Scriptoribus Angl. *Oswaldi Cartusiani*, qui vixit ann. 1450. liber qui *Portiforium* inscribitur.

☞ Quid sit *Portiforium* discimus ex Breviario Londini edito ann. 1555. quod inscribitur : *Portiforium seu Breviarium ad insignis Ecclesiæ Sarisbur. usum accuratissime castigatum, cum multis annotatiunculis, etc.* Infra : *Incipit ordo Breviarii seu Portiforii, etc.* Vocis etymon ab eo quod foras facile portari possit accersendum opinor.

* Vocis etymon, quod scilicet foras facile portari possit, firmat vox Gallica *Portehors*, qua *Portiforium* redditur, in Lit. remiss. ann. 1401. ex Reg. 156. Chartoph. reg. ch. 252 : *Icellui Jehannin print en ladite chambre un livre, nommé breviaire ou Portehors, fermant à deux petits fermeils d'argent.*

¶ Portiphorium, Eadem notione. Testam. Rotherami Eborac. Episc. ann. 1498. in Lib. nig. Scaccarii pag. 675 : *Item unum Portiphorium, secundum usum Eboracensem.*

¶ **PORTIGHELLUS**, Atriolum, Gall. *Porche.* Statuta Mutin. rubr. 30. fol. 5. v°. : *Potestas teneatur.... ponere ad consilium generale de faciendo fieri unum Portighellum in capite stationum communis a latere sero quæ sunt circa plateam. Qui Portighellus debeat fieri tantum cum remis sine columnis.*

¶ **PORTILITIA**, perperam pro *Fortilitia.* Vide *Fortia* 3. Chron. Mutin. ad ann. 1333. apud Murator. tom. 11. col. 123 : *Et sibi* *partiti fuerunt tua castra, Portilitias, reditus, et honores, etc.*

¶ **PORTINARIUS.** Vide *Portanarius.*

¶ **PORTINGHERIUS**, Apparitor. Vide *Perticarius.*

PORTIO, *Pondus quoddam sex uncias habens*, Papias.

¶ PORTIO, Societas. Capitul. Attonis Episc. cap. 95. apud Acher. tom. 8. Spicil. pag. 35 : *Pœnitentiæ submittantur,.... similiter illi qui in hoc consiliati fuerint, vel aliquam habuerint Portionem.* Galli diceremus, *qui y auroient eu quelque part.*

¶ PORTIO, Pensio annua. Statuta Valent. Eccl. inter Conc. Hispan. tom. 3. pag. 510 : *Ut possint habere doctorum copiam, statutum est quod semper in cathedralibus Ecclesiis detur Portio magistro grammaticæ.* Vide *Portionare.*

¶ PORTIO CANONICA, Pensitatio annua Canonico assignata. Statuta Eccl. Valent. ibid. pag. 144. tom. 4 : *Canonici præbendati recipiant in canonica Portione* xv. *denarios.* Vide in *Canonicus.*

** PORTIO CANONICA vel *Quarta funeralis*, Pars oblationum, quæ ecclesiæ parochiali debetur, dum ad aliam ecclesiam sepultura cum oblationibus ibi faciendis transferri permittitur. Vide Auctor. Jur. Canon.

¶ PORTIO CONGRUA, *debita*, Sufficiens pars reditus beneficii vicario perpetuo assignata. Charta Guidonis Episc. Eduensis ann. 1340. inter Instr. tom. 4. novæ Gall. Christ. col. 109 : *Assignamus et concedimus præfatæ vicariæ pro dote sua,... pro Portione sua congrua res, bona, jura, etc.* Charta Nicolai Episc. Misn. ann. 1379. apud Ludewig. tom. 1. Reliq. MSS. pag. 399 : *Concedentes sæpe dictis Abbati et Monachis in perpetuum ut unum ex suis.... vel etiam sacerdotem secularem Archidiacono Lusaciensi pro tempore præsentatum legitime et admissum, relicta sibi pro victu et hospitalitate Portione debita vicarium perpetuum, vel temporalem, quomodo ipsis magis expedire visum fuerit.* Portio unde dicitur in Charta apud *Madox* Formul. Angl. pag. 71.

* PORTIO TERRÆ, Ut quis juris sui esse censeretur, atque adeo de re aliqua componere posse, necessum erat ut ætatem legitimam consecutus, aliquam terræ portionem possideret. Id colligitur ex Charta Roberti et Petri filiorum Roberti comit. Droc. et Branæ ann. 1209. in Chartul. episc. Paris. fol. 91 : *Ut igitur hæc compositio, voluntate nostra et assensu nostro facta, robur in posterum obtineat firmitatis, nos ætatem habentes et Portionem terræ possidentes, et extra manburniam positi, has litteras fieri fecimus et sigillorum nostrorum impressione muniri.* [** Vide Grimm. Antiq. Jur. Germ. pag. 80.]

PORTIONALES. Papias : *Vis publica est, si quis civem ante Portionales, populum, vel judicem, vel Regem appellantem necaverit, verberaverit, vel vinxerit.*

¶ **PORTIONALIS**, dicitur de eo quod alterius pars est. Tertullianus de Veland. Virg. cap. 4 : *Subjectum igitur est generali speciale,... et Portionale universali.* Idem de Jejun. cap. 8 : *Nam exceptio eduliorum quorumdam, Portionale jejunium est.*

¶ **PORTIONARE**, *Portionem* seu pensionem annuam assignare. Charta ann. 1374. apud Baluz. tom. 2. Hist. Arvern. pag. 368 : *Ipsam Johannam.... pro nunc Portionant et appanant de centum libris annuatim per cursum vitæ suæ.* Vide in *Portio.*

¶ 1. **PORTIONARIUS**, Colonus partiarius, qui ad medietatem fructuum prædium colit, idem qui *medietarius.* Vide in hac voce. Bulla Sixti IV. PP. inter Privil. Equitum S. Johan. Hieros. pag. 135 : *Concessum eis fuisset, ut de possessionibus quas ipsi Magister et fratres propriis manibus et sumptibus colebant, aut per suos arrendatores, colonos, quinterios, firmarios et Portionarios ad tempus,... aliquas decimas ipsi, et sui arrendatores,... et Portionarii solvere minime tenerentur.* Hinc

¶ PORTIONARII dicti Beneficiati in Ecclesiis cathedralibus, qui dimidiam tantum præbendam percipiunt. Hi aut ab Episcopis, qui Clerum suum augere volebant, instituti sunt, aut ut Canonicorum absentium vices supplerent; inter Canonicos tamen nusquam sunt numerati. Innocentius III. PP. in Epist. ad Alphonsum Episc. Auriens. inter Conc. Hispan. tom. 3. pag. 414 : *Significasti siquidem nobis quod, ut in ecclesia solemnius Domino serviretur, de consilio Capituli tui sex præbendarum proventus provida deliberatione conferre duodecim Portionariis statuisti, qui debeant in eadem ecclesia ad supplendum aliorum defectum continue residere.* Constitut. Arnaldi Episc. Barcin. ann. 1280. apud Marten. tom. 4. Anecd. col. 606 : *Nec non et Portionarii qui canonici non sunt, nec non presbyteri beneficiati ecclesiæ antedictæ, etc. Portionarii integri et dimidii*, in Conc. Mexic. ann. 1585. tom. 4. Conc. Hisp. pag. 391. Vide Marten. de Rit. pag. 396. Ampl. Collect. tom. 7. col. 296. Acta SS. tom. 7. Maii pag. 377. et infra in *Præbenda.*

¶ 2. **PORTIONARIUS**, Qui portitorium vel naulum exigit. Constit. Sicul. lib. 1. tit. 76 : *Superexactiones restitui faciant et rapinas quas gabelloti, forestarii, platearii, Portionarii, seu passagerii contra veterem formam, aut contra nova nostræ Curiæ statuta in fideles nostros exercent.* Sed hic forte *Portunarius* est legendum. Hæc Spelman. Vide *Portanarius*, et infra *Portitores.*

* 3. **PORTIONARIUS**, adject. Dicitur de eo, cujus portio tantum possidetur. Charta Rich. comit. Pictav. ann. 1398. ex Tabul. Orbister. : *Concedo quod dicti monachi vel homines eorumdem monachorum habeant vayssalia piscatoria propria sive Portionaria, quantacumque voluerint vel potuerint habere in portu Olonæ; de quibus vaysselis propriis seu Portionariis dicti monachi habeant et percipiant totam costumam piscium.* Vide infra *Proportionarius.*

* **PORTIONATOR**, Qui alicujus prædii seu feudi cum alio portionem habet. Charta ann. 1322. inter Probat. tom. 2. Hist. Nem. pag. 37. col. 2 : *Requisiti quomodo alias aliqui Portionatores; videlicet Bertrandus Fabre et Guilhelmus Paschalis in consimilibus deposuerunt, etc.*

¶ **PORTIONISTA**, Convictor, Gall. *Pensionnaire.* Statuta Collegii de Monte-acuto ann. 1499. tom. 5. Hist. Paris. Lobinelli pag. 717 : *Ab ipsa communitate ex lucris et mercede et directione divitum Portionistarum et cameristarum necessaria pro suis actibus theologicis citra magisterium ministrabuntur.* Gomerius de Gestis Fr. Ximenii lib. 8. pag. 1147 : *Erat in Ildefonsi collegio inter Portionistas juvenis quidam excelso et generoso animo.* A diurnis cibi ac potus portionibus deducenda videtur vocis origo.

* **PORTIOR.** Charta Pipp. reg. Aquit. inter Probat. ult. Hist. Trenorch. pag. 81 : *Nullus ab eis..... cespaticum aut cœnaticum, aut Portiorem, aut laudaticum.... exigere penitus audeat.* Sed legendum, *Portaticum.* Vide in hac voce.

¶ **PORTIPHORIUM.** Vide *Portiforium.*

PORTIREVE, Urbis sive portus Præpositus. Sic autem olim dictus est urbis Londinensis Præpositus, quem hodie *Majorem* vocant. Vox hybrida, a Latino *portus*, et Saxon. geref, i. Præfectus, Præpositus. [Nihil est cur vocem ibridam esse dicas, porte enim Saxon. portum et oppidum sonat.] Leges Edw. Confess. cap. 1. apud Bromptonum. [** Edw. I. cap. 2.] : *Voluit ut omnis homo habeat advocatum suum, et nemo barganniet extra portum, sed habeat Portireve testimonium, vel alterius non mendacis hominis cui credi possit.* Eadem habentur in legibus Adelstani Regis cap. 17. Leges Athelredi Regis cap. 24 : *Si Portireve vel Tungravio, vel alius Præpositus compellat aliquem quod theloneum supertenuerit, etc. Portgreve* habet Cambdenus in Cantio, ubi de oppido *Maidston : Immunitatesque plurimas reginæ Elisabethæ fert acceptas, quæ Majorem summum Magistratum instituit, pro Portgrevio quem primum habuit, etc.*

* **PORTIRIUM**, pro *Poterium.* Vide infra in hac voce.

¶ **PORTISCULUS.** Vide *Porticulus.*

* **PORTISSONUM**, idem quod *Portaticum.* Charta ann. 1323. ex Tabul. Massil. : *Excepto dumtaxat pedagio antiquo Portissoni, quod solvit apud Alansonem.*

1. **PORTITOR**, Idem qui *Portarius*, Janitor, in Lege Longob. lib. 1. tit. 25. § 16. [** Rothar. 272.] Vide *Portanarius.*

¶ PORTITOR, *pro Portator, gerulus, bajulus*, in Lex. Philos. Goclenii. Hist. Cortusior. lib. 5 : *Deinceps oneratis quam pluribus Portitoribus auro et argento non modico, etc.* Adde Agnelli Pontificale apud Murator. tom. 2. pag. 196. et Chronic. Tarvis. apud eumd. tom. 19. col. 820.

PORTITOR, Nuntius, tabellarius, in leg. 7. Cod. Theod. Execut. (8, 8.) apud Isidorum lib. 6. cap. 8. et Senatorem lib. 1. Ep. 46. lib. 8. Ep. 8. lib. 10. Ep. 8. [Sidon. lib. 6. Ep. 3. Epist. formata Adventii Episc. Metens. ann. 862. apud Marten. tom. 1. Ampl. Collect. col. 159 : *Ideo notum facimus fraternitati vestræ, quod præsens Portitor, qui ordinatus est a nobis presbyter, etc. Portitor nugarum, Portitor litterarum*, apud Goclen. in Lex. Philos. Vide *Portator.*] Alias

PORTITORES, dicuntur qui *portoria* exigunt, et ad portus sedent, apud Nonium Marcellum, Donatum ad Terentii Phormion. Vide Lambinum ad Plautum.

* 2. **PORTITOR**, Minister furnarius, qui panem coquendum ad furnum deferre et coctum referre tenetur. Libert. Mailliaci ann. 1229. tom. 5. Ordinat. reg. Franc. pag. 717. art. 22 : *In furnis Mailliaci non*

erunt Portitores consuetudine. Vide *Porterius.*

¶ 1. **PORTITORIUM**, τελωνεῖον, in Gloss. Lat. Græc. Locus ubi vectigal exigit publicanus, portitor

¶ 2. **PORTITORIUM**, Lectica. Hist. MS. exceptionis Reliq. S. Baudelii in Monast. Saxiac. ann. 878 : *Delata est puella in Portitorio, miserabilis et tenaci contractione debilis.* Vide *Portatorium.*

¶ **PORTITURA**, Capacitas, Gall. *Portée d'un vaisseau.* Charta Henrici VII. Reg. Angl. ann. 1496. apud Rymer. tom. 12. pag. 595 : *Cum quinque navibus sive navigiis, cujuscumque Portituræ et qualitatis existant, etc.* Vide *Portagium* 5.

¶ **PORTIUNCULA**, diminut. a *Portio*, particula. Orosius lib. 6. cap. 7 : *Historiæ Suetonii competentes Portiunculas decerpsimus.* Utitur Apuleius, aliique inferioris latinitatis Scriptores.

¶ **PORTMOTA**, Curia, portus, vel portui indicta, qua res ad portum spectantes agitantur : a Saxon. porte portus, et gemot, conventus. Ita Spelman. Computus ann. 1425. apud Kennet. Antiquit. Ambrosd. pag. 570 : *Cum firma manerii et molendinorum de Clyfton prædicta, cum extentis curiarum, Portmotis et tolneto fori, etc. Curia portmotorum*, apud *Blount* in Nomolex. Anglic.

PORTOLADI, Remiges; Italis, *Portunati; nostris, Forçats, qui ont soin de l'esquif et le conduisent.* Sanutus lib. 2. part. 4. cap. 20 : *Expedit quod sint ibi decem Portoladi ad bancha puppis cujuslibet galearum... Expedit quod ibi sint 20. Portoladi, qui ad bancha sequentia puppis remigent, dum est locus, pro solidis quinque grossorum quilibet omni mense.*

¶ PORTOLATTÆ dicuntur in Gloss. Franc. Barber. ad Docum. d'Amor. edit. Ubald. pag. 261 : *Homines qui in galea incipiunt remigare, et alii postea sequuntur.*

* **PORTOMIA**. Vide supra *Portemia.*

¶ **PORTONAGIUM**. Vide *Portulaticum.*

¶ **PORTONARIUS**, Nauta, qui itinerantes ad ulteriorem fluminis ripam navigio transvehit. Vita S. Johannis Episc. Valentin. apud Marten. tom. 3. Anecd. col. 1696 : *Ad portum... cum comitatu numeroso pervenit, ubi cum a Portonariis naulum propter multitudinem caritative exigeretur... Ante tamen quam ripam ulteriorem contingerent,... nautas pacavit.* Vide *Portanarius.*

¶ **PORTONATICUM**. Vide *Portulaticum.*

¶ **PORTORA**, pro *Portus*, terminatione Longobard. Navis quæ ad trajectus fluminum pontis vicem præbet.] Charta ann. 774. tom. 2. Bullar. Casin. pag. 17 : *Concedimus.... molinis lacora, Portora et piscationes per singulas aquas.* Vide *Portura* et *Portus* 3.

¶ **PORTORIUM** *dicitur quædam præstatio quæ datur pro navium applicatione seu statione et mercatione quacumque facta in portu; unde differunt pedagia, gwidagia et salviaria.* Vocabul. utriusque juris. Vide *Portulaticum.*

* **PORTRACTURA**, a Gallico *Portraiture*, Imago, effigies, in Chorea Macab. § xlij. : *Vos videntes in hac Portractura omnes status mundi choreantes.* Hinc *Portraiture*, pro *Propriétaire*, legendum apud Math. de Couciaco in Carolo VII. pag. 735. ut reapse legitur ibid. pag. 738. Vide *Portractus* et infra *Protrahere.*

¶ **PORTRACTUS**, Pictus, delineatus, a Gall. *Portraire*, pingere. Inventar. MS. Eccl. Anic. ann. 1444 : *Item corporalia cum suo repositorio albo ab extra cum arbore Portracta cum suo cordulo.*

PORTSOKA. Vetus Charta Cantabrigiensis apud Somnerum in Tractat. de *Gavelkind* pag. 135 : *Concessi etiam eis quietantiam murdri infra urbem, et in Portsoka, et quod nullus, etc.* Rursum : *Concessimus etiam quod nullus de civitate, vel Portsoka sua captus, vel rectatus de aliquo crimine vel forisfacto, pro quo debeat imprisonari, imprisonetur alibi quam in prisona civitatis, etc.* Saxon. Porte, est portus, vel porta [** vel oppidum] : soc, soca, Jurisdictio, dominium, etc.

¶ **PORTUAGIUM**. Vide *Portulaticum.*

¶ **PORTUALIS**, Fauces, claustra montium. Hist. Cortus. lib. 2. apud Murator. tom. 12. col. 800 : *Portualia plena erant peditum armatorum.* Vide *Portus* 1.

¶ PORTUENSIS, Eadem notione; hinc *Portuensia horrea, condita, Portuenses mensores, operæ.* Vide Gotofred. ad leg. 9. Cod. Theod. de Suariis lib. 14. titul. 4.

¶ **PORTUGALENSIS**, Lusitanus, in Epist. Innocentii III. PP. inter Conc. Hispan. tom. 3. pag. 434.

* PORTUGALENSES AUREI, Moneta aurea Portugalliæ. Liber cens. eccl. Rom. : *Monasterium S. Georgii ordinis S. Augustini duos aureos Portugalenses. Portingalois*, pro *Portugais*, apud Math. de Couciaco in Carolo VII. pag. 719. Hinc forte ornamentum quoddam, *Portegaloize* nostris nuncupatum. Lit. remiss. ann. 1453. in Reg. 182. Chartoph. reg. ch. 53 : *Ung Portegaloize à femme de drap d'or, couverte de perles.*

PORTULANI, Qui portubus maris, vel fluminum, eoque nomine navibus quæ in statione sunt, præsunt. Statutum Honorii IV. pro Regni Neapol. incolis ann. 1285 : *Deferentes præmissa emptitia dent particulari Portulano loci, in quo fiet oneratio eorumdem, fidejussoriam cautionem.* Horum munus pluribus describitur a Petro de Vineis lib. 2. Epist. 36. Itali *Portolano* vocant, *libro dove sono descritti porti del mare.* Exstat editus Venetiis ann. 1576. cum *il consolato del mare.* Habetur etiam Gallice editus. Vide Turcogræciam Crusii pag. 525.

☞ Alii videntur *Portulani Papæ* memorati a Laur. Byzinio de Orig. belli Hussitici apud Ludewig. tom. 6. Reliq. MSS. pag. 126 : *Cui quidem Concilio* (Constantiensi) *ipse Johannes Papa XXIII. personaliter interfuit.... Item Portulani Papæ* 24. Ubi *Portulanos* quosvis tributorum exactores interpretor.

* Nostris *Portelains;* quorum officium vel dignitas *Portulanatus* nuncupatur, in Stat. Caroli reg. Sicil. Mss. : *Magistri Portulani.... teneantur exprimere..... nomen et cognomen vassallagii in quo honerata sunt, et ipsius vassalli patroni.... Ut nullus deinceps ad Portulanatus officium assumatur, de quo non possit haberi vindictam sanguinis.* Lit. remiss. ann. 1425. in Reg. 173. Chartoph. reg. ch. 373 : *Le conte de la Marche ordonna icellui Thassin Gaudin chevalier, maistre Portelain du royaume de Naples, qui est ung des beaulx et prouffitables offices d'icellui royaume..... Après certain temps les gens d'icellui royaume se rebellerent contre ledit Conte, que on appelloit lors Roy Jaques, et le detindrent prisonnier.*

¶ PORTUZANI, ut *Portulani.* Anonymus de gestis Manfredi et Conradi Reg. apud Murator. tom. 8. col. 609 : *Legem ponit* (Carolus Rex) *regnicolis, novosque secretarios, justitiarios, admiratos, protonotarios, Portuzanos, dohanerios,... statuit. Portularios* edidit Baluzius tom. 6. Miscell. pag. 277.

¶ PORTULANIA, Officium, dignitas *Portulani.* Longinus in Vita S. Stanislai tom. 2. Maii pag. 274 : *A nobili domino Johanne Sobyeusky officium Portulaniæ precario obtinuit.*

* **PORTULANUS**, Famulus infimi gradus inter ministros coquinæ, ut colligitur ex Stat. de salis fodinis ann. 1451. inter Leg. Polon. tom. 1. pag. 166 : *Item subcoco, duos grossos. Item illi qui lavat scutellas, duos grossos. Item Portulano, duos grossos.* Num qui aquam ministrat ?

¶ **PORTULARIUS**. Vide *Portulani.*

PORTULATICUM, Tributum quod præstatur pro navibus in portubus consistentibus. Charta ann. 1231. apud Ughellum tom. 7. Ital. Sacr. pag. 665 : *Causaque vertitur.... super plateatico seu Portulatico, quod dictus Episcopus per se ac per suos portulanos exigit a deferentibus victualia, etc.* Idem videtur quod

¶ PORTENATICUM, in Charta Anselmi Archiep. Mediol. ann. 1100. apud Puricellum in Basil. Ambros. pag. 519 : *Coloneum* (l. *teloneum*) *quod vulgo turadia dicitur, sive Portenaticum, etc.*

¶ PORTONAGIUM, Eodem significatu. Charta Raimundi Comit. Tolos. ann. 1222 : *Concedimus et donamus irrevocabiliter præfato hospitali* (S. Ægidii) *ut liceat fratribus ibidem morantibus per omnes partes nostro dominio et jurisdictioni subditas, sive per terram, sive per aquam remota omni inquietatione et sine aliquo contradictu et sine aliqua petitione, vel exactione, ut pote pedagii, toloni, Portonagii, leudæ vel usatici... res suas libere ubique deferre.*

PORTONATICUM, in Charta Berengarii et Adalberti Regum Italiæ ann. 952 : *Videlicet Portonaticum, palificaturam, teloneum, ripaticum, navium ligaturam.* [Charta Ottonis Imper. ann. 981 : *Per hoc nostrum perdonamus præceptum ut nullus eorum.... in aliquo loco donet Portonaticum, aut ripaticum, etc.* Eadem leguntur in Charta Conradi II. Imper. ann. 1027. apud Illustr. Fontaninum in Antiq. Hortæ pag. 388. et alibi passim.]

¶ PORTUAGIUM, Eadem notione, in Charta ann. 1222. inter Privil. Equit. S. Johan. Hieros. pag. 31.

¶ PORTUNATICUM. Charta Friderici II. Imper. ann. 1220. apud Ughellum tom. 2. pag. 23 : *Portum Laveratici cum Portunatico, etc.*

¶ **PORTUNARIUS**. Vide *Portanarius.*

PORTUNUS. Vide *Neptunus.*

PORTURA, [Idem quod *Portora.* Vide in

hac voce.] Capitulare de causis regni Italiæ cap. 17. Capitulare Pipini Regis Italiæ cap. 29. et Lex Longob. lib. 3. tit. 5. cap. 3. [** Pipin. 41. *portus* al. *portas*.] : *Sicut consuetudo fuit sigilla et epistolas prendere, vel Porturas custodire, ita et nunc sit factum.* Idem Capitulare Pipini cap. 9 : *Ut vias et Porturas vel pontes infra regnum nostrum in omnibus pleniter emendatas esse debeant, etc.* Infra : *Nam per alia loca super ipsa flumina nullatenus Porturas esse debeant.* In Lege Longob. lib. 3. tit. 1. § 26. [** Pipin. 20.] ubi eadem pene verba inseruntur : *Ut viæ et Portus, et pontes, etc.* Mox : *Nullatenus pontes esse debeant.*

1. **PORTUS**, Fauces, Claustra montium, *Puertos* Hispanis, quibus proprie dicuntur claustra Pyrenæorum montium. Turpinus in Hist. Caroli M. cap. 11 : *Tunc Aigolandus fugiens transmeavit Portus Aserros, et venit usque Pampilonam.* Cap. 21 : *Dum Carolus cum 20. millibus Christianorum..... Portus transiret.* Occurrit ibi pluries. Sebastianus Salmanticensis Ep. in Hist. : *Ita ut ne unus Caldeorum intra Pyrenæi Portus remaneret.* Will. Brito lib. 1. Philipp. :

Usque sub Hispanos fines Portusque remotos.

Guillelmus de Podio Laurentii cap. 52 : *Quibus auditis Rex et perceptis, quod dictus Comes Fuxi de montanis Castris suis confideret de ultra Portus, etc.* Nangius in Philippo III : *Interea Comes Atrebati qui, ut diximus, juxta introitum Portuum cum valida manu peditum et equitum se tenebat, Portus Cysereos evitando, et in partem alteram per montes Pyreneos... transitum fecerat, etc.* Le Roman *de Guarin* :

Normans, Bretons cindrent voirement,
Et Avalois, Flamenc et Loherant,
Et Angevin, Mansel, et Alemant
D'otre le Rin vindrent mult ferement
Des le port d'Aix jusqu'au Port S. Vincent.

Ibidem :

Des ports de Nismes jusq'à pors de Navarre.

Alibi :

As pors d'Espagne s'en est entrez Roland.

Consule Notas nostras ad Alexiadem pag. 301.

Portarium, Eadem notione. S. Eulogius in Epist. ad Willesindum Episc. Pampilon. : *Acysterium quod situm ad radices montium Pyreneorum in præfatæ Galliæ Portariis, etc.*

¶ 2. **PORTUS**, Porta, apud Lobinell. tom. 2. Hist. Britan. pag. 872 : *Ante suum introitum fecit idem novus Dux primum juramentum in introitu bariere portus illius urbis* (Rhedonum) *vocati vulgariter, Portus de Morzelles Gallice*; hodie *Mordelaise* vocatur.

¶ 3. **PORTUS**, Navigium ad transvehendos itinerantes. Aribo in Vita S. Corbiniani Episc. in Hist. Frising. Meichelbecki tom. 2. pag. 29 : *Amissis autem transalpinis jugibus, cum ad Portum Oeni fluminis cum tantis reliquiis viri religiosi pervenerunt, etc.* Ubi et fluminis trajectus intelligi potest. Vide *Portura*.

4. **PORTUS**, Reditus, prædiorum commoda, Gallis, *Rapports, revenus.* Vita S. Placidi Mart. num. 45 : *Requisitus de possessionibus ac Portubus,... de servis et ancillis.* Infra : *Præcipit ut.... earumdem cortium procuratores ac Portuum custodes... duceret.* N. 47 : *Præcepit quod de pretio, quod de Portu acceperat, construeret domum, in qua ipse cum suis habitaret, etc.* Infra : *Præpositi Portuum et procuratores cortium.... redditus Portuum et census cortium.* Adde num. 55. Chronicon Casin. lib. 3. cap. 57 : *Locum qui Cætrarius dicitur in Calabria cum toto Portu suo.* Lib. 4. cap. 89 : *Obtulit Ecclesiam S. Nicolai et sanctæ Luciæ cum Portu suo, et cum omnibus rebus suis.* Cap. 97 : *De gualdo et de Portu molendini.* Charta Ottonis Imper. ann. 956. apud Ughellum tom. 1. pag. 419 : *Insuper trado supradictæ Ecclesiæ in Comitatu Aprutii... unum Portum, qui reddat centum pondera inter aurum et argentum, et etiam ferrum et sal : qui Portus continet intra se quinque millia modiola inter terram et aquam intra mare.* Guntherus lib. 8. Ligurini :

Vectigal, Portus, cudendæ jura monetæ,
Cumque molendinis, telonea, flumina, pontes, etc.

Radevicus lib. 3. cap. 41 : *Monetam, teloneum, pedaticum, Portus, Comitatus, etc.* Lib. 4. cap. 5 : *Telonea, fodrum, vectigalia, Portus, pedatica, etc.* Occurrit passim in Chartis Italicis apud Ughellum.

¶ 5. **PORTUS**, Agendi ratio. Charta Philippi Pulcri Reg. Franc. ann. 1302. apud Menester. Hist. Lugdun. pag. 84 : *Caventes sibi sic substituentes quod pro administratione, Porto, seu gestione substitutorum suorum, si quid in eis commiserint, tenebuntur prout de jure fuerit respondere.* Vide *Portamentum*.

* *Port*, eodem sensu, in Lit. ann. 1372. tom. 5. Ordinat. reg. Franc. pag. 563 : *Leur bon Port, leur bon estat et bon gouvernement.* Occurrit præterea tom. 6. earumd. Ordinat. pag. 227. art. 5. et in Lit. ann. circ. 1360. apud Marten. tom. 1. Ampl. Collect. col. 1473.

¶ 6. **PORTUS**, Auctoritas, pondus. Proposita in Conc. Paris. ann. 1416. apud Marten. tom. 4. Anecd. col. 350 : *Attento quod habet* (Vaurensis Episcopus) *magnum Portum et officium in dicto Concilio, etc.* Galli diceremus, *Attendu qu'il est d'un grand poids dans ce Concile, etc.*

* *Port*, eadem acceptione, in Lit. remiss. ann. 1397. ex Reg. 152. Chartoph. reg. ch. 298 : *Soubz umbre du grant Port, que ledit Pierre Frere Jehan advocat avoit en justice, par le moyen de sa science et de sa pratique, etc.*

¶ 7. **PORTUS**, Vectura, Gall. *Port.* Statuta Avenion. lib. 1. rubr. 25. art. 2 : *Quodque molendinarius pro Portu et reportu cujuslibet salmatæ grani, vel farinæ, tam infra civitatem quam extra mercedem unius solidi Turon. tantum consequatur.* Reparationes factæ in Senescallia Carcassonæ ann. 1435 : *Item pro Portu calcis.... VI. sol.*

¶ Portus Armorum, Gall. *Port d'armes.* Charta Ludovici Delphini ann. 1451. apud Salvaingum de Usu feud. pag. 62 : *Cujus quidem statuti prætextu, cum plures ex post exortæ fuerint rixæ, Portus armorum, violentiæ, etc.* Vide *Portatio*.

¶ 8. **PORTUS**, Portorium, tributum quod ad portas civitatum, vel in portubus, seu pro appulsu ad portum exsolvitur. Charta XI. sæc. apud Ruffium filium in Comit. Provinc. pag. 29 : *Denique in villa, quam rustica lingua nominat Pertusum, tenebamus mistraliam, et Portum, et mercatum, et districtum.* Pro tributo quod in portubus exigitur, occurrit in Charta Ottonis IV. Imp. ann. 1210. apud Murator. delle Antic. Estensi pag. 392. Pro appulsu ad portum, in Charta Caroli Imper. ex Tabul. Major. Monast. : *Cum piscatoriis, tractis omnibus, nec non Portum utriusque ripis.* Vide *Portaticum*.

* Pactum inter Raim. V. comit. Tolos. et abb. S. Egid. ann. 1160. inter Probat. tom. 1. Hist. Nem. pag. 36. col. 2 : *Guirpimus Deo et beato Egidio et tibi Bertranno abbati.... in perpetuum, quidquid juste vel injuste petebamus.... insuper Portu prædicto sive portorio, ut de cetero monasterium S. Egidii libere habeat et quiete possideat ipsum super Portum sive super portorium.* Regist. episcopat. Nivern. ann. 1287 : *Hic sunt redditus et res pertinentes ad domum de Albigniaco, Portus æstimatur decem libras, etc.* Vide supra *Portagium* 3.

¶ Portus, secundæ declinat. in Charta ann. 990. ex Tabul. S. Tiberii : *Et in ripa fluminis Arauri ecclesiam S. Petri.... cum ipso Porto.*

* 9. **PORTUS**, idem quod *Deportus*, Jus caduci in beneficiis ecclesiasticis, quando vacant; quod ad episcopum, archidiaconum aut archipresbyterum spectat. Jura parroch. eccl. de Thoisiaco Æduens. diœc. ann. 1383. ex Cod. reg. 5529. B : *Archipresbyter percipit... ab omnibus et singulis curatis sui archipresbyteratus pro Portu et nomine Portus duos solidos et sex denarios Turon.*

* 10. **PORTUS** Litterarum, Merces pro allatis epistolis, Gall. *Port de lettres.* Comput. ann. 1482. inter Probat. tom. 4. Hist. Nem. pag. 19. col. 1 : *Solverunt dicti domini consules præfato Johanni Comte, pro Portu dictarum litterarum,.... tria scuta auri, valentia iiij. libr. xvij. solidos, vj. denarios.*

Portum Facere dicitur navis, quæ ad portum appellit, [* causa vendendi vel comparandi merces.] Charta ann. 1079. apud Gariellum in Episcopis Magalonensib. pag. 76 : *Concedo in allodium sedi Magalonensi, et Clericis omnibus illic viventibus, vel victuris, naves ad portum maris pertinentes, hic, vel ubicunque in honore meo faciat Portum ipsa navis.* [Litteræ ann. 1363. inter Ordinat. Reg. Franc. tom. 4. pag. 240 : *Ordinatione facta ne quis Portum, a portu de Leucata usque gradum de Passone, facere præsumat, etc.* Occurrit rursum ibid. pag. 682.] [* Charta ann. 1230. apud Murator. tom. 4. Antiq. Ital. med. ævi col. 363 : *Illæ naves hoc datium trium denariorum solvere debeant, quæ Portum fecerint, et remanserint apud civitatem Ferrariæ, causa suarum rerum illuc vendendi vel comparandi.*]

* **PORTUSIACIUM**, Tributum, quod ex nundinis percipitur. Charta Hugon. comit. Trec. ann. 1114. ex Tabul. Derv. : *Dedi etiam.... in nundinis Barrensibus omnes reditus, quos ventas vocant, equorum cæterorumque animalium, quæ ibi vendentur, ab illo die quo nundines deliberatæ fuerint,*

usque ad illum diem, quo Portusiacium accipietur.

* **PORUM**, Silva. Bulla Alex. III. PP. ann. 1179. inter Probat. tom. 2. Annal. Præmonst. col. 411 : *Sex jornalia terræ et parvum Porum juxta Utigney.* Alia Lucii III. PP. ann. 1181. ibid. col. 413 : *Sylvulam, quæ parvum Porum vocatur.*

* **PORUS**, *Sarcoydes, dicitur ligamentum a natura creatum ad convertenda capita fractorum ossium, et est ejus expositio durities carnea : nam sarx, Græce caro, similiter et kreas.* Glossar. medic. Ms. Simon. Januens. ex Cod. reg. 6959.

¶ **PORZELLUS**, pro *Porcellus*, diminut. a porcus. Statuta Placent. fol. 65. v°. : *Et sic pro laborerio unius paris boum unam porcham a rotio cum omnibus Porzellis ex ea natis intra annum.*

POSA. Tabularium S. Andreæ Viennensis : *Nantelmus filius Vilfredi dedit duas Posas a Noiareia, et suum redismo de Noianza.* Vide *Pea*. [**Charta Chunon. abbat. Monast. de Aurora in agro Bernensi apud Neugart. in Cod. Diplom. Alem. tom. 2. pag. 357 : *Debet singulis annis 10. sol. pro 15. Posis terræ et 1. casali etc.*]

* *Pose* in pago Treuorchiensi, teste D. *Aubret* in animadversionibus suis quantitatem lapidum significat.

* **POSARE**, Ponderare, a veteri Gallico *Poiser*. Charta Oliver. abb. S. Remig. Senon. ann. 1311. in Reg. 47. Chartoph. reg. ch. 127 : *Et ponent dicti emptores pintas, mensuras ad vinum, et pondus ad Posandum seu vendendum minam seu ferrum, etc.*

* **POSATORIUS** Fustis, Cui quis innititur. Form. Mss. ex Cod. reg. 7657. fol. 40. v°. : *Dictam talem cum uno Posatorio fuste.... diversis ictibus percussit, etc.*

POSCA, Vinum acidum aquæ mixtum. Gloss. Gr. Lat. : Ὀξύκρατον, *Posca*, [Gall. *Piquette*.] Glossarium Cambroniense : *Posca, vinum secundum.* Occurrit apud Plautum in Milite Glor. Suetonium in Vitellio, Plinium lib. 27. cap. 4. Scribonium Largum cap. 46. 104. Marcellum Empiric. pag. 37. 83. 185. 201. 234. 348. Celsum lib. 3. cap. 6. Apitium lib. 4. cap. 1. Apuleium de Herb. c. 108. etc.

Pusca, pro *Posca*, Eadem notione, habetur non semel apud Cælium Aurelian. Siccens. lib. 1. Chr. cap. ult. lib. 2. cap. 7. 13. etc. At Ugutioni et Joan. de Janua, *Pusca et puscula*, dicitur *quædam commixtio aquæ et vini, ubi plus aquæ adhibetur, quæ pusculentis maxime prodest, et dicitur a Pus.* Statuta Mediolanensia 2. part. cap. 384 : *Possint massarii vel partiarii facere Poscham uvis competenter præcalcatis.* Nec scio an sic legendum in Gloss. Saxon. Ælfrici : *Pusta*, hacine. Ita *Posca* et *Pusca* non semper fuerit quod ὀξύκρατον vocant, sed commixtio aquæ et vini : quomodo vox hæc videtur accipienda in Regula Magistri cap. 27 : *Qui sitit, fiducialiter indicet. Post hanc vocem qui fuerit sitiens, mox de mensa sua respondeat, Benedic : statim temperata in uno vase Pusca calida, aut si voluerint fratres, cum jutta, quæ semper amplius propter sitientes fieri debet in pulmentariis fortioribus, etc.* Scribit Hieronymus Mercurialis lib. 3. Var. Lect. cap. ult. quosdam mirari quod scribat Suetonius in Vitellio cap. 12. Asiaticum ejusdem Imperatoris libertum Puteolis poscam vendidisse : quasi hujusmodi potus in medicum usum tantum adhiberetur : se vero illud admiratione dignum non existimare, quoniam vinum acidum aquæ mixtum pro vili plebecula venale exstitisse rationi consentaneum, atque id *Poscam* appellatum : mox addit, etiam antiquitus, sicut *escam* pro cibis, ita *poscam* pro potibus esse usurpatum se invenisse, et Barbarum notasse in antiquissimus Festi codicibus, et in Ferentini vetusto monumento, *posculenta*, pro *poculentis* legi. Et sane in Gloss. Gr. Lat. pro quavis potione usurpatur : Πόσις, *posca, potus, potio.* Vix enim probabile ad potionem Monachorum datum ὀξύκρατον. Vide Onomasticon Rosweidi ad Vitas Patrum, et supra in *Fusca*.

¶ **POSCERE** Reum, Aliquem in Jus vocare, reum agere, in Cod. Theod. tit. 1. de Jurisdict. leg. 2.

¶ **POSCINUMMIUS**, Vox ficta ex poscere et nummus, qui nummos poscit. Ita Apuleius lib. 10. Metamorph. illecebras meretricum *Poscinummias* vocat, quod iis nihil nisi nummos quærunt.

POSCIRE. Gauterius de Bellis Antiochenis pag. 443 : *Quocirca in vicis, in plateis, in ortis, in virgultis, desertis habitationibus, aliis tentoriis pro domibus suis Posciebantur.* Locus asterisco notatus ut luxatus. Legendum puto *potiebantur*.

¶ **POSEGIA**, Posigia. Vide *Pogesia*.

¶ **POSITALIS**, Realis, existens. Utitur Dionysius Chartus. ubi initium Evangelii S. Joannis explicat.

¶ 1. **POSITIO**, Ferculum, portio quæ monachis apponitur. Charta Eberhardi pro Monast. S. Petri de Silva nigra apud Schannat. Vindem. Litter. pag. 164 : *Unusquisque fratrum accipiat panem pulchrum et candidum, duasque Positiones piscium, unam salsuginatam, alteram piperatam; ad tertiam vero Positionem habere debebunt placentas, hoc est fladones.*

¶ 2. **POSITIO**, Francisco Curtio, *est quædam judicialis formula verborum concepta et reperta ad eruendam veritatem per adversarii responsionem.* Ab hac definitione non multum abludunt Odofredus Beneventanus, Jacobus de Arena et Ubertus de Bobio JC. qui Tractatus de *Positionibus* ediderunt. Vide Calvini Lexic. Jurid.

¶ Positio, vox etiam Theologis nota, qua Thesis seu alicujus particularis rei assertio significatur.

Positiones, *Ædificia*, in Glossis Isidori. Horatius :

Ponendæque domo quærenda est area primum.

* 3. **POSITIO**, Tumulus, ubi quis requiescit, vel sandapila. Vita B. Caroli Boni tom. 1. Mart. pag. 207. col. 1 : *Juxta Positionem comitis thymiamata et thus posita in igne concremarent, et ita si quid fœtoris a tumulo spiraret, virtute odoris salutiferi reprimerentur.*

* 4. **POSITIO**, Institutio. Charta ann. 1210. ex Chartul. S. Vinc. Laudun. ch. 159 : *Tandem idem comes, libello conventionali super prædictis omnibus,..... quædam specialiter ad jus ecclesiæ pertinere recognovit, quæ propriis nominibus duximus exprimenda,.... videlicet in villa de Villari Positionem majoris.* Alia ann. 1306. in Reg. 38. Chartoph. reg. ch. 176 : *Jalleagium, mensuragium, et missionem seu Positionem præconis vinorum, etc.* Vide supra *Ponere* 6.

* 5. **POSITIO**, Concessio, depositio. Tradit. 200. Ebersperg. apud Oefelium tom. 2. Script. rer. Boicar. pag. 40 : *Posuit super altare S. Sebastiani quandam Positionem prædii;... quam Positionem confirmavit Aribo,.... qui sibi posuerat ea conditione, ut perpetualiter serviat prædicto sancto.*

* **POSITIONES**, Litigantium allegationes et argumenta. Inventar. Ms. ann. 1366 : *Item sunt Positiones per procuratorem fiscalem Romanæ ecclesiæ, contra dominam Siciliam comitissam Sabaudiæ, petentem comitatum Veneyssini sibi ad eum pertinere, factæ. Et vice versa Positiones dictæ comitissæ agentis contra dictum procuratorem fiscalem nomine dictæ ecclesiæ super dicto comitatu.* Privil. curiæ Remens. Mss. fol. 10. r°. : *Positionum officium est locus in curia, ubi post litem contestatam recipiuntur juramenta calumpniæ, vel de veritate dicenda. Item sub juramentis præstitis audiuntur Positiones et responsiones partium.*

¶ **POSITIONALIS** Libellus, [Qui singulas partes et circumstantias facti, seu casus brevissimis pronuntiatis complectitur, adjectis nihilominus, quæ ad libellum requiruntur. Ita Calvinus in Lexico Jurid.

¶ **POSITIVUS**, Certus, præscriptus. Charta fundat. Collegii Dainvillæ ann. 1380. apud Lobinell. tom. 3. Hist. Paris. pag. 507 : *Fundamus in dicto collegio unum magistrum, qui dictos scholares nostros... debeat et teneatur instruere et docere fideliter et diligenter in grammatica Positiva et regulari ac philosophia.* Alia notione *Theologia positiva* dicitur, quæ scilicet ambagibus scholæ libera est.

POSITOR, Poeta. Abbo in Præfat. ad libr. 1. de Bellis Parisiac. : *Ergo nec Positor quidem nuncupor, nec figmenta hic habentur.* Et lib. 2. extremo :

Flagito quo Positor possim per amœna polorum
Hoste canas lector gratarier atria victo.

Quibus locis ad marginem adscriptum ab ipso Abbone, *Poeta*.

* Etquidem *Ponere*, pro Fingere, dictum monet Cangius in *Ponere* 2. quod poetarum proprium est. Unde fortassis apud Tolosanos *Posoera*, pro Saga, venefica, vulgo *Sorciere*. Lit. remiss. ann. 1457. in Reg. 189. Chartoph. reg. ch. 162. : *Tu as appellé la mere de ma femme Posoera et sorciere.* Nisi sit ab Hispanico *Poso*, fæx; quæ vox meretrici convenit.

¶ **POSITURÆ**. Hildemarus Epist. ad Ursum Benevent. Episc. apud Mabill. tom. 2. Annal. pag. 743 : *Pauca de Posituris loquar,.... id est signa, per quæ possit lector cola et comata atque periodos nosse.* Vide Martinium in hac voce.

* *Posucure*, Sartaginis seu cochlearis species, vulgo *Poelon*, in Lit. remiss. ann. 1453. ex Reg. 184. Chartoph. reg. ch. 362 : *Une petite paelle de fer ou d'arain à queue, appellée Posueure, dont on puisoit de l'eaue en une seille.*

* **POSITUS**, Determinatus, assignatus. Charta ann. 1256 : *Item fenaterriam in pia nemoris de Merderel in certis et Positis. Item fenateriam in pia nemoris de Cenonis in certis et Positis.*

* **POSPILARE**, Pila ludere, quod pilam insequendo fit. Lit. remiss. ann. 1352. in Reg. 81. Chartoph. reg. ch. 560 : *Cum iidem fratres causa solacii accessissent ad campos, ubi juvenes dictæ villæ de S. Ferreolo Pospilabant seu solebant, facta divisione prædictorum fratrum ad ludendum cum dictis juvenibus, et ipsis fratribus sibi ad invicem in sequendo pilam obviantibus, etc.* Vide *Pilare* 2.

* **POSSADA**, Domus, quam quis possidet seu habitat. Pactum inter Reg. et Saonæ habitat. ann. 1461. in Reg. 198. Chartoph. reg. ch. 97 : *Item quod nulla persona Saonensis teneatur dare sive concedere hospitium sive Possadas,..... proviso quod per ancianos dictæ civitatis.... de hujusmodi logiamentis, tam personarum quam equorum, convenienter provideatur.* Vide *Possessio* et infra *Pousada*.

¶ 1. **POSSE**, Potestas, facultas, Gall. *Pouvoir*. Charta ann. 1246 : *Quod nihil mali faceret rebus eorum; sed potius in omnibus locis, pro Posse suo, bona fide custodiret.* Testam. Guillelmi Episc. Venciens. ann. 1257. tom. 3. novæ Gall. Christ. inter Instrum. col. 195 : *Volens et mandans ut sacrista ecclesiæ ipsius monasterii de bonis meis quæ in ejus Posse sunt, seu actione dictæ institutionis pervenerint, emat et acquirat.* [** Charta Guerardi Archiep. Magunt. ann. 1254. apud Guden. Cod. Dipl. tom. 1. pag. 642 : *Quæ a nobis et eisdem debent firmiter observari, ab his in quos habemus Posse et qui in nostris munitionibus esse volunt, et a nobis cupiunt defensari.*] Occurrit præterea apud Ludewig. tom. 5. Reliq. MSS. pag. 450. et Rymer. tom. 1. pag. 590. *Se astringunt contra quemlibet.... defendere et tueri rebus et corporibus usque ad ultimum Posse*, in Orig. belli Hussitici Laur. Byzinii apud Ludewig. tom. 6. Reliq. MSS. pag. 162. [** *Assistere toto Posse*, in ch. ann. 1280. apud Gercken. Cod. Dipl. Brandenb. tom. 2. num. 202. pag. 353. *Bona fide et omni Posse servire*, in ch. ann. 1250. apud Wenck. Histor. Hassiac. tom. 1. num. 17. pag. 18. Auctori poematis *Ruodlieb* Posse sunt divitiæ. Fragm. 1. vers. 82 :

Pauperis est Posse reor, aut virtutis opimæ.

Fr. 14. vers. 60 :

Et genus amborum par Posseque divitiarum.]

* Nostris olim *Poier*. Assis. Hierosol. cap. 308 : *Se doivent faire deus chartres ; l'une sera au Poier dou roy et l'autre au Poier des homes, à ce que, se debat fust, que la chose fust esclercie par les chartres.* Alibi : *Poer, Pooir.*

¶ 2. **POSSE**, Exercitus, copiæ, Gall. *Forces*. Charta ann. 1313. apud Rymerum tom. 3. pag. 432 : *Tunc eos cum equis et harnesiis suis arestes, et salvo custodiri facias, quousque aliud inde præceperimus, assumpto tecum ad hoc, si necesse fuerit, Posse Comitatus tui.* [** *Præceptum est vicecomiti, quod, assumpto secum sufficienti Posse comitatus sui, in propria persona accederet et non omitteret quin caperet, etc.* passim in Abbrev. Placitor. ubi videndus Index rerum. Fœdus Wilhel. comit. Holland. inter et Joh. reg. Angl. ann. 1213. apud Rymer. tom. 1. pag. 54. edit. 2 : *Veniam ad ipsum in Anglia cum toto Posse meo, quatenus potero, etc.*] Chron. Siciliæ apud Marten. tom. 3. Anecd. col. 37 : *Alioquin dictus Rex Petrus cum suo Posse iret contra ipsum Regem Carolum et exercitum ejus ad debellandum eosdem.* Vide *Potentatus* 3.

¶ 3. **POSSE**, Dominium, districtus, territorium. Charta Henrici Comitis Trecens. ann. 1165. in Chartul. Meld. : *Cum Pruvinensi et Trecensi moneta eadem lege et eodem pondere per Comitatum Pruvinensem et Trecensem et in toto Posse meo ut curwat et omnino sine cambio accipiatur, faciam. Si quis autem in Posse meo bonam vel falsam eam fecerit, etc.* Charta Philippi III. Reg. Franc. ann. 1277. tom. 4. Ordinat. pag. 671 : *Si qui autem de mercatoribus predictis, aut de familiis eorumdem, crimen quod mortis penam exigat, commiserit in Posse nostro, etc.* Caffari Annal. Genuens. ad ann. 1161. apud Murator. tom. 6. col. 277 : *Ut per omnes terras Moadinorum et Posse ipsorum secure Januenses cum omnibus rebus suis mari et terra debeant ire.* Occurrit rursum in Annal. iisdem Bartholomæi Scribæ ibid. col. 460. et alibi passim. Vide in *Potestas*.

* *Pouoir*, eadem acceptione, in Lit. remiss. ann. 1427. ex Reg. 174. Chartoph. reg. ch. 83 : *Le suppliant vint demourer ou Pouoir de Demencourt, ès faubours d'Arras, en l'ostel de Gillot Lievant.*

* 4. **POSSE**, Procuratio, auctoritas, vulgo *Pouvoir*. Invent. Chart. reg. ann. 1482. fol. 45 : *Posse seu procuratio data per Ludovicum comitem Flandriæ Philippo duci Burgundiæ, etc.* Ibid. fol. 119 : *Processus verbalis dom. de Craon archiepiscopi ducisque Remensis ac paris Franciæ et dom. Johannis le Maingre dom. Bouciquault,.... in quo sunt incorporata duo Posse sive commissiones regis Karoli V. tunc regnantis, per quem rex præfatus dabat potestatem dicto archiepiscopo et Bouciquault tractandi treugas, abstinentiam guerræ, pacem et concordiam inter Johannam ducissam Britaniæ.... et Johannem comitem Montisfortis.*

POSSESSIO, Prædium quod quis possidet. Vide Festum. Lex Salica tit. 36. § 4 : *Si quis per malum ingenium in curtem alterius, vel in casam, vel ubicumque miserit aliquid, quod furatum est, nesciente domino cujus Possessio est, etc.* Lex Longob. lib. 2. tit. 43. § 1. [** Carol. M. 27.] : *Si autem ad quartam (vicem) venire contempserit, Possessio ejus in bannum mittatur.* Capit. Caroli Mag. lib. 5. cap. 169. [** 321.] : *Qui in vicis vel Possesiosnibus Chorepiscopi nominantur, etc.* Gregorius Turon. de Miracul. S. Martini cap. 23 : *Erant enim ingenui, et Possessionem propriam possident.* Occurrit non semel apud Agrimensores. Vide Gloss. Rigaltii, [et Notas Bignonii ad Leg. Salic.]

Possessionatus, Habens bona solo. Occurrit in Charta Ricardi II. Regis Angliæ apud Willel. Thorn pag. 2159. et in Decreto Sigismundi Reg. Hung. ann. 1435.

* Stat. Uladisl. Jagel. ann. 1433. inter Leg. Polon. tom. 1. pag. 93 : *Spondemus quod nullum terrigenam Possessionatum pro aliquo excessu seu culpa capiemus seu capi mandabimus.* Vide supra *Impossessionatus*, [** et Haltaus. Glossar. German, voce *Inman*, col. 1022.]

☞ Interdum nude pro eo qui in alicujus rei possessione est. Sic *Sacerdotes possessionati* dicuntur qui aliquod beneficium possident. Litteræ Henrici IV. Reg. Angl. ann. 1403 : *Statum et Possessionem omnium et singulorum qui de aliquibus beneficiis ecclesiasticis, tam dignitatibus, quam aliis beneficiis ecclesiasticis quibuscumque, Possessionati existunt.* Laur. Byzinius in Orig. belli Hussit apud Ludewig. tom. 6. Reliq. MSS. pag. 210 : *Immaculati, hoc est, sacerdotes qui non sunt Possessionati, et ab omni pulvere cupiditatis excussi.* Hinc

¶ Possessionati Monachi, nostris *Moines rentés*, Dotati, quibus attributæ sunt possessiones. Acta ad Concil. Basil. spectantia apud Marten tom. 8. Ampliss. Collect. col. 250 : *Omnes religiones tam monachorum Possessionatorum, quam Fratrum mendicantium, sunt reprobatæ.*

¶ Possessio Episcopi, Illius districtus, diœcesis. Capit. lib. 7. c. 74 : *Ut unusquisque Episcopus... providentiam gerat omnis Possessionis quæ sub ejus est potestate.* Vide *Posse* 3.

¶ Possessio Tædialis. Vide *Tedialis*.

¶ Possessio, perperam pro *Processio*, in Instrum. ann. 1192. tom. 4. novæ Gall. Christ. col. 24.

¶ Possessive Habere, Possidere jure proprietario. Charta ann. 1289. apud Ludewig. tom. 4. Reliq. MSS. pag. 116 : *Hos ergo redditus sic distinctos cum omni juris plenitudine, quo ritu proprietario ipsos hactenus habui Possessive, per legitimæ venditionis traductionem.... tradidi.* Vide *Potestative*.

POSSESSORES, in Lege Salica tit. 43. § 7. dicuntur *qui res in pago ubi commanent, proprias possident* : Cives. [** Vide Savin. Histor. Jur. Rom. med. temp. tom. 1. § 18. et 94.] Vetus Inscriptio Vicentiæ, apud Georgium Pilonum in Hist. Bellunensi pag. 16 : *Æterno Principi Fl. Clau. Juliano ubique venerando semper Aug. Ordo Possessoresque Brixillanorum optata devotione dedicarunt, bono reipublicæ nato.* Alia apud Franciscum Angelonum in Hist. Interamnensi pag. 36 : *Et Possessores, inquilini, negotiantes, viæ stratæ cultores, etc.* Sidonius in Panegyrico Majoriani :

. . . . quo discerêt agro
Quid Possessorem maneat?

Ita apud Byzantinos *Possessores* appellabantur, qui domos in urbe possidebant. Liberatus Diaconus cap. 20 : *Habens autem consentaneos aliquantos ex Clero, et Possessores civitatis, et corporatos, et milites, etc.* Diurnus Romanus cap. 3. tit. 2 : *Presbyteris, diaconibus, clericis, honoratis, Possessoribus, et cunctæ plebi ill. ecclesiæ, etc.* Vide Gregorium Mag. lib. 3. Dialog. cap. 26. Nec scio an de iis intelligendus sit Victor in Valente : *Fuit Possessoribus consultor bonus, mutare judices rarius, etc.* Atque ii sunt quos κτήτορας vocat Chronicum Alexandrinum duobus locis, qui ex eo quod domos in urbe possiderent, jure panum civilium et gradilium gaudebant, quod pluribus docemus in nostra Constantinopoli Christiana. Hesychio κτήτορες, κτισταὶ dicuntur, *conditores*. Hinc κτητορικὸν δίκαιον apud Pachymerem lib. 8. cap. 21. extremo, jus quod alicui competit in Monasterio aliquo vel Ecclesia a se vel decessoribus condita, quod vulgo *jus Patronatus* dicimus, ut recte interpretatur eruditus Possinus. Vide quæ de hac voce annotavit vir immense doctus Joan. Bapt. Cotelerius ad tom. 1. Monument. Eccl. Græc. pag. 750.

* *Possierres*, Possessor, a verbo *Possier*, possidere, in Cons. Petri de Font. pag. 153. art. 2. 3. etc. unde *Terre possiue* ibid. pag. 98. art. 14. nuncupatur illa, quæ jure hæreditario possidetur. Latinum *Possidere* varie reddiderunt nostrates : *Porsooir*, in Ch. ann. 1259. ex Tabul. Carnot. *Poursoier*, in Lit. ann. 1290. in Lib. rub. Cam. Comput. Paris. fol. 56. v°. col. 2. *Pousoer*, in aliis ann. 1297. ibid. fol. 11. r°. col. 2. *Possuire*, in Ch. ann. 1303. ibid. fol. 237. v°. col. 2. *Pourseoir*, in alia ann. 1288. ex Tabul. episc. Paris. Vide Hist. critic. Monarch. Franc. tom. 1. pag. 21. 2æ. edit.

¶ 1. **POSSESSORIUM**, Prædium quod quis possidet. Tabular. S. Vincentii Cenoman. fol. 70 : *Dedit.... abbatiæ S. Vincentii Cenomanensis dimidium Possessorii quod habebat in feodo de Curta fraxino.* [** Forte id quod vulgo dicitur Dominium utile.] Vide *Possessio.*

¶ 2. **POSSESSORIUM**, vox Practicis nota, *Possessoire*, Jus quod spectat possessionem. Charta pro Abbat. S. Eligii Noviom. ann. 1240 : *Auditis quæ partes hinc inde tam super Possessorio quam super petitorio proponere voluerunt, etc.* Litteræ Philippi Pulcri Reg. Franc. ann. 1290. tom. 1. Ordinat. pag. 319 : *Item, quod de cognitione decimarum non feodalium in petitorio, vel Possessorio, præsertim inter personas ecclesiasticas, ministri loci se nullatenus intromittant.* Occurrit alibi passim. *Possessorium judicium*, quod possessionem spectat, in Epist. Eccles. Dol. ad Innoc. III. PP. apud Marten. in nova Collect. vett. script. tom. 1. pag. 131. edit in 4°.

¶ **POSSETENUS**, Omnino, prorsus. Rupertus in Epist. ad Martin. Reg. Aragon. ann. 1401. apud Marten. tom. 1. Anecd. col. 1656 : *Corpus et res necnon universa nobis a Deo collata vobis Possetenus obligantes, etc. Possetenus conservare*, ex eodem Ruperto ibidem col. 1663. Vide *Posse*, 1.

¶ **POSSETUR**, pro *Posset*, apud Nonium. Vide supra *Fitur.*

* **POSSIA**. Testam. Urracæ regin. Portugal. inter Probat. Hist. geneal. domus reg. Portugal. tom. 1. pag. 37 : *De alia tertia solvantur debita mea, quæ invenientur scripta sub sigillo meo et de Possia penes illos, qui debent conservare istum meum testamentum* Sed legendum opinor, *Deposita.*

* **POSSIBILIS**, Approbatus, usu receptus. Charta Ludov. Pii tom. 1. Probat. Hist. Brit. col. 228 : *Et ideo jussimus ut et juxta regulam S. Benedicti patris viverent, quæ Possibilis est et laude digna est.* Vide *Possibilitas* 1.

1. **POSSIBILITAS**. Leges Alvredi Regis West-Sax. cap. 38 : *Si autem oculus assnaset, reddat weram ejus, et Possibilitatis accusetur in eo facto, et purget se juxta modum vitæ, etc.* Ubi *possibilitatis accusari*, est de crimine aut facto quod data opera et voluntarie perpetratum est. Leges Canuti cap. 66 : *Et si quisquam agat impossibiliter, non est omnino simile si voluntarie faciat.* Ita *possibile*, et *impossibile* usurpantur in Leg. Sax. Edwardi senioris cap. 8. pro eo quo voluntarie vel involuntarie fit.

¶ 2. **POSSIBILITAS**, Reditus, ni fallor, prædiorum commoda. [* vel potius Qualitas, conditio.] Charta ann. 1251. ex Schedis Præsidis *de Mazaugues* : *Promittimus.... quod.... de dicta terra et castro de Baucio cavalcatam faciemus vobis et hæredibus vestris secundum quod nobilitas nostra et Possibilitas terræ nostræ et constitutiones Provinciæ requirunt, ut tamen pro redimendis cavalcatis ad solutionem pecuniæ non teneamur.* [** Vide Haltaus. Glossar. German. voce *Mœglich*, col. 1362. et mox *Possibiliter.*]

* 3. **POSSIBILITAS**, Possessio, fundus. Placit. ann. 983. apud Murator. tom. 1. Antiq. Ital. med. ævi col. 380. : *Quia omnem Possibilitatem sui monasterii alienavit, et nostrum, quod caput est, monasterium in eadem dissipatione cupit videre.... Ad hæc Leoni abbas dicens : Nolit Dominus, ut ego illorum locis vel aliquam Possibilitatem monasterii S. Benedicti abstulissem.* V. *Possessio.*

* 4. **POSSIBILITAS**, Potestas. Sacram. reg. tom. 7. Collect. Histor. Franc. pag. 633 : *Quantum mihi Deus intellectum et Possibilitatem donaverit.* [** Gerhardi vita S. Oudalrici cap. 27 : *Hæc ministeria... ex Possibilitate corporis mei non assumpsi, sed ex præcepto.* Et mox : *Per impossibilitatem corporis primam adhuc non explevit.* Idem cap. 25 : *De obitu episcopi veraciter contradixit, et ejus Possibilitatem secundum suam consuetudinem esse nuntiavit*, i. e. corporis vires. Passim occurrunt *Secundum Possibilitatem meam, pro Possibilitate mea, etc.* Vide *Posse*, 1.] Hinc

* **POSSIBILITER**, Secundum potestatem. Synod. Mett. ann. 859. tom. 7. Collect. Histor. Franc. pag. 634. art. 6 : *Deinde si spoponderit ad pacem et concordiam præsentaliter in corde et ore, et quantocius rationabiliter et Possibiliter atque convenienter ex communi sensu fieri poterit, etc. Pouvément*, eodem sensu, in Assis. Hierosol. cap. 275 : *Il doit delhoier et blamer Pouvément et souvent le fort.* Vide *Possibilitas*, 2.

** **POSSIDERE**, Obsidere. Thietmar. lib. 1. cap. 9 : *Urbem quoque Liubusuam... diu Possidens, urbanos in municiunculam infra eandem positam fugere, et se dedicios fieri conpulit.* Occurrit passim apud eumdem, in Chronic. S. Benedicti ad ann. 749. in Chronic. Casin. in Chronic. Andr. Bergomat. cap. 1. etc. Vide Pertz. Glossar. tom. 4. Script.

¶ **POSSIFICARE**, Facere potentem, ut interpretantur Bollandistæ, in Catalogo operum B. Raymundi, inter Acta SS. tom. 5. Junii pag. 705. : CCCIX. *liber dictus, propter bene intelligere, diligere et Possificare. Incipit : Multum est delectabile.*

¶ **POSSINACLUM**, Certi ponderis discus, quo juvenes in agone contendebant, fortiorem judicantes, qui ultra designati spatii finem jecisset. Hæc Faber in Thesauro, qui ad Barthii Advers. lib. 35. cap. 2. remittit.

* **POSSOLLI**, pro *Pessolli.* Vide supra *Pessoillit.*

1. **POST**, Penes. Marculfus lib. 1. form. 26 : *Eo quod villam aliquam nuncupatam illam, quæ ad eundem de parte illius pervenire debuerat, Post vos retineatis indebite, etc.* Form. 28 : *Eo quod pagensis vester ille eidem terram suam, in loco nuncupante illo, per fortiam tulisset, et Post se retineat injuste, etc.* Adde form. 38. eod. libro, Chartas Parensales cap. 12. Epist. 65. inter Epistolas Desiderii Cadurc. Episc. Edictum Rotharis Regis Longob. tit. 10. § 13. etc. Formula loquendi usitata in aliquot provinciis Gallicis, *retenir aprés soy*, pro *sibi retinere, asserere.*

2. **POST**, In. Paschasius Radbertus in Epitaphio Walæ Abb. Corbeiensis lib. 1. cap. 16 : *A quibus cum suscepti essemus venerabiliter, ceperunt omnes Post Arsenium nostrum vultus intendere, eumque... circumvallare, etc.*

* 3. **POST**, Ad. Invent. S. Bertini tom. 2. Sept. pag. 617. col. 2 : *Tunc Post vicedominum et castellanos et quosque majores cleri directo nuntio, ut nos omnes citi adeant, invito.* Galli dicimus, *Envoyer après quelqu'un.* [** *Post hos direxit*, Ruodlieb. fr. 2. vers. 20. *Mittere Post*, ibid. vers. 128. 192. fr. 6. vers. 20. 37. 125. *Pergere Post ursum sive suem*, Germ. *jagen nach*, fr. 1. vers. 130. *Post te mœrendo*, Germ. *nach dir mich sehnend* fr. 15. vers. 7.]

1. **POSTA**, Statio, loci situs, *positio* : Italis *Posta*, nostris *Poste.* [* Idem, ut opinor, sonat quod *Posta*, 5.] Charta Honorii III. PP. ann. 1232. apud Ughellum in Episcopis Senogalliensibus : *Nec non de ripa et portu, seu et aliis supradictæ civitatis vectigalibus, siliquatico, pedagio, mensuratico, et de aliis Postis et posterulis civitatis ipsius, excepta Posta S. Angeli, cujus vestri in integrum sunt proventus.* Hinc orta vox apud nostros *Postes*, pro veredariis, qui veredis seu equis cursoribus certas locorum *positiones*, stationes, et ut olim appellabant, mutationes, *emetiebantur.*

☞ A *posta* eo significatu Galli dixerunt *Faire fausse poste*, cum quis in militum recensione supposititios milites ponit, ut cohortem plenissimam exhibeat. Hæc post Cl. V. *Secousse* in Notis ad Statutum Johannis Reg. Franc. ann. 1355. tom. 3. Ordinat. pag. 35 : *Nous avons ordené et ordenons que nulle ne face fausse Poste, sur peine de perdre chevaux et hernois.... Avons ordené et ordenons que pour eschiver les fausses Postes.... que nulz de nostre sanc et lignaige, ou autres... ne sera doresnavant reçeu à faire montre par cedule, ou par assertion de sa parolle, mais sera chascuns tenus desores-mais de faire monstre armée pardevant noz genz.* Statutum aliud ejusdem Regis ann. 1351. ibid. tom. 4. pag. 67 : *Les Gens-d'armes et de pié... pourroient avoir occhaison de faire Poostez en leurs monstre, et de faire montre pour et de un seul homme d'armes, en plusieurs et divers lieux, etc.*

☞ Charta ann. 1161. apud Murator.

delle Antic. Estensi pag. 322 : *In perpetuum donamus duas Postas Vallium positas in lacu Vighizoli.... ad habendum,... et ad piscandum et ad piscari faciendum*, etc. [* Locus significari videtur, in lacu vel fluvio assignatus, ubi piscari potest, quod *postibus* seu palis sit clausus, ut et in Ch. ann. 900. apud Murator. tom. 1. Antiq. Ital. med. ævi col. 583 : *Aquis, aquarumque decursibus, Postis seu et molendinis, atque piscationibus, etc.* Vide supra in *Plexicium*.]

* At Gallicum *Poste*, pro *Territoire*, districtus, territorium, legitur in Lit. ann. 1368. tom. 5. Ordinat. reg. Franc. pag. 155 : *Pour la ville et Poste de Landricourt, xiij. l. x. s.* Vide supra *Posse* 3.

2. **POSTA**, Statio, seu apotheca. Statuta Mediolanensia part. 2. cap. 423 : *Aliquis qui teneat Postam pro vendendo carbones, non possit se intromittere deportando carbones per civitatem aliter, quam ad suam Postam vel apothecam.*

¶ 3. **POSTA**, Locus copiis ad conveniendum præstitutus, condictus, Gall. *Rendez-vous*, *Posta* eadem notione Italis dicitur. Chron. Domin. de Gravina apud Murator. tom. 12. col. 575 : *Appropinquante itaque hora auroræ luciferæ, idem Comes ad constitutam Postam reconditurus se cum suis armigeris properavit.* Ibid. col. 619 : *Pergens recto tramite ad Petrammangam, præteriit primam Postam equitum, et non vidit, et appropinquans secundæ Postæ, volens per eamdem viam redire, invenit dictam primam Postam currere super eum.* Ubi *Posta* pro insidiis, Gall. *Embuscade*, usurpari videtur.

¶ 4. **POSTA**, Voluntas, arbitrium, petitio, libido, quo etiam sensu utuntur Itali. Chronic. Parmense ad annum 1296. apud eumdem Murator. tom. 9. col. 936 : *Dominus Potestas Parmæ cum certis militibus et foresteriis, soldatis ad suam Postam, equitavit super Rhegium.* Statuta Cadubrii libr. 3. cap. 40 : *Assassini qui ad Postam alterius precio vel mercede homicidium commiserint, etc. Ad ipsorum Postam vel petiti*, in Statutis Astens. fol. 37. v°. Sic etiam nostri *Faire à sa poste* usurpant.

5. **POSTA**, Tributi species. [Charta Aldefonsi Reg. Castellæ æra 1230. apud Stephanotium tom. 4. Fragm. Hist MSS. pag. 288 : *Et sint illi decem excusati ab omni pecto, Posta,.... et ab omni prorsus regio et alio tributo et gravamine in perpetuum.* Occurrit præterea] in Chartis Hispanicis, apud Colmaneresium in Histor. Segoviensi cap. 13. § 12. cap. 15. § 7. cap. 18. § 2.

6. **POSTA**. Charta ann. 1193. apud Georg. Pilonum in Histor. Bellunensi pag. 97. v°. : *Ut debeat observare Postam et pactum cum Commune Tarvisii, etc.* Concilium Ravennense ann. 1317. cap. 15 : *Ubi vero per Postas libri usurarii non apparuerit per petentem sibi usuras restitui, etc.* Infra : *Dummodo apparuerit per Postas libri vel alio modo legitimo, mutuum vel obligationem fuisse contractam.* Hinc *Postilla*, de qua voce mox.

☞ Cave existimes unum eumdemque esse vocis *Posta* intellectum in locis a Cangio allatis; in posterioribus quippe paginam sonat : in priori vero pactum, compositionem significat, ut et in Chron. Modoet. apud Murator. tom. 12. col. 1146 : *Et fecit secum Postam, quod eodem die post Vesperas hora debita ordinata debebat portare.*

¶ 7. **POSTA**, Idem quod infra *Postella* 1. Bernardi Ordo Cluniac. part. 1. cap. 9 : *Observare per consuetudinem debent, de fratribus qui veniunt ad monasterium,... utrum ... habeant in sellis suis pectoralia et Postas.*

¶ 8. **POSTA**, Retis genus, seu piscandi modus, quo rete ad palum in terra defixum ex una parte alligato, factoque longiori in mari circuitu, eo revertuntur piscatores unde profecti fuerant. Charta Regis Renati Comit. Provinciæ ann. 1477. pro piscatoribus Massil. ex lib. privileg. et Statut. eorumdem : *Nam piscatores utentes ingenio, sive arte vulgariter appellata de Posta, cum qua magni pisces, præcipue tuni cinguntur, sive accumulantur, etc.*

¶ 9. **POSTA**, Propositum, consilium, Gall. *Projet, plan* : *Posta* eodem sensu dicunt Itali. Statuta Astens. fol. 1. v°. : *Præfatus dominus potestas a vobis credendariis et consiliariis presentis generalis consilii super infrascriptis Postis.... sibi exhiberi salubre consilium postulat.*

* 10. **POSTA**, Cursus cum veredis seu equis cursoribus, Gall. *Poste*. Comput. ann. 1502. inter Probat. tom. 4. Hist. Nem. pag. 82. col. 1 : *Ad causam dictæ litteræ mandatæ per dominum S. Valerii dominis consulibus Nemausi prædictis, plures Postas currere fecerunt.*

* 11. **POSTA**, f. Opportunitas; quo sensu ea voce utuntur Itali. Inquisit. ann. 1371. in Access. ad Hist. Cassin. part. 1. pag. 428. col. 1 : *Item habet excusatum, videlicet majorem Postam collectæ generalis.*

POSTABULA, seu potius *post tabula*, seu *retroaltare*, Posticum altaris, seu ejus ornamentum. Querimonia Berengarii Vicecomitis Narbonensis adversus Guiffredum Archiepisc. Narbonensem ann. 1056 : *Thesauros quosque qui a conditione in eam congregati erant subtraxit : tabulas vero et Postabulas, et cruces, et scrinia reliquiarum aurea et argentea excoriavit.* Vide *Postaltare*.

POSTADVOCATUS, [Minor Advocatus, qui ab alio majori prædiorum ecclesiasticorum tutelas in se recipiedat.] Vide in *Advocati* pag. 110. col. 3. [* Charta Henr. III. imper. ann. 1054. tom. 1. Hist. Trevir. Joan. Nic. ab *Hontheim* pag. 398. col. 1 : *Nullum alium post se ponere præsumat* (advocatus) *qui vocetur Postadvocatus.*] [** Occurrit passim. Vide Haltaus. Glossar. German. voce *Aftervogt*, col. 18.]

¶ **POSTAGIA**, Jus quod *posterio* seu deferenti panem ad furnum competebat; a tabula huic usui apta, quæ Provincialibus *Posteille* vel *Poués*, nunc *Taulo* dicitur, ducta vocis origo. Statuta Arelat. MSS. art. 59 : *Fornerii accipiant 25. partem pro forneria et Postagia panum quos coquunt.* Vide *Posterius*.

* *Postage* nostri appellarunt munus quoddam, adolescentibus fieri solitum. Vide supra in *Ovum* 1.

POSTAL. Fori Aragon. lib. 7. f. 132. v°. : *Si aliquis homo in aliquo casali veteri apparuerit, fundamenta super quibus tantum postea construxerit in gyrum, donec opus illud sit de tribus tapialibus in altum, et miserit ipsum casal in arreco, et fecerit ibi portal, super quo firmaverit Postal, etc.* [Idem videtur quod Hispanis *Poste*, palus cui porta innititur.]

* **POSTALLA**, Posterior porta vel portula. Lit. remiss. ann. 1376. in Reg. 108. Chartoph. reg. ch. 335 : *Quod quidem fossatum protendebat et protendit a porta Turel usque ad Postallam confratriæ, etc.* Vide *Posterula*.

POSTALTARE, Velum, pallium, vel aliud quodpiam ornamentum, quod retro altare apponitur. [Gall. *Retable*. Necrolog. Corbeiense MS. : VII. *Idus Augusti frater Petrus de Sachiaco parvo fecit fieri Postaltare argenteum deauratum, quod est supra majus altare.*] Arestum 9. Maii 1321 : *Unum Postaltarium de sindone, etc.* Vide *Postabula*.

¶ **POSTARIUS**, f. Auriga, nisi sit pro *Pistarius*. Consuetud. Fontanell. MSS. fol. 95 : *Custos equorum abbatis* VI (ova).... *Postarius* VII.

* **POSTAT**, Porticus species seu umbraculum ligneum projectum, *postibus*, unde nomen, innixum, vox vulgaris. Capit. pacis ad calcem Statut. Massil. Mss. fol. 98. r°. col. 2 : *Item quod dom. comes et dom. comitissa seu eorum locumtenentes.... nullum impedimentum præstabunt hominibus villæ vicecomitalis Massiliæ,.... quominus ipsi habeant et facere fieri possint in domibus suis, prout solitum est in Massilia, Postatz et crotas sub viis, etc.* Vide *Postal*.

¶ **POSTATICUM**, Tributi species, idem quod *Posta* 5. nisi mendum sit pro *Portaticum*. Vide in hac voce. Diploma Ludovici Pii ann. 814. apud Marten. tom. 2. Ampl. Collect. col. 22 : *Nullum teloneum, aut ripaticum, aut Postaticum, aut pontaticum, aut salutaticum exigere audeat.* Eadem habentur in Charta Othonis Imper. ann. 949. apud eumd. tom. 1. col. 291.

POSTATUM, Postium seu palorum series, *Palissade de posteaux*. Willelmus de Podio-Laurentii in Chr. cap. 43 : *Fuit autem molendinum, quod munitum erat Postato tenui et vetusto, captum, et qui erant in eo juvenes interempti.*

¶ **POST-BUTUM**, f. Prostibulum, tuguriolum, ubi habitant meretrices. Litteræ Johannis Reg. Franc. ann. 1351. tom. 2. Ordinat. pag. 470 : *Ordinaverunt et convenerunt inter se, quod si aliquis de dicto mosterio inveniretur in latrocinio, vel frequentans tabernas, vel Post-buta, vel ludos taxillorum, etc.*

POSTCOMES, Qui vices Comitis agit. In Charta Odonis II. Comitis Carnotensis et Trecensis apud Sammarthanos in Abbatibus Vallis secretæ subscribunt *Sasunato Senescallus meus, Isembardus Postcomes, Odo Vicecomes, Hezelinus Miles, etc.* Ita *Postcomes*, et *Vicecomes* diversi sunt.

POSTCOMMUNIO, vel *post Communionem*, Antiphona quæ post Communionem, in signum quod communicatio expleta est, concinitur, quæ olim appellabatur *ultima oratio ad complendum*, ut testatur Walafridus Strabo de Reb. Eccl. cap. 2. [S. Bernardus tract. de Cautu tom. 1. Operum ejusd. col. 695. edit. 1690 : *In multis etiam historiis Postcommuniones ab iis, qui sim-*

plicitatem cantus ignorant antiphonarii, pro Responsoriis appositas invenimus.] Vide Durandum lib. 4. Ration. cap. 56. 57. et *Completa.*

* **POSTEA**, Certa straminis vel feni quantitas, quantum scilicet inter duas trabes seu *postes* continetur, nostris *Postée*, nunc *Travée*. Charta ann. 1350. in Reg. 80. Chartoph. reg. ch. 308 : *Viginti septem sextaria avenæ ad mensuram Pruvinensem, cum duabus Posteis straminis.* Lit. remiss. ann. 1381. in Reg. 119. ch. 114 : *Lesquelz freres qui avoient achaté de Jehan Picheri, demourant à Jardeloy, demi Postée et un bourseron de foin, le pris et somme de quinze solz Tournois.* Pro spatio ipso seu intertignio, in Consuet. Castel. ad Sequanam ex Cod. reg. 9898. 2 : *Les détailleurs de draps de la ville de Chastillon preignent quelque estaul qu'il leur plaist en la grange, c'est assavoir une Postée; et ne vault la Postée toute la foire que vingt solz.*

1. **POSTELLA**, pro *Postilena*, Gall. *Croupiere de cheval.* Papias : *Postella, ornamentum equi, dicta quasi post sellam, sicut antella, ante sellam.* [*Postela, Culiere*, in Gloss. Lat. Gall. Sangerm.] Statuta Hugonis V. Abbatis Cluniacensis : *Sine Postella et sella regulari non multum pretiosa ullus Priorum nostrorum equitare præsumat.* Eadem ferme habentur in Bullis Gregorii IX. et Nicolai IV. pro Benedictinis, post Chron. Casinense. Ὀπισέλη, et ὀπισελίνη, idem Græcis recentioribus sonat. Vide Glossar. Meursii, mediæ Græcit. et *Posta* 7.

Postena, Eadem notione. Vitæ Abbatum S. Albani pag. 77 : *Equi decentes et fortes sint ad portandum pannos unius Monachi ad Postenam armigeri.* Thwroczius in Carolo Rege Hungar. cap. 99 : *Universa namque ferramenta streparum et habenarum, seu rudibularum, et alia ad ipsum spectantia de argento inaurato..... existebant : corrigiarumque cinguli, et frena ac similia alia cum theniis et Postenis sericæ substantiæ contexta fuerant.*

¶ **POSTELLA**, Posterior porta, vel portula. Charta Ludovici junioris Reg. Fr. ann. 1173. apud Stephanot. tom. 1. Antiq. Occitan. MSS. pag. 454 : *Damus etiam licentiam in ipsa ecclesia et civitate* (Agathensi) *ob timorem Sarracenorum et propter frequentem incursum iniquorum hominum faciendi turres, munitiones, muros, Postellas et portarum tuitiones.* Charta Manassis Episc. Lingon. ann. 1189. inter Instrum. tom. 4. novæ Gall. Christ. col. 194 : *Domum etiam* (concessit) *juxta Postellam sitam, etc.* Vide *Portella* 1. et *Posterula.*

¶ **POSTELLATIO**, Ad *postellum* expositio. Vide mox in hac voce.

POSTELLUM, Cippus, Gall. *Posteau*, vulgo *Carcan*; postis scilicet seu palus, cui alligati rei publice exponuntur ad majorem infamiam. Tabularium S. Flori Arvern. : *Excepta executione ultimi supplicii, fustigatione, bannitione, et Postellatione.* Et infra : *Dominus de Brezons non potest facere furcas apud Bezons; Postellum vero potest facere.* Concilium Bituricense ann. 1336. cap. 12 : *Item pilorium seu Postellum in cœmeterio et locis sacris affigunt et apponunt.* Vide *Carcannum*, et *Pilorium.*

* A Latino Postis, nostri *Postel*, vulgo *Poteau*, dixerunt. Lit. remiss. ann. 1409. in Reg. 163. Chartoph. reg. ch. 321 : *Icellui Perrinet bouta sa hache entre l'uis et le Postel ou esteil où il le devoit clorre.* Aliæ ann. 1414. in Reg. 167. ch. 411 : *Le suppliant print un Postel de boys en soy revenchant.* Hinc amici, quibus innitimur, *Posteaulx* appellantur, in Lit. remiss. ann. 1400. ex Reg. 155. ch. 273 : *Lequel Denisart lui dist : qu'il n'avoit mais si bel regner qu'il avoit eu ou temps passé, et que ses Posteaulx, c'est à dire, les meilleurs de ses amis, estoient mors.*

¶ **POSTEMA**, vox Italica, Apostema, Gall. *Abcès*. Mirac. S. Humilianæ tom. 4. Maii pag. 406 : *Domina quædam.... patiebatur infirmitatem in coxa, quod vocatur Postema malinconicum.* Hinc

¶ Postematus, Apostemate laborans. Miracula B. Simonis Erem. August. tom. 2. April. pag. 823 : *Habebat tibiam infistulatam et Postematam.*

POSTENA. Vide *Postella* 1.

** **POSTERADIE**. Ars D. Bonifacii apud Maium Classic. Auctor. tom. 7. pag. 531 : *Temporis finita adverbia.... pridie, Posteradie, postmeridie, etc.*

¶ **POSTERARE**, *Differre*, apud Laur. in Amalth.

POSTERGALE, Tergum cathedræ : *Le dos de la chaire.* Ceremon. Rom. lib. 1. sect. 9 : *Sedilia Episcoporum.... habebunt reclinatorium, sive Postergale altum usque ad spatulas, et gradum... super quem pedes teneant.* Occurrit et sect. 13.

POSTERGARE, Post tergum relinquere, [rejicere; vox Italica.] Gesta Ludovici VII. Reg. Franc. cap. 10 : *A sinistra parte terram Philadelphiæ Postergantes, ad civitatem Smyrnæ venerunt.* Galli dicerent, *Laissant derriere la ville de Philadelphie.* Utitur Gobelinus Persona in Cosmodromio ætat. 6. cap. 87. ut et Scriptores aliquot Itali. Auctor Flammetæ : *Postergatorio Scudo.* Alius : *Postergata la ragione.* [Hinc

¶ Postergare, Posthabere, contemnere, negligere. Gloss. vett. : *Postergare, postponere, negligere. Postergo*, μετίεμαι, in Gloss. Lat. Græc. Charta ann. 1319. apud Ludewig. tom. 5. Reliq. MSS. pag. 262 : *Perpetuo possidere possunt et debebunt omni jure, exemptione juris seu facti qualibet Postergatis.* Litteræ Ludovici Bavari Imperator. ann. 1328. apud eumd. tom. 2. pag. 280 : *Qui mentientes et Postergantes fidem nobis debitam et imperio, rebellionis spiritum assumserunt.* Litteræ Alberti Episc. Mindens. : *Cultum divinum inibi.... institutum penitus quasi Postergarunt.* Necrolog. Lauresham. apud Schannat. in Vindem. litter. pag. 26 : *Offertoria sua... nobis dari et præsentari, Postergato omni subterfugio, disposuit et curavit.* Adde Spicil. Acher. tom. 8. pag. 293. Batav. Sacr. pag. 203. etc. Vide *Posterigare.*

¶ Postergare Diem, Rejicere, differre, producere. Charta Casimiri Reg. Polon. apud Ludewig. tom. 5. Reliq. MSS. pag. 598 : *Debebit intra dictos menses destinare nuntios,.... nisi sæpe fatus dom. Marchio Moraviæ et nos de alia die anticipanda vel Postergända contingat fortassis unanimiter concordari.*

* **POSTERGATUS**, Læsus, impeditus. Charta ann. 1429. ex Tabul. eccl. S. Thom. Argent. : *Quod cum nos dictumque nostrum monasterium, variis illicitis gravibusque et intolerabilibus quarundam personarum, temporalem jurisdictionem et possessionem hactenus circa locum nostrum et monasterii nostri prædicti tenencium, pressuris et oneribus fuerimus enormiter læsi, pressique et gravati, et in nostris privilegiis, juribus et proventibus magis Postergati et impediti, etc.* Vide *Postergare.*

¶ **POSTERIALIS** Abscissa, *Postericalis saltana, postericalis serrata*, Variæ scripturarum species. Vide *Scriptura.*

* **POSTERIGARE**, Posthabere, negligere. Lit. salvægard. ann. 1376. tom. 6. Ordinat. reg. Franc. pag. 242 : *Nos eorum dominum et superiorem publice agnoscendo, inimicorum formidine Posterigata, etc.* Vide in *Postergare.*

¶ **POSTERIOLA**, Idem quod infra *Posterula.* Testam. Bertichramni Episc. Cenom. tom. 3. Analect. Mabil. pag. 123 : *Perfeci domum, quæ infra muros, in dextera parte de Posteriola meo opere ædificavi.*

¶ **POSTERIORA**, Tergum, Gall. *Derriere.* Vide *Morenæ.*

¶ **POSTERIORES** appellantur, qui ultra trinepotes sunt et omnes reliqui descendentes, in leg. ult. § parentes. D. de gradib. Vide Calvini Lex. et Hofman. in hac voce.

¶ 1. **POSTERIUS**, Puer pistorius seu tyrunculus pistor, sed maxime is cujus erat panes ad furnum coquendos deferre, apud rusticos Provinciales interdum *Poustié.* Vox ejusdem originis ac supra *Postagia.* Statuta Massil. lib. 1. cap. 41 : *Consules teneantur facere jurare infra* VIII. *dies post Consiliarios electos generalis consilii, furnarios et furnairones, et Posterios furnorum quod omnem panem coquent, vel coqui facient bene et bona fide.* Occurrit etiam in Statutis MSS. Arelat. art. 154. Vide *Porterius* suo loco et in *Portarius.*

* 2. **POSTERIUS**, Qui loco publico, in quem conveniunt mercatores et in quo eorum pecunia deponitur, vel etiam exigendis tributis præpositus est. Pactum inter reg. Tunetan. et Pisan. ann. 1398. tom. 1. Cod. Ital. diplom. col. 1119 : *Nullus in ipsos fundacos intrare valeat, sine expressa licentia consulis Pisanorum, et quorum Posterii sint tales, qui possint et valeant prohibere quibuslibet Saracenis et quibuscumque aliis personis, ne ingrediantur in fundacos, sine voluntate consulis.* Charta ann. 1441. ibid. tom. 3. col. 526 : *Quod buletinum seu scriptum præsentes datiariis seu Posteriis datiariorum ad fidem faciendam, etc.* Infra : *Per datiarios seu alios officiales, etc.*

¶ **POSTERLA**, Posterlo, Posterna. Vide *Posterula.*

¶ **POSTERNE**, Retro, pone, Gall. *Derriere.* Statuta Narnens. inter Acta SS. tom. 1. Maii pag. 937 : *Canonici aperiant viam, Posterne tribunam dictæ ecclesiæ.*

POSTERULA, Posterior porta, vel portula, alias *posterna*; Italis *Postierla* : Posticum Latinis, et sancto Isidoro in Regula cap. 1. *Pseudothyrum*, Severo Sulp. dial. 3. cap. 16. Nos etiam *Fausses portes* vocamus portulas ad urbis muros, quæ fere semper clausæ manent, nec aperiuntur nisi pro aliqua ingruente necessitate, cujusmodi sunt quæ *Portellæ* dicuntur in Glossis Græco-Lat. : Παραπύλιον, *portella*. Papias : *Posticula, posterula quælibet.* Ammianus lib. 30 : *Viator quidam ad citeriora festinans, cum bivium armato milite vidisset oppletum, per Posterulam tramitem medium squalentem fructetis et sentibus vitabundus excedens, in Armentos incidit fessos, etc.* Sed ibi pro angusta semita videtur sumi, cum in campis *portellæ* fingi non possint. Acta sanctæ Agathæ virginis num. 12 : *Ipse autem ad Posterulam Secretarii fugiens, in januis populum dereliquit.* Cassianus lib. 5. de Inst. Cœnob. cap. 11 : *Quantalibet urbs sublimitate murorum et clausarum portarum firmitate muniatur, Posterulæ unius, quamvis parvissimæ, proditione vastabitur.* Adrevaldus de Mirac. S. Bened. cap. 19 : *Pervenit* (Aurelianum) *ad Posterulam, quæ usque S. Benedicti dicitur, ibique appulit.* Anastasius in S. Hormisda : *Imperator ejecit eos per Posterulam, et imposuit eos in navim.* Idem in Leone IV. PP. : *Secundam quoque isdem pius Papa dedit orationem super Posterulam, ubi mirum in modum castellum præeminet, quæ vocitatur S. Angeli.* Alibi : *Et ingressus est per Posterulam quæ appellatur S. Agathæ, in urbem Romanam hora diei.* Adde eumdem in Nicolao I. pag. 210. Charta Ottonis III. Imp. apud Baron. ann. 1001. num. 11 : *Nec aliquis ejusdem civitatis quandoque habitatorum murum ipsius civitatis ad portas, vel Posterulas faciendas sine ipsius Episcopi licentia frangere præsumat.* Raimundus de Agiles in Hist. Hierosol. : *At vero ii qui ascenderant, descendentes in civitatem, Posterulam quamdam aperuerunt.*

Posterla, Pusterla. Sanutus lib. 2. part. 2. cap. 4 : *Dictum quippe fortalitium certas habet Pusterlas per muros et tentoria, respondentes inter prædicta valla et barbacana, per quas potest iri et veniri : sed dictæ Pusterlæ bonas habent portas ferreas.* Utitur rursum cap. 6. ut et Charta Gualæ Episcopi Pergamensis ann. 1176. in Hist. Pergam. tom. 3. pag. 327. Hist. Cortusior. lib. 7. cap. 16. Otto Morena pag. 35. 70. [Memoriale Potestat. Regiens. apud Murator. tom. 8. col. 1107. Gualvaneus Flamma apud eumd. tom. 12. col. 1021. Chr. Modoet. ibid. col. 1100. 1140. 1150. etc. Charta Guidonis Abb. Insulæ Barb. ann. 1200. in Macer. ejusd. tom. 1. pag. 129 : *Quod habeant Posterlam in dicta villa a parte Cassaniæ.* Charta ann. 1209. tom. 1. Hist. Dalph. pag. 19 : *Ad Calmam Posterla ulterius per me et meos hæredes fieri non valeat.* Visitatio castrorum Dalphin. ann. 1347. ibid. pag. 67 : *Item quod quamdam rupturam quæ est in muro prope Posterlam quæ est juxta portam castri, etc.*] Joannes Villaneus lib. 2. cap. 1 : *E quatro porti haveva la citta e 6. posterlo, e torri di maravigliosa fortezza.* Adde lib. 3. cap. 2. lib. 7. cap. 6. Le Roman *de Girard de Vienne* :

Par la Posterle s'en ist isnellement.

** Posterlo, ut *Posterla*, Posterior porta, vel portula ; *Posterle*, in Charta ann. 1355. inter Probat. tom. 2. Hist. Nem. pag. 169. col. 1 : *Item que toutes fausses portes et Posterles soient closes esdites parties.* Chartul. S. Sulpit. Bitur. ch. 122 : *Habet etiam facere prior S. Leopardini fossatum cum palitia, a Posterlone usque ad quandam domum.* Vide in *Posterula.*

Posterna, Eadem notione, nostris *Posterne.* Historia Episc. Autissiod. cap. 57 : *Emit item domos quæ erant juxta Posternam, et plateas Reinaldi, etc.* Matthæus Westmonaster. ann. 1263 : *Posterna ex altera castelli parte patefacta, etc.* Fleta lib. 2. cap. 73. § 21 : *Potestas habere Posternas in omni curte totaliter inhibeatur, sed unicus sit ingressus.* Guillelm. *Guiart* in S. Ludovico :

Esgarde une Posterne ouverte.

[Le Roman *de Vacce* MS. :

Normanz firent lez Sainne une Posterne ouvrir.

Le Roman *de Blanchandin* MS. :

Si lor enseigne une Posterne
De lez une vielle citerne.]

¶ Pusterna, apud Albert. Mussatum tom. 10. Murator. col. 595 : *Ceteris extra muros hostibus ad prædam concessis, quamquam et per noctis ipsius tenebras et sequentem diem per vias et Pusternas omnia intra urbem mobilia adveherentur.* Adde Statuta Mutin. rubr. 39. fol. 7. v°. Statuta Saluciar. cap. 97. et Vercell. lib. 2. fol. 42. v°.

¶ Poterna, Eodem significatu, in Charta ann. 1273. apud Lobinell. tom. 3. Hist. Paris. pag. 25 : *Circumeundo totum vicum... usque ad Poternam prædictam, et quamdam domum quæ est in eadem parte, contiguam prædictæ poternæ. Poterna S. Pauli,* in Charta ann. 1406. ibid. tom. 5. pag. 686.

Pusterula. Charta anni 954. apud Ughellum tom. 5. pag. 1539 : *Intra civitatem Tiburtinam, turricella cum scala marmorea a solo ad summum, orationem sancti Panleonis supra Pusterula cum scala marmorea et duobus cubucellis, uno terrineo, alio solorato, etc.* [Occurrit præterea apud Murator. tom. 2. part. 2. col. 601. et tom. 11. col. 17.] Vide *Posticium*, et Oct. Ferrarium in *Posterla.*

* **POSTFACTUM.** Ex Postfacto, Deinceps, re peracta. Pactum inter episc. Glasguens. et abbat. Helc. in Chartul. ejusd. eccl. ex Cod. reg. 5540. fol. 37. v°. : *Et si ex Postfacto apparuerit ex tali incerta assignatione defectus ;.... episcopus de ipsa ecclesia defectum rationabiliter supplebit.*

POSTFERRI, pro *Post poni*, in leg. 8. Cod. Th. de Honorariis codicill. (6, 22.)

** **POSTFIDEJUSSOR**, Fidejussoris fidejussor, vel potius fidejussor *warandiæ* quam emptori debet venditor, in ch. ann. 1249. in Guden. Cod. Dipl. tom. 2. pag. 90.

¶ **POSTGENITUS**, Secundogenitus. Testam. Ælfridi Reg. ann. 909 : *Insuper meæ filiæ primogenitæ concedo villam de Welero, et meæ filiæ Postgenitæ concedo villam de Clero .... et meæ minori filiæ villam de Welige.* Vide *Postnatus.*

POSTHEREDES, qui alis *Proheredes.* Charta Alamannica Goldasti 58 : *Si ergo ipse aut ullus hæredum meorum vel Posthæredum... contra hanc chartam a me factam præsumpserit, etc.* Adde Ch. 59. 60. [** Aliam chart. Sangallensem ann. 744. in Neugart. Cod. Diplom. Alem. num. 10. et 11.] Vide *Prohæres.*

¶ **POSTHOLATIO**, pro *Postulatio*, in Charta Ibbonis Archiep. Turon. apud Mabill. tom. 2. Annal. pag. 693. col. 2.

¶ **POSTHUMARE**, Posteriorem, superstitem esse. Acta SS. tom. 5. Junii de S. Anthelmo pag. 239 : *Quorum alii S. Anthelmo Posthumarunt, alii synchroni fuerunt.* Tertull. Apol. cap. 19 : *Prophetæ Mosi Postumant.* Idem de Resurr. carnis cap. 45 : *Et si ordine Postumat, effectu anticipat.* Hinc

¶ Postumatus, Locus posterior, apud eumdem Tertull. adv. Valent. cap. 35 : *Sunt, qui nec principatum Bytho defendant, sed Postumatum.*

¶ **POSTICIA**, Posticiaria. Vide *Posticium.*

POSTICIPARE, quasi *post capere.* Claudianus Mamertus lib. 1. de Statu animæ : *Est ergo in pecude corruptibile corpus, et mortalis anima, quæ vitam corporis nec anticipat, nec Posticipat.*

POSTICIUM, in Gloss. Græc. Παραθύρα, παραθύριον. Eædem : *Posticia,* [** al. *Postica,*] παραθύρα κατόπιν τοῦ οἴκου. [** Vide Furlanett. in Append. Lexic. Forcellin. in hac voce.] Glossæ antiquæ MSS. : *Posticium, latens ostium, quod remotum est a publico.* Glossæ Biblicæ MSS. : *Porticum, posternam, posticium, i. fodorus.* Maxime vero in Monasteriis hæc vox usurpatur pro portula, per quam inducuntur quæ ad victum Monachorum vel Sanctimonialium, resque alias, necessaria sunt, ut in Regula S. Aureliani cap. 12. Regula S. Cæsarii ad Virgines cap. 28 : *Ad cellarium, et ad Posticium, vel lanipendium tales a seniore eligantur, non quæ voluntates aliquarum, sed necessitates omnium cum timore Dei considerent.* Fortunatus in Vita S. Radegundis cap. 24 : *Nulla Monacharum, nisi ipsa, de Posticio, quantum ligno opus erat, sola ferebat in sarcina.*

Posticiaria, Quæ curam *Posticii* habet, *quæ Posticio præposita est,* in Sanctimonialium Monasteriis, in eadem Regula S. Cæsarii cap. 23. 28. 30. 40. Occurrit etiam apud Baudoviniam in Vita S. Radegundis cap. 8.

Posticum, *Latens ingressus,* Joanni de Janua. S. Isidorus in Regula cap. 1 : *Monasterii autem munitio tantum januam extrinsecus habeat, unumque Posticum, per quem eatur ad hortum.* [Radbodus Traject. Episc. in S. Amalberga sæc. 3. Bened. part. 2. pag. 242 : *Puer familiaris repente per Posticum irruit, etc.* Vetus Poeta MS. in Bibl. Coislin. :

Par un Postis tot coiement
Droit à l'ostel Guillaume vait.

Vide *Postis* 2.] Le Roman *d'Aubery* :

Au Postis vint, prent le à desveroillier.

Posticia, Eadem notione. Charta donationis factæ Ecclesiæ Cornutianensi, edita a Suaresio : *Item vela linea pura tria, ante consistorium velum lineum purum 1. in pronao velum lineum purum 1. et intra basilicam pro Posticia vela linea rosulata 6.* Ita enim lego pro *porticia.*

* *Peusticet*, eodem sensu, in Poem. Rob. Diaboli MS. :

Un maillet a à la porte,
Qui petit est, n'est mie forte;
Trois colz et nient plus y ferras,
Au Peusticet puis le serras.

Infra :

Le maillet troeve au Peusticet,
Si feri trois colz au guicet.

Poesthieh, eadem acceptione, in Lit. remiss. ann. 1372. ex Reg. 103. Chartoph. reg. ch. 322 : *La meschine dudit Fauquet clost la porte ou Poesthieh de la maison.*

¶ **POSTICULA**, ut *Posterula*. Vide in hac voce.

¶ **POSTJECUS.** Vide *Postsecus.*

¶ **POSTIFICES**, *Judices*. Gloss. Isid. leg. ex Papia *Pontifices*, ut monet Grævius.

¶ **POSTILIMEN**, ἐπάνοδος, in Gloss. Lat. Gr. Eædem : *Postliminium*, ἐπάνοδος ἀπὸ πολέμου. In Cod. Sangerm. ἀπὸ τῶν πολεμίων.

¶ **POSTILIO**, *Postulatio*. Gloss. Isidori. Vide Martinii Lexicon in hac voce.

POSTILLÆ, Notæ. Sic autem maxime dicuntur notæ marginales et perpetuæ in sacra Biblia, quæ secundum verba currunt, quasi *post illa verba*, quod hæc subinde efferrent Magistri, qui ejusmodi notas suis discipulis dictabant : nisi nomen mutuatæ fuerint a voce *Posta*, quæ paginam denotat, uti supra observatum. Nicolaus Trivettus in Chron. ann. 1228. de Stephano Archiep. Cantuariensi : *Hic super Bibliam Postillas fecit, et eam per capitula, quibus nunc utuntur moderni, distinxit.* Idem ann. 1238. de Alexandro Cestrensi Episcopo : *Super Psalterium Postillas scripsit.* Eadem tradit de Roberto Bacum Dominicano sub ann. 1240. Titulus Homiliarii Pauli Diaconi, in Analectis viri eruditissimi Joannis Mabillonii tom. 1. pag. 27 : *Opus præclarum omnium homeliarum et Postillarum venerabilium ac egregiorum Doctorum, Gregorii, Augustini, etc.* Vita Joannis XXII. PP. : *Condemnavit in Consistorio quodam pestiferam Postillam fratris Petri Joannis de Serinhano continentem dogma pestiferum, etc.* [Occurrit præterea inter Instr. tom. 3. novæ Gall. Christ. col. 180. et apud Lobinell. tom. 3. Hist. Paris. pag. 286.]

¶ POSTILLATIO, Opus Postillarum. *Lyrani Postillatio*, apud Cyprian. in Catal. Cod. MSS. Bibl. Goth. edit. 1714. pag. 4.

POSTILLARE, Postillas scribere. Epitaphium Nicolai de Lyra in aula Capitularia Cœnobii Franciscan. Paris. : *Hic jacet Fr. Nicolaus de Lyra sacræ Theologiæ venerabilis Doctor, cujus vita et doctrinæ fama diffusa est per diversa mundi climata. Postillavit enim Biblia ad litteram, a principio usque ad finem, etc. Obiit an. D. 1340.* Vita Benedicti XII. PP. pag. 62. de eodem Lyrano : *Qui totam Bibliam profundissime et subtilissime Postillavit.* Nicol. Trivettus ann. 1243. de Hugone de Vienna Cardinali : *Hic doctrina sana et perlucida totam Bibliam Postillavit.* Knyghton de Hugone Cardinali Dominicano : *Totam Bibliam Postillavit.* Hinc vox practicis nostris familiaris, *Apostiller*, scriptum notulis dilucidare, illustrare.

¶ POSTILLARIUM, Liber continens *postillas*. Obituar. MS. Sorbonæ : *Dedit Postillarium de Lira super totam Bibliam.*

¶ POSTILLATOR, Qui *postillas* scribit. Brevis Hist. Ordinis Prædicat. apud Marten. tom. 6. Ampliss. Collect. col. 355 : *Hic* (Innocentius IV.) *primo anno sui pontificatus fecit primum Cardinalem Ordinis fratrum Prædicatorum fr. Hugonem de S. Theodorico Provincialem Franciæ, qui fuit primus Postillator totius Bibliæ, et eam tam excellenter Postillavit, quod hucusque parem non habuit.*

¶ 1. **POSTIS**, Tabula lignea, asser, Gall. *Ais*, *planche*, ab Occitan. *Poste*, eadem notione. Limborch. Inquisit. Tolos. pag. 148 : *Interrogatus de libro in quo legebat dictus homo, utrum esset parvus vel magnus, et cum Postibus vel sine postibus, respondit quod erat parvus, et videtur sibi quod non erant ibi Postes.* Processus de Vita S. Yvonis tom. 4. Maii pag. 560 : *Habebat duos libros cum Postibus sub capite loco pulvinaris. Postes argentei*, i. e. argenteis laminis ornati, in Tabul. Brivat. Duabus quippe tabellis ligneis hinc inde libros munire consueverant. Extractum Computi ann. 1336. tom. 2. Hist. Dalphin. pag. 325 : *Dictum palatium est bene coopertum de optimis Postibus de meleze bene clavellatis.* Statuta Montis Regal. fol. 312 : *Item pro media dozena Postium ligni sol. duos den.* Hinc *Post*, pro fibula seu clavo ligneo, Gall. *Cheville*, usurpare videtur le Roman de *Vacce* MS. :

Li Roiz Loeiz fist semondre et bannir son ost,...
Ne remest viex espées, ne viex escus à Post.

Hoc est, facta submonitione nullum scutum, nullusve gladius ad clavum suspensus remanet, sed iis statim armantur.

¶ POSTIS, Vectis, Gall. *Bâton de chaise.* Tabular. Episc. Corisopit. : *Anno 1480. in primo introitu R. in Christo patris Guidonis Episc. Corisopitensis; episcopo redeunte ad lapidem in quo tronus ipsius erat, cathedra sua episcopali cum quatuor Postibus ibidem posita, vocatis Nobilibus et potentibus viris D. Johanne du Quenelec vicecomite du Fou admirallo Britanniæ, Henrico dom. de Nevet Milite, Guiellelmo dom. de Plueve, et dom. Guidomaro de Guengat, qui ipsum super humeros partare debebant, etc.*

POSTIS AD REGULANDUM, in supellectili libraria, apud Guigonem II. in Statutis Ord. Cartusiensis cap. 28. § 2. [et in Actis SS. tom. 2. Junii pag. 495. ubi de S. Rosselina. Est autem ibi *Postis*, regula lignea, Gall. *Regle*.] *Signum poste pulsare per Galileas*, in Statutis antiquis ejusdem Ordinis 1. part. cap. 13. § 26. 40. parte 2. cap. 16. § 7. Vide *Cornu* 3.

¶ 2. **POSTIS**, Idem quod *Posterula*, posticum. Sallas Malaspinæ lib. 4. Rer. Sicul. cap. 18. apud Baluz. tom. 6. Miscell. pag. 315 : *Per Postem seu posterulam partis posterioris ejus per quam ad castrum ipsum quis ingreditur et ad terram.* Vide *Posticium.*

* 3. **POSTIS**, Palus, Gall. *Pieu*. Charta capit. S. Salvat. Montispess. ann. 1354. in Reg. 89. Chartoph. reg. ch. 318 : *Quod in dicta paxeria possitis ponere Postes per totum longum dictæ paxeriæ subtus arrestam, per tres vel quatuor palmos,... per quas Postes et cum quibus Postibus possitis et valeatis dictam aquam... accipere, etc.* *Post*, pro *Pilier*, Columna, in Lit. remiss. ann. 1387. ex Reg. 131. ch. 105 : *Icellui Roulant se muça et tapy derriere un pilier ou Post de bois.* Vide supra *Postellum.*

* 4. **POSTIS**, Potens, potestate et auctoritate præditus. Acta S. Judicael. tom. 1. Probat. Hist. Brit. col. 204 : *Filius, quem a me clausum in utero habet, Postis, herus et princeps gentis suæ in regno sæculari erit.* Vide *Potestativus.*

¶ **POSTITIUM**, ut supra *Posticium*. Walterus in Translat. S. Monicæ tom. 1. Maii pag. 483 : *Et introductis nobis, Postitium obseravit.*

* **POSTIUM**, Pons ligneus seu ex *postibus* factus. Charta ann. 1347. in Reg. 77. Chartoph. reg. ch. 176 : *Cum archiepiscopus et comes Lugdunensis... magistro Hugoni, ut unum parvum pontem seu Postium ad eundum de una domo sua ad aliam domum suam.... ædificare possit, concesserit, etc.*

POSTJURNUM. Vetus Charta in Vita Aldrici Cenomanensis Episcopi num. 56 : *Et debentur 9. de censu solid. 101. de inferenda et de Postjurno, sive de censatico sol. 180.*

¶ **POSTLIMIA**, Porta. Sebast. Perusinus in Vita B. Columbæ Reat. tom. 5. Maii pag. 370 * : *Quæ extemplo clausa civitate,... fuit a Postlimia pulsa.*

POSTMERIDIES, Refectiones quæ inter prandium et cœnam fiunt. Juramentum Decani sancti Quintini apud Hemereum in Augusta Viromanduorum pag. 93 : *Vos juratis.... quod solvetis Seneschallo Ecclesiæ pastus, Postmeridies, et charitates.* Statuta antiqua Canonicorum S. Quintini, apud eumdem : *Ad Postmeridium debet nebulas, et oblatas, etc.* Vide *Biberes monales*, in *Biberis.*

POSTMITTERE, Postponere. Concilium Turon. II. can. 20 : *Cum etiam in chronicis habeatur de virginibus, gentilium tempore, quæ se deæ Vestæ sacraverant, Postmisso proposito, et corrupta virginali gratia, legali sententia vivas in terra fuisse defossas.*

¶ **POSTMURIUM**, *Insertorium*. Gloss. Isid. Idem quod *pomœrium*, inquit Grævius, Locus juxta murum, ut habet Papias. Hoc *insertorium* vocatur, quia locus est et ubi poma nascuntur, et ubi inseruntur. *Insertorium*, ut seminarium, plantarium.

POSTNATUS, Secundogenitus, ex Gallico *puisné*. Bromptonus lib. 2. cap. 35. § 1 : *Est consuetudo in quibusdam partibus, quod Postnatus præfertur primogenito.* Vide Regiam Majest. lib. 2. cap. 2. § 5. cap. 22. § 7. c. 29. § 3. Occurrit passim apud eumdem Bractonum, Glanvillam, in Fleta, etc.

POSTNATI, inquit Spelmannus, hodie ex nova occasione dicuntur, qui in Scotia nati sunt post translationem coronæ Angliæ ad Jacobum Regem, cum hac ipsa distinctione fiant omnium jurium Anglicanorum participes, etc.

¶ **POST NOMINA** dicebatur oratio quæ post recitata offerentium vel mortuorum nomina fundebatur. Ordo officii Gothici inter Concil. Hispan. tom. 3. pag. 265 : *Hinc oratio tertia sequitur quam Post no-*

mina vocamus, qua petitur a Deo ut pacem defunctis fidelibus impertiat. Vide Mabill. de Liturg. Gall. pag. 181. 218. et 221.

¶ **POSTOMACI.** Vide *Anatrii.*

POSTPONERE, Dimittere. Gloss. vet. : *Postponere, negligere,* Leges Grimoaldi Regis Longob. tit. 4. § 1. [** 6.] : *Si quis uxorem suam absque culpa Postposuerit, et aliam homo superinduxerit, etc.* Adde § 2. In Edicto Rotharis Regis tit. 104. § 2. 7. [** 314. 319.] venator *postponere* prædam dicitur, quam dimittit, nec amplius insequitur. [** *Civitatem Postponere*, in Jur. Hamel. ann. 1335. in Leibnit. Scriptor. Brunsvic. tom. 2. pag. 515. Vide Haltaus. Glossar. German. voce *Meiden*, col. 1335.]

** Postpositiva Conjunctio, Quæ post ponitur ut *que*, apud Pompej. Comment. art. Donat. pag. 387.

¶ **POST-PRIDIE**, *Hodie.* Gloss. Isid. ubi scribendum ex Grævio, *postridie*, altero die; est enim quasi postero die. Inepte Papias : *Postridie, id est, tertio die, id est post alterum : nam in pridie intelliguntur duo dies.*

¶ Post-Pridie, Oratio inter Missarum solemnia, in Ordine officii Gothici, tom. 3. Concil. Hispan. pag. 266 : *Dicitur hæc oratio et sexta quæ inscribitur Post pridie, voce submissa.... Dum fit elevatio dicitur oratio sexta vocata Post-pridie, quæ desinit in hæc verba : Te præstantissime sancte Domine, qui hæc omnia nobis indignis servis tuis valde bona creas, etc.*

* **POSTQUAM**, a Gallico *Puisque*, Quoniam, quandoquidem, quippe quod. Lit. remiss. ann. 1351. in Reg. 81. Chartoph. reg. ch. 66 : *Iste hardellus est audacia magna motus, qui potavit de vino, Postquam michi displicebat.* Aliæ ann. 1386. in Reg. 134. ch. 52 : *Super quibus idem Chabertus multum ad hoc indignatus ;... dixit quod Postquam eum juvare nolebat in solutione prædicta, ipse volebat quod eorum amor dissolveretur.*

* **POSTQUOD**, Postquam, Gall. *Après que.* Charta ann. 1334. ex Tabul. D. Venciæ : *Item quod nulla persona bibat in taberna, Posquod pulsatum fuerit pro Ave Maria.*

* **POSTRA**, *Curia, Cort, Prov.* Glossar. Provinc. Lat. ex Cod. reg. 7657.

* **POSTRIBULUM**, pro Prostibulum, ab Ital. *Postribulo*, lupanar. Stat. crimin. Saonæ cap. 25. pag. 52 : *Non possint vel præsumant mulieres hujusmodi degentes in Postribulo, vel earum aliqua, de die vel de nocte spatiando, vel aliter ire per civitatem Saonæ.* Vide *Prostibulare.*

¶ **POSTRINA**, Idem quod *Posterula.* Tabular. Burgi-medii ann. 1140 : *Comes Theobaldus dedit decimam molendinorum suorum novorum, quos fieri præcepit ad Postrinam Roberti de S. Briccio in Ligeri, et decimam piscaturæ et sclusæ.*

* **POSTRIPIDE**, *Hodie*, in vet. Glossar. ex Cod. reg. 7641. Vide *Postpridie.*

¶ **POST-SANCTUS**, Oratio inter Missarum solemnia, in Ordine officii Gothici tom. 3. Concil. Hisp. pag. 266 : *Sequitur deinceps quarta* (l. quinta) *oratio vocata Post-sanctus, cujus initium solet esse, Vere sanctus, vere benedictus.*

POSTSECUS, *Jam*, λοιπόν, ἐπίῤῥημα, in Gloss. Alibi, κατόπισθεν. [Male in quibusdam *Post jecus.*]

** **POSTSEQUATENUS** Regius, Aulicus. Chron. Hildesh. ad ann. 1036. apud Pertz. Script. tom. 3. pag. 101 : *Asneburgensis episcopus obiit, cui Albericus regius Postsequataneus successit.*

¶ **POSTULA**, pro *Pustula*, in Gestis Consulum Andegav. tom. 10. Spicil. Acher. pag. 439.

¶ **POSTULARE**, Causas agere. Formulæ vett. promot. Episcop. tom. 2. Capitul. col. 598 : *Si quis fidelis militaverit, si quis fidelis causas egerit, hoc est, Postulaverit, si quis fidelis administraverit, etc.*

¶ Postulare alicui, quomodo Gallice dicimus *Postuler à quelqu'un.* Consuetud. Fontanell. MSS. : *Habitum religionis domno Abbati Postulare, etc.*

¶ Postulari significatione activa usurpatur in Litteris ann. 1004. apud Valesium in Notitia Gall. pag. 331. col. 2 : *Cernens ergo Præsul humilitatem illorum, fecit eis sicut fuerant Postulati.*

Postulari dicitur, qui communi Cleri et populi decreto ad Episcopatum eligitur, apud Gregorium M. lib. 7. Ind. 2. Epist. 51. 52. 89. lib. 11. Epist. 14. lib. 12. Epist. 6.

Maxime vero *postulari* dicebantur, qui ex aliena parochia erant, cum id non liceret, nisi ex *cessione*, ut loquitur idem Gregorius lib. 4. Epist. 19. id est licentia sui Episcopi. Is enim invaluerat Ecclesiæ mos, ut Episcopi ex alienis Ecclesiis non assumerentur, ut est in Decretali Cælestini PP. cap. 18. et apud Nicolaum PP. Epist. 54. Ex quibus Joannes VIII. PP. pro Ecclesia Eduensi in Tabulario ejusdem Ecclesiæ : *Decernimus et regulariter ordinamus, ut deinceps nemo Regum vel aliqua persona vobis superponere vel ordinare, aut successoribus vestris præsumat, nisi ex filiis ipsius Ecclesiæ, secundum scripta Canonum, quem Clerus elegerit, et populus proclamaverit, si in ea dignus reperiri potuit. Quod si in ea, quod forte accidere non credimus, inventus non fuerit, unanimi eorum consilio tam cleri quam populi de aliis dignissimus expetatur.* Hinc

Postulatio definitur unanimis petitio, per quam is qui secundum Canones vel ad Clerum, vel ad dignitatem Ecclesiasticam, etiam regularem, assumi non potest, ex dispensatione tamen et gratia, causa cognita, a superiori admittitur. Cum autem *Postulatio* adversetur juri communi, ideo concordi omnium calculo fieri debet *cap.* 3. *et* 4. *de postul. prælat. extr.* adeo ut si concurrat postulatio cum electione, duplo major debeat esse postulantium, *cap. bonæ, eod.* In eo tamen differunt, quod postulatio ex mera liberalitate superioris pendeat, *cap.* 5. *eod. Postulationem enim plus gratia quam jus requirit admitti*, inquit Honorius III.

☞ *Postulari* etiam dicitur, qui ad aliquam dignitatem ecclesiasticam aut regularem electus, patrono admittendus proponitur. Intrument. ann. 1261. apud Kennett. Antiq. Ambrosd. pag. 257 : *Frater Johannes supprior Berncester a canonicis de Chetwood, petita prius licentia a dom. Rege patrono suo eligendi et obtenta, in Priorem de Chetwood Postulatur.*

* Postulare Feudum, Illius investituram a domino feudali petere. Vide supra in *Feudum patrimoniale.*

Postulatio, apud Gromaticos. Vide Glossar. Rigaltii.

¶ **POSTULATITII** Gladiatores, *Suppositiii, qui recenter subjiciebantur fessis.* Vocabul. Sussannæi.

POSTULATIUS, *Ille qui postulat, petitor, rogator.* Ita Papias MS. at edit. habet *postulaticus.* Glossæ antiquæ MSS. : *Postulatitius, ille qui postulatur.* [*Postulatitius, ille qui postulat*, in Gloss. Isid. f. pro sæpe qui postulat.]

* **POSTULATUS**, nostris *Postulat*, Monetæ species. Comput. MS. fabr. S. Petri Insul. ann. 1460 : *Sex floreni, nuncupati Postulati, valentes viij. lib. ij. sol.* Lit. remiss. ann. 1468. in Reg. 195. Chartoph. reg. ch. 80 : *Jehan Morel dist que on lui avoit osté ung ou deux linceulx de lit et une maille Postulat. Pluseurs pieces d'or, tant mailles de Rein, Postulas, comme autres,* in aliis ann. 1469. ibid. ch. 256. Rursum aliæ ann. 1478. in Reg. 206. ch. 377 : *Lequel Pierrequin et le suppliant donnerent chacun une obole Postulat à icellui Domino pour sa peine.* Vide *Prædulati solidi.*

¶ **POSTUMARE**, Postumatus. Vide supra *Posthumare.*

¶ **POSTUMUS**, *Ultimus, novissimus.* Gloss. Isid.

* 1. **POSTURA**, f. pro *Postella*, Postilena. Vita S. Walth. tom. 1. Aug. pag. 259. col. 2 : *Ipse vero more clientum sarcinulas in vectura retro ligatas gestare solebat sotulares aut caligas garcionum suorum, et aliquoties desuper equorum pediligulas, quas vulgo Posturas vocant.*

* 2. **POSTURA**, vox Italica, Societas, congregatio; sæpius in malam partem accipitur, ut volunt Cruscani. Instr. ann. 1311. apud Murator. tom. 4. Antiq. Ital. med. ævi col. 619 : *Ordinaverunt eorum et cujuslibet eorum syndicum, procuratorem... ad inhiendam, contrahendam, ordinandam, firmandam et faciendam societatem, unionem, et juram sive Posturam cum quocumque seu quibuscumque.* Eadem rursus leguntur ibid. col. 621. Stat. ant. Florent. lib. 3. cap. 61. ex Cod. reg. 4621 : *Quicumque præsumpserit in civitate, comitatu vel districtu Florentiæ..... facere aliquam invitatam seu congregationem gentium, conventiculam, conspirationem vel Posturam pro violatione vel subversione pacifici status populi, etc.*

POSTURIUM. Thomas Archid. in Hist. Salonitana cap. 21 : *Amputaverunt caput nequissimi Ducis, et in Posturio suspenderunt.* Idem cap. 26 : *Cum thuribulis et crucibus procedentes usque Posturium, etc.* Ubi Joan. Lucius *posturium* dictum vult locum *post turrim* positum, et nunc corrupte *postire* dici. [Leg. forte *Posthurium*, ita ut idem sit quod *Posticium.* Vide *Pseudothyrum.*]

¶ **POSTZUPANUS**, Zupani substitutus. Vide *Zupa.*

POTABILIS Pecunia. Vide *Potagium.*

¶ **POTACULUM**, Potus, poculum. Tertull. Apolog. cap. 39 : *Nam inde* (arca) *non epulis, nec Potaculis... dispensatur.* Idem de Resurr. carnis cap. 4 : *Rursusne omnia necessaria illi, et in primis pabula atque Potacula?*

* **POTAGERIUS**, Coquus pulmentarius, officium coquinæ regiæ, Gall. *Potagier.* Vide *Potagiarius.* Lit. remiss. ann. 1353. in Reg. 82. Chartoph. reg. ch. 62 : *Johannes de Riparia olim hastator et Potagerius coquinæ carissimæ dominæ matris nostræ, etc.* Aliæ ann. 1373. in Reg. 105. ch. 120 : *Jehan du Traiii nostre Potagier, etc. Comme le suppliant ait esté serviteur en office de Potagier de la cuisine du feu duc d'Orléans*, in aliis Lit. ann. 1425. ex Reg. 173. ch. 344.

POTAGIA. Chronicon Augustanum ann. 1370 : *Carolus Rex exegit ab Augustensibus* 36. *millia florenorum, et a Judæis* 10. *millia pro strewa : ob quod diversæ angariæ, et Potagiæ, exactionesque institutæ.* [** Pecunia quæ pro *relevio* exsolvitur, Germ. *Weinkauf.* Vide Haltaus. Glossar. Germ. in hac voce col. 2059. *Potabilis Pecunia* in chart. consul. Huxar. ann. 1307. in Falkii Cod. Tradit. Corb. pag. 857 : *Nos... magistri consulum .. libertavimus domus conventus de Amelunxborn, Huxariæ sitas, ab omni exactione et onere civili et pecunia Potabili... exceptis vigiliis communibus, quæ de domibus fieri debent, etc.*]

¶ **POTAGIARIUS**, Coquus pulmentarius. Acta S. Francisci de Paula tom. 1. Aprilis pag. 149 : *Honestus vir Robertus Touchet pulpamentarius seu Potagiarius quondam defuncti Ludovici Franc. Reg. XI. et nunc principalis coquus Ludovici etiam Franc. Regis XII.*

1. **POTAGIUM**, Potio quævis, in Wichbild Magdeburg. art. 77. alias nostri *Potage* vocant jus, seu jusculum. Vita S. Richardi Episcopi Cicestrensis n. 2 : *Panisque et parum de vino cum Potagio eis pro cibo sufficiebat.* Statuta Hospitalis seu Leprosariæ S. Juliani in Anglia : *Habeat quilibet frater Leprosus.... bussellum pisorum pro Potagio.* Charta Ludovici Regis ann. 1264. pro fundatione Ecclesiæ S. Mauricii Silvanect. in 30. Regesto Chartophylacii Regii Ch. 347 : *Ordinamus insuper et volumus quod in eadem domo singulis diebus Quadragesimæ et Adventus Domini* 13. *pauperes, et singulis reliquis diebus anni* 5. *pascantur in prandio, in pane, et vino lymphato, Potagio, et aliquo alio ferculo, etc.* Liber consuetudinarius Monasterii de Bello in Anglia : *Et habebunt prædicti duo homines conjunctim ad quamlibet de prædictis* 3. *precariis Potagium et ferculum de carne sine potu, pretii* 1. *den.* Concilium Remense ann. 1304. cap. 5 : *Statuimus ut omnes et singulæ personæ ecclesiasticæ Remensis provinciæ in singulis conviviis sint contentæ Potagio et duobus ferculis nisi magnitudo personarum supervenientium aliud requirat.* [Instr. ann. 1351. tom. 3. novæ Gall. Christ. inter Instr. col. 6 : *Quia anno illo defectus maximus fuit pisorum, fabarum et aliorum de quibus fit Potagium, etc.* Capitul. gener. S. Victoris Massil. ann. 1517. ex Cod. MS. : *Pitansarius tenetur tempore Adventus, Quadragesimæ ac vigiliarum providere pro Potagio totius conventus de leguminibus, oleribus, oleo, risis, amigdalis, etc.* Occurrit præterea in Consuetud. MSS. B. M. Deauratæ Tolos. in Actis MSS. S. Yvonis, tom. 2. Hist. Dalphin. pag. 311. apud Marten. tom. 6. Ampl. Collect. col. 216. apud Lobinell. tom. 3. Hist. Paris. pag. 271. tom. 5. pag. 625. 667. etc. *Potagium de ris*, *Potagium de grus*, in Statutis Monast. S. Claudii pag. 83. Vide *Pureya.*]

* *Potatgium* et *Pottagium*, eadem notione. Inventar. ann. 1476. ex Tabul. Flamar. : *Item plus duo alia metalla tentia quodlibet decem parapsides offarii sive Potatgii.* Acta S. Margar. tom. 1. Sept. pag. 594. col. 1 : *Accidit autem mulierculam quandam cum reliquis illic iter habere, quæ coxerat pulmentum sive Pottagium, etc.*

¶ **POTAGIUM**, Omne leguminum, seu olerum genus, illud præsertim quod condiendi pulmenti causa in ollam mittitur, nostris *Herbes potageres.* Charta Fulconis Episc. Andegav. ann. 1337. in Tabul. ejusdem Eccl. : *Decimas bladorum, Potagiorum seu leguminum hujusmodi percipiet et levabit.* Ibid. semel occurrit. Antiquit. Bened. Aurelian. MSS. apud Stephanot. pag. 565 : *Adeo tenuem et austeram vitam ducunt, quod etiam leguminibus seu Potagio non utantur nisi tantum tempore Quadragesimæ.* Ordinat. Humberti II. pro Hospitio suo ann. 1336. tom. 2. Histor. Dalphin. pag. 310 : *In speciebus, salsa, sale, oleo, pullis, piscibus, lignis, Potagio, et aliis minutis quoquinæ.*

* Nostris *Potage* et *Potaige*; maxime vero dicitur de pisis, fabis aliisque ejusmodi leguminibus, ex quibus juscula conficere solebant. Charta ann. 1404. in Reg. feudor. comitat. Pictav. ex Cam. Comput. Paris. fol. 105. v°. : *In quibus decimis omnibus supradictis ego prædictus Aymerius Herberti habeo ad meum domenium duas partes. Item et in Potagiis medietatem partem.* Lit. remiss. ann. 1389. in Reg. 138. Chartoph. reg. ch. 18 : *Lequel suppliant fist emmener pluseurs et diverses quantitez de blez, de mars, de Potaiges, etc.* Aliæ ann. 1393. in Reg. 145. ch. 4 : *Une mine de Potaige, c'est assavoir deux boisseaulx feves, deux boisseaulx pois blans, et deux boisseaulx de cerres, etc.* Aliæ ann. 1409. in Reg. 163. ch. 456 : *Un troppeau de moutons,.... qui gastoient grant foison de blefz et Potages.* Denique aliæ ann. 1410. in Reg. 165. ch. 131 : *Le suppliant estoit alez pour garder que aucunes bestes ne endommagassent lesdiz orge et Potaige.*

¶ 2. **POTAGIUM**, Præstatio pro potu vendito. Tabular. B. M. *de Daoulas* ann. 1173 : *Guidomarus Leonensis dom. et uxor sua Nobilia.... abbatiam apud Daoulas fundaverunt.... et dederunt.... Potagium cervisiæ ejusdem castri, uxore Senescalli, septimam partem quam habebat, concedente.* Eadem habentur in Charta ann. 1186. ex Tabul. castri Blein. qua Herveus prædicti Guidomari filius ratam habet concessionem paternam. Charta Acelini de Merriaco ann. 1203. in Tabular. Crisenon. : *Ego Ascelinus de Marriaco notum facio... quod Regina mater mea.... donavit ecclesiæ B. M. de Crisenone.... Potagium et modagium terræ meæ de Lissi.*

¶ **POTALICIUM**, Quod in pactionibus præter conventum pretium potationi sæpius insumendum datur, nisi pro Commeatu et cibariis accipere velis. Chron. Domin. de Gravina apud Murator. tom. 12. col. 576 : *Accedentes singuli ad castrum Reginæ, convicti belli gagia et Potalicia petierunt, et ostendentes cedulas eis factas, derisus major factus est super eos.*

1. **POTARE** *nomine matrimonii.* Statutum Synodale Nicolai Episcopi Andegavens. ann. 1277. cap. 3 : *Intelleximus nonnullos volentes et intendentes matrimonium ad invicem contrahere, nomine matrimonii Potare, et per hoc credentes se ad invicem matrimonium contraxisse, carnaliter se commiscent. Verum cum per hoc nullum matrimonium contrahatur, et ob hoc quoniam plures jam fuerint decepti, vobis firmiter injungimus, quod frequenter et in publice Ecclesiis parochialibus vestris dicatis, quod per prædicta ejusmodi matrimonium nec sponsalia contrahantur.* Hæc et si prolixiora descripsimus, ut sæculi abusum, et proverbii vulgaris originem indicaremus, *Boire et manger, coucher ensemble, c'est mariage ce me semble.* Huc forte spectant sequentia ex Concilio Arelatensi ann. 1260. cap. 4 : *Cæterum quia jam in partibus Provinciæ, quasi passim absque autoritate Ecclesiæ, suorum, suarumque præsumunt firmare conjugia, etc.* Vide in *Bibere.*

* 2. **POTARE**, Potum præbere. Charta Phil. Aug. ann. 1217. in Reg. 34. bis Chartoph. reg. part. 2. fol. 57. r°. col. 1 : *Quicumque intraverit in hoc officium, Potabit bolengarios et singulis dabit gastellum unius oboli.* A Latino Potatio, nostri *Potation* dixerunt. Lit. remiss. ann. 1373. in Reg. 104. ch. 375 : *Le suppliant d'une part et Drouet Ferrant d'autre, desavans de leur sens et bon mémoire par leur trop grant Potation.*

¶ **POTARIUS**, a Gallico *Potier*, figulus. Thelon. Episcopat. Autiss. ann. circ. 1290. exaratum : *De Potariis. Quilibet adducens Poterie de extra villam, debet denariatam.* Alia notione vide in *Potus.*

* *Potorum* seu poculorum artifex. *Potarii sive facientes ollas*, in Charta ann. 1298. ex Reg. Phil. Pulc. Chartoph. reg. Hinc

* **POTARIA**, Ars *potarii*, in Instr. ann. 1438. inter Probat. tom. 3. Hist. Nem. pag. 257. col. 2 : *Audito clamore sive querela factis per nonnullos contra dictos Poterios, videlicet de Potaria, pintis, scutellis, platellis, etc.*

* **POTARIUM**, Poculum, vasculum. Reg. episc. Nivern. ann. 1287 : *Usagium de securibus et de Potariis et de lupercis, solent valere xv. lib.* Vide *Potorium.*

¶ **POTATA**, Poculum, haustus. Acta S. Bertrandi tom. 1. Junii pag. 789 : *Tanta in eo floruit sobrietas, ut non solum in se, sed etiam in subditis,.... exceptis refectionibus ordinatis, abominaretur primas Potatas, maxime ante tertiam, quarum crapulam spiritu quodam indicabat esse notam.* Hæc jentaculum spectant.

* **POTATGIUM.** Vide supra *Potagium* 1.

¶ **POTATIO**, pro *Compotatio*, passim occurrit.

¶ **POTATOR**, Qui potationibus indulget. Gualvaneus de la Flamma apud Murator. tom. 12. col. 1009 : *Iste fuit comestor ma-*

ximus et Potator egregius. Potatores maxumi, apud Plautum in Menæch. et Tertull. de Monog. cap. 8.

POTEBAT, pro *Poterat*, in Legibus Luitprandi Regis Longob. tit. 106. § 1. [** 135. (6, 82.)] [*Potebam*, pro poteram, in Testam. Guillelmi Vicecom. Agath. apud Martem tom. 1. Anecd. col. 179. et alibi passim.]

¶ 1. **POTECHA**, pro *Hypotheca*, Pignus, quo quis jus ad rem habet. Charta ann. 1209. in Tabul. Domus Arelat. S. Joann. Jerosol.: *Ego Hugo de Baucio tibi Barralæ uxori meæ pro dictis* 8055. *sol. pro dicta venditione quam fecisti et quos habui, do tibi in retornum et in Potecham totum meum pertenementum quod habeo.* Legendum forte *et hypothecam*.

* 2. **POTECHA**, pro Apotheca. Charta ann. 1058. apud Murator. tom. 1. Antiq. Ital. med. ævi col. 189 : *Confirmamus in eodem archiepiscopio omnes terras et cavas et Pothecas ipsi archiepiscopio quomodocunque pertinentes intra hanc civitatem justa ipsam plateam.* Rursum occurrit infra.

¶ **POTELLER**, POTTELLER, Scutella, Gallice *Ecuelle*, Angl. *Pottinger* vel *Porrenger*. Testament. Johannis *de Nevill* ann. 1386. apud *Madox* Formul. Anglic. pag. 427 : *Item Radulpho filio meo* (lego) VI. *duodenas discorum*, IIII. *duodenas salsariorum*, VIII. *ollas Potellers... Item Alesiæ Deyncourt filiæ meæ* XII. *discos*, VI. *saucers*, *et* II. *ollas Potellers argenteas.* Testam. Radulphi *de Nevill* ann. 1440. ibidem pag. 433 : *Item do et lego Georgio de Nevill filio meo* VI. *discos argenti, unum ciphum deauratum et* 1. *ollam Potteller argenti.*

¶ 1. **POTELLUS**, diminut. a *Potus*. Vide in hac voce.

* *Potel*, pro Mensura vinaria, in Charta Phil. Pulc. ann. 1308. ex Lib. rub. Cam. Comput. Paris. fol. 339. r°. col. 2 : *Un sextier de vin la mesure du Nuef-marchié, dont Guillot le Villain doit deus galons, Pierre le Prevost un Potel, Jehan Beguin un Potel, Robert Cauchon un Potel et Robert le torcheur un Potel, prisié le galon viij. deniers.* Vide in *Potus*.

* 2. **POTELLUS**. Charta ann. 1177. inter Instr. tom. 10. Gall. Christ. col. 320 : *Tertiam scilicet partem totius nemoris de Pinchemont et haias de Langreia, Potellis et nefflertis, etc.* Sed leg. *Pomellis* vel *Pomeriis*. Vide supra *Neplarius* et *Pomerius*.

** **POTENS** NUNCIUS, Procurator mandato instructus, Germ. *Machtbote*. Vide Haltaus. Glossar. Germ. in hac voce col. 1286. Chart. Ottokar. dom. Styriæ ann. 1156. in Ludewig. Reliq. MSS. tom. 4. pag. 202 : *De clamatione vel notificatione illius præconis, quem sibi abbas vel Potens ejus Nuncius debet ad latus ipsius advocati sedere, etc.*

POTENTARE, Potestatem exercere, apud Luciferum Calaritanum lib. 2. pro S. Athanasio pag. 88. 1. edition. [Chronicon Idatii inter Concilia Hispan. tom. 2. pag. 173 : *Alani qui Wandalis et Suevis Potentabantur, adeo cæsi sunt a Gotthis, ut etc.* Vita S. Hunegundis num. 8 : *Omne quod in cœlis terrisque et mari Potentatur, vel agitur, vel movetur, creaturam esse credimus.*]

¶ **POTENTATOR**, Dominus, dominator, apud Tertullianum de Resurrect. cap. 23. ex Epist. 1. B. Pauli ad Timoth. cap. 6. 15. ubi *potens* habet Vulgata.

1. **POTENTATUS**. Papias : *Potentia est sua cujusque solius : Potentatus autem, auctoritas judicialis in civitate.* Idem : *Potentatus, æterna perpetuitas, dominationis opus prævalidum : Potentia vero una potestas.* Gloss. Græc. Lat. : Δυναςία, *potentia, hic potentatus.* Alibi : Δύναμις, *tenor, vigor, vis, virtus, potentia, valentia, potentatus.* Vox Livio lib. 20. Cæsari lib. 1. de bello Gall. Arnobio lib. 1. et aliis nota. Occurrit etiam in Psalm. 19. 89. Eccles. 10. apud Anastasium in Hist. Eccles. pag. 13. 74. Joan. Sarisberiensem Epist. 5. 6. etc.

¶ POTENTATUS JURIS, in Litteris Rudigeri Episcopi Patav. ann. 1245. apud Ludewig. tom. 4. Reliq. MSS. pag. 231 : *Quævis possessio per sui usus perceptionem et temporis diuturnitatem quiete adducta in omni re Potentatum juris et triumphum justitiæ perpenditur obtinere.*

¶ 2. **POTENTATUS**, Supremus Princeps, Gall. *Potentat*. Epist. Calixti III. PP. ann. 1456. ad Carolum VII. Reg. Franc. ex Bibl. Reg. : *Non desint modo Christiani Potentatus et nobiscum... vires eorum adjungant et Crucis vivificæ vexillum non deserant.*

¶ 3. **POTENTATUS**, Exercitus, copiæ, Gallice *Forces*. Alphonsus Rex Castellæ in Epist. ad Innocent. III. PP. inter Concil. Hispan. tom. 3. pag. 473 : *Venerunt etiam illustres amici nostri et consanguinei, Rex Aragonum et Navarræ cum Potentatu suo, in fidei catholicæ auxilium.* Vide *Posse* 2.

1. **POTENTIA**, Titulus honorarius, quo Michaëlem Imper. Constantinopolitanum compellat Nicolaus PP. Epist. 8.

¶ 2. **POTENTIA**, Scipio, fulcrum subalare, nostris vulgo *Potence*. Mirac. S. Lifardi sæc. 1. Bened. pag. 164 : *S. Lifardum viderunt assistere tenentem baculum in manu dextera, qui vulgari vocabulo nuncupari Potentia consuevit.* Bulla Bonifacii VIII. PP. ann. 1297. tom. 2. Hist. Dalphin. pag. 88 : *Habitum vero cum signo quod Potenciam vocant, in honorem ipsius B. Anthonii tam abbas quam canonici seu fratres præfati juxta morem solitum ipsius hospitalis, semper et ubique deportent.* Mirac. MSS. Urbani V. PP : *Stetit impetens, nec poterat ambulare nisi cum Potentiis sive crossis.* Occurrit præterea apud Martenium tom. 3. Anecd. col. 1942. tom. 6. Ampliss. Collect. col. 1008. in Actis SS. tom. 2. Januar. pag. 161. tom. 4. Maii pag. 571. etc.

* Unde *Potencier*, qui ejusmodi *potentia* præ infirmitate utitur. Lit. remiss. ann. 1394. in Reg. 146. Chartoph. reg. ch. 241 : *La femme d'un appellé le Caumunier, Potencier et cousturier.* Mirac. MSS. B. M. V. lib. 1. :

> As Potenciers fait jetter puer
> Leurs potences et leurs bastons.

* *Pastoc*, eadem notione, in Lit. remiss. ann. 1457. ex Reg. 189. ch. 181 : *Le suppliant d'un Pastoc et potence qu'il avoit et dont il se soustenoit,.... frapa deux ou trois coups icellui Simon.*

* POTENTIA, Manubrium, a forma sic nuncupatum. Inventar. MS. thes. Sedis Apost. ann. 1295 : *Item unam Potentiam, quæ est sicut uno manica cultelli, cum baculo curto de sandalis.*

* 3. **POTENTIA**, Exercitus, copiæ, Gall. *Forces*. Tract. pacis ann. 1466. inter Leg. Polon. tom. 1. pag. 216 : *Astringemur ad conquisitionem et recuperationem cujuslibet castri.... per nos et nostras Potentias, una cum Potentiis serenissimi domini Casimiri regis, etc.* Vide *Potentatus* 3.

POTENTIALITER, κατὰ κράτος, apud Anastasium in Histor. Eccles. pag. 114. Isidorus Pacensis in Chronico : *Sicque pene belligerantes Potentialiter regnant.* [Chron. Bertin. ad ann. 865 : *Rhotarium canonice... dejectum, et a Nicolao Papa, non regulariter, sed Potentialiter restitutum.... secum reducent.*]

¶ POTENTIALITER, Ex auctoritate. Chron. Andrense apud Acher. tom. 9. Spicileg. pag. 554 : *Unde vobis finaliter dicimus, quod terminos istius claustri die et nocte Potentialiter vobis intercludimus.* Utitur Sidonius Epist. 14. lib. 7.

¶ POTENTIALITER, Efficaciter. Charta Conradi II. Imper. ann. 1039. apud Eccardum in Histor. geneal. Landgrav. Thuring. col. 314 : *Ut autem hujus nostræ pietatis traditio ab omnibus semper credatur, et stabilis Potentialiter permaneat, etc.*

POTENTIBILIS, pro *Possibilis*. Acta Murensis Monasterii pag. 46 : *Pridie autem Calend. Januarii persolvunt censum cum avena,.... ista omnia primitus fuerunt petibilia, modo sunt Potentibilia.*

☞ Vim vocis minime intellexisse videtur D. Cangius; ibi enim de præstationibus sermo est quæ primo petendo et quasi deprecando exigebantur; exinde vero quasi ex jure et auctoritate exactæ sunt : unde *petitio*, *precaria*, in ipsa institutione nuncupatæ. Vide *Petibilis*.

* **POTENTIFICATUS**, Potentia et virtute præditus. Vita S. Nivardi tom. 1. Sept. pag. 279. col. 2 : *Feliciter itaque in sede locatus et a Deo Potentificatus, fretus potentia præditusque virtute, etc.*

¶ **POTENTISSIMUM**, pro *Potissimum*, in Epist. Henrici Huntindon. ann. 1153. apud Acher. tom. 8. Spicil. pag. 178 : *De contemptu igitur mundi quædam tibi et mihi scripsi, in quibus te languens exerceas, et ipse Potentissimum sæpe legendo recurram.*

POTENTIVUS, [Imperiosus, superbus, durus.] Capitulare I. Caroli Mag. ann. 802. cap. 11. apud Baluzium : *Non Potentiva dominatione vel tyrannide sibi subjectos premant.*

* *Poisenes*, eodem sensu, ni fallor, in Hist. contin. Guill. Tyrii apud Marten. tom. 5. Ampl. Collect. col. 719 : *Cil Guillaume estoit orgueilleus et Poisenes, etc.*

¶ **POTERATUR**, pro *Poterat*, apud Laur. in Amalth. Vide *Potestur*.

* **POTERIA**, Locus, ubi *poti* seu vascula conficiuntur, Gall. *Poterie*. Charta Math. de Montemor. ann. 1230. in Chartul. Campan. ex Cam. Comput. Paris fol. 355. v°. col. 2 : *Ex alia vero parte positum est... quicquid habent hæredes in Maurisilva et taliam de Moustiers, Poteriam et molendinum cum bosco Mathæi et sepibus et ferreriam cum pertinentiis suis. Item quoddam jardinum apud Heulebeuf in Poteria*, in Reg. S. Justi ex ead. Cam. fol. 198. r°.

* **POTERIUM**, a Græco ποτήριον, Poculum. Ita emendant docti Editores in Sequent. S. Godel. pro *Portirium* tom. 2. Jul. pag. 373. col. 2 : *Ad æterna regna sortis transferenda, gustat mortis inulte Portirium.* Vide *Potirium.*

* **POTERIUS**, Officium in *scancionaria* regia, vulgo *Potier*, cui poculorum cura incumbit. Charta Phil. Pulc. ann. 1304. in Lib. rub. Cam. Comput. Paris. fol. 475. r°. col. 1 : *Colino Mutonis Poterio obtentu servicii ab eodem inclitæ recordationis carissimæ Johannæ consorti nostræ quondam impensi, etc.* Ordinat. hospit. reg. ann. 1285. in Reg. ejusd. Cam. sign. *Noster* fol. 53. r°. : *Item le Potier aura le jour pour ses poz xij. den.* Vide *Potarius* in *Potus* et supra *Potarius*.

¶ **POTERNA**, ut *Posterula*. Vide in hac voce.

¶ **POTESTACIA**, Villa, pagus, districtus *Potestatis*. Statuta Genuens. lib 1. cap. 1. fol. 29 : *Homines vero trium Potestaciarum coram Potestatibus eorum producere possint, etc.* Vide in *Potestas*.

* **POTESTALIA**, pro *Potestatia*, *Potestatis* seu supremi civitatis magistratus officium et dignitas. Pactum inter Phil. de Sabaud. et Math. dom. Mediol. ann. 1318. tom. 3. Cod. Ital. diplom. col. 976 : *Quod dominus Matthæus se non intromittat.... de aliqua seignoria, Potestalia, capitaineatu, nec de aliquo alio officio... in civitate Astensi.* Vide in *Potestas*.

* **POTESTARE**, Potestatem habere, dominari. Charta ann. 1071. apud Murator. tom. 4. Antiq. Ital. med. ævi col. 589 : *Nec nostri homines, quos Potestare possumus, nec alios per nostrum consilium, debeamus contradicere ad faciendum castrum in pojo illo.... Vel aliquis ex nostris hominibus, quos Potestare possumus, etc.*

* **POTESTARIA**, Pagus, districtus. Chartul. Ravennat. fol. 70 : *Intravit in Potestariam Cerviensem et Potestariam Castri-novi.* Vide alia notione in *Potestas*.

* **POTESTARIUS**, Jus habens in re aliqua. Charta ann. 1239. apud Lamium in Delic. erudit. inter not. ad Hist. Sicul. Bonincont. part. 2. pag. 339 : *Et dicta comitissa tamquam domina Potestaria et usufructuaria bonorum olim dicti comitis, etc.*

POTESTAS, Rex, Princeps, supremus loci Magistratus, in leg. 31. Cod. Theodos. de Episc. (16, 2.) Salvianus lib. 7. de Gubernat. Dei : *Potestas quippe magna et potentissima, quæ inhibere scelus maximum potest, quasi probat debere fieri, si sciens patitur perpetrari.* Possidius in Vita S. Augustini cap. 14 : *Non defuerunt qui dicerent permissos non fuisse Episcopos apud Potestatem quæ causam audivit, dicere omnia pro suis partibus. Magnifica Potestas Præfectorum gravissime indignata est*, in Indiculo Joannis Episc. tom. 1. Epist. Rom. Pont. in Hormisda PP : *Apparitores illustrium atque eminentium Potestatum*, in Collat. 1. Carthag. initio. *Illustrissimæ Potestates*, in Collat. 3. cap. 129. 140. *Majores Potestates*, in leg. 3. Cod. Th. de Suariis. (14, 4.) *Temporales Potestates*, qui paulo ante, *Seculares judices*, in leg. ult. de Episc. etc. [*Potestates exteræ*, in lib. 5. Capitul. cap. 26. ex Concil. Antioch. can. 5. ubi Gr. διὰ τῆς ἔξωθεν ἐξουσίας. *Temporales*, ibid. lib. 6. cap. 390. e Cod. Theod. lib. 16. tit. 2. c. 47. idest, judices seculares. Isidorus lib. 3. Sentent. cap. 51 : *Ceterum intra Ecclesiam Potestates necessariæ non essent, nisi ut quod non prævalet sacerdos efficere per doctrinæ sermonem, Potestas hoc imperet per disciplinæ terrorem. Sæpe per regnum terrenum, cæleste regnum proficit. Potestas principalis* in Addit. 2. ad Capit. cap. 28. ex Concil. Paris. VI. lib. 3. cap. 23. et Aquisgran. II. tit. 3. cap. 11: *Potestas reipublicæ*, i. e. ejus ministri, in Capitul. Caroli Cal. ann. 869. tit. 40. cap. 10.] *Senatus et omnes judices, et omnes aulicæ Potestates*, in Gestis Acacii. Vopiscus : *Magnam Potestatem ad se venire viderunt.* Avitus Viennensis Epist. 58 : *Ita namque apud nos per momenta singula Potestatum speratur adventus, ut nisi illis venientibus præsens esse cavero, ab eis qui solent in nobis etiam leviora culpare, quamlibet simplex abscessus meus, non solum negligentiæ, sed etiam contumaciæ deputetur.* Charta Roberti Capuani Principis ann. 1119. apud Ughellum in Episcop. Casertanis sic clauditur : *Ex jussione præfatæ serenissimæ Potestatis scripsi.* Vide Evodium de Miracul. S. Stephani cap. 5. Codicem Carolinum Epist. 85. etc. Glossar. med. Græcit. in Ἐξουσίαι col. 406.

* *Civitatum et locorum Potestatibus*, in Lit. Caroli IV. imper. ann. 1366. tom. 5. Ordinat. reg. Franc. pag. 226.

¶ Potestas Judiciaria, Judex, apud Eccardum in Catechesi Theotisca pag. 152. et seqq.

Potestas, Honor ipse, officium, Magistratus. S. Augustinus lib. 1. contra Academicos cap. 14 : *Si collocarentur statuæ, influerent honores, adderentur etiam Potestates, quæ in municipalem habitum supercreseerent, etc.* [** *Personam gerere Publicæ Potestatis*, Hraban. Maurus de rever. cap. 8. ex Augustino.] *In publica Potestate positi*, in leg. 1. Cod. Th. Si provinciæ Rector, etc. (3, 6.) *Ordinaria vel qualibet præditus Potestate*, in leg. un. Si quacumque præditus potest. (3, 11.) eod. Cod. *Potestas judicis*, in leg. 56. de Cursu publ. (8, 5.) eod. Cod. *Judiciaria potestas*, Marculfo lib. 1. form. 3 : *Neque vos, neque juniores, neque successores vestri, nec quislibet de judiciaria Potestate in villas... nec ad agendum, nec freda exigendum... præsumatis.* Tabularium S. Hilarii Pictavensis : *Quatenus inibi Deo famulantes cum omnibus rebus ad ipsum Monasterium aspicientibus vel pertinentibus sub tuitionibus, et nostræ immunitatis defensione ab regni nostri judiciariæ Potestatis inquietudine residui commorentur.* Charta alia apud Beslium pag. 455 : *Liberam et quietam ab ullius Potestatis consuetudine dedimus.* Charta Sancii Ducis Gasconiæ pro fundatione S. Petri Generensis : *Et possessiones ad eam in circuitu pertinentes absolvo, et absolutas esse pronuncio ab omni censu alicujus dominationis, ab amica inquisitione ullius Potestatis, etc.* Occurrit passim hæc formula.

* Potestates hinc appellantur Vectigalia et exactiones, quæ a *Potestatibus* exiguntur, in Gloss. Cæs. Heisterbac. in Reg. Prum. tom. 1. Hist. Trevir. Joan. Nic. ab *Hontheim* pag. 670. col. 2 ; *A primis ecclesiæ nostræ fundatoribus, id est, Pippino et Karolo Magno ejus filio, possessiones nostræ ecclesiæ ac bona ab omnibus Potestatibus secularibus sunt exemta : quæ Potestates vulgariter appellantur pelline, grascaf, viltban, cupelle, nacselide, geritte;* Quæ variarum exactionum totidem sunt nomina.

Potestas, Dominus loci alicujus, *Le Seigneur du lieu.* Occurrit non semel.

Potestas Monasterii, Advocatus. Notitia ex Tabulario S. Martini Turonensis : *Notitia qualiter venit Potestas S. Martini Pictavis ante Dominum Ebolum Comitem,... reclamans atque dicens, etc.* Charta 1. inter Alamannicas Goldasti : *Si autem Potestas Monasterii istam traditionem inrumpere, et eos alienigenare conaverit, etc.*

Potestates, seu *Potestats*, in Consuetudine Solensi tit. 2. Majores vassalli feudales, qui tenentur semel ad minus singulis septimanis ad Curiam Laxarrensem venire, cum castellano Laxarrensi jus dicturi. Unde iidem sunt qui nostris *Pares Curiæ* appellantur.

¶ Potestas, Clientelæ professio, qua domino capitali pollicetur vassallus castra et alia quæ ab ipso tenet, in ejus potestatem se redditurum, quoties de eo fuerit requisitus; quæ quidem professio in qualibet mutatione, sive domini sive vassalli, interdum et quovis quinquennio, renovabatur. Homagium Bernardi Attonis Vicecomit. Carcasson. præstitum Abbati S. M. Crassæ ann. 1110. inter Probat. tom. 2. novæ Histor. Occitan. col. 376 : *Et dabo tibi Potestatem de omnibus castris et villis superius scriptis, iratus et pacatus, cum a te vel a tuis successoribus fuero requisitus. Iterum recognosco quod pro recognitione dictorum feudorum debeo venire et mei successores ad dictum cœnobium in expensis propriis, quosciens abbas noviter fuerit factus, et ibi facere hominium, et reddere ei Potestatem de omnibus feudis superius scriptis.* Concil. Tarracon. ann. 1591. inter Hispan. tom. 4. pag. 621 : *Multa incommoda, lites et contentiones accidunt frequenter inter dominos et feudatarios, cum ipsorum feudorum recognitiones, Potestates sive potestats et alia servitia et onera, quibus feuda subjacent, per longa tempora non petantur..... Per quam constitutionem providet* (Synodus) *quod Prælati et beneficiati quicumque ratione suarum dignitatum vel beneficiorum feuda habentes ea recognosci facerent, quoties feudatarii innovarentur, et de quinquennio in quinquennium recipi Potestates.*

¶ Potestates, Jura, privilegia, reditus, commoda. Chron. Episc. Metens. apud Acher. tom. 6. Spicil. pag. 664 : *Ipse* (Fridericus de Plujosa) *suas et ecclesiarum sibi commissarum Potestates ita conservavit indemnes, ut nullam sub regimine ejus diminutionem, nullumque prorsus detrimentum sentirent.* Nisi malis ea notione interpretari qua mox

Potestas, Villa, pagus, districtus *Potestatis* judicis, seu potius domini, *Seigneurie.* Odo Cluniacensis lib. 2. de Vita S. Geraldi cap. 7 : *Quidam violenti homines præsumptionem faciebant contra Potestatem loci illius.* Baldricus Dolensis in Hist. Translat. capitis S. Valentini n. 11 : *In loco qui dicitur Blinquitutum, mortalitas cœpit desævire, et Potestatem illam profligare.* Chronicon S. Benigni Divionensis : *Dedit Comes Otto S. Benigno Potestatem Vivariensis Cellæ.* Hist. Episcopor. Salisburgensium apud Canisium pag. 250 : *Cœpit Theodonem rogare Ducem ut ipsius Potestatis locum tribueret, etc.* Vita SS. Bovæ et Dodæ num. 11 : *Et Vallis Monasterii, Potestas scilicet magna non obfuscat sua vilitate cætera patrimoniorum sancti viri donaria.* Usatici Barcinonenses MSS. cap. 65 : *Stratæ et viæ publicæ, et aquæ vivæ, prata, pascuæ,.... sunt de Potestatibus, non ut habeant per alodium, vel teneant in dominio, sed ut sint omni tempore ad emparamentum cunctorum illorum populorum, etc.* Acta Episcopor. Cenoman. pag. 296 : *Potestatem Curtis Gerardi, quæ ei jure ex patrimonio debebatur, cum lucis, et vineis, et pratis,.... dedit suis Canonicis.* Pag. 306 : *In pago Cenomanensi Ecclesiam de Aciaco cum Potestate.* Tabularium S. Cypriani Pictav. : *Acta sunt hæc quando reddidit Guillelmus Comes Potestatem S. Petri Frotherio Episcopo.* Tabularium Burguliense : *Cum tota vicaria ad ipsam curtim vel Potestatem pertinente.* [Charta Caroli Simplicis Regis Franc. ann. 919. apud Mabill. Diplom. pag. 564 : *Nec ipsa potestas, ut diximus, regalis aut aliquis regalium virorum.... in omni Potestate S. Clementis hospitari præsumat.* Placitum ann. 1122 : *Signum P. Lutevensis Episcopi in cujus Potestate hoc placitum firmatum atque placitatum fuit.* Tabular. S. Medardi Suession. ann. 1190 : *Item singulæ Potestates per singulos annos unam vehituram ei* (Advocato) *procurabunt.*] Charta Philippi Augusti anno 1190. in Tabulario S. Victoris Parisiensis Charta 24 : *Tres feodos quos ab Abbate ipso tenebat in Potestate Puteolorum.* Charta Joannis Comitis Cabilonensis ann. 1233 : *Nos prædicti Joannes et Mathildis, si quid actionis, si quid juris vel rationis, si quid dominii et potestatis, si quid possessionis habemus aliquo modo vel tempore, vel habere videbamur in prædicta majori justitia, et in Potestate dictæ villæ, ... cedimus, tradimus, etc.* Occurrit passim in veteribus Tabulis, in Chronico S. Benigni pag. 360. 414. 427. 431. tom. 4. Hist. Franc. pag. 170. in Charta Alamann. 76. Goldasti, apud Brolium in Histor. Parisiensi pag. 95. 96. edit. 1639. Roverium in Reomao pag. 173. 220. Beslium in Comitib. Pictav. pag. 248. 288. 289. in Episcop. Pictavensib. pag. 39. Rouillardum in Hist. Meledunensi pag. 354. Sammarthanos tom. 1. Gall. Christ. pag. 159. 160. 414. 754. Duchesnium in Hist. Vergiac. pag. 31. 34. 36. 50. 54. 134. Guichenonum in Hist. Sabaud. pag. 3. 4. Hemereum in Augusta Viromand. pag. 220. in Regesto pag. 33. 34. [** Chart. Official. Senon. ann. 1256. post Polypt. Irmin. pag. 391. Irmin. Polypt. Br. 15. sect. 97. Fragm. ad Polypt. eumd. pag. 278. num. 2. Chart. Ermenfr. abb. Gorzensis ann. 984. ibid. pag. 351 : *Duas perticas faciet de peitura ubicumque præceptum fuerit infra Potestatem.* Polypt. Br. 12. sect. 22 : *Et supra istam terram comparaverunt de libera Potestate de terra arabili bunnaria 4. Et recepit Gerradus de extranea Potestate de terra arabili bunnaria 5.* Confer *Mitium* et mox *Homines Potestatis.*] [Vide Mabill. sæc. 5. Bened. pag. 321. 601. D. *Secousse* tom. 3. Ordinat. Reg. Franc. pag. 117. etc. Le Roman *de Rou* MS. :

Mainte cité a ja esté
En mainte riche Poosté.

Le Roman *d'Athis* MS. :

Ot moult de sens du monde paint,
Des prouesses, des courtoisies,
De Poestes, de seignories.

Vide *Pedesticum.*]

* *Pooir*, in Charta ann. 1224 : *Li sires de le ville devant dicte* (de Ligny) *recepvra tous les ans de chacune mencaudée de terre, du Pooir de le ville, xij. den. Pooste*, eodem sensu, in Libert. *de Tannay* ann. 1352. tom. 6. Ordinat. reg. Franc. pag. 58 : *La Pooste, justice et seignorie de Tannay. Poesté*, in Recognit. feud. ann. 1330. ex Chartul. S. Petri Gand. ch. 18 : *Derechief doit à dit Mikiel chascun Pelefouans ès marés as tourbes en ledite Poesté, ung capon. Toutes les charges dont nostre maison, terre, seigneurerie et Poesté de Maisnieres sont chargées*, in Reg. Corb. sign. *Habacuc* ad ann. 1510. fol. 42. v°. Neque alia notione *Poher* legitur in Ch. ann. 1270. ex Tabul. S. Mich. in Eremo : *Les conquestes.... que lesdiz religieux..... feront, conquerront desoresenavant en leurs ou en nos fiez, rirefiez ou Pohers, etc.* A Latino Potestas, Gall. *Puissance, autorité, domination*, nostri alias dixerunt *Poesté* et *Poeté*. Annal. regni S. Ludov. edit. reg. pag. 187 : *Il* (le roy) *devoit venir en Gascoigne et le pourposoit à mettre souz sa Poeté. Poesté*, ibid. pag. 204.

¶ Potestatia, Eodem intellectu. Statuta Genuens. lib. 1. cap. 4. pag. 9 : *Jurisdictio et auctoritas dicti Magistratus sit et se extendat duntaxat intercives, et cives Genuæ, inter homines trium Potestatiarum.* Ibidem cap. 14. pag. 19 : *Quilibet Potestas et Jus dicens teneatur stare et morari continue, toto tempore pro quo constitutus fuit, in sua Potestatia, neque ex ea recedere possit, nisi etc.* Vide *Posse* 3.

Potestas, in Italia præsertim, appellatus supremus civitatum liberarum Magistratus, qui aliunde quam ex ipsismet civitatibus eligebatur, et summo jure civibus in rebus bellicis perinde ac civicis imperabat, cujusque functio annua erat. Guntherus lib. 9. Ligurini :

Inde per Etruscas Legatos destinat urbes,
Campanasque domos, et quas in littore curvo
Æquorei lavat unda salis; qui debita fisco
Jura vetusta petant, per quos statuantur in omni
Urbe Magistratus, et civica quæque potestas.

[Barthol. Scribæ Annal. Genuens. ad ann. 1226. apud Murator. tom. 6. col. 442 : *Duces, capitanei, valvassores, castellani, principes, barones, et quamplures Potestates sive Rectores civitatum et locorum.* Laudes Papiæ apud eumdem tom. 11. col. 24 : *Olim civitas per solos Consules gubernabatur, nunc autem eligitur per Sapientes illos omni anno, vel in sexto mense Rector, qui vocatur Potestas, ad certum salarium, qui sit de alia civitate, cui taxati sunt officiales in numero certo, videlicet Miles unus, et plures judices, notarii, domicelli, apparitores, equi, etc.* Adde Chartam electionis Potestatis urbis Hortanæ apud Illust. Fontanium Antiq. Hortæ pag. 415.] Radevicus lib. 4. de Rebus Gestis Friderici Imper. cap. 6 : *Præterea et hoc sibi ab omnibus adjudicatum atque recognitum est, in singulis civitatibus Potestates, Consules; cæterosve Magistratus assensu populi per ipsum creare debere, qui fideles simul et prudentes, et Principi honorem, et civibus patriæque debitam justitiam nossent conservare.* Thomas Archidiaconus in Historia Salonitana cap. 34 : *Ut autem rumor in civitate perstrepuit quod Potestas advenisset,... Egressus autem de navi, ab univera Cleri populique frequentia in magno tripudio et honoris obsequio susceptus est. Altera autem die misit et fecit inspici plura hospitia, ubi videretur commodius sui regiminis officium exercere. Et tandem placuit habere domum Comitis Grubesse pro publico Palatio, et pro hospitio suo. Tertia vero die fecit coadunari universum populum civitatis, et facta curia, primo expediverunt se nuntii exponentes suæ legationis processum, et exitum, ostendentes... Posthæc autem surgens Garganus,* (Potestas) *ut erat eloquens vir, multum lepide concionatus est, et præstito sui regiminis juramento, fecit universam multitudinem, tam Nobilium, quam Popularium vinculo sacramenti astringi, ut essent suis præceptis obedientes per omnia et sequaces... Tunc ordinavit Curiam, statuens Judices, Camerarios, Præcones. Totum namque regimen ad exemplar Italicarum urbium quæ per Potestatum regimina gubernantur, ordinavit.* Cujusmodi vero esset *Potestatis* sacramentum, habetur apud Corium in Historia Mediolanensi parte 2. pag. 167. edit. 1646. De hac porro dignitate accipe quæ habet Franciscus Sansovinus in familia Martinengha pag. 299 : *Ogni citta ch'era libera, et sotto l'ordine de suoi Magistrati eleggeva per capo del suo governo un Podesta, che fosse forestiero, scientiato, armigero, et bellicoso. Costui menava secondo il suo volere un Vicegerente et suo delegato che fosse Giurisconsulto : et appresso haveva tre Sergenti o cavallieri con vinticinque fanti, ch'era la corte Pretoria per servitio della giustitia. Oltre a cio teneva sei Staffieri, et altre tanti Donzelli et cavalcature. Et sedeva nel Magistrato per uno anno continouo. Et gli era pagato il salario assai grosso in tre rate. La prima gli era data ne' primi tre mesi del suo reggimento, l'altra finiti i sette mesi, et la terza quando era liberato del sindicato, che finiva quindeci giorni dopo l'anno della pretura.*

☞ Nec prætermittenda quæ de ejusdem sacramenti circumstantiis refert Chron. Parmense ad annum 1309. apud Murator. tom. 9. col. 878 : *Petrus Mancasola de Placentia venit Parmam pro Potestate, electus per sex menses Potestas Parmæ, ita quod juravit regimen ad Ecclesiam majorem ad offerendum ipsa nocte in publica concione, more solito ad lumen cereorum et lumeriarum quam plurimum, et incontinenti cœpit regere.*

His adjungenda videtur Formula literarum, quibus Potestati alicui illius nuntiatur electio; sic illa habetur apud Rollandinum in Summa Notariæ : *Militi probatæ fidei et examinatæ virtutis Dom. Cornelio de Solario, R. de villa Potestas, Consilium et Com-*

mune Bononiæ, Salutem et prosperos ad vota successus. Licet in altitudine libertatis naturaliter conditio suspiret humana, quia tamen ut plurimum examine rationis omisso in præcipitium perversæ labitur voluntatis, datum est ut vinculis disciplinæ restricta sub jugo dominii obedientiæ collum ponat, et ut homo præferatur hominibus ad motus illicitos loris justitiæ refrænandos. Hinc est quod hodie plus solito propter corruptas affectiones hominum, et invalescentes nequitias perversorum nihil potest populo esse beatius nihilque majus, quam bono duce prævio bene duci. Cum igitur hujus rei sollicitudinem multam provideremus nostro regimini dignum præferre rectorem, per brevium solemnitatem juxta municipalis observantias legis nostræ in viros fidelissimos et prudentissmos electionis auctoritas sorte venit, qui virtuosos Italiæ viros, et hujus dignos officio prælaturæ sollicita examinatione quærentes, tandem consideratis virtutibus, quas in vobis affluenter adesse prædicat opinio celebris et communis, personam vestram ad Kalendas Februarii proxime venturi ad unum annum nobis et civitati nostræ in Potestatem, Rectorem et Dominum, electione concordi et unanimi præfecerunt. Quapropter cum ex ipsa electione sit per omnem modum mirabilius satisfactum affectionibus cordis nostri, eo quod scimus vos adeo virum doctum, ut sciatis æqua libra ponere judicium in podere, et justitiam in mensura, et in vindictam facinorum justitiæ vibrare gladium temporalem, prudentiam et dominationem vestram instanter multis precibus exoramus, quatenus regiminis nostri locum et officium, quod vobis ea cordis affectione qua nulla major offerimus, si placet, cum salario duorum mill. lib. et cum illis conditionibus quas tam ea quæ vobis in publica forma per latorem præsentium mittimus, quam alia Communis nostri statuta declarant, hilariter et libenter admittatis, sociati quatuor judicibus, duobus Militibus et duobus Notariis, viris duntaxat talibus, quorum fide ac prudentia honor vester gloriosus appareat. Venientes itaque 15. diebus ante Kalendas Februarii vestram et vestrorum prædictorum in civitate nostra præsentiam habeamus. Itaque si assentiendum duxeritis, vel non duxeritis votis nostris, in tertium diem post harum præsentationem responsum latori præsentium per instrumentum publicum certum detis. Sequuntur *Litteræ ejusdem tenoris sub breviori forma, Responsiva de acceptatione electionis et admisssione regiminis, et responsiva qua se excusat electus, et electioni renunciat.* Vide Gesta Innocentii III. PP. pag. 143. Petrum de Vineis libr. 2. Epist. 1. libr. 3. Epist. 63. et alibi, Statuta urbis Mediolan. part. 2. cap. 6. et seqq. Corium in Histor. Mediolan. pag. 157. Hieronymum *dalla Corte* lib. 4. Histor. Veron. pag. 223. [** Murator. Antiq. Ital. med. ævi tom. 4. col. 56. sqq. Savinii Histor. Jur. Roman. med. temp. tom. 3. cap. 19. § 49.] etc.

* *Postat*, in Hist. contin. Guill. Tyrii apud Marten. tom. 5. Ampl. Collect. col. 696 : *Quant cil de Lombardie oirent dire que le roi Johan estoit à Boloigne la Crasse, si s'assemblerent li Postat des cités et alerent à lui.*

¶ Podestas, Idem qui *Potestas*. Occurrit non semel apud Italos. Antiqua est vox *Potestas* ad designandos supremos civitatum Magistratus, ut observat Burnus, in Itin. Helvet. et Ital. pag. 226. ea siquidem notione accipienda apud Juvenalem Sat. 10. 100 :

> An Fidenarum, Gabiorumque esse Potestas ?

¶ Potestas Mercatorum, Qui de rebus et mercatores spectantibus cognoscit et judicat, a *Potestate* civitatis distinctus. Chron. Parmense ad ann. 1309. apud Murator. tom. 9. col. 878 : *Item eodem anno dominus Ghibertus de Corrigia factus fuit Potestas mercatorum et mercadantiæ civitatis Parmæ usque ad quinque annos.*

¶ Potestas Victualium, Qui rebus ad victum necessariis præest, in Statutis Placent. lib. 6. fol. 68. verso.

Potestatis titulo donabatur olim Legatus seu Magistratus qui pro Venetis Constantinopoli morabatur apud Imperatores Constantinopolitanos, ut ex Acropolita cap. 85. et ex Charta ann. 1238. quam in Hist. Franco-Byzantina descripsimus, docemur. Sed is postmodum *Bajulus* dictus est, mansitque *Potestatis* dignitas et nomenclatura Genuensium Legato in eadem urbe, uti exerte habent Pachymeres libr. 2. cap. 32. Nicephorus Gregoras lib. 4. sect. 9. et Codinus de Offic. cap. 7. num. 6. Vide Meursium in Ποτεςάτος, et Glossar. med. Græcit. col. 1209.

Obtinuit etiam hæc dignitas in Francia, maxime in Provinciæ Comitatu. Nam passim mentio occurrit *Potestatum* Arelatensis urbis, antequam idem Comitatus ad Carolum I. pervenisset, qui eorum loco Vicarios, (*Viguiers*) instituit. Occurrunt etiam non semel *Potestates* Massiliæ et Avenionis. In Charta ann. 1225 : *Spinus de Sorezina Dei gratia Potestas Massiliæ et Avenionis* inscribitur. [*Potestatis* Massiliæ mentio occurrit in Chartis ann. 1208. 1226. 1227. ex Chartul. minori S. Victoris Massiliens. fol. 105. 106.] Charta ann. 1240 : *Cum Comes Galterius Vicarius generalis domini Imperatoris in regno Arelatensi et Viennensi peteret Potestariam Avenionis a domino Comite Tolosæ, dicens quod a domino Imperatore receperat in mandatis, quod Potestariam reciperet supradictam, etc.* Philippus *Mouskes* in Hist. Regum Francor. MS. de Avenionis expugnatione :

> Et s'ot li Rois avoec ensin
> Leur Poëstat, et le Dalfin,
> Pour çou que li Quens de Provence
> Li ot conseilliet sans penence.

Nicolaus de Braia in Ludovico VIII. de eodem :

> Præfectus cui major in urbe Potestas.

¶ Potestates nuncupati apud Hispanos Primores, qui eo nomine Chartis Regum Hisp. subscribunt, ut observat Morales in Eulogium pag. 316.

Potestaria, Potestatis, seu urbis Capitanei dignitas. [Charta curiæ Arelat. ann. 1225. in Cod. MS. D. *Brunet* fol. 85 : *D. Dracone Montis-draconis Potestate existente, Potestariæ ejusdem anno secundo.* Urbanus IV. PP. in Epist. ann. 1263. apud Marten. tom. 2. Anecd. col. 10 : *Nullam Potestariam, seu capitaneam, vel rectoriam .... recipient.* Occurrit prætereca apud Illustr. Fontaninum Antiq. Hortæ pag. 416. in Statutis Massil. lib. 2. cap. 17. Murator. tom. 7. col. 637. tom. 8. col. 375.] apud Petrum de Vineis lib. 3. Epist. 63. lib. 5. Epist. 46. 96. et 100. in Hist. Cortusiorum lib. 7. cap. 8. lib. 8. cap. 12. apud Nicolaum Smeregum in Chron. ann. 1263. Rollandinum in Chron. lib. 3. cap. 1. in Chartis Italicis apud Odoricum Raynaldum ann. 1288. n. 6. 7. et alibi passim.

¶ Potestatia, Eadem notione. Ottoboni Annal. Genuens. ad ann. 1194. apud Murator. tom. 6. col. 368 : *Et constituit vicarium suum in officio Potestatiæ Dracum de Gambolato.* Ogerius in iisdem Annalib. ibid. col. 411 : *Qui Potestas in principio suæ Potestatiæ consilium celebravit, etc.* Adde col. 489. Rursum occurrit apud eumdem Murator. tom. 17. col. 1163. et in Actis SS. tom. 4. Junii pag. 792.

Potestas Major, Merum Imperium, *Haute Justice.* Vide *Imperium.*

¶ Potestas Plena, Feudum immediatum, quod a nullo dependet, teneri dicitur in *plena potestate, à plain poois*, ut habetur in Charta ann. 1294. apud Stephanot. tom. 3. Antiq. Bened. Pictav. MSS. pag. 969 : *Tout quant qu'il avoient et tenoient à fié et à homage de nostre segnor le Roy de France, excepté ceu qui ont à plain Poois, soit en cens, en rentes, en costumes, en complans,.... retenu audit Pere Daneis et à ladite Johane sa fame, et à lor hers et lor successors ceu qu'il ont à plain Poois, etc.*

Potestas Castri, in Usaticis Barcinonensibus MSS. cap. 68. et alibi non semel, dicitur facultas, quam superior dominus habet utendi castro vassalli. Charta Ildefonsi Regis Aragonum ann. 1192. apud Marcam lib. 6. Hist. Benebarn. cap. 9 : *Et tu et successores tui dabitis mihi meisque successoribus in perpetuum Potestatem irati et pacati de Lorda, et de omnibus castellis, munitionibus, et fortitudinibus ejusdem terræ, quotiescunque a me vel nunciis meis requisiti fueritis.* Locos alios habes in Dissert. 30. ad Joinvill.

¶ Potestas Vicaria, Locum-tenens, vicarius, qui alio nomine judicium exercet. Charta Gaufridi Comit. Andegav. ann. 977. apud Mabill. tom. 3. Annal. pag. 650 : *Ut nulla in eorum terra vicaria dominetur Potestas, nisi de furto, aut incendio, vel homicidio.*

Potestates, Angeli ex secundo sacræ Angelorum Hierarchiæ gradu, quorum officium est, curare ne a causis inferioribus aut aliunde confundatur, perturbeturque Virtutum actio : quod fit impediendo contrarias causas et inferiores per debitam subjectionem subordinando, ut idoneæ fiant recipiendæ motionis, quam iis volunt imprimere Virtutes. Sic autem appellantur, quod in iis omnipotentia Creatoris appareat. Vide S. Gregorium Homil. 34. in Evang. S. Bernardum lib. 5. de Consid. cap. 4. Isidorum lib. 7. Orig. cap. 5. Guliellmum Paris. 2. P. de Un. pag. 2. cap. 127. etc.

¶ Potestates, vox Ecclesiastica, Gall. *Pouvoirs.* Dicitur de licentia ab Episcopo presbyteris concessa audiendi et absolvendi pœnitentes. Statuta Joannis Episc. Trecor. ann. 1423. apud Marten. tom. 4. Anecd. col. 1130 : *Præterea quia de novo intelleximus, quod nonnulli religiosi et alii forte sæculares.... se ingerunt ad absolvendum subditos nostros in foro confessionis de casibus.... reservatis absque licentia nostra, et absque eo quod de Potestatibus, si quas hac in parte habeant, nobis edocuerint quoquomodo.*

Homines Potestatis, Qui vulgo gens *de Poëte*, vel *de Poste* appellantur in Consuetudinibus municipalibus, in quibus æquiparantur *Villanis*, et hominibus ac tenentibus obnoxiæ conditionis : *Hommes roturiers de poste*, in Vitriacensi art. 65. 68. In Hannoniensi art. 65. opponuntur viris nobilibus; apud Butilerium *Consuetudinarii* vocantur, *Coustumiers*, præstationibus scilicet obnoxii, et operis, [apud Bellomaner. cap. 60. *Hons de poote*, dicitur, qui *vilain coustumier* nuncupatur in Stabil. S. Ludov. lib. 1. cap. 23.] nam ita nuncupantur quod in *Potestate* domini sint. Tabularium Cabilonense ann. 1223. apud Sanjulianum in Cabilone pag. 424 : *Nostri homines, sive in Potestate nostra positi.* Charta Eustachii de Conflans D. Plaiotri ann. 1294 : *Super forismaritagio et manu mortua quorundam hominum... qui homines de Potestate vocantur, etc.* Arestum ann. 1347 : *Homo Potestatis, non nobilis.* Vide Consuet. Meldensem art. 1. 5. 50. Ducatus Burgund. art. 125. Comitat. Burgund. art. 102. 106. veterem Senonensem art. 58. Barrensem art. 18. veterem Consuetud. Franciæ lib. 2. cap. 41. etc. Ita *Terres de pote*, in eadem Barrensi Consuetud. art. 17. 18. 118. *Villenagia*, præstationibus obnoxii agri. [Hinc quoddam territorium prope Rupem-regiam etiamnum *les Potées* vocatur, quod sit in potestate Ecclesiæ Remensis.] Vide supra *Potestas*, Villa.

¶ Potestas, Apostolo 1. ad Cor. cap. 11. 10. dicitur velamen mulieris, quod nempe signum sit potestatis viri in mulierem. Consule interpretes.

* **POTESTATA**, ut supra *Potestas*, Villa, pagus, districtus. Charta ann. 1208. ex Tabul. S. Satur. : *Ego frater Gaufridus prior et conventus de Caritate donamus et concedimus.... Vuilelmo episcopo Autissiodorensi totam decimam, quam percipiebamus in villa et in Potestata Mesva, tam in lana quam in agris, libere et absolute.*

¶ **POTESTATIA**, Duplici notione. Vide supra in *Potestas*.

POTESTATIVE, Cum omni potestate ac imperio, magnifice. Luitprandus in Legat.: *Laudulfus.... septennio Potestative eam sibi subjugavit.* Ditmarus lib. 7 : *Cæsar... quamvis parvo uteretur exercitu, tamen Potestative quamdiu voluit in his partibus fuit.* Infra : *Et in his partibus nunquam magis honorifice ac Potestative fuit.* Adde pag. 106. Vetus Judicatum in Chronico S. Vincentii de Vulturno pag. 690 : *Ut omnes ipsi servi, qui ad ejus placitum venire noluissent, Potestative eos apprehenderet, et in ipso servitio eos replicaret, etc.* Charta æræ 990. apud Anton. *de Yepez* in Chronico Ordin. S. Benedicti tom. 5 : *Et per subreptionem et per verba fallacia Potestative tulerunt nobis medietatem de ipsa piscaria, etc.* Vide Concilium Cabilonense ann. 813. cap. 30. [Capitul. Carlomanni tit. 3. cap. 3. et 10.]

Potestative Tenere, *possidere*, id est, cum omni potestate ac jurisdictione et dominio. Charta Alamannica Goldasti 27 : *Quam ille proprietatem cum Potestative possedisset, ad Monasterium multis adhibitis testibus reddidit atque revestivit.* Charta Ottonis Imp. ann. 983. apud Baldricum Noviom. lib. 1. cap. 108 : *Sed ipse ejusque successores ex nostro regio dono venationes Potestative teneant, et quibuscunque placeat venandi licentiam concedant.* Chronicon Laurishamense ann. 895. pag. 68 : *Ad dies vitæ suæ Potestative ac securiter et quiete obtinendas et fruendas per precariam suscepit.* Vide Reginonem ann. 961. et Stangefolium lib. 2. Annal. Circuli Westphalici pag. 185. [Miræum tom. 1. pag. 368. Le Roman *de la guerre de Troyes* MS. :

A un chastel sont arivé
Qe Troie avoit en Poesté.]

Potestative, in Capitul. ad leg. Bajwar. tit. 2. § 8 : *Ut omnes Episcopi Potestative secundum regulam canonicam doceant, etc.* hoc est, omni opera. Galli dicerent, *De tout leur pouvoir.*

¶ Potestative, Violenter, vel ex jure. Concil. Cæsaraug. III. inter Hisp. tom. 2. pag. 733 : *Ut dullus abinceps sæcularium, seu Potestative, seu etiam vel ex permisso abbatis, vel cujuslibet monachorum, infra claustra monasteriorum hospitandi vel commorandi habeat receptaculum.*

¶ Potestative, Supremo et definitivo judicio. Charta ann. 1098. ex Tabul. S. Albini Andegav. : *Gaufridus Episcopus noster, convocatis nobis, ait, non ultra se passurum tam detestabilem duorum in episcopio suo monasteriorum dissensionem, congregaturum potius sublimem curiam, et sicut oportebat, sub districto judicio querelam utriusque partis Potestative terminaturum, etc.* Charta ann. 1117. inter Probat. tom. 2. novæ Hist. Occitan. col. 401 : *Cum leges dicant irritam esse diffinitionem factam ab expoliato, nisi prius Potestative revestiatur.*

¶ Potestative, Placide, mansuete, non impotenti animo, Gall. *Se possedant.* Capitul. lib. 7. cap. 116 : *Si quis Episcopus suis fuerit rebus expoliatus et accusatione pulsatus, ordinatione Pontificum oportet prima fronte cedere;.. ipseque demum Potestative, non subito, sed diu dispositis ordinatisque suis, tunc ad tempus veniat ad causam.*

POTESTATIVUM, Idem quod *Potestas*, Dominium, *Seigneurie*. Glossæ Basilic. : Ποτεςατίβουμ, αὐτεξούσιον. Charta ann. 1066. in Tabulario Ecclesiæ Narbonensis : *Dicebat Vicecomes* (Narbonensis Bernardus Berengeri) *tenere se Capitolium, et quædam alia ad fevum : justitias vero et balhias, et forcias... per Potestativum.* Charta Pontii Comitis Tolosani apud Catellum in Comit. Tolosan. pag. 89 : *Damus similiter totum alodium et totum Potestativum de Ecclesia et omni parochia, etc.* Occurrit ibi pluries. [Charta Aimerici Vicecom. Narbon. ann. 1202. inter Instr. tom. 6. Gall. Christ. novæ edit. col. 50 : *Pro amore Dei convenio ubique deffendere, custodire, et manutenere in omni meo Potestativo, et per totam terram meam, et per omnia loca, in quibus potestatem habeam, etc.*] Alia Guillelmi Archiepiscopi Narbon. ann. 1251 : *Inhibuit..... quod Clerici non emant alodia in suo Potestativo.* Capitulare 1. Caroli M. ann. 802. edit. a Baluzio cap. 4 : *Neque terminum, neque terram, nihilque quod jure Potestativo permaneat, nullatenus contradicat, neque abstrahere audeat vel celare.* [Vide *Posse* 3.]

POTESTATIVUS, *Potestate ac auctoritate præditus : *Viri potestativi*, nostris, *Hommes puissans*. Donationes factæ Ecclesiæ Salisburgensi cap. 5 : *Et ita fieri a Potestativis viris ad istam sedem definitum est.* Cap. 12 : *Ruther Comes et Gerbost nobiles viri ac Potestativi.* Occurrit ibi non semel et cap. 13. [** Vide Haltaus. Glossar. German. col. 1187. voce *Mæchtig*.] Sic nostri *Posteis* appellarunt, qui hisce locis *potestativi* dicuntur. Le Roman *de Garin* :

Veez Fromondin de Lanz li Posteis.

Alibi :

Li Rois de France, qui tant est Poësteis.

[Le Roman *de Rou* MS. :

Et des compaingnons Rou et des plus Posteis.

Le Roman *de Chantepleure* MS. :

Il n'a Angle, n'Arcange,
Ne Seint en paradis,
Tant voie souvent Dieu,
Ne tant soit ses amis,
Qui saiche le millesme
Com Diez est Posteis.]

¶ Potestativam Manum *adjicere*, Vim adhibere, vi cogere. Charta Alberti et Ottonis Ducum Austr. ann. 1336. apud Ludewig. tom. 5. Reliq. MSS. pag. 525 : *Tenebimus una cum Rege prædicto addicere manum Potestativam, quo usque prædicta castra ab ipsius extrahantur manibus.*

¶ Potestativa Manu *assistere*, Potenti ope et opera alicui adesse. Charta ejusd. Alberti ann. 1341. ibid. pag. 529 : *Contra eosdem rebelles et excessores sæpe dicto Marchioni vel sibi substitutis manu Potestativa assistere, adhærere et coadjuvare debebimus.*

Potestativa Manu *concedere*, *contradere*, *traditionem facere*, dicitur in veteribus Tabulis, qui rem, cujus *potestatem habet*, seu cujus est dominus, alteri concedit. Ratpertus de Casibus S. Galli cap. 1 : *Ejusdemque heremi jus hæreditarium illi Potestativa manu concesserunt.* Cap. 8 : *Atque in semet omne negotium assumens, cum manu sua Potestative res prædictas ad Episcopatum contradidit, atque cum ipsa manu similiter Potestative ab Episcopo Monasterium abstulit, penitusque diremit, ita ut deinceps nullam potestatem Episcopi in rebus ejusdem Monasterii haberent, etc.* Charta Abbatis S. Galli, inter Goldastinas 70 : *Convenit... ut illas res... manu Potestativa, una cum manu Advocati sui... tradidit, etc.* Occurrit hæc Formula apud Ermanricum in Vita S. Soli cap. 6. in Traditionibus Fuldensibus lib. 1. trad. 14. 105. 141. 149. lib. 2. trad. 29. 42. 61. 222. 231. in Chartis Alamannicis Goldasti 37. 54. 55. in Metropoli Salisburg. tom. 1. pag. 162. etc. Charta Alamannica 76. Goldasti sic clauditur : *Notavi diem Martis 4. Non. Octob. sub Potestativa manu Hlu-*

dovici Regis et pueri, et sub Adalberto Comite. Vide Capitula Caroli M. lib. 7. cap. 104. [** 142.] Metropolim Salisburg. tom. 2. pag. 191. tom. 3. pag. 322. 355. 385. 460. 464. 469. *Potestativo jure*, eadem notione. Capitular. 1. ann. 802. cap. 4 : *Neque terminum, neque terram nihilque quod jure Potestativo permaneat.... abstrahere audeat.* Diploma Zuendeboldi Regis ann. 898. apud Brouver. lib. 9. Annal. Trevir. : *Trevirensi sedi... quamdam Abbatiam Potestativo jure contradidit.* Formula frequens in veteribus Tabulis in Metropoli Salisburgensi tom. 2. pag. 11. tom. 3. pag. 321. et alibi. *Potestative annuntiare et præcipere*, in Capitulari 3. ann. 810. cap. 2.

¶ Potestativam Manum *imponere*, Rem uti propriam sibi usurpare, vindicare, in laudata supra Charta Alberti et Ottonis Ducum Austr. : *Si prædictum Regem Boemiæ, super dictorum castrorum extractione aut exceptione, Potestativam manum imponere continget et actionem habere, etc.*

¶ **POTESTIVUS**, ut *Potestativus*, nisi etiam ita legendum sit, in Charta apud Meichelbec. tom. 2. Hist. Frising. pag. 93 : *Portionem suam.... ad S. Corbinianum Potestivo* (leg. *Potestiva*) *manu, nemini contradicente, tradidit.*

* **POTESTRIUM**, Dominium, f. pro *Potestativum.* Vide in hac voce. Charta ann. 1386. tom. 3. Cod. Ital. diplom. col. 349 : *Cum omnimoda jurisdictione, terris, pratis,.... molendinis, furcis, Potestriis, finibus, decimis, etc.*

POTESTUR, pro Potest. Uffingus Monach. in Carmine de S. Ludgero Episc. Mimigardensi :

> Vix aliquid dignum factis reboare Potestur.

Sic veteres dixisse, et *possetur* et *poteratur,* observant Festus et Nonius. Vide *Fitur.*

* **POTETUS**, dimin. a *Potus*, Vasculum, mensura vinaria. Charta ann. 1352. ex Tabul. Montisol. : *Guillelmus abbas cognovit se habuisse et recepisse.... unum justetum sive Potetum pro aqua ministranda.* Vide supra *Potellus* 1.

POTH. Thwroczius in Chron. Hungar. part. 2. cap. 14 : *Poth fuit appellatus, quia internuncius erat inter Imperatorem Conradum et Andream ac Salomonem Reges. Poth enim Theutonice, Latine nuncius sonat.* Observat Bongarsius apud Justinum lib. 2. extremo in MSS. notæ optimæ, legi *Potios*, in aliis *Pontios*, al. *Pontion,* alias denique *nuntios pontios*, ubi codex editus, et aliquot codices recentiores *nuntios* præferunt : *Scribit præterea Xerxi, quoscunque ad se nuntios misisset, interficeret, etc.*

* **POTHECARIUS.** Charta ann. 898. apud Ughell. tom. 2. Ital. sacr. col. 100. edit. ann. 1717 : *Prædicta ecclesia de clericis sui ordinis adscribendos suæ potestatis libellos et Pothecarios habeat.* Alia ann. 892. eadem de re ibid. col. 98. habet, *Prædecarios.* Utrobique pro *Precarios*, ut opinor. Vide *Prædecarius.*

POTHEGA. Vide *Apotheca.*

¶ **POTHERE**, Possessio, pro *Podere.* Vide in hac voce. Charta ann. 1193. apud Murator. delle Antic. Estensi pag. 360 : *Conquerebantur de suprascripto Marchione Obizone, dicendo, quod, ipse Marchio retinebat eis Pothere et hereditatem sui patris Marchionis Alberti injuste; et petebant, ut ipse Marchio dimitteret eis totum illud Pothere, et illam partem Potheris, que fuit prefati Marchionis Alberti sui patris.*

* **POTHERIA**, Pocula seu vascula quæcumque. Charta portorii castri de Lancon. ann. 1378. ex sched. Pr. a Sancto Vinc. : *Collerius et colleria portans, Potheria, olla, pisces sive fructus quæcumque portet, solvit pro faysio denarios quinque Provinciales.*

¶ **POTIBAT**, pro Poterat, in Charta Childeberti III. Reg. Franc. ann. 697. apud Felibian. Hist. Sandionys. pag. 18.

¶ **POTICULA**, dimin. a *Potus*, poculum, quod præter pretium corollarii vice in emtionibus conceditur, Gall. : *Vin du marché.* Tabul. Rothon. : *Vendidimus Druvallono presbitero dimidium cujusdam campi. Et accepimus pretium in quo nobis complacuit, hoc est, in argento solidos* XVIII. *et ad Poticulas quas simul bibimus, denarios* XVIII.

** Poticula, in Monach. Sangall. de gest. Carol. M. lib. 1. cap. 23. Vide *Buticula* in *Butta,* 3.

** Poticularius, in chart. Ludov. Elect. Palat. ann. 1220. in Guden. Syllog. pag. 114. Vide *Buticularius* in *Butta*, 3.

* **POTILION,** *vocatur vinum omfacinum*, in Glossar. medic. MS. Simon. Januens. ex Cod. reg. 6959.

¶ **POTINUS** Lugduni aliisque vicinis locis est, mensura vini, quæ dimidium baralis continet seu duas quartas.

POTIO Galeni, Potio medicinalis, *Medecine*, apud Fulbertum Epist. 46. [Le Roman *de la guerre de Troyes* MS. :

> Boivre li fist une Poison;
> Que tost li trest à garison,
> Li cors li est asoagié.]

Alia notione sumitur in Charta Aldrici Episcopi Cenoman. in ejus Vita pag. 76 : *Et de vino optimo modios quatuor, et de Potione optima quinque.* Rursum pag. 77 : *Accipiat unum modium panis, et alterum vini : insuper ex Potione sextaria quatuor.* [Idem videtur quod *Pigmentum.*]

POTIONARE, Medicinam accipere. Charta Octaviani Cardinalis apud Ughellum tom. 3. Ital. Sacr. pag. 635 : *Excipimus.... infirmos, et quasi graviter debiles, Potionatos, et sanguine minutos, etc.* Statuta Ord. Præmonstrat. dist. 1. cap. 18 : *Exceptis debilibus et infirmis Potionatis, et minutis, quibus per Abbates esus carnium conceditur.* Jonas Aurelian. lib. 2. de Cultu imag. : *Desine itaque seplasiariorum pigmentulis Potionari.* Nisi *potionari* hoc loco sit venenum haurire, ut apud Sueton. in Caligula cap. 50. et in Vita Wilfingi Abb. S. Albani : *Postea in brevi migravit ab incolatu hujus mundi, ut dicitur, Potionatus cum odio Conventus et maledictione.* Hinc

Potionator, Veneficus. Matthæus Paris ann. 1248. : *Albigenses appellabant proditores et Potionatores.* Et

Potionatus, Veneno sublatus. Leo Ost. lib. 2. cap. 24. de Ottone Imp. : *Mortuus est, ab uxore, ut fertur, Crescentii Senatoris Potionatus.* Ericus Upsaliensis lib. 2. Hist. Suecor. pag. 43 : *Potionatus veneno interiit.* [Mirac. MSS. Urbani V. PP : *Dubitans quod fuisset Potionatus et sumpsisset venenum. Potiones malas temporare*, in Append. ad Marculfum form. 34.] Vide *Impotionare.*

¶ Potionare, Potionem dare, potandum præbere. Vetus Irenæi interpres lib. 4. cap. 51 : *Veni Potionemus patrem nostrum vino.* S. Paulinus in Epist. pag. 250 : *Efficiamur odor Christi bonus Deo, Potionati, ut scriptum est, a vino unguentorum de calice salutaris.* Nec alia notione intelligendus Suetonius loco supra laudato. Gloss. Lat. Gall. Sangerm.: *Potionare, Poisonner, abuvrer, potionem dare.*

1. **POTIONARIUM**, Popina, Taberna. Gloss. Saxonicum Ælfrici : *Potionarium,* ælces cynnes drenc-hus, i. omnis generis potus domus.

* 2. **POTIONARIUM**, Locus, ubi *potiones* præparantur, medicamentaria officina, Gall. *Apoticairerie.* Cæremon. S. M. Crass. xj. sæc. ex Cod. reg. 933 : *In Potionario : Omnipotens et misericors Deus, sempiterna dulcedo et æterna suavitas, te humiliter quæsumus, ut hoc Potionarium et omnes laborantes in eo tua benedictione sanctifices, per quam qui hæc hodoramenta naribus corporis discernunt, labentia cuncta reiciant et æterna gaudia perfruantur. Per Dominum, etc.*

* **POTIONES** S. Roumacli, Monasterium Casæ-congidunense, ubi exstabat S. Remacli cellula excisa in rube, ubi orare consueverat, infirmorum concursu, qui istuc voti causa confluebant, frequentata, docente Mabillonio tom. 1. Annal. Bened. pag. 403. Reg. visitat. Odon. archiep. Rotom. ex Cod. reg. 1245. fol. 495 : *Unus* (canonicus Ouvillæ) *profectus fuerat ad Potiones S. Roumacli, propter gravem morbum, quem patiebatur.* Stat. ant. ordin. Cister. ex Cod. MS. Clareval. cap. 112 : *Illi qui domum propriam, causa Potionum beati Romaculi sunt egressi, ad eam de cetero non revertantur. Hoc idem dicimus de illis, qui vadunt in peregrinatione sanctorum, vel ad calida balnea.* Quod ibi aquæ ægrotantibus vice medicinæ essent, *Potiones S. Remacli* appellatæ.

* **POTIOR**, Possessor pacificus et quietus. Charta Phil. Pulc. ann. 1310. ex Tabul. Corb. : *Præmissa omnia et singula dicto monasterio, abbati et conventui ejusdem garantisabimus, deffendemus et tuebimur contra omnes, et eos Potiores in præmissis concessis a nobis faciemus et facere tenebimur in nostris expensis et sumptibus contra omnes.*

¶ **POTIORES**, Qui aliis dignitate et opibus præcellunt. Laur. Byzinius de Orig. belli Hussit. apud Ludewig. tom. 6. pag. 162 : *Potioresque et ditiores civitatis.... juramentum fidelitatis fecerunt.*

¶ **POTIORITAS**, Primarium jus hypothecarum, quod habet creditor in feudum aut prædium debitoris. Consuet. Tolos. art. 5 : *Dictus creditor habet primariam et Potioritatem in dicto honore pro suis prædictis debitis ante alios creditores.* Vide *Poderagium* et *Primaria.*

POTIRIUM, ex Græc. ποτήριον, Potio medicinalis. Hepidanus de Vita S. Wiboradæ lib. 2. cap. 14. : *Hæc autem..... quoddam Potirium miscere edocta fuit a Beata*

Wiborada contra ejus consuetudinariam infirmitatem. Ubi forte legendum

Potitium, Eadem notione. Balbus in Catholico: *Potitium, potatio, vel confectio ex vino et herbis, medicina quæ potatur.* Burchardus de Casibus S. Galli cap. 22: *Accipiatis pro antidoto quadringentas argenti marcas: credo enim quia receptatione talis Potitii a tertianis febribus poteritis continuo liberari.*

¶ **POTISSARE**, *Frequenter et parum bibere.* Johan. de Janua. *Souvant boire et petit*, in Gloss. Lat. Gall. Sangerman. Acta S. Davantazi tom. 2. Julii pag. 529: *Et pocula aquæ, in qua ossa illa lavata fuerant, Potissabat.*

¶ Potissare, f. *Patissare*, parum pati. Sallas Malaspinæ lib. 5. Rer. Sicul. apud Baluz. tom. 6. Miscell. pag. 326: *Sed ut pro tantæ saltem damnosæ prævaricationis assensu aliquid de pœna juxta culpæ modulum Potissaret, etc.*

* **POTIUS** ad Potius, Magis ac magis, Gall. *De plus en plus.* Chron. Domin. de Gravina apud Murator. tom. 12. Script. Ital. col. 693: *Tunc videntes dominus Malispiritus et alii concapitanei illius exercitus tantam duritiem populi, Potius ad potius indurati, et nolle se ipsos reddere in manibus eorumdem assecurantium metu cædis, etc.*

POTOMIUM. Jo. de Janua [** Ex Isidor. Origin. lib. 19. cap. 1. sect. 24.]: *Potomium est navigium fluviale tardum et grave, quod non nisi remigio progredi potest. Hinc etiam trajectus dicitur, extensus est enim et latus.* Si ex Gr. ποταμὸς, *fluvius* foret legendum *Potamium*; sed malim *Pontonium.* Vide *Pontones*, et *Portemia.*

* **POTONNARE**, f. *Potomio* flumen trajicere. Vide in hac voce. Glossar. Lat. Gall. ex Cod. reg. 7692: *Potonnare, Potonner vel Pinssinonner.* Quod ultimum vix lego.

¶ **POTORIUM**, Poculum, vasculum, Gr. ποτήριον. Charta ann. 1311. apud Baluz. tom. 2. Hist. Arvern. pag. 141: *Retinuit dictus donator..... omnia utensilia sua et jocalia et vasa argentea quæcumque.... et Potoria et escrinia, etc.* Utitur Plinius lib. 33. cap. 10.

* **POTORIUS**, Qui *potoria* seu pocula vendit. Reg. episc. Nivern. ann. 1287: *Item quolibet sabbato totius anni, debet quilibet Potorius unum potum unius oboli.* Vide supra *Potarius.*

* **POTTAGIUM.** Vide supra *Potagium* 1.

¶ **POTTELLER.** Vide *Poteller.*

¶ **POTTULUS**, dimin. a *Potus.* Vide ibi.

¶ **POTTUS**, ut *Potus.* Vide infra.

¶ **POTUALIONUS**, f. Domuncula, tuguriolum, vel locus ubi vinum minutatim distrahitur. *Juxta pedam seu Potualionum dicti Rolet*, in Charta Thossiac. ann. 1404.

¶ **POTULENTUM**, Quælibet potio, quidquid potum spectat. Statuta Ludovici VII. Reg. Franc. ann. 1154. apud Marten. tom. 1. Anecd. col. 436: *Jurabunt etiam donum seu munus quodlibet a quacumque persona, vel per se vel per alium non recipere,.... præter esculenta, Potulenta, etc.* Charta Casimiri Reg. Polon. ann. 1356. apud Ludewig. tom. 5. pag. 498: *Ita tamen, quod nos suo exercitui prædicto.... de esculentis et Potulentis tenebimur et promittimus providere.* Leg. forte utrobique *Poculentum.* Vide in hac voce.

POTULENTUS, Satiatus, apud Fortunatum in Vita S. Radegundis cap. 17.

¶ **POTULUS**, Potatus. Gloss. Sangerm. MSS. num. 501.: *Bene potuli, bene potati.*

¶ **POTUM**, ut *Potus.* Vide in hac voce.

1. **POTURA**, pro *Pastura*, [quomodo dicimus, *Bête mise en Posture* vel *Pôture.*] Charta ann. 1225. in Tabulario Ecclesiæ Carnotensis n. 257: *Unam gerbam hibernagii, vel duas avenæ pro Potura equi omnibus diebus quibus equus trahebat.*

* 2. **POTURA.** Charta Joan. comit. Cabilon. ann. 1227. in Chartul. Campan. ex Cam. Comput. Paris. fol. 211. v°. col. 1: *Universi personæ, qui capti sunt ex utraque parte, tam hostagiati quam non hostagiati, in redeundo in prisionem, sint quitti per rationabilem Poturam, et plegii eorum similiter quitti.* Sed legendum *Pecturam*, id est, solutionem, opinor. Vide *Pecta* et *Pectare.*

POTUS, Poculum, vasculum, Gallis *Pot*, a *potu* vel *potione* dictum. Fortunatus in Vita S. Radegundis cap. 19: *Missorium, cochleares, cultellos, cannas, Potum, et calyces, etc.* Idem lib. 2. de Vita S. Martini:

Vix discernendis crystallina pocula Potis.

Statutum Philippi Pulcri Regis Franc. ann. 1302. pro reformatione Regni art. 30: *Item non poterunt recipere vinum, nisi in barillis, Potis seu botellis, sine fraude aut sorde qualibet.* Necrologium Eccles. Parisiensis Id. Aug.: *Anno Dom. 1279. Dominica post festum SS. Egidii et Lupi, obiit bonæ memoriæ Stephanus Tempies oriundus de Aurelianis, Parisiensis Episcopus, qui dedit Ecclesiæ Parisiensi et nobis 3. Potos argenteos deauratos ponderis 22. marcharum et 3. unciarum, 15. sterlingorum argenti, 9. unciarum auri ad reponendum sacrum oleum et crisma. Item dedit nobis cortinam sericam cum baculo ad scoperiendum dictos Potos pretio 9. libr.* [*Potti ænei*, apud Ludewig. tom. 2. Reliq. MSS. pag. 257. *Poti d'estain*, in Invent. utensilium ex Tabul. Compend. *Poti de cristallo*, in Invent. Eccl. Noviom. ann. 1419. *Poti terrei*, in Stat. MSS. Capit. Senon. *Poti vitri*, in Charta ann. 1338. tom. 2. Hist. Dalph. pag. 363. col. 2. Adde Spicil. Acher. tom. 10. pag. 300. Lobinell. tom. 5. Hist. Paris. pag. 628. Statuta S. Claudii, etc.]

¶ Pottus. Chron. Joh. Iperii apud Marten. tom. 3. Anecd. col. 757: *Ollas, patellas, Pottos, scutellas,..... providere debebat* (granatarius.) *Cervix sui capitis bulliebat ad modum Potti igni suppositi*, in Mirac. B. Coletæ tom. 1. Mart. pag. 594.

¶ Potum, in Contin. Chronic. Johan. Iperii apud Marten. tom. 6. Ampl. Collect. col. 620.

Potellus, diminut. in Fleta lib. 2. cap. 12. § 14. [Index MS. benef. diœc. Constant. fol. 55: *Rector... debet habere a prædictis abbate et conventu qualibet die unum panem et unum Potellum cervesiæ.*] *Pottellum*, apud Will. Thorn ann. 1321. non semel.

¶ Pottulus, Eadem notione, in Chron. Corn. *Zantfliet* apud Marten. tom. 5. Ampl. Collect. col. 490: *Angelus in manu tenens Pottulum parvulum, de quo effluebat vinum in cuppa subtus posita.*

¶ Ad Potos Vendere *vinum*, Gall. *Vendre à pots*, Minutatim vendere. Libert. hominum de Esperanchia ann. 1291. tom. 1. Histor. Dalphin. pag. 26 col. 2: *Item quilibet potest vendere vinum in hospitio suo ad Potos, ad suæ libitum voluntatis.*

Potus, Præstationis species: *Potus vini* qui domino præstatur, mensura scilicet vinaria sic dicta, in Charta ann. 1255. in Tabulario S. Dionysii: *Robertus de Clergiaco armiger, vendit Abbati inter alia duos denarios censuales, et partem suam quam habet in Poto et roagio.*

** Potus, Potus delicatior, forte vinum. Vita S. Anskarii cap. 35. apud Pertzium Scriptorum tom. 2. pag. 718: *Aliquantulum ipsi aquæ quam bibiturus erat de Potu admiscebat.*

Potarius, Officium in *Scancionaria* regia, vulgo *le Potier*, cui poculorum, quæ Galli *Pots*, a Potione vocant, cura incumbit. Ordinatio Hospitii S. Ludov. Reg. Fr. ann. 1261: *Potarius pro servitio potorum 2. sol. per diem.*

¶ Potus Caritatis, Convivium. Ordinar. Canon. S. Laudi Rotomag. ad calcem Joh. Abrinc. de Offic. eccles. pag. 301: *Ubi dato signo a Prælato dicant*, Benedicite; *et Prælatus*, Potum caritatis benedicat dextera Dei patris. Vide *Poculum.*

A Potu Abstinere, vel *a potu et carne abstinere*, Pœna regiis ministerialibus indicta in levioribus delictis, in Capitulari de Villis cap. 16.

¶ Potus Fractus, Ludi species, Gall. *Pot cassé.* Menoti Sermones fol. 15: *Diabolus et mundus faciunt sicut faciunt pueri ludentes ad pilam, vel ad Potum fractum. Dant illum de manu in manum: elevabit quis Potum alte et cadere dimittet et sic frangetur.*

¶ In Poto *aut assatus nihil valere*, Proverbialis formula, qua aliquid ex omni parte pessimum esse significatur, *Qui n'est bon ni à rotir, ni à bouillir*, apud eumd. Menotum fol. 166.

* **POTUS** Æqualis, Gall. *Pique-nique*, ubi symbolum unusquisque suum præbet. Reg. visitat. Odon. archiep. Rotomag. ex Cod. reg. 1245. fol. 281. r°.: *Visitavimus prioratum S. Petri. Ibi quinque erant monachi: omnes erant sacerdotes: invitaverant quosdam ad Potus æquales. Præcepimus quod amplius hæc facere non præsumerent.* Stat. capit. gen. Bened. ann. 1248. inter Instr. tom. 11. Gall. Christ. col. 261: *Statuimus etiam, quod omnes tabernas ac loca suspecta..... caveant, et a Potibus æqualibus omnes pariter abstineant.* Nisi de provocatione ad potum interpretari malis.

¶ 1. **POUCHA**, Aggeris lingua, angulus, ea pars quæ in mare prominet, Massiliensibus *Pouche*, Gall. *Pointe.* Charta ann. 1351. in Tabul. Massil.: *Maximum imminere periculum defectu fanoni in introitu Pouchæ portus Massiliæ.*

* Leg. *Poncha.* Vide supra in hac voce.

¶ 2. **POUCHA**, Pera, sacculus, Gall. *Poche.* Saccos annonarios *Pouches* vocant Normanni. Codex MS. Sangerm. num. 780: *Nos invenimus in Poucha tele* XXXII. *lib. et* VII. *sol. obol. minus, etc.* Vide *Punga.*

* *Pouque*, eodem sensu, præsertim apud Normannos. Lit. remiss. ann. 1384. in Reg. 124. Chartoph. reg. ch. 244 : *Le cuida ferir d'un sac, selon le langage du pais* (de Caux) *appellé Pouque.* Aliæ ann. 1408. in Reg. 162. ch. 214 : *Comme d'iceulx deulz boisseaulx de blef, le suppliant en eust prins un, pour mettre en son sac ou Pouque, etc.* *Pouchet* vel *Ponchet*, in Lit. remiss. ann. 1396. ex Reg. 149. ch. 237 : *Un petit Pouchet ou sachet où il avoit lxxvj. pieces d'or.* Unde *Pouchie* vel *Ponchie*, quantum *poucha* seu sacco continetur. Aliæ Lit. ann. 1406. in Reg. 160. ch. 417 : *Une Pouchie ou sachiée de draps linges.* Vide supra *Pochia*.

* **POUDERIA.** Vide supra *Ponderia*.

* **POUDRAGIUM**, Gall. *Poudrage*, idem quod *Pulveraticum*, Tributum quodvis. Charta Henr. reg. Angl. pro monast. Montisburg. in Reg. 52. Chartoph. reg. ch. 164 : *Decima forestarum suarum,.... cum decima pasnagii, carati et Poudragii, brostagii et herbagii, et omnium placitorum ad easdem forestas pertinentium.* Lit. ann. 1290. in Lib. rub. Cam. Comput. Paris. fol. 56. v°. col. 2 : *Le moulin de Chantelou ovec le vivier et le refoul dudit moulin de Chantelou, ovec les banniers et les services et les droitures asdiz moulins appartenantes, et le Poudrage asdiz lieu,.... à tenir, à avoir et à poursoier desoreenavant.* Vide supra *Polveragium*.

¶ **POUDRATUS**, Variatus, distinctus, Anglis *Powdered*, Gall. *Marqueté, parsemé.* Monast. Anglic. tom. 3. part. 2. pag. 85 : *Duæ paruræ, [una stola, una fanona Poudrata cum auro et perlis.* Testam. Johann. *de Nevill* ann. 1386. apud *Madox* Formul. Angl. pag. 427 : *Patri meo lego unum lectum viridem Poudratum cum falconibus, cum tapetibus ejusdem settæ.*

POUGESIA. Vide *Pogesia*.

* **POVINUS.** Convent. Saonæ ann. 1526 : *Item pro qualibet salmata, facio seu collo lanarum, cottonorum, ballarum Povinorum et sericarum, etc.*

* **POULAILLIARIUS**, Qui pullos seu volatile pecus curat vel ministrat aut vendit. *Oudinetus Poulailliarius noster, etc.* in Lit. remiss. ann. 1352. ex Reg. 81. Chartoph. reg. ch. 407. *Poulaillier*, pro *Rotisseur*, qui carnes assatas vendit, in Lit. ann. 1364. tom. 4. Ordinat. reg. Franc. pag. 491. Vide mox *Poulalleria* et *Pullarius*.

POULAINIA, Pouleana, Rostra calceorum, de quibus copiose egimus ad Alexiadem pag. 302. Martinus de Bosco-Galteri in Vita Mariæ de Malliaco n. 36 : *In illis diebus nobiles et potentes illam sotularium acutiam longissimam, quam Poulainiam vocabant, penitus contempserunt.* Statuta MSS. Ordinis Coronæ spineæ cap. 10 : *Ils auront chausses noires, et pourront estre semelées, ou à soulers trenchiés, ou eshichiés, mais qu'ils soient de noir cuir, voire sans aucune Poulaine quelconques, de Dieu maudite, sur grieve paine.* Quæ quidem calceorum acumina interdicta fuisse ab Carolo VI. Rege Franciæ, ibidem annotavimus, ex Scriptore Vitæ ejusdem Regis. Idem porro tradit Continuator Nangii ann. 1365. extremo : *Sotulares habebant, in quibus rostra longissima in parte anteriori ad modum unius cornu in longum : alii in obliquum, ut Griffones habent retro et naturaliter pro unguibus gerunt, ipsi communiter deportabant, quæ quidem rostra Pouleanas Gallice nominabant. Et quia res erat valde turpis, et quasi contra procreationem naturalium membrorum circa pedes, quinimo abusus naturæ videbatur, ideo Dom. Rex Franciæ Carolus fecit per præcones Parisius proclamari publice, ne aliquis quicunque esset, qui auderet talia deportare : et etiam quod neque artifices sub magna pœna de cætero tales calceos, sed et neque ocreas sic Punctatas facere præsumeret, nec vendere cuicunque : nam simili modo Dominus Papa Urbanus Quintus in Romana Curia inhibuerat valde stricte.* Guillelmus Paradinus lib. 3. Hist. Lugdun. cap. 5 : *Davantage portoient les hommes des souliers ayans une longue pointe devant, de demi pied de longueur : les plus riches et apparens en portoient d'un pied, et les Princes de deux pieds, qui estoit chose la plus absurde et ridicule que l'on eust sçeu voir. Et puis quand les hommes se fascherent de cette chaussure aigue, qu'on nommoit la Polaine, l'on fit d'autres souliers qu'on nommoit Becs de canе, ayans un bec devant de quatre ou cinq doigts de longueur. Depuis furent faites des pantoufles si larges devant, qu'elles excedoint de largeur la mesure d'un bon pied, et ne sçavoient les gens lors comme ils se devoient desguiser.* Vide *Rostra calceorum*.

* Lit. remiss. ann. 1392. in Reg. 144. Chartoph. reg. ch. 71 : *Ainsi que ilz dançoient, fu marchié par aucun de la dance sur la Poulaine des sollers de l'un d'iceulx compaignons de Picardie.*

¶ Polayna, Eadem notione. Litteræ Caroli V. Regis Franc. ann. 1367. pro Montispessulanis de forma vestium : *Idem quod nullus vir vel mulier audeat portare in suis estivalibus, sotularibus vel botinis punctas dictas de Polayna.* Occurrit etiam in Conc. Limano ann. 1582. inter Hispan. tom. 4. pag. 246.

¶ Poleyna, in Conc. Avenion. ann. 1457. apud Marten. tom. 4. Anecd. col. 384 : *Ne..... Poleynas in sotularibus suis portare audeant.*

Polana. Statuta pro Canonicis S. Capellæ Paris. : *Cavendum est, quod nullus in sotularibus suis habeat aut deferat Polanas, sive rostrum, quia talia ecclesiasticis non sunt honesta.*

Polena. Conc. Andegav. ann. 1365. can. 13 : *Prohibemus ne clerici in nostra provincia utantur brevibus vestibus, vel sotularibus de Polena, nec capucia botonata in publico deferant.* Eadem habentur in Conc. Senon. ann. 1460. cap. 6. art. 2. [Adde Statuta S. Claudii pag. 38.]

¶ Poulena, in Litteris Caroli V. Reg. Franc. ann. 1365. tom. 4. Ordinat. pag. 555 : *Nec poterit aliquis ipsorum.... Poulenam in sotularibus deferre.*

¶ Poulentia, ut *Poulainia*. Statuta Eccl. Nannet. ann. 1389. apud Marten. tom. 4. Anecdot. col. 984 : *Neque gerant capucia subtus guttur mulierum more patenter modulata, sotularesve aut ocreas ad Poulentiam.*

¶ Polena, Pars vestis militaris, qua genua muniuntur. Auditio testium pro canonizat. Caroli Bles. apud Lobinell. tom. 2. Hist. Britan. pag. 566 : *Fecit sibi per Oliverium auferri a genibus Polenas et antebrachia a brachiis.*

¶ Poulainia, Gall. *Poulaine*, dicitur Macloviensibus rostrum navis seu prora.

Poulanne, speciem fuisse pellis observo ex Regesto feodorum Comitatus Claromontensis in Bellovacis : *Pour une panne de Poulanne le vendeur doit 2. den. etc.*

* Pellis ex Polonia, unde nomen, advecta. Lit. remiss. ann. 1393. in Reg. 145. Chartoph. reg. ch. 265 : *Deux pannes de Poulaine neuve et une rez plaine de lin.* Aliæ ann. 1409. in Reg. 163. ch. 286 : *Un seurcot de violette fourré de ventre de Poulaines.*

* **POULALLERIA**, Forum, ubi *Poulallia* seu pulli et volatilia venduntur : *Poullallerius* vero, qui pullos aliaque ejusmodi præparat et vendit, olim *Poulaillier*, nunc *Rotisseur*. Lit. remiss. ann. 1354. in Reg. 83. Chartoph. reg. ch. 1 : *Supplicatio nobis ex parte Johannis,..... et Gauffridi dictorum Santel, Poullalleriorum.... exhibita, continebat quod... unus ex ipsis fratribus,.. emisset in loco Poullalleriæ villæ Rothomagensis tres agnos.... Traxit ad partem unam cagiam plenam Poulallia.* Ejusdem originis vox Gallica *Poulier*, pro *Poulaillier*, Gallinarium. Lit. remiss. ann. 1382. in Reg. 120. ch. 248 : *Item à prendre.... de nuit d'un Poulier.... trois chefs de poulaille. Le Poulier aux gelines*, in aliis ann. 1425. ex Reg. 173. ch. 311. Vide supra *Poulailliarius*.

¶ **POULANUS**, Poulenagium. Vide *Polanus*.

¶ **POULENA**, Poulentia. V. *Poulainia*.

¶ **POULLALHIA**, Pulli, volatile pecus, Gall. *Volaille*. Hist. MS. S. Cypriani Pictav. pag. 439 : *Et omnium quorumcumque debitorum prioratui de Chenechè et priori ejusdem, tam in blado, vino, pecunia et Poullalhia, quam aliis quibuscumque... pertinentiis.*

¶ **POULUM**, Idem videtur quod *Podium*, collis, mons. Charta ann. 1043. in majori Chartul. S. Victoris Massil. fol. 114 : *De Occidente vero Poulo quæ vocant longum, sicut discurrit aqua quæ vacant Pegonaria, usque in pediculum curtum; de parte vero Aquilonis de Pontelongo in ipsas terras subtus Poulum quas vocant Salernas vetulas.*

¶ **POVOZ**, Tributi species, apud Polonos. Locus est in *Strofa*.

* [**POURCHETUS.** Vide *Porchetus* 1.

* **POURCHRECT**, Idem quod *Porchaicia*, Comparatum, bona quævis vel emptione, aut industria vel alia qualibet fortuna acquisita. Charta Frider. II. imper. ann. 1242. inter Probat. tom. 1. Annal. Præmonst. col. 597 : *Ad hæc ipsi comites.... suis militibus.... talem gratiam tradiderunt, ut de bonis suis, curiis, agris, vineis, civilibus* (leg. curtilibus) *quæ Pourchrect dicitur, ad antedictas ecclesias in morte et in vita erogandi et testandi plenam habeant et liberam facultatem.* Vide *Purchacia*. [** et Haltaus. Gloss. Germ. col. 195. voce *Burgrecht*.]

* **POURPRISIA**, Locus sepibus, muris aut vallis conclusus, Gall. *Pourpris*. Charta Phil. Pulc. ann. 1314. in Reg. 50. Chartoph. reg. ch. 78 : *Item domum, herbergamentum, Pourprisiam, stagnum et molendinum du Secreu. Pourpendure*, Ambitus, vestibulum, atrium, in Comput. MS. fabr. S. Petri Insul. ann. 1367 : *Item pour plu-*

sieurs ouvrages fais à l'église, et premiers pour le réparation de le Pourpendure de l'entrée de l'église, liij. lib. Vide in *Porprendere.*

* **POUSADA**, Hispanis, *Posada*, Habitatio, Gall. *Logement.* Charta ann. 1096. inter Probat. Hist. geneal. domus reg. Portugal. pag. 2 : *Et nullum militem non habeat Pousada in Constantin per mal, nisi pro bona voluntate domini, cujus domus fuerit.* Vide supra *Possada.*

¶ **POURPRISIA**, Pourprisura, etc. Vide *Porprendere.*

POWCHIA, Pera. Vide *Punga.*

* **POWIAT**, Polonica vox. Stat. Vladisl. Jagel. ann. 1420. inter Leg. Polon. pag. 77 : *In qualibet districtu seu jurisdictione, alias Powiat, etc.*

* **POWOS**, Tributi genus, apud Polonos. Vide infra *Przewod.*

¶ **POYNHERIA**, Mensura annonaria. Vide *Poneria.*

POYPIA, Domus rustica. Charta homagiorum Nobilium Bressiæ ann. 1272. apud Guichenonum : *Recognoscit se tenere in feodum domum suam, et Poypiam de sancto Cyrico, cum tota forteressia.* Infra : *Confitetur se tenere ab eodem in feudum ligium plastrum suum de Baugiaco, et Poypiam suam fortem de Corbertoud, cum nemore et terra quam ibi tenet, et partem dictæ Poypiæ.* Rursum : *Et Poypiam suam S. Sulpitii sitam inter duas Poypias.* Occurrit ibi pluries pag. 14. 15. 16. 17. 20. Alia Charta Gallica ibidem pag. 51 : *George Loup n'a pas fait le fief d'une Poype d'Amorel, pource qu'elle a esté reduite à servis.* Observat Dion. Salvaingus Boissius apud Delphinates proprie *poypiam* esse agrum silvestrem sentibus ac silvulis obsitum.

☞ Errat uterque vir eruditissimus; est enim *poypia*, Collis, seu tumulus, cui inædificatum castellum, idem proinde atque *Mota.* Vide in hac voce. Exstant etiamnum in Bressiæ et Dombarum provinciis plurima castrorum in *poypiis* extructorum rudera, quibus assignata quondam maxima privilegia et jura adhuc vigent; ejusmodi sunt ad Ararim *poypiæ* de Marchia, Miseriaci, Lurciaci, etc. De iis ita Colletus lib. 2. Statut. Bressiæ pag. 231 : *Il y a des masures qui ont des droits très considerables; nous avons des simples Poypes (ce sont des terres élevées et fossoyées,* tumuli et aggeres) *qui ont les plus beaux droits.* Itaque quod *Mota* alibi nuncupabatur, *Poypiam* vocarunt in Delphinatu aliisque laudatis provinciis. Charta laudata apud Guichenonum : *Filius Guillermi de Salmoya..... recognovit se tenere a dom. Baugiaci motam seu Poypiam quam habet apud Salmoya cum porprisia et fossatis.* Plura vide in eadem Charta quæ sententiam nostram luculenter firmant. Recognitio in feudum ann. 1290. tom. 1. Hist. Dalph. pag. 21 : *Item castrum seu Poypiam de Montlyopart; item castrum seu fortalitium de Pasigniano.* Charta ann. 1327. ibid. tom. 2. pag. 211. col. 2 : *Excepta dumtaxat turri quadrata cum Poypia, in qua sita est dicta turris.* Charta Thossiac. ann. 1462 : *Pro licentia capiendi aquas a stagno appellato de la Poype de Miserie a longo itineris tendentis a dicta Poypia ad villagium de Boresanni.* Adde Severtium in Archiep. Lugdun. pag. 264.

¶ **POZACHARUS**, Puteus, ab Ital. *Pozzo*, Gall. *Puits.* Chron. Parmense ad ann. 1308. apud Murator. tom. 9. col. 874 : *Multi in campo remanserunt per plures dies, et multi dejecti fuerunt in puteis sive Pozacharis, qui erant in dicto exercitu.* Vide *Pozo.* [** et Murat. Antiq. Ital. tom. 2. col. 1267. in *Pozzànghera.*]

¶ **POZALIS**, vox Hispanica, Mensuræ species. Charta Ferdinandi Gonzalez inter Conc. Hisp. tom. 3. pag. 177 : *Melgare, Scutiello, cum suis villis ad suas alfozes pertinentibus, per omnes domus singulos Pozales de vino.*

* **POZARE**, vox Italica, Deponere. Stat. Avellæ ann. 1496. cap. 148. ex Cod. reg. 4624 : *Si aliquis caligarius.... hauserit, ceperit vel Pozaverit in dictis et de dictis fontibus... ad faciendum et causa faciendi affaytum seu affaytamentum coreorum vel pellium, etc.*

* **POZAREM**, Polonica vox. Locus est supra in *Camuathe.* Vide ibi.

¶ **POZO**, Hispanis, Puteus. Charta Adelgastri Principis ibid. pag. 89 : *Et per braña de Rivilla et ad illo Pozo de trave, et per peña Malore.* Vide *Pozacharus.*

¶ **POZOLUM**, Podium, suggestus lapideus, Gall. *Perron*, Ital. *Poggiuolo*, Hispan. *Poyo.* Regimina Paduæ ad ann. 1326. apud Murator. tom. 8. col. 438 : *Et conductus Paduam decapitatus fuit die Lunæ tertio intrante Martio, super Pozolum palatii majoris, et sepultus ad ecclesiam Fratrum Minorum.*

PP. Designare eam Byzantinorum monetam, quam Græci Πέρπυρον, nostri *Perperum* vocarunt, docuimus in Dissertat. de nummis Imperat. CP. n. 80. ad calcem hujusce Glossarii.

¶ **PRACE**, pro *Brace*, Grani species, ex quo cerevisia conficitur. Vide in hac voce. Charta Alaman. Goldasti 12 : *Et annis singulis censum exsolvam, id est, 12. maldras de Prace, et 2. maldras de frumento, etc.*

¶ **PRACIALIS**, ut supra *Prace.* Anamodus lib. 2. Tradit. S. Emmerammi cap. 12. apud Bern. Pezium tom. 1. Anecd. part. 3. col. 273 : *De vino carad.* I. *id est, situlas* XXX. *farinæ mod.* X. *Pracial.* II. *frisking.* IV. *etc.*

¶ 1. **PRACTICA**, Effectio, perfectio. Sigonius in Vita B. Nicolai Card. tom. 2. Maii pag. 484 : *Hortantes eum ad pacem, ne ex levi discrepantia relinquatur Practica tanti boni.*

¶ Practica, Agendi ratio. Charta ann. 1377. ex Bibl. Reg. : *Et licet..... exacta hucusque Practica super eo, non nobis placeat, neque placuerit, etc.*

¶ Practicare, Agere, sermocinari, in Menoti serm. fol. 2 : *Practica de omni statu diversos abusus : quomodo inimicus nunquam relinquit nos in pace.* Fol. 4 : *Practica de muliere forma pulchra mortua.* Fol. 77 : *Post hoc potes Practicare de obstinatione.*

¶ Practicare, Tractare, proponere. Concil. Dertusanum ann. 1429. inter Hispan. tom. 3. pag. 656 : *Attendens.... plura et diversa pacta, conventiones et capitula fuisse hinc inde Practicata, facta et firmata.* Adde Bullam Eugenii IV. PP. ann. 1434. et Spicil. Acher. tom. 6. pag. 60.

¶ Practicare, Factitare. Instrum. ann. 1523. apud Lobinell. tom. 3. Hist. Paris. pag. 181 : *Nec pro occasione quacumque intermittentes reparationes* (repetitiones) *artium, quæ bene Practicatæ æquivalent aut prævalent lectionibus ordinariis.*

¶ Practicare Aliquem, Cum eo conversari, uti familiariter, qua notione *Pratiquer* usurpant Galli. Acta S. Franciscæ Rom. tom. 2. Mart. pag. 141 * : *Ista abyssus amoris.... te facit instrumentum animarum, quæ te Practicant et sequuntur.*

¶ Praticare cum Aliquo, Societatem cum eo habere. Correctiones Statut. Cadubrii cap. 45 : *Sancimus quod nullus... præsumat... in actu mercantiæ cum prædictis sacerdotibus et clericis Praticare.*

¶ 2. **PRACTICA**, Notitia rerum forensium, nostris *Pratique*, apud Lobinell. tom. 3. Hist. Paris. pag. 504. Hinc

¶ Practicare, Forum frequentare, causas agere, ibid. : *Nullus scholarium sequatur curias, per se ipsum Practicando.* Vox frequentissima apud JC. Guido Papa Decis. 272 : *Dum Practicabam, consului et obtinui, etc.*

¶ 3. **PRACTICA** Fizicalis, Medicina. Statuta Eccl. Cadurc. etc. apud Marten. tom. 4. Anecdot. col. 734 : *De bonis mobilibus quæ ad ipsum* (Clericum) *pervenerint ex successione parentum,.... vel ex artificio, seu doctrina, vel officio advocationis vel Practicæ fizicalis, vel donatione, etc.*

¶ Practicare, Medicum, vel chirurgum agere, medicinam exercere. Statuta Massil. lib. 2. cap. 35 : *Curia teneatur eos medicos omnes facere jurare prædicta omnia bona fide se facturos,.... et si per curiam nollent hoc facere, non permittantur deinceps in Massilia Practicari.* Processus de B. Petro de Luxemburgo tom. 1. Julii pag. 599 : *Et dixit in foro conscientiæ suæ quod quadraginta annis Practicavit, et non vidit aliquam similem morbum patientem curari.* Occurrit in Stat. Bertrandi de Turre Episc. Tull. ann. 1359. apud Baluz. tom. 2. Hist. Arvern. pag. 862.

¶ Praticari, Eodem significatu. Litteræ Jacobi Reg. Majoric. ann. 1281. inter Ordinat. Reg. Fr. tom. 2. pag. 71 : *Nos volentes dicti dom. patris nostri vestigiis inhærere .... ampliando medicinali studio.... inducimur, ut illorum audaciam reprimamus, qui præsumunt ibidem* (Montispessul.) *sine examinatione et licentia Praticari.* Statutum Johannis Reg. Franc. ann. 1352. ibid. pag. 609 : *Venientes ad villam Parisiensem gratia Praticandi, ignari scientie Medicine, etc.*

¶ 4. **PRACTICA**, Conjuratio, conspiratio, Gall. *Pratique, cabale.* Charta ann. 1456. apud Lobinell. tom. 2. Hist. Britan. pag. 1174 : *Inter alia compertum est Episcopum præfatum fuisse versatum callide in istis Practicis, licet nondum plane potuerit elici omnis veritas negotii, sicut postea apertius et clarius innotescet per processum qui super hoc continuo formatur.*

¶ Practicatio, Eadem notione, in Chron. Corn. *Zantfliet* apud Marten. tom. 5. Ampl. Collect. col. 299 : *Fit nota Præsuli Tudiniensium magistrorum Practicatio, et tur-*

batur non immerito Præsul. Adde Chron. Slavor. Arnoldi Lubec. lib. 5. cap. 2.

¶ PRACTICARE, Clam moliri, sollicitare, *Pratiquer* eadem notione dicimus. Julianus Cæsarinus Card. in Epist. ad Eugenium IV. PP : *Nunciat ut Practicem dissolutionem Concilii. Practicare mala*, pro excogitare, machinari, apud Dionys. Chartus.

* 5. **PRACTICA**, Familiaritas. Acta S. Franc. Rom. tom. 2. Mart. pag. 134. col. 1 : *Amove conversationem et personarum Practicam non solum a te, sed etiam ab omnibus te sequentibus.* Vide *Practicare aliquem* in *Practica* 1.

* **PRACTICUS**, Experiens, peritus, Ital. *Pratico.* Annal. Estens. Joan. Ferrar. apud Murator. tom. 20. Script. Ital. col. 466 : *Miserunt Mutinenses ex primoribus civibus decem viros Practicos, qui principi jugiter assisterunt.*

¶ **PRACTIZARE**, Usurpare, adhibere. Laur. Byzinius de Orig. belli Hussit. apud Ludewig. tom. 6. pag. 130 : *Communionem fidelibus Christicolis multum salutiferam ad communem populum per amplius fieri et Practizari inhibuit.* Hinc

¶ PRACTIZANTES CALICIS dicti ibid. pag. 157. Viclefistæ, Hussitæ aliique communionis sub utraque specie defensores.

PRADA, Pratorum series, Gallis, *Prée*, [*prerie.*] Tabularium S. Benigni ann. 882. apud Perardum pag. 57 : *Donamus ad ipsa casa pratum* 1. *juris nostri, qui est situs in pago Oscarense, in Prada Aricinaco, uti vocant in plana Prada.* [Computus ann. 1202. apud D. *Brussel* de Usu feud. tom. 2. pag. CLI : *De Prada de Hullebef*, XI^XX. *et* XI. *l.* Adde Chartam ann. 1126. tom. 5. Gall. Christ. col. 480. ubi perperam edit. *Præda*, ut et in laudato Computo pag. CLXI. et CLVIII. ubi *Preda* legitur.]

PRADALE, [Eadem notione. Tabular. Prioratus S. Johannis Tolos. : *Investitum pratis, Pradalibus, devestis et nemoribus, etc.* Charta Bern. Atonis Vicecom Nemaus. ann. 1138. apud Baluz. Histor. Arvern. tom. 2. pag. 489 : *Pradale de Moullas, et terra subtus ecclesiam de Venranicis.* Occurrit etiam] in Tabular. Dalonensi fol. 32. [*Pradal*, sæpius in Tabul. S. Illidii Claromont. Vide *Pratale.*]

¶ PRADARIA, PRADERIA, Eodem intellectu. Conventio inter Lud. *Pierrebufier* dom. Castelli-novi et ejusd. loci incolas ann. 1461 : *Tenebuntur dicti habitatores venire fenatum in dicta Pradaria successive unus post alium.* Charta ann. 1416. apud Rymer. tom. 9. pag. 340 : *Concessimus pontem et Praderiam, una cum proficuis, etc.*

* **PRADASSA**, Pratorum series, Gall. *Prairie.* Charta ann. 1361. in Reg. 103. Chartoph. reg. ch. 78 : *Johannes Arnaldi de Villafrancha tenetur servire tres denarios Tolosanos pro quibusdam petiis terræ et Pradassæ.* Vide mox *Pradela.*

* **PRADATUS**, In pratum redactus. Charta ann. 1343. in Reg. 75. Chartoph. reg. ch. 298 : *Unus denarius Turon. annui census;.... quem Bernardus Berelle sutor servit, pro terra Pradata in decimario S. Saturnini.* Alia Caroli VII. in Reg. Cam. Comput. Bitur. nunc Paris. fol. 146. r°. : *Item supra una eminata terræ pro majore parte Pradata,.... unum quarteriam frumenti.* Vide supra *Appradare.*

¶ **PRADDINA** TERRA. Vide *Pradum.*

* **PRADELA**, Pratorum series, idem quod supra *Pradassa.* Charta Guid. vicecom. de Comborn. ann. 1284. in Reg. 61. Chartoph. reg. ch. 424 : *Retinemus etiam... exitus domorum de mercato et de porta et platearum dictarum domorum et de la peyra, ... et de la Pradela, et omnes alios census.* Vide *Prada.*

* **PRADELICUS**, Pratensis. Charta fundat. priorat. *de Rouezé* inter Probat. Hist. Sabol. pag. 351 : *Dedi.... terram cum burgo circumjacentem a fluvio Sar æ usque ad viam publicam, de et rivo Pradelico usque ad beneficium Ursi.*

PRADELUM, Pratum,[pratulum,] Gallice *Préau*, [*petit* vel *mauvais pré.*] Testamentum Bertichramni Episc. Cenoman. : *Itemque vincolas, vel Pradela, vel terratorium, quod in dextera parte de strada est, etc.*

¶ PRADELLUM, Provincialibus *Pradello*, Eadem notione. Charta ann. 1280. apud Pitton. in Annal. Eccl. Aquens. pag. 164 : *Quædam magna ædificia.... cum Pradellis, viridariis, etc. In Infirmariæ Pradello*, ex Charta ann. 1428. in Tabular Gellon. Vide in *Hemina* et *Pratum.*

¶ **PRADERIA**, ut *Prada.* Vide in hac voce.

* **PRADETUM**, ut *Pradelum*, Pratum, pratulum. Charta ann. 1361. in Reg. 103. Chartoph. reg. ch. 78 : *Item unum denarium Tolos. pro quodam locali et Pradeto contiguis. Prael*, apud Joinvil. in S. Ludov. edit. reg. pag. 74.

* Aliud vero sonat vox Gallica *Pradeau*, Lignum scilicet quoddam ad carrum utile, in Lit. remiss. ann. 1476. ex Reg. 201. ch. 100 : *Le Pradeau d'une charrette, qui est baston fort et avantageux.*

PRADISTERIUM. Charta Hispanica æræ 1060. apud Anton. *Yepez* in Chronico Ord. S. Benedicti tom. 5. pag. 435 : *De raupa siquidem galnapes* 2. *tres palmarios* (leg. *plumar.*)... *duos pares de sabanes, Pradisteria una, duos paselios de arganas, et duo ferrios caldaria, duas secures, arcate ligone* 2. *altulos pelle agnina.* Monstra verborum, cujusmodi complura occurrunt in Chartis Hispanicis. De *galnape* diximus suo loco. *Pradisterium* videtur dictum pro *pranditorium*, ut fuerit supellex quædam ad prandium. Pro *paselios*, forte leg. *fasclios*, fasciculos. *Arganas* Hispanis est *mantica* : Nebrissensi *arguenas* : Cæsari Oudino, *une sorte de panier fait de chanvre en façon de rets propre à porter le bled, ou autres grains des champs à la ville, et se mettent sur un cheval ou autre beste de somme. Ferrias*, pro *ferreas*, vel *ferra.* De *arcatè ligone*, et *altulos* nihil succurrit, nisi *arcate* sit pro *arcaz*, arca.

PRADUM, *Praddinæ terræ*, pratum, ex Italico *Prado.* Vetus Charta apud Ughellum in Episc. Veron. pag. 742 : *Item broilum alienavit. Item fatisias ab Episcopatu alienavit, et Pradum unum alienavit pro pecunia.* Alia Charta ann. 1040. ibid. : *Sed et omnes terras Praddinas quæ jacent in loco et fundo Silingello, etc.*

¶ **PRÆ**, Propter, Epist. obscurorum virorum pag. 17 : *Ego bene habui ita malos inimicos sicut vos estis, et tamen mansi Præ eis.* Galli dicimus, *auprès d'eux.*

* 2. **PRÆ**, Invite, Gall. *Malgré soi.* Lit. remiss. ann. 1379. in Reg. 116. Chartoph. reg. ch. 48 : *Dictus reus certam pecuniæ summam Præ et contra voluntatem eorum, vi et metu minarum, receperat.*

¶ **PRÆAMBULA**, Prævia, præmissa, præposita. Vita S. Philippi Archiep. Bituric. apud Marten. tom. 3. Anecd. col. 1944 : *Petrus prædictus, in cujus persona dicitur contigisse miraculum prædictum, loquens de se testificatur de Præambulis, sed de miraculo per auditum ab avunculo suo.* Ita et Theologi scholastici *præambula* criminis vocant, quæ in illud inducunt. Adde Annal. Estenses tom. 18. Script. Murat. col. 930.

¶ PRÆAMBULUM, Præmonitum, apud Gervasium Tilber. in Otiis Imp. apud Leibnit. tom. 1. Script. Brunsvic. pag. 979 : *Verum ad cautelam Præambulum est, quod intra aditus illius septa miles solus habet ingredi.*

* 1. **PRÆAMBULUS**, Ductor. Mirac. S. Rufini tom. 6. Aug. pag. 821. col. 2 : *In vigilia solemnitatis beati Rufini martyris cum Præambulo suo, qui eum ducebat, iter ad ecclesiam ejusdem martyris est aggressus.*

¶ PRÆAMBULUS, Prædecessor, in Hist. MS. Gemmet. pag. 71 : *Nullis utrorumque nostrum Præambulis vel posteris.*

¶ PRÆAMBULUS, Præcursor, nuncius, tabellarius. Roberti mon. Hist. Palæst. apud Ludewig. tom. 3. pag. 88 : *Præambulus quidam venit, qui nuncios Principis Babyloniæ in crastinum præconabatur advenire.* Liber de Dedicat. Eccles. S. Dionys. apud Felibian. Hist. ejusd. Monast. pag. 192 : *Invitatorias itaque nuntiis multis etiam cursoribus et Præambulis pene per universas Galliarum regiones litteras delegavimus.* Charta Petri Bles. ann. 1193. apud Rymer. tom. 1. pag. 79 : *Ministros satanæ, Præambulos antichristi, etc.* Testam. Ludovici I. Regis Jerusal. et Siciliæ ann. 1383. apud Marten. tom. 1. Anecd. col. 1594 : *Jam venimus ad canos, et mortis Præambulos festinantes accepimus, etc.* Adde Murator. tom. 12. col. 514. et Baluz. tom. 5. Miscell. pag. 157.

¶ PRÆAMBULO, Eadem notione, apud R. Duellium lib. 1. Miscell. pag. 363 : *Nam iisdem Præambulonibus desiderata referentibus, etc.*

* 2. **PRÆAMBULUS**, Præmaturus. Testam. ann. 1517. in Reg. 3. Armor. gener. part. 2. pag. 5 : *Item cum post decesserit dictus nobilis Johannes de Ruppe, per mortem Præambulam dicti Johannis, dissolutum fuit matrimonium.* Vide in *Præambula.*

¶ PRÆAMBULUS, adject. Prævius. Litteræ ann. 1224. apud Rymer. tom. 1. pag. 269 : *Cum quibus proponimus, favore Dei Præambulo, inimicos vestros molestare.* Bulla Nicolai III. PP. ann. 1278. apud eumd. tom. 2. pag. 99 : *Grex Dominicus, curæ nostræ commissus, Committentis virtute Præambula, in dilecta Domini tabernacula inducatur.* Adde Gloss. Gasp. Barthii ex Baldrici Hist. Palæst. apud Ludewig. tom. 3. pag. 204. et Marten. tom. 6. Ampl. Collect. col. 997 : *Post pauca in ipsorum reddicionem Præambula, etc.* apud Elmham.

in Vita Henrici V. Reg. Angl. edit. Hearnii, cap. 62. pag. 169.

¶ **PRÆANTEA**, Prius, ante. Charta ann. 6. Henrici VIII. Reg. Angl. apud *Madox* Formul. Anglic. pag. 273 : *Quo ut supra solvi debeat, si legitime Præantea petatur.*

¶ **PRÆANUTIA**, Panni species, f. a præposit. *Præ*, et ἀνυστός, factu facilis. Odo in Carmine de varia Ernesti fortuna, apud Marten. tom. 3. Anecd. col. 372 :

Linostema alias tegit, aut Præanutia vilis
Constringit fuco velatas tempora peplo.

¶ **PRÆASTIUM**, pro *Proastium*. Vide in hac voce.

¶ **PRÆAVISATIO**, Ars, industria. Tract. de Expugnat. urbis CP. apud Marten. tom. 5. Ampl. Collect. col. 789 : *Sperantes cum Dei adjutorio sua Præavisatione ac subtilitate posse se faciliter incendio tradere naves Turcorum cum ponte quem composuerant.* Rursum occurrit col. 790.

PRÆAVISATUS, [Præmonitus. Tract. mox laudatus col. 793 : *Interim Præavizati hi satis fuerant, qui erant intra civitatem ab hostibus obsessi, et informati per litteras cautelose, ut est prædictum.*] Chronica Sclavica cap. 29 : *Ideo Dux Præavisatus per Gunzelinum,.... venit iterum contra eos, etc.* i. nuncio accepto, *ayant receu avis auparavant de etc.*

PRÆBALTHEATUS, Præcinctus, adornatus. Dudo de moribus Norm. lib. 1 : *Incenditur delubrum monasticis rebus Præbaltheatum.* Et lib. 3. pag. 89 : *Actusque ac triumphans non fucis verborum, atque excellentis orationis ornamento sublimiter Præbaltheatum.* Utitur et pag. 97.

PRÆBENDA, Præbitio, παροχή, in Gloss. Lat. Gr. Neutro porro genere vox *præbenda*, usurpata a Latinis pro annonis militaribus, a Plauto in Persa, Livio lib. 2. belli secundi Punici, A. Gellio lib. 15. cap. 4. et Ulpiano in leg. 19. D. de Testibus. (22, 5.) *Præbendas* eadem notione dixit Senator lib. 5. Epist. 42 : *Ducibus etiam ac præpositis sufficientem transmisimus pecuniæ quantitatem : ut eorum Præbendæ, quæ non potuerunt convehi, ibi debuissent sine alicujus dispendio comparari.* Hinc

PRÆBENDÆ dictæ cibi ac potus portiones diurnæ, quæ Monachis, Canonicis, aliisve quibusvis dantur ac *præbentur*. Additio 3. ad Capitul. cap. 112 : *Volumus.... ut Canonici Clerici, qui in civitatibus vel Monasteriis degunt, qui beneficia habent, unde victum et vestitum habere possunt, ut hoc, juxta Apostolum, contenti sint, etc.* Infra : *Si quis hæc statuta contempserit, utrisque careat, et beneficio et Præbenda : atque si gradibus fruitur Ecclesiasticis, ipsis privetur.* Ubi observanda etiam *beneficiorum* Ecclesiasticorum nomenclatura. S. Hugo Abbas Cluniacensis in Epist. ad Alphonsum Regem Hispaniæ : *Et super hæc statuimus ut Præbendam quotidianam habeat in refectorio ad majorem mensam, etc.* Acta Murensis Monasterii pag. 43 : *Dedit totum quod ipse possederat, ea conditione, ut quamdiu viveret, haberet a nobis Præbendam.* Vita B. Mariani Abbatis Ratisponensis n. 30 : *Deinde si viri fratres de S. Petro omni die ad refectionem venire indigeant, ut quando velint venire ad nos, talis Præbenda eis apponitur, ut cuilibet fratrum majoris congregationis.* Burchardus de Casib. S. Galli cap. 6 : *Fratres amavit, Præbendam adauxit.* Adde cap. 10. Chunradus de Fabaria cap. 8 : *Ipse Præbendam nocturnam de bonis sanctæ Fidis adauxit in pane, qui dimidius in refectorio fratribus dabatur.* Traditiones Fuldenses lib. 3. tradit. 32 : *Tradimus ad augmentum Præbendæ vestræ ex compassione paupertatis, quam in cotidiano victu habetis, etc.* Helgaudus in Roberto Rege : *Centum Clericis pauperibus Præbendam panis, piscis et vini concedebat.* Manegoldus Decanus apud Goldastum tom. 2. Alemann. : *Quasdam enim Præbendas Cellerarius ex officio suo fratribus ministrat, quasdam Præpositus seu Decanus, quasdam Custos, quasdam Camerarius, quasdam Portarius, quasdam Hospitalarius, quasdam Refectorarius : quorum omnium Præbendæ subnotatæ habentur, etc.* [Statuta S. Claudii ann. 1448 : *Pittantiarius ad causam sui officii percipit unam duplicem Præbendam panis et vini. qui sunt quotidie quinque panes et quatuor pintæ vini.* Tabul. Calense ann. 1247 : *Præbendæ clericorum S. Georgii in pane et vino et potagio, et pitanciis, etc.*] Adde Doubletum pag. 740. 782. 798. Vitam Aldrici Episcopi Cenoman. num. 1. Chronicon Montisereni ann. 1210. pag. 90. Concilium Biterrense ann. 1233. cap. 24. etc. Vide *Stipendium*, 1.

☞ Usus erat, et quidem frequentissimus, ut qui monasteriis facultates suas concessisset in fraternitatem admittendus præbenda ei monachica quotidie aut certis diebus tribueretur. Id satis patet ex allatis mox exemplis, quibus addenda Charta Heliæ Archiep. Burdigal. ann. 1192. inter Instr. tom. 2. novæ Gall. Christ. col. 286 : *Item quod mater dictæ mulieris per compositionem in ipsa ecclesia duas esquartas frumenti retinuit annis singulis quoad viveret persolvendas, et in sororem recepta, festis præcipuis Præbendam recipiet ut unus monachorum.* Tabular. S. Sulpitii Bituric. ann. 1265 : *Dederunt insuper dictæ religiosæ dom. Johan. de Bouteville dom. de Chaune militi et ejus uxori unam Præbendam panis et vini sicut uni fratrum presbyterorum habendam qualibet die in prædicta abbatia.* Vide Baluzii notas ad Capitul. col. 1247.

¶ PRÆBENDA MONACHALIS, Portio monachica. Charta Guillelmi Abbat. S. Benigni Divion. ann. 1375. inter Instrum. tom. 4. novæ Gall. Christ. col. 214 : *Concessimus.... Wladislao de Polonia monacho dicti monasterii nostri ad vitam ipsius, unam Præbendam monachalem integram, qualem consuevit percipere monachus sacerdos monasterii nostri.... et dictam Præbendam monachalem cum duabus pitanciis vendidimus et concessimus pretio sex viginti florenorum de Florentia.* Unde in monasteriis etiam obtinuisse præbendarum commercium colligitur. [** Monachus *ad succurrendum* fuisse videtur. Innocentii II. PP. Litt. abbat. Vall. S. Gregorii ann. 1143. in Alsat. diplom. tom. 1. pag. 223. num. 143 : *Authoritate apostolica vobis inhibemus, ne alicui sæculari personæ, nisi habitum monasticæ religionis assumpserit, Præbendam in vestro monasterio conferatis.* Conf. ibid. num. 383. et mox *Præbendarum resignationes*.]

¶ PRÆBENDARE, *Præbendam*, seu portiones diurnas cibi et potus assignare. Histor. Monast. Vicon. Ord. Præmonst. apud Marten. tom. 6. Ampl. Collect. col. 302 : *Etiam in cibis et potibus, invitis Præmonstratensium et Laudunensium abbatibus, singulorum nostrorum Præbendavit. Expetit ab eisdem ut ad mensam in vino suos habeat canonicos Præbendatos.*

* PRÆBENDALIS LAGENA, Portio diurna potus. Consuet. MSS. S. Crucis Burdegal. ante ann. 1305 : *Scias quod in die duæ lagenæ Præbendales, per unum annum faciunt quatuor pippas.*

PRÆBENDÆ nomen demum mansit Canonicorum et aliorum Clericorum *beneficiis*. Dimissa enim domicilii mensæque communione, reditus, commoda, ac proventus, atque adeo ipsa prædia Ecclesiæ diviserunt in portiones, quas *Præbendas* appellarunt, substitutis ingenti disciplinæ Ecclesiasticæ detrimento, mercede conductis honorariis psaltis, qui quotidianum psalmodiæ laborem in choro ipsorum vice perferrent. Stephanus Tornacensis Epist. 160 : *Cum generalis Ecclesiæ Gallicanæ consuetudo singulares portiones Canonicis suis distribuendas concedat, et approbet, et summi Pontificis auctoritas non reclamet.* Lindwodus : *Præbenda differt a Canonia, nam canonia est jus spirituale quod aliquis assequitur in Ecclesia per receptionem in fratrem, et assignationem stalli in choro, et loci in capitulo. Præbenda vero est jus spirituale recipiendi certos proventus pro meritis in Ecclesia, competens percipienti ex divino officio, cui insistit, et nascitur ex Canonia tanquam filia a matre.* Auctor Breviloqui : *Præbenda est jus percipiendi proventus in Ecclesia collegiata, ex actione proveniens, competens alicui tanquam uni de Collegio, quod jus ex Canonica descendit.* Concilium Turonense ann. 1060. can. 2 : *Si quis aut Episcopus aut Prælatus quislibet contra præfixam regulam aliquod Ecclesiasticum ministerium, vel etiam ipsam Præbendam, quæ Canonica dicitur, ordinare aut dare voluerit, etc.* Concilium Melfitanum ann. 1079. can. 1 : *Præbendas etiam quæ Canonicatus dicuntur.* Concilium Monspeliense ann. 1214. can. 8 : *Districte quoque mandamus quod in nulla Ecclesia laici recipiantur in Canonicos et fratres, nec etiam ad Præbendam canonicalem, quæ consistit in pane et vino, et quibusdam aliis, cum per hoc Ecclesiæ multa damna proveniant.* Willelmus Tyrius lib. 9. cap. 8 : *In Ecclesia Dominici sepulchri et Templi Domini Canonicos instituit, eisque ampla beneficia, quæ Præbendas vocant, simulque et honesta domicilia circa prædictas Deo amabiles Ecclesias, assignavit.* Idem lib. 10. cap. 1 : *Et in Remensi, Cameracensi, et Leodiensi Ecclesiis beneficia, quæ vulgo Præbendæ dicuntur,... obtinuit.* Et lib. 18. cap. 30 : *Certum numerum Canonicorum ibi, et eis certa stipendia, quæ Præbendas vocant, instituit.* Leonius Poeta Gallicus, qui vixit ann. 1154. in Epist. ad Adrianum PP. :

Non peto Præbendas, nec honores Ecclesiarum.

Adde Gregorium VII. lib. 5. Epist. 1.

Concilium Pictavense ann. 1070. cap. 2. Romanum ann. 1078. cap. 3. Claromontanum ann. 1095. cap. 6. 12. Pictavense ann. 1109. cap. 7. 8. Lateranense ann. 1122. cap. 22. Londinense ann. 1125. cap. 5. Lateranense ann. 1139. cap. 25. etc.

¶ PRÆBENDALIS ECCLESIA, Quæ a majori dependet, cujusque ex reditibus aliqua portio sacerdoti, ut illi deserviat, assignatur. Charta ann. 1231. in Macceriis Insulæ Barb. tom. 1. pag. 159 : *Quod idem Prior recipiet in eadem ecclesia S. Vincentii Cabilonensis ad duas synodos tantum quantum et una de ecclesiis Præbendalibus. Prior et conventus de Burncester dimiserunt Ecclesiam Præbendalem de Sotton cum capella de Bokyngham*, apud Kennett. Antiquit. Ambrosden. pag. 559.

¶ PRÆBENDALIS CAPELLA, in Epist. Innocentii III. PP. ad Guillel. Episc. Autiss. ann. 1208 : *Inhibemus ne quis in diœcesi tua oratorium construere de novo sine tuo assensu præsumat, vel parochialem ecclesiam seu capellam facere Præbendalem.* Id est, cui *præbenda* assignatur.

CORPUS PRÆBENDÆ, [Portio principalis, Gall. *le Gros*.] Charta Bartholomæi Episcopi Parisiensis ann. 1226 : *Videlicet quod Canonicus nihil percipiat de corpore Præbendæ suæ, nisi presbyteri residentiam perfecerit : et si semel perfecerit, oportet iterum perficere, antequam iterato percipiat præbendæ suæ fructum. Corpus autem Præbendæ est, quod percipitur præter distributiones cotidianas, quæ illis solis dantur, qui personaliter et præsentialiter intersunt.*

¶ PRÆBENDA MANUALIS, Quotidiana distributio. Statuta Eccl. Barcin. ann. 1317. apud Marten. tom. 4. Anecd. col. 617 : *Statuimus quod quilibet canonicus nostræ ecclesiæ, qui infra primum annum, a tempore quo manualem Præbendam pacifice fuerit assecutus,.... cappam processionalem facere omnimode teneatur.*

PRÆBENDA GRATIÆ. M. Robertus de Sorbona in serm. de Conscientia : *Dominus autem bonus Magister est, qui confert omnibus Scholasticis suis, et solum suis, præbendas optimas, scilicet Præbendam gratiæ, quæ prævalet omnibus præbendis de mundo, etc.*

¶ PRÆBENDA DOCTORALIS, Portio quæ scholastico, Gall. *Ecolatre*, Scripturam sacram, jus canonicum et litteras docenti tribuitur. Conc. Toletan. ann. 1565. inter Hispan. tom. 4. pag. 47 : *Altera vero* (clavis) *penes canonicum sit qui Præbendam doctoralem juris pontificii obtinet.*

¶ PRÆBENDA LECTORALIS, in Conc. Compostell. ann. 1565. inter Hisp. tom. 4. pag. 116.

¶ PRÆBENDA MAGISTRALIS, Quæ canonico Theologo, Gall. *Théologal*, est attributa, ibidem pag. 48 : *Canonicus qui Præbendam quam magistralem vocant, obtinet, et qui ad id eligitur ut prædicationis muneri incumbat, teneatur in ecclesia cathedrali.... verbum Dei prædicare.*

** PRÆBENDA EBDOMADARIORUM, Frider. Ducis Elisat. liter. super fundat. monasterii Trutenhusen ann. 1181. in Alsat. Diplom. tom. 1. pag. 276. num. 328 : *Duas ebdomadariorum Præbendas.* In bulla confirmatoria Lucii III. PP. ibid. num. 335. legitur *Duarum hebdomadariarum stipendia præbendarum.* Fridericus donationem fecit nomine Heradæ abbatissæ Hohenburgensis, a quo cœnobio bona *prenbendæ hebdomadariæ* dicta alienabantur, quæ inde aut *hebdomadario* attributa fuisse censuerim, aut *consolationi*, semel per hebdomadam monachabus dandæ.

¶ PRÆBENDA MISSÆ, Præstatio pro Missa. Charta Bertholdi Episc. Argent. ann. 1340. in Histor. Mediani Monast. pag. 351 : *Redditus subscripti, dudum ex pia largitione fidelium desiderantium ibidem in capella S. Barbaræ cotidianam haberi Missam,... ad Præbendam Missæ hujusmodi sint donati.*

¶ PRÆBENDA POENITENTIARIA, in Concil. Compostell. ann. 1565. inter Hispan. tom. 4. pag. 116.

* PRÆBENDA ABBATIS, Annuum beneficii emolumentum alicui abbatiæ attributum. Liber privil. eccl. Carnot. sign. 69 : *Percipiant* (Valleienses) *annualia vel præbendam, quæ dicitur Præbenda abbatis.*

¶ PRÆBENDA PRESBYTERALIS, Beneficium quod non nisi a presbytero possideri potest. Statut. Capit. Lingon. ann. 1257. tom. 4. Gall. Chr. col. 209 : *Nullus canonicus ad susceptionem ordinis sacerdotalis cogetur invitus, nisi habeat Præbendam presbyteralem : erant autem de cætero octo presbyterales præbendæ.*

* PRÆBENDA MORTUARIA, Quæ et quam ob causam sic dicta, docet Charta ann. 1222. inter Instr. tom. 12. Gall. Christ. col. 348 : *Prioratus vero S. Gildardi duas Præbendas mortuorum prædictas in ecclesia nostra libere et pacifice et cum omni integritate in perpetuum possidebit, exceptis domibus quæ deputatæ fuerant prædictis Præbendis mortuariis...... Duo autem presbyteri de canonicis S. Gildardi ad servitium dictarum præbendarum deputabuntur, qui singulis diebus missam unam in ecclesia nostra pro mortuis celebrare tenebuntur. Præbenda mortui*, alia notione, vide infra in *Victus mortui.*

* PRÆBENDA VICARIALIS, Beneficium canonico vicario, aut secundi ordinis, seu canonici vices gerenti assignatum. Lit. admort. ann. 1382. in Reg. 121. Chartoph. reg. ch. 110 : *Cum defunctus magister Radulphus de Ailliaco, tunc canonicus Ambianensis,.... ordinaverit unam Præbendam perpetuam sacerdotalem et vicarialem in dicta ecclesia Ambianensi fundare, etc.*

** PRÆBENDÆ CURRENTES, *quæ a nemine in titulum possidentur*, in Constitut. Eccles. Colon. ann. 1423. apud Würdtwein. Subsid. diplom. tom. 3. pag. 76.

** PRÆBENDA REGIA, in ecclesia Argentin. dicebatur quam rex cui volebat concedebat. Vide chart. Sigismundi reg. ann. 1428. et 1430. in Chronic. Kœnigshov. edit. Schilter. pag. 767. 768. infra *Preces Primariæ.*

PRÆBENDÆ PUERILES, quæ *Puerorum* chori sunt : in Monumentis Paderborn. pag. 135. Vide *Puer.*

¶ PRÆBENDARIA, ut *Præbenda*, in Litteris Henrici VIII. Reg. Angl. ann. 1533. apud Rymer. tom. 14. pag. 482 : *Capellarum, cantariarum, archidiaconatuum, Præbendariarum, hospitalium et aliorum beneficiorum ecclesiasticorum, etc.*

SEMIPRÆBENDA, Beneficium quod dimidium fructuum percipit : quippe Episcopi ut Clericorum in suis Ecclesiis numerum augerent, Præbendas Canonicorum in duas interdum diviserunt, quæ inde *Semipræbendæ* dictæ sunt. Quæ quidem Præbendarum sectio inhibita fuit in Turonensi Concilio ann. 1163. cap. 1. et apud Neubrigensem lib. 2. cap. 15. quod refertur in cap. *Majoribus* 8. *de Præbend. et dignit. ext.* Majores tamen præbendas dividi posse, si id Ecclesiæ utilitas postulaverit, sanxit Innocentius III. cap. *Vacante* eod. tit. Vide eumdem Innocentium lib. 1. Epist. pag. 122. edit. Venetæ, et lib. 13. Epist. 51. Concilium Parisiense ann. 1212. cap. 13. Concilium apud Castrum-Gonterii ann. 1231. cap. 6. etc.

PRÆBENDARUM RESIGNATIONES, *venditiones.* Charta Gaufridi Vicecomitis Bituricensis sub Roberto Rege, ex Tabul. S. Ursini Bituric. : *Concedimus autem Canonicis quantum numerum addere vel tollere eis placuerit in cœtu propriæ congregationis, et maneat in eorum potestate. Præbendas quoque ipsas ea lege concedimus, ut nullus Episcopus, nullusque Abbas, neque homo vendere vel aufferre præsumat : sed unusquisque Canonicus potestatem habeat suæ Præbendæ alteri Canonico dare vel relinquere consilio eorum qui pro ipsa servierint.* Charta Guidonis Episcopi Ambian. ann. 1073. ex Tabul. ejusdem Eccl. : *Assensum dedi post decessum uniuscujusque Canonici quatenus fratres cujus Præbenda fuerat horis competentibus assidue memoriam habeant in suis orationibus, Psalmodiis, Missis, et Vigiliis, uno integro proximo anno præbendæ eorum reditum attribui. Ita tamen ut si forte Canonicorum aliquis suo parenti vel familiari post ejus obitum Præbendam suam emerit, illo mortuo, illius successor cum cæteris fratribus, si forte simul comederint, reficiatur; sin autem aliquid in refectorio comederit, ei detur, et omnia alia præfati sancti Fratribus a Canonicis Matris antedictæ dentur.* Charta Hescelini Episcopi Parisiensis ann. 1032. in Probationibus Histor. Vergiacensis pag. 67. pro Ecclesia Vergiacensi : *Ea vero lege ad congregationem hanc Ecclesiam nostram volumus respicere, ut nihil inibi sancti Nazarii Episcopus* (Augustodunensis) *potestatis seu dispositionis exerceat. Decanus autem prælationis officium Præbendasque Vergiacensium fratrum det, vel sicut usus, immo abusus est, vendat, pretiumque in fratrum Eduensium usum, sicut eis complacitum fuerit, convertat.* Acta Episcoporum Cenomanensium in Avesgaudo pag. 300 : *Volens autem Episcopus aliquid Canonicis suis dare, nihil habens de dominio, quod dare potuisset, tamen caritative dedit eis medietatem venditionis Præbendarum Ecclesiæ suæ. Et contra fecit, quod etiam non fecisset, hoc est enim Canonicis suis Ecclesiam de Proriginaco, et Ecclesiam de Loyaco, et dedit unam Hildeburgi sorori suæ primogenitæ, et alteram Godehildæ germanæ suæ secundæ.* Ex quibus postremis verbis patet quanta in rebus Ecclesiasticis viguerit ea tempestate morum corruptela. Habetur inter Epistolas Alexandri II. a Massono editas, 13. in qua ad Remensem Archiepiscopum scribens, queritur, quod in illius provincia adeo invaluerit pestis simoniaca, et quod Bellovacensis Episcopus bona Ecclesiastica palam dissiparet. Quibus verbis præbendarum venditiones innuisse colligimus, ex Epistola Diensis Episcopi, Legati Apostolici ad Gregorium VII. Pap. descripta ab Hugone Flaviniacensi in Chronico Virdun. pag. 203. ubi ait, in ea Diœcesi, neglectis summi Pontificis Decretis, simoniam obtinuisse, adeo ut in Concilio Pictavensi Episcopum de ea insimulatum ab Episcopali functione suspendere coactus fuerit, tum maxime, quod *post Decretum præbendas vendiderit* : in eadem deinde Epistola idem Legatus scribit, Archiepiscopum Turonensem *comprobatum fuisse ante Episcopatum Decanatum emisse, quem ex consuetudine hujus Ecclesiæ, nisi quia jam Sacerdos fuisset, vel jam futurus Sacerdos esset, habere non posset.* Et sane Guibertus lib. 1. de Vita sua cap. 7. testatur, sua ætate semper tulisse Presbyteros, tum simoniacorum abusuum emendationem, tum etiam sibi interdicta subinde matrimonia; quibus quidem beneficiorum distractionibus auctoritatem dabant Principes ipsi, quos inter in Gallia nostra idem Guibertus Henricum I. præsertim carpit, qui, ut ait, *multum erat cupidus, et Episcopatuum venditionibus assuetus.* Sed et Philippum filium ac successorem eo nomine exagitat, quem *hominem in Dei rebus venalissimum* appellat. Exstat Charta ejusdem Regis in Tabulario Maurigniacensi ann. 1106. quæ præbendarum venditioni manus saltem dedisse evincit : *Concessimus ut Canonicis, qui eo tempore vivebant, vita comite, canonicas, quas Præbendas vocamus, canonice tenere liceret. Si vero vendere qualibet occasione quilibet eorum, vel omnes vellent, aut Abbati sanctæ præfatæ Trinitatis vendant cum omni alio emptore penitus remoto dimittant.* Idipsum præterea docet Historiola illa, quam Michael Scotus lib. 4. Mensæ Philosophicæ cap. 28. refert : *Cum Episcopus Carnotensis promisisset Philippo Regi Franciæ, quod primam præbendam sibi daret ad votum, et cum multæ vacassent per vices, indignatus est Rex : cui remandavit, quod nullam adhuc dederat, sed omnes vendiderat.* Ex supra allatis locis abunde colligitur, quam alte radices egerit hæc inveterata in præbendarum venditionibus simonia, quam diu fovit receptus in omnibus ferme Ecclesiis usus, sive abusus, adeo ut eo ipso ævo Græcanicas etiam pervaserit, ut docemur ex Concilio Nicæno II. pag. 611. 637. edit. Labbei et ex Zonara tom. 1. Annal. pag. 61. 1. edit. *Cum omnia ministeria Ecclesiastica ita eo tempore haberentur venalia, quasi in foro sæcularia mercimonia*, inquit Glaber lib. 5. cap. 5. ubi hæc subdit : *Omnes quippe gradus Ecclesiastici a Maximo Pontifice usque ad Ostiarium opprimebantur per suæ damnationis pretium, ac juxta vocem Dominicam in cunctis grassabatur spiritale latrocinium.* Istud porro damnandum præbendarum commercium, maxime in Gallicanis Ecclesiis, ditioni suæ subditis, funditus evellere annixus est inprimis Henricus Imperator, coactis universis Episcopis, editoque statuto, quo penitus illud interdictum est, ut auctor est idem Glaber : cum in Francicis interea summi Pontifices suas vicissim curas conferrent, præsertim Leo II. in Concilio Remensi, deinde Gregorius VII. per suos Legatos Amatum Oleronensem, et Hugonem Diensem Episcopos, et Abbatem Cluniacensem, qui coactis variis in Provinciis Synodis Episcopos et Canonicos simoniacos abrogarunt : postmodum Urbanus II. in Concilio Claromontensi : ac denique Hadrianus IV. in Bulla ad Canonicos Calvi montis : *Jamdudum autem Sacrosancta Romana Ecclesia decernente dinoscitur institutum, ut in Ecclesia nostra de Monasterio B. Dionysii ad divina dependenda obsequia Monachi ponerentur, ad quorum usum et dispositionem decedentium Canonicorum beneficia devenirent. Ut igitur tam laudabilis institutio nullius valeat astutia vacuari, per præsentia vel scripta mandamus, quatenus Præbendas et beneficia vestra vendere, vel quomodolibet alienare nullatenus præsumatis : alioquin nos et alienationes ipsas auctoritate Apostolica vacuamus, etc.* Vide tom. 2. Spicilegii Acheriani pag. 601. 602. et Michaelem Scotum lib. 4. Mensæ Philosophicæ cap. 28.

¶ Præbendari, Beneficio ecclesiastico donari. Concil. Paris. ann. 1212. apud Marten. tom. 7. Ampliss. Collect. col. 99 : *Si quis habens parochiam, in aliqua ecclesia Præbendetur, ad alterius beneficii resignationem, cujus voluerit, compellatur.* Occurrit præterea in Conc. Hispan. tom. 4. pag. 407. et apud Lud. *Laguille* Hist. Alsat. pag. 111.

☞ Haud scio an eadem notione intelligenda vox *Præbendatus* apud Murator. inter Anecdot. tom. 3. pag. 60. ex Chron. Fratr. Prædicat. : *Hic fuit (fr. Stephanardus de Vicomercato) in sæculo honorabilis clericus et magnus Præbendatus.*

Præbenda, pro *Præbendarius*. Willel. Malmesburiensis in Vita S. Aldhelmi Episc. cap. 6 : *Erexit Aldhelmus augustiorem Ecclesiam in honorem Domini Salvatoris,.... quem promoventem his virtutum successibus in altum nitentem Leutherius West-Saxonum Episcopus conspicatus, ibidem eum in Præbendam, postea in Abbatem erexit.*

¶ Præbenda, Cella monachica. Chron. Wormat. apud Ludewig. tom. 2. Reliq. MSS. pag. 63 : *Similiter fratrum Præbendas apud S. Cyriacum ex incursorum negligentia pene destructas misericorditer renovavit et eas simul jussit refici.* [* Bulla Alex. III. PP. in Chartul. Campan. fol. 17. r°. col. 1 : *Super tribus Præbendis, quas tu præbendas, illi vero reditus appellabant, querimoniam movebatis, etc.*] [** Vide Haltaus. Glossar. German. voce *Gottesgabe*, col. 741.]

* Præbendarius, Ad *præbendam* pertinens. Charta Baldr. comit. Brabant. ann. 1047. ex Cod. reg. 10197. 2. 2. fol. 4. v° : *Si quis eorum* (clericorum) *super Præbendariam terram ædificaverit quidquam, etc.*

* Præbendarius, De prædiis ad monachos pertinentibus dicitur, et opponitur *Beneficiario;* qua voce intelliguntur prædia ecclesiastica laicis in beneficium concessa. Charta Otton. II. imper. ann. 973. tom. 1. Hist. Trevir. Joan. Nic. ab *Hontheim* pag. 309. col. 1 : *Postulans quasdam proprietates.... jure quidem Præbendarias, sed multis retro temporibus injuste beneficiarias, ejusdem loci cœnobio restitui.*

* Præbendarii, Iidem in monasteriis qui servientes, quibus ad victum cibus et potus præbetur. Charta Henr. III. ann. 1054. tom. 1. Hist. Trevir. Joan. Nic. ab *Hontheim* pag. 397. col. 2 : *Servientes vero, qui Præbendarii, et qui fratribus infra claustrum serviunt, subjaceant.... abbati ejusque præpositis.* Vide infra *Provendarius* 2.

Præbenda Equi, Quod ad diurnum victum equo præberi solet. Fulcherius Carnot. lib. 1. cap. 14 : *Jusserat ipse vespere præcedente... ut unusquisque pro posse suo de annona niteretur Præbendam equo suo impendere, ne in die crastino subter equitantes hora bellica debiles fame deficerent.* Vitæ Abbatum S. Albani : *Præbendam quotidianam ad duos equos de granario nostro.* Statuta Ordinis *de Sempringham* : *Poterit tamen loqui cum fratre stabulario de necessariis, ut est de ferrandis equis, et quando tribuit eis Præbendam et fœnum.* [Charta ann. 1230. in Chartul. S. Vandreg. tom. 2. pag. 1439 : *Ego quitavi omnes liberationes quas habebam ad vitam meam in abbatia S. Vandregisili, videlicet in pane et potu et coquina, tantum quantum unus monachorum habebat ibidem, et equo meo fœnum et Præbendam.*] Vide Fletam lib. 2. cap. 74. § 1. cap. 78. § 2. Fortescutum de Laudibus Legum Angl. cap. 35. etc. Le Roman *de Vacce* MS. :

Et le Duc quant Nonne sonna,
Fist Provende as chevaux donner,
Et au ser fist sa gent monter.

Præbendare Equum. Fleta lib. 2. cap. 73. § 3 : *Equus si in statu laborandi debeat observari, de sexta parte busselli avenæ singulis noctibus oportebit ipsum Præbendari.* Adde cap. 76. § 8. Monasticum Anglican. tom. 1. pag. 649 : *Ad Præbendandos equos suos et hospitum suorum, etc.* [Edictum Johannis Reg. Franc. ann. 1350. tom. 2. Ordinat. pag. 369 : *Nul quel qu'il soit, qui ait prins, ou tienne chevaux, brebis et autres bestes à garder et mener à Provender, etc.* hoc est, in pascua ducere.]

Præbendarium, Provenderium, Aquarium, ubi equi adaquantur, *Abbrevoir*, unde vocis Gallicæ origo : quo scilicet equi aqua *appræbendantur* : seu locus, unde *aquæ præbenda* hauritur pro equis. [Accersenda potius videtur hujus vocis origo a Lat. Bibere, unde Itali *Bevere*, et nostri *Beuver, Buver*, et interposito *r*, *Breuver, Brever* dixerunt : a quo etiam *Breuvage* et *Beveragium, Bevragium*, apud Scriptores infimæ Latinitatis.] Charta Simonis Comitis Montisfortis ann. 1207. in Hist. Monmorenciaca pag. 77 : *Conquerebatur... de Præbendario aquæ Dugniaci confracto et destructo.* Alia Matthæi de Monmorenciaco ann. 1218. ibid. pag. 84 : *Item de riparia, quæ solet fluere per terram S. Marcelli, et peto, quod habet Provenderium suum, et cursum suum, sicuti habere solebat.*

Præbendarius, et *Præbendarium*, in libro MS. Roffensis Ecclesiæ cap. Quid mensuræ granarii continent : *Est mensura unde distribuitur : mensura equi debet esse 13. pollicum latitudinis infra circulum, et altitudinis trium pollicum.* Monasticum Anglic. tom. 1. pag. 149 : *Inveniet etiam Celerarius salem, et ligna ad ignem, et singulis diebus duo pulmenta : ad unum de fabis siccis unum Præbendarium rasum, vel de novis cumulatum de granario.* Ibidem : *Percipiet Coquinarius ad Pascha tria Præbendaria frumenti de granario ad flathones inveniendos.* Tabular. Eleemosynariæ Montismorilionis in Pictonib. : *Supradicti fratres retinuerunt sibi decimam tam in annona, quam in bestiis, et unum Præbendarium de frumento cumulatum sine concussione.* Tabular. Absiæ fol. 154 : *Quinque Præbendaria avenæ.* [*Unum Prevendier siliginis*, in Charta apud Lobinell. tom. 2. Hist. Britan. col. 184.] Charta ann. 1365. apud Duchesnium in Hist. *Des Chasteigners* pag. 41 : *Item un Prebandier de froment de rente, que soloit avoir ledit feu, etc.*

☞ Quæ vero fuerit *præbendarii* capacitas docet Charta ann. 1279. in Tabul. Centul. : *Teneant sine hostisia tredecim jornalia terræ.... et de quocumque loco ubi manere voluerint, per unum Præbendarium bladi, id est quatuor bossellos, poterunt. Decem Præbendaria frumenti, et decem præbendaria siliginis, et decem præbendaria ballargiæ, et decem præbendaria avenæ ad mensuram de Vicconia*, in Charta ann. 1279. apud Stephanot. tom. 3. Antiquit. Pictav. MSS. pag. 990. Bellijoci *præbendarium* frumenti vel siliginis tres cupas continet, avenæ quinque; est autem cupa quarta pars *bicheti*.

* Præbendarius Calcis, Mensuræ species, in Comput. ann. 1450. ex Tabul. S. Vulf. Abbavil. : *Item pro uno præbendario calcis, xvj. denarios.* Vide infra *Provendarius* 1.

Præbendarius, Qui *præbendam* suscipit. Catholicum parvum : *Præbendarius, Prebendier, ille, qui confert alicui præbendam.* Rectius Johan. de Janua : *Præbendarius, qui dat præbendam, vel potius qui recipit.* Ebrardus in Græcismo cap. 9 :

> Præbitor est qui dat præbendas : suscipiens has
> Præbendarius est, sicut legista docet nos.

Petrus Damianus in Vita S. Romualdi cap. 13 : *Cæcus quidam, Præbendarius videlicet patris ejus, ad sepulchrum illius venit, etc.* Leges Henrici I. Regis Angl. cap. 78. de Pauperibus : *Si pecuniam habebunt, sit domino, cui Præbendarii erant, si super terram ejus sit.* Adamus Bremensis cap. 84 : *Qui postmodum ab honore suo depulsus, et ab omni hæreditate sua, apud Magdeburg Præbendarius, vitam ut dignum erat, mala morte commutavit.* Ratpertus de Casibus S. Galli cap. 16 : *Universæ familiæ Præbendariis, id est, centum septuaginta viris, cum nunquam ante se nisi avena pascerentur, pura de spelta dederat grana.* Charta Henrici III. Imper. ann. 1056. et Henrici IV. ann. 1065. ex Tabulario S. Maximini Trevirensis : *Servientes vero qui Præbendarii sunt, et qui fratribus infra claustrum serviunt, etc.* [Charta Henrici Episc. Tull. pro Monast. S. Mansueti ann. 1163. apud Baluz. in Append. ad Capit. col. 1560 : *Famulos ecclesiæ feodatos et Præbendarios quotidiana ab ecclesia sumentes stipendia, a quibus, si forte in causa animæ in aliquo fuerit erratum, præsenti Abbati et futuris dimittimus corrigendum. Præbendarii curiæ*, in Charta Ottakeris ann. 1156. apud Ludewig. tom. 4. pag. 202.] Statuta antiqua Cartusiensis Ord. 3. part. cap. 33. § 4 : *Præbendarii, etiamsi debiles sint, senes aut infirmi, etc.* Adde Statuta ejusdem Ordinis ann. 1368. part. 3. cap. 3. § 1. 8. [Bernardi Mon. Ordin. Cluniac. part. 1. cap. 3. et 13.] [** Carol. M. Formul. Fiscor. describendor. Pertz. Leg. tom. 2. pag. 178, lin. ult. Fragment. Polypt. Sithiens. post Irmin. pag. 397. § 2. 7. 10. etc.] Vide Alemannica Goldasti tom. 2. pag. 191. Zyllesium pag. 39. [** Glossar. med. Græcit. in Χαριςικάριος, col. 1733.] etc.

¶ Præbendaria, Mulier inops, cui statuta est eleemosyna. Mirac. S. Marculfi sæc. 4. Bened. part. 2. pag. 522 : *Quædam puella, cui prima dies exordia vitæ dederat absque linguæ atque aurium usibus : nec non in eleemosyna nobilissimæ matronæ, etc. Tunc accersita illa quondam muta sua Præbendaria, etc.* Adde Vitam S. Mathildis tom. 7. Maii pag. 451.

Neque alii sunt, quos nostri olim *Prouvoires* vocabant, quam *præbendarii* presbyteri : nam et Hugo Plagonus vetus Gallicus interpres Will. Tyrii lib. 6. cap. 16. *Sacerdotes*, vertit *le Prouvoire.* Robertus Bourronus in Histor. MS. Merlini : *Merlin vit che duel, et les Prouvoires et les Clers qui chantoient.* Le Roman *de Garin le Loherans* :

> Et les Prevoires escorcent il tout vis,
> Sont Arceveques et Evesques ocis.

Alibi :

> La veissiez maint Provoire ordené,
> Tot revestu pardevant son autel.

[Le Roman *de Vacce* MS. :

> Un des Engleiz qui out veu
> Les Normans tous reiz tondus,
> Cuida que tous Provoires fussent,
> Et que Messes chanter peussent.]

Petrus *de Fontaines* cap. 14 : *Por chevalerie, pro ordre, ne por digneté de Prèvoire.* Quod quidem eo potissimum observandum, quod etiamnum Lutetiæ Parisiorum platea, S. Eustachii ædi proxima, nomen *de rué des Prouvoires*, seu, ut hodie efferunt, *des Prouveres*, retineat, quod in ea istius parochiæ præbendarii Presbyteri commanerent, quæ *rué des Prestres* dicitur in Parochia S. Severini.

¶ Provenda, pro *Præbenda*, Beneficium ecclesiasticum. Edictum Philippi V. Regis Franc. ann. 1320. tom. 1. Ordinat. pag. 714 : *Ne prendront Provendes és eglises des Prelats de leur jurisdiction. Prouvendes*, in Litteris Philippi VI. ann. 1334. ibid. tom. 2. pag. 102. *Provendres*, in Litteris ann. 1343. apud Rob. Avesbur. in Vita Edwardi III. Reg. Angl. edit. Hearnii pag. 111. Le Roman *de Vacce* MS. ubi de præbenda quam ei in Eccles. Bajocensi contulerat Henricus II. Rex Angl. :

> Cil me donna, et Dex li rende,
> A Baiex une Provende.

Provenda, ex Gallico *Provende*, ut effertur ab Hugone *Plagon* versione Will. Tyrii lib. 7. cap. 9. Capitulare de Villis cap. 50 : *Et qui hoc non habuerit, de Dominica accipiat Provendam.* Vetus Poema MS. cui titulus, *Le Despirement du corps* :

> Nus ne te puet desaaisier,
> Ne ta Prouvende amenuisier.

[Le Roman *de Vacce* MS. :

> Pain et vain et Provendes des villes venir firent,
> Quand il ourent mengié, volentiers se dormirent.

Infra :

> Pain et vin et Provende fist assez apporter.]

Approuvandement, in Consuetudine Hannoniensi cap. 40. pro præbitione cibi et potus. *Prefenda* et *Profenda*, dicunt Itali : *La Profenda del fieno*, apud Interpretem Crescentii de Agricultura. *Profende communali del blado*, apud Matth. Villaneum lib. 1.

Provendarius, Idem quod *Præbendarium*, seu *Provenda* : mensura annonæ præbendariæ. Charta Willelmi Comitis Pontivi ann. 1205. in Histor. Ecclesiast. Abbavillensi cap. 26 : *Quinque Provendarios avenæ, quos leprosi de valle reddere debent.* [*Unum Provendier siliginis*, apud Lobinell. tom. 2. Hist. Britan. pag. 184.] Vide tom. 2. Monastici Anglic. pag. 1.

Provendarius, Idem qui *Præbendarius* : qui *provendam*, seu *præbendam* percipit : cui ad victum cibus vel potus præbetur. Adalardus in Statutis Corbeiensibus lib. 1 : *Isti sunt Provendarii, qui omni tempore æqualiter et pleniter in nostris diebus esse debent.* Et lib. 2. pag. 19 : *Ut de Provendariis, qui ibi servire debent, certa discretio servetur, ut et sufficienter sint, et ultra quam necesse est nullo modo sint, quia ipsi de eadem decima et pascendi et vestiendi sunt ea mensura, quæ eis competit, ita ut nec penuriam patiantur, nec aliqua superfluitate distendantur.* Mox : *Similiter ut ipsi Provendarii eadem qualitate et quantitate cibi et potus, sicut cæteri provendarii nostri, sustententur, id est, ut pensam secundum cæterorum consuetudinem per mensem ; similiter panem et potum secundum eorumdem consuetudinem accipiant, etc.* Ex quibus satis patet, his locis *provendarios* non esse, qui necessaria prævident seu præparant, quos nostri *Pourvoiceurs* vocant. Cæterum ejusmodi *præbendarios* habent etiam in Ecclesia Græcanica Monachi in suis Monasteriis, de quibus Allatius lib. 3. de utriusque Ecclesiæ Consensu cap. 8. § 8.

Prouvatia, Idem quod *Provenda*, Mensura annonaria. Charta ann. 937. in Tabulario Eccl. Augustod. de Censibus : *Circulos 12. Prouvatia avena mod. 1. mense Mart.*

Prevenderiata Terræ, non semel in Tabulario Absiensi : *Concesserunt Bernardo de Bobo, et aliis fratribus Absiæ quinque Prævenderiatas terræ ante vineas, etc.* Infra : *Dedit Monachis Absiæ tres Prevenderiatas terræ inter Molum et Clenam.* Ita fol. 52. 108. et in libro Chirographorum ejusdem Monasterii fol. 63. Ibid. fol. 66 : *Tres Præbenderiatæ terræ.* Fol. 76 : *Ruptura trium Provenderiatarum terræ.* Adde fol. 95. etc.

¶ 1. **PRÆBENDULA**, Prædiolum. Vetus Poeta apud Mabill. tom. 4. Analect. pag. 537 :

> Sed mihi sufficeret Præbendula pauperis horti,
> Quinque talenta valens, quinque, parumve magis.

* 2. **PRÆBENDULA**, dimin. a *Præbenda*, Portio monachica. Mirac. S. Auctor. tom. 4. Aug. pag. 50. col. 1 : *Inde, inquit, datur intelligi, quicumque fratrum remoratus,*

hunc horam ad refectorium veniendi neglexerit, quod subtractu ipsius Præbendula suspendatur. [** Adde chart. Henric. Argentin. Episc. ann. 1250. in Alsat. Diplomat. tom. 1. pag. 404. num. 541.]

* **PRÆBES**, Præbitor, qui præbet. B. de Amor. in Speculo sacerdotum Ms. cap. 50 :

Noli laxare linguam, sed Præmeditare
Dicere quid debes; noli nimium fore Præbes,
Coram quo, datas, quid, quomodo, quando re-
[quiras.

¶ **PRÆBODENA**, Præpositura. Vide infra *Præbosdia* et *Prebostatus*. Charta ann. 888. inter Probat. tomi 2. novæ Hist. Occitan. col. 23 : *Cedo vobis... in ipsa riparia prato dominicario, Præbodenas, fictas, totum et ab integrum vobis cedo.*

¶ **PRÆBOSDIA**, Præpositi districtus, præpositura, Gall. *Prevoté*. Charta ann. 1062. apud Marten. tom. 1. Ampliss. Collect. col. 459 : *Et hoc totum facimus affirmante Præposito ipsius ecclesiæ Willelmo, qui et ipse similiter omnem potestatem ipsius ecclesiæ et decimam suæ Præbosdiæ concedit et cameram adhærentem ecclesiæ... Totum autem illum honorem quem idem Guillelmus visus est per Præbosdiam tenere... nos idem Geraldus et Vidianus omnem censum et subjectionem earum similiter damus.* Ubi Charta MS. ex Tabular. S. Victoris Massil. habet *Presbodia*. Vide *Præbodena* et *Prebostatus*.

¶ **PRÆBOSTONUS**, Custos domus Præpositi. Statuta Eccles. Aquensis : *Poterit Præpositus tenere unum custodem domus suæ, qui Præbostonus vocatur, qui in absentia ipsius Præpositi et non aliter recipit.*

PRÆCAMBIRE. Vide *Cambiare*.

* **PRÆCANTAMEN**, Incantamentum, præstigiæ. Hist. pontif. et comit. Engolism. tom. 10. Collect. Histor. Franc. inter not. pag. 162 : *Incantatores vero ejus de longe stantes, qui et quædam Præcantamina dicebant.* Vide *Præcantare*.

PRÆCANTARE, In modum incantatorum immurmurare. Acta Martyrii S. Castuli num. 3 : *Permitte me ei Præcantare, et forsitan recipiet sanitatem.* [Judicia de criminibus apud Marten. tom. 7. Ampliss. Collect. col. 35 : *Si quis Præcantaverit ad fascinum vel qualescumque præcantationes, excepto Symbolum sanctum aut orationem Dominicam, qui cantat et cui cantatur, tres Quadragesimas in pane et aqua pœniteat.*] Vide *Cantatores*.

Præcantator, Qui alias *Incantator, Carminator*, Gallis *Enchanteur*. Jonas Aurelian. lib. 1. de Instit. Laicali cap. 6 : *Phylacteria, vel characteres diabolicos, nec sibi, nec suis, aliquando suspendant : Præcantatores vel ministros diaboli fugiant.* Adde Concilium Toletan. XVI. cap. 2. *Præcantare* et *Præcantatio* dicitur præsertim in præstigiis magicis. Glossæ : *Præcantat*, ἐπᾴδει. [*Ventriloqui, Præcantatores*, in Gloss. Isidori.] Marcellus Empiricus cap. 15. pag. 105 : *Præcantabis jejunus jejunum, etc. Præcantationes.* Veteres Glossæ : *Præcantationibus consecrata*, ἐπαοιδαῖς τετελεσμένη. Apud Juvenalis interpretem, Sat. 15 : *Statua Memnonis magice consecrata, id est Præcantationibus consecrata.* Sic Solinus cap. 27. dixit : *Heliotropium gemmam Præcantionibus consecrari.* Vegetius lib. 3. Artis veterin. cap. 44 : *Aliquanti Præcantatione tentant afferre remedia, quæ vanitas ab aniculis solis diligenda est : cum animalia, sicut homines, non inanibus verbis, sed certa medendi arte curentur.* Ita *Præcantationes*, apud Gaudentium Brixiensem Episc. Tract. 4. in Vita S. Samsonis Confess. MS. cap. 3. apud Aimoinum libr. 3. Historiæ Franc. cap. 51. *Præcantatrix*, apud Plautum in Milite Glor. ἡ ἐπαοιδός :

.... da quod dem Quinquatribus,
Præcantatrici, conjectrici, ariolæ, atque haruspicæ.

* **PRÆCAPTIO**, Acquisitio, comparatio. Chartul. S. Joan. Angeriac. fol. 130. r°. : *Ego Hussendis donavi Deo et sancto Joanni Baptistæ Ingeriacensis cœnobii.... ecclesiam de Podio Corberio et fiscum presbiteralem, decimam, burgum, Præcaptionemque terræ, quam fecit Willelmus Aizo monachus cum Geraldo Pasturulo et Geraldo Guitardo presbitero de Podio Corberio.* Vide supra *Pourchrect*. [** Vide *Captura*.]

¶ **PRÆCATECHIZARE**, Prænunciare. Vetus Irenæi Interpres lib. 4 : *Qui a prophetis fuerat Præcatechizatus.*

* **PRÆCEDERE**, Præterire. Acta S. Botuidi tom. 6. Jul. pag. 637. col. 1 : *Cum vellent insulam Præcedere, in qua sanctus occisus jacebat, avicula a navi volans, etc.*

PRÆCELLENTISSIMUS, Epitheton vulgo tribui solitum Regibus Franciæ, a Gregorio M. PP. locis indicatis in Dissert. 23. ad Joinvillam, in Conventu apud Andelaum ann. 587. in Synodo Germiniacensi sub Carolo Cal. tom. 6. Vitar. SS. Ord. S. Benedicti pag. 250. a Gregorio Turon. in Vita S. Aridii Episcopi Lemovic. pag. 696. a Fortunato in Vita S. Germani Paris. cap. 12. 22. Baudovinia in Vita S. Radegundis cap. 6. 18. eadem S. Radegunde in Epist. ad Episcopos, Joanne VIII. PP. Epist. 30. Paschasio Ratberto in Epitaphio Walæ Abb. Corbeiensis lib. 2. cap. 17. Hildeberto Cenoman. Epist. 6. ex iis, quæ editæ sunt, tom. 13. Spicilegii, in Capitulari Saxonum ann. 797. in Capitul. 6. ann. 819. cap. 8. in Formula 9. 38. ex Baluzianis, etc. Vide Diurnum Romanum cap. 1. tit. 3. cap. 2. tit. 1. cap. 4. cui hæc præterea addere placet ex Tabular. S. Dionysii de Capella Ch. 99 : *Itaque Dagobertus Præcellens Rex propter ignaviam eorum secundum Legem Romanam ab eis paternas possessiones ideo subtraxit, etc.*

Præcellentia, Eorumdem titulus honorarius, in Epist. 40. inter Francicas tom. 1. Hist. Franc. (Adde Epist. 36.) [in Charta Caroli Calvi ex Tabular. Majoris Monast. : *Unde etiam Præcellentiæ nostræ præceptum hoc fieri jussimus.*] In Charta ejusdem Regis in Tabulario Dervensi, et in aliis apud Baluzium in Append. ad Capitul. n. 64. 92. 99.

¶ **PRÆCEMPTOR**, pro *Præcentor*, cujus officium vel dignitas *Præcemptoria* dicitur, non semel occurrit in Bulla Pauli III. PP. pro secularisat. Eccl. S. Ægidii ann. 1538.

PRÆCENTOR, *Qui vocem præmittit in cantu*, Isidoro lib. 7. Orig. cap. 11. [*Precentres, devant chantre, qui commance le chant, principal chantre*, in Gloss. Lat. Gall. Sangerm. *Précenteur*, in Eccl. Lugdun.] Primus Cantorum in Ecclesia, qui Cantoribus præest : dignitas Ecclesiastica in Cathedralibus, vulgo *Préchantre*. Honorius Augustod. lib. 1. cap. 17 : *Præcentor, qui cantantes voce et manu incitat, est servus, qui boves stimulo minans dulci voce bobus jubilat.* Idem cap. 74 : *Præcentores, qui chorum utrinque regunt, sunt duces, qui agmina ad pugnam instruunt. Præcentor Palatii*, id est Capellæ Regiæ, apud Hincmarum Remensem in Epist. ad Carolum Mag. de Vita S. Dionysii, apud Mabillonium : ubi quidam Codices MSS. *Præceptor* præferunt. [*Præcentor*, Apuleio de Mundo, est qui cantum moderatur : *Quod est in triremi gubernator, in curru rector, Præcentor in choris, lex in urbe, dux in exercitu, hoc est in mundo Deus.*]

* *Princhantre*, in Charta ann. 1469. ex Chartul. 21. Corb. fol. 132. v°. *Vénérable personne maistre Nicole de Conty, docteur en décret, Princhantre et chanoine d'Amiens.*

* Præcentoriatus, Præcentoris officium et dignitas. Bulla secularisat. eccl. Magalon. ann. 1536. inter Instr. tom. 6. Gall. Christ. col. 390 : *Unus Præcentoriatus pro uno præcentore ad nutum amovibili.*

* Præcentorissa ; in monasteriis sanctimonialium, ex Charta ann. 1420. in Tabul. S. Vict. Massil.

Præcentor, seu *Armarius*, in Monasteriis idem munus obit, quod Præcentor in Ecclesiis Cathedralibus. De hoc officio multa habet Udalricus lib. 3. Consuetud. Cluniac. cap. 10. Adde Monasticum Anglic. tom. 1. pag. 299.

Præcentor Tabularum, Officium Monasticum, qui *tabulis officialibus* præerat. Ingulphus : *Præcentori tabularum ac ejus assignationibus in Choro tam Abbas et Prior, quam tota cætera Congregatio humiliter obediat.* Vide *Tabula* 5.

Præcentria, in Monasteriis Sanctimonialium. Vide Statuta Ordinis de Sempringham pag. 767.

¶ Præcentrix, Eodem sensu, in Sententia arbitrali ann. 1221. inter Archiep. Arelat. Capitulumque ejus et Monasterium S. Cæsarii ex Schedis Præs. *de Mazaugues : Juraverunt S. celeraria, et Florentia sacristana, et Berengaria Præcentrix in animas ipsius abbatissæ et conventus.*

Præcentoria, Dignitas Præcentoris, apud Arnulphum Lexoviensem in Epist. pag. 50. [et in Charta ann. 1332. in Tabul. Gellon.] Eadem

Præcentura dicitur apud Hugonem Flaviniacensem pag. 261. Charta Evrardi Ambianens. Episcopi ann. 1218. qua *Præcentoriam* erigit in sua Ecclesia : *Sic autem distincta sunt dictorum personatuum* (Cantoriæ et Præcentoriæ) *officia. Præcentor proximum stallum post Decanum, Cantor proximum stallum post Præcentorem habebunt. Præcentor in superiori stallo Canonicos installabit, Cantor in inferiori. Uterque dabit regimen duarum Scholarum cantus. Jurisdictio puerorum communis erit utrique : communi consilio recipient in Choro pueros : uterque poterit ejicere delinquentem ; ejectus ab uno, non introducetur ab alio, nisi ejicientis satisfecerit arbitrio. Præcentor audiet a pueris id, quod debent cantare. Cantor etiam pro excessibus suis verberabit. Præ-*

centor et Cantor simul regent Chorum in Nativitate Domini, in Epiphania, in Pascha, in Ascensione, in Pentecoste, etc. In aliis duplicibus Cantor cum uno de Canonicis reget chorum in ordinibus, in consecratione Chrismatis, in benedictionibus Abbatum. Præcentor chorum reget in Synodo; prima dies est Præcentoris, secunda Cantoris. Præcentor officium anni prænuntiabit, et in iis omnibus, si alter absens fuerit, ille qui præsens erit supplebit defectum. Cantoris erit scribere tabulam Cantorum, etc. De officio *Præcentoris* agunt præterea Statuta Ecclesiæ Leichefeldensis in Monastico Anglic. tom. 3. pag. 241.

¶ **PRÆCEPTA**, *Præceptoris* beneficium, vel officium. Charta ann. 1527. apud Rymer. tom. 14. pag. 197 : *Johanni Bubington Præceptæ nostræ Dalby et Bodley Præceptori, ac in eodem prioratu pro nostro communi thesauro receptori, salutem.* Occurrit ibidem semel et iterum. Vide *Præceptor.*

¶ **PRÆCEPTALIS** Pagina, Diploma regium, idem quod infra *Præceptum.* Charta Henrici II. Imper. ann. 1008. inter Instr. tom. 3. novæ Gall. Christ. col. 149 : *Per hanc nostram Præceptalem paginam concedimus atque largimur, etc. Præceptalis sanctio*, in Charta Caroli M. apud Torrig. de Crypt. Vatican. edit. 2. pag. 508. *Præceptalis ordo*, in Privil. Rodulphi Reg. Fr. ann. 925. apud Marten. tom. 1. Ampl. Collect. col. 280. *Præceptalis auctoritas*, in Charta Henrici Imper. ann. 1041. apud Calmet. inter Probat. tom. 1. Hist. Lotharing. col. 417. *Præceptaria authoritas*, eadem notione, in Charta Ugonis et Lotharii Reg. Ital. ann. 932. apud Eccardum in Orig. famil. Habsburgo-Austr. pag. 151. *Præceptalis situlus,* in Charta ann. 1014. apud Murator. delle Antic. Estensi pag. 190.

1. **PRÆCEPTARE**, Præcipere, præceptum dare. S. Gerardus Abb. Sylvæ Major. in Vita S. Adelardi cap. 9 : *Omnia, quæ Præceptat S. Benedictus, etc.* [Hierat. juris pontif. pag. 99 : *Qui quidem cœlibatus tot tantisque Conciliis fuit Præceptatus, ut propter illum clerici auctorati dicebantur.*]

* 2. **PRÆCEPTARE** Terram, Præcepto seu diplomate regio prædium concedere, confirmare. Placit. ann. 1059. apud Murator. tom. 1. Antiq. Ital. med. ævi col. 965 : *Qui olim violenter invadens abstulit suprascripto monasterio et sibi terram Martinensem et Barbaritanam, quam Hugo et Lotharius reges Præceptaverunt præfato monasterio.*

¶ **PRÆCEPTARIUS.** Vide in *Præceptalis.*

¶ **PRÆCEPTIO**, ut *Præceptum.* Vide in hac voce.

* **PRÆCEPTIVE**, Præcipiendo, imperando. Annal. Victor. Mss. ad ann. 1378 : *Omnes una voce tumultuosa et horribili clamaverunt et vociferaverunt, dispositive aliqui, Romanum vel Ytalicum volumus vel habebimus : aliqui Preceptive, Romanum vel Ytalicum habeamus, alioquin, etc.*

PRÆCEPTOR, Dominus, Princeps, supremus Magistratus. Willelmus Tyrius lib. 20. cap. 31. de Assassinis : *Magistrum solent sibi præficere, et eligere Præceptorem, quem..... Senem vocant.* Vincentius Belvac. lib. 31. cap. 93 : *Assasini et eorum Præceptor Vetulus de Montanis.* Adde Jacobum de Vitriaco lib. 3. pag. 1142.

Præceptores Palatii, qui alias *Comites Palatii.* Walafridus Strabo lib. de Reb. Eccl. cap. 31 : *Quemadmodum sunt in palatiis Præceptores, vel Comites Palatii, qui secularium causas ventilant, etc.* Exstat ejusdem Walafridi Carmen *Ad Thomam Præceptorem Palatii*, tom. 6. antiq. Lection. Canisii pag. 630. Vita S. Aldrici Episcopi Cenomanensis cap. 9. apud eruditum Mabillonium tom. 5. Vitar. SS. Ord. S. Benedicti : *Super quibus jocundatus Imperator Augustus, eum Præceptorum Palatinum instituit, ut vita Imperialis Aulæ, et majora negotia suæ discretionis arbitrio definirentur.* Vide *Præcentor.*

☞ Quo postremo loco *Præceptorem* Mabillonius interpretatur Cancellarium, seu conditorem regiorum diplomatum, quæ pleraque *Præcepta*, ut infra dicetur, vocabant. Sane Aldricus Pippini Aquitaniæ Regis Cancellarius fuit, ut invenitur in binis litteris quas Labbeus refert in Miscellaneis curiosis. Posset et *Præceptor* hic intelligi Præfectus scholis palatii; sed utrum Aldricus hanc obtinuerit dignitatem alibi non legitur.

¶ Præceptores appellati videntur Abbates, in Charta Fulquini ann. 950. apud Miræum tom. 1. pag. 141 : *Ea vero ratione, ut Præceptores prædicti monasterii* (Gemblacensis) *ab hac die hoc habeant, teneant atque possideant, vel quidquid inde facere voluerint, liberam ac firmissimam, Christo propitio, in omnibus habeant potestatem.* Hæc quippe in solos Abbates convenire opinor.

☞ Hinc Monasteria quæ Abbatis Cluniacensis jurisdictioni subjiciebantur, Cluniacum monasterium dicebantur habere *Præceptorem* et *Vicarium.* Charta ann. 948. inter Instr. tom. 6. Gall. Christ. novæ edit. col. 296 : *Cluniacum denique monasterium hujus facti delego atque constituo Præceptorem et vicarium, quatenus ab hac die et deinceps domnus Aymardus abbas, qui prædicti cœnobii gubernacula pro moderamine nunc Deo annuente administrat, cunctique successores ejus easdem res omnibus diebus regant, ordinent, atque ut sibi placuerit in servitio Dei omnipotentis disponant.* Eadem habentur in Charta ann. 1065. ibid. col. 297.

Præceptores, dicti apud Hierosolymitanos et Templarios Milites, domorum, quas in provinciis possidebant, Procuratores, quos vulgo *Commandeurs* dicimus. Jacobus de Vitriaco in Histor. Hierosol. cap. 65 : *Pari modo summo et principali Magistro Hospitalis S. Joannis, Procuratores domorum, quos Præceptores nominant, certam pecuniæ summam singulis annis transmittunt.* [Adde Litteras Philippi Aug. Reg. Franc. tom. 3. Ordinat. pag. 260.]

☞ Sed non idem fuit hac in re totius Ordinis usus : *Præceptores* enim alicubi a Procuratoribus, Gallice *Commandeurs*, distinctos iisque superiores fuisse certo efficitur ex Tabular. Prioratus S. Joan. Tolos. ejusd. Ordin. : *Cum questio verteretur inter dominum Bertrandum de Opiniano militem ex parte una, et dominum Raimundum de Libra Præceptorem hospitalis S. Johannis de Ulmis ex altera.* In eadem Charta : *Cunctis sit notum hoc audientibus, quod lis et controversia verteretur inter fratrem Guillelmum Commendatorem hospitalis S. Johannis de Ulmis, etc.*

☞ Et quidem eo potissimum nomine nuncupati apud Templarios Magni Priores cujusque Provinciæ, penes quos summa erat in eorum Provincia potestas. Charta ann. 1183. ex Archivis Prioratus S. Egidii Arelat. : *Et ego Bernardus Catalanus Præceptor domus Templi, etc.* Charta ann. 1265. in Tabul. Latiniac. : *Frater Almaricus Præceptor domorum militiæ Templi in Francia, salutem in Domino, etc.* Testam. Gaufridi ann. 1252. apud Lobinell. tom. 2. Hist. Britan. pag. 399 : *Constituo etiam fratrem Guidonem de Bona Carmierna Præceptorem militiæ Templi in Aquitania executorem testamenti mei.* Epist. Ludovici Roman. Reg. ann. 1326. in Chron. Siciliæ apud Marten. tom. 3. Anecd. col. 95 : *Ad illustrem Fridericum Regem Siciliæ amicum nostrum, generosum virum fratrem Albertum de Avaretburch, Ordinis S. Johannis Jerosolymitani per Alamanniam Præceptorem..... destinavimus.* Chron. Trivetti ann. 1298. apud Acher. tom. 8. Spicil. pag. 700 : *In principio autem prælii Præceptor militiæ Templi in Anglia, et socius ejus qui erat Præceptor Scotiæ.... sunt perempti.*

☞ Neque vero hæc vox Templariorum propria fuit : occurrit enim alibi eodem sensu, scilicet pro quovis administratore seu procuratore rei alterius. Charta ann. 1305. inter Instr. tom. 6. Gall. Christ. novæ edit. col. 162 : *Bona temporalia ejusdem monasterii et exteriora regantur per dictum Præceptorem ab Episcopo et Capitulo supradictis instituendum et destituendum pro suo libito voluntatis : qui Præceptor sororibus de victu et vestitu, et aliis necessariis et servitoribus ejusdem monasterii et hospitalis eisdem Episcopo et Capitulo rationem reddat, quando et quoties per ipsos fuerit requisitus.* Sed et apud sæculares eodem intellectu usurpatur Præceptor, ut videre est in voce *Manaderius.*

Præceptoriæ, Prædia *Præceptoribus* assignata; *Commanderies.* Vide tom. 2. Monast. Anglic. pag. 546. et seqq.

* Formul. Instr. Ms. fol. 38 : *Ipsasque bajulas, Præceptorias, commendatorias et domus dicti prioratus ac membra ac grangias earumdem religioso in Christo nobis carissimo frati Fulconi de Villareto dictæ domus* (Hospitalis S. Joan. Hierosol.) *priori dicti prioratus Capuæ damus.*

☞ Has vero *præceptorias* inter beneficia proprie non censeri scribit auctor Compendiosæ Expositionis beneficiorum fol. 7. *cum a Papa legatove ejus et alio Ordinario non conferantur, nec obnoxiæ sint nominationibus, mandatisque apostolicis.* Charta ann. 1373. apud Lobinell. tom. 3. Hist. Paris. pag. 486 : *Considerantes quod domus et Præceptoria Parisiensis nova est plantatio,... præfatam domum et Præceptoriam S. Antonii Parisiensis... Præceptoriæ et baillivicæ Flandriæ univimus. Præceptorat de Montmorillon*, apud Catherinot. Patronag. Bituric. Vide *Præcepta.*

PRÆCEPTORIÆ Literæ, dicuntur in Jure Canonico, eæ, quibus præcipitur a Summo Pontifice, ut vacans alicui conferatur Beneficium. Earum formulam recitat Franciscus Florens in Decret. Greg. IX. pag. 73. 74. Vita MS. S. Gaugerici Episcopi Camerac. lib. 1. cap. 10 : *Deinde vero Rex eum datis comitibus cum Præfunctoria Epistola ad Egidium metropolitanum sedis Remensis Episcopum honorifice deduci præcipit, utque ab ipso juxta sanctorum Canonum instituta Sacerdos quidem et Pontifex quam decentissime ordinaretur.* Ubi legendum censuerim *Præceptoria.*

* **PRÆCEPTRICUM** Vicus, Parisiis, vulgo *Rue des Recommandaresses.* Charta ann. 1315. in Lib. rub. Cam. Comput. Paris. fol. 525. v°. : *Quamdam domum, quæ fuerat prædicti Benedicti, sitam Parisius in vico Præceptricum et haboutantem a parte posteriori in vico Vanneriæ.*

1. **PRÆCEPTUM**, Diploma Regium, Charta Regia. *Præceptum Imperiale*, in leg. 3. Cod. Th. de Incest. nupt. (3,12.) leg. 2. de Operib. public. (15,1.) Abbo Flor. in Canon. cap. 6 : *De Præceptis regalibus et imperialibus: Gloriosissimorum Regum potentia stabile firmumque esse voluit, quidquid vel opere præcipiendo constituit, maxime utilitatem Ecclesiæ suorum procerum suggestionibus ratum esse judicavit, etc.* Et cap. 7 : *Sunt Præcepta regalis, id est imperialis jussionis auctoritate roborata, quibus consentiunt Romanorum Pontificum privilegia sub excommunicationis anathemate decreta.* Theganus de Gestis Ludovici Pii Imperat. cap. 10 : *Jussit supradictus princeps renovare omnia Præcepta, quæ sub temporibus patrum suorum gesta erant Ecclesiis Dei, et ipse manu propria ea cum subscriptione roboravit.* Adde cap. 13. 19. Adrevaldus lib. 1. de Miracul. S. Benedicti cap. 19 : *Regali munificentia huic sacratissimo Cœnobio a priscis Francorum Regibus per Præcepti proprii syngrafum concessum fuerat, ut etc.* Ditmarus lib. 3 : *Præcepta, quæ munera regalia seu imperialia detinebant, igni comburebat.* Utuntur Gregorius M. lib. 7. Ind. 2. Epist. 17. 27. Gregorius Turonens. lib. 8. Hist. Franc. cap. 20. de Miracul. S. Martini cap. 15. Codex Carolin. Epist. 51. Aimoinus lib. 5. cap. 17. Capitula Caroli M. lib. 3. cap. 28. Synodus ad Theodonis villam cap. 4. Synodus Belvacens. ann. 845. cap. 4. Suession. ann. 853. cap. 6. 11. Capitula Caroli Calvi tit. 6. cap. 11. 24. tit. 27. cap. 4. tit. 32. cap. 6. Leges Luitprandi Regis Longob. tit. 55. § 4. [** 77. (6,24.)] Marculfus et vett. Formulæ passim, Helgaudus in Vita Roberti Francor. Reg. et alii.

Præceptio, Eadem notione, in Charta Caroli M. apud Meurissium in Episcop. Metensib. pag. 185. [in Diplom. Otthonis III. Imper. apud Miræum tom. 2. pag. 807. in Charta Ludovici Reg. Aquitan. apud Stephanot. tom. 3. Antiquit. Pictav MSS. pag. 238. etc.] Vide leg. 19. Cod. Th. de Judæis. (16,8.)

¶ Præceptus, Eodem intellectu. Placitum ann. 867. ex Tabular. S. Tiberii : *Quem (fiscum) Karolus Rex perenniter contulit ad jam dicto monasterio S. Tiberii per istos Præceptos... Sed cum ipsi Præcepti ante nos relecti fuissent, etc.*

☞ *Præceptum* vero seu *Præceptio* maxime dicebatur Diploma a Rege ad Metropolitanum missum, ut virum a se probatum et electum in Episcopum ordinaret; ejus formula habetur apud Marculfum lib. 1. form. 5.

* Pro Edicto publico, quo princeps rem aliquam aut personam in suam protectionem suscipit, usurpatur, in Decret. Henr. IV. imper. ann. 1118. apud Murator. tom. 3. Antiq. Ital. med. ævi col. 579 : *Precibus Teuzi venerabilis presbyteri commotus, Præceptum, quod appellant Bannum, misit super domo venerabili, hoc est, ospitali, quæ constructa est juxta Renum in Curte Marchionis, ut in omnibus rebus, quas comitissa Matildis eidem venerabili domui largita erat, vel in futurum ei possint adquiri, ab omni injuria permaneant inlæsa atque inviolata.* Vide in *Bannum* 1.

¶ Præceptum Denariale, Charta manumissionis quæ per excussionem denarii fiebat. Vide eumd. Marculf. ibid. form. 22. et supra in *Manumissio.*

☞ *Præceptum* dicitur Epistola Gregorii M. ab ipsomet Pontifice lib. 12. Epist. 9 : *Facta vero suprascriptarum rerum omnium traditione, volumus ut hoc Præceptum in scrinio Ecclesiæ nostræ experientia tua restituat.* Adde Epist. 13. lib. 7.

☞ Neque id Pontificum Romanorum proprium erat. Exstant quippe nonnulla aliorum Episcoporum *præcepta;* ejusmodi est *Præceptum* ab Ennodio Episcopi Ticinensis nomine scriptum, cujus meminit Mabill. Diplom. pag. 4.

☞ *Præcepta* seu *mandata* dicta etiam Parlamenti decreta, quibus pedaneis judicibus quæ in suis judiciis et assisiis observanda erant, præscribebantur. Quid inter *Arestum* et *Preceptum* intersit, vide in *Arestum* 1. Eodem nomine interdum donata Curiæ inferioris sententia. Litteræ Philippi Pulcri Regis Fr. ann. 1292. tom. 3. Ordinat. pag. 611 : *Quod habitatores dicti loci* (S. Andreæ Avenion.) *non teneantur libellum reddere infra quantitatem.... de qua Preceptum extet a Curia dicti loci, sigillo dicte Curie sigillatum.* Litteræ Johannis Reg. Franc. ann. 1362. ibid. pag. 606 : *Impediverunt et perturbaverunt, tum circa Præcepta et præconizationes pœnales in dicto loco S. Egidii fieri faciendo, etc.*

Præceptorum autem Regiorum formulam sic describit Papias : *Præcepta, mundiburdia magnatum et potestatum secularium sunt tantummodo. Proprie autem Regum vel Principum Præcepta signum certum non habent in exordio : sed quod facere collibuerit, vel crucem, vel chrismon, vel literam quamlibet circundatam serpentibus, vel quodlibet aliud. Solet autem prima linea Præceptorum longis et æqualibus literis figurari. Initium autem præceptorum hujusmodi est : In nomine sanctæ et individuæ Trinitatis, HE. gratia Dei imperator Augustus. Post hæc introducetur persona Imperatoris loquentis, reddentisque causam, qua inductus voluerit illud Præceptum statuere, dicens, Regiæ competere potestati* (al. *pietati*) *ut talium virorum, quibus ipse rogatus sit, non debeat contemnere preces, vel aliam, quam voluerit causam. Post hæc quod loco vel homini illi sua auctoritate concedat. In fine erit locandum : Ut quicunque contra illius Præcepti decretionem fecerit, mille auri optimi libras, vel tale quid, quod instituere Imperator voluerit, persolvatur, medietatem Regi, et medietatem loco, vel homini. Post hæc adjiciendum est, quod Imperator propria manu subscripserit, et proprio sigillo signari jusserit. In fine Monogramma est ponendum, in quo nomen Imperatoris, et Imperatoris Augusti, et Dei gratia connexum habeatur, vel alia, quæ Imperatorem deceant : Signum Domini Ottonis Serenissimi Imperatoris. Post hæc sic : Henricus Cancellarius * Ureg Vercellensis Episcopi recognovi. Factum anno Dominicæ Incarnationis M. indictione VI. anno vero ejus Imperatoris regni XII. Actum Romæ feliciter.* Hæc desunt in MS. Navarræo.

* 2. **PRÆCEPTUM**, Monitum, invitatio ad preces fundendas, quæ inter missarum solemnia fieri solet, vulgo *Recommendation.* Ordinar. Ms. S. Petri Aureæ-val. ubi de processione S. Marci : *Deinde dicatur missa cum suo officio consueto;.... et post Evangelium fiat offertorium commune omnibus, et per capellanum altaris fiant Præcepta consueta, videlicet pro pace ecclesiæ et regni, pro bonis terræ, pro temperie aeris et fugatione pestilentiarum et pro mortuis.* Infra ubi de Rogat. : *Quamdiu vero fit offertum, capellanus altaris facit Præcepta et recommendationes ad hoc consuetas, more solito cum suis suffragiis, videlicet de pace et pro deffunctis.* Vide infra *Precaria* 3.

PRÆCESSOR, Episcopus, Præsul, in Chronico Walciodorensi : *Eundemque locum, veluti superiorem, sub regimine Laudunensis Ecclesiæ Præcessoris constituit.* [Ibidem supra legitur, *Antistitis.*].

¶ Præcessor, Decessor, prior. Concil. Toletan. XVI. inter Hispan. tom. 2. pag. 746 : *Et quia Præcessor noster dignæ memoriæ Wamba Rex, etc.*

¶ Præcessus, Eadem notione. Charta ann. 1076. in Chartul. Aptensi fol. 62 : *Temporibus priscis a Præcessis patribus qui in ipsis fuerunt, mos per reliquum talis est ad tenendum electus, etc.*

¶ **PRÆCIÆ**, *Qui a Flaminibus præmittebantur, ut denunciarent opificibus manus abstinere ab opere; ne, si vidisset sacerdos facientem opus, sacra polluerentur.* Festus. Unde Apuleius Metamorph. lib. 11 : *Præciæ, qui facilem sacris viam dari prædicarent.* Iidem qui *Præciamitatores*, vel potius *Præclamitatores* eidem Festo dicuntur.

* **PRÆCIAGIUM**, pro *Preciagium.* Vide infra *Presiagium.*

¶ **PRÆCIDANIUS**, Præcedens. Acta S. Rumoldi tom. 1. Julii pag. 265 : *Editum est hoc miraculum ipsis Præcidaniis diei Jovis sacræ.*

1. **PRÆCINCTA**, Præcinctum, Ambitus, fines ac limites, intra quos locus quispiam *præcingitur*, concluditur. Vita S. Frontonii in Vitis Patrum n. 8 : *Et abierunt per viam juxta Præcinctum montis, euntes soli.* Ubi quædam editiones habent *præcinctorium.* Charta Vindiciani Episcopi Cameracensis apud Miræum in Diplomat. Belg. lib. 1. cap. 5 : *Non aliquis præsumat in his, quæ diximus, aut in villis inibi pertinentibus Præcinctam habentibus, inferre aliquam molestiam, etc.* Charta Henrici Imper. ann. 1101. in Hist. Lobiensi lib. 9. pag. 400 : *Ambitum quoque Monasterii, quem Præcinctum vocant, sicut ab eodem Imperatore Ot-*

tone determinatus est, nos quoque concedimus, ut sint undique termini, rivulus videlicet etc. Charta Philippi Regis Franc. ann. 1065. ex Tabulario S. Petri Hasnoniensis : *Supplicaverunt, ut Præcinctum parochiæ totius villæ Hasnoniensis..... ab omni exactione absolutum firmaremus.* [Charta Guidonis Comit. Flandr. ann. 1257. in Tabul. S. Barthol. Betun. : *Habent infra Præcinctum territorii, domini ac feodi nostri, etc.* Vide *Procinctus* 2.]

* 2. **PRÆCINCTA**, Gravida, prægnans, Gall. *Enceinte.* Charta prior. S. Eutrop. Sancton. in Chartul. Cluniac. : *Quædam vilis muliercula veniens in nostra præsentia, quendam filiolum suum secum adducens, dicens et afferens quod filium suum, quem secum adduxerat, Willermus sacrista de Ronsenac genuerat, et de alio, de quo ipsa erat Præcincta, ipsam imprægnaverat, etc.* Vide supra *Incincta.*

¶ **PRÆCINCTI**, nude dicti milites Vulcatio Gallicano in Avidio, a cingulo militari quo præcinguntur. : *Sed vide ne tibi, et liberis tuis non bene consulat, quum tales inter Præcinctos habeas, quales milites libenter audiunt, libenter vident.* Hæc post Carolum de Aquino in Lex. milit.

PRÆCINCTORIUM, Vestis sacerdotalis. In veteri Missa, ab Illyrico edita, habetur oratio *ad Præcinctorium*, cum illud scilicet induit Episcopus, sacra facturus : *Præcinge me, Domine, virtute, et pone immaculatam viam meam.* Ubi Cardinalis Bona *Præcinctorium* esse ait, quod Honorius lib. 1. cap. 206. *Subcingulum* sive *Subcinctorium* vocat, solumque Romanum Pontificem eo uti, cum solemniter celebrat, esseque instar parvi cujusdam manipuli, e sinistro latere pendens; illudque videri, quod Græci ἐπιγονάτιον vocant, formæ quadrangularis palmi et dimidii ex utroque latere, quod e zona appensum gestatur, et solis Episcopis ratione dignitatis permittitur.

☞ Interdum nihil aliud videtur fuisse *Præcinctorium* quam linteum quo Pontifex præcingebatur. Ita accipienda hæc vox in Pontificali Eccl. Bisunt. apud Marten. de ant. Eccl. Discipl. pag. 311. ubi de ablutione pedum in Cœna Domini ab Archiepiscopo peragenda : *Interim dum legitur Evangelium præparentur luteus et manutergia, et Præcinctoria, et cetera vasa quæ necessaria sunt ad abluendos pedes.*

PRÆCINCTURA, Exactio, teloneum, vectigal. Charta Otheboldi Abbatis Gandensis : *Sed et Præcincturas, et telonea in omni regno suo nobis..... indulsit.* Apud Duchesnium in Histor. Limburgensi pag. 25.

* **PRÆCIPERE** Antiphonam, Illam præcinere. Ordinar. Ms. S. Petri Aureæ-val. : *Psalmo sic finito, unus de cantoribus Præcipiat antiphonam de Magnificat domno abbati, et abbas dicat antiphonam, videlicet,* Vespere autem Sabbati. Aliud Ms. eccl. Camerac. fol. 6. v°. : *Cantor major procedit in choro in capa sua... Præcipiens O majoribus per ordinem.* Vide *Imperare antiphonam.*

PRÆCIPITARIA, Præcipitatoria, Aries, machina bellica, quæ muros præcipitat et diruit : pro *petraria.* Matth. Paris ann. 1242. pag. 396 : *Ipsi igitur dictum castrum solito acerbius impugnantes, tam truculenter, tam infatigabiliter erectis mangonellis flagellarunt, compositis petrariis dissiparunt, compactis Præcipitariis impegerunt, etc.* Idem ann. 1248. pag. 502 : *Muros et castra civitatis mangonellis, petrariis, et Præcipitatoriis undique erectis flagellarunt.*

1. **PRÆCIPITIUM**, Ipsa præcipitatio, in Concilio Braccarensi ann. 593. cap. 16. præsertim pœna *præcipitationis*, qua reus sententia judicis de excelso aliquo loco præcipitatur, olim recepta, ut observatum a Petro Fabro lib. 1. Semestr. cap. 18. lib. 2. cap. 7. falsumque esse, quod tradit S. Augustinus tract. 11. in Evangel. Joannis, hocce supplicii genus veteribus inauditum : *Quando potestates Romanæ talia supplicia decreverunt, ut præcipitarentur homines?* Infra : *Potestates Romanæ nunquam talibus suppliciis usæ sunt.* Κρυμνώδης θάνατος, apud Georg. Acropolitam in Chron. cap. 5. Certe posterioribus sæculis in usu fuisse complura ostendunt exempla, in Vita S. Kentigerni Episcopi Glascuensis n. 3. apud Continuatorem Aimoini lib. 5. cap. 53. Galbertum in Vita Caroli Comitis Flandr. num. 123. Herimannum de Restaurat. S. Martini Tornacensis cap. 35. Ordericum Vitalem lib. 12. pag. 885. Willel. Malmesbur. lib. 5. pag. 155. Auctorem Gestorum Ludovici VII. cap. 3. Gaufridum Villharduinum num. 163. Joannem Cinnamum lib. 6. n. 2. pag. 129. Pachymerem lib. 9. cap. 26. Laonicum lib. 1. pag. 23. edit. reg. Theophanem ann. 10. Zenonis, etc. [Vide Pitiscum in Lex. Antiq. Rom. v. *Præcipitatio.*] Huc etiam spectat Charta Henrici Ducis Brabantiæ pro Communia Bruxellensi ann. 1229 : *Qui false mensuraverit, præcipitabitur.* [** Ubi nonnulli interpretantur Exterminabitur ex urbe.]

In Præcipitia Jactari, apud Julium Firmicum lib. 3. cap. 5. Concilium Braccarense I. cap. 16 : *De his qui sibi mortem violentam inferunt per Præcipitium.*

* 2. **PRÆCIPITIUM**, Machina bellica, quæ lapides projicit. Tract. Ms. de Re milit. et mach. bellic. cap. 45 : *Et est inventa* (bombarda) *in vice mangani sive Præcipitii projicientium lapides.* Et cap. 101 : *Mittantur in caratellis sive laginis, alias barilibus; et per Præcipitium aut manganum maximum in rocham præcipitentur.* *Precipiter*, pro *Presser*, Urgere, instare, in Lit. remiss. ann. 1448. ex Reg. 179. Chartoph. reg. ch. 209 : *Le suppliant n'avait bonnement de quoy acheter des anneaulx d'argent à sa femme pour mettre en ses doiz et s'en parer; et pour ce que.... sadite femme l'en Précipitoit fort de lui en donner, etc.* Vide *Præcipitaria.*

* 3. **PRÆCIPITIUM**, Prolapsio, ruina, eversio. Formul. Instr. Ms. fol. 68. v°. : *Quoniam ecclesia B. Mariæ de.... quasdam domos habebat juxta se positas, quæ ruinam et Præcipitium minabantur, etc.*

¶ **PRÆCIPUISSIMUS**, Titulus honorarius Comiti et Abbati concessus, in Chartul. S. Vandreg. tom. 2. pag. 2060 : *Hæc ideo scribi jussi astantibus et auctorizantibus Præcipuissimis viris, scilicet Medrognone Comite, Gerardo Abbate, cum subjacenti signo crucis.*

¶ **PRÆCIPUITAS**, Præcipuum, vox forensis, Jus præcipuum, quidquid a parentibus alicui e liberis, vel a conjugibus sibi invicem datur prærogativo jure, Gallice *Préciput, avantage.* Donatus Æneid. 5. v. 249. *Præcipuum* definit, *Quod præter communionem singulis proprio nomine deputatur. Præcipuum* etiam dicitur, inquit Brissonius in verb. signif. *quod neque in collationem neque in divisionem venit.* Apud Normannos *Præcipuum* prætèrea vocatur ea hæreditatis pars quæ primogenito præter præcipuum feodi manerium assignatur; quod *Préclotures* appellant Consuet. Santonensis art. 95. Inculism. art. 88. et *Clotures*, nude Trecensis art. 4. Vitriac. art. 55. Quid autem hac voce intelligendum docet Consuet. Angeriac. art. 95 : *Es préclotures sont compris lès domaines joints, contigus, et adjacens à l'hotel ou manoir pris ou élu par le fils ainé, ou qui le represente sans evidente et apparente separation, soit de murailles, fossez, chemins ou cours d'eau, sauf et reservé les moulins détreignables et fours à ban, les revenus desquels, supposé qu'ils soient assis en et au dedans des préclotures se précomte comme l'autre revenu des successions; et au regard des fuies et garennes, si elles sont au dedans des préclotures, le fils ainé les a par preciput et advantage.* Sidon. lib. 6. Epist. 12 : *Illud deberi tibi quodam, ut Jureconsulti dicunt, Præcipui titulo.* Charta ann. 1409. apud Baluz. tom. 2. Hist. Arvern. pag. 413 : *Quibus casibus et eorum quolibet dicta summa dotalis dictarum viginti sex millium librarum sit et pertineat dictæ Johannæ aut ipsius liberis vel descendentibus ex ipsis liberis in Præcipuitatem et avantagium ultra portionem hæreditariam.* Vide *Avantagium* 2.

* *Précipuité*, eadem notione, in Lit. remiss. ann. 1481. ex Reg. 206. Chartoph. reg. ch. 708 : *Icellui Gaullaume fist tant envers leur pere qu'il s'estoit fait donner la quarte partie de tout ses biens en Précipuité et avantaige de ses autres enfans.*

* **PRÆCISA**, Sententia, judicium. Lit. Ludov. dalph. ann. 1411. tom. 9. Ordinat. reg. Franc. pag. 600. art. 3 : *Quod Præcisæ latæ, quæ etiam per solam contumaciam conceduntur, habent vim diffinitivæ sententiæ, et pars rea postea non auditur ad aliquam exceptionem proponendam, etc.* Pluries ibi. Cui voci illustrandæ hæc profert doctus Editor ex Guid. Papa quæst. 15. art. 3 : *Judex.... præfixit dicto principi terminum præcisum ad opponendum alteram dictarum trium exceptionum, secundum dictum stylum; alias, quod concederet Præcisas.*

* **PRÆCISE**, Omnino, prorsus. Charta ann. 1264. in Chartul. Buxer. part. 6. ch. 50 : *Concedimus imperpetuum penitus et Præcise...... domum nostram.... sitam Belnæ.*

¶ **PRÆCLARARE**, Præcellere, enitere, præclarus fieri. Charta Johannis Francorum Reg. pro capella S. Yvonis : *Beati Yvonis laudes et merita quibus inter humanos ante pauca tempora sanctitate Præclaravit, etc.*

* Epist. ad Nic. Trevir. episc. tom. 4. Collect. Histor. Franc. pag. 76 : *Multa tamen fuerant, quæ de vestræ clementiæ fama Præclarari debuerant.*

* **PRÆCLARIA**. Charta Otton. III. im-

per. ann. 1210. : *De nostra benignitate concessimus alienationes sive invasiones factas ab aliquo suorum parentum, contra formam feudi, de castris sive castellis,.... teloneis, pedagiis, curadiis, Præclariis, etc.* Sed legendum fortassis *Precariis*. Vide *Precaria* 1.

¶ **PRÆCLARISSIMUS**, Titulus honorarius interdum Episcopis concessus, ut colligitur ex Charta ann. 1129. inter Instr. tom. 6. Gall. Christ. novæ edit. col. 34.

PRÆCLAVA, PRÆCLAVIUM, παρυφή, *Prætexta*, in Gloss. Gr. Lat. [Nonius : *Præclavium, pars vestis, quæ ante clavium texitur.*]

PRÆCLUIS, *Inclytus, valde gloriosus*, Papiæ. Nizo Abbas in Vita S. Basini Archiep. Trevir. n. 4 : *Crevit pusio Præcluis, suorum natalium, vitæ dulcedo pariter et gloria.* Occurrit præterea apud Martianum Capellam lib. 1. Bonifacium in Vita S. Livini Episc. cap. 2. Suenonem in Histor. Danica cap. 2. 3. 5. etc. [Epitaph. Hucboldi tom. 3. Annal. Bened. pag. 692 :

Præcluis orator, sudans opobalsama cosmo.

Præcluentissimus, in Translat. S. August. Cantuar. tom. 6. Maii pag. 439.]

¶ PRÆCLUUS, Eadem notione, apud Mabill. tom. 3. Annal. pag. 297 : *Sæculari nobilitate Præcluus* Ludelmus.

PRÆCLUERE. Auspicius Episcopus Tullensis ad Arbogastem Comitem : *Et geminato lumine* [sic] *Præcluis omnibus.* Utitur etiam Terentianus Maurus :

Et qui venusta Præcluent comœdia.

Vide *Cluere*.

PRÆCO, Prætor, seu Judex Urbanus, *Major*, nostris *Maire*. Charta Donationis Burgi Angeriacensis Abbati S. Joannis a Guillelmo Duce Aquitaniæ factæ anno 1048. apud Beslium pag. 430 : *Ipse etiam Abbas habet in villa credetiam 15. diebus : habet etiam Præconem in villa, etc.* Speculum Saxonicum lib. 3. art. 55 : *Super Illustrium vitam, et eorum sanitatem, nemo judex existit, nisi Imperator. Super vitam bannitorum condemnatorum ; nullus nisi verus Præco judicabit.* Art. 56. § 1 : *Præco communis, cum a judice et Scabinis fuerit electus, Regi tenetur fidem facere secundum jus Liberorum.* Art. 61. § 3 : *Præco ad minus dimidium mansum habere debet proprietatis. Omnes illius jurisdictionis ab ortu solis, si judex ibi fuerit, usque ad meridiem judicium debent expectare.* Ubi *Præcones* isti, quos Saxones *Fronbotten* [** i. e. missi dominici] vocant, sunt minores Scabini, ut observat Gryphiander in Wichbildis Saxonicis cap. 57. Præcones vero ejusmodi ex Liberis hominibus, quos *Proprietarios* vocabant, eligebantur, ut est in lib. 1. art. 2. § 5. Concilium Saltzburgense ann. 1281. can. 15 : *Statutum..... contra Patronos, et judices et Præcones editum ; qui bona invadunt decedentium Clericorum, etc.* Adde Metropolim Salisburgensem tom. 2. pag. 30. 574. tom. 3. pag. 398. 409. Charta Friderici II. Imp. ann. 1193. pro Monasterio S. Quirini Tegernsehensi : *Sculketos et Præcones de cætero nullos instituat ad quod officium Abbas viros aptos, quos voluerit, provideat, etc.* Consuetudines Arkenses ann. 1231. in eodem Tabulario S. Bertini : *Præco vero Choræ neminem pandare potest, nisi per judicium Choremannorum.* Id est, *Major villæ*. Infra : *De vino vel cervisia male mensuratis, quinque solidos, de quibus habebit Præpositus duos, Chora 2. solidos, et Præco 12. denarios.* Nescio an hac notione *Præconem* intellexerit Gauterius de bellis Antiochenis pag. 443 : *Dux igitur Vicecomitem* (Antiochiæ) *ad se vocari jubet, Vicecomes Prætorem, Prætor Præconem, Præco Judicem, etc.* [Vide *Poprauco*.] [** et Haltaus. Glossar. German. voce *Fronbote*, col. 535.]

PRÆCONATUS, *Majoratus*, Gall. *Mairrie*. Tabular. S. Bertini ch. 109 : *Recognoverunt se vendidisse... et ad Legem werpivisse cum omnibus solemnitatibus, quæ in venditionibus et werpitionibus solent et debent adhiberi pro evidenti necessitate sua Præconatum, sive Majoratum, terras, nemora, et alia quæcumque habebant, et habere consueverant in dominio de Arques, etc.* Charta Gervasii de Castello novo ann. 1286. in Tabul. Monast. S. Vincentii de Nemore : *Custodiant, et ab omni læsione prælegant, videlicet de meo proprio Præconatum Castri-novi de dono Garzonis Brusle, Præconatum Brueroliarum de dono Nicolai Gardin.*

¶ PRÆCO, Concionator, in charta ann. 1208. Vide infra in *Præconare*.

* PRECO B. MARIÆ VIRGINIS, an S. Bernardus? Charta apud Ludewig. tom. 9. Reliq. Mss. pag. 546 : *Datum Muncheberg anno Domini millesimo trecentesimo quinquagesimo tertio in vigilia sancti Preconis B. Mariæ Virginis gloriosæ.* [** An *præsentationis*?]

PRÆCO, Apparitor, viator, Italis *Commendador*, nostris *Serjant* : in Statutis Venetis ann. 1242. lib. 1. cap. 14. Ita *præcones* ; pro iis, quos *servientes* dominicos, seu *Sergeans de Seigneuries* appellamus, usurpat Regestum Castri-Lidi in Andibus f. 48 : *Præco de Susa debet hominium et ligeriam Domino Susæ, etc.* Infra : *Si Præco custodierit prisonem in castello, expensam suam debet habere, et facere ea, quæ ad Præconariam pertinuerint.* [Charta ann. 1348. ex Schedis Præsidis *de Mazaugues* : *Sit eis licitum constituere et creare bajulos, judices, notarios, nuntios et Præcones.*]

¶ PRÆCONATUS, *Præconis* officium. Statuta Massil. lib. 1. cap. 39 : *Generaliter decernimus ut præco publicus civitatis Massiliæ teneatur annuatim jurare se bona fide Præconatus officium exercere.*

¶ PRÆCO VINI, Qui vinum venale proclamat, Gall. *Crieur de vin*. Huic sua erant jura a præconis publici privilegiis distincta. Apud Bituricas duodecim ejusmodi præcones instituti erant, quibus suus erat præfectus. Charta Ludovici Junioris Reg. Franc. ann. 1141. apud Thomasserium in Biturig. pag. 61 : *Adsint omnimodo Præcones in urbe* (Bituricensi) XII. *habeantque quique per tabernas suas cum solito clamitante præconio per civitatem, ut mos eorum est, vina delibanda portaverint de primo incrallo denarium unum ; in secunda vero aut tertia, ampliorive, si fiat, admiratione* (f. adeneratione) *pretii tabernarum apertione, quotiescumque sic secundo vel sæpius reclamitaverint, de quocumque incrallo denarios singulos præconii jure recipient.... Verumtamen si quando banna fieri præceperimus, aut ille qui Præconibus præest, etc.* Vide *Clamator*.

¶ PRECONIARIUS, Eadem notione, in Litteris Ludovici VII. Reg. Franc. ann. 1168. tom. 1. Ordinat. pag. 16 : *Tabernarii et Precontarii vinum non emant Aureliis, ut ibidem revendent in taberna.* Ibid. in versione Gallica : *Li tavernier, li Crieur de vins, n'achetaient vin à Orliens, etc.*

PRÆCONES, Circulatores, in Canonib. Hibern. lib. 42. cap. 15.

¶ PRÆCO, Stimulator, nostris *Boute-feu*. Ivo Carnot. Epist. 192 : *Hæc et his similia Præcones hujusmodi non intelligentes aut non legentes suadent monachis ut monasteria sua deferant.*

PRÆCONARE, Prædicare, extollere, *Préconiser*. Gloss. Græco-Lat. : Κηρύσσω, *Præcono, prædico.* Martianus Capella lib. 17 : *Ingressuros etiam cunctos nominatim vocabat fama Præconans.* S. Eulogius lib. 1. Memorial. Sanct. : *Solvite divinis laudibus ora, summique Redemptoris beneficia extollentes, Præconate et dicite, etc.* Infra : *Qui liber.... vestrorum actuum gloriosam memoriam Præconatur.* Adde lib. 2. cap. 1. lib. 3. cap. 13. *Præconari* etiam dixit Honorius Augustodunensis lib. 3. c. 1. Vide S. Maximum Homil. 1. de Natali Domini, Petrum Bles. Homil. 6. Joannem Sarisber. lib. 7. Policrat. cap. 19. 23. et aliis locis, Herimannum de Restaurat. Monaster. S. Martini Tornacensis cap. 114. Eadmerum lib. 2. Hist. Novor. Acta S. Foranni Abb. n. 5. Acta Archiep. Rotomagens. pag. 447. etc.

¶ PRÆCONARI, Declarare, pronunciare. Chronic. S. Trudonis apud Acher. tom. 7. Spicilegii pag. 375 : *Hinc episcopalis interdictio, quæ sacrilegos illos Præconabatur ex oblatione fidelium non debere stipendiari, etc.*

¶ PRÆCONARE, Proclamare. Chron. Bergom. ad ann. 1393. apud Murator. tom. 16. col. 877 : *Die Veneris* XII. *Octobris dicti anni cridatum et Præconatum per et inter Nobiles, etc.* Vide in *Crida*.

¶ PRÆCONARE, Cantare, vel recitare. Mirac. S. August. Cantuar. tom. 6. Maii pag. 409 : *Ad nonam, dum Missa intonatur, ille intentus orabat : dum Evangelium Præconatur, etc.*

PRÆCONARI, Alia notione. Anonymus lib. 4. de Miraculis S. Benedicti c. 12 : *Quidam rusticus, dum Sacerdote ex more Præconante, audisset celebrem solemnitatem translationis patris Benedicti annuntiari,..... parvi pendens ejusdem præceptum Sacerdotis, qui jusserat omnes parochiales suos esse feriatos, statuit eo die agriculturæ operam dare, etc.* Ubi *Præconari*, est quod dicimus *Faire le Prône* : adeo ut non tam improbanda sit Salmasii sententia, quam attigimus in Descript. Ædis sophianæ num. 81. qui postremam hanc nostratem vocem a *præconium* deducendam putavit.

☞ Certe ea notione *Præconari*, pro concionari, occurrit in Sententia Navarri Episc. Conseran. ann. 1208. apud Marten. tom. 7. Ampliss. Collect. col. 93 : *Abbatis præconem obmutescere facientes, alium qui quotidie Præconaretur, auctoritate consulum et populi creaverunt.*

PRÆCONABILIS, Prædicabilis, prædicandus. S. Eulogius lib. 1. Memor. Sanct. : *Præconabili stylo.* Idem in proœmio Documenti Martyrii : *Siquidem Præconabilis est virorum victoria, excellentior tamen fœminarum extollitur palma.* Et lib. 1. Memor. Sanctor. : *Non tamen parvipendenda est invictissimi illius Joannis constantia Præconabilis.*

¶ Præconatio, Vaticinium, prædictio, in Guidonis Discipl. Farf. c. 49 : *Crux Prophetarum Præconatio. Crux scandalum Judæorum.*

¶ Præconatus, Eadem notione. Mirac. S. Johannis Beverlac. tom. 2. Maii pag. 144 : *Cum et præter morem consuetam horam surgendi prævenirent, et bipartitus lapidum casus, Præconatus vicem gerens, eis persuasisset, ut alio se transferrent, etc.* Hinc

Præconizare, [Vaticinari, prænunciare.] Vitæ Abbatum S. Albani : *Præconizabat eum..... Conventum conculcaturum.*

¶ Præconizare, Promulgare, bannum indicere, denunciare. Statuta Edwardi I. Regis Angl. ann. 1283. apud Rymer tom. 2. pag. 262 : *Item si quis intraverit de die ortos, vineas, etc. postquam quolibet anno Præconizatus fuerit, in 2. solidis et dimidio..... pro justitia puniatur.* Charta Libertat. Bellomont. ex Cod. MS. Coislin. nunc Sangerm. : *Pro quolibet porco ipsorum..... et ratione panagii Præconizati;... Sed panagium Præconizatum tantummodo nobis solvent. Præconizata igitur pace*, in Vita S. Cathar. Senens. tom. 3. April. pag. 919. et 936. *Præconizata guerra*, in Charta Confœderationis ann. 1369. apud Marten. tom. 1. Anecd. col. 1504.

¶ Præconizare, Præconis voce causam condemnationis alicujus rei declarare. Id moris a Romanis accepimus, apud quos istud erat præconis inter cætera officium, ut lictoribus de damnatis pœnas exigentibus, eorum elogium pronuntiaret, leges que timendas populo inculcaret. Unde illud Horatii Od. 4. lib. 1 :

> Sectus flagellis hic triumviralibus
> Præconis ad fastidium.

Charta ann. 1276. tom. 1. Hist. Dalph. pag. 25. col. 2 : *Petrus Libardi de Saisseu testis juratus, interrogatus si unquam vidit fieri Præconisationes de aliqua justitia corporali quam fecerit, et alii per dictos Comites, dicit quod non; quia non Præconisantur parvæ justitiæ, nisi justitia de morte.*

☞ *Præconizare* est in jus citare, vocare, præsertim cum illud fit publica promulgatione. Charta apud Lobinell. tom. 2. Histor. Britan. col. 1618 : *Et ibidem fuit voce proclamatus et Præconizatus nobilis vir Oliverius de Quelen.... cui Præconizationi comparuit ibidem nobilis vir Conanus de Pontquellec.* Statuta Massil. lib. 5. cap. 53 : *Rector vel judex, vel ullus alius officialis curiæ non valeant ipsum* (civem) *facere Præconisare, nisi constaret manifeste ipsum requisitum esse vere contumaciam* (contumacem.) *Personnnes appellées ou Préconisées*, in Consuet. Pictavens. art. 444.

¶ Præconizatio, Præconium, criminis et judicii per præconem denuntatio, bonorum alicujus præconium, atque etiam quævis publicatio. Charta ann. 1276. tom. 1. Hist. Dalph. pag. 24 : *Item dicit quod Præconisationes justitiarum consueverunt fieri ad mandatum Correariorum; aliæ vero Præconisationes factæ sunt et fieri consueverunt nomine Archiepiscopi et Comitum, excepta Præconisatione miraculorum, quæ solum habent fieri per Archiepiscopum. Item quod Præconisationes ponuntur et consueverunt poni per curiam Archiepiscopi.* Edictum Johannis Regis Franc. ann. 1362. tom. 3. Ordinat. pag. 606 : *Impediverunt et pertubaverunt tam circa precepta et Preconizationes penales, etc.* Epistol. Alphonsi Reg. Aragon. inter. Conc. Hisp. tom. 3. pag. 661 : *Perturbatis, diversa mandata pœnalia, inhibitiones et banda ac diversas Præconizationes contra libertates ecclesiasticas... faciendo.* Adde Menester. Hist. Lugdun. pag. 12. 101. et Statuta Massil. lib. 1. c. 1. § 16. Vide *Crida*.

¶ Præconisatio, Quod propter *præconizationem* domino exsolvitur. Charta ann. 1348. ex Schedis Præsid. *de Mazaugues : Sit eis* (dominis de Masalgis) *licitum.... præconisationes facere,..... et Præconisationes habere.*

¶ Præconisari dicebatur dominus alicujus loci, cum eo adveniens, vexilloque ejus in loco eminentiori apposito, præconis voce dominus proclamabatur. Enumeratio jurium Comit. Biterr. in civit. Albiensi ann. 1252 : *Item quando idem dominus Rex fecit transitum per terram Albiensem, tunc cives Albienses præstiterunt eidem sponte juramentum fidelitatis tanquam domino, vexillum ipsius fuit appositum supra ecclesiam cathedralem, et fuit Præconisatum pro ipso in eadem civitate.*

* Præconia, *Præconis* seu apparitoris officium. Correct. statut. Cadubr. cap. 89 : *Neque possint dicti caballarii aliquo pacto in officio Præconiæ se impedire.*

* Præconisatio Armorum, Convocatio ad arma. Libert. Figiac. ann. 1318. tom. 7. Ordinat. reg. Franc. pag. 663. art. 12 : *Præconisatio armorum mandato nostro aut nostrarum gentium, etc.*

¶ **PRÆCONCEDERE**, Promto animo concedere. Bulla Johannis XXII. PP. ann. 1322. in Bullar. Carmel. : *Istam gratiam et amplam meo sancto ac devoto Carmelitarum ordini confirmationem habeas Præconcedere.*

¶ **PRÆCONFORTARE**, Corroborare, fortem reddere. Hildebertus in Vita B. Mariæ Ægyptiacæ tom. 1. April. pag. 84 :

> Præconfortabat mentem, corpusque juvabat.

PRÆCONIA. Vide in *Præco*.

¶ **PRÆCONIALE**, Præconium, laus. Vita S. Wolbodonis tom. 2. April. pag. 858 : *Jure igitur ad illum sancti Job derivatum sit Præconiale : si negavi, quod volebant, pauperibus.*

¶ **PRÆCONICUS**. Vide *Præconius*.

¶ **PRÆCONIOSUS**, Honorificus, gloriosus. Guibertus in Vita sua lib. 2. c. 2 : *Initia plane cum solitæ plena laudis habuerit, et per annos aliquos rumor ei Præconiosus accesserit, etc.*

PRÆCONISATIO. Vide in *Præco*.

¶ **PRÆCONIUS**, Ad præconem spectans. *Voce præconia divulgare*, id est, per Præconem, in Charta ann. 1314. Occurit prætera in Charta ann. 1348. ex Schedis Præs. *de Mazaugues*, et in Chron. Corn. *Zantfliet* apud Marten. tom. 5. Ampl. Collect. col. 380. *Præconica vox*, apud Laur. Byzyn. de Orig. belli Hussit. tom. 6. Reliq. MSS. Ludewig. pag. 154.

¶ **PRÆCONIZARE**, Præconizatio. Vide in *Præconare*.

** **PRÆCONSUL**, Primus consulum, in Epitaph. Rolandini Passagerii apud Savin. Histor. Jur. Rom. med. tempor. tom. 5. cap. 45. sect. 10.

¶ **PRÆCONTRACTUS**, Contractus præcedens, superior. Charta ann. 1598. apud Rymer. tom. 16. pag. 331 : *Visum est caveri ne ullæ facultates sive indulgentiæ de celebrando absque bannis matrimonio concedantur.... primo quod nullum postea constabit impedimentum Præcontractus, consanguinitatis, etc.*

¶ **PRÆCOQUUS**, Prudens. Gerardus in Vita S. Udalrici sæc. 5. Bened. pag. 422 : *Quo suscepto* (Camerarii officio) *et aliis secundum suam dignitatem beneficiis, sicuti Præcoquus erat, in omnibus prospere agens, de die in diem proficiebat.* [** Præcox. Vide Forcellinum.]

* **PRÆCORDIALIA**, Præcordia. Charta Rob. reg. ann. 1003. tom. 10. Collect. Histor. Franc. pag. 581 : *Imo ab ipsis prædonum Præcordialibus, tanquam pene jam exesi agni offas a lupini lacuna ventris, abstrahunt.*

¶ **PRÆCORDIALIS**, Intimus. Conradus in Epist. ad Porphyrog. Comnenum apud Murator. tom. 6. col. 660 : *Tibi, sicut Præcordiali filio et fratri charissimo, deficere et deesse non possemus.* Vita S. Henrici Imper. tom. 3. Julii pag. 757 : *Cujus sanctissimam imitationem paterna et Præcodialis dilectione intuentes.*

* **PRÆCORDIALISSIMUS**, Amicus ex animo. Testam. Simon. de Drocis ann. 1329 : *Carissimus et Præcordialissimus meus dominus Johannes de Cantu-merulæ, etc.* Vide *Præcordialis*.

¶ **PRÆCORDIALITAS**, Impensus amor, intimus affectus, apud Engelbertum de S. Mariæ virtutibus, tom. 1. Anecd. Pezii part. 1. col. 558.

¶ **PRÆCORDIALITER**, Toto corde, ex intimo affectu, in Litteris Henrici III. Regis Angl. ann. 1262. apud Rymer. tom. 1. pag. 748. *Præcordialius, ardentius, vehementius*, in Lex. Philos. Goclenii.

¶ **PRÆCORDIARE**, Destinare, eligere. Conc. Trevir. ann. 1310. apud Marten. tom. 4. Anecd. col. 235 : *Ad hoc enim Deus Præcordiavit episcopos ut injustitias removeant, præsumtiones abscindant.*

PRÆCORDIARI, *Gaudere, lætari*, apud Joannem Diac. in Actis S. Isidori Agricolæ n. 21.

PRÆCORDIUM, numero singulari, non semel occurrit apud vett. interpretem Epistolæ S. Barnabæ, ubi Græcè habent καρδία.

¶ **PRÆCULA**, *Machina*, apud Laur. in Amalth.

PRÆCURSUS. Vide *Percursus*.

* **PRÆCUSTODIRE**, Præcavere. Juram. episc. Varm. ann. 1479. inter Leg. Polon. tom. 1. pag. 235 : *Omnem machinationem, quam practicari subodoravero,..... Præcustodiam tempestive et avisabo.*

¶ **PRÆCUTORIUM**, f. Promontorium.

Carpesanus Comment. suorum temporum apud Marten. tom. 5. Ampl. Collect. col. 1253 : *Alii, quia pars ejus* (Aprutii) *Præcutorium quondam esset, corrupto nomine pro præcutio, Aprutium dictum volunt.*

¶ 1. PRÆDA, Prædator, qui *prædam* exercet, Gallice *Pilleur*. Elmham, in Vita Henrici V. Reg. Angl. edit. Hearnii cap. 60. pag. 164 : *Ne Anglicis Prædæ succumberent, ad propria redire curabant.*

* A Prædari nostrates dixerunt *Praer, Praier, Preher* et *Proier*. Chron. S. Dion. tom. 7. Collect. Histor. Franc. pag. 145 : *Tout quanque li Proieor de l'ost l'empereor avoient Proié, et il meismes furent Proié de leur anemis.* Et tom. 8. ejusd. Collect. pag. 350 : *En ce tens commenca à guerroier le duc Richart de Normendie li cuens de Chartes Thiebauz, et prist sa terre à gaster et à Preher.* Phil. *Mouskes* in S. Ludov. :

S'adresserent parmi Rousie,
Si l'ont Praéc et defroisie.

Guiart. ad ann. 1297 :

Viles ardre et bestes Praier.

Le Roman *de Garin* :

Il art et Praie et destruit le pays.

PRÆDAS GERERE, Prædari, πραιδεύειν, apud Anastas. in Hist. Eccles. pag. 54. [*Prædas facere*, in lib. 2. Capitul. c. 15. *Agere*, in Capitul. Karlomanni tit. 3. c. 11. *Prædam prendere*, in Tabul. S. Albini Andegav.]

¶ PRÆDA DIABOLICA dicitur mulier rapta, in Capitul. Caroli C. tit. 3. cap. 5 : *Interdum etiam incestam propinquam suam, aut sanctimonialem, vel raptam, sive adulteram, quam illic ei non licebat habere, fugiens secum ducit.... Cum diabolica Præda, quam secum duxit, ad Episcopum suum redeat.*

* 2. PRÆDA, Pecus, armentorum grex, nostris *Proie*. Lit. remiss. ann. 1352. in Reg. 81. Chartoph. reg. ch. 274 : *In die sequenti dictus Symonetus bestale seu Prædam dictæ villæ in pabula, seu pasturagio ejusdem villæ, causa pabulandi duxisset, etc.* Aliæ ann. 1357. in Reg. 89. ch. 81 : *Plures bestias et bestiarum Prædas et alia plura bona dictorum militis et complicum ceperunt.* Aliæ ann. 1360. in Reg. 88. ch. 90 : *Sitost comme lesdiz sergens hors furent de laditte ville de Vervin, accueillirent la Proie et bestes qu'ils trouverent pasturans audehors d'icelle.* Denique aliæ ann. 1404. in Reg. 158. ch. 346 : *Comme ledit sergent eust prise en certain blé..... la Proie, que l'en appelle la herde des vaches, de la ville de Waucayeu, en laquelle proye ledit suppliant en avoit aucunes, etc.*

¶ PRÆDA VIVA. Florentius Wigorniensis ann. 1038 : *Pedestres in flumen.... navibus devehuntur : equestres vero vivam Prædam per terram minantur.* Nescio an *viva Præda* dicatur eadem notione, qua *viva guerra*, in Concilio Tolosano ann. 1228. cap. 8 : *Sed ei, sicut et alii facient vivam guerram.* Phrasis Gallica, *Faire une vive guerre.* [* Eadem acceptione, id est, ex vivis animalibus.] [** Vide *Pignus vivum*.]

¶ PRÆDA STRAGICIOSA, Quæ ferro et incendio fit. Chron. Domin. de Gravina apud Murator. tom. 12. col. 602 : *Contra terram ipsam et bona sua stragiciosa Prædafacienda.*

PRÆDAM VASTARE. Lex Alamannorum titulo 25 : *Si homo aliquis gentem extraneam infra provinciam invitaverit, ubi Prædam vastet hostiliter, vel domos incendat, etc.* Ita editio etiam Heroldi : at Tiliana habet : *Prædia vastet, etc.* [*Praie* pro *proie*, *butin*, usurpat le Roman *de la Violette* MS. :

La gent ont la Praie accueillie,
Chevaulx, berbis et autre aumaille,
Rengez sembloient en bataille.....
Par Dieu la Praie laisserez,
Aincois que de moy eschapez.]

¶ PRÆDA, pro *Prada*. Vide in hac voce.

* PRÆDABILIS, A verbo Prædari, dicitur de re, quæ rapi potest. Chron. Willel. Nang. ad ann. 978. tom. 9. Collect. Histor. Franc. pag. 81 : *Rex inde distraxit quicquid Prædabile potuit reperiri, totamque adjacentem provinciam rapinis et incendiis vastavit.*

* PRÆDAGIUM, Vectigal ex *prædis* seu pecudibus perceptum. Charta Joan. ducis Bitur. pro fundat. S. Capel. Bitur. ann. 1405. ex Bibl. reg. : *Cum omnibus..... mortailliis, foremaritagiis, Prædagiis, vectigalibus et aliis servitutibus.* Nisi legendum putes *Pradagium*, et sit tributum ex pratis, vel servitii genus in pratis exhibendum. Vide *Prada* et *Preagium*.

** PRÆDAMEN, Præda. Ecbasis vers. 339 :

Juxta est spelæum multo Prædamine plenum.

¶ PRÆDANUS, *De prælio existens*. Laur. in Amalth. ex Catholico Johan. de Janua.

¶ 1. PRÆDARE, pro Prædari, in Vitis Patrum Emerit. inter Concil. Hispan. tom. 2. pag. 652 : *Res sanctæ Ecclesiæ et tuas quas hostilis prædo Nepopis Prædavit.*

2. PRÆDARE, Semper dare, apud Cælium Aurelian. lib. 3. Acut. cap. 14.

PRÆDARIA. Charta Guillelmi Marchionis Montisferrati ann. 1156. apud Guichenonum in Bibl. Sebus. Cent. 1. c. 93 : *Vel a præfatis omnibus exigere placitum, districtum, bannum, fodrum, albergariam, Prædariam, arimanniam, angariam, etc.* Forte leg. *pradariam*, a *pradis*, seu pratis. ☞ Nihil emendandum arbitror; neque enim infrequens est tributa insolitis vocibus designare : eo fortean nomine nuncupabatur præstatio, quæ a subditis domino ut eos a prædonibus defenderet, pensitabatur.

¶ PRÆDARIUS, *Præbens auxilium*. Gloss. Isid. Non male omnino *Pedarius* in Excerptis. Emendat Martinius, *præbendarius*, nisi *Prædarius* dictus sit qui ad συμμαχίαν vocatur sub spe prædæ partiendæ.

¶ PRÆDATORIE, Prædonum more. Rolandinus de factis in marchia Tarvis. apud Murator. tom. 8. col. 350 : *Et bestias quascumque invenient Prædatorie rapiant.*

PRÆDECARIUS. Charta Widonis Imper. ann. 892. apud Ughellum tom. 2. Ital. sacræ pag. 121 : *Ita ut auctoritatis nostræ præcepto firma et stabilia maneant, cum Cancellariis, quos perpetua et jugi consuetudine temporibus antecessorum Episcoporum prædicta Ecclesia de Clericis sui Ordinis adscribendis suæ potestati libellos et Prædecarios habuit, etc.* Pro *precarios*, ut videtur.

¶ PRÆDECESSIO FAMILIÆ dicitur de majoribus qui præcesserunt, in gestis Tancredi apud Marten. tom. 3. Anecd. col. 111.

* PRÆDEFERRE, Anteferre, Gall. *Porter devant*. Stat. eccl. Tull. ann. 1497. Mss. fol. 67. r°. : *Indutus* (episcopus innocentium) *mitra et pontificalibus insigniis, baculo pastorali Prædelato, officium agit episcopi in utrisque vesperis vigiliæ et diei.*

¶ PRÆDEIRA, Machinæ oppugnatoriæ species, *petraria*. Caffari Annal. Genuens. apud Murator. tom. 6. col. 262 : *Tentoria prope civitatem posuerunt, gattos et machinas, et Prædeiras ibi fecerunt.* Eadem quæ

¶ PRÆDERIA dicitur a Rolandino lib. 12. de factis in marchia Tarvis. : *Impugnaverunt locum et inimicum, nunc ædificiis et trabucchis, nunc Prædeziis et balistis.* Vide *Prederia*.

¶ PRÆDELLA, vox Italica, Gradus ligneus altaris, suppedaneum, scamnum. Visitat. Bossii Episcop. Novar. inter Acta SS. tom. 3. Mart. pag. 51 : *Aderant duo candelabra octonea, et pallium ex serico albo damasco, et Prædella lignea nova et decens.* Vita S. Humilitatis tom. 5. Maii pag. 209 : *Ante altare B. Joannis Evangelistæ tunc existens in quadam domuncula juxta viam, super Prædellam eum* (puerum) *posuit.*

* PRÆDEMORI, Mori ante. Charta ann. 1342. tom. 1. Cod. Ital. diplom. col. 704 : *Si dictum dominum comitem,.... postquam consummatum esset matrimonium, Prædemori contingat, etc.*

¶ PRÆDERIA, ut *Prædeira*. Vide in hac voce.

* PRÆDESIGNARE, Præmonstrare. Chron. Volcmari apud Oefelium tom. 2. Script. rer. Boicar. pag. 529. col. 1 : *Cujus* (vultus) *gravitas virtutem animi Prædesignabat.*

* PRÆDESTIRE, f. pro *Prædestinare*, Concedere. Vide *Destinare* 3. Charta Henr. I. imper ann. 929. inter Probat. tom. 2. Annal. Præmonst. col. 382 : *Prædicta loca ei concedenda tradidimus, ut secura potestate, cum omni quæstu eisdem locis invento, temporibus suis feliciter perfruatur,.... cum omni suppellectili, cum æquarciis ibidem inventis, potestati illius possidenda perpetualiter Prædestimus.*

* PRÆDETESTATIO, Protectio, tutela. Bulla Greg. IV. PP. ann. 828. apud Murator. tom. 3. Antiq. Ital. med. ævi col. 41 : *Sed potius sub beati Petri principis Apostolorum Prædetestatione, tam deservientes quam residentes, ac ipsas res salvi et inlæsi persistant, absque omnium hominum remota controversia.* Ita quoque edidit Pezius tom. 6. Anecd. part. 1. col. 306.

* PRÆDIALIS, Prædiatorius, ad prædia pertinens. Charta ann. 1337. ex Tabul. S. Albini Andegav. : *Jura parrochialia, tam personalia quam Prædialia, etc.* Pariag. inter reg. et condom. de Villagalleno ann. 1343. in Reg. 75. Chartoph. reg. ch. 549 : *Ita quod jurisdictiones minores, Prædiales, mixtæ et majores essent ex tunc et deinceps per imperpetuum domini nostri regis.* Arest. ann. 1416. 8. Aug. in vol. 11. arestor. parlam. Paris. : *Quod dicti habitantes* (Cenomanenses) *modicæ devotionis erant, nec decimas personales ac parum de mixtis et*

Prædialibus solvebant, etc. Vide infra *Prædiosus.*

¶ **PRÆDIATOR**; ὠνητὴς ὑπαρχόντων, ὑπὲρ φόρον δήμον ἐνδεδεμένος. Gloss. Lat. Græc. Emtor prædiorum. Ibidem : *Prædiatores*, χωρινόμοι, id est, qui prædia possident. Idem itaque *Prædiator* qui

PRÆDIATUS, Prædiorum dives, apud Baldricum Noviom. lib. 2. Chron. Camerac. cap. 32. 38: Utuntur etiam Martianus Capella lib. 1. pag. 16. Apuleius lib. 4. Florid. et alii. Joanni de Janua, *Prædiatus*, dicitur *Deus prædiorum, scilicet Saturnus.*

PRÆDICABILIS, Prædicandus, laudandus, in leg. 2. 7. C. Th. de Famos. libell. (9,34.) et leg. 6. ad leg. Juliam repetund. (9,27.) et in veteri Inscript. apud Gualterum in Tabul. Sicul. pag. 20.

¶ **PRÆDICAMENTUM**, Concio ad populum, Gall. *Predication:* Charta ann. 1423. in Tabular. B. M. de Bono-nuntio Rotomag. : *Annis communibus die Veneris sancta de mane ante meridiem solet fieri et est assuctum quidam sermo solemnis seu Prædicamentum solemne per unum doctorem in sacra pagina, aut aliam personam solemnem.*

* *Preschement*, in Lit. remiss. ann. 1389. ex Reg. 135. Chartoph. reg. ch. 210 : *Que il* (le curé) *feist assembler et venir à l'eglise sur peine d'esconminge ses parroissiens pour oir son Preschement ou sermon.* Nude pro Familiaris sermo, unde *Préchier*, pro Loqui, in Lit. ann. 1398. ex Tabul. eccl. Camerac. : *Comme on m'a donné à entendre que vous devez avoir fait un Prechement u pluiseurs à boines gens et comunalté de le cité de Cambray, à l'encontre de my et de men honneur, etc. Si sachiés que s'ensi est que vous ayés de ce Prechiet, vous en avez menti maisement et faulsement. Prescher* vero, idem quod *Admonester*, publice admonere, in aliis Lit. ann. 1408. ex Reg. 162. ch. 180. bis : *Pour ce que le suppliant par aucuns cas ou paroles et seremens par lui fait,... il a esté Presché par le commandement de l'evesque de Paris.... ou parvis Nostre Dame, il doubte que ce lui tourne à infamie et reprouche, etc. Praiecier*, pro *Prêcher*, Verbum facere ad populum, apud Phil. *Mouskes :*

Cou que devant fu annonciet
Par les tieres et Praieciet.

¶ **PRÆDICANTIA.** Vide mox in *Prædicare.*

PRÆDICARE, Verbum facere ad populum, concionari in Ecclesia, Gallis *Prêcher.* Concilium Vasense II. cap. 2 : *Si Presbyter, aliqua infirmitate prohibente, per seipsum non potuerit Prædicare, sanctorum Patrum homiliæ a Diaconibus recitentur.* Cyprianus in Vita S. Cæsarii Arelatensis : *Docuit præterea memoriter, quamdiu potuit, altaque voce semper in Ecclesia Prædicavit, etc.* Vide Concilium Arelat. VI. can. 10. Aquisgran. can. 82. Moguncíacum cap. 25. Pontigonense ann. 876. cap. 7. Capitul. 1. ann. 810. cap. 5. Capitula Caroli M. lib. 1. cap. 82. [** 76.] 160. Durandum lib. 4. Ration. cap. 26. etc. [** *Prædicare aliquem* apud Cassiodorum et alios. Vide Forcell. in Append. Forcell. Lexic. et Maii Glossarium novum.]

** Prædicare Juramentum, Dictare alicui conceptam formulam jurisjurandi. Vide Haltaus. Glossar. German. voce *Staben*, col. 1718. et mox *Prædictare.*

* Prædicatio, Concio ad populum. Messianus in Vita S. Cæsarii Arel. : *Clericali habitu ad altare venit, ubi post Prædicationem, quam non solum in civitate, sed etiam in omnibus parochiis, cum potuit per se memoriter facere, non distulit, etc.* Lex Long. lib. 3. tit. 1. § 8. [** Carol. M. 57.] : *Et ut* (Episcopi) *Prædi- cationes et confirmationes ibi expleant.* Adde Concilium Valentinum III. an. 853. c. 22. Conc. Ticinense ejusdem anni, initio, Capit. Regum Fr. passim, etc.

¶ Prædicantia, Eadem notione. Memoriale Potest. Regiens. apud Murator. tom. 8. col. 1107 : *Frater Johannes de Bononia fecit magnam Prædicantiam inter castrum Leonem et castrum Francum.* Interdum nude pro Exhortatio. Chronic. Petri Azarii apud eumdem tom. 16. col. 378 : *Sed amplius non erat locus Prædicantiæ, immo correctioni.*

¶ Prædicatura, ut *Prædicatio.* Meisterlinus Histor. Rer. Noriberg. apud Ludewig. tom. 8. pag. 145 : *Adeptusque* (Joh. Hus) *Prædicaturam in Praga nobilem, in Bethleem ecclesia dicta, ubi doctrinam Wiclef extollebat.*

PRÆDICATOR, pro Episcopo, non semel apud Avitum Vienn. Epist. 47. et alibi.

Prædicatorum Ordo institutus a S. Dominico, de cujus origine et initiis ita præ cæteris Guillelmus de Podio Laurentii de Bellis Albigensium cap. 10 : *Continuato itaque biennio et amplius hoc labore, cum accensum ignem per hanc viam extinguere non valerent benedicti Dei pugiles, attendentes, quod res ita altiori consilio indigeret, clamare ad Sedem Apostolicam sunt coacti, et ut cœpta prædicatio remaneret, de ordinandis perpetuis Prædicatoribus est provisum, inspirante Domino : et hac de causa sub Beato Episcopo D. Fulcone Ordo Prædicatorum principaliter est exorsus, quorum vexillifer Beatus Dominicus prælationem suscepit pariter et laborem, etc.* A quo vero *Prædicatorum* nomen iis potissimum inditum, refert Cantipratanus lib. 1. de Apibus cap. 9. num. 5. et ex eo Michael Scotus lib. 4. Mensæ Philosophicæ cap. 37. Adde Chronicon Montissereni pag. 137. Vide *Jacobitæ* 2.

* *Fratres Prædicationis* appellantur, in Charta ann. 1217. inter Instr. tom. 6. Gall. Christ. col. 443.

Prædicatores Generales appellant Dominicani, Magistros in Theologia, et qui per priorem Provincialem et Definitores Capituli Provincialis fuerunt instituti, etc. Constitut. Fratrum Ord. Prædic. dist. 2. cap. 7.

¶ Prædicatores Minores, Franciscani. Statuta Eccl. Valent. inter Concil. Hispan. tom. 3. pag. 511 : *Mandamus quod fratres Prædicatores Minores honorifice a clericis recipiantur.*

* Prædicatorum Denarii, Inter præstationes Castri Renardi recensentur, in Charta ann. 1326. ex Reg. 72. Chartoph. reg. ch. 43 : *Item les deniers pour l'usage des Prescheurs, qui sont receuz à Chasteau Renart le jour de Pasques flories, prisiez par an huit sols.* An denarii, qui *Quæstoribus* erogabantur? ii quippe concionari solebant. Vide supra *Prædicamentum.*

¶ Prædicatores, inter ariolos et veneficos recensiti, in Judiciis sacerdot. de crimin. apud Marten. tom. 7. Ampl. Collect. col. 32 : *Si quis ariolos, id est, sortilegos, Prædicatores, vel herbarios veneraverit, aut secutus fuerit, tribus annis pœniteat et eleemosynas faciat.* Ubi ii videntur indigitari qui per vicos vagantur populum phaleratis verbis inescantes ut medicamenta sua vendant, nostris *Charlatans.*

¶ **PRÆDICATORIUS**, Concionator, qui verba facit ad populum, *Prédicateur. Cathedra prædicatorii*, suggestum concionarium, in vet. Ceremon. MS. B. M. Deauratæ Tolos. Locum vide in *Planctus Virginis.*

* Glossar. Provinc. Lat. ex Cod. reg. 7657 : *Predicatori, Prov. analogium, pulpitum.*

¶ **PRÆDICATURA**. Vide *Prædicare.*

** **PRÆDICTARE**, Prædicere, monere quid faciendum sit. Chart. Otton. II. marchion. Brandenb. ann. 1196. in Ludewig. Reliq. MSS. tom. 9. pag. 541 : *Nos vero... possessionem et dominium præscriptorum bonorum ecclesiæ et archiepiscopo prænotatis corporaliter per nos ac per nuntios nostros sufficienter curavimus assignare, in illis omnibus secundum terræ ritum et juris ordinem, Prædictante semper sententia, incedentes.* Vide Haltaus. Glossar. German. voce *Urtheil*, col. 2010.

¶ **PRÆDICTOR**, Qui futura prædicit. Gregor. Turon. in Vita S. Aridii apud Mabillon. Analect. tom. 4. pag. 219 : *Ita et hic vir Dei illustrante superna gratia, per revelationem S. Spiritus annuntiabat quæ hominibus essent ventura..... ut Prædictoris veritas probaretur, vi febrium ingenti attacta pueri membra solvuntur.*

* **PRÆDILIGERE**, Malle, Gall. *Aimer mieux.* Acta Mss. Inquisit. Carcass. ann. 1308. fol. 64. r°. : *Ego dixi eis, quod non placebat mihi* (Evangelium) *quia erat in Romancio, quia Prædiligerem quod legeret in Latino.*

* **PRÆDIOSUS**, Prædiatorius. Bulla Eugen. III. PP. ann. 1152. inter Probat. tom. 2. Annal. Præmonstr. col. 446 : *Alia quæcumque bona, sive concambiis, sive qualicumque alio pretio conquisita in villulis Prædiosis.* Vide supra *Prædialis.*

** **PRÆDITARE**, Ditare, divitiis ornare, in Mirac. Adalheid. regin. apud Pertz. Script. tom. 4. pag. 646. col. 1. lin. ult.

PRÆDITUS, Prælatus. Veteres Glossæ : *Præditus, probatus, anteposítus.* Gloss. Gr. Lat. : Προεςώς, *Præpositus, præditus.* Προέςηκεν ἀρχῆς, ἤτοι ἀξίας, *Præditus est.* Ita emendant viri docti pro *præductus.* Glossæ antiquæ MSS. : *Præditus, ornatus, sublimatus.* Apuleius de Deo Socratis : *At ubi vita edita remeandum est, eundem illum, qui nobis Præditus fuit, raptare illico et trahere veluti custodiam suam ad judicium.* Utitur etiam aliis locis.

¶ **PRÆDIVISUS**, Prædictus, præfatus, a Gall. *Deviser.* Charta ann. 1279. in Chartul. S. Vandreg. tom. 1. pag. 92 : *Itaque ego dictus Joannes et hæredes mei in omnibus*

Prædivisis nihil poterimus de cetero reclamare, exigere vel calumniari. Vide *Delusatio.*

¶ PRÆDIUM CANATUM, *fuit prædium in quo fuerunt cellulæ, etc.* pro Casatum, in Vocabul. utriusque juris. Vide *Alodis.*

¶ PRÆDIA FORMENSIA, vel *Formesia.* Vide supra *Forma* 12.

¶ PRÆDOLATUS. Vide *Prædulati.*

* PRÆDOMINIUM, Supremum dominium, Ital. *Predominio:* Charta ann. 1170. inter Monum. eccl. Aquilej. cap. 63. col. 606 : *Et totius* (castri) *Prædominium supradicto patriarchæ reliquerunt in præsentia istorum testium, etc.*

* PRÆDOMITUS, Indomitus, intractatus. Instr. ann. 1311. apud Lamium in Delic. erudit. inter not. ad Hist. Sicul. Bonincont. part. 3. pag. 203 : *Hujusmodi salubria monita more equi Prædomiti viliter despexerunt.*

¶ PRÆDONICUS, Ad prædones vel prædam pertinens, prædatorius. Inquisitio Curiæ Reg. Aptensis ann. 1314. ex Schedis D. *de Remerville* : *Et in stratis publicis insidiæ Prædonico more parantur indifferenter transeuntibus per locum eumdem. Prædaticia pecunia*, apud Gellium lib. 4. cap. 18. et lib. 13. cap. 24.

¶ PRÆDOSUS, Prædatus. Chron. Patav. ad ann. 1259. apud Murator. tom. 8. col. 704 : *Tunc revera exultaverunt victores capta præda, quando electorum armorum et equorum et Prædosæ supellectilis spolia dividebant.*

¶ PRÆDUCTAL, παράγραφος, in Gloss. Lat. Gr. Sangerm. Stylus vel plumbum, quo lineæ præducebantur in membrana ad scripturam dirigendam. Vide Salmasium ad Solinum pag. 643.

PRÆDUCTUS *est*, Προέστηκεν ἀρχῆς, ἤτοι ἀξίας, in Gloss. Gr. Lat. Rursum : Προΐσαμαι ἀρχῆς, *Præero.* Προϊστάμενος, *Præpositus.* Vide *Præditus.*

PRÆDULATI SOLIDI, seu *Prædolati.* Leo Ostiensis lib. 1. cap. 28 : *Lando et Adelmarius Gastaldei ejus exportaverunt solidos Prædulatos duo millia.* Ignotus Casinensis cap. 10 : *Sustulit idem Siconolfus Prædolati solidos duo millia.* [Vide *Prætextati.*] [* Vide supra *Postulatus.*]

¶ PRÆDUS, Prædium, campus, vel pratum. Charta apud Stephanot. tom. 3. Antiquit. Bened. Pictav. MSS. pag. 219 : *Abjacet ille Prædus de uno latus prædo Daimani,... alio latus prædo jacharias, alio vero prædo S. Martini, etc.* Vide *Prada* et *Pratus.*

* PRÆDUX, Dux. *Christo præduce*, in Epist. Joan. VIII. PP. ann. 876. ad Carolum. C. tom. 7. Collect. Histor. Franc. pag. 466. [** *Prædux*, Dux itineris, apud Luitprand. Antap. lib. 2. cap. 61. et passim.]

¶ PRÆEVITATIO DISCRIMINUM, Periculorum diligens et prudens nimium fuga. Elmham. in Vita Henrici V. Reg. Angl. edit. Hearnii cap. 22. pag. 51 : *Affirmabat etiam* (Henricus Rex) *quod, postposita tali Præevitatione discriminum, potius sub Dei misericordia se et suos exponeret in eventum, quam, etc.*

¶ PRÆFAMEN, Præfatio, præloquium. Vita Marsilii Ficini tom. 1. Amœnit. litter. pag. 83 : *Ex Præfamine ipsi præmisso.* Utitur Symmach. lib. 2. Epist. 34 : *Recordaris, hoc te Præfamine epistolam texuisse.*

¶ PRÆFASCINIUS, πάνυ βάσκανος. Gloss. vet. apud Martin. Id est, omnino fascinator.

PRÆFATIO, Pars Missæ, seu Liturgiæ sacræ : sic dicta, quia est prælocutio totius orationis secuturæ, et ad sacrificium præparatio, inquit Amalarius in Eclogis, et ex eo Durandus lib. 4. cap. 33. Addit Papias, *a Te igitur, usque ad Agnus Dei; in hac enim præloquitur grates laudemque Deo Sacerdos, ut melius ad consecrandum Christi corpus possit accedere.* Ugutio : *Præfatio, quod præcinitur ante Sacramentum Corporis et Sanguinis Christi.* Alcuinus lib. de Divin. offic. : *Huc usque Præfatio, id est prælocutio et allocutio populi, hinc sequitur exhortatio, Sursum corda.* Præfationis usum jam inde sub Apostolis obtinuisse, colligere est ex Clemente lib. 8. Const. Apost. cap. 16. vel certe antiquissimum esse evincunt Cyprianus de Orat. Dom. Cyrillus Hieros. Catech. 5. Chrysost. in Liturg. et Homil. de Euchar. in Encæneis 18. et alibi passim, S. Augustinus cap. 3. de Vera relig. cap. 16. de Bono vid. de Civit. Dei lib. 10. cap. 4. et lib. 14. cap. 13. Concil. Milevitan. II. can. 12. Pelagius II. PP. in Epist. ad Episcop. German. et Galliæ, ubi novem Præfationes cantari constituit, quas in Ordine Romano inscriptas observare est, unam in albis Paschalibus, aliam de Ascensione Domini, tertiam de Pentecoste, quartam de Natali Domini, quintam de Apparitione Domini, sextam de Apostolis, septimam de Trinitate, octavam de Cruce, nonam in Jejunio et Quadragesima. Gregorius decimam de S. Andrea adjecit : denique Urbanus II. PP. undecimam de S. Maria. Vide Concilium Westmonasteriense ann. 1175. can. 14. Copriniacense can. 22. Præcepta Synodalia Petri de Collemedio Archiep. Rotomag. Synodum Bajocensem ann. 1300. can. 18. Ordinarium Præmonstrat. cap. 10. Honorium Augustod. lib. 1. cap. 41. 89. 101. 120. Beletum cap. 45. Menardum ad Sacrament. Gregorii Magni cap. 25. Card. Bona lib. 2. Liturg. cap. 10. etc.

¶ PRÆFATTIONES, Exordia, proœmia, Gallice *Préfaces, préambules*, in Charta ann. 1377. ex Bibl. Reg. : *Fuimusque in crastinum in Clerrano ubi audivimus eos, qui post plures Præfattiones ex parte Regis Aragonum, etc.*

PRÆFECTI AULÆ, vel *Palatii*, dicti *Majores domus* Aulæ Franciæ. Hugo Flaviniac. in Chron. : *Opes quippe et redditutum affluentia, regni administratio seu omnia, quæ vel domi vel foris agenda ac disponenda erant, penes Præfectos Palatii, qui Majores domus dicebantur, manebant.* Infra de Pipino : *Ex Præfecto Palatii Rex constitutus.* Rursum : *Præfectorum, qui et Majores domus dicebantur, improba licentia.* Ursinus de Gestis S. Leodegarii : *Ut omnes se gratularentur Regem habere Chilpericum, et Palatii Præfectum Leodegarium. Erchinoaldus Præfectus*, in Vita MS. S. Godonis Monachi S. Vandregisili. Venericus Vercellensis de Unitate Ecclesiæ conservanda : *Major domus in Regno Francorum, hoc est Præfectus Palatii.* Vide tom. 1. Histor. Franc. pag. 784. et Felicem Osium ad Mussatum pag. 156. Theodulfus Aurelianens. lib. 6. Carm. in Epitaphio Helmengaldi :

> Namque Palatina fuit hic Præfectus in aula :
> Dum regeret Carolus sceptra serena pius.

¶ PRÆFECTI PRÆTORIO dicuntur iidem *Majores domus*, apud Symphor. Campegium lib. 4. de Orig. et Genealog. Caroli Mag. fol. 11 : *Tempore Theoderici Regis Francorum inertia Regum, prætorio Præfectus a Rege proximum dignitatem obtinebat, ad quam potentissimi quique Francorum summa contentione nitebantur.*

☞ Alii sunt *Præfecti prætorii* memorati in Addit. 3. ad Capitul. cap. 75. [** Julian. Antec. const. 52. § 194. e Nov. Justin. 58. al. 59.] : *Qui in domo sua oratorium habuerit, orare ibi potest; tamen non audeat in eo sacras facere Missas sine permissu Episcopi loci illius. Quod si fecerit, domus illius fisci viribus addicatur. Præfectus prætorii, qui hoc cognovit, et non prohibuit, 50. librarum auri solutione multabitur.* Ubi is esse videtur qui in aula regia jus dicebat.

PRÆFECTORII. Radulphus de Diceto pag. 608 : *Cujus* (Chlodovei) *successores in regno Francorum, non juxta lineam consanguinitatis ordine successorio successerunt assidue; sed pro nationum varietate primitus Merovingi, postmodum Præfectorii, demum agnominati sunt Capeticii, etc.* Ubi per *præfectorios* innuit familiam *Præfectorum* Palatii, seu *Majorum domus* Franciæ, quorum dignitas *Præfectoria administratio* dicitur in Vita S. Ansberti Episcopi Rotomag.

PRÆFECTUS HUNDREDI, in Legibus Edwardi Confessoris cap. 28. *Præpositus Hundredi*, ibidem cap. 35. ubi de eorum munere et officio. Vide *Hundredus.*

PRÆFECTUS PACIS, in leg. 1. Cod. Theod. de Pignoribus. (2,30.) Vide *Pax.*

¶ PRÆFECTI ROMANI, in Addit. 3. ad Capitul. cap. 59. [** Julian. const. 73. sect. 2. § 264. Nov. Justin. 79. al. 80. ubi *Præfecti utriusque Romæ.*] : *Hæc omnes Episcopi custodiant, et omnes Præfecti Romani, et Prætores populi, et provinciarum Præsides, ut curent citius monachorum et sanctimonialium lites dirimere.*

PRÆFECTUS VILLÆ, in Legibus Edwardi Confess. cap. 28. qui ibidem cap. 35. ubi de eorum munere et officio, *Præpositus villæ* dicitur. Vide *Villicus.*

¶ PRÆFECTUS URBIS, in laudata Addit. cap. 84. [** Julian. const. 71. § 257. Nov. Justin. 77.] : *Si Præfectus urbis hæc* (blasphemiam) *punire neglexerit, post Dei judicium nostram indignationem incurrat.* [** Occurrunt sæpe in Constit. Imperat. German. Vide Pertz. tom. 2. Leg. in Indice.]

¶ PRÆFECTUS nude dicitur qui cohorti militum præest. Capit. 1. Karlomanni ann. 742. cap. 2 : *Unusquisque Præfectus unum presbyterum* (habeat) *qui hominibus peccata confitentibus judicare et indicare pœnitentiam possit.* Adde lib. 5. Capitul. cap. 2. et lib. 7. cap. 123. [** *Præfectorum Principes* apud Widukind. lib. 2. cap. 1. *Præfectus* passim dicitur Comes, ut in Annal. Fuldens. ad ann. 852. *Præfectura pagi* in Vita S. Bonif. cap. 40. Vide *Præfectorii.*]

** PRÆFECTUS NAVALIS Imperatricem deducebat Romæ in coronatione. Vide Coron. Roman. ann. 1191. apud Pertz. Leg. tom. 2. pag. 192.

PRÆFECTIANI Apparitores, seu Apparitores Præfecti Prætorio, de quibus est tit. in Cod. Th. et Justin. quorum mentio alibi in utroque Codice non semel occurrit, ut et apud Ammianum, et alios. Synodus Mopsuestana in Quinto Concilio Constantinopolitano Collat. 5 : *Præfectianus sum, in hac civitate natus.* Anastasius in S. Hormisda : *Tunc Imperator repletus furia ejecit eos per posterulam, et imposuit eos in navim periculosam cum militibus et Magistrianis, et Præfectianis, etc.*

¶ **PRÆFECTIO**, Præfectura. Acta S. Eusebiæ Abbat. tom. 2. Martii pag. 450 : *Et in locum Præfectionis proaviæ suæ successit.*

¶ **PRÆFECTORII**, Comites. Vita S. Deicoli apud Eccardum in Orig. famil. Habsburgo-Austr. col. 162 : *Cerneres Præfectorios, Barones, paullo ante aquilis velociores, leonibus fortiores, alienis uti solatiis.* Hinc

Præfectoriæ Civitates, quæ a *Præfectis* seu *Comitibus* reguntur, vel quæ iis in beneficium concessæ sunt. Charta Ottonis II. Imp. ann. 974. apud Nicol. Zyllesium : *Bannum et fredas nulli nisi Abbati persolvat, nullusque nisi Abbatis, vel ab eo constitutorum placitum attendat, et in singulis civitatibus Imperialibus vel Præfectoriis liberam potestatem habeant intrandi et exeundi, vendendi et emendi, pascendi et adaquandi, eique opera Imperialia vel Comitialia funditus perdonamus.* Aliæ Ottonis III. ann. 990. et Henrici II. Imperatorum ann. 1005. apud eumdem, habent, *in singulis civitatibus regalibus vel Præfectoriis, etc.*

Præfectoria Dignitas, Comitalis. Vita B. Wolphelmi Abbat. num. 34 : *Vir quidam genere nobilis, sed moribus nobilior, Burchardus nomine, Præfectoriæ dignitatis, etc.* [** Vide Haltaus. Glossar. German. voce *Schuldheiss-amt*, col. 1658.]

* **PRÆFECTORIUS**, Supremus civitatis magistratus. Acta S. Andoch. tom. 6. Sept. pag. 675. col. 2 : *Erat tunc temporis Faustus, nobilissimus vir Præfectorius, etc.* Warnahar. in Pass. ejusd. cap. 1. de eodem Fausto : *Nobilissimæ familiæ vir, senatoria dignitate conspicuus, et prætorianis fascibus sublimatus.*

* **PRÆFECTURA**, idem quod *Præpositura* in monasteriis, Cella nempe seu obedientia monastica ab abbatia dependens. Charta Rob. reg. inter Instr. tom. 7. Gall. Christ. col. 221 : *Dilecti nostri ex monasterio SS. apostolorum Petri et Pauli et S. Genovefæ virginis canonici humiliter deprecati sunt, quatinus sibi.... de præbendis atque Præfecturis hoc præceptum nostræ auctoritatis fieri juberemus.*

1. **PRÆFECTURÆ**, in Italia vocabantur, in quibus et jus dicebatur, et nundinæ agebantur, in quas *Præfecti* quotannis mittebantur, qui jus dicerent, cum magistratus suos non haberent; ut est apud Festum : quomodo sane *Præposituras*, *Præfecturas* vocat Statutum Philippi Pulcri Regis Fr. ann. 1302. pro reformatione regni cap. 10 : *Si contingat, quod aliqua de Præfecturis nostris vendatur, vel tradatur ad firmam, etc.* Mox *Præpositura vocatur.* Vide *Præpositi.*

2. **PRÆFECTURÆ**, apud Agrimensores, dicuntur assignata in alienis finibus loca, a coloniis dependentia, ut apud Aggenum de Limit. agror. quicquid perticæ sive universitati applicitum est ex alterius civitatis fine, apud Frontinum. Vide Rigalt. ad Agrimensores, et Salmasium ad Solinum pag. 673.

PRÆFECTURIUS. Pulcharem *Præfecturium Amalfitanum*, quem etiam *Gloriosi* titulo cohonestat, non semel memorat Joannes VIII. PP. Epist. 39. 50. 51. 52. *Præfectus* appellatur in Epist. 209. *Præfectorius*, in Epist. 227. Istius Pulcharis alicubi meminit Leo Ost. [Mirac. S. Trophimæ tom. 2. Julii pag. 240 : *Piissimi quoque temporibus Pulchais Præfecturii puella quædam, etc.*] [** Vide Savin. Histor. Jur. Roman. med. temp. tom. 1. cap. 5. § 113. not. g.]

PRÆFECTUS. Vide *Præfecti.*

PRÆFERENTIA. Charta ann. 1062. ex Tabulario Monast. Conchensis in Ruthenis descripta a Jac. Petito : *Seniores vero Panatensium dederunt decimam de ipso manso, et sepulturam, et Præferentias, et totum usum, quem ibi habebant.*

☞ Primitiarum jus, quod præter decimas curioni debetur ea voce designari innuit Tabul. Vosiense fol. 34 : *Ego Aimiricus Geraldi de Ponroi filius dono ac derelinquo Deo et S. Petro Vosiensi.... frumentum quod habeo in ecclesia Cambolivæ, scilicet x. sextaria et II. partes unius sextarii quos jure hæreditario de Præferencia jam prædictæ ecclesiæ ad festivitatem O. SS. mihi reddendos per unumquemque annum recipio.* Rursum fol. 40 : *Dedit IV. sextaria frumenti in Præferencia ecclesiæ d'Estival.* Vide *Primitiæ* et *Proferentia.*

* Ex consuetudine potius *Præferentiæ* dabantur, quam ex jure; nam inter oblationes annumerantur. Chartul. monast. S. Barthol. de Benevento in Lemovic. fol. 114 : *Dederunt in ipsa ecclesia suam partem de Præferentiis, quæ alibi dicuntur oblationes de frumento.*

* Undenam vero vox Gallica *Prefere*, pro *Enquête*, *perquisition*, Inquisitio, si tamen bene lecta est, nescio prorsus : occurrit in Charta convent. inter dominum et abbatem Bretolii : *Je Guillaume devant nommé en ay appris et enquis à bonnes gens, qui de che devoient savoir; et truis et ay trouvé par la Prefere que j'en ay faite, que je n'ay droit en che que je maintenois.*

¶ **PRÆFERREMENTUM**, Prærogativa, immunitas, privilegium. Charta ann. 1478. apud Rymer. tom. 12. pag. 81 : *Nullum omnino habituræ Præferrementum in expositione ad venditionem, privilegium vel beneficium, etc.*

¶ **PRÆFEX**, Auctor. Translat. SS. Greg. et Sebast. sæc. 4. Bened. part. 1. pag. 407 : *Hic me omnis pæne meorum militum manus deserens, eo, ut retuli, perduellio filios meos horrendum facinus involvit, et Præfices sceleris esse delegit.*

* **PRÆFICA**, *Lo prete che commenzava lo canto sopra apiangenti.* Glossar. Lat. Ital. Ms.

* **PRÆFIGMENTUM**, *i. Præassatum, seu frixum*, in Glossar. medic. Ms. Simon. Januens. ex Cod. reg. 6959.

¶ **PRÆFIGURATIO**, Figura, seu rei futuræ adumbratio. Nicolaus de Jamsilla de Gestis Frider. II. Imper. apud Murator. tom. 8. col. 498 : *Iste tamen princeps Manfredus paternarum gratiarum atque virtutum heres fuit, universalisque successor, ut jus primogenituræ, quod secundum carnem apud aliquos ex fratribus suis erat, et Præfiguratione aliqua in filiis Isac atque David, in eum esset divinæ provisionis consilio transferendum.*

¶ Præfigurativus, Qui rem futuram exprimit, in Imitat. Christi lib. 4. cap. 1. num. 6.

* **PRÆFINGERE**, Præfinire, Gall. *Prescrire.* Charta ann. 1255. ex Chartul. AD. S. Germ. Prat. fol. 106. r°. col. 2 : *Follare in prædicto territorio de Montevrain tenebuntur.... Qui ad diem* (pro vindemiando) *a priore prædicti loci Præfingendam interesse voluerunt, etc. Prefiger*, in Lit. ann. 1373. tom. 5. Ordinat. reg. Franc. pag. 613.

¶ **PRÆFINIRE**, Definire, asserere. Vetus Irenæi Interpres lib. 1. cap. 18 : *Sacerdotis quoque poderem, quatuor ordinibus lapidum pretiosorum adornatum, quaternationem significare Præfiniunt;* διορίζονται, Irenæo.

¶ Præfinitus, Definitus, certus, apud eumdem Interpret. lib. 2. cap. 24 : *Et dies autem non semper Præfinitas duodecim habet horas.*

¶ Præfinitive, Definitive, omnino, ibid : *Sed neque menses, quos dicunt typum esse tricenarii, Præfinitive triginta habent dies.*

* **PRÆFINITUM**, Finis, negotii absolutio, perfectio. Charta ann. 1109. apud Lamium in Delic. erudit. inter not. ad Hodœpor. Charit. part. 3. pag. 1120 : *Pro qua mea venditione et traditione, recepi meritum ab Gherardo abbate et rectore suprascriptæ ecclesiæ, unum par pellium in Præfinito.*

¶ **PRÆFORARE**, Prius aperire. Chron. Modoet. apud Murator. tom. 12. col. 1121 : *Ipse Vergiusius repente per noctem, quia Præforata fuit a proditoribus urbis corona, ingressus est Placentiam civitatem, et ea potitus est.*

* **PRÆFORIS**, Forinsecus, extrinsecus. Glossar. Provinc. Lat. ex Cod. reg. 7657 : *Deffora, Prov. foris, efforis, Præforis.* Vide *Deforas.*

¶ **PRÆFULGORUS**, Præfulgens. Elmham. in Vita Henrici V. Reg. Angl. edit. Hearnii cap. 61. pag. 164 : *Rex illustrissimus, terræ principibus Præfulgorus lucifer, etc.*

¶ **PRÆFUNCTORIA** Epistola. Vide *Præceptoriæ litteræ.*

¶ **PRÆFURNIUM**, Os furni, nostris *Gueule du four.* Locus est in *Suspensura.* Epist. ann. 1589. apud Ludewig. tom. 6. Reliq. MSS. pag. 330 : *Pulveres ita submovisset, ac Præfurnia eorumdem* (furnellorum) *diligenter obstruxisset. Præfurnum*, apud Brechæum in Prompt. ad Consuet. Tolos. tit. 1. artic. 13.

¶ **PRÆFUSOR**, Pincerna. Gloss. Gr. Lat: Παραχύτης, *Mestrinus, Præfusor.* Ubi Gloss. Sangerm. habent, *Profusor.*

¶ 1. **PRÆGNATUS**, Prægnatio, graviditas. *Juvenculæ, Prægnatus et partus*, apud Tertullian. adv. Judæos cap. 9.

* 2. **PRÆGNATUS**, Fetus, quo mulier prægnans est. Testam. Bereng. ann. 1061. ex Bibl. reg. cot. 17 : *Si autem Prægnatus meæ uxoris filia fuerit, sit maritata de meo honore ad causimentum prædictorum manumissorum meorum, si vivi fuerint.* A prægnans, *Prains* nostri dixerunt, præsertim cum de porca sermo est. Lit. remiss. ann. 1480. in Reg. 208. Chartoph. reg. ch. 82 : *Une truye Prains, laquelle fut affolée et avortée de cinq gorretz.* Provincialibus, *Prens, prægnans, gravida, feta*, in Glossar. Provinc. Lat. ex Cod. reg. 7657.

PRÆGNUS, pro Prægnans : *Prægnum jumentum*, in Lege Alemann. tit. 72. § 3. tit. 73.

* **PRÆGRATIARE**, Gratias agere. Charta Mariæ imper. CP. ann. 1214. tom. 1. Cod. Ital. diplom. col. 1061 : *Nos dilectionem vestram Prægratiandam duximus modis omnibus, etc.* Vide *Regratiare.*

** **PRÆGRAVAMEN**, Onus vel obligatio ex conventione, de qua fundi emptori cavet venditor. Chart. Burggrav. Noviom. ann. 1335. in Sandii Comment. de Effestucat. cap. 2 : *Promiserunt anno et die warandizare contra quoscumque juri stare volentes et omne deponere Prægravamen. Prægravamen, quod Vorplicht dicitur*, ibid. ex antiq. litt. Scabinal. Vide Haltaus. Glossar. German. voce *Furpflicht*, col. 558.

¶ **PRÆHONORABILIS**, Præhonorandus, Admodum honorandus, in Charta ann. 1476. apud *Madox* Form. Angl. pag. 336.

¶ **PRÆIMAGINARE**, Futura adumbrare. Epist. ann. 1132. apud Marten. tom. 1. Ampl. Collect. col. 715 : *Innumera quoque multitudo omnium subjectorum fidelium commemorantur sub nomine infantium et lactentium, qui sua innocentia jam Præimaginabant simplicem fidem justorum.*

** **PRÆINTIMARE**, Præinsinuare, Prænunciare, ante denunciare. Chart. ann. 1425. in Pistor. Amœnit. part. 3. pag. 545 : *Cum .... hanc reemptionem facere decreverint, hoc.... per dimidii anni spatium Preintimabunt.* Paulo post : *Hanc reemptionem per dimidium annum Preinsinuandam.*

¶ **PRÆINTRUSUS**, Qui re aut dignitate aliqua nullo jure potitur. *Robertus ibi extitit Præintrusus*, in Litteris Henrici III. Regis Angl. ann. 1219. apud Rymer. tom. 1. pag. 230. Vide *Intrusio.*

¶ **PRÆISA**, Idem quod *Exclusa*, Gall. *Ecluse.* Statuta Montis Regal. fol. 247 : *Quod aliqua persona non audeat, vel præsumat frangere, seu frangi facere Præisam seu clusam primæ bealeriæ, sub pœna libr.* x. *Astens.* Vide *Præsia.*

* **PRÆJUDICATIO**, Damnum, Gall. *Préjudice.* Libert. Petræ-assisiæ ann. 1341. in Reg. 74. Chartoph. reg. ch. 647 : *Possint facere in dicta domo communi scindicatum seu scindicos aut procuratores, sine juris regis et dicti ejus parierii Præjudicatione aliquali.* Vide *Præjudicium.*

** **PRÆJUDICATORIUS**, Qui præjudicium facit. Virgil. Grammat. pag. 61 : *Illa autem ratio, ob quam quattuor vocales litteras, quasi Præjudicatoria auctoritate annumerabant, etc.* Præjudicabat litteræ u.

¶ **PRÆJUDICIABILIS**, Præjudicialis, Nocens, damnosus, contrarius, nostris *Préjudiciable.* Litteræ Edwardi II. Reg. Angl. ad Reg. Franc. ann. 1318. apud Rymer. tom. 3. pag. 690 : *Excellentiam vestram regiam affectuose requirimus et rogamus, quatinus hujusmodi nobis Præjudicialia, et subditis nostris dampnosa, de vestra curia procedere minime permittatis.* Occurrit rursum tom. 8. pag. 503 : *Prætendentes dictum officium* (faciendi acta et processus) *nobis et reipublicæ fore Præjudiciabile et dampnosum*, in Litteris Philippi VI. Regis Franc. ann. 1341. tom. 2. Ordinat. pag. 167.

* *Préjudiciable*, pro Cui damnum inferre propositum est, in Lit. remiss. ann. 1389. ex Reg. 136. Chartoph. reg. ch. 125 : *Le suppliant dist audit escuier, pour ce qu'il le vit armé, que il faisoit doubte que il ne en alast en lieu Préjudiciable,..... ledit escuier lui respondi qu'il n'en soubsiast point, et qu'ilz n'iroient que en bon lieu.*

¶ Actio Præjudicialis, Quæ prius judicanda. Vide *Blount* in Nomolex. Anglic. v. *Action.*

¶ **PRÆJUDICIALITER**, In *præjudicium* seu damnum alterius. Johannes Diac. in Vita S. Greg. M. lib. 2. num. 5 : *Consuetudo de titulandis Præjudicialiter quibuslibet rebus.*

¶ **PRÆJUDICIARE**, a Gall. *Prejudicier*, Nocere, violare, lædere. Summaria privileg. Eccles. Rom. apud Marten. tom. 2. Ampl. Collect. col. 1239 : *Quod omnia statuta Præjudicantia ecclesiasticæ libertati, ac divino et humano juri obviantia.*

¶ **PRÆJUDICIUM**, Damnum, Gall. *Prejudice.* Charta Johannis Ducis Silesiæ ann. 1330. apud Ludewig. tom. 5. pag. 553 : *Per quæ nobis suffragium ac dicto domino Regi et hæredibus suis Præjudicium posset quodlibet generari.* Occurrit passim.

PRÆJURAMENTUM, Vide *Antejuramentum* et *Perjuramentum.*

¶ **PRÆLATA**, Prælatia, etc. Vide *Prælatus.*

¶ 1. **PRÆLATIO**, *Jus prælationis*, quo domino feudali liberum est redimere prædium a feudatario distractum, *Droit de prélation.* Hac de re consulendus Salvaingus de Usu feud. cap. 20. et seqq. Charta ann. 1543. in Tabul. S. Victoris Massil : *Capitulum seu devotus conventus monasterii S. Victoris dedit ad facheriam puræ firmæ et irrevocabilis nobili viro Marqueto Flotte notario Massiliæ quamdam vineam de novo acquisitam et retentam jure Prælationis et majoris dominii. Retenir par puissance de fief*, in Consuet. Senon. art. 85. et aliis; *par puissance de Seigneurie*, in Consuet. Ambian. art. 18. 43. Silvanect. art. 226. et Claromont. art. 93. Vide *Prælatus.*

* 2. **PRÆLATIO**, male pro Prolatio, Gall. *Délai.* Mirac. S. Germ. Autiss. tom. 7. Jul. pag. 299. col. 2 : *Item clericus quidam pro genitoris redemptione obses tenebatur in vinculis : nec pater ejus debitum reddiderat. Jam præstitutus terminus præterierat, nec reddendi Prælationem expetierat.*

PRÆLATUS, Magistratus, qui populis præest. Glossæ veteres : *Prælati, Antepositi.* [Libertates Pontis-Ursonis ann. 1365. inter Ordinat. Reg. Franc. tom. 4. pag. 638 : *Hanc eciam libertatem, quod de institucione et marcheyo quod fiet in villa sua, non extra placitaverint pro aliquo, donec Prelatus sue ville deficiat.* Infra : *De discordia et melleia inter burgenses, si sanguis, ante Prelatum cognoscatur.* Ibidem pag. 640 : *Dum sedet burgensis in placito coram Prelato, quamcunque turpitudinem coram* (contra) *Prelatum seu Pretorem, seu contra quemlibet, pro ea ad Prætorem duodec.m nummos.*] Exstat S. Valeriani liber *de Prælatis*, id est principibus sæcularibus.

Prælatus, Præfectus Ecclesiæ, quomodo hodie Episcopos vocamus, qui προεστῶτες Justino Mart. *Præsidentes* Tertulliano lib. 3. de Corona cap. 3. dicuntur. Exstat Cypriani Opusculum : *de Simplicitate Prælatorum.* Ita etiam appellantur quivis inferioris dignitatis rectores, ut plebani et curiones. Vide Lindwoodum ad Provinciale Cant. lib. 2.

* Charta ann. 1238. apud Ughell. tom. 1. Ital. sacr. col. 1376. edit. ann. 1717 : *Quod vassalli, clerici et Prælati totius episcopatus jurent prædictæ ecclesiæ S. Pelini et S. Pamphili, et quod Prælatos et beneficia omnia totius episcopatus communiter ordinemus et disponemus.* Eo autem nomine potissimum donati ecclesiarum cathedralium præfecti, qui *Dignitates* vulgo vocantur. Charta Ivon. episc. Carnot. ann. 1115. ex Chartul. S. Joan. de Valle : *Nos autem in capitulo nostro, omnibus Prælatis ecclesiæ nostræ præsentibus, nec non cæteris fratribus, tam majoribus quam minoribus, etc.* Vide infra *Primas.*

☞ Eodem *Prælati* nomine designati Abbates in Concil. Suessionensi ann. 853. cap. 5. et 6. in Tullensi quoque apud Saponarias cap. 12. Testamentum Herivei Eduens. Episc. ann. 923. subscribit : *Durannus Prælatus S. Vincentii.* Sed et monasteriorum Præpositi ita nuncupantur. Charta ann. 902. tom. 3. novæ Gall. Christ. col. 836 : *Ubi* (monasterio S. Michaëlis) *præest domnus Stephanus episcopus et abbas, et Halevincus Prælatus.* Idem ann. 4. regnante Ludovico filio Arnulfi subscribit : *Præpositus. Archembaldus Cluniensis cœnobii Prælatus*, cujus erat Præpositus, dicitur in Vita S. Odonis lib. 2. Quod nimirum aliis præsint *Prælati* sunt appellati. Eadem ratione Abbatissæ dictæ

Prælatæ. Regula Sanctimonialium cap. 7. in Synodo Aquisgranensi : *Nosse etenim eas oportet, quia non ideo Prælatæ sunt, ut se solummodo, sed potius ut se, subditasque pascant, etc.* [Ita etiam appellatur superior sororum Pœnitentium S. M. Magdalenæ in Constitut. earumdem apud R. Duellium tom. 1. Miscell. pag. 182. etc.]

Prælatia, Dignitas Ecclesiastica. Ingulfus pag. 897 : *Per Monachos dignitatum et Prælatiarum nimium ambitiosos.* [Charta ann. 1398. apud Marten. tom. 7. Ampliss. Collect. col. 620 : *Quod in Prælatiis, dignitatibus et beneficiis ceteris vacantibus et etiam vacaturis, si electiva fuerint, per electionem et confirmationem Archiepiscoporum provideatur.*]

¶ Prælacia, Prælatus ipse, apud Elmham. in Vita Henrici V. Reg. Angl. edit.

Hearnii cap. 62. pag. 169 : *Huc Cardinalis Ursinus, ex parte ducis Burgundiæ, ad regalem excellenciam ambassiator mittebatur.... Cum tamen Prælacia multum venerabilis fuerit, dixeritque, se a regio sanguine non fuisse alienum, regalis liberalitas, honestatis debito satisfaciens, ipsum honoribus congruis tractari dignum decernens, etc.*

Prælatio. Eckehardus Minimus de Casibus S. Galli cap. 6 : *Præposituras vero vel Decanias, aut alicujus ordinis officium nunquam concupivit, dicens Prælationem. sæpius superbiam, arrogantiam, discursus, et multiloquia comitari.* [Adde Statuta Astens. cap. 27. fol 14.]

¶ Prælatio, Tempus quo quis *prælationem* obtinet. Hist. Mediani Monast. pag. 209 : *Tempore vero Prælationis ejus.... plurima in loco præfato divinitus ostensa sunt miracula.*

¶ Prælatio, Dominatio, imperium. Chronic. Farfens. apud Murator. tom. 2. part. 2. col. 624 : *Deus.... nobis misertus est, et illorum viperinam et venenosam super nos Prælationem avertit.*

¶ Prælatiuncula, Beneficiolum ecclesiasticum : ita præfectura capellæ S. Clementis Compend. dicitur in Præcepto Caroli Simplicis Regis Franc. ann. 919. apud Mabill. Diplom. pag. 564 : *Nolumus etiam, ut nec fratrum* (S. Cornelii) *præpositus, neque decanus, seu thesaurarius hanc supradictam Prælatiunculam sibi præsumant.*

¶ Prælatus, Probatus, dilectus. Vita S. Dunstani tom. 4. Maii pag. 349 : *Qui beato Dunstano, tempore dum viveret, Prælatus pariter extitit et familiaris amator.*

Prælatura. Manegoldus Decanus, apud Goldastum : *De omnibus Prælaturis, officiis, beneficiis, seu administrationibus quibuslibet Monasterii nostri, etc.*

* **PRÆLIABILIS** Navis, Bellica. Tract. Ms. de Re milit. et mach. bellic. cap. 29 : *Dictæ naves in bello marino sunt Præliabiles contra hostes tuos.*

¶ **PRÆLIAMENTUM**, Expeditio bellica, quæ pro patria tuenda intra dominii fines peragitur. Charta Bonifacii IX. PP. ann 1396. apud Illustr. Fontaninum Antiquit. Hortæ pag. 431 : *Volentes quod... tu et hæredes prædicti faciatis exercitus et calvacatas* (l. *cavalcatas*) *et ad Præliamentum provinciæ nostræ patrimonii B. Petri in Tuscia,... accedatis quotiens vobis fuerit injunctum; ac ordinationes et mandata dicti Præliamenti observetis.* Vide *Hostis* 2.

* **PRÆLIBATIO**, Merenda, Gall. *Gouté.* Hist. desponsat. Frider. III. imper. cum Eleon. Lusit. ann. 1415. inter Probat. Hist. geneal. domus reg. Portugal. tom. 1. pag. 615 : *In eodem loco cum suis Prælibationem de zucharo et pisciculis cum pane fecit; et ad carracam sero reversa est, ibi cœnam fecit.*

¶ **PRÆLIBATUS**, Supradictus, ante memoratus. Tabular. Cluniac. ann. 1019.: *Ut ipsi suique successores Prælibatum locum, prout potuerint, in melius studeant reparare.* Occurrit apud Ludewig. tom. 5. Reliq. MSS. pag. 114. 498. et alibi passim.

¶ **PRÆLIMINARITER**, Per procemium, in Christ. Mulleri Introduct. in Hist. Sand-Hippolyt. apud Duellium tom. 1. Miscell. pag. 287.

¶ 1. **PRÆLIUM**, Facultas alicui privato concessa sibi jus faciendi, atque ex alio alterius jurisdictionis, sibi rectum denegante, recipiendi, etiam per vim, quidquid poterit; idem quod *Repræsaliæ.* Statuta Massil. lib. 2. cap. 30 : *Statuentes insuper quod laudum unum vel Prælia quod vel quæ concessa sint a Potestatibus vel Consulibus vel Rectoribus civibus Massiliæ, rata et firma habeantur per sequentes Consules aut Rectores Massiliæ.* Vide *Pignorantia.*

¶ Prælium Particulare, Certamen, velitatio, apud de la Flamma tom. 12. Murator. col. 1001. Vide *Hostis* 2.

* 2. **PRÆLIUM**, Bellum, Gall. *Guerre.* Inventar. Chart. reg. ann. 1482. fol. 67. v°. : *Litteræ quorumdam baronum et militum Franciæ pluribus sigillis sigillatæ, declarantium nullum adversus dominum regem movere voluisse Prælium; sed dumtaxat adhærere duci Aurelianensi, ad vindictam habendam de siccariis, qui patrem suum occiderunt.*

* Prælium Dei, Expeditio sacra. Gualt. Hemingf. de gest. Eduardi I. reg. Angl. ad ann. 1291. edit. Hearn. pag. 25 : *In singulis autem metropolitanis ecclesiis factum est super hoc concilium speciale, videntibus quibusdam et consulentibus, quod extinctum in ecclesia Domini luminare minus* (*per quod intelligitur imperator*) *reaccenderetur de novo, et fieret imperator, qui posset præliari Prælia Dei.*

* 3. **PRÆLIUM**. Charta Ludov. Jun. ann. 1144. inter Inst. tom. 7. Gall. Christ. col. 63 : *Apud Comacum quoque quicquid habebamus, præter Prælium et jacere nostrum, præter exercitum et equitationem pro servientis beati Dionysii submonitione.* Sed legendum videtur *Prandium*, pastus. Vide in hac voce.

* **PRAELLA**, Ludi genus apud Italos. Stat. crimin. nova Cumanæ cap. 80. ex Cod. reg. 4622. fol. 84. r°. : *Sed nec audeat ludere ad Praellam seu prastrellam, sub pœna solidorum viginti Turon.*

PRÆLOCUTOR, Advocatus, Patronus, Causidicus : in Regiam Majestatem l. 1. cap. 11. etc. in Legibus Baronum Scoticor. seu Quoniam attach. cap. 35. § 1. cap. 57. § 5. in Statutis Roberti I. Reg. Scotiæ part. 1. cap. 15. et seq. part. 2. cap. 28. *Prolocuteur*, in Stylo Leodiensi cap. 3. 10. 14. 15. etc. Plinius Junior lib. 8. Epist. 21 : *Forte accidit, ut eo die mane in advocationem subitam rogarer, quod mihi causam Præloquendi dedit.* Interdum

Prolocutor dicitur. Charta Eberhardi Episcopi Saltzb. in Chron. Reichersperg. ann. 1160 : *Prædia... assignentur Advocatis talibus, a quibus in placitis judicialibus Proloquii defensionem possint e vicino habere: ne longinquos advocatos advocandi vel impossibilitas vel difficultas in detrimentum veniat, et absque legitimo Prolocutore prædia, quæ impugnantur, Ecclesia perdat.* Vide pag. 293. Philippus Epicopus Eystetensis in Vita S. Willibaldi cap. 24 : *Et in celebratione Concilii tanquam verus Cancellarius ac Prolocutor Concilii a dextris Archiepiscopo proximus assidebat.* Matth. Paris ann. 1254. pag. 592 : *Proloquutor domini Regis*, qui nostris *Advocatus Regius.* Chronicon Moriniacense lib. 2 : *Ipso Rege Prolocutore, Archiepiscopo Senonensi de Abbate clamorem faciunt.* Adde Nomasticon Cisterciense pag. 263. 333. Vide in voce *Narratores. Avantparliers* dicuntur *Prælocutores*, in Assisiis MSS. Hierosolymit. cap. 68 : *Et aprés doivent encharger à lor Avantparlier, que il dient por eaus, que il jurent, etc.... et lors l'Avantparlier doit dire pour eaus, Sire, etc.* Stabilimenta S. Ludovici lib. 2. c. 14 : *Quant aucuns a bonne defense et loiaus, li Avocaz et li Avantparlier doit mettre avant, et proposer en jugement ses defenses. Parliers*, et *Avantparliers*, in Statutis Leodiens. art. 96. 100. et in Magno Recordo Leodiensi pag. 118. 119. [*Avantparleurs*, alibi] *Emparlier*, apud Petrum de Fontaine cap. 10. etc. : *Li Emparlier defendent lis plaideurs dehors: Office d'emparlerie*, ibidem. Joann. de Condato MS. :

> Cele ki lor Emparlier ere
> Respondi, etc.

[Le Roman *d'Athis* MS. :

> Avant envoyés ung message.
> Bien Emparlé, courtois et sage.

Ubi *bien Emparlé* dicitur qui apte et eleganter loquitur.] Vide Casaubonum Exercit. 15. in Baron. cap. 5. [** Glossar. med. Græcit. voce Ἀβαντπαρλιέρης, col. 1. Haltaus. Glossar. German. voce *Fursprecher*, col. 559.]

¶ Proloquium. Litteræ Ludovici X. Reg. Franc. ann. 1315. tom. 1. Ordinat. pag. 606 : *Ad nostrum siquidem pervenit auditum, immo Proloquium, et murmurans vulgaris fama jam personat, quod etc.* Quæ Gallice in iisdem Litt. vernacule scriptis ita redduntur ibid. : *Avons oi par commune renommée, complainte du peuple, que etc.*]** Pro Patrocinio vide in. *Prolocutor*; eodem sensu *Prolocutio* est in chart. ann. 1344. apud Haltaus. Glossar. German. voce *Verspruch*, col. 1898.]

De voce vero *Proloquium*, apud Rhetores, vide Martianum Capellam. pag. 98. 121.

¶ Proloqui, Aliquem alterius nomine alloqui. Laur. Byzinius de Orig. belli Hussit. apud Ludewig. tom. 6. pag. 143 : *Interim tamen circumseptus pro liberatione communionis utriusque speciei, tam ad adultos quam ad parvulos ex parte ipsius multitudinis Proloquentem bannieverat.*

** Proloqui *aliquem*, eum tueri more advocati, pro eo loqui. Chart. ann. 1347. in Haltaus. Glossar. German. voce *Versprechen*, col. 1895 : *Constituentes eisdem sanctimonialibus in conservatores J. et T. de Hersveld fideles nostros, qui eas tueri et Proloqui habebunt vice nostra.*

** Prolocutio, Conditiones ante pacta tractatæ et concessæ. Chart. ann. 1333. apud Scheid. de Nobil. pag. 357 : *Vendiderunt ... cum Prolocutionibus et sentenciis vulgariter Ordele.* Alia ann. 1353. in Ayrmanni Syll. Anecd. tom. 1. pag. 328 : *Comitum de Honstein Prolocutio et compositio cum civitate Northusen.* Vide Haltaus. Gloss. German. voce *Vorrede* col. 1995.

¶ Prolocutorius, Prævius, Gallice *Préalable.* Sententia arbitralis inter Archiep. et Capitul. Arelat. et Monaster. S. Cæsarii ann. 1221. ex Schedis Præsid. *de Mazaugues : Causa tota secundum Deum et æqui-*

tatem terminaretur, arbitrio autem Prolocutorio aut secundum causæ merita præcedente. Rursum occurrit infra.

¶ Prolocutorie, *Préalablement*, Ante omnia, ibidem : *Tandem Prolocutorie inter partes habito tractatu, etc.*

PRÆLONUM. Vide *Ploum.*

¶ **PRÆLUBIUM**, Eluvies. Vide *Pelagus.*

¶ **PRÆLUSTRISSIMUS**, semel et iterum compellatur Carolus VI. Rex Franc. in Charta homagii ann. 1384. ex Bibl. Regia.

* **PRÆMANARE**, Allabi. Vita S. Berth. tom. 6. Jul. pag. 476. col. 2 : *Quadam die, dum clerici in flumine locum Præmanante balnearent, quidam eorum submersi sunt.*

¶ **PRÆ MANIBUS**, Continuo, Gall. *Sur le champ.* Tabul. B. M. de Bono-Nuntio Rotomagensi ann. 1472 : *De qua somma idem curatus Præ manibus unum scutum* (solvit) *et residuum solvere promisit intra festum Purificationis B. M. Virginis.*

¶ **PRÆMATIALIS**, pro *Primatialis*, ad Primatem pertinens, in Charta ann. 1496. apud Rymer. tom. 12. pag. 627.

¶ **PRÆMATURUS**, Prudentissimus, in Charta ann. 1476. apud *Madox* Formul. Anglic. pag. 336.

¶ **PRÆMAXIMUS**, pro *Permagnus.* Elmham. in Vita Henrici V. Reg. Angl. edit. Hearnii cap. 11. pag. 22 : *In suorum comitiva principum et magnatum Præmaximum, prout decet, celebraturus convivium, etc.*

¶ **PRÆMEDITARI**, Præexerceri, præexercitari. Vetus Irenæi Interpres lib. 4. cap. 30 : *Necessarie igitur hæc in typo Præmeditabantur.* Idem lib. 5. cap. 35 : *In qua* (Hierusalem) *justi Præmeditantur in corruptelam, et parantur in salutem.*

¶ **PRÆMENTIONATUS**, Prædictus, cujus ante mentio facta est, Gall. *Devant mentionné.* Charta ann. 1473. apud Rymer. tom. 11. pag. 780 : *Secundum omnem modum vim et formam Præmentionati instrumenti.* Adde Acta SS. tom. 1. April. pag. 121. tom. 3. pag. 528. etc. *Premencionatus*, apud Spon. tom. 2. Histor. Genev. pag. 77. Nec aliter legendum censeo in Obituar. MS. Eccles. Morin. ubi contracte habetur : *Pro quo obitu et distributione Premenata idem fundator donavit ecclesiæ 16. libras.*

** **PRÆMETANTES**, Præeuntes, in Miracul. S. Cunegind. cap. 65. *Præmetatus* est apud Forcellin. ubi in edit. German. *Præmetior* laudatur ex Sarisber. epist. 59.

¶ **PRÆMETIVUM**, ἡ πρὸ θερισμοῦ Δήμητρι θυσία, in Glossis Lat. Gr. Festus : *Præmetium, quod prælibationis causa ante præmetitur*, Cereri libandum.

¶ **PRÆMIARE**, Remunerare, præmiis donare, Gall. *Récompenser.* Litteræ Eduardi III. Reg. Angl. ann. 1338. apud Rymer. tom. 5. pag. 17 : *Affectantes gratitudinem vestram... prout regiam decet magnificentiam Præmiare.* Joannes de Monsterolio Epist. 22. apud Marten. tom. 2. Ampliss. Collect. col. 1359 : *Præmiari nempe debent boni ac strenui, et merita eorum largitionibus et advocatione benigna recognosci. Tanti principis industriam merito Præmiandam persenciens*, apud Elmham. in Vita Henrici V. Regis Angl. edit. Hearnii cap. 55. pag. 140. Occurrit etiam apud D. Thomam, ubi et *Præmiator* legitur pro præmiorum distributor.

¶ Præmiativus, In præmium datus, in Processu de B. Catharina Senensi apud Marten. tom. 6. Ampliss. Collect. col. 1250.

¶ **PRÆMIATOR**, Nocturnus prædo, apud Nonium. Vide *Præmiare.*

¶ **PREMINENTIA**, Opportunitas, præstantia, Gall. *Avantage.* J. Episc. Accon. in Epist. ad Honorium III. PP. ann. 1219. tom. 8. Spicil. Acher. pag. 376 : *Nostros autem nisi longe plures essent, et manifestam Præminentiam attenderent, expectare non audebant* (Sarraceni.)

¶ Præminentia, Prærogativa, privilegium, in Charta Henrici V. Reg. Angl. ann. 1421. apud Rymer. tom. 10. pag. 47. Vide *Præmunitates.*

¶ **PRÆMINERE**, Præesse, pro Præeminere. *Lucido Ficulino episcopo eidem* (S. Andreæ) *monasterio Præminente*, apud Joannem Diac. in Vita Gregor. M. lib. 4. cap. 90. Vide in *Prælatus.*

¶ **PRÆMISSIA**, Præmitiæ. Vide *Primitiæ.*

¶ **PRÆMITTERE**, Emittere, producere. Vetus Irenæi Interpres lib. 1. cap. 8 : *In quo* (filio) *omnia pater Præmisit seminaliter.* Προέβαλε, Irenæo. Adde cap. 2. et 25. ejusdem libri.

** **PRÆMONACHUS**, Monachus futurus, apud Ekkeh. IV. de casib. S. Galli edit. Pertzii pag. 81. lin. 3. et 82. lin. 28. Goldastus habet *monachus.*

¶ **PRÆMONERE**, Timere, præcavere. Sermo de honorandis presbyt. ad calcem Johan. Abrinc. de Offic. Eccl. pag. 446 : *Hæc Præmonentes Domini comminationem, nec futuri judicii ultione terrentur.*

* **PRÆMONIALIS**, perperam pro *Prædialis.* Vide supra in hac voce. Charta ann. 1490. tom. 3. Cod. Ital. diplom. col. 1606 : *Immunes ab omnibus personalibus, Præmonialibus vel mixtis præstationibus, exactionibus, etc.*

** **PRÆMONSTRATRIX**, Prævia, præcedens, apud Maium in Glossar. nov. e Schol. MSS. Remig. ad Mart. Capell. lib. 6.

PRÆMUNIRE, pro *Præmonere*, Submonere, citare, in jus vocare, apud forenses Anglos : unde celebris illius Brevis Regii nomen manavit : *Præmunire facias.* Jorvalensis in Vita Regis Ethelredi : *Africus Consul fecit eorum exercitum de insidiis regis Præmuniri.* Mox : *Daci omnes Præmuniti evaserunt.* [Monitio Episc. ad ordinandos post Joh. Abrinc. de Off. Eccl. pag. 225 : *In celebratione ordinum Præmuniantur ordinandi quod pure de peccatis sint confessi.* Ibid. pag. 291 : *Duo... a cantore Præmuniti subinferant*, Domine miserere.]

¶ Præmunitio, Submonitio, citatio. Charta apud *Madox* Formul. Anglic. pag. 360 : *Ad ipsos inde aquietandos per ipsum Abbatem, vel per suos rationabiliter fuero præmunitus, concedo quod dabo eidem Abbati vel successoribus suis 40. solidos sterlingorum infra mensem post Præmunitionem in forma prædicta michi factam.*

PRÆMUNITATES, Immunitates, privilegia, in Bulla Honorii III. PP. ann. 1205. in Bullario Casinensi tom. 2. pag. 250. Vide *Præminentia.*

* **PRÆMURALE**, idem quod *Antemurale.* Vide in hac voce. Glossar. Provinc. Lat. ex Cod. reg. 7657 : *Davatbarri, Prov. Præmurale.*

* **PRÆNICULA.** Vide supra *Pernicula.*

* **PRÆNOMINATIO**, Prior nominatio. Charta Theod. Trevir. archiep. ann. 1228. inter Probat. tom. 2. Annal. Præmonst. col. 480 : *Jus Prænominationis in electione consulum.*

¶ **PRÆNOSTICARE**, Præsagiri, prædicere, Gall. *Pronostiquer.* Memor. Potest. Regiens. ad ann. 1284. apud Murator. tom. 8. col. 1162 : *Ista pugna et strages quæ facta est inter Januenses et Pisanos, Prænosticata fuit et demonstrata, antequam fuerat, diu. Nam.... mulieres quæ de nocte linum purgabant, viderunt duas magnas stellas mutuo prælianles.* Miracula S. Adalberti sæc. 3. Benedict. part. 1. pag. 646 : *Quædam mulier... more consueto caseum faciens, manuumque comprehensionibus coagulum glutinans, liquorem effundere nititur, ubi seri color modicus, verum sanguinis dimidium sextarii reperitur. In quo strages multorum Prænosticari poterunt.* Vide *Prognosticare.*

Prænosticus, Præsagus, præscius. Henricus Rosla in Herlingsberga :

Mens est quippe viri Prænostica sæpe futuri.

PRÆNOTARIUS, qui Notarii, seu Grafiarii, vel Vicenotarii officio fungitur, *Adjutor* Notarii. Fleta lib. 2. cap. 13. § 15. de Cancellario Angliæ : *Habet etiam Clericos suos Prænotarios in officio illo.* Cap. 36. § 1 : *In hac etiam Curia sunt Clerici Prænotarii et Cursarii, qui placita irrotulant.* Adde lib. 4. cap. 9. § 2. et Radulfum de Hengham in Magna c. 6.

¶ **PRÆOCCUPARE**, Usurpare, nullo jure occupare. Tabular. SS. Trinit. Cadom. fol. 50 : *Isti de dominico Præoccupaverunt.* Ibi non semel occurrit.

¶ **PRÆORDINARI**, Officio ecclesiastico donari in Charta ann. 1086. ex Addit. ad Chron. Causaur. apud Murator. tom. 2. part. 2. col. 1002.

¶ **PRÆPARACULUM**, Præparatio. Conc. Dertus. ann. 1429. inter Hispan. tom. 3. pag. 654 : *Nunc in præsentiarum per medicinæ ejusdem domini legati Præparacula, etc.*

¶ **PRÆPARAMENTUM**, Dispositio, præparatio. Charta ann. 1485. apud Marten. tom. 2. Ampliss. Collect. col. 148 : *De bonis mihi a Deo collatis, de illis maxime quidem, quæ ex residuo abbatialis portionis... recollegeram, priusquam a morte præveniri contingat, quidpiam boni Præparamenti præmittere cupiens, etc.*

¶ Præparamentum Guerræ, Apparatus bellicus. Computa Dalph. Graisivod. fol. 56 : *Pro ingeniis et aliis Præparamentis guerræ portandis.... xxv. lib. Præparamenta belli*, apud Cigaltium de bello Italico. Vide in *Parare* 1.

¶ Præparamentum, Ornatus, ornamentum, Gall. *Parement.* Inventar. tom. 1. Rer. Mogunt. pag. 346 : *Item monstrantur Præparamenta S. Bonifacii.* Vide in *Parare* 1.

* **PRÆPARANTIÆ**, Gall. *Préparances*, inter jura, quæ ad dominum feudi perti-

nent, recensentur. Charta ann. 1389. in Chartul. Henr. V. et VI. reg. Angl. ex Cod. reg. 8387. 4. fol. 53. v°. : *Vint solz de Morlans de fins avec touz capsous, présentations et Préparances et autres droits et appartenances.* Confirm. pariag. inter reg. et abb. S. Severi ann. 1461. in Reg. 198. Chartoph. reg. ch. 273 : *Item retindrent iceulx religieux à eulx appartenans toutes les leides, peages, coustumes, veues, lausimes, Préparances, sportules, tous les fiefz, cens et autres droits.*

PRÆPARARE alterum, dicebatur is, cui cum facultates sibi sat amplæ haud essent, ut ipsemet *in hostem* pergere posset, similis sortis ac conditionis viros pro posse in armis ac instructu bellico adjuvabat. Capitulare ann. 807. edit. Baluzianæ c. 2 : *Ubicumque autem inventi fuerint duo, quorum unusquisque duos mansos habere videtur, unus alium Præparare faciat, et qui melius ex ipsis potuerit, in hostem veniat.* Occurrit ibi pluries, et cap. 5. 6. Huc pertinet Capitulare 1. ann. 812. cap. 1 : *Qui vero 3. mansas de proprio habuerit, huic adjungatur unus, qui unum mansum habeat, et det illi adjutorium, ut ille pro ambobus ire possit.* Adde c. 6. et Capitulare ann. 828. cap. 7.

¶ Præparare Volatilia, Lardo suffigere vel instruere. Præceptum Caroli Cal. ann. 862. apud Mabillon. Diplom. pag. 536 : *Item etiam alii duo porci saginati per duas festivitates, id est Natalis Domini et Paschæ, ad volatilia eorum Præparanda.* Vide *Paratæ*.

PRÆPARATIO. Hariulfus lib. 3. cap. 3 : *Baculus auro, argento, et crystallo paratus 1. Præparatio baculi unius ex crystallo 1. etc.* Forte pro *Ornamentum*. Vide *Præparamentum*, et *Paratæ*.

¶ Præparatio ad Hostem, in Capitul. 2. Caroli Magni ann. 812. cap. 8.

* **PRÆPARATORIUM**, Apparatus, dispositio, Gall. *Préparatif*. Ordinar. Ms. S. Petri Aureæ-val. in die Purificat. : *Tamdiu vero fit Præparatorium ad altare parochiæ per custodem ecclesiæ, et illic defferuntur cerei benedicendi et aliæ candelæ.*

¶ **PRÆPARATURA**, Præparatio. Tertull. adv. Marc. lib. 4. cap. 13 : *Spiritus sanctus in Joanne egerat Præparaturam viarum Domini.* Hinc

¶ Præparator, Qui præparat, apud eumdem ibid. cap. 33 : *Joannes antecursor et Præparator viarum Domini.*

¶ **PRÆPEDITAS**, Difficultas, impedimentum. Vita MS. S. Winwaloei fol. 30 : *Ne tanto, quæso, excessu gravati et tanta Præpeditate extædiati, ullatenus indignemini.*

* **PRÆPEDITIO**, Impedimentum. Lit. ann. 1397. tom. 8. Ordinat. reg. Franc. pag. 181 : *Præsertim ut talibus rejectis Præpeditionibus, ipsi liberius et devotius ibidem.... Salvatori nostro valeant famulari.* Vide *Præpeditas*.

PRÆPEDIUM, Impedimentum. [Bulla Bonifacii VIII. PP. ann. 1295. ex Bibl. Reg. : *Ne tanti boni orditum principium per obstaculum hujusmodi interjecti Præpedii infelicem sortiretur eventum.*] Vita B. Nicolai Eremitæ num. 1 : *Afferentem servitio divino Præpedium frequentiam nimiam humanæ conversationis evitans.*

¶ **PRÆPLARE**, perperam pro *Pueplare*, nostris *Peupler*, Locum incolis frequentare, ab Hispan. *Pueblo*, quomodo Galli *Peuple* dixerunt. Testam. Jacobi Reg. Aragon. ann. 1272. apud Marten. tom. 1. Anecd. col. 1141 : *Dicimus dom. Ferrando olim patruo nostro, et Episcopis, nec non et aliquibus hominibus ac militibus, quos ibi* (in regno Valentiæ) *Præplaveramus, qui erant trescenti et octuaginta milites, quod postquam eos ibi hereditaveramus, æstimarent nos defendere ipsum regnum Valentiæ contra Sarracenos.* Hinc etiam emendandum

¶ Præplatio, pro *Pueplatio*, Colonia, Gallice *Peuplade*, ibidem col. 1142 : *Fuerunt etiam aliqui Præplationis dicti regni, qui tenebant ibi hereditates sibi a nobis datus hermas, et non faciebant ibi personalem residentiam, sicut debebant.*

* **PRÆPORTAGIUM**, idem quod *Reportagium* 1. Medietas decimæ. Charta ann. 1343. in Reg. 68. Chartoph. reg. ch. 70 : *Asseruerat etiam dictus miles.... decimam, Præportagium, seu bladum debitum ratione Præportagii, etc.*

PRÆPORTARE, Portare ante. Chronicon Montissereni ann. 1134 : *Imperatori ad Ecclesiam procedenti, circulo decoratus aureo, gladium Præportavit.* Atque ita legendum infra ann. 1135 : *Ubi etiam Bolizlaus gladium Imperatoris Præportavit*, pro *reportavit.*

¶ Præportare dicitur de agri parte, qua extenditur. Chartul. S. Vandreg. tom. 1. pag. 5 : *Et se Præportat fundus illius terræ a vico pro ante usque ad terram dicti Roberti pro retro.* Vide *Porportare*.

PRÆPOS, Papiæ, *Valde potens*, Ex quo emendandæ Glossæ Isid. quæ habent *Propos.* Idem etiam valet quod *Compos.* Vita MS. S. Magnobodi Episcopi Andegavensis cap. 11 : *Sanum et vitæ Præpotem reddit parentibus.*

¶ **PRÆPOSITA**, Præpositatus. Vide infra *Præpositi.*

PRÆPOSITI, Scriptoribus Ecclesiasticis dicti potissimum Antistites, cæterique qui Ecclesiis præsunt, ut apud Cyprianum lib. 1. Epist. 5. lib. 5. Epist. 6. lib. 3. Epist. 21. lib. 5. Epist. 6. 73. in Concilio Carthag. III. cap. 45. Chartag. V. cap. 13. etc. Προεςῶτες, apud Justinum Mart. Apol. 2. Concil. Aquisgran. cap. 139 : *Quamvis omnes, qui præsunt, Præpositi rite dicantur, etc.* Ita Abbates *Præpositi* dicuntur Bedæ in Vita S. Cuthberti n. 24.

Præpositus, Dignitas in Ecclesiis Cathedralibus. [*Præpositus major*, in Eccles. Colon. ex Cod. MS. Consuet. ejusdem Eccles.] Ebrardus in Græcismo cap. 9 :

Ecclesiarum Præpositus sit, sive Scholarum.

Hujus munus describitur ab Ebone Remensi Archiep. in Indiculo de Ministris, edito a Colvenerio post Flodoardum, in Concilio Aquisgranensi cap. 139. et apud Chrodogangum in Regula Canonic. cap. 46. Fragmentum Historicum, editum a viro doctissimo Joanne Mabillonio tom. 1. Analector. de Concilio Aquisgranensi sub Ludovico Pio : *Statuerunt pro Canonicis, qui tunc sub Præpositis vivebant, etc.* Ejusmodi Canonicorum Collegia, quibus præsunt *Præpositi*, complura exstant etiamnum hodie in Germania, quæ vulgo *Præposituræ* nuncupantur. Vide Albertum Stadensem ann. 1001. 1050. etc. Est etiam

Præpositura, Præpositi dignitas. Adamus Bremensis cap. 181 : *Præposituram majorem Episcopii servus ejus quidam Suidger administravit.* Adde cap. 187.

* Præpositura, Munus ecclesiasticum in ecclesiis cathedralibus, ad quod ecclesiarum præstationes et reditus prædiorum recipiendi et administrandi cura pertinebat, ab *Obedientia* distinctum. Stat. Vodalr. Aquilej. patriar. ann. 1181. inter Monum. ejusd. eccl. cap. 64. col. 612 : *Statuimus ut omnia bona, tam ea quæ de Præpositura, videlicet ecclesiis et prædiis, quam quæ de obedientiis proveniunt, in communes usus fratrum redigantur.*

Præpositatus, [Eodem significatu. Charta Matfredi Episc. Biterr. ann. 1092. inter Instrum. tom. 6. Gall. Christ. novæ edit. col. 132 : *Dono ipsum Præpositatum S. Nazarii, hoc est ipsum honorem totum et ab integrum, qui dicitur Præpositatus et sacristia, qui fuit de Guillelmo præposito et antecessoribus suis præpositis.*] In Bulla Urbani II. PP. ann. 1096. in Histor. Episcopor. Cadurc. num. 70. in Concilio Rotomagensi ann. 1189. cap. 10. [et in Bulla Pauli III. PP. ann. 1549. tom. 1. Macer. Insulæ Barbaræ pag. 268.]

¶ Præpositurarus, in Bulla ejusdem Pontificis ann. 1536. apud Miræum tom. 2. pag. 1052.

Præpositus, in iisdem Ecclesiis Cathedralibus, munus Ecclesiasticum, cui scilicet prædiorum Ecclesiasticorum certæ partis ad tempus vicissim cura demandatur, iis in varias *Præposituras*, quas *Prevôtez* dicunt, distributis, et Canonicis attributis, quarum ii in Capitulo ratiocinia exigunt. Atque hæ postmodum in Ecclesia S. Martini Turon. deinceps perpetuæ factæ, in ejusdem Ecclesiæ dignitates evaserunt. Exstat in ejusdem ædis Tabulario juramentum ejusmodi Præpositorum : *Præpositi, præsentati a Decano, et recepti a Capitulo, jurant in hunc modum. Ego N. Præpositus instituendus talis loci juro vobis et promitto, quod amodo fidelis ero huic Ecclesiæ et vobis, de vestris hominibus, terris, nemoribus, redditibus, censibus, decimis, terragiis, oblationibus, aquis, pratis, pascuagiis, et aliis omnibus ad meam Præposituram pertinentibus, et stabo juri coram vobis in Capitulo, secundum consuetudinem istius Ecclesiæ, quotiescunque fuero requisitus, et ligiam faciam, secundum interpretationem Domini Papæ Innocentii, mansionem, etc.*

☞ Quæ fuerit conditio ejusmodi *Præpositurarum*, quarum ad tempus cura demandabatur canonicis, docent Statuta Eccles. Barcinon. ann. 1332. apud Marten. tom. 4. Anecd. col. 612 : *Cum nonnulli ad servitium Præpositurarum obligati, minus bene suis mensibus serviant, ut tenentur, idcirco nos Pontius D. G. Barchinonensis episcopus, de expresso consilio et assensu capituli ejusdem ecclesiæ,... statuimus perpetuo quod præsentes et futuri Præpositi, seu eorum procuratores, infra unum mensem, postquam suarum præpositurarum fuerint possessionem adepti, assecurent per fidejussores idoneos, se facturos bene et complete dictarum præpositurarum servitium : aliter per substractionem fructuum earumdem hoc complere omnimode compellantur.* Unde colligitur eorum prædiorum reditus concessos in usum canonicorum qui ea curabant, aut per se aut per procuratores; licet de iis in Capitulo rationem redderent : fructuum quippe *substractione* mulctantur delinquentes. Sed et intra breve tempus coarctata erat hæc administratio : nam aliquot tantum menses memorantur, per quos iis invigilabant.

☞ Exinde vero cum ex administratione rerum temporalium a spiritualibus abstraherentur Præpositi, non modo ea privati sunt sed et Præpositi nomen in Decani mutatum est in quibusdam Ecclesiis, retenta nihilominus Præpositi jurisdictione, ut constat ex Hist. Episcopat. Antuerp. pag. 104 : *Feria secunda O. SS. ann. 1257. ordinatum in capitulo fuit, ut post decessum vel cessionem G. de Perweys Præpositi, commutetur nomen Præpositi, in nomen Decani, qui eandem haberet jurisdictionem quam Præpositus.*

Ꝑ Præpositi in Monasteriis, secunda post Abbatem, dignitas, ut est in Addit. 1. Capitul. cap. 31. 55. qui hodie *Prior* dicitur. Vigilius Diaconus in Regula Orientali cap. 3 : *Ille vero qui secundum ordinem disciplinæ ordinatione Abbatis ex consilio et voluntate omnium fratrum fratribus præpositus est, omnem ad se curam de disciplina fratrum, et diligentiam Monasterii revocabit, habens potestatem ordinandi, Abbate absente, omnia, quæ Abbas præsens facit.* Adde Regulas S. Benedicti cap. 65. S. Ferreoli cap. 17. Tarnatensem cap. 23. S. Isidori cap. 6. 17. S. Fructuosi cap. 3. Magistri cap. 11. Statuta Lanfranci sect. 11. cap. 3. Capitula Monachorum S. Galli ann. 817. cap. 14. 30. edit. Baluzii, Ratpertum de Casibus S. Galli cap. 15. etc.

* Quod de omnibus monasteriis non intelligas : nam *priorem* a *Præposito* distinguit, atque illum huic superiorem fuisse scribit Visselbec. in Chron. Huxar. ad ann. 1174.

☞ Penes Præpositos erat jurisdictio in Monasteriis quibus præerant Abbates laici : hujus rei plura congessit exempla Baluzius in notis ad Capitul. col. 1257. quas videsis. Hinc *ut laici non sint Præpositi monachorum infra monasteria* statuitur in lib. 1. Capitul. § 110.

¶ Præpositatus, Dignitas Præpositi monastici, in Bulla Pauli III. PP. ann. 1537. inter Instrum. tom. 4. novæ Gall. Christ. col. 121.

¶ Præpositilis, Ad præpositum pertinens. Codex censualis MS. Irminonis Abbat. Sangerman. fol. 40. col. 2 : *Osarius colonus... tenet mansum unum.... facit inde rigas et curvadas abbatiles et Præpositiles.*

Præposita, Eadem dignitas in Monasteriis Sanctimonialium, Abbatissæ proxima, in Regula Sanctimonialium canonice viventium cap. 24. Vita S. Austrebertæ virgin. num. 9 : *Eligentibus cunctis, consentiente matre, licet invita Præposita constituitur.* Vide Regulam cujusdam ad Virgines cap. 2. Regulam Donati ad Virgines cap. 5. Rudolfum in Vita S. Liobæ cap. 3. etc.

¶ Præpositissa, Eadem notione, apud Leibnit. tom. 2. Script. Brunsvic. pag. 487 : *Abbates, præpositi vel priores, abbatissæ, Præpositissæ vel priorissæ, etc.*

¶ Præpositatus, Cella seu obedientia monastica, ab Abbatia dependens, *Prevôté.* Testam. Card. Talairandi Episcopi Alban. ann. 1360. apud Martenium tom. 1. Anecdot. col. 1470 : *Item, legamus Præpositatui S. Benedicti de Saltu, Bituricensis diœcesis, 250. florenos auri, expendendos in reparationem et refectionem ædificiorum.*

¶ Præpositura, Eodem intellectu, in Chron. Farf. apud Murator. tom. 2. part. 2. col. 624 : *Cum in Marchia in quadam degeret tunc Præpositura, etc.*

Præpositus, Cellæ seu obedientiæ monasticæ, ab Abbatia dependentis, Præfectus. S. Hieronymus præfat. in Regul. S. Pachomii num. 2. de Tabennens. Monachis : *Habent per singula monasteria Patres et. Dispensatores, et Hebdomadarios, ac ministros, et singularum domorum Præpositos; ita ut una domus quadraginta plus minusve fratres habeat, qui obediant Præposito, sintque pro numero fratrum triginta vel quadraginta domus in uno Monasterio, etc.* Adde n. 6. Leo Ostiensis lib. 3. cap. 13. (al. 14.): *Reddidit Monasterio cellam S. Benedicti de Salerno,... sed cum amoto Abbate, Præpositus ibi, juxta cellarum nostrarum morem, constitutus esset, etc.* Anonymus Floriacensis lib. 4. de Mirac. S. Benedicti cap. 14 : *Qui ætate juvenis.... quarundam possessionum Floriacensi loco subditarum adeptus est tutelam ; Almericurtis videlicet, ac earum quæ ei subjacent. Quibus cum fere annis tribus perdurasset Præpositus, disposuit aliquando more solito Floriacum revisere, etc.* Vide præterea Fulbertum Carnot. Ep. 21. Petrum Cellensem lib. 1. Epist. 20. Browerum lib. 1. Antiq. Fuldens. cap. 7. Doubletum pag. 723. etc.

Præpositura, ejusmodi *obedientiarum* munus ac functio. Burchardus de Casibus S. Galli cap. 33 : *Præposituras, Decanias, et alias. Monasterii obedientias sapientibus irregulariter ablatas,.... juvenibus commendabat.*

Præpositi, Iidem, qui *Advocati* et *Vicedomini* Ecclesiarum Cathedralium et Monasteriorum, in Concilio Mogunt. can. 50. et Remensi II. can. 24. [** Carol. M. Leg. Longob. cap. 123 : *Si quis Præpositus aut ministerialis aliquas res ecclesiæ, quas prævidere debet, aliquo inscriptionis titulo cuique concesserit, etc.*] Lambertus Ard. : *Ghisnensis Comes factus Sifridus, villicaturam sive præposituram villico et suis reliquit hæredibus, a quibus denuo Ardensibus usque hodiernum diem villicatura sive præpositura successit dominis. Unde et Ardensis instaurator Ecclesiæ egregius Arnoldus, in quibusdam privilegiis suis et nostris, invenitur Advocatus vel Præpositus eorum* (Monachorum S. Bertini,) *in terra videlicet Ghisnensium, appellatus.* Charta Chunradi Imp. apud Browerum lib. 3. Antiq. Fuldens. cap. 17 : *Cui primum in mandatis dedimus, ut omnes villicationes a Laicis reciperet, et per Præpositos suos, viros honestos et religiosos, officia dispensando disponeret.* Unde patet, ejusmodi *Præpositos* Laicos non tam fuisse *Advocatos* et *defensores*, quam *villicos*, de quibus suo loco agimus, idque officii translatum postea ad ipsos Monachos, vel Canonicos, qui Monasterii vel Collegii Canonicorum bona iis addicta curarent, et de reditibus rationes inirent.

* Præpositus, Collector laicus redituum alicujus prædii ecclesiastici, idem qui *Villicus.* Vide in hac voce. Instr. ann. 1406. ex Bibl. reg. : *Pour faire la recepte d'icelle terre* (de Ver) *par parties et la porter à Bayeux au receveur desdits de la sainte Chapelle, pour ceque en ladite terre n'a point de Prevost qui recueille les rentes, et dès le temps qu'elle estoit fieffée n'en y avoit point, ne depuis n'a eu, et qui vouldroit contraindre les habitans à faire Prevost, ils lesseroient le pays, pour ce six livres par an.* Vide *Præposituræ servitium* infra.

* Præpositi episcoporum. Charta ann. 1251. tom. 1. Hist. Trevir. Joan. Nic. ab Hontheim pag. 734. col. 1 : *Nos Henricus Præpositus palatii, etc.* Quænam vero munia sibi arrogabant ii episcoporum Præpositi, discimus ex Charta Lothar. imper. ann. 1135. in Tabul. eccl. Camerac. : *Venit ad præsentiam nostram Aquis-grani Lithardus venerabilis Cameracensium episcopus proclamationem gravem super quodam Galtero faciens, qui domus suæ regimen et dispositionem, quod Præpositi nomine homines terræ illius officium significant, præfato episcopo domino suo nolente et contradicente, dicens patrem suum a prædecessore suo,.... seseque ab ipso in pheudo accepisse, præfata conditione violenter sibi usurpavit.*

Præpositus. Gloss. Ælfrici, *Prætor, vel Præfectus, vel Præpositus, vel Quæstor :* Burh-gerefa, i. Comes urbis, burgi, etc.

☞ *Præposituræ* nomine designata interdum majora feuda, quibus suprema justitia, ejusque exercitium competebat. Ejusmodi dignitatis est Præpositura, quam *in feudum ligium, nobile, antiquum, perpetuum et paternum* concedit Amædeus Comes Sabaudiæ Johanni de Champagnia Charta infeodationis ann. 1360 : *In feudum tradimus, cedimus, transferimus et mandamus jure proprio in perpetuum dicto Joanni... Præposituram et officium præposituræ Castri-novi, castellaniæ, districtus et mandamenti dicti loci, videlicet pro duabus partibus nobis pertinentibus in ipsa Præpositura et officio ejusdem... De quibus sic datis et concessis in feudum.... dictum Joannem investimus, et in possessionem corporalem et quasi inducimus, ... salvis homagio, juribus feudi et directi dominii.... Mandantes tenore præsentium magistris et receptoribus computorum nostrorum, judici, procuratori Beugesii, Verromesii, castellano nostro Castri-novi, eorum loca tenentibus... dictam Præposituram ejusque officium, cum suis exitibus, emolumentis, et juribus quibuscumque, per dictum Joannem, suos familiares et nuntios ab inde perpetuo teneri, exerceri, percipi et levari pacifice faciant et permittant; sibi, suis successoribus, hæredibus, familiaribus et nuntiis pareant, obediant, intendant in omnibus et singulis, et quemadmodum nobis ante præsentem contractum parere, obedire et intendere tenebantur.*

☞ Varia fuit pro variis locis Præpositorum judicum conditio. Interdum a Scabinis ad eos appellationes devolvuntur : alibi cum scabinis judicant : juratorum causas cognoscunt; quod ex sequentibus patet. Charta Willelmi Comitis Pontivi pro Communia Dullendii ann. 1202 : *Fur autem primo a Scabinis judicabitur, et penam pilorii sustinebit; postea Preposito meo tradetur... Si inter juratum et juratum, vel inter juratum et non juratum de re mobili questio oriatur ad Prepositum meum de eo clamor fiet, vel ad dominum Prepositure illius in qua manebit, qui fuerit impetitus, nisi ipse infra Preposituram meam inventus fuerit; tunc enim tam de eo quam de rebus suis in mea Prepositura existentibus, Prepositus meus justitiam faciet.* Charta Philippi Aug. pro Communia Calniaci ann. 1213 : *Si quis intra villam hominem occiderit, ubicumque captus sit et retentus, sive mortuus sive vivus, Preposito nostro vel ei qui est in loco ejus, per Scabinos reddetur coram Scabinis, et per hoc captores liberabuntur, et justitiarius noster de eo justitiam faciet, tamquam de homine mortuo.* Infra : *Sciendum est quod nullus ex parte nostra, de latrocinio, de multro, de raptu, de homicidio, de incendio, de forisfactis iis similibus, de quibus homo convictus remaneat in manu domini, de corpore et de rebus suis super aliquem de communia clamare poterit, nisi eos, quia nostra sunt. De omnibus autem aliis querelis homines de communia coram Preposito nostro judicio scabinorum tractabantur.* Ubi advertere est Præpositis etiam regiis denegatam interdum fuisse earum cognitionem, quæ ad Regem potissimum spectant.

Præpositus, Judex pedaneus, minor Judex in pagis, qui Ballivo subest, et cujus appellationes ad eumdem Ballivum devolvuntur : vulgo *Prevost.* Statutum Philippi Pulcri ann. 1302. pro reformatione Regni art. 10 : *Item volumus et ordinamus, quod nullus Senescallus vel Baillivus, vel alius judex quicunque, sub se habeat Præpositum, Vicarium, seu Judicem, qui eidem consanguinitatis vel nutrituræ vinculo teneatur, ne personæ prædictæ, in causis, quæ ad ipsas per appellationes pervenerint, minus fideliter debeant judicare : et, si sint aliqui, volumus eos a dictis officiis amoveri. Volumus etiam, quod si contingat, quod aliquæ de Præfecturis nostris vendantur, aut dentur ad firmam, præcipimus, quod talibus commendentur personis, quæ fideles et idoneæ reputentur, et bonæ famæ, et quæ sint bene solvendo, non Clerici, non usurarii; non infames, nec circa oppressiones subditorum suspecti. Nec volumus quod præfatæ personæ ad prædictas Præpositurās nostras, seu administrationes instituti quantumcunque plus aliis in eis offerant, admittantur. Injungentes de cætero, ne Præpositi ad firmam Præposituram tenentes taxare vel judicare præsumant emendas, sed Senescalli, aut Baillivi, aut Scabini duntaxat, secundum quæ locorum consuetudines suadebunt. Injungentes, quod in una Præpositura ponatur unus Præpositus, aut duo tantummodo, et non plures; et quod uni personæ non tradatur nisi unica Baillivia, Senescallia, Præpositura, Vicaria seu Judicatura, et tales jurabunt sicut Baillivus et Senescallus.* Adde art. 41.

Ex his primo colligitur, *Præpositos* Judices fuisse, a quibus appellabatur ad Baillivum : deinde eadem fuisse Præpositorum sacramenta, quæ Baillivorum : tertio denique *Præposituras* datas fuisse *ad firmam*, ad triennium scilicet, quod S. Ludovico vulgo adscribitur. Unde Bonifacius VIII. PP. cujus animus erga Franciam nostram paulo semper iniquior fuit, Philippo Pulcro Regi, ut in Sanctorum referretur Canonem urgenti, id objecerit, ut est in Chronico Flandriæ vernaculo cap. 33 : *Mais le Pape, qui n'atmoit mie le Roy de France, dit que pour la cause qu'il avoit mis ses Bailliages et ses Prevostez à ferme, de quoy maint pauvre homme en estoit desherité, il ne l'oseroit lever à saint.* Tametsi constet de Præpositurarum venditione, nihil tamen ejusmodi occurrit de *Baillivis*, quæ nusquam pretio distractæ leguntur, nisi postquam officia omnia in Francia venalia exstitere. Certe Præpositurarum distractiones et venditiones semper improbatæ. Christina Pisana in lib. *du Tresor de la cité des Dames*, 1. part. cap. 23 : *Et ne vouldra nullument que ses Prevostés soient baillées pour argent aux plus offrants et derniers encherissants, si comme on fait maintenant en France. Et pour ce en sieges en beaucoup de lieux à de tres mauvaise ribaudaille, mangeurs de pauvres gens, et pires que ne sont larrons, etc.*

☞ Verum hac in re merito in dubium vocatur laudati Chronici fides : exstat quippe, ut alia taceam, computus ann. 1202. ex quo Præposituras ad *firmam* tunc temporis concessas fuisse certum est. Inique ergo S. Ludovicus hujus institutionis auctor suspicatur; quin et ipsi piissimo Regi nusquam est probata; siquidam has venditiones omnino tollere aggressus est : atque a præpositura Parisiensi incœpit quam a conductoribus ereptam priori dignitati restituit, ut recte scribit Auctor tract. de Politia tom. 1. pag. 32. Id autem ex eo maxime efficitur quod in computo ann. 1265. non jam Præpositus ipse, sed alius de acceptis in præpositura Parisiensi rationem edit. Consulendus in hanc rem D. *Brussel* Tract. de Usu feud. lib. 2. cap. 33.

Præpositi ita *Baillivis* subditi erant, ut si in delictum aliquod inciderent, ab iis amoverentur, vel punirentur [quod tamen non fiebat, *nisi pro murtro, vel raptu, vel homicidio, vel proditione*,] ut ex testamento Philippi Augusti ann. 1190. apud Rigordum colligitur, et ex Statuto S. Ludovici ann. 1254. apud Nangium, in quo hæc sunt de eorum sacramento et officio : *Jurabunt igitur omnes et singuli supradicti, quod quamdiu commissam sibi tenebunt Bailliviam, Præposituram, vel aliud quodcumque officium supradictum, tam majoribus, quam mediocribus, tam advenis quam indigenis, tam subjectis, quam præpositis, sine nationum et personarum acceptione jus reddant, servantes tamen in locis suis usus et consuetudines approbatas, etc.*

☞ Et quidem ad mandata *Baillivorum* exsequenda potius institutos fuisse Præpositos, saltem in Delphinatu, quam ut ipsi ex officio aliquam exercerent jurisdictionem, recte colligi posse existimo ex Charta ann. 1339. tom. 1. Hist. Dalph. pag. 128. ubi quæ ad eorum officium pertinuerint, describuntur : *Ille qui officio dictæ Præposituræ utitur in dicta civitate* (Viennensi) *nomine ipsius D. Dalphini,.... in condemnationibus et executionibus sententiarum et condemnationum causarum civilium et criminalium, realium et personalium, in inquisitionibus faciendis per dictam civitatem, in capiendo malefactores in civitate et territorio prædictis, et in aliis quæ gerebat et exercebat præfatus correarius Archiepiscopi.*

☞ Quæ ut manifestiora fiant, addere placet Recognitionem Præposituræ S. Symphoriani de Ancella factam Abbati Trenorchiensi ann. 1401. in qua fuse exhibentur quæ ad officium ejusmodi Præpositorum spectant : *Recognovit idem Humbertus se tenere in feudum 1°. Præposituram S. Simphoriani cum juribus, pertinentiis et emolumentis ejusdem... Recognovit se tenere et tenere debere omnia infrascripta ratione dictæ Præposituræ ac servitia infrascripta eidem dom. Abbati et Ecclesiæ suæ supradictæ exhibere. 1°. Quod ipse Humbertus tamquam Præpositus dictæ præposituræ manutenebit in domo supradictæ Præposituræ bonum, firmum et securum carcerem munitum compedibus tam ferreis quam ligneis ad custodiendos malefactores, ut Præpositi dictæ præposituræ antiquitus manutenère consueverant. Item dictus Humbertus recognoscit et recognovit se teneri ad custodiendos prisonnarios vel malefactores cum ad custodiendum et incarcerandum in supradicto carcere per gentes et officiarios dicti dom. Abbatis sibi tradentur et eosdem malefactores seu prisonnarios reddet et restituet officiariis prædictis tute et secure quoties fuerit requisitus, et si per servientem præsentatum domino Abbati ad disserviendum officium sergentariæ intra limites dictæ præposituræ, idem Præpositus voluerit committere custodiam prisionariorum sibi tradendorum seu traditorum, ipse Præpositus recipiet et ex nunc recipit in se onus et periculum casu quo contingeret ipsos prisonnarios a dictis carceribus evadere, eos recondire ob culpam dicti servientis. Item tenebitur et confitetur se teneri præsentare dicto dom. Abbati virum bonum et sufficientem hominem ad exercendum officium sergentariæ infra limites dictæ præposituræ pro et nomine ipsius domini Abbatis cum aliis servientibus dicti dom. Abbatis, et tenebitur dictus serviens fidejubere et cautionem idoneam præstare de suo officio diligenter et fideliter exercere, prout alii servientes in eorum cautione facere consueverunt. Item quod quando casus eveniet quod aliquis malefactor per gentes dicti dom. Abbatis vel per servientem prædictum capietur vel per alterius jurisdictionem, remittetur dicto domino pro justitia de dicto malefactore vel malefactoribus facienda, et si dictus malefactor vel malefactores capti vel remissi per judicem S. Romani corporaliter condemnabitur, vel condemnabuntur, dictus Præpositus tenebitur sententiam dicti judicis executioni penitus demandare, facere et complere suis ipsius propriis missionibus et expensis. Item recognovit idem Præpositus quod si serviens ab ipso præsentatus, aut ipse Præpositus capiat aliqua animalia in terris et possessionibus suis in banno vel emenda propter hoc debita* per illos quibus erant dicta animalia, ipse Præpositus tertiam partem emendæ tantummodo recipiet, et tenebitur in crastinum captionis prædicta animalia tradere gentibus dicti dom. Abbatis. Item recognovit quod si aliqua animalia capiantur infra dictam præposituram Abbatis, ipse Præpositus in banno vel emenda ex captione prædicta debita nihil percipiat. Item quod in omnibus bonis moventibus de directo dominio dicti dom. Abbatis, ipse dominus percipiet banna, ventas et laudimia, prout percipere consuevit, hoc salvo quod ipse Præpositus, vel serviens ipsius præposituræ tenebitur recipere clamores et emendas quæ provenient ratione bonorum in dicta præpositura existentium et personarum in eadem degentium vel delinquentium, et ex ipsis receptis bonum et legitimum computum reddere gentibus dicti domini Abbatis; ita quod si receptio prædictorum fiat per Præpositum, cavebit quod reddat legitimum computum dictis gentibus, et idem faciat serviens prædictus si per eum recipiat. Item dum emendæ vel banna quæ obvenient vel obvenire poterunt ratione rerum in dicta præpositura existentium in eadem delinquentium vel commorantium ex papiro curiæ S. Romani adjudicabuntur, vocabitur dictus Præpositus vel serviens ipsius præposituræ ad audiendum et videndum quæ juri suo in prædictis pertinere poterunt. Item recognovit idem Præpositus quod tam in domo prædictæ præposituræ, quam aliis locis infra dictam præposituram existentibus, officiarii dicti domini expleta, assisias et alios judicis actus exercebunt et exercere poterunt absque eo quod ipse Præpositus aliqualem jurisdictionem habeat in prædictis.

☞ Ejusdem conditionis videntur fuisse *Supra-Præpositi* de quibus mentio occurrit in Litteris Johannis Reg. Franc. ann. 1355. tom. 4. Ordinat. pag. 340. ubi inter judiciales ministros recensentur : unde iidem sunt, saltem in Grassensi tractu, cum iis qui Aragonensibus *Suprajunctarii* dicuntur. Vide in hac voce.

* *Pros*, sine ulla abbreviationis nota, eodem sensu Judicis pedanei intelligendus videtur, in Libert. Matiscon. ann. 1346. ex Reg. 77. Chartoph. reg. ch. 111 : *Item li Pros doit avoir trois solz Parisis de plainte simple.* Hinc *Prouage*, Præpositi districtus et jurisdictio. Charta Frider. ducis Lothar. ann. 1255. in Chartul. eccl. Romaric. ch. 33 : *Li prevos saint Pierre doit tenir la justice et de champ et de bataille, autresi cil y affiert, doit tenir li prevos S. Pierre la justice, si est li moitiez dou Prouage S. Pierre, et li autre nostre.* Unde emendandus Marten. tom. 1. Anecd. col. 1409. in Instr. ann. 1355. ubi *Pronage* edidit : *Item, sur la connoissance des briefs et Prouages de lay fié et d'aumosne, etc.*

Cum vero prohiberentur *Baillivi* fieri ex incolis Bailliviarum suarum, vel in iis matrimonia contrahere, aut possessiones acquirere, ea tamen prohibitio non extendebatur ad Præpositos, Majores, et alios Officiales minores, qui Majorias, Præposituras, et alia officia tenebant in locis mansionum suarum, dum tamen hæc ab iis agerentur absque Regis aut aliorum detrimento.

Sed et licet Præpositi *Præposituras* suas ad firmam caperent vel emerent, eas tamen aliis *revendere* prohibebantur. Et si plures emptores essent, unus tantum jurisdictionem exercebat, et immunitate gaudebat in *Cavalcariis*, talliis, seu collectis, et aliis oneribus publicis, qua alii consueverant gaudere. Quæ quidem omnia in Statuto S. Lud. pluribus exarata habentur. Unde percipimus, cur Philippus Pulcher in laudato Statuto vetet plures esse *Præpositos* in una Præpositura. Ita porro S. Ludovicus Præposituras vendidit, ut *cum aliquo pecuniæ vel redituum detrimento committi bonis et fide dignis personis, quam vendi cum augmento suo vel lucro maluerit, nullum emolumentum suum aut lucrum reputans cum detrimento justitiæ, vel populi nocumento.* Verba sunt Guillelmi Carnotensis de Vita et Act. S. Ludovici. Tandem Carolus VIII. Statuto ann. 1493. art. 65. ne Præposituræ darentur ad firmam, omnino prohibuit.

Ea vero, quorum Præpositi, *Firmarii*, seu conductores erant, fuere potissimum mulctæ a reis et damnatis exactæ, res inventæ, et ejusmodi, quæ regii juris sunt, ut est in Consuetudine Silvanectensi art. 55. 56. Nivernensi tit. 1. art. 26. Dunensi art. 55. Altærupis art. 3. Villæ Francæ art. 1. et in antiqua Bituricensi tit. 2. art. 28. ubi ejusmodi Præpositi, *Prevosts fermiers* dicuntur, et a Præpositis judicibus, quos Præpositos justitiæ Custodes, *Prevosts Gardes*, vel *en garde*, vocant, interdum distinguuntur : ex quo scilicet Præpositi Præpositurarum suarum conductores fieri vetiti sunt : tum enim aliis mulctarum et aliorum jurium regalium conductoribus mansit *Præpositi* nomenclatura, cum *Firmarii* additione.

☞ Hinc etiam manifestum fit cur in laudato Philippi Pulcri Statuto Præpositis vetitum sit *emendas taxare aut judicare*; timendum enim erat ne in eo modum excederent, cum mulctæ ipsorum essent : *Inhibentes de cetero, ne Præpositi ad firmam Præposituram tenentes, taxare vel judicare præsumant emendas; sed senescalli, aut baillivi, aut scabini duntaxat secundum quæ locorum consuetudines suadebunt.*

☞ Iis Præpositis in Delphinatu, ubi paucos existitisse scribit eruditus Auctor Hist. Dalph. assignata erat tertia pars mulctarum aliorumque bonorum caducorum. Charta ann. 1326. laudatæ Hist. tom. 1. pag. 116 : *Concedentes ipsi Stephano, quod prætextu dictæ Præposituræ de Veniciés, habeat omnia banna, clamas et levas quascunque, quæ obveniunt in dictæ præposituræ officio, usque ad quantitatem duntaxat quinque solidorum Vienn.* Computus ann. 1336. ibid. : *De qua judicatura deducuntur pro jure Præpositi Laniaci, qui percipit tertiam condemnationum infra Laniacum, etc.* Idem probant alia Instrumenta.

Ab ejusmodi Præpositurarum firmis, dictæ postmodum majoris momenti Præstationes, quæ *Prevostez ou grandes Coustumes* dicuntur in Consuetud. Andegavensi art. 10. Cenomanensi art. 11. et Catalaunensi art. 3. quod olim eæ Præpositis firmariis exsolverentur. *Præposituræ*, in Charta ann. 1178. *Quæstæ Præpositorum*, in Charta libertatum oppidi *des Ais* in Bituribus ann. 1301.

☞ Quamquam vero, ut superius dictum est, Præpositi subditi essent Ballivis, non ipsis tamen præpositurarum suarum rationes referebant, sed Regi, ut constat ex Computo ann. 1202. exceptis provinciis Perticensi, Andegavensi, Cenomanensi, Turonensi, Pictavensi, etc. Cujus autem conditionis fuerit Campaniæ Præpositus ex mox subjiciendis patebit.

Exstat in Regesto Feodorum Campaniæ Cameræ Computorum Parisiensis fol. 7. Statutum de Præpositis Comitatus Campaniæ, quod hocce loco describendum curavimus : *Domina Comitissa concessit omnibus Præpositis terræ suæ Præposituras in hunc modum habendas. Quod omnes Catallæ erunt dominæ Comitissæ quitæ et integræ. De omnibus autem donis et expletis, et forisfactis, quæ non montabunt plus quam 20. solidos, domina Comitissa habebit quatuor partes et Præpositi quintam. Ipsi autem Præpositi non poterunt eschivire forisfactum, quod non erit plus quam 20. sol. nisi per dominam Comitissam, præterquam de homine errante, si tamen forisfactum illud non fuerit de furto, vel raptu, vel de multro : forisfactum quod non montabit plus quam 20. sol. eschivabit Præpositus et Scribanus, et duo probi homines villæ, quos domina Comitissa ad hoc faciendum apponet, quæ tamen ad compotum computabuntur scripta, et a quo vel quomodo facta fuerint. In forisfacto quod montabit plus quam 20. solid. solummodo, non 20. sol. habebunt Præpositi, sed quintam partem, et residuum totum erit dominæ Comitissæ. Ipsi autem nullum donum, vel servitium, vel præmium accipient, præterquam in cibariis, etc. Juraverunt etiam Præpositi, se hæc omnia bona fide servaturos, et vitam et honorem et omnia jura Comitissæ, et hæredum suorum versus omnes, qui possunt vivere et mori. Item sciant, quod si hæc non fecerint, in ira et in voluntate dominæ Comitissæ sunt, tanquam illi, qui inciderunt de corpore et avero. Actum apud Sezannam ann. gratiæ 1201. mense Aug. in Vigil. S. Joann. Baptistæ Decollationis.* Vide Steph. Paschasium lib. 4. Disquisit. Francicarum cap. 15.

* Lit. remiss. ann. 1403. in Reg. 158. Chartoph. reg. ch. 5 : *Comme le Provost fermier de Bar sur Aube eust fait adjourner par devant lui tous les habitans de Puteville, ... à laquelle journée il dist ausdiz habitans qu'il venoit querir ses chaussés; et incontinent sans aucune information précédent, les fist tous jurer qu'ilz diroient vérité de ce qu'ilz sauroient les uns contre les autres.... Une femme interroguée contre le suppliant, dist qu'elle lui avoit veu une fois prendre un troussel de foing en une granche dudit Puteville; pour lequel cas ledit Prevost condempna ledit suppliant envers lui en dix-huit solz Parisis d'amende.*

PRÆPOSITUS, in Fleta lib. 2. cap. 76. est is, qui sub Senescallo vel Baillivo, res dominicas, seu regias curat in villis, vel pagis, et agriculturæ, pecudibus, pasturæ, et ejusmodi invigilat. [Computus ann. 1277. apud Kennett. Antiq. Ambrosd. pag. 287 : *Computavit Johannes Cunon Præpositus de Clifton de manerio de Clifton.*

Apud Ecclesiasticos vero potius dicitur] *villicus*, uti in hac voce docemus. Munus ipsum

Præpositura, in Charta ann. 1129. in Historia Guisnensi pag. 74. [Charta ann. 1475. apud Calmet. inter Instr. tom. 3. Hist. Lotharing. col. 278 : *Dedit villam et castrum de Grondrecourt, ac eorum Præposituram, sive Gallice Prevosté.*]

Præpositatus, in Concilio Rotomagensi ann. 1189. cap. 10. quo prohibentur *Sacerdotes Vicecomitis, vel sæcularis Præpositatus, officium assumere.*

¶ Præpositura, Districtus, jurisdictio Præpositi, in Charta Philippi V. Reg. Franc. ann. 1319. apud Baluz. tom. 2. Hist. Arvern. pag. 152.

¶ Præpositura, Ejusdem reditus. Charta ann. circ. 1050. inter Instr. tom. 2. novæ Gall. Christ. col. 468 : *Pro ipsa procuratione* (concedunt) *minagium, fornagium, Præposituram, credentiam quindecim dierum. Quæsta Præpositorum* supra dicitur.

* Præpositura, idem quod *Sergentia perpetua*, Feudi species. Vide in *Serviens*. Charta ann. 1323. in Chartul. eccl. Lingon. ex Cod. reg. 5188. fol. 199. v°. : *Dictus Guillermus* (tradidit) *Præposituram sive sergentiam perpetuam de dicto Montigneio, Villanova et de Champis,.... cum omnibus juribus et pertinentiis ejusdem Præpositurœ, videlicet laudibus venditionum, taillaigio mensurarum, quarto denario in emendis,.... usagio pro necessitate hospitii ipsius Guillelmi in usagiis dictarum villarum, percipiendo uno escheni in medietate des escheniz villarum prædictarum, in festo beati Remigii in capite Octobris.*

¶ Præposituræ Servitium, inter onera quibus tenentur vassalli, recensetur in Enumerat. jurium Monast. S. Vandreg. : *Et en outre doivent lesdits sujets reliefs, treiziemes, service de Prevosté et autres droits et devoirs seigneuriaux le cas offrant.* In eo autem positum erat, ut qui à suis convassallis in Præpositum electus fuerat, servitium præpositi non posset detrectare, cujus erat in suo pago reditus domini sui colligere. Vide Interpretes Consuet. Norman. ad art. 185.

* Præpositus Aquarum, Qui de iis, quæ ad aquas pertinent, cognoscit et judicat. *Prevost des eaues*, in Lit. ann. 1387. tom. 7. Ordinat. reg. Franc. pag. 182.

Præpositus *Cameræ Regalis*, in Vita Ludovici Pii ann. 817. Idem *Cubicularius* dicitur in Eginhardi Annal. eodem anno.

Præpositus Capis. Vide in *Capus*, 1.

Præpositus Comitis, in Legibus Wisigoth. lib. 9. tit. 2. § 5. qui *Vicarius Comitis* dicitur lib. 2. tit. 1. § 23. qui scilicet absente Comite vices ejus fungebatur.

Præpositus Sacri Cubiculi, Cui Imperatorii Cubiculi cura erat, qui fere semper Eunuchus : ὁ τὴν τοῦ θαλάμου ἐξουσίαν ἔχων, apud Herodianum lib. 1. pag. 19. edit. H. Stephani : προκοίτης, apud Xiphilinum pag. 274. τοῦ θαλάμου προεστώς, eidem Herodiano lib. 1. pag. 26. 28. θαλάμου φύλαξ, eidem lib. 3. pag. 78. *Præpositi cubiculi* meminit non semel Ammianus. Vide præterea Scholiasten Juliani Antecess. cap. 83. Theophyl. Simocattam lib. 4. cap. 15. Suidam in Antiocho, etc. et infra *Præpositus Palatii.* [** Glossar. med. Græcit. in Πραιπόσιτος col. 1216. et Προκαθήμενος col. 1240.]

Præpositus Domus regiæ, apud Monachum Sangall. lib. 1. de Carolo M. cap. 33. *Luitfredus, Præpositus domus* ejusdem Caroli M. dicitur.

Præpositus Hospitii Regii. Vide in *Ribaldi.*

Præpositus Fabricæ, armorum scilicet, apud Ammianum lib. 29. pag. 396.

* Præpositus Feodalis, Qui ratione feudi res dominicas curat. Charta Joan. de Harecur. ann. 1269. ex Bibl. reg. cot. 19 : *Quociens requisiti fuerimus pro defectu solutionis dicti redditus,.... nos tenemur.... per nostrum Præpositum feodalem... deliberare dictis fratribus dictum redditum.*

¶ Præpositus Guerræ, f. Castrensis præfectus, Gall. *Prévôt des Maréchaux.* Ordinat. Caroli primogeniti Johannis Reg. Franc. ann. 1356. tom. 3. Ordinat. pag. 112 : *Præterea concederemus quod nullus habitator dicte lingue Occitane citatur ad instanciam alicujus stipendiarii vel alterius cujuscunque coram Preposito vel Prepositis guerrarum.*

Præpositus Mensæ, dignitas in Palatiis Regum Franciæ : eadem, quæ hodie *Magistri hospitii*, seu *du Maistre d'Hostel*, et apud Byzantinos Imperatores, τοῦ ἐπὶ τραπέζης. In Synodo VIII. CP. adfuit præ aliis, ut Ludovici Pii Legatus, *Everardus Præpositus mensæ ipsius*, ut est apud Anastasium act. 10. Apud Aimoinum lib. 4. Histor. Franc. cap. 78 : *Missus illuc Regiæ mensæ Præpositus Audulfus.* Hujus dignitatis officium sic describi videtur a Theodulfo Aurelianensi Episcopo lib. 3. Carminum :

Pomiflua solers veniat de sede Menalcas,
Sudorem abstergens frontis ab arce manu.
Quam sæpe ingrediens Pistorum sive Coquorum
Vallatus cuneis jus Synodale gerit,
Prudenter qui cuncta gerens, epulasque dapesque,
Regis honoratum deferat ante thronum.

¶ Præpositus Mercatorum, Parisiis, urbis Præfectus, Gall. *Prévôt des Marchands*, in Compend. jurium Universit. Paris. per Robert. *Goulet* fol. 13.

Præpositus Militum, in leg. 3. § ult. et leg. 6. § ult. D. de Re militari, et apud Rufum in Legibus militaribus.

Præpositus Monetæ, apud Ammianum lib. 22. pag. 223. *Præfectus monetæ Trevericæ*, apud Gruterum 493. 3.

Præpositus Palatii, Amantius, apud Marcellinum Comitem in Justino, qui nude πραιπόσιτος dicitur in Chronico Alexandrino pag. 764. In eodem Chronico pag. 700. Rhodanus πραιπόσιτος τοῦ παλατίου Valentiniani, et ἀρχιευνοῦχος, nude vero πραιπόσιτος, apud Cedrenum pag. 310. Narses *Præpositus sacri Palatii*, in veteri inscriptione 161. 1. *Præpositus*, nude. Zonaras in Constantio pag. 17. ὁ εὐνοῦχος, Εὐσέβιος τὴν τοῦ Πραιποσίτου διέπων ἀρχήν. Vide Palladium in Hist. Lausiaca cap. 43. Olympiodorum, Philostorgium lib. 11. cap. 4. Codinum de Orig. pag. 28. edit. Meursianæ, etc. et supra, *Præpositus sacri Cubiculi.*

Præpositus Palatii, Major-domus, apud S. Audoenum lib. 2. de Vita S. Eligii cap. 19. ubi de Erchenoaldo : *Qui erat eo tempore Præpositus Palatii.* Vide *Præpositi Episcoporum*, pag. 405. col. 3.

* Præpositus Partitionum. Vide supra *Partitio.*

¶ Præpositus Terragii, Cui agrorum custodia incumbebat. [* Rectius, qui *terragium* seu agrarium colligit, ut *decimator* decimam.] Notitia abbatiæ S. Stephani de Vallibus inter Instr. tom. 2. novæ Gall. Christ. col. 474 : *Ita quidem ut messis ad aream a colonibus deportetur, et vindemia ad cubas vocato decimatore cum terragii Præposito.*

Præpositus Thesaurorum, apud S. Basilium Epist. 264.

Præpositus Tyrii Textrini, apud Ammianum lib. 14. pag. 22.

Præpositi Villæ, vel *Hundredi.* Vide *Præfecti.*

PRÆPOSITOR. Ebrardus in Græcismo cap. 9 :

Est homo Præpositor, qui præ me fercula ponit,
Et qui deponit sit tibi Depositor.

[** Opusc. vet. MSS. in Esther. apud Maium in Glossar. novo : *Prætores, quasi Præpositores.*]

* **PRÆPOSITURÆ**, vulgo *Prépositures.* Ita a Sorbonistis nuncupantur variæ leguminum species, quæ in coquina omnibus, quibus placet accipere, præponuntur; unde nomen. Occurrit passim in libris coquinariis Sorbonæ.

¶ **PRÆPOSTA**, Libellus quo aliquid proponitur. Statuta Vercell. lib. 7. fol. 214 : *Item statutum et ordinatum est quod in aliqua Preposta, petitione vel narratione quam dici, preponi seu narrari contigerit de cetero.... non ponatur, nec dicatur, nec scribatur aliqua clausula generalis.*

PRÆPOSTERARE, Ordine præpostero dicere. Gaudentius Brixiensis Episc. ser. 5 : *Ordinem lectionis Exodi..... idcirco Præposteravimus, etc.* Utitur etiam Arnobius junior in Conflictu cum Serapione lib. 2.

¶ Præposteratio, Ordo præposterus. Translat. B. Edmundi Cantuar. apud Marten. tom. 3. Anecdot. col. 1861 : *Multis annorum curriculis diem natalis sui* (S. Thomæ) *quem decuit habuit gloriosum, antequam de translatione ejus, longe postmodum subsecuta, aliqua vel exilis mentio haberetur.... In nostro autem patrono,.... ordo iste penitus præposteratur; et tamen ex causa rationabili, hujusmodi Præposteratio in alium ordinem commutatur.* Synodus Andegav. ann. 1262 : *Prohibemus, ne ea die qua benedictio nuptialis celebratur, mulieres admittantur ad purificationem, cum Præposteratio videatur.*

* **PRÆPOSTERE EQUITARE**, Facie scilicet ad caudam animalis versa. Arest. parlam. Paris. ann. 1394. ex Cod. reg. 9852. 3. 3. fol. 84. v°. : *Quidam molendinarius, Cartula nuncupatus, in nostri contemptum et elusionem quemdam asinum equitans Præpostere, penuncellum liliis depictum ad caudam ipsius asini ligatum per villam trahebat.*

PRÆPOTESTAS, Summa et suprema potestas, supremum dominium. Baldricus lib. 3. Chron. Camerac. cap. 2 : *Sibi enim totius rei Præpotestatem penitus usurpare,*

Episcopo vero solum nomen ac speciem honoris relinquere.

¶ **PRÆPUNCTUARE**, Præstatuere, ante delinire. Elmham. in Vita Henrici V. Reg. Angl. edit. Hearnii cap. 49. pag. 123 : *Deducta sunt usque in terminum induciarum tempora, deficientibusque optatis subsidiis, prout Præpunctuatum fuerat, etc.* Vide infra *Punctuare*.

* **PRÆPUTIARE**, Præputium præcidere. Glossar. vet. ex Cod. reg. 521 : *Præputium, anterior pars priapi, scilicet pellis, quæ præputatur, i. præciditur, Judæis : unde Præputiare, præputium facere, pellem illam resecare.*

¶ **PRAERIA**, Pratorum series, Gall. *Prairie*. Charta Officialis Autiss. ex Tabul. S. Mariani ann. 1258 : *Duo arpenta pratorum quæ habebant... in Præria Belchæ subtus pontem.* Tabular. Calense ann. 1262 : *Pro uno arpento prati vel circiter..... in Praeria de Kala sito desuper pratum quod dicitur, etc.* Charta ann. 1265. in Tabul. Latiniac. : *Item in Praeria Latigniacensi unam petiam prati quatuor arpenta vel circiter continentem, etc.* Le Roman *de Vacce* MS. :

Chevaliers vi à jouster, si en oi grant envie,
Dedenz Diepe et dehors par la grant Praerie.

Vide *Chantellus, Prada*, et *Praria*.

Praeria, Jus pascendi pascua in pratis post excisum fœnum, in Charta ann. 1248. Locum vide in *Blaeria*.

PRÆRIPIUM, Ripa altior. Petrus Damianus lib. 6. Epist. 5 : *Per tot nivalium Alpium nivosa Præripia.* Vita S. Probatii Presb. num. 9 : *Dum alvei Præripia Sequanici innumerabilibus occuparentur adventantium vestigiis.* Odo Abbas Glannafol. in Hist. Translationis S. Mauri in præfat. 1 : *Odo Abbas Monasterii, quod in Præripio ripæ Ligeris fluminis situm Glannafolium ex antiquo appellatur.* Quidam codd. habent *præcipitio*. Leges Henrici I. Regis Angl. cap. 88 : *Si quis alium fugiens... Præripio vel aliquo moriatur.* Forte *præcipio*, nisi quis malit *præcipitio*, ut habent quidam codices. Occurrit præterea apud Wandelbertum in Miraculis S. Goaris cap. 12. 15. 33.

¶ Preripium, Eadem notione, in Fragmentis de reb. gestis Clodovæi II. apud Duchesn. tom. 1. pag. 661 : *Rex dedit ad illam novellæ plantationis ecclesiam fiscum regium nomine Brictonicum in Preripio Maternæ situm.*

¶ Præripium, Locus ripæ vicinus, margo fluvii. Bullar. Fontanell. fol. 33 : *Largior decimam partis quæ me contigit ex.... pisce qui accipitur in omni Præripio S. Marculfi.* Ea notione occurrit apud Apuleium in Apolog. : *Cum egressus* (crocodilus) *in Præripia fluminis, etc.*

* **PRÆROGANTIA**, Jus præcipuum, prærogativa. Lit. admort. ann. 1375. in Reg. 109. Chartoph. reg. ch. 401 : *Quæ venditio prædicta omnium et singulorum prædictorum dominiorum, consiliorum, laudimiorum, foriscapiorum, mansionum, commissionum, prælationum, avantagiorum sive Prærogantiarum, etc.*

¶ **PRÆROGARE**, *Ante impendere.* Papias. Constantiensis : *Prærogans, ante impendens. Prærogare, attribuere. Prærogationem, dationem.* Occurrit leg. 27. C. de locato. (4,65.) leg. [illegible]. C. de decurion. (10,31.) etc. Vide *Prærogator* et *Prorogare*.

* Charta Caroli VI. ann. 1400. in Reg. 155. Chartoph. reg. ch. 18 : *Prætextu notabilium, fructuosorum ac Prærogatorum obsequiorum, quæ... nobis dilectus et fidelis cambellanus et consiliarius noster Karolus de Pictavia miles, dominus S. Valerii, suique jamdiu noscuntur modis plurimis præbuisse, etc.* Translat. S. Glodes. tom. 6. Jul. pag. 223. col. 2 : *Quamquam ne ad hanc quidem partem mihi aliquam scientiæ Prærogaverim facultatem, etc.*

PRÆROGATIVÆ, Gratiarum actiones. Epist. 73. inter Francicas tom. 1. Hist. Franc. : *Quas recensitas immensas Creatori nostro egi Prærogativas, quod incolumem vos esse cognovi.*

PRÆROGATIVARIUS, seu officium *Prærogativarum*, cujus exstat formula apud Senat. lib. 11. Epist. 27.

¶ **PRÆROGATIVUM**, pro Prærogativa. Paschasius in Epitaph. Walæ lib. 2. cap. 19 : *Cum Augusto filio totum sibi diviserunt imperium, non attendentes Prærogativa parentum, nec coæqualitates magnorum, etc.*

* **PRÆROGATIVUS**, Prævius. Charta Car. Simpl. tom. 9. Collect. Histor. Franc. pag. 510 : *In quibus præceptis regum et privilegiis Prærogativo consensu, etc.*

PRÆROGATOR, *Dispensator.* Gloss. Isid. [Hinc emendandus Grævio videtur Scholiastes Persii ad Sat. 59 : *Fuit assis libralis et dipondius, quod hodie in usu remansit, et solebat pensari potius, quam numerari. Unde et dispensatores dicti Prorogatores.* Ubi leg. vult *Prærogatores*. Nihil tamen temere immutandum : *Prorogare* enim ut *Prærogare* usurparunt Scriptores. Vide in hac voce.]

** **PRÆRUPTIO**, *Præcipitium.* Opusc. MS. in Zachar. apud Maium in Glossar. novo. Vide *Præripium*.

¶ **PRÆSA.** Vide infra *Presa* 3.

* **PRÆSAGARE**, pro Præsagire. Translat. S. Glodes. tom. 6. Jul. pag. 221. col. 1 : *Hujus igitur temporibus, jam jamque obitu ipsius imminente, luctiferum quid monstro ipso Præsagante, etc.* Vide *Præsagatus.*

¶ **PRÆSAGATUS**, pro Præsagitus, præsagio prædictus. Acta Quadrag. Martyr. tom. 2. Mart. pag. 23 : *Merito secundum mentis tuæ nigredinem a tuis genitoribus Præsagatum habuisti vocabulum; Agricolaus enim agrestis illector interpretatur.*

* **PRÆSAGIUM**, male pro *Presagium*, Æstimatio. Stat. ann. 1476. inter Probat. tom. 3. Hist. Nem. pag. 331. col. 2 : *Jurabunt... juxta valorem et æstimationem bonorum suorum descriptam in libro Præsagii et in libro cabalium, quemlibet coæquare ad solidum et libram... Item quod reficiatur liber Præsagii et advaluationis bonorum habitatorum Nemausi in dicta domo communi.* Vide supra *Cabale* et infra *Presiagium*.

¶ **PRÆSALIA**, ut *Repræsalia*. Vide in hac voce.

¶ **PRÆSALUM**, ταριχηρόν, in Gloss. Lat. Græc. In Græc. Lat. : Ταριχηρόν, *Persalsum, præsultum, præsalum.*

¶ **PRÆSANCTIFICATORUM** Missa. Vide in *Missa* 3.

* **PRÆSCIANUS**, pro Præscius, in Vales. pag. 192.

PRÆSCINDATICUS, *Ad præscindendum habilis*, Ugutioni.

¶ **PRÆSCINDERE**, Concidere, *Couper.* Coronatio Reg. Hungar. apud Ludewig. tom. 6. pag. 342 : *Ad mensam prandenti suæ Majestati hi servibunt..... Præscindet dominus Bothai.* [** Germ. *Vorschneiden.*]

¶ **PRÆSCITOR**, Mature doctus. Vita MS. S. Winwaloei fol. 18 : *Sanctorum eximius factus est sciolus Præscitor Scripturarum.*

¶ **PRÆSCITUS**, Reprobus, damnandus. Acta ad Conc. Basil. apud Marten. tom. 8. Ampl. Collect. col. 480 : *Ad primam, Papa dat indulgentias multis qui sunt Præsciti, et hoc papa dubitare habet talibus quod Deus non dat, etc..... Præsciti autem, etsi sint in caritate, secundum præsentem justitiam, saltem aliqui, non tamen decedunt in caritate, etc.*

¶ **PRÆSCRIPTIO** *est jus quoddam, ex tempore congruens, authoritate legum vim capiens, pœnam negligentibus inferens, et finem litibus imponens. Quadragenalis præscriptio omnem prorsus actionem excludit.* Reformatio Legum Eccles. pag. 246. apud *Blount* in Nomolex. Anglic. Vide Mabill. Diplom. lib. 3. cap. 5. n. 13. etc.

* Charta Frider. I. imper. ann. 1177. apud Murator. tom. 5. Antiq. Ital. med. ævi col. 1050 : *Insuper eisdem fratribus* (Pomposianis) *indulgemus et nostræ sanctionis auctoritate firmamus, ut nulla Præscriptio, nisi centum annorum, eis apponatur, et ut ipsi Præscriptione quadraginta annorum se ab omnibus tueantur.*

* *Præscriptio* 20. annorum in re criminali apud JC. omnes usu jam recepta est; aliam obtinuisse olim apud nos juris disciplinam, docent Lit. remiss. ann. 1368. ex Reg. 99. Chartoph. reg. ch. 572. quibus pœna relaxatur Egidio *du Castellier* militi, annis plus centum nato, ob homicidium in Joan. *de Buisencourt* scutiferum, circa octoginta annos ab ipso perpetratum.

¶ **PRÆSCRIPTUS**, pro Proscriptus, in Addit. 4. Capit. cap. 34. Quod non semel legi in vett. exemplaribus monet Baluz. in Notis ad Capit.

* **PRÆSENCIUM**, Præstationis species, quæ muneris nomine, Gall. *Présent*, redditur. Charta Odon. milit. de Compannis ann. 1213. in Chartul. S. Dion. pag. 220. col. 1 : *Dictus Andreas et hæredes sui me et hæredes meos servire tenebuntur de unicis calcaribus deauratis usque ad duos solidos in Præsencio, quando servitium fieri continget.* Galli diceremus, *En présent.* Vide *Præsentum* 1.

¶ **PRÆSENIOR**, Antiquior, major. Charta Sigismundi Rom. Reg. ann. 1414. apud Rymer. tom. 9. pag. 173 : *Quodque præfati Rupertus Præsenior patruus, et Rupertus senior avus, et Rupertus pater dicti Ludovici quondam Comitis Palatini Reni.*

PRÆSENS, seu *Præsentalis*, dictus unus e Magistris militum, quod in procinctu seu comitatu Principis ageret, et *Præsentalibus* numeris præesset, ut docet Notitia Imperii, ubi *Magistri equitum et peditum in præsenti duo recensentur, alii tres per Orientem, Thracias et Illyricum. Magister* *militum præsentalis*, ibidem, sub cujus dispositione militabant Palatinæ Vexillationes 5. Comitatenses 7. Legiones Palatinæ 15. Auxilia Palatina 18. ex quibus conficitur *Præsentes* appellatos, quod *præsentes* adessent in comitatu Principis, et in eo militarent, atque adeo Palatinæ militiæ ad custodiam Imper. addictæ præessent, ex qua qui erant, *Præsentales* pariter dicebantur, ut et *Domestici*, qui in Palatinis scholis militabant, in leg. 4. Cod. Th. de Protect. et domesticis. (6,24.) Adde leg. 17. eod. Cod. de Re milit. (7,1.) *Magister præsentis militiæ*, apud Marcellinum Comitem in Zenone, *Magister militum præsentum*, apud Scholiastem Juliani Antecess. cap. 83. *Magister militum præsens*, apud Jornandem de Successione regnorum, Σρατηγὸς τῶν καλουμένων πραισέντων, apud Evagrium lib. 4. cap. 3. Σρατηλάτης τοῦ πραισέντου, apud auctorem Chronici Alexandr. pag. 752. [Κόμης πρεσέντου, apud Theoph. ann. 1. Justini Thracis.] Ipsa dignitas, *Magisterium præsentale*, eidem Marcellino in Justiniano post Basilii Cos. 4. *Præsentanea dignitas*, Senatori lib. 11. Epist. 1. Τιμὴ τοῦ Πραισεντίου, Simocattæ lib. 1. cap. 7. nuncupatur. Concil. CP. sub. Menna act. 5 : Καὶ τοῖς ἀνδρειοτάτοις ςρατηγοῖς τοῦ θείου πραισέντου. [Leges Luitprandi apud Murator. tom. 1. part. 2. col. 2 : *Et cum Præsentalibus suis capitula ista relecta omnibus placuerunt.*]

Præsentia Militaris, in Diurno Romano cap. 2. tit. 2. 4. idem quod *præsens militia*, de qua supra : *In unum convenientibus nobis, ut moris est, id est cunctis Sacerdotibus et proceribus Ecclesiæ, et universo clero, atque optimatibus, et universa militari Præsentia, seu civibus honestis, etc.* Vide Gloss. med. Græcit. in Πραίσεντον.

In Præsenti Venire, Coram sisti, *Venir en presence.* Lex Bajwar. tit. 12. cap. 2. § 1 : *Tunc judex jubeat eum in Præsenti venire, et judicet ei, etc.*

De Præsenti, Jam nunc, quomodo Galli, *dès à présent* dicunt. Conventus apud Andelaum apud Gregor. Turon. lib. 9. cap. 20 : *Et quod exinde fidelibus personis ablatum de Præsenti recipiat.* Adde Decretionem Childeberti Regis cap. 12. Occurrit non semel.

Ad Præsente, Eadem notione, in Gestis purgat. Felicis Episc. Aptungitani : *Ad præsente Epistolam recognovi.* Formula nostris familiaris, *A present.*

¶ Ad Præsens, in Vita MS. S. Winwaloei fol. 140 : *Me autem ad Præsens corpore moriturum scitote ;* id est, jam, modo, Gall. *Presentement, maintenant.*

Præsentes, pro *Præsides* usurpasse quosdam Scriptores, observatum a Salmasio ad Lampridium pag. 208.

* **PRÆSENS** Forefactum. Nostris alias *Pris à présent forfait*, pro vulgari hodierno *Pris sur le fait, en flagrant délit*, Deprehensus in scelere. Pactum inter Carolum comit. et capit. Carnot. ann. 1305 : *Se les justiciers le conte prenoient ou avoient pris pour cas de crime, qui emporte paine de sanc, aucun des homes dessusdiz pris à Present forfeit, ou non présent, etc.* Vide infra *Præsentialiter* 2.

PRÆSENTALIS, Idem quod Præsens. Charta Berarii Episcopi Cenomanensis in Actis Episcop. Cenoman. pag. 215 : *Qui contra hoc mutare voluerit, teneatur obnoxius, et, quod repetit, nihil vindicet, sed Præsentales Epistolas uno tenore conscriptas .... retinent.* Hinc formula familiaris notariis, *Ces presentes, etc.* Vide *Præsens.*

* **PRÆSENTALITAS**, *Tale proprieta.* Glossar. Lat. Ital. MS.

1. **PRÆSENTALITER**, In præsens, modo, Gall. *Présentement.* Acta Episcoporum Cenomanensium pag. 248 : *Præsentaliter quoque gloriosus Rex Carolus ad jam dictam Ecclesiam reddidit monasterium sancti Vincentii, etc.* Et pag. 253 : *Et cœpit interrogare, quid ei Præsentaliter reddere posset de prædicta terra, etc.* Adde pag. 260. Vitam Aldrici pag. 104. 105. 156. 172. 177. [et Capit. Caroli C. tit. 21. cap. 3. Vide *Præsentialis.*]

¶ 2. **PRÆSENTALITER** Tradere, Muneris et doni nomine dare, Gall. *Donner en présent.* Act. Episc. Cenom. apud Mabill. tom. 3. Analect. pag. 56. lin. ult. : *Has ergo villas cum omnibus ad se pertinentibus Præsentaliter ad prædictam ecclesiam et jam dicto Pontifici tradidit, et Deo dicavit.*

¶ 3. **PRÆSENTALITER**, ut infra *Præsentialiter*, coram. Judicium ann. 821. inter Probat. tom. 1. novæ Hist. Occitan. col. 56 : *Quia nos subranominati testes, et bene in veritate novis cognitum est, et Præsentaliter fuimus ad ipsa ora.*

PRÆSENTANEUS, [Efficax, probatus, penetrans.] *Præsentaneum remedium*, apud Marcellum Empir. Efficax. Epistola Desiderii Episcopi Cadurcensis ad Chlodulfum : *Et si qua sunt, vel quod monuit, vel quod egit, quasi ante oculos Præsentaneo retine memoratu.* [Vide *Præsentarius.*]

¶ Præsentaneus, Præsens. Conc. Tolet. XVII. inter Hispan. tom. 2. pag. 757 : *Pro eo quod universitatem nostram sub sui nominis timore in unum collegit, et vicissim nos nobis visione alterutra Præsentaneos reddidit.*

Præsentanee. Octavius Horatianus in Præfat. ad libr. Medic. : *Nuperrime Collegæ Olympii exhortatione provocatus confeci nonnullos Presentanee libellos, quos vel mediocris fama retinet, etc.* [id est, in præsentiarum, Gall. *sur le champ.*]

¶ Præsentanee, Coram, apud Mabill. tom. 5. Annal. pag. 177 : *Vos propediem spero Præsentanee collocuturos ;* Gall. *Tête à tête.*

1. **PRÆSENTARE**, Offerre, Galli *Présenter* dicunt. Ugutio : *Exhibere, i. ostendere, vel Præsentare, vel dare.* Cyprianus in Vita S. Cæsarii Arelat. : *Flagravit ubique profectibus, quo non est conspectibus Præsentatus, tetigit pectora, quorum membra non contigit.* Ordericus Vitalis lib. 3 : *Willelmum Ducem adiit, eique pretiosissimam pallam præsentavit.*

* *Puire*, eodem intellectu, in Poem. MS. Rob. Diaboli. :

A grant paine et à grant effors
Traist de sa plaie le fier hors,
Et à l'Empereour le Puire :
Mais il fait semblant qu'il muire,
Pour l'angoisse qu'ot au fier traire.

* At vero *Præsentare*, pro In præsentiam adducere, in Annal. Bertin. ad ann. 865. tom. 7. Collect. Histor. Franc. pag. 89 : *Rothadum canonice a quinque provinciarum episcopis dejectum.... secum reducens, Carolo Præsentavit.*

Præsentare, quasi præsentia efficere, ostendere. Utitur Felix Gyrwensis Monachus in Vita S. Guthlaci cap. 29.

¶ Præsentare Se, Judicio se sistere, Gall. *Comparoitre, se présenter.* Chron. Veron. ad ann. 1239. apud Murator. tom. 8. col. 631 : *Et confiscata fuerunt et publicata eorum bona in communi Veronæ, nisi ad octo dies se personaliter comparerent, seu Præsentarent.*

¶ Præsentare Se, Occurrere, obviam ire, Gall. *Se présenter.* Nicol. Guercis Annal. Genuens. ad ann. 1268. apud eumd. tom. 6. col. 545 : *Et suum congregavit exercitum, exspectando adventum inimicorum, quibus se Præsentantibus, prælium factum est magnum.*

2. **PRÆSENTARE**, pro Repræsentare. Anselmus Havelbergensis lib. 3. Dialogor. cap. 12. de Legatis Ecclesiæ Romanæ : *Qui in Basilica, quæ Trullus dicitur, præsentes in Synodo cum 150. Episcopis, Præsentantes locum Beatissimi Agathonis Papæ, residente Imperatore sub regali cultu, damnaverunt Macarium Patriarcham Antiochenum, etc.* [Epist. Friderici II. Imper. apud Marten. tom. 2. Ampl. Collect. col. 1186 : *Ut vicarium nostrum nostri culminis effigiem Præsentantem, in medio vestrum et præ oculis vestris tam turpiter ejecisset.*]

* Epist. Nic. PP. I. ann. 866. tom. 7. Collect. Histor. Franc. pag. 411 : *Vicarios vestros ad hoc negotium ventilandum et finiendum,.... vestras Præsentaturos personas,... emittatis.*

Præsentare, pro Repræsentare, exhibere, nostris, *Représenter quelqu'un*, in Capitulari de Partibus Saxoniæ ann. 789. cap. 24. Adde Edictum Caroli M. ann. 800. et Capitulare Pipini Regis Italiæ cap. 5.

¶ Præsentari, in Cod. Theod. tit. 2. de Aquæductu leg. 3. quod illustrari, illustrem esse, efferri, imo et offerri alicui rei interpretatur Gothofredus. *Præsens*, ἐπιφανής, in Gloss. Lat. Græc.

¶ **PRÆSENTARIUS**, Præsens. *Argentum præsentarium*, apud Plaut. in Mostell. act. 2. sc. 1. 14. *Præsentarium venenum*, id est, promtissimum, Apuleio lib. 10. Metamorph. *Présentiere* Poetis nostratibus pro meretrix, scortum, quia sese ultro *præsentat*, offert. Le Roman *de la Violette* MS. :

Je ne suis point abandonnée
Ha! Sire, à estre Présentiere,
Ne ja n'en serai coustumiere.

Vide *Præsentaneus.*

PRÆSENTATÆ, Oblationes, munera, xenia, Gall. *Présens.* Eginhardus Epist. 52 : *Quia volumus, ut eulogias præparari faciatis secundum consuetudinem, sicut solet homo ad opus dominici facere, et quando ille de Audriaca villa ad Compendium reversus fuerit, tunc volumus, ut ibi fiant Præsentatæ, et postea volumus, ut per brevem nobis indicetis, qualiter illas, vel ab illa fuissent receptæ.*

PRÆSENTATIM, Nunc, modo, *Presen-*

tement. Iso Magister in Glossis ad Prudentium : *En ergo. sc. habes. Præsentatim.*

¶ **PRÆSENTATIO**, Exhibitio, repræsentatio. Charta ann. 1299. tom. 2. Hist. Dalph. pag. 63 : *Præsentavit mihi notario infrascripto quamdam litteram etc. Acta fuit dicta requisitio et dictæ litteræ Pærsentatio et transcribendi concessio, etc.* Epist. Martini V. PP. apud Ludewig. tom. 5. pag. 407 : *Non excedendo terminum duorum mensium a die Præsentationis literarum præsentium computandorum.* Oberti Stanconi Annal. Genuens. ad ann. 1270. apud Murator. tom. 6. col. 552 : *Dictus vero Luchetus de carceratorum liberatione et Præsentatione sui admonitus, etc.* Occurrit etiam in Charta Henrici II. Reg. Angl. ann. 1155. apud D. *Brussel* de Usu feud. tom. 2. pag. 111. Vide *Præsentia.*

* Nostris *Présentation*, pro *Représentation*, Effigies, imago. Testam. Petri ducis Brit. ann. 1457. ex sched. Mabill. : *Deux paremens d'autel de tapisserie d'Arras,.... esquels sommes nous et nostre compagne en Présentation.* Alia notione, pro die scilicet, quo quis juri stare debet, occurrit in Lit. remiss. ann. 1379. ex Reg. 116. Chartoph. reg. ch. 91 : *Comme l'exposant fust venuz à Paris aux Presentations des jours Vermendois, etc.*

¶ PRÆSENTATIO, Jus patronatus, quo quis Ordinario a se electum ad beneficium ecclesiasticum *præsentat*, ut ab eo in possessionem canonicam mittatur, Gallice *Droit de présentation.* Charta apud *Madox* Formul. Anglic. pag. 5 : *Quapropter sanctæ paternitati vestræ supplico, quatinus divinæ miserationis et caritatis obtentu, ad Præsentationem nostram, si placet, eos suscipiatis.* Vide Hist. Lotharing. Calmet. tom. 3. col. 414.

PRÆSENTATORIA. Capitula Caroli C. in Concilio Suessionensi ann. 853. cap. 32. apud Baron. : *Sciant etiam fideles nostri, quia concessimus Synodo et venerabilibus Episcopis, ne super beneficia Ecclesiastica vel Præsentatorias, (etiamsi Episcopus, aut quilibet Monasteriorum prælatus irrationabiliter petierit,) præcepta confirmationis nostræ ullo modo faciamus, etc.* Puto legendum *præstatorias*, i. præstarias, [uti edidit Baluzius tom. 2. Capitul. col. 56.]

* **PRÆSENTER**, Nunc, modo, Gall. *Présentement.* Lit. Gaufr. abb. Latiniac. ann. 1224. in Chartul. Campan. fol. 281. v°. col. 1 : *Cum multis debitis Præsenter innodati simus, etc.* Occurrit rursum in Lit. ann. 1225. ibid. col. 2. Vide *Præsentatim.*

PRÆSENTIA, Munus, Gallis *Présent*, a *præsentare*, offerre : vel quia munera sunt, quæ præsenti in manus dantur. Nam absentibus res donari dicuntur, munera autem mitti, et præsentia offerri, leg. 18. D. de Verb. signif. Paschasius Radbertus in Epitaphio Walæ Abb. Corbeiensis lib. 2. cap. 6. de pravis Judicibus ac Comitibus : *Non consules, non provisores patriæ fuerunt, sed latrones, quorum mentes angustas Præsentiarum caligo cæcavit, etc.* Matth. Paris anno 1170 : *Cui cum Abbas S. Albani in esculentis et poculentis nobile misisset xenium, regratians Archiepiscopus dixit : Accipio ejus Præsentias, id est xenia, mallem tamen præsentiam.* Gervasius Dorobernensis in Henrico II. ann. 1186 : *Spoliavit suis exeniis, ut prædictum est, quæ vulgo Præsentia vocantur.* Vide supra *Præsens.*

* Ejusmodi munera, interdum quatuor anni temporibus, exigebant ab ecclesiis episcopi, ut discimus ex Charta Sinibaldi episc. Patav. ann. 1122. apud Murator, tom. 5. Antiq. Ital. med. ævi col. 261 : *Ita tamen, ut episcopus ei nullam violentiam, nullamque de bonis suis læsionem inferat, nullamque a clericis ejus temporalem exactionem perquirat, nec per quatuor anni tempora solitas Præsentias exigat.*

☞ Hujus vocis occasione referam morem in nuptiis quondam usitatum, puellas nempe, quæ novam nuptam comitabantur, equo et pallio donandi : nolim tamen affirmare idem munus semper præstitum fuisse. Ut ut est, hæc habet le Roman *d'Athis* MS. :

Les pucelles de la cité
Qui lo bal orent demené,
Entour elle sont et devant,
A leur guise lo bal menant,
Chantent et treschent sans mesure,
De bal requierent la droiture.
Prophilas à pié descent,
D'un palefroy leur fist present,
Dont xx. mars valent li loraio,
Se par droit sont prisié li frain,
Et son mantel a destaichié,
Aux damoiselles l'a laissié,
Frez et nouveaulx et beaux estoit,
Trois cens besans et plus valoit.

¶ PRÆSENTIA, Salarium, quod pro *præsentia* alicui officio ecclesiasticis conceditur. Buschius de Reformat. Monaster. apud Leibnit. tom. 2. Scriptor. Brunsvic. pag. 494 : *Missa ab omnibus Canonicis... decantari solet de B. Maria Virgine in organis. Unde cunctis præsentibus dantur notabiles Præsentiæ prælatis, etc.*

* Stat. MSS. eccl. S. Laur. Rom. : *Item quod anniversaria scribenda in dicto martilogio ponantur die proprio cum Præsentia capituli, cum suo relicto generaliter et particulariter.*

** PRÆSENTIÆ, distributiones quotidianæ, canonicis in choro præsentibus factæ et *in ecclesiis residentibus.* Vide auctores Jur. Canon. Charta Episc. Wormat. ann. 1301. in Guden. Cod. Diplom. tom. 3. pag. 1 : *Cottidianas distributiones sive Præsentias, quæ non solent nisi præsentibus in divinis officiis certis temporibus ministrari, etc.*

¶ PRÆSENTIA. Charta Ludovici Pii ex Tabular. Majoris Monaster. : *Unde Præsentiæ nostræ strumentum protulerunt, etc.* Id est, in præsentia nostra, coram nobis.

PRÆSENTIA, Præstationis species, a *munere* forte nuncupata, quod *Présent* dicimus. Charta ann. 1367. in Metropoli Salisburgensi tom. 2. pag. 292 : *Curtam in Eyzenprunn solventem 7. scaphas utriusque bladi, 10. solidos denariorum, 4. anseres, 8. pullos, 20. caseos, duas Præsentias, etc.* Infra : *Et 2. Præsentias valentes 24. denariis.* Occurrit ibi pluries, et in Reg. *censuum Bigorræ.*

PRÆSENTATIO, Eadem notione. Charta ann. 1311. ibid. tom. 3. pag. 46 : *Tali pacto ut dictam possessionem... excipiant, et singulis annis nobis inde serviant 50. den. cum tribus festis, quolibet valente 2. denar. cum Præsentatione valente 1. den. in nostro placito generali.* [Tabul. S. Vincentii Cenom. fol. 10 : *In Præsentatione ecclesiæ, in primiciis, in tractu earum nihil habebit Simon.*]

* PRÆSENTIA APOSTOLORUM, Altare seu locus, ubi eorum reliquiæ et corpora reconduntur. Vita S. Rodingi tom. 5. Sept. pag. 514. col. 2 : *Interea almus Dei sacerdos Chraudingus Romam perveniens, ibi ante sacratissimam Apostolorum Præsentiam, fusis precibus,... responsum accepit.* Vide *Præsentialis.*

PRÆSENTIALIS, Præsens. S. Eulogius lib. 2. Memor. cap. 8 : *Remanet destituta Præsentiali solatio fratris Christi ancilla.* Infra : *Capita vero illarum in Basilica S. Asciscli reconduntur, quo Præsentialis corporis sui favore populos Christianos tuetur.* Cap. 9 : *Apud Basilicam sanctorum trium, qua.... Martyres, Præsentialibus corporum suorum favillis quiescunt.* [Vide *Præsentarius.*]

1. PRÆSENTIALITER, *Coram, prope*, in Glossis Isonis Magistri ad Prudentium. Occurrit in Lege Longob. lib. 1. tit. 9. § 25. [** Liutpr. 138. (6,85.)] [tom. 3. Ordinat. Reg. Franc. pag. 272. apud Murator. tom. 2. part. 2. col. 375. tom. 11. col. 37. *Præsentialiter adesse,* in Charta ann. 1319. apud Ludewig. tom. 6. pag. 7.] At in Commonitorio dato Angilberto Abbati Centulensi ann. 796. usurpatur pro nunc : *Honor ille, quem Presentialiter habet, etc.* [ut et in Charta ann. 1221. ex Schedis Præs. *de Mazaugues* : *Et in vos Præsentialiter transferimus.*] Ita in Capitulari Pipini Regis Italiæ ann. 793. cap. 1. 4. [apud Acher. tom. 2. Spicil. pag. 222. tom. 6. pag. 204. et in Statutis S. Claudii pag. 72. Vide *Præsentaliter* 1.]

* 2. PRÆSENTIALITER, In ipso criminis actu, nostris olim *A present forfait.* Vide supra *Præsens forefactum.* Charta Guill. comit. Fland. ann. 1127 : *Si vero qui injuriam intulit Præsentialiter tentus fuerit, secundum leges et consuetudines villæ præsentialiter judicabitur.* Alia Ludov. Jun. in Chartul. Campan. fol. 61. v°. col. 2 : *Qui autem commiserit, secundum leges expectet judicari,... nisi forte in delinquendo fuerit quis Præsentialiter interceptus.*

** **PRÆSENTIM**, adverb. apud Virgil. Grammat. pag. 84.

¶ **PRÆSENTIRE**, Pertentare, scrutari, Gallice *Pressentir.* Charta ann. 1313. ex Reg. 56. Bibl. Colbert. : *Loci prædicti* (castri de Leucata) *augmentationem et meliorationem procurare volentes, Præsentita super hoc voluntate nobilis viri dom. Aimerici de Croso, etc.*

PRÆSENTIUS, Ἐναργέστερον, in Gloss. Græco-Lat. Accuratius.

¶ 1. **PRÆSENTUM**, Præstationis species, quæ muneris nomine, Gall. *Présent*, redditur. Charta apud *Madox* Formul. Angl. pag. 239 : *His addidi adhuc in insula de Hely, unam piscariam quæ reddit unum millearium siccarum anguillarum, et unum Præsentum anguillarum, 40. videlicet crassas anguillas.* Vide *Præsentia.*

¶ 2. **PRÆSENTUM**, Locus judicii militum, apud Pancirolum lib. 1. Thes. var. lect. cap. 77. ex Novell. 22.

¶ **PRÆSERVATUS**, Salvus, Gall. *Préservé.* Fundat. S. Mariæ de Alaon. inter

Conc. Hisp. tom. 3. pag. 131 : *Veniens de illa nempe Gotthici regni marca.... auspiciis genitoris nostri Augusti Ludovici a Sarracenorum squalore Præservata.*

PRÆSES, *Præses provinciæ*, Comes. Capitul. Caroli M. lib. 5. cap. 228. [381.] : *Quod si Monasticam vitam reliquerit, Præses provinciæ eum teneat, et curiæ suæ connumeret.* Et cap. 234. [387.] : *In civitatibus, in quibus Præsides præsunt, ipsi audiant causas, seu et Defensores.* [** Utrumque e Julian. De *Præsidibus provinciarum* apud Romanos videndus Savin. Histor. Jur. Roman. med. temp. tom. 1. § 25. et 80. Bethmann-Hollweg de re judiciar. apud Roman. § 5. Glossar. med. Græcit. in Ἀρχοντες, col. 132.] [Charta Johannis VIII. PP. sæc. 4. Bened. part. 2. pag. 254 : *Noveritis itaque illustrem nobisque carissimum Arvernorum Præsidem Willelmum etc.* Ibidem sæpius *Comes* nuncupatur.]

* Idem etiam qui *Consul*. Acta SS. Jan. et Soc. tom. 6. Sept. pag. 877 col. 2 : *Diocletianus execrabilis imperator Timotheum quemdam paganissimum Campaniæ Præsidem substituit... Qui adveniens, dum ex more urbes accepti Præsidiatus inviseret, etc.* Mox *Consul* appellatur. Charta ann. 1131. apud Murator. tom. 1. Antiq. Ital. med. ævi col. 963 : *Ramprettus divino munere Tusciæ Præses et marchio.... Et ut hæc Præsidalis auctoritatis nostræque concessionis pagina de cetero inlibata permaneat, etc.* [** Vide Pertz. tom. 3. Scriptor. in indice.]

* Eodem *Præsidis* nomine donatus senescallus Bellicadri et Nemausi. Stat. ann. 1345. inter Probat. tom. 2. Hist. Nem. pag. 132. col. 1 : *Cum nobilis et potens vir dominus Guilhermus Rollandi, miles, senescallus Bellicadri et Nemausi, etc. Cum ad nostri Præsidatus officium spectet et pertineat, ne quis jurgium, lucrum aut dampnum sentiat, et quod Præses provinciæ repræhensa debet prohibere et cohærcere, etc.* Vide mox *Præsidatus*.

¶ Præsidis Acta. Capitul. lib. 7. cap. 342. [** ex Paul. recept. sentent. lib. 5. tit. 1. § 4.] : *Qui metu et impressione alicujus terroris apud acta Præsidis servum se esse mentitus est, etc.* id est, coram præside.

¶ Præsidis *officio servire* cogitur monachus qui monasterium suum dimiserit, in lib. 5. Capit. cap. 379. [** ex Julian. Antec.]

¶ Præsidatus, Præsidis dignitas, officium. Vita S. Marci mart. tom. 3. April. pag. 555 : *Maximus nomine totius Campaniæ Præsidatus officium gerens.* Acta S. Marcellinæ tom. 4. Julii pag. 235 : *Galliarum Præsidatui Senatusconsulto præficitur.* Occurrit sæpe apud Scriptores Hist. Augustæ.

Præsidatus, Comitatus, Jurisdictio, districtus Comitis. Chronicon Laurishamense pag. 70. [** 278.] : *Unde et in pago Dehsendron in Præsidatu Ansfridi Comitis, in villa vocabulo Empele, etc.* [Adde Acta SS. tom. 2. Junii pag. 132. et Murator. tom. 16. col. 34.]

¶ Præsidalis, Ad *præsidem* seu Comitem spectans. *Præsidalis industria*, in Cod. Theod. lib. 1. leg. 1. tit. 7. *Præsidalis administratio*, ibid. lib. 6. leg. 7. tit. 22. *Præsidiale officium*, ibid. lib. 15. leg. 2. tit. 11. *Præsidales provinciæ*, quæ a Præsidibus seu Comitibus reguntur, apud Spartianum in Hadriano. *Præsid alis apparitor*, apud Ammian. lib. 17.

¶ Præsidatus, Præfectura. Anonymus de Gestis Manfredi et Conradi Reg. apud Murator. tom. 8. col. 587 : *Dum collectis undique viribus contra Mediolanenses infestis angustiis processisset, prope castrum Cassiani in manibus Cremonensium, qui sub Præsidatu Marchionis prædicti in auxilium Mediolanensium potenter exierant.* Vide suo loco.

¶ **PRÆSIA**, Idem quod *Præisa*, ut videtur. Statuta Saluciar. Collat. 3. cap. 111 : *Statutum est quod quælibet persona de Saluciis cui ordinata fuerit aliqua Præsia ad faciendum et manutenendum per quasvis vias, ... teneatur et debeat ipsam et ipsas manutenere et aptare bene, et sufficienter, taliter quod defectu ipsius vel ipsarum aqua non lædat viam, quin per ipsam commode iri possit.*

* **PRÆSIAGIUM.** Vide infra *Presiagium.*

* **PRÆSIDATUS**, *Præsidis* districtus et jurisdictio. Lit. Caroli VI. ann. 1418. tom. 10. Ordinat. reg. Franc. pag. 356 : *Mandamus per senescallos Tolosæ et Bellicadri, eorumque locatenentes, teneri et observari ac ea exequi et publicari facere in eorum auditoriis et Præsidatibus.* Vide in *Præses.*

¶ **PRÆSIDENS**, Idem qui *Præses*, provinciæ rector, comes, in Cod. Theod. lib. 8. leg. 13. tit. 7. et sæpius. Edictum Johannis Reg. Franc. ann. 1355. tom. 3. Ordinat. pag. 2 : *Præsentibus multis aliis Prælatis, Baronibus, Presidentibusque et aliis gentibus ipsius Parlamenti Consiliariis nostris, etc.*

¶ Præsidens, Dignitas in Ecclesiis Cathedralibus, idem qui alibi *Decanus* aut *Præpositus* dicitur, in Conc. Mexicano ann. 1585. inter Hisp. tom. 4. pag. 391. Adde Reg. consuetam Toribii Archiep. Limæ, ibid. pag. 672.

¶ Præsidens, apud Monachos is dicitur penes quem præcipua est potestas. Chron. Mellic. pag. 803 : *Præsidens, qui principalis est visitator, intra biennium omnia monasteria in propria persona visitet. Président*, eadem notione dicunt Cluniacenses Reformati.

¶ Præsidens, Procurator. Laur. Byzinius de Orig. belli Hussit. apud Ludewig. tom. 6. pag. 136 : *Sub sigillis Præsidentium quatuor nationum.*

* **PRÆSIDENTES** appellati Officiales curiæ regiæ et episcopalis Biterrensis. Lit. ann. 1408. tom. 9. Ordinat. reg. Franc. pag. 356 : *Vobis venerabilibus & circonspectis viris dominis Præsidentibus curiæ Biterris regiæ et curiæ temporalitatis episcopatus Biterris, etc.*

¶ **PRÆSIDENTIA**, Dignitas ejus qui præest, in Epist. 61. Johann. de Monsterolio apud Marten. tom. 2. Ampl. Collect. col. 1430.

¶ Prima Præsidentia, Dignitas primi Præsidis, in Epist. 6. ejusdem ibid. col. 1328.

* **PRÆSIDENTIALIS** Magna Curia, Supremum regis Consilium, quod et *Parlamentum* dictum, cujus judices *Magni Præsidentiales* nuncupabantur. Diplom. Ludov. VI. ann. 1118. in Append. ad tom. 6. Annal. Bened. pag. 636. col. 1 : *Caput ipsum, quibuscumque omissis mediis, super præmissis coram magna Præsidentiali nostra regia curia solummodo habeat et teneatur respondere.* Aliud ejusd. reg. ann. 1120. inter Instr. tom. 8. Gall. Christ. col. 321 : *Coram magnis Præsidentialibus nostris Parisius, vel alibi, ubi nostra præcellens et suprema regalis curia residebit, immediate et solummodo habeant et teneantur respondere.* Hinc ad Præsides parlamenti, honorario cudone insignes, manavit appellatio *de Grands Presidents.*

¶ **PRÆSIDERARE** *dicitur, cum maturius hiberna tempestas movetur, quasi ante sideris tempus.* Festus. Vide ibi Scaligerum.

1. **PRÆSIDERE**, pro *Supersedere.* Concilium Cloveshoviense ann. 747. cap. 3 : *Ut singulis annis unusquisque Episcopus parochiam suam pertranseundo et circumeundo speculandoque visitare non Præsideat, etc.*

¶ 2. **PRÆSIDERE**, Existere. Tabular. Meldense : *Actum est Senonis anno ab Incarnatione Domini 1264... domino Papa Alexandro Senonis Præsidente, etc.* Galli diceremus, *le Pape étant à Sens.*

¶ **PRÆSIDIALIA** Privilegia, a *Præsidibus*, Præfectis aut judicibus judiciaria potestate concessa. Constit. Eccl. lib. 1. tit. 3 : *Hæc constitutio confirmat imperatoria, et Præsidialia, et a consuetudine profecta privilegia.* Vide in *Præses.*

* **PRÆSIDIALITER**, Cum præsidio et tutela. Stat. Rob. reg. Sicil. MSS. : *Populum nostræ juridictioni subjectum libenter in justitia regimus, et cum caritatis affectu sub nostræ protectionis brachio Præsidialiter conservamus.*

¶ **PRÆSIDIARI**, Præesse. Vita vener. Richardi tom. 2. Junii pag. 1002 :

Octo Senatores hæc hic complectitur ædes,
Quos Virduna sedes meruit sibi Præsidiantes.

Occurrit etiam in Gloss. Gasp. Barthii ex Baldrici Hist. Palæst.

¶ Præsidiari, φρουρεῖν, in Gloss. Lat. Græc. Sangerm. Custodire, defendere, munire. Chronic. Andr. Danduli apud Murator. tom. 12. col. 520 : *Inde statim Verona muniri est cœpta, optime Præsidiata, etc.* [** Adde Widrici Vitam S. Gerardi Episc. cap. 18. apud Pertz. Scriptor. tom. 4. pag. 501. lin. 6.]

* **PRÆSIDIATUS**, Præsidis seu comitis districtus. Vide supra in *Præses.*

1. **PRÆSIDIUM**, Peculium, pecunia, bona, facultates, etc. Auctor Queroli : *Ergone manibus meis Præsidium paternum ut efferrent de domo, etc.* Supra : *Fures mihi ac prædones cui bono? ut si quid tibi spei aut Præsidii est, totum auferant.* Rursum : *Præsidium abstulisti, et cineres abdidisti.* [Formula 33. inter Andegav. : *Casa suaper nocte fuit effracta, et omnes Præsidios suos, aurum, argentum, æramentum, vestimentum, utensilia, pecunia, seu strumenta cartarum quamplurimas.... fuit deportata.* Quid eo loci nomine *Præsidii* intelligendum sit haud obscurum est ex Marculfi Append. form. 46. quæ eadem de re sic habet : *Casa sua cum omni mobili, vel intro domo compendia, seu et strumenta chartarum, etc.*] Vita S. Desiderii Episcopi Ca-

durcensis cap. 18 : *Inter cætera vero, et ad locum in seriem testamenti ita posuit : De Præsidio, inquit, meo vestimenta, scamnalia, mensalia, et electubilia, aurum vel argentum,.. dono, etc.* Vetus Charta exarata ann. 3. Childeberti Regis in Tabul. S. Germani de Pratis : *Sed et omnia, quæ de Præsidio meo in die depositionis meæ inventum penes me aut repertum fuerit, hoc est aurum, argentum, vestimentum, vel prædia, etc.* Placitum Childeberti III. Regis, editum a viro doctissimo Joanne Mabillonio : *Farinariis, gregis cum pastorebus, Præsidiis, mobilebus, et immobilebus; etc.* Primum Testamentum Widradi Abbat. Flaviniac. : *Libros vel vestimenta Ecclesiæ, vel omne Præsidium, quod mihi legibus vivens possidere videor.* [Paulus Bernriedensis in Vita Greg. VII. PP. cap. 57 : *Quidquid vero sui juris olim esse poterat, populus postea adveniens distraxit, turribus ac domibus subversis, Præsidiis vero fisci titulo sociatis.*] Utuntur Marculfus lib. 1. form. 12. lib. 2. form. 7. 10. Formula 7. et 28. ex Baluzianis, Gregorius Turon. lib. 6. cap. 4. lib. 9. cap. 20. Halitgarius Cameracensis Episc. in Pœnitentiali cap. 4. Nicolaus I. PP. Epist. 40. Charta Leotheriæ tom. 2. sæculi 3. SS. Ord. S. Bened. pag. 615. Historia Episcopor. Bremensium pag. 122. etc. Vide Bignonium ad Marculfum.

¶ 2. **PRÆSIDIUM**, Ornamentum muliebre. Aguellus in Vita Damiani apud Murator. tom. 2. pag. 155. col. 2 : *Speciositas virginum sublata est. Abstulerunt a se mutatorias vestes et pallia, proicerunt a se inaures, et anulos, et dextralia, et pereselidas, et monilia, et olfactoria, et acus, et specula, et lunulas, et liliola, et Præsidia, et laudosius, etc.*

¶ 3. **PRÆSIDIUM REGIUM**, Principis privilegium, Diploma, quo ne alicui vis inferatur, cavetur. Charta Rogerii I. Reg. Sicil. ann. 1129. apud Murator. tom. 6. col. 623 : *Mineræ, aquæ, et similia quæ in locis civium inveniuntur, sint civium ipsorum, præter eas quæ in Præsidiis regis concessis ipsis civibus reperientur.*

¶ 4. **PRÆSIDIUM**, Præmium, vel id omne quod alteri datur aut promittitur ad impetrandum illius præsidium. Sed eo nomine potissimum intelliguntur Pecuniæ, quæ præsidii titulo ab Imperatoribus accipiebantur, cum honores deferebant : qua notione utitur Lampridius in Alex. Sever. Aliis *Suffragium* dicitur. Vide in hac voce.

¶ **PRÆSIGILLARE**, Sigillum publicum apponere, Practicis nostris *Apposer le scelé.* Synodus Compostell. ann. 1114. inter Concil. Hisp. tom. 3. pag. 322 : *Si quis vero intra ecclesiæ terminos quippiam capere aut sibi Præsigillare, exigente justitia, voluerit, Pontificis vicarium aut licentiam sibi dari prius expostulet.*

¶ **PRÆSIGNA**, *Portentum*, in Gloss. x. saltem sæc. ad calcem Collect. can. e Bibl. DD. *Chauvelin* Sigill. Reg. Custodis. Hinc

¶ **PRÆSIGNARE**, Præsagire. Byzinius de Orig. belli Hussit. apud Ludewig. tom. 6. pag. 161 : *Ipsumque Regem* (Hungariæ) *draconem rufum fore, de quo in Apocalypsi, Præsignabat.*

* Nostris vero *Presingner*, pro Baptisare; et quidem *Signaculum*, pro Baptismus, dixerunt Scriptores medii ævi. Vide in hac voce. Lit. remiss. ann. 1402. in Reg. 157. Chartoph. reg. ch. 356 : *Tantost après la mort ycelle Brouguarde fu ouverte, et l'enfant osté,... lequel ot vie et fu Presingniez, ainsi qu'il apparut,... et fu lez sa mere en terre sainte.* At *Pourseigner* est Crucis signum digitis ac manu effingere, in Vita J. C. MS. :

Quant il orent assez mangié
Des biens qu'il avoit Pourseignié, etc.

¶ **PRÆSIGNATOR**. Eo titulo diplomatibus Urbani II. PP. subscribit Johannes Diaconus usque ad ann. 1089. quo Cancellarii dignitatem obtinuit. Epist. ejusdem Papæ ann. 1088. ad calcem tom. 3. Oper. posthum. Mabill. pag. 345 : *Datum Anagniæ per manus Johannis S. R. E. diaconi cardinalis et Præsignatoris domni Urbani secundi Papæ.* Unde *præsignator* idem videtur qui notarius. *Prosignator*, ex eadem Epist. tom. 5. Annal. Bened. pag. 251.

PRÆSINUM, Προκόλπιον, in Gloss. Græc. Lat. [id est, ante sinum.]

¶ **PRÆSIO**, pro *Prisio*, captura, præda, Gallice *Prise.* Charta ann. 1315. tom. 1. Hist. Dalphin. pag. 31. col. 1 : *Et si contingat aliquas prædas vel Præsiones receptari in territoriis, villis seu domibus ipsorum liberorum.... non poterimus aliquo modo nos intromittere;... nisi notorium esset prædicta capta fuisse tempore captionis de bonis nostris, etc.* Vide *Prisia* 2.

¶ **PRÆSONARIUS**, PRÆSONERIUS. Vide in *Priso* 1.

PRÆSOPUS, Præpositus. Gaufredus Malaterra lib. 1. cap. 32 : *Giracii Præsopus, quem nos Præpositum dicimus.* Ex Græco πρόσωπον.

* Forte per metathesin pro *Præposus.* Vide supra in *Præpositus.*

¶ 1. **PRÆSORIUM**, pro Præsens, ni fallor. Appendix ad Marculf. form. 46 : *Sic supradictus ille Comes vel reliquis francis personis juxta Præsorium retroque præcedentium chartola relationis, etc.*

¶ 2. **PRÆSORIUM**, Lac coagulatum, in quo coagulum, Gall. *Presure*, projectum est. Statuta Riperiæ cap. 12. fol. 3. v° : *Item de qualibet soma Præsorii, sive cagii de viginti pensibus, pro introitu, solidi decem.*

***PRÆSQUISITIO**, pro Perquisitio. Dipl. Alph. VI. reg. Castel. tom. 6. Jul. pag. 53. col. 1 : *Cum præteritis temporibus fuerint factas in Toleto multas Præsquisitiones super cortes et hæreditates... Tunc ego a supradictis Præsquisitionibus jugata, etc.*

¶ **PRÆSTA**, pro *Presta.* Vide in hac voce.

¶ **PRÆSTABULARIUS**, Præfectus stabuli, magister, qui alibi *mariscalcus* vel *marcalcus* dicitur. *Gerardus Præstabularius* inter pincernam et dapiferum subscribit Diplomati Roberti Flandriæ Comitis ann. 1089. apud Miræum tom. 1. pag. 359.

PRÆSTAGIUM, pro *Præstatio*, Tributum, quod domino præstatur, vel potius mutuum coactum. Charta Constantiæ Imperatricis ann. 1198. apud Ughellum tom. 9 pag. 293 : *Et transire libere terra marique insula vobis ubique per terram demanii nostri absque plateatico et Præstagio.*

* **PRÆSTALDI**, pro *Prestaldi.* Vide infra in hac voce.

PRÆSTAMARII, vel PRÆSTANARII. Charta Lusitanica apud Brandaonum in Monarch. Lusitan. tom. 3. pag. 294. v° : *Portaticum namque illius loci, quod semper habuerant Præstamarii, qui illud castellum habuerant, etc.* Infra : *Inquirerent veritatem de hoc, quomodo Præstanarius, qui aliquando melius et præstantius tenuerat Castellum S. Eulaliæ, etc.* Ubi *Præstanarius* is videtur, qui terram tenet in *præstimonium*, de qua voce statim. Vide eumdem lib. 15. cap. 24. ubi *Præstameiro* vertit, [** et Elucidar. S. Rosæ de Viterbo tom. 1. pag. 129. voce *Aprestamo*, tom. 2. pag. 246. voc. *Prestameiro* et *Prestamó.*]

* PRÆSTAMERUS, Hispan. *Prestamero*, Præstimonio gaudens vel fruens. Charta Sanc. reg. Navar. pro hominibus de Larraga æra 1246. in Reg. 64. Chartoph. reg. ch. 68 : *Concedo eis etiam pro foro, quod non habeant alium seniorem neque Præstamerum, nisi ricominem, qui villam tenuerit per manum meam.* Vide *Præstimonium.*

PRÆSTANDARII, Qui *præstationes* dominis exsolvunt [Charta ann. 967. apud Baluz. in Append. ad Capitul. col. 1539 : *Sive de casis, sive casalibus seu colonicibus, ... seu de cartulatis vel de Præstandariis, etc.*] Charta ann. 1002. in Tabulario Casauriensi part. 1. cap. 94. Ch. 4 : *Et cum Castellis, et sanctis Ecclesiis, cum cartulatis et Præstandariis, et cum vineis, pomis etc.* Ita apud Ughellum tom. 1. part. 1. pag. 490.

¶ 1. **PRÆSTANTIA**, Census, reditus. Charta S. Rudesindi Episc. inter Conc. Hispan. tom. 3. pag. 180 : *Omnes has ecclesias vel villas cum cuncta Præstantia earumdem, integras pro parte Dei et monasterii firmas remanere decernimus.*

¶ 2. **PRÆSTANTIA**, Titulus honorarius Comitis sacr. largit. in Cod. Theod. leg. 39. de Appellat. tit. 30. Concessus idem titulus Magistro militum per Thracias, ibid. leg. 1. de Lusor. Danubii lib. 7. tit. 17.

* 3. **PRÆSTANTIA**, Commodatio, mutatio, Ital. *Prestanza*. Gall. *Prêt.* Stat. ant. Florent. lib. 2. cap. 117. ex Cod. reg. 4621 : *Nullum mutuum, nulla Præstantia, de aliqua quantitate denariorum fieri possit alicui communitati,... sub pœna librarum quingentarum mutuanti vel præstanti. Faire prest*, Mutuo dare, commodare, in Lit. Phil. VI. ann. 1346. Vide *Præstare* 1.

* 4. **PRÆSTANTIA**, Vectigal, indictio, Ital. *Prestanza.* Charta ann. 1327. apud Lamium in Delic. erudit. inter not. ad Hodœpor. Charit. part. 2. pag. 387 : *Quod commune Pisanum dictum commune et homines Castelfranci manutenebit et defendet in personis et rebus, contra omnem personam et locum; et tenebit et tractabit eos tamquam cives Pisanos in terra et mari, salvo quod ab eis data vel Præstantia non exigatur pro communi Pisano. Camerarii et notarii P... stantiarum*, in jam laudatis Stat. F... lib. 1. cap. 60. Vide mox *Præ...*

* 5. **PRÆSTANTIA**, Stipe... Gall. *Prêt.* Charta ann. 13... tor. tom. 2. Antiq. Ital. ... et 536 : *Qui milites et ... quilibet habere debeant ...*

domino duorum mensium Præstantiam, quam Præstantiam, quæ capit in summa florenos mille et centum, etc. Et in casu, in quo prædicti milites et scutiferi et quilibet eorum, seu alter eorum dictam Præstantiam non serviretur, quod ipsam Præstantiam ipsi milites et scutiferi.... restituent.... Promiserunt quoque præfati milites et scutiferi..... servire præfato domino Galeaz, etc.

PRÆSTANTIABILIS, *Multum, vel præ aliis valens.* Ugutio.

* **PRÆSTANTIATUS**, Qui *Præstantias* seu vectigalia vel præstationes colligit. Stat. ant. Florent. lib. 3. cap. 190. ex Cod. reg. 4621 : *Episcopus Florentinus et episcopus Fesulanus... non possint concedere alicui suo familiari, qui sit Præstantiatus in civitate Florentiæ,... licentiam portandi arma, ... et quicumque Præstantiatus.... virtute dictæ licentiæ portaverit arma prædicta, incurrat in pœnam dupli.* Vide supra *Præstantia* 4.

1. **PRÆSTARE**, Mutuo dare, commodare non accepta mercede, Gallis *Prester.* Ebrardus in Græcismo cap. 15 :

Præsto, Prævaleo dicas, Præsto quoque Dono :
Præstoque sæpe solet Accommodo significare.

Salvianus lib. 1. ad. Eccles. Catholicam : *Si usus rerum aliquarum cuipiam homini alterius hominis beneficio ac largitate tribuatur, isque immemor illius, a quo fructum rerum indeptus est, avertere ab eo ipso proprietatem Præstitæ rei, atque alienare conetur, nonne ingratissimus omnium hominum atque infidelissimus judicetur?* Infra : *Cur non bona fide datis a Deo resculis utimur? tenuimus quoad licuit : tenuimus quod permisit ille qui Præstitit.* Fortunatus lib. 9. poem. 7 :

Præstitit, Pastor, sua mi voluntas,
Codicem factum tumido cothurno, etc.

Capitula Caroli M. lib. 1. cap. 130. [** 124.] : *Fœnus est, qui aliquid Præstat : justum fœnus est, qui amplius non requirit, nisi quantum præstitit. Pecunia in precario Præstita,* lib. 5. cap. 3. Will. Brito lib. 11. Philippid. :

Descendensque suum domino vectoris egenti
Præstat equum, pedes ipse manens.

Florentius Wigorniensis ann. 1096 : *Petiit, ut inter se pace redintegrata illi decies mille marcas argenti Præstaret.* Mox utitur voce, *accommodaret.* Ita etiam usurpatur in leg. 13. C. Quod jussu, etc. (4,26.) in Lege Wisigoth. lib. 1. tit. 5. § 2. lib. 9. tit. 2. § 8. lib. 10. tit. 1. § 13. 20. in Pacto Leg. Salicæ tit. 55. in Lege Longob. lib. 1. tit. 21. § 4. 6. lib. 2. tit. 14. § 16. tit. 35. § 1. [** Roth. 224. 230. 312. 332. Luitpr. 137. (6,84.)] etc.

¶ Præstitum, Mutuum, Gall. *Prêt.* Computus ann. 1261. apud D. *Brussel* de Usu feud. tom. 1. pag. 471 : *De Præstito facto eidem per Præpositum,* IIIc XLVII. *lib.* [illegible] *sol.* Vide *Presta.*

[illegible]stare, Præstare, commodare. [illegible]eta, apud Joan. Lucium lib. 4. de [illegible]. pag. 220 : *Quatenus ex parte* [illegible]*eas, quas habetis, et ligna* [illegible] *commodare seu Imprestare* [illegible] talis *Imprestito*, vel *im*[illegible] : *facere imprestitum*, mutuari, in Statutis Venetor. ann. 1242. lib. 1. cap. 56. [Chronic. Andr. Danduli ad ann. 1388. apud Murator. tom. 12. col. 483 : *Deponendo tantam pecuniam communis Venetarum ad officium Impræstitorum, etc.*] *Imprestita* etiam dicuntur Dalmatis, contributiones, quæ in communi civitatum necessitate fieri solebant, quæ nostris *Emprunts*, seu *mutua coacta* dicuntur.

¶ Præstare, nude pro Donare. *Si præstitum de suis rebus non fecit Ecclesiæ*, in Concil. Hispal. I. can. 1. Toletan. IX. can. 3 : *Causam Præstiti evidenter exponat.*

¶ Præstare, Præsto habere. Pactus Leg. Salicæ ex MS. Guelferbit. edit. Eccardi pag. 129 : *Si vero servus in colibet crimine culpatur,... ubi quis repetit et virgas paratas habere debit,... et signum et scamnum Præstet, ubi servum tendere dibiat.*

¶ Præstare, Sacramento promittere. Charta ann. 1182. apud Lobinell. tom. 2. Hist. Britan. pag. 319 : *Præstiterunt etiam præfatus Haimo et Gaufridus.... quod in eadem ecclesia nullis de cetero temporibus aliquid reclamarent.*

2. **PRÆSTARE**, Repræstare, In *præstariam* dare, quod idem valet ac *usufructuario beneficiare*, in Tabulario Bellilocensi. Lex Bajwar. tit. 1. cap. 1. § 1 : *Et post hæc nullam habeat potestatem exinde quidquam auferre, nec ipse nec posteri ejus, nisi Defensor Ecclesiæ illius per beneficium Præstare voluerit ei. In beneficium præstare*, in Charta Alamannica Goldasti 79. *Per præstarium Repræstare*, Ch. 66. *Sub usufructuario Præstare*, Ch. 67. *Per precariam Præstare*, Ch. 69. *Repræstare*, Ch. 73. Vide Traditiones Fuldenses lib. 1. trad. 136. lib. 2. trad. 29. Canones Hibernienses lib. 41. cap. 8. Will. Hedam pag. 292. 1. edit et infra in voce *Precaria* ex Tabulario Casauriensi, etc. *In præstitum accipere*, seu in *præstariam*, apud Ughellum tom. 1. part. 1. pag. 500. [*Præstitum de proprio facere beneficium*, in Capit. Caroli C. tit. 7. cap. 22. *Ad præstitum beneficium Præstare*, in Append. ad Marculfum form. 28. *Per præstariam acquirere*, in Præcepto Ludovici IV. Regis Franc. tom. 3. novæ Gall. Christ. inter Instr. col. 146.]

¶ Præstor, Qui prædium ecclesiastum in *Præstariam* utendum accepit. Bulla Alexandri III. PP. ann. 1169. inter Instr. tom. 2. novæ Gall. Christ. col. 367 : *Duos solidos annuos de domo Aimerici Præstoris pro oblatione.*

Repræstari dicebatur res, quæ Monasteriis aut Ecclesiis tradita et donata, donatoribus ipsis rursum *præstabatur*, et in precariam concedebatur. Vetus Precaria apud Joachimum Vadianum de Monasteriis Germ. pag. 71 : *Christi adjuvante clementia complacuit mihi Grimaldo Abbati una cum consensu fratrum,... ut res quas Hasuo Presbyter ad nostrum tradidit Monasterium ei per precariam Repræstaremus, quod et fecimus.* Occurrit præterea in Charta Alamannica Goldasti 73.

☞ Ejusmodi *præstariæ*, quæ ex bonis collatis ipsimet collatori fit, aliis etiam additis, exemplum et formulam habes ex Stephanotio tom. 7. Fragm. Hist. MSS. : *Domino fratri Nerio petitori ego in Dei nomine Segefredus abbas et cuncta congregatio S. Martini. Dum non habetur incognitum qualiter tua ad nos fuit petitio et nostra pariter decrevit voluntas, ut res quas tu ad nostrum monasterium condonasti tibi benefaceremus, quod et fecimus. Est autem mansus cum vinea et pratris, etc. Pro eo vero quod tu istas res nobis condonasti, benefacimus tibi de rebus S. Martini quidquid intra fines de Cliniaco est, ibique aspicere videtur, et in alio loco infra fines de Montels quidquid ibi visi sumus habere, tibi beneficimus et filio tuo qui primus tibi natus fuerit de matrimonio, eo scilicet tenore, ut annis singulis de fructu quem Dominus supra dederit, nonas ad nostrum monasterium condonare facias. Et pro ipsis mansis in festivitate S. Martini solidos duos persolvas. Et si de eodem censu tardus aut negligens apparueris, et ipsas res minuere aut alienare præsumpseris, sis culpabilis, et insuper res ipsas amittas. Et ut hæc Præstaria firmitatem obtineat, manu nostra et fratrum nostrorum manibus roborandam statuimus.*

☞ His vero traditionibus, ut aliquam vim obtinerent, accedebat auctoritas regia, ut ex pluribus Instrumentis constat. Charta Caroli Burgund. Reg. ann. 858. apud Baluz. in Append. ad Capit. col. 1467 : *Egilmarus ecclesiæ Viennensis nostram supplicIter implorante excellentiam quatinus præstariam quam ipse cuidam vasallo suo Leoni nuper fecerat de Sisiaco villa, nos ob mercedis nostræ augmentum corroboraremus, quod ita et fecimus.* Præceptum Lotharii Regis ann. 866. apud Marten. tom. 1. Ampliss. Collect. col. 176 : *Deprecans mansuetudinem celsitudinis nostræ ut eamdem Præstariam nostro corroborare non dedignaremur, præcepto.*

PRÆSTARIA, Idem quod *Precaria*, seu Libellus, quo quis prædium Ecclesiasticum ad usum fructum sub annuo censu *in præstitum*, et *precario* utendum suscipit : de qua contractus specie pluribus agimus infra in voce *Precaria.* Vita Joannis Abbatis Gorziæ pag. 769 : *Possessio erat Monasterii longo jam retro tempore beneficii nomine ad Comitem quemdam Palatii Hamedeum devoluta, qui simul bona Monasterii sub Precaria vel Præstaria, quam dicunt, obtinebat.* *Præstariarum* meminerunt præterea Capitulare Compend. ann. 868. cap. 11. Baldricus lib. 1. Chron. Camerac. cap. 44. Frotarius Tullensis Epist. 9. Chronicon Fontanellense cap. 2. pag. 197. Chronicon S. Benigni pag. 371. 428. 448. Hist. Vergiacensis pag. 50. Miræus in Notitia Eccelsiar. Belgii cap. 32. Malbrancus lib. 6. de Morinis cap. 11. etc. Vide *Præstare*, 2.

* Consule Murator. tom. 3. Antiq. Ital. med. ævi col. 153. Vide infra *Presteria.*

☞ Quamvis *precariæ* et *præstariæ* vocabula olim confundi solita fuisse certum sit, ut pluribus probat Baluz. in notis ad Reginonem pag. 574. quod ex notariorum inscitia incuriave ortum existimo, nonnihil tamen discriminis interesse inter *precariam* et *præstariam* observare cuique promtum est : *præstaria* enim dicebatur Charta qua quis rem in *præstitum* concedebat, et quibus legibus eam concederet, exponebat ; *precaria* vero, qua petitor rem precario accipiebat, qua censum et alias conditiones impositas expleturum se profitebatur, ut docet Sirmondus in Capit. 7. Caroli Calvi. Vide Salvaingum de Usu feud. cap. 33. et infra in *Precaria* 1. Exstant variæ *præstariarum* formulæ, apud Marculfum form. 40. lib. 2. in Append. ad eumd. form. 28. 42. form. 34. 38. inter Sirmondicas, form. 20. 23. 26. inter Lindenbrog. etc. Charta ann. 1121. in Tabul. Eccl. Massil. : *Qui Aicardus donavit S. Mariæ pro restauratione argenti de archa S. Cannati, scilicet* XI. *libr. et dimid. et recetos de Albania quos vocant Presturias.*

Præstarium, Idem quod *Præstaria*. Charta Alamannica Goldasti 66 : *Convenit una cum consensu fratrum nostrorum, ut illa mancipia, quæ nobis ille de illo loco tradidit, ei iterum per Præstarium repræstaremus, etc.* Tradit. Fuld. lib. 1. trad. 75 : *Ea duntaxat ratione, ut ad tempus et ad usum vitæ meæ supradictam rem, id est sola illa mancipia vestro Præstario habeam, etc.*

Præstatio, Eadem notione. [Hincmarus de divortio Lotharii et Tetbergæ ad 12. interrogat. : *Quod suum erat locis sanctis donant per confirmationem, et sibi usurpant per occupationem, quod ut seculi pauperiores non obtinent per deprecatam Præstationem, immo et sibi offerunt et locis sanctis non tribuunt.*] Charta Henrici Regis Franc. ann. 1035. apud Hariulfum lib. 4. cap. 7 : *Quotquot vero antecessores ejus tenuerant,* (villam, etc.) *sancto Richario per Præstationis occasionem tollebant. Per Præstationem possidere*, in Tradit. Fuldens. lib. 1. tr. 80. *Præstationis Charta*, trad. 117. *In jus præstationis* prædium *recipere*; in Actis Murensis Monasterii pag. 67.

¶ Præstatura ut *Præstaria*, in Histor. Mediani Monast. pag. 257 : *Exegitque de domno abbate et fratribus, quatenus octo libræ denariorum pro hoc munere darentur, et ecclesia Montiniacæ ejusdem villæ in Præstatura tempore vitæ suæ concederetur.*

¶ Præstitus, Eodem significatu, in Charta ann. 993. in Addit. ad Chron. Casaur. apud Murator. tom. 2. part. 2. col. 984 : *Exceptuasti in Batuniano viginti modiorum terram, quam Deodatus et Johannes a vestro monasterio per Præstitum tenent.* Adde Vitam B. Edmundi Archiepisc. Cantuar. apud Marten. tom. 3. Anecd. col. 1780. Vide *Præstare* 2.

Præstitura, Idem pariter quod *Præstaria*. Vetus Notitia in Tabulario Eduensis Ecclesiæ : *Villam, quæ Roclena vocatur..... a S. Nazarii Canonicis in Præstituram* (*sic enim vulgo dicitur*) *ipse et ejus prædecessores diu tenuerant.* [Hist. Mediani Monast. pag. 258 : *Partem allodii quod habebat... contulit S. Petro Mediano.... pro cujus beneficio tradita sibi fuit a fratribus Medianensibus ecclesia S. Petri in Præstituram in supradicta villa sita tempore vitæ suæ.*]

* Præstaria, Census seu præstatio, quæ pro prædio, quod precario possidetur, solvi debet. Charta post medium x. sæc. scripta inter Probat. ult. Hist. Trenorch. pag. 118 : *Accipimus autem a rectoribus præfati monasterii quamdam ecclesiam sancti Petri,.... cum omni re ad se pertinente, loco Præstariæ solventes in censu Assumptione sanctæ Mariæ solidos quinque omnibus annis.*

¶ **PRÆSTATIO**, Pensio, solutio, Gall. *Payement*. Charta ann. 1030. apud Kennett. Antiquit. Ambrosd. pag. 344 : *Prædicti Prior et conventus Bruncestriæ omnia onera ordinaria et extraordinaria ac omnes Præstationes ratione dictarum decimarum... sustinebunt.* Vide *Præstaria*.

¶ **PRÆSTATRIX**, Quæ præstat. Confessio fidei Benedicti Levitæ apud Baluzium tom. 5. Miscell. pag. 58 : *Unus Spiritus sanctus... perfecta imago filii perfecti, perfecta viventium causa, sanctitas sanctificationem Præstatrix, etc.*

¶ **PRÆSTES**, Qui *præstat*, præest. Cardinalis Sabin. in Epist. de Expugn. CP. apud Acher. tom. 8. Spicil. pag. 287 : *Pastores et principes omnium ecclesiarum Christi, Præstites et doctores fidei christianæ, etc. Prestitem*, inquit Festus, *in eadem significatione dicebant antiqui, qua nunc dicimus antistitem.* Hinc *præstites* dicti milites qui præ aliis stabant, seu primum in ordine et linea locum obtinebant.

¶ **PRÆSTETUS**, pro *Præstitus*, in vett. Form. Andegav. num. 22. apud Mabill. tom. 4. Analect. pag. 247.

¶ **PRÆSTIGIARE**, Incantare. Vita B. Torelli tom. 2. Mart. pag. 502 : *Mulieris præstigiatæ miraculum huic subnectere non erit incongruum. Nam cum quidam juvenis amore mulieris cujuspiam teneretur, nec eam ullatenus posset habere, istam Præstigiari fecit ab homine artis magicæ perito, etc.* [** *Tibi numinis Præstigiat diuinatio*, ex Jul. Valer. de reb. Alex. I, 50. in Maii Glossar. novo.]

¶ **PRÆSTIGIUM**, προκάλυμμα. Gloss. Lat. Gr. In Gloss. Gr. Lat. : Προκάλυμμα, *Protectio, prætextum, præstigium, velamentum, prœpedimentum.*

¶ **PRÆSTILLARE**, Instillare, suggerere, inspirare. Guibertus in Vita sua lib. 1. cap. 2 : *Gratias igitur tibi, Deus, qui Præstillaveras decori ejus virtutem.* Rursum cap. 16 : *Cœpi igitur jam sero ad id, quod sæpe a plurimis mihi bonis doctoribus Præstillatum fuerat, anhelare, scilicet Scripturam commentis intendere, etc.*

¶ Præstillatio, Instinctus, apud eumd. Guibertum ibid. cap. 11. ubi de matre sua : *Præter hæc cum eam opulentissimi quidam ab usu maritali exortem conspicerent, cœperunt animum pulsare juvenculæ; sed tu, Domine,... facibus quod ad Præstillationem malorum colloquiorum mores ejus, etsi teneri, non depravabantur.*

PRÆSTIM, pro Præsto, in Historia Inventionis S. Prisci apud Ughellum tom. 8.

PRÆSTIMONIUM. Charta Aldegastri, filii Sylonis Regis Ovetensis ann. 781. apud Sandovallium, de servis : *Et habeant illam hæreditatem de Parella, et Præstimonia in hæreditate sanctæ Mariæ, ubi Abbas Monasterii hujus, et ejus vicario dederit, et in die, qua vocati fuerint, habeant portionem edendi et bibendi scilicet libram unam et quartam panis milli, et de alio secundo, etc.* Infra : *Tamen in suo Præstimonio et instructio sibi injuncto permaneat.* Ubi Sandovallius, *præstimonium*, per *derecho* vertit. Alia apud Brandaonum tom. 3. Monarch. Lusitan. fol. 294. v° : *Uno ore dixerunt, se bene audisse et nosse, quia quando D. Pelagius Goterres de lo monte tenebat castellum S. Eulaliæ et Aliadam in Præstimonium, totum portaticum tam de mari quam de terra erat liberum, etc.* Testamentum Sancii II. Regis Portugalliæ apud eumdem tom. 4. pag. 279 : *Item mando Isidero Petri homini meo Præstimonium, quod ipse consuevit de me tenere in Cortigia, etc.* Charta Alfonsi Regis æræ 1260. apud eumdem lib. 13. cap. 24 : *Hoc Præstimonium vobis damus, et cuncti successoribus vestris jure hæreditario in perpetuum habendum et possidendum, cum omnibus suis terminis novis et veteribus.* Charta Bernardi Episcopi Compostellani æræ 1190. apud Anton. *de Yepez* in Chronico Ordin. S. Benedicti tom. 4. pag. 434 : *Cortecellam S. Mariæ in hæreditate ipsius Monasterii constructam, ab Abbate domino Ruderico in Præstimonio in vita Decani datam, etc.* Infra : *Domum autem illam a D. Decano, inter Cortecellam S. Mariæ et antiquum murum... per Præstimonium constructam esse cognosco, etc.* Rursum : *Damus eidem Ecclesiæ in Ecclesia S. Jacobi Canonicatum et portionem, et hebdomadam, et Cardinariam, et Præstimonium, sicut unicuique Cardinalium Ecclesiæ nostræ Canonicæ collatum est, etc.* Vetus Charta apud Ughellum tom. 1. part. 2. pag. 53 : *Et si ad dedicandam aliquam Ecclesiam Monasterii invitatus fuerim, sine Præstimonio libenter Episcopalia... impendam*, i. absque gravamine aut sumptu, vel *præstatione*. Vide *Præstamarii*.

* Vocabul. Joan. Erlebach. : *Beneficii appellatione continentur Præstimonia, quæ clericis solita sunt concedi in perpetuum beneficium.* Constit. capit. eccl. Barchin. ann. 1423. rubr. 14. ex Cod. reg. 4332 : *Nos attendentes quod lxij. Præstimonia, capellaniæ nuncupata, civitatis et diocesis Barchinonensis et eorum jura.... mensæ capituli nostri unita et incorporata fuerunt, etc.*

☞ *Præstimonium*, Gall. *Prestimonie*, a præstatione sic dictum, Ecclesiasticum beneficium est, cum aliquo onere, et in hoc differt a simplici beneficio, quod ideo simplex dicitur, quia in hoc nullum onus habetur. Ita Macri in Hierolex. *Præstimonium* rectius definitur, Reditus annuus presbytero alendo destinatus absque ullo titulo ecclesiastico. Ex allatis in Hispania potissimum in usu fuisse ejusmodi beneficia colligere est; quorum conditio eadem fuisse videtur quæ *Præposriturarum*, cum ad statutum tempus ecclesiasticis concederentur; quæ tandem, ut et *Præstimonia*, perpetuæ factæ sunt. Hinc etiam est quod *præstimonium* a *præstaria* distinguitur : eadem enim ratione laicis concessa hæc beneficia fuisse, ut iis *precario* uterentur, innuit Conc. Palentinum ann. 1129. inter Hisp. tom. 3. pag. 341 : *Ecclesiæ non dentur laicis pro Præstimonio vel villicatione.* Vide Molinæum et Panormum qui ex professo de *Præstimoniis* scripsit.

¶ Præstimoniales *portiones*, in Epist. 134. Innocentii IV. PP. apud Marten. tom. 2. Anecd. col. 962 : *Cum itaque dilectus filius magister Bartholomæus de Carpineto litterarum apostolicarum scriptor secretarius, canonicatum, et præbendam, ac præstimonia et Præstimoniales portiones in ecclesia, civitate et diocesi Astoricensi jamdudum obtinere noscatur.* Conc. Complut. ann. 1325. inter Hisp. tom. 3. pag. 579 : *Statuimus.... quod si divisa ecclesia, si Præstimonialia forent, vocare contingeret, priora integrari deberent. Præstimoniorum* et *Præstimonialium portionum* meminit Conc. Trid. sess. 5. cap. 1. et sess. 23. cap. 18. quæ studiosis alendis destinantur.

¶ **PRÆSTINATUS**, contracte pro *Prædestinatus*, in Monum. Benedicto-Burano cap. 10. apud Duellium tom. 2. Miscell. pag. 10 : *Quo finito, accepit successorem ante tempora sæcularia Præstinatum Gothehalmum proprii monasterii monachum, etc.* Utuntur Plautus et Apuleius pro Emere, comparare.

PRÆSTIS, *hæres*, in Gloss. Arabico-Lat. [*Prestes*, pro *superstites*, olim scriptum observat Baluzius in Notis ad Capitul.]

¶ **PRÆSTITOR**, Præbitor, apud Apuleium in Asclep. : *Præstitor et tributor omnium.*

* **PRÆSTITUERE**, Præficere, constituere. Vita B. Car. Boni comit. Fland. tom. 1. Mart. pag. 205. col. 1 : *Quem* (Robertum comitem) *cum reddidisset, in consulem patriæ Præstituerunt.*

¶ **PRÆSTITUM**, Mutuum. Vide *Præstare* 1.

¶ **PRÆSTITURA**, ut *Præstaria*. Vide in hac voce.

¶ **PRÆSTITUS**, Adjumentum, auxilium. Conc. Pampilon. ann. 1023. inter Hisp. tom. 3. pag. 195 : *Secundum præcepta canonum conari decrevi pro cœlesti Præstitu Ironiensem sedem restaurare.* Vide alia notione in *Præstaria*.

PRÆSTO, Mox, statim. Petrus Damianus : *Et præcipue id, quod præsto subjunctum est, Sacerdoti congruere videtur, etc.*

PRÆSTOLABILITER, Celeriter, expedite. Isidorus Pacensis Episcopus in Chronico æræ 772 : *Arabas sine effectu ad propugnanda Maurorum mittens navibus Præstolabiliter adventatis, maria transnatat, etc.*

¶ **PRÆSTOR**; Qui in *præstariam* accipit. Vide supra *Præstare* 2.

¶ **PRÆSTORIOLA**. Vide *Prætoriola*.

¶ **PRÆSTRINGERE**, Præstituere, denunciare. *Id etiam hujus legis authoritate Præstringimus, etc.* in Cod. Theod. lib. 6. leg. 5. tit. 27.

¶ **PRÆSTRIPTICIUS**, pro *Præscriptitius*, ni fallor, jure *præscriptionis* acquisitus. Charta ann. 1366. apud Baluz. tom. 2. Hist. Arvern. pag. 346 : *Ac cum vassallis, hominibus franchis et liberis,... censibus, Præstripticiis, et aliis juribus quibuscumque.*

PRÆSTUS, Paratus, nostris *Prest.* Vetus Inscriptio, 669. 4 : *Amicos colui, patronos bonos,... officio Præstus fui, etc.* Pactus Legis Salicæ tit. 48. § 1 : *Tunc manniat eum ad mallum, et testes suos in singulos mallos, qui ibidem fuerint, secum habere debeat Præstos, etc.* Lex Wisigoth. lib. 9. tit. 2. § 9 : *Sed definitis locis atque temporibus,... Præstum se unusquisque definito loco vel tempore exhibeat.* Ita non semel alibi lib. 2. tit. 1. § 11. tit. 2. § 9. tit. 3. § 4.

¶ **PRÆSUL**, Qui aliis præest, præses, rei alicujus auctor. Præceptum Theodorici Reg. Goth. ann. 508. apud Marten. tom. 1. Anecd. col. 1 : *Domitori orbis Præsuli et reparatori libertatis, etc. Sacratissimus Præsul* nuncupatur Teudebertus Rex in Epist. Aureliani Episc. apud Duchesnium tom. 1. pag. 858. Pro judice occurrit in Vita S. Samsonis sæc. 1. Benedict. pag. 179. *Præsul fori*, apud Sidonium lib. 4. Epist. 14. *Præsul accusationis*, apud Mabill. tom. 4. Annal. pag. 109.

* Pro Prætor, judex, in Vita S. Amati tom. 6. Aug. pag. 724. col. 1 : *Magnis tormentis affectus delictum Cassani Præsuli succincte narravit; quem Præsul, cum Dei servum feriisset, morti condemnat.*

☞ Penes Episcopos potissimum mansit hæc appellatio, Abraham *sanctæ Frisingensis Ecclesiæ Præsul* vocitatur in Charta Ottonis Regis ann. 989. apud Meichelbec. Hist. Frising. tom. 1. pag. 185. Sed et Abbatibus concessam hanc nomenclaturam habemus inprimis ex Jona monacho Bobiensi in Actis Eustasii Abbatis, ubi de Agilo abbate, *qui modo*, inquit, *Resbacensi cœnobio Præsul existit.*

PRÆSULARE, Præsulem agere. Auctor Vitæ Gundulfi Roffensis Episcopi laudatus a Seldeno ad Eadmerum : *Redduntur et ei denique possessiones.... quæ Præsulantibus antecessoribus suis Lantfrancus in sua tenuerat ditione.* [Chronic. Comodoliac. apud Stephanot. tom. 2. Hist. Fragm. MSS : *Ipse tamen ager erat de fundali dominio dom. Rorrici illis tunc temporibus Lemovicis Præsulantis.* Occurrit præterea in Vita S. Cyriaci Episc. tom. 7. Maii pag. 575. et in Chronic. Farfens. apud Murator. tom. 2. part. 2. col. 648.]

¶ Præsulere, Eadem notione, in Charta ann. 1103 : *Facta est charta ipsa.... Papa Paschali Romanæ Ecclesiæ præsidente, Gotfrido episcopo Magalonæ Præsulente, etc.*

* **PRÆSULARIS**, Ad præsulem pertinens. Charta Caroli C. ann. 861. tom. 8. Collect. Histor. Franc. pag. 569 : *Nulla Præsularis sive abbatialis potestas, etc.* Alia Roric. episc. Laudun. ann. 973. in Chartul. S. Vinc. Laudun. ch. 5 : *Melcalannus venerabilis abbas monasterii S. Vincentii, quod secunda Laudunicorum pontificum sedes, ut pote præsulum, cleri et militum immutabilis sepultura, appellata est, ex quo Præsulari urbs ipsa meruit intronizari cathedra, etc.* [** *Præsulari habitu infulatus* in Widrici Vita S. Gerard. Ep. cap. 18. apud Pertz. Scriptor. tom. 4. pag. 501. lin. 13.]

¶ **PRÆSULATUS**, Dignitas vel jurisdicto *Præsulis*, Episcopi scilicet vel Abbatis. Charta ann. 1038. ex Schedis Præs. *de Mazaugues : Ego Hugo vocitatus in sancta Sede Dignensi officio Præsulatus gratia Dei sublimatus, etc. Præsulatus abbatiæ S. Salvatoris*, in Tabul. Rothon. id est, jurisdictio quasi episcopalis, ut loquuntur.

¶ Præsulatus, Titulus honorarius Episcoporum. Charta ann. circ. 1214. ex Tabul. Narbon. : *Credimus non latere Præsulatus vestri celsitudinem, quod, etc.* Charta qua Guillelmus Episc. Biterr. Narbon. Archiepiscopo promittit obedientiam et reverentiam ann. 1349. inter Instrum. tom. 6. Gall. Christ. novæ edit. col. 164 : *Præsulatus vestri et Ecclesiæ Narbonensis adjutor ero, salvo ordine meo ad defendendum et ad retinendum.*

PRÆSULIUM, pro *Præsulatu*. Scriptor MS. Vitæ S. Gaugerici Episcopi Camerac. in Prologo : *Quantus in Præsulio effulserit.*

PRÆSULTER, pro *Presbyter*, scribitur in Legibus Luithprandi Regis Longob. tit. 69. § 4. [** 94. (6, 41.) al. *episcopum*, forte legendum *præsulem*.]

¶ **PRÆSULTOR**, ὁ ἐν τοῖς ἱεροῖς προορχούμενος, in Gloss. Lat. Græc. Sangerm. *Prosaltor* legi in antiquis Glossis atque perperam in *Præsultor* mutatum auctor est Salmasius in Capitol.

PRÆSUMERE, Sumere, capere. Synodi Hibernienses lib. 1. cap. 8 : *Episcopus.... non Præsumat pretium ordinationis : non Præsumat dona iniquorum, etc.*

Præsumere, Ante sibi sumere, vel præter solitum sumere, in leg. 5. et 11. Cod. Th. de Metatis (7,8,), et leg. 4. de Pascuis (7,7.), eodem Cod. Ammianus lib. 18 : *Diliter observans, ne quem tributorum sarcina prægravaret, neque potentia Præsumeret aliena.*

¶ Præsumere, Suspicari, conjicere, Gall. *Présumer*. Sententia arbitralis inter Archiep. Capitulumque Arelat. et Monast. S. Cæsarii ann. 1221. ex Schedis Præs. *de Mazaugues : Ex tanta diuturnitate temporis Præsumente concessionem, etc.*

Præsumptio, Actio injusta, invasio, usurpatio. Lex Bajwar. tit. 1. cap. 5 : *Si quis servum Ecclesiæ..... occiderit per Præsumptionem.* Cap. 10 : *Neque Præsumptio crescat in plebe.* Tit. 3. cap. 10 : *Porcos propter Præsumptionem dispergere.* [*Christi Evangelio vim non inferat humana Præsumptio*, in lib. 6. Capit. cap. 334. *Crudelis et stupenda Præsumptio crudeliori debet extirpari supplicio*, in lib. 7. cap. 428. *Potestativa Præsumptio*, in Addit. 3. cap. 54. etc.] Leges Henrici I. Regis Angl. cap. 11. de his, quæ sunt Juris Regii : *Assultus, roberia, stretbrech, Præsumptio terræ vel pecuniæ Regis, thesaurus inventus, etc.*

¶ Præsumptuositas, Eadem notione. Edictum Caroli M. apud Marten. tom. 7. Ampl. Collect. col. 24 : *Quod si fecit, ante nos veniat, et in præsentia nostra rationem deducat, si sua Præsumptuositate aut cupiditate alicujus rei adquirendum hoc opus servile fecit, aut sui domini jussione.*

Præsumptor, Qui crimen committere, vel aliquid contra jus agere *præsumit*, in Edicto Theodorici Regis cap. 144. [** Qui ante justum tempus erogavit. Vide *Prærogare*.] Interdum reus principalis, qui complices habet, in Legibus Wisigoth. lib. 6. tit. 4. § 2. 3. 5. lib. 8. tit. 3. § 8. *Præsumptor infaustus*, tyrannus, in leg. ult. Cod. Th. de Episcop. (16,2.) *Præsumptive*, in Capitulari ann. 802. c. 5. *Præsumptivo modo in domum alienam intrare*, d. tit. 4. § 2. *Præsumentis audacia*, § 6. *Præsumptuosus*, d. §. Adde lib. 2. tit. 1. § 17. et alibi. S. Odo de Vita S. Geraldi lib. 2. cap. 7 : *Quidam violenti homines Præsumptionem faciebant contra Potestatem loci illius.* Anselmus Cantuar. Archiep. in Epistola ad Episcopos Hiberniæ : *Pastorali regimine vitia resecare, Præsumptores coercere, et quæque inordinata ad ordinem debitum volui revocare.*

Præsumptores Episcopi, Qui aliorum jura vel ordinationes usurpant illicitas, in Concilio Arausicano I. can. 21. et Turonico I. can. 9.

Præsumptuosus, Idem quod *Præsumptor*, in Lege Aleman. tit. 48. *Presomptueux*, dicimus, qui sibi ultra quam par est arrogant, superbos. Anastasius in Histor. Eccles. *Præsumptuose gerens*, ubi Theophanes *habet* αὐθεντήσας. S. Bernardus in Vita S. Malachiæ Episcopi : *Sicut erat Præsumptuosus et insolens.* [Salvianus lib. 7. pag. 258 : *Audiant omnes Præsumptuosi, audiant præpotentes, etc.*]

PRÆSUMPTIOSUS, in Capitulari 1. Caroli M. ann. 802. cap. 7. 30. [et apud Sidon. edit. Sirmondi lib. 1. Epist. 11. et lib. 7. Epist. 4.]

* *Presumpcieux*, in Prol. ad Chron. S. Dion. tom. 3. Collect. Histor. Franc. pag. 163.

¶ PRÆSUMPTIONARIUS, in Mirac. S. Walpurgis sæc. 3. Benedict. part. 2. pag. 298 : *Sed is qui se in sanctis suis gloriosum atque laudabilem cunctis ostendit gaudium Præsumptionariæ aviditatis in ruborem mœroremque convertit.*

* PRÆSUMPTUOSE, Injuste, inique. Sent. excommun. Joan. XII. PP. tom. 9. Collect. Histor. Franc. pag. 235 : *Qui terram de suo episcopatu Præsumptuose et violenter tenere videntur.* Vide in *Præsumere.*

PRÆSUMPTIOSE, Arroganter, in Capitul. Aquisgran. ann. 789. cap. 35. 58. in Constit. Ludovici II. Imperat. ann. 867. cap. 12. [Adde Sidon. edit. Sirmondi lib. 7. Epist. 6.]

PRÆSUMPTIVE. Capitula Caroli Magni ann. 797. cap. 1 : *Et ut raptum, et fortiam, nec incendium infra patrium quis facere audeat Præsumptive.* [** *Præsumptivus*, ex Tract. antiq. de non differ. remun. animarum pag. 267. in Maii Glossar. novo.]

¶ PRÆSUMPTORIE, apud Tertullianum lib. 4. adv. Marc. cap. 41.

* PRÆSUMPTIO. Vita B. Luciæ tom. 7. Sept. pag. 370. col. 2 : *Solius pueritiæ puram et virgineam puritatem cum arrogantia, nec non fastuosa Præsumptione aggrediens, etc.* Quæ utraque vox vitium sonat; hic male biographus usurpavit pro magnanimitate et singulari in Deum fiducia, ut notant docti Editores.

¶ PRÆSUMPTUM, *Opinio*, in Amalthea ex Johanne de Janua.

PRÆSURA, Captio. Vide *Prindere.*

¶ PRÆTACTUS, Prædictus, ante memoratus. Charta ann. 1212. apud Rymer. tom. 1. pag. 157 : *Nos vero procul de marina interim non recedemus, et vos similiter prope marinam vos teneatis, ut Prætacto inter nos et nuntios vestros negotio nostro et vestro.* Occurrit etiam apud Ludewig. tom. 6. pag. 137. in Notis Godefredi ad Carolum VIII. Reg. Franc. pag. 742. etc.

¶ PRÆTAXARE, Prius numerare, assignare. Vita B. Edmundi Cantuar. Archiepisc. apud Marten. tom. 3. Anecdot. col. 1780 : *Super quo sollicitus* (Edmundus) *monasterium vix reperire potuit quod eas reciperet, nisi certam summam pecuniæ dandam cum eis monasterio Prætaxaret; Galli dicerent, s'il ne comptoit auparavant.*

¶ PRÆTAXATUS, ut *Prætactus.* Charta Caroli C. ann. 864. apud Doublet. pag. 802 : *Per quod Prætaxatas reculas infra jam dictas terminationes notissimas.... ditioni præscriptæ ecclesiæ perhenniter mancipandas decernimus.* Diploma Conradi III. Imperat. ann. 1145. apud Tolner. Histor. Palat. inter Instrum. pag. 44 : *Statutum etiam est, ut si Prætaxatus Archiepiscopus eundem præcelsum clericum adjuvare non posset vel nollet, etc.* Occurrit præterea in Constit. Freder. Reg. Siciliæ cap. 79. apud Rymer. tom. 1. pag. 49. tom. 3. pag. 882. et alibi.

* PRÆTENDENTIA, Postulatio, jus quod quis sibi arrogare tentat, Ital. *Pretendenza*, Gall. *Prétention.* Charta ann. 1145. apud Ughel. tom. 1. Ital. sacr. edit. ann. 1717. col. 552 : *Nec episcopus aliquis, nec aliqua persona ecclesiastica vel secularis, numquam ullo tempore ibi aliquam Prætendentiam vel advacantiam, nec licentiam aliquam exigendi ab ipso monasterio.... præsumat.* Nisi sit pro *Præstantia*, vectigal, indictio. Vide supra in hac voce num. 4.

¶ 1. PRÆTENDERE, Affirmare, asseverare, Gall. *Prétendre.* Charta Johannis Comit. Fuxensis ann. 1310. in Cod. Colbert. 2591 : *Cum... Prætenderemus quod gentes domini Regis.... super possessiones dicti castri* (de Thyerno) *nos multipliciter perturbassent, etc.* Vox JC. nota.

* 2. PRÆTENDERE, Postulare, velle, Gall. *Prétendre.* Inventar. Chart. reg. ann. 1482. fol. 111. v° : *Litteræ Rudolfi Romanorum regis, per quas quictat et remittit Othoni comiti Burgundiæ omne jus, actiones, querelas seu proclamationes, quod vel quas reclamare vel Prætendere poterat, ratione Romani imperii.*

* PRÆTENDIUM, Ornamentum quod altari prætenditur; unde vocis origo. Necrolog. Diessense apud Oefelium tom. 2. Script. rer. Boicar. pag. 676. col. 1 : *Otto dux Meraniæ..... transmisit nobis..... Prætendium bonum altaris S. Joannis Evangelistæ cum manuterio et sindonibus, tria Prætendia, tria ruchlachen, unum tapete, etc.*

* PRÆTENSUS, Suppositus. Gall. *Prétendu.* Chron. Angl. Th. *Otterbourne* edit. Hearn. pag. 217 : *Dictus rex* (Ricardus) *præfatum ducem* (Gloucestriæ) *pro suis Prætensis offensis horribiliter et crudeliter murdrari fecit.*

¶ PRÆTENTIO, Jus, Gallice *Prétention.* Charta Bertrandi Archiep. Narbon. ann. 1101. inter Instrum. tom. 6. Gall. Christ. novæ edit. col. 83 : *Sic damus Domino Deo, et prædicto monasterio in perpetuum absque omni Prætentione libere et absolute ab omni jure et potestate, etc.*

PRÆTENTURÆ, Præsidia militum, quæ pro castris [et urbibus] securitatis causa collocantur. [Interdum usurpatur et pro militum stationibus ibi positis. *Prætenturæ* præterea dicebantur milites qui conglobati præcurrebant ad observandos hostium motus, eosdem armis repressuri, si vim facerent in fines imperii.] Vide Turnebum lib. 4. cap. 7. Henricum Valesium ad Ammianum Marcellinum lib. 14. pag. 10. 11. Jacobum Gothofredum ad leg. 1. Cod. Th. de Commeatu, (7,12.) [et Carolum de Aquino in Lex. milit.] Alias *Prætentura*, in Glossis est προβολή, ἐπιτείχισμα.

¶ PRÆTER, pro Citra, absque, in Cod. Theodos. de Decur. lib. 6. tit. 23. leg. 3.

¶ PRÆTER cum sexto casu non semel occurrit apud Scriptores, Salustium de conjurat. Catilinæ, Jonam in Vita S. Columbani n. 23. Bedam lib. 4. cap. 19. Vide Priscianum.

¶ PRÆTEREA, pro *Præter*, in Cod. Theodos. de Prox. lib. 6. tit. 26. leg. 17.

* PRÆTERIRE, Ante ire, præcedere. Erm. Nigel. Carm. de gest. Ludov. Pii tom. 6. Collect. Histor. Franc. pag. 60 :

Jam pia scandit equum Judith pulcherrima conjunx
 Cæsaris, ornata comptaque mirifice;
Quam proceres summi dominum, seu turba potentum
 Præterit, et sequitur regis honore pii.

¶ PRÆTERMITTERE, Possessionem rei alicujus dimittere, *Guerpire.* Charta ann. 1249. in Tabular. B. M. de Bono Nuntio Rotomag. : *Notum sit omnibus præsentibus et futuris quod ego Helias præpositus de Omeio Prætermisi et penitus dereliqui... totum illud jus quod etc.* Vide Lexic. Calvini.

¶ PRÆTERNECESSARIUS, Superfluus, non necessarius. Memoriale Visitator. Monast. Mellic. ann. 1451. in Chronico ejusd. pag. 426. col. 2 : *Debet et abstineri a Præternecessariis structuris, nec sine consensu conventus fiat nova structura.*

¶ PRÆTERSORIUM, Grex alienam segetem depascens. Vita S. Columbæ Abbat. tom. 2. Junii pag. 209 : *Tria apud se vicinorum Prætersoria in una retinebit maneria.*

PRÆTESTATI SOLIDI. Charta Longobardica in Bullario Casinensi tom. 2. pag. 12 : *Quia suscepi in præsentia testium ego Rotharit Abbas a vobis Anselperga Abbatissa ex sacculo ipsius Monasterii vestri per Misso vestro in auro solidos novos Prætestatos ac coloratos numero 44. finitum pretium, etc.* Vide *Prædulati solidi.*

* PRÆTEXTA, Limbus intextus, acu pictus. Invent. ann. 1387. tom. 7. Sept. Act. SS. pag. 806. col. 1 : *In manu Christi duæ Prætextæ manicarum; in superiori Prætexta sunt viginti gemmæ; in inferiori Prætexta habet parvas gemmas sine defectu.*

¶ PRÆTEXTATARIUS, Adumbratus, rudis, inchoatus, Gall. *Ebauché.* Radbertus in Præfat. ad lib. de Spe, apud Bern. Pezium tom. 1. Anecd. part. 2. col. 61 : *Dicato tibi charissime, quasi Prætextatario habitus Christianæ fidei negotio, etc.*

¶ PRÆTEXTUS, 2. declinat. in Testam. S. Karileffi apud Mabillon. tom. 3. Analect. pag. 82 : *Ea scilicet ratione atque Prætexto, etc.*

¶ PRÆTEXTUS, adject. *Prætexta vestis*, cui adsutum aliquid ad ornamentum, apud Byzinium de Orig. belli Hussit. tom. 6. Reliq. MSS. Ludewig. pag. 183.

PRÆTITULARE, [Ad *titulum* vel ecclesiam promovere.] Capit. Caroli M. lib. 5. cap. 28 : *Clericum permanere oportet in ecclesia cui in initio ab Episcopo Prætitulatus est ac sortitus est.* Eadem rursum occurrunt lib. 7. cap. 13. et in Can. Isaaci Episcopi Lingon. tit. 10. § 1.] Vide in *Titulus.* [** Alia apud Maium in Glossar. novo et Furlan. in Append. Lex. Forcell.]

¶ PRÆTITULATUS, Idem quod *Titulus.* Statut. Burchardi Episc. Lugdun. ann. 984. inter Instr. tom. 4. novæ Gall. Christ. col. 6 : *Concio ac collegium sub Prætitulato S. Stephani apud Lugdunum degens, etc.*

PRÆTOR, [Urbis Præfectus, nostris *Gouverneur*, in Charta ann. 1298. apud Lobinell. tom. 2. Hist. Britan. pag. 445.] Vide Epist. 71. inter Francicas Duchesnii tom. 4. Hist. Franc. pag. 517.

¶ Prætores dicti *Baillivi* seu Magistratus qui populis præsunt. *Prætor, Prevost, ou precepteur*, in Gloss. Lat. Gall. Sangerman. Vide *Bajulus* 3. et supra *Prælatus*.

** Prætor, Comes. Annal. Hildes. apud Pertz. Script. tom. 5. pag. 99. ad ann. 1034 : *Oudam Willihelmi Turingorum Prætoris viduam. Prætor palatinus*, ibidem.

* **PRÆTORIA**, Præfectura, dignitas vel officium *prætoris*. Charta Rob. comit. Alencon. ann. circ. 1218. ex Tabul. S. Ebrulph. : *Illos sexaginta solidos Turon. eis assignavi amodo percipiendos in præfectura mea de Bernaio,.... ita quod quicumque tenuerit Prætoriam, dictos nummos prædictis monachis reddere tenebitur.*

¶ **PRÆTORIOLA**, *Domuncula in navi.* Gloss. Isidori. Papias : *Prætoriola, parvæ domus in navibus, ubi secreta conduntur.* Ezech. cap. 27. v. 6 : *Transtra tua fecerunt tibi ex ebore Indico, et Prætoriola de insulis Italiæ.* Vide Meibomium in hunc locum lib. de Triremibus et Grævium ad Gloss. Isidori.

* Gloss. Bibl. Mss. ex Bibl. reg. : *Item a Prætorium dicitur hoc Prætoriolum, i. parva domus in navi : unde Ezechielis 18. ubi nostra translatio habet Prætoriola de insulis Ytaliæ, alia translatio habet Cellaria.*

¶ **PRÆTORIUM**, Domus Ædilium, apud Byzin. de Orig. belli Hussit. tom. 6. Reliq. MSS. Ludewig. pag. 144. Vide supra *Paconici*. Pro villa urbana et manerio, apud Spelman. ex tom. 2. Conc. col. 2026. Vide Gothofredum ad leg. 3. Cod. Theod. tit. de Offic. Judic. omnium. (1,10.)

* Acta fabulosa S. Peregr. tom. 1. Aug. pag. 78. col. 1 : *Ecce veniunt barones et cives ad Prætorium, ut dictum Peregrinum ad regiam dignitatem sublimarent.*

* Prætorium, Fori auditorium. Arest. parlam. Paris. ann. 1394. ex Cod. reg. 9852. 3. 3. fol. 83. r° : *Isdem archiepiscopus* (Lugdun.) *repertis officiariis nostris Matisconensibus congratulantibus eidem, dimissa cruce sua in parqueto seu Prætorio, cum ipsis et dicto commissario, cameram consilio adiverat.* Haud scio an eadem notione intelligenda hæc vox, an pro domo vel pratulo accipienda, in Bulla Innoc. III. PP. ann. 1199. inter Instr. tom. 11. Gall. Christ. col. 169 : *In Prætorio episcopi Sagiensis sexaginta solidos Cenomannenses.* Vide infra *Pratellum* [** *In Prætorio seu consultorio antiqui opidi Quedelinburg*, in ann. 1436. apud Erath. Cod. Dipl. Quedlinb. num. 137. pag. 732.]

¶ 1. **PRÆTURA**, Prætoris seu *Potestatis* dignitas, officium. Chron. Petri Azarii ad ann. 1362. apud Murator. tom. 16. col. 365 : *Propter hæc et alia nefanda remotus fuit a Potestaria, et in Prætura fuit ei subrogatus dom. Bartholomæus de S. Georgio Canapicii.* Vide *Potestas*.

¶ Prætura, Jurisdictio, dominium. Chartular. S. Vincentii Cenoman. fol. 61 : *Tandem sæpedictus Odo jam receptis a monachis* LXX. *solidis Cenomanensis monetæ homines monachorum a Prætura Comitis tenetur penitus expedire.*

* 2. **PRÆTURA**, *Locumtenentis* seu provinciæ gubernatoris dignitas et officium. Lit. Ludov. locumten. reg. in Occit. ann. 1361. tom. 5. Ordinat. reg. Franc. pag. 423 : *Inhibentes nostro conciliario et generali indicto et quibuscumque aliis ad præmissa deputatis et deputandis, Prætura virubus, ne de præmissis aliquathenus se intromittant.* Occurrit rursum in aliis Lit. ann. 1372. ibid. pag. 605.

* 3. **PRÆTURA**, Feudum villæ præfecti seu *majoris*, idem quod *Majoria*. Charta ann. 1165. tom. 1. Probat. Hist. Brit. col. 656 : *Prætextatis namque famulis nostris de sancta Trinitate, Willelmo, Herveo, Brientio videlicet, Præturam nostram asserere imprudenter et impudenter suam esse et hæreditario jure possidendam minime verentibus, etc. Quamdiu Juliana mater eorum viveret, salva reverentia nostra, salvisque redditibus nostris, prædictam Præturam,..... comitis conspectu et baronum patriæ, in manu nostra facta prius dimissione, eis concessimus tali conditione, ut in eorum matris obitu, eam quietam et integre absque reclamatione, omni postposita calumnia nobis prorsus deinceps dimitterent.*

* **PRÆVARICANS** Via. Charta ann. 1010. apud Murator. tom. 1. Antiq. Ital. med. ævi col. 185 : *Et ab ipsa cripta rectum descendente in ipsa bia, et Prævaricante ipsa bia, et rectum pergente in Pullo minore, etc.* Forte, Via bifida. [** Rectam lineam prætergrediens. Vide Forcellinum.]

¶ **PRÆVARICARE**, pro *Prævaricari*, in Addit. 4. ad Capitul. cap. 88. et in Indice vett. Canon. tom. 3. Conc. Hispan. pag. 22.

* **PRÆVARICARI** in re criminali est Vera crimina abscondere, in leg. 1. § 1. ff. ad set. Turpillianum et de abolit. crimin. (48,16.) et § 6 : *Prævaricatorem eum esse ostendimus, qui colludit cum reo, et translatitie muneri accusandi defungitur, eo quod proprias quidem probationes dissimularet, falsas vero rei excusationes admitteret.* Hæc ex animadvers. Cl. viri Pr. *de Mazaugues.*

¶ **PRÆVARICATIO**, pro Apostasia a fide Catholica, in Cod. Theod. leg. 3. de Apostatis lib. 16. tit. 7.

* **PRÆVARICATORIUS**, Pravus, perversus. Glab. Rodulph. tom. 10. Collect. Histor. Franc. pag. 32 : *Judæorum quoque in tantum Prævaricatorias diligebat consuetudines, ut se regem ipsorum suo prænomine* (*Rainardus quippe dicebatur*) *suis omnibus imperaret. Rejectis Prævaricatoriis viciis*, ibid. pag. 3.

¶ **PRÆVARICATUS**. Corruptus, immutatus. Liber de Castro Ambasiæ apud Acher. tom. 10. Spicil. pag. 519 : *Cheudon Comes Andegavis, oppidum quod ex suo nomine Cheudonem dixit, in Turonia construxit, quod nomen diu post lingua Francorum Prævaricatum, Chainon nunc dicitur.*

¶ **PRÆVEIRIL**, f. Reditus, Gallice *Revenu*, ab Occitan. *Preu*, commodum, Gall. *Profit*. Charta Ermengardis Vicecomit. Biterr. ann. 1089. inter Probat. tom. 2. novæ Hist. Occitan. col. 327 : *Nos omnes simul in unum derelinquimus Deo... ipsam ecclesiam de Casals, hoc est, ipsum Præveiril cum medietate de decimis, et ipsas primicias, etc.* Vide supra *Præferentia*.

¶ **PRÆVENARI**, Prævidere, animo prospicere. Elmham. in Vita Henrici V. Regis Angl. edit. Hearnii cap. 44. pag. 107 : *Quia vero talia discreto quodam præsagio mentis regalis Prævenatur aspectus, etc.*

¶ 1. **PRÆVENIRE**, Circumvenire, nostris *Prévenir* eadem notione. Lex 2. de Bon. vacant. lib. 10. tit. 8. Cod. Theod : *Ne principali liberalitate Præventa dominium quis rei alienæ affectet, etc.*

* 2. **PRÆVENIRE**, Subvenire, auxiliari. Pasch. Radbert. in Vita Walæ abb. Corb. inter Acta SS. ord. S. Bened. sæc. 4. part. 1. pag. 499 : *Idcirco nihil jam de se timere cœpit, tantum ut Prævenire potuisset christianissimis principibus, præsulibus ecclesiarum et omni populo, ac liberare omnes de tam atrocissimo mortis periculo.*

¶ **PRÆVENTI**, dicebantur qui subitanea et improvisa morte decedebant : quinam vero potissimum sic nuncupabantur, et qua ratione habiti fuerint, docent Constit. Udalrici Episc. Patav. apud Hansiz. tom. 1. Germ. sacræ pag. 565 : *Insuper Synodi immediate prelibate morem amplectentes, declaramus apud plebanos, et ecclesiarum rectores circa Preventorum mortem hunc servari modum : quod si quis Christi fidelis devote circa festa Pasce penitentie et Eucharistie sacramentum percipit, et si dando operam rei licite, gratia exempli, si feriata die exerceret piscaturam, amputaret ligna in silva, vel eundo per pontem casu precipitaretur, aut alias ex permissione divina subito dies suos clauderet extremos, quod talis non censeretur Preventus. Si vero talis, etiamsi hujusmodi sacramenta in Pasca suscepisset, daret operam rei illicite, ut si daret se ad latrocinia, concitaret seditionem, vel tumultum; sive piscaretur, vel mercaretur die festivo, aut Sabbatum preter necessitatem a sanctis Patribus, et ab Ecclesia institutum ex contemptu publice solveret; aut si prostratus ægritudine recusaret penitentie, Eucharistie, ac sacre Unctionis sacramenta suscipere. Et tunc si tali casu precipitaretur, censetur Preventus, et nequaquam, ut is, qui ad festa Pasce neglijit recipere predicta sacramenta penitentie et Eucharistie, ad ecclesiasticam sepulturam veniet admittendus, cum tales, et similes in peccato publico reperiantur decedere mortali, et inde ecclesiastica sepultura ipsis in majorem cederet dampnorum accumulationem.* Vide in *Intestatio*.

¶ 1. **PRÆVENTIO**. Charta ann. 961. inter Instr. tom. 2. novæ Gall. Christ. col. 409 : *Sponte omnes feodales possessiones quas habebat a latere dicti cœnobii, usque ad mare consistentes, censibus, cultibus.... cum omni jure castellanerii et Præventionis... cessit et transportavit in perpetuum.* Ubi *præventio* de mero imperio et jurisdictione suprema intelligenda videtur, cum juri Castellani subjiciatur, Castellano quippe jure suo castellum habere cum mero imperio et suprema jurisdictione competebat. Cæterum *Præventio* apud Practicos dicitur, cum ejusdem rei personæve jurisdictio penes duos judices est, et alter cognoscere prius cœpit : vel jus illius qui prior agit accusatus.

* 2. **PRÆVENTIO**, Inquisitio juridica. Libert. S. Anton. in Ruthen. ann. 1369. tom. 6. Ordinat. reg. Franc. pag. 503. art. 8 : *Quod omnes informationes, Præventiones, inquestæ, scripturæ et processus incæptæ sive factæ, etc.* Libert. Sarlat. ann. 1370. tom. 5. earumd. Ordinat. pag. 342. art. 11 : *Concedimus eisdem, quod ipsi consules.... ratione fractionis salvægardiæ, aut*

pro aliis quibuscumque criminibus, excessibus, forefactis sive delictis, pro quibus deberet sequi punitio corporalis vel pecuniaria, nullatenus ponantur in inquesta sive Præventione per aliquos officiarios regios, nisi debita et sufficienti informatione præcedente. Aliæ Lit. ann. 1372. ibid. pag. 587 : *Anullantes omnes processus, informationes, Præventiones seu inquestas contra ipsos et eorum quemlibet.* Nisi sit Libellus, quo quis aliquo crimine accusatur; eo etenim sensu intelligendus videtur

* PRÆVENTIONALIS TITULUS, in Inquisit. ann. 1385. ex Reg. 139. Chartoph. reg. ch. 133 : *Contra Philippum Dube fuerunt formati tituli Præventionales, tenoris subsequentis, etc.*

PRÆVENTORES MILITES, sub dispositione Ducis Mœsiæ secundæ, in Notitia Imperii. [Globus erat, ut scribit Carolus de Aquino in Lexico milit. sive acies a reliquis copiis separata, quæ vagos hostes superveniens divexabat. *Præventores* autem dicti a præveniendo, quoniam locum castris ante caperent, hostesque præpedirent in locis et regionibus occupandis. Vide Notas Panciroli ad Notit. Imperii.]

¶ **PRÆVESTITUS**, Vestitus, indutus. Charta ann. 1182. ex Tabular. S. Albini Andeg. : *Assistemus in eorum ecclesia bis in anno, videlicet SS. Maurilii et Andreæ festivitatibus albis et cappis Prævestiti.*

¶ **PRÆVIARE**, Præire. Epist. Caroli M. ad Elipandum inter Concil. Hispan. tom. 3. pag. 112 : *Quisquis ad hanc civitatem, recta sibi Præviante fide,..... pervenire festinat, apertas inveniet portas.* Acta SS. tom. 2. Jun. de S. Bardone pag. 307 : *Claudos item itinere quod ducit ad cœlum suo ducatu Prævia vit.*

1. **PRÆVIDERE**, dicebantur Monachi, qui lecturi aut cantaturi in Ecclesia, priusquam in eam irent, ad lectionem vel cantum se præparabant. Vide Usus antiquos Ordinis Cisterciensis cap. 71.

¶ 2. **PRÆVIDERE**, Servare, custodire, defendere. Gall. *Garder*. Tabular. S. Audomari : *Vuilbertus habet bunar.* XII. *solvit solidos* II. *et Prævidet silvam.* Codex MS. Irminonis Abb. Sangerm. fol. 61 : *Debet solvere quartam partem de integro manso, sed pro ipso debito Prævidet porcos.* Charta ann. 1027. inter Instr. tom. 6. Gall. Christ. novæ edit. col. 173 : *Rostagnus et unus de filiis suis, aut unus de posteris suis, cujus Galazanicus erit hereditas, teneant ad Prævidendum sive defendendum pro remedium animæ suæ, etc.*

¶ 3. **PRÆVIDERE**, pro Præsidere, præesse, in laudato Cod. Irminonis fol. 45 : *Et ipsi qui in villa dicta Prævident ipsos farinarios, si poterint in ipsa aqua prendere anuvillas, solvunt inde unusquisque* c.

* **PRÆVIGILIA**, Dies qui *vigiliam* præcedit, apud Mencken. Script. Germ. tom. 2. pag. 414. et in Calend. Germ. pag. 17.

¶ **PRÆVIGILIUM**, Pervigilium. Concil. Toletan. IV. inter Hispan. tom. 2. pag. 481 : *Lucerna et cereus in Prævigiliis Paschæ apud quasdam ecclesias non benedicantur.* Vide *Vigiliæ*. Non absimili notione *Prêveil* dixerunt nostri. Consule Menag. in Orig. Gallicanis.

¶ **PRÆVILEGIARE**, Alicui ex privilegio quidpiam concedere. Lambertus Ardens. lib. 4. Hist. cap. 39 : *Sed et eandem Lislrensem.... ecclesiam.... Morinensis antistes Milo... regularibus postea canonicis albi velleris Præmonstratensibus... benevolum assensum præbentibus Watinensis Ecclesiæ canonicis, Prævilegiavit.*

** **PRÆVINCERE**, Vincere. Inscript. christ. in Maii Script. Veter. tom. 5. pag. 350. sub Thrasymundo rege Vandal. :

Ardua sublimes Prævincunt culmina thermæ.

* **PRÆVIUS**, pro Primævus vel Primarius. Lit. Eduardi III. reg. Angl. ann. 1339. apud Gualt. Hemingf. pag. 282 : *Jus naturæ Prævium, pariter animalia cuncta docens, contra violentas injurias licentiam defensionis indulsit.*

PRÆURBIUM, Suburbium, spatium quod est ante urbem. Nizo Abbas in Vita S. Basini Arch. Trevir. num. 5 : *Monasterium, quod in Præurbio civitatis situm est.*

* **PRÆWOD**, Servitii genus. Charta ann. 1279. inter Probat. tom. 1. Annal. Præmonst. col. 641 : *Campum a via monasterii usque ad Virowam pro incolis ibidem, qui ad servitium domini ducis terræ, quod Præwod vulgo dicitur, tenentur, perpetuo duximus reservandum.*

¶ **PRAGENSES** GROSSI, Moneta urbis Pragæ. Memorantur in Charta ann. 1296. et in alia ann. 1328. apud Schlegel. in Dissert. de Nummis antiq. Gothanis, etc. Charta ann. 1327. apud Ludewig. tom. 5. Reliq. MSS. pag. 480 : *Nos vero vice versa pro dotalitio sæpe dicti filii nostri* XV. *millia marcarum argenti, ita quod quælibet ad valorem* LVI. *Grossorum Pragensium se extendat, tenebimur assignare.*

¶ 1. **PRAGMA**, Sententia, pronuntiatum, statutum. Ernaldus in Vita S. Bernardi tom. 2. Oper. ejusd. edit. ann. 1690. col. 1096 : *Ecce nova legatio, non Romanum Pragma circumferens, sed divinis legibus fidei Pragma allegans, etc.*

* 2. **PRAGMA**, Res, actio, vox Græca. Versus de Carolo C. tom. 7. Collect. Histor. Franc. pag. 314 :

Pragmate posco pio, populorum pectora pando :
Præcluo prosit perproba proprietas.

¶ **PRAGMATICARII**, *Qui scribunt Pragmaticas sanctiones, et alio modo dicuntur Scriniarii.* Vocabul. utriusque Juris.

¶ 1. **PRAGMATICE**, Eo modo quo *Pragmaticum* definiri solet. Charta Philippi V. Regis Franc. pro erectione Baroniæ *de Harcourt* in Comitatum ann. 1338. tom. 3. Hist. Harcur. pag. 248 : *Baroniam et terram prædictam præsenti statuto Pragmatice diffinito in Comitatum duximus erigendam.*

* 2. **PRAGMATICE**, Legitime, juxta *pragmaticas* sanctiones. Dipl. Loth. imper. ann. 846. tom. 8. Collect. Histor. Franc. pag. 383 : *Sed ut præfata nepta Ruadruda abbatissa.... jura et constitutiones sibi ab initio Pragmatice et canonice contraditas, quiete et inconvulse in perpetuum possideat et obtineat, etc.*

PRAGMATICUM, *Pragmaticum rescriptum*, seu *Sanctio pragmatica*, dicitur, quæ adhibita diligenti causæ cognitione ex omnium procerum consensu in modum sententiæ ultro a Principe conceditur, aut fertur. Sanctus Augustinus Collat. III. cum Donatistis cap. 2. *Pragmaticum rescriptum*, quod supra *præceptum Imperiale* dicitur. Collatio III. Carthag. cap. 38 : *Peritiam sanctitatis vestræ arbitror non latere Pragmaticis rescriptis preces inseri non solere.* Adde cap. 39. Πραγματικοὶ τύποι, in Concil. Calched. act. 5. [*Pragmaticum præceptum*, in Charta Ottonis Imper. ann. 977. apud Murator. delle Antic. Estensi pag. 198. *Edictum Pragmatica sanctione corroboratum*, in Diplom. Freder. I. Imper. ann. 1173. apud Miræum tom. 2. pag. 1178.] Paulus Warnefridus lib. 2. de Gestis Langob. cap. 12 : *Cui Rex, ut erat largissimus, omnes suæ Ecclesiæ facultates concessit, et per suum Pragmaticum postulata firmavit.* Aimoinus lib. 1. Hist. Franc. cap. 17 : *Et ut ipsi posteri eorum illum possiderent locum, per suum firmavit Pragmaticum.* Vide Ughellum tom. 4. pag. 483. 789. et Salmasium ad Capitolinum pag. 259.

¶ PRAGMATICA CONSTITUTIO, in Diplomat. Lotharii Imper. ann. 26. regni ejusd. in Ital. Hist. Mediani Monast. pag. 14 : *Eundem locum per Pragmaticam Regis Childerici Constitutionem prærogativa emunitatis libertate communiri impetravit.*

PRAGMATICA SANCTIO, in leg. 10. Cod. de Sacros. Eccl. (1,2.) in Capitul. Caroli M. lib. 2. cap. 30. al. 32. etc. Vide leg. 3. Cod. Th. de Decur. (6,23.) leg. 36. de Annona, (11,1.) et leg. 52. de Hæret. (16,5.) Philippus Rex Franciæ in Charta ann. 1312. pro Lugdunensib. : *Declaramus, atque Pragmatica Sanctione, nostraque authoritate declaramus, etc.* Vide Metropolim Salisburg. tom. 1. pag. 350. [et Ordinat. Reg. Franc. tom. 1. pag. 2.] De Pragmaticis Sanctionibus S. Ludovici et Caroli VII. Regum Franciæ consulendi Scriptores nostri.

¶ PRAGMATICUM dicta etiam Charta seu Diploma regium, in quo accurata fit recensio bonorum omnium alicujus Ecclesiæ vel Monasterii, in quorum possessione confirmatur. Privileg. Rotberti Reg. apud Mabill. in Append. ad tom. 4. Annal. Bened. pag. 5 : *Prædictorum igitur privilegiorum tenore considerato, ad notitiam futurorum placuit nobis in hoc Pragmatico confirmari et annotari possessiones, quæ in prædictis et in aliis Regum privilegiis continebantur, quas præsentialiter ejusdem cœnobii fratres gratia Dei secure et quiete possident.*

¶ **PRAGMATICUS**, Actuosus. Epitaph. Reinoldi apud Marten. Itiner. 2. litter. pag. 46 :

Hi duo diversas tenuerunt ordine vitas,
Vir speculativam, fœmina Pragmaticam.

* **PRAGUERIA**. Vide supra in *Annus*.

* **PRAH**, PRAHA, Limen. Chron. Bohem. ad ann. 1300. apud Ludewig. tom. 11. Reliq. Mss. pag. 137 : *Ideo non immerito castrum prædictum Limen vocatum est, quod lingua Slavonica Prah dicitur, et corrupto vocabulo ab alienis Praha vocatur.*

* **PRAIERIA**, Pratorum series, Gall. *Prairie*. Charta Theob. comit. ann. 1227. in Chartul. Campan. ex Cam. Comput. Paris. : *Assigno in Praieria Trecensi dicto Erardo et Philippo et hæredibus suis prædictis centum solidatas terræ.* Vide *Prataria*.

¶ **PRAISIÆ**, ut infra *Prisæ*, quidquid ex

subditis et tenentibus capitur ad expensas Regis et Domini, quod legitime et debite persolvi debet. Vide in hac voce. Charta ann. 1240. tom. 1. Histor. Dalphin. pag. 188 : *Cum nobilis Albertus dom. de Turre... prioratum de Monestreüil et homines prioratus quibusdam exactionibus super Praisiis et aliis pravis consuetudinibus gravaret,..... exactiones super Praisias et alias pravas consuetudines....... remiserunt.* Computus ann. 1347. ibid. pag. 84. col. 2 : *Computavit.... de Praisiis certarum vinearum a diversis personis per D. nostrum emptarum ad opus monasterii prædicti, et de certorum nemorum et pratorum Praisiis emptorum,... nec non de Praisiis dictum fr. Chabertum quondam receptis supra portu Jairiæ et quartonibus Bellimontis.... Primo de tailliis Corvi, Muræ et Bellimontis pro duabus Praisiis annorum 1343. et 1344. non computat. Item de quartonibus Bellimontis de duabus Praisiis finitis in festo Assumptionis.*

PRAMEKARLE, Nautarum species, Danis, in Charta Waldemari Regis Daniæ ann. 1326. apud Pontanum lib. 7. Rer. Danicar. pag. 443.

* **PRANCATARIUS**, *Præmulcit, plus lenit*, in vet. Glossar. ex Cod. reg. 7641.

¶ **PRANDARIUS**, Servus familiaris, domesticus, qui ex alterius mensa seu *prandio* est, Gall. *Commensal.* Charta ann. 967. in Addit. ad Chron. Casaur. apud Murator. tom. 2. part. 2. col. 955 : *Ego renuntiavi et renuntio de omni ipsa suprascripta abbatia,... sive de casis, sive casalibus, sive colonicibus,.... seu de cartulatis vel de Prandariis.*

PRANDEDEUM, *In quo fit prandium.* Ita Papias MS. et editus.

PRANDEUM, [*Genus Zonarum.* Gloss. Isid.] Vide *Brandeum* 3.

PRANDICULARIUS, ἡ μετὰ μνηστείαν ἡμέρα, in Gloss. Lat. Græc. [*Dies desponsationem subsequens*, apud Martinium. Observat Vulcanius male scriptum *prandicularius* pro *pandicularius*, ejusque interpretatum. Vide Festum et *Pandicularius.*]

¶ **PRANDIOPRATÆ**, *Prandiorum venditores, Caupones*, in Amalth. Vide Glossar. med. Græcit. in Πρανδιοπράται.

PRANDIUM, Idem quod *Pastus, cœnaticum, convivium*, nostris, *droit de Past.* Vide in his vocibus. [*Consueta Episcoporum vel Episcopalium ministrorum Obsonia*, dicuntur ejusmodi Prandia, in Bulla Paschalis II. PP. ann. 1107. inter Libert. Monaster. Elnonensis.] Tabularium Ecclesiæ Cadurcensis : *Dono et illam terram,... unde exeunt 4. denarii et unum Prandium cum 4. Militibus.* Alibi : *Exiit autem de manso illo unum Prandium in Natali Domini, et unus aries in Pascha.* Rursum : *Galricus Vicecomes S. Cirici fecit pignoram Raimundo Raterii in villa, quæ dicitur Crem, videlicet unum Prandium cum centum Militibus per* 300. *solidos Aquitanenses.* Charta ann. 982. apud Ughellum in Patriarchis Venetis : *Volumus ut in eadem libertate semper consistat, ut nullus Episcopus servitutis usum requirere, aut Prandia præsumat.* [Bulla Eugenii III. PP. ann. 1152. ex Tabul. S. Albini Andegav. : *Indebitas autem et immoderatas Prandiorum exactiones in obedientiis vestris a diocesano Episcopo fieri omnimodo prohibemus.*] Charta Hugonis Abbat. S. Dionysii ann. 1189 : *Advocatus habet unum Prandium in terra S. Dionysii de Grandi puteo ad 10. Milites, et non amplius. Unusquisque miles potest habere 4. equos, et Advocatus canes suos cum venatoribus annuatim. Major procurat hoc prandium, et famuli Majoris servant.* Chronicon Casin. lib. 3. cap. 72. (al. 73.) : *Constituit etiam, ut omnia Monasteria, quæ sub ditione hujus nostri Casinensis Cœnobii sunt, Prandium unum per unumquemque annum huic nostræ congregationi faciant.* Vide ibi Angelum a Nuce, ubi multa de jure procurationis seu prandii, Petrum Diac. lib. 4. ejusdem Chronici cap. 123. Sanjulianum in Matiscone pag. 274. et supra in *Pignora.*

* Hinc *Prangiere* dicitur, Hora prandendi, in Poem. Bertr. Guesclini :

Ainsy comme à midy, que on appelle Prangiere.

¶ Prandium Canum, Pastus canum venaticorum qui a tenentibus exigebatur. Charta apud Lobinell. tom. 2. Hist. Britan. pag. 340 : *Guillelmus Venator concessit monachis S. Albini Prandium canum, etc.* Vide in *Bren.*

¶ Prandium Consuetudinarium, Quod ex *consuetudine* debetur, in Tabular. S. Cyrici num. 98. *Prandium costumale*, in Charta ann. 1286. apud Stephanot. tom. 3. Antiq. Benedict. Pictav. MSS. pag. 909.

Prandia Mortuorum. Vide *Parentalia.*

¶ Prandium Terræ, Interstitium itineris a decubitu ad diversorium meridianum qui esset dimidius stathmus juxta Tho. de Vio de Itinere Getiozi apud Senalem fol. 39. Hæc Spelmannus.

¶ Prandium, pro Convivio in noctem dilato, usurpat Gregor. Turon. in Hist. Franc. col. 521 : *Invitatis enim ad epulum multis* (Regina Fredegunda) *hos tres in uno fecit sedere subsellio; cumque in eo Prandium elongatum fuisset spatio, ut nox mundum obrueret, etc.*

PRANSORIUM, *Locus ubi prandetur*, Joanni de Janua : ἀριστήριον Annæ Comnenæ lib. 15. Alex. et auctori Vitæ S. Nili junioris pag. 145. *Diæta sive cœnattuncula*, apud Sidonium lib. 2. Epist. 2. Papias et Gloss. Lat. MS. reg. : *Pransorium, Promulsorium.*

☞ Ubi *promulsarium* habent Glossæ Isid. et Constantiensis; nullibi bene, uti videtur Grævio, qui legendum esse censet *promulsidarium*, quo significatur ferculum, cui patinæ prandentium imponebantur, ὑπόθημα, suppositorium, quod lancem sustinet. Plura vide ibi, et infra *Promulsidarium.*

* Pro ipso Prandio, in Glossar. Provinc. Lat. ex Cod. reg. 7657 : *Dinnador, Prov. Pransorium, prandium.*

¶ **PRANSUM**, Prandium. Statuta S. Claudii ann. 1448. pag. 42 : *In refectorio cum religiosis et novitiis ejusdem* (monasterii) *prandeat, et in præfato refectorio expositionem Evangelii diei prandium faciendo coram eo legi faciat, et Pranso facto cum præfatis religiosis et novitiis ad Ecclesiam Beati Petri eundo gratias Deo solemniter dicat.*

¶ **PRARAGIA**, Præstatio quæ domino a tenentibus fit ob terras in prata conversas. Charta ann. 1163. apud Calmet. tom. 2. Hist. Lotharing. inter Probat. col. 362 : *Excepto si rustici qui infra bannum Maginiensem eas* (terras) *requirere et consueto more deservire voluerint, debitam inde sartagiam et Praragiam Radulpho persolvent.*

¶ **PRARIA**, Pratorum series, Gall. *Prairie.* Charta Stephani Comit. Sacricæsar. ann. 1162 : *Etiam concessi prædictis fratribus* (Monast. Boniradii) *prata quæ habeo in Praria Nannaii, etc.* Vide *Praeria.*

¶ **PRASIMA**, Piscis genus, nostris *Brême.* S. Wilhel. Constitut. Hirsaug. lib. 1. cap. 8 : *Pro signo Prasimæ, generali præmisso hoc adde ut manum extendas, latitudinem ipsius simulans.*

¶ **PRASINÆ**. Vide in *Prasinum.*

¶ **PRASINALIS**, Prasinus, viridis, coloris porracei. Anastasius in Gregor. IV. PP. apud Murator. tom. 3. pag. 224 : *Item in eadem imagine habet murenas Prasinales pretiosissimas duas, etc.* Vide *Prasinum.*

PRASINOPURPURA, Color purpureus viridis, ex Græc. πρασινοπορφύρα. Charta Donationis Ecclesiæ Cornutianæ, edita a Suarezio : *Vela tramoserica Prasinoporphyra duo.*

¶ **PRASINOVENETUS**. Vide in *Melinus*, et mox *Prasinovultis.*

PRASINOVULTIS, in Epist. Michaelis Balbi Imp. cujus verba retulimus in v. *Melinus*, ubi *prasinovenetum esse* conjiciebamus : sed nunc alia subit conjectura, voces nempe *milinovultin*, et *prasinovultin*, quæ ibi occurrunt, ex Gr. μηλινοβλάττην, et πρασινοβλάττην efformatas.

PRASINUM, Viride acutissimum, herbaceum, ἀπὸ τοῦ πράσου, *Porro.* Isidor. lib. 19. Orig. cap. 17 : *Prasina, id est, creta viridis, etsi in aliquibus terris promiscue generetur, optima tamen est in Lybia Cyrenensi.* Frotharius Tullensis Epist. 20 : *Peto, ut nobis mittas ad decorandos parietes colores diversos, qui ad manum habentur, videlicet auripigmentum, folium Indicum, minium, lazur, atque Prasium, et de vivo argento juxta facultatem.* Ubi nemo non videt legendum *prasinum.* Vide Bulengerum l. de Circo cap. 48. et quæ observat Savaro ad Sidon. lib. 2. Epist. 10. [Adde Macros in Hierolex. in vv. *Prasinus* et *Chrysocolla*, ubi contendunt *prasinum* colorem cæruleum esse, non porraceum : in quo ab omnibus Glossographis receditur; quibus etiam accedit Anonymus in Histor. fundationis Insulæ Barbaræ tom. 1. Macer. ejusd. pag. 7 : *Color ejus* (scyphi) *naturalis exprimendus est in sequenti, scribendo Smaragdus viridissimus qui Prasinus dicitur. Prason Græce, Latine Porrus, quod viridissimi, id est, Prasini coloris.*]

¶ Prassinus, Eadem notione. *Cum gemmis Prassinis et hyacintinis*, in Chron. Romualdi Archiep. Salernit. apud Murator. tom. 7. col. 81.

¶ Præssinius, Eodem sensu, in Chron. Angl. Th. *Otterbourne* pag. 5 : *Margaritas continentes omnimodi coloris, ut pote rubricondas, jacinctinos, vel purpureas, Præssinias, sed maxime candidas.*

Prasinæ, Smaragdi, apud Anastasium in Vitis PP. Locos dedit Salmasius ad Lampridium pag. 188.

PRASSA, *Charta*, in Gloss. Arabico-Latinis.

* **PRASSETUM**, Viride acutissimum, herbaceum, idem quod *Prasinum*. Vide in hac voce. Charta ann. 1322. in Reg. 61. Chartoph. reg. ch. 126 : *Vestes nuptiales de Prasseto vermelli, cum pellibus de squirollis.*

PRASTIA, Prædium. Vide *Proastium*.

* **PRASTRELLA**. Vide supra *Praella*.

1. **PRATA**, *Argentum*, Lusitanis : *Plata*, Castellanis. Charta Lusitanica æræ 1316. apud Brandaon. tom. 5. Monarch. Lusitan. pag. 304 : *Item recepit* 12. *colhaces de Prata, quæ ponderaverunt unam marcam, etc. Item recepit unum pichel de Prata, etc. Hæc est recepta de Prata, quæ est in Scanza D. Dionysii* (Reg. Portugall.) [Vide *Plata* 1.]

* 2. **PRATA**, Pratum, nostris alias *Prat* et *Praust*. [** Vita S. Galli apud Pertz. Script. tom. 2. pag. 19. lin. 6 : *Silvae et Pratæ atque agri.*] Charta ann. 1343. in Reg. 75. Chartoph. reg. ch. 175 : *Imbertus de Putheo cardinalis.... emit a rege Majoricarum, domino Montispessuli, quandam Pratam, cum duobus casilibus molendinorum.* Alia ann. 1268. ex Chartul. monast. de Escureio : *Je* (Isabeau dame de Is) *en mon chief fuisse tenue, pour cause de Praust, à ladite église en autre cinquante livres.* Lit. remiss. ann. 1442. in Reg. 176. ch. 164 : *Comme aux suppliant appartenoit ung certain Prat situé au lieu de Rochefortez ou diocese de Condon, ouquel Prat ung lors nommé Jehan de Clavaire.... eust bouté.... pasturer les aignes et bestiaulx du seigneur de Puypardin son maistre. Prael* vero, pro *Gazon*, cespes, quia ex prato eruitur, in Charta ann. 1325. ex Chartul. 21. Corb. : *Disoit le procureur desdits religieux qu'ils sont en saisine.... de prendre Prael oudit lieu, où veue a esté fete, pour reffaire lesdits fossés ou fraittes.*

¶ **PRATAGIUM**, Servitium quod tenentes domino suo debent in falcandis pratis, vel ejusdem servitii redemtio pecuniaria. Tabular. SS. Trinit. Cadom. fol. 21 : *In Carpichet habemus* XII. *vilanos et dimidium; quisque eorum reddit* II. *solidos de Pratagio, aut facit dimidiam acram prati, etc.* Vide *Preagium*.

¶ **PRATALE**, Pratum. Charta ann. 983. in Chartul. Eccl. Aptensis fol. 96. v° : *Petiam de vinea, cum campo ibi adhærente, cum ipso Pratale, etc.* Vide supra *Prada*.

PRATALINUM, Pratum, in Charta Gregorii IX. PP. ann. 1235. apud Ughell. tom. 1. part. 1. pag. 84.

* Charta ann. 1233. apud Cenc. inter Cens. eccl. Rom : *In domibus, casalinis,.... silvis, pratis, Pratalinis et pascuis, etc.*

¶ **PRATARIA**, Pratorum series, Gall. *Prairie*. Charta Hilduini Abbat. S. Dionys. ann. 832. apud Felibian. in Hist. ejusd. Monast. pag. L : *De Prataria in insula arpennos duos, in ponte Alvernis perticam unam.* Charta Curiæ Suession. ann. 1277 : *Confessus est se retinere... quoddam pratum seu spolium cujusdam prati siti in Prataria quæ est inter villas.* Chron. Farfense apud Murator. tom. 2. part. 2. col. 602 : *Finales autem termini castelli Pharæ.... positi sunt, videlicet... ad pedem Montis rotundi per Pratarias sanctæ Mariæ usque in pasculos.*

¶ **Prateria**, Eadem notione. Litteræ Caroli Reg. Franc. ann. 1326. in Tabular. Calensi fol. 196 : *Fuissent per spatium* LX. *annorum et amplius in possessione* IX. *arpentorum prati sitorum in Prateria de Kala.* Processus de vener. Maria de Malliaco tom. 3. Martii pag. 756 : *Equitando per campos seu Prateriam de Bellepouille prope Andegavum.* Vide *Pratisator*.

PRATARIUS Servus, Cui pratorum cura incumbit, in Tabul. Prioratus Neronisvillæ fol. 24.

* *Préer*, eodem significatu, in Charta ann. 1294. tom. 1. Probat. Hist. Brit. col. 1111 : *Le chambrelant l'évesque, son mounier, son fourier, e son Préer.*

¶ **PRATELLUM**, diminut. a Pratum, in Charta fundat. S. Symphoriani ann. 1206. apud Lobinell. tom. 3. Hist. Paris. pag. 86. col. 2. Charta ann. 1243. in Tabul. Communis Massil. : *Actum in castro Tarasconis in quodam Pratello.* [** *Partem Pratelli ad duas carradas feni*, in Tradit. Lauresham. num. 236.] Vide *Pratum*. Le Roman de la Rose MS. :

> Ains alez chantant et balant
> Par ces jardins, par ces Proiaus
> Avec ces garçons desloiaus.

* *Prateau*, in Lit. admort. pro eccl. Mehun. ann. 1458. ex Reg. 188. Chartoph. reg. ch. 10 : *Item ung Prateau avec une petite aubraye, audit cheseau appartenant.*

PRATERITIA, Gall. *Prairie*, vel tempus quo prata secantur. Tabularium S. Remigii Remensis : *Faciunt carroperam de annona aut de vino in leug.* 12. *Sin autem, dabit denar.* 2. *in Prateritia falcem* 1. *cum sua præbenda.* Alibi : *Donat annis singulis speltæ mod.* 12. *in salneritia den.* 3. *in Prateritia den.* 2. *pull.* 3. *ova* 20. *etc.*

¶ **PRATICARI**. Vide in *Practica* 3.

¶ 1. **PRATICUS**, pro Practicus. *Ars pratica*, quæ manibus exercetur. Charta Johannis Reg. Franc. ann. 1360. tom. 3. Ordinat. pag. 476 : *Quod possint sua ministeria vel opera, currecterias, artes speculativas, Praticas atque mechanicas, exercere et facere.* Ibid. Gall. *Pratiques* redditur.

* 2. **PRATICUS**, Pratensis. *Agri pratici*, Prata, in Charta ann. 1396. ex Lib. sal. eccl. S. Th. Argent. fol. 33.

** **PRATISATOR**, Pratrisator, *custos pratorum*, cujus munus *prateria* dicitur. Vide chart. ann. 1269. de juribus Pratisatoris S. Petri Gandensis apud Warnkœnig. in Append. Docum. tom. 3. Histor. Flandr. pag. 17. num. 163. et ibidem in part. 1. tom. 3. pag. 140. Vide *Pratarius servus*.

¶ **PRATIVUS**, Pratensis, ad pratum spectans. *Terra prativa*, pratum. Statuta castri Redaldi lib. 3. fol. 49 : *Ordinaverunt quod aliquis terrigena, vel forensis castri Redaldi non audeat vel præsumat de cætero per se vel per alios occupare, vel usurpare aliquas terras buschivas, saldivas, Prativas, neque laborativas, etc.* Occurrit præterea in Addit. ad Statuta Mutin. fol. 5. v°. et in Statutis Cadubrii lib. 3. cap. 65.

¶ **PRATORA**, dialecto Langobardica, Pratum. Charta Paldulfi IV. Princ. Capuæ in Histor. Peregrini apud Murator. tom. 2. pag. 308 : *Quomodo vadit per ipsa aqua de ipsa Anglena in sursum usque ad ipsa Pratora, etc.*

PRATUM, Pratellum, in Formula 61. Lindenbrogiana. Sic porro apud Monachos dictus locus sub dio, seu atrium, quod cingunt claustri porticus in Monasteriis, vulgo *le Preau*. Sugerius lib. 1. de Consecrat. Eccl. S. Dionysii : *Multos etiam extremo singultantes spiritu in Prato fratrum cunctis desperantibus anhelare.* [Charta ann. 1240. ex Bibl. Reg. : *Parati erunt in Pratello, vel in claustro, etc.*] Liber Ordinis S. Victoris Parisiensis MS. cap. 12 : *Et ponet ante Capitulum extrinsecus in Pratello, etc.* [Hist. Episc. Autiss. apud Labbeum tom. 1. Bibl. MSS. : *Insuper cameram episcopalem super Pratellum veternam et jam senio collabentem quasi funditus reparavit.*] Adde Statuta antiqua Ord. Cartusiensis, 1. part. cap. 36. § 16. cap. 40. § 36. [et Ordinat. Reg. Franc. tom. 4. pag. 633.]

¶ **Pratum**, Campus vitibus consitus. Statuta Mutin. rubr. 373. fol. 77 : *Nisi fuerit furtum de blava, seu legumine existente in campo,... vel in uvis maturis adhuc in Prato, vel in arbore existentibus.*

PRATUS, pro *Pratum*, usurpat Innocentius Agrimensor : *Et sub se campum, sub campo alveus currit, et circa alveum Pratus, etc.*

PRAVESCERE, Ἀφανίζειν, in Gloss. Gr. Lat. MS. Editum, ἀφανίζω, *extermino, disperdo, deformo, depravo*.

PRAVICORDIUS, Qui est pravo corde. S. Augustinus in Psal. 146 : *Quid est Pravicordius? torticordius, tortum cor habens, putat torta esse omnia, quæ dicuntur a Deo; putat prava esse omnia, quæ fecit Deus.* [** Eccli. III. 28. Italic. vet. transl. : *Pravicordius in illis scandalizabitur*, ubi vulgat. habet *pravus corde*. Maius in Glossar. novo.]

¶ **Pravicors**, Eadem notione, in Epist. Johannis Abb. Fiscam. ad Leonem IX. PP. apud Marten. tom. 1. Anecd. col. 208 : *Hinc populus sibilat, hinc mihi quivis Pravicors insultat.*

¶ **PRAVILEGIUM**, Vox in malam partem usurpata, quomodo *privilegium* in bonam, adeo ut *privilegium* sit præter legem, *pravilegium* contra legem. Epist. Friderici Episc. Leodiensis apud Marten. tom. 1. Ampl. Collect. col. 655 : *Recognoscitis quomodo.... tota fere Romana Ecclesia juravit, quale privilegium sub juramenti assignatione Henrico Imperatori dederit, quomodo etiam postea in generali Concilio Capuæ habito illud solverit, nec jam privilegium, sed Pravilegium id vocari decreverit.* Sic in verbis ludere amabant. Vide in *Privilegium*.

¶ **PRAVITAS**. *Sine pravitate*, formula in Litteris Apostolicis usurpari solita. Vide Glossam in lib. 2. Decretal. tit. de Confirmat. util. vel inutil. cap. 8.

PRAVIUM. Albertus Aquensis lib. 3. cap. 64 : *Ad hæc tota vis Turcorum ab insidiis consurgit, et sexaginta equites Gallorum jam Pravium montis tenentes, gravissima cœperunt insecutione urgere, ac per medium montis cacumen, usque ad ipsam vallem, quam appropriens Christianus exercitus occupavit, retulerunt.* Ubi *pravium* idem est, quod montis cacumen.

** **PRAXAPOSTOLON**, Actus Apostolorum, e Græco. Passim.

PRAXARE, pro *Braxare* vel *Brassare*, cerevisiam conficere. Vide *Brace*.

PRAXERIA, Palorum contextus. Vide *Paxeria*.

* **PRAXININUS**, Prasinus, gemma viridis, coloris porracei, Ital. *Prassino*. Inventar. Ms. thes. Sedis Apost. ann. 1295 : *Item unum urceum de opere Venetico ad filum,...... cum diversis lapidibus Praxininis*. Ibidem : *Item unam mitram de perlis, cum quatuor Praxinis ex parte anteriori*. Vide *Prasinalis*.

PRAXIT, pro *Pransit*, apud Anastasium in S. Vitaliano PP. : *Et lavit se, et ibidem Praxit in Basilica Julii*. Cod. alius habet, *Lætus ibidem pransus est*.

* **PRAXORIUM**, pro *Braxorium*, Gall. *Brasserie*, Locus ubi cerevisia conficitur. Chron. Reichenbac. apud Oefelium tom. 1. Script. rer. Boicar. pag. 404. col. 1 : *Item extruxit pistrinum, Praxorium, et, ut breviter dicam, omnes alias officinas seu habitacula.... renovavit*. Vide in *Brace*.

* **PREA**, Pratum vel pratorum series. Charta ann. 1319. in Reg. 60. Chartoph. reg. ch. 69 : *Item pro Prea super Toupete, duodecim denarios*. Vide supra *Prata* 2.

¶ **PREAGIUM**, Gall. *Preage*, ut supra *Pratagium*. Charta Henrici Comit. Vadanimontis ann. 1252. in Hist. Mediani Monast. pag. 323 : *Quam decimam prædicti abbas et conventus ei sub annuo crescensu viginti quinque solidorum Provinensium fortium, singulis annis in Preagiis suis de Domart capiendorum... retulerunt*. Ex quibus colligitur *Preagium* etiam accipi posse de censu annuo ex pratis reddendo. Terragium Insulæ Adami : *En la ville d'Auzmont est du à Noel un boisseau et demy d'avoine, une geline, deux sols, et une denier de Preage à la S. Jean. Droit de Preage et de faultrage*, in Consuet. Turon. art. 100. 101. et in locali Castellaniæ Exclusarum in Turon. quod de jure quo dominus in pratis vassallorum equos, vaccas pascere potest, modo prata defendat, exponit Raguellus. *Preir*, terram in pratum vertere, in vet. Consuetud. Atrebat. art. 39 : *Les possesseurs d'aucunes terres labourables chargées de droit de terrage ne les peuvent amasser* (amaser) *Preir, ne mettre en usage de Pasture sans le gré ou consentement de ceux auxquels ledit droit de terrage appartient*. Vide *Appratare*.

* Nostris *Praage* et *Préage*. Charta ann. 1330. in Reg. 66. Chartoph. reg. ch. 414 : *Item treze deniers et obole Tournois de cens, que l'en appelle Praages, deuz à la saint Jehan*.

* **PREBISINI**, f. pro *Provisini*. Vide supra in *Floreni*.

PREBOSTATUS, Præpositi dignitas, Gallis *Prevosté*. Tabularium Abb. S. Amantii Inculismensis : *Dedit nepoti suo omnem Presbostatum villæ-Anulfi*. Alibi : *Dedit Anguillarium de Islabruna, et Prebostatum borderiæ Guillelmi Matfredi in dominium*. Iterum : *Donum Guillelmi Gastilnelli de Prebostatu, quem habebat in bosco Roselli*. Alibi : *Fecit hoc donum S. Amantio tali conditione, ut ipse teneret Prebostatum in vita sua*. [Vide *Præbosdia*.]

¶ **PRECAMEN**, Preces, precatio. Charta Zuendebuldi ann. 895. apud Calmet. tom. 1. Hist. Lothar. inter Probat. col. 326 : *Ubi instanter congregatio ad Deum sedula ac sacratissima Precamina dirigit*. Litteræ Henrici III. Reg. Angl. ann. 1261. apud Rymer. tom. 1 pag. 361 : *Propter quod Precamina sua et dilectæ filiæ vestræ Reginæ Navarræ.... in dicto negotio plurimum valitura censemus*.

¶ **PRECARE**, pro Precari, in Capitul. Caroli C. tit. 19. § 1. etc. Vide alia notione in *Precaria* 1. et 2.

1. **PRECARIA**, est Libellus, seu Charta, qua quis alodium vel prædium ab Ecclesia sub annuo censu ad vitam utendum accipit, illud *precario* possessurus, ut est in Capitul. Caroli M. lib. 7. cap. 104. [** 142.] vel ut apud Abbonem Abbatem Floriacensem in Canonib. cap. 7. *quod ex conventione fiat, et precibus obtineatur*. *Precaria Epistola*, in Lege Wisigoth. lib. 10. tit. 1. § 12. *Testamentum Precariæ*, apud Hugonem Flaviniacensem in Chronico Virdunensi pag. 110. *Emphyteusis*, in Charta scripta Berengario imperante apud Ughellum tom. 6. pag. 634 : *Nam non habeant potestatem ipsum Xenodochium nemini in emphyteusim, id est Precariam dandi, aut concedendi, etc.* *Libellus*, unde, ut in hac voce docuimus, *Præstaria*, interdum, de qua suo loco.

☞ Jam in voce *Præstaria* monuimus hanc cum *Precaria* sæpius confundi a Scriptoribus, tametsi non nihil discriminis inter utramque interest apud diligentiores; adeo ut *Precaria* sit accipientis jure precario libellus : quod iterum firmat Charta apud Stephanot. tom. 1. Antiquit. Occitan. MSS. pag. 480 : *Sicque me recognosco ego Pinaudus quomodo ego et parentes mei suprascripti pro vestro beneficio antea et per Precaria nostra quam vobis fecimus, etc.*

☞ *Precaria* latiori sensu dicitur Charta qua quis sibi ad vitam usumfructum earum possessionum, quas alicui Ecclesiæ concessit, retinet, vel etiam aliarum, quas illi concedunt recipientes. Hinc *Precaria* dicitur Charta Ermengardis ann. 815. inter Instr. tom. 6. Gall. Christ. novæ edit. col. 167. qua concessa Monasterio Psalmodiensi per testamentum mariti sui confirmat augetque, ea lege ut hæc in beneficium, quamdiu vixerit, obtineat sub annuo censu. Ejusmodi etiam est Charta quam exhibet Meichelbeckus tom. 1. Histor. Frising. pag. 219. ubi et *Complacitatio* nuncupatur, quod ex *placito* seu pacto utriusque partis fieri solebat. Vide Gotthelffium Struvium in Glossario ad Freherum de Rer. Germ. Scriptoribus.

* Quod varios *precariarum* census continuo non subjecerit Cangius, hos illum ignorasse calumniantur Autores novi Tract. de re diplom. tom. 1. pag. 266 : *Les donataires en ce cas*, inquiunt, *ne laissoient pas quelquefois d'être chargés d'un cens léger, destiné pour le luminaire d'une église. Rien de tout cela n'est marqué dans le Glossaire de du Cange*. Verum qui non cæcutiunt, legent mox pag. 423. col. 3 : *Ea ratione, ut annis singulis ad ipsam ecclesiam sex denariatas in censum de cera persolvas*. Id ergo, ut et alia, quæ a Cangio ibi mutuati sunt, eos docuisset Vir doctissimus, si ipsis non caligassent oculi. Vocabul. Ms. Jur. canon. Martini : *Precariæ dicuntur quædam præstationes ususfructus in recompensatione proprietatis.... Precarium utendum conceditur, quandiu patitur qui concessit. Differentia est inter Precarium et Precariam, quod Precarium revocatur pro voluntate concedentis : sed contractus, qui Precariæ nominantur, non possunt revocari ad voluntatem concedentis*.

Ut porro *Emphyteusis* primum a civitatum agris ad patrimoniales principum fundos inducta est : ita a patrimonialibus, non modo ad privatorum agros, sed etiam ad Ecclesiasticos. Cur autem Ecclesia emphyteusin in prædiis suis receperit, rationem hanc reddit Gregorius M. lib. 1. Epist. 42. quod in eorum locationibus crebræ fierent conductorum mutationes, eoque ipso minus bene Ecclesiarum agri colerentur : *Jubemus etiam*, inquit, *ut hoc Experientia tua summopere custodiat, ut per commodum conductores in massis Ecclesiæ nunquam fiant, ne, dum commodum quæritur, conductores frequenter mutentur : ex qua commutatione quid aliud agitur, nisi ut Ecclesiastica prædia nunquam colantur*.

Præstariarum et *Precariarum* in Galliis antiquum usum probat Palladius Episcopus in Epist. ad Desiderium, Episcopum Cadurcensem, inter Epist. Desiderii 18 : *Similiter ubi Chromatia in re Ecclesiæ Bagidone commanet, quia frater suus Deotherius Presbyter actorem Ecclesiæ Santonicæ egit, et nunc ipsa Chromatia, qui ibidem per beneficium Precaturiæ, manere videtur, si eam cum omni re sua jubeas defensare, quomodo et apud Deum mercedem habeas, et nos vobis gratias supplicationis agamus*. Apud Fortunatum lib. 8. Poem. 21. et 22. alterum *Pro villa præstita*, alterum *Precatoria pro ipso agro*, inscribuntur, de villa scilicet, ad Vigennam fluvium sita, quam Gregorius Turonensis Episcopus eidem Fortunato in *præstariam* concesserat, sub ususfructus conditione, quam sic tangit :

Quando reposcetur, vestris redit usibus arvum,
Et domino proprio restituemus agrum.

Ejusmodi etiam Precariarum usum probant Symmachus PP. Epist. 1. cap. 1. Concilium Agathense ann. 506. cap. 7. 45. Aurelian. I. ann. 511. cap. 23. Aurelian. IV. cap. 34. Lugdunense II. cap. 5. etc. quas Clericis potissimum factas ex iis colligere est, ac postmodum aliis. Charta Caroli M. apud Meurissium in Episcopis Metensib. pag. 181 : *Ut jam fatam villam nunquam præsumant alicui beneficio tribuere, nec per Precariam, ut fieri assolet, præbere, etc.* Inductæ præterea prædiorum Ecclesiasticorum emphyteuses Constitutionibus Imperatorum, ac maxime Leonis, et Novella 7. et 120. Justiniani, quibus eæ permittuntur usque ad filios et nepotes, seu *in tertiam generationem*, ut habent veteres Tabulæ; *Ita ut tribus personis defunctis omnimodo prædium ad venerabilem locum redeat*, ut est apud Julianum antecessorem cap. 34. seu, ut Chartæ aliæ, *ad primum et secundum hæredem*, vel denique, ut Joannes Antiochenus περὶ χαριςικαρίων cap. 10. 15. apud Jo. Bapt. Cotelerium tom. 1. Monumentor. Ecclesiæ Græcæ, ἐπὶ δυσὶ προσώποις, ἢ τρισίν. Odo Fossatensis in Vita Burchardi Comitis : *Dederat autem cuidam suo Præposito, nomine Bodoni, ac duobus ipsius hæredibus quoddam beneficium; taliter ut diebus suæ vitæ censum ipsius Monasterio persolverent, id est* 72. *nummos : illis vero ab hac luce subtractis ipsam terram perpetuo cœnobitæ possiderent. Sed jam dicto viro obeunte, filius ipsius Aledramnus nomine, qui primus hæres extiterat, etc.* Eadem fere habentur de eodem Bodone in Charta Roberti Reg. ann. 1029. in Tabulario Fossatensi : *Sed prædictus Alrannus, qui de Carta primus hæres extiterat, cujusque nomen in ipsa descriptum erat, Monasterium adiit, etc.* Vide lib. 1. Antiquit. Fuldens. tradit. 24. Roverium in Reomao pag. 174. etc.

Interdum tamen ex pacti conventi legibus longius extendebantur Precariæ, *ad quartum* nempe *hæredem*, quas Godefridus Monachus S. Pantaleonis in Chronico ad ann. 1168. *locationis libellos tertii et quarti generis* vocat.

Interdum ad quintum hæredem, cujusmodi Precariarum Chartæ describuntur in Tabulario Casauriensi, ex quo sequentes eruimus, hicque damus, ut Precariarum inde formulæ colligantur.

In Christi Nomine. Ideoque ego Pelerinus, filius quondam Ildeprandi de Salajano, manifesta causa est, et a plurimis cognitum, eo quod per meas litteras Precarias rogum tibi Romano Abbati ex Monasterio S. Trinitatis, quod edificatum esse debet in insula de Piscaria, loco, ubi dicitur Casaurea, rogum emisi, et petivi a te, ut una cum consensu et voluntate congregationis memorati Monasterii beneficiali ordine præstaretis mihi memorato Pelerino, vel meis hæredibus usque in quinta mea generatione, omnes ipsas res, quas ego ipse tibi per cartulam venditionis delegavi in Salajano, seu per ejus vocabula idem de casis, terris et vineis, campis, silvis, pascuis, pomis, atque salectis, cultum vel incultum, omnia et in omnibus ipsas memoratas res in integrum, quod et fecisti. Quam et ob rem præstitisti et præstasti, tu memorate Romane Abbas, mihi memorato Pelerino, vel meis hæredibus, usque in quintam meam generationem, omnes ipsas memoratas res in integrum, cum consensu et voluntate Congregationis memorati Monasterii : in eo vero tenore beneficiali ordine usufruendi, cultandi, laborandi, meliorandi, nam non vendendi, nec donandi, nec concambiandi, nec per ullum ingenium ipsas memoratas res in alterius potestatem dandi, nisi tantum usufruendi usque in quintam meam generationem, et post nostrum transitum, omnem ipsam memoratam substantiam in integrum revertatur ad partem memorati Monasterii, cujus est proprietas, et pro hac causa repromisi ego memoratus Pelerinus una cum meis hæredibus tibi, Romane Abbas, vel successoribus tuis dare censum annualiter de mense Decembri argentum denarios sex, et seu memoratus Pelerinus una cum meis hæredibus omnem ipsam memoratam substantiam bene non laboraverimus, et usu non fruerimus, et doloso animo ea male tractaverimus, et ipsum memoratum censum annualiter tibi, Romane Abbas, vel successoribus tuis non dederimus sic pleniter, sicut superius dictum est, hæc omnia memorata nos non adimpleverimus, vel fecerimus, tunc expondero me ego memoratus Pelerinus una cum meis hæredibus tibi memorate Romane Abbas, vel successoribus tuis componere vobis solidos centum, et omnes ipsas memoratas res in integrum reprehendatis ad partem memorati Monasterii sine omnem calumniam, quæ sic taliter inter nos stetit convenienter. Quam vero Precariam scripsi ego Audoaldus Notarius, rogatus a memorato Pelarino, actum in Casaurea anno imperii D. Ludov. XXIV. *et* 11. *anno Supponis Comitis, die* xx. *mensis April. per Indict.* 6. *feliciter. Signum manus Pelerini, qui hanc Precariam fieri rogavit.* † *Ego Maiolfus.* † *Ego Aloini.* † *Ego Maielfredus rogatus a memoratis Monachis Monasterii.*

Alia Precariæ formula describitur in eodem Tabulario Casauriensi ann. 24. Ludov. Imp. F. Lotharii : *Manifesta causa est, et ab omnibus cognitum, eo quod nos Arifredus et Ildebertus per nos litteras precarias rogavimus te, Romane Abbas, ex Monasterio S. Trinitatis, quod ædificatum esse debet infra insulam de Piscaria, locum, qui dicitur Casaura, rogum misimus et petivimus a te, ut una cum consensu et voluntate Congregationis memorati S. Monasterii, beneficiali ordine præstaretis nobis Arifredo et Ildeberto germanis, vel nostris hæredibus usque in quinta nostra generatione, omnes ipsas res, quas nos ipsi per cartam venditionis delegavimus, etc.* Alia Precaria ibidem : *Ego Recipertus per meas litteras precarias rogum tibi, Romane Abbas,.... emisi, et petivi a te, ut cum consensu et voluntate Congregationis tuæ beneficiali ordine præstaretis mihi, vel meis hæredibus, usque in quintam generationem omnes ipsas res, quas ego ipse per cartulam venditionis delegavi ad partem memorati Monasterii, etc. Quod et fecisti, quam et ob rem præstitisti et præstasti tu, Romane Abbas, mihi Raciperto, vel meis hæredibus usque in quintam generationem, omnes ipsas res memoratas in integrum. In eo vero tenore beneficiali ordine, usufruendi, cultandi, laborandi, nec non venundandi, nec donandi, nec concambiandi, nec per ullum ingenium ipsas memoratas res in alterius potestatem ad proprietatem dandum, nisi tantum usufruendi usque in quinta mea generatione, et post completam memoratam quintam generationem, discessum, omnes ipsas memoratas substantias in integrum revertatur ad partes memorati Monasterii, cujus est proprietas.*

Sæpe etiam ad primum hæredem restrictæ leguntur Precariæ, ut in Chartis 65. et 70. ex Goldasti Alemannicis, alia, quæ descripta legitur in Historia Episcopor. Silvanectensium in Constantino Episcopo, etc. Tabularium Monasterii S. Andreæ Viennensis : *Priscorum norma, et cunctarum Legum patet auctoritas, ut quicunque res Ecclesiæ per libellum habere voluerit, videlicet viginti novem annis ipsius petat suffragium et tuitionem. Quapropter ego in Dei nomine Chunradus, nutu Dei omnipotentis Rex, noverit fidelium nostrorum industria, qualiter Auzennus humiliter petisti, ut res nostras ex Abbatia nostra, quæ est constructa in honore S. Andreæ, scilicet in Comitatu Viennensi, in agro Rogiacensi, in villa Sataratis, et in Colonicas, hoc sunt campi sicut dividuntur cum terra sancta Maria, tibi et ad unum tuum hæredem, per libellum sub usu Beneficii concedo, ea namque ratione, ut annis singulis ad ipsam Ecclesiam sex deniaratas in censum de cera persolvas. Si de ipso censu negligens fueris in uno anno, in alio duplum componas, ac insuper hoc libellum scriptum inviolabilis permaneat cum stipulatione subnixa. S. Eberado, S. Patroni Comite, S. Giroldi, S. Widoni. Ego Suesfredus Levita hoc libellum scripsi, datavi, die Martis* 5. *Id. Mart. ann.* 27. *regnante Chunrado Rege serenissimo.* [Iperius in Chron. S. Bertini apud Marten. tom. 3. Anecd. col. 471 : *Hoc Monasterium cum suis appenditiis ispe Amalfridus beato patri Bertino donaverat, eo tamen tenore, ut ipse et filia ejus Auriana prædicta eumdem locum quandiu viverent, in Precaria haberent; sed post utriusque obitum sanctus Bertinus ejusque successores hoc habeant, teneant, et quemcumque voluerint eidem præponant.*]

Interdum ad vitam ipsius, qui Precariam obtinebat, ut apud Marculfum lib. 2. Formul. 5. 39. 40. in Formulis veter. cap. 27. 42. in Form. secundum Legem Rom. cap. 7. in Charta Alamanica 68. 75. in lib. 1. Antiq. Fuld. tradit. 23. 75. lib. 2. tr. 25. 28. 33. et alibi passim. Unde patet, alium numerum non definitum, quam qui inter dantem et accipientem convenerat, ex Concilio Turonensi III.

Interdum hisce contractibus rerum suarum usumfructum concedebat Ecclesia, ea conditione, ut tantæ quantitatis proprietatem ex rebus suis usufructuarius vel vivens, vel post mortem Ecclesiæ dimitteret; [quod maxime obtinuit, cum ad filios *precariæ* concessio, quæ parentibus facta fuerat, extendebatur.] Quæ quidem conditio ad excipiendas Ecclesiasticorum emphyteuses definita legitur Constitutione Leonis Imp. et Novella 7. Justiniani. Quarum precariarum formulæ exstant apud Marculfum lib. 2. form. 39. et 40. in Formulis veterib. cap. 41 42. in Chronico Laurishamensi ann. 895. pag. 68. in Chartis Alamannicis Goldati 63. 65. apud Brouverum lib. 11. Annal. Trevir. num. 112. Meurissium in Episcopis Metensibus pag. 185. 300. etc. De iis agunt prætcrea Capitula Caroli M. lib. 7. cap. 104. Concil. Remense II. cap. 36. Turonense III. cap. 51. Meldense ann. 845. cap. 22. Capit Caroli C. post Capit. Caroli M. cap. 9. etc. Istiusmodi Precariæ formulam aliam ex Tabular. Vienn. Ecclesiæ descripsimus, quam hic damus : *Consuetudo et justitia Ecclesiastica est, ut qui res suas et facultates suas Deo servisque suis contulerit, ei aliquid quod postulaverit, rationabiliter ad invicem de rebus Ecclesiæ conferatur. Ideo ego Barnoinus Archiepiscopus Ecclesiæ Viennensis, una cum Sacerdotibus et Clericis ejusdem sanctæ Matris Ecclesiæ, concedimus tibi Randuico et uxori tuæ Raingardi eandem Colonicam, quam per instrumenta cartarum Ecclesiæ S. Mauricii contulistis, quæ est sita in Comitatu Viennensi in loco, ubi dicitur Rodscalco, et pro hac tam pia consolatione, et grata devotione, concedimus vobis ex rebus S. Mauricii vel S. Symphoriani præstatione Beneficii in Madrata mansos vestitos duos, et absos* 13. *ut faciatis ex his omnibus diebus vitæ vestræ quicquid vobis juste et rationabiliter visum fuerit. Ea tamen conditione, ut easdem res ædificetis et melioretis atque excolatis, et annis singulis festivitate S. Mauricii in ve-*

stitura modium frumenti et modium vini ministris S. Mauricii persolvere studeatis : et post discessum hujus vitæ vestrum, absque alicujus contradictione prædictæ res, et quas de jure nostro Ecclesiæ traditis, et easdem, quas Ecclesia vobis confert, sancti Mauricii Ecclesia recipere valeat, etc.

Similem formulam, ex Tabulario Casauriensi descriptam, priori adjungimus : *Placuit atque convenit inter nos Romanum Abbatem de Monasterio S. Trinitatis... una cum voluntate et consentientibus primatis Monachis, præordinatis in Officio memorati Monasterii, nec non inter Widonem Gastaldum, filium quondam Bertadi, et Eufrasiam conjugem tuam. Dedimus ego memoratus Romanus Abbas vobis memoratis et filiis et nepotibus Widonis legitimis usque in tertia generatione tua rem juris memorati Monasterii infra territorium Pinnense curtes nostras in loco, quæ dicuntur Corneto et Saline, cum omnibus pertinentiis de ipsis curtibus cum terris et vineis, etc. per nostrum præstitum habeatis usufruendi, cultandi, meliorandi, nam non vendendi, nec donandi, nec commutandi, nec per ullum ingenium ad proprietatem in alterius potestatem transmigrandi. Et debeatis tu memorate et tertia generatio legitima cum Eufrasia uxore tua exinde annualiter reddere censum per unamquamque indictionem, aut per vos aut per vestrum Missum in memoratum Monasterium argentum vel aliam pecuniam totum in appretiatum solidos* XV. *Pro ea vero ratione vobis memoratas res usufruendi concedimus, quia tu nobis dedisti in ea convenientia de vestro proprio, quod a præsenti die ad jus nostræ proprietatis permanere debeat in territorio Pinnensi in casalibus, quæ dicuntur Tarzanico et in Opaculo, quod est per numerum vinearum solidos quinquaginta per tremissos vites centum, cum terra, ubi ipsa vinea plantata est, et terram in ipsis casalibus, vel per ejus vocabula, inter cultam et incultam, modiorum* LX. *cum casis, quæ in ipsis rebus stare videntur, et quidquid de rebus proprietatis vestræ super ipsa mansura invenire potuerimus in memoratis casalibus, nobis dedisti in ista convenientia, hoc est ipsæ res, quæ vobis evenerunt per cartulas venditionis a Petro filio quondam Adeperti, etc. an. Dom. Karlomanni Regis ann. regni ejus in Italia* II. *et* IV. *ann. Comitatus Widonis Comitis.*

Interdum per *precarias* quis res proprietatis suæ Ecclesiæ tradebat, easque postmodum sibi dari postulabat, sese annuo censui astringens, ut patet ex Lege Alamannor. cap. 2. Lege Bajwar. tit. 1. cap. 1. § 1. veterib. Formulis cap. 28. et ex alia secundum Legem Romanam cap. 8. 34. 41. ex Formulis Parensalibus cap. 20. ex Concilio Turonensi VI. cap. 51. Remensi II. cap. 36. ex Meldensi ann. 845. cap. 22. ex Regula Canonicorum Chrodegangi cap. 32. novæ edit. ex Chartis supra descriptis ex Tabulario Casauriensi, et aliis in Chronico Laurisham. pag. 65. 66. 68. Chartis Alemannicis Goldasti 66. 67. 68. 69. 70. 75. Tradit. Fuldensib. lib. 1. trad. 23. 24. 75. lib. 2. trad. 25. 28. 33. et ibi passim : ex Chartis aliis apud Flodoardum lib. 2. Hist. Remensis cap. 1. Hugonem Flaviniacens. in Chron. pag. 110. Beslium in Comit. Pictav. pag. 202. 210. 239. Miræum in Notit Eccl. Belgii cap. 32. etc. [Vide B. Rhenanum lib. 2. Rerum Germanicarum.] [** Grimm. Antiq. Jur. German. pag. 560. Guerard. ad Irminon. tom. 1. pag. 567.]

☞ Id etiam obtinuit ut res venditas, earumque accepto pretio, in *precariam* reciperet venditor, ea tamen conditione ut eas excoleret et melioraret, nec deinceps dare aut vendere posset. Tabul. Audomar. : *Omnia et ex omnibus rem inexquisitam ad integrum vobis per venditionis titulum accepto pretio, Ecclesiæ vestræ* (Sithiensi) *a die præsenti transfirmo.... Sed postea vos una cum consensu fratrum vestrorum juxta quod mea fuit petitio, ut suprascriptas res michi usualiter appresto beneficio vestro præstare promisistis ad excolendum vel emeliorandum et sicut convenit vobis annis singulis ad festivitatem S. Martini censum, hoc est solidos duos de argento vobis vel successoribus vestris dare vel transsolvere debeamus; et aliubi ipsam rem nec dare, nec vendere, commutare, nec naufragare pontificium non habeam.* Vide Mabillon. tom. 3. Analect. pag. 84.

Variæ pratèrea erant *precariarum* et *præstariarum* leges, quas inter fuit illa, ut de quinquennio in quinquennium renovarentur, ne ex silentio præscriptio aliqua obtenderetur, [vel, ut habet Conc. VI. Toletan. *can. 5. ne longinquitas temporis proprietati obsisteret*,] in Capitulis Caroli C. tit. 6. pag. 51. [** in Villa Sparnaco ann. 846. cap. 22.] Hinc formula seu clausula libellis *precariarum* adjecta, *acsi per quinquennium fuerit renovata ista precaria obtineat firmitatem.* Charta Radulfi Archiep. Bituric. ann. 858. in Tabul. Abbatiæ Belliloci num. 19 : *Et hæ duæ precariæ uno tenore conscriptæ, sic obtineant firmitatem, quasi de quinquennio in quinquennium fuissent renovatæ, vel factæ.* Formula incerti auctoris cap. 41 : *Et præsens precaria firma permaneat, et ut aliæ precariæ de quinquennio in quinquennium renovantur, istam vero non sit necesse renovendi, sed per semetipsum omni tempore obtineat firmitatem cum stipulatione subnixa.* [Hanc formulam adhibitam legimus in Charta ann. 771. apud Marten. tom. 1. Ampl. Collect. col. 35 : *Hanc autem Precariam non sit necesse de quinquennium in quinquennium renovare.*] Formulæ secundum Legem Roman. cap. 7 : *Et hæc precaria, quamvis per diversorum annorum curricula a me fuisset possessa, nullum præjudicium vobis præparetur, sed ita firma permaneat, quasi per quinquennium fuerit renovata, etc.* Tabularium Ecclesiæ Viennensis fol. 54. sub Carolo Calvo : *Et hæc præstaria nostra per quinquennium renovetur, etc.* Vetus Precaria in Actis Episcopor. Cenoman. pag. 238 : *Ideo vobis precatores accedimus, ut ipsas res jam dictas tempore vitæ nostræ una cum gratia vestra et voluntate absque præjudicio vestro, vel S. Gervasii, tenere et extirpare faciatis, et post nostrum quoque discessum..... in vestram revocare faciatis potestatem.* Infra : *Hæc Præcaria, quam per quinquennium renovatam manus nostræ vel bonorum hominum roboraverunt, etc.* Adde Vitam Aldrici Episcop. Cenoman. num. 62.

☞ Et id quidem statutum in Conciliis ut *precariæ* de quinquennio in quinquennium renovarentur, quod ex antiqua consuetudine factum docet Synodus Belvac. cap. 13 : *Ut precariæ de quinquennio in quinquennium secundum antiquam consuetudinem renoventur.*

Precarias denique renovare, cum eæ finitæ erant, posse Episcopos, definiunt Capitul. Caroli M. [3. incerti anni cap. 1. ejusd. Capitul. lib. 5. cap. 198.] lib. 7. cap. 142. Quo pertinet formula 39. lib. 2. Marculfi : *Et post nostrum discessum præfatos locos absque ulla alia renovata, ut mos est in cæteris, precaria,.... vos vel successores aut agentes vestri in vestram faciatis revocare dominationem.*

☞ Illud autem inprimis observandum res Ecclesiarum in precariam concessas, tametsi ex earum proprietate erant, potuisse aliquando ad fiscum transferri ex negligentia eorum qui eas precario possidebant; scilicet cum regalia servitia, quibus obnoxia erant ejusmodi prædia, non implerent; adeo ut illa deinceps recipere Ecclesia non poterat, nisi per novam Principis, cujus fisco adscripta fuerant, concessionem. Hæc probat Præceptum Caroli C. ann. 877. apud Baluz. in Append. ad Capitul. col. 1500 : *Quidam ex Monachis ex cœnobio S. Germani Autisiodorensis adierunt excellentiam nostræ celsitudinis, innotescentes serenitati nostræ qualiter quidam noster fidelis Adelbertus nomine alodium suum..... eidem cœnobio liberalitatis munificentia per cartarum instrumenta contulisset; Abbas vero memorati cœnobii et reliqui fratres ipsum alodium jure beneficiario et usufructuario eidem Adelberto denuo conferre studuerunt; sed post hæc ob illius negligentiam in fiscum nostrum decidit, et in jus ac dominationem nostram legaliter devenit. Et quia præfato cœnobio non aliter legitime, postquam in fiscum nostrum deciderat, reddi poterat nisi per præceptum auctoritatis nostræ, libuit serenitati nostræ hoc altitudinis nostræ præceptum fieri et jam dicto cœnobio dari; per quod præcipimus atque jubemus ut ita præfatum alodium, stipendiis fratrum a nobis deputatum, ita quiete teneat atque possideat, absque alicujus inquetudinis impulsu, sicut reliquas res olim a fidelibus Christianis antiqua munificentia sibi collatas.*

Percariarum Ecclesiasticarum, ut est in Capitulari ann. 779. cap. 13. et in Additione 4. Capitular. cap. 132. aliæ erant, quæ ab ipsis Ecclesiis, seu ipsis Præsulibus fiebant, aliæ, quæ Regia auctoritate : *Et sit discretio inter Precarias de verbo nostro factas, et inter eas, quas spontanea voluntate de ipsis rebus Ecclesiarum faciunt.* Ideo autem cogebantur Ecclesiæ a Principe precarias facere, ut quæ inde proveniebant, in subsidium exercitus impenderentur. Capitulare 2. Karlomanni Principis ann. 743. apud Liptinas cap. 2. Pipini ann. 748. cap. 6. et lib. 5. Capitul. cap. 3. lib. 6. cap. 425 : *Statuimus quoque cum consilio servorum Dei et populi Christiani, propter imminentia bella et persecutiones cæterarum gentium, quæ in circuitu nostro sunt, ut sub precario et censu aliquam partem Ecclesialis pecuniæ in adjutorium exercitus nostri cum indulgentia Dei aliquanto tempore retineamus, ea conditione, ut annis singulis de* unaquaque casata solidus, id est 12. denarii ad Ecclesiam reddantur, eo modo, ut si moriatur ille, cui pecunia commodata fuit, Ecclesia cum propria pecunia revestita sit, et iterum si necessitas cogat, aut Princeps jubeat, precarium renovetur, et rescribatur novum.* Adde Capitulare Metense ann. 756. cap. 4. lib. 5. Capitul. cap. 13. etc. Ex quibus colligi potest, Principes nostros non solum ab Ecclesiis et Ecclesiasticis auxilia subinde ad bella sua et regni necessitates exegisse; sed et per ejusmodi precarias regias pleraque Ecclesiarum prædia in manus laicas transiisse, dum qui iis donati erant, lapsu temporis non in precarium, sed in beneficium regium ea possederunt.

☞ Maxime cum ea prædia regni primoribus a Rege concedebantur, ut ex Præcepto Pippini Reg. ann. 754. apud Mabill. Diplom. pag. 493. perspicuum est. Quis enim ea a Majoribus Domus repetere ausus fuisset?

Precariarum meminerunt præterea Lex Longobard. lib. 3. tit. 10. § 2. [** Lothar. I. 21.] Capitula Caroli M. lib. 6. cap. 320. [** 426.] Additio 3. Ludov. Pii cap. 22. [** 48.] Baldricus lib. 1. Chr. Camerac. cap. 52. Adam Bremensis cap. 162. Abbo Monachus serm. 5. pag. 106. Leo Ost. lib. 3. cap. 59. al. 60. Bulla Benedicti VIII. tom. 4. Hist. Franc. pag. 170. Loisellus in Bellovaco pag. 246. Meurissius in Episcopis Metensib. pag. 177. 280. etc. Vide *Libellus*, *Præstaria*.

¶ PRECARIA dicta etiam Ecclesia, cujus reditus alicui assignantur jure precario seu usufructuario possidendi, ut illius curam habeat. Charta ann. 1222. apud Lobinell. tom. 3. Hist. Paris. pag. 43. col. 2: *Cantor vero Parisiensis qui ex dono nostro Precariam beati Stephani tenet.* Ibid. ex Charta ann. 1219. pag. 42: *Cantor Parisiensis ecclesiam S. Stephani ex dono capituli in Precariam tenebat.*

PRECARIARE, In *precariam* dare, *Precario more concedere*, in Pancharta nigra Turonensi: *more et ordine precario*, apud Beslium pag. 102. 110. 139. *Per precarium præbere*, in Charta Hildegardæ Reginæ Francor. apud Meurissium in Episc. Metensib. pag. 182. Tabularium Casauriense: *Ego Ildeprando filius quondam Lupani rogo et peto a te Adelardo Sculdasio, ut mihi meisque filiis et nepotibus usque in tertia mea generatione masculina Precariare digneris ipsas res, quas ego ipse tibi per cartulam delegavi, excepto terram modiorum sex in Liciniano, usufruendi, unde debemus annualiter tibi vel tuis hæredibus denarios quatuor pensionem.* [Charta ann. 1041. apud Meichelbec. tom. 1. Hist. Frising. pag. 239: *Liberam habeant potestatem tenendi, commutandi, Precariandi, vel quidquid sibi ad usum prædictæ Ecclesiæ placuerit, inde faciendi.*] Vide Witikindum edit. Reineccii pag. 42. Privilegia Ecclesiæ Hammaburgensis pag. 164. [Hansizium tom. 1. German. sacræ pag. 257.] Divos Bambergenses Gretseri pag. 91. et Metropolim Salisburgensem tom. 1. pag. 368.

PRECARIATIO, Concessio in *precariam*, in Charta Eberhardi Archiep. Saltzburgensis ann. 1153. in Metropoli Salisburgensi tom. 3. pag. 372.

PRECARE, In *precariam* accipere. Vetus Charta apud Ughellum tom. 1. part. 1. pag. 390: *Ut ego supradictus Raynerius Precavi ad te Landulfum vir venerab. Episcop. de rebus juris proprietatis S. vestri Episcopii sedis vestræ Ecclesiæ, ut tu mihi seu et ad filios, vel nepotes meos, et usque in tertiam meam legitimam generationem... de vestro Episcopio nobis concessisti, etc.* Occurrit rursum infra.

PRECARIUM, Idem quod *Precaria*. Isidorus lib. 5. Orig. cap. 25: *Precarium est, dum prece creditor rogatus permittit debitorem in possessione fundi sibi obligati, et ex eo fructus capere, etc.* Placitum 3. Chlodovei III. apud virum eruditissimum Joan. Mabillonium tom. 4. Vit. SS. Ord. S. Benedicti pag. 617: *Unde et ipso strumentum seu et Precarium, per quod ipsa Angantrudis pertinentium ipsius Abbatis hoc possidebat, in præsentem ostendedit relegendas.* Occurrit ibi rursum. Canones Synodi Liptinensis cap. 2. et Capit. Caroli M. lib. 5. cap. 3: *Statuimus quoque.... ut sub Precario et censu aliquam partem Ecclesialis pecuniæ in adjutorium exercitus nostri.... aliquo tempore retineamus.* Eadem Capitularia lib. 7. cap. 104. vel 142. novæ edit.: *Et postquam ipsæ precariæ fuerint finitæ, faciant potestative speculatores Ecclesiæ utrum elegerint, aut ut ipsas res recipiant, aut posteris eorum sub Precario et censu habere permittant. Precario possidere*, in Capit. 2. Caroli M. incerti anni cap. 1. *Jure precario possidere*, in Chronico Laurisham. pag. 65. *Jure precario distrahere*, in Synodo apud Vermeriam ann. 853. Charta *precarii*, in Charta Goldastina 75.

¶ PRECARIUM FICTUARIUM, Census fixus et certus. Vide *Fictus* 4. Statuta Vercell. lib. 2. fol. 42: *Nec sufficiat quod donator in contractu donationis constituat se tenere vel possidere Precario fictuario nomine, vel alio quocunque nomine donatorii.* [** Fictuario nomine possidere Precario.]

¶ PRECATORIA, ut *Precaria*. Concil. Toletan. XVII. inter Hispan. tom. 2. pag. 759: *Dummodo pateat Ecclesiæ rem fuisse, ne videatur etiam Episcopi administrationis prolixæ, aut Precatorias cum ordinati sunt facere debuisse, aut diu tentas facultates proprietatis suæ posse transcribere.*

PRECATURIA, Idem etiam quod *precaria*. Testamentum Bertichramni Episcopi Cenoman. [apud Mabillon. tom. 3. Analect. pag. 135.]: *Sicut Precaturiam jam dictæ matronæ convenit, ad vestram revocetis potestatem, idipsum æqualiter dividendum.*

PRECARIUM, Pensio vel præstatio nummaria, apud Gregor. M. lib. 10. Ep. 5. Vide Epist. seq. [Charta Henrici Comit. Ruthen. ann. 1288. apud Baluz. tom. 2. Histor. Arvern. pag. 291: *Super quibuscunque pœnalibus conventionibus, ac simplicibus obligationibus, Precariis, hypothecis, literis, firmitatibus, ac super universis etc.*]

* PRECARII, Qui per *precariam* possident. Charta Otton. M. ann. 962. apud Murator. tom. 3. Antiq. Ital. med. ævi col. 244: *Familias omnium residentium super præfatæ ecclesiæ terras, sive libellariorum, sive Precariorum, seu castellanorum.*

2. PRECARIA, Questa, seu roga, tributum, quod exigitur quasi *deprecando*, ut habet Lex Longobard. lib. 3. tit. 12. § 1. [** Carol. M. 121.]: *Audivimus etiam quod juniores Comitum vel aliqui ministri Reipublicæ, aliquas redhibitiones vel collectiones, quidam per pastum, quidam sine pasto, quasi deprecando a populo exigere solent.* Charta Conradi I. Imp. ann. 1026. in Hist. Pergamensi tom. 3. pag. 418: *Quatenus ad partem publicam nulla conditione responderent, ne da partem Comitatus placitum custodirent, neque teloneum, neque Precariam darent, neque ullam facerent angariam ad partem publicam.* Charta Conradi II. Imp. ann. 1145: *Exactiones, tallias, quas quidam Precarias, vel petitiones nominant, vel accubitus vastatorios.* Alia Friderici II. ann. 1237. apud Lambecium lib. 2. Comment. de Biblioth. Cæsar. pag. 80: *Vel sua præsumat autoritate taliam seu Precariam in prædictos cives facere, etc.* Albertus Stadensis et Historia Archiepisc. Bremensium ann. 1142: *Concessit etiam omnes Colonos Ecclesiæ ab omni censu, expeditione, villæ vel urbis munimine, et pensione Precaria liberos et immunes.* Vitalis Episcopus Oscensis: *Præter precarias villarum Domini Regis, quæ ipsis Ricis hominibus similiter sunt pro suis stipendiis assignatæ. Quæ Precaria in quibusdam locis in grano, et in quibusdam in denariis.... exiguntur.* [Tabular. Audomar.: *Nullus debet facere assisiam vel Precariam in terra privatam vel generalem, nisi Comes.*]

☞ Primariæ hujusce tributi institutioni accomoda fortean fuit vox *Precaria*, quod quasi *deprecando* exigeretur et sponte a subditis persolveretur: at sequiori tempora ita violenter exactum, ut inter injustas et violentas exactiones censeretur, innuit Charta Henrici Comit. Palatini ann. 1093. apud Miræum tom. 1. pag. 270. col. 1: *Præter ea nec aliquando in bonis Ecclesiæ hospitando, ecclesiam vel familiam ejus gravet, nec injusta servitia ab ea, neque violentas exactiones, quas Precarias vocant, aliquando exigat.* Vide *Preces*. [** Haltaus. Glossar. German. vocib. *Bete, Jahr bete, Land-bete, Not-bete, Grafen-schatz*, col. 156. 1003. 1158. 1423. 750. Grimm. Antiq. Jur. German. pag. 297. num. 10.]

☞ Eodem *Precariæ* nomine nuncupatum tributum, quod ex more Episcopis in eorum *jucundo adventu* exsolvebatur. Chron. Cornel. *Zantfliet* ad annum 1456. apud Marten. tom. 5. Ampliss. Collect. col. 491: *Levaret dictus Ghisbertus semel solvenda quinquaginta millia aureorum, qui dicuntur Leones. Qui quidem solverentur eidem de Precaria danda domino David (Episcopo Ultrajectensi) in jocundo adventu suo, ut moris est.* Vide *Adventus* 3.

PRECARIA, Servitium sonat, quod præstare tenebantur tenentes in metendis messibus, falcandis fœnis, et aliis servitiis, quando ad id *rogati* erant. Liber Consuetudinarius Monasterii de Bello in Anglia fol. 60: *Et debet invenire unum hominem cum uno equo ad herciandum qualibet septimana,.... et etiam debet venire quolibet anno ad duas Precarias carucæ cum caruca sua, si habeat integram carucam, vel de parte, quam habet carucæ, si carucam non habeat integram, et tunc arare debet utroque die, quantum potest a mane ad meridiem, et* uterque tentor (vid. carucæ) et fugatorum habebunt unum pastum solemnem utraque die prædictarum Precariarum,.... et debet inquirere ad tres Precarias in autumno quolibet die duos homines: et habebit uterque dictorum hominum ad utramque diem Precariarum, primus unum panem utroque die de frumento et ordeo mixto, qui ponderabit 18. libr. ceræ, pretium cujuslibet panis I. d. ob. et ad tertiam Precariam habebit uterque homo unum panem dicti ponderis totum de frumento pretio I. d. ob. et habebunt prædicti duo homines conjunctim ad quamlibet de prædictis 3. Precariis potagium et ferculum de carne sine potu pretii I. den. Placitum sub Henrico III. Reg. Angl.: Debent venire in autumno ad Precarium, quæ vocatur à la Bederepe, ut prior asserit. [Charta ann. 1325. apud Kennett. Antiquit. Ambrosden. pag. 401: Virgata terræ ejusdem conditionis faciet tres Precarias in autumpno, videlicet Precariam sine prandio cum tribus hominibus, et unam Precariam sine prandio cum uno homine... Debet etiam unam Precariam pro voluntate dominæ cum tota familia sua præter uxorem suam ad prandium dominæ. Chartul. SS. Trinit. Cadom. fol. 61: Debent I. acram araturæ et herciaturæ et Precarias... Debet III. sol. Abbatissæ et Precariam araturæ et erciaturæ. Vide Preces.]

Magna Precaria. Idem liber Consuetud. fol. 97: Item Joannes Boylonde tenet I. cotagium.... et debet invenire unum hominem ad magnam Precariam in autumno. Occurrit ibi pluries. Charta alia: Rogerus de Wellesburne tenet medietatem unius hidæ terræ in Tachebrok, et veniet ad magnam Precariam in autumno, cum omnibus messoribus suis ad puturam domini bis in die. Vide Somnerum in Tractatu de Gavelkind pag. 20. In Rotulo Computor. manerii de Harwe, in Anglia ann. 21. Ric. II. inter opera autumnalia, ea habentur: Et de 199. operibus magnæ Precariæ provenientibus de omnibus tenentibus domini, tam liberis, quam nativis, infra dominium domini residentibus, quorum quilibet domum habens, de quo fumus exit, inveniet unum hominem ad magnam Precariam, si ad hoc summonitus fuerit.

* Precaria Feodalis, Servitium feodale, illud scilicet, quod homines feodi præstare tenentur. Reg. S. Justi ex Cam. Comput. Paris. fol. 208. r°.: Precariæ feodales et precariæ carrucarum.... Item omnes homines feodi debent fenagium, etc. Hinc

* Precatorius, Qui ejusmodi precariis seu servitiis obnoxius est. Gloss. Cæs. Heisterbac. in Reg. Prum. tom. I. Hist. Trevir. Joan. Nic. ab Hontheim pag. 693. col. I: Jugera duo, jornales Precatorios duos.

Precare, Precariam, vel questam imponere, aut exigere. Charta ann. 1233. in Hist. Guinensi pag. 498: Cum recognovisset se, patremque suum, homines eorum feodatos manentes in terra Waziæ talliando sive Precando minus juste quam sæpius aggravasse, etc.

* 3. **PRECARIA**, Invitatio ad preces fundendas, quæ inter missarum solemnia fieri solet. Consuet. S. Crucis Burdegal. Mss. ante ann. 1305: Item est statutum, quod vicarius dicat vel faciat dici, quolibet die Dominico Quadragesimæ, sermonem suis parrochianis, et non plus de toto anno, saltem solemniter, licet possit dictos parrochianos instruere, quando facit Precarias suas, ut moris est. Vide supra Præceptum 2.

¶ **PRECATA**, Preces. Vita S. Aldemarii tom. 3. Martii pag. 491: Cœlumque lacrymas fundendo suspiciens...... talia emisit Precata, etc.

* Priesse, pro Ædicula sacra, locus orationi dicatus, in Poem. Rob. Diaboli. Ms.:

Et li sains enclus qui habite
En la forest priès de la Priesse,
U Robert ala à confiesse.

1. **PRECATIO**, Idem quod Precaria I. seu Charta Precariæ, in Charta Theudonis Archidiaconi Divionensis ann. 18. Lotharii Regis, apud Perardum: Et hæc Precatio omni tempore vitæ eorum firma et stabilis permaneat. [Vide Precatus.]

¶ 2. **PRECATIO**, Tributum, idem quod Precaria 2. Charta Philippi Aug. apud Marten. tom. I. Ampliss. Collect. col. 1104: Si vero homo manens in claustro vel extra claustrum aliunde adduxerit vinum venale, de unoquoque modio dabit Regi Franciæ, vel ei qui ab eo habet justitiam sex denarios, et cauponi unoquoque die, quamdiu vinum vendet, Precationem vel duos denarios. Vide Preces I.

¶ 3. **PRECATIO**, Servitium quod tenentes domino suo in operibus agrorum præstare tenentur. Tabular. Gemmet. Ch. 326: Debet unam minam hordei de molta et Precationes aratri et trahæ secundum consuetudinem. Vide in Precaria 2. et Preces 2.

4. **PRECATIO**, Oratio, quæ a Presbytero ante Epistolam in Missa dicitur. Amalarius in Eclogis de Officio Missæ editis a Baluzio: Episcopus quidem post primam orationem, quam Precationem nominamus, sedet versus ad populum, et presbyteri cum eo. Alibi: Quidquid agitur in officio Missæ, antequam oblatæ ponantur in altari, Precatio nominatur. Mox: Prima vero oratio, quam dicit Episcopus, Precatio nominatur, id est optatio bona pro populo. Vide S. August. Epist. 59. [et Preces 4.]

¶ 5. **PRECATIO**, Libellus supplex, Gall. Requête, in Cod. Theod. tit. I. lib. 12. de Decurion. leg. 36: Ita ut si quis contra interdictum legis nostræ Precationem obtulerit, etc. Occurrit sæpius in Cod. Theod.

PRECATOR. Capitulare de Villis cap. 45: Carpentarios, Scutatores, Precatores, Accipitares, id est Aucellatores, Saponarios, etc. Ubi forte legendum Scuratores, Paratores. Vide in his vocibus. [** Pertz. Scutarios, Piscatores, aucipites, etc.]

* Ab hac voce nostri Precour dixisse videntur, pro Arbitre, arbiter, qui a litigantibus eligitur ad controversias amice componendas. Charta ann. 1302. tom. I. Probat. Hist. Brit. col. 1180: Jehan sire de Beaumaneir comme amy commun ellu et amiable Precour, etc.

¶ **PRECATORES**, Hæretici, iidem qui Euchitæ, a Græc. Εὐχῆται, orantes. Horum antesignani fuerunt monachi quidam otiosi, qui cætera omnia præter orationem negligenda esse mentiebantur. De iis vide Epiphan. hær. 80. August. hær. 58. et alios.

¶ **PRECATORIA**, Idem quod Precatio. 3. Tabul. S. Vandreg.: Nec non et Precatorias terræ in anno hac de causa habebunt homines S. Vandregisili. Alia notione vide in Precaria I.

Precatoria Epistola, qua quis alium de re quapiam precatur, in Concilio Calched. act. 10. sub finem, in Concilio Agathensi cap. 59. Epaonensi cap. 18. Remensi I. cap. I. et Liptinensi cap. 3.

1. **PRECATORIUM**. Exstat in lib. Epistolarum S. Bonifacii Archiepiscopi Moguntini Epistola 108. sic inscripta: Precatorium memorandi fratrum doctorum. Continet autem formulam Brevis, uti vocant, mortuorum, quo scilicet memoria defunctorum fratrum, seu monachorum, unius monasterii, alterius monasterii fratribus commendatur. Unde memorandi, hoc loco, vox vim habet memoriam faciendi: pro doctorum vero indubie legendum defunctorum, quod non advertit Serrarius, quæ vox forte contracta erat in MS.

¶ 2. **PRECATORIUM**, Mensarii chirographum ad pecuniam ab alio mensario alio in loco accipiendam, Gall. Lettre de change. A formula in ejusmodi chirographis usitata sic dici videtur. Epist. Henrici de Villariis ann. 1347. tom. 2. Hist. Dalphin. pag. 560. col. 2: Item, duo Precatoria in publica forma confecta, per Guigonem Frumenti sigillata sigillo meo, super dictis quantitatibus recipiendis apud Venetias. Paulo supra ibidem legitur: Super quatuor millibus florenis tradendis... apud Venetias.

* **PRECATORIUS**. Vide supra in Precaria 2.

PRECATURA, Idem quod Precaria 2. questa, roga. [Bulla Stephani IX. PP. ann. 942. apud Miræum tom. I. pag. 257: Scilicet ut nullus Episcopus, nullus Comes.... in ecclesias aut loca, vel agros seu reliquas possessiones memorati monasterii (Broniensis) præsumat ingredi, aut ad causas audiendas aut Precaturas faciendas, etc.] Epistola Fulcardi Abbat. Lobiens.: Precaturas, imo rapinas, quas nullas omnino habere debent, de avena, de multacibus, de denariis, de omnibus pene mobilibus, contra voluntatem pauperum, non precando, sed tollendo faciunt. [Perperam precatura pro piscatura, in Charta ann. 1209. apud Menagium Hist. Sabol. pag. 364.]

¶ **PRECATURIA**. Vide in Precaria I.

¶ **PRECATUS**, Idem quod Precaria I. Charta Adalberti Comit. Viromand. apud Mabillon. tom. 3. Annal. Bened. pag. 719: In his ergo Deo sanctoque martyri Quintino datis rebus nullus heredum.... non comes seu vicecomes, nec cujuslibet ingenuitatis homo, aliquid amodo accipiat causa consuetudinis seu advocationis, non bannum, non justitiam, non districtionem, nisi fideli Precatu ipsius abbatiæ abbatis. Vide supra Precatio, I.

* **PRECEGUM**, Preseguum, Malum Persicum, Gall. Pesche. Comput. ann. 1362. inter Probat. tom. 2. Hist. Nem. pag. 245. col. I: Item solvi de vespere pro vino et Presequis ad opus domini Bertrandi de Montepesato,.... v. grossos. Alter ann. 1380. ibid. tom. 3. pag. 28. col. I: Pro xxv. Precegis emptis ab eodem pro præsentando dicto ministro dictorum fratrum Minorum,

pretio dictorum xxv. Precegorum duorum crosatorum.

1. **PRECES**, Idem quod *Precatura*, Exactio sub nomine precationis, *Questa.* Charta Hugonis Castellani Gandensis ann. 1265: *Et præterea occasione dicti feodi a dicto Quinto et ejus hæredibus nullum penitus servitium, et nullam exactionem, Preces, tallias, nec aliquod subsidium pro contrahendo matrimonio senioris filii vel filiæ nostræ.... exigere poterimus.* [Charta ann. 1349. inter Instrum. tom. 2. novæ Gall. Christ. col. 151: *Statuta ac consuetudines dictæ ecclesiæ (Brivatensis) servabit tam editas quam edendas et specialiter Preces.* Statuta MSS. Johannis dom. Commerciaci, ann. 1336: *Item retenons sur lesdits habitans l'ost et la chevauchie et la Priere des nouvelz seigneurs et de chevallerie, et de leur mariaiges et du voyage d'oultre-mer.*] Vide *Precaria* 2. et *Roga.*

2. **PRECES** etiam dictæ *Corvatæ*, quæ a tenentibus quasi precario exigebantur. Vetus Liber MS. ex Bibliotheca Regis Angliæ: *In quibusdam locis datur firma ad Natale Domini, et firma Paschalis, et firma Precum ad congerendas segetes.* Regestum Abbat. Welbekensis in Anglia fol. 108: *Hoc donum.... quietum ab omni exactione et servitio seculari, quæ mihi pertinent, excepto quod singulis annis, pro eadem terra, 5. solidos mihi dabunt, similiter tres Preces de una caruca, et tres Preces in Autumno, prima videlicet cum uno homine, secunda cum duobus hominibus: tertia vero die cum tot hominibus, quot in eadem terra cotidie metentes inventi fuerint.* Vetus Charta apud Somnerum in Tractatu de *Gavelkind* pag. 19: *Arant Preces semel ad conredium Curiæ.* Alia ibidem pag. 20: *In villa de Ickham sunt 16. Cotarii, quorum quilibet habet 5. acras, et hæ sunt eorum consuetudines: ducunt brasium,.... quilibet tres Preces, id est quando rogantur per servientem Curiæ, debent facere, sive aliud facere quod expedit domino per 3. dies, et si noluerint facere, possunt artari, etc.* [Chartular. SS. Trinit. Cadom. fol. 61: *Garinus de Cingeleis tenet in vavassoriam circa 20. acras.... et facit Preces bis in anno.* Perperam *preces* pro pisces editum in Charta ann. 1209. apud Menag. in Hist. Sabol. pag. 365.]

* Vel potius *Corvatæ* quæ a tenentibus prævia submonitione exigebantur, nostris *Priere* et *Proiere*, eadem acceptione. Charta Petri de Chambliaco ann. 1307. in Reg. 44. Chartoph. reg. ch. 87: *Item les journées de charues, des charretes et herches, que l'en appelle Prieres.* Alia ann. 1319. in Reg. 59. ch. 243: *Item les Prieres des bestes à deus saisons de l'an.* Alia ann. 1339. in Reg. 72. ch. 39: *Item diz Proieres trois foiz l'an et deux de herce, valent quatre livres, douze soulz.* Pecunia ergo interdum redimebantur ejusmodi *corvatæ.* Vide infra *Rogatum* 3.

¶ Esse cum Precibus Terræ, *Corvatis* seu iis qui *corvatas* faciunt præesse. Charta ann. 1249. in Tabul. B. M. de Bono-Nuntio Rotomag.: *Dereliqui... totum illud jus quod ratione serjantariæ meæ de Oumeio a dictis viris religiosis hereditarie reclamabam seu reclamare debebam, videlicet quod quando eram cum Precibus terræ suæ, debebam habere in pane et potu et alectis, prout ductores unius aratri.* Vide supra *Precatio* 3.

3. **PRECES.** Cum Episcoporum electiones liberæ quodammodo viderentur, eosque spectare, penes quos id juris erat, Principes tamen, partes suas variis modis interponebant. Nam inconsultis iis electionem inire fas non erat; et, si facta esset electio, regius requirebatur assensus. Sed et interdum electoribus quempiam e familiaribus eligendum proponebant, ac pro eo *preces* se offerre dicebant, de qua formula exstant aliquot Diplomata Henrici III. Regis Anglor. apud Prynneum in Libertatibus Angl. tom. 2. pag. 922: *Rex B. Archiepiscopo Cantuar. sal. Cum progenitores nostri Reges Angliæ Episcopatus regni Angliæ libere consuevissent conferre, ac postea gratis concessissent, quod Cathedrales et Conventuales Ecclesiæ liberas haberent electiones, salvis tamen eisdem progenitoribus nostris, et eorum hæredibus Precibus suis justis et honestis de viris prudentibus et idoneis ibidem præficiendis, etc.* Infra: *Et quia si præsens negotium, quod ita nobis cordi est, ad vota monachorum procederet, tanta nobis et hæredibus nostris immineret exhæredatio, et Regiæ dignitatis offensa, quod omnes Ecclesiæ Cathedrales, in quibus Religiosi potestatem obtinent eligendi, nobis invitis et Precibus nostris et hæredum nostrorum penitus exclusis, abjectis etiam et recusatis nobilioribus et peritioribus Clericis, qui ad Pontificalem dignitatem provehi solent, et quorum consilio et industria ardua regni et Ecclesiæ negotia tractari saluberius consueverant, ex seipsis exemplo consimili sibi Episcopum assumerent, etc.* Has vero *preces*, *imperiosas* et *armatas* vocat alicubi Matth. Paris, qui et illud Poëtæ adducit:

...... Stricto supplicat ense potens.

Preces Primariæ, ita dicitur jus, quod habet Imperator Coronatus ex antiqua consuetudine in omnibus Cathedralibus Ecclesiis atque etiam Monasteriis per Germaniæ regnum unius Canonici pro arbitrio nominandi, quem Collegium recipere debet. Charta Caroli IV. Imper. ann. 1350. a Marquardo Frehero edita: *Cum itaque nobis tam de jure, quam de antiqua et approbata consuetudine a divis Romanorum Imperatoribus et Regibus prædecessoribus nostris hactenus observata competat, quod ex Coronationis nostræ solenniis ad Romanorum regnum, quæ in nobis nutu divino dudum sunt completa, in quolibet Monasterio in Imperio constituto unam tantum personam, virtute Primariarum Precum nostrarum ad beneficium Ecclesiasticum facere possimus promoveri, etc.* Alia Venceslai Imper. ann. 1376. ad Rupertum Comitem Palatinum Rheni: *Concedimus per præsentes, quod in omnes Primarias Preces ratione nostræ Coronationis in Romanorum Regem, hodie videlicet die 6. mensis Julii Aquisgrani divina favente clementia solenniter susceptæ, per civitatem et diœcesim Spirensem et Wormatiensem tam de jure ab antiqua consuetudine divis Romanorum Regibus nostris antecessoribus et nobis competentem porrigere valeas et debeas, in singulis tam Cathedralibus quam Collegiatis et Conventualibus Ecclesiis et Monasteriis utriusque sexus, tam secularium, quam regularium personarum, nec non ad Prælatos, et alias personas Ecclesiasticas quascumque, etiamsi Pontificali vel alia præfulgeant dignitate, in dictis civitatibus et diœcesibus, sicuti easdem Preces per nos porrigere possemus, jus et potestatem porrigendi hujusmodi Preces nobis competentes in tuam personam omni forma et jure, quibus melius fieri poterit, plenarie transferendo, etc.* Gobelinus Persona in Cosmodr. æt. 6. cap. 94: *Postquam Joannes depositus fuit de Papatu, Rex dedit gratias ad beneficia expectativas, eo sub colore, quod ipse de consuetudine antiqua haberet Primarias Preces in qualibet collatione beneficiorum ad Ecclesiasticas personas spectante.* Prostat liber in Germania editus de ejusmodi Primariis Precibus. [** Vide Pfeffinger. ad Vitriar. lib. 3. tit. 2. § 8. sqq.]

☞ Eodem jure gaudet nunc Francorum Rex in jucundo regni adventu, cum scilicet jure regali in Cathedralibus et Collegiatis ecclesiis canonicum instituit. Vide hac de re Dictionarium Arestorum Brillonii. Antiquius est privilegium, quo ad hæc usque tempora usi sunt Reges Francorum in monasteriis regalibus, laico sub nomine *Oblati* præbendam monachalem assignandi.

¶ 4. **PRECES**, Orationes, quas is qui clero vel monachis præest, finito et expleto quolibet canonico officio, publice et voce altiori recitat, *Collecta.* Capitul. Childerici III. incerti anni cap. 9: *De regula collectarum. Nullus in Precibus nisi ad Patrem dirigat orationem, etc.* Eadem habentur lib. 7. Capitul cap. 418. Vide *Collecta* 8.

¶ Preces Sacerdotales. Capitul. Aquisgran. ann. 789. cap. 53: *Item ejusdem* (Innocentii) *ut nomina publice non recitentur ante Precem Sacerdotalem.* Adde lib. 1. cap. 52. et lib. 5. cap. 83. Capitul. Ubi verba Epist. Innocentii PP. I. ad Decentium Eugubinum num. 5. apud Coustant. pag. 857. spectantur, quæ hujusmodi sunt: *De nominibus vero recitandis, antequam Precem sacerdos faciat, atque eorum oblationes, quorum nomina recitanda sunt, sua oratione commendet, quam superfluum sit, et ipse pro tua prudentia recognoscis, ut cujus hostiam necdum Deo offeras, ejus ante nomen insinues, quamvis illi incognitum sit nihil. Prius ergo oblationes sunt commendandæ, ac tunc eorum nomina, quorum sunt, edicenda; ut inter sacra mysteria nominentur, non inter alia, quæ ante præmittimus, ut ipsis mysteriis viam futuris precibus aperiamus.* Haud obscurum est per precem sacerdotalem hic significari eam Missæ partem quæ *Canon* dicitur. Invaluit nihilominus exinde in Galliis et Hispaniis usus quem in laudata Epistola improbat Innocentius, ut ex antiquo Ordine Gallicano et Mozarabum Missali colligitur: qui usus ut in Galliis aboleretur cautum est citatis Regum nostrorum Capitularibus.

¶ Preces, Libellus supplex, in Cod. Theod. leg. 4. de div. Rescript. lib. 4. tit. 2. Vide *Precatio* 5. Constit. Cluniac. MSS. ann. 1301. in Tabular. B. M. Deauratæ Tolos.: *Præcipientes ulterius et addentes ut nulli de dictis capellanis, clericis et familia Preces a modo per se, vel per alium apud Abbates et Priores de Ordine porrigant vel effundant, pro monachis faciendis, aut pro aliis gratiis optinendis..... Inhibentes omnibus Abbatibus, Prioribus..... ne hujusmodi Preces exaudiant.*

* **PRECHERIA**, Preces, obsecratio, Ital. *Pregheria*. Mirac. B. Anton. Ripol. tom. 6. Aug. pag. 539. col. 1 : *Propter quod fecit devotionem et Precheriam suam ad dictum B. Antonium.*

* **PRECIA**, *Una vigna, che madura la uva ançi tempo*, in Glossar. Lat. Ital. Ms.

¶ **PRECIABILIS**, Pretiosus, Gall. *de prix*. Rigordus de Carolo Cal : *Hic attulit ad ecclesiam S. Dionisii.... cristam auream cum gemmis pretiosissimis et Preciabilem.*

* **PRECIAGIUM**. Vide infra *Presiagium*.

¶ **PRECIARE**, ut *Pretiare*. Vide in hac voce.

¶ **PRECICLAMIUM**, Oratio clamosa. Mirac. s. Vincentii Madelgarii tom. 3. Jul. pag. 681 : *Conveniunt ibi misericordia et miseria, fletus concurrentis populi et suspiria, mariti singultus et Preciclamia.* Occurrit etiam in hymno de S. Vulfranno.

PRECIOSITAS. Vide *Pretiositas*.

** **PRECISTA**, Cui per *primas preces* præbenda conceditur. Vide in *Preces*, 3.

* **PRECIUS**, f. contracte scriptum pro Pretiosus. Necrol. Ms. S. Joan. in Valle : *vj. Cal. Martii obiit bonæ memoriæ Odo Tusculanus episcopus, qui dedit nobis unam pulcherrimam crucem auream, in qua continetur de Precio ligno sanctæ Crucis.* Nisi legendum sit *de pecio ligni*, id est, de fragmento.

¶ **PRECONIARIUS**. Vide in *Præco*.

¶ **PRECORCIARE**, perperam pro *Precariare*, in Diplom. Henrici IV. ann. 1064. tom. 2. Rerum Mogunt. pag. 804 : *De prefato predio liberam dehinc potestatem habeant tenendi, dandi, commutandi, Precorciandi, vel quicquid eis pro usu ecclesiæ sue placuerit inde faciendi.* Vide in *Precaria* 1.

* **PRECORIUM**, Quercus, ni fallor. Vide *Cor* 2. Stat. senesc. Bellicadri ann. 1320. inter Probat. tom. 4. Hist. Occit. col. 162 : *Quicumque portaverit plumbatam manualem aut pugnalem, vel balistam de Precorio, etc.* Vide supra *Balista*.

PRECULA, PRECULARE, [Globulorum sacrorum series, ut videtur, nostris *Chapelet*.] Inventarium Ecclesiæ Eboracensis in Monastico Anglic. tom. 3. pag. 174. ubi de feretris et eorum ornatu : *Duo paria Precularum argenti deaurati..... Unum par Precularium argenti deauratum.... Unum par Precularum de coral. cum 16. gaudeys argenti deaurati .... Unum par Precularium argenti,* (infra, *del corall*) *cum le gaudeys deauratum.* Pag. 176 : *Duo annuli de auro, et duo gaudeyes de auro involuto in serico rubeo remanens in pixide eburnea continente plures lapides pretiosos.* [Vide *Gaudia*.]

PRECUM. Charta anni 1146. apud Ughellum in Episcopis Veronensibus : *Castellum de Cereta cum muris et munimine, et placito, et districto, et Preco, dederunt, etc.* Occurrunt eadem verba rursum. Vide *Præco*.

* F. Jus exigendi *preces* seu *corvatas*. Vide supra *Preces* 2.

¶ **PREDA**, pro *Prada*. Vide in hac voce.

¶ **PREDARIA**. Vide mox *Prederia*.

¶ **PREDARIUS**, adject. Qui prædatur, vastitatem infert. Radulfus in Friderico I. Imper. apud Murator. tom. 6. col. 1184 : *In gyro erant plaustrella circumdata præcidentibus ferris factis de falcibus Predariis.*

* **PREDELLA**, vox Italica, Scamnum, scabellum, id omne quo aliquid sustinetur. Mirac. S. Rufini tom. 6. Aug. pag. 818. col. 2 : *Etiam cum induceretur, vix cum duabus Predellis ligneis, præ nimia virium destitutione cum maximo sui gravamine se trahebat.*

PREDERIA, Machina bellica, quam *Petrariam* alii vocant, [a *Preda* Longobardis, pro *Pietra*, Petra, lapis.] Rollandinus in Chronico Paduano lib. 1. cap. 12 : *Estensem villam occupans, et devastans, ac burgum, roccham obsedit hostiliter, machinis et Prederiis pro posse destruens.* Lib. 10. cap. 7 : *Cum Prederiis et balistis die ac nocte grandinant proditores, et villam, eosque jugiter impugnant, etc.* Cap. 8 : *Vidit fossam magnam, et præter flumen aggerem elevatum,... plurimas et densas Prederias per ripam fluminis.* Adde cap. 1. ejusdem lib. 10. [Ottobonus in Annal. Genuens. lib. 3. ad ann. 1207. apud Murator. tom. 6. col. 395 : *Easque* (naves) *invadendo Prederiis, balistis atque sagittis præliaverunt.* Bartholomæus in iisdem Annal. lib. 6. ad ann. 1244. ibid. col. 509 : *Venit ad portum Januæ versus burgum S. Thomæ, et traxit lapides cum Prederia posita in una ex galeis per civitatem.* Occurrit rursum in Memor. Potestat. Regiens. apud eumd. tom. 8. col. 1081.] Vide *Petraria* 2.

¶ PREDARIA, Eadem notione. Boncompagnus de Obsid. Anconæ apud Murator. tom. 6. col. 931 : *Currensque post faculam accendit.... sicque combustæ sunt machinæ et Predariæ per audaciam viraginis.* Vide *Prædeira*.

¶ PREDERA, ut *Prederia*, apud Radulf. in Friderico I. Imper. tom. 6. Murator. col. 1178 : *Et cum testeris et Prederis expugnaverunt illud* (castellum.)

¶ **PREETER**, Belgis *Preter*, idem qui *Messarius*, messium vel silvarum custos. Charta ann. 1298. apud Miræum tom. 2. pag. 876. col. 1 : *Insuper dicti homines nostri feudales unanimiter judicaverunt.... quod ad jurisdictionem et dominium dictorum Religiosorum de jure pertinet potestas.... instituendi et destituendi famulos, qui vulgariter Preeter sive scutter nuncupantur.* Vide *Pratisator*.

¶ **PREFACHIA**. *Dare ad Prefachiam* Massiliensibus est dare sub convento pretio : *Préfachié* vocant qui ea ratione aliquid accipit. Vide *Facherius*. Charta ann. 1486. in Tabular. S. Victoris Massil. : *Dedit ad Prefachiam titulo veri aprefachii, etc.* Galli dicerent *à prix fait*. Vide *Presfoch*.

PREGA, [Idem videtur quod *Precaria* 2. *questa, roga*.] Charta Odonis Regis Franciæ ann. 889. apud Chifflетium in Tornutio pag. 271 : *Concedimus et perdonamus... Ecclesiæ, et monetam, et Pregas, sicut et alii antecessores nostri etc.* [Vide *Pregera*.]

¶ **PREGARIA**, ut *Precaria* 1. Charta qua quis prædium sub annuo censu ad vitam *precario* utendum accipit. Charta ann. 837. inter Probat. tom. 1. novæ Hist. Occitan. col. 70 : *Et ista Pregaria firmis permaneat semper. Facta ista Pregaria sexto Idus Madii, etc.*

¶ **PREGERA**, ut supra *Prega*. Charta ann. 1068. in Append. ad Marcam Hispan. col. 1144 : *Et castros istos.... muto in ecclesia S. Petri Agerensis cum omnibus juribus et pertinentiis,.... cum calonicis et placitis, et cum cartariis silvaticis, cum Pregera et questia et hostes, etc.* Vide *Precaria* 2.

¶ **PREGIA**. Statuta Vercell. lib. 3. fol. 102 : *Eo salvo quod.... barriles, Pregie, tractarolia, targie, scuta.... duci possint non obstante hoc statuto.*

* **PREGONESA**, vox Provincialis. Glossar. Provinc. Lat. ex Cod. reg. 7657 : *Pregonesa, Prov. profunditas, abissus. Pregon, profundus, imus.*

¶ **PREHEMINENTIA**, pro *Præeminentia*, in Charta Ludovici II. Regis Siciliæ ex Cod. MS. D. *Brunet* fol. 115.

¶ **PREHENDERE**, Exigere, tollere. Capitul. Pippini ann. 755. cap. 26 : *Ut nullus de victualio et carris.... teloneum Prehendat ... nec ullum teloneum eis tollatis.*

¶ **PREHENSIO**, *Jus Magistratibus concessum per viatorem. Item, instrumentum quo aliquid stringimus cochlea.* Laur. in Amalth. Primam notionem emenda ex Gellio lib. 13. cap. 12. Altera occurrit apud Cæsarem lib. 2. de Bello civ. cap. 8.

¶ **PREHENSURA**, Prehensio, captio. Leges Luitprandi [** 44. (5,15.)] apud Murator. tom. 1. part. 2. pag. 60 : *Habeat pro Prehensura servo pro pompo sol. 11.* Ubi alter Codex habet, *Prensura*.

PREJURAMENTUM. Vide *Perjuramentum*.

* **PREMA**, *Arduitas, Autesa, Prov. proprie templorum et murorum*, in Glossar. Provinc. Lat. ex Cod. reg. 7657.

¶ **PREMENCIONATUS**. Vide *Præmentionatus*.

PREMIDIONES. Concilium Budense ann. 1279. cap. 3 : *Prohibemus, ne Prælati vel Canonici.... deferant zendardum* (*l. zendaldum*) *rubeum, vel in aliquibus vestibus fimbrias, hoc est Premidiones, seu ornamenta nobilia exterius apposita de ludria, seu bivaria, seta, et alia simili materia.* Id est, de pellibus lutrinis, vel beverariis.

* **PREMISSARIUS**. Vide infra *Primissarius*.

¶ **PREMITIÆ**, ut *Primitiæ*. Vide in hac voce.

¶ **PRENDERE**, Idem quod *aprisionem* facere, portionem in re aliqua habere. Præceptum Ludovici Pii ann. 815. apud Baluz. in Append. ad Capitul. col. 1406 : *Et quicquid ille occupatum habebat, aut aprisione fecerat, vel deinceps occupare aut Prendere potebat, etc.* Vide *Aprisiones*, et *Prisio* 2.

¶ PRENDERE CONTRA ALIQUEM, Eum falsi arguere, atque ob id *duellum* offerre. Lex Ripuar. cap. 67. § 5 : *Si quis pro hereditate vel pro ingenuitate certare cœperit post, malo ordine, cum sex in ecclesia conjuret... Aut si quis eum contra Prendere voluerit, aut cum armis suis se defensare studeat ante Regem, aut omnem repetitionem cum legis beneficio restituat.*

¶ PRENDERE BELLUM, Eadem notione, Galli dicunt *Présenter un cartel*. Tabul. S. Albini Andegav. : *Hanc novam, ut dictum est, consuetudinem et tortam calumpniatus est abbas Otbrannus Reginaldo Thesaurario, et inde Prendidit bellum adversus eum dicto certo termino.*

* Nostri *Pranre mort* dixerunt, pro Mortem subire. Lit. remiss. ann. 1389. in Reg. 136. Chartoph. reg. ch. 43 : *Pour lesquelles choses.... le juge ou seneschal dudit lieu de S. George.... a jugié et condempné à Pranre mort ledit exposant.* Apud Froissart. vol. 1. cap. 29. *Se prendre*, pro *S'allier*, Fœdus cum aliquo inire : *Et vous dy que ces seigneurs dessus nommez promirent aux seigneurs d'Angleterre qu'ils se Prendroient aux seigneurs d'outre le Rhin.*

¶ Prendere Respectum, Gall. *Prendre du répit*, in eodem Tabular. : *Prendidit respectum ab eo usque infra octo dies, in quibus submoneret eum, vel ipse Comes vel Abbas.* Vide *Respectus* 2.

¶ Prendere *Sigilla et Epistolas*, in Capitul. Caroli Magni ann. 793. cap. 17.

* **PRENDIMENTUM**, Tributum, vectigal, exactio. Vide *Prenditio*. Charta ann. 1305. apud Murator. tom. 4. Antiq. Ital. med. ævi col. 579 : *Vidit Guaschum de Montepulciano stare ibi pro Teutonicis, et colligere datium et Prendimentum et camparias, et fructus de donicariis pro comitibus, comitatus Senensis.... Et habebat de Montepulciano datium et bandum et Prendimentum et camparia, sicut volebat.* Hinc *Preneur*, qui exactiones colligit, in Lit. ann. 1371. tom. 5. Ordinat. reg. Franc. pag. 463. *Preneresse* vero, quæ prædium conducit, in Chartul. Latiniac. fol. 264. v°

* Undenam autem vox Gallica *Prenne*, pro Domus leprosorum, vulgo *Maladrerie*, accersenda sit, non video; nisi forte legendum putes *Pienne*, a Pietas, misericordia, vel *Priene*, a *Proseucha*, Domus pauperum. Vide in hac voce et *Presenta*. Lit. remiss. ann. 1384. in Reg. 124. Chartoph. reg. ch. 319 : *Robin le Telier et Pierre Vendon... se arresterent sur le chemin à une haye pour faire eaue ou urine, en laquelle faisant ledit Vendon meuz contre ledit Telier.... dit ces paroles : ... Par ma foy, tu pisses comme mezel, dont icelluy Telier fu esbay et lui respondi qu'il n'estoit pas mezel ;..... icellui Vendon.... repliqua en disant, que autresfois avoit il mené le pere dudit Telier à la Prenne, et que encores le y menroit il, etc.*

PRENDITIO, Usurpatio, exactio, *malatolta*. Charta Udalrici Dom. de Balgiaco, apud Guichenonum : *Reddidit, reliquit, et finivit pro salute animæ suæ et antecessorum suorum B. Vincentio.... omnes consuetudines et Prenditiones, quas injuste vel juste fecerat ipse vel aliquis alius pro eo in villa de Monte, etc.* Vide *Prensio* et *Prisia* 1.

¶ **PRENICULA**, σιρὰ ἱματίου. Gloss. Lat. Græc. Pro *penicula*, ut vult Martinius.

¶ **PRENSATIO**, ἀγγαρεία. Eædem Glossæ. Martinius mallet *Pressatio*, ab ἀγγαρεύω, ad iter cogo.

¶ **PRENSIO**, Exactio, quidquid ex subditis et tenentibus capitur ad expensas Regis et domini, quod legitime et debite persolvi debet. Werpitio Bosonis inter Acta SS. Bened. sæc. 6. part. 1. pag. 648 : *In Polliaco nec in ejus obedientia comandam non requiram, Prensionem nullam faciam de bove, vacca, etc.* Charta ann. 1098. ex Tabul. S. Albini Andegav. : *Dedit.... arpennum vineæ VII. cadorum vini Prensionis prædicto S. Albino.* Ibidem : *Hæc vinea sex somas vini Prensionis..... reddit.* Tabular. S. Vincentii Cenoman. : *Willelmus de Doscela dedit S. Vincentio Prensionem dimidii agripenni vineæ quam habebant monachi apud Doscelam. Sed idem Willelmus accipiebat ibi tres summas vini Prensionis.* Vide *Prenditio*, *Prisæ*, et *Prisia* 1.

PRENSORIUM, Muscipula, ἴπος, in veteribus Glossis. [Pro officina fullonis et quolibet onere usurpari observat Martinius.]

¶ **PRENSURA**, Comprehensio. Vide *Prehensura*.

¶ **PRENUM.** Gloss. Græc. Lat. : Εἰπωθήριον ληνοῦ, *Prenum*. Ubi Martinius pressorium lignum in torculari intelligit; unde *premum* vel *prelum* legendum suspicatur.

¶ **PREPHATIA**, Prephatio, pro *Præfatio*, pars Missæ seu Liturgiæ sacræ. Vide in hac voce. Occurrit in vet. Ceremon. MS. B. Mariæ Deauratæ Tolos.

¶ **PREPTER**, pro *Præter*, in Charta Theodorici III. Regis ann. 690. apud Felibianum Histor. Sandion. pag. x.

¶ **PRERIPPIUM.** Vide supra *Præripium*.

¶ 1. **PRESA**, Pars, portio. Chron. Farfense apud Murator. tom. 2. part. 2. col. 404 : *In Fraxineto acquisivit terram modiorum IV. et in massam Torana Presam unam de Puzalia.* Chron. Parmense ad ann. 1268. apud eumdem tom. 9. col. 784 : *Pro meliori statuerunt ipsam terram in totum destruere. Et sic per vicinias civitatis et villas episcopatus divisione facta inter eos per Presas et partes, finaliter destructa fuit.*

¶ 2. **PRESA**, Captura, comprehensio, Gall. *Prise*. Chron. Farfense apud Murator. tom. 2. part. 2. col. 616 : *Obligaverunt se et heredes suos, ut non facerent nec consiliarentur, ut domnus Berardus abbas vitam perderet aut membra, aut malampresam haberet.* Ubi leg. divisis vocibus *malam Presam*. Aliæ formulæ ejusmodi hominii habent, *assecuravit vitam et membra et captionem corporis.*

¶ 3. **PRESA**, Præsa, Debiti instrumentum, quo quis sub comprehensione corporis, ut videtur, (unde vocis etymon) se huic solvendo obligat. Statuta Cadubrii lib. 1. cap. 12 : *Et quod alii etiam notarii de Cadubrio possint et valeant scribere omnia acta civilia; exceptis interdictis, Presis, et sententiis coram vicario.* Cap. 21 : *Quod nullus notarius extrahere debeat ex abreviaturis alicujus notarii defuncti Præsam, vel præceptum, seu instrumentum debiti, sive sententiam debiti, quæ vel quod notatum fuerit quindecim annis transactis.* Cap. 48 : *Quod si quis præco aliquem tam terrigenam quam forensem pro aliquo debito pignorat, pignorare debeat ex instrumentis, Præsis, sive carthis, et præceptis, etc.* Ibidem lib. 2. cap. 20 : *Possit et valeat quilibet homo et persona, tam de Cadubrio, quam forensis pignorare seu ponere in manu jurati, pro suis debitis pignora et bona cujuslibet personæ, ... et hoc tam cum carthis sive Præsis, quam sine carthis seu Præsis.* Denique cap. 39 : *Quod si aliquis de sua manu propria in aliqua cartula sive cartha, vel in quaterno suo, vel alicujus personæ scripserit, vel scribet quod sit debitor alicujus, vel quod ei teneatur re, aliqua pecuniæ quantitate, seu in aliqua in sive causa fuerit addita in illa scriptura, sive non, quod ille talis qui sic scripserit vel scribet, ex tali sua scriptura possit conveniri, sicut esset Præsa, vel aliquod publicum instrumentum. Et eadem debeant observari sicut de Præsis et aliis carthis cautum est.*

* 4. **PRESA**, Canalis, rivulus, quo fluvii portio distrahitur ad prata irriganda. Charta ann. 1601. ex sched. Pr. *de Mazaugues : Quod possint aquam accipere in territorio S. Martini de Brana, et in eodem Presam facere, illamque aquam.... ducere.* Infra : *Teneantur et debeant vallatum illum noviter facere seu recurare a Presa illius aquæ, etc.* Vide infra *Prisia* 3.

¶ **PRESALIA**, Ital. *Presaglia*, Captura, vel potius idem quod *Repræsalia*. Vide in hac voce. Johan. Demussis Chron. Placent. apud Murator. tom. 16. col. 469. ad ann. 1258 : *Ceperunt dom. Philippum Archiepiscopum Ravennæ Delegatum dom. Papæ in Lombardia, qui præerat dicto exercitui, et dom. Gerardum Coxadocham Electum Veronæ qui erat cum dicto Legato : pro qua Presalia, etc.* Vide *Prisaliæ*.

¶ **PRESBODIA**, Præpositi districtus. Vide supra *Præbosdia*.

PRESBYTER, *Sacerdos*. Isidorus lib. 7. Orig. cap. 12 : *Presbyter Græce, Latine Senior interpretatur, non pro ætate vel decrepita senectute; sed propter honorem et dignitatem, quam acceperunt, Presbyteri nominantur, unde et apud veteres iidem Episcopi et Presbyteri fuerunt, quia illud nomen dignitatis, hoc est ætatis.* Paulinus Epist. 23. ad Amandum : *Deservimus altario Dei, et mensis salutaribus ministramus, jam nomine officioque seniores, sensu autem adhuc parvuli, et sermone lactentes.* Epistola ad Rusticum Narbonensem Episcopum de 7. Gradibus Eccles. : *Presbyter ætatis est nomen, Episcopus dignitatis.* S. Hieronym. Epist. 83 : *Apud veteres iidem Episcopi et Presbyteri fuerunt, quia illud nomen dignitatis est, illud ætatis.* Adde Epist. 85. et vide Ivonem Carnotensem serm. 2. de Rebus Eccles. Adrianus Imper. apud Vopiscum in Saturnino : *Nemo illic Archysynagogus Judæorum, nemo Samarites, nemo Christianorum Presbyter, etc.* Ammianus lib. 31 : *Christiani ritus Presbyter, ut ipsi appellant, missus a Fritigerno Legatus, etc.* Malchus in Byzanticis : Τὸν τῶν βαρβάρων ἱερέα, ὃν οἱ χριστιανοὶ καλοῦσι πρεσβύτερον, etc. Procopius lib. 1. de Bello Persico cap. 25 : Ἔνθα ἱερεὺς γενόμενος ἀκουσίως, Πέτρον ἑαυτὸν μετωνόμασεν, οὐκ ἐπίσκοπον μέν τοι, ἀλλ' ὅνπερ καλεῖν πρεσβύτερον νενομίκασιν. Et lib. 1. de Bello Vandal. cap. 10 : Τῶν δέ τις ἱερέων, οὓς δὴ ἐπισκόπους καλοῦσιν, etc. Ubi vox *Presbyter* convenit Episcopis et Sacerdotibus. Vide Baron. ann. 58. num. 10.

* *Prouaire* et *Prouere*, apud Joinvil. in S. Ludov. edit reg. pag. 77. et 101. Vide *Præbendarius* in *Præbenda*. Eo nomine appellatos fuisse, etiam in sequioribus sæculis, episcopos, probat Chartul. S. Albini Andegav. in quo sapius legitur isthæc formula : *Gebuinus Lugdunensis ecclesiæ indignus Presbyter R. Turonicus sedis archiepiscopo, etc.* Ibidem : *R. Turonicus indignus*

Presbyter domino et amicorum amicissimo A. compresbytero suo, etc.

¶ Presbyteri, pro *Episcopi*. Tabular. Majoris Monast. : *Stephanus Dei gratia Redonensis Ecclesiæ Presbyter, Regis Angliæ capellanus, etc.* Quemadmodum vero Presbyteri dicti Episcopi, ita et vicissim Episcopi nuncupati Presbyteri, quod intra Apostolica tempora omnino contrabendum cum Beveregio in Notis ad can. 2. Apostolorum vix credam : non unum quippe exstat cum apud Græcos, tum apud Latinos promiscue hujus nomenclaturæ exemplum in sequioribus sæculis. Vide *Episcopus.*

¶ Presbyter, unde, pro Parochus, curio, passim occurrit in Capitul. Reg. Franc. Ordinat. Episc. Ebroic. ann. 1268. in Tabul. S. Taurini : *Appellatione autem Presbyterorum intelligi volumus illos tantummodo qui curam animarum habent.* Vide Spicil. Acher. tom. 9. pag. 120.

¶ Presbyteri, unde dicti Monachi. Rudolfus in Vita B. Rabani Episcopi Mogunt. sæc. 4. Bened. part. 2. pag. 4 : *Erant etiam per diversas provincias prædia monasterio subjacentia,... quorum alia quidem per villicos ordinavit; alia vero, et maxime illa, in quibus ecclesiæ fuerant, Presbyteris procuranda atque disponenda commisit.*

¶ Presbyter, Eadem notione qua *Senior*, Primus, præcipuus : pro Comite usurpatur in Vita S. Meginradi sæc. 4. Bened. part. 2. pag. 64 : *A patre ducitur* (Meginradus) *ad insulam, quam veteres Sindlochesaugiam vocabant, a nomine cujusdam Presbyteri, qui Sindloch appellatus, primo in ea habitacula monachorum construxit, et secum Pirminium cum sociis ad habitandum eo induxit.* In Vita S. Pirminii sæc. 3. part. 2. pag. 142. idem *Sindloch* seu *Sintlaz, vir egregius et inter Alamanniæ Primates opinatus* dicitur.

* Chron. Angl. Th. Otterb. edit Hearn. pag. 184 : *Eorum* (Hibernensium) *reguli se regi* (Angliæ) *submiserunt, videlicet Power cum filio suo juxta Waterford, Ocell, Onelon cum filio suo, Abron, Macmourth cum Presbitero.*

Presbyteres, pro *Presbyteri*, apud Eddium Steph. in S. Wilfrido cap. 50.

¶ Presbyter Abbatis, Ejusdem Capellanus, in Vita B. Rabani Episc. Mogunt. sæc. 4. Bened. part. 2. pag. 8 : *Igitur dum hæc agerentur, Addo Presbyter Abbatis, etc.*

Presbyteri *agrorum et ruris*, qui alias *Chorepiscopi* dicuntur apud Zachariam PP. in Epist. ad Pipinum cap. 4. Vide *Chorepiscopus.*

Presbyter Assistens, Qui scilicet Episcopo, sacra facienti, adest, de cujus munere legendus Ceremonialis Episcop. lib. 1. cap. 7.

¶ Presbyteri Capellani, Qui in Capella palatina divinis vacabant. Capitul. lib. 7. cap. 123 : *Unum vel duos Episcopos cum capellanis Presbyteris Princeps secum habeat.*

Presbyteri Cardinales, dicti Parochiales, Curiones, *Sacerdotes proprii. Presbyter in cardine constitutus*, apud Hadrianum I. PP. in Canonib. cap. 68. Vide Hincmarum in Capitulis in Synodo Remensi datis ann. 874. Chronicon Abbatiæ S. Joannis de Vineis pag. 41. etc. Zacharias PP. in Epist. ad Pipinum cap. 15. Oratoria et Ecclesias *in proprietatibus* magnatum ita exstrui permittit, ut in iis *Baptisteria non construantur, nec Presbyter constituatur Cardinalis; sed si Missas ibi fieri velint, ab Episcopo Presbyter postuletur.* Similia habentur apud Gregorium M. lib. 1. Epist. 15. lib. 7. Ind. 2. Epist. 9. 10. 86. lib. 8. Epist. 3. lib. 10. Epist. 12. lib. 11. Epist. 36. et in Diurno Romano cap. 5. tit. 4. Joannes VIII. PP. Epist. 199 : *Nullus de laicis Curialibus in Patriarchatus eligatur, vel consecretur honore, nisi de Cardinalibus, Presbyteris et Diaconibus Constantinopolitanæ Sedis, etc.* Adde Epist. 221. 276. Paschalis II. PP. in Epist. 10. ad Episcopum Compostellanum : *Cardinales in Ecclesia tua Presbyteros seu Diaconos tales constitue, qui digne valeant commissa sibi Ecclesiastici regiminis onera sustinere. Porro quæ Presbyterorum intersunt, Presbyteris : quæ Diaconorum, Diaconibus committantur, ut in aliena dispendia nullus obrepat.* Walterus Aurelianens. Episc. in Capitul. cap. 2 : *Ut per Archidiaconos vita, intellectus, et doctrina Cardinalium Presbyterorum investigetur.* Charta vetus in M. Pastorali Eccl. Paris. lib. 19. ch. 79 : *Hæc sunt debita subjectionis, quæ debet Ecclesia S. Martini de Campis matrici Ecclesiæ B. M. Paris. Sacerdos, qui Parochiæ præerit, curam animarum ab Episcopo et Archidiacono suscipiet, et quoticscumque diebus festis Episcopus Missam cantaverit, ipse duodecimus Cardinalis ministerio assistet.*

☞ Eodem nomine insigniti aliquando in Ecclesiis Cathedralibus, vel etiam Monasteriis Presbyteri, quibus ex concessione summorum Pontificum licitum erat, ut soli ad præcipuum altare, quod *cardinale* vocabant, unde *Cardinales* dicti, solemnem Missam celebrarent. Ejusmodi privilegium concessum Ecclesiæ Coloniensi ab Eugenio III. PP. ann. 1151. videre est tom. 3. novæ Gall. Christ. col. 676. Idem etiamnum obtinet in Basilica monasterii S. Remigii Remensis ex Constitutione Leonis IX. PP. Vide Mabillon. tom. 4. Annal. pag. 503.

Presbyteri Cathedrales, dicebantur ii, qui ex Parochiis ab Episcopis in urbem matricem evocabantur, quo illorum opera et industria in sacris obeundis ac componenda diœcesi commodius uterentur. Atque hi Presbytero in Parochiis suis constituto, cui annuum dabant stipendium, reliquas obventiones sibi reservabant. De iis agit Concilium Emeritense can. 12. [Charta Arnaldi Archiepisc. Narbon. ann. 1129. inter Instrum. tom. 6. Gall. Christ. novæ edit. col. 34 : *D. Arnaldus Narbonensis metropolitanus pontifex,.... simulque secum residentibus Arnaldo venerabili præsule Carcassensi, et Alleberto honorabili episcopo Agathensi,.... cum Cathedralium Presbyterorum ac diaconorum reliquorumque clericorum veneranda collegio, etc.*]

Presbyteri Civitatenses, et *Diœcesani*, in Concilio Agathensi can. 22. dicuntur qui in Civitatibus et Diœcesibus, seu Parochiis, munia sua exsequuntur. Vide *Diœcesis.*

¶ Presbyter Custos, Æditus. Charta ann. 846. ex Tabul. Major. Monast. : *Ebernus Presbyter custos memorati loci : quod quoddam oratorium infra idem monasterium situm est.*

Presbyter, vel *Sacerdos domesticus*, apud Agobardum Lugd. lib. de Privilegio et jure Sacerdotii cap. 11. dicitur is, qui manet in familia proceris alicujus. Illius quippe ævo, *ea increbuerat consuetudo impia, ut pene nullus inveniretur anhelans et quantulumcumque proficiens ad honores et gloriam temporalem, qui non domesticum haberet Sacerdotem, non cui obediret, sed a quo incessanter exigeret licitam simul atque inlicitam obedientiam, non solum in divinis officiis, verum etiam in humanis, etc.* Ejusmodi Presbyteros domesticos intelligit, ni fallor, S. Augustinus serm. 251. de Tempore : *Potentes istius mundi, qui cum veniunt ad Ecclesiam, non sunt devoti ad laudes Dei celebrandas; sed cogunt Presbyterum, ut abbreviet Missam, et ad eorum libitum cantet, etc.* Quod pridem factum Episcoporum indulgentia docet Canon 21. Concilii Agatensis. Atque inde usus, seu potius abusus, invaluerat, ut Sacerdotes isti domestici, *Presbyteri Magnatum*, et *procerum* vocitarentur : quod ægre fert Nicolaus I. PP. in Epistola, quæ exstat apud Hugonem Floriacensem in Chronico, in Lothario Imper. pag. 121. Quod vero sub nullius Episcopi disciplina esse viderentur, atque adeo ab Archidiacono coerceri nollent, *Acephalos* Ecclesia nuncupavit, ut est in Synodo Ticinensi ann. 850. can. 18. et in Concilio Melphitano can. 9. Sed Concilium Cabilonense can. 14. ejusmodi *Clericos, qui ad ipsa oratoria deserviunt*, ad Episcoporum potestatem revocavit. Vide Epistolam Zachariæ PP. ad Pipinum cap. 15. Concilium Meldense ann. 845. can. 74. Vitam S. Zentini Episcopi Carnot. num. 2. et Vitam S. Judoci cap. 4. Sed et interdum magnates ipsi servis suis, quos literis imbui permiserant, libertatem concedebant, ut *presbyterarentur*, seu Presbyteri fierent, coramque iis, quotiens luberet, Missam et Horas Canonicas celebrarent, et eorum mandatis obedirent : quod præterea Synodorum auctoritate confirmatum tradit auctor Fletæ lib. 2. cap. 51. § 7.

Presbyteri Forastici et *Pagenses*, Martino Braccarensi cap. 56. dicuntur, qui sunt in agris : quos Concilium Neocæsariense can. 13. πρεσβυτέρους ἐπιχωρίους vocat, id est ἐν τοῖς χωρίοις, seu vicis ordinatos; Synodus Ancyrana πρεσβυτέρους τοὺς ἐν ταῖς χώραις, *Presbyteros ruris* Dionysius. *Presbyteros et Sacerdotes suburbanos*, Vita Aldrici Episc. Cenoman. pag. 49. 67. 76. 84. Ita *Presbyteros Forenses* vocant Capitul. 4. ann. 806. cap. 2. et lib. 6. Capitul. cap. 246. [Vide Fr. Pithœi Glossar. ad lib. Capitul. et Notas Bosqueti Episc. Monspel. ad Innocentium III. pag. 139.] Maxime vero

Presbyteri Forenses nuncupantur ii, qui ex aliena diœcesi vel Ecclesia sunt, ut in Synodo Romana sub Leone IV. anni 853. cap. 39. apud Ratpertum de Casibus S. Galli cap. 5. in Vita S. Pauli Episcopi Virunensis num. 11. etc. qui

Presbyteri Peregrini, Gregorio M. lib. 3. Epist. 18. Charta Adalberonis Episcopi Virdunensis ann. 1135. ex Tabulario S. Vitoni : *Constituimus ergo quatenus eandem Ecclesiam cum atrio Abbas et fratres libere et quiete possideant, nec aliquis forensium Presbyterorum sine jussu vel concessu*

Abbatis aliquando de eis se intromittat.

* Presbyteri Forenses, Qui foras urbis seu in agris sunt. Charta Francon. episc. Nivern. ann. 903. ex Tabul. ejusd. eccl. : *Per consilium nostrorum fidelium, canonicorum scilicet cardinalium et archipresbyterorum atque forensium sacerdotum, etc.*

¶ Presbyter Hebdomadarius, Cui per hebdomadam majus sacrum canere, omniumque horarum officium inchoare incumbebat : nisi sit nomen dignitatis, quomodo Thesaurarius in Ecclesia S. Petri Lovaniensi *Hebdomadarius* dicitur. Vide in hac voce. Ut ut est Chartam Raimundi Rogerii Vicecom. Biterr. ann. 1204. subscribunt *Petrus prior presbyter et Guillelmus presbyter Hebdomadarii S. Nazarii*, inter Instr. tom. 6. Gall. Christ. novæ edit. col. 150.

Presbyteri Inductitii, quibus opponuntur *proprii Sacerdotes*, in Concilio Romano sub Innocentio II. can. 10 : *Præcipimus etiam ne inductitiis Presbyteris Ecclesiæ committantur : et unaquæque Ecclesia, cui facultas suppetit, proprium habeat Sacerdotem. Conductitii*, dicuntur in Concilio Remensi ann. 1148. cap. 10.

Presbyter *seu Sacerdos localis*, in Concilio Valentino Hisp. ann. 524. can. 6. in locis certis ordinatus, vel loco alicui addictus, qui dum Ordinem Sacerdotii accepit, spondet se in certa Ecclesia deserviturum. Vide Concilium Arelatense I. can. 21. et Concilium Calched. act. 15. can. 6. in quo statuitur, nullum Presbyterum vel Diaconum ordinandum, εἰ μὴ ἰδικῶς ἐν ἐκκλησίᾳ πόλεως ἢ κώμης, ἢ μαρτυρίῳ, ἢ μοναστηρίῳ ὁ χειροτονούμενος ἐπικηρύττοιτο. Adde can. 20. ejusdem Concilii, VII. Synodum act. 7. can. 10. Concil. Hispalense II. can. 3. Capit. Caroli M. Add. 3. cap. 50. Concil. Turon. III. cap. 14. *Presbyter ad Ecclesiam intitulatus*, apud Leonem IV. PP. de Cura Pastorali. Distinguuntur vero a Presbyteris Diœcesanis, seu Parochis, in Concilio Toletano III. can. 20. Vide *Titulus*.

* Presbyter Mercenarius, Qui proprii sacerdotis vices agit in ecclesia, certa ei assignata mercede, nostris *Mercenaire*. Comput. Ms. fabr. S. Petri Insul. ann. 1498 : *Pro jure pallii quondam domini Joannis Malfuison, dum vixit Presbyteri mercenarii in S. Stephani ecclesia.* Vide supra *Mercenarius* 2.

Presbyter Missalis. Vide in *Missa* 4. pag. 440. col. 2.

* Presbyter Observator, idem qui *Assistens*. Vide supra *Observator*.

Presbyteri Parochiales, in Epist. Zachariæ PP. ad Pipinum cap. 1. in Epistola Montani Episcopi ad Pallentinos cap. 7. in Concilio Valentino III. ann. 855. can. 9. 17. in Lateranensi ann. 1215. can. 32. (ubi interpres Græcus, οἱ ἐνορῖται πρεσβύτεροι,) apud Gregorium Magn. lib. 1. Epist. 51. Florentium Wigorniensem ann. 1127. in Epistola Petri Episcopi Parisiensis, in Martiniani Monasterii Hist. pag. 492. *Sacerdotes Parochiales*, lib. 3. Decretal. Gregorii tit. 5. cap. 30. etc. *Presbyteri Parochiani*, in Lege Aleman. tit. 13. et in Epistola Arnulphi Abbatis de Marchasio-Radulphi apud Sammarthanos in Abbat. pag. 18. *Presbyter, qui in Parochia positus est ab Episcopo*, in eadem Lege Aleman. tit. 11. *Presbyteri parorhiarum* dicuntur, in Concilio Aurelian. III. can. 23. Aurelian. IV. cap. 11. Narbon. cap. 8. vulgo *Curiones*.

* Presbyteri Pœnitentium, *Qui eorum conversationem diligenter inspicere debent, et secundum modum culpæ pœnitentiam per præfixos gradus injungant*, in Rituali Ms. eccl. Senon. fol. 64. Vide in *Pœnitentes*.

Presbyter Populi, Plebanus. Acta Murensia pag. 41 : *Decimas vero Ecclesiæ, quæ de Parochia veniunt, partim nos accipimus, et partim Presbytero populi dimittimus.* Et pag. 8 : *Ita sane ut illi tamen secularem Presbyterum haberent, qui populo præesset.*

¶ Presbyter Presbyterorum, Abbas esse videtur. Charta ann. 1013. apud Murator. delle Antic. Estensi pag. 85 : *Ibique in eorum præsentia veniens Dededus Presbiter Presbiterorum monasterii S. Zachariæ, atque Petrus Presbiter, officiciales de eodem monasterio, etc.*

Presbyteri Priores. Vide Gregorium M. lib. 5. Epist. 12.

¶ Presbyter Proprius, Parochus, curio. Capitul. lib. 1. cap. 157 : *Ut de eorum portione proprio Presbytero decimas donent.* Occurrit rursum in Addit. 2. cap. 10. et alibi passim.

Presbyter Secularis, in Charta Guillelmi Episcopi Parisiensis ann. 1241. cui opponitur *Presbyter religiosus*, vel Monachus, in Historia Prioratus S. Martini pag. 499.

* Presbyteri Stipendiarii, Quibus stipendium, non beneficium assignatum est. Chron. Angl. Th. Otterb. ad ann. 1406. pag. 258. edit. Hearn. : *Eodem anno concessa fuit regi per clerum nova taxa, levanda de Presbyteris stipendiariis et fratribus mendicantibus et aliis religiosis, qui animalia colebant, ut quilibet talis solveret regi dimidiam marcam.*

Presbyteri Vicani, in Concilio Turonensi II. can. 4. qui per vicos dispertiti sunt. Iidem qui

¶ Presbyteri Villani, in Edicto Pistensi cap. 30.

* Presbyterorum Filii, qui quasi hæreditario jure ecclesias a patribus suis possessas sibi vindicabant, memorantur in Bulla Urbani III. PP. ad Jocel. episc. Glasg. ex Chartul. ejusd. eccl. Cod. reg. 5540. fol. 34. v°. : *Præterea filios sacerdotum paternas ecclesias quasi hæreditario jure sibi vindicantes et eis contra statuta canonum et sanctæ Ecclesiæ libertatem taliter incubantes, sublato appellationis obstaculo, ab ecclesiis, in quibus patres eorum ante ipsos proximo ministrarunt, nostra fretus auctoritate removeas; nisi forte aliquam propter probatam honestatem et diutinam possessionem sub dissimulatione videris transeundum.*

☞ Ut Presbyteri utantur assidue orariis præcipitur ex Conc. Mogunt. ann. 813. can. 28. in lib. 5. Capitul. 146 : *Presbyteri sine intermissione utantur orariis propter differentiam sacerdotii dignitatis.* Iisdem jubetur eorumdem Capitul. lib. 6. cap. 178 : *Ut sine sacro chrismate oleoque benedicto et salubri Christi eucharistia alicubi non proficiscantur.*

☞ Illud vero observatu dignum videtur Presbyteros inter servos et mancipia recensitos fuisse, ita ut in partitionem venirent et a dominis possent permutari. Antiquum ea de re exstat exemplum apud Mabillon. lib. 6. Diplom. Ch. 70. ex Commutatione mancipiorum inter Theodradam Abbatissam Monast. S. M. Argentogil. et Einhardum Abbatem ann. 824 : *Dedit igitur præcellentissima Theodrada abbatissa de ratione S. Mariæ partibus Einhardi abbatis homine aliquo, nomine Gulfoco Presbytero.* Tolerabilior fuit conditio Goffridi Presbyteri, qui ob cujusdam ecclesiæ *presbyteratum* ei ad vitam concessum, Oderici Abbatis Vindocinensis *homo* factus *fidelitatem illi ac loco sanctæ Trinitatis cœnobii Vindocinensis juravit*, atque omnium, *quæ ad præsens tam ipse quam uxor ejus legaliter ab eodem, secundum laïcalem morem; antequam sacerdos esset, ducta possidebant*, ut legitur apud eumdem Mabill. tom. 4. Annal. Bened. pag. 467. Ex his tamen verbis *secundum laïcalem morem* subodorari potest præter morem fuisse ut servitia, quæ ad laïcos spectant, a Presbyteris exigerentur. Et certe inhibitum lib. 1. Capitul. cap. 85. ne Presbyteri servitium aliquod de manso faciant præter ecclesiasticum : *Presbyteri in iis* (mansis) *constituti non de decimis, neque de oblationibus fidelium, non de domibus, neque de atriis vel hortis juxta ecclesiam positis, neque de præscripto manso aliquod servitium faciant præter ecclesiasticum.*

Presbyter Joannes, ita appellabatur Rex, qui in India longe lateque rerum potiebatur, quod genus duceret a quodam Joanne Presbytero Nestoriano, de quo agit Albericus ann. 1145. qui *Coirem Cham*, harum regionum Rege, qui Francis nostris Antiochiam obsidentibus florebat, extincto, Principatum invaserat. Gaufredus Vosiensis 1. part. cap. 65 : *Primo loco ponatur excelsus ille Joannes, qui regnis imperans magnis, humilitatis causa Presbyteri sibi nomen aptavit, hujus principatus diversarum copias rerum, qualiterve plures ipsi serviunt Reges, et de Archiprotopapatu, vel qua de causa pater ejus, Quis ut Deus? dictus est, Epistola Manueli ab eo directa prodit breviter.* De hoc Principe non contemnenda adnotavimus in Observationibus ad Joinvillam pag. 89. 90. Vide præterea tom. 8. Spicilegii Acheriani pag. 379. lib. 1. Miscellan. Baluzii pag. 258. Gregorium Abul-Faragium in Histor. Dynastarum pag. 280. Sanutum pag. 254. Waddingum in Annalibus Minorum ann. 1305. num. 10. etc.

* Hujusce exstat epistola ad Emanuelem imperatorem ann. circ. 1165. apud Pez. tom. 6. Anecd. part. 2. pag. 21. col. 1. qua ab illo quærit, num *rectam fidem et catholicam habeat in Domino, et si per omnia in Christo Deo credat;* dehinc ut ad *dominationem majestatis suæ* veniat, hortatur, fruiturus *abundantia sua*, promittitque se illum constituturum *Majorem dominationis* suæ, si secum stare voluerit. Epistolæ inscriptio talis est : *Presbyter Johannes potentia et virtute Dei et Jesu Christi dominus dominantium, amico suo Emanueli Romeon gubernatori.*

☞ Multi multa scripserunt de Joanne Presbytero, quem alii *Pretiosum Joannem* vocant; unde Jos. Scaligero vox hæc de ducta est a Persico *Preste-Chan*, id est, homo Apostolicus sive Christianus. Ejus imperium alii in Africa, alii in Asia collocant. Regem esse Abyssinorum existimat V. Cl. *le Grand* in Dissertatione quam de eo instituit in Relat. Histor. Abyssiniæ pag. 233. quem consuluisse non pigebit.

Presbyterare, Presbyterum facere, in Fleta lib. 2. cap. 51. § 7. [Forma electionis Petri Episcopi Anic. ann. 1053. tom. 4. Annal. Bened. pag. 743. col. 1 : *Firmavit* (Leo IX. PP.) *electum nostrum prædictum Petrum ecclesiæ nostræ archidiaconum et præpositum, et præcepit Presbyterari a Cardinali Umberto Ecclesiæ S. Rufinæ Episcopo.* Pro Presbyterum esse, apud Busch. de Reformat. Monast. tom. 2. Script. Brunsvic. Leibnitii pag. 934 : *Cocus noster est parum aut nihil sciens, intendit tamen Presbyterare, etc.*]

¶ Presbyterandus, Clericus, qui in ordine est ad Presbyterium, apud eumdem Buschium ibid. pag. 940 : *Ibi duo, presbyter et Presbyterandus stabant in atrio, propter altaris ibidem dedicationem, ad vesperas cantandas.*

PRESBYTERÆ, Presbyterissæ, Presbyterorum uxores, eorum nempe, qui abdicato ex consensu mutuo matrimonii usu, divino cultui se mancipabant, Sacerdotes effecti, vel Episcopi. Atto Vercellensis Episcopus Epist. 8 : *Possumus quoque Presbyteras vel Diaconas illas existimare, quæ Presbyteris vel Diaconis ante ordinationem conjugio copulatæ sunt, quas postea caste regere debent, etc.* Gregorius Magnus lib. 4. Dialog. cap. 11 : *Illic Presbyter quidam commissam sibi cum magno timore Domini regebat Ecclesiam : qui ex tempore ordinationis acceptæ Presbyteram suam, ut sororem diligens, sed quasi hostem cavens, ad se propius accedere nunquam sinebat.* Ubi observandum, ejusmodi *Presbyteras* in eadem æde, qua mariti, vitam caste exegisse, idque Ecclesiæ Canonibus sancitum tradit idem Gregorius lib. 7. Ind. 2. Epist. 39. ubi cum Episcopos una cum mulieribus habitare vetasset, hæc subdit : *Hoc tantummodo adjecto, ut hi, sicut canonica decrevit auctoritas, uxores, quas caste debent regere, non derelinquant.* Quibus consonat Lex 43. (44.) Cod. Theod. de Cathol. (16,2.) et Concil. Turon. II. can. 19. Sed periculosam fuisse interdum ejusmodi conversationem docet exemplum a Flodoardo allatum lib. 1. Hist. Remensis cap. 14. unde in Concilio Toletano III. can. 5. satius esse dicitur, ut in alia domo Presbyteræ habitent. In hanc sententiam Auctor de Singularitate Clericorum, inter opera S. Cypriani : *Cum videam de Christianis plerosque maritos pariter et uxores continentiam destinantes, domicilia singularia magis eligere, ut consensu communium votorum sine irritatione præsentiæ, et concordante secessu valeant obtinere.* Vide Gregorium Turon. lib. 1. Hist. cap. 39. et Palladium in Vita S. Chrysostomi cap. 13.

* Tradit. 82. Ebersperg. apud Oefelium tom. 2. Script. rer Boicar. pag. 28 : *Presbyter quidam Gunduni nomine cum Presbyterissa sua Histigunde pro Dei amore.... dedit mansum suum.... eo pacto, ut post vitam suam et Sociæ suæ eum proprie retineat.*

In Concilio Arelatensi II. can. 3. ejusmodi *Presbyteræ conversæ uxores* dicuntur, quibus concessum erat in domibus Clericorum habitare, quemadmodum matribus, aviis, et sororibus : ita tamen ut a conjugibus suis ii abstinerent, ut est in Concilio Turonensi I. can. 2. Arvernensi can. 13. Aurelianensi IV. can. 17. et Autisiodorensi can. 21. sed et nec communem lectum et cellam haberent, ut est in iisdem Conciliis Aurelianensi et Autisiodorensi locis citatis, et in Turonensi II. can. 19. Jubebantur præterea vivere ut sorores, in Concilio Arvernensi can. 19. et Matisconensi I. can. 11. (Vide in V. *Sorores*.) Ita tamen in eadem domo cum uxore habitare licebat Presbyteris, dummodo alterius Clerici testimonio uterentur, quo eorum vita clarior appareret. Vide Concilium Gerundense sub Hormisda PP. can. 7. Braccarense III. can. 1. 4. et Concil. Turonense II. can. 12. 19. Sed hunc cohabitationis usum et morem exagitant Gregorius Nazianzenus, S. Chrysostomus, et S. Basilius.

Denique si maritis Presbyteris vita excedere contingeret, alteri nubere vetabantur. Ita Concil. Aurelianense I. can. 13. Epaonense cap. 2. Fragmentum Concilii Ilerdensis allatum a Surio post Concilium Ilerdense, Concil. Romanum sub Zacharia PP. can. 5. Vermeriense ann. 752. can. 3. etc. Atque inde forte

Presbyteræ dictæ generalius Viduæ omnes seniores, quæ sacris in Ecclesia exercitiis vacabant. Glossæ MSS. ad Concilium Laodic. can. 11 : *Presbyteræ, id est viduæ seniores.* Ubi Isidorus Mercator et Ferrandus Diac. cap. 221 : *Mulieres, quæ apud Græcos Presbyteræ appellantur, apud nos autem Viduæ seniores, Conversæ* (al. *univiræ*) *et Matriculariæ.* Codex vero Græcus, περὶ τοῦ μὴ δεῖν τὰς λεγομένας πρεσβύτιδας, ἤτοι προκαθημένας ἐν ἐκκλησίᾳ καθίστασθαι. Quo loco Dionysius Exiguus πρεσβύτιδας, *Presbyteras vel Præsidentes* pariter vertit. Apud S. Antiochum homil. 21. dicuntur πρεσβύτιδες ἱεροπρεπεῖς, *Seniores consecratæ;* apud Palladium in Præfat. ad Historiam Lausiacam, γυναῖκες πρεσβύτιδες, καὶ θεόπνευστοι μητέρες. Atque hæ quidem *Presbyteræ*, seu *Presbyterissæ*, uti vocantur in Ordine Romano, vestitu longe modestiori quam cæteræ feminæ utebantur, ut docet idem Gregorius M. lib. 7. Ind. 2. Epist. 7 : *Epiphanius... respondit prænominatam Abbatissam usque ad diem obitus indui se Monachica veste noluisse; sed in vestibus, quibus loci illius utuntur Presbyteræ, permansisse.* De earum ministeriis hæc attigit Atto Vercellensis Episcopus Ep. 8 : *Sicut enim hæ, quæ Presbyteræ dicebantur, prædicandi, jubendi, vele docendi, ita sane Diaconæ ministrandi vel baptizandi officium sumpserant; quod nunc jam minime expedit.* [Ubi *Diaconas* a mulieribus *Presbyteris* distinctas animadvertere est. Et quidem *Presbyterarum*, quas et *Præsidentes* ibidem vocat, quod, ut viri, Ecclesiis præerant, diaconas ministras fuisse docet idem Atto apud Acher. tom. 8. Spicil. pag. 124.] De Presbyteris vel Presbyterarum uxoribus agunt præterea Synodus Trullana can. 12. 13. Paulinus Nolanus Epist. ad Aprum pag. 274. 275. et Leo VII. PP. in Epistola ad Gerhardum Lauriacensem Archiepiscop. pag. 11. Vide *Viduæ* et Glossar. med. Græcit. col. 1225. voce Πρεσβύτιδες.

Presbyteræ præterea dictæ Græcis recentioribus Presbyterorum conjugatorum uxores. Ita non semel in Nomocanone nuper edito a Joan. Baptista Cotelerio cap. 37. 54. 88. 138.

Presbyteræ, maxime Græcis dictæ, Monasteriorum Præpositæ. Vide Basilium M. Interr. 109.

¶ **PRESBYTERAGIUM**, Obventiones Presbyteri parochialis. Charta ann. 1096. ex Tabular. S. Albini Andegav. : *Donavit .... ecclesiam S. Columbæ... cum oblatione, baptisterio, cymiterio et sepultura, totumque Presbiteragium, etc.* Charta ann. 1104. in Tabul. Majoris Monast. : *Canonicus quidam B. Martini de Castro-novo quod Turonus situm est, Herveus nomine, ecclesiæ Erbreacensis presbyter fuerat, et de prædecessorum suorum jure illud habens, ad hoc ipsum et Presbyteragium ejus in manu sua tenebat, atque presbyterum suum sub se in ipsa ecclesia habebat. Itaque tactus gravi infirmitate, factus monachus apud Majus monasterium, dedit B. Martino ipsam ecclesiam et Presbyteragium ejus.* Annal. Andegav. Johan. *Hiret* pag. 205 : *Donavit S. Nicolao ..... quicquid habebat in ecclesia S. Sigismundi, scilicet medietatem Presbyteragii, et omnium expleturarum aliarum, quæ ad ecclesiam pertinet.* Vide *Presbyteratus* 2.

* *Prestrage* vero, pro Domo curionis, vulgo *Presbytere.* Redit. comitat. Hannon. ann. 1265. ex Cam. Comput. Insul. : *Alixandres li poutreniers pour le mayson dou Prestrage, quatre deniers.* Charta ann. 1409. in Chartul. S. Petri Insul. sign. *Decanus* fol. 188. v°. : *Item sur le manoir du Prestrage de le parosce de Marquette, quarente cinq deniers, cinq capons.*

¶ **PRESBYTERALE** Ministerium, Idem quod *Presbyteragium.* Charta ann. circ. 984. apud Baluz. Hist. Tutel. col. 379 : *Quasdam possessiones sui juris, quæ sibi a parentibus contigerant, ecclesiæ B. Martini Tutelensis monasterii dedit, scilicet Presbyterale ministerium ecclesiæ S. Amantii de Faurcio.* Vide *Presbyterium* 4.

PRESBYTERALES Epistolæ, quæ ab Episcopis dantur iis, qui in aliena diœcesi ad Presbyteri dignitatem promoveri volunt. Vetus Formula MS. ex Pithœanis : *Amore Christi mihi devinctæ illæ Abbatissæ il. Pec. Illius. Ausi non fuimus Presbyterales dare, duabus obstantibus causis, nec nam indiculum, juxta Canones, Pontificis sui manu, cum testimonio boni operis retroactæ vitæ detulit subscriptum, nec testes habuit coram qui dignum pro eodem ad Sacerdotium subiendum præberent testimonium.*

1. **PRESBYTERATUS**, Titulus presbyteralis. Concilium Vernense ann. 755. can. 21 : *Ut illos Presbyteratus, qui ad illum Episcopatum legibus obtingunt, ille Episcopus ipsos debeat habere, sicut in alia Synodo perdonavit domnus Rex.* [Charta Innocentii II. PP. ann. 1136. tom. 2. Hist. Eccl. Meld. pag. 32 : *Presbyteratum ejusdem ecclesiæ cum omnibus quæ ad presbyteratum pertinent.* Statuta Milonis Episc. Aurelian. ann. 1314. apud Marten. tom. 7. Ampl. Collect. col. 1286 : *Statuimus ut quotiens aliquis rector in aliqua ecclesia de novo fuerit institutus,*

faciat triplex inventarium super bonis dicti Presbyteratus, etc. Statutum MS. Eccl. Lugdun. : *Sicut in Charta quæ vocatur poletum continetur; ubi describuntur omnes Presbyteratus ecclesiæ, quæ debent ceram Ecclesiæ Lugduni.*]

¶ Presbyteratus, Ædes seu domus Presbyteri parochialis, *Presbytere*. Index MS. Benefic. Eccl. Constant. fol. 11 : *Rector habet Presbyteratum continentem quinque virgatas terræ.*

2. **PRESBYTERATUS**, Obventiones Presbyteri Parochialis. Arnulfus Lexoviensis Episc. in Epist. pag. 98 : *Causam, quæ inter Hermerium Sacerdotem et Abbatem de cultura super diminutione Presbyteratus Ecclesiæ de Bruslon vertebatur, Majestas vestra parvitati nostræ delegavit ordine judiciario decidendam.* Tabularium Prioratus de Paredo fol. 30 : *Obtulit Deo et dicto loco ipsiusque loci fratribus et ipse et nepos suus partem suam altaris et Presbyteratus, etc.* Fol. 78 : *Omnia, quæ tenebat vel habebat in Ecclesia de Luurciaco, in decimo, vel Presbyteratu, ac in offerenda, dedit Deo ac B. Petro et ad locum Paredi.* Fol. 83 : *Huic loco concessit ipsam Ecclesiam, et cimiterium, et Presbyteratum, et sepulturam, et offerendam, ac decimas, et baptisterium, etc.* Charta ann. 912. in Tabulario Viennensi fol. 18 : *Hœc est Ecclesiam S. Genesii cum suo Presbyteratu, campis, et vinea, nec non et silva ibi pertinente.* Alia ibidem ann. 895. fol. 22 : *Scilicet capellam in honore S. Ferreoli Martyris dicatam,.... una cum omni Presbyteratu et dote sua, videlicet in vineis, et terris, et curtulis, et mansionibus, etc.* Alia fol. 23 : *Hoc est quarta pars Ecclesiæ S. Mamerti, cum decimis et primitiis, et altare, et Presbyteratu, et cimiterio, et hæreditate, quæ ad ipsam Ecclesiam pertinet.* Alia ibid. : *Ibique in eorum præsentiam se proclamavit, quod Ecclesia, quam ipse tenet in Sisiaco villa in honore S. Petri de illorum communia, nec habet privilegium nec Presbyteratum, unde cessum* (censum) *solvere possit, quod ei requirebant.* Fol. 45 : *Ecclesiam S. Nazarii.... cum omni Presbyteratu ex antiquo ibi debito, et decimis omnibus ibi jure pertinentibus, etc.* Vide *Presbyteragium* et *Presbyterium* 4.

¶ Presbyteratus Benedictio, in lib. 6. Capitul. cap. 81. Vide in *Benedictio* pag. 647. col. 1.

¶ **PRESBYTERICIDIUM**, Presbyteri occisio, in Bulla Leonis X. PP. ann. 1516. apud Miræum tom. 1. pag. 236. col. 2.

* Sent. episc. Cracov. ann. 1369. inter Leg. Polon. tom. 1. pag. 103 : *De Presbytericidio. Præterea ubi clericus ordinatus, vel presbyter esset occisus, vulneratus, captus vel detentus fuerit, illius ecclesia vel ecclesiæ, si sunt plures, jure sunt interdictæ; et ideo in eis divinum officium non celebretur, quousque malefactor domino episcopo tradatur.* Lit. remiss. ann. 1417. in Reg. 170. Chartoph. reg. ch. 20 : *Pro Presbytericidio prælibato, ultimo supplicio traditi fuerunt.*

1. **PRESBYTERIUM**, Character, sive dignitas sacerdotalis. Ugutio : *Presbyterium, officium, vel dignitas, vel ordo presbyteri.* Vetus interpres Concilii Nicæni can. 2 : *Ad Episcopatum vel Presbyterium promoveri.* Codex Græc. habet πρεσβυτέριον. Epistola Concilii Sardicensis apud S. Hilarium : *Diaconos quidem in Presbyterium, de Presbyterio autem in Episcopatum .... provexerunt.* Pontius Diaconus in Vita S. Cypriani : *Presbyterium et Sacerdotium statim accepit.* Siricius PP. Epist. 1. cap. 13 : *Ad Diaconatus vel Presbyterii insignia maturæ ætatis consecratione perveniant.* Ordericus Vitalis lib. 5. pag. 587 : *Præfatus puer crevit, et usque ad Presbyterium ascendit.*

* *Prestraige*, eodem sensu, in Lit. remiss. ann. 1392. ex Reg. 144. Chartoph. reg. ch. 175 : *Jehan Durlin, Pierre Durlin filz de Jehan Durlin prestre, nez en loyal mariage avant ledit Prestraige, etc.*

2. **PRESBYTERIUM**, Collegium presbyterorum, vel consessus et Conventus Presbyterorum unius diœcesis, Concilium, seu potius Synodus. Hesychius : Γηρουσία, πρεσβυτέριον, πλῆθος γερόντων. Lucæ 22. v. 66 : Συνήχθη τὸ πρεσβυτέριον τοῦ λαοῦ. Act. 22. v. 5 : Καὶ πᾶν τὸ πρεσβυτέριον. Adde 1. ad Timot. cap. 4. v. 13. Πρεσβυτερίου συνέδριον, apud S. Basilium Epist. 319. ad Innocent. S. Cyprianus Epist. 35 : *Et desolatam per lapsum quorundam Presbyterii nostri copiam gloriosis Sacerdotibus adornaret.* Idem Epist. 46 : *Omni actu igitur ad me perlato, placuit contrahi Presbyterium.* Adde Epist. 49. Liberius Papa in Epistola de exilio suo : *Sicuti teste est omne Presbyterium Romanæ Ecclesiæ.* Collatio Carthag. I. can. 130 : *Adeodatus Episcopus dixit, In diœcesi mea est ordinatus, ex Presbyterio meo est, etc.* Epiphanius Cypri Episcopus : *Ordinavimus Presbyterum, et iisdem verbis, quibus antea suaseramus, impulimus, ut sederet in ordine Presbyterii.* Epistola Bonifacii PP. apud Holstenium in Collect. Romana : *Quæ* (epistola) *Presbyterio universo complacuit.* S. Hieronymus in Esaiæ cap. 3 : *Et nos habemus in Ecclesia nostra Senatum nostrum, cœtum Presbyterorum.* [Vide Baluzii Notas ad Vitas PP. Avenion. pag. 1408. et Indicem tomi 1. Epist. Rom. Pontif. edit. Coustantii v. *Presbyter.*]

3. **PRESBYTERIUM**, Pars Ecclesiæ in qua Presbyteri consistunt, et sacræ liturgiæ vacant, Græcis βῆμα, ἄδυτον. Synodus Romana sub Eugenio II. PP. cap. 33 : *Sacerdotum aliorumque Clericorum Ecclesiis servientium honores a Laicorum discrete apparere convenit. Quamobrem nulli Laicorum liceat in eo loco, ubi Sacerdotes, reliquive Clerici consistunt, quod Presbyterium nuncupatur, quando Missa celebratur, consistere, ut libere ac honorifice possint sacra officia exercere.* Quod quidem Presbyterium cancellis distinguebatur a reliqua æde : prædictis enim addit Synodus Rom. sub Leone IV. cap. 33 : *Nec inter sacros cancellos ordinibus debitos, nisi permittente Episcopo, adtentent accedere* sæculares. Gelasius I. PP. Epist. 9. de Diaconis : *Non in Presbyterio residere cum divina celebrantur, ... jus non habeant.* Ordo Romanus : *Presbyteri in Presbyterio omnes permanent inclinati.* Decretum Nicolai II. PP. contra Clericos concubinarios, apud Hugon. Flaviniac. pag. 193 : *Omnino contradicimus, ut Missam non cantet, neque Evangelium aut Epistolam ad Missam legat, neque in Presbyterio ad divina officia cum his, qui præfatæ constitutioni obedientes fuerint, maneat, etc.* Anastasius in Leone III. pag. 121 : *Simul et rugas in ingressu Presbyterii pensant, etc.* Pag. 127 : *Fecit eidem nutritori suo Presbyterium noviter totum marmoreum magnæ pulchritudinis, sculptum, compteque ornatum.* Infra : *Tamque Presbyterium, quamque totam ecclesiam marmoravit.* Ibidem : *Presbyterium ex marmoribus sculptis decoravit.* Adde pag. 131. 132. 151. 155. 156. Charta Edgari Reg. Britanniæ ann. 973. tom. 1. Monast. Anglic. pag. 243 : *Virgini Mariæ Orientale altaris Presbyterium dedicans.* Paulus Warnefridus in Chronico Episcoporum Metensium in Grodegango : *Hic fabricare jussit.... altare ipsius atque cancelles, Presbyterium, arcusque per gyrum. Similiter et in Ecclesia B. Petri majore presbyterium fieri jussit.* Gervasius Dorobernensis de Combustione Ecclesiæ Dorobern. : *Continebat hic murus Monachorum chorum, Presbyterium, altare magnum, etc.* Mox : *De choro ad Presbyterium tres erant gradus, de pavimento presbyterii usque ad altare gradus tres.* Cæsarius lib. 1. cap. 35 : *Dei Genitrix Maria de Presbyterio descendens, et Chorum more Abbatis circumiens, Monachis benedixit.* Lib. 7. cap. 40 : *Dominam nostram vidi ante Presbyterium ejusdem Ecclesiæ.* Adde lib. 8. cap. 11. 91. lib. 9. cap. 42. lib. 12. cap. 29. Chron. Abbatum Gemblacensium ann. 1076 : *Sepultus est ante gradus Presbyterii veteris Ecclesiæ, etc.* Infra : *In illo Presbyterii novo ædificio, dum pro competentia operis pavimentum vetus aperitur, inter cætera, ut conjicere possumus, justorum corpora, quæ sicut inventa sunt, reliquit.* Vide præterea Chartam Charitatis Cisterciensis cap. 4. Librum Usuum ejusd. Ordinis cap. 15. 22. Nicolaum II. PP. Epist. 8. ad Episcopos Galliæ, Sigebertum de translatione S. Sigeberti n. 2. Matthæum Westmonasteriensem ann. 1254. pag. 358. Vitam B. Simonis Comitis Crespeiensis cap. 8. etc. Presbyteri vero, quibus in presbyterio consistere jus erat, οἱ ἀπὸ τοῦ βήματος dicti Gregorio Nazianzeno, ut a nobis observatum in Descriptione Ædis Sophianæ n. 49. in quam etiam sententiam Eustathius Presbyter in Vita S. Eutychii Patr. CP. n. 99. ὅσοι τοῦ βήματος, καὶ ὅσοι τῶν κάτω, dixit, Presbyterorum et aliorum Clericorum duplicem statuens ordinem. Vide Glossar. med. Græcit. voce Ἱερατεῖον, col. 509.

Presbyterium, interdum pro Choro Ecclesiæ. Anonymus de Vita S. Joannis Archiepiscopi Eboracensis : *Presbyterium, hoc est chorum Ecclesiæ de novo ibi construxit.* Liber Ordinis S. Victoris Parisiensis MS. cap. 43 : *Sacrista paret sal et aquam super gradum Presbyterii.* Mox : *Postquam asperserit majus altare et Presbyterium, etc.* Ordericus Vitalis libro 7. pag. 662 : *Ipsamque in Presbyterio inter chorum et altare sepelierunt.*

4. **PRESBYTERIUM**, Idem quod *Presbyteratus*, Obventiones Presbyterii Parochialis. Ordericus Vitalis lib. 5. pag. 587 : *Concessi... Ecclesiam S. Germani et S. Vincentii, et sepulturas atriorum, et omnia, quæ ad Presbyterium pertinent.* Idem lib. 8. pag. 669 : *Hinc illi Ecclesiam de Telliolo, et hoc quod habebat in Ecclesia de*

Dambleinvilla, et Presbyterium dedit : et hoc quod habebat in Ecclesia de Corneto cum Presbyterio concessit. Mox : *Et villam, quæ Chercabia dicitur, cum Ecclesia et Presbyterio.* Tabularium Prioratus de Paredo fol. 70 : *Medietatem Ecclesiæ, omnium oblationum, introitum presbyteri ex toto, Presbyterium, medietatem omnium decimarum, etc.* Fol. 71 : *Offerens Deo ad integrum.... videlicet Presbyterium, offertas, cimiterium, decimas, etc.* [Charta ann. 1050. in Tabul. Monast. S. Salvator. Massil. : *Hæ sunt duæ tenuræ in mallo cum Presbyterio et parrochianis ecclesiæ B. M. de Bello-loco, et dono ipsas tenuras cum prædicta ecclesia.* Charta ann. 1135. tom. 2. Hist. Eccl. Meld. pag. 29 : *Et quidquid ad Presbyterium ejusdem ecclesiæ pertinet.* Vide *Presbyteragium*.]

5. **PRESBYTERIUM**, Donativum, quod Summi Pontifices Romani distribuere solent, maxime cum inaugurantur. Ita dictum videtur, quod ratione Summi Presbyterii, seu Papalis dignitatis effundatur, quemadmodum Donativa Consulum, ὑπάτια et ὑπατεῖαι appellata sunt, quod ab iis initio magistratus spargerentur. S. Gregorius lib. 4. Ep. 26 : *Ut Clericis Capuanæ Ecclesiæ... quartam in Presbyterium eorum de hoc, quod ante Ecclesiæ singulis annis accesserit .. .. distribuere studeat.* Idem. lib. 12. Ep. 30 : *Eum in gratiam familiariter recepi, coram populo et Clero eum perduxi, Presbyterium ei auxi, in loco superiori inter Defensores posui.* Thomas Stubbs in Act. Eboracensium Episcopor. de Gelasio PP. : *In solemnibus processionibus equitando factis, quando more Apostolico coronatus fuit, sicut in die Natalis Domini, Augustodunum, et die Epiphaniæ Cluniaci, Episcopus Hostiensis, qui Magister inter eos et dignior erat, eum parem sibi esse voluit, et peracto tantæ solemnitatis officio, Archiepiscopus sicut et sui Cardinales Bisanteos aureos, quod Presbyterium vocant, a domino Papa suscepit.* Sugerius in Ludovico VI. : *Cœna ergo apud nos more Romano, et sumptuoso donativo, quod Presbyterium nominatur, celebrata, venerandam Domini Crucifixionem venerando prosequutus.... pernoctavit.* Acta Innocentii III. PP. : *Presbyterio per ordinem distributo, solenne convivium celebravit.* Pacta conventa inter Clementem III. PP. et Romanos ann. 1188. ex volumine Cencii Camerarii : *Vos autem* (Clemens PP.) *dabitis Senatoribus, qui erunt per tempora, beneficia et Presbyteria consueta. Item Judicibus, Advocatis, et Scriniariis a Romano Pontifice ordinatis, et Officialibus Senatus Presbyteria consueta dabitis.* Ceremoniale ejusdem Cencii : *Præfecti navales, schola crucium, et Capellani tale Presbyterium, et taliter datum accipiunt, quale in die Paschæ superius nominatum recipiunt.* Infra : *Familia quoque et Curiales Presbyterium habent juxta Camerarii voluntatem.* Occurrit ibi pluries. Ceremoniale Rom. ex MS. Vaticano apud Raynaldum ann. 1272. de Consecrat. PP. : *Venit ad aliquem locum præparatum decenter, et ibi dat cuilibet Cardinali et Prælato Presbyterium.* Et S. ipse *Papa sedet in sede, et quilibet Cardinalis et Prælatus vadit coram eo, et flexis genibus extrahit sibimet Cardinalis sive Prælatus mitram, et tenet apertam ante Papam, et ipse ponit illam pecuniam, quam dat ei in uno cypho argenteo Camerarius, et quam dicit liber Cameræ, qui vocatur Polycitus, et ille qui recipit pecuniam in mithra, osculatur genu domini PP.* Clemens IV. PP. agens de Coronatione Imperatoris apud eumd. Raynaldum ann. 1311. n. 13 : *Consuevit autem Imperator larga Presbyteria omnibus exhibere, quibus ea, cum coronatur summus Pontifex, elargitur, videlicet Episcopis, Presbyteris et Diaconis, Cardinalibus, Primicerio et Cantoribus, Subdiaconis basilicariis, et regionariis, etc.* Vide *Manus* et *Roga*.

* Consulendus, si placet, Liber Romæ editus ann. 1741. qui inscribitur : *Ritus dandi Prebyterium papæ cardinalibus et clericis nonnullarum ecclesiarum Urbis, nunc primum a Petro Moretto canonico investigatus et explanatus.* [** Murator. Antiq. Ital. tom. 1. pag. 108. Pertz. tom. Leg. 2. pag. 193. et 533.]

¶ **PRESCA**, contracte fortassis scriptum pro *Proxeneta*. Charta ann. circ. 1100. ex Tabul. S. Victoris Massil. : *Venit ad placitum constitutum vocato ad se Willelmo in Ecclesia S. Victoris. Terribiliter increpavit cum Prescam Poncii de Mongardin; ille negavit, quia contra eum hoc non fecerat, sed propter recuperationem honoris S. Mariæ et S. Victoris.*

¶ **PRESCARIA**, pro *Præstaria* seu *Precaria*, eodem saltem intellectu. Charta ann. 863. apud Calmet. tom. 1. Hist. Lothar. inter Probat. col. 308 : *Dabimus de nostro, ut restitutio S. Petri rerum integra perseveret : Prescarias autem et commutationes provideat prædictus abbas cum monachis sibi commissis, ut quod utile judicaverit, faciat, etc.*

* **PRESECA**, Presseka, Servitium, quo tenentes domini ligna secare debent. Charta Ottocari reg. Bohem. ann. 1226. inter Probat. tom. 1. Annal. Præmonst. col. 519 : *De succisione, quoa Presseka sylvæ dicitur, et de fossatis vel operibus, quibus castra muniuntur, homines præfatæ domus absolvimus.* Alia Wencesl. itidem reg. ann. 1249. ibid. col. 521 : *A succisione sylvæ, quod vocatur Preseca, et ab operibus castrorum seu fossatorum atque piscinarum liberi et absoluti.*

* **PRESEGUM**. Vide supra *Precegum*.

* **PRESENTA**, perperam pro *Proseuca*, in Glossar. Lat. Gall. ann. 1352. ex Cod. reg. 4120 : *Presenta, Meselerie.* Vide *Proseucha*.

PRESENTIALITER. Vide supra in *Præsentialis*.

* **PRESEPIUM**, pro *Præsepium*, Præsepii supellex. Sent. ann. 1248. tom. 1. Probat. Hist. Brit. col. 937 : *In eadem etiam vacatione omnes redditus episcopales recepit, culcitris, doliis, Presepiis et aliis utensilibus de domibus episcopalibus asportatis.*

¶ **PRESFOCH**, Eadem notione qua supra *Præfachia*. Vide in hac voce. Statuta Eccl. Nemaus. apud Marten. tom. 4. Anecd. col. 1066 : *Item, prohibemus districte, ne aliquis clericus futuros reditus alicujus ecclesiæ nostræ diœcesis emat, recipiendo ad firmam ipsam ecclesiam cum reditibus ipsius ecclesiæ sub certo pretio, sine nostro consilio et assensu, nisi prior seu rector ipsius ecclesiæ ad studium theologiæ ire voluerit. Et tunc etiam regularibus vel laicis ecclesiam ad firmam, id est, à Presfoch, concedere non præsumant.*

¶ **PRESI**, pro Prendi, cepi, in Leg. Luitprandi apud Murator. tom. 1. part. 2. col. 2 : *Fraude cum presisset etc. Presit eam* (Pennam) *per fortia, et cremavit et desolavit ea*, in Charta Veremundi Reg. æræ 1070. ex Tabul. Lucens. Eccl. apud Bivarium. Vide *Prindere*.

* **PRESIA**, Frugum perceptio, Gall. *Récolte*. Codicil. Rastelli de Rastello ann. 1430. in Reg. 4. Armor. gener. pag. 18 : *Volo et ordino... quod post mei obitum, anno immediate sequenti ad Presias fructuum, ... penes se valeat atque possit dictas Presias.... ipsa nobilis Bileta uxor mea.... recolligere.* Vide infra *Prisia* 4.

* **PRESIAGIUM**, Preciagium, male editum, *Præsiagium*, Æstimatio, Gall. *Prisée*. Charta ann. 1239. tom. 1. Probat. Hist. Brit. col. 912 : *Dominus Filgeriarum ..... in parte sua habebit castrum Josselini et forestam de Lannoez ad Presiagium et æstimationem militum subscribendorum,.... et in parte sua habebit idem Petrus la Chese et la Trinité et forestam de Lodeac ad Presiagium et æstimationem militum subscribendorum.* Et col. 913 : *Fiet autem Preciagium in dotalitiis et caducis.* Alia ann. 1241. ibid. col. 920 : *Remanebunt forteritia de la Chese et villa de la Chese et villa Trinitatis et foresta de Lodeac in parte sua, et ad Preciagium per dictos milites faciendum.* Non semel ibi. Vide *Pretiare*.

* **PRESIGNIUM**, pro *Præsignium*, Prærogativa. Charta Ottach. reg. Bohem. ann. 1276. apud Pez. tom. 6. Anecd. part. 2. pag. 130. col. 2 : *Cum memoranda nostra prioritas ecclesiam et conventum Neunburgensem multis honoribus et Presigniis decorarit, eam plurimis gratiis præferendo, etc.*

¶ **PRESILIUM**, Idem videtur quod Brasilicum lignum, nostris *Brésil*. Bernh. de Breydenbach Itin. Hierosol. fol. 209 : *Ibi etiam in maris hujus insulis lignum crescit rubeum ad modum Presilii.*

PRESMO, Mustum, quod ex uvis stillat, antequam calcentur botri, Petro de Crescentiis lib. 4. cap. 2. [Corruptam esse hanc vocem suspicari licet; at unde accersanda non satis scio : Græcis πρότροπος οἶνος, πρόδρομος eadem notione, nostris *Meregoutte*. Vide in *Gutta* 7.]

¶ **PRESONAGIUM**, Quod carceris custodi præstatur ab incarcerato pro victu et potu qui ei subministrantur. Vide in *Priso*. Consuet. Tolos. MSS. ex Bibl. D. Abb. de Crozat fol. 41 : *Nullum tamen sine justa causa præsumant arrestare; quod si fecerint.... puntentur, et pro ipso solvere Presonagium tenebuntur.*

¶ **PRESONARIUS**, Captivus, incarceratus, Gall. *Prisonnier*, in iisdem Consuet. fol. 41. v°. : *Item præcipimus ne castellani seu jaulerii levent pro expensis a Presonariis nisi quantum expendent.* Vide *Prexonerius* et *Priso* 1.

¶ Presonius, Eadem notione. Chron. Astense apud Murator. tom. 11. col. 273 : *Ipse Rex* (Aragonum) *una cum dictis fratribus suis, videlicet Johanne Rege Navarræ et Magistro S. Jacobi de Compostella personaliter capti et Presonii fuerunt.*

* Presonerius, Captivus, incarceratus,

Gall. *Prisonnier.* Inventar. ann. 1476. ex Tabul. Flamar. : *Item plus quosdam compedes ferreos satis magnos carceris, ad intrudendum et ponendum Presonerios aptos et convenabiles.* Glossar. Provinc. Lat. ex Cod. reg. 7657 : *Preonier, Prov. captivus, incarceratus.* Vide *Presonarius.*

¶ PRESONERIA, Incarcerata. Statuta Montis Regal. fol. 22 : *Quod talis persona teneatur et debeat solvere pro salario Presoneriæ et custodis ipsius solidum unum pro qualibet die ac nocte.*

¶ 1. **PRESSA**, Vis, injuria, violentia, ut videtur. Charta apud Meichelbec. tom. 2. Hist. Frising. pag. 94 : *Dixerunt quod Atto Episcopus eorum hereditatem injuste haberet per Pressam in loco qui dicitur Hatile.* Vide *Pristis.* [** F. leg. *Porpresam.* Vide *Porprendere.*]

* 2. **PRESSA**, vox Hispanica, Cataracta, aquarum obex, Gall. *Ecluse.* Charta Alph. IV. reg. Hisp. ann. 1144. inter Probat. tom. 2. Annal. Præmonst. col. 694 : *Concedo vobis præfatum locum, cum omnibus montibus et vallibus suis, cum pratis et pascuis, cum piscariis et Pressis.*

PRESSARE, Papiæ, *frequenter premere.* Gall. *Presser.* Vide Savaronem ad Sidonium lib. 1. Epist. 9. et supra in *Compressare.*

¶ PRESSARE, Vindemiam premere, Gall. *Pressurer.* Charta Ingelraui Dom. Codiciaci ann. 1235. apud Thomasser. Consuet. Bituric. pag. 236 : *Et si mustum hominum ultra tres dies, vel tres noctes in torcularibus nostris moraretur, ipsi homines alibi absque forisfacto deferre poterunt et Pressare.* Vide *Pressorare.*

PRESSARIA, vox medicorum, *dicta, quod intus initiantur,* inquit Isidorus lib. 4. Orig. cap. 9. Vide *Pressura* 1.

* **PRESSARIUM**, a *Pressare*, ut *Pressorium* a *Pressorare*, Torcular. Bulla Urbani III. PP. ann. 1185. inter Probat. tom. 2. Annal. Præmonst. col. 53 : *Apud Abrincas unam acram vineæ cum Pressario, etc.* Vide *Pressorium.*

* **PRESSATIO**, Exactio, *malatolta.* Charta Conr. II. reg. Sicil. ann. 1269. pro Pisanis apud Lamium in Delic. erudit. inter not. ad Chron. imper. Leon. Urbevet. pag. 271 : *Quod sint amodo in toto regno et districtu nostro liberi et immunes ab omni datio et Pressatione seu exactione, quocumque nomine censeantur.*

¶ **PRESSE**. Charta Theobaldi Blesens. Comit. ann. 1126. apud Marten. tom. 1. Anecdot. col. 367 : *Villam idcirco reædificandam ita quietam et ab omni oppressione et exactione, Presse, talliis, justitia, banno, et ab eo quod dicitur justum et injustum, liberam concedimus.* Ubi f. leg. *Prece.* Est autem præstatio quæ sub nomine precationis exigebatur. Vide *Preces* 1. nisi idem sit quod *Pressa.*

* **PRESSEKA**. Vide supra *Preseca.*

¶ **PRESSERAGIUM**, PRESSORAGIUM. Vide *Pressorium*, 1.

¶ **PRESSORARE**, a Gall. *Pressurer*, Vindemiam premere. Charta ann. 1297. ex Tabul. Autissiod. : *Regnaudus Mercerius recognovit se recepisse... quandam domum..... cum celario, vineis, pressorio munito aiguilliis, hostio ad Pressorandum, et tribus cupis, et aliis appendiciis.* Vide *Pressare.*

* **PRESSORARIUM**, ut supra *Pressarium*, Torcular. Necrol. eccl. Paris. Ms. : *iij. Id. Jan. Obiit magister Guimundus,.... qui dedit nobis.... tres arpennos et unum quarterium vinearum...... justa Pressorarium S. Lazari.* Hinc

* **PRESSORATICUM**, Jus torcularium, quod domino ut plurimum in vino exsolvitur, Gall. *Pressurage.* Charta Hugon. abb. S. Germ. Prat. in Chartul. sign. tribus crucibus ejusd. monast. fol. 66. v°. col. 2 : *Ita omnem possessionem libere possideat, quod nullam consuetudinem, excepto censu et Pressoratico et decima, nobis reddat.* Alia ejusd. abb. ibid. fol. 72. r°. col. 1 : *Vineæ autem istæ nec Pressoraticum, nec aliquam omnino consuetudinem solvunt.* Vide in *Pressorium* 1.

* **PRESSORATUS**, Eadem notione. Charta ann. 1236. in parvo Reg. S. Germ. Prat. fol. 56. v°. col. 2 : *Vendidi.... partem, quam.... habebamus in pressorio et Pressoratu et decima pressorii de Voves.*

PRESSORES, Venatorum genus. Vide *Alatores.*

* **PRESSORIARE**, Vindemiam premere, idem quod *Pressorare.* Chartul. Floriac. fol. 105. r° : *Poterit unusquisque existens in villa Castellione, confinio seu finagio et villagio ejusdem parochiæ, Pressoriare ubicumque voluerit. Pressorier* vero, pro *Pressureur,* Torcularis custos vel locator, in Chartul. S. Maglor. ch. 190 : *Ce sont les coustumes des presseors de Charonne.* 1°. *Qui aura au presseor le marc d'un tonel de vin, ... doit aus Pressoriers un Tournois du tonel.*

¶ **PRESSORIOLUM**. Vide in *Pressorium.*

1. **PRESSORIUM**, πιεστήριον, in Gloss. Lat. Gr. Ugutio : *Torcular, proprie dicitur Pressorium, quo uvæ calcatæ exprimuntur.* Nostris *Pressoir.* [Charta ann. 1241. tom. 2. Historiæ Ecclesiæ Meld. pag. 143 : *Dedimus licentiam reficiendi quoddam Pressorium, quod vocatur Pressorium Comitis.* Charta ann. 1245. in Tabulario Montis Martyrum : *Vindemia dictarum vinearum per banniam deferetur ad premendum ad illud Pressorium ad tercium potum.* Charta S. Ludovici Regis Franc. ann. 1261. Chartul. Domus Dei Pontisar. : *Item* (donamus) *totum conductum vinorum, tria Pressoria, etc.* Occurrit alibi passim.]

` PRESSORAGIUM, Gall. *Pressurage*, quæ vox non semel in Chartis occurrit, [Jus torcularium, quod domino ut plurimum in vino exsolvitur. Charta ann. 1175. in Chartul. 1. Vandreg. tom. 2. pag. 1657 : *Concessi in elemosina ecclesiæ S. Vandregisilli quidquid de Pressoragio habebam in vineis monachorum apud Alpicum.* Charta Philippi Aug. ann. 1202. ex Chartular. Latin. : *Asserebant quod ipsi habebant omne Pressoragium de vineis terræ B. Petri de Latigniaco quæ est apud Vannas,*]

¶ PRESSERAGIUM, Eadem notione, in Charta ann. 1220. ex Tabular. Belli-loci : *Canonicis Bellilocì dedit Alanus de Dinan vineam de Ploemaudan cum duabus partibus decimæ et... Presseragio parochiæ de Ploemaudan.*

** PRESSORAGIUM, Mustum tortivum, Gall. *Pressurage.* Charta de libert. homin. de Theodosio ann. 1250. post Irmin. Polypt. pag. 388 : *Pro quolibet modio vini duo sextaria vini de mera gutta et tertiam partem totius Pressoragii nobis solvent.* Mox : *Unum sextarium vini pro decima et quartam partem totius Pressoragii, si ad pressorium adducere voluerint, nobis solvent.*

¶ PRESSURAGIUM, a Gall. *Pressurage*, apud *Fleureau* in Hist. Blesensi cap. 30. pag. 142. et in Tabul. Calensi fol. 170.

2. PRESSORIUM, ad vestes premendas. Ammiano lib. 28. cap. 4 : *Solutis Pressoriis vestes luce nitentes diligenter explorare.* [Vide Reinesium Var. Lect. lib. 2. cap. 8.]

* *Presseur,* qui pannos ad *pressorium* premit. Stat. ann. 1384. tom. 5. Ordinat. reg. Franc. pag. 101. art. 14 : *Que nuls tondeurs, drappiers, foulons, Presseurs ou autres qui s'entremettent du fait et marchandises de draps, etc.*

* *Pressuoer* vero vel potius *Puissuoer*, pro *Puisoir*, est Instrumentum piscatorium seu retis genus, in Stat. ann. 1402. ex Cod. reg. 9849. 4. fol. 4. r°. Male editum *Poinsouer* tom. 7. Ordinat. reg. Franc. pag. 779. art. 47. minus male *Puisouir* tom. 8. earumd. pag. 535. art. 72. rectius *Puissouer*, in Ch. Phil. Pulc. ann. 1289. inter Consuet. Genovef. Mss. fol. 35. v°. *Pucherel* et *Puchelte*, in Reg. Corb. 13. sign. *Habacuc* fol. 39. v°.

PRESSORIOLUM, in Regula S. Cæsarii ad Virgines cap. 26 : *Si vestra tolerat infirmitas, ut amplius quam victus quotidianus exigit habeatis, in uno tamen loco sub communi custode, quod habueritis, reponite, et claves de arcellis, vel Pressoriolis vestris Registraria teneat.* Ubi *pressoriolum*, penum significat, ubi cibaria servantur, *où on resserre les viandes*, unde forte etymon : nam *Serrer,* est etiam *premere.*

* *Preslet*, eodem, ni fallor, sensu, in Charta ann. 1374. ex Reg. 106. Chartoph. reg. ch. 202 : *Une bonne maison en court fermée, en laquelle il a deux sales, deux chambres, gardesrobes et cuisine, celier et cave et un Preslet estant d'en costé.*

¶ **PRESSULARE** LITTERAS, Obsignare, sigillum iis imprimere, Gall. *Cacheter, sceller.* Otto Kultzingus de Translat. Monasterii Hildengal. apud Leibnit. tom. 2. Script. Brunsvic. pag. 387 : *Litteris dominorum Ducum dictatis per omnia bene, et pro monasterio per dictum venerabilem dom. Johannem præpositum Lunensem, et per ejus clericum scriptis et Pressulatis,.... concite adivit Ducem, supplicans obnixe pro fine negotii, asserens litteras necessarias monasterii debite scriptas et Pressulatas.*

¶ **PRESSULUS**, diminut. a Pressus, apud Apuleium in Floridis. *Pressule* adv. dixit idem Metamorph. lib. 4.

1. **PRESSURA**, vox medicorum. Cælius Aurelianus lib. 1. Acutor. cap. 1 : *Pressura intelligitur contra naturam somnus.* Vide *Pressaria.*

¶ 2. **PRESSURA**, Molestia, ærumna, labor, a premendo. Bulla Urbani IV. PP. ann. 1264. ex Bibl. Reg. : *Nos igitur qui ejusdem Terræ* (sanctæ) *angustias et Pressuras oculata fide cognovimus, etc.* Diploma Adolphi Rom. Regis ann. 1292. apud Ludewig. tom. 5. Reliq. MSS. pag. 436 : *Illud sibi dimittimus sine molestia cujuslibet et Pressura.* Librum *de Pressuris ecclesiasticis* scripsit Atto Vercell. Episc. apud Acherium tom. 8. Spicil. pag. 44. Vide lib. 6. Capitul. cap. 370. et Concil. Hispan. tom. 2. pag. 541. Vide *Pressuria*. [** Occurrit apud Tertulliaum et Lactantium. Vide Forcellinum.]

¶ 3. **PRESSURA**, Censura ecclesiastica, sic titulus in can. Non in perpetuum. 24. q. 3. ubi de excommunicatione agitur. Ita Macri in Hierolex.

¶ 4. **PRESSURA**, Turba comprimens, conferta multitudo, populi frequentia, a Gall. *Presse, foule de monde.* Miracul. S. Wlframni sæc. 3. Bened. part. 1. pag. 375 : *Hac itaque devotæ plebis constipatione comitati per urbem incedebamus, nullamque ingentis Pressuræ injuriam sentiebamus.* Bernardus Thesaur. de Acquisit. T. S. apud Murator. tom. 7. col. 703 : *Northmandi ferro ferociter Pressuram hostium confregerunt. Cum multitudine prælatorum et cleri, et nonnullorum terræ nobilium virorum, et populari Pressura, etc.* in Hist. elevat. S. Illidii apud Stephanot. tom. 3. Fragm. Hist. MSS. Vide *Soldanus curiæ Romanæ* in *Sultanus.*

* 5. **PRESSURA**, Sigilli impressio. Stat. synod. eccl. Castr. ann. 1358. part. 2. cap. 22. ex Cod. reg. 1592. A. : *Rectores omnes et capellani nostræ diocesis Castrensis sigillum seu sigilli Pressuram litterarum nostri officialis, eisdem directarum,.... diligenter inspiciant, etc.* Vide *Pressulare*, ubi forte leg. *Pressurare*, nisi ita scriptum sit ex frequenti mutatione *r* in *l*.

* 6. **PRESSURA**, ut supra *Pressoraticum.* Charta ann. 1133. in Chartul. S. Nigas. Mellet. : *Ego Galterus Hay vicecomes Mellenti dono.... medietatem Pressuræ apud Montem Almafredi et medietatem Pressuræ apud Mellenti villam.* Alia Girardi abb. S. Germ. Prat. ann. 1278. in Chartul. AD. ejusd. monast. fol. 81. r° : *Apud Meudon totam Pressuram vinearum nostrarum et omnium pressoriorum villæ, etc.* Charta Phil. Pulc. ann. 1309. in Reg. 13. Chartoph. reg. ch. 86 : *Item Pressuram cujusdam torcularis, ad quod spectat pressura quinquaginta duorum arpentorum vinearum, appreciatam decem libras annui redditus.* Necrol. eccl. Paris. Ms. : *Dedit* (Hugo Clemens decanus) *torcular situm in eisdem vineis, cum Pressura vinearum, quæ sunt in censiva B. Mariæ.* Occurrit præterea in Ch. ann. 1113. inter Instr. tom. 7. Gall. Christ. col. 47. Vide *Pressurata.*

¶ **PRESSURAGIUM.** Vide supra in *Pressorium.*

¶ **PRESSURATA**, Jus torcularium seu *pressorii.* Charta ann. 1110. ex Chartul. Floriac. fol. 68 : *Convenit etiam ne Helias de suis vineis censum aut Pressuratam daret.* Vide in *Pressorium.*

* **PRESSURATIO**, Eodem intellectu. Charta Galt. reg. Franc. camer. in Chartul. Barbell. pag. 380 : *Monachi de Sacro Portu habebunt de vineis illis.... censum et decimationem et Pressurationem.*

PRESSURIA, seu potius *Pressura*, molestia. Albertus Stadensis ann. 1139 : *Volens suscitare Pressurias Adolfo Comiti, etc.* [Vide *Pressura* 2.]

* Occurrit etiam in Charta Alph. VI. reg. Castellæ ann. 1139. tom. 6. Jul. pag. 53. col. 1.

PRESSUS. Lex Alem. tit. 62. § 3 : *Si autem totus* (nasus) *a Presso abscissus fuerit, etc.* Nos diceremus, *de près.*

¶ **PRESTA**, Mutuum, a Gall. *Prêt.* Chron. Corn. *Zantfliet* ad ann. 1416. apud Marten. tom. 5. Ampl. Collect. col. 408 : *Deinde prædictus Rex* (Sigismundus) *summam circiter quinque millium florenorum Rhenensium ab ecclesiasticis suscepit sub titulo accommodati, dans super hac præstatione litteras recognitorias regio sigillo communitas : sed Presta versa est in datam, quia post hac nihil reddere curavit.* Vide infra *Prestus.*

¶ PRESTA, Exactio nomine *præstæ* seu mutui. Charta ann. 1147. inter Probat. tom. 2. novæ Histor. Occitan. col. 520 : *Ego Ildefonsus Comes Tolosæ... recognosco quod nullo modo habeo questam, neque toltam in civitate Tolosana;... neque habeo ibi Præstam, nisi eis evenerit per eorum voluntatem uniuscujusque.* Occurrit præterea in Chron. Senensi apud Murator. tom. 15. col. 138. Vide *Mutuum* et *Prestus.*

* *Presta forciata*, in Charta Joan. reg. Aragon. ann. 1393.

PRESTALDI, et PRISTALDI, Executores judicum nobilium, Sambuco, in Decret. S. Ladislai Hung. Regis lib. 1. cap. 41. lib. 2. cap. 18. lib. 3. cap. 12. 13. in Decret. Colom. lib. 1. pag. 24. 25. in Decret. Andreæ Reg. cap. 11. etc. in variis Chartis apud Joan. Lucium de Regno Dalmat. pag. 132. 148. 185.

* Diversæ videntur fuisse conditionis, qui eodem nomine appellabantur. Comitum nomenclatura donantur in Charta Andr. reg. Hung. ann. 1214. inter Probat. tom. 2. Annal. Præmonst. col. 18 : *Quod prædium a duobus Præstaldis nostris, Hemone et Mathia comitibus, circumdatum, etc.* Longe inferiores sunt ii, quorum mentio fit in alia Charta ejusd. reg. ann. 1231. apud Cenc. inter Cens. eccl. Rom. : *Curialis comes..... existens in prædio suo, vel alibi extra curiam nostram ne* (nec) *dare Prestaldos, nec partes possint citari facere; et quia multi læduntur per falsos Prestaldos, citationes vel testimonia eorum non valeant, nisi per testimonium diocesani episcopi vel capituli, nec falsificatus Prestaldus possit se justificare, nisi eorumdem testimoniis in factis majorum.*

PRESTARE, PRESTARIA, etc. Vide *Præstare* et *Præstaria.*

¶ **PRESTATOR**, *Fenerator*, in Gloss. x. saltem sæc. ad calcem Collect. Canon. ex Biblioth. DD. *Chauvelin* Regiorum Sigillorum Custodis.

* Nostris alias *Presterres*, pro *Preteur.* Annal. regni S. Ludov. edit. reg. pag. 230 : *Lequel emprunt il renderont dedens l'espasse de deux moys, ja soit ce que li Presterres vellie le terme alongier.*

* **PRESTEGUENDI**, *Pallia, quibus Arabicæ feminæ in æstu teguntur umbraculo.* Glossar. vet. ex Cod. reg. 7613.

PRESTERIA. Joannes XXII. PP. in Epistola de Rebus Armenicis, apud Odoricum Rainaldum ann. 1322. num. 34 : *Abbatias, Monasteria, Casalia, et Presterias ardentis foci flamma consumunt.* Ubi forte *presteria* est domus Presbyteri, *Prestrerie.* Regestum Ludovici Ducis Andegavensis fol. 104 : *Estienne Aubert homme lige à cause de la Gorronne et du Marc aux fiefs de la forest de Mayenne, et d'une Prestrerie, avec les gages et emoluments, qui y appartiennent, et les devoirs.* Vide *Feudum Presbyteri.*

* Alia est hic vocis Latinæ *Presteria*, aliæ Gallicæ ex Reg. Ludov. ducis Andegav. *Prestrerie* notio. Hæc, ut et *Prestriere* in Charta ann. 1476. ex Pancarta episc. Carnot. idem sonat quod *Præstariæ*, prædium scilicet ecclesiasticum ad usumfructum sub annuo censu concessum : *Felix Geuffron chanoine de Chartres, tenant en Prestriere la terre et seigneurie de S. Georges sur Eure, appartenant aux doyan et chapitre de Chartres, tenue de R. P. en Dieu messire d'Illiers evesques de Chartres à foy, homage et rachat, à toutes mutations de chanoine Prestier ou fermier de ladite terre ou seigneurie.* Illa vero Presbyterorum quælibet bona significantur; quo sensu *Prestrerie* occurrit in Assis. Hieros. cap. 35 : *Se ce est cazau, ou Prestrerie, ou abaïe, ou autre leuc qui ait nom et appartenances, etc.* At *Presthaye*, pro Census, præstatio annua sumi videtur, in Charta ann. 1340. tom. 1. Probat. Hist. Brit. col. 1408 : *Item est adjoutée auci o cette partie toutes les rentes de fruits, comme prez, moulins, étangs et autres chouses o leur Presthayes et appartenances.*

¶ **PRESTES**, pro *Superstites.* Vide *Præstis.*

¶ **PRESTULA**, Particula, segmentum, ut videtur : solebant quippe interdum segmento pergamineo Chartæ appenso sigillum apponere. Charta Johannis Episc. Patav. ann. 1383. apud *Steyerer* in Commentar. ad Hist. Alberti II. Ducis, col. 431 : *Cujuslibet eorum vero sigillo, alba cera et Prestula pergamenea, more eorumdem consueto, in pendenti sigillatas, non viciatas, etc.*

PRESTUS, Mutuum, *Prêt.* Marculfus lib. 2. form. 1 : *Neque exquisita et lauta convivia, neque gratiosa vel insidiosa munuscula, neque etiam caballorum Prestus, etc.* [Tabul. S. Bertini : *Fecit eis in necessitate sua mutuum sive Prestum unius semilibræ grossorum, pro cujus quidem mutuo sive Presto vadiant XII. virgatas terræ arabilis De Presto centum librarum Turon.* in Computo ann. 1270. apud Lobinell. tom. 2. Hist. Britan. pag. 411. Vide *Presta.*]

¶ PRESTUS, Exactio nomine *presti* seu mutui. Statuta Astens. Collat. 1. cap. 52. fol. 11. v° : *Ordinatum est quod si alique terre et possessiones et res.... date fuerint alicui in solutum pro Communi Astensi.... occasione alicujus fodri, seu aliquorum fodrorum, seu Prestorum, vel talearum militiarum, etc.* Vide *Mutuum* et *Presta.*

* 1. **PRESURA**, Gall. *Presure*, Coagulum. Lit. remiss. ann. 1352. in Reg. 81. Chartoph. reg. ch. 397 : *Ibat quæsitum quandam ollam, ut poneret in lacte suo Presuram.* Glossar. Provinc. Lat. ex Cod. reg. 7657 : *Preor, Prov. Coagulum.*

* 2. **PRESURA**, Impressio, character, Gall. *Empreinte.* Vide supra *Pressura* 5. Stat. ann. 1359. inter Probat. tom. 2. Hist. Nem. pag. 233. col. 1 : *Quoddam parvum sigillum argenteum,.... in cujus Presura erant hæc verba, sigillum consulum civitatis Ne-*

mausi, cum armis scuti plani consulatus.

* Alia, notione, haud mihi cognita, vox Gallica *Presure*, nisi sit pro *Arcade*, fornix, aut locus subterraneus, Gall. *Souterrain*, legitur in Charta Phil. VI. ann. 1339. ex Reg. 74. Chartoph. reg. ch. 666 : *Le prieur et convent des freres Prescheurs de Mascon nous ait donné à entendre que il a un nostre mur viel de euvre de Sarrazins en ladite ville de lez leur maison, ouquel il a une Presure par laquelle les gens de ladite ville vont et ont accoustumé d'aler de rue en rue, dessus laquelle Presure aucuns s'efforcent ou sont efforcié d'édifier, etc.*

* **PRESUS**, Constitutus, statutus. Charta Alph. reg. Aragon. pro habitat. Tutelæ æra 1165. in Reg. 53. Chartoph. reg. ch. 295 : *Mando vobis quod non donetis lettras in tota terra mea, nisi ad illos portos, sicut jam antea fuit Presum et constitutum inter me et vos, per tali conditione, quod vos similiter guardetis meas loztas, etc.*

* **PRETARIA** Carucarum, Servitium, quod tenentes domino cum *carucis* præstare debent; sed leg. forte *Precaria*. Vide in hac voce. Charta ann. 1313. in Lib. rub. Cam. Comput. Paris. fol. 391. r°. col. 2 : *Quicquid habemus.... in parrochiis de Longolio.... in corveis, Pretariis carucarum, vavassoriis, villenagiis, etc.*

¶ **PRETERIA**, Pretheria, ut supra *Prederia*, Machina bellica, quam *Petrariam* alii vocant. Otto Morena in Hist. Laudens. apud Murator. tom. 6. col. 1053 : *In omnibus ipsorum manganis, et Preteriis, seu gatis ac machinis ignem apponentes, etc.* Ubi edit. Osii habet, *petreriis*. Ibid. col. 1059 : *Venerunt Mediolanenses,.... cum carozolo suo atque cum Pretheriis et gatis ad civitatem Laudæ obtinendam.* Vide *Petraria* 2.

PRETIARE, Pretium ponere, vel æstimare, *Priser*. Lex Alem. edit. Heroldi tit. 71 : *Si quis alicui caballum involaverit, et Pretiet eum dominus ejus cum sacramento usque ad 6. solid.* Ubi al. edit. *adpretiet*. Senator lib. 8. Epist. 22 : *Natura ipsa bonis adhibita perseverantia Pretiatur : quia minus est laudanda incipere, quam bonorum propositum custodire.* [Tabular. S. Victoris Massil. : *Nos venditores sumus de una esclausa de subtus ecclesia per tale pretium sicut boni homines Preciaverunt.*]

* Alias *Precier*, Ital. *Pregiare*. Lit. remiss. ann. 1385. in Reg. 127. Chartoph. reg. ch. 1 : *Après ce qu'il les* (vins) *eurent Preciez, beu et essaié d'icelx, cheurent en propos et voulenté d'en acheter.* Vide supra *Presiagium*.

Pretiare, pro *Depretiare* usurpat Gelasius I. PP. in Opusculo contra Lupercalia : *Vos eadem* (Lupercalia) *Pretiatis, vos eorum cultum celebritatemque vilem vulgaremque redditis.* Vide *Depreciare*.

¶ Pretiator, Æstimator, qui pretium ponit, *Priseur*. Charta ann. 43. Chunradi Reg. ex Chartul. Aptensi fol. 25. v° : *Quod si Episcopus sive successores illius emere voluerint, per tale pretium sicut boni et justi Pretiatores adpretiaverint, emant.* Vide infra *Prisare*.

* **PRETIARIA**, Res, quæ *pretio* seu pecunia acquiritur. Charta Ivon. episc. ex Tabul. capit. Carnot. : *Concessimus etiam quod beneficia ecclesiæ, quæ precariæ dicuntur, et facto erant Pretiariæ, quia quod omnium erat, quatuor vendebant, in communes redigerentur usus.*

¶ **PRETIOSA**, Versiculus, qui ad Horam canonicam, quam *Primam* vocamus, dicitur. Bulla Urbani V. PP. apud Soresinum de Capit. SS. Petri et Pauli pag. 8. ex Macr. Hierolex : *Quatenus omni die post Primam et Pretiosa teneantur omnes, etc.* Ibidem pag. 9. : *Quatenus post mortem D. N. Papæ post Pretiosa, statim loco prædictorum teneantur cantare* De profundis, *etc.* Ab hoc versiculo

¶ Pretiosa etiam nuncupatus locus in Ecclesiis Cathedralibus aliisque, ad quem recitata in choro oratione *Domine Deus omnipotens, qui ad principium hujus diei, etc.* procedebant, in eo Martyrologium, Excerpta Canonum et Necrologium lecturi. Ordo MS. Benedictionum et precum Eccles. Remens. fol. 10. et seqq. : *Quotidie vero in dicto loco Pretiosa, post Primam hebdomadarius cum pueris chori cantant laudes quæ sunt post Primam, incipiendo a Pretiosa ita. Primo puer cantat* Jube, *etc. sacerdos dicat*, Divinum auxilium maneat semper vobiscum. *R.* Amen. *Tunc legat puer in Martyrologio; quo finito cantat sacerdos*, Isti et omnes sancti justi et electi Dei intercedant et orent pro nobis peccatoribus apud altissimum Deum nostrum ut nos mereamur ab eo adjuvari, exaudiri et salvari, qui in Trinitate perfecta vivit et regnat, *etc. usque*, Sit nomen Domini benedictum, *pueri* : Ex hoc nunc et usque in sæculum : *Tunc puer legat in libro qui continet excerpta Canonum sacrorum ad institutionem vitæ melioris quorundam ecclesiasticorum, et postea in libro obituum : cum autem dixerit*, et alii plures, *sacerdos dicat*, Requiescant in pace; *pueri*, Amen. *Postea redeundo ad ecclesiam sacerdos incipit Psalmum* De profundis *cum precibus consuetis.* Si quid vero corrigendum et emendandum occurrebat, eodem in loco id propositum factumque colligitur ex Actis Capituli Remensis ann. 1355. *de correctione in Pretiosa facienda.* Ex quibus effici potest locum hunc a Capitulo, ut apud Monachos, minime fuisse distinctum, nisi aliunde constaret in Ecclesia Remensi ab antiquis *Pretiosa*, ut etiamnum fit, dictum fuisse in loco qui nunc major *sacristia* nuncupatur.

¶ **PRETIOSITAS**, Pretium, Gallice *Prix*. Jac. de Varagine in Chron. Januensi apud Murator. tom. 9. col. 19 : *Respiciendo enim ad Pretiositatem materiæ, multo melius valet clavis aurea et argentea, quam lignea.* Vita S. Canuti Reg. tom. 3. Jul. pag. 128 : *Ambiguitatis verum scrupulum de Pretiositate sanctitatis hujus.... Dei hominis a pectoris sui secreto fidelis quisque removeat. Annuli pretiositas*, apud Macrob. lib. 7. cap. 13.

¶ Pretiositas, Res pretiosa, in Libello de Sanguine Christi apud Mabillon. tom. 3. Annal. pag. 700 : *Hæc est illa gaza sacrosancta, supraque omnes Pretiositates dignissima.*

¶ **PRETIUM** et Præmium nonnihil inter se differre colligitur ex Charta apud Lobinell. tom. 2. Hist. Britan, col. 228 : *Tradidit Willelmus Grannart partem suam molendini quod est ibi in vadimonium pro* XXIV. *sol. illius monetæ, tali pacto ut medietas partis se redimeret et alteram monachi in præmio haberent. Quod audiens abbas Natalis prohibuit fieri, et jussit ut tota pars molendini in Pretium et in Præmium reciperetur, quousque molendinum adquitaretur.* Ubi *pretium* videtur esse debitum, quod in jure *reliquum* dicitur, Gall. *Arrerage* : *præmium* vero debiti caput, et summa, Gall. *Principal.*

¶ Pretium, Existimatio, auctoritas, in Litteris Bonifacii IX. PP. ann. 1391. tom. 6. Spicil. Acher. pag. 49 : *Ostendat itaque Pretium Apostolicæ monitionis, oratio diuturnæ angustiæ, etc.*

¶ De Pretio, Alicujus pretii. *Equus de pretio, Cheval de prix*, in Charta ann. 1226. apud Rymer. tom. 1. pag. 290.

Pretium, Compositio, seu mulcta pecuniaria homini imposita, qui alium occiderat, secundum ejus æstimationem, seu secundum ejus natales. Nam alia erat Presbyteri, aut viri nobilis, alia servi aut hominis inferioris conditionis æstimatio, aliudque pretium. Papianus lib. Responsor. tit. 3 : *De ingenuo vero homicida intra Ecclesiam posito, de interempti Precio, Principis est expectanda sententia : quia de precio occisorum nihil evidenter Lex Romana constituit.* Leges Luitprandi Regis Longobard. tit. 60. § 1. [** 83. (6,30)] : *Componat sacro Palatio medietatem Pretii sui, sicut appreciatus fuerit.* Concilium Cabilonense II. cap. 24 : *De Episcopis vero, Presbyteris et Diaconibus et Monachis interfectis, quærendum a domino Imperatore est, cui illius homicidii Pretium exsolvendum sit.* Egbertus in Dialogo de Ecclesiastica Institutione cap. 12 : *Si quis ex laicis Clericum, vel Monachum occiderit, utrum Pretium sanguinis secundum Legem natalium parentum propinquis reddendum sit.*

Pretium Nativitatis, dicitur in Legibus Anglicanis. Leges Canuti Regis Angl. : *Reddat Dominus ejus Regi weram, id est Pretium nativitatis hominis illius.* Leges Henrici I. Regis Angl. cap. 11 : *Episcopo et Regi Pretium nativitatis suæ reddat, et ita se inlegiet.* Cap. 68 : *Si quis liber aut servus occidatur, natalis sui Pretio legitime componatur.* Cap. 75 : *Habeat Pretium natalis ejus.* Adde cap. 70. 75. 76. 88. et alibi passim. Hinc *Natus ad quatuor vel* 14. *libras*, dicitur is, cujus *pretium nativitatis* est 4. vel 14. librarum, cap. 74. 76. Adde Leges Hoeli Boni Regis Walliæ cap. 11. et infra in voce *Wera.*

Pretium Ancillæ. Canones Hibernienses lib. 40. cap. 4 : *Princeps* (id est Episcopus) *in sua morte etiam de rebus Ecclesiæ commendare potest, hoc est Pretium ancillæ, sive de mobili, sive de agro.* Lib. 46. can. 5 : *Omnis qui ausus fuerit ea quæ sunt Regis aut Episcopi furari, aut aliquid in eos committere, parvipendens displicere, septem ancillarum Pretium reddat, aut 7. annos pœniteat cum Episcopis.* [Vide *Ancilla* 2.]

Pretia Cœmeteriorum, Sepulturarum obventiones. Concilium Narbonense ann. 1054. can. 14 : *Monemus iterum, ut nullus laicorum in opus suum retineat primitias, neque oblationes, neque cimeteriorum Pretia, neque ova, aut ea, quæ ad eos dantur per aspersionem salis et aquæ in cœna Domini, etc.*

PRETIUM SEPULCHRI, apud Hibernos, quod ex bonis mobilibus defuncti Ecclesiæ, in qua humabatur, cedebat : vacca nempe, equus, vestimentum, et ornamentum lecti. Canones Hibernienses lib. 19. cap. 6 : *Omne corpus sepultum habet in jure suo vaccam, et equum, et vestimentum, et ornamentum lecti sui : nec quidquam horum redditur in alia debita, quia corpori ejus tantum vernacula debentur.* Cap. 7. cujus lemma est *de mortuo retinendo* : *Quicumque discesserit de sua Ecclesia, et in alia Ecclesia sepultus fuerit, cujus propinquus veniens corpus mortui mutare volens, dabit Pretium sepulchri prioris, hoc est vaccam et vestimentum ejus commune, et rogabit Principem loci* (l. Episcopum) *ut basilicam ejus foderit. Si vero eadem familia miserationem animæ ejus in die 7. fecerit, reddet amicus Pretium ejus, et sedatium commune.* Adde lib. 31. cap. 20. 22. lib. 40. cap. 10. Vide *Heriotum*, et *Sedatio.*

PRETIUM NUPTIALE, seu *uxoris*, Dos. Lex Burgundionum tit. 61 : *Quæcumque mulier natione barbara ad viri coitum spontanea voluntate forte convenerit, nuptiale Pretium in simplum tantum ejus parentibus dissolvatur : et is cui adulterii dicitur societate permixta, etc.* Tit. 34. § 2 : *Si quis uxorem sine causa dimiserit, inferat ei alterum tantum quantum pro Pretio ipsius dederat, et mulctæ nomine sol. 12.* Tit. 36 : *Si quis cum parente sua... in adulterio fuerit deprehensus, Pretium suum ei, qui est proximus mulieri, quam adulteravit, prout persona fuerit, cogatur exsolvere.*

* PRETIUM IN MANE, Donum matutinale, quod maritus uxori offerebat post primam noctem nuptiarum. Vide supra *Morganegiba.*

PRETIUM REGIUM, est jus quod Regi vel Domino competit, res mercales comparandi certo et definito pretio. Iter Camerarii Scotici cap. 17. : *De Provisoribus Regis, etc. Primo calumniari debent, quod... sub colore Pretii Regii, cumulant sibi commodum singulare.* Aresta Omnium SS. ann. 1292. in Regesto Parlamenti Paris. B. fol. 97 : *Dom. Rex et Domina Regina, et eorum liberi habent Pretium suum Parisiis ad cibaria. Episcopus Parisiensis habet Pretium suum ad panerum piscis, vel ad summam. Domus Dei similiter, Camerarius, Constabularius, Buticularius, Cancellarius, et Dapifer, si ibi essent, habent Pretium. Nulli alii habent, ut hoc me docuit Joannes de Acon Franc. Buticul.* [Statutum Philippi Pulcri Regis Franc. ann. 1308. tom. 1. Ordinat. pag. 459 : *Commandons quant as vivres, que nous, la Royne nostre compaigne, quant nous l'aurons, nos effans estans avec nous,... le Chamberier de France, le Connestable de France, le Bouteiller de France, auront la prise aus vivres, et à nostre Pris, etc.*]

** PRETIUM MANUALE, Laudemium, pretium pro manu symbolica domini h. e. consensu in successionem impetrando. Sentent. curiæ Bamberg. sec. XIV. MSS. : *Quod ipsi tenentur sibi solvere tres solidos longorum Halensium pro Precio Manuali, quod vulgariter Hantlon dicitur.* Vide Haltaus. Glossar. German. voce *Handlohn* col. 810.

** PRETIUM DESERVITUM. Vide *Meinasme.*

PRETIUS, pro *Pretiosus.* Fridegodus in S. Wilfrido cap. 29 :

Tum Regina gravis hujusce schismatis auctrix
Præsumpsit Pretias sancto divellere capsas.

Utitur etiam antea. [Vox nota Virgilio, Georg. lib. 2. 95.]

¶ PRETIUS, pro *Pretium*, in Decret. Chlotarii II. Reg. ann. 595. apud Baluz. tom. 1. Capit. col. 20.

¶ **PRETULA**, pro *Petrula.* Vita B. Placidi Eremit. tom. 2. Junii pag. 612 : *Collum siccum et aridum, petris et Pretulis tantum plenum, etc.*

¶ **PREU**, Nostris olim idem quod Profectus, utilitas, commodum *Profit*, Itali, *Pro*, eadem notione usurpant; sed et Galli nostri, ut constat ex querelis Reg. Angl. contra Comit. Leicestriæ in Bibl. Reg. : *Et ce ne fu de rien son Pro;* ubi non semel occurrit. *Prou*, in Charta ann. 1274. in Cod. Colbert. 2591. Bellomaner. Institut. cap. 1 : *C'est le Preu à la cause commune, que nus n'use mauvesement de se cose, etc.* Guillel. Tyrius in Hist. Belli sacri apud Marten. tom. 5. Ampliss. Collect. col. 622 : *Fist drecier vers terre 14. que perrieres que mangoniaus, qui getoient par jor et par nuit, mes ne firent gaires lor Preu.* Vide Menag. in Origin. Gall. et infra *Proda*, *Proficuum*

* *Dieu vous gard ou Preu vous face*, salutationis ritus, in Lit. remiss. ann. 1465. ex Reg. 194. Chartoph. reg. ch. 82.

* **PREVEDO**, a Longobardico *Prevede*, Presbyter, sacerdos. Examen testium ann. 1270. apud Murator. tom. 5. Antiq. Ital. med. ævi col. 125 : *Et dicebat ipse Punzilupus publice, quod nolebat adorare versus partem illam* (Orientem) *ubi adorabant Prevedones clericones.... Idem Punzilupus.... dicebat : Quid dicunt isti Prevedones, lupi rapaces.... Quid dicunt isti Prevedones et fratones, etc.* Quæ vox contentum hic redolere videtur.

PREVENDERIATA. Vide in *Præbenda.*

* **PREVENDERIUM**, Mensuræ annonariæ species. Charta ann. 1405. in Reg. feud. comitat. Pictav. ex Cam. Comput. Paris. fol. 65. v° : *Quæ quidem terragia dictorum terraigiorum michi vallet seu vallere potest quolibet anno tria Prevenderia bladi vel circa.* Vide in *Præbenda.*

PREVOD MILITARE, Species tributi apud Polonos. Vide *Strofa.*

¶ **PREX**, Παράκλησις, ἱκεσία, in Gloss. Lat. Gr.

¶ **PREXIO**, Carcer, *Prison.* Statuta Astens. Collat. 2. cap. 1. fol. 11. v°. : *Quod si Potestas vel aliquis ex illis qui secum erunt ad dictum regimen, captus fuerit in servitio communis Astensis... quod tunc ipse Potestas, vel ille, vel illi qui secum erunt quando capti fuerint, dum steterint in Prexione, etc.* Vide infra *Priso* 1. Hinc

¶ **PREXONERIUS**, Captivus, incarceratus, vel qui in bello capitur, *Prisonnier.* Statuta Vercell. lib. 1. pag. 10. v°. : *Item quod nullus Prexonerius ponatur in carceribus communis Vercellarum, nisi sit Prexonerius ipsius communis.* Rolandinus Patav. de Factis in Marchia Tarvis. apud Murator. tom. 8. col. 336 : *Cum Eccelinus solus tantum haberet ibidem dominium, potuit et voluit.... cum Legato Prexonerio suo aliquam collationem habere.* Vide *Presonarius.*

¶ PREXONERUS, Eadem notione, in Memoriali Potest. Regiens. ad ann. 1247. apud eumdem Murator. ibid. col. 1115 : *Parmenses miserunt ambaxatores communi Regii... qui petebant Prexoneros Parmæ sibi dari.*

¶ PREYSONERIUS, Eodem significatu, pluries occurrit tom. 1. Histor. Dalphin. pag. 64. et alibi. Vide in *Priso.*

* **PREYSIA**, Canalis, rivulus, quo fluvii portio distrahitur. Sent. arbit. ann. 1500 : *Glaudius Lamberti, alias Guillion, dicebat et proponebat, quod dicti parerii martineti de Reveniers comblabant bialerias martineti dicti Glaudii Guillion, econtra et supra Preysiam aquæ bialeriorum dicti martineti.* Vide supra *Presa* 4.

PREZECHI, Tributi species apud Bohemos. Occurrit in Charta Ottocari Regis ann. 1221. in Bohemia Pia pag. 88.

* **PREZIONARIUS**, Captivus, Gall. *Prisonnier.* Instr. ann. 1384. inter Probat. tom. 4. Hist. Nem. pag. 75. col. 2 : *Ipsos homines ceperunt et ut Prezionarios apud locum de S. Genesio duxerunt, ipsosque ibi tenuerunt per nonnullos dies, faciendo curare stabula ronsinorum.* Vide *Prexonerius.*

¶ **PRI**, pro *Præ*, antiquos dixisse auctor est Festus.

PRIAPUS, Machina bellica, sic dicta, quod rotis aptata, membri virilis speciem referret, quomodo *Canones* nostri. Historia Australis ann. 1289 : *Tandem machina quadam, Priapus dicta, muro civitatis magna parte interrupto, etc.* Forte etiam quia *Engin*, pro membro virili, et pro machina usurpatur vulgo. [Ea est fortassis machina quam Historici nostri *Engin à verge* vocant.] Vide *Ingenium* 2.

¶ **PRICHA**, Saxon. inferioribus, exedra seu eminentior in templo locus, interprete Leibnitio in Notis ad Excerpta ex Ordinar. Eccles. S. Matthæi tom. 2. Script Brunsvic. pag. 475 : *Confratres eum eligant committendo ei altare minus principale ante chorum, ut ipsum una cum altari super Pricham respiciat, dicendo tres vel quatuor Missas in septimana ad altare ante chorum, et tres vel quatuor Missas ad altare super Pricham.*

¶ **PRICKEDBREAD.** Vide in *Panis.*

¶ **PRIDIANUS**, Æditituus, ecclesiæ custos, ut vult Mabillonius sæc. 5. Benedict. pag. 545. ubi de Translat. S. Judoci : *Corpus vero S. Judoci... intra ecclesiam quærere cœpit, et insinuante Pridiano Sigemano, ad dexteram altaris S. Martini sarcophagum invenit.* Ex sequentibus tametsi certum est Sigemanum Æditituum fuisse : *Post Missam jussu Sigemani Æditui foras asportatus est;* addubitari haud immerito potest an *Pridianus* nomen sit propium, an dignitatis vel officii; quid enim *Pridianus* ad æedituum?

¶ **PRIENTA**, Præstationis species. Charta ann. 1226. in Tabul. Sangerm. xx. *denar. censuales cum omni justitia super duobus arpennis vinearum quæ Prientam debent, sitis ibidem.*

* Idem, ni fallor, quod *Primitiæ*, unde nostris *Prainte.* Chartul. S. Maglor. Paris. ch. 190 : *Ce sont les coustumes des presseors de Charronne.* 1°. *Qui aura au presseor le marc d'un tonel de vin creu en vigne, qui*

doit dime et Prainte, il doit avoir de la seconde estorse ou de la tierche deus setiere de vin et aus pressoriers un Tournois du tonel.... Item se la vigne est franche et en nostre dimage, il doit avoir dou tonel trois setiere pour sa dime, ... et nous deus setiere pour nostre Prainte. Charta ann. 1314. in Chartul. S. Mart. Pontis. fol. 44. v° : *Une piece de vingne.... mouvant de religieuz homme l'abbé et le convent de S. Martin de Pontoise à un denier de chief cens, doit Prainte asdiz religieuz.*

PRIMA, nempe *Hora*, seu primum ex Officiis Ecclesiasticis diurnis. [Consuetud. MSS. S. Aug. Lemovic. fol. 3 : *Surgant nudis pedibus et eant ad Primam : et Prima dicta eant omnes in claustrum.*] Vide Durandum libr. 5. cap. 5. et supra in voce *Horæ Canonicæ.*

* *Prime* etiam nostri dixerunt ad notandam horam, qua illud officium in ecclesia decantabatur. Lit. remiss. ann. 1389. in Reg. 136. Chartoph. reg. ch. 279 : *Le lendemain environ demie Prime, pour cause des navreures dessus dittes, ledit Guillaume ala de vie à trespassement.*

* PRIMA CASSADOSA, sic fortasse dicta, quod in sacrario seu loco, ubi asservantur *Cassæ* seu capsæ Reliquiarum, decantaretur. Vide *Cassa* 3. Charta ann. 1300. ex Tabul. Auriliac. : *Elevatione cujus missæ facta, pulsetur campana pro Prima, diebus quibus non dicitur Prima cassadosa, neque in jejuniis; et diebus quibus illa Prima cassadosa diceretur, vel esset jejunium, pulsetur dicta campana in elevatione corporis Christi in dicta missa faciendum.*

* PRIMA LEVATÆ, Hora, qua monachi e lectis surgunt. Ordinar. Ms. S. Petri Aureæ-val. ubi de vigilia S. Joan. Bapt. : *Tunc pro Prima non pulsabitur illa esquilla in mane, de qua pulsatur pro Prima de Levée.*

¶ PRIMÆ LIBER, Qui ad *Primam* post versiculum *Pretiosa* legebatur, in quo scilicet martyrologium, necrologium atque ecclesiæ reditus ut plurimum continebantur. Statutum MS. Eccl. Lugdun. : *Sicut authenticata fuerunt ab antiquis patribus omnia scripta, quæ scribuntur in Libro Primæ, et creditur illis scriptis, etc.*

¶ PRIMÆ. *Legere in Primis*, Scholas ad Horam *Primæ* tenere, in Statutis Academiæ Paris. apud Acher. tom. 6. Spicil. pag. 381 : *Item nota, quod quando Magistri in Theologia legunt in Primis, tunc Bachalarii legentes Sententias illis diebus legunt in Tertiis; alias semper legunt Sententias in Primis S. Jacobi prædicti Bachalarii.*

¶ PRIMA MENSIS dicitur Portio canonica, in Epitome Constitut. Eccles. Valent. tom. 4. Concil. Hisp. pag. 162. quod prima die cujusque mensis solvebatur : *Statuerunt servitium quod præstare debent in solvendo vestuarium et Primam mensis Canonicis, etc.* Ibidem pag. 163 : *Debent solvere... portionem canonicam Prima quaque die sui mensis.*

¶ PRIMA MENSIS, Eadem ratione dicitur Cœtus Doctorum ad deliberandum de rebus quæ ad Facultatem spectant conveniencium.

¶ PRIMA SANCTA, Quid his verbis intelligendum sit docet Johannes de Capella laudatus a Mabillonio in Notis ad Vitam S. Angilberti sæc. 4. Bened. pag. 115 : *Iste Hugo de Chevincourt visitavit feretrum, quod dicimus sanctæ Primæ, id est primitivæ fundationis Ecclesiæ militantis, quia in eodem requiescunt quam plurima corpora Sanctorum, Petri, Pauli, Joannis Baptistæ et aliorum Confessorum et sanctarum Virginum.* Nec minus in hanc rem aperta sunt quæ habet Johannes de Flissicuria de *Prima* S. Petri Monasterii Corbeiensis ibidem pag. 372 : *Quoniam de illo vase quod vulgariter Prima sancti Petri dicitur... quia in eo continentur primæ reliquiæ ad sanctum Petrum, id est ad hanc ecclesiam quæ in honore S. Petri fundata est, advectæ; propterea vas illud Prima sancti Petri, scilicet primo ad S. Petrum, id est primo advectum ad S. Petrum, sive continens primas reliquias ad S. Petrum advectas, cùm antea paucæ aut nullæ fuissent, non irrationabiliter appellatur.*

* Dici videtur de *primitivis* seu potioribus Reliquiis. Exstat apud Lehunense monasterium sacra theca, ubi clavus, quo S. Petrus crucifixus fuit, asservatur, in qua sculptum legitur, *C'est la Prime S. Pierre de Lehons en Sancters.* 1572.

* PRIMA STULTA, Gallice *Primes sottes*, apud Laudunum appellabatur Prima in vigilia Epiphaniæ, quod eo die Princeps stultorum, ad sonum campanæ pro Primæ officio, conventum suum habebat. Vide infra *Princeps Stultorum.*

* PRIMA, Fructuum erogatio, sic fortasse dicta quod ex frugum *primitiis* vel ad horam *Primæ* distribueretur. Charta ann. 1274. in Lib. 2. nig. S. Vulfr. Abbavil. fol. 66. r° : *Præcepimus observari quod omnes Primæ ad scolas Abbatisvillæ pertinentes, quæ maxime possunt hora competenti ibidem deferri, de cætero ad corbem sive ad cistam deferantur, et a magistro, vel ab aliquo alio loco ipsius deputato, pauperibus scolaribus fideliter erogentur.... Unde vos requirimus et rogamus quatenus.... velitis parrochianos vestros inducere, ut largius solito scolaribus Primam petentibus, ... manum velint porrigere caritatis.*

* PRIMA SEDES. Vide in *Sedes*, 2.

¶ **PRIMALIS**, Primarius, principalis, præcipuus. Charta ann. 1485. apud Miræum tom. 1. pag. 787. col. 1 : *Per præsentes conferimus dicto Conventui donatione inter vivos, redditus Primales ad summam 50. libr. grossorum monetæ Flandriæ.* Vide *Primaris.*

PRIMANI, qui etiam interdum *Primarii*, sub Magistro militum præsentali inter Palatinas Legiones recensentur in Notitia Imperii. Vide Henricum Valesium ad lib. 16. Marcellini pag. 131.

¶ **PRIMANUS**, Primarius. Epist. ad Sixtum IV. PP. ann. 1480. apud Ludewig. tom. 5. Reliq. MSS. pag. 298 : *Ingens quidem multitudo vulnerata inter quos quidam Cappitanei et Primanus Bassa.* Infra pro dignitate et officio usurpari videtur : *Percellens miles Anthonius dominus de Montelio ad vicecomitem Primanus noster.*

PRIMARCHATUS. Burchardus de Casib. S. Galli cap. 7. de Vodalrico Abbate S. Galli et Patriarcha Aquileiensi : *Nam ut nobilitatem suam decuit, omnes fautores suos pace adepta, vel hic in Abbatia remuneravit, vel in Primarchatum secum ducens ibi honoribus et rebus ampliando exaltavit.* Legendum hoc loco *Patriarchatum*, aut sane intelligendum opinatur Goldastus. [** Legitur apud Pertz. Script. tom. 2. pag. 160. lin. 23.]

¶ **PRIMARCHES**, Princeps, in Epist. S. Pii PP. inter Acta SS. tom. 3. Martii pag. 477 : *Cherinthus Primarches Satanæ multos avertit a fide.*

PRIMARCHIO, quasi primus Marchio. Charta Pontii Comitis Tolosani [ann. 936. inter Instrum. tom. 6. Gall. Christ. novæ edit. col. 77.] : *Pontius D. G. Comes Tolosanus, Primarchio et Dux Aquitanorum, et uxor mea Garsindis, etc.*

¶ **PRIMARI**. Petrus de Mura : *Cujus diei defectus cogit aliquam lunationem Primari citius, sive anticipari primilunium per unum diem : quæ anticipatio appellatur saltus lunæ.*

PRIMARIA, JC. Anglis, idem quod *Poderagium*, seu primarium jus hypothecarium, quod habet creditor in feudum, aut prædium debitoris. Vide *Poderagium* [et *Potioritas.*]

PRIMARIOLUS, πρωτεύων, apud veterem Interpretem Moschionis de Morbis mulierum cap. 144. [** *Helpidi filiæ primariolæ dulcissimæ benemerenti Faustina mater*, in Inscript. christian. apud Maium Collect. Vatican. tom. 5. pag. 435.]

* *Primerain*, Prior, antiquior, apud Christ. Pisan. in Carolo V. part. 1. cap. 1. *Presme*, eodem sensu, in Charta ann. 1312. tom. 1. Probat. Hist. Brit. col. 1179 : *Olivier de Rohan vint à nostre ditte Court, et dit qu'il estoit Presme que ledit Guillaume à chose dessus dite retenir.*

PRIMARIS, pro *Primarius. Primare altare*, non semel in Actis Murensis Monasterii pag. 15. 25. 29. [Vide *Primalis.*]

PRIMAS, Qui primas partes tenet, qui primum locum obtinet. Grammaticus infimi ævi MS. :

Dignior et major, vel primus in ordine, primor;
Dicatur Primas populo qui primus habetur.

Primates urbium, vicorum, castellorum in Codice Theodosiano non semel. *Primates regionis*, in Pragmatica Sanctione Justiniani cap 11. *Primates Palatii*, in Lege Wisigoth. lib. 3. tit. 1. § 5. Wippo in Conrado Salico : *Wormatiæ conveniunt cuncti Primates*, i. proceres. [** Henric. I. convent. Erford. ann. 932. apud Pertz. Leg. tom. 2. pag. 18 : *Rex sapientissimus cum consilio Primatum suorum decrevit.* Otton. I. conventus Augustan. ann. 952. ibid. pag. 27 : *Pontificum aliorumque Primatum suorum communi consilio fretus.*] Utitur etiam Albertinus Mussatus de Gestis Henrici VII. *Primas tyrannidis*, in Histor. Miscella, qui Theophani, ἔξαρχος τῆς τυραννίδος.

¶ PRIMAS, Vicecomes, apud Aimoinum in Translat. SS. Georgii et Aurelii sæc. 4. Bened. part. 2. pag. 50 : *Post subeunt Biterris urbem,... in qua gratanter, utpote a noto et cognato viro ipsiusque civitatis Primate, nomine Gerino, suscepti, etc.* Ibid. pag. 51 : *Præfatus itaque Gerinus ejusdem civitatis Vicecomes, etc.* Vide Vales. Notit. Gall. pag. 485.

¶ PRIMAS CASTRI, Qui ejusdem dominus

est, nuncupatur, in Mirac S. Genulfi Episcopi ibidem pag. 233.

Primates Judæorum, Πρωτεύοντες Ἰουδαίων, Socrati lib. 7. cap. 13. qui antea Patriarchæ dicti quorum abolitum nomen sub Theodosio Juniore testatur Lex 29. Cod. Theod. de Judæis. (16,8.) Vide Samuelem Petitum lib. 2. Var. cap. 10. Blondellum de Papæ primatu pag. 532. et Jacobum Gothofred. ad d. leg. 29.

Primates, apud Christianos, dicti Episcopi, qui in civitatibus, quæ ex Imperii laterculis jure Metropoleos gaudebant, præsidebant ex can. 2. Concilii Taurinensis ann. 397. cui consonant Epistolæ summorum Pontificum, Anacleti Epist. 2. cap. 2. Aniceti cap. 2. Stephani I. Epist. 2. cap. 4. 5. Gregorii VII. lib. 6. Epist. 35. etc. nempe quod in Metropoli conventus juridici agi solerent a Præsidibus Provinciarum, et ad eam *omnes, qui negotia videntur habere concurrant*, ut est in Concil. Antioch. can. 9. unde passim Metropolitani appellantur. Vide Nicol. *le Maistre* lib. 2. de Bon. et possession. Eccles. cap. 13. ubi pluribus disputat, an Primatuum origo a dignitate civili sedium sive urbium deduci debeat. Scribit præterea Sirmondus ad Sidonii libr. 7. Epist. 5. provincias olim, cum simplices essent, postea Principum nutu in plures dividi cœpisse, ortumque inde, ut aliæ primæ dicerentur, aliæ secundæ, aliæ tertiæ, et ita deinceps pro numero provinciarum : primas vero appellatas, quibus Metropoles obtigerant, quæ totius provinciæ ante divisionem caput erant, indeque natam Primatum originem, cum primarum provinciarum Metropolitani Primates essent reliquarum ejusdem nominis provinciarum. Paulo secus de hac provinciarum divisione sentit Camdenus in Britannia pag. 94. 3. edit. aitque, se observasse, Romanos eas provincias semper *primas* vocasse, quæ Romæ fuerant proximiores. Utramque virorum singularis eruditionis sententiam expendat lector, cui per otium licet : nos enim festinamus.

Apud Africanos vero aliter sese res habuit. Is enim *Primas* dicebatur, seu *Episcopus primæ sedis*, qui ordinationis tempore collegas suos anteibat, quem ideo *Senem* appellabant, ut in hac voce docemus. [Conc. Carthagin. sub Bonifacio PP. can. 86. in Cod. Afric. : *Primatus prioribus ordinatione concedebatur.*] Solius tamen Carthaginis ea erat prærogativa, ut ejus Episcopus Primas esset Proconsularis provinciæ, et caput reliquarum quinque provinciarum.

Factum postea ut *Primates* dici cœperint non singuli Metropolitani, ut olim ; sed Ili Episcopi qui plures provincias, et earum Metropolitanos administratione sua complectebantur. [Capitul. lib. 6. cap. 439 : *Nulli alii Metropolitani appellentur Primates, nisi illi qui primas sedes tenent, et quos sancti patres synodali et apostolica auctoritate Primates esse decreverunt. Reliqui vero qui alias metropolitanas sedes sunt adepti, non Primates, sed Metropolitani vocentur.*] Iidem interdum *Patriachæ* appellantur, ut apud Anacletum Epist. 2. et *Primates diœceseos*, apud veterem Interpretem Latinum can. 9. et 17. Concilii Calchedon. [in lib. 7. Capitul. cap. 314. 321. et in Addit. 4. cap. 25. *Primates diocesearum*, in lib. 7. Cap. 153. *Primates provinciæ*, ibid. cap. 89. *Summi Primates*, ibidem cap. 156. in Addit. 4. cap. 10. et 17.] *Præsules omnium Sarcerdotum in partibus suis*, in Append. Cod. Theod. Constit. 3. ex quo deinde profluxit nova ista Primatis significatio, quæ postea in alteram significationem detorta, sola deinceps obtinuit apud Canonum Collectores, ubi *Diœcesis* sumitur pro tractu diversarum provinciarum, in unum corpus compactarum : unde Græcis οἱ ὑπὲρ διοίκησιν ἐπίσκοποι, dicuntur in Concilio Constantinopol. cap. 11. qui aliis ἔξαρχοι τῆς διοικήσεως. Gilbertus Lunicensis Episcopus de usu Ecclesiastico : *Primas quoque et ipse Archiepiscopus est, nec ipse Archiepiscopum ordinat. Utrumque enim Archiepiscopum et Primatem oportet Romæ ab Apostolico ordinari, aut a Roma eis a Papa Pallium afferri, atque a Coepiscopis sublimari : quæ tunc datur licentia, si forte infirmitatis, vel belli, aut aliqua alia causa necessaria intercesserit. Eo tantum ergo præest Primas Archiepiscopo, quod cum multi sint in eadem regione Archiepiscopi, solus ex eis, qui Regem ordinat, et in tribus solennitatibus coronat, et apud quem Concilia pro veritate peraguntur, ipse eorum primatum tenet, locum itaque quem apud Orientales Patriarchæ possident hunc apud nos Primates quodammodo obtinere videntur, utrique Romano Pontifici primo gradu supponuntur.* Primatum auctoritatem versibus istis perstringit Willelmus Brito lib. 12. Philippid. ubi de Lugdunensi Primate :

> Et Lugdunensis, quo Gallia tota solebat,
> Ut fama est, Primate regi, causasque referre
> Difficiles, ut ibi lis ultima litibus esset :
> Nec mittebatur Romam lis ulla, nisi quam
> Lugdunense forum per se finire nequisset.
> Cujus honoris adhuc memor est Epigramma sigilli,
> Quique monetatus datur ad commercia census.

De Primatibus Galliæ, Germaniæ, Hispaniæ, Italiæ, Britanniæ, Bulgariæ, etc. cum rem hanc pluribus prosecuti sint Scriptores complures, atque in iis Baronius, Sirmondus, Salmasius, Morinus, Saussaius, Sammarthani, Usserius, Marshamus, Marca, et alii plerique, hos lectori liberum erit consulere. Vide *Catholicus*, 3. Glossar. med. Græcit. vocib. Πρωτόθρονος, col. 498. et Πρωτεύων, col. 1264.

¶ Primus Inter Primates, Titulus Remorum Archiepiscopo ab antiquioribus concessus, si fides Hincmaro in Epist. ad Leonem IV. Papam : *Item.... de privilegiis hujus Remensis Ecclesiæ, quæ habuit ab initio, quo privilegia sedes habere cœperunt, et quia Remorum Episcopus Primus inter Primates semper et unus de primis Galliæ Primatibus extitit, nec alium se potiorem præter apostolicum Præsulem habuit, ut scilicet ea quæ tanto tempore ab antecessoribus ipsius huic sedi sunt concessa et conservata, conservare et augmentare dignetur.*

¶ Primas *Galliæ et Germaniæ* Ansigisus Senonum Archiepiscopus institutus a Johanne PP. et confirmatus a Synodo Pontigon. ann. 876. cap. 7 : *Sicut domnus Papa Johannes sanxit connivente et consentiente et condecernente domno et gloriosissimo Karolo Imperatore semper Augusto, Ansigisum venerabilem Episcopum Senonum Archiepiscopum suam vicem tenere et Primatum ei Galliæ et Germaniæ contulit in evocanda synodo et definiendo canonice, si quælibet insurrexerint necessaria, et ut graviora ad ipsius notitiam referat, et nos unanimiter omni devotione laudamus, et ut ita ipse Primatum teneat Galliæ et Germaniæ decernimus et sancimus.*

¶ Primas Totius Galliæ nuncupatur Hugo Archiepiscopus Lugdunensis, in Tabul. S. Albini fol. 29 : *Donec Hugonem virum spectande virtutis et totius Gallie Primatem Salmurum contigit advenire.*

* S. Dionysius *totius Galliæ Primas* inscribitur in Charta ann. 1095. apud Doublet. lib. 2. pag. 473. Segebodus archiepiscopus Narbonensis *Primas* et *Archipontifex* nuncupatur, in Hist. invent. S. Baud. inter Probat. tom. 1. Hist. Nem. pag. 3. col. 2. Vide infra *Subprimates*.

¶ Primas *Gentium Transmarinarum* dicitur Lanfrancus Archiep. Cantuar. in ejus Vita a Milone Crispino ipsius subpari scripta num. 19.

☞ Primatum S. Petro a cæteris Apostolis attributum fuisse, existimasse videtur Auctor libelli, de Exordio ac officio Episcoporum, apud Baluz. in Append. ad Capitul. col. 1369 : *Siquidem et ceteri Apostoli cum Petro pari consortio honorem et potestatem acceperunt ; ipsumque Principem suum esse voluerunt.*

Primates Episcopi interdum dicti, qui aliis coepiscopis ordinationis tempore potiores erant : quomodo ab Hilaro PP. Constantius Uzeticæ civitatis Episcopus dic'tur esse *Primas ævo honoris*. Et ibidem cura provinciæ Narbonensis ob suspensionem Hermetis Metropolitani transfertur ab Hilaro ad eum, *quem repererit Episcopalis ordo Primatem*. Alio modo primus inter comprovinciales Episcopus dicebatur, cujus civitas secundum a Metropoli locum obtinebat, ac secundo ab ea loco in provinciæ notitia describebatur. Vide Sirmondum ad Gaufridi Vindocin. lib. 3. Epist. 11.

Primatis inter Abbates titulo donatum a summis Pontificibus Abbatem Fuldensem scribit Browerus lib. 1. Antiq. Fuld. cap. 15.

* Primates appellati, qui vulgo *Dignitates* vocantur, in ecclesiis cathedralibus. Charta Gaufr. episc. Carnot. ex Chartul. S. Joan. in Valle : *Communi consilio et assensu totius capituli Primatumque nostrorum, etc.* Vide supra *Prælatus*.

* Primas Scholarum, Qui ecclesiarum cathedralium vel collegiatarum scholis præest. Stat. eccl. Tull. Mss. ann. 1497. fol. 46. r° : *Chori magister et duo Primates scholarum, etc.* Vide *Caput Scholæ*.

¶ **PRIMATIA**, Primatis dignitas, nostris *Primatie*, apud Macros in Hierolex. ex cap. 7. de in integr. restit.

¶ **PRIMATIO** Lunæ, Novilunium. Vide *Primari* et *Saltus Lunæ*.

¶ **PRIMATIOR**, Qui apud aliquem primas obtinet, familiarior. Histor. Andagin. Monaster. apud Marten. tom. 4. Ampl. Collect. col. 959 : *Quod licet in faciem illi objicere parcerent, eis tamen, quos illi* (Theodorico Episc. Virdun.) *sciebant Primatiores, hæc ingerebant acerrime.... Fami-*

liaribus vero e contra causantibus, non sic dehonestandum vel provocandum tantæ potestatis virum, etc. [** F. leg. *Privatiores.*]

1. **PRIMATUS**, Privilegium. Capitulare Radelchisi Principis Beneventani ann. 851. cap. 4 : *Ut singulæ Ecclesiæ suum Primatum habeant integrum* [Capitul. lib. 7. c. 1 : *Ut unaquæque ecclesia, sive unusquisque sacerdos suum Primatum teneat, sicut in antiquis canonibus constitutum est.*]

¶ 2. **PRIMATUS**, adject. Primus, prior. Charta ann. 1086. in Addit. ad Chron. Casaur. apud Murator. tom. 2. part. 2. col. 1002 : *Quamobrem constat, me Radulfus humilis Episcopus ordinatus sum..., bona et spontanea mea voluntate, quam et per voluntatem et consensum de Primatis ordinatis Canonacis meis, qui præordinati sunt in officio de prædicta nostra ecclesia.*

* 3. **PRIMATUS**, Principatus, regimen, administratio. Charta fundat. monast. de Cirisiaco in Reg. 80. Chartoph. reg. ch. 505 : *Ego Robertus Normannorum comes, etc. Acta sunt hæc in Rodomo civitate, tempore Johannis papæ, anno ab incarnatione Domini* 1032. *Normannorum tenente Primatum marchione Roberto, Primatus ejus anno quinto.* Glossar. Lat. Ital. Ms. : *Primatus, una dignita de magistrato.*

¶ **PRIMAVERA**, Præstationis seu tributi species, an idem quod *Primitiva*, strenæ, xenia? Tabular. S. Nicolai Andegav. : *Comes Hoellus dedit S. Nicholao insulam Deneralam integram, cum sua parte cenagii, absque Primavera.* Nisi forte intelligas jus animalia mittendi ad depascendas primas veris herbas.

* Neutrum : Pisciculi genus est, nostris *Prineverde*, qui a piscandi facultate, quæ *Cenagium* dicta, ut videre est supra in hac voce, excluditur. Privil. piscat. Bitur. ann. 1403. in Reg. 207. Chartoph. reg. ch. 138 : *Item ont droit et acoustumé d'avoir et tenir avec eulx fillanches.... pour pescher et prandre anguilles et tout poisson,.... c'est assavoir gayons, loches, chabotz, vairons, Prineverdes et escrevisses seullement.*

¶ **PRIMAYRANUS**, PRIMAYRAS, Scabinus, urbis consiliarius, quorum primus, qui alibi *Major, Primayras* dictus fuisse videtur. Consilium ann. 1267. ex Cod. MS. D. *Brunet* fol. 71 : *Ego autem Guillermus, Primayranus, notarius publicus prædictus cum omnibus testibus interfui.* Ibidem : *Postmodum prædicta fuerunt recitata per me Guillermum Primayrati civium, notarium publicum.* Vide in *Prior.*

¶ **PRIMICERIA**, Dignitas in Monasteriis feminarum, Quæ aliis præest. Regula S. Cæsarii ad Virgines cap. 39 : *Primiceriam etiam vel formariam admoneo et contestor ut vigilantissime consideretis si sunt aliquæ de sororibus, quæ pro eo quod delicatius nutritæ sunt, aut defectionem forsitan stomachi frequentius patiuntur, et sicut reliquæ abstinere non possunt... si illæ propter verecundiam petere non præsumunt, vos eis jubeatis a cellerariis dari.* Vide infra in *Primicerius.*

¶ **PRIMICERIATUS**, Officium, dignitas *Primicerii*, in leg unic. de Decanis lib. 6. tit. 33. Cod. Theod. Charta ann. 1105. apud Calmet. tom. 1. Hist. Lothar. inter Instr. col. 517 : *Ut ad ejus Primiceriatum lege beneficii seu aliqua alia ratione respiceret seu respiciat, aut ut aliquis alius Primicerius super hoc successionem aliquam requirat, etc.* Vide infra in *Primicerius.*

¶ PRIMICERIATUS, Beneficium Ecclesiasticum, seu reditus ad *Primicerium* pertinentes. Necrolog. Tullense : *Dedit* (Riquinus Episc.) xx. *solidos fortium supra trecensum de Rambucourt; hic dedit Primiceriatum et alodum de Trondolis.*

¶ **PRIMICERIUM**, Potestas, imperium, dominatio. Acta Episcop. Cenoman. tom. 3. Analect. Mabill. pag. 348 : *Sceptro regni transmaritimo et Normaniæ Ducatui non injuste aspiravit* (Gaufridus Andegav. Comes.) *Cujus formidantes probitatem et Primicerium, Anglicorum primores et Episcopi Comitem Stephanum, præfati Regis nepotem, in regnum et coronam susceperunt.*

PRIMICERIUS, Primus cujusque ordinis. Lexicon Græc. MS. Reg. Cod. 930 : Πριμμικήριος, ὁ πρῶτος ταξιώτης. Suidæ, πρῶτος τῆς τάξεως τυχούσης, in Novella Heraclii, ὁ ἐν ἑκάστῳ τάγματι πρῶτος. Primus in *ceram*, seu tabulam relatus. Hygenus de Limitib. agror. Goes. pag. 191 : *Has conternationes sublata sorte quidam tabulas appellaverunt, quoniam codicibus excipiebantur, et a prima cera, primam tabulam appelaverunt.* Willelmus Tyrius lib. 4. cap. 8 : *Præcedebant autem ejus exercitum quasi Legionum Primicerii, vexilla bajulantes, viri nobiles et inclyti, etc.* In monastico Anglicano tom. 1. pag. 838. et 839. Edmundus et *Edgarus Reges* se, *et Primiceros totius Albionis* inscribunt. [Vide Gloss. med. Græc. col. 1230.]

☞ Hinc S. Augustinus serm. 21. de Temp. S. Stephanum *Primicerium Martyrum*, quod inter Martyres primus; S. Bernard. serm. Domin. infra Octavam Assumpt. Virginem Mariam *Primiceriam virginitatis*, et Bertrandus Prior Pontiniac. in Vita S. Edmundi apud Marten. tom. 3. Anecd. col. 1782. *Primiceriam puritatis*, quod inter Virgines primum obtineat locum, vocant.

PRIMICERII, Proceres. *Regales primicerii*, in Vitis Abbatum S. Albani pag. 15. Interdum pro *ducibus* seu principibus alicujus negotii. Ibid. : *Electi commilitones et Primicerii.* Matth. Paris ann. 1240 : *Sciscitabatur, quis in exercitu foret Primicerius.* Chron. MS. Bertrandi Guesclini :

Au noble Duc d'Aujou se rendi un Princier,
Perdueat d'Alebret l'appellent li Guerrier,
Et vint-sept chasteaus tous de son heritier,
Rendi au noble Duc tout à son desirier.

[Le Roman *d'Athis* MS. :

La erent peint moult richement,
Mieulx que le livre n'en reprent,
Le Roy, le Conte et le Princier,
Et tout li noble Chevalier.]

PRIMICERIUS, Idem qui *Domesticus*, apud Senatorem lib. 10. Epist. 11 : *Primiceriatus, qui et Domesticatus nominatur.*

* Tract. Ms. de Nomin. judic. etc. ad calcem Ordin. Rom. ex Cod. reg. 4188 : *Primicerius, id est, prima manus : chera enim Græce, Latine manus dicitur. Primicerius apud Græcos, Papia vocatur. Ipse debet habere curam de clavibus totius palatii et est ibi honorabilis, apud imperatorem die nocteque debet existere in palatio.* Joan. Germ. Cabilon. episc. in vita Phil. III. ducis Burg. apud Ludewig. tom. 11. Reliq. Mss. pag. 117 : *Primicerios, quos capitaneos dicunt etc.* Hinc *Primicerii* appellantur in Universitatibus, qui studiis præsunt. Vide *Manni* de Sigil. tom. 3. pag. 32.

PRIMICERIUS, Dignitas militaris, Tribuni dignitati proxima, apud Hieronymum ad Pammachium : *Sed ante Primicerius, deinde Senator, Ducenarius, Biarchus, Cirmicitor, Eques, deinde Tiro.*

PRIMICERIUS AUGUSTÆ, apud Eustathium in Vita S. Eutychii Patr. CP. num. 84.

PRIMICERIUS AULÆ, qui tubicinibus Imperatoriis præerat. Vide Notas ad Cinnamum pag. 463. *Magnus Primicerius*, apud Constantinopolitanos, dignitas, de qua Codinus, et ejus interpretes. Vide Joannem VIII. PP. Epist. 169.

PRIMICERIUS BARDARIOTARUM, qui Achridensibus Turcis præerat, apud Byzantinos Imperatores. Vide Notas ad Alexiadem pag. 284.

PRIMICERIUS CAPELLÆ REGIÆ. Vide *Capellanus.*

¶ PRIMICERIUS CARDINALIS, Cardinalium Decanus, apud Luitprandum lib. 6. de reb. per Europ.

¶ PRIMICERIUS CLASSIS, apud Willel. Tyrium lib. 3. cap. 24.

PRIMICERIUS SACRI CUBICULI, in Notitia Imperii pag. 3 : *Primicerius totius officii. Primicerius scrinii Canonum, tabulariorum, aureæ massæ, auri ad responsum, vestiarii sacri, argenti, annularensis, a pecuniis*, in eadem Notitia pag. 49. ubi consulendus Pancirolus.

¶ PRIMICERIUS FABRICÆ, in Cod. Theod. leg. 2. de Fabricens. (10,22.)

PRIMICERIUS *et Comes sacrarum Largitionum*, apud Senatorem lib. 6. Epist. 7.

¶ PRIMICERIUS MENSORUM, in Cod. Theod. leg. 12. de Mensor. (6,34.)

PRIMICERIUS MONETARIORUM, in veter. Inscript. 1054. 8.

¶ PRIMICERIUS PROTECTOR, apud Ammian. lib. 8.

PRIMICERIUS AUGUSTALIUM.
PRIMICERIUS SCHOLÆ CANTORUM.
PRIMICERIUS CENARIORUM.
PRIMICERIUS DEFENSORUM.
PRIMICERIUS DEPUTATORUM.
PRIMICERIUS DOMESTICORUM.
PRIMICERIUS EXCEPTORUM.
PRIMICERIUS JUDICUM.
PRIMICERIUS LECTORUM.
PRIMICERIUS NOTARIORUM.
PRIMICERIUS PALATII. Vide (*Capellani*, pag. 128. col. 1.)
PRIMICERIUS SILENTIARIORUM.
PRIMICERIUS SINGULARIORUM.
PRIMICERIUS TABULARIORUM, apud Codinum de Offic. Vide Glossar. med. Græcit. col. 1230. et 1778. supra in *Augustalis, Cantor, Defensor, etc.*

PRIMICERIUS VESTIARII Imperatorii, apud Leonem Grammaticum in Constantino Leonis F. [et Anonymum Combefisianum in eodem Constantino num. 5. 12.]

PRIMICERIUS, Dignitas in Ecclesiis Cathedralibus : officium ipsum *Primiceriatus*, apud Gregorium IX. lib. 1. cap. 8. ubi extinctam hanc dignitatem in Ecclesia Tullensi sub ejusdem Pontificis tempora observare est. *Primicerius Sedis Apostolicæ*, apud Joannem VIII. PP. Epist. 7. ex iis, quas Sirmondus edidit. *Primicerius Ecclesiæ Neapolitanæ*, apud Eugippium in Vita S. Severini cap. ult. *Primicerius Metensis Ecclesiæ* apud Adelmannum in Epist. ad Berengarium in Concilio Metensi ann. 888. can. 7. etc. *Primicerius Ecclesiæ Pergamensis*, in Histor. Pergam. tom. 3. pag. 325. apud Ughellum tom. 4. pag. 668. 669. 675. 848. etc. *Primicerius Ecclesiæ Tullensis*, in Charta Leonis IX. PP. ann. 1049. apud Meurissium. *Primicerius S. Marci Venetiarum*, de quo multa Sansovinus, et Stringa lib. 1. de Venetia cap. 143. et seq. Dignitatis istius Ecclesiasticæ munus ita describit liber Romani Ordinis, apud eumdem Gregorium eod. lib. tit. 25 : *Ut Primicerius sciat se esse sub Archidiacono, sicut Archipresbyter, et ad ejus curam specialiter pertinere, ut præsit in docendo Diaconis, vel reliquis gradibus Ecclesiasticis in ordine positis : ut ipse disciplinæ et custodiæ insistat, sicut pro animabus eorum coram Deo rationem est redditurus : et ut ipse Diaconibus donet lectiones, quæ ad nocturna officia Clericorum pertinent, et de singulis studium habeat, ut in quacunque re capacem sensum habuerit, absque ulla vacet negligentia, aut a quo ipse jusserit instruantur.* Vita Aldrici Episcopi Cenoman. num. 1 : *Demum quoque eligentibus fratribus, et suadente, sive exhortante Episcopo suo Drogone, licet coacte, senior cantor ibi sublimatur.* Infra : *In majus eum ministerium, quamvis coacte, sublimaverunt, et Primicerium, secundum Romanum ordinem cum esse constituerunt, totumque clerum tam civitatis quam et monasteriorum, sive totius illius Civitatis* (Metensis) *Parochiæ ei subditum esse præceperunt, et magistrum omnium constituerunt.* Adde num. 55. Bernaldus Archidiacon. in Vita B. Geraldi Abbat. Braccarensis n. 1 : *In monasterio chorum, utpote bonus Primicerius, doctissime regebat, et monachos minus eruditos tam in musica, quam etiam literali disciplina diligenter edocebat.* Leges Alfonsinæ, seu Partitæ 1. part. tit. 6. leg. 5. Primicerium cum Cantore confundunt, ubi Cantorem, et in quibusdam Ecclesiis *Cabiscol*, in aliis *Primicerio* appellari observant : *E aun otras Eglesias hay en que ha Primicerios, que han ese mesmo oficio que los Chantres : et Primicerius en latin tanto quiere decir, como primero en el coro : et en commenzar los cantos, et para mandar et ordenar á los otros como canten et anden honestamiente en las procesiones.* Ex his liquet, *Primicerium* unde appellatum, qui alias *Primicerius Scholæ Cantorum* dicitur. [*Primicerii sive chori et cantorum Magistri*, in Exposit. compend. benefic. fol. 6. Vide *Primiserius*.] Proinde minime audiendus Joannes de Janua : *Primicerius est, qui primum cereum portat ante Episcopum, vel Regem, de dignitate : unde hæc Primiceria, ejus dignitas.* Adde lib. diurn. Rom. Pont. cap. 1. tit. 11 : *Ad Presbyterum, diaconum, Primicerium, secundicerium.*

Primicerii Subdiaconorum, *Notariorum, Lectorum*, in Ecclesia Mediolanensi ann. 963. apud Ughellum in Appendice tom. 4. pag. 2. 11. Vide Gloss. med. Græcit. in Πριμμικήριος, col. 1230.

* Primicerius *Presbyterorum, Subdiaconorum, Notariorum, Lectorum*, in Ord. eccl. Ambros. Mediol. ann. circ. 1130. apud Murator. tom. 4. Antiq. Ital. med. ævi col. 861.

* Primicerius, in monasterio Cassinensi, Qui actis scribendis præerat. Charta ann. 1147. tom. 1. Hist. ejusd. monast. pag. 402. col. 1 : *Scripta per manum fratris Sigenulfi Cassinensis Primicerii.* Vide *Primiscrinius.* [** De *Primicerio Notariorum* vidend. Savin. Histor. Jur. Roman. med. temp. tom. 1. § 106.]

* **PRIMICERUS**, Primus et præcipuus. Chron. Angl. Th. Otterb. edit. Hearn. pag. 192 : *Quorum* (militum parlamenti) *Primicerus et prolocutor parliamenti, ex regis assignatione fuit dominus Johannes Bussy.*

¶ **PRIMICHERIUS**, ut *Primicerius*, in Charta S. Gerardi Episc. Tull. ann. 982. apud Calmet. tom. 1. Hist. Lothar. inter Probat. col. 388 : *Processu namque temporis evoluto, Goderamnum qui tum noster erat Primicherius, a nostræ familiaritatis participibus segregari contigit pro culpis aliquibus.*

PRIMICLERUS, Munus Ecclesiasticum; primus et præcipuus inter Clericos, qui nempe universæ Clericorum catervæ et familiæ præerat. Nam ut Diaconis Archidiaconus, Presbyteris Archipresbyter antistabant, ita Clero Primiclerus, cujus arbitrio oblationes Clericis pro ratione virtutis et officii distribuebantur. [Conc. Compostell. ann. 1031. inter Hispan. tom. 3. pag. 199 : *Super rebus ipsius ecclesiæ canoniæ nullus laicus diligentiam habeat. Disciplinam et nutritionem clericorum faciant, et super omnes ordines Archipresbyteri et Primicleri.*] Dignitatis istius præterea mentio est in Concilio Emeritensi can. 10. et 14. et in Toletano XV. quod subscribit *Musacius Primiclerus* : denique in Historia Wambæ Regis pag. 832. ubi quidam *Gultricianes Primiclerus* refertur. Non desunt tamen, qui in his locis emendandum putant, *Primicerius*, atque in iis Garsias Loaisa. Vide Filesacum lib. de Parœciis cap. 4.

¶ **PRIMICOPII**, *Qui primum locum in prœliis obtinent.* Gasp. Barthii Gloss. apud Ludewig. tom. 3. Reliq. MSS. pag. 435. ex Guiberti Hist. Palæst.

¶ **PRIMIFORMIS** dictus Adam, quia primus formatus fuit. Vetus Irenæi Interpres lib. 3. cap. 23 : *Hic est autem Adam, si oportet verum dicere, Primiformis ille homo, etc.* Vide *Primoplastus*.

¶ **PRIMILUNIUM**, Novilunium. Vide *Primari*.

¶ **PRIMIOR**, Ad primum rei principium propius accedens. Otto Frising. de Frider. I. Imper. apud Murator. tom. 6. col. 644 : *Quæ* (demonstratio) *velut omnium principium et primum Primiora, veriora, notiora super se habere non potest.*

¶ **PRIMIPARA**, Quæ prima vice peperit, Πρωτοτόκος, apud Martinium. Utitur Plinius lib. 8. cap. 47.

¶ **PRIMIPETA**, *Primum locum vel gratiam exponens*, ut legendum censet la Cerda apud Isid. pro *Prima porta, primum locum vel grecia expositio*; cui assentit Grævius : nisi emendes ex Constansiensi : *Prima peto, primum locum, vel egregia exposco.*

¶ **PRIMIPILARIUS**, ut Primipilaris, Centurio primi pili seu primæ cohortis. Otto Frising. de Frider. I. apud Murator. tom. 6. col. 651 : *Viriliterque pugnantibus Alemannis tandem ex parte Francorum comes Emicho, qui cæterorum Primipilarius erat, lethali sauciatus vulnere, occubuit.* Vide Spartianum in Pescen. Nigr. Calmet. tom. 1. Histor. Lothar. inter Probat. col. 5. et Gloss. med. Græc. col. 1229.

¶ **PRIMIPILATUS**, Dignitas et gradus Primipili, apud Laur. in Amalth. Occurrit apud Joh. Sarisber. lib. 6. cap. 16.

¶ Primipilares, *Qui ad pascendos milites solemniter ad limitem destinabantur.* Vide Gothofred. ad leg. 6. Cod. Theod. lib. 8. tit. 4. De *primipilo* seu pastu primipili, ibid. consulendus, ut et ad leg. 11. lib. 12. tit. 1. Vide etiam Gloss. med. Græcit.

¶ **PRIMIPOTENS**, Primus potentia, qui alios omnes potentia præcellit. Apul. in Asclep. Hermet. : *Deus Primipotens et unus gubernator mundi.*

PRIMISCRINIUS, Qui primum locum obtinet in Scriniis publicis, vel inter *Scriniarios*. Menæa 13. Decemb. in S. Eustratio : Σκρινιάριος ὑπάρχων τῆς Δουκινῆς τάξεως, καὶ ἐν αὐτῷ πρωτεύων. Vide Acta S. Sebastiani cap. 7. n. 24. Theophanem ann. 7. Nicephori Gener. Senatorem lib. 11. Epist. 20. Relationem Symmachi PP. apud Baronium ann. 410. n. 50. etc. Notitia Imperii lib. 1. cap. 40. de Magistro militum in præsenti : *Habet.... Primiscrinios, qui Numerarii fiunt.* In Hist. Miscella lib. 24 : *Theodosius Patricius et Primiscrinius. Primiscrinius Candidatorum*, in Actis Martyrii S. Secundi n. 1.

¶ Primiscrinius, Cancellarius. Eo nomine Chartam ann. 934. sub Radulfo Rege subscribit Vicbertus, apud Stephanot. tom. 3. Antiq. Pictav. MSS. pag. 337.

Primiscriniarii, et *Scribæ regionarii*, inter officia Ecclesiæ Romanæ, apud Anonymum Vaticanum de Electione Paschalis II. apud Baron. ann. 1100. qui *Protoscriniarii* nuncupantur apud Reginonem in Chronico.

Primiscriniatus, Dignitas ipsa, apud Senatorem lib. 11. Epist. 21.

¶ Primiscrinius, pro *Primicerius*, in Vita S. Johannis Gorz. Abb. sæc. 5. Bened. pag. 374.

¶ **PRIMISERIUS**, pro *Primicerius*, in Chartario Eccl. Auxit. cap. 52 : *Duos Primiserios, quos capiscolos vulgo dicimus,.... ibidem sepelire curavit.*

PRIMISSARIUS, Idem qui *Primitiarius*, de qua voce infra. Synodus Augustensis ann. 1540. celebrata : *Capellani et Primissarii Rectoribus aut Plebanis suis debitam reverentiam exhibeant.* Vox, ut videtur, deducta ex *Primicerius*.

* Nequaquam ; is quippe intelligendus, qui primam horis matutinis celebrat missam; quod ex ejus cum capellanis associatione facile eruitur. Id præterea probat Charta ann. 1454. apud Oefelium tom. 2. Script. rer. Boicar. pag. 237. col. 2 : *Unam Primissariam.... mane in aurora per ydoneum sacerdotem quotidie celebrandam, etc. Premissarius*, Germ. *Frumesser*, in Necrol. S. Aurel. Argent. ad. iv. Non. Febr. Vide *Promisarii*. [** Statut. Eccles. Pinguensis in Würdtwein. Subsid. Diplom. tom. 2. pag.

381 : *Et sciendum quod quamvis in adjunctis olim novissimis vicariis ultimus eorumdem, ut in principio præsentis libri narratur, in Primissarium ecclesiæ pro expeditione primæ missæ in diluculo ante solis ortum pro laboratoribus et viatoribus campestribus ac advenis et peregrinis quotidie celebrandæ, salvis dominicis ac in choro et in foro diebus celebribus, fuit institutus, nos considerantes etc.... vicarium... Primissario prædicto ad perficiendam primam missam diximus adjungendum, sic quod ipsi ambo etc.*]

¶ **PRIMITAS**, Primatus. Vita B. Coletæ tom. 1. Mart. pag. 547 : *Nec plene cor suum voluit applicare pleno consensui de dicta Primitate.*

* **PRIMITES**, Primus. Versus de Carolo C. tom. 7. Collect. Histor. Franc. pag. 316 :

Ante ubi post patrem Primites, mundus, amandus
Sigualdus, justus, summus Aregarius.

PRIMITIÆ. Concilium Burdegalense ann. 1255. cap. 20 : *De primitiis vero statuimus, ut laici per censuram Ecclesiasticam compellantur ad tricesimam vel quadragesimam partem, usque ad quinquagesimam nomine Primitiæ persolvendam.* Synodus Nemausensis ann. 1284. cap. de Decimis : *De primitiis vero dicimus, et juri esse consentaneum reputamus, et sic in Nemausensi diœcesi præcipimus observari, quod Primitiæ Ecclesiæ illi dentur de proventibus seu fructibus prædiorum decimæ persolvantur, cum non debeat una eademque Ecclesia censeri : nomine autem Primitiarum, seu pro primitiis ad minus sexagesima pars de vino et blado Ecclesiis debet solvi, etc.* [** Decretal. Gregor. IX. lib. 3. tit. 30. cap. 1 : *Ut sexagesima pars offeratur eorum, quæ gignuntur a terra, etc.*] [* Stat. synod. eccl. Carcass. ann. 1270. cap. 16. ex Cod. reg. 1613 : *Primitias earum rerum de quibus præstatur decima, dari volumus per trentenam, juxta modum ecclesiæ Carcassonensis.*] [Incerti auctoris homilia apud Baluz. in Append. ad Capitul. col. 1376 : *Primitias de fructibus vestris et de laboratu debetis offerre ad altare, id est, spicas novas et uvas et fava. Alias Primitias ad domum presbyteri de omni fructu debetis portare, et presbyter eas benedicat.*]

¶ Primitiæ, *quæ veniunt ad altare*, ut ab eis secernantur quæ mox ad domum presbyteri deferri dicebantur, in quo positæ fuerint, discimus ex Chartul. S. Vincentii Cenoman. fol. 55 : *Omnes autem Primitias de Curtangis habebit presbyter, illis exclusis quæ veniunt ad altare, scilicet agnorum, vitulorum, porcellorum et lanarum, quarum presbyter tertiam et monachi duas partes habebunt.*

¶ Præmiciæ et Præmitiæ, pro *Primitiæ*, in Charta ann. 1089. tom. 3. novæ Gall. Christ. inter Instr. col. 197. et in Charta ann. 1254. tom. 6. col. 66.

¶ Primities, in Vita B. Columbæ tom. 5. Maii pag. 381.

¶ Præmissia, *æ*, in Statutis MSS. Angerii Episc. Conser. ann. 1280 : *Nullus decimam, vel Præmissiam, vel oblationem alteri ecclesiæ debitam recipiat.* Occurrit rursum infra.

¶ Primitiare, *Primitias* solvere, præstare. Stat. synod. eccl. Castr. ann. 1358. cap. 5. ex Cod. reg. 1592. A : *Sicut agricola tenetur decimare et Primitiare quod sibi remanet, ita Dominus quidem de acervo non decimato accipit ;.... nomine autem Primitiarum seu pro primitiis, ad minus quadragesima pars de blado et vino, ecclesiis debet persolvi.*

¶ **PRIMITIALES**, *Primitivi*, in Gloss. ad Doctr. Alexandri de Villa Dei.

¶ **PRIMITIALIS**, Principalis, originalis. Vita S. Adalberti tom. 3. Apr. pag. 181 : *Prima et velut Primitialis causa propter plures uxores unius viri, etc.*

PRIMITIARE, Incipere, [primitias dare.] Petrus Blesensis Epist. 20 : *Munificentiam a tenera Primitiavit ætate.* Adde serm. 21. [Vita S. Patricii tom. 2. Mart. pag. 548 : *Prope erat Pascha,... in quo vita mortua ex mortuis resurgens Primitiavit et probavit resurrectionem mortuorum.* Elmham. in Vita Henr. V. Reg. Angl. edit. Hearnii cap. 79. pag. 229 : *Ante matutinalis favoris graciam, affuit alicujus temporis permissiva licentia, quo suos Primiciare temptarent insultus, aut scalas inicerent in mœnium summitates.*] Inscriptio in Basilica S. Pauli Romæ, apud Panvinium de 7. Basil. pag. mihi 100 :

Hoc opus arte sua, quem Romæ Cardo beavit
Natus Capua Petrus olim Primitiavit.

Henricus Aquilonipolensis in Adolpheide cap. 14 :

Presbyter hinc factus Missam celebravit in ipsa,
Gregorii luce Primitiando suam.

Vide *Initiare*.

PRIMITIARIUS, pro *Primicerius*, Dignitas Ecclesiastica, apud Crodogangum Metensem Episcopum in Regula Canonicor. cap. 10. Vide *Primicerius* et *Primissarius*.

PRIMITIVA, Primitiæ, in Chartis Regum aliquot Navarræ æræ 1068. et 1094. apud Antonium *de Yepez* in Chronico Ordinis S. Benedicti tom. 1. Vide in *Tertia*.

Primitiva, Strenæ, xenia. Matth. Paris ann. 1249 : *Rex autem Regalis munificentiæ terminos impudenter transgrediens, a civibus Londinensibus, quos novit ditiores, die Circumcisionis Dominicæ a quolibet exegit singulatim Primitiva, quæ vulgares Nova dona novi anni superstitiose solent appellare.*

* **PRIMITIVA** Capella *S. Eugendi*, Vesuntione appellabatur illa, in qua erat baptisterium. Consule Hist. Vesunt. ann. 1735.

¶ **PRIMITIUM**, πρωτεῖον. Gloss. Lat. Gr. in Castigat. : *Primitium, primatus*, πρωτεῖον. Cod. Sangerm. *primitivum*.

* **PRIMITIVUM**, Prima perscriptio, idem quod *Protocollum*. Vide in hac voce. Testam. ann. 1149. inter Instr. tom. 6. Gall. Christ. col. 324 : *Johannes de Beciano hoc testamentum : transtulit ex Primitivo, mense Septembri feria vj.*

¶ **PRIMITIVUS**, Qui ex alio originem non habet, apud Prudentium, Columellam et alios. *Primitivus*, πρωτότοκος, in Gloss. Lat. Græc.

¶ **PRIMITUS**, Prius, *Primitus*, πρώτως. Gloss. Lat. Græc. Diploma Caroli Reg. Hungar. ann. 1325. apud Ludewig. tom. 5. Reliq. MSS. pag. 486 : *Ad unionem pacis devenire nolumus sine ipso Rege Boemiæ.... nisi Primitus ad hoc dicti fratris nostri.... expressus consensus accesserit et voluntas.* Occurrit præterea in leg. 12. Cod. Theod lib. 11. tit. 1. [** *Primitus quam*, in Ruodlieb, fragm. 3. vers. 56, et 551.]

PRIMIVIRGIUS πρωτοραβδοῦχος, in Gloss. Gr. Lat. primus ex lictoribus, qui virgam deferunt. Gloss. Isid. : *Primivirgius, caballarius, quod primus est militiæ in virgis.* [Ubi Excerpta : *Primivirgius, caballarius, quod primæ est militiæ, jus in virgines virgis.* Emendat la Cerda : *Primivirgius, clabarius* (vel clavarius) *qui primus est militiæ in virgis*, hoc est, ut monet Grævius, Militum virgatorum, qui præibant magistratus cum virgis et baculis, ut lictores Romæ. *Clavarius*, a clava, qui clavam seu baculum præfert.]

PRIMNA, Puppis, Gr. πρύμνα. Ethelwerdus lib. 4. cap. 3 : *Elevant dies per vela septem totidemque noctes, advehuntur in Primna Cornualias partes, etc.* Infra : *Ibique construunt classem, Primna dant ventis, volant rostra ad Anglicas partes, etc.*

PRIMOGENITA, Primitiæ. Charta ann. 1069. ex Tabulario Ecclesiæ Gratianopolit. fol. 24 : *Dono et transfundo eis Ecclesiam sanctæ Mariæ de Quinciaco, cum omnibus Primogenitis et primiciis, et cum duabus partibus decimi, et cum omni alodatico, totum et ab integro quod de me Gonzaldus Presbyter tenet.*

¶ **PRIMOGENITALIS**, Primogenitus, apud Tertull. adv. Valent. cap. 20 : *Ab argumento ogdoadis Primogenitalis.*

¶ **PRIMOGENITOR**, Primogenitus, filius natu major. Litteræ Johannis Reg. Franc. ann. 1361. tom. 3. Ordinat. pag. 489 : *Volumus ut ipse secretarius noster homagia, fidelitates, subjectiones et cetera deveria que nobis fecerat et prestarat, seu facere debebat ratione hujusmodi ville et loci de Dompna Maria, eidem Primogenitori nostro tanquam representati* (repræsentanti) *personam nostram regiam et nostro nomine, faciat atque prestet.*

¶ **PRIMOGENITURA**, Jus et privilegium primogeniti, Gall. *Droit d'ainesse.* Charta Philippi Pulchri ann. 1291. apud Thomasser. in Biturig. pag. 727 : *Salva adhuc Primogenitura ipsius dicti Johannis primogeniti... Quod dictus Johannes de Soliaco miles habuit et habere debuit ratione suæ Primogenituræ melius herbergamentum, meliorem feudum, meliorem servientem, etc. Jus antiquioritatis et Primogenituræ*, in Regesto Parlam. ann. 1450. apud Baluz. Hist. Arvern. tom. 2. pag. 383. Adde Murator. tom. 3. pag. 587. Vide *Ainescia* et *Majoratus* 1.

¶ **PRIMOGENIUS**, ἀρχιειδής, in Gloss. Latino-Gr. Ciceroni primigenius. Regula Mellic. in Chronic. ejusd. Monast. : *Dona Dei Primogenium in animis nostris vigorem continuo deperdant.*

* **PRIMOLUS**, *Priorum princeps*, in vet. Glossar. ex Cod. reg. 7641.

PRIMOPERAM, *Genus officii*, in Gloss. Lat. MS. regio cod. 1013. an *primus* seu *Primicerius operum*, seu *Operarius*, de qua dignitate suo loco egimus.

PRIMOPLASTUS, vox hybrida, πρωτόπλαστος, apud [Tertull. Exhortat. castitatis cap. 2. vet. Irenæi Interpr. lib. 2. cap. 9.]

Prudentium hymno 7. et in lib. 1. Sacram. Rom. Eccl. cap. 42. etc.

¶ **PRIMORDIALIS**, Primigenius, principalis. *Verbum primordiale*, apud Tertull. adv. Judæos cap. 2. *Primordialis causa*, apud Ammian. lib. 30. initio.

¶ Primordialiter, Primum. Anonymus de gestis Manfredi et Conradi Reg. apud Murator. tom. 8. col. 615 : *Hos quædam terra quæ vocatur Schiacca regalis dominii, sed dehabitata, Primordialiter receptavit.* Utuntur præterea S. August. de Trinit. lib. 3. cap. 9. et Claud. Mamert. lib. 2. cap. 5.

* **PRIMORES**, Proceres primi ordinis. Vide *Primas* et infra *Subprimates*.

PRIMOTICUS, [Primo natus, præcoquus.] Apitius lib. 4. de Reculin. cap. 5 : *Gustum de præcoquis sic facies, duracina Primotica pusilla præcoquia purgabis, etc.*

PRIMULE, Primo, primum, vel nuper. Adamnanus lib. 3. de Locis SS. cap. 4 : *Præterea hos tibi 20. solidos auri adfero, equi pretium mei, quem tibi Primule commendatum mihi usque in hodiernum conservasti diem.* [Adde Acta SS. tom. 3. April. pag. 147.]

* Nostris *Prime*, pro *Avant*, Prius. Charta ann. 1328. inter Probat. ult. Hist. Trenorch. pag. 243 : *Item une pogeoise sus chacune charge de sel, Prime que l'on décharge et vent à Tornus.*

* **PRIMULUM**, *Lo primo acto*, in Glossar. Lat. Ital. Ms.

PRIMUS, Primæ, ut aiunt, conditionis, ut *Medianus*, mediæ, et *Minofledus* infimæ, apud Alamannos, in Capitulis ad Legem Alamann. cap. 22. edit. St. Baluzii : *Si Primus Alamannus fuerit, ducentos solidos componat.* Vide Gloss. med. Græc. in Πρῶτος.

¶ Primus Altaris inter dignitates Ecclesiæ S. Egidii recensetur in Bulla Pauli III. PP. ann. 1538. pro Secularisat. ejusd. Eccl. : *Unus succentor, unus Primus altaris S. Ægidii, et alius Secundus ejusdem altaris.* Horum officium seu dignitas *Prima* et *Secunda altaris* dicitur in eadem Bulla.

¶ Primus in Curia, Quæ fuerint ejus jura et prærogativæ, videsis in Notis Gothofredi ad leg. 127. Cod. Theod. lib. 12. tit. 1.

¶ Primus Honor, Non summus, ut monet idem Gothofredus ad leg. 4. ejusd. Cod. lib. 6. tit. 27. verum ultimus, qui scilicet primus receptis intra scholam defertur : *Novi quinquennio vacent a Primi quoque honoris auspiciis.*

¶ Primum Navigium, πρωτόπλοια, in Gloss. Latino-Græc.

Primus Navium, apud Luithprandum lib. 3. cap. 6. Romanus Lacapenus fuisse dicitur, qui Græcis δρουγγάριος.

Primus Palatii, dignitas, qua donatus *Hermenegildus*, qui Chartam Ranimiri Regis Legionensis æræ 979. subscripsit, apud Anton. *de Yepez*, in Chron. Ord. S. Benedicti tom. 5. pag. 438. statim post Episcopos et Abbates. De Hermenegildo, vide ibid. pag. 428.

¶ Primum Tempus vocantur Kalendæ Martiæ, quod ab iis annus exordium ducat, in Cod. Theod. lib. 12. tit. 1. de Decurion.

* 2. Primus Primorum, ita sese inscribit archiepiscopus Bituricensis, in Charta ann. 24. Lothar. ex Chartul. S. Petri Carnot. : *Huic maternæ donationi idcirco ego Hugo primorum Primus archipræsul et Odo comes ditissimus assensum præbuimus.*

* Primus Somnus, Nostris unica voce *Prinsomme*. Locus est supra in *Picassa*. Lit. remiss. ann. 1394. in Reg. 146. Chartoph. reg. ch. 401 : *Pluseurs gens à heure de Prinsomme ou environ roboient et gastoient le vergier. Le suppliant à heure de Prinsomme ala en l'ostel d'icelle Perrette*, in aliis ann. 1399. ex Reg. 154. ch. 414. Sic et *Prinsoir*, pro Prima vespera, in Lib. rub. fol. parvo domus publ. Abbavil. fol. 89. r°. ad ann. 1346 : *Et estoit bien le heure de Prinsoir ou environ.*

* 3. **PRIMUS.** Glossar. Provinc. Lat. ex Cod. reg. 7657 : *Despenssa, Prov. penus, cellarium. Primus, mi, et ponitur pro custode.* Ubi haud dubie legendum *Pronus*, peni custos. Vide in hac voce num. 2.

* **PRIN**, vox vulgaris, Præstationis species. Charta ann. 1318. in Reg. 56. Chartoph. reg. ch. 305 : *Item super le Prin et l'estivaige piscium apud Caynonem, etc.* Reg. Cam. Comput. Paris. sign. *Bel* fol. 114. r° : *Le Prin et les cenages des poissons à Chinon, vij. liv. Tour.*

PRINCEPS, Rex, Imperator, in Legibus Wisigoth. lib. 5. tit. 7. § 20. in Leg. Longob. lib. 2. tit. 29. § 1. tit. 39. § 4. [** Liutpr. 19. (4, 1.) Carol. M. 102. Vide Savin. Histor. Jur. Rom. med. tempor. tom. 1. cap. 5. § 123.] [in lib. 3. Capitul. cap. 67. Chron. Andrense tom. 9. Spicil. Acher. pag. 377 : *Tunc electione in consilio omnium Godefridus Dux Lotharingiæ constituitur Princeps et Dux Jerosolymorum.* Gloss. Lat. Gr. : *Princeps*, Βασιλεύς.]

* Princeps Principum inscribitur Ludovicus VII. ab Hugone S. Germ. Prat. abbate, in Lit. ann. 1164. inter Instr. tom. 12. Gall. Christ. col. 49.

¶ Princeps, Dux, qui provinciæ præest, in Leg. Alaman. cap. 85. in Leg. Bajwar. cap. 2. Interdum eodem Principis nomine Rex et Dux designantur. Capitul. lib. 5. cap. 367 : *Si quis jussione Regis, vel Ducis illius qui ipsam provinciam regit, hominem occiderit, non requiratur ei, nec propterea faidosus sit : quia lex et jussio dominica occidit eum, et ipse non potuit contradicere. Princeps vero et successores ejus defendant eum, etc.*

Principes, dicti, quotquot in ordine aliquo primarium locum obtinent, quos posterior ætas *Primicerios* appellavit. Senator lib. 7. Epist. 24 : *Magna inter collegas suos prærogativa decoratur, quisquis gerit militiam nomine Principatus : cognoscitur enim agere locum primarium, quando in rebus humanis magna pars hominum asserit excellentiam dignitatum.* Adde lib. 11. Epist. 35.

Erant autem *Principes* in Militia, *Principes* scilicet *Legionum et Cohortium*, de quibus Vegetius lib. 2. cap. 8. a quibus nomen transiit ad *Principes officiorum*, qui in omnibus officiis omnium Magistratuum civilium et militarium erant. Capitolinus in Antonino : *Additis officiorum omnium Principibus.* Horum mentio fit passim in Notitia Imperii. De his etiam est titulus Cod. Theod. *de Cohortalibus, Principibus, Cornicularis et Primipilariis.* Theophanes pag. 137 : Καὶ οἱ πρίγκιπες ἑκάστης σχολῆς ὤμοσε τοῦτο. Vide Sirmondum ad Epigr. 137. Ennodii, et Jacobum Gothofred. ad leg. 10. Cod. Th. de Cohortal. (8,4.) Principis munus se gessisse Corippus testatur in Panegyrico Anastasii Quæstoris et Magistri :

> .... Sub cujus nomine gesto
> Principis officium.

Unde conficitur, Magistros officiorum, et Quæstores, *Principes officiorum* habuisse, licet *Adjutores* tantum iis attribuat Notitia Imperii.

Principes Agentium *in rebus*, de quibus est tit. 28. in Cod. Theod. lib. 6. qui et *primates* dicti in Lege 22. de Agentib. in rebus, eod. Cod. (6,27.) Senator lib. 11. Epist. 35 : *Cur enim Agentium in rebus miles officii post tot labores incerto aliquid patiatur ambiguum, qui crebris actionibus excubando, ideo Principis nomen habere promeruit, quia militiæ sacramentis cæteros antecellit.* Vide Jacobum Gothofr. ad d. tit.

Princeps Officii, Primus officialium, id est Ministrorum et Apparitorum Judicis vel Rectoris provinciæ, in leg. 1. C. Theod. de Offic. Rect. prov. (1,7.) apud Lampridium in Heliogabalo et in Alexandro, Symmachum lib. 1. Epist. et auctorem Queroli. Acta S. Cypriani : *Venerunt ad eum Principes duo, unus ex officio Galerii Maximini Proconsulis, etc. Princeps apparitionis*, apud Ammianum lib. 16. *Primates officii*, in leg. 2. Cod. Th. ad Legem Juliam de ambitu. (9,26.) Palladius in Vita Chrysostomi pag. 63. edit. Emerici Bigotii : Ἀπεσάλη Ἐλάφιος ὁ νῦν ἀπὸ Πριγκίπων. Vide Pancirolum ad Notitiam Imperii lib. 1. cap. 9. Henricum Valesium ad lib. 16. Ammiani pag. 111. et Jacobum Gothofred. ad Cod. Th. [Vide *Priores officiorum*.]

Princeps Castrorum, in veteri inscriptione 1101. 5.

Princeps Civitatis, πρωτοπολίτης, in Glossis Gr. Lat. Glossæ Lat. Græc. : *Princeps*, πρωτοπολίτης, ἔξαρχος. Aliæ : Πρωτοπολῖται, *Proceres.* Sic autem appellabantur, qui in civitatibus præcipuos Magistratus gerebant. Unde Sextus Rufus Odenatum Palmyrenum *Decurionem* vocat, quem Vopiscus *Principem civitatis.* Vide Gruteri Inscript. 472. 4. et infra in v. *Prior* et *Principalis.*

¶ Princeps Sacerdotum, Titulus honorarius, quem aliquando usurpasse videntur Primates, quibus exinde prohibitum ne eo uterentur. Capitul. lib. 7. cap. 29 : *Ut primæ sedis Episcopus non appelletur Princeps sacerdotum, aut summus sacerdos, aut aliquid hujuscemodi, sed tantum primæ sedis Episcopus.*

Principes, Proceres Palatii. Titulus Legis Alamannorum in antiquis codicib. : *Incipit Lex Alamannorum, quæ temporibus Chlotarii Regis una cum Principibus suis..... constituta est.* Ubi alii habent *Proceribus.* Capitula Caroli C. tit. 6 : *Hæc quæ sequuntur Capitula excerpta sunt a Domino Rege Karolo et Principibus ejus ex his Capitulis, quæ etc.* Flodoardus lib. 3. cap. 26. meminit Epistolæ ab Hincmaro scriptæ *Eber-*

hardo ex Principibus Lotharii. [Charta æræ 1216. apud Stephanot. tom. 3. Fragm. Hist. pag. 214 : *Ego Aldefonsus D. G. Rex Toleti et Castilliæ, una cum uxore mea Alyenor regina,.... consilio pariter et voluntate Principum meorum facio cartam donationis, etc.*]

* *Prince*, eadem acceptione. in Chron. S. Dion. tom. 3. Collect. Histor. Franc. pag. 243 : *Lienarz, qui ot esté li uns des Princes le roi Chilperic, etc.* Ubi Aimoin. lib. 3. cap. 62. ibid. pag. 96 : *Leonardus quidam Optimatum Chilperici, etc.*

¶ Principes Castri, Patriæ, Proceres regionis, in Charta ann. 1108. inter Instr. tom. 2. novæ Gall. Christ. col. 277 : *Ego Gaucelmus et fratres mei Arnaldus Catiarmati, Achelmus Willelmi, Bonbaldus quoque Rotberti, coram Principibus castri nostri, etc.* Infra : *Dans securitatem semper, et ingenuitatem per totam terram meam coram Principibus patriæ.*

* Princeps Cameræ apud duces Normannorum, idem qui alibi *Camerarius*. Vide in hac voce. Charta Guill. ducis Norman. pro monast. S. Georg. de Bauquervilla in Reg. 64. Chartoph. reg. ch. 666 : *Radulphus autem meus magister, aulæque et cameræ meæ Princeps, etc.*

Princeps, Nomen dignitatis. Moschopulus pag. 160 : Πρίγκιψ, ἀξιώματος ὄνομα. Primus autem *Principis* nomenclaturam, in honorarium seu potius feudalem titulum, in Italia, invexit Arechis Dux Beneventanorum. *Hic* enim, ut scribit Leo Ostiensis lib. 10. cap. 10. *primus Beneventi Principem se appellari jussit, cum eatenus qui Beneventi præfuerant, Duces vocarentur. Nam et ab Episcopis ungi se fecit, et coronam sibi imposuit, atque in suis chartis ita in fine scribi præcepit : Scriptum in nostro sacratissimo Palatio.* A Principatu Beneventano post annos 90. prodiere *Principatus Salernitanus* et *Capuanus*. Nam cum Siconolfus Siconis Principis Beneventi filius, et Sicardi Principis frater, Salernum et Capuam Radelchiso Principi ademisset, Ludovicus II. Imperator in Italiam veniens anno 851. pulsis et profligatis Saracenis, quos uterque Principum in auxilium evocarat, *convocatis Longobardis totam Beneventi provinciam inter Ledelchis et Sichenolfum æquo discrimine partitus est*, ut habet Chronicon S. Vincentii de Vulturno pag. 687. qua quidem partitione, cujus meminit etiam Constantinus Porphyrog. lib. de Adm. Imp. cap. 27. Salernum et Capua Siconolfo cessere. Ex hinc cæteri qui Salerno imperavere, *Principes Salerni* appellati sunt : a quibus, diviso rursum Salernitano Principatu, emersit *Capuæ Principatus*. Uterque vero tandem ad Tancredi Normanni familiam et ad Reges Siculos devenit. Capta enim Capua, Rogerius Rex Anfusum filium *Capuani per vexillum sublimavit Principatus honore*, quo extincto, patre superstite, Guillelmus filius alter eadem dignitate donatus est. Sed et Tancredum filium *Principatu Barensi* donavit Rogerius, ut habet Alexander Abbas Celesinus lib. 3. cap. 26. Sub eodem etiam Rege *Principatus Tarantini* titulus tum primum emersit, quo Simonem filium nothum testamento honestavit. Sed filius Guillelmus Rex hunc Simoni ademit, dicens : *Ducatus Apuliæ, Tarentique, et Capuæ Principatum legitimis tantum filiis debere concedi : ad Comitatus autem aliasque regni dignitates non indignum esse liberos etiam naturales admitti.* Ita Falcandus pag. 659. Ex quibus sane colligitur, *Principis* titulum, Comitalem longe dignitate præcessisse.

Ex prædictis etiam docemur, ab Italia in cætera regna, etsi in quibusdam serius, profluxisse ejusmodi *Principis* titulum : nam et inde in Regnum Hierosolymitanum transiit. Quippe cum Boëmundus Tancredi filius in hæredii sortem a Rogerio fratre Tarenti et Baris Principatus obtinuisset, ut narrat Ordericus Vitalis lib. 8. pag. 677. Antiochiæ Dominus factus, ejusdem *Princeps* appellatus est, quod, inquit Will. Tyrius lib. 6. cap. 23. antea *Princeps* vulgo nuncuparetur; Tarenti scilicet, ut habent præterea liber vernaculus de Familiis Ultramarinis, et Joan. Villaneus lib. 4. cap. 18. Exhinc idem *Principis* titulus datus legitur Galilææ seu Tiberiadis in eodem regno dominis. Memoratur præterea apud Albertum Aquensem lib. 3. cap. 54. *Princeps Philippensium*, cui nupta fuit Florina Ducis Burgundiæ filia, licet haud bene constet, quis Princeps iste fuerit, et cujus urbis. Certe *Philippensium Principis* mentio quoque est in Epistola Honorii III. PP. ad Everardum Patriarcham, apud Rainaldum ann. 1217. n. 17. quo eum monet, ut Philippensium Principem, qui Episcopum urbis suæ interemerat, ad justam criminis expiationem per excommunicationem cogeret. Sed cum hoc anno 1217. Everardus iste inter Patriarchas Hierosolymitanos et Antiochenos non compareat, haud promptum est urbis situm assequi. Transiit præterea *Principis* dignitas in Imperium Constantinopolitanum sub Imperatoribus Francis. Nam Guillelmus de Champlita, cognomento *Campaniensis*, expugnata Achaia et Peloponneso, Principem se *inscripsit Achaiæ et Moreæ*, ut perinde ejus successores, quorum seriem et historiam dedimus in Historia Franco-Byzantina. Vide Glossar. med. Græcit. col. 1228.

Atque inde fortean fluxit, ut complures dignitate licet et natalibus longe inferiores proceres *Principis* titulum sibi arrogarint, vel certe ut iis ille a Scriptoribus adscribatur, quod mox docemus.

Inde etiam originem duxere *Principatuum* erectiones, quæ in Francia nostra et in Belgicis provinciis serius nosci cœpere. Primus enim qui mihi occurrat, in Francia Principatus, est Chalesius in Inculismensi agro, in Historiæ Arvernensis probat. pag. 228. sub ann. 1478. et in Ceremoniali Franciæ ann. 1513. tametsi de erectione non constet. Exhinc complures leguntur instituti, atque in iis Jovis-villæ ann. 1552. Porceani ann. 1561. Guemenaii ann. 1570. præterea Principatus Luci in Pictonibus, Soyonis in Vivariensi agro, Rupis ad Yonem, Listenesii, Fucardimontis, Chalusii, Amblisiæ, Chabanesii, Carencii, etc. In Belgio vero Principatus Chimacensis erectus ann. 1486. Spinetensis ann. 1541. Gaverensis ann. 1553. Lignensis ann. 1602. Barbançonensis ann. 1614. etc. Mitto quæ de Principatibus Italicis et Hispanicis huc conferri possent, cum exstent de iis, ut et de cæteris ejusmodi dignitatibus conscripti Commentarii.

Principes in Francia nostra triplicis generis esse observat Sanjulianus lib. de Origin. Burgundionum cap. 33. extremo : ac primo quidem ita appellari, qui ex domo regia sunt, quos vulgo *Princes du sang* dicimus : deinde qui orti ex Principum extraneorum familia in Aula Regum nostrorum militant, et in Francia sedes fixere, quorum etiam posteri eamdem dignitatem retinent ; ac denique ita vocari, qui feuda possident cum titulo Principatus, de quibus mox egimus. Sed qui regnante Carolo V. in Francia nostra pro Principibus haberentur, docet præ cæteris Christina Pisana *au Trésor de la Cité des Dames*, 2. part. cap. 9 : *Et parce que en diverses Seigneuries sont demourans plusieurs puissans Dames, si comme Baronnesses, et grands terriennes, qui pourtant ne sont pas appellées Princesses, lequel nom de Princesse n'affiert estre dit que des Emperieres, des Roynes, et des Duchesses : se ce n'est aux femmes de ceulx, qui à cause de leurs terres sont appellez Princes par le droit nom du lieu, si comme il en a en Italie et ailleurs. Et quoy que les Comtesses ne soint mie en tous pays nommées Princesses, etc.*

Quartam denique Principum speciem addunt Bodinus lib. 1. de Republica cap. 6. pag. 69. et Marca lib. 6. Histor. Benearn. cap. 8. num. 6. qui scilicet feuda majora, vel etiam oppida possident in regni confiniis, de quorum supremo dominio ac superioritate Principes ac Reges non convenere invicem in pactis ac fœderibus, atque adeo *supersessum est*, donec de rei veritate constaret. At cum publicæ istæ vix dirimantur lites, factum ut flagrantibus potissimum bellis eorum possessores oppida sua munierint, et cum neutri Principum parerent, horum se supremos Principes indigitarint, quod de Byzantio scribit Justinus lib. 9 : *Hæc namque urbs condita primo a Pausania Rege Spartanorum, et per 7. annos possessa fuit : deinde variante victoria, nunc Lacedæmoniorum, nunc Atheniensium juris habita est. Quæ incerta possessio effecit, ut nemine quasi suam auxiliis juvante, libertatem constantius tueretur.*

¶ Princeps Militiæ dictus apud nostros Senescallus, cujus præcipuum munus fuit in rebus bellicis. Rigordus ann. 1184 : *Theobaldus Comes Blesensium Franciæ Senescallus, Princeps militiæ Regis.* Vide *Senescalcus.*

Princeps, nomen videtur fuisse dignitatis in regno Anglorum. Chartam enim Offæ Regis subscribunt statim post Episcopos *Brordanus Patricius, Binnanus Princeps*, deinde *Duces*, in Additament. ad Matth. Paris pag. 155. Aliam Knutonis Regis ita subscribit, etiam statim post Episcopos et ante Ducem, quidam Aldennus : *Ego Haldenne Princeps Regis pro viribus assensum præbeo : et ego Turkillus Dux concedo*, in Conciliis Anglicanis. Charta Eadgari Regis in Monast. Anglic. tom. 3. pag. 302 : *Unde ego Eadgarus Rex rogatus quidem ab Episcopo meo Deorwlfo, et Principe meo Ældredo, ut aliquam partem terræ liberam darem*, etc. Vide Simeonem Dunelmensem ann. 778. [** Anglos. Heahgerefa, summus comes. Idem *Princeps militiæ* dicitur et Major domus regiæ. Vide Phillips. Hist. Jur. Angl. tom. 2. pag. 9.]

PRINCEPS WALLIÆ, titulus veterum Principum Provinciæ Anglicæ, quam *Walliam* vocant, qua in jus Regum Angliæ redacta, eorum filii primogeniti eodem titulo deinceps donati sunt. Vide Thomam Walsinghamum pag. 48. et Thomam Smith lib. 1. de Republ. Anglor. cap. 17.

Apud Scotos, inquit Camdenus in Britannia, proximus a Rege est filius ejus primogenitus, qui *Princeps Scotiæ* appellatur, et peculiari jure Dux est *Rotsey*, Scotiæque Senescallus : reliqui vero Regis liberi absolute *Principes* appellantur.

PRINCEPS, dignitas, ut videtur, fuit apud Hispanos. Divisio Oxomensis et Aucensis Episcopatuum ann. 1088. sub Adelfonso Imper. et Hispaniarum Rege, quæ exstat post Concilium Bracarense I. subscribitur ab *Episcopis* et *Abbatibus*, deinde a *Comitibus*, demum a *Principibus*, hoc modo : *Ego Martinus Comes confirmo, etc. Ego Alvarus Diaz Princeps confirmo.*

Apud Lusitanos Alphonsus, postmodum Rex V. Regis Eduardi primogenitus, *Principis* titulum primus assumpsit, cum antea Regum primogeniti *Infantes* appellarentur. Castellanorum Regum primogenitos *Asturiarum Principes* dictos colligere est ex Scriptoribus Hispanicis, ut Aragonensium *Gironæ*.

PRINCIPES in Germania qui dicantur, docet Albericus in Chronico MS. ann. 1234 : *In Alemannia omnes Archiepiscopi, et Episcopi, quidam excellentiores nigri Abbates, et omnes Duces, et quidam Marchiones, et Lantgravius Turingiæ, et Palatinus Comes de Reno, omnes isti vocantur Principes. Cæteri autem sunt vel Comites, vel Castellani, vel nobiles. Ordo Principum*, apud Ottonem Frising. de Gestis Friderici lib. 2. cap. 28 : *Est enim Lex curiæ, quod quisquis de ordine Principum Principis sui iram incurrens, compositionem persolvere cogatur, centum librarum debitor existat, cæteri minoris ordinis viri, sive ingenui, sive liberi, vel ministri, decem.* Charta Henrici VI. Imper. ann. 1189. ex Tabulario Eccl. Tullensis : *Nos universa alodia et feuda, quæ ipse* (Humbertus Comes Sabaudiæ) *infra fines Imperii Romani possidebat, observato omnimodo ordine judiciario, et per justam Principum Imperii sententiam, et Parium suorum, abjudicavimus, et eum secundum justitiam condemnatum perpetuo Imperii banno subjecimus.*

PRINCEPS, in Jure feudali Saxonum cap. 38. §. 8. et seqq. *tali nomine censetur, eo quod habet feudi vexillum, de quo ipse Princeps dicitur et habetur. Nullus ab eo debet recipere, cum illud alius ab eo receperit. Qui confert taliter, investitus non est primus in feudo, et ideo non debet Princeps appellari. Qui possidet feudi vexillum, et est Princeps, nullum laicum debet habere dominum, præter Regem.* In hac ratione *Principes* dicuntur apud Saxones seu Germanos, qui nostris *Barones*, qui scilicet a Rege nude pendent, nullumque alium habent superiorem dominum, quorum feuda Germanis *Fahnlehen* vocantur, quod vassalli cum vexillis de iis investiantur. Vide Gerlacum Buxtorfium in Auream Bullam Caroli IV. Imper. cap. 68. et supra in voce *Baro*. Huc porro pertinet præclara Francisci Borbonii San-Paulani Comitis vox ; qui cum Guysium Ducem seipsum Principem appellantem indignabundus cerneret, ad astantes jocose respondit, *Guysium Germanica lingua loqui*. Rem narrat Thuanus lib. 25. Histor. pag. 456.

PRINCIPES dicti ipsi Comites, in Charta Caroli C. in Tabulario Dervensi : *Princeps autem in cujus Comitatu consistunt, pro Dei amore et remedio animæ suæ causas eorum libenter audiat, et ei in quantum potuerit adjuvare festinet.*

PRINCEPS, pro *Dominus*, alicujus nempe oppidi vel castri. Ita inscribuntur Dux Normanniæ apud S. Anselmum lib. 3. Epist. 8. et alibi, Comes Flandriæ apud eumdem lib. 3. Epist. 28. *Princeps Malamortensis castri*, apud Gaufredum Vosiensem lib. 2. cap. 3. *Guillelmus Bellismensis provinciæ Principatum gerens*, in Charta fundationis Abbatiæ Longlay, quam subscribit hoc modo, *Willelmus Princeps*, apud Ægidium *Bry* in Histor. Perticensi pag. 42. 44. *Theodoricus Dei gratia Dominus et Princeps Alostensis oppidi*, in Charta ann. 1164. apud Miræum in Cod. Donat. piar. cap. 96 : *Radulphus nobilissimus Princeps de Arenis*, in Charta ann. 1150. in Hist. S. Martini de Campis pag. 391. *Willelmus Montispessulani Princeps*, apud Alanum de Insulis pag. 20. 201. *Aimericus Princeps Ranconensis*, apud Ademarum Cabanensem pag. 181. *Helias Talairandus Princeps terræ Petragoris*, in Tabular. Deip. Santonensis. *Wido Princeps Wangionis rivi*, in Charta ann. 1081. et *Guido de Juncivilla Princeps*, apud Perardum in Burgundicis Tabulis pag. 195. 229. *Princeps Albæmarlæ*, in Charta ann. 1130. in Concil. Rotomag. pag. 143. *Principes de Baucio*, apud Will. de Podio-Laurentii cap. 12. *Willelmus Talemontis castri Princeps et Dominus*, apud Beslium pag. 420. *Guillelmus Tyernensis Princeps*, in Hist. Translat. S. Launomari num. 15. *Peronensis castri Princeps*, in Miracul. S. Marculfi num. 12. *Oliverius Princeps de Chalesio*, in Charta ann. 1174. in Hist. Turenensi pag. 34. *Theobaldus Blesensium Comes*, Princeps appellatur apud Joan. Sarisberiensem Epist. 89. Willelmus Nothus Rex Angl. Chartam sic claudit, apud Prynneum in Libert. Angl. tom. 1. pag. 1189 : *Ego Willelmus D. G. Anglorum Rex, et Dux Normannorum, atque Princeps Cenomanorum. Erchembaldus Princeps Burboniensis*, in Charta, scripta sub Roberto Rege, in Tabular. S. Ursini Bituricens. *Picci* castri in Picardia domini Principes etiam inscribuntur in veteribus Tabulis. Vide Herimannum de Rest. S. Martini Tornacensis cap. 77. 89. Acta Murensia pag. 15. Augustinum *du Pas* in Stemmatibus Armoric. part. 2. pag. 623. Thomasserium in Consuet. local. Bituric. cap. 35. etc.

* Charta ann 1159. inter Probat. tom. 2. Annal. Præmonst. col. 362 : *Ego Gualterus Tyrellus dominus et Princeps de castello de Poix, etc.* Gualterus dominus *de Mousoreau* titulo *Principis christianissimi* insignitur, in Charta inter Probat. Hist. Roberti Arbrisselli.

PRINCEPS, Superior Dominus, *Chef-Seigneur*. Pactum inter A. Episcopum Aginnensem et S. de Monteforti Ducem Narbonensem et Comitem Tolosæ ann. 1217. in Regesto 30. Tabularii Regii ch. 16 : *Comes etiam jurabit Episcopo tanquam Princeps defensionem et tutelam, etc.* Supra : *Jurabit Episcopus Comiti fidelitatem, etc.*

* PRINCEPS CAMPANIÆ, pro Comes, in Charta ann. 1209. ex Chartul. Campan. Thuano fol. 145. r° : *Quod sine licentia Principis Campaniæ non possemus stalla construere.*

¶ PRINCIPISSA, Regina, vel Principis uxor. Diploma Caroli Hungar. Reg. ann. 1338. apud Ludewig. tom. 5. Reliq. MSS. pag. 488 : *Nos et serenissima Principissa domina Elizabeth, Regina Hungariæ, etc.* Anonymi Salern. Chron. apud Murator. tom. 2. part. 2. col. 219 : *Una die accidit, ut Principissa sub tentorio resideret, atque in conca argentea pedes lavaret, etc.* Ibidem sæpius, alio sensu vide suo loco.

PRINCIPES etiam suæ civitatis dicti interdum Episcopi, ut in Canonibus S. Patricii can. 30. et aliis Hibernicis Synodis apud Waræum in Opusculis S. Patricii pag. 120. et apud Acherium tom. 9. Spicilegii, lib. 18. cap. 6. lib. 26. cap. 15. lib. 40. cap. 2. 3. 4. in Vita S. Aigulfi Abb. Lerinensis cap. 13. apud Will. Malmesbur. in Prologo ad Gesta Pontific. Anglor. [in Bulla Rodulphi Imper. ann. 1291. tom. 2. Hist. Dalphin. pag. 55. etc. Vide *Episcopus*.]]

* *Principis* titulo donabantur Aquilejenses patriarchæ. Charta Otton. IV. imper. ann. 1210. tom. 4. Cod. Ital. diplom. col. 1561 : *Attendentes clarissima merita et obsequia dilecti Principis nostri Wolfcherii Aquilejensis patriarchæ, etc.* Eadem leguntur in Ch. Frider. II. imper. ann. 1214. ibid. col. 1651.

☞ Obtinuit hæc Episcoporum nomenclatura maxime apud Germanos, ut ex superius dictis manifestum est : hanc nihilominus ante sæculum XI. Episcopis tributam esse negat Conringius in Cens. Diplomat. Ludov. pag. 218. Addit Valesius in Notit. Gall. pag. 613. nonnumquam Episcopos per jocum appellatos fuisse Principes, quod potentia et auctoritate sua abuterentur more Principum sæcularium. Id potissimum colligit ex Vita Leodegarii Augustodun. Episc. : *Erant in hoc mendacio primi et quasi rectores Palatii, Desideratus cognomine Dido, qui quondam Cabilloni habuit Principatum, necnon et ejus collega Bobo, qui urbem Valentiam habuerat in dominium. Nec enim digni sunt ut urbium nominentur Episcopi, qui magis terrenis desideriis inhiabant, et cœlestia non curabant.*

☞ Idem titulus concessus etiam Abbatibus, in Canon. Hibernicis cap. 6. tom. 9. Spicil. Acher. pag. 12 : *Si quis commendaverit animam suam et corpus, et omnia quæ habet Deo, et Principi, id est Abbati sancto, etc.* Eo etiamnum decorantur Abbates Fuldensis, Campodunensis, Weissenburgensis et Murbacensis. *Principis* et *Comitis* titulo illustratur Rotbertus Abbas Majoris Monasterii in Charta ann. 912. ex Tabul. ejusdem Monast. Sed hunc titulum ex Abbatiali dignitate non habuisse colligitur ex Comitis nomenclaturæ ibidem subjecta ratione : *Rotbertus.... Majoris monasterii gloriosus Abba, nec non et Comes, propter diversa regnorum Franciæ et Neustriæ negotia, quibus a Rege præpositus erat, etc.*

* PRINCEPS etiam compellatur abbatissa Romarici montis a Rudolfo imperatore ann. 1290. in Chartul. ejusd. eccl. ch. 16 : *Ancelinus de Perroya canonicus Virdunensis.... supplicavit ut venerabilem Felicitatem, dictam Loretam, abbatissam Romaricimontis, Principem nostram, suam consanguineam, ad applausivæ dulcedinis amplexus suscipientes, dignaremur eam ad cœtum principum collocare. Nos..... dictam Loretam ..... ad instantiam.... Ancelini prædicti in nostram Principem recipimus et in numero principum collocamus.* Eadem occurrunt in Ch. Alberti Rom. reg. ann. 1307. pro Clementia abbatissa ibid. ch. 21. Quæ fuerit celebris hujus abbatiæ conditio medio xv. sæculo, docent Literæ ann. 1444. ex Reg. 177. Chartoph. reg. ch. 12 : *Comme l'église de S. Pierre de Remiremont, de l'ordre de S. Benoit, soit très-belle et notable, de grant et ancienne fondacion, bien et loablement desservie de grant quantité de religieuses bonnes et dévotes, toutes extraites de noble lignage de chevalerie, qui y sont instituées et ordonnées de ancienneté, etc.*

PRINCEPS CARCERIS, ἀρχιδεσμοφύλαξ δεσμωτηρίου, Genes. cap. 39. v. 23. [Vide *Principalis Custos.*]

PRINCEPS ECCLESIÆ, Dignitas Ecclesiastica, eadem forte, quæ apud Græcos Ἐκκλησιάρχου, de qua in Glossar. mediæ Græcit. Ordo Romanus : *Cum autem omnia usque ad Evangelium impleta fuerint, accedat Princeps Ecclesiæ ad Episcopum, pixidem, in qua thus habetur, manu ferens, sequente acolyto qui thuribulum portat, etc.*

PRINCIPES FRANCORUM sese inscripsere postremi ex Majoribus domus Regum Franciæ. *Karlomannus Dux et Princeps Francorum*, in Concilii Liptinensis Præfatione : sic Pipinus in Præfat. Concilii Suessionensis, Carolus Martellus in lib. Epistolar. S. Bonifacii Moguntini Archiepiscopi.

¶ PRINCEPS METENSIS dictus ejusdem Ecclesiæ Primicerius, apud Lambertum Ardens. lib. 4. Histor. cap. 95 : *Præscii a Metensi Principe sive Princero vel Primicerio, consentiente, immo stimulante et hoc ipsum machinante Viridonensis civitatis in Episcopum electo, captus est* Arnoldus de Ghisnis. Vide supra *Primicerius.*

¶ PRINCEPS MONASTERII, Qui alias *Advocatus* et *Defensor* nuncupabatur. Regula S. Pachomii : *Vestimenta, quæ secum detulerant, accipient, qui huic rei præpositi sunt, et inferentur in repositorio, et erunt in potestate Principis monasterii.* Fuit etiam in Ecclesia CP. dignitas quædam, quæ ἄρχων τῶν μοναστηρίων dicebatur, quod omnium in urbe regia monasteriorum cura ei demandata esset. Vide *Abbas Abbatum.*

* PRINCEPS PODII STULTITIÆ, vulgo *Prince du Puy de sotie*, Titulus præfecti societatis jocosæ, quæ ex junioribus cujusque civitatis vel oppidi composita, *Princeté de folie* aut *de sotie* nuncupabatur. Unde vero hujus nomenclaturæ originatio accersenda sit, haud facile est divinare. Vocis *Podium*, ut videre est supra, non una est significatio : ea enim intelligi potest Res quævis cui innitimur, adeoque ædium mæniana hac indicari possunt; Collis quoque vel locus editus et pascuus, imo et suggestum pariter ipsa designantur : a loco itaque ubi congregabatur, quod *podiis* seu mænianis ornatus esset, vel a suggesto cui insidebant socii, ita vocitata est hæc societas. Ubi *Sotie* vel *folie*, facetia, non stultitia interpretanda; quæ voces probant nequaquam corrupte scriptum esse *Prince des sots*, cum et ubique occurrat, in iis saltem quæ perlegi, pro *Prince des saults*, quasi saltatorum propria fuerit isthæc appellatio, ut sibi gratulando auguratus est D. *Duclos* in Disquis. de Lud. scen. tom. 17. Comment. Acad. Inscript. pag. 225. Lit. remiss. ann. 1427. in Reg. 173. Chartoph. reg. ch. 724 : *Comme le suppliant par sa poureté, simplesse et petit sens, soit nommé le Conte de Calais du Puy de sotie, qui se fait par esbatement en nostre ville d'Abbeville,.... Jehan de Bouseville, qui est de laditte Princeté de folie, nommé l'Aquérant de Rouvroy, etc.* Aliæ ann. 1472. in Reg. 195. ch. 775 : *Puis aucun temps en ça, les compaignons de Colomiers en Brie se sont acoustumez de eslire entre eulx ung personnaige propre pour estre et avoir en tiltre le nom de Prince des sotz; auquel moyen de ce nom et tiltre il est attribué la faculté et puissance de convoquer et assembler, toutes et quanteffoiz que bon lui semble, et mesmement une foiz l'année à itel jour que la veille de la Thyphaine, autrement dite la veille des Roys, tous ses subjetz, c'est assavoir toutes jeunes gens et autres, qui de leur voulenté tendent à fin de parvenir, par continuation de bon service, par laps de temps, à laditte principaulté, se veulent asubjettir à lui et garder ses ordonnances; et les défaillans pugnit corporellement; c'est assavoir les aucuns getter en la fosse dudit Prince, qui est au sault du moulin de la riviere dudit lieu de Colomiers, et les autres copper la teste d'un seau d'eaue ou de plus, ou le poing, ainsi qu'il lui plaist et que l'offense le requiert. Prince des amoureux*, eadem acceptione, in Lit. remiss. ann. 1478. ex Reg. 206. ch. 402. Vide supra *Amoratus* 1.

* Neque alius certe est *Princeps du Puits* apud Insulenses, licet honestius habeatur, de quo mentio occurrit in Actis capitul S. Petri Insul. Reg. K. fol. 11. v° : *Ad supplicationem nonnullorum proborum virorum, dominis meis decano et capitulo capitulariter congregato factam, iidem domini mei annuerunt et consenserunt, quod pro renovatione festi Principis du Puits, missa solemnis, quæ ob id die Dominico ante Assumptionem Mariæ decantari solet in præsentia dicti Principis, prælatorum, nobilium et aliorum civium dictum Principem associantium in choro præsentis ecclesiæ, ad honorem ejusdem gloriosæ V. M. per decorationem dicti festi, hoc anno et aliis subsequentibus decantetur, observatis cæremoniis circa hoc requisitis. Actum in capitulo xv. mensis Julii anno xv^c. xxxj. Sic quidem ecclesia nullum dampnum aut interesse propter hoc patiatur.* Rursum ibid fol. 15.

* Ejusdem originis, alterius licet propositi, instituta videtur societas literaria Rotomagensis, Cadomensisve, de qua *La Houssaye* in Comment. Hist. tom. 2. pag. 243. edit. 1737. Vide *Podium* 2. 3. et 4.

PRINCEPS NERVORUM, Cerebrum. Alexander Iatrosophista MS. lib. 1. Passionum : *Oportet cætera deinde adjutoria localia initium sumere, et capitis fieri providentiam, et ex oleo dulci lanis infusis totum involvi caput madefactis omnino, ut non rigorem sentiat Princeps nervorum.* Ubi Glossa, *cerebrum, quia ex eo oriuntur nervi.*

¶ **PRINCERUS**, ut *Primicerius.* Vide supra *Princeps Metensis.*

PRINCIPALES, Præcipui civitatum : οἱ ἐν τέλει, in veteri inscriptione. Alia Inscriptio apud Gualterum in Tabulis Siculis pag. 26 : *Ti. Claudio Herodiano C. V. leg. prov. Sicil. judici rarissimo patrono Col. Panhormit. Principales viri ex ære collato DD.* [*Principales urbium*, in Cod. Th. leg. 40. tit. 5. de Hæret. lib. 16. Vide Gothofredum tom. 4. ejusd. Cod. pag. 340. 341. 501. et 522.] Salvianus lib. 5. de Gubern. Dei : *Quis ergo, ut dixi, locus est, ubi non a Principalibus civitatum, viduarum et pupillorum viscera devorentur, et cum his ferme sanctorum omnium?* Ita apud S. Augustin. Epist. 158. Vide Juretum ad Symmach. pag. 227 : [et Mabill. Diplom. pag. 457. *Primum Principalem*, in Inscript. inter Notas ad Inscript. Gudii pag. 24.] [** Savin. Histor. Jur. Roman. med. temp. tom. 2. cap. 2. § 20. 24. cap. 5. § 98.]

¶ PRINCIPALES CURIÆ, Decuriarum primi. Acta S. Symphorosæ tom. 4. Julii pag. 358 : *Cujus corpus colligens frater ejus Eugenius, Principalis curiæ Tiburtinæ, in suburbana ejusdem civitatis sepelivit.* Horum dignitas et officium

¶ PRINCIPALITAS dicitur in Cod. Theod. leg. 6. de Quæst. tit. 35. lib. 9.

¶ PRINCIPALES MILITES. Veget. lib. 2. cap. 7 : *Hi sunt Milites Principales, qui privilegiis muniuntur.* Vide *Principium* 2.

¶ **PRINCIPALIS**, Gymnasiarcha, Gall. *Principal.* Consuet. Univers. Paris. per Robert. *Goulet* fol. 9. v° : *Similiter ducuntur juvenes scholastici collegiorum per Principales suos et Regentes.*

¶ PRINCIPALIS, Primus, primævus, antiquior. Vetus Interpres Irenæi lib. 5. cap. 14 : *Nisi et ipse* (Dominus) *caro et sanguis secundum Principalem plasmationem factus fuisset, etc.* Infra : *Caro enim vere Primæ plasmationis e limo facta est successio.* Occurrit rursum ibidem cap. 21.

¶ PRINCIPALIS CUSTOS, Idem qui supra *Princeps carceris*, in Chron. Parm. ad ann. 1286. apud Murator. tom. 9. col. 809 : *Securitates Custodum carcerum Communis, qui erant in banno pro ipsis custodibus, jam diu erat, ceperunt apud Cavriacum Principalem suum, pro quo fidejusserant, etc.*

¶ PRINCIPALE NOMEN. *Hæres nomine principali*, id est, titulo directo, universali, interprete Gothofredo ad leg. 17. Cod. Theod. tit. 5. de Hæret. lib. 16.

* PRINCIPALIS DIGNITAS, Principatus. Vide supra in *Bannerialis. Princée*, eodem sensu, in Testam. Ludov. princ. Maurit. ann. 1315. inter Probat. tom. 2. novæ Hist. Burg. pag. 160. col. 1 : *Je vuil que cils de mes freres qui seroit dux de Burgoinne, hait toute ma terre que j'ai ou duchié de*

Burgoinne et ma Princée de la Morée. *La Princée de Tharente*, in Annal. regni S. Ludov. edit. reg. pag. 247.

¶ **PRINCIPALISSIMUS**, Maximus. Necrolog. Fratrum Minor. Silvanect.: III. *Kal. obiit dom. Radulphus du Plessier dictus Quarre, qui fuit Principalissimus amicus fratrum.*

1. **PRINCIPALITAS**, Principis auctoritas, majestas. Libellus Precum Marcellini et Faustini: *Sed ne aliorum impietatibus et crudelitatibus sanguis effusus Christianorum diu piissimum vestræ Principalitatis gravet imperium.*

¶ PRINCIPALITAS, Principatus, Gall. *Principauté*, in Charta ann. 1018. inter Instrum. tom. 4. novæ Gall. Christ. col. 139. Litteræ Edwardi VI. Regis Angl. ann. 1547. apud Rymer. tom. 15. pag. 124: *De quolibet comitatu et burgo regni nostri Angliæ et Principalitatis nostræ Walliæ, etc.* Occurrit rursum ibidem pag. 746. Vide alia notione in *Principales*.

¶ 2. **PRINCIPALITAS**, Præstantia, excellentia, Gall. *Primauté*. Tertull. de Anima cap. 13: *Ad hoc dispicere superest, Principalitas ubi sit, id est, quid cui præest, ut cujus Principalitas apparuerit, illa sit substantiæ massa.* Remigius Autiss. in Cant. Cantic.: *Caput ergo ecclesiæ, Principalitas mentis fidelium intelligitur.* Utitur etiam Macrob. Somn. Scip. lib. 1. cap. 3. et vetus Irenæi Interpres lib. 2. cap. 1.

¶ **PRINCIPALITER**, Præcipue, potissimum, apud Rolandin. Patav. de factis in Marchia Tarvis. tom. 8. Murator. col. 266. *Principaliter*, Principis more, in Plin. Paneg. cap. 47.

* *Principaument*, idem quod *Directement*, Directe. Pactum inter Carol. comit. et capitul. Carnot. ann. 1306: *Il jureront que les choses dessus dites, ne en aucune d'icelles ne ajouteront, ne ajouter feront, ne ne soufferront à ajouter, ne feire, ne en repost ne en appert, malice ne fraude, Principaument ne occasionaument.* Vulgo dicimus, *Ni directement ni indirectement.*

¶ PRINCIPALITER. Synodus Pergam. ann. 1311. apud Murator. tom. 9. col. 566: *Sub pœnis et tenoribus prædictis se obligent Principaliter et in solidum.* Galli diceremus, *S'obliger solidairement et un seul pour le tout.*

PRINCIPARE, Gubernare, regere, principem agere. Sidonius Apollinaris Carm. 9:

> Non prolem Garamantici Tonantis,
> Regnis Principibusque Principantem.

Utitur et Carm. 23. Carmen vetus de missione Spiritus sancti lib. 1. Advers. Barthii cap. 3:

> Pollicitus ipse Christus ut suis erat,
> Prinsquam abiret ad Patrem,
> Amaverat quos finem usque ad ultimum
> A Principante exordio.

[Ubi *a principante exordio*, idem sonare videtur quod a primo exordio; adeo ut *principare* hic sit pro incipere. Fulcuinus in Abbat. Lobiens. apud Acher. tom. 6. Spicil. pag. 548: *Facta est autem hæc dedicatio.... Domino in perpetuum regnante, Pippino autem Francis Principante.*] Erchembertus num. 82: *Reversus est Guido ad Italiam, quo Principare cupit.* Saxo Grammaticus libr. 9: *Witsercum Sueciæ Principantem.* Occurrit apud August. lib. 19. de Civitate Dei cap. 14. Ælnothum in Vita S. Canuti cap. 8. Dudonem lib. 3. [in Concil. Tolet. XI. in Chron. Modoet. apud Murator. tom. 12. col. 1067. apud Ludewig. tom. 6. Reliq. MSS. pag. 459. etc. Vide *Principiare* 1.]

¶ **PRINCIPARI**, Præesse, Præsidere. Ottoboni Annal. Genuens. ad ann. 1194. apud Murator. tom. 6. col. 368: *Tandem reddit se civitas ipsa Marcualdo Seneschalco Imperatoris et Bonifacio Marchioni Montisferrati, qui prædicto magnifico stolio eminebant et Principabantur.*

PRINCIPATOR, Qui principium dat rebus. Arnobius in Evangelistarum locos: *Principium Deus est, qui Principator esse omnium voluit. In hoc itaque Principe erat Verbum, etc.* [Vide *Principiator*.]

PRINCIPATUS, Angeli ex tertio Hierarchiæ Angelicæ gradu, sic dicti, quod *in eorum prælatione primus Principatus manifestatur, quia ipsum principando et imitantur et manifestant*, inquit Hugo ex S. Dionysio. Vide Isidorum lib. 7. Orig. cap. 5. Guillelmum Paris. S. Bernardum, et alios.

* **PRINCIPIA**, *Acies, frons prima exercitus*, in vet. Glossar. ex Cod. reg. 7641.

¶ 1. **PRINCIPIARE**, Imperare, Principem esse. Conc. Ovetense inter Hispan. tom. 3. pag. 160: *Tunc temporis Principiante Asturiensibus christianis Mauregato invasore regni Adephonsi Casti.* Vide supra *Principare*.

¶ 2. **PRINCIPIARE**, PRINCIPIARI, Incipere, oriri, principium ducere. Elmham. in Vita Henrici V. Reg. Angl. edit. Hearnii cap. 20. pag. 44: *Interea Rex illustris... quandam catharactam Principiari constituit, etc.* Occurrit rursum pag. 117. 142. Jac. de Delayto in Annal. Estens. apud Murator. tom. 18. col. 908: *Anno* 1393. *Principiatum fuit laborerium muri.* Vita S. Bernardi Menthon. tom. 2. Jun. pag. 1078: *Ut prædicta cœnobia cum suis suppositis, tanquam ex archidiaconatu Principiata, favoribus dignentur præcipuis.* Poeta sequioris ævi apud Leibnit. tom. 3. Script. Brunsvic. pag. 678:

> .... Principiabo
> Quando septenam sol vespere verget ad horam.

Adde Statuta Vercell. lib. 7. fol. 205. Acta SS. tom. 3. April. pag. 988. Rymer. tom. 11. pag. 380. etc.

¶ **PRINCIPIATOR**, ut supra *Principator*. Chron. Domin. de Gravina apud Murator. tom. 12. col. 686: *Ad fugiendum alios inducebat, quibus obviabat in via, et tali Principiatore post modicam horam in fortilicii custodia pauci restarunt.*

¶ 1. **PRINCIPIENS**, Incipiens, inchoans. Statuta Monast. S. Germani Paris. in Hist. ejusdem inter Probat. pag. 173: *Item quando aliquis hebdomadarius peregit hebdomadam suam in Dominica sequenti Principienti aliam hebdomadam, etc.*

* 2. **PRINCIPIENS**, Ad doctoris gradum promovendus. Stat. Universit. Aurel. ann. 1336. ex Cod. reg. 4223. A. fol. 52. v°: *Statuimus quod tam bedellis quam subbedellis doctorum ordinarie legentium, dare teneatur Principiens seu doctorandus quilibet cirothecas et cucuphas lineas, etc.* Vide *Principium* 3.

¶ 1. **PRINCIPISSA**, Principatus, *Principauté*. Charta homagii ann. 1480. præstiti Carolo Cenoman. Comiti Provinciæ ex Schedis Pr. *de Mazaugues*: *Excellentissimus Rex et Comes.... confirmavit.... omnia privilegia, litteras, libertates, franquesias, immunitates, statuta et alia jura... et Principissas.* Pro Principis uxore, vide in *Princeps*.

* 2. **PRINCIPISSA** BELLI, MILITIÆ, Dux exercitus. Annal. Laur. Bonincont. ad ann. 1429. apud Murator. tom. 21. Script. Ital. col. 136: *Johanna quædam virgo, quamquam rustica, quartum decimum agens annum, Carolo regi Francorum dixit se a Deo missam, ut Principissa belli contra Anglos fieret. Quod si is faceret, fore victurum. Rex ergo juxta petitionem suam constituit eam Principissam suæ militiæ.*

1. **PRINCIPIUM**, Palatium Principis. Tertullianus de Corona militis cap. 12: *Ecce annua votorum nuncupatio, prima in Principiis, secunda in capitoliis.*

2. **PRINCIPIUM**, Miles ipse *Princeps*, seu *Principalis*, ut est apud Vegetium lib. 2. cap. 7. Ita utuntur idem Vegetius lib. 1. cap. 20. Frontinus lib. 2. cap. de Insidiis num. 30. Ammianus lib. 15. 22. 25. Lex 1. C. de Veteranis, (12, 46.) et leg. jubemus, Cod. de Erogat. milit. annonæ. (12, 37.) Vide Salmasium ad Vopiscum pag. 474.

¶ 3. **PRINCIPIUM**, Actus Theologicus ad obtinendum Doctoris gradum, olim in Universitate Parisiensi usitatus, cujus mentio est in Bulla Alexandri IV. PP. ann. 1256. *Inceptio* interdum dicitur, apud *du Boulay* in Hist. Universit. Paris. tom. 5. pag. 911. et 913. Instrum. ann. 1462. apud eumdem: *Deliberavit Natio* (Franciæ) *quod vellet singulos Licentiatos exhortari ad honeste faciendum suum Principium.* Statuta S. Capellæ Paris. apud Lobinell. tom. 3. Hist. Paris. pag. 151: *Juro... quod singulis horis diurnis et nocturnis, a principio usque in finem, interero bona fide, nisi legitimum impedimentum habuero, aut infirmus vel minutus,.... aut Principio seu proposito necessario alicujus meorum interfuero amicorum.* Statuta Colleg. S. Bernardi ibid. pag. 171: *Præsidenti in disputationibus et Principiis, sicut consuetum est, provisori et suppriori... duos solidos Parisienses* (solvent.)

¶ PRINCIPIUM *principians*, Primum principium; *Principium principiatum*, Principium secundum. Hæc Philosophis familiaria.

* 4. **PRINCIPIUM**, Donum, munus. Stat. pro capell. S. Vulfr. ann. 1291. ex Lib. nig. 2. ejusd. eccl. fol. 52. v°: *Duximus statuendum, ut dicti capellani de cætero et imperpetuum habeant gratuitas obventiones, quæ Principia nuncupantur, videlicet in institutione canonici in ecclesia nostra, decem solidos Paris. in institutione cujuslibet parrochiani presbyteri in patronagio nostro, decem solidos Paris. etc.* Ubi manifesta est appellationis ratio.

* 5. **PRINCIPIUM**, Suppuratio. Mirac. S. Rosæ tom. 2. Sept. pag. 457. col. 2: *Cum pateretur cancrum in mamilla ejus sinistra.:.. Quibus precibus factis, illico morbus ille caput fecit ac Principium, prout vulga-*

vitter dicitur. Celso, *Facere caput*; unde Italis *Far capo*, pro Suppurare sive in pus converti.

* **PRINCTURATURA.** Charta Phil. V. ann. 1317. in Reg. Cam. Comput. Paris. sign. *Pater* fol. 131. r°. col. 2 : *Dabimus vobis*.... *subrogationem plenissimam causarum, etiam quarumcumque singularium personarum, quæ ratione texturæ, tincturæ, fullonicæ, purgaturæ seu Princturaturæ pannorum, etc.* Sed legendum haud dubie *Pectinaturæ*. Vide supra in hac voce.

PRINDERE, pro *Prehendere*, Capere, unde nostri *Prendre*. Decretio Childeberti Regis § 9 : *Si quis centenarium aut quemlibet judicem noluerit super malefactorem ad Prindendum adjuvare, sol. 40. omnino condemnetur.* Pactum pro tenore pacis, etc. § 6 : *Si servus minus tremisso involaverit, et mala sorte Priserit, etc.* Adde § 8. et Decretionem Chlotarii § 7. Notitiæ veteres Bignonii cap. 33 : *Quod ego terram suam.... per fortiam nunquam Prisi aut pervasi.* Edictum Rotharis Regis Longob. tit. 101. § 16. [** 269.] : *Et judex.... eum Priserit, teneat eum, etc.* Adde tit. 105. § 19. et [** 347.] Capitul. 3. ann. 813. cap. 45. Vide *Interprendere* et *Porprendere*.

Præsura, pro *Prisura*, Apprehensio, captio. Leges Luithprandi Regis Longob. tit. 29. § 2. [** 44. (5,15.)] de servo fugace : *Et habeat pro Præsura de ipso servo per caput sol. 2.* Infra § 3 : *Nulla sit ei culpa qui eum præsit, aut qui inquisivit.* Ubi Lex Longobard. lib. 1. tit. 25. § 13. habet *præhensuram*. Vide *Prisæ*.

PRINGIRE. Vide *Rugire*.

¶ **PRINSECUS**, Primitus, antiquitus, a veteri Gall. *Prin*, primus. Exposit. ant. Liturg. Gallic. apud Marten. tom. 5. Anecdot. col. 99 : *Casula, quam amphibalum vocant,.... ideo unita Prinsecus, non scissa, non aperta; quia multæ sunt scripturæ sacræ secreta mysteria, quæ quasi sub sigillo sacerdoti doctus debet abscondere.*

* **PRINSIA**, Usurpatio, quod vi et injuria ablatum est. Pact. inter Margar. Tornodor. comit. et monach. Pontiniac. ann. 1291. in Chartul. ejusd. monast. pag. 164 : *Iterum de omnibus et singulis Prinsiis, injuriis, violentiis, expensis et emendis a nobis et dictis religiosis factis,....... remanemus ad invicem liberi penitus et immunes, etc.* Vide *Prisia*.

¶ **PRINSIO**, Carcer, *Prison*. Tabular. Majoris Monast. : *Volumus quod si satellites nostri volebant inquietare monachos, quod dicti monachi seu eorum servientes possent prædictos satellites capere et in suam Prinsionem detinere, donec juraverint ad voluntatem dictorum monachorum penitentiam facere corporalem.* Vide *Priso* 1.

* **PRINZIA**, Exactio quævis, nostris *Prinse* et *Prise*. Chartul. Latiniac. fol. 141 : *De reditu Prinziæ et coustumæ carnificum.* Infra : *Certaine redevance, que l'on appelle la Prinse.* Ibid. fol. 143. v°. : *Sententia ex theloneo, Prinzia et coustuma dictorum carnificum.* Et fol. 144 : *Et pareillement aussi à cause dudit droit ou redevance, nommé et appellé la Prise, estoient et sont tenus lesdits bouchers, et mesmement lesdits consors et chacun d'eulx à cause de leurs estaulx à boucher* (payer) *par chacune sepmainne sept deniers Tournois.* Vide *Prisia*, 1.

PRIOR. *Priores*, quomodo *veteres* dicimus, vel qui nos præcesserunt, *Præcessores*. Glossæ natiquæ MSS. : *Majores*, *Priores*. Sidonius in Paneg. Anthemii :

.... humerosque ex more Priorum
Includit sarrana chlamys.

Victorinus Afer de Principio diei pag. 198 : *Quæ matutina vere de tertia die si fuisset, nunquam Priores nostri quarta die factum solem et lunam professi fuissent.* Infra : *Consensi parentibus nostris Prioribus, hæc tradentibus.* Hincmarus Remensis :

Namque Pitaciolum neutro dixere Priores.

Adde Senatorem lib. de Divin. lect. cap. 26. Leges Wisigoth. lib. 5. tit. 7. § 11. etc. [Vide infra *Prioritas*.]

¶ Priores, Proceres, quos et *Principes* interdum appellatos supra docuimus. Capitul. 1. Caroli M. ann. 802. cap. 9 : *Unusquisque pro sua causa, vel censu, vel debito rationem reddat, nisi aliquis sit infirmus aut rationes nescius, pro quibus Missi vel Priores qui in ipso placito sunt, vel judex qui causam hujus rationis sciat, rationetur complacito... Quod tamen omnino fiat secundum convenientiam Priorum vel Missorum qui præsentes adsunt.* Nec aliter accipienda vox *Prior* in Epist. Conc. Turon. IV. apud Sirmondum Conc. Gall. tom. 3. pag. 69.

¶ Priores Officiorum, Iidem qui supra *Principes officii* nuncupantur, Primi officialium, id est Ministrorum et apparitorum Judicis vel Rectoris provinciæ. Acta Martyrii S. Mammarii apud Mabill. tom. 4. Analect. pag. 98 : *Tunc Anulinus Proconsul jussit eos ad thermas educi, ut ibidem igni cremarentur. Georgius autem et Menas Priores officiorum, dum aperirent vas thermarum, igni exsiliente spiritum emiserunt.*

Priores Scrinii, in Cod. Th. de Proxim. Comit. dispos. (6,16.) qui *Principes scriniorum*, Lampridio in Alexandro. [Πρίορες τοῦ ἀρι θμοῦ apud Justinian. Nov. 112. cap. 11. Vide Gloss. med. Græcit.]

Prior, in Chartis Dalmaticis, Magistratus, a quo pleræque civitates Croatiæ et Dalmatiæ regebantur, qui postmodum *Comitis* appellatione donatus est. Vide Jo. Lucium lib. 2. de Regno Dalm. cap. 8. 16. lib. 3. cap. 12. Ab Italis hauserunt Dalmatæ : Italis enim *Priori* sunt præcipui urbium Magistratus, ut apud Joannem Villaneum lib. 1. cap. 38. lib. 9. cap. 77. ubi et Prioris dignitas *Prioratico* nuncupatur : *Priorato* vero, lib. 6. cap. 55. Inscriptio in Ecclesia S. Nicolai Barensis, apud Antonium Beatillum lib. 2. Hist. Barensis : *Tempore Regis W. et Prioratus Domini Nicolai Corbelli Primicerii an. D. N. J. C.* 1188. Acta Martyrii S. Mammarii : *Invenerunt.... Victorianum Diaconum in sancta Dei Ecclesia, una cum Libaso Priore civitatis, etc.* Chronicon MS. Andreæ Danduli ann. 998 : *Inter quos Vegliensis et Arbensis Episcopi cum earum civitatum Prioribus. Priorem civitatis*, habent etiam Liberatus Diaconus cap. 23. Senator lib. 8. Epist. 26. Julius Africanus lib. 1. etc. De his videtur intelligendus Fulgentius lib. 1. Mythol. : *Vacat hoc tempore potentibus opprimere, Prioribus rapere, privatis perdere, miseris flere.*

¶ Priores, apud Italos, Consules, Scabini seu urbis Consiliarii. Diplom. Jac. Insulani Cardin. in Append. Antiq. Hortæ Ill. Fontanini pag. 457 : *Præterea contentamur et volumus manutenere.... officium Potestatis dictæ civitatis Hortanæ... Similiter, quod consuetum officium quatuor Priorum, unius cancellarii, et unius camerarii civitatis vestræ, dictique Priores, cancellarius, et camerarius.... esse debeant cum salariis solvi solitis eis.... quorum Priorum salarium decernimus esse florenos duos omni mense pro quolibet eorum.* Ii apud Florentinos sequiori tempore *Domini* sunt appellati, tametsi inter artifices mercatoresve eligebantur per duos tantum menses urbem administraturi.

* Priores Artis, apud Florentinos appellati Magistratus, qui civitatem regebant. Bonincont. in Hist. Sicul. part. 3. ad ann. 1285. apud Lam. in Delic. erudit. pag. 55 : *Quo tempore Florentini sex cives in magistratu bimestri creavere, quos Priores artis adpellavere, et non multo post, quasi consulis loco unus electus est, quem Justitiæ vexilliferum dixere.*

¶ Prior Juratorum, Idem qui alibi *Major* dictus, primus inter *Juratos* seu scabinos. Charta ann. 1288. apud Rymer. tom. 2. pag. 403 : *Raymundus Bernardi de Curbe Prior prædictorum Juratorum, etc.*

Prior Loci, Dominus, *Senior, Seigneur*. Lex Wisigoth. lib. 9. tit. 1. § 8 : *Ad cujus domum venerit fugitivus, Prioris loci illius villicus atque Præpositus, quibuscumque testetur.* Ubi Fori Hispanici : *El senior daquella terra.* Capitulare 1. Caroli M. ann. 802. cap. 9 : *Missi vel Priores qui in placito sunt, etc.*

¶ Prior Presbyter. Vide in *Presbyter*.

Prior Scholæ, Primus in schola cantorum, qui primus, dum sacra facit Pontifex, *Antiphonam ad introitum* incipit, ut est in Ordine Romano.

Prior Scholæ Regionariæ, apud Bennonem Cardinalem in Vita Hildebrandi : *Poppo Prior scholæ regionariæ cum omnibus suis Subdiaconis.*

Prior Scriniariorum, apud eumdem Bennonem.

Prior, pro Abbate, crebro occurrit in Regula S. Benedicti cap. 4. 6. 7. 13. 20. 43. 53. etc. Vide Menardum ad Concordiam regular. pag. 691.

Prior, Qui primus est post Abbatem, de cujus officio præter lib. Usuum Ordin. Cisterciens. cap. 111. sic Lanfrancus in Decretis pro Ord. S. Benedicti cap. 3 : *Servata Abbati in omnibus reverentia, Prior, qui et Præpositus, in regula nominatur, honorabilior est reliquis ministris domus Dei. Ipse solus cæterorum ministrorum primum suæ partis locum habet in choro, in capitulo, in refectorio, etc.* Hoc vero *Prioris* nomen ea notione, quæ *Præpositum* denotat, posterioris ævi esse, et tempore Cœlestini V. PP. tantum innotuisse observatum a viris doctis. Vide *Decanus*.

Prior Major, in libro MS. Ordinis S. Victoris Parisiensis cap. 5. ubi ejus officium describitur, et absente Abbate ejus vices fungi dicitur, ita tamen ut obedientiarios instituere non possit aut deponere, nullum de Monasterio ejicere, aut ejectum recipere, vel etiam novitium benedicere. Ad ejus autem officium pertinet tam præsente quam absente Abbate cymbalum pulsare, et tabulam ad laborem, et monitum in Dormitorio, et corrigere mendas legentium in Ecclesia et in Capitulo, etc. Agit etiam de ejus officio Udalricus lib. 3. Cluniac. Consuet. cap. 4. ut et Bernardus Mon. in Consuet. ejusdem Monasterii MSS. cap. 3.

¶ PRIOR MAGISTER, Idem qui *Prior major*, in Charta ann. 1181. ex Tabul. Majoris Monasterii.

¶ PRIOR CLAUSTRALIS, apud Fontanellenses, primus post Abbatem. Consuet. Fontanell. MSS. : *Prior Claustralis præ cæteris post Abbatem potest et debet esse in opere et sermone, ut exemplo vitæ verboque doctrinæ fratres suos instruere possit in bono.* Sæpius tamen

PRIOR CLAUSTRI, vel *Claustralis*, *Vicarius Majoris Prioris per omnia, qui in claustro jugiter manet*, absente Abbate et Magno Priore, *et qui pondus totius ordinis portat*, apud Bernardum in Consuetud. Cluniac. cap. 4. et Udalricum lib. 3. cap. 6. ubi plura de ejus officio. Casinenses ad cap. 65. Regulæ : *Præpositus Monasterii, secundum morem nostrum Prior Claustralis vocatur.* Lanfrancus in Decretis pro Ordine S. Bened. : *Prior claustri, quocunque Major Prior eat, si fieri potest, in claustro vel circa claustrum semper debet esse, et ordinem claustri in omni sollicitudine servare.* Arnulfus Lexoviensis in Epistolis pag. 48 : *Priore claustri remoto, quia altioris ingenii credebatur,.... Episcopus Priorem constituit idiotam.* Hugo Flaviniacensis pag. 269 : *Et illo promoto ad Abbatiam, cum Prior esset, in locum ejus substitutus est, et post, cum Divionem commigrassemus, claustralis ibi Prior habitus est.* Vide Haëftenum lib. 3. Disq. Monast. tract. 6. disq. 2.

☞ At ne nimia sollicitudine Prior claustri gravaretur, ei adjutores ab Abbate dabantur, qui eodem Prioris nomine gaudebant; idque inprimis in majoribus monasteriis, ubi interdum quintus Prior instituebatur, ut pro Monasterio S. Dionysii ex Charta Caroli Regentis ann. 1362. in Regesto 92. Chartophylacii Regii constat : *Celebrabuntur per Subpriorem, tertium priorem, quartum priorem, quintum priorem.* Ii vero *Coadjutores Prioris* vocantur in Consuet. MSS. Fontanell. : *Postquam dictum est de Priore, videtur dicendum de Suppriore et tertio Priore, quasi de Coadjutoribus Prioris.*

¶ PRIOR CONVENTUALIS, qui Conventui præest. Statuta Ordin. Cluniac. MSS. : *Prohibemus ne aliquis Prior de ordine (Cluniacensi) qui Conventualis non fuerit, ad titulum domus sibi commissæ aliquem ad ordines recipiendos præsentet.*

¶ PRIOR FORENSIS, Cui prioratus seu obedientiæ a majori Monasterio dependentis cura demandata est. Capitul. gener. S. Victoris Massil. MSS. : *Quandocumque contigerit quod Priores forenses seu monachi devotione compuncti voluerint præter honus monasterii in dicto monasterio impendere famulatum, etc.*

¶ PRIOR LOCALIS, Alicujus scilicet monasterii.

¶ PRIOR PROVINCIALIS, Qui unius provinciæ monasteriis invigilat apud Dominicanos præsertim. Charta apud *Madox* in Formul. Anglic. pag. 342 : *Sigilla officii R. P. nostri Prioris Provincialis nostri Ordinis in provincia Angliæ, ac Prioris localis Conventus nostri antedicti.... sunt appensa.* Charta fundat. Fr. Prædicat. Narbonæ ann. 1231. inter Instrum. tom. 6. Gall. Christ. novæ edit. col. 62 : *Nomine fr. Jordanis magistri ordinis, et fr. Raimundi de Miromonte Prioris Provincialis.* Charta ann. 1243. ibidem col. 155 : *Præsentibus etiam viris religiosis fr. Pontio Priore Provinciali Fratrum Prædicatorum in Provincia, etc.*

¶ PRIORES, Præcipui in Ordine Hospitalariorum S. Johannis Hierosol. post *Bajulos*. Bernh. *de Breydenbach* Itiner. Hierosol. pag. 271 : *Nec defuerunt magnanimi Bajulini, Priores, Præceptores, ac fratres sacri Ordinis Iherosolimitani.... qui pro fide orthodoxa fortiter pugnare non formidant.* Vide *Bajulus* 4.

* PRIOR UNIVERSALIS in Ordine Hospitalariorum S. Joan. Hieros. vulgo *Grand Prieur*. Charta ann. 1192. in Chartul. S. Joan. Laudun. ch. 145 : *Ego Ogerus Dei gratia Prior universalis domorum Hospitalis, quæ sunt in Francia, etc.*

* *Prioris* titulo donati quondam, qui Britanniæ Aremoricæ imperabant. *Nomenoius Prior gentis Britannicæ*, apud Vales. lib. 6. Rer. Franc. pag. 283.

PRIORISSA, in Monasteriis Sanctimonialium, apud Cæsarium Heisterbachensem lib. 10. cap. 16. [Marten. tom. 3. Anecd. col. 1705. *Madox* Formul. Anglic. pag. 10. et Buschium de Reformat. Monaster. tom. 2. Scrip. Brunsvic. Leibnit. pag. 487. Vide *Priosa*.]

PRIORATUS, Dignitas præcipua in Monasterio, apud Gregorium M. lib. 4. Epist. 4. Ordericus Vitalis lib. 4. pag. 543 : *Ad Prioratus officium promoveri promeruit.* [*Prioratus major*, dignitas majoris Prioris, in Bulla Pauli III. PP. ann. 1549. in Macer. Insulæ Barbaræ pag. 261.]

PRIORATUS, Obedientia, seu minus beneficium, a majori Monasterio dependens. Charta Philippi I. Regis Franciæ ann. 1119. tom. 13. Spicilegii Acheriani pag. 301 : *Et quia certum est quod singuli Prioratus, ad Abbatem et Monasterium Cluniacense pertinentes, per Abbates Cluniacenses acquisiti sunt, et eis dati ad suam et Monachorum suorum, et pauperum Christi sustentationem et quod a fundatione Ordinis Cluniacensis est observatum, quod Abbas Cluniacensis Prioratus suos committit regendos et custodiendos, sicut rem suam propriam, cuicumque voluerit de suis Monachis, sine aliqua distinctione, electione, vel certæ personæ requisitione, vel nominatione, et eosdem removet quando sibi bonum videtur et utile, etc.* [Adde Hist. Dalphin. tom. 2. pag. 56. 57. etc.] De ejusmodi Prioratuum origine diximus in voce *Obedientia* 1.

☞ Occurrit eadem significatione hæc vox in Charta Archembaldi Borbonensium Principis sub ann. 1040. qua alodum suum, in loco Vivaris situm, Navensibus monachis concedit, tom. 4. Annal. Bened. pag. 441. quo forte exemplo nullum antiquius exstare ad cellam seu obedientiam significandam observat ibidem Mabillonius.

* Nostris alias *Prieurté*. Reg. Cam. Comput. Paris. sign. *Pater* fol. 134. r°. col. 2 : *Sur le fait des Prieurtez de Goudet et de la Voute, que li roy ont fondé, etc.* Occurrit præterea in Ch. Phil. VI. reg. Franc. ann. 1331. ex Chartul. S. Joan. in Valle. Vide supra *Cridatio*.

¶ PRIORIA, Eadem notione, apud Albericum in Chron. ad ann. 1129 : *Domus S. Victoris Parisiensis, quæ erat Prioria nigrorum monachorum de Massilia, ejectis prædictis monachis, adductus est conventus Regularium de S. Rufo de Valentia per magistrum Hugonem, qui dictus est de S. Victore.* Occurrit rursus apud eumdem ad ann. 1212. Testament. Henr. *le Scrop* ann. 1415. apud Rymer. tom. 9. col. 275 : *Item, lego Prioriæ de Bridlington centum solidos, sub ista conditione.... quod quilibet canonicus in prædicta Prioria, etc.*

* PRIORATUS DATIVUS, Ad quem quis delegatur. Bulla Mart. V. PP. ex Tabul. S. Ebrulphi : *In diversis Prioratibus etiam conventualibus et dativis ac parochialibus ecclesiis, etc.*

PRIORARE, Priorem facere, creare. Epitaphium Raymundi V. Episc. Tolosani apud Catellum :

Monpessulanus ipsum de Fratre Priorat.

Baldricus Abbas Burguliensis :

Jure Priorarat te cœtus, Petre, Dolensis.

¶ PRIORARI, Priorem esse, apud S. Bernardum Epist. 270 : *Priorabitur iterum, ut confido, qui Prior fuit; ut non glorietur omnis iniquitas. Alioquin (quod non frustra timemus) nisi Prior restituatur in gradu suo.*

¶ **PRIORISTA**, Catalogus Magistratuum, qui *Priores* appellabantur. Acta S. Clariti Florent. tom. 6. Maii pag. 162 : *Quæ familia in republica Florentina etiam dominata est, uti in Prioristis civitatis hujus videre est.* Vide supra in *Prior*.

¶ **PRIORITAS**, *Priorum* seu majorum ac patrum series. Litteræ Edwardi I. Reg. Angl. ann. 1282. apud Rymer. tom. 2. pag. 196 : *Proditores nostri Lewelinus filius Griffini et David frater ejus... (quorum tota Prioritas semper, retroactis temporibus, proditiones et guerras multiformes fecerunt nostræ Prioritati et nobis) proditialiter contra nos insurrexerunt.* Vide *Prior*.

* Charta Ottach. reg. Bohem. et ducis Austr. ann. 1276. apud Pez. tom. 6. Anecd. part. 2. pag. 130. col. 2 : *Cum memoranda nostra Prioritas ecclesiam et conventum Neunburgensem multis honoribus et presigniis decorarit, eum plurimis gratiis præferendo, et nos easdem gratias non diminui nostris temporibus.... affectantes, etc.*

¶ **PRIOSA**, ut supra *Priorissa* in *Prior*, a Gall. *Prieuse*. Necrolog. Parthen. S. Petri de Casis : IV. *Augusti, obiit.. Francisca de Langiaco Priosa de Sansaco.*

¶ **PRIPEGALA**. Epist. Concil. Saxon. ann. circiter 1110. apud Marten. tom. 1. Ampliss. Collect. col. 626 : *Phanatici autem illorum (Slavorum infidelium) quotiens comessationibus vacare libet, ferus in dictis, capita, inquiunt, vult noster Pripegala. Hujusmodi fieri oportet sacrificia. Pripegala, ut aiunt, Priapus est et Beelphegor impudicus.* Vox, ut videtur, composita ex Priapus contracte scripto, et gal, quod Saxonibus libidinosum, venereum, salacem sonat : Germani nunc *Geil* eadem notione usurpant. Vide Schilteri Glossarium Teuton. in voce *Gail.*

PRISÆ, seu *Captiones*, dictum quidquid ex subditis et tenentibus capitur ad expensas Regis et Domini, quod legitime et debite persolvi debet. Statuta Davidis II. Regis Scotiæ cap. 40 : *De prisis capiendis. Statutum est, quod nihil capiatur a communitatibus ad usus Regis, sine prompta solutione; nec etiam aliqua capiantur ad Prisam, nisi ubi et secundum quod fieri consuevit.* Cap. 48. § 2 : *Et capientur omnia capienda secundum consuetudines antiquitus approbatas, et de terris illis, de quibus Prisæ Regis et servitia debent sumi.* Cap. 50 : *Tenentur ad expensas domus domini nostri Regis secundum Prisas ibidem antiquitus consuetas.* [Stabilimenta S. Ludovici lib. 2. cap. 32 : *Ne ils n'ont Prise, ne justice, ne seignorie en l'hons le Roy.*] Ita autem hæ *prisæ* fiebant a dominis, ut pretium exsolvere intra statum tempus ac definitum tenerentur. Charta ann. 3. Edwardi I. Regis Angl. : *Robertus de Montealto clamat habere libertates has subscriptas, videlicet Castellum suum de Risinge, cum Prisis* 40. *dierum*, id est, ut intra 40. dies pretium reddatur. Ita enim statuitur in primo Statuto Westmonasteriensi ejusdem anni 3. Edw. I. cap. 7. quo vetantur Constabularii ac Castellani *prisas* alibi capere, quam in castris ac castellis, vel urbibus, quibus præfecti sunt, ita tamen ut supra 40. dies pretium rerum captarum exsolvant, nisi ejusmodi prisæ ab antiquo Regi, vel castello, vel domino castelli debeantur. Adde cap. 32. et Articulos super Chartas editos ann. 28. Edw. I. cap. 2. Vide Guil. Prynneum in Libertatibus Eccles. Angl. tom. 3. pag. 846.

* *Pris*, eodem significatu, in Instr. ann. 1315. inter Probat. tom. 2. Hist. Nem. pag. 22. col. 1 : *Item quod dominus noster rex vult, quod omnes mercatores possint mercari secure per regnum suum, sine Pris seu reddibitione aliqua, de quibuscumque bonis et de quibuscumque personis, quæcumque sint; quod Pris seu reddibitionem dictus dominus noster rex deffendit omnino;...... quod si contingat quod de eo quod defficiet pro hospicio dicti domini regis, etc.* Ubi observandum est ejusmodi *prisas*, etiam a forensibus mercatoribus interdum exactas fuisse.

Neque aliæ sunt *Prisæ*, de quibus Gervasius Dorobern. ann. 1170. de Justitiariis itinerantibus : *Et de omnibus Prisis* (*Vicecomitum*) *inquirant causam et testimonium.* Infra : *Et omnes Prisas et causas, et occasiones earum scribant separatim.* Matthæus Paris ann. 1232. ait, Regem Henricum III. in ratiocinio, quod ab Huberto de Burgo Proto-Justitiario exegit, illud fuisse, *de Prisis factis pro jure suo relaxando, tam in terris quam in mobilibus.* Thomas Walsinghamus ann. 1297 : *Quia nimis afflicti sunt per diversa talliagia, auxilia, Prisas, videlicet de frumentis, avenis, braseo, lanis, coriis, bobus, vaccis, carnibus salsis, sine solutione alicujus denarii, de quibus se debuerant sustentasse.*

Proinde *Prisa* Anglis, idem est quod *Creditio* nostris, de qua voce supra. In quibus porro rebus caperentur, docet Charta Henrici VI. Regis Angl. pro Monasterio Ramseiensi : *Liberi sint et quieti a quibuscunque Prisis, chiminagiis, et captionibus cariagiorum, equorum, carectarum, et aliorum cariagiorum, nec non frumenti, ordei, siliginis, avenarum, fabarum, pisarum, boum, boviculorum, vaccarum, jumentorum, ovium, porcorum, porcellorum, caprarum sive hedorum, agnorum, vitulorum, aucarum, caponum, gallinarum, pullorum, columbarum, dentricium, et anguillarum, ac omnium aliorum piscium recentium quorumcunque, et aliorum volatilium, victualium, et ferarum suorum, salis, fœni, straminis, marremii, bosci, subbosci, focalium, carbonum, aliorumque utensilium suorum quorumcumque.*

¶ PRISÆ VINORUM. Charta Edwardi Reg. Angl. apud *Madox* Formul. Anglic. pag. 63 : *Concedimus... unum aliud dolium vini singulis annis, de recta Prisa nostra* (in civitate Cestriæ)... *Volumus eciam... quod quando et quociens contigerit præfatos Abbatem et Conventum... de prædictis duobus doliis vini..... non pacari,... eo quod Prisæ vinorum eo anno non evenerint; quod proximis anno vel annis, quo vel quibus, quamcitius et prout Prisæ vinorum evenerint.... plenarie satisfiat.* Hæc commode explicat Charta apud Th. *Blount* in Nomolex. Angl. : *Memorandum, quod Rex habet ex antiqua consuetudine de qualibet nave mercatoris vini 6. carcat. applicante infra aliquem portum Angliæ de viginti doliis, duo dolia, et de decem doliis unum de Prisa regia pro quodam certo ab antiquo constituto solvendo.*

Prisas autem Regias, seu pro hospitio Regis, apud Anglos, non tam antiquas, quam dominorum feudalium putat Spelmannus, nec fere auditas ante Edw. I. colligit ex Islipo Archiepiscopo Cantuariensi in Libello, quem *Speculum Edwardi* inscripsit : tametsi vox *Prisa* pro captione, dicta censeri possit a *prindere*, de qua supra, forte etiam a nostra *prisée* desumta fuerit, id est *appretiatio*, quod ejusmodi res caperentur a dominis juxta *appretiationes*, quæ de iis fiebant, [ut infra videre est in v. *Prisare.*] Ejusmodi *Prisas* interdixit in urbe Parisiensi Rex Carolus Statuto 4. Decembr. ann. 1367. quod descriptum legitur in libro rubeo Castelleti Paris. quæ sic indicantur : *Pour causes des Prinses, que l'en a fait par long-temps, et que chascun jour l'en faisoit, de chevaux, de charettes, de bleds, de vins, de foin, d'avoine, de fourrages, de coustes, de coissins, de draps, de couvertures, de cuivre, chief de bestail, de poullailes, de tables, et autres biens et choses que l'en prenoit pour les garnisons de notre hostel, et des hostels de la Royne, de nos freres, de notre connestable, et d'autres de notre lignage, etc.* Ubi tamen excipiuntur culcitæ et pulvinaria, fœnum, palea et avena pro equis, quorum pretium exsolvi debeat. Vide Statutum aliud Philippi Regis ann. 1345. quo etiam vetantur, in Regesto Temporalit. Cameræ Comput. f. 198. [Consulendi omnino Indices Ordinat. Reg. Franc. ubi multa in hanc rem utiliter legenda indicantur.]

¶ **PRISAGIUM**, Anglis *Prisage*, Jus *prisas* capiendi, vel ipse actus, apud Spelman. At ubi occurrat non scribit.

¶ **PRISALIÆ**, ut *Repræsaliæ*, Jus recipiendi, quod cuipiam per vim ablatum fuerit. Litteræ Henrici V. Reg. Angl. ann. 1421. apud Rymer. tom. 10. pag. 100 : *Propter marquam, contromarquam, aut Prisalias seu reprisalias, etc.* Rursum occurrit ibid. Vide *Presalia.*

* **PRISANA**. Liber de Mirab. Romæ ex Cod. reg. 4188. ubi de Cleopatra : *Posuit ad milles* (leg. mamillas) *duas Prisanas, quod est genus serpentis; et ita suaviter suxerunt, quod obdormivit et mortua est.*

¶ **PRISARE**, Pretium ponere, æstimare, *Priser. Prisator*, æstimator, *Priseur.* Charta Ingelranni III. Dom. Codiciac. ann. 1207. in Histor. ejusd. loci pag. 169 : *Prisatorem nostrum hominem de Pace habebimus, qui præstito juramento et bona fide omnia venalia pro coquina mea Prisabit.* Hinc firmatur Cangii conjectura de vocis *Prisæ* origine, quam a Gallica *Prisée* desumtam suspicatus est. Vide *Pretium Regium.* Charta ann. 1255. ex Tabular. Blein. : *Item Prisator qui faciet prisias judicatas vel concessas prædicto Oliverio, etc.* Vide *Pretiare. Prisantier* nostris, pro jactator, *qui se prise, se vante.* Le Roman *de Partonopex* MS. :

Ceux sont moult meillor Chevalier,
Qui ne sont pas si Prisantier.

* **PRISAROLA**, Machina bellica, eadem quæ *Prederia* et *Preteria.* Vide in his vocibus. Stat. Ferrar. ann. 1279. apud Murator. tom. 2. Antiq. Ital. med. ævi, col. 508 : *Balistas, pillotos, turnos et Prisarolas, manganos,..... et generaliter omnia alia guarnimenta, spectantia ad defensionem dictorum locorum.*

¶ **PRISCILLIANI**, PRISCILLIANISTÆ Hæretici ab auctore suo Priscilliano nuncupati, primum damnati sunt a Conc. Cæsaraugust. ann. 381. De iis consule S. August. Hær. 70. Sulpit. Sever. Hist. sacr. lib. 2. Idatii Chronic. inter Concil. Hispan. tom. 2. pag. 172. Indicem vett. Can. ibid. tom. 3. pag. 45. Baronium ad annum 381. et alios.

* **PRISFETUS**, Panni species. Instr. ann. 1217. inter Probat. tom. 1. Hist. Nem. pag. 57. col. 1 : *Ponit Deportus quod Guiraldus Cavalherius habuit quoddam pallium de Prisfeto rubeo, et aliud de bruneta.* Sed legendum suspicor *de Griseto.* Vide in *Griseum.*

* **PRISGINA**, *Altitudo, ira, superbia*, in vet. Glossar. ex Cod. reg. 7613.

¶ 1. **PRISIA**, Exactio, *malatolta*, jus capiendi ex subditis ea quæ domino sunt necessaria; item sub custodis manum positio, *Prise*, Practicis nostris. Charta Ludovici Philippi Reg. primog. ann. 1209. apud Marten. tom. 1. Ampl. Collect. col. 1090 : *Quod non poterimus boscum vendere, neque Pr siam aut talliam in eis facere, etc.* Charta Philippi Aug. ann. 1210. ibid. col. 1098 : *Quod nullum hominem neque feminam qui sit de domaniis suis aut de custodiis aut de communiis sive de franchisiis aut de villis in quibus habet Prisias suas, recipiemus, aut in domaniis, aut in custodiis,... aut in villis in quibus habeamus Prisias nostras.* Stabilimentum ejusd. Reg. ann. 1214. tom. 1. Ordinat. pag. 33 : *Habebunt de cætero electionem Crucesignati eundi in exercitum, si voluerint, vel ponendi portio-*

nem suam in Prisia, pro redemptione exercitus facta. Et si gravati fuerint de Prisia ad diocesanum Episcopum, vel ejus officialem habebunt recursum..... Quod si a communia aliquid accipiatur propter exercitum Regis, vel clausuram villæ, vel defensionem villæ ab inimicis obsessæ,... partem suam (Crucesignati) *ponent in Prisia, sicut et alii non Cruce-signati.* Regest. de Temporalit. fol. 261 : *Procuratores dictorum conquerentium requisiverunt, quod res contentiosæ ad manum nostram, tanquam superiorem, propter debatum hujusmodi ponerentur et tenerentur in ea, debato pendente prædicto, et per eandem manum nostram fieret de dictis Prisiis recredentia personis, super quas dictæ Prisiæ factæ fuisse dicuntur.* Regest. Olim fol. 68. v°. : *Dicti Major, jurati et communia impediebant eosdem in saisina prædicta, et quasdam Prisias quas dicti religiosi fecerant ibidem, propter causam prædictam in manu Regis poni fecerunt.* Vide *Prensio* et *Prisæ*.

* Libert. Rupel. ann. 1372. tom. 5. Ordinat. reg. Franc. pag. 573. art. 5 : *Concedimus quod capcio seu Prisia bonorum quorumcumque pro nobis, regina carissima consorte nostra, liberisque ac germanis nostris, etc.* Charta Caroli VII. ann. 1431. ex Chartul. Latiniac. fol. 108. v°. : *Et aussi* (affranchissons) *de toutes manieres de Prinses, soit pour nous, pour nostre très-chere et très-amée compaigne la royne, pour nostre très-cher et très-amé fils le dauphin de Viennois et pour tous autres seigneurs quelconques de nostre sang et lignage, ayans droit de Prinse, sinon en payant pris raisonnable des choses que on prendrait. Prinse,* pro *Amende*, mulcta, emenda, in Lit. ann. 1352 tom. 6. earumd. Ordinat. pag. 62 : *Il ne paîront pour toute l'année que une Prinse tant seulement; c'est à entendre pour la prise du sergent et de son varlet, une Prinse.*

¶ 2. **PRISIA**, Captura, *Prise* : item Jus reos capiendi et in carcerem conjiciendi. Charta Guidonis Comit. Nivern. ann. 1234. ex Tabul. Autiss. : *Quoniam misæ et expensæ Prisiarum et arestorum burgensium Autissiodorensium pagari solent de censa supradicta, etc.* Arestum Parlamenti ann. 1287. in Tabul. S. Richarii : *Quod ipsi sunt in bona saisina durantibus tribus diebus festi S. Richarii habendi custodiam festi et capiendi et arrestandi justitiando personas in quibus cadit Prisia vel arrestum.... Quod oporteret facere Prisiam justitiando ubicumque festum se extendit.* Litteræ Guillelmi Episc. Lingon. ann. 1348. inter Ordinat. Reg. Franc. tom. 3. pag. 251 : *Lidit Religieux* (*d'Auberive*) *par leur gent ont la Prise, la detencion, la cognoissance et le jugement en touz cas crimінelz.* Vide *Prisonator* in *Priso* 1.

* Charta ann. 1366. ex Tabul. S. Germ. Prat. : *Omnem justitiam et dominium, altam, mediam atque bassam, omnesque Prisias, arresta.... in quibuscumque casibus.*

¶ 3. **PRISIA**, Pars, portio. Dicitur de aqua pratis irrigandis necessaria. Terragium Bellijoc. : *Super adaquagio seu Prisia aquæ pro rigando et adaquando quoddam ipsorum confitentium pratum.* Vide *Prisio* 2.

* Rectius definitur, Canalis seu rivulus, quo fluvii portio distrahitur ad prata irriganda. Vide supra *Presa* 4. et *Preysia*.

¶ 4. **PRISIA**. Charta locationis ann. 1404. qua Abbas Leoncelli Ord. Cisterc. dat *per unum annum et unam Prisiam* herbas montis Ambelli sub *loquerio seu pretio sexdecim florenorum*. Id est, ad unam frugum perceptionem; Galli diceremus *pour une recolte*.

* Charta ann. 1407. in Reg. 3. Armor. gener. part. 2. pag. XXIX. : *Sub tali pacto.... quod duæ primæ Prisiæ in dicta rameria excrescendæ, essent quittiæ prædictorum,.... ratione sui laboris. Prinze* vero, pro ipsa locatio, in Ch. ann. 1520. ex Chartul. Latiniac. fol. 247. v°. : *Ceste Prinze faicte tant moiennant douze deniers Tournois de menu cens.* Vide supra *Presia*.

¶ 5. **PRISIA**, Æstimatio, proclamatio, Gall. *Prisée, Criée*. Locus est in *Prisare*.

* Inventar. Chart. reg. ann. 1482. fol. 177. v°. : *Carta dom. regis Karoli V. continens Prisiam seu assietam comitatus de Virtutibus, factam ad utilitatem Johannis Galeas.* Vide supra *Presiagium* et mox *Prisiare*.

* 6. **PRISIA**, Gall. *Prise*, idem quod *Hansa* 2. Mercatorum seu artificum collegium, societas. Stat. ann. 1378. tom. 6. Ordinat. reg. Franc. pag. 364 : *Aucun drappier ou drappiers de la Prise de ladicte ville* (de Rouen), *etc.* Et pag. 368 : *Les draps* (l. drappiers) *de la prise d'icelle drapperie, etc.*

* **PRISIARE**, Pretium ponere, æstimare; unde *Prisiata*, Gall. *Prisée*, Æstimatio. Charta ann. 1318. in Reg. 50. Chartoph. reg. ch. 443 : *Æstimari, Prisiari seu appretiari fecimus; qua demum Prisiata seu appretiatione ipsa et inquestis.... factis, etc.* Pluries ibi. Vide *Prisare*.

* **PRISIATUS**, Pretio seu stipendio donatus. Epist. ad Ludov. reg. Franc. in Reg. feud. senescal. Carcass. etc. fol. 142. v°. : *Nullum militem Prisiatum vel extraneum.... invenire potuit dictus comes, qui in tanto discrimine vellent remanere.*

¶ 1. **PRISIO**, Carcer. Vide *Priso* 1.

¶ 2. **PRISIO**, Portio, pars, quam aliquis habet in re quapiam cum aliis. [* Vel potius, Comparatio, acquisitio, Gall. *Acquêt*, a verbo *Prindere*, capere.] Testam. Guifredi Comit. Cerritan. tom. 6. Spicil. Acher. pag. 432 : *Quantum ibi habeo, vel habere debeo, sive per Prisione, sive per parentorum, vel per qualicumque voce, usque in fluvio Sigarim, veniat in manu filii mei Bernardi.* Vide *Aprisiones*, *Prendere*, et *Priso* 2.

¶ 3. **PRISIO**. Statuta Eccl. Nivern. ann. 1246. apud Marten. tom. 4. Anecd. col. 1070 : *Inhibemus etiam sub eadem* (excommunicationis) *pœna, ne Prisiones canonicorum, clericorum, seu servientium ipsorum quas inter Pascha et Pentecosten aliqui vestrum usu detestabili quandoque faciant, de cetero faciatis.* Hæc inter inhonesta et quæ præter debitam ecclesiæ reverentiam fiebant recensentur : unde suspicor pravam hic aliquam respici consuetudinem ad hujusce ætatis mores accommodam, qua scilicet solebant inter Pascha et Pentecosten Ecclesiasticos, qui in publicum prodibant comprehendere, quomodo Apostoli statim post Christi passionem a Judæis comprehensi fuissent, nisi eorum fugissent conspectum, quam vexationem sine dubio pecunia redimere cogebantur Ecclesiastici. Hæc divinando.

* Quæ divinando hic dicta sunt, longius altiusque repetita videntur D. *Le Beuf*; quamobrem statutum hic laudatum, altero ex Conc. Nannet. ann. 1431. illustrare tentat in Mercur. Franc. mens. Maii ann. 1735. pag. 897 : *In crastino Paschæ clerici ecclesiarum et alii ad domos adjacentes et alias accedunt, cameras intrant, jacentes in lectis capiunt et nudos ducunt per vicos et plateas, et ad ipsas ecclesias non sine magno clamore, et super altare et alibi aquam super ipsos projiciunt; ex quibus sequitur divini officii turbatio, corporum læsio et membrorum quandoque mutilatio. Insuper quidam alii, tam clerici quam laici, prima die Maii de mane ad domos aliorum accedunt et capiunt, et cogunt per captionem vestium seu aliorum bonorum, et se redimere oportet.* Eadem fere leguntur, eodem teste, in Conc. Andegav. ann. 1448. Hæc certe, et quæ supra proferuntur, ad unum eumdemque usum pertinent : at vero ipsum ab hinc ortum esse, quod plebecula clericos intempestive e somno excitare soleret, ut, ne vineæ perirent gelu, orarent, vix credam; maxime cum laicos, uti clericos id spectaret, ut videre est supra in *Pentecoste*, ubi idem usus memoratur. Unde ergo hujusce moris origo est deducenda? Nescio equidem; et nescire, quam investigare, malim. Alterum, ridiculum quoque, ecclesiæ Aniciensis usum, huic non omnino absimilem, vide in Mercur. Franc. mens. Dec. ann. 1736. tom. 1. pag. 2611.

* 4. **PRISIO**, Captivitas. Charta ann. 1197. ex Tabul. S. Petri Carnot. : *Prior S. Romani per se poterit tailliare homines suos pro justis auxiliis meis, ita quod iidem homines non graventur, videlicet pro novitate militiæ meæ, pro prima filia mea viro tradenda, pro prima Prisione mea in tirocinio, pro captione corporis mei de guerra, etc.* Vide in *Auxilium*.

¶ **PRISIONAGIUM**, Prisionare, Prisionarius, etc. Vide in *Priso* 1.

* **PRISIONARIA** Domus, Carcer. Libert. Podii-Mirol. ann. 1369. tom. 5. Ordinat. reg. Franc. pag. 313. art. 13 : *Donamus de gratia speciali ad imperpetuum domum Prisionariam, quæ est ad portam Orientalem,... in qua forenses dictæ villæ in eadem delinquentes possint arrestari et prisionarii detineri.* Vide in *Priso* 1.

* **PRISIONEZIUS**, Captus in bello, in Comput. ann. 1362. inter Probat. tom. 2. Hist. Nem. pag. 262. col. 1. Vide in *Priso* 1.

¶ **PRISIS**, Vis, violentia. Charta apud Meichelbec. tom. 2. Histor. Frising. pag. 95 : *Post sacramentum dixerunt quod ipsa ecclesia haberet injuste per Prisem, et per legem reddere deberet.* Vide *Pressa*. [** Hic etiam unica voce legendum *Porprisam*.]

¶ **PRISIUM**, Salarium *prisatoris* seu æstimatoris. Charta ann. 1255. in Tabul. Blein. : *Item prisator qui faciet prisias judicatas vel concessas prædicto Oliverio, mandato nostri vel nostri allocati, debet habere suum Prisium sicut consuetum est in vicecomitatu de Rohan.*

* **PRISIUS**, Qui *prisias* seu exactiones colligit, vel qui vineas custodit capitque delinquentes in iis, idem atque *Messarius*. Charta ann. 1206. in Chartul. eccl. Lingon. ex Cod. reg. 5188. fol. 12. r°. : *Vinctos etiam suos, quos vulgo Prisios vocant, potest episcopus vel ejus vicarius mittere in turre Castellionis.* Nisi demum intelligendus sit qui *Prisones* debet. Vide mox *Priso* 2.

1. **PRISO**, Captivus, incarceratus, Gall. *Prisonnier*, qui in bello capitur, *prehenditur*, vel *prenditur*. [Ital. *Prigione*. Charta Richardi Reg. Angl. ann. 1195. apud D. *Brussel* de Usu feud. tom. 2. pag. XVII : *Hiis omnibus pactis, Comes Leicestriæ, et omnes Prisones, et hostagii Prisonum, prout divisum est, hinc et inde liberabuntur.* Charta S. Ludovici Reg. Franc. ann. 1261. ex Chartul. Domus Pontisar. : *Hoc tamen nobis retento, quod in aliqua parte dicti manerii Prisones nostros de comitatu Bellimontis possimus facere custodiri.*] Rogerus Hovedenus pag. 541 : *Prisones vero qui cum domino rege finem fecerunt ante factam pacem cum Domino Rege, etc.* Romualdus Salernitan. in Chron. MS. ann. 1152 : *Consentiente Castellano,.... carceres sunt aperti, et.... multi alii Prisones subito exeuntes carcerem, arreptis armis cœperunt insilire palatium.* Utuntur Matth. Paris pag. 259. 384. Rigordus pag. 64. Matth. Westmonast. ann. 1217. Bromptonus pag. 1076. Albericus ann. 1215. Bracton. lib. 3. Tr. 2. cap. 8. § 5. et alii passim. Sed et nostri ita *prisons* dixerunt, quos posterior ætas *prisonniers*. W. *Guiart* :

Ont, se le voir en devisons,
Viot deus Chevaliers Prisons
Au Roy S. Louys presentés.

Le Roman *de Garin* :

Et les Prisons à Paris envoia.

Et alibi :

Et des Prisons en vos chartres geter.

[Le Roman *de Guillaume au faucon* MS. :

Que se sires vient du tournoi,
Quinze Prisons enmaine o soi,
Chevaliers riches et puissans;
Li autres gaains est moult grans.]

Vide Glossarium ad Villharduinum v. *Prison*.

¶ PRISIO, Eodem significatu. Conventiones trengæ ann. 1220. apud Marten. tom. 1. Ampl. Collect. col. 1144 : *Dedit* (Philippus Rex Franc.) *rectas treugas de se et hominibus suis,.... salvis Prisionibus nostris quos penes se habet.* Genealog. Comit. Flandr. apud eumd. tom. 3. Anecd. col. 422 : *Fecit* (Ludovicus Comes) *Prisiones suos de Brugis in curru ponere, proponens eos abducere et villam exire.*

2. PRISO, Carcer ipse, ex Gallico *Prison*. Henric. de Knyghton ann. 1293 : *Reliquos in Prisone fortissimo loci ejusdem concluserunt.* [Mandatum Philippi Pulchri ann. 1302. apud Menester. Hist. Lugdun. pag. 86 : *Item quod non ponent, nec tenebunt aliquem in Prisone, seu carcere pro debito, nisi per litteras nostras regias ad hoc specialiter fuerint obligati.* Vide *Prexio*.]

PRISIO, Eadem notione. Guill. de Podio Laurentii in Chronic. cap. 52 : *Semetipsum reddidit Prisioni seu carceri Senescalli domini Regis Franciæ.* Infra : *Quo ita recepto in Prisione Regis, etc.* Nangius in S. Ludovico pag. 364 : *Quibus captis, et in Prisionem ductis, etc.* [Chartul. Latiniac. : *Quod cum baillivus suus teneret in Prisione sua præpositum ipsius abbatis, etc.* Charta ann. 1306. in Tabul. Majoris Monaster. : *Ratione mortis ipsius tenebantur apud Lehonium in Prisione prioris.* Adde D. *Brussel* de Usu feud. tom. 1. pag. 223. Marten. tom. 3. Anecd. col. 406. 410. 422. 426. 435. etc.]

PRISONA, Eodem pariter significatu, apud Matth. Paris pag. 180 : *Jaceat in Prisona nostra.* Bromptonus ann. 1193 : *Et ibi se reddidit Prisonæ in misericordia Regis patris.* Utitur etiam pag. 1155.

¶ PRISONIA, ut *Prisona*. Ital. *Prigionia*. Charta ann. 1241. apud Baluz. tom. 2. Hist. Arvern. pag. 115 : *Dictus Guiodus sine diffidatione me cepit et in Prisoniam posuit.* Charta Matthæi Abb. Sandion. ann. 1285. ex Chartulario Domus Dei Pontisar. : *Cum magister et fratres Domus Dei Pontisarensis diu domino Regi supplicassent ut ipse eis concederet et in perpetuum dimitteret Prisoniam seu carcerem de Campaniis, etc.* Adde Leges Normannorum cap. 88. apud Ludewig. tom. 7. Reliq. MSS. pag. 163.

PRISONARE, et IMPRISONARE, Incarcerare, Gall. *Emprisoner*, Ital. *Imprigionare*. [Anonymus de gestis Manfredi et Conradi Reg. apud Murator. tom. 8. col. 612 : *Hos tamen qui nihil de excogitata fraude præsenserant ad vocationem prædictam, pure et simpliciter venientes, statim dominus Henricus cepit, captosque jussit in Capitolio Prisonari.*] Gesta Friderici II. Imp. pag. 883 : *Captosque jussit in Capitolio Prisonari.* Charta Libertatum Angliæ apud Matth. Paris ann. 1215 : *Nullus liber homo capiatur vel Imprisonetur, aut disseisietur pro aliquo libero tenemento suo, etc.* [*Imprisonetur*, apud D. *Brussel* de Usu feud. tom. 2. pag. V.] Infra : *Exceptis Imprisonatis et utlagatis.* Vitæ Abbatum S. Albani : *Quem tenebat Imprisonatum.* Utitur Concil. apud Castrum-Gonterii ann. 1336. cap. 6.

¶ PRISIONARE et IMPRISIONARE, Eadem notione. Lambertus Ardens. in lemmate cap. 95. lib. 4. Hist. : *Quomodo Arnoldus de Ghisnis.... captus et Prisionatus est.* Chartul. S. Vandreg. tom. 2. pag. 2017 : *Obligantes.... corpora sua Imprisionanda pro prædictis omnibus et singulis adimplendis.*

¶ APPRISIONARE, Eodem significatu, in Charta ann. 1434. ex Tabul. Archiep. Ausc. : *Insidiando transeuntibus pro eis depredandis, capiendis, et Apprisionandis.* Vide *Appreysonare*.

IMPRISONAMENTUM, dicitur Leguleis Anglicis, injusta captio et injusta detentio, in vinculis, vel sine, in cippo, vel alia pœna majori vel minori. Cum scilicet liber homo captus fuerit, et *imprisonatus* fuerit contra pacem Regis : ratione cujus *Imprisonamenti* fieri potest appellum. Ita Bracton. lib. 3. Tract. 2. cap. 25. § 1. et Fleta lib. 1. cap. 26. § 2. 3. cap. 42. § 1. [Hinc emendanda Charta ann. 1293. apud Rymer. tom. 2. pag. 613. ubi *Imprisinamentum* legitur.]

¶ PRISIONATIO, Incarceratio, Gall. *Emprisonnement*. Charta condonationis Caroli VI. Regis Fr. ann. 1383. apud Marten. tom. 1. Anecdot. col. 1590 : *Prisionationes, captiones et subversiones officiariorum, gentium, et aliorum subditorum nostrorum.... indulgemus.*

IMPRISONATIO, in primis Statutis Roberti I. Regis Scotiæ cap. 9. § 4 : *Sit punitus per gravem Imprisonationem ad voluntatem Regis.*

PRISIONAGIUM, Idem quod *Carcerarium*, et *Geolagium*. (Vide in his vocibus.) Charta libertatum Novæ Bastidæ in Occitania ann. 1298. in Regesto Philippi Pulchri Regis Franc. ann. 1299. n. 16 : *Item quod nullus, qui in carcere dictæ Bastidæ detentus fuerit, et per sententiam fuerit absolutus, nihil dare pro Prisionagio teneatur, etc.... si quis vero in hoc casu solvere Prisionagium teneatur, et fuerit nobilis, solvat 12. den. Tholosan. pro Prisionagio : si vero homo alterius conditionis sit, solvat pro Prisionagio 6. den. Tholos.*

¶ PRISONAGIUM, Eadem notione. Charta Rogerii Comit. Fuxens. apud Marten. tom. 1. Ampl. Collect. col. 1275 : *Ita etiam quod dicti prisiones, quos nos tenemus, debent solvere, quando liberabuntur, Prisonagium suum, et sumtus quos in prisonia fecerunt.* Vide *Presonagium*.

* *Prisonage*, eodem significatu, in Lit. ann. 1345. tom. 2. Ordinat. reg. Franc. pag. 230. Vide in *Priso*, 1.

PRISONARIUS, Idem quod *priso*, Carceri mancipatus, vel qui in bello capitur, ex Gall. *Prisonnier*. Henr. de Knyghton ann. 1348 : *Adduxit ad turrem Londoniensem Carolum de Blois de Britannia Prisonarium.* Mox : *Prisonarii vero Francigenæ strenue se miscuerunt nostris.*

¶ PRISIONARIUS, Eodem significatu. Charta Caroli V. Reg. Franc. ann. 1378. in Tabul. B. M. de Bono-nuntio Rotom. : *Et si aliqui Prisionarii adducerentur dictis octo diebus durantibus pro complemento justitiæ, etc.* Charta ann. 1325. tom. 2. Hist. Dalph. pag. 206. col. 2 : *Idem Robertus* (de Burgundia Comes Tornodor.) *se reponet et reddet tamquam Prisionarium dicti Dalphini, etc.* Occurrit rursum apud Baluz. tom. 2. Histor. Arvern. pag. 463. Menester. Hist. Lugdun. pag. 73. Marten. tom. 1. Anecd. col. 1590. et alios. Vide *Presonarius*.

¶ PRISONERIUS, Eadem notione, in Aresto Parlam. Tolos. ann. 1498 : *Si Prisonerios et præventos in causa criminali coram præfatis officiariis.... ad ipsos Viguerium et judicem Albiæ appellare contingat, etc.*

¶ PRISONNARIUS, in Charta ann. 1401. ex Tabul. Trenorch. : *Recognovit se teneri ad custodiendos Prisonnarios vel malefactores.* Pluries ibi.

¶ PRISONNIARIUS. Charta ann. 1455. in eodem Tabulario : *Tenebuntur... custodire Prisonniarios terræ S. Romani.*

¶ PRÆSONERIUS, Carceris custos, *Geolier*. Constitut. Jacobi Reg. Siciliæ cap. 55 : *Præcipimus quod cum aliquis..., capi contigerit et in defectu fidejussoriæ cautionis carceri detineri, ne occasione detentionis eorum in carceribus justitiariorum ipsorum per Præsonerios, ut olim, exactio pecuniæ exerceatur indebita, etc.*

PRISONATOR, [Cui competit jus *prisonem* seu carcerem habedi. Vide *Prisia* 2.] Fleta lib. 1. cap. 20. § 9 : *De Prisonatoribus et prisonam habentibus vel facientibus.*

¶ 2. **PRISO,** Pars seu portio quam *prendere* quis potest ex proventibus cujuspiam tenementi. Tabul. S. Vincentii Cenoman. : *Præterea unum arpennum vineæ in vita sua sibi... concessimus tali tenore ut prædictam vineam, prout melius potuerit, excolat, et unoquoque anno de ea duas sommas vini de Prisone det.* Vide *Prisio* 2. et *Priza.*

¶ **Prisso**, Eadem, ut videtur, notione, in Computo ann. 1202. apud D. *Brussel* de Usu feud. tom. 2. pag. CCIII. col. 1 : *De Prissonibus Richeri de Capella* XXXV. *l.*

* Rectius definies, Locationis seu concessionis pretium. Chartul. Major. monast. pro bonis apud Castridun. ch. 2 : *Ipsarum vinearum debita, pro loci consuetudine, per singulos annos solvenda, quæ vulgo Prisones vocantur, ei fuerunt perdonata.*

* 3. **PRISO**, Obses, fidejussor, qui si is, cujus præs erat, pactum non adimpleret, in potestatem illius, cui fidejussionem præstiterat, transibat, ac si illius *priso* seu captivus esset. Pactum inter Clement. III. PP. et Senat. Rom. apud Cenc. inter Cens. eccl. Rom. : *De capitaneis sit salvum urbi et populo Romano, quicquid ab eis conventum est et promissum Romæ per scriptum et juramenta, ac plejarias, et stajarias ac Prisones.* Vide infra *Prisonia Viva.* [** Vide *Obstagium.* Charta Godefr. Comit. Silvestr. ann. 1295. in Kremer. Histor. gentis Ardenn. Diplom. Saraep. num. 108. pag. 380 : *Quod si dicti religiosi... aliquatenus evincantur... nos, moniti ex parte religiosorum prædictorum apud S. Wandalinum in hospicium honestum, quilibet nostrum personaliter, vel saltem per famulum et equum intrabimus, sine moræ dispendio Prisionem ibidem in nostris expensis observaturi, etc.*]

* **PRISONETA**, Carceri mancipatus, Gall. *Prisonnier,* vel Actio, qua quis alicui carcerem minatur; nisi quamlibet exactionem aut rerum domesticarum captionem intelligere malis. Instr. ann. 1384. inter Probat. tom. 3. Hist. Nem. pag. 70. col. 2 : *Item ponunt.... quod in spretum dictarum litterarum regiarum,..... incarceraverunt plures, et alios terroribus et per Prisonetas deduxerunt fere omnia loca, castra et singulares ad financias.* Minus bene de ipsa incarceratione interpretatur D. Menardus.

* **PRISONIA Viva**, ut supra *Priso* 3. Consuet. Norman. part. 2. cap. 9. ex Cod. reg. 4651 : *Si appellator bonos custoditores dederit, qui ipsum vivum vel mortuum ad diem nominatum reddere valeant, eis potest ad custodiendum committi; et hujusmodi dicuntur viva Prisonia ducis Normanniæ.* Ubi Gallicum habet : *Et se l'appelleur donne bons pleges, qui le prennent en garde et le rendent au jour qui est assigné, ou mort ou vif, il leur pourra bien estre baillié à garder; et ce appelle l'en vive Prison au duc de Normendie.*

PRISTALDI. Vide *Prestaldi.*

¶ **PRISTETUS**, pro Præstitus. *Pristetum beneficium*, in *præstitum* seu *præstariam* concessum, in vett. formul. 37. et 59. Andegav. apud Mabill. tom. 4. Analect. pag. 256. et 270. Vide *Præstare.* 2.

¶ **PRISTINA**, Vectigal, tributum quod a pristinis temporibus præstatur, cujus initium ignoratur, et a quo inductum, idem proinde quod *Consuetudo* 4. Capitulare Sicardi Principis Beneventani ann. 836. cap. 2. editum a Camillo Peregrino apud Murator. tom. 2. pag. 257 : *Spopondistis nobis.... per unumquemque annum dare nobis collatam et Pristinam quam consueti fuistis dare.*

¶ **PRISTINUM**, pro Pistrinum, apud Anastasium in S. Silvestro tom. 3. Murator. pag. 107.

* Inventar ann. 1476. ex Tabul. Flamar. : *Et in quadam alia camera, quæ est supra portale dicti castri et infra turrim dicti castri et supra Pristinum ejusdem castri, etc. Prestinch*, eodem sensu, ibid. : *Et in alia camera, quæ est sita prope coquinam dictam, et pincernam prædictam, muro sive pariete in medio, vulgariter vocatam lo Prestinch, etc.*

* Unde nostris *Pristin*, pro *Qui a éte auparavant.* Lit. ann. 1354. tom. 4. Ordinat. reg. Franc. pag. 302 : *Remis en l'estat Pristin.*

¶ **PRISTRINUS**, pro Pristinus, apud Hickes. tom. 1. Thesaur. Ling. Septent. pag. 172. Grammat. Anglo-Sax.

¶ **PRISUS**, pro Prensus, captus, *Pris.* Capitula ad Leg. Alamann. cap. 22 : *Si in clida misa non fuerit, et Prisa et temptata fuerit, etc.* Charta Edwardi III. Reg. Angl. ann. 1307. apud Rymer. tom. 4. pag. 273. *Solvendo pro quolibet dolio sic Priso, viginti solidos.* Vide *Prindere.*

* *Pris*, pro *Prise*, Urbis expugnatio, in Lit. Caroli. regent ann. 1360. ex Chartul. 23. Corb. : *Lesquels Gille et habitans disans au contraire que ce qu'ils avoient fait, ils avoient fait pour bien, seureté et prouffit de laditte ville de Corbye et pour eschiver le Pris, qu'il s'en pouoit ensuir par les ennemis de monseigneur et de nous.*

* **PRIVADA**, ut *Privata*, Latrina, secessus. Tabul. Massil. ad ann. 1302 : *Propter putrefactiones adaqueriorum et Privadarum dampnose confluentium ad portum, etc.*

¶ **PRIVANTIA**, Privatio. Appendix ad Agnellum in S. Severo apud Murator. tom. 2. pag. 191 : *Si cui ergo malum aliquid esse videtur, ipse sibi testis est, quia malus est, et quod ipse effectus est per Privantiam, omnes indifferenter putat habere per naturam.*

* **PRIVARE**, Abolere, Gall. *Abolir, supprimer.* Chron. Pontif. Leon. Urbevet. apud Lam. in Delic. erudit. pag. 346 : *Parisiis rex Franciæ quinquaginta quinque (Templarios) comburi fecit, et omnes privati fuerunt omnibus possessionibus et dominibus, et datæ fuerunt fratribus S. Joannis; et ordo eorum in perpetuum Privatus est.*

PRIVATA, Latrina, secessus. Gall. *Privé*, vel *privée*, ut in Consuet. Meldensi art. 73. Catholicon Armoricum : *Cambroés, Gallic. Chambres privées, Lat. zeta, cloaca, latrina.* Jo. de Garlandia in Synonymis :

> Est latrina locus idem cacabunda cloaca,
> Signat idem quasi triste tegens tristega vocatur,
> Nec non Privata conjungimus his sociando.

Cæsarius Heisterbacensis lib. 3. cap. 14 : *Monachus vero ob necessitatem naturæ, Privatam ascendens, dum in una sedium sederet, etc.* Occurrit iterum lib. 4. cap. 6. lib. 5. cap. 6. lib. 8. cap. 92. *Camera privata*, in Chronico Trudonensi lib. 10. pag. 470. Aurelius Victor in Epit. in Constantio : *Quasi ad ventris secreta secedens, etc.* Idem in Caracalla : *Secedens ad officia naturalia.* Vide *Privada.*

¶ **Privatum**, Eadem notione, in Statutis Mutin. rubr. 25. fol. 4. v° : *Et omnia Privata civitatis sic claudantur, et clausa teneantur, ut aliqua putredo ex eis videri non possit.*

PRIVATARIUS. Meminit Scylitzes pag. 705. τοῦ πρώτου τῶν πριβαταρίων ædis S. Demetrii Thessalonicensis. Hic *Gazophylacii præsidem* interpretatur Goarus, quod *Comites rerum privatarum* dicerentur, qui privati principis patrimonii curam haberent. Certe *Privatum*, ærarium proprium Augusti appellatum constat, ἰδικόν, Græcis. Sed *privatarii* in Ecclesia alibi non occurrunt, adeo ut de hac notione dubitare liceat. [** Vide Glossar. med. Græcit. col. 1226. *Privatarius balneator*, in Edicto Dioclet. de rer. pret. Vide *Privatum.*]

PRIVATI, Curialibus [** et plebeis] opponuntur in Lege Wisigoth. lib. 5. tit. 4. § 19. qui scilicet nullum in civitate munus obeunt : [** Vide locum Fulgentii supra pag. 449. col. 2. inf.] *militibus*, in Lege 2. Cod. Th. de falsa moneta. (9,21.) [** Vide Savin. Histor. Jur. Romami med. temp. tom. 1. cap. 5. § 105.]

* Eadem acceptione, *Privées personnes*, legitur in Lit. ann. 1367. tom. 5. Ordinat. reg. Franc. pag. 68. art 9.

Privatus, Familiaris, amicus : Gall. *Privé.* Capit. Caroli C. tit. 30 : *Et ideo ad hoc veni, ut inter eos Privatus mediator existerem.* Mox : *Per Episcopos nostros ac per Episcopos nepotis nostri, et scripto et verbo tales causas nepoti nostro mandavit, pro quibus illi sic Privatus non erat, sicut antea fuerat.* Liber Faceti :

> Qui nimis est Privatus, eum vitare necesse.

[Le Roman *de Vacce* MS. :

> Li Dus Guillaume s'en est en un batel entrez,
> De ses hommes mena douze de ses Privez.

Le Roman *d'Athis* MS. :

> Et des Privez et des estranges
> Veulent congnoistre les lounges.]

* Hinc *Estre à son Privé*, Inter amicos conversari, apud Math. de Couciaco in Carolo VII. pag. 708 : *En soy mesme, quand il (le Roy) estoit à son Privé, il disoit, etc.*

PRIVATIANI, Officiales Comitis Rerum privatarum, in leg. 24. Cod. Th. de Palatinis sacr. largit. (6,30.)

** **PRIVATORIE.** Abbon. Floriac. Quæst. Grammat. in Maii Auctor. Classic. vol. 5. pag. 347 : *Sed si spiritus sanctus non est genitus, ait aliquis, procul dubio est ingenitus. Quod non ita esse cum Aristotelis sententia reclamat locutio consueta.... Sic fit ut quædam absque Privatione negata vera sint, quæ Privatorie affirmata vera esse non possint; quibus tamen privatoriis si hyperbatice superveniat negatio restituit ea veritati aliquando. Particula privativa*, apud Gell. lib. 13. cap. 22.

1. **PRIVATUM**, in leg. 12. Cod. Th. de Metatis, (7,8.) *balneum*, Tribonianus et Græci interpretantur, ut observat Jacobus Go-

thofredus : quomodo πριδάτον usurpat Prochorus in Vita S. Joannis Evangelistæ. *Balneæ privatæ* recensentur complures in Descript. urbis CP. [Vide *Privata.*]

* 2. **PRIVATUM**, apud Cartusienses, teste D. *Le Beuf*, dicitur Officium defunctorum aut pars ejusdem, quod pro quibusdam benefactoribus privatim in cellulis recitetur.

** 3. **PRIVATUM**, Res privata principis. Vide supra *Privatarius*, Glossar. med. Græcit. col. 1226. voce Πριβάτα. et col. 1030. voce Οἰκειακά. *Privati judices* vide in *Judex* pag. 915. col. 1.

* **PRIVATUS**, Extraneo opponitur; unde pro urbis incola, occurrit in Libert. Montisol. ann. 1312. tom. 7. Ordinat. reg. Franc. pag. 508. art. 65 : *Quod nullus res comestibiles ad vendendum defferens, extraneus vel Privatus, etc.*

¶ **PRIVERILE**, Jus, ut videtur, primitiarum quod ecclesiis præter decimas interdum debetur. Testament. Petri Ermengaudi de Pozolas ann. 1088. inter Instr. tom. 6. Gall. Christ. novæ edit. col. 131 : *Donavit Domino Deo et S. Mariæ de Cassiano, et canonicis ejusdem loci... totam ecclesiam de Calobris, totum et ab integrum quantumcumque habebat vel habere debebat cum ipso suo toto decimo, et cum suo toto Priverile, et cum quantumcumque ad ipsam ecclesiam jam dictam pertinet.* In Chartis quæ eadem de re exstant, v. g. in Charta ann. 1092. ibid. col. 132. habetur : *Totum et ab integrum cum decimis et Primitiis, etc.* Vide *Præferentia* et *Proferentia.*

PRIVICARNIUM, [Tempus quo carnibus *privari*, et ab iis abstinere incipiunt Fideles, ante jejunia Quadragesimæ.] Vide *Carniprivium.*

PRIVIGNA, pro *Noverca*, utitur Eddius Stephanus in Vita S. Wilfridi cap. 2.

¶ **PRIVIGNARI**, More *privignæ* agere. Carmen de Ottonis IV. Imper. destitutione apud Leibnit. tom. 2. Scriptor. Brunsvic. pag. 530.

Roma tace, quid enim prolixa locutio prodest?
Quid tot verborum prosunt dispendia? dum tu
Sic Privignaris, dum mendax filia patri
Innocuo crimen audes imponere falsum.

¶ **PRIVIGNUS**, *Vulgo ante natus.* Gloss. Isid. Id est, ut exponit Festus, *antequam mater secundo nuberet progenitus.* Græcis πρόγονος.

PRIVILEGES, pro *Privilegia*, quasi *privatæ Leges.* Lex 7. § 3. Cod. Th. de Tyron. (7,13.) : *Ipsorum etiam qui militaturi sunt Privilegibus accedentibus.*

PRIVILEGIA, proprie dicuntur Principum et magnatum Diplomata pro Ecclesiis, quorum formula describitur a Papia. Vide *Benevalete.*

¶ Privilegia, *æ.* Sic vocatur Charta Gaufridi Comit. Andegav. ann. 966. qua monachilem regulam in monasterio S. Albini instituit, apud Acher. tom. 6. Spicil. pag. 423 : *Signum Gaufridi Comitis qui hanc Privilegiam fieri jussit et adfirmare rogavit.*

¶ Privilegia, Conditiones et conventiones de redditione castri. Elmham. in Vita Henrici V. Reg. Angl. edit. Hearnii cap. 54. pag. 137 : *Præfatum capitaneum Oliverum convenciones punctuatæ a suis tam militibus Privilegiis exceperunt.*

¶ **PRIVILEGIALIS** Littera, Privilegium, Charta immunitatis. Charta Agnetis Ducissæ Slesiæ ann. 1369. apud Ludewig. tom. 6. Reliq. MSS. pag. 405 : *Prout littera Privilegialis dicti domini nostri Ducis desuper confecta hoc ostendit clarius.* Vide *Privilegia.*

¶ 1. **PRIVILEGIALITER**, Jure prærogativo et peculiari. Charta Guigonis Comit. Forens. ann. 1223. inter Instr. tom. 4. novæ Gall. Christ. col. 28 : *Privilegialiter indulsimus ut quidquid in comitatu nostro canonici memorati de feudis nostris acquisierint, hoc eis sit licitum.*

¶ Privilegiative, Eadem notione, in Charta ann. 1473. in Bullario Carmelitar. pag. 297. col. 1.

* 2. **PRIVILEGIALITER**, Dicitur de Literis ad formam *Privilegii* seu diplomatis confectis. Charta Wladislai reg. Hungar. ann. 1494. inter Probat. tom. 1. Annal. Præmonst. col. 657 : *Productæ sunt quædam Litteræ serenissimi principis, quondam domini Belæ D. G. regis Hungariæ.... in pergameno Privilegialiter confectæ, sigilloque suo duplici impendente consignatæ.*

1. **PRIVILEGIARE**, Privilegia, immunitates conferre, in Histor. Episcop. et Comitum Engolismensium cap. 24. [Libertates hominum *de Villereys* ann. 1253. tom. 9. Spicil. Acher. pag. 194 : *Item, eximimus et Privilegiamus homines et habitatores supradictæ libertatis, ne nobis et nostris successoribus teneantur dare leydiam de quibuscumque rebus emerint, vel vendiderint in mercato supradicto.* Adde Marten. tom. 8. Ampl. Collect. col. 1017. Acta SS. Aprilis tom. 2. pag. 676. Chron. Modoet. apud Murator. tom. 12. col. 1080. Histor. Comit. Ebroic. inter Probat. pag. 29. Ludewig. tom. 5. Reliq. MSS. pag. 316. etc.]

* 2. **PRIVILEGIARE**, Approbare, auctoritate sua munire. Charta Desid. episc. Morin. in Chartul. S. Bert. Audomar. pag. 232 : *Ecclesiæ sancti Bertini tertia pars decimationis allecium Privilegiata est a domino Papa et a domino Remensi, et sub anathemate confirmata.*

¶ **PRIVILEGIARIUS**, Cui privilegium concessum est, nostris *Privilegié.* Utitur Ulpian. leg. 10. Dig. de Pactis.

¶ **PRIVILEGIATIO**, Privilegium, immunitas. Henrici de Langenstein Consilium pacis tom. 2. Conc. Constant. part. 1. can. 18. col. 56 : *Discutite si expediat quorumdam tam larga exemptio et Privilegiatio, atque ab Ordinariorum coercitione sic omnimoda subjectio.* Vide in *Privilegium.*

¶ **PRIVILEGIO**, Privilegium seu Charta immunitatis. Charta Alani Ducis Britan. ad calcem Vitæ MS. S. Wenwalbei in Tabul. Landeven. : *Jussit hanc Privilegionem facere, ut si aliqui venturi sint, quod minime credimus, qui hanc scriptionem voluerint frangere, aut violare, sciant alienos se fore a cunctis liminibus sanctæ Dei Ecclesiæ.*

¶ **PRIVILEGITAS**, Diploma Principis, in Præcepto Caroli C. ann. 871. apud Baluz. in Append. ad Capitul. Ch. 100 : *Hoc nostræ Privilegitatis præceptum fieri et sigillari jussimus, per quod supradictam* (S. Eligii) *abbatiam, cum omni suarum integritate rerum jamdictæ ecclesiæ præsenti futurisque pastoribus delegando perpetualiter ad habendum concedimus.*

¶ 1. **PRIVILEGIUM** *Bastidæ novæ, Crucis assumtæ et assumendæ, Exercitus, Fori; Quinquennalium induciarum, etc.* Variæ formulæ quibus ad majorem cautelam utebantur creditores vel venditores in contractibus publicis. Exempla passim occurrunt. Vide *Crucis Privilegium* pag. 681.

Privilegium Donativum. Assisiæ Hierosolymitanæ MSS. cap. 192 : *Privilege dou chief Seignor ne peut, ne ne doit valoir à porter guarantie sur le fié de ses hommes, c'est à savoir de ceaus, qui ont court, et qui peuvent faire Privilege donatif, se le donatif dou Seignor en cui Seignorie ce est, de quoi le Privilege dou chief Seignor parole, n'est avoé, ou que celui qui le requiert puisse prover, que il eut la saisine et la teneur longue en pais et sens calonge, etc.*

¶ Privilegium, Districtus, territorium jurisdictione Ordinarii exemtum. Charta Adami Meld. Episc. ann. 1289. ex Chartul. ejusd. Eccl. : *Item nos Episcopus volumus quod Decanus et Capitulum libere percipiant synodos et orchadias in ecclesia de Malleo et in aliis ecclesiis quæ in eorum Privilegiis continentur.*

¶ Privilegium, Eodem sensu quo supra *Pravilegium.* Vita S. Dunstani tom. 4. Maii pag. 356. : *Sanctam puto designare Ecclesiam, quæ vel illum vel etiam alios quam plures more paterno per spiritalem sacri baptismatis uterum a primi parentis Privilegio regeneravit.*

¶ Privilegius, pro Privilegium. *Sicut ipse Privilegius clariter innotuit*, in Charta Caroli M. ann. 777. apud Calmet. tom. 1. Histor. Lothar. inter Probat. col. 288.

* 2. Privilegium, Tyrannis. S. Eulog. lib. 2. Memor. SS. cap. 1 : *Cujus* (Habdarrahgman) *temporibus, rebus et dignitate gens Arabum in Hispaniis aucta, totam pene Hiberiam diro Privilegio occupavit.*

* Privilegia Regum Francorum, Prærogativæ scilicet, in rebus spiritualibus, a summis Pontificibus iis concessæ, quæ describuntur in Reg. Cam. Comput. Paris. sign. A. fol. 155. r°. cum hac inscriptione : *Privilegia domini regis antiqua, renovata et rescripta propter correctionem domini papæ, pro quibus privilegiis renovandis capiuntur super regem per computum thesaurarii ad S. Johannem ccczviij. xlj. flor. et ixc. iiijxx. xj. grossos argenti, quos magister Radulphus de Perellis expendidit* (sic) *in curia Romana pro eisdem.*

* *Primo quod confessor dom. regis, audita confessione sua ac uxoris et liberorum ac fratris suorum, ipsos ab omnibus delictis, juxta formam ecclesiæ, absolvere possit.*

* *Item quod confessor, quem dom. rex habet et habiturus est, possit ipsum dom. regem ab omnibus peccatis suis et ab omnibus excommunicationibus absolvere.*

* *Item quod dom. rex, pro participatione cum excommunicatis, non incurrat sententiam.*

* *Item de eodem pro dom. rege et ejus familia.*

* *Item quod dom. rex nulla sententia generali possit ligari.*

* *Item de eodem pro dom. rege et illis, qui de mandato dom. regis circa ea paruc-*

runt, pro quibus sententiæ latæ sunt vel ferentur.

* *Item quod dom. rex possit facere detineri clericos flagitiosos.*

* *Item quod nullus in personas dom. regis, uxoris et filiorum suorum excommunicationis sententias promulgare valeat, aut eisdem ingressum ecclesiæ interdicere.*

* *Item quod elemosinæ, quas dom. rex faciet, cedant loco restitutionum.*

* *Item quod nullus possit interdicere capellas dom. regis.*

* *Item de eodem pro dom. regina.*

* *Item quod dominus rex et dom. regina possint audire divina in locis interdictis.*

* *Item indulgentia xl. dierum concessa illis, qui pro dom. rege, regina et liberis eorum orabunt Dominum.*

* *Item indulgentia unius anni concessa dom. regi et illis, qui secum fuerint in dedicatione ecclesiæ vel altaris.*

* *Item indulgentia unius anni concessa dom. regi et illis, qui secum fuerint in prædicationibus.*

* *Item quod clerici et capellani dom. regis non teneantur ad aliud officium, quam ad illud quod secundum morem curiæ regis celebratur.*

* *Item ut clerici dom. regis non cogantur recipere commissiones Sedis Apostolicæ.*

* *Item ut clerici dom. regis possint promoveri ad omnes sacros ordines per quoscumque prælatos, quos dom. rex maluerit.*

* *Item quod clerici dom. regis et in suo servitio existentes, possint percipere grossos fructus beneficiorum.*

** **PRIVITATEM** Habere, Ut *privatum*, familiarem haberi. Tradit. Sangall. ann. 797. apud Neugart. Cod. Diplom. Alem. num. 129. tom. 1. pag. 112 : *Ut filius meus Albinc ibidem habeat diebus vitæ suæ victum, et omni anno vestitum et reliqua tegumenta, et locum ingredi refectorium, manducare cum fratribus, ibique Privitatem habeat inter illis.*

* **PRIULA**, *Extremitas naris*, in Glossar. Provinc. Lat. ex Cod. reg. 7657. Vide *Perula.*

PRIWEN, nomen Clypei Arturi Regis Britonum, in quo depicta imago Deiparæ, apud Galfridum Monemuthensem lib. 7. cap. 2.

¶ **PRIVUS**, Privatus, carens. Miracula B. Egidii tom. 3. April. pag. 246 : *Uxor Bonaquisti viventis, quatuor annis continuis (et si interpolanter fiebat aliquando, sed raro Priva fiebat duorum aut trium dierum ad plus) manuum et brachiorum usque ad humeros graviter fuit infirma.*

¶ **PRIZA**, Eadem notione qua *Priso* 2. Vide in hac voce. Charta ann. 1389. apud Baluz. tom. 2. Hist. Arvern. pag. 405 : *Cum trescentis francis auri de revenua sive de Priza solvendis et reddendis per dictum dominum Vicecomitem.*

¶ **PRO**, loco Per, in Leg. Salica tit. 24. § 4 : *Si quis ascum de intro clave repositum et in suspenso Pro studio positum furaverit, etc.* Id est, per studium seu de industria. Memoriale Potestat. Regiens. ad ann. 1238. apud Murator. tom. 8. col. 1110 : *Et ipsi Brixienses suspenderunt captos Imperatoris Pro brachiis extra palancatam civitatis.* Vide *Preu.*

¶ Pro, cum quarto casu, in Charta ann. 2. Childeberti Reg. apud Mabill. tom. 3. Analect. pag. 89. et alibi.

¶ Pro, Supra, Gall. *Au dessus.* Vetus Irenæi Interpres lib. 1. cap. 2. num. 4 : *Patrem enim aliquando quidem cum conjuge Sige, modo vero et Pro masculo, et Pro fœmina esse volunt.* Ubi Irenæus : ὑπὲρ ἄῤῥεν καὶ ὑπὲρ θῆλυ.

¶ Pro Nobis, Penes nos, Græc. μεθ' ἡμῶν, apud eumd. Interpretem lib. 4. cap. 37. num. 7. *Quoniam igitur Pro nobis erat plus diligere Deum, etc.*

¶ Pro Tunc, Gall. *Pour lors*, Tum. Consuetud. Universit. Paris. per Robert. *Goulet* fol. 5 : *Eliguntur Intrantes quinque de illa parte ad quam Pro tunc spectat.* Passim occurrit.

¶ Pro Hoc et Pro Non, Phrasis Gallica, *Pour oui et pour non*, Ex leviori causa. Depositio Guillelmi Catallani ex Bibl. regia : *Pro hoc et pro non nos citant quandoque apud Carcassonam, quandoque Biterri, quandoque ad alia diversa loca, etc.*

¶ Pro Aliquo Esse, Par esse alicui, Galli diceremus, *Etre bon pour quelqu'un.* Lanfranci Pignoli Annal. Genuens. ad ann 1266. apud Murator. tom. 6. col. 540 : *Quibus visis* (Venetorum galeis) *a dicto Admirato, se cum suis galeis in Schera recollegit, et discooperiens inimicos, qui armata manu versus ipsum, in quantum poterant, veniebant, et quum prope fuissent, cognito a dicto Admirato, quod non erat Pro eis, sapienter et discrete inimicis dimissis fecit suam viam, et se et suos recollegit.*

Pro Aliquo Esse, Alicui favere, alicujus partes amplecti, phrasis Gallica : *Estre pour quelqu'un.* Eginhardus Epist. 45 : *Deprecor ut secundum bonam consuetudinem vestram Pro me semper esse dignemini apud Dominum Imperatorem, etc.*

** **PROABBAS**, Qui abbatis vices agit, apud Ekkehard. IV. de Casib. S. Galli cap. 1.

¶ **PROADVENTIÆ**, Proventus, reditus, seu quicquid casu aliquo cadit in fiscum domini. Charta Guillelmi Comitis Aquitan. ann. 1027. apud Stephanot. tom. 1. Antiq. Bened. Vascon. MSS. pag. 215 : *Donamus quoque et concedimus cellam S. Mariæ de Macau cum salvitate et cum adjacente insula et cum Proadventiis in terra et in mari. Et cellam S. Hylarii de Autellano cum decimis et cum Proadventiis de aquis et de terris et de lignis.*

* *Proaige* et *Proege*, eadem notione, in Charta ann. 1272. ex Chartul. S. Petri de Monte : *Jeu ai vendut à l'abbeit et au covent de S. Pierremont.... une piessate de terre.... et si tenroient li davant dis signeurs, en tous us et en tous Proaiges entieremant.* Alia ann. 1285. inter Probat. domus de Castelleto pag. v : *En tel maniere que ly homme.... devoient avoir lour usuaire pour maisonner en mon bois de Hermefail, en tous us et en tous Proeges, sans vendre et sans exarter.*

PROADVOCATI, Minores Advocati, seu qui ab Ecclesiarum Advocatis prædiorum tutelas in se recipiebant. Vide *Postadvocatus.*

* **PROÆQUARE**, Ex æquo partiri, in Lit. ann. 1389. tom. 7. Ordinat. reg. Franc. pag. 373. forte pro *Peræquare.* Vide in hac voce.

¶ **PROALDIONES**, Iidem qui *Aldii*, in Præcepto Hildeprandi Reg. apud Mabillon. tom. 2. Annal. Benedict. inter Instr. pag. 705 : *Firmamus etiam vobis, ut omnes mulieres illas liberas, quæ usque nunc, dum liberæ essent, servis Ecclesiæ vestræ in matrimonio tradiderunt, vel filiis et filiabus qui ex eis nati sunt. Ita sane ut sint Proaldiones, et habeant per caput unusquisque mundium solidos senos;* nisi legendum sit divisis vocibus : *ita sane ut sint pro aldiones*, id est, ejusdem conditionis atque Aldiones. Vide *Aldius.*

* Rectius, qui ex *Aldiis* nati sunt. Charta ann. 867. apud Murator. tom. 5. Antiq. Ital. med. ævi col. 513 : *Cum casis, terris, vineis, silvis, servis, proservis, aldiis, Proaldiis, liberis, proliberis, etc.* Vide *Proliberi.*

¶ **PROANGARIA**, ut *Parangaria*, nisi etiam ita legendum sit. Vide in hac voce. Charta ann. 1295. ex Schedis Pr. de *Mazaugues : Non possit ibi... facere vel exigere nec mutuum, vel exactiones, angariam, Proangariam, vel aliquid novi facere.*

* **PROAPISTA**, idem qui *Apostata*, vel apostatarum dux et defensor. Chron. rer. Danic. ad ann. 1527. apud Ludewig. tom. 9. Reliq. Mss. pag. 61 : *Eodem anno defecit ab orthodoxorum ecclesia et ordine Carmelitarum quidam frater Petrus Laurentii Nestuedensis lector;.... tandem ad malmogiam sacrilegorum apostatarum speluncam atque omnium hæreticorum asylum se transtulit, ibidem futurus Proapista, qui noluit esse papista.* Προασπιςής, *Protector*, in Gloss. Græc. Lat.

PROASTIUM, Prædium suburbanum; [suburbium.] Vett. Glossæ : Προάςειον, *suburbanum.* Papias : *Proastium, Viridarium arborum prope murum.* Infra : *Progestium, suburbanum.* Sic etiam habent Glossæ Lat. Græc. : *Progestia*, προάςια. [Ubi leg. ex Vulcanio, *Procestria*, προάςεια. Vide *Procastria.*] Ugutio : *Proastium, locus ante civitatem, scilicet suburbium.* Ursus S. R. E. Subdiaconus in Vita S. Basilii Cæsar. : *Invenit in Proastio cum Philosophis.* Ruffinus lib. 3. Vitæ Patrum num. 19 : *Prope Proastium, qui vocatur in Septimo.* Paulus Diac. de Gestis Longob. lib. 6. cap. 58 : *In Olonna suo Proastio, miro opere in honorem S. Anastasii Martyris, Christo domicilium statuit.* Hariulfus de Miracul. S. Richarii cap. 2 : *A qua* (urbe Legia) *haud longe villa consistit, nuncupata Merimont, in plaga orientali, quæ ab antiquis temporibus jure Proastii subjacet cœnobio Patris Richarii, etc.* id est, jure prædii. Occurrit non semel apud Julianum Antecessor. cap. 34. 36. 409. 513. Gesta Constantini M. : *In Proastio civitatis Veronensis.* [*Provideat in proximo civitatis Proastio*, in vet. Prosa quæ nuper cantabatur in Ecclesia Autiss. die sancto Paschæ.]

¶ Præastium Eadem notione, in Translat. S. Filiberti sæc. 4. Bened. part. 1. pag. 563 : *Magna ecclesiæ suæ in comitatu Vellaico prædia conquisivit, cum ecclesia S. Georgii in Vetulæ Præastio civitatis.* Vide Gloss. med. Græc. in Προάςειον.

Prastia, pro *Proastium*, in Charta Hugonis Reg Cypri ann. 1210. in Probat. Histor. Bethuniensis pag. 360 : *In territorio*

Paphi, Prastiam, quæ dicitur Lacridon, cum omnibus pertinentiis, etc. [Agnellus in S. Theodoro apud Murator. tom. 2. pag. 153 : *Sortiti sunt opes ecclesiæ, et non fuit ex eis aliquis qui quandam* (f. quartam) *partem Ecclesiæ non haberet, etiam et subtractos actores et Prastias ab hujus Ecclesiæ familiaribus, etc.*]

* **PROAT,** *Potum dat,* in vet. Glossar. ex Cod. reg. 7641.

¶ **PROATAVUS**, Quintus avus. Litteræ Johannis filii Johannis Reg. ann. 1359. tom. 3. Ordinat. pag. 382 : *Cum in Ordinatione carissimi Proatavi ipsius domini genitoris nostri, etc.* Si tamen præpositio *pro* certum fixumque sit semper remotioris gradus argumentum : interdum enim nullius fuisse vis efficitur ex voce *Proavus* infra.

¶ **PROAUCTORES**, *Proavi*, in Amalthea Laurentii ex Turnebo.

* **PROAVITAS**, Proavi gradus. Stat. Mantuæ lib. 2. cap. 26. ex Cod. reg. 4620 : *Exceptionem vero proponens cavillosam, et maxime per quam negetur paternitas vel maternitas, avitas et Proavitas, filiatio seu consanguinitas, etc.*

PROAULA, in Gloss. Ælfrici, *Domus coram aula,* sel d'e. Vita S. Willelmi Ducis cap. 9 : *Domum etiam infirmorum, et cellam novitiorum, Proaulam hospitum, xenodochium pauperum, etc.* Ordericus Vital. lib. 2. pag. 412 : *Ecce januas hic disponam, et ad ortum solis ingressum : primo Proaulam, secundo salutatorium, in tertio consistorium, in quarto tricorium, etc.* Aliud porro fuit Græcis προαύλιον, de qua voce diximus in Descriptione ædis Sophianæ n. 23. *Proaula* enim dicitur ædificium seu cubiculum, quod ante *aulam* est, quæ et *salutatorium* dicitur, quod in ea excipiantur *salutaturi.*

¶ **PROAULIUM**, Eadem notione, atrium. Descriptio palatii Spoletani ex Chartario Farf. apud Mabillon. tom. 2. Annal. pag. 410 : *In primo Proaulium, id est locus ante aulam. In secundo salutatorium, id est locus salutandi officio deputatus, juxta majorem domum constitutus.* Ex his, ut ex laudato Orderico, colligitur *Proaulam* a *salutatorio* distinctam fuisse.

¶ **PROAVUS**, nude Avus. Charta Philippi IV. Regis Franc. tom. 1. Chartul. S. Vandreges. pag. 632 : *Volumus autem quod privilegia, libertates, franchisiæ et consuetudines... Ecclesiarum, monasteriorum, personarum ecclesiasticarum integre et illese serventur, teneantur et custodiantur eisdem, sicut temporibus felicis recordationis beati Ludovici Proavi nostri inviolabiliter servatæ fuerunt.*

PROBA, Specimen, δεῖγμα, Gallis *Epreuve,* [*montre,*] Italis *Prova.* Lex un. Cod. Th. de Stratoribus (6, 31.) : *Per omnes provincias edictum generale misimus, ut ab stratoribus unus tantum solidus Probæ nomine posceretur.* Ammianus lib. 21. extremo : *Eique* (Joviniano) *vehiculo insidenti, quod portabat reliquias Constantii, ut Principibus solet, annonæ militaris offerebantur indicia, ut ipsi nominant Proba,* (melius probæ) *et animalia publica monstrabantur, etc.*

¶ **PROBA**, Lustratio militum. Act. S. Isidori Mart. ex MS. Vaticano : *Publicam accusationem faciat, ne Proba militum secundum præceptum Imperatoris completa sit.*

¶ **PROBA**, Probatio, experimentum, Gall. *Epreuve.* Charta ann. 1474. apud Miræum tom. 2. pag. 1042 : *Memores modi examinationis, sive Probæ de ligno quod habetur, et cum magna devotione, tanquam foret de vero ligno Dominicæ crucis,... colitur..... per ignem et aquam experimentatum, concluserunt et terminarunt concorditer, ad consimilem modum examinationis sive Probæ fore et esse procedendum.* Litteræ Johannis de Thurena ann. 1429. apud Marten. tom. 2. Anecd. col. 1732 : *Dominus Rodericus in comessationibus mutuis faciebat fieri Probam sive credentiam dicto dom. Ægidio, licet sibi non consuevisset fieri Proba sive credentia, nec esset status seu dignitatis quod ei fieri deberet : unde assistentes præsumserunt... fore verum, quod dictus Dominus Rodericus promiserat eidem dom. Ægidio ipsum facere Papam.* Solemnis est præsertim probatio panis et vini in Missa pontificia cujus meminit Petrus Amelius in cap. 81 : *Parat calicem* (sacrista) *cum tribus hostiis, unam pro Sacramento, et duas pro Proba : et in Papæ præsentia facit Probam de vino et pane.* Qua autem ratione fieret, describit Aug. Patricius in suo Ceremoniali a Mabillon. in Comment. ad Ordin. Roman. laudato pag. XLVI. Lecto Evangelio, *diaconus Evangelii latinus accipit hostiam unam de tribus, quæ sunt super patenam, et cum ea alias duas hostias tangit, et eam dat sacristæ comedendam. Deinde accipit aliam hostiam de duabus quæ remanserant, et cum ea tangit patenam et calicem per totum, intus et extra, et similiter dat eam Sacristæ comedendam. Post hæc de ampullis vinum et aquam in taxeam dat sacristæ ad prægustandum, etc.* Vide *Probamentum.*

¶ **PROBABILIA** Lex. Vide *Probalia.*

1. **PROBABILIS**, Rectus, bonus, approbatus. Facundus Hermianensis lib. 4. cap. 1 : *Sicut erat vitæ Probabilis, et facundiæ singularis.* Concilium Toletanum IV. can. 4 : *Probabilis vita atque doctrina extiterit.* Et can. 35 : *Presbyteros Probabiles et Diaconos mittat.* Privilegium Ecclesiæ Corbeiensis ann. 846 : *In ipsa porro electione regularis auctoritas conservetur,.... ut ille præponatur.... quem sanioris consilii, licet pauci numero, fratres elegerint, et quem vitæ meritum et sapientiæ dignitas Probabilem reddiderit.* Anonymus in Vita S. Ruthberti Episc. lib. 4. cap. 9 : *Quidam Anachoreta Probabilis, nomine, etc. Voluntas Probabilis,* in Concilio Valentino can. 4. *Probabilis pœnitentia,* in Regula cujusdam cap. 21. *Probabilium Patrum traditio,* apud Anastasium in S. Hadriano pag. 118. *Clerici Probabilis vitæ et doctrinæ,* in Concilio Wormaciensi ann. 868. can. 49. Ita vocem hanc passim ea notione usurpant Cod. Theodos. leg. 44. de Episcopis (16, 2.) leg. 3. de Fide Catholic. (16, 1.) leg. 10. de Decurion. (12, 1.) leg. 7. de Cohort. (8, 4.) etc. præterea Hincmarus Remensis Epist. 7. ex Labbeanis, Concilium Ravennense ann. 997. cap. 3. Appendix ad Concilium Salegunstadiense ann. 1022. et aliquot alii Scriptores laudati a Filesaco ad Vincentii Lirinensis Commonit. pag. 90.

¶ **PROBABILIS**, Præstans, insignis. Epist. Ludovici Balbi ad Ludovic. Reg. German. ann. 878. apud Mabill. tom. 3. Annal. Ben. pag. 212 : *Mittimus vobis pro arrabone caballum viribus et velocitate, non statura et carnibus, Probabilem, et sellam, qualem nos insidere solemus; ut nos fortitudine et utilitate, non luxu et inanitate delectari noveritis.*

PROBABILITER : Ita voces μετὰ δοκιμασίας, vertit vetus interpres Concilii Nicæni can. 13. Vide leg. 9. Cod. Th. de Legatis. (12, 12.)

¶ **PROBABILITER**, Recte, sapienter, ut par est. Epist. Innocentii III. PP. ann. 1204. ad Philippum Reg. Franc. tom. 6. Spicil. Acher. pag. 463 : *Auditis itaque literis, quas tu et quidam Barones tui.... super variis articulis destinastis diversas querimonias continentes. . . . responsiones ipsius* (Legati) *fecimus explicari, easque tibi Probabiliter moderatas præsentibus literis mittimus interclusas.*

* 2. **PROBABILIS**, Habilis, idoneus. Charta Otton. M. ann. 968. apud Ludewig. tom. 12. Reliq. Mss. pag. 382 : *Post autem hujus* (abbatissæ) *defectum, de ceteris, si si quæ Probabiles ad eandem dignitatem fuerint, liceuter abbatissa constituatur.*

* 3. **PROBABILIS**, Probus, legitimus. Charta Otton. III. ann. 992. tom. 1. Hist. Trevir. Joan. Nic. ab *Hontheim* pag 328. col. 2 : *Ravangero Epternacensis ecclesiæ venerabili abbati concessimus, ut in eodem loco Epternaco faciat monetam, in qua nummi Probabiles, sicut in aliis locis regiæ potestati subditis percutiantur.*

¶ **PROBALIA** Lex. Vim vocis docent Leges Norman. apud Ludewig. tom. 7. Reliq. MSS. pag. 399 : *Est autem quedam Lex que Probabilia sive monstralia in laicali curia nuncupatur, per quam quis probare nititur in curia quod intendit.... Sciendum ergo est quod hæc Probalia quandoque per sacramentum solius probatio, quandoque per sacramentum duorum, quandoque trium, quandoque quinque, quandoque septem, in curia recipitur laicali.* Ibid. pag. 400 : *Per trium autem sacramentum fit Probalia quotienscunque quis contra aliquem factum suum a parte adversa denegatum probare compellitur vel monstrare.*

¶ **PROBAMENTUM**, Probatio, experimentum, argumentum, specimen. Mart. Capella lib. 7 : *Indubitabile Probamentum.* Charta ann. 1113. apud Calmet. tom. 1. Histor. Lothar. inter Probat. col. 534 : *Si forestarius legitimum Probamentum ostenderit, ille cui imponit, si devictus fuerit, bannum emendet : si vero Probamentum illud suum esse negaverit, vel si sine legitimo Probamento a forestario accusatus fuerit, etc.* Mirac. S. Roberti Abb. tom. 3. Apr. pag. 324 : *Manifestis siquidem Probamentis virtus indubitata constabat. Temporibusque futuris maximum securitatis Probamentum,* apud Hickes. Dissertat. pag. 60. Vide supra in *Proba.*

* *Prouvanche*, eadem acceptione, in Chartul. 21. Corb. : *Fis faire diligente inquisition par bonnes gens creables et par le Prouvanche des anchiens escrips. Provance,* in Poem. Ms. Rob. Diaboli :

Encor diray autre nouvielle,
Dont je bien creuë seray;
Car boine Provance en feray.

1. **PROBARE.** Leges Canuti Regis cap. 44.

apud Bromptonum, de eo qui emit rem alienam : *Si testimonium habeat, sicut prædiximus, tunc liceat inde ter advocari, et quarta vice Probetur, aut reddatur ei, cujus erit : et nobis non videtur rectum, ut aliquis Probare cogatur, ubi testimonium est et cognitio, quod ibi brede sit, et nemo illud Probare debeat ante sex menses, postquam furatum est.* Ubi *probare*, Somnero est, rem sibi tamquam propriam vindicare, asserere, *propriare*, seu propriam facere, ut in eadem sententiam habent Leges Edw. Saxonicæ cap. 2. apud eumdem Bromptonum. Saxonicum vero habet a g n i a n.

¶ 2. **PROBARE**, Rem tormentis ex aliquo exquirere, Gall. *Donner la question.* Adrianus de Veteribusco in Reb. Leodiens. apud Marten. tom. 4. Ampliss. Collect. col. 1305 : *Illa nocte Probaverunt eum, et nihil poterant habere ab eo, nisi quod fuisset in prima pace facienda, quæ fuit honorabilis pro tota patria.*

** 3. **PROBARE**, pro *Probrare*, Probrum facere. Chron. Salernit. cap. 81 : *Ab hodierna die minime habebis amicum, quia Probasti illusistique mihi.*

¶ **PROBATICUS**, Ad oves pertinens, Gr. προβατικός. Hinc *Probatica piscina*, Johan. cap. 5. 2. in qua mundabantur oves, quæ pro sacrificio offerebantur in templo. [** *Quia hostiæ in ea lavabantur,* Papias voce *Bethsaida.*]

¶ **PROBATIO**, Novitiatus, seu certum tempus definitum quo monasticam vitam ambientes, ejusdem experimenta subeunt, atque probationis elapso tempore, si idonei fuerint inventi, ad professionem admittuntur, *Probation*, eadem notione Galli dicimus. Cæsar. Heisterbac. lib. 1. cap. 10 : *Uno discedente, alter, cui nomen erat Gosuinus, importunitate sua, ut reciperetur, obtinuit, qui vix per sex hebdomadas in Probatione stetit.* Occurrit rursum cap. 40. et lib. 2. cap. 2. Adde Capitul. Aquisgr. cap. 34.

* Ad professionem monasticam aliquando, sine hujusmodi probatione admittebatur, ut colligitur ex Charta Jauser. de Medullione ann. 1223. in Hist. Ms. S. Andr. Avenion. fol. 45. r° : *Promittens etiam me obedientiam et continentiam, quantum permiserit divina gratia, servaturam et habitum monachalem suscipio; et quamdiu vixero, secundum regulam B. Benedicti vivere promitto, et tempori Probationis renuntio: Et ego Bermundus abbas prædictus professionem a te, Jauseranna, emissam recipio, et tibi monachalem habitum concedo.*

PROBATORES, *Approbatores*, Anglis, *Aprowour*, dicuntur ii, qui feloniam per se commissam esse confitentes, alios ejusdem reos arguunt. Sic dicti, quia ad hoc probandum, quod in appello allegarunt, tenentur, idque vel *duello*, vel *per patriam*, id est *juratam* legalium hominum, juxta reorum electionem. [Placit. Mich. 39. Edwardi III. apud Th. *Blount* in Nomolex. Angl. : *Et duellum percussum fuit cum omnibus, et Probator devicit omnes quinque in duello, quorum quatuor suspendebantur, et quintus clamabat esse clericum et allocatur; et Probator pardonatur.*] Tum. enim cum *Probator perfecerit quod promisit, tenetur ei conventio, scilicet, ut vitam habeat et membra. Sed in regno remanere non debet, etiamsi velit plegios invenire*, inquit Bracton. Vide Fletam lib. 2. cap. 52. § 42. 44. Stanfordium lib. 2. de Placitis Coronæ cap. 52. 53. 54. Cowellum, et Rastallum. [** Placit. Ebor. rot. 118. ann. 12. Edw. II. in Abbrev. Placit. pag. 334 : *Willelmus de Swetton, Walterus de Ceszeye, Robertus de Bikhale et Thomas de Keyvill capti apud Eboracum infra virgam pro suspicione latrocinii, et postea prædictus Willelmus devenit Probator, et appellavit prædictos Robertum, Walterum et Thomam de roberia in societate sua extra virgam regis.. Quæsitum est a prædicto Willelmo si sequi velit appellum suum prædictum, dicit quod sic et offert disracionare, etc. Et prædictus Walterus defendit etc. Et offert quod paratus est se defendere per corpus suum, etc. Ideo fiat inter eos duellum vadiatum, armatum et percussum, etc. Et prædictus Willelmus devicit prædictum Walterum. Ideo Walterus suspenditur, etc. Alii duo dicunt quod sunt clerici, tamen comittuntur marescallo, etc. Et postea per juratos comperti sunt non esse culpabiles. Ideo inde quieti, et Probator Willelmus suspenditur.*]

¶ **PROBATORIA**, Testificatio, Gall. *Certificat*, in leg. 21. Cod. Th. lib. 8. tit. 7 : *Nemo aliter ad tuæ sublimitatis admittatur officium, nisi eum emissa ex sacris scriniis Probatoria consecrarit.* Adde leg. 22. et 23. ibid.

* **PROBATORIUM**, Noviciatus, domus probationis. Vita S. Walth. tom. 1. Aug. pag. 257. col. 2 : *Waltherus Wardonium se transtulit, ingressu monachatus petito et impetrato, habitum mutavit, Probatorium intravit.* Occurrit rursum infra.

¶ **PROBATUS**. *Probata ætas*, in leg. 3. Cod. Th. lib. 8. tit. 8. id est, legitima, seu ea qua quis sui est juris.

¶ **PROBITAS**. Vide in *Probus*.

* **PROBITOBILE**, *Rationabile*, in vet. Glossar. ex Cod. reg. 7641.

¶ **PROBONUS**, Probus. Libertates Villæfranchæ ann. 1357. inter Ordinat. Reg. Franc. tom. 3. pag. 204 : *Consules dicte ville bona deffuncti descripta tamen, commandabunt duobus Probonis hominibus dicte ville ad custodiendum fideliter per unum annum et diem.*

PROBORIUM, Exprobratio, opprobrium, ὀνειδισμός, in Gloss. Gr. Lat. Rursum : ὄνειδος, *probrum*, *obprobrium.*

¶ **PROBRARE**, Probris afficere, insimulare, apud Auctorem Commentar. super hymnos fol. 1. v° : *Sic probra, quæ sunt peccata, id est omnia peccata, Probrant animam, etc.*

** **PROBRITAS**, Probrum, in Supplem. Julii Valer. de reb. Alexand. apud Maium Spicil. tom. 8. pag. 515.

¶ **PROBRATICUM**. Charta ann. 1093. in Tabular. S. Victoris Massil. : *Cetera omnia cum ipsa ecclesia et ipso Probratico* (concedimus.) Mendum esse suspicor pro *Presbyterium*. Vide in hac voce num. 4.

¶ **PROBRIUM**, pro Proprium, in Commemorat. ann. circ. 780. apud Marten. tom. 1. Ampl. Collect. col. 41 : *Antauer ipsas villas partibus suis ad Probrio se dixit abere.*

* **PROBULA**, Caseus bubulus, Ital. *Provatura*. Charta ann. 1306. tom. 4. Cod. Ital. diplom. col. 465 : *Item pro qualibet salma pullorum, agnyorum et ciabrellorum, casei, Probularum, et caseorum equinorum, vice qualibet grana duo.*

* **PROBURGENSIS**, Præcipuus burgi seu urbis incola. Libert. Montisalbani ann. 1328. tom. 11. Ordinat. reg. Franc. pag. 69. art. 12 : *Concedimus quod decem consules dicti loci.... possint deinceps perpetuo, et liceat eis annuatim eligere alios decem homines dicti loci; videlicet quinque Proburgenses et quinque populares, etc.*

1. **PROBUS**, Gallis, *Preux*, Miles animo valens. Cæsarius Heisterbacensis lib. 9. cap. 48 : *Modo loqueris ut Probus vir.* Vetus Epitaphium in Vesontione Chiffletii :

Hic Renaude jaces vir amabilis et Probe Miles.

Probi et valentes, apud Thwroczium in Chronic. Hungar. 2. part. cap. 16.

¶ Probi Homines, nostris *Preud-hommes*, dicuntur sæpe Scabini et qui in placitis publicis cum Comitibus et judicibus judicia exercebant; vel etiam ii qui artificibus præsunt, ac de rebus ad eos spectantibus judicant. Charta ann. 1197. ex Tabul. Monast. Villæmagnæ : *Est facta.... concordia inter dom. Berengarium abbatem et Probos homines ac populum Villæmagnæ, etc.* Litteræ Renati Reg. Comit. Provinc. ann. 1479. in Tabul. Piscator. Massil. : *Ex parte Proborum hominum quarterii S. Johannis.* Nude *Probi* interdum appellantur, ut in v. *Capagium* videre est. *Preud-hommes* passim in Consuetud. municipalibus : *Preudes-gents*, in Consuetud. Andegav. art. 450. Cenoman. art. 462. et Britan. art. 538. 577. Vide *Boni homines* et infra *Providus*.

Probitas, Generositas, animi magnitudo, [præclarum facinus, factum,] Italis *Prodezza*, Hispanis *Proeza*, Gallis *Prouesse*. Willelmus Apuliensis lib. 3. de Gest. Norm. :

Transierat fama Probitatis ubique probatæ.

Alibi :

Tanta fuit Probitas animi, tam vivida virtus.

Gauterius Cancell. de Bellis Antioch. pag. 444 : *Rex itaque Probitati semper intentus, haud segniter agens, etc.* Ordericus Vitalis lib. 3 : *Præfatus Heros post innumeras Probitates, etc.* Utitur passim. [Elmham. in Vita Henrici. V. Reg. Angl. edit. Hearnii cap. 18. pag. 35 : *Regia Probitas juxta maris litus cum suo exercitu nobili in optatam transfretationem favorem afflatus prosperi exspectabat.*] Nicolaus de Braia in Ludovico VIII :

.... Probitas vilescit avari.

Idem :

Quam probus extiterit, quæ bellica Gallia vidit.
Hoc duce regnante, et quantæ Probitatis honores.

Rodericus Toletan. lib. 2. de Rebus Hisp. cap. 14 : *Sed offuscavit in eo error impietatis tantæ gloriam Probitatis.* Will. Brito lib. 1. Philipidos :

Tot bene gesta domi, tot Militiæ Probitates.

Et lib. 5 :

..... Flagratque novo Probitatis amore.

Idem lib. 8 :

Quorum semper erat Probitas exercita bellis.

Adde Gesta Consulum Andegav. cap. 9. n. 11. cap. 12. n. 1. cap. 13. n. 3. Thwroczium 2. part. cap. 65. etc. Vide præterea Notas ad Joinvillam pag. 96.

¶ PROBITATES, Decursiones militares, Ludicræ equestres pugnæ, ut sunt *hastiludia* et *torneamenta*, in quibus generosi animi specimen edere solent. Laudes Papiæ apud Murator. tom. 11. col. 42 : *Tunc enim nobiles civitatis hastiludiis, aliisque seculi Probitatibus delectantur.*

* Hinc *Prouer*, Probe agere, ut militem ecet. Guill. Tyr. contin. Hist. apud Marten. tom. 5. Ampl. Collect. col. 600 : *Il dist que bien s'i estoient* (à la bataille) *les Chretiens Proué, et mult avoit occis de Sarrazins.* Unde *Prueste*, Probitas, in Lit. ann. 1360. ibid. tom. 1. col. 1474 : *Comme nous nous asseurons de vostre Prueste et loyaleté, etc.*

** 2. PROBUS, Utilis, commodus. *Cum Probiora mortalibus dona a superis tradi nequeant, quam bona pacis*, in Observat. ad Carolum VIII. pag. 629. *Preux* vero, pro *Infirme, langoureux*, Infirmus, languidus, in Lit. remiss. ann. 1360. ex Reg. 88. Chartoph. reg. ch. 78 : *Lequel Bonvallet, qui a esté continuellement Preux et haitiez environ six sepmaines depuis ladite mellée, est alez de vie à trepassement.*

* PROCACITUS, PROCACULUS. Vide mox in *Procare.*

¶ PROCACIO, Procacitas, in Disputat. S. Benedicti Anian. apud Baluz. tom. 5. Miscell. pag. 31 : *Et quid faciet insana ista Procacio adversus totius salutis dispensationem ita garriens ut virtutem Dei dicat non esse propriam et sapientiam ejus asserat adoptivam ?*

¶ PROCALARE, *Provocare, procitare.* Festus. A Gr. καλεῖν, vocare.

¶ PROCAMBIARE, PROCAMIARE, Rem re permutare, *Eschanger.* Charta ann. 925. apud Baluz. in Append. ad Capitul. num. 137 : *Ego Gimera Episcopus et omnis congregatio S. Nazarii sedis Carcassonæ tibi Erifonso abbati et cunctæ congregationi S. Johannis monasterii castri Mallasti, Procambiamus vobis ecclesias nostras, etc.* Charta Walafridi Abb. Soricinii ann. 904. inter Instr. tom. 1. novæ Gall. Christ. pag. 179 : *Excepto illo quod illi Procamiaverunt aut vendiderant.* Vide in *Cambiare.*

¶ PROCAMBIATIO, PROCAMIATIO, Permutatio, *Eschange*, Placitum ann. 883. inter Probat. novæ Hist. Occit. tom. 2. col. 20 : *Monachi inde mihi Ermenardo donaverunt de ipsa cellula S. Stephani cum suo appenditio et Procamiationis autenticas de ipsas scripturas... Sed ubicumque ipsas scripturas Procambiationis, vel ipsas alias auteaticas, etc.* Occurrit rursum in Charta superius laudata ann. 925.

¶ PROCAMBIUM, PROCAMIUM, Eadem notione. Charta ann. 970. inter Probat. tom. 2. Hist. Occit. col. 122 : *Istos alodem jam suprascriptos donamus nos vobis in Procambium de ipsum alodem.* Vide in *Cambiare.*

* PROCANTUS, Institutio presbyteri in ecclesia alteri subdita, vel Redituum assignatio sacerdoti ecclesiam deservienti. Vide *Cantare*, 1. Charta Rabbodi episc. Noviom. ann. 1088. ex Chartul. S. Vinc. Laudun. ch. 30 : *Presbyter vero eodem in loco serviens Deo, de manu episcopi parrochiæ curam, de abbatis autem Procantum accipiat.*

PROCANUS, Papiæ, *Ornator ædificiorum.* [* *Ornatus*, in Cod. reg. 7641.] [** Occurrit cum ea glossa in Atton. Polypt. pag. 53. Scriptor. Vet. Maii tom. 6 : *Procanum nec refers templi.*]

¶ PROCAPIS, *Proximus.* Gloss. Isid. Item, *Progenies quæ ab uno capite procedit*, in Amalth. Vide Festum et Scaligeri notas.

* PROCARE, *Pascere*, in eodem Glossar. pro *Poscere*, ut patet ex Glossar. Provinc. Lat. Cod. reg. 7657 : *Procare demandar, Prov. poscere, postulare, proprie mulierum, ut Procio, procax, mulierum petitor. Procacitus, petitor, demandador, Prov. Procaculus, dimin. idem.* Interdum tamen pro *Pascere* usurpatum fuisse, innuit Gallicum *Procaçer*, eo significatu, apud Villehard. paragr. 70 : *Se Procaça de viande, cil qui mestier en ot.*

¶ PROCASPIS. Charta divisionis regni Lotharii Imper. inter Carolum C. Franciæ et Ludovicum Germaniæ Reges ann. 870. apud Miræum tom. 1. pag. 28 : *Fuit hæc divisio regni facta in Procaspide, super fluvium Mosam.* Ita etiam edidit Baluzius tom. 2. Capitul. col. 222. [** et Pertz. pag. 517.] At Miræus legendum monuit *in Procuspide*, hoc est, in promontoriolo seu lingua in Mosam prominente; ubi nunc exstructum est castrum S. Petri versus Africum Trajecti ad confluentem Mosæ et Jecoræ.

¶ PROCASSARE, Irritum reddere, facere, Gall. *Casser.* Charta Sigismundi Imper. ann. 1431. apud Ludewig. tom. 1. Reliq. MSS. pag. 458 : *Intuentes quod divini cultus et ecclesiastici juris notabile derogamen votis detraheretur fidelium et Procassarentur testamenta multorum.* Vide *Cassare* 2.

¶ PROCASSIUM, Comparatum, acquisitum, a vet. Gall. *Pourchas.* Statuta Massil. lib. 1. cap. 1. § 1 : *Itemque omnes redditus, et obventiones, et intratas, et res, et Procassia, et aventuras, ad dictam civitatem et commune ejusdem civitatis pertinentes.... tradet et tradi faciet clavariis communis Massiliæ.* Litteræ ann. 1313. apud Rymer. tom. 3. pag. 461 : *Ad quorum manus.... jocalia, arnesia, Procassia nostra... pervenerint.* Vide *Porchaicia* et *Purchacia.*

PROCASTRIA, *Quæ ante castra sunt*, Bedæ de Orthogr. et Papiæ. Jo. de Janua : *Procestria, loca extra civitatem, sicut procastria loca extra castra : vel procestria dicuntur loca extra civitatem degradata, per quæ murus ascenditur.* [Gloss. Lat. Gall. Sangerm. : *Procastrium, lieu dehors, devant chastel.*] Gloss. vett. : Ὁ πρὸ τῆς παρεμβολῆς τόπος, *Procastrium.* Aliæ : *Procestria*, οἰκήματα πρὸ παρεμβολῆς. Idem videtur quod ἐξώκαστρον, Laonico lib. 9. et Joanni Canano pag. 198. ἐξώπολον, Annæ Comnenæ lib. 6. hoc est, ὁ ἔξωθεν τοῦ κάστρου, seu πόλεως κύκλος, extra urbem munitio, seu murus exterior, qui etiam *antemurale*, et *promurale* aliis dicitur. Describuntur vero ejusmodi propugnacula, seu muri exteriores, ab eadem Anna lib. 4. pag. 426. et a Petro Monacho Vallis Sarnei cap. 63.

☞ *Procastria* seu *Procestria* Pitisco videntur fuisse ædificia ante castra, adnexa hybernis et stativis, ut eo reciperentur lixæ, advenæ, mercatores, et qui castra sequebantur, quibus non licebat se miscere militibus, præterquam hoste ingruente. Quod non obscure innuisse existimat Tacit. lib. 4. Hist. cap. 22 : *Suburbia longæ pacis opera, haud procul castris in modum municipii exstructa.* Huc etiam spectat Cæsar de Bello Gall. lib. 6. cap. 36 : *Nec prius sunt visi, quam castris appropinquarent, usque eo, ut qui sub vallo tenderent mercatores, recipiendi sui non haberent facultatem.* A Pitisco non omnino abludit Carolus de Aquino in Lex. milit.

¶ PROCATORIUS, Procax, apud Dion. Carthus. : *Procatoria et lasciva verba.*

* PROCAUPTIO, Potio. Charta Theob. comit. Campan. ann. 1216. in Chartul. Campan. fol. 291. v° : *Ordini Cisterciensi triginta libras annui et perpetui redditus, deputatas ad faciendum singulis annis imperpetuum Procauptionem et refectionem omnium fratrum ejusdem ordinis, etc.* Sed legendum fortassis *Procurationem*, id est, Convivium. Vide *Procuratio* 1.

¶ PROCAX. Litteræ Richardi II. Reg. Angl. ann. 1395. inter Notas Godefredi ad Hist. Caroli VI. Reg. Franc. pag. 579 : *Divulgante fama, celebri et credibilium personarum crebra relatione nostris auribus inculcante, quanta in Procacissima nobis domina Isabella primogenita D. Caroli,..... refloreat generosa nobilitas, vigeat et morum honestas, etc.* Ubi legendum *Præcarissima*, ut apud Rymer. tom. 7. pag. 802.

* PROCEDENTER, Ordine *processionis*, vulgo *Processionnellement.* Vita B. Petri episc. tom. 1. Aug. pag. 238. col. 2 : *Intratur Procedenter civitas, et itur ad cathedralem ecclesiam, etc.* Vide in *Processio* 1.

¶ PROCEDENTES, ut infra *Processores.* Ordinar. Laudunense apud Marten. de Ant. Eccl. Discipl. pag. 95 : *Duo de subdiaconis qui Procedentes fuerunt in Missa, aquam et manutergium deferunt ad Episcopum.*

¶ 1. PROCEDERE, pro Publice quid fieri, emanare, publicare. Lex 20. de Exactionibus in Cod. Th. lib. 11. tit. 7 : *De quibus* (Exactoribus) *si popularis accusatio ulla Processerit, in eorum locum alios par erit destinari. Auctoritas procedit*, ibid. leg. 25. lib. 13. tit. 5. *Indictio procedit*, leg. 15. lib. 6. tit. 26.

¶ PROCEDERE, Cum pompa exire, apud Pancirol. lib. 1. Thes. var. lect. cap. 77. Vide in *Processio* 1.

¶ PROCEDERE, nude pro Ire, exire. Guidonis Discipl. Farf. cap. 23 : *Deinde Procedent duo ex juvenibus aut infantibus, et induant se tunicis.* Non semel ibidem occurrit.

** PROCESSA ERAT, in ant. vers. Ital. Evang. Luc. cap. 2. vers. 36. ubi vulg. *processerat.* Maius in Glossar. novo.

* *Procéder*, pro *Excéder*, Modum excedere, in Epist. ann. 1562. tom. 2. Comment. Cond. pag. 38. ult. edit.

** 2. PROCEDERE, Differre, diversum esse. Widukind. Histor. Saxon. lib. 1. cap. 9 : *Militum manus et arma ceterasque belli copias sibi ac Thiadrico parum Procedere.* Idem lib. 2. cap. 10 : *Æquum pravumque*, *sanctum perjuriumque illis diebus parum Procedebant.*

* **PROCEDIMENTA**, Hispan. *Procedimientos*, Acta. Constitut. Mss. Mariæ reg. Aragon. ann. 1422: *Deanatementis* (l. enantamentis) *et Procedimentis, quos officiales regii facere possunt, etc.* Nostris *Procédeux*, pro *Processif*, Litigiosus, in Lit. remiss. ann. 1427. in Reg. 173. Chartoph. reg. ch. 709 : *Lequel Thomas estoit homme hoqueleux, Procédeux et rioteux.*

¶ **PROCENETA**, pro Proxeneta, Gall. *Courtier.* Statuta Eccl. Leodiens. ann. 1287. apud Marten. tom. 4. Anecd. col. 853 : *Ne Clerici exerceant negotia turpia,... officium cambitoris, carnificis, tabernarii, Procenetæ, fullonis.*

¶ 1. **PROCENSUS**, nostris *Surcens*, census, qui ultra censum consuetum exsolvitur. Tabular. eleemosynariæ Montismorilionis fol. 21 : *Reginaldus de Toal dedit pauperibus domus Dei 4. den. Procensus et gallinam reddendos ad Natale Domini.* Ibid. fol. 40 : *Cum septem Pictavinis nummis et obolo Procensus.* Occurrit alibi non semel.

* 2. **PROCENSUS**, Gr. πρόκενσος, Processus regius, f. pro *Processus*, Gr. πρόκεσσα. Vita S. Auxent. tom. 2. Febr. pag. 776. col. 2 : *Post hæc autem pius imperator, misso dromone ex hebdomo, quod illic esset Procensus, ad se accersiit B. Auxentium.* Vide in *Processio* 1.

¶ **PROCENTINUS**, Comes qui *Centenariis* præest. Vide *Centena* 2. et *Centenarius*. Chron. Siciliæ apud Marten. tom. 3. Anecd. col. 54 : *Et tunc temporis dictæ debellationis dominus Petrus Salvacossa Procentinus prædictæ insulæ Isdæ* (leg. Isclæ vel Ischiæ) *acquisitæ,.... rediit abinde cum galea sua ad dictam insulam Isdæ.* Perperam infra *Protentinus*, ut et apud Murator. ex cod. Chron. tom. 10. col. 858. Nec melius

¶ Prothentinus, apud Nicolaum Specialem de Rebus Sicul. lib. 3. cap. 18. tom. 10. ejusdem Murator. col. 952 : *Tunc innuente Frederico de Falcone Messanensium Prothentino, etc.* Rursum col. 983 : *Cum Petrus Salvacoxa Prothentinus apud Isclam residens, etc.* Ita etiam editum in Marca Hispanica col. 657.

PROCER, Proceres. In Concilio Toletano VIII. subscribunt *Dubila Comes et Procer*, et *Frolla Comes et Procer.* Unde colligitur apud Wisigothos *Proceris* nomen fuisse dignitatis. Isidoro lib. 9. Orig. cap. 4. *Proceres sunt principes civium.* Apud Reges nostros ex prima stirpe, *Proceres* appellabantur aulæ Magnates, Comites. Hinc in Placitis Chlodovei III. editis ab eruditissimo viro Jo. Mabillonio tom. 4. SS. Ord. S. Bened. pag. 618. 619. 620 : *Proinde nus taliter una cum nostris Proceribus constetit decrevisse, etc.* Ubi *Proceres* iidem sunt qui *Optimates* interdum in iisdem appellantur. [Inde quos Gregor. Turon. in cap. 36. lib. 7. *Seniores regni* et *regni principes* appellat, eosdem in cap. 6. lib. 4. nuncupat *Proceres* et *Primos regni.*] *Magnates et primates palatii*, in Concilio Toletano XI. can. 5. qui cum Regibus in judiciis Palatinis considebant. Monachus Sangallensis lib. 1. de Carolo M. cap. 34 : *In conspectu serenissimi Regis et Procerum ejus.* Apud Agobardum, Matfredus *Procer palatii* dicitur, in Epistola ad eumdem, ubi et *Minister Imperatoris et Imperii* appellatur. Cum igitur *Proceres* sub principe essent, vocem hanc pro *vassallo* usurpavit Theganus de Gestis Ludovici Pii cap. 12 : *Eodem tempore venit Bernhardus filius fratris sui Pippini, et tradidit semetipsum ei ad Procerem, et fidelitatem ei cum juramento promisit.* Charta Willelmi Comitis Pictavensis apud Beslium pag. 425 : *Et causam ejus calumniæ querimoniæ ante meos Proceres, qui mecum venerunt simul cum Talemondensibus, judicare ac dissolvere præcepi.* Vide *Magnates*, *Optimates*, [*Princeps*, *Prior.*] Cæterum *Procerem*, in singulari, dixerunt etiam Juvenalis Sat. 8. et Capitolinus in Maximinis; *Procerum*, pro *procerem*, Anso Libiensis in Vita S. Emini n. 3. [*Proceres, Barons*, in Gloss. Lat. Gall. Sangerm.]

¶ Proceres, Domini, *seniores, Seigneurs.* Charta Gervasii Militis in Tabul Cenoman. : *Itaque adhibito Procerum meorum nec non et fratrum meorum... consilio, etc.*

Proceres, πρωτοπολῖται, in Gloss. quomodo usurpat. leg. 1. Cod. Th. de Nuptiis, (3,7.) ubi plura Jacobus Gothofredus. Glossæ antiquæ MSS. : *Proceres, præceptores, doctores, magistri, scientes veterum, scriptores.*

* Proceres semel appellantur, qui *Consules* constanter dicuntur, in Chartis ad eamdem rem pertinentibus, tom. 6. Ordinat. reg. Franc. pag. 134. et 135.

¶ **PROCERITAS**, Bonitas, fertilitas. Litt. Ruperti Elector. Palat. ann. 1356. apud Ludewig. tom. 5. Reliq. MSS. pag. 577 : *Desiderans ergo.... ut prædicti regni sui Boemiæ diutius optata multiplicetur felicitas, et ubertatibus, commodis, vassallorumque nobilium augmento felici proficiat, quibus quidem tam naturæ Proceritas quadam singulari influentia, quam illustrissimorum principum..... laudabilia quidem et veneranda studia providerunt.*

¶ **PROCERUS**, ut *Procer*, unus ex Magnatibus. Anso in Vita S. Emini tom. 3. Apr. pag. 375 : *Cumque pervenisset vir ille Procerus ad domum Episcopi, etc.*

¶ **PROCESSATUS**, In jus ob crimen aliquod vocatus. Vita S. Bogumili tom. 2. Junii pag. 358 : *Sebastianus Glembocki.... annorum sexaginta quatuor juratus, non Processatus, non excommunicatus, etc.*

1. **PROCESSIO**, Collecta, σύναξις, conventus, cœtus scilicet populi in Ecclesia, ad quam *processit*, id est venit, collecti. Vetus interpres Concilii Laodiceni cap. 7 : *In Processionibus psalmos non convertere.* Ubi Græca habent, περὶ τοῦ μὴ δεῖν συνάπτειν ἐν ταῖς συνάξεσι τοὺς ψαλμούς. Diurnus Romanus cap. 5. tit. 13. ubi oratorium fieri conceditur : *Sic tamen ut non illud publica Processione a conditore aliquatenus teneatur.* Rursum tit. 20. ubi de baptisterio in basilica condito : *Nihil illic juris fundatori ulterius jam deberi, nisi Processionis gratiam, quæ Christianis omnibus in commune debetur.* Ita vocem hanc usurpasse S. Leonem Epist. 82. ad Dioscorum Episcopum Alexandrinum, S. Augustinum lib. 22. de Civitate Dei cap. 8. Ennodium in Vita S. Epiphanii, Hieronymum Epist. 22. et alios jampridem docuit Menardus ad Sacramentar. Gregor. pag. 177. Vide Glossar. med. Græcit. voce Λιτή, col. 817.

☞ Notanda omnino est Processio quam Æneas Parisiorum Episcopus quotannis ad S. Maurum Fossatensem fieri statuit Litteris ann. 868. apud Brolium in Supplem. Antiquit. Paris. : *Processionem denique annuatim in Quadragesima, quarta scilicet feria post Dominicam quæ Passioni Christi prætitulatur, nostris sequacibus in monumentum Processionis, quam Christi dilecto Confessori Mauro exhibuimus, die qua primum receptus est a Fossatensibus, indicimus.*

☞ Nudis pedibus, ut plurimum, indictoque jejunio fiebant ejusmodi supplicationes, tempore præsertim angustiæ; unde *Nudipedalia* interdum appellantur. Vide in hac voce. Id etiam usu receptum erat ut ad sepulcrum alicujus Sancti sic procedentes, ejusdem patrocinium inclamaturi, oblationes deferrent. Hæc facta fuisse ann. 837. ad sepulcrum S. Hucberti Episc. Tungrens. docent ejusdem Miracula apud Mabill. sæc. 4. Bened. part. 1. pag. 298 : *Sacerdotes undequaque terni aut quaterni vel quini,... multa plebe sexus utriusque comitante, certificatis diebus ad monasterium, nudis pedibus et jejunantes, cum crucibus atque oblationibus convenerunt.* Vide Fascic. oper. ad Hist. et Philol. sacr. spectantium tom. 6.

Processionum Ecclesiasticarum origo perantiqua est, cum S. Ambrosius Epist. 29. ad solemnitatem Macchabæorum *Psalmos canentes de consuetudine* in via Christianos describat. De iis agit Honorius lib. 1. cap. 68. 69. 70. De Processione vero in die Ascensionis, Rupertus lib. 9. de Divin. Offic. cap. 9. [Vide *Cruces* appellatæ Litaniæ, etc. pag. 678. Consulendi præterea Serarius et Jac. *Eveillon* qui de processionibus ex professo scripserunt.]

* Honori ducebant magnates, insigni cum apparatu, processionibus interesse, ut in iis præsentia sua ordinem tuerentur, ut discimus ex Charta ann. 1286. in Tabul. S. Petri Insul. : *Li sires de Cysoing, s'il en est aisiés et il li plaist, warde cascun an le Procession de Lille, qui est ès octaves de le Trinitet, en une cote vermelle de cendal, u d'escarlate, à cheval, une blance verge en se main paisiulement à l'oneur de l'eglise.* Quod officium aliquando ratione feudi præstabatur.

¶ Processiones per Claustrum Dominicis diebus in Monasteriis usitatæ, ut singulas officinas perlustrantes Monachi propriis benedictionibus dedicarent. Vita S. Stephani Obazin. Abb. apud Baluzium tom. 4. Miscell. pag. 94 : *Diebus Dominicis tam ipse quam fratres lectionibus et Missarum celebrationibus insistebant, agentes Processionem per claustrum, et singulas officinas singulis benedictionibus perlustrantes.*

¶ Processio Plenaria. Pontificale S. Luciani Bellovac. apud Marten. de Ant. Eccles. Discipl. pag. 312 : *Stent in ordine suo singuli in ecclesiam expectantes donec veniat pontifex cum Processione plenaria ad Missam, sicut diebus solemnibus solet, cum septem diaconibus totidemque subdiaconibus et ceroferariis et duobus thuribulis cum incenso.*

* Solemnis comitatus. Eadem habet Rituale Ms. eccl. Senon. fol. 69.

¶ Processus, ut *Processio.* Gregor. Turon. in Vita S. Aridii apud Mabillon. tom. 4. Analect. pag. 202 : *Diacones in albis exeunt ad Processum.* Utitur etiam Fortunatus in Vita S. Germani Parisiensis cap. 33.

¶ Processiones inter jura quæ Cathedralibus Ecclesiis ab inferioribus debentur, recenset Privilegium Alexandri III. PP. ann. 1178. ex Bibl. regia : *Statuentes ut quascumque possessiones, quæcumque bona eadem Ecclesia* (Bitterrensis) *possidet,.... permaneant..... Abbatiam S. Afrodisii, Abbatiam S. Jacobi, et Processiones et stationes quas clerici earumdem Abbatiarum statutis diebus consueverunt in vestra ecclesia exhibere, etc.* Statuta Eccl. Trecorens. ann. 1334. apud Marten. tom. 4. Anecdot. col. 1114 : *Item statuimus, ut quilibet capellanus curam animarum habens in nostra diœcesi Trecorensi, semel in anno teneatur ecclesiam Trecorensem Processionaliter visitare, videlicet die Dominica post festum Trinitatis æstivale, et parochianos moneant et inducant, ut dicta die dictam ecclesiam Trecorensem processionabiliter ut præmittitur, visitent, sub pœna* XXX. *solidorum usualium contra quemlibet dictorum curatorum in præmissis negligentem committenda.* Quod quidem institutum fuit non ut inferiores ecclesiæ suam erga superiorem profiterentur reverentiam tantum, sed et ut fidelium oblationes, quæ tum fiebant, recipere posset principalis Ecclesia. Vide *Cruces bannales.*

* Atque etiam ex ecclesiis alterius diœcesis, a metropoli ecclesia sub excommunicationis pœna exigebantur, uti docet Bened. abbas Petroburg. in Henr. II. tom. 2. pag. 716. ad ann. 1191 : *Sententiam excommunicationis in episcopum Dunelmensem tulit archiepiscopus Eboracensis, ... quia idem episcopus Dunelmensis jura ecclesiæ Eboraci, scilicet.... Processiones ebdomadæ Pentecosten.... detinuit occupatas.*

¶ Processio, Id omne quod in processionibus defertur, vel ii ipsi qui hæc deferunt. Bernardus Mon. in Ord. Cluniac. part. 1. cap. 32 : *Deinde incepto aliquo cantu de Sancto, cujus reliquiæ feruntur, egrediuntur fratres chorum, primitus Processio cum aqua benedicta, et cruce et candelabris et feretro, sicut mos est, cum portantur reliquiæ.* Pluries in seqq. cap. occurrit eadem notione. Vide *Processores.*

** Processionalis Crux, Qua in processionibus utebantur. Ademar. lib. 3. cap. 68 : *Willelmus... laxavit unam crucem auream cum gemmis Processionalem.*

¶ Processionale, Liber in quo continentur quæ ad processionem spectant, in Synodo Oriolana ann. 1600. inter Conc. Hisp. tom. 4. pag. 714.

¶ Processionarium, Eadem notione, apud Gassendum in Notitia Eccles. Diniensis edit. ann. 1654. pag. 151.

¶ Processionarius, Ad *processionem* pertinens. Guidonis Discipl. Farf. cap. 23 : *Armarius atque Secretarius præparent se Processionariis ornamentis.* Vide *Processorius.*

¶ Processionare, *Processiones solemnes et sacras frequentare.* Gloss. Gasp. Barthii ex Histor. Palæst. Roberti Mon. apud Ludewig. tom. 3. Reliq. MSS. pag. 102.

Orationes Processionales. Leo Ost. lib. 3. cap. 19. (al. 20.) : *Id ipsum fecit et de alio libello, in quo sunt Orationes Processionales.*

Processive Pergere, apud Thwroczium in Carolo cap. 98. Infra, *Processionaliter,* nos dicimus, *Aller processionellement, en Procession.* [*In Processione solempni,* ex Charta ann. 1339. tom. 2. Hist. Dalph. pag. 386. Charta Hervei Trec. Episc. apud Camusat. in Antiquit. Tricass. fol. 188. v°. : *Adjecimus etiam quod prædicti fratres venirent Processionaliter ad processiones nostras solennes.*]

¶ Processionabiliter, Eadem notione, Ordine processionis. Charta P. Alban. Episc. in Chartular. Pontisar. : *In Ramis palmarum et in Ascensione Domini, presbiter ecclesie B. M. cum populo Processionabiliter veniet ad monasterium S. Martini ad audiendum sermonem.* Occurrit præterea in Vita S. Stanislai tom. 2. Maii pag. 254.

¶ Processionatim, Eodem significatu, in Diario belli Hussitici apud Ludewig. tom. 6. Reliq. MSS. pag. 145.

Processiones Publicas alicui imponere vetantur Ecclesiastici ac seculares, in pœnitentiam scilicet, in Statutis Synodalibus Nicolai Episcopi Andegav. ann. 1271. cap. 2. Vide *Harmiscara.*

☞ Idem presbyteris prohibent Statuta Eccles. Meld. apud Marten. tom. 4. Anecdot. col. 903. nisi de mandato superioris imponatur : *Item, quia pœnitentiæ processionales jam abierunt in contemtum, prohibemus ne quis presbyter prædictam pœnitentiam injungat, nisi de mandato superioris.* Ejusmodi pœnitentiæ exemplum insigne refertur in Chronolog. Monachi Altiss. pag. 99 : *Petrus Altissiodorensis Comes Dominica in ramis palmarum, inspectante clero et populo, dum ageretur processio, de injuriis Altissiodorensi Episcopo irrogatis publice satisfacit... ita ut incederet quoque nudis pedibus, sola indutus linea, in facie omnium tunc ad processionem solito frequentius confluentium.* Nec minus digna notatu processio, quam in reconciliatione excommunicatorum factam docet Charta ann. 1240. ex Bibl. Reg. : *Debent interesse processioni nudis pedibus, in camisiis tantummodo et brachis tenentes virgas in manibus, et venire coram ebdomadario, et ibi flexis genibus facere se verberari ab eo pro pœnitentia et satisfactione sibi injuncta.* Infra : *In instanti festo Assumptionis B. Virginis, quando processio debebit intrare in ecclesiam majorem in reditu suo, parati erunt in pratello vel in claustro in camisiis et brachis, et discalciati, tenentes virgas in manibus, et intrabunt post canonicos et sequuntur processionem in ecclesia, et quando processio debebit se movere ut intret chorum, antequam se moveat, venient omnes et singuli ordinati ante ebdomadarium, et flexis genibus facient se verberari ab eodem ebdomadario.*

☞ Sed et a Regibus laicisque judicibus indictæ etiam in pœnam et satisfactionem ejusmodi processiones, ut ex Statutis Andegav. supra innuit Cl. Cangius. Idem Arestis Parlamenti ann. 1277. ex Regesto *Olim.* B. fol. 36. astruit Laurent. *Bouchel* in Summa benef. pag. 777. Ordinat. Edwardi I. Regis Angl. super discordiis motis inter Episc. Baion. et Majorem centumque Pares et totam Communit. Baion. ann. 1281. apud Rymerum tom. 2. pag. 169 : *Statuimus.... quod pro injuriis Deo, Ecclesiæ et prædicto Episcopo* (Baion.) *irrogatis, Major et alii prædicti, qui præsentes judicio consenserunt... die Nativitatis B. M. Virginis Processionem solempniter faciant,... quilibet eorum in sola tunica, sine corrigia et coysia, cum uno cereo, ad minus unius libræ ceræ, accenso; cereosque ipsos ad altare prædictum cum devotione offerant et dimittant.* Vide *Peregrinatio* 3. et in *Pœnitentes.*

* Etiam mulieribus nobilibus, quæ injuste, ut putabatur, bona ecclesiarum occupaverant, indictæ processiones. Hujus moris testis est Chart. ann. 1259. tom. 1. Probat. Hist. Brit. col. 973 : *Et nihilominus quia dicta relicta* (Gaufredi Malvesin) *offensam fecerat dicto capitulo* (Dolensi) *super prædictis decimis manifestam, tenetur duas Processiones facere, nomine pœnitentiæ, scilicet unam in ecclesia de Pleeguen in festo Assumptionis B. M. V. et aliam in ecclesia Dolensi in festo solemni, quando super hoc fuerit a parte dicti capituli requisita, et virgas portare in manu sua publice ante presbyterum in processione, et finita processione cum virgis verberari a presbytero, et sic in conspectu populi stare cum virgis, quousque lectum fuerit Evangelium.* Vide supra in *Pœnitentes.*

* Interdum levioribus ex causis hæc præscribebatur pœnitentia. Libert. villæ de Bivreyo ann. 1229. in Reg. 104. Chartoph. reg. ch. 336 : *Mulier, quæ mulieri convicia dixerit, ... si nummos solvere noluerit; lapides ad Processionem portabit die Dominica in camisia sua.*

Processio, Processus, dicitur maxime de Consulibus, qui cum pompa et apparatu magnifico procedere ad Circum solebant; quod septies fiebat durante Magistratu. Julianus Antecessor Constitut. 98 : *Processiones autem ipsius esse volumus septem omnes in Circo, et in harena, et in theatro, etc.* [Lactantius de Mortibus persecut. cap. 17 : *Tredecim dies tolerare non potuit* (Diocletianus) *ut Romæ potius quam Ravennæ Procederet Consul.* Vide ibi Notas Baluzii tom. 2. Miscell. pag. 387. et Pancirol. lib. 1. var. lect. cap. 77.] [** Vide Glossar. med. Græcit. vocib. Πομπή, Προέρχεσθαι, Πρόκενσον, Πρόοδος, col. 1200. 1237. 1242. 1247.]

Processus præterea vocabant, Imperatorum in palatia suburbana secessus, vel etiam ad Ecclesiam majorem processiones, quod cum apparatu et omni comitatu eo procederent : unde postmodum ipsæ Imperatorum in iisdem Palatiis moræ *Processus* non semel dictæ; Byzantinis vero Scriptoribus πρόκεσσα et πρόκενσα. [Hugo Floriac. Tract. de Reg. potest. et sacerdot. dignitate lib. 2. apud Baluz. tom. 4. Miscell. pag. 53 : *Ad summum proinde tradidit* (Constantinus) *Romano Pontifici palatium suum Lateranense et coronam capitis sui et chlamydem purpuream et cetera omnia ornamenta imperialia et omnem gloriam suæ potestatis et Processionem imperialem et dignitatem imperialem equitum palatio præsidentium.*] Sed hæc pluribus in nostra

Constantinopoli Christiana lib. 3. quo lectorem remittimus, ne rem actam agamus.

¶ PROCESSIO, Progressus commeantis exercitus, nostris *Marche*, apud Capitol. in Pertinace et Vegetium lib. 2. cap. 22. Vide *Procinctus* 3.

¶ PROCESSIO, Ordinata obviam itio. Gesta Episcop. Cenoman. apud Mabillon. tom. 3. Analect. pag. 324 : *Gaufridus Processione humiliter refutata, ad limen sibi dilectæ et diu desideratæ pervenit ecclesiæ.* Neque aliter accipienda hæc vox in Charta ann. 1183. tom. 2. Hist. Eccles. Meld. pag. 70. qua Abbatissa Jotrensis promittit Episcopo Meldensi se exhibituram processionem, cum primum post ejus consecrationem ad monasterium accesserit : *Promisit etiam se Meldensi Episcopo exhibituram omnem honorem et reverentiam.... et insuper Processiones, primam videlicet post Episcopi consecrationem, et cæteras, quoties Episcopus a Romana sede redierit.* Alia ann. 1225. ibid. pag. 115 : *Processionibus faciendis Episcopo Meldensi, quando post consecrationem suam primo accedit ad Ecclesiam earum.* Ejusdem moris mentio fit in Charta ann. 1180. ex Tabul. S. Albini Andeg. : *Episcopum processionaliter recipient monachi S. Albini sine procuratione cum primo post consecrationem suam venit ad monasterium ipsorum, et quotiens Romam redierit, similiter sine procuratione.*

¶ PROCESSIO, Comitatus, cœtus ordinate dispositus et procedens. De felici obitu Angeluciæ Virgin. apud Marten. tom. 3. Anecdot. col. 1708 : *Ecce adest domina mea, regina mea, cum magno comitatu, magnaque Processione gaudentes atque exultantes.*

* PROCESSIO, Cœtus, congregatio, conventus, Gall. *Assemblée.* Chartul. S. Petri Neronisvil. fol. 9. v° : *Hoc donum fecit Albericus apud Castrum Nantonis in domo sua, præsente Processione canonicorum S. Severini, quam ipse Albericus, visitandi gratia pro infirmitate sua, ad se venire mandaverat. In eadem Processione erat abbas Berardus, cantor Garmondus, præcentor Rainardus.*

* PROCESSIO, Locus, sub dio seu atrium quod cingunt claustri porticus, vulgo *Préau*, in ecclesiis vel monasteriis, qua *Processio* transire solet. Stat. incerti anni S. Petri Insul. ad calcem aliorum ann. 1388. ex Tabul. ejusd. eccl. : *Ne aliquis audeat ludere ad pilam vel alios ludos.... in cimiterio atque claustro seu Processione.* Comput. Ms. fabr. ejusd. eccl. ann. 1408 : *Receptum de legatis et jocalibus ab uxore Johannis Warin pro placea dicti Johannis in Processione, sex francos, valoris ix. lib. xviij. sol. A Rogerio Warin pro placea sua in Processione, viij. francos, valoris xiij. lib. iv. sol.* Vide *Pratum.*

* PROCESSIO apud Præmonstratenses, idem quod *Statio* apud Benedictinos, Congregatio scilicet monachorum, ut simul ecclesiam locumve alium ordinate ingrediantur. Stat. Præmonst. Mss. distinct. 3. cap. 1 : *Si quis mox ut signum datum fuerit, non relictis omnibus quæ in manibus habuit, ... ut secundum regulam ad ecclesiam ordinate, cum Processione et composite, et cum silentio veniat, etc.*

2. PROCESSIO, Lis, causa, *Procés.* Gregorius M. lib. 4. Epist. 40 : *Secularibus indesinenter causis adstringitur, assiduis Processionibus occupatur, et quotidie negligit legere verba Redemptoris sui.* Senator lib. 6. Epist. 17. in formula Referendariorum : *Quale est enim in tumultuosis Processionibus nostris nulla permixtione confundi, aut minime tantis clamoribus impediri?* Ita recentiores Græci προόδους usurpant. Nicephor. CP. : Προόδων οἴκους οὓς Ῥωμαῖοι Σέκρετα καλοῦσι. Sunt autem *Secreta* ædes, in quibus jus dicitur. [Vide *Processus* 3. et Glossar. med. Græcit. col. 1247.]

* 3. PROCESSIO, male pro Possessio, ut suspicatus est doctus Editor, in Libert. Lautr. ann. 1273. tom. 8. Ordinat. reg. Franc. pag. 39 : *Retinuimus tamen nobis et nostris successoribus terrarum merita, sive porciones fructuum ex terris nobis debitis et senssibus et alia servicia, quæ nobis debentur pro Processionibus sive rebus, seu racione Processionum sive rerum, quæ a nobis tenentur.*

PROCESSORES, Qui ex processione sunt et in ea cum cæteris procedunt. Ordo Romanus : *Post Episcopum Presbyteri, deinde Monachi, deinde Schola, deinde omnes Processores, et Mansionarii, et intrant in Secretarium.* Alibi : *Suntque ibi parati Processores, Acolyti duo cum candelabris, etc.* Rursum : *Procedat Episcopus sicut mos est solennibus diebus ad Missam cum Processoribus suis.*

☞ *Processores* ii potissimum nuncupati videntur, qui in processionibus ea deferunt, quæ in iis deferri solent; qua notione vocem *Processio* usurpari diximus supra. Id præterea firmat Pontificale Eccles. Bisunt. apud Marten. de ant. Eccl. discipl. pag. 311. ubi de ablutione pedum in Cœna Domini : *Diaconus autem præparat se sicut in diebus festis, tam ipse quam cæteri Processores cum candelabris et thuribulis, et veniens capitulum legat Evangelium.* Vide *Procedentes.*

¶ PROCESSORIUS, Ad processionem spectans. *Processoria casula*, apud Cyprian. Episc. Tolon. lib. 1. de Vita S Cæsarii Episcopi Arelatens. num. 23. Vide *Processionarius.*

¶ PROCESSURA, Actio judiciaria, Gall. *Procédure.* Regest. Parlamenti Paris. ann. 1483. fol. 260. v°. : *Actor post nonnulla appunctamenta et Processuras super dicta executione... factas.*

¶ 1. PROCESSUS, ut *Processura.* Tabular. B. M. de Bono-Nuntio Rotomagens. : *In omni causa antequam in ea definiri possit et valeat, requiritur conclusio, quæ si obmissa fuerit, Processus redditur nullus.* Conc. Trevir. ann. 1310. apud Marten. tom. 4. Anecd. col. 264 : *Qui.... alias sententias et Processus contra eos obtinuerint,... qui hujusmodi sententias tulerint et Processus fecerint, etc.*

¶ 2. PROCESSUS, Excommunicationis sententia, in Ceremon. MS. Davantriæ apud Macros in Hierolex. : *Die Mercurii prima mensis Februarii, Pontificatus Clementis VI. anno 4. ipse Papa fecit quosdam Processus generales in publico contra interfectores bonæ memoriæ Andreæ Regis Siciliæ.* Eodem vocabulo utitur rursus ad significandas excommunicationes in Bulla Cœnæ Domini, ut monent iidem fratres.

¶ 3. PROCESSUS, Lis, causa, *Procès.* Constit. Ludovici Reg. Sicil. ann. 1352. ex Cod. MS. D. *Brunet* fol. 101 : *Pro quolibet non terminato Processu, penam viginti quinque librarum.* Statuta Avenion. lib. 2. art. 24. rubr. 9 : *Teneatur etiam notarius parcellare expensas totius Processus.* Vide *Processio* 2.

¶ PROCESSUS, Judicium, sententia. Literæ Edwardi III. Reg. in Chron. Angl. Th. *Otterbourne* pag. 122 : *Quorum* (Parium Franciæ) *Processum factum in nostrum præjudicium, ipso jure nostra fecit invalidum minor ætas.*

¶ 4. PROCESSUS, Agendi ratio, Gall. *Procedé.* Bulla Honorii IV. PP. ann. 1286. apud Rymer. tom. 2. pag. 340 : *Illum habere studeas in negotio memorato Processum, ut Regi Regum... laus facunda perveniat.* Epist. Friderici in Chron. Sicil. apud Marten. tom. 3. Anecd. col. 94 : *Testimonium perhibuit veritati de fortitudine, valitudine et animositate vestra, ac Processibus vestris, etc.* Adde Litteras Edwardi III. Reg. in Chron. Angl. Th. *Otterbourne* pag. 128. *Processus*, alia notione, vide in *Processio* 1.

* A Latino *Processus*, nostri *Procés* et *Prochés* dixerunt, pro *Suite, succession de tems.* Charta Philippæ comit. Gelr. ann. 1277. in Lib. nig. 2. S. Vulfr. Abbavil. fol. 64. v° : *Se par lonch Prochés de tans avient ke autre capele i soit faite, etc.* Froissart. vol. 2. cap. 41 : *Adonc furent ordonnez par Procés de temps tous ceux qui iroient en ceste légation.*

¶ PROCESTRIA. Vide *Procastria.*

* PROCHA, pro *Brocha*, Doliaris fistula, Gall. *Broche.* Libert. castri de Langonio ann. 1338. in Reg. 71. Chartoph. reg. ch. 158 : *Ne aliquis vendat vinum ad Procham in villa prædicta, nisi creverit in vineis dictorum juratorum seu habitatorum.*

¶ PROCHERIUM, PROCHIRIUM, Gr. προχείριον, Manualis sporta. Cassianus Collat. 19. c. 4 : *Septem dierum cibus, hoc est septem paximatiorum paria, in Procherio, id est amanuensis sporta sequestratim die Sabbati reponuntur.*

¶ PROCIALIS, Juvenilis, procum decens. Acta MSS. S. Judicaelis : *Quadam nocte cum Judicaeles Prociales adhuc annos faciens, post venationem suam fatigatus, se sopori in domum Ausochi sui clientis dedisset, etc.*

* PROCINARE, vox forensis, Interpellare, appellare, Gall. *Sommer.* Instr. ann. 1448. inter Probat. tom. 3. Hist. Nem. pag. 273. col. 2 : *Ipsius domini abbatis procurator legitime fundatus, coram nobis citari fecit et Procinavit dictum dominum Petrum de Franca-villa procuratorem cleri .... specialiter et expresse, ad videndum impendi per nos dicto domino abbati beneficium absolutionis.* Vide *Procalare.*

¶ PROCINCTA. Vide *Procinctus* 2.

¶ PROCINCTORIUM, Ornamentum quo aliquid præcingitur. Acta S. Eustadiolæ tom. 2. Junii pag. 133 : *Vestimenta quoque sacra fecit et altaria palliis pretiosis, quæ manu propria cum suis puellis opere elegantissimo polivit, cum fresiis aureis et Procinctoriis.*

¶ **PROCINCTURA**, ut *Procinctus*, ambitus, aliis *Proprisura*. Charta Baldrici Episcopi Leodiens. ann. 1016. apud Marten. tom. 1. Ampliss. Collect. col. 379 : *Tradidi per manum ejus ad supradictum altare S. Andreæ duo prædia cum omnibus appenditiis et Procincturis suis, Hanretium scilicet et Mattenam.* Vide in *Porprendere.*

1. **PROCINCTUS.** Capitula Caroli M. lib. 4. cap. 26 : *Homo de statu suo pulsatus, si is, qui eum pulsat, ad convincendum illum Procinctum habuerit, adhibeat sibi octo conjuratores legitimos ex ea parte, unde pulsatur, sive illa paterna, sive materna sit, et quatuor aliunde non minus legitimos, et jurando vindicet libertatem suam. Quod si Procinctus defuerit, adsumat undecumque 12. liberos homines, et jurando ingenuitatem suam defendat.* [** Ex Capitul. per se scribend. ann. 817. cap. 10. et 11.]

☞ His lucem affert D. *Brussel* Tract. de Usu feud. lib. 3. cap. 19. ubi *Procinctum* definit Statutum testium numerum qui alicujus, cujus consanguinei erant, statum sacramento affirmabant, hoc est, eum esse liberæ conditionis vel non. Unde vero ducta vocis origo, non liquet, nisi quod ii testes in procinctu essent id quod ab iis requirebatur affirmandi. [** Vide Eichhorn. Histor. Jur. German. § 48. not. e.]

¶ Procincta, Eadem notione, in Regesto Magn. Dier. Trecens. fol. 101 : *Item, cum alias judicatum fuerit in curia Campaniæ contra aliquos homines dominæ Corbom, quæ dicta domina eosdem, contra quos litigabat, et quos dicebat suos esse homines de corpore, et offerebat se probaturam per Procinctum ventrem et originem secundum consuetudinem patriæ.*

* Cœtus, conventus. Libert. Mailliaci ann. 1229. tom. 5. Ordinat. reg. Franc. pag. 716. art. 17 : *Quod si aliquis militum casatorum Mailliaci aliquem hominem.... pro servo suo calumpniaverit, et hæc tercia manus militum et Procinctu parentelæ probare poterit, etc.* Vide supra in *Processio* 1.

2. **PROCINCTUS**, Procincta, Ambitus, vel limites loci alicujus, intra quos *libertas* seu *immunitas* illius includitur. Ælredus in Vita S. Edwardi Confessor. cap. 6 : *Et habeat idem locus liberum Procinctum, id est ambitum, et cæmeterium mortuorum circa se, absque Episcopali.... exactione.* Charta Caroli Calvi apud Doubletum pag. 788 : *Itaque hanc totam Procinctum* [*Procintam*] *Deo sanctoque ejus Dionysio donamus, cum omni videlicet judiciaria potestate, hoc est bannum, omnemque infractuam, etc.* Charta Caroli Simplicis apud Vassorium in Novioduno pag. 678 : *Concessimus ergo illis teloneum; quod ubique in toto Procinctu urbis Noviomagensis regali ditione possidebamus.* Adde pag. 734. Charta Henrici I. Reg. Fr. ann. 1060. pro Ecclesia S. Martini de Campis : *Præfatam ecclesiam ea firmitate munio, quatenus in perpetuum regio jure ab omnibus fore concedatur libera, tam videlicet infra ambitum munitionis ejus, quam infra in Procinctu illius, in teloneis, in fredis, etc.*

* Inventar. Chartar. reg. ann. 1482. fol. 95 : *Aliæ acquisitiones plurium vinearum, salsciarum, aliarumque terrarum, ... quæ unitæ et adjunctæ fuerunt parco vel Procinctui nemoris Vicenarum.* Hinc Gallicum *Procincte*, pro Territorium, districtus. Lit. ann. 1288. apud Marten. tom. 1. Anecd. col. 1231 : *Prononçons ke nos freres li cuens de Haynnau devantdit a, doit avoir son souvrainetei en la ville de Blarignies devant dite, ensi com ès autres villes ki sunt en le Procincte de Haynnau.* Vide supra *Porcincta.*

¶ 3. **PROCINCTUS** Militiæ, Progressus copiarum. Vita S. Maximi tom. 5. Jun. pag. 51 : *Aliquando nempe conspiratæ militiæ Procinctus agebatur, et quidquid in agris sive villis reperiri poterat de prædationibus atque rapinis, velut quadam tyrannide grassante, patebat.* Vide in *Processio* 1.

* 4. **PROCINCTUS**, Exercitus. Annal. Bertin. ad ann. 841. tom. 7. Collect. Histor. Franc. pag. 59 : *Lotharius quidem diebus Quadragesimæ Moguntiam usque adversus Hludovicum Procinctum ducit.*

¶ **PROCINTA.** Vide *Procinctus* 2.

* **PROCITARE**, *frequentativum, vel Prolongare, sicut mulieres faciunt ejus procis.* Glossar. Provinc. Lat. ex Cod. reg. 7657. Vide alia notione in *Procalare.*

¶ **PROCLAMA**, Proclamatio. Adrianus de Veteribusco in Reb. Leod. apud Marten. tom. 4. Ampliss. Collect. col. 1208 : *Aliqui etiam fuerunt projecti extra fenestras, et statim factum Proclama contra eos, tamquam traditores.* Obertus in Annalib. Genuens. apud Murator. tom. 6. col. 333 : *Consules fecerunt Proclamam per civitatem, ut nemo ad illas nundinas S. Raphaelis iret in galeis.* Vide infra *Proclamatum.*

¶ **PROCLAMARE**, Inconditis clamoribus quempiam explodere, insectari, Gall. *Huer.* Conc. Pisanum apud Acher. tom. 6. Spicil. pag. 333 : *Eadem autem die post prandium venerunt nuncii Petri de Luna apud S. Martinum, et intraverunt locum ubi erant aliqui domini Cardinales ordinati ad audiendum eos; et cum difficultate intraverunt propter assistentiam populi et servitorum ac famulorum, qui deridendo contra eos Proclamabant et sibilabant. Proclamare*, aliis notionibus, vide in *Clamare* 2.

¶ **PROCLAMATIO**, Querela juridica, actio qua quis rem ablatam repetit, nostris *Complainte.* Tabul. Major. Monast. : *Stimulis avaritiæ incitatus, nos exinde postea devestivit. Cum super hoc multas Proclamationes fecissemus, etc.* Charta ann. 1107. inter Instr. tom. 6. Gall. Christ. novæ edit. col. 297 : *Post Proclamationem autem factam ante domnum apostolicum Paschalem II. dati sunt ab eo judices, qui causam utriusque partis diligenter audirent et bene discussam diligenti studio definirent.* Vide in *Clamare* 2.

* *Proclamation*, eodem intellectu, in Lit. ann. 1408. tom. 9. Ordinat. reg. Franc. pag. 319. art. 1 : *Commencera on à compter le terme de xl. ans depuis le jour des lettres des acquisitions ainsi faictes, à compter de la date de l'acquisition desdiz fiefz, nonobstant les Proclamations, se interrupcion n'y a esté par mains mises esdiz fiefz...*

¶ Proclamatio Synodalis. Concil. Belvac. ann. 1114. apud Acher. tom. 2. Spicil. pag. 594 : *Ut quæcunque res vel possessiones cuilibet ecclesiæ datæ, et ab ea anno et die quiete, id est, sine synodali Proclamatione possessæ fuerint, eidem ecclesiæ perpetua stabilitate permaneant.* Vide *Clamare* 2.

¶ Proclamatio contra prædones. Vide *Clamor ad Deum*, in *Clamor* 3.

¶ **PROCLAMATOR**, Qui causam agit. Vide *Clamare* 2.

* **PROCLAMATOR** Audientiæ, Apparitor, qui causas agendas appellat. Vadia official. reg. ann. 1328. in Reg. Cam. Comput. Paris. fol. 401. r° : *Proclamator audientiæ ibi, per diem viij. denarios.* Vide infra *Provocator causarum.*

¶ **PROCLAMATUM**, Proclamatio, promulgatio. Laur. Byzynius de Bello Hussit. apud Ludewig. tom. 6. Reliq. MSS. pag. 154 : *Proclamata namque vocibus præconicis per civitatem facta sunt, regio et scabinorum nomine : quatenus omnes et singuli profugi libere redeant.* Vide *Proclama.*

* **PROCLAMIS**, Pallium, pro chlamys. Vita S. Bonf. tom. 7. Sept. pag. 527. col. 2. : *Proclamide ibi strata, demum superimponit filium patientem.*

PROCLAMOR, Clamor, conclamatio, *Proclameur*, nostris; apud Galbertum in Vita Caroli Comit. Flandr. num. 15.

¶ **PROCOLLUM**, *Collus, colli ornamentum.* Papias MS.

PROCOLPUS, Idem quod *Colpus*, Ictus. Lex Ripuar. tit. 77 : *Si quis hominem... ligare voluerit... et non prævaluerit ligare, sed Procolpus ei excesserit, et eum interfecerit, etc.* Gall. dicerent, *et qu'il eut failli son coup.* Ubi edit. Heroldi habet, *Colaphus ei excesserit.* Cod. alii apud Steph Baluzium, *Colpus, Colebus, procollibus.* Vide *Colpus.*

* **PROCOMA**, *Longa coma*, in vet. Glossar. ex Cod. reg. 7613.

PROCONES. Synodus Nemausensis ann. 1284. cap. de iis, quibus deneganda est Ecclesiastica sepultura : *Item usurariis et Proconibus universis, etc.* Ita Codex nuper editus.

☞ Rectius edidisse videtur Martenius noster ex iisdem Statutis tom. 4. Anecdot. col. 1048 : *Item, usurarii et Prædones manifesti.*

¶ **PROCONISUS**, f. Perpolitus. Agnellus in S. Maximiano apud Murator. tom. 2. pag. 107 : *Ecclesiam vero B. Andreæ Apostoli hic Ravennæ cum omni diligentia non longe a regione Herculanea columnis marmoreis suffulsit, ablatisque vetustis ligneis de nucibus, Proconisis decoravit.* Idem in S. Felice : *Prædictum altarium removit ex Proconiso lapide, cum diversis marmoribus ornatis mirifice.* Rursum in S. Petro Chrysologo : *Foris vero parietes Proconisis marmoribus decoravit.*

* Rectius a loco, unde marmor istud eruitur, nempe a *Proconneso* sive *Præconneso*, insula Propontidis, sumptam esse hanc appellationem opinantur docti Hagiographi tom. 7. Jul. pag. 184. col. 2.

PROCONSUL, Vicecomes, ut *Consul*, Comes. Gloss. Ælfrici Saxon. *Consul*, gerefa. *Proconsul*, Undergerefa. Tabularium Ausciense : *Convenerunt itaque ex omni Novempopulania provincia Episcopi, Abbates, Consules, Proconsules, cæterique Domini fideles, etc.* In Tabular. S. Severi exstat Epistola Sunvii Abbatis ad Paschalem Papam, in qua *Gasto Proconsul de Bearno* nuncupatur. [Charta ann. 1161. inter Probat. tom. 2. novæ Histor. Occitan. col. 579 : *Concedo tibi Raymundo Trencavelli Proconsuli Biterrensi, etc.* Alia ann. 1165. ibid. col. 604 : *Ego Raymundus Trencavel Proconsul Biterris, etc.*] Abbo Serm. 5 : *Comites, Vicecomites, Consules, Proconsules, eorumque vicarii. Proconsul Levitanensis*, qui vulgo *le Vicomte de Lavedan*, in Charta laudata a Marca pag. 807. Hist. Beneharn. Vide Salmasium ad Histor. Aug. pag. 10.

* Necrol. S. Martial. Lemovic. ex Cod. reg. 1138. fol. 16. r°. in notula marginali ad ann. 895 : *Excessit hominem Jordanus Proconsul.*

Proconsules, Qui *Justitiarii errantes*, in Anglia. Joan. Sarisberiensis lib. 5. Policrat. cap. 15 : *Quæ vero de præsidibus aliisque Judicibus, dicta sunt, debent et apud Proconsules, quos nostrates vulgariter dicunt Justitias esse errantes, obtinere.* Quia scilicet *Consulum* seu Comitum vice jus dicunt *in provinciis*. Ita accipiuntur lib. 6. cap. 1 : *Utique jam fiunt ista palam, nec eos Præsides aut Proconsules prohibent.* Et cap. 25 : *Illustris Comes Legecestriæ Robertus modeste Proconsulatum gerens apud vel duos, etc.*

Proconsules appellantur, qui Consulum urbanorum vices agunt in Wichbild Magdeburg. art. 19. § 1 : *Postquam Proconsul in civitate eligitur, ad unum annum ille eligi debet, et ut sic potestatem judicandi habebit super injustas mensuras potabilium, et pondera, etc.* Art. 43. § 2 : *Eligere insuper Consules debent inter se Proconsulem unum vel duos, etc.* [** *Consules* sunt *Ratsmann*, *Proconsul* est *Burgermeister*.]

* Proconsul, *Mis en lieu de conseilleurs*, in Glossar. Gall. Lat. ex Cod. reg. 7684.

* Proconsul Romanorum, Senator, ut videtur. Charta ann. 1303. in Lib. rub. Cam. Comput. Paris. fol. 240. v°. col. 2 : *Nobilis et magnificus vir dominus Petrus de Columpna Romanorum Proconsul, miles ac familiaris illustrissimi principis domini Francorum regis, etc.*

¶ **PROCOVIA**, Vini species. Vide *Græcum.*

* **PROCREAMEN**, Procreatio, ortus. Chron. Joan. Whethamst. edit. Hearn. pag. 351 : *Licet spuriosi dimidiatique sanguinis fuerit habueritque patrem, qui de privata muliere Procreamen sumpsit, etc.*

* **PROCREARE**, pro *Procurare*, Consulere, providere, curare. Charta ann. 1223. ex Chartul. S. Petri Carnot. : *Quod ut ratum permaneat in futurum, ad petitionem ipsius Hugonis meum sigillum cum suo, præsenti cartulæ inserere Procreavi.*

¶ **PROCREATIO**, pro *Procuratio*, in Statutis MSS. Conc. Avenion. ann. 1209. apud Stephanot. tom. 10. Fragm. Hist. Ita perperam

¶ Procreator, pro *Procurator*, editum ex Charta ann. 1199. apud Marten. tom. 1. Ampl. Collect. col. 1023.

¶ **PROCUBITOR**, Φρουρός, in Gloss. Lat. Gr. Festus : *Procubitores dicuntur, qui noctu custodiæ causa ante castra excubant, cum castra hostium in propinquo sunt.*

¶ **PROCUBUUS**, Procumbens. Acta S. Udalrici tom. 3. Julii pag. 153 : *Memoratus vir sanctus per dejectam violentia ventorum proceram arborem, inque verticem duorum ex adverso jacentium scopulorum Procubuam, immensæ profunditatis vallem seu voraginem cum equo, velut pontem, superasse.*

¶ **PROCUDIUM**, τέρας, in Gloss. Lat. Gr. Portentum. Vide *Proculum.*

* **PROCULA**, *Fille vel vesteure*, in Glossar. Lat. Gall. ex Cod. reg. 7692. Vide *Proculus.*

PROCULATORES, [Castrorum excubiæ, ut *Procubitores*.] Vide *Collocare.*

* **PROCULCARE**, Terram peragrare, ut ejus limites inspiciantur, et de iis constet. Charta ann. 1166. in Chartul. S. Joan. Laudun. ch. 117 : *Cum filii Odonis.... terras quasdam ecclesiæ nostræ ad tempus injuste tenuissent, per circommanentes easdem terras sine contradictione Proculcavimus, et nostras esse probare parati fuimus.* Alia ann. 1211. in Chartul. S. Corn. Compend. fol. 166. r° : *Concessit etiam ecclesia eisdem hominibus pascua tenenda, sicut fuerunt Proculcata a terra Gosleni, usque ad pratum de ariete.* Vide supra *Pedificare.*

¶ **PROCUL-DUBIO**, id est, sine ulla exceptione, ut interpretatur Gothofredus ad leg. unic. de offic. Vicarii lib. 1. Cod. Theod. tit. 6.

¶ **PROCULTOR**, Cultor. Litteræ Caroli VI. Reg. Franc. ann. 1394. tom. 6. Spicil. Acher. pag. 115 : *Ut pro fide dominica sedeque Petri non fiat inter fidei Procultores cum ense, mortibus, cude vel gladio, reductio unitatis.*

PROCULUM, *Abominatio*, in Gloss. Isid. [Scribendum forte ex Grævio : *Portentum, mala ominatio.* Vide *Procudium.*]

PROCULUS, *Qui nascitur cum pater peregrinatur*, in Gloss. Arabico-Lat. *Qui patre longe peregrinante nascitur, vel longe a patre natus*, in Gloss. Isid. [Gloss. Sangerman. num. 501 : *Qui nascitur absente patre.* Græcis τηλέγονος, τηλύλετος. Vide Festum.]

¶ 1. **PROCURA**, Procuratio, facultas agendi alterius nomine scripto alicui concessa, *Procuration, pouvoir.* Charta ann. 1389. ex Schedis Præsidis *de Mazaugues* : *Nec ipse prior nec syndicus tunc temporis non habuerunt specialem Procuram ad hoc specialiter faciendum.* Acta B. Petri Regalati tom. 3. Martii pag. 873 : *Tanquam deputatum in hac caussa a Religione procuratorem... et docentem de legitimo mandato Procuræ a præfatis judicibus admisso.* Occurrit præterea tom. 3. Maii pag. 628. Vide *Procuratorium.*

¶ 2. **PROCURA**, Officium procuratoris, nostris *Procure.* Acta SS. tom. 4. Jun. pag. 788 : *Ut de sindicatu et Procura constat publico instrumento, etc.* Epitome Constitut. Eccles. Valent. in Concil. Hisp. tom. 4. pag 187 : *Nullus beneficiatus qui aliquod ex quatuor officiis sive administrationibus Procuræ majoris, etc.*

¶ Procurra, Eadem notione. Statuta Cadubrii cap. 88 : *Sancimus quod cancellarius magnifici domini Capitanei non possit... aliquod officium Procurræ exercere pro forensi aliquo, vel cive contra aliquem civem, etc.*

¶ **PROCURAMENTUM**, Impulsio, sollicitatio, suasio. Litteræ Richardi II. Reg. Angl. ann. 1397. apud Rymer. tom. 8. pag. 27 : *Per ipsum, vel per alias personas, de Procuramento, abbetamento, assensu, etc.* Vide *Procuratio* 2.

1. **PROCURARE**, Excipere hospitio et convivio, vel *procurationem consuetudinariam*, seu debitam exsolvere. Histor. Episcopor. Autissiodor. cap. 58 : *Juris erat regalis, ut quando Dominum Regem, vel aliquem de suis itineris occasio, seu motus propriæ voluntatis ad aliquod Episcopale domicilium divertere faciebat, recipiebatur honorifice, et Procurabatur honeste.* Lambertus Ardensis : *Eum secum hospitari fecit, et solemniter eum et suos lautissimis Procuravit cibis et potibus.* Eckeardus Jun. de Casib. S. Galli cap. 11 : *Injungitur Ruodmanno... Legatos regios in locis nominatis euntes Procurare et redeuntes.* Chronicon Mauriniacense ann. 1130 : *Occurrunt velociter, et jam pene ingredientem Mauriniacum D. Papam suscipiunt gaudenter, Procurantque solenniter.* Utuntur præterea Arnoldus Lubecensis lib. 6. cap. 11. Adamus Bremensis cap. 155. Rogerus Hovedenus pag. 673. Matth. Paris pag. 434. Veteres Consuetudines Floriacensis Cœnobii pag. 393. S. Stephanus in Regula Grandimontensium cap. 35. Joan. Abbas in Vita B. Joannis Abb. Gorziensis num. 118. Vita S. Fulcranni Episcopi Lodovensis apud Plantavitium, Vita S. Willelmi Abbat. Roschildensis num. 28. Guillelmus Canonicus Gratianopol. in Vita Margaretæ Comitissæ Albonensis pag. 128. Charta ann. 1208. in Hist. Prioratus S. Martini de Campis pag. 381. 382. etc. [Le Roman *de la Rose* MS. :

Ou sera pris et mis en tour,
Por estre à tousjours enmurés,
S'il ne nous a bien Procurés.

Ubi de Mendicantibus Religiosis, qui hospitio excipiuntur, sermo est.]

Curare, Eadem notione, [qua etiam nostri *Ordonner* dixerunt.] Henricus Rosla in Herlingsberga :

Curat honoratos, epulis reficitque perunctis.

¶ Procurare Se, Suis expensis sibi convivium parare. Charta ann. 1202. tom. 2. Hist. Eccl. Meld. pag. 88 : *Si ad diem festum capellæ, videlicet in Assumptione B. Mariæ convenerint canonici de Creceio, procurentur de communi, sicut ad hæc tempora obtinuit consuetudo. Si autem canonici de capella epulari voluerint, non erit procuratio de communi, sed unusquisque de suo sua se voluntate Procurabit.*

¶ Procurare, Necessaria ad victum et vestitum præstare, suppeditare. Charta ann. 1110. apud Marten. tom. 1. Anecd. col. 321 : *Quod si forte ad tantam paupertatem redacta fuerit ecclesia illa, quod absit, ut ex reditibus ejus non possint canonici Procurari, mittet domnus abbas de eis quantos sibi videbitur, in quascumque voluerit domorum nostrarum, et ibi Procurabuntur honeste, sicut monachi nostri.* Dispositio rei familiaris Cluniac. a Petro Abb. facta, apud Baluz. tom. 5. Miscell. pag. 443 : *Trecenti erant vel eo amplius fratres; nec centum de propriis sumptibus domus illa Procurare valebat.* Charta Odonis Abbatis S. Dion. ann. 1231. ex Cod. MS. B. M. de

Argentolio : *Considerantes dilectos fratres nostros apud Argentolium manentes minus sufficienter Procurari tam victu quam vestitu, etc.* Charta ann. 1284. apud Kennett. Antiq. Ambrosden. pag. 364 : *Ipsi vicario similiter garçonem invenient ipsius obsequio deputatum, quos in omnibus suis expensis Procurabunt.*

Procurare Donativis, [Donis et muneribus aliquem afficere.] Epistola Friderici II. Imperat. tom. 2. Spicilegii Acheriani pag. 572 : *Non obmittentes ei de pulchris equis satisfacere, et aliis donativis libentissime Procurare, etc.*

¶ 2. **PROCURARE**, Nomine alterius ex ejus potestate agere. Charta Ludovici Regis Siciliæ ann. 1342. apud Ludewig. tom. 5. Reliq. MSS. pag. 471 : *Nos ratum et gratum habituri et firmum, tôtum et quicquid per eos et eorum quemlibet in solidum, nomine et pro parte nostra in præmissis actum, Procuratum et gestum extiterit sive factum.*

¶ 3. **PROCURARE**, Procuratoris officium gerere. Charta ejusd. Ludovici Reg. ex Cod. MS. D. *Brunet* fol. 113 : *Vicarii et judices... advocare, Procurare et patrocinari non vocentur in causis.* Statuta Johannis Episc. Trecor. ann. 1372. apud Marten. tom. 4. Anecd. col. 1123 : *Mandamus officialibus nostris sub debito præstiti juramenti, ne aliquem advocatum ad Procurandum coram se admittant, nec notarium ad scribendum in curia,... quousque præstiterint juramenta.* Statuta Cadubrii cap. 88 : *Sancimus quod cancellarius magnifici domini Capitanei non possit nec valeat Procurare, nec advocare pro aliquo contra aliquem de Cadubrio.*

¶ 4. **PROCURARE**, Providere, suppeditare, Gall. *Procurer*. Tabular. Major. Monast. : *Religiosum satis opus... ecclesiarum ædificia construere,... instituere ministros, victualiaque iisdem sufficientia Procurare.*

¶ 5. **PROCURARE**, Rei alicujus auctorem esse, quo sensu Galli *Procurer* dicunt. Litteræ Innocentii III. PP. ann. 1213. inter Instr. tom. 6. Gall. Christ. novæ edit. col. 57 : *Licet eidem* (Arnaldo Archiep. Narbonensi) *hominium feceris et fidelitatis præstiteris juramentum, nihilominus tamen, prout tibi placuit, Procurasti ut demolirentur muri et turres civitatis ipsius, etc.* Vide *Procuratio* 2.

* 6. **PROCURARE** Sententias, f. pro *Pronuntiare*; nisi sit pro Persequi, Gall. *Poursuivre*, alias *Procurer*. Stat. ann. 1409. tom. 9. Ordinat. reg. Franc. pag. 448. art. 6 : *Diebus Martis, Mercurii et Sabati, quibus non Procurabuntur sententiæ, visitabuntur processus in communi inter dominos et concludentur.* Lit. ann. 1387. tom. 7. earumd. Ordinat. pag. 169 : *Ceulz qui Procurent leurs privileges et causes.*

¶ **PROCURARIA**, Officium procuratoris in monasteriis. Constitut. Prædicator. cap. de Absolut. Prior. num. 43 : *Item volumus et ordinamus quod nullus prior, sive præsidens syndicariæ, bursariæ, vel Procurariæ cujuscumque conventus officium exerceat.*

1. **PROCURATIA**, Idem quod *Procuratio*. Matth. Paris ann. 1245 : *Procuratiæ et munera exiguntur, sibi* (Legato Apost.) *festinanter transmittenda.* [Litteræ Edwardi III. Reg. Angl. ann. 1348. apud Rymer. tom. 5. pag. 631 : *Licentiam dedimus præfatis Cardinalibus quod ipsi per procuratores suos Procuratias suas, eisdem Cardinalibus per dictam sedem Apostolicam... concessas, levare, colligere et percipere possint.*]

¶ 2. **PROCURATIA**, apud Italos, Districtus, officium vel camera Procuratoris, seu ejus Magistratus, quem *Procuratorem* vocant. Acta SS. tom. 2. Junii ubi de Reliquiis S. Antonii de Padua pag. 747 : *Rogetur etiam capsarius Procuratiæ, ut ex numero lipsanothecarum... pulchriorem ac digniorem seligat.* Chron. Andr. Danduli apud Murator. tom. 12. col. 497 : *Quæ* (Chronicæ) *fuerunt diutissime et sunt in nostra Procuratia S. Marci, etc.* Vide *Procurator Reipublicæ.*

1. **PROCURATIO**, quodvis Convivium. Ordo ad benedicendum Ducem Aquitaniæ : *Illo quippe die solennitatis et lætitiæ, omnibus rite peractis debet Canonicis Ecclesiæ Lemovicensis eam et talem Procurationem exhibere, quæ tantum deceat dominum et Ducem.* Henricus Huntindonensis lib. 8. pag. 394 : *Præterire volens principes cæteros largitione munerum et splendore Procurationum, cum proprii reditus ad hoc non sufficere possent, a suis summo studio carpebat unde egestatem suam nimietate prædicta comparatam complere posset.* [Charta Agnetis Comit. Montispancerii ann. 1207. ex Tabular. S. Illidii Claromont. : *Hæc tali conditione eidem monasterio dedi, ut singulis annis inde fiat Procuratio solemnis in refectorio fratribus ibidem Deo servientibus in die sancto Ascensionis dominicæ.* Chartular. S. Vincentii Cenoman. fol. 88 : *H. le Forsené tres Procurationes, videlicet decem roisolas et duos panes et duas justas vini, quas ter per annum in domo de Tuffé percipere solebat, etc.* Ibid. fol. 51. ubi de eadem re, legitur *charitates* loco *procurationes.*]

¶ Procuratio, Cibus, ferculum. Constitut. pro Abbat. S. Pauli Narbon. ann. 1127. inter Instrum. tom. 6. Gall. Christ. col. 33 : *In festivitatibus omnium Apostolorum et aliorum SS. novem lectionum donent illis pulchram et bonam carnem, et si evenerint in sexta feria, dent illis pisces bonos, si potuerint invenire; si autem inventi non fuerint, dent illis alias bonas Procurationes, quæ tantumdem valeant.* Sed præsertim

Procuratio, dicitur de exceptione stata ac debita dominorum a vassallis, a quibus hospitio et conviviis condictis vicibus excipiebantur, cum in eorum prædia divertebant : quæ quidem *procurationes* interdum in summam aliquam pecuniariam convertebantur. *Gistes* vulgo appellabant nostri, uti in hac voce docuimus. Statutum S. Ludovici pro Baillivis, apud Nangium : *Gista etiam vel Procurationes in domibus Religiosorum... non recipiant.* Charta ann. 1235. in Hist. Ducum Burgundiæ pag. 73 : *Neque in Procurationibus, quæ Gallice Giste nominantur, tenentur me in aliquo procurare.* *Procuratio consuetudinaria*, in Charta Agnetis Comitissæ Pictavensis ann. 1048. pro Ecclesia Angeriacensi. Sugerius de Administrat. sua cap. 15 : *Qui etiam in hac terra intolerabiles et pene consumptivas consuetudines habebat, videlicet tres in anno Procurationes, unam de collata rusticorum sufficientem tam sibi quam suis amministrantibus, duas de propriis redditibus S. Dionysii, qua calamitate terra penitus consumebatur.* Tabularium Vindocinense fol. 250 : *Eadem Aalet uxor defuncti Hugonis reclamavit Procurationem, quam ut asserebat, ex paterno dono sibi vendicabat. At Prior noluit eam procurare, dicens nec patrem suum nec ipsam aliquam Procurationem vel consuetudinem in illa domo habuisse. Illa autem quadam die absente Priore, venit ad domum cum suis, et per violentiam occisis gallinis et caponibus, et ablatis clavibus panis et vini comedit et bibit, etc.* Charta Henrici Abbat. S. Dionysii ann. 1207. in Tabulario Parisiensis Eccl. Puteano : *In eadem autem Ecclesia B. Mariæ de Argentolio Episcopus prædictus et successores sui habebunt in perpetuum duas Procurationes singulis annis; unam scilicet sine taxatione, sicut solet haberi, et aliam quæ non poterit excedere summam centum solidorum.* Vetus Inquesta ann. 1224. in Tabul. Maurigniacensi : *Et confessus in jure Abbas Maurigniac. quod recepit pluries Episcopum Carnotensem in domo sua, et solvit expensas ejus, et credit, quod quando receptus fuit, servientes ejus habuerunt ea, quæ de consuetudine solent habere, quando Episcopus alibi recipit Procurationem, videlicet nummos pro crocea, pro garcionibus, pro feodo quoque, et alia, quæ appellantur Feodalia. Sed non credebat, quod hæc omnia soluta fuissent ex debito, sed tantum ex gratia.* Agunt præterea de ejusmodi procurationibus, Robertus de Monte ann. 1180. Innocentius III. PP. lib. 14. Epist. 123. 126. Thomas Archidiac. in Hist. Salonit. cap. 17. Matth. Paris pag. 371. 540. Veteres Chartæ apud Hemereum in Augusta Viromand. pag. 166. 236. 249. Louvetum in Hist. Bellovac. pag. 393. 394. Roverium in Reomao pag. 276. Gallandum de Franco alodio pag. 75. Chiffletium in Beatrice pag. 41. in Hist. Episcopor. Lodovensium pag. 104. in Histor. Episcoporum Cadurcens. num. 102. 138. 186. in Bibl. Cluniac. pag. 1442. [in tom. 2. novæ Gall. Christ. inter Instr. col. 20. 261. 281. 390. 432. 468. 480. etc.]

☞ Observandum vero in monasteriis ubi vigebat carnium abstinentia, exhibitas ejusmodi *procurationes* absque carnibus. Charta ann. 1205. in Tabular. Eccl. Cathed. Massil. : *Præpositus, Canonici et Clerici, qui fuerint de corpore sedis Massiliæ, si venerint ad domum Monialium S. Pontii* (Ordinis Cisterciensis erant) *ibi semper Procurationes sibi et bestiis juxta possibilitatem domus honeste habebant, sine carnibus tamen.*

Procurationes Episcoporum *et Archidiaconorum*, quæ debentur a Sacerdotibus, cum Ecclesias sibi subditas ii visitant : de quarum immodicis sumptibus crebræ ad summos Pontifices delatæ subinde querelæ, qui eas coërcuere cum in Conciliis, tum Bullis suis, cujusmodi sunt Clementis IV. quæ habentur in Chronico Abbatiæ S. Joannis de Vineis pag. 137. 138. Præterea hæc Innocentii III. PP. in Monast. Anglic. tom. 2. pag. 165 : .... *Querelam accepimus, quod cum olim Archidiaconus Richmondiæ parochiam suam visitationis gratia circumiret, cum centum equis minus tribus, viginti canibus et uno, tribus avibus venatoriis, ad quandam Ecclesiam prædictorum Canonicorum accedens, tantum domum istam sumptu immoderato gravarit, quod hora brevi dicitur consumpsisse quod toti familiæ longo tempore suffecisset. Nos igitur... inhibentes ne quis vestrum de cætero, cum parochiam suam visitet, in Procurationum exaltatione seu modis aliis, præterquam Lateranensis Concilii Statuta permittunt, Ecclesias seu Clericos vel servientes prædictorum Canonicorum gravare præsumat.* Ad ejusmodi procurationes spectant hæc Stephani Tornacensis Epist. 190 : *De Procurationibus agitur corporum, non de salute animarum; de numero quadrupedum et hominum, non de merito virtutum, aut victoria vitiorum.* Vide Innocentium III. PP. lib. 1. Epist. pag. 84. et 105. edit. Venetæ, Leges Alfonsi IX. Regis Castellæ 1. part. tit. 22. Chartas veteres apud Jacob. Petitum post Pœnitentiale Theodori pag. 669. 670. 681. 683. 716. 720. præterea Renatum Chopinum lib. 2. de Sacra Polit. tit. 7. num. 10. 11. ubi plura de ejusmodi Episcoporum et Archidiaconorum procurationibus.

☞ Non Episcopis modo atque Archidiaconis, sed et Archipresbyteris aliisque quos ad visitandas ecclesias sibi subditas delegabant, procurationes debebantur. Eodem jure gaudebant omnes quibus competebat jus visitationis; quo etiamnum utuntur nonnulla Monasteria in prioratibus ab iis dependentibus. Statuta Eccl. Ruthen. apud Marten. tom. 4. Anecd. col. 768 : *Prohibemus quod nulli capellani, vel clerici, vel laïci nobis vel archidiaconis, vel archipresbyteris nostris visitantibus,.... in Procurationum refectione remaneant.*

☞ *Procurationes* quæ Episcopis ratione visitationis debebantur, interdum, ut et illæ quæ dominis exhibebantur a vassallis suis, in summam pecuniariam conversæ sunt, quæ ipsis etiam non visitantibus erat persolvenda. Charta ann. 1248. apud Miræum tom. 2. pag. 1229. col. 1. : *Notum facimus universis, quod cum inter venerabilem patrem W. Episcopum Tornacensem ex una parte, et nos* (abbatem et conventum S. Bertini) *ex altera, super visitatione et Procuratione ratione visitationis, quam idem Episcopus petebat, etc. Inprimis ordinavimus quod... ab abbate et conventu habeat* (Episcopus) *unam gistam, et quia raro contigit quod Episcopi Tornacenses ad partes illas accedant, ordinamus quod in quocumque anno dictus Episcopus non receperit dictam gistam in monasterio supradicto, solvant ei dicti abbates* (abbas) *et conventus pro gista illa Tornacensi, quatuor libras Flandrenses.* Id tamen abusive factum, nullasque *procurationes* in numerata pecunia Episcopis deberi, nisi ex speciali aliquo jure ab Episcopali distincto ipsis competeret, non obscure docet Nicolaus IV. PP. in Bulla ann. 1289. ex Cod. MS. Sangerman. : *De illis autem Procurationibus, si quæ fuerint, quas Prælati in pecunia numerata jure aliquo forsitan speciali rite percipiant, decimam præstare tenentur. Prælatus autem qui Procurationem, si qua fuerit, quam sine visitatione potuit similiter speciali forte jure percipere in pecunia numerata, etc.* Vide *Mansio*, pag. 237. col. 1.

☞ Persolutæ etiam Episcopis *procurationes* ob peractas ab ipsis Ecclesiarum dedicationes : unde colligi potest nomine *procurationis* quodvis tributum Episcopis debitum aliquando significari. Charta ann. 1273. apud. Kennett. Antiquit. Ambrosden. pag. 515 : *Notum sit nos* (Episc. Clonen.) *ecclesiam de Elsefed... dedicasse, et recepisse a procuratore rectoris dictæ ecclesiæ duas marcas nomine Procurationis, ratione dedicationis ecclesiæ.*

Procurationes etiam præstabantur summis Pontificibus, cum in Franciam veniebant. Charta Isenbardi Abbatis S. Mauri Fossatensis ann. 1274 : *Omni autem anno quo Ecclesia nostra domino Papæ in has partes venienti Procurationem, vel aliquid pro procuratione daret, etc.*

* Quod in tributum ordinarium aliquando conversum fuisse, colligitur ex Lit. ann. 1403. tom. 8. Ordinat. reg. Franc. pag. 623 : *Nostre saint pere.... a envoyé collecteurs et commissaires par les provinces et dioceses de nosdiz royaume et Daulphiné, lesquelx pour et ou nom de lui ou de sa chambre, veulent contraindre.... les personnes d'église, tant prélaz comme autres, ... à paier très-grans et excessives sommes de deniers.... pour les restes de Procurations et dixiesmes, qu'il demande pour le temps dessusdit.*

☞ Eodem *procurationis* nomine apud Anglos exactum tributum pro Romano Pontifice. Computus ann. 1425. apud Kennett. Antiq. Ambrosden. pag. 573 : *In solutis pro Procuratione domini Papæ, et acquietaret, hoc anno* VII. *sol.* II. *den.*

☞ Sed et Legatis Apostolicis et Cardinalibus Roma venientibus præstitæ *procurationes*. Exstat in Tabul. S. Germani Prat. Charta B. Archiepiscopi Cusentini ann. 1263. qua decernit quasdam villas et grangias ejusdem Monasterii *nullas consuevisse hactenus legatis seu nuntiis Apostolicæ sedis Procurationes exhiberi.* Vide Gul. Prynneum in Libertat. Angl. tom. 2. pag. 559. et Historicos Anglicos, apud quos ejusmodi *procurationum* crebra est mentio.

* Procurationes Mortuorum, Obventiones, quæ ecclesiæ vel illius rectori debentur, cum quis decedit. Charta Rob. episc. Cabilon. ann. 1188. in Chartul. Cluniac. ch. 322 : *Quicquid de Procurationibus mortuorum capellanus habere poterit; medietatem priori bona fide consignabit.* Vide *Mortuarium* 1. et *Procursus* 5.

¶ Procuratio, Necessaria ad victum et vestitum. Ch. Caroli ann. 790. [** Decret. de Exped. Rom.] apud D. *Brussel* tom. 1. pag. 75 : *Ipsi quoque in dominorum tandiu vivant Procuratione, quandiu in inceptam vadant expeditionem.* Epist. Gaufridi de Meduana tom. 2. Spicil. Acher. pag. 508 : *Ea vero quæ monachi in equis et Procuratione sua mittent usque ad nativitatem Domini, reddituros sum.* Charta ann. 1398. in Tabul. B. M. de Bono-nuntio Rotomag : *Item quod ratione Procurationis sibi persolvendæ ibi accesserit, evidenter colligitur ex sequentibus, etc.* Vide in *Procurare*. [** Panchart. Abbat. *Metloch*, in archiep. Trevirensi, in Hœser. Diario Diplomat. tom. 2. pag. 123 : *Ex nostra autem Procuratione idem cum* 3. *den. debet venire de Wich ad Tinkaracha.* Mox : *Ex nostra etiam Procuratione, quando opus fuerit, deportabitur furca et desuper dependens lignum ad puteum salis in Wich.* i. e. nostro impendio, nobis sumptus erogantibus.]

** Procuratio Monasterii. Chart. Otton. I. ann. 961. in Guden. Syllog. pag. 450 : *Monachi de monasterio... Suarzhaha nuncupato, et Chuonradus comes, cui ipsius monasterii procurationem extrinsecus muniendam commisimus, nostram adiere celsitudinem, etc.* i. e quem monasterii advocatum instituimus.

¶ 2. **PROCURATIO**, Impulsio, sollicitatio, suasio. Chron. Angl. Th. *Otterbourne* pag. 54 : *Edwardus anno Domini 975.... per suæ novercæ Procurationem martirizatus est.* Rursum pag. 132 : *Scoti ad instigationem et Procurationem Regis Francorum, fines proprios et limites excedendo, etc.* Vide *Procuramentum* et *Procurare* 5.

¶ 3. **PROCURATIO**, Quidquid rei alicui perficiendæ inservit. Inscriptio ad calcem Bibliæ in Monast. Stabulensi asservatæ et a Martenio nostro descriptæ in Itin. Litter. pag. 149 : *Codices hi ambo quia continuatim et tamen morosius scripti sunt per annos ferme* IIII. *in omni sua Procuratione, hoc est scriptura, illuminatione, ligatura, uno eodemque anno perfecti sunt ambo.*

* 4. **PROCURATIO**, Officium *procuratoris*. Stat. synod. Guill. *Duprat* episc. Claromont. ann. 1537 : *Aliquod seculare officium non exerceant* (sacerdotes) *videlicet receptam laicorum, officium bajulatus, judicaturæ aut Procurationis in foro seculari.* Vide *Procurare* 3.

1. **PROCURATOR**, *Vicarius, locum tenens*, qui alterius vice res gerit. Petrus Blesensis Epist. 47 : *Nunquam tibi exhibuit se dominum, sive Regem, sed quasi Procuratorem regni tui, etc.* Balduinus Flandriæ Comes in Charta ann. 1066. apud Buzelinum lib. 2. Gallo-Fl. cap. 13. sese *Philippi Francorum Regis ejusque regni Procuratorem et Bajulum* inscribit. [Eodem nomine appellatur in Vita S. Romanæ tom. 2. Spicil. Acher. pag. 682 : *Cum Rex Philippus adolescens, de Procuratoris potestate egressus, regni sui gubernacula suscepisset, etc.*] Concilium Tolosanum ann. 1068. apud Catellum lib. 5. rerum Occitan. pag. 865 : *Anno.... secundo vero anno regni Philippi Regis Francorum, ac tuitione Balduini Flandrensis Comitis, etc.* Ita Will. Tyrius Damascenorum Principum Vicarios, ac urbis Damascenæ Præfectos vocat lib. 9. cap. 7. lib. 15. cap. 7. lib. 18. cap. 27. et Ordericus Vital. lib. 9 : *Procuratori suo, quem Admiraldum vocant, mandavit.* [Neque alio significatu accipienda hæc vox in Annal. Burton. apud Menag. in Hist. Sabol. pag. 299 : *Ad quorum* (Pictavensium) *impetum comprimendum, constituit Rex Angliæ Robertum de Turnham Procuratorem.*] [** *Bertholdi de Tannerode tunc procuratoris rerum imperialium in Alsatia*, in chart. Chuonr. Imper. ann. 1238. in Alsat. Diplom. num. 490. tom. 1. pag. 381.]

* *Proculierres*, eodem sensu, in Charta ann. 1283. in Chartul. prior. de Guilcio fol. 47. r° : *Saichent tous que ge mestre Henri de Charlons Proculierres et receiverres des rentes nostre segnor le roy de Jerusalem, etc. Procurator regni Francorum* inscribitur

Theobaldus Blesensis comes, in Ch. ann. 1156. ex Tabul. capit. Carnot.

2. **PROCURATOR**, Qui convivio excipit, vel convivium apparat. Regula Templariorum cap. 14 : *Post prandium vero et cœnam, semper in Ecclesia, si prope est, vel si ita non est, in eodem loco, summo Procuratori nostro, qui Christus est, gratias ut decet cum humiliato corde referre stricte præcipimus.* Hinc *Procuratorem Regni Francorum* sese inscribit Theobaldus Comes Blesensis in Charta ann. 1156. in Tabulario Ecclesiæ Carnotensis n. 66. in Tabul. S. Martini de Campis, et apud Rogerum Hovedenum pag. 524. id est *Senescallum* seu *Dapiferum*; quod *Dapiferi Regii* munus sit circa mensam regiam et ejus apparatum. De Dapifero intelligendus, ni fallor, Adalbero Laudunensis Episcopus in Poemate ad Robertum Regem Francorum, ubi ironice ait :

Ut Procurator Regis mundana ministrans,
Sit piger, ignavus, modica virtute repletus,
Hic aliena petat, repetat sua, nil tribuendo,
Et jugiter maneat divisus sorte jugali;
In Regis hæredipetæ non spes sibi constet.

* PROCURATOR ANIMARUM, Qui procuratorem agit in foro ecclesiastico, Gall. : *Procureur en l'officialité*, sic dictus quod in eo de rebus, quæ ad animam spectant, agitur. Instr. ann. 1391. inter Probat. tom. 3. Hist. Nem. pag. 113. col. 2 : *Item quod dictus Petrus, post recessum a studio, fuit procurator in curia Romana aliquo tempore, deindeque venit Ucetiæ, et ibi fuit Procurator animarum cujusdam episcopi Uticensis, in cujus officio deservivit pauperrime per aliqua tempora.* Pariag. inter reg. et episc. Tricastr. ann. 1408. tom. 9. Ordinat. reg. Franc. pag. 393. art. 18 : *Si aliqui ex commensalibus et domesticis delinquant,.... officialis, locumtenens, duo notarii curiæ spiritualis, clavarius curiæ prædictæ, procurator fiscalis, Procurator animarum, et tres servientes curiæ prædictæ spiritualis, etc.* Non idem ergo atque *Procurator anniversariorum*, ut augurabatur doctus Editor.

¶ PROCURATOR ANNIVERSARIORUM, Exactor redituum pro anniversariis assignatorum, Officium laicis viris commissum, ut videtur, in Ecclesiis de Romanis et Gratianopolitana. Charta ann. 1274. tom. 1. Hist. Dalph. pag. 127 : *Item.... quod bajuli ecclesiæ et Anniversariorum Procuratores, possint authoritate propria pignorare debitores anniversariorum in censivis et feudis dictæ Ecclesiæ de Romanis.* Charta ann. 1307. ibid. tom. 2. pag. 133 : *Considerantes, quod portus de Clasio quem nos* (Decanus et Capitulum Ecclesiæ Gratianopol.) *et Procurator Anniversariorum nostrorum ad manum nostram tenemus, etc.*

* PROCURATOR DRAPERII, Qui res ad pannificam artem pertinentes agit. Constit. Mss. Jacobi II. reg. Aragon. ann. 1321 : *Ordinamus quod aliquis juvenis vel Procurator draperii, vel alicujus alterius, qui cadat* (vadat) *extra civitates vel villas vel loca, ubi domiciliatus fuerit,.... non habeat, nec possit exhigere vel habere pro suo salario, nisi tantum xij. denarios Barchinonenses.*

¶ PROCURATOR DUPLARUM, Officium in Ecclesia Valentina, qui mulctas, quæ *Duplæ* nuncupantur, colligit; sub quo alter erat *Procurator* etiam *Duplarum* dictus, qui absentes canonicos ob idque mulcta puniendos, notabat. Epitome Constitut. Eccl. Valent. inter Concil. Hisp. tom. 4. pag. 198 : *Portiones designantur, quæ dari debent Episcopo celebranti, canonicis,.... canonico Procuratori Duplarum et anniversariorum, tum et beneficiato Procuratori duplarum pro appunctatione, nec non duobus bursariis.* Vide *Procurator parcitatis.*

¶ PROCURATOR ECCLESIÆ, Qui ejus bona administrat et tuetur; unde *Procuratores Ecclesiæ* dicti *Æditui*, quos *Marguilliers* appellamus. Gesta Aldrici Episc. Cenom. apud Baluz. tom. 3. Miscell. pag. 33 : *Exemplaria amborum in his reperiantur schedulis præceptorum, et in hoc inveniantur inserta libello, quatenus ex hoc Procuratores jam dictæ sedis Ecclesiæ, si necessitas fuerit, adjutorium et recuperationem habere valeant.* Statuta Eccl. Traject. ann. 1290. in Batav. sacra pag. 168 : *Item prohibemus ne sacerdotes et Procuratores Ecclesiarum calices, et sacra vasa,.... pignori exponant.* Kennett. Antiquit. Ambrosden. pag. 562 : *Johannes Peris sen. et Johannes Baily Procuratores ecclesiæ parochialis de Acle.* [** Officium monasticum apud Ingulf. pag. 886.]

¶ PROCURATOR FIDEI dicitur in foro Inquisitionis, qui in eo partes publicas agit, quomodo in Parlamentis Procurator Regius.

¶ PROCURATOR FISCALIS, Fisci Præfectus, *Procureur fiscal.* Leges Palat. Jacobi II. Reg. Majoric. tom. 3. SS. Jun. pag. xxvi : *Procurator Fiscalis qui continue nostram sacram curiam sequi teneatur, instituatur; qui facta et causas in ipsa curia promoveat atque prosequatur.* Adde Conc. Hispan. tom. 3. pag. 654. etc.

¶ PROCURATOR JUDEX, Qui alterius nomine jus dicit. Charta Amedæi Comit. Sabaudiæ ann. 1360 : *Mandantes tenore præsentium Magistris et Receptoribus computorum nostrorum, Judici Procuratori Beugesii,.... quatenus, etc.*

* Ubi legendum opinor, *Judici et Procuratori*; et procuratorem fisci intelligendum esse.

* PROCURATOR MAJOR FRANCIÆ. Charta ann. 1340. in Reg. 73. Chartoph. reg. ch. 240 : *Ad dictos diem et locum discretum virum magistrum Raymundum de Dyosido jurisperitum, procuratorem regium dictæ senescalliæ* (Petragoricensis) *fecimus adjornari super contentis in dictis litteris regiis processurum; qui procurator regius, dum citaretur, respondit quod ipse non erat procurator in causis tangentibus patrimonium regium, sed dumtaxat Procurator major Franciæ, et quod nullus alius de patrimonio regio se intromittere potest : et ideo dictam citationem non admisit.* Idem videtur, qui nunc *Procureur Général* nuncupatur.

* PROCURATOR MERCATURÆ, Qui causas ad mercaturam spectantes prosequitur et curat. Arest. ann. 1384. in Memor. E. Cam. Comput. Paris. fol. 83. r° : *Certa lite pendente inter procuratorem nostrum pro nobis ex una parte et Procuratorem mercaturæ et nonnullas mulieres aleca Parisiis in halis ad detaillum.... vendentium ex altera.... Dicto Procuratore mercaturæ et harengeriis prædictis dicentibus ex adverso inter cætera, quod ab omni tempore dictæ harengeriæ pisces et aleca in dicto loco et platea libere..... vendere consueverant.*

¶ PROCURATOR PARCITATIS, Ærarii ecclesiastici Præfectus, qui bona ecclesiæ procurat et colligit, ut Canonicis ea viritim distribuat. Locus est in *Parcitas.*

¶ PROCURATOR PAUPERUM, Qui bona pauperibus legata administrat. Chartul. Latiniac. : *Hæc omnia supradicta post mortem meam relinquo ad usus pauperum in elemosina, ita ut Procurator pauperum, id est custos elemosinæ omnia in potestate habeat.*

¶ PROCURATORES PRÆPOSITURARUM, Præpositi, quibus præpositurarum cura demandata est. Constitut. Eccl. Valent. inter Conc. Hispan. tom. 4. pag. 200 : *Qui... aliquas exemptiones, privilegia et immunitates allegantes... a contributione et solutione subsidii.... se eximere conantur,.... sint ipso facto privati a quibuscumque officiis, etiamsi Procuratores præpositurarum et collectores fuerint.*

PROCURATOR REIPUBLICÆ, Magistratus publicus. Charta Caroli III. Imp. in Hist. Pergamensi tom. 3. pag. 399 : *Nemo superioris aut inferioris ordinis Reipublicæ Procurator ad causas judiciario more audiendas conventum facere, vel freda exigere, etc.* [Eadem habentur in Litteris Ludovici Junioris Regis Francorum ann. 1171. tom. 4. Ordination. pag. 207.]

¶ PROCURATOR SYNDICUS, Qui res alicujus communitatis agit. Charta ann. 1274. tom. 1. Hist. Dalph. pag. 126. col. 1 : *Guillelmus Falavelli Procurator syndicus, sive actor habitatorum et hominum villæ de Romanis, etc.*

¶ PROCURATOR UNIVERSITATIS, Idem in Ecclesia Vivariensi, qui in Barcinonensi *Procurator parcitatis* vocabatur. Vide supra. Vetus Necrolog. Eccl. Vivar. ex Schedis Lancelot : *Hac die memoria Rev. in Christo Patris et dom. D. Guillelmi de Pictavia condam Vivar. Episcopi, pro qua Procurator Universitatis tenetur distribuere existentibus in Missa majori et processione duos florenos cum dimidio.*

PROCURATORES Ecclesiarum suarum sese interdum inscribebant Episcopi. Guido Episcopus Ambianensis, *Præsul et Procurator Reipublicæ Ambianensis* inscribitur in Charta ann. 1073. Garinus ejusdem Ecclesiæ Episcopus, *Præsul et Procurator totius Reipublicæ Ambianensis*, in alia ann. 1133. Hugo Noviomensis, *indignus Procurator Noviomensis et Tornacensis Ecclesiæ*, in alia ann. 1039. apud Miræum in Cod. donat. piar. cap. 45. Buzelinum lib. 2. Gallo Fl. cap. 26. et Haræum in Castellanis Islensibus pag. 153. 163. Ita in Epistola Henrici III. Reg. Angliæ apud Prynneum in Libertat. Anglic. tom. 2. pag. 580. Bonifacius de Sabaudia, *Procurator Bellicensis Ecclesiæ* dicitur, eo anno, quo ad Cantuariensem est promotus. Hugo Flaviniacensis ann. 940 : *Artaldum Episcopum a Procuratione Episcopii juramento se compulit abdicare.* Ita Episcopus *procurare Ecclesiam* dicitur apud Adamum Bremensem cap. 170. *Procurator Ecclesiæ* præterea videtur appellatus, qui electus, sed nondum consecratus est Episcopus, in Charta Friderici II. ann. 1238. apud Columbum in

Episcop. Valentin. num. 59 : *Itaque ad curiam nostram Guillelmum Valentinensis Ecclesiæ venerabilem Procuratorem, seu electum, debita honorificentia suscepimus.* Denique eumdem titulum Episcopis *Commendatariis* datum colligimus ex Chronico Fontanellensi cap. 8.

* Procurator, Qui alicujus curam habet. Vita S. Bernardi lib. 2. cap. 3. ubi de energumeno : *Stridebat dentibus et mordebat Procuratorem suum.*

¶ **PROCURATORIUM**, Procuratio, litteræ quibus aliquod negotium alicui committitur. Charta Episc. Adurensis ann. 1273. apud Rymer. tom. 2 pag. 4 : *In cujus rei testimonium præsenti Procuratorio sigillum nostrum duximus apponendum.* Litteræ quibus Jacobus Reg. Aragon. filius procuratores constituit ad contrahendum matrimonium cum Sclarmunda filia Com. Fuxens. ann. 1275. tom. 9. Spicil. Acher. pag. 264 : *In testimonium eorumdem præsentem Chartam seu Procuratorium sigillo nostro pendenti fecimus sigillari.* Occurrit passim. Vide *Procura* 1.

* 1. **PROCURATRIX**, apud sanctimoniales, Quæ res monasterii gerit et administrat. Obituar. Ms. hospit. S. Jacobi Meledun. : *vj. kal. Aug. Obiit Mathildis Procuratrix et conversa istius domus, quæ multa bona huic domui contulit.*

* 2. **PROCURATRIX**, Quæ causas alicujus prosequitur. Charta manumiss. Petri episc. Laudun. ann. 1377. in Reg. 131. Chartoph. reg. ch. 12 : *Edelinam feminam nostram de corpore...... sub infrascriptis modis et conditionibus manumittimus per præsentes, videlicet quod de cætero tanquam advocata vel Procuratrix, seu alio modo quocumque contra nos, successores nostros episcopos, vel ecclesiam nostram Laudunensem alicui alteri, publice vel occulte, consilium, auxilium, vel patrocinium aut juvamen dare ac etiam impertiri non possit.*

* **PROCURIUM**, Procuratio, litteræ, quibus aliquod negotium alicui committitur, in Chartul. Ravennat. pag. 76. Vide *Procuratorium*.

¶ **PROCURRA**. Vide supra *Procura* 2.

¶ 1. **PROCURSUS**, ut supra *Percursus*, Facultas ponendi pecudes suas, et eas pascendi in alterius domini pascuis, *Procours*, in Consuet. Nivern. cap. 3. art. 2. Inquisitio ann. 1255. apud Kennett. Antiq. Ambrosden. pag. 249 : *Quia si* (tres acræ) *essent assartatæ, bestiæ amitterent Procursus suos ad transversum forestæ.*

¶ 2. **PROCURSUS**, Alia notione, quæ aperte explicatur in Charta ann. 1064. ex Tabular. Major. Monast. : *Quidquid igitur patet intra tres supra descriptas vias et supradictam vallem, quantum ad dominium suum pertinebat, boscum sive planum, feras simul omnes cujuscumque sint generis, et Procursum, nullo prorsus inde sibi jure retento, memoratus Comes* (Tetbaldus) *beato Martino dedit. Procursus autem hic est, quia si canis noster in bosco nostro feram aliquam movere cœperit, per silvas Comitis, absque ulla refragatione, indagare tandiu poterit, donec apprenderit.*

¶ 3. **PROCURSUS**, Progressus, processus, *progrès; accroissement.* Exordium Monasterii S. Medardi Tornac. inter Instr. tom. 3. novæ Gall. Christ. col. 65 : *Quia paucitas dierum hominis finitur brevi, visum est nobis de exortu et Procursu domus nostræ aliqua perstringere, etc.*

4. **PROCURSUS**, Genealogia, series generis. Matth. Paris ann. 1130 : *Ubi cum a quodam Clerico de gente Francorum perito, originem et Procursum Regis Ludovici quæreret, etc..... et cum a gemino ovo omnem Regum Franciæ genealogiam texendo replicasset, etc.*

¶ 5. **PROCURSUS** Mortuorum, Exportatio cadaveris ad sepulcrum, Gallice *Levée d'un corps;* quod ordinato processu fit, sic dici videtur. Item, jus quod Curioni ex eo competit. Charta ann. 1178. apud Lobinell. tom. 2. Hist. Britan. pag. 348 : *De omnibus oblationibus quæ fient in Ecclesia S. Nazarii habebunt monachi medietatem, excepto Procursu mortuorum, baptisteriis, et visitationibus infirmorum.* Pro solemni processione et oblationibus quæ in ea a fidelibus fiebant in Commemoratione omnium defunctorum accipi opinor in Charta alia ibid. pag. 349 : *Retinuimus autem Willelmo Faruel in vita sua Procursum mortuorum integre, excepto in crastino Omnium Sanctorum.*

¶ **PROCXORIUS**, Proditus, indicatus, *Declaré*. Placitum ann. 852. inter Probat. tom. 1. novæ Histor. Occitan. col. 99 : *Ipse Commis jussit suos.... ut supra ipsas res venissent, et rei veritati vidissent, si erant ipsas infra manitate monasterii Gondesalvio... Nos vidimus et invenimus, quod ipsas res infra signa Procxoria vel termines ipsas res sunt, vel subjacent, a partibus monasterii Gondesalvio.*

* Forte legendum *Proculcata*. Vide supra *Proculcare*.

¶ **PRODA**, Proventus, reditus, Ital. *Prode, prodotto,* Gall. *Produit, revenu.* Charta ann. 1196. apud Murator. delle Antic. Estensi pag. 368 : *Preceperunt per convenientiam dicto Abbati, quod investiret dictum Azolinum Marchionem... jure feudi absque fidelitate de toto eo quod ipsi habent et tenent.... in Verago, et in fundo, et Proda ville Marzane, et in Gaugnano et ejus Proda, quod totum est tertia pars dicti fundi.* Vide *Preu* et *Produm*.

¶ **PRODANI**, ut *Prodenses*. Vide ibi.

¶ **PRODARIUS**. Vide infra *Proderius*.

* **PRO-DECET**, Congruenter, ut decet. Libert. Figiac. ann. 1369. tom. 5. Ordinat. reg. Franc. pag. 267 : *Et si prosequatur eos et Pro-decet favoribus et insigniis.. . excitentur, etc.*

PRODECIMA, Idem quod *Redecima*, Decima decimæ. Capitulare ann. 823. cap. 21. et lib. 2. Capitul. cap. 21 : *Ut de omni conlaborato et de vino et feno.... nona et decima persolvatur : De nutrimine vero Prodecima, sicut hactenus consuetudo fuit, ab omnibus observetur.* [** Pertz. ann. 821. cap. 23. *pro decima.*] Vide *Redecima*.

PRODEFACERE, Prodesse. Lex Wisigoth. lib. 6. tit. 4. § 3 : *Qui manum ex integro absciderit, vel etiam quolibet ictu percusserit, ut ad nullum opus ipse Prodefaciat, centum solidos percussor componat.* Occurrit nude *prodificare* in Gloss. Arabico-Latino.

PRODEFINIRE, Idem quod *Definire*. Capitula Ludovici Pii ann. 826. cap. 6 : *Tunc Comes causam Prodefiniat, veluti se ipse qui quærit præsens fuisset.*

* **PRODELADA**, Prodella, in Ruthenensi pago *Prodelh*, Palanga tractoria, paxillus, virga crassior. Charta ann. 1332. in Reg. 66. Chartoph. reg. ch. 1098 : *Item non tantum de mortuis* (lignis), *sed etiam de vivis infrascriptis, videlicet pro suis.... Prodellis, cavillis, et biguis, cum quibus ligna portantur.... Proviso etiam quod sine fraude possint recipere per pedem cavillas et redortas longuas seu breves, quæ breves vocantur vulgaliter Prodeladas de dictis mespolariis.* Lit. remiss. ann. 1470. in Reg. 196. ch. 277 : *Le suppliant print ung grant pau,...., vulgaument appellé Prodelh. Prodial,* eadem acceptione, in aliis Lit. ann. 1449. ex Reg. 179. ch. 311 : *Icellui Grégoire print ung Prodial ou barre de bois et en donna ung coup du bout.* Idem quoque sonat *Proix*, in aliis ann. 1455. ex Reg. 189. ch. 52 : *Le suppliant print en sa main ung Proix de charrette, et d'icellui Proix donna ung coup à Jehan son frere.* Neque aliud est *Pourpal*, in Lit. ann. 1455. ex Reg. 187. ch. 109 : *Pierre Gilbert avec ung gros Pourpal de charrette en bailla ung coup.* Vim vocis apertius declarant Lit. remiss. ann. 1445. in Reg. 177. ch. 63 : *Ung Proudeau d'une charrete, aquoy l'en attache les beufz. Prouha*, Biturigibus, eodem significatu, in aliis Lit. ann. 1452. ex Reg. 181. ch. 177 : *Ung grant Prouha, de quoy on atelle quatre beufz.* Hinc *Prouliere* dicitur funis, quo equus vel bos religatur ad *prodellam*, vulgo *Trait*, in Lit. remiss. ann. 1457. ex Reg. 191. ch. 266 : *Une corde qu'on appelle Prouliere, qui sert à faire tirer chevaulx à la charrue.*

PRODENSES, Funes qui a prora alligantur ad terram, Italis *Prodese*, ex *proda*, prora, iisdem. Sanutus lib. 2. part. 4. cap. 25 : *Hoc est versus scolium nominatum, quod est a partibus Tramontanæ, qui ab omnibus scholis supradictis debet Prodensibus duobus et dimidio elongari, vel debet sibi cavere,... et potest ibi stare ad Prodenses, quicumque fuerit penes muros prædictæ civitatis.* Infra : *Et eat longe a scolio uno Prodense.* Rursum : *Et possunt Prodenses dari ad insulam supradictam, anchoræque versus terram firmam poterunt impartiri.* Cap. 26 : *Ad quam quidem siccam Prodenses figuntur.* Vide *Prosnesium*.

¶ Prodani, Eadem notione, in Gloss. Fr. Barberini ad Docum. Amor. edit. Ubaldini : *Prodani funes, qui ex anteriori latere navis propter impetum ventorum sustinent arborem.*

¶ 1. **PRODERE**, Negare. Gloss. MSS. veteri Canonum collectioni præmissæ : *Prodiderit, negaverit.*

* 2. **PRODERE**, pro Prodesse. Charta ann. 1400 : *Videns quod dicta molendina erant deperita, et quod plus Prodebunt dicto domino nostro dalphino dicta decem sestaria frumenti, etc.*

PRODERIUS, Qui Proram curat in navibus, *Prodiere* Italis. Occurrit apud Sanutum lib. 2. part. 4. cap. 20.

¶ Prodarius, Eodem significatu. Gloss. Fr. Barberini ad Docum. Amor. edit. Ubaldini pag. 257 : *Prodarii, qui custodiunt arborem, velas et anteriorem partem navis.*

Alibi : *Prodarii*, *homines qui etiam remigant in prora.*

* Nautis nostratibus *Prouyer.* Vide infra *Proreta.*

* **PRODESUSIUM**, Tunica militaris, sagum. Charta ann. 1319. ex Tabul. D. Venciæ : *Raymundus Latili de Corsegolis, armatus spalleriis, panceria, cirothecis de malla, massa, capello ferri, scuto, lancea et Prodesusio, ad arma dicti nobilis* (Truandi de Villanova). Vide *Superinsigne.*

* **PRODIENCII.** Stat. Mss. eccl. Tull. ann. 1497. fol. 76. r° : *Sunt autem alii* (confratres ecclesiæ nostræ Tullensis) *extra diocesim ab antiquo, videlicet Prodiencii, Metenses, Lateranenses, Iherosolimitani, Helvesuatenses, pro quibus tenemur semel in anno solemniter missam celebrare pro defunctis.*

¶ **PRODIFICARE**, Emendare, ad meliorem frugem adducere. Vetus Interpres Origenis tract. 19. in Matth. apud Genebrardum : *Morigeratur Deus homines, ut hominum Prodificet mores.* Vide supra *Prodefacere.*

* **PRODIFICATIO**, Emendatio, utilitas. Vetus Interpres Origenis tract. 33. in Math.: *Judicatur qui, data sibi virtute ad Prodificationem animarum, non est usus.* Vide *Prodificare.*

¶ **PRODIGALITAS**, Prodigentia, Gall. *Prodigalité.* Conc. Matiscon. ann. 1286. apud Marten. tom. 4. Anecd. col. 205 : *Cum potius improba Prodigalitas conferentis et concedentis* (uni plures prioratus) *et recipientis ambitiosa cupiditas in salutis æternæ perniciem accipiant velamentum.* Chron. Modoet. Bonincontri apud Murator. tom. 12. col. 1162 : *Qui jam Brandelitium in republica ejus socium propter illius Prodigalitatem, qua in rebus alienis utebatur, de civitate expulerat.*

* **PRODIGERE**, *Degater. Prodigitas, Degateté. Prodigus, Degateur.* Glossar. Lat. Gall. ex Cod. reg. 7692.

* **PRODIGIALITER**, pro Prodigaliter, prodige. Chartul. archiep. Bitur. fol. 35. v° : *Expedit utique ut qui de patrimonio Christi vivunt, ne dixerimus, Prodigialiter debacchantur, compescantur supletationem ampliare.*

** **PRODIGIARE**, Præsignare, in Agii obitu Hathmuodæ vers. 613 :

Nam quod clara fuit mundo flos Prodigiabat.

¶ **PRODIGIATOR**, Festo, *Prodigiorum interpres.* Gloss. Lat. Græc. : *Prodigiator*, τερατοσκόπος.

* **PRODIGNA**, vel PRODIGUA, *L'ostia consumante.* Glossar. Lat. Ital. Ms.

* **PRODIGNARI.** Ordinat. Alfonsi comit. Tolos. ann. circ. 1254. inter Probat. tom. 3. Hist. Occit. col. 512 : *Jurabunt senescalli et bajuli,.... quod nullum donum recipient..... nisi esculentum vel poculentum, quod infra dies proximos Prodignatur, et quæ jus permittit.* Ubi legendum *Prodiguatur*, id est, consumatur, ut certo efficitur ex juramenti formula senescallorum aliorumque judicum tom. 1. Ordinat. reg. Franc. pag. 364. art. 40 : *Jurabunt quod per se nec per alios recipient..... donum,.... exceptis esculento vel etiam poculento, et aliis ad comedendum et bibendum ordinatis; ..... et in tali quantitate ea recipient, quod infra unam diem possint, absque devastatione, consumi.*

¶ **PRODIMENTUM**, Proditio. Chron. Domin. de Gravina apud Murator. tom. 12. col. 555 : *Regni Magnates persuaserunt matri præfatæ ut eorum Regem dimitteret eorum custodiæ conservandum, sed infactum malignam custodiam habuerunt Prodimento decepti.*

¶ **PRODITIALITER**, Perfide, per proditionem, Gall. *En trahison.* Litteræ Edwardi I. Reg. Angl. ann. 1282. apud Rymer. tom. 2. pag. 196 : *Proditores nostri Lewelinus filius Griffini et David frater ejus.... Proditialiter contra nos insurrexerunt.*

¶ PRODITIONALITER, Eadem notione, in Chron. Trivetti tom. 8. Spicil. Acher. pag. 713 : *Nos quoque cernentes tot damna, opprobria, facinora et injurias in exheredationem nostram et destructionem populi nostri Proditionaliter irrogari, etc.* Charta ann. 1260. apud Rymer. tom. 1. pag. 709 : *Castrum dicti dom. Regis de Buelt ceperunt Proditionaliter, et homines ejusdem castri.* Occurrit præterea apud eumd. tom. 3. pag. 222. Lobinell. tom. 2. Hist. Britan. pag. 468. Murator. tom. 3. pag. 574. tom. 6. col. 364. tom. 12. col. 568. inter Instr. tom. 6. Gall. Christ. novæ edit. col. 114. etc.

¶ PRODITIOSE, Idem, in Annal. Genuens. Ogerii Panis apud Murator. tom. 6. col. 410 : *Saladinus.... Proditiose intravit castellum Corvariæ.* Vide *Gelositas.*

¶ **PRODITIONALIS**, Perfidus. Chron. Domin. de Gravina apud Murator. tom. 12. col. 588 : *Habito quodam Proditionali tractatu viriliter invasit castrum S. Erasmi.*

PRODITOR, Qui rem furatam prodit, indicat, in Lege Longobard. lib. 1. tit. 25. § 4. 40. [** Roth. 260. 340.] Occurrit in leg. un. C. de Mendic. valid. (11,25. al. 26.) et in leg. 6. Cod. de Delator. (10,11.)

* **PRODITORES.** Proditorum effigies, ut omnibus forent noti, locis publicis appendebantur : cujus moris testis est Laur. Bonincont. in Annal. suis ad ann. 1376. apud Murator. tom. 21. Script. Ital. col. 27 : *Rodulphus Varanus.... ad pontificem defecit...... Ob eam rem Florentini tamquam fœdifragum portis adpinxerunt. Hanc ille contumeliam ultus eo est, quod octo Florentinorum, qui curam belli habebant, in suis terris pingi fecit sub semisolio sedentes, veluti si quæ egisset, in os suum reciperent.* Et ad ann. 1425. col. 134 : *Ea tempestate Antonius Pisanus, Albericus Cunii comes, et Christophorus Lavellus a Florentinis defecere, et similiter ex more pinguntur Proditores locis publicis civitatis.*

¶ **PRODITUS**, Editus, genitus, in leg. 1. lib. 6. Cod. Theod. tit. 26 : *Licet patre vel avo ceterisque majoribus curialibus orti ac Proditi sint.*

¶ **PRODIUM**, pro *Brodium*, nostris *Brouet.* Statuta Monasterii Mellic. ann. 1451. in ejusd. Chron. pag. 426 : *Die parasceves pro relevatione fratrum detur singulis aliquid coctum videlicet Prodium de furfure, vulgariter Stob, vel de pisis, non tamen nisi sale conditum.*

* **PRODOMIA**, Proditio. Pactum inter abb. et habitat. Anianæ ann. 1332. in Reg. 69. Chartoph. reg. ch. 175 : *Certi syndici hac vice concedantur per vicarium Anianæ .... ad prosequendum..... causam inquisitionis, pendentem contra nonnullos dictæ universitatis in curia domini regis, super facto Prodomiæ.*

¶ **PRODUCERE**, Litis instrumenta proferre, exhibere, Practicis nostris *Produire*, in Charta Caroli VIII. Reg. Franc. ann. 1489. apud Baluz. tom. 2. Hist. Arvern. pag. 237. Hinc

¶ PRODUCTIONES, Gall. *Productions*, vocant litis instrumenta et auctoritates. Arestum ann. 1497. apud. Thomasser. in Biturig. pag. 172 : *An bene vel male fuerit appellatum, junctis certis gravaminibus ac Productione dictorum appellantium ad judicandum, etc.*

¶ **PRODUCTALIS.** Charta Ferdinandi Gonzalez inter Conc. Hispan. tom. 3. pag. 175 : *Atriis, hortis, molinis, pratis, paludibus, cum suis antiquis Productilibus aquis.* Quod in plerisque aliis Chartis sic exprimitur, *cum aquarum decursibus.*

¶ **PRODUCTUS**, Adductus, compulsus, coactus. Hist. liberationis Messanæ apud Murator. tom. 6. col. 623 : *Nec colligatur* (tallia) *etiamsi Rex quacumque necessitate Productus contra regni statuta, vel secundum, collectaret, peteret.* Utitur etiam vetus Irenæi Interpres lib. 3. cap. 14. num. 1 : *Quoniam autem is Lucas inseparabilis fuit a Paulo, et cooperarius ejus in Evangelio, ipse facit manifestum, non glorians, sed ab ipsa Productus veritate.*

PRODUM, Lucrum, Gallis *Preu, Profit :* Italis *Prode*, et *pro*, qui a Provincialibus acceperunt, ut notat Acarisius. Usatici Barcinonenses MSS. cap. 63 : *Ut habeant Produm et damnum, quemadmodum inter illos fuerit conventum.* Occurrit ibi pluries. [Vide *Preu* et *Proda.*]

¶ **PRODUX**, Traductor, apud Tertull. lib. de Carne Christi cap. 20.

* **PROEDRIA.** *De Jure Proedriæ seu Præcedentiæ*, Titulus libri editi Wittenbergæ ann. 1702. auctore Henr. Hornio. Vide *Proedrus* et Glossar. med. Græcit. in Πρόεδρος.

¶ **PROEDRUS.** Vide Glossarium mediæ Græcitatis in πρόεδρος.

* **PROELEPSIS**, pro *Proeleusis*, a Græco προέλευσις, idem quod *Processio*, Processus publicus. Benzo episc. Albens. in Henr. III. imper. apud Ludewig. tom. 9. Reliq. Mss. pag. 367 : *Præparentur itaque duo tabernacula, in uno coronatus cæsar, processionaliter ad alterum eat tabernaculum ..... Finita Proelepsi, celebratur missa cum suis melodiis, etc.* Vide Martin. Lexicon in *Proeleusis.*

¶ **PRŒLIARE**, Oppugnare, *Attaquer.* Jac. Aurias in Annal. Genuens. ad ann. 1282. apud Murator. tom. 6. col. 578 : *Cum militibus CCC. et peditibus MD. dictum castrum Prœliaverunt et eundem violenter ceperunt.*

* **PROEPISCOPUS**, Episcopi vicarius seu suffraganeus, idem qui *Chorepiscopus.* Vide in hac voce. Vita B. Bern. Ptolom. tom. 4. Aug. pag. 479. col. 1 : *In æde Aretina SS. Trinitatis antistes infulatus, peracto solemni ritu incruento sacrificio, per suum Proepiscopum tribus eremicolis candidum imponit cucullum.* Occurrit præterea in Epist. J. B. Lauri pag. 13. 352. et 431.

* **PROFANA** Vestis. Vide Martin. Lexic. in hac voce.

* **PROFANALITER**, Sacrilege. Acta S. Canion. tom. 6. Maii pag. 31. col. 2 : *Ast ubi sacrilegi carnifices cessaverunt ejus vulnera ferventi plumbo resinaque Profanaliter comburere.*

¶ **PROFANITAS**, Eo nomine Scriptores ante Christum natum designat Tertullianus lib. de Pallio cap. 2 : *Ut autumat superiorum Profanitas.*

* **PROFARI**, *Dire de bouche autre chose que de cuer.* Glossar. Gall. Lat. ex Cod. reg. 7684.

¶ **PROFECTITIUS**, Aliunde in nos delatus, adventitius. Hierat. juris Pontificii pag. 60 : *Sicut pater Profectitia filii in detrimentum ejusdem hæredis non præscribit.* Ulpian. leg. 5. Dig. de jur. dotium : *Videri dotem non esse Profectitiam.*

¶ **PROFECTUOSUS**, Utilis, qui prodest. Privileg. Rodulfi Reg. Franc. ann. 925. apud Marten. tom. 1. Ampl. Collect. col. 280 : *Cujus salutiferis immo animæ nostræ Profectuosis petitionibus voluntarie aurem nostri culminis accommodavimus.*

PROFECTUS, Lucrum, *Profit.* Capitulare Carol. M. de Villis cap. 36 : *Accipitres et sparvarios ad nostrum Profectum provideant.*

PROFERENDA. Acta Episcoporum Cenomanensium in Gervasio cap. 31 : *Cunctasque ibi decimas pertinentes, cunctos census et suburbia, quæ Archiclavi tenere solebant, excepta Proferenda, quam Archicapellanus de manu Pontificis Missam cantantis recepit.* Videtur idem sonare quod *Præbenda.* [Malim de oblatione, quæ inter Missarum solemnia fit, accipere.]

PROFERENTIA, Proferentium, Proferta, Proventus, reditus. Tabularium Celsinianense : *Acquisivit de ipso Bertranno in gadio duas partes Proferentii de annonada.* Tabularium Conchense in Ruth. ch. 8 : *Hoc est totum fevum Presbyterale, et Proferentiam de tota Parochia de annona et de vino, et totam Profertam, quæ ad altarios venerit, etc.* Ch. 39 : *Decimum, et Proferentium, et sepultura, etc.* Ita in ch. 48. 50. 51. 57. 369. et alibi.

☞ Minus accurate *proferentiam*, proventum, reditum nude interpretatur doctiss. Cangius : haud obscurum quippe ex allatis videtur inter jura Curionum recenseri, idem proinde esse quod supra *Præferentia*, primitiarum scilicet jus, quod ipsis Curionibus præter decimas debetur. Id rursum aperte docet Charta an. circ. 1036. apud Stephanot. tom. 4. Antiq. Pictav. Bened. MSS. pag. 562 : *Mediam partem de altare, et suam partem de decimas, mediam partem de confessiones, de sepulturas, de Proferentia, de baptisterium, et omnia quæ ipse habet in ecclesia* (concessit.) Excerpta ex Tabul. S. Maxentii inter Instr. tom. 2. novæ Gall. Christ. col. 341 : *Donatio autem* (an. 1041.) *istius ecclesiæ talis est, scilicet baptisterium, confessiones, Proferentia et tota sepultura, et omne quod in ecclesia venerit.* Vide *Primitiæ.*

PROFERIMENTUM, Dilatio, prolatio : cum quis stare juri, ac *rectum facere* renuit, vel differt. Usatici Barcinonenses MSS. cap. 93 : *Sicut malum quod factum est per fatigationem de directo, nullatenus debet esse emendatum, ita illud quod factum fuerit super Proferimento de directo, nullatenus debet remanere ut non sit redirectum.* Id est, ut interpretor, sicut malum, quod quis patitur ex actione judiciaria, non emendatur ; ita e contra si malum is patiatur ex dilatione partis, debet resarciri.

PROFERUM, Profrum, in Fleta lib. 1. cap. 38. § 16. lib. 2. cap. 32. § 2. 4. Monasticum Anglic. tom. 1. pag. 290 : *Idem Henricus de Hastingiis et antecessores sui solebant capere et de jure habere rationabiles expensas suas versus scaccarium singulis annis pro duobus Profris faciendis, et uno compoto reddendo per annum, etc.* Radulfus de Hengham in Summa magna cap. 11 : *Et si reperiatur per nomina Militum qui visui interfuerunt, quod visus terræ factus fuit, tunc ad Proffrum petentis clamabitur reus, qui dic illo juste si velit, essoniari potest de malo veniendi, etc.* Ibidem, Gallice : *Richard le Jay se Profre vers Villiam Husé de play de terre, etc.* Adde cap. 9. 12. Jo. Britton in Legib. Angl. pag. 41. v. : *Mes en tiel cas volons que mitigation soit faite, pur ceo que ceux se Profrent à combattre pur nostre pees maintenir, etc.* Pag. 42. v. : *Et si ascun eyt sur luy autes arme musee, et de ceo soit greve son adversaire, ou Profre de grever, etc.* Pag. 44. v. : *Et si ascun des appellès se Profre avaunt la utlagerie, ou le appellour face defaute, etc.* Pag. 55 : *Et si le pleintif ne veigne au jour, ne se face essoiner, et le defendant se Profre, et demande jugement de la non suite de plaintise, etc.* Spelmannus vocem a Gallica *Proferer*, producere, educere, allegare, deducit. Vim tamen vocis non omnino percipio.

☞ Duplex est hujusce vocis intellectus ex Th. *Blount* in Nomolex. Anglic. Ac primo quidem *Profrum* significat tempus iis statutum qui rationes suas edere et *proferre* coram Scaccario tenentur, atque ipsam rationum redditionem : quo sensu accipienda quæ ex Monastico Anglic. retulit Cangius, ut et quæ post Spelmannum subjungimus ex Brevi Reg. de Attornato Vicecomit. pro *Profro* faciendo : *Quia dilectus nobis.... ad instans Octavæ Paschæ proxime futurum ad Profrum suum tunc ibidem, prout moris est, faciendum personaliter interesse non potest ; vobis mandamus quod R. et J. clericum, quos idem Vicecomes ad Profrum suum prædictum... attornavit... loco ipsius Vicecomitis ad hoc recipiatis.* Est et *Profrum* Actio judiciaria, qua sese offert quis ut coram judice jus suum contra quemlibet probet, jurisque sui argumenta *proferat.* Ita vocem hanc interpretor apud laudatum Radulfum, in Gallicis superius allatis et in Charta ann. 1334. apud Rymer. tom. 4. pag. 611 : *Cum Johannes Episcopus Lysmorensis.... amerciatus fuisset ad centum solidos, quia non venit ad Proffrum suum faciendum ; nos, volentes eidem Episcopo gratiam in hac parte agere specialem, pardonavimus eidem Episcopo.... prædictos centum solidos.*

* *Pouroffrir*, eodem sensu, dixerunt nostri. Lib. rub. fol. parvo domus publ. Abbavil. fol. 29. r° : *Il doivent venir dedens le fin des contremens devant le visconte, et se doivent Pouroffrir armé de toutes armes.* Occurrit præterea in Chron. S. Dion. tom. 3. Collect. Histor. Franc. pag. 245.

¶ **PROFESSA**, Femina continens, quæ virginitatem profitetur, non tamen in Monasterio. Index vett. Canon. inter Conc. Hispan. tom. 3. pag. 20 : *Ut nulla Professa vel vidua absente sacerdote, in domo sua sacerdotale officium vel lucernarium impleat.* Vide *Ascetriæ.*

* **PROFESSARE**, Ad professionem monasticam aliquem recipere, admittere. Constit. Carmelit. Mss. part. 1. rubr. 13 : *Probationis tempus novitiorum, postquam induti fuerint, per annum integrum assignatur, computando a Kalendis, vel Idibus sive Nonis, et non a festis mobilibus ; ita quod prælati eos ante tempus Professantes, ipso facto essent suspensi de jure ab actu Professandi.*

PROFESSI, Qui magisterium adepti sunt in Scholis, et docendi facultatem habent. Hericus Monachus lib. 1. de Miracul. S. Germani : *Quisquis artium profitendarum afficeretur studio, non ante Professis inscribi merebatur, quam hinc explorata diligentia examinatus abiret.* Ex eo hausit Syrus in Vita S. Maioli Abb. lib. 1. cap. 5. tom. 2. Maii pag. 671.

¶ 1. **PROFESSIO**, Substantia, possessio, facultates in censu professæ, in leg. 2. Cod. Theod. lib. 10. tit. 14. Vide ibi Gothofredum.

¶ Professio, pro Nuda jactatio, ibid. leg. 5. tit. 1. lib. 9. pro Oneris in se susceptio, ibid. leg. 32. lib. 13. tit. 5.

** Professio Legis, qua quis vivebat. Vide in *Lex* pag. 82. col. 2.

¶ 2. **PROFESSIO**, Abdicatio, declaratio qua dignitate quis se abdicat. Statuta Cisterc. ann. 1157. apud Marten. tom. 4. Anecd. col. 1250 : *Abbas qui dimiserit abbatiam suam, infra* XXX. *dies Professionem faciat, et nihil ex omnibus sibi retineat aut reservet. Professio monachica*, vide in *Profiteri.*

* 3. **PROFESSIO** Canonica, Jurisdictionis metropolitani in suffraganeum episcopum confessio a canonibus præscripta. Bened. abb. Petroburg. in Henr. II. reg. Angl. edit. Hearn. tom. 2. pag. 716. ad ann. 1191 : *Sententiam excommunicationis in episcopum Dunelmensem tulit archiepiscopus Eboracensis,..... quia Dunelmensis episcopus noluit facere canonicam Professionem ei, sicut metropolitano suo.*

PROFESSORES, vel *Professores Ordinis*, qui regulam Ordinis alicujus profitentur, in Stat. Præmonstr. dist. 1. cap. 4. § 18. [Bulla Bonifacii IX. PP. ann. 1400. apud Rymer. tom. 8. pag. 122 : *Quibus etiam monachis eligendi, tempore vacationis Prioratus ejusdem, alium de dicto Prioratu, vel alio religioso loco dicti Ordinis* (Benedictini) *ydoneum Professorem* licentiam damus.]

¶ **PROFESSUS**, Professio. Cod. Theod. leg. 39. tit. 2. lib. 16 : *Si qui Professum sacræ religionis sponte dereliquerit, continuo sibi eum Curia vindicet.* Vide alia notione in *Profiteri.*

¶ **PROFESTUM**, Vigilia, dies festum præcedens. Obituar. MS. Eccles. Morin. fol. 36 : *Festivitatum B. Mariæ matris Christi ac vigiliarum seu Profestorum Petri et Pauli, etc.* Mirac. S. Amalbergæ tom. 3.

Jul. pag. 111 : *Vovit feriare, quamdiu viveret, B. Amalbergæ, et Profestum ejus in pane et aqua quolibet anno jejunare.*

** Profesta Nona, Diei festum præcedentis. Reinh. Vulp. lib. 3. vers. 1264 :

Annua cras ingens festa Machutus habet.
En comitante pari nonam modo clanga Profestam
Tinnit; ut ipse audis, quid tibi tester ego?

* **PROFESTUS** Dies, idem qui *Ferialis*, dies hebdomadis officio alicujus sancti vacans. Charta S. Ludov. ann. 1256. in Reg. 84. Chartoph. reg. ch. 484 : *Fiat hujusmodi panum distributio diebus singulis, tam solennibus quam Profestis.* Alia Inger. de Marigniaco pro fundat. colleg. Escoiar. ann. 1310. in Reg. Phil. Pulc. ex Bibl. reg. sign. 9607. 3. ch. 63 : *Diebus ferialibus sive Profestis duo cerei, quilibet ponderis duarum librarum ad matutinas, ad missas majoris altaris et ad vesperas ardeant : Dominicis diebus et festis novem lectionum, quatuor.* Stat. S. Capel. Bitur. ann. 1407. ex ead. Bibl. : *In primis, videlicet diebus Profestis sive ferialibus, et quibus tres debebunt celebrari lectiones simpliciter, etc.*

* **PROFFEN**, vox Germanica. Glossæ Cæsar. Heisterbac. in Reg. Prum. tom. 1. Hist. Trevir. Joan. Nic. ab *Hontheim* pag. 685. col. 1 : *Minister noster ibidem.... tenetur de officio suo eandem vineam plantare, quod nos appellamus Proffen.* Vide *Proffendra.* [** Graff. Thesaur. Ling. Fr. vol. 3. col. 366. voce *Phrofa.*]

PROFFENDRA. Tabular. S. Eparchii Inculism. fol. 38 : *Similiter facient eis 5. bias, unum ad frumentum faciendum, alium ad avenam, tertium a Proffendra, 4. in nemore, 5. in vindemiis, et hoc facient sive habeant bovem sive non.*

¶ **PROFFRUM**, ut *Proferum.* Vide in hac voce.

¶ **PROFICATIO**, Incrementum, accessio, Gall. *Melioration.* Charta Dom. Onecæ æræ 1067. apud Moret. Antiquit. Navarræ pag. 597 : *In omnes has villas quæ supra taxatæ sunt, cum omnibus augmentis suis tam de emptionibus quam de Proficationibus meis, cunctam meam portionem dono.* Vide *Proficuum.*

** **PROFICERE**, pro *Proficisci*, apud Erchempert. Histor. Langob. cap. 59. et in Chron. Salernit. cap. 107. Pertz. Scriptor. tom. 3. pag. 258. lin. 48. in var. lect. pag. 523. lin. 7.

¶ **PROFICIENS**, *Ante positus, provectus.* Glossarium Isidori.

¶ **PROFICISCERE**, pro Proficere, in Charta Childeberti III. Reg. Franc. ann. 695. apud Felibian. Hist. Sandion. pag. xvi.

¶ **PROFICIUM**, ut infra *Proficum.* Placitum ann. 8. Ludovici Pii apud *le Blanc* Dissert. hist. de Monet. pag. 98 : *Qualia* (testimonia) *exinde dedit in præsentia Rothardi et Nortperti Episcoporum, seu ipsius Leonis nullum Proficium testificati sunt.* Charta conventionis inter Henricum Reg. Angl. et Robertum Comit. Flandr. in Lib. nigr. Scaccarii pag. 14 : *Ubi Rex eos* (obsides) *libere possit retinere ad Proficium suum.* Adde Statuta Riperiæ cap. 1. fol. 5.

¶ **PROFICUIT** ; Proficuitas. Vide in Proficuum.

PROFICUUM, Lucrum, emolumentum, Profit. Hugo Flaviniac. in Chron. pag. 247 : *Sunt in summa quæ dedi in Proficuo Ecclesiæ.... solid. duo millia.* Relatio de Thesauro Canusianæ Ecclesiæ : *Per Proficuum et honorem Reginæ Ecclesiæ, etc.* Turpinus in Vita Caroli M. cap. 8 : *Magnum animabus Proficuum.* [Charta Balduini Comit. Flandr. ann. 1116. apud Miræum tom. 2. pag. 1154 : *Nihil deinceps Proficui, nil consilii vel auxilii illi facient.* Charta ann. 1183. apud Murator. delle Antic. Estensi pag. 371 : *Persolvet prædictam pecuniam cum Proficuo.* Charta Philippi Pulcri Reg. Franc. ann. 1292. ex Tabul. S. Andreæ Avenion. : *Perciperet et haberet.... omne emolumentum et Proficuum quod ex curia et mercato ac nundinis dictæ villæ provenirent et provenire possent.*] Utuntur Ivo Carnot. Epist. 76. Gregorius VII. lib. 6. Epist. 2. Statutum 2. Westmonasteriense cap. 29. et alii.

* Glossar. Provinc. Lat. ex Cod. reg. 7657 : *Profiach, Prov. commodum, Proficuum. Profichar, Prov. prodesse, proficere.*

¶ Profiscuum, Eodem significatu, nisi etiam legendum sit *Proficuum.* Litteræ Caroli VIII. Reg. Franc. ann. 1483. in Notis Gotofredi ad Histor. ejusd. Reg. pag. 373 : *Volentes quod ipse Guillelmus* (de Rochefort) *hujusmodi officio Cancellarii plene.... gaudeat ad vadia,... utilitates, Profiscua, præeminentias et emolumenta consueta.*

¶ Proficuum, Fortuitus proventus, Gallis *Casuel.* Charta ann. 1406. apud Lobinell. tom. 5. Hist. Paris. pag. 686 : *Tenebuntur solvere amodo annuatim in recepta Proficuorum et reddituum villæ Parisiensis.*

¶ Profiguum, Eadem notione, in Charta ann. 1484. apud Baluz. tom. 2. Hist. Arvern. pag. 233 : *Fructus, Profigua, revenutas et emolumenta dictarum terrarum* (concedimus.)

Proficuus, Utilis, *Profitable.* [Charta Caroli C. ann. 851. apud Doublet. pag. 780 : *Ut pote in desiderio semper habentes aliqua nostræ saluti Proficua stabilienda quæreremus*] Lupus Ferrariensis Epist. 4. ad Einhardum : *Nemo postulet, nisi qui suæ saluti Proficua postularit.* Occurrit passim.

Proficuit, pro *Profuit.* Thwroczius in Sigismundo cap. 1 : *Sed quid Proficuit solitariæ manus defensio?* Cap. 4 : *Sed hæc fuga Proficuit ei minime.* Ita MSS. præferre monet Freherus Editor.

Proficuitas, Idem quod *Proficuum.* Ditmarus lib. 2 : *Archipræsul divinitus in cunctis humanitusque pollens Proficuitatibus, etc.* Lib. ult. : *Non est opus... ut varii favore vulgi de mea Proficuitate credas, etc.* pag. 21. 108.

* **PROFIGIUM**, pro *Profiguum*, idem quod *Proficuum.* Libert. Peyrus. ann. 1368. tom. 5. Ordinat. reg. Franc. pag. 708. art. 1 : *Una cum omnibus juribus, usibus, redditibus, proventibus, Profigiis ac pertinenciis quibuscumque, etc.*

¶ **PROFILIATIO**, Adoptio. *Charta profiliationis*, qua aliquis pro filio hæres constituitur. Charta Dom. Onecæ æræ 1067. apud Moret. Antiquit. Navarr. pag. 596 : *Facio vobis Rege domino Sancio et supradicta Regina hanc cartam Profiliationis ac donationis de meas hæreditates, quas habeo in territorio de Castella.*

¶ **PROFILIUS**, Filius filii, nepos, Gallis *Petit-fils.* Leges Norman. cap. 26. apud Ludewig. tom. 7. Reliq. MSS. pag. 207 : *In successione patris tantummodo ad Profilium afferentes, quod Profilius avo suo non debet succedere, licet primogeniti fuerit filius, qui avi sui tempore jam decessit.*

¶ **PROFILUM**, ut *Perfilum.* Vide ibi.

PROFINIS, Confinium. Vetus Charta ann. 1012. apud Ughellum in Teatinis Episcopis num. 12 : *Quæ* (Ecclesia) *sita est in territorio Teatino vocabulo Guelmi, et terras circumcirca dictam Ecclesiam pro mensura modiorum mille ducentorum habentur in Profine terræ supradicti Comitis Transmundi a pedefine fluminis Atinelli, etc.* Infra : *Et habent fines cum Profine via circa alios suos confines, etc.*

PROFIRMITER, Certo, phrasis Gallica, *Pour certain.* Capitula Caroli M. lib. 3. cap. 23 : *Si autem audivit quod latro fuisset, et tamen non scit Profimiter, aut juret solus, etc.* Adde Capitularia Caroli Calvi tit. 12. § 6.

¶ **PROFISCUUM.** Vide *Proficuum.*

PROFITERI, *Confiteri*, Confessionem Sacerdoti exsolvere, in Legibus Henrici I. Regis Angl. cap. 66.

Profiteri, Professionem (de qua mox) facere, in Antiq. definit. Ord. Cisterciensis dist. 4. cap. 1.

Professio, qua Monachus per votum triplex Deo sese offert. Hac enim votorum emissione palam profitetur Deo obedientiam, castitatem, et paupertatem deinceps se observaturum. S. Hieronymus in Præfat. ad Regul. S. Pachomii, de præcedentia loquens : *Non ætas inter eos quæritur, sed Professio. Professio virginitatis*, apud S. Ambrosium lib. 3. de Virgin. *Sancta religionis Professio.* in Concilio Arelat. II. ann. 385. can. 45. Concilium Carthagin. ann. 398 : *Clericus Professionem suam et in habitu et in incessu probet.* Canones Romanor. ad Gallos cap. 1 : *Virgo votata jam Christo, quæ integritatem publico testimonio Professa, a Sacerdote, prece effusa, benedictionis velamen accepit.* Concilium Wormatiense, ann. 868. cap. 23 : *Monachum ergo aut paterna devotio, aut propria Professio facit.* Vide Arnobium lib. 6. Addit. 1. Capitul. cap. 35. etc. et Haeftenum lib. 4. Disq. Monast. tract. 5. disq. 2. Exstat hæc professionis Monasticæ formula in Polyptycho S. Remigii Remensis : *Ego Rotfridus initium conversionis meæ diligenter attendens, considero quod petitionibus meis primum non facilis concessus est introitus, sed diu pulsanti mihi vix hospitii locus est misericorditer attributus, in quo per paucos dies commoratus, novitiorum sum domum progressus, in qua dura et aspera mihi primum a s niore sunt prædicata, et stabilitatis meæ promissio expetita, et ter in anno lecta atque tradita est regula, cum admonitione dicentis, Ecce lex sub qua militare vis, si potes observare, ingredere; si vero non potes, liber discede. Hoc ergo videns ordinatissimum mihi atque morosum spatium adtributum, dubitationis aditum prætermitto, et ut me jam vestro corpori sociare dignemini, humiliter posco. Ego tamen hujus regulæ instituta, Domino juvante, servare promitto, et propter vitæ æternæ præmium, coram Deo et Angelis ejus me similiter militaturum subjicio : ita ut ab hac die non mihi liceat colla de sub jugo excutere regulæ, quia sub annali optione aut excutere licuit, aut suscipere. Et ut hæc Professionis meæ petitio a vobis firmiter teneatur, ad nomen S. Remigii, vel quorum hic reliquiæ continentur, ac præsentis Abbatis domni videlicet Hincmari Archiepiscopi conscriptam trado. Professio infantium* vide *Oblati*, 1.

PROFESSUS Monachus, qui in Monasterio votum emisit, *Religieux Profez.* Arnulfus Lexoviensis Episcopus in Epist. ad Abbatem S. Ebrulfi : *Pro Willelmo Monacho olim nos Fraternitati tuæ semel et iterum scripsisse meminimus, ut eum in Monasterio tuo, in quo Professus est, reciperes, etc.* [Occurrit præterea tom. 3. novæ Gall. Christ. inter Instr. col. 245. et apud Murator. tom. 6. col. 68.]

PROFLAMMARE, Flammis, vel incendio absumere. Marcellinus Comes : *Simulachrum æneum in Foro Strategii super fornicem residens.... incendio Proflammatum est.*

¶ **PROFLIGARE**, Exigere, in leg. 4. Cod. Theod. lib. 11. tit. 22 : *Universa pensitationis Profligandæ, quæ fuit, reviviscat sollemnitas. Necessitatem Profligare*, ibid. in leg. 9. lib. 8. tit 8. *Profligo*, ἀπαιτῶ βιαίως, in Gloss. Lat. Græc. *Proflagito*, in Cod. Sangerm. Hinc

¶ PROFLIGATIO DEBITORUM, Exactio, collectio eorum, ibid. in leg. 10. lib. 6. tit. 30. *Profligatio*, ἀπαίτησις, in Gloss. Lat. Gr.

* **PROFLUITAS**, Abundantia. Vita S. Orient. tom. 1. Maii pag. 61. col. 1 : *Beatissimi Orientii sacerdotis sacratissimos actus vel pro parte disserere, non peritiæ Profluitate, sed tantæ materiæ admiratione, compellor.*

** **PROFLUVIA** FIDES, Labilis, fluxa, apud Baldricum lib. 3. cap. 6. Utitur Cæcilius apud Priscianum.

** **PROFLUXIO.** *Scaturigines sunt sparsæ aquarum Profluxiones*, in Comment. MSS. ad Mart. Capell. lib. 1. apud Maium in Glossar. novo.

PROFRUM. Vide *Proferum.*

¶ **PROFUGARE**, Expellere, ejicere. Chron. Angl. Th. *Otterbourne* pag. 76 : *Monachos Cantuarienses Profugavit* (Johannes Rex) *et bona eorum confiscavit.*

¶ **PROFUGIUM**, Fuga. Ottoboni Annal. Genuens. ad ann. 1205: apud Murator. tom. 6. col. 392 : *Omnes etiam penitus cepissent, nisi quod Comes Raynerius cum suis militibus Profugium cepit.*

PROFUGOSE, Fugiendo. Salvatus in Vita S. Martini Sauriensis Presbyt. : *In urbem Colymbriam Profugose redierunt.*

PROFUGULA, *Fugiens elimenta.* Sic Glossæ antiquæ MSS.

PROFULUM. Charta ann. 1197. apud Ughellum tom. 7. pag. 1275 : *Quinque mandilia cum Profulis.* Videtur esse nostrum *Profil*, vel *Porfil*, Ora, Limbus. [Vide *Perfilum.*]

* **PROFUNDA**, Profunditas, Ital. *Profonda.* Stat. Avenion. Mss. ann. 1243. cap. 65. ex Cod. reg. 4659 : *Si vero sanctos Dei blasphemaverit, tres solidos nomine pœnæ solvat;... si autem dictam pœnam solvere noluerit vel non poterit, projiciatur vestitus et calciatus in fossato, ubi fuerit Profunda, habita cautela ne submergatur.*

¶ **PROFUNDARE**, Fodere altius, Gallic. *Creuser, faire profond.* Charta *Pariagii* villæ Sarlat. ann. 1299. in Regesto Philippi Pulcri ex Chartophyl. regio : *Dicta foussata emendare, reficere et Profundare* (poterunt.) Chron. Episc. Metens. apud Acher. tom. 6. Spicil. pag. 673 : *Turres et muros in melius reparavit, novas cisternas Profundando.*

¶ PROFUNDARE, Mittere in profundum, immergere. Vita S. Stanislai tom. 2. Maii pag. 266 : *Quam* (mulierculam) *fuste aquis aliquoties Profundare satagebat.*

¶ PROFUNDARE SOMNUM, Goclen. in Lex. Phil. *Somnum profundum reddere.*

¶ PROFUNDARE, Diligentius rimari, penitus perscrutari, Gall. *Approfondir.* Vita B. Lidwinæ tom. 2. April. pag. 341 : *Profundare secreta Domini quandoque laborarent.*

* PROFUNDARE SE IN SCIENTIIS, Gall. *S'enfoncer dans les sciences*, Se literis involvere, totus in iis versari. Annal. Victor. Mss. ad ann. 1371 : *Demum* (Gregorius PP. XI.) *se convertit ad canones, ad theologiam ac philosophiam moralem; in quibus adeo se notabiliter Profundavit, quod in collectionibus et consiliis et aliis actibus suo statui congruentibus, in quibus de pertinentibus ad hujusmodi facultates actum fuit, sufficientissime peroravit.* Vide mox *Profundus.*

* **PROFUNDATIO**, Excavatio. Charta ann. 1344. in Reg. 75. Chartoph. reg. ch. 327 : *Asserebat idem magister Stephanus Profundationem dicti fossati, murum et alias clausuras prædictas circa fossatum et stufas prædictas factas, etc.*

PROFUNDERE, [dicitur sacerdos, cum hausto Sanguine Christi calicem vini et aquæ infusione abluit.] Vide *Superfusio.*

PROFUNDUS, Color intensior, vividior : nos dicimus *Foncé*, Scriptores medii ævi, *fundatus.* Valerianus Aug. apud Spart. : *Cape tunicam palmatam, togam pictam, subarmalem Profundum, sellam eboratam, nam te Consulem hodie designo* : ubi Casaubonus, et ex eo Alexander Wilteimius *subarmalem profundum* dici opinantur, quod tunica talaris fuerit. Alii ita dictum volunt, quod non modo purpureus fuerit, sed purpura vividiore, intensiore et subfusca intinctus. Proindeque *profundus subarmalis* idem fuerit, quod Trebellius Pollio in Claudio, *subarmale cum purpura Maura* vocat. Hesychius : Τὸ βαθύ, καὶ τὸ μέγα, καὶ ὑψηλόν, καὶ μέλαν. Idem : Βυσσός, βυθός, ἄντρον, πυθμήν, καὶ χρῶμα ἀντὶ τῆς ὕσγης παραλαμβανόμενον. Est igitur *subarmalis profundus*, ὑσγινοβαφής, hysgino tinctus. [Vide Suidam in Σάρδιοι λίθοι.]

¶ PROFUNDUS, Doctissimus, qui summum scientiæ attigit. *Profond* eadem notione dicimus. Rolandinus Patav. de factis in Marchia Tarvis. apud Murator. tom. 8. col. 360 : *Erant quoque tunc temporis Regentes in Padua viri venerabiles, magister Agnus, magister Johannes, magister Zambonius, Profundi et periti Doctores in physica et scientia naturali.*

* Annal. Victor. Mss. ad ann. 1337 : *Paulus de Lazanis etiam doctor Profundissimus Decretorum, qui super Clementina valde notabilem lecturam composuit.* Vide supra *Profundare.*

PROFUSIO, [Infusio vini et aquæ in calicem hausto Sanguine Christi ad illum abluendum.] Vide *Superfusio.*

¶ **PROFUSOR**, Pincerna. Vide *Præfusor.*

* **PROGALARE**, perperam fortassis pro *Propagare.* Stat. eccl. Leod. ann. 1360. tom. 2. Monum. sacr. antiq. pag. 450 : *Cum deceat ecclesiasticos Domini cum mansuetudine sollicitudo, ut vineam Domini Sabaoth decentius colere, illamque repulsis tribulis et vepribus, per quas divina posset offendi majestas, Progalare fructibus valeamus, etc.*

PROGENER, Vir neptis, Festo. Glossar. Græco-Lat. : Ἐγγόνης ἀνήρ, *Progener.* Ita in eodem Glossar. *Pronurus*, dicitur ἐγγόνου γαμετή. Aliter tamen accipi videtur in veteri Inscriptione apud Gruterum pag. 412. 3. ubi Stilico *Progener* Theodosii Augusti dicitur, quia scilicet ille *Serenam*, Theodosii ex Honorio fratre neptim, duxerat, quam Theodosius adoptarat in filiam, ut auctor est Claudianus : proinde Stilico vice generi Theodosii erat, cum Serena non ejus esset naturalis filia, sed adoptiva.

* ¶ **PROGENICULARI**, Genibus advolvi. Gloss. Lat. Græc. : *Progeniculatur*, γονυπετεῖ. Ibid. : *Progeniculo*, γονυοῦμαι.

1. **PROGENIES**, Gradus cognationis. Capitulare Compendiense ann. 757. cap. 1 : *Si in quarta Progenie reperti fuerint conjuncti, non separamus, etc.*

* *Progaine*, pro *Race*, *lignée*, Progenies, genus. *La Mapemonde* Ms. :

> Et pour ton pere et sa progaine
> Racater de mal et de paine,
> L'estuet en fust pendre et morir.

Progeniée, eodem sensu, in Charta ann. 1281. ex Chartul. S. Steph. Autiss. : *Icellui Humbert en eschange de ce, baille audit chapitre tous les hommes et les femmes, que luy et sa femme havoient ou pouvoient havoir, ou devoient havoir à Egligny, à Cherbuy, à Porrein et à Espoigny, sers et serves de chefs et de corps,.... avec toute la Progeniée et la sigance de tous les hommes et de toutes les femmes.*

¶ 2. **PROGENIES**, Cœtus, conventus Monachorum, in Charta Odonis Abbat. Glannafol. laudata a Mabillonio tom. 2. Annal. Bened. pag. 622.

PROGENIOSUS, Nobili progenie genitus. Joan. Hocsemius in Adolpho a Marka cap. 5 : *Quo mediante judicatæ sunt treugæ more solito quadragenæ, et has Progeniosi violare cœperunt.* [Chron. Corn. *Zantfliet* apud Marten. tom. 5. Ampl. Collect. col. 121 : *Item eodem anno nobiles et Progeniosi civitatis Leodiensis, etc.*]

¶ **PROGENITALIS.** Litteræ Petri *d'Aubusson* S. Johan. Hierosol. Ordin. Magistri ann. 1493. inter Privilegia ejusdem Ord. pag. 161 : *Verum quia variis vernaculis linguis commilitones nostri Progenitales patriæ more utuntur, etc.* Ubi legendum existimo *Progenitalis*, adeo ut sensus sit, vernaculis linguis utuntur more patriæ in qua progeniti sunt.

PROGESTUM. Vide *Proastium.*

* **PROGNOSIA**, Indicium, signum prognosticum. Acta S. Gauger. tom. 2. Aug. pag. 688. col. 2 : *Ut medici desperantes*,

crescenti periculo obviare non possent; atque inter Prognosiæ argumenta decepti, nobis de vita consulentibus, de morte finitima susurrarent. Vide in Prognosticare, ubi, pro Pronance, legendum Provance, quæ vox idem sonat atque Probatio, Gall. Preuve. Vide supra in Probamentum.

¶ **PROGNOSTICARE**, Præsagire, prædicere, præsignare. Ordinat. Humberti II. ann. 1340. tom. 2. Hist. Dalph. pag. 391: *Mentem nostram totaliter applicamus, ut sermo durus gentium contra nos Prognosticantium enormia et adversa, non verax reperiatur, sed varius.* Vita S. Yvonis tom. 4. Maii pag. 585: *Futurum se Episcopum Prognosticavit.* Occurrit rursum tom. 3. April. pag. 509. Propius ad Gallicum *Pronostiquer*.

¶ Pronosticare, Eadem notione, in Concil. Trevir. ann. 1310. apud Marten. tom. 4. Anecd. col. 258: *Nulla etiam tempora fausta vel infausta existimanda,... nec ad volatum vel garritum avium, vel ad motum alicujus membri, aut ad alicujus animalis aspectum aliquid esse prospere venturum, vel non, est Pronosticandum.* Charta ann. 1456. apud Lobinell. tom. 2. Hist. Britan. pag. 1173: *Quod cum aliqui divinatores Pronosticarent nonnulla de morte ipsius Petris etc.* Adde Murator. tom. 8. col. 249. Vide supra *Prænosticare*.

¶ Pronosticatio, Prædictio, præcognitio, rei futuræ indicium. Chron. Trivetti tom. 8. Spicil. Acher pag. 573: *Fuit nihilominus* (Joannes de S. Ægidio) *in arte medicinæ peritissimus.... de cujus curis et Pronosticationibus referuntur plurima admiranda.* Pronance, eadem notione, adhibet le Roman *de Narcisse* MS. (Vide *Prognosia*.):

Lonc tens en firent la doutance,
Et en la fin vint la Pronance.

¶ Pronosticativus, Prænuntius, Gall. *Pronostic.* Elmham. in Vita Henrici V. Reg. Angl. edit. Hearnii cap. 54. pag. 134: *Sedibus aptissimus plurima grandia saxivoma,.... inevitabilis Pronosticativa ruinæ,.. situari constituit.* Occurrit iterum pag. 284.

PROGNOSTICON. Vide *Sortes Sanctorum* in *Sors*.

PROGRAMMA, Litteræ regali sigillo munitæ, in Speculo Saxonico lib. 3. art. 34. et 64. [** Germ. *Brieve unde ingesegele.*] Vide leg. 29. Cod. Th. de Petition. (10,10.) et passim. [Item ex Spelman. Proscriptio, scriptura postibus affixa ut ab omnibus legatur. Vox juris civilis.]

¶ **PROGRESSIUS**, Ulterius. Acta SS. tom. 2. Mart. pag. 134. ubi de S. Gregor. Mag.: *Sciatis non Progessius nos iter cœptum licere protendere.*

¶ **PROGRESSUS**, Profectio, Gallice *Départ*: vel etiam Consilium, susceptio, Gallice *Entreprise.* Chron. Angl. Th. *Otterbourne* pag. 63: *Willelmus, cunctis paratis quæ ad dictum Progressum necessaria putabantur, cursu placito appulit Hastingas.*

PROHÆRES, Papiæ, *est, qui loco hæredis fungitur, aut institutus aut substitutus*: vel potius hæredis hæres. Papianus lib. Respons. tit. 2: *De donationibus dominorum proprietas accipientium etiam circa hæredes et Prohæredes lege firmatur.* Marculfus lib. 2. form. 17: *Ut aliquis de hæredibus, vel Prohæredibus nostris, seu quælibet persona contra hanc testamenti paginam.... venire aut aliquid pulsare valuerit, etc.* [Charta ann. 868. apud Marten. tom. 1. Ampliss. Collect. col. 190: *Si vero ego, quod absit, aut ullus de heredibus aut Proheredibus meis, etc.*] Quæ quidem formula occurrit non semel in veteribus Tabulis, lib. 1. Tradit. Fuld. cap. 41. 69. lib. 2. cap. 11. in Privilegiis Ecclesiæ Hammaburgensis, in Probat. Histor. Guinensis pag. 45. etc. [** Vide supra *Postheredes* et Haltaus. Glossar. Germ. voce *Erbneme*, col. 380. *Pro herede possidere* in Dig. fr. 11. tit. 3. lib. 5. Gaius lib. 4. sect. 144.]

* **PROHIBERE**, Prædari, ni fallor; quo sensu *Proier* nostrates dixerunt, ut videre est supra in *Præda* 1. Charta Henr. ducis Brab. pro commun. Bruxel. ann. 1229. ex Cod. reg. 10197. 2. 2. fol. 23. v°: *Si quis alicui bona sua Prohibet, solvet quinque libras, si convencitur; et quicumque cum eo fuerit in Prohibitione.* [** Retinere, retentare alienum. Vide Haltaus. Glossar. German. voce *Vorbehalten*, col. 1989.]

* **PROHIBITA**, Interdictum, Gall. *Défense.* Stat. Massil. lib. 1. cap. 38: *Statuentes similiter quod hoc capitulum præconisetur per civitatem Massiliæ et prædicta Prohibita, etc.*

¶ **PROHIBITIO** Regia, vox forensis, Litteræ regiæ apud Anglos quibus cognitio causæ, quæ in foro Ecclesiastico agitatur, ad forum civile revocatur. Charta ann. 1300. apud Kennett. Antiquit. Ambrosden. pag. 344: *Renuntiantes in hoc facto omnibus impellationibus super hoc habitis, appellationibus, in integrum restitutioni, regiæ Prohibitioni, et omni alii remedio juris canonici et civilis.*

* **PROHIBITIONES**, Induciæ, Gall. *Suspension d'armes.* Charta ann. 1395. tom. 1. Cod. diplomat. Polon. pag. 7. col. 1: *Prohibitiones vel treugæ pacis aliquæ editæ,... quamdiu ipsæ Prohibitiones aut treugæ fuerint observatæ, etc.*

¶ **PROHIBITUS**, Non concessus, ex lib. 1. Decretal. tit. 7. cap. 2. apud Macros in Hierolex.

¶ 1. **PROHICERE**, ut Projicere, in Statutis Arelat. MSS. art. 184.

* 2. **PROHICERE**, Expellere, Gall. *Chasser.* Comput. ann. 1383. inter Probat. tom. 3. Hist. Nem. pag. 50. col. 2: *Pro expensis et laboribus factis per ipsum in Prohiciendo aliquos latrunculos et deraubatores ipsam patriam.*

¶ **PROHICIUS**, Funis nauticus. Statuta Massil. lib. 3. cap. 16: *Statuimus quod corderii omnes de Massilia teneantur speciali sacramento se non facturos per se vel per alios gumenas, vel Prohicios,... nisi de canabo femello et filo subtili.* Vide *Pronexium.*

¶ **PROJECTIBILIS**, Projectus apud vet. Irenæi Interpretem lib. 1. cap. 30. num. 9.

¶ **PROJECTUM**, *Projectura*, Vitruvio, *projectum tectum*, Plinio, nostris *Auvent.* Statuta Avenion. lib. 1. rubr. 46. art. 1: *De projectis. Ordinamus ne post hac Projecta seu tigna, vulgo dicta Envans, quæ extra parietes domus protenduntur, fiant.* Gloss. Lat. Gr.: *Projecta tecta*, ἀνατεταμένην, ἀνάςιν ἔχουσα ἐπ' οἰκίας. Ubi leg. ἀνατεταμένη, ἀνάτασιν ἔχουσα, etc. Vide Salmas. ad Hist. Aug. pag. 155.

¶ **PROJESTUM**, Consilium, propositum, Gall. *Projet.* Renovatio testamenti Abbonis Patricii per Carolum M. ann. circ. 805. apud Mabill. Diplom. pag. 510: *Ut nullo umquam tempore in postmodo ipsa nec heredes sui contra hanc testamento meo nec Projesta nostra ambulare nec refragare debeant.*

¶ **PROINOSUS**, pro Pruinosus, facili mutatione, in Missali Goth. apud Mabill. Liturg. Gall. pag. 242: *Hæc* (apis) *explorata temporum vice, cum canitiem Proinosa hyberna posuerint, etc.*

¶ **PROLABIA**, *Prominentes labiorum partes*, in Amalthea ex Polluce.

PROLATARE, *Differre, procrastinare*, ὑπερτίθεσθαι, in Gloss. Græc. Lat. [Vox ea notione haud ignota Latinis.]

¶ **PROLATOR**, Productor, Græc. προβολεύς, apud vet. Irenæi Interpretem lib. 1. cap. 2. num. 1.

¶ **PROLECTA**, Capistrum, funiculus, Gall. *Licou, lesse*: unde *Prolexam* legendum existimo, apud Lupum in Vita S. Thomæ Cantuar. 3. pag. 65: *Et quæsierunt ei jumentum pro uno argenteo. Et quidem hoc non frenum, sed tantum Prolectam circa collum habebat.*

* *Prolet*, eadem fortassis notione, in Charta ann. 1340. ex Reg. 72. Chartoph. reg. ch. 217: *Six deniers, trois doussains de Prolet à paier à trois foiz l'an à Biertoul le Gillon pour le quart du manoir qui fu Jacot d'Estreez.*

¶ **PROLEGERE**, Legere coram aliis et clara voce. Charta Balduini Archiep. Trevirens. ann. 1335. apud Ludewig. tom. 5. Reliq. MSS. pag. 569: *Recognoscimus nos litteras infra scriptas.... sigillatas vidisse, ac de verbo ad verbum Prolegi fecisse tenoris et continentiæ in hæc verba, etc.* [** Germ. *Vorlesen.*]

** **PROLENÆ** Pelles, apud Richer. lib. 3. cap. 40. Ubi legendum *Pro lenis indui pellibus.* Vide *Læna.*

¶ **PROLES**, Prosapia, genus, Gallis *Famille.* Acta S. Contardi tom. 2. April. pag. 450: *Tandem nutu divino Sathan ejusdem viri vitam, Prolem, patriam et rem gestam per os mulieris, fere omnibus ignota, cœpit prædicare.*

¶ Proles, masculini gen. in Manuali Dodanæ matris S. Willelmi Ducis apud Mabill. sæc. 4. Bened. part. 1. pag. 750: *Cernens plurimos cum suis in sæculo gaudere Proles, etc.* Ibid. pag. 755: *Si Proles secundus* (id est, filius secundo genitus) *tot tempus haberet, in sui personam illi alium transcriberem libellum.*

¶ **PROLETARII** apud Romanos nuncupati, *qui in urbe semper sufficiendæ prolis causa vacabant. Hi in arma non cogebantur; sed semper generandorum filiorum causa in urbe morabantur.* Ita Gloss. MSS. Sangerm. num. 501. post Gellium lib. 16. cap. 10. Vide Nonium et Festum.

PROLIBERI, Qui ex *liberis* hominibus nascuntur aut nascentur. Charta Adelchisi Regis Longob. in Bullario Casinensi tom. 2. pag. 11: *Cum omnibus mobilibus et immobilibus rebus in integrum, servis, proservis, liberis, Proliberis, etc.* Vide pag. 7. [* Vide supra *Proaldiones.*]

¶ **PROLICERE**, *Emanare, effluere. Varro : Demum ubi Prolicuit dulcis unda.* Gloss. Isid. Eodem sensu quo *Proliquare* apud Apuleium, unde *Proliquere* legendum censet Grævius.

¶ **PROLIFICATIO**, Procreatio, actus generandi. Statuta Mellic. Monast. ann. 1451. in Chron. ejusd. pag. 427. col. 1 : *Nequaquam teneantur venatici canes in monasterio, ... neque nutriantur columbæ propter earum Prolificationem et clamores continuos.*

* **PROLIFICATIVUS**, Ad generationem seu generationis gradum pertinens. Exstat Tractatus Conradi de Monte-puellarum eccl. Ratispon. canonici, qui inscribitur : *De communicatione Prolificativa, scilicet parentum ad filios et econtra.*

* **PROLITA**. Vide infra *Prolyta.*

¶ **PROLITARE**, Litare, sacrificare. S. Zeno Veron. in Vita S. Arcadii Mart. : *Cogebatur Christi populus... inter fervidos ignes pallenti arvina funesto sanguine Prolitare.*

** **PROLITAS**, Magna progenies. *Prolitatem in filiis*, apud Virgil. Grammat. pag. 102.

* **PROLITUS**, Illitus, delibutus. Acta S. Stanisl. tom. 2. Maii pag. 248. col. 1 : *Cute facici, juxta ac si oleo Prolita foret, resplendente, etc.*

** **PROLIUM** pro *Brolium*, apud Arnold. de S. Emmeram. lib. 1. cap. 5. Pertz. Script. tom. 6. pag. 550.

¶ **PROLIX**, Proles, filius. Charta Ordonii II. Reg. pro Monast. S. Martini Compostell. inter Concil. Hispan. tom. 3. pag. 171. col. 2 : *Froila Rex. confirmat. Ranimirus Ordonii Prolix confirmat. Garsia Ordonii Prolix confirmat. Gimara presbyter confirmat.*

¶ **PROLIXITAS** Ætatis, Senectus. Epist. Hincmari ad Carolum C. apud Mabill. tom. 3. Annal. Bened. pag. 198 : *Nam quando... Hucberto præcentori palatii episcopium Meldensis urbis commissum est; ubi, propter Hildrici episcopi ætatis Prolixitatem et diuturnam ægritudinem, quædam ad scientiam et religionem pertinentia, nec non et ædificia, et cætera quæque necessaria neglecta invenit.*

* **PROLOCUTIO**, Colloquium, Gall. *Pourparler.* Charta Alberti imper. ann. 1299. in Reg. Cam. Comput. Paris. sign. *Pater* fol. 173. v° : *Cum in Prolocutione seu tractatu matrimonii inter illustrem Rudolfum ducem Austriæ primogenitum nostrum, et dominam Blancham sororem magnifici Philippi regis Francorum, etc.* Vide in *Prælocutor.*

* **PROLOCUTOR**, Orator. Chron. Angl. Th. Otterb. edit. Hearn. pag. 192 : *Quorum* (militum parlamenti) *primicerus et Prolocutor parliamenti ex regis assignatione fuit dominus Johannes Bussy.* Vide in *Prælocutor.*

¶ **PROLOCUTORIE**. Vide *Prælocutor.*

PROLOCUTORIUM, Locus publicus in quo conventus publici, quos *Parlamenta* vocabant, aguntur. Charta Petri Archiep. Panormitani ann. 1130. apud Rocchum Pirrum tom. 1. pag. 477 : *Porro convocatis a D. Duce Siciliæ et Calabriæ quam plurimis Episcopis, aliisque venerabilibus personis, quibusdam denique Baronibus, in Prolocutorio Panormitani Palatii determinato convenimus, etc.* Vide *Locutorium* [et *Parlatorium.*]

¶ **PROLOCUTORIUS**. Vide in *Prælocutor.*

¶ **PROLONGARE**, Producere, in longius ducere, Gall. *Prolonger.* Capit. Lotharii Imper. tit. 3. cap. 31 : *Quod si jurare ausus non fuerit quia pro occasione Prolongandæ justitiæ hoc non dixisset, etc.* Item verbum eadem notione Plinio lib. 13. cap. 3. et Senecæ de Benef. lib. 5. cap. 17. tribuunt Lexicographi : ubi ex libris melioris notæ legendum *Prorogare*, ut monet Faber in Thesauro.

** PROLONGARE, sensu neutro pro Recedo vel diu absum, non semel apud Appon. Comment. in Cant. Cant. lib. 7. et 8. Spicil. Roman tom. 5. pag. 42. 44. 79. Maius in Glossar. novo.

¶ **PROLONGUARE**, Differre, remittere, Gallis *Differer.* Vetus Ceremoniale MS. B. M. Deauratæ Tolos. : *Item nullum festum celebratur in diebus Dominicis de Adventu, nec in jejuniis Quatuor Temporum; sed festum Prolonguatur, vel si necesse fuerit anticipatur.* Ibidem : *Propter solempnitatem illius diei* (Dedicationis) *istud festum* (S. Gregor. Nanz.) *Prolonguatur quousque veniat tempus opportunum.*

* Hinc *Pourlongement*, Dilatio, prolongatio. Charta ann. 1265. in Chartul. S. Joan. Laudun. : *Les vint et trois livrées de rente deseur dites et les amendes, se on defaloit, cil Thoumas et si hoir sont tenu à faire paier et venir ens sans coust et sans Pourlongement.*

¶ **PROLOQUI**. Vide in *Prælocutor.*

PROLOQUIUM, ἀπόφασις, Sententia. Ammian lib. 28 : *Uno Proloquio in hujusmodi causas, omnes.... statuit tormentis affligi.* Lib. 29 : *Sub uno Proloquio cunctos jubet occidi.* Vide ibi Lindenbrog. [Adde Gellium lib. 16. cap. 8. Vide in *Prælocutor.*]

PROLUBIUM, Cupiditas. Vita S. Gudilæ Virg. cap. 6 : *Formidans per diem suo Prolubio satisfacere.* [Utitur Gellius lib. 16. cap. 19 : *Feros et immanes navitas Prolubium tamen audiendi subit.*]

¶ **PROLYTA**, Quinquennale juris studium, vel de eo litteræ ipsæ testimoniales; a Gr. προλύται, qua voce significabantur ii, qui quintum annum juris studio operam dederant. Hierat. juris Pontificii pag. 42 : *Debent promovendi* (ad cathedrales Ecclesias) *Prolyta ex uno jurium decorari.*

* *Repetitio § Famosos, Constituti in lege Capitalium ff de Pœnis; edita ac publice disputata per Jacobum Boullenc Ebroicensem, juris utriusque Prolitam in almo Aurelianensi gymnasio. Ann. 1519.* Hæc leguntur inter notas D. *Secousse* ad tom. 8. Ordinat. reg. Franc. pag. 235.

** **PROMAJORES**, Majores. Agii Vita Hathumodæ cap. 2 : *Denique ut de Promajoribus ejus taceamus, qui omnes et ex paterno genere et ex materno clarissimi fuerunt, etc.*

* **PROMAUSUS**, *Promtus, expeditus.* Glossar. vet. ex Cod. reg. 7641.

¶ **PROMERCALIS**, Venalis. Gloss. Lat. Gr. : *Promercalia*, ὤνια. Utitur Columella.

¶ **PROMERCIUM**, *Mercimonium, actio et facultas promercalia vendendi*, in Amalth. ex Paulo JC.

** **PROMETATOR**, Qui mansiones parat. Vide *Metator* in *Metare* et Glossar. med. Græcit. col. 919.

PROMINARE, Ducere, idem quod *minare*, hinc Gall. *Promener.* Apuleius lib. 9 : *Universa jumenta ad locum proximum bibendi causa gregatim Prominabat.*

* **PROMINERE**, Minari. Lit. Eduardi III. reg. Angl. ann. 1339. apud Gualt. Hemingf. de gestis ejusd. pag. 290 : *Non dicet quod facimus de materia ista scutum contra eum, qui nostro Prominebat capiti mortis ictum.*

¶ **PROMINULUS**, Parum prominens. Guibertus in Vita sua lib. 1. cap. 6 : *Ex viminum illisione cutem ubique Prominulam deprehendit.* Utuntur præterea Solinus cap. 27. extr. et Capitol. in Pertinace cap. 12.

¶ **PROMISSA**, Promissio. Vita S. Dunstani tom. 4. Maii pag. 349 : *Quod dedisset Rex nepti suæ divertendi ad se Promissam.*

¶ **PROMISSARII**, Præbendarii sacerdotes, qui in ecclesia parochiali præbendam possident, animarum curæ minime addicti. Statuta Eccl. Argent. ann. 1435. apud Marten. tom. 4. Anecdot. col. 532 : *Statuimus ut Promissarii seu præbendarii parochialium ecclesiarum suis plebanis seu viceplebanis reverentiam exhibeant, et Missis, Vesperis, Completoriis et Matutinis.... intersint concelebrando eisdem plebanis, cum per hoc ipsi Promissarii ab otiis et aliis illicitis retrahantur.... Statuimus ut Promissarii suas Missas in diebus dominicis post offertorium Missæ publicæ tantum dicant.*

PROMISSARIUS, Qui facile promittit, apud Joannem Sarisberiensem lib. 3. Policrat. cap. 11. *Promissores*, cap. 12.

PROMISSIO, Professio Monastica. Theodemarus in Epist. ad Carolum M. : *Textum quoque Promissionis, quo ordine solebant antiquiores Monachi regulam sanctam in hoc loco promittere, ecce intra hanc Epistolam in brevi paginola exaratam direximus vobis.* Mox sequitur formula ejusdem *promissionis*, cujusmodi habes inter Baluzianas 32. 34. 35. Capitula ad Legem Salicam cap. 1. §. 14 : *Ut liber homo qui in Monasterio regulariter comam deposuit,... Promissionem factam secundum regulam firmiter teneat.* Vetus Chronicon Elnonense ann. 818 : *Teutingus Promissionem fecit.* Fuit is Teuthingus Abbas, de quo Wlfaius Monachus in carmine ad calcem Vitæ S. Amandi scriptæ a Milone.

¶ **PROMITTENTIA**, Promissio, Gall. *Promesse.* Charta ann. 1120. inter Instrum. tom. 1. novæ Gall. Christ. pag. 67. col. 1 : *Et ideo abbati et monachis, precibus Guigonis Comitis, peractis illi Promittentiis, eum de cætero super hac re monasterium non amplius inquietaturum, condonarunt ei mala quæ ab ipso reddi debebant.*

** **PROMIXTIO**, Coitus. Jul. Valer. de reb. Alex. M. lib. 3. cap. 12. in Maii Auctor. Class. tom. 7. pag. 182 : *Partes honoratiores esse.... lævas.... quod Promixtio maribus ac feminis lævarum mage partium existimetur.*

* **PROMONTORIUM**, Collis quilibet. Vita S. Marini tom. 2. Sept. pag. 218. col. 2 : *Non solum montem tibi dabimus, sed et omnia confinia et Promontoria, quæ sub montibus sunt.* Charta ann. 1406. apud Pez. tom. 6. Anecd. part. 3. pag. 126.

col. 2 : *Collem quendam seu Promontorium prope Dolan, quod vallem Josaphat primis auctoribus placuit nominare, deputavimus.*

PROMOTI, Qui inter Vexillationes merebant : horum meminit Ammianus Marcell. lib. 15. et ult. ut Notitia Imperii *Equitum Promotorum juniorum* sub dispositione *Magistri militum præsentalis*, ubi inter *Vexillationes* recensentur. Dicebantur etiam *Promoti*, qui a minoribus muniis ad altiora promovebantur : unde sic potissimum appellati officiales judicum ad aliquem altiorem gradum promoti. Glossæ Græco-Lat. : Προαχθείς, *Promotus, productus.* Glossæ Basilic. : Πρεμότοι., προπορευόμενοι, καὶ ὀφικεύοντες, καὶ προβιβαζόμενοι ἐν ἀξιώμασι. In vett. Inscript. : *Promotus ex Beneficiario Præfect. Promotus successione in legionem*, 572. 5. 391. 4. Lactantius de Mortibus Persecutor. num 40 : *Promoti militari modo instructi, etc.* Vide Gothofredum ad leg. 2. Cod. Th. de Falsa moneta. (9,21.) Glossar. med. Græcit. voce Πρωμώτης col. 1245.

¶ **PROMOTIO**, Dignitas Ecclesiastica. Charta Edwardi VI. Reg. Angl. ann. 1552. apud Rymer. tom. 15. pag. 311 : *Aut alteri beneficio vel Promotioni spirituali, etc.* Ibid. pag. 312 : *Præbendæ, rectoriæ, vicariæ, aut aliquarum aliarum Promotionum, sive dignitatum spiritualium, etc.*

¶ **PROMOTIVUS**, Rem promovens et efficiens. Charta ann. 1337. apud eumdem Rymer. tom. 4. pag. 737 : *Specialiter vos rogamus quatinus vos partes vestras versus præfatum dom. vestrum Regem... interponere velitis cum efficacia Promotivas, ut memor suæ promissionis, etc.* Litteræ ann. 1403. apud eumdem tom. 8. pag. 305 : *Vestra serenitas dignetur attentius audire, nostrosque subditos pauperes sub alis defensæ regalis tueri auxiliis Promotivis, ne tam damnabilem jacturam suarum rerum incidant et incurrant.* Elmham. in Vita Henrici V. Regis Angl. edit. Hearnii cap. 31. pag. 76 : *Quæcumque Imperatori* (Sigismundo) *sive suis in complacentiam cedere possent,... seu aliis quantumcumque preciosis, in ipsorum gaudia seu solacia Promotivis, ipsis a Regis famulis... ministrantur.*

¶ 1. **PROMOTOR**, Fautor, auctor, protector. Epist. Hamburgensium ann. 1403. ad Henricum IV. Reg. Angl. apud Rymer. tom. 8. pag. 296 : *Gloriosissimo Principi et dom. benignissimo dom. Henrico Regi Angliæ et Franciæ,... serenissimo fautori et Promotori nostro gratioso, etc.* Laur. Byzyn. de Bello Hussit. apud Ludewig. tom. 6. Reliq. MSS. pag. 152 : *Montani ad civitatem Gurimensem venientes, scabinorum aliquos et ipsius civitatis seniores, communionis calicis Promotores... captivant.*

* Unde *Promouveur*, in Lit. remiss. ann. 1385. ex Reg. 127. Chartoph. reg. ch. 37 : *De toutes ces injures et villenies et navreures perpetrées et faites par ledit Cotelle Promouveur et aggresseur, etc. Avancierres*, eodem sensu, in Vita S. Ludov. edit. reg. pag. 292 : *Il fu tozjors jaloux de pès, fervens amierres de concorde, Avancierres et soigneus de unité.* Hinc eadem nomenclatura donatur, qui alterius res *promovet* et procurat, in vet. Consuet. Castri Theod. ibid. in Glossar. ad calcem laudata. A verbo *Avancier*, quod ad inspectores artificum applicatur, in Stat. ann. 1407. tom. 9. Ordinat. reg. Franc. pag. 333. art. 1 : *Cent solz d'amende, dont le roy aura les deux pars, et les gardes dudit mestier le tiers pour leur paine de les Avancier et visiter les euvres.*

¶ 2. **PROMOTOR**, Qui de delictis inquirit, et ea ut reprimantur vel puniantur promovet. Leges Palat. Jacobi II. Reg. Majoric. tom. 3. Jun. pag. xxvi : *Procurator fiscalis, qui continue nostram sacram curiam sequi teneatur, instituatur; qui facta et causas in ipsa curia promoveat atque persequatur; prout ille, qui investigat iniquitatem patrum in filios, sibi administrabit; et de consilio Promotoris qui advocatus in prænominata curia est, reperit fore faciendum.* Idem munus in Ecclesiasticos obiisse videtur, qui

¶ PROMOTOR FISCALIS Curiæ Episcopalis dicitur, in Concil. Tolet. ann. 1582. inter Hispan. tom. 4. pag. 210 : *Vicarii, provisores, visitatores, Promotores fiscales et deinque omnes ministri qui in tribunali ecclesiastico.... suis funguntur muneribus, etc.* Concil. Mexican. ann. 1585. ibid. pag. 311 : *Promotor fiscalis Episcopali curiæ deputatus, officium antea non exerceat, quam in manibus Episcopi... juret se in omnibus fidelem præbiturum.*

* Hinc illius postulatio *Promovement* appellatur in Charta ann. 1334. ex Reg. 69. Chartoph. reg. ch. 181 : *Comme au Promovement et denunciation de mestre Symon de Buissy, procureur du Roy nostre sire, il eust esté donné à entendre.... que Jehans Pepins, citoienz de Reinz, estoit diffamez ou renommez de aler ou envoier aus fausses forges de monnoye, etc.*

¶ **PROMOTUS**, Ad officium *Promotoris* spectans. Charta Edwardi VI. Reg. Angl. ann. 1550. apud Rymer. tom. 15. pag. 222 : *Tam ad instantiam et petitionem partium, quam ex officio mero, mixto, vel Promoto, etc. De et super quibuscumque criminibus... tam ex officio mero, mixto, quam Promoto, inquirere.* Vide *Promoti*.

* **PROMOVERE**, Abire, proficisci, procedere. Charta Gaufr. episc. Carnot. ex Chartul. B. M. de Josaphat : *Ipso* (Hugone) *nos ducente, profecti sumus ad locum, præeunte vel subsequente nos numeroso agmine, tam militum quam clericorum..... Postquam vero reversi sumus ad capellam, unde Promoveramus, in nostra præsentia fecit donum abbati Girardo.*

¶ **PROMPNUS**, Vitiata scriptura, pro *Pronus*. Vide in hac voce. Statuta Eccles. Meld. ann. 1493. tom. 2. Hist. ejusdem Eccl. pag. 532 : *Quod tria banna per tres dies Dominicales in Prompno prædictæ parochialis ecclesiæ solenniter palam et publice populo ibidem ad divina audienda congregato, extiterunt proclamata.*

PROMPTANIMITAS, Alacritas. Gregorius Turon. de Vitis Patr. cap. 7 : *Adeo enim laboravit in ejus obsequio, tota mentis Promptanimitate, etc.*

* **PROMPTARE**. Libert. S. Marcel. ann. 1343. tom. 9. Ordinat. reg. Franc. pag. 378 : *Affectans dictus dominus dalphinus, ut asserit, dictos homines et personas sub suæ gratiæ gremio amplecti et favore* (fovere) *ut eorum amor fidei et devotionis apud eum de bonis in melius pariter Promptando concrescat.* Mendum subesse opinor; neque enim eo, quo Plautus in Bacch. et in Pseud. sensu, hic usurpatur; ubi idem forte sonat, quod Alacri animo.

** PROMTUARI, Ad servitia et obsequium quovis tempore promptum et paratum esse. Chart. ann. 1365. in Haltaus. Gloss. Germ. voce *Dienstgewærtig*, col. 226 : *Domini* (Landgravii Thuringiæ) *commiserunt advocatiam in Kamburg nobilibus Alberto et Rudolfo etc.... ita tamen quod cum ipsa advocatia obedire et Promtuari debent dominis ad servicia singula, tanquam celeri advocati.*

** PROMPTIFICARE, Parare, expedire. Ruodlieb fr. 4. vers. 92 :

Hæc faciendo domum totam tibi Promptificabo.

¶ **PROMPTITUDO**, ut *Promptanimitas*. Litteræ Edmundi Reg. Sicil. ann. 1261. apud Rymer. tom. 1. pag. 721 : *Cum omni desiderio et Promptitudine annuere intendimus, et pronis volumus affectibus complacere.* Charta ann. 1327. apud Ludewig. tom. 6. Reliq. MSS. pag. 39 : *Cum omni fidei constantia et debita Promptitudine semper in antea intendemus.*

* **PROMPTIVE**, Prompte, sine mora. Lit. ann. 1381. inter Probat. tom. 3. Hist. Nem. pag. 45. col. 2 : *Necnon ad excubiendum, custodiasque sufficientes et cum diligentia nocturna et diurna faciendum, Promptive compellatis.*

¶ **PROMPTRIA**, *Cubilia*. Gloss. Isidori. Melius in Excerptis, *Promptuaria* : emendandum quoque *cubicula* pro *cubilia* ex Papia : *Promptuaria, interna cubicula, cellaria, thesauri.*

* **PROMPTUARIUM**, Salinum, Gall. *Saliere*. Inventar. ann. 1476. ex Tabul. Flamar. : *Item plus unum Promptuarium sive salinerium stagni, absque copertorio.* Rursus : *Item duo Promptuaria sive salinerios stagni.*

PROMPTUARIUS, *Ultroneus, voluntarius*, αὐθαίρετος, in Gloss. Gr. Lat. Eadem in ἑκούσιος.

* **PROMPTULUS**, Valde officiosus, in officio exhibendo promptus et alacer. Mirac. S. Remacli tom. 1. Sept. pag. 711. col. 1 : *Erat in monasterio quidam clericus, multiplici sua clientela nobis Promptulus, et ideo privata gratia nobis intimus. Promptulus, aliquantulum promptus*, in Cathol.

1. **PROMPTUS**, pro *Promptuarium*, Penus. Gregorius Turon. lib. 3. Hist. cap. 15. de Coquo : *Dominus enim dedit gratiam puero huic, et accepit potestatem super omnia quæ habebat dominus suus in Promptu : diligebatque eum valde; et omnibus qui cum eo erant, ipse dispensabat cibaria et pulmenta.* [Vide *Promum*.]

* 2. **PROMPTUS**, quartæ declin. Expedita militum manus, ad excurrendum in hostilem agrum emissa, Gall. *Parti, détachement*. Comput. ann. 1363. inter Probat. tom. 2. Hist. Nem. pag. 257. col. 1 : *In quibus* (literis) *continebatur, quod inimici erant circumcirca patriam vicariæ Vicani, Sumenæ et Agantici, et Promptus suos faciebant venire ad partes inferiores, et propter hoc haberetur bona custodia.*

* 3. **PROMPTUS**, adject. Habilis, aptus, commodus. Comput. redit. et expens. eccl. Paris. ann. circ. 1381. ex Bibl. S. Germ. Prat. : *Item Girardo Rotier carpentatori,.... pro pœna jungendi dictum pressorium, situandi in dicto loco et reddendi Promptum in omnibus infra vindemias.*

* 4. **PROMPTUS**, Ad promptuarium seu penum pertineus; nisi mendum sit pro *Proprius*. Libert. loci de Montefalc. ann. 1369. in Reg. 149. Chartoph. reg. ch. 296 : *Item quod dictus dominus noster rex, nec ejus pariarius, non valeat introducere.... pro herbagiis seu pascuis.... aliqua animalia, nisi essent sua Prompta.* Vide *Promus* 2.

¶ **PROMTA** Pecunia, Præsens, numerata, Gall. *Argent comptant.* Buschius de Reformat. Monast. apud Leibnit. tom. 2. Script. Brunsvic. pag. 891 : *Summa in Promtis pecuniis fuit decem et septem sexagena, decemque et octo novi Grossi.* Vide in *Pecunia.*

** **PROMUCIDA**, rostrum suillum, Reinard. Vulp. lib. 4. vers. 641. et 647. *Promuscis* pro Proboscis est apud Plin. lib. 8. cap. 7. in antiq. Edit. et in Not. Tyr. Kopp. num. 297. *Promuscida* al. *Promoscida* in Isidor. Orig. lib. 12. cap. 2. sect. 14.

* **PROMULCUS**, *Corda, qua navis trahitur vice remi.* Glossar. Provinc. Lat. ex Cod. reg. 7657. Occurrit etiam in Glossar. Lat. Ital. Ms. : *La fune o scafa che tira la nave.*

¶ **PROMULSIDARIUM**, Vas in quo promulsis ministratur. Ulpian. leg. 19. § 10. de aur. arg. (34,2.) Dig. : *Sed si vasa sint legata, non solum ea continentur, quæ aliquid in se recipiant edendi bibendique paratum, sed et quæ aliquid sustineant, et ideo scutellas et Promulsidaria contineri.*

PROMULSORIUM. Vide *Pransorium.*

¶ **PROMUM**, Promptuarium, penus. Tertull. lib. 2. ad Uxor. cap. 4 : *Si cui largiendum erit, horreum, Proma, præclusa sunt.* Vide *Promptus.*

1. **PROMUNCTORIUM**, πρoμυκτήριον, in Gloss. Græc. Lat.

¶ 2. **PROMUNCTORIUM**, Sacrarium, locus in quo Reliquiæ asservantur. Meisterlini Hist. Rer. Noriberg. apud Ludewig. tom. 8. Reliq. MSS. pag. 132 : *Postquam adductæ fuerunt Reliquiæ et.... in noviter ædificatæ capellæ Promunctorio ostensæ, etc.* Sed legendum opinor *Promptuarium*, ut in Gloss. Lat. Gr. restituit Vulcanius, ubi legitur *Promuntorium*, ταμεῖον.

* *Pulpitum* seu ambonem interpretor, sic dictum, quia locus editus. Vide supra *Promontorium.*

PROMURIUM, *et Promurus, murus ante murum*, in Gloss. Isid. *Antespacium circa murum*, apud Joan. de Janua. *Espace aprés le mur*, in Catholico Armoricano.

Promurale, *murus ante murum, dictum ex eo quod pro munitione sit*, Papiæ. Gloss. Ælfrici Saxon : *Promurale*, fore-burgh. Nostris *Forsbourg*. Hieronymus προτείχισμα apud 70. Interpretes *promurale* vertit, Comm. in Ezech. cap. 38. 20. [Vide Martinii Lexic.]

1. **PROMUS**, *Anterior pars humeri*, in Glossis MSS. ad Prudentium ex Bibl. S. Germani Paris.

¶ 2. **PROMUS**, adject. Penarius, ad penum seu *promum* spectans. Vide in hac voce. Tertull. de Resurrect. carn. cap. 27 : *Populus meus, introite in cellas Promas quantulum, donec ira mea prætereat; sepulcra erunt cellæ Promæ, in quibus paulisper requiescere habebunt.... Aut cur cellarum Promarum potius vocabulo usus est, et non alicujus loci receptorii; nisi quia in cellis Promis caro salita et usui reposita servatur.*

* 3. **PROMUS**, Cui promptuarii seu penoris cura commissa est. Glossar. Lat. Gall. ann. 1352. ex Cod. reg. 4120 : *Promus, Dispansateur.*

PRONA. Veteres Consuet. Floriac. Cœnobii apud Joan. a Bosco : *Nocte antequam veniat Conventus, accenduntur 24. cerei super Pronas, et unus in medio, qui extinguntur.* Sed videtur legendum *Prunas.*

☞ Haud felici conjectura; *Prona* enim ibi idem omnino est quod *panna* in aliis ecclesiis dicitur. Vide *Panna* 2. Neque castigatione hæc vox indiget, cum *Pronus* occurrat in Consuet. S. Germani a Pratis inter Probat. ejusdem Monast. pag. cxxxiv : *Debent esse tres cerei ad Pronos.*

¶ **PRONARE**, Curvare, inflectere, Gall. *Courber.* Sidon. lib. 8. Epist. 11 : *Ipsi latrones ad pavimentum conversa defuncti ora Pronaverunt.* Idem lib. 5. Epist. 17 : *Nunc per catastrophen sæpe Pronatus.*

PRONAUS, Atrium ædis sacræ, Græcis, πρόναος, apud Vitruvium, et in aliquot antiquis Inscriptionibus. Apud Christianos vero pars Ecclesiæ, ubi stabant audientes. Charta donationis Ecclesiæ Cornutianæ edita a Suaresio : *Item ante regias Basilicæ vela linea plumata majora fissa numero 3. ante Consistorium velum lineum purum 1. etc. in Pronao velum lineum purum 1.* Vide quæ adnotamus de Pronao in Descript. Ædis Soph. num. 81. et Glossar. med. Græcit. col. 1245. in hac voce.

¶ **PRONEFAS**, *Antefas, contralicentia. Pronefas, plusquam nec dicendum, vel quam inlicitum. Pronefas, scelus, incontinentia.* Gloss. Isid. Hæc omnia pessime corrupta, quæ cum viris doctis sic emendare licet ex Papia : *Pro nefas! scelus, interjectio. Nefas, contra fas, contra justitiam. Nefarium, plusquam vel dicendum, vel licitum sit.* Vide Grævium ad Glossarium Isidori.

¶ **PRONEPTIS**, Sororis filia, Gall. *Niéce.* Litteræ Edwardi I. Reg. in Chron. Angl. Th. Otterbourne pag. 104 : *Et subsequenter per mortem Margaretæ, Reginæ Scotiæ et dominæ Proneptis nostræ, etc. Neptis* nude nuncupatur in Litteris Bonifacii VIII. PP. ad eumdem Edwardum ibid. pag. 92.

¶ **PRONEXIUM**, *Funis, quo navis religatur ad palum.* Papias. Vide *Prohicius.*

¶ **PRONHUS**, pro *Pronus*, in Litteris ann. 1315. apud Rymer. tom. 3. pag. 542.

¶ **PRONITAS**, Proclivitas, propensio, Gall. *Penchant.* Summa mag. Pauli de Pœnit. apud R. Duellium tom. 1. Miscell. pag. 70 : *Item debet considerari status personarum, conditio, modus religionis, ægritudo, paupertas, divitiæ, Pronitas peccandi.* Utitur Seneca pater præfat. lib. 1. Controvers.

¶ **PRONIXE**, Ardenter, intentius. Translat. S. Audoeni apud Marten. tom. 3. Anecdot. col. 1673 : *Inepta execrantes ludicra, et idolorum nænias, sanctorum Pronixe expetunt interventionem.*

¶ **PRONOMEN**, Cognomen. Vetus Irenæi Interpres lib. 2. cap. 35. num. 3 : *Dominus virtutum, et pater omnium,... unius ejusdemque nuncupationes et Pronomina, per quæ unus Deus et Pater ostenditur.*

¶ **PRONOSTICARE**, Pronosticatio. Vide *Prognosticare.*

¶ **PRONOSTRA**, *Antenostra.* Gloss. Isidori.

* **PRONUBA**, *Baudetrot*, in Glossar. Lat. Gall. ex Cod. reg. 7692. *Baudestrot*, in alio ex Cod. 521.

¶ **PRO NUNC**. Vide *Pro tunc.*

¶ **PRONUNCIA**, Sententia, judicium, pronunciatum, nostris *Prononcé.* Consuetud. Furnenses ex Tabular. Audomar. : *Quicumque fur cum Pronuncia captus fuerit, debet in vierscara adduci, et ibi debet audiri allegationes.*

¶ **PRONUNCIAMENTUM**, ut *Pronuncia.* Statuta Vercell. lib. 3. fol. 53. v°. : *Et pro carta facienda cujuscunque Pronunciamenti pro defectu solidos duos Papienses, usque ad quatuor personas numero* (accipiat.) Vide *Pronunciatio.*

PRONUNCIARE, Legere. Vita S. Fulgentii Episcopi Ruspensis num. 65 : *Jubens omnibus Clericis,... manibus propriis hortum colere, psallendique suaviter, aut Pronunciandi curam maximam gerere.* Ita hoc loco vox pro legere videtur usurpata : nam

Pronuntiatores, dicti olim Lectores Ecclesiastici, ut auctor est Rabanus lib. de Ord. Antiphon. cap. 11. et lib. 2. de Institut. Clericor. cap. 53. et S. Isidorus lib. 7. Orig. cap. 12. sect. 25. *Quod porro annuntient : tanta enim et tam clara erit vox eorum, ut quamvis longe positorum aures adimpleant*, inquit idem Isidorus. Vide *Proclamator.*

* *Prononchier*, pro *Blâmer, faire des reproches*, Exprobrare, in Lit. ann. 1398. in Tabul. eccl. Camerac. : *Gentilhomme, chevalier ou escuier, qui se sentent en aucune maniere Prononchier de leur blasme et de leur honneur, il ne le doivent, ne le puent ignorer, que il n'en faiche leur devoir, ainsi que les cas le désirent.*

¶ **PRONUNCIATIO**, Nostris etiam *Prononciation*, Sententia. Charta ann. 1290. apud Spon. tom. 2. Hist. Genev. inter Instrum. pag. 62 : *Quod si successor vel successores... nollet vel nollent observare... sententias, concordias, arbitria,... vel Pronunciationes que fierent per amicos, etc.* Statuta Saonæ cap. 9. fol. 11 : *A qua Pronuntiane* (leg. Pronuntiatione) *possit appellari, etc. Debeat procedere ad executionem dictæ suæ Pronuntiationis, ipsa appellatione non obstante.* Vide *Pronuncia.* [** Et Haltaus. Glossar. German. voce *Spruch*, col. 1709.]

** Pronunciator Zonæ, Amicabilis compositor, in chart. ann. 1324. apud Schaten. in Annal. tom. 2. pag. 254. Vide Haltaus. Glossar. German. voce *Sunemann*, col. 1766. et infra *Sona*, 2.

¶ **PRONUNCIATIVE**, Articulatim, distincte. Statuta S. Claudii ann. 1448. pag. 34 : *Horæ Canonicæ tractim et cum debita gravitate et devotione, Pronunciative et sententialiter dicantur.*

¶ **PRONUNCIATUS** pro Defectu, Pracliciis nostris, *Condamné par défaut*, Ob vadimonium desertum condemnatus. Statuta Vercell. lib. 1. fol. 5. v°. : *Et quod nullus Pronunciatus pro defectu possit capi vel detineri tempore feriarum.*

¶ **PRONUNUNTIA**, προφορά, ὑπόκρισις. Gloss. Lat. Gr. leg. *Pronuntiatio* ex Vulcanio.

¶ 1. **PRONUS**, Familiaris de rebus fidei ad populum expositio, Gall. *Prône*; a Græco πόρνακς vocis originem accersit *Caseneuve*; alii a Lat. *Præconium*. Charta ann. 1369. in Tabul. Pontisar. : *Præconizari fecimus per quatuor dies Dominicos cuncto populo ad divina audienda congregato in pleno Prono, si esset aliquis qui in dictis censibus plus vellet dare et offerre.* Litteræ ann. 1472. in Tabul. B. M. de Bono-Nuntio Rotomag. : *Ipso die etiam in pleno Prono ecclesiarum vestrarum, dum divina in eisdem celebrabuntur officia, palam et publice denuncietis seu denunciari faciatis.* Occurrit præterea apud Marten. tom. 7. Ampl. Collect. col. 1271. tom. 4. Anecd. ejusd. col. 1012. tom. 2. Hist. Eccl. Meld. pag. 505. et alibi passim. Vide supra *Præconari* et Glossar. med. Græcit. in Πρόναδες col. 1245. *Pronus*, alia notione, vide in *Prona*.

* 2. **PRONUS**, Ambo, suggestus, unde *Proni* seu conciones ad populum habentur, nostris alias *Prône*, eadem acceptione, teste D. *Falconet*. Comput. fabr. S. Petri Insul. ann. 1457. ex Tabul. ejusd. eccl. : *Item ad deferendum Dominica j. Junii pro processione generali et reportandum Pronum, seu cathedram sive ambonem a Jacobitis, pro sermocinando in claustro hujus ecclesiæ, iv. sol.* Pro Ambone, vulgo *Jubé*, accipienda hæc vox videtur in *Prona*. Nimis argute a Græco πρώιων πρῶν, cacumen, etymon deducit Palmer. a Grentem. Miscell. observat. critic. novar. tom. 1. pag. 46. simplicius a voce *Præconium*, contracte scripta, accersendam esse auctor est jam laudatus *Falconet*.

¶ **PROŒMIACUS** Psalmus. Vide in *Psalmus*.

¶ **PROPAGARE**, Solvere, exsolvere, *Payer entierement*. Chartular. S. Vandreg. tom. 1. pag. 26 : *Per prædictam pecuniæ summam nobis Propagatam et solutam, etc.* Ibid. pag. 28 : *De quibus tenuimus nos bene Propagati.* Vide *Perpacare*.

¶ Propagatio, Exsolutio, *Payement*, ibid. pag. 72 : *Et tunc fuit facta Propagatio hæredibus et executoribus dicti Hugonis supra sexties viginti et sexdecim libras Turon.* Vide supra *Pacare* et *Perpacatio*.

¶ **PROPAGATUS**, Procerus. Longinus in Vita S. Kingæ tom. 5. Jul. pag. 688 : *Ut propter staturam corporis, quæ illi erat Propagata et recta, genarumque et oculorum rutilantem venustatem et omnium membrorum speciositatem, facile in se omnium intuentium oculos converteret.*

¶ 1. **PROPAGINARE**, Propagare, Gallice *Etendre*. Translat. brachii S. Philippi tom. 1. Maii pag. 17 : *Nam diuturnus morbus radices Propaginat.*

¶ Propaginare, Propagines facere, Gall. *Provigner*. Chartul. Eccl. Aptensis fol. 72. v°. : *Et excolat* (vineas) *illas discalciando, amputando, fodiendo, Propaginando, etc. Propagino*, καταμοσχεύω, in Gloss. Lat. Græc. Vide *Proffen*.

* A Latino Propago, vulgo *Provin*, nostris *Prouvain*, in Lit. ann. 1372. tom. 5. Ordinat. reg. Franc. pag. 529 et *Pourvain*, in Reg. 13. Corb. sign. *Habacuc* ad ann. 1512. fol. 138.

* 2. **PROPAGINARE**, metaphorice, Humo mandare, supplicii genus, *Propagginare*, eodem significatu, apud Cruscanos. Chron. Sublac. apud Murator. tom. 4. Antiq. Ital. med. ævi col. 1071 : *Sarra de Columnensibus.... fecit magna judicia; .... ita quod aliquos Sublacenses fecit vivos Propaginare in campo Sublacensi, et bona eorum diripuit.*

PROPAGUS, pro *Pagus*, ex Gall. *Pourpays*. Charta Dagoberti Regis apud Doubletum pag. 656 : *Præcipimus ut nullus negociator in Propago Parisiaco audeat negotiare nisi in illo mercado, etc.*

¶ **PROPALA**, *Vendenda proponens*. Gloss. Isid. Leg. *Propola*, ut et in Gloss. Lat. Gr. ubi pro *Propula*, πολῖς, recte Vulcanius emendat, *propola*, πωλεύς. Vide Salmasium ad Historiam August. pag. 115.

¶ **PROPALARE**, Palam facere, divulgare. Gloss. Lat. Gr. : *Propalo*, φανερόω. Eædem *Propalare*, ἀναχρονίσαι. Sidonius lib. 9. Epist. 11 : *Quæ Propalare dissimulat, excolere detrectat.* Hist. Cortusior. lib. 7. apud Murator. tom. 12. col. 887 : *Ejus insidias Baldus de Pojana Propalavit.* Occurrit in Actis Murensis Monast. apud Eccardum de Orig. famil. Habsburgo Austr. col. 223. Ludewig. tom. 5. Reliq. MSS. pag. 332. et alibi.

¶ **PROPALLIRE**. Descriptio bonorum dom. de Eska ex Tabul. Audomar. : *Meum est propositum cognitionem totius terræ in dominio villæ de Eska et suarum ypeparum prædictarum.... sub trina distinctione Propallire.* f. Distribuere, dividere : nisi legendum sit *Propalare*.

PROPARS, Portio hæreditaria. Vide *Perpars*.

PROPASSIO, *dicitur quum caro titillat, visa muliere : sed passio, quando ille malus affectus erumpit postea in effectum. Glossa in Matth.* 5. *Propassio est subitus motus animi sine deliberatione boni vel mali operis; passio vero, affectio deliberati animi, si sit locus perficiendi*, Joan. de Janua. S. Hieronymus in Matthæum cap. 26 : *Dominus ut veritatem assumpti probaret hominis, vere quidem contristatus est; sed ne passio illius animo dominaretur, per Propassionem cœpit contristari. Aliud est enim contristari, aliud incipare contristari.* Προπάθειαν, Græcis appellari alibi non semel observat, ibid. cap. 5. in Ezechiel. cap. 18. Epist. 9. ubi vocem per *antepassionem* vertit. *Difficile est, quin potius impossibile, perturbationum initiis carere quempiam, quas significantius Græci προπαθείας vocant, nos ut verbum vertamus e verbo, Antepassiones possumus dicere, eo quod incentiva vitiorum omnium titillent animos; et quasi in meditullio nostrum judicium sit adjicere cogitata, vel recipere.* Vide Notas Gravii.

* **PROPASSIUM**, Morbus. Vide *Passio* 2. Andr. Floriac. Ms. lib. 2. Mirac. S. Bened. : *Erat namque in eodem Propassio quidam subulcus, pauper spiritu, dictus Constantius.*

PROPASTURA. Vetus Charta in Hist. Monasterii S. Audoeni Rotom. pag. 436 : *Cum inter nos et Abbatem... super quibusdam Propasturis forestæ de Selveison contentio verteretur.* Sed legendum *Purpresturis*. Vide in *Porprendere*.

¶ **PROPATOR**, Primus pater, apud vet. Irenæi Interpretem lib. 1. cap. 1. et alibi, a Gr. προπάτωρ.

¶ **PROPATULUM**, Propalam, publice. Charta Rostagni inter Instrum. tom. 1. Gall. Christ. pag. 73. quæ metrice desinit in hunc modum :

Facta est hæc donatio,
In Aptæ diversorio,
Sexta luce sub Julio,
Regnante Christo Domino.
Rostagnus est signaculum,
Qui fecit hoc Propatulum, etc.

Quod formulæ in aliis Chartis usitatæ, *Actum publice, etc.* respondet. *In Propatulo exstare*, in Epist. Gregorii VII. PP. ad Willelmum Reg. Angl.

* **PROPE**, Post. Gall. *Après*. Charta ann. 1268. ex Chartul. Vallis B. M. diœc. Paris. : *Ita tamen quod nos et hæredes mei debemus molere in perpetuum Prope bladum, quod inveniemus in tremuia dicti molendini.* *Propdanement* vero, a Latino *Propediem*, Gall. *Au premier jour* vel *Prochainement*, in Pacto inter comit. Armaniac. et juratos Tarb. ann. 1370. ex Reg. 163. Chartoph. reg. ch. 217 : *Mil frans à la festa de Totz-sans Propdanement venant, etc.*

* A Prope, Gall. *Auprès*, Propter. Vide supra particulam *A*.

¶ **PROPEDARE**, *Impedire, cohibere.* Gloss. Isid.

¶ **PROPELATES**. Publicum de fundat. Eccl. Lugdun. : *Debet* (Sacrista) *celebrare et celebrari facere per alium canonicum ipsius ecclesiæ in majori altari in festis duplicibus et in aliis festis in quibus grossa campana pulsatur, diebus etiam Dominicis, in quibusque aliis diebus, in quibus duæ Propelates occurrunt, debent facere celebrari in altare S. Sperati retro majus altare per simplicem sacerdotem.* Sic vocantur duæ majores Missæ matutinales, vulgo *Messes matinieres*, quarum una ad majus altare, altera ad altare S. Sperati celebratur in Ecclesia Lugdunensi. Haud improbabile videtur deducendam esse vocis originem a loco in quo stant harum Missarum cantores : non enim in choro locis consuetis stant, sed prope latus dextrum altaris.

¶ **PROPENSIUS**, Solerter, callide. Vetus Irenæi Interpres lib. 1. cap. 3. num. 6 : *Cum multæ parabolæ, et allegoriæ sint dictæ, et in multa trahi possit ambiguum, per expositionem Propensius ad figmentum suum, et dolose adaptantes, etc.*

¶ **PROPENSUS**, Amplus, magnus. Chron. Angl. Th. *Otterbourne* pag. 72 : *Huic Willelmo* (Regi Scotiæ) *vendidit Rex* (Angliæ) *Ricardus pro sumptibus Propensioribus ad Terram sanctam castellum de Berwick, etc.* *Propensa munera*, pro magnifica et lauta, dixit Plautus.

* **PROPERARE**, Instare, urgere, Gall. *Presser*. Lit. remiss. ann. 1376. in Reg. 109. Chartoph. reg. ch. 170 : *Præfatus*

exponens vim vi repellendo, eundem pillardum, solo ictu dicta daga percussit, alias mortis periculum, quod sibi parabat et procurabat dictus pillardus, evadere non poterat; quia dictus pillardus eumdem exponentem tam acriter Properabat, quod manus et vim ipsius evadere non poterat.

PROPERDA, Perditio. Tabular. S. Albini Andegavens. : *Nec ullam consuetudinem in eam immittere præsumeret, præda omni in Properda computata.* Galli dicunt *en pure perte.* [*Purpert*, eadem notione, in Consuet. Vitriac. art. 4. et 55. Vide *Perda.*]

¶ **PROPERIUM**, Improperium. Vita S. Paterniani tom. 3. Julii pag. 299 : *Et ei Properium facientes, tulerunt de eremo illum cum letaniis et omnibus ecclesiasticis obsequiis.*

¶ **PROPERSECUTOR**, Procurator, qui res alicujus tuetur ac persequitur. Index vett. Canonum inter Conc. Hispan. tom. 3. pag. 29 : *Ut pro caussis ecclesiæ Propersecutores vel advocatus a Principe Postulentur.* Vide *Prosecutor.*

* **PROPES**, *Funis, quo pes veli alligatur summatim.* Glossar. vet. ex Cod. reg. 7613. et Glossar. Provinc. Lat. Cod. 7657.

¶ **PROPETRARE**, *Mandare, quod perficiatur : nam impetrare est exorare, et perpetrare perficere.* Festus.

¶ 1. **PROPHANARE**, Rescindere, labefactare. Charta Leudegarii Archiep. Vien. ann. 1025. tom. 13. Spicil. Acher. pag. 278 : *Quamdiu in prædicto transgressu prædicti cœnobitæ manserint, cunctas auctoritates ipsorum Prophanamus.* Hinc

2. **PROPHANARE**, Prophanum declarare, habere. Glossar. Gall. Lat. ex Cod. reg. 7684 : *Escommenier, Prophanare.*

¶ **PROPHANATOR**, Infractor, violator. Charta ann. 1138 : *Si quis igitur inposterum hanc donationis sive institutionis nostræ paginam sciens Prophanator ejus in aliquo extiterit.*

* **PROPHANEITAS**, Sæcularium seu laicorum bonorum conditio; unde nostri *Prophane* dicebant quamlibet possessionem ejusmodi conditioni obnoxiam. Charta ann. 1395. in Reg. 152. Chartoph. reg. ch. 105 : *Redditus vero tradendi et assignandi horum loco, atque res in et super quibus eorum fiet assignatio, Prophaneitatem exuendo, admortisati et tamquam res admortisatæ et sacris deputatæ usibus.... reputentur et habeantur.* Lit. ann. 1394. in Reg. 147. ch. 179 : *La maison ainsi baillée par ledit religieux à nostre receveur,.... sera et demourra Prophane, et non admortie.*

¶ **PROPHETA**, apud Tolosates appellatur presbyter, qui, tribus Rogationum processionibus, diaconi vestibus indutus, ac Cantoris baculum ferens, etiamnum interest. Suum *Prophetam* habet unaquæque Capitularis ecclesia, S. Stephani scilicet, B. Mariæ Deauratæ et S. Saturnini, qui in processione post clerum, qui non est de gremio capituli, media incedit via, quem subsequitur Capitulum, cujus est Propheta. Vetus Ceremoniale MS. B. M. Deauratæ : *Interim congregabuntur presbyteri ac etiam Propheta; quia in qualibet die debemus habere Prophetam, videlicet unum presbyterum secularem, qui debet esse indutus habitu dyachonali, videlicet alba et tunica, ac si vellet dicere Evangelium, qui portat Reliquias et bordonem : et iste vadit in medio processionis inter monachos et presbyteros seculares : et iste recipit præbendam integram quolibet istorum dierum, ut unus monachus.*

PROPHETÆ, seu προφῆται, *Harioli*, in Gloss. S. Benedicti cap. περὶ ναῶν; seu de Ædibus. Gloss. Lat. Gr. : *Antistites*, ἱερεῖς Ζάκουροι, προφῆται, ἐπίσκοποι. Inter Ministros templorum, seu rerum sacrarum, recensentur etiam a Julio Firmico lib. 3. cap. 7 : *Erunt ipsi Prophetæ, Neocori, aut Præpositi templis ac religionibus.* Eadem notione occurrit hæc vox cap. 11. et 14. lib. 4. cap. 7. lib. 7. cap. 27. lib. 8. cap. 13. 21. 24. et in veterib. Inscript. 86. 1. 313. 2. 326. 1. 458. 1. Hos sic innuit Manilius lib. 5 :

. . . . Et qui possunt ventura videre.

Idem Firmic. lib. 3. cap. 12 : *Qui deorum monita futura prænoscunt.* Οἱ τῶν ἀδύτων ἱεροφάνται καὶ προφῆται, in Clementinis Homil. 1. cap. 5. Vide Recognitionem Clementis lib. 1. c. 5. Macrobium lib. 7. Saturnal. cap. 13. Festum et Gauminum ad lib. de Vita et morte Mosis lib. 1. cap. 8.

At apud Anton. Musam lib. de Herba Vettonica statim initio, et Apuleium lib. de Herbarum virtutibus, cap. 1. 2. 4. et alibi passim, *Prophetas* appellari, qui vaticiniis religionem et medicinam miscebant, in quo tota magicæ artis summa olim consistebat, monet Gabriel Humelbergius. Quo spectant ista Fulgentii lib. 3. Mytholog. scribentis, in omnibus Actibus *esse primas artes, esse secundas, ac in medicinis primam Gnosticen, secundam vero Manticen.* Vide Glossar. mediæ Græcitatis col. 1260.

¶ **PROPHETALIS**, PROPHETIALIS, Ad *prophetiam* pertinens. *Prophetales libri*, apud S. Hieronymum Epist. 7. ad Lætam. *Prophetalis versus* vocitatur antiphona ad Introitum Missæ, quod ex Prophetæ regii psalmis semper desumta sit, in Ord. Romano II. num. 4. *Prophetiale patrocinium*, apud Tertull. adv. Valent. cap. 28.

¶ **PROPHETARE**, Prædicere. Tertull. de Resurr. carnis cap. 28 : *Scimus autem, sicut vocibus, ita et rebus Prophetatum.* Utuntur præterea S. Hieronymus Epist. 103. cap. 7. Prudent. Peristeph. 13. 101. et alii.

¶ PROPHETIZARE, Eadem notione, apud Vulgat. Interpr. Matth. cap. 26. 68.

** **PROPHETATIO**, pro Prophetia pluries occurrit in antiqua vers. Bibl. Vide Maii Glossar. novum.

¶ **PROPHETEUM.** Vide *Prophetium.*

¶ **PROPHETIA**, Vaticinium. Charta ann. 1399. tom. 3. Hist. Harcur. pag. 396 : *Rex Ricardus curiose perscrutaturus res a primogenitoribus sibi relictas, inopinato reperit aquilam et ampullam, et scripturam sive Prophetiam B. Thomæ martyris.* Vide infra *Prophetismum.*

* *Prophétie*, pro Sententia, effatum, vulgo *Sentence, maxime*, in Inventar. bonor. ducis Bitur. ann. 1416. ex Cam. Comput. Paris. fol. 52. r° : *Item un petit livre couvert de cuir, où il a plusieurs figures de papes, avec aucunes Prophéties d'eulx.*

* PROPHETIÆ MERLINI recensentur inter libros, quibus donatur monasterium Vallis-bonæ ord. Cisterc. in Charta ipsius fundat. ann. 1242. inter Instr. tom. 6. Gall. Christ. col. 488.

¶ **PROPHETICE**, per *prophetiam.* Hadrianus PP. in Epist. ad Episc. Hispan. contra Elipand. inter Conc. Hisp. tom. 3. pag. 94 : *Quæ cuncta et juxta literam Prophetice et mystice revelata, nostri mediatoris designant personam.* Occurrit alibi passim.

¶ **PROPHETISMUM**, Prædictio, vaticinium. Vita S. Perfecti tom. 2. Aprilis pag. 586 : *Illud Prophetismum divinitus ore ejus prolatum de consule.... impletum est.* Vide *Prophetia.*

PROPHETISMUS, Mahumetismus, seu Religio Saracenorum, qui Mahumetem ut Prophetam magnum prædicant ac colunt. S. Eulogius lib. 1. Memorial. Sanctorum de Mahumeto : *Sacrilegum illius vanissimi ac perditi homunculi Prophetismum, qui non veritus est spiritu diabolico perarmatus se loco Prophetarum inserere.* Utitur et lib. 2. cap. 1. 4. lib. 3. cap. 10.

PROPHETIUM, Προφητεῖον, Ædes sacra Divo ex Prophetis. Concil. Constantinopol. sub Menna Act. 3 : Ἔφασαν δὲ προάστειον ἔχειν, πλήσιον τοῦ προφητείου. Infra in versione Lat. : *Quia scimus ipsum habere suburbanum prope Prophetium S. Isaiæ.* Vide nostram Constantinopolim Christianam lib. 3. de Ædibus sacris et Glossar. med. Græcit. col. 1260.

¶ PROPHETEUM, Eadem notione. Theodor. lib. 1. sub Arcad. : *Reliquiæ S. Samuelis in ejus Propheteo sunt positæ.*

¶ **PROPIALTARIUS**, quasi Proprius altari, id est, perpetuus, irrevocabilis, seu cum privilegiis altarium propriis. Charta Chilperici Reg. ann. circiter 720. apud Calmet. tom. 1. Hist. Lothar. inter Probat. col. 269 : *Pro mercedis nostræ augmento, vel pro reverentia ipsius sancti loci, a die præsente, jure Propialtario, sub emunitatis nomine, plena et integra gratia visi fuimus concessisse.* [** Pro *Proprietario.*]

¶ **PROPIARE**, Propinquare, Gallice *Approcher.* Helmodius Chron. Slavorum apud Leibnit. tom. 2. Script. Brunsvic. pag. 707 : *Cum igitur principibus salutatis ad sua princeps Antiochiæ remearet, et expansis velis Lystris Propiaret, etc.* [** Vide Forcellin.]

¶ PROPIANS, Propinquus, proximus, Gall. *Proche.* Vita S. Guthlaci tom. 2. April. pag. 39 : *Illis ergo cum immenso stupore variis sermocinationibus multa inter sese conferentibus, ecce ex aula Propiante, qua supradictus infans nascebatur, mulier immensa velocitate currens, clamabat, etc.*

¶ **PROPILARE**, Pila emittere, pilis pugnare. Ammian. cap. 12. pag. 144 : *Dato æneatorum occentu solenniter signo ad pugnandum, utrinque magnis concursum est viribus. Propilabantur missilia, etc.*

1. **PROPINA**, inquit Isidorus lib. 15. Orig. cap. 2 : *Græcus sermo est, qui apud nos corrupte Popina dicitur : est autem locus juxta balnea publica, ubi post lavacrum a fame et siti reficiuntur,* πεῖνα *enim Græce famem significat, eo quod hic locus famem tollat.* [Ridiculum etymon.] Julianus Antecessor Constitut. 108. § 14 : *Et si post tres testationes in scriptis habitas, et idoneos*

homines habentes invenerit eum quem contestatus est, cum uxore sua, vel in sua domo, vel in domo mulieris, vel in domo illius adulteri, vel in Propina, vel in proastio, etc. Græca habent, ἢ ἐν προπίναις. Hist. Miscella : *Hi qui quæ Severi sunt sapiunt, in Propinis et balneis Catholicæ detrahebant Ecclesiæ.* Ubi Theophanes habet ἐν καπηλείοις. [Ita Scholiastes Basilic. l. 7. pag. 263. προπίνα, ἢ καπηλεῖον.]

2. **PROPINA**, Jus pastus, *procuratio.* Notitia anni 1362. apud Guillimannum lib. 3, de Rebus Helvetiorum cap. 11 : *Abbas, Cellarius, et cæteri Officiales ejusdem temporis ipsis dare compellebantur certas Propinas, quæ se annuatim extenderunt ad* 30. *florenos circiter et amplius, secundum statum temporis.* Nicolaus Clemengis lib. de Annatis non solvendis pag. 84 : *Et talis oblatio, et gratuita datio, juxta vulgare Italicum dicta fuit servitium, et secundum Alemannos Propina dicitur.*

* Donum, munus quodvis. Wimpheling. in Catal. episc. Argent. pag. 67 : *A clero seculari..... Propina facta est episcopo in auro et argento* 1404 ½. *florenorum, in vino carathæ sex.*

☞ Alia est apud Nicol. Clemengis vocis *Propina* notio : neque enim de jure *procurationis* ibi agitur, sed de *annatis*, seu redditibus unius anni, quæ ab eo, qui recens in demortui Episcopi, aut Abbatis, locum succedit, exsolvi summo Pontifici solitum est; vel de ejus consuetudinis origine; quod satis probant verba loci citati : *De vacantibus vero et fructibus primi anni majorum Prælaturarum, Abbatialium, videlicet Episcopalium, et super nullum aliud initium fuisse invenitur, quam voluntaria et gratuita oblatio quorundam, qui in discordia electi ad Abbatialem vel cathedralem Ecclesiam, dum prosequerentur in Curia per appellationem ad eam factam, per eum qui obtinebat finalem victoriam, promovebatur sive eligebatur. Et talis oblatio, etc.* Vox etiam Cancellariæ Romanæ.

¶ Propina, unde pro Convivium, apud Adrian. de Veteri-busco in Reb. Leod. tom. 4. Ampl. Collect. Marten. col. 1230 : *In sancto Laurentio monachi collegerunt* cc. *florenos Rhenenses, et inde fecerunt domino electo Propinam.* Ibid col. 1257 : *Factaque fuit una Propina prædictæ ambassiatæ regis in scyphis et pottis argenteis.* Rursum occurrit col. 1326.

¶ 1. **PROPINARE**, Præbere, exhibere, dare. Sallas Malaspinæ de Rebus Sicul. apud Baluz. Miscell. tom. 6. pag. 220 : *Cum ubique per regnum seditio tumultuosa quiesceret, et spes jam probabilis quietis gratæ delitias Propinaret, etc.* Rolandinus Patav. de factis in Marchia Tarvis. apud Murator. tom. 8. col. 273 : *Potestas enim Ansedisius prædictus ipsum Michaelem in carcere longo tempore tenuit, postquam captus fuit, Propinans et necessaria affluenter.* Bernh. de Breydenbach Itiner. Hierosol. pag. 232 : *Ego vero auxilio trutzelmanni nostri Alexandrini, cui non paucos Propinavi ducatos, etc.*

* 2. **PROPINARE**, Vinum venum exponere. Charta Frider. reg. Rom. ann. 1319. apud Pez. tom. 6. Anecd. part. 3. pag. 6. col. 2 : *Præposito et capitulo ecclesiæ Neumburgensis...... jus Propinandi quindecim karratas vini in civitate Anasii, et vendendi per vasa vinum, quod ultra dictum numerum adduxerint in dictam civitatem.*

* **PROPINATORIUM**, Poculum. Acta S. Dega tom. 3. Aug. pag. 661. col. 1 : *Ubi tempore refectionis Propinatorio non invento, aureum ei de cælo est datum.*

* **PROPINNACULUM.** Glossar. Lat. Gall. ann. 1348. ex Cod. reg. 4120 : *Propinnacula, dicuntur Gallice Bourres.*

PROPINQUABILIS, Propinquus. Vita S. Abrahæ Eremitæ : *Cumque memorati parentes ejus tempus nuptiarum Propinquabile judicarent, compellebant eum matrimonii vinculis obligari.*

¶ **PROPINQUIETAS**, vox corrupta, quæ idem sonare videtur quod *Proprietas*, in vett. Formulis apud Baluz. tom. 6. Miscell. pag. 547 : *Ut nostra firmitas legum auctoritas revocent in Propinquietas.* Infra, eadem notione, *Proquietas* occurrit : *Ut quomodo mihi necessarium fuerit causella mea, aut in præsentia dominorum vel judicibus adversariorum meorum revocent in Proquietas.* Ubi de authenticis Chartis casu aliquo amissis agitur.

¶ **PROPINQUIORITAS**, Propinquitas, Gall. *Parenté.* Leges Norman. apud Ludewig. tom. 7. Reliq. MSS. pag. 335 : *Videndum eciam est quod Propinquioritas attendenda est ad antecessorum saisinas obtinendas.*

PROPINQUITAS. Tabular. Abbat. S. Joan. Ambian. ann. 1227. fol. 222 : *Cum Bernardus de Riveri, homo meus redimere vellet ratione Propinquitatis terram, quam Dominus Garnerus d'Estrées Miles vendiderat, etc.* Practicis nostris, *retrait lignager*, de quo ita etiam Consuetudines MSS. Bellaici : *De domibus et aliis rebus, quæ sitæ sunt infra metas ejusdem, certum est et determinatum, quod si habeant vendi, quocumque modo possideantur, si quis fuerit de genere venditoris, primo loco habet recursum ad res illas, et poterit eas retinere, dummodo reddantur Domino feudi vendæ et mutagium.*

* **PROPINQUUS** Querelæ, De re controversa edoctus. Scacar. Paschæ ann. 1218. in Reg. S. Justi ex Cam. Comput. Paris. fol. 20. r°. col. 1 : *Fiet recognitio in curia domini regis per duodecim milites Propinquos querelæ, quæ visa erit per justitiam, si ibi inventi fuerint; et si ibi inventi non fuerint, per duodecim alios homines legitimos Propinquos querelæ.*

¶ **PROPITIATIO**, Indulgentia, remissio, Gall. *Pardon.* Charta Ferdinandi Gonzalez inter Conc. Hispan. tom. 3. pag. 176 : *Cujusque meritis et suffragiis apud Deum hostium propulsionem, civium tuitionem,... noxarum Propitiationem procul dubio nobis non diffidebamus adesse.*

1. **PROPITIATORIUM**, *dictum quasi propitiatoris officium*, Papiæ. Ælfricus : *Propitiatorium, vel Sanctum Sanctorum, vel Secretarium, vel Pastoforum*, gesceot bæftan þæm heah weofode [** i. e. Tabulatum pone majus altare.] Honorius Augustod. lib. 1. cap. 136 : *Propitiatorium quod super altare locatur, est divinitas Christi, quæ humano generi propitiatur.* Anastasius in Pasch. pag. 149 : *Propitiationem etiam altaris et laminis argenteis exornatum circumduxit, atque sacram Confessionem ejus... circumstruxit.* Infra : *Fecit autem in eadem Ecclesia cyborium ex argento pens. libr.* 810. *Imo et Propitiatorium sacri altaris ex argenteis laminis mirifice exornat; Confessionem denique ejus, etc.* Ibidem pag. 152 : *Fecit.... ciborium miræ magnitudinis.... Propitiatorium denique sacri altaris, seu Confessionem interius exteriusque cum rugulis.... compsit.* Habentur eadem verba infra pag. 155. Et pag. seq. : *Fecit Propitiatorium sacri altaris B. Petri Apostolorum Principis, ubi sacratissimum corpus ejus quiescit spanoclistum, etc.* Hugo Flaviniac. pag. 166 : *Propitiatorium sane Sanctorum exornant corpora, quorum meritis floret Ecclesia.* Adde pag. 82. Catalog. Abbat. Floriacens. lib. 1. Miscellaneor. Baluzii : *At vero Theodulfus aulam, a se constructam, omnium conditori ac Salvatori rerum Deo consecrans, Cherubin gloriæ, obumbrantia Propitiatorium super altare ipsius artificiosissimo magisterio expressum, his decoravit versibus, etc.* Videtur idem quod *Ciborium*, quod *Confessionem* et totum altare contegit, quemadmodum Arcam veteris Testamenti texit *Propitiatorium*, sive *Oraculum*, quod et *Tegmen* sive operculum Arcæ dicitur Exod. 25. 26. etc. Gr. ἱλαστήριον

¶ Propitiatorium, Altare portatile. Chronic. Comodoliac. apud Stephanot. tom. 2. Fragm. Hist. MSS. pag. 452 : *Triaque altaria fuerunt retro cancellos magni altaris adaptata, per plura tamen tempora et annos fuit in Propitiatoriis supra ipsa altaria celebratum.*

¶ Propitiatorium, *Patena*, cujus usus est in oblatione Corporis Dominici. Statuta MSS. Augerii Conseran. Episc. ann. 1280. ubi de fortuita effusione Sanguinis Christi : *Si autem totum effusum est, ita quod nihil manserit, quod valde horribile est, tunc ponat* (sacerdos) *hostiam super Propitiatorium, et ministret panem, vinum et aquam, et reincipiat,* Hanc igitur, etc. *Confessione autem præmissa et hostia servata sumatur a ministro in fine Missæ, vel servetur pro infirmis.*

¶ 2. **PROPITIATORIUM**, Indulgentia, miseratio. Burchardus in Epist. ad Nicolaum Sigeberg. Abbat. apud Murator. tom. 6. col. 616 : *Protractis igitur aliquot diebus pro remissione sacramenti, quo Mediolanenses Brixiensibus et Placentinis tenebantur, cum difficultatem conventionis attenderent, et rerum exitus longius metirentur, stupefacti et dimissa conventione ipsi deditionem elegerunt, et ad solius misericordiæ Propitiatorium se contulerunt.*

¶ **PROPITIUS**, Idoneus, aptus, habilis, Gall. *Propre.* Charta ann. 1376. ex Bibl. regia : *Quod remaneremus quamdiu essemus Propitii pro negotio pacis.*

* Nostris *Propice*, eodem intellectu. Lit. remiss. ann. 1389. in Reg. 138. Chartoph. reg. : *Consideré que la ville d'Anse est séant près des fins du royaume sur la riviere de Sone, en pays fertile et convenable et Propice pour fait de marchandise, etc. Ung josne filz honeste et Propice pour le aidier à abiller les chevaulx*, in Reg. 13. Corb. sign. *Habacuc* ad ann. 1510. fol. 59. v°. Ibid. ad ann. 1513. fol. 171. v° : *On fera abastre au bos l'abbé aucuns quesnes de petite valeur en*

nette ouvraige, pour y prendre ce qui sera Propice à faire de l'essaugne, pour recouvrir le hangart du four.

¶ **PROPLACITARE**, In *placito* seu judicio tueri, defendere, *Garantir*. Excerpta ex Ordinar. Eccl. S. Matth. Brunsvic. apud Leibnit. tom. 2. Script. Brunsvic. pag. 471 : *Promittens omnia bona quondam Templariorum in tota terra et ducatu suo libere et quiete tradere et ad possessionem ducere per se et hæredes suos, et in ejusmodi bonis ipsos defensare et Proplacitare.* [** Vide Haltaus. Glossar. German. voce *Vertaidingen*, col. 1904.]

¶ **PROPOINTUM**, ut *Perpunctum*. Vide ibi.

¶ **PROPOLARIUS**, Propola. S. Aug. tract. 10. in Johan. : *Propolarius quisque, quod vendit, laudat.*

PROPOLIM. Gloss. Anglo-Sax. Ælfrici : *Propolim, vel pertica*, (al. *portica*), stod. At stod apud Somnerum, *equum* sonat. [** Studu Postis, columna.]

* **PROPOMA**, *Antebibitio*, in Gloss. ad Alex. Iatrosoph. Ms. lib. 1. Passion cap. 60 : *Propomæ raro sunt assumendæ, et ad hoc solum absinthium bonum est.*

* **PROPONCHA**, Vestis militaris *coactilis*, idem quod *Perpunctum*. Vide in hac voce. Privil. villæ Brager. ann. 1334. in Reg. 70. Chartoph. reg. ch. 330 : *Item armaturæ, ut pote enses, lanceæ, scuta,.... pilleus fereus, Proponcha sive guabaysho, etc.*

PROPONENDA, Tributum quod a mercatoribus pendi solebat ob facultatem merces suas venum *proponendi* et exponendi in nundinis publicis, in leg. 2. Cod. Th. de Veteran. (7,20.) ubi consulendus Jacobus Gothofredus. Vide *Ostensio*.

PROPORTARE. Monasticum Anglic. tom. 1. pag. 534 : *Et unam partem bosci nostri... sicut fossata Proportant, etc.* Id est prout jacent et distenduntur fossata, secundum eorum situm : nos vulgo dicimus, *comme les fossez se comportent et étendent.* [Charta Henrici II. Reg. Angl. ann. 1180. apud Marten. tom. 1. Ampliss. Collect. col. 946 : *Secundum quod terra sua se Proportat in villa de Merdeplust.* Charta ann. 1284. in Tabul. B. M. de Bono-Nuntio Rotomag : *Concessi prædictis viris religiosis duas pechias terræ meæ sicut se Proportant de lato in longum.* Privilegium Johannis de Castellione Comit. Blesens. ann. 1265. ex Schedis *Lancelot* : *Abbas et conventus* (S. Joan. Carnot.) *dicebant se habere debere omnimodam justitiam altam et bassam in locis et vicis inferius annotatis, videlicet in burgo S. Joannis in Valleia prout est limitatus et extenditur et se Proportat.* Pluries ibi. Tabular. Eccles. Dolensis ann. 1290 : *Prout situantur et se Proportant de longo in longum et de latitudine in latitudinem.* Vide *Præportare* et *Porportare*.]

* *Pourporter*, codem sensu, in Tabul. episc. Carnot. : *Jehan de Saint-Yon escuier aveue à tenir de R. P. monseigneur l'évesques de Chartres.... son herbergement, si comme il se Pourporte, et sa justice haute et basse.* Charta Phil. Pulc. ann. 1308. in Lib. rub. Cam. Comput. Paris. fol. 339. r°. col. 1 : *Une autre piece de pré, que l'en appelle les Maroys, si comme elle se Pourporte, etc.* Vide supra *Porportare*.

PROPORTATIO, Inquisitio, declaratio, *Veredictum*, testium auditio, seu potius declaratio, *Information* : vox fori Anglici et Scotici. Quoniam Attachiamenta cap. 68 : *Si quis appellat aliquem de roberia vel latrocinio, et ponat in sua appellatione majorem summam pecuniæ, quam possedit die quo damnum accepit : et defendens petit Proportationem patriæ, vel vicineti, quod die vel nocte, in qua pars adversa dicit se damnum recepisse, tantam pecuniæ summam non habuit, nec tantum damnum recepit : ipse defendens quietus remaneat, si Proportatio patriæ hoc dixerit.* Occurrit præterea in Statutis Alexandri II. Regis Scotiæ cap. 5. § 1. 2. 4. cap. 7. § 1.

¶ **PROPORTIONABILITER**, Æqualiter, habita ratione vel numeri, vel mensuræ, vel modi inter ambo. Diploma Bolkonis Ducis Silesiæ ann. 1298. apud Ludewig. tom. 6. Reliq. MSS. pag. 495 : *Triginta marcarum numerus absque omni impedimento... claustro antedicto ex integro et Proportionabiliter perpetue compleatur.* Charta Ludovici Regis Comit. Provinciæ ann. 1349. in Schedis Præs. *de Mazaugues* : *Exigit namque distributiva justitia.... dum datur beneficium Proportionabiliter universis.*

¶ Proportionaliter, Eadem notione. Bernardus Thesaur. de Acquisit. T. S. apud Murator. tom. 7. col. 838 : *Aurum et argentum cum perlis... inter satellites et mulieres et pueros dividebatur Proportionaliter.*

* Unde *Proportionnablement*, in Lit. ann. 1402. tom. 8. Ordinat. reg. Franc. pag. 555.

* **PROPORTIONARIUS**, In æquas portiones divisus, nostris etiam *Proportionné*. Charta Guill. ducis Aquit. pro fundat. Orbister. ex Tabul. ejusd. monast. : *Concedo .... pascua plenaria et libera ad omnia animalia prædictorum Fulcherii successorumque suorum et medietariorum eorumdem, si quæ habuerint nutrienda vel etiam depascenda, cujuscumque sint generis, sive sint prædicto Fulcherio et successoribus propria animalia, sive medietariis suis Proportionaria.* Lit. ann. 1415. in Reg. 170. Chartoph. reg. ch. 1 : *Item les cinquante quatre mesureurs sont partiz et Porportionnez en trois parties.* Infra : *Proportionnez*.

¶ **PROPORTIONATUS**, Conveniens, congruus, Gall. *Proportionné*. Firmicus Matern. lib. 4. cap. 13 : *Corpus satis Proportionatum.* Acta S. Aug. novelli tom. 4. Maii pag. 622 : *Ante versus altare.... est Porportionatum genuflectile longitudinis arcuati prædicti.*

¶ **PROPORTUS** Feodi. Vide *Porportus*.

¶ **PROPOS**. Vide supra *Præpos*.

¶ **PROPOSCERE**, Poscere, petere. Gloss. Isidori : *Proposcit, petit.*

¶ **PROPOSITA**, Quod proponitur, ut de eo statuatur. Statuta Saluciar. collat. 2. cap. 63 : *Statutum est quod Potestas Saluciarum seu ejus locumtenens non possint nec debeant aliquo modo colorare Propositas.* Ibid. cap. 64 : *Teneatur secretarius scribere in Consilio Saluciarum omnes Propositas fiendas per sindicos communis.* Acta B. Ambrosii Senens. tom. 3. Martii pag. 244 : *Surgens in dicto Consilio ad dicitorium super contentis in dicta præsenti Proposita.*

¶ Proposta, Eadem notione. Statuta Cadubrii lib. 1. cap. 69 : *Volumus quod si factum illud, de quo Proposta per Vicarium fieri contigerit, tangeret aliquem de consiliariis ipsius consilii, aut aliquem ejus descendentem, vel fratrem aut germanos, vel affines usque ad tertium gradum ipsius, teneatur dictus consiliarius statim lecta Proposta exire de consilio.* Vide *Posta* 9.

* **PROPOSITIO**, Oratio gratulatoria, Gall. *Harangue*. Stat. Universit. Andegav. ann. 1409. tom. 9. Ordinat. reg. Franc. pag. 501. art. 17 : *Quia congruit et pro honore et decentia Universitatis bene convenit, quod aliquando fiant ex parte Universitatis harengæ seu Propositiones aliquibus principibus, prælatis aut aliis magnatibus, ideo statuitur ut quotiens casus evenerit seu expedierit et opportunum videbitur, ordinetur in collegio et per collegium unus doctor notabilis ac deputatus ad harengam seu Propositionem hujusmodi faciendam.*

1. **PROPOSITOR**, Pincerna, forte ex Græco πρόποσις. Eckeardus junior de Casibus S. Galli cap. 1. : *Karolus Rex ipse qui S. Othmari hebdomada ipse Propositor et pincerna per triduum de vico Stainhem servivit, volatiliaque nos edere fecit.* Cap. 16 : *Milites quidem, quando sibi absque fratribus esse vacabat, intus et foris mensæ suæ Propositores et pincernas hebdomadarios habere solebat, disciplinanterque sibi ab eis ministrari volebat.* Adde Eckeardum Minimum de Vita Notkeri Balbuli cap. 13.

☞ Eorum qui mensæ ministrant duo hic proponuntur officia; ejus scilicet qui ad pocula stat, et pincerna dicitur : alterius, cujus est patinas mensæ apponere, unde *Propositor* nuncupatus. De pincerna itaque minus recte intellexisse videtur vir doctissimus.

* 2. **PROPOSITOR**, Præpositus. *Propositores festum fatuorum vocant*, in Statuto Ludov. archiep. Senon. ann. 1445. inter Instr. tom. 12. Gall. Christ. col. 96.

¶ 1. **PROPOSITUM**, Actus theologicus, in quo doctorali dignitate donandus, examinandus proponitur. Locus est in *Principium* 3.

¶ 2. **PROPOSITUM**, Hypothesis, sententia apud vet. Irenæi Interpretem lib. 3. cap. 12. num. 12.

¶ **PROPOSITUS**, id est, Proscriptus, in leg. Sed si pupillus. § 1. de inst. leg. cum in plures. § locator. locati. Vide Pancirol. lib. 1. Thesauri var. lect. cap. 77.

¶ **PROPOSTA**, Propositum, ratio. Humbertus Cardin. lib. 2. adv. Simon. cap. 30. apud Marten. tom. 5. Anecd. col. 741 : *Necesse est ad cor redeant prævaricatores novi mandati quicumque hæretici, et præ omnibus Simoniani, qui ex accepta virtute Spiritus sancti faciunt sibi Propostam ad solum negotium sæculi, non ad aliquod testimonium Christi.* Vide in *Proposita*.

* *Pourpos* eadem notione, in Lit. ann. 1371. tom. 5. Ordinat. reg. Franc. pag. 459. *Proposement*, in Cons. Petri de Font. pag. 148. art. 48 : *Se tes peres morut après plait entamé, ou puis k'il avoit eu Proposement de dire que li testamens son frere n'avoit pas été à droit fais.*

¶ **PROPOTATIO**, πρόποσις. Gloss. Lat. Græc. In Cod. Sangerm. *Perpotatio*.

PROPRÆFECTO, PROPRÆFECTIS. Observat Henricus Valesius ad Ammiani Marcellini lib. 14. aliud *esse agere pro præfecto, aliud* agere *pro præfectis*. Agere enim *pro præfecto*, dici eum, cui Præfectus urbi, seu Præfectus Prætorio in speciali negotio vices suas mandavit : at vero *pro præfectis* agere dici, qui ordine Codicillorum vicariam potestatem exercet. Hunc vide et Gruteri Inscript. 370. 3.

¶ **PROPRÆSCRIPTUS**, Ante præscriptus, Statutus. Charta ann. 1152. inter Probat. tom. 2. novæ Hist. Occitan. col. 539 : *Trado* (castellum Messua) *propter* v. M. *solidos Melgorienses.... Et si plus pretii Propræscripti castellum illud valet, etc.*

* **PROPRE**. Charta ann. 1366. in Chartul. S. Joan. de Jardo : *Item quamdam peciam terræ,.... quæ quondam fuit Mileti Tirelli, sitam mota seu Propre domum prædictorum*. Ubi procul dubio legendum, *Circa seu prope*.

¶ **PROPRENDERE**, PROPRESA, PROPRESIUM, PROPRESTURA. Vide in *Porprendere*.

* **PROPRIA**. Reg. capit. eccl. Agath. ad ann. 1545 : *Claudius de la Guicha episcopus Agathensis recipitur in Propria*. Rursum aliis in locis non semel occurrit. Ubique supplendum est *Persona*; quod observatur cum quis per se ipsum, non per procuratorem, possessionem alicujus beneficii adipiscitur.

1. **PROPRIARE**, Rem sibi propriam facere, asserere, vindicare, in Legibus Saxonicis Edw. Senioris cap. 2. apud Bromptonum. [Festus : *Propriassit*, *proprium fecerit*. Cæl. Aurel. Acutor. lib. 1. cap. 15 : *Per tenues vias Propriari*. Idem Tardor. lib. 5. cap. 12 : *Solidiora digestione Propriantur*.] Vide supra *Appropriare*.

* 2. **PROPRIARE**, Præparare vel commodare. Stat. Universit. Aurel. ann. 1323. ex Cod. reg. 4223. A. fol. 35. r° : *Prohibemus ne quivis doctor, baccalarius, scolaris .... quomodocumque assensum seu munitionis armorum aut hominum Propriet seu Propriari faciat pro aliquo præmissorum; nec...., passus injuriam etiam corporalem ad sumendi vindictam per vias pes aut silens, se audeat aliquatenus Propriare, salva deffensione proprii corporis, hospitii et bonorum*. In alio Stat. itidem super portatione armorum fol. 45. r°. legitur, *Præparet seu Præparari faciat*. Charta Gaufr. de Meduana pro eccl. SS. Serg. et Bacch. : *Officinas cum claustro quas ego facio, Propriatas invenient*. Ubi editum *Præparatas* tom. 2. Spicil. pag. 507.

¶ **PROPRIATIM**, Expresse, distincte. Arnobius lib. 3. pag. 125 : *Res exigit Propriatim Deos scire*.

* **PROPRIE**, Indivise. Chartul. S. Joan. Angeriac. fol. 57. v° : *Stagnum quoque, quod vivarium dicitur, nostrum Proprie erit, excepto buccali, de quo facient medietatem*.

¶ **PROPRIETANEUS**, Proprius, conveniens. Guido in Discipl. Farfens. lib. 1. cap. 3 : *Antiphona ex Evangelio ipsius diei, sicut die illa ad horas præmiserunt de suis; ita et Sabbato sancto de Proprietaneis antiphonis prosequantur*.

¶ **PROPRIETARE**, Rem alicui propriam facere, asserere, in proprium dare, Gall. *Donner en propre*. Charta Henrici II. Imper. ann. 1055. apud Murator. delle Antic. Estensi pag. 7 : *Dicto monasterio S. Zenoni ad suorum prebendam monachorum donamus et Proprietamus elemosinam*. Occurrit rursum infra. [** Vide Haltaus. German. voce *Eigenen*, col. 287.]

PROPRIETARII. In speculo Saxonico lib. 1. art. 2. § 2. *Liberi dividuntur in Bannitos, Proprietarios Præpositorum, et Paganos Archipresbyterorum*. Mox § 5 : *Proprietarii jure necessario suorum Præfectorum judicium quærent, quod sex septimanarum spatio provocetur, et ex his si opus fuerit, Præco deligatur*. [** Germ. *Plechhaften*.]

PROPRIETARII, Monachi dicuntur, qui *proprium*, seu *proprietates*, ut loquitur Eckehardus junior de Casib. S. Galli cap. 11. vel peculia possident. Jo. de Garlandia in Synonymis :

> Et opulentia, vel possessio, peculiumque,
> Res, et proprietas, hinc Proprietarius exstat.

Reinerus contra Valdenses pag. 95 : *Beatus enim Gregorius pro Monacho Proprietario, sed pœnitente, post mortem determinate* 30. *Missas celebrandas instituit, et sic eundem liberavit*. Honorius III. lib. 4. Epist. 536 : *Et quicunque de cætero inventus fuerit habere proprium, pœnæ subjaceat regulari, et semel in anno in Proprietarios solennis excommunicatio proferatur*. Vetus Statutum Monasticum in Additamentis ad Matth. Paris pag. 115 : *Monachi Proprietarii excommunicentur ab Abbatibus suis; et si in morte Proprietarius inventus fuerit, Ecclesiastica careat sepultura, vel sicut unus de vulgo sepeliatur...... Excommunicationis sententiam in Proprietarios semel in anno, scilicet in Ramis palmarum solenniter in Capitulo publicabit. Et si post aliquis inventus fuerit habere proprium, etc.* Mox : *Proprium autem intelligimus secundum B. Benedicti regulam, si nec accomodatum, nec locatum, nec depositum aliquis omnino Monachus vel conversus nomine suo recipiat, nec etiam Monasterii nomine, nisi de Abbatis vel conventus licentia speciali, etc.* [Conc. Trevir. ann. 1238. apud Marten. tom. 7. Ampl. Collect. col. 131 : *Illos autem censemus Proprietarios quibus assignantur curtes vel allodia pro certa pensione : qua soluta, de residuo tanquam de proprio suo faciunt voluntatem*.] Bernardus Monach. in Consuetud. Cluniacensib. MSS. cap. 3 : *Quod ideo a patribus nostris præcautum est, ne illa mala pestis Proprietatis, et præsertim modo adeo periculosa aliquo modo subrepat*. Vide Monasticum Anglic. tom. 3. pag. 307. et Concilium Montispeliense ann. 1214. cap. 18. 19. Concil. Biterrense ann. 1223. cap. 14. et alia passim ejusce ævi Concilia, præterea Monasticum Cisterciense pag. 311. 316. Statuta antiqua Cartusiens. part. 2. cap. 31. § 6. etc. [Vide in *Proprietates*.]

¶ PROPRIETARIUS, *Jure proprietario*, id est, domini et legitimi possessoris. Form. 23. inter Sirmondicas : *Quicquid de supradictis rebus meis,.... facere voluerit, jure Proprietario, absque repetitione heredum meorum, liberam et firmissimam in omnibus habeat potestatem*. Occurrit passim.

¶ PROPRIETARIUS CONSUETUDINARIUS, *Proprietaire coustumier*, in Consuetud. Leod. cap. 11. art. 33. Vide ibi *de Mean*.

PROPRIETATES, Alodia, patrimonia, bona quæ ex successione parentum alicui obveniunt. Speculum Saxonicum lib. 1. art. 8. § 1 : *Proprietas et proprium appellatur possessio seu fundus, qui a nullo recipitur in feudum vel hæreditatem, sed per successionem devolvitur ad hæredes, absque aliquo tributo successoris*. [** Germ. *Egen*.] Annales Francor. Bertiniani ann. 858 : *Ibique distribuens invitatoribus suis Comitatus, Monasteria, villas regias, atque Proprietates, ad Attiniacum Palatium revertitur*. Annales Franc. Metenses ann. 887 : *In Monasterio quod in Proprietate sua construxerat, Deo famulatura recessit*. Capitulare 4. incerti anni cap. 7 : *De liberorum hominum possibilitate, ut juxta qualitatem Proprietatis exercitare debeant*. [Edictum Pistense cap. 18 : *In fiscum nostrum, vel in quamcumque immunitatem, aut alicujus potentis potestatem vel Proprietatem confugerit, etc.* Rabanus ad Otgarium : *Proprietas dominicalis, quæ domino Imperatori ex paterna successione hereditario jure pervenit*.] Ditmarus lib. 1 : *Et huic quantum ad victus et sui vestitus necessaria suppetebat ex sua Proprietate, etc.* Bercarius Presbyter in Hist. Episcopor. Virdunensium num. 8 : *Suam Proprietatem, id est Theologium Monasterium sanctæ Mariæ in Virduno... tradidit*. Tabularium Brivatense ch. 351 : *De rebus Proprietatis meæ, quæ mihi legitimo ordine per originem parentorum meorum evenerunt*. [Vide Hieronymi Bignonii notas ad Marculfum et infra *Proprium*.]

* Chartul. prior. Neronis-villæ : *Cætera quæ sibi in Proprietate erant : ita dico in Proprietate, quod in hoc dono ejus vel in alia terra ei pertinenti, non rex vel aliqua persona posset aliquid adclamare*. Inquisit. ann. 1268. ex schedis Pr. *de Mazaugues* : *Dixerunt quod fuerat facta* (*dicta clapeira*) *ad significandum ad quem locum protendebatur Proprietas et pastura d'Aurella, et Proprietas et pastura civitatis Arelatis*. *Propriété*, eodem intellectu, in Lit. remiss. ann. 1472. ex Reg. 195. Chartoph. reg. ch. 702 : *A l'occasion de ce que Guillaume Reignet... prenoit des paulx et cloison en une troyne ou Propriété, appartenant au suppliant ou aux siens, etc.*

PROPRIETATES, dictæ res immobiles, quas quis comparat. *Comparare proprietates*, in Lege Longob. lib. 3. tit. 1. § 19. et 20. [** Capitul. libr. 3. cap. 19. et 20.] Ubi *proprietas*, mox *alodus* dicitur. *Proprietatem adquirere*, in Chron. Laurish. pag. 68. Testam. Hadoindi Ep. Cenom. : *Villam Proprietatis meæ Iscomodiacum,.... quam data pecunia de Ausereна et genitrice sua comparavi, etc.* [Capitul. Caroli Calvi ann. 865. tit. 37. § 4 : *Ut nullus infidelium nostrorum, qui liberi homines sunt, in nostro regno immorari vel Proprietatem habere permittatur, nisi fidelitatem nobis promiserit*. Chron. Farf. apud Murator. tom. 2. part. 2. col. 480 : *Item præfatus abbas dom. Joannes acquisivit in hoc monasterio a Theodino Comite filio Berardi Comitis, quasdam res sive Proprietates, quas emerat a Sebaldo in territorio Amiterno*.] Hac notione occurrit, in Capitulari 5. ann. 806. cap. 7. 8. lib. 3. Capitul. cap. 19. 20.

in Lege Longob. lib. 3. cap. 4. [** Carol. M. 119?] et in Chartis Abb. Bellil. quas profert Dominicus de Prærog. Allod. cap. 13. num. 3. Ita ut *proprietates* dicantur res dominicæ ac propriæ, respectu earum quæ in *Beneficium* tenebantur. [Charta ann. 1067. ex Tabular. Major. Monast. : *Exampliationes bosci de Boeria quæ erant meæ Propriæ.*] Tabularium Brivat. ch. 333 : *Cedo... aliquid de rebus Proprietatis meæ quæ mihi per conquestum evenerunt.* Et ch. 335 : *De rebus Proprietatis nostræ quæ ex attractu nobis obvenerunt.* Hincmarus Remensis in Epist. ad Carolum Regem : *Quia ipsi vestri homines et Proprietatem et beneficium in vestro regno et in mea parochia habent.* Tradit. Fuldenses lib. 3. trad. 30 : *Cum alia quæ sibi vel Proprietatis jure, vel beneficiali lege undecumque contigerant filiæ suæ, etc.* Ubi *Proprietates* opponuntur *beneficiis* quæ ad vitam possidebantur. Vide Walafrid. Strabum de Vita Othmari cap. 1. et *Proprium.*

PROPRIETATES habere dicuntur Monachi, qui contra præscriptum regulæ Monasticæ peculia habent. Vide Eckehardum juniorem de Casib. S. Galli cap. 11. pag. 87. Atque hi *Proprietarii* dicuntur, ut supra monuimus. Statuta Ord. Cartusiensis ann. 1368. 2. part. cap. 5. § 5 : *Cum detestandum sit omnibus religiosis Proprietatis vitium, etc.*

* Qui tanquam propria possident; non qui iis tantum, sub abbatis tamen, quemadmodum filii sub patris auctoritate, utuntur. Etquidem ita interpretandum esse paupertatis votum, quod monachi possessionibus ditissimi emittunt, ut rerum proprietatem, non earum moderatum usum ejurare intelligantur, haud obscure efficitur ex Reg. visit. Odon. archiep. Rotomag Cod. reg. 1245. fol. 87. r° : *Visitavimus apud S. Amandum.... Faciunt tria vota, scilicet obedientiam, abrenunciationem Proprietatis, castitatem. Injunximus abbatissæ quod in professione earum nihil aliud eis permittat vovere.* Quod si vero *paupertatis* vocem adhibet in formula votorum ibid. fol. 90. r°. ne errandi locum præbeat, hanc continuo interpretatur sic : *Injunximus priorissæ (S. Albini) quod quando moniales devenirent ad decimum quartum annum, faceret eis vovere tria vota, scilicet obedientiæ, castitatis, paupertatis, scilicet vivere sine Proprio.* Eamdem formulam habemus ex professione Jauserannæ de Medullione ann. 1223. in Hist. Ms. S. Andr. Avenion. fol. 45. r°. edita tom. 7. Spicil. pag. 264. sed mutila : *Ego Jauseranna prædicta professionem emitto, et me imperio et mandato dom. Bermundi abbatis et ejus successoribus subjicio, et in manu Calverii de mandato ipsius dom. abbatis me absque Proprio vivere promitto, etc.* Recentioris ætatis hujusce moris exemplum profert Conc. Rem. ann. 1408. apud Marten. tom. 7. Ampl. Collect. col. 420. num. 53 : *Amplius si in parochia sunt domus religiosorum vel hospitalia, fiet inquisitio secundum status eorundem, ut quomodo servant vota, specialiter continentiæ et paupertatis sine Appropriatione.* Eorum saltem temporum hanc fuisse disciplinam, hæc argumento sunt, ut et facultas succedendi in possessiones parentum et testamenta de rebus suis abbatibus, abbatissisve concessa, quamvis non secus ac cæteri monachi paupertatis voto adstringerentur. Vide infra *Successio* 2. et *Testamentum* 1.

PROPRIETAS MARIS. Epistola Alexandri III. PP. apud Gariellum in Episcopis Magalonensibus pag. 145 : *Guillelmus de Montepessulano sua nobis conquestione monstravit, quod dilecti filii nostri Consules et populus Genuensis Proprietatem in mari quærentes, portum ejus frequenter invadunt, consumunt naves incendio, et peregrinos et mercatores suis rebus per violentiam spoliant, etc.* Alia ejusdem Pontificis Epistola ad eosdem Genuenses, ibid. pag. 157 : *Quia non decet vos ejusmodi Proprietates in mari requirere, quas paganos etiam non legimus requisiisse.* Vide Petrum Baptistam Burgum lib. 2. de Dominio Genuensis Reipublicæ in mari Ligustico cap. 12. 13.

PROPRIETAS, Officium proprium alicujus sancti. Usus antiqui Ordin. Cisterciensis cap. 6 : *Vel propter commemorationem alicujus Sancti qui Proprietatem habet, in graduali persolvi non potuerunt.* Adde cap. 34. et Institut. Capituli gener. ejusdem Ordin. cap. 27. Ordinarius MS. Ecclesiæ Rotomagensis : *Notavimus in præcedenti Opusculo festivitates Sanctorum, et Proprietates eorum quæ eveniunt ab Adventu Domini, etc.* [Vetus Cerem. MS. B. M. Deauratæ Tolos. : *Item lectiones dicuntur ad utrumque festum non habentem Proprietatem.*] Ita usurpant Statuta antiqua Ordin. Cartusiensis cap. 6. § 41. Huc spectant, quæ habentur in lib. 2. Sacram. Ecclesiæ Rom. cap. 30 : *In Natali S. Petri Proprie 3. Kalend. Julii.* Et cap. 32 : *In Nativitate S. Pauli Proprie, 3. Kalen. Julii.* Quia eodem die utriusque Sancti Festum celebratur : officia vero disjunguntur, sicque uterque habet *Proprietates* suas.

PROPRINDERE, PROPRISA, etc. Vide supra *Porprendere.*

PROPRIUM, Idem quod *Proprietas.* Auctor Queroli : *Datum tibi est de Proprio nihil habere.* Charta Chlodovei Regis apud Rover. in Reomao pag. 30 : *Tam ex munere nostro, quam de paterno et Proprio, aut de conlato populi, seu de quolibet adtracto aliquid auferre præsumat.* Capitulare 1. ann. 812. cap. 1 : *Ut omnis liber homo qui 4. mansos vestitos de Proprio suo sive de alicujus beneficio habet, etc.* Charta Lotharii Imper. apud Beslium pag. 260 : *Curtes duas cum suis appenditiis nostro daremus præcepto, et duos quod alodos nuncupant ejusdem loci incolæ, et sua Propria, etc.* Charta sub Odone Rege in Tabular. Abb. Belliloci in Lemovic. n. 118 : *Cedo ad ipsum locum sanctum aliquid de Propriis rebus meis quæ per parentes mihi justissime obveniunt.* Charta Pipini Reg. Aquitaniæ ann. 842. in eodem Tabulario num. 5 : *Concedimus eidem fideli nostro Rodulpho nomine ad Proprium quasdam res juris nostri, quæ sunt sitæ in orbe Lemovicensi, in pago Asnacense... et de nostro jure in jus ac potestatem illius solemni donatione transferimus, ita ut videlicet quidquid ab hodierna die et tempore exinde pro sua utilitate atque commoditate jure proprietario facere decreverit, liberam et firmissimam in omnibus habeat potestatem faciendi.* Alia Charta ejusdem Pipini ann. 848. in eodem Tabul. n. 6 : *Concedimus itaque eidem venerabili Episcopo ad Proprium quasdam res juris nostri.... ut quidquid exinde ab hodierna die facere voluerit, liberam et firmissimam in omnibus habeat potestatem faciendi, donandi, vendendi, commutandi, sive hæredibus relinquendi.* Charta Rodulfi Comitis Cadurcensis ann. 788. in eod. Tabul. n. 176 : *Tradimus vobis atque transfundimus ab habendum et possidendum Proprio jure.* Adde Appendicem ad Capitular. num. 108. *In Proprium habere*, in Capitul. Caroli C. tit. 43. § 5. *Ad Proprium habere*, in Charta ejusdem Caroli apud Beslium in Comit. Pictav. pag. 177. Ibid. : *In compensationem harum rerum dedit idem Comes ex suo Proprio partibus S. Hilarii, etc. In Proprium tradere*, in Charta Ottonis III. Imp. ann. 1001. in Privilegiis Ecclesiæ Hammaburg. *Largiri ad Proprium*, in alia Lotharii Regis apud Beslium pag. 252. 259. *Ad Proprium facere*, in Præcepto Caroli M. pro Hispanis ann. 812. *Proprium et hæreditas* opponuntur *Beneficio*, in Charta Divisionis Imp. Lud. Pii. ann. 814. cap. 8. *Proprium* Regis, seu uti vocamus *Domanium*, in Lege Longob. lib. 1. tit. 34. § 3. [** Ludov. P. 28.] Hist. Ep. Autis. cap. 58 : *Cum Glemum castrum... quod erat de feodo Autisiodor. Ecclesiæ in Proprietatem regiam devenisset, etc.* Vide *Alodus* et *Proprietates.*

PROPRIUS, Cliens, servus. Gregorius M. lib. 9. Epist. 38 : *Qui ratione mihi se ancillam dicit, cujus ante susceptum Episcopatum Proprius fui.* Eginhardus in Caroli M. Vita : *Adeo namque Adelfonsum Gallciæ atque Asturicæ Regem sibi societate devinxit, ut is cum ad eum vel literas vel legatos mitteret, non aliter se apud illum, quam Proprium suum appellari juberet.* Charta ann. 1238. in Regesto Tolosano fol. 79 : *Qui fuerat homo ligius et Proprius ejusdem Do. Comitis.*

Sunt in Germania, inquit Molanus lib. 3. de Canon. cap. 33. de Servis verba faciens, *quos vocant Proprios, sed non sunt illi servi, nec majores suos servos habuerunt.* Viglius ad Tit. de Testam. ordin. : *Proprii homines, quos Germania nostra habet, eodem jure adhuc vivunt, quo olim, libertis magis similes, quam mancipiis.* Eadem scribit Zazius, et in paucis cum servis participare ait, et plus ad libertos respicere. Vide Fletam lib. 1. cap. 47. § 9.

¶ **PROPUDIOSUS**, *Rubore confusioneque plenus.* Gl. MSS. Sangerm. num. 501. Sensu opposito utitur Plautus.

¶ **PROPUGNACULI**, πρόμαχοι, in Gloss. Latino-Græcis et Græco-Latinis.

* **PROPUGNACULUM**, Fenestricula oblongior et strictior in urbium et castrorum muris, per quam sagittarii vel balistarii sagittas suas aut tela in obsidentes emittebant, idem quod *Arbalisteria.* Glossar. Lat. Gall. ex Cod. reg. 7692 : *Propugnaculum, Herbalestiere.*

¶ **PROPULA.** Vide *Propola.*

¶ **PROPUNCTUM**, PROPONCTUS. Vide in *Perpunctum.*

* **PROPURATOR.** Charta Joan. ducis Bitur. pro fundat. S. Capel. Bitur. ann. 1405. ex Bibl. reg. : *Constituentes dictos thesaurarium, cantorem, etc. quoad hoc dominos et proprietarios ac Propuratores.*

Sed legendum videtur *Propriatores*. Vide *Propriare* 1.

¶ **PROQUIETAS**. Vide *Propinquietas*.

¶ **PROQUIRERE**, ut mox *Proquiritare*, promulgare, proclamare. Charta Henrici II. Reg. Angl. ann. circ. 1155. apud D. *Brussel* de Usu feud. tom. 2. pag. VII : *Concessimus et eisdem pro nobis et heredibus nostris, quod nec nos nec heredes nostri, aliquid Proquiremus per quod libertates istæ infringantur vel infirmentur. Et si ab aliquo aliquid contra hæc Proquisitum fuerit, nihil valeat et pro nullo habeatur.*

* Ubi emendandum supra monuimus *Perquirere* Vide in hac voce.

PROQUIRITARE, Publicare. Vide Savaronem ad Sidonium lib. 8. Epist. 6. et *Proquirere*.

¶ PROQUIRITARE, nude pro Clamare, inclamare, apud Apul. in Apolog. : *In medio foro bacchabundus, epistolam sæpe apertiens Proquiritabat : Apuleius magus, etc.*

1. **PRORA** CAPITIS, Constantino Africano de Morbor. curat. lib. 1. cap. 10. 16. dicitur pars anterior, ut *puppis capitis*, eidem cap. 14. 15. 16. lib. 3. cap. 14. etc. pars posterior : igitur *prora capitis*, idem valet ac *sinciput*, ut *puppi*, *occiput*. Lib. 2. Pantech. cap. 3 : *In Prora capitis est quodam os solo coronata differens a craneo, et hoc vocatur frons; est et in puppi os solo lambda Græco differens a craneo, et vocatur puppis os.* Fridericus II. lib. 1. de Venat. cap. 24 : *Oculi sunt instrumenta visus, de quibus quare sint duo, quare in Prora capitis locati, etc.* Ita *Prora cerebri*, et *puppis cerebri*, eidem Constantino lib. 1. de Morbor. curat. cap. 15. 22. et lib. 4. Pantech. cap. 11. *Prora et puppis vulvæ*, lib. 6. de Morbor. curat. cap. 12. *Prora colli*, lib. 8. Pantech. cap. 11. Vide Scholiasten Æschyli pag. 96. edit. Henrici Stephani.

* 2. **PRORA**, Terra, ni fallor, prominens, collis, idem quod supra *Promontorium*. Charta ann. 903. apud Murator. tom. 3. Antiq. Ital. med. ævi col. 144 : *Ad suprascriptas fundoras seu casalias, et dossos atque corrigias, et valles atque Proras pertinentes ad omnia in integrum.* [** An *Pratoras*?]

¶ **PRORATA**, Æqualitas, paritas, proportio. Litteræ Johannis Reg. Franc. ann. 1356. tom. 3. Ordinat. pag. 64 : *Quousque de summa dictorum triginta milium librarum, Prorata contingente,... sibi plene fuerit satisfactum.* Charta ann. 1401. apud Marten. tom. 1. Anecd. col. 1662 : *Quod dicti Florentini, in casu necessitatis, pro tribus mensibus teneantur mutuare dicto domino Regi usque in summam ducentorum millium ducatorum mutuandorum de mense in mensem, prout Prorata contingit, etc.* Legitur alibi divisis vocibus.

* **PRORECTUS**. DECIMA PRORECTA. Vide supra in *Decimæ*.

¶ **PRORETA**, Navis rector, in Chron. Mauriniac. Vox nota Plauto.

* Seu proræ gubernator, nostris *Proier*. Glossar. Provinc. Lat. ex Cod. reg. 7657. *Proyar, Prov. Proreta.* Vadia gentium armorum in Reg. Cam. Comput. Paris. sign. *Pater* fol. 180. r°. ubi de official. marit. : *Item Proier ix. solz le mois et pour despens xx. solz.* Vita S. Aich. tom. 5. Sept. pag. 99. col. 1 : *Filibertus scilicet patrocinando, ut auriga navim gubernans in undoso æquore sine naufragii periculo; Aychadrus tamquam Proreta prævius, decernens ne subito navis ad portum veniens læsionem pateretur aliquam in litore saxeo.* Ubi docti Editores Mabillonium emendant, qui ibi legit *Propheta*. Consule illorum notam ad hunc locum. Vide *Proderius*.

¶ PRORETA, Cujusvis rei dux et rector. Willibaldus in Vita S. Bonifacii Mogunt. sæc. 3. Bened. part. 2. pag. 14 : *O summæ sanctitatis pontifex, o spiritualis Proreta agonis, etc.*

* Hinc *Pruer*, ab Italico *Prua*, prora, Proram gubernare, apud Guill. Guiart. :

Puis Pruerent le Bras S. Jorge,
Qui court devant Constentinoble.

¶ **PRORISCRIPTUM**, Præscriptum, præceptum. Camillus Peregrinus apud Murator. tom. 2. pag. 316 : *Si ipse, vel ejus heredes non complerent parti prædicti monasterii omnia, quæ et qualiter in ipso Proriscripto continebantur.*

¶ **PRORISINUS**. *Prorisinis*, pro *porriginis*, in Gloss. Isid. Vide *Barbustinus*.

¶ **PROROGARE**, Erogare, præstare, ante mittere, in Cod. Theod. leg. 11. et 13. de erogat. (7,4.) leg. 12. de cursu. (8,5.) *Prorogata jussio*, id est, ante lata, ibid. leg. 2. de pascuis. (7,7.) Vide *Prærogare*.

¶ **PROROGATIO**, Porrectio, dispensatio. Index vett. Canonum inter Conc. Hisp. tom. 3. pag. 10. col. 1 : *Quod diaconi nec in presbyterio sedere possint, nec sacri Corporis Prorogationem jus habeant exercendi.* Id tamen ipsis antiquitus concessum fuerat ut consecratam a sacerdote Eucharistiam fidelibus porrigerent, saltem absente presbytero. Vide supra *Diaconus*.

PROROGATORES TRITICI, *vini*, *et casei*, apud Senatorem lib. 10. Epist. 28. [Vide *Prærogator* et *Prorogare*.]

PRORSUS, Rectus. Vita S. Gudilæ Virg. c. 2 : *Pedissequa quoque ejus et pervia et devia negat se discernere, nec Prorsi tramitis meminisse.* Veteres *prorsum* dicebant pro recto : *Prorsi limites*, id est recti : *Prorsum ire*, εὐθύς, quod et *prosum*, ut *susum*, pro sursum. In Gloss. *Prosa*, πεζὸν ἱμάτιον, pexa tunica exponitur, id est *recta*. [Unde *Prosaria ars*, quæ circa tunicas pexas versatur. Vide Salmas. de Usur. pag. 342.] *Prorsa* pro *prosa*, apud Ælfricum in Præfat. ad Grammaticam Anglicam. [V. Martinii Lex.]

** **PRORUMPERE**, Emittere, effundere. Ecbasis vers. 712 :

Impedior lacrimis Prorumpere nomen amantis.

PROSA, Latinis scriptoribus, oratio pedestris recta, ἡ εὐθεῖα, quæ versificatæ opponitur. Hinc *Prosaica oratio*, apud Plinium lib 7. cap. 56. [*Prosaicus relatus*, apud Fortunat. lib. 7. carm. 11. *Prosarium opus*, apud Sidon. lib. 3. Epist. ult. et *Prosarium loquendi genus*, lib. 9. Epist. 13.] *Prosaticus lepos*, apud Alvarum in Vita S. Eulogii n. 7. *Libri prosatici*, n. 10. [Vide *Prorsus*.]

PROSATOR, Scriptor, qui pedestri oratione scribit. Aldhelmus Abbas Malmesburiensis : *Sed potius evax, eugeque, ingressuras tripudium a Prosatore mereatur.* Utitur et antea, ut et Vita MS. S. Gaugerici Episc. Cameracens. in Prologo : *Ardua namque materies, meisque viribus multo major,... eloquentissimum exigit Prosatorem.*

¶ PROSAICUS, Eadem notione, apud Fortunat. lib. 2. de Vita S. Martini sub finem, ubi de Sulpitio Severo qui ejusd. Sancti Vitam pedestri oratione scripsit :

Cujus Prosaicus cecinit prius acta Severus.

* Hinc *Prosaicus* stylus, *Stile prosal*, apud Christ. Pisan. in Carolo V. part. 1. cap. 1 : *Pour ce moy Christine de Pisan.... emprens nouvelle compillation menée en stile Prosal, etc.*

** PROSATICUS. Virgil. Grammat. pag. 58 : *A simplicibus ac Prosaticis exordium sumpsit.*

¶ PROSAICE, Solute. Exstat in Guelferbyt. Biblioth. teste Eccardo in Notis ad Leg. Sal. pag. 5. Codex MS. cujus titulus est : *Bennonis Misnensis Episcopi Rationes dictandi Prosaice ex multorum gestis in unum corpus collectæ.*

PROSAM, Libri Rituales Ecclesiastici eam orationem quæ in Missa canitur ante Evangelium in majoribus festis, quam alias *Sequentiam*, vocant. Udalricus in Consuet. Cluniac. lib. 1. cap. 11 : *Prosa, quod alii sequentiam vocant, non cantatur nisi in quinque festis principalibus.* [Bernardus Mon. in Ordin. Cluniac. part. 1. cap. 17 : *Pro signo Prosæ, vel quod a Teutonicis Sequentia nominatur, leva manum inclinatam, et a pectore amovendo eam inverte, ita ut quod prius erat sursum, sit deorsum.*] De ratione nominis vide Genebrardum in Liturgia Apostolica pag. 131. [et *Sequentia* 1.]

☞ Neque vero liberum erat cuique pro libitu ejusmodi *Prosam*, in majoribus etiam festis, instituere; ad id quippe requirebatur Episcopi consensus in Ecclesiis suæ jurisdictionis, et summi Pontificis auctoritas in Monasteriis quæ ipsi suberant, ut colligitur ex Litteris Willelmi Cardinalis sedis Apostolicæ Legati ann. 1161. in Tabul. S. Albini Andegav. : *Statuentes ut in Annuntiatione genitricis Dei Mariæ et beatissimi confessoris atque pontificis Albini festo* Te Deum laudamus *et* Gloria in excelsis *et Prosas sollemnes ad tantas sollemnitates altius excolendas perpetuo decantetis. Purificationem quoque ipsius in eisdem laudibus attollatis.* Tunc temporis ergo usus obtinuerat ut non nisi in solemnioribus festis prosæ illæ decantarentur, quomodo et hymnus *Gloria in excelsis*, qui a solis Episcopis in iis etiam festivitatibus dici solebat, ut testatur Walafridus Strabo cap. 22 : *Statutum est ut ipse hymnus in summis festivitatibus a solis Episcopis usurparetur, quod etiam in capite libri Sacramentorum designatum videtur.* Vide Card. Bona Rer. Liturg. lib. 2. cap. 4. § 5.

PROSARIUS, Liber Ecclesiasticus continens *prosas*, in Historia Abbatiæ Condomensis pag. 507. [Locus est in *Jornarium* 2.]

* *Item un Prosier noté*, in Invent. Gall. S. Capel. Paris.

* **PROSANETA**, Proxeneta, Gall. *Courtier*. Charta ann. 1310. in Reg. 46. Chartoph. reg. ch. 50 : *Præsentent* (consules

castri de Competro) *banerios et præcones et corretarios sive Prosanetas necessarios quolibet anno.* Vide infra *Proseneta.*

¶ **PROSATRIX**, *Genitrix.* Gloss. Isidor.

* **PROSCARIOSE**, *Affabiliter, jucunde.* Glossar. vet. ex Cod. reg. 7641.

¶ **PROSCENDERE**, f. Occare, Gall. *Hercer.* Codex censualis MS. Irminonis Abbat. Sangerman. fol. 65. v°. : *Arant ad hibernaticum perticas* IIII. *et ad tramisium* IIII. *ad Proscendendum* IIII. Nisi de prima aratione intelligas, et scriptum sit pro *Proscindere.*

¶ **PROSCHOLIUM.** Vide in *Proscholus.*

PROSCHOLUS, dicebatur in schola ille, qui non docendis tam pueris, quam eorum moribus præfectus erat, ut scilicet concinne ad Magistrum accederent, ut omni gestu, incessu, vestitu, compositi essent. Nam ante scholæ auditorium erat locus *Proscholii* nomine, ab auditorio ipso velo, tanquam aliquo intergerrino pariete, disseptus. Ibi pueri conveniebant ejus loci præfectum, quem *Proscholum* vocabant, ut admonerentur officii sui antequam ad Magistrum reducto velo accederent. Colloquia puerorum, quæ veteribus Glossariis præfixa sunt : Ὡς δὴ ἦλθον πρὸς τὸν κλίμακα, ἀνέβην διὰ τῶν βαθμῶν ἀτρέμα, ὡς ἔδει. καὶ ἐν τῷ προσχολίῳ ἀπέθηκα βίῤῥον, καὶ κατέψηξα τρίχας, καὶ οὕτως ἠρμένῳ κέντρωνι εἰσῆλθον, καὶ πρῶτον ἠσπασάμην καθηγητὰς, συμμαθητάς. S. Augustinus de Verbis Apost. serm. 19. cap. 7 : *Tam pauper, ut Proscholos esset Grammatici apud Mediolanum.* Ausonius Epigr. 23. in Professor. Proscholum, *Subdoctorem* vocat, seu quod doctori et Magistro subesset, vel quod discipulorum, ut vocant, lectiones exciperet, priusquam ii in scholam venirent : quod ultimum indicare videtur idem Ausonius, qui *tenuem Grammaticum*, Proscholum vocat :

Exili nostræ fucatus honore cathedræ :
Libato tenuis nomine Grammatici.

Idem videtur *Adjutor scholarum*, apud Fulbertum Epist. 80. *Exilis* igitur *honor* fuit Proscholi, et qui pauperes tantum spectabat. *Proscholis*, et *Proscholium* occurrunt etiam in Notis Tyronis pag. 163. Vide *Archischolaris.*

PROSCRIPTIO, Exactio. Aimoinus lib. 3. Hist. Franc. cap. 32 : *Chilpericus etiam Rex, suggerente Fredegunde Regina Proscriptionibus gravissimis populum sibi subjectum atterere cœpit.... Inter cætera namque, quæ cogebantur solvere liberiori etiam orti progenie, e terra proprio culta labore amphoram vini regiæ inferebant mensæ.* Quo loco Gregorius Turon. lib. 5. cap. 29. habet *descriptiones.* Vide in hac voce. Alio sensu vide in *Bannum* 1.

* Quæ sic redduntur in Chron. S. Dion. tom. 3. Collect. Histor. Franc. pag. 225 : *Li rois Chilperic..... grevoit moult durement le pueple, qui sous lui estoit, de griez tailles et de griez exactions, par le conseil Fredegonde.*

* **PROSECUTA**, Prosecutio, Jus persequendi colonum suum atque percipiendi medietatem decimæ ex agris, quos colit in aliena parrochia, Practicis nostris *Suite de dime* vel *Poursuite de fer;* unde *Prosecutum aratri* nuncupatur, in Charta ann. 1164. ex Chartul. S. Joan. Laudun. : *Quam* (decimam) *ecclesia S. Johannis totam et integram habere volebat; ecclesia vero S. Martini propter Prosecutam aratri, medietatem ipsius decimæ suam esse dicebat.* Aliæ ann. 1158. ibid. ch. 89 : *Cujus curtis decima, grandis et minuta, cum tota parrochiali Prosecuta, nostra erit.* Charta ann. 1284. in Chartul. Thenol. ex Cod. reg. 5649. fol. 14. v° : *Dicebamus quod quotienscumque terræ existentes infra fines parrochiatuum dictarum villarum de Bomont et de nova villa de Bomont excolebantur ab habitantibus in dicta villa de sancti Petrimonte..... cum carrucis, seu equis vel animalibus ipsorum habitantium, seu cum bessa, vel ad denarios eorumdem habitantium, vel aliquo alio quocumque modo, quod medietas decimæ terrarum prædictarum taliter excultarum, ad nos ratione reportagii seu Prosecutæ, etc. Habere consueverunt reportagium seu Prosecutam.* Alia ann. 1310. ex Chartul. S. Vinc. Laudun. : *Cum controversia verteretur.... super intercursu Prosecutæ decimarum villæ et territorii de Chevregni.... Diffiniverunt in hunc modum, videlicet quod intercursus Prosecutæ decimarum locum habeat inter territoria prædicta, qualitercumque colantur terræ, sive cum equis, sive cum bessa,.... quilibet dimidiam partem decimæ terrarum prædictarum ratione Prosecutæ habebit.* Alia ann. 1206. in eod. Chartul. ch. 143 : *A marisco usque ad nemus S. Vincentii de Seuz, nullam in perpetuum habebunt Prosecutionem, quia presbiter B. Juliani.... in illa decimatione numquam habuit Prosecutionem.* Denique alia ann. 1219. in Chartul. S. Joan. Laudun. ch. 150 : *Et si quis clamaverit Prosecutionem in supradictis omnibus terris, idem Nicholaus et hæredes sui tenebuntur super hoc prædictæ ecclesiæ et presbitero legitimam garandiam portare.* Alibi *Reportagium* appellatur. Vide in hac voce et supra *Intercursus prosecutæ decimarum.*

¶ 1. **PROSECUTIO**, Instructio, significatio, insinuatio, allegatio. Cod. Theod. leg. 4. de re milit. (7,1.) : *Tamen prudentiæ tuæ Prosecutione admissa, quæ apud nos verbis facta est, præcipimus, etc.* Ibid. leg. 5. de exhib. et transmit. reis (9,40.) : *Expresso crimine Prosecutionibus arguentium cum his, a quibus fuerint accusati, mox sub idonea Prosecutione ad judicium dirigant.* Adde leg. 175. de Decurion. (12,1.)

¶ 2. Prosecutio, Persecutio, Gall. *Poursuite.* Sententia arbitralis inter Archiep. Capitulumque Arelat. et Monachos S. Cesarii ann. 1221. ex Schedis Præs. *de Mazaugues : Tum quia appellatio suam non habuit Prosecutionem.*

* Actio juridica, vox forensis. Charta ann. 1417. in Tabul. S. Germ. Prat. : *Dictis defensoribus ex adverso plura facta et rationes proponentibus,.... quod dictus actor non esset pars habilis ad faciendam dictam Prosecutionem contra dictos defensores. Prosuiance*, in Lit. ann. 1368. tom. 5. Ordinat. reg. Franc. pag. 134. art. 27 : *Aura un procureur pour la ville,..... lequel aura le soing et Prosuiance à faire des causes et besoignes de la ville et des bourgois.* Ubi male editum, *Prosrrance.* Vide *Prosecutor.*

* Prosequtio, Eadem notione. Charta ann. 1253. in Chartul. Thenol. ex Cod. reg. 5649. fol. 24. r° : *Quittaverunt quicquid juris habebant.... in prædictis decimis, tam ratione juris parrochialis quam Prosequtionis, etc.*

* 3. **PROSECUTIO** Armata, Obligatio, qua vassallus vel tenens dominum in *hostem* seu exercitum sequi tenebatur. Charta Raim. comit. Tolos. ann. 1209. tom. 5. Ordinat. reg. Franc. pag. 308 : *Scire volumus omnes, quod priorem de Aspreriis omnesque suos successores ibidem futuros priores, et ecclesiam de Aspreriis et omnes homines in eadem villa habitantes, ab omni questa vel taillia seu albergua nostra, et armata Prosecutione ... in perpetuum absolvimus.* Vide *Sega.*

* 4. **PROSECUTIO**, Jus, quod domino competit persequendi suos homines, cum eo inconsulto ad alium dominum transierunt; idem quod *Sequela.* Vide in *Secta* 4. Unde nostris *Estre de Poursuite* dicitur servus, qui huic juri obnoxius est. Charta prior. de Joignaco. ann. 1388. in Reg. 138. Chartoph. reg. ch. 267 : *Johannem Villeloup hominem nostri prioratus esse dicimus et dicebamus de corpore et capite taillabilem et explectabilem de alto et basso, ac etiam de Prosecutione et manummortabilem.* Libert. villæ *d'Escam* ann. 1371. tom. 7. Ordinat. reg. Franc. pag. 390. art. 1 : *Noz hommes et femmes, qui sont ou seront noz hommes et femmes de corps, mainmortables et de Poursuite, etc.* Lit. manumiss. ann. 1393. in Reg. 145. ch. 2 : *Les enfans de nos bourgoises* (de Chasteau Thierry) *ne peuent prendre, recevoir, ne porter tonsure de clerc sans notre licence; et toutesvoies ne sont point de Poursuite : mais se ilz se transportent hors en lieu franc, il sont et demeurent frans. Poursuite* præterea dicebatur gregis custos, qui pecora sequitur. Lit. remiss. ann. 1373. in Reg. 105. ch. 4 : *Lesquelles quarante deux bestes ne avoient aucune Poursuite, et ne savoit l'en de qui elles feussent.*

* Sed et *Poursuite*, pro *Ligue, alliance,* Fœdus, usurpatur in Lit. remiss. ann. 1418. ex Reg. 170. ch. 169 : *La saintte Poursuite faite par nostre très chierre et très amée compaigne la royne et nostre très chier et très amé cousin le duc de Bourgogne, pour la reparation du mauvais gouvernement de ce royaume, entrepris par feu Bernart d'Armignac.*

* *Porsegus* vero, pro Exagitatus, infestatus, vulgo *Persecuté, tourmenté*, in Consolat. Ms. Boetii lib. 1 :

Lors descouvri mon desconfort,
Et respondi comme esmus :
Tielx paroles ne font confort
A homme qui est Porsegus.

Ubi hæc Latina redduntur lib. 1. pag. mihi 8 : *Anne adhuc eget admonitione, ne per se satis eminet fortunæ in nos sævientis asperitas?*

* 5. **PROSECUTIO**, idem quod supra *Prosecuta.* Vide in hac voce.

PROSECUTOR, Procurator, qui alieno nomine rem *prosequitur.* Exstat formula 37. apud Marculfum lib. 2. qua *Prosecutor*, seu Mandatarius, vi mandati, cujus formula exaratur cap. seq. apud Defensorem civitatis petit ac *prosequitur*, ut testamentum vel donatio in gesta municipalia referatur. [Eadem occurrit in vett. Formul. Andegav. apud Mabillon. tom. 4. Analect. pag. 234.] Lex Wisigoth. lib. 2. tit. 1.

§ 18 : *Aut pro sui persona ad respondendum minime direxerint Prosecutorem.*

* Hinc *Poursuians le Roy* nuncupantur, qui supplices libellos regi oblatos prosequebantur, in Ordinat. ann. 1320. tom. 1. Ordinat. reg. Franc. pag. 732.

PROSECUTORES AURI de quibus est tit. in Cod. Theod lib. 12. tit. 8. et Justin. lib. 10. tit. 73. qui aurum sacris largitionibus inferendum de provinciis prosequebantur, seu deferebant.

PROSECUTORIA, Præceptio Comitis sacrarum Largitionum, qua prosecutores jubentur aurum in Largitiones sacras inferre, d. leg. 1. de Auri prosecut. Vide ibi Jac. Gothofredum.

PROSECUTORES ARMORUM, vulgo *Poursuivans d'armes.* De iis hæc scripsit Nicolaus Uptonus lib. 1. de Militari officio cap. 11. quod ita inscribitur, *De Prosecutoribus, qui Gallice vocantur Poursuivants. Ulterius et post prædictos equitantes* (de quibus in voce *Chevaucheurs*) *alii nuncii habentur, qui Prosecutores appellantur, qui ex prædictis equitantibus post exercitium triennale in arte equitandi ad negotia creantur, certa solennitate adhibita. Creari autem debent Prosecutores non in minori festo quam in die Dominica, hoc modo. Aliquis Haraldus armorum tunica Domini sui indutus, præfatum creandum in manu sinistra ducens, et unum ciphum aqua et vino plenum in manu dextera tenens, accedere debet ad præsentiam Domini vel Magistri ipsius creandi, a quo in præsentia multorum testium ad hoc vocatorum petere debet, quo nomine vult ut Prosecutor suus nuncupetur. Quo nomine a dicto Domino vel Magistro dato, dictus Heraldus vocabit suum creandum illo nomine, projiciens partem ipsius aquæ super caput creandi. Tunc accipiet tunicam Domini præfati creandi, et ponet super caput creandi ex transverso, ita quod illa pars tunicæ quæ ordinatur pro brachiis, ponatur ante et retro, quod pars largior præfatæ tunicæ supra brachia creandi ex utraque parte pendeat. Et sic præfatus Prosecutor novus uti debet tunica armorum, cum eam aliquando induat, semper, et non alio modo, quamdiu fuerit Prosecutor.*

Sequitur jam juramentum, quod ipse novus Prosecutor præstabit immediate post suam creationem in præsentia antedicta, Haraldo sic dicente : Tu eris fidelis Domino, sive Magistro tuo qui te nominavit, in perpetuum, quacunque fruaris dignitate. Item Domino Regi, et cuicunque nobili licet hosti; item negotia quorumcunque nobilium licet hostium fideliter exequeris, et cum inter hostes interrogatus fueris, tantum ad interrogata fideliter respondebis nihil novi eis intimans : honestatem tuam et officii tui usque ad mortem conservabis, erisque obediens cunctis Armorum Haraldis, ubicunque deveneris; sic te Deus adjuvet et sancta Crux Dei... Et est sciendum quod tales nuncii Prosecutores possunt esse Milites, et Militaribus gaudere insigniis, ut deauratis uti, veluet, et aliis pannis aureis indui; non tamen sicut Nobiles. Et tales vocantur Milites linguares, quia eorum præcipuus honor est in custodia linguæ. Et quomodo isti tres officiarii præcedentes (Cursores, Equitantes, et Prosecutores) *portabant arma sive scuta suorum dominorum, patet per hos versus :*

Cinctorio scutum dicas deferre Pedinum,
(i. Cursorem)
Sic equitis dignum fert scapula dextera signum,
(i. *le Chevaucheur*)
Sed humero lævo detulit Prosecutor ab ævo :
At Haraldorum stat pectore fons titulorum.

* Lit. remiss. ann. 1424. in Reg. 172. Chartoph. reg. ch. 615 : *Le suppliant estant en la ville de Baieux en une hostellerie où il buvoit, survint ilec un herault ou Poursuivant d'armes.* Vide mox *Prosequens.*

* PROSECUTOR AMORUM, Gall. *Poursuivant d'amours,* Officii genus videtur, in Lit. remiss. ann. 1382. ex Reg. 122. Chartoph. reg. ch. 128. et 129 : *Nostre amé escuier le Poursuivant d'amours, etc.*

* **PROSECUTUM** ARATRI, idem quod supra *Prosecuta.* Vide in hac voce.

¶ **PROSEGMINA**, Ovidio Prosecta, in Glossis Isid. *partes extorum.* Vide *Alegmina.*

* **PROSELITUS**, Devastatus. Glossar. Lat. Gall. ex Cod. reg. 521 : *Proselitus, Essilié, Gallice.* Pro Advena, hospes, supra in *Parscalcus.* Vide *Proselytus.*

¶ **PROSELLUS**, Pars officii canonici, prosula, dimin. a *prosa.* Vide in hac voce. Acta S. Dicentii tom. 5. Jun. pag. 91 : *Tum sequitur Prosellus, alibi necdum nobis lecto termino, idem forte quod in Romano usu versiculus dicitur, hoc modo : omnes igitur humili corde poscimus, etc.* Occurrit etiam in Officio MS. S. Gaudentii Mart. ex Bibl. Floriac.

¶ **PROSELONTES**, Remiges, vel classiarii, ab impulsu notione Græca appellati, quorum meminit Georg. Pachym. Michael. lib. 4. cap. 26 : *Aderant his abunde, qui servirent ministeriis nauticis undecunque coacti, quos Proselontas vulgo vocant, quasi diceres navium in anteriora propulsores. Valentissimi remiges, quos, etc.* Hæc post Carolum de Aquino in Lex. milit. Vide Gloss. med. Græc.

PROSELYTI, ex Græc. προσήλυτοι, dicebantur apud Judæos qui ex gentibus non coacti se Judaicæ religioni addicebant, οἱ ἐξ ἐθνῶν προσεληλυθότες, καὶ κατὰ τοὺς θείους πολιτευόμενοι νόμους. Isidorus lib. 7. cap. 14 : *Proselytus, id est Advena et Circuncisus, qui miscebatur populo Dei.* Glossæ Antiquæ MSS. : *Proselytus, Advena, transiens de lege ad alteram.* Vide Seldenum de Successionib. ad Leges Hebræor. cap. 26. Concilium Aurelianense IV. can. 31 : *Ut quicunque Judæus Proselytum, qui Advena dicitur, Judæum facere præsumpserit, aut Christianum factum ad Judaicam superstitionem adducere, etc.* [Vide Martinii Lex.]

¶ PROSELYTUS, nude pro Advena, hospes, in Camilli Peregrini Hist. apud Murator. tom. 2. pag. 328. col. 1. [** Chron. Salernit. cap. 43.] : *Nam ipsam civitatem (Acherentiam) non Proseliti, sed Beneventi geniti obtinere quippe debuerant.* [** Erchempert. Histor. Longob. cap. 8 : *Sico Agerentinus casteldeus, quem Grimoalt dudum Proselitum receperat.*]

¶ **PROSEMEN**, Propagatio. Vita S. Fructuosi tom. 2. April. pag. 434 : *Nisi Duces exercitus provinciæ... clamassent ut aliquantulum prohiberetur, quasi fur fuerit Proseminis, et non esset, qui in expeditione publica proficisceretur.*

¶ PROSEMINA LUNÆ, Superstitionis genus. Conc. Compostell. ann. 1056. inter Hispan. tom. 3. pag. 220 : *Interdicimus omnes Christianos auguria, et incantationes, et lunæ Prosemina, nec ad alia domanda, nec mulierculas ad telas alia suspendere.*

* **PROSENETA**, Proxeneta, Gall. *Courtier.* Stat. pannif. ann. 1317. in Reg. A. Cam. Comput. Paris. fol. 197. r° : *Ut omnis fraus, quæ in mercatura pannorum et artificio pariariæ per Prosenetas utriusque sexus, qui alias pannorum venalium portatores vocantur, solet indistincte committi, cautius evitetur, etc.* Vide *Proseneticus.*

¶ **PROSENETICUS**, Proxeneta, Gallice *Courtier.* Statuta Placent. lib. 2. fol. 22 : *Omnes Prosenetici seu corraterii ad testimonium compellantur utraque seu altera parte instante.*

* **PROSEQUENS**, idem qui *Prosecutor armorum*, Fecialis. Charta ann. 1435. Joan. ducis Brit. ex Bibl. reg. : *Quidam heraldus sive Prosequens dilectissimi filii mei primogeniti Francisci Montisfortis et Pulchrifortis comitis, etc.*

¶ **PROSEQUESTRARE**, Removere, arcere, Gall. *Eloigner.* Litteræ Edwardi III. Reg. in Chronic. Angl. Th. *Otterbourne* pag. 126 : *Juxta militarem theoricam edocentem quod motæ guerræ periculum plus evitat qui eam a suæ terræ limite Prosequestrat.*

* **PROSEQUI** CAMPUM, Duellum peragere. Vide supra in *Campus* 3.

* **PROSEQUTIO.** Vide supra in *Prosecuta.*

¶ **PROSEQUUTOR,** Comes. Vetus Irenæi Interpres lib. 3. cap. 4. num. 1 : *Quoniam* (Lucas) *non solum Prosequutor, sed et cooperarius fuerit Apostolorum, maxime autem Pauli, etc.*

PROSERVI, Qui ex servis nascuntur, seu potius nascentur, in Charta Adelchisi Regis Longobard. in Bullario Casinensi tom. 2. pag. 11 : *Cum... servis Proservis, liberis proliberis, etc.* [* Vide supra *Proaldiones.*]

PROSERVIRE, Deservire terram, vel *beneficium proservire*, Colere, incolere, et ex eo census persolvere. Charta Alamannica Goldasti 42 : *Et si infans meus simul Proservire voluerit, faciat sicut superius, et si Proservire noluerit, nullam habeat facultatem.* Supra : *Et pro istas res Proservire volo annis singulis, hoc est* 30. *seglas cervesæ,* 40. *panis, frischengam tremissem, etc.* Charta Germanica ann. 794. apud Henschenium ad Vitam S. Ludgeri Episcop. : *Totam terram illam quam Landulfus litus meus incolebat et Proserviebat.* Concilium Dusiacense I. part. 2. cap. 13 : *Quoniam ab eis sua beneficia, quæ apud antecessores suos, et apud eum Proservierunt, injuste abstulisset.* Adde Hincmarum Remensem tom. 2. pag. 340. 595. 610. Chartam Alamannicam Goldasti 77. Vadianum lib. 2. de Monaster. German. pag. 62. etc.

PROSERVITIO, apud Hincmarum Laudunensem, ibid. pag. 341.

¶ **PROSERVITIUM**, Obsequium, officium, ministerium, Gallis *Service.* Epist. Frederici Reg. in Chron. Sicil. apud Marteu. tom. 3. Anecd. col. 55 : *Mandamus quatenus... cum eis et aliis galeis Januensium existentibus in nostris Proservitiis.... procedatis.* Vide *Servitium.*

* **PROSEUCARE**, *Orer vel prier. Proseucari, idem*, in eod. Glossar. Vide *Proseucha.*

¶ **PROSEUCHA**, a Græc. προσευχή, Precatio, obsecratio. Gloss. ad Doctrin. Alexandri de Villa Dei : *Proseuca, oratio.* Panegyr. Bereng. August. apud Leibnit. tom. 1. Script. Brunsvic. pag. 235 :

Atria tunc Divum resonabant carmine vatum,
Respuet eu musam quæque Proseucha tuam.

¶ PROSEUCHA. Vetus Inscriptio tom. 5. Supplem. Antiq. pag. 66 : *Publio Corfidio Signino pomario de aggere a Proseucha.* Ubi *Proseucha*, interprete D. *de Montfaucon*, significat locum in quo precatio fiebat, oratorium, ædiculam; qua etiam notione προσευχή occurrit apud Eusebium Hist. Eccl. lib. 2. pag. 43. et Epiph. Hær. 80.

¶ PROSEUCHA, Domus pauperum hospitio deputata, in qua et foventur et aluntur. Mich. Carranza in Vita S. Ildephonsi inter Conc. Hisp. tom. 2. pag. 568 : *Hoc unum obiter ab eisdem sanctissimi viri progenitoribus factitatum insigne opus memorabo : Proseucham nimirum in suburbio Toletano, qua miseri et calamitosi pauperes et foverentur et alerentur, propriis sumptibus mirifice constructam.* Vide *Ptochium.*

* PROSEUCA, Tugurium. Glossar. Lat. Gall. ex Cod. reg. 7692 : *Proseuca, Petite meson à poure.*

Dicta Proseuca domus, in qua mendicat egenus.

¶ PROSEUCHÆ JUDÆORUM, Erant loca spatiosa sub dio instar theatri, ut docet doctiss. Cangius in Gloss. med. Græcit. in quo libros Legis, admissis exteris, palam lectitabant. De iis copiose egit Henr. Valesius ad Euseb. lib. 2. cap. 6.

¶ **PROSEVERE**, Prosequi, in 1. ex vett. Form. Andegav. apud Mabill. tom. 4. Analect. pag. 234 : *Quia habeo quid apud acta Prosevere debiam.* Vide *Prosecutor.*

¶ **PROSICIÆ**, αἱ τῶν θυμάτων ἀπαρχαί. Gloss. Latino-Græcæ.

* **PROSICICUM**, f. pro *Proficuum*, Lucrum, emolumentum. Charta Ferdin. reg. Castel. tom. 6. Jul. pag. 56. col. 2 : *Et si quis captivus Christianus exierit in captivo Mauro, non det portaticum, et quantum dederit rex militibus Toleti de muneribus sive Prosicicis, sit divisum inter illos, scilicet Castellanos et Gallecos et Moçaraues.*

¶ **PROSICUM**, *Responsum*, apud Laurentium in Amalth. ex Papia.

¶ **PROSIGNATOR.** Vide *Præsignator.*

PROSILIRE, *Conquiescere*, ἐπησυχάζειν, in Glossis Gr. Lat. [Lege *Prosilere* ex Gloss. Lat. Gr. : *Prosileo*, ἐπησυχάζω. *Prosilio*, ἐπιπηδῶ.]

* **PROSILITUS**, pro *Prosultus;* dicitur de eo qui partes alicujus tuetur. Charta Henr. VII. imper. ann. 1311. apud Lam. in Delic. erudit. inter. not. ad Hist. Sicul. Bonincont. part. 3. pag. 209 : *Similiter civitatem et homines Brixiæ olim in rebellionem nostram et Romani imperii Prosilitos, etc.*

PROSNESIUM. Gaufredus Grossus in Vita B. Bernardi Abbat. Tiron. n. 30 : *Jam ferreis anchorarum dentibus littoris scopulos apprehendere inchoabant : jam a navibus pontes educere, tonsilla figere, Prosnesiorum retinaculis rates sistere festinabant.* Ubi videtur legendum *Prodensium*, ita enim appellantur funes, qui a prora alligantur ad terram. Vide *Prodenses.*

☞ Occurrit etiam *Prosnesium* apud Isid. lib. 19. cap. 4. funemque interpretatur, *quo navis in litore religatur ad palum.* Haud scio an legendum sit *Prymnesium*, a Græc. πρύμνα, puppis : Festo enim *Primnesius* dicitur *palus, ad quam funis nauticus religatur, quem alii tonsillam dicunt.*

* *Prosiutum* vel *Prosnicum* lego in Glossar. Provinc. Lat. ex Cod. reg. 7657. *quo navis in littore religatur ad palum.* At vero Gallicum *Prosnet*, Lignum quoddam prominens vel repagulum videtur, in Lit. remiss. ann. 1416. ex Reg. 169. Chartoph. reg. ch. 380 : *Le suppliant voulant entrer audit hostel se hurta au Prosnet d'icelui, telement qu'il se bleça moult fort en la poitrine.*

PROSOCER, Qui vice soceri est, ob filiam forte adoptivam, quam duxit, qui *progener* dicitur in veteri inscriptione, uti supra observatum. Exstat alia Romæ, *Virio Nicomacho Flaviano* Cos. ord. posita, quæ sic clauditur, *Q. Fab. Memmius Symmachus v. c. Prosocero optimo.* Ubi fortean etiam *prosocer* accipitur pro patre soceri, ut apud Jul. Capitolinum in Gordianis tribus : *Patre, avo, proavo, Coss. socero, Prosocero, et item alio Prosocero, et duobus absoceris Coss. etc.*

¶ **PROSOPOPERIA**, perperam pro *Prosopopœia*, personæ fictio. Charta ann. 1495. apud Rymer. tom. 12. pag. 594 : *Considerantes quod Pax a Priscis, Prosopoperia facta, fide comitata describitur, quæ lætos reddit populos, etc.*

¶ **PROSPERARI**, Prosperos exitus consequi, secunda uti fortuna, Gall. *Prosperer.* Robert. Avesbur. in Hist. Edwardi III. Reg. Angl. edit. Hearnii pag. 2 : *Nunquam... Prosperari potuit contra Scotos.* Fundatio Monast. B. Mariæ de Lapideto ann. 1254. inter Instr. tom. 6. Gall. Christ. novæ edit. col. 67 : *Verum, si forte locus ipse non Prosperaretur in tantum, nec posset sustinere vel habere conventum, teneris tu nihilominus memorata Guillelma, in ecclesiis prædictis unum perpetuum constituere sacerdotem, etc. Prosperor*, εὐημερῶ, in Gloss. Lat. Gr.

¶ PROSPERATOR, *Qui prosperum facit.* Gloss. Barthii apud Ludewig. tom. 3. Reliq. MSS. pag. 162. ex Baldrici Hist. Palæst. : *Deo gratias agentes, itineris et laboris sui Prosperatori.* Chron. Angl. Th. Otterbourne pag. 228 : *Gratias Deo egit Prosperatori suo.*

* **PROSPERATIO**, Prosperitas. Chron. Joan. Whethamst. edit. Hearn. pag. 382 : *Dignetur eadem vestra celsitudo... in securationem, Prosperationem et conservationem vestræ personæ propriæ, etc.* Vide *Prosperari.*

* **PROSPERITAS** CARNIS, Rerum corporalium abundantior usus. Charta Phil. I. reg. Franc. ann. 1106. in Chartul. Maurign. ch. 5 : *Hoc etiam diffinivimus, si aliquis ipsorum canonicorum infirmitate prægravatus, vel Prosperitate carnis de morte animæ metuens, habitum sanctæ religionis recipere proposuerit, etc.*

¶ **PROSPEX**, Qui prospicit. Tertull. de Testim. animæ cap. 5 : *Recogita* (animam) *in præsagiis vatem, in omnibus augurem, in eventibus Prospicem.*

¶ **PROSPHONETICUS**, Gr. προσφωνητικόν, Acclamatio, sermo ad Imperatorem. Epist. Leonis II. PP. ad Hispaniæ Episcopos inter Conc. Hispan. tom. 2. pag. 712 : *Definitionem interim ejusdem sancti Sexti Concilii et acclamationem, quæ Prosphoneticus dicitur, totius Concilii factam ad piissimum Imperatorem... direximus.* Vide Gloss. med. Græcit.

* **PROSPICUITAS**, Splendor originis, nobilitas. Lit. Joan. reg. Franc. ann. 1363. in Memor. D. Cam. Comput. Paris. fol. 67. v° : *Attendentes quod et si naturaliter nostris teneamur liberis assignare unde statum juxta suæ Prospicuitatem prosapiæ honorifice continuent, etc.*

¶ **PROSSETIO**, pro Processio, in vet. Cerem. MS. B. M. Deauratæ Tolosanæ.

¶ **PROSTAGIUM**, Præstationis species. Vide supra *Messis.*

¶ **PROSTAGMA**, vox Græca, Præceptum, mandatum. Inventio S. Celsi tom. 3. Febr. pag. 399 : *Sacro placuit Concilio, quatenus Augusti Prostagmate præeunte, etc.*

PROSTANTES, Meretrices publicæ, quas vulgo *prostitutas* dicimus. Græcis προςᾶς ἢ προςᾶσα γυνή, [Latinis Prostibulum.] Synodale Ecclesiæ Andegavensis MS. : *Circa peccatum luxuriæ, primo quæratur utrum pœnitens accesserit ad mulieres Prostantes, seu viduas, vel alias, etc.* Infra : *De Prostantibus, pœnitentiæ periculum ostendatur. Sunt enim conjugatæ vel moniales, vel a parentibus eorum cognitæ, vel leprosis sæpius se supponunt, etc.* Vide Glossar med. Græcit. in Προςᾶσα.

* Eadem leguntur in Stat. eccl. Turon. ann. 1396. ex Cod. reg. 1237. cap. 68. ubi versio Gallica habet *Femmes de mestier;* et cap. 69. *Femmes publiques.* Perperam *Protestantes*, in Stat. Guid. episc. Lexov. ann. 1321. ex Cod. reg. 4653.

¶ **PROSTARE**, Interesse. Epist. Johan. Træster apud R. Duellium tom. 1. Miscell. pag. 241 : *Unde inter infuriosum et inamorosum nihil aut parum Prostat.*

¶ **PROSTERNARI**, In terram procumbere, procidere, Gall. *se Prosterner.* Usus Culturæ Cenoman. MSS. : *Feria II. post suffragia sanctorum ad Laudes Prosternantur cuncti in terram, canentes hos duos psalmos :* Domine ne in furore, *et* Ad Dominum cum tribularer. *Ad Primam dicantur hi duo psalmi :* Beati quorum, *et* Levavi; *et sint omnes Prosternati. Prosterner*, pro in terram projicere, dimittere, occurrit in Statuto Caroli IX. Reg. Franc. pro Hospitali S. Spiritus ann. 1566 : *Lesquels* (parens) *encore qu'ils soient riches et aisez, et qu'ils aient moïen de les nourrir* (leurs enfans) *et entretenir, neanmoins ils les Prosternent, abandonnent, etc.*

¶ PROSTERNI SUPER FORMAS, Ad eas procumbere et curvari. Bernardi Mon. in Ord. Cluniac. part. 2. cap. 30 : *Litania non dicitur, neque postquam Missa incipi-*

tur, fratres super formas Prosternuntur. Vide *Forma* 13.

¶ **PROSTIBULARE,** Mulierem prostituere, producere, Gallis *Prostituer.* Decreta Placent. ad calcem Statut. fol. 107 : *Quod nemo audeat nec præsumat aliquam mulierem, cujusvis status, conditionis vel ætatis fuerit, contra ipsius mulieris voluntatem.... vendere nec aliter alienare causa Prostibulandi seu prostituendi ipsam.*

¶ Prostibularius, Prostibulosus, Meretricius, ad prostibulum pertinens. Statuta Avenion. Eccl. ann. 1441. apud Marten. tom. 4. Anecd. col. 585 : *Item, considerantes quod stuphæ pontis tronati præsentis civitatis, sint Prostibulosæ, et in eis meretricia Prostibularia publice et manifeste committantur, etc.*

¶ **PROSTITUTRIX,** Quæ aliam prostituit, producit. Charta ann. 1523. apud Ludewig. tom. 5. Reliq. MSS. pag. 320 : *Ad impudicitiam vitiaque omnia pronam, proprie filie Prostitutricem atque lenam... anteposuit.*

¶ **PROSTRADARE,** Prosternere, procumbere. Charta apud Stephanot. tom. 3. Antiq. Bened. Pictav. MSS. pag. 206 : *Ad pedes ipsius Rannulpho se Prostradederunt, et wadios ei de omnibus dederunt per quid ipsa falsitione præsentaverunt, vel per quid illo servitio contenderunt.*

¶ **PROSTRARI,** Humi prosterni. Ordo celebrandi Concil. inter Hispan. tom. 1. pag. 23 : *Post hæc dicente Archidiacono,* Oremus; *omnes simul in terram pariter Prostrabuntur.* Vetus Ceremon. MS. B. M. Deauratæ Tolos. : *Item in capitulo dicitur ter,* Deus in adjutorium meum intende, *et Prostratur.* Adde Act. SS. tom. 1. Martii pag. 699. et tom. 3. Jul. pag. 32. Vide *Prosternari.*

* Nostris, *Postrait*, a Lat. Prostratus, vulgo *Jetté, couché par terre.* Lit. remiss. ann. 1476. in Reg. 204. Chartoph. reg. ch. 158 : *Le suppliant frappa.... d'une lance genetaire qu'il pourtoit, sur une des cuisses, ... et la lui persa,..... tellement que à la fois tumba du tout Postrait en terre,.... demoura Postrait en terre.*

* **PROSTRATA,** Actio sese prosternendi. Ordinar. Capel. reg. Ms. : *In vigilia nativitatis Domini ad matutinas nullæ memoriæ debent fieri, nec Prostrata.* Vide *Prostratio.*

PROSTRATI, ex eorum Pœnitentium ordine quos Græci patres ὑποπίπτοντας vocant, lucis ab Allatio indicatis lib. de Narthece veteris Ecclesiæ pag. 70. etc. 82. etc. 1. edit. Isidorus Hispal. in Epist. ad Massenum Episcop. : *Quod dixit confundere, ostendit post confusionis confusionem, id est post peccati opus, debere quenquam erubescere, et pro admissis sceleribus verecundam frontem humi Prostratum devergere, pro eo quod dignum confusionis perpetraverit opus.* Egbertus Archiep. Eborac. in Pœnitentiali pag. 19 : *Ordo agentibus publicam pœnitentiam. Suscipit eum feria quarta mane in capite Quadragesimæ, et cooperit eum cilicio, orat pro eo, et includit usque ad cœnam Domini, qui eodem die præsentatur in gremio Ecclesiæ, et Prostrato eo omni corpore in terra, dat orationem Pontifex super eum ad reconciliandum in quinta Feria cœna Domini.* Theodorus Archiep. Cantuariensis in Capitul. cap. 11. de Pœnitentibus : *In Capite Quadragesimæ omnes pœnitentes, qui publicam suscipiunt aut susceperunt pœnitentiam, ante fores Ecclesiæ se repræsentent Episcopo, sacco induti, vultibus in terram Prostratis, reos se esse ipso habitu et vultu proclamantes, etc.* Chrodegangus in Regula Canonicorum Metensium cap. 13. de gravioribus Canonicorum culpis : *Egressus de carcere, si Episcopo, vel qui sub eo sunt, visum fuerit, agat adhuc publicam pœnitentiam : id est suspendatur ab oratorio simul et Missa : et omnibus Canonicis horis veniat ante ostium Ecclesiæ, ubi Prior jusserit, jacens Prostratus omni corpore ante ipsum limen Ecclesiæ, usque dum ingrediuntur omnes, et postea erigat se, et stet foras Ecclesiam ante ipsum ostium, impleat ibi officium suum in quantum potest. Egredientibus de Ecclesia similiter Prostratus jaceat, usque dum omnes egrediantur foras : et jacens vel stans ante ipsum limen, cum nullo homine loquatur.* Ex quo quidem loco, et ex lib. 5. Capitul. c. 136. novæ edit. satis apparet ὑπόπτωσιν pœnitentium non nudam fuisse genuum flexionem una cum corporis incurvatione, quod vult Allatius. Hinc etiam tandem percipimus cur in ingressu Ecclesiæ *Prostratus sepeliri* voluerit Pipinus Rex, Martelli parentis peccatorum expiandorum causa. Sugerius lib. de Administr. sua cap. 25. de Carolo M. : *Quia pater suus Pipinus Imperator extra in introitu valvarum pro peccatis patris sui Karoli Martelli prostratum se sepeliri, non supinum fecerat, etc.* Vide S. Hieronym. Epist. 30. cap. 1. sub fin. et in v. *Reconciliatio.*

¶ Prostrata Oratio, Quæ ab humi prostratis in ecclesia recitatur, in vet. Ceremon. MS. B. M. Deauratæ Tolos.

Prostrati Psalmi. Vide *Psalmus.*

¶ **PROSTRATIO,** Pœnitentiæ species in usu apud Monachos, qua in terram prostrati psalmos recitabant. Charta ann. 1476. apud *Madox* Formul. Angl. pag. 336 : *Concedimus etiam omnibus vobis participationem omnium observanciarum regularium quæ fiunt quotidie nobiscum, in vigiliis, jejuniis et elemosinis, in inclinationibus, Prostrationibus, et disciplinationibus.*

¶ **PROSUBULA,** *Parva prosa*, in Amalth. ex Johanne de Janua. Vide *Prosellus.*

¶ **PROSUMIA,** *Genus navigii, speculatorium parvum.* Festus. Ejusdem meminit Gellius lib. 10. c. 25.

* **PROTACITUS,** *Petitor, Demandador; Prov. Protaculus, dimin. idem.* Glossar. Provinc. Lat. ex Cod. reg. 7657.

¶ **PROTAGIUM,** Præstationis species, quæ ab hominibus *talliæ* obnoxiis exigitur, ut sint a *tallia ad voluntatem* et a *corvatis* immunes. Codex censualis Castellionis Dombensis ann. 1463 : *Debent* xv. *den. de servitio,* 11. *bichetos siliginis de Protagio rerum et possessionum quæ fuerunt de hereditate Martini Floct.* Vide *Messis.*

¶ Protallia, Eadem notione, occurrit in Chartis Villæ-novæ in tractu Dombensi. Vide ibidem.

PROTASINGRITIS, Primus a secretis, Græcis recentioribus, πρωτασηκρῆτις, ut pluribus docuimus ad Cinnamum pag. 493. Charta Irenes Imperatricis Constantinopolitanæ ann. 1306. apud Guichenonum in Bibl. Sebusiana Cent. 1. cap. 86 : *Testibus ad hoc specialiter vocatis.... nobili muliere Domina Guascha de Mott. Sevasto Cohalogotheta Protisingritis Comneni filio.* Vide *Asecretis*, [et Gloss. med. Græcit. in Ἀσηκρῆτις. col. 137. et infra *Protosecretarius.*]

¶ **PROTEARI.** Dudo de Normann. lib. 3 :

Ipsum πρωτότυπον nihilum Proteantur eundem,
Ut stupeas, lector, catholicum hoc memorans.

Verbum *Proteantur* asterisco notavit Duchesnius, ubi fortassis legendum *procantur.*

¶ **PROTECDICUS,** Gr. πρωτέκδικος, Primus vindex, defensor : officium in aula CP. cujus erat, ex Codino de Offic. lib. 1. suscipere captivos et causarum criminalium judicium exercere.

☞ Obtinuit etiam hæc dignitas in Ecclesia ejusdem urbis, ad quam spectabat causas criminales clericorum cognoscere. Plura vide apud Macros in Hierolexico. et Glossar. med. Græcit. col. 361.

PROTECTIO Regis Infracta, quam vulgo *Salvamgardiam* dicimus. Vide Quoniam Attachiamenta cap. 54. 73. et supra in v. *Pax.* [Charta Edwardi I. Reg. Angliæ ann. 1294. apud Kennettum Antiquit. Ambrosd. pag. 323 : *Nos ejusdem Radulphi quieti et tranquillitati ex hac causa libentius providere volentes, suscepimus in Protectionem et defensionem nostram specialem præfatum Radulphum, etc.*]

PROTECTOR, apud Anglos, dicitur Regni Gubernator ac rector, absente Rege. Thomas Walsinghamus pag. 408 : *In quo quidem Parlamento, ex assensu omnium statuum ejusdem, idem Dux Defensor, seu Protector Angliæ in absentia sui fratris Senioris, Ducis videlicet Bedfordiæ, fuerat ordinatus ac nominatus, etc.* Post mortem scilicet Henrici V.

* Eodem titulo insignitus fuit Cromwellus, ut omnibus notum est. Hujus vocis intellectum usumque pluribus disputat Costarius in Epist. 307. tom. 2. pag. 806.

Protectores Regnorum in aula Romana, Cardinales nempe, quorum munus est electiones et alias Provinciæ sibi addictæ causas in sacro Senatu proponere. Vide Octav. Vestrium lib. 1. de Judiciis aulæ Rom.

Protectores, Corporis Imperatoris Custodes, qui *Principis latus protegebant,* ut est in leg. 9. Cod. Th. de Protectoribus (6, 24.) : Βασίλειοι προσκεπασταί, Menandro Protectori lib. 8. Hist. Vetus Gloss. Cap. de Militia : *Protector,* ὑπερασπιστής. Gloss. Græc. Lat. : Προασπιστής, *Protector,* ὑπασπιστής, *Armiger.* Spartianus Caracallam ait occisum a *Protectoribus suis.* Horum Scholam instituisse Gordianum auctor est Cedrenus, quæ longe dignioris ordinis cæteris Palatinis Scholis habita est : adeo ut Constantius Constantini M. pater Protector, deinde Tribunus fuerit, ad idque muneris militantes fere omnes aspirarent. Paulinus Nolanus Epist. 39. ad militem : *In hac militia soletis in votis habere hunc officii promotionem, ut Protectores efficiamini. Si autem Deo te probaveris, ipsum Deum incipies habere protectorem. Vide ad qualem militiam te invito collegam, ut quod homini esse optas, hoc tibi Deus sit.* Jul. Firmicus lib. 3. Math. cap. 14 : *Faciet Scutarios, vel Imperatorum Protectores, vel qui proprio excubitu salutem Principibus servent. Exprotector,* ἀποπροτίκτωρ, in Vita S. Eudociæ Martyris cap. 12. Acta SS. Philemonis et Appollonii cap. 3 : Ὁ Διοκλετιανὸς ἀπέστειλε Προτίκτορας πρὸς αὐτὸν ἐν τῇ Θηβαίδι, καὶ μετεκαλέσατο αὐτόν. Mox, Οἱ προτέκτορες συνέλαβον αὐτὸν, καὶ ὑπὸ ἀσφαλείας ἐποίησαν. Vide tit. Cod. Th. de Domesticis et Protectoribus, et ibi Jacobum Gotofredum, Glossar. med. Græc. col. 1258.

☞ Duplex quippe fuit Protectorum genus, alii qui in acie militantes ad custodiam Imperatoris erant deputati, alii qui *Protectores Domestici* interdum nuncupantur; quique idem munus in palatio obibant. Vide *Domesticus* 2.

¶ PROTECTORIA DIGNITAS, in eod. Cod. Th. leg. 5. de Veteranis tit. 20. lib. 7. *quæ tanquam prætium longi laboris* concedebatur, ut scribit Symmachus Epist. 67. lib. 3. Vide Gothofredum ad leg. laudatam et ad tit. de Domesticis et Protectoribus.

PROTECTORES LIMITUM, qui scilicet ex *Schola Protectorum* mittebantur ad tuendos limites, *vel itinera,* de quibus fit mentio in Lege 1. Cod. Th. de Protector. (6,24.) et leg. 3. de Littorum et itinerum custodia (7,16.) : μεθορίων προτίκτωρ, apud Menandrum Protectorem lib. 8.

¶ **PROTECTORIUM**, Principis privilegium, quo ne alicui vis inferatur, cavetur, cumque in *protectionem* suscipit, Gall. *Sauvegarde.* Cancellar. Ferdinandi II : *Religiosos contra Protectorium Cæsareum in statu ac vestibus religiosis relinquens, etc.*

* **PROTECTUM**, Tectum projectum, seu Umbraculum ligneum, quod fenestræ vel officinæ appenditur, Gall. *Auvent.* Charta Phil. Audacis ann. 1271. in Reg. 30. Chartoph. reg. ch. 417 : *Volebat facere dirui soleria et travalla, Protecta et subgrundas domorum, quæ sunt supra viam extra domos in prædicta villa.* Alia Phil. V. ann. 1319. pro villa S. Pauli senescal. Tolos. in Reg. 59. ch. 221 : *Et de stillicidiis, Protectis et meianis, et consimilibus ratione domorum.... possint cognoscere.* Ulp. in leg. Quemadmodum ad leg. Aquil. : *Si Protectum meum, quod supra domum tuam nullo jure habebam, recidisses, etc.* Inscript. sepulc. apud Murator. tom. 3. Inscript. pag. 1755. 2 : PROTECTUM ANTE OLLARIA SUA IMPENSA DIS MANIB. FECER. Vide Calvin. Lexic. juridic.

PROTEDÆ, *Faculæ de pineo ligno.* Papias.

* **PROTEGA**. Tabul. S. Vict. Massil. : *Ad ecclesiam S. Petri de Bruniola donavi et confirmavi media condamina de Protega et tota parragine, quæ est ante pont et molinum Roderio una medietate.*

¶ 1. **PROTELARE**, Prorogare, differre, Gallice *Prolonger.* Capitul. Caroli C. tit. 14. cap. 7 : *Et si necesse fuerit, ut justitia non Protele tur, advocato denuntietur ut ipsum latronem reddat.* Charta Zuendeboldi Reg. ann. 897. apud Calmet. tom. 1. Histor. Lothar. inter Probat. col. 328 : *Quanto propensius divinæ laudis cultum exequimur... tanto... diutinis temporibus sanitatem nostram Protelare.... confidimus.* Statuta Montis Regal. fol. 86 : *Quod hoc non facit ... animo Protelandi litem, etc.* Occurrit præterea in Cod. Theod. leg. 5. lib. 2. tit. 4. apud Cæsarium Heisterbac. lib. 1. cap. 27. et alibi. Vide *Protelatio.*

¶ 2. **PROTELARE**, Contrahere. Vita S. Pharaildis tom. 1. Jan. pag. 170 : *Idoneum disposuimus succincte Protelare, quæ mentibus intelligentiam intimare proposuimus.*

PROTELATA, Dignitas in dromonibus imperator. Byzant. Vide Glossar. med. Græcit. voce Πρωτελάτης, col. 1262.

¶ **PROTELATIO**, PROTELLATIO, Prorogatio, dilatio, Gall. *Délai, remise.* Charta Alberti Ducis Austr. ann. 1341. apud Ludewig. tom. 5. Reliq. MSS. pag. 529 : *Tenemur eisdem personis et rebus nostris adesse totis viribus et posse, omni dilatione, Protelatione et procrastinatione penitus procul motis.* Statuta Cadubrii cap. 13 : *Transactis dictis sex mensibus, vel tempore quo dicta instantia fuerit prorogata, vel fuerit impedita, et non fuerit dicta causa diffinita dolo vel negligentia, aut Protelatione partis, etc.* Charta ann. 1377. ex Bibl. Reg. : *Quod non erant persone que essent ducende per inania verba nec Protellationes morosas, etc.* Infra : *Protellationes et procrastinationes.* Vide *Protelare,* 1.

¶ 1. **PROTENDERE**, Proferre, Gall. *Produire.* Epistola Arnaldi Archiep. Narbon. ann. circ. 1121. inter Instr. tom. 6. Gall. Christ. novæ edit. col. 134 : *Item Protendebant et bonæ recordationis P. Paschalis privilegium, in quo prædictum monasterium inter alias ecclesias Psalmodiensi monasterio pertinentes tantum erat adnotatum.*

¶ 2. **PROTENDERE**, Conficere, Gall. *Expedier.* Ordinat. Humberti II. ann. 1340. tom. 2. Hist. Dalph. pag. 397. col. 2 : *Et si* (litteræ) *procedunt secundum formam decretationis factæ super illis, sigillet easdem, videlicet illas quæ ad perpetuum super aliquo magno negotio vel cautelauso Protendun tur, etc.*

¶ **PROTENSUM**, Umbella, ut videtur. Acta S. Herlembaldi tom. 5. Junii pag. 311 : *Idem* (stolam) *in Protensi virga usque ad majorem ecclesiam civitatis portavit clamans, Hecco la stola.*

* Ubi legendum fortasse, *In protensa virga.*

¶ **PROTENTINUS**. Vide *Procentinus.*

¶ **PROTENTIO**, Amplitudo, Gall. *Etendue.* Charta Caroli VII. Regis Franc. ann. 1452. tom. 6. Spicil. Acher. pag. 500 : *Considerantes videlicet quod ipsa patria nostra* (Ducatus Normanniæ) *quæ inter cæteras regni nostri portiones magnam obtinet Protentionem, etc.*

¶ **PROTERRARIUM**, Ager, prædium. Charta Comit. Chrodardi ann. 764. apud Felibian. inter Probat. Hist. Sandion. pag. XXIX : *Vendidisse me tibi constat... ipsas locas denominatas, id est cum terris seu Proterrariis, domibus, ædificiis, etc.* Charta ann. 1060. inter Instrum. tom. 5. novæ Gall. Christ. col. 473 : *Cum domibus, ædificiis, curtis,.... campis, terris, Proterrariis, farinariis, pascuis, etc.*

¶ **PROTERVIRE**, Proterve, superbe agere. Epist. Rodulphi Imper. ann. 1276. apud Marten. tom. 1. Anecdot. col. 1155 : *Confidimus, quod... contra quoscumque cujuslibet conditionis, qui adversus eosdem* (Aureæ-vallis monachos) *violenter aut injuriose Protерviant... protectionis auxilium dignemini impertiri.* Glossale super lib. Salom. in Biblioth. Heilsbr. pag. 44 : *Nobiliter nato bene servus semper Protervit.* Hinc *protervit,* pro *proterit,* legendum apud Tertull. edit. Rigaltii de Patient. cap. 12. ubi de charitate ex Apost. 1. ad Cor. cap. 13. hæc laudat : *Non inflatur, non Proterit;* in Græco textu : Οὐ φυσιοῦται, οὐκ ἀσχημονεῖ.

¶ **PROTESTA**, Italis est Contestata denunciatio, Gall. *Protestation.* Statuta Vercell. lib. 4. fol. 7 : *Item quod si aliquis servitor fecerit aliquam falsam Protestam, vel aliquod aliud falsum commiserit in suo officio servitorie exercendo, suspendatur per linguam cum uno hamo ferreo in publica concione.* Vide *Protestatio.*

¶ 1. **PROTESTANTES** dicti primum Lutherani, cum ann. 1529. in Comitiis Spirensibus adversus novum decretum, in Religionis negotio, ab iis exhibita est *Protestatio :* quod nomen et Calvini discipulis subinde inditum est. Vide Sleidani Comment. lib. 6. et Hofmanni Lexicon.

* 2. **PROTESTANTES**, perperam pro *Prostantes.* Vide supra in hac voce.

¶ **PROTESTARI**, Contestato denunciare, testificari, *Protester.* Litteræ Bonifacii VIII. PP. in Chr. Angl. Th. *Otterbourne* pag. 92 : *Palam Protestatus est, quod pro regno ipso tibi fidelitatem præstare seu facere aliquatenus non debeat, etc.* Charta ann. 1304. in Maceriis Insulæ Barbaræ tom. 1. pag. 194 : *Protestantes tamen et dicentes se dictum hommagium facere et recognitionem juxta formam et conventionem contentam in charta facta manu Raimundi Meliani notarii, in qua Protestati fuerunt fore salvum jus curiæ et ipsorum.*

¶ PROTESTARI, nude pro Attestari. Bulla Cælestini III. PP. ann. 1191. inter Instrum. tom. 6. Gall. Christ. novæ edit. col. 49 : *Quod episcoporum mutationes, utilitatis, vel necessitatis causa, possint auctoritate apostolica licite fieri, tam canonum statuta quam antiqua sanctorum patrum exempla manifestius Protestantur.*

¶ **PROTESTATIO**, ut supra *Protesta.* Statutum Comitis Provinciæ de officio tabellionum ann. 1254. ex Cod. MS. D. *Brunet* fol. 60 : *De Protestatione qualibet et qualibet exceptione ponenda in cartulario,* 1. *den. detur.* Laur. Byzyn. de Bello Hussit. apud Ludewig. tom. 6. Reliq. MSS. pag. 127 : *Primum in Praga intimationibus et Protestationibus publicis factis, etc.* Chron. Angl. Th. *Otterbourne* pag. 185 : *Facta prius Protestatione, quod ad hoc concedendum Regi non tenebantur ex stricto jure, sed affectione solummodo sui Regis.*

¶ **PROTESTUM**, vox Negotiatorum, Gall. *Protêt,* Contestata denunciatio. Statuta Genuens. lib. 4. cap. 14. pag. 115 : *Qui voluerit cambia, seu tractas sibi factas solvere supra Protestum, ad hoc ut retineat obligatum eum, qui traxit, seu qui mandavit pecunias, seu cambium solvi, teneatur in illis locis, in quibus solutiones cambiorum habent sua tempora præfixa, facere declarationem in actis notarii coram testibus infra horas viginti quatuor, post præsentationem litterarum cambii, sicuti acceptat talem tractam supra Protestum.*

¶ **PROTESTUS**, pro *Processus,* in Leg.

Rotharis ex Cod. Estensi apud Murator. tom, 1. part. 2. pag. 46.

¶ **PROTHENTINUS.** Vide *Procentinus* et *Prothontinus.*

PROTHI, seu *Proti*, appellati Primores, seu Præsides universitatis Judæorum, apud Siculos, ut patet ex Charta ann. 1340. apud Rocchum Pirrum in Archiepisc. Messan. Ex Græco Πρῶτοι.

PROTHIREMARII. Sanutus lib. 2. part. 4. cap. 21 : *Quindecim Magistri Prothiremarii, qui sint deputati non solum ad remos, sed etiam ad faciendum astas lancearum et dardorum, etc.* Vox hibrida, qui remigibus præsunt.

* **PROTHOCAPELLANUS**, Primus inter capellanos regios. Necrol. eccl. Paris. Ms. : *Anno Domini 1421. xv. kal. Octobris, quæ dies fuit 17. mensis Septembris, obiit vir venerandus dom. Johannes de Molendino, domini nostri regis Prothocapellanus.* Vide *Protocapellanus.*

¶ **PROTHOCIUM.** Vide *Ptochium.*

¶ **PROTHOCOLLARE**, PROTHOCOLLUM. Vide *Protocollum.*

* **PROTHOCOLLEGIUM**, Eo titulo insignitur collegium Navarrense, in Charta ann. 1478. ex Reg. 205. Chartoph. reg. ch. 310 : *In qua* (Universitate Parisiensi) *famosissimum et venerabile Prothocollegium,.... de Navarra vulgariter nuncupatum, etc.* Ejusdem collegii honorifica mentio fit in Testam. Caroli V. ex Memor. D. Cam. Comput. Paris. fol. 236. r° : *Item pour ce que nostre college de Champaigne, autrement dit de Navarre, fondé à Paris, lequel est seul de fondation royale et plus notable college de nostre fille l'Université de Paris, etc.*

* **PROTHOGALIS** PAPYRUS, idem quod *Protocollum*, Prima scilicet actorum perscriptio, Gall. *Minute.* Chartul. Henr. V. et VI. reg. Angl. ex Cod. reg. 8387. 4. fol. 81. v° : *Præfatus Robertus habet..... custodiam papirorum Prothogalium et notariorum regalium, etc.*

¶ **PROTHONCIUS.** Sallas Malaspinæ lib. 3. de Reb. Sicul. apud Baluz. tom. 6. Miscell. pag. 277 : *Legem ponit* (Carolus Rex) *regnicolis, novosque secretos* (secretarios) *Justitiarios, Admiratos, Prothoncios et Comites..... statuit.* Ubi legendum existimo *Prothoncios*, a Græco πρῶτοι et νῆες, navalis, Præfectus navalis; nisi *Protonotarios* malis, ut apud Murator. tom. 8. col. 609. vel *Partisanos.* Vide in hac voce et mox

* **PROTHONTINUS**, *Vasorum*, seu navium præfectus, a Græco πρῶτος, primus, et τεῦχος, vas. Constit. MSS. Caroli reg. Sicil. : *Officiales omnes debent jurare, scilicet justitiarii secreti,..... magistri forresterii, magimassarii, inquisitores, passagerii, viceammirati et Prothontini, comites, judices, etc.* Ibidem : *Prothontini, amirati in reparatione navium, galearum, theritarum et aliorum vassellorum, etc.* Unde legendum *Prothontinus* pro *Prothoncius.* Vide in hac voce et *Procentinus.*

¶ **PROTHOPAPUS.** Vide *Protopapa.*

PROTHOPRÆSUL, Primus alicujus ecclesiæ episcopus; qua ratione ita appellatur *Dominus Raymundus divina providentia Prothopræsul Mirapiscensis*, in Charta ann. 1321. ex Reg. 61. Chartoph. reg. ch. 69. ubi etiam *Episcopus* nude dicitur.

¶ **PROTHOSALVASTON.** Vide *Protosevastus.*

¶ **PROTHRONISTÆ**, pro *Protomystæ*, in Histor. Tullensi pag. 217. editum ex Sidonii Epist. 17. lib. 4. Vide infra in hac voce.

* **PROTHUS**, idem videtur qui *Primicerius*, dignitas ecclesiastica. Testam. Brunon. archiep. Colon. ann. circ. 965. in Suppl. ad Miræum pag. 295. col. 1 : *Palam domino Popone Protho et iconomo ecclesiæ nostræ.... trado.* Vide *Protus.*

¶ **PROTHYRUM**, a Græco πρόθυρον, Pars ostii seu domus anterior. Vita S. Ægidii tom. 3. Maii pag 421 : *In atrio cœnobii Scallabitani e regione tumuli ejus, cernebat scalam latam atque erectam, et ab atrii Prothyro ad cœlorum usque altitudinem pertingentem.*

PROTISINGRITIS, PROTOASECRETIS. Vide *Protasingritis.*

¶ **PROTITULARE**, Publicis Instrumentis notum facere. Acta S. Castuli Mart. tom. 3. Martii pag. 612 : *In tempore Diocletiani et Maximiani Imperatoris erat maxima persecutio Christianorum, ita ut per universum orbem terrarum eorum crudelissima Protitulata ferocitas permaneret.*

¶ **PROTOAPOSTOLARIUS**, Dignitas in Ecclesia Orientali, Princeps eorum, qui populo Apostolorum scripta exponebant. Vide Meursium et Suicerum.

¶ **PROTOBESTIARIUS.** Vide *Protovestiarius.*

¶ **PROTOCAMERLENGUS**, Primus *Camerlengorum* seu Camerariorum, qui *Major Camerlengus* dicitur in Leg. Palatinis Jacobi II. Reg. Majoric. Vide in hac voce. Annal. Estenses Jacobi Delayto apud Murator. tom. 18. col. 1038 : *Anno eodem 1405. constructa fuit ecclesia nova S. Juliani,.... quam ædificari fecit egregius vir Galeotus dell'Avogario civis Ferrariensis Protocamerlengus Domini.* Vide *Camerarius.*

PROTOCANCELLARIUS, Qui nostris *Archi-Cancellarius* : πρωτοκαγκελλάριος, apud Anonymum Combefisianum in Porphyrogenito n. 8. Vide Glossar. med. Græcit. col. 532.

¶ **PROTOCANONARCHA**, Primus Cantorum, seu eorum qui cantum imponebant in Ecclesia Græca. Vide Gloss. med. Græcit. in Κανονάρχης col. 584.

¶ **PROTOCANONICI** *Ecclesiæ B. M. de Cleriaco*, Titulus Regibus Francorum a Sixto IV. PP. concessus Litteris ann. 1471. inter Notas Gotofredi ad Hist. Caroli VIII. pag. 352 : *Ordinamus quod.... Reges Francorum.... Canonici Ecclesiæ B. M. de Cleriaco .... sint et esse censeantur, et Protocanonici nominentur.* Eodem privilegio in aliis Ecclesiis gaudent Reges nostri.

PROTOCAPELLANUS, qui alias *Archicapellanus.* Ita appellatur Hebroinus Episcopus Pictavensis in Charta Tabularii S. Mauri ad Ligerim apud Beslium in Episcop. Pictav. pag. 24. Charta Franconis Episcopi Nivernensis in Tabular. S. Cyrici Nivern. : *Atto Ecclesiæ nostræ Archidiaconus, et domus nostræ Protocapellanus.* [Vide *Capellani* 1.]

¶ **PROTOCARABUS**, Gubernator navis Imperatoriæ, apud Græcos. Vide *Carabus* et Καράβος in Gloss. mediæ Græcitatis col. 590. [** Occurrit apud Luitprand. Antapod. lib. 6. cap. 10.]

¶ **PROTOCATAPANUS**, Primus *Catapanorum*, sæpius apud Lupum Protospatham. Vide *Catapanus.*

¶ **PROTOCERIUS**, Officialis a sigillis, apud Cassiodorum, ex Macr. Hierolex. Vide *Primicerius.*

PROTOCHARTULARIUS, Officium Monasticum, cujus mentio fit in Ritu electionis Abbatis Casinensis. Vide *Chartularius.*

PROTOCHRISTICOLA. *Magnus Imperii Protochristicola*, Constantinus M. dicitur Glabro Radulpho lib. 4. cap. 6.

PROTOCOLLUM, Liber ex glutine compactus in quem acta publica referuntur. Errant enim qui putant esse memoriale, in quod raptim acta reponuntur, ut deinde in mundum redigantur, et perfectius extendantur, ut observat Cujacius ad Nov. 44. Ut enim hodie Chartæ habent notam aliquam, ex qua dignoscitur quis eam Chartam præparaverit; ita habebant olim Chartæ brevem adnotationem quæ declarabat, quo Comite largitionum (sub cujus cura erant Chartariæ) quo tempore, et a quo præparatæ fuissent chartæ : ex eo quippe coarguebatur sæpe falsitas.

☞ Et id quidem omnino probat Novella 40. Justiniani : *Tabelliones non scribant instrumenta in aliis Chartis, quam his quæ Protocolla habent. Ut tamen Protocollum tale sit, quod habeat nomen gloriosissimi Comitis largitionum, et tempus quo charta facta est.* Huc etiam spectat Statutum Ludovici Reg. Sicil. ann. 1352. quo jubetur ut *Protocolla* notam præscriptam præferant, *ut certa ex illis fides semper existat.*

☞ At in sequioribus sæculis *Protocollum* appellarunt *Registrum* seu librum in quem Acta publica ordinatim referebant. Statutum Philippi Pulchri Regis Franc. ann. 1304. tom. 1. Ordinat. pag. 417 : *In primis ordinamus... quod cum notarii seu tabelliones publici contractus in loco in quo morari et tenere Cartularia sua consueverunt, dictos contractus receperint, in ipsis Cartularibus seu Protocollis substantialiter et seriatim incontinenti ponant et inserant.* Statuta Eccl. Meld. apud Marten. tom. 4. Anecd. col. 918 : *Item, vobis omnibus et singulis presbyteris sub pœna excommunicationis districte præcipimus, quatenus.... de dictis testamentis seu eorum effectu faciatis registrum seu Prothocolum, quod penes vos remaneat.* Acta S. Bogumili tom. 2. Junii pag. 361 : *Signa autem quæ fiunt ad meritum ejusdem Sancti, idem dominus plebanus in Turek fideliter et diligenter conscribat, et ad sua Protocolla reponat.* Adde formulam juramenti Tabellionum apud Acher. tom. 6. Spicil. pag. 491. et Statuta Montis Regal. fol. 127. Statutum Ludovici XII. Reg. Franc. : *Tous notaires et tabellions feront bons et suffisans registres et Protocolles.*

☞ Recentior est vocis *Protocollum* acceptio pro prima perscriptione, Gall. *Minute.* Ea notione hanc usurpat Zinzelinus in Glossis ad Extrav. Johannis XXII. PP. ad cap. 5. tit. 14 : *Et post redigendo instrumentum in mundum, apponunt multa verba, quæ non apposuerunt in nota vel in Protocollo. Et illa subintellecta fore dicuntur sub tali clausula*, Et cætera. *De jure tamen scripto nihil plus in mundo, quam in Protocollo debet reperiri, ut omnis falsitas et suspicio evitetur.* Neque aliter intelligendum videtur Concil. Trevir. ann. 1310. apud Marten. tom. 4. Anecdot. col. 282 : *Notariis et Tabellionibus præcipimus, ut quandocumque in causis spiritualibus et ecclesiasticis conficere contingent instrumenta, super eisdem instrumentis faciendis prius recipiant Prothocolla, quæ penes se dimittant in cartis : ut ex hoc per eos in essentialibus nihil mutetur.... Statuimus ut iidem Tabelliones .... in loco publico hujusmodi Prothocolla et creanta super conficiendis ab eis instrumentis recipiant.* Statuta Vercell lib. 4. fol. 64. v°: *Nomina patrum apponantur et scribantur in Prothocollo et in instrumento.*

☞ *Protocolla* a *Notis* et *Cartulariis* distincta videre est in Charta ann. 1430. ex Schedis Præs. *de Mazaugues : Ego.... Notarius.... cui Cartularia, Notæ et Protocolla præfati... sunt commissa.* Vide *Chartularium.*

¶ Prothocollare, In *protocollum* referre, vel in publicam et authenticam formam redigere. Charta ann. 1318. ex Tabul. Auscitan. : *Hanc cartam recepit et in sua papiro Prothocollavit dominante D. Amanevo Archiepiscopo Auscitano.* Charta ann. 1495. inter Notas Gotofredi ad Histor. Caroli VIII. pag. 730 : *Ad omnia et singula prædicta et in hac parte facta vel fienda, proposita vel proponenda notandum, conscribendum, stipulandum, Prothocollandum, et ad perpetuam rei memoriam, testimonium et firmitatem, instrumentum et instrumenta publica, litterasque authenticas desuper conficiendum, et in publicam atque authenticam formam redigendum, etc.*

* Protocolum, Charta ipsa sigillo munita. Testam. ann. 1345. inter Instr. tom. 12. Gall. Christ. col. 88 : *Protocolum testamenti mei Philippi de Meloduno episcopi.... Præsenti schedulæ nostrum fecimus apponi sigillum præsenti Protocollo, prænominatos testes seu assistentes rogantes quatenus huic consimiliter una cum sigillo nostro sigilla sua apponant.*

PROTOCOMES, Qui ceteris comitibus navalibus præest. Vide Glossar. med. Græcit. col. 677. in Πρωτοκόμης.

PROTOCOMETA, Princeps pagi. Vide Glossar. med. Græcit. col. 1266. in Πρωτοκωμήτης.

¶ **PROTOCURSOR**, Cursorum præfectus. Landulphus in Phoca apud Murator. tom. 1. part. 1. pag. 123 : *Cum enim misisset Protocursorem, ut interrogaret eos, quo præcipiente fecerint hoc, etc.* Vide Glossar. med. Græcit. col. 742. in Πρωτοκούρσωρ.

¶ **PROTOCYNEGUS**, Primus Venatorum, nostris *Grand-Veneur*, dignitas palatina, apud Codin. de Off. cap. 2. Vide Gloss. med. Græcit. col. 1265. in Πρωτοκυνηγός.

¶ **PROTODIACONUS**, Idem qui *Archidiaconus*. Vide in hac voce.

* **PROTODUX**, Officii et dignitatis nomen. Annal. Laur. Bonincont. ad ann. 1382. apud Murator. tom. 21. Script. Ital. col. 43 : *Maramoldus unus ex patrum numero, Johannocta Protodux, etc.*

PROTOEUNUCHUS, Præfectus sacri cubiculi. Vide Glossar. med. Græcit. col. 1265. voce Πρωτοευνοῦχος.

PROTOMAGISTER, Primarius magister. Vide Glossar. med. Græcit. in Πρωτόμαστρος, col. 845.

PROTOFORESTARIUS. Vide in *Foresta.*

¶ **PROTOHIERACARIUS**, Primus Accipitrariorum in aula CP. apud Codin. de Off. cap. 2. num. 48. Vide Glossar. med. Græcit. col. 1265.

PROTOJUDEX. *Protojudex Salerni*, in veteri Charta apud Ughellum tom. 7. Ital. Sacræ pag. 571. 574.

PROTOMANDATOR. Vide *Mandator* et Glossar. med. Græcit. col. 863.

¶ **PROTOMARTYR**, ut inter viros S. Stephanus, Primus, sic S. Thecla inter mulieres Prima Christi martyr exstitit : unde hocce epitheto pariter donantur a Græcis et Latinis. Vide Gloss. med. Græcit. in Μάρτυρες, col. 882. et Suicerum in Thes. Eccl.

¶ **PROTOMEDICALIS**, In medicina primarius, præcipuus. Notitia 1. Eccl. Catan. apud Rocchum Pirrum Sicil. sacræ pag. 117 : *Multos edidit libros* (Johan. Philippus Grassia) *de ossibus, de tumoribus præter naturam .... in Constitutiones Protomedicales commentum.*

¶ **PROTOMISSUS**, Præferendus, potior, ut videtur. Epist. apud Buschium de Reform. Monast. tom. 2. Script. Brunsvic. Leibnit. cap. 895 : *Charitatem inviolabilem, nec in vita, nec in morte unquam separabilem, jugiter Protomissam venerabilis in Christo dom. Priorissa, etc.*

¶ **PROTOMYSTES**, Gr. πρωτομύστης, Primus Sacerdotum, Episcopus. Sidonius lib. 4. Epist. 17 : *Multo opportunius de quibuscumque quæstionibus tibi interrogabuntur inclyti Galliarum patres et Protomystæ, nec satis positus in longinquo Lupus, nec parum in proximo Auspicius.*

PROTONOBILISSIMUS, Πρωτονωβελίσσιμος, Dignitas Palatina apud Imperatores Constantinopolitanos, de qua diximus ad Alexiadem pag. 339. Apud Ughellum in Archiepiscopis Barensibus, *Basilius Imperialis Protonobilissimus* subscribit Chartam Richardi Senescalli, Willelmi Wiscardi Ducis Calabriæ ex fratre nepotis, ann. 1108. Manuel Comnenus Imp. CP. Ludovicum VII. *Protonobilissimum Regem Franciæ* appellat, in Epistola ad Alexandrum III. PP. quæ descripta legitur apud Baronium anno 1180. quæ quidem honorifica appellatio satis arguit Francorum Reges primo semper habitos loco apud exteros, quod peculiari Dissertatione attigimus ad Joinvillam. Vide Glossar. med. Græcit. col. 1010.

PROTONOTARIUS. Vide *Notarii* et *Protabellio.*

PROTOPAPA, Πρωτοπαπᾶς. Dignitas præcipua in Ecclesiis Græcanicis, de qua Codinus de Offic. cap. 1. num. 30. et ibi Gretzerus et Goarus, et Meursius in Gloss. Hunc sic dictum contendit Leo Allatius lib. de Græcorum templis pag. 135. quasi πρῶτον τῶν ἱερέων, *primum inter Sacerdotes* : unde *Archipresbyterum* vertunt interpretes ejusdem Codini. Sane Scylitzes pag. 717. et Joëles in Chronogr. pag. 182. aiunt Eustathium promotum a Basilio Bulgaroctono ad Patriarchatum CP. cum esset antea πρῶτος τῶν πρεσβυτέρων τοῦ ἐν βασιλείοις ναοῦ. Zonaras de eodem : Ὃς τοῦ ἐν τῷ παλατίῳ ναῷ ἱερέων ἐπρώτευεν, id est qui erat πρωτοπαπᾶς τοῦ παλατίου, uti hæc dignitas vocatur a Scylitze pag. 612. Πρωτοπαπᾶς τῶν βασιλείων, a Zonara pag. 160. ubi de Styliano, qui a Glyca pag. 306. Πρωτοπαπᾶς τοῦ παλατίου diserte nuncupatur. Quæ quidem appellatio gradui Protopapæ convenit, cum in Ecclesia Sophiana πρῶτος τοῦ βήματος fuerit, id est, in consessu dignitatum Ecclesiasticarum intra Ecclesiæ cancellos secundus a Patriarcha consederit, ut est apud Codinum. Scribunt Rocchus Pirrus pag. 387. et Ughellus tom. 6. pag. 111. in Ecclesia Messanensi Clerum olim fuisse Græcum, cui præerat *Protopapa*, id est Archipresbyter Græcorum; istiusque dignitatis vestigium adhuc perseverare, et uti baculo cum duorum leonum capitibus. Sic etiam in Ecclesia Bovensi appellari etiamnum Archipresbyterum monet idem Ughellus. Hunc vide, præterea tom. 9. pag. 97. Glossar. med. Græcit. col. 1099. sqq.

¶ Prothopapas, Eadem notione, in Epist. Johanni presbytero falso adscripta ad calcem Cod. MS. Corbeiensis : *In sinistra Episcopi* xx. *præter Patriarcham S. Thomæ et Prothopapatem Salmagantinum, etc.*

PROTOPARENS, vox hybrida, usurpata a Prudentio hym. 9. de Adam, in Synodo Landavensi sub Cerenhiro Episcopo, et a Thwroczio in Hist. Hungar. 1. part. cap. 2. [et in lib. 3. Sacr. Eccles. Rom. cap. 89.]

¶ **PROTOPASCHITÆ**, Hæretici, qui Judaico more in azymis Pascha celebrabant; *Sabbatiani* etiam appellati, ex Macr. Hierolex. Hos cum Novatianis confundit Baronius ad ann. 413. n. 28.

¶ **PROTOPATER**, Primas. Gocelinus in Vita S. August. Cantuar. tom. 6. Maii pag. 395 :

Septem Primates sunt Anglis et Protopatres,
Septem rectores, septemque per æthra triones.

PROTOPATRICIUS, Dignitas in aula CP. qua donatus legitur quidam Cosmas Anthius Imperatorius Protonotarius, et Strategus Siciliæ et Longobardiæ sub ann. 893. apud Ughellum in Archiepisc. Beneventan. num. 44. Πρωτοπατρίκιος, apud Malchum in Hist. Byzant. *Aspar primus Patriciorum*, apud Marcellinum Comitem in Chronico. Πρωτοπατρικίου καὶ Κόμητος τοῦ ὀψικίου, meminit etiam alicubi Theophanes. Vide Glossar. med. Græcit. col. 1135.

* **PROTOPHYSICUS** *Regis*, *Reginaldus Freron* inscribitur, in Lit. ann. 1393. ex Reg. Cam. Comput. Paris. Vide supra *Archiatri.*

PROTOPINCERNA, Primus Pincernarum, dignitas in Palatio Regum Francorum, de qua Joannes VIII. PP. Epist. 216. Vide *Pincerna.*

¶ **PROTOPLASTUS**, ut *Protoparens*. Charta Burchardi ann. 1290. apud Ludewig. tom. 5. Reliq. MSS. pag. 266 : *Ob prævaricationem Protoplasti admodum atque fluentis labuntur de die in diem, donec quævis cara in originem pristinam redigatur.* Vita S. Marci tom. 3. Aprilis pag. 555 : *Diabolus superveniens qui... Protoplastum* *de paradisi amœnitate dejecit.* Occurrit passim apud Scriptores Ecclesiasticos.

¶ Protoplatistus, Eadem notione, in Opusculo Gualvanei Flamma apud Muratorium tom. 12. col. 1063.

¶ **PROTOPLAUSTUS**, pro *Protoplastus*, in Literis Caroli VI. Regis Franc. ann. 1395. inter Notas Gotofredi ad Hist. ejusdem Caroli pag. 580.

PROTOPOLITÆ, Primarii, proceres. Vide Glossar. med. Græcit. in Πρωτοπολίτης, col. 1266.

PROTOPRESBYTER, Archipresbyter. Vide Glossar. med. Græcit. in Πρωτοπρεσβύτερος, col. 1224.

PROTOPROEDRUS, Primus præses. Vide Glossar. med. Græcit. in Πρωτοπρόεδρος, col. 1236.

¶ **PROTORUSTICUS**, Primus inter rusticos, nostris *Coq de Paroisse*. Sallas Malaspinæ lib. 2. de Rebus Sicul. apud Baluz. tom. 6. Miscell. pag. 224 : *Et dum vicarius Regis prædictus quosdam archipopulares et Protorusticos ad se vocari fecisset, qui tam deformis populi ductores et capita dicebantur, etc.*

PROTOSABBATUM, Primum jejuniorum sabbatum. Vide Glossar. med. Græcit. col. 1268. in Πρωτοσάββατον.

PROTOSCRINIARIUS, Dignitas in Ecclesia Romana, in Vita S. Sebastiani Martyris, et in Chronico Farfensi pag. 67. [** in Chronic. Benedicti cap. 33. Vide in *Scrinium*.]

¶ **PROTOSEBASTUS**, ut infra *Protosevastus*, Titulus honorarius Ducum Neapolitanorum. Vide Brencman. in Hist. Pandect. lib. 1. pag. 23.

PROTOSECRETARIUS, Primus Secretarius, apud Anastasium in Collectaneis pag. 254. qui πρωτασηκρῆτις καὶ ἐπιστολογράφος, apud Anonymum de Templo S. Sophiæ. Vide quæ de hac dignitate adnotamus in Notis ad Cinnanum pag. 493. [** et supra *Protasingritis*. *Proto a secretis*, in Luitpr. Leg. cap. 15.]

¶ Protosecreta, Eodem significatu, apud eumdem Anastas. in Stephano III. tom. 3. Murator. pag. 170. col. 2 : *Conjunxerunt in hac Romana urbe imperiales Missi, Gregorius scilicet Protosecreta, et Joannes Silentiarius, etc.*

¶ Prothosecretariatus, Officium, dignitas *Protosecretarii*, in Epist. 6. Joan. de Monsterolio apud Marten. tom. 2. Ampliss. Collect. col. 1329 : *Estque Prothosecretariatus domini Delphini Viennensis, sive Ducum Biturię, Burgundiæque ac Aurelianensis; cum similibus officiis.*

PROTOSEVASTUS, ex Gr. Πρωτοσέβαστος, Dignitas in Palatio Constantinopolitano præcipua, ab Alexio Comneno Imper. primum inventa, qua fratrem Adrianum donavit, ut habent Anna Comnena et Zonaras. Willelmus Tyrius lib. 18. cap. 24 : *Duo nepotes ejus, fratres uterini, Joannes scilicet Protosevasto, et Alexius Protostrator, qui inter illustres sacri Palatii primum obtinebant locum.* Adde lib. 20. cap. 1. Rogerius Hovedenus pag. 595 : *Quendam habebat amasium, qui vocabatur Græce Protosevastos, Latine vero Comes Palatinus, etc.* Perperam *Prothosalvaston* scribitur apud Radulphum de Diceto ann. 1182. Hanc porro dignitatem Duci Venetiarum olim concessam ab Impp. CP. observavimus in Notis ad Alexiadem pag. 311. Vide Codinum de Offic. aulæ CP. et quæ ad eum commentantur Gretzerus et Goarus, præterea Meursii Gloss. [et supra *Protosebastus*.] Glossar. med. Græcit. col. 1324. Dicitur etiam Σεβαστοκράτωρ.

¶ Protosevasto, Eadem notione, apud Mag. Boncompagnum de Obsid. Anconæ tom. 6. Murator. col. 938 : *Erat enim* (Constantinus) *vir sapiens, discretus, eloquens, et curialitate multimoda redimitus, pro quibus in ejusdem Imperatoris aula maximam habebat dignitatem, de qua Protosevasto dicebatur; nec erat ita magnus princeps post logothetam.*

PROTOSPATHARIUS, Primus et Princeps Spathariorum. Glossæ nomicæ : Ἰλλούστριος, πρωτοσπαθάριος. Leo Ost. lib. 1. cap. 51. (al. 52.) de Symbaticio : *Imperialis Protospatharius et Stratigo Macedoniæ, etc. Basilius Protospatharius Imperatoris*, cap. 63. *Sisinnius Imperalis Protospatarius*, apud Guillelmum Biblioth. in Adriano II. PP. pag. 228. *Michaël gloriosus Protospatharius*, in Epist. 8. Nicolai I. PP. ad Michaëlem Imperat. initio. Vide [Vitam Nicolai Studitæ pag. 944.] Gloss. Meursii, med. Græcit. col. 1416. et infra in voce *Spatharius*.

* Eodem titulo donatur Ibbo in Charta Ludov. Pii ann. 814. ex Tabul. Novient. inter schedas Mabill. : *Ego Turbo archicapellanus ad vicem domini Ibbonis Protospatarii cognovi.* Quæ formula Archicancellarium solet indicare : unde mendum hic subesse opinor, forte pro *Protoscriniarius* vel *Protosecretarius*. [** *Marquardus noster fidelis Protospatarius*, in Chart. Otton. III. Imperat. ann. 999. in Alsat. Diplom. num. 176.]

Protospata, Eadem notione. Vetus Epitaphium in Basilica S. Basilii, Brundusii :

> ... Illustris, pius actibus atque refulgens,
> Protospata Lupus urbem hanc construxit ab imo.

Ignotus Barensis in Chron. ann. 981 : *Occisus est Sergius Protospata a Barensibus.* Occurrit apud Lupum Protospatam ann. 973. 979. 1035. 1054.

☞ *Protospatharii* vero dignitas πρωτοσπαθαράτον dicitur Anonymo in Romano Juniore num. 1.

¶ **PROTOSTASIA** et Prototypia, Officia municipalia, de quibus in Cod. Theod. Vide Gothofredum ad tit. 23. lib. 11.

* Consule præterea Calvini Lexic. jurid.

PROTOSTRATOR, Primus Stratorum, dignitas in aula Constantinopolitana, cui Stabuli Imperatorii cura incumbebat, ut est apud Cinnamum et Zonaram. Willelmus Tyrius lib. 18. cap. 24 : *Joannes videlicet Protosevasto, et Alexius Protostrator, qui inter illustres sacri Palatii primum obtinebant locum.* [Idem qui apud nos Marescallus, ut ex Niceta, ubi de Gotofrido Bulioneo, colligit Carolus de Aquino in Lex. milit. : *Dignitate erat vir ille Marescallus, quod Græcis est Protostrator.*] Vide quæ de hac dignitate congessimus in Notis ad Cinnanum pag. 474. 475. et Glossar. med. Græcit. col. 1463.

PROTOSYMBOLUS, Saracenorum Princeps ita appellatus. Andreas Silvius in Chronico Marcianensi ann. 586 : *Hic* (Mahomet) *in Regno Saracenorum quatuor Prætores statuit, qui Amiræi vocabantur. Ipse vero Amiras dicebatur, vel Protosymbolus.* Historia Miscella lib. 19. pag. 600 : *Mortuus est Muhavias Protosymbolus Saracenorum, qui fuit Prætor annis 20. et Amiræ functus officio annis 24.* Adde pag. 616. 648. edit. Canisii. Acta SS. 40. Martyrum num. 12 : Ἀβησὰκ ἐκεῖνος Πρωτοσύμβολος τῶν Ἰσμαηλιτῶν ἔθνους, οὕτω γὰρ τοὺς αὐτῶν ἐθνάρχας ἀποκαλοῦσι. Πρωτοσύμβολος τῶν Ἀράβων, apud Cedreneum in Leontio pag. 443. ubi Zonaras pag. 77 : Ὁ τῶν Ἀγαρηνῶν Πρωτοσύμβολος, οὕτω γὰρ ἐκάλουν τοὺς σφῶν προεξάρχοντας. Σύμβουλος simpliciter dicitur in VII. Synodo Act. 5. pag. 617. edit. 1618. qui πρωτοσύμβουλος paulo ante nuncupatur. [Chron. Cavense apud Murator. tom. 7. col. 918 : *Anno Domini 684. Indict. 12. Maruchan. Agnoscitur Protosymbolum Arabum.* Ibid. col. 919 : *Anno Domini 719. Indict. 2. Hymnar. Protosymbolum habetur.*] [** Chronic. Salernit. cap. 107. Pertz. Script. tom. 3. pag. 523. lin. 6.] Vide Leonem Grammaticum pag. 454. Aliter vocem hanc usurpat Joannes Hierosolymitanus in Vita S. Joannis Damasceni pag. 245. edit. Romanæ, pro primo scilicet Consiliario [seu supremo Vezirio :] Ὁ δὲ τῶν Σαρακηνῶν ἀρχηγὸς τὸν Ἰωάννην εἰσκαλεσάμενος, προσχειρίζεται πρωτοσύμβουλον. Et pag. 253 : Καὶ πρῶτος ἔσῃ αὐτοῖς ἡμετέροις συμβούλοις, οὐδὲν γὰρ πράξαιμεν πώποτε τοῦ λοιποῦ ἄνευ σῆς παραινέσεως καὶ συμβουλῆς. [Vide Πρωτοσύμβουλοι in Gl. med. Gr. col. 1268.]

PROTOSYNCELLUS, Primus Syncellorum Patriarcharum, vel Episcoporum, qui plures erant, ut suo loco docemus. Dignitas Ecclesiastica in Græcanica Ecclesia nota, atque adeo in Sicilia sub Normannicis Principibus, ut ex aliquot Chartis colligitur, quæ habentur apud Ughellum tom. 9. Italiæ sacræ pag. 590. et 628. ubi perperam *Protosyntullum* editur, pro *Protosyncellum*. Vide Gloss. Meursii, med. Græcit. col. 1471. Gretzerum et Goarum ad Codinum de Offic. aulæ CP. et infra in voce *Syncellus*.

** **PROTOTABELLIO**, Primicerius notariorum, in chart. Ravennat. ann. 977. apud Savin. Hist. Jur. Rom. med. temp. tom. 1. cap. 5. § 111. De *Protonotariis Judic. Cameral.* videndus Pfeffing. ad Vitriar. lib. 4. tit. 16. § 20. not. c.

PROTOTHRONUS, Græcis πρωτόθρονος. Anastasius ad Concil. VIII. act. 1. *Protothronum*, sessorem interpretatur : *eorum scilicet Episcoporum, qui ad Patriarchalem Ecclesiam pertinent.* Willel. Tyrius lib. 14. cap. 12 : *Certum est autem, quod inter tredecim Archiepiscopos, qui a diebus Apostolorum Sedi Antiochenæ subditi fuerunt, Tyrensis quidem primum locum obtinuit, ita ut in Oriente Protothronos appelletur.* [Ubi quidam *Prothronos* legunt.] Scylitzes pag. 629. de Tryphone Patriarcha CP. : Καὶ γράψας, ἐκπέμπει διὰ τοῦ Πρωτοθρόνου τῷ βασιλεῖ. Zonaras in Leone Philosopho, de Stephano Patr. CP. : Καὶ ὅτι μὴ Ἡρακλείας ἀρχιερεὺς ὑπὸ τοῦ Πρωτοθρόνου κεχειροτόνητο. Adde Glycam pag. 423. 1. edit. Glossar. med. Græcit. col. 498. a.

¶ **PROTOTYPIA**. Vide *Protostasia*.

¶ **PROTOVESTIARIUS**, qui et *Protobestiarius*, Dignitas Ecclesiastica et Palatina, qui omnibus Vestiariis præerat. Vide Codin. de Off. lib. 2. Meursium, Suicerum, et Gloss. med. Græcit. in Βέςης col. 193. [** Liutprand. Legat. cap. 15.]

1. **PROTRACTIO**, [Cantus species, cum vocum toni longius cantando protrahuntur.] Ordinarius Præmonstratensis cap. 3 : *Cantore autem Alleluya incipiente, a Choro non reincipitur, sed finalis Protrahitur. Sed sive in Graduali et versu suo finalis Protractio non omittatur.* Vide *Pneuma*.

¶ 2. **PROTRACTIO**, Diagramma, deformatio, Gall. *Portrait*, *figure*. Vita B. Edmundi Cantuar. Archiepisc. apud Marten. tom. 3. Anecdot. col. 1787 : *Cumque quibusdam sociis legeret adhuc arithmeticam* (apud Surium *geometriam*) *apparentem sibi in somnis agnovit manifestius matrem suam, quæ ait ei : fili, quid legis? quæ sunt illæ figuræ quibus tam studiose intendis? Quo respondente talia lego, ostensis quæ in illa sunt facultate Protractionibus*, *etc.* Hinc

¶ Protrahere, Pingere, Gall. *Portraire*. Vita B. Coletæ tom. 1. Mart. pag. 563 : *Propter quasdam picturas devotas de passione Salvatoris in illam* (tabulam) *Protractas*.

* Effingere, Gall. *Portraire*. Charta ann. 1323. in Chartul. S. Magl. ch. 112 : *Fient tres tombæ, una quæ innovetur et ponatur supra patrem et matrem suos,.... et Protrahentur eorum duæ imagines in eadem tomba. Pourtrayer* vero, pro *Ressembler*, Alicui assimilare, effigiem alicujus referre, apud Froissart. vol. 3. cap. 8 : *L'enfant* (Gaston de Foix) *trop bel escuier estoit, et si Pourtrayoit grandement de tous membres au pere.* Vide supra *Portractura*.

¶ **PROTRACTOR**, Qui in jus aliquem vocat, trahit. Consuet. Arkens. laud. in *Protractus*, 1 : *Protractores trium librarum, antequam breve suum reddant ballivo, ostendent ballivo breve suum, et ballivus ostendet similiter breve suum Protractoribus per Coratores.*

1. **PROTRACTUS**, In jus tractus. [Charta Philippi Aug. ann. 1194 : *Qui per Scabinos Protractus fuerit de assultu domus, sexaginta libras perdet.* Ibid. : *Quicumque alium occiderit, vel ad mortem vulneraverit, si justitiæ nostræ eum detinere volenti quispiam violentiam fecerit, in voluntate nostra erit de illo facere sicut et de eo qui forisfactum fecerit, si Protractum hoc fuerit per Scabinos.* Pluries ibi.] Consuetudines Arkenses ann. 1231. in Tabular. S. Bertini : *Si Protractus fuerit, quod arma portaverit, quæ a Choro sunt prohibita, tres libras emendabit.* Charta Guidonis de Castellione Comitis S. Pauli ann. 1257. in eodem Tabul. : *Omnes emendas, in quibus homines de Arkes damnati sunt et Protracti pro facto cujusdam hominis inventi mortui, vel submersi, etc.* [Privilegia villæ *de Commines* ann. 1364. inter Ordinat. Reg. Franc. tom. 4. pag. 523 : *Et que pour quelconques fait que fache ou ait fait uns bourgois ou bourgoise, dedens le franquise de Commines par jour, Pourtret convient que il soit pardevant mes Eschevins de Commines.*]

* 2. **PROTRACTUS**, Exemplar, Gall. *Modele*. Reg. capit. Carnot. ad ann. 1518 : *Fiat repositorium secundum Protractum in capitulo exhibitum.* Ibid. ad ann. 1519 : *Visis in capitulo duobus exemplaribus seu Protractibus differentibus per magistrum latomorum ecclesiæ præsentatis, etc.* Vide *Portractus*.

¶ **PROTRAHERE**. Vide in *Protractio* 2.

¶ **PROTULENS**, Proferens. Vita S. Bernardini tom. 5. Maii pag. 274 * : *Apparuit B. Bernardinus dictæ puellæ Protulenti verba hæc, etc.*

¶ **PRO-TUNC**, Pro-Nunc, Formula qua tempus præsens et futurum significatur. Privileg. Venceslai Imper. apud Ludewig. tom. 1. Reliq. MSS. pag. 452 : *Annectimus, unimus et Pro-tunc, prout ex nunc, et Pronunc, prout ex tunc, virtute præsentium, etc.* Practitis nostris, *Dès-à-présent, comme dèslors, et dèslors comme dès-à-présent.*

¶ **PROTUS**, a Gr. Πρῶτος, Primus. Vita Brunonis Magni cap. 45. al. 46. et 49. ubi de Folcmaro quem *memorabilis probitatis et industriæ diaconum, ac prudentem fidelemque Coloniensis Ecclesiæ Protum et œconomum vocant.* Ubi *Protus* idem videtur esse qui *Primicerius*. Vide in hac voce.

PROTUTELA, Primæ exercitus aciei ducatus, præfectura, ut *Retutela*, extremæ, *l'Avant-garde*, et *l'Arriere-garde*. Hugo de Cleeriis de Senescallia Franciæ : *Comes* (Andegavensis) *cum in exercitu Regis fuerit, vel ierit, Protutelam faciet et : in reditu retutelam.* Infra : *De cætero Comes appellatur Major in Francia propter retutelam, quam facit in exercitu Regis.* [*Augarde*, pro *Avantgarde* usurpat le Roman *d'Athis* MS. :

A l'Augarde desoubs le gué
Sont ils venus tuit abrievé.]

¶ **PROVAGUS**, Pervagus, in Vita S. Aldhelmi tom. 6. Maii pag. 90 : *Omnia quæ in monasterio erant, quamquam nolentes, fecerunt relinqui, exceptis his quæ plebs Provaga jam in officinis acceperat.*

PROVENDA, Provendariata. Vide *Præbenda*.

¶ **PROVENDARICIUS**. Vide supra *Panis provendaricius*.

¶ 1. **PROVENDARIUS**, Mensura annonaria. [* Nostris *Provendier*. Charta ann. 1330. in Chartul. S. Martini Pontisar. fol. 35. v° : *Emporteront en ladite disme de Menouville chascun an pour chascun mui de grain .... cinq Prouvendiers.* Lit. remiss. ann. 1393. in Reg. 145. Chartoph. reg. ch. 4 : *Le suppliant demandoit à estre paié de ladite mine de potage; et le fermier disait que il n'en devoit que un Provendier, c'est assavoir trois boysseaux.*] Vide in *Præbenda*.

* 2. **PROVENDARIUS**, Qui *præbendam* percipit. *Provendier*, eadem notione, in Lit. ann. 1367. tom. 5. Ordinat. reg. Franc. pag. 24. Lit. remiss. ann. 1408. in Reg. 162. Chartoph. reg. ch. 280 : *Thenon Charpaut Provendier de nostre amé eschanson Moreau de Moulon.* Ubi is designatur, qui necessaria prævidet seu præparat, vulgo *Pourvoieur*. Vide *Præbendarii* in *Præbenda*.

* **PROVENDIATA**, Modus agri capax *provendarii* seminis, vel ex quo *provendarius* percipitur, nostris *Provenderée* et *Prouvenderée*. Tabul. Absiense : *Gastinellus de Mosterol concessit Rainerio abbati tres Provendiatas terræ ad Salmoram.* Lit. remiss. ann. 1459. in Reg. 190. Chartoph. reg. ch. 24 : *Le champs de la Charbonniere contenant douze Provenderées de terre.* Aliæ ann. 1473. in Reg. 197. ch. 401 : *D'icelle terre le suppliant dit à lui appartenir une Prouvenderée ou environ.* Vide *Prevenderiata* in *Præbenda*.

¶ **PROVENIENSIS** Moneta. Vide *Campaniæ Comitum moneta*, in *Moneta Baronum*. Hinc *Proveniensium*, pro *Proveniesi*, legendum opinor in Chronico Cavensi apud Murator. tom. 7. col. 959.

* **PROVENSA**, Res furto ablata. Charta Phil. comit. Fland. pro libert. castell. Brug. ex Cam. Comput. Insul. : *Qui aliquem ceperit pro fure et jurare possit se septimo, ita ut illorum sex hæreditas scabinis satis cognita sit, quod illum ut pote furem cum Provensa ceperit, fur suspendatur.*

* **PROVERBIALITER**, In proverbio. Gesta Ambas. domin. tom. 10. Collect. Histor. Franc. pag. 240 : *Fulgo Proverbialiter celebre esse sciens, nullam moram paratis esse inferendam, etc.* Vide *Proverbiari* 1.

1. **PROVERBIARI**, *Proverbia dicere, vel proverbia vituperare : hinc proverbiosus, proverbiositas*, Ugutio. Vox Italica. Pergaminus : *Proverbiare, rampognare, rimproverare, dir villania. Proverbiosamente, villanamente, ingiuriosamente.*

* 2. **PROVERBIARI**, Proloqui. Charta fundat. priorat. de Caritate ann. 1059. inter Instr. tom. 12. Gall. Christ. col. 102 : *Igitur locus iste de quo Proverbiari vel orare decrevimus, etc.*

PROVERBIATOR, Auctor libri Proverbiorum, dicitur Anastasio Bibliothecario, apud Baronium ann. 869. n. 84. et in Præfat. ad VIII. Synodum sub finem.

¶ **PROVESINA** Libra. Vide *Campaniæ Comitum moneta*, in *Moneta Baronum*.

* **PROVIDENTIA**, Victus ratio, Gall. *Régime*. Alex. Iatrosoph. MS. lib. 2. Passion. cap. 57 : *Ante omnia ergo totius corporis facienda est Providentia.* Vide alia notione in *Providentiæ*.

PROVIDENTIÆ, Provisiones annonariæ, vel etiam aliæ ad victum, Gall. *Pourvoyances*, [nunc *Provisions*.] Πρόνοιαι, eadem notione apud Pachymerem lib. 1. cap. 4. lib. 9. cap. 8. et alibi. Statuta Davidis II. Regis Scotor. cap. 48 : *Item ordinatum est, quod exnunc et in posterum omnes captiones, et omnia, quæ capientur ad expensas Regis, legitime et debite persolventur,... et quod in ejusmodi captionibus seu Providentiis, non fiet taxatio juxta numerum Davatarum seu Baroniarum : sed secundum verum valorem bonorum.* Knyghton ann. 1354 : *Hilaritas dapum et poculentorum omnibus venire volentibus et refici cupientibus semper parata erat, quamdiu ibi moram traxit, et talem Providentiam ibi fecerat, quod tota curia mirabatur. Providentia vini ante adventum suum in cellaria sua erat centum doliorum.* Vide alibi.

* *Provoaille*, eadem notione, apud Boet. MS. Consolat. lib. 2 :

Chascuns doute le chevalier,
Car il maine son escuier,
Ses hommes et sa Provoaille;
N'est riens au monde qui li faille.

* *Pourveanche*, eodem sensu, in Charta ann. 1391. ex Chartul. 23. Corb. : *Une queue de aigrevin, que lesdits religieux faisoient venir de Abbeville à Corbie.... pour*

leurs Pourveanches et garnison. Pourveance, in alia ann. 1300. ex Lib. rub. Cam. Comput. Paris. fol. 125. v°. col. 5.

☞ Nec in rebus cibariis tantum usurpatur hæc vox, sed de qualibet alia re, cujus fit *provisio* seu comparatio, dicitur. Pro bellico apparatu occurrit in Charta ann. 1336. apud Rymer. tom. 4. pag. 709. col. 1 : *Cum quædam in civitate vestra, sive districtu procuraretur armata Providentia galearum, etc.* Vide *Provisio* 1.

¶ **Providentia**, Cura, studium. Constitut. pro Abbatia S. Pauli Narbon. ann. 1127. inter Instr. tom. 6. Gall. Christ. novæ edit. col. 34 : *Si quis in aliquo prædictorum præceptorum peccaverit, vel transgressus fuerit, in Providentia et in causimento domini abbatis se corrigat.* Vetus Irenæi Interpres lib. 3. cap. 25. num. 1 : *Providentiam autem habet Deus omnium, propter hoc et consilium dat; consilium autem dans adest his, qui morum Providentiam habent. Necesse est igitur ea, quæ providentur et gubernantur, cognoscere suum directorem.*

¶ 1. **PROVIDERE**, Regere, gubernare. Charta apud Lobinell. tom. 2. Histor. Britan. pag. 73 : *Leuhemel, qui tunc hospitale pauperum Providebat.* Adde vet. Irenæi Interpretem loco jam laudato.

¶ 2. **PROVIDERE**, Acquirere, comparare. Obituar. Cluniac. apud Baluz. tom. 2. Hist. Arvern. pag. 53 : *Centum aureos sibi donavit, rogans ut ipse et domnus Bernardus ejusdem ecclesiæ devotus prior et domnus Wichardus officiosus camerarius cum eisdem aureis vineam Providerent, et ad hoc opus sacri mysterii eidem ecclesiæ Cluniacensi donarent. Illi igitur receptis aureis vineam, quæ est inter Cluniacum et Galaniacum Providerunt et præfatæ rei ordinaverunt. Provoier*, pro Pensare, æstimare, utitur le Roman *de Vacce* MS. :

S'il vouloient nos pertes Provoier et esmer,
Jamez eu lor aé nel porront restorer.

* A Latino Providere, vulgo *Pourvoir*, nostri alias *Pervesir* dixerunt. Instr. ann. 1355. inter Probat. tom. 2. Hist. Nem. pag. 170. col. 1 : *Item que lesditz capitaines doyent aler.... de ostal en ostal esmer l'arnez que chascun aura et se non est provis segon son estat, que lo fasson Pervesir, etc.*

¶ **PROVIDITOR**, Provisor. Vita B. Johan. Bonvisii tom. 5. Maii pag. 103 : *Cum totam suam provisionem summo Providitori commisisset, etc.*

* Hinc *Providadour*, in Hist. Caroli VIII. ad ann. 1495. pag. 185. quo is designatur Magistratus Venetus, quem nunc *Procurateur* appellamus. Vide infra *Provisor* 2.

* **PROVIDUS**, Titulus honorarius consulum Nemausensium. Vide supra *Discretus*. Unde nostris *Pourveu*, pro *Prudent, sage, avisé*, in Charta ann. 1346. ex Chartul. 21. Corb. fol. 326: et in Lit. ann. 1372. tom. 5. Ordinat. reg. Franc. pag. 563. Vide *Provisivus*.

¶ 1. **PROVINCIA**, Mundus ipse dicitur. Tertull. adv. Valent. cap. 20 : *Igitur Demiurgus extra Pleromatis limites constitutus ... novam Provinciam condidit, hunc mundum.*

☞ Strictius pro regione usurpat idem Tertull. lib. de Anima cap. 42 : *A nobis, ut de postuma vita, et de alia Provincia animæ, ita de morte tractabitur.* Pro Regno Franciæ adhibet Adeodatus PP. in Privilegio pro Majori Monast. : *In cujus volumine et aliorum per Gallicanam Provinciam constitutorum Antistitum ad id consensum præbentium subscriptiones annexas inspeximus.* Pro Comitatu occurrit in Placit. de Juratis et Assisis apud Spelman. : *In placito Agnetis quæ fuit uxor Radulphi le Butiller versus priorem de Repindon, pro terra in Pykinton, prior dicit, quod nulla villa est in Provincia illa, quæ sic vocatur.*

2. **PROVINCIA**, Diœcesis Metropolitani. Bonifacius I. PP. Epist. 3 : *Synodi Constitutio Nicænæ ... præcipit, per unamquamque Provinciam jus Metropolitanos singulos habere debere, nec cuiquam duas esse subjectas.* Vide Concilium Emerit. can. 8. Pelagius II. PP. Epist. 8 : *Scitote, certam Provinciam esse, quæ habet decem vel undecim civitates, et unum Regem, et totidem minores potestates sub se et unum Episcopum, aliosque suffragatores decem, vel undecim Episcopos judices, ad quorum judicium omnes causæ Episcoporum et reliquorum Sacerdotum ac civitatum causæ referantur, et ab his omnibus juste consona voce discernantur, nisi ad majorem autoritatem fuerit ab his, qui judicandi sunt, appellatum.* [Formulæ antiq. apud Baluz. tom. 2. Capitul. col. 628 : *Ipsum vero non nescium quod totius Provinciæ cura per sacros canones sit Metropolitano commissa... monemus.* Charta fundat. Collegii Plessæi ann. 1326. apud Lobinell. tom. 3. Histor. Paris. pag. 377 : *Licet nostræ intentionis et voluntatis existat, quod magistri et scholares prædicti undecumque de regno Franciæ oriundi ad beneficia dictæ domus, dum tamen idonei, admittantur, illos tamen de Turonensi Provincia, de qua originem traximus, et præsertim de Maclovienst diœcesi, in qua regenerationis sumpsimus sacramentum, ... et specialiter de Ebroicensi diœcesi volumus pro majori parte assumi.*] Occurrit passim. Vide *Parochia*.

☞ Interdum tamen pro Diœcesi Episcopi sumta occurrit hæc vox, ut in Charta ann. 1138. apud Kennett. Antiquit. Ambrosden. pag. 93 : *Dedi omnem terram de Ottendun, et omnia eidem terræ pertinentia in bosco et plano,.... ad abbatiam construendam de Ordine Cisterciensi, in Provincia Alexandri Lincolniæ Episcopi.*

3. **PROVINCIA**, Gradus cognationis et affinitatis in nuptiis. Vox efficta, ut videtur, a *vicinia*. Capitula Theodori Cantuar. Episc. cap. 13 : *In tertia provicinitate Provinciæ carnis secundum Græcos licet nubere, sicut scriptum est in Lege : in quinta secundum Romanos : tamen in quarta non solvunt conjugium, postquam factum fuerit. In tertia Provincia non licet uxorem alterius post obitum ejus habere.* Quidam ex ingenio emendant *progenie*.

¶ **PROVINCIALARUS**, Dignitas et munus *Provincialis* seu provinciæ præfecti apud Religiosos, *Provincialat*. Bulla Bonifacii IX. PP. ann. 1399. in Bullar. Carmelit. pag. 154 : *In eorum et dicti Ordinis* (Carmelitarum) *Provincialem juxta morem ejusdem Ordinis fuisti concorditer electus : et deinde postquam hujusmodi Provincialatus officium per nonnullos annos fideliter rexeras, etc.* Occurrit etiam in Constitut. Ordin. Prædicat. part. 1. col. 71.

PROVINCIALES, Monetæ Comitum Provinciæ, quarum usum ac *cursum* interdixit S. Ludovicus in Statuto de Monetis, ubi *Provinciaux* appellantur. [* *Provenceaux* editum tom. 1. Ordinat. reg. Franc. pag. 95. art. 3.] Charta descripta a Gassendo in Notitia Ecclesiæ Diniensis pag. 84 : *Solvit in decima Præpositus pro Præpositura 75. libr. Provincial. reforciat.* [Vide in *Moneta Baronum*.]

☞ Ab instituto nostro minime alienum putem monere lectorem *Provincialis* nomen interdum aliis tributum fuisse quam Provinciæ incolis. Sic Clemens VI. PP. ex castro S. Ægidii oriundus *Provincialis* vocitatur a Scriptoribus coævis. *Provincialis* itidem dicitur Urbanus V. PP. tametsi ex Gabalensi tractu, in brevi Histor. Frat. Prædicat. apud Marten. tom. 3. Anecd. Hinc Reinerius contra Valdenses scribit cap. 6. *Bagnolenses esse in Provincia*, qui tamen in Occitania potissimum degebant. Vide Columbum in Præfat. ad Hist. Manuascæ.

¶ **PROVINCIALIS**, Incola, indigena. Chronic. Angl. Th. *Otterbourne* pag. 37 : *Alcredus... regnavit 9. annis, qui et ipse regno, quod invaserat, a Provincialibus cedere est coactus.* Ibid. pag. 47 : *Secundus filius Pendæ in Regem a Provincialibus est acclamatus.* Rursum pag. 176 : *Eodem anno* (1388.) *Scoti, quietis nescii, intrantes Angliam, improvisis Provincialibus agebant cædes, etc.* Vide *Provincialatus*.

* Charta Phil. comit. Fland. et Virom. ann. 1180. in Chartul. Mont. S. Mart. ch. 10 : *Hoc autem nemus Gerardus secundum veritatem Provincialium, bona fide et absque dolo dividi faciet ab omni nemore circumjacente.*

¶ **PROVINIENSIS** Moneta. Vide *Campaniæ Comitum moneta* in *Moneta Baronum*.

¶ **PROVISA**, Annona cibaria, aliarumque rerum necessariarum comparatio. Charta Edwardi III. Regis Angl. ann. 1330. apud Rymer. tom. 4. pag. 442 : *Qui in comitiva sua.... versus partes Ducatus Aquitaniæ sunt profecturi, et Provisas et arraiationem passagii illius* (provideat.)

* **PROVISANTIA**, f. Acquisitio. *Providere* enim, pro Acquirere, dictum supra observatum est; nisi idem sit quod Territorium. Charta Gerardi episc. Noviom. ann. 1226. inter Probat. tom. 1. Annal. Præmonst. col. 579 : *Quandam peciam terræ extra Genly acquisivit, in qua Provisantia et largitate loci, dictum hospitale transferens, illud ibidem reædificavit et construxit.*

* **PROVISERIA**, idem quod *Præpositura*, Feudum scilicet nobile, cui suprema justitia ejusque exercitium competit; non diversum a *Castellania* et *Vicecomitatus*. Vide in *Castellum* 1. *Præpositi* et *Vicecomes*. Arest. ann. 1351. 13. Apr. in vol. 3. arestor. parlam. Paris. : *Comes Barri dicebat castrum de Preuse in Proviseria et castellania, cum omnibus suis pertinentiis, ad ipsum solum et in solidum pertinere.*

* **PROVISIA** et Provisio, Concessio in compensationem rei controversæ, qua ne

quis patiatur damnum, providetur. Charta ann. 1427. inter Instr. tom. 11. Gall. Christ. col. 53 : *Laborabit* (archiepiscopus) *obtinere Provisiam per medium translationis vel permutationis, de jure quod prætendit .... Et si, pendente dicta continuatione processus, Provisionem seu recompensationem non obtineret, etc.*

¶ 1. **PROVISIO**, Quicquid alicui ad victum et vestitum assignatur. Conc. Turiasen. ann. 1229. inter Hispan. tom. 3. pag. 493 : *Verum apud eumdem Regem cures efficere, ut Reginæ pro sustentatione sua honestam Provisionem studeat assignare.* Vide *Provisa.*

* Charta Phil. Pulc. ann. 1300. in Lib. rub. Cam. Comput. Paris. fol. 120. r°. col. 1 : *Cum carissimus et fidelis Ludovicus comes Ebroicensis frater noster nobis exposuisset, quod assisia seu Provisio, per nos sibi facta, de quindecim milibus librarum Turon. annui et perpetui redditus, minus competenter facta fuerat, etc.*

* Provisio Partagii, Partis hereditariæ assignatio. Inventar. Chart. reg. ann. 1482. fol. 42 : *Partagium sive Provisio partagii facta per Robertum comitem Flandriæ Roberto filio suo juniori et secundogenito ; mediante qua Provisione dictus Robertus junior renunciat comitatui Flandriæ.*

¶ Provisio, Omnis apparatus bellicus. Epist. Jacobi Reg. Scot. ad Carol. VII. Reg. Franc. tom. 10. Spicil. Acher. pag. 246 : *Proponimus brevi præfatum oppidum cum tali ac tanta Provisione expugnare, quod inimicis prædictis nobis resistendi non erit plena facultas.* Vide *Provisiones.*

¶ Provisio, Quodvis convivium. Charta ann. 1202. inter Instrum. tom. 6. Gall. Christ. novæ edit. col. 301 : *Veruntamen quando bajulus tuus albergam vellet accipere, et si tot equitaturas non haberet, secum tamen equitantibus cum suis equitaturis pro regionis consuetudine Provisionem donare tenebimur, scilicet panem et vinum, civatam et pulmentum illius diei et tempore opportuno.*

* Aliud vero sonat vox Gallica *Provision*, in Libert. Jonvil. ann. 1354. tom. 4. Ordinat. reg. Franc. pag. 298. art. 25 : *Auront auctorité lidit eschevin de faire trais et geis et Provision sur lesdiz habitans, pour faire clousons et fermetez dessusdictes et autres nécessitez de la ville.* Ubi Provida est distributio pecuniæ a civibus pro communibus impensis exigendæ. Pro Cautio, providentia, vulgo *Prévoïance, précaution*, non semel occurrit. Lit. remiss. ann. 1375. in Reg. 108. Chartoph. reg. ch. 39 : *Pierre Douchet fery ledit Guillaume sur son chief en telle maniere, que se n'eust esté la grace de Dieu, avec la Provision dudit Guillaume, il eust esté mort et occis. Provision paternelle*, in Lit. ann. 1371. tom. 5. earumd. Ordinat. pag. 435. Aliæ Caroli VIII. ann. 1497. ex Chartul. Bellil. : *Nos lettres leur pouroient demeurer illusoires en leur grande grief, préjudice et dommage, et plus pourroit estre, ce par nous ne leur estoit sur ce pourveu de nostre Provision et remedes convenables.*

2. **PROVISIO**, Diploma Pontificium vel Regium, quo quis in possessionem beneficii Ecclesiastici, vel officii alicujus civilis mittitur, quod a Pontifice aut Principe confertur. [Litteræ Clementis VII. PP. ann. 1382. tom. 10. Spicil. Acher. pag. 238 : *Omnes Ecclesiæ tam Cathedrales, quam aliæ regulares et sæculares.... in electionibus,... Provisionibus, et omnibus aliis plena libertate gaudebunt.* Rolandinus Patav. apud Murator. tom. 8. col. 344 : *Electo die itaque suæ motionis et puncto de consilio suorum astrologorum et sapientum, sua etiam Provisione firmata.... suam totum movit* (Eccelinus) *militiam.*] Vide Canonistas.

☞ *Provisiones* in Anglia a Romano Pontifice concessas repudiavit easque prohibuit sub pœna capitis Edwardus III. Rex Angliæ, ut discimus ex Chr. Angl. Th. *Otterbourne* pag. 130 : *Hoc in tempore Papa Clemens sex dignitates ecclesiasticas in Anglia vacantes suis contulit Cardinalibus, novos pro eis in Anglia titulos imponere moliendo. Qua de causa Rex Angliæ offensus, in anno gratiæ 1344. Provisiones, per Papam factas, irritavit, et, ne quis deinceps tales Provisiones auferret, sub pœna carceris et capitis interdixit.* Quod subinde ex eodem Chronographo pag. 176. auctoritate Parlamenti confirmatum est : *Hoc anno* (1368.) *fuit parliamentum tentum Cantabrigiæ, in quo multa sunt statuta,.... de Provisionibus quod regnum non exeant pro acquirendis beneficiis absque licentia Regis.* Et pag. 179 : *In ipso etiam parliamento* (ann. 1390.) *statutum est, ut nullus de cetero transfretaret ad obtinendum Provisiones sub pœna rebellionis.* Vide mox in *Provisor.*

☞ Obtinuit aliquando usus ut Romani Pontifices non modo beneficia ecclesiastica etiam in Galliis concederent, sed et pensiones annuas in iis assignarent ; quibus gravati præsertim Monachi ab ipsismet summis Pontificibus diplomata habere tentaverunt non semel, ut ab iis eximerentur. Bulla Innocentii IV. ex Tabul. S. Albini Andegav. : *Auctoritate nobis præsentium indulgemus ut ad receptionem vel Provisionem alicujus in pensionibus seu aliis ecclesiasticis beneficiis compelli auctoritate Sedis Apostolicæ minime valeatis.*

* 3. **PROVISIO**. Vide supra *Provisia.*

* **PROVISIONARIUS**, Annonæ castrensis redemptor vel præfectus, Gall. *Munitionnaire.* Annal. Placent. ad ann. 1462. apud Murator. tom. 20. Script. Ital. col. 911 : *Armorum duces et capitanei, qui castra metabantur in Mezzanino, milites veterani centuriones et Provisionarii arma sumere cœperunt.* Occurrit rursus ibid. col. 908.

¶ **PROVISIONATUS**, Qui ex *provisione* sibi concessa officium aliquod obtinet et exequitur, vel qui alterius impensis vivit. Bulla Bonifacii IX. PP. ann. 1396. apud Illustr. Fontanin. Antiquit. Hortæ pag. 445 : *Volumus insuper et huic vicariatui adjicimus, quod singulis sex mensibus deinceps, ipso vicariatu durante futuris, quoscunque officiales stipendiarios, Provisionatos, salaritatos... faciant... juramentum præstari.* Chron. Andreæ Danduli apud Murator. tom. 12. col. 439 : *Dicentes ipsos esse forenses et Provisionatos domini Paduæ, unde potiri debebant beneficio bonæ guerræ.* Jac. Delayto in Annal. Estens. apud eumdem tom. 18. col. 934 : *Sed exeunte strepitu concurrunt Provisionati domini Marchionis, qui ad plateæ custodiam morabantur.* Vide *Provisio* 2.

¶ Provixionatus, Eadem notione, in iisdem Annal. col. 910 : *Ipse Attus cum fratre suo... fuerant domus Estensis recommendati, et adhærentes atque Provixionati.*

1. **PROVISIONES**, apud Ammianum lib. 17. pag. 90. pro annonis necessariis ad victum. *Provisio annonaria*, apud Pollionem. [Charta pro Aquariatu Monast. Talmond. ann. 1366 : *Item tradimus.... quamdam domum in dicto monasterio nostro pro ponendo, custodiendo et servando Provisiones dicto conventui ministrandas.* Chron. Parmense ad ann. 1287. apud Murator. tom. 9. col. 812 : *Juraverunt se tenere Provisiones, quas fecerunt pro civitate manutenenda in bono statu.*] Corippus lib. 3. vers. 350 :

. . . . . Gratisque dari provisa jubemus.

2. **PROVISIONES**, Decreta. Guillelmus Rishangerus ann. 1260 : *Rex autem quia juraverat cum Edwardo primogenito suo et Baronagio Provisiones Oxonienses se inviolabiliter servaturum, etc.* Ita appellat decreta facta in Parlamento Oxoniæ ann. 1258. de quo Matth. Paris hoc anno. Adde eumdem ann. 1244. pag. 433. 475. [Charta Alphonsi Regis Aragon. inter Conc. Hispan. tom. 3. pag. 661 : *Litterasque et Provisiones judicum ecclesiasticorum in iis quæ ad ipsorum forum pertinent, nullatenus impediendo.* Occurrit præterea in Statutis Cadubrii lib. 1. cap. 74.]

¶ **PROVISIVUS**, Provisor, providus, apud B. Duellium tom. 1. Miscell. pag. 145. Nostris *Pourveu*, prudens, providens. Statutum Caroli Regent. ann. 1357. tom. 3. Ordinat. pag. 212 : *Et pour ce convienge de mettre une Pourveüe, sage et loyaul personne qui face le fait de la Chancellerie.*

¶ **PROVISO** Quod, Dummodo, Gall. *Pourvû que.* Litteræ Edwardi III. Reg. Angl. ann. 1350. apud Rymer. tom. 5. pag. 693 : *Proviso quod domini præferantur aliis in nativis, seu terram suam nativam tenentibus, etc.* Charta Henrici IV. Regis Angl. ann. 1409. apud eumd. tom. 8. pag. 580 : *Proviso semper quod dicta concessio nostra in alicujus præjudicium.... non cedat.* Occurrit etiam in Charta MS. Wigilei Episc. Patav. ann. 1502.

PROVISOR, Gr. Ἐπίσκοπος, Episcopus. Charta ann. 1111. in Bibl. Cluniac. pag. 579 : *Ricuinus Dei gratia Provisor Tullensium Pontio Abbati Cluniacensi, etc.*

¶ Provisor Episcopi, Qui ejus vices gerit, nostris *Grand-Vicaire*, ut discimus ex Itiner. Adriani VI. PP. apud Baluz. tom. 3. Miscell. pag. 354. ubi Ortizius hujus Itiner. auctor de seipso sic scribit : *Cum essem Lucronii in palatio Episcopi Calagurritani domini mei Joannis Castellanos a Villalva cujus vices, quamvis immeritus, tunc agebam, quidam ejusdem urbis stabularius ad me veniens ait : Noveris, Provisor, etc.* Ibid. pag. 469 : *In prædictam urbem antiquam Calagurram vigesima nona Aprilis die accesseram ; cujus diœcesim, ut in exordio opusculi tetigi, jussione Episcopi domini mei Joannis a Villalva sub officio Provisoris regendam quondam suscepi.* Sæpius memorantur *Provisores Episcoporum* in Conciliis

Hispan. ut videre est tom. 3. eorumd. pag. 622. tom 4. pag. 5. et 446.

¶ Provisores Ecclesiarum nuncupati Laici, qui earum bona et possessiones administrabant. Litteræ Bonifacii VIII. PP. ann. 1294. apud Miræum tom. 2. pag. 878. col. 1 : *Nonobstante quod per quosdam laïcos, Provisores vulgariter nominatos, redditus et proventus ipsius ecclesiæ pro parte consueverunt recipi, et per eosdem laïcos presbyteris in eadem ecclesia servientibus et aliis quibuscumque ipsi ecclesiæ suas operas vel alias obsequia impendentibus ministrari.* Neque aliter intelligendus videtur Hincmarus in Epist. apud Flodoard. lib. 3. cap. 26 : *Ivoni Comiti, pro rebus hujus Ecclesiæ in regno Aquitanico conjacentibus, ut auxilium ferret earum Provisori, cui committebantur.*

* Gall. *Marguilliers*, iidem qui *Provisores fabricæ* dicuntur, in Ch. Phil. episc. Carnot. ann. 1418. ex Tabul. capit. ejusd. ecclesiæ.

¶ Provisores dicti etiam ex Spelmanno, qui vel Episcopatum, vel Ecclesiasticam aliam dignitatem in Romana curia sibi ambiebant de futuro, quod ex gratia expectativa nuncuparunt : quia usque dum vacaret, expectandum esset. Hos adversum magnus fit antiquorum statutorum apparatus : ab anno 25. Edwardi III. quo conditum illud fuit quod de *Provisoribus* appellatur. Vide *Provisio* 2.

Provisores Exteriorum, apud Præmonstratenses in eorum Statutis dist. 2. cap. 10 dicuntur ii, *ad quos pertinet exteriora providere, circuire curias et carrucas, et domos in eis construere, numerum animalium scire, etc.*

¶ Provisor Hospitii, Officium aulæ Dalphinalis, cui competebat hospitium Dalphini de rebus necessariis providere. Hæc fusius descripta legesis in Ordinat. Humberti II. ann. 1340. tom. 2. Hist. Dalph. pag. 395.

* Imo et regiæ, qui *Provéeur* appellatur, in Lit. ann. 1372. tom. 5. Ordinat. reg. Franc. pag. 482.

* Provisor Legum, Jurisconsultus. Charta ann. 1308. in Reg. 41. Chartoph. reg. ch. 101 : *Magister Gerardus de Landrito legum Provisor, etc.* Idem Gerardus supra in ch. 99. *Seigneur de lois* nuncupatur. Vide in *Dominus* 9.

Provisor Monasterii, Cui thesaurus Monasterii commissus erat. Ingulfus pag. 887 : Abbas Tarketulus... *Dominum Egelricum tunc Provisorem suum, statum domus tam in thesauris, quam in jocalibus aliis jussit ostendere, etc.* Infra : *Vasa vero aurea et argentea multa, quæ omnia integra in necessitatem Monasterii sub Provisoris et Procuratoris custodia deputaverat conservanda. Erant enim ambo Egelrici cognati sui secundum carnem; et fratres secundum Deum religiosissimi, alter Monasterii Provisor, alter Procurator : Provisor in temporalibus tractandis prudentissimus : Procurator, vir Scholasticus, et omnium litterarum scientia profundissima imbutus.* Ita *Provisores* in Monasterio eos, qui rerum sæcularium curam habebant, seu qui necessaria emebant, inferebant, exportabant, et lites et cætera negotia procurabant, vocant Regula S. Aureliani cap. 19. 48. et Regula S. Cæsarii ad Virgines cap. 39. [** Chart. Sigehardi Laurens. Abbat. ann. 1195. apud Schannat. in Histor. Wormat. tom. 1. pag. 176 : *In cella nostra Nuwenburg liceat eis conventum sanctimonialium coadunare, sub abbatissa secundum regulam S. Benedicti viventium... Provisor idoneus per abbatissam et sorores, pro beneplacito eorum, de quo ordine voluerint, assumatur, qui respectum ad abbatissam habebit.*] Chronicon S. Michaelis Virdun. : *Is quoque Ermengodus ordinavit... quid Abbas, quid Provisor panis, et salis, saginiminis, quid Provisor piscium, quid Provisor vini, quid Provisor luminarium, quid Provisor pauperum, quid Provisor hospitum habere deberent, et inde Abbati responderent.* Vide Regulam Tarnatensem cap. 11.

¶ Provisor Refectorii, apud Guidonem in Discipl. Farf. lib. 1. cap. 5 : *Statim ut sonuerit squilla iterum, eat Provisor refectorii, faciat, ut mos est.*

* Cujus officium vocatur *Office de Pourverrie*, in Reg. 13. Corb. sign. *Habacuc* ad ann. 1510. fol. 58. v°. et ad ann. 1514. fol. 215. Officium claustrale, ut loquuntur, apud Corbeienses.

Provisor Studiorum. Antiquæ Definitiones Ordinis Cisterciensis distinct. 9. cap. 41 : *Monachus vero qui prædictorum studiorum cuilibet pro tempore præpositus fuerit, non Prior, sed Provisor vocetur, et ubique extra studium stet in dextro choro immediate post Abbatem, etc.* ubi plura de ejus officio. [** Vide Willigisi Archiep. Mogunt. chart. ann. 976. apud Guden. Codic. Diplom. tom. 1. pag. 356.]

☞ Eodem *Provisoris* nomine illustratur, qui Sorbonæ curam gerere ejusque jura et consuetudines tueri ex dignitate tenetur.

Provisores Victualium, Quos nostri *Pourvoyeurs* dicunt, apud Thomam Walsinghamum pag. 279. et in Itinere Camerarii Scotici cap. 17. [** Vide Glossar. med. Græcit. vocibus Πρόβοδος, col. 1234. et Προνοηταί, col. 1246. Ruodlieb fr. 2. vers. 70 :

> Ex jussu regis Provisorem dedit illis,
> Qui procuraret, quod opus sit eis, ut haberent.

Adde vers. 166. Vide *Provisio*, 1.]

¶ Provisores Villarum, qui et *Decani* appellantur, villas seu *obedientias* a Monasterio dependentes curabant. Vide *Decanus* 6.

¶ Provisores, Officium municipale apud Pisanos. Breviar. Hist. Pisanæ ad ann. 1158. apud Murator. tom. 6. col. 172 : *Omnes* (turres) *ceciderunt, ubi mortui sunt Simon de Parlascio, Henricus Uguccionis villani, Vecchius Bonacii, qui tunc erant Provisores, et alii.*

* Apud Italos omnes, Judex civitatis, qui et *Comes* appellabatur, Ital. *Provisore.* Acta apocr. S. Romuli ex Cod. archivi ædil. major. eccl. Florent. apud Lam. in Delic. erudit. tom. 12. pag. 279 : *Misit autem Repertianus Provisor civitatis, ut cives in unum convenirent.* Eadem ex Cod. MS. monast. Bodec. ibid. pag. 282 : *Repertianus, qui erat comes Fesulanæ civitatis, etc.* Vide supra *Providitor.*

** Provisor, Tutor, curator. Chart. ann. 1269. apud Haltaus. in Glossar. German voce *Pfleger*, col. 1482 : *De consilio Sifrid avunculi sui, qui Provisor eorum fuit.*

* Provisor, Qui officium proxenetæ præstat in qualibet re emenda. Comput. eccl. Paris. ann. circ. 1381. ex Bibl. S. Germ. Prat. : *Item Johanni Herpini.... Provisorem* (l. Provisori) *Gall. Courretier, pro servitio per ipsum impenso in emptione dictæ terræ de Sancto Fargello,.... quatuor francos auri.*

PROVITRIX, Providentia dotata. Baudovinia in Vita S. Radegundis Reginæ : *Hoc donum cœleste Provitrix optima, gubernatrix bona,... in Monasterio dimisit.*

¶ **PROVIXIONATUS**. Vide *Provisionatus.*

** **PROVOCAMEN**, Quod peccatum provocat, excitat. Thietmar. lib. 7. cap. 52 : *Christus cum lumbos luxuriæ nocentis habundancia refertos precingi juberet nostros, continenciam et non aliquod Provocamen innotuit.*

* **PROVOCATOR** Causarum, Apparitor, qui causas agendas appellat. Memor. H. Cam. Comput. Paris. ad ann. 1414. fol. 28. r° : *Johannes de Auwillari primus ostiarius et Provocatur causarum parlamenti, etc.* Vide supra *Proclamator audientiæ.*

PROVODNAREM, Tributi aut exactionis species, apud Bohemos, in Charta Ottocari Regis ann. 1221. in Bohemia pia pag. 88.

PROVOLVENS. Anselmus Episc. Havelbergensis lib. 2. Dialog. cap. 11 : *Nechites Archiepiscopus Nicomediæ dixit : Satis placet quod dixisti : sed, quæso, concedis, quod Pater Spiritus sancti, qui est processibilis, sit Emissor, quod Græci nostri vocant Provolvens.* Et infra, ubi ita Anselmus : *Utrum autem duo Emissores, seu duo datores recte dici queant, tua interest dicere, qui induxisti hoc nomen Græcum, Provolvens, quod apud nos, sicut tu dicis, sonat Emissor.* Sed utrobique legendum *Provoleus*, ex Gr. προβολεύς, qua voce utitur Dionysius Areopagita. Vide S. Hieronym. lib. 2. in Ruffinum cap. 5. ubi vocem προβολὴν, non intellexit interpres Marianus Victorius. Adde, quæ afferimus, in Gloss. med. Græc. col. 1235.

* **PROURBIUM**, Suburbium, Gall. *Faubourg.* Chron. Bavar. ad ann. 1388. apud Oefelium tom. 1. Script. rer. Boicar. pag. 367. col. 2 : *Prourbium Ratisponæ a Ratisponensibus subvertitur.*

¶ **PROUT** Evenit, Frustra, temere, apud vet. Irenæi Interpret. lib. 2. cap. 14. num. 8 : *Frustra autem, et Prout evenit, credi volunt, ex Logo et Zoe, Æonis, existentibus, emissum esse Bythium et Mixin.* Plures occurrit apud eumd. Auctorem.

PROUVATIA. Vide *Præbenda.*

¶ **PROXENETICUM**, Merces proxenetæ, apud Ulpian. 50. Dig. tit. 14. leg. 1.

¶ **PROXENISTA**, ut Proxeneta. Conc. Mexican. ann. 1585. inter Hispan. tom. 4. pag. 372 : *Synodus præcipit, ut qui contractibus hujusmodi se implicaverint, et Proxenistæ qui in eis intervenerint, pœnis contra usurarios statutis puniantur.*

¶ **PROXIMA**, Uxor. Tabular. Prioratus S. Johan. Tolos. : *In Dei nomine ego Arnaldus de Fenoleto.... volo... facere testamen-*

tum, et eligo manumissores meos Guillelmum Fenolensem archidiaconum... In primis relinquo Aladedi Proxime omne meum mobile ad suam voluntatem faciendam et omnem meum honorem, dum ibi manere voluerit, et quando inde exire voluerit, donec sit sine marito.... Post exitum uxoris mee Aladedis relinquo per alodin, etc.

PROXIMARE, Appropinquare. Utuntur Solinus cap. 11. et 20. [Apuleius lib. 9. Metamorph. et alibi non semel.]

* **PROXIMIORITAS**, Gradus cognationis et affinitatis proximior. Charta ann. 1361. in Reg. 3. Armor. gener. part. 2. pag. 8 : *Bona et hæreditatem jure successionis ac etiam ratione Proximioritatis legitime pervenisse. etc. Prosmeté*, pro *Proximité*, proximitas, in Ch. Joan. comit. Hannon. ann. 1300. ex Lib. rub. Cam. Comput. Paris. fol. 83. v°. col. 2 : *Requerrons à nostre chier seigneur le roi de France.... què il veille et assente que ladite Ysabiaus nostre fille soit paié chacun an et si hoir, ou cil qui de li auront cause, par raison de Prosmeté de lignage.* Infra : *Proimeté. Promeche*, eadem notione, si tamen bene lectum est, in Instr. ann. 1399. tom. 9. Ordinat. reg. Franc. pag. 484 : *Les proismes les* (rentes) *pourront avoir et prendre par Promeche, se bon leur semble. Prochaineté*, Pars hæreditatis legibus constituta, quæ ratione proximitatis debetur, in Cons. Petri de Font. pag. 149. art. 51 : *Se tu veus mettre ta fille hors de ton hyretage, pour ce k'ele vit laidement,.... tu aras congié de faire ta volenté.... comme monte as chatex et as conqués : mais Prochainetés ou partie d'iretage, ne li pués tu tolir.* Nude pro *Proximité, voisinage*, in Lit. remiss. ann. 1371. ex Reg. 103. Chartoph. reg. ch. 214 : *Pour faire les douves dudit fort et pour la Prochaineté, l'exposant fist arrazer et abatre lesdittes maisons. Prochiennement*, pro *Prochainement*, Proxime, prope, in Ch. ann. 1271. ex magno Pastor. Paris. fol. 136.

PROXIMUS. *Proximi scriniorum*, qui Magistro scriniorum proximi erant, quorum dignitas *Proximatus* dicitur, eaque amplissima erat, adeo ut Comitum dignitate ornarentur, ut est in titul. 26. lib. 6. Cod. Th. leg. 6. de Proximis, Comitibus, etc. ubi multa Jacobus Gothofredus. Concilium Calchedon. act. 1 : Παρόντος Μάρκ τοῦ περιβλέπτου Κόμητος καὶ Προξίμου τοῦ θείου σκρινίου τῶν λιβέλλων, καὶ τῶν θείων κογνιτιόνων. Infra mentio fit Carterii eadem dignitate insigniti. Vide Glossar. med. Græcit. col. 1246.

¶ Proximi, Qui circa Principem versabantur, in leg. 74. tit. 1. lib. 12. de Decur. Cod. Theod. Ammianus lib. 16 : *Proximorum fauces aperuit primus omnium Constantinus.*

Proximus Admissionum, apud Ammianum lib. 22. Exstat Epistola 58. Theophylacti Bulgar. inscripta, τῷ Προέδρῳ καὶ Προξίμῳ τῷ Παντέχνῃ. Vide Meursium in Πρόξιμος.

Proximus, Affinis. Lex Burgund. tit. 36 : *Pretium ei, qui est Proximus mulieri, quam adulteravit... cogatur exsolvere.* [Addit. 3. ad Capitul. cap. 104 : *Proximorum copula vel stupra, quasi quædam turpissima pestis, cavenda est. Proesmes* et *Proismes*, eadem notione nostri usurpant. Testament. Johan. *Lessillé* ann. 1382. apud Menag. Hist. Sabol. pag. 388 : *Voulant pourveoir à moy et à mes Proesmes, etc.* Litteræ Philippi VI. Reg. Franc. ann. 1339. tom. 2. Ordinat. pag. 134 : *Nul ne demouroit au jugement de son Proisme en tiers ou plus prés. Prisme*, apud Bellomaner. in Prolog *Presme*, in Consuet. Andegav. art. 348.] Liber MS. cui titulus, *le Miroir : Tu dois amer ton Proisme ainsi ke ti meismes.* Ex Lat. *Diliges Proximum tuum, etc.* [Adde plerasque Consuetud. municipales. *Prochaineté*, proximitas, in Charta ann. 1303. ex Cod. Colbert. 2591 : *Si il avenoit que aucuns quicunques ce fust, voussist retraire pour reson de Prochaineté de lignage.... les dites trente livres de rente, etc.*]

Proximus Amicus, Leguleis Anglis dicitur is, qui *gardiam* seu custodiam habet in *socagio :* nam cum quis saisitus de terris in socagio decedit, relicto filio impubere et minore annorum 14. *Proximus amicus*, seu sanguine proximus, ad quem minoris hæreditas pervenire non potest, ejusdem minoris custodiam habet, et illius terræ, donec annum 14. ætatis attigerit; tunc ille totam terram et reditus ei restituit, deductis rationabilibus impensis. Rastallus.

¶ **PROXMETUM**, Jus *procurationis*, quod Episcopo vel Archidiacono ratione visitationis debetur, Anglis *Proxy*. Charta Elizabethæ Regis Angl. ann. 1560. apud Rymer. tom. 15. pag. 564 : *Cum omnibus et singulis suis commodis, emolumentis, procurationibus, pentecostaliis, pensionibus, Proxmetis, sinodalibus, etc.*

* Male lectum videtur pro *Proxinetum*; quod propius ad vocem Anglicam *Proxy* accedit.

¶ **PROZENETARIUS**, Proxeneta, Gall. *Courtier*; cujus officium *Prozenetaria* dicitur, in Charta Henrici V. Reg. Angl. ann. 1421. apud Rymer. tom. 10. pag. 48 : *Officium ponderis dictæ villæ, officiumque Prozenetarii venditionis pomorum et nemorum venditorum in dicta villa, quatuor etiam aliis personis officium Prozenetariæ vinorum, etc.* Hinc nihil immutandum erat in Statutis Eccl. Camerac. apud Marten. tom. 7. Ampliss. Collect. col. 1306. ubi *Proxenetæ* editum pro *Prozenetæ*, quod habet Codex MS. : *Clerici... ne sint campsores, tabernarii, carnifices, nec Proxenetæ, qui vulgariter dicuntur* Curtiers *vel* Ampliers.

* **PROZONETA**, Proxeneta, Gall. *Courtier.* Libert. Figiac. ann. 1318. tom 7. Ordinat. reg. Franc. pag. 663. art. 13 : *Ipsi consules instituere poterunt corretarios, Prozonetas, etc.* Vide supra *Proseneta.*

¶ **PRT** contracte scriptum pro *Præsens* vel *Præsentia*, donum, in Statuto S. Ludovici ann. 1256. docet *de Lauriere* tom. 1. Ordinat. pag. 84 : *Quod alicujus mutui contractum alicui facere non præsumant, nec alicui doni mancriem facere non attemptent, nisi solummodo Prt vini in potis vel cadis, sine licentia nostra.*

¶ 1. **PRUDENS**, nostris *Preu*, Bellicosus, armis et bellica virtute valens, apud Ludewig. tom. 3. Reliq. MSS. ex Hist. Palæstin. lib. 2. cap. 8 : *Nullus, ut puto, tot Prudentissimos milites nec ante vidit, nec videre ultra poterit.* Ibid. lib. 4. cap. 33 : *Tamdiu vero illi Prudentissimi viri, qui remanserant in muro, sufferebant eorum persecutionem, quamdiu alii qui subter castrum erant, foderent murum urbis.* Hinc

¶ Prudenter, pro Fortiter, viriliter, ibid. lib. 1. cap. 4 : *Tandem invenerunt Turcopolos et Pinzinacos dimicantes cum nostris, quos repente fortiter invaserunt, et Prudenter eos superaverunt.*

** Prudens, Probus. Chart. ann. 660. in Alsat. Diplom. num. 1 : *Hildericus rex Francorum... per consilium... omnium Francorum Prudentium palatium nostrum inhabitantium, etc.* Suspecta fides hujus chartæ.

¶ 2. **PRUDENS**, Cognitione præditus, intelligens. Vetus Irenæi Interpres lib. 2. cap. 20. num. 5 : *Enthymesis enim separata ab Æone, ipsa postea formata a Christo, dehinc Prudens facta a Salvatore, etc.* Adde lib. 3. cap. 12. num. 12.

* **PRUDENTIALIS**, Prudens, sapiens, Hisp. *Prudencial.* Vita S. Senor. tom. 3. Apr. pag. 75. col. 1 : *Illa* (B. Godina) *quæ erat prædita sanctitudine Prudentiali et solertia monachali, etc.* Charta Hugon. Franc. ducis et march. ex Tabul. capit. Carnot. : *Noverit igitur omnium sanctæ Dei ecclesiæ fidelium præsentium atque futurorum, nostrorumque successorum Prudentialis sagacitas, quod, etc.*

* **PRUDENTIOLA**, dimin. a Prudentia. Charta Phil. comit. Fland. ann. 1183. inter Probat. tom. 2. Annal. Præmonst. col. 216 : *Cum a primæva pueritiæ meæ Prudentiola.... cœnobium S. Nicolai* (Furnensis) *diligere cœperim, etc.*

* **PRUDHOMIUS**, a Gallico *Preudhomme*, Prudens, sapiens. Arest. ann. 1402. 22. Apr. in vol. 9. arestor. parlam. Paris. : *Quod magister Henricus erat bonus et Prudhomius, etc.* Unde *Preudhommécment*, Prudenter, probe, apud Monstrel. vol. 2. fol. 191. r°. ad ann. 1441 : *Il en y eut très-grand nombre qui s'y portoient Preudhommécment moult vaillamment.* Vide *Probus* 1. et mox

* **PRUDUS**, Gall. *Prude*, Probus, prudens, gravis. Charta ann. 1289. inter Probat. tom. 4. Hist. Occit. col. 92 : *Jacobus D. G. rex Majoricarum.... viris venerabilibus, Prudis et discretis custodibus nundinarum Campaniæ, salutem.*

* **PRUETUM**, Modus agri, f. pro *Parvetum.* Vide supra *Parvula.* Charta ann. 1357. in Reg. 89. Chartoph. reg. ch. 332 : *Item de uno Prueto terræ in loco de Champ-Perroux. Item de uno jorneto terræ, etc.*

PRUGIRE, pro *Rugire.* Vide in hac voce.

* **PRUGNA**, Locus prunis consitus, ab Italico *Prugna*, prunum; vel Ager vepribus refertus, Ital. *Prunaio*, a *Pruno*, iisdem, sentis, vepres. Chartul. Casal. : *Prohibemus ut hæc Prugna non possit alienari vel auferri a monasterio Casalis Benedicti.*

PRUINA, *Artium doctrina, eruditio honestarum.* Ita Papias MS. et editus.

* **PRUIVINENSES** Solidi, in Charta commun. Clarimont. ann. 1248. tom. 5. Ordinat. reg. Franc. pag. 600. art. 1. Moneta comitum Campaniæ. Vide in *Moneta Baronum.*

PRUMULUS. Gloss. Latino-Theotis. : *Pa-*

ranymphus, *Prutcboto*. Alibi : *Paranym phus*, *Prumulis*.

¶ **PRUNA**, Prunum, Gall. *Prune*. S. Wilhel. Constitut. Hirsaug. lib. 1. cap. 10 : *Pro signo majoris Prunæ, generali præmisso indicem super dextrum, medium vero super sinistrum oculum pone. Eodem modo pro minori Pruna, addita elevatione minimi digiti.*

PRUNARIUS, Prunus arbor, *Prunier*, in Capitulari de Villis cap. 70.

PRUNELLUM, Prunum silvestre, nostris *Prunelle*; unde *Pupillæ* nomen. Fortunatus lib. 11. Poëm. 16. *de Prunellis* :

Transmissas epulas, quæ pruna nigella vocantur.

Infra :

Si modo dignaris silvestria sumere dona.

Prunella, Prunula, aut Globuli nigelli instar prunelli. *Prunellatus*, prunulis aut globulis nigellis distinctus. Historia Episc. Autisiodor. cap. 20 : *Item gabatam unam medianam anacteam pensantem libr.* 3. *et habet in fundo sigillos* 4. *et in gyro Prunellas, etc.* Infra : *Item urceum anacteum pens. libr.* 3. *et habet ansam Prunellatam, et in medio caput hominis.*

* Hinc *Prunelé*, Potio ex prunis et aqua mixtim confecta. Lit. remiss. ann. 1390. in Reg. 139. Chartoph. reg. ch. 10 : *Qui donrroit à manger ou à boire à une personne du jus ou du noir de meurons, dont l'en noircist les cuirs, ou du Prunelé, mais qu'il feust cueilly à la feste S. Estienne estant ou mois d'Aoust, ou environ icelle feste, elle en mourroit. Prunelez, cidres et despences*, in Lit. ann. 1407. tom. 9. Ordinat. reg. Franc. pag. 713. art. 3.

¶ **PRUNIA**. Placitum ann. 873. apud Mabill. Diplom. lib. 6. Ch. 103 : *Et sic recepit ipsa annona et ipsum vinum, id est in primis modios viginti de frumento et viginti de vino, valente solidos* LXX. *in res mulo, et kavallos, et Prunia, et alias res valentes solidos* cccc. Vide *Brunea*.

¶ **PRUNNON**. Charta Alamannica 26. Goldasti : *In loco propter fontium ubertatem vocatur Prunnon.*

¶ **PRUNTIUS**, pro Promtius, in Charta Zuenteboldi Reg. ann. 896. apud Doublet. pag. 809 : *Quod si aliquis proterviter hanc elemosynam infringere incipiat, Pruntius in iram Dei Sanctorumque ejus incurrat.* Vide *Prutissimus*.

¶ **PRUSIUM**, pro *Prasinum*. Vide ibi.

PRUTISSIMUS. Charta Alamannica 50. Goldasti : *Donatumque in perpetuum esse volo, et Prutissima voluntate confirmo.* Pro *promptissima*, vel *purissima*. [Vide *Pruntius*.]

¶ **PRUVINENSIS** Moneta. Vide *Moneta Comitum Campaniæ* in *Moneta Baronum*.

PRYK. Vetus Scheda apud Spelmannum : *Tenet* 4 *messuagia.... per servitium inveniendi unum equum, unum saccum, et unum Pryk in guerra Walliæ, quandocumque contigerit Regem ibi guerrare.* [Idem forte quod *Brochia*. Vide in hac voce.]

* **PRZEPELZNIE**, Polonici fori vox. Stat. confirm. ann. 1505. inter Leg. Polon. tom. 1. pag. 330 : *Si aliquis aliquem citando, in termino nihil faceret contra partem citatam; et si etiam pars citata nihil faceret, sicque si terminus lapsus esset, alias Przepelznie, etc.*

* **PRZEWOD**, Servitutis species apud Polonos. Charta Casim. ducis Oppol. ann. 1228. inter Probat. tom. 1. Annal. Præmonst. col. 480 : *Item excipimus sæpe nominatos homines ipsorum ab omni servitute juris Polonici, ut est.... powos, Przewod, etc.*

* **PRZYPOWIASTU**, *Citatio* seu in jus vocatio in foro Polonico. Stat. Sigism. I. ann. 1523. inter Leg. Polon. tom. 1. pag. 426 : *Concitationis, alias Przypowiastu, post condemnationem in lucro.*

* **PRZYSIEZNE**, Polonica vox. Vide supra in *Pamietne*.

* **PRZYWIANEK**, Dotalitium, apud Polonos. Stat. Sigism. I. inter Leg. Polon. tom. 1. pag. 409 : *Ea muliere defuncta, dotalitium, alias Przywianek, ad successores primi mariti devolvetur, vel potius restituetur.*

¶ **PSACHMON**. Vide mox *Psachnion*.

PSACHNION, ψάχνιον, Vestis summorum Pontificum, et Patriarcharum propria. Historia de Exilio S. Martini PP. pag. 92 : *Et continuo exclamans Sacellarius, quemdam astantium Excubitorum tonsorem præcepit sine mora auferre Psachnion summi et Apostolici atque Pastoris omnium Christianorum.* Et mox : *Cum ergo incidisset Psachnion beati viri Excubitor, et corrigiam campagiorum ejus, etc.* Quibus locis Baronius ann. 651. num. 12. et 13. *Psachmon* habet, et *Compagiorum*; sed perperam, ubi de vocis notione videant eruditi, an bene conjectat. Ego vero legendum putem *Sacchion*, ex Græco-barbaro σάκκιον, nam *Saccus* vestis fuit Patriarcharum. Vide in hac voce et Glossar. med. Græcit. col. 1324. Occurrit apud Joannem Diaconum in Vita S. Josephi Hymnographi num. 25. vox Ἀψάχνιον, sed hic pallam altaris videtur significare. [Vide Macros in Hierolex. ubi multa de hac voce commentantur.]

* **PSALENCIUS**. Vide infra *Psallentius*.

* **PSALLENDA**, Antiphona. Ordo eccl. Ambros. Mediol. ann. circ. 1130. apud Murator. tom. 4. Antiq. Ital. med. ævi col. 868 : *Item incipiunt eamdem antiphonam vel Psallendam, etc.* Ibid col. 877 : *Veniunt cum processione in ecclesiam hyemalem cum Psallenda, quæ fuit in vesperis intonata, cum singulis versibus sui psalmi.... In vigilia S. Johannis Bapt. revertendo dicunt hunc psalmum :* Deus, Deus meus respice, *cum sua Psallenda, id est*, Major Prophetis. Appellationis manifesta est ratio, quia nimirum Psalmo præcinitur. Vide mox *Psallentium*.

¶ **PSALLENDUM**, Idem quod *Gradale* 1. Vide in hac voce. Ordo Officii Gothici inter Conc. Hispan. tom. 3. pag. 264 : *Postea iterato*, Dominus sit semper vobiscum, *canitur aut profertur Psallendum.*

PSALLENTIA, Cantus, ordo et ratio canendi, ex Gr. ψάλλειν, Canere. Epist. 3. Damasi PP. : *Peto etiam tuam Charitatem, ut sicut a rectore tuo Alexandro Episcopo didicisti, Græcorum Psallentiam ad nos dirigere tua Fraternitas dignetur.*

PSALLENTIUM, et Psallentia, Cantus Ecclesiasticus, laudum divinarum, Psalmorum, et Hymnorum concentus [alternativus.] Anastasius in Hadriano : *Constituitque per unam quamque hebdomadam quinta feria cum Psallentio, ut a Diaconia pauperes usque ad balneum pergerent.* [Ordo officii apud Meichelbec. Hist. Frising. tom. 2. pag. 22 : *Post Missam, peracta vespera, vadunt cum Psallentio in refectorio.*] Frodoardus in Stephano II. PP. :

.... Nocturnis reparat Psallentia sacris.

In Adriano :

Diversis Monachumque choris Psallentia ponens
Restaurat.

Utuntur Gregorius Turon. lib. 1. Hist. cap. ult. lib. 2. cap. 21. 37. lib. 3. cap. 5. 18. lib. 4. cap. 6. lib. 5. cap. 21. lib. 6. cap. 26. lib. 7. cap. 1. lib. 9. cap. 39. lib. 1. de Mirac. cap. 6. 33. 37. 39. 51. 75. 76. 79. 89. lib. 2. cap. 2. 34. de Gloria Confess. cap. 20. 47. 72. de Vitis Patrum cap. 1. etc. Fredegarius in Chron. cap. 79. Capit. Car. M. lib. 5. cap. 220. [** 372.] Vita S. Amati Abbat. cap. 20. apud Mabillonium, Baudouinia in Vita S. Radegundis cap. 19. 28. Rupertus lib. 10. de Divin. Offic. cap. 17. Paulus Diacon. Neapol. in Vita S. Mariæ Ægyptiacæ cap. 4. Vita Aldrici Episc. Cenoman. pag. 6. 20. 49. 106. etc.

* Psallentia, ut *Psallenda*. Ordo eccl. Ambros. Mediol. ann. circ. 1130. apud Murator. tom. 4. Antiq. Ital. med. ævi col. 898 : *Psallenda* Alleluia, Alleluia, Alleluia. *Versus* Beati quorum *cum ceteris versibus. Dum Psallentia cantatur, presbyter observator debet esse vestitus et præparatus ad canendam missam.* Neque aliud videtur esse *Psallentium*. Vide *Psalmellus* in *Psalmus*.

* **PSALLENTIUS**, Jugis psalmorum cantus. Charta Pippini reg. ann. 768. tom. 5. Collect. Histor. Franc. pag. 711 : *Eo scilicet ordine, ut sicut tempore anteriorum regum ibidem in ipsa sancta basilica Psallencius per turmas fuit institutus, sicut ordo sanctus edocet, die noctuque perenniter in ipso sancto loco celebretur.* [** Eadem fere leguntur in chart. Chlodov. ann. 653. pro Monast. S. Dionys. apud Brequin. num. 131.]

¶ **PSALLETA**, Puer symphoniacus, *Enfant de chœur*. Charta fundat. Collegii Cenoman. ann. 1526. apud Lobinell. tom. 3. Hist. Paris. pag. 589 : *Duæ illæ bursæ dabuntur pueris seu clericis qui fuerint infantes Ecclesiæ Cenomanensis, quos pueros de Psalleta vocant.* Statuta Collegii Turon. ann. 1540. ibid. pag. 423 : *Samsoni Olivier clerico diocesis Andegavensis nuper puero symphoniaco, alias Psalleta, Ecclesiæ Turonensis, in musicis expperto.*

* Nequaquam; est enim Domus, ubi pueri symphoniaci instituuntur, vulgo *Maitrise*, Turonis et alibi etiam nunc *Psallete*, quod *Sallete* corrupte dicunt. Acta MSS. eccl. Brioc. : *Dominus Johannes Ardenel capellanus dictæ ecclesiæ Briocensis et magister Psalletæ.* Stat. ant. eccl. Redon. cap. 48. ex Cod. reg. 9612. L : *Ut ipsa Psalleta statutis et ordinationibus regetur, statuimus quod sub communi vocabulo Psalletæ una sit societas octo puerorum et unius magistri,.... ac ipse magister sit receptor et gubernator emolumentorum ipsius Psalletæ.*

¶ 1. **PSALLIA**, Idem quod Diploma, Charta indentata. Statuta Neapolit. *de jure* *quartæ* art. 3 : *Contra instrumenta venditionum,... et instrumenta, quæ Neapoli vocantur Psalliæ, probatio per testes nulla recipitur.*

* Vocis haud usitatæ origiuem indicare tentant Auctores novi Tract. diplom. tom. 1. pag. 362. a Græco nempe ψαλίς, forfex, quo incidebantur ejusmodi Chartæ; vel a ψαλίον, frenum, quia ea ratione continebantur falsarii. Satis docte, modo vere. Quid si legatur *Psyllia*, et de charta purpuracea intelligatur? Vide *Psillia*.

* 2. **PSALLIA**, *Cantatrix*, in vet. Glossar. ex Cod. reg. 7641. Vide *Psalmista* et mox *Psallius*.

PSALLIANI, Hæretici, de quibus sic S. Augustinus lib. de Hæres. : *Psallianorum hæresim postremam posuit Epiphanius, quod nomen ex Lingua Græca est : Græce autem dicuntur εὐχῖται, ab orando sic appellati.* Sed cum ii ab Epiphanio *Massaliani* appellentur, restituenda indubie hæc vox, pro *Psalliani*, apud Augustinum.

* **PSALLIUS**, Cantor. Comœd. sine nomine act. 1. sc. 5. ex Cod. reg. 8163 : *Decet curare funus.... Incipite Psallii, præite pontifices, imponite thura pruinis, sacris aspergite rogum limphis, fortius lassate fibras, altius extollite odas.*

¶ **PSALMA** PARTUS, Epitheton B. Virginis Mariæ in Gestis Tancredi apud Marten. tom. 3. Anecd. col. 180 :

Salve stella maris, janua cæli,
Partus Psalma, tuæ filia prolis,
Semper virgo manens, etc.

PSALMELLUS. Vide post *Psalmus*.

PSALMICANUS. Vide *Psalmistani*.

PSALMICINES, Psaltæ, cantores, *Clerici Psalmicines*, apud Sidonium lib. 5. Epist. 17. Warnefridus de Gestis Longob. lib. 1. cap. 26. de S. Benedicto :

Psalmicen assiduus nunquam dabat otia plectro.

Citatur hic versus ab Helgaudo in Roberto Rege. Utitur etiam Vincentius Belvacensis lib. 25. cap. 26. [Vita S. Romani Rotom. Archiep. apud Marten. tom. 3. Anecd. col. 1656 :

Psalmicines ex more greges, reliquosque fideles,
Cum crucibus sacris, cum pignoribus pretiosis; etc.]

¶ **PSALMIGRAFA**, PSALMIGRAFIA, Psalmi Davidis. Vita S. Frontonis apud Bosquet. Hist. Eccl. Gall. part. 2. pag. 5 : *Beati David Psalmigrafa sanctifico pectori commendavit.* Ibid. pag. 9 : *Nec Psalmigrafiæ viluit vox.*

¶ **PSALMIGRAPHUS**. Vide *Psalmographus*.

¶ **PSALMISARE**. Gloss. Gr. Lat. : Ψάλλειν, *Psalmisare, nablisare. Psalmizo*, ψάλλω, in Gloss. Lat. Gr.

¶ **PSALMISTA**, Davidis epitheton. Occurrit passim.

¶ PSALMISTA, Cantrix. Acta MSS. S. Hoaruei : *Prope est quo tendis quædam Psalmista puella, quæ mente decrevit inviolata permanere maritali connubio.*

PSALMISTÆ, Cantores, ψάλται in Concilio Laodic. can. 23. et Calched. can. 14. ubi vetus interpres ψάλτας, *Psalmistas*, vertit. Vett. Glossæ : *Psalmista*, ψάλτης. Rabanus lib. de Ordin. Antiphon. c. 11 : *Lectores a legendo, Psalmistæ a psalmis canendis vocati. Illi prædicant populis, quid sequantur : illi canunt, ut excitent ad compunctiones animos audientium.* Idem de Inst. Cleric. lib. 3. cap. 48 : *Psalmistam autem et voce et arte præclarum illustremque esse oportet, ita ut oblectamento dulcedinis animos excitet auditorum. Vox autem ejus non aspera, vel rauca, vel dissona; sed canora erit, suavis, liquida, atque acuta, habens sonum et melodiam sanctæ religioni congruentem, etc.* S. Eulogius in Documento Martyrii : *Non promit Cantor divinum carmen in publico, non vox Psalmistæ tinnit in choro, non lector concionatur in pulpito, non Levita evangelizat in populo, non Sacerdos thus infert altaribus.* De eorum officio sic Isidorus Hispal. in Epist. ad Ludefred. Episc. Cordub. : *Ad Psalmistam pertinet officium canendi, dicere benedictiones, laudes, sacrificium, responsoria, et quidquid pertinet ad cantandi peritiam.* Vide eumdem lib. 2. de Ecclesiast. Offic. cap. 12. et Papiam. Ut vero promoveantur ad hunc gradum, docent Concilium Carthag. IV. can. 10. et Ordo Romanus : *Psalmistæ, id est, Cantores, possunt absque scientia Episcopi, sola jussione Presbyteri, officium suscipere cantandi, dante eis Presbytero, vel potius Episcopo Antiphonarium in manus, et dicente sibi : Videte, ut quod ore cantatis, corde credatis; et quod corde creditis, operibus probetis.* Ita in lib. 1. Sacrament. Eccl. Roman. cap. 95. Gillebertus Lunicensis Episcopus de Usu Ecclesiastico : *Quia vero quilibet de Choro sola jussione Presbyteri potest officio Psalmistæ fungi, psallere scilicet sive cantare, in numero graduum Ecclesiæ Psalmistas non ponimus.* At Concilium Carthag. III. can. 21. Clericorum nomen etiam Lectores, et Psalmistas et Ostiarios retinere ait. Vide Rodericum Tolet. lib. 9. Hist. Hisp. cap. 12. Hariulfum lib. 2. Chr. Centul. cap. 11. etc.

PSALMISTANI, Iidem qui *Psalmistæ*, apud Odonem Cluniac. in Vita S. Gerardi Comitis Aureliac. cap. 11. ubi perperam editum puto pro *Psalmicani* : *Advocat Clericos, qui tum forte aderant, et cum his omnes Psalmistanos, etc.* Eckehardus junior de Casib. S. Galli cap. 14. extremo : *Et quos ille rogabat Psalmicanos.* [Goccelinus in Translat. S. August. Cantuar. tom. 6. Maii pag. 415 : *Augustinus cum pernoctantibus Psalmicanis, ante apostolicum altare præstolabatur apparatum requietionis suæ.*]

PSALMISTATUS, Dignitas et ordo Psalmistæ, Durando lib. 2. Ration. c. 1. n. 51. cap. 3. n. 1. Lindwodus : *Prima tonsura, quæ apud nos vocatur Psalmistatus, non est ordo, sed tantum dispositio ad ordinem.* [Statuta Eccl. Cadurc. etc. apud Marten. tom. 4. Anecd. col. 715 : *Prima tonsura, quæ aliter dicitur Psalmistatus, non est ordo proprie, sed graduum seu ordinum fundamentum.*]

* **PSALMOCINARE**, Psalmos cantare, nostris alias *Psalmister*. Acta S. Peregr. tom. 1. Aug. pag. 78. col. 1 : *In æde Dei, assiduis jejuniis et orationibus corpus attenuans, Psalmocinando pernoctabat.* Vitæ SS. MSS. ex Cod. 28. S. Vict. Paris. fol. 6. v° col. 2. ubi de S. Eulalia : *Li prévos li fist appareiller une cheminée de feu ardant, ouquel com ele Psalmistast, il la fist metre.* Vide *Psalmodizare*.

¶ **PSALMODIA**, Psalmi cantus. Vitæ Patrum Emerit. inter Concil. Hisp. tom. 2. pag. 655 : *Sanctus Massona episcopus cum omni plebe sua Psalmodiæ canticum exorsus, mysticas laudes Domino cecinit.*

¶ **PSALMODIARE**, PSALMODIRE. Vide *Psalmodizare*.

¶ **PSALMODIUM**, Psalmorum aliquot cantus vel recitatio. Vita Aldrici Episc. Cenoman. apud Baluz. tom. 3. Miscell. pag. 57 : *Pro prædicto Aldrico Episcopo inibi Missas et Psalmodia devotissime cantent, id est, unusquisque presbyter Missam unam aut duas, et unusquisque clericus sive monacha Psalmos centum decantent.*

PSALMODIZARE, Psalmos cantare, vel cantare eo cantu, quo Psalmi concinuntur : Gallis, *Psalmodier*. Provinciale Eccles. Cantuar. lib. 1. tit. 14 : *Quando et ubi Matutinæ et Missæ et aliæ Horæ cum nota dicuntur, legentes et Psalmodizantes.* Utitur etiam Concilium Maghfeldense ann. 1330 : *Canentes, legentes, et Psalmodizantes.* Et Ordinarius MS. Ecclesiæ Rotomagensis : *Magnificat Psalmodizatur de sexto tono.*

¶ PSALMODIARE, Eadem notione. Acta S. Nonani MSS. : *Supra quemdam lapidem ante Regis atrium residebat Psalmodians, etc.* S. Gerardus in Vita S. Adalhardi sæc. 4. Bened. part. 1. pag. 350 : *Ipse autem salebras itineris relevabat sibi Psalmodiando.* Charta ann. 1319. apud Lobinell. tom. 3. Hist. Paris. pag. 132 : *Psallendi, Psalmodiandi et legendi seriose et distincte in ipsa capella superius et inferius... ministerium... studeant exercere.* Occurrit rursum ibidem pag. 339. apud Acher. tom. 10. Spicil. pag. 250. et alibi.

¶ PSALMODIRE, Eodem significatu. Statuta Eccl. Pictav. apud Marten. tom. 4. Anecd. col. 1071 : *Et primo quod divinum officium fiat secundum qualitatem dierum et festivitatum bene et districte* (l. distincte) *Psalmodiendo.* Index MS. Benef. Eccl. Constant. : *Horis intersint continue, Psalmodiant et cantent.*

¶ **PSALMOGRAPHUS**, Psalmorum scriptor, Davidis epitheton. Occurrit apud Sidonium lib. 7. Epist. 9. Fortunat. lib. 9. carm. 2. Marten. tom. 1. Anecd. col. 80. tom. 2. Ampl. Collect. col. 54. in Chronic. Farf. tom. 2. Murator. part. 2. col. 550. etc.

¶ PSALMIGRAPHUS, Eadem notione, in Append. ad Agnelli Pontif. apud Murator. tom. 2 pag. 215 : *In hocque dictum prophetæ Psalmigraphi moraliter patefecit.*

PSALMUS. S. Augustinus in Psalm. 4 : *Psalmi dicuntur, qui cantantur ad Psalterium, quo usum esse David Prophetam in magno mysterio prodit Historia.* Idem in Psalm. 67 : *Inter Psalmum et Canticum hoc interest, quod Canticum ore profertur, Psalmus autem visibili organo adhibito, id est psalterio canitur.* Gregorius Nyssenus tract. 2. in Psalm. cap. 3 : Ψαλμὸς μέν ἐστι διὰ τοῦ ὀργάνου τοῦ μουσικοῦ μελῳδία. Lexic. Gr. MS. Reg. sign. 930 : Ψαλμὸς, λόγος μουσικὸς, ὅταν εὐρύθμως κατὰ ἁρμονικοὺς λόγους πρὸς τὸ ὄργανον κρούηται, ἢ ᾠδὴ τῷ Θεῷ προσφερόμενος. Adde Eucherium de Quæst. utriusque Testam. Papiam, et alios. *Cum Psalmis ad sepulturam cadavera deducere*, in Concilio Braccarensi ann. 563. can. 16.

PSALMI ABECEDARII, apud S. Augustinum Enarrat. in Psalm. 118. concione 32.

quorum versus quilibet a primis litteris alphabeti incipiunt. Ejusmodi est Psalmus, quem scripsit idem Augustinus contra partem Donati, de quo hæc ille lib. 1. Retract. c. 20. : *Psalmum qui eis cantetur, per litteras feci; sed usque ad V. litteram : tales enim Abecedarios appellant*. Vide Vitam S. Isidori Episcopi Hispalensis cap. 6.

Psalmi Alleluyatici, S. Hieronymo Epist. 7. 17. 137. dicuntur, qui pro titulo habent *Alleluya*, cujus inscriptionis nullam aliam rationem afferunt, quam quod Psalmi isti singularem ac festivam Dei laudem præ aliis continent : ii sunt numero 20. nempe 104. 105. 106. 110. 111. 112. 113. 114. 115. 116. 117. 118. 134. 135. 145. 146. 147. 148. 149. 150.

¶ Psalmi Anniversatiales, Qui pro defunctis dicuntur. S. Wilhelmi Constit. Hirsaug. lib. 1. cap. 4 : *Quandocumque autem ante Missam processio illuc agitur, neque ad finem inclinatur : de qua post Psalmos anniversatiales, cum revertimur in capitulum, ea vice, non nisi semel inclinamus*.

Psalmus Apertionis, nempe, *Domine labia mea aperies, etc.* Regula Magistri cap. 44. : *Oportet in nocturnis ab Abbate dici versum Apertionis*. Vide Amalarium de Offic. Eccl lib. 3. cap. 9.

Psalmi Baptismales, Numero tres, qui recitantur in *diebus baptismalibus*, nempe in Dominica nocte Resurrectionis Domini, et Pentecostes, quia tria vitia originalia, suggestionem scilicet Diaboli, carnis delectationem, et consensum animi a Catechumenis repelli postulat Ecclesia, ut ait Amalarius lib. 4. de Divin. Offic. cap. 43. et 48. apud Mabillonium. Adde c. 23. Honorium Augustod. lib. 3. cap. 144. et Durandum lib. 6. Ration. cap. 89. num. 4.

* Psalmus de Baptisterio, Qui procedendo ad sacros fontes decantatur. Ordo eccl. Ambros. ann. circ. 1130. apud Muratorium tom. 4. Antiq. Ital. med. ævi col. 843. : *Singulis diebus in octava Paschatis proceditur ad baptisterium..... Feria v. Psalmus de Baptisterio*.

Psalmus Cantici, *est cum organo præcinente, subsequens et æmula organi vox chori cantantis auditur, modum psalterii modulis vocis imitata*. Ruffinus Aquileiensis in Psalm.

¶ Psalmi Communionis, Qui tempore communionis canebantur in Ecclesia Carthaginensi : quod tempore S. Augustini fieri cœptum testatur ipse lib. 2. Retract. cap. 11. : *Hilarus quidam... adversus Dei ministros... irritatus, morem qui tunc esse apud Carthaginem cœperat, ut hymni ad altare dicerentur de Psalmorum libro, sive ante oblationem, sive cum distribueretur populo quod fuisset oblatum, maledica reprehensione, ubicumque poterat, lacerabat, asserens fieri non oportere*. Id etiam apud Gallos in usu fuisse colligi posse videtur ex Reg. Aureliani sub finem ubi præcipit *Psallendo omnes communicare*.

Psalmus Confessionis, τῆς ἐξομολογήσεως, apud S. Basilium Epist. 63.

Psalmi Directanei, [Qui nulla modulatione, et *in directum*, ut aiunt, pronuntiantur.] Vide supra *Directaneus*.

Psalmi Dominicales, Qui diebus Dominicis in Ecclesia recitari solent. Martyrolog. c. 41.

Psalmi Familiares, apud Lanfrancum in Decretis pro Ord. S. Benedicti c. 1. sect. 3. et Udalricum in Consuet. Cluniac. Monaster. lib. 1. cap. 46. dicuntur *ii, qui in omnibus 12. lectionibus horas sequuntur : quorum laboriosa, imo pluribus odiosa paulatim multis de causis est adaucta multiplicitas, quæ quia multos gravabat, multorum, et totius pene conventus postulatione in hac parte immutata est*. Verba sunt Petri Abbatis Cluniac. in Statutis Ord. Clun. cap. 21. Vita S. Gilberti *de Sempringham : Dictis prius quibusdam Psalmis familiaribus pro se suisque, etc.*

☞ *Familiares* vero nuncupabantur quod pro familiaribus seu Monasterii amicis et benefactoribus recitabantur : quod aperte docet Bernardus Mon. in Ordine Cluniac. part. 1. c. 75 : *Adjungantur Psalmi pro familiaribus nostris, qui solent dici post Tertiam*. Huic concinit S. Wilhelmus in Constit. Hirsaug. lib. 1. cap. 82. Interdum *Psalmi Verba mea* dicuntur eidem S. Wilhelmo ibid. cap. 3. quod ab eo Psalmo inchoarentur : incœpti tamen aliquando a Psalmo *Ad Dominum cum tribularer*, ut ex laudato Bernardo part. 2. cap. 32. discimus; neque enim definitus erat eorum numerus, quippe qui pro arbitrio Abbatis aut omnino supprimebantur aut breviabantur. Guidonis Discipl. Farf. cap. 17 : *Psalmi familiares nec promantur in hoc obsequio, sed nec ullus alius pro Defunctis*. Charta sæculi circiter undecimi ad calcem Reg. in Tabul. S. Quintini de Monte : *Familiares Psalmi aliquatenus breviabuntur, scilicet omni die duo tantum dicantur*, Deus in adjutorium meum, Voce mea, *etc.*

Psalmi Feriales, qui diebus ferialibus, seu in feriis in Ecclesia recitantur. Micrologi c. 54. [Consuet. antiq. Fontanell. MSS. fol. 35 : *Inter nocturnos Psalmi feriales non dicantur, exceptis Adventu et Septuagesima; sed finitis nocturnis, facto signo, Laudes canantur*.]

* Ordinar. MS. S. Petri Aureæ-val. in vigilia Nativit. Dom. : *Post matutinas dicuntur Psalmi feriales, videlicet* Ad te levavi et De profundis, *cum orationibus*.

¶ Psalmi Fortiores, id est, longiores, in Reg. S. P. Benedicti cap. 18.

Psalmi Graduales, Quindecim Psalmi, qui ad quinque parvas Horas congrue distribuuntur, in quotidiano Officio Deiparæ, ut ait Radulphus Tungrensis lib. de Canonum Observ. cap. 20. 21. Vide Eucherium de Quæst. utriusque Testamenti, Durandum lib. 5. Ration. c. 2. n. 39. et supra in *Graduale* 1.

☞ Sic appellantur quindecim Psalmi a Psalmo 120. usque ad 135. quod canebantur in 15. templi Salomonici gradibus, vel quia vox gradatim elevabatur, ut scribunt Commentatores. Ii quotidie Quadragesimali tempore recitati usque ad Pium V. PP. qui in feriis quartis tantum eos in choro recitari statuit, Bulla Breviariis præfixa, qua ab hac obligatione eximuntur ii, qui extra chorum officium dicunt.

¶ Psalmus Impositus, hoc est, præscriptus, in Guidonis Discipl. Farf. lib. 1. cap. 38. : *Post hæc si aliquis Psalmus impositus est pro vivis vel defunctis, tunc dicant et finiant*.

Psalmus Invitatorius : ita appellatur Psal. 94. *Venite exultemus, etc.* in Capit. Aquisgran. c. 66. in Ordine Romano, apud Alcuinum, Petrum Damian. Amalarium, Honorium lib. 2. cap. 1. Herbertum de Miracul. lib. 2. cap. 9 in Vita Alcuini num. 5. etc. quod *populum ad laudem Dei invitet*, ut habent Amalarius lib. de Ord. Antiph. c. 21. lib. 4. de Eccl. Offic. c. 9. Petrus Damian. de Dominus vobiscum cap. 7. Beletus c. 25. Durandus lib. 5. cap. 3. num. 10. 11. 12. etc. quibus interdum nude *Invitatorium* appellatur, quod suaviter censuit Vossius, esse certum Monasterii locum, quo invitarentur Monachi ad laudandum Deum. Sed hæc in re parcendum heterodoxis, viris quantumvis doctissimis, rerum nostrarum minus scientibus.

¶ Psalmi Magni, Parvi, etc. Consuet. Cluniac. ann. 1301. ex Cod. MS. B. M. Deauratæ Tolos. : *Hoc addito quod in hiis omnibus locis quindecim, triginta familiares, Parvi et Magni, et prostrati Psalmi, et septem Psalmi cum letania suo tempore suffragia...., cotidie nullatenus obmittantur, quin dicantur insimul*.

Psalmus Misericordiæ, Quinquagesimus, *Miserere mei* : ita appellatur a Gervasio Tilleberiensi in Otiis Imper. Decisione, seu parte 1 : *Torqueri se asserit, eo quod seculum Deo præponens, Psalmum Misericordiæ Psalmo tam breviusculo postposuerit*.

Psalmus Paroemiacus, προοιμιακός, sic dictus 103 : *Benedic anima mea Dominum*, quod ab eo Græci Vesperas, Missam, aliaque officia auspicentur.

Psalmi Plebeii et Vulgares, a privatis imperitisque hominibus compositi, qui in Ecclesia decantari vetantur, can. ult. Concilii Laodiceni, ubi ἰδιωτικοὶ dicuntur : *Plebeii*, veteri interpreti, quo loco Glossæ interlineares MSS. plebeios, *versificos Psalmos* interpretantur, qui in Concilio Bracarensi ann. 563. can. 12. vetantur. Nec aberrat ab hac interpretatione Agobardus lib. de Divina Psalmodia : *Sed et reverenda Concilia Patrum decernunt, nequaquam plebeios Psalmos in Ecclesia decantandos, et nihil poetice compositum in divinis laudibus usurpandum*; præcipue vero, ut subdit, ab hominibus quibuslibet, *quorum nec nomina, nec sensum, nec fidem novit Ecclesia*. Adde Martinum Braccar. cap. 67. Capitularia Attonis Episc. c. 58. et quæ observant Menardus ad Regulas Monastic. pag. 381. Henricus Valesius ad Eusebium lib. 7. cap. 24. et Ferrandus in Præfat. ad Psalmos cap. 15.

Psalmi Poenitentiales. Vetus Pœnitentialis MS. : *Canteque 7. Psalmos pœnitentiales, id est Domine ne in furore, et Miserere mei Deus secundum, Miserere mei Deus meus, Deus misereatur nostri, Deus in adjutorium, Inclina Domine, De profundis*. Adde Appendicem ad Concilium Salegunstadiense ann. 1022.

☞ Hic erat omnium fere monasteriorum olim usus, ut singulis diebus quibus non occurrebat festum XII. lectionum. Psalmi pœnitentiales recitarentur : quod ex superius allatis haud obscure colligitur. Idem obtinuisse in Majori Monasterio testis est Charta Archembaldi Archiep. Turon. ann. 993. ex Tabul. ejusd. Monast. : *Cunctisque diebus post* VII. *pœnitentiales Psalmos; unum Psalmum communiter decantent, scilicet* Ad te levavi oculos meos, *si* XII. *lectiones non fecerint*. Id est, si festum 12. lectionum non celebraverint. Vide *Psalmi speciales*.

* Psalmus Poenitentialis, Quinquagesimus præcipue sic appellatur. Reg. visitat. Odon. archiep. Rotomag. ex Cod. reg. 1245. fol. 334. v° : *Ante fores ecclesiæ facerent se verberari a sacerdotibus dicentibus Psalmum Pœnitentialem*.

Psalmi Prostrati dicuntur, Qui ab humi prostratis in Ecclesia recitantur, apud Lanfrancum in Decretis pro Ordine S. Benedicti cap. 1. sect. 3. Liber Ordinis S. Victoris Parisiens. MS. cap. 1 : *Primum septem Psalmos de Cantico Graduum prostrati super sedes decantabunt*. Duos vero potissimum psalmos, *qui per singulas horas dicuntur a prostratis*, recenset. [Bernardus Mon. in Ord. Cluniac. part. 1. cap. 74. num. 37 : *Expectant donec debeant incipi Psalmi prostrati*.] Udalricus in Consuet. Clun. lib. 1. cap. 3 : *Ad Horas autem reliquas, post quatuor Psalmos, Horarum, ut ita dicam, appendicios, toto corpore prosternimur, ut duos Psalmos dicamus, primum de septem pœnitentialibus Psalmis, alterum de Canticis quindecim graduum*. Tabularium Brivatense : *Unusquisque* 2. *Psalmos prostratus decantet*. Appendix ad Concilium Salegunstadiense ann. 1022 : *Tunc omnes prostrati decantent Psalmos istos pro Regis nostri et aliorum sui regni primatum sospitate*. Vide eumd. Udalricum d. lib. cap. 4. 12. et 52. Chronicon Andrense pag. 430. Joannem Episc. Abrinc. de Off. Eccl. pag. 36. Consuet. Floriacensis Cœnobii pag. 393. in Bibl. Floriac. etc. Psalmi autem a stantibus concinebantur, ut observat Durandus lib. 5. Ration. cap. 2. num. 36. Petrus Damian. lib. 3. Epist. 8. pag. 301. graviter invehitur in Clericos, *qui resident*, dum vel *canonica Horarum celebrantur officia, vel etiam ipsa Missarum offeruntur terribilia Sacramenta*.

Psalmi Refectionum, Qui tam posita quam levata mensa a Monachis recitari solent, *et peculiariter Deo de benedicenda aut commendanda esca per gratiarum actionem præbentur, et sine antiphona directanei dicuntur : sed in Dominica, vel in diebus festis cum antiphona, vel alleluia*, ut est in Regula Magistri cap. 37. 43.

Psalmus Responsorius, [Qui *tractui* seu *gradali* hodierno respondet.] Gregorius Turon. de Vitis Patrum cap. 8 : *Egressus est in sacrarium, ubi dum resideret, Diaconus responsorium Psalmum canere cœpit*. Idem lib. 8. Hist. cap. 3 : *Interea jam medio prandii peracto, jubet Rex ut Diaconum nostrum, qui ante diem ad Missas Psalmum responsorium dixerat, canere juberem, etc.* Vide *Responsorium*.

Psalmi Salomonis, Quos ut apocryphos laudant S. Athanasius in Synopsi sacræ Scripturæ, S. Nicephorus Patr. CP. in Canone, et Theodorus Balsamon, qui, an ii sint, quos edidit post Adversaria sacra Ludovicus de la Cerda, alii viderint. Vide Ferrandum in Præfat. ad Psalmos cap. 16.

Psalmi Speciales, 7. *Pœnitentiales*. Capit. Aquisgran. ann. 817. et Addit. 1. Capit. cap. 50 : *Ut prætermissis partitionibus Psalterii, Psalmi speciales pro eleemosynariis et defunctis cantentur*. Leo Ost. lib. 3. cap. 22 : *Statuit... cotidianis diebus orationem pro fulgure ad Missam publicam, et ad Psalmos speciales edici*, (al. *adjungi*.) Charta Heriberti Comitis Francor. ann. 27. Lotharii Regis in Tabul. Dervensis Monast. : *Quotidie unam Missæ celebrationem pro me faciant, atque unum Psalmum per singulas regulares Horas persolvant, et cum septem specialibus Psalmis memoriam meam adjungant*.

* Psalmi Suffragiorum, Iidem videntur qui *Familiares*. Reg. visitat. Odon. archiep. Rotomag. ex Cod. reg. 1245. fol. 8. r° : *Visitavimus monasterium S. Amandi Rotomagensis. Invenimus quod.... aliquando cantant horas B. Mariæ et Psalmos suffragiorum, cum nimia festinatione et præcipitatione verborum*.

Psalmi Superpositi, in Regula Magistri cap. 50. Vide *Superpositio*.

Psalmi Typicorum, apud Græcos dicuntur 22. et 145. quod hi in officio Typicorum recitarentur : eorum vero primus πρῶτα τυπικά, alter vero δεύτερα τυπικά dicebantur. Vide Goarum ad Euchologium.

¶ Psalmum Levare. Vide *Levare* 6.

In Psalmis Venire. Charta ann. 1123. apud Puricellum in Basilica Ambrosiana pag. 569 : *Illæ vero oblationes, quæ offerentur in manibus Sacerdotum extraneorum, qui in Psalmis veniunt, sine malo ingenio eorum sint, cui dare voluerint sine malo ingenio*.

¶ Psalmi Versificí. Vide *Psalmi plebeii*.

Poenitentia Psalmorum, in Pœnitentiali S. Columbani dicitur, cum Monachus ob leviorem culpam certum Psalmorum numerum decantare, vel recitare, in pœnitentiam, jubetur. Adde Pœnitentialem Gregorii III. PP. cap. 24. Vide *Superpositio*.

Psalmellus, Antiphona ex Psalmo desumpta. Charta ann. 1053. apud Puricellum in Monumentis Basilicæ Ambrosianæ pag. 428 : *Ei vero, qui cantat Psalmellum, denarios duos, etc.*

¶ **PSALTA**, ψάλτης, in Gloss. Lat. Græc.

* **PSALTER**, Literatus et literarum patronus. Status eccles. Constant. ad ann. 1048. inter Instr. tom. 11. Gall. Christ. col. 220 : *Hic igitur* (Gaufridus episcopus) *ubique Psalter, aut in Normannia, aut in Apulia, vel in Anglia, educationi, et operibus, et procurationi rerum et legum invigilabat*. Vide *Psalteratus*.

PSALTERATUS, Literatus, qui scit legere, *Psalterium* scilicet. Regula Magistri cap. 57 : *Si vero in viam longiorem dirigatur, Codiculum modicum aliquibus lectionibus de Monasterio secum portet : ut quavis hora in via repausaverit, aliquantulum tamen legat : ita tamen si fuerit Psalteratus. Si vero non fuerit, tabulas a Majore superpositas Psalmis secum portet, ut ad refectionem prandii, aut ad mansionem quando applicuerit, aliquantulum quantum occurrerit, tamen meditetur, ut quotidie regulæ reddat, quod suum est*. At qui *Psalteratus* hic, mox *Literatus* dicitur. [Huc omnino spectat Vita S. Theobaldi sæc. 6. Bened. part. 2. pag. 161 : *Monere cœpit.... ut inter pauperes Christi sibi clericum quæreret, qui eum litteras doceret : Litteratos dicens ad mandata divina percipienda proniores, et melius percipiendo ad obediendum devotiores. Quod collega festinare studuit, et magistrum qui septem Psalmos, quos Pœnitentiales sancta vocat simplicitas, doceret exhibuit. Omnibus plane brevi tempore edoctis, psalterio indiguit, etc.*] Sed et solebant Clerici ac Monachi, atque adeo tenebantur totum Psalterium memoriter tenere : adeo ut qui ad Episcopum postularentur, et *Psalmos ignorarent*, rejecerit Gregorius Mag. PP. lib. 4. Epist. 21. 23. 45. lib. 12. Epist. 6. S. Hieronym. Epist. 4. ad Rusticum, qui Monachus fieri avebat : *Nunquam de manu et oculis tuis recedat liber; discatur psalterium ad verbum, etc.* Idem in Epitaph. Paulæ : *Non licebat cuiquam sororum ignorare Psalterium*. Sic Gennadius Patr. Constantinop. neminem ordinabat, τὸ ψαλτήριον μὴ γινώσκοντα, ut est apud Theodorum Lectorem. Joan. Sarisber. lib. 2. Policrat. cap. 28 : *Dum enim puer ut Psalmos addiscerem Sacerdoti traditus essem*. Vide S. Anselmum lib. 1. Epist. 22. Joann. Moschum in Limon. cap. 166. Jus Græcorum lib. 6. pag. 435. 438. Haeftenum lib. 7. Disquisit. Monast. tract. 4. disq. 2. etc.

PSALTERISTA, Cantor Psalmorum. Longinus in Actis S. Stanislai Episcopi Cracov. : *Fundationem aliquot millium fecerunt pro Psalteristis, qui die ac nocte incessanter psalterium canendi in eadem Ecclesia obligationem habent*. Vide *Psalmista*.

PSALTERIUM, Glossæ Gr. Lat. : Ψαλτήριον, *Sambucum*. Papias : *Psalterium, genus organi musici est, quod artifex tenens; licet modulamine quodam sonorum suavitas quasi cantatio videatur, tamen non Canticum sed Psalmus de Psalterio nominatur. Canticum vero simplici voce cantantis exprimitur*. Auctor Mamotrecti ad 1. Paralip. cap. 12 : *Psalterium dicitur canora cythara decem chordarum coaptata, quæ cum plectro percutitur : Nablum vero duodecim sonos habens digitis tangitur*. S. Augustinus in Psalm. 32 : *Cythara est lignum illud concavum, tanquam tympanum, pendente testudine, cui ligno chordæ innituntur, ut tactæ resonent. Non plectrum dico quo tanguntur, sed lignum illud dixi concavum, cui superjacent, cui quodammodo incumbunt, ut ex illo cum tanguntur tremefactæ, et ex illa concavitate sonum concipientes, magis canoræ reddantur. Hoc ergo lignum in inferiori parte cythara habet, Psalterium in superiore*. Id ipsum repetit in Psalm. 42. 56. 71. et 80. Ita etiam describitur Psalterium in Lexico MS. Reg. Cod. 2062 : Ψαλτήριον, ὀρθὸν ξύλον καὶ ἀπαρέγκλιτον. χόρδαι δὲ ἐν τούτῳ δέκα παρετείνοντο. ἑκάστη δὲ τῶν χορδῶν καθίεντο ἄνωθεν. δέκα γὰρ κόλαβοι εἶτουν πασσαλίσκοι πρὸς τὸν πηχὺν τοῦ ψαλτῆρος στρεφόμενοι, ἔτεινόν τε τὴν χόρδην καὶ ἐσχάλων πρός τε τὸν ῥυθμὸν τῆς ἁρμονίας καὶ πρὸς τὸ τοῦ ψαλτῆρος βούλημα. Nicolaus de Braia in Ludovico VIII :

Tympana, Psalterium, cytharæ, symphonia dulcis.

His addenda quæ habet S. Hieronymus in

Psalm. 56. et alibi. Vide Quintilianum lib. 1. cap. 16. et eumdem Papiam, præterea notata a Frontone Ducæo ad Hexaemeron Basilii pag. 17.

Psalterium, Liber continens Psalmos Davidis, qui *liber Psalmorum* dicitur in Actis Apostol. cap. 1. S. Augustinus in Psalm. 118 : *Codex Psalmorum, qui Ecclesiæ consuetudine Psalterium nuncupatur.* Exstant hi versus de Psalterio Davidico :

Ter quinquagenos David canit ordine Psalmos,
Versus bis mille sexcentos sex canit ille.

* *Psalterium planum*, id est, sine glossa. Vide supra in *Planus.*

* Psalterium Gallicum, Ad usum ecclesiæ Gallicanæ, continens psalmos ex veteri Vulgata. Bulla Urb. PP. V. ex Tabul. Cassin. : *Cum usus Psalterii Gallici, tam in Romana curia quam in majori parte ecclesiarum et monasteriorum habeatur frequentior, quam Romani, cujus usus servatur in vestro monasterio Casinensi,..... vobis mandamus quatenus utamini Psalterio Gallico prælibato.*

¶ Psalterium Puerorum dicitur in Charta Balduini Comit. inter Instr. tom. 3. novæ Gall. Christ. col. 22 : *Psalterio puerorum acclamante* Justi hæreditabunt terram.... *Et iterum in eodem subsequuntur pueri lectitantes et divitibus hujus mundi significantes :* Nolite sperare in iniquitate, etc. Ubi ad pueros symphoniacos spectasse verisimile est.

* Chorus, ni fallor, puerorum symphoniacorum.

¶ Psalterius, Eadem notione, in Charta Principis Adelgastri inter Conc. Hispan. tom. 3. pag. 90 : *Damus... lectionarium, et responsorium, et duos Psalterios, etc.*

Psalterium Aperire. Vide *Sortes Sanctorum* in *Sors.*

Psalterium. Joannes Episcopus Abrincensis de Offic. Ecclesiast. : *In omnibus Horarum precibus semper, Miserere mei Deus : cui, si placet, unum Psalterium Psalmorum subjungatur.* Infra : *Post matutinum fratres in claustro.... Psalterium cum Litania communiter dicant.* Ubi, ni fallor, intelliguntur septem Psalmi Pœnitentiales, quibus subnecti solent Litaniæ Sanctorum.

* Charta ann. 1199. in Chartul. Clarifont. ch. 79 : *Clericum unum.... providebit, qui pro salute animæ meæ.... Psalterium unum cum vigiliis et commendatione animarum singulis diebus in perpetuum in eadem cantet* (infra legat) *ecclesia. Saustier*, eodem sensu, in Testam. ann. 1345. ex Chartul. 21. Corb. : *Item aulx clerchs des parroisses des eglises de Corbye pour viij. Saustiers, qui diront pour l'ame de my, pour chacun xij. deniers.*

Psalterium denique appellatum observant viri doctissimi eam precationis formulam quam vulgo *Rosarii* nomenclatura donamus, eo quod 150. Psalmorum Davidicorum numerum referat, eorumque vice substituatur. Cujus quidem Rosarii auctorem vulgo S. Dominicum faciunt Scriptores, atque in primis Raimundus Capuanus in Vita S. Catharinæ Senensis num. 77. ubi ait Fratribus de Militia Jesu Christi a se institutis, *assignasse quemdam taxatum numerum Dominicæ orationis, ac Salutationis Angelicæ, quem pro qualibet Hora Canonica quotidie deberent perficere orando, ut a Divino officio non vacarent.* Vide *Capellina* 1. et *Rosarium.*

* Unde *Psalterium B. V. Mariæ* dicitur, in Bulla Sixti IV. PP. ann. 1479. ex Bibl. reg. : *In ducatu Britanniæ et pluribus aliis locis, crescente fidelium devotione, ab aliquo tempore certus innovatus est modus sive ritus orandi, pius et devotus, qui etiam antiquis temporibus a Christi fidelibus in diversis mundi partibus observabatur, videlicet quod quilibet volens eo modo orare, dicit qualibet die ad honorem Dei et beatissimæ virginis Mariæ, et contra imminentia mundi pericula, toties Angelicam salutationem*, Ave Maria, *quot sunt psalmi in psalterio Davitico videlicet centies et quinquagezies, singulis decem salutationibus hujusmodi orationem Dominicam semel præponendo; et iste ritus sive modus orandi, Psalterium beatæ virginis Mariæ vulgariter nuncupatur.*

Psalterium, Canticum in alterius infamiam compositum, apud Paulum JC. lib. 5. Sentent. cap. 4.

* Psalterium, Liber, codex quilibet. Charta ann. 1396. ex Chart. notar. Massil. inter schedas Pr. a S. Vincentio : *Procuratores hujusmodi requisitioni benigne annuentes, unus post alium juraverunt super sancta Dei Evangelia et animam domini electi in quodam libro sive Psalterio, in quo erant scripta statuta ipsa* (ecclesiæ Massil.). Alia ann. 1398. ibid. : *Juravit* (episcopus) *super quatuor sancta Evangelia ambabus suis manibus tacta videlicet Psalterium.... ipsius ecclesiæ, in quo sunt scripta statuta ecclesiæ memoratæ et laudabiles consuetudines.*

¶ **PSALTERIZARE**, Psalterio canere. Helinandus apud S. Antonin. part. 3. tit. 18. § 5 : *Carmen enim debetur illis... quorum operatio Christo citharizat, organizat cogitatio, Psalterizat oratio, devotio lirizat.*

¶ **PSALTIM**, pro *Saltem*, ex vet. Cod. MS. laudato in Append. Annal. Bened. tom. 1. pag. 704. col. 1.

¶ **PSALTUS**, f. pro Saltus, ex corrupta dictione. Charta Gisilæ sororis Caroli M. ann. 799. apud Felibian. inter Probat. Histor. Sandion. pag. 44 : *Ipsa loca superius prænotata cum omni integritate vel soliditate earum, id est una cum terris, mansis, domibus,..... perviis, publicis Psaltis atque subjunctis, etc.*

* **PSARE**, *Corvatæ* seu servitii species apud Polonos. Charta Casim. ducis Oppol. ann. 1228. inter Probat. tom. 1. Annal. Præmonst. col. 480 : *Item excipimus sæpe nominatos homines ipsorum ab omni servitude juris Polonici, ut est stan,..... Psare, etc.*

* **PSATIRA**, *Duplicia vendens propositio.* (sic) Glossar. vet. ex Cod. reg. 7613.

* **PSEPHISMA**, Gr. ψήφισμα, Consultum, decretum, scitum, in Gloss. Gr. Lat. C. his igitur Novel. 137 : *Sancimus ut quoties usu venerit episcopum ordinari, conveniant clerici et primores civitatis, cui ordinandus est episcopus, et propositis sanctis Evangeliis, super tribus personis Psephismata fieri, et quemque ipsorum jurare secundum divina eloquia, et ipsis Psephismatibus inscribi, quod neque per dationem neque promissionem, vel amicitiam, vel gratiam, vel aliam qualemcumque affeccionem ipsos elegerint.* Ubi *Psephisma*, schedula est pro ferendo suffragio in electione episcopi, cui nomen eligendi inscribebatur.

* **PSETTA** *ab Italis et nostris plane, ab aliis platuse, a Gallis plye, piscis est rhombo figura similis, sed contractior*, in Tract. MS. de Pisc. cap. 91. ex Cod. reg. 6838. C.

¶ **PSEUDENEDROS**, vox Græca, Insidiator fictus, apud Firmicum lib. 3. cap. 3.

¶ **PSEUDERORUM.** Vide *Pseudoforum.*

¶ **PSEUDO**, a Gr. Ψευδῶς, Falso. Chronic. Sicil. apud Marten. tom. 3. Anecd. col. 10 : *Trankedus fecit se a Siculis, licet Pseudo, coronari in regem Siciliæ... Quo rege Trankedo sic Pseudo tenente et possidente dictum regnum, etc.*

PSEUDOALYTHINUS, Subpurpureus, non omnino purpureus, sed ad candicans accedens : quo sensu Auctor libri de Cœna Domini, qui inter Cypriani opera editus est, Josepho *Pseudoalitinam vestem* tribuit.

PSEUDOCALIDUS, Semicalidus, nostris *Tiede.* Marcellus Empiricus cap. ult. pag. 252 : *Tum medicamen adhuc Pseudocalidum diffunditur in mortarium.*

PSEUDOCASTELLUM, Munimentum extemporaneum, quod castelli vicem præbet. Fulcherius Carnot. lib. 3. Histor. Hier. cap. 55 : *Jam Turci quoddam Pseudocastellum obsederant, et vi ceperant.* Nescio an hoc vocabulo expresserit Fulcherius, quod Joinvilla in S. Ludov. *Chafaux* vocat. Vide ibi Notas nostras.

PSEUDOCASTUS, apud Auctorem Prædestinati lib. 1. pag. 15.

PSEUDOCHORITA, pro *Pseudanachoreta*, utitur Auctor Vitæ B. Stephani Abbat. Obasinensis lib. 1. cap. 5.

PSEUDOCOMITATENSES, Numeri militares, sic dicti in Palatina militia, quorum mentio non uno loco in Notitia Imperii, et in Cod. Theodos. leg. 10. de Numerar. (8,1.) et leg. ult. de Re militari, (7,1.) ubi multa Jac. Gothofredus.

¶ **PSEUDOCOMITES** dicti quos Stephanus Rex creavit, et Henricus II. deposuit. Vide Robert. de Monte ad ann. 1156. Hæc Spelm.

PSEUDOCONVERSUS, apud Lambertum Ardensem pag. 175. *Pseudomonachus.*

PSEUDODOCTOR, in Capitulari Aquisgranensi ann. 789. cap. 80. [Litteræ Synodi Constant. ann. 1416. apud Ludewig. tom. 6. Reliq. MSS. pag. 70 : *Ad tuendum et defendendum errores et Pseudodoctores, etc.* Id est, falsa docentes.]

¶ **PSEUDOEPISCOPUS**, Qui nomen Episcopi mentitur. Vitæ Patrum Emerit. inter Concil. Hispan. tom. 2. pag. 649 : *Supradictus Pseudoepiscopus Sunna antefato principi multa in accusationem sancti viri scripsit.*

PSEUDOFILIUS, vox hibrida, apud Gregorium VII. PP. lib. 1. Epist. 23.

PSEUDOFLAVUS, Subflavus, leoninus. Marcellus Empiric. cap. 8. pag. 66 : *Colore Pseudoflavo, quasi leonino.*

¶ **PSEUDOFORENSIS** Villa, f. Quæ in suburbio est, Gall. *Fauxbourg.* Statutum Capituli S. Martini Turon. ann. 922. apud

Marten. tom. 1. Anecd. col. 62 : *Hortatu et suasione atque servitio cujusdam fidelis fratris..... Adam sacerdotis et granicarii, necnon et Pseudoforensis villæ præpositi, etc.*

PSEUDOFORUM, Posticum, ψευδόθυρον, nostris *Fausseporte*. Papias : *Pseudoforum, i. posticum, i. latens ostium remotum a publico.* Perperam in edito, *Pseudorum*, et in MS. Navarræo, *Pseuderorum*. Sulpitius de Vita S. Martini lib. 3. dial. 16 : *Vidi præterea ad Pseudoforum Monasterii adductum energumenum, et priusquam ad limen attigerat, fuisse curatum.* Fortunatus lib. 4. de Vita ejusdem S. Martini :

Namque ad Pseudoforum cellæ dum accederet æger.

Epistola 7. tom. 9. Oper. S. Hieronymi : *Non per aliquem Pseudotyrum, sed per patentes januas in suum pectus veritatis inducat.* Vide Probationes Hist. Blesensis pag. 3. et infra *Pseudothyrum*.

PSEUDOFRATRES, in Regula Templariorum Militum cap. 21.

¶ **PSEUDOGRAIUS**, Falsus testis, ut videtur. Eddius in Vita S. Wilfridi sæc. 4. Bened. part. 1. pag. 711 : *Tam honorabilem senem cum fratribus venerabilibus accusatores falsidici, et cum Pseudograiis audaci temeritate... ausi sunt accusare.*

PSEUDOGRAPHÆ Narrationes *et dubiæ*, quæ vulgo *Apocryphæ*, quibus opponuntur *Libri Canonici et Catholici*, in Capitul. Aquisgran. ann. 789. cap. 76. et lib. 1. Capitul. cap. 73 : *Pseudographæ et dubiæ narrationes, vel quæ omnino contra fidem Catholicam sunt, etc.* Ubi quidam Codices habent *Pseudographiæ*. Vide Quintilianum lib. 1. cap. 17.

PSEUDOGRATIA, Falsa gratia, Dei scilicet. Utitur Joan. Sarisber. lib. 2. Policrat. cap. 29.

PSEUDOLACTINUS, Subalbus, subcandidus, cinericius, Gr. λευκόφαιος, nostris *Gris*. Joan. Diaconus lib. 4. Vitæ S. Gregorii M. cap. 83 : *Tunica Pseudolactini coloris.* [*Pseudolactinei* apud Bollandistas tom. 2. Mart. pag. 205.]

PSEUDOLIQUIDUS, Non omnino liquidus. Marcellus Empir. cap. 16. pag. 115 : *Hæc trita permiscentur ut Pseudoliquida sint.*

¶ **PSEUDOLOLLARDI**, nuncupati in Anglia Wicleffi sectatores. Vide *Lollardi*. Henricus Knyghton : *Principio Pseudolollardi primæ introductione hujus sectæ nefandæ vestibus de russeto utebantur.*

¶ **PSEUDOMILES**, Falsus miles. Arnulphi Hist. Mediolan. apud Murator. tom. 4. pag. 9 : *Cave, Rex, a modo ab hujusmodi Pseudomilitibus.*

* **PSEUDO-MONACHUS**, Qui nomen Monachi mentitur. Gualt. Hemingf. in Eduard. I. reg. Angl. ad ann. 1300. pag. 191. edit. Hearn. : *Ille Henricus, qui prioratum occupaverat, Pseudo est monachus nominatus.* Vide *Pseudoconversus*.

¶ **PSEUDONUNCIUS**, Missus desidiosus, tardus, ob idque falsus nuncius, cum nuncii est diligentem esse. Litteræ Edwardi III. Reg. Angl. ann. 1323. apud Rymer. tom. 4. pag. 10 : *Recensentes morosam dilationem negotiorum nostrorum, pro quibus, diu est, misimus illum Pseudonuncium de Stratford, in quibus usque modo nihil sensimus actum... hanc ipsius duntaxat nuncii tepiditati et desidiæ imputamus, etc.*

PSEUDOPEREGRINUS, apud Lambertum Ardensem pag. 175. qui non pietatis gratia peregrinationem suscipit.

¶ **PSEUDOPRÆSIDENS**, Qui officio suo deest, in Epist. Joannis de Monsterolio apud Marten. tom. 2. Ampliss. Collect. col. 1381 : *Præterea, libet enim præterire, quod illi Pseudopræsidenti recitari pudori esse debuisset, apostolicorum captionem nuntiorum ac eorumdem redemtionem infra mœnia quibus degit.*

¶ **PSEUDORUM**. Vide *Pseudoforum*.

PSEUDOSANCTITAS, vox hibrida, in Vita S. Guthlaci cap. 32. [Simulata sanctitas.]

PSEUDOSERICUM, Pannus ex serico et tela contextus. Occurrit in Notis Tyronis pag. 159.

¶ **PSEUDOSYLLABUS**, Oratio seu scriptio quæ falsa continet. Adrianus PP. in Epist. ad Episc. Hisp. tom. 2. Conc. Hisp. pag. 92 : *Cumque perlectus et sagacius exploratus fuisset epistolæ textus, reperta sunt in eodem Pseudosyllabo perquamplurima, cum auctore suo Elipando Toletanæ sedis Archiepiscopo, redarguenda.*

¶ **PSEUDOTHEOSEBIA** a Gr. Ψευδοθεοσεβία, Religio falsa. Fridegodus in Vita S. Wilfridi sæc. 3. Bened. part. 1. pag. 184 :

Quidquid ei pravam Pseudotheosebia nectit,
Romuleo sanxit voto fore discutiendum.

PSEUDOTHYRUM, ψευδόθυρον, quod Sulpitio Severo *Pseudoforum* dicitur, posticum aliis, nostris *Fausseporte*. *Aversa porta*, Livio lib. 10. et Tacito lib. 3. Annal. Auctor Quæroli : *Eamus hac ad Pseudothyrum quam nosti bene.* Paulus Orosius lib. 7. cap. 6 : *Ægre per Pseudotyrum in Palatium refugiens furorem excitatæ plebis evaserit.* Freculfus tom. 2. lib. 1. cap. 13. eadem verba ab Orosio mutuatus, *Seudotyrum* habet, sed perperam, ut et lib. 4. cap. 3 : *In sinum ejus, dum in Deo Deos quærit, tanquam per Seudotyrum inducitur.* Ubi idem Orosius lib. 7. cap. 29. a quo etiam mutuatus est, *per januam* habet. Ammianus lib. 14 : *Per Palatii Pseudothyrum introducta.*

PSIATIUM, Psiathus, Matta, storea, teges, ex junco aut papyro confecta; Gallis, *Nate*, in qua et cubabant et considebant Monachi, quomodo describitur a Philone Judæo lib. de Vita contemplat. pag. 616. edit. Turnebi. : Στιβάδες εἰσὶν εἰκαιοτέρας ὕλης, ἀφ' ὧν εὐτελῆ πάνυ χαμαίστρωτα παπύρου ἐγχωρίου μικρὸν ὑπερέχοντα κατὰ τοὺς ἀγκῶνας, ἵνα ἐπερείδοιντο. Glossæ Græco Lat. : Ψίαθος, *Teges, terratoria, macta*. Ubi legendum *matta*, ut in alio Gloss. *Matta*, ψίαθος. Glossæ eædem Lat. Gr. : *Teges*, ψίαθος, σκέπασμα. *Tegetarius*, ψιαθοποιός. *Tegitarius*, ψιαθοπλόκος. Hesychius : Ψίαθος, ἡ χαμεύνη, καὶ τὸ φυτὸν ἐξ οὗ πλέκεται ψίαθος. Glossæ Sax. Ælfrici : *Storia vel Psiata : matta.* [Miscell. Theodisc. apud Pezium tom. 1. Anecd. part. 1. col. 383 : *In Psiatio, in tachum.*] Papias : *Psiacium, cilicium, cinis, holocaustum.* Regula S. Fructuosi cap. 19 : *Lectum tamen sternere mandamus corio aut Psiatho, quod Latine storea nuncupatur.* Cassianus Collat. 15. cap. 1 : *Post synaxim vespertinam... Psiathiis pariter ex more consedimus.* Meminit et lib. 4. de Instit. Cœnob. cap. 13. Vita S. Pachomii cap. 43 : *Inveniens fratrem qui coquinæ præerat Psiathos (id est tegetes) operantem, quos vulgus mattas appellat.* Gerardus Presbyter in Vita S. Udalrici Episcopi August. : *In mollitia plumatii non dormivit, sed Psiathio et sago, aut tapetiis suppositis requievit.* Guibertus lib. 7. Hist. Hierosol. cap. 33 : *Videres contra balearia instrumenta, quibus compererant saxa torqueri, trabibus obtegere muros atque Psiathiis.* Occurrit præterea apud S. Hieronymum in Præf. ad Regulam S. Pachomii cap. 4. in Regula S. Pachomii cap. 88. 94. apud Vigilium Diaconum in Regula Orientali cap. 44. Gregorium M. lib. 2. Dial. cap. 11. Anastasium Biblioth. in Vita S. Joann. Eleemosyn. num. 34. Joan. Moschum in Prato Spirit. cap. 91. in Vita S. Theophanis Confess. num. 12. Palladium in Hist. Lausiaca cap. 1. etc. S. Hieronym. in Præfat. in Job. : *Si aut fiscellam junco texerem, aut palmarum folia complicarem, ut in sudore vultus mei comederem, etc.*

* **PSIATICUS** Morbus, an Monachos significat errori potissimum faventes, quod in *psiathis* cubare et considere solerent? Vide *Psiatium*. Benzo episc. Albens. in Henr. III. apud Ludewig. tom. 9. Reliq. MSS. pag. 332 : *Constantius a fide discessit cum Arrio, fecit plures ægrotare in morbo Psiatico, qui non bene sentiebant de nostro Paraclyto.*

PSICOLUTRA, in Notis Tyron. pag. 184. ex Gr. ψυχρολουτρον, *Frigidarium*. [** Vide mox *Psychrolutra*.]

PSILLIA. Anastasius Biblioth. in Paschali PP. pag. 152 : *Enimvero in dicto altari obtulit vestem albam sigillatam cum rosulis habentem in medio crucem de blattin cum Psilliis.* Ψέλλιον Græcis *armillas et dextralia* sonat : sed non video quomodo *armillæ* conveniant cum veste altaris, nisi vice limbi attextæ fuerint.

☞ Verosimilior videtur Bollandistarum ad hunc locum tom. 3. Maii pag. 398. conjectura qua restituunt *Psyllia* pro *Psillia*, ita ut intelligatur purpura parvis quibusdam maculis eleganter inspersa; quæ maculæ nomen habeant a forma pulicum, qui Græcis ψύλλαι, unde ψύλλιον, herba pulicaris; nisi malis, addunt iidem, ornatum illum comparare hujus herbæ foliis.

* **PSISTOFORUS**, Lugdunensis civitatis epithetum, in Mirac. S. Annem. tom. 7. Sept. pag. 747. col. 2 : *Hic cum iter carperet, Franciam petens, ignarus prædictæ urbis, Lugdunum clavatum est aggressus, qui causam itineris exponens, viam didicit, qua Lugdunum Psistoforum veniret.*

PSITARCIUM, Sacculus vel cistella qua panis cibusve defertur. Vide *Sitarchia*.

¶ **PSITICUS**, pro *Psittacus*, ni fallor, apud Bernhard. de Breydenbach Itiner. Jerosol. pag. 222 : *Rursus in littore Nyli sursum eundo est regio quædam Segethi nominata, ubi aves quædam rare in magno sunt numero, videlicet Psiticus, pellicanus et hujusmodi... Capiuntur autem in Septembri presertim Psitici interdum milleni simul.*

PSITTACI, Factionis nomen. Vide *Stelliferi*.

¶ **PSODANNA**, Superstitionis species, cujus mentio fit in Statutis MSS. Augerii Episc. Conseran. ann. 1280 : *Divinationes, sortilegia, fascinos, Psodanna, auguria, et alia qualibet similia superstitiosa remedia, observari et fieri, eisque fidem adhiberi penitus prohibemus.* Ibidem infra : *Sortilegi, divini, malefici, incantatores, augures, aruspices, dæmones, pro quacumque causa invocantes, Psodanna vel finualia* (f. similia) *facientes.*

* F. pro *Pseudo-diana.* Vide *Diana* et *Hera* 2.

* **PSUECH**, Compascuus ager, apud Oefelium tom. 1. Script. rer. Boicar. pag. 725. col. 2.

¶ **PSYCHICI**, Animales, a Gr. ψυχικοί. Hac appellatione Catholicos quasi spiritualibus Montanistis oppositos passim in scriptis exagitat Tertullianus.

¶ **PSYCHOMACHIA**, vox Græca, Animæ conflictus. Vita S. Agricii Episc. Trevir. tom. 1. Jan. pag. 773 : *Vicit tamen in sancta Psychomachia caritas perfecta.* Exstat apud Prudentium Carmen quod eo nomine inscripsit.

¶ **PSYCHROLUSIA**, Gr. ψυχρολουσία, Frigidum lavacrum, apud Cæl. Aurel. Acut. lib. 1. cap. 14. et Tard. lib. 1. cap. 1. Hinc

¶ Psychroluta et Psychrolutes, apud Senec. Epist. 53. et 83. Qui frigido lavacro utitur.

¶ **PTALMUS**, perperam pro *Opthalmus*, a Græco ὀφθαλμός, Oculus, in Vita MS. S. Winwaloei fol. 129 : *Signum gestit mirabile, sibi germanæ ventre traxit oyæ Ptalmum, locavitque ceu alterum.* Ubi de restituto sorori suæ oculo, quem e ventre anseris extraxerat, fabula est.

PTERARIA. Capitulare de Villis cap. 62 : *Quid de axilis et alio materiamine, quid de Ptrariis, quid de leguminibus, quid de milio et panico, etc.* Videtur legendum *Petrariis*, i. locis unde *petræ* et lapides eruuntur. Vide in hac voce. [** Pertz. *Proterariis.*]

* **PTHEOLONIUM**, Exactionis species a *Trolonio* distincta. Charta ann. 1368. tom. 2. Hist. Trevir. Joan. Nic. ab *Hontheim* pag. 248. col. 1 : *Everhardus de Ketwich .... noster in hujus coadjutoriæ officio redditurarius de omnibus et singulis redditibus, ... tam de decimis, ... quam de teolonio et Ptheolonio Nussien.*

PTIGMATA, *Causiæ*, in Glossis Isidori, ubi perperam *pitigmata* : ex Gr. πτύγμα, linteum duplicatum, cujusmodi sunt *Causiæ.* Vide in hac voce.

* **PTILOSIS**, *Paulo est grossitudo palpebrarum, putrida, rubea, quibus accidit plerumque et pilorum defluxio.* Glossar. medic. MS. Simon. Januens. ex Cod. reg. 6959.

PTISANARIUM, *Mortarium, a Ptisanis.* Ita Papias, qui addit *Ptisanas proprie dici, quæ fieri solent in pila, etc.* Vide Ugutionem, Gorræum in πτισσάνη, et Onomasticum Rosweidi ad Vitas Patrum.

PTOCHIUM, Domus pauperum hospitio deputata, ex Gr. πτωχεῖον, quod et πτωχοτροφεῖον Græci vocant : *Locus scilicet venerabilis in quo pauperes et infirmi homines pascuntur*, uti definitur a Juliano Antecessore. Πεννητοτροφεῖον dixit Constantinus Manasses in Tiberio Constantino. Testamentum S. Remigii Remensis Archiep. : *In Ptochiis, Cænobiis, Martyriis, Diaconiis, Xenodochiis, etc.* Vita Euphrosynæ cap. 7. in Vitis Patrum : *Ecce Ptochia, hierocomia, xenodochia, monasteria, etc.* Anastasius in Pelagio II. PP. : *Hic domum suam fecit Ptochium pauperum et senum.* Adrevaldus lib. 1. de Mirac. S. Benedicti cap. 23 : *Servatur proinde in domo pauperum hospitio deputata, ibique sufficientem sibi agapem cum reliquis Ptochio residentibus accepit.* Testamentum Herberti Comitis Viromand. ann. 1059. apud Joan. Carpentarium in Hist. Cameracensi : *Trado omnibus Comitatuum meorum Ptochiis c. solid.* Adde Capit. Caroli M. lib. 7. cap. 2. [** Concil. Chalced. can. 8.] et Joan. Sarisber. lib. 7. Policrat. cap. 21. Vide *Paupertas. Prothocium* perperam, ni fallor, pro *Ptochium*, aut *Xenodochium*, habet Joannes de Janua. Concil. Calchedon. Act. 1 : Πτωχεῖον ἐποίησα, καὶ ἔθηκα εἰς αὐτὸ ἑξδομήκοντα κραββάτια. Adde idem Concil. can. 8. et Cresconium cap. 197. Vide Glossar. med. Græcit. col. 1272.

¶ Ptochotrophium, Eadem notione, in lib. 2. Capit. cap. 29. [** Julian. Nov. const. 7. tit. 1. (§ 32.)] : *Nulla sub Romana ditione constituta Ecclesia vel xenodochium, vel Ptochotrophium, etc.*

PTOLOMARE, Regnare, imperare more *Ptolemæorum* Regum Ægypti, qui omnes ab Alexandro M. usque ad Cleopatram Ptolemei vocati sunt. Tabularium S. Severini Burdegal. : *Anno millesimo ab Incarnatione Domini Jesu Christi septuagesimo, Indictione 8. Gregorii VII. PP. 9. nec non et Goscelino Præsule Burdigalensium archiepiscopante, Rege Francorum Philippo Ptolomante, Aquitanorum D. Willelmo pacem et justitiam docente, ego Iterius, etc.*

¶ **PTONGUS**, Sonus, a Gr. φθόγγος. Carmen Hermanni de Musica apud Pezium in Præfat. tom. 1. Anecdot. pag. XIII :

> Ter trio junctorum sunt intervalla sonorum :
> Nam nunc unisonas exæquat vocula Ptongos.

Vide *Pneuma.*

¶ **PTUNGAR.** Vide *Pertongar.*

¶ **PUBANTIA**, Venditatio quæ puberem deceat. Barthol. in Annal. Genuens. ad ann. 1243. apud Murator. tom. 6. col. 503 : *Tamen Pisani Pubantiis pleni jactaverunt quod portum Januæ cum galeis suis intrarent, et quadrellos argenteos quos fieri fecerant, sagittarent.*

¶ **PUBEDA.** Vide *Pubeta.*

¶ **PUBELLIUS**, φάγρος, in Gloss. Lat. Gr. Vulcanius restituit, *Rubellius.*

PUBERALE, Ἐφήβαιον, in Gloss. Gr. Lat. Pubes, pecten.

* **PUBERALIS**, Juvenilis, ut pubes decet. Lit. remiss. ann. 1404. in Reg. 158. Chartoph. reg. ch. 469 : *Quem Gasaninum prostratum, pastores Puberali et rusticali consilio et calore moti, diversis et pluribus ictibus cum dictis baculis letaliter vulneraverunt.* Vide *Pubeta.*

¶ **PUBESCENTIA**, *Prima lanugo*, in Glossar. Gasp. Barthii ex Baldrici Histor. Palæst. apud Ludewig. tom. 3. Reliq. MSS. pag. 179.

PUBETA, *Adolescens*, in Gloss. Isidor. Glossæ aliæ : *Pubeda, juvenis sine pube.* Alibi : *Pubeda, adultus.* Utitur Martianus Capella lib. 1. et 9. pag. 12. et 308. [Epitaph. Burchardi Comit. tom. 4. Annal. Bened. pag. 610 :

> Altera lux aderat, qua taurus sole flagrabat,
> Dum Pubeda meat, altera lux aderat.]

* **PUBILIS**, ad Pubes pertinens, f. pro Pupillaris. Consuet. Carcass. in Reg. L. Chartoph. reg. ch. 3 : *In susticionibus* (substitutionibus) *voluntas defuncti servari debet de cetero, omni loco et tempore, sine beneficio legis Falcidiæ, et in Pubilibus vel in factis majoribus.*

* 1. **PUBLICA**, nude, cui interdum subnectitur *Examinatio*, Solemne et publicum examen, actio publica in Universitate Tolosana. Stat. ejusd. Univers. ex Cod. reg. 4222. fol. 20. r° : *Item si contingeret forsan remittere Publicam ex aliqua causa, in moderatione statutorum expressa, ante omnia præstetur juramentum super prædictis, et etiam de novo juret quæ sequuntur. Primo, quod si fecisset Publicam, dictus cancellarius fuisset contentus duobus paribus tubarum et mimorum. Item quod fuisset contentus xij. sociis in rogando per villam. Item quod illa die non choreabit publice vel occulte. Item quod non expendet in convivio ultra summam xv. librarum monetæ currentis, exceptis juribus, bedellis et aliis personis solvi consuetis. Item quod nihil debet histrionibus vel similibus personis, quæ solent facere ludibria, si supervenerint in festo, præter cibum et potum. Quibus juratis, dominus cancellarius, sive ejus vices gerens, in casu prædicto remittat Publicam examinationem de gratia speciali.*

* 2. **PUBLICA**, Tabula in loco publico affixa, in qua officiales hebdomadarii inscribuntur. Chron. Salisburg. ad ann. 1375. apud Pez. tom. 1. Script. rer. Austr. col. 424 : *Johannes Rosses emit.... certa prædia, ... quæ dedit conventui, ... tali pacto et conditione adjectis, quod oblayarius, qui pro tempore fuerit cuilibet ebdomadario in prima sua ebdomada, qua scribitur ad Publicam, teneatur cottidie dare tres denarios.*

* 3. **PUBLICA**, Mulier publice seu solenniter nupta, ut interpretatur Mabill. ad vit. S. Radegund. lib. 1. num. 12. sæc. 1. Bened. : *Adhuc beatum virum perturbabant proceres, et per basilicam graviter ab altari retrahebant, ne velaret regi conjunctam, ne videretur sacerdoti ut præsumeret principi subducere reginam, non publicanam, sed Publicam.*

¶ **PUBLICALIUM**, ut infra *Publicum.* Litteræ Ottonis III. Imp. in Dissert. histor. de summo Apostol. Sedis imperio in Comit. Comacl. edit. 1709. pag. 19 : *Comitatum Ferrariæ cum ripa et piscariis suis; nec non districtum Ravennæ cum portis, ripa, et portubus, muris, Publicaliis omnibus, etc.* Ubi leg. forte *Publicariis.* Vide in hac voce.

* Cens. eccl. Rom. apud Murator. tom. 5. Antiq. Ital. med. ævi col. 831 : *Simul territorium integrum, quod est castri Conchæ, cum suis Publicaliis et armaniis suis infra civitatem ipsam vel foris positis.* Vide in *Publicum.*

PUBLICANI. Vide *Populicani*

¶ **PUBLICANUM.** Vide in *Publicum*.

¶ **PUBLICANUS**, ut infra *Publicus*, Judex publicus, nisi etiam ita legendum sit. Atto Vercellens. Episc. apud Acher. tom. 8. Spicil. pag. 127 : *Quidam in tantum libidini mancipantur, ut obscenas meretriculas sua simul in domo secum habitare, una cibum sumere ac publice degere permittant. .... Hac occasione Publicani clericorum domos irrumpunt, non ipsos, sed commanentes mulieres cum ipsis quos genuerant spuriis quasi sibi commissos extrahere simulantes. Id trepidant miseri, et munera quæque promittunt, et qui adorari poterant, cunctos adorare coguntur. Et qui omnium viriliter vitia declamare debuerant, de suis apud judicem quærunt licentiam.* Id etiam officii ad *Publicum* spectasse ex leg. Luithprandi, videsis in hac voce.

* Nihil emendandum esse probat Pactum inter reg. et abbat. monast. Electens. ann. 1311. in Reg. 46. Chartoph. reg. ch. 36 : *Petens idem sindicus declarari, nobis non esse jus immittendi animalia in dictis pascuis, et ballivos sive Publicanos nostros ab exercitio servitutis hujusmodi prohiberi.* Vide supra in *Publica* 3.

¶ 1. **PUBLICARE**, nude pro Allegare, in jure sistere, apud judicem inducere, in Cod. Theod. leg. 11. tit. 30. lib. 11. de appellat. : *Sciant sibi ex auctoritate legis istius non licere refutatoriis tale aliquid ingerere, quod aput judicem non ausi fuerint Publicare.* Adde leg. 9. tit. 10. lib. 10. de petit. [** Vide Haltaus. Glossar. German. voce *Rugen*, col. 1563.]

¶ Publicare, Actis inserere, leg. nulli. 28. § cum autem. C. de Episc. etc. apud Pancirol. lib. 1. var. lect. cap. 77. Vide *Publicus.*

* 2. **PUBLICARE**, In *publicum* seu fiscum redigere, confiscare. Charta Henr. imper. ann. 1311. apud Lam. in Delic. erudit. inter not. ad Hist. Sicul. Bonincont. part. 3. pag. 212 : *Omnia bona quæ ipsa civitas et commune Florentiæ habent seu possident, intra et deforis ubicumque, cameræ nostræ et Romani imperii confirmamus et perpetuo Publicamus.* Vide *Impublicare* in *Publicum.* [** Brisson. et Gothofred. in hac voce.]

* Alia notione *Publier*, nimirum pro *Répandre, rendre commun*, Effundere, rem aliquam in publicum usum ponere. Reg. Cam. Comput. Paris. sign. *Pater* fol. 259. v° : *Il doivent punir ceulz qui..... ont acheté lesdites* (fausses) *monnoies, et raporté au royaume et en ont Publié le royaume.* Vide mox *Publicatio*, 3.

¶ **PUBLICARIUM**, Publicarius. Vide infra *Publicum.*

¶ 1. **PUBLICATIO**, *Publica direptio*, in Glossar. Gasp. Barthii ex Baldrici Hist. Palæst. apud Ludewig. tom. 3. Reliq. MSS. pag. 163.

¶ 2. **PUBLICATIO**, Frequentia, Gall. *Concours.* Acta S. Eparchii tom. 1. Jul. pag. 412 : *Cœpit ipsa Publicatio seculi ei esse horribilis.*

* 3. **PUBLICATIO**, Propagatio, Gall. *Population.* Lit. ann. 1341. tom. 7. Ordinat. reg. Franc. pag. 195 : *Quia repertum extitit articulos supradictos fore necessarios et utiles ad majorem Publicationem et augmentationem dictæ bastidæ, etc.*

¶ 1. **PUBLICE.** *Actum publice*, Clausula non in privatis modo, sed et regiis diplomatibus sæpius usurpata sub tertia stirpe Francica, aliquando etiam recepta sub Carolingis, sed rarior regnantibus Meroveadis, ut docet Mabillonius Diplomat. lib. 2. cap. 27. num. 10. Cujus vocis originem inde accersit, quod olim acta quævis authentica coram magistratu et judicibus publice conderentur, aut certe relegerentur ante conscripta. Hinc

¶ Publicum nude, pro Charta, diploma. Charta ann. 1304. in Macer. Insulæ Barb. tom. 1. pag. 194 : *De prædictis Pontius de Guiziaco prior de Sallono, petiit sibi nomine dicti domini abbatis et monasterii fieri sibi Publicum.*

* 2. **PUBLICE**, Vulgariter. Charta ann. 1407. in Reg. feud. comitat. Pictav. ex Cam. Comput. Paris. fol. 129. r° : *Ego Guillermus Coaigne.... recognosco me tenere ad homagium ligium.... explectum meum, ... quod habeo in nemore, Publice appellato Chavaigne.*

¶ **PUBLICIANA** Actio, Vox forensis, cujus vim declarat Glossa in cap. Abbate. de Sentent. et re judicata. in sexto. § Dominii : *Si talis emptor, antequam usucapiat, a possessione cadit : petit rem a possessore jure quasi dominii, et appellatur Actio Publiciana. Si autem post usucapionem a possessione cadat, tunc non competit Publiciana, sed datur civilis actio, scilicet rei vindicatio secundum quosdam utilis, secundum alios directa.* ff. de publ. lib. 1. Dicta est autem Publiciana a Publicio auctore, qui eam invenit, ut Institut. de Act. § Aliæ. Hæc post Macros in Hierolex.

PUBLICITER, Publice, [in Præcepto Ludovici Pii ann. 820. apud Baluz. in Append. ad Capitul. Ch. 37.] in Capitulari Suessionensi ann. 844. cap. 2. edit. Baluzianæ : ubi aliæ editiones habent *publicitus* : et in veteri Placito in Vita Aldrici Episc. Cenoman. pag. 120. tom. 3. Miscell. ejusdem Baluzii.

* Nostris *Publiaument.* Pactum inter Carol. comit. et capitul. Carnot. ann. 1306. ex Tabul. ejusd. capit. : *Item se aucuns desdiz homes font injures au justiciers le conte, ou au sergens jurez..... notoirement et Publiaument en la court le conte, etc.*

PUBLICUM, Tributum, vectigal, Græcis δημόσιον. Gregorius Turon. lib. 1. de Miracul. cap. 44 : *Alius quoque tributa publica deferens, sacculum pecuniæ, dum iter ageret, negligenter amisit. Adpropinquans autem civitati, recognoscit se amisisse Publicum quod ferebat.* Utitur etiam Historia Miscella, ubi Theophanes habet δημόσιον. [Vide in *Publice.*]

* Cens. eccl. Rom. apud Murator. tom. 5. Antiq. Ital. med. ævi col. 871 : *Romana ecclesia debet habere totam arimanniam massæ Fiscaliæ et totum Publicum ejusdem, ... et totum Publicum de Adriano.* Passim ibi. Vide supra *Publicalium.*

Publicarium, Eadem notione. Gloss. Gr. Lat. : Δημόσιον, τελώνιον, *publicarium.* [In Castigat. ex MSS. *Publicanum.* Vocabul. utriusque Juris : *Publicaria dicuntur ea quæ ob aliquod delictum sic enorme in publicum ærarium devolvuntur.*] Charta Friderici Imper. ann. 1158. apud Ughellum tom. 2. pag. 518 : *Cum portis,... Publicariis, mercatis, stationibus, redditibusque villarum.* Alia Ottonis IV. Imp. ann. 1209. ibidem pag. 375 : *Cum omni jurisdictione, cum Pado, ripis, piscariis, paludibus, stratis, viis, pascuis, silvis, et Publicariis universis, etc.* Occurrit ibi non semel.

Publicarius, Publicanus. Julius Firmicus lib. 3. cap. 8 : *Faciet etiam in omnibus actibus Publicarios.*

Publicum, Fiscus, ærarium publicum, ut in Pragmatica Sanctione Justiniani cap. 23. et apud Julian. Antecess. Const. 1. § 1. 2. Constit. 30. 46. 89. § 5. 6. [Leges Luithprandi apud Murator. tom. 1. part. 2. col. 1 : *De possessione, quam aliquis de Publico habet, etc. Infiscari ad Publicum*, fisco addici, ibid. pag. 59. col. 2.] [** Liutpr. 77. (6,24.)] *In publico componere*, id est fisco, in Lege Bajwar. tit. 2. cap. 54. § 1. et alibi non semel, in Legib. Popularib. Tassilonis cap. 2. etc. *In publicum revocare*, fisco addicere, confiscare, in Capitul. 1. ann. 809. cap. 30. in Capit. 2. ejusdem anni cap. 1. lib. 3. Capitul. cap. 47. etc. Vide Vitam Aldrici Episc. Cenoman. pag. 22. 24. 25. et alibi : præterea Notas ad Alexiadem pag. 262. [** Murator. Antiq. Ital. med. ævi tom. 1. col. 968.]

Impublicare, In *publicum*, seu fiscum redigere, confiscare. Charta Desiderii Regis Longobard. in Bullario Casinensi tom. 2. pag. 8 : *Et dum ad aures Excellentiæ nostræ pervenisset, fecimus eum apprehendere et in vincula mittere, et omnes res ejus, secundum quod edictum continet, paginæ Impublicare.* Vide *Publicare*, 2.

In Publico, Palam, *En public.* Capitula Caroli Magni lib. 1. cap. 81. [** 75.] : *Nec in Publico vestimenta lavare, nec berbices tondere habeant licitum*, in diebus Dominicis.

PUBLICUS, Judex publicus. Lex Longob. lib. 2. tit. 51. § 1. [** Liutpr. 63. (6,10.)] : *Et si talis persona fuerit quæ non habeat unde componat, tunc Publicus debeat eum dare pro servo in manu ejus cui culpam fecit, et ipse eidem serviat sicut servus.* Tit. 55. § 16. [** Liutpr. 121. (6,68.)] : *Tunc Publicus debet eum dare in manus mariti sui, etc.* Lib. 3. tit. 13. § 3. [** Guido 4.] : *Et hoc nullus Comitum aut Publicus potestatem habeat exigendi, nisi cum Misso Palatii Imperatoris.* Leges Luithprandi Regis tit. 110. § 2. [** 141. (6,88.)] : *Insuper et Publicus, in quo loco factum fuerit, comprehendat ipsas mulieres, et faciat eas decalvare.* Adde tit. 111. § 1. tit. 119. § 3. [** 142. 152. (6,89. 99.)] Leges Rachis tit. 3. § 1. [** 9.] etc. Vide *Judex publicus, Palatium, Publicanus, Villa.* [** Savin. Histor. Jur. Roman. med. tempor. tom. 1. cap. 5. § 126.]

¶ Publica Forma, Usu et consuetudine recepta, authentica. Charta ann. 1329. tom. 2. Hist. Dalph. pag. 223 : *Præmissa in notam recepta sic in Publicam formam redegi.*

¶ Publicæ Personæ, Quæ acta scribebant, leg. orphanotrophos, cap. de Episc. et Cleric. apud Pancirol. lib. 1. var. lect. cap. 77.

¶ Publica Scriptura vel *Forensis*, Quæ fiebat, vel inserebatur actis, l. comparationes, cap. de fide instr. etc. ibid. Vide *Publicare.*

¶ **PUCABINA**, pro *Pictavina*, ut recte monet *Secousse*, in Consuet. Vernolii ann. 1365. inter Ordinat. Reg. Franc. tom. 4. pag. 644.

PUCATRIX, Ξάντρια, in Gloss. Gr. Lat. [In Cod. Sangerman. *Putatrix* : at legend. censet Vulcanius *Fucatrix.*]

PUCCIOLUM Vinum, Quod Latinis Lora seu aqua in vinaceis macerata, de qua Plinius lib. 14. cap. 10. ita Matth. Silvaticus.

¶ **PUCELLA**, Virgo, a Gall. *Pucelle.* Charta ann. 1494. ex Tabul. Massil. : *Quod duæ Pucellæ sive virgines præsentis civitatis Massiliæ bene ornatæ ponentur in logia domus villæ. Puceleite*, in Poëmate *de la Rose* MS. :

Toutes herbes, toutes floreites
Que valletons et Pucceleites
Vont en printens és bois cuellir.

* *Pucelle*, Famula honoratior, pedisequa, vulgo *Femme de chambre*, in Testam. Helvid. uxor. Joan. dom. de Insula ann. 1274. ex Chartul. Vallis N. D. : *Après je lais à Leurence ma Pucelle douze livres de Parisis.* Vide *Puella* et *Puericelluli.*

PUCILLAGIUM, sive *Virginitas*, apud Bractonum lib. 3. Tract. de Corona cap. 21. § 13. cap. 28. § 2. ex Gallico *Pucellage*, quasi *Puellagium*. [Hinc in vet. MS. inter Plac. Mich. ann. 19. Edwardi III. apud Th. *Blount* in Nomolex. Anglic. *Puellagium* idem quod *Pucellagium* sonat : *In placito pro raptu, sic continetur.... quod ipsam de Puellagio suo felonice et totaliter defloravit.*] Alii a *Pulchellula* vocem *Pucelle* deducunt, quomodo Italis *Pulcella* et *Pulzella*, est virgo.

* **PUCINUS**, Pullus, a vet. Gallico *Pucin*, vulgo *Poussin*. Charta ann. 1281. in Chartul. Cluniac. ch. 347 : *Durandus* (debet) *duos Pucinos censuales cum taillia alta et bassa. Geline, ne Pucin, ne chapon, etc.* in Lit. ann. 1259. tom. 4. Ordinat. reg. Franc. pag. 390. Vide *Pulcinus.*

¶ **PUCTA**, pro *Puncta*, Lingua terræ, Gall. *Pointe de terre*. Charta ann. 1192. ex Cod. MS. Biblioth. D. Abbat. *de Crozat : Quod omnes rippæ illæ sicuti tenent a porta quæ dicitur Vitalis Carbonelli usque ad Puctam, quæ est subtus pratum, ubi Brassellum conjungit cum Garona, erant publicæ.*

* **PUCZUM**, Collis, mons, idem quod *Podium* 3. Charta Steph. abb. Casin. ann. 1224. tom. 1. Hist. ejusd. monast. pag. 137. col. 2 : *Præterea concessimus tibi..... a prima parte vallem de Monachis, a secunda Puczum d'Oliveto cum valle stricta.*

* **PUDENDAGRA**, Sic vocat luem Hispanicam Auger. Ferrerius, in Tract. de eadem, cui præiverat Carper. Torella. Hæc ex animadv. D. *Falconet.*

¶ **PUDENTIA**, αἰσχύνη, in Gloss. Lat. Gr. in Cod. Reg. *Pudor, verecundia.* Gloss. Lat. Gall. Sangerman. ex Johan. de Janua : *Pudentia, Vergoingne.*

PUDHEPEC, Nemoris cæsio, in Legibus Henrici I. Regis Angl. cap. 38. ubi legendum *Wdhepec* censet Spelmannus, ex Saxon. wdu, et wde, *silva*, et pec, *cæsio* : picum enim avem, quæ arbores inscindit, *spe*, vocant Angli, uti et segmenta, quæ in sarciendis calceis sutores appingunt. Nam licet *Pudhepec* præferant MSS. id natum putat ex affinitate literæ P. cum w. Saxonico. [** *Wudehewet* in Edit. Thorp. a wudu, lignum, et heawan, cædere, secare, unde wudu-heawere, ligni cæsor, in Bibl. Anglos. Deut. 29, 11.]

PUDIMENTUM, Αἰδοῖον, *Pudendum, penes*, in Gloss. Gr. Lat. et Lat. Græc.

¶ **PUDIOLUS**, pro *Podiolus*. Vide *Podium* 2.

¶ **PUDITUS**, pro *Putidus*, in Gloss. Isid. Vide supra *Blenones.*

¶ **PUDOR**, pro Putor, fetor, Gall. *Puanteur.* Gesta Episcop. Cenoman. apud Mabill. tom. 3. Analect. pag. 246 : *Ejus namque* (Abraham Vicedomini) *ut fertur, sepultura tota in circuitu per octo dies ardebat, et tota terra in circuitu flamma et igne consumebatur, et ingenti Pudore totum illud monasteriolum replebatur.* Formula 14. ex Baluzianis : *Non est homo, hic miser talis latrat, sed non ut canis,.... fleumas jactat in Pudore, etc.*

PUDORATUS, *Pudore suffusus; expudoratus, extra pudorem positus.* Joannes de Janua. [Eccli. cap. 26. v. 19 : *Gratia super gratiam, mulier sancta et Pudorata.* Litteræ Philippi VI. Reg. Franc. ann. 1328. tom. 10. Spicil. Acher. pag. 207 : *Imitantes Pudoratos filios Noë qui patris verecundiam nequeuntes æquanimiter tolerare, etc.* Vide *Pudorificus.*]

* Nostris *se Hontoyer*, Pudore suffundi, erubescere, vulgo *Avoir honte, rougir.* Lit. remiss. ann. 1389. in Reg. 136. Chartoph. reg. ch. 200 : *L'exposant soy veant mener deshonnestement en prison, se Hontoya, etc.* Aliæ ann. 1402. in Reg. 157. ch. 150 : *Lequel Perrin en oyant Vespres, par contrainte de nature, esternua une fois bien hault, dont il se Hontoya, et pour ceste cause.... s'en yssi hors de l'église.* Ubi reverentiæ causa *Esternuer*, pro Pedere, dictum puto.

PUDORIFICARE, [Pudore suffundere.] Leges Baronum Scoticor. seu Quoniam Attachiamenta cap. 47. § 7 : *Quam terram teneri clamat hæreditarie de Domino Rege... unde eum deforciasti, Pudorificasti, et damnificasti ad valorem talis summæ.* Hinc

¶ **PUDORIFICUS**, ut *Pudoratus*, in Litt. ann. 1378. tom. 6. Spicil. Achér. pag. 42 : *Urget Pudorificæ sponsæ Christi calamitas.*

PUDOROSUS, Gloss. Gr. Lat. : Αἰδημονῶν, *Modestus, Pudorosus, verecundus, pudens.*

PUDUCLARE, Peduclare, Pediculis purgare, pediculos abstergere a vestibus. Glossæ veteres, editæ ab H. Stephano pag. 336 : *Pediculo*, φθειρίζω, *Peduclat*, φθειρίζει. Ubi φθειρίζειν, non idem est quod φθειριάω, *pediculis scateo*; sed *pediculis purgo.* Sic in iisdem Glossis *Pulico*, ψυλλίζω, redditur, hoc est *pulicibus purgo.* Gloss. Græc. Lat. : Φθείρ, *peduculus* : φθειριάριος, *peduculosus* : φθειρίασις, *peduculatio* : φθειρίζω, *peduculo.* Ita in MS. unde fortassis apud nos *Esplucher*, quod idem sonat : nisi probabilior videatur eorum sententia, qui a pelliculis, seu pelliciis, quas *peluches*, et *pluches*, nostrates vocabant, accersunt, quas qui vellicant et abstergunt, *esplucher* dicuntur. Regula Magistri cap. 81 : *Habere debent fratres in hieme paraturam grossam quotidianam stamineam, et tunicam aliam nocturnam, quam post nocturnos Puduclent, quia in die diversis occupantur laboribus.* Hic hæret eruditus Glossator. Vide Casaubonum ad Theophrasti characteres pag. 326. et supra *Expediculare.*

¶ **PUEGA**, Funis nautici species. Informat. de passagio transmar. ex Cod. MS. Sangerm. : *Item debet habere ipsa navis duas Puegas et* VI. *gratillos et sarciam subtilem, etc.*

¶ **PUELLA** nude, pro Puella honoraria. Testam. Ermentrudis in Liturg. Gall. pag. 463 : *Vinea quam Vincimalus in monte Vultoricino colit, et Puella, nomine Sunnechilde, et ancilla nomine Iveriæ.... habere jubeo.*

¶ Puellæ Faustinianæ, in numismate aureo et argenteo Faustinæ matris quod exhibet *Vaillant* tom. 2. Numismat. præstant. pag. 174. His lucem affert Capitol. in Antonino Pio : *Puellas alimentarias in honorem Faustinæ Faustinianas constituit.* Idem in Marco Aurelio : *Novas Puellas Faustinianas instituit in honorem uxoris mortuæ.* Ejusdem conditionis erant *Puellæ Mammæanæ* quas instituit Alexand. Severus. Inscript. apud Gruter. 1084. 7. meminit *puerorum Puellarumque Ulpianorum* in honorem Trajani institutorum. Vide Vandal. Dissert. 1. cap. 11. pag. 164.

¶ Puella Illustris inscribitur Catharina Imperatrix CP. in Charta ann. 1301. ex Cod. Colbert. 2591 : *Excellentissima ac nobilissima Katherina Dei gratia Imperatrix Constantinopolitana Illustris Puella, etc.*

Puella, Cognominatus Guillelmus Abbas Fiscanensis *pro decore*, inquit Ordericus Vitalis lib. 11. Huc refer versus sequentes :

Dum dubitat natura marem faceretne Puellam,
Factus es, ô pulcher, pene Puella puer.

¶ **PUELLARE**, Monasterium puellarum. Tabular. S. Benedicti Floriac. : *Cæterorum omnium medietatem cum ecclesia volo donetis sancto Andochio Puellare ad lumen.*

* **PUELLARIA**, Cantilena amatoria, Gall. *Air tendre.* Comœd. sine nomine act. 6. sc. 20. ex Cod. reg. 8163 : *Haud procul hinc terminata harundine cerno pastorem* (canentem) *duabus tibiis Puellariam.... O mi pastor, qui leniter Puellariam canis?*

¶ **PUELLARIUS**, παιδεραστής, in Gloss. Gr. Lat. MS. Perperam in edito *pullarius.* Fragm. Petronii : *Imo etiam Puellarius erat, omnis Minervæ homo.* [Vide *Puerarius.*]

¶ **PUENCHATGE**, Idem forte quod *Puginata.* Tabul. Vosiense fol. 79 : *Damus Deo et S. Petro Vosiensi in manu domini Ademari abbatis tres minas de Puenchatge de la Comba de bracchar, etc.*

* Præstationis species potius videtur, quæ an ex officio, quod *Puchage* appellabant, reddebatur, haud satis scio. Confirmat. privil. urbis Cadom. ann. 1466. in Reg. 202. Chartoph. reg. ch. 51 : *Item peuent les bourgois* (de Caen) *donner..... l'office du Puchage et descharge du set, estant es vaisseaux en la riviere, pour le mettre en grenier.*

¶ **PUEPLARE.** Vide *Præplare.*

PUER, Homo famulus cujuslibet ætatis, subditus : quomodo apud Athenienses παῖδας servos et famulos appellatos docent Ammonius in παιδίσκη, et Moschopulus lib. περὶ σχεδῶν pag. 135. S. Ambrosius de Abraham lib. 1. cap. 9 : *Pueros dicimus, quando servulos significamus, non ætatem exprimentes, sed conditionem.* [Vita S. Domini Loricati sæc. 6. Bened. part. 2. pag. 150 : *Puer quidam despicabilis, qui ad exsequendum quodcumque negotium in administratione remansit, etc.*] Ita utuntur interpres Biblior. Gen. 24. etc. S. Augustinus lib. 16. de Civitat. Dei cap. 2. Lex Burgund. tit. 49. § 4 tit. 76. § 1. 4. [Lex Ripuar. tit. 53. § 2.] Lex Salica tit. 14. § 6. Gregorius Turon. lib. 2. Hist. cap. 2. 24. 37. lib. 5. cap. 3. lib. 6. cap. 2. lib. 1. Mirac. cap. 78. lib. 2. cap. 16. de Glor. Conf. cap. 66. de Mirac. S. Martini cap. 29. Paulus Warnefrid. lib. 3. de gestis Longobard. cap. 8. 12. Leges Luitprandi Regis Longob. tit. 108. § 1. [** 138. (6,85.)] Aimoinus lib. 1. Hist. Franc. cap. 10. 12. lib. 2. cap. 6. 11. 15. lib. 3. cap. 40. Brompton. ann. 1009. et alii passim. Vide *Puerile decus.*

¶ Puer Ministerialis expressius dicitur in Fragm. Epist. Pelagii I. PP. apud Baluz. tom. 5. Miscell. pag. 466 : *Nec enim ejusdem æstimationis est artifex et ministerialis Puer contra rusticum vel colonum.*

Pueri, dicti filii Principum. Vide in voce *Infantes.*

¶ Puer, Miles. Gregor. Turon. lib. 2. Histor. c. 11 : *Procedant duo de nostris in campum, et ipsi inter se confligant. Tunc ille cujus Puer vicerit, regionem sine certamine obtinebit.* Infra : *Confligentibus vero Pueris, pars Vandalorum victa succubuit; interfectoque Puero, placitum egrediendi Transimundus spopondit.* Vett. aulæa Bajoc. : *Hic Odo Episcopus baculum tenens confortat Pueros;* id est, decertantes excitat.

Puer, pro Mancipio occurrit non semel in Diurno Roman. c. 6. tit. 14. 16. 17. 18. c. 7. tit. 16.

Puer, Filius, quomodo Gallis *Enfans* dicuntur. Gregorius Turon. lib. 6. Histor. cap. 35 : *Nuntiatur Reginæ Puerum, qui mortuus fuerat, maleficiis et incantationibus fuisse subductum.* Wichbild Magdeburg. art. 91 : *Occidatur si unus, quam tres vel plures haberet Pueros, etc.* [** German. *Kinder.*] Occurrit ibi pluries. Charta ann. 1080 : *Pantaleon de Britolio... cum uxore sua Aadela, et tribus Pueris suis, videlicet Petro, etc.* [Charta Johannis primogeniti Philippi VI. Reg. Fr. ann. 1346. apud Ludewig. tom. 5. Reliq. MSS. pag. 450 : *Nos erimus verus et legalis amicus nostri carissimi et boni dilecti fratris, domini Caroli de Bohemia, Dei gratia Regis Romanorum, et Puerorum suorum præsentium et futurorum.*]

* Puer, pro Puella. Mirac. S. Cuneræ tom. 2. Jun. pag. 566. col. 2 : *Puer quidam in Trajecto, filia oppidani cujusdam, contracta, etc.* Sed et Latini ea voce utuntur, ni fallor, eodem significatu.

¶ Pueri, Dicti Clerici minores. Charta Girberti Episc. Paris. ann. 1122. apud Lobinell. tom. 3. Hist. Paris. pag. 59 : *Signum Girberti episcopi, Berneri decani, Adæ præcentoris,... Petri subdiaconi, Alberti subdiaconi, Anselli Pueri, Andreæ Pueri, Manassæ Pueri.* Occurrit rursum in Charta ann. 1133. ibid. col. 2. Huc etiam spectat Capitul. Aquisgr. c. 70 : *Et ut scholæ legentium Puerorum fiant. Psalmos, notas, cantus, compotum, grammaticam per singula monasteria vel episcopia discant.... Et Pueros vestros non sinite eos vel legendo vel scribendo corrumpere.*

* Ita quoque aliquando appellati diaconi et subdiaconi, quia *seniores* soli presbyteri nuncuparentur. Charta ann. 874. apud Murator. tom. 1. Antiq. Ital. med. ævi col. 832 : *Primum quidem offero ipsi ecclesiæ ad deserviendum et laudem Domino reddendum Pueros hos, qui subter leguntur. Hæc sunt nomina eorum : Johannes diaconus.... et alius Johannes subdiaconus,..... Liutprandus subdiaconus,.... Emepertus clericus, etc.*

¶ Pueri Boni, Scholares pauperes. Charta ann. 1377. apud Miræum tom. 1. pag. 783 : *Post varias considerationes habui specialem devotionem ad opus pium, et ut spero fructuosum faciendum, videlicet unam domum pauperum puerorum scolarium, qui in aliis locis Boni Pueri, et vulgariter* Bons Enfans *nuncupantur.*

¶ Pueri Doctrinæ, Eadem notione, qui in Collegio, quod *Domum doctrinæ* vocant, instituuntur. Vide Limborch. Hist. Inquisit. lib. 4. c. 41.

Pueri Monasterii, Symphoniaci. Vide supra in *Infantes.*

* Pueri Altaris, Pueri symphoniaci, Gall. *Enfans de chœur.* Obituar. eccl. Camerac. MS. fol. 1. v° : *Acceptavimus institutionem cujusdam commemorationis B. Virginis Mariæ fiendæ singulis diebus Sabbati.... per magistrum, cum sex Pueris altaris suo regimini commissis.* Vide in *Infantes.*

* Pueri in Albis, Eadem notione. Vide supra in *Alba* 3.

* Pueri Claustrales, Qui a teneris annis monasterio offerebantur et in claustro educabantur, iidem qui *Oblati, Nutriti.* Vita S. Berth. tom. 6. Jul. pag. 483. col. 1 : *Quod residuum fuit, ad pueros claustrales afferens interrogat, si quod psalterium ad præsens haberent decantare?* Ordinar. MS. S. Petri Aureæ-val. : *Pueri claustrales et bachalarii descendant in fine scallæ dormitorii, etc.*

PUERALIS, Pueralius, κατάπαις, in Gloss. Gr. Lat. [in Cod. Sangerm. *Puerilis.*]

¶ **PUERARIUS**, παιδεραστής, φιλόπαις, in Glossar. Latino-Græco.

¶ Puerarius, adject. Puerilis. Guibertus in Vita sua lib. 1. cap. 14 : *Tandem matri rem prodidi, quæ Puerariam levitatem verita, tanta ab hoc proposito me ratiocinatione rejecit, etc.* Idem lib. 3. cap. 12 : *In Andegavensi urbe femina quædam erat, quæ puellula nupserat, in qua Pueraria ætate annulo quæ digitulo inseruerat, etc.*

PUERASTER. Gloss. Græc. Lat. : Ἀντίπαις, *juvenis, Pueraster.*

PUERICELLULI, Camerarii, cambellani, seu qui vulgo Gallis, *Valets de Chambre* dicuntur. Vita S. Fructuosi num. 2 : *Cumque aliquanto tempore sub illius degeret regimine, provenit, ut quodam die possessionem Ecclesiæ ingressi, ipsius præuntes Puericelluli, cum ei ad manendum hospitium præparassent, etc.*

¶ **PUERIGER**, Pueros generans. Fulgent. Mythol. lib. 1 : *Semina Puerigera visceribus infundere.*

* **PUERILE** Decus, Puerorum honorariorum turma, Gall. *Pages.* Ermold. Nigell. in Ludov. Pio tom. 6. Collect. Histor. Franc. pag. 60. lib. 4. vers. 478 :

Miranturque dapes Dani, mirantur et arma.
Cæsaris, et famulos, et Puerile decus....
Hunc Puerile decus hinc inde frequentat et ambit.

PUERITER, In modum pueri. Historia Translat. S. Bathildis, num. 6 : *Et quia audierat dictum, quæ petieris puro corde, et non hæsitaveris, continuo consequeris : deprecatus est Pueriter, et consecutus est celeriter.*

¶ **PUERITIA**, Novitas, Gall. *Nouveauté.* Præceptum Ludovici VII. Reg. Franc. ann. 1157. inter Instr. tom. 6. Gall. Christ. novæ edit. col. 42 : *Ad quæ* (documenta) *renovanda, et quadam novæ scripturæ Pueritia convenustanda providus ejusdem ecclesiæ patronus et dignissimus Archiepiscopus Berengarius humiles nostræ serenitati preces porrexit.* Vide infra *Puerus.*

PUEROSUS, παιδικός, in Gloss. Gr. Lat.

* **PUERPERA**, *Partus puellæ quæ primum masculum generat.* Glossar. vet. ex Cod. reg. 7641. Aliud Lat. Gall. ex Cod. 7692 : *Puerperia, Enfanterresce.*

PUERPERIUM, Partus, fœtus. Abdias Babylonic. lib. 3. Hist. Apost. pag. 37 : *Crede nunc Jesum Christum Filium Dei, et projice Puerperium : veruntamen mortuus egredietur, quod indigne concepisti. Hæc ut mulier credidit, egredientibus cunctis de cubiculo, projecit partum mortuum; et ab omnibus laboribus liberata est.* [Vox nota Suetonio.]

* Nostris *Puerpre*, eodem sensu. Lit. remiss. ann. 1378. in Reg. 113. Chartoph. reg. ch. 369 : *Icelle Marguerite après son enfantement, fu agrevée de maladie et morut en gisant en Puerpre.*

¶ Puerperium, Os uteri, apud Burchardum Wormac. de Pœnit. lib. 19. fol. mihi 278. v° : *Fecisti quod quædam mulieres facere solent? Tollunt piscem vivum, et mittunt eum in Puerperium suum, et tamdiu eum ibi tenent, donec mortuus fuerit, et decocto pisce vel assato, maritis suis ad comedendum tradunt, etc.*

¶ Puerperium quid sit in Ordinar. Eccles. Lexoviensis, exponitur ad diem Nativit. Domini : *Ante majus altare Puerperium ponitur, scilicet quædam toualia super coissinum et textus eburneus.*

* Puerperium, *Puer generans, vel infra annos. Puerperium, partus cum puer nascitur primogenitus.* Glossar. vet. ex Cod. reg. 7641.

* **PUERPERUM**, *Lo logo del puto in ventre.* Glossar. Lat. Ital MS.

¶ **PUERUS**, adject. Novus, recens, juvenilis, puerilis. S. Paulinus de S. Felice Natal. 10 :

Fronte juventutis tegitur fucata senectus :
In Pueram faciem veterana refloruit ætas.

Vide *Pueritia.*

¶ **PUGA**, Collis, eadem notione qua *Podium* 3. Vide in hac voce. Notitia ann.

832. in Append. ad Marcam Hispan. col. 769 : *Et inde vadit ipse terminus per rigo Ferrario usque ad ipso Palaciolo a Castellano condam ædificato, et ascendit in Pugas et super Clota Boso.* Vide *Puialis* et *Pujus.*

PUGIL, *Campio*, in Foris Bigorrensibus art. 20. Tabular. S. Germani Paris. sub Hugone : *Godefridus quidam de sancto Germano Pugilem suum Robertum et suos obsides coram assistente multitudine nobis exhibuit. Godefridus vero de Braviler neque pugilem, neque obsides suos exhibuit, nec ea die comparuerunt in Curia nostra, propter quod ei diximus, ipsum decidisse a causa.* Vide *Campio.*

* Glossar. vet. ex Cod. reg. 7641 : *Pugil, pancratiarius*, πύκτης. *Pugil conducticius*, qui pro alio certamen et duellum suscipiebat, in Libert. Clarimont. ann. 1248. tom. 5. Ordinat. reg. Franc. pag. 600. art. 6. Vide supra in *Campiones.*

¶ Pugil, adject. Athleticus, robustus, validus, in Chron. Trivetti ex Epist. Petri Blesens. tom. 8. Spicil. Acher. pag. 434 : *Arcuati pedes, equestres tibiæ, thorax extensior, lacerti Pugiles, virum fortem, agilem et audacem denuntiant.*

PUGILARE, Duello contendere. Guibertus lib. 3. de Vita sua cap. 14 : *Is contra datis vadibus bello eum Pugilaturus impetiit.*

¶ Pugillari, Pugnis, seu pugilis more luctari. Apuleius de Deo Socrat. : *Itidem si Pugillari valide velis, brachia vegetanda sunt, quibus Pugillatur.*

¶ **PUGILATOR**, παγκρατιαστής, in Gloss. Lat. Gr. Pugil. Arnobius lib. 1 : *Tyndaridæ Castores, equos unus domitare consuetus, alter Pugilator bonus, et crudo inexpugnabilis cæstu.*

PUGILLARES, inter ministeria sacra, quæ Pontifici ad stationem procedenti præferebantur, recensentur : quos eosdem esse censet Panvinius cum fistulis aureis vel argenteis, quibus Fideles sacrosanctum Christi Sanguinem hauriebant, quarumque solus Romanus Pontifex usum adhuc observat. In ea sententia est perinde Cassander in Liturgicis pag. 53 : *Inter instrumenta sacra, quæ Pontifici ad stationem procedenti præferebantur, numerantur Pugillares aurei sive argentei. Videtur autem ea ætas Pugillarium nomine intellexisse stylos sive graphia, sive etiam pennas vel calamos, et ex hac similitudine fistulas sive cannas, quibus sanguis a Dominico calice exsugebatur, cum proprie Pugillares sint ipsæ tabulæ in quibus scribi consuevit, quæ Græce* πινακίδια dicuntur. Ordo Romanus : *Archidiaconus accepto de manu illius calice, refundit in scypho.... et tradit calicem Subdiacono regionario, qui tradit ei Pugillarem, cum quo confirmet populum.* Alibi : *Aquammanus, patenam quotidianam, scyphos et Pugillares, et alios aureos, et gemelliones, etc.* Rursum : *Hoc officio, juxta altare peracto, et Pugillari cum quo confirmetur populus per Subdiaconum regionarium jam accepto, etc.* Alio loco : *Patenæ, calices et scyphi, atque Pugillares aurei et argentei, amulæ argenteæ, etc.* [Gloss. Lat. Gr. *Pugillares*, δέλτοι πινακίδες. Consule Cardin. Bona in Liturg. Vide præterea *Canna argentea* in *Canna* 4. *Nasus*, et Martinii Lex.]

Pusillaris, pro *Pugillaris*, Eadem, ni fallor, notione. Charta Heccardi Comitis Augustodunensis, ex Tabulario Persiacensi in Burg. pag. 26 : *Una furcella aurea cum Pusillares duos, et illo balteo minore cum gemmis, etc.*

PUGILLARIUS, Pugillares, [Gallice *Tablettes pour écrire.*] Synodus Hibern. [tom. 9. Spicil. Acher. pag. 24 :] *Pugillarius sit* (Princeps) *ad scribendum*, [*liber sit ad legendum, speculum sit ad conspiciendum, etc.*]

PUGILLATA, Quantum pugillo continetur, Gall. *Poignée.* Ceremoniale Romanum Cencii Cardinalis : *Electus accipit de gremio Camerarii tres Pugillatas denariorum, et projicit dicens, etc.*

¶ **PUGILLATOR**, *Qui de manu in manu nummorum aliquid subtrahit.* Gloss. MSS. Sangerm. num. 501. *Poingneur*, in Statuto ann. 1320. tom. 2. Ordinat. Reg. Franc. pag. 581. dicitur qui ex officio moruas computant, quæ binæ numerantur, quod nostri *Poignée de moruë* vocant : *Li quatre preud'hommes qui gardent le mestier, doivent mettre et establir les conteurs et les Poigneurs.*

PUGILLONES, *Pugillatores*, in Gloss. Isid.

1. **PUGILLUS**, Modus agri. Tabular. Casauriense : *Terram petiam unam per mensuram quartarum sex, et aliam petiam per mensuram sextarium unum, et Pugilos sex.* Passim in hoc Tabulario. [Chronic. Farf. apud Murator. tom. 2. part. 2. col. 457 : *Item in territorio Asculano in una petia ad Subvenam modiorum* VIII. *in alia sextarios* VIII. *et Pugillos* III. *in alia Pugillos* VI. *in alia sextarios* VI. *et Pugillos* VI. *Omnes insimul modia* XV.] Vide *Pugneriata.*

* Nostris *Pongnel*, eadem significatione. Charta ann. 1336. in Chartul. Regalis-loci part. 1. ch. 91 : *Un Pongnel de terre, trois Pongneus de pré, etc.* Vide supra *Poignellus.*

2. **PUGILLUS**, vel Pugillum, Alia notione, apud Laurentium de Leodio in Histor. Episcop. Virdunensium pag. 288 : *Sub eo ista Ecclesia amisit tria pretiosa pallia, duas magni pretii cappas, duo candelabra argentea sex marcarum, foratagia* (foragia) *vini civitatis, et Pugillum.* [Necrolog. Eccl. Tullensis, ubi de Gerardo II. Episc. : *Gerardus electus Tullensis dedit medietatem Pugilli ipsius civitatis.* Idem videtur quod jus mensuræ vel *moltæ*, Pensitatio scilicet quam a vassallis exigit dominus pro frumenti mensura vel molitura in molendinis suis. Vide in *Puginata* et *Pugnanderia.*]

PUGINATA, Pugneia, *Pugillata*, Gallis nostris *Poignée.* Vetus Martyrologium S. Catharinæ de Valle Scholasticorum Parisiens. : *Item pro animabus omnium servientium Regis arma gerentium, pro quibus, et ad quorum petitionem Ecclesia nostra cœpit ædificari, prout in litteris Episcopi plenius continetur : proinde dicti servientes de voluntate dicti Regis ordinaverunt inter se, ut quilibet Serviens Regis arma gerens, qui tunc erat, et etiam futurus, daret nobis in eleemosynam, quamdiu viveret, et Regi serviret, Puginatas suas, videlicet in qualibet quarta decima per anni circulum quatuor denarios, hoc est per annum decem solidos, et quatuor denarios. Hoc autem dederunt nobis ad sustentationem unius fratrum nostrorum, qui pro servientibus, qui jam decesserant, et post decedentibus cotidie unam Missam de Requiem in Ecclesia nostra celebraret.* Diarium Thesauri Regii incipiens ann. 1297. 12. *Junii an.* 1300 : *Nomina Militum de Consilio Regis, a quibus retinuimus Pugneias, quando solvimus eis vadia sua Parlamentorum, quas non reddidimus usque nunc.* Ordinatio Hospitii S. Ludov. Regis ann. 1261 : *Valleti cameræ, quilibet 6. den. per diem, unam prebendam avenæ loco liberationis et Pugneiarum.... et vult Dominus Rex, quod omnes Pugneiæ erogentur ad voluntatem ipsius per manum Eleemosynarii.* Occurrit ibi pluries. In Computo Barthol. *du Drach* Thesaurarii Guerrar. ann. 1339. et 1340. crebri articuli, qui *Militem*, aut *Scutiferum* spectant, his verbis clauduntur : *Sommes des gages, etc. et il a eu par 6. lettres compt. en droitures et Poignies 230. livres, etc.*

☞ Ex his minime obscurum est per *puginatas* vel *pugneias* significari aliquid ex iis rebus, quæ in aula regia ministrantibus nomine *liberationis* suppeditabantur, maxime vero ea voce indigitari opinor candelarum fasciculos quos *Poignée de chandoille* constanter vocat Philippus V. in Statuto pro Hospitio suo ann. 1317. ex Cod. MS. Sangerm. : *Le Chancelier... aura livraison de chandoille*, I. *septein*, I. *cinquein*, II. *quayers et une Pongnée de menue chandoille.* Infra : *Les Chapelains.... auront tous trois livraison de chandoille*, II. *quayers et une Poingnée de menues.* Rursum : *Les Sergens d'armes.... n'auront que* III. *quayers et demi Pongnée de menue chandelle.* Pluries ibi.

☞ Aliud sonat vox *Puignere* in Consuet. Baion. tit. 23. art. 10. Ibi enim accipitur pro ea farinæ parte trium scilicet librarum, quæ molitori ratione salarii debetur : hæc *la dix-huitieme Puignere de la conque* dicitur loco laudato. Vide *Poinanderia*, *Pugillus* 2. et *Pugnanderia.*

¶ **PUGINUS**, Pullus, Gall. *Poussin.* Codex censualis Castellionis Dombensis ann. 1463 : *Debet unum Puginum et quartam partem alterius Pugini.* Vide *Pulcinus.*

¶ **PUGIO**, Acumen, Gall. *Pointe.* Elmham. in Vita Henrici V. Reg. Angl. edit. Hearnii c. 64. pag. 177 : *Instrumenta vero ferrea quæ triplici Pugione calcancium pedibus minabantur dispendia, istac sepultis tabulis infixa, illac in tellure fuerant non rara vicinitate plantata.* [** De Pugionum usu vide Murator. Antiq. Ital. med. ævi tom. 2. col. 519.]

* **PUGISSA**, Monetæ Gallicæ minutioris species, eadem quæ *Pogesia.* Vide in hac voce. Charta Steph. episc. in Chartul. S. Mart. Augustod. : *Unus denarius solus, sive tres oboli, seu septem Pugissæ, presbyteri sunt.*

PUGIUM, Collis. Vide *Podium* 3.

¶ **PUGIUS**, ut *Pulcinus*, pullus, in Cod. censuali Calomontis. Vide *Puginus.*

* **PUGLOLIUM**, Foramen, Gall. *Trou.* Stat. Taurin. ann. 1360. cap. 66. ex Cod. reg. 4622. A. : *De Puglolio et clavo desuper Puglolio ponendo in instrumento, quo mensuratur vinum. Item statutum est quod judex seu rector teneatur inquirere sextarium, quo*

mensuratur vinum; et in quolibet sextario poni facere Puglolium, et cum vinum exire potest per Puglolium seu foramen ipsius, intelligatur recte mensuratum; et intelligitur de vino claro; de musto vero debeant Puglolia seu foramina cooperiri.

¶ 1. **PUGNA**, Pugni ornamentum, Gallice *Poignée.* S. Audoenus in Vita S. Eligii apud Duchesnium tom. 1. pag. 629 : *Quotiens brachile aureum, Pugnamque auro gemmisque comptam sibi subripuit* (Eligius) *tantum ut miseris subveniret?* Alii *Pungam* legunt. Vide in hac voce. *Poingniau*, eadem, ut videtur, notione, in Computo ann. 1237. ex Bibl. Regia : *Pro duabus paraturis ad albas, et fanons, et Poingniaus,* VIII. *l.* v. *s.*

¶ 2. **PUGNA**, f. pro *Punga*, a verbo *pungere*, instrumentum aliquod in acumen desinens, quo *cappæ* aliæque vestes clauduntur. Inventar. ornament. Eccl. S. Victoris Massil : *Duas tunicas pontificales de samito rubeo et claudantur Pugna, cum cordela viridi, cum acu argenteo.*

3. **PUGNA**, Duellum, monomachia, seu judicium duelli. Lex Longobard. lib. 2. tit. 55 : *In quibus causis Pugna prohibeatur, vel fieri debet.* Passim toto titulo. [** Roth. 164. sqq.] Adde lib. 1. tit. 9. § 23. tit. 25. § 49. 51. lib. 2. tit. 35. § 5. [** Liutpr. 118. (6,65.) 11. (2,5.) 56. (6,3.) Grim. 4.] Capitula Ludovici Pii ann. 824. cap. 9 : *Quod si nulla pars alteri cesserit, jurent et Pugna probetur illorum testimonium.* Charta Widonis Imper. ann. 892 : *Sicque in omnibus rerum Ecclesiarum causis, quibuscumque legali disceptatione tantum exorata fuerit, ut Pugna aut testibus dirimatur,* apud Ughellum tom. 2. pag. 122. [Charta ann. 1115. apud Murator. delle Antic. Estensi pag. 314 : *Dicendo quod prænominata capella cum omnibus prædictis rebus pertineret ad ecclesiam S. Justinæ de civitate Padua per cartulam unam,.... et partem ecclesiæ S. Zachariæ eam disvestisse, et inde Pugnam velle se facere dicebant.*]

¶ Punna, Eadem notione, in Notitia ann. 971. apud eumd. Murator. ibid. pag. 152 : *Tunc interrogati fuerunt, si hoc adprobare voleret per Punna, quod ipsa cartula falsam esset; ipsi dixerunt, quod ita voleret. Tunc per judicum judicium dedit wadia jam dicto Martino per Punna clarisendum, qualiter ipsa cartula falsa eset. Et ipse Vivencius abvocatus eorum dedit wadia per Punna defendendum.... Ideo ecce me paratum cum Evangelia, et scuto, et fuste, eadem Punna faciendum, qualiter ipsa cartula falsa eset.* Ubi observanda quæ ad duelli ritus hic spectant. Plura vide in v. *Duellum. Poigneis, Pugneis,* apud Poetas nostrates, pro pugna, conflictus, ictus. Le Roman *de Vacce* MS. :

Renouf vit le grand Poigneiz,
Et vit les grans abateiz.

Le Roman *d'Athis* MS. :

Là ot estrange Poigneis,
Et de banches grant froisseis.

Le Roman *de la guerre de Troyes* MS. :

Tant parfu grans les Pugneiz,
Et des lances li ferreiz.

Ibidem :

Et por fere ses Pugneiz.
Avoit ses garnimens gerpiz.

¶ Pugnarum Expurgatio, *Duelli* emenda seu mulcta, quæ domino debebatur. Diploma Friderici Ducis Austriæ ann. 1243. apud Ludewig. tom. 4. Reliq. MSS. pag. 226 : *Alias vero quascumque causas pecuniarias, sive prædiales, sive in personas, sive in damna, sive bannos, Pugnarum expurgationes, quaslibet obventiones, scilicet : losunge, ubervanch, gramlos, nocturnos dolos, haferban, in prædiis suis et personis officiales Ecclesiæ exequantur, ita ut actor semper forum rei exequatur.*

Pugnare, Duello rem dirimere, in Legibus Burgund. tit. 45.

¶ **PUGNABILIS**, Pugnax, bellicosus. Sallas Malaspinæ de Reb. Sicul. apud Baluz. tom. 6. Miscell. pag. 297 : *Cum hoc quidam Alkerucius de sancto Eustachio vir animosus et valde Pugnabilis, etc.*

* **PUGNALE**, Pugni ornamentum, nostris alias *Puignot.* Invent. MS. thes. Sedis Apost. ann. 1295 : *Item duo Pugnalia pro chirothecis.* Aliud Jocal. eccl. Camerac. ann. 1371. ex Tabul. ejusd. eccl. : *Une autre albe parée de unes parures batue à or .... et deux Puignos de le sieute.* Vide supra *Poignetus.*

* **PUGNALIS** Gladius, Pugio, sica, Ital. *Pugnale*, Gall. *Poignard*, vox a nostris alias varie expressa. Lit. remiss. ann. 1386. in Reg. 130. Chartoph. reg. ch. 171 : *Dictus exponens quendam suum gladium Pugnalem evaginavit, etc.* Aliæ ann. 1364. in Reg. 96. ch. 217 : *Petrus Ribante suo gladio, Gallice Poingal, percussit dictum Stephanum Ermengaudi de cuspide.* Aliæ ann. 1401. in Reg. 156. ch. 445 : *Le suppliant tira un Poignant ou dague, et d'icelluy fery ledit Guillaume un cop en la poitrine.* Aliæ ann. 1410. in Reg. 165. ch. 49 : *Icellui Peyre tira un coustel qu'il portait appellé Poingnal. Un coustel appellé Poingel,* in aliis ann. 1412. ex Reg. 167. ch. 87. Denique aliæ Lit. ann. 1477. in Reg. 206. ch. 1132 : *Pierre Faurre tira de sa seincture ung cousteau, dit Poignote.* Vide infra *Punhalis gladius.*

* Pugnalis Plumbata, Eadem quæ *Manualis.* Vide supra *Plumbatæ.*

PUGNANDERIA, Pugillata frumenti vel farinæ, quæ debetur Molendinario. Vide in *Formiscare.*

¶ Pugnatoria, Eadem notione, in Charta ann. 1414. ex Schedis Præs. *de Mazaugues;* Provincialibus etiamnum *Pouignadouiro.*

* 1. **PUGNATA**, Quantum pugno continetur, Gall. *Poignée*, alias *Pugnie.* Stat. Avellæ ann. 1496. cap. 46. ex Cod. reg. 4624 : *Si aliqua persona extraxerit.... aliena fresagia seu legumina, solvat de bampno pro qualibet Pugnata et qualibet vice denarios xij.* Lit. remiss. ann. 1401. in Reg. 156. Chartoph. reg. ch. 254 : *D'une Pugnie de gerbe,... que ladite femme cueilli en allant son chemin, bati sur les fesses d'icelles jeunes filles.* Vide supra *Poigneia.*

* 2. **PUGNATA**, Colaphus, Gall. *Soufflet, coup de poing*, alias *Poignée* et *Poingnée.* Charta ann. 1339. in Reg. 75. Chartoph. reg. ch. 335 : *Item de quadam Pugnata per ipsum data, ut dicitur, in personam Petri Vasconis.* Lit. remiss. ann. 1393. in Reg. 145. ch. 505 : *Icellui Vierges eust cinq buffes ou Poingnées.* Aliæ ann. 1399. in Reg. 154. ch. 687 : *Le suppliant donna à ladite femme deux Poingnées ou visage et la geta par terre.* Aliæ ann. 1414. in Reg. 168. ch. 85 : *Lequel procureur prist icellui Jehannin par les cheveulx et lui donna trois grosses Poignées sur son visaige.* Unde *s'Entrepoigner*, Pugnis sese invicem lacessere, in Lit. remiss. ann. 1478. ex Reg. 205. ch. 38 : *Le suppliant voyant son serviteur et icellui Janneret prestz à eux Entrepoigner pour eulx oultrager l'un l'autre, etc.* Vide infra *Pugnizari.*

PUGNEIA. Vide *Puginata.*

PUGNERIA, Annonariæ mensuræ species, idem forte quod *Puginata.* [Vasconibus *Pugnera lou gran.*] Regestum Delphinatus apud Dionysium Salvaingum Boissium lib. de Placito Dominico pag. 62 : *Item computat magis recepisse ab hæredibus Guill. Martini quondam, et qui hæredes faciunt anno quolibet Domino unum sestarium, et duas Pugnerias pro duplici censu pro præsenti anno, de quo computat 2. sestaria, 4. Pugnerias frumenti.* Occurrit ibi pluries. Vide *Pugnieria.* Hinc

PUGNERIATA, Modus agri apud Occitanos, unius *pugneriæ* sementis capax. Charta Occitana ann. 1300. ex Regesto Tabularii Regii : *Item ex venditione ipsis facta per Guillelmum Veladerium unam Pugneriatam terræ juxta bordam dicti Prioratus, etc.* Vide *Pugillus* 1. et *Punieyrata.*

* *Pugniere*, in Lit. remiss. ann. 1480. ex Reg. 207. Chartoph. reg. ch. 21 : *Icellui Durant fist reponse qu'il ne rendroit pas à icellui Jehan sa coignée pour six Pugnieres de blé.* Hinc *Pugnerade*, Modus agri, apud Graverol. in not. ad Arest. Rocheflav. lib. 2. tit. 7. arest. 6. pag. 207. Vide supra *Poingneria.*

¶ **PUGNIERIA**, ut supra *Pugneria.* Transactio inter Abbatem et Monachos Crassenses ann. 1351. ex lib. viridi fol. 53 : *Dare debet* (abbas) *unam libram farinæ frumenti, sed loco istius farinæ datur modo una Pugnieria pizorum.*

* **PUGNETA**, idem quod *Pugneria.* Charta ann. 1218. in Chartul. Cluniac. : *De furnis et de tribus Pugnetis.... priorem et conventum duximus absolvendos.* Paulo ante : *tres poinetas.*

* **PUGNETUS**, Eodem intellectu, nostris *Pugnet.* Charta ann. 1262. in Chartul. Thenol. fol. 29. v° : *Quinque Pugnetos bladi annuos, etc.* Alia Ingelr. de Couciaco ann. 1209. ex Chartul. S. Vinc. Laudun. ch. 229 : *Quælibet mansura de Ruschemont unum galetum seminis ad mensuram Mallen, et unaquæque mansura de Sarteaus tres Pugnez ad eandem mensuram continebit.* Lit. remiss. ann. 1450. in Reg. 176. Chartoph. reg. ch. 780 : *Le suppliant dist à Icellui Jehan : Quant vous feistes mener la derreniere voitture de vos biens, vous ne laissates riens, sinon environ ung Pugnet de blé.* Aliæ ann. 1449. in Reg. 180. ch. 25 : *Le suppliant dist à Ponsart Tholomé qu'il lui paiast trois Pugnetz de blé et ung Pugnet de feves qu'il lui devoit.* Vide mox *Pugnus,* 2.

¶ **PUGNIRE**, Pugnitio, pro Punire, punitio, apud Lobinell. tom. 2. Histor.

Britan. pag. 860. et Perard. in Burgund. pag. 338. et alibi passim.

* **PUGNIVIMUS**, Literæ, quibus judex ecclesiasticus declarat reum fuisse pœna merita punitum. Lit. remiss. ann. 1456. in Reg. 183. Chartoph. reg. ch. 156 : *Le suppliant comme clerc fut rendu à l'évesque de Paris, duquel il obtint Pugnivimus dudit cas.* Vide *Pugnire.*

PUGNIZARI, Pugnis cædi, in Vita S. Theodardi Archiep. Narbon. pag. 756.

* **PUGNO**, Pugio, Gall. *Poignard.* Tract. MS. de Re milit. et mach. bellic. cap. 142 : *Post equites armatos.... cirothechis et mattis in capite eorum plumbatis et Pugnone super discrimno.* Vide supra *Pugnalis gladius.*

¶ 1. **PUGNUS.** *Cum Pugno habere*, si mendum non est, forte idem sonat quod duello aliquid obtinere. Charta Henrici Comit. ann. 1312. apud Ludewig. tom. 1. Reliq. MSS. pag. 266 : *Nos Henricus... vendidimus honorabili.... preposito et conventui Ecclesiæ Riechenbergensis... unum mansum nostræ proprietatis... quem olim Conradus cum Pugno habuit.* [** Forte nomen viri *Conradus cum pugno.*]

* 2. **PUGNUS**, Annonariæ mensuræ species, eadem quæ supra *Pugnetus.* Charta ann. 1212. in Chartul. S. Joan. Laudun. ch. 74 : *Tres Pugnos frumenti super nemus et terram in territorio de Voana.* Vide supra *Pognus.*

* 3. **PUGNUS.** Pugnum Exponere, Supplicio, quo quis pugni abscissione mulctabatur, sese subjicere. Charta Joan. comit. Pontiv. pro commun. Abbavil ann. 1184 : *Item si quis armis aliquem vulneraverit, domus ejus a scabinis prosternetur, et ipse a villa ejicietur, nec villam intrabit, nisi prius licentia impetrata a scabinis; de licentia autem eorum villam intrare non poterit, nisi Pugnum misericordiæ eorum exposuerit.... Quod si pro paupertate solvere non poterit, misericordiæ scabinorum Pugnum exponet.* Quæ sic vernacule redduntur in Lib. albo domus publ. Abbavil. fol. 2. r°. : *Il ne porra entrer en le ville, se il n'ait mis sen Puing en le merchi d'aus;.... il mettra sen Puing en le merchi des eskevins.* Sexaginta solidorum mulcta, pugni amissione redimitur, in Inquisit. ann. 1268. ex sched. Pr. de Mazaugues : *Præconisatio facta erat, quod nullus caperet sirogrillos sub pœna lx. solidorum vel Pugni, si eos non possent solvere.* Hinc in Lit. ann. 1410. tom. 9. Ordinat. reg. Franc. pag. 586. art. 8 : *Iceulx forains seront banniz hors de nostredit pays de Flandres sur le Pointc.* Ubi leg. *Poing.* Cujus supplicii ingominiam reparare interdum a rege concedebatur, pugnum factitium substituendo, ut testantur Lit. remiss. ann. 1383. ex Reg. 123. Chartoph. reg. ch. 2 : *Comme Jehan Mauclerc, habitant de Senlis ait esté nouvellement condempné à perdre le poing destre dont il avoit feru un Flamment et un nommé Jehan le Brun, et en oultre à fouyr comme bany de nostre royaume;.... nous le remettons et restituons plenement en ycelui,.... et en ampliant ycelle grace, lui avons ottroyé et ottroyons d'abondant,.... afin que plus honnestement il puisse estre entre les gens en nostre dit royaume, que en lieu de sondit poing perdu, il puisse faire faire, ordonner ou composer de telle matière, comme bon lui semblera et faire se pourra, une maniere de main close ou estendue, ainsi comme bon lui semblera, et le restituons sur tout ce que dit est à sa bonne fame et renommée.* [** Vide Grimm. Antiq. Jur. Germ. pag. 705.]

* **PUJADA**, Collis, mons, idem quod *Podium* 3. Inquisit. ann. 1268. ex sched. Pr. *de Mazaugues : Incipit ad Pujadam d'Aluis et protenditur usque ad, etc.* Vide *Puga.*

* **PUIALE**, Eodem intellectu. Charta admort. ann. 1415. in Reg. 168. Chartoph. reg. ch. 328 : *Pro una ayminata vineæ sita ad Puiale Raut, duos denarios Tolos.* Hinc *Puier*, pro Ascendere in montem, in Chron. S. Dion. tom. 3. Collect. Histor. Franc. pag. 312 : *Il chercha montaignes et valées si hautes et si périlleuses, que il sambloit que nus n'i peust Puier.* Vide *Puialis.*

¶ **PUIALIS**, Collis, ut *Podium* 3. Charta ann. 890. in Append. ad Marcam Hispan. col. 825 : *Concedo illi et omni suæ parrochiæ adempramenta et sua jura infra hos terminos, a colle scilicet de Spolla, et sicuti ascendit per ipsum Puialem de Beders, etc.* Vide *Puga* et *Pujus.*

¶ **PUJATORIUM**, ut *Puialis.* Inquesta ann. 1262. ex Tabular. Burdigal. : *Item dicimus quod a Pujatorio S. Michaelis usque ad esterium S. Crucis non fiant domus.*

¶ **PUJERA**, ut supra *Pugnanderia.* Chartar. Eccles. Auxit. : *Ut molerent in omnibus molendinis quos habeo sine Pujera, nec darent inde pretium.*

¶ **PUIFICATIO.** Leges Norman. apud. Ludewig. tom. 7. pag. 169 : *Ut addam Puificationem pratorum, herbagiorum, et aliorum fructuum, vel costume, vel pagii, vel colini, vel aliorum hujusmodi, quæ debent emendari vel persolvi.*

¶ **PUJUS**, Collis, ut supra *Puialis.* Charta ann. 1067. inter Probat. tom. 2. novæ Hist. Occit. col. 258 : *Vendimus vobis jam dictum comitatum... cum totis aliis honoribus, et usaticos, et totum eremum, vel condirectum, et Pujos, et rochas, et sylvas, etc.* Vide *Podium* 3. et *Puga.*

¶ **PULAGIUM**, Pullagium, Præstatio vel tributum ex pullis. Chartul. SS. Trinit. Cadom. fol. 22. v° : *Quisque reddit* IV. *minas brasii, et* II. *solid. et* IV. *placentas, et* IV. *gallinas, et* III. *gallinas de Pulagio.* Ibid. fol. 23 : *Reddunt...* XI. *gallinas de Pulagio.* Vide infra *Pulcinus.*

* **PUIGNEIA.** Vide supra *Poigneia.*

* **PUIGNETUS.** Vide supra *Poignetus.*

* **PUINCTA**, a Gallico *Pointe*, Lingua terræ. Vide *Puncta* 2. Arest. ann. 1334. 9. Apr. in Reg. *Olim* parlam. Paris. : *A quodam loco, vocato Puincta Lisiardi, in via quæ venit de Clihencourt apud S. Dionysium et per quam itur de Parisiis apud S. Dionysium prædictum, faciendo transitum de subtus montem Martyrum ad locum, in quo dictæ duæ viæ faciunt dictam Puinctam.*

* **PUIPLARIUM**, Dolii genus. Munit. castr. reg. : *Tria Puiplaria vini, et quatuor bacones et tres modii bladi, etc.*

* **PUISOTUM**, Via ad fluvium proclivis, vulgo apud Insulenses *Puisot.* Comput. ann. 1429. ex Tabul. S. Petri Insul. : *Item illis qui præparare et ordinare vicos de lapidibus, Gallice Cauchieurs, pro reparando Puisotum, xviij. solidos.*

* *Poulage*, eodem sensu, inter Redit. comitat. Namurc. ann. 1265. ex Reg. Cam. Comput. Insul. sign. *Papier velu* fol. 14. r° : *Et s'a li quens à Nuy et à Bouvet le Poulage au Noel, dont il y a xxiiij. poulés, se valent, à trois deniers le poulet, vj. sols.* Vide supra *Polagium.*

* **PULAIA**, Pulbia, Pullaia, Pullaria, Pulleia, Voces ejusdem originis et notionis atque infra *Pulia* et *Pulla* 1. Seminarium, ni fallor, Gall. *Pépiniere*, vel Silva cædua, Gall. *Taillis;* a verbo *Pullulare.* Charta Phil. V. ann. 1316. in Reg. 53. Chartoph. reg. ch. 107 : *Manerium nostrum de Cantiluppo, cum... garennis, salicetis, Pulleis et nemoribus aliis, nec non.... de Busseria molendino, de prato et Pullaia ad ipsum pertinente,.... cum jardinis et Pullariis, quarta parte molendini de Franchenel, cum Pulaia inter ipsum et prata esistente.* Lib. nig. 2. S. Vulfran. Abbavil. fol. 39. v° : *Stephanus Bustengiers tres solidos de Puleia retro domum suam. Robertus de burgo Vimachi tres solidos de quadam Puleia.* Vide infra *Pullum.*

* **PULCER**, pro *Pulcher*, Pinguis, crassus. Gualt. Hemingf. in Eduardo I. reg. Angl. ad ann. 1297. pag. 130 : *Erat* (Hugo de Cressyngham) *Pulcer et grossus nimis, etc.*

¶ **PULCHRÆ** Virginis Equites, Ordo militaris pudori fortunisque nobilium feminarum tuendis potissimum institutus a Johanne *Boucicaut* Franciæ Marescallo, cum matronæ plures apud Carolum VI. Regem conquestæ essent de illatis sibi injuriis a viris potentibus, quibus repellendis neminem patronum et adjutorem habebant. Vide Selden. de Tit. honor. part. 1. cap. 3.

PULCHRARE, *Decorare*, Ugutioni.

PULCHRIFACERE, Pulchrum facere, Gallice *Embellir.* Paulus Diacon. Emeritensis de Episcopis Emeritensibus in S. Masona cap. 1 : *Moribus sanctis ornatus, habituque magni decoris Pulchrificatus.*

** Pulchrificare, Idem. Comment. MS. ad Mart. Capell. lib. 2 : *Venustabant, id est Pulchrificabant.*

¶ **PULCHRIOR** Homo de Mundo, Phrasis Gallica, *le plus bel homme du monde*, Pulcherrimus. Articuli contra Episc. Apam. apud Marten. tom. 1. Anecd. col. 1333 : *Idem de Rege nostro dicebat ipse Episcopus, qui* (quia) *ipse est Pulchrior homo de mundo, et tamen nihil scit facere, nisi respicere homines.*

¶ **PULCHRITER**, Pulchre, honorifice. Tabular. S. Sulpitii Bituric. : *Si infra decem leugas mortuus fuero, Pulchriter me deferatis et sepulturæ tradatis.*

PULCINUS, Pullus, Gallice *Poussin, Poulet.* Petrus Damian. lib. 6. Epist. 21 : *Una illorum duos Pulcinos suis uberibus supposuit, et tamdiu inter vestem et carnem, donec omnino putrescerent, occultavit.* [Charta Caroli Crassi ann. 884. apud Calmet. inter Probat. tom. 1. Hist. Lothar. col. 318 : *Constituimus... exhiberi convivium... ad quod dentur... pulli* XII. *Pulcini* VIII. *etc.*] Vetus Placitum ann. 1113. in Tabulario Ecclesiæ Viennensis fol. 70 :

Hanc tamen consuetudinem habet prædictus R. et antecessores ejus in terra ista, unum Pulcinum, et cartallum avenæ censualem, et alium de tolta, et fugaciam 2. denariorum, et 6. denarios pro porco, et 3. operarios in vineis suis, et duas gerbas ad caballos suos. Tabularium Prioratus de Domina in Delphinatu fol. 81 : *Istud servitium reddit homo de curtili suo, et de vineis, quas habet ad quartonem : et de prato reddit etiam duos Puldinos* (sic) *ad messes, et unum caponem ad Quadragesimam intrantem.* Fol. 7 : *Per vindemias 7. Pulzinos, et 3. panes, etc.* Ibidem : *1. cartallum de fabis, et 2. focacias, et 4. Pulzinos, obra et manobra.* Ita pag. 109. Joannes Molinetus pag. 57 : *Poulsins, Pourceaulx, Pelerins, Pastoureaux.*

¶ **PULEBRUST.** Vide *Puleprust.*

PULEDRUS. Vide *Poledrus.*

¶ **PULEGIUM**, ut *Polyptychum.* Vide ibi.

* **PULEIA.** Vide supra *Pulaia.*

¶ **PULEJATUM**, Vinum puleio sive pulegio conditum, apud Lampridium in Heliogabalo cap. 19.

PULEPRUST. Lex Alemannor. tit. 65. § 7 : *Si autem brachium fregerit, ita ut pellem non rumpat, quod Alamanni Puleprust dicunt, ante cubitum cum 3. sol. componat.* Lex Bajwar. tit. 3. cap. 1. § 4 : *Si os fregerit, et pellem non fregit, quod Puleprust dicunt, etc.* [*Pulebrust*, in quibusdam Codd.] ex Germ. *Bule*, sive *Beule*, tumor ex percussione, et *Prust*, fractura sive ruptura; [*Brust*, eadem notione, adhuc dicunt coloni Anglici, teste Spelm.] Vide Baluzium tom. 2. Capitul. pag. 1007. 1014. [** Graff. Thesaur. Ling. Franc. tom. 3. voce *Palcprust*, col. 275. radice *Brestan*, et col. 107. radice *Balg.*]

PULESLACH, PULISLAC. Lex Alemann. tit. 59. : *Si quis alium per iram percusserit, quod Alamanni Puleslach dicunt.* Lex Bajwar. tit. 3. cap. 1. § 1 : *Si quis liberum per iram percusserit, quod Puleslac vocant.* Ita tit. 4. § 1. Vox formata ex *Bule*, tumor ex percussione, et *slach*, percussio sive verberatio, unde *Durslach* in Lege Frison. Angli etiam hodie *a lash*, pro verbere, usurpant, et *to lash*, pro verberare, flagellare. Vide Baluzium in Notis ad Capitul. pag. 1006. 1014. [** Grimm. Antiq. Jur. Germ. pag. 630. Graff. Thesaur. Ling. Fr. tom. 3. col. 105. radice *Balgian.*]

¶ **PULETARIUS**, Pullorum seu gallinarum venditor, Angl. *Poulterer*, Gall. *Poulaillier.* Johann. de *Trokelowe* Annal. Edwardi II. Reg. Angl. pag. 32 : *Hujus igitur provisione per omnes comitatus Angliæ publicata et gravi pœna in Puletarios et alios anxionarios, Londoniis et alibi provisionem non observantes, inflicta.* Vide *Pulletarius.*

¶ **PULETICUM**, PULETUM, ut *Polyptychum.* Vide in hac voce.

* **PULEUS**, Filius junior, ut videtur. Chartul. S. Joan. Angeriac. fol. 131. r° : *Bernecardis.... dedit nobis terram de Gamanseum, tali tenore, ut nos accipiamus unum Puleum suum in monachum.*

PULIA. Charta Henrici II. Regis Angl. pro Monasterio de Bernaio in Norman. in 106. Regesto Tabularii Regii ch. 84 : *In terris et decimis, et silvis, in aquis et stagnis et molendinis et folariciis, et in aliis molendinis et Puliis, in vivariis et piscariis, etc.* [Vide *Pulla* 1.]

* Idem quod supra *Pulaia.* Vide ibi.

PULICARE. Vide *Puduclare.*

* **PULICARIS** FEBRIS. Vide supra *Petecchialis.*

¶ **PULINUS**, Pullus equinus, Gall. *Poulain.* Testament. Ermengaudi Comit. Urgell. ann. 1010. in Append. ad Marcam Hisp. col. 974 : *Et per captivos uncias quinquaginta de auro et ipso Pulino quod emi viginti uncias.* Vide *Poledrus* et *Pullani* 1.

¶ **PULISCLAGI.** Vide *Pluslaib.*

PULITAS, in Formula 14. ex Baluzianis : *Incredulas dicit loquelas, et improbus coinquinat, et conscientias bonum merito conquisitas, mundas, sanctas, et antiquas, pulchras, firmissimas, et Pulitas meas rumpit anutatiros, etc.* Quis Oedipus hæc interpretetur?

1. **PULLA.** Monasticum Anglic. tom. 1. pag. 722 : *Et unam Pullam quæ vocatur Wayfhers, cum prato ex una parte, etc.* Mox : *Cum omnibus libertatibus et pertinentiis, et Pullis, et quidquid prædictis piscariis necessarium fuerit ad ardendum et ædificandum in chacia nostra.* Rursum : *Et medietatem unius gurgitis ubicumque eligere voluerint ædificare, et Pullas facere, etc.* [Vide *Pulia.*] [* Vide supra *Pulaia.*]

¶ 2. **PULLA**, Pullastra, Gallina, Gall. *Poule, poulette.* Chartul. S. Vincentii Cenoman. fol. 125 : *Jarnogotus monachus S. Vincentii.... de solo Fulcone emit dimidiam olcam de furno et dimidium boscum Warnerii; indeque habuit Fulco VI. solidos, et mater ejus unum sextarium frumenti, et Stephanus unam Pullam, et tres sextarios silliginis.* [* Arest. parlam. Paris. ann. 1536. ex Tabul. *de Chissé* in Turon. : *Sex solidorum Turon. et duarum Pullarum census.*]

PULLÆ, *Monilia, vel torques camelorum*, in lib. Judic. Ita Glossæ Biblicæ MSS. Thuani.

¶ **PULLAGIUM.** Vide *Pulagium.*

* **PULLAIA**, PULLARIA. Vide supra *Pulaia.*

1. **PULLANI**, Pulli equini, Gallice *Poulains.* [Charta ann. 1202. apud Marten. tom. 1. Ampl. Collect. col. 1040 : *Dederunt fratribus nominatis* (Grandimontensibus) *sexaginta solidos in Pullanis de S. Prisco percipiendos pro vestimentis eorum.*] Will. Thorn in Chronico : *Decimas vini, vitulorum, Pullanorum, agnorum, porcellorum, etc.* Compotus Ballivor. Fr. ann. 1250 : *Expensæ pro custodia Pullanorum Domini Regis.* Alius ann. 1251 : *Petrus de Chambliaco et Petrus Rufus custodes Pullanorum.* In Monastico Anglic. tom. 1. pag. 321 : *Dono etiam prædictis Monachis decimas Pullanorum meorum, et vitulorum, et agnorum, etc.* [*Duo Pullani fœmini*, in Computo ann. 1277. apud Kennett. Antiq. Ambrosd. pag. 287 : *De VIII. sol. receptis de uno Pullano vendito*, in alio Computo ann. 1425. ibid. pag. 571. Vide *Poledrus.*]

2. **PULLANI**, Sugerio in Vita Ludovici VII. Regis Franc. cap. 24 : *Dicuntur, qui de patre Francigena et matre Syriana, vel de patre Syriano et matre Francigena generati erant.* Scilicet apud nostros in regno Hierosolymitano. Willelmus Neubrigensis lib. 3. cap. 15 : *Ipsius quoque terræ novi indigenæ, quos Pullanos vocabant, Saracenorum inferti vicinia, non multum ab eis fide vel moribus discrepabant, atque inter Christianos et Saracenos tanquam quidam neutri esse videbantur.* Hinc non semel in eos gravius insurgunt Jacobus de Vitriaco in Histor. Orientali cap. 67. 72. et Sanutus lib. 3. part. 8. cap. 2. Vide quæ de iis, et appellationis ratione, observamus in Notis ad Joinvillam pag. 84.

POLINI, Iidem videntur dicti Monacho Florentino de Expugn. Accon. :

> Martis Idus septimo nostros servientes
> Ut herbas colligerent foras incedentes,
> A Polino proditos longe discurrentes,
> Saraceni capiunt in doliis latentes.

PULLARE, Tumor inter gingivas et maxillas : morbus pullorum equinorum. Vide Vegetium lib. 2. de Arte veter. cap. 25.

¶ **PULLARI**, Πωλίζειν in Gloss. Lat. Græc.

PULLARIUS, Officium in coquina regia, cui pullorum seu altilium cura incumbit, in Ordinat. Hospitii S. Ludovici Reg. ann. 1261. vulgo, *le Poulailler.* Habentur Statuta MSS. *du Mestier des Poulailliers de Paris*, in Regesto. 1. Artificum Parisiens. fol. 221. 222. Vetus Inscriptio 647. 2.... *Carissimo negotianti Pullario patri B. M. T.* [Vide supra *Puellarius.*]

¶ **PULLATORIUM.** Charta Gulfradi Diaconi apud Marten. tom. 1. Anecd. col. 68 : *Annuatim in die obitus mei dare studeant fratribus congregationis S. Martini VIII. modia panis, et VIII. vini, et in isto hospitali modium I. vini, et in illo Pullatorio I. modium.* Ubi legendum censeo *Pulsatorium*, locus ubi probabantur *pulsantes*, ut infra dicetur. Et id quidem prorsus confirmat Testam. Haganonis et Adjutoris S. Martini Canonicorum ann. 819. ibid. col. 22. ubi de iisdem locis agitur : *Et ad illos Pulsantes inter panem et vinum modium unum, et ad illud hospitale similiter, etc.*

* **PULLATUS**, Niger. Stat. ordin. S. Joan. Hierosol. ann. 1584. tom. 2. Cod. Ital. diplom. col. 1769 : *Prohibemus ne posthac ullus omnino, sive sit frater, sive secularis, Pullatus, id est, veste lugubri indutus, funera ipsorum fratrum comitetur, neque etiam ipsius magistri.* Vide supra *Pannus Pullatus.*

* **PULLEIA.** Vide supra *Pulaia.*

* **PULLELA.** Vide supra *Pallela.*

* **PULLEN.** Gloss. Cæs. Heisterbac. in Reg. Prum. tom. 1. Hist. Trevir. Joan. Nic. ab *Hontheim* pag. 671. col. 2 : *Gardi sunt instrumenta torcularis, quæ appellantur Pullen et dile.* [** Germ. *Bole*, assis.]

¶ **PULLENUS**, Pullus equinus. Vide *Pollenus.*

¶ **PULLETARIUS**, Pullorum seu altilium venditor. Charta ann. 1350. apud Rymer. tom. 5. pag. 694 : *Item, quod carnifices, piscenarii, hostelarii, brasiatores, pistores, Pulletarii, et omnes alii venditores victualium quorumcumque, teneantur, etc.* Vide *Poleta* 2. et *Puletarius.*

¶ **PULLETRIA**, Volatile pecus, pulli, altiles, Gallice *Volaille.* Charta Henrici IV. Regis Angl. apud Rymer. tom. 8. pag. 119 : *Nolentes quod de bladis, fœnis, ave-*

nis, litera, bestiis, Puelletria, aut de aliis provisionibus, et victualibus, etc. Vide *Poletria* in *Poledrus* et *Pollatura.*

PULLETRUM. Vide *Poledrus.*

* **PULLIARIUM**, Gallinarium, Gall. *Poulailler.* Dialog. creatur. dialog. 61 : *Capo audiens hoc cupiens dominari super gallinis, de Pulliario exivit, etc.*

¶ **PULLICALIS** Regia, Scripturæ species. Vide *Scriptura.*

PULLICENUS, Pullus gallinaceus, *Poussin*, nostris. Lampridius in Alexandro Severo : *Servos habuit vectigales, qui eos* (palumbos) *ex ovis, ac Pullicenis, et piptonibus alerent.* [Vide ibi Salmas.]

* **PULLICINUS.** Vide supra *Polesinus.*

¶ **PULLIFICANS**, Pullulans, augescens. Jac. de Layto Annal. Estens. apud Murator. tom. 18. col. 1047 : *Itaque, ubi de unione sanctæ Ecclesiæ agendum erat, prior Ecclesiæ scissura, quasi Pullificans, est perniciosissime ampliata.*

¶ **PULLIGER**, Pullos gerens. Fulgent. lib. 1. Mythol. : *Ova Pulligera ingerere.*

PULLIPASTA, Pulpasta, *Gallina altilis*, in Fragment. Petronii pag. 54. Κατοικίδιαι ὄρνις, in Novell. Justiniani 69. Gallina domi pasta. *Apud nos enim*, inquit S. Augustinus in lib. Judic. lib. 7. cap. 25. *Pulli appellantur gallinæ cujuslibet ætatis. Pullus cohortalis*, apud Celsum lib. 2. cap. 18. dicitur, qui in corte educatus est : *Item quo tenerior pullus cohortalis est.* Chronicon Fontanellense : *Ad Nativitatem Domini aucipastas* 3. *Pullipastas* 20. *pullos* 60. *ova* 250. Occurrit ibi pluries. Charta Caroli Calvi pro Monasterio S. Germani Paris. ann. 32 : *Et de volatilibus cum Pulpastis in Natali Domini.* Infra : *De supradictis vero villis statuimus illis in reliquis Nativitatis Domini et Paschæ volatilia cum Pulpastis a Decano subministrari.* Interdum *Pasta* nude dicitur. Gloss. Isid. : *Altilis, Pasta, ab alendo.* [Codex censualis Irminonis Abb. S. Germani fol. 41 : *Solvit... porcum unum, crassem learem* 1. *denar.* XII. *Pastas* III. *ova* LX. Ibid. fol. 101 : *Angaraldis ancilla... pascit Pastas* VI.] Tabularium S. Remigii Remensis : *Donat vini modios* 3. *pullos* 6. *Pastas* 2. *ova* 30. Infra : *Donant Pastas* 3. *pascentes eas de dominico, et ova* 15. Στρουθεῶνες σιτευτοί, δορκάδες σιτευταί, apud Theophanem ann. 17. Heraclii. pag. 267. *Pulli pasti*, in Capitulari de Villis cap. 38. *Gallinæ pastæ*, apud Cælium Aurelian. lib. 2. Acutor. cap. 37. Πωλότροφον, in Orneosophio pag. 244. idem sonat ac *Pullipastus* : Τὰ φαλκώνια τὰ ἔξωπίασα κρείττονα, παρ' ὃ τὰ πωλότροφα. *i. Falcones foris nutriti meliores sunt pullipastis*, seu iis, qui domi educati sunt. Vide *Aucipasta* in *Auca.*

* **PULLITIO**, pro Pullatio. Joan. Verling. de *Pullitione Ægyptiorum.* Ita D. Falconet.

* **PULLITRUS**, Pullus equinus, Gall. *Poulain.* Charta ann. 1175. in Acces. ad Hist. Cassin. part. 1. pag. 264. col. 2 : *Pullitros de jumentis ecclesiæ ulterius non exigam, nec tollere faciam.* Vide *Pullani* 1.

PULLONATUS, Pullus equinus domi educatus, nutritus. Bracton. lib. 3. tract. de Corona cap. 32. §. 5 : *Et si equus fuerit* (furto sublatus) *poterit dicere, quod ei Pullonatus fuit, et quod eum nutrivit per tantum tempus.* [Vide *Pollenatus.*]

¶ **PULLULARE**, Divulgari, in Actis S. Francisci de Paula tom. 1. April. pag. 121 : *Dixit etiam testis, illud* (miraculum) *adeo Pullulasse, quod multorum hominum turba, diversis morbis languentium, ad eumdem de Paula commigrabant, ut incolumes fierent.* Hinc

¶ **PULLULATOR**, Divulgator, prædicator. Instrum. ann. 1523. apud Ludewig. tom. 5. Reliq. MSS. pag. 321 : *Ejusdem heresis* (Lutheranæ) *Pullulatores contra jus pietatemque in regnum nostrum catholicum introduxit.*

* **PULLULUS**, Flos. Vita S. Rosæ tom. 5. Aug. pag. 952. col. 2 : *Semper in modico Rosæ viridario intacti vernabant Pulluli, quos in proximum Sabbathum cœlesti antophoræ consecraret. Maluisset auro gemmisque rigentem cycladem subinde offerre sacræ imagini florum loco, sed obstabat inopia.*

* **PULLUM**, idem videtur quod supra *Pulaia*, Seminarium, Gall. *Pépiniere*, vel Silva cædua, Gall. *Taillis.* Charta Will. de Furnesia inter Probat. tom. 1. Annal. Præmonst. col. 417 : *Confirmavi unam portionem terræ meæ de Thurnum cum suis pertinentiis, scilicet illam totam terram per eundem Pullum, quod descendit de Mossa in magnum Pullum extra antiquam viam.* Vide *Pulo.*

¶ **PULLURARE**, ut supra *Pullulare*, in Charta ann. 1045. ex Histor. MS. Mont. Major. : *Cum jam per universi climata cosmi præcepta dominica Pullurare cœpissent, etc.*

PULLUS, Pullorum Cantus, Gallicinium, ἀλεκτρυοφωνία. Apud Evangelistam in MS. Bibliothecæ Reg. : *Tertio Pullo ter me negabis*, ubi editio vulgata, *antequam gallus cantet, ter me negabis* Ita etiam in veteri Cod. Evangelior. Bibl. Ecclesiæ Bellovacensis, in Breviario Evangelii secundum Matthæum cap. 27 : *Petro dicit, quod tertio Pullo abnegaturus eum esset.* Regula S. Columbani cap. 7 : *Ad initium noctis, ad mediumque ejus, Pullorum quoque cantus et matutinum.* S. Ambrosius ad Irenæum : *Quid in Pullis? quam canora vox Galli, nocturnisque vicibus solenne munus ad excitandum et canendum? Pullorum cantus*, apud Arnobium junior. in Psalm. 129 : *Prima custodia a vespere incipit, secunda ad medium noctis attingit, tertia Pullorum cantus transit, quarta vigilia matutina, quæ in ortum luminis adimpletur.* Et in Psalm. 148 : *Consuetudo, imo vis quædam naturaliter imperat Pullis, ut suo cantu a nocte dividant noctem, qui clamant quidem ut alios excitent, ipsi vero cunctis vigilantibus dormiunt.* Vita S. Fursei Confess. : *Tuncque in Pullorum cantu... audivit verba admirantium.* Julius Africanus lib. 5. Hist. Apost. pag. 68 : *Ibi a plurimo* (legendum primo) *Pullorum cantu cum egissent mysteria Dei, etc.* Ita in conversione S. Afræ apud Velserum in Augusta Vindelicor. : *Circa vero Pullorum cantum extinctum est lumen candelæ, etc.* Ordericus Vitalis lib. 2. pag. 407 : *Et a primo Pullorum cantu agens mysteria Dei, etc.* Ita apud Richardum Abbat. in Vita S. Rodingi n. 12. Joseph. Sacerdos de Translatione SS. Ragnoberti et Zenonis cap. 2 : *Eadem solennissima nocte* (Nativitatis Christi) *post Pullorum cantum venerunt, etc.* Dionysius Alexandrinus Epist. ad Basilidem : Οἱ μὲν γὰρ ἐν Ῥώμῃ ἀδελφοὶ... περιμένουσι τὸν ἀλέκτορα. Supra ἀλεκτροφωνίαν dixit. Et Palladius in Vita Chrysostomi pag. 85 : ἕως ἀλέκτορος πρώτου. Sed et hæc formula a recentioribus usurpata. Petrus IV. Rex Aragon. in Chron. lib. 5. cap. 1. sub. ann. 1353 : *Y comença la batalla vers hora de completa, et dura fins hora dels primers Polls.* Chronicon Cidi Rui Dias Campitoris cap. 39. eodem sensu dixit *al primer Gallo.* Vide quæ observamus ad Alexiadem pag. 271. *Secundis Gallicinis*, dixit Ammianus lib. 22. Diurnus Roman. cap. 3. tit. 7 : *A primo gallo usque mane.*

Pulli, vulgo omnis avitii generis fœtus dicuntur, ut quadrupedum catuli : at S. Augustinus lib. 2. de Moribus Manichæor. cap. 17. *Pullos locustæ, muris*, dixit.

* Pullus Carnisprivialis, Præstatio ex pullis ad *Carnisprivium* solvenda. Charta ann. 1317. ex sched. Mabill. : *Tenemur solvere,... pro exeniis, messoribus et Pullis carnisprivialibus unum solidum denariorum Babenbergensis monetæ.* Vide supra *Pulagium* et in *Carniprivium.*

¶ Pullus Cohortalis. Vide *Pullipasta.*

¶ Pullus Regalis, Gallus gallinaceus. [** Pullus Gallinaceus superindictus, ab adventum regis præstandus, Guerardo.] Codex censualis Irminonis Abbat. Sangerm. fol. 24. v° : *In Vedrarias... sunt mansi* LXXXVIII. *qui solvunt Pullos cum ovis* CCLI. *Pullos regales* LXXXIIII. Ibidem fol. 102. v° : *Facit dies* III. *facit caropera ubicumque ei injungitur, solvit Pullum regalem.*

** Pullus Vindemialis, Qui vindemiarum tempore solvitur, in Polypt. Fossat. sect. 9. post Irminon. pag. 285.

** Pullus Fumalis, Fumicalis, Quem de singulis focis dominis præstare tenentur homines servilis conditionis; dicuntur etiam *Pulli de areis.* Vide Haltaus. Glossar. German. voce *Rauchhuhn*, col 1508. et supra *Fumalia.*

¶ **PULMARIUS**, pro *Plumarius.* Vide *Pradisterium.*

* **PULMATICUM**, mendose, ut puto, pro *Plumaticum*, Pulvinar. Vide *Plumacium.* Charta ann. 1333. in Lib. sal. S. Th. Argent. fol. 117 : *Item* (legavit) *famulo suo minori unum Pulmaticum cum uno cussino.*

¶ **PULMENTARIUM.** Vide mox in *Pulmentum.*

* **PULMENTIFICUM**, ut *Pulmentum*, Gall. *Bouillie.* Joan. de Cardalhaco serm. in Nativit. Dom. : *Ipsum* (Christum) *non Pulmentificis, sed uberibus elactatum, etc.* Glossar. Lat. Gall. ex Cod. reg. 521 : *Pulmentum et pulpamentum, Bollie Gallice, et Pulmentarius.*

PULMENTUM, Vox veteribus cognita; sed sequiori ætate, maxime in Regulis Monasticis usurpata, ubi pro quovis obsonio accipitur : *Neque enim*, inquit Joannes Sarisber. lib. 8. Policrat. cap. 7. *Pulmenta in olere aut legumine duntaxat constare certum est.* Atque ita usurpat non semel Cælius Aurelianus Siccensis lib. 1. Chronion cap. 1 : *Pulmentum dabimus salsum, assum, vel coctum.* Infra : *Pulmentum damus, ho-*

lus, cerebrum, piscem tenerum, etc. Cap. 4 : *Pulmentum vero ex mediæ qualitatis materia, ut ova, pultes, olera, etc.* Petrus Damianus lib. 1. Epist. 19 : *Pulmentum nesciens, pomis tantum et pane cum aqua vivebat.* Lib. 2. Epist. 17 : *Quibus in mensam allatus est gallus : quod videlicet Pulmentum unus illorum arrepto cultello, ut mos est, in frusta dissecuit, etc.* [Codex censualis Irminonis Abb. Sangerm. fol. 59 : *Faciunt curvadas* III. *et accipiunt panem et Pulmentum.* Statuta Collegii de Monte-acuto ann. 1501. apud Lobinell. tom. 5. Hist. Paris. pag. 731 : *De Pulmentis, id est his quæ cum pane in cibum convertimus, etc.*] Est ergo *Pulmentum* obsonium, quod præter panem est, vel pani additur, Græcis, προσφάγιον, ut in Gloss. Gr. Lat. recentioribus *companagium*, ut in hac voce docemus. Gesta Abbatum Gemblacensium pag. 534 : *Ad emptionem secundi Pulmenti ovorum, casei, seu piscium, etc..... tertium Pulmentum herbarum hortensium.* Ubi *Pulmentum* accipitur etiam pro ferculo, ut et apud Stephanum Tornacens. Epist. 1 : *Tanta in cibo parcimonia, ut duobus tantum Pulmentis utantur, quæ aut ager ex leguminibus, aut ex oleribus hortus affert.* [Charta ann. 1212. in Hist. MS. Mont. Major. : *De avibus crancis trezenum pro Pulmento. Pulmentum perapsidum, Pulmentum de papside*, in Laudibus Papiæ apud Murator. tom. 11. col. 27. et 29.] Vide Greg. Turon. lib. 3. Histor. cap. 15. Constitut. Ord. Prædicat. dist. 1. cap. 5. Doubletum pag. 871. Institutiones Capituli Gener. Cisterciens. cap. 54. Guigonem in Statutis Ordinis Cartus. cap. 52. §. 2. etc. [** Ordinat. Præpositi ad S. Severum Erfordiæ ann. 1121. in Guden. Cod. Diplom. tom. 1. pag. 50 : *In unoquoque autem convivio 4. fercula ; primum salsamentum ; 2° Pulmentum, ita ut in duas capetas dividatur gallina ; 3° duæ carnes calidæ cum porro et lucanicis ; 4° assatura et de cervisia bona, etc.*]

Pulmentum, pro Pisce vivarii vel stagni. Charta Bernardi Comitis Melgoriensis apud Sammarthanos : *Notum etiam fieri volo, quod Pulmentum totius stagni... vobis restituo.* Alia Ludovici VII. Reg. ann. 1155. apud eosd. : *Et in stagno piscationes suas, et Pulmentum. etc.* Charta Bernardi Comitis Melgoriensis apud Gariellum in Episcop. Magalon. pag. 106 : *Pulmentum totius stagni.* Vide eumdem pag. 71. 256.

☞ Apertius ex allatis Chartis *Pulmentum* definiri potest Census feudalis qui domino debetur ex captis in stagno alibive piscibus, quorum ferculum unum illi exhibetur. Id præterea probant Charta compositionis inter Hugonem Archiep. Arelat. et Raymundum Comit. Tolos. ann. 1224. ex Schedis Præs. *de Mazaugues : Canonici Arelatenses... in ipsis paludibus Pulmentum de piscibus et levatam jure dominationis similiter accipiebant.* Charta ann. 1260. inter Episc. et Consules Agathenses : *Statuerunt quod homines de Agatha possint piscari in stagnis et mari reddito Pulmento et censu.* Et pactum inter Jacobum Aragon. Reg. et Berengar. Magalon. Episc. ann. 1272 : *Excepta cabana unica facienda vel domo lapidea in terra vel in aqua, altitudinis viginti quatuor palmorum tantum, extra vel infra stagnum, ad percipiendum usaticum, seu Pulmentum, aut pedagium consuetum.*

* Hanc acceptionem rursum antiquioribus et clarioribus Chartis firmandam duximus. Charta ann. 1129. inter Instr. tom. 6. Gall. Christ. col. 354 : *Notum etiam fieri volo, quod Pulmentum totius stagni, quod de Lezo veteri usque ad Amasionem excurrit, et in mare extenditur.... integrum vobis præfatis canonicis restituo.* Vide præterea col. 358. 359. et 363. ibid. Alia Gaucel. abb. Anian. ann. 1202. inter Probat. tom. 3. Hist. Occit. col. 192 : *Cedo tibi Guillelmo domino Montispessulani..... totam pro indiviso medietatem totius Pulmenti et usatici maris, et stagni, et terræ, etc.*

Pulmentarium, Idem quod *Pulmentum.* Jo. de Janua. : *Pulmentum dicitur cibus delicatus et suavis, a pulpa. Item pulmentum vel Pulmentarium dicitur quilibet cibus citra panem.* Auctor Mamotrecti ad 14. Numer. : *Pulmentarium, quilibet cibus præter panem, scilicet companaticum.* Gloss. Gr. Lat. : Ἔδεσμα, *esca, cibus, Pulmentarium.* Aponius lib. 2. Comment. in Cantica Canticor. : *Nimium sumptuosa illa impendia ciborum... ad unius Pulmentarii crudorem olerum, vel exiguum panis et aquæ usum redegerunt.* Eodem lib. : *Propria enim Pulmentaria ad unam multi propter commune convivium deferentes, ab antiquis sodales sunt nuncupati.* S. Bernardus de Vita et Moribus Religios. cap. 6 : *Quomodo regulam tenent.... qui tria vel quatuor Pulmentaria, quod Regula prohibet, admittunt.* [Odo lib. 2. de Vita S. Geraldi cap. 19 : *Factum est aliquando ut deesset Pulmentarium, quo abstemius ille cum pane vesceretur.... cum forte reperit pisciculum in litore expositum, ... comedit ille abstemius usque satis.* Ubi advertendum *Pulmentarii* nomine etiam ferculum ex pisce significari.] Vide Ælredum in Vita S. Edwardi Confess. num. 17. Hist. Monast. S. Nicolai Andeg. pag. 12. Petrum Damiani lib. 6. Epist. 32. pag 587. præterea Haeftenum lib. 10. Disq. Monast. tract. 3. disq. 6. et Menardum ad Regulas Monast. pag. 705.

* **PULMONOSUS**, Pulmonarius, pulmone laborans, vulgo *Pulmonique.* Dialog. Creatur. dial. 21 : *Secundum judicia Dei Pulmonosus.... factus est.*

¶ **PULO**, Gemmā, vel Pullus arborum, Gall. *Bourgeon, Rejetton.* Statuta Mutin. rubr. 293. fol. 57 : *Quod nulla persona audeat conducere bestias ad pascendum in dictis boschis et locis a Calendis Martii usque ad Calendas Julii, ad hoc ut Pulones dictorum boscorum crescant et melius veniant ad effectum.*

* **PULPA**, *Caro sine pinguedine, caro accumulata.* Glossar. vet. ex Cod. reg. 7613.

¶ **PULPAMENTARIUS.** Vide *Potagiarius.*

* 1. **PULPARE**, Vulturis vox. Carmen de Philom. ad calcem Cod. reg. sign. 6816 :

Tum clangunt aquilæ, vultur Pulpare probatur.

* 2. **PULPARE**, Comedere. Instr. ann. 1384. inter Probat. tom. 3. Hist. Nem. pag. 62. col. 1 : *Et demum vicissim egerunt dicti nobiles immiscendo eorum facta et mala cum dictis gentibus armorum, simul secrete conversando, Pulpando, consulendo destructionem civitatis regiæ Nemausi et subditorum.* Vide *Pulmentum.*

¶ **PULPASTA.** Vide *Pullipasta.*

* **PULPITA**, *est locus abstrusus ubi legitur*, in Glossar. Lat. Gall. ex Cod. reg. 7679. Opposita notione ad *Pulpitum* 1.

¶ **PULPITARI**, Fulciri, apud Flodoardum Hist. Rem. cap. 50 : *Erat enim hujusmodi carcer, ut super struem lignorum axes validi superpositi Pulpitarentur.*

¶ **PULPITARIUM**, Liber, ut videtur, continens quæ ad *pulpitum* cantantur, vel recitantur. Ordinar. Dominicanorum laudatum a R. P. *le Brun* Dissertat. 15. pag. 54 : *Lectionarium, Pulpitarium, Epistolarium, etc.*

¶ **PULPITRUM**, ut mox *Pulpitum*, nostris *Pupitre.* Instrum. canonizat. Caroli Bles. apud Lobinell. tom. 2. Hist. Britan. pag. 550 : *Postquam fuit Dux Britanniæ fecit eamdem ecclesiam lambruscari, ac etiam quoddam magnum Pulpitrum fieri in altum ex traverso dicte ecclesie, in quo sunt aliquando cantores ad Missam.*

1. **PULPITUM**, Ambo Ecclesiæ. Gloss. Isid. : *Pulpitum, analogium, lectrum.* Papias : *Pulpitum dictum, quod in eo Lector vel Psalmista positus in publico conspici a populo possit.* Crisconius in Breviario Canonum cap. 166 : *De his, qui debent in ambone, id est, in Pulpito psallere, etc.* Ferrandus Diac. cap. 131 : *Ut non liceat præter Canonicos psaltas, qui Pulpitum ascendunt, et de codice legunt, aliud quodlibet in Ecclesia psallere.* Marcellinus Comes in Anastasio : *Dum jubente Anastasio Cæsare per Marinum perque Platonem in Ecclesiæ Pulpito consistentes, in hymnum Trinitatis Deipassianorum quaternitas additur, etc.* Interdum ita ipsum *analogium*, seu *lectrum* portatile appellatur. Hugo Flaviniac. pag. 165 : *Pulpitum, quo Evangelium, legitur..... Pulpitum autem ære crebris tunsionibus in laminas tabulasque producto et deaurato factum esse constat satis accurate et eleganter, etc.* [Vide Martinii Lexicon.]

De Pulpitis Circi CP. vide Chronicon Alexandrinum pag. 782.

* 2. **PULPITUM**, Culmen tecti. Gregor. Turon. lib. 8. Hist. Franc. tom. 2. Collect. D. Bouquet pag. 331 : *Accedens autem ad urbem, dum epularetur cum diversis in tristega, subito effracto Pulpito domus, vix semivivus evasit, multis debilitatis.*

¶ **PULPOSA** Littera, Grandior, majuscula. Hist. fundat. Celestinorum Suession. apud Marten. tom. 6. Ampl. Collect. col. 608 : *Item, legendarium pretio 27. libr. Paris. psalteria duo Pulposæ et de longe legibilis litteræ, etc.*

* **PULPULARE**, Pavonis vox. Carmen de Philom. ad calcem Cod. reg. sign. 6816 : *Pulpulat et pavo, etc.*

¶ **PULPURUM.** Radulfus in Friderico I. apud Murator. tom. 6. col. 1187 : *Postea destruxit et domos et turres et murum civitatis; et Pulpura subversa sunt. Altaria omnia violata sunt.* Munimenti genus esse videtur.

* F. legendum *Pulpitra* vel *Pulpita.* Vide *Pulpitum* 1.

¶ 1. **PULSA**, Columna, ut videtur. Gualvan. Flamma apud Murator. tom. 12. col. 1009 : *Cives de Papia sui idoli Regisolis absentiam non sustinentes, quod Mediolanenses de alta pila dejecerant, cum civitatem superassent, in civitate Mediolani per domos et familias frusta et petias comparaverunt, et ipsum deintegrantes deauraverunt, et in Pulsa alta crexerunt, et tenet manum extensam versus Mediolanum. Polza* Italis dicitur balistæ sagitta.

¶ 2. **PULSA.** Vita Lietberti Episc. Camerac. tom. 9. Spicil. Acher. pag. 697 : *Nihil faciebat imprudenter, nihil audacter; in peccatis autem suorum vel pellebat omnino iram, vel ita frænabat ut esset Pulsæ similis;* id est, ni fallor, arteriæ pulsui, quæ semper æquali motu pulsat.

PULSABULUM. Vide *Pulsare* 3.

¶ **PULSALIS** Motus, Pulsus arteriæ, Gall. *Pous.* Vita S. Bonæ tom. 7. Maii pag. 163 : *Dictus Jacobus in terra sic jacebat exanimis, quod cum motus Pulsalis non sentiretur in ipso, plurimi cogitabant ipsum ... ad ecclesiam tanquam mortuum deferendum.* [* Vide infra *Pulsus* 2.]

¶ **PULSANTES.** Vide in *Pulsare* 2.

1. **PULSARE**, In jus vocare. Gloss. Gr. Lat. : *Pulsat*, κροτεῖ, αἰτιᾶται, ὠθεῖ. *Pulsati*, καταιτιωμένοι, αἰτιαθέντες. Claudianus de bello Gildonico :

> Quisquis vel locuples, pulchra vel conjuge notus
> Crimine pulsatur falso, etc.

Concilium Wormatiense cap. 61 : *Clericus nequaquam præsumat apud secularem judicem Episcopo non permittente Pulsare, sed si pulsatus fuerit, etc.* Utuntur passim Scriptores inferioris ævi : Codex Theodos. locis a Jacobo Gothofredo indicatis, Senator lib. 1. Epist. 8. 18. 30. lib. 6. Ep. 13. Marculfus lib. 2. form. 17. Leges Wisigoth. lib. 2. tit. 1. § 18. 31. tit. 2. § 1. lib. 5. tit. 7. § 4. et alibi, Edictum Theoderici § 11. 25. Lex Longobard. lib. 1. tit. 25. § 51. lib. 2. tit. 36. § 2. [** Liutpr. 56. (6,3.) 43. (5,14.)] Capitula Caroli M. lib. 4. cap. 26. Leges Henrici I. Regis Angl. cap. 26. Diurnus Roman. cap. 3. tit. 7. pag. 65. Vita Aldrici Episcopi Cenoman. pag. 101. 114. 123. 125. Canones Hibernienses lib. 21. cap. 27. etc. Vide Barthium in Notis ad Phæbadium pag. 104. [et Pancirol. lib. 1. var. lect. cap. 77.]

¶ Pulsatio, In jus vocatio, citatio. Charta Ludovici Pii apud Baluz. tom. 3. Miscell. pag. 100 : *Idcirco præcipientes jubemus ut nullus Missus noster.... aliquam calumniam aut molestiam aut injustam Pulsationem sive causationem atque machinationem facere præsumat.* Adde ibidem pag. 114. et 125. Codex Theod. leg. 1. tit. 14. lib. 2 : *Quisquis igitur lite pulsatus, cum et ipse et rei sit possessor et juris, et titulum inlatæ solenniter Pulsationis exceperit, etc.*

Pulsatio, Molestia. Acta Episcopor. Cenoman. pag. 189 : *Postea vero instigante diabolo, et malivolis hominibus suadentibus, de ipso monasterio non modicam Pulsationem sustinuit.* Et pag. 193 : *Multas ergo Pulsationes habebat a nobilibus ejusdem provinciæ hominibus de rebus sibi commissis.* Adde pag. 201. [Charta Adelberti Mogunt. Archiep. ann. 1130. inter Instr. tom. 5. novæ Gall. Christ. col. 450 : *Nulli officialium nostrorum respondere habeant, quin potius ab omni exactione et Pulsatione liberi, etc.*]

Pulsator, Actor in Legibus Henrici I. cap. 26.

¶ Pulsanti Voce, Jure cogente. Charta Principis Adelgastri inter Conc. Hispan. tom. 3. pag. 90 : *Et quantum in calumniam miserit, in quadruplum reddat, et mille libras purissimi auri, Pulsanti voce, monasterio persolvat.* Quæ quidem bis formulis quæ passim in veteribus tabulis occurrunt, respondent : *Insuper coactus inferat ipsi monasterio auri libras* x. apud Marten. tom. 1. Ampl. Collect. col. 131. *Inferant... juri vestro vel Ecclesiæ superius scriptæ ista omnia dupla et inmeliorata*, in Append. ad Marcam Hisp. col. 789. *Componat... ad prædictam domum S. Crucis et S. Eulaliæ vel ad ipsius servientes hæc omnia quæ ibidem donamus in duplo*, ibid. col. 857. Huc etiam spectat Charta Aldefonsi Reg. Toletan. pro Monaster. Casæ Dei æræ 1216 : *Insuper regiæ parti* M. *aureos et vobis vel vocem vestram Pulsanti* (hoc est, Actori juris vestri) *dampnum quod intulerit dupplatum in tanto persolvat.*

2. **PULSARE**, Pulsantes, Pulsatorium. *Pulsantes*, dicuntur Monachismi candidati, qui pulsant ad fores Monasterii, et in Monachorum album admitti ambiunt et deposcunt : *qui pro foribus excubant, indicium perseverantiæ suæ ac desiderii sui, pariterque humilitatis ac patientiæ demonstrant*, ut ait Cassianus lib. 4. de Institut. Can. cap. 3. 30. 32. Regula SS. Patrum cap. 7 : *Si vero perseveraverint Pulsantes, eis non negetur ingressus.* Regula S. Benedicti cap. 58 : *Noviter veniens quis ad conversionem, non ei facilis tribuatur ingressus,... ergo si veniens perseveraverit Pulsans, et illatas sibi injurias et difficultates ingressus, post 4. aut 5. dies visus fuerit patienter portare, et persistere petitioni suæ, annuatur ei ingressus, et sit in cella hospitum paucis diebus, postea sit in cella novitiorum ubi meditetur, manducet, et dormiat.* Regino ann. 746. de Carolomanno fratre Pipini Regis Monacho facto ad Casinum : *Et juxta morem portam monasterii Pulsans, colloquium patris monasterii expetiit, etc.* Paschasius Radbertus in Epitaphio Vualæ Abbatis Corbeiensis lib. 1. cap. 9 : *Sed qualis quantusque jam esset, quando sæculi deposuit militiam, testes sunt præsens Pater et fratres, qui satis intenti ac solliciti, multis eum, dum Pulsaret novitius ad ostium Monasticæ disciplinæ, perscrutati sunt probationum argumentis et solertiæ disciplinis.* [Idem in Vita S. Adalhardi n. 9 : *Ita certaminis campum ingressus, pervenit ad cœnobium : ubi annuo Pulsans voto, tandem introivit portas justitiæ, etc.*] Sed et

Pulsantes videntur etiam appellati, ipsi qui *Novitii* dicuntur, quod necdum omnino admissi votum professionis monasticæ emisissent. Adalardus in Statutis Corbeiensis Monasterii lib. 1. cap. 1. *de Clericis : Pulsantes 12. alii Clerici 7. ex his ad cellerarium 2. ad lavendariam fratrum unus, ad curticulam Abbatis 1. ad domum infirmorum 3. aliæ vero necessitates, quas Clerici facere debent, per Pulsantes fiant. Et ideo necesse est, ut tales ibi ponantur, qui omnes necessitates interiores facere possint, etc.* Cap. 3 : *Hæc sunt, quæ Clericis nostris Canonicis suprascriptis, qui specialiter Pulsantes dicuntur, dari debent; de vestimento, tunicas duas albas, etc.* Cap. 6 : *De Pulsantibus, de scolariis, de reliquis Clericis seu Laicis nostris vel extraneis, etc.* S. Luidgerus in Vita B. Gregorii Trajectensis, apud Brower. in Antiq. Fuld. lib. 1. cap. 5. et Mabillonium : *Ut ante obitum suum 400. circiter monachorum, exceptis Pulsantibus, et aliis minoribus personis,... pater extiterit et præceptor.* Chronicon Nonantulanum : *Habuit namque hic Dei famulus sub suo regimine monachos regulares 1144. exceptis parvulis et Pulsantibus, qui non constringebantur ad regulam, quos ille paterno amore fovebat.* Adde Grimlaicum in Reg. Solitar. cap. 15. et 18. Guigonem I. Priorem Cartusiens. in Statutis ejusdem Ordinis cap. 22. § 5. S. Bernardum in Apol. de Vita et moribus Religios. cap. 2. 12. Epist. 1. num. 7. etc.

Pulsare, *Rogare*, apud Papiam. [Itiner. Marten. pag. 99 : *Magister Gillebertus Pictavensis episcopus altiora Theologiæ, Philosophiæ secreta diligentibus, attentis et Pulsantibus reserans discipulis quatuor.*] Est etiam examinare, quia *Pulsantes*, et quicumque ad vitam monachicam aut religiosam aspirabant, antequam admitterentur, examinabantur, et in eorum vitam et mores inquirebatur. Capitulare 1. ann. 805. cap. 13. et lib. 1. Capitul. cap. 108 : *De his qui non sunt secundum regulam Pulsati, ut deinceps emendentur, et Pulsentur secundum regulam.* Et cap. seq. : *Ut infantulæ ætatis puellæ non velentur, antequam illæ eligere sciant quid velint, et Pulsentur salva canonica auctoritate.* Hinc nostri *Espousser*, pro strictius examinare dicunt.

Pulsatorium, Locus, ubi examinabantur *Pulsantes.* Synodus Aquisgran. ann. 789. cap. 71. et lib. 1. Capit. cap. 69 : *Ad Monasteria venientes secundum regularem ordinem primo in Pulsatorio probentur, et sic recipiantur.* Synodus Vernensis ann. 755. cap. 6 : *Et si tales feminæ velatæ ad præsens ibidem congregatæ inveniantur, quæ regulariter vivere non velint, nec ad hoc dignæ sunt, ut cum illis aliis habitent, Episcopus vel Abbatissa prævideant locum aptum, ubi separatim cum custodia in Pulsatorio habitare debeant, vel operari manibus, quod ipsa Abbatissa eis jusserit, interim quod probatæ dignæ sint ut in congregatione recipiantur.* Exstitit autem *Pulsatorium*, in cella hospitum, ut docet Regula S. Benedicti dicto cap. et Regula Magistri cap. 88. quo ii *absque ulla querela*, ut ait Cassianus lib. 4. cap. 7. *suum circa peregrinos exhiberent famulatum, imbuti per hoc prima institutione humilitatis ac patientiæ :* ubi 4. aut 5. dierum, uti vult S. Benedictus, vel 2. mensium, ut Magister, vel anni spatio, ut Cassianus, rigidiori examini subjiciebatur pulsans, *laborando cum fratribus, contentus annonæ modica mensura, vel regulæ disciplina, et excommunicationum : ut et mores Monasterii probaret, et ipse probaretur, et secum tractaret si deberet se ad Deum firmare, aut ad diabolum expeditius remeare. In quibus 2. mensibus sub cura illorum fra-*

trum, qui peregrinos custodiunt, et ipsi similiter ex improviso custodiebantur, etc. Hæc Magister qui capite sequenti agit, ut *pulsans* in Monachum admittitur. De ejusmodi *pulsatorio* agit etiam vetus Codex apud Angelum a Nuce in Chronico Casinensi libr. 4. cap. 68 : *Decanus debet facere reparare Refectorium, Pulsatorium, Dormitorium, etc.....* Exstat apud Canisium tom. 5. Antiq. lect. part. 2. pag. 782. inscriptio Domus *Pulsantium* in Monaster. S. Galli :

Hoc claustro oblati Pulsantibus adsociantur.

3. **PULSARE** Signa, campanas : *Sonner les cloches.* Kero Monachus : *Pulsat, clohhot. Pulsans, chlochonti. Pulsaveit, clocchit.* [** Ruodlieb fr. 3. vers 515. fr. 6. vers. 107. 110.] Udalricus lib. 1. Consuet. Cluniacens. cap. 5 : *Si talis anniversarius evenerit, pro quo sunt Pulsanda omnia signa.* Occurrit ibi pluries. *Pulsare campanas*, in cap. Petentibus de Privileg. cap. Quod in te, de pœnitent. et alibi passim. *Sonare signa*, in Capitulari Episcoporum cap. 8. tom. 2. Concil. Sirmondi pag. 249. Apud Beletum lib. de Divinis Offic. cap. 86. varii pulsandi campanas modi referuntur : *Generaliter ergo cognoscendum est, quod non debeamus in tota Quadragesima diebus profestis compulsare, nec depulsare,* (*liceat enim hic vulgaribus et consuetis uti vocabulis,*) *sed simpulsare, id est simpliciter Pulsare ad Horas, vel Matutinas.* Est ergo

Compulsare, Omnia signa et omnes campanas una et simul pulsare, ut in majoribus solennitatibus, et in processionibus Ecclesiasticis apud Honorium Augustod. lib. 1. cap. 70. 73. et Durandum lib. 1. cap. 4. num. 12. lib. 5. cap. 3. num 30. Chronicon Colmariense ann. 1293 : *Civibus dormientibus Compulsantur campanæ, concurrunt cives ad cœmeterium, etc.* Infra : *Campanas Compulsaverunt, populum convocaverunt, etc.* Vide in *Classicum.*

Simpulsare, Simpliciter pulsare, seu unicam campanam. Denique

Depulsare, ex altera tantum parte campanam pulsare, vulgo *Tinter,* ex *tinnire.* [Vide *Pulsitare.*]

* Pulsare ad Gaudium, id est, In signum gaudii. Steph. de Infestura MS. ad ann. 1492 : *Sagitta cecidit in capitolio,.... et percussit in tibia quendam, qui Pulsabat campanam grossam ad gaudium, propter annuam coronationem Alexandri papæ.*

* Pulsare ad Plenum, Campanam pulsare ex utraque parte, vulgo *En volée.* Charta ann. 1399. ex Chartul. episc. Carnot. : *Una campanularum super medio chori appensarum pulsabitur cum tintignamento usque ad elevationem Corporis Christi, et dum Christi Corpus elevabitur, Pulsabitur ad plenum.*

Pulsatio, in Chron. Will. Thorn ann. 1242. pro campanarum pulsatione accipitur, quæ fit in signum honoris atque reverentiæ erga aliquem per illum locum transeuntem, vel illuc advenientem. Vide *Campana* 2.

Tertia Pulsatio. Constitutiones Nicosienses cap. 26 : *Inhibemus districte, ne* (Clerici) *vadant de nocte, maxime post tertiam Pulsationem, etc.*

☞ Ubi quod *Ignitegium* alibi dicitur, significari existimo : trinis quippe campanæ ictibus ter repetitis pulsari solet; quod *Pulsare Ave Maria* nuncupat Concil. Hispal. ann. 1512. inter Hisp. tom. 4. pag. 12.

Pulsatio Terroris. Charta Henrici Episcopi Ratisbonensis ann. 1278. in Metropoli Saliburgensi tom. 1. pag. 264 : *Videlicet quod pro festivitatibus Conceptionis B. Virginis Mariæ et B. Augustini cum Pulsatione terroris, et aliis solemnitatibus æqualiter celebrandis.* Id videtur quod vulgo *Carillon* dicitur, quod ita olim in festivitatibus pulsarentur campanæ, quemadmodum in tumultibus bellicis.

Pulsus, Idem quod *Pulsatio*, Jus pulsandi campanas. Charta Ursonis Archiepiscopi Barensis ann. 1080. apud Ughellum : *Campanas et Pulsos habeant ad sonandum, si voluerint, pro beneplacito suo.* Alia Joannis Archiep. Canusini apud eumdem : *Potestatem concedimus vobis sonare campanam, seu Pulsos, etc.* tom. 7. Ital. sacr. pag. 853. 877.

¶ Pulsus, nude pro Pulsatio campanæ, apud Robert. *Goulet* in Consuetud. Univers. Paris. fol. 16. v° : *Subinde octavam circiter horam post Pulsum intrent scolas Regentes.*

Pulsabulum, Campana. Anselmus Leodiensis cap. 48 : *Et cum Pulsabulis fratrum divina celebrentur.*

¶ Pulsabulum, Ipsa campanarum pulsatio. Decreta Radulfi Episc. Leod. ann. circ. 1170. apud Marten. tom. 1. Anecd. col. 493 : *Solemnitas divini cultus, clausis ecclesiis, omnino cessabit. Pulsabulum quoque campanarum intermittendum erit.* Id ex consuetudine qua campanarum sonitus intermissus in Interdictis. Vide *Campana* 2.

Pulsatores, et *Exequiales*, apud Innocent. III. PP. lib. 15. Epist. 7. Innocentio Cirono, sunt monitores et mandatores funerum, quos vulgo submonitores, *Semonneurs*, vocamus, qui campanas pulsant, quo prætereuntes ad fundendas pro defuncto preces invitentur.

Pulsatores, qui alias Matricularii in Ecclesiis. *Æditus seu Pulsator*, in Charta Conradi Episcopi Frisingensis ann. 1327. in Metropoli Salisburgensi tom. 2. pag. 443. [Charta Caroli IV. Imper. ann. 1377. apud Miræum tom. 2. pag. 1245 : *Pulsatores capituli dictæ Ecclesiæ Cameracensis, et alios familiares eorum... sub nostra imperiali protectione suscipimus.* Obituar. MS. Eccl. Morin. fol. 42 : *Et pro laboribus habebunt clocquemanni sive Pulsatores anno quolibet* VIII. *sol.* Vide *Cloca* 2.]

* 4. **PULSARE**, Excutere. *Minæ avenæ Pulsatæ*, id est, Radio excussæ, in Charta ann. 1260. ex Tabul. S. Petri Carnot. Occurrit rursum in alia ann. 1261. ibid.

* **PULSATILE**, Cribrum farinarium. Glossar. Lat. Gall. ex Cod. reg. 521 : *Pulsatile, Belutel.* Vide *Polentrudium.*

PULSATORIUM. Charta ann. 1254. in Tabulario Ecclesiæ Autisiod. fol. 238 : *Vendiderunt molendinum suum, et Pulsatorium cum suis pertinentiis.* Vide alia notione supra in *Pulsare* 2.

* Molendinum ad pannos aptandos, vel ad terendum querneum corticem aptum, sic dictum a vehementi pulsu; idem quod supra *Molendinum Batannum.* Charta ann. 1192. in Chartul. Pontiniac. lib. 4. ch. 2 : *Ut de molendinis de Revisi et de Pulsatorio ibidem facto, ita teneretur sicut scriptum habetur in prædicto auttentico.* Hanc chartam præcedit laudatum authenticum, in quo hæc habentur : *Si quod denique ædificium aliud, verbi gratia, ad aptandos pannos, ad terendum corticem et his similia juxta molendinum ex eadem aqua fieri contigerit, etc.* Charta ann. 1275. ibid. pag. 189 : *Cum diu habuissent quoddam molendinum, situm super ripperiam de Senain, seu Pulsatorium, quod vulgaliter appellatur molendinum de meso seu Pulsatorium.* Hinc fortassis *Pousson d'uillies*, appellatur Olivarum aliorumve granorum, unde oleum conficitur, fex, in Stat. ann. 1424. ex Reg. 173. Chartoph. reg. ch. 118 : *Item on ne pourra en la ville d'Evreux vendre chars de porc templé, ne oint, ne porc qui soit nourri de Pousson d'uillies.*

PULSATUM Vinum, Gallis *Vin poussé et bouté*, in Charta Libertatum Villæ Carrofensis in Biturigibus ann. 1194. apud Thomasserium.

* **PULSATURA**, Pulsatio campanarum. Ordinar. MS. S. Petri Aureæval. : *Ad matutinas vero, antequam quid fiat, omnia signa simul pulsantur in principio; quæ quidem Pulsatura, etc.* Vide *Pulsare* 3.

¶ **PULSATUS**, Impulsus, suasio, hortatio, Gall. *Instance.* Fulcherii Carnot. Præfat. in Hist. Jerosol. ann. circ. 1125. apud Marten. tom. 1. Anecdot. col. 365 : *Unde comparium meorum quorumdam pulsantibus* (leg. *Pulsatibus*) *aliquotiens motus, Francorum gesta... diligenter digessi.*

* Nostris alias *Poulsement*, actio pulsandi. Lit. remiss. ann. 1409. in Reg. 163. Chartoph. reg. ch. 475 : *Duquel cop ou Poulsement icellui deffunct chey à terre.* Ejusdem originis vox *Poulsis*, pro Pugna, conflictus, apud Froissart. vol. 3. cap. 28 : *Dura le grand estour et le Poulsis plus de trois heures,... lançant et gettant dardes et poulsans l'un sur l'autre.*

¶ **PULSINUS**, Pullus, Gall. *Poussin.* Tabular. Prioratus de Domina in Delphinatu fol. 106 : *In Pascha* (debent) *unum agnum et* II. *panes,...* IV. *Pulsinos, etc.* Vide *Pulcinus.*

PULSIONES Alarum. Fridericus II. lib. 2. de Arte venandi cap. 19 : *Juncturæ alarum mediæ tendentes versus caput, quæ a quibusdam dicuntur Pulsiones alarum, etc.*

¶ **PULSITARE** Campanas; Eas repetitis ictibus ferire, tinnire, Gall. *Tinter.* Epist. 6. Mauricii Archiep. Rotomag. ann. 1233. tom. 2. Spicil. Acher. pag. 523 : *Nec aliquo modo liceat pulsare in dominico Regis, vel etiam Pulsitare campanas.* Vide in *Pulsare* 3.

¶ **PULSLAHI.** Vide *Pluslaib* et *Puleslac.*

¶ **PULSUOSUS**, Pulsibus plenus. *Pulsuosus dolor*, apud Cæl. Aurel. Tard. lib. 5. cap. 10.

1. **PULSUS.** Vide *Pulsare* 3.

* 2. **PULSUS**, Pars capitis, quæ dicitur Tempus, quod ibi arteriæ pulsus maxime sentitur; nostris etiam *Pous.* Lit. remiss. ann. 1362. in Reg. 93. Chartoph. reg. ch. 204 : *Iterum lapides adversus dictos fratres projessit* (sic) *et cum uno dictorum lapidum dictum Bernardum Roque percussit juxta*

Pulsum dextrum; ex quo ictu ipse Bernardus fuit et stetit totus attonitus. Charta ann. 1358. ibid. ch. 230 : *Cum dicto ense dictum Raymundum Fornesii uno ictu in Pulsu capitis percussit et letaliter vulneravit.* Lit. remiss. ann. 1465. in Reg. 194. ch. 2 : *Uno validissimo ictu percussit super caput et supra seu prope Pulsum a parte sinistra, taliter quod incus prædicta intravit infra caput.* Aliæ ann. 1406. in Reg. 160. ch. 360 : *Icellui suppliant donna audit Abarimacies un cop d'un baston sur sa teste en droit sa temple ou Poulz nommé au païs* (de Comminge). Denique aliæ ann. 1451. in Reg. 185. ch. 177 : *Le suppliant donna de cette pierre sur la teste à icellui Massebo, et l'ataigny près du Poux, etc.* Vide *Pulsalis motus.*

¶ **PULTA**, vox Italica, Puls, Gallice *Bouillie.* Vita B. Columbæ Reatinæ tom. 5. Maii pag. 376* : *Ipsa puerum... super suum gremium Pultæ pabulo cibaret, quam tamen ipse illico revomeret.*

* **PULTERIA**, idem quod supra *Pulmentum* vel *Pulsatorium.* Vide in his vocibus. Charta ann. 1121. in Chartul. Arremar. ch. 98 : *Rocelinus et Hilduinus fratres de Vendopera... donaverunt... justitiam, silvas, campos, terras cultas et incultas, aquas, aquarumque decursus, Pulterias, altam ripam, mansum medium, etc.* Vide *Pultes.*

¶ **PULTES**, Quævis obsonia quæ coctione præparantur. Pactus Leg. Sal. tit. 48 : *Et in beode suo Pultes manducassent et testes collegissent.*

PULTRELLUS, PULTRELLA, PULTRINUS. Vide *Poledrus.*

PULTRONES, Italis *Poltrones*, nostris *Poltrons.* S. Franciscus tom. 1. Opuscul. de Vera et perfecta lætitia pag. 94 : *Recedite hinc Pultrones vilissimi, et ite ad hospitale.* Dicti autem quasi *pollice trunci*, ut auctor est Salmasius lib. de Trapezit. fœnore pag. 784. Pro ignavis enim olim habiti, qui ne militarent, sibi pollices truncabant, ut est apud Ammianum lib. 15. de quibus sunt leges 4. 5. et 10. Cod. Th. de Tironibus (7,13.), cui sententiæ favent Lindenbrogius ad Ammianum, Savaro ad Sidon. lib. 1. Epist. 2. Bordelotius ad Petronium, et aliquot alii. Sed et hostibus captis interdum manuum pollices truncatos, ne amplius militarent, scribit Theophanes ann. 37. Justiniani. Verum hanc conjecturam improbant plerique ex Italis Scriptoribus, qui ad Italico *Poltro*, i. lectus, deducunt, ex quo *Poltroni*, dicti *quelli che stanno assai in letto*, ut scribit Landinus in Comment. ad Dantis Infern. 24. Id firmare videtur vox

POLTRONIZARE, Italis *Poltroneggiare*, apud Joannem XXII. PP. in Bulla apud Waddingum ann. 1317. 34 : *Communiter Poltronizant, (vulgare est Italorum) id est vitam pinguem volvunt cum libertate et sine labore, deditti somno et vagationi continuæ.* Alii a *poletro*, seu *puledro*, Italis *poltro*, pullus equinus, deducunt : ad quam firmandam sententiam hosce versus, ex Dante, ni fallor, laudant, [** Purg. 24.] :

Che andate pensando si voi sol tre,
Subita voce disse, ond'io mi scossi,
Come fan bestie spaventate e Poltre.

Ita *poltrones* ii fuerint, qui ad modum pullorum equinorum leviter agitati fugam arripiunt. Vide Octav. Ferrarium in Orig. Ital. et Ægid. Menagium in Amœnitatibus Juris 2. edit.

* **PULTRUS**, Pullus equinus. Charta ann. 1048. ex Chartul. S. Vict. Massil. : *Petrus monacus dedit ei equam cum pultrello, alias Pultro.* Vide supra *Poledrus.*

PULTURA. Monasticum Anglic. tom. 2. pag. 1035 : *Et volo, ut sint quieti ab omnibus causis, et querelis, et placitis Balliorum et Præpositorum Hundredi, et a Pultura serjanorum, et de rewardo forestarum, etc.* Forte *pultura*, pro *pulsatura*; *Adjournement.* Vide *Pulsare* 1.

* **PULVER**, pro Pulvis, nempe tormentarius. Tract. MS. de Re milit. et mach. bellic. cap. 144 : *In sella habeat* (eques) *peras sive bisazas, in quibus sint pulver et pillulæ plumbeæ scoppetti.*

¶ **PULVERAGIUM.** Vide mox *Pulveraticum.*

* **PULVERARIUM**, idem quod *Pulveraticum*, Tributum quodvis. Tabul. S. Vict. Massil. : *Una cum tota jurisdictione quam habemus..... in laudimiis, passagiis, Pulverariis, etc.*

¶ **PULVERARIUS.** Inter testes Chartæ fundationis S. Petri Salviensis ann. 1029. tom. 6. Gall. Christ. novæ edit. inter Instr. col. 174. subscribit *Pontius Pulverarius.* An idem qui infra *Pulvereus?* Vide in hac voce.

PULVERATICUM, Honorarium, salarium, merces pulverei laboris, seu merces, quæ dabatur agrimensoribus, quasi pro labore et pulvere : ita Cujacius lib. 4. Observ. cap. 18. et ex eo Rigaltius. Id eliciunt ex Constitutione Theodosii et Valentiniani, quæ exstat apud Frontinum de Limitibus agror. : *Præcipimus itaque agrimensoribus, ut pro laborum vicissitudine Geometricæ artis, fundo, cui finem restituens in trifinii rationem steterit, et conventientiam trium centuriarum ibidem esse signaverit, tres aureos accipiat, absque sua Pulveratica.* Verum *Pulveraticum*, aliis quam agrimensoribus dari docet Lex 16. Cod. Theod. de Tironibus (7,13.), in qua servis, qui se militiæ offerunt, *binos solidos Pulveratici nomine* dandos præcipitur. Ita in Novella Leonis et Majoriani, et apud Senatorem lib. 12. Epist. 15. *Judicum Pulveratica* abolita legimus, id est, *donativa.* Est igitur *Pulveraticum*, quævis merces, quæ in laboris præmium dabatur, metaphora ducta a *pulvere*, quo palæstritæ mutuo sese solebant aspergere, certamen ituri, ut corpora ceromate et sudore lubrica, mutuas prehensiones non frustrarentur. Ita Gellius lib. 5. ait, *victoriam sine pulvere (ut dici solet) incruentamque obvenisse*, hoc est, sine labore, aut certamine; unde Græci κονίεσθαι et κονίζεσθαι, pro ἀγωνίζεσθαι passim usurpant.

Pulveratici vocem promiscue etiam in veteribus Tabulis observare est, in quibus variorum tributorum mentio fit, nullo propemodum indicio propriæ notionis. Formula 11. apud Lindenbrog. : *Nec ullas venditas, nec rotaticas, nec foraticas, nec Pulveraticas exactare præsumatis.* Form. 12 : *Nec de carrali evectione, nec de rotatico, nec de pontatico, nec Pulveratico, nec saltuatico, requiratis.* Eadem fere legere est in Chartis Dagoberti Regis apud Doubletum pag. 656. Theodorici Reg. Franc. apud Mabillon. lib. 6. de re diplomat. Ch. 12. Caroli M. apud Aimoinum lib. 5. cap. 1. et Will. Hedam pag. 228. 1. edit. Friderici I. apud Joan. a Bosco in Vienna pag. 90. et Joan. *le Lievre* in Antiq. Viennens. pag. 356. Benedicti PP. pro Ecclesia Paris. in M. Pastorali lib. 19. Ch. 10. etc. His addenda Capitula Caroli M. lib. 6. cap. 219. [** 243.] : *Ut nullus homo præsumat theloneum per vias, nec per villas rodaticum vel Pulveraticum recipere.* Capitulare 5. ann. 803. c. 22 : *Similiter nec rodaticum, neque Pulveraticum ullus accipere præsumat.* Quibus in locis sunt qui putant, *Pulveraticum* dici tributum, quod pensitabatur *pro labore viarum, et pulvere in viam regiam comportato.* Ita Goldastus, nixus forte eo quod legitur in Capitulis Caroli Magni, loco laudato. Atqui non *pulverantur* viæ, quod de vitibus dicunt Columella lib. 11. c. 2. et Palladius lib. 4. cap. 7. sed solidantur. Nisi dicamus, *pulveraticum* idem valere quod *pulveratio* apud eumdem Columellam, *quam rustici*, inquit, *occationem vocant, cum gleba refringitur et resolvitur in pulverem* : ita ut itinerum glebæ refringantur et *poliantur* : nam *agros polire* dixit Ennius.

Est igitur longe vero similius hocce vocabulum pro quovis tributo his in locis usurpari : quod certe evincit Charta Ludovici VI. ann. 1118. apud Doubletum pag. 848. et 851 : *Et quoniam ipsa eadem Ecclesia ab antecessoribus nostris in castro suo per 7. septimanas, a festivitate B. Dionysii usque ad B. Andreæ, hanc habet consuetudinem, quam vulgo vocant pedagium, sive Pulveraticum, etc.* Ita in Charta Bertrandi Comitis Forcalcariensis ann. 1028. apud Dionys. Salvaingum in Tract. de Usu jurium Dominic. cap. 34. *Pulveragium* sumi constat : *Et omne Pulveragium, seu pedagium quod in dictis locis de Prunerriis, de pinea, et de culca, vel in mandato eorum consueverat percipere.* Tabularium Ecclesiæ Dignensis apud Gassendum in Notit. ejusdem Eccl. : *Bona et proventus Præpositurœ Dignensis consistunt in pasqueriis, bannis, Pulveragiis, etc.* Proinde *Pulveragium*, quod idem Salvaingus in Delphinatu pro transitu ovium per terras dominorum percipi tradit, non ita appellatur a pulvere, quem in transeundo excitant oves, uti asseverat; sed quod *pulveraticum*, et *pulveragium* quodvis tributum seu *pedagium* sonet. Ita etiam Gassendus tradit libro citato pag. 21 : *Jura pedagii seu pulveragii, ut vocant.* Cujusmodi vero fuerit jus *pulveragii* in Delphinatu, refertur in veteri Aresto ann. 1458. quod ab eodem Salvaingo describitur.

☞ Clarioribus tametsi rursus firmare licet Cangii aliorumque doctissimorum sententia, quibus *Pulveraticum* et *Pulveragium* pro quovis tributo usurpari placet, ut ex Præcepto Ludovici Pii ann. 836. in Append. Marcæ Hisp. col. 773 : *Nec non medium partem Pulveratici ex rafica, et ex mercato similiter, seu de pascuario, constituerimus.* Ex Statutis Forojul. MSS. ann. 1235 : *Statuimus quod nullus recipiat ratione Pulveragii seu pedagii aliquid de ovibus in eundo vel redeundo.* Denique ex Sententia arbitrali ann. 1303. inter Aymarum de Pictavia et Jacobum Abbat. Cisterc. : *De non exigendo et levando pedagium seu Pulveragium per terram suam de propriis rebus seu animalibus dicti dom. abbatis et pastorum suorum.* Id nihilominus de omnibus locis affirmare nolim, maxime cum in quibusdam obtineat usus, ut domini feudales ratione feodorum suorum jus *pulveratici* percipiant, quibus *pedagium* non competit, nisi id juris habeant ex propria charta. Notandum vero ex Chartis, quibus referendis supersedemus, *Pulveraticum* non ex ovibus modo exigi, sed et ex bobus, porcis aliorumque animalium gregibus.

¶ Pulveragii Occasio, Illius percipiendi jus. Statuta Arelat. art. 55 : *Et nihil accipiant de decima messorum, nec possint habere occasionem Pulveragii.*

¶ **PULVERATUS.** Epist. Petri de Condeto apud Acher. tom. 2. Spicil. pag. 559 : *Tantos in occursu suo prostraverunt Saracenos, quod usque ad dimidiam leucam, ut æstimant, totam terram reddiderunt cadaveribus Pulveratam.* Id est cadaveribus quasi pulvere coopertam.

* Ita et nostri *Poudrer* dixerunt, pro *Joncher*, Locum floribus vel juncis spargere. Charta ann. 1322. in Reg. 64. Chartoph. reg. ch. 209 : *Laquelle* (chambre) *devoit estre Poudrée de blanc feurre ou de joncz, selon la saison que il y venoit. Empoudrer* vero et *Enpourrer*, Pulverem spargere. Guill. Guiart. ad ann. 1269. pag. 157. col. 2 :

Serjans meurent, li airs s'Empoudre.

Vitæ Patrum MSS. :

Une borgoise bien vestue,
Qui Enpourroit toute la rue
De la keue de son bliaut.

Lib. rub. fol. parvo domus publ. Abbavil. fol. 39. r°. ad ann. 1300 : *Se aucuns.... Enpourroit ou metoit ordure pour faire plus peser son draps, etc.* Vide infra *Pulvis.*

* **PULVEREA**, Ludi genus apud Italos, alius ab eo, qui nostris *Poudrete* dicitur, et qui aciculis exsequebatur. Stat. Mediol. part. 2. cap. 433. apud Murator. tom. 2. Antiq. Ital. med. ævi col. 845 : *Avantatores corregiolæ, Pulvereæ, etc. Ludere ad pulverem*, in not. Fichard. ad calcem Pancirol. edit. Lips. ann. 1722. pag. 400. Cassan. Proœm. in Consuet. Burg. male scribit, monente D. *Falconet*, *Ludere ad palmam. Cum parvulis in Pulvere ludere*, apud Rob. Messier. Minorit. serm. Domin. 1. Quadrag. fer. 6. Lit. remiss. ann. 1405. in Reg. 159. Chartoph. reg. ch. 316 : *Lesquelz enfans se prindrent à jouer à la Poudrete, et en jouant Thomassint dit à Jehannin, que il lui avoit gitté de la poudre aux yeux.* Aliæ ann. 1416. in Reg. 169. ch. 423 : *Lesquelz alerent jouer aux espingles ou cymetiere de Mouchecourt, au jeu dit la Poudrette.* Vide *Pulvereta.*

¶ **PULVERETA**, Ludi genus. Statuta Vercell. lib. 4. fol. 84 : *Item quod aliquis cujuscunque conditionis existat, non audeat vel præsumat ludere ad ludum correzole vel Pulverete.* Vide *Polverella* et *Pulveritia.*

¶ **PULVEREUS**, Advena, extraneus, vulgo *Pied-poudreux.* Charta ann. 1100. ex Chartul. Matiscon. : *Si vero advenæ qui vulgariter Pulverei dicuntur primitus penes Comitem aut penes Episcopum vel Canonicos venirent, ibi eis liceret manere.* Vide *Pedepulverosi*, et *Pulverarius.*

¶ **PULVERITIA**, Ludi genus, ut supra *Pulvereta.* Statuta Riperiæ cap. 168. fol. 23. v° : *Si quis averitator repertus fuerit ludere ad corrizolam, vel Pulveritiam, vel alium ludum de partito ex quo homo possit capi, vel decipi, condemnetur in libris decem parvorum.* Vide *Polverella.*

¶ **PULVERIZATUS**, Distinctus, varius, respersus, Gall. *Parsemé.* Charta ann. 1382. apud Rymer. tom. 7. pag. 356 : *Sex pecias de tapestria viridis coloris, Pulverizatas cum rosis.* Vide alia notione in *Pedepulverosi.*

¶ **PULVICINARE**, *Pluitare, sæpe pluere.* Gloss. Isidori. Emendat Gebhardus, *Pluvitare, pluitare.* Suspicatur Martinius *Pulvicinare* dictum a ficta voce *pulvix*, ut sit minutim, et quasi pulverea pluvia pluere.

PULVILLUS. Traditiones Fuldenses lib. 2. trad. 238 : *Cum.... pecoribus, id est oves 40. aucæ 18. Pulvilli 2. capones 2.* Forte *pulli* vel *pulcilli*, Gall. *Poussins.* [Vide *Pulcinus.*]

¶ **PULVINARIUM**, *Sacrarium*, ἕδος, ἕδρασμα. Gl. Lat. Gr. Codex Regius : *Pavimentum, sacrarium.*

Pulvinarium Opus. Monasticum Anglic. tom. 3. pag. 317 : *Amictus de opere Pulvinario cum parvis scutis.* Forte *plumario.* Vide *Pulverizatus.*

* **PULVINATICUM**, f. pro *Pulvinarium*, Jus capiendi pulvinaria aliamque supellectilem a subditis vel tenentibus. Vide *Prisia* 1. Charta Rainal. episc. Andegav. ex Chartul. SS. Serg. et Bacch. : *Neque ego, neque ullus ex successoribus meis, neque episcopus, neque comes ullam consuetudinem habeat in burgo SS. martyrum Sergii et Bachi, non cibaria equorum, non Pulvinatia, id est, culcitas, nec capitacia, neque ullam consuetudinem.*

¶ **PULVINCERIA**, *Area mortuorum.* Gloss. Isid. Ubi viri docti restituunt *Pollinctoria.*

* **PULVINI**, *Machinæ, quibus naves deducuntur et subducuntur in portum.* Glossar. vet. ex Cod. reg. 7613.

PULVINUS, Pulvis. Otto Morena in Hist. Rerum Laudensium pag. 69 : *Cum Laudenses non multum a civitate distarent, et suorum clamorem audirent, et Pulvinum maximum conspicerent, etc.*

PULVIS, nempe tormentarius. Thomas Walsinghamus pag. 323 : *Captus est insuper ibi Magister Gunnarius... et cum iis diversæ machinæ ad jaciendum lapides et muros conterendum, et gunnæ plures, cum magna quantitate Pulveris, cujus pretium prævaluit omnibus manubiis supradictis.* Adde Knyghtonem pag. 2679. Vide *Bombarda.*

¶ Pulvis Pyrius, Eadem notione, a Gr. πῦρ, ignis Catalog. Episcop. Havelberg. apud Ludewig. tom. 8. Reliq. MSS. pag. 339 : *Quorum majus* (tormentum bellicum).... 24. *libras Pulveris pyrii.... ad explodendos globos requirebat.*

* Pulvis Bombardæ, idem qui Tormentarius. Tract. MS. de Re milit. et mach. bellic. cap. 99 : *In quo* (furno) *mittantur tres aut quatuor caratelli Pulvere bombardæ pleni.*

* Pulvis Carnium Bovinarum, in eodem Tract. cap. 1 : *Oportet quod dictus exercitus de Pulvere carnium bovinarum sit fulcitus, quia carnes bovis sunt de maxima substantia coctæ in aqua in olla ænea.*

* Pulvis Longobardicus, Aureus, ut opinor. Lit. remiss. ann. 1383. in Reg. 123. Chartoph. reg. ch. 214 : *Pris sur une huche un escrinet,... ouquel avoit la monnoye de six frans d'or ou environ, un sachet de Poudre Lombarde, etc.* Nostris *Pourre*, pro *Poudre*, Pulvis; unde *Poudriere* et *Pourriere*, Pulvereus turbo. Mirac MSS. B. M. V. lib. 3 :

Quant on fait son mantel escourre,
Ne s'en va pas toute la Pourre.

Le Roman *de Cleomades* MS. :

Lors veissiés parmy ces plains,
Et parmy mons et parmy vaulx
Grans Pourrieres et grans encaus.

Froissart. vol. 3. cap. 28 : *Nous chevauchasmes le bon pas, et tant que nous vismes devant nous les Poudrieres de nos ennemis.*

Cum Pulvere et *hamis lupellos comprehendere*, in Capitulari de Villis cap. 69.

Pulveris Excussio, Contemptus argumentum fuit, ex iis, quæ habentur Matth. 10. et Marci 6. Gregorius Turon. de Vitis Patrum cap. 4 : *Excutiens in eam* (domum) *Pulverem calciamenti sui, ait, Maledicta sit domus hæc, etc.* Guill. Abbas S. Theodor. in Vita S. Bernardi lib. 2. cap. 8 : *Hic* (Eugenius III. PP.) *seditione orta in populo, Pulverem pedum in litigantes excussit, et relictis eis in Franciam venit.* Vide Notas nostras ad Cinnamum pag. 481.

Pulvis Mortalis. Agobardus lib. de Grandine cap. 16 : *Ante hos paucos annos disseminata est quædam stultitia, cum esset mortalitas boum, ut dicerent Grimaldum Ducem Beneventanorum transmisisse homines cum Pulveribus, quos spargerent per campos et montes, prata et fontes, eo quod esset inimicus Christianissimo Imperatori Carolo, et de ipso sparso Pulvere mori boves, propter quam causam multos comprehensos audivimus et vidimus, et aliquos occisos, plerosque autem affixos tabulis in flumen projectos atque necatos.* Paschasius Ratpertus in Vita Walæ Abbat. Corbeiensis lib. 2. cap. 1 : *Obstupesco valde... quod nemo nostrum, qui ad plenum veritatem de illo audeat posteris narrare, licet audeat detegere peccata populi longe diu accumulata, clades, pestilentias, fames, inæqualitates aerum, terroresque etiam visionum. Quibus profecto malis præcessit prior Pulverum fallax adinventio, sub qua tanta fuit vexatio et prodigium mendacii, ut prudentibus daretur intelligi, quod universus orbis ad tentandum esset expositus in manibus inimici.* Capitulare 1. ann. 810. cap. 3. et Appendix 2. Ludovici Pii ad lib. 4. Capitular. Caroli M. cap. 27 : *De homicidiis factis anno præsenti inter vulgares homines, quæ propter Pulverem mortalem acta sunt.* [Vide Baluzii Notas ad Capitul. col. 1199.]

* **PULULARIUS**, Officium in coquina regia, cui *pullorum* seu altilium cura incumbit. Charta Phil. Pulc. ann. 1313. in Lib. rub. Cam. Comput. Paris. fol. 423.

vº. col. 2 : *Item a Symone Pululario nostro pro xxij. solidis alium locum* (acquisivimus). Vide *Pullarius*.

* *Pululatium*, *Cremie*, in Glossar. Lat. Gall. ex Cod. reg. 7692. Vide supra *Pulaia*.

¶ **PULUS**, pro Pulex, ni fallor, in Vita B. Hugonis de Lacerta apud Marten. tom. 6. Ampl. Collect. col. 1169 : *Ad Dei famulum didicimus properasse* (virum) *quem sic quotidie acris tortura cum Pulis pessimis, quæ scilicet Ira dolens rustice nominatur variis corripiebat tormentis, ut, etc.*

¶ **PULZINETTUM**, f. pro *Pulvinettum*, Pulvillus, pulvinulus. Computus ab anno 1333. ad 1336. tom. 2. Hist. Dalph. pag. 274 : *Colino de Camera pro emenda una sartagine, uno Pulzinetto et una couta pro Domina, etc.*

PULZINUS. Vide *Pulcinus*.

PULZONES, Italis *Polza*, apud Petrum de Crescentiis lib. 10. de Agricult. cap. 28. dicuntur *sagittæ* balistarum *in capite grossæ* : ejusdem veteri Gallico interpreti, *materas gros en la teste de devant*.

** **PUMARITUM**, Pomarium, locus arboribus fructiferis consitus, in chart. ann. 772. in Alsat. Diplom. num. 44. tom. 1. pag. 45. Vide supra *Pomaredus*.

¶ **PUMATA**. Vide *Puniata*.

¶ **PUMBELLUS**, Nescio quæ cibi vel placentæ species monachis Solemniacensibus apud Lemovicas apponi consueta in majoribus festis, quæ tempore Quadragesimæ non celebrabantur. Codex MS. Consuetud. ejusd. loci : *Annunciatio B. Mariæ sepias et anguillas cum porrata sicut in festo beati Eligii in Quadragesima; si evenerit in carnali sepias et rofiolos et Pumbellos, etc.* Rursum iidem *pumbelli* assignantur diebus Epiphaniæ, Dedicationis ecclesiæ, Ascensionis Domini.

¶ **PUMIFER**. Vide *Pomifer*.

¶ 1. **PUNCHA**, Pera. Vide *Punga*.

¶ 2. **PUNCHA**, Pugna, ni fallor. Placitum ann. 1158. inter Probat. tom. 2. novæ Hist. Occitan. col. 571 : *Dixit item juratus prædictus Raino, quod Bernardus de Armazanicis concordavit cum Raymundo Gaucelino et Bertrando de S. Juliano et Petro de Bernicio ut intrarent castrum de Armazanicis causa defendendi stare Bertrandi de S. Juliano; et hoc fecit crastina die quo abbas S. Egidii fuit signatus, sed concordia intrandi castrum prædictum, fuit crastina die quod facta fuit Puncha in eodem castro.* Vide *Punna* in *Pugna* 3.

* **PUNCHERIA**, Mensuræ annonariæ species, forte pro *Punheria*. Vide in hac voce. Charta ann. 1343. in Reg. 74. Chartoph. reg. ch. 232 : *Item pro duodecim quartonibus, tribus sextariis, tribus Puncheriis et tribus quartis frumenti, etc.*

* **PUNCHERIUM**, Cavum, quod pungendo fit. Stat. ann. 1227. inter Probat. tom. 1. Hist. Nem. pag. 72. col. 1 : *Item sciendum est quod balmæ debent dari l. cannæ per Puncherium, et x. cannæ ab utroque latere : et si ad capud dictarum l. cannarum avia crozes messes, que per las razos d'aquellz croses pogues passar ab son Punchier, et qu'ell Punchiers foz d'una canna d'alt, e d'un altra d'ample, etc.*

* **PUNCHONA**, Scalprum signatorium, Angl. *Punchion*, Gall. *Poinçon*. Charta Eduard. reg. Angl. ex Cod. reg. 8387. 4. fol. 60. rº : *Ipsi aurifabri habeant unam Punchonam cum capite leopardi,... ad operationes suas inde consignandas*. Vide infra *Puntellus*.

1. **PUNCTA**, Acumen, Gall. *Pointe*. Historia Abbendonensis Monast. in Anglia : *Ipsa etiam amicorum suorum auxilio parvulam Punctam de clavis Domini acquisivit, etc.* [Charta ann. 1313. ex Bibl. Colbert. Regest. 56 : *Item quod nullus vir vel mulier audeat portare in suis estivalibus, sotularibus vel botinis Punctas dictas de Polayna*. Consil. Massil. ex Schedis D. *le Fournier : Item quod nullus.... portare audeat Punctam seu rostrum in suis sotularibus*. Leges Balduini Fland. Comit. ann. 1200. apud Marten. tom. 1. Anecdot. col. 767 : *Qui cultellum cum Puncta portaverit, etc.* Vide *Punctus* 4.]

¶ **PUNCTA PEDIS**, Illius extremitas, Gall. *Pointe du pied*. Miracul. S. Bernardini tom. 5. Maii pag. 285 * : *Obliquum gerens pedem, ipsius Punctam non plane in terra ponens, ductus ad sacrum corpus*.

2. **PUNCTA**, Promontorium, *Lingua* terræ, *pointe de terre*, apud Sanutum lib. 2. part. 4. pag. 87 : *Alexandria magna est civitas atque pulchra, quandam Punctam habens deforis, cujus confines quotidie a maris fluctibus inundantur, super quam Punctam est una turris, quæ Farum communiter appellatur*. [Chron. Andr. Danduli apud Murator. tom. 12. col. 461 : *Die xx. ejusdem mensis Septembris itinere resumto novum insonuit ad Punctam Medelini.*]

¶ 3. **PUNCTA TERRÆ**, Idem quod *Petia*, pars, portio, Gall. *Piece*. Charta ann. 1224. ex Tabul. Corb. : *Notum facio quod abbas et conventus Corbeiensis vendiderunt marescos de Tanes ad duas Punctas turbandos, omni jure meo... salvo*.

* Male, est enim Fodicatio ad cespites, vulgo *Tourbes*, eruendos, ut ex allato loco facile, ni fallor, efficitur. Vide *Turba* 1.

¶ 4. **PUNCTA**, Granum, *Grain* : vox Monetariorum, *Donner le Poignant au maistre*. Statutum ann. 1342. tom. 2. Hist. Dalphin. pag. 420. col. 2 : *Remedia vero ligæ et ponderis Punctas, levatas, essayamenta et alia jura, et privilegia habeatis quæ in nostris monetis antea habebatis*.

¶ 5. **PUNCTA**, Stragulum acu punctum, Gallice *Courtepointe*. Statuta Ord. Valliscaulium ann. 1238. apud Marten. tom. 4. Anecd. col. 1661 : *Nullus prior extra domum ferat culcitram, Punctam, vel coopertorium*. Ubi forte leg. sine distinctione *Culcitram punctam*.

* 6. **PUNCTA**, Ornamenti genus, fibula, acus. Constit. Carmelit. MSS. part. 1. rubr. 11 : *Prohibentes ne aliquis frater portet..... cordulas seu claveria de serico, vel armillas seu Punctas, nec ullas res curiosas vel etiam dissolutas*. Vide *Punctum* 6.

* 7. **PUNCTA**, idem, ut videtur, quod *Puginata* et *Pugneia*, Fasciculus scilicet candelarum, vulgo *Poignée*. Charta ann. 1319. in Chartul. S. Maglor. ch. 58 : *Et si etiam ad instantiam amicorum talis corporis, vel motu proprio dicti curati, fieret vigilia, et celebraretur missa solum in crastino sepulturæ pro eodem, oblationes, candelæ et aliæ Gallice Pointes, erunt communes ipsi curato et priori, et in communi faciant vigiliam et missam celebrari. Item concordatum est, quod omnes oblationes, qualitercumque venientes in crotis seu votis, erunt priori, et quod idem curatus non poterit aliquod jus reclamare in eisdem, excepto quod si ibi missa celebratur, requisita vel non requisita ab aliquo, oblationes ad manum et in candellis sive Punctis, ratione missæ tantummodo erunt communes.* Vocis attamen origo nummos significare potest, qui candelis seu cereis affigi solent; nisi de cereis, qui *punctis* infiguntur, malis intelligere.

¶ **PUNCTADOR**. Vide *Punctator*.

PUNCTARE, Ugutioni et Joan. de Janua, *Puncta facere, vel puncta distinguere : unde Dispunctare, removere punctum : Repunctare, iterum punctare*. [Nostris olim *Pontter, Pointier*, nunc *Ponctuer*.] Guarinus Veronensis, seu Auctor dialogi de Arte punctandi : *Punctus est signum, quod vel figura, vel mora sua, clausulas separat, sensus distinguit, animum recreat, spatiumque cogitandi relinquit, etc.* Ita quidem hisce locis *punctus* idem valet quod *punctum*, quod periodi sensum claudit : et *punctare*, vel *pungere*, punctum adpingere, vel periodum puncto distinguere. Liber Ordinis S. Victoris Parisiensis MS. cap. 19 : *Libri communes... quos præcipue Armarius diligenter emendare debet et Punctare, ne Fratres in cotidiano officio Ecclesiæ sive in cantando, sive in legendo aliquod impedimentum inveniant.*

☞ Quod quidem acceptum referri debere Carolo Magno, qui procurante Alcuino punctorum distinctiones vel subdistinctiones restituit, docet Mabillonius lib. 1. Diplom. cap. 11. § 15. Ad hæc quippe tempora nulla verborum a Notariis facta distinctio est; sed et in libris tametsi usitata, in Diplomatibus tamen serius obtinuit. De punctorum positione hæc habet Papias : *Distinctio est, ubi finitur plena sententia, et punctum ad summam litteram ponimus. Media distinctio est, ubi fere de sententia tantum superest, quantum diximus, cum tamen respirandum sit, et punctum ad mediam litteram ponimus. Subdistinctio est, ubi non multum superest de sententia, quod tamen mox inferendum sit, et punctum ad imam litteram ponimus.*

* Interpunctiones a Carolo M. restitutas; atque adeo ad hujus imperatoris tempora, nullam verborum a notariis factam esse distinctionem, minus accurate dictum in Glossario observant Auctores novi Tract. diplom. tom. 3. pag. 470. Fateor equidem *nullam fere* ex Mabillonio fuisse scribendum : sed si doctissimos viros Mabillonium et abbatem Godwicensem, imo ipsosmet Auctores attente consulueris, manifestum erit, si codices aliquot excipias, rationem punctandi ad libitum notariorum, usque ad Caroli M. tempora variasse, atque tunc demum certis regulis fuisse circumscriptam.

At *Puncta*, apud Scriptores infimæ ætatis præsertim, dicuntur ea, quæ, in singularum linearum initio et fine describuntur, vel subula punguntur, intra quæ exarantur ipsarum linearum ductus, quos *sulcos* vocant, quod maxime in codicibus e pergameno confectis observatum. S. Hieronymus Epist. ad Lætam : *Cum vero cœperit trementi manu stylum in cera ducere, vel alterius superposita manu teneri regantur articuli vel in tabula sculpantur elementa, ut per eosdem sulcos inclusa marginibus trahantur vestigia, ut foras non queant evagari.* Prudentius lib. περὶ ςεφ. in S. Cassiano :

Pungere Puncta libet, sulcisque intexere sulcos.

Iso Magister ad eumdem lib. Peristeph. v. 271 : *Morsus, punctos dicit, i. foramina nervi, quæ appellantur in scriptura Puncti.* Engelhardus Abbas in Vita S. Mechtildis Virgin. cap. 23 : *Cum soror una, cui usus erat scribendi membranam, dum ad lineas Punctaret, subulam incaute trahens, oculum transfigit, etc.* Chronicon Augustanum lib. 2. cap. 2 : *Ex reliquis in arte Punctandi mihi videtur, quod in trivio et quadrivio peritissimus fuerit.* Chronicon Trudonense lib. 8. pag. 441 : *Graduale unum propria manu formavit, purgavit, Punxit, sulcavit, scripsit, illuminavit, musiceque notavit syllabatim, etc.* Radulphus de *Monchy* Monachus Vedastinus, laudatus a Gazæo ad Cassianum lib. 5. de Cœnob. instit. cap. 39 :

Cum librum scribo, Vedastus ab æthere summo
Respicit e cœlis : notat et quot grammata nostris
Depingam calamis : quot aretur pagina sulcis,
Quot folium Punctis hinc hinc luceretur acutis.
Tuncque favens operi nostro, nostroque labori,
Grammata quot, sulci quot sunt, quot denique [Puncti,
Inquit, in hoc libro, tot crimina jam tibi dono.

Auctor Mamotrecti de Homerocentone et Virgiliocentone : *Quia illi poetæ in versibus suis prolixis multos versus posuerunt, qui videntur in superficie convenire Christo : quos percurrentes quidam Punctaverunt, et in unum collegerunt, et quia hic cento, nis, est Punctus sive punctatio, hic Virgiliocento, nis, est compilatio facta de versibus Virgilii, etc.* Vide lib. 2. Miscellan. Baluzii pag. 266.

Punctorium, Subula, qua pergamenum *punctatur*, vel pungitur. Guigo in Statutis Cartusianorum cap. 28. § 2. ubi de supellectile scriptoria : *Rasoria duo, et Punctorium unum, subulam unam, plumbum, regulam, etc.* Eadem habentur in Statut. antiq. ejusdem Ordinis parte 2. cap. 16. § 8.

* Unde *Poigneur*, Artifex quilibet subula utens. Lit. remiss. ann. 1392. in Reg. 144. Chartoph. reg. ch. 150 : *Comme ledit Perrin, qui avoit tenu l'imposition des Poigneurs d'alesne de Chasteaudun, se feust adrecié à l'uys de l'hostel Jehan Huet cordouannier, etc.* Sed et instrumentum quodvis punctioni idoneum, *Punctorium* appellabant; unde nostratibus *Poing* et *Apointon*. Glossar. Lat. Gall. ex Cod. reg. 7692 : *Punctorium, Poinsture.* Lit. remiss. ann. 1468. in Reg. 195. ch. 74 : *Garnis de jaureloz, d'un Poing de cuyvre, d'un arc et de fleiches,.... duquel Poing de cuyvre le suppliant donna sur la teste, etc.* Guignevil. in Peregr. hum. gener. MS. :

Un Apointon en la main destre,
Et une boiste en la senestre
Tenoit; mais l'Apointon muchoit
Derriere li et concheloit.

Hinc *Poingnamment*, Aculeata ratione, vulgo *d'une façon piquante*, apud Froissart. vol. 2. cap. 111 : *Philippe d'Artevelle ne se repentoit point de ce que durement et Poingnamment il avoit escrit aux commissaires du roy de France.*

¶ Punctare, Notare, signare, Gall. *Piquer, marquer.* Statuta Bertrandi de Turre Episc. Tull. ann. 1359. apud Baluz. tom. 2. Histor. Arvern. pag. 856 : *Si vero deinceps in taberna, vel in platea publica, vel in loco communi clerici in sacris ordinibus constituti vel beneficiati ad taxillos ludere vel Punctare aut transversare, vel participare cum ludentibus ad taxillos ad lucrum et damnum præsumpserint, etc.* Nisi ibi *Punctare* eadem notione accipiendum est, qua nostri dicunt *Donner* vel *Prendre de l'argent à Piquer*, cum scilicet aleator ab alio pecuniam mutuo accipit quam cum fenore restituit quoties vincit. Cæterum pro notare occurrit in Epitome Constit. Eccl. Valent. inter Conc. Hisp. tom. 4. pag. 194 : *Anniversaria et duplæ sedis Punctentur cum cedula, illa die qua celebrabuntur.* Nostri *Poindre*, pungere dixerunt. Le Roman *d'Athis* MS. :

Des esperons qu'il ot dorez
Point le cheval par les costez.

* Neutra hujus vocis expositio ex Statutis ann. 1359. hic laudatis sensum attigit : ibi enim *Punctare* est Tesseris ludere, ut quis alterum *punctis* vincat, quod nostri *Pontoyer* vel *Jouer au point* dicebant, nunc *Jouer au Passedix.* Lit. remiss. ann. 1364. in Reg. 98. Chartoph. reg. ch. 178 : *Comme Hues de la Vacquerie jouast à un jeu, dit au Point, etc.* Aliæ ann. 1407. in Reg. 162. ch. 18 : *Icellui Veriot se mist à jouer et Pointoyer audit Olivier à passer dix, et tant jouerent et Pointoyerent ensemble, etc.* Unde *Pointure*, pro certus punctorum numerus, in Lit. remiss. ann. 1371. in Reg. 102. ch. 271 : *Comme l'exposant et Philippot Groignet eussent commencié à jouer aux dez,... ledit Jehan dist audit Philippot que il avoit geté certaine Pointure.* Hinc etiam *Dez maupoins*, Tesseræ fallaciter *punctatæ* seu notatæ appellantur, in aliis Lit. ann. 1399. ex Reg. 154. ch. 168 : *L'exposant a esté trouvé saisy de quatre dez Maupoins, de deux qui estoient pers et autres deux non pers.*

Punctari, dicuntur, qui certis officiis suis sibi injunctis, vel ex debito, adesse negligunt, vulgo *Piquer*, in Constitut. Joan. Archiep. Nicosiensis ann. 1320 cap. 2. 7. [Epitome Constitut. Eccl. Valent. Concil. Hisp. tom. 4. pag. 173 : *Punctare in dicta Missa teneantur* (collectores) *ut sciant quibus in solidum, vel dumtaxat pro tertia parte anniversarium solvere teneantur.* Adde Baluzium tom. 2. Miscell. pag. 266.]

¶ **PUNCTATIM**, Articulatim, quasi per puncta. Charta ann. 1095. in Tabular. S. Victoris Massil. : *Hanc donationem manibus nostris Punctatim firmavimus.* Meisterlini Hist. Rer. Noriberg. apud Ludewig. tom. 8. Reliq. MSS. pag. 69 : *Quæso digneris Punctatim ostendere gradum nostræ consanguinitatis.* Utitur præterea Claud. Mamert. de Statu animæ lib. 3. cap. 14. Vide in *Punctum*. 2.

¶ **PUNCTATOR**, Qui absentes a choro et officiis divinis *punctis* notat, Gall. *Piqueur.* Vita S. Bogumili tom. 2. Junii pag. 347 : *Punctatori deinde negotium dedit, eos qui abessent aut infra officium confabularentur... connotandi.* Adde Concil. Hispan. tom. 4. pag. 339. *Punctador*, in Litteris Pii V. PP. ibidem pag. 119.

¶ Punctuator, Eadem notione, in Statutis MSS. Capituli Audomar. : *Item circa parvum bursarium distributorem marellorum et Punctuatorem anniversariorum, etc.*

¶ Punctuarius, Eodem intellectu, in Epist. Clementis IV. PP. ann. 1267. apud Marten. tom. 2. Anecdot. col. 480.

* **PUNCTATUS**. Vide supra *Pongiatus*.

* **PUNCTIO**, Conventio, pactum. Magn. Pastorale episc. Paris. fol. 238 : *Episcopo et conventui S. Mariæ ecclesiæ Parisiensis carissimis dominis suis. Pacem et concordiam, quam fecistis cum Simone de Obergenvilla homine meo, concedo fieri et manucapio teneri; quod si inde exire vellet, facerem illum Punctionem illam tenere.* Vide *Punctuatio* 1.

¶ **PUNCTORIUM**, Subula. Vide in *Punctare*.

* **PUNCTOSUS**, Cuspide instructus. *Cultellus punctosus*, in Stat. Vallis-Ser. rubr. 44. ex Cod. reg. 4619. fol. 88. r°.

* 1. **PUNCTUALITER**, Diligenter sedulo, Gall. *Ponctuellement.* Charta ann. 1440. apud Lamium in Præfat. ad part. 2. Hist. Sicul. Bonincont. in Delic. erudit. pag. xxviij : *Scriptæ sunt copiæ de dictis originalibus capitulis Punctualiter de verbo ad verbum.*

* 2. **PUNCTUALITER**, Certo, Gall. *Véritablement.* Steph. de Infestura MS. ubi de Innoc. VIII. PP. : *Et data fuit ei audientia a toto collegio cardinalium et in secretis; ita quod nescitur Punctualiter quid exposuerit.*

¶ **PUNCTUARE**, Statuere, definire, pacisci. Elmham. in Vita Henrici V. Reg. Angl. edit. Hearnii cap. 14. pag. 28 : *Assensum præbentes, incontinenti, quæcumque in ipsa concordia Punctuantur, opere perimplerent.* Ibidem cap. 55. pag. 139 : *Decrevit igitur et effectualiter Punctuavit, quod etc.* Rursum cap. 69. pag. 199 : *Securam compositionem Punctuant, perficiunt et confirmant. Erat igitur finaliter Punctuatum, quod etc.* Vide *Punctuatio* 1.

¶ Appuntare, Eadem notione, in Charta ann. 1182. ex Tabul. S. Albini Andegav. : *Cum omni assensu et voto omnium et singulorum nostri dicti monasterii monachorum statuimus, ordinavimus et Appuntavimus, etc.*

¶ **PUNCTUARIUS**, Punctuator. Vide supra *Punctator*.

¶ 1. **PUNCTUATIO**, Conventio, pactum, Gall. *Traité*, apud eumdem Elmham. cap. 21. pag. 47 : *In villæ de Harestew redditionem conveniunt in hunc modum, viz. quod, nisi potentia partis adversæ ipsi villæ, infra sex dies futuros post Punctuationem habitam succursus conferat,.... in manus regias villam reddent.* Vide *Punctuare*.

¶ Appunctuatio, Eadem notione, in Chron. Joan. de *Whethamstede* pag. 346 : *Convenit* (Rex) *cum ipso* (Duce Eboraci) *pro alio quinquennio.... Quod dux de Somercete audiens,.... tam caute apud Regem insteterat, ut... totam Appunctuationem, quam prius fecerat cum domino duce Eboraci, revocaret in irritum.*

¶ 2. **PUNCTUATIO**, Scriptio. Johannes

Diaconus in Vita S. Isidori agricolæ tom. 3. Maii pag. 514 : *Liber ipse originalis.... tam in discursu ipsius historiæ, quam Punctuatione ipsorum ecclesiasticorum hymnorum, per sexaginta et septem distinctiones distenditur.*

* 3. **PUNCTUATIO**, Modulatio. Stat. MSS. eccl. S. Laur. Rom. : *Ordinaverunt quod in officiis hujusmodi cantandis in dicta ecclesia in medio cujuscumque versus fiat pausa cum debita Punctuatione, prout in psalterio punctuatum est.*

1. **PUNCTUM**, [Ipsa chartæ vel scripti verba. Regest. Magn. Dier. Trecens. ann. 1289. apud D. *Brussel* tom. 2. de Usu feud. pag. 927 : *Ad quos usus dicti burgenses per Punctum cartæ suæ se attendere dicuntur.*] Statutum Philippi Pulchri Regis Franc. ann. 1302. pro Reformatione Regni cap. 63 : *Per hujusmodi Statuta et ordinationes nos aut nostrum consilium non intendimus in aliquo variare vel mutare privilegia, seu Puncta litterarum, quæ nos aut prædecessores nostri concessimus, etc.* [Charta Philippi Regis Franc. inserta in Litteris Henrici V. Regis Angl. ann. 1420. apud Rymer. tom. 10. pag. 21 : *Specialiter cum nec per Punctum cartæ hoc sibi concessum fuisset... Per Punctum cartæ, sibi et eorum monasterio a tempore fundationis dicti monasterii concessæ.*] *Prendre à point, et pointer*, in Assisiis Hierosolymitanis MSS. cap. 6 : *Le bon plaideoir doit ses paroles tout baudement et entendaument, et doit estre gaitant de dire ses paroles, si que son aversaire ne le puisse prendre à Point, par quoi il perde sa querelle, notant tous les dis de son aversaire, et bien Pointant chascun porce que il sache respondre à ce que mestier li est.* Et cap. 264 : *Le Seignor et l'homme doivent adonc dire ambedeus ensemble, oïl, pource que l'un ne puisse prendre l'autre à Point. Car si l'un disoit, oïl, et l'autre, non, enci auroit l'un l'autre pris à Point, et auroit sa foi blessée.*

2. **PUNCTUM**, in psalmodia, Syllaba. Statuta antiqua Ordinis Cartusiens. 1. part. cap. 39. § 1 : *Si ea, quæ cantando delectationem afferunt, amputentur; ut est fractio et inundatio vocis, et geminatio Puncti, et similia, quæ potius ad curiositatem attinent, quam ad simplicem cantum.* Ubi *Neumæ* innuuntur. Et § 4 : *Punctum nullus teneat, sed cito dimittat. Post Punctum bonam pausam faciat.* Adde § 5. Cap. 50 : *In monosyllabis vel barbaris dictionibus debet in fine geminari Punctum, cum fit interrogatio, tam in Epistola, quam in Evangelio.*

¶ Punctus, Eadem notione, in Institut. Patrum de Modo psallendi apud Thomas. in Append. ad Respons. S. Greg. pag. 443 : *Semper in psalmodia Punctus et pausa teneantur.* Hinc

Punctatim Canere. Charta Caroli II. Regis Siciliæ ann. 1304. apud Ughellum tom. 7. pag. 897 : *Volumus, quod in ipsa deinceps Ecclesia secundum ordinem Parisiorum Ecclesiæ per libros, quos eidem Ecclesiæ dedimus, divinum officium celebretur, Punctatim videlicet atque tractim.* Ubi *tractim* et *punctatim*, est uno tenore et absque ulla modulatione cantare, singulis tamen *punctis*, in verbis, quodammodo tono elevatiori notatis, ita ut qui ita cantat, iis immoretur.

☞ Haud scio an melius de gravi et distincta modulatione intelligatur, ut et in Statutis antiquis Canonic. Regular. apud R. Duellium tom. 1. Miscell. pag. 86 :

Punctatim psallendo Deo, cantentque morose.

Hinc emendanda Statuta Valent. Eccl. inter Concil. Hisp. tom. 3. pag. 511 : *Semper unus levet psalmos, et Punctatis, sine syncopa legant psalmos ac lectiones.* Ubi leg. *Punctatim.*

* Id est, *Puncta* seu notas multiplicando et variando, nostris *Pontoier*. Mirac. Mss. B. M. V. lib. 2 :

Tex chante bas et rudement,
Que Dex escoute doucement,
Plus que celui qui se contoie,
Qui haut organe et haut Pontoie.

Male ergo cum *Tractim* confunditur, aut de gravi et distincta modulatione intelligitur. Vide *Cantus contrapunctus.*

¶ 3. **PUNCTUM**, Vulnus cuspide factum. Lex Ripuar. tit. 4. cujus inscriptio est, *de Puncto : Si quis ingenuus alterum transpunxerit, aut infra costas plagaverit, etc.*

¶ 4. **PUNCTUM**, Articulus, caput, Gall. *Point, article.* Litteræ Ruperti Electoris Palat. ann. 1356. apud Ludewig. tom. 5. pag 582 : *In omnibus suis tenoribus, sententiis, Punctis et clausulis, etc.* Charta ann. 1377. ex Bibl. reg. : *Quia recipiendo veniret contra unum de principalibus Punctis quod ponit et substinet.* Charta Caroli Regis Franc. ann. 1452. apud Baluz. tom. 2. Hist. Arvern. pag. 402 : *Et licet iidem exponentes errores in dicto arresto respectum certorum Punctorum in eodem contentorum intervenisse et eosdem presequi intendissent.* Adde Rymer. tom. 8. pag. 378. et Conc. Hisp. tom. 3. pag. 654. Vide *Punctus* 2.

¶ 5. **PUNCTUM**, Salarium, honorarium, quod iis tribuitur qui officiis ecclesiasticis intersunt; sic dictum quod præsentes *puncto* notabantur. Statuta Eccl. Valent. inter Conc. Hispan. tom. 4. pag. 135 : *Quicumque clericus beneficiatus, vel substitutus non adfuerit Missæ majori, perdat Punctum omnium actuum et funeralium a meridie usque ad mediam noctem illius diei. Et quicumque non adfuerit Vesperis, similiter amittat Punctum omnium actuum et funeralium a media nocte usque ad meridiem diei sequentis. Et deputabitur in clero presbyter unus qui assistentes Missæ et Vesperis supradictis Puncto designet. Puncta* nuncupantur etiam salaria concessa a Principe primatibus advocatorum. De his vide Cujac. lib. 13. Observat. cap. 2.

¶ 6. **PUNCTUM**, Globulus, Gall. *Bouton.* Statuta Milonis Episc. Aurel. ann. 1314. apud Marten. tom. 7. Ampl. Collect. col. 1286 : *Statuimus quod quilibet sacerdos de cetero supertunicale clausum habeat, scilicet sine Punctis.* Statuta Monast. S. Germ. Paris. inter Probat. ejusdem Hist. pag. 173 : *Vestes etiam inordinatas apertas cum Punctis penitus inhibemus.* Statuta Monast. S. Claudii ann. 1448. pag. 38 : *Item, quod iidem Religiosi sine floccis aut regularibus cucullis cum Puncto competenter clausis per monasterium... non incedant.* Occurrit rursum pag. 113.

* Vel potius Fibula, acus. Vide supra *Puncta* 6.

* 7. **PUNCTUM**, Terminus, limes, quia certis *punctis* seu notis distinguitur, *Point* etiam nostratibus. Charta ann. 1220. in Chartul. Campan. ex Cam. Comput. Paris. fol. 393. r°. col. 1 : *Ego Rogerus dominus Roseti in Tereschia.... Quæ omnia de allodio meo erant, et intra terminos et Puncta comitatus Campaniæ constituta sunt.* Alia Henr. comit. *de Ronay* ann. 1268. ibid. fol. 220. r°. col. 2 : *Por ce que je voi et entant que moult de mals porroient avenir, se je me marioie fors des Poins dou royaume de France, etc.*

* 8. **PUNCTUM**, Vox generalis, qua res quævis, quodlibet negotium significatur. Charta ann. 1201. ex Tabul. S. Gauger. Camerac. : *Cum etiam in principio messium super Punctum Augusti fuerint banni facti, etc.*

¶ In Puncto Esse, Phrasis Gallica, *Etre sur le point*, In procinctu. Charta ann. 1377. ex Bibl. reg. : *Diximus quod eramus in Puncto rumpendi, etc.*

* Præsto esse, Ital. *Essere in punto.* Charta Theob. comit. Campan. ann. 1228. in Chartul. Camp. ex Cam. Comput. Paris : *Cum karissima domina mater mea esset in eo Puncto revocandi ipsum Galcherum, etc. Quant poins est de pestrir*, in Ch. ann. 1263. ex Chartul. S. Petri Insul. sign. *Decanus* fol. 112. v°.

¶ De Puncto in Punctum, Phrasis etiam Gallica, *De point en point*, Accurate, diligenter, summa cura, in Litteris Philippi VI. Reg. Franc. ann. 1339. tom. 2 Ordinat. pag. 133 : *Ipsas ordinationes et litteras regias supradictas de Puncto in Punctum observantes, etc.* Charta Henrici VI. Regis Angl. ann. 1446. apud Rymer. tom. 11. pag. 111 : *Observari de Puncto in Punctum, etc. De Puncto ad Punctum totum scribimus præsens scriptum*, in Tabul. Eccl. Lingonens.

* **PUNCTUOSUS**, In *punctum*, Gall. *Pointe*, seu acumen desinens. Lit. remiss. ann. 1388. in Reg. 133. Chartoph. reg. ch. 83 : *Cadendo in quadam bancha percussit seu attingit de capite, scilicet in cornerio acuto et Punctuoso, taliter quod exinde graviter vulneratus extitit.*

¶ **PUNCTURA**, Punctio. Jul. Firmicus lib. 8. cap. 21 : *Viri Punctura teli morientur.* Elmham in Vita Henrici V. Reg. Angl. edit. Hearnii cap. 63. pag. 175 : *Inclusi, mœroris et timoris sauciati Puncturis, inceperunt mitescere, etc.*

* **PUNCTURA**, Pleuritis, pungens lateris dolor, Ital. *Puntura*, Gall. *Point au côté.* Mirac. S. Rosæ tom. 2. Sept. pag. 470. col. 1 : *Tutius quidam Angeli Teie Punctura et febre gravatus, etc.* Lit. remiss. ann. 1378. in Reg. 113. Chartoph. reg. ch. 361 : *Dictus serviens dicebat se moriturum ex quadam Punctura, quæ bout vulgari nomine nuncupatur.* Aliæ ann. 1394. in Reg. 147. ch. 166 : *Icelle Martine, tant pour lesdittes bateures, comme pour un bout, qui lui prenoit souventefois ou costé, ala de vie à trespassement.*

1. **PUNCTUS**, Quinta pars horæ, apud Bromptonum. [Rabanus de Computo apud Baluz. tom. 1. Miscell. pag. 17 : Disc.

Punctus quid est? Mag. *Quarta pars unius horæ.* Disc. *Unde dictus est Punctus?* Mag. *A parvo puncti transcensu qui fit in horologio. Punctus quippe a pungendo dictus est, eo quod quibusdam punctionibus certæ designationis in horologiis designatur. Punctus autem habet minuta duo et dimidium, partes tres et semissem, et quadrantem unius partis, momenta decem, ostenta quindecim, atomos* vMDCXL. *Quatuor ergo Puncti horam faciunt.* Rolandinus Patav. lib. 8. cap. 1. apud Murator. tom. 8. col. 283 : *Movit* (Eccelinus) *de Verona circa principium mensis Madii, eligens Punctum sui motus, cum sapientibus suis, more solito.* Vide *Ostentum.*]

* Stat. Univers. Tolos. ann. 1366. ex Cod. reg. 4222. fol. 84. v° : *Statuimus quod pro resumpta magistri novi, qui eam facere voluerit, vacetur hora vesperorum duntaxat, et quod campana possit anticipari de duobus Punctis.*

¶ 2. **PUNCTUS**, Articulus, caput, Gallice *Point, article.* Charta Edwardi III. Reg. Angl. ann. 1357. apud Rymer. tom. 6. pag. 43 : *Ad admittendum... omnes et singulos tractatus et concordias factos, habitos seu faciendos... et quoscumque etiam Punctus in eisdem contentos.* Occurrit rursum ibidem pag. 45. 53. et apud Marten. tom. 6. Ampliss. Collect. col. 200. Vide *Punctum* 4.

¶ 3. **PUNCTUS**, Actus, factum, Gall. *Fait.* Litteræ Henrici IV. Reg. Angl. ann. 1409. apud Rymer. tom. 8. pag. 570 : *Sciatis quod suscepimus in salvum et securum conductum nostrum..... senescallum de Haynau, infra regnum nostrum Angliæ, ad certa Punctus et facta armorum inibi perficiendum, cum centum personis equitibus in comitiva sua.*

* Rectius, ni fallor, Conditio, conventio, pactum. Vide supra *Punctio.*

¶ 4. **PUNCTUS**, Acumen, mucro, Gall. *Pointe.* Charta ann. 1392. apud Rymer. tom. 7. pag. 713 : *Concessimus Majori dictæ villæ* (Calesiæ) *... quod ipsi... quendam gladium, Punctu erecto, coram eis portatum habere possint, ita quod Punctus gladii prædicti, in præsentia nostra et avunculorum nostrorum, ac etiam capitanei dictæ villæ nostræ, seu locum suum tenentis in absentia sua, pro tempore existentium, semper deorsum deferatur. Punctum aculeis acutissimis, sursum erectis, tali ingenio, ut cum Rex decubuisset, et mole corporali stramenta pressisset, per eosdem aculeos vulneratus fuisset,* in Chronico Angl. Th. *Otterbourne* pag. 232. Vide *Puncta* 1.

¶ 5. **PUNCTUS** in psalmodia. Vide *Punctum* 2.

* 6. **PUNCTUS**, Inusta ferro acuto et calido plaga. Lit. remiss. ann. 1409. in Reg. 163. Chartoph. reg. ch. 303 : *Dalmacius cum intentione eum* (infirmum) *sanandi, tres Punctus cum ferro calido, in fornace calefacto, in loco infirmitatis dedit, et foramen ad evacuandum putrefactionem ab intra existentem fecit.*

¶ **PUND**, Libra. Vide *Funt.*

PUNDBRECH, Infractura parci, in Legibus Henrici I. cap. 40. ubi habetur, quot modis illa fiat : *Si Pundbrech, id est fractura parci fiat, in Curia Regis plena sit, alibi* 5. *manc. Pundbrech fit pluribus modis, emissione, evocatione, receptione, excussione, etc.* [** An Tunbreche? Confer cap. 37. ubi Mundbreche.]

* **PUNEIRA**, Quantum pugno continetur, Gall. *Poignée.* Charta Bern. vicecomit. Carcass. ann. 1082. ex Bibl. S. Germ. Prat. : *Dono vobis in ipsam meam leudam de Limos tres Puneiras de sal, in unaquaque die mercatile.* Vide *Puniata.*

¶ **PUNEX**, pro *Pumex*, in Translat. S. Felicis Conf. inter Conc. Hisp. tom. 3. pag. 297 : *Quod sepulcrum... in orientali parte erat constructum, et artificis arte facto fornice de suspenso Punice coopertum ratâque suspensi Punicis congerie, invenerunt ligneum sepulcrum.*

* Nostris *Poncier*, Pumice expungere. Chron. S. Dion. tom. 3. Collect. Histor. Franc. pag. 230 : *Il manda par toutes les citez du roiaume que li enfant fussent entroduit en ces letres, et livre Ponciet rescrit.* Ubi Aimoin. lib. 3. cap. 40. ibid. pag. 85 : *Et libri pumice planati rescriberentur.*

PUNGA, Pera, Saxonice pung. S. Audoënus in Vita S. Eligii lib. 1. cap. 10 : *Quoties brachile aureum, Pungam quoque auro gemmisque comptam sibi subripuit, tantum ut miseris succurreret.* [Magis placeret *Pugna*, qua voce pugni ornamentum significaretur, cum ad *brachile* propius accedat quam pera, cui aurum et gemmæ vix conveniunt : si tamen hanc vocem ex Cod. MS. optimæ notæ restituerit Duchesnius. Nihil enim temere definiendum, cum infra cap. 12. legatur : *Habebat* (Eligius) *bursas eleganter gemmatas.* Vide supra *Pugna* 1. et 2.] Angilbertus Abbas Centul. apud Hariulfum lib. 2. cap. 10 : *Codex eburneus auro paratus... Punga auro parata* 1. *incensaria argentea auro parata* 4. *etc.* Ita Græco-Barbaris, πούγγη et πουγγίον, est sacculus, bursa, crumena ex corio confecta, unde nostris, *poche*, Leoni Imp. in Tacticis cap. 5. § 4. cap. 6. § 2. 10. Φρῆνος de capta Constantinopoli MS. πούγκην σοῦ καὶ σακκούλιν σοῦ etc. Alios in hanc rem locos suppeditant Rigalt. et Meurs. in Gloss. et Glossar. med. Græcit. col. 1211.

* *Puissette*, dimin. eadem notione, in Hist. Joan. *de Saintré* pag. mihi 124 : *Si s'appensa qu'il les* (escus) *musseroit en ses Puissettes.*

PUNCHA. Statuta Massiliensia MSS. ann. 1276 : *Tunica rugata cum Punchis.*

POCHIA, *Pochia seu Bissacus*, in Processu de Vita et mirac. B. Mariæ de Malliaco num. 42. [Charta ann. 1341. apud Rymer. tom. 5. pag. 259 : *In qua archa reperientes monetas infra scriptas in saccis lineis seu Pochiis repositas.*]

POWCHIA. Will. Thorn. ann. 1248 : *Etiam ex transverso ventris sub umbilico habentes cultellos, quos Daggerios vulgariter dicunt, in Powchiis desuper impositis.*

¶ **PUNGATIVUS**, Pungens, Gall. *Piquant.* Mirac. B. Simonis de Lipnica tom. 4. Jul. pag. 556 : *Velut spinam Pungativam evulsam ab eisdem sentiens dentibus.*

¶ **PUNGITIVUS**, Eadem notione. Epist. Gaufridi Abb. apud Marten. tom. 1. Anecdot. col. 502 : *Quibusdam autem verba justorum Pungitiva tantum sunt, non sanativa : aliis vero Pungitiva sunt simul et sanativa.* Gervasius Tilber. in Otiis Imper. apud Leibnit. tom. 1. Script. Brunsvic. pag. 978 : *Vermiculus autem ex arbore, ad modum ilicis et quantitatem dumi Pungitiva folia habente, prodit ad pedem.* Rolandinus Patav. lib. 11. cap. 5. apud Murator. tom. 8. col. 329 : *Et aliquando post mellis dulcedinem mordet aculeus Pungitivus.* Occurrit rursum apud Marten. tom. 4. Anecd. col. 217. et 223.

* **PUNGULONUS**, Stimulus, Ital. *Pungolo.* Charta ann. 1196. apud Murator. tom. 2. Antiq. Ital. med. ævi col. 91 : *Item si quis incideret in silva Vallis Herminæ, tres solidos dabit curiæ, nisi pro Pungulonio, vel virga coriati, vel ritorta.*

* **PUNGUS**, *Champineul*, in Glossar. Lat. Gall. ex Cod. reg. 7692. pro *Fungus*, *Champignon*, ni fallor.

* **PUNHADERIA**, Mensuræ annonariæ species. Charta ann. 1342. in Reg. 74. Chartoph. reg. ch. 238 : *Item unam Punhaderiam avenæ debitam semel anno quolibet perpetuo.* Vide mox *Punheria.*

¶ **PUNHALIS GLADIUS**, Pugio, sica, Gallice *Poignard.* Charta ann. 1200. ex Tabul. Archiep. Auscit. : *Evaginato Punhali gladio irruit contra dictum dominum Abbatem.*

* *Punhalis cutellus*, in Lit. remiss. ann. 1377. ex Reg. 110. Chartoph. reg. ch. 236 : *Un coustel ou Castellan, que l'en appelle au pais* (Languedoc) *Puinhal*, in aliis ann. 1416. ex Reg. 169. ch. 396. Vide supra *Pugnalis gladius.*

* **PUNHARIATA**, Mensuræ agrariæ species, *Poingnierée* supra in *Poingneria.* Charta ann. 1304. in Reg. 45. Chartoph. reg. ch. 86 : *Item duas Punhariatas vineæ, in loco vocato al pont del pesquier.* Vide mox in *Punheria.*

¶ **PUNHERIA**, Annonariæ mensuræ species, ut supra *Pugneria.* Vide in hac voce. Limborg. Hist. Inquisit. pag. 113 : *Tradidit Michaeli Miro..... mediam Punheriam fabarum* (l. fabarum) *ad dandum hereticis pretium ipsarum.* Vide *Poignia* et infra *Puniera.*

* Unde *Punheriata*, Modus agri unius *punheriæ* seminis capax, vel qui tantumdem reddit. Reg. feud. Aquit. in Cam. Comput. Paris. sign. JJ. rub. fol. 33. r° : *Arnaldus de Fagia.... recognovit quod tenet.... tres pecias terrarum,.... aliam apud Lugat cum una Punheria rasa frumenti, quam inde debet, et tertiam apud Stagiam ecclesiæ, cum una Punheria rasa frumenti.* Charta admort. Caroli VII. in Reg. ejusd. Cam. Paris. alias Bitur. fol 146. r° : *Item super quodam orto.... duas Punherias cumulas frumenti.... Item super sex Punheriatas orti ad carrerias;.... unum denarium Tolos.* Alia ann. 1361. in Reg. 103. Chartoph. reg. ch. 78 : *Pro duabus Punheriatis nemoris, sitis apud podium Guiraut. Item pro decem Punheriatis terræ,.... unum denarium Tolos*, in alia ann. 1415. ex Reg. 168. ch. 328. Vide *Punicyrata.*

* **PUNIA**, Gall. *Poignée*, alias *Pugnie.* Pugillus. Vide supra *Pugnata* 1. Lit. remiss. ann. 1354. in Reg. 82. Chartoph. reg. ch. 569 : *Dicta Ysabellis dictis injuriis provocata, cepit ipsum Franciscum ab una manu ad cheveciam vestis, et ab alia manu*

unam Puniam barbæ ipsius, quam tunc magnam deferebat, extraxit.

PUNIATA. Tabularium Prioratus Lewensis apud Spelmannum : *Lanceta, qui pro sale ierit, habebit unum panem, et unam Puniatam salis.* Ubi legendum *Puniatam*, ex Gallico *Poignée*, quantum pugno quis continere potest. Vide *Poignia*, et *Palmata*.

* **PUNIBILIS**, Puniendus, pœna dignus, Gall. *Punissable*. Lit. remiss. ann. 1354. in Reg. 82. Chartoph. reg. ch. 403 : *Tale factum, tanquam factum indebite, est Punibile secundum gravitatem ejusdem et ut contra consuetudinem patriæ perpetratum.*

¶ **PUNIERA**, ut supra *Punheria*, in Transactione ann. 1351. inter Abbatem et Monachos Crassenses ex lib. viridi fol. 53.

¶ **PUNIEYRATA**, Modus agri, apud Occitanos, unius *pugneriæ* sementis capax. Charta Annæ Dabsaco dominæ Montis-Astruci ann. 1488 : *Arrendavit et affeudavit... quindecim sextariatas et tres Punieyratas terre et nemorum.* Vide *Pugneriata*.

¶ **PUNIMENTUM**, Pœna, supplicium, Gall. *Punition*. Consuetud. Marchiæ Dombar. art. 3 : *Domini possunt quittare mortem seu Punimentum corporis hominum suorum taillabilium homicidarum, dummodo homicida vel dominus ejus concordet cum domino hominis taillabilis mortui.*

* Jus pœnas in reos decernendi, jus gladii. Charta ann. 1318. inter Instr. tom. 12. Gall. Christ. col. 405 : *Ita tamen quod dom. archiepiscopus non habeat aliquod Punimentum in dicta valle, nisi in hominibus suis.... Acto etiam quod dictus dom. archiepiscopus homines suos punire possit cum deliquerint, prout ipsorum culpa exegerit puniendos; ita tamen quod quando casus occurret, quod aliquis hominum dicti dom. archiepiscopi deberet ultimum supplicium sustinere, etc.* *Puniment* et *Pugnimant*, in Lit. ann. 1331. tom. 5. Ordinat. reg. Franc. pag. 676. et 677. *Punissement*, pro Jus reos puniendi, in Reg. Cam. Comput. Paris. sign. *Bel* fol. 154. r° : *Réservé à lui et à ses successeurs la calvaguete, ressort, Punissement de hérésies, etc.* Charta ann. 1273. ex Tabul. Cantog. : *Cum ad dictum Guarinum judicium seu Punimentum forefacti pertineat.* Hinc *Pugnisseur*, qui pœna seu supplicio afficit, vulgo *Bourreau*, in Charta ann. 1382 : *Fut présent Guillaume Guillart Pugnisseur des malfaiteurs de la chastellerie de Blois, etc.*

* **PUNIRE**, Perimere, occidere. Vita S. Desid. tom. 5. Sept. pag. 791. col. 1 : *Adhuc eo loquente, ecce viri iniqui ferro armati accedentes, ut eos Punirent.*

¶ **PUNITAS**, ut *Punimentum*. Chronic. Watinens. Monast. apud Marten. tom. 3. Anecd. col. 825 : *Dignus morte non moritur, puniendus Punitati subtrahitur, etc.* Chron. Novalic. apud Murator. tom. 2. part. 2. col. 739 : *Fugantur dæmones a victrici signo, qui videbantur esse catelli, et ad Punitatem revertuntur suam.*

¶ **PUNITIO**, Jus reos puniendi. Charta fundat. Abbatiæ Perrodii-novi ann. 1209. apud Menag. Hist. Sabol. pag. 364 : *Cum omni honore dominii, commodi, Punitionis et justitiæ.*

¶ **PUNNA.** Vide *Pugna* 3.

¶ **PUNTA**, Italis et Hispanicis, Acumen, Gall. *Pointe*. Johan. Demussis Chron. Placent. ad ann. 1388. apud Murator. tom. 16. col. 681 : *Portant scarpas et caligas solatas cum Puntis longis onciarum* III. *ultra pedem subtilibus.... Nunc portant cum Puntis parvis, quæ Puntæ tam longæ, quam parvæ sunt plenæ pilorum, sive buræ bovis.* Occurrit etiam in Conc. Limano ann. 1582. inter Hispan. tom. 4. pag. 246. Vide *Puncta* 1. et *Punctus*.

¶ **PUNTALE**, vox Italica, Academicis Cruscanis, *Fornimento appuntato, che si mette all' estremità d'alcune cose*, Res quævis in *puntam* seu acumen desinens. Chron. Petri Azarii apud Murator. tom. 16. col. 394 : *Et taliavit Puntale cinguli sui argentei, et rustico dedit.* Ibid. col. 395 : *Prædicta dicis, quia vis tenere meum Puntale argenteum... Per Deum de Puntali non recordabar. Sed accipiatis Puntale; si vultis mihi servire, amore Dei serviatis. Sin autem in nomine Dei discedatis cum Puntali vestro. Et certe si Puntale id penes me permaneret, posset facere me suspendi.*

PUNTARIA. [f. Appenditiæ, Gallis *Dépendances*.] Chronicon S. Vincentii de Vulturno lib. 2. pag. 685 : *Cum aliis casalibus, et territoriis, et Puntariis in loco, ubi dicitur, etc.*

* **PUNTELLUS**, Scalprum signatorium, Gall. *Poinçon*. Stat. ant. Florent. lib. 3. cap. 129. ex Cod. reg. 4621 : *Et domini monetæ seu aliquis alius.... partiri faciat.... Puntellum, marchium seu pondus monetæ aureæ vel argenteæ.* Vide supra *Punchona*.

¶ **PUNTUM**, pro *Punctum* vel *Punctus*, Pars horæ, in Chron. Domin. de Gravina tom. 12. Murator. col. 569.

* **PUNUS**, Cuspis, mucro, Gall. *Pointe d'une épée*. Lit. remiss. ann. 1399. in Reg. 154. Chartoph. reg. ch. 407 : *De plato dicti ensis dictus clericus percussit ipsum Bernardum supra musculum, et cum Puno duobus ictibus supra pectus.*

¶ **PUPARE**, *Crescere*, in Amalth. ex Papia. Statuta Saluciar. Collat. 7. cap. 196 : *Exceptis bestiis azilantibus et Pupantibus, pro quibus solvatur tantum damnum domino.*

* **PUPETUS**, f. Coquinæ minister, qui *Page* vel *Enfant de cuisine* dicebatur, ut videre est supra in *Pagius*, a Lat. Pupus, Gall. *Poupon*. Libert. Vienn. ann. 1361. tom. 7. Ordinat. reg. Franc. pag. 433. art. 40 : *Quoqui nostri nec Pupeti, non habeant aliquid a contrahentibus matrimonium Viennæ, ratione officii sui exigere vel alias extorquere.*

* **PUPILLARIETAS**, Pupilli status et conditio, nostris *Pupillarité* et *Pupilleté*. Testam. Sibyllæ comit. Sabaud. ann. 1294. tom. 3. Cod. Ital. diplom. col. 965 : *Item si forte contingat quod Eduardus filius noster in Pupillarietate, vel postea quandocumque sine liberis masculis.... decedat, tunc eidem substituimus pupillariter, etc.* Pluries ibi; legendum tamen suspicor *in pupillari ætate*. Lit. remiss. ann. 1398. in Reg. 153. Chartoph. reg. ch. 295 : *Icellui suppliant constitué lors en jeune aage et Pupillarité, etc.* Aliæ ann. 1457. in Reg. 189. ch. 157 : *Lesquelz supplians demourerent orphelins et en bas aage et Pupillarité, soubz le gouvernement de certains tuteurs. Comme Jehan de Buxeres estant en aage de Pupilleté*, in aliis ann. 1374. ex Reg. 105. ch. 83. *Pupille*, pro *Orphelin*, patre et matre orbatus, in Lit. remiss. ann. 1413. ex Reg. 167. ch. 286 : *Jehan l'Ommes aagié de vingt ans ou environ, Pupille de pere et de mere, et sans gouvernement d'autres gens.* Pro Convictor, alumnus, vulgo *Pensionnaire, éleve*, in aliis ann. 1448. ex Reg. 179. ch. 367 : *Regnault de Laval escolier et l'un des Pupilles dudit Cordier, etc.* Hinc *Pupillance*, pro Imbecillitas, impotentia, vulgo *Foiblesse, impuissance*. Charta ann. 1360. in Reg. 88. ch. 93 : *Combien que ceulz dont ledit sire Loys les acquist, pour la petitece, Pupillance et nonpuissance d'eulz, ne ont pris, possidé, ne exploité lesdis kays, ne le proffit d'iceulz, etc.*

¶ **PUPILLARITER**, Pupillari ratione, ut pupillo convenit. Testam. Johannis Dalphini ann. 1318. tom. 2. Hist. Dalph. pag. 172. col. 2 : *Substituendo eosdem invicem vulgariter, Pupillariter et compendiose, breviloce et fideicommissarie, per illum modum, videlicet per quem ad utilitatem liberorum superstitum, et heredum suorum melius valere poterit et debebit.*

PUPILLUS, pro Pupilla. Capitula ad Legem Alamannor. cap. 1. edit. Baluzii : *Si quis alteri oculum ruperit, et ille Pupillus intus restitit, solvat sol.* 40. *etc.* Vide *Orphanus* et *Pupus*.

¶ **PUPIOR**, παιδεύομαι, in Gloss. Lat. Græc.

¶ **PUPLICI**, pro Publice, in Testam. Chrodardi Comit. apud Mabill. Diplom. lib. 2. cap. 27. § 10 : *Actum in villa, quæ dicitur Mareleia, Puplici, etc.* Gloss. Lat. Gr. : *Puplice*, δημόσια. *Puplico*, δημοσιεύω. Ubi in MSS. *Publice*, *Publico*.

PUPPIS Capitis. Vide *Prora*.

PUP PUP. Althelmus in præfatione ad librum de Laude virginum :

..... ne possit rabula raptor
Regales vastans causas bis dicere Pup Pup.

☞ Vox irrisionis est et contemtus, ut in Glossariolo ad Cantica natalitia Burgundica apte omnino observatur ex Rabano de Laudibus S. Crucis lib. 1. fig. 2 :

.... dire ne dicere Pup Pup
Rancidus is valeat deceptor, dux et iniqui,
Exemptam risit prædam qui lucis ab æthra,
Detrusamque diu voluit punire necando hic.

Quæ sic commentantur ab ipso Rabano lib. 2 : *Ne antiquus hostis, qui primum parentem nostrum sibi consentientem de paradiso ejecit, diutius irrisionis eulogio progeniem ejus in exilio damnatam fatigaret.*

¶ **PUPULA**, πάλλαξ, in Gloss. Lat. Gr. Adolescens, puella. Chron. Farf. apud Murator. tom. 2. part. 2. col. 430 : *Agilus cum uxore sua Ursa et cum una Pupula et casis et substantiis; Racipertus cum uxore sua Sindula, et filiis masculis* II. *casis et substantiis.*

¶ Pupula, *Imago, quæ fit a puellis*, in Glossario ad Doctrin. Alexandri de Villa Dei. Vide supra *Paupada*.

** **PUPULARE**, Idem quod pullulare, in Schol. MS. ad Juvenal. sat. 6. vers. 23. Maii Glossar. novum.

¶ **PUPUS**, κόρη ὀφθαλμοῦ. Gloss. Lat. Gr.

Pupilla. S. Paulinus Poemate xx. de S. Felice :

Intra folliculum teretem liquido interfuso
Sub vitrea nitri latet albus imagine Pupi.

¶ **PURA.** *In puras credere,* recensetur inter. superstitiones paganorum, apud S. Audoenum in Vita S. Eligii lib. 2. cap. 15. tom. 5. Spicil. Acher. pag. 215 : *Nullus Christianus in Puras* (al. *Pyras*) *credat, neque in cantu sedeat, quia opera diabolica sunt.*

¶ **PURATUS**, pro *Purpuratus*, moneta Imperatorum Byzantinorum. Bernardus Thesaur. de Acquisit. T. S. apud Murator. tom. 7. col. 690 : *Asellionus vendebatur octo Puratis, qui valent denar.* cxx. *solidorum.* Vide *Hyperperum.*

¶ **PURCELLUS**, pro Porcellus, in Charta apud *Madox* Form. Anglic. pag. 252 : *Sciatis me dedisse.... totam decimam lanæ, et lini, et pomorum, et equorum,.... et duas partes Purcellorum.*

PURCHACIA, Comparatum, acquisitum, ex Gallico *Pourchasser*, et *Pourchas*. Charta Gaufridi de Mandevilla : *Contuli.... omnes Ecclesias inferius annotatas, tam de dominio meo, quam de emptis et Purchaciis.* [Lib. niger Scaccarii pag. 83 : *De dono domini Regis de Purchaciis Episcopi Sarum, Willelmus filius Riccardi, feodum* III. *militum.* Charta Margaretæ Comit. Warwici tom. 4. Hist. Harcur. pag. 2223 : *Sciatis me dedisse.... decimum denarium de omnibus placitis et Purchaciis undecumque venerint.* Vide supra *Porchaicia.*]

¶ **PURCHMUTTE.** Charta Friderici Ducis Austriæ ann. 1241. apud Hansiz. tom. 1. German. Sacræ pag. 379 : *Item decimæ in foro Lengenbach.* IIII. *modii siliginis et avenæ Purchmutte. Mute* præmium, merces, veter. Teuton. ex Lazio. *Mutti, mudde,* modius est, apud Schilter. in Glossar. Teuton. a Saxon. Midd vel Mitta, quod ex Somnero Corum, batum, modium, et aliud quodque mensuræ genus denotat. Ex his, si quid potes, ad vocis notionem expiscare.

* **PURCHRAVIUS**, ut *Burggravius*, Burgi comes, in Tradit. Diessens. apud Oefelium tom. 2. rer. Boicar. pag. 693. col. 1. Vide *Purgkravius.*

* **PURCHRECHT**, Purkrecht, Census ex rebus in emphyteusim concessis. Charta ann. 1280. apud Pez. tom. 6. Anecd. part. 2. pag. 144. col. 1 : *De hortis, areis, vineis, agris et domibus illius juris et census, quod vulgariter apud nos Purchrecht dicitur, vij. solid. et xij. denar. Item in Chremsa omnes census de Purchrecht nuper nobis traditi atque dati, etc.* Alia ann. 1386. ibid. part. 3. pag. 75. col. 1 : *Tradiderunt hominibus censualibus in jus emphiteoticum, quod vulgariter Purkrecht nuncupatur.* Vide *Purctrecht,* [** et Haltaus. Glossar. German. voce *Burgrecht*, col. 195.]

¶ **PURCHUTA**, Pensio, præstatio quæ alicui ex *Purchacia*, competit. Charta Ludovici Hungar. Regis ann. 1362. apud Steyer. in Comment. ad Hist. Alberti II. col. 336 : *Cum restituerimus castrum Suerzenpach, quod nos et nostri progenitores habebant et tenuerunt a longis temporibus retroactis, Purchuta seu pensione pro castellania vel castrensi custodia deputata ad idem castrum de nova civitate per nos relaxata nichilominus, et dimissa, remissa quoque liberaliter eadem pensione seu Purchuta que dicta nova civitate hactenus soluta non extitit et neglecta. Nos pro nobis et universis nostris heredibus et successoribus renunciavimus, presentibus omnibus et singulis juribus, accionibus et impeticionibus, que in dictum castrum Suerzenpach et ad Purchutam predictam de nova civitate habuimus.* [** *Purc-hut*, Custodia castri, pro qua pensio debebatur.]

¶ **PURCIVANDUS**, vulgo *Poursuivant d'armes.* Vide supra in *Prosecutor.* Charta ann. 1555. apud Rymer. tom. 15. pag. 424 : *Concessimus dilectis nobis.... heraldis armorum, ac omnibus aliis heraldis prosecutoribus sive Purcivandis armorum.*

¶ Pursivandus, Eadem notione, in Charta ann. 1550. ibid. pag. 201 ; *Per præsentes facimus.... Nicholaum Tubman unum Pursivandorum nostrorum.*

PURCTRECHT. Charta Leonardi Episc. Pataviensis ann. 1426. in Metropoli Salisburgensi tom. 3. pag. 37 : *Et contulimus in Patavia jus civile, quod vulgo dicitur Purctrecht.* Vide *Purchrecht.*

¶ **PUREA**, Jus e pisis, nostris *Purée.* Ordinat. Humberti II. super ordine mensarum, tom. 2. Histor. Dalphin. pag. 312. col. 2 : *Serviatur nobis de duobus potagiis in primo ferculo, videlicet de pisis albis et Purea aut de ciceribus et caulibus aut rapis.* Vide supra *Porea.*

* Alias *Purement.* Charta ann. 1543 : *Fromages, œufs, Purement, généraux, etc.*

¶ **PUREYA**, Jus seu jusculum quodvis, idem quod *Potagium* 1. Vide in hac voce. Statuta MSS. Cardin. Trivultii Abb. S. Victoris Massil. ann. 1531 : *Item in vigiliis festivitatum tenetur* (Pitansarius) *providere de potagio vulgariter dicto Pureya.*

¶ **PURFERIR**, f. Reficere, Galli dicimus *Reprendre un mur.* Comput. ann. 1202. apud D. *Brussel* de Usu feud. tom. 2. pag. CLIII : *De domo Duni et de muris castelli Purferir* IIII^c. *l.* Ibid. pag. CLIV : *Et pro muro Purferir, et pro plumbo, et pro kernellis* xx. *l.*

* **PURGARE**, Stercus emittere, Gall. *Fienter.* Charta ann. 1391. in Reg. 148. Chartoph. reg. ch. 59 : *Incolæ dictorum locorum* (de S. Paulo, etc. in Occitania) *habent libertatem.... depascendi et abreviandi* (leg. abeuvrandi) *quæcumque animalia prædicta in erbagiis et pascuis ac aquis,.... dum tamen redeant infra territoria dictorum locorum Purgare.* [** Sensu neutro occurrit etiam apud Jul. Valer. de reb. Alex. lib. 3. cap. 22 : *Fœdatus aer in id tandem aliquando Purgavit. Se Purgare* vide in *Purificare*, 1.]

PURGARI dicuntur, qui immundis spiritibus liberantur, apud Ambrosium lib. 7. Epist. 2. Hieronymum in Vita Hilarionis, et alios laudatos ab Henr. Valesio ad lib. 5. Histor. Eccles. cap. 7. ubi καταρίζειν eadem notione Græcos Scriptores usurpare observat. [Vide Glossar. med. Græcit. in v. Καθαρίζεσθαι, col. 533.]

¶ **PURGATIO**, Innocentiæ probatio, *Espurgement*, apud Bellomaner. cap. 39. Chartul. S. Magdal. Castrodun. fol. 56 : *In duellis et aliis Purgationibus quibus sacramenta sunt necessaria, pugiles veniant ad ecclesiam canonicorum.* Hæc vero multiplici ratione peragebatur; at quæ ab Ecclesiæ canonibus magis probaretur, nuncupata

Purgatio Canonica, Quæ est super objecto crimine, proprio juramento, vel, si oporteat, juramento compurgatorum de ipso crimine diffamati innocentiæ ostensio : ita Lindwodus. Honorius III. in V. Compil. pag. 219 : *Alioquin quia publica fama laborat, et manifestæ præsumptiones apparent, Purgationem super præmissis canonicam cum manu decima ejusdem dignitatis et ordinis indicatis.* Occurrit passim in Jure Canonico. Vide *Judicium.* [** Contra *vulgarem* Canonistæ dixere *Purgationem*, quæ aqua frigida vel fervente et similibus fit ex cap. 7. qu. 5. caus. 2. Decret. 2. part. Vide ibi cap. 20. et Murator. Antiq. Ital. tom. 3. col. 611.]

☞ Atqui hæc *Purgatio canonica* etiam nunc usitata in foro Inquisitionis. Si quis enim de hæresi diffamatus, nec propria confessione, nec facti evidentia, nec testium productione legitima convincitur, tenetur, ut absolutus exeat, testibus ejusdem ac ille conditionis et status, quique a judice, eo, quo illi placet numero, definiuntur, purgare se de illata infamia; ita tamen ut si defecerit in uno, duobus, tribus aut pluribus testibus, exinde convictus plene de crimine censeatur. Plura vide apud Hofman. in Lexico.

* Joan. de Cardalh. serm. in Purificat. B. M. : *Alia Purgatio fit per testimonium aliorum et per juramentum; et ista Purgatio canonica vocatur. Espurge*, nostratibus. Lit. ann. 1317. apud Marten. tom. 1. Anecdot. col. 1351 : *Leur avons fait tant comme à chacun leur apartient ladite Espurge par nos sermens.* Charta ann. 1320. in Reg. 60. Chartoph. reg. ch. 16 : *Avons pris l'Espurge doudit chevalier par son serment que il ne fist les cas dessusdiz;.... ladite Espurge ainsi receue, etc. Purge,* in Lit. remiss. ann. 1404. ex Reg. 159. ch. 160 : *Comme le suppliant ait esté pour ce puniz ou purgiez par justice,.... telement que par le moyen d'icelle Purge ou punition, etc.*

* Apud Carmelitas in usu perinde fuit hæc *Purgatio canonica*, quam eo peragendam modo præscribunt eorumdem Constit. MSS. part. 3. rubr. 9 : *Purgatio autem canonica sic erit in capitulo facienda.... Frater suspectus probabiliter de aliquo crimine,.... cum tribus aut quinque vel sex bonis fratribus, aut pluribus vel paucioribus;.... qui quidem fratres purgatores sint bonæ famæ et a longo tempore ejus conversationem noverint, secum etiam conversatus, et eosdem sacros ordines, sicut purgandus, habentes, et qui fuerint de dicta suspicione et suspicionis causa plenarie informati, et demum in illorum præsentia, coram præsidente et cæteris fratribus, super sancta Dei Evangelia sollemniter juret, quod ipse numquam perpetravit illud crimen vel illas criminosas res aut sceleratas, de quo vel quibus est infamatus : quo juramento ab eo sic facto, statim illi purgatores ibidem etiam, coram præsidente et fratribus, stantes sigillatim jurabunt quod ipsi credunt ipsum vera jurasse et dixisse. Et sic se reddat dictus suspectus et infamatus a crimine expur-*

gatum. Ex quibus existimare facile est, quo ritu etiam a laicis hujusmodi purgatio efficiebatur.

PURGATORES, Idem, qui *Sacramentales, Juramentales, Conjuratores*, de quibus in voce *Juramentum*. Utitur Andreas Suenonis in Legibus Scaniæ lib. 7. cap. 3.

PURGATORIUM. Innocentius IV. PP. in Epist. ad Ottonem Cardin. Tusculanum § 23 : *Nos, quia locum purgationis hujusmodi dicunt* (Græci) *non fuisse sibi ab eorum doctoribus certo et proprio nomine indicatum, illum quidem juxta traditiones et auctoritates SS. Patrum Purgatorium nominantes, volumus, quod de cætero apud illos isto nomine appelletur. Isto enim transitorio igne peccata utique, non tamen criminalia seu capitalia, quæ prius per pœnitentiam non fuissent remissa, sed parva et minuta purgantur, quæ post mortem etiam gravant, si in vita non fuerint relaxata.*

* Eo nomine pia societas instituta est anno 1413. in ecclesia B. M. Deauratæ Tolosanæ, ex Tabular. ejusd.

☞ Purgatorii pœnas in Paschatis festo relaxari consuetum in Ecclesia discimus ex Mirac. S. Bononii sæc. 6. Bened. part. 1. pag. 271 : *Maxime cum ea die* (Resurrectionis Dominicæ) *peccatoribus venia indulgenter conceditur, et animabus jam carne solutis causa purificandi pro commissis supplicio deputatis requies exhibetur.*

Purgatorium S. Patricii, Ita dictus locus quidam in Hibernia in quadam insula, ubi Patricium Hibernorum Apostolum a Deo ardentissimis precibus obtinuisse aiunt, ut pœnæ et cruciatus, qui impios post hanc vitam manent, ob oculos hic proponerentur, ut insita suis Hibernis peccata, et Gentilium errores facilius exstirparet. De hoc Purgatorio agunt pluribus Silvester Giraldus in Topogr. Hiberniæ dist. 2. cap. 5. Matth. Paris pag. 61. et seqq. Bromptonus pag. 1076. Henric. Knyghton pag. 2390. Cambdenus in Descript. Hiberniæ, Jacob. Waræus in Antiquitat. Hibern. pag. 219. 220. 221. 2. edit. et alii.

Purgatorium, ubi vestes et alia ejusmodi eluuntur, in Statut. Ord. Præmonstrat. cap. 12 : *Ad Purgatorium aquam deferre, et, si qua sint ibi abluenda, pro diversis fratrum infirmitatibus abluere.*

¶ **PURGATORIUS** Mensis, Februarius, in quo festum Purificationis B. M. celebratur. [** Februare, lustrare, purgare.] Chronic. Ditmari Merseburg. Episc. apud Leibnit. tom. 1. Script. Brunsvic. pag. 376 : *Post salutiferum intemeratæ Virginis partum, consummata millenarii linea numeri, et in quinto cardinalis ordinis loco, ac in ejusdem quartæ initio hebdomadæ in Februario mense qui Purgatorius dicitur, clarum mane illuxit sæculo, etc.*

¶ Purgatorium Confessionis Officium, in Epist. Henr. Huntindonensis de Contemtu mundi, apud Acher. tom. 8. Spicil. pag. 185.

* **PURGATURA**, Lavatio, actio purgandi pannos. Stat. pannif. ann. 1317. in Reg. A. Cam. Comput. Paris. fol. 202. v° : *Quæ ratione texturæ, tincturæ, fulloniæ, Purgaturæ seu pectinaturæ pannorum.... quoquo modo agitari contigerit, etc.*

* **PURGIO**, Explorator, Gall. *Espion.* Glossar. Lat. Gall. ann. 1352. ex Cod. reg. 4120 : *Purgio, Espies.*

PURGIRE. Leges Willelmi Nothi vernaculæ cap. 14 : *Ki altrei sponse Purgist, si forfait la were vers sun Seignour.* Id est qui desponsatam alteri stupraverit, forisfacit verram suam domino suo. Adde cap. 19. utitur etiam Britton. pag. 16. v. Papianus lib. Responsor. tit. 21 : *Si quis mulierem ingenuam vel virginem per vim stupraverit, etc.* Le Roman *de Vacce* MS :

> Les passans tuoient, les femes Porgisoient.

[Ibidem :

> Mainte espouse honnie et mainte dame Porgeue.

Rursum :

> Et Porgissent les dames de jouste lor mariz,
> Icele honte souffre nul franz homs à enviz.]

Vide *Ragire*. [** Confer *Bort*.]

¶ **PURGKRAVIUS**, ut *Burg-gravius*, Burgi Comes. Vide in hac voce. Charta Alberti Ducis Austr. ann. 1330. apud Steyer. col. 30 : *Interdicimus quoque et firmiter inhibemus universis et singulis Purgkraviis, judicibus, officialibus et aliis quibuscunque personis ne ipsos fratres..... audeant perturbare.* Occurrit rursum col. 325.

* **PURIFFICARE**, Purgare, mundare. Comput. ann. 1495. inter Probat. tom. 4. Hist. Nem. pag. 65. col. 1 : *Alia expensa, facta pro Puriffícando seu mundando pilas abeuratoriorum, etc.*

1. **PURIFICARE**, Culpam aut crimen sacramento diluere, purgare, *idoneare se* : *Purificare se sicut Lex jubet*, in Lege Longob. lib. 1. tit. 9. § 1. [** Roth. 12.] *Purificare se ad Legem Dei*, § 20. [** Liutpr. 21. (4,3.)] [id est, ad sacra Dei Evangelia.] *Per sacramentum se Purificare*, tit. 16. § 8. [** Aist. 6.] Adde lib. 2. tit. 11. § 2. [** Roth. 196.] *Juramento se Purificare*, in Concilio Wormaciensi ann. 868. cap. 12. Vide præterea Petrum Damian. lib. 7. Epist. 12. pag. 647. edit. 1610. etc. *Se Purgare* passim occurrit hac notione.

* 2. **PURIFICARE**, Expedire, explicare, quo sensu Galli *Nettoyer* dicimus. Lit. ann. 1343. in Reg. 74. Chartoph. reg. ch. 84 : *Et spem ejusdem venditionis Purificandæ et perficiendæ in eventum seu existentiam conditionis, sub qua ipsa venditio facta fuit.*

¶ Purificare, Exponere, explicare, Practicis nostris *Libeller*. Epistola ann. 1408. tom. 8. Spicil. Acher. pag. 207 : *Declarato per nos quod nedum in vim dictæ cedulæ et juramenti præstiti ipse* (Benedictus XIII.) *tenebatur per viam cessionis prosequi unionem Ecclesiæ, illumque offerre, imo jure communi etiam ad hoc pro tanto vitando scandalo tenebatur, fuitque ex hoc conditio, quæ in cedula inserta fuerat, Purificata taliter, quod dominus prædictus fuit pure et simpliciter obligatus et astrictus precise ad prosequendum unionem Ecclesiæ per viam cessionis, etc.*

* Purificatio, Expeditio, explicatio. Charta ann. 1222. in Chartul. S. Corn. Compend. fol. 231. v°. col. 2 : *Abbas et conventus Compendiensis concesserunt nobis..... super duas domos Ph. Gubernatoris x. solidos et ij. capones... Nos autem propter hanc Purificationem dedimus eis x. solidos Paris.* Lit. ann. 1372. tom. 5. Ordinat. reg. Franc. pag. 585 : *Petendo et requirendo prædictas nostras litteras executioni effectualiter demandari ; nominatisque et productis ad Purificationem litterarum nostrarum prædictarum.....pluribus testibus, etc.* Aliæ ann. 1410. tom. 9. earumd. Ordinat. pag. 613 : *Ceteros testes in numero competenti ad clarifficationem et Purificationem earumdem* (literarum) *coram nobis evocari fecimus, etc.*

Purificari dicuntur mulieres, quæ post partum in Ecclesiam veniunt, et benedictionem a Sacerdote suscipiunt, ex veteris Legis instituto, de quo præ ceteris Durandus in Ration. lib. 7. cap. 7. n. 6. 7. Conradus Usperg. ann. 1124 : *Mulieres post partum ad Ecclesiam veniant, et benedictionem a Sacerdote, sicut mos est, accipiant.* Chronicon Andrense pag. 452 : *Vix unquam post puerperium more legali et Evangelico Purificari, et Ecclesiæ reconciliari meruit.* Statuta Synodalia Nicolai Episcopi Andegav. ann. 1262 : *Prohibemus, ne ea die, qua benedictio nuptialis celebratur, mulieres admittantur ad Purificationem, cum præposteratio videatur.* Adde Statutum anni 1270.

☞ Idem quoque observatum fuisse, cum mulieres primo post nuptias ad ecclesiam veniebant, docuimus supra in v. *Messiare*. Quo etiam spectant laudata paulo ante Statuta Nicolai Episc. Andeg. Vide mox in *Purificatio*.

* Nostris *Purifier*, eodem sensu ; quod non sine aliqua pompa actum alias fuisse, docent Lit. remiss. ann. 1388. in Reg. 135. Chartoph. reg. ch. 63 : *Comme icellui Perrin adonc demourant à Velly en Vesquessin eust sa femme gesant d'enfant, et pour icelle Purifier et relever au temps et selon le stile introduit en sainte Eglise, icellui Perrin feust alez devers le chappellain,..... et lui requist qu'il voulsist relever sa femme ; lequel lui dist qu'il le feroit volentiers et que il alast tantost faire aprester. Apres ce ledit Perrin ala tantost faire aprester sadite femme et ses amis et voisins pour lui faire honneur et compaignie, si comme acoustumé est de faire aux prudes femmes du pais, et se mist en grans fraiz pour ses amis festier.* Hanc vero benedictionem honestis tantum mulieribus concessam discimus ex Reg. visitat. Odon. archiep. Rotomag. Cod. reg. 1245. fol. 10. v° : *Quod decanus de Augo fecit duas mulieres meretrices Purificari apud Essigniacum, tanquam probas feminas, ut haberet rem cum illis.* Vide infra *Relevatio*.

Purificatio, Oblatio, quæ a mulieribus, quæ post partum in Ecclesia purificantur, Sacerdotibus offertur. *Purificationes de partu surgentium*, in Tabulario S. Genovefæ Paris. Charta ann. 1152. in Magno Pastorali Eccl. Paris. ch. 32 : *De Purificationibus statuimus, ut, quidquid de manu ejus, quæ purificatur, in oblatione suscipiatur, parochiali penitus reddatur Sacerdoti.* Alia ann. 1250. apud Brolium lib. 2. Hist. Parisiensis : *Salvo etiam hoc et retento nobis et Ecclesiæ nostræ, quod omnes mulieres prædictæ villæ in die Purificationis suæ post puerperium, et primo die, quo accedent ad parochialem Ecclesiam post sponsalia, ad Ecclesiam nostram teneantur vertere ratione matricis Ecclesiæ, et oblationes ibidem facere, prout hactenus extitit consuetum.* Alia anni 1123. in Hist. Vastinensi p. 832 : *Exceptis 4. nummis benedictionis nuptiarum, et oblatione Purificationis mulierum.* Alia ann. 1221. apud Jacob. Petitum ad Pœnitentiale Theodori p. 440 : *Mulieres manentes intra castrum Cociaci Presbyter Parochialis tenetur reconciliare secundum usuagium in Ecclesia S. Remigii, et debet recipere de oblationibus panem et vinum, et candelam, et unum denarium, residuum vero recipitur a Priore S. Remigii.* [Tubul. S. Florentii : *Bernardus Nannetensis Episcopus ecclesiam de Voantis concedit, et de candelis Purificationum medietatem.*] Charta Philippi II. Imp. descripta in Magno Recordo Leodiensium p. 11 : *La femme, quand elle irat au Purification d'enfant, doit donner une chandelle, et faire son offrande.*

¶ Purificatio Bastardorum, Oblatio, quæ Ecclesiæ in *bastardorum* legitimationibus offerebatur. Tabul. Montis S. Michaelis : *Gaufredus Gualterii filius in capitulum S. Michaelis venit, et omnia illa quæ in ecclesia S. Melorii clamabat, videlicet in decima, in tractu decimæ, in reclamatione agnorum, in Purificationibus bastardorum, et in aliis rebus supradictæ ecclesiæ pertinentibus, omnino reliquit.* Vide *Legitimare* et *Pallium* 1.

1. **PURIFICATORIUM**, Linteolum, quo Sacerdos post communionem calicem extergit. Ceremoniale Episcopor. cap. 12 : *Super ea* (credentia) *ponuntur duo candelabra cum cereis albis,... et in ipsius medio calix cum patena, palla, Purificatorio, et bursa corporalia continente, etc.* Goarus in Euchologium pag. 151. Græcos loco purificatorii *spongia* uti observat, qua scilicet non modo sacram mensam detergunt, sed et calicem dominici sanguinis purissimum vas, ipsumque sanctum discum, particulasque in eo contentas colligit sacerdos in unum, coercet ne perturbatim effluant, et suo tandem impulsu ductuque suaviter in calicem demittit. Vide Glossar. med. Græcit. in Σπόγγος et Μοῦσα.

* 2. **PURIFICATORIUM**, Vas purificandis digitis in sacra liturgia aptum. Inventar. MS. thes. Sedis Apost. ann. 1295 : *Item unum nappetum, Purificatorium vel perfusorium de auro cum una manica. Item unum aliud Purificatorium sive nappetum de auro cum una manica.*

¶ **PURIFICATORIUS**, Qui purgat. Epist. Siricii PP. ad Himer inter Concil. Hisp. tom. 2. pag. 124 : *Quatenus retrusæ in suis ergastulis, tantum facinus continua lamentatione deflentes, Purificatorio possint pœnitudinis igne decoquere.*

¶ **PURITANI**, Secta Reformatorum circa ann. 1574. qui puros se in doctrina et ritibus præ reliquis venditabant. Vide Honor. Reggium Tract. de Statu Eccl. in Britan. Hoornbechium Summa controvers. Puritanismum Anglic. Guillelmi Amesii, Stockmanni Lexic. Hær. et alios.

PURITARE, *Emundare*, in Gloss. Arabico-Lat.

¶ 1. **PURITAS**, Pura et simplex veritas, nostris *la pure verité.* Epist. Bernardi Archiep. Arelat. ad Innoc. II. PP. ann. circiter 1133. apud Marten. tom. 1. Ampl. Collect. col. 718 : *Omnem Puritatem sub juramento ab eo quæsivimus.* Statuta Cadubrii lib. 2. cap. 85 : *Tunc ille qui debet præstare et solvere decimam, ipsam decimam relinquat, et relinquere possit et debeat in campo, seu terra de qua debetur ipsa decima cum Puritate, veritate, bona fide, et sine fraude.*

* 2. **PURITAS**, Sacramentum, juramentum. Consuet. Catalon. MSS. cap. 26 : *Domino vassalli defuncto, successore ejus requirente, vassallus tenetur incontinenti homagium, fidelitatem et Puritatem facere.* Et cap. 27 : *Si vassallus, sive castellanus, vel ejus successor, antequam fecerit Puritatem homagii et fidelitatis domino feudi vel ejus successori, forisfecerit in crimine bausiæ, etc.*

PURITER, [in lib. 5. Capitul. cap. 165.] Vide Notas Steph. Baluzii ad libros Capitular. pag. 1209.

* **PURKRECHT.** Vide supra *Purchrect.*

PURPARS, Purpartia. Vide *Perpars.*

PURPRESTURA, Purprisura, Purprisus. Vide *Porprendere.*

PURPUNCTUS. Vide *Perpunctum.*

PURPURA, Veteribus Scriptoribus, vestimentorum quodvis ornamentum dicitur. Gloss. Gr. Lat. : Πορφύρα ὑφασμένη, *Clavus.* Alibi : Κύκλας, ἡ περὶ τὴν χλαμύδα κύκλος, πορφύρα, *limbus. Clavus purpuræ*, apud Quintilianum. Regula S. Cæsarii ad virgines cap. 7 : *Vestimenta lucida, vel nigra, vel cum Purpura, vel bebrina nunquam in usu habeant.* Gregorius Turon. lib. 10. Histor. cap. 16 : *De illa inscissura* (mafortis) *quæ pallæ superfuit, Purpuram nepti suæ in tunica posuit.* VII. Synodus can. 15 : Οὐδὲ ἐκ σηρικῶν ὑφασμάτων πεποικιλμένην ἐσθῆτα ἐνεδέδυτό τις, οὐδὲ προσετίθεσαν ἑτερόχροα ἐπιβλήματα ἐν τοῖς ἄκροις τῶν ἱματίων. Sed et *ædificiorum Purpuras* dixit Sidonius lib. 2. Ep. 2. in quem locum consul. Sirmondus.

Purpura Alba. Vincentius Belvacensis lib. 33. cap. 30. de Tartaris : *In prima die vestiti sunt omnes Purpuris albis, in secunda vero rubeis.* Cap. 36 : *Tentorium de Purpura rufa.* Necrologium Ecclesiæ Parisiensis 15. Kal. Aug. : *Dedit nobis tres Purpuras albas, de quibus factæ sunt casula, dalmatica, tunica, et pallium ad patenam.* [*Escarlate blanche*, apud Froissartem.]

¶ Purpura Saracenica. Le Roman *de la Rose* MS :

Largesce out robe toute fresche
D'une Pourpre Sarrasinciche.

Purpuraclavatus, unico verbo ut *Auroclavatus.* Gloss. S. Benedicti cap. de vestimentis : *Clavi*, σημεῖα. *Clavare*, πορφυρῶσαι. Stephanus II. PP. : *Colobio indutum candidissimo, Purpuraclavato.* Vide Senat. lib. 6. Epist. 21.

Purpuram Adorare dicebantur, quibus Imperatorum chlamydis laciniam tangere vel osculari concessum erat : cujus quidem sacræ purpuræ adorandæ is ritus erat, ut Patricii quidem ad dextram Principis mammam adorarent, Princepsque recedentium caput deoscularetur : Senatores vero ac cæteri genu dextro ante Principem flexo discederent, ut est apud Procopium in Histor. arcana sub finem. Vide Senatorem lib. 11. Epist. 20. Henricum Valesium ad lib. 15. Ammiani et Jacobum Gothofredum ad leg. un. Cod. Th. de Præpositis sacri cubiculi (6,8.), et ad leg. 6. de Decurion. (12,1.)

* Nostris *Porpre*, pro qualibet veste pretiosa et ad optimates quosvis significandos. Le Roman *de la Rose* MS. ubi de Amore :

Les Porpres et les buriax use;
Car aussi bien sont amourcites
Sous buriax comme sous burneites.

PURPURARIUS, πορφυροβάφος, in Gloss. Gr. Lat. Ibidem : Πορφυροπώλης, *Purpurarius.* Occurrit in veteribus Inscript. 621. 4. 649. 9. *Purpurarius fucus*, apud Solinum cap. 27. [*Negotiantes Purpurarii*, in leg. 7. ex Cod. Theod. de excus. muner. (10,47.) qui purpuram vendunt.]

PURPURATI, Porphyretici, Porphyrogeniti, Imperatorum ac Regum liberi, *in purpura*, seu patre Imperatore vel Rege nati. Senator lib. 11. Epist. 1 : *Placidiam mundi opinione celebratam... Purpurato filio* (Valentiniano) *studuisse percipimus.* Apud eumd. lib. 8. Ep. 5. *Purpuratam infantiam* filium vocat Athalaricus Rex. Nebridius Stilichonis gener *Purpuratorum socius, propinquus, consobrinus*, i. filiorum Imperatoris fuisse dicitur apud S. Hieronymum in Ep. 9. Alexium Manuelis Imperatoris filium *Purpuratum* pariter vocant Willelmus Neubrigensis lib. 3. cap. 4. et Will. Malmesburiensis lib. 3. ut *Porphyreticum* Ludovicum Balbum Franciæ Regem, Joannes VIII. PP. Ep. 125. quod scilicet *in purpura nati* essent, ut de Honorio Idacius, de Ottone III. Imp. dixit auctor Vitæ S. Adalberti Episcopi Pragensis cap. 20. apud Surium, qui *in Imperio natus* dicitur Chunrado Uspergensi. Ita Marcus Gazensis Diaconus in Vita S. Porphyrii Episcopi Gazensis Thedosium juniorem *in purpura natum* perinde scribit, atque adeo fasciis purpureis illigatum et circumvolutum, oblatum Imperatrici. Ἐν ἁλουργίδι τραφέντες, apud Libanium in προσφωνητικῷ, Juliano inscripto. Claudianus in 3. Consulatum Honorii :

Ardua privatos nescit fortuna penates,
Et regnum cum luce dedit, cognata potestas
Excepit Tyrio venerabile pignus in ostro.

Idem in 4. Consulatum ejusdem Honorii :

...... Hoc nobilis ortu
Nasceris, æquæva cum majestate creatus,
Nullaque privatæ passus contagia sortis,
Omnibus acceptis, ultro te regia solum
Protulit, et patrio felix adolescis in ostro,
Membraque vestitu nunquam temerata profano
In sacros cecidere sinus.

Vide quæ observavimus ad Alexiadem pag. 321. et supra *Porphyrogenitus.*

Purpuratus, Moneta Imperatorum Byzantinorum. Vide *Hyperperus.*

PURPURILLA, Purpurella. Glossæ Isidori : *Purpurilla, locus extra portam, quo purpurea veste uterentur.* [Ubi leg. suspicatur Grævius : *Purpura, aulæ locus, quo puerperæ Augustæ utebantur;* quippe qui intelligat Isidorus triclinium in aula Constantinopolitana, in quo Augustæ parere solebant. Vide Cangium in CP. Christ. lib. 11. cap. 4.] Charta ann. 1197. apud Ughellum tom. 7. pag. 1275 : *Unam zonam de seta rubea, unam planetam de Purpurella cum apparatu suo, unam planetam de* *cendato rubeo, etc.* [Idem quod Purpura.]

PURPURITICÆ COLUMNÆ, Porphyreticæ, Capitolino in Antonino, ex Porphyretico marmore, de quo Suet. in Nerone. Vetus Inscriptio Romæ : *Vetustate corruptam adampliavit columnis Purpuriticis, valvis æreis, marmore, etc.*

** **PURPURIZARE.** *Alterna vice commutans Purpurizabat*, ex Anast. M. in Maii Glossar.

¶ **PURSIVANDUS.** Vide *Purcivandus.*

¶ **PURULENTATIO**, Exulceratio, suppuratio, apud Cœl. Aurel. Tard. lib. 5. cap. 3. *Purulentia*, metaphorice apud Tertull. lib. de Pallio sub finem.

¶ 1. **PURUS.** *Ad purum*, id est, super nudum corpus. *Tunica ad Purum cucullo super, utrisque talaribus birroque desuper indutus*, apud Guibertum l. 2. de Bello sacro.

¶ PURUM ARGENTUM illud dicitur in Charta ann. 1207. apud Stephanot. tom. 1. Antiq. Bened. Occitan. MSS. pag. 406. *quod se defendit ab igne et martello.*

* Hinc *Pur receant*, Qui ex debito et absolute *residens* est, in Lit. remiss. ann. 1373. ex Reg. 104. Chartoph. reg. ch. 322. *De la partie de Guillaume Benoist, nostre Pur receant en la ville d'Avrenches, etc.* Vide *Residentes.*

* 2. AD PURUM PONERE, vox monetariorum, Ad probationem servare. Charta ann. 1362. in Reg. Cam. Comput. Paris. sign. *Vienne* fol. 45. r° : *Dicta garda, ad requestam dicti magistri, dictos quartos capere debeat et fondere vel fondi facere, et de auro fondito capere extimationem vel quantitatem unius floreni, et ponere ad Purum ad partem in quadam pissida.*

1. **PUS.** Gregorius Turon. de Vitis Patr. cap. 19 : *Mulier quædam filiam suam exhibuit vulneribus plenam, et ut quidam vocant, Pus eadem genuerat.*

2. **PUS**, Alia notione. Traditiones Fuldenses lib. 2. cap. 82 : *Trado... unum caballum, et boves 3. domum unam, et aream unam, et Pus unum, 20. porcos, etc.* [f. Puteus, Gall. *Puy*, Provincialibus *Pous.*]

* 3. **PUS**, *La custodia*, in Glossar. Lat. Ital. MS. Aliud Lat. Gall. ex Cod. reg. 7692 : *Pus garde vel pourture. Versus :*

> Pus, pro putredo, non declinabile credo :
> Sed si puris subdas, id quod custodia signat.

¶ **PUSA**, Idem videtur quod *Picta*. Terrarium Chastellarum ann. 1391 : *Sub servitio III. solid. v. den. et unius Pusæ monetæ serviti.*

PUSCA. Vide *Posca.*

* **PUSCHA**, Vinum acidum aquæ mixtum, Ital. *Posca*. Stat. Avellæ ann. 1496. cap. 101. ex Cod. reg. 4624 : *Absque eo quod aliud deterius vinum, Puscham vel aquam seu aliquid misceat.* Vide *Posca.*

* **PUSCIZNA**, Polonica vox. Stat. Casimiri ann. 1347. inter Leg. Polon. pag. 24 : *Abusiva consuetudine noscitur esse observatum, quod cum aliqui kmethones seu rustici, vel alii civiles homines absque prole de hac luce decedunt, ipsorum omnia bona mobilia et immobilia, nomine vulgariter Puscizna, domini eorundem consueverunt occupare. Unde nos eandem consuetudinem, ut vero contrariam et absurdam reputantes, statuimus, etc.*

¶ **PUSCULA.** Vide *Forstulla* et *Posca.*

¶ **PUSCULENTUS.** Vide *Posca.*

PUSIA. Isidorus lib. 17. cap. 7. de Arboribus : *Pausia, quam corrupte rustici Pusiam vocant, viridi oleo et suavi et apta : et dicta pausia, quod paviatur, id est, tundatur.* [Vide *Pausea.*]

PUSILLANIMIS. Gloss. Gr. Lat. : Ὀλιγωρος. *Pusillanimis.* Ὀλιγωρία, *pusillanimitas, segnitia.* Interdum *Pusillanimis* usurpatur pro, *ad misericordiam motus.* Vita S. Gudilæ Virg. cap. 3 : *Pro cujus incommodo, compassione et pietate Dei virgo Pusillanimis facta* : ubi Bollandus, *id est mota ad commiserationem.* Teutonicus Idiotismus, *Weemoedich*, quasi *Ween-moedich*, id est ἀρίδακρυς, *ad lachrymas pronus* ac *Pusillanimis.*

** PUSILLIANIMIS, occurrit in vet. vers. Bibliorum. Vide Maii Glossar. novum.

PUSILLARES, pro *Pugillares*, semel ac iterum in Testamento Heccardi Comitis Augustodunensis apud Perardum pag. 26.

¶ **PUSILLITAS**, ut *Pusillanimitas*, segnitia. Epist. Johan. de Monsterolio apud. Marten. tom. 2. Ampl. Collect. col. 1446 : *Qui nihilo magis illud efficere potuisset, quam inermi Pusillitati subesset centum armatos duobus digitis debellare.*

¶ PUSILLITAS, Parvitas. Vener. Beda in Genesim apud eumd. Marten. tom. 5. Anecdot. col. 115 : *Multa posteris ingenii sui monimenta reliquere, sed præcipue, quantum nostra Pusillitas ediscere potuit, Basilius Cæsariensis.* Utuntur passim Scriptores Ecclesiastici, Tertull. adv. Hermog. cap. 14. lib. de Resurr. carnis cap. 6. Hieron. Epist. 152. et alii.

¶ **PUSILLUS**, Junior. Charta ann. 1149. in Tabul. Major. Mon. hac temporis nota concluditur : *Actum anno Verbi incarnati 1149. Indict. 12. Epact. 9. Pusillo Rege Ludovico, qui partes Jerosolimitanus adiit, regni Francorum moderamina gubernante.*

¶ **PUSILMANNUS**, Servus culinarius, nostris *Marmiton*. Consuet. MSS. Eccl. Colon. ex Bibl. Eccl. Atrebat. : *Magister coquinæ* III. *den et ob. quatuor coci et duo Pusilmanni cuilibet ob.*

¶ **PUSINGERE**, *Pungere*, ὑποκεντεῖν, in Gloss. Lat. Gr. Sangerm.

* **PUSIO**, *Bachon*, in Glossar. Lat. Gall. ex Cod. reg. 7692.

¶ **PUSIOLA**, dimin. a Pusa, puellula. Chron. Anglic. Th. *Otterbourne* pag. 187 : *Rex Angliæ usque Calesiam* (equitavit) *ubi Isabellam, filiam Regis Franciæ, duxit in uxorem, Pusiolam non octennem.* Prudent. in Pass. S. Eulaliæ v. 19 :

> Ipsa crepundia reppulerat,
> Ludere nescia Pusiola.

* **PUSIOLUS**, Parvulus, in Vita S. Idæ tom. 2. Sept. pag. 267. col. 2. Vide *Pusiola.*

¶ **PUSTELLA**, ut *Pusula.* Vide *Accessio* 1.

* **PUSTELLOSUS**, Pustulosus. Alex. Iatrosoph. MS. lib. 1. Passion. cap. 99 : *Pustellosas ulcerationes scio ex mulsa sola fuisse curatas.* Vide *Pusula.*

PUSTERLA, PUSTERNA, PUSTERULA. Vide *Posterula.*

PUSTICÆ, Ligna seu trabeculæ in navibus, quibus insistunt rami, Italis *Posticci*. Sanutus lib. 2. part. 4. cap. 11. de navibus : *Et quod fiant ex multo meliori lignamine, et melius pironadæ, ac sint ligatæ, et specialiter Pusticæ pro sustinendo laborem melius et impetum remigandi.*

¶ **PUSTURA**, ut Pastura, in Statutis Arelatens. art. 32. ex Cod. MS. D. *Brunet.* fol. 26. v°. : *Quicunque qui pastorem... habebit, faciat ipsum jurare, quod non mittat ignem in Cravo ad garrigas et Pusturas comburendas.* Ubi versio Gallica ann. 1616. habet : *Tous ceux qui louëront des Pastres et bergers, les feront jurer de ne mettre le feu aux garrigues et Pastûrages de la Crau.*

PUSULA, pro *Pustula*. Marius Aventicensis : *Hoc anno infanda infirmitas atque glandula, cujus nomen est Pustula, in suprascriptis regionibus innumerabilem populum devastavit.* Gregorius Turon. lib. 6. cap. 8 : *Pusularum malarum venenum crucis signo sæpe compressit.* Cap. 14 : *Magna igitur eo anno lues in populo fuit, valitudines variæ, milinæ cum Pusulis et vesicis, quæ multum populum affecerunt morte.* Idem lib. de Gloria Confess. cap. 24 : *Quanti a Pusulis veneno incrassante præmortui.* Occurrit etiam apud Martialem lib. 14. Epigram. 167. et alios Scriptores. Vide Octavium Ferrarium in Orig. Linguæ Ital. in v. *Brogia*, [et Martinii Lexicum.] [* Vox est germanæ Latinitatis.]

¶ 1. **PUTA.** *Ut puta*, mendum forte pro ut pote, in Vita MS. S. Wenwaloei fol. 108 : *At vero illa ut Puta prudentissima, non ad luctum murmuriosum, sed ad Deo gratias agendum conversa, etc.* [** Vide Forcellin. in *Ut.*]

* 2. **PUTA**, nostris *Pute*, Meretrix, scortum. Glossar. Lat. Gall. ex Cod. reg. 7692 : *Puta, putain.* Le Roman *de la Rose* MS. :

> Toutes estes, serez ou fustes
> De fet ou de peussées Putes,
> Et qui toutes vous cercheroit,
> Toutes putains vous trouveroit.

* De viris etiam *Putain* dicitur. Lit. remiss. ann. 1412. in Reg. 166. Chartoph. reg. ch. 347 : *Lesquelx André et Baudouin Balastre appellerent Putain le suppliant et ledit Baseyo.* Hinc *Vau-pute* appellatur Pederastia, in Chron. Caroli VIII. Petri *Desrey* ad ann. 1496. fol. 85. v° : *Lequel* (Robuste) *interrogué fut accusé estre un des principaux maistres de la Vau-pute; et après que le roy l'eut ouy parler, il le remeit à la justice chargé de son cas : l'information deuement faite par la jusiice, fut ledit Robuste pendu et estranglé publiquement à ung gros arbre. Putenier* et *Putieu*, Meretricibus deditus. Lit. remiss. ann. 1401. in Reg. 156. ch. 30 : *Icellui Ponsart qui estoit un homme de mauvaise vie et gouvernement, Putieu, etc.* Aliæ ann. 1408. in Reg. 163. ch. 183 : *Fy de ton maistre, ce n'est qu'un viel Putenier, et tout son fait ne vault riens. Pute*, pro Puella, in Poem. Rob. Diaboli MS. :

> Et li seneseaus pour y tant
> A dit qu'il le fera dolant
> De la Pute qu'il n'a mie.

* A Latino *Putidus*, adjective etiam *Pute* dixerunt. Le Roman *de Cleomades* MS. :

Car piccha c'on dit cest proverbe :
De Pute rachine, Pute hierbe.

¶ **PUTACILLA**, κατάπτυσμα, in Gloss. Lat. Græc. ubi forte ex Vulcanio restituendum *sputabilia*.

PUTACIOLUM. Vide *Pittaciolum*.

PUTACIUS, Cati seu Felis species, [Armoricis *Pudask*, nostris *Putois*, Historiæ naturalis Scriptoribus *Putorius*, idem, ut videtur, qui Græcis ἰκτίς dicitur;] [* Mustela silvestris,] sic nuncupata, quod fœteat, de qua Scaliger contra Cardanum cap. 210. num. 3 : *Inter ea quinque*, inquit, *catus fœtens quoque est : pilo obscuriore ; sed tam tetro odore, ut Putin Liguribus Taurinis, in Gallia Putois sit cognominatus*. Silvester Giraldus in Topogr. Hiberniæ dist. 1. cap. 21. et ex eo Bromptonus : *Caret herminis, caret et Putaciis*.

¶ Putonius, Eadem notione, apud Bernardum Monach. in Ordin. Cluniac. part. 1. cap. 5 : *Omnia pellicia sunt generis agnini et albi, coopertoria vero aut de agno, aut catini, aut Putonii seu leporum, et numquam de ullo genere majoris pretii*. Eadem habentur in Constit. Hirsaug. S. Wilhelmi lib. 2. cap. 37.

Putosius. Petrus Venerabilis in Statutis Ordinis Cluniac. cap. 17 : *Statutum est, ut nullus Fratrum Cluniacensium cattinis, sive aliis, quibus uti solebant, peregrinis pellibus induatur,... et ad coopertoria facienda solummodo, sicut hoc magis placuerit, Putosiorum, et juxta aliorum linguam Vesonum pellibus*.

PUTAGIUM, Fornicatio, meretricatus, de fœmina dicitur. Regiam Majestatem lib. 2. cap. 49 : *Quod generaliter dici solet, quod Putagium hæreditatem non adimit, intelligitur de Putagio matris, quia filius est hæres legitimus, quem nuptiæ demonstrant*. Vide Bractonum lib. 2. cap. 37. § 6. et Fletam lib. 1. cap. 15. § 4. Gallis *Putage*. Charta ann. 1247. in Tabular. Campaniæ fol. 343 : *La fame, qui dira vilonnie à autre, si come de Putage, payera 5. sols, ou portera la pierre toute nuë en sa chemise à la Procession, et celle-là poindra aprés an la nage d'un aguillon, et s'elle disoit autre villonnie, qui atourt à honte de cors, ele paieroit 3. sols, et li homs ainsin*. Le Roman *de Vacces* MS. :

Maint home a essillié et torné à servage,
Et mis par poureté mainte feme au Putage.

Le Roman *d'Amile et d'Amy* MS. :

A mal Putaige soit li siens cors livrez.

Le Roman *du Renard* MS. :

Grand desbonnour et grant houtage,
Fistes vous, et grant Putage, etc.

[Le Roman *d'Athis* MS. :

Et sa femme estoit mariée,
Benoite ne espousée,
Qui puis la trairoit à Putage,
A mauvaistié ne à houtage,
Qu'en le fesist mourir à honte
Sans en faire nul aultre conte.]

Libertates villæ *de la Perouse* ann. 1260. apud Thomasserium pag. 100 : *Si fem mariée commaner venaet à la Paerose par Putage, hom qui n'auroet feme, qui gueraet ob li, n'eu est tengut vers le Segnor. Pute*, pro *Putain*, ut *putta* et *putana*, apud Italos, de qua voce Acarisius [** et Murator. Antiq. Ital. tom. 2. pag. 1268.]. Le Roman *de Garin* :

Or m'avez vos lesdengiée vilment,
Et clamé Pute, oiant toute la gent.

Vetus Carmen MS. de Inventione S. Crucis :

Avogle et de Pute orine.

id est, cœcus, et nothæ originis.

* Glossar. Provinc. Lat. ex Cod. reg. 7657 : *Putaneiar, Prov. fornicari*. Charta Phil. III. ann. 1283. in Reg. 61. Chartoph. reg. ch. 389 : *Dimisimus majori et communitati villæ de Vernolio emendas et cognitiones, quas in dicta villa et ejus livreis habebamus in casibus infrascriptis, videlicet.... de Putagio, de maledictis, de pravis denariatis carnium, piscium, etc.*

* Hinc nostris *Amputer, Deputer* et *Imputer, Putagii* seu meretricatus crimen alicui imponere, mulierem *putam* clamare. Lit. remiss. ann. 1392. in Reg. 144. ch. 85 : *Icellui Michiel dist au suppliant qu'il venoit de veoir la femme de Denys du Tertre, et que certainement il le Imputeroit à office lui et ladite femme*. Aliæ ann. 1404. in Reg. 159. ch. 27 : *Thibault d'Orenge dit qu'il avoit congneu charnelement la fame Jehan Connivet, et si estoit marié; et que il l'Amputeroit d'office à Sens*. Aliæ ann. 1459. ex Reg. 188. ch. 114 : *La femme d'icellui Laurens Deputa la femme du suppliant; pour laquelle cause.... icellui suppliant dist à son filz qu'il ne devoit pas soustenir ou souffrir sa femme à Deputer sa mere*. Vide infra *Puteria*.

Putena, Meretrix, ex Gallico *Putain*, seu ut Belgæ nostri efferunt, *Putaine*. Ordericus Vital. lib. 12 : *Castrum condere cœpit, quod Mataputenam, id est devincens meretricem, pro despectu Hadwissæ Comitissæ nuncupavit*.

¶ Putana non semel occurrit in sermonibus Quadragesimalibus Menoti.

¶ Putaria, ut *Putagium*, in Statutis Astens. Collat. 12. cap. 7. fol. 39. v° : *Si uxor alicujus civis Astensis olim aufugit pro Putaria cum aliquo, relinquendo civitatem et domum mariti, etc.*

Puteum, Idem quod *Putagium*. Warnerius. MS. in Caprum Scottum Poetam :

Eia nunc nostræ Scottum resonate camœnæ
Naufragium passum conjugis ob Puteum.

Jam vero quæ sit vocis origo, indicat Scaliger ad Catalecta Virgilii, a voce nempe *Putus*, quæ parvulum, aut puerum sonat. Gloss. Lat. Græc. : *Putus*, μικρός. *Puti*, μικροί. Hodie etiamnum Itali *Putto*, puerulum vocant, unde nostrum *Petit*, detorto vocabulo a *Putilo*. Primum igitur *Putæ* dictæ puellæ, postmodum ad lascivientes deducta vox, quod in voce, *Garce*, accidit. Vide *Matare*.

* Putagium, perperam pro *Pontagium*, ut suspicatus est doctus Editor, in Lit. ann. circ. 1190. tom. 5. Ordinat. reg. Franc. pag. 317.

* **PUTANCIA**. Instr. in Lib. Sal. S. Th. Argent. fol. 3. inter sched. Schœpfl. : *Quod dicti redditus cuilibet dictorum monasteriorum per me, ut præmittitur, deputati dominabus cujuslibet antedictorum monasteriorum pro Putancia, singulis annis in dictis anniversariis cedere debeant in communi..... Item do et lego conventui fratrum Prædicatorum domus Argent. redditus unius libræ denariorum Argent. cedendos dictis fratribus pro Putancia*. Sed legendum haud dubie *Pictancia*. Vide in hac voce.

PUTATIVUS, Existimatus, Gallice *Putatif. Pater pueri Putativus*, apud Bromptonum pag. 909. qui pater esse putabatur. Historia Miscella in Rhinotmeto ann. 6 : *Et ita per Putativæ rationis obtentum pacem dissolveret*. Ubi Theophani *Putativus*, est δοκούμενος. In eadem Hist. *Putativæ correctiones*, Theophani τὰ δοκοῦντα κατορθώματα. Eigil in Vita S. Sturmii Abbat. Fuldensis in prologo : *En habes, quod poscebas Putativum, nomini tuo dicatum, tibique tuendum relictum*. Nempe librum Vitæ S. Sturmii.

¶ Putative, Cui *Vere* opponitur, in Libello Episcop. Ital. contra Elipandum inter Concil. Hisp. tom. 3. pag. 99 : *Quia filius est qui genitus est sine initio a Patre, non Putative, sed vere*. Adde vet. Irenæi interpretem et Hieron. Epist. 61.

¶ **PUTATORIA**, Mulcta, ut videtur, quæ ex falsis mensuris domino competit. Charta ann. 1152. inter Probat. tom. 3. novæ Hist. Occitan. col. 540 : *Conquestus est domnus Raimundus Trencavellus de eis* (Guillelmo de Limoso suo ministro et Tardivo fratre suo) *clamando illis furnum de Limoso, et omnes justitias et mensuram ipsam quæ vocatur emina, et mejeiram olei, et omnes falsos et Putatorias*.

* Nequaquam; est enim *Putatoria*, Falx putatoria, ut manifestum est ex Leudis majoribus Carcass. MSS. : *Item pro falcibus et Putatoriis, pro carga grossa, ij. sol. Turon*. Ubi versio Gallica ann. 1544 : *Item pour chacune charge de feaulx Poudadoires, etc.* Vide supra *Podadoira*. Porro pro acuendis instrumentis rusticis certa præstatio domino pensitabatur, quæ hic *Putatoria* appellatur. Vide supra *Acumentum*.

PUTATORIUM. Vide *Putiatorium*.

* **PUTCHA**. Charta Otton. I. imper. ann. 952. inter Probat. tom. 2. Annal. Præmonst. col. 383 : *In Colmerhorn viginti quatuor talenta, in Franckenhusen unum mansum et duas Putchas*. Vide infra *Puthcus*.

¶ **PUTEAL**, *Sedes prætoris*. Gloss. Isid. Excerpta : *Sedes juratoris*. Papias : *Puteal, locus in foro, ubi fœneratores dabant et accipiebant pecuniam*. Adso in Translat. S. Basoli sæc. 4. Bened. part. 2. pag. 139 : *Præcepit ergo ipse procuratori suo villarum incolas sibi tamquam ad Puteal exhiberi : quos per varia distringens supplicia, sibi bona eorum posset violenter extorquere*. Vide Salmasii Exercit. in Plin. pag. 804. edit. Traject.

PUTENA, Puteum. Vide *Putagium*.

* **PUTEOLANA**, Ital. *Pozzolana*, Arena est ex solo friabiliter lapidoso extracta, quæ calci admixta cæmentum facit ipsis lapidibus, cum induruerit, æquiparandum : dicitur autem non a Puteolis civitate Campaniæ, sed a puteis seu puteolis, unde eruitur, ut notant docti Editores ad Acta S. Juvenal. tom. 1. Maii pag. 404. col. 1 : *Et quod idem locus in prædicta janua cum dicto sancto corpore fuerit postea cœmentis muratoriis, videlicet lateribus calceque et Puteo-*

lana clausus. Vide *Puteulanus* et infra *Puzulana.*

¶ **PUTEORITÆ**, Puteorum cultores circa ann. 400. ex Judæis idololatræ potius quam hæretici, de quibus Philastrius. Vide Stokmanni Lexic. hær.

* **PUTERIA**, Fornicatio, meretricatus, ut supra *Putagium.* Chartul. 2. Fland. ex Cam. Comput. Insul. : *Item rappel de Pierre de Longhemarke banni de Flandre par le loy de Bruges pour Puterie, vj. ans. Tu vas en Puterie, ne ne vis que de Puterie,* in Cod. MS. S. Vict. Paris. ubi de factis apud Remos ann. 1396.

PUTEULANUS. Dudo lib. 3. de Morib. Norman. pag. 105. describens insulam in fluvio Somona in Picardia : *Est namque ibi insula Puteulano exæstuantis Somenæ gurgite hinc inde et altrinsecus circundata.* Ubi legendum *Puteolano :* quippe arenam intelligit, seu *Puteolanum pulverem :* de quo diximus ad Alexiadem pag. 267. Papias : *Pulvis Puteolanus, in Puteolanis collibus Italiæ colligitur, opponiturque ad sustinenda maria, fluctusque frangendos : nam mersus in aquis fit lapis.*

1. **PUTEUS**, in templis et ædibus sacris. Abbo Floriacensis lib. 2. de bellis Parisiacis vers. 358. puteum in Capella S. Germani (Pratensi) fuisse innuit, cujus aquæ ægrotantibus vice medicinæ erant :

Cujus ad accubitat Puteus vestigia, cujus
Qui potabit aquas, extemplo febre laborans
Auxilio sancti fidens capiet medicinam.

Ex Codice Middoth Thalmudi Babylonici cap. 5. sect. 3. observare est, in Templo Hierosolymitano puteum extitisse, qui aquas toti atrio suppeditabat. Theophanes puteos, φρέατα, vocat aquarum benedictarum receptacula et fontes perennes in templorum atriis, pag. 38. [Exstat putei benedictio in Sacrament. Gall. apud Mabill. tom. 1. Mus. Ital. pag. 389.]

* Horum puteorum tanta erat apud nostros religio, ut eorum aquæ *Boires-Dieu* appellarentur, quæ aliquando non sanandis modo ægrotantibus, sed et rei occultæ patefactioni adhibebantur, ut de puteo, qui in capella S. Leocadiæ erat, legitur in Mirac. MSS. B. M. V. lib. 1 :

Icele iaue que je disoie,
Li Boires-Dieu ert apelés,
Nus pechiés n'iert lors taut celés,
Puis que forfais hom le beust,
Que maintenant n'apareust
Uns tex signes en son visire,
Que cascuns savoit son affaire.

. In Puteum Abjici, in Lege Salica tit. 43. Vide Gregorium Turon. lib. 3. Hist. cap. 6. lib. 7. cap. 23.

☞ Supplicii genus fuit apud Scotos usitatum, delinquentes feminas fossa vel puteo immergere. Vide *Fossa* 1.

¶ 2. **PUTEUS**, a Gall. *Puy*, Mons, collis. Sidonius in Propemptico ad libellum, ubi de urbe Gabalensi :

Sublimem in Puteo videbis urbem.

Vide *Podium* 3.

¶ **PUT-FUST**, Lignum putridum, idem quod *Buscus mortuus.* Vide *Boscus.* Charta ann. 1221. in Tabular. S. Germ. Paris. : *Compositum est quod dicti homines in prædicto nemore capient genestam, spinam nigram et albam, salices et marsalices, Putfust et galliquercum, etc.*

PUTHCUS, Puteus. Charta Italica ann. 1345 : *Item teneatur Potestas facere sententiari seu purgari Puthcos dictæ villæ.* Infra : *Si quis laverit pannos ad Puthcos, sive ad fontes per medium trabuchum, solvat pro banno denar.* 6.

* *Puch*, in Charta ann. 1262. ex M. Chartul. nig. Corb. fol. 118. v°. et in alia ann. 1400. ex Chartul. 21. ejusd. monast. fol. 256. v°. Hinc *Pucheoir* et *Puchoir*, Locus, unde aqua extrahi potest, in eod. M. Chartul. fol. 11. v° : *Item nus ne puet faire Pucheoirs, ne ferir estoc es yaues.... sans congié. Fut donné congié.... à Jehan Cartel de mettre trois degretz à son Puchoir audevant de sa maison,* in Chartul. Corb. sign. *Cæsar* fol. 67. r°. *Putast*, Aquarum putidarum receptaculum, vulgo *Mare.* Lit. remiss. ann. 1349. in Reg. 78. Chartoph. reg. ch. 247 : *Lesquels moynes de Saint Leu traynerent ledit clerc parmi le cloistre et parmi la court de ladite église jusques à un Putast ou mare, plainne de orde yaue et croupant.* Quæ ultima vox non a *Puteus*, sed a *Putidus* accersenda. *Poutee* vero dicitur Torrens, in Charta ann. 1555. ex Tabul. archiep. Camerac. : *Pourveoir à ce que les accourses des Poutées et eauwes sauvaiges, descendans audit marets, etc.*

PUTIATORIUM, Hauritorium, Salinarium, *Puisoir*, nostris, unde aqua salaria hauritur, extrahitur : vox orta a *puteus.* Gesta Episcoporum Saltzburgensium apud Canisium pag. 485. 487 : *Dedit tertiam partem de Putiatorio, quod vulgo dicitur Galgo.* Rursum : *Simulque et tradidit jam dictus Dux in eodem pago in loco, qui vocatur salinas, fornaces 20. et totidem patellas, et tertiam partem de Putiatorio ibidem concessit, quod barbarice dicitur Galgo.* Est autem Theutonibus *Galg*, vel *Galgbrun*, puteus. [** *Putatorium, galgo*, apud Graff. in Thesaur. Ling. Franc. tom. 4. col. 185. Panchart. Abbat. *Metloch*, in Hœfer. Diar. Diplom. tom. 2. pag. 123 : *Deportabitur furca et desuper dependens lignum, quod vocatur sveingel, ad puteum salis in Wich.* Furca est *galgo.*] Charta Adivaldi Regis Longobard. in Bullario Casinensi tom. 2. pag. 2 : *Præter tantum medietatem putei, quod idem genitor noster Sundarit venerandæ memoriæ concessit, vel ligna ad sales coquendos, etc.* Charta ann. 1344. ex Tabular. Monaster. S. Quintini in insula fol. 35 : *Sauf et reservé à iceux aussi l'yauë des fossez, qui cloent leurdit gardin à avoir Puisseoirs assis desseur l'yauë seur quatre estaques pour puiser yauë pour ses autres causes necessaires à iceux.*

* Charta Joan. comit. Bitur. et dom. Salin. ann. 1254. in Chartul. Buxer. part. 1. ch. 15 : *Dix charges de grant sal en nostre rente de nos Puis de Salins, c'est à savoir dou plus grant sal que l'en i fait.*

* **PUTICULI**, *Qui cadavera prospiciunt*, in vet. Glossar. ex Cod. reg. 7641.

* **PUTIDA**, *Putein, fole fame*, in Glossar. Lat. Gall. ex Cod. reg. 7692. Vide supra *Puta* 2.

¶ **PUTONIUS**, Putosius. Vide *Putacius.*

¶ **PUTRAMEN**, Putredo. S. Cypr. de Lapsis cap. 12 : *Aperiendum vulnus, et secandum, et Putraminibus amputatis, medela fortiore curandum.* Idem Epist. 55 : *Neque enim sic putramina quædam colligenda sunt.*

* **PUTRIFACTIO**, Dicitur de veste corrupta et lacera. Vita S. Rolandi tom. 5. Sept. pag. 119. col. 1 : *Tempore dicti sui adventus erat veste lugubri et nigra : et tantum ipsam portavit, quod venit ad Putrifactionem et de necessitate nudus remansit.*

PUTRILAGO, pro Putredo, crebro occurrit apud interpretem S. Antiochi. Homil. 44 : *Corpus ipsa dira Putrilagine depascitur.* Homil. 38 : *Pro manna reportarant vermes, iique in Putrilaginem sunt versi.* Adde Hom. 106.

* **PUTRILLUS**, f. Locus ubi *pultrelli* seu pulli equini educantur. Vide in *Poledrus.* Charta admort. Caroli VII. in Reg. Cam. Comput. Bitur. nunc Paris. fol. 152. r° : *Item super quinque carteriatis terræ ad clausos sive ad Putrillos,...... quinque punheriatæ frumenti.*

* **PUTRITUS**, Gall. *Pourri*, Carie viciatus. Comput. ann. 1400. inter Probat. tom. 3. Hist. Nem. pag. 153. col. 2 : *Cum tectum logiæ communis.... totaliter esset destructum et quasi Putritum, propter vetutastem dictarum fustarum, etc.*

* **PUTSCHEN**, Germanis, Vasis seu mensuræ species. Charta ann. 1322. ex Diplomat. Bajor. apud Oefelium tom. 2. Script. rer. Boicar. pag. 137. col. 2 : *Duodecim cuppas salis amplioris ligaminis, quod vulgariter dicitur Putschen, singulas tenentes quatuordecim sarcinas in mensura dicta Nackentfuder, etc.*

¶ **PUTTA**, Puteus, fossa, Angl. *Pit*, a Saxon. Pitte, eadem notione. Charta ann. 1217. apud Kennett. Antiq. Ambrosd. pag. 186 : *Concessi... quatuor acras terræ meæ in Burncestes quarum.... una in Crocwall-furlung quæ jacet ad Puttam inter terram Johannis le Palmer, etc.*

¶ **PUTTO**. Ermenrici Mon. Augiens. libellus apud Mabill. tom. 4. Analect. pag. 336 : *Inter hæc etiam et cujusdam Scotticæ peræ jacula vereor, ceu ex latere emissa, quæ modo in partibus Ausoniæ Puttoni littonias, vel aliud quid incogniti ubi colligit, et licet attrita fronte, apparebit, quando Putto inde gustabit.*

1. **PUTURA**. Fleta lib. 2. cap. 73. § 6 : *Ne (equi) per negligentiam, vel pigritiem, de debitis, Puturis et præbendis suis quicquam amittant.* Vetus Charta sub Edwardo I. apud Spelmannum : *Rex mandat Baronibus, quod allocent Roberto de Cadeworth Vicecomiti Lincolniensi lib. 6. sol. 7. quos per præceptum Regis liberavit Joanni de Bellovento pro Putura 7. leporariorum, et trium alenacerarium, et pro vadiis unius Bracenarii a die S. Joann. Bapt. usque ad vigil. S. Mich. proxime sequentem, utroque die computato, videlicet pro Putura cujuslibet leporarii et falconis per diem 1. d. ob. et pro vadiis prædicti Bracenarii per diem 2. den.* Placita Coronæ sub eodem Edw. ann. 21 : *In libertate de Knarespurg præsentatur, quod parcarii Comitis Cornubiæ percipient Puturam suam, videlicet bis comedendo in die, vel capiendo pro Putura sua 2. denar. de omnibus tenentibus in diversis villis ibidem nominatis, et sic solebat : sed nunc fecit dictus Comes ipsas villatas solvere 3. den. pro*

Putara. Vide *Precaria magna* in *Precaria* 2.

☞ Ex his haud obscurum est *Puturam* hic idem significare quod *pastura*, id scilicet omne quod in cibum homini vel animalibus tribuitur : unde translata exinde hæc vox ad designandum jus *gisti* seu *procurationis*, quo dominus a vassallis hospitio et conviviis excipitur. Vide in his vocibus. Aperta sunt quæ in hanc rem profert Th. *Blount* in Nomolex. Anglic. v. *Putura.* Placit. in Itin. apud Cestriam ann. 14 Henr. VII : *Per Puturam servient. Johannes Stanley Ar. clamat habere de quolibet tenente, aliquam terram vocatam ould organg lands possidente, qualibet sexta septimana Victum prout Paterfamilias residens super hujusmodi terram habuerit.* Placit. apud Preston. ann. 17. Edwardi III : *Johannes clamat unam Puturam in prioratu de Penwortham, qui est quædam cella abbatiæ de Evesham, pro se et ministris, equis et garcionibus suis, per unum diem et duas noctes, de tribus septimanis in tres septimanas, videlicet de victualibus, ut in esculentis, et poculentis, ad custus prioratus prædicti, indebite.*

2. **PUTURA.** Willelmus Thorn ann. 1267 : *Comparavit etiam Puturam pulpiti in Ecclesia, et gabuli in refectorio.* Ubi *Puturam* trabem interpretatur Somnerus ex Gallico *Poutre.*

* Unde *Poultrerie*, Tabulinum ex trabibus confectum. Lit. remiss. ann. 1448. in Reg. 176. Chartoph. reg. ch. 612 : *Laquelle femme estoit au dehors du moulin sur la Poultrerie d'icelui moulin à l'endroit de l'eaue.*

¶ **PUTUS**, Parvus. Vide *Putagium.*

PUZAL, Mensura liquidorum. Charta Lusitanica apud Brandaon. tom. 3. pag. 286 : *Post quam habuerit 5. quinales de vino, det unum Puzal.*

* **PUZULANA**, ut supra *Puteolana.* Charta ann. 1266. ex Cod. reg. 4189. fol. 24. r° : *Possit facere aportari calcem sufficientem et Puzulanam et lapides; ita tamen quod curia frangi faciat lapides.... ad faciendum palatitium et turrim.*

* **PYATHNADZYESTA.** Vide supra *Piatnadziesta.*

¶ **PYCTA**, Scapha exploratoria, apud Veget. lib. 4. cap. 37 : *Scaphæ tamen majoribus liburnis exploratoriæ sociantur, quæ vicenos prope remiges in singulis partibus habeant, quas Britanni Pyctas vocant.* Ubi Stewechius mallet *Pyncas*, quod navigii genus Itali vulgo dicunt *Pinco*, monente Carolo de Aquino in Lex. milit. Nostris *Pinque.*

¶ **PYCTATIUM.** Vide *Pittacium.*

¶ **PYCTOMACHARIUS**, Gr πυκτομάχος, Pyctes, pugil, apud Jul. Firmicum lib. 8.

* **PYLATUUM**, pro Pyrethrum, Herbæ genus, ut emendat Echardus tom. 1. Bibl. Prædicat. pag. 62. ad Acta S. Domin. cap. 28. Vide supra *Piretrus.*

PYLE. Vide *Pilatus.*

* **PYLUM.** Pactum inter Ursum Venet. ducem et Valpert. Aquilej. patriarch. ann. 880. tom. 2. Cod. Ital. diplom. col. 1945 : *Nos observare spopondimus in usque dum, Christo favente, isto ut seculo vixeritis, portum vestrum, qui vocatur Pylum, nulla intentione claudere jubeamus.* Vide *Pilum* 2.

¶ **PYRA**, Ignis : Latinis *pyra* est rogus, a Gr. πῦρ. Marten. de Rit. pag. 262 : *Ministri vero ad hoc præfecti, Pyram quantum oleo coquendo sufficiat, accendunt.* Vide *Pura.*

¶ **PYRACIUM**, ut supra *Piratium.* Vide in hac voce. Vita S. Segolenæ tom. 5. Jul. pag. 633 : *Potum præter aquam atque Pyracium non bibit.*

PYRALE, Hypocaustum conventuale, *Estuve*, in quo Capitulum celebrabatur : unde flagellum *disciplinarum* in eo appensum observat Eckehardus junior de Casibus S. Galli cap. 3 : *Rapto flagello fratrum, quod pendet in Pyrali, deforis accurre.* Cap. 10 : *Quidam ipsorum re agnita, rapto de Pyrali flagello, scelestum illum incurrens, clamitat, et nisi animis saniores ei erecto ad istum brachio occurrissent, grandes incussisset.* Cap. 11 : *Veniunt in Pyrale, et inde in lavatorium, nec non et proximum Pyrali scriptorium : et has tres regularissimas præ omnibus, quas unquam viderint, asserebant esse officinas.* Cap. 16 : *Ille ad columnam Pyralis ligatus accerrime virgis cæditur.* Vide *Gynæceum* et *Pecten.*

¶ **PYRAMIDALIS**, Pyramidatus, ad modum Pyramidis. Gualvan. Flamma apud Murator. tom. 12. col. 1015 : *Si non est Imperator, quare utitur insigniis imperialibus, ut corona Pyramidali aurea, etc.*

PYRAMIS, *Ciborium*, quod altari superponitur. Bernerus Abbas de Translat. S. Hunegundis, in fine : *Sanctas reliquias referentes in sanctam Dei Ecclesiam inthronizant, ac in sacro peribolo retro altare S. Virginis Hunegundis, intra Pyramidem, quod nos oraculum dicimus, digno cum obsequio componunt.*

PYRAPTARE, In mari prædari, Gallis, *Pirater.* Occurrit apud Sanutum lib. 3. part. 11. cap. 2. [Vide *Pirata.*]

PYRASTERIUM. Pyraterium. Vide *Peristerium.*

¶ **PYRATUS**, pro Pyrus, methaphorice occurrit in Richerii Chron. Senon. lib. 1. cap. 17 : *Et eos tonsuratos, non corde, sed habitu tantum monachavit, et talibus Pyratis locus ille redimitus non diu est gavisus.*

¶ **PYRGIBASIS**, unico verbo male editum, et pejus explicatum, apud Macros in Hierolex. Vide *Pirgus.*

¶ **PYRGISCOS**, vox Græca, Bibliotheca. Gloss. Græco-Lat. : Πυργίσκος, *turricula, armarium.* Vita S. Ansegisi sæc. 4. Bened. part. 1. pag. 635 : *Domum vero, qua librorum copia conservaretur, quæ Græce Pyrgiscos dicitur, ante refectorium collocavit.*

¶ **PYRGIUS**, Via strata. Vide *Pirgius.*

¶ **PYRGUS**, Ambo. Vide *Pirgus.*

¶ **PYRIARE**, a Gr. Πυριᾶν, Igne fovere, calefacere. Petronii Fragm. Tragur. cap. 73 : *In solio, quod Trimalcioni Pyriabatur descendimus.* Consule ibi Reines. Non displiceret prorsus *Pyrgiabatur*, a Græc. πυργόω, in altum tollo. Vide *Pirgus.* In editione Schefferi legitur *Periiaptatur*, unde legendum opinatur, *in solio, quod Trimalcioni per duos aptatur, descendimus.* Litem dirimere haud facile est.

PYRITEGIUM. Vide *Pyritegium* et *Ignitegium.*

¶ **PYRIUS** Pulvis. Vide *Pulvis.*

PYROCARÆ, Mulieres, quæ castitatem et cælibatum profitebantur, quas sua ætate, in Italia nempe, exortas testatur Joannes de Deo Doctor Bononiensis in Pœnitentiario edito a Jacobo Petito lib. 11. cap. 13. et quem ille conscripsit ann. 1247. ubi de pœnitentiis mulierum : *Si autem fuerint Pyrocaræ, quæ de pulvere nuperrime surrexerunt, gravabis eas jejuniis et orationibus, injungens eisdem, ut non de cætero sub specie pietatis (et) religionis impietatem pallient; sed viros accipiant, si votum solemniter non fecerint, vel castitatem servent, quam Deo promiserunt.* Ejusmodi fuere *Beghinæ* nostrates. [Vide *Pinzochia* et *Pizocata.*]

¶ 1. **PYROPUS**, Cacumen fastigii vel tecti in pyri formam desinens, Bollandistis in Annotat. ad Vitam B. Christinæ Stumbel. tom. 4. Jun. pag. 350 : *Tollentes eam (Christinam) dæmones, cum eadem catena qua tracta fuerat, supra domum ipsius advocati statuerunt, et Pyropo ejusdem domus, in signum derisionis et ignominiæ adstrinxerunt.*

¶ 2. **PYROPUS**, Metalli species, seu metalli mixtura, de quo Plinius lib. 34. cap. 20. Buschius de Reformat. Monast. cap. 22. apud Leibnit. tom. 2. Script. Brunsvic. pag. 889 : *Habuerunt... flascones de Pyropo decem, mortariola de ære septem, etc.*

* **PYROTEGIUM**, in fine Necrolog. MS. eccl. Autis. xj. sæculi, pro *Piritegium.* Vide in hac voce.

PYRRIRA, Petraria, ex Gallico *Perriere*, Machina bellica. Galbertus in Vita Caroli Comit. Flandr. pag. 191 : *Adducens instrumenta jactatoria, magnellam, et Pyrrira, qui dejiceret domum præfatam.* Vide *Petraria.*

¶ **PYRUS**, pro Pirus, in Charta ann. 1126. apud Calmet. tom. 2. Hist. Lothar. inter Probat. pag. 280.

¶ **PYSALIS**, Vestiarium. Vide *Pisalis.*

* **PYSANTEUS**, pro *Bysanteus*, Nummus aureus imperatorum CP. Epist. H. apud Pez. tom. 6. Anecd. part. 2. pag. 53. col. 1 : *Pro Pysanteis aureis, quos camerario misi, etc.* Vide *Pyzantius.*

¶ **PYTALPHUS**, Vas vinarium. Vide *Pitalfus.*

¶ **PYTATIUM.** Vide *Pittacium.*

¶ **PYTHAGORISSARE**, Pythagoræ philosophiam sectari. Apuleius in Floridis : *Porro noster Plato nihil ab hac secta vel paululum devius Pythagorissat.*

¶ **PYTHONIZARE**, Pythonico spiritu agi. Vita B. Columbæ Reatinæ tom. 5. Maii pag. 358 * : *Quasi declinassent in dubium, an fuerit arreptitia, vel laboraret humore terrestri, vel usu rationis privata Pythonizaret quasi energumena.* Ubi Codex MS. habet, *Phitonizaret*, ut monent docti Hagiographi. Et certe *Phitones*, pro Pythones, non semel occurrit. Vide in hac voce.

* **PYTIRIA**, *Furfures*, in Gloss. ad Alex. Iatrosoph. MS. lib. 1. Passion. cap. 101 : *Sypiæ testa usta et trita, simul et sal frictum resolvit in oculis carnes, ulcera et Pytiria.*

¶ **PYXIDA**, pro Pyxis, in Vita S. Ansegisi sæc. 4. Bened. part. 1. pag. 633 : *Pyxidas eburneas duas, hanapum vitreum optimum unum, etc.*

PYXIS, in qua reponuntur hostiæ consecratæ ad Viaticum : Πυξίον, Pachymeri lib. 7. cap. 15. 28. Leo IV. PP. de Cura Pastorali : *Super altare nihil ponatur, nisi* *capsæ. cum reliquiis sanctorum,... aut Pyxis cum corpore Domini ad Viaticum pro infirmis.* Vide Capitula Hincmari de Reb. Magistri et Decani cap. 8. Quippe suspensa imminebat altari. Hugo Flaviniac. pag. 166 : *Pyxidem* 1. *de onychino, in qua servaretur Corpus dominicum dependens super altare.* Gervasius Dorobern. in Descript. Ecclesiæ Cantuariensis : *Suscepit a Monacho quodam Pyxidem cum Eucharistia, quæ desuper majus altare pendere solebat.* Rogerus Hovedenus pag. 486 : *Cecidit etiam super altare Pyxis, cui corpus Christi inerat, abrupto vinculo.* Id pluribus docuimus in Descriptione ædis Sophianæ num. 63. Pœnitentiale MS. Thuanum : *Omnis Presbyter habeat Pyxidem, aut vas tanto Sacramento dignum, ubi Corpus Dominicum diligenter recondatur ad Viaticum recedentibus a sæculo, quæ sacra oblatio intincta debet esse in sanguine Christi, ut veraciter possit Presbyter dicere infirmo, Corpus et sanguis Domini nostri Jesu Christi proficiat tibi ad salutem animæ et corporis.* Eckehardus Junior de Casib. S. Galli cap. 2 : *Pyxide Communionis aperta fletu perfusos communicavit.* Conradus in Chronico Moguntino : *Pyxis argentea ad hostias deputata.* Chron. Casin. lib. 3. cap. ult. : *Pyxis aurea cum smaltis pro corpore Domini. Pyxides* autem, in quibus sacra Eucharistia infirmis defertur, ex ebore, seu *eburneæ* esse jubentur, *propter casum,* in Statutis Synodalibus Odonis Episc. Paris. cap. 5. num. 5. et cap. ult. num. 35. Adde Synodum Eboracensem ann. 1195. cap. 1. Wigorniensem ann. 1240. cap. 1. et Exoniensem ann. 1287. cap. 4. 12. Glossar. med. Græcit. col. 1274.

Pyxides Reliquiariæ. Leo Ost. lib. 3. cap. 30 : *In æris Pyxidulis reliquiæ sanctorum.... reconditæ sunt.*

Pyxis, Thesaurus, fiscus publicus, locus, ubi asservantur pecuniæ publicæ : vulgo la *Boëte.* Charta Ricardi Regis Angl. apud Sammarthanos in Archiep. Turon. : *Concedimus etiam... domui de la Haia alios duos solidos in puram et perpetuam eleemosynam in Pyxide Andegavensi percipiendos.*

¶ Pyxis Capituli, In qua suffragia colliguntur : et quam ad eos qui capitulo non interfuerunt defert nuncius. Charta Caroli IV. Imper. ann. 1377. apud Miræum tom. 2. pag. 1245 : *Canonicorum familiares et servitores, tam baillivum, procuratorem, furnarium, lathomum, nuncium Pixidem capituli deferentem, carpentatorem . . . sub nostra imperiali protectione suscipimus.*

Pyxis Lombardorum, [Præstatio quæ ab iis pro mercibus et facultate exercendi sua commercia Regi exsolvebatur.] Tabular. Memorialium Cameræ Comput. Paris. signatum C. fol. 190 : *Die* 4. *Novemb.* 1357. *ad burellum præsentibus Antonio Guete et Joanne Ballet Thesaur. Franciscus Malisardi de Luca commorans Parisiis tradidit unum denarium Dei de primo dicto ad incheriam consuetam supra firmam Pyxidis Lombardorum et pertinentiarum suarum pro duobus annis, etc.* [Vide *Longobardi.*]

¶ Pyxis Nautica, Gall. *Boussole.* Hanc initio sæculi quarti decimi, circa ann. 1320. primum adinvenisse Flavium Gioia, civem Amalphitanum, tradit Henr. Brencmannus Dissert. 1. de Repub. Amalphit. num. 22. Huic concinit Angelus de Nuce in Notis ad Chron. Casin. lib. 1. cap. 50 : *Quorum* (Amalphitanorum) *gloriam illustravit ante annos fere* 300. *Flavius civis vel conterraneus* (*aliis Joannes Goia, sed perperam*) *mirabili illo unaque imprimis utili invento nauticæ Pyxidis, qua tot sulcantur maria, veteribus nec navigata, nec nota.* Amalphitanis hoc inventum adjudicant Scriptores aliquot, maxime Isaac. Vossius, qui var. Observat. cap. 14. usum magnetis a Seribus repetit. Sed Francis nostris id acceptum referri debere haud male colligitur ex Poëmate Guioti Pruviniensis circa ann. 1200. exarato, ubi pixidis nauticæ mentio fit sub nomine *Marinette,* quod marinis usibus potissimum esset destinata :

Icelle estoile ne se muet,
Un art font qui mentir ne puet
Par vertu de la Marinette,
Une pierre laide et noirette,
Où li fer volontiers se joint.

Vide Glossar. med. Græcit. voce Θαλασσοδόμητρον, col. 484.

* Hanc in Biblia Guioti ab hoc versu, *Un art,* describi certum est : utrum autem legendum sit cum Falceto *Marinette* vel *Mariniere;* an cum nupero Ordin. milit. Editore *Maniere,* vix ac ne vix quidem hærendum mihi videtur, nec cuivis videbitur, qui verba ipsa paulo attentius perpenderit. Prioris nomenclaturæ aperta ratio est, quod scilicet marinis usibus potissimum destinetur; vocis vero *Maniere* nulla hic significatio : quid enim sibi vult *par la vertu de la maniere,* id est, *manœuvre?* Ut autem versus numerum habeas, lege ut supra : *Par vertu de la Marinette,* et tunc ejusdem consonantiam habebis cum voce *Noirette :* si legendum est *Mariniere,* substituendum erit *Bruniere,* quod eodem redit.

¶ Pyxis, Machinæ bellicæ jaculatoriæ species. Vide *Pixis.*

QUA QUA QUA

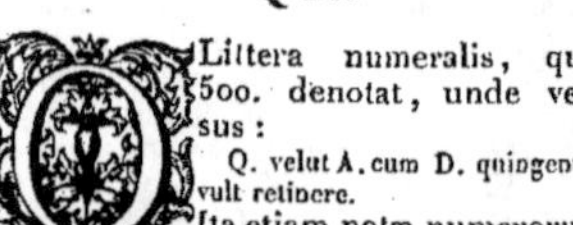

Littera numeralis, quæ 500. denotat, unde versus :

Q. velut A. cum D. quingentos vult retinere.

Ita etiam notæ numerorum antiquæ. At apud Ugutionem hæc litera eumdem numerum, quem P. dicitur conficere, hoc est 400 :

Quod Q. hic sequitur numerum similem retinendo.

Eidem litteræ si recta linea superaddatur, 500. milia significat.

Q. inquit Notkerus Balbulus Opusc. *Quid singulæ litteræ significent in superscript. cantilenæ : In significationibus notarum cur quæratur? cum etiam in verbis ad nihil aliud scribatur, nisi ut sequens V. vim suam amittere quæritur.* Vide *A.*

☞ Litterarum Q. C. K. notiores commutationes sunt, quam ut necesse sit id exemplis confirmari.

* **QUACARA**, Coturnix, apud Monach. Sangall. de Vita Carol. M. lib. 1. cap. 20. Vide *Cara* et *Qualea.*

QUACHETUS, Panis species, in Itinere Camerarii Scotiæ cap. 9. § 4. [Locus exstat in *Simenellus.*]

¶ **QUACKERI** apud Anglos, Fanatici superiori sæculo exorti, quos Galli *Trembleurs* vocant, Trementes, a tremulo corporis motu, quem inter precandum affectant, quasi essent judiciorum divinorum terrore perculsi.

¶ **QUACTUM**, Isidoro lib. 20. cap. 2. *quasi coactum et quasi coagulatum; accepta enim secum alia specie coagulat.*

* *Quac,* Prærogativæ cujusdam ad vicedominos Pinquiniacenses pertinentis nomen est, de qua mentio fit in Charta Garnerii abb. Corb. ann. 1300. ex Chartul. 23. ejusd. monast. : *Ils ont le droit de avoir en leurs terres Quac et rac.* Vide infra in *Racha* 3.

QUADABLUM. Jura et Consuetudines Normanniæ cap. 85 : *Si vero querelatus de lege, quam vadiavit, inciderit, debet maleficium tam læso quam Curiæ emendare : de* *percussione palmæ per quinque solidos : de pugni percussione per* 12. *denarios : de prostratione ad terram, quæ Quadablum dicitur, per* 18. *solidos.* Ubi vetus Consuetudo Normann. : *De abateure à terre, que l'on appelle Acabler,* 18. *sols.* Vide *Cabulum.*

QUADEREL, Pellis species, Belgis. Theloneum Monasterii S. Bertini : *De dorina de Cordwan,* 2. *den. de Quaderel,* 1. *den. de centum pellium agnorum,* 2. *den.*

¶ **QUADERNALE**, Mensura frumentaria. *Unum Quadernale frumenti,* in Terrario Sacristiæ S. Illidii Claromont. ann. 1398.

☞ Est etiam vox nautica, quæ significat id, *Quod præcessit funes,* ut exponit Franciscus Barberinus in Glossis ad sua *Documenti d'Amore* apud Ubaldinum pag. 258. Vide *Quinale.*

¶ **QUADIDEGARA**. Muratorius tom. 1. part. 2. pag. 34. in hunc Legum Rotharis cap. 227. locum : *Hæc sunt gaudia quatuor manumissionum,* adnotat sic legi in Codice Ambrosd. : *Hæc sunt Quadidegaræ quatuor manumissionum.*

¶ **QUADINCUS**. Donationes factæ Monasterio Exalatensi ann. 855. Marcæ Hisp. col. 788 : *Septelunios tapites* 11. *cupertorio siricio* 1. *et vellatas* XL. *et Quadincos* XL. *et vadelincos* VIII. *curtinas* II. *etc.*

* **QUADIRIGENA**, pro *Quadrigena,* Spatium 40. dierum. Consuet. Norman. part. 2. cap. 39. ex Cod. reg. 4651 : *Notandum est quod in hujusmodi novis dessesinis, si querelatus se absentaverit quousque terra, quæ capta fuerit ad visionem et in assisia sequente, per Quadirigenam in manu principis fuerit servata, etc.* Ubi eadem Gallice : *Ait esté en la main le Roy par quarante jours, etc.*

¶ **QUADIUS**, Fidejussor, vas, sponsor. Vide locum in *Gaudius* post *Vadium.*

QUADRA. Gloss. Gr. Lat. : Κόδρα, *Codra, Quadra.* Idem : Τετράγωνος, *Quadrus, Quadra, quadratus.* Maxime de *Quadra panis* apud Monachos sumitur. S. Augustinus contra Epist. Manichæi cap. 21 : *Unus panis... in Quadras quatuor decussatim formetur. Per Quadras panes partiri,* apud Gregorium M. lib. 1. Dialog. cap. 11. Petrus Damian. in Vita S. Romualdi cap. 3. num. 14 : *Fragilitati pie compatiens, consuetæ mensuræ Quadram paximatii superaddidit.* Joan. Laudensis in Vita ejusdem Petri Damiani num. 24 : *Sola ponis Quadra cum crudis oleribus cœnanti apponitur.* Adde Regulam Magistri cap. 17. 26. 53. Vineam Benedictinam cap. 6. et quæ notavit Haeftenus lib. 10. Disquis. Monast. tract. 3. disq. 4. [et Lacerda in hæc Virgilii verba, *patulis nec parcere Quadris,* lib. 7. Æneid. v. 116.]

¶ QUADRA PLACENTÆ, Eadem notione legitur apud Martialem lib. 3. Epigr. 77 :

Nec te liba juvant, nec sectæ Quadra placentæ.

Adde lib. 9. Epigr. 92. *Quadra casei,* apud eumdem lib. 13. Epigram. 32. *Quadra vivere aliena,* apud Juvenalem Satyra 5. Parasiticam vitam agere. Hinc in Descriptione Vitæ Willelmi Ducis Norman. tom. 4. Hist. Harcur. pag. 1314 : *Aliena mavis Quadra vilis nulliusque utilitatis vivere, quam regnum regere et protegere.* Hinc fortean

¶ QUADRA MUNDI, Oblectamenta quævis mundana, quæ mundus offert seu apponit iis, qui ejus *quadra* vivunt. Chronicon S. Juliani Turon. laudatum a Mabillonio sæc. 5. Benedict. pag. 134 : *Fertur in te sanctum habitasse Antonium.... qui solitariæ vitæ delectatus dulcedine, pro vita solitaria mundi despexit Quadra.*

¶ QUADRA URNÆ *mellis,* in Charta fundationis Monasterii S. Alexandri in Graffshap ann. 1072. apud Marten. tom. 1. Ampl. Collect. col. 491.

¶ QUADRA VINEÆ, vel *de vinea,* Gall. *Quartier de vigne,* in Chartul. S. Vincentii Cenoman. fol. 27.

¶ 1. **QUADRAGENA**, Quadraginta. Vulgatus Interpres 2. Corinth. 11. 24 : *A Judæis quinque Quadragenas una minus accepi. Quadragena dierum,* in Statutis MSS. Augerii II Episc. Conseran. ann. 1280. Vide *Carena* et *Quarentena.*

* His alludit Herbert. *de Hoschan* in Vita S. Thomæ Cantuar. ubi de pœnit. Henr. II. reg. Angl. : *Coram martyris sepultura, quasi coram ipso martyre, sancto illo et venerabili fratrum cœtu convocato, a singulis fratrum virgæ disciplina percutiones singulas, velut quasdam secundas Quadragenas apostolicas, imo regias annonas, et, sicut arbitror, huc usque tunc inauditas, accepit.*

* 2. **QUADRAGENA** B. LUDOVICI, Spatium 40. dierum, intra quod, ex instituto S. Ludovici, vel ex usu patriæ, agnati vel cognati eorum, qui bella indicendi jus habebant, vel revera indicebant qualibet ex causa, ab adversariis impeti non poterant. Lit. remiss. ann. 1354. in Reg. 82. Chartoph. reg. ch. 327 : *Iidem supplicantes, ignorantes factum et ordinationem guerrarum nostrarum, ac Quadragenam beati Ludovici in villa Ambianensi proclamatam et publicatam fuisse; quæ etiam Quadragena non delinquentem* (tantum), *sed ejus carnales amicos, dictum delictum non facientes seu consentientes, secundum patriæ consuetudinem, comprehendit; præfatum Johannem Parvi, qui dictum Robertum verberaverat, vindicando amicum suum verberaverunt.... Quia vero dicta Quadragena, quæ ante ipsam verberationem proclamata et publicata fuerat, adhuc non erat completa, qua durante, nullus secundum ordinationem prædictam in regno nostro guerram facere præsumere debet, etc.* Aliæ ejusd. ann. ibid. ch. 403 : *Quod secundum consuetudinem patriæ* (Viromanduensis) *inter nobiles communiter in illis partibus observatam, nulli nobili liceat se revindicare de injuria sibi facta, nisi incontinenti, antequam recedat de loco, in quo injuria sibi facta extitit, hoc faciat; et si de dicto loco ipsum contingat recedere, se non revindicando de injuria sibi facta, extunc ipse injuriatus et omnes illi de suo genere debent esse securi per Quadraginta dies post factum prædictum; ita quod injuriatus nec illi de suo genere debent eis forefacere quoquo modo, donec Quadraginta dies prædicti ex integro sint elapsi; et si contrarium faciant, tale factum, tanquam factum indebite, est punibile secundum gravitatem ejusdem, et ut contra consuetudinem patriæ perpetratum.* Illud ipsum esse videtur quod *Quarantine* nuncupatur in Charta ann. 1387. ex Tabul. magistr. Camerac. : *Comme l'évesque de Cambray, gens d'Église, nobles et autres estats dudit Cambray et du pays de Cambresis deussent estre assemblées audit lieu pour cause de certaine Constitution, appellée Quarantine, pieça ordonnée par l'Empereur, seigneur souverain dudit pays; laquelle Constitution aucuns des nobles dudit pays de Cambresis vouloient mettre au néant.... Lesdit évesque, clergé, nobles et autres.... avoient conclu et délibéré finalement que leur intention et volenté estoit que ladite Constitution fust entretenue et observée, nonobstant ladite requeste faicte au contraire, et que à ce les mouvoient deux causes principalement : la premiere si estoit qu'elle est saincte, juste et raisonnable, et la seconde, pour ce qu'elle a esté fait et ordonné d'un seigneur souverain qui faire le povoit.* Quam deliberationem approbant Missi regii. Vide in *Quarentena* 4.

¶ **QUADRAGENTENUS**, Quadringentesimus. Epitaphium Stephani Abbat. in Chronico Mellicensi pag. 422 :

Anno milleno Christi de Virgine nati
Quadragenteno quinquageno quoque terno.

QUADRAGESIMA, Græcis Τεσσαρακοστή, Christianis, jejunium dicitur 40. dierum ante Pascha, institutum ad Christi imitationem, qui totos 40. dies sine cibo et potu jejunavit, ut est Matth. 4. Marc. 1. Luc. 4. De hujus autem origine, ac varia apud nationes Christianas observatione, multa multi dixerunt, atque in iis Baronius ann. 57. n. 194. et seqq. Menardus ad lib. Sacrament. Greg. Mag. pag. 52. Fr. Scorsus ad Homil. 15. Theophan. Ceramei, Joan. Filesacus in lib. de Qaudragesima, Joan. Bapt. Cotelerius ad lib. 5. Constit. Apost. pag. 243. 244. et alibi, Haeftenus lib. 10. Disq. Mon. tract. 1. disq. 1. § 3. tract. 10. disq. 2. 3. 4. 5. [Hovedenus tom. 1. Annal. ad ann. 1070. Bailletus Hist. Quadrages.] etc.

Quadragesimas tres observabant Latini, *Majorem* scilicet ante Pascha, alteram ante *Natale Domini,* quæ communiter vocabatur *S. Martini,* et durabat usque ad Natale, tertiam 40. dierum ante festum B. Joannis Baptistæ. Sed hæ duæ posteriores propter hominum fragilitatem ad unam sunt redactæ : et iterum illæ divisæ sunt in tres hebdomadas Adventus, et tres ante Nativitatem S. Joannis, in quibus est jejunandum et abstinendum a nuptiis. Hæc Durandus lib. 1. Ration. cap. 9. n. 8. lib. 7. cap. 14. num. 9. Capitula Caroli M. lib. 6. cap. 184. [** 187.] : *Iterum admoneant Sacerdotes, ut jejunia tria legitima in anno agantur, id est 40. dies ante Nativitatem Domini, et 40. ante Pascha, ubi decimas anni solvimus, et post Pentecosten 40. dies.* Ubi quæ *legitima jejunia* hic, in Capitulari 1. Caroli M. incerti anni cap. 23. *Ecclesiastica* dicuntur. Harum trium Quadragesimarum mentio est præterea in Concilio Eliberitano apud Ivonem part. 15. cap. 163. in Canonibus Hibern. lib. 44. cap. 11. in Pœnitentiali Theodori cap. 32. apud Chrodegangum Metensem Episc. in Regula Canonicorum cap. 32. Burchardum lib. 9. cap. 4. in Concilio Triburiensi ann. 895. cap. 58. Salegunstadiensi ann. 1022. cap. 1. etc. Quarum quidem institutum inde profluxisse viri docti existimant, quod eæ pœnitentibus uno anno jejunandæ indici solerent, ex Burchardo lib. 19. cap. 5. ubi varios dandæ pœnitentibus satisfactionis modos enumerat : *Per singulos annos quatuor qui remanent* (ex septenni pœnitentia) *tres Quadragesimas per legitimas ferias debes jejunare, primam ante Pascha cum cæteris Christianis : alteram ante festivitatem S. Joannis Baptistæ, et si quid remanet post adimplens : tertiam ante Nativitatem Domini, a vino, a medone, mellita cervisia, a carne, sagimine, et a caseo, et a pinguibus piscibus.* Totidem habentur in Pœnitentiali MS. Thuano. Adde eumdem Burchardum cap. 9. et 10. et Ivonem part. 15. cap. 189. 190.

Quadragesima S. Martini, incipiebat ab Octavis omnium Sanctorum. Alexander III. PP. Epist. 114. ex Francicis tom. 4. Hist. Franc. : *Nos eandem relaxationem taliter duximus distinguendam, scilicet ut in Quadragesima, quæ dicitur B. Martini, usque ad Adventum Domini, in sexta feria uno ferculo piscium, et vino temperate sumpto utaris.* Mox : *Noverit autem Regia Sublimitas, Quadragesimam ab Octavis omnium Sanctorum, et non antea inchoari.* Occurrit præterea mentio *Quadragesimæ S. Martini*, in Charta Aistulfi Regis Longobard. ann. 753. pro Ecclesia Mutinensi apud Ughellum tom. 2. pag. 109. in Regula Clarissarum, in Regula Tertiariorum cap. 5. 8. in Regula Monialium Damianitarum cap. 5. etc. in quibus quidem Regulis, duarum tantum Quadragesimarum mentio fit, *Majoris* scilicet, et *S. Martini* : quæ intelligi semper debent apud Scriptores, cum de binis tantum Quadragesimis agunt, ut apud Petrum Damianum in Vita S. Romualdi cap. 3. num. 15 : *Exceptis scilicet duabus anni Quadragesimis, etc.* Idem lib. 6. Epist. 32 : *Ut vinum utroque Quadragesimali tempore non bibatur, non piscis edatur, etc.* Epist. 34 : *In duabus autem Qaudragesimis, quæ videlicet Natalem Domini, vel sacrosanctum Pascha præcedunt, etc.* Joannes Abbas S. Arnulphi Metensis in Vita B. Joannis Abbatis Gorziensis cap. 10. n. 39 : *Itaque regulam tolerabiliorem assumpsit, ut duas tantum Quadragesimas in anno perageret, unam ante Nativitatem, alteram ante Pascha, priorem quidem Idibus Septembris, cum nona hora fratres prandium repetunt, incipiens : sequentem mox ab octavis Epiphaniæ, etc.* Egbertus de Ecclesiastica institutione pag. 113 : *Quod et gens Anglorum semper in plena hebdomada ante Natale Domini consuevit, non solum quarta et sexta feria, et Sabbato, sed et juges duodecim dies in jejuniis et vigiliis, et orationibus, et eleemosynarum largitionibus, et in Monasteriis et in plebibus ante Natale Domini quasi legitimum jejunium exercuisse perhibetur.* Quadragesimæ ante Nativitatem Domini meminit præterea idem Petrus Damian. lib. 3. Epist. 10. de qua agit etiam Rabanus lib. 2. de Instit. Cleric. cap. 22. Chrodegangus in Regula Canonicorum Metensium cap. 20. Adde Concilium Matisconense I. cap. 9. et Oxoniense ann. 1222. cap. 8. Statuta Hospitalis S. Lazari Placentini, apud Petrum Mariam Campum in Regesto part. 2. Hist. Eccl. Placentinæ, ch. 62. Charta Manassis Episcopi Aurelian. ann. 1210. in Probat. Histor. Blesens. pag. 10. etc.

* Quadragesima Major, Quæ Pascha præcedit, ut ab Adventu distinguatur, nisi hic Dominicam palmarum intelligas. Charta ann. 1296. apud Marten. tom. 1. Anecd. col. 1280 : *Donnet l'an de l'incarnation Nostre Seigneur Jesu Christ MCCXCVI. le jour dou grant Quaresme.* Unde per *Octavas Quadragesimæ majoris*, indicatur, ni fallor, secunda post Paschæ festum hebdomada, in Charta ann. 1302. ex Cod. reg. 10196. 2. 2. fol. 86. v° : *Che fu fait l'an de grace M. CCC. et II. le Merquedi prochain après les octaves dou grant Quaresme.*

Quadragesimæ quatuor observatæ sunt a Græcis, prima *Major*, ante Pascha : secunda *Apostolorum* : tertia *Assumptionis Deiparæ* : quarta *Nativitatis Domini.* Primam a feria 2. Sexagesimæ incipiunt, secundam a 1. die post Dominicam primam Pentecostes : tertiam a Kal. Augusti : quartam a Quadragesimo ante Nativitatem die. Jejunia in hisce Quadragesimis ab iis sic exiguntur. In Majori Quadragesima, a feria 2. Sexagesimæ usque ad Dominicam Quinquagesimæ, a carnibus abstinent : ovis tamen et lacticiniis vescuntur, vinumque bibunt. A 2. feria Quinquagesimæ usque ad Pascha abstinent non solum a carnibus et lacticiniis, sed etiam a piscibus, quia sanguinem et carnem habere dicunt; ovis tamen piscium, squillis, limacibus, cancris vescuntur, vinumque bibunt, unica in die refectione contenti. In jejunio Apostolorum, ut etiam in aliis, vinum bibunt, piscesque, et bis in die, comedunt. In jejunio Assumptionis, bis quidem in die comedunt, non tamen pisces, præterquam in festo Transfigurationis. Jejunium Nativitatis servatur ut Apostolorum : sed in vigilia Nativitatis fit ut in Majori Quadragesima. Vide Scaligerum lib. 7. de Emendat. temp. pag. 697. Christophorum Angelum de Hodierno statu Græcorum cap. 4. 5. 6. 7. Allatium lib. 3. de utriusque Eccles. Consens. cap. 9. § 3. Joan. Bapt. Cotelerium in Notis ad lib. 5. Constit. Apost. pag. 254. Nomocanonem ab eo editum tom. 1. Monumentor. Ecclesiæ Græcæ cap. 426. 429. 430. 431. 432. 433. 434. et alios. Ut porro Majorem Quadragesimam observent, pluribus etiam tradit Ratramnus lib. 4. contra Græcos cap. 4. Vide Glossar. med. Græcitatis voce Τεσσαρακονθήμερον, col. 1546.

Quatuor Græcorum Quadragesimis quintam addiderunt Jacobitæ, sive Suriani, Quadragesimam scilicet Ninives. Primam ante Pascha observant ut Græci : secundam Apostolorum a 1. die post festum Pentecostes auspicantur : tertiam a 14. die ante Assumptionem : quartam a 25. die ante Nativitatem Christi : quinta Ninives vel Jonæ est trium dierum, eamque celebrant in hebdomada ante Septuagesimam, feria 2. 3. et quarta, in memoriam *pœnitentiæ* Ninivitarum. In Majori Quadragesima jejunant ut Græci : in secunda bis in die, et pisces comedunt. Ita in tertia, et quarta. Quintam Ninives observant ut Majorem.

Chaldæi seu Nestoriani totidem ac Jacobitæ Quadragesimas observant. Primam et Majorem ante Pascha incipiunt Dominica Quinquagesimæ : secundam, quæ est SS. Apostolorum, auspicantur a feria 2. post primam Dominicam Pentecostes : tertiam Assumptionis a 1. Augusti : quartam Nativitatis Christi a 25. die ante festum : quintam exigunt ut Jacobitæ. In prima non pisces comedunt, nec vinum bibunt. In secunda Sabbato ac Dominicis non jejunant, in quibus carnes edunt, et vinum bibunt. In tertia nec lacticinia, nec carnes comedunt, excepto festo Transfigurationis. Quartam et quintam observant ut tertiam.

Quadragesimas Maronitæ sex olim observabant : primam et Majorem ante Pascha : secundam sanctorum Apostolorum : tertiam Assumptionis Deiparæ : quartam Exaltationis S. Crucis : quintam Nativitatis Domini : sextam denique Ninives, vel Jonæ. Quadragesimam Paschalem auspicabantur ab hebdomada Sexagesimæ : secundam a feria 2. post Dominicam Trinitatis, usque ad festum Petri et Pauli : tertia erat dierum 14. ante festum Assumptionis : quarta unius hebdomadæ : quinta 40. dierum ante Nativitatem : sexta denique trium dierum in hebdomada ante Septuagesimam. Quod ad jejunium in hisce Quadragesimis spectat, primo ea hebdomada, quæ Quadragesimam Majorem præcedit, id est Sexagesimæ, a carnibus abstinebant, reliquis cibis et vino utentes usque ad feriam 2. Quinquagesimæ. Ab ista feria usque ad Pascha, non carnes, non ova, aut lacticinia, aut pisces manducabant, nec vinum bibebant. In secunda Quadragesima a carnibus, ovis, et lacticiniis abstinebant, pisces tamen et alia comedebant, et vinum bibebant, ante meridiem non comedebant, sed bis in die cibum sumebant. Idem observabant in jejuniis Assumptionis, S. Crucis, et Nativitatis. Jejunium Ninives simile erat jejunio majoris Quadragesimæ. Hodie, ex quo plerique e Maronitis Ecclesiam Romanam agnoscunt, præscripta ab ea jejunia tantum observant.

Armeni octo observant jejunia, quæ Quadragesimas appellant, quod in ipsis quadragesimalibus vescantur cibis. Primum dicitur Adæ et Jonæ, quod est 5. dierum, duabus hebdomadis ante solemnem Paschatis Quadragesimam. Id se facere aiunt in memoriam jejunii Adæ, postquam e Paradiso ejectus est. Secundum est commune omnibus Christianis ante Pascha, quod auspicantur feria 2. post Dominicam Quinquagesimæ. Tertium est 9. dierum ante festum Pentecostes, hoc est ab Ascensione Domini. Quartum dicitur Eliæ, incipitque feria 2. post Pentecosten, et protrahitur usque ad 50. dies. Quintum est unius hebdomadæ ante Assumptionem Deiparæ. Septimum est hebdomadæ post Inventionem S. Crucis. Octavum est 7. hebdomadarum ante Natalem Domini. De jejuniorum ratione plura Quaresmius cap. 58. Filesacus de Quadragesima cap. 9. [et Bailletus in suo Tractatu de Quadragesima.] Vide Synodum Trullanum can. 56.

De Quadragesimis Moscovitarum et Ruthenorum, agit Filesacus lib. de Quadragesima cap. 10. de Æthiopum, cap. seq.

Quadragesima S. Theodori. Humbertus Silvæ candidæ contra Nicetam Pectoratum : *Nos Quadragesimam unius septimanæ, quam dicitis sancti Theodori, nescientes, solam Quadragesimam Dom. nostri Jesu*

Christi 40. diebus diligenter observare contendimus.

Quadragesimarum pœnitentia pœnitentibus varie pro criminum enormitate indicta. *Ad quinque, sex, 12. etc. Quadragesimarum sine subditis annis pœnitentiam damnari*, in Concilio apud Theodonis villam ann. 821. cap. 1. 2. 4. Ibidem : *Si autem mortuus fuerit, singulas sex Quadragesimas cum sequentibus annis pœniteat.* Ibidem cap. 3 : *Si quis presbyterum... vulneraverit et convaluerit, 12. Quadragesimas sine subditis annis pœniteat. Tribus Quadragesimis per tres annos agere pœnitentiam*, in Concilio Remensi incerti loci ann. 923. Concilium Triburiense ann. 895. cap. 58. Vide *Carena*, et Morinum lib. 7. de Pœnitentia cap. 13. num. 8. ubi observat, ejusmodi Pœnitentias in pœnam indictas, originem dedisse variis Quadragesimis, quæ quolibet anno observabantur ab omnibus Christianis, vel certe a monachis : earumque invectum usum in Occidentem a Theodoro Archiep. Cantuariensi, natione Græco existimat.

Quadragesima Ascensionis. Liberatus Diacon. cap. 10 : *Qui cum ascendissent Antiochiam, eos Ibas excommunicavit, sed superveniente festivitate Quadragesimæ Ascensionis jussi sunt a domino excommunicatione absolvi, etc.* Ubi Joannes Garnerius : *Ascensionis*, ἀναςάσεως, non ἀναλήψεως, *id est Resurrectionis e sepulchro, non item Ascensionis in cœlum, ex Theodorito Epist.* 87. At Petrus Comestor in Hist. Evangel. cap. 8. Act. Apostol. observat, quosdam a festo Ascensionis usque ad Pentecosten jejunasse, exemplo Apostolorum, quos ajunt in spatio illo jejunasse, quia in Evangelio dictum est : *Venient dies, in quibus auferetur sponsus ab eis, et tunc jejunabunt.*

Per Quadragesimales dies *a pugna* seu præliis abstinuisse Normannos nostros Italicos observare est ex Gregorio VII. PP. lib. 9. Epist. 4.

Quadragesima Intrans, [Dies Martis ante diem Cinerum, Gall. *Mardi gras.* Chartularium Prioratus S. Petri de Domina fol. 74. v° : *Reddet..... unum caponem ad Quadragesimam intrantem.*] Vide *Carementrannus.*

* Pro Dominica prima Quadragesimæ legitur in Charta ann. 1180. ex Chartul. Cluniac. : *Gallinam unam in Dominica, quam vocant Quadragesimam intrantem.* Haud scio an ad Quadragesimam pertineat vox Gallica *Quahaumuce*, in Lit. remiss. ann. 1375. ex Reg. 108. Chartoph. reg. ch. 323 : *Guillaume des Fosses et plusieurs autres compaignons buvoient ensemble en un jardin, ou jour d'une saint Cler de la Quahaumuce, en la viconté d'Arbet, etc.*

* Antiquus est usus celebrandi mediam Quadragesimam apud scholares, uti docet nos Codex MS. Camerac. circa initium 13. sæc. cap. *Qualiter laudes puerorum fiunt in Quadragesima. : In media Quadragesima scolares accipiunt lanceas cum vexillis et tintinnabulis ; prius faciunt laudes ante ecclesiam, deinde eunt per domos cantando, et accipiunt ova pro beneficio illius laudis. Sic antiquitus faciebant.*

Quadragesima, Spatium 40. dierum, intra quod vassallus, qui contra dominum deliquerat, damnum resarcire tenebatur; quo elapso, si non satisfecisset, poterat Dominus feudum ipsius sibi asserere. Vide Foros Bigorrenses art. 6. Interdum duæ hoc casu Quadragesimæ concedebantur. Baldricus lib. 3. Chron. Camerac. cap. 41 : *Et si Walterus contra te peccaverit, et ni infra duas Quadragesimas emendaverit, ex parte nostri contra te adjutorium non habebit.* Adde cap. 42. et Notas nostras ad Alexiadem Annæam pag. 398. 399.

Quadragesima Redditum Ecclesiasticorum, indicta in Terræ Sanctæ subsidium ab Innocentio III. PP. Habetur Epistola ad id conscripta in ejus Gestis pag. 73. 74.

QUADRAGESIMALE, Eleemosyna, quæ quadragesimali tempore fieri solebat. Charta Caroli Cal. pro Ecclesia S. Quintini, apud Hemeræum : *Pariterque.... usque ad 12. pauperes suscipiantur, quibus quotidie in eorum alimentis panis unicuique tribuatur unus, cum quo tribus hebdomadæ diebus caro, reliquis autem tribus Quadragesimale in Cœna Domini 12. ibid. pauperes suscipiantur, etc.*

¶ Quadragesimale Beneficium, Eadem notione. Literæ Odonis Episc. Paris. ann. 1203. in Tabul. S. Clodoaldi : *Ordinatum est..... quod de cetero singulis septimanis pro institutoribus et benefactoribus Quadragesimalis beneficii, quod ad sustentationem servitorum ipsius ecclesiæ laudabiliter noscitur institutum.*

QUADRAGESIMALES Cibi, Quibus in Quadragesimali jejunio uti solemus, in Concilio Aurelian. I. can. 27.

¶ **QUADRAGESIMALITER** Jejunare, ut fieri debet per Quadragesimam. Micrologus cap. 49 : *Nec juxta Canones Quadragesimaliter jejunare censemur, si ante vesperam reficimur.*

¶ **QUADRAGINSIMA**, pro *Quadragesima*, scriptum a veteribus, ut annotat Mabillonius Liturgiæ Gallicanæ pag. 228. col. 2. et tom. 1. Musei Ital. pag. 301.

* **QUADRAGINTA.** Dominica Quadraginta, Eadem quæ hodie *Dominica Quinquagesimæ*, apud Pillet. Hist. Gerbor. lib. 5. cap. 10. sic appellata a primo responsorio officii matutini, *Quadraginta dies et noctes, etc.* ex vet. Breviar. Belvac. ann. 1496.

¶ **QUADRAGINTADIALIS**, Quadraginta dierum. Vita S. Nicolai de Rupe, tom. 3. Martii pag. 432 : *Quæ res utique non minus æstimari debet, quam Quadragintadialis SS. Vatum Moysis et Eliæ vi divina sustentata inedia.*

QUADRAGINTANA, Idem quod *Quadragesima* et *Carena*. Pœnitentiale Andegavense apud Morinum : *Si pater et mater pro sua cupiditate fecerunt, ipsi faciant pœnitentiam, et ipse in Quadragintanas.* Infra : *Si pro liberatione mortis, aut gravis periculi se perjurat, tres Quadragintanas.*

QUADRAGINTARIÆ. Charta Philippi I. Regis Franc. pro Monasterio B. Dionysii Remensis, ex Tabulario ejusdem Ecclesiæ : *Beneficium, quod Oblatrices tenebant, quas Quadragintarias vocabant, quia non satis convenienter vivebant, visum est Archiepiscopo ut melius ordinaretur. Dedit igitur isti loco, etc.*

¶ **QUADRAGIS**, Idem quod *Quadragesima.* Canonizatio S. Petri Cœlestini, tom. 4. Maii pag. 479. et apud Murator. tom. 3. pag. 663 :

Quæque dies leti, quinque annos, quinque Quadrages.

¶ **QUADRALE**, Mensura vinaria. Vetus Notitia traditionis Monasterii S. Stephani Herbipoli apud Schannatum Vindem. Liter. pag. 90 : *Pro anniversario matris meæ Hiltæ* xv. *similas et Quadrale vini et insuper talentum ceræ. Talentum*, pro libra sumitur, et *Quadrale* pro quarta parte cujusdam mensuræ majoris, ac fortassis *urnæ*, quæ centies ibi memoratur, ubi de fundationibus pro anniversariis. Vide *Quadrantale* et *Quartale.*

QUADRAMEN. Odo Cluniacensis in Vita S. Geraldi lib. 2. cap. 4 : *Parietes nihilominus in altum porrecti, Quadraminum compages subito dissutæ corruerunt.*

* Quadrati lapides, ut opinor, quibus paries firmatur, vulgo *Chaine.*

¶ **QUADRANGULARE**, Τετραγωνίζειν, Quadrangulum reddere, apud Vossium lib. 4. de Vitiis sermonis cap. 18. *Quadrangulata turris*, apud Tertullianum lib. de Anima cap. 17. Quadrata.

¶ **QUADRANGULUM**, Τετράγωνον, in Glossis Lat. Græc. Aliæ Græc. Lat. : Τετράγωνον, *Quadrum*, *Quadratum*, *Quadrangulum.* Utuntur Plinius et Varro.

QUADRANNUS, Quadrans, monetæ species. Tabularium Monasterii S. Andreæ Viennensis : *Vobis impignoravimus pro solid. unius Quadrannos duos de moneta decima, etc.* [Vide *Metreta.*]

1. **QUADRANS**, Monetæ minutioris species apud Anglos, pars quarta denarii. Matthæus Westmon. ann. 1279 : *Quia denarius findi in duas partes pro obolis, et in quatuor partes pro Quandrantibus consuevit ; ordinatum fuit ad tollendam occasionem defalcationis monetæ, quod rotundi essent denarii, oboli et Quadrantes.* Adde Walsinghamum ann. 1280. Knyghtonem pag. 2678. Iter Camerarii Scotiæ cap. 9. § 2. 3. etc. Vide Scaligerum et alios de re nummaria Scriptores.

¶ Quadrans Scuti, Gallice *Quart d'écu.* Vide *Moneta argentea*, sub Henrico III. Franc. Rege.

¶ Quadrans Panis, Idem quod superius *Quadra panis.* Chronicon Cosmæ Pragensis lib. 2 : *Post Matutinas 40. panis Quadrantes et totidem allecia dividit in pauperes.*

¶ Quadrans, nude, Modus agri vel potius vineæ in loco seq. Gall. *Quartier de vigne.* Literæ Ludovici Franc. Regis ann. 1158. insertæ Literis ann. 1358. tom. 3. Ordinat. Reg. pag. 303 : *Pater meus bone memorie Rex Ludovicus.... in loco qui dicitur Murallia posuit hospites.... assignato eis quod de unoquoque Quadrante unum modium vini et sex denarios annuatim persolverent.* D. Brussel tom. 1. de Feudorum usu legit *Cadrans* pag. 182.

¶ Quadrans Allodii, Modus agri ex *allodio* seu possessione, vel quarta pars integræ possessionis. *Dedit unum Quadrantem allodii sui cum servo et ancilla*, in Historia Mediani Monasterii pag. 257.

Quadrans Terræ, Modus agri, in Charta Kanuti Regis Daniæ ann. 1184. apud Stephanium in Prolegomenis ad Hist. Saxonis Grammatici pag. 17.

* 2. **QUADRANS**, Quarta pars feræ, Gall. *Quartier*. Charta ann. 1516 : *Liceat de qualibet fera bestia, quando capitur ad fudam, Quadrantem sive unum carterium.* [** Vide Gotefr. Argent. poema *Tristan*, vers. 2802. et 3308.]

QUADRANTALE, *Amphora, mensura.* Papias. [Festus Pauli : *Quadrantal vocabant antiqui, quam ex Græco ἀμφορέα dicunt, quod vas pedis quadrati octo et quadraginta capit sextarios.* Vox hac notione usurpata Plauto et Catoni, quorum locos refert idem Festus. Bene Prateius : *Amphora Græcis dicitur id quod Latini Quadrantal appellant, Festus lib. 15. Est autem vas cujusvis materiæ, duarum urnarum capax, figura cubi, rei cujusvis capiendæ. Quantum autem capiat vini, docet his verbis Volusius Mætianus, juris auctor. Quadrantal, quod nunc plerique Amphoram vocant, habet urnas duas, modios tres, semodios sex, congios octo, sextarios 48. heminas 96. quartarios 192. cyathos 570.* Tum addit idem Prateius : *In eo quod ait, urnas duas, convenit cum Columella lib. 20. cap. 20. In eo quod scribit sextarios 48. consentit cum Festo.* Proprie *Quadrantal* cubum significat, unde cubicum vas ita dictum. Gellius lib. 1. cap. 20 : *Quadrata undique, quæ κύβους illi, nos Quadrantalia dicimus.* Glossæ Lat. Gr. *Quadrantal*, κύβος. Et mox : *Quadrantale*, κεράμιον. Alia Gr. Lat. : Κύβος, *Quadrantal, Albeus.* Et alibi : Κεράμιον, *Orcium, Amphora, Quadrantale, Urceus.* Vide Lexic. Hofmanni.]

QUADRAPOLA, seu Vestes *Quadrapolæ.* Anastasius Biblioth. in Vitis PP. pag. 108 : *Fecit majores argenteas cortinas miræ magnitudinis de palliis stauracin, seu Quadrapolis.* Infra : *Aliam cortinam majorem fecit ex palliis Quadrapolis.* Pag. 110 : *Vestem super altare ejusdem Ecclesiæ de Quadrapolis faciens obtulit.* Ita pag. 129. 135. 139. 140. 142. 143. 144. 151. 152. 154. 163. ubi *Quadrapolas vestes* appellari censet Bulengerus, quarum quatuor anguli auro texti sunt aut serico, vel tabulis auro clavatis, ut *octapulas*, octo angulis auro aut serico intextas. Nec dissentit Ludovicus de la Cerda in Adversar. Sacris cap. 51. num. 13. Sed videat lector, an hæc arrideat sententia; mihi certe non placet. [Henschenius tom. 3. SS. Maii pag. 395. legit *quadrapulum*, quod suspicatur esse texturam tessellatam.] Vide *Octapulum.*

* **QUADRARE**, Obtingere, obvenire, Gall. *Echeoir.* Charta fundat. abbat. Aquilar. ann. 832. inter Probat. tom. 1. Annal. Præmonst. col. 105 : *Dedit de sua hæreditate a parte hujus regulæ, id est, in pegna de Aranda sua portione, quæ illi Quadravit inter suos germanos et inter tota sua gente.*

QUADRARIA, Lapidicina, unde quadrati lapides eruuntur, *Carriere.* Sugerius lib. de Consecratione Ecclesiæ S. Dionysii : *Locus quippe Quadrariæ admirabilis prope Pontisaram... vallem profundam non natura, sed industria concavum, molarum cæsoribus sui quæstum ab antiquo offerebat.* Utitur ibidem paulo ante. Occurrit etiam in Monastico Anglic. tom. 2. pag. 133. Vide *Carraria* 2.

* Charta ann. 1166. inter Instr. tom. 10. Gall. Christ. col. 218 : *Terram quoque quam Hugo de Salice eisdem donavit, et Quadrariam quæ in ipsa terra est.* Vide infra *Quareia.*

QUATRARIA, Eadem notione, in Charta Odonis Domini Hamensis ann. 1232.

¶ 1. **QUADRARIUM**, Plaustrum, carrus, Gall. *Charette.* Charta ann. 1230. apud Kennettum in Antiq. Ambrosden. pag. 208 : *Præterea concessi eisdem liberam viam ultra pasturam meam de Quadrario suo usque ad prædictam ripam ad stagnum dicti molendini emendandum quomodocumque voluerint.*

¶ 2. **QUADRARIUM**, in Amalthea, *Vas ex quadrato lapide factum, torculari inserviens.*

¶ **QUADRATA** FACUNDIA. Vide in *Quadrivium* sub finem.

* **QUADRATA**, Meta, ut videtur, quia ex quadrato lapide. Charta Sigib. reg. Franc. ann. circ. 640. in Suppl. ad Miræum pag. 2. col. 2 : *Nec non et aliam venellam in fluvio, nuncupante Alisna,* (concessimus), *ubi illa petra pro Quadrata est.*

¶ **QUADRATÆ** LITERÆ, Eædem quæ *Unciales*, de quibus supra in voce *Literæ.*

¶ **QUADRATÆ** URBES, sive Quadrangulares, quænam sint, recensent *Baudrand* in Lexico Geographico et Hofmannus in Lexico Universali.

QUADRATARII, *quos Græco vocabulo λιτοθήκτας appellant*, in lege 1. Cod. de Excusat. artif. (10, 66.) [ut ex libro Βασιλικῶν emendat Cujacius pro πήκτας, quod habetur in ipsa lege; sunt autem λιτοθῆκται lapicidæ, qui lapides expoliunt, οἱ τοὺς διαφανεῖς λίθους ἀκονοῦντες, ut habetur in eod. libro.] *Lapicidæ* et *Quadratarii*, apud Sidonium lib. 3. Epist. 12. a quadratis lapidibus, quos in quadrum expoliunt. [Miracula S. Modoaldi Episcopi Trevir. tom. 7. SS. Maii pag. 715 : *Quadratariis aliquando lapides de monte cædentibus, etc.* Adde Cod. Theod. lib. 13. tit. 4. leg. 2.] *Quadratum saxum*, apud Livium lib. 6. et Vitruvium lib. 4. cap. 4. *Lapis quadratus*, apud Plinium Epist. 254. lapis nempe cæsus paribus angulis, licet non paribus lateribus, ait Philander. *Saxorum Quadratarii*, apud Cassidorum in Psalm. 125. Glossæ veteres : Ψάκτος, *Quadratarius*, [vel ψώκτης, *Quadratarius*, ut editum est in Glossis Græco-Latinis et Latino-Græcis; unde quidam ψώκτας, pro πήκτας emendant in laudata lege Codicis.] Sed præsertim ita videntur appellati, qui lapillis quadratis et variæ commissuræ pavimenta sternunt. Leo Ost. lib. 3. cap. 29 : *Artifices destinat peritos in arte musaria et Quadratura, et quibus videlicet alii absidam et arcum atque vestibulum majoris Basilicæ musivo comerent, alii vero totius Ecclesiæ pavimentum diversorum lapidum varietate consternerent. Artis quadratariæ* mentio præterea habetur in Passione SS. Coronatorum, et in fragmento vetusti lapidis Romæ in æde S. Hagnes.

¶ **QUADRATICUM**, pro *Cathedraticum*, Pensio quotannis Episcopo soluta ab ecclesiis ei subditis. Statuta Alani Avenion. Episc. apud Martenium tom. 4. Anecd. col. 580. num. xv : *Nullus recedat de civitate præsenti, donec et quousque plene satisfeceritis clavario curiæ episcopalis Avenionensis synodum et Quadraticum anni præsentis, et etiam arreragia temporis jam lapsi.*

¶ **QUADRATIM**, Forma quadrata, τετραγώνως, in Glossis Lat. Græc. et Græc. Lat.

¶ **QUADRATORES**, Iidem qui *Quadratarii* : *Quadratores marmorum*, apud Cassiodorum lib. 2. Epist. 7. Alii legunt *Quadrati marmorum.* Vide *Quadratus.*

* **QUADRATULUS**, Piscis genus, Gall. *Carrelet.* Tract. MS. de Pisc. cap. 92. ex Cod. reg. 6838. C : *Est alia passeris species, qui vulgo Quarrelet vocatur, id est, verbum a verbo, Quadratulus.*

* 1. **QUADRATUM**, Materiaria structura, Gall. *Charpente.* Charta ann. 1352. in Reg. 81. Chartoph. reg. ch. 555 : *Ligna pro construendo Quadratum novæ domus, quando de novo ædificare volebat, exceptis chevronis, quos in usu hujusmodi non habebat, etc.* Vide *Quadratura* 1.

* 2. **QUADRATUM.** QUADRATI LUDUS, vulgo *Jeu du Carreau*, inter aleatorios annumeratur, in Stat. synod. Guill. *Duprat* episc. Claromont. ann. 1537 : *Item eisdem* (sacerdotibus) *prohibemus exercere ludos alearum, taxillorum, cartarum, Quadrati, aut alios sortis ludos.*

¶ **QUADRATUM** DECIES, pro *Quadragesima.* Vita S. P. Cœlestini apud Murator. tom. 3. pag. 632 :

> ... En decies Quadrato subdere corpus
> Menti jussit amor divino fonte relabens.

¶ 1. **QUADRATURA**, Materiaria structura, Gall. *Charpente.* Chartularium Gemeticense notatum B. pag. 110 : *De refactis autem ordinaverunt, quod si Quadratura defecerit in illo molendino, dicti Abbas et Conventus facient ad custos suos; ita tamen quod Miles faciet merennium adduci per homines suos de eleemosyna abbatiæ ad molendinum, et dictus Abbas et Conventus debent totum merennium invenire.* Alium locum vide in *Branca* 2.

¶ 2. **QUADRATURA**, Latus alteri æquale, ut in figuris quadratis esse solet. Bernardus Thesaurarius de Acquisitione Terræ Sanctæ apud Murator. tom. 7. col. 712 : *In medio hujus eminentioris porticus situatum est templum Domini; octo Quadraturis et totidem angulis fabricatum.* Galli diceremus *d'une figure octogone*, in qua figura, si perfecta est, latera et anguli sunt sibi invicem æqualia.

¶ 3. **QUADRATURA**, Modus agri, Gall. *Quartier de terre.* Chartularium S. Fromondi : *Ego Willelmus de Humeto dedi et concessi.... unam virgatam terræ in Quadratura, quam tenuit Bertinus de Bajoc.* Ibidem : *Ego Jordanus de Hum. Conestab. Normanniæ excambiavi unam virgatam terræ, quam dederat et eleemosynaverat..... frater meus in Quadratura, quam tenuit Bertinus de Bajoc.*

¶ **QUADRATUS**, nude pro *Quadratus lapis.* Cassiodorus lib. 5. Epist. 8 : *Quadrati ad Ravennatem urbem ex nostra jussione devehantur, etc. Quadrati marmorum*, apud eumdem lib. 2. Epist. 7. pro quo quidam legunt *Quadratores.* Vide *Quadratarius.*

¶ **QUADRATUS** MATHEMATICUS, Perfectus Mathematicus, in *quatuor* Mathematicæ partibus perinde versatus. Epistola Bernonis Abb. ad Grinoverum Coloniensem Episcop. apud Mabillon. tom. 4. Annal. Benedict. pag. 294 : *Quem non* *solum quatuor Matheseos disciplinarum speculatio Quadratum, verum etiam cœlestis harmoniæ melos divinis laudibus jugiter reddit intentum.* Vide *Quadrivium.*

¶ **QUADRATUS** Orbis, In quatuor partes divisus. Elogium Dungali reclusi apud Mabill. tom. 2. Annal. Benedict. pag. 726 :

Te precor omnipotens Quadrati conditor orbis,
Dungalus ut vigeat miles ubique tuus.

Charta Henrici Regis Franc. ann. 1056. qua *Ainardo donum libertatis* concedit, *ut pateant ei, ut libero, viæ Quadrati orbis*, apud Martenium tom. 1. Anecd. col. 183. Vide *Quadrificium.*

* **QUADRATUS.** Canna Quadrata, Canna in quadrum, Gall. *En carré.* Charta ann. 1280 : *Nobilis vir Pontius Bremundi.... concessit.... sex cannas terræ seu localis Quadratas, prope ripam ipsius aquæ, in allodium liberum.* Vide infra *Quadrum* 5.

¶ **QUADREGIA**, pro *Quadriga*, Plaustrum quodvis, currus. Arrestum Parlamenti Paris. ann. 1331. ex Archivo Bonæ-Vallis : *Licet essent et fuissent per tempus sufficiens in possessione... habendi et recipiendi in pratis Bonevallis mareschancias in Quadregiis et frassellis usque ad festum B. Johannis.*

1. **QUADRELLUS.** *Quadrelli, Quarelli*, Tela balistarum, brevia, spissiora, et forma quadrata, unde nomen nostris *Quarreaux. Quadrelli,* Danti et Petrarchæ. Anna Comnena lib. 10. pag. 291. de quadrellis : Τὰ βέλη βραχύτατα μὲν τῷ μήκει, παχύτατα δὲ, καὶ πρόσθεν ἀξιόμαχον βάρος σιδήρου λαμβάνοντα. [Castelvitrus in Addit. ad lib. 1. Prosarum Petri Bembi : *Quadrello viene da quadro, che significa saetta, che abbia il ferro di quattro alette.*] Willel. Britto lib. 2. Philippid :

Nec tamen interea cessat balista, vel arcus,
Quadrellos hæc multiplicat, pluit ille sagittas.

Idem lib. 7 :

Transmisso cadit in tempus per utrumque Quadrello.

Adde lib. 3. pag. 130. et Guill. de Podio-Laurentii cap. 37. [Chronicon Siciliæ apud Marten. tom. 3. Anecd. col. 90. Annales Genuens. tom. 6. Muratorii col. 471. Chronicon Veron. tom. 8. ejusd. Muratorii col. 632. Chronicon Parm. tom. 9. col. 806. Chronicon Bergom. tom. 16. col. 914. etc. Vide *Carellus.*]

Quarellus, Eadem notione occurrit apud Rigordum ann. 1190. 1199. Matth. Paris pag. 592. [Adde Albericum ad ann. 1199. Chronicon Astense apud Murator. tom. 11. col. 155. etc.]

Cairellus, in Charta ann. 1242. in voce *Carcaisum*, et in alia ann. 1248. apud Sammarthanos in Episcopis Aptensibus, et alia apud Ughellum tom. 4. pag. 289.

¶ Quadrillus. Cod. MS. D. *Favre* in Fragmentis Stephanotii tom. 1 : *Aliqui fuerunt Quadrillis vulnerati sed non male.*

Quadrilus. Lambertus Ardens. pag. 117 : *Eorum balistarii mortiferas pluunt in eos Quadrilos et sagittas.*

Quadrum. Sugerius in Ludovico VI. pag. 317 : *Balistarii Quadro.... est oculo privatus. Quarel*, et *Quarriau*, nostris olim. Le Roman *de Garin* :

Volent pilet plus que pluie par prés,
Et les sajettes, et Carriax empenez.

Willelmus *Guiart* ann. 1214 :

A tant tendent de tous costez
Aus arbalétes devaler,
Et puis laissent Quarriaus aler.

Idem in S. Ludovico :

Messire Alphonse un jour ataignent,
Qui armez iert de son atour,
D'un Quarrel d'arbaleste à tour.

[Charta Theobaldi Comitis Campaniæ ann. 1256. apud D. *Brussel* de Feudorum usu tom. 2. pag. 1018. col. 1 : *Et chascun de la commune dou Nuefchastel, qui aura vaillant vint livres, aura arbaleste en son hostel, et Quarraus jusqu'à cinquante.*] Idem voci *Garrot* etymon adscribit Falcetus, de qua idem Guiartus ann. 1304 :

Quarriaus traient ou cliqueter,
Et font l'espringale geter,
Li Garros qui lors de là ist,
Les plus vigueureus esbahist.

Infra :

Et font geter leurs espringales,
Çà et là sonnent li clairain,
Li Garrot empené d'arain
Lessent leur lieus de ce me vent,
Plustost que tempeste ne vent....

Eodem anno :

Espringales font leur servise,
Dont li Garrot en maint lieu saillent.

Infra :

A celes envahies males,
Et mestre boat deus espringalles,
Tres bien getant en est chascune,
Un Garrot est sailli de l'une.

Ibidem :

Li Garrot le chastel tresperce.

Rursum :

Li engint tout seul demoureraut,
Qui pierres et Garros getaient.

¶ 2. **QUADRELLUS**, Quadratus later, laterculus, Gall. *Quarreau* vel *Carreau*, Ital. *Quadrello.* Statuta Mutinæ fol. 13. v°. rubr. 66 : *Cum in terra Castri veteris, ubi est fornax una, non possint fieri boni coppi, nec Quadrelli propter malum terrenum, quod est ibi, ordinatum est quod una fornax loco dictæ fornacis fieri debeat et operari in territorio et in districtu communis Campilii, ibi ubi hactenus esse consuevit, et in qua consueverunt esse boni Quadrelli et coppi.* Rursum occurrit fol. 49. v°. rubr. 258. Statuta criminalia Ripperiæ fol. 29. v° cap. 222 : *Teneantur fornasarii facere et fieri facere cuppos, Quadrellos, pohinas, matonos, tavellonos et tavellas, longas sive magnas et parvas, et alia quæcumque in fornacem coquenda ad infrascriptam mensuram, videlicet quod Quadrelli et tavellæ non sint breviores unciarum septem et latitudinis unciarum trium cum dimidia, etc.* Statuta Placentiæ lib. 6. fol. 67. v° : *Habeant et vendant fornasarii civitatis et episcopatus Plac. cuppos, Quadrellos et tavellas secundum modum consuetum; et teneantur separare cuppos, Quadrellos et tavellas cottas a biscottis, et biscottas non vendant pro cottis, etc.*

¶ Quadrelus, Eadem significatione. Statuta Mutinæ fol. 6. v°. rubr. 35 : *Statutum est pro pub. et evidenti utilitate mercatorum communis Mut. existentium in stationibus palatii novi, quod dictæ stationes debeant claudi s. inter unam et aliam viam de muro unius Quadreli*, id est, de muro e quadrellis constructo, si bene interpretor.

3. **QUADRELLUS**, Modus agri minutior. Hariulfus lib. 3. cap. 16 : *In pago Belloacensi, in villa, quæ dicitur Vallis, sedicum indominicatum habentem Quadrellos 130..... de prato bunnaria 2. et Quadrellos 48. et de silva bunnaria 20. et de conciso bunnaria 5. et Quadrellos 2. et de marisco Quadrellos 110.*

Quarrellus, Eadem notione. Necrologium Ecclesiæ Parisiensis 4. Id. Jun. : *Item tria quarteria cum 4. Quarrellis terræ.* Infra : *Quinque quarteria minus 5. Quarellis in loco qui dicitur Preaus.*

¶ **QUADRESSIS**, *Quatuor assium*, in Amalthea ex Catholico Johannis de Janua, ubi : *Quadressis, Quatuor oboli, vel pretium quatuor obolorum.*

QUADRI, Modus agri. Charta Caroli Simplicis ann. 23. redint. 18. etc. : *Amantissimæ conjugi nostræ Friderunæ condonavimus sub Palatio nostro Compendio de terra Quadros 80. ad capellam construendam in honorem S. Clementis Papæ et ejus atriola.* [Charta ann. 1027. in Probat. tom. 2. novæ Hist. Occit. col. 179 : *Sic dono ego Ermengaudus Comes ad te, Atto, ipsum supranominatum alodem, qui fuit de hostilitate de Progo-aldi et Astre, et illorum hæredes, simul cum ipsos Quadros, quæ vocant Vicecomitales, qui sunt in villa Ortonoves.* Vide *Quadrellus* 3.]

* **QUADRIATUS**, vulgo *Carat*, Ponderis nomen in re monetaria. Arest. ann. 1411. 30. Mart. in vol. 11. arestor. parlam. Paris. : *Summâ quindecim francorum auri boni et fini ad viginti quatuor Quadriatos, vulgariter Quaras nuncupatos.* Vide infra *Quaratium.*

* **QUADRIBACIUM**, Ornatus quadrati species, in vet. Inscript. ex museo Jacobi *de Bary* : In auribus zmaragdi duo, margarita duo in collo, Quadribacium margaritis n. xxxij. [** Vide Forcellinum.]

¶ **QUADRICORNIUM**, τετράκερων, Habens cornua quatuor, in Glossis Latino-Græcis et Græco-Latinis.

¶ **QUADRIDUUM**, Johanni de Janua, *Quatuor dies; inde Quadriduanus, quatuor habens dies*, pro *Quatriduum* et *Quatriduanus.*

QUADRIFICIUM. Anastasius in Paschali PP. : *Et super columnas, in Quadrificio camerantes, musivo, pulchrisque metallis decoravit.* Id est, ex quatuor faciebus, unde forte leg. *Quadrifacio* : nisi *in Quadrifinio* quis malit, i. a quatuor finibus, quam vocem agnoscunt Frontinus, et Innocentius Agrimensor. Papias : *Quadrificus, in quatuor partes fissus, i. divisus.* [Charta ann. 873. inter Instrum. novæ Gall. Christ. tom. 4. col. 226 : *Omnibus Christum per orbem Quadrificum adorantibus pacis concordiæque munus. etc.* Durandus lib. 6. Rationalis cap. 72 : *Dominus Quadrificum orbem morte transgressionis decem mandatorum mortuum vivificavit.*] [** *Orbi Quadrifido*, in Reinard. Vulp. lib. 3. vers. 955. Vide *Quadratus Orbis.*]

¶ **QUADRIFILUS**, E filis quatuor contextus. Locum vide in *Monolinum*.

** **QUADRIFORUS**, Quadriforis, quatuor foramina habens. Reinard. Vulpes lib. 2. vers. 928 :

Unguibus amissis quid prodest cætera pellis?
Fervida per portas quatuor aura subit,
Et sub Quadrifora rex sudans pelle liquescit, etc.

¶ **QUADRIFURCUS**, Quatuor habens furcas, apud Priscianum.

1. **QUADRIGA**, pro *Carruca* aratoria, *Charrue* : vel potius pro *Carrucata*, seu modo agri, cui sufficit una *carruca* vel aratrum. Herimannus de Restaurat. S. Martini Tornacensis cap. 92 : *Cunctaque molendina, quæ tunc erant in Scaldo, eis superaddidit, sex ex iis Episcopo reservatis, cum quinque Quadrigis terræ.* Et cap. 93 : *Et pene ad nihilum redegerunt, ita ut de antiquis possessionibus nihil amplius eam cernamus hodie tenere, quam tria molendina Episcopi, tresque Quadrigas terræ ejus.* Vide *Carrucata.*

¶ 2. **QUADRIGA**, Supellectilis genus. Inventarium ann. 1317. e Schedis D. *Lancelot* : *In coquina,.... fuerunt reperta ea que sequuntur... una cathedra modici valoris, item unum embutum, item una Quadriga antiqua garnita.* An sella rotulis fulta?

* 3. **QUADRIGA**. Quadrigam Levare, Subversam nempe erigere non licebat, sine licentia domini, intra cujus dominium fuerat eversa. Inquisit. ann. 1257. in Reg. *Olim* parlam. Paris. fol. 93 : *Dominus rex præcepit, quod... quæaam mala consuetudo, quæ est in quibusdam partibus Viromandiæ amoveatur, qua quis Quadrigam suam, quando versatur, non audet levare, nisi de assensu domini, cujus est fundus ipsius terræ; et si aliter levet, solvet sexaginta solidos ipsi domino.*

* 4. **QUADRIGA**, Quadrivium, Gall. *Carrefour*. Charta ann. 1318. in Reg. 56. Chartoph. reg. ch. 250 : *Per quorum alterum* (bivium) *vaditur ad Quadrigam de Choysiaco in forestam Cuysiæ, et per alterum vaditur ad Quadrigam Compendii; versus portum Hugonis.*

¶ **QUADRIGA** Virtutum, Quatuor virtutes cardinales. Vide *Quadrivium.*

* **QUADRIGAGIUM**, Vectura, servitium, quod cum quadriga domino debent vassalli. Charta Ivon. episc. Carnot. ann. 1114. ex Tabul. ejusd. eccl. : *Concessit..... quod.... servitores et cæteri homines sub ipso monasterio* (Tironensi) *et ejus membris manentes,.... a Quadrigagiis.... in perpetuum liberi sint et immunes.* Vide *Quadrigatio.*

* ¶ **QUADRIGALE**, *Spatium super muros civitatum, super quod quadrigæ currunt*, in Amalthea.

¶ **QUADRIGAMENTUM**, Vectura, Gall. *Charroi*. Charta libertatum Bellomont. ex MS. Coislin. : *Prædictos homines... liberantes... ab omnia tallia mortalia... Quadrigamento, etc.* Vide *Carreda* et *Quadrigatio.*

QUADRIGARE, Curru vehere, [in Gemma gemmarum ;] Gallis *Charrier.* Charta ann. 1279. in Tabulario Ecclesiæ Autisiod. fol. 521 : *Nos de Esbria de 10. quadrigatis vini, quam maluerit Dominus Episcopus, solvere tenebimur, et Quadrigare apud Appoignium.* [Processus de virtutibus et miraculis Mariæ de Malliaco, tom. 2. Martii pag. 755 : *Quadrigavit dictus conductor seu quadrigam conduxit ad quamdam hostellarium, etc.*]

¶ **QUADRIGARIA**, Plaustrum, carrus, Gallice *Charette*, in Chartulario S. Vandregesili tom. 1. pag. 827.

QUADRIGARIUS, Auriga, *Charretier.* Præfatio ad libellum precum Marcellini et Faustini : *Omnes Quadrigarios et imperitam multitudinem pretio concitat, etc.* [Arnobius lib. 2 : *Pugiles, Quadrigarios, desultores, grallatores.* Aurigas qui in circo quadrigas agitant, intelligit, ut et Tullius in Fragm. apud Asconium Pedianum. Glossæ Lat. Græc. : *Quadrigarius*, ἁρματηλάτης, ἱππηλάτης, ἡνίοχος, τετριππηλάτης. Adde Glossas Græco-Latinas. Pro auriga vulgari legitur in Litteris Vicarii Archiepiscopi Rotomag. ann. 1206. e Tabulario Calensi pag. 190. et] passim in Ordinatione Hospitii S. Ludovici Regis Franc. ann. 1261. a nobis edita in Notis ad Joinvillam pag. 108.

☞ Eadem vox aliud, ut videtur, sonat in lege 1. Codicis de Excusat. Artific. (10,66.) : *Architecti, medici, pictores, statuarii, marmorarii, lecticarii, seu arcarii, clavicarii, Quadrigarii, vel quadratarii, etc. Quadrigarios* hic intelligo fabricatores quadrigarum seu curruum, Gall. *Charrons.* Cujacius in hanc legem Glossas laudat, in quibus legitur : *Quadrigarii*, ἁρματόποιοι.

QUADRIGATA, Gallice *Charretée*, Onus quadrigæ. Ordericus Vitalis lib. 6. pag. 605 : *Duas Quadrigatas vini de Principe Normannorum in feudo tenebat singulis annis.* [Index redituum Monasterii Corbeiensis : *Quicunque adducunt ligna ut vendant, duas Quadrigatas debent nobis. Quadrigata lignorum ad unum equum*, in Charta ann. 1208. e Chartulario sancti Vandregesili tom. 2. pag. 1781. *Quadrigata fustium, Quadrigata cabironorum*, in Reparationibus factis in Senescallia Carcassonæ ann. 1435. e MS. D. *Lancelot.* Rursum occurrit in Charta Philippi Augusti Franc. Regis apud Marten. tom. 1. Ampliss. Collect. col. 1010. in Litteris ann. 1236. e Chartulario Montis Martyrum et alibi passim. Vide Lobinelli Glossarium tom. 3. Hist. Paris.]

¶ **QUADRIGATIO**, Vectura quam domino debent vassalli. Charta Stephani Sacri-Cæsaris Domini pro Capitulo Bitur. ann. 1178. apud Thomasserium in Consuetud. Bituric. pag. 139 : *Consuetudines omnes, quas in parochia Belli-loci accipiebam.... equitatum meum, Quadrigationes, procurationem meam, etc.*

¶ **QUADRIGATOR**, Idem qui *Quadrigarius*, Auriga, in Actis B. Francisci de Paula, tom. 1. Aprilis pag. 160.

¶ **QUADRIGENNIUM**, Quadriennium. Charta Gaufridi Comitis Andegavensis ann. 966. tom. 1. Spicil. Acher. pag. 423 : *Si quis præsumpserit aliquam injuriam Fratribus ejusdem loci* (S. Albini) *inferre, et ter ammonitus nisi resipuerit, Quadrigennio communione privetur.*

¶ **QUADRIGUA**, pro *Quadriga*, Carrus, plaustrum. Charta Comitatus Marchiæ ann. 1406 : *Tenebuntur reddere et solvere... unam vinatam sive boatam cum quadam Quadrigua et cum duobus bobus.*

¶ **QUADRILATERUS**, Gallis *Quadrilatere.* Isid. lib. 3. Orig. cap. 10 : *Quadrilatera figura est plano pede quadrata, quæ sub quatuor lineis rectis jacet.* Martianus Capella lib. 6 : *Quidquid Quadrilaterum est* τραπέζιον *vocatur.* Varia distinguntur *Quadrilatera* apud Geometras.

¶ 1. **QUADRILLUS**, Quadrilus. Vide *Quadrellus* 1.

* 2. **QUADRILLUS**, Instrumentum ferreum quadratum, rusticis operibus aptum, forte aratri vomer aut culter. Inquisit. ann. 1288. in Access. ad Hist. Cassin. part. 1. pag. 388. col. 1 : *Acurarii sancti Germani debent servire de arte sua monasterio Cassinensi....... in faciendis Quadrillis, et debent recipere terram et carbones.* Vide infra *Querellus.*

¶ **QUADRIMENSIS**, *Quatuor mensium, quod aliter dicitur Quadrimestris.* Johannes de Janua.

* *Quadrimestris* et *Quadrumestris*, Formula inter exceptiones juris haud infrequens, qua induciis quatuor mensium a principe indultis renuntiatur. Charta ann. 1254. ex sched. Pr. *de Mazaugues : Renuncians in prædictis omni juri et Quadrimensibus et deliberatoriis induciis, et omni alii exceptioni.* Formul. MS. Instr. fol. 48. v° : *Privilegio fori, omni tempori feriato et Quadrimestri, omni appellationis remedio, etc.* Pluries ibi. Consuet. Carcass. in Reg. L. Chartoph. reg. ch. 3 : *Libello conventionali dato, nec spatium viginti dierum detur : sed crastina die post motam querimoniam, vel post notionem judicis responderi debet, eis condempnatis Quadrumestres induciæ non ceduntur, sed judicis arbitrio dentur.*

¶ **QUADRIMODUS**, In quatuor partes divisus. In Consuetudinibus Cluniac. Farfæ receptis et a Mabillonio laudatis tom. 4. Annal. Benedict. pag. 208. Cella novitiorum dicitur *angulata in Quadrimodis*, hoc est, in quatuor minores cellas distributa, in quarum prima meditentur, in secunda reficiant, in tertia dormiant, in quarta loca necessaria. *Quadrimodus* vel *Quadrimodis*, quatuor modorum, apud Johannem de Janua.

¶ **QUADRINEPOS**, Nepos quartus ordine. Chronic. Episcoporum Metensium tom. 6. Spicil. Acher. pag. 651 : *Hujus* (B. Arnulfi) *Quadrinepos Carolus Magnus extitit, quem Ecclesia Rom. elegit in Advocatum.*

¶ **QUADRINOCTIUM**, *Spatium quatuor noctium*, Johanni de Janua; τετρανυκτία, in Glossis Lat. Gr. et Græco-Lat.

¶ **QUADRINODIS**, vel *Quadrinodus*, *Quatuor nodorum, unde Quadrinodium*, Johanni de Janua.

* **QUADRINTELUS**, dimin. a *Quadrellus*, Telum minus. Lit. remiss. ann. 1415. in Reg. 169. Chartoph. reg. ch. 32 : *Supplicans vulneravit Johannem de Prato uno ictu de cuspide cum Quadrintelo sive lancea parva, in crura sive coxa sinistra.* Vide *Quadrellus* 1.

¶ **QUADRIPERTIRI**, vel *Quadripertire*, apud Johannem de Janua, In quatuor partes dividere. Glossarium mediæ Græcitatis : Τετραπτίζειν *Quadripertiri*, τετραχῶς μερίζειν. Utrobique melius scriberetur *Quadripartiri*, a *Partiri*. Utrumque Vossius improbat lib. 4.

de Vitiis sermonis, etsi *Quadripartitus* vel *Quadripertitus* Ciceronis sit et Varronis.

¶ **QUADRIPES**, pro *Quadrupes*, Equus. Testamentum ann. 813. in Probat. novæ Hist. Occitaniæ tom. 1. col. 39 : *Vel alia mobilia, vel Quadripedem meum, ipse prædictus, cui eleemosinam meam injunxero, in sacerdotibus et pauperibus, orfanis et viduis in eleemosynam pro remedio animæ meæ erogare faciat.*

** **QUADRIPHONUS**, Forte qui quatuor membris constat. *Sunt autem qui dicunt triphonos aut Quadriphonos versus*, Virgil. Grammat. pag. 110. et 111 : *Gergissus.... Quadriphonis persæpe usus est versibus, quorum uno tantum in principio posito exempli et ego gratia utar. Dicit enim :*

Sol maximus mundi lucifer omnem aera illustrat pariter.

QUADRIPORTA. Anastasius in S. Hadriano pag. 115 : *Basilicam Salvatoris.... in ruinis positam una cum Quadriportis suis, atriisque, et fontes noviter .... renovavit.* Sed legendum *Quadriporticis*, aut *Quadriporticibus*, quod *atriis* vox indicat. Est enim

QUADRIPORTICUS, Atrium quatuor porticibus circumdatum, ante ædium sacrarum vestibula, Græcis τετράστυλον. Anastasius in S. Symmacho : *Cantharum B. Petri cum Quadriporticu marmoribus ornavit.* In Dono : *Hic atrium B. Petri superius, quod est ante Ecclesiam in Quadriporticum magnis marmoribus stravit.* Adde eumdem in Leone III. pag. 121. 139. 142. Itinerarium Hierosol. : *Est piscina, quæ dicitur Siloa; habet Quadriporticum, et alia piscina grandis foras.* Paulinus Nat. 9 :

Ecce vides istam, qua janua prima receptat,
Porticus obscuro fuerat prius obruta tecto,
Nunc eadem nova pigmentis et culmine crevit.
Ast ubi conseptum Quadrato tegmine, circa
Vestibulum medio reseratur in æthera campo,
Hortulus ante fuit, etc.

Infra :

. Sed rursum redeamus in atria, conspice rursum
Impositas longis duplicato tegmine cellas
Porticibus, etc.

Fortunatus lib. 9. Poem. 15. de Atrio ædis sacræ :

Altior impluvium, Quadrataque porticus ambit.

Adde, quæ de ejusmodi quadriporticibus congessimus in Descr. ædis Sophianæ n. 20.

QUADRISOMUM, Sepulcrum quatuor corporum capax. Fragmentum sepulcrale Romæ ad S. Agnetem via Nomentana :

DEPOSITUS P.... FIECT....
DN. VALENTINIANO AVE....
IN PACE ETC. VIXIT ANNUS XX.
FECIT LOCUM QUADRISOMUM.

Vide *Bisomum.*

** **QUADRISYLLABATUS**, Quatuor syllabas habens. *Quadrisyllabata verba*, ut *intellego*, apud Virgil. Grammat. pag. 67.

QUADRIVIUM, τετραδία, τετράοδον, ἄμφοδον, in Gloss. Gr. Lat. [Quæ vox cum mediæ non sit aut infimæ Latinitatis hac notione, nihil ad nos; usum dumtaxat medio ævo in *Quadriviis* frequentem attingemus, quo scilicet venditiones suas aut donationes, majoris solemnitatis ergo, in ipsis *Quadriviis* perficiebant. Charta regnante Roberto Rege fol. 1. Tabularii S. Petri Vosiensis : *Ipsum donum concessit apud Lemovicas in Quadrivio inter S. Stephanum et S. Martinum sito, his præsentibus, etc.* Alia fol. 2. v° : *Donum autem istud factum est in Quadrivio ante fontem Brivensis. Doni auditores fuerunt domnus Abbas Geraldus Vosiensis, etc.* Manumissiones quoque in *Quadriviis* factas, seu servos qui manumittebantur, in Quadrivia ductos, ut quamcumque vellent, eligerent viam, discimus ex Legibus Rotharis cap. 225. apud Murator. tom. part. 2. pag. 34. col. 1 : *Ducat eum* (servum qui manumittitur) *in Quadrivium et thingat in guadia et gisiles testes ibi sint, et dicant sic : De quatuor viis, ubi volueris ambulare, liberam habeas potestatem.* Idem etiam aliquando in fidejussionibus *de stando juri* observatum, ut docent Consuetudines Ausciorum MSS. ann. 1301. art. 27 : *Fidejussio de stando juri.... cum prestanda fuerit, prestetur et exigatur in Quadruvio, vel in carteria majori, vel in domo communi ad voluntatem Domini.*]

☞ A *Quadriviis* proprie dictis appellatum etiam Padi fluvii *Quadrivium* ab Auctore Chronici parvi Ferrariensis, apud Murator. tom. 8. col. 476. ubi sic describitur : *Pervenitur ad vicum Adrianum, ubi aquarum Padi Quadrivium reperitur. Nam dextra conjungitur Gauro per fluentum, quod dicitur Cavalcium ; sinistra facit fluentum, quod dicitur Silvus longus, quod paludibus Clugiæ jungitur. Antrorsum tendens a Quadrivio jam dicto cum Gauro intrat in pelagus.*

Sed recentioribus Scriptoribus proprie hac voce intelliguntur quatuor Mathematicæ partes, Annæ Commenæ lib. 1. Τετρακτὺς τῶν μαθημάτων. Ephræmius in Chronico de Nicephoro Blemmyde : Τετρακτύκος διδάσκαλος μαθημάτων. *Quadrifariæ Mathesis januæ*, Senatori lib. 1. Epist. 45. Papias : *Quadruvium, ubi quatuor viæ conveniunt. Inde quatuor artes, id est Arithmetica, Geometria, Musica, Astronomia, Quadrivii nomen acceperunt, quia se invicem complectantur et contineant, ut non bene unam noverit, qui alias non noverit, orbatusque uno videatur oculo.* Ugutio : *Arithmetica, Musica, Geometria, Astronomia quadam similitudine dicuntur Quadrivium, quasi quadruplex via ad sapientiam, unde Triviales dicuntur, qui docent vel student in trivio, sicut Quadriviales dicuntur, qui in quadrivio.* Harum Arithmetica unitati, Musica binario, Geometria trinario, Sphærica seu Astrologia quaternario comparatur, ut est ἐν θεολογουμένοις τῆς ἀριθμετικῆς. Boethius de Arithmetica cap. 1 : *Prudentiæ nobilitas quodam quasi Quadrivio vestigatur.* Infra : *Multitudinem, quæ per se est, Arithmetica speculatur integritas. Illam vero quæ ad aliquid, musici modulaminis temperamenta pernoscunt. Immobilis vero magnitudinis Geometria notitiam pollicetur. Mobilis scientiam Astronomicæ disciplinæ peritia vendicavit.* Mox : *Hoc igitur illud Quadrivium est, quo iis viandum sit, quibus excellentior animus a nobiscum procreatis sensibus, ad intelligentiæ certiora perducitur.* Joann. Sarisberiensis lib. 1. Metalogici cap. 24 : *Mathematica Quadruvii sui rotis vertitur, alarumque vestigiis insistens, colores et venustates suas multiplici varietate conterit.* Adde cap. 3. 4. 12. lib. 2. cap. 10. Vita S. Isidori Hispal. num. 8 : *Si hoc libro in trivii eruditione Isidorum præditum cernes eloquentia, hic in Quadrivii investigatione perfectum admireris in Matheseos disciplina.* Vita MS. S. Florentii in Prologo : *Cum Rhetoricæ artis faceta urbanitas jam olim a nostri seculi usu recesserit, viri quoque Quadratæ facundiæ prædictæ dudum cultores artis nostri duntaxat idiomatis, penitus exoleverint, etc.* [** Vide Quintil. lib. 2. cap. 5. ubi *Oratio quadrata.*] Constantinus African. lib. 1. Commun. locor. medic. in prologo : *Oportet enim qui in hac arte* (Medicina) *primatum vult obtinere, dialecticæ et totius Quadrivii notitiam habere.* Gervasius Tilleberiensis MS. de Otiis Imper. decis. 3. cap. 114 : *Erat enim summe literatus in trivio, et Quadrivio potens et acutissimus, in Physica operosus, in Astronomia summus.* Ecclesia Lugdunens. adversus Joannem Erigenam : *Quadruvium regularum totius Philosophiæ,... mundanæ doctrinæ Quadrivia.* Epitaphium Hugonis Medici apud Naudæum de Antiquit. Scholæ Medicæ Paris. pag. 34 :

Quadrivium docuit, ac totum scire reliquit
Anno milleno bis centum, sed minus uno.

Vide Wibertum in Leone IX. PP. Honorium lib. de Viris illustr. in Boetio, Petrum Damian. lib. 6. Epist. 3. Trilogium animæ part. 3. cap. 5. Baldricum Burguliensem pag. 259. 269. Thiotfridum Epternac. in prologo, Matth. Paris pag. 559. præterea Notas nostras ad Alexiadem. [Chronicon Richardi Pictav. apud Marten. tom. 5. Ampl. Collect. col. 1173. Vitam B. Willelmi Abb. Hirsaug. sæc. 6. Benedict. part. 2. pag. 726.]

* Godefr. a S. Vict. circa ann. 1170. in Rithm. :

Hujus quoque fluminis partes sunt bis binæ,
Quas vulgus Quadrivium nominat Latine :
Nomen hoc sortitæ sunt istæ disciplinæ,
Uno quod initio coeunt et fine.

Vide Dissert. D. *Le Beuf* tom. 1. pag. 87.

Quadrivium etiam vocant quatuor virtutes *cardinales*, de quibus ita S. Hieronym. Ep. 25. cap. 1 : *Quatuor virtutes describunt Stoici, ita sibi invicem nexas et mutuo cohærentes, ut qui unam non habuerit, omnibus careat, Prudentiam, Justitiam, Fortitudinem, Temperantiam. Quadrivium vel quadriga virtutum*, apud Flodoardum lib. 4. Hist. Remens. cap. 5. ex Hincmaro Remensi : *Quadrifaria virtus*, apud Senatorem lib. 6. Epist. 3. *Quaternæ virtutes*, apud Dudonem lib. 3. de Moribus et Actis Normann. pag. 128. Τετρακτὺς τῶν ἀρετῶν, apud Constantinum in Basilio cap. 51. Ἅρμα τῶν ἀρετῶν, apud Theophylactum Bulgar. Archiepisc. Epist. 26. Τετράγονος τὴν σοφίαν, apud Damascium in Vita Isidori Philosophi. Vita S. Rodoaldi num. 15 : *Nemo namque humanæ rationis Quadruvio ad plenum conquadratus sufficere probatur, etc.* Chronicon Laurishamense pag. 93 : *Virum omni virtutum genere Conquadratum.*

* **QUADRO**, Quarta pars anni, trimestre tempus solvendæ pecuniæ præfinitum. Charta ann. 1296. ex Chartoph. reg. : *Centum quinquaginta libras Turonensium percipiendas.... quater in anno per Quadrones seu quatuor solutiones, quibus usitatum est solvi domino nostro regi.* Vide infra *Quartero* 2.

¶ **QUADRUCA**, Idem quod mox *Quadruga*. Tabularium S. Sergii Andegavensis : *Dedit unam mansuram terræ de landis, postquam erit discooperta, tantum quantum una Quadruca duabus sationibus excolere poterit.*

¶ **QUADRUGA**, Aratrum, Gallice *Charrue*; item tantum agri, quantum uno aratro coli potest. Tabularium Montis S. Michaelis : *Do monachis S. Michaelis terram in eodem loco quantum potest una Quadruga arare in anno.* Chartularium S. Vincentii Cenoman. fol. 236 : *Attribuit etiam propriarum Quadrugarum decimam, quas in parochia S. Patricii habere dinoscitur.* Vide *Quadriga* et *Quadruca*.

¶ Quadrugata Terræ, Eadem notione, apud Thomam *Blount* in Nomolexico Lat. Anglic. Vide *Carrucata*.

¶ 1. **QUADRUM**, f. Quadrivium, Gallice *Carrefour*. *Juxta Quadrum alæ Calomontis*, in Schedis D. *Aubret*.

* Vel potius Area quadrata, Gall. *Quarré*.

¶ 2. **QUADRUM**, Teli genus. Vide *Quadrellus* 1.

¶ 3. **QUADRUM**. Resipiscentia Isnardi excommunicati porrecta Girardo Episcopo Eduensi ann. 972 : *Si perperam egi vel moleste contra vos statui, spes mei recuperandi est in vobis, sicut scitis, per ministerium vestrum, quia in Quadro est Almitas vestra* : id est, Potestatem habes me a vinculo excommunicationis absolvendi.

* In quadro esse, Quadrare; dicitur de re, quæ alteri quadrat.

* 4. **QUADRUM**, Quarta pars rei cujuslibet. Charta Barth. episc. Laudun. ann. 1139. inter Monum. sacr. antiq. tom. 2. pag. 16 : *Item aliud Quadrum acceperunt in eleemosinam a monachis S. Martini de Campis.... Dimidium quoque prædicti territorii acceperunt a monachis Majoris monasterii.*

* 5. **QUADRUM**, Ambitus, vicinia, ut opinor, Gall. *Environs*. Charta ann. 1363. in Reg. 118. Chartoph. reg. ch. 455 : *Johannes de Mezalento miles admortizat religiosis de Limoso sexaginta cannas quadratas in Quadro monasterii, videlicet sexaginta in longitudine et sexaginta in latitudine.*

* **QUADRUMESTRIS**. Vide supra *Quadrimensis*.

¶ **QUADRUPEDALE**, Quadrupes. Charta Hugonis Abb. Corbeiensis ann. 1227. e Tabulario ejusdem Monasterii : *Infra siquidem fossatum Evanei nulla Quadrupedalia intrabunt; et si forte intraverint, serviens noster illa poterit ejicere sine emenda.* [** Remigius MS. ad Mart. Cap. lib. 4 : *Ex humana specie et ex ferina possunt esse aliæ species, id est bipedalia, Quadrupedalia.* Maius in Glossar. novo Latin.] Vide infra *Quadrupedius*.

¶ **QUADRUPEDARIA**, ὑπὸ ζῴων τετραπόδων ἀγωγή, in Glossis apud Martinium, Quadrupedum ope vectura.

¶ **QUADRUPEDIUS**, *Quadrupedalis*, *Quadrupes, inde Quadrupedalitas*. Johannes de Janua.

Quadrupedia, in Lege Angliorum tit. 17. § 1. et in Antiq. Fuld. lib. 1. trad. 11. lib. 2. trad. 19.

¶ **QUADRUPLARE**, *Quadruplicare*, *In quatuor partes explicare vel dividere*, *vel quadruplex sive quadruplum facere*, Johanni de Janua; *Quadrupliquer*, in Glossis Lat. Gall. Sangerman. hodie *Quadrupler*. *Quadruplatus numerus*, leg. 10. Dig. de Gradibus § 17. (38, 10.) Papias : *Quadruplo et Quadruplor idem significat antiquitus. Quadruplare* Jurisconsultis est in quadruplum damnare. Ulpianus leg. 14. Dig. § 1. Quod metus causa (4, 2.) : *Quadruplabitur, omne quodcumque restitui oportet.* Hac notione quidam exponunt illud Plauti *Neque Quadruplari me volo*, hoc est nolo ad quadruplum solvendum adigi, si vera eorum opinio. Alii quippe, ac forte melius, exponunt, Nolo *quadruplator*, seu delator esse, deponentis vim tribuentes huic *quadruplari*, et pronomen *me* redundans existimantes.

¶ Quadruplator, Latinis delator. *Quadruplatores*, inquit Asconius in Divinat. Verrin. pag. 26 : *Delatores erant criminum publicorum : in qua re quartam de proscriptorum bonis, quos detulerant, assequebantur.* Sic dicti vel a *quarta* hac, quam accipiebant, parte, vel a *quadruplo*, quod delati fere solvere cogebantur. Vide Vossium in Etymologico et Thesaurum Fabri. Johanni de Janua *Quadruplatores* et *Quadruplicatores dicuntur Usurarii in quadruplum sua recipientes. Quadruplator etiam dicitur Senex vel Contractus, qui duobus pedibus et duobus baculis sustentatus per plantas incedit.* Laurentius in Amalthea : *Quadruplator, Quartarius sector, delator, accusator, sycophanta, cui quarta pars ex bonis damnati. Item Portitor quartarius, quartam partem recipiens portorii*, ex Sidonio lib. 5. Epist. 7.

* **QUADRUPLO** Decantare, Modus cantandi. Necrol. MS. eccl. Paris. : *Quilibet clericorum, qui ad missam responsorium vel Alleluia in organo, triplo seu Quadruplo decantabit, sex denarios habebit.* Vide supra *Organare*.

¶ **QUADRUPUS**, *Quadrupodis*, *Adultera et meretrix olim dicta*. Laurentius in Amalthea.

¶ **QUADRUS**, Italis *Quadro*, Gallis *Quarré*, Quadrum. Annales Mediolan. apud Muratorium tom. 16. col. 813 : *Bocale unum deauratum factum ad novem Quadros esmaillo ad cimeria, et cum aliis foliis et operagiis.* Vide *Quadri*.

¶ Quadrus Lapis, Quadratus, Gall. *Pierre Quarrée*, in Charta ann. 1005. apud Lud. *Laguille* in Probat. Histor. Alsaciæ pag. 24. col. 2. *Quadrus saxeus*, in Vita S. Albini Andegav. Episc. tom. 1. Martii pag. 59.

¶ **QUADRUVIUM**. Vide supra *Quadrivium*.

¶ **QUÆPIA**, pro *Quæpiam*, ut *Quispiam*, etc. Johannes Thwroczius in Chronicis Hungaricis cap. 15. ubi de Rege Attalo : *Nec aliquam civitatem, vel castellum aut oppidum a manu illius. Quæpia tutari potuit munitio?* Ita constanter legi in veteribus libris observat Vossius de Vitiis sermonis, ubi *Quæpiam* editor reposuit.

¶ 1. **QUÆRERE**, Queri, conqueri, lamentari. Vita S. Petri Cœlestini Papæ, apud Muratorium tom. 3. pag. 623. col. 1 :

Non ea mens animo versatur Quærere votis
Dissidium languentis eræ, seu scandala dira
Exire in mundum.

* 2. **QUÆRERE**, Corrogare, eleemosynas deposcere, ut fit in ecclesiis. Pactum inter abbat. et habitat. Anian. ann. 1332. in Reg. 69. Chartoph. reg. ch. 175 : *Item quod dicti tres proceres..... plenam habeant potestatem eligendi.... homines, qui Quærant officinis ecclesiæ parrochialis, ut pote candelæ B. Mariæ, operi, luminariis, antorcis, pauperibus verecundis, cereo pascali, cereo S. Macarii et cæteris ipsius ecclesiæ officinis.* Vide *Quæstare*. *Querir*, pro *Rechercher*, Perquirere, in Lit. remiss. ann. 1389. ex Reg. 138. ch. 67 : *Il vint à sa congnoissance que ledit Mau Jehan estoit Quis par la justice temporelle de la ville de Chaalons, pour soupçon d'avoir mal pris lesdites frepperies.*

¶ **QUÆSERE**, Petere. Miracula S. Celsi Episcopi Trevir. tom. 3. Febr. pag. 403 : *Magnis cœpit vocibus fautrices suas compellare ac miris obtestationibus Quæsere, quatenus, etc. Quæsere* pro *Quærere* ab antiquis dictum docet Festus ex Ennio.

¶ **QUÆSITARIUS**, *Mendicus rogator; Quæsitaria, Mendica, a quærendo dicta.* Laurentius in Amalthea ex Petronio.

* **QUÆSITOR**, Qui quod suum est quærit et reposcit. Faust. Andrel. poeta Ital. sub Carolo VIII. reg. Franc. lib. 1. de Napolit. victor. edit. Paris. ann. 1496 :

. . . . . Vado non Italus hostis,
Sed nostræ Quæsitor humi.

* *Quereux*, a Lat. Quærens, in Lit. remiss. ann. 1415. ex Reg. 169. Chartoph. reg. ch. 59 : *Vous faites les Quereux, et si savez bien où est laditte fillette.* Sed et qui quærendo decimam colligit, eodem nomine appellatur, in Ch. ann. 1330. ex Tabul. S. Mart. Pontisar. fol. 35. v° : *Aveuc ce lesdiz escuiers.... eussent acoustumé de mettre Quereux, pour querre ladite disme en Aoust.*

¶ **QUÆSTIVUS**, Cupidus. *Hastiludiorum et torneamentorum, a mari usque ad mare, in juventute semper Quæsitivus*, in Gestis Archiepiscoporum Trevir. apud Marten. tom. 4. Ampl. Collect. col. 387.

¶ **QUÆSSIA**, Capsa, ubi pecunia asservatur, Gall. *Caisse*. Charta Lud. *de Villars* Archiep. Lugdun. pro fundatione Capituli S. Nicetii ejusdem urbis ann. 1305 : *Volentes et præcipientes sigilliferis nostris, qui nunc sunt et qui pro tempore fuerint, quod ipsi prædictos viginti solidos singulis hebdomadis recolligant et conservent in quadam Quæssia, quæ fiat ad instar et similitudinem Quæssiæ Fratrum Minorum, sicut recolligunt et conservant denarios, qui dantur Fratribus Minoribus.* Ubi per *Quæssiam Fratrum Minorum* intelligo erogatæ stipis arculam in eorumdem Fratrum ecclesia collocatam, quam vulgo *Tronc* nuncupamus. Vide *Cassia* et *Cassa* 4.

* *Quecce*, pro *Caque*, Doliolum, cadus, in Stat. ann. 1369. tom. 5. Ordinat. reg. Franc. pag. 253. art. 3 : *Les harens frais, qui seront apportez en Quecce, etc.*

QUÆSTA, Questa, Questio, Questus, Tributum quod exigitur, *quæritur*, petitur. [ἀπαίτησις, Constantino Porph. in Basilio n. 31. edit. Combefisii.] *Coactiva petitio seu incisura*, in Chronico Andrensi pag. 356. *Petitio præcaria*, in Hist. Archiepiscop. Bremensium ann. 1142. *Taille, qu'on appelle Queste*, in Consuetudine Burbonensi art. 343. et seq. *Cens à Queste*, in Consuetudine Blesensi art. 133. in Soësmensi, *Cens truans. Queste courant*, in Marchensi art. 159. 166. *Terre de Queste*, in qua tallia locum habet, in Consuetudine Aquensi tit. 9. art. 11. 12. 13. 14. 15. Φορολόγος, ἀπαιτητής, in Lexico Græc. MS. Regio cod. 2062. qui quæstam exigit; [ἀπαιτητὴς δημοσίων συντελειῶν, in Basilic. lib. 3. tit. 1. § 11. δημόσιοι ἀπαιτηταί, lib. 6. tit. 3. § 11.] Charta Stephani Episcopi Parisiens. ann. 1124 : *Canonici vero annuales Questas, quas ab prædictarum Ecclesiarum Sacerdotibus exigere annuatim et habere consueverunt, ab eis nec amplius exigent, nec habebunt.* Alia Ludovici VII. Reg. ann. 1155. pro Ecclesia Magal. : *Justitias, albergas, totas, Questas, sive aliquas alias injustas exactiones.* Charta Abbatis Moissiacensis ann. 1212 : *Comes nullam habet Questam in urbe vel Ecclesia nostra.* Et infra : *Questa de* 10. *sol. Caturcens. quæ fit in Quadragesima singulis annis, tota Comitis erit; sed si aliam fecerit, debet facere consilio nostro.* Pactum inter Comitem Marchiæ et Abbatem et Canonicos Doratenses ann. 1331 : *Non poterit Comes super illos habitatores exigere Questas, nisi tempore eminentis periculi guerræ ad eorum gardiam.* [Charta Itherii *de Menguac* Domini de Closis, pro incolis parochiæ *de Grumay* ann. 1278. apud Thomasserium Consuetud. Bituric. pag. 109 : *Et insuper salva et retenta nobis et nostris heredibus Questa nostra in tribus casibus tantummodo, videlicet quotiescumque contigerit heredes nostros et heredes heredum nostrorum milites fore novos; quotiescumque contigerit filias nostras maritari; et quotiescumque contigerit nos et heredes nostros recedere a regno Franciæ... ratione guerræ contra persecutores et inimicos fidei.* Quo in loco animadverti potest iisdem temporibus *questam* exigi, quibus *auxilium* : de quo pluribus actum est suo loco. Vide mox *Questæ generales.* De *quæstis* rursum mentio fit in Charta ann. 1047. inter Instr. novæ Gall. Christ. tom. 2. col. 480. in alia ann. 1117. in Probat. novæ Hist. Occitan. tom. 2. col. 398. in Epistola ann. 1170. Append. Marcæ Hispan. col. 1352.] Vide Chartas alias apud Marcam in Hist. Beneharn. lib. 6. cap. 12. n. 4. Catellum in Comit. Tolosanis pag. 193. 226. 271. etc. Vide *Trutanus.*

* *Quait*, in Charta ann. 1218. ex Tabul. S. Mich. in Eremo.

Quæstæ Archidiaconorum. Synodus Santonensis ann. 1282. cap. 4. de Archidiaconis visitantibus Ecclesias : *In mane sine prandio exinde recedentes, Quæstas in frumento, vino, avena, vel aliis quibuscunque facere non præsumant.* [V. *Demanda* 1.]

¶ Quæsta, Mendicatio, Gall. *Quête.* Concilium Trevir. ann. 1310. cap. 85. apud Marten. tom. 4. Anecd. col. 258 : *Quamplurimi dicunt se esse quæstores hospitalium, ecclesiarum et locorum religiosorum et piorum, falso mentientes... quorum nomine Quæstas exercent, etc.* Vita B. Augustini Novelli, tom. 4. SS. Maii pag. 618 : *Quæstas et humilia officia domus, quæcunque viliora... humilitate nimia adimplebat.*

¶ Quæstus, Eadem notione. Concil. Dertus. ann. 1429. cap. 16 : *Quæstores ecclesiarum... sine literis propriis Diœcesani, in cujus diœcesi Quæstum faciunt, non recipi, nec ad prædicandum... fuit constitutione prohibitum.*

Quæsta Eleemosynarum, in Synodo Exoniensi ann. 1287. cap. 17.

¶ Questæ Generales. Charta Guillelmi de Calviniaco, Domini Castri-Radulphi, pro habitantibus villam de Castelleto ann. 1289. apud Thomasserium in Consuet. Bituric. pag. 143 : *Et salvis et retentis quatuor Questis generalibus sufficientibus, quotiescumque casus emergerit, videlicet pro nova militia, pro filiabus semel maritandis, et pro transfretando, et pro redemptione capti corporis domini dicti loci.* Vide *Auxilium* et mox *Quista.*

* Quæsta Regis, Tributum regium, quod pro rege *quæritur.* Reg. feud. Aquit. in Cam. Comput. Paris. sign. JJ. rub. fol. 16. r° : *Recognoverunt pro se et aliis supradictis se debere domino regi Angliæ, ratione ducatus Aquitaniæ, quadraginta libras, quæ dicuntur Quæsta Regis, a festo beati Michaelis usque ad festum Omnium sanctorum.*

¶ Quæstæ Mercedis. Transactio inter S. Elzearum de Sabrano ejusque uxorem S. Delphinam et Universitatem Podii-Michaelis 7. Jan. 1316. ex Schedis Pr. *de Mazaugues* : *Convenerunt, quod qui debent præstare, conferre seu contribuere dictam quæstam, quæ dicitur Quæsta mercedis, dent et solvant singulis annis pro dicta quæsta.... 50. libras integras et perfectas.* Pluries occurrit ibi. Vide *Merces.*

¶ Quæstiæ. Charta Petri Regis Arag. ann. 1212. tom. 10. Spicil. Acher. pag. 179 : *Cum hostibus et cavalcatis omnibus, cum Quæstiis, toltis, fortiis, censibus, servitiis, etc.* Concilium Tarrac. ann. 1591. inter Hispana tom. 4. pag. 563 : *Cum nonnulli domini temporales... compellant clericos... ad contribuendum et solvendum in peytis, Quæstiis, talliis et aliis exactionibus, etc.*

Questia. Curia Generalis Barcinon. ann. 1283. MS : *Item quod terram tenentes infra terminum alicujus castri contribuant in Questiis, quas fecerit dominus castri pro rata possessionum, quas ibi tenent.* [Charta ann. 1068. Marcæ Hispan. col. 1144 : *Cum omnibus juribus et servitiis cunctis, cum calonicis et placitis, et cum cartariis silvaticis, cum pregera et Questia, et hostes, et cavalcatas, et carrigamentis, etc.*]

Quistia, in Charta ann. 1223. in tom. 7. Spicilegii Acheriani pag. 265.

Quista. Charta Raimundi Berengarii Comitis Provinciæ ann. 1235 : *Cavalcatas, et omnes Quistas, toutas, seu ademptionem earumdem, quæ hactenus erant in prædictis castris.* [Statuta Forojul. ann. 1235. in Rotulo Archivi S. Victoris Massil. : *Statuimus quod D. Comes possit facere Quistam, scil. pro itinere faciendo ad Imperatorem sine armis; item si factus fuerit novus Miles, vel major filius qui Comes futurus sit : item si transfretaverit cum armis; item si filiam suam vel filias in matrimonium collocaverit, pro qualibet earum semel Quistam facere possit.* Hæc *Quista* passim vocatur *Auxilium.* Vide in hac voce.] Occurrit etiam in Charta Gulielmi Comitis Forcalcariensis pro Manoscensibus ann. 1206. in alia Giraudi Abbat. Lerinensis in Chronol. Lerin. tom. 2. pag. 167. et alia ann. 1238. apud Joffridum in Hist. Nicæensi pag. 182. [Adde Chartam ann. circiter 1128. in Probat. novæ Hist. Occitan. tom. 2. col. 445. Judicium ann. 1131. ibid. col. 459. et 460. Chartam ann. 1158. ibid col. 572. aliam ann. 1209. tom. 1. Hist. Dalphin. pag. 19. col. 2. aliam ann. 1271. tom. 2. pag. 94. col. 1. Concilia Hispan. tom. 3. pag. 481. Galliam Christ. tom. 3. novæ Edit. Instrument. col. 206. etc.]

Questus. Gaufredus Vosiensis in Chronico lib. 1. cap. 7 : *Non enim volebant ei dare Questum, id enim est taillada.* Polyptychus S. Remigii Remensis : *Census de Marsna.... De camma 132. maldr. de Questu cervisiæ.* Charta Henrici Comit. Palatini Rheni ann. 1197. apud Browerum lib. 15. Annal. Trevir. : *Comitiam in Meinevelde ex illa parte Mosellæ super petitione annonæ, et denariorum, et aliorum Quæstuum eis in pignore dedimus.* Alia Stephani Barrensis Episcopi Metensis apud Meurissium : *Omnes reditus, sive Questus, quos habemus apud Marsal.* [Literæ Ludovici Jun. Regis Franc. ann. 1168. pro Aurelianens. tom. 1. Ordinat. pag. 17. num. 14 : *Ab hominibus de Magduno et S. Martino super Ligericum pro redemptione baillivæ suæ Questum nullus faciat.* Ubi vetus versio Gallica : *Por raançon de leur baillie nuls Complants ne soit faiz.* Vide *Complainta.* Charta Odonis Domini Montis acuti pro habitatoribus villæ *de Chaigne* ann. 1224. tom. 4. earumd. Ordin. Reg. pag. 376. art. 6 : *Possumus eciem* (etiam) *in dicta villa super quatuor Questum facere; de itinere Jerosolumitano peragendo; de captione corporis nostri, quod absit, Domino protegente; de terra acquirenda ad Baroniam pertinente; et de filia maritanda.* Eadem repetuntur in Literis Roberti Ducis Burgund. ann. 1262. ibid. pag. 378. art. 6.] Adde Guichenonum in Bibl. Sebus. cent. 2. cap. 15. Ita hanc vocem pro stipe usurpat lex unica Cod. de Mendicantibus : *Quos in publicum Quæstum incepta mendicitas vocavit.* Vide Jacobum Gothofredum ad hanc Legem in Codice Theod.

Chestus, Eadem notione. Charta Ildefonsi Reg. Aragonum ann. 1187. pro Libertatibus villæ Amiliani, in Regesto Ludovici Hutini Reg. Franc. : *Ut scilicet nullum Chestum vel toltam ab eis exigamus.*

Quæstio. Charta Radulphi de Balgentiaco anni 1085 : *Nec toltam faciet eis in mercato suo, nec Quæstionem cujuscumque rei.* Alia Vulgrini Comitis Engolismensis ann. 1147 : *Pepigi etiam quod nec ego, nec uxor mea, nec filius meus, nec homines mei Quæstionem et vim in ipsa curte faceremus.* [Rotulus sæculi xii. de Prioratu S. Pauli de Tartas ex Archivo Monast. Casæ-Dei : *In unoquoque recepto debet habere tres milites et familiam suam et Quæstionem ad Kal. pro posse hominum.* Charta Alaidis Ducissæ Burgundiæ ann. 1227. tom. 4. Ordinat. Reg. pag. 387. art. 12 : *Concessi etiam habitatoribus castri mei S. Johannis, ut liberi sint ab omnibus talliis, exactionibus et Quæstionibus, etc.*]

Questura. Tabularium Ecclesiæ Gadurcensis : *Mutationes et investituras, et Que-*

sturas, et hospitia, et justitiam suam. [Sacramentum est ann. 1103. editum ab Acherio tom. 8. Spicil. pag. 362. et seq. ubi legit *Quæsturas*.]

Questales, *Questæ*, seu tributo obnoxii. Regestum Constabulariæ Burdegal. notatum A. fol. 9 : *Sunt homines Questales in dicta villa et castro 80. et talliantur annuatim per Præpositum dicti loci, prout sibi videtur. Questables*, in Consuetudine Nivernensi cap. 8. art. 7. *Questans*, in Burdegal. art. 97. S. Severi tit. 9. in Foris Beneharn. Rubr. *de Cort major*, art. 8. Rubr. *de Jugements*, art. 7. et Rubr. *de Questans* art. 1. hæc habentur : *Los Questans no poden lexa la terra de la questalitat, per ana habitar en autre part.*

¶ **Quæstabiles**, Eadem notione. Charta Henrici IV. Regis Angl. ann. 1400. apud Rymerum tom. 8. pag. 127. col. 1 : *Omnia bona, hæreditates, terras, dominia, census, redditus, homines Quæstabiles, tallias, quæstus, etc.* Similia leguntur tom. 10. pag. 363. et 364.

¶ **Quæstiales** *homines et affevati*, in Charta Petri Regis Castellæ ann. 1366. apud eumdem Rymerum tom. 6. pag. 526. col. 1.

Questare, *Quæstam* seu tributum exigere, *Quester*, in Consuetudine Nivernensi cap. 8. art. 4. Consuetudines Tolosæ : *Poterit ipsum et ejus progeniem postmodum genituram.... Questare, et de eis se servire.*

* Charta ann. 1328 : *Quod dictus Petrus de Frigidofonte erat homo talliabilis et Quæstabilis ejusdem militis,..... et quod dictus miles et ejus prædecessores ab antiquo dictum Petrum Quæstare et explectare poterant, quolibet anno, in quocumque casu.* Libert. villæ de Boussac ann. 1427. in Reg. 179. Chartoph. reg. ch. 42 : *Item.... pourrons Quester et sur eulx faire Queste en quatre cas, etc.* Charta Ludov. comit. Stamp. ann. 1378. ex Chartul. S. Carauni : *Donnons et octroyons.... aux religieux, prieur et freres de ladite eglise de S. Germain* (de Dourdan) *la Queste de blez et autres grains molables, en nos villes de la Forest-le-Roy, Auton, Bechierville, etc. Et que ladite Queste et molages puissent faire Querir esdites villes et paroisses par les fermiers de leur dit moulin;.... ainsi et par la maniere qu'il appartient à faire la Queste de moulin.*

¶ **Quæstare**, Corrogare, stipem colligere, in ecclesiis præsertim, Gallice *Quêter*. Statuta Eccl. Trecor. ann. 1372. tom. 4. Anecd. Marten. col. 1123 : *Rectores seu curati, antequam alius in dicta ecclesia Quæstet... excitet populum, ut dictæ fabricæ eleemosynas suas erogent.* Occurrit in aliis ejusd Eccles. Statutis ibid. col. 1001. et 1011.

¶ **Questuare**, Eadem notione. *Questuare, seu eleemosynas et confraternitatum obventiones quærere et recipere*, in Bulla Pauli III. PP. ann. 1539. inter Privilegia Equitum S. Johannis Hierosol. pag. 98.

Quæstores, nostris *Questeurs*, Qui in Ecclesiis inter officiorum divinorum solemnia, pro se vel pro aliis eleemosynas deposcunt, in Synodo Bajocensi ann. 1300. cap. 41. in Concilio Narbonensi ann. 1227. cap. 19. Burdegalensi ann. 1255. cap. 2. Monspeliensi ann. 1258. cap. 6. Budensi ann. 1279. cap. 28. Exoniensi ann. 1287. cap. 47. in Statutis Synodalibus Nicolai Episcopi Andegavensis non semel, in Concilio Toletano ann. 1347. cap. 3. etc. Vide *Roga* et *Trutanus*.

* Charta ann. 1220. inter Instr. tom 6. Gall. Christ. col. 445 : *Cum autem Quæstores circuierint diœceses sibi ad quærendum assignatas, etc.* Hinc nostratibus *Caymant*, Mendicus, homo vagus et nihili. Lit. remiss. ann. 1400. in Reg. 155. Chartoph. reg. ch. 96 : *Survint un Caymant avecques une jeune femme muette, laquelle ledit Caymant dit estre sa femme espousée.* Aliæ ann. 1466. in Reg. 194. ch. 192 : *Ung coquin ou Cayment et homme vacabont.*

¶ **Quæstiarii**, Eadem notione. Litteræ Gilonis Archiep. Senon. ann. 1276. quibus indulgentias concedit accedentibus ad ecclesiam de Burgo medio in festo S. Coronæ, apud Martenium tom. 1. Anecd. col. 1153 : *Præsentes vero literas mitti per Quæstiarios districtius inhibemus; eas, si secus actum fuerit, carere viribus decernentes.* Prudens cautio ad tollendum ex indulgentiis turpem quæstum : quam iisdem fere verbis in Literis suis adhibet Urbanus PP. ann. 1363. ex Bullario Carmelit. pag. 124. Statuta Eccl. Æduensis apud eumd. Marten. tom. 4. Anecd. col. 472 : *Nullus recipiatur ad prædicandum, nisi sit authentica persona, vel ab Episcopo missus; et tunc si sit prædicator Quæstiarius, non admittatur ad prædicandum, sed tantummodo exponat indulgentiam quam habet et mandatum.* His consona sunt, quæ statuit Arnaldus Episcop. Valentinus tom. 3. Concil. Hisp. pag. 516. col. 1 : *Statuimus, quod Quæstor aliquis seu petitionarius non admittatur sine literis nostris.... et tunc non admittatur ad alia, nisi ad illa solum exponenda, quæ in suis literis indulgentiæ contineri invenientur.*

¶ **Quæstuarii**, in Statutis Eccles. Leod. ann. 1287. tom. 4. Anecd. Marten. col. 858 : *Decani et presbyteri non emant a Quæstuariis futuros proventus seu quæstus faciendos.* Adde col. 881. ubi semel legitur *Quæstuores* ead. notione, Synodum Mediol. ann. 1287. cap. 37. apud Murator. tom. 8. col. 1063. *Prædicatores conductitii sive Quæstuarii*, in Charta ann. 1215. ex Archivo B. Mariæ de Fontanis.

¶ **QUÆSTIARIA.** Vide infra *Quæstuarius* 2.

¶ **QUÆSTIARII**, Gallice *Quêteurs*. Vide supra in *Quæsta*.

¶ 1. **QUÆSTIO**, Species tributi. Vide supra in *Quæsta*.

¶ 2. **QUÆSTIO**, Contentio; unde *Quæstionem habere cum aliquo* ille dicitur, qui cum eo de re quapiam contendit. Epistola Edwardi III. Angl. Regis ad Carolum IV. Imper. ann. 1349. apud Ludewig. tom. 5. Reliq. MSS. pag. 460 : *Cum idem Rex pro juribus imperii sui, contra dominum Philippum de Valesio, nostrum adversarium, habuerit Quæstionem, vel induxerit inde bellum.* Mallem *Questionem*. Vide *Questio* 2.

* Lis, litigium, nostris etiam *Question*, eodem significatu. Libert. villæ de *Peyrusse* ann. 1368. tom. 5. Ordinat. reg. Franc. pag. 705. art. 10 : *Nul ne sera mis en Question, ne ne sera accordée sentence criminelle, ne donnée audit lieu, sans le faire savoir ausdis conssous; lesquielx, ou l'un d'eux, seront presens esdictes Questions à accorder les sentences et les donner.* Quod tamen de accusati interrogatione, imo et de cruciatu intelligi potest, ut mox in *Quæstio* 3. Sed litem aperte significat in Reg. Corb. 13. sign. *Habacuc* ad ann. 1511. fol. 88. v° : *Sur quoy lesdites partyes estoient en voye de procès et Questions l'un à l'encontre de l'autre;..... finablement pour éviter lesdits procès et Questions, etc.*

* 3. **QUÆSTIO**, Cruciatus, quo criminis confessio a reo quæritur. Libert. Amilian. ann. 1369. tom. 5. Ordinat. reg. Franc. pag. 293. art. 4 : *Concessimus eisdem consulibus,.... quod nullus criminosus, et pro quocumque crimine delatus existat, possit seu debeat quæstionari, quamvis meruerit subici Quæstioni, nisi ipsis prius vocatis et præsentibus, si interesse voluerint in Quæstione prædicta, cum ad ipsos, ut asserunt, pertineat judicium hujusmodi delatorum.* Quibus vero interdum tormentis id agebatur, describunt Literæ remiss. ann. 1381. ex Reg. 119. Chartoph. reg. ch. 124 : *Fu trouvé.... Jehanne du Pont.... coupable dudit fait;.... après ce qu'elle ot une fois esté mise en la gehyne en la coustepointe seulement,.....confessa ledit larrecin.... Lequel Guillaume... non sachant aucunes gehynes estre defendues en aucune maniere, fist ladite Jehannete lier les mains ce devant derriere, lui fist atacher une corde aus mains, un mortier aus piez, et oultre lui fist mettre deux oefs chaux dessouz les aiselles liez d'une toaille, et sa robe avaler jusques au droit des aiselles, et lier un foet noé entour sa teste; et en tel estat la fist tirer à une polie, aussi comme demi pié de hault ou plus; et pour ce que riens ne volt confesser desditz cas, assez tost après ledit Guillaume la fist mettre en la coustepointe, et pour lui faire paour, fist apporter de feu et fist semblant de lui mettre soubz les piez, mais point n'y fust mis.* Vide in *Quæstionare*.

¶ **QUÆSTIONALIS** Ratio, Quæstio, res de qua quæritur, et quæ proponitur definienda. Synodus Vermer. ann. 853. cap. 1 : *Inter cetera ecclesiastica negotia, de venerabili fratre nostro Herimanno Nivernensis urbis Episcopo Quæstionalis est ratio nobis oblata, videlicet quia infirmitate præoccupatus, etc.*

¶ **QUÆSTIONALITER**, Quærendo, interrogando apud Fulgentium de Voc. ant. n. 16.

QUÆSTIONARE, Papiæ, *Perquirere, examinare*, quærere ab aliquo : nos dicimus, *Questionner quelqu'un. Quæstionari* dixit Constantinus Afric. lib. 3. Pantech. cap. 33 : *Si quis autem Quæstionabitur, cur infans octo mensium non vivat, etc.* [Chronicon Farfense apud Murator. tom. 2. part. 2. col. 652 : *Tunc non jam de proprietate ipsorum locorum concessa causidici Odonis Quæstionabantur*, hoc est, quæstionem movebant : qua strictiori notione *Quæstionare* etiam legitur in Actis SS. Aprilis tom. 2. pag. 725. ubi de S. Wernhero Martyre : *Testis 188. dixit periculum fore in Ecclesia Dei de sanctitate tam præclari miraculatoris voluisse Quæstionare, quem jam coluissent per 150. annos.* Johannes de Janua : *Quæstionari, Inquirere, quæstionem facere.*]

[** Virgil. Grammat. pag. 132 : *De appellativis nominibus Quæstionantur.*]

Interdum Torquere, *Donner la question.* S. Cyprianus Epist. 69 : *Tot confessores Quæstionati et torti.* Isidorus Pacensis æra 756 : *Catenis onustos retentat, et Quæstionando, vel diversas pœnas inferendo, flagellat.* Usus est auctor ad Herennium. [Occurrit passim apud recentiores, in Consuetudinibus Brageriaci art. 16. in Literis ann. 1314. tom. 1. Ordinat. Reg. pag. 552. in Arresto Parlamenti Paris. ann. 1335. apud *la Faille* in Probat. Annal. Tolos. tom. 1. pag. 86. in Charta ann. 1343. tom. 2. Hist. Dalphin. pag. 468. Concilio Rem. ann. 1408. tom. 7. Ampl. Collect. Marten. col. 422. etc.] Vide *Quæstio*, 3.

* **QUÆSTIONARIUM**, Titulus libri, de quo in Chron. Sublac. apud Murator. tom. 4. Antiq. Ital. med. ævi col. 1042 : *Fecit libros secundum* (in MS. *scilicet*) *Josephum et Quæstionarium.* Vide infra *Quare* 2.

1. **QUÆSTIONARIUS**, Carnifex, qui reos cruciat, examinat, ut ab eis veritatem extorqueat. [Gall. *Questionnaire.*] Gl. Gr. Lat.: Βασάνων ὑπηρέτης, *Quæstionarius.* Alibi : Ἐξηταστής, *Exquisitor, Flagitator, Quæstionarius.* Papias : *Quæstionarius, Quæsitor.* Vetus Interpres Juvenalis Sat. 6 : *Quæstionarii, sive carnifices.* Walafridus Strabo de Reb. Eccl. cap. 31 : *Sunt in secularibus Quæstionarii, id est, qui reos examinant.* Lucifer Calarit. lib. Moriendum esse, etc. pag. 332 : *Hinc est, quod in te victo Quæstionario, illi dæmones in te vincuntur.* Acta S. Marcianæ Martyris num. 3 : *Iratus judex talibus dictis virginem Deo dicatam, Quæstionariorum manibus alapis cæsam in ludo gladiatorio jussit includi.* Acta S. Marii cap. 4. num. 18 : *Qui dum cæderentur, sub voce præconia dicentibus Quæstionariis, Præcepta principum nolite contemnere.* Appendix Cod. Theodos. Const. 3 : *Vexatos etiam nonnullos orthodoxorum Clericos,... flagitatos itineribus, Quæstionariis deditos, etc.* Vide Acta S. Anastasii Persæ Mart. n. 35. Acta S. Babylæ n. 12. Acta S. Theodori Duc. et Mart. num. 11. Julium Africanum lib. 3. Hist. Apostol. Evodium lib. 2. de Miracul. S. Stephani cap. 5. Acta S. Basilii Presb. Mart. n. 7. ubi κουεςιονάριοι dicuntur in textu Græco, Vitam S. Aigulfi Abbat. Lerin. cap. 24. Ingulfum pag. 866. Acta SS. Nicandri et Marciani, et Fullerum lib. 4. Miscell. sacr. cap. 16.

* Id officium præstabat olim serviens Casselleti. Memor. C. Cam. Comput. Paris. fol. 233. v°. ad ann. 1359 : *Colinus de Salines serviens Castelleti ad virgam et Quæstionarius Castelleti, una cum officio quæstionandi malefactores captos in Castelleto Paris. ibique ponendi in gehyna et aliis tormentis, prout solitum est.* Vide supra *Quæstio* 3.

2. **QUÆSTIONARIUS**, Idem qui Judex. Gloss. Ælfrici : *Quæstionarius*, Dema i. judex. Annales Francorum Fuldenses ann. 852 : *Decrevit inter alia, ut nullus Præfectus in sua præfectura, aut Quæstionarius infra quæsturam suam alicujus causam Advocati nomine susciperet agendam.* [** Vide Haltaus. Glossar. German. voce *Frager*, col. 480.]

3. **QUÆSTIONARIUS**, Qui eleemosynas pro se vel pro aliis petit. Matth. Westmonasteriensis ann. 1240 : *Imperator scripsit Regi elegantem Epistolam, in qua increpat Regem, quod in perniciem regni sui et imperii, terram suam per papales Quæstionarios depauperari.. permittit.* Infra : *Quicquid poterat inde, non fictus Papæ Quæstionarius apportavit.* Concilium Coloniense ann. 1300. cap. 12 : *Sacerdotes non permittant Quæstionarios goliardos, vel quoscunque alios ignotos intra parochiam suam prædicare, vel ostiatim deferre indulgentias pro quæstu facienda.* Adde cap. 13. [Concil. Trevirense ann. 1227. apud Marten. tom. 7. Ampliss. Collect. col. 115 : *Quæstionarii prædicatores formam prædicandi in generali Concilio Lugdunensi promulgatam excedentes, et falsa veris intermiscentes, de falsitate interposita etiam coram populo redarguantur : et quia Quæstionarii hujusmodi per literas falsas aut revocatas... quæstum faciunt, etc.* Concilium Mogunt. ann. 1451. apud eumdem Marten. tom. 8. col. 1006 : *Abusum Quæstionariorum, qui quotidie excrescit, volentes reprimere, mandat sancta Synodus, ne admittantur Quæstionarii ipsi aliter quam secundum formam, juxta dispositionem juris, cum litteris Diocesanarum ; et ut via maliciæ eisdem præcludatur, curent locorum Ordinarii in suis litteris non solum formam juris, sed etiam indulgentias quas publicare valeant, exprimere, necquicquam aliud quam in iisdem litteris exprimitur, liceat dictis Quæstionariis proponere.*] Vide *Quæstores* et *Quæstarii* in *Quæsta.*

Quæstuarius, Ead. notione in Concilio Budensi ann. 1279. cap. 28. Synodo Pictav. ann. 1280. cap. 10.

4. **QUÆSTIONARIUS**, *Qui quæstu vivit sicut mercator*, Ugutioni. [Melius infra *Quæstuarius.*]

1. **QUÆSTOR**, Questor, Creditor, qui ab alio rem creditam repetit, *quærit.* Capitulare Arechis Principis Beneventani, editum a Camillo Peregrino cap. 10 : *Quidam hominum versuta calliditate imbuti, propter obligationes vel debita, quæ fecerant, propinquioribus parentibus, qui juxta legem hæredes eorum futuri sunt, testamentum donationis ammittunt, ut Questores eorum creditas res facile perdant. Propterea decernimus, ut primi hæredes obligationes vel debita propinquorum persolvant, quod residuum fuerit de rebus eorum sibimet assumant.*

¶ 2. **QUÆSTOR**, Qui *quærit* et subministrat alimenta aliaque ad vitam necessaria, Gallice *Pourvoïeur.* Statuta Collegii Præmonstr. Paris. ann. 1618. apud Lobinellum tom. 3. Hist. Paris. pag. 212. col. 2 : *Qui quidem sufficientes pecunias ad quotidiana religiosorum et communitatis necessaria comparanda fratri Quæstori, seu exteriorum provisori tradent.*

* Eo sensu aut saltem de eo, qui alimenta parat, hanc vocem intelligo, in Charta ann. 1319. ex Reg. 61. Chartoph. reg. ch. 117 : *Petrus Amati consul.... deliberavit et abire fecit de carceribus regis dicti loci quendam Quæstorem de Tholosa, qui nutriverat Petrum Bonelli quondam bandium de Limoso.*

¶ 3. **QUÆSTOR**, Idem apud Imperatores CP. qui apud Reges nostros *Referendarius* seu summus *Cancellarius.* Codex Justinianus lib. 1. tit. 23. n. 7. in Authent. : *Ut divinæ jussiones subscriptionem habeant gloriosissimi Quæstoris.* [** Vide Dircksen. Manual. Font. Juris in hac voce § 3. Eichhorn. Histor. Jur. Germ. § 25. B. Glossar. med. Græcit. col. 674. voce Κοιαίςωρ.] Hinc pro Cancellario seu Notario sumitur in Literis Lotharii Regis, Bibl. Cluniac. col. 313 : *Gebo humilis Quæstor ad vicem Artoldi Archiepiscopi summique Cancellarii recognovi.* De *Questoribus sacri Palatii* plura vide apud Hofmannum in Lexico.

¶ 4. **QUÆSTOR**, Gall. *Quêteur.* Vide in *Quæsta.*

¶ 5. **QUÆSTOR**, Patronus. Translatio S. Cassiani apud Illustr. Fontaninum in Append. Antiq. Hortæ pag. 369 : *Si quis autem hoc donum his duobus præpollentibus Sanctis nunc a me traditum... auferre tentaverit, habeat sibi judicem Deum et hos præfulgidos nostros perpetuos Quæstores.*

Quæstor Ecclesiæ, Advocatus, Defensor. Regula Sanctimonialium cap. 9. ex Concilio Aquisgran. : *Si autem Ecclesiæ eas* (res suas proprias) *tradiderit, et usufructuario habere voluerit, Quæstor Ecclesiæ eas, utpote Ecclesiæ, defendat.*

¶ **QUÆSTRIX**, *Idem quod Quæsitrix, uxor quæstoris secundum Hugutionem.* Joh. de Janua. *Questresse*, in Glossis Lat. Gall. Sangerm. MSS.

¶ **QUÆSTUARE**, Mendicare. Marianus in Vita B. Johannis Bonvisii, tom. 5. Maii pag. 104 : *Et cum aliqua capita castrati Quæstuans recepisset, etc.* Vide *Quæstare* in *Quæsta.*

¶ 1. **QUÆSTUARIUS**, Gallice *Quêteur.* Vide in *Quæsta.*

¶ 2. **QUÆSTUARIUS**, *Qui quæstu corporis vivit*, in Glossis Isid. Joh. de Janua : *Quæstuarius, qui quæstu vivit, sicut mercator ; unde Quæstuariæ dicuntur meretrices, quæ quæstu corporis vivunt.* Eadem notione Seneca de Benef. lib. 6. cap. 32. ubi de Augusti filia : *Ex adultera in Quæstuariam versa.* Sic lege 4. § 3. Dig. de his qui notantur infamia (3, 2.) : *Lenocinium facit, qui Quæstuaria mancipia habuerit.* Gl. Lat. Græc. : *Quæstuarius*, χρηματιςικός. Item : *Quæstuaria*, πρακτική, ποριςική. Aliæ Græc. Lat. : Χρηματικός, *Quæstuarius, Pecuniarius.* Et alibi : Ποριςική, *Quæstuaria.* Rursum alibi : Πρακτική, *Quæstoria, Quæstiaria*, (melius *Quæstuaria*) *Actualis scientia.*

* Hinc *Questron* et *Quoitron*, meretricis filium vocabant nostri. Lit. remiss. ann. 1400. in Reg. 156. Chartoph. reg. ch. 29 : *Vuidiez hors, filz de ribaude, et se ta mere porta oncques si hardi Questron ; qui est autant à dire que, filz de putain, si vuide hors. Chetif, coquin, truant, Questron, bastart*, in aliis ann. 1420. ex Reg. 171. ch. 122. Aliæ ann. 1421. in eod. Reg. ch. 338 : *Enfans Quoitrons ne bastars, etc. Coestron*, eodem significatu et ejusdem originis, in aliis Lit. ann. 1384. ex Reg. 125. ch. 174 : *Que icelle* (femme) *ou son Coestron ou bastard de filz le comparroient.*

¶ **QUÆSTULA**, Species avis : an Querquedula, Gall. *Cercele ?* Angelus Rumplerus Histor. Formbac. lib. 3. apud Pezium tom. 1. Anecd. part. 3. col. 468 : *Frequentiores sunt sturni, Quæstulæ, merulæ, etc.*

¶ **QUÆSTUORES.** Vide *Quæstuarii* in *Quæsta.*

¶ QUÆSTURA. Vide *Questura* in *Quæsta.*

1. QUÆSTUS, Questus: Quæsitum, comparatum, cui opponitur terra hereditaria. Catholicum parvum: *Quæstus, Conquest.* Liber Rames. sub Stephano Rege conscriptus sect. 140: *Erat illis diebus quidam Ælsianus habens duas hidas apud Stapleforde, quod frater Ædnothus numeratis eidem* 100. *solidis argenti, reliquis Questibus suis in possessionem Ecclesiæ adjunxit.* Glanvilla lib. 7. cap. 1. § 5: *Aut habet hæreditatem tantum, aut Questum tantum, aut hæreditatem et Quæstum.* [** Adde lib. 6. cap. 2.] Vide *Quæsta.*

* 2. QUÆSTUS, Mercatorum societas, qui quæstu vivunt. Vide *Quæstuarius* 2. Lit. Caroli IV. imper. ann. 1355. tom. 2. Hist. Trevir. Joan. Nic. ab *Hontheim* pag. 186. col. 2: *Ut dum facietates* (leg. societates) *Quæstusque in Italia surgere contigerit, se mutuo..... coadjuvent ad exterminandum congregationes hujusmodi.* A Latino *Quæstus*, accersendæ videntur voces Gallicæ *Queste, Questeau, Queston* et *Questron*, ut arcula seu arcæ pars secretior significetur, in qua *quæstus* seu pecuniæ reponuntur. Chartul. 21. Corb. ubi de pedagio ann. 1295. fol. 355. v°: *Ung escring feré, iiij. den. une Queste de fut ou huchel, ij. den.* Lit. remiss. ann. 1380. in Reg. 117. Chartoph. reg. ch. 188: *Le suppliant prist un franc qu'il vit sur l'eschantellet ou Queston d'icelle huche.* Aliæ ann. 1423. in Reg. 172. ch. 418: *Laquelle vesve mettoit son or et argent aucuneffoiz en ses coffres ou Questeaulx.* Denique aliæ ann. 1447. in Reg. 176. ch. 566: *La suppliante print furtivement dans l'estude de maistre Jehan Hebert, chanoine de l'église d'Arras, en ung sacquelet de toille dedens, en ung Questron qui estoit sur ung petit bancquet,... six francs de monnoye blanche.*

* QUAGLIAROLUS, Ital. *Quagliere*, Aucupis fistula, qua coturnices allicit, sibilum *qualiæ* imitando, Gall. *Courcaillet;* quo sensu intelligendum quoque est *Qualiarolium* in *Qualea.* Stat. Taurin. ann. 1360. cap. 299. ex Cod. reg. 4622 A.: *Nulla persona capere debeat qualeas vel perdices in finibus Taurini ad Quagliarolum.*

QUALEA, Qualia, Quaquilia, Ortyx, coturnix, nostris, *Caille*, Italis *Quaglia.* Joh. de Janua: *Qualia, quædam avis, et dicitur a qualis, vel dicitur Qualia a voce, quam facit, sc. quaquera. Qualea*, apud Crescentium lib. 10. de Agricult. cap. 4. [ut et supra in voce *Guadellum. Venari ad Qualias*, in Statutis Montis-regalis pag. 282. *Quaquila, Graculus, Coturnix*, Papiæ apud Laurentium in Amalthea.] *Quaquilia* Matthæo Silvatico. Vide *Cara.*

¶ Qualiotus, Parva *qualia*, Italis *Quaglietta. Qualiotos capere*, in Chronico Bergomensi ad ann. 1402. apud Muratorium tom. 16. col. 904.

Qualilatorium, Instrumentum *cujus sonus est per omnia similis voci qualeæ*, (coturnicis) *generis feminæ, ad quam ardenter accedunt masculi*, apud eumdem Petrum de Crescentiis lib. 10. de Agric. cap. 25. ubi perperam editum, *quasi latorium.* Gallicus vetus Interpres, *Courtcaillet* vertit.

¶ Qualiarolium, Species retis ad *qualias capiendas.* Statuta Vercell. fol. 69. v°: *Item quod qualie non capiantur ad Qualiarolium nec ad aliquod aliud ingenium, nisi de mensibus Septembris, Octobris et Novembris.* Vide *Quagliarolus.*

* A corporis temperatione hujus avis, vir validus et acer, *Quaile* nostratibus appellatus est. Fabul. tom. 2. pag. 121:

Sire Gombers, dist dame Guile,
Si viex home come estes et frailes,
Moult avez auuit esté Quailes.

* QUALEFICATIO, Ratio, modus. Charta Joan. abb. de Columbis ann. 1453. ex Tabul. episc. Carnot.: *Cum pridem monasterium B. Gemmæ..... auctoritate apostolica, certis legitimis rationibus et causis, et sub certis Qualeficationibus, mediis et modis fuerit et sit præfato nostro monasterio de Columbis.... unitum, etc.*

* QUALGETOR, idem quod supra *Quagliarolus.* Stat. ant. Florent. lib. 3. cap. 177. ex Cod. reg. 4621: *Nullus capiat qualeas ad Qualgetorem.... sub pœna solidorum centum.*

¶ QUALIFICARE, Certa qualitate donare, Gall. *Qualifier.* Buschius de reformatione Monasteriorum apud Leibnitium tom. 2. Scriptor. Brunsvic. pag. 879: *Erant enim virgines bene morigeratæ, piæ et tractabiles, secundum quod Regula S. Benedicti eas Qualificaverat, et ad bonos mores composuerat.* Verbum frequens apud Scholasticos, ut et vox *Qualificatio*, Gall. *Qualification.*

¶ Qualificatores, ubi *Inquisitio* viget, dicuntur Theologi, qui de *qualitate* propositionum delatarum, rationumque, quibus eas defendunt auctores, consuluntur ab Inquisitoribus, ut æquam ac definitivam auditis Consultorum *qualificationibus*, ferant sententiam. Vide Limborchium lib. 2. Histor. Inquisit. cap. 4. et lib. 4. cap. 10.

¶ Qualificatus, Nobilis, notus, qualitate seu conditione commendandus, Gall. *Qualifié.* Bulla Innocentii VIII. PP. ann. 1484. in Continuatione Bullarii Rom. pag. 289. col. 1: *Nullus in Canonicum recipiatur in insigni ecclesia Gebennensi, nisi... nobilis... et alias Qualificatus secundum Bullam Martini PP.* Addit. ad Vitam S. Antonini, tom. 1. Maii pag. 338: *Quod probat magnus et Qualificatorum testium numerus. Qualificata necessitas*, urgens et nota, in Epitome Constitut. Eccl. Valent. tom. 4. Concil. Hispan. pag. 169.

* Qualificatus, Probus, legitimus, talis, cujus esse debet, qualitatis, Gall. *De bonne qualité, bien conditionné.* Stat. eccl. Tull. ann. 1497. MSS. fol. 99. r°: *Ut furnerius prædictus sine jactura sua valeat conficere panem Qualificatum et ponderis, ut præfertur.*

¶ QUALILATORIUM. Vide in *Qualea.*

¶ QUALIOTUS, Parva *Qualea.* Vide in hac voce.

¶ QUALIS-Qualis, apud Ulpianum 2. 1. pro Qualiscumque.

* QUALITATIVUS, Rei alicujus qualitatem, naturamve constituens. Gerberti epist. 86. tom. 10. Collect. Histor. Franc. pag. 415: *Quoniam res sub judiciali genere causarum posita, tum ratione tum scripto tractatur; id est, constitutionibus conjecturali, diffinitiva, translativa, Qualitativa, itemque legalibus statibus.*

¶ QUALITATULA, Minor *qualitas*, humilis conditio. Epistola Ratherii Veron. ad Johannem PP. tom. 2. Spicil. Acheriani pag. 245: *Parvitatis meæ Qualitatulam omnigeno calamitatum genere per annos jam viginti fatigatam, etc.*

¶ QUALITER, Cum suis qualitatibus seu proprietatibus. Lex 86. Dig. de verb. signif. (50, 16.): *Quid aliud sunt jura prædiorum, quam prædia Qualiter se habentia, ut bonitas, salubritas, amplitudo?* Adde legem 12. Quemadm. servit. amittantur

¶ QUALITER-Qualiter, in Lege 12. § 3. Dig. de Ratihab. (46, 8.) ubi *Qualiter* solum habent melioris notæ codices, *Qualitercumque* apud Columellam lib. 11. cap. 3. Quoquo modo, quocumque modo, quomodocumque.

¶ QUAM, Sive, vel, veteri Interpreti S. Irenæi lib. 1. cap. 7. num. 4. et alibi, ubi Græcum ἢ perperam vertit per *Quam*, cum vertere debuisset per *sive, vel, aut.*

* QUAMDIU, pro Aliquandiu. Vita S. Corbin. tom. 3. Sept. pag. 285. col. 1: *Qui* (Corbinianus) *non jam publicum a Gallorum partibus arripiens callem, sed secretiorem eligens viam, Allemaniam pervenit, deinde Germaniam, et sic Noricam veniens, ibi Quamdiu demoratus.*

* QUAMTITAS, pro *Quantitas*, Pondus vel Lex in re monetaria. Bulla Clem. V. PP. tom. 5. Ordinat. reg. Franc. pag. 427: *Ejusdem Quamtitatis et rotunditatis et litterarum figuræ, quam habet moneta regia, monetæ suæ quam fabricant, quantum possunt similius, speciem et formam insculpunt, constituunt et imprimunt.*

¶ QUAMTOTIES, Persæpe. Miracula S. Antonii de Padua, tom. 2. SS. Junii pag. 721: *Pronam terræ Quamtoties faciem collidebat.*

¶ QUANDO. Miracula B. Kingæ Virg. tom. 5. Julii pag. 758: *Ipsa tantum pedes de Quando in quando per terram trahens, etc.* Hoc est, interruptis vicibus, Gall. *de tems en tems.*

QUANDOQUIDEM, pro *Quandoque*, usurpat Concilium Duziac. I. part. 4. cap. 4. extremo.

* QUANETA, Anaticula, Gall. *Canette*, alias *Quenette.* Lit. remiss. ann. 1355. in Reg. 84. Chartoph. reg. ch. 492: *Item tres Quanetas in domo Johannis Felize.... se furatum fuisse confessus est.* Aliæ ann. 1442. in Reg. 176. ch. 131: *Une petite logete où l'en met couchier oës ou Quenettes. Quennette* vero, pro *Bobine*, fusus, in aliis Lit. ann. 1409. ex Reg. 163. ch. 456: *Trois Quennettes de fil d'or de Luques, etc*

1. QUANTI. Braulio Cæsaraugustanus, in Vita S. Æmiliani cap. 13: *Quem ut vidit, sciscitatus est a Quantis esset obsessus.* Phrasis Hispanica, ut et Gallica, *Depuis quant*, [A quo tempore.]

¶ 2. QUANTI, pro Quot. Index veterum Canonum, tom. 3. Concil. Hispan. pag. 25. col. 1: *Quanti debeant judicare episcopum, presbyterum vel diaconum.* Passim occurrit apud Scriptores mediæ Latinitatis.

¶ QUANTIFICARE, Magnum efficere. Expositio Regulæ S. Benedicti in Bibliotheca Heilbronensi pag. 64: *Licet de lege ordinata meritum Quantificatur secundum quantitatem actualis justitiæ.*

¶ **QUANTITAS**, Abundantia, multitudo, copia, Gall. *Quantité.* Jacobus de Vitriaco lib. 3. Histor. Orient. num. 7. apud Marten. tom. 3. Anecd. col. 274 : *Hortus balsama habens in Quantitate.* Literæ Renati Comitis Provinciæ pro Piscatoribus Massil. ann. 1479 : *Fecerunt senchas tunnorum in magna Quantitate.* Eadem locutio occurrit alibi non semel. *Quantitas pecuniarum*, Summa pecuniaria, in Charta ann. 1338. apud Ludewig. tom. 5. pag. 548. Alia ann. 1335. ex Museo Marchionis de Flammarens : *Obligatus Petro Bermundi domicello in diversis pecuniarum Quantitatibus sive summis. Quantitas denariorum*, in Chronico Nicolai Smeregi, apud Murator. tom. 8. col. 106.

* **QUANTITATICULA**, Perexigua quantitas. Anonym. de Casib. infaust. monast. Farf. apud Murator. tom. 6. Antiq. Ital. med. ævi col. 295 : *Et non jam de vino misso in refectorio apud nos conquerebatur, sed de Quantitaticula panis tractabatur.*

¶ **QUANTITATIVE**, *Non multum*, in Gemma Gemmarum; Philosophis vero scholasticis idem est ac ratione quantitatis, sive magnitudinis, aut multitudinis.

* Charta ann. 1223. inter Probat. tom. 3. Hist. Occit. col. 280 : *Donet.... jus percipiendi æquali portione, sive parti in prædictis bestiis sibi remanenti, proportionaliter et Quantitative.*

¶ **QUANTITATUS**, Idem quod *Quantitas*, Numerus. *Quantitatus librarum* 50. *monetæ currentis*, in Statutis Castri Redaldi fol. 36. recto.

¶ **QUANTITUDO**, *Pondus, quantitas*, apud Barthium in Glossario ex Gauterio de bellis Antioch. apud Ludewig. tom. 3. Reliq. MSS.

* **QUANTOCIES**, Sæpius. Vita S. Godeh. tom. 1. Maii pag. 514. col. 2 : *Nos vero hæc audientes, quasi derisimus; quia cum jam Quantocies de regressione antiquæ suæ patriæ, videlicet Bajoariæ, nobis minitantem audivimus.* Vide *Quamtocies.*

¶ **QUANTOCIUS**, pro Quanto ocyus, Quamprimum. Vossius lib. 4. de Vitiis serm. cap. 35. miratur hodie frequentari a multis non ineruditis, et auctorem requirit. Antiquiorem non cognoscimus vetere Scripturarum Interprete, qui utitur Gen. 45. 19. et Sulpitio Severo lib. 3. Dialog. cap. 5. ubi : *Discede Quantocius, ne me ob injuriam tuam cœlestis ira consumat.*

¶ **QUANTO** Magis, pro Quanto minus, Græcorum more, non semel utitur vetus Interpres S. Irenæi. Sic lib. 1. cap. 2. num. 1 : *Hoc autem ne homini quidem solerti applicet quis; Quanto magis Deo?*

* **QUANTONUS**, Angulus, Gall. *Coin*, alias *Quenton.* Inventar. ann. 1387. in Reg. 132. Chartoph. reg. ch. 54 : *Item unum hospitium situm infra muros dicti loci* (Giniaci) *in Quantono plateæ dicti loci.* Lit. remiss. ann. 1402. in Reg. 157. ch. 245 : *Icellui Pierre venant par la ville de Carcassonne au long de la grant rue devers la porte de Tholouse,.... comme il fu suz le Quenton ou la rue de la mercerie, etc.* Vide infra *Canto* 1.

** **QUANTOTUS**, unde comparativus *quantotius*, apud Virgil. Grammat. pag. 139.

* **QUANTUM** Plurimum, Gall. *Surplus*, Quod excedit, accessio. Arest. ann. 1401. 14. Jan. in vol. 9. arestor. parlam. Paris. : *Quod præfati mercatores in æstimationem Quanti plurimi ac pro batelagio in xv. denariis.... condemnarentur.* Vide supra *Plusagium.*

¶ **QUANTURUS**, pro Quam futurus. *Notum facimus universis tam præsentibus Quanturis*, in Litteris Johannis Franc. Regis ann. 1360. tom. 4. Ordinat. Reg. pag. 393. Nuda est scriptoris abbreviatio.

* **QUANTUS**, Portio, quæ alicui competit, idem quod *Quota.* Vide in hac voce. Charta ann. 1250. ex Chartul. S. Petri Carnot. : *De venditionibus, Quantos suos.... habebit* (major).

¶ **QUAQUILA**, Quaquilia, Vide *Qualea.*

* **QUARANTEIRA.** Vide mox in *Quarantenum.*

* **QUARANTENA.** Acta S. Peregr. tom. 1. Aug. pag. 78. col. 1 : *Cum pervenisset ad locum deserti, qui Quarantena vocatur, in quo Dominus noster Jesus Christus quadraginta diebus et quadraginta noctibus jejunaverat, etc.* Vide in *Quarentena* 1.

* **QUARANTENUM**, Quadragesima pars. Stat. Avenion. ann. 1243. cap. 53. ex Cod. reg. 4659 : *Statuimus quod omnes molendinarii non possunt pro moutura accipere ultra Quaranteiram.* In editis vero lib. 1. rubr. 25. art. 1 : *Statuimus quod nullus molendinarius pro molitura debeat accipere ultra Quadragesimam partem eorum quæ molentur.* Charta ann. 1229. ex eod. Cod. : *Concedimus ut nomine molturæ accipiatur Quarantenum sive quadragesima pars bladorum.* Alia ann. 1381. ex Tabul. Massil. : *Omnia quæ venduntur ad cannam, diminuatur canna de Quaranteno, et vendentes solvant sex denarios pro libra.* Vide *Quarentenum.*

* **QUARANTESIMUM**, Eodem intellectu, Exactionis species. Charta ann. 1136. in Append. ad tom. 6. Annal. Bened. pag. 670. col. 1 : *Cum ripatibus, teloneis, Quarantesimis et cum omnibus ad prædicta loca pertinentibus.* Vide *Quarentenum.*

* **QUARANTIGIA**, pro *Guarantigia*, Auctoritas, cautio de evictione, Gall. *Garentie.* Charta ann. 1297. apud Lamium in Delic. erudit. inter not. ad Hist. Sicul. Bonincont. part. 3. pag. 173 : *Ego Mattheus notarius infrascriptus præcipio, nomine Quarantigiæ, ut prædicta omnia et singula facient et observent, ut supra scriptum est.* Vide *Guarentigia.*

* **QUARATIUM**, vulgo *Carat*, Ponderis nomen in re monetaria, quo auri bonitas notatur, idem quod supra *Quadriatus.* Charta ann. 1362. in Reg. Cam. Comput. Paris. sign. *Vienne* fol. 44. v° : *Floreni grossi ponderis de lviij. florenis et tribus quartis ad marcham Gratianopolitanam ad xxij. Quaratia, cum tribus quartis Quaratii de liga, ad remedium octavæ partis unius Quaratii, etc.* Vide *Quaratus.*

¶ **QUARATUS**, Gradus bonitatis in auro, Gallice *Carat.* Charta ann. 1327. tom. 2. Hist. Dalphin. pag. 214 : *Faciat et fieri cudi... florenos de 24. Quaratis auri fini.* Mox recurrit. Nostrum *Carat* deducunt quidam a κεράτιον, species ponderis exigui; alii a χαράττιον, denarius tributi : melius, ut videtur, Menagius ab Arabico *Alkarat*, quod est genus parvi ponderis.

¶ **QUARCELLUS**, pro *Quarrellus.* Vide *Quadrellus* 1.

¶ **QUARDA.** Statuta criminalia Saonæ cap. 17 : *Usque ad carrubeolum S. Andreæ, per quem descenditur ad Quardam, illo excluso, et inclusa tota platea, vico, utraque tota lobia, et tota Ecclesia Magdalenæ, et via, qua itur ad mare usque ad viam, qua itur ad Quardam et fabros, illo etiam excluso.* An loci proprii nomen?

* **QUARDIA**, Mensura frumentaria, eadem atque *Quarta* 1. Charta ann. 1368. in Reg. 102. Chartoph. reg. ch. 57 : *Item de qualibet Quardia bladi, unum denarium ab emente et alium a vendente.* Vide supra *Carregno.*

1. **QUARE**, pro *Quia.* Lex Alemannor. cap. 93. ex cod. Corboniensi, apud Steph. Baluzium : *Ab illo alio Quare inde fugivit.* Ubi alii codd. *quia inde fugivit.* Hinc nostri *Car* hauserunt.

* 2. **QUARE**, Titulus libri, qui in interrogationibus et responsis consistit. Lit. remiss. ann. 1414. in Reg. 168. Chartoph. reg. ch. 37 : *Le suppliant prinst un breviere, un petit livret qui* (ne) *scet nommer, et un autre petit livret, nommé Quare.* Vide supra *Quæstionarium.*

* **QUAREIA**, Lapidicina, f. pro *Quareria* ut videre est infra. Charta ann. 1266. ex Tabul. S. Autberti Camerac. : *Fodere possit et lapides ab eadem* (*Quareia*) *per dictam terram sive Quareiam suam extrahere.* Vide supra *Quadraria.*

¶ 1. **QUARELLUS**, Teli genus, Gallis *Carreau.* Vide *Quadrellus* 1.

2. **QUARELLUS**, Quadra carnis, *Quarré.* Statuta antiqua Canonicorum S. Quintini in Viromanduis [apud Hemeræum pag. 115.] : *Medio Paschæ debent Canonici S. Pecinæ* 10. *sextarios frumenti*, 5. *frusta carnis, Quarellum recentem*, 2. *membra pulli, etc.* Mox : 3. *frusta carnis, Quarellum recentem et salsum, agnos pro calida carne.* Infra : *Quarellus recens facit dimidium frustum.* Vide *Quadrellus* 1.

* 3. **QUARELLUS**, Atrium quadratum. Charta ann. 1224. ex Chartul. 23. Corb. : *Ego vero dictam præposituram.... quittavi in perpetuum,.... cum omnibus censibus Quarelli S. Gentiani, etc.*

* 4. **QUARELLUS**, Quarrellus, Pulvinus, Gall. *Carreau.* Inventar. S. Capellæ Paris. ann. 1363. ex Bibl. reg. : *Item quatuor Quarrelli de plumis, cooperti de borda.* Aliud Gall. : *Item quatre carreaux de plume, couvers de borde.* Necrol. MS. eccl. Paris. Kal. Apr. : *Dedit Guillelmus Alvernensis episcopus Paris. duo tapeta et tres Quarellos de chorio broudatos.* Ibid. Kal. Jan. : *Dedit quoque* (Petrus episc.) *duo tapeta parva et tres Quarellos ad usum presbiteri, diaconi et subdiaconi, ad majorem missam servientium.*

* 5. **QUARELLUS**, Quadratus lapis, nostris alias *Quarel.* Charta Hugon. de Montef. in Reg. 74. Chartoph. reg. ch. 61 : *Dicto Hugoni boscus tradetur et arbores ad natale Domini ad hospitandum se;..... et*

petram et Quarellum sine deliberatione. Vita J. C. MS. ubi de illius Resurrect. :

Encor a là un tel Quarel,
Qui là li gist sour le cercuel :
Se il estoit résuscités,
N'en seroit il jamais levés.

* Quarellus, f. Mensa quadrata vel tapete quadratis distincto cooperta. Reg. capitul. MSS. eccl. Carnot. ad ann. 1313 : *Item declaratum est quod canonici, qui non fuerint præsentes in capitulo generali in crastino festi Purificationis B. M. V. antequam computatores in pleno capitulo super Quarellos, ubi consuetum est incipere ad computandum, de computo recesserint, etc.* Nisi idem sit quod supra *Quarellus* 4.

* 6. QUARELLUS, Modus agri, nostris *Quarreau*, cujus æstimatio ex sequentibus patet. Charta ann. 1328. in Reg. 65. Chartoph. reg. ch. 117 : *Viginti unus pedes in cadratura faciunt Quarellum et quingenti Quarelli faciunt quarterium.* Alia senesc. Sancton. ann. 1332. in Reg. 66. ch. 962 : *Avons trouvé ou fié de Vangernie dis quartiers, trois cenz vint et neuf Karreaus. Et est assavoir que vint et un pié en quarrâure font un Karreau, et cinc cenz Karreaus font un quartier; et est estimé chascun quartier à quarente souls à la cense.* Charta ann. 1312. in Lib. rub. Cam. Comput. Paris. fol. 522. v° : *Une piece de terre, appellée la Tercier, en quoy a lxxxj. arpens et xlv. Quarreaus, dont les cent Quareaus, font l'arpent.* Lit. remiss. ann. 1408. in Reg. 163. ch. 1 : *Quarante Quarreaux de vigne assis ou vignoy d'Argenteuil.* Vide *Quadrellus.* 3. et *Quadri.*

* QUARENTARIUS. Codex MS. ex Bibl. Major. monast. ubi de Visione quadam : *Speras tibi terminum in his pœnis? Et ait, utique. Et ego aio, post quantum tempus? Et ille, post sex Quarentarios, id est, post tres annos.*

1. QUARENTENA, Quadregesima, in aliquot Galliæ Provinciis, *la Quarantaine* : unde efficta vox *Carena*, quam consule, [a Latino *Quadragena*, non a Teutonico, ut vult Burchardus lib. 19. cap. 5. quod observat Vossius lib. 3. de Vitiis sermonis cap. 40.] Alexander III. PP. Epist. 114. inter Francicas tom. 4. Hist. Franc. : *Accepimus ex litteris tuis Regiæ Celsitudini per alia scripta non fuisse expressum, utrum in Quarentenis feria sexta illam relaxationem, quam in sexta feria aliorum temporum tibi fecimus, debeas observare.* Will. *Guiart* in S. Ludocico :

Toût l'Advent et Jà Quarantaine.

Le Roman *du Chevalier au Barisel* MS. :

Ja n'en vausist jour espargnier,
Ne Vepredi, ne Quarantaine.

¶ Quarantena, Eadem notione. Vita S. Bonæ tom. 7. Maii pag. 151 : *In ultima Quarantenarum, quas Romæ cum abstinentia multa et devotione peregit, etc.*

Quarentena, etiam dictum Desertum, in quo Christus 40. diebus totidemque noctibus jejunavit, Eugesipo de Terra S. pag. 119. apud Allatium lib. 5. Symmict. Arnoldo Lubecensi lib. 2. cap. 7. Alberto Stadensi pag. 186. in Vita S. Theotoni Canonici num. 4. Jacobo de Vitriaco lib. 1. Hist. Hieros. cap. 52. et Sanuto lib. 3. part. 14. cap. 3. Deserti istius etiam meminere Adrichomius in Benjamin. num. 9. Quaresmius lib. 6. Elucidar. Terræ Sanctæ, et alii.

2. QUARENTENA, Pœnæ ac multæ monachicæ species, quæ describitur in Statutis Ordinis Hospitalariorum Hierosolymit. tit. 18. § 57 : *Si vero positus fuerit in Quarentena, quadraginta diebus continuis jejunabit, et quarta ac sexta feriis dictorum 40. dierum pane et aqua tantum vescetur, comedens in terra. Qualibet vero quarta et sexta feriis disciplinam suscipiet modo sequenti, etc.* Vide *Quadragesimæ pœnitentia,* et *Septena.*

3. QUARENTENA, Modus agri apud Anglos, constans 40. perticis, ut est in Monastico Anglic. tom. 1. pag. 313. Pertica vero quarentenarum constat 20. pedibus, ut est in tom. 3. pag. 15. et 16 : *Et quælibet virga, unde Quarantenæ mensurabuntur, erit 20. pedum.* Aliter liber Crabhusiæ fol. 8. apud Spelmannum : *Le mesuage de Crabhus en lungure ouwoc la terre de la rive tendant vers Occident, desqu'à la fosse de le mareys, conteynt tres Quarenteynes, et trente oyt perchez. Checun Quarenteyne par sey conteynt quarante perchez : et checun perche conteynt seize pès d'home : le avant det messuage conteynt en lée à le chef juste de la rive entre.... trente cink perchées, et quatre pès larges de homme de graunt estature.* Charta Witlafii Regis Merciorum in Monast. Anglic. tom. 1. pag. 166. 168 : *Sex carucatas terræ arabilis, habentes in longitudine 15. Quarentenas, et 9. Quarentenas in latitudine, et 100. acras prati.* Habetur ibi pluries, et tom. 2. pag. 547. 853. et 872. tom. 3. pag. 181. 182. in Legibus Ethelredi Regis Angl. cap. 20. apud Brompton. et in Legibus Henrici I. cap. 16. Adde Ingulfum pag. 875. 909. [Thomam *Blount* in Nomolexico et Kennettum in Glossario ad calcem Antiq. Ambrosden.] Chronicon Monasterii de Bello : *Octo virgæ unam hidam faciunt; wista vero 4. virgatis constat : leuga autem Anglica 12. Quarantenis.*

* Nostris etiam cognitus hic modus agrorum, ut colligitur ex Charta ann. 1340. in Reg. 72. Chartoph. reg. ch. 217 : *Six deniers pour seze Quarantainnes de terre, qui furent Raimbaut.... Un denier pour onze Quarantaines de terre au Prumereul.* Vide supra *Quarellus* 6.

¶ 4. QUARENTENA, Quarantena, Spatium quodvis 40. dierum. Transactio Simonis de Joinvilla cum Comitissa Campaniæ ann. 1218. tom. 2. Anecd. Marten. col. 865 : *Quod si non observarem prædictas conventiones, et submonitus infra Quadraginta dies non emendarem, etc.* Mox : *Adjunctum est, quod si non emendarem infra duas Quarentenas, postquam essem super hoc requisitus, ego prædictam senescalliam dimitterem.* Conventio inter Henricum Reg. Angl. et Robertum Flandriæ Comitem in libro Scaccarii cap. 14 : *Et ipsi eam infra tres Quarantenas reconciliare non potuerint Regi.*

Quarentena, [Nostris vulgo *Quarantaine le Roy.*] Spatium 40. dierum, intra quod eorum, qui bella indicendi jus habebant, vel revera ex qualibet causa indicebant, agnati seu cognati, impeti non poterant. Id lege sancitum S. Ludovici scribit Buterius in Summa Rurali tit. 34. quam [non] Philippo Ludovici filio adscribit Philippus Bellomanerius, Ludovico coævus, in Consuetud. Bellovacensi MS. cap. 60. [ut hic scribit Cangius, sed Philippo Augusto, ut probat *de Lauriere* tom. 1. Ordinat. Reg. pag. 46. et 47.] Quippe, cum ex usu apud Gallos recepto, tenerentur agnati bellis agnatorum interesse, eosque adjuvare, accidebat plerumque, ut antequam *diffidationum* fama ad eos perveniret, incauti et inscii impeterentur. Si quis igitur agnatos aggrederetur ante hos 40. dies, loco proditoris habebatur, et supremo plectebatur supplicio, uti habet idem Bellomanerius. Lewold. a Northof in Chronico Markano ann. 1356 : *Servare juraverat, videl. quod judicium pacis et Quarentenarum et jurisdictiones Episcopi..., non impedirent.* Joannes Hocsemius in Adolpho a Marka Episc. Leod. cap. 13 : *Cum tres homines Episcopi ad mandatum ejus inter quosdam inimicos in Brabantia indicerent Quarentenas, Dux eos confestim capi faciens, etc.* ubi indicere *Quarentenam*, apud Jacob. Hemricurtium de Bellis Leodiensibus, exponitur *jetter les Quarantaines*, num. 9. et 12. quibus etiam locis observat, id moris obtinuisse ut, si quispiam iis in bellis occisus fuisset, pro quolibet mortuo quatuor *Quarantenæ* indicerentur : *En ce temps demoront tos chis linages en pais por les Quarantaines gétées par le Saignor : car de chascon noveal mort, on commandoit 4. Quarantaines, lesquelles Quarantaines furent tousiours bien tenues queilconques haymes qu'il avist entre les parties.* Adde num. 23. 24. 25. 29. 30. 46. 55. Quarentenæ ejusmodi mentio est etiam in Magno Recordo Leodiensi pag. 56. Vide Dissert. 29. ad Joinvillam pag. 334. [* Vide supra *Quadragena* 2.]

Quarentena, Spatium 40. dierum quod viduæ ex lege conceditur a morte mariti, intra quod dos ei debet assignari vel restitui, et donec illa fuerit restituta, ali debet de bonis defuncti, et in illius domo manere. Quod si infra hos 40. dies dos non restituitur, vidua *deforciari de Quarentena sua* dicitur in Statuto *de Merton* ann. 20. Henrici III. cap. 1. in Statutis Roberti III. Scotor. Regis cap. 20. § 1. et Alexandri cap. 22. et apud Matthæum Paris pag. 288. Skenæus apud Gallos ejusmodi quarentenam, *le Caresme des femmes* vocari auctor est. Adde Fletam lib. 5. cap. 24. § 5. [Th. *Blount* in Nomolexico] et Rastallum verbo *Quarentine.* [** Plac. Ebor. rot. 18. ann. 18. Edward. I. in Abbrev. Placit. pag. 223 : *In magna charta continetur quod vidua post mortem viri sui maneat in capitali messuagio quod fait viri sui per 40. dies post mortem viri sui, infra quos 40. dies... assignetur ei dos sua, nisi prius ei fuerit assignata et nisi sit castrum.* Locus magnæ chartæ est cap. 7. eadem fere leguntur in Statut. laudat. Alexandri II. In Statut. Henric. III. et Robert. III. *Quarentena* est Pars fructuum ex bonis mariti defuncti quæ viduæ debetur usquedum dos ei sit assignata et tradita, non vero restituta.]

* 6. QUARENTENA, Inter oblationes ecclesiasticas, illas forte quæ per Quadragesimam fiebant, recensetur in Charta ann. 1048. ex Tabul. S. Vict. Massil. : *Acaptavi*

medietatem decimi de pane et de vino et de carne et cum totis primitiis suis et offerendis et Quarentenis et cimeteriis.

QUARENTENUM, Tributi species. Libertates Regni Majoricar. ann. 1248 : *Non donetis carnaticum de vestro bestiario ullo tempore, passaticum, herbaticum, neque Quarentenum.* [Literæ Johannis Francorum Regis ann. 1363. tom. 3. Ordinat. pag. 626. num. 41 : *Item, quod durante tempore dictæ provisionis cessent omnia subsidia, focagia, capagia, Quarentena, indictiones, equi qui dicuntur de debito et alia onera.* Sed vereor, ne hic legendum sit *capagia quarentena*, sublata virgula, ut intelligantur *capagia*, seu pecuniaria subsidia, quæ *in media Quadragesima* solvi consueverant, ut dictum est supra in *Capagium.*]

¶ QUARERA, Lapidicina, Gall. *Carriere*, Angl. *Quarry*. Charta ann. 1257. apud Thomam *Madox* Formul. Anglic. pag. 309 : *Galfridus Pigot concessit.... quod capiant et habeant in Quarera sua de Melborby molas ad omnia molendina sua.* Vide *Quadraria* et *Quarrera.*

¶ QUARERIA Idem quod *Quarera*. Monast. Anglic. part. 2. pag. 595. col. 2 : *Præterea dedi eis turbariam, et petrariam, et Quareriam ubicunque invenire poterint in territorio villæ de Hepp.* Vide infra *Quarreria.*

* Charta ann. 1208. ex Chartul. S. Joan. de Valle : *Super decima molendini et piscariæ et Quareriæ de Garne et decimis ejusdem loci, etc.* Vide infra *Quarraria.*

¶ QUARESMENTRANNUS, Feria 3. ante diem Cinerum, Gall. *Mardi gras.* Vide *Caremmentrannus.*

* *Quaronne-prenant*, in Libert. villæ *de Grancey* ann. 1348. tom. 9. Ordinat. reg. Franc. pag. 159.

¶ QUARETATA, Quantum carro vehi potest, Gall. *Charretée.* Processus de B. Petro Luxemb. tom. 1. SS. Julii pag. 587 : *Desuper erant ultra decem Quaretatæ lapidum, fustium et similium.* Vide *Quarada.*

* QUARGA, Onus equi vel asini, idem quod *Saumata*. Vide in *Sagma*. Nostris *Charge*. Charta ann. 1334. in Reg. 66. Chartoph. reg. ch. 1378 : *Certam quantitatem avenæ usque ad duodecim Quargas...... receperat ab habitatoribus.* Vide supra *Carga.*

* QUARIAGIUM, Vectura seu servitium cum carro, quod tenens domino præstare tenebatur, aut pecunia redimebat, idem quod supra *Carrigium* 2. Charta ann. 1318. in Reg. 56. Chartoph. reg. ch. 250 : *Item unum dolium vini tenens quarrellum Autissiodorensem,.... una cum quinque solidis Turon. pro Quariagio.* Vide *Quarriagium.*

QUARNELLUS, Pinna muri, quæ fenestræ quadratæ effigiem præfert, per quam milites jaculantur, Gallis *Carneau*, [vel *Carnel*, ut habet le Roman *de la Rose*, teste Borello, et etiamnum loquuntur Occitanis,] a *Carne*, vel *Quarne*, quod rem quadratam sonat; [vel potius a Latino *Crena* :] frustra enim a Saxonico etymon accersit Spelmannus. Will. Britto lib. 7. Philipp. pag. 180 :

.... Ubicunque patent Quarnelli sive fenestræ.

Regestum Philippi Aug. Regis Herouvallianum fol. 122 : *Et viderunt, quod timorem habuerunt de obsidione, et attornati fuerunt 4. homines de communia ad unumquemque Quarnellum custodiendum et hurdandum eum.* [Marten. tom. 1. Ampliss. Collect. col. 1062. habet *Quernellum.*] Necrologium Ecclesiæ Parisiensis prid. Id. Nov. : *Fecit etiam ibidem fieri clausuram manerii de muris Quernellatis.* Alexander Necham : *Cancelli, karneus : et pinnæ turrium, karneus :* et in Notis : *Cancellus, karnel. Castella, et domus Kenerlatæ*, in veteri Charta apud eumdem Spelmannum et Prynneum in Libertatibus Eccles. Anglic. tom. 3. pag. 1149. *Crenellé*, nostris *Kernellatus*, pinnatus, dentatus, quasi *Carnellé*, vel *Quarnellé*, quod quadris tum vacuis, tum plenis subinde distinguitur, ut sunt pinnæ murorum. Le Roman *de Vacce* MS. :

A bretesches monterent, et aus mur Quernelé.

Infra :

As Quernaux ne se voudrent monstrer ne descouvrir.

Rursum :

Entour ont Bretesches levées,
Bien planchiés et Quernelées.]

[Nostri etiam *Cresteaux* et *Crestiaux* dixerunt eadem significatione.]

¶ QUERNELLUS. Charta ann. 1292. in Probat. Hist. Abbatiæ Sangerman. pag. LXXI. col. 2 : *Muros simplices facere possint sine Quernellis et fortaliciis.*

* Hinc, ut opinor, *Quarreler* alias diximus, pro *Entailler, faire une entaille, une ouverture*, Incidere. Lit. remiss. ann. 1347. in Reg. 77. Chartoph. reg. ch. 172 : *Gillet Hideux feru ladite famme d'icellui Tristan d'un baston en la teste, si et en telle maniere qu'elle en fu vomie et Quarrelée, etc.*

* QUARQUAR, pro Calcar. Charta pro locat. præposit. Ambian. ann. 1292. in Reg. 70. Chartoph. reg. ch. 252 : *In uno pari Quarquarium deauratorum, debito modo census.*

¶ QUARRADA, Onus *carri*, quantum carro vehi potest. Charta Dagoberti Franc. Regis apud Doubletum Histor. Sandion. pag. 656. et Miræum tom. 1. pag. 241 : *Rothomagenses et ceteri pagenses de alias civitates persolvant de illos navigios de unaquaque Quarada denarios* XII. Vide *Carrada.*

* QUARRARIA, Lapidicina, Gall. *Carriere*. Charta ann. 1183. ex Chartul. 21. Corb. fol. 185 : *Similiter autem de Quarraria facient; ita tamen quod si dominus de Jumelis de eadem Quarraria ad usus suos capere voluerit, libere et quiete capere poterit.* Vide supra *Quareria* et in *Carraria* 2.

1. QUARRARIUM. Charta Odonis Borelli de Curtalano in Tabulario Ecclesiæ Carnotensis n. 72 : *In hospitibus et hospitaliciis eorum,.... nihil habeo, nec hæredes mei, nec justitiam, nec aliud, nisi medietatem furni, et Quarrarium unum per annum, et talleiam quarto anno.* Infra : *Quotiescumque vero ipsi talleium fecerint, dimidia erit mea : Quarrarium vero supradictum non mittam nisi securo loco, videlicet ad Castridunum, vel ad Vendocinum, infra Lidum, etc.* [** Forte Præstatio *carri*. Vide *Quarraria.*]

¶ 2. QUARRARIUM, Modus agri vel vineæ, Gall. *Quartier de terre* vel *de vigne*. Charta Othonis Regis ann. 952. apud D. Calmet. Hist. Lothar. tom. 1. col. 361 : *Ad Harbodi villam ecclesiam* 1. *et mansa* 11. *et Quarrarium* 1. *ad Liniacum quartam partem* 1. *ecclesiæ, cum manso* 1. *et Quarrariis tribus et molendino* 1. *cum sylvis et pratis.* Vide *Quadrans* et infra *Quarteria.*

* QUARRATUM, Carrum. Charta Joan. de Castell. dom. de S. Hilario pro incolis ejusd. loci ann. 1324. in Reg. 62. Chartoph. reg. ch. 361 : *Tria Quarrata ad unum equum, etc.* Vide *Quarretum.*

¶ QUARRATUS, Gallice *Quarré*, Quadratus. Inventarium utensilium e Tabulario S. Cornelii Compendiensis : *Duos mortarios cum postallis suis et* x. *sedes Quarratas.* Brachiatas sellas hodieque vocant *Chaises quarrées* in quibusdam locis Gallo-Flandriæ.

* QUARRELLUM, QUARRELLUS, Quarta pars dolii, Gall. *Quartaut*. Charta Caroli IV. ann. 1323. in Reg. 61. Chartoph. reg. ch. 197 : *Cum abbas et conventus monasterii de Ripatorio...: possent adducere.... apud Trecas singulis annis imperpetuum quinquaginta dolia vini, dicta vulgariter Quarrella Autissiodorensia.* Infra : *Quinquaginta tonnellos vini.* Vide supra in *Quariagium.*

1. QUARRELLUS, Teli genus, Gall. *Quarreau*. Vide supra *Quadrellus* 1.

¶ 2. QUARRELLUS, Quadratum, Gall. *Quarré*. Inventarium MS. Ecclesiæ Noviom. ann. 1419 : *Item una alia alba pro presbitero cum paramentis panni serici broderati per Quarrellos albos et virides super croceo.*

* 3. QUARRELLUS, Fax quadrata, Ital. *Quadrone*, nostris alias *Caier, Kaier*, et *Quaier*. Charta Phil. V. reg. Franc. ann. 1321 : *In sero duodecim candelas et unum Quarrellum de cera volumus ac tenore præsentium declaramus, quod capellanus dictæ capellaniæ.... de cætero percipiat.* Ordinat. ejusd. reg. pro hospitio reg. ann. 1317 ex Reg. Cam. Comput. Paris. sign. *Noster* fol. 79. v° : *Et aura.... chascun deux Kaiers et douze menues chandelles.* Infra : *Quaiers. Cahoers* et *Quahoers*, in Lit. ann. 1358. tom. 3. Ordinat. reg. Franc. pag. 313. art. 3. Lit. remiss. ann. 1373. in Reg. 105. Chartoph. reg. ch. 120 : *Icellui Thomas tenoit en sa main deux Caiers de cire ardans, que il avoit apportez du soupper de ladite sale.*

* 4. QUARRELLUS, Pulvinus. Vide supra *Querellus* 4.

¶ QUARRERA, Lapidicina. Examinatio terræ Prioris de Burncestre apud Kennettum in Antiq. Ambrosden. pag. 529 : *Imprimis una acra jacet in furlongo prædicto, in quo Prior prædictus habet Quarreram.* Vide *Quarera.*

¶ QUARRERIA, Idem quod *Quarrera*. Charta ann. 1247. e Chartulario S. Martini Pontisarensis : *Ecclesia S. Martini durabit mater et parochialis usque ad Quarreriam contiguam viæ per quam itur de Pontisara apud Cergiacum.* Miracula S. Opportunæ Abb. num. 2. tom. 3. Aprilis pag. 71 : *Guarinus Episc. Silvanect. concessit Monachis S. Martini de Campis... ut ipsi de Quarreria... capiant, quandocumque volue-*

riut, quantum habuerint necesse ad ædificandum.

¶ **QUARRERIUS**, Lapicida, Gall. *Carrier*, in Chartulario AB. Sangermanensi fol. 21.

¶ **QUARRETUM**, Carrus, seu præstatio carri, Gall. *Charrette*. Charta Archembaldi Domini de Soliaco apud Thomasserium in Consuet. Bitur. pag. 714 : *Ex quo paratum fuerit (marrenum) et Quarretum quesitum fuerit militibus vel servientibus eorum, de illo qui defuerit, prætor faciet clamorem.* Vide *Carretum* 1.

¶ **QUARREUS**, Idem, ut puto, quod *Quarrellus*, Species teli, Gall. *Quarreau*. Computus ann. 1202. apud D. *Brussel* tom. 2. de Feudorum usu ad calcem pag. CLXVI : *Pro denariis portandis et Quarreis et expensa illorum, qui iverunt illos quærere*, xx. *l.* Vide *Quadrellus* 1.

¶ **QUARRIA**, f. Angulus, Gallice *Coin*. Charta ann. 1293. apud Baluzium tom. 2. Hist. Arvern. pag. 296 : *De Quarria dicti muri ad Quarriam muri domus Morelli Chapeleyn a parte chemini.*

* **QUARRIARIUS**, Lapicida, in Charta S. Ludov. ann. 1257. inter Instr. tom. 10. Gall. Christ. col. 460. nostris alias *Quarrieur*. Charta ann. 1407. ex Tabul. S. Joan. Laudun. : *Nulz ne puet.... faire pierres.. . en une certaine quarriere,.... neantmoins Jehan le Quarrieur le josne,.... depuys un an en ça à aler chever et haver pierre et autre matere, etc. Quareour* vero, pro *Carriere*, Lapidicina, in Lib. cens. terræ *d'Estilly* ann. circ. 1430. ex Cod. reg. 9493. fol. 30. r°. : *Sur demy arpent de terre.... joignant d'un bout à Quareour au Renart, etc.* Vide *Quarrerius*.

¶ **QUARRIAGIUM**, Præstatio carri domino debita, ni legendum sit *Quartagium*, ut infra. Charta ann. 1262. in Regesto 31. Tabularii regii : *Estoublagia, Quarriagia, messeria, servitia vavassorum, servitia rusticorum, etc.* Vide *Carriagium*.

* Legitur *Quarricagia* in Charta laudata ex Reg. 30. Chartoph. reg. ch. 278. idemque videtur quod supra *Quariagium*.

¶ **QUARROGIUM**, f. Idem quod mox *Quarrungium*. Charta ann. 1236. e Tabulario Cartusiæ Belli Larici : *Tendit ad Quarrogia, et distat a Quarrogiis quatuor cordiis, et ab ipsa faya tendit ad planum.*

* Quadrivium significatur, a veteri Gallico *Quarouge* et *Quarroge*, eadem notione. Lit. remiss. ann. 1404. in Reg. 159. Chartoph. reg. ch. 216 : *Quant ilz furent prez de l'orme, qui est au Quarouge, qui départ le chemin de S. Humbert, etc. Les acousuy audit Quarouge, etc.* Aliæ ann. 1449. in Reg. 179. ch. 304 : *Icellui Bulins disoit publiquement en ung Quarroge ou quarrefour, etc.* Vide supra *Carrouellum*.

¶ **QUARRUAGIUM**, Ager cultus *quarruca* seu aratro. Donatio ann. 1240 : *Dono iterum cum Quarruagio, usagio et octo falencis prati, quæ nuper dedi hospitali S. Spiritus, c. arpenta boschorum.* Vide *Carrucagium* 2.

¶ **QUARRUCA**, Aratrum, Gall. *Charrue*. Tabularium S. Sergii Andegav. : *Dederat namque ipse Guido de Valle de terra illi capellæ contigua S. Sergio sufficienter ad tres Quarrucas.* Hinc

¶ Quarruca, Ager proscissus *quarruca*, vel tantum terræ quantum una *quarruca* coli potest. Literæ Philippi Aug. Franc. Regis ann. 1195. apud Lobinellum tom. 3. Hist. Paris. pag. 93. col. 2 : *Concessit etiam idem Galeranus... secundam decimam prout primam decimationem de domestica Quarruca sua de Vallis, sive in manu sua sit, sive ad firmam vel censum eamdem aliquis de manu sua receperit.* Vide *Carruca* 3. et *Carrucata*.

¶ Quarrucha, Eadem significatione. Tabularium majoris Monasterii : *Dedit quatuor Quarruchas terræ in Perticho, etc.*

¶ Quarrucata, Tantum terræ quantum una *quarruca* coli potest. Charta Willelmi Archiepisc. Remens. ann. 1178. e Tabulario S. Nicasii ejusdem urbis : *Similiter et nos ab Ecclesia vestra domum S. Petri de Arna cum aqua, molendino et Quarrucata terre suscepimus.* Alter locus exstat in *Vachivia* post *Vaccaria*. Vide *Carrucata*.

* **QUARRUGA**, Aratrum, tantum terræ quantum una *quarruga* coli potest. Charta Ludov. VI. ann. 1123. inter Instr. tom. 8. Gall. Christ. col. 502 : *Apud Curcellias terra duarum Quarrugarum, cum pratis ex nostro dono; et terra unius Quarrugæ, ex dono Henrici de Balgentiaco et Alberti nepotis ejus, cujus terra fuerat, quatuor Quarrugarum.* Vide *Quarruca*.

¶ **QUARRUM**, Carrus, Gall. *Charrette*. Charta Ludovici Jun. Regis Franc. ann. 1145. apud Thomasserium in Consuetud. Bituric. et *de Lauriere* tom. 1. Ordinat. Reg. pag. 10 : *Pro divisione vero Quarrorum, de unoquoque bove rusticorum consuetudinariorum, quartallum similiter unum frumenti.* Melius in Charta Ludovici VIII. ann. 1224 : *Pro quitancia Quarrorum, id est, pro dimissione, etc.* Vide *Carrum* in *Carra*.

* Hinc *Quarroy*, pro Via *carraria* seu publica, apud Rabelais. lib. 1. cap. 25. pag. mihi 175. *Querroy*, eadem acceptione, in Lit. remiss. ann. 1416. ex Reg. 169. Chartoph. reg. ch. 329 : *Le suppliant estant seul soubz un arbre en la place ou Querroy de Saint Ligier, etc.*

¶ **QUARRURA**, Idem quod *Quarrera*. Lapidicina, Angl. *Quarry*, nostris *Quarriere*. Charta Henrici Regis Angl. tom. 4. Hist. Harcur. pag. 1285 : *De lapidicina seu Quarruris prope eamdem villam, quas ad opus nostrum specialiter reservavimus.* Occurrit. etiam apud Rymer. tom. 9. pag. 727.

¶ **QUARRUVIUM**, pro *Quadrivium*, Gall. *Carrefour*, in Litteris Urbani PP. ann. 1094. apud Valesium Notit. Gall. pag. 80. col. 2.

* **QUARS**, Quarta pars. Terrear. villæ de *Busseul* ex Cod. reg. 6017. fol. 43. r°. : *Item pro se quinque cuppas et tres Quars unius cuppæ frumenti, quinque cuppas et tres Quars unius cuppæ avenæ, etc.*

1. **QUARTA**, Mensura frumentaria. Charta ann. 1248. in Bibliotheca Cluniacensi pag. 1515 : *In quolibet homine tenente hospitium unam Quartam avenæ, etc.* Adde pag. 1440.

☞ De amplitudine hujus mensuræ consulendæ sunt adæquationes mensurarum superius editæ in voce *Modius* pag. 457. col. 3. art. *Corbolium, Mons Algi* et *Lorriacum in Gastineto*; pag. 458. col. 1. art. *Albigniacum*; col. 2. art. *Verberia*; col. 3. art. *Remy*. Bellijocensis *Quarta* continet sex *coponos*, et XXIV. *coponi* faciunt *bichetum*. Quibusdam in provinciis Galliarum hæc mensura vocatur *Carte* vel *Quarte*, *Cart*, *Quart*, *Carton*, *Quarton*. Charta compositionis inter Philippum Regem Franc. et Episcopum Tornac. ann. 1320. ex Codice Colbert. 2591 : *Au Noel demi chapon, un Quargnon de froument, trois deniers.* Eadem recurrunt infra. Vide *Carta* 1. *Quartale*, *Quartallus*, *Quartarola*, *Quartellus* 2. et *Quarteria* 2.

* Duplicem, majorem scilicet et minorem, id est, rasam et cumulam, distinguit Guido episc. Claromont. in Charta ann. 1281. ex Reg. 73. Chartoph. reg. ch. 1 : *Qui solvet bladum, radat Quartam si voluerit, exceptis censibus avenæ, qui nobis debentur in dicta villa ad Magnam Quartam nigeiral, de quibus volumus quod solvantur ad dictam Quartam.*

¶ Quarta Salis, in Testamento Guigonis Comitis Nivern. ann. 1239. tom. 1. Maceriar. Insulæ Barbaræ pag. 156 : *Item (lego) domui pauperum Montisbrusonis decem Quartas salis debitales percipiendas in foro Montisbrusonis.* Vide *Carta* 1.

2. **QUARTA**, Mensura vinaria, aut alterius potus, Parisiensibus, *Quarte*. Iter Camerarii Scotici cap. 10. § 5. de brasiatoribus : *Non habent mensuras, videlicet Quartam, pintam, tertiam, et partes concordantes monetæ Domini Regis, etc.* Galbertus in Vita B. Caroli Comitis Flandr. cap. 1 : *Vini Quartam sex pro nummis vendi præcepit.* Adde Joan. Hocsemium in Episcop. Leodiens. ann. 1296. cap. 22. M. Chronicum Belgicum anno 1333. [Statuta Collegii Cornubiensis ann. 1380. apud Lobinell. tom. 1. Hist. Paris. pag. 501. etc. Bellijoci *Quarta* vini constat sex *pintis* seu 12. *potis*; Parisiis vero et in aliis pluribus locis duas dumtaxat *pintas* continet. Vide *Modius* pag. 458. col. 1. art. *Dordanum*.]

* Nostris *Quart* et *Quarte*. Charta ann. 1267. ex Chartul. Campan. fol. 273. col. 2 : *Et chacun jor, de vin à chacun et as chacune des convers et converses une Quarte de vin, si la poent boivre.* Lit. remiss. ann. 1406. in Reg. 160. Chartoph. reg. ch. 360 : *Une pinte de vin, autrement nommé Quart audit pays* (de Comminge).

¶ Quarta Olei, in Bellijocensi pago sex *lampadibus*, seu 24. libris constat : in Lugdunensi vero 8. *lampadibus*.

3. **QUARTA**, Mensura, modus agri in Pictonibus, ut auctor est Beslius in Comit. Pictav. pag. 170. 210. 244. 248. Gall. *Un quarteron de terre*. Capitul. Caroli Magni lib. 5. cap. 151. [** 303.] : *Et qui minus Quartæ optimæ de terra habet secundum æstimationem suæ telluris opera faciat.* Charta Gaufridi Comitis Andegav. ann. 1040. apud Sammarthanos in Episcop. Andegav. : *Item alibi in Comitatu Andecavo in villa quæ dicitur Broch, duas Quartas terræ non longe a civitate ipsa.* Charta Italica ann. 1321. apud Waddingum tom. 3 : *Alia petia de terra arbustata, quæ est mensura Quartarum novem.* Infra : *Quædam quantitas terræ vacuæ... et est in mensura Quartæ duæ et nonæ tres.* Ibid. : *Fundus unus de terra, est in mensura modii unius*

et Quartarum sex. [Charta Constantini Abb. Nobiliac. ann. 17. Regis Rotberti, apud Stephanotium tom. 3. Antiq. Pictav. MSS. pag. 432 : *Dignaremus concedere Quartas novem, quod omni modo placuit nobis fecisse.* Hujusmodi *quartarum* frequens mentio est in Chartulario S. Cypriani Pictav. sub indeclinabili voce *Quartas*, ut fol. 78 : *Et sunt plus minus Quartas quindecim.* Huc utcumque referri potest, quod habetur in Codice MS. Abb. Sangerman. fol. 59. col. 3 : *Concamiavimus ad Evrardum in villare Desno jornales* v. *unde fecimus Sigembolt dimid. Quarta;* hoc est, si bene conjecto, dimidium quadrantem quinque *jornalium*.]

4. **QUARTA**, pro quarto Milliari, vel *Banleuca*. Charta Caroli Comitis Valesiæ et Andegav. ann. 1286. in Tabulario Andegavensi Cameræ Comput. Paris. fol. 71 : *Nul poissonnier ne peut achater poisson dans la Quarte d'Angiers pour vendre à regrat.* Vide *Quinta*.

¶ 5. **QUARTA**, nude, Quarta pars. Statuta Gerardi Abb. S. Theuderici ann. 1233. tom. 1. Anecd. Marten. col. 974 : *Item concessimus, ut secundum Regulam B. Benedicti duo pulmentaria cocta habeat, Quarta sagiminis, prout consuetum est, confecta.*

6. **QUARTA**, Præstationis agrariæ species. Vita S. Agricoli Episc. Avenionensis : *Prædia liberaliter assignavit, insuper concesso Quartarum privilegio, etc.* Necrologium Ecclesiæ Ambian. : *Prid. Kal. Aug. legavit Ecclesiæ Paris.* 2. *arpenta vineæ, sita apud Cuvilliacum... in censiva et dominio Capituli Paris. onerata de reditu qui vulgariter appellatur Quarta, et tallia.* Infra : *Onerata de reditu supradicto, qui vocatur Quarta, et tallia.* Charta Gauslini Episcopi Patavini, apud Ughellum : *Cum Quartis et decimis, etc.* Synodus Nemausensis ann. 1284. cap. de Pœnitentia : *Circa decimas et primitias, tributa, Quartas, et taschas, etc.* Regestum Tolosanum Cameræ Computorum Parisiensium fol. 72 : *Expletiva vel adempriva, questæ vel albergia, Quarti, vel agrarii vel aliæ prisonæ, obliæ, vel dominationes, etc.* Fol. 103 : *Venationes et forestagia, Quarta et quinta, et agraria, decimas et primitias, etc.* [Charta ann. circiter 1143. in Probat. novæ Histor. Occitan. tom. 1. col. 502 : *Totum hoc sive in taschis, sive in Quartis, cum omni dominio.... donamus Deo omnipotenti, etc.* Chronicon Farfense apud Muratorium tom. 2. part. 2. col. 539 : *Concessit... alias res sub ipso monte ad Quartam reddendam et de vino mundo medietatem et operas atque xenia, sicut alii homines hujus monasterii.* Ibidem col. 542 : *Et pro solidis* XII. *concessit in Bacciano res ad quintam reddendum, et ibidem modios* II. *et aliam petiam ibi ad Quartam, et operam unam et xeniam.* Rursum col. 544. *Pro solidis* XX. *concessit in Serrano clausuram unam ad Quartam.* Fructuum quartam partem in hisce postremis locis intelligo, quam tenens domino persolvebat. Vide *Quartales vineæ* in *Quartagium*, *Quarto* 7. *Quartus* 2. et *Quinta* 2.]

Quartæ Ecclesiarum, seu quartæ decimarum Ecclesiasticarum. Chronicon Mosomense ann. 1015 : *Per deprecationem illius Abbatis Bosonis et aliorum fidelium, ob susceptionem peregrinorum et pauperum donavit ad illum locum Quartas omnium Ecclesiarum, quæ ad ipsum pertinebant locum, et decimam porcorum, etc.* Tabularium S. Severi, apud Marcam lib. 4. Hist. Benearn. cap. 7 : *Et insuper sui amore Quartas Ecclesiarum undecim, quarum nomina infra annotata habentur, sibi darent : quæ scilicet Ecclesiæ una cum villis Curtes consulares vocabantur.... satisfeci ergo Principi, et secundum quod postulaverat, ad meum placitum Quartas illas dimisi etc.* Ubi in alia Charta Aquensi apud eumdem Marcam eodem lib. cap. 9 : *Reddidit... Quartas decimæ omnium Ecclesiarum.* Charta Sanctii Regis Aragonum æræ 1109. in Historia Pinnatensi lib 3. cap. 16 : *Omnes has Ecclesias cum decimis et primitiis, oblationibus et defunctionibus, et Quartis, et cum omni jure Episcopali et Archidiaconali, etc.* Alia ann. 1195. apud Gariellum in Episcopis Magalonensibus pag. 168 : *Guillelmus de Monteferrario totum honorem, terras, homines et fœminas, Quartas partes, et usatica, quæ in tota S. Andreæ de Maurino parochia possidebat, Magalonensi Ecclesiæ dedit, etc.* [Charta ann. 1019. Marcæ Hispan. col. 1017 : *Dono quoque ego Petrus Episcopus parrochiam S. Petri de Navata cum omnibus suis pertinentiis, et fiscum Crispiani cum Quartis S. Stephani de Bas et medietatem justitiarum de Bascara et ecclesiam de Fontanillas cum omnibus pertinentiis suis.* Epistola Alexandri III. PP. : *Ad audientiam apostolatus nostri pervenit, quod cum monachos S. Savini excommunicationi decrevimus subjacere pro restitutione Quartarum ecclesiarum quæ venerabili fratri nostro Bigoritano episcopo... fuerant adjudicatæ.* Vide *Quarto* 8.] [** et Murator. Antiq. Ital. tom. 2. col. 204.]

Quartæ, Redituum Ecclesiæ pars quarta, apud Gregorium M. lib. 3. Epist. 11. quæ scilicet aut Episcopo, aut Clericis, aut pauperibus, aut fabricæ competit. Vide Chartam Ratoldi Episcopi Veronensis apud Ughellum pag. 604.

¶ 7. **QUARTA**, Quarta pars bonorum, quam sponsus dat sponsæ pro nuptiis in Regno Neapolitano. Statuta ejusdem Regni de jure *Quartæ* art. 1 : *Dos et Quarta, seu quarta pars, peti non possunt absque instrumento dotali et instrumento, quod Neapoli Quartula nuncupatur.* Consule eadem Statuta et vide infra *Tertia* 5.

* Charta ann. 1115. apud Lamium in Delic. erudit. inter not. ad Hodœp. Charit. part. 3. pag. 1134 : *Exceptis fredis equitum de masnada, quæ fuit quondam Ugonis comitis et excepta Quarta uxoris ejusdem.* Alia ann. 1131 ibid. pag. 1142 : *Concedo ecclesiæ S. Mariæ Pisanæ matris ecclesiæ et archiepiscopatu totam illam Quartam portionem, quæ mihi obvenit per cartam donationis ex parte comitissæ Ciciliæ uxoris quondam Ugonis comitis, quæ sibi evenit per morgincap, ex parte præfati comitis Ugonis viri sui.* Vide *Quartisium*.

¶ 8. **QUARTA**, nude, Idem quod mox *Quarta funeralis*, seu *Quarta testamentorum*, de qua in *Testatio*. Chartularium S. Johannis Angeriaci pag. 427 : *Petunt reverendus Pater et procuratores prædicti, quod antequam funus exeat de ecclesia S. Johannis, ad quam debet de laudabili consuetudine ipsius villæ primitus deportari et ibi recipere ultimum vale, sufficienter camerario caveatur de sua Quarta per amicos mortui.*

¶ Quarta Canonica, Funeralis, Oblationum. Concilium Limanum ann. 1591. inter Hispanica pag. 661. col. 2 : *Religiosi, qui sunt vel fuerint in doctrinis et beneficiis, servabunt constitutiones de solutione Quartæ funeralis, Quartæ canonicæ et Quartæ oblationum, propterea quod illas debeant, prout de jure debent Episcopis, et ut illas persolvant reliqui clerici, qui funguntur iisdem ministeriis.* Ubi *Quarta canonica* idem est quod in alio ejusdem provinciæ Concilio ann. 1582. ibidem pag. 255. dicitur *Canonica portio : Quarta funeralis ac Canonica portio et Quarta etiam oblationum Episcopo a jure concessa tam a Capitularibus, quam a cæteris clericis, solvatur eo ordine et modo, quem sacri Canones statuunt.* Est autem hæc *Canonica portio*, seu *Quarta canonica*, ni fallor, Quarta pars redituum, quos percipiebant clerici, ut *Quarta funeralis*, Quarta pars legatorum defuncti in pios usus, cujus dispositio erat penes Episcopos, ut dicitur in *Testatio;* Quarta tandem *oblationum*, Quarta pars eorum omnium, quæ fideles sponte offerebant Ecclesiæ : quæ quartæ partes omnes Episcopis debentur ex his Conciliis.

¶ Quarta Sigilli et Bullæ, Quarta pars emolumentorum ex sigillo et bulla provenientium. Testamentum Guillelmi D. Montispessulani ann. 1202. ex Schedis Peirescianis seu Præsidis *de Mazaugues : Sacrista vero habeat Quartam sigilli et bullæ, et residuæ tres partes dentur in ornamentis Ecclesiæ.* Parvum sigillum Monspeliense passim memoratur in Instrumentis Provincialibus.

9. **QUARTA**, pro *Charta*, in Charta ann. 1078. apud Joffridum in Nicia pag. 164. [Occurrit rursus in Consuetud. Tolos. rubrica de Homagiis et apud D. *Secousse* tom. 3. Ordinat. Reg. pag. 120. *Hæc est Quarta quam jussit scribere Froterius de Senegaz.* in Charta ann. 1124. in Probat. novæ Hist. Occitan. tom. 2. col. 426.]

Quartula, pro *Chartula*, Parva charta, in Statutis Synodalibus Nicolai Episcopi Andegavensis ann. 1265. cap. 5. ann. 1270. cap. 2.

¶ 10. **QUARTA**, f. Quarta pars ulnæ aut *teisæ* seu perticæ, qua notione *Quarta* dicunt Hispani. Statuta Saluciarum Collat. 4. cap. 122 : *Qui vendiderit ad Quartam mancam seu ad tesiam, vel stateram sive balancias, seu ad scandalium vel aliud pondus injustum, solvat bannum florenorum octo.* Italis *Quarta* dicitur minus pondus, quartæ scilicet partis unciæ.

¶ 11. **QUARTA** Villæ, Urbis regio, Gallice *Quartier d'une ville*. Vita Henrici V. Regis Angl. cap. 69 : *Per diversas villæ Quartas, tales malefícos correcturus, hospitia assignarent.*

* 12. **QUARTA**, Pars hæreditatis a lege secundogenitis constituta in aliquibus locis. Testam. Ludov. comit. Valent. ann. 1345. in Cod. reg. 6008. fol. 97. v° : *Ita quod nihil amplius petere possint (Henricus et Carolus fratres nostri) ratione legitimæ*

seu Quartæ, jure naturæ debitæ, seu supplementi ejusdem. Vide infra *Quintum* 4.

¶ **QUARTADA.** Dedicatio Ecclesiæ de Baltarga in Comitatu Ceritaniæ, Marcæ Hispan. col. 825 : *Et ego Fruja dono prælatæ Ecclesiæ tres peciolus terræ, quas habeo ad ipsas gardias et unam ad ipsas Quartadas vineam* : cujus forte quarta pars vindemiæ pertinebat ad dominum, tribus aliis tenenti cedentibus, aut vice versa. Vide *Quarta* 6. *Quartales vineæ* in *Quartagium* et *Quarto* 7.

QUARTADECIMANI, [QUARTIDECIMANI sæpius, et QUARTODECIMANI,] Τεσσαρεσκαιδεκῖται, [Melius Τεσσαρεσκαιδεκατῖται, et interdum Τετραδῖται, Nostris *Quartodecimans*, quibusdam *Quartodecimains*,] Hæretici, [vel potius Schismatici,] sic appellati, quod in 14. Luna, [** die 14. mensis Nisan,] ut Judæi, Pascha celebrarent. Bernaldus Presbyter de Reconciliatione lapsorum : *Antiochenum Concilium de Pascha ibi asserit institutum, ne in 14. luna cum Judæis celebretur, ut Tessarescædecitæ*, [melius *Tessarescædecacitæ*, vel *Tessarescaidecacitæ*,] *id est, Quartadecimani faciunt, qui etiam inde nomen suæ hæresi condiderunt.* Vide Stephanum Eddium in Vita S. Wilfridi cap. 14. 15. [Glossarium mediæ Græcitatis in Τεσσαρεσκαιδεκῖται, col. 1548. Suiceri Thesaurum in Πάσχα, Τεσσαρεσκαιδεκαῖται et Τετραδῖται; *Faydit* in libro cui titulus : *Conformité des Eglises de France avec celles d'Asie, à Liege* 1689. *Baillet* in Festum Paschæ, etc.]

QUARTAGIUM, Quarta pars vel vindemiæ, vel aliarum rerum, quam sibi contra jus asserebant domini feudales in tenentium suorum prædiis, agris, vel vineis. Charta Odonis Archiep. Rotomag. ann. 1262. apud Sammarthanos : *Molta sicca, estoublagia, servitia rusticorum, Quartagia, messeria, servitia vavassorum, etc.* [* In Charta ann. 1262. hic laudata *Quarriagia* habet Reg. 31. Chartoph. reg. ut dictum est supra in *Quarriagium*.] Alia Guillelmi Majoris Episcopi Andegav. ann. 1307. in Gestis ejusdem cap. 47 : *Quamdam impositionem seu exactionem, talliam vel collectam, quam adjutorium, vel aide, sive Quartagium appellant, de bonis, rebus, possessionibus et proventibus suis Ecclesiasticis de novo exigere et extorquere conantur.* Alia ann. 1437. ex Tabulario Nantoliensi in Pictonibus : *Super quod nos vel ille aut illi, qui tempore vindemiarum nomine nostro Quartabant seu computabant salmas bastatas, seu quantitatem vindemiæ, quas vel quam ad domos suas deportabant, vel habito certo computo cum eisdem jus, quod nobis competebat seu partem vindemiæ prædictæ nobis solverent, prædicti Quartatores seu computatores per se vel per alium, vel per alios compulerant, vel coegerant alios mansionarios seu cohabitatores dictarum villæ et parochiæ ad solvendam sibi certam pecuniæ quantitatem, antequam permitterent eos ad domos suas suam vindemiam deportare : et quod Quartatores seu computatores nostri prædicti tempore vindemiarum, aut aliquo alio tempore, ratione Quartagii seu computationis salmarum et bastatarum, et quantitatis vindemiæ nullam pecuniam, seu dona, aut munera a prædictis mansionariis et cohabitatoribus non habuerant, etc.* In Tabulario Nantoliensi in Pictonibus ann. 1434. occurrunt crebrius voces, *Quartatores, Quartare, Quartagium*. [Vide *Carto* 1. *Quarta* 6. et *Quarto* 7.]

☞ Haud satis scio an eadem notione Charta ann. 1226. ex Archivo S. Albini de Nemore : *Stephanus de Corron Miles.... dedit omnem decimam de Estriac.... et quidquid habebat in Quartagio de Gavre pro anima filii sui Guillelmi.*

QUARTALES VINEÆ, Quæ tenentur ad quartum, seu quarum reditus quarta pars cultori cedit, [aut proprio possessori. Vide *Quarta* 6. *Quarto* 7. *Quartus* 2. et *Quinta* 2.] Vetus Charta ann. 959. apud Dominicum de Prærogat. allodiorum pag. 119 : *Et illas vineas Quartales teneant illas ipsi, qui eas plantaverunt, ad quartum.* Alia ann. 1298. in Regesto Philippi Pulchri Reg. Franc. num. 13. ex Tabul. Regio : *Item 4. denariatas vinearum suarum propriarum, et 7. denieratas vinearum Cartalium, cujusmodi stagiam, insulam, terras, vineas assignavi, ut præmittitur, ad valorem 30. libr. annui reditus, etc.* Alia ann. 1300. ibid. n. 49 : *Quinque arpenta et unam meailhatam vinearum Quartandaruni de Plaisanco, etc.*

¶ QUARTAGIUM, Cujusvis rei pars quarta. Charta vetus apud Lobinellum tom. 2. Hist. Britan. col. 349 : *Odo Abbas Majoris monasterii Guerrico Archidiacono Dinanni donat in vita sua Quartagium redituum parochialium ecclesiæ S. Maclovii, qui infra Haiam continentur.*

¶ **QUARTAIRADA**, vel QUARTAIRATA VINEÆ. Vide in *Quartariata*.

¶ **QUARTAIRONUM**, Quarta pars mensuræ vel ponderis, Gall. *Quarteron*. Statuta Eccl. Aquensis MSS. ann. 1259 : *Si non intersint in Missa perdunt canonici et clerici unum Quartaironum vini.* Vide *Cartayronum*.

¶ **QUARTALAGIUM**, Idem quod *Cartalagium*, seu jus percipiendi *quartas* vel certas mensuras ex rebus siccis venalibus vel transeuntibus. Charta ann. 1107. ex Archivo B. M. de Charitate : *Quartalagium salis et annonæ in rivagio Charitatis.* Vide *Carta* 1. et *Quarta* 1.

* Vel Præstatio, quæ mensura, *Quartale* dicta, percipitur, aut ob illius in mensurando usum. *Quartoier*, in Ch. Ludov. comit. Nivern. ann. 1312. ex Reg. 48. Chartoph. reg. ch. 3 : *Item le Quartoier prisié huit solz, neuf deniers Tournois chascun an de rente.* Charta Phil. V. ann. 1318. in Lib. rub. Cam. Comput. Paris. fol. 564. r° : *Medietatem reddituum Quartalagiorum, pratorum et ortorum, pro sex libris et decem solidis Turon. annui redditus.* Vide supra *Cartalagium*.

¶ **QUARTALATA**, Idem, ut videtur, quod *Quartariata*, nisi sit quarta pars jugeri. *Reliquit tres Quartalatas vineæ et tres punalatas terræ*, in Notis obituum et fundationum ad marginem veteris Martyrologii Ecclesiæ Aquensis. Vide *Cartalata*.

1. **QUARTALE**, QUARTALIS, Mensura Germanica, Alamannis *Vierthel*, apud quos quatuor quartales modium efficiunt : apud Anglos vero 32. quartæ sunt in modio, *Quarts* vocant. Joannes de Garlandia in Synonymis :

Dolia, Quartalium, fundum, clepsedra, lagena.

Ephemerid. Monasterii S. Galli 5. Id. Mart. : *Quæ solvit* 10. *Quartalia tritici.* [*Quartale frumenti, avenæ*, in Statutis S. Claudii pag. 55. *Quartale siliginis*, in Charta ann. 1186. Hist. Mediani Monast. pag. 309. et in alia ann. 1376. tom. 1. Hist. Dalphin. pag. 83, col. 2.] Adde Annales Colmarienses ann. 1236. et alibi non semel. In liquidis, *Quartalis, Quart*, continet apud Alamannos duas mensuras, apud alios quatuor. Vide Goldastum de Mensur. et Ponderib. veterum Germanorum et mox *Quartalium*.

¶ QUARTALE, Mensura agraria, iisdem Germanis. Venditio ann. 1308. apud Ludewig. tom. 5. pag. 97 : *Decimam unam quindecim mansos uno Quartali minus continentem vendidimus.* Charta ann. 1334. apud Schlegelium de Nummis antiq. Gothanis : *De duobus Quartalibus mansi.*

¶ QUARTALE VINI, Quarta pars dolii vinarii, si idem sit, ut probabile est, quod Gallis *Quartaut*. Statuta Eccl. de Romanis inserta in Literis Johannis Franc. Regis ann. 1356. tom. 3. Ordinat. pag. 275 : *Ecclesia de Romanis habuit in singulis cellariis seu penoribus sitis infra villam de Romanis a tenentibus cellaria, unum Quartale vini semel in anno.* Regestum 87. Chartophylacii Regii : *Item tenet plus circa unum jornale cum dimidio terre.... pro quibus facit unum Quartale vini census.* Pluries occurrit ibi; semel vero *Quarteirium* eadem, ut videtur, notione : *Facit unum Quarteirium vini.* Alibi : *Facit domino unum Quarteyonum vini census.* Rursum : *Percipiunt 1. cartam, 1. mondinum et 1. manatam nucleorum*, XII. *denarios*, 1. *Quarteyronum vini*, 1. *gallinam, etc.*

QUARTALE ANNI, pro quarta pars, in Chronico Windesemensi lib. 2. cap. 14. 29. 43. 48. [et in Charta ann. 1321. apud Ludewig. tom. 1. pag. 293.]

¶ QUARTALE HORÆ, Quadrans, Gall. *Quart d'heure. Per tria Quartalia horæ*, in Vita S. Lidwinæ, tom. 2. Aprilis pag. 293.

¶ QUARTALE MILLIARIS, seu Milliaris, apud Ludewig. tom. 8. Reliq. MSS. pag. 350.

* 2. QUARTALE, Mensura lignaria. Charta Walrami archiep. Colon. ann. 1347. inter Probat. tom. 1. Annal. Præmonst. col. 540 : *Redditus annuos...... duorum Quartalium lignorum ex sylva ipsorum,...... ipsi altari pro dote applicare desiderantes.*

** QUARTALE OPERIS, Quadrans chiliadis pellium, in chart. circa ann. 1300. in Lappenb. Orig. Hanseat. pag. 157.

¶ **QUARTALETUS**, Minor mensura vinaria, quarta pars majoris, ut videtur. Statuta Capituli Diniensis ann. 1460. apud Gassendum in Notitia ejusdem Eccl. pag. 93 : *Ut singulis diebus Canonici quidem, qui officio interessent, panes* IV. *et Quartaletos vini* II. *acciperent, dimidium puta pro magna Missa et dimidium pro Vesperis; Clerici vero beneficiati, Curati et Vicarii lucrarentur panes* III. *et Quartaletum vini* 1. *panem* 1. *videlicet pro Matutinis et Laudibus, alium pro Tertia et Sexta, reliquum pro magna Missa et Nona; vini autem lucrare-*

tur dimidium quidem pro Matutino, Laudibus et Prima, dimidium vero pro Vesperis et Completorio : medii Vicarii denique panes II. *acciperent et Quartaletum vini dimidium.*

¶ **QUARTALIA** Terræ, f. Ager capiens tantum sementis quantum in uno *quartali* continetur. Engelbertus *Maghe* in Chronico Bonæ-Spei pag. 7 : *Donarunt in eleemosinam... Robertus ejus pater quatuor modiatas...... mater dimidium modiatam; Hugo quoque Quartaliam terræ in eodem territorio.* Erit forte qui malit interpretari Quartam partem jugeri. Vide *Quarteria* I. *Quarterium* 3. *Quarterius* I.

¶ **QUARTALIS** Vinea. Vide in *Quartagium.*

¶ **QUARTALIUM**, Idem quod *Quartale*, Mensura frumentaria. Hist. Mediani Monasterii pag. 257 : *Quartalium unum de multuris persolveret.*

¶ **QUARTALLUM**, *Canistrum vel cofinus, vel vas in quo mortui efferuntur, ou Quarteron*, in Glossis Lat. Gall. Sangerman. Infra legitur *Quartellum.* In quibusdam Chartis *Quartallum* idem est quod mox *Quartallus.* [** *Quartallum pabuli*, in chart. ann. 1144. in Alsat. diplom. tom. I. pag. 228. num. 275.] Vide *Cartallus* I.

QUARTALLUS, Mensura frumentaria. *Quartallus frumenti, avenæ, etc.* in Libertatibus oppidi Jasseronis, apud Guichenonum [et alibi passim. Vide *Cartallus* 2. et *Quartellus* 2.]

QUARTANA, Quartanarius. Michael Scotus lib. 4. Mensæ Philosophicæ cap. 36. de quodam Monacho Cartusiensi : *Semel fuit misericordia de anguillis, et illa fuit in Quartana; tunc servitor, Frater, misericordia est de anguillis, et vos estis Quartanarius : Accipiam, inquit, nescio quando denuo habiturus sum de anguillis.*

* **QUARTANARIUM**, Mensura frumentaria, nostris alias *Quartonnier.* Charta Phil. Pulch. ann. 1310. in Reg. 47. Chartoph. reg. ch. 12 : *Pro viginti duobus sextariis, undecim boissellis et uno Quartanario frumenti.* Alia ann. 1391. in Reg. 142. ch. 156 : *Une rente de deux cens trois quartiers, un boissel, un tiersonnier et un Quartonnier de froment mesure de Coustances.* Lit. remiss. ann. 1409. in Reg. 163. ch. 408 : *Une piece de terre, où est assis un Quartonnier de froment avecques un denier, pour regard à Noel.* Ubi videtur esse quarta pars *boisselli.*

QUARTANARIUS, Quartana febri laborans, apud Sextum Platon. de Medecina animal. lib. I. cap. 2. Gregorium Turon. de Vitis Patrum cap. 6. Matth. Paris ann. 1259. pag. 326. in Actis elevationis S. Agricolæ num. 4. in Vita B. Coletæ, [in Gestis Gaufredi de Loduno apud Mabillonium tom. 3. Analect. et alibi sæpe. Vide *Quartenarius.*]

* **QUARTANATA**, f. pro *Quartonata*, Ager in quo unus frumenti *quarto* seminari potest. Reg. feud. Aquit. in Cam. Comput. Paris. sign. JJ. rub. fol. 29. r° : *Helias de Benvilla.... et Willelmus frater suus..... tenent ab eo (rege) tres solidos de firma de molino fabrili, cum una Quartanata terræ.* Vide *Quartenata* et *Quartonata.*

* **QUARTANERIUS**, Dicitur de agro, qui ad quartam partem fructuum tenetur. Charta ann. 1341. in Reg. 72. Chartoph. reg. ch. 287 : *Sex arpenta vel circa vinearum Quartaneriarum, in quibus dominus rex habet seu habere potest annis singulis, de tribus pipis vini usque ad quatuor.* Vide *Quartales vineæ* in *Quartagium* et infra *Quartaria* 3.

* *Quartenier* vero et *Quatresmier*, nostris dicitur, Quartanæ exactionis ex vino publicanus. Lit. remiss. ann. 1 89. in Reg. 136. ch. 198 : *Colin la Taille et Jehan Courtois fermiers du quatriesme du vin..... Laquelle femme demanda auxdiz Quarteniers que lui cousterait le quatriesme de chascune queue de vin que elle vendoit.* Infra : *Quartesniers.* Aliæ ann. 1392. in Reg. 144. ch. 14 : *Jehan Eschart pour lors Quartenier du quatriesme des vins vendus à detail. Quatresmier du vin*, in aliis ann. 1468. ex Reg. 195. ch. 45.

* **QUARTANEUM** Bladum, Quatuor granis mixtum. Vide supra in *Bladum.*

QUARTANICUS, Quartanus. Guillelmus Britto lib. 12. Philippidos :

Invadit febris Regis Quartanica corpus.

¶ **QUARTANUM**, Mensura siccorum et liquidorum. Saisimentum Comitatus Tolosæ ann. 1271. apud *Lafaille* in Probat. Annal. Tolos. pag. 15 : *Tota bladada ad valorem communem sexaginta Quartanorum bladi, medium frumenti et medium avenæ.* Statuta Arelat. MSS. tit. 74 : *Qui vendiderit vinum in Arelate teneatur habere medium scandalium et Quartanum scandalii, quibus tenentur vendere emere volentibus vinum suum.*

* **QUARTARANCHIA**, Quartarenchia, Mensuræ frumentariæ species apud Arvernos aliosve, majoris scilicet *quartæ* dimidia pars, seu minor *quarta*, id est, *rasa*, vulgo *Quarteranche* et *Quarterange.* Charta Guid. episc. Clarom. ann. 1281. in Reg. 73. Chartoph. reg. ch. I : *Hoc idem intelligimus de hiis, qui solvunt dimidiam quartam seu Quartaranchiam. Quartarenchia*, in Reg. 185. ch. 77. Obituar. eccl. Lingon. ex Cod. reg. 5171. fol. 38. v° : *Percipiuntur centum solidi.... super peciam vineæ.... et super novem Quarteranges bladi et dimidio modio vini.* Pedag. Divion. MS. : *Se uns homs.... porte une Quarteroinche de blef, il paiera uns denier.* Vide supra *Cartarenchia.*

¶ I. **QUARTARE**, Italis, In quatuor partes dividere. Glossæ Lat. Græc. et Græc. Lat. : *Quartemur*, Τετραρτολογηθῶμεν. Quod ad Τετραλογίαν Tragicorum videtur referendum, ita ut *Quartari* sit Quaternis fabulis de palma contendere, sicut Tragici Poetæ solebant in Attico theatro. Laertius lib. 3. in Platone : Τετράσι δράμασιν ἠγωνίζοντο, Διονυσίοις, Ἀθηναίοις, Παναθηναίοις, Χύτροις. Vide Vossium lib. 4. de Vitiis sermonis cap. 18.

* 2. **QUARTARE**, Quartam partem vindemiæ, aliarumve rerum percipere. Vide in *Quartagium.*

¶ I. **QUARTARIA**, Idem, ut videtur, quod apud Italos, Quarta scilicet pars domino persolvenda. Tabularium Diniense apud Gassendum in Notitia Eccl. Din. pag. 83 : *Bona, proventus.... præpositurae consistunt... in Quartaria apud Aquas-calidas et illis partibus; quæ consistit in hortolagiis et aliis obventionibus; valet communiter* VIII. *libras Vien.*

¶ 2. **QUARTARIA**, Cucuma, Gallice *Coquemar*, Vas aquæ calefaciendæ. Computus ann. 1333. tom. 2. Histor. Dalphin. pag. 274 : *Barberio pro emendo uno sacco, pro faciendo lesavio pro Domino, duabus Quartariis et uno cantaro, taren.* I. Vide infra *Quartarium* I.

* 3. **QUARTARIA**, Ager, qui ad quartam partem fructuum tenetur. Charta ann. 1410. ad calcem Chartul. S. Joan. Laudun. : *De prædictis villis unaquæque mansio de mansis, de Quartariis vel alodiis,.... sive habitetur sive non,..... duos denarios bonæ monetæ census nobis persolvet.* Vide supra *Quartanerius.*

¶ **QUARTARIATA** Vineæ, Provincialibus *Quarteirado de vigno*, Modus vineæ diversus in variis Provinciæ locis. In Aquensi territorio 600. *cannis* quadratis constat, in Massiliensi vero 506. *cannis* et dimidia, alibi pluribus paucioribusve. Diploma Raimbaldi Archiep. Arelat. ann. 1033. apud Marten. tom. I. Ampliss. Collect. col. 401 : *Alimburga dedit ipsi ecclesiæ* (S. Joh. Baptistæ) *de vinea unam Quartariatam in Graulerias.* Alia vetus Charta : *Placuit Pontio clerico, ut unam Quartariatam de vinea...... consentiret vendendo Eldranno presbytero, pro qua ipse presbyter dedit in pretium valentes solidatas quinque.* Alia ann. 1103. ex Chartulario Eccl. Aptensis fol. 71. v° : *Excepta... Quartariata vineæ optimæ.* In alia ejusdem Chartularii Charta ann. 1049. fol. 65. v°. habetur *Quartairata; Quartairada* vero in alia S. Victoris Massil. armar. Aq. num. 272. *Quarteirada*, in majori Chartulario ejusdem S. Victoris pag. 91.

I. **QUARTARIUM**, *Genus mensuræ, id est urna.* Papias. [Joannes de Janua : *Quartarium, Mensura quæ quartam partem sextarii capit : quæ etiam Quartellum dicitur.* Laurentius in Amalthea : *Quartarium, Quarta pars : item, Quartarius, congii quartam partem continens; Tertiarium, tertiam.* Glossæ Lat. Gall. Sangerman. : *Quartarium, Quarteron.* Major mensura videtur in Privilegiis Balduini Flandriæ Comitis ann. 1116. concessis Abbatiæ Elnonensi apud Miræum tom. 2. pag. 1153. col. 2 : *Almanus quasdam sibi injustas consuetudines.... abdicavit, videlicet ad ambas* (f. cambas) *S. Amandi dimidium Quartarium accipiat, neque creditionem ullam, unde damnum aliquod homines Sancti sustineant, habeat.*]

¶ 2. **QUARTARIUM**, Modus agri, idem qui *Quarteria* I. Chronicon Farfense tom. 2. Muratorii part. 2. col. 536 : *Recepit ibidem modia* IV. *et Quartaria tria.* Chronicon Casaur. ibid. col. 937 : *Et cambium recepi ego suprascriptus Grimbaldus Episcopus a te domno Ludowico piissimo Imperatore terram tuam loco, ubi dicitur Kantianum, petias duas, hoc est, per mensuram modiorum sexaginta duorum et Quartariorum duorum.* Necrologium MS. Corbeiense ad calcem : *Tria Quartaria emplasseans in terræ Benedicti.* Chronicon Bonæ-Spei pag. 257 : *Unum bonarium*, XXX. *virgas et Quartarium terræ.* Hoc in ultimo loco *Quartarium* videtur esse tantum quarta pars virgæ quod exprimeremus *Treute verges et un quart.* Vide *Quartarius* 3.

1. **QUARTARIUS**, Mensura liquidorum, apud Gregor. Turon. lib. 1. Miracul. cap. 5 : *Cœpit... augeri, ita ut in unius horæ spatio plus quam unum sextarium redderet vasculum; quod Quartarium non tenebat.* Longe aliter Papias : *Urna, mensura est quam quidam Quartarium dicunt, quod 4. sextarios capit.* [Laur. in Amalthea : *Quartarius, duo acetabula, seu hemina dimidia, quarta pars sextarii.*]

☞ Est etiam mensura siccorum, nisi *Quartarium* legendum sit. Charta ann. 1385. e Chartulario S. Johannis Angeriaci pag. 459 : *Abbas debet vinum et unum Quartarium fabarum.*

2. **QUARTARIUS**, Quadra panis, ni fallor, apud Adalardum in Statutis Corbeiensibus lib. 1. cap. 4. quomodo pagenses nostris vocant *un Pain de quartier.* [Charta ann. 1385. e Chartulario S. Johannis Angeriaci pag. 460 : *Item dominus Abbas debet facere mandatum centum leprosis, et cuilibet debet dare unum panem, sicuti et unam justam vini de Conventu, et in osculatione manuum debet dare unam magnam scutellam vini : et illi centum panes sunt ratione illius Quartarii panis, quem domini debent habere die Dominica de Passione, quem ponunt in deposito usque ad diem hanc ratione illius eleemosynæ.*]

3. **QUARTARIUS**, vel Cartarius, Modus agri, *Quartier de terre.* Charta Philippi I. Regis Fr. ann. 1052. tom. 13. Spicil. Acher. pag. 289 : *Et in ipsa villa terram unius carrucæ, et unum mansum, et decem Cartarios, etc.* [Tabularium Majoris-monasterii : *Donavit B. Martino unum Quartarium de terra et vineas ad eumdem Quartarium pertinentes.* Occurrit bis in Bulla Leonis IX. PP. ann. 1049. apud D. Calmet. in Probat. Hist. Lothar. tom. 1. col. 425. et pluries in Charta ann. 1116. col. 539. Enumeratio bonorum Domus Dei Commerciaci e Codice MS. ejusdem urbis pag. 23 : *Deux royons de terre seant sur le chemin de S. Aulbin contenant environ trois Quartares de terre.*]

¶ 4. **QUARTARIUS**, Moneta quartam aurei solidi partem appendens. Lampridius in Alexandro Severo cap. 39 : *Tunc etiam, quum ad tertiam partem auri vectigal decidisset, tremisses* (cusi sunt) *dicente Alexandro, etiam Quartarios futuros quod minus non posset.* Vide *Tartaron* et Dissertationem de inferioris ævi numismatibus num. 87.

* Nostris in usu fuit minutior moneta, nomine *Quart*, cujus æstimatio habetur in Lit. remiss. ann. 1471. ex Reg. 195. Chartoph. reg. ch. 605 : *Une piece de monnoye, appellée Quart, valant quatre deniers.* Vide *Quartarolus* 1. et infra *Quatrenus.*

¶ 5. **QUARTARIUS**, Qui quartam partem accipit. *Quartarios*, inquit Festus, *appellabant antiqui muliones, quod quartam partem quæstus capiebant.* Tum profert locum Lucilii.

QUARTAROLA, Mensura frumentaria aut leguminum, apud Venetos, ital. *Quateruola, misura come il quarto dello staio.* Sanutus lib. 2. part. 4. cap. 10 : *Distribuitur etiam in die cuilibet ex stipendiariis antedictis fabæ, vel alicujus alterius leguminis quadragesima particula unius Quartarolæ, ad modum mensuræ Venetæ deputatæ. Et ut ex ea plena cognitio habeatur, sciendum est, quod quatuor Quartarolæ perficiunt unam quartam, quæ quidem quarta usque ad quartum numerum multiplicata, unum sextarium perficit Venetorum : et tria sextaria de Venetiis sunt una salma de Apulia, tam de legumine, quam etiam de frumento.*

¶ 1. **QUARTAROLUS**, Venetis, Moneta minutior, *valoris quartæ partis unius denarii*, ut habetur in Chronico Andreæ Danduli apud Muratorium tom. 12. col. 372. Vide *Quartus* 1.

¶ 2. **QUARTAROLUS**, Idem quod *Quartarola*, vel forte Quarta pars libræ, Gall. *Quarteron.* Statuta Cadubrii lib. 1. cap. 16 : *Quod quilibet homo et personæ, qui vendunt aliquas res ad pondus vel ad mensuram, debeant infra tertiam diem a die proclamationis portare sive portari facere ad domos ipsorum Juratorum calveas, concios, libras, medias, Quartarolos, sattas, mezetinos a sale et alias mensuras, quas exercent, et ipsas mensuras adjustare ad mensuram ipsius Jurati.*

Quartarolus, Quintarolus Remus, apud Sanutum lib. 2. part. 4. cap. 11. [Italis *Quartarolo* est Quartus remex scamni inter remiges.]

QUARTARONUM, Cartaronum, Gallice *Quarteron*, Quarta pars libræ. Occurrit in Consuetud. Tolosæ part. 2. *Quarteroos*, in Consuet. Benebarn. tit. de ponderibus et mensuris art. 4. *Payer par Quarterons les louages des maisons*, in Consuet. Burdeg. art. 37. quod Parisienses dicunt *Par quartiers*, id est, singulis trimestribus domorum locaria exsolvere. [Vide infra *Quartinum.*]

¶ **QUARTARONUS**, Mensura frumentaria. Statuta Vercell. lib. 1. fol. 23. v° : *Item statutum est quod Potestas Vercellarum.... fieri faciat.... unum Quartaronum de ligno ita magnum quod teneat commode ad rasum tantum quantum est et tenere consuevit Quartaronus vetus cum culmatura.* Vide *Quarteronus.*

¶ **QUARTATOR**. Vide in *Quartagium.*

* **QUARTATUM**, Annuæ pensitationis pars quarta, Gall. *Quartier.* Charta Petri episc. Nannet. ann. 1481. ex Bibl. reg. : *Per quartaria cujuslibet anni, Quartatum solvendum, etc.* Vide *Quarterium* 1.

* **QUARTAYRIATA**, Modus agri, idem atque *Quartariata.* Vide in hac voce. Instr. ann. 1391. inter Probat. tom. 3. Hist. Nem. pag. 111. col. 2 : *Portet per cedulas descripta bona sua immobilia, speciffîcando ipsa per scestayriatas et Quartayriatas.*

¶ **QUARTAYRO**, Quarta pars unciæ. Inquisitio ann. 1220. tom. 1. Histor. Dalphin. pag. 93 : *Et capit in quibuslibet sexdecim marchis provenientibus de argenteria sex uncias et unum Quartayronem;* Nostris *Six onces et un quart.*

¶ **QUARTEIRADA**. Vide *Quartariata vineæ.*

¶ **QUARTEIRIUM** Vini. Vide in *Quartale.*

¶ **QUARTELADA**, Quarta pars jugeri. Obituarium S. Gerardi Lemovic. fol. 22 : *Ex qua quidem summa empti sunt quinque solidi reddituales in et super quadam terra continente* XI. *Quarteladas.* Vide *Cartalata* et *Quarterada.*

¶ **QUARTELAGIUM**, Species juris dominici, de quo supra dictum est in *Carto* 1. Vide *Quartagium.*

¶ **QUARTELLUM**. Johannes de Janua : *Quartarium, Mensura, quartam partem sextarii capit, quæ etiam Quartellum dicitur. Quartellum etiam dicitur canistrum vel cophinus, in quo mortui efferuntur.* Vide *Quartallum.*

¶ 1. **QUARTELLUS**, Teli genus, Gallice *Quarreau.* Vide *Quadrellus* 1.

¶ 2. **QUARTELLUS**, Idem quod *Quartallus*, Mensura frumentaria. *Dederunt tres Quartellos frumenti*, in Charta ann. 1151, apud Lobinell. tom. 2. Hist. Britan. col. 302.

QUARTELOYS. Th. Walsinghamus in Edwardo II. pag. 114 : *Milites quidam supera rmatura cotucas induerunt, vocatas Quarteloys : armigeri vero indumenta bendas habuerunt, etc.* Vide *Cotuca.* [Carolus de Aquino in Lexico Milit. a quadrifido colore, quo erant distinctæ, dictas suspicatur.]

¶ **QUARTENARIUS**, Idem qui supra *Quartanarius* 1. Qui quartana febri laborat. Matthæus Paris ad ann. 1239 : *Auctumnus innaturalis diverse morborum pericula generavit, qui siccus et frigidus naturaliter fuisse tenebatur. Hinc contigit quod ingruente dyscrasia, non se meminit aliquis tot vidisse in uno anno Quartenarios.*

¶ **QUARTENATA** Terræ, Ager reditus unius *quartonis* frumenti, vel forte in quo unus frumenti *quarto* seminari potest. Vide *Cartonata.*

¶ **QUARTENERÆ** Partes, f. Quæ solvi debebant pro *Quartagio* : quo de jure dictum est in *Carto* 1. et *Quarto* 7. [* Vel potius *Quartenere*, idem quod supra *Quartalagium.*] Charta ann. 1236. e Chartulario S. Vandregesili tom. 1. pag. 328 : *Ita quod dictus Abbas debet me acquietare erga prædictum Thomam de duabus partibus Quarteneris et duabus gallinis et uno turronensi annui redditus, quos de dictis domo et proprisio tenebar reddere prædicto Thomæ.* Alia Charta vernacula ann. 1300. ex eodem Chartulario tom. 1. pag. 679 : *Sachent tous que jen Jehan Doublie de la paroisse de Gonneville et mes hoirs sommes tenus de paier d'an en an à hommes religieux monseignor l'Abbé et le Couvent de S. Vandrille trois boysseax Quarteniers de froment, à la mesure du païs por vendre et por acheter, et deux capons d'annel rente.*

¶ **QUARTENGIUS**, Mensura frumentaria. Charta ann. 1241. ex Archivo Veterisvillæ : *Dederunt abbatiæ Veteris-villæ tres Quartengios frumenti.* Alia ann. 1242 : *Dederunt B. Mariæ Veteris-villæ unum Quartengium frumenti.*

* **QUARTENGUS**, Mensura frumentaria, eadem quæ supra *Quarta* 1. Charta ann. 1270. apud Garamp. in Dissert. 6. ad Hist. B. Chiaræ inter not. pag. 199 : *Ad tres Quartengos grani ad antiquum, etc.* Vide *Quartengius.*

¶ **QUARTENUM**, Quarta pars, Gallice *Quartier.* Ordinatio ann. 1340. tom. 2. Hist. Dalphin. pag. 420 : *Ab alia vero parte* (Grossi Dalphinalis) *debeat esse una magna* *crux in medio, et quatuor pisces Dalphini parvi, videlicet unus in quolibet Quarteno seu vacuo dictæ crucis, etc. Alia vero parte* (*Oboli grossi*) *debet esse in medio una magna crux, et duo Dalphini in duobus Quartenis dictæ crucis.*

¶ **QUARTERADA**, Idem quod *Quartelada*, Quarta pars jugeri. Charta ann. 947. Marcæ Hispan. col. 861 : *Donamus de terra Quarteradas tres in comitatu Bisulunense.*

¶ 1. **QUARTERENGIA**, Mensuræ species apud Arvernos. Vide locum in *Carterencha.*

* 2. **QUARTERENGIA**, Mensura vinaria, eadem quæ *Quarta* 2. Charta Phil. Aug. ann. 1181. in Chartul. Barbel. fol. 241 : *Monachis de Barbello concessimus tres sextarios et unam Quarterengiam pressoragii.* Vide infra *Quartrenga.*

* **QUARTERENUS**, Mensura annonaria, nostris *Quarternel.* Charta ann. 1285. in Chartul. Cluniac. ch. 327 : *Debet quinque quartas frumenti et septem Quarterenos avenæ rasos.* Pactum inter Phil. V. et episc. Tornac. ann. 1320. ex Cod. reg. 8448. 2. 2. fol. 91. r° : *Un Quarternel d'avoine pour une partie du manoir.... Trois chapons et le tiers d'un Quarternel d'avoine.* Vide supra *Quartanarium* et mox *Quarteronus* 2.

1. **QUARTERIA**, Modus agri quartam jugeri partem continens, nostris *Quartier.* Tabularium Abbatiæ Belliloci in Lemovicibus num. 89 : *Dimitto .... in manso Ugbaldi de Campagnaco unam Quarteriam, quæ debet unum modium* de segle, *et in ipsa villa aliam Quarteriam quam tenet Geraldus de illa casa quæ debet alium modium* de segle. Num. 95 : *Gerbas debent rustici tempore messis de unaquaque Quarteria. Quarteron*, in Consuetudine Pictavensi art. 175. 177. ubi *Bordaria* dicitur conficere duos quarterones, et æquiparari terræ seu prædio duorum boum, id est, quantum duo boves arare possunt : quarteronem vero prædio bovis, cujus dimidia pars *Retallium*, seu *Retail*, dicta æquiparatur prædio semibovis.

☞ Ab hac voce ut observat Carolus de Aquino in Lexico militari, sic passim appellantur militum tuguria vel contubernia propere communita adversus repentinas hostium incursiones. Si sparsim in transitu excitantur, dicuntur Italis *Barache*, nostris *Baraques* : si consistunt ad longiorem quietem *Quarteria* vocantur, Italis *Quartieri*, Gallis *Quartiers*, Latinis *Stationes.*

2. **QUARTERIA** et Quarterium, Mensuræ frumentariæ species, nostris nota. Vide Willelmum de Podio-Laurentii cap. 6. Apud Anglos, ut est in Fleta lib. 2. cap. 12. § 1 : *Quarterium frumenti constat ex octo bussellis.* Utitur Matth. Paris pag. 145. [Kennettus in Antiq. Ambrosd. ad ann. 1278. pag. 291 : *Tria Quarteria frumenti, tria Quarteria avenarum, unum Quarterium fabarum.* Saisimentum Comitatus Tolosæ ann. 1271. apud *Lafaille* in Probat. Annal. Tolos. pag. 34. *De quolibet foco arante cum bobus unam eminam frumenti et totidem avenæ, et de arante cum asinis unam Quarteriam frumenti et aliam avenæ.* In quodam Instrumento litis ann. 1564. Monachos inter et incolas Montis-meyani mensuræ recensentur hoc ordine : *La Charge, le Cestier, la Cartiere et le Civadier. Quarteria salis*, in Charta ann. 1320. apud Gassendum in Notitia Eccl. Diniensis pag. 83. Vide *Carteria* et *Quarterius* 3.]

¶ Quarteriæ, Præstationes hujusmodi quarteriarum frumentariarum. Instrumentum litis ann. circiter 1322. tom. 2. Gall. Christ. col. 307 : *Extorquere quasdam præstationes annuas, quæ vocantur Quarteriæ, ad solvendum nitebantur compellere.*

* Melius, ut opinor, Quartæ decimarum ecclesiasticarum. Vide in *Quarta* 6. et infra *Quartesima.*

¶ **QUARTERIARE**, Sontis corpus in quatuor partes dissecare, Gall. *Ecarteler.* Chronicon Cornelii *Zantfliet* apud Marten. tom. 5. Collect. Ampliss. col. 397 : *Verum unus ex ipsorum cuneo Johannes de Spaes vivus in foro Leodiensi exstitit Quarteriatus; cujus quatuor partes alii quatuor flagitiosi detulerunt cum capite extra portam S. Walburgis usque ad locum supplicii, et ibi quoque ad rotas singuli sunt alligati.* Vide *Quarterizatio.*

¶ **QUARTERIATA** Terræ, Idem quod *Quarterada*, Quarta pars jugeri, in Tabulario Fontis-Ebraldi. *Quarteriatæ vinearum*, in Charta ann. 1159. in Probat. novæ Histor. Occitan. tom. 2. col. 571. Vide *Cartalata.*

¶ 1. **QUARTERIO**, Idem, ut puto, quod *Quartagium.* Tabularium Majoris-Monasterii : *Conanus Dux Britanniæ, filius Alani Comitis, concessi monachis Majoris-monasterii apud Machecol commorantibus omnes consuetudines comitales Quarterionis terræ illius, quam monachi habebant apud Fraxinetum, et dimidium Quarterionem in Porfaifanto, hoc est, frumentagium suum et bianum et omnes alias consuetudines.* Vide *Carto* 1. et *Quarto* 7.

¶ 2. **QUARTERIO**, Mensura frumentaria. Charta ann. 1244. e Tabulario S. Bartholomæi Bethun. : *Novem menqualdos, dimidium, et unum Quarterionem bladi.* Hic est quarta pars *mencaldi* : de quo supra. Vide *Quarteria* 2. *Quarterium* 4. et *Quarterius* 3.

1. **QUARTERIUM**, Quarta pars, Gallice *Quartier. Quarterium anni*, Trimestre tempus, quarta pars anni : nostris *un Quartier.* Matth. Westmonaster. ann. 1259 : *Decimas de Ringeldon..... sequestravit, et per unum fere Quarterium anni intactas retinuit.* [*Quarterium corporis humani*, nempe sontis quadrifariam dissecti, apud Rymer. tom. 4. pag. 364. col. 1. in Mandato ann. 1328. apud Cornelium *Zantfliet* in Chronico, tom. 5. Ampliss. Collect. Marten. col. 418. in Annal. Estens. apud Murator. tom. 18. col. 935. in Actis S. Franciscæ Rom. tom. 2. Martii pag. 165 *. *Quarterium bovis*, in Charta ann. 1385. e Chartulario S. Johan. Angeriaci pag. 463. *Quarterium arietis*, ibidem pag. 464. *Quarterium cervi*, in Charta ann. 1227. ex parvo Chartulario S. Victoris Massil. fol. 150. *Scutum de Quarteriis*, Scutum gentilitium lineis quadripartitum, in Charta ann. 1183. ex Archivo Veteris-Villæ.]

¶ 2. **QUARTERIUM**, Regio, pars urbis, Gallice *Quartier*, Ital. *Quartiere*, in Annalibus Genuens. apud Murator. tom. 6. col. 272. Adde tom. 8. col. 270. 479. tom. 10. col. 445. Acta SS. Aprilis tom. 3. pag. 988. Maii tom. 6. pag. 173. *Quarterium S. Joannis*, passim in Tabulario Piscatorum Massil. quod habitent in regione *S. Johannis* dicta. Vide *Quarterius* 2.

¶ 3. **QUARTERIUM**, Quarta pars jugeri, in Literis ann. 1332. e Chartulario S. Martini Pontisar. : *Tria Quarteria de groa... XL. perticas ad passagium, VI. arpenta de groua.* Occurrit ibi pluries, et alibi passim, ut et in Charta ann. 1163. apud D. Calmet. in Probat. Hist. Lothar. tom. 2. col. CCCLXI. in alia ann. 1179. ibid. col. CCCLXXXIV. Adde Seherum Abb. Calmosiac. apud Marten. tom. 3. Anecd. col. 1187. 1197. 1198. etc. Eadem vox passim occurrit pro Mensura frumentaria, ut jam dictum est in *Quarteria* 2.

¶ 4. **QUARTERIUM**, Mensura frumentaria, pro cujus capacitate consulendæ adæquationes mensurarum supra editæ in voce *Modius* pag. 457. col. 1. pag. 458. col. 1. art. *Albigniacum*, col. 2. art. *Compendium*, et pag. 459. col. 1. art. *Ressons.* Matth. Paris ad ann. 1203 : *Pistores poterunt sic vendere, et in quolibet Quarterio lucrari tres denarios.* Rursus ad ann. 1215. in Charta Libertatum Johannis Regis : *Una mensura vini et cervisiæ sit per totum regnum nostrum, et una mensura bladi, scilicet Quarterium Londinense.* Vide *Quarteria* 2. et *Quarterius* 3.

* 5. **QUARTERIUM**, Scutulum seu pars scuti, Gall. *Quartier.* Lit. Caroli VI. quibus Joan. *Galeaz* ejusque successoribus concedit ut insignia Franciæ una cum suis deferant, ann. 1393. in Reg. 145. Chartoph. reg. ch. 433 : *Concedimus quatinus insignia seu arma nostra liliosa in duobus Quarteriis armorum suorum..... deferant.* Vide infra *Quartierum.*

¶ 1. **QUARTERIUS**, Idem quod *Quarterium* 3. Quarta pars jugeri. Charta Petri Paris. Episc. ann. 1211. apud Thomam *Madox* Formul. Anglic. pag. 4 : *Concessit in puram et perpetuam eleemosinam monachis S. Thomæ Cantuariensis, quinque Quarterios vineæ sitos apud S. Bricium.* Charta fundationis Abbatiæ Broli Grollandi inter Instrum. tom. 2. novæ Gall. Christ. col 421 : *Dono eis hoc quod habeo in duobus Quarteriis vinearum.* Vide *Quarterus.*

¶ 2. **QUARTERIUS**, Regio, pars urbis. Constitutiones Frederici Regis Siciliæ cap. 116 : *Jurati vocari faciant Bajulum et judices ac cæteros homines per Quarterios dictæ civitatis.* Memoriale Potestatum Regiens. ad ann. 1271. apud Murator. tom. 8. col. 1132 : *Et unus Quarterius Parmæ venit ad dictam obsidionem.* Vide *Quarterium* 2.

¶ 3. **QUARTERIUS**, Mensura frumentaria, eadem cum *Quarteria* 2. Charta ann. 1205. e Tabulario Fontis Danielis : *Dedit Abbatiæ Fontis Danielis duos Quarterios frumenti.* Descriptio bonorum Domini de Esca ex Archivo S. Audomari : *Quæ raseria vel mensura... debet valere tres Quarterios et duas partes picotini. Mensura bladi, scilicet Quarterius Londonensis*, in Charta Henrici Regis Angliæ ann. 1155. apud D. *Brussel* ad calcem tom. 2. de Feudorum usu pag. v. Adde Chartam ann. 1181. apud Lobinell. tom. 2. Histor. Britan. col. 133. aliam ann. 1127. ibid. col. 157. aliam ann. 1255.

tom. 4. Hist. Harcur. pag. 1352. Vide *Quarterium* 4.

* 4. **QUARTERIUS.** Præstationi agrariæ, quæ *Quarta* nuncupabatur, obnoxius, Charta Mariæ comit. Trecens. ex Bibl. reg. : *Homines de dicto Parneio memorata prata... annuatim secare debent et fœnum facere gratis, et illi maxime homines, qui terras habent, quæ vulgo Quarterii nuncupantur; quibus tamen panes in die dari debent.* Vide *Quarta* 6. et infra *Quartesima* et *Quartesium*.

QUARTERIZATIO, Pœna reorum læsæ Majestatis apud Anglos, quibus capite minutis, eorum corpus in quatuor partes secatur, eæque variis in locis exponuntur. Thomas Walsinghamus in Ricardo II : *Auditum et confessum turpissima scelera, tractioni, suspendio, decollationi, exenterationi et Quarterizationi, ut usu vulgari loquar, adjudicavit.* [Vossius lib. 4. de Vitiis sermonis cap. 18. habet ex eodem Walsinghamo : *Adjudicatus est tractioni, suspensioni, exentricationi, combustioni interiorum, decapitationi et Quaternizationi.* Tum ex eod. in Hypodigmate Neustriæ pag. 508 : *Expost decapitatus et Quaternizatus est.*] Idem ann. 1306 : *Cujus caput Londoniis in loco eminenti figitur super palum, corpus vero in Scotiam transmissum est in Quartas, quæ ad aliorum terrorem in diversis urbibus suspenduntur.* Adde pag. 354. extr. Sententia edita in Hugonem Dispensatorem ann. 1326. apud Henricum Knyghtonem : *Et com treitour estes trouvé, par que y vous serez treynez, Quarterecez, et envoié parmi le realme.* [Vide *Quarteriare*, *Quarterium* 1. et *Quartirizare*.]

¶ **QUARTERNUS**, Gall. *Cayer.* Vide in *Quaternio.*

¶ 1. **QUARTERO**, Quarta pars libræ, Gall. *Quarteron.* Processus de B. Petro Luxemb. tom. 1. SS. Julii pag. 591 : *Ponderis unius Quarteronis. Quartero terræ*, Quarta pars jugeri, in Charta ann. 1177. ex Archivo abbatiæ Buzeii.

* 2. **QUARTERO**, Quarta pars anni, trimestre tempus solvendæ pecuniæ præfinitum, Gall. *Quartier*, alias *Quarton.* Ordinat. super redit. Dalph. in Reg. Cam. Comput. Paris. sign. *Vienne* fol. 48. r° : *Dabuntur plus offerenti pro pretio debito, solvendo proportionaliter ad quatuor Quarterones seu terminos anni.* Charta Joan. comit. Armin. ann. 1373. ex Memor. D. ejusd. Cam. : *Laquelle pension de trente mille frans d'or, mondit seigneur le duc nous a promise.... payer chascun an à quatre Quartons en l'an. C'est assavoir, à chascun Quarton, sept mille cinq cent frans d'or.* Vide supra *Quadro.*

¶ **QUARTEROLA**, Quarta pars sextarii, ut interpretantur Bollandistæ. Vita S. Zitæ, tom. 3. Aprilis pag. 523 : *Vovit dare... omni anno... ad luminariam ipsius Virginis unam Quarterolam de bono oleo.* Italis *Quarteruola* pars est quarta modii. Vide supra *Quartarola.*

¶ 1. **QUARTERONUS**, Gall. *Quarteron*, Quinque et viginti, quarta pars centenarii numeri. Codex MS. redditunm Episcopatus Autissiod. *de magno pondere Autissiodorensi : Magnum pondus Autissiod. est ligium Comitis. Quicumque ponderat centum, debet duos den. scil. unum den. a venditore et alium ab emptore; et Quarteronus debet unum obolum ab emptore et unum ob. a venditore.* Charta Trevoltiensis ann. 1250 : *Anthonius Brodier de Bono-campo legat Antoniæ uxori suæ x. florenos monetæ Sabaudiæ, 1. vaccam, et anno quolibet sex bichetos frumenti... unum Quarteronum petasonis*, hoc est, 25. libras carnis porcinæ.

* *Quarteronum petasonis*, quartam partem porci interpretor, Gall. *Un quartier.* Vide in *Quarterium* 1.

* Chartul. Monast. in Argona fol. 26. v° : *Modius unus frumenti et modius unus avenæ ad mensuram de Possessa, et quatuor Quarteruns de pisis ejusdem mensuræ.* Vide supra *Quarterenus.*

¶ 2. **QUARTERONUS**, Modus agri, idem ac *Quarteria* 1. Terragium Bellijoci : *Super duabus tertiis partibus cujusdam terræ continentis quinque Quarteronos.* Infra sumitur pro mensura frumentaria : *Debere confitentur dimidium Quarteronum avenæ.* In pago Bellijocensi *Quarteronus* tantum valet quantum *Bichetus* dimidiatus. Ut aliarum mensurarum, sic *Quarteroni* varia est capacitas diversis in locis. Vide supra *Modius* pag. 458. col. 2. art. *Compendium*, pag. 459. col. 1. art. *Ressons*, necnon voces *Quartaronus*, *Quarteria* 2. *Quarterio* 2. *Quarterium* 4. et *Quarterius* 1.

¶ 1. **QUARTERUS**, Quarta pars jugeri. Charta ann. 1208. tom. 2. Hist. Eccl. Meld. pag. 100 : *Pratum de Lamesseria, quod continet circiter tres Quarteros, monialibus de Fontanis dedi in perpetuum.* Alia ann. 1264. ex Archivo Resbacensi : *Noverint universi nos tenere ab ecclesia Resbac. terram des Essarts usque ad undecim Quarteros continentem.* Vide *Quarterius* 1.

* 2. **QUARTERUS**, Lapis quadratus, Gall. *Pierre de quartier.* Comput. ann. 1450. ex Tabul. S. Vulfr. Abbavil. : *Droconi le Pletier, pro fecisse unum ostium in altum ad deambulatorium terratiarum, cum podiis Quarterorum, etc.* Vide supra *Quarellus* 5.

¶ **QUARTEYRONUM**, Mensura frumentaria. Vide *Carteyronum.* Mensura vinaria. Vide *Quartale vini.*

* **QUARTESIMA**, Quartesis, Præstationis agrariæ species, quarta decimarum ecclesiasticarum. Charta ann. 1077. apud Murator. tom. 2. Antiq. Ital. med. ævi col. 946 : *Similiter petiverunt super Quartesem et decimas et omnes res ad suprascriptas plebes pertinentes, de dotibus et de omnibus rebus ad suprascriptas plebes pertinentibus, ut nullus quislibet homo suprascriptos omnes presbiteros et clericos, ad partem suprascriptarum ecclesiarum ; de jam dictis omnibus rebus, seu de Quartesimis decimarum disvestire vel molestare præsumat sine legali judicio.... Ipse domnus Benno et Odo episcopi miserunt bannum super jam dictos clericos omnes et super jam dictum advocatum ad partem supra dictarum ecclesiarum, de supra dictis omnibus rebus et Quartesimis, in centum libras auri, ut nullus, etc.* Vide *Quarta* 6.

* **QUARTESIUM**, Eodem intellectu. Charta ann. 1180. tom. 4. Cod. Ital. diplom. col. 1551 : *In cujus parrochia ipsarum agricultura erit de Quartesiis sive quarta parte decimarum, etc.* Alia ann. 1421. apud Murator. tom. 3. Antiq. Ital. med. ævi col. 218 : *Quod si contingat ex dicta decima, vel ex fructibus omnibus possessionum et villæ prædictæ, de jure vel de consuetudine, solvi aliquod Quartesium, vel quartam decimarum alicui ecclesiæ*, Nicolaus marchio Estensis promittit *decimam prædictam et possessiones et villam præfatam liberare et liberam facere a dicto Quartesio, sine solutione dicti Quartesii faciendo dictas ecclesias stare contentas per cambium.*

* **QUARTEYRO**, Mensura vinaria. Libert. Muramat. ann. 1309. tom. 7. Ordinat. reg. Franc. pag. 387 : *Concedentes etiam specialiter prædictæ communitati, quod ipsi de sextario vini, in quo non sunt nisi sexdecim Quarteyronnes vini, possint facere decem et septem Quarteyrones;..... quem decimum septimum Quarteyronem dicta communitas possit habere, levare et exigere ab omnibus hominibus.... vendentibus vinum infra dictos terminos.* Vide infra *Quartonus* 4.

¶ **QUARTIATA**, contr. pro *Quarteriata.* Testament. Guillelmi D. Montispessulani ann. 1146. tom. 9. Spicil. Acher. pag. 141 : *Et dono huic Ecclesiæ... septem Quartiatas de vineis in vineto, quod vocatur Maranegues.*

¶ **QUARTIDECIMANI.** Vide *Quartadecimani.*

* **QUARTIERUM**, a Gallico *Quartier*, Scutulum seu pars scuti. Vidimus ann. 1397. Chartæ Joan. ducis Brit. ex Bibl. reg. : *Cum impressura unius scuti arma Britanniæ, videlicet nonnullas herminas in Quartiero dextro illius scuti, et in residuo ejusdem scuti arma de Drosto continentis, ut dicebatur et prima facie apparebat.* Vide supra *Quarterium* 5.

QUARTILATUS, In quatuor partes divisus, ex Gallico *Escartelé* : vox in insignium descriptionibus nota. Henr. de Knyghton ann. 1347 : *Vexilla Regis Angliæ Quartilata de armis Angliæ et Franciæ elevantes.* [Vide *Cotuca.*]

* **QUARTINGIATUS.** Instrumentum Quartingiatum, Illud nempe, quo maritus quartam partem bonorum suorum uxori in nuptiis concedit. Form. MSS. Senens. ex Cod. reg. 4726. fol. 36. r° : *Fuit dicta causa, summaria videlicet, super executione dicti Instrumenti Quartingiati agitata, tanquam causa pupillaris.* Vide supra *Quarta* 7.

¶ **QUARTINUM**, Species vasis vinarii. Statuta Massil. lib. 1. cap. 39. § 3. ubi de mensuris vinariis : *Liceat tamen unicuique personæ habere Quartinum et medium Quartinum secum infra domum suam.* Eadem, ut puto, notione Statuta Vercell. lib. 4. fol. 57. recto : *Ferrarius vero pro suo labore habeat a qualibet singulari persona..... pro quolibet quartarono et medio quartarono, et Quartina et Quartino de ligno, et quarto et Quartina cupo, et medio cupo, et pro qualibet mensura de ferro vel aramo, stera, balantia et similia denarios sex Pap. et non ultra.*

¶ **QUARTIRIZARE**, In quatuor partes dilaniare, discindere, quadratim dissecare, Gallis *Ecarteler*, Pœna læsæ majestatis. Chronicon Anglicum Thomæ *Otterbourne* pag. 222 : *Tractus fuit ut proditor, exerte-ratus (exenteratus,) ejus intestinis combustis suspensus, decapitatus et Quartirizatus.* Vide *Quarterizatio.*

* **QUARTIRONUS**, Modus agri, quarta pars jugeri. Stat. Mantuæ lib. 2. cap. 69. ex Cod. reg. 4620 : *Declarando eam* (rem immobilem) *per situm seu locum et contratam et cohærentias et etiam numerum bubulcarum et Quartironum* (sic)..... *Cum declaratione de loco, contrata, cohærentiis et numero bubulcarum, Quartironorum et perticarum.* Vide *Quarterus* 1.

¶ **QUARTISCHISMA**, unica voce, Quartum schisma, seu schismata quatuor. Acta Pisis inter Carolum de Malatestis et Cardinales apud Martenium tom. 7. Ampliss. Collect. col. 1067 : *Unde Quartischisma pro trischismate fieret.*

¶ **QUARTISINA**, Pensio quartæ partis. Charta Lotharii Imp. in Actis SS. Junii tom. 5. pag. 485 : *Hæc omnia ipsis Ecclesiis confirmamus cum terris, vineis, pratis, ripis, teloneis, Quartisinis, decimis, etc.* Vide *Quatisonia.*

* Leg. *Quartisima*, Eadem notione qua supra *Quartesima.* Vide in hac voce.

¶ **QUARTISIUM**, Quarta pars bonorum, quæ uxori a marito ex Lege Longobardorum concedi poterat, in Testamento ann. 1193. apud Murator. delle Antic. Estensi pag. 365. Idem quod aliis dicitur *Morganegiba.* Vide in hac voce. [* Vide supra *Quarta* 7. et *Quartingiatus.*]

¶ 1. **QUARTO**, Quarta pars : *Debetur Quarto unius caponis et unus denarius de caponagio*, in Chartulario S. Martini Pontisarensis. Charta ann. 1030. ex Archivo S. Victoris Massil. armar. Forojul. num. 1 : *Ego Atenulfus, filius Biluldis, Quartonem, hoc est, quartam partem, quæ vocatur Tavernas, reddimus S. Victori... post hæc nullam partem, nullamque bailiam, neque omnino quicquam habemus in ipso dicto Quartone.* Hic agitur, ni me fallo, de quarta parte villæ seu prædii. Vide *Quartonus* 2.

¶ 2. **QUARTO**, Quarta pars libræ, Gall. *Quarteron.* Leges Palatinæ Jacobi II. Regis Majoric. tom. 3. SS. Junii pag. LXXIX : *Teneantur duo cerei in Missa, quilibet de uno Quartone.* Capitulum generale MS. S. Victoris Massil. : *Dum infirmi fuerint in convalescentia, postquam conceduntur eis carnes... debet inter duos monachos unum Quartonem mutonis cum media libra carnium salsarum; quod si solus fuerit, medietatem Quartonis cum quarta parte libræ carnium salsarum.*

¶ 3. **QUARTO**, Parva mensura, et, nisi fallor, Quarta pars palmi. Reparationes factæ in Senescallia Carcassonæ ann. 1435. e MS. D. *Lancelot : Item pro quinque stepis et quinque cabestris de coral, quilibet ex longitudine duarum cannarum : unius de taula et trium Quartonum d'espes, emptis precio* VI. *lib.* II. *sol.* VI. *d. tur. Item pro aliis* XII. *peciis vocatis agulhas de coral, quolibet longitudine* XII. *palmorum, et latitudine trium Quartonum pro faciendo martellum dicte Carcassone.*

¶ 4. **QUARTO**, Mensura frumentaria. Charta Guillelmi *Bohent* ann. 1332. ex Archivo Marchionis *de Flamarens : Debet... unam quarteriam frumenti ad mensuram Quartonum, rendualem infra festum B. Michaelis.*

¶ 5. **QUARTO**, Mensura vinaria. Antiq. Recogn. Caprer. in Regesto *Probus* fol. 32 : *Hæres Petri Savel tenet de Comite* III. *sestar. terræ ad Messeris, et debet inde* I. *sestar. frumenti ad parvam mensuram, et* I. *sestar. frumenti ad magnam mensuram... et* I. *Quartonem vini.* Recurrit fol. 33. Vide *Quartale vini.*

¶ 6. **QUARTO**, Modus agri vel vineæ, forte continens quartam partem jugeri. Charta Scotiæ ann. 1070. ex Schedis Pr. *de Mazaugues : Dono Quartonem in loco villæ, quæ vulgo dicitur Peliciana, pro tortitudine, quam fecimus de alio Quartone.*

¶ 7. **QUARTO**, Præstatio quartæ partis fructuum ex agris, ac præsertim ex vineis provenientium, modo coacta, modo conventa, a dominis feudalibus interdum imminuta atque commutata in certam vini quantitatem, interdum etiam in certam pecuniæ summam. Regestum *Probus* fol. 30 : *Albus Bovers tenet de Comite* I. *sestar. terræ et participes sui, et debent inde* I. *gallinam, et tenent* VI. *fossoratas vineæ ad Quartonem, unde dominus Comes percipit medietatem, quæ potest valere communibus annis* I. *somatam vini, et debent talliam.* Fol. 58. v° : *Nicholaus Rex tenet de Comite...* X. *fossor. vin. ad Rouoschay ad Quartonem, qui potest valere communibus annis* I. *barallum vini per annum.* Ibidem fol. 59 : *Petrus Cornuz tenet de Comite* XIV. *fossor. vini sub Pissief, et debet inde* IV. *den. census et Quartonem, qui potest valere communibus annis* II. *somm. vini.* Ibid. fol. v° : *Cullez tenet quandam vineam ad Quartonem, unde Comes capit tertiam partem, quæ potest valere communibus annis tertiam partem* I. *baralli.* Rursus ibidem : *Johannes Ribaudus et Bonetus Ribauz... tenent* IX. *fossor. vini et Comes percipit ibi Quartonem, et debent talliam, et dictus Quarto valet communibus annis* I. *asinatam vini.* Libertates Moirencii ann. 1164. et 1209. tom. 1. Hist. Dalphin. pag. 16. col. 2 : *Si Dominus vinum suum vendere voluerit.... erit vinum illud de propriis vineis et de Quartone, non de empto, non de donato, non de commodato.* Acquisitio ann. 1293. ibid. pag. 35. col. 2 : *Focagiis, fenatagiis, servitiis, censibus, taschiis, Quartonibus, fenagiis, bannis, justitiis, etc.* Charta ann. 1342. ibid. pag. 84. col. 1 : *Item dedit et assignavit, ut supra, Quartones castellaniæ Bellimontis, qui valere dicuntur annuatim* 40. *flor.* Accensamentum vineæ Quartoneriæ apud Vivum ann. 1248. ibidem pag. 96 : *D. Odo Alamanni et Ugo de Grangiis dederunt Juveneto de Hospitali clerico sub annuo censu unius sextarii frumenti censualis, et pro quatuor solidis de placito, et pro novem denariis censualibus, quos denarios novem censuales prius faciebat, quamdam vineam prius Quartoneriam, ut ipsam amodo teneat et habeat dictus Juvenetus sine Quartone pro dict. censu et placito.* Hic locus probat, quod primum dixi, *Quartonem* aliquando in certam pecuniæ summam, seu in certos census fuisse commutatum. Illud quoque hic observandum vineas *quartonerias*, ex quibus *Quarto* percipiebatur, aliis interdum oneribus, puta censibus pecuniariis, obnoxias fuisse, *pro novem denariis censualibus, quos... prius faciebat.* Donatio Regis Ludovici, Comitis Provinciæ Fulconi de Agoulto ann. *1349. ex Schedis Pr. *de Mazaugues : Item et servitia, Quartones et cinquenia racemorum, quæ dicta curia percipit, et percipere est consueta, in civitate et territorio Sistarici.* Donatio ann. 1317. tom. 2. Histor. Dalph. pag. 166. col. 1 : *Censibus, taschiis, feudis, terragiis, Quartonibus, cinquenis, seysenis, vintenis, ripagiis, etc.* Vide novam Gall. Christ. tom. 3. col. 1079. et 1222. et supra *Quartagium, Quarta* 6. *Quartonus* 3. *Quartus* et *Carto* 1. Qua in postrema voce non satis considerate suppositum est, banc *Cartonis* exactionem semper coactam fuisse et iniquam. Verum quidem est, a dominis feudalibus aliquando, præter jus et æquum, extortum fuisse *Cartonem*, at sæpius illum exigebant, quod ea conditione vineas aut agros tenentibus concederent, ut quartam redderent partem fructuum in iis nascentium. Hujus quippe præstationis aut exactionis ea origo est, ut videtur, mos ille antiquus, quo domini feudales silvas et alia loca inculta tenentibus excolenda concedebant ea conditione, ut ex iis excultis quartam fructuum partem perciperent : quocirca e locis etiam concessis nihil percipiebant, usque dum fructus inde nascerentur. Id suadent Antiquæ Recogn. Revell. Vienn. in sæpe laudato Regesto *Probus* fol. 57 : *Humbertus Bufavenz est homo ligius Comitis.... et tenet medietatem hayarum ad Quartonem, sed nondum essertantur.* Fol. 58 : *Petrus de Vienna .... tenet medietatem hayarum ad Quartonem, sed nondum essertantur.* Id est nondum sunt excultæ, ut suum *Quartonem*, de quo conventum est, inde percipere queat dominus Comes. Vide *Complantare.*

☞ Vinearum non ita proprius fuit *Quarto*, quin etiam aliquando perceptus sit ex agris arabilibus. Antiq. Recogn. Albæripæ in eodem Regesto *Probus* fol. 67 : *Biancus Garners, Petrus et Bonardus Parerii.... tenent* III. *sestar. terræ sub Claunas, et debent inde* V. *solidos census et Quartonem in duabus partibus dictæ terræ, qui potest valere communibus annis* VII. *mayteriatas siliginis per annum.*

¶ 8. **QUARTO**, Quarta pars decimarum vel reddituum Ecclesiæ. Charta Guillelmi Biterr. Episc. qua Monasterio Gellonensi confirmat Ecclesiam S. Vincentii de Popiano ann. 1152. inter Instrum. novæ Gall. Christ. tom. 6. col. 138 : *Concedimus Ecclesiæ S. Guillelmi, salva obedientia et reverentia Ecclesiæ Biterrensis, et omni jure consuetudinario, quod in aliis Ecclesiis nostri episcopatus nostri antecessores habuisse videntur.* Bulla Adriani IV. PP. circiter ann. 1156. pro Priori Cassianensi, ibidem : *Cum autem inter te et venerabilem fratrem nostrum Guillelmum Biterrensem Episcopum de quadam Ecclesia controversia verteretur, et ipsa in Ecclesiis tuis per suam diœcesim constitutis Quartones de jure sibi peteret episcopali conferri... talis inter vos compositio facta est utriusque partis assensu firmata, etc.* Et col. 139 : *De Quartis vero portionibus, quas in iisdem Ecclesiis* (Episcopus,) *duo modii frumenti ad Biterrensem mensuram singulis annis a Cassianensi Ecclesia ei ejusque suc-*

cessoribus sine contrarietate aliqua persolventur. Vide Quartæ Ecclesiarum in Quarta 6.

* Charta Raym. episc. Uzetic. ann. 1164. in Hist. MS. monast. S. Andr. Avenion. fol. 32. v° : *Trado per escambios sive per commutationem ecclesiam S. Privati de Pusillac,.... retentis mihi et successoribus meis pro Quartone, viginti octo sextariis annonæ, et duodecim solidis pro synodo et Quartone, nihil amplius occasione Quartonis exacturus in iisdem ecclesiis.* Vide supra *Quartesima*.

¶ 9. **QUARTO**, f. pro *Quarro*, Ductor carri, Gall. *Charretier*, quibusdam Gallo-Flandris *Charron*. Testamentum Bernardi Comitis Armaniaci ann. 1302. tom. 1. Ampliss. Coll. Marten. col. 1409 : *Item, legamus militibus, scutiferis, clericis, solmentariis et Quartonibus hospitii nostri, qui in isto viagio nobiscum sunt, pro servitio nostro laborant.... duo millia libras Tur. dividendas inter prædictos milites, domicellos, clericos, solmentarios, Quartones, etc.*

* 10. **QUARTO**, Regio, pars urbis, Gall. *Quartier*. Instr. ann. 1364. inter Probat. tom. 2. Hist. Nem. pag. 298. col. 2 : *Et primo siquidem incohasset et fecisset suum dictum scrutinium dictorum focorum hostiatim in Quartone, dicto de bocaria Nemausi;..... deinde per et post intervalla temporis in Quartone, dicto vulgariter de Courcomayres.* Pluries ibi. Vide *Quarterium* 2.

¶ **QUARTODECIMANI**. Vide *Quartadecimani*.

¶ **QUARTOLA**, Quarta pars, ut videtur. Charta ann. 1001. apud Mabillon. lib. 5. de Re Diplom. pag. 446 : *Duabus partibus possidet Johanne et Petro de Raberto de Arimino germanis, seu a tertiola vinea possidet Paulo de Romano et Hermenfredo germanis, atque a Quartola curticella juris monasterii S. Johannis Evangelistæ.* Vide *Quartula* 1.

* Idem quod *Quarto* 7. Vide supra *Quartaria* 3.

¶ **QUARTONATA** Terræ, Agri portio unius *cartonis* frumenti reditus, ut supra Cangius exponit in *Cartonata terræ*, vel forte in quo unus *carto* frumenti seminari potest.

¶ **QUARTONERIA** Vineæ, Quæ *quartoni* obnoxia est. Vide in *Quarto* 7.

¶ 1. **QUARTONUS**, Mensura frumentaria. Saisimentum Comitatus Tolosæ ann. 1271. apud *Lafaille* in Probat. Annal. Tolos. pag. 18 : *Communitas dicti loci debet dicto domino Regi... unum Quartonum avenæ annuatim... et unam eminam frumenti.*

¶ 2. **QUARTONUS**, Quarta pars. Venditio vineæ ann. circiter 1048 : *Itaque quia ipse Quartonus, sicut tres aliæ partes, S. Victoris Massiliensis urbis monasterii erat... donamus... totum ipsum Quartonum... et sic postmodum fiat una villa coadunato ipso Quartone.* Vide *Quarto* 1.

¶ 3. **QUARTONUS**, Idem quod *Quarto* 7. Concordia inter Hugonem Archiep. Arelat. et Raymundum Comitem Tolos. ann. 1224. e Schedis Præsidis *de Mazaugues* : *Prædictas paludes jam desicatas et ad culturam redactas, quibus voluerunt ad Quartonum et decimas concesserant et tradiderant in acapitum.*

* 4. **QUARTONUS**, Mensura vinaria, nostris *Quarteron* et *Quarton*. Stat. Avenion. MSS. ann. 1243. cap. 91. ex Cod. reg. 4659 : *Statuimus quod quicumque vinum vendiderit minutum, teneatur habere ad minus mediam cociam et Quartonum et pogessiale.* Recognit. feud. MS. dom. de Veteri-ponte ann. 1366 : *Item ung Quarteron de vin et une miche.* Lit. remiss. ann. 1465. in Reg. 202. Chartoph. reg. ch. 14 : *Et ilec jouerent ensemble pour ung Quarton de vin aux cartes.* Vide supra *Quarteyro*, *Quarta*, 2.

* **QUARTRENGA**, Mensura vinaria, eadem quæ *Quarta* 2. Charta ann. 1188. in Chartul. S. Nigasii Mellet. : *Concessi.... septem denarios et minam avenæ.... et unam Quartrengam vini.* Vide supra *Quarterengia* 2.

¶ **QUARTRONA**, Modus agri, ut videtur, f. idem quod *Quarteria* 1. Charta ann. circiter 1483. apud Thomam *Madox* Formul. Anglic. pag. 360 : *Habuit unam Quartronam communæ in feodo, ex feoffamento Nicholai filii Nicholai le Cotiler, etc.*

¶ **QUARTRONUS**, Quarta pars libræ, Gall. *Quarteron*. Charta Edwardi III. Regis Angl. ann. 1328. apud Rymer. tom. 4. pag. 362 : *Quilibet possit habere stateram unius Quartroni.*

¶ **QUARTUCCIA**, Tuscanis, Quarta pars *flasconis* seu œnophori. Acta B. Guillelmi Erem. Xiclensis, tom. 1. Aprilis pag. 380 : *Votum fecit ferendi ad lampadem B. Guillelmi duas Quartuccias olei.* Vide *Quartutium*.

* Academ. Crusc. : *Quartuccio, Misura, che contiene la sessantaquattresima parte dello staio. Si dice anche una Misura di terra, che tiene l'ottava parte d'un fiasco.*

¶ 1. **QUARTULA**, Modus agri, idem, ut videtur, qui *Mansus*. Charta ann. 6. Caroli Reg. apud Mabillonium tom. 2. Annal. Benedict. pag. 747. col. 1 : *Mansellum illud, quod Haimo et Walannus fratres S. Martino tradiderunt in prædicto pago... et Quartulam prope jam dictum monasterium, quam Dabaudus jam dudum habuit, cum omnibus ad præfatos mansellos pertinentibus, scilicet vineis, terris cultis et incultis, vel commanensibus, necnon et pratis et pascuis, exitibus et reditibus.* Vide *Quartola*.

¶ 2. **QUARTULA**, Charta instrumentum, scriptura. Statuta Regni Neapolitani de jure quartæ art. 1 : *Dos et quarta, seu quarta pars, peti non possunt absque instrumento dotali et instrumento, quod Neapoli Quartula nuncupatur.* Vocem hanc non a *Charta* seu *Chartula* deduco, sed a *Quarta*, seu quarta parte bonorum, quam maritus uxori concedit pro nuptiis. Pro *Chartula* legitur supra in *Quarta* 9.

¶ **QUARTUM**, Quarta pars, etc. Vide mox *Quartus* 2. et infra *Quintum* 2.

* *Compelli per Quartum*, id est fortasse, sub pœna amissionis quartæ partis bonorum. Pactum inter Hugon. de Chabanis et Hugon. de Ussello ann. 1395. inter Probat. domus de Chaban. pag. 73 : *Præmissa omnia et singula.... observanda voluerunt dictæ partes,.... prout quilibet ipsorum tangit, se et suos hæredes et successores quoscumque compelli per Quartum et litteras regias domini nostri regis Francorum.* Nisi legendum sit *per Quartam*, id est Chartam. Vide *Quarta* 9.

¶ **QUARTURUM**, Gall. *Quarteron*, Quarta pars, in Chartulario Kemperlegiensi.

¶ 1. **QUARTUS**, Quadrans, nisi me fallo, seu moneta minutior. Statuta Montis-regalis pag. 23 : *Item statuerunt, quod pro quocunque aresto seu gagio aut præcepto fiendo de cætero per familiares curiæ suæ... habeant Quartos tres.... sed si irent ad pignorandum, gagiandum seu arestandum pro pluribus, eo casu solum habeant, et habere possint et debeant Quartos duos pro quolibet pignore, aresto seu præcepto.* Vide *Quartarolus* 1.

* Charta ann. 1362. in Reg. Cam. Comput. Paris. sign. *Vienne* fol. 45. r° : *Item quod garda dictæ monetæ debeat habere et capere, pro quibuslibet decem marchis auri operatis, unum Quartum unius floreni, et ponere in pissida vel bustia; et sic secundum magis et minus; et dictos Quartos servare usque ad recognitionem vel exagium.*

2. **QUARTUS**. Historia Abbatiæ Condomensis pag. 465 : *Tributum quoque quod reddit Ecclesia, tale est : duo Quarti reddunt unusquisque nummos 12. panes 8. annonæ concas 4. vini sextarios 2. convivium semel in anno domino suo cum 8. hominibus. Tertius vero Quartus similiter excepto prandio : nam quartus libere reddit B. Petro culturam unam in villa S. Medardi : casalem unum in isto burgo pignore datum pro 100. solid.* Ubi *Quartus* videtur esse modus agri, [ut et in Tabulario Absiensi, ubi habetur : *Dedi.... quicquid habebam in proprio, medietatem scilicet unius Quarti in duabus partibus terræ Villæ-novæ.* Vide *Quartarium*, *Quarteria* 1. *Quarterium* 3. et *Quarterius* 1.]

Nescio an huc pertineat, quod habet Tabularium Ecclesiæ Cadurcensis : *Exit autem de manso illo unum prandium in Natali Domini, et 1. artes in Pascha et medietas de Quarto, et aliud servitium, quale volueris. Fecerunt hanc pactionem, ut sic Vicarius, qui aliam medietatem Quarti possidebat, etc.... si aliquid injuste abstuli de honore S. Stephani de Quarto absolvo, etc.* Ibidem : *Una bordaria in valle Sierano, de qua exeunt per annum 16. denarii, et Quartam partem omnium quartanarum rerum.*

☞ Ex hoc postremo loco colligimus, *Quartum* nihil aliud esse, saltem in Tabulario Ecclesiæ Cadurcensis, quam *Quartonem* seu quartam partem fructuum, quam domini percipiebant e terris, ac potissimum ex vineis, quas tenentibus ea conditione colendas concedebant, ut quartam fructuum partem inde redderent. Hanc notionem firmant, Fundatio Prioratus Barbezilli inter Instrum. tom. 2. Gall. Christ. col. 270 : *In hac terra mainaverunt monachi rusticos, qui reddunt eis Quartum terræ et oblias.* Charta ann. 1153. in Probat. novæ Histor. Occitan. tom. 2. col. 548 : *In medietate Quarti et decimarum, quam habemus in hoc manso, damus eidem Hospitali tertiam partem.* Charta ann. 1251 : *Damus omnipotenti Deo et S. Mariæ matri ejus et toti Capitulo S. Nazarii Carcassonæ... censum annualem, tres solidos Hugonenses, Quartos, quintos, agrerios, tascas, medios, Quartos, tertiarios, census, usaticos, etc.* Pactum inter Jacobum Aragon. Regem Montisque Pessulani Dominum et Berengarium Magalonæ Episc. ann. 1272 : *Est etiam sciendum quod de supra dictis ab utraque parte excipiuntur usatica, laudimia, concilia, Quarti, quinti, sexeni, septeni, octavi, feuda, fenalia, albergæ, boyramia et alia servitia, seu jura, quæ ad jurisdictionem aliquam, seu merum vel mixtum imperium non pertinent.* Chartularium Camalariense : *Ad Verenas est unus masus, qui reddit meyssos, Quartum et recetum.* Rotulus sæculi XII. de Prioratu S. Pauli *de Tartas* ex Archivo Monasterii de Casa Dei : *Dono... duos mansos, quos habebam in villa... et Quartum terræ et duos receptos cum tribus militibus.* Hoc est, ut interpretor, Quartam partem fructuum, quam ex terra percipiebam. Testamentum ann. 1102. Marcæ Hispan. col. 1225 : *Item dimitto ad supradictum locum S. Mariæ Corneliani omnes meos dominicos olivarios, quos habeo in supradicta villa, et ipsos Quartos de ipsis olivariis ejusdem villæ ad luminaria omni tempore.* Hinc

Ad Quartum Excolere. Charta Abbatis Moissiac. ann. 1212. in Regesto Carcassonensi : *Non habebit illam vicesimam in illis, quæ excoluntur ad Quartum vel quintum.* Id est cujus colonus, quartam vel quintam partem fructuum domino præstat

¶ Quartus, pro *Quater*. Recogn. Albæripæ in Regesto *Probus* fol. 67 : *Debet habere de Comite ille, qui solvit ea, Quartus cibum suum.* Infra : *Debet habere cibum suum Quater, quando ea reddit.*

Quartus Scholæ, Qui, ut est in Ordine Romano, *semper nuntiabat Pontifici de cantoribus, adstans ante faciem Pontificis, et nutum ejus ad psallendum expectans.* Idem alio loco *Archiparaphonista* nuncupatur, quod *Paraphonistis*, seu Cantoribus præesset.

* **QUARTUTIUM.** Charta ann. 1306. tom. 4. Cod. Ital. diplom. col. 463 : *De singulis rebus..... pro rata exigantur grana auri decem, ejus* (eis) *rebus exceptis, de quibus Quartutium in civitate Neapoli exigitur.* Vide supra *Quartuccia.*

¶ **QUARURA**, Lapidicina, Gall. *Quarriere.* Charta Henrici Regis Angl. tom. 4. Historiæ Harcur. pag. 1468 : *De lapidicina seu Quaruris prope eamdem villam.* Supra habetur *Quarrera*, sicque mallem legere.

¶ **QUASAMENTUS**, Idem quod *Casamentum* 1. Feudum vel prædium, quod a *Casa dominica* dependet. Charta XII. circiter sæculi e Tabulario S. Petri de Cellafroini in pago Engolism. : *Dono atque concedo... illas terras et illos Quasamentos, quos dabunt illi, qui de me et de meo genere debent habere.*

¶ **QUASARE**, pro *Coaxare.* Vide *Quaxare.*

* **QUASI**, Vox non infrequens in Instrumentis cessionis seu venditionis. Charta ann. 1280 : *Nobilis vir Pontius Bremundi dominus castri de Caslario.... concessit et tradidit seu Quasi dicto domino regi.... medietatem pro indiviso stacæ seu juris, quod habet in staca et in managio, etc.*

¶ **QUASILLARIUS**, Ψιλοποιός, in Glossis Lat. Gr. Perperam in aliis : *Quastillarius*, φιλυποιός. Recte in Græco-Latinis : Κοφινοποιός, *Quasillarius*, Qui *quasillos* facit seu parvos qualos. Hinc *Quasillaria*, Lanifica, quæ lanam in quasillo reponit ad laborem. Petronius cap. 132 : *Convocat omnes Quasillarias familiæque sordidissimam partem.* Vide Scaligerum ad librum 4. Tibulli et Martinium in Lexico.

¶ **QUASITAS**, Ignota vox et, ut videtur, mendosa. Vide in *Usupelliones.*

¶ **QUASQUUM**, Clamor ranæ. Vide *Quaxare.*

¶ **QUASSARE**, Irritum facere, abrogare, *Casser, annuller*, in Placito ann. 1119. in Probat. novæ Histor. Occitan. col. 411. Charta Henrici Regis Angl. ann. 1155. apud D. *Brussel* tom. 2. de Feudorum usu pag. VII. ad calcem, in alia Lucianæ Abbatissæ Farensis ann. 1168. ex Archivo ejusdem Parthenonis : *Si quis hanc nostram institutionem Quassare præsumpserit, etc.* Occurrit in alia Ludovici Junioris ann. 1169. ex Chartulario S. Vandregesili tom. 2. pag. 1657. et alibi passim. Vide *Cassare* 2.

* Nostris *Quasser*, pro *Frapper*, ferire. Charta ann. 1424. tom. 2. Hist. Leod. pag. 444 : *Quiconque..... Quasserat gens à playe ovierte, etc.*

¶ **QUASSUM**, Fragile, quod quati facile potest. Glosæ Lat. Græc. et Græc. Lat. : *Quassum*, σαθρόν, σαβακούν, lege σαβακόν. Interpres S. Irenæi lib. 4. cap. 32. num. 1 : *Et propter hoc hi, qui alias doctrinas inferunt, abscondunt a nobis quam habent ipsi de Deo sententiam, scientes Quassum et futile doctrinæ suæ, et timentes, ne victi salvari periclitentur.*

* **QUASSUS**, Irritus, vanus. Vita S. Theod. tom. 10. Collect. Histor. Franc. pag. 369 : *Quassis assultibus paullatim dimissis, adversa pars tremefacta paullatim diffugit.*

¶ **QAUSTILLARIUS.** Vide *Quasillarius.*

* **QUATA**, vox vulgaris, Tormenti genus, in exigenda criminis confessione adhibitum. Instr. ann. 1454. inter Probat. tom. 3. Hist. Nem. pag. 286. col. 2 : *Venit idem dominus viguerius ad carceres prædictos, et eundem mercatorem in quodam tormento, vocato vulgariter la Quata, poni fecit, ac si meruisset justiciari.* Forte Fustuarium, Gall. *Bastonnade.* Vide supra *Quassare.*

* 1. **QUATELLUS**, Modus agri, f. quarta pars jugeri. Charta Joan. abb. S. Remig. Rem. ann. 1341. in Reg. 74. Chartoph. reg. ch. 664 : *Assignavit curato de Attigniaco quindecim falcaturas prati, cum Quatello vel circiter.* Vide *Quaterium.*

* 2. **QUATELLUS**, Mensura annonaria. Lit. remiss. ann. 1352. in Reg. 81. Chartoph. reg. ch. 434 : *De qua avena Johannes Frerot de Roumiguiaco certam quantitatem .... receperat, et ad usus suos decem Quatellos applicaverat.* Vide supra *Quarterenus* et *Quateria.*

¶ **QUATERDENA**, Quadragesima. Vita S. Petri Cœlestini PP. tom. 4. SS. Maii pag. 454 :

Sexque Quaterdenas addens, qua fortius omnem.
Ingluviem superare queat, carnemque refrænet.

¶ **QUATERIA**, pro *Quarteria*, Mensura aridorum. Transactio inter Abbatem et Monachos Crassenses ann. 1351. ex libro viridi fol. 53 : *Dat... unam Quateriam fabbarum pro frezitis in conventu præparandis.* Vide *Quarteria* 2.

¶ **QUATERIUM**, pro *Quarterium*, Quarta pars. Parvum Chartul. S. Victoris Massil. fol. 150 : *De Quateriis cervorum, vel aprorum, vel aliarum venationum, etc.*

¶ **QUATERNALES** et *Ternales* inter navium armamenta numerantur in Informationibus Civitatis Massil. de passagio transmarino e MS. Sangermanensi.

¶ **QUATERNALIS Albus**, Argenteæ monetæ species in Dalphinatu, de qua sic Humbertus II. in Ordinatione ann. 1342. tom. 2. Hist. Dalphin. pag. 420 : *Item, Quaternales albos ad unum denarium et sexdecim granos de liga argenti fini et de pondere quindecim solidorum et trium denariorum pro marcha ad remedium de liga duorum granorum, et ad remedium ponderis duorum denariorum pro marcha, et detur mercatoribus et nobis, ut supra.*

¶ **QUATERNANUM Feudum.** Vide *Feuda quaternana* in *Feudum.*

¶ **QUATERNARE** Vide *Quaternus* in *Quaternio* 1.

¶ 1. **QUATERNARIA**, Species supellectilis ecclesiæ. Agnellus in Vita S. Sergii apud Murator. tom. 2. pag. 174. col. 2 : *Abstulit reliquias, quas non potuerunt sic citius occultare, ex auro balantias novem, vascula argentea plurima, coclearia argentea tractoria, Quaternaria una, et diversas alias aureas et argenteas species.*

¶ 2. **QUATERNARIA**, Modus agri. Concordatum Willelmi Abb. S. Remigii Senon. cum Auvalone Domino Castri Sigliniaci, XII. sæc. e MS. Pontiniacensi : *Terras vero arabiles S. Remigii, excepta Quaternaria quam idem Auvalo habet in feudo, dabit major Sancti aut ministri ad plantandum in censum, arpennum pro sex denariis.* Vide *Quarteria* 1.

* **QUATERNARIUS**, Quartana febri laborans. Acta S. Hildeg. tom. 5. Sept. pag. 697. col. 2 : *Quaternarii apud sepulcrum ejus, ad nominis ejus invocationem sunt liberati.* Vide *Quartenarius.*

¶ **QUATERNATA** Vestis, *Quatuor quadrata lateribus, undique corpus ambiens.* Turnebus lib. 14. Adversariorum cap. 19.

¶ 1. **QUATERNATIM**, *Per quaternos.* Joh. de Janua.

* 2. **QUATERNATIM**, Quaterni, Gall. *Quatre à quatre.* Arest. parlam. Paris. ann. 1373. in Reg. 111. Chartoph. reg. ch. 301 : *Ipsos copulatos Quaternatim in manicis ferreis posuerant, et eos per spatium decem mensium detinuerant sic ferratos.*

¶ **QUATERNATIO**, Quaternarius numerus, apud veterem Interpretem S. Irenæi lib. 1. cap. 1. et alibi; τετρακτύς vel τετράς ipsi Irenæo.

¶ **QUATERNATUM Feudum.** Vide *Feuda quaternana* in voce *Feudum.*

1. **QUATERNIO**, Quaternus, Quaternunculus, Chartæ invicem compactæ, nostris *Cahier : Cuern*, in Chronico Petri IV. Reg. Aragon. lib. 3. cap. 30. Alcuinus Poemate 7 :

Plurima hic Præsul patravit signa stupendus,
Quæ nunc in chartis scribuntur rite Quadratis.

Eckehardus Junior de Casib. S. Galli. cap. 16 : *Misit... Quaternionem omnem seriem Sandrati tenentem.* Vide ibi Goldastum. Rabanus Epist. ad Hincmarum : *Pruden-*

ains Trecassinæ civitatis Episcopus plura testimonia præteritorum patrum in Quaternionibus suis collegit. Hincmarus Laudun. Episc. : Vos quoque in Quaternionibus Pitiis Regi datis hoc Capitulum integrius ita posuistis. Vide pag. 614. 637. Quaterniones curiæ, i. Regesta, apud Petrum de Vineis lib. 3. Epist. 63.66. Τετράδες, Quaterniones, in VI. Synodo act. 3. in Synodo VII. act. 3. et apud S. Antiochum Homil. 26. Τετράδια, in VI. Synodo act. 11. et in VII. act. 1. Gloss. Græc. Lat. : Τετράδιον, Quaternio. In τετράδια divisi fuerunt libri Nestorii Patr. CP. quæ interpreti Quaterniones dicuntur, in Concilio Ephesino part. 2. act. 1. [Vide Quinio.] [** et Savin. Histor. Jur. Rom. med. temp. tom. 3. cap. 25. § 214. sqq.]

Caternio. Gregorius Tur. lib. 5. cap. 18 : Transmittimus librum Canonum, in quo erat Caternio novus adnexus, habens Canones quasi Apostolicos, etc.

Quaternium dixit Hubertus in Vita S. Gudilæ Virginis in Prologo.

Quaternum, Petrus de Vineis lib. 3. Epist. 64. 66. Reynerus contra Wald. cap. 6. pag. 77. Nicolaus Episcop. Andegav. in Statutis Synodalibus. [Occurrunt voces Quaternum vel Quaternus, in Chartulario S. Vandregesili tom. 2. pag. 1743. apud Marten. tom. 2. Anecdot. col. 1585. tom. 4. col. 953. 978. 980. in Hist. Dalphin. tom. 1. pag. 95. tom. 2. pag. 273. 277. in Constitutionibus Jacobi Regis Siciliæ cap. 13. et 57. apud D. Brussel tom. 2. de Feudorum usu pag. 747. in Statutis Astensibus pag. 69. Statutis Cadubrii lib. 1. cap. 11. lib. 2. cap. 26. in Bullario Carmelitano pag. 240. 248. et alibi.]

Quaternus, [Johanni de Janua, ubi quatuor quartæ (Chartæ) seu octo folia; unde hic Quaternulus dimin. et Quaternare, Quaternos facere, vel quaternum, vel quaternis distinguere, vel ordinare.] Petrus Blesens. Epist. 19 : Quinque hujus novi operis Quaternos mitto. Utitur et Epist. 101. ut et Concilium Ravennense ann. 1317. cap. 15. et Constitut. Ord. Prædic. dist. 2. cap. 14.

Caternum, in Statutis Massiliensium MSS. : Prout est computatum et distinctum in Caterno curiæ. Lucas Archiepisc. Cusentinus in Vita B. Joachimi : Diu noctuque scribebant in Caterno, in quo ipse dictabat. Caterne, apud Andegavenses. In Regesto Ludovici Regis Siciliæ fol. 30. hæc habentur : Copie de l'original du Caterne pour le fait du Martellaige de la Comté du Maine. Provinciales et Delphinates utuntur eadem notione voce Cadastre, de qua quædam attigit Menagius.

¶ Quaternulus. Decreta Synodi Paris. ann. 1210. apud Marten. tom. 4. Anecdot. col. 166 : Quaternuli magistri David de Dinant infra Natale Episcopo Parisiensi afferantur et comburantur. Occurrit in Chronico Windesem. in voce Petra laudato.

Quaternunculus, et Quaterniunculus. Hugo Flaviniacensis in Chronic. Virdun. : Invenit in ipsa Ecclesia Quaternunculos de Vita S. Sanctini, sed valde contritos. Carolus C. Rex apud Hincmarum : Quia necessitate cogente, prolixius respondere compulsi sumus, contra morem nostrum, in Quaterniunculo annulo nostro signato responsionem nostram scribere necessarium duximus. Adde Concil. Duziacense I. part. 2. cap. 17.

2. **QUATERNIO**, Qui quartæ militaris vel urbicæ centuriæ præest, Gallis Quartenier. Walafridus Strabo lib. de Rebus Eccles. cap. 35 : Decani, vel Decuriones, Quaterniones, Duumviri, etc. [Joh. de Janua : Quaternio, qui quatuor milites habet sub se; unde in Actibus Apost. cap. 12 : Tradens eum quatuor Quaternionibus militum custodiendum. Quidam proferunt Quaternio pro Quaterno, sed falso. Hanc sententiam amplectuntur aliquot interpretes; sed melius alii numerum intelligunt quorumvis militum quaternarium, ut suadet vox τετράδιον, quæ legitur in textu Græco. Id confirmat versio Syriaca, quæ 16. habet milites, non quatuor tantum.]

* Quaternio, Serjant, in Glossar. Lat. Gall. ex Cod. reg. 7692.

¶ **QUATERNITAS**, Quaternarius numerus, apud Pomponium Lætum et recentiores, præsertim Scholasticos Theologos.

¶ **QUATERNIZARE**, In quatuor partes dividere, Gall. Ecarteler. Vide Quarterizatio.

1. **QUATERNUM**, Lignum in quatuor partes fissum, Petro de Crescentiis lib. 5. de Agricult. pag. 267.

¶ 2. **QUATERNUM**, vel Quaternus, Chartæ compactæ, Gall. Cahier. Vide in Quaternio 1.

¶ 3. **QUATERNUM** Feudum. Vide Feuda quaternana in voce Feudum.

¶ **QUATERVIGINTI**, Gall. Quatre-vingt, Octoginta, apud Thomam Madox, Formul. Anglic. pag. 141. et Rymerum tom. 5. pag. 326.

* **QUATHEDRA**, pro Cathedra, Sedes. Inventar. ann. 1476. ex Tabul. Flamar. : Item plus duas Quathedras plicandas. Hinc

* **QUATHEDRATICUM**, pro Cathedraticum, Pensio, quæ episcopo ab ecclesiis ipsi subditis quotannis exsolvitur, in Charta ann. 1309. ex Lib. rub. Cam. Comput. Paris. fol. 321. r°. col. 2.

* **QUATIERIA**, f. Pactum, conventio, vel Cessio; unde legendum forte Quitantia. Vide in Quietus. Chartul. S. Sulpit. Bitur. ch. 112 : Post mortem Arberti, venit filius ejus, Ebo nomine, petens ab abbate Cadurco sibi tribui decimam de Aloniaco, cui supra Quatieriam, quam pater suus abbati S. Sulpitii fecerat, cognoscentι, tradidit jam dictus abbas Cadurcus eidem Eboni decimam de Aloniaco.

¶ **QUATILIS**, f. Cautus. Bulla Clementis V. PP. ann. 1312. qua extinctorum Templi Militum bona et jura transfert ad Milites S. Johannis Hierosol. inter horum Privilegia pag. 105 : De provisa et Quatili eorumdem locorum unione et translatione, etc.

¶ **QUATISONIA**, Idem quod supra Quartisina, Pen-italio quartæ partis. Charta Lotharii Imp. in Actis SS. Junii tom. 5. pag. 485 : Cum vineis, terris, silvis... cum ritratibus, tallonariis, Quatisoniis et cum omnibus ad prædicta loca pertinentibus. Pro ritratibus puto legendum riparibus, ut in alia simili Charta ibidem habetur, ubi etiam pro tallonariis melius legitur teloneis.

¶ **QUATRANS**, pro Quadrans. Glossæ Lat. Græc. et Græc. Lat. : Quatrans, Τριώγκιον.

QUATRARIA, Lapidicina. Vide Quadraria.

* **QUATRENUS**, Monetæ minutioris species, eadem quæ mox Quatrinus. Stat. ant. Florent. lib. 1. cap. 4. ex Cod. reg. 4621. fol. 14. v° : Habeat etiam dictus potestas.... quartam partem totius salarii in moneta argentea, vel circa hoc, in grosses vel Quatrenos. Vide Quartarolus 1.

¶ **QUATRICENTUM**, Quadringenti, Quatre cent. Gesta Manfredi et Conradi Regum apud Muratorium tom. 8. col. 614 : Cum ducentum Hispanis, totidem Theutonicis et Quatricentum Turcis stipendariis.

¶ **QUATRIDUANUS**, Quatuor habens dies, Joh. de Janua. Occurrit Joan. 11. 39. ubi de Lazaro jam a quatuor diebus vita functo sermo est.

* **QUATRIES**, Quater. Inquisit. ann. 1268. ex sched. Pr. de Mazaugues : Pignoraverunt ter vel Quatries.

¶ **QUATRIGA**, pro Quadriga, in Charta ann. 1231. tom. 3. Ordinat. Reg. pag. 119 : Equos, jumenta, asinos vel Quatrigas burgensium...., capi nullatenus permittemus. Editor intelligit aratra; malim carros, quibus magis proprie convenit vocis quadrigæ notio, quam aratris.

* **QUATRINUS**, Ital. Quattrino unde nostris Quatrin, Minutior moneta, valoris sexagesimæ partis lyræ, ex Academ. Crusc. Acta S. Ignat. Loyolæ tom. 7. Jul. pag. 642. col. 2 : Ut cum Venetias venisset, nihil amplius quam paucos Quatrinos haberet, qui in eam noctem ei fuerunt necessarii. Monstrel. vol. 1. cap. 62 : Le pape (Jehan) jectoit par toutes les rues où il passoit monnoye, c'est ascavoir deniers, qu'on appelle Quatrins et mailles de Florence. Vide supra Quatrenus.

¶ **QUATRIPERTIRE**, Idem quod Quadripertire, In quatuor partes dividere. Elmhamus in Vita Henrici V. Regis Angl. cap. 122 : Sicque quatuor custodias exercitus regulis Quatripertit.

¶ **QUATRIPES**, ut Quadrupes, in Miraculis S. Cataldi Episc. tom. 2. Maii pag. 574.

¶ **QUATRIVIOLUM**, Quadrivium. Charta ann. 1342. tom. 2. Hist. Dalphin. pag. 446. col. 1 : Ad iter tendens de civitate Gratianopoli versus Montem-Bonoudum usque ad Quatriviolum, et ab ipso Quadriviolo procedendo per ipsum iter Montis-Bonoudi, etc.

¶ **QUATRIVIUM**, ut supra Quadrivium, Quatuor artes liberales. Vita S. Brunonis Episc. tom. 4. Julii pag. 479 : Postquam vero non solum trivii, sed etiam Quatrivii scientiam cœlestis gratiæ munere assecutus est, etc.

QUATRONCHIA, Mensuræ frumentariæ species. Quatronchia frumenti, in Charta Hugonis Ducis Burgundiæ pro Communia Coicheiensi ann. 1253. apud Perardum.

¶ **QUATRONUS**, ut supra Quarteronus, Quinque et viginti. Literæ ann. 1342. apud Rymer. tom. 5. pag. 326 : Assignavimus eidem Willelmo quaterviginti et quinque saccos et tres Quatronos lanæ, hoc est, 75. libras supra 85. saccos.

QUATUOR-ANGULATILIS, Quatuor angulis constans. Auctor incertus inter Gromaticos : *Terminus si rotundus fuerit, et brevis, et de una parte in latus punctum habuerit, in fontem Quatuor-Angulatilem descendet.*

¶ **QUATUORDECIMUS**, Quatuordenarius, etc. Johannes de Janua : *Quattuordenus, Quattuordenarius, Quattuordecimus, Quartusdecimus ; Quattuordecies ; Quattuorvicibus.*

QUATUOR-TEMPORA. Vide *Jejunium vernale* et *Ordo*, 3. Auctor Græcismi MS :

Dant Crux, Lucia, Cineres Karismata dia,
Ut sit in angaria Quarta sequens feria.

QUATUOR NUMMI. *Homines de quatuor nummis.* Vide *Capitale*, 5.

¶ **QUATUOR-VIGINTI**, Gallice *Quatre-vingt*, Octoginta, in vet. Ceremoniali MS. B. Mariæ Deauratæ.

* **QUAVALGATA**, pro *Cavalcata*, Equitatio, expeditio militaris, nostris *Chevauchée*, a vulgari in quibusdam provinciis *Queval*, pro *Cheval*, Equus. Charta ann. 1314. in Reg. 141. Chartoph. reg. ch. 95 : *Pro servitio unius somerii in Quavalgatis ipsius domini nostri dalphini, etc.* Unde etiam *Quevalart*, pro *Cavalier*, Eques, in Gest. Brit. apud Marten. tom. 3. Anecd. col. 1492 :

Meis le comte mandé avoit
Par tout le pays en toutes pars
Mains chevauchons, mains Quevalars, etc.

Infra :

De l'autre part à luy si vint
Courant, criant deux Quevalars,
Qui li disoient : de toutes pars
Vesci venir tous les Bretons.

Male ergo *Quevabars* ibid. col. 1474. Vide supra in *Caballus*.

* 1. **QUAUDA**, a Gallico *Queue*, pro *Cauda*, Mensura vinaria, simul et annonaria. Lit. remiss. ann. 1358. in Reg. 86. Chartoph. reg. ch. 505 : *Quinquaginta Quaudas vini et quinquaginta Quaudas avenæ, ordei, seu frumenti promiserunt.*

* 2. **QUAUDA**, Extrema pars rei cujuslibet. Charta ann. 1205. ex Lib. albo episc. Carnot. : *Præterea idem Nevelo concessit prædictis hominibus prata defuncti Raymundi præpositi et Quaudam stagni ad communem pasturam.* Vide *Cauda* 1.

* **QUAURIA**, Eadem notione atque *Quauda* 1. quomodo etiam forte legendum est. Libert. Figiac. ann. 1318. tom. 7. Ordinat. reg. Franc. pag. 661. art. 5 : *Habent et habebunt etiam quonquas et mensuras bladorum et vini, Quaurias, ulnas et pondera.* Præter notas vocis Gallicæ *Queue* notiones, has reperio : Defectum in pannis significat in Stat. pannif. Ebroic. ann. 1403. tom. 9. Ordinat. reg. Franc. pag. 174. art. 33 : *Les draps qui auront aucune Queue, et n'y aura autre faulte, etc.* *Queue* vel *Queux* pro Cos, Gall. *Pierre à aiguiser*, sæpius usurpatur. Lit. remiss. ann. 1389. in Reg. 138. Chartoph. reg. : *Une Queue à aguisier cousteaux.* Aliæ ann. 1397. in Reg. 151. ch. 324 : *Lequel Descamps, fery ledit exposant d'un sac qu'il portoit à son col, ouquel avoit une grant Queux à aguiser sarpes à boscheron. Trois faulx garnies de leurs Queux pour les aguiser*, in aliis ann. 1454. ex Reg. 191. ch. 21. Hist. Lendit. S. Dion. apud D. *Le Beuf.* tom. 3. Hist. diœc. Paris. pag. 261 :

Queuz d'Ardenne et d'Engleterre.

¶ **QUAWARFEDA**, pro *Cadarfreda*, in MS. Ambros. legi monet Murator. tom. 1. part. 2. pag 78. col. 2.

¶ **QUAXARE**, Coaxare. Festus : *Quaxare ranæ dicuntur; cum vocem mittunt.* Johan. de Janua : *Quaxum vel Quasquum dicitur sonus ranarum ; unde Quaxare vel Quassare dicuntur ranæ, cum voces emittunt, secundum Hugutionem.* Supplem. Antiquarii : *Quasat*, ὅταν φωνεῖ βάτραχος, *Cum rana clamat.*

** **QUECTONIA**, Malus cydonia, cotonia, Gall. *Coing.* Ecbasis vers. 1025 :

Persica cum cerasis, Quectonia mixtaque fragis.

¶ **QUEIRRINUS**, Lapis quadratus. Charta Massil. ann. 1278 : *Quem lapidem sive Queirrinum pro termino antiquo concorditer confirmaverunt.*

¶ **QUELLE**, Φρυγάνωνχαῖται, in Glossis Lat. Græc. Melius in Græco-Latinis *Quisquilia* et *Quisquiliæ*, et in Codice Sangerman. : *Quisquiliæ, singulare non habet.*

¶ **QUEMINEA**, Gall. *Cheminée*, Caminus. Charta ann. 1309. tom. 1. Chartular. S. Vandregesili pag. 924 : *Murum cum quadam Queminea ibidem construxerat.*

* Unde *Queminel*, Fulmentum focarium, vulgo *Chenet.* Lit. remiss. ann. 1395. in Reg. 148. Chartoph. reg. ch. 318 : *Icelui Jehan fery ledit Symon d'un Queminel, appellé chienet, sur la teste à sanc et à plaie.*

¶ **QUEMINUM**, vel Queminus, Iter, via strata, Gall. *Chemin*, Picardis nostris *Quemin.* Chartularium S. Vandregesili tom. 2. pag. 1415 : *Aboutat Quemino domini Regis. Queminum regale*, in Chartis ann. 1295. et 1298. ex Archivo Monasterii B. M. de Bono-nuncio Rotomag. Vide *Cheminus.*

* Charta ann. 1340. ex Chartul. 23. Corb. : *Et ne ne puent, ne porront lesdits religieux ledit Quemin enclorre.*

* **QUENNA**, a veteri Gallico *Quenne*, Vasculum, mensura vinaria. Charta Theob. episc. Ambian. ex Cod. reg. 4184. fol. 14. r° : *Quadriga potis onerata, duos potos et duas Quennas debet.* Comput. ann. 1382. ex Tabul. S. Vulfr. Abbavil. fol. 6. r° : *Prima die Adventus, magistro Johanni de Monsterolio, unam Quennam vini, xxxij. den.* Alius ann. 1450. ex eod. Tabul : *xxvj. die Julii pro media parte quatuor Quennarum vini, sorori magistri Firmini du Four, in nuptiis ejus desponsationis præsentati, iiij. sol.* Comput. ann. 1404. ex Tabul. S. Petri Insul. : *Pro redimendo Quennas seu ydrias stanni præsentatas cum vino domino duci Burgundiæ, xvj. sol.*

* **QUENNEYA**, Alapa, colaphus; an a Gallico vulgari *Quenotte*, quod ictus sit in dentes? Lit. remiss. ann. 1365. in Reg. 98. Chartoph. reg. ch. 242 : *Cum dictus Guillelmus calore motus dicto Johanni unam alapam seu Quenneyam dederit, sine tamen mutilatione, vulnere vel læsura. Kenée*, eadem notione, in Charta ann. 1238. ex Chartul. Guillelmit. prope *Wallincourt : Quiconques donne Kenée à autrui, qui n'est en se mainburgnie, xx. sols.*

* *Quenasne*, Vox contumeliosa apud Anglos, ex Lit. remiss. ann. 1427. in Reg. 173. ch. 74 : *Quenasne, qui vault à dire, comme l'en dit, sanglant villain, en Anglois.*

* **QUENTALE**, Districtus, territorium intra quintum milliare. Charta ann. 1372. ex Tabul. S. Judoci ad mare : *Factum est in Quentalibus justitiæ dictæ abbatiæ, etc.* Vide *Quinta* 1.

¶ **QUENULA**, *Satureia*, apud Schilterum in Glossario Teutonico. Videtur esse vox Latino-barbara, ut et sequens.

¶ **QUERCA**, Eidem Schiltero, *Chela, Gurgulio a gutture nomen traxit, cujus meatus ad os et nares contenditur*, ex Rabano de partibus corporis.

QUERCIA, Quercus, Italis *Quercia.* Charta Rachisi Regis Longobard. apud Ughellum in Episcopis Clusinis : *Inde vero de terra Philippi recte in montecello ad ipsas Quercias, ubi sunt cruces factas desuper campo, ubi dicitur, etc.* [** Charta Longob. ann. 760. apud Brunett. in Cod. Diplom. Tusc. tom. 1. pag. 570 : *Et super illo duo testucli sunt duo Quercias et super ipse una cerru terseratu.*] Occurrit præterea apud Recuperum in Miraculis B. Ambrosii Senens. n. 138.

* **QUERCITUM**, pro Quercetum, Gall. *Chenaie.* Charta Rob. comit. Aug. ann. 1059. inter Instr. tom. 11. Gall. Christ. col. 14 : *Do etiam terram Maisnilli-vallis, cum portu,.... Quercitumque Criolii, etc.* Vide infra *Querquetum.*

¶ **QUERCULA**. Charta Ludovici Regis Franc. ann. 1267. inter Privilegia Militum S. Johannis Hierosol. pag. 32 : *Præcipimus quod homines prædicti sui hospitalis sint liberi et quieti de exercitu, et de equitatu, et de arboreo, pagio, pontagio, et passagio, et vinagio, et stagio, de bassinis equorum, et de omnibus vexationibus, et de omnibus Querculis, placitiis auxilii, et de tallacis, et de omnibus operationibus cunctarum castellanarum et villarum.* Emendo *Querulis.* Vide mox *Querela.*

QUERELA, Idem quod Causa, actio, lis intentata, in Regiam Majest. lib. 1. cap. 8. § 34. cap. 10. § 1. cap. 13. § 3. in Statutis secundis Roberti I. Reg. Scot. cap. 30. § 1. etc. [Sic *Querelle* pro lite et *Querelleres*, pro litigante dicitur in Stabilimentis S. Ludovici lib. 2. cap. 27. editionis *de Lauriere* : ubi notæ sunt consulendæ.]

** Querelarum Auditores, in Placit. ann. 20. Edward. I. reg. Angl. Norf. rot. 43. in Placit. Abbrev. pag. 286. Vide *Auditores*, 2.

¶ Querelæ, ut observat Kennettus in Glossario ad calcem Antiq. Ambrosd. quandoque dicta tributa Regi vel domino soluta pro obtinenda facultate *querelam* seu litem agendi in ejus curia ; sæpius vero *querelæ* dicuntur mulctæ pro communibus delictis, de quibus *querela* esse potest, impositæ, quarum immunitas haud raro concedebatur. Charta Henrici II. Regis Angl. in Antiq. laudatis pag. 123 : *Præcipio vobis quod custodiatis et manuteneatis et protegatis terras et homines et omnes res et possessiones Bernardi de S. Walerico in ballivis vestris, sicut meas proprias.... et terræ suæ sint quietæ de scyris et hundredis, et sectis scyrarum et hundredorum, et omnibus placitis* et Querelis, exceptis murdredo et latrocinio. Alia Charta ibid. pag. 403 : *Henricus de Oili concessi et dedi ecclesiæ Dei et S. Mariæ de Egnesham quatuor hidas terræ.... liberas et quietas ab omnibus, Querelis, excepto murdredo et danegeldo.* Charta ann. 1262. ex Archivo Monasterii B. M. de Bononuncio Rotomag. : *Ego Floridus, dictus Gotsbart, de S. Valerico vendidi et concessi in perpetuum viris Religiosis, Priori et Conventui B. M.... v. sol. et x. den... habendos et recipiendos... pacifice et hereditarie ad terminum supradictum, cum omnibus redditibus et redeventiis et Querelis, quas a toto tenemento meo reddebam.*

* *Replainte*, eo sensu, videtur usurpari, in Lit. remiss. ann. 1395. ex Reg. 148. Chartoph. reg. ch. 124 : *Icellui sergent mist main de par nous audit exposant très-durement, pour certaines amendes, deffaulx et Replaintes qu'il devoit au prevost.*

Querelæ Forinsecæ. Leges Canuti Regis de Forestis cap. 9 : *Et sint quieti.... ab omnibus armorum oneribus, quod Warscot Angli dicunt, et forinsecis Querelis.*

Querelles Fieffaux, in Consuet. Norman. cap. 48. 92. id est querelæ feudales, querelæ seu lites de feudis.

¶ Querelæ, Preces, gemitus pii. Versus Eugenii Episc. Tolet. tom. 1. Annal. Benedict. pag. 684 :

Cumque precum murmur ad propria fuderis intus,
Et gemitus toto prompseris ex animo;
Eugenium, quæso, propriis adjunge Querelis,
Sic culpis veniam possit habere suis.

¶ **QUERELABUNDUS**, Querulus. *Querelabundis cœpit vocibus inquirere*, in Vita S. Gregorii PP. tom. 2. Martii pag. 209.

* **QUERELANS**, Dicitur cum is qui causam agit, tum qui defendit. Charta ann. 1517. ex sched. Pr. *de Mazaugues* : *Cum controversiæ jam motæ essent inter universitates et homines civitatis Arelatensis et villæ Tharasconis ex una, Querelantes et agentes, et universitatem ac homines villæ S. Remigii Querelantes et se deffendentes.* Vide *Querulans.*

QUERELARE, Queri, *Se plaindre*. Ugutio : *Querelari, querimoniari, lamentari. Querelosus, querulæ plenus.* Papias : *Querelatur, queritat, clamat, testatur.* Vetus Interpres Alexandri Tralliani Iatrosophistæ lib. 2. passion : *Et dicebat se mordicationem pati in ventre, et capitis dolorem se habere Querelabat.* [Arnobius Junior in Psalmum 76 : *Memorans præterita bona, de malis præsentibus Querelatur.*] Chronicon Farfense : *Quidam in terra Paulus.... Querelatus est Domino Karolo Regi... de Monasterio S. Angeli.... dicens, quod de suis parentibus fuisset, et sibi pertineret.* Italis *Querelare*, est accusare in judicio, *dar querela*, nomen deferre, diem dicere. Hac notione utitur Matth. Paris in Vitis Abbatum S. Albani pag. 67. [et in Additamentis pag. 508. ubi : *Si videatur eis quod pertineat* (negotium) *ad forum regium, Querelatur judex; qui confiteatur se post interdictionem processisse, amercietur.* Placitum ann. 867. e Tabulario S. Tiberii : *Bonesindus Abbas.... se Querelavit et dixit : Audite me Querelantem et proclamantem, etc.* Thomas Walsingus in Hypodigmate Neustriæ pag. 481 : *Eligantur hinc inde arbitri, qui si provideant, quomodo Querelantibus satisfiat, et Rex Franciæ se obliget.* Statuta criminalia Saonæ cap. 14 : *Si vero condemnatio fuerit minoris quantitatis dictarum librarum viginti... non possit ab ea appellari, Querellari, nec nulla dici, seu aliqualiter Querellari; sed omnino exequi debeat, nulla exceptione, seu defensione juris vel facti obstante.* Concilium Avenion. ann. 1209. tom. 2. Spicil. Acher. pag. 614 : *Tepidi sunt nimium et remissi ad justitiam coram se Querelantibus faciendam.* Charta ann. 1209. e Chartul. Meld. : *Querelabam contra G. Electum Meldensem essarta et nemus, et quicquid juris emerat, etc.* Literæ Philippi Franc. Regis ann. 1338. apud *de Lauriere* tom. 2. Ordinat. pag. 128. num. 34 : *Statuimus quod post dimissionem dicti officii in illo loco, debeant per 50. dies.... continue residere, et Querelantibus de ipsis habeant respondere, ut possint ipsi Querelantes facilius consequi jus suum contra eos.* Hoc verbo usus est Servius in 1. Eclog. Virgilii : *Postea eum Querelantem invenimus.* Vide *Querulari* et *Querulus.*]

¶ **QUERELARI**, Argui, corripi. Guido lib. 2. Discipl. Farf. cap. 12 : *Si aliquem talem invenerit dormientem, excitet eum : si cum gratiarum actione non recipit, in Capitulo Querelabitur.* Nostris *Quereller*, est Verbis aut factis lacessere.

¶ **QUERELATOR**, Qui queritur, accusator, actor. Concilium Tulugiense ann. 1065. can. 8 : *Ita ut medietatem istius duplæ compositionis habeat Querelator, et alteram medietatem habeat Episcopus et ipse Comes.* Vide *Querela* et *Querelare.*

¶ **QUERELATUS**, *Persona de qua ostenditur querimonia justiciario, ut super hoc exhibeat jus, prout debet*, in Codice Legum Norman. cap. 61. apud Ludewig. tom. 7. Reliq. MSS. pag. 263. Occurrit ibid. pag. 67. Vide *Querulatus.*

* **QUERELERA**, ut *Querela*, Causa, actio. Charta ann. 1306. in Chartul. B. M. Medii-monast. fol. 99. r° : *Cum ex parte decani et capituli B. M. de Medio-monasterio et magistri Milonis de Joyaco ejusdem ecclesiæ canonico ex alia, de omnibus et singulis actionibus, Quereleris, debitis et expensis juribus, etc.*

* **QUERELLUS**, Instrumentum ferreum rusticis operibus aptum, forte Aratri culter vel vomer, qui *Querelent* videtur appellari, in Lit. remiss. ann. 1460. ex Reg. 192. Chartoph. reg. ch. 52 : *Le suppliant se print à rompre ung verial estant oudit hostel, en frappant fort contre ledit verial d'un Querelent.* Inquisit. ann. 1288. in Access. ad Hist. Cassin. pag. 388. col. 2. part. 1 : *Petrus Curillus acurarius.... de arte acurariæ servit monasterio faciendo Querellos. Quadrillus* paulo ante nuncupatur. Vide supra *Quadrillus* 2.

¶ **QUERELOSITAS**, Querela. Tabularium S. Albini Andegavensis : *Magnas gratias reddiderunt, eo quod ipsorum Querelositati et murmurationi, quam adversus illum et monachos... habuerant, rationem reddendo finem imposuerat.*

QUERELOSUS, Μεμψίμοιρος, apud S. Ferreolum in Regula cap. 7. *Querelleux*, Jurgator. Alias

Querelosus, Idem valet quod *Querulus*, apud Adelmum lib. de Virginitate cap. 4. et Flodoardum lib. 2. Hist. Remens. cap. 3. Item *actor*, qui queritur coram judice. Fori Alcaçonenses : *Et qui feriret de lancea aut de spada polaciada peite 10. sol. et si tronciret ad altera parte, peite 20. sol. ad Queroloso.*

¶ **QUERENS**, Actor, qui de alio queritur in judicio. Charta ann. 19. Edwardi Regis Angl. apud Thomam *Madox* Formul. Anglic. pag. 227 : *Hæc est finalis concordia facta in curia domini Regis... inter magistrum Philippum de Turvill clericum Querentem.... et Johannem Hallynge de Bodewoth deforciantem.* Vide *Querere.*

* **QUERENTANS**, pro *Querelans*, qui de alio queritur, actor. Stat. eccl. Habac. ann. 1452. apud Oefel. tom. 2. Script. rer. Boicar. pag. 236. col. 1 : *Querentantes audiat et causam civilis debiti hujusmodi diffiniat.* Vide *Querens.*

¶ **QUERERE**, Queri de aliquo apud judices, in jus vocare, causam dicere, accusare. Judicium inter Abbatem Farfensem et Presbyteros S. Eustachii apud D. *le Blanc* in Dissert. Hist. de Monetis pag. 92 : *Ad hæc presbyteri quesierunt advocatum, qui pro eis Quereret, et datus est eis Benedictus filius Stephani a Macello... et proclamabat ita dicendo : Ego Quero Hugonem abbatem de duabus ecclesiis cum casis et cellis suis.*

¶ **QUERESTARIUS**, Cantor in ecclesiis. Angl. *Querister*, Gall. *Choriste.* Testamentum ann. 1440. apud Thomam *Madox* Formul. Anglic. pag. 433 : *Item do et lego... cuilibet clerico capellæ non promoto adtunc xx. s. et cuilibet Querestario vi. sol. viii. den.* Vide *Queristæ.*

* **QUERIMONIA**, Causa, actio, lis intentata, nostris *Querimonie.* Libert. Peron. ann. 1207. tom. 5. Ordinat. reg. Franc. pag. 160. art. 10 : *Qui per iram ensem super aliquem infra banleugam extraxerit, si major de eo Querimoniam faciens, testes habuerit legitimos, quadraginta solidos de eo habebit communia.* Lit. remiss. ann. 1476. in Reg. 204. Chartoph. reg. ch. 136 : *S'il se vouloit plaindre ne faire Querimonie contre le suppliant.* Vide *Querimonium.*

¶ **QUERIMONIALITER**, Cum querimonia, in Charta ann. 1335. apud Ludewig. tom. 5. Reliq. MSS. pag. 508.

* **QUERIMONIARE**, *Querimoniam* seu litem intentare, in jus vocare. Chartul. Celsinian. ch. 863 : *Convenientiam fecit Willelmus Buccas cum monachis de Celsinanias.... de ecclesiis,.... in quibus quicquam Querimoniabat.* Unde nostris *se Garmenter* et *se Guermentir*, pro *Se plaindre*, Queri, expostulare. Lit. remiss. ann. 1389. in Reg. 138. Chartoph. reg. ch. 4 : *Jean Bressaut ayant trouvé un jeune homme, qui se Garmentoit estre herbergié en un hostel, où il n'eust point de feu, etc.* Aliæ ann. 1415. in Reg. 169. ch. 88 : *Après que la suppliante sceut que sa maistresse se Garmentoit iceulx biens avoir perduz, les rendi.* Aliæ ann. 1394. in Reg. 146. ch. 276 : *Laquelle Jehannete, qui moult s'estoit Guermentie et complainte audit Jehannin, demoura et ne les voult plus suyr.* Sed et pro Optare, expetere, Gall. *Desirer, marquer de l'empressement*, ut et pro Curare, operam conferre, Gall. *Se donner des soins.* Christ. Pisana in Carolo V. part. 3. cap. 41 :

L'empereur se Guermenta d'aller veoir la royne; si luy mena le roy. Lit. remiss. ann. 1375. in Reg. 107. ch. 224 : *Lesquelx six compaignons se Garmentoient de trouver du vin et vivres pour leurs maistres.* Aliæ ejusd. ann. in Reg. 108. ch. 114 : *Le suppliant se Guermenta en ladite compaignie d'acheter de la buche.* Denique aliæ ann. 1386. in Reg. 129. ch. 68 : *Lequel Jehan dist à yceulx gens d'armes, qui se Garmentoient d'avoir des femmes, que Colin avoit une ribaude à un villaige prez d'illec.*

QUERIMONIARI, Queri, in Vita S. Fructuosi Episcopi Bracarensis cap. 13.

¶ **QUERIMONIUM**, Idem quod *Querela*, Causa, lis. Chronicon Farfense apud Murator. tom. 2. part. 2. col. 556 : *Tunc ipse abbas una cum Auberto judice advocato hujus monasterii ostendit breve factum, quod continebat, qualiter quondam ante Ottonem Imp. et Gregorium PP. diffinitum fuerat Querimonium.*

QUERISTÆ. Charta secularisationis Ecclesiæ Menevensis apud Prynneum in Libertatibus Eccles. Anglic. tom. 3. pag. 327 : *In secundo vero gradu subtus stent Vicarii Diaconi,... item in tertia forma pueros et Queristas præcipimus collocari.* Forte *Choristas*. [Anglis *Querister* idem est, qui nostris *Choriste*, ab Anglico *Quire*, Chorus. Vide supra *Querestarius*.]

¶ **QUERNA**, num ager frumento consitus, a Teutonico *Chern* vel *Chorn*, frumentum, aut locus *quernus*, vel *querneus*, *quercetum* ? Tabularium S. Florentii : *Herveus auxit donum suum et dedit molendinum cum Querna circumdata aqua.* Vide *Cherina* et *Cherno*.

* **QUERNELARE**, Quernellare, Pinnis murum distinguere, Gall. *Creneler*. Reg. 34. bis Chartoph. reg. part. 1. fol. 96. r°. col. 2 : *Tota turris* (de Ribemont).... *Quernelanda et escuanda, et turriculam, quæ erat ante portam, oportet volvere et desuper facere j. estage et Quernellare et escuer.* Vide in *Quarnellus*.

¶ **QUERNELLUS**, etc. Vide supra in *Quarnellus*.

QUEROLA, [f. Turtur, a querulo cantu sic dicta. Virgilius in Eclogis 1. 59 :

Ne gemere aeria cessabit Turtur ab ulmo.

Et Martialis lib. 3. Epigr. 58 :

Gemit hinc palumbus, inde cereus Turtur.]

Vide [*Cauha* et] *Coerola*.

¶ **QUERPIRE**, pro *Guerpire*, Rei alicujus possessionem dimittere. Narratio ann. circiter 1090. apud Marten. tom. 1. vett. Scriptor novæ Collect. part. 2. pag. 38. in 4° : *Monachis Majorismonasterii ecclesiam S. Sulpitii omnibus modis spontaneus Querpivit.*

¶ Querpitio, Rei possessæ dimissio, ibidem pag. 39. Vide *Querpire*.

* **QUERQUETUM**, Quercetum. Charta ann. 1207. in Acces. ad Hist. Cassin. part. 1. pag. 284. col. 1 : *De forestis retinemus ad opus nostrum.... medietatem Querqueti.* Vide supra *Quercitum*.

¶ **QUERQUEMANIA**, Fixio metarum agrorumque divisio. Vide *Circamanaria*.

¶ **QUERRA**, Idem quod *Guerra*, Bellum, Gall. *Guerre*. Charta Karoli Regis Hungar. ann. 1337. apud Steyererum in Commentariis ad calcem Hist. Albert. II : *Discordiis et Querris inter nos et ipsos Duces Austriæ perdurantibus.* Recurrit ibidem, ut et in Chronico Episcoporum Merseburg. apud Ludewig. tom. 4. Reliq. MSS. pag. 403.

¶ **QUERRARIA**, Lapicidina, Gall. *Carriere*. Locus mox exstat in *Querrerarius*. Vide *Quarreria*.

¶ **QUERRERARIUS**, Lapicida, Lapidarius, Gall. *Carrier, tailleur de pierre.* Charta ann. 1369. apud Rymer. tom. 6. pag. 619 : *Et ad latomos, Querrerarios et omnes alios operarios, qui pro aptatione petrarum prædictarum necessarii fuerint, capiendum, et in Querrariis prædictis ponendum, etc.*

¶ **QUERSONARIA**, Nasturtiaria area, Gall. *Cressonniere*. Vide in *Kersonaria*.

¶ **QUERULANS**, Qui *querulatur*, seu queritur coram judice, qui litigat, causam agit. Miracula B. Wernheri, tom. 2. Aprilis pag. 726 : *Habet jurisdictionem in eos, ut coram eo Querulantibus teneantur respondere.* Diploma Radulphi Imp. pro Wormatiensibus, apud Ludewig. tom. 2. Reliq. MSS. pag. 243 : *Quamdiu parati fuerint in civitate sua de se Querulantibus justitiam exhibere.* Privilegium Alberti Magdeburg. Archiep. ann. 1225. apud eumdem Ludewig. tom. 5. pag. 24 : *Notum esse volumus... quod pro discordia sopienda, quam habebat dilectus in Christo filius Prepositus Noviopersis et ecclesia sua contra civitatem nostram Hallensem, pro ablatione aque ad lacum, Querulantibus ejusdem civitatis civibus ex adverso, etc.* Vide *Querelare*. [* Et supra *Querelans*.]

¶ **QUERULARI**, Querulas effundere. Euricius Cordus lib. 13. Epigr. 43. ad amicum :

Vacuum quid Querulare forum?

Epigramma in Hattonem Archiepiscopum Mogunt. apud Serarium lib. 4. Rerum Moguntiacarum cap. 11.

Parcus et infelix, quæ te dementia ludit,
Pauperibus Christi ut commoda nulla feras?
Cum Judex, solum hoc Querulabitur ipse futurus,
Nescis quod post hac te ultio dira premet.

Perperam Vossius de Vitiis serm. lib. 4. cap. 19. *Querelabitur* legit a *Querela*; melius enim *Querulabitur*, a *Querulus* secunda correpta, ut versui congruit. Deinde passim occurrit *Querulari*. Petrus Blesensis Epist. 129 : *Ne de illis queruletur Dominus.* Rursum utitur Epist. 141. 142. etc. Th. de Kempis de tribus Tabernac. cap. 9 : *Injuste Querulor, juste autem patior.* Adde Vitam S. Petri Mart. tom. 3. Aprilis pag. 694. Annales Mediol. apud Murator. tom. 16. col. 714. etc.

¶ **QUERULATUS**, Reus, de quo quis queritur apud judices. Codex Legum Norman. cap. 9. apud Ludewig. tom. 7. Reliq. MSS. pag. 166 : *Facta autem jam inspectione et partibus ad curiam jam reversis, si Querulatus jam respondeat, se loco cepisse nanta demonstrato.* Statuta criminalia Saonæ cap. 46. in Additione : *Statuimus, quod Querulatus possit probare contrarium, et detecto nuntium jurasse falsum, puniatur ipse nuntius juxta formam statuti.* Vide *Querulus*.

¶ **QUERULE**, Questu, conquerendo. Vita S. Wenwaloei MS. : *Suis illum Querule poscentibus, ut Deus incommoditatibus eorum subveniret.*

¶ **QUERULOSE**, Idem quod *Querule*, apud Joh. de Janua, Laur. Byzinium in Diario belli Hussitici, tom. 6. Reliq. MSS. Ludewigi pag. 129. etc.

* *Querelam* inferendo. Lit. Caroli V. ann. 1372. tom. 5. Ordinat. reg. Franc. pag. 603 : *Episcopus Mimatensis nobis Querulose fecit signifficari, quod gentes et officiarii nostri, etc.*

¶ **QUERULOSUS**, *Querula plenus*, Johanni de Janua. *Murmuratores Querulosi*, in Epistola Judæ v. 16. Alii legunt *Querelosus*.

¶ **QUERULUS**, *Persona illa que exponit conquerendo justiciario querimoniam de sibi injuria irrogata*, in Godice Legum Norman. cap. 60. apud Ludewig. tom. 7. Reliq. MSS. pag. 262. Ibid. cap. 9. pag. 167 : *Si autem plura nanta, vel in pluribus locis, per unum adversarium detenta fuerint, per unam tantum liberationem debent omnia liberari, cum sint per unum Querulum requisita; de una enim querimonia inter unum Querulum et Querulatum unum ventilata, super nantorum liberatione, una erit liberatio servientis.* Vide *Querelare* et *Querulans*.

¶ **QUERUS**, pro *Verus*. Charta fundationis Monasterii S. Michaelis in Apuniano ann. 728. apud Marten. tom. 1. Ampliss. Collect. col. 1 : *Volo ut Queram haveat potestatem et firmando livertatem.*

¶ **QUESNETUM**, Gall. *Chenaie*, vel uti pronunciant Picardi, *Quénaie*, Quercetum. Charta ann. 1246. ex Chartulario S. Vandregesili tom. 1. pag. 354. : *Aboutant ex uno buto Quesneto Domini de Mascy et varennis de Braymont.*

* **QUESNEUM**, Quercetum, Gall. *Chenaie*. Charta Guid. Malivic. ann. 1234. inter Probat. tom. 1. Annal. Præmonst. col. 235 : *Dedi etiam dictis canonicis.... totam terram Quesnei mei cum bosco, qui ad me ibi pertinet.* Vide *Quesnetum*.

QUESTA, Questare, etc. Vide *Quæsta*.

¶ **QUESTELLUS**, Cistella, arcula. Inventar. Eccl. Noviom. ann. 1419 : *Item unus parvus Questellus argenteus, in quo sunt plures reliquiæ ignotæ.*

¶ **QUESTIA**, Exactio, tributum. Vide *Quæsta*.

¶ 1. **QUESTIO**, ut *Questia*, Exactio. Vide *Quæsta*.

¶ 2. **QUESTIO**, Querela, questus. Vita S. Abundii, tom. 1. Aprilis pag. 94 : *Ingentem gemitum magnis Questionibus revolvebat.* Pro *Querela*, Lite seu contentione legitur in Literis ann. 1275. apud D. *Secousse* tom. 3. Ordinat. Reg. pag. 59 : *Contencionibus, Questionibus vel querelis... quas habebant.... contra, etc.* Vide *Querela*.

¶ **QUESTIONARE**, Torquere. Vide *Quæstionare*.

¶ **QUESTOR**, Variis notionibus. Vide *Quæstor*.

¶ **QUESTUARE**, Questuarius, Questura, Questus. Vide in *Quæsta*.

* **QUESTUOSUS**, Querulus. Charta Rob. reg. ann. 1027. tom. 10. Collect. Histor. Franc. pag. 614 : *Quorum* (monachorum) *Questuosis singultibus benigno respectu libentissime favens, etc.*

¶ **QUEVAGIUM**, *Droit de Quevage*, in Consuet. Peron. Idem quod *Cavagium*, Capitis census. Vide *de Lauriere* in Glossario Juris Gallici, et supra *Capitale* 5.

* **QUEVRO**, Canterius, Gall. *Chevron*, Picardis *Quevron*. Comput. eccl. Paris. ann. circ. 1381. ex Bibl. S. Germ. Prat. : *Johanni Parvi carpentario, ... pro reparatione dictæ granchiæ quærendi quinquaginta Quevrones, etc.* Hinc *Recaveronner*, Canteriis reparare, in Chartul. Corb. sign. *Ezechiel* ad ann. 1421. fol. 134. r° : *Seront tenus de Recaveronner une enbouchure de la grange d'icelle ceuse, lesquelx Queverons, etc.* Vide *Chevro.*

* **QUEYTABILIS**, Tributo, quod *Questa* dicebatur, obnoxius. Charta ann. 1457 : *Recognoscentes dicti assensatarii se fuisse et esse, causa et ratione præmissorum assensatorum, justiciabiles et excubicibiles seu Queytabiles ejusdem domini, causa et ratione dicti castri, justitiæ et castellaniæ de Droiz.* Vide *Quæstabiles* in *Quæsta.*

* **QUIADA**, Lemovicibus *Quiade*, Vas aquarium. Lit. remiss. ann. 1466. in Reg. 200. Chartoph. reg. ch. 151 : *Le suppliant print de l'eaue en ung petit vaisseau, appellé en Limosin Quiade.*

* **QUICAUDAINA**, Quicaudanna, inter instrumenta domestica recensentur; quæ an ejusdem generis sint, haud satis scio. Pedag. Peron. ann. 1295. in Chartul. 21. Corb. fol. 355. v° : *Ung queminel, j. den. une Quicaudaine, j. den.* Lit. remiss. ann. 1461. in Reg. 189. Chartoph. reg. ch. 521 : *Trois couvertoirs, ung linceul, une Quicaudanne, une chemise, etc.*

¶ **QUICTANTIA**, Gallice *Quittance.* Vide in *Quietus.*

¶ **QUID PRO QUO**, JC. Anglis idem est quod συνάλλαγμα in contractibus. Cowellus.

☞ Notum est *Qui pro quo* Pharmacopolarum. Exstat Magnini celebris Medici Mediolanensis Libellus, cui titulus est : *Quid pro quo Apothecariorum.*

¶ **QUIDAGIUM**, Quod domino loci solvitur pro securo transitu. Statuta Eccles. Biterr. tom. 4. Anecdot. Marten. col. 651 : *Item* (excommunicantur) *qui nova pedagia vel Quidagia constituerunt vel constituunt, vel antiqua augmentant, absque principis auctoritate vel alia legitima permissione.* Statuta Eccl. Cadurc. eod. tom. col. 732 : *Item, declaramus quoslibet dominos sæculares, bajulos, nuncios, arrendatores, et similes levantes pedagia seu Quidagia a clericis seu personis ecclesiasticis de rebus eorum propriis... esse excommunicatos.* Præcepta facta Baronibus a Milone Sedis apostolicæ Legato ann. 1209. apud eumdem Marten. tom. 1. Anecd. col. 815. et 816 : *Item, præcipio ut pedagiorum et Quidagiorum exactiones penitus dimittatis, nisi quas Regum vel Imperatorum concessiones probaveritis vos habere, nec dimissa pedagia seu Quidagia denuo resumatis.* Vide *Guidare.*

* 1. **QUIDAM**, etiam ubi de viro clarioris et pernoti nominis agitur. Charta Caroli Simpl. apud Mabill. sæc. 5. Bened. pag. 8 : *Quidam inluster vir ac dilectus comes Geraldus præsentiæ meæ sublimatis suos dirigens legatos atque monachos, etc.* Quod sequiore ætate haud infrequens fuisse observant Auctores novi Tract. diplom. tom. 4. pag. 573.

* 2. **QUIDAM**, Unus. Charta Phil. Pulch. ann. 1293. in Lib. rub. Cam. Comput. Paris. fol. 7. v°. col. 1 : *Cum prior et monachi prioratus de Bellomonte super Ysaram.... haberent in nemoribus nostris de Bellomonte, scilicet in foresta Quernelle, usuariam consuetudinem, quantum Quidam asinus ad usum eorumdem singulis diebus afferre poterat.*

¶ **QUIDDITAS**, vel Quiditas, Scolasticis, Natura, essentia, quæ de re aliqua dicitur, cum quæritur, Quid est? Chronicon Angl. Th. *Otterbourne* pag. 165. ubi de Articulis Wiclefi : *In ipso* (Eucharistiæ) *sacramento manet unum corpus subjectans accidentia panis, quod voco corpus mathematicum; et extractum a specifica Quiditate panis.* Vide Goclenii Lexicon Philosophicum.

* Aliis etiam, ipsamet notione, in usu. Stat. ann. 1496. inter Leg. Polon. tom. 1. pag. 268 : *Quorum* (grossorum) *licet Quidditas ipsa nominis significet atque indicet solutionis consuetudinem, etc.*

* **QUIDELUS**, Gall. *Quidel*, Instrumentum piscatorium. Ordinat. Phil. Pulc. ann. 1289. inter Consuet. Genovef. MSS. fol. 35. v° : *Sunt tamen duo alia ingenia, quæ sic vocantur la fare et le Quidel, quibus piscari permittimus per totum annum, exceptis duobus mensibus Mayo et Aprili.* Stat. pro mariscis *de Trouart* ann. 1295. in Memor. E. Cam. Comput. Paris. fol. 300. v° : *Doivent avoir les Quideaulz xviij. piez en haut et bas, quant l'en les refait; et non pas xiij. piez; et n'y doit avoir que une messine de rez sengle de dens l'eaue au fons de la caige d'une escande; et si ne doit avoir le Quidel point de closture hors du fil de l'eaue, ne de haye ne de pieux.* Adde Ordinat. reg. Franc. tom. 7. pag. 779. art. 48. et tom. 8. pag. 536. art. 73.

¶ **QUIDENA**, f. pro *Quindena*, Pars decima quinta, Bulla Gregorii PP. ann. 1235. e Chartulario Monasterii de Insula Dei : *Viginti solidos monetæ super Quidenæ Gasnapiæ, decimam molendini de Rié.* Vide *Quindena* 2.

¶ **QUIDITAS**. Vide *Quidditas.*

* **QUIDITAS**, Apocha, Gall. *Quittance.* Chron. Diessense ad ann. 1384. apud Oefelium tom. 2. Script. rer. Boicar. pag. 702. col. 2 : *Solutus est census Romanæ ecclesiæ; .... sicut patet in pagina Quiditatis desuper data per antedictum subcollectorem sigillo suo pendenti roborata.* Vide in *Quietus.*

¶ **QUIDRIGILD**, Æstimatio hominis, ejusque pretii solutio. Vide in *Weregeldum.*

QUIENAVES. Charta Aldegastri, filii Sylonis Regis Ovetensis, ann. 781. apud Sandovallium : *Una regula de ordine S. Benedicti, et quinque Quienaves, et quatuor tapetes, et tres vasos solomoniegos, et duodecim curiales argenteas, et unum argenteum.* Hic hæret editor.

¶ **QUIESCERE**. Vide mox in *Quietorium.*

* **QUIESTO**, Acquiesco. *Animæ quiestote*, apud Lucifer. Calarit. lib. 1. pro S. Athanas. Ita Hierolex. Macri.

QUIETA, Cella monastica, ubi quiescunt Monachi. Ethelwlfus de Abbat. Lindesfarn. cap. 10 :

. . . . . . rursusque suas visitare Quietas
Incipiunt Fratres.

¶ **QUIETANCIA**, Quietantia. Vide *Quietus.*

1. **QUIETARE**, Dormire, Gallice *Reposer.* Vetus Scheda Casinensis apud Camillum Peregrinum in Hist. Longob. lib. 1. pag. 126 : *Statim super eodem sepulchro soporatus, totam Quietavit noctem.*

¶ 2. **QUIETARE**, *Quiescere, secure quietem instituere*, Barthio in Glossis ex Hist. Palæst. : *Ibi invenerunt hortos plenos oleribus et fabis aliisque leguminibus, jam ad præcocitatem maturantibus; ibi Quietaverunt tribus diebus.*

¶ 3. **QUIETARE**, Pacificare, sedare. *Quietum facere*, Johanni de Janua. Camilli Peregrini Historia Principum Longobard. apud Murator. tom. 2. pag. 238. col. 2 : *Hoc quidem licet callide egerit, feritatem tamen supradictarum barbararum gentium minime Quietavit.* Rolandinus Patav. de factis in Marchia Tarvisina lib. 3. cap. 8 : *Quietatum est tunc negotium inter Paduanos et Tarvisinos per ambaxiatores Venetiarum.*

¶ 4. **QUIETARE**, Quitare, Quittare, Quiptare, Dimittere, relinquere, cedere, Gall. *Quitter, laisser, abandonner, ceder.* Literæ ann. 1176. tom. 1. Anecdot. Marten. col. 587 : *Quicquid in potestate ecclesiæ de Basenvilla habebat in dominio.... eidem ecclesiæ.... publice Quitavit et dimisit.* Col. 588. et 589. ubi de eadem re, legitur *Quietavit et dimisit. Donavi et Quitavi*, in Charta ann. 1226. tom. 1. Maceriarum Insulæ Barbaræ pag. 141. *Vendidit et Quitavit*, in Charta ann. 1232. e Tabulario Bonevall. *Concedimus et Quitamus*, in alia ann. 1234. ex eod. Tabulario. *Quitamus et guerpimus*, in Charta ann. 1261. apud Sponium tom. 2. Hist. Genev. pag. 55. *Ipsum jus dono, Quitto, concedo*, in Charta ann. 1275. e Chartulario Æduensi. *Dedi, Quiptavi penitus et remisi.... quidquid juris.... mihi competit*, in Charta ann. 1286. apud Stephanotium tom. 3. Antiq. Pictav. MSS. pag. 909. Passim occurrit hoc verbum ea notione varie in variis locis exaratum. Vide, si vacat, Chartam ann. 1196. apud Lobinell. tom. 2. Hist. Britan. col. 184. aliam ann. 1197. apud D. Calmet. tom. 1. Hist. Lotharingiæ col. 246. Chartam Guidonis Comitis Nivern. apud Baluz. tom. 2. Histor. Arvern. pag. 32. aliam ann. 1257. apud jam laudatum Lobinell. tom. 3. Hist. Paris. pag. 45. col. 2. et aliam ejusd. ann. ibid. pag. 46. col. 1. Concil. Pisanum ann. 1409. tom. 6. Spicil. Acher. pag. 337. etc.

¶ Quitantia, Cessio, dimissio. Chartularium S. Vandregesili tom. 1. pag. 18. et 19 : *Ego vendidi, Quitavi et relaxavi, fine perpetuo, sine exigentia et aliqua reclamantia.... et si acciderit quod non possemus ego aut mei hæredes garantisare Quitantiam, ad etc.*

¶ Quitas, Eodem significatu. Statuta Communis Genuæ lib. 1. cap. 9 : *Causa vel quæstio jurisjurandi transactionis et Quitatis, etc.*

¶ Quitatio, Quittatio, Eadem notione. Chartularium S. Vandregesili tom. 1. pag. 12 : *Hanc autem Quitationem et dimis-*

sionem... tenemur garantisare. Quitationis et venditionis testimonium, in Charta ann. 1283. e Chartulario Fiscamnensi : *Eamdem donationem et Quittationem donamus, concedimus et laudamus*, in Charta ann. 1229. tom. 1. Maceriarum Insulæ Barbaræ pag. 143. *Promittens me contra præsentem donationem, Quittationem, non iturum*, in Charta ann. 1275. e Chartulario Æduensi. Adde Literas ann. 1231. tom. 3. Ordinat. Reg. pag. 117. Glossarium Lobinelli tom. 3. Histor. Paris. etc.

¶ Quiptatio, Eodem intellectu. Charta ann. 1286. apud Stephanotium tom. 3. Antiq. Pictav. MSS. pag. 909 : *Et pro hujusmodi Quiptatione habui et recepi a Priore prædicto* XVI. *sextaria siliginis, de quibus me teneo plenarie pro pagata*.

¶ Quittator, Qui cedit, *quittat* seu dimittit. Charta ann. 1409. apud Baluzium tom. 2. Hist. Arvern. pag. 412 : *Quittaverunt dicti D. Dalphinus et Johanna... cesseruntque penitus et remiserunt ceteris liberis masculis.... omnimodam successionem.... pactum perpetuum et expressum sollempni et valida verborum stipulatione facientes... de non agendo nec movendo de cetero per dictos D. Dalphinum et Johannam Quittatores... contra dictos liberos masculos quittatos.*

¶ 5. **QUIETARE**, Absolvere. Vide in *Quietus*.

¶ **QUIETARI**, Quiescere, quietum fieri. Miracula B. Ambrosii Senensis, tom. 3. Martii pag. 231 : *Promittens ad sepulcrum ejus se venturum... si saltem illo casu Quietarentur*, scil. manus a tremore.

¶ 1. **QUIETATIO**, Dimissio, cessio. Charta ann. 1176. tom. 1. Anecd. Marten. col. 589 : *Juravit etiam ipse Simon, quod eamdem Quietationem ab heredibus suis Ecclesiæ concedi faceret et laudari.* Vide *Quietare* 4.

2. **QUIETATIO**, apud Radulfum de Diceto ann. 1196. in Charta Ricardi Regis Angliæ : *De loquela versus dominum Regem Francorum, scilicet de Quietatione Clericorum et Laicorum, cum eo sermonem habeatis.* [An pacificatio? Nihil est in hac Charta, unde vocis significatio certo dignoscatur. Vide *Quietare* variis notionibus.]

¶ **QUIETATUS**. Charta Ricardi Regis Angl. ann. 1423. tom. 3. Histor. Harcur. pag. 184 : *Volumus.... quod homines prædicti sancti Hospitalis de Jerusalem sint liberi et quieti et de exercitu et de Quietatu*. Sed legendum est *equitatu*, ut apud Rymer. tom. 10. pag. 314. id est, exercitu seu expeditione bellica. Vide *Hostis* 2.

¶ **QUIETIM**, Quiete, pacifice. *Quietim possidere*, in Charta Dagoberti Regis Franc. apud Mabillonium tom. 3. Analect. pag. 216.

¶ **QUIETIVE**, Idem quod *Quietim*. Epistola Paschalis II. PP. ad Episcopos Galliæ pro Cluniacensibus, tom. 6. Spicil. Acher. pag. 460 : *Ita eos diligite, ita tuemini, ita fovete, ut Quietive per vos omnipotenti Domino valeant deservire.*

¶ **QUIETONUS**, Primus, ut videtur, inter officiales domus leprosorum. Bulla Julii II. PP. ann. 1506. in continuatione M. Bullarii Rom. part. 4. pag. 10. col. 1 : *Qualiterque tam dicti leprosi, quam Quietonus nuncupatus et procurator et camerarius, seu alii eorum officiales, pro negotiis dictarum leprosariarum tractandis, insimul capitulariter convenire.... deberent.*

* Hujus nempe administrator, ut colligere est ex voce Gallica *Quintier* infra in *Quinterius* 2. unde legendum suspicor *Quintonus*.

QUIETORIUM, Sepulchrum. Vetus inscriptio : *Quietorium hoc sibi vivens paravit.* In aliis, *Requietorium*, eadem notione, 883. 4. 954. 1. 1030. 8. 1094. 8. Senator lib. 6. Epist. 8. *Defunctorum sacram Quietem* dixit. Valentinianus Nov. de Sepulcris : *Quis enim nescit Quietos sollicitari funestis ausibus manes?* S. Hilarius apud Facundum Hermianensem lib. 10. cap. 6 : *Cogitans tot Sacerdotes sanctos et Quiescentes jam, etc.* Hinc formula recepta in Inscriptionibus sepulchrorum : *Hic requiescit, etc.* Eadmerus in Descript. Cantuariensis Ecclesiæ : *Usque ad locum Quietis Beati Dunstani.* Testamentum SS. Quadraginta Martyrum Sebastenorum : Ἐπειδὴ γὰρ κοινὸν ἐθέμεθα τὸν τοῦ ἄθλου ἀγῶνα, κοινὴν συνεθέμεθα καὶ τὴν κατάπαυσιν ποιήσασθαι ἐν τῷ προειρημένῳ χωρίῳ.

¶ **QUIETUDO**, ἠρεμία, ἡσυχία, in Glossis Lat. Gr. et Græc. Lat. Quies, tranquillitas, Gall. *Quietude*. Diploma ann. 1336. apud Ludewig. tom. 5. Reliq. MSS. pag. 522 : *Cupientes quoque terrarum paci, tranquillitati et Quietudini in posterum providere. Tranquilla Quietudo*, in Chronico Andreæ Danduli apud Murator. tom. 12. col. 500. Interdum idem est quod Immunitas. Charta ann. 1165. e Chartulario S. Vandreg. tom. 1. pag. 953 : *Ego Anfredus abbas S. Vandregesili et Conventus concedimus Willelmo Anglico Quietudinem domus suæ ab omni consuetudine, salvo tamen censu, etc.* Vide *Quietus*.

* Charta Henr. reg. Angl. in Reg. forest. comitat. Alencon. ex Cam. Comput. Paris. fol. 10. r° : *Præterea concedo consuetudines et Quietudines, quas a tempore patris mei habuerunt, tam episcopus* (Sagiensis) *quam canonici.*

QUIETUS, Absolutus, liber, Gallis, *Quitte*. Lex Longob. lib. 1. tit. 14 § 8. [** Aistulph. 13.] : *Et si de una judiciaria fuerit, ad dies 12. antequam eat ad exercitum, sit Quietus, etc.* Tabularium Casauriense ann. 29. Ludovici Imp. F. Lotharii : *Et accepi pretium ego venditor a te emptore meo.... et finitum pretium testor apud me habere, ita tamen ut omnibus temporibus securus et Quietus maneas.* Will. Tyrius lib. 14. cap. ult. : *Etsi Dominus Imperator ei Halapiam, Cæsaream, principi restitueret Quietas, etc.* Monasticum Anglic. tom. 2. pag. 47 : *Libera et Quieta in perpetuam eleemosynam tenenda, salvo servitio forensi.* Matth. Paris ann. 1251 : *Si quis Henricum de Batonia occiderit, Quietus sit a morte ejus, et Quietum eum protestor.* [*Quieta terra*, Immunis, libera, apud Mabillonium tom. 4. Annal. Benedict. pag. 441.] Occurrit passim, maxime in Tabulis Anglicis.

☞ Palthenius in Glossario Schilteri conjectat Gallicum *Quitte* a Teutonico *Quitti*, Testimonium, derivari, quod non tam hominem debito liberum denotet, quam ipsa creditoris confessione liberatum. Hinc et Germani, inquit, apocham *eine quitung, eine quitantz* vocant, ut adeo a soluti debiti testificatione ad qualiscunque testimonii significatum præsens vox traducta existimari possit. Addit idem Scriptor etiam affirmari posse a verbo *Quedan*, dicere, esse vocem *quitte*, vel *quit*, ut scribunt Angli, quod testimonii dictionem seu testimonium ore prolatum notet quemadmodum in Glossario Boxhornii est *samanquit*, condictum. [** Vide Haltaus. Glossar. German. voce *Quit*, col. 1437. sqq.]

¶ Quiptus, Idem quod *Quietus*. Charta ann. 1307. e Chartulario S. Johannis Angeriac. pag. 237 : *Quæ ipsis Quipta, libera et immunia perpetuo permanebunt.*

Quitus, Eadem notione, ex Gallico *Quitte*. Historia Archiepisc. Bremens. in Joanne :

> Promittunt præsidia sibi dare Quita
> Quæ ipse exposuit pro servanda vita.

Mox :

> A Papa de Curia Quiti dimittuntur,
> Redeunt ad propria, promissa scinduntur.

Libertates oppidi Seisellensis : *Et per hoc est Quitus*. Occurrit ibi pluries, et alibi passim. Utitur Apuleius in Apolog. ubi videndus Casaubonus.

¶ Quittus, Eodem significatu, in veteri Charta apud Lobinell. tom. 2. Hist Britan. col. 228. in Charta ann. 1273. apud eumd. Lobinell. tom. 3. Hist. Paris. pag. 27. col. 2. in alia ann. 1312. eod. tom. pag. 320. col. 2. in alia 1309. inter Instr. tom. 2. Gall. Christ. col. 158. et alibi passim.

¶ Quittius, Liber. Testamentum Beatricis de Alboreya Vicecomit. Narbonæ ann. 1367. apud Marten. tom. 1. Anecd. col. 1526 : *Item volumus quod quædam mulier serva, sive sclava nostra, vocata Marcha, sit libera et Quittia, atque francha, post mortem nostram, et quod fiat sibi post mortem nostram instrumentum afranquimenti, sive liberationis; et ultra legamus sibi quinquaginta floreaos auri.*

* Hinc *Estre au Quois de quelqu'un* dixerunt nostri, pro Alicui liberum esse quod voluerit eligere. Bellom. MS. cap. 41. fol. 108. v°. col. 1 : *Adonc il est en son Quois* (du mineur) *de rechevoir l'arbitrage dessus lui, au tans que il fu sousaagé, si le puet il delaissier, quant il vient en aage, se il li plet.* Nisi a Gallico *Choix*, Optio, malis accersere.

Quietus Redditus dicitur, qui in exoneratione aliorum servitiorum, puta operarum, precariarum, etc. manerii domino annuatim solvitur; vulgo Anglis *mult rente*, et *wite rente* nuncupatur, quod in denariis et argento penditur. Spelm. [Vide *Blount* in Nomolexico v. *Quit-rent*.]

Quieta Clamantia, Anglis *Quite claime*, cum quis renuntiat juri alicui quiete et pacifice. Radulfus de Diceto ann. 1190 : *Rex Tancredus dedit Regi Ricardo pro Quieta clamantia rerum omnium, quas petebat, unciarum auri* 20. *millia. Quieta clamatio*, eidem ipso anno, [et apud Thomam *Madox* Formul. Anglic. pag. 159.] Matth. Paris. : *Dedit.... tot uncias pro Quieta clamantia testamenti.* [Adde Chronicon Radulphi *Coggeshale*, tom. 5. Ampliss. Collect. Marten. col. 860.]

¶ QUIETUM CLAMARE, Eadem notione, in mox laudato Chronico col. 859 : *Anno 1200.... Rex Johannes Quietum clamavit Regi Franciæ et heredibus suis in perpetuum totum Vilcassinum Normannicum cum Gisortio, etc.* Occurrit eadem loquendi formula in Formulari Anglic. *Madox* pag. 236. et alibi. [** Proprie Absolvere. Leges latin. Guillel. Conq. cap. 65 : *Si qui vero velit servum suum liberum facere... Quietum illum clamare debet a jugo servitutis suæ, etc.*]

¶ QUITUM CLAMARE, et *Quitum Clamantia*, in Chartulario Fiscamnensi non semel.

¶ QUITIUM CLAMARE. Divisio bonorum terræ vicecomitalis Massil. ann. 1212: ex Archivo S. Victoris ejusd. urbis : *Insuper et Quitia Quitiasque clamantes.* Charta ann. 1378. ex eod. Archivo : *Abbas et Conventus dederunt sacristæ* XXX. *libras regalium censuales.... unde idem D. sacrista clamavit Quitium, Quitios et Quitia D. Abbatem, etc.*

QUIETARE. Ugutio, et ex eo Papias et Will. Brito in Vocab. : *Quieto, as, quietum facere ponitur pro absolvere a debito, vel reddere debitum.* [Addit Johannes de Janua : *Quidam tamen in hac significatione subtrahunt e, et dicunt Quitare : quod magis vulgare est quam regulare.* Hinc Glossæ Lat. Gall. Sangerm. : *Quitare, Quitier.* Charta ann. 1223. tom. 1. Chartularii S. Vandregesili pag. 145 : *Monachos de omnibus redditibus et querelis... omnino Quietavit.* Literæ ann. 1349. apud Ludewig. tom. 5. Reliq. MSS. pag. 463 : *Quæ omnia sibi remittimus.... et dictum Regem inde Quietamus penitus.* Epistola Frederici II. Imp. ad Crucesignatos, tom. 2. Ampliss. Collect. Marten. col. 1200 : *Milites regni nostri, quos anno prædicto de pecunia Ecclesiæ Quietatos, sequenti anno ad solidos nostros ibi fecimus detineri.* Hoc est, milites Ecclesiæ stipendio affectos, ut infra *Quitatio, Stipendium.*]

¶ QUITARE, QUITTARE, Eadem notione. Epitome Constitutionum Eccl. Valent. tom. 4. Concil. Hispan. pag. 169 : *Quotiescumque aliquod ex dictis censualibus redimatur et Quitetur, pretium seu proprietas illius in sacristia dictæ ecclesiæ... deponatur et inde non extrahatur, nisi de Ordinarii licentia. Quitavimus et liberos dimisimus et penitus absolvimus*, apud Ludewig. tom. 5. Reliq. MSS. pag. 499. *Quittamus et absolvimus*, in Charta ann. 1274. apud Rymer. tom. 2. pag. 34. Literæ ann. 1257. apud D. *Secousse* tom. 3. Ordinat. Reg. pag. 62 : *Ordinamus etiam, ut omnia juramenta... dissolvantur, et quod ab hujusmodi juramentis.... in invicem et omnino se Quittent.* Recurrit ibid. pag. 64. Charta Itherii de Menguac Domini de Closis ann. 1278. pro habitantibus parochiam *de Grumay* apud Thomasserium in Consuetud. Bituric. pag. 109 : *Quittantes ipsos homines... ab omni angaria et perangaria.... et ab omni jure et redebentia, etc.* Literæ Guillelmi Rotomag. Archiep. Philippo IV. Reg. Franc. ann. 1295. tom. 6. Spicil. Acher. pag. 482 : *Et ideo interdictum, sub quo terram vestram in provincia nostra concluseramus, relaxavimus, et Quitavimus vos et vestros... de universis rebus illis, quas de rebus nostris... in provincia nostra cepistis.* Consuet. Ausciorum MSS. ann. 1301. art. 66 : *Manader potest Quittare unum ex vicinis.... ne vadat ad exercitum. Quittare forisfactum*, Delictum solvere, in Charta Simonis de Pissiaco ann. 1212. apud Marten. tom. 1. Ampliss. Collect. col. 1106. *Quitare vota*, Ea persolvere, in Miraculis S. Servatii Episc. tom. 3. Maii pag. 228. col. 2.

¶ QUITATUS, Liberatus, absolutus. Charta ann. 1198. apud Lobinellum tom. 2. Histor. Britan. col. 338 : *Et ita Prior et homines ejus Quitati fuerunt de procuratione annuali quam requirebat ab eis, et de auxilio ad ipsum et fratres suos faciendos milites, etc.*

¶ QUICTANCIA, Idem quod mox *Quietantia*, nisi ita legendum sit. Apocha Petri Camerac. Episc. ann. 1397. e Bibliotheca Regia : *In cujus rei testimonium sigillum nostrum huic præsenti Quictancie duximus apponendum.*

QUIETANTIA, Apocha, Gallis *Quittance.* [Bulla Pauli IV. PP. tom. 1. Bullarii pag. 661 : *Qua præfatæ Cameræ catenus solvere quomodolibet obligati erant, generalem Quietantiam fecerit, decernens eos ad illorum solutionem non teneri, nec ad id cogi posse.* Epistola Petri Delphini, tom. 3. Ampl. Collect. Marten. col. 1102 : *Fiat quoque mentio in eadem Quietantia* 300. *aureorum, quos D. Hieremias æstate præterita cameræ appendit, de quibus nullam incautus Quietantiam confecit.* Obituarium S. Geraldi Lemovic. fol. 38 : *Dictam fundationem et Quietantiam accepit* 17. *Augusti an.* 1501.] Monasticum Anglic. tom. 1. pag. 279 : *Habent omnes libertates, et liberas consuetudines in brevi contentas, et Quietantias suas cum soca et saca, et fol et them, etc.* Hic autem proprie *Quietantia* sumitur pro immunitate ab omnibus sordidis muneribus, vel consuetis vexationibus, exactionibus et præstationibus, quæ hacce concipi solet formula : *Et sint Quieti ab, etc.* [Charta Henrici II. Regis Angliæ ex Archivo Beccensi : *Omnes possessiones et elemosynas suas habeant et teneant cum saca et soca et toll... et cum omnibus aliis libertatibus et liberis consuetudinibus et Quietanciis suis in bosco et plano.* Aliam adde Chartam ejusdem Regis apud *Madox* Formul. Anglic. pag. 47. Charta ann. 1184. apud Lobinell. tom. 2. Hist. Britan. col. 158 : *Habeant firmam pacem et omnem Quictantiam et perfectam libertatem ab omni consuetudine et theloneo et passagio et pontagio et omni costuma.* Occurrit hac notione in Chartulario S. Vandregesili tom. 2. pag. 1989. et alibi, apud Rymer. tom. 2. pag 293. in Hist. Harcur. tom. 4. pag. 1346. etc.] [** *Quietancia carrucagii*, in Placit. ann. incert. rot. 6. in dorso, in Abbrev. Placit. pag. 71. col. 1. *Quietus a præstatione theolonii*, in Placit. ann. 2. Edward. II. Warr. rot. 94. ibid pag. 305. *Quieti de omnimodis contribucionibus, geldis, theolonits et consuetudinibus*, ann. 51. Henr. III. Norf. rot. 2. ibid. pag. 160.]

¶ QUIETANCIA SECTÆ HUNDREDI et WICHMOTE. *Per hæc verba Johannes Stanley Ar. clamat, quod ipse et tenentes sui non teneantur venire ad curiam istam*, apud Thomam *Blount* in Nomolexico ex Placito in itin. apud Cestriam ann. 14. Henrici VII.

¶ QUIETANCIA ASSISARUM SUPER ASSISAM. *Per hæc verba Johannes Stanley clamat, quod ipse et tenentes et residentes sui non ponantur in assisis jurat. nec magnis assisis*, apud eumd. *Blount* ex eod. Placito.

¶ QUIPTANCIA, Immunitas. Tabularium S. Cypriani Pictav. pag. 35 : *Post hæc tempore Adalgisi abbatis, quia supra scripta Quiptancia multum fuerat prævaricata, etc.* Alter locus exstat in *Arbegiatgius.*

¶ QUITANTIA, QUITTANTIA, Eodem significatu. Charta ann. 1239. apud Lobinell. tom. 2. Hist. Britan. col. 213 : *Ego Andreas D. Vitreii.... notum fieri volo me dedisse et concessisse... Monachis S. Melanii Redon... Quitantiam et libertatem integram perpetualiter habendam de talliis omnimodis ..... quas prædicti Monachi michi... reddere solebant.* Charta Henrici II. Regis Angliæ ex Archivo B. M. de Bono nuncio Rotomag. : *Sciatis me concessisse... Deo et ecclesiæ B. M. de Prato... manerium in Normannia, quod vocatur Bures... cum toto dominio et cum omnibus regiis libertatibus, consuetudinibus et Quittantiis ad me pertinentibus.*

¶ QUIPTATIO, Eadem notione. Pancarta titulorum monasterii S. Stephani de Vallibus apud Xantones Ch. 44 : *Licet dominus Morniaci calfagium, et Quiptationem pasquerii in dicta foresta abbatiæ suæ contulisset.* Et mox : *Do et concedo quidquid juris habebam, vel habere poteram, in peticione pasquerii et prohibitione calfagii.... Hanc autem Quiptationem pasquerii et concessionem calfagii in forestagio meo super altare B. Stephani de Vallibus multis astantibus feci et concessi.*

¶ QUITANTIUS, Quasi *quietius*, majori cum immunitate, tranquillius. Chartular. S. Vandregesili tom. 1. pag. 1118 : *Sicuti Walterus et antecessores sui liberius et Quitantius de nobis tenuerunt.*

¶ QUITANTIA, QUITTANTIA, Apocha, Gall. *Quittance.* Charta ann. 1484 : *Per dictarum Quitanciarum tenorem major pars totius summæ tradita et in utilitatem dicti Morineti conversa.* Statuta Collegii S. Bernardi Paris. ann. 1493. apud Lobinell. tom. 3. Hist. Paris. pag. 178. col. 1 : *Compotum de omnibus receptis et expensis quolibet mense in communitate reddet, Quittantias mercatorum producendo, ut appareat de solutione expensarum.* Rursum occurrit in Charta ann. 1499. tom. 5. ejusd. Hist. pag. 720. col. 1. *Quittantiæ litteræ*, in Diplomate ann. 1356. apud Ludewig. tom. 5. Reliq. MSS. pag. 501.

¶ QUITATIO, QUITTATIO, Apocha, absolutio a debito. Statuta Montis-regalis pag. 55 : *Teneatur solvere creditoribus communitatis et reportare debitas Quitationes.* Charta ann. 1361. apud Rymer. tom. 6. pag. 304 : *Et deliberatis villis, castris et fortalitiis, ut præmittitur, sufficientem Quitationem recipiendi.* Alia ann. 1369. apud Baluz. tom. 2. Hist. Arvern. pag. 351 : *Non obstantibus quibuscunque conventionibus, pactis et Quittationibus.*

¶ QUITTATORIÆ LITERÆ, Eodem intellectu, in Statutis Collegii Corisopitensis ann. 1380. apud Lobinell. tom. 3. Hist. Paris. pag. 496. col. 1.

¶ QUITTATORIUM INSTRUMENTUM, Eodem perinde significatu, in Constitut. Synod. Eccl. Bajoc. ann. 1515. ad calcem libri Johannis Abrinc. de Offic. Eccl. pag. 4. edit. 1679. *Quittarium instrumentum*, supra in v. *Instrumentum.*

¶ QUITATIO, Stipendium. Leges Palatinæ Jacobi II. Regis Majoric. in Actis SS. Junii tom. 3. pag. LXXXII : *Si absentes a curia sua gagia sive Quitationes recipe-rent, etc.*

ACQUIETARE, Solvere. Leges Edwardi Confess. cap. 35 : *Et qui terram Acquietatam habet comitatus testimonio, habeat sine querela in die, etc.* Regiam Majestatem lib. 2. cap. 35 : *Tenentur hæredes testamenta patrum, et aliorum prædecessorum suorum servare, et debita eorum Acquietare.* Vide tom. 1. Monast. Angl. pag. 199. Scribitur et

ADQUIETARE. Matthæus Paris ann. 1267 : *Petitum est, ut Clerus Adquietaret novem millia marcarum.* Hinc

ACQUIETANTIA, Vox frequens apud Leguleios, nostris, *Quittance*, de qua consule Edwardum Cokum ad Littletonem, Monast. Angl. tom. 1. pag. 196. et Rastallum.

ACQUIETARE, Interdum *quietum* et securum reddere, absolvere : vox forensis. Galli dicunt *Acquitter.* Leges Ethelredi Regis Angl. apud Brompton. cap. 10 : *Et roget ut mundificet, et Acquietet eum, si possit.* Leges Henrici I. Regis Angl. cap. 87 : *Qui in collegio vel societate fuerit, ubi aliquis occidatur, Acquietet se, quod eum non percussit, etc.* Idem quod *adlegiare*, purgare se.

* **QUI-FUIT**, Vox in Chartis etiam Gallicis adhibita, ubi de defuncto mentio fit. Charta ann. 1311. in Chartul. priorat. Bellæ-val. : *Nous Felisse et Marguerite de Chastelz suers, filles Richardin lou Woyel Qui-fuit.* Galli dicimus *Feu.*

¶ **QUILATUM**, Scrupulus auri. Privilegium Jacobi II. Majoric. Regis ann. 1310. laudatum in Actis SS. Junii tom. 5. pag. 656 : *Stat perpetuo* (Regales aurei) *ad legem* 23. *Quilatorum et medii, accepto pro fino et mero auro florini, quod esse dicitur* 24. *Quilatorum.*

¶ 1. **QUILIBET**, Levis, modicus. Actus Apost. 19. 11 : *Virtutesque non Quaslibet faciebat Deus per manum Pauli.* In Græco : Δυνάμεις τε οὐ τὰς τυχούσας ἐποίει ὁ Θεὸς διὰ τῶν χειρῶν Παύλου. Vetus interpres S. Irenæi lib. 4. cap. 23. num. 7 : *Propter modicas et Quaslibet causas magnum et gloriosum corpus Christi conscindunt et dividunt.* Ubi Græcum : Καὶ διὰ μικρὰς καὶ τὰς [illegible] αἰτίας, etc. Sed pro ὑψούσας legendum est τυχούσας, ut [illegible]nuit Editor, quem consule nota 2. ubi emendationem probat aliis ex eodem Interprete locis adductis.

2. **QUILIBET**, Quidam. Hariulfus de Miracul. S. Richarii cap. 12 : *Ipse Radulfus secessum naturalem petiit, et assumpto Quolibet clientulo, etc.* Occurrit præterea in Vita S. Dunstani Archiepiscopi Cantuar. [sæc. 5. Benedict. pag. 675. in notis, in Translatione S. Filiberti Abb. sæc. 4. part. 1. pag. 546. in Miraculis S. Marculfi eod. sæc. part. 2. pag. 524.]

¶ **QUILISMA**, Græcis χύλισμα, Succus expressus. Vide locum in *Heptaphonos.*

* **QUILLIA**, a Gallico *Quille*, Metula lusoria ; unde *Quiller*, ejusmodi ludo vacare. Lit. remiss. ann. 1320. in Reg. 59. Chartoph. reg. ch. 312 : *Cum olim apud Chambliacum.... Jacobus de Ordeomonte.... et Robertus dictus de Divite burgo..... incœpissent ludere et luderent ad Quillias, Gallice aus Quilles, etc.* Aliæ ann. 1372. in Reg. 104. ch. 151 : *Cum dictus Thomas et defunctus Martinus.... luderent ad Quillias, quæ in partibus illis* (Bapalmarum) *vocantur Gallice billes, etc.* Qui ludus ita describitur in Lit. remiss. ann. 1378. ex Reg. 113. ch. 182 : *Plusieurs compaignons de la ville de Serry se prindrent..... à jouer amiablement et par esbatement au jeu des grosses Quilles, auquel jeu l'en gette de loing pour ferir lesdittes Quilles d'un baston, de la longueur ou environ d'une aulne.* Aliæ ann. 1472. in Reg. 195. ch. 756 : *Le suppliant demanda aux compaignons, qui jouoient à la quille, s'il Quilleroit point avec eulx.*

¶ **QUILTPOINT**, Culcita acu picta, ex Anglico *Quilt*, Culcita, et *Point*, Acu pictum. Testamentum ann. 1386. apud Thomam *Madox* Formul. Anglic. pag. 428 : *Item lego dictæ Alesiæ Deyncourt filiæ meæ* 1. *lectum rubeum Quiltpoint cum* 1. *testro de eadem setta.*

* Sic nostrates *Queutis* dixerunt, pro *Coutis*, Tela densioris fili. Chartul. 21. Corb. fol. 85. v° : *Ly tresiax de toilles, de dras, de camelos, de sarges, de Queutis, de coton, etc.* Hinc *Queutilier* et *Queutillier*, ejusmodi telæ textor. Lit. remiss. ann. 1400. in Reg. 155. Chartoph. reg. ch. 184 : *Ou propre jour vindrent boire en ladite taverne trois autres compaignons telliers et Queutilliers. Queutilier*, in Lib. nig. priorat. S. Petri Abbavil. ann. 1487. fol. 22. v°.

¶ **QUINALE**, *Funis qui ponitur supra ventum ad tenendum arborem fortem*, in Glossis Francisci Barberini in *Documenti d'amore* apud Ubaldinum pag. 258. v. 17 :

> Quinal porta, e ternale,
> Seoale, e quadernale.

* Haud scio an ille sit, qui appellatur *Quiniguete*, in Lit. remiss. ann. 1452. ex Reg. 181. Chartoph. reg. ch. 232 : *Laquelle Jaquette donna à icellui Pierre par la teste dix ou douze coups d'une corde, appellée Quiniguete.*

QUINALIS, Mensura liquidorum, Hispanis. Fori Leirenæ : *Laborator sine equo det de unoquoque bove unum sextarium, medium tritici, et medium secundæ : postquam habuerit quinque Quinales de vino, det unum puzal.* [Charta ann. 855. Marcæ Hispan. col. 788 : *Et de alaude dono in villa Tauriniano casas* IIII. *et curte et hortos* VI. *et vineas* XII. *et vinum qui inde exibit Quinales* CCC *et sunt tonnai* VIII.]

* **QUINCHETUS**, perperam pro *Guichetus*, Ostiolum, Gall. *Guichet.* Charta ann. 1384. ex Tabul. Massil. : *Jusserunt solvi magistro Augerio Dalmatii seralherio, pro fusta clavasonæ et seralhæ positæ in Quincheto portalis Callatæ, etc.* Vide supra *Guichetus.*

¶ **QUINCTUS**, pro *Quintus*, in Annalibus Laurentii Bonincontrii apud Murator. tom. 21. col. 16.

¶ **QUINDECENNIUM**, Πεντεκαιδεκαετηρίς, in Glossis Lat. Græc. et Græco-Lat. Spatium quindecim annorum.

* **QUINDECIA**, Spatium 15. dierum, idem quod *Quindena* 1. quomodo forte etiam legendum est. Charta Jocer. Grossi dom. Brancionii ann. 1221. ex Reg. parvo ducat. Barrens. in Bibl. reg. fol. 80. r°. ; *Ego homagium sibi* (comiti Barri-ducis) *faciam infra Quindeciam, postquam ab eo fuero super hoc requisitus.*

* **QUINDECIMUM**, Quinta et decima pars. Charta Odon. episc. Paris. ann. 1199. ex Chartul. ejusd. episcopat. fol. 51 : *Homines de Marna ibunt per bannum ad molendina episcopi, et ibi molent quatuordecim boissellos pro Quindecimo.* Ital. *Quindecimo*, Gall. *Le Quinziéme.*

¶ 1. **QUINDENA**, Spatium 15. dierum, Gallice *Quinzaine.* Occurrit in Charta ann. 1216. apud Marten. tom. 1. Ampliss. Collect. col. 1127. in alia ann. 1226. apud Lobinell. tom. 2. Hist. Britan. col. 361. in alia ann. 1238. apud Rymer. tom. 1. pag. 379. in alia ann. 1276 apud eumd. Rymer. tom. 2. pag. 68. in Litteris ann. 1275. apud D. *Secousse* tom. 3. Ordinat. Reg. Franc. pag. 62. in Chronico Joh. Demussis apud Murator. tom. 16. col. 539. apud Thomam *Madox* Formul. Angl. pag. 90. Lobinellum tom. 3. Histor. Paris. pag. 281. col. 2. etc.

¶ 2. **QUINDENA**, Pars quinta, ni fallor, nisi idem sit quod *Quintana* 2. Charta Milonis Domini Noyeriorum pro fundatione Marciliaci ann. 1239. inter Instrum. tom. 4. Gall. Christ. col. 100 : *Insuper* (concesserunt) *Quindenam in terris et costumis dictæ villæ, annuatim percipiendos census, quos habent in eadem villa.*

¶ 3. **QUINDENA**, Rivulus, ut conjecto, e majori rivo derivatus. Statuta Placentiæ lib. 5. fol. 58. recto : *Statutum est et longo tempore observatum, quod omnes qui habeant testam seu caput terræ rivo alicui, possint et eis liceat habere et auferre Quindenam de ipso rivo.* Vide *Quintana* 6.

* **QUINDENARIUS**, Gall. *Quinzenier*, Qui quatuordecim militibus præest. Lit. remiss. ann. 1478. in Reg. 201. Chartoph. reg. ch. 180 : *Anthoine le Boin nostre archier de retenue de la ville de Dury Quinzenier, et avoit charge de quatorze hommes, etc.*

¶ **QUINDENIATIO**, Vide mox *Quindenitas.*

¶ **QUINDENIFORUS**, f. Cui sunt quindecim fores seu portæ. Radulfus Cadom. in Gestis Tancredi, tom. 3. Anecd. Marten. col. 190 :

> Tancredus pulsat, confringit, conterit, intrat :
> Cujus ad introitum fugit irrevocabile vulgus,
> Et Salomoniacæ Quindeniforum latus aulæ
> Irrumpunt, etc.

QUINDENITAS, QUINDENIATIO. Vetus Notitia ann. 954. apud Ughellum tom. 5. Ital. sacræ pag. 1501 : *Ille autem talem contentionem fecit nobis, dare guadiam et Quindenitatem, interpretes ponere Andream venerabilem Episcopum sanctæ Trajectanæ Ecclesiæ ut usque in diem tertium haberemus inducias pensandi inter nos, etc.* Mox : *Manifestassemus nos, ut vere essemus servi vestræ Ecclesiæ, in qua dicta Quindeniatione permansimus usque in diem tertium.... et ha-*

timus proinde inter nos consilium, etc. Forte pro *indemnitas.*

¶ **QUINDENNA**, Idem quod *Quindena* 1. Spatium 15. dierum. Chronicon Mellic. pag. 415. col. 2. in Regula reform. ann. 1451 : *Infra Quindennam semel fit mandatum Fratrum Sabbatho, nisi festum celebre occurrat.*

¶ **QUINDENNIUM**, in Aula Romana, Datariæ, ut vocant, apostolicæ terminus, qui significat quandam unius annatæ integræ pensionem, seu ad minimum semi-annatæ, quæ solvitur Datariæ de beneficiis unitis alicui Capitulo seu Communitati, quæ in manus mortuas transierint. Ita Macri fratres in Hierolexico. Constitutiones Dominicanor. pag. 534 : *Præcipimus in virtute Spiritus S. et s. obedientiæ sub formali præcepto et sub pœna excommunicationis latæ sententiæ, una hac pro trina canonica monitione præmissa, patribus Prioribus, seu principalibus Præsidentibus et depositariis conventuum vel locorum, qui pensiones, census, redditus, vel alia bona solutioni Quindennii obnoxia possident, ut singulis annis trigesimam partem census, vel redditus, vel pensionis, in deposito communi, in quadam capsula ad hoc destinata deponant et conservent, donec Quindennio completo absque Conventus gravamine solvant, cui solvere tenebuntur. Mandamus autem sub eodem præcepto et censura omnibus supradictis, ne prædictam coacervatam pecuniam, quovis titulo vel quæsito colore, etiam ratione mutui, possint tollere vel expendere in alios usus, præterquam ad solutionem Quindennii.* [** Vide bullam Paul. II. PP. ann. 1470. in VII. c. 4. 7. de annat. (2, 3.)]

¶ **QUINDUPLUM**, Πεντάπλουν, in Glossis Lat. Græc. Aliæ Græc. Lat. : Πεντάπλουν, *Quinqueplum, Quinduplum.* Lege *Quincuplum.*

¶ **QUINEGIUM**, pro *Cynegium*, κυνήγιον, Venatio. Vide *Theatroquinegium.*

¶ **QUINGENTARIUS**, Quinque sæculorum, in Translatione S. Augustini Cantuar. tom. 6. Maii pag. 412.

QUINGENTENARII, in Lege Wisigoth. lib. 2. tit. 1. § 26 lib. 9. tit. 2. § 1. 4. Qui quingentis militibus præerant.

¶ **QUINIO**, Johanni de Janua *dicitur a quinque, sicut quaternio a quatuor; unde in Prologo Sophoniæ dicit Hieronymus : Hoc si verum est, Sophonias propheta Quinione, ut ita dicam, prophetico et gloriosa majorum suorum stirpe generatus est. Hæc dicit Hieronymus, quia Sophonias quintus numeratur in generatione sua, sed quia Quinio non est in frequenti usu ideo dicit Hieronymus : Ut ita dicam.* Tertull. de Anima cap. 6 : *Quinionem enixa filiorum.* Et cap. 46 : *Quinio voluminum.* Glossæ Latino-Græc. et Græc. Lat. : *Quinio*, πεντάς.

Quinio, ex Hispan. *Quiñon.* Fori Alcaconenses æræ 1267 : *Et qui furtaret, pectet pro uno novem, et habeat intentor duos Quiniones, et septem partes ad Episcopo.* Vide *Quinternio.*

¶ **QUINIPULUS**, Idem quod *Canipulus*, nisi ita legendum sit, Ensis brevior, cultellus, Gallis *Canif.* Vita B. Geraldi de Salis apud Marten. tom. 6. Ampliss. Collect. col. 1010 : *Eadem nocte tentus est et ligatus a suis : siluit, excepto quod exarando cum Quinipulo parietes, per hospitium irruit.*

QUINISEXTA, Gr. Πενθέκτη, dicta Synodus Trullana, habita Constantinopoli sub Justiniano Rhinotmeto, ὅτι τὸ ὑστέρημα τῆς πέμπτης καὶ τῆς ἕκτης συνόδου ἀνεπλήρωσε, τὴν τῶν ἱερῶν, φημὶ, κανόνων. Verba sunt Macarii Ancyrani. De ejus auctoritate, consulendus omnino Leo Allatius de Consensione utriusque Eccl. lib. 1. cap. 27.

¶ **QUINITAS**, Numerus quinarius. *Nec jam Trinitas jure, sed Quaternitas aut Quinitas melius... diceretur*, in Epistola Witmundi Archiep. Aversani, tom. 2. Spicil. Acher. pag. 385.

* **QUINIVETUS**, Cultellus acuendis calamis scriptoriis, Gall. *Canif*, alias *Quenivet.* Vadia gentium Comput. in Reg. ejusd. Cam. sign. *Croix* fol. 126. r° : *Item quilibet eorumdem magistrorum percipit unum cutellum cum Quiniveto, et omnes clerici quilibet unum scriptorium et unum cutellum.* *Quenivet*, in Reg. sign. *Noster* ad ann. 1323. fol. 169. r°. Pro ense breviori seu pugione, occurrit in Lit. remiss. ann. 1389. ex Reg. 137. Chartoph. reg. : *Lequel Sansonnet prit un petit Quenivet qu'il portoit, et en donna sur le col audit Bernart, tellement qu'il en mourut icelle nuit.* Vide *Quinipulus.*

QUINQUAGENARII, in re militari, dicti, qui quinquaginta militibus præerant, ut Centuriones, qui centum. Will. Tyrius lib. 2. cap. 20 : *Centuriones, Quinquagenarii, et numeris militaribus præpositi, etc.* Et lib. 15. cap. 1 : *Edicto Imperiali publice mandatur Primiceriis, Centurionibus, et Quinquagenariis Legionum iterum cohortes instrui, etc.* [Occurrit pluries hac notione lib. 4. Reg. cap. 1.]

Quinquagenarii, in re civili appellati in municipiis, qui quinquaginta familiis præerant, ut *Centenarii*, qui centum, *Decani*, qui decem. Cathwlphus in Epist. ad Carolum M. : *Comites, Centenarios, Quinquagenarios, Decanos, et reliquos munera non accipientes, etc.* [Habetur Exodi cap. 18. ℣℣. 21. et 25.] Vide *Centenarii, Decani.* Denique

Quinquagenarii in Monasteriis πεντηκόνταρχοι vocati, auctori Vitæ S. Alexandri Acœmeti Abbatis num. 43. qui 50. Monachis præfecti erant.

¶ **QUINQUAGENARIUM**, Series sacrorum globulorum a quinquies denario numero sic dicta, Gall. *Chapelet.* Vita B. Lidwinæ Virg. tom. 2. April. pag. 301 : *Quinquagenarium suum, quod vulgo Pater noster dicitur, super faciem ipsius ex devotione, ut putabat, circumduxit.*

¶ **QUINQUAGENUS**, Quinquagesimus. Vide locum supra in *Quadragentenus.*

¶ **QUINQUAGERIUS**, *Quinquagenarius*, Qui præest militibus quinquaginta. Radulfus Cadom. in Gestis Tancredi, tom. 3. Anecd. Marten. col. 142 : *Cujus tamen militiæ altera apud Cylicas pars relicta, de centurione Quinquagerium reddiderat.*

¶ **QUINQUAGESIES**, pro *Quinquagies* reprobat Borrichius in Cogitationibus suis de Lingua Latina pag. 282.

QUINQUAGESIMA, appellatur, ut est in Ordine Romano, *quia decurrit usque in diem sanctum Paschæ. Initium autem*, inquit Alcuinus lib. de Divin. Offic. *sumit a sequenti hebdomada post Sexagesimam,... et finitur die sancto Paschæ.* Vide eumd. in Epist. ad Carolum M. de ea re, Amalarium lib. 1. de Eccl. Offic. cap. 3. Rabanum lib. 2. de Instit. Cleric. cap. 34. Rupertum lib. 4. de Divin. Offic. cap. 8. Honorium August. lib. 3. cap. 40. Hugon. a S. Victore lib. 3. Observ. Eccl. cap. 12. Durandum lib. 6. cap. 27. etc.

Quinquagesima, quæ alias *Pentecoste*, Spatium scilicet 50. dierum a Paschatis die usque ad diem ipsum festum, quem *Pentecostes* nomine vulgo indigitant Christiani, unde et *Quinquagesima Paschalis* dicitur Rabano de Institut. Cleric. lib. 2. cap. 41. et 34. et Honorio Augustod. lib. 3. cap. 148. ad discrimen alterius *Quinquagesimæ*, quæ est ante Quadragesimam. *Quinquagesimi dies*, apud Cumeanum Abbatem de Mensura Pœnitentiarum cap. 2. Ferrandus Diac. cap. 214. ex Synodo Sardicensi tit. 1 : *Ut diebus Quinquagesimæ genua non flectantur.* Hac præterea notione *Quinquagesimam* usurpat Cassianus lib. 2. de Cœnob. instit. cap. 6. 18. et Collat. 21. cap. 8. ubi observat, in ea non custoditam a strictioris vitæ Monachis jejuniorum regulam usque ad vigiliam Pentecostes, qua de re exstant Canones apud Gratian. dist. 4. cap. *Scire* et cap. *Post Pascha.* Honorius Augustodun. lib. 3. Gemmæ Animæ cap. 136 : *Tempus inter Pascha et Pentecoste Quinquagesima nominatur, quia a Sabbato, quo duo Alleluya inchoantur, usque ad Sabbatum Pentecostes quinquaginta dies computantur, quibus Alleluya in cantu frequentatur.* Et cap. 137 : *Aliud est Pentecoste, aliud Quinquagesima. Pentecoste a die Resurrectionis Christi, usque ad adventum Spiritus sancti : Quinquagesima incipit a Sabbato, quo duo Alleluya cantantur, et finit in Dominica Benedicta, sed utroque corporis et animæ lætitia exprimitur.* Vide Durandum lib. 6. Ration. cap. 81. num. 17. et S. Maximi Taurinensis Homil. 3. in solennitate Pentecostes.

Quinquagesima, Festum ipsum Pentecostes. Concilium Aurelian. I. can. 25 : *Ut nulli civium Paschæ, Natalis Domini, vel Quinquagesimæ solennitatem in villa liceat celebrare.* Concilium Turonense II. can. 17 : *De Pascha usque Quinquagesimam, exceptis Rogationibus, omni die fratribus prandium præparetur.* Vide Martin. Bracar. cap. 57. et Concilium Aurelian. IV. can. 2.

¶ Quinquagesima. Instrumentum fundationis Fratrum Prædicat. Narbonæ ann. 1231. inter Instrum. Gall. Christ. tom. 6. col. 62 : *P. Dei gratia Narbonensis Archiepiscopus... in remissione peccatorum nostrorum et prædecessorum nostrorum dicta[illegible] ram ad dominium mensæ archiepisco[illegible] spectantem eis ratione Quinquagesimæ[illegible] dare licet nobis, in constructione mona[illegible] juxta canonicas sanctiones, laudavimus et quitavimus et libere concessimus.* Intelligo Quinquagesimam partem bonorum Archiepiscopatus.

¶ **QUINQUAGESIMUS** Decimus, pro Sexagesimus, Flodoardo in Chronico ad ann. 960.

* **QUINQUAGINALE** Subsidium, Pars quinquagesima bonorum, nomine subsidii exacta. Charta Phil. Pulch. ann. 1300 ex

Cod. reg. 8409. fol. 6. r° : *Nec volumus quod propter subventionem, quam nobis..... facient ista vice, ratione Quinquaginalis subsidii, homines villæ et baroniæ Montispessulani, hominibus ipsis... in futurum præjudicium modo quolibet gravetur.*

¶ **QUINQUAMDIALIS.** Vide *Quinquendialis.*

¶ **QUINQUANGULUS**, *Quinque angulos habens*, apud Johannem de Janua.

¶ **QUINQUARE**, Lustrare, purgare. Sosipater Charisius pag. 62 : *Quinquatrus a Quinquando, id est, lustrando, quod eo die arma Ancilia lustrari sint solita.*

* **QUINQUARIUS**, Gall. *Quinquart*, Monetæ species, valoris, ut opinor, quinque denariorum. Vide supra *Quartarius* 4. et *Quatrenus*. Lit. remiss. ann. 1469. in Reg. 197. Chartoph. reg. ch. 73 : *Laquelle bource ils lui osterent, et n'y trouverent que trois dez et ung Quinquart.*

* **QUINQUE**, vox Gallica, Clava lusoria, vulgo *Billard* vel *Mail*. Lit. remiss. ann. 1389. in Reg. 138. Chartoph. reg. ch. 131 : *Quant il eschey au tour dudit Felix à biller son cop, ... il dist, Tirez vous arriere, je doubte que mon billouer, appellé en aucuns lieux Quinque, ne m'eschape.*

¶ **QUINQUENDIALIS**, Quinque dierum. *Quinquandialis mora*, in Vita S. Jacobi Erem. sæc. 4. Benedict. part. 2. pag. 149. sed melius in Onomastico ad calcem *Quinquendialis.*

* **QUINQUENELLA**, Quinquennales induciæ creditori a principe indultæ, *Quinquenelle*, in Consuet. Burbon. art. 68. Charta ann. 1374. in Reg. Joan. ducis Bitur. ex Cam. Comput. Paris. fol. 153. r° : *Renuncians..... dilationibus, remissionibus et Quinquenellis quibuscumque super hoc impetratis vel impetrandis.* Stat. Phil. Pulch. ann. 1303. in Reg. 36. Chartoph. reg. ch. 133 : *Item ordinamus quod si quis expresse et ex certa scientia renunciaverit privilegio exercitus Crucis, novæ bastidæ, seu Quinquennalium induciarum in instrumento debiti, vel alterius contractus expressi, non possit se tunc liberare ex dicto privilegio.* Vide *Quinquennale.*

* **QUINQUENERIA**, Quinta pars fructuum. Redit. præposit. Paris. ex Reg. Cam. Comput. in Bibl. reg. Cod. 8406. fol. 181. r° : *De fructibus egrunis et Quinqueneria, pro quinquaginta lib. xij. sol. per annum.* Ubi *Quinqueria* habet Reg. ejusd. Cam. sign. *Noster* fol. 246. v°. Vide *Quinquenium.*

¶ **QUINQUENIUM**, QUINQUENUM, seu, ut supra legitur in *Quarto* 7. *Cinquenium* et *Cinquenum*, Quinta pars fructuum a tenentibus domino solvenda. Vide locos in *Quarto* 7.

¶ **QUINQUENNA** PASCHÆ, Spatium 15. dierum Paschalium, in Chronico Trivetti apud Acherium tom. 8. Spicil. pag. 624. Vide *Quindena.*

QUINQUENNALE. Odo Episcopus Paris. in Statutis cap. 6. § 12 : *Nullus Missas, quas injunxerit, celebret, nec tricenarium, nec annuale, et pro minus nullum triennale, aut Quinquennale.* Vide *Tricenarium.* In Consuetudine Burbonensi art. 68. *Quinquennelle*, pro quinquennalibus induciis creditori a principe indultis, usurpatur.

QUINQUENNALIS, Magistratus ita dictus, cujus functio quinquennii erat. Edictum Theodorici Regis cap. 52 : *Ita ut confectionis gestorum præsentes adhibeantur tres Curiales, aut Magistratus, aut pro Magistratu Defensor civitatis cum tribus Curialibus, aut Duumviri, vel Quinquennalis.* Adde § seq. et vide Jacobum Gothofred. ad lib. 7. Cod. Th. de Pistorib. [** Savin. Histor. Jur. Rom. med. temp. tom. 1. § 16. 28. etc.]

¶ **QUINQUEPEDALIS**, Quinque pedibus constans. Hyginus de Limitibus pag. 212 : *Terminus egregius dicitur Quinquepedalis.*

¶ **QUINQUEPLEX**, Πενταπλοῦς, πενταπλῆ, in Glossis Lat. Græc. et Græc. Lat. Quincuplex.

¶ **QUINQUEPLUM**, Πενταπλοῦν, in iisdem Glossis Lat. Græc. et Græc. Lat.

¶ **QUINQUESSIS**, Johanni de Janua, *Quinque oboli, vel pretium quinque obolorum.* Antonius Augustinus ad Festum : *Quinquessis quinarius sive victoriatus dictus est, quod initio quinque assibus æstimaretur.* Vide Plinium lib. 33. cap. 3. et Priscianum in Epitome ex Apuleio.

¶ **QUINQUETRIS**, Πένταπλος, in Glossis Lat. Gr. Aliæ Græc. Lat. : Πένταπλος, *Quinquertius, Quinquetris.* Vulcanius emendat, *Quinquertis* vel *Quinquertio.*

¶ **QUINQUIMATUS**, *Spatium quinque annorum*, Johanni de Janua, *Quimatus* Plinio.

¶ **QUINQUIMUS**, QUINQUIMULUS, *Quinque annorum*, apud eumdem de Janua.

¶ **QUINQUINOCTIUM.** *Spatium quinque noctium*, apud Johannem de Janua.

¶ **QUINQUIVIR**, Johanni de Janua, *Qui habet quinque viros sub se; et hinc Quinquiviratus, ejus dignitas, et Quinquivira, uxor quinquiviri, vel mulier quæ habet sub se quinque viros.*

* 1. **QUINTA**, Quintum milliare, Bannileuca, Gall. *Quinte*. Occurrunt crebro in Chartis Pictavensis Comitatus apud Beslium in Comitib. Pictav. hæc verba : *Situs in pago Pictavo, infra Quintam ipsius civitatis, in loco qui dicitur etc.* pag. 223. 225. 361. 384. *Quintum milliare* appellatur pag. 361 : *Dux concessit Ecclesiam in honorem S. Petri, fundatam infra Quintum milliare ab urbe Pictava. Quinta leuca*, in Charta Ludovici VII. Regis Franc. ann. 1180 : *Ob remedium animæ nostræ et antecessorum nostrorum, et filii nostri Philippi Regis, omnes servos nostros et ancillas, quos Homines de corpore appellamus, quicunque sint Aurelianis, et in suburbiis, vicis, villulis ejus infra Quintam leucam existentibus... ab omni servitutis jugo absolvimus. Les Quintes d'Angers*, in Jure municipali Andium art. 35 : *Quintes du Mans, etc.* de quibus Charta Joannis Regis Angliæ apud Gul. Prynneum in Libertatib. Ecclesiæ Anglic. tom. 3. pag. 35 : *Civitatem Cenomanensem possideat.... cum tota Quinta libere et pacifice. Quinta* civitatis Egolismensium in Tabul. S. Eparchii fol. 48. et alibi non semel. Vide Vitam Aldrici Episcopi Cenom. pag. 86. Acta Episcopor. Cenoman. pag. 110. 306 *. 311. ☞ *Quinta Andegaviæ* rursum memoratur in Litteris Caroli Comitis Andegav. ann. 1253. apud D. *Secousse* tom. 4. Ordinat. Reg. pag. 633. Verum neque hæc *Quinta*, neque Cenomanensis, si Menagio credimus in Etymologiis Gallicanis, ita vocantur, quod quinque milliaribus circa civitatem constarent, sed quod quinque vicos complecterentur, qui jurisdictionis erant Præpositi civitatis, quemadmodum *Septena* Bituricensis ita dicebatur, ejusdem Menagii sententia, quod esset septem vicorum. Hanc sententiam ut probet, hunc ex Assisiis Andegavensibus Consuetudini Andegav. præmissis locum adducit : *La Ville et Quintes d'Angers, le dernier Samedi : lesquelles Quintes sont cinq; Brain, la Haye-Joustain, la Membrole, S. George et la Ville.* Vide Choppinum in Consuet. Andegav. art. 35. et *de Lauriere* in Glossario Juris Gallici.

¶ 2. **QUINTA**, Fructuum domino reddendorum a tenente pars quinta. Chronicon Farfense apud Muratorium tom. 2. part. 2. col. 542 : *Et pro solidis* XII. *concessit in Bacciano res ad Quintam reddendam et ibidem modios* II. Haud ignota fuit antiquis hæc obligationis species. Appianus de Bello civ. lib. 1. pag. 353 : *Sub vectigali annuorum fructuum, decimæ partis ex satis, Quintæ vero ex plantatis. Agri enim vectigales multas habent constitutiones. In quibusdam provinciis fructus partem constitutam præstant, alii Quintas, alii septimas.* Vide Burman. Dissertat. de Vectigal. cap. 2. supra *Complantare, Quarto* 7. et infra *Quintum.* Hispanis *Quinta* idem est quod nostris *Ferme, metairie*, Prædium rusticum.

QUINTADECIMA, redituum scilicet, quam *auxilii* vice tenebantur omnes Laici et Beneficiati Regi persolvere, apud Anglos, quæ tamen nec annuatim, nec sine Parlamentario decreto exigebatur, alias *tallagium*, et *taxa*. Vide Magnam Chartam cap. 37. Henricum Knyghtonem ann. 1219. et Matthæum Westmonasteriensem ann. 1227.

¶ **QUINTA-ESSENTIA**, Philosophis Peripateticis, Æther, materia ætherea, qua cœlum constat, sic dicta procul dubio ex versione Apuleii, qui hunc Aristotelis locum de Cœlo cap. 2 : Αἰθήρ, στοιχεῖον ἕτερον τῶν τεσσάρων, ἀκήρατόν τε καὶ θεῖον, sic reddit : *Æther, elementum longe aliud numero Quintum, ordine primum, genere divinum et inviolabile.* Vita B. Giraldi de Salis apud Martenium tom. 6. Ampliss. Collect. col. 1010 : *Sed nec cœlum, vel Quinta-essentia ejus se ministerio subtraxit, quando volucres cœli et tales volucres moriturus aspexit.*

☞ Sed nemini usitatius est, quam Chymicis *Quintæ-essentiæ*, vulgo *Quintessence*, vocabulum, quo substantiam indigitant purissimam atque subtilissimam, quam ex quovis corpore per artem suam extrahunt. De *Quinta-essentia* scripserunt Raimundus Lullus, Johannes de Rupescissa, Paracelsus et alii bene multi Chymici recentiores. Vide Goclenii Lexicum Philosophicum et B. Capelli Lexicum Medicum.

* **QUINTALAGIUM**, QUINTALGIUM, Pensitatio, quæ pro *Quintali* seu pondere publico, ad quod exiguntur merces, domino solvitur. Assign. dotalit. Joan. reginæ Franc. ann. 1319. in Reg. 60. Chartoph. reg. ch. 69 : *Item pro parte nostra Quintalagii seu ponderis et juris, quod percipimus in fructibus dictæ villæ de Alesto, quindecim libras.* Charta ann. 1345. in Reg. 75. ch. 280 :

Redditus loci prædicti (de Alesto) *qui consistunt in pedagio, leuda granorum et salis, molendinis, Quintalgiis, emolumentis masselli, etc.* Vide in *Quintale.*

QUINTALE, Quintallus, Pondus centum librarum. Rogerus Hovedenus in Ricardo I : *Insula quidem de Cuverfu magna est et fertilis, et reddit singulis annis Imperatori Constantinopolitano* 15. *Quintallos auri. Quintallus est pondus centum librarum.* Eadem habet Bromptonus. [Consuetudo Lemovic. art. 71 : *Sciendum est quia de cupro, stamno et plumbo, et de terra calaminæ et filo lanæ, redduntur centum et sex libræ pro Quintali, de lana vero et canapo brisato seu trito, cæpo, sanguine et filo canapis et lini, redduntur pro Quintali centum et quatuor libræ : de aliis vero ponderibus redduntur centum libræ tantummodo pro Quintali.* Consuetudo Tolosæ rubr. de emptione num. 10 : *Usus et consuetudo est Tolosæ, quod quilibet venditor usitatus rerum ponderis debet tenere certum pondus, scilicet Quintale et medium Quintale, et libram, etc.* Adde Statuta Avenion. lib. 1. rubr. 19. art. 9. etc. In Literis patentibus Berengarii ann. 1413. memorantur *Quintalia lanæ, ferri sive æris vel asserii. Quintalia caseorum*, in Sententia arbitrali ann. 1303. e Schedis D. *Brunet.*] In Consuetudine Bayonensi tit. 27. art. 3 : *Le Quintal doit pezer* 96. *livres, et la livre* 14. *onces et demie.* In Consuetudine Bencharn. tit. de ponderibus et mensuris art. 4 : *Quintaus, et miey quintaus.* [Quintalium in variis locis differentias et proportiones erudite exponit Casimirus Polonus in sua Pyrotechnia.]

Ita porro nostri appellant pondus majus publicum, ad quod merces gravioris ponderis exiguntur : pro qua pensitatione tributum domino, cujus est, dari solet : vulgo *Quintal.* [Charta ann. 1145. in Probationibus novæ Hist. Occitan. tom. 2. col. 508 : *Ego Bernardus Ato Vicecomes Nemausensium, cum consilio et voluntate Guillelmæ uxoris meæ.... concedo Petro Adeberti, et tibi Bernardo de Porta veteri.... omnes usaticos et leddas, quæ in mercato et propter mercatum civitatis Nemausensis in præsenti habetis... excepto eo quod de corda et Quintali et sextario rossi accipio.* Charta Ludovici Jun. Regis Fr. ann. 1157. ibid. col. 564 : *Et in tota Nemausensi civitate tertiam partem omnium leddarum, et tertiam partem fori et nundinarum, et tertiam partem sextarii, et tertiam partem cordæ et Quintalis, et tertiam partem tabularum.* Charta Raymundi Ducis Narbonæ ann. 1163. ibid. col. 593 : *Accipias unoquoque anno XII. marchas argenti de Quintale et corda S. Egidii.*] Charta Raymundi Comitis Barcinon. et Provinciæ ann. 1150 : *Non faciant nundinas aut mercatum in Trencatalhis, nec ibi habeant cordam nec Quintale, et si habeant cordam et Quintale, sint Comitis et Archiepiscopi.* Statuta Massilliensia MSS. lib. 3. [cap. 10. in editis :] *Ordinamus similiter, quod stagnum, sive merces stagni, vendatur deinceps ad Quintale Massiliæ, et non ad Quintale, quod vulgariter consuevit appellari Quintale sparroni.* [Adde cap. 9.] Alia ann. 1332. pro Tolonensibus in Provincia : *Item jus ponderis virgæ ferri, quod sic levatur, videlicet pro qualibet somata bladi, quæ ponderatur, et pro quolibet Quintali quarumque rerum ponderatarum, a cive Toloni recipitur obolus unus, ab extraneis vero, etc.* Usatica Aquarum mortuarum : *Molendina, Quintale et corda, et furni erunt omnes nostri cum leudis et omnibus usaticis, et accipietur ad Quintale et cordam tantum.* Adde Hist. Episcoporum Lodovensium pag. 96. Annales Msssilienses Guesnaii pag. 322. Gariellum in Episcopis Magalonensibus pag. 90. et alibi non semel.

Quintallus, Eadem notione. Charta Raimundi Comitis S. Ægidii ann. 1164. ex Tabulario Cluniacensi : *In omnibus autem usaticis, quæ per terram accipiuntur tam infra villam, quam infra bonas* (limites) *ipsius villæ, medietas illorum in Quintallo, et in corda, et in leda de mercato, medietas erit mea, et medietas illorum, etc.* [In Probat. novæ Hist. Occitan. tom. 2. col. 603. ubi Charta hæc edita est, legitur, *in Quintalio et corda, et in lesda de mercato, etc.*]

1. QUINTANA, Papiæ, ex Isidoro lib. 15. cap. 2 : *Pars plateæ, qua carpentum provehi potest.* Ugutio addit, *quinta pars.* Gloss. Ælfrici : *Quintane*, fiftedel pære stræte. [Vide *Quintina.*]

2. QUINTANA, et Quintena, Gallice *Droit de Quintaine.* Quintanam Sanjulianus in Antiquit. Cabilon. pag. 411. cum *Banno vini* confundere videtur, seu facultate vinum vendendi, aut non vendendi interdicto, certis et statutis diebus. Charta Joan. Cabilon. Comitis ann. 1232. apud Petrum Franciscum Chiffletium in Beatrice Cabilonensi Comitissa : *Et placitum vigiriale, et Quintanam Cabiloni, et omnes Judæos Cabilonenses, etc.* [Vide Glossarium Juris Gallici v. *Quintaines.*]

☞ Haud scio an huc pertineat Charta vetus Gallica tom. 1. Chartularii S. Vandregesili pag. 29 : *Chauves toutes les rentes et redevanches qui devant lors en estoient deues et sauf droit Quetaigne et tout autre droit.*

3. QUINTANA, Quintena, Decursio equestris ludicra, ad metam hominis armati figuram exhibentem ad umbilicum, mobilem et versatilem, sinistra clypeum, dextra ensem aut baculum tenentem : quæ si aliter quam in pectore lancea percutiatur, statim qui a scopo aberrat, baculo repercutientem figuram sentit. Robertus Monac. lib. 3. Hist. Hieros. pag. 51 : *Tentoria variis ornamentorum generibus venustantur, terræ infixis sudibus scuta apponuntur, quibus in crastinum Quintanæ ludus scilicet equestris exerceretur.* Matth. Paris ann. 1253 : *Juvenes Londinenses statuto Pavone pro bravio, ad stadium, quod vulgariter Quintena dicitur, vires proprias et equorum cursus sunt experti.* Tabul. Dalonensis Monasterii fol. 34 : *Terram, quæ est juxta fontem domus Regum de la Quintana.* Le Roman *d'Aubery* MS :

Li cuens ni volt plus longuement targier,
Ains fait tantost la Quintaine drescier.

Le Roman *de Jordain de Blaye* MS. :

A la Quintaine et à l'escu jouster,
Et courre as barres, et luitier, et verser.

[Le Roman *de Giron le Courtois* : *Je ne vous tiens mie à si bons Chevalier, que je daigne prendre lance pour jouster à vous ; ains vous dy, que vous esloignez de moy, et me venez ferir de toute vostre force, et je vous feray Quintaine.*] In Consuetud. MS. oppidi Maceriarum, seu *de Mezieres* in Turonibus, molendinarii tenentur semel in anno, *de fraper par trois coups le pal de la Quintaine.* Vide Froissartem 4. vol. cap. 63. pag. 187. et quæ de hoc ludicro congessimus in Dissert. 7. ad Joinvillam pag. 182.

4. QUINTANA. Joannes Diaconus in Episcopis Neapol. : *Altarium sanctæ Stephaniæ aureis circumcinxit Quintanis, et multas fecit æreas ibidem coronas, e quibus scilicet lucernæ seriatim dispositæ dependerent.* Ubi Carracciolus *Quintanas* annulos interpretatur, ratione mihi incomperta. Vide Ughellum tom. 6. Italiæ sacræ pag. 98.

☞ Apud Italos *Quintana* annulum quandoque significat; unde Florentinis *Correr alla Quintana* idem est quod nostris *Courir* vel *Courre la bague*, Ad appensum annulum equo decurrere : quod ludi genus proxime accedit ad illud, de quo mox in *Quintana* 3. Academici Cruscani : *Quintana, è una campanella o cerchietto di ferro, che si tien sospesa in aria, con una funicella attraverso, alla quale per infilzarla nella lancia, corrono i Cavalieri.* Quem in locum Alexander Tassonus : *Quintana o piutosto Chintana, come le disse il Boccaccio nel Laberinto, e Franco Sacchetti nelle Novelle, in Firenze è la campanella, che qui si descrive, e la quale Anella si domanda in alcune altre contrade di Toscana, come in Siena, e per tutta Lombardia. Ma comunemente fuor di Toscana, Quintana, e Quintaine in Francia, onde forse venne il nostro Italiano. Quintana è un legno grosso ficcato nella terra in forma d'uomo dallo busto in su con uno scudo davanti, contro al quale corronole lance, i Giostratori; è quello stesso, che Saracino della piazza appellano in Firenze, dalla forma che egli ha di Saracino. E tal giostra, mi par che in Roma parimente sia detta Quintana.* Hinc patet *Quintanam* apud Italos non solum significare figuram illam hominis ludicram, de qua in *Quintana* 3. sed circulum etiam ferreum, ad quem equo decurritur. Ad similitudinem vero annulorum, qui in decursione appendi funiculo solent, Johannes Diaconus aureas *Quintanas* vocavit aureos vel inauratos circulos, quibus ditatum memorat altare S. Stephaniæ, ut optime explicat Carolus de Aquino in Lexico militari.

* Annulus seu circulus, Carraciolo et Bollandistis. Vita S. Patriciæ tom. 5. Aug. pag. 218. col. 2 : *In ipso templo beatæ Patriciæ juxta altare, ubi Quintanæ factæ sunt marmoreæ in ædificio, una de præfatis Quintanis posita est in angulo ejus marmoris, ubi foramen est.* Altera ibid. pag. 222. col. 1 : *Quintana marmorea, quæ conjuncta est cum capite tumuli, in quo sacrum corpus præfatæ virginis requiescit, cantatis vesperis, per suum foramen guttatim, ad instar olei, cœpit liquorem emittere.* Quæ certe annulo vel circulo minime conveniunt : unde quod in *Quintana* seu decursione equestri ludicra, hominis armati figura exhibebatur, quam *Quintanam* appellabant, larva, quæ ornamentum est architectonicum, *Quin-*

tana quoque dici potuit, ex cujus ore liquor effluebat.

5. **QUINTANA**, Modus agri, aripennis, Hispanis *Quiñon*. Videtur tamen sumi pro villa, vel ædificio, in Chartis Hispanicis. Charta Hispanica æræ 1010. apud Anton. *de Yepez* in Annalib. S. Benedicti tom. 1. ch. 8 : *Et de ipsa villa mortua, quæ pergit in directo ad Quintana*. Occurrit ibi pluries. Alia æræ 950. ch. 30 : *Et deinde quæ ad Quintana de Bistin, etc.* Alia apud Brandaon. in Monarch. Lusitan. tom. 4. pag. 284 : *Item, quod Quintanas, seu casas factas de novo tempore Sancii fratris mei et quibuslibet personis, etc.* Alia apud eumdem lib. 15. cap. 36 : *Ipse Consalvus debet eidem dominæ Alienoræ dare suas arras, scilicet sex Quintanas et sexaginta casalia, sicut est consuetudo inter Dorium et Meneum.* Alia apud eumdem tom. 5. pag. 308. v° : *Concedo vobis... Quintanam meam de Matapaon.... cum suis casalibus et hæreditatibus, quæ cum ipsa Quintana hactenus andaverunt, quæ ad ipsam Quintanam pertinent.*

☞ Certa res est, *Quintanam* apud Hispanos plerumque sumi pro villa seu prædio, eaque notione accipiendam esse hanc vocem in Chartis laudatis, ut et in Vita S. Johannis Erem. tom. 2. Junii pag. 261 : *Beatus igitur iste Joannes... natione Hispanus, in territorio Burgensi, in rure campestri, Quintana Fortunii nomine, etc.*

* Idem sonat etiam apud Lusitanos. Charta ann. 1245. inter Probat. Hist. geneal. domus reg. Portugal. tom. 1. pag. 52 : *Item quod Quintanas seu casas factas de novo, tempore Sancii fratris mei, a quibuslibet personis in præjudicium aliorum,.... faciam penitus demoliri.* Testam. Mafaldæ reginæ ann. 1256. ibid. pag. 32 : *Item do ecclesiæ cathedrali de Portu Quintanam meam de Paacios de Goiol, etc.*

¶ 6. **QUINTANA**. Computus ann. 1202. apud D. *Brussel* tom. 2. de Usu feudorum pag. cxcr. col. 1. ad calcem : *Rabellus pro* XII. *canibus et* I. *garcione, a die Sabbati post Quintanam usque ad diem Martis post Pascha floridum, de* XXXII. *diebus,* IIII. *lib. Quintana*, est Hebdomada Quinquagesimæ, et Sabbatum post *Quintanam*, est Sabbatum primum Quadragesimæ, ex quo ad diem Martis post Pascha floridum seu post Dominicam palmarum, fluunt dies 32. Rursum occurrit vox *Quintana* ea notione in eodem Computo pag. CLXIX. *Dominica de Quintana*, seu Quinquagesimæ in Charta ann. 1200. e Chartulario Domus Dei Pontisaræ.

¶ 7. **QUINTANA**, Cloaca, latrina. Statuta Astensia fol. 69. v°. cap. 50 : *De cloachis sive Quintanis : Predicta locum habeant, ubi dicta cloacha seu Quintana non habet... decursum, alioquin predictas cloachas seu Quintanas aperientes..... amittant pro pena sol.* XX. *Astenses*. Ibid. fol. 66. recto : *Si quis cives Ast. habent Quintanam sitam inter eorum domos, et aliquis ex habentibus partem in Quintanam, ipsam Quintanam purgari facere voluerit, teneatur Potestas facere et curare sic quod omnes habentes partem in Quintana solvant partem sibi contingentem expens. secundum quod unusquisque ipsorum partem habuerit in ipsa Quintana.* Chronicon Petri Azarii apud Murator. tom. 16. col. 342 : *Plures rustici Bononienses reperti fuerunt mortui et putridi in Quintana unius domus occupatæ.* Vide *Quintanea*.

QUINTANALES. Charta Ermengardis Comitissæ Ceritanensis ann. 893. in Append. ad Capitul. Regum Franc. num. 127 : *Videlicet omnes supranominatis mansis, casis, casalibus, coopertis, discoopertis, Quintanalibus, curtis, curtalibus, etc.* [An idem quod supra *Quintana* 5. ?]

¶ **QUINTANEA**, Latrina, cloaca. Statuta Montis regalis pag. 212 : *Quælibet persona habens Quintaneam, seu latrinam propriam vel communem in civitate Montis-regalis descendentem seu ortum habentem in viis vel super viam Communis, etc.* V. *Quintana* 7.

¶ **QUINTANELLA**, f. Idem quod *Quintana* 5. Villa, prædium. Charta Aldefonsi Regis Toleti pro Monasterio Casæ Dei æra 1216 : *Confirmo omnem hæreditatem, in qua fundatum est Monasterium... Quintanellam circa Cardeniam, Morgillas cum suis directuris... Quintanellam circa Pediola.*

*. **QUINTARIA**, Præstationis species. Charta ann. 1351. in Reg. 81. Chartoph. reg. ch. 107 : *Item quædam usatica et Quintarias, quas habebat et percipiebat.... in civitate Narbonæ.* An idem quod *Quintayna*?

QUINTARIUS, Mensuræ species. Chronicon Reicherspergense : *Misit ei 30. Quintarios de pipere.* Quid vero *Quintarius* apud Vitruvium lib. 3. cap. 1. significet, vide Bernardinum Baldum, et Salmasium de Modo usurar. cap. 1. pag. 17.

Sunt etiam *Quintarii limites*, apud Agrimensores, *qui quinque centurias cludunt*, ut habet Hygenus.

¶ **QUINTAROLUS** REMUS. Vide *Quartarola*.

* **QUINTAYNA**, Cum *quinto* confundi videtur, seu cum quinta fructuum parte, quam colonus vel tenens domino reddere debet. Charta ann. 1314. in Reg. 50. Chartoph. reg. ch. 99 : *Bertrandus Raimundi tinctor et habitator burgi Narbonensis vendidit religioso viro fratri P. Signarii monacho Fontis-frigidi.... omnes illas Quintaynas et quintos,.... quas et quos.... percipiebat de fructibus quarumdam vinearum.* Aliud vero est *Quintaine*, in Charta homag. ann. 1328. inter Probat. ult. Hist. Trenorch. pag. 243 : *Item chacun an sur les Quintaines de la Saint Jean, un sestier de vin.* Ubi forte præstatio indicatur, pro facultate vinum vendendi, domino exsolvenda. Vide *Quintana* 2.

QUINTELLUM, Quinta pars quintæ partis rei venditæ, Gall. *Requint*. Statuta Venetorum ann. 1242. lib. 1. cap. 4 : *In alienatione mobilium* (Ecclesiæ) *jus Quintelli debet esse salvum.* Eadem Statuta lib. 6. cap. 4 : *Sancimus, quod Quintellum intelligatur, et sit quintum quinti pretii pro quo vendita fuerit, seu aliter alienata possessio Quintello subjecta : quod interpretamur quatuor pro cento.* Vide lib. 4. cap. 11. et *Quintum* 3.

* **QUINTELLUS**, Pondus centum librarum, Gall. *Quintal*. Charta Phil. Pulch. ann. 1308. in Reg. 41. Chartoph reg. ch. 77 : *Baula seu carga qualibet, pondus quatuor Quintellorum tantummodo continente, dummodo nobis pro baula seu carga qualibet sexaginta decem Turon. parvorum fortis monetæ solvendo, etc.* Vide *Quintale*.

¶ **QUINTENA**. Vide superius *Quintana* 2.

¶ **QUINTERIA**, Hispanis, Prædium, e quo quinta pars fructuum Domino redditur a colono, *Quintere* dictum, ut puto, in Charta Gallica Nobiliacensi ann. 1293. apud Stephanotium tom. 3. Antiq Pictav. pag. 946 : *Et se il devenoit que ce avage deust estre fait en choses terragens, ou Quinteres ou quarteres, qui fussent audits Religious en leus dessudis, ge li dis Jofreis, et mi hoir successour, seignour de Chastelachart, ne li porrions faire en prejudice dis Religious, ne ne porrons ge li dis Jofreis ne mi heir, ni mi successeur, pendre, ne leus forches, ne gibet, ne ardoir ne enfouer en leus dessusdis, ne tenir assises en iceos.*

¶ 1. **QUINTERIUS**, Colonus qui reddit domino fructuum partem quintam, Hispan. *Quintero*. Bulla Sixti IV. PP. inter Privilegia Equitum S. Johanni Hieros. pag. 135 : *Per suos arrendatores, colonos, Quinterios, firmarios et portionarios ad tempus, et non in perpetuum, coli faciebant.* Vide *Quintana* 2.

* 2. **QUINTERIUS**, Pars quinta rei cujusvis. Charta ann. 1335. inter Monum. eccl. Aquilej. cap. 90. col. 896 : *Quod tota terra Forojulii sit divisa per Quinterios sive in quinque partes, hoc modo. Primus Quinterius, etc.*

* *Quintier*, ratione mihi incomperta, appellatur is, qui res ecclesiæ alicujus vel hospitalis curat et administrat, qui alibi *Custos* et nostris *Coutour* dicitur. Vide supra *Custos* 1. Lit. remiss. ann. 1398 in Reg. 154. Chartoph. reg. ch. 51 : *Comme ledit Robin se feust alouez à Robin du Chemin, Quintier ou administreur de l'eglise de mons. S. Pierre de Dreux, à oster certains tuilleaux et vielz gouterraux de bois, qui estoient sur les voultes d'icelle eglise, etc.* Vide supra *Quietonus*.

QUINTERNA. Statuta Academiæ Viennensis in Austria : *Scholares non vacent magis tabernæ, dimicaturæ, aut Quinternæ, quam Physicæ aut Logicæ seu sacræ Facultati.* Ubi *Quinternam* eruditus Lambecius *citharam*, quam nostri *Guitarre* vocant, interpretatur. Sed cum vox hæc *dimicationi*, i. bastiludio, jungatur, probabilius est intelligi aut scribi debere *Quinternam* vel *Quintanam*. [Vide *Quintana* 3. et *Quinternizare*.]

* **QUINTERNATUS**, Ital. *Quinternetto*, Constans quinque foliis. Convent. Saonæ ann. 1526 : *Pro libris vero a Stampa conducendis in Saona et posse, tam Quinternatis quam non, soldos septem.*

QUINTERNETUM, ut mox *Quinternio*. Miracula S. Goslini Abb. cap. 6 : *De quibus omnibus fit mentio in Quinterneto miraculorum ipsius Goslini.*

QUINTERNIO, Libellus 5. foliorum, ut *quaternio*, quatuor, Italis Senensibus, *Quinterno*. Concilium Pisan. II : *Joannes Burchardus tenens in manibus suis 2. Quinterniones, dixit, etc. Quinio*, in Actis Purgationis Cæciliani eadem notione : *Obtulit Codices duos, et Quiniones quatuor.* Vide *Quaternio*.

¶ **QUINTERNIZARE**, Canere instrumento musico, quod vulgo vocant *Quinternam*, apud Vossium de Vitiis serm. lib. 4.

cap. 18. ex Gemma gemmarum. Vide *Quinterna*.

* Hinc *Quintarieux*, qui *Quinterna* canit. Le Roman de *Cleomades* MS :

O lui avoit Quintarieux,
Et si avoit boins centours
Et des flauteurs de Behaigne.

¶ **QUINTERNUS**, Idem quod *Quinternio*. Epistola ann. 1410. apud Marten. tom. 7. Ampl. Collect. col. 1168 : *Cum Quinternis duobus separatim ligatis, exhibendis DD. Cardinalium Collegio, etc.* Bulla Clementis VII. PP. de Annatis tom. 1. Bullarii Romani : *Volumus autem quod præsens mandatum ad hoc, quod ad plenam et indubitatam notitiam deveniat, in Cancellaria Apostolica more solito publicetur, et in Quinterno Cancellariæ ad perpetuam rei memoriam describi debeat. Quinternus Cancellariæ Apostolicæ* vel *Romanæ*, in Statutis Monasterii S. Claudii pag. 131. tom. 4. Concil. Hispan. pag. 491. et alibi.

¶ **QUINTILE**, pro *Quintale*, Pondus majus publicum, de quo supra *Quintile et corda*, in Charta ann. 1070. e Regesto 80. Chartophylacii regii num. 465.

¶ **QUINTILLO**, f. Silex, Gall. *Caillou*, Ital. *Ciottolo*. Tabularium Monasterii S. Andreæ Viennensis : *In alio fronte terra ipso Quintillone et guttula, quæ ad æstum siccat.*

* Idem potius, ut opinor, quod supra *Quantonus*. Vide in hac voce.

¶ **QUINTINA**. Isidorus lib. 17. Orig. cap. 7 : *Flores malorum (punicorum) a Græcis appellati sunt Quintinæ. Latini Caducum vocant.* Addit Johannes de Janua : *Quintana vel Quintina dicitur Quinta pars plateæ, qua carpentum progredi potest. Quintinæ etiam dicuntur flores malorum punicorum, et tunc Græcum est.* Martinio legendum videtur *Quitini*, cui *n* inseri potuerit. Vide *Quintana* 1.

1. **QUINTUM**, Quintus, Tributi species apud Aragonenses, Majoricenses, et Occitanos. Libertates Regni Majoric. per Jacobum Reg. Aragon. ann. 1248. MSS : *Pro Quinto,... lectus, arca, non pignorabuntur, neque vestes, neque arma personæ suæ. Si querimonia facta fuerit de possessione, vel re immobili, non dabitis caloniam* (calumniam) *neque Quintum.* Infra : *Succumbente actore vel reo decima pro calonia persolvatur, et non Quintum,.... ita videlicet quod reus solvat decimam de eo, in quo condemnatus fuerit dare vel solvere actori per sententiam vel compositione,... de immobili vero Quintum vel decima pro calonia non solvatur. Statuentes, quod de cætero, loco Quinti, quod pro calonia præstabatur de placitis, quæ in curia civitatis et insulæ Majoric. agitabantur, de placitis futuris vice Quinti decima persolvatur ab actore et reo, ut est superius ordinatum.* Vide *Monetaticum*. Charta Raimundi Comitis Tolosani ann. 1236. ex Regesto Tolosano pag. 51. 88 : *Annuales census, oblias, cum pertinentibus donationibus, quartos, Quintos, et agrarios, et decimas, thascas, et primitias, etc.* In alia ann. 1243 : *Terras cultas et incultas, nemora, barras, prata et pascua, census, usus, quartos et Quintos, decimas et agrarios, oblias et donationes totas, quæstas, toltas, et adempriva, albergas, successiones, escaducas, etc.*

☞ Dubium est an in hisce duabus Chartis posterioribus aliud sonet vox *Quintus*, quam fructuum partem quintam ex agris vineisve domino reddendam a tenentibus, quod ea olim sæpe fuerit colonorum conditio, ut certam e fructibus terrarum et vinearum, quas excolebant, partem reddere tenerentur, ut alibi jam dictum est. Id certe significat vox *Quintum* in Charta Guigonis Comitis Forensis, pro fundatione Ecclesiæ Montis-Brisonis ann. 1223. inter Instrum. tom. 4. novæ Gall. Christ. col. 28 : *Donavimus etiam nihilominus ipsis decimam de ververes d'Escotay et Quintum, quod ibidem cum decima mixtum habebamus.* Vide *Quarto* 7. *Quartus* 2. et *Quartagium*.

2. **QUINTUM**, Quinta, et *Quartum*, Quarta pars emolumentorum et commodorum Ecclesiarum ad Advocatos pertinens. Chronicon Mosomense pag. 660 : *Et quia Ecclesia semper pro justo Advocato contra malignantes opus habet, nullum fideliorem firmioremque æstimans, eundem fratrem suum, omnemque suum successorem absque aliquo pacto dationis, et acceptionis, vel consuetudinis, nec in quarto, nec in Quinto, vel ipsi vel his, quibus ipse committeret,... Advocatum constituit.*

¶ 3. **QUINTUM** et Retroquintum, Practicis nostris *Quint et requint*, Quinta pars pretii possessionis venditæ, cum altera quinta parte illius primæ quintæ partis, domino solvenda : v. g. pro agro centum libris vendito, domino solvuntur pro *Quinto* 20. libræ, et pro *retroquinto* 4. pro utroque simul 24. Scheda ann. 1389. tom. 4. Histor. Harcur. pag. 1712 : *Recipit et reddidit eidem et domino Jacobo de Haricuria Militi pro Quinto et retroquinto denariorum proprietatis castri et terræ de Mentenayo per eum acquisitum titulo emptionis a domina Johanna de Pontivo, domina de Mentenayo, precio* 500. *francorum, de quo dicta domina debet solvere medietatem Quanti denarii ascendentis ad* 60. *francos, et dictus miles debet residuum ascendens ad* 95. *francos, pro toto* 175. *francos.* Qui numeri non cohærent cum nostra, quæ vulgaris est, *Quinti et retroquinti* definitione; hincque vereor ne mendum in illis subsit. Vide *Quintellum* et *Quintus denarius*.

* Charta ann. 1320. inter Probat. tom. 2. Hist. Nem. pag. 29. col. 1 : *Item quintus denarius appellatur illud Quintum, vel etiam ille quintus denarius, quod vel quem dominus rex, tam ratione laudimii, taschæ vel alia de causa, consuevit vel debet percipere in feudis, retrofeudis, aut terris quæ ab eo tenentur, secundum consuetudines diversas diversorum locorum senescalliæ.*

* 4. **QUINTUM**, Pars hæreditatis quinta, a lege secundogenitis in quibusdam locis constituta. Charta ann. 1419. in Chartul. 21. Corb. fol. 246. v° : *A la charge de tel portion de Quint et vivre naturel, qui par raison et la coustume des lieux, poet appartenir audit Estevenot, fil maisné et heritier dudit feu Jaque. Quint naturel et coutumier*, in Consuet. Ambian. art. 57. 59. 71. et 72. Peron. art. 169. 174. etc. Vide supra *Quarta* 12.

* *Quinter* et *Quintoier* dixerunt practici nostrates de possessione, cujus quinta pars dari potest. Belloman. MS. cap. 12. fol. 30. r°. col. 2 : *Deux choses sont que on ne puet Quinter en testament..... Mes en tous autres hiretages, soit en villenages soit en fief, puet estre li quins lessiés en testament.* Vide Consuet. Bolon. art. 64. et Attrebat. art. 95. Charta ann. 1342. in Reg. 74. Chartoph. reg. ch. 199 : *Affirment que madame la comtesse de Pontieu..... a droit de douaire et le quint heretablement..... en toutes les terres dessus dites, qui Quintoier se peuent.* De censu præterea dicitur, cum illius pars quinta superadditur. Charta ann. 1318. ex Reg. 56. ch. 233 : *Item gros cens et menu,.... dont la moitié se tierçoie et l'autre moitié Quintoie.* Alia ann. 1326. in Reg. 72. ch. 43 : *Item gros cens, appellez les cens perier, à Chasteau Renart, receuz lendemain de la S. Remy, six solz huit deniers; Quintoiez valent huit sols quatre deniers. Item gros cens receuz à Chasteau Renart la veille de la S. Denis, pour cause de vaulardie, quarante et cincq sols, qui se Quintoient, etc.*

¶ **QUINTUM** Folium, Quintus annus adolescentis silvæ. Regestum *Olim* ad ann. 1300 : *Pronunciatum fuit per curiæ nostræ judicium, ipsos homines dictarum villarum intentionem suam sufficienter probasse, et jus ipsis hominibus habitantibus in dictis villis competere pasturandi in dictis nemoribus bestias suas, videlicet vaccas ad Quintum folium, equos post dictos duos annos completos, et communiter bestias suas omnes dicto tempore nivis, et omni anno prædictis Passionis et Resurrectionis diebus; dum tamen non pasturent dictis tempore nivis et diebus ante Quintum folium, equis prædictis duntaxat exceptis.*

¶ 1. **QUINTUS**, Convitii species. Vide *Cenitus*.

* 2. **QUINTUS**, Quinta fructuum pars, quam colonus vel tenens domino reddere debet. Locus est supra in *Quintayna*. Vide *Quinta* 2. Hinc

* Quintus, Qui ea ratione possidet. Charta ann. 1349. in Reg. 78. Chartoph. reg. ch. 273 : *Item et omnes Quinti sive parsones ad dictum hospitium pertinentes, etc.*

QUINTUS Denarius, Quinta pars pretii prædii seu rei, quæ ab venditore vel emptore dabatur domino pro facultate distractionis, vulgo nostris *Quint-denier*. M. Pastorale Eccl. Paris. ann. 1257 : *Nec a prædictis Alipide, vel ejus liberis ratione Quinti denarii dicti Girardus et Blanchia aliquid petere poterunt, si vendi contigerit.* Charta alia ann. 1240 : *Dixit etiam idem Philippus coram vobis, quod dictus Abbas non computavit Quintum denarium, quem habere debet de dicta venditione ratione feodi supradicti.* [Vide Glossarium Juris Gallici.] [* Vide supra *Quintum* 3.]

QUINZINA, ex Gallico, *Quinzaine*. *Quinzinam facere in opere*, est operari pro alio spatio 15. dierum. Charta ann. 937. in Tabulario Augustodun. Ecclesiæ : *Facit corvadam et ancingiam. Facit Quinzinas in opere, aut redimat medio Martio den.* 12. *tertiam Quinzinam ex toto in opere.*

¶ **QUIPTANCIA**, Immunitas. Vide in *Quietus*.

¶ **QUIPTARE**, Cedere, dimittere, Gall. *Quitter, ceder*. Vide in *Quietare* 4.

¶ 1. **QUIPTATIO**, Dimissio, cessio. Vide ibidem.

¶ 2. **QUIPTATIO**, Immunitas. Vide in *Quietus*.

¶ **QUIPTUS**, Liber, immunis. Vide in *Quietus*.

¶ **QUIREE**, Bubalinus thorax, seu colli tegmen e corio, Gallice *Collet*, alias *Cuirie*. Testamentum Willelmi de Paveli apud Thomam *Madox* Formul. Anglic. pag. 424 : *Legavit... palefridum... cum armis, scilicet lorica, Quirée, capello de ferro, gladio, carcaribus.* Le Roman *du nouveau Renaud* apud Borellum :

. . . . une Cuirie
Après li a li Rois vestie.

¶ **QUIRITARE**, *Populare. Quiritat, Populo alloquitur*, apud Janssonium in Auctario Glossarum Isidori; hoc est *Quiritium*, seu populi Romani, opem inclamat. Nam *Quiritare dicitur is*, ut habet Varro lib. 5. de Lingua Lat. *qui Quiritium fidem clamans implorat*. Vel, ut apud Nonium : *Quiritare est clamare, tractum ab iis, qui Quirites invocant*. Sed hæc nota. Auctor Philomenæ *Quiritare* dixit pro Instar verris clamare; *Quirritare* Ugutioni. Vide *Baulare*.

¶ **QUIRITARIUS**, Cui jure Quiritium dominium competit apud Jurisconsultos : huic opponitur *Bonitarius*, qui naturali jure dominus est bonorum. Vide Codicem Justinianum lib. 7. tit. 26. et ibi Gothofredum.

¶ **QUIRITES**, Bellatores primi ordinis, nobiles, virtute bellica illustriores milites. Sugerius in Vita Ludovici VI. Regis Franc. apud Duchesnium, tom. 4. pag. 304 : *Primo enim congressionis impetu cum regii Quirites multa cæde, mira audacia, a fossato eos sicut victos propulissent, exordinatis aciebus eos indifferenter insequentes agitabant*. Et pag. 305 : *Cujus tam virtute quam clamore regii exhilarati Qxirites in eos insiliunt, toto animo eorum sanguinem sitientes aggrediuntur, cædunt, dehonestant, et usque Puteolum, etiam si porta sorderet, multis eorum retentis, pluribus interemptis, coactos retruserunt*. Willelm. Brito lib. 1. Philippidos :

Hic Marcomirus gaudens, Francique, Quirites,
Accedunt dictis, et congrediuntur Alanis,
Strageque crudeli sic debacchantur in illos.

Non semel hanc vocem usurpat hic Auctor. Sic Justinus Poeta loquens de Lippiensibus :

Festa dies agitur, coeunt cum plebe Quirites,
Fitque modis variis ludus equestris ibi.

Contraria omnino ratione Quirites a Ducibus appellabantur in castris Romanis milites ignavi ac desides, quasi indigni essent glorioso militis nomine, hincque inter plebeios recensendi. Sic Alexander Severus apud Lampridium cap. 53. et 54. in concione milites ex more primum *Commilitones* appellavit; ubi autem eos fremere et tumultum ciere conspexit : *Continete*, inquit, *vocem truculentam campo et bellis necessariam, ne vos hodie omnes uno ore atque una voce, Quirites, dimittam : et incertum an Quirites. Non enim digni estis, qui vel Romanæ plebis sitis, si jus Romanum non agnoscitis*. Cum nihilominus post ita fremerent, exclamavit : *Quirites, discedite, atque arma deponite*. Simile est illud Lucani lib. 5.

. . . . . Discedite castris :
Tradite nostra viris ignavi signa Quirites.

Vide Suetonium in Julio Cæsare cap. 70.

¶ Quirites, Optimates. Testamentum Ermentrudis illustris Matronæ apud Mabillonium ad calcem Liturgiæ Gallic. pag. 465 : *Ita do, ita ligo, ita testor, ita vos mihi, Quiritis, testimonium perhibetote, citeri citeraque, proximi proximæque, exheredis mihi estote, etc.* Subscribunt post *Mummolus Comes, Scupilio Spatarius, etc.*

¶ **QUIRITIA** Urbs, Roma, quod Romani vulgo *Quirites* vocarentur a Curibus, urbe Sabinorum, ut omnibus notum est. *Ut omni anno... solidi triginta deferantur ex argento Apostolicæ sedi urbis Quiritiæ*, apud Mabill. tom. 3. Annal. Bened. pag. 614.

¶ **QUIRPITIO**, pro *Guirpitio*, Abdicatio, dimissio rei possessæ. Placitum ann. 968. apud Martenium tom. 1. Ampliss. Collect. col. 322 : *Notitia Quirpitionis vel definitionis, etc.* Ibid. col. seq. : *Se Guerpierunt et stipulaverunt et intra jacentem jactaverunt, etc.* Vide *Guerpire*.

* **QUISINA**, an a Gallico *Cuisine*, Culina? Comput. ann. 1319. fol. 7. v°. ex Tabul. S. Vulfr. Abbavil. : *Arnulphus du Parc triginta solidos de una Quisina, sita inter tenementum Reneri de Magnevile et tenementum Johannis Gorres*. An legendum, *Quercina?* Vide supra *Quercitum*.

QUISQUE, pro *Quisquam*, non semel utitur S. Augustinus.

* **QUISQUILIÆ**. Glossar. vet. ex Cod. reg. 7641 : *Quisquilias, frumentorum purgamenta, vel paleas creentatas*.

¶ **QUISQUILIOSUS**, *Plenus quisquiliis*, Johanni de Janua in *Quisquiliæ*.

* **QUISQUILIA**, Coturnix, *Quaquilia* Matth. Silvatico, *Quisquila* Arnoldo Villanov. ad Aldrov. tom. 2. Ornithol. lib. 13. cap. 22. ut notant docti Editores ad Mirac. S. Hyacinth. tom. 3. Aug. pag. 370. col. 1 : *Blasius Wydra..... in villa Opatkowicze comedens aves Quisquillas, os avis in gutture ejus ita fortiter hæsit, quod, etc.* Vide *Qualea*.

¶ **QUISSINUS**, Pulvinar, Gall. *Coussin*. Locus exstat in *Culcita*. Vide *Cuissinus*.

QUISTA, [Quistia, Species exactionis, collecta.] Vide in *Quæsta*.

* **QUISTABILIS**, Tributo, quod *quista* dicebatur, obnoxius. Stat. sabater. Carcass. ann. 1402. tom. 8. Ordinat. reg. Franc. pag. 559. art. 6 : *De aliis probis viris dicti ministerii tailliabilibus et Quistabilibus dicti burgi, etc.* Vide supra *Queytabilis*.

¶ 1. **QUISTUM**, ut *Quista*. Vide in *Cuista*.

¶ 2. **QUISTUM**, Quæsitum, acquisitum. Donatio Arnaldi Comitis Carcassonæ ann. 941. in Probat. tom. 2. novæ Hist. Occitanæ col. 86 : *Hoc est ecclesia, quæ fundata in honore S. Euparchii cum ipso alode, totum et ab integrum, Quistum et inquirendum, cedimus Deo, etc.* Similia leguntur in Charta Gellonensi ann. 1074. Locum vide in *Rusticum*.

¶ **QUITABRES**, vel Quitrabes, ut legitur apud Yepezium tom. 3. in Appendice. Charta Principis Adelgastri pro Monasterio S. Mariæ de Obona, æra 828. tom. 3. Conc. Hispan. pag. 90 : *Damus... passionarium et una regula de Ordine S. Benedicti et quinque Quitabres et quatuor tapetes*. [* Vide *Quienaves*.]

* **QUITANTIÆ**, Feuda a certis servitiis *quitta*, atque adeo inter dignitates annumerata, sic vocantur in Consuet. Norman. part. 1. cap. 33. ex Cod. reg. 4651 : *Multa sunt feoda, quæ non tenentur relevare, in diversis partibus Normanniæ, ut Quitantiæ, francistæ et plures aliæ dignitates, quæ licet homagium debeant, tamen relevia non persolvunt*.

¶ **QUITARE**, Quitantia, Quitas, Quitatio, Quitius, etc. V. *Quietare* 4. et *Quietus*.

* **QUITATIO**, Hispanis *Quitacion*, Salarium, stipendium. Leges palat. Jacobi II. reg. Majoric. inter Acta SS. tom. 3. Jun. pag. xiij. col. 1 : *Unicuique eorum potestatem ad Quitationem alicujus temporis, secundum quod factum hoc exposcet, condemnandi et suspendendi ab officio*. Ibid. pag. xxvj. col. 1 : *Si in tangentibus suum officium eos inobedientes invenerit vel negligentes, ad amittendam Quitationem eorum quinque dierum vel infra, prout sibi videbitur, valeat condemnare*. Alia notione, pro Apocha scilicet, vide in *Quietus*.

* **QUITIUS**, Quittius, Formula in venditionibus usitatissima, qua pretium persolutum vel rem debitam præstitam fuisse significatur, quomodo practici nostri dicunt *Franc et quitte*. Pedag. castri *de Les* ann. 1263. in Cod. reg. 4659 : *In capite cujuscumque navigii, pro prima qua descendit, accipit dictus Albaronus unam remam Quitiam, et dat ultra duodecim denarios Melgorienses*. Charta ann. 1332. in Reg. 66. Chartoph. reg. ch. 968 : *Quoddam hospicium.... cum omnibus suis putuo et operatoriis et pertinentiis, situm in villa seu burgo Carcassonæ,..., pretio centum librarum Turonensium Quittiarum*. Vide in *Quietus*.

¶ **QUIUM**, pro *Quorum*, Metri causa, Abbo de Obsidione Lutetiæ apud Duchesnium Hist. Norman. pag. 38. col. 2. lib. 1. vers. 156 :

Tunc centena Quium pepulit cum sanguine vitam.

¶ **QUOAD**, pro Quod attinet ad, barbarum esse, licet familiare recentioribus, jam observarunt viri docti.

* **QUOADJUVARE**, pro *Coadjuvare*, Conferre. Instr. ann. 1391. inter Probat. tom. 3. Hist. Nem. pag. 119. col. 1 : *Nec Quoadjuvat probatio nobilitatis paternæ dictorum se nobilium asserentium, etc.* Id est, nihil valet, nihil confert.

* **QUOADUNARE** Sacramentum, Una jurare seu sacramentum ab aliis præstitum ore proprio confirmare. Charta ann. 1316. inter Probat. tom. 2. Hist. Nem. pag. 23, col. 2 : *Deinde dicti consules,... elegerunt et nominaverunt infrascriptos, quos sufficientiores et aptiores ad hoc dictæ universitatis esse dicebant ad Quoadunandum sacramentum prædictum per eos præstitum;... qui omnes dictum fidelitatis sacramentum*

præstiterunt sub hac forma : Nos prædicti omnes et singuli, nominibus nostris propriis, prætactum præstamus juramentum, ut præfati consules civitatis et castri Nemausi superius præstiterunt.

* **QUOCATRIX**, in Charta ann. 1301. ex Chartul. Guill. abb. S. Germ. Prat. fol. 122. v°. col. 1. pro *Cocatrix*, familia seu vicus Parisiensis hoc cognomine. Vide ibi.

QUOD, Neutraliter, pro *Qui* vel *quæ*, sæpe usurpant Scriptores inferioris ævi, quomodo Galli *Que*, Itali *Che*. Leo Ost. lib. 1. cap. 59. al. 57 : *Ecclesiam S. Angeli, Quod tunc ad Arcum Dianæ appellabatur.* Petrus Diac. lib. 4. Chron. Casin. cap. 125 : *Per anulum, Quod manu gestabat.* Adde cap. 49. Fridericus II. Imp. lib. 1. de Arte ven. cap. 34 : *Falcones feriunt cum posteriori digito, Quod falconarii dicunt talum.* Ita alibi non semel.

¶ QUOD-EXCURRIT, Plus minusve, circiter, apud Africanos Patres. Optatus Milev. lib. 1 : *Nam ferme ante annos quadraginta, et Quod excurrit, per totam Africam persecutionis est devagata tempestas.* Augustinus, de Donatistis loquens, lib. 1 : *Non enim grex aut populus appellandi fuerant pauci, qui inter quadraginta, et Quod-excurrit, basilicas, locum, ubi colligerentur, non habebant.* Et de Baptismo lib. 7 : *Post Cypriani mortem quadraginta, et Quod-excurrit, annis peractis, traditio Codicum facta est.* Hæc post Macros fratres et Hofmannum. [** Vide Forcellin. in *Excurro*.]

QUOD FECIT, Vetus formula in designandis et adscribendis mensium diebus. Diploma Chilperici Regis ex Tabulario Corbeiensi sic clauditur : *Datum Quod fecit mense Martio die* 10. *anno* 1. *regni nostri.* Nicetius Episcop. Trevirensis Epist. 2. tom. 1. Concil. Gall. Sirmondi pag. 323 : *Per festivitatem S. Martini, Quam undecima die facit November.* Vetus Epitaphium, repertum in Ecclesia S. Acheoli prope Ambianum ann. 1660 : † *Leudelinus hic requiescit in pace, vixit annus* L. *defuntus est, ubi fecit Genuarius dies* XV. † *Valdolina hic requiescit in pace : vixit annus* XXX. *defuncta est, ubi ficit Julius dies* XXIII. Baudouinia in Vita S. Radegundis cap. 26 : *Quarta feria mane primo Idus Augustas Quod fecit idem mensis dies* XIII. *clausi sunt ejus oculi.* Vetus Charta apud Iperium : *Actum Virmandis, Quando fecit Februarius dies* 8. *undecimo regni domini nostri Theoderici gloriosissimi Regis.* Similes formulas vide tom. 1. Hist. Franc. pag. 853. apud eruditum Mabillonium tom. 4. Vitarum SS. Ordinis S. Benedicti pag. 336. 617. 618. Vadianum de Monast. German. pag. 86. Brolium lib. 2. Hist. Paris. ubi de Monast. S. Germani Paris. Meurissium in Episcop. Metensib. pag. 146. Zyllesium in S. Maximino part. 2. pag. 12.

¶ QUOD NORUNT FIDELES de sacrosancto Eucharistiæ sacrificio aliquando dictum est a Patribus, quibus religio erat tantum mysterium propriis verbis indicare, ne illius cognitio ad paganos promanaret. Vide *Norunt fideles*.

QUODDARIUM. Charta Lotharii Regis Franciæ ann. 958. tom. 8. Spicilegii Acheriani pag. 358 : *Et villam Arbutiolam cum domibus,... atque Quoddarium, sicut Longobardus tenebat ante diem obitus sui.* Forte *Clausarium*.

QUODLIBERTUS, pro *Collibertus*, in Charta plenariæ securitatis, scripta sub Justiniano, apud Brisson. lib. 6. Formul. pag. 647. [** Tab. 2. vers. 25. ubi *de res Guderit qd. liberti* i. e. *quondam*.]

¶ **QUODLIBETUM**, Scholasticis, pluribus abhinc sæculis, de quo in utramque disseritur partem, ex eo dictum, quia, *quod libet*, defenditur. Hinc *Quodlibetariæ quæstiones* eadem notione. Vide Vossium lib. 3. de Vitiis serm. cap. 40. ubi plerosque Scriptores Scholasticos laudat, qui *Quodlibeta* scripserunt. Ex hoc Scholasticorum vocabulo deducunt nostrum Gallicum *Quolibet*, Dictum mordax, acutum nonnunquam, plerumque triviale nulliusque leporis sale conditum, ideoque e politioribus colloquiis amandatum, sicut et *Quodlibetariæ quæstiones* e saniori Theologia, quod curiositati fere servirent, non utilitati.

* **QUOEPISCOPUS**, pro *Coepiscopus*. Fundat. monast. S. Petri in loco Palatiolo ann. 754. apud Murator. tom. 5. Antiq. Ital. med. ævi col. 1007 : *Accedant in ipso monasterio sancti patres Quoepiscopi, id est, sedis ecclesiæ sanctæ Pisanæ et sedis ecclesiæ Populoniensis, etc.* Rursum occurrit infra. [** Et in chart. Chlodov. II. reg. Franc. ann. 653. *Quoadunare* in chart. ann. 731. in Alsat. Diplom. num. 14. *Quomis* pro Comes, ibid. num. 10. in chart. ann. 728. et num. 16. in chart. ann. 748.]

¶ **QUOERSARE**, Colligere. Concil. Lugdun. ann. 1527. apud Marten. tom. 4. Anecdot. col. 401 : *Exemptos et non exemptos ad dictos denarios Quoersandos in vim et auctoritate dicti nostri concilii provincialis solvendum, cogendum et compellendum, ipsosque denarios sic ex causa prædicta exigendos reponendos et custodiendos in loco tuto... quousque exponendi venient pro dicta redemptione eorumdem liberorum facienda.* Suspicor mendum esse, ac forte legendum *Quoacervandos* pro *Coacervandos*, vel potius *Quæstandos*. Vide *Quæstare* in *Quæsta*.

¶ **QUONDAM**, Non ita pridem, nuper. Epistola Eulogii Presbyteri ad Episcopum Pompelonensem : *Stipata prædonibus via et funeroso Quondam Willelmi tota Gothia perturbata erat incursu, qui adversus Carolum* (Calvum) *Regem Francorum eo tempore, auxilio fretus Habdaraghmanis Regis Arabum tyrannidem agens, invia et inadibilia cuncta reddiderat.* Utuntur passim hac notione Scriptores mediæ ætatis, ut observat *de Caseneuve* in Catal. Franc. pag. 48.

* Nude usurpatur pro Defunctus, ut nostrum Gallicum *Feu*. Inventar. ann. 1476. ex Tabul. Flamar. : *Nobilis Senhoretus de Merenchis Quondam, olim dominus loci de Flamarenxis.* Ibidem : *Cum possessionibus eidem bordili pertinentibus, quod olim fuit Johannis de Ausenis Quondam.* Rursum : *Item plus duas conquatas terræ..... confrontatas...... ex altera parte cum terra nobilis Johannis de Lucomonte Quondam dicti loci.* Neque aliter intelligenda hæc vox in epistola Eulogii.

¶ **QUONIAM**, pro Quod, non semel legitur apud veterem Interpretem S. Irenæi. Sic etiam Matthæi cap. 2 : *Tunc Herodes videns, Quoniam illusus esset a Magis, etc.* Ubi Græce : Τότε Ἡρώδης ἰδὼν, ὅτι ἐνεπαίχθη ὑπὸ τῶν Μάγων, etc. Vide Vossium lib. 1. de Vitiis Serm. cap. 35. sub finem.

* **QUONIUS**, pro *Conius*, Cuneus, sigillum ferreum, quo nummi cuduntur, Gall. *Coin ; Quing*, in Lit. ann. 1390. ex Reg. 138. Chartoph. reg. ch. 195 : *Un fran d'or du Quing et forge du roy nostre sire.* Stat. antiq. Florent. lib. 3. cap. 129. ex Cod. reg. 4621 : *Domini monetæ seu aliquis alius... partiri faciat..... Quonium, torsellum, pilam, etc.* Vide supra in *Coniare*.

* **QUONQUA**, Mensuræ frumentariæ species. Libert. Figiaci ann. 1318. tom. 7. Ordinat. reg. Franc. pag. 661. art. 5 : *Habent et habebunt etiam Quonquas et mensuras bladorum, etc.* Vide *Concha* 3. et supra *Conqua*.

¶ **QUOQUELUCA**, Cucullus, Gall. *Coqueluche*. Statuta Ecclesiæ Andegavens. ann. 1423. tom. 4. Anecd. Marten. col. 528. num. 16 : *Prohibemus.... ne quis seu aliqua in vestimentis caudas et cornua, coleratas, reversas manicas, Quoquelucas, caputia, cornetas excessivas.... habere et deferre.... præsumat.* Vide *Coqueluca*.

* **QUOQUERE**, pro Coquere. Charta ann. 1181. ex Tabul. S. Florent. Salmur. : *Dedi etiam quod molerent ad molendinum monachorum et Quoquerent ad eorum furnum.* Tract. MS. de Re milit. et mach. bellic. cap. 21 : *Dux exercitus in campis suis semper habere debet equos sive mulos, portantes fornellos ac pistrina, causa Quoquendi panisculos sive panes, carnes, etc.*

* **QUOQUESTRIA**. Præfat. ad Constit. Frider. II. imper. : *In libro Regum legitur : Hoc erit jus regis,.... filias vestras faciet unguentarias et Quoquestrias et pannificas.* Ubi Vulgata 1. Reg. cap. 8. v. 13. habet *Focarias*. Vide *Focaria* 1.

¶ **QUOQUILLATUS**, Efformatus ad instar conchæ, nostris *Coquille*. Computus ann. 1245. e Biblioth. Regia : *De quodam cifo cocleato et Quoquillato ponderante marcham et dimidium et* XXVIII. *stelling. ad opus domini Comitis,* VI. *lib.*

¶ **QUOQUILUM**, f. Culmen, fastigium, Occitanis *Coucuruche*, a Gallico *Coqueluche*, Cucullus, ut Borellus scribit in suo Thesauro. Reparationes factæ in Senescallia Carcassonæ ann. 1435. e MS. D. *Lancelot : Pro ponendo in dicto molendino plures fustes et vigas, reparando Quoquila dicti molendini, recoperiendo tectum, etc.*

* **QUOQUINARIUS**, Coquus, officium in aula regia apud Hispanos. Charta Alph. VI. ann. 1088. in Paleogr. Hisp. num. 3 : *Sancius pincerna regis, Viacus Quoquinarius regis.* Apud monachos pro eo, cui coquinæ cura demandata est. Lib. pitent. S. Germ. Prat. : *vij. kal. Jun. Anniversarium Evrardi de Yssiaco de xx. lib. Paris. sitis super gurgite de Gailliart, quos Quoquinarius debet in festo S. Germani in Maio.* Vide in *Coquus*.

* **QUORRA**, Ligni species, f. junior quercus. Vide supra *Cor* 2. Charta ann. 1276. in Chartul. eccl. Lingon. ex Cod. reg. 5188. fol. 255. v°. : *Sciendum est quod dicta domus de Pusaco et omnes illi, qui in eadem domo morabuntur,.... habent usagium in nemoribus dicti Johannis.... pro ardendo*

et affuando, in omni genere nemoris, quercu, Quorra et fago duntaxat exceptis, et ad opus clausuræ, palli et virgæ circa porprisium domus prædictæ, quercu, Quorra et fago, ut prædictum est, exceptis; et si nemus, quod illi de Mormento sciderunt, dirueret, in cadendo quercum aut fagum aut Quorras, sine cæsura, ab excusatione debent esse liberi et immunes.

¶ **QUORSUM**, Quo, in quem locum. Historia pacificationis inter Rodulfum II. Imper. et Turcas ann. 1604. apud Ludewig. Reliq. MSS. tom. 6. pag. 305 : *Locus vero pacis tractandæ.... Quorsum Commissarii Cæsareæ Majestatis communi consilio convenerant.* Pro *ubi* sumitur ibidem pag. 309 : *Tentorium... tapetibus structum... Quorsum Turcæ cupide adulantes... ritu gentili et barbaro humi se sternunt.*

¶ **QUORSUMLIBET**, Quodcumque. Vita S. Odæ, tom. 2. Aprilis pag. 773 : *Quorsumlibet tempus hujusmodi accensa splenduerit.*

¶ **QUOSQUE**, Μέχρι τίνος, in Glossis. Lat. Græc. et Græc. Lat. Contractum est pro *Quousque*, ut in iisdem Glossis legitur. : *Quousque*, μέχρι τίνος, μέχρι πότε, ἕως πότε.

¶ **QUOT**, Singuli. Vide in *Quotdiebus*.

1. **QUOTA**, Quod quisque Principi aut Domino in tributum vel censum præstare tenetur, vulgo *Quotte* : unde *Quotiser*, Censum imponere. Charta Ricardi II. Reg. Angl. in Monastico Angl. tom. 1. pag. 538 : *Et quod nullæ impositiones, contributiones, taxæ, Quotæ, tallagia, vel auxilia ipsis tanquam alienigenis aliquo modo imponantur, etc.* [Charta ann. 1306. apud Lobinell. tom. 2. Hist. Britan. col. 461 : *Statuimus.... quod modus in prestatione illius Quote, que sequitur, sine exactione observetur, etc.* Adde col. 1551. Constitutiones Udalrici Episc. Patav. ann. 1470. art. 48. *de Confessionalibus*, apud Hansizium tom. 1. Germaniæ Sacræ pag. 567 : *Nec idem* (Officialis) *præcipiat certam Quotam a talibus dari ad fabricam Ecclesiæ nostræ Pataviensis.* Concil. Avenion. ann. 1509. apud Marten. tom. 4. Anecdot. col. 394 : *Licet alias fuerit disputatum et expositum crebro super dono caritativo* (Archiepiscopo Avenion. a Clericis) *solvendo, et pro eo tractando de Quotaque taxando et moderando .... inhibuit, ne ab hac civitate discedere habeant, donec de Quota et portione ac de tempore et de summa solvenda convenerint.* Bulla Bonifacii PP. ann. 1296. apud Gualterum Hemmingford. de Gestis Edwardi I. Regis Angl. pag. 105 : *Ecclesiis ecclesiasticisque personis regularibus et secularibus, imponunt onera gravia, ipsos talliant, et eis collectas inponunt, et ab ipsius suorumque proventuum vel dimidiam, decimam seu vicesimam, vel quamvis aliam porcionem,* (aut) *Quotam exigunt vel extorquent.* Vide *Cota* 3.]

¶ Quota Decima, Quam quisque solvere debet de rebus suis decimam, proportione servata : etiamnum viget in Episcopatu Vinciensi, ut narratur tom. 3. novæ Gall. Christ. col. 1223.

Quota Litis, apud practicos Anglos, auctore Skenæo, dicitur, quod judex corruptus sordidus accipit a litigante sive actore, sive reo, contra jus Angliæ Edwardi 1. ann. 33. in Statuto de Conspiratoribus, et Jus Civile l. 5. C. de Postul. l. 15. cap. litem, de Procur. Vide *Campipars.* [** et Haltaus. Glossar. German. voce *Furgeding*, col. 552.]

Quota, pro Summa, quantitate, Gallis *Quote.* Gobelinus Persona in Cosmodromio ætate 6. cap. 81 : *Missus est collector Domini Papæ, qui certam Quotam recepit oblatorum.* [Statuta Avenion. lib. 1. rubr. 40. art. 4 : *Item quia sæpe contingit dictos decoctores, seu fallitos, transigere vel pacisci cum suis creditoribus, ut remissa eis aliqua parte debiti, sive media, sive majori, vel minori Quota, teneantur solvere residuum intra certas dilationes, etc.*]

Quotare, In Capita et versiculos distinguere : Galli *Quoter*, pro numeros paginis indere, vulgo dicunt. Henric. de Knyghton. ann. 1219 : *Stephanus Cantuariensis Archiepiscopus obiit, qui Biblia apud Parisium Quotavit, libros Regum exposuit, etc.* Godwinus de eodem Stephano : *Sacram Bibliam primus dicitur in capitula distinxisse, ordinem ab eo constitutum sequentibus omnibus, quæ usquam jam inde ab eo tempore fuerunt Ecclesiis.*

¶ Quotator Annalium, Scriptor annalium. Chronicon Johannis *de Whethamstede* pag. 467 : *Ita eciam quæcumque per nostros scripta sunt chronographos, sive annalium Quotatores, ideo scripta sive relata sunt, ut discamus malorum sæviciam fugere, etc.*

¶ Quotatus, Notatus, expressus ; *Sub anno, die, mense, indictione et pontifice superius Quotatis*, in Charta ann. 1461. apud Lobinell. tom. 2. Hist. Britan. col. 1224.

* 2. **QUOTA**, idem quod supra *Quarta* decimarum ecclesiasticarum. Bulla Innoc. VI. PP. ann. 1361. ex Cod. reg. 4223. fol. 75. v° : *Statuentes quod obventiones et funeralia occasione tumulandorum hujusmodi pro tempore obventura, in usus et utilitatem dictarum capellæ et domus, absque deductione alicujus Quotæ seu quartæ, ratione funeralium debitæ, integre convertantur.*

QUOTDIEBUS, Quotidie, ut *Quotannis*, singulis annis : *Quotmensibus*, singulis mensibus, in leg. 7. D. de Transactionibus, apud Vitruvium lib. 10. cap. 7. etc. *Quotcalendis*, apud Plautum in Sticho. Letaldus in Miracul. S. Maximini Miciacensis Abbat. num. 24 : *Synaxim Davidicam Quotdiebus persolvens.* Wandelbertus in Vita S. Goaris cap. 12 : *Orta prima luce, ut Quotdiebus agebat, psalmodiæ et orationum vota persolvere cœpit.* Occurrit prætereа in Statutis Eccles. Lugdun. editis tom. 9. Spicilegii Acheriani cap. 21. in Miraculis S. Ursmari n. 20. etc. qua etiam loquendi ratione usi veteres non semel; Cato de Re rustica cap. 43. Varro lib. 4. de Lingua Lat. Pomponius et Ulpianus JC. Apuleius lib. 11. etc. Vide Quintilianum lib. 1. cap. 13.

¶ **QUOTENNIS**, Ὁσέτιος, in Glossis Lat. Græc. et Græc. Lat. Joannes de Janua : *Quotennis et Quotennus, Quot annorum, et habet quærere de numero annorum, ad quod debent responderi.... decennis, trecennis, etc.*

¶ **QUOTIDIALITER**, Quotidie. *De novis miraculis Quotidialiter coruscantibus*, in Actis SS. Aprilis tom. 2. pag. 730. ubi de S. Wernhero.

¶ **QUOTIDIANA**, Distributio quæ Canonicis fit quotidie. Ordinatio ann. 1541. pro Ecclesia S. Johannis Gandav. apud Miræum tom. 2. pag. 1057. col. 2 : *Vicecurati de distributionibus, corpore præbendæ aliisque prærogativis prænarratis non gaudebunt, sed illorum portio absentiæ cedet Quotidianæ;* id est, cum absentes fuerint, nihil recipient eorum, quæ præsentes recepissent; sed id ad *Quotidianam* redibit, seu ad eam quæ quotidie fit Canonicis distributionem. Litteræ societatis inter Archiepiscopos Cameracensem et Rotomagensem in Conciliis Normanniæ pag. 632. novæ editionis : *Si prædictam Ecclesiam a statu suæ prosperitatis, quod absit, labefactari contigerit, promptum sit de stipendiis, quæ nos* (Cameracenses) *Quotidianam, Rotomagenses vero Communiam vocant, ordinato et solito.... participio refoveri, donec Deus in auram statuerit procellam.*

* 1. **QUOTIDIANARIUS**, Quotidianus. Vita vener. Rich. tom. 2. Jun. pag. 995. col. 1 : *Ad usum Quotidianarium in ornamentis et prædiis, fundis et redditibus, tanta largitus est, ut cupiditati satisfecisse videretur.*

** 2. **QUOTIDIANARIUS**, Febri quotidiana laborans. Galenus lat. MSS. ad Glauc. I. 21 : *Et quia quotidianarii* (cod. cotidianarii) *vomunt phlegma.* Maius in Glossar. novo.

¶ **QUOTIDIANI**, Servi qui nullo unquam tempore a servitio vacabant, apud Schannattum Tradit. Fuld. pag. 332. ex veteri Polyptycho.

¶ **QUOTIDIANISTÆ**, Ministri quidam, qui quotidie in Ecclesia deserviebant. Ordinatio pro Ecclesia S. Joannis Gandav. ann. 1541. apud Miræum tom. 2. pag. 1057. col. 2 : *De cætero Prælatus cum Capitulo habebunt omne regimen, administrationem, auctoritatem et præeminentiam in ecclesia prædicta, tam in choro quam extra : ita quod ad eos libera spectabit Officiatorum ejusdem ecclesiæ, quales sunt Quotidianistæ, pulsatores, fossores, organistæ, vicarii, cantores, et alii... deputatio et distributio.*

¶ **QUOTINOCTURNUS**, Qui fit singulis noctibus. Radulfus Cadom. in Gestis Tancredi apud Marten. tom. 3. Anecd. col. 126 : *Nam redintegrato, sicut soliti erant, quotidiano vel, ut ita dicam, Quotinocturno calle, secta est in bivium via, et exercitus Christianorum factus est biviator.*

* **QUOTISARE**, Censum imponere, Gall. *Quotiser.* Instr. ann. 1483. inter Probat. tom. 4. Hist. Nem. pag. 32. col. 1 : *Item quod si contingat denarios nostros imponi et Quotisari secundum numerum focorum, etc.* Vide *Quota* 1.

¶ **QUOTUM**, Culcita, Gall. *Couette* vel *Coite.* Locus exstat in *Ballinus.* V. *Cottum.*

QUO-WARANTO. V. *Breve Quowaranto.*

¶ **QWARANDIA**, ut *Guarandia*, Auctoritas, defensio, cautio, Gall. *Garantie.* Literæ ann. 1277. apud Tolnerum in Probat. Hist. Palat. pag. 75 : *Vendidimus et donavimus jure proprietatis perpetuo possidenda, facientes sibi de hoc Qwarandiam, quod vulgo* Gewerschafft *vocatur.*

Littera numeralis, quæ 80. denotat, unde versus :

> Octoginta dabit tibi R. si quis eam numerabat.

Seu ut habet Ugutio :

> Octoginta facit numerum, quæ dicitur hæc R.

Eidem literæ si linea recta superaddatur, 80. millia significat.

R. *in superscriptione cantilenæ, rectitudinem vel rasuram non abolitionis, sed crispationis rogitat.* Notkerus Balbulus Opusc. *Quid singulæ literæ significent in superscriptione cantilenæ.* Vide *A.*

* R, pro S, et vicissim, sæpius apud Scriptores, tum Latinos tum Gallicos, medii ævi. *Quæsere*, pro *Quærere. Rasitas*, pro *Raritas.* Apud nostrates vero id maxime obtinuit sub Ludovico XI. *Mesire* et *Mesirier*, pro *Merise* et *Merisier.* Vide supra *Mesin. Charuble*, pro *Chasuble; Faseur*, pro *Fureur*, in Lit. remiss. ann. 1481. ex Reg. 209. Chartoph. reg. ch. 151.

¶ **RABA**, pro *Rapa.* Processus de Vita S. Yvonis, tom. 4. Maii pag. 550 : *Aliquando comedebat Rabas coctas cum farina.* Raphanos intelligunt viri docti; sed coqui non solent Raphani : malim ergo pastinacas hortenses intelligere, quas farina conspersas interdum coqui notum est. Cæterum occurrit eadem vox *Raba* pro *Rapa* in Charta ann. 1391. apud Thomasserium in Consuetud. Bituric. pag. 245 : *Habebunt decimam bladorum et agniculorum, canapium, Rabarum et aliarum rerum crescentium in dicta parochia.* Alia ann. 1114. apud Stephanotium tom. 4. Fragm. MSS. pag. 13 : *Decimam de agnis, vitulis, Rabis, lino et omnibus leguminibus.* Rursum occurrit apud Baluzium Hist. Tutelensis col. 435.

* Napus, rapæ species, Gall. *Navet*, alias *Rade* et *Rabbe.* Glossar. Provinc. Lat. ex Cod. reg. 7657 : *Raba, Prov. rapa, rapula*; vulgari idiomate, *Rabo.* Lit. remiss. ann. 1450. in Reg. 186. Chartoph. reg. ch. 71 : *En laquelle terre ilz semerent des Rabes; et quant ce vint à la saison de cueillir et amasser lesdittes Rabes, ilz arriverent avecques leurs beufz et deux charrettes.* Aliæ ann. 1468. in Reg. 197. ch. 22 : *En icellui héritage, qui estoit tout semé de Rabbes, etc.* Vide infra *Rabea.*

* *Rabe* præterea nostratibus dicta, Pars tibiæ crassior, sura, vulgo *le Gras de la jambe* : unde iisdem *Rabache* nuncupatur Vestis, quæ tibias et crura tegit. Glossar. Lat. Gall. ex Cod. reg. 4120 : *Rabache dicuntur saraballa, quia crura et tibias tangunt* (f. tegunt). Lit. remiss. ann. 1455. in Reg. 187. ch. 255 : *A l'occasion duquel cop ledit Valete... en tumbant se va attaindre de la coignie, qu'il tenoit, en la Rabe ou mol de l'une de ses jambes, en lieu mortel, que l'en appelle le bargault.*

* **RABACIA**, Rabascia, Occit. *Rabasso*, Luteola, plantæ species, unde color flavus efficitur, Gall. *Rabasse.* Leudæ major. Carcass. MSS. : *Item pro sextario Rabaciæ,.... ij. den. Turon.* Leudæ minor. MSS : *Item de Rabascia,.... de sextario duos denarios.* Ubi versio Gallica ann. 1544 : *Item pour chacun cetier de Rabasse, etc.*

* Rabassa, Eadem notione. Stat. artis parator. pannor. Carcass. renovata ann. 1466. in Reg. 201. Chartoph. reg. ch. 121 : *Item quod nullus possit.... tingere seu tingi facere aliquos pannos, caput seu signum cotonis habentes,.... cum vite seu Rabassa,.... nec cum alio falso seu vili tinctu.*

* *Rabace* vero Instrumentum est piscatorium, in Stat. baillivi Senon. ann. 1327. inter Ordinat. reg. Franc. tom. 2. pag. 12. art. 9 : *Nous deffendons la Rabace à touzjours.*

* **RABAIM**, Titulus libri inter illos memorati, qui in Charta fundat. monast. Bonæ val. ann. 1242. dantur, *ut fratres possint liberius sanctæ contemplationi vacare et studio*, inter Instr. tom. 6. Gall. Christ. col. 488 : *Damus primam partem et secundam Rabaim, et librum Aurora.*

* **RABALA**, Gall. *Rabale*, Instrumentum quoddam operarium nescio quod, f. Runcina, vulgo *Rabot.* Lit. remiss. ann. 1391. in Reg. 142. Chartoph. reg. ch. 57 : *Boys-Rome print un instrument, appellé Rabale, dont il frappa le suppliant sur sa teste;.... et se avança pour le refferir de ladite Rabale.*

¶ **RABANICE** Fuldensem abbatiam gubernasse dicitur Sigehardus Abbas, hoc est, laudabiliter, more Rabani decessoris. Vide tom. 3. Annal. Benedict. pag. 159.

RABANUS. Will. Brito in Vocab. MS : *Asilus dicitur Rabanus, scilicet musca, quæ stimulat boves, quam Græci œstrum, rustici Rabanum vocant.* [* Adde ex animadversionibus D. *Falconet* : mendose scriptum, pro Tabanus, οἶςρος, Gall. *Taon.*]

¶ **RABARIA**, pro *Raubaria*, Furtum. *Rabarias et furtum committendo*, in Literis ann. 1350. apud D. *Secousse* tom. 4. Ordinat Reg. pag. 40. Vide *Raub.*

* **RABASCIA**, Rabassa. Vide supra *Rabacia.*

¶ **RABASSARIA**, Locus tuberibus abundans, a Provinciali *Rabasso*, Tuber, Gall. *Truffe*, in Charta ann. 1430. ex Schedis Præsidis *de Mazaugues.*

* **RABASTA**, Charta pedag. castri *de Les* ann. 1263. ex Cod. reg. 4659 : *In justa de Rabasta accipitur in duodena j. den.* Vide infra *Rabdus.*

* **RABATERE**, a Gallico *Rabatre*, Retundere, eludere. Lit. remiss. ann. 1397. in Reg. 152. Chartoph. reg. ch. 36 : *Dictus locumtenens evaginato suo gladio, revocavit gladium dicti presbyteri, Rabatendo ipsum et sindendo in parte gladium prædictum.* Vide infra *Rebatere.*

¶ **RABATTERE.** Laurentius in Amalthea : *Rabatto, Ultro citroque, sursum deorsum deambulo.*

* Nostri *Rabattre* alias dixerunt, pro *Biffer, révoquer, abolir*, Obliterare, rescindere, abrogare. Lit. Phil. VI. ann. 1328. in vol. 12. arestor. parlam. Paris. : *Donnons en mandement à nos amez et feaux les Gens tenans nostre parlement, qu'ilz facent Rabattre de nos registres, quelque part que ce soit, le ban d'Antoine Pessaigne chevalier.* Aliæ Caroli VI. ann. 1395. tom. 8. Ordinat. reg. Franc. pag. 62. art. 1 : *Que le tiers et prouffit que nous prenons et avons accoustumé prendre du sel vendu en gabelle en nostre royaume ou païz de Languedoyl, soit Rabbatu et dès maintenant le Rabatons.* Vide supra *Abatere.*

* Iisdem *Rabatement*, pro *Rabais*, Deductio, diminutio. Charta Phil. comit. Ebroic. ann. 1320. ex Tabul. episc. Paris. : *Pour le pris dessusdit et en Rabatement desdictes cent livres Tournoys de rente. Rabas*, eodem sensu, in Stat. ann. 1370. tom. 5. Ordinat. reg. Franc. pag. 357. art. 8. *Rabat* vero est muri recessus, vulgatius *Relais* vel *Retraite*, in Lit. remiss. ann. 1379. ex Reg. 114. Chartoph. reg. ch. 304 : *Icellui exposant mist sa lanterne sur un Rabat du mur, audessouz de la couverture d'icelle maison.* Aliæ ann. 1414. in Reg. 168. ch. 183 : *In qua camera, videlicet supra quemdam relays, Gallice Rabat, in loco absconso, etc. Contre-rabat* vero appellatur Camini testudo, vulgo *Manteau*, in Lit. remiss. ann. 1465.

ex Reg. 194. ch. 84 : *Laquelle chandelle alumée le suppliant attacha à ung Contre-rabat, estant en leur chambre.* Hinc *Rabat jour*, pro vulgari *Le jour tombant*, Inclinata et decedente die, in aliis Lit. ann. 1370. ex Reg. 100. ch. 861 : *Comme le suppliant passoit par devant l'ostel dudit Claye à Tournay à heure d'entre deux wignorons Rabat jour, et en passant trouva ladite Berte cloiant les fenestres dudit hostel.* Eodem significatu *Rabbuiare* dicunt Itali.

* Est et ludi genus ejusdem nomenclaturæ, in Lit. remiss. ann. 1380. ex Reg. 118. ch. 148 : *Et quant vint après disner s'entretrouverent en la ville à un gieu de Rabat.*

¶ **RABDUS**, Virga, scipio, bacillus, Gr. ῥάβδος, in Vita S. Mercurialis Episcopi tom. 3. Aprilis pag. 756.

* *Reboule*, fustis, quo utuntur bubulci. Lit. remiss. ann. 1395. in Reg. 148. Chartoph. reg. ch. 321 : *Un baston que les bouviers et pastoureaux portent communément, nommé Reboule ou pais.* Aliæ ann. 1410. in Reg. 164. ch. 231 : *Iceulx compaignons garniz de gros leviers de charretes, de grosses Reboules et autres embastonnemens. Riboule*, in aliis ann. 1397. ex Reg. 152. ch. 228 : *L'exposant vint à sa femme atout un petail ou Riboule, etc.* Pro instrumento piscatorio, occurrit in aliis Lit. ann. 1451. ex Reg. 185. ch. 258 : *Une Riboule, de quoy le suppliant avoit acoustumé pescher.*

* **RABEA**, ut supra *Raba*, nostris etiam *Rabete*. Pactum inter prior. de Fontibus et consul. ejusd. villæ ann. 1310. in Reg. 46. Chartoph. reg. ch. 33 : *Contradixerant reddere et solvere eidem priori et monasterio... decimas seu primitias de Rabeis seu royas, gaydis, feno, lino, canapi, etc.* Lit. remiss. ann. 1392. in Reg. 144. ch. 191 : *Le suppliant mist icelle malette et la couvri en paille de Rabete.* Ubi si stricte accipienda est vox *paille*, ad *Rabaciam* seu luteolam rectius *Rabete* pertinebit. Vide infra *Rabina*.

* **RABES**, Norwegis, Dæmon. Vita S. Barthol. eremitæ tom. 2. Jun. pag. 834. col. 1 : *Quadam autem die se juvenis quidam ei in itinere junxit, qui malignum spiritum adesse conspiciens, quem provinciæ illius incolæ Rabem vocant.* [** Vide Grimm. Mythol. German. pag. 558.] An inde nostrum *Rabat*, quo Lemures significantur? certe ab eo *Rabater*, pro Inconditum strepitum edere, qualem solent lemures, uti somniabant. Lit. remiss. ann. 1482. in Reg. 208. Chartoph. reg. ch. 242 : *Lesquelz supplians oyrent Rabater parmi la maison, en telle maniere qu'il sembloit que la foudre et tempeste y feussent.* Vide Menag. Diction. in hac voce. *Rabuquier*, eodem sensu, in aliis Lit. ann. 1411. ex Reg. 165. ch. 86 : *Lequel le Cloyer oyans Rabuquier en sa maison, se releva pour savoir que c'estoit.*

* *Rabet* vero, Instrumentum musicum videtur, quod Hispanis *Rabel* dicitur, lyra rustica, barbitus, vulgo *Harpe, luth*, in Lit. remiss. ann. 1452. ex Reg. 181. ch. 194 : *Le suppliant entendi que plusieurs gentilshommes aloient à l'ostel de Marquet de Villiers, pour passer temps avecques lui et avoient ung Rabet.* f. leg. *Rebec*. Vide infra *Rebeca*.

* **RABESCERE**, Rabire, rabie agitari, Hisp. *Rabiar*. Vita B. Davanz. tom. 2. Jul. pag. 529. col. 1 : *Mulier fremens, dentibusque Rabescens, et tanquam aper rugiens, et maximo mœrore spumans ore suo, clausis oculis semimortua cecidit.* Vide *Rabiare*.

1\. **RABIA**, Rabies, λύσσα, in Glossis Latino-Græcis et Græco-Latinis.

* 2\. **RABIA**, Invasor et rapax, epitheton cujusdam Widonis, de quo Joannes VIII. PP. in epist. ad Car. imper. tom. 9. Collect. Histor. Franc. pag. 196 : *Ceterum de Widone Rabia, invasore scilicet et rapaci, vestra gloria subveniat, et eum de finibus nostris.... ejicere modis omnibus jubeatis.* Vide infra *Rapius*.

¶ **RABIARE**, vel **Rabire**, Rabie affligi, furere. Glossæ Lat. Græc. et Græc. Lat. : *Rabiat*, λυσσᾷ. Et mox : *Rabio*, λυσσάω.

¶ **RABIDICIMBA**, vel **Rabidikimba**, ut una voce legendum censet Vossius lib. 3. de Vitiis serm. cap. 41. Cymba velox. Abbo de Obsidione Lutetiæ lib. 1. vers. 375 :

Corripiunt ternas Rabidicimbas satis altas.

Plures legunt divisis vocibus *Rabidi cimbas*. Vossium consule loco citato.

* **RABIDITAS**, Rabies. Glossar. Gall. Lat. ex Cod. reg. 7684 : *Rabiditas, Enragerie.* Vide infra *Rabiositas*.

* Exstant in Reg. 176. Chartoph. reg. ch. 450. Literæ remiss. ann. 1446. pro hominibus villæ *de Vissous* prope Parisios, qui hominem rabie agitatum suffocaverant, ne rabiei æstu abreptus, fidem catholicam Deumve ejuraret.

¶ **RABIDULUS**, Vide mox in *Rabulus*.

¶ **RABIECULA**, *Parva Rabies*, Joh. de Janua.

* **RABINA**, Ager *rabis* seu napis consitus, napina, Hisp. *Rabanal*, nostris alias *Rabiere*. Charta ann. 1073. ex Tabul. S. Vict. Massil. : *Ego Pontius monachus S. Victoris dono duas Rabinas, quas mihi donavit avia mea, una earum nominatur Busigada, altera Panperdur..... Martinus Rodoardus victus per duellum fecit guirpitionem ipsarum Rabinarum in manu Petri camerarii.* Lit. remiss. ann. 1456. in Reg. 187. Chartoph. reg. ch. 184 : *Le gendre du suppliant prist une vache..... en une Rabiere du suppliant, pour ce qu'il la trouva en icelle Rabiere pasturant.* Vide supra *Raba* et *Rabea*.

RABIOLA. Epistola Yvonis Narbonensis de crudelitate Tartarorum, apud Matth. Paris ann. 1243 : *Cremonam tandem pervenIens, oppidum in Forojulii celeberrimum, nobilissima Paterinorum bibi vina, Rabiolas, et ceratia, et alia illecebrosa comedens, etc.* Vide conjecturam Vossii, qui pro *ribiolis*, seu uvis crispis accipit.

☞ Lemovices napum seu raphanum vocant *Rabiolam*; sed hanc inter ciborum delicias numerari non est verisimile.

* Adde ex animadversionibus D. *Falconet* : forsan *Radiolas* legendum est in Matth. Paris, quæ olivæ sunt. Vide Isid. Origin. lib. 17. cap. 7. At si *Rabiolas* cum Vossio, quæ sunt uvæ crispæ, diminutivum est vocis Arabicæ *Ribes*, grossularia. Consule Menag. Orig. Ital. ad vocem *Raviuoli* et Orig. Daufin. voce *Raviola*.

* **RABIOSITAS**, Rabies, furor, Ital. *Rabbia*. Mirac. S. Rufini tom. 6. Aug. pag. 820. col. 1 : *Adolescentula terribili pallore vehementer affecta, et præ nimia Rabiositate nunc terram pedibus calcitrans, etc.* Vide supra *Rabiditas*.

¶ **RABIRE**, Furere. Vide supra *Rabiare*.

RABITUS. Arnoldus Lubecensis lib. 2. cap. 7 : *Dux igitur applicans ad Accaron, magnifice susceptus est ab Accaronitis, et ascensis equis, Rabitis, mulis, quidam etiam asinis, processerunt ad urbem Hierosolymitanam.* Nihil hoc loco Henricus Bangertus commentator, ut solet in locis difficilioribus silere.

RABO, Mensuræ species, Ugutioni; hujus meminit S. Augustinus Epist. 49. quæst. 4.

RABOINUS, **Rabuinus**, Monetæ species in regno Hierosolymitano et Cyprio. Forma colligendi census pro regno Hierosolymitano apud Willelm. Tyrium lib. 22. cap. 23 : *Si vero prædicti 4. selecti, qui ad hoc deputati sunt, cognoverint pro certo, quod alicujus substantia non valeat centum Byzantios, accipiant super eum foagium, id est, pro foco Byzantium unum : quod si non poterint integrum, accipient dimidium; et si dimidium non poterint, accipient Rabuinum.* Constitutio Odonis Legati contra Simoniacos lata in Concilio Syriæ ann. 1254 : *Item pro sponsalibus contrahendis exiguntur a prælatis quibusdam tres solidi, sive Raboinus unus, vel aliud pretium.* Occurrit ibi rursum infra. Habetur in Consuetud. Britannica art. 255. vox *Rabine*, sed alia significatione.

* **RABOLDERIA**, Res, nescio quæ, censui obnoxia. Redit. comitat. Namurc. ann. 1265. ex Reg. Cam. Comput. Insul. sign. *Papier velu* fol. 9. v° : *Et si a li cuens cascun an au Noel dou cens de le Raboldrie, trois deniers.* An locus, ubi ludus in quo follis, quem *Rabote* vocabant, propellitur, exercetur? Lit. remiss. ann. 1392. in Reg. 143. Chartoph. reg. ch. 169 : *A une foule ou Rabote, qui estoit en la parroisse S. Martin du Tourneire ou baillage de Caen.* Et utcumque spectat alia ad pilam ludendi ratio, quæ *Aus Rabrouées* nuncupabatur, quod victus non pecunia multabatur, sed verbis tantum reprehendebatur asperioribus, per jocum tamen. Lit. remiss. ann. 1369. in Reg. 100. Chartoph. reg. ch. 363 : *Comme plusieurs jeunes gens se jouassent en la ville d'Amiens à la pelote par maniere d'esbatement, sanz ce qu'il courust pour ledit jeu or, argent, ne gaigeure : mais est ledit jeu tout commun, et le dit l'en Aus Rabrouées, à quoy hommes, femmes et enfanz se jeuent communement en ladite ville.*

¶ **RABUDULUS**, Vide mox in *Rabulus*.

¶ **RABUINUS**, Monetæ species. Vide *Raboinus*.

¶ **RABULARE**, Instar rabularum de foro nimia verbositate ferire aures auditorum, Vossio lib. 4. de Vitiis serm. cap. 19. ex Gemmæ Vocabulario, atque inde, inquit, Belgicum *Rabbelen*.

¶ **Rabulatio**, Clamor rabulæ. *Rabulatio forensis*, apud Martianum Capellam lib. 6.

¶ **Rabulatus**, Eadem notione. Idem Capella lib. 2 : *Audiri, licet perstreperent, nullo potuere Rabulatu.*

RABULUS, *Plenus rabie, unde Rabudulus.* Ugutio. [Johannes de Janua : *Rabulus*, *rabidus*, *rabie plenus*, *rabiei datus*, *furore plenus*, *iratus*, *insanus*; *unde Rabidulus diminut.*]

* **RABUZATIO**, Effictio, expolitio. Odor. Raynald. ad ann. 1316. num. 11 : *Veneno magicisque artibus per fabricationem et Rabuzationem imaginum, cum incantationibus et invocationibus dæmonum conditarum, ut aiebat, mortem inferre pertentasse, docent Johannis XXII. literæ episcopo Parisiensi missæ.* Vide infra *Vultivoli.*

* **RACACHARE**, RACASSARE, vox monetariorum, Aurum vel argentum ab aliis metallis, quæ in monetis permisceri solent, separare, Gall. *Rachacier* et *Rachassier.* Lit. remiss. ann. 1327. in Reg. 65. Chartoph. reg. ch. 80 : *Berengario Lamberti de Utecia imponebatur, quod ipse monetas regias trabuchaverat... et Racassaverat, et multa alia..... super trabuchione et fusione monetarum nostrarum.* Aliæ ann. 1332. in Reg. 66. ch. 1091 : *Imponebatur monetas prohibitas..... recepisse,..... et majus pretium, quam dominus noster rex ordinaverat, dedisse, trabucasse et etiam Racachasse.* Reg. Cam. Comput. Paris. sign. *Pater* fol. 259. v° : *Item d'aucuns changeurs ou orfevres, qui ont Rachacié et affiné et fondu la monnoie du coing le roy, etc. Rachassier*, in Lit. ann. 1379. tom. 6. Ordinat. reg. Franc. pag. 460. art. 8. Vide infra *Rechassare.*

* *Racacher* nostris, pro *Ramener*, Reducere. Mirac. MSS. B. M. V. lib. 1 :

En tel maniere s'en alla,
Ce tant peu qu'il avait vuala,
Et jeta puer si folement,
Que povertés isnelement
A son oncle le Racacha.

RACAMAS, Panni pretiosioris species, nostris olim nota. Computum Stephani *de la Fontaine* Argentarii Regis ann. 1350 : *Pour 23. piece et demie de draps d'or de plusieurs façons, c'est à savoir 6. nacis d'or, 40. escus la piece, 9. Racamaz et demy d'or, 30. escus la piece, et 6. matebas d'or à faire cottes et manteaux.* Hinc Hispani *Recamar*, nostri *Recamer*, pro eo quod *Broder* dicimus, usurpant, seu opere phrygio quidpiam exornare, seu auro, seu alia materia, quam vocem quidam ab Hebræo *Racam*, quod est acu pingere, seu intexere varia fila diversorum colorum instar Phrygionum, deducunt.

¶ **RACAMATURA**, Ornatus vestis acu pictus, ab Italico *Raccamare*, Acu pingere, Gall. *Broder*. Modus vivendi in Concilio Basileensi apud Marten. tom. 8. Collect. Ampliss. col. 244 : *Hujusmodi familiarium vestes non sint breviores genu, nec diversorum colorum, nec cum scissuris, freppis vel brobaturis seu Racamaturis; nec deferant cathenas vel alia ornamenta, aurea vel argentea, etc.*

* **RACAMATUS**, Acu pictus, opere Phrygio ornatus, Hisp. *Recamado*, Ital. *Ricamato*. Inventar. MS. thes. Sedis Apostol. ann. 1292 : *Item unam pulcram tobaleam de opere Racamato, laboratam per totum ad aurum.* Vide *Racamas*, *Racamatura* et *Ricamum.*

1. **RACANA**, Papiæ, *Genus vestis*, scilicet vestis lacera, panniculus, a Gr. ῥάκος, ῥάκη, vel ῥάχη, ducto, ut videtur, etymo. Gloss. Gr. MS. Regium cod. 930 : Ῥάκκος, διεῤῥωγὸς ἱμάτιον. Anonymus in Paraphras. Oraculorum Leonis Imper. : Πένες, κεκαρμένος, καὶ ῥάκια ἐνδεδυμένος. [Plura vide in Glossario mediæ Græcit. v. Ῥάκος.] Maxime Monachis tribuitur, qui vilioribus et detritis vestimentis uti solebant. Varie porro hæc vox scribitur : nam

RACANA dicitur Gregorio M. lib. 9. Epist. 75. et Ennodio lib. 9. Epist. 17.

RACHANA, eidem Gregorio lib. 12. Epist. 16. Anastasio Bibl. in versione Vitæ S. Joan. Eleemosynarii a Leontio scriptæ cap. 9. num. 52. qui et *Rachanellam* dixit cap. 6. num. 34.

RACHENA, apud Fortunatum in Vita S. Radegundis cap. 44.

RACHINA, apud S. Audoenum lib. 2. Vitæ S. Eligii cap. 37. in Regula Magistri cap. 81. apud Baudouiniam in Vita S. Radegundis cap. 4. etc. Vide Notas ad Cinnamum pag. 457. Papias MS. : *Rachina, strata lectorum.* Editus habet *Rachana.*

2. **RACANA**. Anastasius Biblioth. in S. Silvestro PP : *Oleum Cyprium libr. centum, papyrum Racanas libras mille.* [Muratorius scribit *Rucanas*, observato tamen ab aliis legi *Racanas.*] Infra : *Possessio insula Machabeo præstans solidos quingentos et decem, papyrum mundum, Racanas quingentas, linum saccos trecentos.*

* **RACASSARE**. Vide supra in *Racachare.*

¶ **RACATARE**, Redimere, Gall. *Racheter.* Chartularium S. Vandregesili tom. 2. pag. 2102 : *In vadium nobis dederunt propter* xx. *libras denariorum Rothomagensium usque ad viginti annos, et ita ut, si post* xx. *annos voluerint redimere, non de cujuscumque pretio, sed de proprio Racatare poterunt.*

¶ **RACCARE**, vel ut quidam legunt, *Rancare*, dicuntur Tigrides Auctori Philomelæ versu 49. supra vero in *Baulare* dicuntur *Rechanare.* Vide infra *Rancare.*

¶ **RACCI**, Nautis, Scandularii globuli malo affixi ad faciliorem motum antennarum, Gall. *Racages*, *Racques* et *Racquemens*, belg. *Rak.* Literæ Edwardi Regis Angl. ann. 1338. apud Rymerum : *Pontos, cleias, bordas, Raccos, cordas, canevacia, stapulas, anulos et clavos ferreos, dolia vacua et alia, quæ pro hujusmodi eskippamento equorum necessaria.... in navibus poni facias.*

* Hispan. *Racamento*, ejusmodi globulorum series.

¶ **RACELLUM**, Species panni. Inquesta ann. circiter 1217. apud Sponium tom. 2. Hist. Genevens. pag. 415. ubi de hujuscemodi pannorum confectura : *Racellum fecit per Rodanum deduci, ut venderetur.* Vide *Rascia* 3. *Rasum* 2. et *Raxium.*

¶ **RACEMARE**, Racemorum reliquias colligere, Gall. *Grapiller.* Vide locum in *Rapugare.*

* **RACEMATOR**, qui racemorum reliquias colligit. Stat. Avenion. MSS. ex museo meo fol. 45. v° : *Quod nulli Racematores racemare audeant in vindemiis vel post vindemias per quindecim dies, et qui contrafecerit in duobus solidis puniatur. Racimator* et *Racimare*, in iisd. Stat. cap. 105. ex Cod. reg. 4659. Vide *Racemare.*

* **RACEMUS**, pro Vinum, quod ex racemis fit. Charta ann. 1402. in Reg. Joan. ducis Bitur. ex Cam. Comput. Paris. fol. 1186. v° : *Donamus.... medietatem decimæ et juris decimæ bladorum, Racemorum seu vini, etc.* Hinc *Raisiner*, pro Vinum potare, in Lit. remiss. ann. 1376. ex Reg. 109. Chartoph. reg. ch. 273 : *Denisete la Doucete, qui est assez envieuse et rioteuse,..... se commança à moquer d'eulx et dist à Perrin... qu'il avoit bien Raisiné; et lors ledit Jehan li dist : Ne nous rigole point de nostre vin, se nous avons bien beu, nous l'avons bien paié. Rasinné*, ni fallor, pro Vinum, mixtis acinis aliisve modis renovatum, vulgo *Rapé*, in aliis ann. 1413. ex Cod. reg. 167. ch. 99 : *Colette a confessé que elle avoit vendu trois pipes de vinc blanc et deux Rasinnez.* Vide infra *Raspaticium*

* AD RACEMOS IRE IN VINEIS, Jus interdum domini, qui in vassallorum suorum vineis racemos suis usibus, ante vindemiam, colligere poterat. Charta Aymer. vicecom. de Rupecàvardi ann. 1296. in Reg. 77. Chartoph. reg. ch. 311 : *Concedimus quod nos nec hæredes nostri,... non eamus nec ire possimus in vineis eorum ad agrestam nec ad Racemos,.... nisi in vineis illorum, in quibus habemus ex deverio;.... et hoc tantum ad agrestam, quantum nobis erit necessaria per diem, vel ad Racemos in jejuniis Quatuor temporum, et non ultra.* Nostris *Racimal*, pro *Cep, pied de vigne*, vinea, stirps. Lit. remiss. ann. 1398. in Reg. 153. ch. 259 : *En icelles vignes surpris de vin, prist plusieurs Racimaux de jeune mainplant.*

¶ **RACENIUS**, pro *Racemus*, Uva, Gall. *Raisin*, apud Rymerum tom. 2. pag. 691.

¶ **RACENS** VINUM. Vide in *Recentatum.*

¶ **RACETTA**. Vita S. Alenæ Virg. et Mart. tom. 3. Junii pag. 396 : *Reliquias... in idem feretrum reposuit, demptis tribus vel quatuor ossibus parvis Racettæ et membrorum.* Spinam dorsi reddit Henschenius. Idem significat Græcum ῥαχίς. Sed aliud sonat infra vox *Raseta*, quam vide.

1. **RACHA**. Willel. Malmesburg. lib. 2. de Gestis Pontific. : *Ut etiam caudas Racharum vestibus ejus affigerent*, forte *vaccarum, etc.*

2. **RACHA**, Pars pedis. Constantinus African. lib. 2. Pantechn. cap. 2 : *Pedis calcanei divisio est senaria; est enim cavilla, est et calcaneus, et pedis navicula, et Racha, quæ sic lingua vocatur Arabica, est et pecten, sunt et digiti.* Infra : *Racha 4. habet ossa, tria posterius cum navicula, retro juncta ossibus, etc.*

* Adde ex animadv. D. *Falconet* : Pro Pantechn. cap. 2. leg. Locor. commun. cap. 8. *Racha*, *Racetta* et *Raseta*, Eadem vox est ex Arabico diverse elata, quæ videtur esse tarsus, cum *Pecten* Silvatico dicatur esse inter *Rasetam* et digitos. *Pecten* autem est in manu metacarpus et in pede metatarsus. *Racha* proprie Arabibus, mola molendinaria, tum ungula pedis cameli.

* 3. **RACHA**, Præstationis species; nisi tamen legendum sit *Tasca.* Vide *Tasca* 2. Charta Caroli regent. ann. 1358. ex Bibl. reg. : *Item financias seu Rachas burgensium de Forano, qui burgenses vocantur stagiarii, qui quolibet anno finant pro suis stagiis in festo S. Martini.*

* Aliud vero est *Rach* et *Racheau*, Stipes nempe, truncus, Gall. *Souche*, ut videtur.

Charta Phil. VI. ann. 1341. in Reg. 72. Chartoph. reg. ch. 239 : *Avons donné.... aus habitanz de la ville de Poocourt.... l'usage, qu'il ont en nostre forest de Poocourt, de remaisons aussi bien de Racheaux, comme il ont fait et font desdites remoisons.* Alia pro habitat. Pontis S. Petri ann. 1366. in Reg. 97. ch. 305 : *Chascun d'eulx ont acoustumé prendre et avoir.... le boy vert en gesant, cassé ou estaché sanz caable, et cellui dont l'en a osté sept piez de lonc devers le Racheau ou la chouque.* Lit. remiss. ann. 1459. in Reg. 188. ch. 77. : *Aucuns, qui avoient amené un Rach de fuste,... vindrent querir le suppliant pour recongnoistre icellui fuste; et après ce qu'il eust recongneu ladite fuste et que les ragiers se furent départiz pour eulx en aler, etc.*

¶ **RACHADIUM.** Vide in *Rachetum.*

RACHANA, RACHANELLA. Vide *Racana* 1.

* **RACHAPTARE**, Redimere, Gall. *Racheter.* Charta ann. 1520 : *In casu quo iidem debitores dictas pensiones redimerent in posterum et eas Rachaptarent, etc.* Vide infra *Rachetare.*

* **RACHARE**, Idem quod *Raccare.* Vide supra *Baulare.*

* **RACHATAMENTUM**, ex Gallico *Rachat*, Redemptio, certa scilicet pecuniæ quantitas, quam hæres vassalli demortui domino præstat pro obtinendo feudo paterno, qua illud iterum ab eo emit; sed rato et definito modico pretio; idem quod *Releveium.* Charta ann. 1302. ex Chartoph. reg. : *Promisit.... deffendere ab omnibus impedimentis,...... Rachatamentis, financiis, etc.* Vide *Rachetum* et infra *Reacapitare.*

* **RACHATATIO**, Eodem intellectu. Pactum inter Herv. Giemens. dom. et episc. Autiss. ann. 1210. inter Probat. Hist. Autiss. pag. 269. col. 2 : *De Rachatatione terræ meæ quæ de feodo ipsius est, quam ipsi debeo, in beneplacito ejus et in bona submonitione erit.*

¶ **RACHATTA**, RACHATUM. Vide *Rachetum.*

¶ **RACHEMBURGI.** Vide mox *Rachimburgii.*

¶ **RACHENA**, Vestis trita. Vide *Racana* 1.

* **RACHETARE**, Redimere, Gall. *Racheter.* Charta ann. 1285. ex Lib. nig. episc. Carnot. : *Guido de Saudrevilla miles, fecit homagium ligium domino episcopo, de medietate quinquaginta solidorum census et de feodo, quod Johannes Jordani tenet ab ipso apud Poyfontem. Rachetavit de quatuor libris et quinque solidis reddendis ad festum B. Remigii.* Occurrit rursum ibid. ad ann. 1305. Vide infra *Reacatare.*

RACHETUM, ex Gallico *Rachat*, *Reemptio*, Redemptio. Idem porro quod *Releviun*, certa scilicet pecuniæ quantitas, quam hæres vassalli demortui domino præstat pro obtinendo feudo paterno, qua illud iterum ab eo emit, sed rato et definito modico pretio, quod *Rachetum*, et *Relevium* appellatur. Necrologium Ecclesiæ Parisiensis Idib. Jan. : *Quæ 3. mansuræ cum pertinentiis Rachetum seu relevamen debent, quoties possessorie mutant.* Atque ita in Consuetudine Meledunensi art. 54. *Rachetum* et *relevium* idem esse dicuntur, tametsi olim diversum : siquidem *redemptio feudi* idem sit quod *Rachetum.* Charta Henrici I. Regis Angliæ ann. 1100 : *Si quis Baronum meorum, Comitum, vel aliorum, qui de me tenent, mortuus fuerit, hæres suus non redimet terram suam, sicut facere consueverat tempore patris mei; sed justa et legitima relevatione relevabit eam.* Ubi hoc loco *redemptio feudi*, est id, quod *Releviun ad misericordiam*, seu *Relief à mercy* vocant, quod scilicet ab hærede pro rehabendo feudo paterno præstatur domino ad ejus voluntatem ac beneplacitum. [Charta Guillelmi Episc. Catalaunensis ann. 1228. pro Monasterio Tiron. : *In ipsos transtulit Rachata, venditiones, armaturas, equitaturas, laudimia, relevamenta, tallias, corveias, biannos, etc.*] Vetus Franciæ Consuetudinarium : *Rachat se fait tant seulement en fief; et est assavoir, que quiconques rachate, il doit le mar d'argent au Seigneur, de qui il rachate, et luy doit faire trois offres alternativement ensemble, desquelles le Seigneur est tenu de prendre l'une en disant : Je deviens votre home de tel fief, et pour le rachat je vous offre les fruits de la premiere année, ou la valeur d'iceux fruits, ou le dire des prodegens : Nam pro aliquo istorum quittari debet.* Vide Stabilimenta S. Ludovici cap. 60.

¶ RACHATUM, Eadem notione, in Charta ann. 1209. apud Lobinell. tom. 2. Hist. Britan. col. 331. Petitiones Britonum ann. 1235. ibid. col. 383 : *Petunt communiter quod balla Britanniæ et pravæ consuetudines, quæ Comes Britanniæ levavit in suo tempore, removeantur a terris et feodis suis; dicunt enim, quod ante tempus istius Comitis nunquam habuerat Comes Britanniæ ballum vel Rachatum de terris hominum suorum.* Adde Chartam ann. 1199. apud Marten. tom. 1. Ampliss. Collect. col. 1021. Literas ann. 1225. ibid. col. 1197. Edictum S. Ludovici ann. 1246. Baluz. tom. 7. Miscell. pag. 344. *de Lauriere* tom. 1. Ordinat. Reg. pag. 58. et 59. et in Glossario Juris Gallici v. *Rachapt.*

¶ RACHADIUM, Eodem significatu. Chartæ Johannis Ducis Britan. ann. 1238. ex Archivo Castri Brissacensis : *Concessimus quod omnes terræ Alani d'Acigneio Militis, quas habet in Britannia, tam in feodis quam in dominicis, de cætero liberæ sint et immunes de omnibus balliis, Rachadiis et gardiis.*

¶ RACHATTA, fem. gen. in Literis ann. 1317. apud Rymerum tom. 3. pag. 648.

¶ RASCHATUM. Literæ Thomæ Comitis Flandriæ et Johannæ uxoris ejus ann. 1237. apud Baluzium tom. 7. Miscell. pag. 269 : *Personaliter acessimus ad carissimum dominum nostrum Ludovicum Regem Franciæ, illustrem, et requisivimus eum, ut me Thomam reciperet ad homagium de terra Flandriæ, eidem Regi sum offerentes Raschatum; idem dominus Rex nobis respondit, quod paratus esset me Thomam, facta ei satisfactione de Raschato prædicto, recipere ad homagium, etc.*

¶ RECHATUM. Charta Philippi Franc. Regis ann. 1200. apud Rymer. tom. 1. pag. 118 : *Præterea nobis dedit Rex Angliæ viginti millia marcarum..... propter Rechatum nostrum, et propter feoda Britanniæ, quæ nos ipsi dimisimus.*

RACHETUM, Compositio, quam reus facit vel solvit, ut se a pœna redimat, *le rachet*, uti loquimur. Statuta prima Roberti I. Regis Scotiæ cap. 8 : *Nullus capiat Rachetum, hoc est* Thieft-bute, *et si quis id fecerit, et super hoc convictus fuerit, sit in gravi forisfacto Domini Regis, et reddat ei finem, quem cœpit de latrone, et ille, qui dedit finem, habeat judicium sicut latro probatus.* Ubi *Thieft-bute*, est latronis compensatio.

RACHIA, Locus cœnosus, Picardis *Raque.* Tabul. S. Dionysii ann. 1230 : *Et corveias de Rachiis et fossatis*, id est in desiccandis ejusmodi locis cœnosis, et curandis fossatis. Vide *Buhors.*

* Lit. remiss. ann. 1396. in Reg. 150. Chartoph. reg. ch. 330 : *L'une desdittes vaches se bouta en une Raque ou fosse, tellement et si avant, que elle ne* (en) *fu noyée. Une mare ou Raaque*, in aliis ann. 1395. ch. 280. unde *Enracler*, Cœno immergere, vulgo *Embourber.* Lit. remiss. ann. 1406. in Reg. 160. ch. 324 : *Icellui chariot se feust Enraclé tellement, que les roues d'icellui cheurent en une charriere, par telle maniere que les chevaulx qui le menoient, ne le povoient avoir d'icelle charriere.* Vide *Rascia* 2.

RACHIMBURGII, *Judices*, in vett. Gloss. Comitis adsessores : *Sponsores litis*, Guillimanno lib. 1. Rerum Helvet. pag. 80. In Glossis Keronis, *Rahcha* est *causa.* Ita *Rachimburgii* sunt causarum judices. Alii *Rachimburgios* dictos volunt quasi *Rechtburgen*, ex Germ. *Recht*, rectum, et *Berghen*, servare, seu ex Sax. riht, et beorgan, quod idem sonat, quod judices sint juris et æqui conservatores : [quam sententiam amplectitur Eccardus in Notis ad Pactum Legis Salicæ tit. 53. § 3. ubi legitur *Rathimburgii*, et *Racineburgii* ex duobus MSS. Guelferbytanis, necnon *Ragimburgii* ex ejusdem Bibliothecæ MS. in alio ejusdem Legis Salicæ Pactu, quem edidit idem Eccardus, ex manuscripto, tit. 51 habetur *Recyneburgii.* Hermannus Comes Nivenarius in Dissertatione sua de Origine et sedibus priscorum Francorum scribit : *Rachimburgii dicuntur Commissarii, ad componendas lites instituti.* Quod valde probat Vossius in Appendice ad libros de Vitiis serm. pag. 809. quia *Rachten* componere significat, *Burgen* vero fidejussores.] Conjecturas alias profert Wendelinus. Lex Salica tit. 52. § 2 : *Tunc Grafio congreget secum septem Rachimburgos idoneos, et cum ipsis ad casam illius fidejussoris veniat, etc.* Tit. 59 : *Si quis ad mallum venire contempserit, et quod ei a Rachimburgiis judicatum fuerit, implere distulerit, etc.* Et cap. 60. § 1 : *Siquidem Rachimburgii in mallo residentes, etc.* Formulæ vett. cap. 1. [** Append. Marculf.] : *Et dum hæc causa apud ipsum Comitem, vel ipsos Racimburgios diligenter fuit inventa, vel inquisita, vel legibus definita, etc.* Adde cap. 4. 6. Chartas Parensales cap. 26. Legem Ripuar. tit. 32. § 2. et 3. et tit. 60. Capitul. Caroli M. lib. 5. cap. 16. et Kanuti Regis cap. 103. [Vide Hickesium in Dissertat. Epistolari pag. 34.] [* Wacht. in Glossar. v. *Rache*, *Causa litigiosa.*] [** Savin. Histor. Jur. Rom. med. tem. § 61. sqq. Grimm. Antiq. Jur. Germ.

pag. 293. 774. Eichhorn. Histor. Jur. Germ. § 48.]

RACHENBURGI, in Capit. sub Pipino Rege cap. 6.

¶ RACIMBURDI, in Formulis Andegav. art. 49 : *Veniens illi et germanos suos illi Andecavis civitate, ante viro illuster illo Comite vel reliquis Racimburdis, qui cum eo aderant.... interpellabat aliquo homine, etc.*

REGENBURGI, in Antiq. Fuldens. lib. 2. trad. 38 : *Totum et integrum tradiderunt coram testibus et Regenburgis ad ipsas reliquias, etc.*

¶ REGIMBURGI, in Placito ann. 918. in Probat. novæ Hist. Occitanæ tom. 2. col. 56.

RAIMBURGI. Ademarus Cabanensis lib. 3. cap. 19 : *Et demum a Carolo M. Imp. fratre ejus missus fuit in Aquitaniæ urbes una cum Rainburgis propter justitias faciendas.*

* **RACIMARE**, RACIMATOR. Vide supra *Racemator.*

* **RACIO**, perperam pro *Rao.* Vide infra in hac voce.

¶ **RACK**, apud Anglos, Fidiculæ, quibus rei in equuleo torquentur. Vide Thomam *Blount* in Nomolex. et Skinnerum in Etymologico Anglicano.

¶ **RACOLAS.** Charta ann. 1247. e Tabulario Calensi pag. 110 : *Dicti sex presbiteri S. Georgii percipiant annuatim in posterum in die Paschæ Racôlas unusquisque quatuor cum quarterio agni.* Genus fortean est panis delicatioris.

¶ **RACTATA.** Acta S. Raynerii, tom. 3. Junii pag. 454 : *Hugo medicus habebat filium qui habebat Ractatam in oculo... vovit eum B. Raynerio in sero, et mane invenit totam deletam.* Videtur legendum esse *Cataractam.*

* **RACTIONATUS**, pro *Rationatus.* Vide infra in hac voce.

¶ **RACUS**, Βραγχώδης, in Glossis Lat. Græc. Aliæ Græc. Lat. : Βραγχώδης, *Raucus, Racus.*

1. **RADA**, Navis species. Historia Obsidionis Jadrensis ann. 1345. lib. 2. cap. 7 : *Navim composuerunt inæstimabilis pulchritudinis quamdam Radam, quam Italici nuncupant Madium, seu Custram, in quo erat stabilita quædam lignea et ingens turris, etc.*

2. **RADA**, pro *Rheda.* Charta Ludovici Reg. Franc. ann. 1122. in Tabulario Monast. S. Dionysii : *Hanc habent consuetudinem, quam vulgo pedagicum sive pulveraticum vocant,.... ita ut de Rada, id est carreta, 2. nummos, de equo 1. etc.* Ubi Doubletus pag. 848. 851. edidit *de Rheda.*

* Male Doubletus *Rhedam*, pro *Radam*, edidit; nam *Rada est genus vehiculi quatuor rotarum, sicut currus agilis ad currendum*, ex Glossar. Lat. Gall. Cod. reg. 4120. Charta ann. 24. Rob. reg. Franc. ex Chartul. S. Marcel. Cabilon. : *Donamus.... jornales quatuor.... et Radam unam de silva.*

* Haud scio vero an a *Rada*, curru agili, nostri dixerint *Rade*, pro *Vif, agile, alerte, ardent*, Agilis, alacer, fervidus; an a Gallico, currus nomenclatura sit accersenda. Lit. remiss. ann. 1386. in Reg. 130. Chartoph. reg. ch. 136 : *Le suppliant vit une joene fille,.... qui onques n'avoit esté mariée, laquelle lui sembla assez Rade de maniere et de veue.* Aliæ ann. 1454. in Reg. 189. ch. 11 : *Ung jeune homme fort et Rade, etc.*

¶ 3. **RADA**, Raia. Vide mox in *Radia.*

¶ **RADBODUS**, *Consilii nuntius* exponitur in Vita S. Radbodi Episcopi Traject. sæc. 5. Benedict. pag. 27. scilicet a Belgico *Raedt*, Consilium et *Bode*, Nuntius.

RADE, Littus maris vadosum, vulgo *Rade.* Leges Burgor. Scoticor. cap. 26. § 2 : *Si navis sua fuerit in le Rade, bene et in pace recedat.*

RADECHENISTRES. Vox in *Domesdei* non semel, sed ignotæ originis, inquit Spelmannus. Fol. 18. tit. Glow. Berthelay : ... *Hii Radechenistr. arabant, et herciabant ad curiam Domini.* Alibi : *De terra hujus manerii tenebant Radechenistres, i. liberi homines.* Videntur iidem, qui Bractono *Radeknights* dicuntur, liberi scilicet homines, qui tamen arabant, herciabant, falcabant, metebant, etc. Vide Edw. Cokum ad Littleton. sect. 117. et infra *Radman* et *Rodknights.*

* **RADEGUNDIS**, Gall. *Regonde*, in Lit. remiss. ann. 1469. ex Reg. 188. Chartoph. reg. ch. 130 : *Jehan de la Ville prieur de sainte Regonde de Poictiers, etc.* Consule Vocabul. Hagiolog. Castelani.

¶ **RADELLUS**, Ratis, Gall. *Radeau.* Miracula MSS. Urbani V. PP : *Incontinenti ponens Radellos magnos fusteos super aquam labentem ad hoc quod frangerent pontem.* Vide *Rasellus* et *Razellus.* Charta Thossiacensis ann. 1404 : *Habet ripam.... cum quodam Radello existente inter prata.*

* Alia est *Radelli* notio in Charta Thossiac. hic laudata, f. pro Rivulus.

¶ 1. **RADIA**, Raia, species piscis marini, Gall. *Raie.* Charta Petri Abb. S. Crucis de Talmundo ann. 1366 : *Si autem de Radia seu Raye aut pocheteau, quinque pecias tenebitur ministrare aut de aliis piscibus ad valorem.* Infra : *Tres pecias marlucii recentis aut canceris et de Radis, etc.*

* 2. **RADIA**, Virga, linea, Gall. *Raie.* Lit. remiss. ann. 1359. in Reg. 90. Chartoph. reg. ch. 190 : *Duos equos, videlicet unum ruffum grissum, habentem unam Radiam nigram supra dorsum,.... furtive adduxit dictus Johannes Martelet.* Vide mox *Radicula.*

¶ **RADIARE**, Delere, expungere, Gallice *Raïer.* Charta ann. 1559. inter Privilegia Equitum S. Johannis Hierosol. pag. 254 : *Decretum extitisse, ipsum a registris receptoris amendarum Radiari, deleri, etc.*

* Alias *Raire.* Lit. remiss. ann. 1347. in Reg. 68. Chartoph. reg. ch. 258 : *Comme Jehan Vincent de Bares.... soit approuchiez en nostre court du bailliage d'Amiens d'avoir fait Raire et fausser.... une date de nos lettres,.... pour laquelle fausseté, Rasure, etc.* Vide infra *Rattare.*

¶ **RADIASCERE**, Splendere, radiare. Vita S. Guthlaci Erem. tom. 2. Aprilis pag. 39 : *Erat enim in ipso nitor spiritualis luminis Radiascens.*

* Nostris *Rayer.* Lit. remiss. ann. 1370. in Reg. 100. Chartoph. reg. ch. 848 : *Environ une lieue de nuit à la lune Rayant, etc.*

RADIATUS, Segmentis diversi coloris distinctus pannus vulgo *Rayé.* Charta Petri Episcopi Parisiensis ann. 1218. apud Sammarthanos : *Ecclesiæ S. Clodoaldi infulam, dalmaticam, et tunicam, albas Radiatos, etc.* Forte *albas radiatas.* Concilium Bituricense ann. 1336. cap. 12 : *Ac nonnunquam Clericos per ipsos captos cum habitu seculari et tonsura, in carceribus suis tradi faciunt, et indui vestibus Radiatis, compellentes eosdem et fraudulenter inducentes ad cognoscendum se non esse Clericos, etc.* [Computus ann. 1239. MS. e Bibl. Reg : *Guillelmo de Brala pro decem Radiatis emptis pro familia domini Alfonsi vestienda in Pentecoste* XXVI. *den. turon.* Inventarium Eccl. Noviom. ann. 1419 : *Duæ curtinæ de bougeranno Radiatæ de albo et rubeo.* Charta Caroli Regis Franc. ann. 1370. in Probat. Libert. Eccl. Gallic. pag. 168. edit. 1651 : *Baillivus pro nonnullis furtis et criminibus per Nicolaum Davirchier clericum conjugatum factis... ipsum in habitu Radiato* (Clericis inusitato) *capi et in carceres nostros Rothomagenses intrudi fecisset.* Rursus memorantur *Radiatæ vestes* in Litteris ann. 1365. apud D. *Secousse* tom. 4. Ordinat. Reg. pag. 555.] Philippus *de Beaumanoir* MS. cap. 11 : *Il n'affiert à Clerc, qu'il veste robe Roiée, ne qu'il soit sans couronne apparent, puis qu'il a eu couronne d'Evesque.* Computum Stephani *de la Fontaine* Argentarii Regii ann. 1351 : *Une escarlate paonace Roiée.*

* Hinc *Halæ radiatorum*, ubi scilicet panni virgati venum exponebantur, in Reg. S. Justi ex Cam. Comput. Paris. fol. 192. r°. *Radiata tapetia*; quod clericis prohibitum esset pannis virgatis uti, *inhonesta* vocat Odo archiep. Rotomag. in Reg. visitat. ejusd. ex Cod. reg. 1245. fol. 60. v° : *Invenimus in dormitorio* (canonicorum Sagiensium) *sargias sive tapetia inhonesta, ut pote Radiata.*

RADIATI, dicti olim Carmelitæ, quod vestibus *radiatis* uterentur. Vetus Scheda ex Bibliotheca Cottoniana edita initio tom. 1. Monastici Anglicani : *Anno Christi* 1045. *Albertus Patriarcha fecit regulam fratribus, qui Stragulati, Radiati, Birrati vocabantur. Et ex post anno Christi* 1279. *Martinus Papa ad instantiam dictorum fratrum, et nomen eorum mutavit, et habitum, convertens vestes stragulatas in capas albas, dans eis nomen novum, vocans eos videlicet Carmelitas.* [Error est in anno 1279. aut mendum in voce *Martinus*; hic enim Martinus nonnisi ann. 1281. Papa renunciatus est. Neque mendo caret Chronicon Angl. Th. *Otterbourne* pag. 81 : *Septimo vero anno ejus* (Edwardi I. Regis Angliæ, Christi 1279.) *mutavit Honorius IIII. capas Carmelitarum in purum album, quæ prius erant stragulatæ, Radiatæ et birratæ.* Hic Honorius Martino IV. successit ann. 1285. Si igitur mutatio nominis et habitus *Fratrum Radiatorum* ann. 1279. facta, neque Martino IV. neque Honorio IV. debet accepta referri, sed Nicolao III. qui eo anno summum gerebat pontificatum.] Vide *Birrati* post *Birrus.*

¶ 1. **RADICARE**, pro *Radicari*, Radices agere. *Radicavi in populo honorificato*, Eccli. 24. 16. Rolandinus Patav. de factis in Marchia Tarvisina, apud Murator. tom. 8. col. 269 : *Istæ namque vindictæ duæ tam* *detestabiles et inormes, incœperunt in anno isto, et de malo semper Radicaverunt in pejus.* Literæ Universitatis Paris. Carolo Regi Franc. ann. 1394. apud Acherium tom. 6. Spicil. pag. 82 : *Verum obsistente semper et prævalente hostis nequissimi versutia, qui in florenti Christi agro hanc labem zizaniorum seminavit seminatamque aluit, et magis in dies alit ac Radicat*, hoc est, efficit, ut altius radices agat. Glossæ Lat. Græc. : *Radico*, ῥιζόω. Aliæ Græc. : Lat. Ῥιζόω, *Radico, stirpo.*

¶ 2. **RADICARE**, pro *Radiare*, Splendescere. Vita B. Giraldi de Salis apud Marten. tom. 6. Ampliss. Collect. col. 1009 : *Nocturna per vices ibi Radicare videntur et coruscare luminaria, ita quod resplendet hortus inde et loci adjacentis colonia.*

¶ **RADICATIO**, Εἰςοδιασμός in Glossis Lat. Gr. Aliæ Gr. Lat. : Εἰςοδιασμός, *Radicatio, Redactio.*

¶ **RADICATUS**, Ῥίζωσις, in Glossis Lat. Græc. et Gr. Lat. Adjective Columella de Arboribus cap. 20 : *Arbores et Radicata semina autumno serito.* Hinc metaphorice Sidonius lib. 7. Epist. 8 : *Formido semel Radicata, etc.* Et lib. 5. Epist. 10 : *Fixum est Radicatumque pectoribus humanis, etc.*

* **RADICULA**, diminut. a *Radia*, Virgula, lineola. Stat. pannif. ann. 1317. in Reg. A. Cam. Comput. Paris. fol. 197. v° : *Ut omnes et singuli panni...... per quem facti fuerint evidentius cognoscantur,...... videlicet in Carcassona et ejus suburbiis et tota Carcassesio, in primo capite cujuslibet panni fiet una Radicula seu vista de cotonno albissimo, latitudinis ad minus trium digitorum communium.* Vide supra *Radia* 2.

RADIETAS. Ordericus Vitalis lib. 2. pag. 422 : *Quadriga equorum fusilis ex auro stabat, in qua Radietas solis æque fusilis consistebat*, i. solis statua undique radiata.

¶ **RADIFICARE**, Radices agere. *Radifico*, ῥιζοφύω in Glossis Lat. Græc. et Græc. Lat.

* **RADIGO**, Radix. Vita S. Joan. episc. tom. 3. Aug. pag. 511. col. 1 : *Videntes Dei famulum propriis manibus laborem alacriter gerere, protinus injiciebant cum eo in opere viriliter agere, et condensa fruteta ac scabiosas Radigines radicitus evellere.*

¶ **RADIOLA**, Rotæ radius. Agius in Vita S. Oalhumodæ apud Pezium tom. 1. Anecdot. part. 3. col. 297 : *Dicebat enim in somniis se quamdam miræ magnitudinis rotam vidisse, cujus palo diversas animalium figuras insertas haberent, se vero cum plerisque consororibus suis ad axem supra modiolum rotæ intra Radiolas quasi quibusdam catenulis esse colligatam.*

* *Rais*, in Pedag. Divion. Ms : *Li charretée des Raiz paiera iiij. Raiz de paaige et ij. Raiz de vante. Rais* vero officii seu dignitatis nomen apud Syrios ex Assis. Hierosol. cap. 4 : *Le chevetaine d'icelle court* (des Syriens) *est apelé Raiz en lor langage Arabic.*

* **RADIOLUM** *quidam polipodium vocant.* Glossar. medic. Ms. Simon. Januens. ex Cod. reg. 6959.

¶ **RADIOLUS**, Parvus radius, navicula, Gallice *Navette*, Instrumentum textoribus notum. Miracula S. Dionysii Episc. Paris. lib. 2 cap. 36 : *Adolescentula... textili opere laborabat, cum repente ferrum Radioli, quo filla cillebat, manui ejus adhæsit, etc.*

* **RADJOURNARE**, In jus iterum vocare. Comput. ann. 1357. ex Tabul. S. Vulfr. Abbavil. fol. 12. r° : *Pro adjournando et Radjournando dictum Damiette, etc.* Vide *Readjornare.*

¶ **RADIOSITAS**, Claritas, fulgor. *Scientiarum ac experientiæ Radiositas*, apud Schannatum Vindem. Liter. pag. 214.

* **RADIS.** Placit. ann. 845. apud Murator. tom. 2. Antiq. Ital. med. ævi col. 973 : *Interrogavimus eos iterum atque iterum pro qua re ipsa testimonia abere non potuissent. Et ipsi dixerunt : Pro ideo non possimus, quia faciebamus operas ad Radem, et portabamus pastas ad Veronam, et alias ambassias, quas nobis mandabant da parte sanctæ Mariæ.* Legendum forte *Rodis*, ab Italico *Rodere*, comminuere, ut significetur instrumentum, quo aliquid teritur et comminuitur.

¶ 1. **RADIUS**, Septum ad capiendos pisces. Historia Monasterii Andagin. tom. 4. Ampliss. Collect. Marten. col. 931 : *Quædam vero venna, quæ apud eos dicitur Radius, in Haia habetur, et quæcumque captura piscium ibi pervenerit, a nona Dominicæ noctis usque ad vesperam sequentis diei, suum est ecclesiæ nostræ ex consuetudine veteri; et quando idem Radius firmabatur a villico nostro, exigebat sibi obsonium Comitis villicus.*

2. **RADIUS**, Sulcus, Gallis *Raye, Rayon*, Via carucæ in arando, in Fleta lib. 2. cap. 73. § 12. 13. 15.

Radius Virilis, qui *vena* Martiali, Veretrum, apud Cælium Aurelianum lib. 3. Acut. cap. 14.

* 3. **RADIUS.** Ad Radium tinæ, Id est, ad plenam tinam seu vas vinarium, quod *tinam* vocabant. Vide *Tina* 2. Chartul. S. Vict. Massil. : *Dictus Petrus dare tenetur singulis annis duas metretas vini ad Radium tinæ.* Alia apud Gariel. in Hist. episc. Magalon. part. 2. fol. 175 : *Instituit quod prior et sacrista collegiatæ* (S. Annæ Montispess.) *teneatur dare singulis annis et solvere..... duo modia vini boni et puri et mercatilis..... ad Radium tinæ.* Galli diceremus, *a ras de tine.*

* 4. **RADIUS** *vocatur instrumentum cirurgicorum, stilus, tenta; et illud quo medicinæ in oculis ponuntur.* Glossar. medic. Ms. Simon. Januens. ex Cod. reg. 6959.

1. **RADIX**, Radizes. Testamentum Ranimiri Regis Aragon. æræ 1099. in Hist. Pinnatensi lib. 2. cap. 38 : *Similiter de pane et vino de meas laboranzas, et Radizes et totos meos peculiares, sic de illo, quod est aplicatum, quam de illo, quod est pro aplicare, medietatem illius habeat filius meus Sanctius, etc.* Charta Hispanica vetus apud Anton. *de Yepez* in Chron. Ordinis S. Benedicti tom. 3. pag. 383 : *Et misit nuncios ad nos semel, bis et ter, ut daremus ei illam Radicem præfati senioris, et acciperemus mutuum in alio loco, et non consensimus.* Charta alia Hispanica apud Sandovallium in Episc. Pampilon. fol. 72 : *Ecclesiam B. Mariæ ipsius sedis liberam dedi cum suis pertinentiis ac decimis, cum sua Radice, et cum omnibus, quæ ad eam pertinent.* Hispanis *Raiz*, est radix, *bienes raizes*, bona immobilia, prædia. [Charta Veremundi Abb. Iraxensis in Antiq. Navarræ pag. 618 : *Senior Lope... misit omnem Radicem suam, quam habebat in villa, quæ dicitur Sotes, etiam et mezquinos quos ibi habebat ad monasterium beatæ Mariæ de Irax.* Morettus vertit *Hazienda* Hisp. facultates, bona, etc.]

¶ 2. **RADIX**, Genus, progenies. *Quod si habuerit de mea Radice et de mea progenie*, apud Morettum Antiq. Navarræ pag. 403. A voce *Radix* vulgo nostri ducunt Gallicum *Race*, quot utcumque confirmari potest loco laudato, ubi *Radix* eadem notione sumitur, qua *Race* Gallicum; hanc tamen originationem improbat Eccardus in suis notis ad Pactum Legis Salicæ tit. 63. contenditque nostrum *Race* a Germanico *Reiss*, Ramus, crassiuncule pronunciato derivari.

* 3. **RADIX**, Torcularis pars quædam. Comput. eccl. Paris. ann. circ. 1381. ex Bibl. S. Germ. Prat. : *Item dicto Rotier pro octo petiis, dictis Radicibus, pro dicto pressorio, qualibet duarum tesiarum cum dimidia.*

¶ **RADKNIGHTS.** Vide infra *Rodknights.*

RADMANNI, qui et *Radchenisters* Anglis, Liberi tenentes qui arabant, et herciabant ad curiam domini, seu falcabant aut metebant, apud Edward. Cokum ad Littl. sect. 1. et 117. Domesdei in fine *Cestrescire*, tit. Lanc. : *Rex E. tenuit Peneverdant ibi* 11. *car. sunt in dominio, et* 6. *burgenses, et* 3. *Radmans, et* 8. *vil. et* 4. *bovar.* Alibi, in Monastico Anglic. tom. 3. pag. 181 : *In ipso hundredo tenet unus Radman unam hidam, quæ est de Bertune Canonicorum, et geldabat.* Alibi : *De isto manerio tenent duo Milites unam hidam, et* 3. *virgatas : et* 2. *Radmanni* 3. *virgatas et dimid.* Adde pag. 183. [et vide Thomam *Blount* in Nomolexico v. *Redmans.*]

1. **RADO.** Polyptychus S. Remigii Remensis : *Donat annis singulis in pastione de spelta mod.* 1. *pull.* 2. *ova* 15. *lign. carr.* 1. *ad scuriam reficiendam Radon.* 5. *ad fœnum vehendum quartam partem de carr.*

* 2. **RADO.** Bulla Alex. III. PP. ann. 1180. inter Probat. tom. 2. Annal. Præmonst. col. 166 : *Quartam partem nemoris Gorzart, cum Radonibus suis, terris cultis et incultis, præfato nemori pertinentibus.*

RADUM. Charta ann. 1105. apud Ughellum tom. 7. pag. 1071 : *Potestatem habeat plenariam faciendi furnos... Rada in flumine Aufidi, etc.* An *Vada?*

* Septum, ut videtur, ad capiendos pisces, idem quod *Radius* 1. Vide in hac voce.

¶ **RÆA**, pro *Raia*, Gall. *Raye*, Piscis marinus. Glossæ Lat. Græc. et Græc. Lat. : *Ræa*, βατίς. Et mox : *Raca*, βατίς, ἰχθύος εἶδος. Rursum : *Reiva et Reilara*, βατίς, ἰχθύος εἶδος.

RAERIA, [Molendini moles, qua retinentur aquæ vel emittuntur, ut opus est ad rotas versandas, Gall. *Ecluse.*] Charta ann. 1165. apud Hemereum in Augusta Viromand. : *Concessi domui infirmorum sancti Quintini molendinum de Rovereio, cum Raeria et pendulo, perpetuo tenendum, sub mensura* 6. *frumenti sextariorum singulis hebdomadis persolvendorum.* Tabular. S.

Quintini in Insula fol. 8 : *Et illas tres Raherias et planketas et ventalia teneatur suis sumptibus, etc.* Consuetudo Peronensis art. 146. de Vidua : *Pareillement est tenuë de contribuer pour la portion de son douaire aux reparations des moulins, Rayeres, et cliers, et pressoirs, etc.* Vetus Consuetudo Atrebatensis art. 98. et nova art. 145 : *En moulin à eau le beffroy, le gisant, et le Rayere sont reputez heritages, et le demourant meuble.* [Consule Adrianum *Maillart* in notis ad hunc locum pag. 821. Aliter vocem *Rayere* Nicotus et Borellus exponunt, Essuram scilicet turris oblongam ad capiendum lumen.]

¶ **RAESGATUS**, Erasus radula, Gall. *Raclé.* Parvum Chartular. Gemetic. cap. 3 : *Debet dicto elemosinario octo boessellos avenæ comblesgatæ, dempto ultimo boessello Raesgatæ.*

¶ **RAFA**, Raphanus, Gall. *Raifort*, Rapæ genus. Bernardus Monachus in Ord. Cluniac. part. 1. c. 17 : *Pro signo alii seu Rafæ extende digitum contra buccam paululum apertum propter id genus odoris quod sentitur ex illis.* S. Willelmus lib. 1. Constitut. Hirsaug. cap. 12 : *Pro signo Rafæ.... extende indicem sinistræ manus, et indicem alterius manus in eo trahes contra te, quasi radentem simules : pro signo rapæ... prædictum indicem super alium in annulum trahe.* Hic Editor D. Herrgottus : *Rafa* et *Rapa* in hoc differunt, quod illa sit oblonga, hæc rotunda et alba, Germanis *Retich, Rüben.*

* **RAFAL**, RAFALLA, vox Hispanica seu Majoricensis, origine Arabica, quæ casam, domum seu prædium, civitati vel oppido adjunctum, sonat. Charta Petri reg. Majoric. ann. 1235. ex Bibl. reg. cot. 15 : *De cætero prædictas alquerias et prædictum Rafal cum domibus ejusdem,.... et cum omnibus ibi pertinentibus ac pertinere debentibus ad prædicta omnia de abisso usque ad cœlum habeatis.* Alia ann. 1261. laudata in v. *Alcheria : De alcheriis, Rafallis, campis, vineis, etc.* Vide *Raphalis.*

¶ **RAFEGA**, RAFFEGA. Vide *Rafica.*

RAFEUM, Rapa, Gallis *Rave.* Acta Murensis Monasterii pag. 37 : *Et semen omnium generum, speltæ, avenæ, lini, Rafei, pisarum, fabarum, milii, etc.* [* Idem quod supra *Raba.*]

* **RAFFARDE**, vox Gallica, Irrisio; unde *Raffarder*, Deridere, illudere, vulgo *Railler, se moquer.* Lit. remiss. ann. 1365. in Reg. 98. Chartoph. reg. ch. 519 : *Lequel Richart moult orguilleusement et despitément respondi au suppliant, aussi comme par maniere de Raffarde et de moquerie.* Aliæ ann. 1397. in Reg. 152. ch. 131 : *Et pour ce qu'il sembla audit Touse qu'il deist ce par maniere de Raffarde ou moquerie, etc.* Aliæ ann. 1454. in Reg. 184. ch. 506 : *Lesquelles Raffardes et moqueries, avec les autres injures et violences devant dittes, le suppliant à grant argu, vergongne et desplaisirs,.... lui requist qu'il cessast de le plus injurier, Raffarder et moquer. Refarderie,* eodem sensu, in Lit. remiss. ann. 1473. ex Reg. 195. ch. 855 : *Icellui Paupe, par maniere de Refarderie, osta son chapeau devant le suppliant, disant : Vous estes monsieur de Montbeliard.* Neque alio sensu, *Rasgler*, legitur in aliis Lit. ann. 1468. ex eod. Reg. ch. 91 : *Le suppliant et icellui Breton en Rasglant et devisant, comme ilz avoient acoustumé faire.*

* **RAFFIUS**, Ital. *Raffio*, Harpago, uncus. Stat. antiq. Florent. lib. 3. cap. 156. ex Cod. reg. 4621 : *Quilibet in civitate, burgis et suburgis Florentiæ debeat in sua propria vel conducta apoteca pro trahendo et capiendo tales malefactores* (habere) *unam targiam, scutum,.... et unum Raffium.*

* **RAFFLA**, Aleæ species, Gall. *Raffle.* Lit. remiss. ann. 1362. in Reg. 93. Chartoph. reg. ch. 6 : *Cum inter dictum Johannem et defunctum Richardum verba contentiosa ludendo inter se ad Rafflam cum taxillis,... suborta fuissent, etc.* Aliæ ann. 1399. ex Reg. 154. ch. 566 : *Icellui Baudet et aucuns autres s'esbatoient à un jeu, que l'en dit le poulain ou Raffle.*

* Alia rursum est ejusdem vocis notio; scabiem nempe, vulgo *Gale, croute d'une plaie*, significat in Lit. remiss. ann. 1408. ex Reg. 162. ch. 223 : *Guiselin de Rebesnes pria ladite Perrette qu'elle voulsist bailler ledit enfant morte-né, et lui jura et afferma que ce n'estoit pour aucun mal faire, mais seulement lui mettroit on un pou d'oignement en la main, et lui en feroit on oindre le visage du seigneur, qui estoit mesel, et par ce sa Raffle lui charroit de son visage.* Vide infra *Rufia.*

¶ **RAFFURNUS.** Vide mox *Rafurnus.*

RAFICA, RAFICANUM. Charta Stephani PP. VII. apud Catellum pag. 773. Sammarthanos in Archiep. Narbonensib. et Labbeum tom. 1. Biblioth. pag. 805 : *Vineas, prata, silvas, atque medietatem silvarum et telonei seu Raficam, atque naufragii, etc.* Labbeus habet hoc loco : *Medietatem salinarum, et telonei, seu Raficani, ac naufragii, etc.* Alia Caroli Simplicis Regis Franc. apud eosdem Catellum et Sammarthanos : *Concedimus prætcrea medietatem salinarum, telonei, portatici et Raficæ, sive naufragii, atque pascuarii, etc.* Occurrunt præterea eadem verba in alia Karolomanni Regis Francorum pro ipsa Ecclesia Narbonensi in Notis Stephani Baluzii ad Concilia Narbonensia pag. 69. At paulo aliter Charta Odonis Regis ann. 888. apud supra laudatum Catellum l. 5. Rerum Occitanar. pag. 749. [et inter Instrum. novæ Gall. Christ. tom. 6. col. 10. ubi perperam legitur *Rafita*] : *Concedimus medietatem salinarum, telonei, portatici, et Raficæ, atque pascuarii, ceu classes naufragiorum, ad eandem Ecclesiam, tam in Narbonensi, quam in Reddensi Comitatu, undecunque Comes vel ejus Missus receperit, vel recipere debuerit aliquid exactionis.* Ex quibus verbis videtur posse colligi, *Raficam* fuisse, quod dominus habet in naufragiis, quod Normannis *Warec* dicitur.

☞ Occurrunt voces *Rafica, Rafiga, Rafega* vel *Raffega*, sed nullo satis certo veræ notionis indicio, in Appendice Marcæ Hispanicæ col. 773. 830. 832. 833. 835. 857. 1067. 1153. 1160. apud Cardinalem *de Aguirre* tom. 3. Conciliorum Hispan. pag. 204. col. 1. 2. et alibi.

* Huic voci proxima est Hispanica *Rafaga*, qua Venti afflatus vehemens significatur, atque adeo prope accedit ad sensum hic propositum; jus nempe in navibus ad litus a vento actis.

RAFICII, Pondus scripulorum quindecim, Saladino de Ponderibus.

* **RAFICIUM**, Mensuræ frumentariæ apud Hispanos species. Vide supra *Kaficium* et mox *Raficius.*

¶ **RAFICIUS**, RATIFICIUS, Mensura frumentaria. Decretum ann. 1054. Marcæ Hisp. col. 1104 : *Demus xx. Raficios hordei eidem canonicæ ad mensuram Barchinonensem in eadem urbe, aut demus pretium, unde emi possint in prædicta civitate.* Et mox : *Si.... dederimus prædictæ canonicæ, unde eadem canonica habere possit* xx. *Ratificios hordei per unumquemque annum ad legitimam justitiam Barchinonæ.... et postmodum non faciamus ipsam emendationem* xx. *Raficium hordei supra memorati.*

RAFIMENTA, *Interramenta*, apud Papiam et in Glossis antiquis MSS.

¶ **RAFINUS**, Rapæ genus, raphanus, Gall. *Raifort.* Charta ann. 1155. in Probat. novæ Hist. Occitan. tom. 2. col. 555 : *Leudas quas ibi habeo scilicet de porros et caulibus, et cebiis et allibus, et Rafinis, etc.*

¶ **RAFITA**, pro *Rafica.* Ibi vide.

RAFREDARE, vox Italica, Refrigescere, nostris *Refredir.* Occurrit in Charta Italica ann. 1287. in Miraculis S. Ambrosii Senens.

* Nostri *Rafreschir*, pro Restaurare, reficere, dixerunt. Lit. ann. 1394. tom. 7. Ordinat. reg. Franc. pag. 630 : *Derechief faicte et Rafreschie sa dessusdicte requeste, etc.* Sic enim leg. ex Reg. 146. Chartoph. reg. ch. 98. pro *Rareschié*, ut hic perperam editum est.

¶ **RAFURNUS**, RAFFURNUS, Fornax calcaria, vel tantum calcis, quantum coqui potest vel solet in una fornace. Extractum computi ann. 1336. tom. 2. Hist. Dalphin. pag. 325. col. 1 : *Item pro fieri faciendis tribus Rafurnis de calce ad faciendum dictum opus, etc.* IX. *lib. gr.* Literæ ann. 1345. ibid. pag. 520. col. 1 : *Rector dicti monasterii... possit capi et scindi facere de lignis viridibus dicti nemoris ad faciendum unum alium Raffurnum calcis, et calcem, quam in dicto faciendo Raffurno et in Raffurno jam facto poterit dictus prior vel rector facere fieri, vendat ut melius poterit, et pretium convertat in opere et ædificiis ecclesiæ et monasterii prædictorum.*

* *Rafour* vulgo in Bressia. Consule Collet. in Stat. ejusd. provinciæ lib. 3. sect. 1. pag. 35. col. 1.

RAGA. Lex 3. Cod. Th. de Habitu, quo uti oportet intra urbem (14, 10.) : *Intra urbem Romam nemo vel Ragis, vel tzancis utatur.* Cum in Lege superiore *braccis* legatur, videtur eadem vox in hac Lege reponenda. Nam quod quidam *rocchis* restituunt, aut *racis*, ut sint Græcum ῥάκη vel ῥάκια, de qua voce in *Ragana*, neutiquam probaverim : cum habitus et indumenta exotica, ac præsertim Francorum interdicantur in lege 4 : *Majores crines, indumenta pellium, etiam in servis, intra Urbem sacratissimam præcipimus inhiberi.* Quæ quidem, ut et *braccas*, Francorum propria fuisse, satis constat.

* Haud satis attente monet Cangius hic pro *Ragis* legendum esse *Braccis*; quando-

quidem vox subsequens *Ragella*, diminutivum videatur a *Raga*, eodem significatu.

¶ **RAGACINUS**, Ragaczinus. Vide *Ragazinus.*

¶ **RAGADIA**, Fissura, Rima, a Græco ῥαγάς, άδος. Acta S. Raynerii, tom. 3. Junii pag. 461 : *Habebat Ragadias in volis manuum et inter omnes digitos earumdem, quæ vulgo Setolæ dicuntur; et nullo modo poterat curari medicamine.* Ραγάδια. Celsus vocat scissuras in ano; hinc Laur. in Amalthea: *Ragades, Ragadia, fissuræ et rimæ in sede seu ano; item in labris et vulva, scissuræ dictæ Celso.*

* Glossar. medic. Ms. Simon. Januens. ex Cod. reg. 6959 : *Ragadiæ dicuntur fissuræ accidentes in circulo ani multi ardoris.* Aliud Lat. Gall. ex Cod. 7679 : *Ragedia, Raye, Gallice.*

RAGALEIA, vel *Ragaleca terræ*, in Archivis Regiis, in arce London. apud Spelmannum, nostris Modus agri, *Raye.* Vide *Rega.*

¶ **RAGALON**, Anhelitus hominis animam agentis, Gall. *Râle, Ralement.* Miracula Urbani V. PP. MSS. e Bibl. S. Victoris Massil. : *Videbatur quod fuisset in mortis articulo, quia jam habebat in gutture lo Ragalon, quod est signum mortale.*

* Alias *Raancle;* unde *Raancler*, pro *Raler.* Mirac. Mss. B. M. V. lib. 1 :

Il cai en un grief malage....
Quant en la gorge li relieve
Uns Raancles, qui moult li grieve,
Et Raancla si durement,
Que bien vous puis dire briement,
Parler ne puet, n'un seul mot dire.

¶ **RAGATIUS**, Idem qui mox *Ragazinus.* Statuta Placentiæ lib. 5. fol. 58 : *Nullus scutifer vel Ragatius in civitate Plac. vel burgis currat aliquem equum... nisi in præsentia domini, cujus fuerit equus.*

¶ **RAGAZINUS**, Ragaczinus, etc. Ital. *Ragazzo*, Servulus, calo, Gall. *Goujat.* Chronicon Dominici de Gravina, tom. 12. Muratorii col. 595 : *Hoc itaque deliberato consilio, datis equis eorum Ragaczinis, unusquisque pedes evaginatis gladiis concivibus, civitatis mortem minantur.* Legitur *Ragazinus* ibidem col. 599. *Ragacinus* col. 708. ut et in Joh. Demussis Chronico apud eumd. Murator. eod. tom. col. 512. *Ragazius*, in Chronico Mutin. tom. 15. ejusdem Muratorii col. 600. *Ragacii et servi*, in Constitut. Frederici Regis Siciliæ cap. 113.

¶ Ragazus, Eadem notione. Regimina Paduæ apud eumd. Murator. tom. 8. col. 436 : *Venit Paduam... cum magna multitudine militum et peditum et Ragazorum.*

* Consule, si placet, Murator. tom. 2. Antiq. Ital. med. ævi col. 1273. ubi de hujus vocis origine disquirit. Inde fortassis Gallicum *Raguot*, porcellus, in Lit. remiss. ann. 1411. ex Reg. 166. Chartoph. reg. ch. 155 : *Le suppliant print cinq d'iceulx pourceaulx, c'est assavoir trois petiz Raguoz et deux autres un poy plus grans. Ragot* dicitur de juniore apro et de homine humilis et corpulentæ staturæ.

* *Ragote* vero Convitium sonat, in Lit. remiss. ann. 1409. ex Reg. 164. ch. 150 : *Lequel hostellier leur fist très mauvaise chiere, en destournant ses biens contre eulx, et en leur disant pluseurs Ragotes et injures. Ragoter*, etiamnum populari acceptione usurpatur, pro Obmurmurare, mussare.

RAGELLA, Vestis, aut panni species. Charta plenariæ securitatis Ravennæscripta sub Justiniano, apud Brisson. lib. 6. Formul. : *Mappa valente asprionis siliqua una, lena vetere una, Ragella vetere una, etc.*

RAGELOTTA. Vide *Raglorium.*

RAGEMAN, Statutum dicitur de Justitiariis assignatis per Regem Edwardum I. et Concilium suum ad peragrandam Angliam, audiendasque et terminandas omnes injuriarum querelas, per quinquennium factarum, ante festum S. Michaelis anno regni sui 4. Spelm.

¶ Raggemans. Literæ Henrici IV. Reg. Angl. ann. 1399. *de Raggemannis comburendis*, apud Rymer. tom. 8. pag. 109 : *Licet nuper, tempore D. Ricardi nuper Regis Angliæ... quamplures subditi... regni nostri Angliæ per diversa scripta, cartas sive literas patentes, vocata Raggemans sive Blank Chartres, sigillis eorumdem subditorum separatim consignata et in cancellaria ipsius nuper Regis postmodum missa, se reos et culpabiles de diversis proditionibus ac mesprisionibus et aliis malefactis, per ipsos contra ipsum nuper Regem et regaliam suam factis, fore cognoverint... ordinavimus, quod omnia et singula scripta, cartæ seu literæ prædictæ... comburantur et destruantur.*

¶ Ragman, Eadem notione. Chronicum Anglic. Thomæ *Otterbourne* pag. 114 : *Redditis Regi et regno Scotiæ juribus, libertatibus, et litera quæ vocatur Ragman cum sigillo de homagio facto nobili Regi Edwardo 1.*

¶ **RAGIA**, Alveus, ut videtur, canalis, aquæductus. Statuta Mediolan. part. 1. cap. 245 : *Ad transversum fluminis tam publici quam privati, vel alicujus Ragiæ vel soratoris... liceat vicino habenti terras ab utraque parte aquam ducere.* Vide *Ragium* et *Raeria.*

RAGIATUS, Idem forte quod *Ragatus*, Radiatus, ex Italico *Raiato*, vel Gallico, *Rayé.* Anastasius Biblioth. in S. Hilario PP. pag. 28. [et Joannes Diaconus in Appendice Ordinis Rom. cap. 13.] : *Cum columnis porphyreticis Ragiatis, foratis.* Cujusmodi sunt, quas *Canellatas* dicimus. Statuta Massiliensia MSS. ann. 1276 : *Tunica Ragata cum punchis.*

¶ **RAGIMBURGII.** Vide supra *Rachimburgii.*

RAGIUM, [Idem quod *Ragia.*] Tabularium Casauriense ann. 24. Ludov. Imp. F. Lotharii : *Tibi dono Ludovico terram foris ipsa insula de Casaure, juxta ipsum Ragium de ipsa Piscaria, quæ nobis pertinet.*

RAGLORIUM. Charta Edw. III. Reg. Angl. qua Edwardum primogenitum suum Principem Valliæ constituit in Parlamento Westmonast. ann. 7. apud Seldenum de Titulis honor. pag. 597 : *Cum forestis, chaceis, parcis, boscis, warennis, hundredis, comotis, Ragloriis, ringeldiis, wodewardiis, constabulariis, balivis, forestariis, coronatoriis, etc.* Apud Wallos *Rhaglaw*, ait Spelmannus, *Senescallum, Surrogatum, Præfectum, Præpositum* sonat. [Literæ Henrici Principis Walliæ ann. 1408. apud Rymer. tom. 8. pag. 547 : *De nôtre grace especiale et pour le bon et greable service que notre amé serviteur William Malbon, vadlet de nôtre chambre, nous ad fait et fera en temps à venir, avons donné et granté à l'avantdit William l'office de Raglore de les Commotes de Generglyn et Hannynyok, deinz nôtre Contée de Cardygan, et avoir à l'avantdit William ledit office pour terme de sa vie, ovesque les fees, gages et profits, à l'avantdit office d'ancien tems duez, accustumez.*] [** Vide *The Record of Caernarvon* præfationis pag. xi. ubi ex MSS. antiquo : *Raglottus cujus officium est ut Officium Vic. facere summonitiones, attachamenta, arrestamenta de omnibus querelis et causis quæ tam ad sectam dominii quam partium coram ipso emerserint, etc.* Anglice dicebatur *Sheriff* et *Constable.*

** Ragelotta, Ejus officium. Abbrev. Rotul. tom. 1. pag. 250. ann. 13. Edward. II. Wall. rot. 4 : *Rex concessit Henrico Sommer Ragelottam commoti de Nanttoneway et havotriam ejusdem commoti, cum pertinentiis habendis, quamdiu, etc.*

** Raglotia. Abbr. Rotul. tom. 2. pag. 94. ann. 9. Edward. III. Wall. rot. 1 : *Rex commisit valetto suo Joh. de la Hydeborne custodiam villæ de Tuwyn et Raglotiæ commoti de Astramanner, cum, etc.* Adde ibid. pag. 148. ann. 15. Edward. III. Northwal. rot. 57.

¶ **RAGMAN.** Vide in *Rageman.*

* **RAGUE**, *Arabice Spuma, quæ et zebus dicitur*, in Glossar. medic. Ms. Simon. Januens. ex Cod. reg. 6959.

RAGUNARE, Idem quod *Dirationare, Arraisonner*, Mittere in rationem. Vetus Charta apud Ughellum in Episcopis Sulmonensib. : *Habeat in omnibus licentiam... causare, agere, et Ragunare, et adoprare, de supradicto Episcopio defendere absque omni calumnia.* Vide *Rationare* in *Ratio*, 1.

* Italis, Cogere, congregare, colligere. Nostris *Rager*, pro Moveri, in varias partes versare se, vulgo *Se remuer.* Lit. remiss. ann. 1477. in Reg. 206. Chartoph. reg. ch. 1149 : *Durant le travail d'icelle femme, les femmes sentirent l'enfant Rager et mouvoir en son ventre.*

¶ **RAHERIA.** Vide *Raeria.*

* **RAIA**, Striga, sulcus terræ, Gall. *Raye* vel *Roye de terre.* Charta ann. circ. 1220. ex Bibl. reg. : *De campo Johannis de Velli super grossam Raiam de quadam arca terræ, etc.* Vide *Riga* 1.

* **RAIBA.** Convent. Saonæ ann. 1526. pag. 53 : *Reverenter exponunt,... qualiter a certo tempore citra, indebite gravantur per homines Saonæ, qui contra consuetum et sine jure compellant ipsos Quilianenses, ementes granum in Raiba Saonæ, ad transeundum per quamdam portam, per quam molendinarii Saonæ portant grana ad molendum.* An fori frumentarii nomen?

* **RAILLO**, Rallo, Sagittæ species, nostris *Raillon.* Lit. remiss. ann. 1442. in Reg. 176. Chartoph. reg. ch. 185 : *Gaillardus Borii, qui suam balistam habebat oneratam quodam Rallone, dictam suam balistam desseravit et cum dicto Rallone corpus dicti Bartas omnino perforavit, taliter quod dictus Raillo ab alia parte in terram cecidit.* Aliæ ejusd. ann. ibid. ch. 194 : *Jehan Conte remist le Raillon sur l'arbaleste*

et desbanda ledit Raillon contre Caluet et telement qu'il le attaigni par le bras et lui persa tout oultre. Le suppliant garni d'une arbalestre de bois, viretons; Raillons et autres habillemens de guerre, in aliis ann. 1455. ex Reg. 187. ch. 93. Hinc *Raillonnaide*, ejusmodi sagittæ ictus, in Lit. remiss. ann. 1460. ex Reg. 190. ch. 151 : *Le suppliant donna à icellui Bernart... une Raillonnaide par la teste, et après ce lui couppa la gorge*. Vide infra *Relho*.

RAIMATUS, [Obligatus, ad aliquid præstandum in litigiis, v. g. jus suum probandum, testes producendos, etc.] Vide *Adramire*.

¶ **RAIMBERS**, Vox vernacula, cujus notio satis exponitur in Charta Guillelmi Abb. Floriac. ann. 1316 : *Dicti conjuges habere debebant.... IV. panes vocatos Raimbers, quorum quilibet debet habere... IV. michiarum nigrarum pondus.*

* A Latino scilicet *Ragnobertus*, nomen proprium, iis panibus datum.

RAIMBURGI. Vide *Rachimburgii*.

¶ **RAIMUNDENSIS** Moneta. Vide *Raimundensis* in *Moneta Baronum*.

* **RAINA**, f. pro *Ravina*, vel *Ravia*, quod puto, a Gallico *Ravine*, Eluvies, exundatio, via imbribus excavata, Hisp. *Raudal*, torrens, rapida aquæ copia. Libert. Brianc. ann. 1343. tom. 7. Ordinat. reg. Franc. pag. 729. art. 21 : *Attento circa hæc, ut dicitur, quod cistones hujusmodi sunt plurimum periculosæ, propter diluvia et Rainas. Ravace*, eodem sensu, in Lit. ann. 1346. ex Reg. 93. Chartoph. reg. ch. 26. unde male editum *Ravate* tom. 2. earumd. Ordinat. pag. 349. art. 16. *Ravoir*, in Sent. arbitr. ann. 1313. ex Reg. 53. ch. 53 : *Et volons que s'il avenoit que lidit fossés... s'enterast par coulist ou par Ravois, etc.* Charta Galt. *d'Estrommel* ann. 1308. in Reg. 72. ch. 309 : *Il larroient leur dit vivier ramplir du tout, en laissant les tourbles yaues et Ravoirs aler tout parmi ledit vivier*. Lit. remiss. ann. 1386. in Reg. 129. ch. 106 : *Se inundation d'eaues et de Ravoirs survenoient, les diz terrins porroient descendre oudit vivier et icellui emplir et aterir*. Forsan a rapido ejusmodi aquarum cursu; nam *de Ravine*, pro Rapide, legitur in Poem. Rob. Diaboli MS :

Espreviers quant il vole à quaille,
Ne vole pas plus de Ravine,
Que il vers la gent Sarasine.

* *Rain* vero, Ora, vulgo *Bord*; in Stat. ann. 1376. tom. 6. earumd. Ordinat. pag. 232. art. 33 : *Pour obvier aus fraudes, aucuns charpentiers.... ne tiennent atelier doresenavant ès termes ne ou Rain des forez*.

¶ **RAINBURGI**. Vide supra *Rachimburgii*.

RAISA, Raisoguelduм. Vide *Reisa*.

¶ **RAITEMAGISTRI**, Carolo de Aquino in Lexico Militari videtur fuisse gradus honoris in militia *Raitrum*. Famian. Strada Dec. 2. l. 8 : *Delegatis duobus, ut ipsi vocant, Raitemagistris*.

¶ **RAITRES**, in eod. Lexico Mil. Militia equestris, apud Germanos; nam his *Raiter* est Eques, *Raiten*, Equitare. Idem Famian. ibidem : *Cognoscit de numero, deque consilio Raitrum*.

* **RALERIUS**. Lit. remiss. ann. 1393. in Reg. 144. Chartoph. reg. ch. 347 : *Cum nocte cujusdam carniprivii novi post cœnam, Bartholomæus Guys miles.... causa videndi focos seu Ralerios, qui fieri consueverunt ipsa nocte*. Quod ad usum facibus accensis hos dies celebrandi, pertinet; unde vero vox *Ralerius*? Vide supra *Brando* 1. et *Dies focorum* in *Dies* 7.

RALLA, Instrumentum, quo raditur, quasi *Rada*, *Radella*, unde *Ralla*, inquit Salmasius. Gloss. Gr. Lat. Ξυςής, *hæc Ralla, Rallum, Rallus, Rasorium*. [Et mox : Ξύςρα, *Strigila, strigilis, Rallum, ramus, radula, strigile*. Confer Latino-Græcas; et] adde Glossas Isidori.

* Acta MSS. notar. Senens. ad ann. 1283 : *Confiteor conduxisse a vobis... unum molendinum, cum domo, positum in flumine de Bocone,.... cum duabus nottolis et cum duabus Rallis et cum duabus golfis, etc.*

¶ **RALLIARE**, Iterum obligare, a Gallico *Relier*, Iterum vincire : *Qui noluerit manumitti.... Rallientur*, in excerpto veteris Chartæ, cujus non est copia; verum opinor hic agi de servis manumittendis, qui si noluerint manumitti, novo jugo subdendi declarantur.

* *Ralliance*, pro *Association*, Societas, in Lit. remiss. ann. 1394. in Reg. 147. Chartoph. reg. ch. 169 : *Estes vous ce ribaut, qui avez fait Raliance de batre les prestres?* Vide infra *Ramesse*.

* **RALLO**. Vide supra *Raillo*.

RALLUS, Avis aquatica, vulgo *Ral*. Sunt etiam *Ralli terrestres, qui dicuntur duces coturnicum*, inquit Fridericus II. Imp. lib. 1. de Arte venandi cap. 9. Adde cap. 17. [Vide *Ralla*.]

¶ **RALUM**, *Corium*, in Onomastico ad calcem tomi 1. Sanctorum Maii.

1. **RAMA**. Lex Ripuarior. tit. 15 : *Si quis ingenuus ingenuum Ripuarium interfecerit, et eum cum Rama cooperuerit, etc.* Ita præferre Codicem Metensem monet Baluzius, ubi alii *Ramo* habent. Vide *Ramale* et *Ramus* 2. [Pactus Legis Salicæ tit. 44. § 5 : *Si vero eum de hallis aut de Rama super operuerit, etc.* Acta S. Jacobi Philippi, tom. 6. Maii pag. 175 : *Ego vidi multas violas coloris gialli virides, quæ ab omnibus tunc præsentibus judicabantur esse de recenti ablatæ ab ejus planta : et de his habui unam Ramam*. Annales Mediol. apud Murator. tom. 6. col. 811 : *Paramentum unum cetonici rubei laborati ad Ramam*. Itali Rama dicunt eadem notione. Le Roman *de la guerre de Troyes* MS :

En sa main tient un Raim d'olive,
Peis mostre as Griu en sa creance.

Alii dicunt *Rain*, ut etiamnum quidam e Gallo-Belgis. Vide Menagium in Etymol. Gall. et *de Lauriere* in Glossario Juris Gallici v. *Rain*.]

* Inventar. MS. thes. Sedis Apost. ann. 1295 : *Item unam Ramam vel arborem cum pede stante supra quatuor leonibus, etc.* Nostris *Rain* et *Rainsel*. Annal. regni S. Ludov. edit. reg. pag. 163 : *Liquels roys Loeys fu ainsi comme li Rains, qui est nouvelement trenchés d'un tres bon arbre, etc. Par Rain et par baston*, in Charta ann. 1401. ex Chartul. 23. Corb. Chron. S. Dion. tom. 3. Collect. Histor. Franc. pag. 256 : *Landris li connestables les mena en une forest,... si coupa un Rainsel d'un arbre, etc.* Ubi Aimoin. lib. 3. cap. 81. ibid. pag. 107 : *Ramum præcidit arboris*. Bestiar. MS :

Là sont li Rainsel si menu,
Si biaus, si espès et si dru.

Ung Rainnel de rue, in Lit. remiss. ann. 1447. ex Reg. 178. Chartoph. reg. ch. 257. Hinc *Rainche*, pro Fustis, *Baton*, in aliis ann. 1388. ex Reg. 132. ch. 338. Neque aliunde accersenda videtur origo vocis Gallicæ *Rainser*, pro *Donner des coups de baton*, Fustem alicui impingere. Lit. remiss. ann. 1391. in Reg. 141. ch. 13 : *Jehan le Vasseur..... dist audit Regnaudin qu'il le Rainseroit autre part. Ramsel*, eadem notione, ad vocem *Ramus* propius accedit. Charta ann. 1317. in Reg. 56. ch. 483 : *Porra chascuns* (bourgois de Chambly le 1er jour de May) *aporter plain son puing de mort bos à cause d'esbatement; et se il estoit trouvé qu'il aportaissent ou copaissent plus gros Ramsiaus, etc.* Alia ann. 1387. in Reg. 131. ch. 221 : *Usaige à bois sec, à branches ou Ramseaulx vers*. Quæ sic redduntur ex Charta Phil. Pulch. ann. 1313. ibid. : *Usagium ad boscum siccum, ad branchias seu Ramos virides. Ramps*, eodem intellectu, in Lit. remiss. ann. 1468. ex Reg. 197. ch. 27 : *La feste de Pasques fleuries ou de Ramps, etc.* Vide in *Ramus* 2.

* Rama, Ramorum seu ramalium collectio, fascis, nostris *Raime* et *Reime*. Charta ann. 1274. inter Probat. Hist. Villehard. pag. 26 : *Quatre vingt milliers de Reime, etc.* Comput. ann. 1480. inter Probat. tom. 3. Hist. Nem. pag. 341. col. 2 : *Item pro una cadrigata Ramæ missa quæsitum ad præparandum et ornandum turrem S. Anthonii*. Stat. pistor. art. 8. ex Lib. rub. fol. magn. domus publ. Abbavil. : *Que nulz ne mette Raime sur sen four, fors que pour le journée*. Hinc, ut videtur, *Reins*, Florum fasciculus, Gall. *Bouquet* : ita enim hanc vocem interpretor in Lit. remiss. ann. 1476. ex Reg. 195. Chartoph. reg. ch. 1594 : *Apres que l'en ot disné aux nopces et en faisant le Reins d'icelle Colaye dame des nopces, etc.*

* 2. **RAMA**, Piscationis species, projectis in aquam ramalibus, intra quæ pisces sese recipere solent. Charta ann. 1196. apud Ughell. tom. 1. Ital. sacr. edit. 1717. col. 419 : *Pascuis, pratis, sylvis, venationibus, fluminibus, rivis, aquis, Ramis, aquarum decursibus, piscationibus, etc.* Vide *Ramata* 1.

* 3. **RAMA**, Pertica. Charta ann. 1328. ex Bibl. reg. : *Quod panni et pegiæ pannorum erunt interim sub ejus custodia et fortuna a tempore quo ad Ramus positi fuerint, quousque fuerint depositi aut deliberati magistro Ramarum. Rayme*, pro *Rame de papier*, viginti chartæ scapi, in Computo Arnulfi *Boucher* thesaur. guerr. ab ann. 1390. ad ult. Jan. 1392. ex Cod. reg. 9436. 3. fol. 334 : *Pour quatre Raymes de papier pour escripre lettres closes et autres escriptures, etc.*

* **RAMACIUM**, Ramale, ramuli. Comput. ann. 1483. ex Tabul. S. Petri Insul. : *Pro Ramaciis nemorum, quercuum et ulmo-*

rum, provenientium ex lignis et arboribus emptis a domina abbatissa de Marquette, convertendis tam in fasciculos quam in fagotellos, etc.

¶ **RAMADA**, Umbraculum ramis concinnatum, Provincialibus *Ramade*, Gallis *Feuillée*. Charta ann. 1344. e Schedis D. Lancelot : *Item quod nullus cujuscumque conditionis existat sit ausus facere Ramadam seu Ramadas in tabernis, nec facere signum in tabernis cum ramis, nisi cum manutergio.* Ibidem : *Item quod nulla persona, cujuscumque conditionis existat sit ausa facere vidacerios infra villam Balneolis, nec Ramadas sive veredas per carrerias, nisi habeant in altitudine duas cannas.* Vide *Ramata* 2.

RAMAGII, dicti Friderico II. Imp. lib. 2. de Arte venandi cap. 30. 43. et alibi : *Falcones silvestres adulti, et qui extra nidum capiuntur cum retibus, laqueis, aut aliis instrumentis. Ramales* vocat Thuanus, nostri *Branchus*. Vocis etymon indicat Petrus de Crescentio lib. 10. de Agricult. cap. 3. dum ait, *Ramarios* esse, *qui de nido egressi, de ramo in ramum matrem sequuntur*. Crescentii interpreti Italico *Raminghi* dicuntur. Vide Guill. *Tardif* Lectorem Caroli VIII. Regis, de Falcon. 1. parte cap. 15.

☞ Ex hoc fonte emanat, ni fallor, vox Gallica *Ramage*, quam pro puella matri semper adhærente, et eam instar pulli, ita sequente, ut nulla esset facultas quemquam adolescentem alloquendi, usurpat Poema inscriptum, Le Roman *d'Athis* MS :

> Se ma mere m'est auques dure,
> Que j'aye ami elle n'a cure...
> Et me veut tenir si Ramage,
> Que je ne soie si hardie,
> Qu'au chevalier parle, ne rie.

* Silvestres, domesticis oppositi; quo sensu nostri *Ramages* dixerunt. Lit. remiss. ann. 1446. in Reg. 176. Chartoph. reg. ch. 455 : *Ouquel bois le suppliant avoit fait une loge de branches de chesne pour prendre des oyseaulx de praye, Ramages ou branchiers, comme lasniers, autours et esparviers.* Vide supra in *Lupus* 4. Hinc *Fille Ramage*, in Le Roman *d'Athis*, rudem et agrestem puellam interpretare.

RAMAGIUM, Facultas data *tenentibus* exscindendi vel colligendi *ramos* arborum in silvis dominorum, seu *ramalia*, unde et *Ramalaticum* dicitur. Charta ann. 1104. ex Tabulario S. Maxentii in Pictonibus : *Ego Audiernus de Campania dedi B. Maxentio Ramagium per omnes buscos meos in curte de Montebo, ad hoc, ut homines de Cogulcto accipiant ad omnes necessitates suas.* Regestum Philippi Aug. Herouvallianum fol. 69 : *Pro Ramagio lignorum donat quæque domus tria ova in Pascha.* Aresta ann. 1279. in Regesto Parlamenti Paris. B. fol. 49 : *Capellani de Ramagio forestæ Britolii remanebunt in possessione sui usagii, etc.* Tabular. Montismorilionis in Pictonibus fol. 142 : *Condonati domus domini, qui in hac terra habitabunt, non reddent alicui domino nec Ramatge, nec pasquerium.* Vide *Ramalaticum*.

☞ Vox *Ramatge* in hoc postremo loco Tabularii Montismorilionis non significat ipsam facultatem exscindendorum colligendorumve in silvis ramorum, sed quod pro ea facultate domino solvendum est a tenentibus : qua notione sæpius etiam accipitur vox ipsa *Ramagium*. Charta Odonis domini de Closis pro habitatoribus villæ *de Boesses* ann. 1239. apud Thomasserium in Biturig. pag. 85 : *Et omnia nemora mea aperta capere poterunt ad omnia necessaria sua facienda, ita quod pro iisdem Ramagium consuetum reddere tenebuntur.* Conventio Chartusianorum Vernensium cum Rossolino de Fossis ann. 1389. ex Schedis Pr. *de Mazaugues* : *Patri suo Rossolino habenti supremum dominium, merum imperium et Ramagium super avere extraneum in dicto monasterio et territorio ejus.* Venditio Vicecomitatus Rellaniæ per Ludovicum II. Comitem Provinciæ facta Petro d'*Acigné* Senescallo ann. 1410. ex iisd. Schedis : *Cum... venationibus et piscariis, pulveragiis, Ramagiis, passagiis, pedagiis, albergis, etc.* Statuta Perusiæ pag. 60 : *Si pedagium, bastagum, Ramagium, gabella, leyda seu cu-raria, ascenderit ad solidos duos vel ultra, etc.* Vide *Ramatgium*.

* Nostris *Ramage*, eadem acceptione. Charta ann. 1312. in Reg. 48. Chartoph. reg. ch. 116 : *Nec non gallinas de Lostoir nobis debitas in Ramagio forestæ prædictæ.* Alia ann. 1298. in Lib. rub. Cam. Comput. Paris. fol. 41 : *Une rente, que l'en appelle le Ramage de la forest.* Alia ann. 1324. in Reg. 62. ch. 145 : *Item sus les hommes de la Pruille pour un devoir, que l'en appelle Ramage, dix solz, quatre deniers.* Hinc *Ramageur*, Silvæ custos, vel qui ejusmodi tributum colligebat. Lit. ann. 1378. tom. 7. Ordinat. reg. Franc. pag. 202 : *Pasturages communs, senz en riens payer aux Ramageurs.* Vide infra *Rameragium*.

☞ Gallica vox *Ramage* in Consuetudine Britannica art. 298. 306. 322. 323. 325. 326. 330. 331. 482. 541. et 593. dicitur ramus cognationis et successionis linea, de qua consule *de Lauriere* in Glossario Juris Gallici. Vide *Ramificare*.

* Pro ipso cognato occurrit in Ordinat. ann. 1301. tom. 1. Probat. Hist. Brit. col. 1167. art. 10 : *Si le vavassour avoit aucun Ramage, qui devoit etre en l'aide, il lui doit mettre jour pour venir à l'aide du cheiff seigneur;.... et quant il aura adjourné ses Remagiers pour y venir, etc.*

* **Ramagium**, Ornamentum vestis instar rami figuratum, nostris quoque *Ramage*. Invent. ann. 1371. apud Garamp. in Disquis. de sigil. Garfagn. pag. 119 : *Una casula cum Ramagiis perlarum per totum.* Vide *Ramatgium*.

¶ **RAMAGIUS** Cervus, Nostris *Cers ramés* vel *ramages*. Le Roman *de la Rose* MS :

> S'est plus couars que ces Ramés
> Riches homs qui cuide estre amés...
> En ce cas n'est-il mie sages
> Ne qu'est un biax cers Ramages.

Vide *Cervus Ramagius* in *Cervus*.

* Ramosis cornibus ornatus; *Ramé* vero appellari videtur Cervus, cui cornua enascuntur. Et quidem *Ramalia* dicuntur cervi cornua, in Vita S. Germ. Autiss. tom. 7. Jul. pag. 227. col. 1 :

> Horrebant illic trepidi Ramalia cervi.

RAMALATICUM, Idem quod *Ramagium*, de qua voce supra. Vetus Notitia apud Perardum in Burgundicis pag. 38 : *Dedit Canonicis Divionensis Ecclesiæ apud Arcumvillam, usus suorum nemorum, ad construenda quælibet ædificia : percursus quoque in eisdem nemoribus et pasnaticum, et Ramalaticum, pasturam, videlicet animalium in pratis.... habere concessit.*

RAMALE, Ramus. Papias : *Ramalia, rami arborum, vel frondes.* Will. Brito lib. 7. Philippid. :

> .. Lapides, Ramalia, truncos
> Comportant, vivoque graves cum cespite glebas.

Et lib. 10 :

> . Pars solis solem Ramalibus arcet et imbrem.

Utuntur Ovidius, Persius, Martianus Capella, et alii. Vide Stephanium ad Saxonem Grammaticum pag. 155.

* **RAMARE**, a Gallico *Ramer*, Ramalibus fulcire, adminiculari. Chartul. Norman. ex Cod. reg. 4653. A. fol. 86 : *Unusquisque ad ramos pro Ramandis linis, debet ova quatuor.*

* **RAMAROLUM**, Academ. Crusc. *Ramaiolo*, Cochlear, tudicula. Charta ann. 1263. apud Murator. tom. 2. Antiq. Ital. med. ævi col. 476 : *Quatuor caldariæ inter magnas et parvas : item unum Ramarolum et unum grappellum.*

1. **RAMATA**, Piscationis species, prorectis in aquam ramalibus, intra quæ pisces sese recipere solent. Charta Hugonis III. Episcopi Nivern. ex Tabul. S. Cyrici Nivern. num. 76 : *Dedit insuper unam in Ligeri Ramatam, et suis gurgitibus piscaturam.* Infra : *Itidem concessit eis Ramatam unam in loco convenienti inter suas, et in suis gurgitibus piscaturam ante festivitatem S. Cyrici, etc.* Tabularium Priorat. de Paredo fol. 60 : *Dedit in hoc loco.... terram, id est campum, situm in ripa Ligeris, dictum ad Graverias, et capturam piscium, quas vocant Ramatas, quas sequente tempore Domnus Gaufredus de Bonant in suo dominio retinuit, etc.* Fol. 71 : *In Alta ripa sex congeries ramorum, quas Ramatas dicunt, in aqua Ligeris.* Fol. 25 : *Ripam aquæ, ac congeries ramusculorum in aqua ad capiendos pisces.* Fol. 78 : *Dedit.... tres meliores Ramatas, quas habebat in alodio suo in Ligerim, quæ vulgo dicitur Lea ad Altam rivam.* Vide *Combri*, *Rameia*, [et *Rameda*.]

2. **RAMATA**, Ramalium umbraculum, cujus usus in Processionibus Ecclesiasticis, dum eæ per plateas urbanas peraguntur. Charta Huberti Episcopi Andegav. in libro de Restitut. S. Florentii Salmuriensis : *Remitto cunctas alias consuetudines, præter unam, quam solam retineo, quæ est Ramatæ mihi faciendæ singulis annis, sicut prius a villanis illis, si commoniti fuerint apud.... sedis nostræ villam ante matrem Ecclesiam ad festivitatem SS. Apostolorum Petri et Pauli, etc.*

☞ Latius accipitur pro quovis umbraculo ex frondosis arborum ramis, in Charta Avenionensi, quæ sic clauditur : *Actum Paternis in fortalitia subtus Ramata.* Vide *Ramada*.

* 3. **RAMATA**, Pergula, Gall. *Treille*. Stat. Avenion. MSS. ex museo meo fol. 37. r° : *Tabulæ et portici, quæ responde-*

bunt in viis publicis, restringantur vel ex toto removeantur,..... et Ramatæ fiant ita altæ, ne equites attingere possint.

¶ **RAMATGIUM**, Ornamentum vestis instar rami figuratum. Literæ Caroli V. Fr. Regis ann. 1367. pro Monspeliensibus de forma vestium : *Nulla dictarum mulierum audeat portare... brodaduras, vel Ramatgia, vel alia operagia quæcumque.* Eadem notione dicimus *Ramage.* Vide *Ramagium.*

RAMATUM. Charta Stephani Bani Croator. ann. 1018. apud Joann. Lucium lib. 2. de Regno Dalmatico cap. 8 : *Et si quis (quod absit) ausus fuerit subtrahere ex meis, vel extraneis, moriatur de Ramato, et habeat semen super terram, et persolvat auri libras* 30. hoc est ad ramum, vel ad furcam suspendatur. Vide *Ramus.* Le Roman *de Gaydon* :

Ne soit pandus à un aubre Ramé.

[Le Roman *de la Rose* MS :

Si me convint couchier pasmé
Dessous un ollivier Ramé.]

* **RAMAZURÆ**, Purgamenta, sordes, quæ scopis, Italis *Ramazza*, congeruntur. *Ramonnures*, in Chartul. Corb. fol. 96. r°. : *A esté donné congié.... pour prendre les esmondices et Ramonnures, estant avaut la ville de Corbie. Ressols*, eodem sensu, in Stat. ann. 1350. inter Probat. tom. 2. Hist. Nem. pag. 138. col. 2. Stat. Avellæ ann. 1496. cap. 175. ex Cod. reg. 4624 : *Ad incantum vendantur immundiciæ seu Ramazuræ ipsarum viarum mundandarum et excopandarum.* Hinc Ducatius part. 1. Ducat. pag. 80. deducendam putat vocem Gallicam *Ramassieres*, qua nostri alias significabant veneficas, seu illas potius delirantes mulierculas, quæ ad nocturnos conventus, *Sabbats* nuncupatos, scopis, Gallice *Balai* vel *Ramon*, sese deferri somniabant. Vide *Scobaces.*

¶ **RAMBA**, Officina coquendæ cerevisiæ, Gallice *Brasserie.* Chronicon Bonæ-spei pag. 153 : *Quicumque in eadem villa Rambam facere voluerit, faciet, et de unoquoque brassino solvet unum sestarium cervisiæ et unum similiter de medone.* Videtur omnino legendum *cambam.* Vide *Camba* 3.

* **RAMBALUS**, Asseris species; unde *Rambalare*, asseribus munire. Charta ann. 1328. ex Tabul. Massil. : *Item retro hospitium Johannis Martini fiat unum plancatum quatuor Rambalorum rovæ.... Item Rambaletur solerium turris Judeæ.*

RAME, vox Italica, Æs, *Æramen*, unde origo. Tabularium Casauriense : *De bubus et vaccis, et de minutis animalibus, de ferro et Rame, etc. Corona una de Rame, cruce una de Rame, etc.* in Charta ann. 1284. apud Ughell. tom. 7. Ital. sacr. pag. 611.

RAMUM, Eadem notione, apud Sanutum lib. 2. part. 2. cap. 6. et seq. [Statuta criminalia Riperiæ cap. 220 : *Quilibet vendere volens ferrum et Ramum teneatur et debeat separatim ponderare ferrum a Ramo, et e converso, sub pœna amissionis dicti Rami cum dicto ferro.*]

1. **RAMEA**, pro *Ramex*, Gall. *Hernie.* Papias : *Hernia, Ramea, Ramix.*

* 2. **RAMEA**, Piscationis species, projectis in aquam ramalibus, intra quæ pisces sese recipere solent, *Ramée*, in Stat. ann. 1388. tom. 7. Ordinat. reg. Franc. pag. 779. art. 47. Charta ann. 1144. ex Tabul. S. Satyr. : *Concedo ecclesiæ S. Satyri quidquid juris in littore Ligeris circa Mesvam in piscatoriis, Rameis, groeis habeo.* Vide supra *Rama* 2.

¶ **RAMEDA**, Idem quod *Ramata* 1. Species piscatus Charta ann. 1098. e Tabulario B. Mariæ de Charitate ad Ligerim : *Archimbaldus de Lameniaco Miles donat monachis de Charitate dimidium piscariæ, quæ Opia dicitur, excepto Ramedarum casamento; Ramedas tamen, quas ibidem Gaufridus presbyter in dominio habuisse dignoscitur, eisdem contulit.* Charta vernacula ann. 1501. e Tabulario S. Nicasii de Mellento : *Item appartient audit Prieuré un gorel, autrement dit Ramée, qui est une pescherie dans la riviere entre les deux isles de S. Nigaise.*

1. **RAMEIA.** Charta Petri D. Marleti ann. 1234. apud Duchesnium in Hist. Monmorenciaca pag. 407 : *In domanio meo sunt.... riparicæ versus Crociacum, duo gurgites, et tres Rameiæ, quæ dom. Robertus de Essenvilla tenet de me.* Idem videtur quod *Ramata* 1. Vide in hac voce. [Charta ann. 1214. e Tabulario Portus-Regii : *Ego B. dominus Malleti et ego Matthæus frater ejus, dedimus quandam Rameiam in aqua... faciendam.* Vide *Rameda.*]

* 2. **RAMEIA**, Umbraculum ex frondosis arborum ramis. Charta ann. 1167. in Chartul. Buxer. part. 2. ch. 16 : *Cum usu nemorum necessario ad.... Rameias et umbracula ovium construenda per totam terram suam.* Alia ann. 1209. ibid. part. 11. ch. 6 : *Girardus dominus de Arneto... dedit..... usuaria pastoribus in Rameis et bordelis construendis et foco faciendo.* Vide supra *Foilliata.*

¶ **RAMENTOSUS**, Ramentis plenus. *Sanguinolenta et Ramentosa*, Cælio Aurel. lib. 4. Tard. cap. 3. *Ramentosa descendunt velut, in alvi profluvio.... sicuti vina alba*, pag. 112. Medicinæ Salern. edit. 1662.

* **RAMERAGIUM**, Præstatio, quæ a *tenentibus* domino silvæ exsolvitur, ut in ea ramos arborum possint colligere. Charta ann. 1357. in Reg. 89. Chartoph. reg. ch. 328 : *Cum vineis, pratis, pasturagiis, boscagiis, Rameragiis, rivagiis et aliis in summa prædicta comprehensis.* Vide supra *Ramagium.*

¶ **RAMERIA**, ut mox *Ramerius.* Inventarium *Piquet* fol. 24. v°. ex Archivo Principis de *Rohan* : *Item tertiam partem* VII. *cestariorum avene et* VII. *den. quam serviunt heredes Johannis Charpini pro quibusdam terra, prato et Rameria, scitis in Drays.* Eadem recurrunt ibidem. Charta ann. 1424. inter Instrum. novæ Gall. Christ. tom. 6. col. 310 : *Item damus eisdem* (Eremitis B. Mariæ de Carsano) *conferimusque et assignamus jus, licentiam et potestatem ligna cedendi et capiendi in terris nemoribus, Rameriis et possessionibus dictæ ecclesiæ de Carsano, portandi ad eorum habitationem pro eorum usu dumtaxat necessaria.* Terras incultas intelligo in quibus vepres sunt et aliæ hujusmodi arbusculæ.

* Charta ann. 1407. in Reg. 3. Armor. gener. part. 2. pag. XXIX : *Cum nobilis Alziacius de Pratocomitali... olim tradiderit Johanni Gontardi... quamdam Rameriam,... ad ipsam Rameriam esluandum,.... et pratum in ea faciendum ad et per sex annos,... sub tali pacto... quod duæ primæ prisiæ in dicta Rameria excrescendæ, essent quittiæ prædictorum,... ratione sui laboris.* Hinc nostri *Rameux* dicebant Locum dumis et senticibus obsitum. Lit. remiss. ann. 1455. in Reg. 187. Chartoph. reg. ch. 133 : *Les supplians se transporterent vers ledit abrevouer pour icellui curer et rappareiller, ainsi que l'en fait une chose Rameuse.* Vide mox *Ramerium* 2.

* *Rameure* vero appellatur Quadrata occæ compages, in Charta ann. 1264. ex Chartul. eccl. Lingon. fol. 210. v° : *Item duo molendina, possunt capere arbores et copas ad opus eorumdem in omnibus nemoribus finagii, ubicumque melius poterunt invenire, Rameures d'erches, roorte carrucarum, etc.*

¶ 1. **RAMERIUM**, **RAMIUM**, Ramus arboris longior et crassior, humi ab extremitate ea arte depressus cum laqueo annexo, ut facile capiatur fera transiens, atque ramo vi elastica citissime erecto tollatur in sublime, aut saltem retineatur. Charta ann. 1357. apud D. *Secousse*, tom. 4. Ordinat. Reg. pag. 449. qua Revelli incolis licentia conceditur *venandi et capiendi... quascumque feras.... infra foresta eorum propria; et eciam infra nemora regia antiquitus vocata de Vanre... cum canibus et gentibus et eciam cum Rameris vel Ramoriis... et ipsas feras captas secum adportandi, etc.*

* Venationis species, collectis simul ramalibus, intra quæ fugientes feræ retibus implicantur. Lit. ann. 1262. in Reg. 108. Chartoph. reg. ch. 177 : *Concedimus per præsentes licentiam et congedium venandi et in forestis regiis dictæ senescalliæ Tholosanæ capiendi seu capi ac etiam Rameria faciendi, cum retibus et aliis ingeniis, decem apros et quatuor cervos quolibet anno.*

* 2. **RAMERIUM**, idem quod supra *Rameria*, seu potius Silva cædua, Gall. *Taillis*, alias *Ramier.* Charta Phil. Pulch. ann. 1297. in Reg. 62. Chartoph. reg. ch. 23 : *Quilibet sexteriatæ terræ in Ramerio nostro, juxta villam Montisalbani, census seu redditus annuus duorum solidorum Turonensium... deberet imponi.* Alia ann. 1319. in Reg. 59. ch. 325 : *In quo Ramerio sunt* 312. *sextariatæ... Acto etiam quod... venari in eodem Ramerio, quamdiu Ramerium fuerit, non poterunt, excepto ad lepores, cuniculos et vulpes... In nemore seu foresta, quæ vocatur Ramerium Dagra.* Lit. remiss. ann. 1459. in Reg. 188. ch. 219 : *Les supplians estant audit bois trouverent ung Ramyer à faire fagotz, auquel ilz se arresterent et y commencerent à fagoter... Ung autre taillys ou Ramyer, etc.* Vide *Ramerius.*

RAMERIUS. Charta ann. 1236. in Regesto Tolosano Cameræ Comput. Paris. fol. 51 : *Prata et pascua, nemora et bartas, et alberetas, et Ramerios, et devesios, etc. Ramiers* etiamnum Occitani vocant terras incultas, et *animalium pastioni idoneas.*

* **RAMESSE**, *Commotio turbida*, in vet. Glossar. ex Cod. reg. 7613. Vide supra *Ralliare.*

RAMETA. Bulla MS. Paschalis PP. ann. 1106. de Dedicatione B. Mariæ de Caritate :

Sunt autem termini isti, ab illo loco Ligeris, ubi sunt Rametæ Hugonis de Troncongiis, per medium vallis, usque ad boscum, qui dicitur Brollium, etc. Occurrit ibi rursum. Silvula forte, a ramis. [Idem omnino est quod *Rameda*; Species piscatus.]

¶ **RAMETALIS**, Idem, ut opinor, quod *Ramerius.* Diploma pro Monasterio S. Victoris Massil. ann. circiter 1000. apud Marten. tom. 1. Ampliss. Collect. col. 356 : *Et ipse alodis habet terminos in fluvio, quem dicunt Welena.* (*Welna* in magno Chartular. ejusd. S. Victoris fol. 15) *Et pergit per ipsum Rametalem, qui est ultra ipsam salam, et pervenit ad ipsam Iliam,* (melius, ut puto, MS. ilicem,) *et pergit ad ipsum podium sursum, et vadit per ipsam serram, quæ est supra ipsam ecclesiam subtus Creisaco.*

RAMHUNT, Canis species. Vide *Canis.*

RAMICH, est pondus sex *Chirast, Chirast* autem est granorum 4. Saladinus de Ponderibus.

¶ **RAMICULUS**, Parvus ramus, ramusculus, in Miraculis S. Johannis Beverlac. tom. 2. Maii pag. 180 : *Ex multis arboribus paucos Ramiculos decerpens, etc.*

* Ital. *Ramicello*, nostris *Ramis* et *Ramoison.* Charta Theob. comit. ann. 1222. in Chartul. Campan. fol. 288. r° : *Liceat servientibus ecclesiæ S. Salvatoris scindere longum et cultum* (f. curtum) *lignum prout voluerint, ita quod arborem præcisam ducent, exceptis Ramiculis.* Lit. remiss. ann. 1459. in Reg. 188. Chartoph. reg. ch. 125 : *Ung petit cousteau de bouyer à copper Ramis.* Charta ann. 1343. in Reg. 74. ch. 510 : *Usage au bois mort et aus Ramoisons. Ung petit Ramoison ou baston de fagot,* in Lit. remiss. ann. 1477. ex Reg. 206. ch. 1120.

RAMIELLUS, in Foris Aragon. lib. 3. tit. de Rivis : *Libere valeat pertransire insulam, soto, vel Ramiello, etc.* nostris *Buisson.*

¶ **RAMIFICARE**, *In ramos quaquaversum diffundere*, apud Goclenium in Lexico Philos. *Ramificatus* metaphorice pro Oriundus, instar rami ex stirpe, seu progenie, ortus. Vita B. Giraldi de Salis, tom. 6. Ampliss. Collect. Marten. col. 996 : *Non debebat vir Ramificatus a tam gloriosa propagine in aliquo degenerare.* Ibid. col. 1011 : *Est una famosa progenies in Chavigniaco, a quo singulæ Ramificatæ personæ visitare solent Sanctum Dei cum muneribus, semel in anno.* Vide *Ramagium.*

RAMILIÆ, Ramuli, vulgo *Ramille.* Monasticum Anglic. tom. 1. pag. 808 : *Et de bosco meo concessi et dedi eis in eleemosynam 10. carucatas de Ramilia, et tres de virga per singulos annos.* [Tabular. S. Albini Andegavensis : *Pastum de bosculo Lancioni vetat Raginaldus hominibus S. Albini et monachis etiam radices ad calefaciendum, cum ipse et sui Ramiliam et radices illius bosculi auferant et usurpent.* Vide supra *Ramagium.*]

* Charta ann. 1437. ex Chartul. 23. Corb. : *Il s'estoit ingéré de aler... copper, prendre et emporter à son pourfit singulier Ramile et tonsture de bos, qui estoit croissant sur les dodasnes des fossez de ladite ville.* Hinc *Ramisse*, pro Sepimentum, vulgo *Clôture*, ex ramusculis implexis compactum. Lit. remiss. ann. 1444. in Reg. 176. Chartoph. reg. ch. 221 : *Colas de Laion, sa femme, trois enfans et une fille, lesquelz s'efforcoient faire une Ramisse ou closure en icelle piece de terre.* Aliæ ann. 1459. in Reg. 188. ch. 125 : *Environ de laquelle terre ilz faisoient certaine cloison ou Ramisse.*

RAMINATIUM. Tabularium Prioratus de Paredo fol. 94 : *Nec non et de tertiis et thaschis, quæ exierunt ex eisdem silvis, et de Raminatio.* Ubi forte legendum *Ramatico.* Vide in hac voce. [* Idem quod supra *Ramerium* 2.]

¶ **RAMIRE** Testimonia, Testes in judicio *adramire* seu promittere. Placitum ann. 821. apud Mabillonium tom. 2. Annal. Benedict. pag. 723. col. 1. et Murator. tom. 2. part. 2. col. 373 : *Testimonia exinde Ramivit, et talia dare non potuit, qualia Ramita habuit et qualia exinde dedit in præsentia Rothardi et Nortperti episcoporum, seu istius Leonis, nullum proficuum ei testificati sunt.* Vide *Adramire.*

¶ **RAMIROSUS**, Ἐντεροκηλήτης, in Glossis Lat. Græc. Melius in Græco-Latinis : Ἐντεροκηλήτης, *Ramicosus.*

RAMISPALMÆ. Vide *Dominica Palmarum.*

* 1. **RAMIX**, *Mentula vel virga virilis, Coulle.* Glossar. Gall. Lat. ex Cod. reg. 7684. Nostri *Rancoulli* dixerunt, pro Castratus, vir exsectus. Lit. remiss. ann. 1395. in Reg. 148. Chartoph. reg. ch. 6 : *Jehannot Musnier dist au suppliant pluseurs paroles injurieuses, et entre les autres lui dist qu'il ne valoit riens; car il estoit Rancoulli, qui est à dire chastré ou sans génitoire.* Vide *Ramus* 1.

* 2. **RAMIX**, *Ernia, rania, nimia*, in vet. Glossar. ex Cod. reg. 7613. Vide *Ramea* 1.

¶ **RAMMA**. Charta ann. 17. Philippi Regis apud Stephanotium tom. 1. Antiq. Occitan. MSS. pag. 389 : *Ego Deodatus abbas S. Tiberii dono..... medietatem de fustis quos tu Petrus præscriptus et infantes tui plantaveritis et plantare facietis, et medietatem de Ramma,* hoc est, ramorum, ut videtur, qui ex iis *fustis* seu arboribus excidentur.

* **RAMMUM**, Æs, Ital. *Rame.* Pactum inter Bonon. et Ferrar. ann. 1193. apud Murator. tom. 2. Antiq. Ital. med. ævi col. 894 : *De cera, de agnellinis, de curionibus, de lutriis, de martiris, de chartis, de Rammo, etc.* Charta ann. 1281. ibid. col. 902 : *Ferri non laborati, plumbi, stagni, Rammi, etc.* Vide *Rame.*

* **RAMNUS**, *Spinarum sentibus permolestum, vel lignum de quo spinæ oriuntur.* Glossar. vet. ex Cod. reg. 7641. Vide infra *Ramus* 3. [** Vide Forcellin. et Martin. in *Rhamnos.* Occurrit cap. 9. Judicum vers. 14. et Psalm. 58. vers. 10.]

* **RAMOROLES**, Hæretici Valdensium sectarii, in Constit. Freder. contra hæret. ex Cod. reg. 10197. 2. 2. fol. 19. r°.

¶ **RAMOSITAS**, f. Cæsura ramorum. Seherus Abbas de primordiis Calmosiacensis Monasterii, apud Marten. tom. 3. Anecd. col. 1197 : *Fœnum et annonam deducere (debet) ad parietem horrei; Ramositatem tempore Martii, prati clausuram XV. pedes.*

RAMOSUS Pulsus, Medicis dicitur, qui primus digitis tangentis apparet alio modo, et reliquis digitis apparet inæqualis, ut si appareat uni digitorum velox, alii tardus, uni spissus, alii ramosus, uni fortis, alteri debilis, uni incidnus et apertus, alteri deciduus et occultus. Magister Egidius de Corbolio lib. de Pulsibus :

> Finditur in ramos Ramosus, et organa motu
> Quadrifidu ferieus digitos percurrit in imo
> Discolor in pulsu, etc.

* **RAMPA**, Collaris ornatus villosus, ut videtur. Lit. remiss. ann. 1399. in Reg. 154. Chartoph. reg. ch. 739 : *Petrus Dominici..... dictum Sancium rapuit ad cutellum Sarragossanum, et ad Rampam sive tunicam tenendo eundem, et dicendo quod oportebat quod iret loqutum cum capitaneo excubii nocturni.* Et quidem *Rampaille* est pellis species, in Pedag. Peron. ann. 1295. ex Chartul. 21. Corb. fol. 355. v° : *Ung millier de Rampaille ou vaire ouvrée, escrue ou aultre, quarante deniers.*

* **RAMPANS**, a Gallico *Rampant*, Repens, vox heraldica. Lit. Phil. VI. ann. 1344. in Reg. 74. Chartoph. reg. ch. 159 : *In prædicto dictæ comitissæ sigillo erat imago cujusdam mulieris, quandam avem in sinistra manu tenentis et equitantis unum equm, versus partem sinistram ambulantem : in cujus sigilli circonferentia erat scriptum, Mathildis comitissæ Nivernensis et Forensis; et a tergo erat contrasigillum rotundum, in quo erat scutum cum imagine leonis Rampantis, in cujus circonferentia erat scriptum, Secretum comitissæ.*

¶ **RAMPEGO**, Idem quod mox *Rampico*, Ital. *Rampegone.* Chronicon Andreæ Danduli apud Murator. tom. 12. col. 519 : *Interim per Supam et alios rivos penetravit classis multarum cymbarum, cujus præfectus erat Marcus Grimanus, in agrum Patavinum, multaque damna intulit hosti, tandem ab hoste acta Rampeginibus in ripas est tractus.*

RAMPICO, Uncus : vox Italica. Sanutus lib. 2. part. 4. cap. 8 : *Dictum navigium ronconibus et longis lanceis, atque lanceis cum Rampiconibus sive uncis in capitibus optime fulciantur.* Boccaccius : *Perchè Cimone dopo le parole, preso un Rampicone di ferro.* Ejusmodi sunt lanceæ illæ Gothicæ, de quibus Sidonius lib. 4. Epist. 20 : *Lanceis uncatis, securibusque missilibus dextræ refertæ. Rampiones* habet Petrus de Crescentiis lib. 10. de Agricult. cap. 32.

* **RAMPINI** dicti Guelfi. Locus est in *Mascarati.* Haud dubie a voce

RAMPINUS, Idem quod *Rampico.* Otto Morena in Hist. Rerum Laudensium pag. 49 : *Cremenses vero per fossatum ipsius castri cum maniculis et Rampinis euntes, suos, qui in fossato necati erant,... foras extraxerunt.* Pag. 58 : *Alios etiam tres ipsius duces milites cum Rampinis ferreis de ponte in terram trahentes, etc.*

* Ital. *Rampino*, Gall. *Crochet, grapin.* Tract. Ms. de Re milit. et mach. bellic. cap. 109 : *Navigium ex parte anteriore copertum cum Rampino, est valde utile ad accipiendum barcham et bregantinum tuorum hostium.*

* **Rampinus**, adject. Uncino munitus,

in eodem Tract. cap. 175 : *Navigium cum scala Rampina, est valde utilis ad accipiendum hostium navigia.*

* **RAMPO**, Ramponus, Uncus, Ital. *Rampo*, Gall. *Crampon*. Guido de Vigev. Ms. de Modo expugn. T. S. cap. 2 : *In capite unius calosi sit una vera, lata quatuor digitis, cum tribus Ramponibus sic facta. Et in alio caloso sit una alia vera cum tribus canalibus, ubi intrent illi tres Ramponi sic facti : et quodlibet Ramponum conjungatur cum uno cuneo ferri.* Glossar. Provinc. Lat. ex Cod. reg. 7657 : *Rampegalh, Prov. arpax, canicula.*

* **RAMPOGNA**, vox Italica, Convicium, contumelia; unde *Rampognare*, iisdem, Conviciari, objurgare : hinc Gallicum vetus *Rampone* et *Ramponer;* sed minus austere a nostratibus acceptum, quibus idem est atque Irrisio et Irridere, vulgo *Raillerie*. Lit. remiss. ann. 1376. in Reg. 109. Chartoph. reg. ch. 309 : *Icellui Jehan dist par maniere de Rampone ou moquerie, Va querre ta grant espée.* Aliæ ann. 1382. in Reg. 120. ch. 211 : *Par maniere de Ramposne se adreça par devers l'exposant en disant, L'en ne dinera point à ces brocars.* Aliæ ann. 1513. in Reg. 994. ch. 249 : *Auquel Alart par ledit Bouquehort eust esté dit par maniere de Ramponne et moquerie, etc.* Aliæ ann. 1376. in Reg. 109. ch. 432 : *L'exposant en Ramponnant de paroles avec ledit Obert, etc.* Le Roman *d'Alexandre* Ms. part. 2 :

> Oncle, dist li dansiaus, vous estes aïriez :
> Non sui par foi, biau niez, vous me Ramposnez;
> Pour ce, je sui viex et ai cent ans passez,
> Se je ai cuer et force et bonne volentez.

Le Roman *de la guerre de Troyes* Ms :

> Mielz valz teissir qe Ramponier :
> Por teissir ne vient encombrier.

Vide supra *Raffarde*.

¶ **RAMULARIUS**. Glossæ Græc. Lat. Philoxeni : *A Ramulariis*, ἀπὸ τῶν ἀντεπιτρόπων. Vulcanius suspicatur legendum esse *A ravulariis* vel *A rabulariis;* Martinius vero nihil mutandum censet, quod ἐπίτροπος procurator sit vel tutor, et ἀντεπίτροπος, Qui vices agit tutoris, quasi ex eo ramulus.

¶ **RAMUM**, Æramen. Vide in *Ramen*.

1. **RAMUS**, Virga, membrum virile. Prudentius lib. 1. in Symmachum, de Priapo :

> Turpiter adfixo pudeat quem visere Ramo.

Warnerius in Caprum Scottum Poeta MS. :

> Nam sicut miseræ tractabat crura puellæ,
> Prætendens Ramum luxuria rigidum.

Vide Meursium in Exercitationibus criticis part. 2. capite 7.

2. **RAMUS**, Locus custodiæ reorum, Truncus, *Stock*, Germanis. Goldastus.

Rami, Dominica, quæ *Ramispalmarum* vulgo dicitur. Charta Sanctii Regis Navarræ æræ 1125. apud Sandovallium in Episcopis Pampilonensib. pag. 75 : *Veniant ad Ramos et in Sabbato sancto ad Baptisterium cum suis Presbyteris, etc.*

* Adde ex animadv. D. *Falconet* : nostris olim *les Rampas, les Rampos*. Vide supra in *Rama* 1.

Ramo Interfectum Cooperire, de eo, qui homicidium clam, seu *murtrum* commisit. Lex Ripuariorum tit. 15 : *Si quis ingenuus ingenuum Ripuarium interfecerit, et eum cum Ramo cooperuerit, vel in puteo, seu in quocumquelibet loco celare voluerit, quod dicitur Mordrido, etc.* Lex Salica tit. 43. de Homic. § 3. : *Si autem de Ramis, vel de hallis, aut de qualibet re eum cooperuerit, etc.* Vide *Rama*.

Ad Ramum Incrocare, ad furcam suspendere, in Lege Salica tit. 69. § 1. Vide *Ramatum*.

¶ Per Ramum Investire, seu in possessionem mittere. Vide *Investitura*, et *de Lauriere* in Glossario Juris Gallici voce *Rain*.

* 3. **RAMUS**, *Genus spinarum dicitur, arbor, Gallice Grouseliés*, in Glossar. Lat. Gall. ex Cod. reg. 4120. Aliud ex Cod. 7613 : *Ramus, spina alba vel lignum spinosum*. Vide *Ramnus* et *Rapinus*.

* 4. **RAMUS**, Fascis lintea. Stat. Taurin. ann. 1360. cap. 335. ex Cod. reg. 4622. A : *De quolibet Ramo de toaglis de rista, solidos quatuor.*

1. **RAN**, Rapina, Saxonice, et Danice, quæ vox occurrit in Legibus Canuti Saxonicis part. 2. cap. 58. Gloss. Saxon. post Leges Henrici I. Reg. Angliæ : Ran, *aperta rapina, quæ negari non potest*. Leges Guillelmi Nothi cap. 62 : *Si Francigena appellaverit Anglum de perjurio, aut murdro, furto, homicidio, Ran, quod dicunt apertam rapinam, quæ negari non potest, Anglus se defendat per quod melius voluerit, aut judicio duelli, aut ferro.* Vide Hovedenum pag. 601. Janum Dalmerum ad Jus Aulicum Norvegicum vetus pag. 520. et Petrum Resenium ad Jus Aulicum Canuti II. Regis pag. 671. Porro a *Ran* voce aliam *ranson* ortam opinatur Loccenius lib. 2. Antiquit. Suecic. cap. 7. qua vulgo utimur pro pretio redemptionis, quasi fuerit redemptionis pretium pro raptu : nam *sona* compositionem significat, ut suo loco docemus. Unde ad pretium libertatis consecutæ translata postmodum fuerit. A voce denique *Ran*, deducta alia

Boran, Deprædatio mansionis, apud Suenonem in Legibus Castrensib. cap. 10. Kanutus Episcopus Wiburgensis lib. 2. Legum Juticarum cap. 44 : *Hoc est Boran, quando aliquis intraverit curiam alterius, et inde diripuerit pecora ejus, vestimenta vel arma, vel aliquam aliam rem valentem dimidiam marcam denariorum.* Varias autem rapinarum species jus Danicum recenset, videlicet *haandran, bocran, balran, marleran, stigran, etc.*

¶ 2. **RAN**, Pars, apud Armoricos. Tabularium Rothonense : *Nomina partium, quas reddit Ran-grudon, Ran-mesan, Ranwicor, Ran-trobtegran, Ran-anaugen, Ranwivrat, etc.* Passim occurrit in hoc Tabulario. Vide Lobinelli Glossarium ad calcem Hist. Britanniæ.

¶ 3. **RAN**, Johanni de Janua, *indeclinabile, Ira vel locus iræ, unde etiam evenit quod efficitur rabiosus homo.* Si error non est, ficta videtur ea vox ex prima syllaba vocis *rancor*, tanquam sit ira cordis. Vide Martinium in Lexico.

¶ **RANA**, Tumor inflammatus sub lingua, potissimum in pueris. Miracula B. Simonis de Lipnica, tom. 4. Julii, pag. 561 : *In eadem infirmitate accidit sibi quædam Rana sub lingua, quæ ipsum anxiebat, ita quod nec dormire nec comedere valuerit.* Vide infra *Ranula*.

* **RANARIUM**. Glossar. Provinc. Lat. ex Cod. reg. 7657 : *Raca, Prov. Ranarium.* Locus ubi ranæ abundant. Hinc

* **RANATERIUS**, Qui ranas capit et vendit. Instr. ann. 1369. inter Probat. tom. 2. Hist. Nem. pag. 224. col. 2 : *Item super tertio dixerunt, quod si provideatur cæteris aliis malum committentibus, et potissime Ranateriis, qui tanta mala comittunt, prout causa notoria laborat; hiis provisis, tunc fiat, et aliter non.* Quæ huic interrogationi respondent ibid. col. 1 : *Item quod cum de bono usu et consuetudine antiquitus observatis, unus porquerius comunis in civitate Nemausi continuo fuerit, et quilibet civis nunc teneat porcos contra bonum publicum; ob quorum multiplicationem et tenutam dictorum porcorum plura dampna inseguntur; si unus accipietur, necne?*

RANCARE, Papias MS. : *Stertere, Rancare vulgo dicitur. Est autem flatum per nares emittere et sonare.* Editus habet *Raucare*. [Auctor Philomelæ v. 49 :

> Tigrides indomitæ Rancant, rugiuntque leones.

Quidam legunt *Raccare*, ut suo loco dictum est. Itali hac notione dicunt *Rancire*.]

¶ **RANCERE**, *Irasci, indignari; Fetere*, esse rancidum, Joh. de Janua. *Puir, estre courrouciez ou rancuneus*, in Glossis Lat. Gall. Sangerm. Glossæ Lat. Græc. et Græc. Lat. : *Ranceo*, εὐρωτιάω. Participio *Rancens*. Pro putrescens usus est Lucretius :

> Unde cadavera Rancenti jam viscere vermes
> Expirant, etc.

Vide *Rancor* et Vossium de Vitiis serm. lib. 4. cap. 19.

¶ Rancescere, Rancidum fieri, apud Arnobium lib. 1. Ennodius lib. 4. metaphorice : *Rancescit caritas*.

¶ **RANCHONUM**, Species armorum. Statuta Vercell. fol. 107. v° : *Et intelligantur arma offensibilia, spata, cultellus de galeno, lancea, battonus ferri, balista, archus, giusiarma, faucia, misericordia, Ranchonum et his similia.*

* Nostri *Ranche* et *Ranchier* dixerunt Vectem carrucarium. Lit. remiss. ann. 1400. in Reg. 155. Chartoph. reg. ch. 464 : *Bosiguillot prist un Ranchier de charrette, etc.* Aliæ ann. 1408. in Reg. 162. ch. 190 : *Le suppliant frappa icellui Perrinot d'un baston ou Ranche de charrette. Une Ranche ou levier de charrete*, in aliis ann. 1411. ex Reg. 165. ch. 282. *Renche*, in aliis ann. 1363. ex Reg. 95. ch. 117.

¶ **RANCIDULUS**. Epistola Stephani Presbyteri Africani ad S. Aunarium Episc. Autiss. tom. 1. Bibl. Labb. pag. 422 : *Lingua balbutiens faucium inter Rancidulos cursus, squalido sitis impedita rigore non loquitur, sed stridet.* De stridulo et ingrato vocis sono hic agi palam est.

* Leg. forte *Raucidulus*. Vide *Raucidus*.

* **RANCIDUS**, Ira et furore plenus, ni me fallo. Comœdia sine nomine act. 3. sc. 5. ex Cod. reg. 8163 : *Homo intemperatus, Rancidus, immodestus, soli sibi credens, nimium iracundus, etc.* Vide *Rancere* et *Rancus*.

¶ **RANCILIO**. Charta plenariæ securitatis

data ann. 38. Justiniani Imp. apud Mabillon. in Supplem. Diplom. pag. 91 : *Cuppo uno, Rancilione uno, arcas olearias duas semis nummos* XL. *arca granaria minore ferro legata valente siliquas aureas duas.*

* *Raucilio* edidit Cangius ex Brissonio. Vide in hac voce.

* **RANCIONARE**, RANSIONARE, Pecunia redimere, Gall. *Rançonner*. Lit. remiss. ann. 1364. in Reg. 94. Chartoph. reg. ch. 43 : *Dicta villa de Vermentone pro evitando ne incendium in ea poneretur, erga Britones.... Ransionata fuit, etc.* Aliæ ann. 1373. in Reg. 105. ch. 192 : *Et quia dictus exponens, unde se Rancionaret aut redimeret, non habebat, etc.* Charta ann. 1375. in Reg. 108. ch. 369 : *Bertrandus de Rapistagno, dictus le Bourt,.... per hostes nostros captus extitit et detentus prisionarius, Rancionatusque seu redemptus ad summam trium milium librarum.* Lit. remiss. ann. 1377. in Reg. 111. ch. 194 : *Ipse Jacobus una vice de xvj. franchis et vice alia de iv. pro pace et securitate quærenda et habenda, erga dictum Johannem se Rancionavit, quos etiam sibi solvit.* Vide infra *Ranso* et *Redemptio*.

* Aliud vero sonat vox Gallica *Rançonner*, Aliquem scilicet male excipere, in Lit. remiss. ejusd. ann. ex eod. Reg. 111. ch. 203 : *Lesquelz exposans.... furent oudit jardin, qui mais n'avoient aucunes souvenances desdites paroles et menaces, ils furent Rançonnez par lesdiz Raoul et Vivien, qui les espioient de fait et d'aguet appensé, pour les navrer ou mettre à mort.*

¶ **RANCOR**, Simultas, odium, ira, Italis *Rancore*, Gall. alias *Rancœur*, hodie *Rancune*. Tabularium Metropolis Turon. : *Conceperat adversus eum Rancorem propter inobedientiam.* Vita S. Hidulphi in Historia Mediani Monast. pag. 103 : *Absque pusillanimitate, amaritudine vel Rancore.* Occurrit in formulari Anglican. Thomæ *Madox* pag. 383. apud Murator. tom. 10. col. 696. tom. 12. col. 478. 1122. etc. Pro odio post male sartam gratiam remanente sumit S. Hieronymus Ep. 66. ad Rufinum : *Conscientiæ nostræ testis est Dominus, post reconciliatas amicitias nullum intercessisse Rancorem.* [** Idem Ep. 13. num. 1 : *Veteri Rancore deposito.*] Ita per metaphoram ex *Rancore*, qui proprie est putor ex vetustate et corruptione, ut apud Palladium lib. 1. cap. 20.

* Capit. Caroli C. ann. 843. tom. 7. Collect. Histor. Franc. pag. 599 : *Omnes se invicem monuerunt, ut cuncti universum animi Rancorem, pro quocumque conceptum negotio, a corde propellerent.* [** Vide Haltaus. Glossar. German. voce *Verdacht*, col. 1840.] Pro Molestia, dolor, apud Anastas. in vita Leonis IV. PP. ibid. pag. 325 : *Isdem amabilis pontifex magnam pro Romanis omnibus cœpit habere angustiam : et quo modo vel ordine ab eorum cordibus tantum potuisset Rancorem sive timorem auferre, anxius cogitare.* Vita B. Petri episc. Anagn. tom. 1. Aug. pag. 240. col. 1 : *Recuperavit clericus officium artuum confractorum; sed quoad vixit, dolorum ipsorum quantalibet sentiebat vestigia, ut forte compungeretur attentius, Rancore pristino minime sublato. Rancor*, priori notione, a nostris redditus *Rancœur* et *Rancuer*. Froissart. vol. 3. cap. 98 : *Tenoient ceux des frontieres de Guerles Rancœur et maltalent couvert aux Brabançons.* Lit. remiss. ann. 1364. in Reg. 96. Chartoph. reg. ch. 323 : *Le suppliant et feu Guillaume, dit le Flamment, buvoient à un escot,..... sans nulle Rancuer ou mauvaise excogitation.* Hinc *Rancureuses et haineuses paroles*, Verba quæ *rancorem* seu odium et iram spirant et fovent, in aliis Lit. ann. 1390. et Reg. 138.

¶ RANCORARE, *Rancorem* seu odium in aliquem habere, Italis *Rancorare* vel *Rancurare*. Charta ann. 1060. Marcæ Hispan. col. 1121 : *Et si fuerit ullus homo vel femina, qui tollant ei aut tulerint prædicta omnia, aut aliquid de prædictis omnibus, prædictus Artallus tantum adjuvet ei ad Rancorare et ad guerreiare per fidem sine engan, usquequo recuperatum habeat prædicta Lucia hoc totum quod perditum habuerit.*

RANCORDIA, *Rancor, ira : unde Rancordiosus, rancordia plenus.* Ugutio et Joan. de Janua : ex Italico *Rancore*, vel Gallico *Rancœur*.

¶ RANCOROSUS, Eidem de Janua, *Rancore plenus; Rancors, irascens vel iratus; unde Rancorditer, irascibiliter.*

¶ **RANCUM**, Rancidum. Vide *Rancus*.

¶ **RANCUNA**, Idem quod *Rancor*, Gall. *Rancune*, Simultas, odium. Charta ann. 1384. apud Lobinell. tom. 2. Hist. Britan. col. 656 : *Decanus* (*Macloviensis*) *tanquam Capitaneus dicte ville simile eidem D. Duci prestitit juramentum; et præsens D. Dux remisit eis Rancunas, indignitates et malevolentias dictas.* Vide *Rancura*.

RANCUNADA. Charta Adefonsi Hispaniæ Imper. æræ 1188. apud Colmenarezium in Hist. Segobiensi cap. 16. § 9 : *Ab illa Cannada ac Geber Zuleima, usque ad Juberos, cum illa Rancunada, quæ est inter Xatama et Fenares, etc.*

* Idem videtur quod Hispanicum *Rancheria*, Tugurium, domus rustica.

¶ **RANCUNIA**. Idem quod *Rancuna*, vel potius *Rancura*. Transactio Philippi Pulchri Franc. Reg. cum Episcopo Vivar. ann. 1307 : *Qua transactione sic facta, sit pax et concordia inter nos.... de omnibus et singulis quæstionibus, controversiis et Rancuniis quæ inter nos erant.* Vereor ne legendum sit *Rancuriis*, ut mox habetur in *Rancura*, simili prorsus notione.

RANCURA, Fastidium, querimonia, vox Italis nota. Tolosani dicunt, *se Rancura*, queri de aliquo : ex Lat. *rancor* : unde nostri forte, *Rancune*. Charta Adelfonsi Regis Aragon. æræ 1157. apud Michaëlem *del Molino* in Repertorio Foror. Aragon. pag. 265 : *Et qui habuerit Rancuram de aliquo de vobis, et voluerit vos pignorare et prendere, etc.* Alia Monasterii Lucensis apud Marcam lib. 5. Hist. Beneharn. cap. 17. num. 1 : *Super sigillum et vim clamando, accipere habuerunt centum solidos Pictavensis monetæ, et cum Rancura magna* (honorem Solæ) *reddiderunt.* Id est invito animo. Alia ann. 1251. apud Steph. Baluzium in Notis ad Concilia Narbonensia : *Cum olim super quæstionibus et Rancuris, quæ vertebantur inter, etc.* Ibidem : *Super dissensionibus et Rancuris inter, etc.* [*Super quibusdam demandis et Rancuris*, in parvo Chartulario S. Victoris Massil. pag. 150. *Visis Rancuris, controversiis et debatis partium*, in Transactione ann. 1416. e Tabulario ejusd. S. Victoris. *Quod si Rancuræ et controversiæ orirentur inter duas partes*, in Charta ann. 1442. ex eod. Archivo. Rursum occurrit apud Baluzium tom. 2. Hist. Arvern. pag. 288. Marten. tom. 1. Ampliss. Collect. col. 1511. in Statutis Montis-regalis pag. 11. etc. Hinc puto emendandam esse Chartam ann. 1162. in Probat. novæ Hist. Occitanicæ col. 589. ubi pro *Rancunis seu demandamentis*, corrigo *Rancuris*.] Dantes can. 39. 27 :

Quella che non si dol di mia Rancura.

* Molestia. Charta ann. 1053. ex Tabul. S. Vict. Massil. : *Nepotes hujus Arnaldi fecerunt mihi multam pro hac venditione Rancuram.* Hisp. *Rencilla*, Rixa, jurgium, contentio.

RANCURARE, Ital. *Rancuricare*. [*Rancurare* et *Rancorare*, *Rancorem* seu *Rancuram* habere, vel movere.] Vide Albertum Acharisium in Vocabulario Italico. [** Petri Exceptiones lib. 4. cap. 1 : *Si actor vel reus ordinarium judicem suspectum habeat, ei, qui suspectum judicem putat, episcopum vel alium probum virum invocare licet, ut simul ambo judicent; et si de judicio concordaverint, ipse, qui episcopum vel alium invocavit, nullo modo poterit provocare sententiam, id est, quod vulgariter dicimus, non poterit Rancurare.*] [Charta ann. circit. 1080. in Probat. novæ Hist. Occitanæ col. 311 : *Petrus Comes interpellavit et Rancuravit de hominibus de Montepessulano ... de ipsas cogocias et de ipsos raptus... Ista omnia suprascripta interpellavit et Rancuravit et Rancuram eis fecit.*] Charta Alfonsi I. Regis Aragonum apud Blancam : *Scripsi tibi ista mea carta de Logroneo : et sapias, quod vidi Rancurantem illo Episcopo de Zarragoza, et suos Clericos quomodo non habent, neque sunt penes illos, Ecclesias adhuc de illos alhobzes, et de illos furnos, qui fuerunt de illas meschitas.* Infra : *Et si me amas, amplius non veniant mihi inde Rancurantes.* Aimericus Sarlatensis apud Joann. Nostradamum in Vitis Poetarum Provincialium cap. 59 :

Auray en pax sufertat mos doulours,
Et non mi vac plangen ni Rencuran.

¶ RANCURIA, Idem quod *Rancura*. Charta Curiæ Arelat. ann. 1283. e MS. D. *Brunet* fol. 88 : *Super nonnullis questionibus, Rancuriis et controversiis, quas sepissime contingit.*

* Charta ann. 1303. ex Tabul. dom. Venciæ : *Multas alias Rancurias, molestias et gravamina dicebant et asserebant dicti procuratores.* Hinc

RANCUROSUS. Fori Alcaçonenses æræ 1267 : *Et pindret pro 60. sol. medios ad concilio, medios ad Rancuroso*, id est, parti læsæ.

* Qui *rancuram* seu querimoniam in judicio proponit. Charta ann. 1096. inter Probat. hist. genealog. domus reg. Portugal. tom. 1. pag. 2 : *Et istas calumpnias non respondeat sine Rancuroso, et Rancuroso non valeat sua cherimonia sine testimonium bonorum hominum.*

RANCUS, Ταγγός, pro *Rancidus*, in Glospis Græco-Lat. [In Latino Græcis legitur, *Rancum*, Ταγγόν.]

☞ Metaphorice in Vita S. Willibaldi, tom. 2. Julii pag. 508 : *Obviavit illis unus leo, qui aperto ore rugiens Rancusque eos rapere ac devorare cupiens*, hoc est, *Rancore*, ira seu furore plenus.

* **RANDA**, Radula, radius, quo mensuræ raduntur, Gall. *Racloire*. Stat. Avellæ ann. 1496. cap. 95. ex Cod. reg. 4624 : *Granum, scilicet frumentum, seligo... mensurentur.... cum rasoyra seu Randa rotunda seu alio aliquo ligno rotundo*. Vide *Randare*.

* **RANDÆ** vel **RANDI**, Cancelli, Gall. *Balustre*; forte ab Hisp. *Randa*, reticulum, cujus formam referunt cancelli. Stat. S. Flori MSS. fol. 61 : *Sed nec aliquis sacerdos in alterius ecclesia vel parrochia diebus Dominicis vel aliis sollempnibus, nec etiam in diebus Lunæ nec in festis animarum, missas publicas vel privatas celebrare præsumat, donec rector vel capellanus curatus in cancellis seu in Randis, parrochianis suis mandata sua fecerit, nisi de ipsius capellani licentia*.

¶ **RANDALLUS**, Species baculi, lignum teres, Italis *Randello*. Miracula B. Simonis Erem. August. tom. 2. Aprilis pag. 827 : *Rotæ dicti currus transierunt super corpus et brachia dicti pueri et super Randallum, quem habebat in manibus*.

¶ **RANDARE**, Radula eradere, Gall. *Racler*. Vox nota mensoribus frumentariis. Statuta Civitatis Saluciarum collat. 5. cap. 127 : *Molinarius capiat de quolibet sextario cozolium unum Randatum... Habeant rasorium ligatam ad cozolium... de qua Randent*.

¶ **RANDUM**, *Arbitrandum*, in Glossis Isid. Additur in Excerptis Pithœanis, *forte Rendum, a reor* : quod est verisimillimum. Nostris alias *Randon*, impetus erat et concursus multorum, ut in Hist. Johannis IV. Ducis Britan. apud Lobinell. tom. 2. Histor. Britan. col. 720 :

Quand les choisit, de plain Randon
Il va deploier son panon.

Proprie sanguinem abunde profluentem significat, unde ad plura translatum istud vocabulum. Vide Nicottum, Borellum et Dictionarium universale Gallicum.

* Haud satis accurate dictum est cum aliis nostratibus Glossographis; hæc enim vox, ut Academici Hispani in suo Dictionario observant ad vocem *Rondon*, adverbialiter tantum sumi solet significatque Intrepide, inconsiderate, cum vi et impetu; unde non nude *Randon*, sed *de randon*, scriptum reperimus. Hinc *Randonnée*, Vis, impetus, et *Randonner*, Magno impetu irruere. Lit. remiss. ann. 1477. in Reg. 206. Chartoph. reg. ch. 987 : *Le suppliant osta l'espieu à icellui Adam de tel Randon, qu'il le fist cheoir à terre sur les mains*. Le Roman d'Alexandre MS. part. 1 :

Ferrant avoit brochié de trenchans esperons,
Et fiert si le premier, qui li vient, de Randons....
Et Ferrant li court sus tout une Randonnée,
Que sprevier ne faucon ne vole à recelée....
Là se tret Gadifer pour le duc délivrer,
En la grant presse a fet son cheval Randonner.

* **RANFUS**, Morbi genus, Gall. *Crampe*. Guido de Vigev. MS. de Modo conservandi sanitatem ann. 1335. ex Cod. Colbert. 5080. Reg. 9640. 3 : *De Ranfo vero, quia medici non habent capitulum speciale, ideo ignorant curam, ac etiam plurium medicorum ignorant nomen et causam ipsius infirmitatis, ignorantes Galenum posuisse nomen libro de Acutis et morbo, quem appellat Vetigatio. Et ponit causam hujus fuisse vaporem, medium inter subtilem et grossum, facientem ostensionem et dolorem, donec fuerit resolutus. Et quia hæc infirmitas solet multis et infinitis accidere, et maxime gambis et pedibus, et ut plurimum de nocte, et maxime accidere debet Christianis euntibus ultra mare, propter transmutationem aeris de frigido ad calidum; ideo pono curam perfectam et michi expertam, ipsum Ranfum omnino eradicantem et non amplius reversurum, scilicet, cum quis sentit Ranfum sibi evenire, statim antequam augmentetur, accipiat sibi digitos illius pedis, cujus gambæ est Ranfus, et trahat pedem cum manu fortiter versus gambam; et non amplius augmentabitur, et hoc semper faciat cum senserit sibi Ranfum evenire : et in modico tempore totaliter eradicabitur et nunquam revertetur; et est cura rationabilis cuique medico intelligenti*.

¶ **RANGEATOR**, Anglis *Ranger*, Præfectus seu custos saltuum, vel ab Anglico *to range*, Vagari, quia ipsius est saltus circuire et perlustrare, ne quid illicitum in iis fiat; vel a Gallico *Ranger*, Ordinare, disponere, quia res quæ ad saltus pertinent, disponit. Charta ann. 1416. apud Rymer. tom. 9. pag 385 : *Literas patentes de officio capitalis Rangeatoris forestæ de Waltham, Reginaldo Aveignant pro termino vitæ suæ habendo, confectas... sigillavit*. Vide Nomolexicon Thomæ *Blount* in *Range*, et Etymologicon Skinneri in *Ranger*. Hæc postrema vox ab iisdem Anglis etiam usurpatur pro rei venatoriæ Præposito, quod plerumque unus idemque sit et Custos saltuum et rei venatoriæ præfectus.

¶ **RANGERIUM**, f. Fibulæ claviculus, Gall. *Ardillon*, alias *Ranguillon*. Annales Mediol. apud Murator. tom. 16. col. 808 : *Fermalium unum, habens unum Rangerium cum cornibus auri, cum sapphiris II. uno diamante et III. perlis grossis*.

¶ **RANGHOR**, Idem quod *Rancor*, vel *Rancura*. Chronicon Parmense ad ann. 1307. tom. 9. Muratorii col. 864 : *De hoc autem Ranghor et timor fuit in civitate Parmæ, quum prædicta quibusdam placuerint, quibusdam non, quia nemo sciebat, quid esset melius*.

* **RANGIFER**, Animal Boreale, de quo Apollon. Menaben. ubi de Alce, et alii. Hisp. *Rangifero*, *Rangier*, in Lit. remiss. ann. 1413. ex Reg. 167. Chartoph. reg. ch. 283 : *L'exposant dist à icellui Garelle que autreffoiz avoit il eu une hocquemelle, qu'il se gardast d'en avoir une autre, et qu'il ne feust Rangier*. Vulgatius *Renne*.

* **RANIRE**. Vide supra *Baulare*.

* **RANNIK**, vox Bohemica. Charta Wencesl. reg. Bohem. ann. 1249. inter Probat. tom. 1. Annal. Præmonst. col. 522 : *Sive se invicem seditiose, sive a latronibus vulnerantur, quod dicitur Rannik, liberi sint et absoluti*

* **RANSIONARE**. Vide supra *Rancionare*.

* **RANSO**, **RANSONIUM**, Pretium redemptionis, ipsa redemptio, Gall. *Rançon*, alias *Raenclion* et *Raention*. Guido Papa decis. 113 : *In facto guerrarum in judicando servatur, si captivatus in bello se posuerit semel ad Ransonem sive redemptionem erga ejus magistrum, qui eum captivavit*. Lit. remiss. ann. 1358. in Reg. 86. Chartoph. reg. ch. 333 : *Munitus auro prædicto iter suum Carnoti arripuit pro ipso auro tradendo amicis dicti Mercerii, pro suo Ransonio solvendo et expeditione sua procuranda*. Lit. ann. 1358. inter Probat. tom. 2. Hist. Nem. pag. 188. col. 2 : *Le tres bon aide que vous faites et voulez faire à monseigneur pour sa Raention, etc*. Bestiar. MS :

Espira un nouvel Adan,
Qui pour nous trait paine et ahan,
Et tous nos mist à Raenchon.

* *Raensoneur* vero et *Arrançonneur*, Qui pecuniam, resve quaslibet extorquet, ab *Arrençonnement*, Expilatio, rapina. Lit. ann. 1358. tom. 3. Ordinat. reg. Franc. pag. 332 : *Pillages, roberies, arsures, omicides, Arrençonnemens et plusieurs autres malefices*. Lit. remiss. ann. 1409. in Reg. 163. ch. 398 : *Pillars et Raensoneurs de gens, etc. Larron, avouldre, Arrançonneurs de gens*, in aliis ann. 1455. ex Reg. 187. ch. 113. Vide supra *Rancionare*.

¶ **RANTA**, Redditus annuus, Gall. *Rente*. Charta ann. 1212. ex Archivo Castri Brientii : *Ego Guillelmus de Thoarc dedi domino Chotardo de Veriz et eredibus suis, propter servicium suum, ccc. solidos de Ranta annuatim habendos in terra mea de Chalen; de dono isto dominus Chotardus homo meus est ligium de manibus sui et eredes sui, quamdiu hanc tenuerint Rantam*. Vide *Renta*.

* **RANTUS**, Raptus; cujus criminis cognitio vel judicium, supremæ jurisdictionis est appendix. Charta ann. 1265. ex Chartul. Campan. fol. 221. col. 2 : *Villa de Humis, cum appendititiis seu pertinentiis suis, in hominibus, feminis, banno, Ranto, justitio, sanguine, terris, etc*. Alia Guill. dom. Salionis ann. 1281. in Chartul. eccl. Lingon. ex Cod. reg. 5188. fol. 19. r° : *Item feodum xij. familiarum, hominum et tenementorum ipsorum taillitabilium et explectabilium,.... qui homines debent Rantum et bannum et justitiam dicto Forquaudo*. Denique alia ann. 1265. ibid. fol. 206. v° : *Quilibet dominorum portat homines suos Rant, bant, justitiam, etc*. Vide infra *Raptus* 1. et *Rausus*.

* **RANUCINUS**, Monetæ Italicæ species. Ch. ann. 1116. apud Murator. tom. 4. Antiq. Ital. med. ævi col. 59 : *Warstallenses de tabula castelli annualiter solvant unum Ranucinum; pro tabula burgi denarium unum currentis monetæ*.

* **RANVERSATUS**, a Gallico *Renversé*, Inversus. Inventar. ann. 1449. ex Tabul. dom. Venciæ : *Item quædam raupa de viride foderata tella rubea, cum colleto Ranversato, foderato de tersenet cum monstris manicarum, ipsius quondam dominæ uxoris nobilis Raymundi* (de Villanova).

¶ **RANULA**, *Tumor est phlegmonodes sub lingua consistens, potissimum in pueris, quem Græci* Βάτραχον *vocant*. Bartholomæus Castellus in Lexico Med. pag. 423. [** Occurrit apud Veget. de Mulomed. lib. 3. cap. 3.] Vide *Rana*.

* Glossar. medic. MS. Simon. Januens. ex Cod. reg. 6959 : *Ranula et Ranunculus vocatur augmento locio* (f. augmentolatio vel augmentatio) *carnea sub lingua cum gravedine et fluore salivarum, quasi in radice linguæ alia lingua oriri videatur.*

¶ **RANUTIO.** *Ad Ranutionem imsti*, apud Perardum in Chartis Burgundicis pag. 337. perperam pro *Adramitionem juisii*, ut jam dictum est in *Juisium*. Vide *Adramire*.

¶ **RANZIA.** Statuta Riperiæ cap. 12 : *De quolibet falceto sive Ranzia pro introitu vel exitu sex denarii.* Rursum ibi : *De qualibet soma lapidum a Ranziis pro introitu soldi quatuor.* Haud satis scio an *Ranzia* sit falx seu instrumentum ad scindendum, ita ut *lapides a ranziis* sint lapides cæsi seu politi. In scutis gentilitiis *Ranchier* vel *Rangier* nostris dicitur falx fœniseca.

¶ **RANZO**, Italis *Ranzone*, Gallis *Rançon*, Pretium redemptionis, apud Scriptores Italicos passim. Vocis etymon indicatur in *Ran* 1.

* **RAO**, Miscellum frumentum, idem quod *Mixtura*. Vide *Mixtum* 2. Charta ann. 1339. in Reg. 75. Chartoph. reg. ch. 298 : *Item acquisivit tres punherias cum dimidia mixturæ, vocatæ Raonis, ad mensuram de Lauraco.* Alia ann. 1341. in Reg. 73. ch. 74 : *Item bladum, dictum Raon seu mixtura.* Charta ann. 1361. in Reg. 103. ch. 78 : *Item sunt sex sextariatæ terræ et prati,... fructus eorumdem fuerunt extimati..... tres eminas Raonis.* Pluries ibi. Alia ann. 1394. in Reg. 146. ch. 441 : *Quatuor sextaria Raonis, quæ computando xxx. sol. Turon. pro quartone mixturæ seu Raonis, etc. Duo cestaria mixturæ seu Raonis ad mensuram Tholosæ.* Semel ibi mendose, *Racionis.* Neque aliter videtur intelligendum *Bleit de regon*, in Charta Joan. ducis Lothar. ann. 1283. ex Suppl. ad Miræum pag. 139. col. 1 : *Cinquante muis de bleit de Regon à la mesure de Liege, etc.* Vide supra *Arao.*

* **RAONHARE**, Resecare, recidere, Gall. *Rogner.* Lit. remiss. ann. 1327. in Reg. 65. Chartoph. reg. ch. 80 : *Berengario Lamberti de Utecia imponebatur, quod ipse monetas regias trabuchaverat, Raonhaverat et racassaverat.* Vide *Ronzare. Raougnure*, pro Præcisio capillorum, in Lib. rub. fol. parvo domus publ. Abbavil. fol. 29. r°.

1. **RAPA**, RAPUS, Comitatus portio major, *læsti* instar, quæ plures in se continet *hundredos*, seu centurias. Omnis autem *Sussexia* in sex tantum *rapos* consumitur. Spelm. [Charta ann. 10. Henrici VII. Regis Angliæ apud *Madox* Formul. Anglic. pag. 212 : *Cum curiis letis, feriis, mercatis, visubus franci plegii, hundredis, Rapis, libertatibus, wardis, maritagiis, releviis, eschaetis, parcis, forestis, una cum.... ordinatione omnium Officiariorum, etc.* Literæ Edwardi I. Regis Angl. ann. 1274. apud Rymer. tom. 2. pag. 38 : *Rex Militibus, liberis hominibus et omnibus aliis tenentibus de honore et Rapo de Hasting salutem. Cum D. Henricus Rex, pater noster, per cartam suam dederit et concesserit karissimo et fideli nostro Johanni de Britannia prædictos honorem et Rapum, habendos sibi et hæredibus suis in perpetuum, etc.*] [** Vide Lappenberg. Hist. Angl. tom. 1. pag. 586.]

* 2. **RAPA**, Vestis, tunica, f. pro *Raupa*. Vide *Raub.* Libert. Avenionensi ann. 1463. in Reg. 199. Chartoph. reg. ch. 347 : *Concedimus quod dicti consules possint et valeant portare Rapas bispertitas colorum nigri et rubei.*

* 3. **RAPA**, RAPPA, Sepes, sepimentum, vel locus sentibus et dumis obsitus, idem quod *Rapeium*. Charta ann. 1263. in Reg. S. Ludov. ex Chartoph. reg. fol. 39. r° : *Item pro albergis, herbagiis et Rapis, sexdecim solidos.* Arest. parlam. Paris. sub Joan. reg. ex Cod. reg. 8312. 5. fol. 13. r° : *Erat prope Rappam dictorum fossatorum paries vel murus, qui claudebat dictum jardinum.* Exstat locus alter in *Abardilla*. Vide infra *Rapinale.*

¶ **RAPACIA**, Γογγυλίδες, in Glossis Lat. Græc. et Græc. Lat. Vox nota Plinio pro tenuioribus raparum frondibus et cauliculis : qua forte an notione Statuta Vercell. lib. 7. fol. 150. v° : *Item statutum est, quod si quis homo vel aliquis de familia sua aliquas scopaturas, vel letamen, vinacias, Rapacias, multicium, calcinarium, petaacias, cretas, pilipartorum, compositam marciam in rugiis vel plateis vel viis projecerit, dabit pro banno pro qualibet vice solidos quinque Pap.* Potius tamen crediderim *Rapacias* hic esse Ramenta, Gall. *Raclures*, Ital. *Raspatura*.

¶ 1. **RAPARIUM**, Idem, ut videtur, quod mox *Raperia*. Tabularium B. Mariæ Piperac. : *Notum facimus quod... Prior ecclesiæ seu prioratus de Alto-podio, nomine sue ecclesie... tanquam domini ecclesie seu Raparii de Alto-podio, essent in possessione pacifica accipiendi fidejussores a conquerentibus seu litigantibus.* Vide *Rapiarius.*

* Non placet; malim Territorium intelligere : sed undenam?

* 2. **RAPARIUM**, *Locus, ubi crescunt rapæ.* Cathol. Vide in *Rapiarius.*

RAPEIUM. Lambertus Ardensis pag. 2 : *Quia terras et Rapeia et silvulas, decimasque et redditus, aliasque possessiunculas nunc in Ghisnensi terra possideant.* Et pag. 11 : *Eo quod in armentis et pecoribus nutriendis totam perfunderet intentionem, terram in parte monticulosam, et Rapeis et bosculis obsitam, agros etiam pascuos, gurgitosam marisci planitiem... cum se daturum promisisset, etc.*

* Locus sentibus et dumis obsitus. Hinc forsan *la Rapée*, locus ad Sequanam supra et prope Parisios.

* **RAPELLATIO**, Revocatio, Gall. *Rappel.* Lit. remiss. ann. 1360. in Reg. 87. Chartoph. reg. ch. 294 : *A toto Dalphinatu nostro bannitus, usque ad revocationem seu ad Rapellationem nostram extitit.*

* **RAPELLUM**, Eodem intellectu. Charta Phil. Pulch. ann. 1311. in Reg. 46. Chartoph. reg. ch. 78 : *Per nos de gratia speciali extitit ordinatum, videlicet quod dictus Johannes regnum nostrum exibit, numquam rediturus ibidem, sine nostro speciali Rapello.* Ex iisdem Literis *Rappellum* legitur in Reg. *Olim* parlam. Paris. *Rappeaux de bans*, in Lit. ann. 1372. tom. 5. Ordinat. reg. Franc. pag. 480. art. 7. *Rappel*, pro *Revocation*, Abrogatio, in aliis Lit. ann. 1370. ibid. pag. 353 : *Letres.... qui ne feroient expresse mencion du Rappel de ceste presente ordonnance.* Unde *Rappeller*, pro *Révoquer*, Abrogare, in Lit. ejusd. ann. pro Tornac. ibid. pag. 378. art. 31 : *Que lesdiz prevoz, jurez.... puissent faire toutes manieres de ordonnances, et ycelle Rappeller, muer, accroistre et diminuer. Rapeler* vero Repetere, Gall. *Redemander, reclamer*, sonat, in Charta Aub. abb. Castr. ann. 1247. ex Chartul. Campan. fol. 343. col. 2 : *Et se aucuns tient masure an la vile qui ne soit herbergié dedanz un an, li prevoz la puet baillier qui il vorra por herbergier, ne cil qui devant l'auroit-tenue, ne la porroit Rapeler. Rappel* præterea, pro Consensus, approbatio, occurrit in Stat. ann. 1393. tom. 7. earumd. Ordinat. pag. 566 : *Et toutes ces coses faictes à le requeste des gens dudit mestier, en le volenté et Rappel desdiz majeur et esquevins.*

* **RAPERE**, Manum injicere. Lit. remiss. ann. 1399. in Reg. 154. Chartoph. reg. ch. 739 : *Petrus Dominici..... dictum Sancium Rapuit ad cutellum Sarragossanum, etc.*

1. **RAPERIA**, Ædiculæ rusticæ species, apud Arvernos. Tabularium S. Flori in Arvernis ann. 1265 : *Ordinamus, quod de uno quoque foco, i. hominum facientium vel habentium Raperiam, una detur gallina.* Alibi : *Quilibet homo habens domum propriam in dictis parochiis existens, pro una Raperia, vel pro quocunque foco unam gallinam solvat.* Occurrit ibi pluries.

* Charta ann. 1273. ex Chartul. Cantog. : *Prior in quolibet pagesio dictorum mansorum percipiat annuatim, ratione decimæ Raperiarum, et pro omnibus Raperiis, quas quilibet ipsorum pagesiorum fecerit in dictis mansis, unam gallinam.* Ubi significari videtur Umbraculum ex frondosis arborum ramis compactum, gregibus pecorum et eorum custodibus accommodum. Vide supra *Rameia* 2.

* 2. **RAPERIA**, Locus, ubi crescunt rapæ. Stat. Avellæ ann. 1496. cap. 46. ex Cod. reg. 4624 : *Quæ in aliena Raperia extraxerit, ceperit vel exportaverit herbas vel rapicias, solvat pro qualibet vice de bampno solidos duos de die.* Vide supra *Rabina.*

¶ **RAPETIATUS**, Pannosus, Gall. *Rapiecé, Rapetassé.* Vita S. Francisci de Paula tom. 1. April. pag. 117 : *Respondet autem quod bene nosset nequam illum barbatum et Rapetiatum.*

RAPHALIS. Vetus Charta MS. ann. 1250 : *Ego Garcia Examinis* (Procurator et tenens locum in Cuissa pro D. Infante Petro Portugall.) *dono et stabilio per francum et liberum alodium tibi Bern. de Vernet Presbytero... unum Raphalem, qui vocatur Benysaid, qui affrontat, etc. ita quod ibi laboretis, et de omnibus bladis inibi habitis, donetis mihi et meis.... decimam et Ecclesiæ primitiam.* Occurrit ibi pluries. Vox Arabica, *Rahal, Raphal, Rafal, Rafalet*, quæ casam, domum, seu prædium, civitati vel oppido adjunctum, sonat : *una casa, o heredad junto a la ciudad o villa*, inquit Joan. Dametus in Hist. Regni Balearici pag. 272.

¶ **RAPHANELÆUM**, Græc. ῥαφανέλαιον, Oleum ex raphani semine. Occurrit apud Pelagium de Vita Patrum cap. 4. num. 59.

* **RAPIA**, Ramentum, ab Italico *Raspatura*. Stat. Taurin. ann. 1360. cap. 94. ex Cod. reg. 4622. A : *Item quod nulla per-*

sona ponat leamen, paleam.....in vias publicas solatas,.... vel (præsumat) *cranare Rapiam seu feciam.... in ipsa civitate.*

RAPIARIUS, RAPTARIUM, Collectaneum, in quod undique rapta inferuntur. Ita editor Chronici Windesemensis ad lib. 2. cap. 62 : *In uno Rapiario compendiose inscripsit.* Cap. 65 : *Studendo seu bunum punctum ad Rapiarium scribendo.* Cap. 67 : *Bonum de vita et passione Christi scripsit Rapiarium.* Adde cap. 68. *Raparium* vero est *locus, ubi rapæ crescunt*, Joanni de Janua.

* An inde vetus Gallicum *Rapeau* et *Rappeau*, quod nunc *Renvi* appellamus, quia pecunia pro ludo primum posita et dehinc superaddita simul collecta, ab eo qui vincit, habetur? Lit. remiss. ann. 1412. in Reg. 166. Chartoph. reg. ch. 414 : *Apres ce qu'ilz orent joué* (à la rafle) *certaine espace de temps, advint qu'il y ot Rappeau, qui montoit trois solz quatre deniers,.... sur lequel Rappeau ilz jouerent, etc.* Aliæ ann. 1478. in Reg. 201. ch. 197 : *Il y eut Rapeau, et lors mirent tous chacun ung denier en jeu pour ledit Rapeau.*

* **RAPICIÆ**, Raparum frondes, caulesve. Locus est supra in *Raperia* 2.

¶ **RAPILUS**, ῥαφεύς, *Phrygio, acupictor*, in Supplemento Antiquarii. In Glossis Lat. Græc. et Græc. Lat. habetur : *Rapilum*, ῥαφεύς.

1. **RAPINA**, Infirmitas in falconibus. Anonymus de Falconibus secundum Aquilam, etc. : *Si infirmitate, quæ Rapina dicitur, infirmetur, succo artemisiæ cibus ejus intinguatur.*

2. **RAPINA**, Raptus. Vide *Mazacrium*.

¶ **RAPINA MORTUI**, Idem, ut videtur, quod mox *Rapoworfin*, Sepulcri violatio. Consuetud. Furnenses ann. 1240. ex Archivo S. Audomari : *Dominus Comes retinet sibi ad justificandum per curiam suam murdificationem... conbustionem... Rapinam mortui, id est, Troof.*

* 3. **RAPINA**, Pensitationis species, quæ ex consuetudine præstatur. Charta Isabellæ comit. Carnot. ann. 1247. inter Instr. tom. 8. Gall. Christ. col. 534 : *Dedi etiam dictis monialibus* (Romorentinis) *quandam costumam, quæ vocatur la Rapine, quam habeo in eodem territorio, cum omni jure et dominio quæ ibi habui, retenta tamen mihi et hæredibus meis alta justitia in eadem.*

* **RAPINALE**, Locus pascuus, dumis et sentibus obsitus. Stat. Vallis-Serianæ cap. 69. ex Cod. reg. 4619. fol. 117. v° : *Qui incantabit Rapinalia communis.... ad pascullandum.... incipiat pascullare..... in medio mensis Octobris.* Vide supra *Rapa* 3.

* **RAPINALIS**, idem quod *Arpennalis* vel *Agripennalis*. *Tesa Rapinalis*, Mensura, qua finitores agros metiuntur. Charta ann. 1202. inter Probat. ult. Hist. Trenorch. pag. 182 : *Tandem mensurari fecimus ad tesam Rapinalem totam villam infra ambitum murorum, tam domos quam plastros et hortos, et in singulis tesis per carrerias et vias diversum censum..... posuimus.* Alia ann. 1228. inter Probat. tom. 3. Hist. Occit. col. 334 : *Viginti cives Tolosæ de voluntate nostra et ipsorum, in hostagiis carissimi D. nostri Ludovici regis Francorum illustris remanebunt, quousque quingentæ tesiæ Rapinales murorum Tolosæ sint dirutæ.* Hinc emendandus est Fantonus in Hist. Avenion. tom. 1. pag. 140. qui ibi legit *Taysias raptales*. Charta ann. 1267. in Chartul. eccl. Lingon. ex Cod. reg. 5188. fol. 147. v° : *Dummodo infra spatium sexaginta toisarum Rapenaus, computandarum ab exitu nemoris, capiantur.* Vide *Arapennis* et *Perticæ arpennales* in *Pertica* 1.

¶ **RAPINARE**, *Rapere*, Barthio in Glossario ex Histor. Palæst. Fulcherii Carnot. *Rapinari, Rapere, prædari; hinc et Rapinator*, apud Goclenium in Lexico Philosophico. Vide Vossium de Vitiis sermonis lib. 4. cap. 19.

RAPINATOR, Raptor, apud Baldricum Noviom. lib. 1. cap. 10. Usi etiam aliquot ex veteribus. Vide Nonium ex Varrone.

* **RAPINUS**, *Gallice Grouselier; hoc Rapinum, ejus fructus.* Glossar. Lat. Gall. ann. 1348. ex Cod. reg. 4120. Vide supra *Ramus* 3.

¶ **RAPIUM**, Græc. ῥαφίον, Acus. In vetustis Schedis MSS. quæ Honorii Scholastici nonnulla *pro clientibus acute dicta factave* continent : *Aliqua nobilissima mulierum duo tenuia lintea palladiis artibus unius in telæ volumine Rapio delicatiore texuerat*, id est, acu pinxerat. Vide Salmasium ad Vopiscum in Carino cap. 20. et Hofmannum in Lexico.

* **RAPIUS**, Raptor, populator. Charta Belæ reg. Hungar. ann. 1255. inter Probat. tom. 1. Annal. Præmonst. col. 657 : *Conquerentes significaverunt, quod omnia privilegia.... in fornacis fervore furor supradictorum Rapiorum succendisset.* Ubi de irruptione Tartarorum in Bohemiam, de quibus paulo ante : *Gens rapida Tartarorum et crudelis.* Vide supra *Rabia*.

¶ **RAPO**, Ἅρπαξ, in Glossis Lat. Græc. Aliæ Græc. Lat. : Ἅρπαξ, *Raptor, rapax, hemero, Rapo.* Legitur apud Nonium ex Varrone.

* **RAPOLARE**, Racemorum reliquias colligere, Ital. *Raspolare*, a *Raspo*, racemus. Stat. Taurin. ann. 1360. cap. 139. ex Cod. reg. 4622. A : *Quod nullus Rapolator intret causa Rapolandi in vineam alicujus custodiæ, donec omnes vineæ fuerint contrafactæ et vindemiatæ.* Stat. Avellæ ann. 1496. cap. 65. ex Cod. reg. 4624 : *Si quis.... intraverit alienum campum.... vel aliquam alienam vineam.... pro Rapolando vel colligendo, seu causa Rapolandi vel coligendi, seu Rapolaverit vel colegerit ibidem aliquos fructus, etc.*

* **RAPOOSTARE**, Reum in potestatem judicis sui restituere, nostris *Rapoostir*, unde iisdem *Rapoostissement*, ipsa restitutio. Liber rub. fol. parvo domus publ. Abbavill. fol. 19. r° : *Drouet li caufouriers..... fust prins à Abbeville;..... chelui Drouet fust longement tenu en prison.... Apres Willaums de Hangest, qui adonques estoit baillex d'Amiens,.... quemandast que nous li delivrissions ledit Drouet comme bani le roy : .... nous delivrasmes ledit Drouet au quemandement le dit bailleu d'Amiens, et si tost que delivranche fu faite, nous alasmes au bailleu d'Amiens et li requisismes que il nous fesist Rapoostir ledit Drouet, comme chil qui fu prins en ville de loy; li bailliex se consela, et quemanda..... que il nous Rapoostissent ledit Drouet ens el propre lieu devandit, là u il fu prins;.... et au Rapoostissement faire furent present, etc. Sitost que chil Drouet nous fu rendu et Rapoostis, nous le fustames à le banlieue pour le souppechon devandite; et quant il fu hors de no banlieue, li senescax le prinst et ramena à Cresci.* Infra : *Rapoestir.*

¶ **RAPORASCO**. Videsis infra in *Rusco*.

¶ **RAPORTARE**. Vide mox *Rapportare*.

¶ **RAPORTATIO**, Transcriptio, cessio, Gallice *Transport*. Charta Margaritæ Comitissæ Flandriæ ann. 1245. e Tabulario Parthenonis Flinensis prope Orchesium : *Cum ipse Joannes hæredem de carne propria non haberet, Walerius frater et proximus hæres ejus ad hæc interfuit, et venditionem, Raportationem et guerpitionem hujusmodi laudans, spontaneus et concedens renunciavit penitus omni juri quod habebat vel habere poterat in præmissis; homines vero nostri, super hoc a nobis submoniti, judicarunt, quod jamdicta venditio, Raportatio et guerpitio, nec non approbatio et concessio præfati W. bene et legitime factæ erant.* Ibidem legitur *Reportare*, pro Transcribere, cedere, rem possessam alicui dimittere. Vide *Reportatio*.

* *Raport*, in Charta ann. 1287. ex Chartul. Namurc. Cam. Comput. Insul. fol. 7. r° : *Cest werp, Raport et effestukement, si comme deseure dit est, bien et souffisaument fais, etc.* Vide *Reportare* 2. et *Reportatio*.

* 1. **RAPORTUS**, Relatio, negotii commissi explicatio. Acta capitul. eccl. Claromont. ad ann. 1539 : *Audito Raportu facto per dominos commissos, etc. Raccointement*, eadem acceptione, in vet. Consuet. Hannon. cap. 30 : *Que lesdiz cerquemanneurs pour chascun Racointement de cerquemannaige qu'ilz feront ausdis eschevins de Mons, etc.* Sed leg. forte *Racomtement*. Vide in *Rapportare*.

* 2. **RAPORTUS** vel RAPORTUM, Jus percipiendi medietatem decimæ ex agris, quos homines alterius parœciæ colunt, idem quod infra *Reportagium* 1. Charta Edmundi abb. de Ripatorio ann. 1327. in Chartul. Arremar. ch. 7 : *Religiosi monasterii Arremarensis de cætero nihil in dictis campis percipient, præter duas gerbas, quas percipient causa Raporti decimæ in grangiis laborantium dictas terras. Rapport*, eodem sensu, in Charta ann. 1348. ex Chartul. 21. Corb. fol. 325 : *Lesquels religieux ont leur doit d'avoir et emporter, ou faire emporter la moitié de le disme des camps dessusdits,.... à cause de Rapport qu'ils y ont, touteffoys et quanteffoys qu'elles* (les terres) *seront ahanées par les habitans de le ville de Villers.* Vide infra *Reportus* 3.

* 3. **RAPORTUS**, Idem quod *Computus*. Reg. actor. capitul. eccl. Camerac. sign. R. ad 22. Maii ann. 1499 : *Recitavit ibidem qualiter dictus magister monetæ.... Raportum fecerat sive compotum de grossis, quos cuderat.*

RAPOWORFIN, Sepulcri violatio, vox Longobardica. In Edicto Rotharis Regis Longob. titulus 6. [** cap. 15.] inscribitur *de Rapoworfin*. Mox sequitur : *Si quis sepulturam hominis mortui ruperit, et corpus expoliaverit, aut foris jactaverit, etc.* Exstat hæc lex in Lege Longobard. lib. 1. tit. 12. § 2. Vide *Unegworfin*, *Marahworfin*, et *Meroworfin*.

RAPPA, Ignota vox. Vide *Marguillum*.

* **RAPPA.** Vide supra *Rapa* 3.

* **RAPPELLUM.** Vide supra *Rapellum*.

¶ **RAPPERIA**, Gladius longior et vilioris pretii, Gallice *Rapiere*. Monstræ factæ ann. 1511. apud Chassagniam : *Claudius Jornandi habet unam bonum Rapperiam et unam dagam*. Ducit Borellus a Græco ῥαπίζειν, Cædere.

* *Rapiere* adjective sumitur, in Lit. remiss. ann. 1474. ex Reg. 195. Chartoph. reg. ch. 1155 : *Icellui Pierre donna au suppliant de ladite espée Rapiere sur la teste, etc.*

¶ **RAPPORTARE**, Raportare, generatim pro Reportare, referre, Gallis *Rapporter;* Specialius de causæ statu ad judices referre, Practicis nostris, *Rapporter*. Edictum Caroli VIII. Franc. Regis de fide Instr. pag. 196 : *Ordinatum est insuper, quod secretarii cancellariam Tholosæ insequentes, aliquas literas, quas signabunt, non Rapportent. Informatione prædicta nobis et curiæ nostræ prædictæ Paribus... Raportata*, in Arresto ann. 1341. apud Lobinell. tom. 2. Histor. Britan. col. 487. Eadem notione legitur *Rapportare*, in Charta ann. 1446. apud Thomasserium Consuetud. Bituric. pag. 108. in alia ann. 1489. apud Baluzium tom. 2. Hist. Arvern. pag. 238. in alia ann. 1491. ibid. pag. 642. etc.

¶ Rapportum, Relatio, Gall. *Rapport*. Stylus antiquus Parlamenti cap. 12 : *Possunt superiorem suum in garendum vocare, nisi opponatur eis de falso Rapporto facto superiori.*

¶ Rapportus, Litis apud judices expositio, Gall. *Rapport*. *Consiliarii nostri Rapportu audito*, in Charta Caroli Regis Franc. ann. 1489. apud Baluz. tom. 2. Hist. Arvern. pag. 237.

¶ **RAPPUS**, Rapus, pro *Raptus*, Angl. *Rape*, Gallis *Rapt*. Charta Henrici II. Regis Angl. ex Archivo B. M. de Bono-nuntio Rotomag. : *Cum murdro et morte hominis, et plaga, et mehaing, et sanguine, et duello, et latrone, et aqua, et Rappo*, vel *Rapo*, ut habetur tom. 4. Hist. Harcur. pag. 1411. Inquesta de alta justitia monasterii Beccensis ex cod. Archivo : *Vidit eos utentes in pluribus casibus de placito ensis, et ita fama communis tenet, præterquam de Rapo, de focagio et resorto*. Vide *Raptus*.

* **RAPTATICUM**, pro *Ripaticum*, Tributum, quod in ripis exigitur. Bulla Agapiti PP. II. ann. 951. inter Instr. tom. 6. Gall. Christ. col. 425 : *Confirmamus vobis pontaticum, Raptaticum, salinaticum, toloneum, etc.*

¶ **RAPTITARE**, Glossæ Lat. Græc. *Raptito*, ἁφαρπάζω. Aliæ Græc. Lat. : Ἀφαρπάζω, *Abribio, Eripio, Arripio, Raptito*.

RAPTORES, Latrones publici, *Voleurs de grands chemins*. Vita S. Simonis Comitis Crispeiensis cap. 11 : *Cum apud Firmitatem Castellum, quæ olim ipsius hæreditas dicta est, in propria demoraretur, amicum quemdam ad se de villa venientem, videndi desiderio accensum, unus ex iis, qui Raptores dicuntur, improvise prosiliens, captum rapuit, et abscessit*. Ordericus Vital. lib. 9. ubi de Concilio Claromontensi ann. 1095 : *Hoc etiam anathemate feriuntur falsarii, et raptores, et emptores prædarum, et qui in castris congregantur propter exercendas Rapinas, et domini, qui amodo eos retinuerint in castris suis*. Vide Herimannum de Miracul. S. Mariæ Laudun. lib. 1. cap. 6.

RAPTURA. Glossarium Saxonicum Ælfrici : *Raptura*, syring. i. lac serosum.

¶ 1. **RAPTUS**, Vis, violentia. Lex Alamann. tit. 58. § 1 : *Si qua libera femina virgo vadit in itinere suo inter duas villas, et obviavit eam aliquis, et per Raptum denudat caput ejus, cum sex solidis componat.*

* Raptum. Glab. Rodulph. tom. 10. Collect. Histor. Franc. pag. 6 : *Ibi aliquandiu morantes* (Sarraceni) *vastando regionem, in gyro diverso Raptu tempus expleverunt*. Charta Theob. comit. ann. 1238. in Chartul. Campan. ex Cam. Comput. Paris. : *Quod si dictus Hugo homicidium vel furtum perpetraret, vel aliquod enorme delictum, quod appellatur vulgariter Raptus, etc*. Nostris alias *Emmenement*, eodem intellectu, ut videre est supra in *Intrahere*.

Raptus, *Concubitus illicitus*, Ugutioni, et Joanni de Janua : Nuptiæ occultæ, clandestinæ. Concilium Trosleianum ann. 909. cap. 8 : *Est præterea quædam execrabilis species rapinæ, vel potius sacrilegii, quam ex ipso actu rustici Raptum vocant*. Infra : *Decernimus, ut nullus occultas nuptias vel Raptum faciat,... sed dotatam, et a parentibus traditam, per benedictionem Sacerdotum accipiat, etc*. Charta Guidonis Regis Hierosol. ann. 1190. apud Guesnaium in Annalibus Massiliensibus : *Excepto furto, homicidio, tradimento, falsamento monetæ, violatione mulierum, quod Rapt vulgariter dicitur.*

Ratus, pro *Raptus*. Charta Willelmi Comitis Pontivi ann. 1203. in Tabular. S. Judoci : *Et notandum, quod Comes Monsteroli et Pontivi extra villam B. Judoci per totum Comitatum prædictæ Ecclesiæ debet habere assultum, murdrum, scatum, et Ratum, violentiam scilicet mulieris vi oppressæ.*

* Tabular. Major. monast. : *Latronem etiam, sanguinem, Ratum et cætera hujusmodi*. Charta Hugon. III. ducis Burg. ann. 1189. inter Probat. tom. 1. Hist. Burg. pag. 64. col. 2 : *Cognitum fuit quod nec bannum nec Ratum, id est nec banc nec Ram, nec aliquam aliam justitiam in villa S. Sequani habemus*. *Ratrum* mendose, pro *Rattum*, tom. 12. Gall. Christ. inter Instr. col. 108. *De Rato, de armis esmolutis, de latrone, de homicidio est in voluntate domini*, in Charta ann. 1229. Vide supra *Rantus*.

* 2. **RAPTUS**, pro Rapidus, velox. Venant. Fortunat. Itiner. :

> Hinc pete, Rapte, vias ubi Julia tenditur Alpes.

Vide Fontan. in Comment. de S. Colomba Rem. pag. 2.

¶ **RAPUGARE**, Uvarum reliquias sublegere, Gall. *Grapiller*, Ital. *Racimolare, Grappolare*. Statuta Avenion. lib. 3. rubr. 6. art. 4 : *Item quod nulli liceat racemare seu, ut vulgo dicitur, Rapugare, nisi factis post vindemias voce tubæ proclamationibus, sub pœna* xx. *sol. Turon*. [* Vide supra *Rapolare*.]

RAPULATUM, *Cibus de rapis*. Johan. de Janua.

¶ **RAPUM.** Statuta Cadubrii lib. 1. cap. 30 : *Statuimus, quod jurati non possint, nec debeant æstimare blada, arma, Rapa, scandolas domorum, lectos.... dummodo ille, cujus pignus est, velit ipsi jurato aliud bonum pignus dare ad æstimandum*. An Gladius, Gall. *Rapiere?* Vide *Rapperia*.

1. **RAPUS.** Chartula plenariæ securitatis, scripta sub Justiniano apud Brisson. lib. 6. Formul. (II. 27.) : *Olla testa rupta una tallia valente asprione, albio valente nummos 80. Rapo valente asprione, modio valente asprione, etc.*

¶ 2. **RAPUS**, pro *Raptus*. Vide *Rappus*.

¶ 3. **RAPUS**, Comitatus portio. Vide *Rapa*.

¶ **RARA**, Rahis, Semita, sulcus discerminans, Gall. *Raye*. Statuta Avenion. lib. 1. rubr. 54 : *Si autem de vineis agatur, quæ parvis semitis, vulgo dictis Rares, circumdantur, tunc qui non habet exitum ad viam publicam per suam vineam, sequatur Raram propinquiorem viæ publicæ quæ propinquior erit dictæ vineæ.*

¶ **RARARE**, *Rarum facere; interrarare, in medio rarum facere*. Laurentius in Amalthea. Mox addit : *Raro, as, Rarefacio*. Glossæ Lat. Græc. et Gr. Lat. : *Raro, as*, μανόω.

¶ **RARENTER**, *Rare, raro*, in eadem Amalthea. Occurrit in Vita S. Marculfi, tom. 1. Maii pag. 73. et apud nonnullos e veteribus Latinis. Vide Nonium cap. 2. num. 732.

¶ **RARERE**, *unde Rarescere*, Johanni de Janua. Legitur etiam in Gemma Gemmarum. Vide Vossium de Vitiis serm. lib. 4. cap. 19.

¶ **RARICERE.** Glossæ Isidori : *Raricent, Patricent;* in Pithœanis, *Putricent*. Legerem *Rarescent, Putrescent*. Colum. lib. 5. cap. 6 : *Operam dabit, ne emortuis arboribus Rarescat arbustum;* i. deficiat seu putrescat.

* *Rariscent, patriscent*, in vet. Glossar. ex Cod. reg. 7641.

¶ **RARINANTES.** Paschasius in Epitaphio Walæ lib. 1. cap. 25 : *Licet interdum celsa in petra stans, Rarinantes quosque pueros suis ad litus hortabatur facetiis comminus venire*. Sic in MS. legi annotat Mabillonius sæc. 4. Benedict. pag. 485. viderique Paschasium alludere ad illud Virgilianum, facto ex duobus uno vocabulo :

> Apparent Rari nantes in gurgite vasto.

¶ **RARIOLUS.** Glossæ Pithœanæ, *Arreptitius, Rariolus, Furiosius*. Leg. *Ariolus*. Vide *Arreptitius*.

* 1. **RARITAS**, Mediocritas, paucitas, Gall. *Médiocrité*. Lit. remiss. ann. 1353. in Reg. 84. Chartoph. reg. ch. 2 : *Attentis serviciis,.... nec non et Raritate seu tenuitate vadiorum.... ad ipsum officium* (procuratoris) *spectantium, etc.*

* 2. **RARITAS**, Levitas peccati, Gall. *Légéreté*. Lit. remiss. ann. 1355. in Reg. 84. Chartoph. reg. ch. 73 : *Nos attenta Raritate modoque ejusdem facti;.... ipsum remisimus.*

1. **RASA.** Charta MS. Jacobi Regis Aragon. ann. 1260 : *Et affrontat ... per Rasam*

bosqui usque ad campum vestrum, etc. [Vide *Rascia* 1. et *Fascia* 1.]

* Fossa, nostris alias *Rase* et *Raise*, qua voce etiam Canalem, alveum significarunt. Acta MSS. capitul. eccl. Lugdun. ad ann. 1345. fol. 113. v°. col. 1 : *Johannes Garini de Longis xij. denarios Viennenses censuales, pro quibusdam vinea et prato contiguis, sitis in clauso de la Tioleri, juxta vineam Johannis Ogerii ex una parte, et juxta terram Johannis Præpositi, ex duabus partibus quadam Rasa intermedia.* Lit. remiss. ann. 1442. in Reg. 176. ch. 136 : *Quant ilz furent sur une Rase ou fossé,.... icellui Vincent getta le suppliant dedans ledit fossé.* Aliæ ann. 1461. in Reg. 191. ch. 25 : *Le suppliant déboutant icellui Largier, le fist tomber dans le besal ou Rase dudit molin. Une Raize ou besal pour conduire l'eaue au pré*, in aliis ann. 1466. ex Reg. 194. ch. 186. Aliæ ann. 1473. ex eod. Reg. ch. 362 : *Icellui homme mist du feu en la Raze de la chabanne et du bois, etc. Resure*, eodem fortassis intellectu, in Charta ann. 1313. ex Reg. 53. ch. 50 : *Lesqueis* (accord) *fait mention.... de ouvretures et des Resures.* Vide infra *Raza* 2.

¶ 2. **RASA**, Mensura frumentaria, in agro Dumbensi *Ras* : ubi plerumque continet quatuor cupas. Necrologium Abbatiæ de *Daoulas* diœc. Corisopitensis : *Calendis Februarii obiit Guidomarus Buzic, pro quo anniversario habemus unam Rasam frumenti.* Chartularium 1. Monasterii Aquicinct. fol. 29 : *Dedit Ecclesiæ nostræ terram duarum Rasarum frumenti*, hoc est, agrum redditus duarum *rasarum*, vel in quo seminari possunt duæ *rasæ*. Vide *Rasara, Raseria, Rasum* 1. et *Res.*

¶ 3. **RASA**, *Vestis genus, tunica rudis, aspera, non mollis*, in Amalthea.

* 4. **RASA**, Pertica, mensura agraria. Libert. Novæ bastidæ in Occit. ann. 1298. ex Reg. 38. Chartoph. reg. ch. 16 : *In domo qualibet seu ærali dictæ villæ, longo de sexaginta Rasis et amplo de viginti Rasis, debent habere dominus rex et ejus parierii annuatim in festo O. SS. tres denarios Tholosanos censuales.* Aliæ pro incolis bastidæ de Trya ann. 1325. in Reg. 64. ch. 54 : *In domo qualibet, placia seu ayrali dictæ villæ, longa de sexaginta tribus Rasis, et ampla de viginti una Rasa, etc.* Occurrit iisdem verbis in Libert. Villæ-regalis ann. 1329. ex Reg. 66. ch. 1028. Aliæ pro Montefalcone ann. 1369. tom. 8. Ordinat. reg. Franc. pag. 52. art. 2 : *Item quod omnes.... habentes vel habituri plateas infra dictum locum, quæ quidem plateæ habeant decem Rasas de amplitudine et longitudine,.... solvent anno quolibet octo denarios Turon.* Reg. feud. Aquit. sign. JJ. rub. ex Cam. Comput. Paris. fol. 39. r° : *Debet.... unam candelam de una Rasa in lancea ardentem.* Id est longitudine unius *rasæ*. Vide *Rascia* 1. et infra *Rasum* 2.

* 5. **RASA**, Piscis species, Ital. *Razza*, idem atque *Raia*. Tract. MS. de Pisc. cap. 51. ex Cod. reg. 6838. C : *Raia lævis ab Hispanis dicitur liuda, a cute lævi et pellucida. Sunt qui Rasam vocant a glabra cute.*

* 6. **RASA**, Ignota mihi notione, nisi idem sit quod Italis *Razza*, Radius; qua voce carri, aratra, aliave id genus quæ rotis ducuntur, quæque vetantur oppignerari, intelligenda forte sunt. Pactum inter Henr. IV. reg. et Pisan. ann. 1081. apud Murator. tom. 4. Antiq. Ital. med. ævi col. 19 : *Si quidem annuimus et firmiter statuimus, quemquam hominum, nisi communi consensu eorum, nec Rasas apprehendere, nec dissipare, nec sigillare infra civitatem Pisæ, neque in burgis, si foras civitatis ipsi habuerint enimenta.*

* **RASALLUM**, Resallum Arenæ, Arenaria moles, Gall. *Banc de sable*, forte ab Hispanico *Resalir*, Extare, prominere. Charta ann. 1394. in Reg. 149. Chartoph. reg. ch. 78 : *Ripparia est ibidem tantæ latitudinis, quod ibidem effecta est quædam coqua sive Resallum arenæ, occasione cujus gentes.... barcas oneratas transire sive vehi facere minime possunt, imo necessario oportet dictas fustas vehi usque ad reccum de Amacio.... Quod fustæ, barchæ et alia quæcumque vasa marina et alia ibidem de facili per dictam coquam sive Rasallum ascendere aut descendere valeant.* Sæpius *Resallum* ibi.

RASAMEN, Rasura, *Raclure.* Marcellus Empiricus cap. 1 : *Rasamen pastæ quod in magide adheret,.... conteres, etc.* [Laurentius in Amalthea : *Rasamen, Rasum eboris, a raso, frequenter rado.*]

* **RASAMENTUM**, Jus, quod ex frumentis ad *rasam* mensuratis percipitur. Charta Simon. ducis Lothar. ann. 1305. ex Bibl. reg. : *Ecclesiæ Tullensi dedit decem solidos Tullenses solvendos super Rasamento, quod habet apud Hassonvillam.* Vide *Rasa* 2.

¶ **RASARA**, Idem quod *Rasa* 2. vel *Raseria.* Chartularium 1. Monasterii Aquicinct. fol. 29 : *Wicardus debet nobis censum unius Rasaræ frumenti. Tietbaldus sinescalcus donavit nostræ Ecclesiæ censum annuum unius Rasaræ frumenti.*

1. **RASARE.** Auctor Mamotrecti ad lib. Job cap. 40 : *Sorbet terram, i. sorbere videtur Rasando, sive pedibus fodiendo.* [Johan. de Janua : *Rasare, frequenter radere.* Charta ann. 1209. apud Marten. tom. 1. Collect. Ampl. col. 1091 : *Arnaldus de Saga convenit muros de Aristot destruere et valla Rasare*; hoc est, diruere, complanare, funditus evertere, ut nostris *Raser*, ubi agunt de destructione munitionum et ædificiorum. Vide Vossium lib. 4. de Vitiis sermonis cap. 19.]

* 2. **RASARE**, ubi de mensuris liquidorum agitur, quæ compleri debent. Stat. Mantuæ lib. 1. cap. 114. ex Cod. reg. 4620 : *Item quod quilibet vendens vinum ad minutum, teneatur et debeat bene et juste mensurare et implere et Rasare bozzolam de vino, sine spuma.*

* Nostri *se Raser*, pro *se Ranger*, Secedere, dixerunt. Lit. remiss. ann. 1409. in Reg. 163. Chartoph. reg. ch. 323 : *Le suppliant pour doubte que icellui Jouel ne lui fist pis, se Rasa de lui et sacha son espée du fourreau. Ranser* vero, pro Ordinare, disponere, in Poem. *de Cleomades* MS :

Quant Marcadigas vit sa gent
Assambler si très-noblement,
Et vit que chil la Rausoient,
U sa gent assamblé estoient.

* *Rascher*, eodem, ut videtur, sensu, in Ordinat. ann. 1415. ex Reg. 170. ch. 1 : *Item de Rascher vins de batel en autre bort à bort,...... xvj. deniers Paris. du tonneau.*

* Apud gemmarios autem *Raser* sonat Radiare, resplendere, ab Italico, ut opinor, *Razzare*, eadem notione. Stat. ann. 1355. tom. 3. Ordinat. reg. Franc. pag. 11. art. 6 : *Nul ne peut Raser ne teindre amatitre, ne quelconques pierres fausses, parquoy elle se doive monstrer autre qu'elle n'est de sa nature.* *

* 3. **RASARE**, Barbam vel capillos radere, Gall. *Raser*, alias *Reire* et *Rere.* Glossar. Provinc. Lat. ex Cod. reg. 7657 : *Rayre, Prov. radere, Rasare, rasitare.* Stat. ann. 1383. tom. 7. Ordinat. reg. Franc. pag. 16. art. 13 : *Que aucun barbier de nostredicte bonne ville de Paris n'ira, ne ne pourra ou devra aler Rere, etc.* Le Roman *du Chevalier délibéré* MS :

Là cougneuz des gens une mer
Faire diverses momeries;
L'un voult ses ans dissimuler
Par soy de mytterons laver,
Et Reire ses barbes flories.

Vide infra *Rasio* 2.

¶ **RASARIUM.** Vide infra *Raserium.*

RASATOR. Vide *Rasor*, 2.

* **RASATUS** Campus, Planus, æquatus, Gall. *Ras.* Charta ann. 1162. in Chartul. Thenol. ex Cod. reg. 5649. fol. 25. v° : *Usque ad metas, quæ positæ sunt inter campum Rasatum et faisam Gerardi Auris.*

* **RASCA.** Glossar. Provinc. Lat. ex Cod. reg. 7657 : *Rascas, Prov. gliber, scaber, glabrio.* Vide *Ruscus.*

RASCARE, Cum sonitu quodam ac vi exspuere, Picardis *Rasquer* : vox conficta a sono, qui exspuendo fit, vel quod guttur sputum acrius quodammodo radat : est enim Italis *Raschiare*, idem quod *Radere*. Constantinus African. lib. 3. de Morbor. curat. cap. 8 : *Sanguinis rejectio duobus modis fit, cum tussi, vel cum Rascatione : cum tussi, a pectore exit, et sibi cum adjacentibus membris : cum Rascatione, ex gutture et adjacentibus uvulæ.* Adde cap. 9.

* Exscreare, nostris alias *Rachier.* Lit. remiss. ann. 1392. in Reg. 144. Chartoph. reg. ch. 15 : *Ainsi que ladite Jehanne passoit pardevant le suppliant, il commença à escopir ou Rachier contre terre.*

* **RASCHATUM** Viduarum, Certa pecuniæ quantitas, quam vidua domino præstat, pro obtinendis bonis sibi a marito derelictis, vel quæ suo jure sibi pertinent. Charta ann. 1240. in Chartul. Campan. ex Cam. Comput. Paris. : *Prædictæ autem querelæ sunt heæ : de Raschato viduarum, etc.* Vide in *Rachetum.*

1. **RASCIA**, Modus agri, vel vineæ. Tabularium Prioratus de Paredo in Ducatu Burgundiæ fol. 17 : *Quidam homines.... vendiderunt monachis hujus loci 3. Rascias de vinea, quas ad medium plantum tenebant.* Fol. 40 : *Vendidit monachis.... unam Rasciam vineæ, etc.* Occurrit non semel.

☞ Etiam hodie rustici Dumbenses *Raseau* vel *Rasiere de vigne* appellant modulum vineæ longiorem quam latiorem a reliquo vineæ parvula via disterminatum. *Rasciarum vineæ*, e veteribus Chartis meminit Mabillonius in Elogio S. Odilonis sæc. 6. Benedict. part. 1. pag. 644. et 645. Suspicor *Rascia* dictum fuisse pro *Fascia*, de qua suo loco.

* Vide supra *Rasa* 4. *Rache* vero, Mensura frumentaria, eadem quæ *Rasa* 2. Charta ann. 1394. in Reg. 148. Chartoph. reg. ch. 258 : *Lesquelz religieux de S. Michiel ou péril de la mer, ont assis.... quatre solz o Mastey des moulins et une Rache de froument.*

2. **RASCIA**, Aqua subsidens, locus aquaticus, et lutosus, vulgo *Raque*, Picardis. Charta Philippi Comitis Flandrensis ann. 1176. apud Buzelinum lib. 2. Gallofl. cap. 22 : *Excepto eo, quod ibi habet Aquicinctensis Ecclesia a Rascia Pomeriis, usque ad Rasciam Rullagii, et quod domino Warlemit in angulo suo licet habere tres tantummodo lacunas talis* (f. palis) *et viminibus compositas, sed nullam ex jure licet ei exercere piscationem per decurrentes aquas.* Vide *Rascare*. [* Vide supra *Rachia*.]

3. **RASCIA**. Declarationes Congregationis Casinensis S. Justinæ ad cap. 55. Regulæ S. Benedicti : *Chlamydes vero sive de Rascia, sive de panno, sive de feltro, sive secundum consuetudinem Congregationis nostræ, non serico superne contextæ, nec Laicorum more bullis sericis antebulatæ, etc.* Mox : *Pilei, sive de lana, sive de palea, non sint, ut sæculares utuntur, in turbinem elati, aut acuti, aut etiam serico ornati, sed depressi, plani, ac simplici Rascia cooperti, si fuerint cooperiendi.* Idem forte quod *Rasum*. Vide in hac voce.

* Species panni lanei, sic dicti, ut vult Murator. tom. 2. Antiq. Ital. med. ævi col. 1275. e loco seu regione ubi fabricabatur; in regno scilicet *Rasciæ*, quæ *Servia* nunc appellatur.

* **RASCONA**, Instrumentum rusticum, quo terra *raspatur* seu versatur, ligo, pastinum. Inquisit. ann. 1268. ex sched. Pr. de *Mazaugues* : *Bertrandus voluit eum percutere de quodam baculo, et etiam projecit quandam Rasconam versus dictum vicarium.* Vide *Rascus*.

RASCUS. Liber de Miraculis S. Quintini cap. 11. apud Hemereum : *Ubi et quidam pauper claudus... hospitans quoddam ferramentum habebat, quod vulgi Rascum vocant, hocque vasa minuta cavans, victum operando manibus quærebat.*

¶ **RASDOIRA**, Radula, radius, Gall. *Racloire*, Ital. *Rasiera*. Statuta Saluciarum collat. 4. cap. 117 : *Mensurando semper cum Rasdoira quadrata, præterquam brenum, castaneæ, nuces et glandes, quæ mensurantur ad culmen.* Ibid. cap. 120 : *Venditores salis teneantur habere Rasdoiram rotundam et radere mensuras salis.* Vide *Rasitoria*.

RASE. Eigil in Vita S. Sturmii n. 13 : *Diratis innumeris silvis et arboribus, et Rase ad calcem faciendam composita, etc.* Ubi Browerus Germanis *Rase* cespitem esse ait, quem vulgo *Turbam* vocamus, quo scilicet ignis conficitur.

* Fossam ad calcem faciendam seu decoquendam intelligo. Vide supra *Rasa* 1.

¶ **RASEGA**, f. Officina ubi secatur serra, Italis *Rasega*, nostris *Scie*. Statuta criminalia Riperiæ cap. 194 : *Aliqua persona non audeat facere aliquam ordinationem, per quam aliquæ personæ communitatis Riperiæ prohibeatur ignis, aqua, molendina, Rasegæ, vel alia quævis commoditas vel utilitas tollatur, vel impediatur, sub pœna libr. centum.* Chronicon Bergom. apud Murator. tom. 16. col. 865 : *Item combusta fuit domus, ubi erat Rasega, quæ dicebatur esse Balantiæ de Baxanis, et quæ Rasega erat prope turrim de Crescentiis.... et ipsam Rasegam et domum dominus Machides quondam domini Alberti Militis de Suardis impegnaverat suprascripto Balantiæ, et ideo combusserunt.* Vide *Resea*.

* **RASELLUM**, Mensura annonaria, eadem quæ *Raseria*. Vide ibi. Charta Phil. Pulch. ann. 1314. in Reg. 50. Chartoph. reg. ch. 28 : *Item decem octo sextaria et duo Rasella avenæ, etc.*

¶ **RASELLUS**, Idem quod supra *Radellus*, Ratis, Gall. *Radeau*. Charta ann. 1342. tom. 2. Histor. Dalphin. pag. 442. col. 1 : *Item, non contenti multas naves calce oneratas.... et multos Rasellos fusteos sub guidagio dicti Dom. Dalphini existentes, cepistis super aquam Ysaræ.* Alia notione mox occurrit in *Raseria*. Vide *Razellus*.

* **RASENGA**, Eadem acceptione. Liber censuum eccl. Rom. apud Murator. tom. 5. Antiq. Ital. med. ævi col. 800 : *Et solvit centum Rasengas frumenti et centum Rasengas speltæ, et quandoque plus, quandoque minus, secundum temporis qualitatem.* Pluries ibi.

* **RASENUM**, Morbi genus. Vide infra *Rosillia*.

¶ **RASEOLA**, Species placentæ. Vide *Rufeola*.

RASERIA, Raserium, Mensura annonaria, in tractu præsertim Morinensi, vulgo *Rasiere*. Bulla Honorii III. PP. apud Ughell. in Episc. Interamn. tom. 1 : *Solvat unum Raserium annonæ Episcopo, etc.* Charta Balduini Comitis Guinensis ann. 1228 : *Octo Raseriæ avenæ et sex Raseriæ ordei.* Occurrit passim in Tabulario S. Bertini, et Chronico Andrensi pag. 365. 372. 414. 619. in Probat. Hist. Monmorenc. pag. 342. Histor. Guinensis pag. 202. apud Miræum in Donat. Belgic. pag. 237. etc.

Rasarium, Eadem notione. Monasticum Anglic. tom. 2. pag. 417 : *Et de uno Rasario frumenti in uno quoque mense Ortolano : et ad Natale Domini de uno Rasario brasii, etc.* [Charta ann. 1267. e Tabulario Domus Dei Pontisar. : *Debet unum sextarium avenæ et duos capones ad Natalè Domini et quoddam Rasarium frumenti.*]

Rasellus, Eadem pariter notione, in Aresto ann. 1320. pro Tornacensib. Tabularium Calense pag. 128 : *Item* (*percipit*) *a Logero de Ulmo quatuor Rasellos avenæ cum minuto redditu.* Charta ann. 1359. apud Ludovicum *Laguille* in Probat. Hist. Alsatiæ pag. 55. col. 1 : *Item à Werde quarante Rezeaux de seigle et orge de rente.*]

¶ Raseria Terræ, Agri portio capiens unam *raseriam* seminis, tom. 3. novæ Gall. Christ. col. 329. ex Instrumento anni 1191.

¶ 1. **RASETA**, Idem quod *Raseria*. Statuta Monasterii S. Claudii ann. 1448. pag. 61 : *In vilagio de Quinque-stratis per quemlibet ipsorum unam Rasetam avenæ. In villagio de Valle-clusa, unam Rasetam avenæ per quemlibet. In villagio de Avenione per quemlibet unam Rasetam avenæ.*

2. **RASETA**. Matth. Silvaticus : *Pecten, pars manus, quæ est inter Rasetam et digitos.* [Vide *Racetta*.]

* Glossar. medic. Ms. Simon. Januens. ex Cod. reg. 6959. : *Raseta, Arabice, pars manus.* Vide supra *Racha* 2.

¶ **RASIA**, f. Idem quod Italis *Rancia*, Gall. *Orange*, Malum aureum. Statuta Montis regalis fol. 310. : *Item pro quolibet rubo risi, sol. unum den. Item pro quolibet rubo Rasiæ sol. den. sex. Item pro quolibet amandolarum seu nosalarum den. sex.*

* **RASIALIS**, Mensura annonaria, eadem quæ *Raseria*. Charta ann. 1105. inter Instr. tom. 10. Gall. Christ. col. 300 : *Censum eis inde scilicet persolvens,.... tres modios tritici, et in natali Domini duos Rasiales tritici, cum duodecim nummis et duobus domesticis alitibus.* Vide infra *Resale*.

* **RASIGNA**, Rassigna, Lustratio, recensio, ostensio, Ital. *Rassegna*, Gall. *Revue*. Stat. Mutinæ lib. 1. cap. 6. ex Cod. reg. 4620 : *Teneatur quoque ipse potestas facere monstram de sua familia, equis et armis ad minus semel in mense;.... quæ quidem monstra et Rasigna fieri debeat per officiales ad id deputatos, in domo et palatio ipsius D. potestatis, clausis portis palatii, quæ claudi debeant donec monstra seu Rasigna fieret; ne submissio aliqua fieri possit de aliquo ex familia dicti D. potestatis, neque fraus.* Et cap. 13. : *Fiat dicta monstra seu Rassigna in palatio seu in domo palatii dicti D. potestatis, januis clausis, etc.*

RASILIS. Papias [** Isidor. lib. 19. cap. 22. sect. 23.] : *Ralla, vestis est, quæ vulgo Rasilis dicitur.* Gloss. Saxon. Ælfrici : *Ralla vel Rasilis* : vogum beyerodhrægel. Est autem *ralla* vestis species, Plauto nota. Papias : *Rasile, acutum, vel bene rasum.* Vide *Interasilis*.

* **RASILIS** Ars, Qua scilicet politur. Locus est supra in *Polimire*.

* **RASINTURA**. Vide supra *Asintura*.

* 1. **RASIO**, Mensura, qua molitores jus molituræ percipiunt, apud Coquill. in Consuet. Nivern. art. 6.

* 2. **RASIO**, Actio barbam vel capillos radendi. Glossar. Gall. Lat. ex Cod. reg. 7684 : *Rere, radere. Reserie, Rasio. Reyeur, comme barbier, rasor. Rasure, rasura.* Vide supra *Rasare* 3.

* **RASITARE**. Vide supra *Rasare* 3.

* **RASITAS**, pro Raritas, ex mutatione *r.* in *s*. Comput. ann. 1492. inter Probat. tom. 4. Hist. Nem. pag. 57. col. 1 : *Propter Rasitatem carnium, propter magnam, longam et impetuosam iemem, etc.*

¶ **RASITORIA**, Idem quod *Rasdoira*, Gall. *Racloire*, Radius, quo raduntur mensuræ frumentariæ. Literæ Ludovici Jun. ann. 1145. apud de *Lauriere* tom. 1. Ordinat. Reg. pag. 49 : *Porro de his mestivis statutum est, ut ad justam mensuram prædictæ civitatis semirasam et semicumulatam reddatur, et qui mestivam receperit, cumulet; qui reddiderit, cum justa Rasitoria reddat*, vel potius *radat*, ut legendum existimo. Vide *Rasoria* et *Razoira*.

* **RASIUM**, Mensura annonaria, eadem quæ *Raseria*. Charta ann. 1184. tom. 1. Probat. Hist. Brit. col. 700 : *Ita tamen quod prior loci reddat eis singulis annis de-*

cem solidos et tria Rasia minutæ avenæ, et nichil amplius. Vide mox Rasorium 3.

¶ 1. **RASOR**, f. Qui radebat seu resecabat aptabatque materiam necessariam munitionibus exstruendis : de quibus loquitur Lambertus Ardensis apud Ludewig. tom. 8. Reliq. MSS. pag. 600 : *Hic et fossarii cum fossariis, ligonistæ cum ligonibus, picatores cum picis, malleatores cum malleis, novaculatores sive Rasores cum rasoriis, paratores, etc.* Alius forte maluerit *Rasores* interpretari eos, qui complanabant seu exæquabant loca salebrosa, ubi illæ munitiones erant extruendæ.

¶ 2. **RASOR**, Tonsor, Gall. *Barbier*, in Necrologio Lauresham. inter Vindemias Liter. pag. 23. in Miraculis B. Stanislai Canon. Regul. tom. 1. Maii pag. 782. apud Buschium de Reform. Monast. tom. 2. Scriptor. Brunsvic. pag. 482. et alibi. [** *Girardo Rasore*, in chart. circa ann. 1100. in Chartul. S. Petri Carnot. pag. 486. num. 25. In sequenti *Girardo Rasorio*. Ibid. pag. 197. in chart. ante ann. 1080 : *Durandus filius Rasator*.]

¶ 3. **RASOR**, Novacula, Gall. *Rasoir*. Petrus Amelius in Ordine Rom. cap. 148 : *Item sciendum, quod barbitonsor Papæ non retinet cassam cum Rasoribus, et cum iis quæ intra sunt, etc.*

¶ **RASORIA**. Idem quod *Rasitoria*, Gall. *Racloire*, Ital. *Rasiera*. Statuta Saluciarum collat. 5. cap. 127 : *Molinarius capiat de quolibet sextario cozolium unum randanum et medium pro singula emina. Et quod habeant Rasoriam ligatam ad cozolium et medium cozolium, de qua randent.* Vide *Razoira*.

* Glossar. Provinc. Lat. ex Cod. reg. 7657 : *Rasoyra, Prov. hostorium.*

RASORIUM, in suppellectile scriptoria, in Statutis antiquis Cartusianorum cap. 16. § 8 : *Scalpellum unum ad radendum pergamena, novaculas sive Rasoria duo, etc.* Ubi *Rasoria* forte sunt, quæ *Canifs* appellamus.

☞ Potiùs crediderim esse radulas seu scalpra, instrumenta scilicet ferrea acuta et curva, quibus incaute scripta aut delineata e pergameno vel charta eraduntur, Gallice *Gratoir*. Papias : *Novacula, id est, Rasorium... Novacula ferrum subtile, quo cartæ innovantur*. Johannes de Janua : *Novacula, id est, Rasorium, quia novat hominem.... Novacula etiam dicitur ferreum instrumentum, quo solet radi et parari pergamenum, ab innovando dicta, quia innovat pelles.* Alias *Rasorium* Novacula est, nostris *Rasoir*, *Rasorius culter* Ciceroni. Glossæ Lat. Græc. : *Rasorium*, ξυρήρ. Aliæ Græc. Lat. : Ξυστήρ, *Ralla, rallum, rallus, Rasorium, sella, Rasorius*. Guidonis Disciplina Farfensis lib. 2. cap. 20 : *Debet unus frater vel duo habere injunctum officium Rasoriorum acuendorum, atque colligendorum ad scrinium ubi reponuntur; et ipse debet procurare tonsoria ad illud opus (radendi) deputata.* Eadem, ni fallor, notione Breviloquus in voce *Acciatus* :

> Acciatus pugio, conjungo novacula cultris,
> Cultellosque, spatas, Rasoria jungimus illis.

Occurrit alibi non semel eadem significatione; alia vero superius in *Rasor* 1.

* *Rasor, Prov. novacula, pilum, Rasorium*, in laudato jam Glossar. *Raseur*, in Lit. ann. 1329. tom. 2. Ordinat. reg. Franc. pag. 48. art. 3. *Rasour*, in Assis. Hieros. cap. 103.

* 3. **RASORIUM**, ut supra *Rasium*. Chartul. 21. Corb. fol. 290 : *Sub censu duodecim Rasoriorum frumenti et totidem avenæ, ad mensuram Ambianensem, singulis annis persolvendorum.* Vide infra *Resale*.

¶ 1. **RASPA**, Racemus, uva, Ital. *Raspo*, Gall. *Grappe*. Computus ann. 1202. apud D. *Brussel* tom. 2. de Feudorum usu pag. CLV. col. 1. ad calcem : *Pro metaria Vallium vindemianda, et pro Raspa ducenda apud Meduntam et Anetum, et pro auxiliatoribus vindemiarum, et pro vino ducendo de vineis, XI. lib. et dim.* Statuta datiaria Riperiæ cap. 12 : *De qualibet soma duodecim pensium Raspæ pro introitu solidi quatuor.* Vide *Raspetum*.

* 2. **RASPA**, a Gallico *Rape*, Limæ species, radula. Lit. remiss. ann. 1389. in Reg. 136. Chartoph. reg. ch. 95 : *Idem supplicans dictum servientem percussit solo ictu de quadam lima sive Raspa, quam pro tunc in suis manibus tenebat et de qua operabatur.*

¶ **RASPANTES**. Theodoricus de Niem lib. 2. de Schismate cap. 15 : *In eadem civitate Perusina sunt tres ordines seu status civium. Nam quidam sunt Nobiles, qui dicuntur Beccarini, et post eos majores de populo, qui Raspantes nuncupantur, et minutus populus.*

* Poggii Braccol. Hist. apud Murator. tom. 20. Script. Ital. col. 298 : *Erant in civitate factiones duæ, Gibellinorum et Guelphorum, capita vero Agnelli, Raspantes dicti; et Gambacurtiæ, qui Bergolini cognominabantur.*

RASPARE, Scrutari, vox Italica, pro *Ruspari*, ἐρευνᾷν. Joannes de Janua, et Gloss. Lat. Gall. : *Ruspor, inquirere, et est gallinarum, quæ pedibus escam quærunt.* Gloss. Isidori : *Ruspantur, perquirunt anxie.* Fridericus II. lib. 1. de Venat. cap. 9 : *Aliæ* (aves) *Raspando cum pedibus sub terra, quando non inveniunt escam super terram, ut perdices, gallinæ,... alia Raspant cum pedibus et cum rostro cavando, mordicunt ea quæ inveniunt super terram et sub terra.* Et cap. 35 : *Cum isto namque ungue caput et cætera membra, ad quæ possunt attingere, Raspant et scalpunt, ex utroque pede scilicet.* Lib. 2. cap. 52 : *Raspat autem ubi est ciliatura, per duas causas, una est, quia vult removere ligamen ab oculis, etc.* Vide Oct. Ferrarium, in *Raspare*, [et supra *Alonus*, et infra *Ruspaticum*.]

¶ RASPARE NAVES, Radere veterem picem iis inhærentem, radula purgare, Gall. *Gratter les vaisseaux*, ab Italico *Raspare*, vel Hispanico *Raspar*, Radere, Gall. *Racler*. Statuta Massil. lib. 4. cap. 6. § 3 : *Item quod omnis navis, et omne lignum, cooperta vel coopertum, vel discooperta vel discoopertum, quæ vel quod dabit latus in portu Massiliæ det tantundem, quando Raspabitur seu torquebitur, seu quando si Rasparia o si torquaria que non brusques, quantum daret si bruscava.*

* **RASPATICIUM**, Ex racemis vinum, cujus præparationem tradit J. Wecker. Antidot. special. lib. 2. § 6. pag. 518. et 519. Paratur autem illud ex *raspatiis* et vinaceis, una cum uvis musto immissis. *Raspatia* itaque sunt, quæ Varroni et Columellæ *scopi*, *scopiones*, si bene legitur; unde nostrum *Raste*. Laudat autem Wecker. in fine Arnoldum, quem puto Villanovanum, cujus ideo vox illa foret. *Raspaticium* illud, vocatur, *Raspé* in versione Gallica. Hæc ex animadv. D. *Falconet*. Vide *Raspecia* et mox *Raspetum*.

RASPATORIUM, Matth. Silvaticus : *Spatomélle, est instrumentum chirurgicum, quo immittuntur medicinæ in vulneribus, et oculis, Raspatorium secundum alios.*

¶ **RASPECIA**. Vita Ven. Idæ Virg. Lovaniensis tom. 2. Aprilis pag. 159 : *Omnia .... vina... innaturali pariter et præpostera corruptione prorsus infecta, continuo rebullire cœperunt... et ea quæ Raspeciæ vulgari eloquio nuncupantur* (*quod quidem inauditum et eventu rarissimo manet apud nostrates inexpertum*) *quasi una cum aliis eodem tempore divina fecerat ultio rebullire. Tunc vero paterfamilias.... tam grave dispendium .... conabatur ingeniosa satis et exquisita industria propulsare. De præfata namque Raspecia partem aliquam, in vase seorsum emissam, ad excutiendum ab eo præfatæ corruptionis intolerabile nocumentum, scopa percelli mandavit diutius et moveri, ob eam videlicet causam, ut vel sic naturali sibi restaurata virtute per hujus infusionem et cetera fortasse valerent ab infectionis suæ discrimine reformari.* Hic Editor *Raspeciam* interpretatur vas plurium doliorum capax, in quo vetustiora vina sic servantur ab œnopolis, etiam per æstatem, ut alterationem hujusmodi non patiantur. Sed ex relato longiori contextu palam est, *Raspeciam* nihil aliud esse quam vinum mixtis acinis aliisve modis renovatum, nostris vulgo *Râpé*; hujuscemodi enim vinum alterationi minus obnoxium est, ut hic dicitur de *Raspecia*. Vide mox *Raspetum*.

RASPETUM, Vinum *recentatum*, Gallis *Raspé*. Charta Henrici Ducis Brabantiæ pro Communia Bruxellensi ann. 1229 : *Qui vinum supra uvas habuerit, quod Raspetum vocatur, in tavernis ipsum vendere non potest.* Vide *Recentatum*.

* *Raspleit* et *Respleit*, in Charta ann. 1424. tom. 2. Hist. Leod. pag. 456 : *Ordinons que nuls vendans vin.... puisse meiller vieux vin auvecque noveal vin, excepteit leur Raspleit.... Ordinons que nuls vendans vins ne puist faire gavreal por remplir ses vins, ne ainssy pour gettier auvecque son Respleit, de quoy il doit remplir ses vins.* Vide supra *Racemus*.

¶ **RASPUM**, Species exactionis, a *rapere* forsan dicta, quod quasi coacte, ut fere fit, non spontanee solveretur. Statuta Montis-regalis fol. 54 : *Item statutum est, quod aliquis Clavarius, collector talearum, fodrorum, mutui, Raspi vel alterius pecuniæ, quæ deberetur Communi aliqua ratione vel causa, non possit vel debeat facere aliquam solutionem, nec solvere aliquid de pecunia Communis alicui, nisi Syndico tantum.*

¶ 1. **RASSA**, Quantum vitri quis ferre potest. Charta Maurini Abbatis Vallis-sanctæ Diœcesis Aptensis ann. 1509. ex Schedis Præsidis *de Mazaugues* : *Tenebun-*

tur solvere... lesdam ad rationem unius denarii, sive medii pataci pro qualibet Rassa sive onere hominis, et pro quolibet onere sive carga animalis unum patacum, sive duos denarios currentes. Hic agitur de materia vitrea; quod autem *Rassam* olim vocabant vitrarii, hodie *Faix* nuncupant, Onus hominis.

¶ 2. **RASSA**, Conjuratio, ad illicita quædam perpetranda conspiratio vel rebellio. Statuta Massil. lib. 1. cap. 1. § 20 : *Item, quod hoc sacramento specialiter teneatur Rector servare, in omnibus et per omnia, illa statuta quæ loquuntur de conjurationibus et Rassis non faciendis, et de conjurationibus illicitis infringendis.* Adde libri 5. caput 6. quod est *de Conjurationibus et Rassis non faciendis.* Statuta Baronum Montispessul. ann. 1323. apud *de Lauriere* tom. 2. Ordinat. Reg. pag. 469 : *Sartores infra scripti dixerunt et protestati fuerunt ibidem, quod per infrascriptas ordinationes et conventiones, non intendunt facere crassam, Rassam seu monopolium, nec easdem facere in prejudicium juris, seu honoris aliquorum jurisdictionem habentium, sed tantummodo ad honorem Dei, etc.* Requesta ann. 1391. oblata Senescallo Provinciæ ex Schedis D. *le Fournier* : *Et primo fieri propositionem ligue et Rasse, factis inter gentes Domini Raimundi de Turena ex una parte, et circumvicinos Massilienses ex altera.* Vide *Manipolium* et *Trassa*.

¶ **RASSARIA**, Ressaria, Grex ovium. Sententia arbitralis inter Aymarum de Pictavia Comitem Valentinensem et Jacobum Abb. Monasterii de Lioncellis ann. 1303. ex Schedis D. *Brunet* : *Dicti domini arbitri, arbitratores seu amicabiles compositores, statuerunt, quod in dicta montanea superius limitata, quocumque tempore, ambæ partes insimul per se, seu per alium, seu per alias personas interpositas, possint introducere seu immittere Rassariam seu vassinum, et quod expensæ, quæ fient seu fieri contingeret pro prædictis, per partes prædictas fiant communiter et solvantur : et fructus et obventiones, redditus, exitus seu proventus exeuntes seu venientes ex dictis animalibus Ressariæ seu vassini, solutis expensis, communiter dividantur, hoc adjecto, quod de vascino dictus dominus Abbas tantum debeat immittere et tenere in dicta montanea, quantum dictus dominus Comes immiserit in eadem; taliter quod vascinum utriusque partis numero sit æquale, seu ad extimationem baylivorum communium, si animalia vassini alterius partis prævaleant animalibus alterius ... Domini arbitri ordinaverunt, quod dictus dominus Comes de dicta Ressaria seu avere, quod veniet in montanea supradicta per terram suam propriam polveragium non habeat neque levet, nec aliquid aliud in fraudem polveragii supradicti; sic quod dicta Ressaria seu avere, quod veniet in dicta montanea ex nunc in antea a præstatione polverarii sint immunes, quittæ et absolutæ... Voluerunt dicti arbitratores et ordinaverunt, quod animalia Ressariæ venientia in montanea supradicta transire debeant per iter novum prope vacchariam monasterii supradicti.* Si hæc non satis probant, hic agi de ovibus, addam in eadem Charta mentionem fieri *trentenariorum animalium* in laudata *montanea* pascentium; oves autem in similibus *montaneis* pascentes in *trentenaria* divisas fuisse, palam est ex Charta ann. 1293. citata in voce *Montana*. Sed unde vox *Rassaria* vel *Ressaria*? Vide *Rassa* 2. et *Rassius*.

* **RASSIGNA**. Vide supra *Rasigna*.

¶ **RASSIUS**, Ressius, Casei species, in montibus Delphinalibus *Sarras* vel *Sarrasson*. Contractus ann. 1404. 21. Jan. ex Schedis D. *Brunet*, quo Abbas Leoncelli vendit *per unum annum et unam prisiam* herbas montis Ambelli, *sub loquerio seu pretio, videlicet sexdecim florenorum et unius quintalis caseorum et alterius quintalis Rassiorum bonorum et sufficientium.* Pluries repetuntur in hac Charta voces *Rassius*, *Ressius*, *Reissiusve*, sed ita male exaratæ, ut vix, ac ne vix quidem, dici queat quænam sit lectio præferenda : malim *Rassius* vel *Ressius*, quod melius respondeant vocibus *Rassaria* vel *Ressaria*; cognata enim videntur hæc vocabula et ejusdem originis.

¶ **RASSUM**. Vide infra in *Rasum*.

RASTA, Milliare Germanicum, *Raste*, S. Hieronymus in Joëlem : *Unaquæque gens certa viarum spatia suis appellat nominibus. Nam et Latini mille passus vocant, et Galli leucas, Persæ parasangas, et Rastas universa Germania.* Vetus Agrimensor : *Milliarius et dimidius apud Gallos leuvam facit, habentem passus mille quingentos, duæ leuvæ sive milliarii tres apud Germanos unam Rastam efficiunt.* Beda de Numer. divisione : *Duæ leuvæ, seu milliaria tria Rastam faciunt.* Charta Dagoberti Regis apud Willel. Hedam, Coccium, et Henschenium de Tribus Dagobertis : *Leucas sex, quas homines loci illius siti dicunt Rastas tres esse.* Vetus Charta in Chronico Laurishamensi pag. 64 : *De qua in omnem partem ququaversus pertinent ad eundem locum inter campum et silvam leugæ duæ, id est Rasta una.* Adam Bremensis cap. 19 : *Qui locus ab Episcopatu Ferdensi positus, ab Hammaburg nisi tribus disparatur Rastis.* Adde Leonem III. PP. Epist. 2. ad Carolum M. Thwroczium in Chron. Hungar. part. 1. cap. 11. Charta Ludovici II. Regis apud Mabillonium tom. 5. Vitar. SS. Ordinis S. Benedicti pag. 526. [Vitam S. Guntheri tom. 8. earumdem Vitarum pag. 476. num. 3. unde emendari debet locus Annalium Benedict. tom. 4. pag. 202. num. 7. ubi *Resta* pro *Rasta* perperam editum est,] etc. [* Vide Vossium de Vitiis serm. pag. 262. ubi de etymo hujus vocis.] [** Saxon. *Rasta*, Franc. *Resti*, Quies, requies. Vide Schmeller. Glossar. Saxon. in hac voce et Graff. Thesaur. Ling. Franc. tom. 2. col. 551.]

¶ **RASTACIUS** Color. Testamentum Pauli Massil. Episc. ann. 1433. ex Archivo Eccles. Massil. : *Item legamus nepoti nostro Henrico tunicam nostram Rastacii coloris foderatam de martres, cum duobus capuciis ejusdem coloris.*

* Nostris *Ratcanu*, Panni species, potius quam coloris videtur. Lit. remiss. ann. 1416. in Reg. 169. Chartoph. reg. ch. 235 : *Une paire de chausses rouges et un chapperon de Ratcanu.*

RASTALLATIVUS Scorpius, *Qui parvus est, et habet caudam retro Rastellantem*, inquit Constantinus Afric. lib. 8. Pantechn. cap. 22. id est *rastelli* instar effictam.

* **RASTEGA**, Stirps, Gall. *Souche*. Stat. Avenion. MSS. cap. 104. ex Cod. reg. 4659 : *Addentes huic statuto, quod nullus de riperia Duranciæ vel Rodani truncum vel Rastegam vel ligna audeat arripare vel levare; nisi ille, cujus in ripperia fronteria fuerint applicata.*

RASTELLAGIUM, Præstationis species ex pratis, vel operæ, quas in *rastellando* fœno in dominorum pratis debent Tenentes. Tabularium Prioratus S. Nicasii Melletensis fol. 37 : *Quidquid juris habebant, vel habere poterant in pratis eorundem, sitis apud Murellos, tam in Rastellagio, quam in aliis consuetudinibus, etc.* Tabularium Ecclesiæ Carnotensis ann. 1225. ch. 257 : *Et omnes abonagios, scilicet de quolibet abonagio unum denarium, et medietatem omnium Rastellagiorum pratorum, etc.* Liber Chirographorum Absiæ fol. 104 : *Thebaudus Aans donavit eleemosynam Deo et Monachis S. Mariæ Absiæ fenum rastrorum, et fenum sessionis multonum, et omnem servientiam, quam habebat in pratis, etc.*

Rastragium, Eadem notione. Necrologium Ecclesiæ Carnotensis : *Scilicet custodiam et margines, qui vulgo dicuntur ardeins, et Rastragia.*

¶ **RASTELLANS**. Vide in *Rastallativus*.

¶ **RASTELLARE** Fenum, Fenum rastello congerere, accumulare. Charta ann. 1344. e Schedis D. *Lancelot* : *Item quod nulla persona, cujuscumque conditionis existat, sit ausa pelare per itinera trossas feni.... nec Rastellare fenum in pratis alienis, quousque fenum in dictis pratis existens fuerit ligatum.*

* Hinc nostris *Rateler*, pro *Trainer*, Protrahere. Lit. remiss. ann. 1412. in Reg. 166. Chartoph. reg. ch. 190 : *Icellui Mahiet.... après l'eust* (le vieux drapeau) *Ratelé du long des parois des maisons de la rue, en alant son chemin.*]

¶ 1. **RASTELLUM** *et furca*, quibus tenentes domini fenum colligere debent, memorantur in Charta ann. 1193. ex Archivo Monasterii S. Urbani in Campania. Vide *Furca* 3.

* Rastrum, Ital. *Rastrello*; nostris *Rastelin*, quod *rastello* colligitur. Charta Phil. Pulch. ann. 1308. in Lib. rub. Cam. Comput. Paris. fol. 339. r°. col. 1 : *Derechief quatre arpenz de prez, rabatu ce que les hommes ont accoustumé à avoir pour le fains faner, tasser et charier, sans Rastelin que nuls y puist clamer, etc.*

¶ 2. **RASTELLUM**, Faliscæ, Gall. *Ratelier*, Ital. *Rastrello*. Miracula MSS. Urbani V. PP : *Ignis accensus est validus in stabulo, ubi erat fenum multum desuper equos et supra Rastellum.*

¶ 3. **RASTELLUM**, Parmæ, seu scuti gentilitii, limbus tesserarius, nostris *Lambel*. Charta ann. circiter 1280. ex Archivo Ducis Sabaudiæ Camberiaci : *In contrasigillo est quidam leo rampans cum quodam Rastello super spatulas, et alibi cum quodam Rastello quinque lambellorum,* hoc est quinque veluti guttarum architecturæ pendentium, quæ rastelli figuram utcumque referebant.

* 4. **RASTELLUM**, Trabecula dentata in ædibus sacris, ubi cerei accenduntur, ra-

stri formam habens. Obituar. eccl. Lingon. ex Cod. reg. 5191. fol. 104. r° : *Tenebuntur luminare ponere in Rastello.* Ibid. fol. 168. v° : *Ordinavere festum annale S. Trinitatis.... celebrari... æque solemniter in luminari, videlicet cum Ratello et parchia et in campanarum pulsatione, sicut festum S. Penthecostes.* Consuet. MSS. S. Crucis Burdegal. ante ann. 1305 : *Debent portari cadavera familiarium per quatuor familiares dicti monasterii coram altari B. M. V. extra januaria ejusdem altaris, et Rastellum ejusdem altaris debet compleri de candelis.* Ordinar. MS. S. Petri Aureæ-val. : *In magna missa a principio ipsius illuminantur omnes lampades et omnes cerei magni et parvi Rastelli et Crucifixi etiam.... Quando dicitur capitulum, illuminantur quatuor cerei de Rastello altaris.* Vide supra *Hercia* 2. *Pertica* 6. et infra *Rastrum* 3.

¶ 1. **RASTELLUS**, Clathrus. Statuta Montis-Regalis fol. 274 : *Quilibet habens rotam seu tenens in flumine Elleris... teneatur et debeat continue tenere et habere in principio canali, seu trogli, unum Rastellum, qui Rastellus habeat graviglonos, unum prope alium per unum semisse, sub pœna solidorum viginti.* Statuta Saluciarum collat. 5. cap. 139 : *Et pariter tenebitur quilibet molinarius, et alius tenens martinetum vel battitorium habere unum Rastellum in introitu canalis sui ingenii.*

¶ 2. **RASTELLUS**, Cataracta in portis urbium, Gall. *Herse*, Ital. *Rastrello.* Petri Azarii Chronicon apud Murator. tom. 16. col. 381 : *Veniebant autem prædicti Anglici, ad mille et quingentos et ultra, sæpius in portis Tardonæ, trahentes lanceas intra Rastellos.* Chronicon Bergom. apud eumd. Murator. ibid. col. 898 : *Dominus Johannes Vicarius... fecit relaxare Nigrum de Grumello, pro eo quod solvit florenos* VII. *cum dimidio, et quia transivit Rastellum portæ S. Antonii contra voluntatem Comestabilis dictæ portæ.*

¶ 3. **RASTELLUS**, Ornamentum phrygium rastelli, ut puto, figuram exprimens in vestimentis. Annales Mediolan. apud Murator. tom. 16. col. 809 : *Cotardita una pavonacii granæ laborata ad Rastellos auri cum rosettis perlarum perfilatarum cum floribus intus, una cum capucio pari.*

¶ **RASTER**, Δίκελλα, *Bidens, Rastrum*, apud Janum in Supplemento Antiquarii, ex Glossis Lat. Græc. et Græc. Lat.

* **RASTHULLUM**, inter arma oppugnatoria et vetita recensetur, in Stat. Vallis-Ser. rubr. 44. ex Cod. reg. 4619. fol. 88. r°. Vide *Rasticucium.*

RASTICUCIUM. Catholicon Armoricum : *Czeff, Gall. Besaguë, Lat. Bipennis, Rasticucium, Bisacuta.*

¶ **RASTRAGIUM.** Vide supra in *Rastellagium.*

¶ **RASTRARE**, Investigare. Vide *Rastrum* 2.

* **RASTROXUS**, vox Hispanica; Academ. Hisp. in Diction. *Rastrojo*, Ager restilis. Charta Guter. Fernandez ann. 1151. inter Probat. tom. 1. Annal. Præmonst. col. 393 : *In vineas, in Rastroxos, etc.* Id est, Agros demessos.

1. **RASTRUM**, [quo tenens domini fenum versare debet et colligere.] Vide *Furca* 3.

2. **RASTRUM**, Vestigium, indagatio, ex Hispan. *Rastro.* Observantiæ Regni Arag. lib. 6. de Privileg. Militum, § 9 : *Quilibet flagrante crimine potest mittere appellitum, ubi facta fuerit rapina vel furtum, et prosequi malefactorem talem, et sine officiali per loca ordinum religiosorum et Ecclesiarum cujuslibet alterius intrare viginti infra villam prædictorum, vel ad pedem castri venire, et petere Domino villæ, vel castri, aut Alcaydo, vel juratis loci, quod emparent Rastrum, et sequantur, et extrahant de termino, etc.* Lib. 9. tit. de Proditionibus : *Si quis assecuraverit personam alicujus, vel fecerit pacem, datis manibus, sub pœna proditionis, postea unus istorum invadit alium,... et scias, quod pœna proditoris in corpore est, quod Rastretur, etc.*

¶ 3. **RASTRUM**, Ordo cereorum instar rastri circa altare. Usus Culturæ Cenoman. MSS : *Accendantur omnes lampades Ecclesiæ et Rastrum ante et retro.*

¶ **RASTUS**, Σκαφίον, in Glossis Lat. Græc. Aliæ Gr. Lat. : Σκάφιον, *Rastus, sarculum.*

¶ **RASULA.** Matth. Silvaticus : *Perniones vel Rasulæ sunt excoriationes quæ fiunt in nimio frigore in calcaneis.* Hinc patet quid sit *Rasula pedis*, apud Gautherium de Bellis Antiochenis : cujus vocis significationem ignorare se fatetur Barthius in Glossario apud Ludewig. tom. 3. Reliq. MSS. pag. 399.

¶ **RASULIS** VINEÆ, Vineæ modus, portio. Chronicon Farfense apud Murator. tom. 2. part. 2. col. 511 : *Concesserunt in hoc monasterio.... terram vacantem in fundo Noceri, et vinearum Rasules* IV. *et terram modiorum* II. *tritici.* Vide *Rascia* 1.

1. **RASUM**, RASUS, Idem quod *Raseria*, Mensura annonaria, in Regesto Censuum Carnoti fol. 25. et alibi. Charta Radulphi Episcopi Andegavensis ann. 1183. pro Abbatia Melinensi : *Unam minam nucum et sex denarios de eleemosina Odonis.... unum Rasum nucum de eleemosyna Fulconis de Chemans, etc.* Charta Balduini Abbatis *de Vermand* in Tabulario Abb. Montis S. Martini : *Duo Rasa avenæ, quæ ei pro terra mansuali debebantur.* [Chartularium S. Vincentii Cenoman. fol. 120 : *Teneor eidem monasterio annuatim reddere unum Rasum frumenti, etc.* Inventarium *Piquet* num. 18. cap. 41. de Volta fol. 15. ex Archivo Principis *de Rohan* : *Item v. cartas et duo civaderia cum dimidio frumenti, duo Rasa et tres partes unius Rasi. Tria Rasa minuta avenæ*, in Charta ann. 1184. e Tabulario S. Juliani Turon. *Novem Rasa avenæ*, in Indice MS. Beneficiorum Diœcesis Constant. fol. 32. Charta Parthenonis Genliaci ann. 1252 : *Si vero prata acquirent, quæ debent nobis avenam, reddent nobis annuatim unum sextarium sive Rasum avenæ.* Idem hic sunt *Rasum* et *Sextarium*; in Bressia vero unum sunt *Bichetus* et *Rasum*, ut refert *de Lauriere* in Glossario Juris Gallici v. *Raz.* Vide *Rasa* et *Res.*]

RASUS. Fleta lib. 2. cap. 12. § 12 : *Rasus alleorum continet* 20. *flones, et quælibet flonis* 25. *capita.* [In nova Gall. Christ. tom. 4. col. 208. dicitur Reinaldus de Tureyo Decanus Lugdun. dedisse *super bonis a se acquisitis in parœcia S. Genes. Vallis* X. *bichetos frumenti*, VII. *Rasos avenæ, etc.* Rursum occurrit in Statutis Vercell. lib. 3. fol. 73. in Chartulario 2. S. Quintini in Insula, etc. Lugduni et Bellijoci *Rasus* tantum continet quantum *Bichetus* : de quo supra.]

¶ AD RASUM, de mensura rasa et opposita cumulatæ passim legitur in Chartis. Antiquæ Recogn. Claromont. in Triviis Dalph. ex Regesto *Probus : Guillelma Taschiere... debet in anno* 1° *aver. frum. ad cumulum et alio anno ad Rasum.* Litteræ Officialis Rem. ann. 1238. e Tabulario Compendiensi : *Pro cc. sextariis bladi persolvendis; scilicet blado ad Rasum, et avena ad comblum.* Statuta Vercell. lib. 1. fol. 23. v° : *Potestas Vercellarum... fieri faciat... unum quartaronum de ligno, ita magnum, quod teneat commode ad Rasum, quantum est et tenere consuevit quartaronus vetus cum culmatura.* Ibidem recurrit et alibi non semel.

¶ 2. **RASUM**, vel RASUS, Mensura pannorum et telarum. Statuta Saluciarum Collat. 4. cap. 117 : *Quælibet autem tesia telæ grossæ semper sit Rasorum duodecim.* Et cap. 121 : *Qui vendiderit pannum, telam, frustaneum, velutum, cendallum, seu aliquid simile, ad Rasum mancum, seu non justum... solvat... florenos* XXIV. Statuta Astensia collat. 7. cap. 5 : *Qui vendunt pannos, tellas vel fustaneos ad Rasum vel mensuram sive ad alnam... dabunt rectam et justam mensuram ad illum Rasum et alnam, qui vel quæ fuerint constituti vel constituta pro communi.* Eadem, ut puto, notione Statuta Montis-Regalis fol. 183 : *Item statutum est, quod quælibet persona, quæ mensuraverit ad falsam seu mancham mensuram, seu scandalium, libram, teisam, Rasum, seu sestarium et cozolium, seu aliud pondus, seu mensuram, solvat pro pœna solidos* XX. Huc revocari possunt, ni fallor, quæ habentur in iisdem Statutis fol. 271 : *Item statutum est, quod Vicarius teneatur facere quod omnes furni, seu ædificia in quibus sunt, debeant cooperiri per illos fornarios, qui eos tenent de copis, tegulis, vel scandalis, vel labeis, et facere fumerium, qui vadat desuper totum per unum Rasum*, hoc est, si recte interpretor, tectum superet altitudine saltem mensuræ *Rasum* appellatæ.

* Ital. *Rasiera*, hostorium, longitudine unius brachii. Stat. Avellæ ann. 1496. cap. 191. ex Cod. reg. 4624 : *Cum hasta ipsius crochi longa uno Raso applicato et suspenso in collo.* Vide supra *Rasa* 4.

¶ 3. **RASUM**, Solum, pavimentum. Reparationes factæ in Senescallia Carcassonæ ann. 1435. e MS. Cod. D. *Lancelot : Pro octo peciis fustium vocatis Fucilhas, qualibet longitudine sex cannarum, ad faciendum pontem, sine quo ferri non poterat Rasum dictarum paxerie et tarrasserie.* Gall. ad verbum *Rez*, vel *pavé desdites chaucée et terrasse.*

* Pro Planities etiam, Gall. *Raze campagne*, Hisp. *Raso.* Epist. Bened. VI. PP. ann. 974. tom. 9. Collect. Histor. Franc. pag. 243 : *Ab ipsa meda.... et ipso Raso in locum, quem dicunt Tres-fratres, etc.* Hinc

Ad Rasum terræ diruere, Solo penitus, Gall. *Rez-terre*. Arest. ann. 1278. in Reg. 2. *Olim* parlam. Paris. fol. 40. v°. : *Ordinatum fuit quod melior domus sua usque ad Rasum terræ diruatur.* Unde *Rez à Rez*, Omnino, prorsus, in Chron. S. Dion. tom. 3. Collect. Histor. Franc. pag. 245 : *Cilz:... ravirent tout premierement et pristrent si Rez à Rez, que il lessierent sa fame à grant poreté. Au rez* vero, Præter, vulgo *à l'exception*, sonat in Lit. remiss. ann. 1404. ex Reg. 158. Chartoph. reg. ch. 386 : *Le suppliant raporta toute laditte monnoye d'or et d'argent, au Rez du franc vielz dessusdit.*

* Aliud autem est *le Reiz* vel *Rez de la nuit*, Nox scilicet adveniens, tempus quo lux obscuratur. Lit. remiss. ann. 1425. in Reg. 173. ch. 335 : *Le deuxieme jour du mois de Janvier environ le Rèz de la nuyt.* Aliæ ann. 1479. in Reg. 205. ch. 427 : *Le suppliant print ung gros baston blanc en sa main, et estoit au Reiz de la nuit.*

¶ Rasum ad Rasum, a veteri Gallico *Rez à Rez*, Quasi superficiem legendo. Charta Theobaldi Comitis Campaniæ e Chartulario Meldensi : *Mete posite sunt a predictis arbitris in dicto foro, que tales sunt : videlicet foramen quod est sub domo Agnetis de Ponte per ante domos Rasum ad Rasum prout se superius extendunt.... et per ante domos Rasum ad Rasum usque ad domum S. Faronis, et per ante domum S. Faronis Rasum ad Rasum ad domum Roberti de Corbeia, et dehinc per ante domos Rasum ad Rasum ad domum Agnetis de Ponte.*

4. **RASUM**, Ῥάσον Græcobarbaris, Vestis novitiorum Monachorum, qui ῥασοφόροι dicuntur. Vide Balsamon. in Syn. CP. can. 5. Meurs. in Gloss. Glossar. med. Græcit. col. 1284. et Salmas. ad Tertull. de Pallio pag. 35. S. Althelmus de Laude virg. :

Nec lacerna tibi vilescat vitrea, virgo,
Tergore vel Rasso, et lignis compacta salignis,
Seu membranarum tenui velamine facta.

Ubi legendum *raso*. Vide *Rasium*.

¶ 5. **RASUM**, Alia notione, si tamen vera lectio est. Chartularium Monasterii S. Sulpitii Bituric. fol. xi. v° : *In villa quæ dicitur Boscheto, hoc est, mansus meus indominicatus, una cum casuali, Rasis, domibus, edificiis, etc.* Forte legendum est *casis*.

* 6. **RASUM**, Mensura vinaria. Ordo eccl. Ambros. Mediol. ann. circ. 1130. apud Murator. tom. 4. Antiq. Ital. med. ævi col. 920 : *Unum Rasum vini, quæ sunt tres partes sextarii.*

* **RASUNARIUS**, Calceorum resartor, refector, Gall. *Savetier*. Arest. parlam. Paris. ann. 1320. tom. 7. Gall. Christ. col. 750 : *Abbas et conventus S. Genovefæ Parisiensis conqueruntur, quod cum ipsi fuissent ab antiquo et essent in possessione habendi omnimodam, altam et bassam justiciam in terris suis, cognitionem et punitionem omnium ministrorum* (l. ministeriorum) *maxime cordubanariorum et Rasunariorum commorantium in eisdem, etc.* Suspicor legendum esse *Ratassariorum* : nam *Ratasseler* nostri dixerunt, pro Assutis frustis resarcire, reficere. Guignevilla in Peregr. hum. gener. MS :

D'un ort et viel burel vestue
Ratasselé de clustriaus....
Ch'est celle qui Ratasselée
M'a ainsi, con vois, et clistrée, etc.

¶ 1. **RASURA**, Litura, inductio inscriptis, Gall. *Rature*. Charta ann. 1399. ex Archivo B. M. de Bono-nuntio Rotomag. : *Subscripsi signoque meo solito rogatus signavi in testimonium veritatis præmissorum, Rasuras factas in octava linea... sub eodem signo meo fideliter approbo.* Charta Comitatus Marchiæ ann. 1406 : *Constat nobis de Rasuris superius factis in dictionibus supra confrontatis, videlicet, etc.* Occurrit eadem notione apud Thomam *Madox* Formul. Anglic. pag. 87. Vide *Litura* et mox *Rasæ literæ* in *Rasus*.

* Alias *Rasure* ; unde *Rasurer*, pro *Raturer*, Delere. Charta ann. 1240. ex Chartul. Campan. fol. 368. col. 2 : *Gie Felis abbé de Vauluissant fais asavoir que ge veu et leu mot à mot, sanz Rasure et sanz efaceure, les letres salées do sciau monseignor Gautier, conte de Brene.* Lit. remiss. ann. 1390. in Reg. 138. Chartoph. reg. ch. 273 : *Pierre Villemer, n'agaires nostre receveur en la ville et diocese d'Aucerre,.... a fait recelement, tant en ses livres et papiers, comme en ceulx desdiz esleus, de leur contrerolle plusieurs Rasures, etc.*

¶ 2. **RASURA**, Tonsura. Statuta S. Capellæ Paris. apud Lobinell. tom. 3. Hist. Paris. pag. 153. col. 1. *De Rasuris : Sciendum est principaliter, quod universi et singuli de collegio istius sacræ Capellæ... debent esse rasi in barba et tonsura in festis annualibus... Paschæ, etc.* Charta ann. 1366 de Aquariatu S. Crucis Talemund. : *Item debet dictus Aquarius dare et ministrare barbitonsori dicti monasterii, quoties Rasuram faciet... generale et pictantiam.* Occurrit apud Sicardum Episc. Cremon. in Chronico, tom. 7. Muratorii col. 588. et alibi non semel.

¶ 3. **RASURA**, Mensura frumentaria, eadem quæ *Raseria*, nisi sit ita legendum. Chronicon Bonæ spei pag. 268 : *Item unam Rasuram bladi... item semirasuram et semiquarterium bladi... item xvi. Rasuras bladi ad quatuor denarios prope melius bladum* 1.

* 4. **RASURA**, Radula, hostorium, Gall. *Racloire*. Charta ann. 1200. apud Murator. tom. 4. Antiq. Ital. med. ævi col. 373 : *Salem Ferrariensibus omnibus, qui pro sale emendo venerint ad Ravennam, et illam mensuram non minuere, et ad Rasuram grossam quæ non possit plicari.*

* 5. **RASURA**, Ramentum, Gall. *Raclure*, alias *Rature*. Alex. Iatrosoph. MS. lib. 2. Passion. cap. 73 : *Multis autem et cum Rosura* (infra *Rasura*) *incipit* (dissenteria) *et post hoc pinguiora deponunt. Rature d'estaux de boucherie*, in Stat. ann. 1294. ex Reg. 205. Chartoph. reg. ch. 304.

¶ 1. **RASUS**, Mensura annonaria. Vide *Rasum* 1.

¶ 2. **RASUS**, Mensura pannorum. Vide *Rasum* 2.

¶ 3. **RASUS**, adject. Vox nota. *Rasæ literæ*, Deletæ, inductæ, in Literis ann. 1378. e Regesto Cameræ Comput. Paris. In aliis Literis ann. 1363. pro *Rasæ* legitur *Abrasæ*. Literæ *Rasæ et emendatæ*, in Charta ann. 1327. tom. 10. Spicil. Acher. pag. 205. *Rasa vestis* Clericis interdicitur, ut et *holoserica*, *villosa*, *damascena et taffetana*, in Synodo Limensi ann. 1582. tom. 4. Concil. Hispan. pag. 275. *Sint sellæ Regularium albæ vel nigræ, vel Rasæ*, in Concilio Albiensi cap. 15. tom. 2. Spicil. Acher. pag. 639.

1. **RATA**. Canones Hibern. lib. 31. cap. 20 : *Ut fœminæ hæredes dent Ratas et stipulationes, ne transferatur vera hæreditas ad alienos.* Lib. 33. cap. 6 : *Omnis venditio tribus confirmetur, id est Ratis et stipulationibus, et testibus, et scriptione, in qua fiunt.* Cap. 5 : *De modo, quo reddet debitor salutem Ratæ.* Et mox : *Debitor reddat, quantum Rata solvit, et quantum fatigatus fuerit : si vero humanus fuerit, Ratæ non quærat usuram, etc.* Cap. 7 : *De ratione stipulationum et testium*, inscribitur. Est igitur *Rata* idem quod *stipulatio*, contractus. Gloss. Lat. MS. Reg. codic. 1013 : *Rata, arbitrata, firma, certa.* Iidem Canones cap. 4 : *Synodus Hibernensis dicit, ut Rata reddat debita, pro quibus fixerat manus.*

2. **RATA**. Tabular. Eccles. S. Stephani Divion. ch. 67 : *Insuper trado et concedo Ecclesiæ S. Stephani Divion. Ratam publicam per silvam per pascuam de cunctis hominibus, qui super terram S. Petri sive S. Stephani manserint, quatenus deinceps legitime possideant, quod ante arripere non audebant.* Forte legend. *Stratam*.

¶ 3. **RATA**, nude, pro Rata pars, portio cuique contingens. Genealogia Comitum Flandriæ apud Marten. tom. 3. Anecd. col. 416 : *Dum itaque Comes recessit a Flandria, et Comiti promissa donaria scabini et curatores popularibus imponerent Ratas suas ad exhibendam pecuniam Flandriæ receptori, exiit murmur permaximus inter populares, quod scabini et curatores castellaniarum majores summas pecuniarum eis imponerent in duplo, quam essent summæ promissæ Comiti generose.* Charta ann. 1265. e Chartulario Latiniac. : *Nos tenemur pro Rata nostra ponere in reparatione calceiæ prædictæ : et propter hoc dicti Abbas et conventus possent assignare ad dictas domos quousque satisfactum sit de Rata nostra, si dictam Ratam nos contingentem solvere recusaremus.* Chronicon Johannis *de Wethamstede* pag. 422 : *Et quod dicti Dux Eboraci, Comes Warwyci et Comes Sarum solvant... summam 45. librarum, vel Ratam earumdem.* Passim occurrit vox *Rata* hac notione nude posita in veteribus instrumentis ; sed Latinis ipsis, ac præsertim Jurisconsultis nota hæc loquendi formula *pro Rata*, id est, pro parte cuique contingente. Hinc vox *Rate* simili significatione a nostratibus usurpata. Tractatus ann. 1379. apud Lobinell. tom. 2. Hist. Britann. col. 598 : *Et en cas que ledit Duc et lesdites gens, qui iront en sa compaignie hors d'Engleterre, se tiegnent et facent guerre en le royaume de France hors de Bretaigne, ou en les parties de la Guienne, par aucun temps, dans lesdits quart et demi, pour queux mesmes les gens serront par notre dit sire le Roy payez, comme dessus est acordé, par notre dit sire le Roy, que à tant sera rabatu et aloé audit Duc, selon la Rate dudit tems, etc.*

* Ita et nostri *à Rate* vel *à Ratte* dixerunt, pro vulgari *Au prorata*, *à proportion*. Arest. ann. 1395. in Memor. F. Cam.

Comput. Paris. fol. 14. r° : *Deschargiez lesdiz fermiers d'icelle* (ferme) *pour le temps avenir, en payant à Ratte de temps et à portion, depuis qu'il entrerent en icelle. En nous paiant pour Rate du temps qu'il ont ycelles* (fermes) *tenues, au feur et pris qu'il les tiennent, jusques au jour de la publication de ces lettres*, in Lit. ann. 1400. tom. 8. Ordinat. reg. Franc. pag. 380.

¶ Rata de Bosco, Portio *bosci*, seu silvæ, ut videtur, nisi forte legendum sit *haia*, pro *Rata*. Charta ann. circit. 1000. e Chartulario Matiscon. fol. 116 : *Damus ecclesiæ S. Vincentii campum unum, item* (in) *Rata de bosco Volgerio unum vedogium, et ad unam destralem et ad* XII. *porcos saginandum, et ubicumque habemus Ratam per totum pergit.*

RATAPANT, mendosa vox. Vide *Catapanus.*

* **RATAPENNADOR**, vox Provincialis, Gall. etiam *Ratepennade, Chauve-souri.* Glossar. Provinc. Lat. ex Cod. reg. 7657 : *Ratapennador, Prov. Vespertilio.* Ejusdem nominis est Piscis marinus. Vide supra *Erango.*

¶ **RATARE**, Ratum habere, Gallis *Ratifier*, apud Jurisconsultos non semel.

* **RATELLA**, a Gallico *Rate.* Glossar. Provinc. Lat. ex Cod. reg. 7657 : *Ratella, Prov. Splen, lien.*

* **RATELLUM.** Vide supra in *Rastellum* 4.

¶ **RATERIUM**, Imus carcer, Gall. *Cul de basse fosse.* Charta ann. 1302. tom. 2. Hist. Dalphin. pag. 98. col. 2 : *In primis proponit et probare intendit, quod D. Amedæus de Miribello retinuit Andream Guilhoudi notarium, et Hugonem de Lay, qui missi fuerant ad dict. D. Amedæum per dict. D. Dalphinum pro hominibus et animalibus requirendis, et ipsos projici fecit in Raterio sine corda, in quo Raterio ipsos tenuit a die Veneris post quindenam O. SS. usque ad diem Jovis in festo B. Andreæ, et tunc extrahi fecit eos de Raterio, et ipsos fecit inferrari et custodiri a duobus clientibus, qui ipsos custodierunt per* LII. *dies in dictis ferris.* Sententia ann. 1334. pag. 258. ejusd. tomi col. 1 : *Quod dictum carcerem fregit, et conatus fuit fortiam Dalphinalem, fracto carcere, evadere, et manus violentas in custodibus et servientibus dicti castri injecit, et alterum in Raterio inpinxit, atque claves portæ ipsius castri cepit et abscondit, ut non invenirentur nisi per eum.* Charta Officialis Matiscon. ann. 1455 : *Domum cum curia, curtili, columberio, Raterio, etc.* Et mox : *Promittit manutenere carceres in Raterio prædicto et custodire prisonnarios.* Occurrit vox Gallica *Ratier* eadem notione apud Paradinum Hist. Lugdun. pag. 220. [* Et in Lit. remiss. ann. 1393. in Reg. 145. Chartoph. reg. ch. 157 : *Après ce que ledit Jehan fu mis au Ratier de la grosse tour, a rompu ou ouvert la porte d'icellui Ratier.*]

* Alia notione vox *Ratier* supra in *Centicula*, f. pro Muscipula. Glossar. Provinc. Lat. ex Cod. reg. 7657 : *Ratiara, Prov. muscipula.*

RATHENICHTES. Vide *Colna, Radechenistres* et *Radmanni.*

* **RATHE.** Charta Ernesti ducis Brunsvic. ann. 1335. apud Ludewig. tom. 10. Reliq. MSS. pag. 30 : *Item si aliquis hospes debet petere hæreditatem, quæ vocatur Herwede vel Rathe, dabit judici solidum; si burgensis, dabit sex denarios.* Hæreditatis nempe, ut puto, portio seu Rata, pars. Vide supra *Rata* 3. [** Res mobiles ad usum et mundum muliebrem. Vide Haltaus. Glossar. German. voce *Gerade*, col. 661. et alios qui de jure German. scripserunt.]

¶ **RATHIMBURGII.** Vide supra *Rachimburgii.*

* **RATHIN-RAATH.** Leges Danicæ apud Ludewig. tom. 12. Reliq. MSS. pag. 186 : *Item quicunque aliquem..... per insultum, quod dicitur Rathin-raath, læserit, etc.*

¶ **RATIADDITIO**, perperam pro *Ratihabitio.* Charta ann. 1250. e Chartulario S. Nicasii Rem. : *Predictam autem ordinationem dicte partes coram nobis ratam habuerunt, in testimonium dicte Ratiadditionis sigilla sua cum sigillo curiæ Remensis presentibus appendentes.*

¶ **RATIARIARIUS**, pro *Ratiarius*, in veteri inscriptione apud Gudium CCXXIII. 2. ut *Caligariarius* pro *Caligarius* CCXXV. 4. Vide notas pag. XII.

¶ **RATIARIUS**, Qui facit *rates.* Lex 30. Dig. de Pignerat. actione : *Qui Ratiario crediderat, quum ad diem pecunia non solveretur, ratem in flumine sua auctoritate detinuit, etc.*

1. **RATICULA**, et Raticum, *obolus, as, sic dictus, quia sit similis rati, scilicet ad instar ratis cornutus.* Ugutio.

¶ 2. **RATICULA**, Parva ratis, Johanni de Janua; *Petite nef*, in Glossis Lat. Gall. Sangerm.

¶ **RATIFICARE**, Ratum habere, quod actum est approbare, confirmare, Gall. *Ratifier. Laudavit, approbavit et ratificavit*, in Charta ann. 1370. ex Archivo Prioratus S. Johannis Tolos. Ord. Melit. Rursus occurrit in Diplomate ann. 1228. apud Ludewig. tom. 5. Reliq. MSS. pag. 433. in Literis ann. 1284. apud Rymer. tom. 2. pag. 288. in aliis ann. 1351. apud eumd. Rymer. tom. 5. pag. 703. in Epistola Clementis IV. PP. ad S. Ludovicum, tom. 6. Spicil. Acher. pag. 428.

¶ Ratificatio, Approbatio, confirmatio, Gallis *Ratification*, in Diplomate ann. 1228. jam laudato, in alio ann. 1352. apud eumd. Ludewig. tom. 6. Reliq. MSS. pag. 533. *Ratifficatio*, in Charta ann. 1359. apud Menesterium Histor. Lugdun. pag. 127. col. 2. Vide Vossium de Vitiis Sermonis pag. 567.

¶ **RATIHABERE**, pro *Ratum habere*, confirmare. Acta SS. Aurei et Justinæ, tom. 3. Junii pag. 76 : *Hoc unum certe ad ipsorum glorificationem Ratihabendam sufficit.*

¶ Ratihabitio, Confirmatio, non semel in Digesto et apud recentiores.

¶ Ratihabitatio, Eodem intellectu, sed mendose, ut puto, in Decreto Gregorii IX. lib. 3. tit. 31. cap. 11. et 12.

¶ Ratihabitoriæ Literæ, Quibus aliquid ratum fit et confirmatur, in Tractatu ann. 1420. apud Rymerum tom. 9. pag. 847. col. 2.

RATILLIUM, *Villus in tapetis*, in veteri Glossario apud Barthium lib. 27. Advers. cap. 12.

1. **RATIO**, Jus, causa, judicium.

* Libert. Podii-Mirol. ann. 1369. tom. 5. Ordinat. reg. Franc. pag. 314. art. 14 : *Concedimus ipsis consulibus, singularibus et habitatoribus ipsius villæ ac honoris ejusdem de gratia speciali, per præsentes, quod omnia et singula eorum bona, mobilia et immobilia, et alia, quæ eisdem et eorum alteri pertinere possunt per Rationes, actiones, aut aliter qualitercumque,.... habeant.*

¶ Rationis Consules, Judices, in Statutis Genuens. lib. 1. cap. 9. ubi fusius exponitur eorum jurisdictio.

Rationes Exercere, Placitare. Charta Lotharii Reg. Franc. ann. 987. apud Mich. Carbonellum in Chronico Hispan. fol. 19 : *Ut nullus Comes, Pontifex, Judex publicus in prædictis rebus habeat potestatem causas distinguendi, nec obligandi, nec Rationes exercendi, etc.*

In Rationes Venire, *advenire, ad rationem venire, esse, etc.* Juri stare. Epistola Episcoporum Franciæ ad Ludovicum Regem ann. 858. cap. 3 : *Quando sicut et ante petivimus, ut frater vester, et omnes fideles illius ante vestram fideliumque vestrorum præsentiam in Rationes, loco et tempore congruo, venissemus, et quæ male gesta forent, vestro consilio et auxilio cum Dei adjutorio fierent emendata.* Chronicon Farfense : *Et qui aliter agere voluerit, in præsentia Regali vel Imperiali in Rationes adveniant.* Formulæ vett. incerti auctoris form. 38 : *Suggessit, eo quod apud nostrum signaculum hominem aliquem, nomine illum, mannitum habuisset, et super noctes tantas ante nos debuisset venire in Rationes, etc.* Charta Caroli M. pro Monasterio S. Dionysii : *Si quis vero contra præcepta anteriorum Regum vel nostra aliquid facere vel contraire voluerit, tunc Missus noster vel Comitis super noctes viginti una ante nos per bannum nostrum venire faciant in Rationes contra Missos S. Dionysii et Folcradi Abbatis.* Adde Formulas vett. secundum Legem Romanam form. 29. 39. 42. Concilium Duziacense I. part. 1. cap. 6. pag. 67. part. 4. cap. 4. pag. 254. Beslium in Regibus Aquitan. pag. 31. etc. : *Ad rectam Rationem et justum judicium venire*, in Capitul. Caroli C. tit. 16. § 2. Fulbertus Carnot. Epist. 48 : *Quia judicio contendere magis quam veniam postulare statuistis, restat vobis convenire judices, qui præfixis loco et tempore, nos in alterutrum legali Ratione justificent.*

¶ Rationem Dicere *in conspectu Regis*, in Edicto Caroli M. ann. 800. apud Baluz. tom. 1 Capitular. col. 332.

¶ Rationes Deducere, in Capitulari de Villis ejusdem Caroli Magni cap. 16. et 57.

Ad Rationem Stare. Formula 117. apud Lindenbrog. : *In Rationes publicas ante illustrem virum... adstiti.*

Mittere, vel Ponere ad Rationem, est ad judicium quemvis provocare, citare, submonere. Hinc familiaris loquendi nostris formula : *Mettre quelqu'un à la Raison.* Baldricus lib. 3. Chr. Camerac. cap. 45 : *Qui de tantis malis missus ad Rationem, iterum evictus omnia emendavit.* Adde lib. 1. cap. 116. Galbertus in Vita Caroli Comit. Flandriæ num. 140 : *Posuerunt Comitem ad Rationem.* Charta Henrici III. Imper. ann. 1056. apud Nicol. Zillesium : *Si homo in hominem verbis aut factis deliquerit, nec Abbas, nec Advocatus in Rationem id ponere debet, nisi præsens sit aliquis, qui eum accuset.* Epistola 221. ex Francicis tom. 4. Hist. Francor. : *Posui civitatis burgenses ad Rationem, responderunt mihi, etc. Ad rectam Rationem et debitam emendationem perducere*, in Capitul. apud Marsnam ann. 851. cap. 4. Adde Conventum Turonensem ann. 879. cap. 4. 8. Alexandrum III. PP. Epist. 45. apud Sirmondum, Traimundum Clarevallensem Ep. 3. Gaufridum Vindocin. lib. 2. Epist. 16. Thomam Walsingham. ann. 1304. pag. 88. Beslium in Comitib. Pictav. pag. 149. Histor. Landgravior. Thuring. cap. 109. etc. [** Haltaus. Glossar. German. voce *Rede*, col. 1532.] Le Roman *de Garin* :

Guibert l'appelle, si l'a à Reson mis.

Crebro recurrit apud hunc scriptorem.

In Ratione Esse, quod practici dicunt, *Estre en cause*, in Capitulari 3. ann. 813. cap. 42.

Rationem Sequi. Gregorius Turon. lib. 9. cap. 33 : *In judicium quoque accedentem coegimus eum, in quantum potuimus, Rationem sequi*, i. judicium.

Rationem Habere cum aliquo, Litigare cum aliquo. Vita S. Præjecti Episc. Arvern. : *Ad palatium properat, et ut mos est apud Regis aulam, in loco, ubi causæ ventilantur, introiit, ut cum Hectore de supradicto negotio Rationes haberet.* Edictum Pistense cap. 32 : *Et ipse sic mallum suum teneat, ut Barigildi ejus et Advocati, qui in aliis Comitatibus Rationes habent, ad suum mallum occurrere possint.* Adde Capit. Caroli C. tit. 32. § 13.

¶ In Rationem Intrare cum aliquo, Eadem notione. Placitum ann. 878. in Probat. novæ Hist. Occitanæ tom. 1. col. 135 : *Namque suam chartam videntibus cunctis recipiens, cum suis contracausariis in Rationem intravit, et inter se contendentes consenserunt ipsi judices, ut inter se pagum fecissent, etc.*

* Cognoscere per Rationem, Forensi jure, more judiciario. Charta ann. 1203. apud Murator. tom. 4. Antiq. Ital. med. ævi col. 387 : *Si Mutinenses de locis, unde ibi asserebant, et quos ipsi Bononienses Mutinensibus petebant, de quibus discordia erat,.... vellent se ponere in ipso dom. Guillielmo, si ipse dom. Guillielmus potestas Bononiæ reciperet hoc in se; respondit : Non ad cognoscendum per Rationem. Item et si ipsi vellent se de hoc ponere in religiosis personis, sive in arbitris, cognoscendo per Rationem. Respondit similiter, quod non poneret.*

Rationem Facere, Jus alicui facere, impertiri, Gall. : *Faire raison à quelqu'un.* Lex Ripuar. tit. 3. § 2 : *Quod si servus... fuga lapsus fuerit, supra 14. noctes aut ipsum repræsentet, aut pro eo faciat Rationem. Districtas Rationes facere*, in Epistola Stephani PP. ad Pipinum, etc. : *Districtas cum eo faciatis Rationes.* Charta ann. 1167. apud Guichenonum in Histor. Sabaud pag. 42 : *Ego vel ipsi ibi de eis plenarie justitiam et Rationem faciemus.* [Annales Genuens. lib. 1. ad ann. 1156. apud Murator. tom. 6. col. 268 : *Legati autem postquam Januam venerunt, concione facta cum ccc. hominibus juraverunt, quod non debent mortem Regis vel captionem consiliare; et quod si in tota terra Regis in personis vel pecunia deprædationem fecerint, Consules inde facient rationem.* Idem Annal. lib. 2. ad ann. 1164. col. 293 : *Ante autem quam Consules nostri Rationem Imperatori fecissent, dixit Imperator Pisanis, etc.*]

¶ Rationes Facere, Alia prorsus notione. Charta Eirici Comitis pro Monasterio S. Crispini Suession. tom. 3. Annal. Benedict. pag. 687. col. 1 : *Ipsum mansum tradidi ad nostras Rationes faciendas, vel ornamenta construenda : ut ipse sacerdos die quotidie ministerium pro salute animæ meæ ad ipsum altare ministret.* Ubi *ad nostras Rationes faciendas* idem fortean est, quod *ad spiritale commodum*, seu *pro remedio animæ nostræ*, ut in Chartis passim habetur.

* Necessaria ad victum et vestitum ministrare. Vide *Ratio* 3.

Rationem Perdere, Causa excidere, et a facultate jus suum persequendi. Decreta S. Ladislai Regis Hungar. lib. 1. cap. 41 : *Si quis vero nobilium.... ad regale palatium cum suo litigatore non steterit, et regio nuntio vocatus sine Regis licentia domum perrexerit, Rationem perdet, et insuper si quid ab eo abstulerit, dupliciter reddat.* Adde cap. 42. lib. 3. cap. 26.

In Ratione Sua Esse, in Lege Salica tit. 1. Occupari rebus propriis. [Hunc in locum observat Eccardus, haud satis scio an bene, vocabulum *Ratio* Latinum non esse, sed prodire ex Germanico *Recht*, Jus, legitimum.] *De hæreditate et de tota illorum ratione se tollat*, tit. 63. id est, ejusce parentelæ res ac negotia negligat. [*Ratio* hic pro Germanico *Reiss*, Ramus, crassiuscule pronunciato, positum esse asserit mox laudatus Eccardus.] Vide *Ratio*, 4.

¶ Ratione Dominica Differri, Domini rebus occupari. Pactus Legis Salicæ tit. 53. § 4 : *Si Gravio invitatus fuerit et non venerit, si sunnis eum non detinuerit, aut certa Ratio dominica eum non distulerit, ut ibi non ambulet, neque mittat, ut cum justitia exigatur debitum, aut se redimat, aut de vita componat.*

¶ Rationes Domorum, Jus hospitii, cum quis aliquo divertitur. Litteræ Clementis VII. PP. ann. 1382. quibus regnum Adriæ tribuit Ludovico Duci Andegav. apud Acher. tom. 10. Spicil. pag. 242 : *Ad hæc si Romanus Pontifex... vellet cum sua curia in aliqua civitatum, vel aliarum terrarum, seu locorum ipsius regni Adriæ, morari, hoc possit libere et absque impedimento quocumque... et tam circa libratas ordinandas, cancellos f*** ta, Rationes domorum, jurisdictione Marescalli libera, et aliorum Officialium Romanæ Curiæ, quam alias, in quibuscumque consistant, et qualitercumque retro temporibus, fuerit observatum.* Medica manu indiget hic locus.

Rationare, Placitare, *Plaider.* Capitulare 1. Caroli M. ann. 802. cap. 9 : *Ut nemo in placito pro alio Rationare usum habeat defensionem alterius injuste, sive pro cupiditate aliqua minus Rationare valente,.... sed unusquisque pro sua causa vel censu, vel debito rationem reddat, etc.* [Marculfus lib. 2. formul. 31 : *Ut ipsa causa suscipere ad mallandum vel prosequendum in vice mea debeas, et cum suprascripto illo ex hoc Rationare, vel quidquid exinde cum eo de ipsa causa egeris gesserisve, ratum et definitum apud me esse cognoscas.* Annales Genuens. apud Murator. tom. 6. col. 255 : *Lite Corsicæ consecrationis a Cardinalibus et ab Episcopis et Archiepiscopis diu inter eos Rationata, et non concordata.* Polyptychus Ecclesiæ Vivar. : *Qui cessione ista rumpere voluerit, et cum S. Vincentio sit Rationaturus.* Adde Chartam ann. 876. in Probat. novæ Hist. Occit. tom. 1. col. 130.]

Rationator, Advocatus. [Concilium Burdigal. ann. 1079. inter Instrum. novæ Gall. Christ. tom. 2. col. 273 : *Die igitur determinato instante, utrique supranominati Abbates cum advocatis et Rationatoribus suis in concilio astiterunt; et prout quisque melius potuit, causam suam licenter enarraverunt, et enarrando peroraverunt. Clamoribus itaque tenoribusque utriusque partis, omnibusque eorum rationibus a concilio diligenter auditis, etc.*] Jacobus I. Rex Aragon. in Foris Oscæ ann. 1247. fol. 7 : *Judicaverunt unanimiter Optimates prædictum advocatum in Rationatoris officio secundum præmissa adeo processisse, quod nec ipse, nec prædictus infirmus advocatum petere, vel alii rationem committere possit ulterius in hac causa.* Constitutiones Barcinonenses MSS : *Item que los Avocats et els Rahonadors no pusquen pendre ne aver per lur salari del plet,... si no aytant con lo Jutge deu aver et pendre de la una part.* Observat Miræus in Donationib. Belgicis pag. 549. *Rationatores*, Belgis et Teutonibus appellari, qui tam civiliter, quam criminaliter in tribunali Præpositi jus dicunt, vulgo *Redenaers* nuncupatos.

¶ Ratiocinator, Eadem notione. Index veterum Canonum, tom. 3. Concil. Hispan. col. 2 : *Laici clericos actores vel Ratiocinatores sibi non constituant.*

Ratiocinare, Ratiocinari, Litigare, in jure agere, jus suum disceptare, ad rationem ponere, causam suam coram judice rationibus probare, rem quampiam, rationibus ad id adductis, sibi asserere, crimen rationibus in judicio a se amoliri. Vetus Notitia apud Beslium pag. 149 : *In legitimo placito ante ipsum Comitem ipse... advenire deberet ad hanc causam Ratiocinandum, etc.* Ordericus Vitalis lib. 12. pag. 846 : *Sed virtute Regia consobrinum suum protegente, Ratiocinari ad voluntatem suam non poterat.* Idem eodem lib. : *Clamores vestros et Ratiocinationes, ut rectius potuero, diligenter discutiam.* Sugerius in Ludov. VI. cap. 3 : *De jure in curia ejus Rationando certa die decertent.* Cap. 8 : *Comes pactum hoc offerebat per Andream de Baldimento terræ suæ procuratorem Ratiocinare.* Vetus Notitia ex Tabulario Eccles. S. Laudi Andeg. pag. 84 : *Qui cum diu obstinate prædictum passagium tenuisset, et se ipsum Ratiocinaturum dixisset, termino inde posito, et postea præterito... quatuor nummos, quos inde ceperat, reddidit.*

* *Raisner*, eodem sensu, in Charta ann. 1316. ex Reg. 56. Chartoph. reg. ch. 227 : *Ordonnons que chascun jurez dudit commun se puisse Raisner dores-en-avant par soy.* Infra : *Regner* et *Raigner*. A veteri Gallico *Resne*, pro Ratio : unde *Tenir resne*, apud

Christ. Pisan. in Carolo V. part. 2. cap. 18. pro *Tenir compte, avoir égard*, Rationem habere. *Raamir*, non dissimili notione, Rationibus scilicet probare vadimonium jure posse deserere. Liber rub. fol. parvo domus publ. Abbavil. fol. 28. v° : *Quant li homs est semons devant le visconte, et il Raamist se feste : il doit avoir respit duskes à se revenue.*

DERATIONARE, Eadem notione. Chronicon Centulense Hariulfi lib. 4. cap. 7 : *Tamdiu itaque contra Hucbertum institit, usquequo procerum judicio in Regis præsentia eam, quam diximus, villam Derationaret.* Cap. 19 : *Volens eam veraci assertione, et chartæ testimonio nobis Derationare.* Tabularium Eccles. Ambianensis fol. 34 : *Et eamdem decimam Canonici adversus eum Derationaverunt.* Chron. S. Petri vivi ann. 1116 : *Et sese ubivis omnibus judicialibus sententiis Deratiocinaturam evidenter patefecit, Ecclesiam Retiacensem se et antecessores suos plus* 100. *annis tenuisse.* Milo Crispinus in Vita B. Lanfranci Arch. Cantuar. cap. 9 : *Et coram omnibus testimonio antiquorum Anglorum, qui periti erant legum patriæ, Deratiocinatus est libertatem terræ suæ.* Vide [*Derationare* suo loco.] Doubletum in Histor. Sandionys. pag. 842. Sammarthanos in Gallia Christ. tom. 2. pag. 445. etc.

DISRATIONARE. Leges Edwardi Confess. cap. 36 : *Si quis fecerit clamorem ad Justitiarium, quod injuste interfectus sit, et dixerit, quod velit hoc Disrationari, etc.* Leges Henrici I. Reg. Angliæ cap. 2 : *Si quis civium de placitis Coronæ implacitatus fuerit, per sacramentum, quod judicatum fuerit in civitate, se Disrationet, etc.* Mox : *Se Disrationent, quod non debent.* Adde cap. 29. et 48. Charta ejusdem Henrici in Monastico Anglic. tom. 3. pag. 265 : *Sciatis, me reddidisse Deo et Ecclesiæ et Roberto Episcopo Lincolniæ* 12. *bovatas terræ, quas Radulphus Basset Disrationavit esse in dominio meo, etc.* Vide Leges Athelstani cap. 2. Matth. Paris ann. 1242. pag. 397. ann. 1249. pag. 508. Vitas Abbat. S. Albani pag. 79. Chronicon Andrense pag. 416. Probationes Histor. Castilion. pag. 26. etc.

DIRATIONARE, Eadem notione usurpant Regiam Majest. lib. 1. cap. 15. § 12. cap. 16. § 10. Leges Henrici I. Reg. Angl. cap. 48. Ricardus Hagustald. cap. 13. Placitum apud Pinendenam apud Seldenum ad Eadmerum pag. 198.

Desrener, Nostris. Leges Guillelmi Nothi cap. 27 : *Si home veut Desrainer convenant de terre vers son Seignor, per ses pers de la tenure meimes, qui il apellera à testimoines, l'estuvera Desrainer : kar par estranges ne pourra pas Derainer.* Ubi miror, vocem *Derainer* non intellexisse Seldenum. Assisiæ Hierosol. MSS. cap. 1 : *Pource que se il n'est plaideoir, que son conseil li sache la raison garder, et sa querelle Desreigner de ce dont il est requeroir.* Cap. 3 : *Je le vous contrebati par esgart de court, et vous par esgart de court l'avés Desreigné vers moi, etc.* Cap. 13 : *L'on peut plaidoier contre chascun sans estre donné à conseil par court, pour son droit Desraigner, ou deffendre, etc.* Occurrit ibi non semel. Chronicon Bertrandi Gueselini MS :

Irons nous dessus luy vostre droit Desrener.

Hinc *Desrene*, quod *Dirationamentum* dicitur in Monastico Anglic. tom. 1. pag. 238. et apud Will. Thorn. pag. 2130. quod sic definit vetus Consuetudo Normanniæ : *Deresne si est une loy establie en Normandie en simples querelés, par laquele celui, qui est suis d'aucun fet, et accusez de felonie, que il n'a pas fet le fet, de quoi la partie averse l'avait accusé, et pour c'en que l'en a presumptiom, que chescun doit mieus savoir la verité de son propre fet, que nul autre, la Desrene est ottroiée à celui, qui en est suis pour desclairier la verité du fait, dont il est accusez. Donques il est que home Desresne toute icele chose, qui est proposée entre lui par son aversaire, et Desrene, c'est assavoir il demonstre hors reson ou sans reson, etc.*

ARAISNER, Ad rationem ponere, in pacto Tongrensi ann. 1403. in magno Recordo Leodiensi pag. 29. 30. etc.

¶ 2. **RATIO**, Res, ditio, dominium, bona, facultates. Codex MS. Irminonis Abb. Sangerman. fol. 41. col. 2 : *E contra accepit de Ratione S. Germani indominicatum cum casa et aliis castitiis sufficienter et ecclesiam unam bene constructam.* Recurrit ibidem fol. 56. col. 2. Charta ann. 25. regni Caroli M. apud Stephanot. tom. 3. Antiq. Pictav. pag. 237 : *Qualiter cellula, cujus vocabulum est Nobiliacus de Ratione S. Hilarii in loco quieto et valde congruo.* Charta Hildebaldi Episc. Matiscon. ann. 825. inter Instrum. tom. 4. Gall. Christ. col. 265 : *Ut villus congruas et opportunas quæ sunt de Ratione S. Vincentii Martyris inter se commutare deberent.* Diploma Ludovici et Lotharii Impp. ann. 826. tom. 8. Spicil. Acher. pag. 139 : *Res quoque, sive quæ eidem Cellæ juste et legaliter pertinent cum prædiis duobus, Quasellis scilicet et Castaneo-villari, sive quæ idem Episcopus postea de causa episcopii sui, de Ratione scilicet alterius cellæ S. Maximini ad divinum officium honorificentius peragendum ei superaddidit, in integrum absque ulla sui diminutione, sicut ab eo constitutum est, in usus Monachorum cedant.* Diploma ejusd. Ludov. Imp. ann. 839. tom. 2. Annal. Benedict. pag. 609 : *Pro hoc itaque nostro favore atque licentia dedit jam dictus venerabilis Abbâ Tatto ex Ratione monasterii sui Ratulfo presbytero atque capellano nostro... ad habendum in diebus vitæ suæ, in pago Keltenstein... sex obas vestitas sub integritate earum; et in alio loco, in pago Augustgoi, quamdam cellulam, nuncupatam Herilescella, cum omnibus ad se pertinentibus.* Charta Calvariæ Abbatis S. Andreæ Avenion. ann. 1234. pro institutione Parthenonis S. Crucis Dioc. Apt. tom. 7. Spicil. Acher. pag. 266 : *Donamus vobis Cæciliæ sanctimoniali ad exstruendum monasterium monacharum, quamdam ecclesiam nostram desertam, cum omnibus juribus, Rationibus et pertinentiis suis, etc.* Alia ann. 1313. tom. 8. ejusd. Spicil. pag. 273 : *Castrum et terram Mattagriffoni cum omnibus juribus, Rationibus, hominibus, vassallis, casalibus, feudis, sive pertinentiis suis.* Alia Johannis Regis Franc. ann. 1350. apud Baluz. tom. 2. Histor. Arvern. pag. 198 : *Montibus, planis, viis, itineribus, justitiis altis, mediis et bassis, Rationibus et redditibus quibuscumque.*

¶ 3. **RATIO**, Rata portio rerum ad victum necessariarum militibus contingens, aliisve, Gall. *Ration.* Bulla Bonifacii VIII. PP. pro Jacobo II. Rege Aragon. tom. 3. Concil. Hispan. pag. 536 : *Tenebitur idem Rex, juxta mandatum Ecclesiæ, galearum numerum bene armatum tam de hominibus, quam de aliis opportunis et guarnimentis, et numerum militum ad Rationem et gagia de terris suis, sub capitaneo vel admirato.... præficiendo, ipsum personaliter sexaginta galeis armandis per ipsum Regem in terris suis cum sumptibus et expensis Ecclesiæ sæpe dictæ, ad rationem viginti quinque millium solidorum.* Capitulum generale MS. S. Victoris Massil. ann. 1378 : *Clerici priorum et infirmarii, qui sunt in possessione percipiendi Rationem de dispensa, permaneant in eadem possessione.* Contractus Monialium Artacellæ 27. Febr. ann. 1403 : *Debent dare ... dominæ Priorissæ quatuor mensuras vini ultra pensionem... item Refectorariæ pro suo labore duos justiales vini ultra suam Rationem.* Ubi *Pensi* et *Ratio* idem sonant.

* 4. **RATIO**, Genus, progenies, Gall. *Race.* Lex Salica tit. 63. edit. Eccardi : *Si quis de parentilla tollere se voluerit, in mallum aut in tunchinium admallare debet,.... et ibi dicere, quod se et de juramento et de hæreditate et de tota Ratione illorum tollat. Et sic postea si aliquis de suis parentibus aut moriatur aut occidatur, nulla ad illum compositio hæreditatis perveniat. Simile modo si ille moriatur, ad suos parentes non pertineat caussa nec hæreditas ejus, sed amodo cum duodecim juratoribus se exinde educat.* Non negabo tamen hanc vocem generatim accipi posse; ita ut quidquid ad aliquem spectat, hic significet.

* 5. **RATIO.** BRACHIUM RATIONIS, Mensuræ species, f. cubitus rectus. Charta ann. 1192. apud Murator. tom. 5. Antiq. Ital. med. ævi col. 87 : *Molendina Rolandi Bajamontis et sociorum, quæ sunt superius tornatura una inferius fiant, et brachium unum de illo statu, quod nunc manet, ad brachium Rationis adbassentur. Et molendina, quæ sunt infra fossam civitatis abassentur medietate unius brachii Rationis. Et duxile, quod est super fossam civitatis, per duas partes unius brachii Rationis abassetur.*

* 6. **RATIO**, pro Rectitudo, apud Auctores agrarios. Hinc

* RATIONALIS et *Rationabilis linea*, pro Recta, in Glossar. Nic. Rigaltii.

¶ **RATIOCINALE**, Λογικόν. *Ratiocinalia*, λογικά, in Glossis Lat. Græc. Aliæ Græc. Lat. : Λογικόν, *Ratiocinale, Rationale.*

¶ **RATIOCINARE**, RATIOCINATOR. Vide *Ratio* 1.

¶ **RATIOCINIUM**, Ratio, Computus. Charta Edwardi VI. Regis Angl. ann. 1547. apud Rymer. tom. 15. pag. 145. col. 2 : *Absque compoto seu Ratiocinio nobis reddendo seu faciendo.* Regula Mellicensis in Chronico ejusdem Monasterii pag. 345. col. 2. ubi de novitio caute examinando : *Si aliquando prius religionem probaverit; si sit Ratiociniis, servili conditione aut ad aliam restitutionem obligatus, si defectum habet natalium, etc.* Ubi *Ratiociniis obligatus* idem est, qui rationibus referendis obnoxius vel obæratus : qua de re etiamnum inquiritur ante probationem religiosam. Exstat in Codice titulus *de Ratiociniis. Ratiocinia supputare*, apud S. Hieronymum lib. 2. Ep. 7. Vide Columellam lib. 5. cap. 1. ubi bis usurpat *Ratiocinium* hac notione.

* *Raison*, eodem intellectu, in Charta ann. 1290. inter Probat. Hist. Sabol. pag. 346 : *Et fismes cette enqueste..... par les livres des Raisons reaulx, ou la valleur devant dicte estoit écrite de long temps.*

¶ **RATIONABILE**, Quod ad aliquem pertinet secundum legem et rationem, legitime et juste. Charta Henrici Regis Angl. ann. 1155. pro Normannis, apud D. *Brussel* ad calcem tom. 2. de Feudorum usu pag. IV : *Liceat Vicecomiti et Baillivo nostro achachiare et abreviare catalla defuncti inventa in laico feodo ad valentiam illius debiti per visum legalium hominum; ita tamen quod nihil modo amoveatur, donec persolvatur nobis debitum, quod clarum fuerit, et residuum relinquetur executoribus ad faciendum testamentum defuncti : et si nobis nihil debeatur ab ipso, omnia catalla cedant defuncto, salvis uxori suæ et pueris suis Rationabilibus suis.* Indentura ann. 3. Henrici VI. Regis Angl. apud Thomam *Madox* Formul. Angl. pag. 145 : *Ricardus et assignati sui habebunt Racionabilia plowbote, cartbote et fyrebote, in prædictis terris et tenementis per assignationem Senescalli dicti Willelmi Skrene vel hæredum suorum.* Vide Nomolexicon Thomæ *Blount* in *Rationabili parte bonorum.*

¶ 1. **RATIONABILIS**, Qui modum non excedit, medio conveniens, idoneus, Gallice *Raisonnable.* Charta Petri Episcopi Meld. ann. 1226. pro Ecclesia de Nantholio : *Habebit autem capellanus pro victu et vestitu suo et clerici sui de bonis dictæ domus duos modios bladi yrnbernagii Rationabilis, et sex libras Parisienses singulis annis.* Index reddituum Monasterii Corbeiensis MS : *Cum fœna Abbatis colligenda fuerint, submonent portarii, et singulæ domus debent mittere qui colligat... et in introitu prati debet esse serviens Abbatis : et si ille qui mittitur, Rationabilis non fuerit, non suscipitur, et nisi alium miserint sufficientem, emendabunt.* Literæ Edwardi III. Regis Angl. ann. 1353. apud Rymer. tom. 5. pag. 756. col. 1 : *In locis, ubi vendenda fuerint, pro denariis ipsius Ducis, pro Rationabili pretio, prout inter ipsos et venditores eorumdem concordari poterit.* Expedient d'un Notaire :

En certain bourg au bon homme Lucas
Messire Artus passoit un bail à ferme,
Et pretendoit, au bout de chaque terme,
Outre le prix avoir un cochon gras.
Pour un cochon je n'y repugne pas,
Dit le fermier, mais gras, c'est outre chose.
Que sais-je moi ce qu'il arrivera?
Le grain peutêtre ou le gland manquera;
Point ne me veux soumettre à telle clause.
Artus repond, que point n'en demordra.
Messieurs, leur dit le Notaire équitable,
Vous pouvez prendre un millieu, l'on mettra :
Qu'au sieur bailleur le preneur donnera,
Bon an mal an, un cochon Raisonnable.

Legitur tom. 1. *des Memoires de Literature* Hagæ Comit. edit. ann. 1715. pag. 249.

¶ 2. **RATIONABILIS**, Æquus, justus, rectus, Gall. *Raisonnable.* Privilegium Alberti Magdeburg. Archiep. ann. 1219. apud Ludewig. tom. 5. Reliq. MSS. pag. 36 : *Cum facta antecessorum nostrorum pia et Rationabilia ea teneamur sollicitudine defendere, qua et nostra in futurum a nostris successoribus defendi exoptamus.* [** *Si quis ... duobus testibus Rationabilibus convinci potest*, in Statut. Susatens. antiquis. Vide Haltaus. Glossar. German. voce *Redlich*, col. 1533.]

* Alias *Raignauble.* Charta ann. 1269. inter Probat. tom. 2. Hist. Burgund. pag. 33. col. 1 : *De laquele peingne se li duc la voloit demander, et il meist raisons qui ne fussient Raignaubles, et se li dit Jahans voloit demander lesdites issues, et li duc meist descolpes qui ne fussient Regnaubles, il s'en doit suffrir. Reinable*, in Assis. Hierosol. MSS. cap. 175. *Resnable*, in Annal. regni S. Ludov. edit. reg. pag. 208. *Resgnable*, sæpissime apud Bellomaner. MS. Vide alia notione supra in *Ratio* 6.

¶ **RATIONABILIS MAGISTER**, Idem qui supra *Magister rationalis*, Magistratus qui rationibus Principis seu ærario præerat, in quibusdam regnis. Procuratorium Regis et Reginæ Siciliæ ad Imperatorem pro investitura bonorum, quæ tenent ab imperio ann. 1344. apud Ludewig. tom. 5. Reliq. MSS. pag. 472 : *Datum vero ibidem per Sergium Dominium Ursonis de Neapoli, Militem, juris civilis professorem, magnæ nostræ curiæ Magistrum Rationabilem, Viceprotonotarium regni Siciliæ.*

RATIONABILITER, Juste, cum ratione, *Raisonnablement.* Synodus Vernensis ann. 755. cap. 23 : *Et postea alias causas cum justitia Rationabiliter judicent.* [Utuntur Apul. ad Asclep. S. Hieron. Epist. 25. cap. 5. Nicolaus de Jamsilla de Gestis Frederici II. Imp. apud Murator. tom. 8. col. 543. et alii. Vide Vossium de Vitiis serm. lib. 4. cap. 35.]

* *Resgnaulement*, apud Bellomaner. MS. cap. 12. pag. 30. r°. col. 1.

RATIONALE, in veteri Testamento, erat stola Pontificalis, quæ et *Logium* dicebatur : *Pannus* scilicet *exiguus*, ut ait Eucherius Lugdun. *ex auro, gemmis, coloribusque variis, qui superhumerali contra pectus Pontificis annectebatur.* Subdit Innocentius III. lib. 1. Myster. Missæ cap. 11 : *Dictum est Rationale judicii, quia ibi erat lapis, in cujus splendore Deum sibi esse propitium cognoscebant. Erat autem Rationale quadrangulum duplex de quatuor coloribus, auroque contextum, habens 12. lapides per ordines quatuor, etc.* Mox : *Inserebatur autem* λόγιον *superhumerali a superiori parte per duos annulos, et duas catenulas aureas, immissas duobus uncinis, qui sub duobus prædictis onychinis in superhumerali continebantur infixi, etc.* Vide Fulbertum Carnot. Epist. 2. Fuit etiam

RATIONALE, Vestis Episcoporum novæ Legis, vel ornamentum : sed cujusmodi fuerit, hactenus incertum manet. Menardus ad librum Sacramentorum Gregorii M. ait, esse *ornamentum quoddam pectorale, ad similitudinem illius, quo utebantur olim legales Sacerdotes.* Sed hæc nihil declarant. Multus est Gretzerus in Observat. ad Philippum Eystetensem cap. 16. in disquirendo, quid sit Pontificium Rationale nuperum, eoque ferme concedit, ut quidpiam affine Pallio Archiepiscopali fuisse existimet, cujus usus aliquot Episcopis ab summis Pontificibus indultus legitur. Sane Ivo Carnotensis serm. 3. ubi de Rationali. Sacerdotum veteris Legis, quibusdam tantum Episcopis, non omnibus concessum innuit : *Hic ornatus solius erat Pontificis, sicut et nunc est apud eos, quibus eo uti concessum est, propter distantiam majorum et minorum Sacerdotum.* Et infra : *Novi quoque Testamenti Sacerdotes non omnibus illis utuntur i dumentis, quia nec duabus utuntur tunicis, nec Rationali, præter solos Pontifices.* Concessi peculiari quodam privilegio sedibus ipsis, vel personis, Rationalis exempla aliquot recitant Scriptores. Ac de Eystetensis sedis Episcopis omnibus indulto a summo Pontifice Rationali, sic ipse Episcopus Philippus Eystetensis in Vita S. Willibaldi cap. 23 : *In cujus dignitatis evidentiam vestitura magni ornatus, ac sanctæ figurationis ei concessa est : nec non ab omnibus sibi rite succedentibus præ cunctis Episcopis, qui de linea Moguntinæ derivationis computantur. Vocatur autem vestis ista Rationale, quo etiam summus Pontifex accedens ad Sancta sanctorum olim supervestiebatur. Habebat autem Rationale summus Pontifex in Lege veteri in præfigurationem multæ perfectionis, et Pontificibus novi Testamenti quibusdam conceditur in exhibitionem consummatæ virtutis, quæ gratia et ratione perficitur, a qua Rationale dictum est.* Eadem habet Historia S. Walpurgæ ad Reginam Hungariæ. [** Vide orationem habitam in consessu Capitul. Metrop. Magunt. ann. 1320. apud Guden. Cod. Diplom tom. 3. pag. 187. num. 137. Concessum Rationale Episcopo Halberstadensi ex decreto Agapiti PP. Vide Sigeberti vitam Deoderici I. Episc. Metens. cap. 9.] Bulla Lucii III. PP. ann. 1182. pro Archiepiscopo Montis-Regalis in Sicilia, apud Margarinum in Bullario Casinensi tom. 2. pag. 199 : *Fulgeat in pectore tuo Rationale judicii cum superhumerali ratione conjunctum, et ita in conspectu Dei procedas et hominum, etc.* Versus, præfixi Chronico Mindensi Meibomiano, de Fundatione Mindensis Ecclesiæ :

Et hoc Templum consecratur
A Leone, et ditatur
Multis privilegiis.
Nam hic Præsul honoratur,
Mindensis qui vocitatur,
Dignitate pallii.
Quod bene Rationale
Vocamus, et hoc non male;
Nam trini Episcopi,
Tantum isto decorantur,
Per quem recte venerantur
Locus, gens et Clerici.

Descripsit Chappeavillus ad caput 40. Ægidii Aureævallis Monachi, Chartam Innocentii II. qua Adelberoni II. Episcopo Trajectensi usum Rationalis certis diebus concedit, his verbis : *Et quoniam tanquam Aaron ad Pontificalis dignitatis fastigium divina gratia te vocatum esse confidimus, et loco Moysi ad regendum Christianum populum, per Dei providentiam es constitutus, eorum quoque dignitatis te participem constituimus, et usum Rationalis, postquam in Episcopum consecratus fueris, personæ *tuæ concedimus. : statuentes, ut eodem sacro ornamento infra Ecclesiam duntaxat his diebus utaris, qui in præsentis scripti serie præscribuntur, id est Cœna Domini, Pascha, Ascensione, Pentecoste, in festo B. Joannis, in solennitatibus Apostolorum Petri et Pauli, Assumptione B. Mariæ, in festo B. Lamberti, omniumque Sanctorum, Natali Domini, in Octavis ejusdem, et Epiphania, in Purificatione B. Mariæ, in Dedicationibus Ecclesiarum intra tuam parochiam, et ordinationibus Clericorum, et in anniversario die Dedicationis Leodiensis Ecclesiæ.* Ex quibus patet, eumdem ferme fuisse *Rationalis* deferendi usum ac *Pallii*.

At omnium Episcoporum fuisse *Rationale* videtur innuere Missa vetus ex Codice Rotaldi, Abbatis Corbeiensis, de Episcopo sacra facturo die Paschatis : *Postea ministretur ei casula : tandem vero Rationale cohærens junctim superhumerali.* Quo spectant ista ex Ivone Carnot. serm. 3 : *Sunt autem adinvicem concatenata Rationale et humerale, quia cohærere sibi invicem debent ratio et opera.* Mentio est præterea *Rationalis* in Actis Ecclesiæ Saltzburgensis apud Canisium : *Inter cætera pretiosa, quæ tunc temporis idem intrusus, seu Episcopus, nobis abstulit, Rationale unum ex auro et gemmis pretiosis intextum, aureis catenulis dependens, pene mille marcarum pretio æstimatum, quod Imperator Græciæ fundatori nostro Gebehardo Archiepiscopo, dum legatione Cæsaris illo functus, filium ejus baptizasset, pro munere donaverat, jussit præfatus Perchtoldus exponi, militibus suis hæc largiturus.* Mox : *Quidam vero ex fratribus Nordwinus Presbyter, Sacristæ seu Custodis functus officio, ad tantum facinus perhorrescens, et aliorum quatuor, qui adhuc supererant, simili cæde jam perituris vitæ consulens, arreptum Rationale in quatuor frusta confregit, cuique illorum suam partem tribuens.* Meminit et *Rationalis Episcopalis* Historia Episcoporum Autisiod. cap. 49 : *Palla vero carbasea auro circa pectus effulgens Rationali, a genibus ad talos usque holoserica limbo deaurata mirifice; Pontificalia vestigia complectebatur.* Infra : *Casula autem coloris ætherii phrygio palmum habente, superhumeralis et Rationalis effigiem ad modum Pallii Archiepiscopalis honorabiliter prætendebat.*

Ex quibus sane nihil aliud fuisse videtur *Rationale* istud Episcopale, quam pallium. Bruno Signiensis Episcopus de vestibus Episcopal. : *Restat nunc ut de pallio dicamus, per quod simul utrumque, et superhumerale et Rationale significatur. Quia enim supra utrumque Pontificis humerum jacet, superhumerale dicitur : quod vero inde descendens in ipso Pontificis pectore jungitur, Rationale dicitur. Habebat enim Aaron superhumerale, quod quidem usque ad humerum extendebatur : Rationale vero quadrangulum erat et duplex, sicut et pallium duplex est. Habebant enim mensuram palmi, tam in longitudine quam in latitudine, quæ mensura Pontificis pectori ornando vel operiendo sufficeret. Habet igitur Pallium eamdem cum superhumerali et Rationali significationem, quamvis eamdem non habeat compositionem.* Habetur in Missa, ab Illyrico edita, hæc Oratio *ad Rationale*, cum scilicet illud induit Episcopus sacra facturus : *Da nobis Domine virtutem tuam firmiter retinere, et doctrinam veritatis plebi tuæ digne aperire.*

☞ Ruinartius in sua Dissertatione de Pallio Archiepiscopali tom. 2. Operum posthum. Mabillonii pag. 452. duplex Pallium distinguit, Romanum scilicet et Gallicanum. Pallium hoc Gallicanum idem esse censet cum Rationali : quod post Marlotum tom. 2. Metropolis Rem. lib. 3. sic describit ibid. pag. 454. ex veteri Catalogo ornamentorum pontificalium Remensis Ecclesiæ, ut ex ea descriptione possit unusquisque advertere quam proxime accedat Rationale ad Pallium nostrum. Sic Auctor hujus Catalogi : *Aliud est unum magnum et pretiosum Rationale de panno aureo cum quatuor anulis et totidem agrappis de auro, in quo sunt duodecim lapides pretiosi diversorum colorum incussati* (f. *incassati*) *in duodecim circulis aureis, in quibus sunt scripta nomina duodecim filiorum Israel, et pendet ipsum Rationale cum una catena de auro circumdante humeros Prælati, in cujus catenæ duobus lateribus admodum duo pulchri lapides in auro, et a parte posteriori unus sat crassus cintallus.* Hoc pretiosius Rationale in solis majoribus solemnitatibus adhibitum fuisse certum videtur eidem Ruinartio : aliud vero minoris pretii singulis diebus ab Archiepiscopis sacra facientibus; iis enim non erat licitum *sine Pallio Missas dicere* ex Concilio Matiscon. I. ann. 582. can. 6. Hujus posterioris Rationalis etiam meminit Auctor Catalogi laudati his verbis : *Item aliud Rationale parvum de auro cum catena aurea, in cujus medio interradiat lapis inusitatæ magnitudinis, et in circuitu ejusdem sunt alii octo lapides pretiosi, videlicet quatuor smaragdinæ et quatuor bales.*

☞ Porro si Rationale istud Gallicanum pallium non fuit, ut Ruinartius observat, ipsum tamen Pallii locum obtinuisse verisimillimum est, utpote quod eodem prorsus modo, ac nunc Pallium, in Missa gerebatur super alia pontificalia indumenta; id patet ex sequenti articulo prædicti Catalogi, ubi sic habetur : *Item tres acus de argento deaurato servientes ad tenendum dicta Rationalia cum casula, et habet quælibet acus in summitate unam grossam margaritam antiquam.* Rationalis pontificii rursus meminit vetus Rituale Ecclesiæ Remensis, eoque pretioso ornamento vestitum S. Remigium repræsentant antiquæ figuræ tam Metropolitanæ, quam aliarum quarumdam civitatis Rem. ecclesiarum. Ex quibus tandem conficit sæpe laudatus Ruinartius haud temerariam esse suspicionem, Pallium Gallicanum aliud ab isto Rationali olim non fuisse, cui Pallium Romanum successerit : quam conjecturam confirmat ex antiquo Scriptore sub Alcuini nomine vulgato, qui eo tempore vixisse videtur, quo Pallium Rom. cœpit ab omnibus Ecclesiæ Gallicanæ Metropolitanis suscipi. Hic Auctor lib. de divinis Officiis cap. 18. ita loquitur : *Pro Rationali nunc summi Pontifices, quos Archiepiscopos dicimus, Pallio utuntur, quod a sancta Rom. Sede Apostolico dante suscipiunt.* Nec impedit, quod agat de Judæorum Rationali; dicit enim hic auctor Pallium Romanum Rationalis Judaici locum tenere, eo quod Rationali Gallicano, quod Judaico non erat absimile, successerit. Pallium cum Rationali etiam comparant Bruno Signiensis lib. de Vestibus Episcopalibus et Scriptor Historiæ Episcoporum Autisiod. cap. 49. supra laudati. Vide *Pallium* 3.

1. **RATIONALES**, Procuratores Principum (nam et ita interdum appellantur) in provinciis, qui *Provinciales reditus* exigebant : καθολικοί et καθολικιάνοι, in Gloss. Gr. Lat. Julius Firmicus lib. 3. cap. 4 : *Faciet Procuratores Regum, Rationales.* Infra : *Faciet aut Procuratores Regum, aut Rationales, aut quibus nuntiandi potestas concedatur.* Cap. 8. : *Reddet etiam honestos moribus et graves, Rationibus etiam faciet præpositos, aut conductionum, aut frumentorum, etc.* Cap. 13 : *Qui discussiones Rationales, magnaque negotia tractare consueverint.* Lampridius in Severo : *Procuratores, id est, Rationales.* Ejusmodi *Rationalium* mentio est in veteribus Inscriptionibus, in utroque Codice, apud Ammianum, Lactantium de Mortibus persecut. num. 12. Senatorem lib. 6. Epist. 8. etc. *Rationales*, qui *rationes* et *computa dispungunt*, in Bulla Clementis VI. PP. ann. 1344. apud Waddingum in Regesto tom. 3. pag. 308. Vide quæ de *Rationalibus* variis congessit Jacobus Gotofredus in Notitia dignitatum Codicis Theodosiani pag. 327. 328. 329. 330.

Rationales porro in provinciis bona caduca et vacantia fisco vindicabant : unde huc referenda videtur Lex Wisigoth. lib. 10. tit. 2. § 5 : *Et si forte possessio est, ubi repositio alicujus substantiæ sit, ne per Rationales excusatio fiat, etc.* Infra, in exemplari Epistolæ informationis : *Ita ut si aliquid ibi repositionis habetur, et anulo domini sui non est signatum, propter auferendam rationem Rationalium, per illos 8. dies anulo tuo maneat obsignatum.*

* 2. **RATIONALES**, Medici, quorum princeps Galenus, sic Celso in Præfat. vocantur, qui *Logici* a Cæl. Aurel. lib. 2. Acut. cap. 15. vulgo *Dogmatici*. Celso enim *Rationalis ars*, Disciplina medicinæ. Hæc ex animadv. D. *Falconet*.

¶ 1. **RATIONALIS** in Ecclesiis Hispaniarum quis dicatur, docet Synodus Toletana ann. 1565. tom. 4. Conc. Hispan. pag. 80. col. 1 : *Præcipit Synodus Missarum celebrationem et alia opera pia, quæ testamentis mandantur, saltem intra annum unum post testamenti publicationem impleri. Quin etiam Curatis omnibus et rationum ecclesiasticarum præfectis, quos Rationales vocamus, jubet, ut singulis annis Ordinario... exponant quantus Missarum nondum celebratarum numerus in ipsorum parochiis supersit.* Hi Rationales rursus memorantur in Synodo Valentiæ ann. 1566. ibid. pag. 129. col. 2. et pag. 133. col. 2. quo in posteriori loco hæc habentur de electione eorumdem : *Cum Rationalis... eligendus erit, clerus duos nominet, quos Ordinario proponat, e quibus alterum pro suo arbitrio Ordinarius eligat.* Epitome Constitutionum ejusd. Eccl. ibid. pag. 188 : *Canonici Rationales pro tempore existentes, non possint habere salaria dicti officii, nisi computato libro et facta definitione.* Vide *Capsoverius* et mox *Rationarius*.

¶ RATIONALIS MAGISTER, Regis rationibus, seu ærario Præfectus. Privilegium

Petri II. Regis Valentiæ pro Ecclesiasticis, tom. 3. Concil. Hispan. pag. 616. col. 2 : *Quum hoc eodem injungimus, nostro Rationali magistro, vel alii e prædictis administratoribus et aliis depositariis prædictis, computum vel computa auditoribus, ut quidquid vobis pro præmissis duxerint exsolvendum, quod in nostro computo admittere non postponat.* Vide *Magister rationalis.*

* 2. **RATIONALIS**, Aliis notionibus, vide supra in *Ratio* 6. et *Rationales* 2.

¶ **RATIONALITAS**, Vis et facultas ratiocinandi. Tertullianus lib. de Anima cap. 38 : *Habet immortalitatem, Rationalitatem, etc.* Passim utuntur recentiores Philosophi.

* **RATIONAMENTUM**, Præstatio, quæ ex jure debetur. Chartul. Celsinian. ch. 833 : *Gripisco illam consuetudinem et Rationamentum, quam requirebam in Brennaco, mutantibus obedientiariis ejusdem loci ac mihi reddentibus unum sextarium de civada.* Vide infra *Razonamentum.*

¶ 1. **RATIONARE**, Placitare. Vide *Ratio* 1.

¶ 2. **RATIONARE**, Rationes edere, computare. Statuta Vercell. lib. 1. fol. 19. recto : *Itemque Potestas sive Rector Communis Vercellarum teneatur specialiter constituere et habere unum ejus judicem jurisperitum, qui teneatur exigere banna, condemnationes, fodra, taleas, alia onera, introitus et avere Communis Vercellarum, que remanserunt ad exigendum ante tempus sui regiminis, postquam ipsa fodra et condemnationes inquartata et inquartate fuerunt, Rationata prius per Rationatores Communis Vercellarum.* Vide infra *Rationator* 1.

* 3. **RATIONARE**, Eadem notione, ut videtur, qua Italicum *Ragionare*, Loqui, verba habere. Charta de ripatico solvendo ann. 1228. apud Murator. tom. 2. Antiq. Ital. med. ævi col. 30 : *De carro Rationando duo milliaria subtilia unum carrum.*

¶ **RATIONARIUS**, juxta vim vocis, Idem qui *Ratiocinator* Ciceroni, aliis minus Latinis *Calculator.* Modestinus lib. 27. Dig. tit. 1. leg. 15. § 5 : *Neque librarios, neque calculatores, quos vulgo Rationarios dicimus, habere immunitatem dicunt Divorum constitutiones.* Rationariorum vero, quorum crebra fit mentio in Notitia Imperii, et apud Scriptores ævi Theodosiani, procuratio erat, ut eam exponit Carolus de Aquino in Lexico Milit. ex horreis fiscalibus et castrensi penuario assignare militibus et distribuere buccellatum in singulos dies : alternis vero vinum et acetum; uno per hebdomadam laridum, duobus vervecinam; de qua procuratione Rationariorum Leges agunt in Jure civili, et Ammianus lib. 17. Referebant autem in tabellas, seu pictacia, capita rationum, quæ viritim in numeros militum et pabulorum, quæ exhibebantur pro equorum alimonia. Hæc interdum connumerata pecunia, quandoque vero ipsis annonariis speciebus dividi moris fuisse, ex Polybio lib. 6. de Castrametatione Romana, probat idem de Aquino; qui tandem observat *Rationarios* non parum discrepasse a *Rationalibus*, de quibus paulo ante dictum est. *Rationarii apparitionis armorum magistri*, meminit Ammianus lib. 15. et *Rationarii apparitoris*, lib. 18.

¶ RATIONARIUS, Idem qui supra *Rationalis* in Ecclesiis Hispanicis, Oeconomus. Acta S. Ferdinandi Regis Cast. tom. 7. Maii pag. 370 : *Post hanc arcam ferebatur Deiparæ parva imago eburnea.... ferebatur autem perquam devote et reverenter inter manus Rationarii.*

* Rectius in Diction. Hispan. *Racionero*, Ecclesiæ portionarius, clericus seu sacerdos, cui assignata est præbenda portionaria, *Racion* nuncupata, nostris inde *Racionnier.* Testam. Caroli reg. Navar. et comit. Ebroic. ann. 1376. in Cod. reg. 8428. 3. fol. 109. r° : *Item ausdiz channoines* (de Duxne) *serohi appliquez tous les droiz, prouffiz, rentes et revenues quelconques, que les Racionniers de ladite église ont accoustumé avoir et prendre en icelle; par telle maniere, que quant il vacquera aucune de Racions, nul d'ilec en avant n'y sera mis ne institué; mais vendront successivement les droiz et rentes desdites Racions audiz chanoines.*

¶ 1. **RATIONATOR**, Ratiocinator, Rationibus præfectus. Statuta datiaria Ripariæ fol. 13. v°. cap. 4 : *Quilibet emptor et quilibet officialis debeant notificare præfato Capitaneo et Rationatoribus dictæ Communitatis omnes et singulas inventiones, conventiones et pacta... et quod Rationatores dictæ Communitatis.... adstricti sint... omnes prædictas inventiones, conventiones et pacta... scribere super uno libro dictæ Communitatis.* Utitur Ulpianus. Vide *Rationare* 2.

¶ 2. **RATIONATOR**, Advocatus. Vide in *Ratio* 1.

* **RATIONATUS**, Ractionatus, Computatus. Charta ann. 845. apud Murator. tom. 1. Antiq. Ital. med. ævi col. 405 : *Pro omni censu et justitia reddere debeamus argentum solidos viginti, bonos denarios, bene expendibiles, duodecim denarios per singulos soledos Rationatos.* Alia ann. 935. apud eumd. tom. 3. col. 1054 : *Solidos viginti, duodecim denarios per singulos solidos Rationatos tantum.* Alia denique ann. 1109. ibid. col. 1112 : *Libras septecentum de bonis denariis expendibilis de moneta de Luca, viginti solidos per omnes libras Ractionatas, etc.* Vide *Rationare* 2.

* **RATIONERIUS**, Rationibus præfectus, Ital. *Ragioniere*, cujus officium *Rationeriatus* vocatur. Stat. antiq. Florent. lib. 1. cap. 61. ex Cod. reg. 4621. fol. 30. v° : *Quorum* (Rationeriorum) *officium duret sex mensibus; qui Rationerii et eorum substituti legiptime convenire debeant quolibet die esse.... In rationum fiendis per ipsos debeant omnes, quattuor vel saltem tres ex eis invicem.... Qui in dicto officio Rationeriatus fuerit, etc. Et si contigerit aliquem ipsorum, durante officio Rationeriatus, eligi ad officium conductæ, etc.* Vide *Rationator* 1.

* **RATIONISTA**, Eodem significatu, in Stat. Casimiri III. ann. 1451. inter Leg. Polon. tom. 1. pag. 163 : *Si dominus rex aliquem nobilem donaverit cum sale centenariato ac thinis; tunc zupparius.... omnes centenarios debet conscribere, et eos Rationistis in ratione enodare.*

¶ **RATISCUNT**, *Adæstimaverunt*, in Glossis Isid. Legendum, ut in Excerptis : *Rati sunt, æstimaverunt.*

¶ **RATISOS**, Ταρσός, in Glossis Lat. Gr. Vulcanius castigat, *Ratis*, ὁ ταρσός. In Glossis Græc. Lat. habetur : Ταρσὸς τοῦ ποδός, *Planta, Ratisos.*

* **RATITUDO**, Firmitudo, soliditas. Consuet. Norman. part. 1. cap. 45. ex Cod. reg. 4651 : *Nichil etiam, quod minores dicant vel faciant in laicali curia, Ratitudinem reportabit; nisi in hoc tantummodo, quod per legem secundum jus et consuetudines Normanniæ adimpletum, fuerit judicatum.* Ubi Gallicum : *Chose que ceux qui sont en non aage dient ou qu'ilz facent en court laye, ne sera estable, etc.* Ibid. part. 2. cap. 52 : *Omnia autem quæ fiunt in scacario, seu placitando, seu denunciando, vel quocumque modo alio, dum tamen proferatr occasione Ratitudinis observandæ, firmitatis debent plenitudinem retinere.* Ubi Gallicum : *Toutes les choses qui sont faites en eschiquier,.... pour tant que elles soient faites pour estre tenable, ont perdurable fermeté.* Hinc emendandæ eædem Consuet. apud Ludewig. tom. 7. Reliq. MSS. pag. 390. ubi editum : *Protendatur occasione consuetudinis.*

RATO, Mus major, *Rat.* Vide *Ratus* 1.

RATOR, *Judex. Rata, arbitrata, firma, certa.* Gloss. Lat. MS. Reg. Cod. 1013. Ita etiam Gloss. Isid.

* **RATORIUM**, f. Præstatio, quæ pro redimenda opera, quam in congerendo fœno cum rastro debebant tenentes, domino exsolvebatur. Charta Joan. de Castell. dom. de S. Hilario pro incolis ejusd. loci ann. 1324. in Reg. 62. Chartoph. reg. ch. 361 : *Ad Ratorium tres gallinas et tria quarrata ad unum equum.* Vide *Rastellagium.*

* **RATORNARE**, Gall. *Ratourner*, pro *Réparer, refaire*, Reficere, restituere. Charta Margar. comit. Fland. ann. 1274. ex Chartul. 1. Fland. ch. 263. ex Cam. Comput. Insul. : *Se nos avons besoing de mairien à nos moulins et à nos autres wisines de Valenchienes..... pour refaire et Ratourner, ce mairien il doivent acheter.* Alia ann. 1262. in magn. Chartul. nig. Corb. fol. 118. v° : *Je ne devoie riens metre al puch faire, ne à Ratourner.*

* **RATTARE**, Delere, oblitterare, Gall. *Raturer*, alias *Rater.* Stat. eccl. Tull. ann. 1497. MSS. fol. 42. r° : *Clericus capituli producit rotulum eorum, qui percepturi sunt panem et vinum,..... qui rotulus legitur; et si qui omissi sunt, reponuntur; qui vero exprimi non debuerunt, Rattantur.* Lit. remiss. ann. 1397. in Reg. 153. Chartoph. reg. ch. 46 : *Et aussi Rata ledit prestre une lettre scellée du grant scel,.... et avec ce Rata ledit chappellain plusieurs autres lettres;.... lesquelles lettres ainsi Ratées, etc.* Memor. D. Cam. Comput. Paris. fol. 147. r° : *Il Rata et osta un x. sur la somme de xij. c. frans...... Il a Raté ou fait Rater en la vente du sel Jehan d'Orliens, et moins mis qu'il ne devoit.* Vide supra *Radiare.*

¶ 1. **RATTUS**, Gallis *Rat.* Vide mox *Ratus* 1.

* 2. **RATTUS**. Libert. Florenc. ann. 1339. tom. 8. Ordinat. reg. Franc. pag. 97. art. 55 : *Pondera et mensuræ sint Ratta, sicut sunt in villa Condomii.* Id est, si tamen bene lectum est, ejusdem conditionis et capacitatis atque pondera et mensuræ Condomii. Vide supra *Rata* 3.

RATULA. Silvester Giraldus in Topogr.

Hibern. dist. 1. cap. 10 : *Ratulæ vero raucæ et clamosæ innumeræ.* Sed videtur legendum *Ranulæ.*

¶ **RATUM**, Deliberatum, constitutum, Latinis. [* Præcept. Loth. reg. ann. 965. inter Instr. tom. 11. Gall. Christ. col. 105 : *Quorum Rato nostra excellentia hilaris reddita, ac eorum voluntati aurem accommodantes, veluti postulaverunt fieri, adjudicavimus.*] Hinc *Litteræ de Rato*, in Chronico Andrensi tom. 9. Spicil. Acher. pag. 568. dicuntur illæ, in quibus id continetur quod deliberatum fuit et constitutum.

* Quid hac formula intelligendum est, melius dictum fuit in voce *Litera* 2.

RATURUS, Mus major. Vide *Ratus* 1.

1. **RATUS**, RATTUS, Mus major, vulgo *Rat*, apud Silvestrum Giraldum in Topogr. Hibern. dist. 2. cap. 32. Idem in Itinerario Cambriæ lib. 2. cap. 2 : *Murium majorum, qui vulgariter Rati dicuntur.* Willelmus Andrensis in Chronico : *Cum... tam noctuas, quam Rattos sibi infestos animositate juvenili circumquaque fugaret, etc.* [Vita S. Lanfranci num. 8. tom. 5. Maii pag. 835 : *Mures et Rati valde sunt nobis infesti, et idcirco nunc affero catum.* Vide Vossium lib. 1. de Vitiis sermonis cap. 28.] De vocis etymo vide quæ commentantur Cobarruvias, Ferrarius, et alii.

RATURUS, in Gloss. Ælfrici, Ræt, id est Mus.

RATO, Eadem notione. Henric. de Knyghton. ann. 1381 : *Tanta agilitate ascenderunt, ac si essent Ratones, vel spiritu aliquo vecti.* [Elmham. in Vita Henrici V. Regis Angl. cap. 68 : *Tandem murum Ratonumque carnes exoticas, magno comparatus precio, rapida ventris voracitas in suam sallosam abyssum devorat et receptat.*]

2. **RATUS**, pro *Raptus.* Vide *Raptus.*

* 3. **RATUS**, Alia notione. Concessio *cannabinæ* sub Henr. I. reg. Franc. ex Chartul. S. Sulpit. Bitur. fol. 32. v° : *Ad fossatum faciendum, propter ipsos Ratos salvandos, dedimus septem solidos.* An legendum est *Rasos*, Canalis, alveus? Vide supra *Rasa* 1.

¶ **RAVA**, Genus coloris. Vide *Ravus.*

RAVACAULUS, pro *Rapocaulis*, Caulis species, quæ vulgo *Choux rave*, in Capitulari de villis cap. 70.

¶ **RAVALE**, Destructio, subversio, qua decreto Judicis ob admissum crimen deprimitur seu complanatur ædificium, a Gallico *Ravaler*, Deprimere. Privilegium Johannis de Castellione Comitis Blesensis ann. 1265. pro Monasterio S. Johannis in Valleia Carnot. e Schedis D. *Lancelot : Si contigerit casus, per quem debet, secundum judicium dictorum Abbatis et Conventus, fieri Ravale seu destructio domus vel alicujus rei existentis in aliquo dictorum locorum immunium et quitorum, ut dictum est, supra mandatum dictorum Abbatis et Conventus, superficiem ligneam domus destruendæ, et superficiem rei alterius, de quibus fieri Ravale opporteret, tradent Preposito Carnotensi.... ad comburendum, et statim dictus Prepositus vel Ballivus dictam superficiem comburent extra terram dictorum Abbatis et Conventus, nec licet, nec licebit predicte nobili Comitisse, vel heredibus suis successoribus ejus, intrare (aliquem) predictorum locorum pro faciendo aliquo Ravale, seu aliam justitiam quamcumque.* Vide *Condemnare terram vel domum.*

* *Ravager*, pro Emendam seu mulctam exigere, occurrit in Charta ann. 1404. ex Reg. feud. comitat. Pictav. Cam. Comput. Paris. fol. 119. v° : *Je Guillaume Boneau valet, tiens et advouhe à tenir.... le droict de prandre et Ravager par droict de justice et juridiction, jusques à sept solz, six deniers, sur tous ceulx, qui exploicteront en et ès choses et appartenance dudit lieu de Lage Bonet, sans le gré ou licence dudit Guillaume.* Vide Stabil. S. Ludov. tom. 1. Ordinat. reg. Franc. pag. 128. ubi editum *Reagier* et *Revaigier* ibid. pag. 288. *Ravarat*, Fustis species, apud Arvernos. Lit. remiss. ann. 1459. in Reg. 190. Chartoph. reg. ch. 200 : *Ung baston autrement appellé Ravarat, selon le languaige du pays* (d'Auvergne).

* **RAVALLIS**, Morbi genus. Lambert. *Nerden* in Tract. de Variolis, etc. ex Cod. reg. 6983. fol. 194. r° : *Est enim quædam species* (variolarum et morbillorum) *quæ a quibusdam Ravallis nominatur, et a quibusdam pasticus, et a quibusdam blateæ.*

RAVANNA. Tabularium Fossatense : *Hi sunt, qui debent annuatim saccos ad reponendum Ravannas et les haurons bladi in grangia dictæ Abbatiæ.*

☞ Per *Ravannas* intelligo ventilationes seu ejectiones e frumento ventilato, voce a vannus deducta; et pro *haurons* corrigo *hautons.* Vide *Halto* et *Hauto.*

* Ut minutiores paleas et frumenti purgamenta, *Ravannas* dixerunt, ita nostratibus *Ravaille*, pro minutis pisciculis. Tract. MS. de Pisc. cap. 65. ex Cod. reg. 6838. C. : *Alium piscem nostri Bogue-ravel appellant, quia scilicet capiatur et vendatur cum piscibus, vulgo Ravaille appellatis, id est, minutis.* Vide *Ravania.*

RAUB, RAUPA, Exuviæ, spolium, furtum vel prædatio cujusvis supellectilis, Germanis *Raub*, unde nostris *Robe* pro vestimento, et *Rober* et *Desrober*, pro furari, vestem vel quamvis supellectilem auferre, furari; [nisi eas voces cum Ferrario deducere malueris a Latino *Rapere* : quod etiam Carolo de Aquino magis arridet.] [** Vide Grimm. Grammat. Ling. German. tom. 2. pag. 19. et tom. 3. pag. 446.] Lex Alemann. tit. 49 : *Quicquid super eum cum Rauba vel arma tulit, omnia sicut furtiva componat.* Leges Rotharis Regis Longob. tit. 5. [** cap. 16.] : *Si spolia ex ipso mortuo tulerit, id est, pro Raub componat sol. 80.* Formulæ Parensales cap. 8 : *Dum diceret, eo quod... ipsum ibidem interfecisset, vel occidisset, et Rauba sua, caballos, aurum et argentum, et drapalia exinde tulisset, vel deportasset.* Et cap. 26 : *Contigit quod cellarium, vel spicarium vestrum infregi, et exinde annonam, vel aliam Raupam in solidos tantos furavi.* Hinc eadem vox pro furto in Charta Petri Regis Aragonum ann. 1392. apud Guichenonum in Centur. 2. Biblioth. Sebusianæ cap. 70 : *Prudentiæ vestræ recepimus literas....... continentes rapinas, Raubas, violentias, aliaque damna.... irrogata, etc.* Vide Formulas Andegavenses cap. 29.

☞ Pro veste nostris *Robe* dicta passim occurrit; ac primum pro tunica virili. Acta S. Yvonis MSS. : *Apparatu Raubarum Persicarum..... deposito, vilem habitum sumsit.* Adde Processum de Vita ejusdem S. Yvonis tom. 4. Maii pag. 546. Testamentum Johan. Comitis Claromontis ann. 1340. apud Baluz. tom. 2. Histor. Arvern. pag. 317 : *Legamus Stephano vayleto et chambrerio nostro... meliorem Raubam nostram.* Vide Testamentum Roberti III. ibid. pag. 307. aliud Bernardi de Turre ibidem pag. 571. aliud Guidonis de Turre ibid. pag. 616. cujus locus exstat in voce *Camallotus*; Limborchium lib. Sentent. Inquisit. Tolos. pag. 66. 123. Testamentum Guigonis Episc. Casin. ann. 1345. apud Marten. tom. 1. Collect. Ampl. col. 1460. Testamentum Guillelmi Vicecomitis Narbonens. apud eumdem Marten. tom. 1. Anecd. col. 1633. Statuta Ecclesiæ Anic. ann. 1267. tom. 2. eorumdem Anecdot. col. 485. Pro muliebri quoque vestimento in Statutis Genuæ lib. 3. cap. 5 : *Possit uxor viro mortuo habere de bonis viri Raubam nigram, etc.* Adde lib. 2. cap. 17. Testamentum Beatricis de Alboreya Vicecomitissæ Narbon. ann. 1367. apud Marten. tom. 1. Anecdot. col. 1524 : *Item legamus eidem Monasterio, seu Conventui, unam Raubam nostram deauratam pro altari dictæ Ecclesiæ.* Mox recurrit ead. col. Proclamatio Consilii Massil. sub finem sæculi XIII. ex Schedis D. *le Fournier : Nulla domina de cetero portet in Raubis suis, etc.* Pluries occurrit ibi. Miracula MSS. Urbani V. PP : *Timens ne ipsam deraubaret, quia erat in bono statu de Raubis suis.* Vide *Roba.*

¶ RAUBA, Quodvis tegmen, ut exponunt viri docti. Processus de B. Petro Luxemburg. tom. 1. Julii pag. 590 : *Nec poterat pati, nec sustinere, quod Rauba esset super dictam tibiam.*

¶ RAUBA, Supellex quævis, ut *Roba* suo loco. Statuta Massil. lib. 3. cap. 28 : *Decernimus observandum, quod quilibet autoritate sua possit claudere portas domus suæ suo inquilino, omniaque ibi invecta et illata a dicto inquilino, si voluerit, sibi obligata retinere pro mercede dictæ domus ab illo inquilino sive conventa... Similiter liceat illi retinere Raubam ibi illatam, quando forsitan inde recedet, vel exibit, aut recedere volet dictus inquilinus.* Testamentum Rogerii Vicecomitis Carcasson. ann. 1150. in Probat. novæ Hist. Occitan. tom. 2. col. 531 : *Raymundo Trencavello fratri meo mando et valde præcipio, ut donet Bernardæ, Vicomitissæ uxori meæ X. M. solidorum Melgoriensium, et medietatem meæ Raubæ, excepto auro et argento, videlicet pannorum, mantellorum, tapetiorum, filtrorum et omnium horum similium.* Statuta Genuensia lib. 4. cap. 17 : *Non possunt fieri loti sine licentia Senatus sub pœna scutorum centum et ammissione Raubarum seu rerum positarum ad lotum, etc.* Oberti Cancellarii Annales Genuens. lib. 2. apud Murator. tom. 6. col. 304 : *Et quum in medio galeæ essent, vetitans ut nostri non accederent, ne forte Raubas portarent, statim quidam Pisanus armatus extraxit de capite suo elmum, etc.* Iidem Annal. Ogerii Panis lib. 4. eodem tom. col. 392 : *Comes autem Syracusiæ cum sua baronia de civitate exeuntes, apertis portis, multos Pisanos, qui in terra erant, et totam Raubam eorum, vexilla et tentoria et arnixium totum ceperunt.* Huc revocari possunt veteres Formulæ Andegav. art. 29 : *Veniens homo, nomen illi, aput (aut) femina, nomen illa, qui fuit conjux illa quondam germanus illius, ante venerabile vir illi Abbate, interpellaverunt hominem, nomen illo, quasi servitium qui fuerunt ipsius illi, quondam post se habuissit commandatas, hoc est, illam rem, qui illi ad præsens aderat, et hoc totum fortiter denegabat. Interrogaverunt ipsius illi, se (si) habebat homines qui de præsente fuissent, et vidissent quando ipsa Rauba ipsi illi et illi commandasset.* Hic intelligi debet quælibet res mobilis, quæ *commendari* seu apud aliquem deponi potest, sicque non male *depositum* interpretatur Mabillonius tom. 4. Analect. pag. 250. et in Supplemento Diplomaticæ pag. 82.

¶ Rauba Lecti, Quivis lecti ornatus, instructus, ut stragulum, linteum, etc. Constitutiones Frederici Regis Siciliæ cap. 58 : *Nulli omnino curialium... licere decrevimus mataratia et alias Raubas lectorum.... patrono invito accipere.* Transactio inter Abbatem et Monachos Crassenses ann. 1351. ex libro viridi fol. 53 : *Quando mittentur aliqui Claustrales Camone, ut ibi resideant pro sociis cum Priore, dominus Abbas dicti monasterii habet (dabit) eis duo animalia, videlicet unum pro persona sua et aliud pro Rauba lecti et aliis rebus dicti Monachi portandis ad dictum Prioratum de Camone.* Haud satis scio an eadem notione ibidem : *Lavandarius tenetur lavare bis in qualibet septimana Raubam Conventus et singulariorum de eodem et familiæ eorumdem.* Linteum quodvis videtur esse intelligendum.

¶ Raubæ Æstivales, vel *Hyemales*, Vestes quibus Dalphini proceres ac familiares suos donabant æstate vel hyeme. De his fusius agitur in Ordinatione Humberti II. tom. 2. Histor. Dalphin. pag. 315. Vide *Roba.*

¶ Raubæ Papales. De iis *raubis* esse dicuntur Papæ ministri, et familiares, quod alias suis familiaribus Principes *raubas* distribuerent certis anni festivitatibus, ut infra dicitur in *Roba.* Fragmentum libri, cui titulus *Memorabilia Humberti Pilati*, tom. 2. Hist. Dalphin. pag. 622 : *Die Martis ante Pentecostem, 18. die Maii (an. 1344.) dedit Papæ castrum Avisani, et complevit cum eo factum de Romanis pro medietate jurisdictionis dictæ villæ.... tunc existentibus cum Domino, in dicto compromisso, Henrico de Turre et Petro de Neyriaco Notariis juvenibus, qui, licet inviti, iverant Avisanum et fecerant syndicatum, et nullo alio de consilio vel famulatio Domini existente cum eis, et illi fuerunt de Raubis Papalibus tunc retenti.* Gualvaneus Flammeus apud Murator. tom. 12. col. 1004 : *Et ut Vicecomites haberent causam standi in pace cum Ecclesia, Johannes Papa dedit episcopatum Novariensem Johanni Vicecomiti Ordinario Ecclesiæ majoris, Vercellinum supradictum recepit ad Robas Papales, et plures ex Vicecomitibus fecit Ordinarios Ecclesiæ majoris.*

¶ Raubæ Scutiferorum, de quibus esse dicebantur Scutiferi, qui *Raubas* accipere solebant ab iis, quorum erant Scutiferi. Testamentum Guidonis Cardinalis de Bolonia ann. 1372. apud Baluzium tom. 2. Hist. Arvern. pag. 182 : *Item cuilibet aliorum Scutiferorum, qui sunt de Raubis Scutiferorum, et mecum resident, (lego)... quinquaginta florenos auri.*

¶ Ad Raubas *sui corporis aliquem tenere*, Alicui *raubas*, ut ministro vel familiari distribuere, nisi me fallo. Pactum ann. 1306. tom. 2. Hist. Dalphin. pag. 125. col. 2 : *Item promittit ipse Johannes* (Comes Vapincensis) *quod ipsum Rolletum* (Dominum de Intramontibus)... *tenebit ad Raubas sui corporis, quandiu ipse Rolletus fuerit in humanis.*

Raubare, Furari, prædari, *Rauben* German. [vel *Rooben* : quod ipsum ex Latino *Rapere*, inquit Vossius lib. 2. de Vitiis serm. cap. 25.] *Dérober* Gallis. Pactus Legis Salicæ cap. 20. § 10. cap. 34. § 3 : *Si quis in via alterum adsalierit, et eum Raubaverit, etc.* Tit. 64 : *Si quis alicui de manu aliquid per vim tulerit, et Raubaverit, et expoliaverit, etc.* Jacobus I. Rex Aragon. in Constitutionibus Catalaniæ MSS : *Statuimus, quod nullus homo capiat vel per se, vel per alium, nec Raubet, nec Raubari faciat aliquem hominem de genere Laicum, vel Clericum, nisi eum aquindaverit antea per quinque dies, etc.* [Regimina Paduæ apud Murator. tom. 8. col. 436 : *Steterunt circa... deprædando et Raubando villas Pedevendæ.* Epistola Petri Episcopi Valon. ad Massilienses ann. 1357. e Schedis D. *le Fournier* : *Quamplures villas et castra una cum complicibus suis Raubaverunt et destruxerunt.*] Vide Leges Alfonsinas part. 7. tit. 13. *De los robos*, [et infra *Robare* in *Roba.*]

Raubaria, Furtum, in Conventionibus inter Carolum I. Comitem Provinciæ, et Arelatenses ann. 1251. art. 22. in Statutis Venetorum ann. 1242. lib. 5. cap. 17. in libro Promissionis maleficii ibidem cap. 9. et in Foris Beneharnensibus non semel. Scribit Catellus in Archiepiscopis Narbon. pag. 768. exstare Chartam anni 1155. in Tabulario Ecclesiæ Narbon. qua Dominus Fontis-Jocosi dimittit jus, quod sibi hactenus asseruerat in bonis mobilibus Archiepiscopi demortui, quæ in castro Fontis-Jocosi reperiebantur, simulque fructus omnes Episcopatus intra districtum ejusdem castri; quod quidem jus *Raubariæ* nomine ibidem donatur. Ita injustam bonorum Archiepiscopi usurpationem sua vera nomenclatura donari patiebantur usurpatores ipsi. Vide eumdem pag. 590. 636. 881. [*Raubaria et deprædatio*, in Statutis criminalibus Saonæ, in quibus integrum caput 20. est *de Raubaria et depredatione restituenda et punienda.* In corpore capitis indiscriminatim scribitur *Raubaria* vel *Robaria.* Vide *Roba.*]

Raupa, Idem quod *Rauba.* Marculfus lib. 1. form. 37 : *Quasi homo ille... eum in villa, nulla movente causa, adsalisset, et eum graviter livorasset, vel Raupa sua in solidos tantos eidem tulisset, etc.* Form. 38 : *Visus est denegasse, quod nec ipse ipso servo fugitivos pedes, nec Raupa sua post se nunquam recepisset, etc.* Infra : *Quod suprascripto servo illo memoratus ille pedes fugitivos una cum Raupa sua in solidos tantos post se nunquam recepisset.* [Quibus locis Baluzius scribit *Rauba* ; vestes autem intelligunt Ludovicus *de la Cerda* Adversar. sacrorum cap. 122. Vossius lib. 2. de Vitiis serm. cap. 16. et alii.] Formulæ vett. cap. 51 : *Fuit judicatum, ut illam leudem, ut lex erat, ipsi lui solvere deberet ; quod ita in præsenti fecit, et servum suum nomine illum vel aliam Raupam ipse ille pro illa leude, ipsi lui, vel conjugi suæ illi, in quod eis bene complacuit, dedit.* [Gassendi Notitia Eccl. Diniensis ad ann. 1420. pag. 120 : *Promisit dare unum lectum et unam Raupam de blanqueto. Catharina vidua Rostagni Neverii promisit unam Raupam de blanco.* Charta ann. 1483 : *Petit licentiam habitum seu Raupam album nostri monasterii S. Victoris* (Massil.) *relinquendi.* Testamentum ann. 1522. ex Archivo ejusdem S. Victoris : *Necnon uxori sue suas vestes, Raupas et subindumenta quecumque, tam festivales quam quotidianas, etc.* Rursum occurrit in Actis SS. Maii tom. 4. pag. 199. Junii tom. 5. pag. 667. et alibi.] Charta Hispanica æræ 1060. apud Anton. *de Yepez* in Chronico Ordinis S. Benedicti tom. 5. pag. 435 : *Sex vero boves, idem vacæ 30. pecora promiscua, de Raupa siquidem, Galnapes 2. 4. plumacios, literius 3. yzanes 2. lentros de leno 3. duos etiam pares de sabanes, etc.* [In hac Charta non vestis solum, sed et alia supellex intelligenda est.] Somnerus has voces a Saxonico deducit, reaf, vestis, spolium, rapina, unde reafian, spoliare, rapere, quod nostri dixerunt *Raubare.* Wendelinus a Theutonico *Rooven*, spoliare, a *roof*, spolio, seu lana detonsa de ovibus. Vide *Roba.*

* **RAUBILLERIUS**, Cui *robarum* custodia commissa est. Vide in *Raub.* Inquisit. ann. 1268. in sched. Pr. *de Mazaugues* : *Dixit quia ipse stetit pro Raubillerio per unum annum.*

¶ **RAUCARE**, Balbutire, balbum esse aut blæsum. Glossæ Lat. Græc. : *Rauco*, τραυλίζω. Aliæ Gr. Lat. : Τραυλίζω, *Balvucio* (Balbutio) *Rauco.* Vide *Raucare.*

¶ **RAUCARI**, Raucum esse. Glossæ Lat. Græc. et Græc. Lat. : *Raucor, Raucus sum*, Βραγχιῶ. Vide infra *Raucire.*

¶ **RAUCEDO**, *Amputatio vocis*, Isidoro lib. 4. Orig. cap. 7. *vel impuritas*, ut addit Joh. de Janua.

* Richalmi abb. Spec. vall. lib. Revelat. apud Pez. tom. 1. Anecd. part. 2. col. 382 : *Eadem nocte ad vigilias audivi, quod dixit iterum unus dæmon ad alium, ut faceret mihi vocis Raucedinem. Qui respondit : non possum, quia deest mihi occasio, quæ est inflatio ventris.* Vide mox *Raucitudo.*

¶ **RAUCIDUS**, *Raucidulus*, *Aliquantulum raucus*, qui etiam *Rauculus* dicitur, eidem de Janua. *Raucidulus* occurrit apud S. Hieronym. lib. 1. Epist. 16.

RAUCILIO. Chartula plenariæ securitatis sub Justiniano, apud Brissonium lib. 6. Formul. : *Falcemissuria valente siliqua aurea una, cupo uno, Raucilione uno, orcas olearias valentes siliqua una semis argenteas, etc.* An legendum *Baucilione*? Vide *Baucalis* in *Bauca* 1.

¶ **RAUCIRE**, *Esse vel fieri raucum*, Joanni de Janua ; *Etre enroué*, in Glossis Lat. Gall. Sangerman. Glossæ Gr. Lat. :

βραγχιάζω, *Irraucio, Raucio:* Aliæ Lat. Græc. : *Raucio*, βραγχιάζω. Hujus meminit Priscianus lib. 10. sub finem, ubi illud refert Lucilii :

Rausuro tragicus qui carmina perdit Oreste.

Vide *Raucari.*

¶ **RAUCISONUS**, Raucus: *Raucisonæ tubæ*, in Actis SS. Maii tom. 5. ubi de vener. Ezone. Vox nota Lucretio et Catullo.

¶ **RAUCITARE**, Raucam vocem edere. *Vocibus Raucitans dentibusque contendens*, in Actis S. Winebaudi Abb. tom. 1. Aprilis pag. 575.

* **RAUCITUDO**, Raucitas. Convent. Vernens. tom. 9. Collect. Histor. Franc. pag. 310 : *Preces nostræ,.... quæ crudis carnibus fratrum nostrorum gravatæ Raucitudinem acceperunt, nullam sonoritatem virtutum habentes.* Vide *Raucitare.*

* **RAUDERIUS**, Roderius, Joculator, cavillator, ut videtur, a Gallico *Rauder*, Jocari, cavillari; unde *Rauderie*, Cavillatio; facetiæ. Inventar. ann. 1491. inter Probat. tom. 4. Hist. Nem. pag. 55. col. 2 : *Præsentibus Guillelmo Noerii, Rauderio, domino Petro Serezi, locumtenenti domini viguerii.* Comput. ann. 1505. ibid. pag. 80. col. 1 : *In processione generali ad causam infirmitatis Anthonii de Croux; Roderii et trompetæ villæ, etc.* Lit. remiss. ann. 1455. in Reg. 187. Chartoph. reg. ch. 257 : *Le suppliant non pas par mal courage, mais en soy cuydant Rauder et esbatre, etc. En bourdant et Raudant, etc.* Aliæ ann. 1453. in Reg. 182. ch. 8 : *Auquel lieu avoit une jeune fille à marier, à laquelle le suppliant se Rauda de parolles sans nul mal. Après qu'ilz eurent tous soupé et joué et Raudé les ungs avecques les autres,* in aliis ejusd. ann. ibid. ch. 77. Aliæ ann. 1458. ex Reg. 188. ch. 35 : *Icellui Cheminart dist au suppliant par maniere de Rauderie telles parolles etc. Rebais*, eodem intellectu, in Lit. remiss. ann. 1407. ex Reg. 161. ch. 339 : *Gilot le Vasseur dist publiquement par maniere de Rebais, moquerie et desrision, etc.* Porro suum unaquæque civitas joculatorem habuit, qui ludis publicis præerat, pro variis locis variis nominibus appellatus. Vide supra *Abbas lætitiæ.*

¶ **RAUDUM**, Ἀνέργαςον, in Glossis Lat. Græc. et Græc. Lat. Infra : *Rudus*, βῶλος, χῶμα, καὶ χαλκὸς ἀνέργαςος, καὶ γῆς σωρός. Festus habet : *Rodus vel Raudus significat rem rudem et imperfectam; nam saxum quoque Raudus appellant Poetæ, ut Attius, etc.* Notum est *Rudus* hac significatione.

RAVE, *id est noxium.* Papias.

* **RAVEGNANUS**, Monetæ Ravennatensis species. Charta ann. 1200. apud Murator. tom. 4. Antiq. Ital. med. ævi col. 374 : *Et nec aliud debent Ferrarienses dare Ravennatibus pro datio salis, nisi tantum tres soldos parvorum pro centenario salis, et duos Ravegnanos pro corbibus.*

¶ **RAVERE**, Ravescere. Vide *Ravus.*

¶ **RAVETA**, Napi semen, unde oleum exprimitur, Gallis *Navette*, Normannis *Nabette.* Charta ann. 1406. e Tabulario S. Vandregesili tom. 1. pag. 238 : *Thomas Damours Presbiter, Rector..... confessus fuit se debere et legitime teneri religiosis et honestis viris Abbati et Conventui monasterii S. Vandregisilli... in summam unius boiselli Ravetarum, ratione et ad causam cunctarum decimarum, quas ipse Rector authoritate sua in diversis locis dictis religiosis spectantibus perceperat.* Vide *Ravitia.*

** **RAUGRAVIUS** Vide supra *Comes Hirsutus* in *Comes* et Pfeffing. ad Vitriar. lib. 1. tit. 17. tom. 2. pag. 601.

¶ 1. **RAVIARE**, Joanni de Janua, *Raucum esse vel fieri; unde Raviatus, raucus, et Raviatio, raucitas.* Plauto dicitur *Ravire*, ad *ravim* usque clamare. Hinc in Glossis Isidori : *Ravit, ravie loquitur,* vel *rauce*, ut emendandum censet Vossius de Vitiis sermonis lib. 4. cap. 19. sed a *Ravis* fingi potuit *Ravie*, ut *Rava vox* apud Festum.

¶ 2. **RAVIARE**, pro *Rabiare*, ut *Raviosus*, pro *Rabiosus.* Glossæ Lat. Græc. : *Ravio*, λυσσῶ. *Raviosus*. λυσσώδης. Aliæ Gr. Lat. : Λυσσῶ, *Ravio, furio.* Λυσσώδης, *Raviosus, rabidus, rabiosus.* Vide *Rabiare.*

* **RAVIDUS**, Subniger. Mirac. S. M. Magdal. de Pazzis tom. 6. Maii pag. 331. col. 1 : *Ego per annum integrum colore albo et Ravido, qualis est sanctæ habitus, me vestire* (promitto).

* **RAVINALE**, Ager *ravinellis* seu napis consitus. Stat. Taurin. ann. 1360. cap. 188. ex Cod. reg. 4622. A : *De custodiendis rapis et Ravinalibus per camparios. Item quod omnes camparii debeant et teneantur custodire, tam rapas quam Ravinellas, et cætera bona et fructus.* Vide supra *Rabina.*

¶ **RAVISELLUS.** Vide infra *Ravus.*

¶ **RAVITIA**, Naporum palina vel folia, ab Italico *Raviccie*, quod idem significat. Chronicon Bergomense ad ann. 1393. apud Murator. tom. 16. col. 873 : *Interfecerunt Mariolam... in uno campo, ubi recolligebat Ravitiam.* Vide *Raveta.*

¶ **RAULHENUS**, Equus, idem qui infra *Runcinus.* Inventarium ann. 1380. ex Archivo S. Victoris Massil. : *Inventæ sunt* XLIX. *equæ ferratæ, portantes, quatuor annorum et ultra. Item plus tres runcini, alias Raulheni. Item* XX. *pulli masculi, etc.*

¶ **RAUNATUS**, Congestus, coagmentatus, ab Italico *Raunare*, Cogere, congregare. Joh. de Bazano in Chronico Mutin. apud Murator. tom. 15. col. 574 : *Apparuit Ravennæ monstrum in iis inauditum partibus, una balena... De suis carnibus Raunatis fecerunt oleum in maxima quantitate.*

¶ **RAUNCIONARE**, Pecuniam per vim extorquere, Gall. *Rançonner.* Literæ Riccardi II. Reg. Angl. ann. 1377. apud Rymer. tom. 7. pag. 164. col. 1 : *Item, quod dictus Episcopus contra Deum, et rationem et leges regni, fecit Rauncionare et recipere argentum de Matheo de Gourney... et quam pluribus aliis, qui in guerris ipsius avi nostri contra inimicos suos strenue laborarunt.*

RAVOLA, Rabula, clamosus. Warnerius MS. in Caprum Scottum Poetam :

Ante suum penem gestabat Ravola pellem,
Ante Pelles capræ tegmine retro nigræ.

Infra :

Sic incompositum quam ferres Ravola versum.

Ibidem :

Esne memor horum Moriuht modo Ravola Scotte?

Ita in MSS. codicibus Symmachi legi notat Juretus ad lib. 3. Epist. 23.

* Nostris *Ravoille*, Rana vel bufonis species. Lit. remiss. ann. 1456. in Reg. 187. Chartoph. reg. ch. 6 : *Avecques lui couchoient nu à nu crapaulx, Ravoilles, mourons, lisars et autres bestes venimeuses.*

RAUPA, Vestis, supellex, etc. Vide *Rauba.*

¶ **RAUSATOR**, Raptor, a *Rausus*, de quo mox. Synodus Compostell. ann. 1114. can. 19. inter Concil. Hispan. tom. 3. pag 324 : *Ab hora nona Sabbathi usque in feriam secundam hora prima, nullus sajo habeat licentiam pignorandi, nisi homicidas, latrones, scilicet violatores virginum per vim, Rausatores et proditores.*

¶ **RAUSCIRE**, Ravire, Ad ravim usque clamare. Radulfus Cadom. in Gestis Tancredi apud Marten. tom. 3. Anecdot. col. 205 : *Jam Rausceral clamando, cum, etc.* Vide *Raucire.*

RAUSEA, Arundo, ex Gallico *Roseau.* Appendix ad Vitam S. Wlphranni Episcopi Senonensis, scriptam a Jona, Monacho Fontanellensi, num. 3 : *Remanseruntque... in medio locorum palustrium, quæ plena erant longissimis Rauseis virgultis.* Vossius vocem hanc a Germanico *Raus* accersit, pro qua Belgæ *Riis* dicunt, quæ sarmenta, sive surculos denotat, [libro 2. de Vitiis sermonis, cap. 16. ubi non legit substantive *Rausea*, sed adjective *Rauseum*, *sarmentitium*, scilicet *virgultum*, sicque legendum est.]

* Nostris alias *Rause.* Stat. ann. 1352. in Memor. C. Cam. Comput. Paris. fol. 122. r° : *Toutes taintures à draps sont deffendues à traire* (du royaume) *et toutes autres choses, qui sont à faire draps, si comme suif, Rause, chardons, etc. Roz,* in Lit. remiss. ann. 1456. ex Reg. 187. Chartoph. reg. ch. 6 : *Le suppliant.... n'avoit soubz lui que seulement ung peu de paille et estoit abryé de Roz.*

¶ **RAUSELLUS**, Occitanis, Panis exiguus et oblongus. Vetus Ceremoniale MS. B. M. Deauratæ : *Item isto die quilibet monachus mansionarius istius Ecclesie debet recipere a Domno Deaurate, ultra panem consuetum, duos Rausellos calidos in prandio : et Prior claustralis recipit quatuor de predictis Rausellis, et predictos Rausellos superius nominatos debet solvere pancosserius qui facit panem conventualem.*

¶ **RAUSTA** Porci, Perna, Gall. *Jambon.* Vetus Ceremoniale MS. B. M. Deauratæ : *Et isto die Domnus Deaurate tenetur dare Conventui quatuor Raustas integras inter omnes, et dividuntur de quatuor in quatuor, etc.*

* Vel potius Frustum carnis assatum, a voce *Raustir, Prov. torrere, assare;* unde *Raustida, turrestina, turrunda,* in Glossar. Provinc. Lat. ex Cod. reg. 7657. Vide *Rostum.*

* **RAUSTRUM**, pro *Rastrum*, Candelabrum ecclesiasticum in modum rastri seu coronæ in medio chori suspensum. Stat. MSS. eccl. Tull. ann. 1497. fol 66. v° : *Si autem facere contemneret adveniente festo* (Innocentium) *suspenderetur cappa nigra in Raustro medio chori; et tandiu ibi maneret in illius vituperium, quandiu placeret subdiaconis feriatis et pueris chori : et in ea re non tenerentur nobis capitulo obedire.*

Vide in *Corona*, *Hercia* 2. et supra *Rastellum* 4.

RAUSUS, Raptus. Concilium Coyacense ann. 1050. cap. 8 : *Mandamus, ut in Legione et in suis terminis, et in Gallecia, et in Asturiis, et in Portugale tale sit judicium semper, quale est constitutum in decretis Adelfonsi Regis pro homicidio, Rauso, pro saione, aut pro omnibus calumniis suis.* Charta Veremundi Reg. æræ 1070. apud Bivarium ad Pseudo-chronicon S. Maximi pag. 642 : *Dicentes, quod habebant de illos grande damnum, et malefacturia in Ecclesias, et in mezkinos, de prædas, et disruptiones, et Rausos; et homicidios, et furtos, etc.* Ubi Editum *ransos.* Charta Bermundi II. Regis æræ 1035. apud Anton. de *Yepez* in Chronico Ord. S. Bened. tom. 5. pag. 439 : *Et insuper intra ipsos dextros non habeant licentiam ingrediendi in eis, non sagiones de Rege, non de Pontifice,... non pro homicidio, non pro Rauso, nec pro ulla culpa, etc.* Adde aliam Alfonsi VII. Regis ibid. pag. 427. aliam Fernandi Regis æræ 1081. tom. 6. pag. 457. aliam denique æræ 1162. tom. 7. pag. 25. Appendicis.

☞ Hinc patet, quid significet vox *Rossis* vel *Rosse*, quæ legitur in Diplomate Adephonsi Regis Hispan. ann. 1094. apud Marten. tom. 1. Collect. Ampliss. col. 548 : *Taliter ut non... in istas hereditates merino, neque saione, neque pro Rosse, neque pro omecedio, etc.* Restituerem *Rauso*, nisi etiam *Rosse* præferret Scheda Domni *le Fournier* ad nos missa. Sed utut est de lectione, dubia non est significatio.

* Charta ann. 1096. tom. 1. Probat. Hist. geneal. domus reg. Portugal. pag. 3 : *Nullum hominem non faciat Rausum in illa villa, et aver de illos burgueses ubicumque fuerit, sit salvum.* Ubi furtum quodvis significare videtur.

¶ **RAVULUS**, Aliquantulum *ravus* seu raucus, apud Sidonium lib. 9. Epist. 13. Vide *Ravus.*

** **RAVULLIUM**, Forte Turfa. Abbr. Placit. ann. incert. Reg. Johan. Linc. rot. 6. in Abbr. Placit. pag. 79 : *Utrum ipsi majus jus habeant habendicopiam in prædicto marisco de Widemore ad fodiendum et falcandum et colligendum Ravullium reddendo per annum* 1 *den... de qualibet domo unde homo exit ad hoc faciendum etc.*

¶ **RAVUM**, Ἀποκεκομμένον, in Glossis Lat. Græc. Aliæ Græc. Lat. : Ἀποκεκομμένον, *Ravum, abscissum.* A *Ravus*, raucus, *Ravum* hoc esse puto, quod in iisdem Glossis legatur *Ravis*, κόρυζα, φωνῆς ἀποκοπή, vocis amputatio.

¶ **RAVUS**, Καρπός, in Glossis Latino-Græc. In aliis Græc. Lat. : Καρπός, *Fructus, Frumentum, Ravus, Frugis.* Apud Festum ex Verrio *flava frumenta*, *Rava* explicantur. Hinc, ut videtur, *Ravus*, pro frumentum nostris Glossatoribus.

¶ Ravus, *a rapere, Rapax vel fulvi coloris; unde invenitur, Lupa Rava: et in utraque significatione convenienter dicitur, Lupa Rava; nam rapix est et fulvi coloris : unde Ravulus, Ravisellus, ambo dimin. Dicitur Rava, ravæ, talis color vel rapacitas, et Raveo, es, esse vel fieri Ravum; unde Ravesco, inchoat. secundum Hugutionem et Papiam : et Rava dicitur niger color mixtus fulvo.* Ita Johannes de Janua. Nota Latinis vox *Ravus* pro colore *inter flavium et cæsium*, ut habet Festus; at *Ravus*, pro rapax, præter nostrum de Janua, qui dixerit, novi neminem.

* **RAUXONNÆ** Custos, Famulus a supellectili vestiaria, Gall. *Valet de garderobe.* Testam. Caroli Andegav. ann. 1481 : *Item legavit dominus rex testator infrascriptis suis valletis custodiæ Rauxonnæ, sive Valets de garderobe, pecuniarum summas sequentes, etc.* Vide supra *Raubillerius.*

* **RAXA**, Adeps, Gall. *Graisse.* Stat. nova Cuman. cap. 204. ex Cod. reg. 4622. fol. 110. r° : *Nemini spiziario.... liceat facere.... aliquos dupplerios,.... cum mixtione larexinæ, pexæ, seu Raxæ.* Vide mox *Raxina.*

* **RAXERE**, Radere. Locus est infra in *Raxoria.*

* **RAXIA**, ut supra *Raxa*, in Convent. Saonæ ann. 1526.

* **RAXINA**, Eodem intellectu. Glossar. Provinc. Lat. ex Cod. reg. 7657. *Gresa, Prov. Raxina.*

RAXIUM, Panni species, Italis *Raso.* Ceremoniale Ambrosianum : *Tum extra atrium Ecclesiæ equus albus Raxio coopertus, stat paratus ad suscipiendum suum Pontificem, etc.* Vide *Rasum.*

* **RAXOLLIA**, Morbi genus. Vide infra *Rosillia.*

¶ **RAXONERIUS**, Advocatus. Statuta Vercell. lib. 7. fol. 175. verso : *Ego Raxonerius sive Rationator Communis Vercellarum juro ad sancta Dei Evangelia, quod veniam bis in die et horis consuetis ad palatium Communis, quando campana officialium pulsabitur, etc.*

* **RAXORIA**, Radula, qua raduntur mensuræ annonariæ. Stat. Taurin. ann. 1360. cap. 269. ex Cod. reg. 4622. A : *Omnes Raxoriæ grani, salis, leguminum et omnium, quæ raxentur in sextario, emina vel aliis mensuris, sint rodtundæ et rectæ.* Vide *Razoira.*

* **RAXUS**, Mensura pannorum, in iisdem Stat. 251 : *De modo et mensura Raxorum. Item statutum est quod Raxi sint cubiti pannorum, de cætero sint et esse debeant in Taurino ad modum et mensuram Raxorum civitatis.*

¶ **RAYDA**, Incursio militaris, seu, ut hic sumitur, Clamor excitans ad injiciendas manus in aliquem. Sententia lata ann. 1334. tom. 2. Hist. Dalphin. pag. 258. col. 2 : *Ipsum debeat capere vivum vel mortuum et Curiæ nostræ præsentare, et si capere non poterit, vel ad eum capiendum se imbecillem vel non fortem reputaverit, Raydam seu criaforas faciat, et moveat patriam contra eum.*

¶ **RAYE.** Charta ann. 3. Henrici VI. apud *Madox* Formul. Anglic. pag. 145 : *Ricardus habebit de præfato Willelmo Skrene et hæredibus suis quolibet anno, durante termino prædicto, pannum stragulatum continentem xx. Rayes, et unam virgam et dimidiam panni coloris.* Anglis *Ray cloth*, pannus est rudis, nondum tinctus, ut et Saxonibus *Ray* lana nativi coloris; hic autem species est mensuræ, cujus veram longitudinem ignoramus.

¶ **RAYMATUS**, Coactus ad probandum jus suum. Vide in *Adramire.*

* **RAYMONETUS**, Moneta comitum Tolosæ. Vide supra in *Moneta Baronum.*

* **RAYSA**, Iter, ex Teutonico *Reyse*, iter; unde pro expeditione seu excursione militari usurpatur. Charta ann. 1378. apud Pez. tom. 6. Anecd. part. 3. pag. 65. col. 2 : *Quousque omnia domna proinde per nuntios, Raysas et alias vias contracta, quæ rationabiliter possent demonstrari, plene per nos ipsis.... fuerint persoluta.* Alia ann. 1379. ibid. pag. 67. col. 2 : *Et omnia damna soluta, quæ sæpe dicti dominus Albertus episcopus, Petrus et Sazema per vias, nuntios, Raysas, aut alio quocunque modo perceperint, etc.* Vide *Reisa* 1.

¶ **RAZ**, Pannus sericus spissior et rasus, Ital. *Raso*, Gall. *Satin.* Acta B. Ferdinandi Infantis Lusitaniæ, tom. 1. Junii pag. 563. *Unum frontale de Raz.*

¶ 1. **RAZA**, Idem quod *Raz*, ut puto. Chronicon Tarvisinum apud Murator. tom. 19. col. 803 : *Qua quidem cum antenna lignea totum id diversorium sustentabatur, zalois de Raza, et mirabilibus tapetis stratum, et parietibus obsitum aureis, variis cum picturis laboratis cum gemmis, margaritisque et pretiosis lapidibus insignitis.*

* 2. **RAZA**, Fossa, canalis, alveus, nostris *Raze.* Terrear. *de Busseul* ex Cod. reg. 6017. fol. 10. v° : *Item medietatem parceriæ ad quartum, pro quodam campo sito.... juxta Razam de Montsion.* Lit. remiss. ann. 1448. in Reg. 179. Chartoph. reg. ch. 328 : *Icellui Dinat fist clore le chemin,.... et fist faire grans fossés et Razes.* Aliæ ann. 1478. in Reg. 206. ch. 97 : *Le suppliant apperceut Jehan del Roux,.... lequel avec ung pic remplissoit ung fossé ou Raze.* Vide supra *Rasa* 1.

* **RAZEL**, Panni species. Locus est infra in *Repostero. Razis* vero, Placentæ genus, in Stat. pistor. Atrebat. ann. 1355. tom. 5. Ordinat. reg. Franc. pag. 511. art. 14 : *Doivent li wastelier qui font wastiaux, c'on dit Razis, qu'il cuisent en leurs fourniaux, faire bonnes denrées, etc.*

¶ **RAZELLUS**, Ratis, Gall. *Radeau.* Fundatio Monasterii Saletarum ann. 1299. tom. 2. Hist. Dalphin. pag. 91. col. 2 : *Monachi et moniales et eorum successores libere possint deffendere cum effectu ascendentibus et descendentibus navigia et Razellos per Rodanum in ripa, quantum protendunt eorum confines; videlicet a rivo de Vez usque ad finem nemoris del Ver navigia aut Razellos applicent sive trahant, etc.* Extractum computi ann. 1321. eod. tom. pag. 160. col. 1 : *Libraverunt pro charreagio dicti Razelli; et ipso adducendo per aquam usque apud Lugdunum, ubi fuerunt* XXI. *homines, et steterunt per aquam per* XIII. *dies, quia pluries atterravit et distrinxit dictus Razellus, inclusis* XXIII. *libris Vienn. Lugduni pro expensis factis pro charreando et ascendendo superius Rhodanum et per Sagonam, usque ad domum Domini, aliquam quantitatem dicti Razelli, quæ invitis nautis et ductoribus dicti Razelli propter aliquam disjunctionem corruerat, propter impetum aquarum.* Charta ann. 1309. tom. 1. ejusd. Hist. pag. 98. col. 2 : *Item unum fustum, quod vocatur Rondellum, quod ponitur in latere Razelli, si sit de-*

duobus teysis aut plus, debet sex denarios. Charta Humberti Dalphini ann. 1348. apud D. *Secousse* tom. 3. Ordinat. Reg. pag. 284. num. 12 : *Cum dicti Sacrista et Capitulum Ecclesiæ (de Romanis) prædictæ dicant et asserunt se habere... certum tributum a ducentibus seu transeuntibus Razellos fustæ seu lignorum supra flumen Isaræ; videlicet remos proprios, quibus dicti Raselli reguntur, etc.* Vide *Radellus* et *Rasellus*.

¶ **RAZOIRA**, Idem quod supra *Rasoria*, Radius, quo raduntur mensuræ frumentariæ, Gall. *Racloire*. Statuta Massil. lib. 3. cap. 14. § 2 : *Razoiræ, cum quibus radetur, sint ligni de favo deuze, et ejusdem ponderis, et cum Razoira hujusmodi percutiatur seu fiat dictus ictus emendo et vendendo, et ille ictus fiat non in ferraturis eminæ, sed inter eas... quæ eminæ et Razoiræ sint signatæ signo communis.*

* **RAZONAMENTUM**, Præstatio, quæ ex jure debetur; unde *Razonare*, illam exigere. Chartul. Celsinian. ch. 485 : *Domnus Geraldus Longdosus decanus de Abulnaco fecit placitum..... cum Petro quondam Boiolo de Abalnaco et Bernardo filio ejus de omnibus Razonamentis, quæ in domo vel obedientia seu in ecclesia Razonabant, et ut omnia, quæ ibi Razonabànt, sine aliqua retinentia dimitterent.* Vide supra *Rationamentum*.

* **RAZUS**, Mensura annonaria; *Razat*, in Charta ann. 1340. ex Reg. 72. Chartoph. reg. ch. 217. Terrear. S. Maurit. in Foresio ann. 1472 : *Tenetur solvere quatuor Razos avenæ.* Vide *Rasum* 1.

¶ **RAZZA**, vox Italica, Genus, Gall. *Race*. Chronicon Tarvisinum tom. 19. Muratorii col. 821 : *Ad numerum decem millium equorum, non de Alemannia, Hungaria vel Valachia, sed de Apulia tantum; nunquam enim sunt visi tot nobiles, et tot equi hujuscemodi Razzæ*

* **REABBATARE**. Vide infra *Realbatare* et supra *Rabatere*.

* **REACAPITARE**, apud Occitanos aliosque dicitur vassallus, qui certam pecuniæ summam, quam *Reacapte* vocant, domino præstat pro obtinendo feudo paterno, quasi illud iterum ab eo emat. Charta ann. 1232. in Reg. Tolos. pag. 145 : *Raymundus D. G. comes Tolosæ habuit et tenuit se pro bene pagato de W. de Brugeriis et de Raymundo W. fratre suo, de illis centum solidis Tolos. de Reacapte, quos ei debebat pro morte Arnaldi Cuillaberti eorum patris qui fuit, scilicet pro illis honoribus de Ponte pertusato, quos ipsi tenebant et eorum pater feualiter apud Pontem pertusatum de eodem comite.* Transact. ann. 1401. tom. 1. Cod. Ital. diplom. col. 680 : *Quod castrum seu locum idem dominus Odo Reacapitare habebit; et inde ab ipso comite* (Sabaudiæ) *tenere in feudum.* Vide supra *Rachatamentum* et infra *Retroaccapitum*.

* **REACATARE**, Redimere, Gall. *Racheter*. Lib. nig. episc. Carnot. ad ann. 1280 : *Miletus de Nealpha armiger, qui volebat nobis facere homagium pro feudo Roberti de Bellomonte militis, dixit quod Reacataverat medietatem et quintam partem dicti feodi, et vult Reacatare residuum.* Vide supra *Rachetare*.

REACCAPITUM. Vide supra *Acceptare*, [et infra *Retroaccapitum*.]

* **REACCESSARE**, Advenire; nam dicitur de reditibus, qui conventione facta, advenire possunt. Libert. Brager. ann. 1334. in Reg. 70. Chartoph. reg. ch. 330 : *Dominium directum super redditibus Reaccessantibus, penes primum dominum remanebit.*

¶ **REACCIPERE**, Recipere. Chronicon Anglic. Thomæ *Otterbourne* pag. 261 : *In proximo foret venturus* (Ricardus Rex) *cum magnificentia et gloria Reaccipere sibi regnum.*

REACCROPUM, Struis frumentariæ seu annonariæ summitas : a Saxon. h r e a c, i. *strues*, et c r o p, *summitas*. Ita in cod. Regio legum MS. apud Spelmannum.

* **REACHETUM**, Redemptio, idem quod supra *Rachatamentum*. Charta ann. 1355. tom. 3. Cod. Ital. diplom. col. 1035 : *Promittimus solvere..... tria millia scuta auri vel circa, videlicet id quod ei debetur supra dictam summam super castro de Joannages, ex causa Reacheti ipsius; et quatuor millia florenorum auri, ex causa Reacheti vel retractu castri de Aveneriis.* Eadem leguntur in Ch. ann. 1376. ex Memor. D. Cam. Comput. Paris. fol. 172. v°. Alia ann. 1360. in Reg. 87. Chartoph. reg. ch. 279 : *Quod molendinum Guillelmus Richardi miles, diu est, emit sub conditione Reacheti seu redemptionis a dilecto fratre nostro comite Sabaudiæ.* Vide *Rachetum*.

¶ **READJORNARE**, In jus iterum vocare, Consuetudines Furnenses ann. 1240. ex Archivio Capituli S. Audomari : *Quicumque adjornatus fuerit, et prima die non venerit, Readjornari debet ad secundam diem.* Vide *Adjornare* 1.

¶ **READJUSTARE** Mensuras, *pondera*, Iterum justa facere, ne majora sint vel minora iterum ad exemplar exigere. Charta pro Burgensibus Saciaci Diœcesis Autissiod. ann. 1236 : *Condictum etiam fuit et insertum, quod Baillivus noster... mensuras bladi, vini, libras, pondera et alias omnes mensuras, quotiescumque et quandoque volet, capi faciet et Readjustari; et illi qui injustas mensuras habuerint, domus nostræ Baillivo emendabunt, et de emenda satisfacient ei secundum delicti quantitatem; et illi qui justas mensuras habuerint, Readjustatione facta, suas quitas continuo reportabunt.* Vide *Adjustare* et *Ajustare*.

* **READSIGNUM**, Lustratio, recensio; unde *Readsignare*, Recensere, Ital. *Rassegna* et *Rassegnare*. Stat. antiq. Florent. lib. 1. cap. 10. ex Cod. reg. 4621. fol. 16. v° : *Quilibet notarius ad Readsigna vel Readsignandum deputatus per aliquem ex tribus rectoribus forensibus communis Florentiæ, debeat intra octo dies a tempore quo suum officium intrabit, approbari.* Vide supra *Rasigna* et infra *Resignatio*.

¶ **READVISUS**, Qui de re aliqua iterum consuluit, deliberavit, ex Gallico *Avis*, Consilium, et iterationis particula *Re*. Litigium de homagio marchionatus Saluciarum inter Officiales Regis Francorum et Ducis Sabaudiæ ann. 1485. apud Gotofredum in Observationibus ad Hist. Caroli VIII. pag. 497 : *Officiarii Sabaudiæ... dixerunt, quod... participato consilio inter se ipsos Readvisi deliberaverunt et concluserunt, quod, etc.* Alias nostris *Ravisé* dicitur Mutatus sententia : quæ significatio prolato loco minime congruit.

¶ **READUNARE**, Iterato conjungere, reconciliare. Synodus Pistensis cap. 4 : *Facientes illa ... a cœlesti Ecclesiæ et a Christianorum societate separati sunt, nisi per dignos pœnitentiæ fructus ad hoc redeant, ut sanctæ Ecclesiæ possint Readunari.*

¶ **READUNATIO**, Iterata conjunctio. *Recorporatio et Readunatio ossium*, Tertulliano de Resurr. carnis cap. 30.

¶ **REÆDIFICAMEN**, Reparatio in ædificiis, novorum etiam ædificiorum exstructio. Testamentum S. Gennadii Episc. Asturic. tom. 3. Concil. Hispan. pag. 173. col. 1 : *Ecclesiam S. Petri, quam dudum restauraveram, miris Reædificationibus revolvens ampliavi.*

¶ **REÆSTIMARE**, Iterum æstimare, rei pretium denuo statuere. Correctiones Statutorum Cadubrii cap. 131 : *De pignoribus Reæstimandis in locis ubi sunt facta : Statuimus, quod omnia pignora, quæ venerint Reæstimanda ad instantiam tam creditoris quam debitoris, Reæstimentur et Reæstimari debeant in locis et villis, in quibus fuerint facta et æstimata, per homines cum juramento.*

REAFAU, seu Reafan, ut emendat Spelmannus, Vexillum quoddam Paganorum Britanorum, a *corvo*, qui *Raven* dicitur, voce ab Anglo-Saxonibus petita, quibus r e a f i a n est spoliare, rapere : *dicunt enim, quod in omni bello, ubi præcederet idem signum, si victoriam adepturi essent, appareret in medio signi quasi corvus volitans. Sin vero vincendi in futuro fuissent, penderet directe nihil movens.* Verba sunt Asseri de Ælfredi rebus gestis. Adde Encomium Emmæ Reginæ pag. 169.

¶ **REAFORESTARE**, Forestam, seu silvam, vastatam et in novalia conversam iterum ad forestam redigere. Vide in *Foresta*.

¶ **REAGERE**, et Reactio, in scholis Philosophorum non damnat Vossius lib. 4. de Vitiis serm. cap. 20. est enim, inquit, vox idonea rei quam signant. Alias mavult Vicissim agere, resistere agenti in se.

¶ **REAGGRAVARE**, Vox fori ecclesiastici, Gall. *Reaggraver*, Censuras vel pœnas ecclesiasticas augere.

* Transact. ann. 1501. ex sched. Pr. *de Mazaugues* : *Se posse et debere citari, moneri, excommunicari, Reagravari, et a participatione Christi fidelium separari, etc.*

¶ Reaggravatio, Gallis *Reaggrave*, quibusdam *Reaggravation*. Ultima monitio seu excommunicationis denuntiatio, sententia, in Statutis Ecclesiæ Æduensis apud Marten. tom. 4. Anecd. col. 476. et alibi.

¶ Reaggravatus, Is in quem *Reaggravatio* lata est, in aliis ejusdem Ecclesiæ Statutis anno 1468. apud eumd. Marten. laudato tom. col. 516. in Statutis Bertrandi de Turre Episc. Tull. ann. 1359. apud Baluzium tom. 2. Histor. Arvern. pag. 862. et alibi,

* **REALBATARE**, mendose, pro *Reabbatare*, a Gallico *Rabattre*, Minuere, deducere. Charta Guill. dom. Salionis ann. 1281. in Chartul. eccl. Lingon. ex Cod. reg. 5188. fol. 19. r° : *Quæ omnia tenent*

a me in feodum,..... salvo quod debent inde Realbatari tresdecim jornalia terræ, quæ tenet dom. Odo de Creceyo. Vide infra *Rebatum.*

¶ **REALENCUM**, Regale, ex Hispan. *Realengo.* Observantia Regni Aragon. lib. 9. tit. de Salva Infantionum § 3 : *Infantiones debent pectare in peytis regalibus, seu contribuere cum suis vicinis pro bonis immobilibus tantum, quæ acceperint in axovario de Realenco, si ipsa bona tenent.*

* Charta Petri III. reg. Aragon. ann. 1375 : *Prædicta debet notificare querelanti, ejus tamen expensis, cum culpabiliter absit, per nuncium, si infra vicariæ suæ terminos et in Realenco fovere suum domicilium dinoscatur.* Ubi pro Regnum. Vide infra *Regalengum.*

REALES, [Secta Philosophorum, qui in *rebus*, non in vocibus, veram positam esse Philosophiam asserebant.] Vide *Nominales.*

¶ **REALICANA** Antiqua, Scripturæ species. Vide in voce *Scriptura.*

* **REALITAS**, Res, fundus. Charta Ludov. VI. ann. 1120. inter Instr. tom. 8. Gall. Christ. col. 321 : *Caput ipsum monasterium Tironense ac ejus abba, conventus et cæteri ministri et religiosi, nec non eorum familiares..... de quibusvis forisfacto, ressorto, appellatione, deffectu justitiæ, Realitate, personalitate, etc.*

¶ **REALITER**, Reipsa, reapse, revera, merito, jure. Johannes Major Scotus de Gestis Scotorum lib. 4. cap. 7 : *Nec omnis decedens, Realiter excommunicatus, est damnatus, si pro absolutione sufficienter laboraverit.* Passim occurrit apud Philosophos, ut et vox *Realis*, pro Reipsa exsistens; sed id notum est omnibus.

* Nostris *Réalment* et *Royaument.* Charta Caroli regent. ann. 1360. ex Chartul. 23. Corb. : *Et en cas de prouffit Realment et de fait etc.* Lit remiss. ann. 1457. in Reg. 187. Chartoph. reg. ch. 336 : *Icellui Jehan print le suppliant Royaument et de fait par la chevessaille et le mist et coucha soubz lui.*

REALPINARE, Alpes rursum petransire, *Repasser les Alpes*, in Oratione Legatorum Regis Franciæ ad Pium II. PP. in Concilio Mantuano. Vide infra *Transalpinare.*

¶ **REAMBASSIATOR**, Legatus ad eum, qui prius legatum miserat. Chronicon Dominici de Gravina apud Murator. tom. 12. col. 648 : *Immo ad velociorem expeditionem negotii milites duos Theotonicos Reambassiatores transmisit dicto domino Ludovico.* Vide *Ambasciare.*

* **REANA**, Rivulus, Gall *Ruisseau*, Ital. *Riale.* Stat. Taurin. ann. 1360. cap. 283. ex Cod. reg. 4622. A : *Omnes Reanæ, exeuntes in viis publicis, cooperiantur et copertæ teneantur de assidibus.* Vide *Riana.*

* **REANCIO**, Pretium redemptionis, Gall. *Rançon*; unde *Reancionare*, Redimere. Lit. remiss. ann. 1358. in Reg. 90. Chartoph. reg. ch. 67 : *Cum habitatores villæ de Thesoyo in Vastino se et domos apud dictos hostes Reancionassent sub certis pactis et conventionibus habitis cum eisdem, quibus mediantibus ipsi habitatores suas Reanciones, ... statutis terminis, solvere tenerentur, etc.* Vide supra *Ranso.*

* **REANIMARE**, Excitare, relevare animum, Gall. *Ranimer.* Pasch. Radbert. in vita Walæ abb. Corb. cap. 19 : *Reanimatur augustus pater* (Ludovicus Pius) *pluri-mis exhortantibus recreari debere ad thronum imperii.*

¶ 1. **REAPORTARE**, Reapportare, Referre, recensere, narrare, Gall. *Rapporter.* Conventio ann. 1298. tom. 1. Chartularii S. Vandregisili pag. 1186 : *Dicta inquesta nobis Reaportata, aperta et publicata... eidem compositioni assensum præbemus.* Literæ ann. 1332. e Chartulario S. Martini Pontisar. : *Inquestam fecimus nobis Reapportari.* Observat Lobinellus in Glossario ad Historiam Paris. Professores olim in Academia Parisiensi ex memoria prælectiones suas exposuisse, nihil dictando, tumque a diligentioribus tantum discipulis Magistrorum dicta literis excepta fuisse : quæ excepta dicebantur *Reapportata*; quia *Reapportare* iis idem erat quod literis mandare, quæ memoriter a Professoribus dicebantur. Hac notione locum hunc explicat laudatus Lobinellus : *Audiet lectiones doctorum, aut saltem Reapportet; aut bona procuret Reapportata.*

* 2 **REAPORTARE**, Reducere, Gall. *Rapporter, ramener.* Lit. ann. 1368. tom 5. Ordinat. reg. Franc. pag. 409 : *Ipsas mercaturas aut alias res seu bona.... ad locum suum Reaportare libere et impugne* (possint et valeant).

* **REAPORTUS**, Rei gestæ relatio scripto mandata, Gall. *Rapport, procès-verbal.* Comput ann. 1373. ex Tabul. S. Petri Insul. : *Item pro uno saco ad ponendum Reaportos de terris, quæ tenentur de capitulo.*

* **REAPPELLARE**, Gall. *Rappeller*, Ab exilio revocare. Charta ann. 1330. in Reg. 66. Chartoph. reg. ch. 425 : *Exulatum in perpetuum vel ad tempus, non potest dominus Reappellare, nisi de consulum procedat voluntate.* *Reanter*; pro Recordari, revocare in mentem, in Chron. S. Dion. tom. 3. Collect. Histor. Franc. pag. 238 : *Lors commença* (Landris) *à recorder et à Reanter ses meffais à lui meismes en grant doleur de cuer.* Ubi Aimoin. lib. 3. cap. 56. ibid. pag. 92 : *Landericus reputare secum scelera sua ipse cœpit.* Vide supra *Rapellatio* et *Rapellum.*

* **REAPPORTARE**, vox forensis, Gall. *Rapporter*, Possessum reportare, restituere; unde *Reapportum*, ipsa restitutio. Arest. ann. 1291. in Reg. 2. *Olim* parlam. Paris. fol. 92. v° : *Cum controversia mota fuisset super Reapporto, quod dicta Maria fecerat de quater viginti libratis terræ.... In dictis quater viginti libratis terræ per dictam Mariam Reapportatis, etc.*

¶ **REAPPREHENSORIÆ** Literæ. Vide *Recaptivare.*

¶ **REAPPROXIMARE**, Possessionem gentilitiam redhibere, Gall. *Retraire.* Statuta Lossenssia art. 40 : *Item, des biens heritables vendus à prix d'argent, lesquels on veut retraire, on doit Raprocher dans l'an devant la feste de S. André, quoi fait l'on gagne un canon.* Ibid. § 1 : *Item, si une piece de terre fût vendue avec les fruits illecques excroissans et parvenus à maturité, et si celui, qui voudroit la Raproximer, se presentât legitimement à telle Rapproximation, pendant que lesdits fruits sont encore extans sur ladite piece de terre, l'on demande à qui suivroient lesdits fruits? L'on répond qu'entant que le vendeur n'a convenu avec son censier en quelque stuyt de l'achat, les fruits suivroient audit censier par moitié, pour les droits de la charue, et l'autre moitié au retrayant.* Pluries recurrunt hæ voces vernaculæ §§ seqq. quas sub ficto verbo ideo retulimus, quod visæ sint scitu dignæ.

REAPROPRIARE, in jure Hungarico, Vendicare, rem sibi propriam facere. Sambucus.

* *Raprepier*, eodem sensu, in Charta ann. 1403. tom. 2. Hist. Leod. pag. 438 : *Ly proisme de cely sur cuy ladite saisinne* (de heritages) *arat esté rendue, ou autre qui Raprepier vorat ledit heritaige par loy, etc.*

¶ **REAPTARE**, Reficere, reparare. Vita B. Augustini Novelli, tom. 4. Maii pag. 621 : *Cœpit caput pueri Reaptare, quasi esset cera.* Bartholomæi Scribæ Annales Genuens. ad ann. 1242. apud Murator. tom. 6. col. 500 : *Fecit ibi galeas fractas Reaptare.* Chronicon Andreæ Danduli apud eumd. Murator. tom. 12. col. 463 : *Ipso quoque die galeis omnibus Reaptatis, etc.* Statuta Vercell. lib. 1. fol. 16. v° : *Refectio fieri debeat per octo dies, postquam eis per Potestatem fuerit denunciatum, ut ipsos pontes debeant Reaptari.* Rursum occurrit fol. 20. v°.

* **REASIGNATIO**, Recensio, ostensio, Ital. *Rassegnamento.* Stat. antiq. Florent. lib. 1. cap. 37. ex Cod. reg. 4621. fol. 24. r° : *Quilibet officialis communis Florentiæ forensis scribi facere debeat coram officialibus conductæ.... omnes et singulos eorum et cujusque eorum judices, familiares, notarios, officiales et equos quoscumque,.... et de eis et quolibet eorum monstram et Reasignationem facere teneatur.* Vide supra *Readsignum.*

¶ **REASON**, vox Anglica, Gallice *Raison*, Ratio. Statuta prima Roberti I. Reg. Scotiæ cap. 17. § 1 : *Quamdiu defendens, aut suus prælocutor defendet tort, et non Reason, etc.*

* **REASPORTARE**, Reportare, iterum exhibere. Memor. D. Cam. Comput. Paris. fol. 27. v° : *Die xxiiij. Aug. 1361. dominus Galcherus de Landis miles, promisit in Camera Computorum ad burellum Reasportare quatuor litteras domini regis, super gratia et remissione factis.*

¶ **REASSIGNARE**, Retribuere, assignare id, unde quis redditum assignatum, quem dimittit, recuperet. Charta Capituli S. Timothei Rem. ann. 1254. ex Archivo S. Nicasii ejusd. urbis : *Abbas et Conventus possint Reassignare nobis, pro dictis* XL. *solidis annui redditus, alios* XL. *solidos... et illos* XL. *solidos, quos Reassignabunt... acceptare tenebimur.* Bis occurrit vox *Reassignatio* eadem notione in hac Charta.

* *Rassener*, eadem acceptione, in Charta ann. 1265. ex Chartul. S. Joan. Laudun. : *Je Margarite femme au devant dit Thoumas* (de Couci), *reconnois que je sui Rassenée souffisaument de doaire, que je avoie ou pooie avoir ès vint et trois livrées de terre deseur dites.* *Rasener* vero, pro *Refrapper*, Iterato ictu ferire, reverberare, in Chron. Bertr. Guesc. MS :

A la quatrieme lance, dont je fais mention,
A Rasené se glaive tout droit su le blançon,
Ou il avoit feri le premier horion.

¶ **REASSUMERE**, Resumere, in possessionem redire. Charta ann. 14. Henrici VII. Angl. Regis apud *Madox* Formul. Anglic. pag. 129 : *Quod tunc liceat nobis, et successoribus nostris, in totum prædictum tenementum cum suis pertinenciis reintrare, Reassumere, et in pristinum statum nostrum penes nos retinere.* Hist. Cortusiorum lib. 2. apud Murator. tom. 12. col. 794 : *Reassumtis suis viribus in spoliatores et prædatores cum acie sua irruit, et demum eos conflixit.* Vox nota Plinio atque etiamnum Italis in usu.

* **REATTARE**, Reficere, reparare. Formul. MSS. Senenses ex Cod. reg. 4726. fol. 31. v° : *Si videret res, quas dictus Paulus et socii reparaverunt et Reattaverunt, maxime circa ipsum ædificium et molendinum, sive reparari et attari fecerunt, etc.* Vide *Reaptare.*

* **REATTINGERE**, a Gallico *Ratteindre*, Aliquem assequi. Lit. remiss. ann. 1358. in Reg. 86. Chartoph. reg. ch. 541 : *Cum prædictus Colardus..... Reattinxisset super campos, satis prope Duacum, prædictum Jacobum de la Court, etc.* *Restaindre*, pro *Ratteindre*, in aliis ann. 1395. ex Reg. 149. ch. 77 : *Pour ce que ledit Fermin apperceut que ledit Laurens s'avancoit fort pour soy en aller en son hostel,..... se mis à la course..... tant que il Restaindi ledit Laurens.*

¶ 1. **REATUS**, Lineis distinctus, Gall. *Rayé.* Statuta Ecclesiæ Anic. a Clemente IV. PP. condita ann. 1267. apud Marten. tom. 2. Anecdoct. col. 485. num. LIV. : *Item, caligis rubeis maxime tempore Paschali, pannis de serico transgulatis seu Reatis a modo non utantur.*

¶ 2. **REATUS**, Crimen, Christianis scriptoribus atque recentioribus Jurisconsultis. Hos castigat Budæus, applaudente Vossio lib. 1. de Vitiis sermonis cap. 32. ubi *Reatum* exponit per obligationem ad pœnam, ut inter *crimen* et *pœnam* medius sit *Reatus.* Antiquis proprie habitus erat atque conditio reorum sive accusatorum, ut recte dicitur lib. 2. selectarum de Lingua Latina Observationum in hac voce.

REATUUM REDEMPTIONES, Mulctæ pecuniariæ, *Compositiones.* Ordericus Vitalis lib. 4. pag. 523 : *Ipsi vero Regi, ut fertur, mille et 60. libræ sterilensis monetæ, solidique triginta et tres oboli ex justis redditibus Angliæ per singulos dies redduntur : exceptis muneribus regiis, et Reatuum redemtionibus, aliisque multiplicibus negotiis, quæ ærarium Regis adaugent.* Vide *Redimere.*

¶ **REAURARE**, Iterum inaurare, Gallis *Redorer.* Computus MS. ann. 1239. : *Pro una cupa hospicii juvenis Reginæ Reauranda, XXX. s.*

¶ **REAUTENTICARE**, Denuo confirmare. Charta Odonis Episc. Camerac. ann. 1112. e Tabulario Corbeiensi : *Eidem Ecclesiæ reconsignamus atque ab illa a nobis Reautenticata possessione emulorum calumnias episcopali auctoritate ulterius eliminamus.* Vide *Authenticare* in *Authenticus.*

REAUTUMPNUS, Chartularium Ecclesiæ Ambianensis fol. 10 : *Nullus alius in granea prædicta habet aliquid juris præter Canonicos, excepto quod Major habet Reautumpnum.* [Idem est quod infra *Rahalto.*]

REBA. Vide *Repa.*

REBALCA, seu potius *Rebalta* ; Italis *Ribalta*, Tolleno, nostris *Bascule*, apud Petrum de Crescentiis lib. 10. de Agricult. cap. 33. Veteri interpreti Gallico, *Rebalche.*

¶ **REBALDI**, Calones castrenses, homines in castris vilissimi. Chronicon Parmense ad ann. 1247. apud Murator. tom. 9. col. 771 : *Et nullus ex ipsis mortuis audebat aliquem portare in civitate ex præcepto domini Potestatis.... tamen per Rebaldos portabantur ad domum Fontisvivi, et ibi sepeliebantur.* Vide *Ribaldi.*

¶ **REBAND**, Vitta, tænia, Gall. *Ruban*, Angl. *Riband*, vel *Ribbon.* Monasticon Anglic. tom. 3. pag. 109 : *Una mitra frictata cum argento et Reband.* Vide *Riband* et mox *Rebanus.*

* **REBANNUM**, Submonitio ad exercitum, nostris alias *Riereban.* Vide *Retrobannus.* Charta pro eccl. S. Martin. Turon. ann. 1475. in Reg. 204. Chartoph. reg. ch. 145 : *Ad bannum vel Rebannum ire vel mittere, etc.* [** Aliis locis Proscriptio superior vel iterata. Vide Haltaus. Glossar. German. voce *Aberacht* et Pfeffing. ad Vitriar. lib. 3. tit. 4. § 12. tom. 3. pag. 573.]

¶ **REBANUS**, Idem quod mox *Reband.* Inventarium ann. 1379. ex Schedis D. *Lancelot : Item una zona cirici cordulata de argento supra deaurata. Item duo Rebani argenti, quorum unus est deauratus.*

¶ **REBAPTIZANTES**, seu, ut Græcizantes enunciant, *Anabaptistæ*, Hæretici sub initia sæculi XVI. primum auditi, ex eo quod parvulorum baptisma respuant, eosque, cum ad provectiorem ætatem pervenerint, iterum baptizent, sic appellati. De iis passim agunt Scriptores. Alii fuerunt in Ecclesia *Rebaptizantes*, qui hæreticos ad catholicam fidem revertentes, alii qui Catholicos ipsos ad hæreticam pravitatem transeuntes, novo baptismate tingendos esse perperam opinabantur. Nostri non est instituti de iis omnibus sermonem habere : hoc unum observabimus *Rebaptizare* verbum ita Catholicis omnibus semper odiosum fuisse, ut illud rejicerent vel ipsi *Rebaptizantes. Nos autem*, inquiebat S. Cyprianus Epist. 71. ad Quintum, *dicimus eos, qui inde* (ab hæresi) *veniunt, non Rebaptizari apud nos, sed baptizari.* Et Ep. 73. ad Jubaianum : *Invidia quadam quasi Rebaptizandi, baptizare post hostes Dei nefas ducitur.* Sed invidiosæ licet omnino fuerint hæ voces, *Rebaptizare*, *Rebaptizantes*, *Rebaptizati*, *Rebaptizatio*, passim tamen usurpantur ab iis Scriptoribus, qui vel *Rebaptizantium* errores confutarunt, aut veram Ecclesiæ sententiam exposuerunt de rebaptizandis quibusdam hæreticis, qui Baptismi *formam* corrumpebant. De re nota loci non sunt frustra congerendi.

* **REBASSARE**, pro *Rebrassare*, ni fallor, Replicare, recolligere, nostris alias *Rebrasser*, ut infra in *Rebrachiatorium.* Stat. S. Capel. Bitur. ann. 1407. ex Bibl. reg. : *Nullus prædictorum* (canonicorum) *præsumat deferre.... caligas a jure prohibitas, seu ad genua Rebassatas, sed honestati permissas, etc.* Melius *Rebrassatas*, in Stat. S. Capel. Paris. Vide *Rebrassatæ caligæ.*

* **REBATERE**, Eadem notione qua supra *Rabatere*, a Gallico *Rabattre*, Retundere, eludere. Lit. remiss. ann. 1460. in Reg. 192. Chartoph. reg. ch. 80 : *Dictus Georgius supplicanti unum magnum ictum in spatulis dedit,.... et plures ictus sibi dedisset, nisi esset quædam picassa,.... cum qua eidem Georgio dictam furcam Rebatebat sive repellebat, ne ipsum verberaret.* Vide infra *Repugnare.*

* **REBATTUTUS**, Dicitur de monetis iterato signatis, Gall. *Refrappé.* Stat. antiq. Florent. lib. 3. cap. 131. ex Cod. reg. 4621. : *Nullus .... teneat aliquem ducatum vel florenum aureum tonsum, limatum vel Rebattutum.*

* **REBATUM**, De summa decessio, deductio de pretio, Gall. *Rabais.* Charta ann. 1340. in Reg. 71. Chartoph. reg. ch. 419 : *Bona superius nominata...... in satisfactione et Rebato de tanto dictæ financiæ et compositionis pretio.... liberavit.* Ita *Rebatre*, pro *Rabattre*, Minuere, deducere, occurrit in Lit. Phil. VI. ann. 1346. ex Bibl. reg. : *Ycelles sommes vous seront aloées en vos comptes et Rebatues de vos receptes.* Vide supra *Realbatare.*

¶ **REBBARDUS**, *Wallonice*, seu Belgice, *Rewart*, Magistratui Præpositus in muneribus quibusdam exterioribus, ut sunt disciplina civilis, cura viarum atque publicorum ædificiorum, etc. Differt a *Majori*, qui proprie primus est inter *Scabinos*, quos spectant judicia litium, denariorum publicorum dispensatio, etc. Literæ Johannis Regis Fr. ann. 1355. apud D. *Secousse* tom. 4. Ordinat. pag. 321 : *Rebbardus, Scabini, Burgenses et Communitas dicte ville de Siclinio, etc.* Vide ibi notam *e.*

* **REBDRAGHEN.** Leges Danicæ apud Ludewig. tom. 12. Reliq. MSS. pag. 167 : *Item si contentio fiat de piscatura, tunc quilibet licentiam piscandi habeat, sicut habet terram Rebdraghen in suo marck.* Hic silet doctus Editor.

¶ **REBECA**, Fidicula, barbitus, a veteri Gallico *Rebec.* Vide locum in *Baudosa.*

* *Rebebe*, *Reberbe* et *Rebesbe* etiam dixerunt nostrates. Lit. remiss. ann. 1391. in Reg. 141. Chartoph. reg. ch. 99 : *Un nommé Ysembart jouoit d'une Rebebe, et en jouant un nommé le Bastart se print à danser.* Aliæ ann. 1395. in Reg. 147. ch. 266 : *Roussel et Gaynat pristrent à jouer, l'un d'une fleute et l'autre d'une Rebesbe, et ainsi que les aucuns dansoient, etc.* Aliæ ann. 1458. in Reg. 188. ch. 39 : *Avec lesquelx compaignons estoit ung nommé Francois Gontaud, qui sonnoit d'une Reberbe, et aleront dansans.*

REBELIARE, pro *Bellare*, Pugnare, prælium inire, vel rursum bellare. Joan. de Janua : *Rebellio, i. repulsio, vel resistentia : et post factam pacem ab bellum reversio, belli iteratio.* Vita Offæ I. Reg. Angl. : *Et sub spe victoriæ viriliter obtinendæ Regem et suos ad hostile prælium provocavit. Rex autem confectus senio, timens Rebellare, declinavit aliquotiens impetus adversariorum.* Infra : *Ad Rebellandum se suosque præmunire cœpit.* [Literæ Johannis Regis Franc. ann. 1356. apud D. *Secousse* tom. 3. Ordinat. reg. pag. 55 : *Scalarum ingenio et nocturne intraverunt* *hostiliter et latenter, ipsam civitatem* (*Petragor.*) *occupando, quam nunc detinent, stabilitam exinde adversus nos, et dictam villam de nostra obedientia existentem Rebellantes, et contra eam guerram, strages et hostiles insultus diversimode inferentes.*]

¶ REBELLARE SE, ut apud Livium nudum Rebellare, Gall. *Se revolter*, Rebellionem facere. Jacobi Auriæ Annales Genuens. ad ann. 1282. tom. 6. Muratorii col. 576 : *Sicilia quæ se Rebellaverat contra Regem Carolum, etc.*

REBELLIO, Rebellis, ἀποςάτης, in Gloss. Lat. Gr. Alibi : Ἀντάρτης, *Rebellio.* Marcellinus Comes : *Plinta comes, idemque Rebellio, etc.* Regula S. Benedicti cap. 62 : *Quod si aliter præsumserit, non Sacerdos, sed Rebellio judicetur.* Occurrit apud Capitolinum in Adriano, Vulcatinm Gallicanum in Avidio Cassio, Jornandem, Leon. Ost. lib. 2. cap. 2. Eckehardum Juniorem de Casib. S. Galli cap. 7. et alios. Vide Salmasium ad Pollionem pag. 265.

¶ **REBELLIOSE**, Per rebellionem, rebellium more. Charta ann. 1359. apud Rymer. tom. 15. pag. 558. col. 2 : *Hostiliter, Rebelliose et proditorie paraverunt, etc.*

¶ **REBELLIS**, Hostis. Litteræ Johannis Franc. Regis ann. 1352. apud D. Secousse tom. 4. Ordinat. Reg. pag. 116 : *Quod antecessores nostri Francorum Reges, auxilio præstante divino, et fidelibus ministris ejusdem militie manus suas sinceriter et unanimiter prebentibus adjutrices, in quoscumque Rebelles suos manus voluerunt mittere, victoriam reportarunt.* Gaspar Barthius in Glossario ex Baldrici Hist. Palæst. : *Rebellis, pugnax, belliger.* Baluzius in suis notis ad Capitularia tom. 2. col. 1114. emendat Sirmondum, qui *Rebellis* legit tit. 35. cap. 8. Capitul. Caroli Calvi, ubi legendum est *Rationalis.*

* **REBELLISARE**, Rebellare. Stat. de salis fodinis ann. 1451. inter Leg. Polon. tom. 1. pag. 169 : *Statuimus si aliquis sectorum Rebellisando sal suum destruxerit, etc.* Vide *Rebellizare.*

¶ **REBELLISSARE.** Vide mox *Rebellizare.*

* 1. **REBELLITAS**, Rebellio, Gall. *Révolte.* Formulæ MSS. ex Cod. reg. 7657. fol. 24. v° : *Ipsi delati.... Dei timore penitus ultrojecto,.... se temere ac illicite, non sine Rebellitatis specie, congregarunt,..... tumultum, manipolium atque rassam ad invicem facientes diversis armorum generibus.* Vide supra *Rebellisare.*

* 2. **REBELLITAS**, Servitii feudalis denegatio. Pactum inter Alan. vicecom. *de Rohan* et Gaufr. *de Kemorz* ann. 1228. tom. 1. Probat. Hist. Brit. col. 863 : *Si vero contingat, quod nos vel hæredes nostri..... contra dictam pacem in aliquo processerimus vel rebelles fuerimus, volumus quod dominus noster dux Britanniæ totam contrarietatem meam sive Rebellitatem, sine placito vel contra placito, fuga vel dilatione faciat penitus amoveri.*

REBELLIUM, Rebellio, ipsa actio rebellandi. Monachus Engolismensis in Carolo Magno : *Reddiderunt omnes malefactores illos, qui ipsum Rebellium maxime terminaverunt.* Isidorus Pacensis Episcopus æra 784 : *Cui non post multos dies diversa Rebellia Arabes per Hispaniam molientes, etc.* Gloss. Gr. Lat. Ἀπόςασις, *Rebellum, abditus, segregatio.* Ita in MS. ubi editum habet : *Rebellio, segregatio, abitus.* Infra : Πόλεμος, *bellum, prælium, Rebellum.* Ubi forte legendum *Rebellium*, [quod posterius occurrit apud Livium ipsum : *Qui pacatos ad Rebellium incitasset.* A vocibus igitur mere barbaris poterat amandari.]

* **REBELLIUS**, Repugnantius, Gall. *Avec plus de répugnance.* Reg. visitat. Odon. archiep. Rotomag. ex Cod. reg. 1245. fol. 74. r° : *Prior* (Belliloci) *habet duos nepotes in servicio domus; Rebellius faciunt servicium suum, quam alii facerent.*

¶ **REBELLIZARE**, Idem quod Rebellare. Apparatus bellicus Garoli VIII. Regis Franc. in Italiam, apud Marten. tom. 2. Itin. pag. 390 : *Rebellizantibus S. Rom. Ecclesiæ promisit se toto conamine... violenter et fideliter resistere.* In Gemmæ Vocabulario exponitur *Contradicere.* Vossius lib. 4. de Vitiis sermonis cap. 20. mavult *Rebellissare*, quod ad instar *Patrissare*, patrem imitari, fictum fuerit pro obloqui et opponere se, ut solent rebelles.

¶ **REBELLOSUS**, Idem qui Rebellis. Vita S. Samsonis Dolensis : *Sic enim in veteri Testamento legimus, cum Dominus noster contra populum Rebellosum suam querimoniam ostenderet, etc.*

¶ **REBELLUM**, Rebellio. Vide *Rebellium.*

¶ **REBELLUS**, seu *Rebelli*, pro *Rebelles*, in Codice MS. Guelferb. scribi annotat Eccardus in suis ad Pactum legis Salicæ observationibus pag. 179. eodem modo, quo Italicum *Rebello*, et Gallicum *Rebelle* formata sunt.

¶ **REBETERE.** Vide infra *Revidare.*

¶ **REBIA**, Rapa, napus, aut legumen hujusmodi. Statuta Vercell. lib. 5. fol. 126. verso. : *Si camparius per se vel per alium furatus fuerit acerbas uvas vel maturas, vel alios fructus seu fruges, vel aliquam messem, vel carracias, vel Rebias, vel scarilionos, vel vendiderit, vel fieri permiserit in vinea, altineto seu plantato, quam vel quod custodierit, etc.*

¶ **REBIBERE**, Pluries bibere, Gallis *Reboire.* Medicina Salernit. edit. 1622. pag. 190 :

Caseus, anguillæ nimis obsunt, si comedantur,
Ni tu sæpe bibas, et Rebibendo bibas.

Utitur Theodorus Priscian. de Diæta cap. 15.

¶ **REBILE**, Οἴητον, in Glossis Lat. Græc. et Græc. Lat. Quod reri seu opinari possis.

REBINARE, Terram altera et repetita aratione proscissam tertia rursum proscindere : *Biner, ou binoter de la seconde fois la terre.* Charta Guillelmi Episcopi London. in Hist. Abbatiæ S. Audoeni Rotomag. pag. 484 : *Ducentas et viginti unam acras warettatas, de quibus 51. acræ et dimidia fuerunt Rebinatæ. Si vero in obitu nostro aliquid de stauramento prædicto, vel de his, quæ ad culturam prædictæ terræ necessaria erunt, quoniam de prædictis Abbate et Monachis seminatam vel warettatam recepimus, in eisdem terris defuerit, de aliis catallis nostris perficietur.* Fleta lib. 2. cap. 73. § 2 : *In initio igitur temporis seminandi et Rebinandi, conjunctim sint cum carucis Baillivus et Præpositus.* § 10 : *Tempus Rebinandi erit post festum Nativitatis S. Johannis B. cum terra pullulaverit post carucam.* § 13 : *Cum tempus affuerit Rebinandi, ne profundo arent, carucariis inhibeatur.* *Rebinnura* cap. 76. § 84. *Biner et rebiner vignes*, in Consuet. Nivernensi cap. 13. art. 5. Adde Consuetud. Pictav. art. 60.

* Quod *Tertiare* dicitur Columellæ et Palladio, Italis *Terzare.* Hinc *Rebiner*, pro *Retoucher*, Repolire, retractare, apud Guignevil. in Peregr. hum. gen. MS :

Mais tu vois bien que riens à faire
N'aroie, se ne Rabinoie
Le mien ouvrage et refesoie.

¶ **REBIRE**, REBITARE. Vide *Revidare.*

¶ **REBLANDIMENTUM**, Blanda domini compellatio, Gall. *Reblandissement.* Manumissio MS. ann. 1217 : *In perpetuum possitis facere omnem vestram voluntatem a vobismet ipsis et ab omnibus rebus vestris præsentibus et futuris, sine omni nostro nostrorumque retentu et Reblandimento.* Vide Glossar. Juris Gall.

* Præstationis species videtur, qua domini consensus exoratur, ut quis certo possideat. Charta ann. 1197. ex Bibl. reg. col. 17 : *Irrevocabiliter per acaptum et acquisitionem trado ad habendum et perhenniter possidendum, sine inquietudine et Reblandimento ullius personæ,...... unam peciam terræ, cum omni sua riparia et cum omni suo complanto.* Unde *Reblandir*, practicis nostris, Consensum petere, qui literis, quas *Pareatis* vocant, concedi solet. Lit. remiss. ann. 1463. in Reg. 199. Chartoph. reg. ch. 350 : *Jehan Cousturier huissier de nostre court de parlement de Thoulouse,.... sans Reblandir le suppliant* (seigneur haut justicier du lieu), *appellé et requis seulement le baille dudit lieu, qui ne scet ne lire ne escrire, print Huguet de Bousen homme et subget du suppliant.*

* **REBLANDIRE**, dicitur de eo, qui ut in gratiam redeat, blanditur. Chron. Sith. ad ann. 900. tom. 9. Collect. Histor. Franc. pag. 74 : *Balduinus Flandriæ comes illo pergit, ut regem Reblandiret, quatenus sibi Atrebatum redderet.*

¶ **REBOARE**, Remugire proprie, unde ad alia, quæ quovis modo resonant, passim transfertur. *Roboant silvæ*, apud Virgilium lib. 3. Georg. *Ad similitudinem cælestis tonitrui amen Reboat*, apud S. Hieronymum in Præfat. Commentarii 2. ad Epist. ad Galatas. Valerius Probus : *Quod Plautus posuit Reboo, non Latine, sed Græce posuit*, βοῶ, βοᾷς, *unde derivatum, Reboo, reboas.* Glossæ Lat. Græc. : *Reboo*, ἀντιβοάω. Passim occurrit metaphorice.

* **REBOILLIO.** Vide infra *Roboillio.*

¶ **REBOTARE**, Denuo obturare, quod apertum est aut fissum iterum obstruere, Gall. *Reboucher.* Statuta Cadubrii lib. 2. cap. 67 : *Mandamus et volumus, quod si aliquis de Cadubrio habuerit domos aliquas in communi, quæ domus devastentur, et sit opus eas reficere, cooperire, Rebotare, vel aliter eas aptare, quod si unus de consortibus noluerit eas reficere, cooperire, Rebotare, vel aliter eas aptare, quod per curiam constringatur ille, qui prædicta facere noluerit, ad reficiendum, cooperiendum, Rebo-

tandum vel aptandum tales domos. Pluries occurrit.

* Non placet; melius, ni fallor, Reparare, in pristinum statum restituere.

¶ **REBOUTZ**, f. Robur, quercus. Reparationes factæ in Senescallia Carcasson. ann. 1435. e MS. D. *Lancelot : Pro faciendo et ponendo in dicto molendino unum belfugue et de bona Reboutz, duos piguos asseratos, etc.*

REBRACHIATORIUM, Rebrachiatus. Ugutio : *Reticulæ sunt quasi succinctoria, vel redimicula, vel proprie Rebrachiatoria appellare possumus.* Respexit ad locum Cassiani de habitu Monach. lib. 1. cap. 6 : *Gestant etiam reticulas duplices, laneo plexas subtegmine, quas Græci ἀναβολὰς, nos vero succinctoria, seu redimicula, vel proprie Rebrachiatoria possumus appellare, quæ descendentia per summa cervicis, et e lateribus colli divisa, utrarumque alarum sinus ambiunt, atque hinc inde succingunt, ut constringentia latitudinem vestimenti ad corpus contrahant, atque conjungant, et ita constrictis brachiis impigri ad omne opus, expeditique reddantur.* Quidam putant *rebrachiatorium* Monachorum Ægyptiorum idem fuisse quod *scapulare* apud Monachos Occidentales, sicque appellatum volunt, quod supra brachia rejiceretur. *Expapillatum brachium*, dixit Plautus in Milite Glor. id est exertum et ad papillam nudatum. Vita S. Eligii lib. 2. cap. 34 : *Ulnis exertis et Rebrachiatis.* [Acta S. Ottonis tom. 1. Junii pag. 599 : *Rebrachiatis manicis succinctaque veste, falcem dextra corripuit.* Le Roman *de Vacce* MS :

> Tuit furent rez et prez toudu,
> De court dras furent tuit vestu...
> Tuit estoient bien Rebrachiez,
> Et de combattre encoragiez.]

Quomodo etiam *rebrasser*, vulgo usurpamus. Sed vox videtur orta a braccis, quæ *rebracciatorio* succingebantur. Unde *rebracciatorium*, idem esse dicitur quod *succinctorium.*

* Hinc *Rebracher* et *Rebrasser*, Succingere, replicare, recolligere. Lit. remiss. ann. 1377. in Reg. 111. Chartoph. reg. ch. 280 : *Icellui Nicaise.... Rebrassa son mantel dessus s'espaule.* Aliæ ann. 1382. in Reg. 122. ch. 170 : *Il Rebracha sa robe devers le feu pour se chauffer.* Aliæ ann. 1387. in Reg. 132. ch. 65 : *L'exposant prist ledit Adenin, qui estoit enfant de l'aage de douze ans ou environ, le Rebrassa par derriere et lui donna plusceurs cops de la pausme sur ses nages. Recourcer*, eodem sensu, in Lit. remiss. ann. 1365. ex Reg. 98. ch. 716 : *Icellui Guillaume avala ses chausses, et puis les Recourça pour plustot aler.* Hinc *Secourci*, pro *Succinctus*, in Comput. Rob. de Seris ex Reg. 5. fol. 3. r°. Vide supra *Rebassare.*

¶ **REBRASSATÆ** Caligæ, Succinctæ, Gallice *Retroussées.* Statuta S. Capellæ Paris. apud Lobinellum tom. 3. Hist. Paris. pag. 153. col. 2 : *Item, quod nullus deferat caligas Rebrassatas ad genua ad modum paillardorum.* Vide *Rebrachiatorium.*

¶ **REBULETUM**, Farina crassior a subtiliori secreta, furfur, Gallo-Flandris *Rebulet*, forte diminutivum a Gallico *Rebut*, Rejectanea. Contractus anni 1297. e Chartulario Fiscanensi : *Item quolibet die totius anni unum panem de Rebuleto post panem Conventus.* Computus vernaculus ann. 1638. e Chartulario M. S. Vedasti Atrebat. fol. ult. : *Adviser que lesdites miches et michets soient fait de pure fleur, les bisettes de farine, dont le son soit et sera ôté : et les boulens de pure farine telle qu' elle vient du moulin, sans y méler aucun tercœul ou Rebulet.* Vide infra *Reburetum.*

* Nostris alias *Rebulet.* Lit. remiss. ann. 1401. in Reg. 156. Chartoph. reg. ch. 65 : *Thibaut le Grant-prestre boulengier demourant à Reins, entra en la chambre, là où il avoit accoustumé de faire mettre.... le Rebulet, qui ýst de la fleur, etc. Retrait* et *Retret*, eodem intellectu, ni fallor, in Declarat. MS. 24. feudor. comitat. Camerac. ex Tabul. ejusd. eccl. : *La xij*[e]. *contient sept pains chacune sepmaine, deux mencaulds de Retret à comble,... et à cause dudit fief.... doit administrer avec ses compagnons le pain en la paneterie; pour lequel service doit avoir sa part de tous les pains entiers, qui demeurent celui jour, du Retrait et des revenues du bled, dont on a faict le pain ladite journée.*

¶ **REBULLIRE**, Recandescere, redintegrari, per metaphoram. Bulla Clementis V. PP. ann. 1305. tom. 2. Hist. Dalphin. pag. 124 : *Nos attendentes, quod nisi ante prædictum festum.... futuris de prædicta turbatione periculis occurratur, dissentionum hujusmodi flamma Rebulliret.* Notione nativa, pro ebullire, Apuleius lib. 5. dixit : *Lucerna fervens oleum Rebullivit in humerum.* Utitur alibi.

¶ **REBULLUS.** Vide mox *Reburrus.*

REBURETUM. Charta anni 1243. in Hist. Monmorenciaca pag. 101 : *In illo* (furno) *coquere poterit pastillos de obolo, simenellos, et alium parvum panem de obolo, et de Rebureto; et seonno illius parvi ministerii.* Ubi *seonnum*, est furfur, nostris *Son.* [Vide *Rebuletum.*]

¶ **REBURNRAE**, Repolire, Gall. *Rebrunir.* Computus ann. 1245. MS. e Bibl. Regia : *Pro decem cifis Reburnandis v. s. pro duabus charneriis ad justas.... v. s.*

REBURRUS, Rebursus, Riburrus, [a Gallico *Rebours*, retrorsum, in contrarium, inquit Vossius, lib. 2. de Vitiis sermonis cap. 16.] Glossæ Lat. Græc. : *Reburrus*, ἀνάσιλλος, ἀναφάλαντος. [Hinc aliæ emendandæ, ubi minus recte, *Rebullus*, *etc.* Suidas : Ἀνάσιλλος, ἀναφαλαντίας, ἄκοσμος τὴν κεφαλήν. Vide Versionem LXX. Levit. cap. 13. Vetus Inscriptio, quam laudat Grævius in Notis ad Glossas Isidori : *T. Flavius Reburrus.*] Glossæ Isid. : *Reburrus, hispidus.* Glossæ MSS. : *Reburrus, cirratus, vel crispus.* Glossæ nomicæ Vaticanæ MSS. : Ῥεβουῤῥοῦς, ἀναφαλαντίας. Faustus Manichæus apud S. Augustinum lib. 6. contra eumdem cap. 1 : *Calvum aut Reburrum, et similis notæ hominem non constituere Sacerdotem.* Ita etiam in Notis Tyronis pag. 150. Vitæ Abbatum Beccensium de Guillelmo Crispino : *In sua primæva ætate habebat capillos crispos, et rigidos, atque sursum erectos, et, ut ita dicam, Rebursos, ad modum pini ramorum, qui semper tendunt sursum : quare cognominatus est Crispinus, quasi crispus pinus.* [*Quam capillorum Rebursionem videmus adhuc iis, qui de ipsius Gisliberti genere descendunt.* Quod a pinus similitudine *Crispinus* dici putat hic auctor, ridiculum est. Ut a *Longus*, *Longinus*, ab *Augustus*, *Augustinus*, sic a *Crispus* dicitur *Crispinus.* Tabularium Majoris-Monasterii : *Judichalis de Rocherio donat S. Martino terram suam, quam habet in Rocherio. Testes, Gaufredus Rebursus, etc.*] Galli dicimus rebursos, *qui ont les cheveux rebourscz*, vel *rebrousscz.* [Simili notione le Roman *de la Rose :*

> Rechignée étoit et froncie,
> Avoit le nez et Rebourcie,
> Hideuse estoit et soulée.]

* Unde translate nobis *Rebours*, Adversus, morosus, difficilis, intractabilis. *Fortune rebourse*, Adversa fortuna, ut observat D. *Falconet* in Animadv. suis. Hinc forte *Rebois*, pro Impedimentum, obex, in Chron. Ms. Bertr. Guescl. :

> Nous ne pourrons passer le pont à cette fois;
> Car François y mettront deffence et Rebois,
> Taut qu'ils aient trainis par dedans leurs manois.

¶ **REBURSARE**, Pecuniam e *bursa*, seu crumena, promere, Gall. *Debourser*, alias *Reborser.* Le Roman *de Vacce* MS. :

> Mes quant chescun moingne fait borse,
> Li commun bien faut et Reborse.

¶ **REBURSIO**, Rebursus. Vide *Reburrus.*

REBUS, *Genus vitis est*, apud Papiam.

* **REBUSARE.** Glossar. Provinc. Lat. ex Cod. reg. 7657 : *Rebusar, Prov. ebetare, deteriorari. Rebouquer*, eodem sensu, in Bestiar. Ms. :

> Là sus amont en Orient
> A un haut mont qui moult s'estent,
> Ou on trueve une pierre dure,
> Quant on la quiert par aventure,
> Dont jete sa resplendeour :
> Mais ele ne luist pas par jour,
> Que li solaus, c'est vérité,
> Se li Rebouque sa clarté.

** **REBUSTURA.** Vide *Robustura.*

RECA, Græc. ῥέκα, Flagellum. Vide in *Reda.*

* **RECACHATIO**, Auri vel argenti ab aliis metallis, quæ in monetis permisceri solent, separatio. Charta ann. 1327. in Reg. 66. Chartoph. reg. ch. 715 : *Super facto fabricationis monetarum, extractionis auri et argenti et billonii de regno nostro, Recachationis et aliarum monetarum nostrarum abusum, etc.* Vide supra *Racachare.*

* 1. **RECADERE**, Decidere, I al. *Ricadere*, Gall. *Décheoir.* Charta ann. 811. apud Murator. tom. 5. Antiq. Ital. med. ævi col. 957 : *Quod si in aliqua tardietate aut neclectu vel controversia inventi fuerimus extra agere de ea, quæ superius adfixis conditionibus, tunc non solum de hoc præceptum Recadere, verum etiam exacta a nobis pœna, quæ in nostra petitione adfixa est.*

¶ 2. **RECADERE**, Recidere, redire, ubi de possessionibus quæ præstituto tempore ad aliquem redire debent. Charta ann. 957. apud Murator. tom. 2. part. 2. col. 953 : *Quomodo ipsæ suprascriptæ res ad partem sancti vestri monasterii reverti et Recadere debent, sic debeant reverti et Recadere mihi suprascripto Attoni Comiti.*

* Ital. *Ricadere*, eadem notione. Stat.

MSS. eccl. S. Laur. Rom. : *Voluerunt quod omnia illa relicta, facta et fienda, ad fabricam S. Laurentii Recadant, et esse debeant fabricæ dictæ ecclesiæ.*

** 3. **RECADERE**, Recidere, rursus cadere. Homilia ex cod. VII. seculi in Spicileg. Mai. tom. 4. pag. 314 : *In ipsas culpas numquam debeat Recedere.*

1. **RECALCARE**. Petrus de Vineis lib. 2. Epist. 36 : *De vasellis nostris decenter Recalcatis et communitis.* Ubi editor, ad oram, *recalcatis, i. de novo tectis.* Malim *Recalfatis.*

* 2. **RECALCARE**, Implere, complere iterum, Gall. *Remplir.* Comput. ann. 1362. inter Probat. tom. 2. Hist. Nem. pag. 243. col. 1 : *Item pro vino quatuor vasorum.... tenentium juxta extimam xlij. sestaria, unam quartam, etc. Item pro Recalcando dicta vasa, quando fuerunt portata in episcopatu, etc.* Hinc

* Recalcatura, Expletio, Gall. *Remplissage.* Comput. ann. 1408. inter Probat. tom. 3. ejusd. Hist. pag. 194. col. 2 : *Item præsentavimus eidem unam botam vini, etc. Item pro Recalcatura dictæ botæ, quia antequam eam extrahere facerent de domo Stephani filii cujus erat, cepius de dicto vino mitebat quæsitum, et quia non erat plena, quando ipsam portare fecit, etc.* Rursum infra pag. 195. col. 1.

* 3. **RECALCARE**, Recallare, Occare, glebas conterere, Gall. *Herser*, Provincialibus *Recubir.* Glossar. Provinc. Lat. ex Cod. reg. 7657 : *Recubir, Prov. Occare, glebas post sationem cædere.* Et rursum : *Resiguir, Prov. occare, semina terræ operire.* Charta ann. 1270. in Access. ad Hist. Cassin. part. 1. pag. 311. col. 2 : *Qui habet par bouum, tenetur præstare prædicto monasterio quatuor operas annuatim cum ipsis bubus, duas videlicet ad Recaldandum* (leg. Recalcandum, ut infra pag. 314. col. 2.) *et reliquas duas ad seminandum.* Inquisit. ann. 1273. ibid. pag. 337. col. 2 : *Qui habet par bubum, tenetur præstare annuatim eidem infirmariæ duas operas cum ipsis bubus, unam videlicet ad Recallandum et aliam ad seminandum. Recercier*, eodem sensu, in Charta Renardi *de Choisuel* milit. dom. *de Bourbonne* et *de Verecourt* ann. 1316. in Reg. 59. Chartoph. reg. ch. 423 : *C'est assavoir que.... chascune charrue desdiz hommes de ladite villenie, paierai à chascune saison deus journauls de corvée; c'est assavoir huit jours chascun an, deus jours au sombre, deus jours au Recercier, deus jours au gahin et deus jours au tramois.* Rursum occurrit in Ch. ann. 1321. ex Reg. 61. ch. 123. Vide infra *Remota.*

* Quod cum ad semen operiendum præsertim fiat ; hinc nostri *en Recaler* dixerunt pro *En cachette*, clam, occulte. Charta ann. 1333. inter Probat tom. 2. Hist. Burg. pag. 201. col. 1 : *Promet lidis messire Henris.... non mie venir encontre, pour lui ne pour autre, ne pourchacier que d'autres y veigne en Recaler, ne en esconduit.*

¶ **RECALCATA** Mysteria, *id est, repetita*, Gothofredo in Glossario Nomico ad Codicem Theod. Lex 4. ejusdem Cod. tit. 6. lib. 16 : *In tantum enim sceleris progressi dicuntur ii, quas Donatistas vocant, ut baptisma sacrosanctum, mysteriis Recalcatis, temeritate noxia iterent, et homines semel, ut traditum est, munere Divinitatis ablutos, contagione profanæ repetitionis infecerint.* Quidam legunt *Reculcatis.* Male, inquit idem Gothofredus in Notis, ubi addit : *Recalcatis, iterum calcatis.*

* **RECALCATURA**. Vide supra in *Recalcare* 2.

** **RECALCIARE** Se, Calceos induere. Arnoldus de S. Emmerammo lib. 2. cap. 31 : *Nunc ergo, quia peccata mea nudaverunt vestigia vestra, obsecro, Recalciate vos, et sic redite ad nos.*

¶ **RECALCIRE**, Sarrire, Gall. *Sarcler.* Miracula S. Zitæ, tom. 3. Aprilis pag. 523 : *Et ipsa Massaia Recalciret milium, et cum ipsa Massaia surgeret recta cum sartorio in manu, etc.*

1. **RECALCUS**. Charta ann. 873. in Tabulario Ecclesiæ Viennensis fol. 16 : *Quæ habet fines et terminationes de uno latus via publica, de alio latus una cum Recalco terram ad infantes Martanæ, etc.* Alia ann. 914. pag. 17 : *Unaquæque vinea habet fines et terminationes in uno latere terram Ermengardis et infantum ejus, et habet perticas 18. cum Recalco; in alio latere et uno fronte vias publicas, etc.* Infra : *In alio fronte terra ipsius Constantii, et habet cum Recalco perticas 20.* Rursum fol. 36 : *In alio latere una cum Recalco habet perticas agripedales 66. et pedes 2. et ipse Recalcus in latis perticas 6. etc.* Fol. 51 : *Hoc sunt rebus vineæ duæ, cum Recalco uno, et casam cum casarico et ortile, etc.* Infra : *Jungit ad eam Recalcus, qui habet in longum perticas agripedales 4. etc* Tabularium Monasterii S. Andreæ Viennensis : *Una cum Recalco perticas 3. ipse Recalcus habet in lato pedes 6. in alio fronte pedes 3. etc.*

* 2. **RECALCUS**, Radula, scalprum, Gall. *Racloire*, ni fallor. Inquisit. ann. 1288. in Access. ad Hist. Cassin. part. 1. pag. 387. col. 1 : *Ferrarii de S. Germano serviunt monasterio Cassinensi de arte ferrariæ, singulis annis in festo paschatis, de stillo, videlicet uno anno de martello et paletta et alio anno de Recalco et cortello.*

* **RECALDARE**, pro *Recalcare.* Vide supra in hac voce num. 3.

* **RECALECIA**, Plantæ species, Gall. *Réglisse*, alias *Regalisse* et *Rigolisse.* Leudæ major. Carcass. MSS. : *Item pro cargua de Recalecia, xviij. den. Item pro cargua de succo de Recalecia, xviij. den.* Ubi versio Gallica ann. 1544 : *D'une charge de Regalisse, etc. Rigolice* et *Rigolisse*, in Pedag. Peronæ ex Chartul. 21. Corb. *Recolice*, in Lit. ann. 1349. tom. 2. Ordinat. reg. Franc. pag. 309. art. 13.

¶ **RECALIARE**, In morbum recidere, a Provinciali *Recalivar*, Gall. *Retomber.* Statuta Arelatens. MSS. tit. 131 : *Si infirmus recidiverit vel Recaliaverit infra quindecim dies, medicus teneatur ipsum videre.*

* **RECALLARE**. Vide supra *Recalcare* 3.

¶ **RECALX**, Calcitro proprie, translate Reluctans. Commodianus Instruct. 38 : *Improbi semper et dura cervice Recalces.*

* **RECAMARE**, Acu pingere, Ital. *Ricamare*; unde *Recamatura*, opus Phrygium, Gall. *Broderie.* Stat. Mutin. ann. 1420. apud Murator. tom. 2. Antiq. Ital. med. ævi col. 424 : *Nulla mulier possit habere.... aliquam vestem Recamandam in futurum aliqua specie Recamaturæ.* Gabr. Barel. serm. in die Parasc. : *Quæ vestis.... habens ad quatuor angulos palliorum fimbriam sive Recamaturam.* Vide supra *Recamatus.* Hinc

¶ **RECAMATOR**, Phrygio, qui pingit acu, ab Italico *Recamare*, Acu pingere. Miracula B. Simonis de Lipnica, tom. 4. Julii pag. 547 : *Quamobrem maritus suus dominus Kuneka, arte Recamator, etc.*

* Ital. *Ricamatore.* Acta B. Amad. tom. 2. Aug. pag. 590. col. 1 : *Quidam magister Joannes Crinelus, Recamator Mediolani, etc.*

¶ **RECANNARE**, Canna seu mensura agraria remetiri. Statuta Massil. lib. 3. cap. 31 : *Non liceat dicto domino, qui dictum fundum, ut supra dictum est ad certum censum concesserit... dictum fundum remensurare, seu Recannare, vel iterum dextrare, nec censum eidem augere, etc.*

¶ **RECANTUS**, Reiteratio cantus. Vetus Ordinarium MS. ad usum Ecclesiæ Ambian. in Sabbato Quatuor Temporum : *Post primam lectionem Graduale* Propitius esto *a puero sine Recantu.* Aliis ergo diebus *Graduale* seu *Responsorium* repetebatur integre post *Versum*, ut fit in pluribus Ecclesiis.

* Nostri *Recaner*, pro Rudere, Gall. *Braire*, dixerunt. Bestiar. MS. ubi de Asino silvestri :

Le jour Recane douze fois.

Mirac. MSS. B. M. V. lib. 2 :

Ne qu'en un asne qui Recane.

* Aliud vero sonat vox Gallica *Recaneté*, Locum nempe secretum et obscurum, in Lit. remiss. ann. 1395. ex Reg. 148. Chartoph. reg. ch. 38 : *Le suppliant oy frainte de gens en un trou ou Recaneté, où l'en ne veoit goute.*

¶ **RECAPITARE** Sese, f. Gradum sistere. Isidorus Episcop. Pacensis in Chronico æra 769 : *Europenses vero solliciti ne per semitas delatescentes aliquas facerent simulanter celatas, stupefacti in circuitu sese frustra Recapitant.* [** al. *Recaptant.*]

¶ **RECAPITULANS** Cyclus Victori, seu Victorii in Inscriptione, quæ libro primo de Vita B. Joannis Abb. Reomaensis a Jona Abbate præfixa est, dicitur secunda periodus cycli Paschalis a Victorio, uti notum est, excogitati. Annis 532. constabat cyclus Victorinus, incipiens anno 28. Christi, ac proinde, adjectis iis 28. annis, prima hujus cycli periodus definit anno 559. Altera igitur periodus, quam *Recapitulantem cyclum Victori* vocat Jonas ortum ducebat ab anno 560. Vide Mabillonium tom. 3. Analect. pag. 514. et seqq. Aliter intelligitur *Recapitulatio Dionysii*, ut mox dicetur.

1. **RECAPITULARE**, id est, *Ad initium redigere*, uti interpretatur Tertullianus lib. 5. adversus Marc. [cap. 17. a capite initium resumere. S. Augustinus lib. 20. de Civitate Dei cap. 14 : *Recapitulando dicit, tamquam ad id rediens, quod prætereierat.* Et cap. 21 : *Recapitulat ab initio.*] Hesychius : Ἀνακεφαλαιοῦται, συμπληροῦται, ἐπαναλαμβάνει. Esdr. cap. 4. v. 12 : *Qui recapitulabunt impietates ejus, etc.* Utuntur Irenæus lib. 5. cap. 151. Commodianus Instr. 41. etc. S. Hieronym. lib. 1. adv. Jovinianum cap. 10.

☞ Ad hanc notionem proxime accedit nostrum *Recapituler*, Res disperse et diffuse dictas aut scriptas sigillatim cogere, summatim repetere, recensere. Hoc intellectu legimus ad calcem tituli 31. Capitularium Caroli Calvi : *Hæc eadem domnus Karolus Romana lingua annuntiavit, et ex maxima parte lingua Theodisca Recapitulavit*. Concil. Narbon. ann. 589. tom. 2. Concil. Hispan. pag. 385 : *Die Kalendarum Novembris Deo auspice in unum convenimus, et aliquanta quæ juste et pie sunt edita.... Recapitulare fecimus*. Adde Historiam Mediani Monasterii pag. 192. etc. Chronicon Farfense apud Murator. tom. 2. part. 2. col. 574 : *Et dederunt invicem guadimoniam, ut constituto termino judicantibus judicibus fecissent secundum legem, et qui ex eis defuisset, non amplius præsumeret Recapitulare illam controversiam* ; hoc est, redintegrare, iterare. Guidonis Discipl. Farfensis lib. 1. cap. 18 : *Responsoria duo et duo decantent pariter : ad* Gloria Patri *adjiciantur plures, et post* Gloria *Recapitulent a capite* ; id est, iterum decantent ab initio. Adde cap. 38. ejusdem libri, et vide Vossium de Vitiis serm. lib. 4. cap. 20.

¶ 2. **RECAPITULARE**, Arguere, reprehendere. Acta S. Erconwaldi Episc. n. 16. tom. 3. Aprilis pag. 784 : *Cum diu sic cruciaretur, ecce supradictus Antistes, infula pontificali exornatus, venit, et baculo pastorali eum flagellavit, Recapitulans negligentiam ejus*. Vide *Capitulare* 6. in *Capitulum* 4.

¶ **RECAPITULATIO**, Ἀνακεφαλαίωσις, Ante dictorum summaria repetitio. Apud Cassiodorum caput 24. Divin. lect. inscribitur : *Recapitulatio generalis*.

¶ Recapitulatio Dionisii, Æra quæ ducit initium ab Incarnatione Verbi, a Dionysio exiguo primum adhibita. Charta Osheri Regis apud Hickesium Dissert. pag. 79 : *Regnante in perpetuum ac gubernante Domino nostro Salvatore secula universa, anno Recapitulationis Dionysi id est, ab Incarnatione Christi sexcentessimo octuagesimo, Indictione sexta revoluta... Ego Oshere Rex, etc.* Vide supra *Recapitulans cyclus Victori*, cui annexa alia notio est.

¶ Recapitulatio Solidorum, Brevis expositio varii numeri solidorum pro diversis delictis solvendorum ex Lege Salica, ad calcem hujus Legis tom. 1. Capitularium col. 323.

¶ **RECAPTARE**, Recipere. Miracula S. Maioli Abbatis tom. 2. SS. Maii pag. 691 : *Plurima namque antiqui decoris monasteria, suo exhortatu deifico, meliorationis Recaptaverunt commoda*. Epistola Petri de Condeto S. Ludovici Regis Capellani, de Expeditione transmarina, apud Acher. tom. 2. Spicil. pag. 55 : *Exivit exercitus versus castellum Carthaginis... et in eundo Recapta est illa turris*. Hoc est, Recuperata, iterum capta. Vide *Recaptivare*, et alio sensu in *Recapitare*.

* *Recapte*, inter voces Occitanicas, quæ tom. 3. Hist. Occit. explicantur, Gallice redditur, *Ordre, sûreté*. Hinc mulier vitæ dissolutæ vocatur *Une femme de mal Recapte ou petit gouvernement*, in Lit. remiss. ann. 1458. ex Reg. 187. Chartoph. reg. ch. 309. Et de bonis, quæ mala administratione dilabuntur, *Aler à mal Recapte* dicitur, in aliis Lit. ann. 1459. ex Reg. 188. ch. 184 : *Le suppliant doubtant que iceulx biens alassent à mal Recapte et feussent divisez, etc.*

RECAPTIVARE, Recuperare, requirere : Goldastus. Sed nescio, an non potius legendum sit *Recaptare*, ex Gall. *Racheter*. [Vide *Recaptare*.]

Recaptivatoriæ Literæ, in Legibus Hungaricis, quibus vendicamus bona. Tales sunt *Requisitoriæ, Reapprehensoriæ, Reincorporativæ, Redintegrativæ*. Sambucus et Albertus Molnarus.

* **RECASSARE**, ut supra *Racachare*, Aurum vel argentum ab aliis metallis, quæ in monetis permisceri solent, separare. Stat. de monet. ann. 1313. inter Probat. tom. 2. Hist. Nem. pag. 13. col. 2 : *Quod omnes monetas, quocumque nomine nuncupentur, spectantes ad billionem, portent ad monetas propinquiores regias, ut dictum est, absque hoc quod eas Recassent vel trabugent*. Vide infra *Rechaçare*.

* **RECASTENARE**. Glossar. Provinc. Lat. ex Cod. reg. 7657 : *Recastenar, Prov. Exprobrare, objectare*.

RECATAGIUM, Idem quod *Rachatum*, de qua voce supra. Charta ann. 1402. in Hist. Monmorenciaca pag. 395 : *Verum si pro feodo servitium fieri oporteret, prædictus O. vel hæres ejus non amplius præstare quam 20. solidos pro servitio, nec amplius præstare quam 20. solidos pro Recatagio cogeretur*.

¶ **RECATUM**, Idem quod supra *Rachatum*, Redemptio, *Relevium*. Charta Philippi Franc. Regis ann. 1200. tom. 3. Hist. Harcur. pag. 180 : *Præterea idem Rex Angliæ dedit nobis 30000. marcarum argenti, ad pondus et legem, in qua fuerant, scil. 13. solidos et 4. denarios propter Recatum nostrum et propter feodum Britanniæ, quod nos Regi Angliæ dimisimus*.

* *Recanche*, eadem notione, in Chartul. S. Vandreg. tom. 1. pag. 1169 : *Et pleidevoi ledit escuier ses nans tenants, et Recanche n'en devoit pas estre faite*. Nisi tamen intelligatur Restitutio.

RECAUDARE, Exigere, recuperare, vox Hispanica, apud Michaelem del Molino : *Bajuli generalis officium est Recaudare omnia et singula jura D. Regis Aragon*.

¶ **RECAVERE**, Invicem cavere, vice versa cavere. Codex Theod. lib. 9. tit. 2. leg. 3 : *Nullus in carcerem, priusquam convincatur, omnino vinciatur : e longinquo si quis est acciendus, non prius adsimulanti accommodetur adsensus quam sollemni lege se vinxerit, et in pœnam reciproci stylo trepidante Recaverit*.

RECAUSARE, pro *Recusare*. Althelmus de Laude virgin. cap. 40 :

Conjugium penitus famosum sponte Recausans.

Tabularium Brivatense Ch. 237 : *Si quis .... ire aut agere aut Recausare præsumpserit, hoc eis non liceat vendicare*. Ch. 323 : *Si... contradicere vel Recausare conaverit*, i. rursum in causam mittere. Vide *Causa*.

¶ **RECAUSATIO**, in causam iterata missio. Placitum ann. 784. apud Mabillon. lib. 6. de Re Diplom. pag. 489 : *Et postea ipsa Christiana instrumentum ipsum visa fuit recredidisse, et postea de ipsis rebus se dixit exitam, ut nullam Recausationem contra casam S. Dionisii exinde facere deberet*.

RECAUTUM, Apocha seu securitas de suscepta pecunia : *Quittance*. S. Augustinus de Cura pro mortuis : *Ubi esset Recautum, quo illa cautio vacuata fuerat, indicavit*. Adde Nov. Justiniani 130. et Cujacium ad tit. Cod. de Apochis publ.

¶ **RECAVUS**, *Convexus*, in Onomastico ad calcem tomi 4. SS. Junii. Alias idem est quod Concavus. Prudentius Psychom. v. 423 :

Recavo misceret labra palato.

¶ **RECAUZARE**, Reconzare, f. Reficere, Ital. *Racconciare*, Gall. *Raccommoder*. Statuta Montis-Regalis pag. 269 : *Ferrarii teneantur et debeant Reconzare sapam pro solidis novem ponendo quatuor verghas azali, et massam pro solidis octo, et currum pro solidis quatuor, et Recauzare fecerim pro solidis quatuor*.

* Vel Exacuere, Gall. *Aiguiser* ; quo sensu *Ressuer* accipi videtur, in Lit. remiss. ann. 1387. ex Reg. 132. Chartoph. reg. ch. 156 : *Lesquelz varletz du mareschal avoient appareillié et Ressué une coignie. Rebouture* vero, Ipsa refectio, vel refectionis pretium, in Comput. MS. fabr. S. Petri Insul. ann. 1366 : *Item pro viginti quatuor Reboutures pro eisdem martellis, xvj. solidos*.

* **RECCUS**, Rechus, Recus, Fluvii ramus, alveus, rivus, canalis. Libert. Stagelli ann. 1331. in Reg. 69. Chartoph. reg. ch. 174 : *Possent facere alveum seu Rechum ad deducendum dictam aquam.... Pro qua quidem aqua sive usu ejusdem ducenda per alveum, alveos, Rechum seu Rechos usque ad castrum de Stagello,.... ad rigandum suas possessiones, terras...... Possint reficere...... meatus, Recos, aquæductus et transductus*. Charta ann. 1394. in Reg. 149. ch. 78 : *Necessario oportet dictas fustas vehi usque ad Reccum de Amacio, principalem matricem fluminis ejusdem ;.... et fustæ sive vasa prædicta ibidem in dicto Recho de Amacio sunt et semper fuerunt in magno periculo*. Charta ann. 1262. inter Probat. tom. 3. Hist. Occit. col. 554 : *Et inde sicut includit via fontis de Tricot, et descendit Reccum de Sellano, usque ad fontem Caroli magni, etc.* Lit. remiss. ann. 1419. in Reg. 169. ch. 226 : *Luppus de Algueta in quodam Reco supra quemdam molendinum, etc.*

1. **RECEDERE**, Mori, fato fungi, vita excedere. [Idatius in Fastis : *His Coss. Honorius Augustus Recessit Veronæ*. Et alibi : *His Coss. Recessit apud Mediolanum Theodosius Augustus*.] Inscriptio Christiana in Ecclesia S. Petri in Castello Veronæ, apud Ludovicum Moscardum lib. 4. Histor. Veron. : *Hic requiescit in pace S. Valens Episcopus, qui vixit annos p. m. xxxxv. et sedit in Episcopatu annos.... mens. vii. et dies xviii. et Recessit sub d. viii. Kal. Augustas P. C. Lampadi et Orestis VV. CC. Ind. viii.* Alia apud J. Mabillonium tom. 4. SS. Ord. S. Benedicti pag. 539 : *Servivet annus quinquagenta, Recessit sub die pridie Kal. Octob. Indictione sesta*. Ita apud Ambros. Moralem lib. 11. cap. 31. 41. 44. 53. 56. et lib. 12. cap. 13. 14. 37. *Recessit in pace*, non semel occurrit in Monumentis Christianis, apud Baronium ann. 544.

num. 13. et 15. Bivarium in Notis ad Pseudo-Chronicon Marci Maximi pag. 38. 218. 266. 276. 277. 352. 497. Ughellum tom. 4. pag. 1051. tom. 5. pag. 584. Guesnaium in Annalib. Massiliensib. pag. 79. etc.

¶ 2. **RECEDERE**, Removere. Acta S. Franciscæ Rom. tom. 2. Martii pag. 136 * : *Nec est aliqua res, quæ possit te impedire, vel tibi possit nocere et ab eo Recedere.*

¶ 3. **RECEDERE MALEFACTORES**, Sontibus permittere, ut sui sint juris, data satisfaciendi cautione. Consuetudines Furnenses MSS. ex Archivo S. Audomari : *Malefactores Recedentur per plegios, quos homines Comitis dicent esse sufficientes, exceptis his, quæ in præsentia Comitis vel in conspectu Ballivi evenerint, hoc notato, quod qui deliquerint in conspectu Ballivi in prisona ducentur, et statim per bonos plegios ad dictum hominum Comitis Recedentur.* [** f. *Recredentur.*]

** RECEDERE DE JURE SUO, De jure suo decedere, jus dimittere. Charta ann. 1309. apud Haltaus. in Glossar. German. col. 1917. voce *Verziehen* : *Recepta de dicto Johanne quadam pecuniæ summa, quæ plene nobis est soluta, Recessimus et in his scriptis expresse Recedimus de omni jure, si quod nobis in dicta Cunegundi et suis pueris ... competebat, etc.*

* **RECEDIPIUM**, *Vestis parasitica*, in vett. Glossis. Vide *Rechedipna.*

¶ 1. **RECELARE**, Occultare. Onomasticum ad calcem tom. 5. Anecd. Marten. : *Super quibuscumque excessibus et forefactis... huсusque Recelatis... vos informetis.* Statuta Simonis Nannet. Episc. apud eumdem Marten. tom. 4. Anecd. col. 962 : *Adversarios etiam taliter Recelans excommunicationes et suspensiones ultra quindecim dies tenetur, et ipsum decernimus teneri propriis expensis suspensos et excommunicatos absolvi facere, etc.* Nostris *Reeler* proprie dicitur de eo, qui furem aut furta recipit et occultat, alias *Receter* vel *Recoiter*, a Recipere vel Receptare; ut *Receteur*, a Receptor vel Receptator. Bellomanerius cap. 69. pag. 350 : *Aussint est coupable qui Recete à essient le larrecin, comme chil qui l'emble, car si li Receteur n'étoient, il ne seroit pas tant de malfacteurs.* Idem cap. 31. pag. 265 : *Chil qui Recoite la chose emblée à escient .... et chil partit à la chose emblée... tuit chil sont coupables du fet.* Eadem notione *Rechaiter* dicitur in *Rechatare* post *Rechaciare.*

* Charta ann. 1332. ex Tabul. monast. Bonæ-val. : *Exceptis simplici occisione, murtro, raptu, incendio, thesauro invento et Recelato. Receter*, eadem acceptione et pro Recipere, vulgo *Retirer*. Joinvil. in S. Ludov. edit. reg. pag. 115 : *Avec li Receta ce qu'il pot de gent.* Annal. regni ejusd. reg. ibid. pag. 171 : *Se nus l'avoit* (le saint clou) *trové ne Receté.* Occurrit præterea in Chron. S. Dion. tom. 3. Collect. Histor. Franc. pag. 245. Guill. Tyr. contin. Hist. apud Marten. tom. 5. Ampl. Collect. col. 704 : *Quant li Crestiens qui s'estoient Receté en la tor David, etc.* Unde *Recelément.* Occulte, furtim, in Lit. ann. 1371. tom. 5. Ordinat. reg. Franc. pag. 404.

* 2. **RECELARE**, Dicitur de præstatione agraria, quam quis dare renuit. Charta ann. 1259. in Chartul. eccl. Lingon. ex Cod. reg. 5188. fol. 154. v° : *Omnes etiam tertias in finagio de Colum, de quibus homines tertias hactenus retinuerunt vel Recelaverunt, quæ solebant vel debent esse tertiabiles, tenetur dominus episcopus et successores ipsius, qui pro tempore fuerint, reducere ad solutionem tertiarum.*

RECELLA, Res parva. Vide *Recula.*

¶ **RECELLIGERE**, Recipere, receptare, Gallice *Receler*, si vera lectio est; nam videtur legendum *Recolligere*. Charta ann. 1455. e Tabulario Aniano : *Quod alias eis prohibuerat in virtute sanctæ obedientiæ, ne auderent Recelligere religiosum in dicto monasterio fratrem Stephanum Saisetti, alias Boissonis, olim Anianæ, et tunc S. Guillelmi de desertis monachum... qua prohibitione non obstante non cessabant illum Recelligere.*

¶ **RECELLULA**, Res parva. Vide *Recula.*

¶ **RECENSARE**, pro *Recensere*, Numerare, scriptum esse in Glossis MSS. testatur Vossius de Vitiis serm. lib. 4. cap. 20. pro quo reponendum censet reipsa *Recensere*, nisi simile sit ac *Redinserare* : de quo inferius.

¶ **RECENSERE**, *Recensser*, Narrare, Gall. *Raconter*. Le Roman. *de la Rose* MS :

Que l'un quancqu'il ose penser,
Puisse à son ami Recensser,
Comme à soi seul seurement,
Sans souspeçon d'encusement.

Recensere, pro narrare, non est Latinis ignotum ; sed non ita Gallis vetus *Recensser.*

* *Recenser*, pro Loqui, sermonem habere, in Chron. S. Dion. tom. 3. Collect. Histor. Franc. pag. 203 : *Tandis comme il Recensoit teux paroles, etc.* Ubi Aimoin. lib. 2. cap. 37. ibid. pag. 65 : *Inter hos atque hujusmodi sermones, etc. Racompte*, pro *Récit, histoire*, Narratio. Le Roman *du Chevalier Deliberé* MS :

Moult bien lui seoit le parler,
Le chemin me fist oublier,
Et me dist contre ses Racomptes, etc.

Vide infra in *Recordari* 2.

* **RECENSIRE**, Lavare, eluere. Glossar. Gall. Lat. ex Cod. reg. 7684 : *Recensire, Rinser comme un voirre.* Vide *Recincerare.*

* **RECENSOR**, Narrator, delator. B. de Amoribus in Speculo sacerdot. MS. cap. 26. ubi de peccato linguæ :

Non sis defensor peccati, sive Recensor.

Vide supra *Recensere.*

¶ **RECENTARIA**, RECENTARIUM. Vide mox in *Recentatum vinum.*

RECENTATUM VINUM, ut auctor est Alexander Trallianus lib. II. cap. 1. fuit propomatis genus, quod, ut in eo bibendo magis delectarentur Romani, peculiari quadam arte refrigerebant : sic nuncupatum, ut censet Hieron. Mercurialis lib. 1. Var. lect. cap. 7. quod vinum antiquum musto, vel lixivio, vel tortivo commisceretur, vel quasi renovaretur, quomodo plerosque hodie factitare conspicimus. *Recentare* enim veteres Romanos pro *renovare* dixisse constat ex A. Gellio lib. 15. cap. 15.

Neque aliud innuit, ni fallor, *Recentium* vocabulo Avitus Viennensis Epist. 65 : *Cæterum de Recentibus, quia præcipitis, et meas partes cedo, et multiplices suas, utatur paterarum capacitate procapis, atterat labris phialas, quas circundet pitaciorum densitate, pro circulis.* Idem Epist. 77 : *Jam de cibis taceo : in accipiendis Recentibus major est pœna. Musta deposcens, aut inediam patior, aut aliquid rapuisse confingor. Summa importunitate perago, et tres recentes aliis plus præsumam. Ipsæ enim pateræ, quas confictis casibus frango, quotidiana reparatione decrescunt.* Ubi Sirmondus *Recentes* appellari ait, *recentatos*, id est ad rigorem redacti vini potiones. Vide Stackium lib. 3. Antiquit. convivial. pag. 344.

Memorat idem Mercurialis lib. 2. cap. 13. vinum *Picans* et *Racens*, aitque ita populari vocabulo appellari vinum conditum et mixtum, quod Romanis *picatum* dicitur. Solebant enim illi vasa pice oblinire, resinamque ipsam vino commiscere, quod talia vasa non modo gratum quemdam odorem impertirent, verum etiam vinum generosum redderent.

RECENTARIA, in Glossis Lat. Græc. et Græc. Lat. νεαροφόρος.

RECENTARIUM, præterea inter vasa et ministeria sacra recensetur. Est autem vas, in quod *recentes*, seu *vinum recentatum* infundebatur. Historia Episcoporum Autisiod. cap. 20 : *Item Recentarium deauratum pens. lib. 2. et s. habet deforis cavaturas. Item alium Recentarium pens. lib. 1. et unc. 9. habet in medio listellam et feras.* Vita S. Desiderii Episc. Cadurcensis : *Jam vero in altaris Ecclesiæ ministeria, dici non potest quantum se fuderit, quantaque fecerit, quam numerosa, quam pulchra,... candelabra resplendent, nitet pomorum rotunditas, fulget Recentarii cœlique varietas, nec desunt patenæ sacris propositionibus præparatæ.*

* Haud scio an melius Georg. Rhodig. in Disquisit. de Sacro ministerio cap. 26. num. 3. definiat esse Thuribuli genus, quod unum ex illis a Desiderio donatis habuerit foris *cavaturas*, id est, ut putat ille, foramina ad thuris fumum emittendum.

¶ **RECENTIA**, Initium. Chronicon Metense apud Acher. tom. 6. Spicil. pag. 661 : *Idem* (Stephanus Episc.) *in ipsa promotionis suæ Recentia castrum Terli, quod viatoribus per illas transeuntibus partes valde erat pernitiosum... in manu valida destruxit et complanavit.*

¶ **RECEPASNAGIUM**, Quod pro jure porcorum a festo S. Andreæ ad Nativitatem Domini pascendorum Majori solvitur, non Domino, ut *Pasnagium.* Sic exponitur hæc vox in Professione juris clientaris Abbati Floriacensi incerto anno præstita a Majori villæ *Sousaussoy* in foresta seu silva Aurelianensi.

¶ **RECEPELLATURA**, Vestis species e pellibus, ut opinor. Statuta Placentiæ lib. 6. fol. 82 : *Et pro Recepellatura eisdem pueris, ultra 6. den. et quod omnes zochulæ prædictæ habiant corollos de cordoano vel manzolo.*

1. **RECEPTA**, Medicamenti adhibendi formula, quomodo *Recepte* nostri dicunt. Joan. Gerson. lib. de Laude Script. de Medicis : *Non enim sufficiunt eis libri, quantumlibet et arte compositi ; sed opportet variare Receptas, etc.* [Statutum Synodale Eccl. Avenion. ann. 1341. apud Marten. tom. 4. Anecdot. col. 565 : *Ab eodem quo-*

que hipothecharius seu speciator Receptas ordinatas per talem Judæum medicum auderet seu attentaret sub eadem pœna conficere nec ministrare alicui Christiano.]

¶ 2. RECEPTA, Pecuniarum coactio, quæstura, Gall. *Recette*. Item Ærarium, in quod conferuntur coactæ pecuniæ. Decimæ Regi Franc. concessæ ann. 1316. apud Lobinell. tom. 2. Histor. Britan. col. 467 : *Item* LXIX. *lib. pro duobus terminis quarti anni decime ad sex annos concesse, in moneta Britonica et alia communi, si eam magistri hujus Recepte duxerint acceptandam*. Literæ Johannis Franc. Regis ann. 1356. apud D. *Secousse* tom. 3. Ordinat. Reg. pag. 78. pro incolis Avinioneti : *Receptores dicto Senescallo... presentibus Consulibus et Procuratoribus dicte Universitatis... compotum et rationem legitimam de Receptis et misiis ob hoc factis semel in anno reddere teneantur*. Literæ Caroli Pulchri Franc. Regis ann. 1327. apud *le Brasseur* in Probat. Hist. Comitatus Ebroic. pag. 49 : *Ut quidquid dicti Thesaurarii exinde solverint in eorum collocent compotis et de Recepta deducant*. Oratio Legatorum Regis Franc. coram Pio II. PP. ann. 1459. apud Acherium tom. 9. Spicil. pag. 320 : *Sciunt qui Receptas fecerunt et reditus cognoscunt Ecclesiarum*. Charta Renati Regis Provinciæ ann. 1473. pro Monialibus Aquensibus S. Claræ, e Schedis Præsidis *de Mazaugues : De quacumque pecunia suæ Receptæ*. Statuta Monasterii S. Claudii pag. 75 : *Item, supra Receptam Regis Franciæ et ejusdem dominium in villa de Barra... percipere debet de annuo reditu* 40. *libras Turon*. Literæ Edwardi III. Regis Angl. ann. 1334. apud Rymer. tom. 4. pag. 632. col. 2 : *De omnibus exitibus et Receptis de dicto Ducatu provenientibus*. Aliæ ann. 1341. apud eumd. Rymer. tom. 5. pag. 224. col. 2 : *Omnes denarii provenientes de omnibus firmis nostris.... ad Receptam nostram celeriter deferantur*. Adde tom. 8. pag. 748. col. 1. et vide infra *Receptus* 1. et 2.

¶ 3. RECEPTA, [Jus pastus.] Vide *Receptum*.

¶ 4. RECEPTA, f. *Oblata* in Parthenonibus. Necrologium MS. Abbatiæ S. Petri de Casis : XXXI. *Januarii obiit Agnes de Crectes Recepta de Casis*. Pluries occurrit ibi, nullo addito, unde certa notio possit erui. Vide *Receptus* 3. et *Redditus* 1.

RECEPTABILIS, Qui admitti potest, idoneus, *Qui peut estre receu*, *Recevable*. Charta Odonis Ducis Burgund. ann. 1203. pro Communia Belnensi, apud Perardum pag. 275 : *Sciendum, quod homines communiæ famulos Receptabiles* [*pro se*, ut habetur in Chartulario Divion. et apud Perardum pag. 335 :] *in exercitum meum mittere possunt*. Habentur eadem verba in Charta Communiæ Divionensis ann. 1187. et Sinemuri ann. 1276. [Charta Maurini Abbatis Vallis Sanctæ Diœc. Aptensis ann. 1509. ex Schedis Præsidis *de Mazaugues : Unius gallinæ bonæ et Receptabilis*.]

1. RECEPTACULUM, Hospitium, domus, in quam quis se recipit : proprie vero domus munita, castellum. Charta Philippi Augusti ann. 1219 : *In quibus continetur quod nullus a Rhodano usque ad Alignum... a S. Albano usque ad Podium novas munitiones aut aliqua nova Receptacula potest ædificare sine nostra permissione*. [Homagia Nobilium Bressiæ præstita Amedæo Sabaudiæ Duci ann. 1272. apud Guichenonum in Probat. Hist. Bressiæ pag. 17 : *Joannes Salvagii Domicellus.... recognoscit se tenere in feodum ligium ab eodem domum suam de Malmont, cum tota forterescia, Receptaculo et fossatis. Joannes de S. Saturnino Domicellus confitetur se tenere pro uxore sua a domino Baugiaci in feodum ligium domum suam de la Jasderi cum Receptaculo et fossatis*. Ibidem pag. 19 : *Hugoninus de Castellione... recognoscit se tenere ab eodem in feodum... domum fortem Guillermi de Felins domicelli, quam idem Guillelmus tenet apud Luguiacum ab ipso Hugone cum Receptaculo dictæ domus*. Quibus in locis non integra domus, aut munitio quævis, sed pars domus munitæ seu certa quædam munitionis species, ac forte turris, videtur esse intelligenda.] Ita *Recet* nostris olim. Le Roman *de Rou* MS :

Maint bon Rechet auras, et maint bon herbergage.

Le Roman *d'Aubery* MS :

Au bois d'Ardene est un Recet felon
Entre deus eues, dout je sai bien les noms.

Robertus de Bourrono in Merlino MS : *Chi emprès en cette forest à deus archies a un mien Rechet biel et riche, ou vous pourrés reposer et aaisier*. Infra : *Chacun de ces deus freres a son rechet en sa terre devisée l'une de l'autre*. Vide *Receptum*.

* 2. RECEPTACULUM, Locus, in quem se improbi homines recipiunt, in Lexic. jurid. Calv. Hinc *Receit*, pro *Terrier*, cuniculus, in Lit. ann. 1324. tom. 5. Ordinat. reg. Franc. pag. 380 : *Que li dessus dit, et cil qui d'aux auront ou pourront avoir cause, puissent abatre, bouscher.... tous Receiz et terriers à commis et à toutes autres bestes quelconques*.

* RECEPTALIS, Advena, externus hospitio exceptus ; unde a burgensi distinguitur. Consuet. burgi S. Mart. de valle ex Tabul. major. monast. : *Burgenses vel Receptales Guidonis non recipiemus ad habitandum in nostro burgo, nisi per licentiam ipsius Guidonis*. Vide mox *Receptare*.

¶ RECEPTAMENTUM, Receptio, Gall. *Recelement*. Literæ Edwardi I. Regis Angl. ann. 1303. apud Rymer. tom. 2. pag. 931 : *Quos per illam inquisitionem culpabiles de facto illo.... seu de ipsorum malefactorum Receptamento inveniri contigerit*. Aliæ Edwardi III. ann. 1350. apud eumdem Rymer. tom. 5. pag. 692 : *Pardonavimus.... pro omnibus homicidiis, roberiis, rapinis, feloniis, latrociniis, incendiis, Receptamentis felonum, conspirationibus, etc*. [** Placit. ann. 8. Henr. III. Reg. Angl. in Abbrev. Placit. pag. 104. col. 2 : *Adam de Whitecote rectatus de societate Ph. de Say, utlagi, qui interfectus est, et de Receptamento Rogeri Crul et aliorum latronum et malefactorum, venit.... et jurati hundredi de Munselowe dicunt super sacramentum suum, quod Receptavit Rogerum utlagum.... et ideo suspendatur. Receptatio* dicitur in Assisa Henrici II. Reg. Angl. apud Clarendon, cap. 1 : *Si quis retatus fuerit coram justitiis D. Regis, de murdro, vel latrocinio vel roberia, vel Receptatione hominum tale facientium, etc*.]

¶ RECEPTARE, Hospitio excipere. Constitutiones Cluniacenses MSS. ex Archivo B. M. Deauratæ : *Omnes vero de Ordine, cujuscumque conditionis extiterint, qui ipsos fugitivos et vagabundos amodo Receptaverint aut cum ipsis participaverint quoquo modo, illa tamen participatione excepta, que pertinet ad animarum salutem, etc*. Vide *Receptamentum* et alio sensu *Receptum*.

* Nostris *Receiter*, *Receiver* et *Recepter*. Charta ann. 1279. inter Probat. tom. 2. Hist. Burg. pag. 45. col. 2 : *Nos Othes cuenz palatinz de Burgoigne et sires de Salins promettons à Robert duc de Burgoigne.... que nos les homes doudit duc, qui partiront de sa terre, ne retendrons, ne Receiterons en nostre terre desous nos*. Pactum inter reg. Angl. et ducem Brit. ann. 1370 apud Lobinell. tom. 2. Hist. Brit. col. 601 : *Le duc, ses heires.... seront tenuz à Receiver et vetuieller amiablement par mer et par terre ledit roy et ses ditz gentz*. Lit. remiss. ann. 1390. in Reg. 138. Chartoph. reg. ch. 277 : *Ceux qui gardoient la porte de ladite ville souffrir entrer yceulx murdriers et les Recepterent*.

¶ RECEPTARIUS, Exactor, coactor, Gall. *Receveur*. Charta ann. 1365. ex Archivio Brivatensi : *Antonius Torrent levator et Receptarius emolumentorum curiæ præpositatus Brivatensis*.

RECEPTATIO. Vide supra in *Receptamentum*.

* RECEPTATOR, RECEPTOR, apud Latinos de loco, in quem quis se recipit, tantum intelligitur; de personis vero, quæ recipiunt, usurpatur apud Scriptores inferioris ævi : in Digest. lib. 47. tit. 16. inscribitur *de Receptatoribus*. Director. Inquisit. Fr. Nic. Eymer. memorat *defensores, fautores, Receptatores* hæreticorum. Ulpian. leg. 13. ff. de Offic. præsid. lib. 1. tit. 18 : *Debet..... Receptores eorum coercere, sine quibus latro diutius latere non potest*.

* RECEPTI, Generaliter, qui consensu aliquo admissi sunt vel electi : unde *Recepti* etiam dicuntur, Arbitri seu judices compromissarii, in Lex. jurid. Calv. Vide *Receptor* 1.

¶ RECEPTIBILIS, Qui recipi potest vel debet. S. Augustinus lib. 5. de Trinit. cap. 13 : *Nostra scientia amissibilis est et Receptibilis*. Eccli 2. 5 : *Homines Receptibiles probantur in camino humiliationis*. Statuta S. Victoris Massiliensis MSS. ann. 1531 : *Debet dare duas anchoisas bonas et Receptibiles pro uno Religioso*. Hoc est, idoneas, convenientes, Gall. *Recevables*. Vide *Receptabilis*.

* Charta ann. 1352 : *Sub annuo censu seu canone tresdecim sestariorum frumenti pulchri et Receptibilis ad mensuram Alavardi*.

¶ 1. RECEPTIO, Exactio, coactio, Gall. *Recette*. Literæ Philippi Franc. Regis ann. 1290. apud Lobinellum tom. 3. Hist. Paris. pag. 231 : *Concedimus... mille libras Turonensium ex Receptionibus reddituum, proventuum, seu obventionum regni nostri, etc*. Vide *Recepta* 2.

2. RECEPTIO, Jus pastus. Vide *Receptum*.

3. RECEPTIO, [Calicis ablutio post-

sumtionem Corporis et Sanguinis Christi.] Vide *Superfusio*.

* *Réception*, nude, ipsam sacræ Eucharistiæ perceptionem significare videtur, in Testam. Joan. *Lessillé* ann. 1382. inter Probat. Hist. Sabol. pag. 391 : *Ge donne et laisse à tousjournés aux parroissiens affluans chacun an en l'église de Juigné au jour de Pasques, une jalaye de vin, assignée sur mes domaines de Juigné, pour bailler et distribuer à chacun, après ce il aura fait sa Reception en laditte eglise à laditte journée de Pasques.*

¶ 4. **RECEPTIO** Nemorum, Facultas, ut videtur, succidendorum lignorum in silva regia ad munitionem urbis necessariorum. Literæ Caroli filii Philippi Audacis ann. 1324. apud D. *Secousse* tom. 4. Ordinat. pag. 38 : *Litteras concessas eisdem ville Flore, et aliis locis predictis, per officiales dicti Ducis, supra clausura de muris de palis, et Receptione nemorum juxta ordinationes predictas, et modo quo in dictis litteris continetur, absque alio sumptu dicti domini nostri Regis, excepta Receptione dictorum nemorum, concedimus etiam et confirmamus.*

* Fortassis nude, Usus nemorum, idem quod *Usagium*, nisi de iterata cæsione vulgo *Resepage*, intelligas.

* 5. **RECEPTIO**, Proventus, reditus. Charta Joiæ dominæ *de Vallaincourt* ann. 1241. in Chartul. Mont. S. Mart. part. 1. ch. 116 : *Penchonia cum raeris dictæ sclusæ, cum omnibus Receptionibus suis, dictæ ecclesiæ in perpetuum remanebunt.* Vide *Receptus* 1.

* 6. **RECEPTIO**, Furtum. Vide infra *Recipere* 6.

* **RECEPTITIUS.** *Receptitia actio, dos.* Consule Lexica juridica Calvini et Brissonii.

* **RECEPTIVUM**, Exactio, coactio. Gall. *Recette*. Tabular. Major. monast. : *Calumniavit domnus Hamo monachis se non annuisse passagium Genestæ de Receptivis burgi S. Martini*. Vide *Receptio* 1. et mox *Receptoria*.

1\. **RECEPTOR**, Arbiter. Glossæ Isidori : *Receptor, Actor concordiæ, Medius.*

¶ 2. **RECEPTOR**, Exactor, coactor, tribunus ærarius, Gallis *Receveur*. Occurrit passim. Vide *Receptoria*, Vossium lib. 1. de Vitiis serm. cap. 27. et in Appendice pag. 799.

¶ 3. **RECEPTOR**. Concil. Mexicanum ann. 1585. tom. 4. Concil. Hispan. pag. 313 : *Notarii ecclesiasticorum tribunalium hujus provinciæ, et tabelliones qui Receptores vocantur, ante ne accipiantur quam Episcopis.... obedientiam jurejurando promittant. In loco ad audiendum caussas per tres ante meridiem horas tresque alias post meridiem saltem assistant; ibique ipsimet per se negotia cum judicibus expediant.*

¶ 4. **RECEPTOR** Horarum. Vide in *Horæ*.

* 5. **RECEPTOR**. Vide supra *Receptator*.

¶ **RECEPTORIA**, Coactio, exactio, Gall. *Recette*. Charta Philippi Pulchri Franc. Regis ann. 1295. apud *de Lauriere* tom. 1. Ordinat. pag. 327 : *Quod si forte Receptoriam nostram contingat dimittere, volumus... quod ipsi cum Receptoribus nostris deputandis pro tempore, ad collectionem emolumenti predicti, deputent et habeant aliquem pro se... qui dicte recepte intersit, etc.* Literæ Johannis Comitis Armaniaci ann. 1356. apud D. *Secousse* tom. 3. Ordinat. pag. 112 : *Quodque etiam executiones pro debitis fiscalibus fiant per servientes Receptoriarum regiarum, etc.*

* Alias *Receverie*. Charta ann. 1323. in Reg. Cam. Comput. Paris. sign. *Noster* fol. 169. r° : *Jehan Remy receveur de Champaigne vouloit prendre sur le roy par son compte de la Receverie de Champaigne, etc.*

1\. **RECEPTORIUM**, Locus, in quem quis se recipit. Papias : *Diversorium, Receptorium, Hospitale.* Sidonius lib. 5. Epist. 17 : *Epiphanius noster vix suprascripta peraraverat, et nuntiatum est, hora monente, progredi Episcopum de Receptorio.* Ubi Savaro *Receptorium*, Ecclesiæ *secretarium* interpretatur.

* Hinc Secundæ, vulgo *Arriere-faix*, *Receptable* appellatur, in Lit. remiss. ann. 1473. ex Reg. 197. Chartoph. reg ch. 371 : *Icelle femme près dudit estable trouva le lit ou Receptable de la matrice dudit enfant.*

2\. **RECEPTORIUM**, Conclave rationarium, nostris *Comptoir, Bureau de recepte*, ubi scilicet pecuniæ numerantur et exsolvuntur. Lex 3. Cod. Th. de Palatinis (6, 30.) : *Primicerii scriniorum, Receptoriorum etiam, per triennium, instar sacrorum scriniorum, administratione fungantur.*

¶ 3. **RECEPTORIUM**, Idem, ut videtur, quod mox *Receptum*, Jus pastus. Charta Petri Episcopi Tullensis ann. 1188. pro Monasterio S. Apri ejusd. urbis, apud D. Calmet. in Probat. Hist. Lotharingiæ tom. 2. col. CCCXCVIII : *Ecclesiam Semillæ cum Receptorio uno et x. denariis de fisco, Ecclesiam Modonis-villæ cum v. solidis de fisco et totidem modiis avenæ, et cum capella Morleni-curtis, et cum tribus Receptoriis in anno, et mancipiis Ramifredo, cum uxore et liberis, terris et pratis. Medietatem ecclesiæ Sirici-curtis cum Receptorio uno et XII. denariis.... Tres partes ecclesiæ Focandi-curtis cum duobus Receptoriis et totidem solidis, et cum medietate eleemosynarum et oblationum et cum omni prædio in sylvis, vineis, pratis, terris cultis et incultis, servis et ancillis.* Pluries occurrit ibi et col. seq. nullo addito clariori indicio, unde notio certius innotescat.

1\. **RECEPTUM**, et Receptus, illud videtur, quod vulgo *Arbergaria*, vel *Droit de giste*, in Chartis appellatur, hoc est jus pastus : nam etiamnum Belgæ nostri vocant *Receptes*, convivia, quibus agnati, qui agnatorum nuptiis interfuerunt eosdem novos conjuges domi recipiunt, et excipiunt. Chronicon Besuense pag. 548 : *Monachi vero de hominibus Receptum et placitum recipientes.* Charta ann. 1103. ex Tabular. Cluniacensi : *Donavit et omnino finivit Deo et B. Petro ad locum Cluniacum unum Receptum, quem in Cavariaco exigebat.* Tabular. Conchense in Ruthenis ch. 24 : *Et in uno quoque vicariali manso unum Receptum cum 4. Militibus, et uno serviente.* Passim in hoc Tabulario. Charta Amedæi Com. Sabaudiæ ann. 1143. in Histor. Sabaudica pag. 34 : *Retento Receptu suo et justis consuetudinibus, quæ ad Comitatum pertinent.* Alia ibidem pag. 41 : *Præterea dictum est, ut omni prorsus alio gravamine remoto, Comes Receptum, venationes Aulonii et Murerii, sicut antea, accipiet.* Adde pag. 39. Tabularium Monasterii Regulæ : *Locum illum ab omni censu absolvit, ut filii sui tantum defensores hujus loci existant et Receptum ibi non quærant, et nisi Abbas ultroneus eis obtulerit panem, non comedant.* Tabula fundationis Monasterii S. Severi in Vasconia : *Non in foro, aut in mercato de pertinentibus ipsi sacratissimo loco, quisquam judicium capiat, vel in appendititis ejus... nec Receptum inde per vim, nec censum aliquem quærere præsumat.* Tabular. Abb. Belliloci in Lemovicib. num. 45 : *De istis vero curtibus, in unaquaque unum Receptum teneat Abbas, in tali convenientia, ut nullum non et hominem Laïcum, et si fecerit, quomodo monachi in suo revocent dominio.* Tabularium Monasterii S. Andreæ Viennensis : *Et de alio beneficio ut post mortem patris Bernardi accipiamus ab ipso Varnerio in mutacio pro sex annis 40. sol. unusquisque anno Kal. Maii unum Receptum in Monasterium, etc.* Tabularium Ecclesiæ Gratianopolitanæ sub Hugone Episcopo ann. 1109. fol. 63 : *Gotafredus Villicus S. Donati ante sacrum Corpus et Sanguinem Domini, quod desiderabat accipere, gurpivit Domino Deo et Episcopo Hugoni Gratianopolitano et successoribus suis sine ullo inganno illud prandium sive Recet, quod per malam consuetudinem prædictus Gotafredus accipiebat ab hominibus Episcopi pro decima de condaminis Comitis.* Fol. 72 : *Habuique pro prædicta vinea ab Episcopo Hugone 20. sol. et 4. den. et 3. eminas ordei, et Recetum de pane et carne et vino mihi et filio meo Stephano et filiabus meis.* Fol. 89 : *Debent inde unoquoque anno unum Receptum Episcopo et sociis suis cum equitaturis.* Tabular. Celsinianense : *Debet 2. sextarios de siligine, et 1. sextarium de civada, et 18. denar. Podienses, et Recetum de pisce et carne, et 1. sext. vini.* Tabularium Eleemosynæ S. Pauli Viennensis : *Quandam vineam,... et 1. Receptum, et 1. eminam siliginis, etc.* Occurrit etiam in Notitia sub Francone Epist. Paris. in Minore Pastorali ejusd. Ecclesiæ ch. 95. in Tabular. Prioratus Dominæ in Delphinatu passim, etc. Charta ann. 1309. in 9. Regesto Philippi Pulchri Regis Franc. ch. 27. ex Tabulario Regio : *C'est à savoir en complans, en garcages, en gardes, en Receps, en ventes, en rentes, etc.* Adde Ughellum tom. 1. part. 1. pag. 875.

☞ Haud abs re fortasse fuerit Cangianam opinionem novis quibusdam locis confirmare. Charta Ademari Vicecomitis Lemovic. ann. 1062. qua Cluniaco tradit Abbatiam S. Martialis, inter Instrum. tom. 2. Gall. Christ. col. 180 : *Nihil in eadem abbatia ego... retinendo, exceptis his consuetudinibus, co. solidis... uno Recepto Comitis Pictaviensis... et justitia panis et vini, cum in hanc villam venerit.* Sententia ann. 1163. ex libro viridi Episcopatus Massil. : *Recetum in festivitate S. Stephani Episcopum facere Canonicis jussimus... in precipuis autem festivitatibus Natalis Domini, Apparitionis, Ramispalmarum, Cene Domini, Pasche... Episcopus, duobus se comitantibus in canonica comedat, et ei honorifice serviatur.* Transactio ann. 1165. ibidem : *Decrevimus, ut castrum de Albania cum suis pertinentiis Vicecomites ab Ecclesia et ab Episcopo et*

Canonicis in feudum et fidelitatem deinceps habeant, et pro eodem feudo in Natale Domini et in Pascha duos Recetos facient, et in prædictis diebus totum refectorium, cum omnibus hominibus qui in canonica fuerint... honorifice, sicut in tantis festivitatibus expedit, procurabunt. Eadem fere leguntur in Homagio, quod pro dicto castro de Albania Episcopo Massiliensi ann. 1177. præstitit Hugo Gaufridi, ibidem. Passim occurrit vox *Recetum* vel *Recetus*, pro refectione in Archivio laudato, et alibi. In Rotulo sæculi XII. de Prioratu S. Pauli de Tartas ex Archivo Monasterii de Casa Dei promiscue legitur eadem notione *Receptus* aut *Recetus*, ut et in Chartulario Camalariensi diœcesis Aniciensis; *Receptum* vel *Receptus* in Statutis S. Claudii pag. 74. 77. 79. 84. et alibi. Ex iis emendanda procul dubio Bulla Anastasii IV. PP. ann. 1153. inter Instrum. Ecclesiæ Massil. tom. 1. novæ Gall. Christ. pag. 112. col. 2. ubi legitur : *Castrum Albaniæ, et duos Rocetos pro eo in Natale Domini et in Pascha.* Corrigo *Recetos* ex Transactione ann. 1165. mox laudata. Hinc evanescit conjectura Glossatoris, qui suspicatur *Rocetos* esse *Rocheta*, quibus utuntur Episcopi, nostris *Rochets.* Vide *Cœna* et *Procurare.*

¶ Receutum, vel Recrutus, Eadem significatione. Transactio Abbatis S. Victoris Massil. cum Episcopo Tolon. ann. 1144. ex parvo Chartulario ejusd. S. Victoris : *Episcopus (habeat) tres solidos pro sinodo et Receutum, sicut habere solebat.* Infra pro *Receutum* legitur *Hospitium : Episcopus habeat synodum tantum et hospitium.* Vide *Hospitium.*

Receptio, Eadem notione. Tabularium Persiacense ch. 30. apud Perardum 42 : *Viva voce proclamantes, quod non debent Episcopalem Receptionem facere apud S. Marcellinum, quæ Capella est, non vicus publicus : exenia vero et servitium se dare debere aliis in locis dixerunt.* Chron. Andrense pag. 612 : *De procurationibus, de Receptionibus, de vestibus et aliis rebus indebitis, totum quitum clamo.* Charta Willelmi Comitis Cabilonensis ann. 1180 : *Receptionem quoque plenariam apud Tolonum semel in anno, quam quærebam, si quando ad clamorem Prioris et Ecclesiæ Paredi pro damnis Ecclesiæ illatis cum armata manu super aliquem vicinorum pergere me oportuerit.* Charta ann. 1214. apud Ughellum tom. 2. Ital. Sacr. pag. 649 : *Omni anno unam charitativam Receptionem nobis dare debeatis, etc.* [Bullæ Honorii III. et Innocentii IV. Paparum ex Archivo Monasterii S. Salvatoris Massil. : *Ecclesiam S. Mariæ de Belloloco annuum censum decem solidorum et tres Receptiones pro Abbatissa sive Priorissa.*] Adde Chartam 149. Appendicis ad Capitul. Regis Fr. et Spicilegium Acherianum tom. 13. pag. 258. [et vide *Servitium de cibo.*]

Recepta, Eodem etiam, ni fallor, significatu, in veteri Charta apud Perardum in Burgundicis pag. 81 : *Præterea Receptam quam Raimundus habet ab illo in Ecclesia de Varva concessit illis, si canonici laudem Raimundi, vel hæredum suorum habere possent.* Vide Marcam lib. 3. Histor. Beneh. cap. 8. 11. lib. 5. cap. 4. § 1. cap. 5. § 2.

¶ Receptaculum, Eodem, ut videtur, intellectu. Primordia Monasterii Calmosiacensis apud Marten. tom. 3. Anecd. col. 1164 : *Cum his quoque eulogias, quas ex parte Ecclesiæ ipse Theodoricus et antecessor ejus consueverant accipere, simul contradidit : videlicet porcum 1. anni, denarios XII. et XII. panes, et tria Receptacula in anno.*

* Convivium quo novi nupti excipiebantur alibi *Racrocde noces* nuncupatur; qua tamen voce proprie significatur Convivium, quod nuptiarum die vel postero, aut in festivitate patroni alicujus ecclesiæ sit. Lit. remiss. ann. 1374. in Reg. 105. Chartoph. reg. ch. 504 : *Icellui suppliant et autres personnes s'en revenoient du Racroc d'unes noces, qui avoient esté en la paroisse de Douville du val de Saenne.* Aliæ ann. 1381. in Reg. 120. ch. 154 : *Apres icellui mariage fait, il eust en l'ostel d'iceulz mariez une feste ou assemblée de gens, que l'en dit ou païz* (de Caux) *Racroc,.... à laquelle feste ou assemblée furent et souperent lesdiz supplians.* Aliæ ann. 1409. in Reg. 164. ch. 191 : *Le dimanche ensuiant la feste d'icelles nopces, que l'en appelle Racroq, fut et y eust plusieurs des amis d'un costé comme d'autre.* Denique aliæ ann. 1415. in Reg. 168. ch. 394 : *En laquelle ville de Bellenzes estoit lors la feste ou rebont ou Racroc de la feste dudit lieu. Regard*, eodem significatu, usurpatur, in Lit. remiss. ann. 1374. ex Reg. 106. ch. 207 : *Comme le suppliant feust alez veoir la feste du Regart, qui se faisoit en l'hostel du prevost des marchands* (de Paris) *d'une sienne fille, etc.* Rursum in aliis ann. 1403. ex Reg. 158. ch. 281 : *Comme icellui Robin feust alé en l'ostel de Henry Ernault, au Regard de la femme Guillaume Ernault sa sœur, ot icellui jour assemblé plusieurs personnes pour aler avecques lui oudit Regard, pour faire bonne chiere, selon la coustume du païs.* Neque aliud sonat vox *Request*, in Lit. remiss. ann. 1408. ex Reg. 163. ch. 19 : *En laquelle ville de Vailly se faisoit et tenoit le Request des noces de Gile Pochart.* Ut et *Rigolet*, in aliis ann. 1392. ex Reg. 144. ch. 49 : *Auquel Droyn il fu demandé se il vendroit au Rigolet d'unes nosses, etc.*

* *Receit* vero dictum Jus pastus, quod pecunia aliquando redimebatur. Charta ex Tabul. S. Mich. in Eremo ann. 1270 : *Ne soyent tenus* (lesdiz religieux) *payer Receit ou vinote, ne tenus de payer ou faire aucun prouffit ou aucune aide ou mariage ou mariages de nous filhs. Recelloite*, pro *Reception*, apud Matth. de Couciaco in Hist. Caroli VII. pag. 681 : *Lesquels* (duc et duchesse de Bourbon) *quand ils ouirent ces nouvelles, en furent fort joyeux, et firent audit Jean Boudaut de grands honneurs et Recelloite.*

Recipere, *Receptum* dare, seu pastum. Tabularium Prioratus de Domina in Delphinatu fol. 54 : *Et propter hoc debet Recipere monachos in refectorio de pane et vino, et fabis et piscibus, et pimento, in festivitate omnium Sanctorum.* Vide *Receptare.*

2. **RECEPTUM**, Via et ratio rei conficiendæ, qua ratione usurpari a nostris vulgo solet, cum bonum consilium *bonam receptam*, dicunt, translatione a medicorum pharmacis petita. Capitula Caroli Calvi tit. 21 : *Iste meus carissimus nepos cum dilectissimo fratre meo Hludovico parabolavit, et tale Receptum et consilium invenit.*

* 3. **RECEPTUM**, Jus domini sese in castrum vassalli recipiendi. Charta Ludov. VII. ann. 1153. in Chartul. S. Dion. pag. 418. col. 2 : *Clementia comitissa Domni-Martini querelata est et ex antiqua consuetudine clamavit, dominum Domni-Martini habere refugium et Receptum Tremblei in ipsa firmitate, si forte eum exterritum hostes sui imminentes sequerentur et fugarent.* Alia Petri archiep. Lugdun. ann. 1312. ex Cod. reg. 5186. fol. 16. r° : *In feodum ligium a nobis et ecclesia Lugdunensi recepit domum fortem de Lurciaco, cum Recepto dictæ domus et cum ingressibus et egressibus dictæ domus.* Vide *Receptus.*

¶ **RECEPTURA**, Idem quod *Recepta* 2. Pecuniarum aliorumve redituum coactio, Gall. *Recette.* Fundatio Parthenonis Lovanii ann. 1522. apud Miræum tom. 2. pag. 1050 : *Receptor prædictæ domus Dei... tenebitur annue reddere rationem suæ administrationis et recepturæ.*

1. **RECEPTUS**, Proventus, reditus, Gall. *Recepte.* Charta G. Ebrodunensis Episcopi ann. 1159. apud Petrum Joffredum in Episcopis Niciensibus : *Omnes primitias, et omnes pannos et lectos, sive reditus, sive Receptus mortuorum, et ipse dedit Canonicis, et nos adjudicavimus, etc.* Infra : *Præterea Ecclesias supra scriptorum Castellorum, et mortalagium, et Receptas, et decimas, et quod in futurum tempus adquiri poterit.* Ita usurpatur non semel in Charta Amedæi Episcopi Lausannensis ann. 1150. in Probat. Hist. Sabaud. Guichenoni pag. 39. 40.

2. **RECEPTUS**, Obligatio vassalli, qua tenetur dominum suum in suo castro *recipere*, si eo egeat ad bella vel negotia sua. Fulbertus Carnot. Epist. 6 : *Hoc a vobis exigo : securitatem de mea vita et membris, et terra, quam habes,... de auxilio vestro contra omnes homines, salva fidelitate Roberti : de Recepta Vindocini Castri ad meum usum et meorum fidelium, qui vobis assecurabunt illud.* Vide *Feudum receptabile*, et *Redditio*, et supra, *Receptum* 1.

¶ 3. **RECEPTUS**, Laicus, ut videtur, in Monasterio receptus, ac fortassis idem qui *Oblatus* : de quo plura dicta sunt in *Oblati* 2. Literæ Caroli Regentis ann. 1358. apud D. Secousse tom. 3. Ordinat. Reg. pag. 318 : *Nos ad supplicationem..... Abbatis S. Amandi et ejus Capituli, seu Conventus Ordinis S. Augustini, Sarlatensis diocesis, ipsos Religiosos una cum eorum omnibus membris et pertinentiis membrorum, ecclesiis, beneficiis, officiis, locis, presbyteris, clericis, familiaribus, familiis, servitoribus, donatis, Receptis et eorum hominibus tailliabilibus et explectabilibus... sub protectione et speciali salva-gardia regia... suscipimus per præsentes.* Vide *Recepta* 4. et *Redditus* 1.

¶ **RECERCARE**, Perquirere, Ital. *Ricercare*, Gall. *Rechercher.* Statuta Montisregalis pag. 300 : *Item statutum est, quod dictus gabellator, vel nuncius ipsius, possit, quandocumque eidem placuerit, Recercare vel Recercari facere quoscumque contrafacientes prædictis, et domos ipsorum vendentium* *perquirere et Recercare ad eorum liberam voluntatem.* Rursum occurrit in Statutis civitatis Vercellarum fol. 15. verso.

¶ Recercatio, Inquisitio, Gallice *Recherche*, Ital. *Ricercata.* Statuta Vercell. lib 3. fol. 89. v° : *Fiat inquisitio et Recercatio ipsarum rugiarum quolibet mense, per Potestatem, etc.*

¶ Recercator, Perquisitor, indagator, Italis *Ricercatore*, Gall. *Rechercheur. Recercator mensurarum*, in Statutis Saluciarum collat. 4. cap. 118.

* *Rechercement*, Jus inquirendi et examinandi mensuras. Pactum inter comit. et monach. Vindocin. ann. 1332. in Reg. 81. Chartoph. reg. ch. 741 : *Et nous conte* (de Vendôme) *voulons et accordons que nous, nos hoirs ou successeurs, n'aions point de Rechercement, ne aucune souvrenneté, ne autre seigneurie en ladite abbaye;... et nous religieux.... accordons que ledit mons. le conte, ses hoirs ou successeurs aient le Rechercement desdites mesures ainsi adjustées.*

¶ **RECERNERE**, pro Secernere, nisi ita legendum sit. Codex Theod. lib. 15. tit. 1. leg. 38 : *Excellens Eminentia tua cuncta privata ædificia, quæ conjuncta horreis publicis esse cognoverit, dirui ac demoliri præcipiet, ita ut ex quatuor lateribus privatorum consortio separata sint, ac libero spatio Recernantur.*

* **RECERTATOR**, *Antagonista.* Glossar. vet. ex Cod. reg. 7641.

RECESSA, [Recessus maris.] Vide *Accessa* 1.

* **RECESSARE**, Reddere, tradere. Comput. ann. 1504. inter Probat. tom. 4. Hist. Nem. pag. 81. col. 1 : *Pro recuperatione clavium portalis Carmelitarum Nemausi, quas.... senescallus Bellicadri et Nemausi, contra preheminentiam, libertatem et facultatem villæ, amoverat custodi dicti portalis, videlicet Benedicto Charpaneti, seu suæ uxori, quæ Recessaverat easdem dicto domino, contra tamen scitum dictorum dominorum consulum.*

RECESSIM, ἐπὶ πόδα,[1] in Glossis Lat. Græc. [Glossæ Græc. Lat. : Ἐπὶ πόδα, *Recessim, reperidia.* Vide *Reperidia.*]

* Idem quod *Cessim;* Græcis etiam ἀνὰ πόδα.

¶ 1. **RECESSUS**, Regressus, digressus. *Recessis ambasciatoribus*, in Vita S. Ursulinæ Parmensis num. 28. tom. 1. Aprilis pag. 732.

¶ 2. **RECESSUS**, Codex deliberationum in *dietis* seu conventibus habitarum, ideo sic dictus, quod scribi soleat antequam a conventibus recedant proceres congregati. Maxime dicitur de Codice deliberationum in *dietis* imperialibus habitarum, vulgo *Recessus imperii*, Gall. *Recez de l'Empire.* Sententia Sigismundi III. Regis Poloniæ pro Curlandiæ Ducibus, apud Ludewig. tom. 6. Reliq. MSS. pag. 227 : *Jam vero de appellationibus ad nos denegatis sic statuimus, eas pactis publicis subjectionis in recognitionem supremi et directi dominii, majestati nostræ regiæ fuisse reservatas; quæ quia per Constitutiones quasdam, quas Recessus vocant, sub pœna mille thalerorum sunt prohibitæ nobilitati, ideo ejusmodi Recessus omnes uti cum pactis publicis subjectionis pugnantes, revocamus et tollimus.*

* Constitutiones imperiales et earum codex; sunt et *Recessus* procuratorum, quos memorat Franc. Mich. *Neveu de Windtschlée* in Dissert. de Arch. num. 31. et 32. laudatus tom. 1. novi Tract. diplom. pag. 339. [** Vide Vitriar. Instit. Jur. publ. Roman. German. lib. 1. tit. 2. § 8. sqq. ibique Pfeffinger.]

¶ 3. **RECESSUS**, Resignatio, ut exponunt viri docti, Gall. *Resignation.* Vita S. Cœlestini Papæ lib. 3. cap. 10 :

> O quam multiplices indocta potentia formas
> Edidit, indulgens, donans faciensque Recessu,
> Atque vacaturas concedens atque vacantes.

Supplendum *Ecclesias.*

¶ **RECESTOORM.** Consuetudines Furnenses ex Archivo Ecclesiæ S. Audomari : *Quicumque convictus fuerit de lite in Ecclesia, id est, Recestoorm, emendabit Comiti* 111. *libras.* Puto legendum esse *Kerestoorm*, pro *Kerck-storm*, a Belgico *Kerck*, Ecclesia, et *Storm*, Tempestas, procella.

¶ **RECETTA**, Idem quod *Recepta* 1. Medicamenti compositio, nostris *Recette*, Ital. *Ricetta.* Statuta Civitatis Astæ fol. 75 : *Item, quod nullus speciarius sive apothecarius... audeat vel præsumat Recettas aliquas facere et seu dare aliquibus civibus de territorio Astensi.*

¶ **RECETUM**, Recetus. Vide *Receptum* 1.

¶ **RECEVERE.** Decretum ad calcem Statutorum Placentiæ fol. 116. v° : *Item, quod nullus massarius et laborator terrarum possit Recevere de possess. super quibus est, vel erit, nisi prius facta ratione cum domino possess. et soluto et satisfacto.* Legendum est *Recedere*, nisi forte, quod non puto, *Recevere* aliquando idem sit quod *Recedere; Ricevere* enim, unde fingi potuisset *Recevere*, Italis non est *Recedere*, sed *Recipere*, nostris *Recevoir.*

¶ **RECEUTUM**, Receutus. Vide *Receptum* 1.

RECHACEA, [Via per quam animalia aguntur in pascua et inde reducuntur.] Vide *Chacea.*

¶ **RECHACIARE**, Aurum vel argentum ab aliis metallis, quæ in monetis permisceri solent, separare; metalla illa ex auro vel argento quasi expellere, Gall. *Chasser dehors*, seu, ut olim efferebant *Rechacier, Rachassier.* Literæ Philippi Pulchri Franc. Regis ad Senescallum Pictaviensem ann. 1308. tom. 1. Ordinat. Reg. pag. 451 : *Et plurium fide dignorum relatione intelleximus, quod nonnulli Lombardi, campsores, aurifabri et alii construxerunt, construunt et manutenent in locis privatis et secretis fornaces ad fundendum, affinandum et Rechaciandum billionem, in quibus retroactis temporibus fraudulenter et malitiose fuderunt et Rechaciarunt monetas nostras nigras et albas, ex quo nos et subditi nostri multipliciter dampnificati fuimus et decepti, et adhuc plus essemus, nisi circa hoc celeriter apponeretur remedium opportunum.* Præceptum ejusdem Regis ann. 1310. ibid. pag. 475 : *Que nul ne Rachace, ne face Rechacier, ne trebucher, ne requeure nulle monnoye, quele qu'ele soit de nostre coing, et que nul ne vende, ne achete or, argent, ne billon pour greigneur pris, que celui qui est ordené, et que nous faisons donner à nostre monnoye, suz peine de perdre ce qu'il Rechacera, trebuchera ou requeurera, et d'être en nostre mercy de corps et d'avoir.* Edictum Caroli IV. Franc. Regis ann. 1322. ibid. pag. 772 : *Item, que nuls ne soit si ardis d'affiner, Rechacier, ou de recourre nulle monoye quelle qu'elle soyt; et qui sera trové faisant le contraire, l'argent et la monoye nous sera acquise à nostre volunté et le corps.* Adde Edictum Philippi VI. ann. 1329. tom. 2. earumdem Ordinat. pag. 39. *Rechassier* legitur in Edicto Caroli Johannis Regis primogeniti ann. 1356. tom. 3. pag. 150.

¶ Rechatare, Eadem notione. Mandatum Curiæ Philippi Pulchri ann. 1313. tom. 1. Ordinat. Reg. pag. 529. col. 1 : *Item, quod nullus aurifaber, campsor vel alius Rechatet, affinet, Rechatari faciat, vel affinari faciat aliquas monetas aureas vel argenteas, albas et nigras, nec aliquod argentum in platea, quodcumque sit, sub pœna amissionis argenti, et quod taliter puniretur tamquam falsarius, etc.* Edictum Philippi VI. Franc. Regis ann. 1329. tom. 2. Ordinat. pag. 47 : *Item, que nul changeur, orfevre, ne autre personne du Royaume, ne dehors quele qu'elle soit, ne soit si hardiz, qui Rechate ou face Rechater, ne affiner, si ce n'est ez lieus, qui seront ordenez de par Nous.* In alio ejusdem Regis Edicto ann. 1343. ibid. pag. 185. ubi similia rursum leguntur, habetur *Rechacier;* unde suspicor in priori legendum esse *Rechacer*, pro *Rechater*, ut et *Rechacare*, pro *Rechatare*, in Mandato ann. 1313. mox laudato. Nisi summa sit attentio, vix distingui possunt *c* et *t* in veteribus instrumentis : hinc tam frequentes sunt in plerisque vocabulis harumce literarum permutationes.

☞ Alias *Rechaiter* nostri dixerunt pro furtum recipere, occultare, hodie *Receler.* Vetus Interpretatio Institutorum Gallica : *Cil qui Rechaite cose emblée et la toillent, sont coupables de larrecin.* Alii *Receter* et *Recoiter* dixerunt hac notione; *Racheteur, Rachateur*, vel *Receteur*, Receptor, receptator, qui fures recipit eorumve bona occultat, hodie *Receleur.* Pessimum sane genus hominum, ut ait Metius tit. de Receptatoribus. Vide *Recelare* et *Receptare.*

Rechaciatus, [Repulsus, propulsus, Gallice *Rechassé, Répoussé.*] Vide in *Chacea.*

¶ **RECHANARE** Tigrides dicuntur in *Baulare.* Vide *Raccare.* De clamore asinino voces *Recaigner* et *Recaner* exponuntur a Borello.

¶ **RECHAPTARE**, Redimere, Gall. *Rachepter*, seu *Racheter.* Obituarium MS. S. Geraldi Lemovic. fol. 16 : *Redimit et Rechaptavit dictos decem solidos renduales.* Et fol. 34 : *Joannes la Faya legavit* v. *solidos, sed nunc redempti sunt et Rechaptati.*

¶ **RECHARGIA**, Mandatum, quo judex superior formam sententiæ exprimit, jubetque inferiorem juxta hanc formam pronuntiari. Ita Nomenclator idiotismi Leodiensis in voce *Apprise* ad calcem observationum Meani in Jus civile Leodiensium. Occurrit vox *Rechargia* in Historia Lossensi part. 3. pag. 164. et 170.

* **RECHASSARE**, Aurum vel argentum ab aliis metallis, quæ in monetis permisceri solent, separare. Charta Caroli IV. ann.

1322. in Reg. 61. Chartoph. reg. ch. 256 : *Super nonnullis criminibus, quæ commisisse dicebantur... in facto monetarum, eas trabuchando, Rechassando, fundendo, et aliter monetis ipsis nostris et alienis abutendo, etc.* Alia ann. 1332. in Reg. 68. ch. 2 : *Item quod dictus Raymundus fundit seu fundi fecit, Rechassavit seu Rechassari fecit, et poni in platis argenti de dictis monetis in locis, ad hoc non consuetis nec deputatis, usque ad dictam summam.* Occurrit rursum in Lit. remiss. ann. 1353. ex Reg. 82. ch. 13. Vide *Rechaciare*.

¶ **RECHATARE.** Vide infra in *Rechacitare*.

* **RECHATARE**, Redimere. Vide mox in *Rechetum*.

¶ **RECHATUM**, Redemtio, *Rachat*. Vide infra *Rachetum*.

¶ **RECHEDIPNA**, *Vestis parasitica, pluraliter*. Papias. Melius *Trechedipna*, quæ ut indicat vetus Scholiastes Juvenalis, sunt *vestes cœnatoriæ*, ac maxime quæ parasitis in usu erant, ut observat Vossius in Etymologico. Est ea vox a τρέχειν, Currere; et δεῖπνον, Cœna, quod iis induti currerent ad cœnas. Plura vide apud eumdem Vossium in laudato Etymologico, et adde Ferrarium de re vestiaria.

¶ **RECHEPTOR**, pro *Receptor*, Gallice *Receveur*, Coactor, exactor. Literæ Caroli primogeniti Johannis Regis Franc. ann. 1356. apud D. *Secousse* tom. 3. Ordinat. Reg. pag. 86 : *Inhibemus ne de chetero* (cætero) *aliquem vel aliquos de familia vel robis vestris.... in scabinum vel scabinos ville predicte, seu Recheptorum vel Recheptores reddituum seu emolumentorum ad Communitatem ville ejusdem pertinentium ... eligatis.* Insulensium, pro quibus datæ sunt hæ Literæ, vitiosa pronuntiatio est.

* **RECHETUM**, Idem quod *Laudimium*. Instr. ann. 1320. inter Probat. tom. 2. Hist. Nem. pag. 28. col. 2 : *Notificamus vobis quod Rechetum appellatur, ut si aliquis teneat aliquid in feudum, vel retrofeudum, vel terras, domos, vineas, prata, campos, vel alia immobilia, sub censu annuo, a domino nostro rege, vel aliqua de quibus domino nostro regi provenire deberet laudimium : et ille qui hoc tenet, vendit illud idem alicui alii, emptor qui emit, debet illud quod emit Rechatare a domino nostro rege : et illud in terra ista appellatur, ut audivimus, laudimium.* Vide *Rachetum*.

RECHINUS, cognominatus Fulco Comes Andegavensis, ob morum asperitatem, et morositatem. *Rechiner* enim et *rechigner*, dicimus eos qui morosi sunt, rudes, vel immites, quam vocem a *Rixa* nescio an bene deducant viri docti. *Rech* etiamnum Picardi vocant, quod asperum est, quam vocem ut plurimum usurpant in pomis aut pyris asperis. Le Roman *de Garin* MS :

Les cors as vaches commencement à charier,
Sontient cil greille, et cil olifant cher,
Cil menuel prennent à rechigner.

i. eæ tubæ, quæ *meneta* appellabant, eum sonum edunt quem morosi. Willelmus Malmesbur. lib. 3 : *Fulco, Rechin dictus, quod germani* (Gaufridi) *simplicitati crebro infrendens, ad ultimum honore spoliatum perpetua custodia coërcuerit. Richinus* dicitur in Notitia anni 1104. apud Sammarthanos in Abbatibus S. Albini Andegav. Orderico Vitali pag. 484. et 532. et in Gestis Consulum Andegav. Hinc emendandus videtur Lambertus Ardensis pag. 19 : *Ubi autem gloriosissimum hujus sacrosanctæ virginis corpus sumptum fuerit, vel unde delatum, quæstionem provocantes, si quibus memorandissimi patris et Abbatis Petri libellulus sive tractatus in Andrensi Ecclesia positus, et in solemnitate ejusdem virginis ad prandium singulis annis in refectorio convescentibus recitatus, non satisfecerit : a Marcianensibus, licet verum vel verisimile cum quodam Riclino dissimulantes, cavillatorie in parte insultare consueverunt, si quid expedit scrupulosius inquirant.* Legendum enim videtur *richino*, id est cum indignatione, quæ vis est vocis; nostri dicerent *avec rechignement*. Vide Oct. Ferrarium in *Arcigno*, et in *Resignato*.

* *Rechignier*, pro Arguere, durius reprehendere, in Lit. remiss. ann. 1394. ex Reg. 146. Chartoph. reg. ch. 398 : *Son mary la commença à blasmer et Rechignier, en lui disant que ce n'estoit pas fait de femme de bien, de laisser son hostel à telle heure.* Vide supra *Hora de Riotte*.

* **RECHUS.** Vide supra *Reccus*.

¶ **RECI**, *Iterum vel retro. Græcum est.* Ita Johannes de Janua.

¶ **RECIDA**, f. Retia. Hist. MS. Monasterii Beccensis pag. 596 : *Cachiam unam habeant in propriis boscis ipsorum ad leporem, vulpem et murilegum, sine Recidis et arcubus; ita quod in boscis dicti Willelmi ingressum non habeant ad cachiandum, nec etiam in propriis ipsorum ad grossam bestiam.*

¶ **RECIDARE**, Recidere. Chronicon Siciliæ apud Marten. tom. 3. Anecd. col. 71 : *In notorium Recidaverunt rebellionis et invasionis excessum.* Forte legendum est *Recidivaverunt*, a *Recidivare*, de quo mox.

* **RECIDIMATIO**, perperam pro *Redecimatio*, Decima pars decimæ. Vide *Redecima*. Charta ann. 1249. tom. 1. Probat. Hist. Brit. col. 942 : *Dedi et assignavi eisdem pro triginta quinque quarteriis decimas meas,... salva portione hospitalis de Noyal, scilicet Recidimatione dictarum decimarum.*

RECIDIVA. Epistola Troili Episcopi Santon. edita a Sirmondo tom. 1. Concil. Gall. de quodam baptizato : *Tantum recolit quod de linteo caput habuit involutum, quod frequenter infirmantibus fieri solet, ne caput algeat, et Recidivam incurrat.* Id est, ne rursum in morbum *recidat*. Galli hac notione voce *Recidive* utuntur, [Itali *Recidiva*. Annales Genuens. ad ann. 1190. apud Murator. tom. 6. col. 364 : *Propter quod civiles discordiæ et seditiones resurrectionem habuerunt et Recidivam.* Chronicon Siciliæ apud Marten. tom. 3. Anecdot. col. 21 : *Pseudoregem se fecit... et ita fuit error pejor priore; nam graviorem fecit in eo nobis adversitas præterita Recidivam.*]

¶ Recidivanter, Recidendo. Vita S. Stanislai Episc. tom. 2. SS. Maii pag. 263 : *Cui quinquies Recidivanter agonem agenti ingerebatur lumen accensum, etc.*

Recidivare, Recidere, Gallice *Recidiver*, [*Rancheoir ou Renouveller*, in Glossis Lat. Gall. Sangerman. MSS.] Papias : *Recidivare, Revocare, post lapsum reparare, in infirmitatem iterum cadere.* Joan. de Janua : [*Recidivare, Renovare, post casum reparare.* Item :] *Recidivant illi infirmi, qui in convalescentia sunt, et postea cadunt in infirmitatem.* Occurrit apud Petrum Blesensem Epist. 131. Cæsarium Numbergen. sem de Miraculis S. Erendrudis num. 3. [in Statutis Arelat. MSS. art. 138. in Epistola Petri de Condeto tom. 2. Spicil. Acher. pag. 560. *Sub interdicto Recidivari*, apud Magistrum Giraudum in Vita S. Johannis Valentin. Episc. tom. 3. Anecd. Marten. col. 1697. *In rebellionem pristinam Recidivare*, apud Cornelium *Zantfliet*, tom. 5. Ampliss. Collect. Marten. col. 347. *Recidivare in peccata*, apud Dionysium Carthusianum, etc].

Recidivatio, [Repetita culpa, Gall. *Recidive*. Menoti Sermones fol. 99 : *O amici mei, est ibi pulchrum documentum, et de elemosina, et de penitentia, et de Recidivatione cavenda, etc.*] *Recidivationes ægritudinum*, apud Petrum Crescentium de Agricultura lib. 1. cap. 3. Henricum Roslam in Herlingsberga, in Concilio Londinensi ann. 1343. cap. 10. etc.

* Stat. Synod. Guill. *Duprat* episc. Claromont. ann. 1537 : *Moderatas pœnitentias imponant sacerdotes, secundum culpæ Recidivationem, etc.*

¶ Recidivatus, Restitutio, qua quid post casum resurgit, instauratur. Tertull. de Resurrect. carnis cap. 18 : *Scripturæ carnis Recidivatum pollicentur.* Adde cap. 1. Idem lib. de Anima cap. 28 : *Saminus sophista Platoni auctor est animarum de Recidivatu revolubili semper ex alterna mortuorum atque viventium suffectione.* Ubi *Recidivatus animarum* est iterata earum sociatio cum corporibus postquam priora cecidere.

¶ Recidivum, Idem quod *Recidiva*, Iteratus lapsus. S. Bernardus Epist. 130 : *Quis eam prohibere valebit a gravioribus, si rursum, quod absit, adjeceris provocare? Vide ne patiaris Recidivum; quia pro certo, ni fallor, non tam facile denuo poterit inveniri remedium.*

Recidivus, Qui redit ac revertitur. *Recidivus annus*, apud Tertullianum. *Recidiva impietas*, apud Auctorem carminis de Sodoma apud Cyprianum. *Recidiva gloria*, apud Corippum lib. 2. de Laudibus Justini. *Recidivi patriæ tumultus*, apud Saxonem Grammaticum lib. 11. [*Recidivæ febres*, apud Plinium lib. 30. cap. 21. *Recidiva Pergama*, apud Virgilium, id est, *Post casum restituta*, ut interpretatur Servius in lib. 4. Æneid. v. 344. Papias : *Recidiva, Ex ruina restaurata, iterum nascentia.* Johannes de Janua : *Recidivus et redivivus, Renovatus, post casum reparatus : quod non potest esse, nisi casus præcesserit vel mors; unde Recidiva arborum sunt, quæ aliis sectis repullulant, et eadem dicuntur Rediviva, quia redeunt quod fuerunt.* Hinc emendandæ Glossæ Isidori, ubi perperam : *Recidua, Ex ruinis renascentia.* Glossæ Lat. Gall. Sangerman. : *Recidivus, Rancheable ou renouvellable.* Vide Lexicon Martinii.]

¶ Recidizare, Idem quod *Recidivare*, ut forte legendum est. Vita S. Philippi Archiepisc. Bituric. apud Marten. tom. 3.

Anecd. col. 1940 : *Postmodum vidit eam sanam... et non Recidizavit.* Et col. 1942 : *Sana facta est meritis dicti Philippi, nec Recidizavit.* Ex mox : *Reddita sanitati, nec postmodum Recidizavit.*

Recidua, pro *Recidiva.* Vide *Recidivus.*

¶ Reciduare, *Sæpius cadere,* in Glossis MSS. quas laudat Vossius lib. 4. de Vitiis serm. cap. 20. Sic *Reciduus, sæpe cadens.* Nempe *Reciduare* fecerit a *Reciduus*, et hoc a *Recido*, quomodo a *cædo, cæduus;* a *pasco, pascuus, etc.* In iisdem Glossis etiam *Reciduare* idem esse dicitur ac *Restaurare;* sed malim *Recidivare* hac notione, a *Recidivus :* de quo paulo ante.

. **RECINCERARE.** Synodus Sodorensis ann. 1239. cap. *de* (pluribus) *Missis celebrandis : Caveat Sacerdos cum ipse Recincerat manus suas, et calicem cum aqua et vino post Communionem, ne sumat ablutionem, sed reponat illam in vase mundo usque ad finem alterius Missæ, etc.* Ubi *recincerare* est abluere, lavare, qua voce etiamnum in Picardia utimur. Nam *recincer* dicunt nostrates de linteis, quæ ex lixivio in aquam mundam immittuntur, et abluuntur : quod Franci puriores, *Rinser*, Itali *Risciaquare. Recentare* dixit Gn. Mattius apud A. Gellium lib. 15. cap. 25. unde Itali *resentare* acceperunt, pro *vas aqua eluere.* Vox formata ex Gallico *chainse*, de qua in voce *camisa*, quod lineum tenue significat, quod non lixivio, sed aqua dumtaxat munda eluitur. [Felicius etymon, mea quidem sententia, proponitur in *Resincerare.*]

¶ 1. **RECINCTUS**, Militiæ redditus, cingulo militari rursum donatus, apud Ammianum lib. 26. Vide Gothofredum Cod. Th. tom. 1. pag. 143. col. 1.

¶ 2. **RECINCTUS**, Ambitus, circuitus, Italis *Recinto.* Breviarium Historiæ Pisanæ apud Murator. tom. 6. col. 184 : *Tertia autem die, quæ fuit quarto Cal. Novembris* (ann. 1171.) *ad castrum de Motrone iverunt cum manganis, gattis, castellis ligneis et petreriis; et illud in Recinctu obsederunt, et per dies quatuor cum prædictis et aliis machinis viriliter oppugnaverunt.*

1. **RECINIUM**, pro *Ratiocinium,* in Concilio Oxoniensi ann. 1222. cap. 7. nisi ita legendum sit, quod volunt viri docti : *Videlicet ut non sint Senescalli aut ballivi talium administrationum, occasione quarum laicis in reddendis Reciniis obligentur.* Vide *Recticinium.*

* 2. **RECINIUM**, Merenda. Vide infra *Recticinium.*

* **RECIPE**, Adhibendi medicamenti formula, nostratibus etiam usitata. Barel. serm. in fer. VI. hebd. 1. Quadrag. : *Recipe medicorum... destruunt mundum.* Vide *Recepta*, 1.

1. **RECIPERE**, [Pastum præbere.] Vide *Receptum*, 1.

¶ 2. **RECIPERE**, In alicujus rei possessionem venire, vel ex ea redditus percipere. Charta Majoris-Monasterii apud Lobinell. tom. 2. Histor. Britan. col. 228 : *Quando domnus abbas... pergebat ad Recipiendum S. Maclorium de Insula.*

¶ 3. **RECIPERE**, quasi *Reincipere*, Repetere. Sic *Recipere matrimonium*, in Lege 3. Codicis Theod. de maternis bonis, (8, 18.) Matrimonium iterare. Pro simplici inchoare, incipere, Johannes Gaietanus in Ordine Roman. cap. 118. apud Mabillon. tom. 2. Musei Ital. pag. 441 : *In primo vero consistorio secuto dicti nuncii vel legati referunt seu relationem faciunt de gestis per eos in legationibus suis : et hoc per modum collationis, Recipiendo thema aliquale.*

¶ 4. **RECIPERE IN** Notam, Perscribere, in commentariolum referre, Gall. *Minuter.* Charta ann. 1329. tom. 2. Histor. Dalphin. pag. 223. col. 1 : *Et ego Guillelmus de Savigniaco... Notarius, qui præmissis omnibus interfui, et præmissa in notam Recepta sic in publicam formam redegi.* Vide *Nota* 3.

* 5. **RECIPERE**, Probare, acceptum habere; quo sensu etiam *Recevoir* dicimus. Stat. ann. 1378. tom. 6. Ordinat. reg. Franc. pag. 378. art. 8 : *Magister operum Dalphinatus ipsas* (reparationes) *visitare tempore medio teneatur; et eisdem completis, infra statutum tempus Recipere sine mora, ne castellani locorum ipsorum de compotis suis reddendis, propter hoc quod dicta opera Recepta non fuerint, se valeant excusare.*

* 6. **RECIPERE**, Capere, auferre, furari. Stat. Casimiri ann. 1347. inter Leg. Polon. tom. 1. pag. 34 : *De illis qui nocte alicujus frumenta in campo Recipiunt.* Et pag. 36 : *De pœna pro frumentorum Receptione solvenda.* Rursum pag. 39 : *Cum eandem pecuniam non amisisset, nec sibi Recepta fuisset.* Passim ibi.

¶ **RECIPIABILIS**, Idoneus, conveniens, qui recipi seu acceptari potest aut debet, Gall. *Recevable.* Charta ann. 1279. apud Stephanotium tom. 3. Antiq. Pictav. MSS. pag. 920 : *Item duo dolia plena vini boni novi, puri et Recipiabilis reddenda.... singulis annis.* Forte leg. *Receptabilis*, ut infra.

¶ **RECIPICE**, vel, ut vulgo loquimur, *Recepissé*, Schedula, qua quis agnoscit se aliquid ab alio *recepisse.* Statuta Collegii Sagiensis ann. 1427. apud Lobinell. tom. 5. Hist. Paris. pag. 698. col. 2. ubi de officio *Principalis : Similiter de vino in fine cujuslibet vasis computabit cum famulo et cum sociis; et a quolibet sociorum Recipice quod exposuerit plus quam solverit, vel reddet etiam si debeat.*

1. **RECIPROCARE**, Respondere. S. Eulogius lib. 2. Memorial. Sanctor. cap. 1 : *Ad hæc prudens Sacerdos Arabice illos Reciprocans, etc.* Idem cap. 5 : *Cum responsum cuidam amico se interroganti aptaret, eique Reciprocationis schedam scriberet.* Vita S. Fructuosi Episcopi in prologo : *Ille autem oris nitore clarens, insignis industria, sophisticæ artis indeptus primitias, dogmata Reciprocavit Romanorum.* Vide Festum.

¶ 2. **RECIPROCARE**, Iterare, repetere. Chronicon Senoniense ad ann. 1002. inter Probat. Hist. Lotharingiæ tom. 2. col. XIII : *Galli earumdem villarum, lingua ejus patriæ, per quam transibant, densis clamoribus cum Papam futurum clamabant. Leo Papa, Leo Papa, cum sibi nomen imponendum omnes ignorarent : et iterum hoc nomen atque iterum Reciprocabant : Leo Papa, Leo Papa, etc.*

¶ 3. **RECIPROCARE AD SE**, Sibi vendicare, adsciscere, asserere, Gall. *S'approprier.* Chronicon Siciliæ apud Marten. tom. 3. Anecd. col. 21 : *Qui tandem... oblitus sui sanguinis, oblitus dominii, naturali fide, si fidem habuerat, in perfidiam permutata, Reciprocavit ad se negotium dicti regni, mentitus est regnicolis mortem nostram, et sophisticans in eo dominum, pseudo-regem se fecit.*

¶ **RECIPROCICORNIS**, Cornua habens in se reciprocata seu reflexa. Tertull. de Pallio cap. 1 : *Nam et arietem, non quem Laberius Reciprocicornem et lanicutem et testitrahum vocat, etc.*

* **RECIRCARE**, Perquirere, Ital. *Ricercare.* Stat. antiq. Florent. lib. 1. cap. 10. ex Cod. reg. 4621. fol. 16. v° : *Ad ejus* (notarii) *officium pertineat.... Recircare, consignare seu resignare omnes et singulos potestates, capitaneos et alios quoslibet officiales.* Vide *Recercare.*

¶ **RECIRCULATA.** Vide in *Recula.*

¶ **RECIRCULATIO**, Reflexio quæ fit quodam circuitu. Vetus Interpres S. Irenæi lib. 3. cap. 22. num. 4 : *Eam quæ est a Maria in Evam Recirculationem significans, etc.*

¶ **RECISA**, Abolitio, ut opinor, qua quid reciditur seu abrogatur. Præceptum Caroli M. pro Monasterio S. Martini Turon. ann. 782. apud Marten. tom. 1. Ampliss. Collect. col. 43 : *Et quicquid fiscus consuetudinis habuit recipiendi in luminaribus ipsius Sancti, pro nostra eleemosyna ad præsens in Recisa computetur,* id est, Rescissum et abolitum, si vera nostra interpretatio est. Eadem notione, ut puto, accipiendæ voces *Recisum*, *Recise* seu *Recisæ* in Emunitate Aigliberto Episc. Cenoman. concessa, apud Mabillon. tom. 3. Analect. pag. 210. cujus hæc sunt verba : *Concessimus ei quicquid de ipsam villam partibus fisci nostri sperabatur, hoc vobis in Recisum putamus, juxta illam anteriorem nostram præceptionem, quam vobis apostolicus vir domnus Berarius quondam deportavit, unde et ipse pontifex Aiglibertus de prædicta præceptione Recise* (seu *Recisæ*) *exemplaria nobis præsentavit; sed pro firmitatis studium petiit nobis, ut pro nostra præceptione hoc iterum eam reformare debeamus, quod ei taliter prestitisse vel confirmasse cognoscite. Præcipientes igitur, ita ut neque ad vos neque ad junioribus seu successoribus vestris, de ipsa causa nihil exigere, nec requirere non præsumatis. Inrecisum* unica voce pro *in recisum* legit Mabillonius, nosque ipsi ita scripsimus supra in voce *Inrecisus;* sed tota Chartæ serie diligentius attenta, videtur omnino legendum esse *in recisum* divisis vocibus, ita ut sensus sit, Regem rescindere, abolere seu dimittere quicquid fiscus ejus in villa, de qua hic agitur, percipiebat : quod satis patet ex posterioribus verbis : *Præcipientes igitur, etc.*

¶ **RECISE**, Breviter. Vita S. Leonis PP. IX. apud Murator. tom. 3. pag. 293. col. 2 : *Concinne ac Recise Papa Leo resonans, robur mentis illi excitabat. Recisius tempus*, pro breviori, dixit Ulpianus.

¶ **RECISORIA**, *Actio recisa*, in veteri Vocabulario Juris utriusque.

¶ **RECISUM.** Vide in *Recisa.*

¶ **RECISUS** Bannus. Vide *Resisus.*

¶ **RECITABULUM**, *ubi recitatur.* Glossæ Isidori.

¶ **RECITAMEN**, pro *Recitatio*, in Præfatione Concilii Engelenhemensis ann. 948.

¶ 1. **RECITARE**, pro *Retinere*, ni ita legendum sit. Conventio ann. 1111. in Probat. novæ Hist. Occitan. tom. 2. col. 379: *Mali autem usagii non sunt Recitandi, sed potius tractandi et dissipandi.*

* 2. **RECITARE**, Iterum citare, in jus denuo vocare. Gualt. Hemingf. in Eduardo I. reg. Angl. ad ann. 1293. pag. 41: *Qui cum ad diem non veniret* (rex Angliæ) *præceptum fuit et a curia regis Franciæ judicatum, quod tota terra sua transmarina seysiretur; et iterum Recitaretur ad diem alterum, sub pœna forisfacturæ tocius terræ suæ transmarinæ.*

* **RECITATIVE**, Nominatim, expresse. Inventar. Chart. reg. ann. 1482. fol. 116. ex Charta ann. 1226: *Continet etiam dicta littera Recitative, quod rex sibi dedit dominia sanctæ Jamæ, etc.*

¶ **RECITATUS**, male pro *Retiatus*. Vide in hac voce.

¶ **RECIUM**, Rete. Vide *Retium*.

RECLA, Liciatorium. Glossarium Græc. Lat. MS: Ἀντίον ἔνθα ὑφαίνουσιν αἱ γυναῖκες, *Insulum*, *Recla telæ*. In edito est *insublum*, [*insubla*, et *insubulum*,] tantum. In Notis Tyronis pag. 159. occurrit vox *Sororeclatum*.

¶ **RECLAMACIO**, Vox practica, Gall. *Reclamation*, Repetitio, revindicatio. Conventio inter Abbatem de *Bordesley* et Rectorem de *Stratton* ann. 1253. apud Thomam *Madox* Formul. Anglic. pag. 160: *Abbas et Conventus dederunt... Ecclesiæ de Stratton.... illud mesuagium cum curtilagio .... habendum et tenendum libere, integre et quiete, et absque omni Reclamacione dictorum monachorum.* Supra pag. 116. legitur *Reclamatio* eadem notione. Vide *Reclamare* 3.

¶ **RECLAMANTES** apud Typographicos dicuntur voces in ima paginæ ora exaratæ, quæ primam sequentis paginæ vocem indicant, nostris *Reclames*. Vide *Maittaire* tom. 1. Annal. Typograph. pag. 266.

¶ 1. **RECLAMARE**, Declarare. Acquietatio pro Rege Angliæ ann. 1274. apud Rymer. tom. 2. pag. 34: *Nos Reclamantes paccatos ab ipso in omnibus et contentos.*

¶ 2. **RECLAMARE**, Invocare, implorare, Gall. *Reclamer*. Vita S. Gervini Abb. Centul. tom. 1. Martii pag. 285. col. 1: *Reclamatur dictus Sanctus pro igne fortuito.*

3. **RECLAMARE**, [Vox juridica, Gall. *Reclamer*, Vindicare, repetere. Hinc *Reclamatio*, Repetitio, Gall. *Reclamation*; *Reclameum* et *Reclamium*, nostris *Reclain* vel *Reclame*; *Reclamator*, Actor, repetitor; *Reclamatoria*, Epistola ad Principem missa ab eo, qui se possessione sua injuste spoliatum queritur.] Vide in *Clamare* 2. [et Glossarium Juris Gallici.]

* **RECLAMIUM**, Repetitio, revindicatio, practicis nostris alias *Reclaim*. Pariag. inter reg. et abbat. Elnon. in Ruthen. ann. 1313. in Reg. 61. Chartoph. reg. ch. 21: *Pignora quæ capientur pro dicta executione facienda, seu pro jure bani requirentis executionem fieri seu Reclamium, etc.* Vide in *Clamare* 2.

* *Reclaim* vero, pro Clamor bellicus, qui in procinctu prælii inclamari solebat, apud Phil. *Mouskes*:

Li rois Othe pour son Reclaim,
Criu Roume trois fois s'eoseigne,
Si comme proesse li enseigne.

RECLARARE, Idem quod *Clarefacere*, Declarare, notum facere, in Chartis aliquot Italicis apud Ughell. tom. 7. Ital. Sacr. pag. 410. et alibi non semel.

RECLAVATUS, Resartus. Historia Cœnobii Viconiensis cap. 9: *Erat vero tanta vilitas in vestibus, ut tunicis toties Reclavatis plerique vestirentur.*

¶ 1. **RECLAUDERE**, pro *Recludere*. Glossæ Lat. Græc.: *Reclaudere*, ἀνοῖξαι. *Reclaudo*, ἀνοίγομαι. Aliæ Græc. Lat.: Ἀνοίγομαι, *Patefacio*, *oppando*, *Reclaudo*, *resero*. Ἀνοῖξαι, *Pandere*, *aperire*, *Reclaudere*.

¶ 2. **RECLAUDERE**, Provincialibus *Reclaure*, Ultimum vineam colere, quod fit cum terra versata atque in tumulos hinc inde digesta, tandem, appropinquante maturitatis tempore, complanatur. Vide locum in *Podare*.

* Formulæ MSS. ex Cod. reg. 7657. fol. 29. v°: *Cum dictus talis.... ipsum delatum conduxisset ad Reclaudendum in quadam vinea sua, etc.*

* 3. **RECLAUDERE**, Includere. Hist. translat. S. Eusp. tom. 10. Collect. Histor. Franc. pag. 370: *Urnam, in qua sanctissimi Euspicii corpus Reclausum fuerat, aperire* (jussi sunt). Nostris alias *Raclore*, pro *Refermer*, Solidare. Mirac. S. Ludov. edit. reg. pag. 437: *Lesquels pertuis cesserent de getêr ordure et se commencierent à Raclore.*

¶ 1. **RECLAUSA**, Idem quod *Exclusa*, Locus ubi concluduntur aquæ, Gall. *Ecluse*. Charta ann. 933. in Probat. novæ Hist. Occitan. tom. 2. col. 70: *Cum ipso molino, cum ipsa Reclausa, et cum ipsa piscatoria, et cum ipsas insolas.* Charta ann. 1216. e parvo Chartulario S. Victoris Massil. fol. 174: *Concedo quod in fluvio Sorgiæ possis facere paxeriam et Reclausam.* Charta Ludovici II. Regis Siciliæ e MS. D. *Brunet*: *Piscarias, pascherias, sive Reclausas.* Vide *Resclausa*.

* 2. **RECLAUSA**, Puella, quæ nullo voto obstricta domi manet. Formulæ MSS. Senens. ex Cod. reg. 4726. fol. 32. v°: *Quatenus ire debeam ad recipiendum testes a dicta Mariana in domo sua, cum sit puella et innupta et Reclausa, ac honestæ et pudicæ vitæ, et ex usu non est in civitate Senarum, quod exeant domum suam, et præcipue ad tales actus.*

¶ **RECLAUSTRUM**, Septum alicujus loci, Gall. *L'Enclos*. *Cumque conservatores... in Reclaustro ejusdem palatii posuissent, etc.* apud D. *de Montfaucon* in Diario Italico pag. 157.

RECLAUSUS, dictus Carolus Simplex Rex Franc. quod diu in carcere detentus fuerit, in Charta ann. 937. quæ sic clauditur: *Actum Blandiniensi cœnobio, regnante Ludovico filio Regis Karoli Reclausi*, apud Miræum in Notitia Ecclesiarum Belgii pag. 97.

☞ *Reclausus* interdum idem est qui *Reclusus*, Monachus scilicet *in cella ob gratiam vitæ contemplativæ remotior degens*, ut habetur in Vita ven. Harduini *Reclausi* Fontanellensis, in Actis SS. Benedict. sæc. 4. part. 1. pag. 69. et 70. ubi pluries habetur *Reclausus* hac notione. Vide *Inclusi*.

* **RECLAVUS**, pro *Recalcus*. Vide in hac voce. Tabul. eccl. Vienn. fol. 64. r°. col. 1. ex Ch. ann. 25. regni Caroli imper.: *In Reclavo in ambis frontibus perticam unam et pedes sex.*

¶ **RECLINARE** Caput Ad Aliquem. Chronicon Farfense apud Murator. tom. 2. part. 2. col. 590: *Presbyteri quoque omnes capellani de castellis filiorum Longini, non Reclinent caput ad ipsum Episcopum, neque ad synodum, neque ad ullam causam, nisi forsitan per bonam voluntatem domni Abbatis, aut ipsi sua sponte; reliqui omnes Presbyteri pergant ad synodum Episcopi, sicut lex præcipit.* Presbyteri capellani de castellis filiorum Longini immunes erant, ut conjecto, jurisdictione episcopali, cui denuo subdi vetantur his verbis: *Non Reclinent caput ad ipsum Episcopum.* Igitur *Reclinare caput ad aliquem*, est alicui rursum subdi, aliquem iterum habere pro domino vel judice legitimo.

RECLINARIUM, pro *Reclinatorium*, Lecti species, ἀνακλιτήριον, Plutarcho in Romulo: ἀνάκλιτος θρόνος *Anacliterium*, Spartiano in Vero, ubi Casaubonus. Sueno in Hist. Danica cap. 4: *Regem in Reclinario dormientem clam excitavit.*

¶ **RECLINATIO**, *Reclination*, in Glossis Lat. Gall. Sangerman. MSS. Propensio, secunda voluntas, Gall. *Inclination*. Conc. Tolet. XV. tom. 2. Concil. Hispan. pag. 721: *Adfuit idem serenissimus Egica Princeps, placida devotionis arce sublimis et strenua culminis Reclinatione laudabilis.* Vide *Reclinis*.

1. **RECLINATORIUM**, ἀνακλιντήριον. Papias: *Reclinatorium*, *fulcrum capitis*. Alibi: *Fulchra, ornamenta lectorum, dicta, quod in his fulcimur, id est sustinemur, vel quod thoros fulciant, sive caput, quæ Reclinatoria vulgus appellat.* [Johan. de Janua: *Reclinatorium, Locus aptus ad reclinandum, vel id supra quod reclinamus*; *Reclinatoire*, in Glossis Lat. Gall. Sangerman. MSS. Cantica Cant. cap. 3. vv. 9. et 10: *Ferculum fecit sibi Rex Salomon de lignis Libani: columnas ejus fecit argenteas, Reclinatorium aureum, ascensum purpureum, etc.* in Græco, ἀνάκλιτον.] Hugo a S. Victore in Speculo Ecclesiæ lib. 1. cap. 1: *Reclinatoria contemplativos designant, in quibus Deus sine offensa requiescit.* Eadem habet Durandus lib. 1. Ration. cap. 1. num. 30. Idem Hugo cap. 7: *Plebs* (cum cantatur Evangelium in Missa) *baculos hic deponit, Reclinatoria relinquit, caput detegit, etc.* [Charta Hugonis Ducis Burgundiæ ann. 1172. de fundatione Capellæ Divion. inter Instrum. tom. 4. Gall. Christ. col. 188: *Ecclesiamque istam tanquam cubile, Reclinatorium animæ suæ custodiant, ut sicut cætera corpori, ita hæc animis profutura conserventur.*]

* Glossar. Lat. Gall. ex Cod. reg. 7692: *Reclinatorium*, *lit*, *reclinatoire*. Vide supra *Acclinatorium*.

2. **RECLINATORIUM**, Septum inferius, vel cancellus brevior inter Ciborii columnas, ubi communicabant Diaconi, Subdiaconi, et alii. [Abaculus est ad aræ cornu, nostris *Credence*, ut recte exponit D. Marquardus *Herrgott* ad calcem vet. Disciplinæ

Monast.] Bernardus Mon. in Consuetud. Cluniac. MSS. cap. 37. [editis 35. partis 1 :] *Et postea stat inclinis inter Reclinatorium, et dextrum cornu altaris, etc.* Infra : *Unus autem de ministris tollit de armario scutellam, et allatam tenet cum linteolo super Reclinatorium, quod est, quantum puto, propter hoc maxime factum inter duas Ciborii columnas, super quam* [*quod* in editis] *Diaconus mittit patenam, in qua Domini corpus est divisum. Calicem quoque cum sanguine dat Subdiacono intrinsecus stanti inter Reclinatorium et altare : qui tenebit eum reclinem, quam conjunctius poterit erga scutellam. Communicat primus Diaconus, et post eum alii.* [Rursum infra in editis : *Mox autem ut ille minister, qui superérat, digitis Diaconi vinum superinfudit, accedit extra Reclinatorium, deferens calicem alium minorem cum ampulla, quam subministravit Subdiacono, et post ab eodem recipit, ut Sacerdos quoque lavet digitos illos, quibus Dominicum corpus tractavit.*]

3. **RECLINATORIUM**, *Ferculum*, *vel discum*, in Glossis Arabico-Latinis.

¶ **RECLINIS**, Propensus, benevolus. Concilium Tolet. XII. inter Hispan. tom. 2. pag. 681 : *Adfuit coram nobis idem clementissimus Princeps.... qui nostro se cœtui Reclinem exhibens ac devotum, etc.* Vide *Reclinatio*. Alias idem est qui *Reclinatus*, fultus, recumbens, innixus. *Gramine floreo Reclinis*, apud Martialem lib. 9. Epigr. 91. Utuntur hac notione Statius, Tacitus, Eutropius et alii recentiores. Quidam etiam habent *Reclinus*, *Reclivis* et *Reclivus*.

* **RECLUDERE**, Purgare, mundare, Gall. *Recurer*. Comput. MS. fabr. S. Petri Insul. ann. 1489 : *Item relictæ quondam Jacobi le Wattier pro mundando tombam* (cupream Ludovici *de Malle* comit. Fland.) *et personagia circa eam existentia, in capella B. M. de Trillia, et illa Recludendo, iv. lib. vj. sol.* Vide infra *Recurare* 2.

* **RECLUJARIUM**, Septum monasterii puellaris. Charta ann. 1486. inter Probat. tom. 2. Annal. Præmonst. col. 364 : *Datum et actum Coloniæ in loco sive camera collocutionis ante rollam sive sciviam Reclujarii nostrarum abbatissæ et conventus prædictarum.*

¶ 1. **RECLUSA**, Locus ubi concluduntur aquæ. Vide *Resclusa* et supra *Reclausa*, 1.

¶ 2. **RECLUSA**, Sanctimonialis ab aliis segregata et in cella reclusa, ut Deo sibique vacet tranquillius. Memoratur *Lucia* hoc modo *Reclusa*, in Testamento Bartholomæi de Laga apud *Madox* Formul. Anglic. pag. 423. Vide *Inclusi*

¶ **RECLUSAGIUM**, Mansio *Reclusi*, vel *Reclusæ*, cella in qua degit. Vita S. Yvonis, tom. 4. Maii pag. 547 : *Eremita morans in quodam Reclusagio juxta Guengampum.* Vita B. Coletæ, tom. 1. Martii pag. 544 : *Semetipsam primitus includens et restringens in quadam habitatione parvula, seu Reclusagio, juxta quamdam Ecclesiam.* Instrumentum ann. 1371. apud Lobinell. tom. 2. Histor. Britan. col. 561 : *In quodam Reclusagio morabatur quidam Reclusus, etc.* *Reclusage* simili notione pro carcere dixit Ovidius MS. ubi Ulyssem inducit cum Achille colloquentem his verbis :

> Damoisiaux, dit-il, Gentishom,
> Que fait-tu en cette prison ?
> Trop y a rendu le musage,
> Viens-t-en laisse ce Reclusage.

Vide *Inclusi*.

* *Reclusaige*, in vitis SS. MSS. ex Cod. 28. S. Vict. Paris. fol. 27. v°. col. 1. ubi de S. Remigio : *Remis fui le monde et entra en un Reclusaige.* Consolat. Boetii MS. lib. 2 :

> Si tient en despit mariage,
> Et se mit en un Reclusage.

Renclus, eodem sensu, et pro ipsomet *recluso*, in Vitis Patrum MSS :

> En un Renclus que il trova,
> Qui clos estoit tout environ.....
> Et chou avint un jor d'esté
> Que chis damoisiaus chis conclus,
> Devint hermites et Renclus.

¶ **RECLUSANIA**, Idem quod *Reclusagium*. Sententia arbitralis MS. inter Abbatem et Consules de Gimonte ann. 1292 : *Et de Recluso ponendo in Reclusania idem fiat, et quod persona posita per dictos Priores ad custodiendos infirmos, etc.*

* Nostris etiam *Reclusie*, eadem acceptione. Lit. remiss. ann. 1392. in Reg. 143. Chartoph. reg. ch. 300 : *Ilz trouverent le reclus d'icelle Reclusie ; lequel reclus les requist et pria de boire avec lui en sadite Reclusie.*

* At vero *Recluse*, Præstationis species appellatur, forsan quæ pro septis, Gall. *Enclos*, vel pro facultate habendi *reclusam*, Gall. *Ecluse*, pensitabatur. Vide *Reclausa* et *Reclaustrum*. Charta ann. 1328. in Reg. donor. Caroli Pulch. et Phil. VI. ex Cam. Comput. Paris. fol. 38. r° : *Item les rentes et Recluses, autrement appelées oublies.*

¶ **RECLUSIO**, Qua quis ad vacandum Deo in cella se includit. *Reclusionis lex* memoratur in Vita S. Johannis Abb. Gorziensis, sæc. 5. Benedict. pag. 375. Ea lege non licebat iis, qui semel in cellam solemni more reclusi erant, ex ea unquam egredi, nisi cogeret utilitas major, vel necessitas, ut jam dictum est in voce *Inclusi*.

¶ **RECLUSIUM**, Idem quod mox *Reclusorium*. Inscriptio campanæ in Actis SS. Aprilis tom. 3. pag. 775. col. 2. ubi de S. Michomere Tornodorensi : *Vocor Micomeres convocans ad Reclusium Dei oratores, an. Domini M D XI.* Sicut autem hic *Reclusium* dicitur, ita vulgo sacellum appellatur *S. Loup le Reclus* : quod viri docti sumunt ac si diceretur, *S. Lupus Reclusorum*. Posset intelligi locus ubi sanctus ipse Lupus fuerit reclusus.

¶ **RECLUSORIUM**, *Reclusi* cella. *Reclusoria cellula*, in Vita S. Johannis Abb. Gorziensis, cap. 52. sæc. 5. Benedict. pag. 383. *Reclusorii ergastulum*, in Historia Mediani Monasterii pag. 253. Chronicon Leodiense ad ann. 896. apud Martenium tom. 3. Anecdot. col. 1406 : *Fertur etiam S. Virgo Relendis filia fuisse dicti Regis* (*Ceinderboldi*, seu ut vulgo scribitur, *Zuentebaldi*) *quæ solitariam vitam cupiens, a claustro ad Reclusorium in Ecclesia B. Mariæ de Flemalia se transtulit.* Georgius Christianus tom. 1. Rerum Mogunt. pag. 1002. ait S. Laurentii Capellam Conventus *Beginarum* sive Sanctimonialium fuisse : quæ Capella *Reclusorium S. Laurentii* dicitur in quodam Testamento ann. 1357. ubi habetur : *Item lego xxx. maldra siliginis distribuenda in Reclusorio S. Laurentii.* Vide *Inclusi*.

¶ **RECLUSUM**, Idem quod *Reclusorium*. Elogium primorum Abbatum Montis S. Catharinæ prope Rotomagum, apud Mabillonium tom. 5. Annal. Benedict. pag. 631. col. 2 :

> Recluso positus, gaudens ex orbe remotus
> Esse, nimis duram cœpit traducere vitam.

RECLUSUS, [Solitarius in cella inclusus, ut vacet Deo, Gall. *Reclus*.] Vide *Inclusi*.

¶ **RECLUSUS**, *us*, Cella *Reclusi* vel *Reclusæ*. Hilarius Anglus in Rythmo de Eva Sanctimoniali, apud Mabillon. tom. 5. Annal. Benedict. pag. 315. ad annum 1093 :

> Tandem legit sibi locum ad Eutropium,
> Quem prævidit sibi boni totius initium.
> Ibi quodam in Reclusu mansit Christo dedita,
> Et placebat ei hæc vivendi semita,
> In qua cuncta Dei dono vitabat illicita.

* **RECLUTARE**, Italis proprie, et Hispanis *Reclutar*, Legiones supplere, nostris *Recruter* ; figurate dicitur de cujusvis rei supplemento : unde *Taye reclutée*, cui aliquid additum est, in Stat. ann. 1341. tom. 5. Ordinat. reg. Franc. pag. 547. art. 2 : *Que nulz ne nulle ne mette en tayes farcies ne Reclutées près de la plume, pour ce que les coustes, où elles sont mises, en semblent estre plus plaines.*

* **RECOBRIUM**, ab Hispanico *Recobro*, Recuperatio, restauratio. Informat. pro portu de Leucata an. circ. 1307. ex Bibl. S. Germ. Prat. : *Multi homines, tam marinerii quam piscatores, et alii navigantes per mare, subjuguntur fortuna maris, eo quod non possunt habere aliquod Recobrium fortunæ maris, ob deffectum portus.*

* Pactum de Recobri, id est, de Retrovendendo. Consule Boer. ad Consuet. Bitur. tit. de feudis art. 18. Gloss. unica. Hæc post D. *Pocquet* Jur. Gall. in Univers. Andeg. professorem.

* **RECOCHATUS**, ab Italico *Cocca*, Angulus, dicitur de agro, qui habet plures angulos. Instr. an. circ. 1225. apud Murator. tom. 2. Antiq. Ital. med. ævi col. 340 : *Et quod terras Recochatas rectis finibus distinguat, et si non possit rectis finibus distinguere, dabit de illa cocha consultum de terra culta alibi juxta terram provocati in eodem territorio, et eas distinguat eodem modo, quo sibi melius visum fuerit.* Vide supra *Cocha* 4.

* **RECOCQUERE**, Dicitur de re minutatim trita, in Hist. translat. S. Baudel. ann. 878. inter Probat. tom. 1. Hist. Nem. pag. 5. col. 2 : *Segetes jam maturitati vicinas adeo calcantes vastaverunt, ut vix videretur ullus culmus, qui non in ipsis radicibus extirparetur, ac comminutus Recocqueretur.*

¶ **RECOCTUM**. Inquisitio de Foresta Aquilinæ e Regesto Philippi Aug. : *Cendrerius habet vivum nemus ad faciendum suum Recoctum.* Hoc est, si bene interpretor, habet arbusta ad cineres conficiendos. Id innuit vox *Cendrerius*.

* **RECOCTUM** Lac, Quod igne coagulatum est, Ital. *Ricotta*. Proces. de B.

Jacobo Bitect. tom. 3. Apr. pag. 538. col. 1 : *Exigentes a meo marito Jacobo de Modugño aliquid Recocti lactis.* Vide infra *Recotta.*

¶ **RECODERE**, Recuperare, recipere, rem ablatam eripere, Gallice *Recourre.* Consuetudines Marchiæ Dumbarum ann. 1325. art. 8. ex Archivo Trivoltiensi : *Si homo custodit in prato alicujus alterius, talleis, blado seu tremesio, boves, vaccas seu alia animalia, tenetur domino in sex libras Vienn. bonas Lugdunenses, pro banno seu ratione banni dictorum animalium, et in emenda parti.... et si custos dictorum animalium Recoderet seu Recossam faceret familiaribus domini, in cujus dominio dicta animalia capta essent, dominus custodis debet custodem illum, qui dicta animalia Recosserit, reddere aut septem solidos fortes novos ratione dictæ Recossæ cum banno supradicto.* Recognitio Præpositi S. Symphoriani de Ancella ann. 1401 : *Præpositus recipiet et ex nunc recipit in se onus et periculum, casu quo contingeret ipsos prisonnarios a dictis carceribus evadere.... eos Recodere.* Vide *Recossa* et *Rescussa.*

* **RECOGITARE**, Resipiscere, sententiam mutare. Glossar. Lat. Gall. ex Cod. reg. 7692 : *Recogitare, repentir vel repourpenser.*

RECOGNATUS, *Filius patris*, Ita Gloss. Lat. MS. Reg. Cod. 1013. et Isidori, et Papias. [Grævius in Notis ad Glossas Isidori putat legendum esse *Recognitus*, quem pater *recognovit*, seu, ut meliores Scriptores loquebantur, agnovit et pro filio habuit.]

1. **RECOGNITIO**, est literarum obligatio insinuata, sive de recordo, testimonium perhibens, debitorem sive recognitorem, creditori sive recognizato, debere talem pecuniæ summam. Cowellus lib. 3. Instit. Juris Angl. tit. 22. § 4. Gallis *Reconnoissance*, Anglis *Cognisance.* [Vide Nomolexicon Thomæ *Blount* in voce *Recognizance.* Charta Regiensis ann. 1361. ex Schedis Præsidis *de Mazaugues* : *Et pro competenti valore illarum faciatis eis obligationes, Recognitiones et necessarias cautelas super pecuniis talhiarum ipsarum.*] Charta Normannica apud Radulfum de Diceto ann. 1190 : *Nulla fiet Recognitio in foro seculari, super possessione, quam viri religiosi, vel quæcunque Ecclesiasticæ personæ 20. annis vel amplius possederint. Similiter nulla fiet Recognitio, si carta vel alio modo eleemosynatam esse possessionem probare poterint, sed ad Ecclesiasticos judices remittentur.* Vetus Inquesta in Regesto Philippi Aug. Herouvalliano fol. 130 : *Habebat et dominus Vernonis omnia alia placita et justitias, excepto placito ensis, et exceptis Recognitionibus.* Charta Communiæ Rotomagensis ann. 1207 : *Et habeant etiam placita de hereditatibus et catallis suis et conventionibus factis Rotomagi, et infra banleugam, salvis curiis dominorum, qui ibi terras habuerint : qui domini habent curias hominum suorum in villis tenendas usque ad Recognitionem.*

☞ In hisce posterioribus locis *Recognitio* non est literarum obligatio, ut explicat Cangius, sed Inquisitio per legales homines selectos facta, quæ *Recongnoissant* dicitur in veteri Consuetudine Normannica cap. 92 : *Et ces Enquestes qui courent par briefz sont appellées Recongnoissant.* Hæc autem *Brevia*, per quæ currere hic dicuntur hujusmodi Inquisitiones enumerantur cap. 91. ejusdem Consuetudinis : *Il y a ung brief de nouvelle dessaisine, aultre de mort d'ancesseur, l'aultre de eschaete, l'autre de mariage encombré, l'autre de douaire, l'autre de presentement d'Eglise, l'autre de fief et de gage, l'autre de fief et d'establie, l'autre de surdemande, l'autre de fief lay et d'omosne, l'autre de lignage nyé et l'autre d'heritaige.* In his omnibus locum habent *Recognitiones* seu Inquisitiones legalium hominum e quorum testimonio hæ causæ dirimuntur. Id illustrari potest Literis Philippi Aug. ann. 1208. vel 1209. ubi agit de patronatu Ecclesiarum Normanniæ, apud *de Lauriere* tom. 1. Ordinat. Reg. pag. 27. et seq. : *Noveritis quod super Recognitionibus Ecclesiarum per quatuor Presbyteros et quatuor Milites, presentibus Archiepiscopo vel Episcopo loci, vel persona loco eorum per litteras patentes transmissa, et Baillivo nostro ad certum locum, de communi assensu electum, ad assisiam de qua inter eos convenerit, faciendis, ubi intervenerit contentio inter ecclesiasticus et laicas personas, vel inter ecclesiasticas et ecclesiasticas personas de Ecclesia vacante, vel non vacante; si Archiepiscopus, vel Episcopus, lite mota, Ecclesiam illam alicui contulisset, hæc est voluntas nostra, quod videlicet partibus ad certam diem convocatis, et quatuor Presbyteris, ab Archiepiscopo, vel Episcopo, vel eorum assignato, sicut premissum est, et quatuor Militibus a Baillivo nostro ad Recognitionem datis, et illis diligenter examinatis ab ipsis et aliis, quos secum viderint evocandos, parti illi remaneat presentatio Ecclesiæ, in quam plures illorum octo concordabunt.* Si quis plura volet de modo procedendi in hisce Inquisitionibus, adeat laudatam veterem Consuetudinem Normanniæ cap. 93. et seqq.

☞ Eadem significatione passim occurrit vox *Recognitio* in Chartis Normannicis et Anglicis. Charta Communiæ Rotomag. apud *de Lauriere* tom. 1. Ordinat. Reg. pag. 308. col. 2. et pag. 309. col. 1 : *Si quis fecerit clamorem de terra, super alium clamans dabit vadium et plegium sequendi clamorem, et si postea facta fuerit Recognitio de terra illa, et clamor sit convictus per Recognitionem de falso clamore, remanebit in misericordia Majoris et Communiæ, de quinquaginta novem solidis Andegav.* Kennettus in Antiq. Ambrosden. ad ann. 1206. pag. 168 : *Abbas de Egnesham debet unum palefridum pro habenda Recognitione duodecim legalium hominum de vicineto de Erdinton.* Et ad ann. 1210. pag. 173 : *Ricardus de Camwil et Eustacia uxor ejus debent unam marcam pro habenda Recognitione novæ assisæ de libero tenemento suo Wrechwic versus Egelinam de Curtenai.* Vide Glossarium ejusd. Kennetti et Nomolexicon Thomæ *Blount* in voce *Recognizance* et infra *Recognitores.* [** Phillips. Histor. Jur. Angl. tom. 2. pag. 129. sqq. § 37.]

☞ Haud satis scio an eadem, aliane notione Literæ Roberti Comitis Atrebat. ann. 1293. insertæ Literis Johannis Franc. Regis apud D. *Secousse* tom. 4. Ordinat. pag. 262 : *Periculis evitandis providere volentes, necnon et fraudibus, quæ ex eorum evenit cirographis... auctoritatem prestitimus et prestamus* (Scabinis S. Audomari,) *ut sigillum habeant, quo utentur* (utantur) *et uti valeant ad convenciones omnes, coram iis initas, sigillandas, necnon Recogniciones et alia explectamenta quecumque, que ex eorum causis, seu subditorum ipsorum, vel aliorum quorumcumque, poterunt evenire.* Probabiliter satis intelligit Editor mercedem pro declarationibus conventionum aliorumve inter partes actorum apud Judices factis; sed non minori fortean probabilitate hic etiam per *Recognitiones* intelligi possent Inquisitiones, quarum, cum opus est, præcipiendarum his literis facultas datur Scabinis Audomarensibus : quod utcumque confirmari potest sequenti voce *Explectamenta*, quæ de quovis actu juridico melius, ut reor, intelligitur, quam de quocumque salario judicibus tribuendo. Si autem *Explectamenta* sint quivis actus juridici, verisimile omnino est *Recognitiones* esse species hujusmodi actuum, quæ, ut videtur, aliæ esse non possunt, quam Inquisitiones Normannicis Anglicisve non absimiles. Huic conjecturæ etiam favet Anglorum et Audomarensium proximitas. Quis enim nesciat in provinciis parum distantibus easdem plerumque voces usurpari, easdem vigere consuetudines?

* Hanc interpretationem rursum firmare non abs re fuerit. Charta S. Ludov. ann. 1267. ex Reg. 30. Chartoph. reg. ch. 379 : *Cum ob istud vocabulum, Recognitiones suprascriptionum, inter nos et abbatem et monachos Fiscannenses dissentio mota esset, quia nos dicebamus omnes inquestas, inquisitiones et Recognitiones per hujusmodi vocabulum ad nos pertinere debere, ipsis in contrarium asserentibus et dicentibus ad ipsos omnes Recognitiones, inquestas et inquisitiones, quocumque nomine censeantur, pertinere debere, exceptis Recognitionibus quæ per brevia fiebant : Nos auditis rationibus dictorum abbatis et monachorum Fiscannensium, volumus et concedimus quod ipsi in pace habeant et teneant in curia sua omnes inquestas, inquisitiones et Recognitiones de omnibus rebus, quæ in terris suis et locis sibi subditis evenient, exceptis solummodo Recognitionibus, quæ per brevia hactenus usitata in Normannia fient, quas nobis retinemus.*

* Altera vero Cangiana scilicet notione, qua *Recognitio* est Literarum obligatio, accipi videtur in Lit. ann. 1372. tom. 5. Ordinat. reg. Franc. pag. 562 : *Cum in curiis nostris regiis Tholosæ et in vicaria dicti loci certi clamores per litigantes ibidem fieri consueverunt, ex quibus clamoribus et pro quolibet..... ab altera partium debentur nobis quinque solidi;.... verum quia ex hoc nullæ Recognitiones fieri consueverunt, sed solum parvi cartelli parti solventi clamorem antedictum tradi consueverunt, etc.*

¶ 2. **RECOGNITIO.** Charta Radulphi Abb. Fiscamn. ann. 1211 : *Remanent autem domino Regi usurarii, Recognitiones et Judæi; ita quod literæ vel cartæ aliquorum, alicujusve istorum, si quid postmodum proferremus contra ipsum, vel alius pro nobis, nobis de cetero contra ipsum non valerent.* Ubi *Recognitiones*, ut exponit D. *Brussel* tom. 1. de Feudorum usu pag. 264. idem sunt quod Cognitiones obligationum, ac generatim actionum quarumcumque e contractibus civilibus procedentium. In hanc rem refert Scriptor duo Scacarii Normanniæ Constituta ann. 1278. et 1282. Prius ita se habet : *De domino Reginaldo Castelain et aliis Nobilibus Normaniæ spadæ placitum habentibus*, (quod habebat Abbas Fiscamn.) *petentibus habere Cognitionem literarum domini Regis super contractibus et debitis : concordatum fuit, quod nullus habere debet in tota Normannia, immo domino Regi pertinerent; sed dicti Nobiles dictas literas executioni tantum poterunt demandare.* Eodem redit posterius, quod videre potes loco laudato.

¶ 3. **RECOGNITIO**, Idem quod *Advocatio*, qua quis alicui se commendat in clientelam. Literæ Philippi Fr. Regis ann. 1304. apud D. *Secousse* tom. 4. Ordinat. Reg. pag. 344 : *Nos dilectorum nostrorum Abbatis et Conventus de Escharleiis, Cisterc. Ord. supplicationibus annuentes... duximus concedendum... quod Recogniciones et advocaciones nove, que ab eorum subditis nobis fiunt, nullatenus admittentur; et factas de novo faciemus penitus revocari.*

¶ 4. **RECOGNITIO**, in pagis Lugdunensi, Sebusiano et Dumbensi, Duplicatio servitii seu census a tenentibus domino debita variis temporibus, quæ in Chartis solent exprimi; nam aliquando *Recognitio* tantum debetur, cum moritur dominus; interdum cum moritur tenementarius, et tenementum transit a patre ad filium; alias tantum cum transit ad cognatos gradu transverso; denique debetur aliquando sive dominus, sive tenementarius moriatur. Charta Casaniæ ann. 1401 : *Sub Recognitionibus dicti mansi de patre ad filium et mutatione tenementariorum et dominorum.* Charta ann. 1426. e Schedis D. *Aubret* : *Emphiteotæ nobilis viri Jacobi de Rupe-forti, domicelli, filii et heredis universalis domini Ponceti de Rupe-forti, domini de Vileta, et de Faya et de Rupe-forti recognoverunt ratione dictarum terrarum de Faya et de Rupe-forti ratione Recognitionis novi domini, ratione dicti patris sui, ratione domorum et possessionum suarum moventium de jurisdictione et dominio dicti domini, videlicet ad æstimationem rerum, de duodecim denariis pro libra.* Ex quibus posterioribus verbis patet *Recognitiones* fuisse vigesimam partem pretii possessionum *recognoscibilium*; sed an hæc vigesima pars fuerit census in aliis Chartis duplicatus, non satis liquet. Charta ann. 1447. ex iisdem Schedis : *Sub annuo et perpetuo censu et servitio quinque denariorum Turon. laudibus, vendis, Recognitionibus novi domini et novi tenementarii ad duplex servitium importantibus.* Alia ann. 1499. ex iisdem Schedis, qua Emphyteutæ Claudii *de Pompiere* Domini *de Pollienay* possessiones suas *recognoscunt sub annuis et perpetuis servitiis, una cum laudibus, vendis, Recognitionibus et aliis usagiis, his dumtaxat quæ sequuntur exceptis, videlicet quod ipsi tenementarii non debent nec tenentur recognoscere, nec Recognitiones solvere ad æstimationem rerum et possessionum suarum, sed pro ipsorum Recognitionibus debent duplex servitium totius canonis eidem Domino et suis solvere toties, quoties casus evenerit.* Alia Domini *de la Franchise* in pago Dumbensi, ann. 1499 : *Joannes Buellerii Recognoscit partem mansi de la Moiniri, et in morte Domini et tenementarii debet duplex servitium. Joannes Buellerii junior Recognoscit alteram partem dicti mansi de la Moiniri cum laudibus, vendis et Recognitione de morte domini directi et de morte tenementarii.* Plures sunt aliæ *Recognitiones* vernaculæ sæculi XVI. in quibus legitur *avec Laods, Milaods et Reconnoissances de pere à fils et nouveau seigneur à nouveau tenancier* : ex quibus palam est, *Laods*, *Milaods* et *Reconnoissances* totidem esse jura dominica nullo modo inter se confundenda, licet quædam sint arresta, in quibus *Milaods*, vel *Milods*, seu *mediæ laudes* cum *Recognitionibus* confunduntur. Vide *Bretonnier* in Opera Claudii *Henrys* tom. 2. pag. 299. et infra *Recognoscere feudum*, *Relevium*, *Retroaccapitum* et supra *Placitum* pag. 281. col. 1.

¶ Recognoscibilis Terra, in Charta Villænovæ ann. 1421. et alibi, de qua debentur *Recognitiones*, cum intervenit Domini mutatio vel tenementarii, ut modo dictum est.

¶ 5. **RECOGNITIO**, Census annuus domino a tenente solvendus. Chartularium S. Vincentii Cenoman. fol. 66 : *Reddet dictæ Abbatiæ unum cantarum vini de Recognitione.* Charta Monasterii Savigneiensis : *Guido Forestarius dedi monachis de Savigneio totum pratum de Fonte-cheois et landulam juxta illud, excepta Recognitione* XVIII. *denariorum mihi singulis annis reddendorum.*

¶ 6. **RECOGNITIO**, Gratus animus, beneficii memoria, Gallis *Reconnoissance.* Bern. *de Breydenbach* in Itinerario Hierosol. pag. 109 : *Semel aut per singulos annos propter solam Recognitionem ad domum Dei, quæ est in Mecha, jubentur ire* (Mahumetani) *et ibi adorare, eamque inconsutilibus tegumentis circuire.*

¶ 7. **RECOGNITIO**, Extremum judicium. S. Paulinus Epist. 10. ad Delphinum num. 3 : *Ut in die Recognitionis, quo pariter sator messorque gaudebunt, nos quoque paterno sinu afferens inter manipulos tuos, etc.* Idem Epist. 19. num. 3. ad eumd. Delphinum : *Quomodo disponemus sermones nostros in die Recognitionis?... Quis nos eripiet a ventura ira?*

* 8. **RECOGNITIO**, idem quod supra *Rechetum*; eo quippe domini superioris jurisdictio agnoscitur. Libert. Caturc. ann. 1369. tom. 5. Ordinat. reg. Franc. pag. 326. art. 10 : *Concedimus.... consulibus et universitati prædictæ civitatis jurisdictionem altam et bassam, redditus, census et homagia, Recognitiones et quæcumque alia jura, etc.* Vide mox *Recognitura.*

* Recognitio Candelarum, Præstationis species. Locus est supra in *Candela* 3.

* Recognitio Homagii, Ejusdem approbatio et confirmatio. Vide supra in *Hominium.*

* Recognitura, idem quod supra *Recognitio* 8. Charta ann. 1334. in Reg. 66. Chartoph. reg. ch. 1358 : *Homagialia vel conditionalilia feuda, retrofeuda, nobilia et innobilia, Recognituræ, etc.* Supra *Recognitiones.*

RECOGNITORES, apud Forenses Anglos, dicuntur viri *Sacramentales*, seu *Juratores*, quibus recognoscenda et disquirenda rei veritas Assisis demandatur : vulgo etiam *Juratores* dicti. [Vide Nomolexicon Thomæ *Blount* et supra *Recognitio* 1.]

¶ Recognitores Tabularum Regiarum, Qui eas recognoscebant, emendabant et subscribebant, plures fuisse sub nostris Regibus Meroveadis et Carlovingis contra Conringium probat Mabillonius lib. 2. de Re Diplom. cap. 11. num. 14.

¶ **RECOGNOSCEMENTUM**, Approbatio, consensus, si bene conjecto. Charta ann. 1130. in Probat. novæ Hist. Occitan. tom. 2. col. 452 : *Prædictum sacramentum juraverunt ambo* (fratres, scilicet *Rogerius de Biterri et Raimundus Trencavelli*) *quod teneant illud per Recognoscementum matris eorum usque ad præfatum terminum, aut amplius ultra ipsum terminum, aut minus infra ipsum terminum.*

* **RECOGNOSCENTIA**, Charta, qua quis debitorem se rei quæ agitur, agnoscit et confitetur. Tabul. S. Vict. Massil. : *Ista Recognoscentia facta fuit in præsentia del Degà de Poscheiros et archidiacono de Calvicione.* Pro Libello censuali, vulgo *Reconnoissance*, occurrit in Stat. ordin. S. Joan. Hieros. ann. 1584. tom. 2. Cod. Ital. diplom. col. 1850 : *Censuales libellos, quos papyros terræ quidam vocant, alii Recognoscentias, etc.*

¶ **RECOGNOSCERE**, Agnoscere, fateri, declarare, ut nostris *Reconnoître.* Charta ann. 1336. apud Ludewig. Reliq. MSS. tom. 5. pag. 522 : *Tenore præsentium Recognoscimus et publice profitemur, etc.* Occurrit alibi.

¶ Recognoscere Corpus Christi. Constitutiones Diœcesis Valent. tom. 3. Concil. Hispan. pag. 509. col. 1 : *Qui Corpus Christi consuevit dari infirmis, dicimus quod cum magna reverentia deferatur... si forte infirmus facit vomitum, Recognoscat, Corpus et non det ei.* Puto mendum esse in hac voce, ac forte legendum *recondat.*

¶ Recognoscere Feudum, vel *fidelitatem et hominium* dicitur Vassallus cum sese feudatarium agnoscit, domino fidelitatem et hominium exhibet declaratque possessiones quas ab eo tenet feudatarie, quibusque conditionibus; *Recognitio* vero *feudi*, feudatarii professio est et hujuscemodi declaratio. Homagium ann. 1110. in Probat. novæ Hist. Occit. tom. 2. col. 375 : *Ego Bernardus-Attone Vicecomes Carcassonæ in præsentia.... proborum virorum, qui ad honorem festivitatis S. Mariæ Crassæ veneramus, et domnus Levo Abbas præfati cœnobii requisierit me coram supra scriptis, ut ei Recognoscerem fidelitatem et hominium pro castris et villis et locis* (nominatis infra), *quæ ab ipso... in feudum... tenere debebam... feci domino Leoni abbati Recognitionem et hominium.* Ibidem col. 376 : *Iterum recognosco, quod pro Recognitione dictorum feudorum debeo venire et mei successores ad dictum cœnobium in expensis propriis, quosciens Abbas noviter fuerit factus, et reddere ei potestatem de omnibus feudis superius scriptis.* Declaratio MS. Præpositi S. Symphoriani de Ancella ann. 1401 : *Humber-*

bertus de Chintriaco.... fecit feudum R. in Christo Patri D. D. Abbati Trenorchiensi, etc. Salvo quod idem Humbertus in Recognitione dicti feudi recognovit se tenere et tenere debere omnia suprascripta ratione dictæ Præpositur æ, ac servitia infrascripta eidem D. Abbati et ecclesiæ suæ prædictæ exhibere. Voces sat frequentes in hominiis exhibendis. Concilium Tarracon. ann. 1591. inter Hispan. tom. 4. pag. 621. col. 2 : *Rerum experientia edocente, plura censualia ac redditus ecclesiasticorum beneficiorum in totum vel in parte fuerunt deperdita et alienata, redditus deminuti, et jura alia defraudata propter præsidentium suis beneficiis incuriam, seu per mortem : multaque incommoda, lites et contentiones accidunt frequenter inter dominos et feudatarios, cum ipsorum feudorum Recognitiones, potestates sive potestats, et alia servitia et onera, quibus feuda subjacent, per longa tempora non petuntur... per quam constitutionem providet* (Synodus) *quod Prælati et beneficiati, quicumque ratione suarum dignitatum vel beneficiorum feuda habentes, ea Recognosci faciant, quoties feudatarii innovarentur, et quinquennio in quinquennium recipi potestates.*

¶ Recognoscere in Bono, Quidpiam beneficii loco habere ejusque se præbere memorem. Charta ann. 1523. apud Ludewig. tom. 5. Reliq. MSS. pag. 336 : *Hoc ab omnibus ac singulis specialiter secundum uniuscujusque dignitatem atque statum, demerebimur, compensabimus atque in bono semper Recognoscemus.*

¶ Recognoscere Se, Culpam agnoscere, confiteri, ad frugem bonam se recipere, Gallis *Se reconnoître*. Capitularia Caroli C. tit. 19. art. 4 : *Mandat vobis quia si aliquis... se Recognoscit et pœnitet, et misericordiam illius et indulgentiam petierit, quia illum, tantum ut in ante, sicut debet, se caveat, voluntarie unicuique, qui sic se Recognoscit, misericordiam et indulgentiam donat.* Vide mox *Recognoxio*, ubi *Recognoscere se*, idem est quod nude declarare, fateri.

¶ **RECOGNOXIO**, pro *Recognitio*, Declaratio, vitiosa temporum scriptione. Placitum ann. 918. in Probat. novæ Hist. Occitan. tom. 2. col. 58 : *Et ea quæ ego me recognosco atque exvacuo, simulque conlaudo recte et veraciter, me recognosco atque conlaudo, et mea Recognoxio vera est in omnibus.*

¶ **RECOLAMEN** Testium, Iterata testium interrogatio, quæ fieri solet in causis criminalibus, ad cognoscendum num testes in suis depositionibus perseverent, Gall. *Recolement*. Decretum summæ Curiæ contra Marescallum *de Gié* ann. 1505. ex Archivo Castri Nannet. : *Tandem visis inquisitione seu informationibus testiumque Recolamine et ipsius de Rehan depositione... Curia nostra per suum arrestum judicavit, etc.*

¶ Recolamentum, Eadem notione, in Charta Caroli Regis Franc. ann. 1446. apud Thomasserium Consuet. Bituric. pag. 808. in Regesto Parlamenti ann. 1491. apud Baluzium tom. 2. Hist. Arvern. pag. 642. Non semel utuntur recentiores Jurisconsulti. Vide Bleynianum Instit. pag. 572. et Vossium lib. 3. de Vitiis serm. cap. 41. ubi *Recolamenta* generatim definit Quibus recolitur memoria ac renovatur. Tum addit : Si argumentorum sint ἀτέχνων (artis expertium) pro iis, cum Budæo in forensibus, malim *revocata testimonia* : quomodo quis *revocare testes* dicitur, si iterum jubeat dicere testimonium.

¶ Recolare Testes, Testes revocare atque iterum interrogare, Gall. *Recoler*. Charta Caroli Reg. Fr. ann. 1446. jam laudata : *Quodque prædicti testes, tam in turba quam singulariter, pro parte dictorum defensorum producti Recolarentur, quo Recolamento facto, etc.* Præter usum a testibus ad alios transfertur hoc verbum, in Declaratione Commissariorum Urbani V. PP. de permutatione facta inter Regem Fr. et Archiepiscopum Senon. ann. 1368. apud Lobinel. tom. 5. Hist. Paris. pag. 661. col. 1 : *Appreciationem sic factam, per alias personas in talibus etiam circumspectas et expertas, cum discussione debita examinari, recenseri et Recolari fecimus.* Verbum ductum a latino *Recolere*, quod Ciceroni aliisque proprie est Repetere, renovare, in memoriam revocare; unde olim etiam nostri *Recoler* forte dixerunt pro Recordari, memoriter recitare, referre : quod tamen Borellus deducit a *Recorer*, Recordari. Vide *de Lauriere* in Glossario Juris Gallici.

¶ Recolacio, Renovatio, nova inquisitio, in qua *recolitur* seu in memoriam revocatur id, quod jam actum est, ut confirmetur vel corrigatur. Literæ Caroli V. Franc. Regis ann. 1365. apud D. *Secousse* tom. 4. Ordinat. pag. 574 : *Si vero dictum numerum focorum in futurum contingerit augmentari, et super hoc fieret semel vel pluries alia Recolacio seu reformatio dictorum focorum, prædicti Consules et Universitas, quando et quociens a Nobis aut gentibus nostris petetur subsidium ab eisdem, solvent solum pro numero focorum, qui tunc temporis veraciter reperietur ibidem.*

* 1. **RECOLARE**, Recognoscere, iterum examinare, Gall. *Revoir*. Charta ann. 1341. in Reg. 72. Chartoph. reg. ch. 408 : *Informationem, ex qua ipsa assieta subsequta fuerat, reexaminasse, Recensisse et Recolasse, etc.* Lit. remiss. ann. 1354. in Reg. 83. ch. 20 : *Qui quidem gubernatores, de consensu partium, dictum compotum per certos commissarios videri et Recolari fecerunt.* Lit. ann. 1373. tom. 5. Ordinat. reg. Franc. pag. 657 : *Dicto vero pendente termino, Recolatis dictas financias; et si quas aliter quam superius continetur, declaraveritis, eas reparetis et pro nullis teneatis. Recolare testes*, vide in *Recolamen*.

* 2. **RECOLARE**, Iterum collocare. Chron. Fr. Andr. tom. 10. Collect. Histor. Franc. pag. 290 : *De abbatia S. Rictrudis Marchianensis expulsæ sunt sanctimoniales; ...... et Recolati sunt ibi monachi per Lidunum abbatem S. Vedasti.*

* **RECOLECTA**, Recoleta, Ital. *Ricolta*. Messis, quivis agrorum fructus. Stat. Avellæ ann. 1496. cap. 40. ex Cod. reg. 4624 : *Dampna facta in rebus seu possessionibus aut fructibus et Recoletis suis, etc.* Ibid. cap. 42 : *Ad custodiendum ipsas messes et ipsa blada et frezagia et alios fructus et alias Recolectas et goldias ipsorum hominum Avillianæ.*

¶ **RECOLERE**, Idem quod Recolligere, congregare, Gall. *Rassembler*. Epistola Petri de Condeto, tom. 2. Spicil. Acher. pag. 563 : *Facta pace in hunc modum recollegerant gentes suas in navibus Reges nostri... Rege Siciliæ remanente, et retardante aliquantulum, pro pauperibus et ultimis Recolendis.* Sed forte mendosa scriptio est et legendum *Recolligendis*.

* **RECOLIGERE**, Recipere, admittere. Charta ann. 1292. inter Probat. tom. 1. Hist. Nem. pag. 116. col. 2 : *Item quod si furnus fieret in castro domini regis, quod non debeant Recoligere alios habitatores villæ ad decoquendum.*

* **RECOLITUS**, Cultus, veneratus. Instr. ann. 1076. inter Acta SS. tom. 3. Jun. pag. 203. col. 2 : *In quo* (sepulcro) *D. Bennonis episcopi corpus solenniter reconditum erat, atque ibidem longissimo tempore multis miraculis claruit, sanctissime visitatum et Recolitum fuit.*

* **RECOLLATIO**, Recognitio, nova inquisitio, in Lit. Caroli VI. ann. 1412. inter Probat. tom. 3. Hist. Nem. pag. 208. col. 2 : *Recollatio vel informatio dictorum focorum, etc.* Vide in *Recolamen* et supra *Recolare* 1.

* Nostris *Recoller*, Recordari, in memoriam revocare, vulgo *se Ressouvenir, se rappeller*. Inquisit. ann. 1378. ex Tabul. Cartus. B. M. de Parco : *Dit (Jehan Mauhujon) qu'il ouyt qu'il dict qu'il lessoit auxdis religious rente sur sa terre, pour y estre mis et pour prier pour lui : mes il ne se Recolle pas quelle somme de rente il dist.*

¶ **RECOLLECTARE**, Colligere, percipere. Epistola Leonis III. PP. ad Carolum M. : *Misit igitur pia Serenitas vestra missos suos, ut justitiam nobis facere debuissent; sed magis damnum quam profectum nobis fecerunt... quia... quidquid per vestrum pium ac legale judicium, de causa videlicet palatii Ravennatis Recollectamus, unde et jussistis ut nullus quilibet homo in posterum conquassare aut in judicio promovere præsumeret, tam de vulgaria, quam etiam de mansis, etc.*

¶ **RECOLLECTOR**, Coactor, exactor. Literæ Officialis Rotomag. ann. 1471. ex Archivo B. M. de Bono-nuntio ejusdem urbis : *Mandamus quatinus moneatis dictum Curatum, seu ejus firmarium, aut Recollectores fructuum et proventuum dictæ Ecclesiæ de reddendo et solvendo ipsis Religiosis sommam septem librarum.*

¶ **RECOLLECTRIX**, Receptrix. Vita S. Agnetis de Monte Politiano, tom. 2. Aprilis pag. 803. col. 1 : *Ibi peccatrices publicæ residebant, et... quædam vetula totius nefandi sceleris mater, impudicitiæ Recollectrix.*

1. **RECOLLIGERE**, quomodo *Recueillir* nos dicimus, Hæreditatem recolligere, *Recueillir une succession*, in Lege Longob. lib. 2. tit. 15. § 3. 5. [**Rothar. 174. Liutpr. 72. (6, 19.)] *Filiam ad se Recolligere*, eod. lib. tit. 12. § 1. [** Rothar. 217.] : *Recueillir sa fille en sa maison. Pignus Recolligere*, recipere, eodem lib. tit. 21. § 24. 25. 26. [** Liutpr. 108. 109. 110. (6, 55. 56. 57.)] *Recolligere agrum*, in Charta Alamannica Goldasti 42. Unde nostris *Recolte*, pro messe.

Recolligi dicuntur servi, qui fugam ineunt, aut latitant, apud Gregorium M. lib. 8. Epist. 4. lib. 10. Ep. 40. Jacobus I. Rex Aragon. in Foris Cæsar-Augustæ ann. 1325. lib. 1. Foror. Aragon. f. 11. v : *Que si alguno se Recollira en Eglesia, o palacio d'Infancion, o en otros privilegiados lugares, etc.*

Recolligere, Excipere hospitio, vel alio modo. Joannes VIII. PP. Epist. 107 : *Mihi tempus et locum denuntiate, quo occurrere debeatis ad nos Recolligendum.* Adde Epist. 216. [Chronicon Trivetti ad ann. 1240. tom. 4. Spicil. Acher. pag. 586 : *Raymundus... a domino Papa Gregorio familiariter Recollectus, Capellanus ejus efficitur ac Pœnitentiarius.* Charta ann. 1377. ex Biblioth. Reg. : *Qui obviam nobis exiens, extra civitatem nos honorifice Recollexit.*]

¶ 2. **RECOLLIGERE**, Reconciliare, Ecclesiæ communioni restituere. Capitula Synodorum Orient. inter Concilia Hispan. tom. 2. pag. 331 : *Si quis Episcopus in concilio excommunicatus fuerit, sive Presbyter, sive Diaconus, facere oblationem, vel matutinum vel vespertinum sacrificium, quasi in officio suo agere sicut prius, non liceat, nec in alio concilio spem reconciliationis habere, nec ultra Recolligi.*

* Hinc *Receuillie* et *Recueillette*, pro *Accueil, reception*, Exceptio. Epist. Joan. *Le Maingre* marescal. Franciæ ann. 1407. apud Marten. tom. 2. Anecd. col. 1331 : *Unes lettres.... faisant mantion de vostre réception et bonne Receuillie à Flourance, etc.* Lit. remiss. ann. 1382. in Reg. 122. Chartoph. reg. ch. 114 : *Pour honneur et révérence de Dieu et de la saincte sepmaine peneuse en quoy nous sommes, et la gratieuse et belle Recueillette, qu'ils nous ont fait à nostre joieux advenement en nostre-ditte ville de Rouen, etc.*

* Recolligere dominum suum dicitur vassallus, cum illum in castro suo ratione belli aliave recipit. Lit. Ludov. comit. Valent. ann. 1375. in Reg. 108. Chartoph. reg. ch. 204 : *Dictus dominus Eynerius et ejus successores in prædictis infeudatis et donatis, teneantur Recolligere in dictis castris et eorum utroque, omni tempore guerrarum et pacis, nos et nostros hæredes et successores et gentes nostras, iratos et pacatos, cum armis et sine armis.* Vide supra *Receptum* 3.

¶ 3. **RECOLLIGERE**, Secundo vineam colere, a Provinciali *Reclaurré*, Secunda vel ultima vineæ cultura. Conventiones MSS. Archirinci Abb. Montis-majoris cum incolis Correni de censibus : *Correatam in putando, in fodiendo, in Recolligendo homines de Correus facerent.* Vide *Reclaudere* 2.

¶ **RECOLORARE**, Denuo colorem inducere. Vita B. Arnulfi, tom. 5. Junii pag. 616 : *Decoloratus vero in corpore multiplici tormentorum afflictione; Recolorabitur autem multo gloriosius in universali et beata corporum resurrectione.*

* **RECOMITTERE**. Vide infra *Recommittere.*

¶ **RECOMMEMORARE Aliquem**, In mentem seu memoriam alicujus revocare. Vetus Interpres S. Irenæi lib. 5. cap. 17. num. 4 : *In novissimis temporibus idipsum venit Verbum Dei advocare hominem, Recommemorans eum opera sua, etc.*

¶ 1. **RECOMMENDARE**, Commendare, apud Laurent. Byzinium in Diario belli Hussitici, tom. 6. Reliq. MSS. Ludewigi pag. 14. *Animam suam Recommendare altissimo Creatori*, in Testamento Joannis *de Talaru* Cardin. ann. 1392. tom. 2. Maceriarum Insulæ Barbaræ pag. 663. Phrasis Gallica *Recommander son ame à Dieu.* Observat Vossius lib. 1. de Vitiis sermonis cap. 23. et lib. 4. cap. 20 : *Recommendare*, pro *Commendare*, barbarum esse; etsi, more Gallico, perusitatum non plane barbaris. Aliter verbum *Recommander*, sumit Continuator Histor. Guillelmi Archiep. Tyr. apud Marten. tom. 5. Collect. Ampliss. col. 654 : *Fouque de Milli.... grant avoir assembla, qu'en li dona por despendre en la terre d'outremer; mès il ne li portat mie, ains morut. Ançois que la muete fust, tout aucuns distrent qu'il fu mort de duel, pour l'avoir qu'il avoit Recommandé, et l'en li cela.* Ubi *Recommander* idem est, ut arbitror, quod supra *Commendare* 2. Quippiam apud aliquem deponere.

* Pontif. MS. eccl. Elnens. : *Recommendantur religiosi : et pontifex se omnium orationibus Recommendat devote.*

* 2. **RECOMMENDARE Castrum**, Hujus custodiam alicui committere. Charta ann. 1216. apud Murator. tom. 3. Antiq. Ital. med. ævi col. 233 : *Post receptionem vero dictæ roccæ et castri, dom. Gratiano Petri Leonis et dom. Adinulfo fratri dom. Ostiensis episcopi et dom. Johanni de Judice pro Romana ecclesia Recommendaverunt dictam arcem cum castro, et fecerunt ibi poni pro honore Romanæ ecclesiæ vexillum. Prædicti vero domini recognoverunt jus et proprietatem ipsius castri ad Romanam ecclesiam pertinere....... Recommendaverunt arcem, roccam et castrum Fumonis integraliter dom. Alexandro cum Oddone fratre suo et dom. Thomæ, mandantes eisdem quod custodiant et teneant ipsam arcem et castrum ad honorem et utilitatem et devotionem Romanæ ecclesiæ.*

* 1. **RECOMMENDATIO**, Monitum, invitatio, exhortatio, Gall. *Recommendation.* Ordinar. MS. S. Petri Aureæ-vall. : *Quamdiu vero fit offertum, capellanus altaris facit præcepta et Recommendationes ad hoc consuetas more solito, cum suis suffragiis, videlicet de pace et pro deffunctis.* Officiar. curat. : *Sequuntur Recommendationes fiendæ Dominicis diebus in ecclesiis parrochialibus post offertorium in prono assueto : Bonnes gens, les commendemens de Dieu et de nostre mere S. Eglise, je les vous recommande, etc.*

* 2. **RECOMMENDATIO**, Officium vel orationes pro defunctis. Chartul. episc. Paris. fol. 128 : *Anno Domini 1270. die Dominica ante festum Inventionis S. Crucis, decessit dom. Stephanus canonicus S. Clodoaldi, magister leprosariæ S. Lazari Paris. Die Lunæ in crastino accessit ad dictam domum dom. Stephanus episcopus Paris. qui post Recommendationem animæ ipsius defuncti, etc.* Vide *Commendationes.*

¶ 1. **RECOMMENDATUS**, Qui alterius patrocinio sese commendabat. Charta Innocentii III. PP. ann. 1214. apud Murator. delle Antic. Estensi pag. 417 : *Et qui secum venerint et secum erunt.... benedictione Dei et Apostolorum Petri et Pauli et nostra benedicimus, et Recommendatos habemus.* Hoc est, in fidem nostram accipimus. Vide *Commendatus.*

* 2. **RECOMMENDATUS**, Amicus, quem commendatum habere quis debet. Lit. ann. 1383. tom. 7. Ordinat. reg. Franc. pag. 49 : *Nos dignum et justum censentes, ut dilectos nostros thesaurarium et capitulum.... capellæ nostræ regiæ castri nostri nemoris Vincennarum, per carissimum dominum progenitorem nostrum, tam digne tamque devote, ob remedium animarum ipsius ac dominæ carissimæ nostris* (genitricis) *nostræ, ac etiam pro salute nostra, omniumque aliorum liberorum, fratrum, propinquorum et Recommendatorum suorum fundatæ, etc.*

¶ 1. **RECOMMENDISIA**, Tutela, protectio. Annales Estenses apud Murator. tom. 18. col. 1074 : *Legatus... nuntiavit, amodo filium olim domini Ottonis et statum Parmæ ac Regii esse sub Recommendisia et protectione ipsius Ducalis domini.* Vide *Commendisia.*

* Hinc *Recommant*, ni fallor, Præstatio, quæ pro tutela pensitabatur. Charta an. circ. 1244. in magn. Chartul. nig. Corb. fol. 97. v° : *Li Recommant et les lois d'Aoust sont à l'église, dont mesires Jehans fait tort à l'église, etc. Recomandement* vero, vox in epistolis usitata, ut quis alteri commendatum se esse velle significet. Epist. Mariæ imper. ad Blancham regin. ann. 1248. inter Probat. Hist. Villehard. pag. 6 : *Salut et Recomandement com à nostre très-chiere dame.*

* 2. **RECOMMENDISIA**, Servitium seu obsequium, quod cliens seu vassallus domino præstare tenetur. Charta ann. 1431. tom. 1. Cod. Ital. diplom. col. 702 : *Nonnulli ex ipsis nobilibus pro certis suis locis fidelitatem et homagium fecerunt domino duci Sabaudiæ, cum reservatione tamen adhærentiæ et Recommendisiæ, quibus antea prælibato domino duci Mediolani tenebantur.*

¶ **RECOMMISSUS**, Commendatus, quasi *Recommendatus*, Gallice *Recommandé.* Literæ Radulphi Rom. Regis ann. 1282. apud Rymer. tom. 2. pag. 215 : *Ipsum vobis habere velitis favorabiliter Recommissum.* Adde pag. 259. Literæ Henrici IV. Regis Angl. ann. 1401. apud eumd. Rymer. tom. 8. pag. 236 : *Ludovicum* (de Brancariis,) *suis exigentibus meritis, harum nostrarum precum intuitu, in suis agendis dignemini habere specialiter Recommissum.* Adde pag. 604. Concilium Dertusanum ann. 1429. inter Hispanica tom. 3. pag. 655 : *Eosdem in suos speciales dilectos filios, et in necessitatibus ad succurrendum ipsi sedi apostolicæ promptos, propitios et liberales recipiens specialius habeat Recommissos.* Literæ Eugenii IV. PP. ad Renatum Siciliæ Regem et Comitem Provinciæ ann. 1435. in Bullario Carmelit. pag. 189 : *Episcopum Massiliensem suscipiens Recommissum velis fovere.* Acta S. Franciscæ Rom. tom. 2. Martii pag. 96. * : *Recommissa B. Franciscæ solo tactu ipsius liberata est.*

* **RECOMMITTERE**, Commendare. Stat. MSS. eccl. S. Laur. Rom. : *Sint autem dicti operarii solliciti, quod dum sciverint aliquem parrochianum condere testamentum, meliori modo quo poterunt, dictæ ecclesiæ fabricam*

Recommittant, et notarios testamenta recipientes avisent. Testam. Joan. Franc. de Gonzaga Mant. march. ann. 1444. tom. 3. Cod. Ital. diplom. col. 1805 : *Item Recomitto prædictis hæredibus meis omnes et quoscumque, quos ego tenui ad servitia mea.* Mirac. S. Nicetæ tom. 4. Sept. pag. 8. col. 1 : *Infirma autem fiduciam habens in Domino et in isto gloriosissimo sancto, ei continue se Recommittebat.* Vide *Recommissus.*

RECOMPENSA, Remuneratio, Gall. *Recompense*, apud Philippum Eystetensem Episcop. in Vita S. Willibaldi cap. 7. et in Speculo Saxonico lib. 1. art. 65. § 3. [in Diplomate MS. Frederici Reg. Rom. ann. 1326. in Charta Henrici IV. Regis Angl. ann. 1402. apud Rymer. tom. 8. pag. 238. in Litteris ann. 1445. apud Marten. tom. 2. Anecd. col. 1542. in Bulla Pauli IV. PP. part. 4. Continuat. M. Bullarii Rom. pag. 71. col. 1. et alibi sæpe.] [** Vide Haltaus. Glossar. German. voce *Ergœtzung*, col. 393. *Zehendlosung*, col. 2146. et supra *Compensa.*]

¶ **RECOMPENSARE**, Rependere, compensare, remunerari, Gall. *Recompenser.* Occurrit in Concilio Toletan. XI. tom. 2. Concil. Hisp. pag. 665. in Charta Pipini Reg. ann. 764. apud D. *Calmet* tom. 1. Hist. Lothar. col. 280. in Charta Conradi Regis Burgundiæ ann. 971. tom. 1. Maceriarum Insulæ Barbaræ pag. 64. in Charta Otthonis IV. Imp. ann. 1210. apud Murator. delle Antic. Estensi pag. 392. in Epist. Innocentii V. PP. ann. 1276. apud Marten. tom. 7. Ampliss. Collect. col. 246. in Litteris ann. 1281. apud Rymer. tom. 2. pag. 179. et alibi passim apud Scriptores Latino-Barbaros. Sed in Vita S. Dunstani Episc. tom. 4. Maii pag. 351. sumitur pro Recogitare, animo revolvere : *Secum plane intelligens et sæpius in cordium suorum secretis Recompensans, se esse pro tanti viri vindicta finitimæ morti ferme deputatum, etc.* Utramque notionem complectitur Johannes de Janua : *Recompensare, Reddere, persolvere, remunerare; vel iterum trutinare, æquare.*

¶ **RECOMPENSATIO**, Idem quod *Recompensa*, Remuneratio, Compensatio, in Gestis Berarii Cenom. Episc. apud Mabill. tom. 3. Analect. pag. 171. in Privilegiis Aquensi civitati concessis a Raymundo Berengario Provinciæ Comite ann. 1206. apud Pittonem lib. 2. Hist. Aq. pag. 114. in Epistola Innocentii III. PP. tom. 3. Concil. Hispan. pag. 409. in Epistola A. Monachi ad Odonem Episc. Paris. tom. 1. Ampliss. Collect. Marten. col. 1015. in Processu de sanctitate S. Catharinæ Senen. tom. 5. ejusd. Ampliss. Collect. col. 1240. in Charta ann. 1308. apud Ludewig. tom. 5. Reliq. MSS. pag. 99. in alia Philippi Franc. Reg. ann. 1341. tom. 2. Maceriarum Insulæ Barbaræ pag. 181. in Bulla Clementis VI. PP. ann. 1344. tom. 2. Hist. Dalphin. pag. 492. et alibi passim.

¶ **RECOMPENSATOR**, Qui mercedem tribuit, remunerator. Concilium Pampilon. ann. 1023. inter Hispanica tom. 3. pag. 196. col. 2 : *Ab æquissimo Recompensatore et justo judice Deo mereamur criminum nostrorum in die retributionis remedium acquirere.* [** *Habundantes eos in bonis Recompensatores fidei..... invenientes*, apud Anastas. in Mirac. SS. Cyri et Joh. num. 70. in Maii Spicileg. tom. 3. pag. 651.]

¶ **RECOMPENSIVUS**, Qui remuneratur. Literæ Edwardi III. Angl. Reg. Bernardo de Lebreto ann. 1327. apud Rymer. tom. 4. pag. 281. col. 1 : *De gratuitis obsequiis dicti patris et affectione dicti avi nostri Recompensiva, ut decuit, gratulamur.*

* **RECOMPENSATIO**, Compensatio, Gall. *Compensation.* Durandus a S. Porc. in Comment. ad Magist. Sentent. lib. 3. dist. 37. qu. 2 : *Hoc autem fit in usura, in qua aliquis ultra pecuniam mutuatam, vel vinum seu bladum, petit sibi duas Recompensationes; unam quidem Recompensationem æqualem, aliam vero quasi pretium ejus, quod usura dicitur.* Pro Remuneratione, vide in *Recompensa.*

* At vero *Recompensation*, Restaurationem damni sonat, in Testam. Adami *de Lille* ann. 1295. ex Chartul. Vallis N. D : *Je weil e otroie dem boene volenté.... que damoisele Aales de Lille ma niece ait à tosjors li e ses hoirs, en Recompensation de ce que je ai eu du soen, le quint de tote ma terre et tos mes conqués, ou que il soient;.... car je crois que je ai plus eu du soen que le restor que je li fas, ne vaut.* Vide *Restaurum.*

* **RECOMPERARE**, Redimere, Ital. *Ricomperare.* Inquisit. ann. 1205. apud Murator. tom. 4. Antiq. Ital. med. ævi col. 577 : *Et vidit, quod dictus comes Macharius fecit venire homines de Montepulciano apud S. Quirinum, et constrinxit eos in tantum, quod ipsi se Recomperaverunt ab eo.* Vide infra *Ricompramentum.*

¶ **RECOMPUTARE**, In memoriam revocare. Chron. Watinense apud Marten. tom. 3. Anecd. col. 827 : *Qui statim ordine Recomputato, ad confessionem eorum, quæ viderat, in consessu fratrum quam citius pervenit, atque mirantes præ gaudio, et de promissa salute alacriores reddidit, et de cælesti visitatione loci in magnam spem unanimiores excitavit.*

¶ **RECONARI**, Vicissim conari seu moliri, reniti, contra invadere. Glossæ Lat. Græc. et Græc. Lat. : *Reconor*, ἀντεπιχειρῶ.

** **RECONCAMBIUM**, Idem quod *Recompensa*, Compensatio. Chart. Helen. Præposit. Vreden. ann. 1333. apud Haltaus. in Glossar. Germ. col. 2111 : *Walterum filium Hermanni dicti toe Lynden certificate pro persona de eodem Waltero in Reconcambium nobis et nostræ ecclesiæ restituenda pro quadam summa pecuniæ a jure, quod eidem ecclesiæ pertinuit, servitutis manumissimus, etc.*

* **RECONCANTOR**, Officialis judiciarii vel a rationibus species apud Lusitanos. Hist. desponsat. Frid. III. imper. cum Eleon. Lusit. ann. 1451. inter Probat. hist. geneal. domus reg. Portugal. tom. 1. pag. 603 : *Calmedinis aliisque officialibus regis, nec non alcadis, Reconcantoribus, universitatibus, collegiis portuum et passuum, etc.* Vide supra *Recolare* 1.

¶ 1. **RECONCEDERE**, Invicem cedere. Glossæ Lat. Græc. et Græc. Lat. : *Reconcedo*, ἀντιπαραχωρῶ.

* 2. **RECONCEDERE**, Concessionem jam factam confirmare, ratam habere, Gall. *Ratifier.* Tabul. Absiense ch. 236 : *Ugo de Pontis et uxor ejus Audeardis, Willelmus de Turre, et Hugo et Goffridus fratres ejus, dederunt quartum decimæ de gaanneria Christiano clerico... Item Reconcesserunt hoc donum in præsentia Rainerii abbatis.*

RECONCILIARI dicebantur Pœnitentes, cum indicta pœnitentiæ tempora adimpleverant : fiebatque ejusmodi reconciliatio *manus impositione*, quæ *reconciliatoria* dicitur in Concilio Arausicano can. 3. et Arelat. II. can. 28. [Capitular. lib. 5. cap. 121. et 129. lib. 7. c. 139. in Canonibus Isaaci Episc. Lingon. tit. 1. can. 6. 13. et 34.] Concilium Carthagin. IV. can. 76 : *Accipiat pœnitentiam, et, si cito creditur moriturus, Reconcilietur per manus impositionem, et infundatur ori ejus Eucharistia.* Quo loco Reconciliationem pro Eucharistiæ sumptione interpretantur viri docti, licet alii pro absolutione, ut loquimur, sumi hoc loco velint, ex dicto can. 3. et 11. Concilii Arausicani, et Ep. 91. Leonis I. PP. Concilium Toletanum XI. can. 12 : *Si mortis urget periculum, pœnitentia per manus impositionem accepta, statim ei Reconciliatio adhibenda est.* Vigilius PP. Epist. 2 : *Quorum tamen Reconciliatio, non per illam impositionem manus, quæ per invocationem Spiritus sancti fit, operatur : sed per illam, qua pœnitentiæ fructus acquiritur, et sanctæ communionis restitutio perficitur.* Vide Capitul. Aquisgran. ann. 789. cap. 33. Acta Episcopor. Cenoman. pag. 293 : *Ita ut nec Chrisma juxta morem Ecclesiasticum infra civitatem conficere, nec pœnitentium Reconciliationes agere valuissemus. Absolutissimam Reconciliationem* appellari fatendum tamen illam videri, qua præter manus impositionem, sumptione divinæ Eucharistiæ quis absolvitur, in Concilio Vasensi can. 2.

Hanc autem manus impositionem quarta feria in capite jejunii accipiebant pœnitentes, quo vacarent solummodo pœnitentiæ, et divinis officiis, ut est in Concilio Meldensi ann. 845. can. 76. et in Canonibus Saxonicis Edgari Regis de Modo imponendi pœnitentiam can. 3. Pœnitentiale MS. Thuanum, quod nuper editum est sub nomine Theodori a viro doctissimo : *In capite Quadragesimæ omnes pœnitentes, qui publicam suscipiunt, aut susceperunt, pœnitentiam, ante fores Ecclesiæ se repræsentent Episcopo civitatis, sacco induti, nudis pedibus, vultibus in terra prostratis, reos se esse ipso habitu et vultu proclamantes. Ibi adesse debent Decani, vel Archipresbyteri Parrochiarum, i. Presbyteri pœnitentium, qui eorum conversationem diligenter inspicere debent, et secundum modum culpæ pœnitentiam per præfixos gradus injungunt. Post hæc in Ecclesiam Episcopus reos inducat, et cum omni clero 7. Pœnitentiales Psalmos in terra prostratus cum lacrymis pro eorum absolutione decantet. Tunc resurgens ab oratione, juxta quod Canones jubent, manus eis imponat, aquam benedictam super eos spargat, prius cinerem mittat, deinde cilicio capita eorum cooperiat, et cum gemitu et crebris suspiriis eis denuntiet, quod sicut Adam projectus est de paradiso, ita et ipsi ab Ecclesia pro peccatis abjiciuntur. Post hæc jubeat ministros, ut eos extra ja-*

nuas Ecclesiæ expellant. Clerus vero prosequatur eos cum Responsorio : In sudore vultus tui, etc. ut videntes sanctam Ecclesiam pro facinoribus suis tremefactam atque commotam non parvipendant pœnitentiam. In sacra autem Domini Cœna, rursus ab eorum Decanis et eorum Presbyteris Ecclesiæ liminibus repræsententur. Idem Pœnitentiale cap. 14 : *Romani reconciliant hominem intra absidem : Græci nolunt. Reconciliatio pœnitentium in Cœna Domini tantum est ab Episcopo consummata pœnitentia.*

Hoc tum die non jam reconciliabantur, sed absolutionem accipiebant pœnitentes publice in Missa ab Episcopo, quod Presbyteris non licebat, ut est in can. 7. Concilii Hispal. II. in Ticinensi ann. 850. can. 7. Wormatiensi ann. 868. can. 8. etc. Ita etiam Rabanus Maur. lib. 2. de Institut. Cleric. cap. 30. Honorius Augustod. lib. 3. cap. 76. 77. 78. 79. Rupertus lib. 5. de Divin. Offic. cap. 19. Canones Saxonici de Modo impon. pœnitentiam can. 4. Abbo Monach. serm. 4. Atto Episc. in Capitul. cap. 90. Durandus lib. 6. c. 73. etc. Orationes vero quæ hac die *ad Reconciliandos Pœnitentes* recitabantur ab Episcopo; describuntur in libro Sacramentorum Gregorii M. pag. 226. edit. Menardi, et in Ordine Romano, quas, *Ordinem Reconciliandi* vocat Hincmarus in Capitulis ad Presbyteros parochiæ suæ cap. 4. Sic autem Ordo reconciliandi pœnitentes describitur in Ordinario MS. Ecclesiæ Rotomagensis : *Finita Nona, Archiepiscopus, vel ejus Vicarius indutus alba, cum Diacono et Subdiacono indutis albis, cum Cantore, processione ordinata ad Occidentales portas Ecclesiæ ad Reconciliandos pœnitentes pergat, et eo sedente juxta januas, Diaconus legat hanc lectionem : Adest tempus, o venerabilis Pontifex. Finita lectione, Archiepiscopus, vel ejus Vicarius, se erigat, et dicat : Venite. Diaconus ex parte pœnitentium dicat : Flectamus genua, Levate. Et tribus vicibus hoc dicatur. Ad finem dicatur tota Antiphona : Venite, Venite, Venite filii. Chorus finiat, et dicatur Psalmus : Benedicamus Dominum, et ad quemlibet versum repetatur : Venite, Venite. Tunc Archiepiscopus, vel ejus Vicarius, Pœnitentes intromittat in Ecclesiam cum baculo, et Reconciliati ardentes candelas ad altare deferant, alii autem non. Et Archiepiscopus, vel ejus Vicarius, manum suam ponat super capita singulorum, dans pacis osculum, et dicens : Pax tecum. His ita peractis, ad chorum redeant, et sermonem ad populum faciat. Quo finito, Pœnitentes prostratos absolvat. Primo dicantur 7. Psalmi a Ne reminiscaris, Psalm. Domine ne in furore, etc. Kyrie eleison, Pater noster. Salvos fac. Vers. Mitte eis auxil. Vers. Domine exaudi orat. Dominus vobiscum, et cum Spiritu tuo. Orat. Monstra Domine quæsumus iis famulis, etc. Alia Orat. Deus misericors. Alia Oratio, Absolutionem et remissionem. Iis ita peractis processio procedat ad ignem benedicendum, etc.* Idem habent alii Pœnitentiales apud Morinum post libros de Pœnitentia pag. 47. et seqq.

Pœnitentes porro ab alio reconciliari non poterant, quam ab eo, a quo indicta fuerat pœnitentia. Sed et inconsulto Episcopo Presbyter excommunicatos, vel publice pœnitentes, reconciliare non potest, nisi ultima cogat necessitas, inquit Hugo a S. Victore lib. 1. de Observ. Eccles. cap. 24. Adde [librum 7. Capitularium c. 202.] Capitul. Attonis Episc. cap. 90. Vide Concilium Taurinense cap. 5. Nicolaum I. PP. in Resp. ad Consulta Bulgar. cap. 35. Concilium Cabilonense II. can. 25. Capitulare 2. incerti anni cap. 12. Reginonem lib. 2. de Eccles. discipl. cap. 414. Burchardum lib. 11. cap. 8. etc.

Adducebantur autem pœnitentes ad Episcopos a propriis Sacerdotibus, qui de peracta ab iis pœnitentia testimonium dabant. Riculfus Suessionensis Episcopus cap. 9 : *Videant quoque, ne... pro pretio aut pro familiaritate, vel propinquitate, pœnitentes ante tempus ad Reconciliationem adducant, et eis pro Reconciliatione testimonium dederint, etc.*

* Hinc nostrum *Reconsilier*, pro Absolutionem a peccatis confessis accipere. Lit. remiss. ann. 1387. in Reg. 132. Chartoph. reg. ch. 51 : *Jehan de Linaye escuier, pour le péril de mort en quoy il estoit, fu Reconsilié par un prestre.*

¶ Reconciliationem *consequi non potest exutus carne*, lib. 5. Capitul. cap. 119.

Reconciliationes, inter Ecclesiarum obventiones recensentur in Charta Galonis Episcopi Parisiensis ann. 1107. in Hist. Priorat. S. Martini : *Et ne res Ecclesiastica a nostra manu omnino videatur esse alienata, Synodos, circadas, Reconciliationes, curam animarum parochianis Presbyteris a nobis commissam, in supradictis Ecclesiis retinemus.*

Reconciliare Se dicitur servus, qui pretio dato libertatem impetrat, in Charta veteri apud Joachimum Vadian. de Monaster. German. pag. 83.

Reconciliari Ecclesia dicitur, cum scelere aliquo violata ac polluta est, vel a Paganis, aut Hæreticis obtenta, rursum ab Episcopo consecratur, et aqua benedicta aspergitur. [Charta Lamberti Episc. Atrebat. pro Conone Presbytero Monasterii Aroasiensis post Heldemarum conditore ann. 1097. apud Miræum tom. 1. pag. 167. col. 2 : *Si autem aliquando.... in prædicto loco vel parochia tale quid acciderit, pro quo Reconciliatio necessaria fuerit, tibi legitimisque successoribus tuis, vice nostra, accepta aqua sanctificationis et Reconciliationis, ut ea Reconcilies, religioni vestræ annuimus et impertimus.*] Charta Rainoldi Archiepisc. Remensis apud Locrium in Chron. Belg. ann. 1129 : *Si autem Ecclesiam ipsam S. Martini violatam esse contigerit, tibi... concedimus, ut accepta ab Episcopo Atrebatensi aqua Reconciliationis, eadem Ecclesia tam a te, quam a tuis successoribus Reconcilietur.* Ordericus Vital. lib. 12 : *Aquam accepta stola benedixit, et Ecclesiam, quam contaminaverat... Reconciliavit.* Matthæus Westmonast. ann. 1015 : *Ecclesia Reconciliata et reædificata est.* Galbertus in Vita Caroli Comitis Flandr. num. 120 : *Quoniam Reconciliari sibi Deus dignatus est Ecclesiam illam.* Vincentius Belvac. lib. 32. c. 98 : *Locum, in quo erat Mahomeria Reconciliavit Legatus, etc.* Charta Gaufredi Episcopi Parisiensis ann. 1093 : *Synodum vero et circadas cum debita subjectione, et curam animarum, parochiano presbytero a nobis commissam, et Ecclesiæ Reconciliationem, imo debitæ subjectionis et justitiæ obedientiam in eo retinemus.* Alia Hugonis Episcopi Autisiodor. ex Tabul. Monast. Farensis : *Sacerdos Farensis Monasterii populum recturus, de manu Meldensis Episcopi curam totius parochiæ tam Clericorum quam Laïcorum suscipiet : chrisma quoque et aquam Reconciliationis Ecclesiarum, si violatæ fuerint, ab Ecclesia Meldensi requiret.* Vide Diurnum Romanum c. 5. tit. 14. Decretal. Gregor. IX. lib. 3. tit. 40. cap. 4. 7. 9. 10. S. Anselmum lib. 3. Epist. 158. Fulbertum Carnot. Epist. 61. 72. 93. Matth. Paris ann. 1152. Chronicon Nangii ann. 1249. etc. De ejusmodi Ecclesiarum reconciliationibus agunt Ordo Romanus cap. *de Reconciliatione violatæ Ecclesiæ*, Honorius Augustod. lib. 1. Gemmæ animæ cap. 170. et Durandus lib. 1. Ration. c. 6. n. 38.

* *Reconseillier*, eodem sensu, in Lit. remiss. ann. 1379. ex Reg. 115. Chartoph. reg. ch. 241 : *Pour laquelle effusion de sanc, laditte église fu poluée, et esconvint que les chanoines dicelle se levassent environ minuit pour Reconseillier laditte église. Reconsilier*, ibid. ch. 286. ubi de eadem re. Polluta vero censebatur ecclesia, non sanguinis modo, sed et seminis effusione. Charta ann. 1354. tom. 2. Hist. Trevir. Joan. Nic. ab *Hontheim* pag. 181. col. 1 : *Item damus ipsi episcopo potestatem Reconciliandi ecclesias et cemiteria, ubi per effusionem sanguinis vel seminis,.... aut alias fuerint violata.*

☞ Ecclesias autem quavis ratione pollutas *reconciliare* Episcoporum erat, neque illud licebat Presbyteris, nisi ex speciali Episcoporum licentia. Capitular. lib. 7. cap. 225 : *Statutum est, ut Presbyteri benedictionem in Ecclesia super plebem fundere, aut altare consecrare, aut Reconciliare, aut submovere vel collocare, ullo modo præsumant. Simul et hoc statutum est, ut altare erigere, vel de loco in locum transmutare, ut a quibusdam factum audivimus, sine Episcopi sui licentia vel consilio, cujus est ipsum altare consecrare et post motionem vel violationem Reconciliare, Presbyteri non pertentent. Quod si aliter fecerint, gradus sui periculo subjacebunt.*

☞ Interdum etiam *Reconciliari* dicitur Altare restauratum, imo et recens exstructum, etsi nunquam violatum est et pollutum. Gesta Innocentis Cenoman. Episc. apud Mabillon. tom. 3. Analect. pag. 75 : *Et in sinistra parte ipsius Ecclesiæ et prædicti arcus, in quodam membro Ecclesiæ ipsius, altare S. Mariæ, quod a B. Juliano in media Ecclesia, in orientali parte, constructum atque sacratum fuerat, decenter mutavit, et in honore S. Mariæ Reconciliavit atque reædificavit. In dextera vero ipsius Ecclesiæ et arcus parte, in quodam membro ipsius Matris Ecclesiæ ab eo constructo et a novo fundato, altare in honore S. Petri posuit et Reconciliavit.* Quod perinde dicere potuisset Scriptor horumce gestorum de prima cujusvis Ecclesiæ consecratione. Quod vero spectat ad altare translatum, licet non contaminatum, aliunde, alii quoque Scriptores usi sunt verbo *Reconciliare*, cum de nova ipsius benedictione sermonem habuerunt, ut videre potes in capite 225. libri 7. Capitulariùm jam laudato.

* **RECONCILIATI**, Idem qui *Fratres Humiliati*, in Charta ann. 1252. apud Raym. Duellii Lucubrat. Epistol. pag. 32. Vide *Humiliati*.

RECONCILITAS, Reconciliatio. Glossæ Lat. Gr. et Græc. Lat. : *Reconcilitas*, διαλλαγὴ φιλίας.

* **RECONCINNATIO**, Refectio, restitutio, Gall. *Réparation*. Charta Caroli C. ann. 23. ejus regni in Chartul. S. Dion. pag. 65. col. 2 : *Reconcinnationes in refectorio vel camera fratrum sive caminata, et balneatorio et pistrino seu in ceteris claustri officinis... a parte abbatis fiunt.* Reconcinnare, eodem sensu, dixit Tullius.

¶ **RECONDITIO**, Sepultura. Vita S. Hermagoræ, tom. 3. Julii pag. 257 : *Dic Patriarchæ istius loci, Cur tamdiu inhumata patitur ossa nostra? Quo respondente, Ideo differt eorum Reconditionem, donec eis situm provideat habilem.*

¶ **RECONDITORIUM**, Locus ubi Chartæ *reconduntur*, Chartophylacium. Charta Ludovici Pii Imper. ann. 832. apud Felibianum Hist. San-Dionysianæ pag. LV : *Duas inde pari tenore conscriptas firmationes fieri jussimus, ut una imperialis aulæ Reconditorio palatinis salvetur excubiis; altera ab ipsius monasterii custodibus in perpetuum diligenti cura debeat provideri.* [** Ubi reliquiæ collocantur, in Miraculis S. Heinrici cap. 13. apud Pertz tom. 4. Scriptor. pag. 816 : *Auferri furtim reliquias metuebat; ad quod precavendum ex quadris lapidibus facto satis habili Reconditorio, eas in illo collocavit.*]

¶ **RECONDUCERE**, Iterum conducere : quod plerumque fit ex tacito partium consensu juxta legem 13. Dig. §. 11. locati conducti : *Qui impleto tempore conductionis remansit in conductione, non solum Reconduxisse videbitur, sed etiam pignora videntur durare obligata.* Quintilianus Declam. 12 : *Vicinarum provinciarum copias Reconduxit.* Eadem notione *Reconductio* dixerunt Jurisperiti : quos consule, atque inter alios Matthæum de Afflictis Decis. Neapol. decis. 365.

¶ **RECONFIRMARE**, Iterato confirmationis sacramentum impertiri. Epistola Innocentii VI. PP. ad Stephanum Rassiæ Regem ann. 1354. in Bullario Carmel. pag. 84. col. 2 : *Quodque... sub formidabilibus pœnis edixeras, quod nulla ecclesiastica secularisve persona Latinos vel alios Fideles ejusdem Ecclesiæ secundum verum et Catholicum ritum ejus baptizatos et confirmatos, rebaptizare et Reconfirmare... præsumerat quoquomodo.*

¶ Reconfirmatio, Iterata confirmatio. Literæ Ottonis Burgravii *de Wittyn*, ann. 1276. apud Ludewig. tom. 1. Reliq. MSS. pag. 117 : *Ne ergo præfatæ donationis Reconfirmatio in oblivionem valeat in posterum pervenire, sigilli nostri robore præsentem paginam fecimus communiri.*

¶ **RECONJUNGERE**, De integro jungere, denuo conjungere. Capitularia Caroli C. tit. 31. cap. 11 : *Ut... fideles nostri nobiscum et omnes simul cum Deo Reconjungamus.* Occurrit iterum tit. 40. in Annuntiatione ejusdem Caroli cap. 4. et in Formulis Bignonianis form. 22.

* **RECONOSSIENÇA**, Recognitio, agnitio, Ital. *Riconoscenza*, Hisp. *Reconocimiento*. Charta hominii æra 1241. in Chartul. Campan. ex Cam. Comput. Paris. : *Sciant adhuc cuncti quod Binianus de Agremont, en Reconossiença de ista causa facta, posuit vexillum regis Navarræ in castello de Agremont.*

¶ 1. **RECONSIGNARE**, Iterum signare, notare. Tertullianus de Resurrect. carnis cap. 52 : *Reconsignat imprimens.*

¶ 2. **RECONSIGNARE**, Reponere, vel *Deponere*, ut nostris *Consigner*. Charta ann. 1114. apud Stephanotium tom. 1. Antiq. Benedict. in Vasconia MSS. pag. 702 : *Quæ enim usibus servorum Dei, ut orationibus vacent, visibiliter dispensantur, illuc ubi est desiderium piorum, invisibiliter Reconsignata reservantur.* Martyrologium Centulense laudatum tom. 1. SS. Aprilis pag. 25 : *S. Walaricus, mense Junio, die secunda, suo loco Reconsignatus*, id est, Repositus, restitutus. Eadem notione Narratio dedicationis Ecclesiæ Stabulensis apud Marten. tom. 2. Ampl. Collect. col. 61 : *Corpora B. Patroni nostri Remacli, necnon Justi Martyris, et plurimæ reliquiæ pretiosæ cum aqua exorcisata exterius in circuitu ejus lustrando vehuntur, gyroque peracto, cum maximo cleri plebisque tripudio, laudes celebres in sublime exaltando, ad eumdem aditum Reconsignantur.*

* 3. **RECONSIGNARE**, Reddere, restituere. Magister in Regula edit. Holst. cap. 89 : *Dicente ipso fratre : Ecce, Domine, cum anima mea et paupertate mea, quidquid mihi donasti, tibi Reconsigno et offero.*

¶ 1. **RECONSILIARE**, Consulere. Miracula S. Cuneræ, tom. 2. Junii pag. 564 : *Veniebat ad Beelzebub deum Acharon ad Reconsiliandum de infirmitate sua, utrum convaleret an non.*

* 2. **RECONSILIARE**, Recuperare. Libert. Sarlati ann. 1370. tom. 5. Ordinat. reg. Franc. pag. 339 : *Ad augmentanda et Reconsilianda jura sibi pertinentia, etc.*

* 3. **RECONSILIARE**. *Recorder vel pacifier*, in Glossar. Lat. Gall. ex Cod. reg. 7692.

* **RECONSILIARI** Occisus dici videtur, cum ecclesiasticæ sepulturæ, prævia quadam absolutione, illius cadaver traditur; qua privabatur quicumque morte violenta peribat ; habebatur enim pro damnato atque infami. Porro ista *reconsiliatio* non sine aliqua pecuniæ summa fiebat. Quo spectat Concilium Budense ann. 1279. can. 46. ubi de consuetudine, quæ in Hungaria inoleverat, *secundum quam archidiaconi pro occisis gladio sive fuste, vel alio armorum genere, seu veneno aut quocumque alio damnabili aut reprobato modo, consueverant recipere unam marcham argenti, antequam sic occisi traderentur ecclesiasticæ sepulturæ.* Charta Phil. comit. Fland. pro libert. castell. Brug. ex Cam. Comput. Insul. : *Qui hominem occiderit communicato consilio, occisus Reconsiliabitur de bonis illius, qui occidit;..... quod si bona occidentis non suffecerint ad Reconsiliationem occisi, de bonis illorum, qui in auxilio fuerunt, supplebitur.* Vide *Biothanati* et *Imblocatus*.

¶ **RECONSUS**, *Reconditus a Recondere. Habet duplex præteritum Recondi et Recondidi, et duplex supinum Reconsum et Reconditum*, apud Johannem de Janua. Hinc in Glossis Lat. Gall. Sangerm. MSS : *Reconsus, Repous ou muciés.*

* Nostris *Resconsé* dicitur de sole qui occidit, in vet. Consuet. Norman. ex Reg. S. Justi fol. 49. r°. col. 1 : *L'espace de tant de temps que le soleil est Resconsé, desiques à soleil levant. Soleil Risconssant*, in Lit. remiss. ann. 1359. ex Reg. 87. Chartoph. reg. ch. 234. Vide supra in *Absconcia*. Ita et *Raconsser* et *Resconser*, pro Abscondere dixerunt. Lit. remiss. ann. 1406. in Reg. 160. ch. 431 : *Tantost après icellui Richart et ladite femme se alerent mettre et Raconsser à un buisson.* Aliæ ann. 1394. in Reg. 146. ch. 394 : *Le suppliant se feust Resconsé pour gesir en l'estable, etc.*

** **RECONTEGERE**, Tegere. « *Nudatos Recontegi*, in Appon. Comment. in Cant. Cantic. Spicil. Maiani tom. 5. pag. 37.

¶ **RECONTENDERE**, Sibi aliquid asserere, vindicare contendendo. Placitum Pippini Reg. ann. 759. apud Mabillon. Diplom. pag. 493. et Felibian. Hist. San-Dionys. pag. XXVIII : *Ubi visi sunt interpellasse Gerardum Comitem, eo quod malo ordine Recontendebat et retinebat teloneo infra Parisiis ex navibus et pontis volutaticos ac rotaticos, quam ab ipsa die missa S. Dionisio semper ab antiquo accipiebant agentes S. Domni Dionisio.*

¶ Recontensio, Iterata contentio in litigiis. Arrestum Parlamenti ann. 1531. in Privilegiis Equitum S. Johannis Hierosol. pag. 253 : *Et omne aliud impedimentum in Recontensione ob partium controversiam seu appositum ad utilitatem dictorum deffensorum levando, etc.*

¶ **RECONVALERE**, Convalere, convalescere, valetudinem recuperare, *Revalere* Gellio lib. 16. cap. 13. *Revalescere*, Ovidio Heroid. lib. 21. v. 231. et leg. 38. Dig. de usur. et fruct. § 3. Statuta criminalia Saonæ cap. 9. *de quæstionibus : Si decesserit* (is qui torquetur) *et usque ad mortem non mutaverit ejus dictum; si vero Reconvaluerit, etc.*

* 1. **RECONVALESCENTIA**, Auctoritas, efficacitas, robur. Arest. ann. 1364. 13. Apr. in vol. 5. arestor. parlam. Paris. : *Talis acceptatio nulla et sine Reconvalescentia debet censeri.*

* 2. **RECONVALESCENTIA**, Sanitatis amissæ recuperatio, restitutio. Lit. remiss. ann. 1341. in Reg. 74. Chartoph. reg. ch. 376 : *Johannes de Revella.... cum armis vetitis et prohibitis insultum et aggressuram fecit in Jessonum,..... et adhuc est in tali statu, quod de ejus Reconvalescentia desperatur.* Vide *Reconvalere*.

¶ 1. **RECONVENIRE**, Practicis nostris *Reconvenir*, Litis accessionem facere aliquid postulando, de quo nulla primum erat quæstio. Charta ann. 1276. e Chartulario S. Vandregesili tom. 1. pag. 231 : *Concedentes dicto procuratori nostro potestatem et mandatum speciale agendi, deffendendi, conveniendi, Reconveniendi, excipiendi, componendi, compromittendi compromissum, etc.* Similia prorsus occurrunt in Tabulario Calensi pag. 278. in Procuratione data ann. 1340. e Schedis Marchionis *de Flamarens*, et alibi. Charta ann. 1403. apud Rymer. tom. 8. pag. 298. col. 1 : *Inter eumdem Johannem Dowesto partem Reconvenientem ex una parte, et præfatum Thomam partem Reconventam ex parte altera.*

* Charta ann. 1207. in Chartul. Compend. fol. 137. r°. col. 1 : *Cum abbas et monachi Compendienses O. presbiterum de Anseinvilier auctoritate apostolica coram nobis* (Silvanect. episc.) *traxissent in causam, et contra ipsum quædam proposuissent; presbiter respondit se velle eos Reconvenire super quadam decima, quam, sicut conquerebatur, monachi ei injuste abstulerant.*

¶ Reconventio, Mutua actio, seu petitio, relatio actionis, Gall. *Reconvention.* Occurrit non semel. Sed hæc sunt antiquis et recentioribus Jurisconsultis notiora, ut locos referamus. Vide alio sensu suo loco.

* 2. **RECONVENIRE**, Iterum convenire, denuo accusare. Instr. ann. 1384. inter Probat. tom. 3. Hist. Nem. pag. 65. col. 1 : *Item ponunt, proponunt, et Reconveniendo probare intendunt ad finem civilem,.... quod domini vicecomites Turennæ, Ucetiæ... tam per litteras, nuncios... sollicitarunt.... ad rebelliones, inhobedientias et alia mala sinistra.*

* **RECONVENTICIA**. Charta ann. 1175. in Access. ad Hist. Cassin. part. 1. pag. 265. col. 1 : *Ut ego et mei heredes taciti et quieti maneamus... de dominio et Reconventiciis hominum prædictæ ecclesiæ.* Id est, pactis confirmatisque conventionibus; nisi legendum sit ut ibidem infra, *Recommendiciis.* Vide supra *Recommendisia* 2.]

* **RECONVENTIO**, Recuperatio, ereptio pignorum aliarumve rerum jure captarum, idem quod *Rescussa*. Lit. remiss. ann. 1358. in Reg. 86. Chartoph. reg. ch. 159 : *Plures Reconventiones, rebelliones, et inobedientias gentibus regiis fecerat.* Vide alia notione in *Reconvenire* 1.

¶ 1. **RECONVERTERE**, Idem quod supra *Recommendare*, Commendare, Gall. *Recommander.* Epistola Monachi Cluniac. ad Abbatem S. Albani in Chronico Johannis de *Whethamstede* pag. 438 : *Humiliter supplicamus pro nostra omniumque salute dignemini orare, et sanctis orationibus dominorum patrum vestri sancti Conventus nos Reconvertere.*

* 2. **RECONVERTERE**, Reducere, Gall. *Reconduire*, alias *Reconvoyer*. Comput. ann. 1362. inter Probat. tom. 2. Hist. Nem. pag. 255. col. 2 : *Solvit tribus palhardis, qui portaverunt brandonos els pali de domo consulatus ad domum Augustinorum, et deinde facta prosessione Reconverterunt prædicta ad domum clavarii, etc.* Chartul. Latiniac. fol. 200 : *Sans eulx retourner jusques ad ce qu'ilz ayent Reconvoyé lesdits religieux en leur église.*

¶ **RECONZARE**. Vide supra *Recauzare.*

¶ **RECOPERIRE**, pro *Recooperire*, Iterum operire, tegere, Gall. *Recouvrir*, non semel occurrit in Reparationibus factis in Senescallia Carcassonæ ann. 1435. e MS. D. *Lancelot.*

¶ Recopertor, Qui tegit, cooperit ædificia, Gall. *Couvreur*, in iisdem Reparationibus bis terve.

¶ **RECORDAMEN**, Memoria. Miracula B. Henrici Baucen. tom. 2. Junii pag. 378 : *Conradus... guttosus et claudus a Recordamine suo, sanatus est cum dolore et extensione ossorum.*

* *Recordation*, in Charta Phil. V. ann. 1317. ex Lib. rub. Cam. Comput. Paris. fol. 554. r° : *Nostre tres chier seigneur et pere de noble Recordation, etc.*

RECORDAMENTUM, *Monimentum*, in Glossis Isonis Magistri. Vide *Recordum.*

¶ 1. **RECORDARE**, Renovare, Gall. *Renouveller*, ut interpretatur Lobinellus. Charta ann. 1163. apud eumdem Lobinell. tom. 2. Histor. Britan. col. 205 : *Hæc autem nostra constitutio et confirmatio facta est apud Savigneium in Capitulo, et apud Filgerias Recordata an. ab Incarn. Domini* MCLXIII. Reddere maluerim Recognoscere, confirmare : qua notione eadem vox omnino sumenda videtur in Spicilegio Fontanellensi MS. pag. 310. ubi de electione Abbatis : *Prior vel alius Spiritus sancti accensus fervore dicens : Talis est ydoneus ad regendum monasterium in spiritualibus et temporalibus, si placet omnibus sit Pastor noster. Si omnes concorditer, unanimiter et repente illum assumant, statim omnes seculares* (Advocati duo de curia Ecclesiæ Rotomag. Tabellio, etc.) *veniunt in Capitulo, ut audiant electionem : qua audita, et Recordata ab omnibus extantibus de Conventu, super hoc de concilio* (consilio) *peritorum instrumentum fit de electione.* Thomas *Madox* Formul. Anglic. pag. 228 : *Concordia facta... anno Regis Edwardi tercio a conquestu septimo.... concessa et Recordata coram præfatis Willelmo, Johanne, etc.* Glossæ Lat. Græc. et Græc. Lat. : *Recordat*, ἀναμιμνήσκει, in memoriam revocat.

¶ 2. **RECORDARE**, Idem quod mox *Recordari*, 1. Statuta MSS. Ecclesiæ Lugdun. cap. *de Recordatione : Singulis diebus debet Recordationem tenere Magister, et postquam Recordaverint antiphonas et responsoria, debet corrigere eos, qui non bene ordinem non servaverint.* Occurrit alia notione in *Recordum.*

1. **RECORDARI**, Prælegere; vox in puerorum scholis crebra, *Recorder.* In Statutis antiquis Cartusiensibus 1. part. cap. 35. inscribitur *de Recordatione et ordine legendi et cantandi in officio* 12. *vel* 13. *lectionum.* Deinde : *In Sabbatis et in vigiliis festorum* 12. *lectionum, et in vigilia Cænæ Domini in claustro pro Recordatione convenimus : et tunc non moramur in Ecclesia, sed sumus circa libros in claustro.* Infra : *Ad Recordationem lectiones attente et sine strepitu audimus, et cum incipit Recordatio, claudimus et deponimus libros alios, quos tenemus, nec resumimus, donec Recordatio sit finita.* Et § 10 : *Dominicis et festis Capituli, loco lectionis, Recordamur in claustro sermonem vel homiliam, si crastino legi debeat.... et sciendum, quod ille, qui Recordationem facit, nunquam suam, vel alterius lectionem Recordatur in conventu.* Adde Guigonem in Statutis ejusdem Ordinis cap. 9. § 3. Statuta antiqua ejusdem Ord. 1. parte cap. 4. § 9. cap. 12. § 1. cap. 13. § 12. 15. 22. cap. 14. § 16. cap. 45. § 20. part. 2. cap. 6. § 5. Adde Amalarium lib. 4. cap. 48.

* 2. **RECORDARI**, Recognoscere, iterum examinare, conferre. Charta pro monast. S. Steph. de Fontaneto in Reg. 106. Chartoph. reg. ch. 371 : *Electi sunt quatuor legitimi viri communi assensu, qui omnia hæc, quæ prædicta sunt, Recordati sunt, et se illa verissime Recordatos fuisse super sanctum Evangelium juraverunt.* Vide supra *Recolare* 1. *Recorder*, pro Narrare, in Bestiar. MS :

Le Bestiaire nos Recorde
D'une beste mauvaise et orde, etc.

Vide supra in *Recensere.*

** 3. **RECORDARI**, Reconciliari. Robert. de Monte Append. ad Chronogr. Sigeberti ann. 1268. in fine : *Iocius archiepiscopus Turonorum Recordatus est cum rege Anglorum.*

¶ **RECORDATIO**, Recordator. Vide infra *Recordum.*

* **RECORDATIO**, Relatio, Gall. *Raport.* Libert. Peronæ ann. 1207. tom. 5. Ordinat. reg. Franc. pag. 162. art. 28 : *Omnes insuper legitimas et rationabiles consuetudines, quas burgenses Peronæ hactenus tenuerunt, eis concedimus ; et volumus ut eas observent, sicut hactenus servaverunt per legitimam Recordationem majoris et juratorum.*

¶ **RECORDATUS**. Vide in *Recordare* 1.

¶ **RECORDELLUS**. Chartam ann. 1104. e Tabulario S. Albini Andegavens. subscribunt *de familia S. Albini, Rotbertus prepositus, Guarinus cellerarius, Rainaldus Recordellus, Rainerius camerarius Abbatis, etc.* Rursum memoratur *Recordellus* in alia Charta ann. 1098. ex eodem Tabulario, incomperta mihi notione, nisi forte præpositus fuerit iis, qui *recordabantur* in hoc monasterio.

1. **RECORDIUM**, pro *Recordatio. Beneficiorum Recordia*, apud Thwroczium in Ladislao cap. 29. [Opus rerum Leodiensium sub Heinsbergio et Ludovico Episcopis, apud Marten. tom. 4. Ampliss. Collect. col. 1207 : *In istis temporibus.... Magistri Leodienses requirebant a Scabinis Leodiensibus habere unum Recordium de certis punctis privilegia civium concernentibus.* Hoc est, Commentarium, Gallice *un Memoire.*]

* 2. Recordium, Arbitrium, judicium. Charta Theob. comit. ann. 1223. in Chartul. Campan. ex Cam. Comput. Paris. : *De tribus feodis quæ requiret, erit ad Recordium domini Lamberti de Castellione.* Quo etiam sensu intelligenda est Charta ann. 1320. laudata v. *Recordum* 1.

RECORDUM, proprie dicitur Inquisitio juridica per testes de re aliqua dubia, quod qui in ea audiuntur testes, dicant se *recordari* eorum, de quibus inquiruntur. Chronicon Farfense, de testibus : *Quorum primus ait : Ego scio et bene memoror, quoniam tempore Longobardorum, etc.... et Recordor ibi Præpositos, etc.* [Litteræ Roberti Ducis Burgundiæ ann. 1285. tom. 2. Hist. Dalphin. pag. 30. col. 2 : *Item, cum idem dominus de Turre diceret, se non debere tradere et deliberare nobis partem castri de Cologneio citra aquam existentem, quam tenet nobilis vir Comes Sabaudiæ secundum formam tractatus pacis habiti inter nos et ipsum Humbertum* (D. de Turre) *nobis contrarium asserentibus, ordinatum extiterit, quod præfatus Dom. noster Rex Franciæ, audito Re-*

cordo eorum qui interfuerunt tractatui antedicto, de hiis ordinet, prout ordinandum videbit. Charta ann. 1320. apud Baluzium tom. 2. Histor. Arvern. pag. 581 : *Per ipsas partes stetur omnino Recordo ipsius domini Comitis et ipsius voluntati ac ordinationi.* Johannis *de Trokelowe* Annales Edwardi II. Regis Angl. pag. 53 : *Comites quidem et Barones residui, hæc perpendentes, ad partes Gloverniæ se diverterunt, et sicut in Recordo et processu judicii, apud Pontem-fractum contra eos lati, manifeste recitatur, per omnia se habuerunt.*] Atque ita *Record* usurpatur in Consuet. Normann. art. 386. et 387 : *Au Record de mariage, qui se fait pour la connoissance du doüaire, les parens et amis, qui ont esté presens audit mariage y sont reçus, et ne peuvent estre Reprochez. En ce Record, ce que la plus grande partie Recordera, est tenu pour prouvé, pourveu qu'ils parlent de certain.* Vide Fletam lib. 2. cap. 53. § 3. lib. 5. cap. 22. § 10. Raguellum, [Eusebium *de Lauriere* in Glossario Juris Gallici et Thomam *Blount* in Nomolexico Anglic.]

* Hinc qui per hujusmodi inquisitionem lite cadebat, mulcta plectebatur, quam *Emendam recordi* vocabant. Charta Aymer. vicem. de Rupecavardi ann. 1296. in Reg. 77. Chartoph. reg. ch. 311 : *Item emendam Recordi, videlicet quæ debetur et solvi consuevit ex eo quod aliquis cadit a Recordo, tauxamus et reducimus ad quinque solidos tantum.*

Recordationum varias species recensent Jura et Consuetudines Normanniæ cap. 103. et seqq. : *Recordatio est rei factæ ad memoriam reducta series, et in curia enarrata. Quædam vero Recordationes sunt Curiæ regiæ, quædam Scaccarii, quædam Assisiæ, quædam duelli, quædam visionis, quædam pasnagii, alia maritagii.*

Recordatio *autem* Curiæ Regiæ, *est Recordatio eorum, quæ fiunt coram Domino Rege : quæcunque enim coram ipso fiunt se altero, a quocunque et jure constituto, habent Recordationem : et hanc potest facere se altero. Et si ipse non velit Recordari, per tres alios Recordatores faciet Recordari, et ejus persona nec ad hanc, nec ad aliam actionem potest saonnari,* (Gall. *estre reprochée.*) *Quæcumque enim coram ipso facta sunt in jure, statim debent habere robur perpetuæ firmitatis.*

Recordatio Scaccarii *habet fieri ad minus per septem personas fide dignas, etc.*

Recordatio Assisæ, *eodem modo debet fieri : hoc tamen apposito, quod Recordatio Scaccarii, in scaccario; Recordatio assisæ, in assisa debet teneri.*

Recordatio Duelli *per septem Recordatores et servientes juratos habet fieri, in cujuscunque curia teneatur.*

Recordatio Visionis *habet fieri per quatuor Milites Recordatores, et servientem, et octo legales homines, præstito a singulis sacramento, etc.*

Recordatio Pasnagii *eodem modo facienda est, etc.* Denique

Recordatio Matrimonii *est eorum, qui ad contractum matrimonii præsentes fuerunt, et est ad minus septem testium juratorum, etc.* Adde cap. 133. Rursum cap. 123.

Recordatio in Laicali Cura *dicitur quædam lex, a Principibus instituta, et a subditis generaliter observata, recitans per expressum testimonium Recordatorum ea, quæ placitando in Curia dicta fuerunt, sive facta, vel quæ pronunciata fuerunt, ut serventur. Quædam enim fiunt in Curia placitando, quædam pronunciando. Placitando autem fiunt quæcumque motæ querelæ occasione deducuntur. Denunciando autem fiunt venditiones, attornationes, et hujusmodi, quæ fiunt in Curia, ut ejus Recordationis retineant fulcimentum. Recordatores autem dicuntur omnes personæ in Curia assistentes, per quas Curiæ Recordatio valeat celebrari, ut Princeps Normanniæ, Archiepiscopi, et omnes personæ dignitatem seu personatum habentes in Ecclesia Cathedrali, Abbates, et etiam Priores Conventuales, Comites, Barones, et omnes Milites, et omnes Principes Justitiarii, Vicecomites, et etiam Spadæ servientes, et magnæ famæ homines, quos vitæ meritum et prudentiæ fecerit fide dignos. Hujusmodi autem personæ omnes ad Recordationem sunt admittendæ, nisi fama ipsa contra ipsos laboraverit evidenter. Jurare autem tenentur Recordatores, maxime illi, qui nondum Principi fecerunt sacramentum, quod rei eis tractatæ veritatem Recordabuntur, nec addent aliquid, vel emittent aliud, quam quod memoria renovabit. Sunt itaque Recordamenta eorum, quæ fiunt in Curia ad requisitionem unius partis adversæ, altera sustinente, expressa recitatione per eos Recordatores, qui præsentes ad hoc, super quo Recordatio requiratur, affuerunt. Unde notandum est, quod nullus potest ad Recordamentum vocari, nisi qui præsens fuerit ad hoc, de quo dicitur Recordatio celebrari, et quod una ab una partium petatur, et ab altera sustineatur. Notandum etiam est, quod pars, contra quam Recordamentum petitur, aut illud sustinebit, aut opponet rationem, quare sustinere illud non debeat, vel querela adversæ parti remanebit.*

Recordum præterea significat actum Curiæ ita authenticum, ut probationem contrarii non admittat. Hoc autem talis Curiæ actum esse debet, quæ *Curia de Recordo,* appellatur, cujusmodi sunt regia illa tribunalia apud Westmonasterium, et alia aliquot. Ita Cowellus. Proinde *Recordum* est *diffinitiva sententia :* atque sic definitur a Skenæo ad Regiam Majestatem lib. 3. cap. 24. § 6. ubi *recordum* et *judicium* synonyma sunt : nam etsi *recordum* dicatur judicium supremum, et sententia diffinitiva, a qua scilicet non appellatur, quod supremi Domini jus est : habent tamen inferiores Curiæ jus recordi, vel ex gratia et beneficio Principis, vel ex consensu partium litigantium, ut est in Regiam Majest. lib. 3. cap. 23. § 1. et 3. Quæ quidem Curiæ *Recordationem tenere* dicuntur, in Charta Communiæ Rotomagensis ann. 1207 : *Recordationem quoque tenebunt de iis, quæ facta fuerint inter eos, salvo nobis Placito ensis. Assisiæ, quæ habent Recordationem,* in Charta ann. 1218. tom. 6. Spicilegii Acheriani pag. 472. *Cour de Record,* apud Littletonem sect. 175. De *Recordo* plura diximus ad Statuta S. Ludovici lib. 1. cap. 40. [** Vide Phillips. Histor. Jur. Angl. tom. 2. pag. 240. § 47.]

Denique, ut est in Regiam Majest. lib. 3. cap. 23. § 5 : *Recordum habent in Curia Regis minores Curiæ, de his, quæ in eis facta sunt : quod contingit, quando aliquis Baro habet aliquam causam in Curia sua, unde dubitatio rationabilis oriatur, ita quod Curia sua eam causam determinare non sufficit : tunc enim potest Dominus ipse Curiam suam ponere in Curiam Domini Regis, ita quod de dubitatione ipsa consilium et assensum Curiæ D. Regis habeat, quid inde de jure fieri debeat.* Est igitur hoc casu, inquit idem Skenæus, *Recordum Curiæ,* relatio, seu repetitio litis, vel processus deducti in inferiore Curia, facta in Curia superiore.

A *Recordis* vero inferiorum Curiarum non appellabatur, sed *falsari* debebat judicium, uti in voce *Falsare judicium* docuimus. Unde Philippus Bellomanerius cap. 62. ait : *En Record n'a point d'appel.*

Recordare *suas summonitiones,* in Regiam Majest. lib. 1. cap. 6. § 4. coram judicibus scilicet, a quibus approbantur.

Recordator, Recordorum custos. Cowello.

* Recordum Curiæ, Sententia, qua alicui licitum est inquirere in Regestis publicis, quod causæ suæ faveat. Arest. parlam. Paris. ann. 1284. in Chartul. Guill. abb. S. Germ. Prat. fol. 145. r° : *Cum abbas et conventus S. Germani de pratis juxta Parisius dicerent contra homines Villænovæ S. Georgii et de Theodosio et aliarum villarum, quæ sunt de pertinentiis eorumdem locorum, quod ipsi homines tenebantur solvere charragium pro parte ipsos contingente, quando solidi ab ipsis abbate et conventu ratione exercitus pro nobis levabantur, et quod alias judicium factum fuerat in casu isto pro dictis abbate et conventu contra homines antedictos; et super hoc petebant Recordum nostræ curiæ sibi fieri... Tandem.... petentibus dictis partibus Recordum nostræ curiæ inde sibi fieri, recordata fuit nostra curia, quod alias judicatum fuerat, quod homines prædicti..... tenebantur ad præstandum et solvendum charragium prædictum ob dictam causam, etc.*

* 2. **RECORDUM,** Colloquium, in quo quis alium interrogat an rei, cujus controversia est, recordetur. Reg. feud. Aquit. in Cam. Comput. Paris. sign. JJ. rub. fol. 33. r° : *Guillelmus Arnaldus de Gontaldo juratus pro Petro de Gontaldo fratre suo, domino de Byron, cujus dixit se esse ordinarium in testamento, dixit se nescire pro certo, si dictus frater suus tenet aliquid in feodum a domino rege Angliæ, vel aliter; sed petiit diem qua habuisset Recordum cum domino Petro de Gontaldo patruo suo; quæ non fuit ei concessa.*

* **RECORIARE,** perperam, ni fallor, pro *Recovrare,* Ital. *Ricovrire,* Cooperire, contegere. Munit. castror. reg. in Reg. 34. bis Chartoph. reg. part. 1. fol. 95. v°. col. 1 : *Præterea pro muris proficiendis intra castellum per totum et alatoris reparandis et Recoriandis et turri reparanda, ubi petraria percussit, etc.*

RECORPORARE, Recorporativa Curatio. Matth. Silvaticus : *Recorporativa medicina est, inspissativa, quæ carnem et cutem densat, confortatque membrum, et temperat complexionem, Gr.* μετασυγκριτική. Cælius Aurelianus Siccensis lib. 2. Chronicon cap. 1 : *Recorporativam curationem, quam Græci Metasyncriticam vocant, utilem appobamus in passione constitutis.* Item cap. 7 : *Adhibendæ cucurbitæ Recorporativæ, quas Græci Metasyncriticas vocant.* Lib. 3. cap. 2 : *Curatione utemur, quam Recorporativam dicere poterimus, a Græcis Metasyncriticam appellatam. Recorporatio*, apud eumdem in Præfat. lib. 2. et alibi non semel. Alexander Iatrosophista lib. 2. Passion. : *Necesse est ergo unum ex tribus agi, aut evacuari humores, aut temperari, aut Recorporari.* Ubi Glossa superlinearis habet *expelli.* Est autem μετασύγκρισις exiguorum meatuum in naturalem statum mutatio : cum enim Methodici existimarent, ex corpusculis et meatibus corpora nostra constare, et in exiguorum meatuum symmetria sanitatem, in ametria morbos constituerent, reditum ad pristinam meatuum symmetriam μετασύγκρισιν appellabant, quia misceri secernique corpora volebant : medicamenta vero, quæ id præstarent, μετασυγκριτικά, Latini *Recorporativa.* Vocem *Recorporare* usurpat Tertullianus lib. de Anima, et lib. de Resurrect. carnis.

¶ **RECORS**, Testis, qui rei gestæ meminit, Gall. *Record*, in Consuetudinibus municipalibus passim : quas recenset Raguellus in hac voce. Testamentum Johannis Comitis Armeniaci ann. 1381. apud Marten. tom. 1. Ampliss. Collect. col. 1514 : *Ut hujus nostri præsentis testamenti sint memores et Recordes, et testes, qui præsentes fuerunt adhibiti et vocati, et rogati per dictum dominum testatorem.* Testamentum Vandræ uxoris Bernardi Domicelli de Tonaco ann. 1300. e Schedis Marchionis *de Flamarens* : *Hujusmodi testamenti mei... testes, memores et Recordes.* Nostris interdum *être Record*, idem est quod Memorem esse, meminisse. Præceptum Caroli Johannis Regis Franc. filii primogeniti ann. 1358. apud D. *Secousse*, tom. 3. Ordinat. Reg. pag. 243 : *Nous sommes bien Records, que en May derrenier passé, la greigneur partie ou plusieurs des gens des bonnes villes dudit royaume, lors estans à Compiegne, nous supplierent et requirent etc.* Vide *Recordum.*

* **RECOSANUS**, f. Cavus; si tamen non est nomen proprium. Charta ann. 1261. in Reg. S. Ludov. ex Chartoph. reg. fol. 55. v° : *Ad stagnum capitis combæ Recosanæ, tota comba Recosana remanente ad terminium de Rovenacho.*

¶ **RECOSSA**, Idem quod infra *Rescussa*, Rei ablatæ recuperatio, receptio, ereptio, Gall. *Recousse.* Regestum Philippi Aug. part. 2. fol. 3 : *Præterea emendam fecerunt servientes electi, qui istos homines duxerunt ad faciendam Recossam.* Vide *Recodere* et Glossarium Juris Gall. D. *de Lauriere* in voce *Recousse.*

* **RECOTERE**, Diligenter colere, nisi idem sit quod supra *Reclaudere* 2. Charta ann. 1222. apud Garamp. in Disquis. de sigil. Garfagn. inter not. pag. 53. ubi de vinea ad culturam locata : *Discaltiabis, potabis* (putabis), *cinges, zappabis et Recotes.*

* **RECOTTA**, Casei species, Ital. *Ricotta*, a *Ricotto*, recoctus. Charta ann. 1207. in Access. ad Hist. Cassin. part. 1. pag. 284. col. 2 : *De ovibus dabitis decimam, de lana casco et Recotta.* Vide supra *Recoctum lac.*

RECOUARE. Matth. Westmonast. ann. 1216 : *Istæ sunt terræ, quas Rex Joannes amisit,... qui nihil horum Recouavit usque ad diem mortis suæ.* Sic utraque editio. Malim *recouravit*, id est, recuperavit, a Gallico *Recouvrer*, [vel *Recourre* : quod nostri dicunt eadem notione. Vide *Recodere* et *Rescussa.*]

* *Recrover*, eodem sensu; unde *Recrovement*, Recuperatio, vulgo *Recouvrer* et *Recouvrement.* Diar. Petri *Scatisse* inter Probat. tom. 2. Hist. Nem. pag. 2. col. 2 : *Lesquieux traitoient de Recrover le chastel de Terrascon, lequel les Provenceux avoient pris durant les trieves, et que je feusse avec eulz pour conseiller et pourchasser le Recrovement dudit chastel et ville.*

* **RECOUVERTURA**, Tectum, Gall. *Couverture*; unde *Recouvertor*, *Couvreur*, qui domos tegit. Comput. MS. eccl. S. Egid. Abbavil. ann. 1386 : *Pro mortieto in Recouvertura ecclesiæ, Recouvertori xx. den.* *Recours*, Indutus, vestitus, Gall. *Couvert*, in Lit. remiss. ann. 1393. ex Reg. 145. Chartoph. reg. ch. 49 : *Laquelle Agnes estoit dedens l'eaue nue, mes que d'un petit blanchet Recourse, laquelle se baignoit.*

¶ **RECRASTINATIO**, Mora, quasi dilatio in crastinum diem. Glossæ Lat. Græc. : *Recrastinacio*, μέλλησις. Aliæ Græc. Lat. : Μέλλησις, *Procrastinacio*, *Recrastinacio*, *cunctacio*, *moramentum. Recrastinationis impatiens*, in Vita S. Leonis IX. PP. tom. 2. Aprilis pag. 651. Quidam e Latinis eadem notione dixerunt *Recrastinare*; hinc in Glossis Lat. Græc. : *Recrastinare*, εἰς αὔριον ἀναβάλλεσθαι, etc.

¶ **RECREAMEN**, Recreatio, refectio. Johannes Thwroczius in Chronicis Hungar. in Regina Maria cap. 4. pag. 114 : *Ut artus maris navigatione lassati Recreamine potirentur.*

RECREANDUS, Recreantia, Recreantisa, Recreantus. Vide in *Recredere.*

¶ **RECREARE**, Denuo creare : verbum Latinis notum. Christianis de Christo dicitur, qui homines peccato mortuos ad justitiæ vitam suo sanguine revocavit. Vetus Poeta de S. Babiani Baptismate :

> Unanimem alloquitur Recreato corde jugalem.

Id est, renato per baptismum. S. Paulinus Poem. 21. ad Cytherium v. 465 :

> Et quos creator opere uno die condidit,
> Hos Recreat uno munere.

Sermo ad Sacerdotes ad calcem libri Joh. Abrinc. de Off. Eccl. pag. 474. edit. 1679 : *Ipsi viderunt in Scripturis opera Domini, quomodo omnia creavit, quomodo homines redimendo Recreavit, etc.* Vide infra *Recreator.*

¶ Recreare, Renovare. Lex un. Codicis Theod. de Vectigal. et commissis : *Quo peracto tempore, licitationum jura conductionemque Recreari oportet.*

* *Recréer l'eschevinage*, pro Novos scabinos instituere, in Lit. ann. 1368. tom. 5. Ordinat. reg. Franc. pag. 130.

¶ 1. **RECREATIO**, *Iterata novaque creatio*, in Barthii Glossario ex Histor. Palæst. Fulcherii Carnot. apud Ludewig. tom. 3. Reliq. MSS. pag. 322. Vide *Renacio.*

2. **RECREATIO**, Animi relaxatio. Statuta Ordin. Præmonstr. dist. 1. cap. 19. de Minutis : *Post quam refectionem, ubi Priori visum fuerit, commune habebunt colloquium et ad arbitrium regentis conventum, per tres dies minutionis Recreatio fiat eisdem, etc.* [Constitutiones Cluniacenses MSS. : *Illos autem de conventu nostro Juniaco, aut extra Cluniacum constituti, si pro eorum Recreatione et usu in dictis ripariis piscati fuerint, etc.*]

* Obituar. Rotomag. MS : *Potest insuper capere octo Recreationes, et durat quælibet Recreatio tres dies, et potest capere duas in mense.* Hinc

* Recreatus, Qui recreationi vacat, in eod. Obituar. : *Nota quod die Lunæ post Ramos palmarum fit obitus magistri Guillelmi le Gras, præsentibus et continuis, cum minutis et Recreatis, iiij. lib. v. sol.*

¶ **RECREATOR**, D. N. J. C. qui nos gratia sua regenerat. Honorius III. PP. in Epistola ad Prælatos Hiberniæ apud Marten. tom. 1. Anecdot. col. 877 : *Eucharistiam incaute custodiunt et immunde et indevote contrectant, quasi nec Creatorem timeant vel Recreatorem diligant, aut Judicem omnium expavescant.*

* Malim pro Remunerator, ut et apud B. de Amoribus in Speculo MS. sacerdot. cap. 29. de Virtutibus :

> Sis pauper, mitis, lugens, justus, miseratris,
> Mundus, pacificus, patiens : sic vult Recreator.

¶ **RECREATUS.** Vide in *Recrediti.*

¶ **RECREBITA**, f. Silva recrescens postquam cæsa fuit, voce detorta a Gallico *Recroître*, denuo crescere, renasci. Chartularium Matiscon. fol. 79 : *Mansum cum pratis, silvis, exartis, Recrebitis.*

¶ **RECREDATIO**, Recredentia. Vide mox *Recredere.*

* **RECREDATUS.** Vide mox in *Recredere* 1.

RECREDERE Se dicebantur servi, qui cum se servos denegarent, perspecta tandem veritate ultro obnoxiæ conditionis se esse profitebantur. Formulæ veteres apud Bignonium pag. 196. 1. edit. : *Et ipse homo in præsenti pro colono ad casam Sancti illius ... recognovit et Recredidit.* Vetus Notitia apud Sirmond. : *Cognoscentesque rei veritatem, atque comprobationem, statim se Recredidерunt.* Polyptychus S. Remigii Remensis, de servis, qui ingenuos se asserebant : *Missi autem interrogaverunt, si testes contra eos verum dicebant. Ipsi autem videntes cognoscentesque rei veritatem atque comprobationem, statim se Recrediderunt et per judicium Scabinorum, quorum hæc sunt nomina,.... rewadiaverunt servitium multis diebus injuste retentum et neglectum.* [Edita est hæc Charta apud Baluzium tom. 2. Capitular. col. 823.] Vetus Notitia ann. 868. apud Perardum in Burgundicis : *Sed ille Dodo minime denegavit, et ad pedes ipsius Moyse jactavit, atque Recredidit, quod servus erat Domno Karolo Rege de jam dicta villa.* Hac etiam notione vocem hanc usurpare videntur Annales Francor. Bertiniani ann. 787 : *Tassilo venit per semetipsum, tradens se in manus Domni Regis Caroli in vassaticum, et Recredidit se, in omnibus se peccasse, et mala egisse, denuo renovans sacramenta.*

Recredere etiam usurpatur non tam pro *reddere*, quod est rem præcise restituere, quam pro dare plegium eam restituendi, si *ita videatur judici*. Gervasius Abbas Præmonstrat. Epist. 31 : *Scitis enim, quod secundum Consuetudines Gallicanas, a quibus ratio non discordat, qui alienum capit, et requisitus, vel non, non reddit præcise, vel per plegium non Recredit, manifestissimus prædo, et fere deterior Ruptario reputatur.* Ex quibus licet percipere, cur Scriptores voces has ita conjungant, *reddere vel recredere* : is enim *reddit* qui rem restituit : *recredit*, qui dato vade spondet eam se redditurum. Ivo Carnot. Epist. 275 : *Reddet aut Recredet Comitem Nivernensem.* Gaufridus Vindocin. lib. 2. Epist. 30 : *Carnotensis Ecclesia boves et oves, vel quæcunque Ecclesiarum prædæ si caperentur, reddi aut Recredi faciebat.* Concilium Coprinìacense ann. 1262. cap. 1 : *Capta, rapta, invasa,... solvantur vel Recredantur.* Charta Philippi Regis Franciæ ann. 1206. ex Tabulario Ecclesiæ Carnotensis num. 39 : *Præpositus Comitis emendabit nobis hoc, quod ipse noluit mulierem reddere vel Recredere, vel sufficientem rationem ostendere, quare eam cepisset.* [Compositio inter Communiam et Canonicos Laudunenses apud Baluzium tom. 7. Miscell. pag. 308 : *Super Herberto vero, quem ceperunt Major et communia, nec eum reddere vel Recredere voluerunt Capitulo requirente, et sanguis, vel plaga, vel aliud, pro quo eum retinere deberent, non appareret, etc.* Charta ann. 1217. e Chartulario S. Aviti Aurel. : *Licet eundem postmodum moneri fecerimus pluries et requiri, ut res captas redderet vel saltem Recrederet.* Aliam adde ann. 1231. tom. 2. Histor. Ecclesiæ Meld. pag. 129. etc.] *Sans rendre et sans Recroire*, in Stabilim. S. Ludovici lib. 2. cap. 7. et in Statuto Philippi Pulchri ann. 1303. *Recroire et eslargir criminels*, in Consuetud. Hannoniensi cap. 11. Adde Consuetud. Insulensem artic. 116. et Burboniensem art. 103.

☞ Quibus in Consuetudinibus *Recroire* et *eslargir* idem sonant, scil. e custodia educere, data cautione *de stando juri*, hacque notione *Recredere* non semel usurpatur. Consuetudo Brageriaci art. 11 : *Item, si quis burgensis captus aut arrestatus fuerit pro crimine civiliter agendo, vel alias in causa pecuniaria, et petat se Recredi cum cautionibus de stando juri, statim debet tradi ad Recredentiam cum cautionibus prædictis; et nisi cautiones habeat, aut invenire possit... Recredetur cum juramento præstando per ipsum de comparendo, veniendo et parendo juri, coram dicto Bajulo certis diebus, locis et horis. Et hæc tantum sit Recredentia, cum dictus arestatus bona immobilia possidet, vel tantum de mobilibus quod sufficiat ad satisfaciendum juxta qualitatem debiti vel delicti.* Et art. 15 : *Item, si dicta vulnera judicentur immortalia, dictus burgensis tradetur ad Recredentiam vel in commendam, si et pro Bajulo vel judici cum duobus Consulibus videbitur faciendum, statim cum cautionibus de stando juri.* Tabularium Calense pag. 344 : *Ipsi ceperunt in dicta justitia de Noisy plures hospites et justitiabiles dictarum Religiosarum ac in sua prisione apud Nulliacum posuerunt, qui tamen Recrediti fuerunt per manum regiam. Per idem judicium dictum fuit, quod dicta Recredentia cedet ad plenam deliberationem.* Arestum Parlamenti Paris. ann. 1286. tom. 1. Corporis Diplom. Juris gentium pag. 262. col. 2 : *Absolutum et condemnatum in casibus in quo erit supersedendum executioni, poterit Senescallus Recredere suo periculo, ita quod possit eum repræsentare ad mandatum Curiæ et alias.* Edictum Philippi Pulchri Fr. Regis ann. 1293. apud Marten. tom. 1. Anecd. col. 1256. et 1257 : *Item, cum tu quosdam homines de terra Ostrevanni teneas vel teneri facias per Præpositum S. Quintini... dictos homines Recredas usque ad proximum parlamentum, et diem ibidem partibus super hoc assignes ad diem tuæ bailliviæ parlamenti prædicti.* Consuetudines Augustæ Ausciorum MSS. ann. 1301. art. 8 : *Item, si aliquis positus fuerit per Bajulum vel Consules in carcere, et non fecerit tale quid, propter quod corporali pena debeat puniri, cum cautionibus Recredatur.* Adde Litteras Caroli Regis Franciæ ann. 1325 : *Quibus se facturum promittit quatenus Recredentia fiat, per Guigonem Dalphinum, Roberti de Burgundia in carcere ejus constituti*, tom. 2. Histor. Dalphin. pag. 206. col 2. ubi non semel occurrit vox *Recredentia* hac notione. *Recredentia de corpore et bonis*, in Chartulario Turenæ ann. 1334. apud Baluzium tom. 2. Hist. Arvern. pag. 189.

* De qua *recredentia* hæc habet Consuet. Norman. part. 2. cap. 9 : *Hæc autem Recredentia ardentis cupiditatis malitia fuit introducta; nam ex antiqua Normanniæ consuetudine, quæ fideliter ad salutem pacis, et ad pericula devitanda antiquis temporibus fuerat observata, nullus sequens vel secutus de actione criminali, aliquo modo a ducis prisonia poterat extramitti, quousque querela fuisset sollempniter terminata.* Charta Simon. dom. Joinvillæ ann. 1211. in Chartul. Campan. fol. 65. r° : *Cum Blancha illustris comitissa Campaniæ cepisset et captum teneret dilectum et fidelem meum Hugonem de Asperomonte, ipsa per preces et requisitionem meam illum mihi Recredidit, tali pacto quod ego cepi super me et eidem dominæ meæ concessi bona fide, sicut homo suus ligius, quod infra quindenam postquam ab ipsa vel mandato suo inde fuero requisitus, prædictum Hugonem illi reddam in sua captione apud Pruvinum. Recroyance*, eodem intellectu, in Ordinat. ann. 1315. tom. 1. Ordinat. reg. Franc. pag. 565. art. 14 : *Nous voullons et octroions, que se aucun sires a pris un sien justiciable et le tient en sa prison,...... les prevoz ne puissent mie oster les prisoniers des prisons aux seigneurs, sauf que se le prisonier est detenuz en cas de Recroyance, et li sires ne li veuille faire, nous ferons contraindre à faire la Recroyance.* Haud scio an inde *Rechistrer*, pro Carcere liberare, in Chron. S. Dion. tom. 3. Collect. Histor. Franc. pag. 234 : *Par celui fu emprisonnez que il avoit plusours fois Rechistré.* Ubi Aimoin. ibid. pag. 91 : *Ab eo mancipatur custodiæ, quem sæpius cœnoso eduxerat de carcere.*

¶ Recredere de Muro, Eadem notione. Philippus Limborch. lib. Sentent. Inquisit. Tolos. pag. 2 : *Post quas confessiones fuit bis Recreditus de muro cum fide-jussoriis cautionibus.*

☞ Interdum *Recredere* non est tantum Spondere, vade dato, se redditurum pignora, sed ipsas res ablatas revera Reddere est, ut *Recredentia*, earumdem rerum restitutio; sicque verbum *Recroire* interpretantur viri docti. Litteræ Legati Rom. ann. 1228. apud Marten. tom. 1. Ampliss. Collect. col. 1226 : *Cum Ludovicus Rex Francorum illustris bona temporalia venerabilis Patris Th. Archiep. Rothomag. saisiri fecisset... bona prædicta procuratoribus dicti Archiepiscopi, nomine ipsius Archiepiscopi, in præsentia nostra Recredidit; ita quod ex hac Recredentia nullum jus, nec aliquod damnum vel præjudicium Regi prædicto, nec Archiepiscopo vel Ecclesiæ Rothomagensi generetur.* Literæ ann. 1275. apud D. *Secousse* tom. 3. Ordinat. Reg. pag. 64. art. 19 : *Præcipimus, quod dicti burgenses* (Lemovicenses) *concedant dictis debitoribus terminos antedictos, nec interim propter hæc debita, possint aliquem de dictis debitoribus molestare, pro quibus si habent homines vel equos vel obsides precipimus quod dimittant, si pignora, precipimus quod Recredant et quascumque compulsiones faciebant aut fecerant pro predictis, revocent et faciant revocari usque ad terminos antedictos.* Literæ Philippi III. Franc. Regis ann. 1277. ibid. pag. 66. eumdem articulum modificantes habent : *Circa articulum de debitis, que predictis burgensibus et hominibus castri Lemovicensis debentur ab illis de Axia et aliis de Vice-comitatu Lemovicensi, pignoribus obligatis eisdem vel obsidibus datis, id addimus quod equi et obsides sub Recredencia dimittantur, et alia pignora inanimata et non se moventia Recredentur.* Ubi videtur addenda esse particula *non* ante *Recredentur*, ut sit modificatio prioris articuli, hancque particulam supposuit Editor, cum hæc verba summatim reddidit : *Les habitans rendront à leurs debiteurs les chevaux et les ostages que ceux cy leur ont donnez, mais ils garderont les gages.* Regestum magnorum dierum Trecensium ad ann. 1289. apud D. *Brussel* tom. 2. de Usu feudorum pag. 858 : *Contra dictum Militem dictus Comes Parisius adjornetur, causam et rationes si quas habuerit, allegaturus; et quod bona et catella dicti Militis Recredantur, si de iisdem sit Recredentia facienda.* Vide Raguellum, seu Glossarium Juris Gallici D. *de Lauriere* in voce *Recroire.*

* Quo sensu *Recroire* et *Recréance* sæpissime occurrunt. Joinvil. in S. Ludov. edit. reg. pag. 141 : *L'évesque de Chartres me requist, fist le roy, que je li feisse Recroire ce que je tenoie du sien.* Charta Joan. ducis Lothar. et Rob. ducis Barr. ann. 1366. in Memor. D. Cam. Comput. Paris fol. 89. v° : *Item par lesdittes alliances avons promis et promettons chascun en droit soy, que se aucun ou aucuns de noz hommes ou subgez en Romanz pays avoient meffait ou temps, ou meffaisoient doresenavant,.... nous seriens tenuz chascun en droit soy de contraindre les preneurs noz hommes ou subgez en pays Romanz à rendre ou Recroire tout ce que pris auroient,... sans les oir en aucune raison dire ou proposer, jusques à ce que rendue ou Recréance en feust faite.* Lit. remiss. ann. 1390.

in Reg. 138. Chartoph. reg. ch. 275 : *Le presvost de Ligny envoya plusieurs fois pardevers lesdiz chapitre et leurs gens, les requerans qu'ils meissent au délivre lesdiz hommes et biens, et lui en feissent rendue ou Recréance. Recréer,* eadem notione, in Lit. ann. 1312. tom. 1. Ordinat. reg. Franc. pag. 510. et *Recrainte*, pro *Recréance*, in aliis ann. 1371. tom. 5. earumd. Ordinat. pag. 418. *Recroire* vero insuper pro Suspicari, vel etiam insimulare, in Chron. Franc. apud D. *Le Beuf* tom. 1. Dissert. pag. cxlvj : *Tuit le Recroient de traison petit et grant, mauveiz et bon.* Ubi sic lego pro *Retroient*. Vide supra *Mescredentia*.

Recredentia, Vox practicorum nostrorum, *Recreance*, In integrum restitutio, missio in possessionem, quæ alicui jure debetur, adeo ut res ipsa ei dato vade reddatur et restituatur, interim maxime dum lis intentata finiatur. [Idem fere quod apud Romanos Vindiciæ, de quibus hæc habet Asconius ad Verrinam 3 : *Lis vindiciarum est, cum possessio rei controversæ alicui tribuitur a Prætore usque ad finem judicii, et quamdiu incertum est, quis debeat esse possessor, et ideo qui rem tenet, satisdat adversario, nihil se in possessione deterius facturum, de qua jurgium est.* Differunt *Vindiciæ* a *Recredentiis*, quod illæ locum dumtaxat haberent in possessione fiduciaria rerum controversarum : hæ vero locum habeant in quibuscumque rebus ablatis vel detentis, quarum restitutio et iterata possessio *Recredentia* vocitatur. Regestum magnorum dierum Trecensium ad ann. 1289. apud D. *Brussel* de Usu feudorum pag. 921 : *Mandatum est per Curiam Campaniæ, quia Tresdecim (Justitiatores) Virdunenses voluerunt et consenserunt quod Recredentia (bonorum) mobilium et immobilium Pastourellæ fieret per manum Ballivi (de Vitriaco), ita tamen quod ista Pastorella debet assecurare per manum dicti Ballivi de dicta Recredentia; (sed cum) dicta Pastourella dictam assecurationem facere seu tradere non posset, dictus Ballivus ad bona Pastourellæ manum teneret, et de dictis bonis pro vitæ suæ necessariis et pro causa sua prosequenda (eidem) administraret.* Charta Ludovici X. Regis Fr. ann. 1314. e Chartulario Latiniaci : *Et dictis Religiosis de præfatis bonis sic captis et arrestatis facta Recredentia, etc.* Alia ejusdem Regis ann. 1315. ibidem : *Factaque per eamdem manum* (Regis) *Recredentia, ubi rationabiliter facienda fuerit, partes ipsas ad dies nostros Trecenses proxime venturos remittas.*] Statutum Philippi Pulchri pro reformatione regni cap. 14 : *Et si contingeret, quod emergeret quæstio, eo quod scilicet gentes nostræ requirerent aliquem tanquam burgesium nostrum, quem aliquis Prælatus vel Baro, aut quivis alius nobis subjectus, dicerent esse hominem aut justitiabilem suum, ... negantes ipsum esse burgesium nostrum, Recredentia fit super ea, per eum, qui illum tenet, si ita sit, quod in casu Recredentiæ teneatur.* Scribit Bellomanerius MS. cap. 58 : *Qu'il n'appartient qu'aux Barons à ordonner Recreance en fait de gages de batailles, et si le Seigneur inferieur avoit donné Recreance, et l'appellé se fut sauvé, il perdroit sa justice, et ne servoit de rien qu'il eut receu pleiges, car li pleges ne peut pas recevoir mort par lor pleigerie.* Vide Concil. Namnetense ann. 1264. cap. 9. [Præceptum Philippi VI. Fr. Regis ann. 1347. tom. 2. Ordinat. Reg. pag. 267. Literas Johannis Comitis Pictav. ann. 1333. tom. 3. earumdem Ordinat. pag. 240. alias Johannis Franc. Regis ann. 1354. ibid. pag. 153. alias Caroli ejusd. Johannis primogeniti ibid. pag. 319. Regestum Parlamenti ann. 1379. apud Baluzium tom. 2. Histor. Arvern. pag. 166. Stabilimenta S. Ludovici lib. 2. cap. 5 : *Se aucuns demande à avoir Recreance d'aucune chose, il doit mettre pleiges de la Recreance; car Recreance ne siet mie sans pleiges, selon l'usage de cort laie : mais nus ne doit fere Recreance de chose, ou il i ait peril de vie ou de membre, ne là où il a point de sanc.* Id est locum non habet *Recredentia*, ubi sanguis effunditur. Vide *de Lauriere* in hunc locum. Adde Lobinelli Gloss. tom. 3. Hist. Paris.]

¶ Recredatio, Eadem notione. Chartularium S. Vincentii Cenomanens. fol. 133 : *Hamelinus de Roorta dilectis suis Reginaldo Cordebof et Guillelmo Lochet salutem. Ex parte domini Senescalli Andegavensis vobis mando, quatinus... eatis apud Dangolium seisire domum et terram domini Roberti de Dangolio, et in eadem domo bonos custodes ponatis, et nullam omnino Recredationem inde faciatis.*

☞ Vox *Recreance* hodie ad res beneficiales restringi solet, cum nempe duo pluresve competitores idem beneficium ambiunt, unique illorum possessio tribuitur a judicibus Sententia provisoria, donec decretoria accedat, lite finita. Hanc Sententiam provisoriam, illamve possessionem fiduciariam *Recreance* vocant, eaque notione *Recredentia* dicitur a recentioribus. Bulla Pauli III. PP. ann. 1537. de secularizatione Monasterii Vezeliacensis inter Instrum. tom. 4. novæ Gall. Christ. col. 118 : *Illi quibus de iisdem dignitatibus, et personatibus sive officiis, canonicatibus et præbendis ac capellaniis provideri contingerit, donec sint pacifici possessores, vel aliquis colligitantium super illis sententiam, Recredentiam nuncupatam, desuper reportaverit, nullos fructus ex eis percipere valeant.* Menotus Sermon. fol. 89. v° : *Multi sunt qui longo tempore et multis expensis litigaverunt unum Beneficium in Parlamento, qui postea putabant se esse securos, quia habuerant Recredentiam decretam per judices Parlamenti, nonobstante iniquo jure, quod eis adjudicatum erat.* Occurrit alibi.

* Recredentiam Habere, Jus repetendi, data cautione, hominem suum ab alio domino captum. Charta Radul. abb. Latiniac. ann. 1274. ex Chartul. Campan. fol. 282. col. 2 : *Cum gentes dom. regis Navarræ, Campaniæ et Briæ comitis palatini.... fecissent... burgenses nostros imprisionari pro quodam homine, per gentes nostras minus juste, ut dicebant, instituto : nos super hoc casu attendentes habere Recredentiam ; et pro dicta Recredentia nobis per ballivum Meldensem de mandato dom. Berardi de Marcholio militis Campaniæ et Briæ custodis facta, etc.*

Recredere Se præterea dicebatur, qui in duello seu monomachia a judice indicta victum se profitebatur, et hosti sese *reddebat*, quæ vis est vocis *recredere*. Baldricus Noviomensis lib. 3. cap. 57 : *Campum contra eum accepit, unde se Recredidit, et legaliter fiet, dum suum adjudicatus perdidit, etc.* Ejusmodi autem qui sese hosti tradebant

Recrediti vulgo, vel *Recreanti* appellati, qui quidem inter infames habebantur, adeo ut maximo probro haberetur objecta *Recrediti* contumelia. Charta Communiæ Ambianensis ann. 1209 : *Qui juratum suum Recreditum, traditorem, Vuillot, id est Coup appellaverit, 20. sol. persolvet.* Apud Joannem Villaneum lib. 7. cap. 85 : *Ricreduto et traditore.* Lib. 8. cap. 30 : *E quasi come gente Ricreduta feciono a Genovesi ogni patto, che vollono. Chevalier Recreu,* pro ignavo apud Joinvillam pag. 38. Quod quidem probrosum adeo censuit vocabulum, ut illud describere noluerit Ranulfus de Glanvilla lib. 2. cap. 7 : *Est autem Magna Assisa regale quoddam beneficium,.... quo vitæ hominum et status integritati tam salubriter consulitur, ut in jure quod quis in libero tenemento possidet, retinendo, duelli casum declinare possunt homines ambiguum; ac per hoc contingit insperatæ ac præmaturæ mortis ultimum evadere supplicium, vel saltem perennis infamiæ opprobrium, illius infesti et inverecundi verbi, quod in ore victi turpitur* (f. turpitudinis) [turpiter] *sonat, consecuticum.* Verbum autem probrosum descripsit Bracton. lib. 3. tract. 2. cap. 34. § 2 : *Non sufficit, quod appellatus cognoscat fuisse socium suum vel latronem, vel aliquid simile ad Recreantiam, nisi dicat verbum illud odiosum, quod Recreantus sit.* Quo loco Fleta lib. 1. cap. 38. § 18. pro *recreantiam*, habet *recreantisam*. Est igitur *Recreantus* idem quod *Recreditus*, ex Gallico *Recreant*, pro *Recreu*. In Assisiis Hierosolymitanis, qui in arenam descendebat duello dimicaturus, ita judicem alloquebatur : *Je suis prest de le prouver de mon corps contre le sien, et le rendrai mort ou Recreant en une oure dou jour, et veez ci mon gage, etc.* Eædem Assisiæ cap. 190 : *Se un home qui a fié, qui soit connu à vil, Recreant, coüart, ou que il soit bossu, etc.* Le Roman *de Parise la Duchesse* MS :

Quant il sera demain tot adobez el prez,
Il se lairra cheoir à terre de son grez,
Recreant se fera, veiant tot le Barné.

Le Roman *de Roncevaux* MS :

Tant que l'aurai et mort et Recreant.

Le Roman *d'Amile et d'Ami* MS :

Tant que li uns en sera Recreans.

[Le Roman *de la Guerre de Troyes* MS :

Vil Recreant à tosjors mes
En serez tenu et mauvez...
Hé! Recreant, failli et feus,
Qil vergoigne tu dois avoir.

Le Roman *d'Athis* MS :

A tous les miens honte feroye,
Pire que Recreant seroye,
Se le prenoie en tel maniere.]

Le Miroir *de Justices*, de Ælfredo Rege : *Il pendist Erkinwald pur ceo, que il pendist Franklin, pur nul autre desert, mais pur ceo que il enseigna à celui, que il vainquist per bataille mortelle, à dire que la moete de Cravante.* Id est verbum *Recreant*. Statuta

MSS. Caroli I. Regis Siciliæ cap. 136. ubi de Campionibus : *Ou se il se peut mieux défendre, où qu'il ne deust avoir mis avant tantost la vois de Recreant.*

* Charta ann. 1296. ex Chartul. 23. Corb. : *Et se l'une des parties estoit vaincue ou Récreant, ly devant dits religieux, ou leurs commans, seroient tenus à délivrer icelluy vaincu ou Récreant à l'issue de la porte de l'abbaye.* Hinc *Récreantir*, pro Ardorem pugnæ remittere, apud Monstrel. 3. vol. fol. 43. v° : *Ils feirent les Gantois retraire et Récreantir de leur effort.* Et *Récreandise*, pro Ignavia, apud Christ. Pisan. in Carolo V. part. 2. cap. 10 : *Mais pour ce que aucunes gens pourroyent contredire à mes preuves de la chevalerie de cestui roy Charles, disant que Récreandise ou couardie luy tolloit, que luy en propre personne n'aloit, comme bon chevaleureux, aux armes et faiz de batailles et assaulx, etc.*

Est igitur *estre recreant* idem, quod dimicando *deficere*. Ditmarus lib. 3. de quodam duello : *Vulneratusque in cervicem bis Waldo, ardentius insequitur hostem, percutiensque ictu valido caput, prostravit eundem. Interrogatus autem Gero Comes ab eodem, si plus potuisset pugnare, coactus est, quod jam defecisset, profiteri... Tunc Gero jussus decreto judicum ac voce Imperatoris a carnifice quodam decollari.* Christina Pisana in præfat. ad lib. *le Tresor de la Cité des Dames : Non mie à toi appartient estre au nombre d'iceulx qui en la voie et au chemin sont trouvez Recreans.* Infra : *Or sus baille ta main, dresse toy, et plus ne soies accroupie ne souillée en la pouldrierie de Recreantise.* Joan. Molinetus fol. 57. v° :

Resveillez-vous sans estre Recrandis.

Vide Columberium in Theatro honoris tom. 1. pag. 110. et Notas nostras ad Joinvillam, et ad Stabilimenta S. Ludovici.

Atque inde *Equos Recreatos* dixit Fleta lib. 2. cap. 2. lassos, fatigatos, quos Villiomarus, seu Josephus Scaliger in Titium lib. 8. cap. 20. *Recreditos* appellavit, *quasi*, inquit, *recruduerint*, qua in re falli virum doctissimum ex præallatis satis constat. [Memorantur etiam *Recreanti sommarii*, in Litteris S. Ludovici ann. 1262 : *Equi, palefredi et alii Recreandi*, in Litteris Philippi Pulchri ann. 1299. *Equi, palefredi et alii Recreanti*, in Litteris Philippi V. ann. 1316. quos etiam *Recreants* vocarunt nostri. Le Roman *de Vacce* MS :

Cheval out bon et bien courant.
Mez de corre le haste tant,
Que il l'a fait tout Recreant.]

* *Recreanti*, *Recredati* et *Recrediti*, eadem notione, seu Equi debiles, consuetoque servitio inhabiles, quos nunc *Chevaux de réforme* vocant. Charta Phil. Pulc. ann. 1299. in Reg. 53. Chartoph. reg. ch. 87 : *Adjicientes elemosinis omnes et singulos equos, palafredos et alios Recreantes, nostro et reginæ et liberorum nostrorum, successorumque nostrorum usui deputatos.* Alia ann. 1321. in Reg. 75. ch. 303 : *Item debet habere* (marescallus prioris de Paredo) *et sui antecessores habere consueverunt perpetuo corios equorum mortuorum in dicto prioratu et equos Recreditos.* Alia Geraldi abb. Trenorch. ann. 1334. inter Probat. ult. Hist. ejusd. monast. pag. 246 : *Item debet habere idem marescallus et successores sui, ratione sui officii, equos nostros et successorum nostrorum Recredatos et inhabiles ad laborandum, sive sint equi roncini, paleffredi, somerii, sive mulæ vel muli. Refoulé*, eadem acceptione, in Lit. remiss. ann. 1390. ex Reg. 138. ch. 208 : *Le suppliant pour ce que ses chevaux estoient Refoulez, dist à un sien varlet qu'il avoit, que il preist un petit cheval, qui estoit à une charue.*

RECREDUTA, Idem quod *Recredentia*. Charta ann. 1180. apud Georgium Pilonum in Histor. Bellunensi pag. 90. v. : *Et non debeant jam dictæ personæ pacem, nec trevam, nec werram, nec Recredutam sine commune Conegliani facere.* Alia ann. 1220. in eadem Hist. Bellunensi pag. 111. v : *Et non facient pacem vel treugam, seu weram, Recredutam inimicis civitatis Tarvisii sine verbo Potestatis vel Consulum, etc.* [Charta ann. 1212. apud Murator. delle Antic. Estensi pag. 400 : *Ex quo guerra incepta fuerit, Commune Cremonæ postea non faciet de ea pacem, sive guerram, Recredutam, aut treguam, sine parabola Rectorum Papiensium.* Semel recurrit ibi. Instrumentum ann. 1265. tom. 1. Corporis Diplom. Juris gentium pag. 222. col. 2 : *Communie non facient pacem vel treugam, vel guerram, Recreduram cum inimicis dicti domini Regis.* Emendo *Recredutam*, ut ibidem legitur pag. 123. col. 1 : *Non faciet ipse dominus Rex.... pacem vel treugam, vel guerram, Recredutam cum inimicis præsentibus.*]

* Fallitur Cangius, nec vim vocis intellexit, ut et Muratorius in nota ad locum mox laudandum. Adjective sumitur *Recredutus* vel *Recreditus*, necnon et *Recretatus* aut *Recrezutus*, vitiosa scriptione; unde particulam *nec* ante *recredutam*, apud Pilonum delendam esse existimo. *Guerra* itaque *Recreduta* seu *Recredita*, inducias significat, Gall. *Suspension d'armes*; quod datis ex utraque parte obsidibus fieret, sic nuncupata. Charta ann. 1199. apud Murator. tom. 4. Antiq. Ital. med. ævi col. 370 : *Et si Laudenses intrarent in guerram pro Mediolanensibus, non possint nec debeant facere pacem, vel treguam, vel guerram Recretatam de ipsa guerra, sine parabola consulum Laudæ, etc.* Alia ann. 1202. ibid. col. 391 : *Item non faciam pacem, neque concordiam, neque guerram Recrezutam, neque pactum cum Reginis, nisi ad voluntatem potestatis seu rectorum Mutinæ.* Vide supra *Guerra Recredita*.

* 2. **RECREDERE**, Regredi. Charta ann. 1023. apud Murator. tom. 1. Antiq. Ital. med. ævi col. 187 : *Ut licentiam habeant.... ædificia seu piles et arcora facere, qualiter volueritis sic in altum, ut onerosa plaustra .... incredere et recredere possint subtus ipsa ædificia.*

¶ **RECREMARE.** Glossæ Lat. Gr. : *Recremo*, καίομαι. *Recremandum*, ἐγκαυςόν. Aliæ Græc. Lat. : Καίομαι, *ardeo, conflagro, Recremo, flagrum.* Redundat *flagrum*. Et alibi : Ἐγκαυςόν, *Recremandum*.

¶ 1. **RECREMENTUM**, Excretum, Columellæ, Gallis *Criblure*. Gloss. Lat. Græc. : *Recrementum*, Σηνίασμα, ἀπότριμμα. Glossæ Græc. Lat. : Σινίασμα, ἡ ῥυπαρία τοῦ σίτου, *Detrimentum, Recrementum, Retrimentum, Intertrimentum.*

* *Recrois*, eodem intellectu, in Inventar. ann. 1316. ex Reg. A. Cam. Comput. Paris. fol. 84. r° : *Item ix^{xx} xiij. aignaus d'or, desquielx il y en a viij. qui furent prisié xvj. l. Par. et ix^{xx} vj. pesanz ij. marz et vj. onces, pierre et tout; dont l'on rabat pour les pierres et le Recrois ij. marz.*

* 2. **RECREMENTUM**, Renovatio; dicitur de pilis qui recrescunt, Ital. *Ricrescimento*, Hisp. *Recrecimiento*. Mirac. S. Germ. Autiss. tom. 7. Jul. pag. 267. col. 2 : *Sic equus ille innoxius, temeritatis alienæ de cetero servavit indicia, quippe qui nec carnis plenæ nec cutis solidæ, nec pilorum deinceps recipere meruit Recrementa.*

* Nostris vero *Recrois* vel *Recroiz* alias, idem quod nunc *Enchere*, Auctio. Charta scabin. Duac. ann. 1366. in Reg. 97. Chartoph. reg. ch. 154 : *Avons vendu bien et loyaument par cri publique sur ce fait, à Recroiz et à palmée, etc.* Lit. ann. 1368. tom. 5. Ordinat. reg. Franc. pag. 133. art. 20 : *Que toutes les revenus de ladicte ville* (de Douay) *seront bailliées, accensées à cris et à Recrois. A cry et à Remont*, eodem sensu, in Lit. ann. 1365. tom. 4. earumd. Ordinat. pag. 594.

* **RECRESCENTES**, Reditus, proventus, Gall. *Revenus. Propter Recrescentes, quos abscondi a facie pauperum*, apud Theob. Anguilbert. cap. 29. Mensæ Philosoph. Vide *Reventus* 2.

* **RECRESCENTIA**, Silva cædua, quæ recrescit. Charta Joan. abb. Pontiniac. ann. 1244. in Chartul. ejusd. monast. pag. 41 : *Præterea sciendum est quod prædicti homines se abstinebunt de utendo in Recrescentiis venditionis nemoris prædicti per quatuor annos; et a jarronno Recrescentiarum dictæ venditionis se abstinebant usque ad decem annos.* Alia Oliver. abb. S. Remig. Senon. ann. 1311. in Reg. 47. Chartoph. reg. ch. 127 : *Poterunt dicti emptores facere collegii* (leg. colligi) *arces, Gall. Arz, in Recrescentiis dicti nemoris, pro ligando opere dicti nemoris.* Vide infra *Revenuta* 2.

* **RECRETATUS**, RECREZUTUS. Vide supra *Recreduta* in *Recredere* 1.

¶ **RECREUVA**, Militum supplementum, legionum appendices, Gall. *Recrue*. Edictum Johannis Franc. Regis ann. 1363. apud D. Secousse tom. 3. Ordinat. pag. 622 : *Capitaneus Recreuvas gentium armorum facere* (valeat) *vel eas cassare, si et quando eidem fuerit, de et cum consilio consiliariorum super præsenti provisione ordinandorum.*

* **RECRIBRARE**, Iterum cribrare; unde *Recribrator*, qui istud facit. Comput. MS. monast. Clareval. ann. 1364. fol. 5. r° : *Pro uno Recribratore, qui Recribravit ordeum, etc.*

RECRIMINATIO, cum litigatores idem crimen invicem intentant, Græcis, ἀντικατηγορία, nam apud Latinos *proprio caret nomine*, ait Fabius lib. 3. cap. 12. Utuntur non semel practici, [legiturque lib. 9. Cod. Theod. tit. 1. de Accusat. leg. 12.]

¶ **RECRISSARE**, de Anatum clamore supra dicitur in voce *Baulare*.

¶ **RECTA**, nude, Idem quod *Recta vestis*, *quam*, ut habet Isidorus lib. 19. Orig. cap. 22. *sursum versum stantesque texunt* : quo nimirum opere, ut explicat Carolus de

Aquino in Lexico Militari, trama semper pectine ad superiorem partem ducebatur et trudebatur; quod vocabant *sursum versus* vel in altitudinem texere. Vopiscus in Aureliano Imper : *Primus paragaudas vestes militibus dedisse dicitur, cum ante nonnisi Rectas purpureas accepissent*, hoc est Rectas tunicas rubras. Vide ibi Salmasium.

RECTARE, In jus vocare. Vide *Rectum*.

RECTICINIUM. Messianus Presbyter in Vita S. Cæsarii Arelat. : *Nam illud dulcissimum et sanctissimum Recticinium, quis verbis unquam valebit explicare?* Mox : *Domine, quid tu dicis? quibus ille, Expectate, inquit, ad mensam multum dicendo lassastis, et huc usque non tacuistis, jam paululum reficite. Et adjecit : Bene dicitis, sed quia cœnam expedivimus, Reticinium* (sic) *facturi sumus, etc.* Aliud videtur a *recta cœna* Latinorum, quos ita *cœnam lautam* appellasse observat Turnebus lib. 18. Adversar. cap. 11. hic enim *Recticinium* videtur dici colloquium, quod post cœnam inter convivas peragitur. Eruditus Mabillonius *Recinium* edidit, ut sit merenda, et nostrum *Reciner*, seu postmeridiana refectio.

☞ Hæc comestio, quod sit dimidiata solum, alia parte in cœnam rejecta, *Recinium* dicta est, si credimus eidem Mabillonio tom. 1. SS. Benedict. pag. 675. a veste seu toga quadrata, quam antiqui *Recinium* vocabant, quasi *Rejicinium*, quod mediam ejus partem in tergum rejicerent. Verum alii melius, ut mihi videtur, a *Ratio* deducunt, quæ vox, ut supra dictum est, aliquando significat Ratam portionem rerum ad victum necessariarum : quam opinionem confirmant antiquæ voces *Retion*, Merenda, et *Retionner*, Merendam sumere. De variis comestionibus hæc lepide scribit *Rabelais : Vous dites qu'il n'est Déjeuner que d'escoliers; Disner que d'avocats; Ressiner que de vignerons; Souper que de marchands; Regoubillonner que de chambrieres, et tous repas que de farfadets.*

* Bollandistæ, ut et Mabillonius, *Recinium* ediderunt : recte quidem, nec minus bene de Merenda interpretati sunt, quam nostrates *Rechinoy*, *Recie* et *Ressie* appellarunt. Lit. remiss. ann. 1396. in Reg. 150. Chartoph. reg. ch. 195 : *A lui exposant vint icellui Grangier son sire, environ heure de Recie, et lui demanda qu'il faisoit et s'il avoit point gousté.* Aliæ ann. 1459. in Reg. 189. ch. 299 : *Le suppliant retourna après disner à l'eure du Recye.... pour aler labourer.* Aliæ ann. 1447. in Reg. 176. ch. 508 : *Iceulx voisins se mirent ensemble pour aler reciner;.... et après ledit Rechinoy, etc.* Aliæ ann. 1411. in Reg. 165. ch. 158 : *Icellui suppliant demoura en icellui hostel jusques à l'heure de Ressie ou relevée. Ression*, eadem notione in Lit. remiss. ann. 1478. ex Reg. 205. ch. 82 : *Le suppliant porta une choppine de vin et ung loppin de pain audit cousturier pour son Ression. Ressou*, nisi legendum sit *Ression*, in Stat. ann. 1365. tom. 4. Ordinat. reg. Franc. pag. 589. Hinc *Ressiner* et *Ressionner*, pro Merendam sumere. Lit. remiss. ann. 1422. in Reg. 172. ch. 130 : *Jehannin Emengard dist à son cousin qu'il avoit assez dancé, et qu'ilz s'en alassent Ressiner en sa maison.* Aliæ ann. 1444. in Reg. 177 : *Jehan Moreau et ung sien varlet.... Ressionnoient ou mengeoient après disner, etc. Regouter*, pro simplici *Gouter*, in aliis ann. 1428. ex Reg. 174. ch. 221 : *Après disner, un nommé Ponsart et autres de la ville d'Aubernie, alerent Regouter et boire en l'ostel d'un tavernier.* Aliam vocis originem propositam, vide supra in *Hora de Riotte*.

¶ **RECTIFACERE**, Rectum facere. Gloss. Lat. Græc. : *Rectifacio*, ὀρθοτομῶ. Gloss. Græc. Lat. : Ὀρθοτομῶ, *Rectifacio, recte tracto*. Pro ὀρθοτομῶ, quod proprie significat Divido, in rectum seco, mallem ὀρθόω, quod est rectum facio.

¶ 1. **RECTIFICARE**, Instaurare, in pristinum vel meliorem statum erigere. Memoriale Potestatum Regiens. ad ann. 1269. apud Murator. tom. 8. col. 1129 : *Ducentum milites de Montanea cum militibus et peditibus de episcopatu Mutinæ iverunt in Fregnanum... occasione Rectificandi castrum unum in servitio de Seraphinellis de eadem contrata Fregnani.* Chronicon Modoetiense apud eumd. Murator. tom. 12. col. 1142 : *Terram Modoetiæ, quæ propter guerram de suo bono statu erat quasi ad nihilum redacta, cito fortiter Rectificavit.* Iterum legitur ibi.

¶ 2. **RECTIFICARE**, Rectum declarare, ratum habere, *Approuver*, vertit Lobinellus. Testamentum Gaufridi de Plesseio ann. 1332. tom. 3. Hist. Paris. pag. 393. col. 1 : *Donationem per me, ut præmittitur, primo factam eisdem magistris et scholaribus de domibus... hac mea ordinatione præsenti, quam pro ultima voluntate esse volo, Rectifico et approbo et confirmo.* Nostris *Rectifier* idem est quod Emendare, corrigere : quod forte posset etiam hic intelligi, licet prior interpretatio toti loco melius cohærere videatur.

¶ **RECTITAS**, *Justitia, æquitas et veritas.* Gl. Isid.

RECTITUDO, Idem quod *Rectum*, jus, quod quis in rem aliquam habet. Consuetudo Lorriaci ann. 1187 : *Nullus cum aliquo placitabit, nisi causa Rectitudinis exequendæ et recipiendæ.* Tabularium Flaviniacense ann. 1002 : *Prædicto Comiti fecerunt sacramentum, quod nullam aliquis præter Monachos S. Petri in salvamento eodem haberet Rectitudinem.* [Charta ann. 1087. ex Archivo S. Victoris Massil. armar. Narbon. num. 2 : *Salva reverentia et canonica obedientia S. Justi Archiepiscopi et clericorum ejus et Rectitudine ecclesiæ S. Pauli.* Charta ann. 1090. inter Instrum. novæ Gall. Christ. tom. 2. col. 471 : *Cuique volenti licebit, quod in eisdem ecclesiis suum est, proprium donare soli S. Ypolito martyri : quo audito Gaufridus hoc idem facere concessit hominibus suis, videlicet ut de rebus omnibus, quascumque ab eo feodaliter tenere videntur, tribuant suam Rectitudinem præfato Martyri, si eis placuerit.* Rotulus sæculi XII. ex Archivo Casæ-Dei : *Bertrandus Stephano præcipio et filio ipsi, ut dimittat et prælietur Rectitudinem S. Rotberti*, id est, jura defendat. *Dimiserunt Rectitudinem quam habebant in eodem loco et in silva*, apud Stephanotium in Antiq. Petragor. MSS. pag. 173. Passim occurrit.]

Rectitudo, Jus, *Rectum*, quomodo quis *rectum facere* dicitur, cum juri stat. Chronicon Mauriniacense lib. 2. pag. 363 : *Rursus ad Rectitudinem Monachi revocantur, et quod aliquibus novum fuit, quatenus ad caput causæ rediretur, judicatum est.* Simeon Dunelmensis de Gestis Regum Anglor. ann. 1093 : *Insuper etiam illum, ut secundum judicium tantum bonorum suorum in Curia sua Rectitudinem ei faceret, constringere voluit.* Chartularium Dunense Ch. 93 : *Misit ad Gaufredum vicecomitem, mandans ei, ut sibi Rectitudinem de famulis suis faceret, qui archam illam in alodio S. Martini fregerant.* Charta ann. circiter 1132. apud Lobinellum tom. 2. Histor. Britann. col. 238 : *Et quia hanc terram Abbatissa calumniata fuit, dedit ei Riwallonus obsides, ut ante G. Comitem Redonis instituto termino teneret Rectitudinem*, hoc est, juri staret huic *calumniæ* responsurus.] Ordericus Vitalis lib. 8 : *Tene Rectitudinem nobis, et nostris obtemperabimus jussis.* Eodem lib. : *De contumaci adolescente legitimam Rectitudinem tenuit.* Lib. 9 : *Nisi Rectitudinem eis fecerimus.* Adde lib. 11. pag. 806. 818. lib. 12. pag. 860. 863. 867. S. Anselmum lib. 3. Epist. 24. Bromptonum pag. 836. Probat. Hist. Vergiacensis pag. 43. [Librum nigrum Scaccarii pag. 11. Thomasserium in Consuetud. Bituric. pag. 84.] etc.

Per Denarium Rectitudinem Facere. Charta Berneri Decani Parisiensis, apud Hemeræum de Academia Paris. : *Pro forefacto, quod de domo prædicta inscienter jusserat, per denarium, quem in manu sua tenebat, Rectitudinem ante ipsum altare fecit, etc.*

¶ Rectitudo, Rectus usus, æqua consuetudo. Adnuntiatio Ludovici Regis cap. 5. post titulum 31. Capitularium Caroli Calvi : *Et volumus, ut vos et ceteri homines fideles nostri talem legem et Rectitudinem et tale salvamentum in regnis nostris habeatis, sicut antecessores vestri tempore antecessorum nostrorum habuerunt.* Mox habetur : *Sicut tempore antecessorum nostrorum lex et Consuetudo fuit.*

Rectitudo, Tributum, præstatio, Gallis, *Droiture*. Charta ann. 950. apud Meurissium in Episcopis Metensib. pag. 137 : *Una cum... vineis, silvis, pratis, pascuis, aquis, Rectitudine pontis super fluvium Murt siti, aquarumque decursibus, etc.* Leges Edwardi Confess. cap. 30 : *Nec ob securitatem pacis adeptam detineant Rectitudines, vel servitia dominorum suorum.* Leges Henrici I. Regis Angl. cap. 6 : *Si quis Dei Rectitudines per vim deforciat, emendet, etc.* Et cap. 11 : *Si quis Dei Rectitudines per vim teneat, etc.* Statuta Davidis II. Regis Scotiæ cap. 12. §. 3 : *Mercatores autem sive per terram, sive per aquam venientes, Rectitudinem Regis, Regi per ministros suos plenarie reddant.* [** Angl. *Rights*.]

¶ **RECTOLLERE**. Vide infra *Retollere*.

1. **RECTOR**. *Rectores Ecclesiarum*, Prælati, Episcopi, Abbates, parochiarum Presbyteri, in Lege Longob. lib. 3. tit. 1. § 42. tit. 10. § 4. [** Lothar. I. 41. 84.] in Capitularibus Caroli Mag. lib. 3. tit. 75. etc. Maxime *Rector Ecclesiæ* dicitur, qui vulgo *Curio*, seu *Curatus*, ut in Charta Alaman. 43. apud Goldastum, [et alibi sæpissime, præsertim apud Aremoricos, qui

hodieque *Recteurs* vocant, quos nos *Curez* nuncupamus; *Curez* autem appellant ipsi, quos alii *Vicaires* dicunt, nempe Curionum vicarios. Vide Lobinelli Glossarium ad calcem Historiæ Britan. Burdigalenses *Recteurs*, etiam vocant Curiones.] Concilium Londin. ann. 1237 : *De residentia in Ecclesiis a Rectoribus facienda videtur nobis consulendum facto potius, quam statuto.* [Synodus Valentina ann. 1590. tom. 4. Concil. Hispan. pag. 458 : *Rectores eorumque Vicarii, qui Baptismi sacramentum in suis Ecclesiis conferunt, teneantur propria sua manu in Baptismi libro illorum nomina, qui baptizantur, describere.*] Hinc

Rectoria, Dignitas Curionis, vel Ecclesia parochialis, [in Statutis Ecclesiarum Cadurc. Ruthen. et Tutel. apud Marten. tom. 4. Anecd. col. 729. in Statutis Eccles. Nemaus. ibid. col. 1065. apud Thomam *Madox* Formul. Anglic. pag. 70. et 71. Rymerum tom. 14. pag. 265. col. 2. et tom. 15. pag. 180. col. 1. in Constitutionibus Eccl. Valentinæ tom. 4. Concil. Hispan. pag. 192. et alibi.] [* Unde nostris *Rectorie*. Lit. remiss. ann. 1394. in Reg. 146. Chartoph. reg. ch. 84 : *Comme le frere de James eust prinst à certain et juste tiltre la possession de la cure ou Rectorie du mas de Guarne lez Verdun, etc.*]

¶ Rectoratus, Eadem notione. Synodus Valentina ann. 1590. tom. 4. Concil. Hispan. pag. 458 : *Quando.... aliquis noviter conversorum Rector, vel ejus Vicarius, in alia Ecclesia extra Rectoratus sui Ecclesiam, ut Beneficiatus vel substitutus resederit, ieritque ad Rectoratus sui Ecclesiam, ad suum Rectoris vel Vicarii peragendum officium, volumus ne ejus absentiæ causa ad eos actus in Ecclesia, in qua beneficium obtinet vel substitutus est, punctum amittat, quibus alioqui præsens in illa fuisset.*

2. **RECTOR.** *Rectores Apostolici Patrimonii*, dicti ii ex ordine Clericali, qui a summis Pontificibus subinde in Provincias et Regna mittebantur, qui S. Romanæ Ecclesiæ Patrimonium curarent, id est *massas et familias Ecclesiasticas*, de quibus agit Gregorius M. lib. 7. Ind. 2. Epist. 17. lib. 12. Epist. 12. 30. Census et *Denarios S. Petri* exigerent, et Romam transmitterent, apud eumd. Gregorium M. lib. 2. Ind. 11. Epist. 32. lib. 5. Epist. 5. 53. et aliis locis: quod fuit etiam *Defensorum* munus. Vide Gesta Innocentii III. PP. pag. 137. et Diurnum Romanum cap. 6. tit. 4. 5. 6.

¶ Rectoria, Munus Rectoris ejusmodi. Appendix ad Agnelli Pontificale de Patrocinio Archiep. Ravenn. apud Murator. tom. 2. pag. 211. col. 1 : *Pro Ecclesia Romana in Romandiola Rector fuit, quæ Rectoria vulgariter Comes Romandiolæ nominatur, et diu in dicta Rectoria stetit.* Mox occurrit ibi.

* Hoc munus *Rectoriatus* nuncupatur, in Stat. comitat. Venaiss. sub Clemente PP. VII. cap. 70. ex Cod. reg. 4660. A.

3. **RECTOR**, Dignitas in Imperio CP. apud Luithprandum lib. 3. cap. 7. (26.) [** *Rector domus*, apud eumd. lib. 6. cap. 10.] Constantinum Porphyrogen. de Administr. Imper. pag. 199. Scylitzem pag. 607. 781. Zonaram pag. 48. etc. Vide Notas ad Alexiadem pag. 233. et Glossarium mediæ Græcitatis in Ῥαίκτωρ, col. 1280. [** Alii sunt *Rectores Provinciarum*.]

¶ 4. **RECTOR**, in Prologo Pactus Legis Salicæ, Idem qui Dux Comesve, sive provinciæ Rector, aut Judex : *Dictaverunt Salicam Legem Proceres ipsius gentis, qui tunc temporis apud eamdem erant Rectores.*

¶ 5. **RECTOR**, Præses in Academiis, Gall. *Recteur*. Quolibet trimestri eligitur in Academia Parisiensi; unde quatuor *Rectoriæ* memorantur a Roberto *Goulet* in Compendio jurium hujus Universitatis fol. 5 : *Rectoriæ S. Dionysii, Nativitatis Domini, Paschæ et S. Johannis Baptistæ. Rector studii*, dicitur in Bulla Alexandri VI. PP. tom. 3. Concil. Hispan. pag. 691. [** Vide Savin. Histor. Jur. Rom. med. temp. tom. 3. passim. Locos exhibet index rerum.]

¶ Rectoriatus, Dignitas Rectoris in Academiis, Gallice *Rectorat*, apud Robertum *Goulet* in Compendio jurium Universitatis Paris. fol. 3. verso, etc.

* Ea dignitas *Rectoria* passim appellatur. Consule Statuta Univers. Andegav. ann. 1410. tom. 9. Ordinat. reg. Franc. pag. 499.

¶ 6. **RECTOR**, Jesuitis dicitur Superior domorum, quas *Collegia* vocant vel *Seminaria* : iis autem *Collegia* sunt domus in quibus extraneos, *Seminaria* vero, in quibus suos duntaxat sodales docent. Plures aliæ sunt monachorum, pauperum, ægrotorum atque peregrinorum domus, in quibus præses etiam *Rector* appellatur; sed eas omnes et singulas enumerare operosius esset quam utilius.

¶ 7. **RECTOR**, Titulus honoris apud Venetos, qui tribuitur *Potestati* et *Capitaneo armorum*. Massiliensibus *Rector* dicebatur Præses, cujus erat Civitatem *regere, gubernare, defendere et salvare*, ut habetur in Statutis ejusdem Civitatis cap. 1. ubi singula Rectoris munia fusius exponuntur.

* Ita quoque apud Montempessulanum : ubi præterea *Rector* appellatus, qui burgensibus regiis gubernandis eorumque privilegia conservandis a rege præpositus erat. Lit. ann. 1373. tom. 5. Ordinat. reg. Franc. pag. 628 : *Magistrum Arnaudum de Lar...... conservatorem ejusdem burgesiæ; nec non dictorum burgensium et privilegiorum suorum deputavimus et Rectorem, etc.* Regimina Paduæ ad ann. 1293. apud Murator. tom. 8. col. 387 : *Per Commune Paduæ fuit statutum, quod omnes Potestates et Rectores venturi ad regimen Paduæ tantum per sex menses in ipso regimine debeant permanere.* In uno MS. legitur *Prætores*. Latinis noti sunt provinciarum atque civitatum *Rectores*, seu Præsides sive Gubernatores. [** De *Rectoribus Societatum* Bononiæ vide Savin. Histor. Jur. Roman. med. temp. tom. 3. cap. 20. § 55.] Hinc

Rectoraticum, Munus et officium Rectoris urbis : apud Falconem Beneventanum in Chr. pag. 190.

¶ Rectoratus, Munus Rectoris provinciæ, in Literis Clementis VII. Papæ ann. 1382. tom. 10. Spicil. Acher. pag. 224.

¶ Rectoria, Dignitas Rectoris provinciæ vel urbis, in Epistola Urbani IV. PP. ann. 1263. apud Marten. tom. 2. Anecd. col. 10. et in Excommunicatione Petri III. Regis Aragon. ann. 1282. tom. 3. Concil. Hispan. pag. 530. col. 1. Vossius lib. 3. de Vitiis serm. cap. 41. regimen generatim exponit in hoc Chartæ Philipp. Franc. Regis loco pag. 158 : *In qua quidem nostra curia Parlamenti, omnes et universæ curiæ seneschaliarum, balliviarum, Rectoriarum, vicariatum, judicaturarum, etc.* [** *De jure et dominio potestarie, et Rectorie, capitanie omnique regimine et omni jurisdictione, etc.* in Henric. VII. Imper. Bannit. Florent. ann. 1311. apud Pertz, tom. 2. Leg. pag. 523. et 526.]

¶ Rector Chori, Cantor. Breviarium Sarisbur. ann. 1555. asservatum in Parthenone Benedictinarum Angl. Pontisaræ : *Rectores chori, scilicet duo de superiori gradu, et duo de secunda forma, incipiant Missam.* Vide *Cantores*.

* Rector Puerorum et Cantus, Qui pueris symphoniacis instituendis et edocendis præpositus est. Stat. ann. 1534. ex Tabul. S. Petri Insul. : *Domini mei decanus et capitulum, suasu et ad requestam magistri Joannis Courtois, Rectoris quatuor puerorum et cantus, deliberarunt, etc.*

¶ Rector Mercatorum, Qui præest mercatoribus et cum eorum consulibus judicat de rebus ad mercaturam pertinentibus. Privilegia mercatoribus Nemausi concessa per Philippum Franc. Regem ann. 1277. apud D. *Secousse* tom. 4. Ordinat. Reg. pag. 671. art. 9 : *Licebit mercatoribus dicte universitatis sibi preficere et habere capitaneum seu Rettorem et consules in dicta civitate Nemausi et tota senescallia nostra Bellicadri, sicut habent in nundinis Campaniæ.*

¶ Rectores Scriniorum, Iidem qui *Primicerii scriniorum*, lib. 6. Codicis Theod. tit. 30. de Palatinis sacr. larg. leg. 15.

¶ Rector Villæ, apud Thomam *Madox* Formul. Anglic. pag. 8. Idem qui *Major*, de quo supra.

¶ **RECTORATICUM**, Rectoratus, Rectoria, Rectoriatus. Vide *Rector*, 1. 2. 3. et 7.

RECTORIUM, Carcer *Rectoris*, seu judicis. Joannes VIII. PP. Epist. 303 : *Etiam et illas mulieres, quas nunc in sua mansione collectas detinet, in nostro Rectorio retinere jubemus usque ad nostram notitiam.*

* **RECTORIZARE**, Rectoris officio fungi, regere, gubernare. Oculus pastor. apud Murator tom. 4. Antiq. Ital. med. ævi col. 95 : *Ut ex eis aliqua subtili ingenio et sagaci prælibare valeant, quibus Rectorizent in subjectos et alios, cum occurrerit utilitas vel necessitas proponendi.*

1. **RECTUM**, Jus, Gallice *Droit*, Germanis et Belgis *Recht*, Danis *Rœtt*, [** Vide Graff. Thesaur. Ling, Franc. tom. 2. col. 399. et 405. voce *Reht*.] Jus, quod quis in rem aliquam habet. Eadmerus lib. De Similitudin. S. Anselmi cap. 74 : *Improbus placitator, licet non habeat Rectum, tamen propter improbitatem suam veniens ad placitum, hoc, quod est injustum, justum; et, quod est justum, vult ostendere injustum.* Tabularium Celsiniacense : *Id circa cedimus... et unum dimidium campum, et medium decimum de Codoin, et omne Rectum et sinistrum, quod requirebamus in ea, etc.* Tabular. Abb. Belliloci num. 32 : *Dono et*

absolvo illud Rectum, sive illam rationem, quam in Ecclesia S. Steph.... possideo. Fleta lib. 6. cap. 1. § 1 : *Quod in jure scripto jus appellatur, id in lege Angliæ Rectum esse dicitur.* Hinc variæ formulæ apud Practicos, et in veteribus Tabulis :

¶ Rectum Consentire alicui, Ut jus et æquitas dictant cum aliquo agere. Adnuntiatio Caroli Calvi in Conventu apud Argentoratum ann. 847. art. 4 : *Et volumus ut sciatis quia nos fidelibus nostris Rectum consentire volumus, et contra rationem eis facere non volumus : et similiter vos et fideles nostros admonemus, ut vos vestris hominibus Rectum consentiatis, et contra rationem illis non faciatis.*

Rectum Facere, Gallis, *Faire droit*, Juri stare. Chartul. ann. 1176. in Tabul. Eccl. Carnotensis n. 92 : *Satisfactionem illam, quam jus vel Rectum facere vulgariter appellant, Capitulo præstarent.* Vide Leges Edwardi Confess. cap. 18. Leges Henrici I. Regis Angl. cap. 49. Baldricum Noviomensem lib. 3. cap. 75. Vitam Lietberti Episcopi Camerac. cap. 54. veteres Chartas apud Beslium in Comitib. Pictav. pag. 496. Marcam in Hist. Benebarnensi lib. 4. cap. 8. n. 1. *Plenarium rectum facere*, apud Ordericum Vitalem lib. 8. pag. 715. *Facere plenum Rectum coram judice*, in Legibus Burgorum Scoticor. cap. 61. § 1. *Plenarium jus facere*, ibid. § 3. *Manu super altare imposita Rectum facere*, in Chronico Besuensi pag. 682. [Vetus Charta Nobiliacensis apud Stephanotium tom. 3. Antiq. Pictav. MSS. pag. 577 : *Misit ei Abba convenientiam, ut qualiter omne Rectum faceret ei ex omnibus quæcumque voluisset, quod judices veridici judicassent.* Ibid. pag. 578 : *Super hæc omnia fecit eis Abbas omnes Rectos quoscumque requisierunt ; ipsi vero duo fratres nullum Rectum ei fecerunt, sed perrexerunt sine ullo respecto, quod Abbas eis dedisset, et avunculus eorum Arbertus Truant multum eis blasphemavit, quod ita sine respecto ullo, quod Abbas eis dedisset, pergebant.* Charta vetus apud Lobinell. tom. 2. Hist. Britan. col. 241 : *Monachi... Guigonem adierunt rogantes ut eis Rectum de Judicali Petit faceretur.*] Vide *Directum*.

Stare ad Rectum, pro *Stare juri*, Practicis nostris, *Ester à droit*. Rogerus Hovedenus pag. 655 : *Si plegios standi ad Rectum invenire possunt.*

¶ Recto Stare, Eodem significatu. Charta Edwardi II. Regis Angl. ann. 1323. apud Rymer. tom. 3. pag. 1012. col. 1 : *Ita tamen quod stent Recto in curia nostra, si quis alius versus eos loqui voluerit de præmissis.* Eadem habentur in Charta Henrici IV. ann. 1408. apud eumdem Rymer. tom. 8. pag. 527. col. 2.

Esse ad Rectum *in Curia Domini*, Eadem notione, in Legib. Henrici I. cap. 43. 55. etc.

Rectum *domino suo* Vadiare, ibid. cap. 53. 81. *Per judicium Recti vadimonium dare*, ibid. cap. 52.

Requirere de Recto, In jus vocare, ibidem cap. 43.

Ad Rectum *aliquem* Habere, in Legibus Edwardi Confess cap. 20. et Henrici I. cap. 8. 27. 41. [*Ad Rectum alicui habere*, in Juramento ann. 1130. in Probat. novæ Histor. Occitan. col. 453. et in Charta ibid. proxime subsequenti.]

Rectum Rogare, Adire judicem, et ab eo jus sibi fieri postulare. Leges Inæ Regis West-Saxiæ cap. 9 : *Si quis sibi Rectum roget coram aliquo Schirmanno, vel alio judice, et habere non possit, etc.* Cap. 10 : *Si quis vindicet, antequam sibi Rectum postulet, etc.* Adde Leges Alvredi cap. 48. Leges ejusdem Alvredi et Godrini cap. 1.

¶ Rectum Judicium Proclamare, Eadem notione. Charta ann. 5. regnante Carolo Rege, apud Stephanotium tom. 3. Antiq. Pictav. MSS. pag. 269 : *Advocatus S. Mariæ et S. Juniani ex Nobiliaco monasterio, Gualdo nomine, proclamans Rectum judicium coram domino Comite et principibus suis de Aldeberto Lemovicensi, qui cupiditatis face et seculari rabie silvam S. Mariæ... injuste tollebat, etc.*

¶ Rectum Recognoscere, Jus agnoscere quod quis habet in aliqua re. Tabularium S. Vincentii Cenoman. : *Monachorum Rectum, quod in ipsis (Ecclesiis) habent, recognoscens, solide et perpetualiter habendum donavi.*

De Recto *per bonos judices* Inquirere, in Legibus Henrici I. cap. 82.

De Recto *per bonos testes* Inquirere, cap. 82.

Rectum Denegare, ibidem cap. 83. *Vadium Recti denegare*, cap. 52.

Placita de Recto, seu *de defectu Recti*, in Regiam Majestatem lib. 3. cap. 20. Vide *Defectus*.

¶ Rectum Adveniens Feodi, Jus veniendi in possessionem feodi. Charta ann. 1277. e Chartulario S. Vandregesili tom. 2. pag. 1259 : *Ego Ricardus dictus le Pouletier vendidi viris religiosis domino Abbati et Conventui S. Vandregisili unam pechiam terræ... xi. lib. Turon. tenendam et habendam... et per Rectum adveniens feodi jure hæreditario possidendam.* Alias *Recti* species affert Thomas *Blount* in Nomolexico.

Rectare, Reum ad *rectum* faciendum submonere, in jus vocare, [εὐθύνειν, Græcis.] Charta Henrici III. Regis Angliæ apud Seldenum ad Eadmerum : *Quo judicio deducendi sunt illi, qui Rectati sunt de latrocinio, murdro, incendio, et his similibus.* Rogerus Hovedenus pag. 655 : *Si autem per appellationem Rectati sint, etc.* Inquisitio Justitiariorum itinerantium apud Gervasium Dorobernensem ann. 1170 : *Et si forestarii vel ballivi eorum aliquem acceperint, vel attacaverint per vadium, vel Rectaverint, et postea sine justitia per se relaxaverint.* Infra : *Et omnes qui Rectati fuerint de quocumque recto, etc.* Idem ann. 1153 : *Clerici Rectati et accusati de quacumque re, etc.* Vide Leges Burgor. Scoticor. cap. 80. § 1. Bractonum lib. 3. tract. de Corona cap. 1. § 3. et alibi passim.

Retare, Rettare, pro *Rectare*. Charta Philippi Aug. ann. 1186. in M. Pastorali Ecclesiæ Parisiensis lib. 16. ch. 24 : *Salvo honore suo in hoc, quod Retari non poterit de murtro, neque de proditione, etc.* Occurrit præterea in Assisis Henrici II. Regis Angliæ apud Clarendum, apud Hovedenum pag. 783. Bractonum lib. 4. Tract. 5. cap. 8. § 1. in Fleta lib. 1. cap. 26. § 2. in Monastico Anglic. tom. 1. pag. 763. etc. [Breve Regium apud Spelmannum in Glossario v. *Atia* : *Rex Vicecomiti* salutem. *Præcipimus tibi quod.... inquiras, utrum A. captus et detentus in prisona nostra de L. pro morte W. unde Rettatus est, Rettatus sit de morte illa odio et atia, etc.*] Ita *Reter*, pro *Rectare* usurparunt nostri. Leges Willelmi Nothi vernaculæ art. 47 : *Ne nuls ne lait sun hum de li partir, pusque il est Reté.* Petrus de Fontanis in Consilio cap. 5. § 2 : *Il ne m'est mie avis ke cil ki fist deus contremans, ou trois, ou quatre, et Retés en est, ki se doie passer par un seul sacrement.* Le Roman *du Renard* MS :

> De quanque Ysangrin l'a Reté,
> Itel amande li fera.

Le Roman *de Gaydon* MS :

> Que soit mes Sires de traïson Retez.

Ibidem :

> Se vo voi hui de traïson Reté,
> Je me ferai d'un coutel accré,
> En la poitrine, ou en lonc ou en lé.

Idem :

> De vilonie ne fu onque Reté.

Le Roman *de Parise la Duchesse* MS :

> Et là faites à tos de traïson Reter.

Philippus *Mouskes* in Histor. Francor. MS. in Philippo Augusto :

> Quant li Rois sot la verité,
> Que pour tolir son ireté,
> Vienent sor lui li faus Reté, etc.

Infra :

> Pour le Roi ki de tort res Raité.

Reptare, Eadem notione, Hispanis *Reptar*, quod pronuntiatur ut *Retar*, Accusare, in jus deferre : unde *Riepto*, accusatio, in Legibus Alfonsinis parte 7. tit. 3. lib. 1. Usatici Barcinonenses MSS. cap. 37 : *Si quis in Curia a seniore suo coram principe Reptatus fuerit de baudia, debet se de illa expiare per judicium, etc.* Cap. 117 : *Miles postquam fuerit a seniore suo de bauzia Reptatus, non debet ei respondere de aliis querimoniis, donec a Reptamento sit se expiatus, nisi senior ei dimiserit Reptamentum.* Adde cap. 24. Rodericus Toletanus lib. 7. de Reb. Hispan. cap. 16 : *Quod audiens Rex Fernandus doluit, reputans se delusum, et misit quendam Militem Comiti Amalarico, qui cum de infidelitate et perjurio appellaret, qui... nuncium, qui ad Reptandum venerat, jocose delusum sine responso alio remiserunt.* Charta Aldefonsi Regis Aragonum æræ 1153. apud Blancam : *Et illos infançones, qui habuerunt et tenuerunt honore de seniore, si fuerit Reptato, non faciat directum, nisi in illa honore stando.* [Constitutiones Jacobi I. Regis Arag. ann. 1234. Marcæ Hispan. col. 1429 : *Item constituimus quod nullus Reptatus de bausia sustineatur in nostra curia vel alibi, nisi se purgare voluerit de bausia secundum usaticum Barchinonæ.*] Vide *Excondicere*.

¶ Reptator, Hisp. *Reptador*, Accusator, delator. Observantiæ Regni Aragon. lib. 8. tit. 1. § 4 : *Et debet dare fidanciam de la spera, et petere per Reptatorem dari fidanciam de la torna.*

Arretare, Idem quod *Retare*. Fortescutus de Laudibus Legum Angliæ cap. 36 : *Arretati de crimine aliquo, qualitercumque magno et enormi, etc.* Hinc nostrum *Aréter*, pro Sistere, detinere, retinere, quod ei, qui in jus appellatur, recedere non liceat, quousque *Rectum fecerit* parti, a qua impeditur. Sed et forte inde etiam vox *Arrêt*, pro judicio lato in eum, qui *arretatur*, seu in jus vocatur.

* 2. **RECTUM**, Tributum, quod ex jure exigitur. Stat. sabbat. Carcass. ann. 1402. tom. 8. Ordinat. reg. Franc. pag. 558. art. 3 : *In fine sui temporis bonum et verum compotum de Rectis habitis, levatis et administratis, et expensis pro facto dicti officii, coram successoribus suprapositis reddendo, et reliqua restituendo.* A Latino Recte, *Rictement*, juste, vulgo *Justement*, *légitimement*, in Lit. ann. 1392. tom. 7. earumd. Ordinat. pag. 466.

RECTURA, vox Agrimensorum. Vide Glossarium Rigaltii ad Gromaticos.

¶ **RECTUS**, dexter, Gall. *Droit*, Processus de virtutibus et miraculis Mariæ de Malliaco, tom. 3. Martii pag. 755 : *Ad quamdam hostellariam supra levatam ad Rectum monasterii S. Mauri super Ligerim ex alio latere Ligeris existentem.* Ibid. pag. 757 : *Vidit vulnera in manibus et pedibus, totumque corpus plagis laceratum, et in ea habitudine qua D. N. Jesus Christus erat dum penderet in cruce; et quasi subito se ad Rectum vulnus lateris.*

* Hinc *Manus recta*, pro Dextera. Ordinar. MS. S. Petri Aureæ-val. : *Post matutinas, quando ad finem appropinquat, frater ille videlicet,.... qui lumen habet portare, illuminabit candellam, veniensque a foris prope hostium chori, manu de Recta elevata candellam tenens, expletis omnibus surgent fratres, et exibunt, præcedente illo qui fert candellam.*

¶ RECTOS FACERE. Vide *Rectum facere.*

¶ RECTUS HÆRES, Qui recta linea ab eo descendit, cujus hæres est, in Chronico Andrensi apud Acherium tom. 9. Spicil. pag. 641.

¶ RECTA MANUS, Auxiliaris, ad ferendam opem expedita. Charta Henrici Imp. ann. 932. apud Miræum tom. 1. pag. 38. col. 2 : *Precamur Comitem Namurci, sicut fidelem et amicum, ut... Recta manu et vero auxilio subministret Ecclesiæ opem sui adjutorii.*

* RECTA MENSURA, Adæquata, ni fallor, quæ cumulatæ opponitur. Vide supra *Cessalis.*

¶ RECTA MINA, Mina, seu mensura frumentaria, quæ justa est, neque major, neque minor. Tabularium Abbatiæ Sangerman. Paris. : *Ipso die debet venire ministerialis salvatoris cum Recta mina ejusdem villæ, et recipere consuetudinem domini sui.*

¶ **RECUBILE** ORATORIUM, Fulmentum, cui quis precans Deum innititur, Gallice *Prié-Dieu*. Leges Palatinæ Jacobi II. Regis Majoric. in Actis SS. Junii tom. 3. pag. XLVIII : *Volumus etiam eum habere custodiam cortinarum et aliorum paramentorum, quæ pro sede sive Recubili nostro oratorio, divina audiendo fuerint ordinata.*

RECULA, RECELLA, REICULA, RESCULA, Parva res, seu parvi momenti; *facultatiuncula*. [Gl. Lat. Græc. : *Recula*, πραγμάτιον. Aliæ Græco-Lat. : Πραγμάτιον, *Rerula*, *operula*. Malim *Recula*. Capitular. lib. 7. cap. 265 : *Qui Reculam Ecclesiæ petunt a Regibus, et horrendæ cupiditatis impulsu egentium substantiam rapiunt, etc.* Eadem repetuntur cap. 409. In Capitulari ann. circ. 744. cap. 8. habetur *Reicula*; *Reicola* vero in Capitulari tertio incerti ann. cap. 4.] Charta Caroli Calvi apud Doubletum [pag. 801. : *Nos ob animæ nostræ remedium, quasdam nostri juris Reculas B. Dionysii... partibus... contulimus, sanctorum duntaxat ibidem Deo servientium fratrum usibus perhenniter profuturas.* Et] pag. 802 : *Hæ siquidem Reculæ videntur esse sitæ in pago Vilcassino, etc.* Utuntur Apuleius lib. 4. Salvianus lib. 5. de Gubern. Dei, Priscianus lib. 3. partit. Donatus in Vita Virgilii, Ivo Carnot. Epist. 91. 101. [S. Bernardus lib. 4. de Consid. cap. 6. Auctor Vitæ B. Deicoli apud Eccardum in Orig. Habsburgo-Austriacæ familiæ pag. 162.] etc.

REICOLA, REICULA. Testamentum Bertichramni Episcopi Cenom. : *Et Reicola, quæ appellatur Stirpiaco, cum vineolis et mancipia, quæ ibi esse noscuntur.* Infra : *Reicola, quæ appellatur Fontanas, etc.* Rursum : *Reicolas illas, quas sanctæ Ecclesiæ,... per suum testamentum dedit.* Acta Episcopor. Cenom. pag. 250 : *Emit etiam in pago Carintensi aliquas Reiculas, in villa, cujus vocabulum est, etc.* [Charta ann. 1074. e Tabulario S. Sergii Andegav. : *Abbas S. Sergii... et monachi ejus calumpniabantur monachis S. Albini curtem et Ecclesiam Campaniaci et alias quasdam Reiculas.*]

RECELLA. Glossarium Cambronense : *Recella*, diminut. a *Recula*, *Recula autem a re*. Regula Magistri cap. 1 : *Dum in proprio arbitrio quærunt habere cellas, arcellas, et Recellas, ignorant quia perdunt suas animulas.*

RECELLULA. Lex Burgund. tit. 24. § 6 : *Nisi forsitan quod ex matris bonis, id est in Recellulis vel ornamentis, etc.*

¶ RECIRCULATA, vel RECULATA, Eadem, ni fallor, significatione. Codicillus seu Divisionale bonorum S. Fulcranni Leutevensis Episc. ann. 987. inter Instrum. Gall. Christ. tom. 6. col. 270 : *In villa, quam vocant Balmas, mansa tria et unum appendiarium, et villam quam vocant Clairato, cum ipsa Recirculata, et mansa duo, etc.* Fortean utraque vox mendosa est, restituique debet *Reicola* vox, aut alia similis, quæ fuerit in usu, nisi tamen legendum sit divisis vocibus *re circulata*, id est, *re ambiente*, quæ sita est in circulo seu in circulo seu ambitu villæ.

RESCULA. Salvianus lib. 1. ad Ecclesiam Cathol. : *Cur non bona fide datis a Deo utemur Resculis?* Editiones aliæ habent *Reculis*. Isidorus Pacensis Episcop. æra 756 : *Atque Resculas pacificas Christianis ob vectigalia thesauris publicis inferenda instaurat.* Hinc emendandus Gregorius Turon. de Mirac. S. Martini cap. 29. de Chariberto Rege : *Ingestum est ejus auribus, locum quendam, quem Basilica S. Martini diuturno tempore retinebat, sisti suo juri, reddique debere,... qui accepto iniquo consilio, pueros velociter misit, qui Remiculam illam in suo dominio subjugarent.* Ubi legendum indubie *Reiculam*. Adde Concilium Toletan. XVII. cap. 8.

RESCELLA. Pelagius libello 10. n. 18 : *Dedit ei aurum et nummos, et Rescellas, et omne, quod in responso suo habebat.* Adde n. 76. Edictum Pistense Caroli C. cap. 24 : *Quidam Comites nostri nos consuluerunt de illis francis hominibus, qui censum regium de suo capite, sed et de suis Rescellis debebant, etc.* Lambertus in Vita S. Heriberti Archiep. Coloniensis num. 22 : *Non desistit, dum male usurpatas distraheret Rescellas.* Occurrit etiam in Statutis Ordinis S. Gilberti Sempringhamensis. Glossar. Cambronense *Rescellas*, *genus indumenti*, *id est pelles* interpretatur.

☞ Ad hanc indumenti notionem referendus est, ut videtur, locus Actorum S. Ottonis, tom. 1. Julii pag. 426 : *Veteribus Rescellis* (id est, involucris) *codex exutus, et novis decoratus induviis.*

* **RECULARE**, RECULLARE, Retrogradi, retroire, Gall. *Reculer*. Lit. remiss. ann. 1356. in Reg. 84. Chartoph. reg. ch. 621 : *Nec advertens quosdam gradus dicti solarii retro eum satis prope existentes, Reculavit seu retrocessit usque ad gradus prædictos, et Reculando cecidit per gradus eosdem, etc.* Lit. Joan. episc. Ambian. ann. 1389. in Reg. 144 : *Dictus Johannes se deffendendo et Reculando seu retrahendo, etc. Johannes Fabri volens vitare dictos ictus retrocedendo sive Reculando semper se deffendebat*, in Lit. remiss. ann. 1442. ex Reg. 176. ch. 153. Mirac. S. Germ. Autiss. tom. 7. Jul. pag. 302. col. 1 : *Equum paululum cum habena Recullans, rotam iterum per infantis pectus transire coegit.* Hinc *Reculet*, Recessus, in Charta ann. 1343. ex Bibl. reg. : *Avoient baillé et délaissé une place ou Reculet, en laquelle a un puis séant en la rue de la couroierie.* Ordinat. Caroli VI. ann. 1399. in Lib. rub. fol. magno domus publ. Abbavil : *Les maire et eschevins, bourgois et habitans de nostre ville d'Abbeville en Pontieu, nous ont fait humblement exposer, comment la dicte ville est assise en un Reculet de mer, etc.*

¶ **RECULCARE**, *Iterum calcare*, Johanni de Janua. Glossæ Lat. Gall. Sangerman. : *Reculcare*, *Rechacer*. Columella habet *Recalcare*.

¶ **RECUMBERE**. Vetus Interpres S. Irenæi lib. 4. cap. 22. ult. edit. : *Quapropter et Recumbentibus eis* (discipulis suis Christus) *ministrabat escam, significans eos qui in terra Recumbebant, quibus venit ministrare vitam.* Ludit Irenæus in verbo ἀνακεῖσθαι, quod in priori commate accipit pro *discumbere in mensa*; in posteriori vero pro *mortuum jacere*. Vide cap. 31.

1. **RECUPERARE**, Convalescere, *Recouvrer sa santé*. Gesta Regum Franc. cap. 34 : *Rex Chilpericus graviter ægrotavit; quo Recuperante, filius ejus... ægrotare cœpit.* Vetus Charta apud Beslium pag. 421 : *Ad claustra facienda, et Recuperanda cum deciderint, etc.* i. reparanda. [Hac significatione Lex Bajwar. tit. 1. cap. 14. § 5 : *Ad casas dominicas, stabulare, fœnile, granicam, vel tuninum Recuperandum, pedituras rationabiles accipiant; et quando necesse fuerit, omnino componant.* Vide *Recuperatio*. 1.]

¶ RECUPERARI, Simili notione, *Amissas*

vires reparare, refici, apud Barthium in Glossario, ex Hist. Palæst. lib. II. cap. x : *Christiani igitur, videlicet alumni civitatis illius reddiderunt se statim, nosque ibi fuimus optime per tres dies, et illic maxime sunt Recuperati nostri.* Capit. XVIII : *Satis vero Recuperati sunt nostri de equis et de aliis multis, quæ erant illis valde necessaria.*

¶ 2. **RECUPERARE**, Excusare. Acta SS. Aurei et Soc. tom. 3. Junii pag. 51 : *Dolerem quod ipse sciret Dominus Rex, quod tanto tempore ab ipsis sum delusus; hoc apud ipsum numquam Recuperarem.*

¶ 3. **RECUPERARE**, Reperire. Acta S. Francisci de Paula, tom. I. Aprilis pag. 150 : *Rex plurimum desiderabat Recuperare virum perfectum et sanctum.*

¶ 4. **RECUPERARE**, *In notitiam et memoriam redigere*, apud Barthium in Glossario, ex Raymundi Agilæi Historia Palæstina.

¶ 5. **RECUPERARE**, Debitum recipere. Charta ann. 1309. tom. I. Hist. Dalphin. pag. 98. col. I : *Item si aliquis mercator vadit seu redit per villam S. Simphoriani causa emendi, vendendi, solvendi seu Recuperandi, et sit eques, debet per diem, qua transit, quatuor denarios.* Vide *Recuperator.*

¶ 6. **RECUPERARE**, Possessionem gentilitiam redhibere, Redimere possessionem a consanguineo venditam, pretio venditori restituto, Practicis nostris *Retraire.* Consuetudo Brageriaci artic. 42 : *Item, si dominus feodalis emerit fundum aut ipsum fundum retinuerit jure sui dominii ab alio emptore, et quis de parentela ipsius venditoris infra quartum gradum, dictam rem venditam a dicto domino feodali Recuperare voluerit annum et mensem jure turni bursæ, hoc facere poterit et ei licebit cum vero pretio empto et vendagiis et aliis juribus suis.* Pluries occurrit art. 40. 43. 44. 46. ubi plura redhibitionem gentilitiam spectantia statuuntur. Vide *Retractus bursæ.*

¶ 7. **RECUPERARE** SE, Recipere se, aufugere. Acta S. Aldebrandi, tom. I. Maii pag. 159 : *Voluerunt ipsum capere; ipse vero fugiens de pergulo Recuperavit se in campanile dicti Capituli, in quo stetit per mediam diem.*

* 8. **RECUPERARE**, Repetere, iterare. Arest. ann. 1352. in vol. 4. arestor. parlam. Paris. : *De quodam baculo, quem in manu sua tenebat, eundem atrociter bis percussit, et quia voluit tertia vice Recuperare, etc.* Lit. remiss. ann. 1360. in Reg. 90. Chartoph. reg. ch. 544 : *Dictus Johannes ipsum supplicantem uno ictu super caput percussit usque ad sanguinis effusionem, et Recuperare cupiendo, et iterum dictum volendo percutere supplicantem, etc. Recouvrer*, eodem sensu, passim occurrit in hujusmodi literis. Legitur etiam in Annal. regni S. Ludov. edit. reg. pag. 265 : *Guys.... feri Erars un trop mervellieus coup, et eust tantost Recouvré l'autre, se il ne l'eut recongneu à la vois.*

¶ 1. **RECUPERATIO**, Reparatio, restitutio. Canones Pœnit. apud Acherium tom. II. Spicileg. pag. III : *Placuit, ut nullus Episcoporum, cum suas diœceses perambulant, præter honorem cathedræ suæ, id est, duos solidos; aliquid aliud per Ecclesias tollat, neque tertiam partem ex quacumque oblatione populi in Ecclesiis parrochialibus requirat; sed illa tertia pars pro luminaribus Ecclesiæ, vel Recuperatione servetur.* Vide *Recuperare* I.

2. **RECUPERATIO**. JC. Anglis, est proprie evictio alicujus rei per judicium. Sed specialiter significat fictam quamdam transactionem inter partes judicialiter factam, ad status intalliatos, remanentias, et reversiones tollendas excogitatam. Ita Cowellus.

RECUPERATOR. Glossæ Græc. Lat. : Δικαστής, *Judex, Recuperator.* Alias *Recuperatores* appellantur, qui censum vel tributum per se ipsos exigunt, recuperant. Glossæ Basil. : Ῥικουπεράτορες, ἐξισωταί, ἀνάληψιν δι' ἑαυτῶν ποιούμενοι, ὀρθωταὶ τοῦ δήμου. Nos etiam dicimus, *ceux, qui Recouvrent les deniers du Roy.* [*Recuperatores censuum domini*, in Libertatibus Montis-Brisonis ann. 1376. tom. I. Hist. Dalphin. pag. 83. col. 2. Vide *Recuperare* 5.]

1. **RECURARE**, Corrigere, quasi iterum curare. Utitur S. Augustinus lib. de Quantitate animæ cap. 24.

* 2. **RECURARE**, Expurgare, a Gallico *Récurer*, pro *Nettoïer.* Charta ann. 1501. ex sched. Pr. *de Mazaugues : Teneantur et debeant vallatum ipsum noviter facere seu Recurare a præsa illius aquæ,.... et totiens quotiens opus fuerit, Recurare proportionabiliter.*

¶ 1. **RECURRERE**, vox practica, quæ de iis dicitur, qui primorum æstimatorum relatione parum contenti, alios postulant, qui maturius judicent. Hinc secundi æstimatores *Experts Recusaires* appellantur. Processus ann. 1459. ex Regesto *Columba* Cameræ Comput. Provinciæ : *Cum post inthimationem habeant decem dies ad Recurrendum, si voluerint.*

¶ 2. **RECURRERE**, Abire, veteri Interpreti S. Irenæi lib. I. cap. 19. ult. edit. n. 2. ubi hæc verba Daniel. 12. 9 : Ἀπότρεχε Δανιήλ, vertit *Recurre Daniel.*

3. **RECURRERE**, RECURSUS, voces monetariorum, de quarum vi sequentia excerpsimus ex adversariis Magni Peirescii : *Il y a cette difference entre Recours et remede, que le Recours est une permission de foiblage sur le poids de l'espéce : et le remede est une autre permission sur le poids de marc. Et lesdits remedes commencerent premierement par Recours, et ont continué par remedes, permis ensemblement, jusques environ le temps de Charles VII. depuis lequel jusques à present l'on n'a uzé que du remede.* [Edictum Philippi VI. Reg. Franc. ann. 1329. tom. 2. Ordinat. pag. 39. num. 20 : *Item, que nul changeur, ne autre personne, ne soit si hardy qu'il trebuche, ne ne Recourre nulles monnoies, qui aient cours qu'elles que elles soient. Qu'il trebuche, ne Recuerre*, in alio ejusdem Regis Edicto eod. ann. ibid. pag. 47. *Ne trebuchier, ne Recourre*, in alio ann. 1332. ibid. pag. 87. *Ne trebucher, ne Requeure*, in Edicto Philippi Pulchri ann. 1310. tom. I. Ordinat. pag. 475. Passim occurrunt similes loquendi formulæ in Edictis monetalibus, in quibus *Recourre, Recuerre* vel *Requerre*, est Justum monetæ pondus imminuere.] Datio ad firmam Monetæ Tolosanæ a Comite Alphonso ann. 1265 : *Juraverunt insuper, quod ipsi per se vel alios non fondent, nec tribuchabunt, nec Recurrent nostram monetam supradictam, sed tenebunt et adimplebunt bene et fideliter omnes conventiones, etc.*

¶ I. **RECURSUS**, Justi monetæ ponderis accessio vel imminutio, Constitutionibus regiis permissa, qua fit ut nummi ejusdem speciei alii aliis sint magis minusve ponderosi. Ordinatio Humberti II. ann. 1340. tom. 2. Histor. Dalphin. pag. 416. col. I : *Fiant singuli grossi prædicti, ad Remedium ligæ unius grani magis vel minus, et ad Remedium ponderis, ut non possit brischiari, nec in billionum reduci, sed septenarum unius grossi, et scindatur absque forti et fragili in marcha, ad Recursum unius grani magis vel minus, a justo ad fortem vel ad fragilem.* Infra : *Qui oboli grossi scindantur absque forti et fragili, ad Recursum unius grani, sicut alia moneta supradicta.* Huc redeunt, quæ sequuntur col. 2 : *Possint esse in marcha quatuor fortes seu quatuor debiles, qui non recedant ab eorum pondere, nisi per unum, ut in aliis supradictis monetis est descriptum.* Vide Henricum *Poullain* Tract. de Monetis pag. 427.

* Ordinat. Caroli dalph. ann. 1357. in Reg. Cam. Comput. Paris. sign. *Vienne* fol. 18. r° : *Denarii taillientur ad Recours ad ballancetam, et possit esse de justo ad fortem unum granum et dimidium.* Alia ann. 1362. ibid. fol. 41. v° : *Ipsi denarii debeant taylliari ad balanzetam et ad Recors, et possit esse de justo ad fortem unus granus.*

☞ Differt *Recursus* a *Remedio*, quod ille nummorum inter se compositorum majus minusve pondus spectet, hoc vero marcæ, unde certus nummorum numerus conficitur, materiam vel pondus attingat, ut infra dicetur in *Remedium* 3. Sed si vox *Remedium* de nummis inter se compositis dicatur, tum idem sonat quod *Recursus*, ut in Ordinatione ann. 1343. ibid. pag. 418 : *Et scindantur ad denariale et ad Remedium duorum granorum ponderis de justo ad fortem, et duorum granorum de debili ad justum.* Vide Henricum *Poullain* Tract. de Monetis pag. 204. et seqq. et mox *Recurrere* 3.

☞ Interdum *Recursus*, Gall. *Recours*, æquum est monetæ pondus : de quo sic D. *Secousse* tom. 3. Ordinat. Reg. pag. 94. nota *e*. Cum præcipitur, inquit, ut certus numerus nummorum ex una marca cudatur, non solum necesse est, ut hic numerus nummorum unam marcam pendat, sed etiam requiritur, ut singuli nummi æqualis sint ponderis : quod dicitur *Recursus nummi ad marcam* vel *marcæ ad nummum.* Si autem admodum acceleranda est monetæ cusio, hanc æqualitatem, seu proportionem, servare non jubentur cusores, tumque *moneta* dicitur *sine Recursu*, ut in Literis Caroli Johannis Regis Franc. primogeniti ann. 1356. editis pagina laudata : *Et fait commandement, et enjoindre expressement par aucuns de nostre Conseil, aux gardes et maistres de la monnoye d'argent de Paris, que il feissent tailler et ouvrer à bade sans Recours, afin que pour la cause dessusdite, peust et deust estre fait le plus grand ouvraige que l'en pourroit, duquel ouvraige ainsi fait à bade et sans Recours, a bien esté fait six mille trois cens douze livres dix solz de gros deniers blancs.* Quo in loco pro *à bade*, ubi hæret et mendum suspicatur oculatus Editor, legendum esse puto *à hâde*, vel potius *à hâte*, propere, festinanter: quod nunc dicimus *à la hâte*, vel *en hâte*. Quam belle loco citato cohæreat hæc emendatio, nihil opus est dicere.

2. **RECURSUS.** Tabularium S. Andreæ Viennensis : *Notum sit.... dedisse.... hoc est cymiterium et totum decimum, et oblationes, et primitias, et pascua similiter donasse bestiis Monachorum in silvis et in plano, totum Recursum in silva lignorum et pastionum porcorum in eadem silva sine lucro.* [Notitia de fundatione Theoloci ann. 1130. inter Instrum. novæ Gall. Christ. tom. 4. col. 164 : *In omnibus etiam suis nemoribus ipsorum porcis Recursum et omnimodos fructus ad eorum pabulum, absque eo pretio, quod vulgo Pysnaticum dicitur.* Quibus in locis *Recursus* aliud nihil videtur quam jus pascendorum porcorum in nemoribus.]

3. **RECURSUS**, vox forensis, vulgo *Retrait lignager.* Consuetudines Bellaici, ex Regesto Inculismensi Cameræ Computor. Paris. fol. 39 v° : *De domibus aut rebus aliis.... si habeant vendi, quocumque modo possideantur, si quis fuerit de genere venditoris, primo loco habeat Recursum ad res illas, et poterit eas retinere, etc.*

¶ 4. **RECURSUS**, Perfugium, refugium, Gall. *Recours.* Epistola Monachorum Grandimont. ad Innocentium III. PP. ann. circiter 1215. apud Marten. tom. 1. Anecdot. col. 847 : *Si enim nobis deficis, non est alius qui adjuvet, nec scimus alium apud quem post te credamus aliquem invenire Recursum.* Vetus Ceremoniale MS. B. M. Deauratæ : *Illis deficientibus habebitur Recursus ad Lectiones communes.* Rursus occurrit in Chronico Parmensi ad annum 1292. lib. 3. Init. Chr. cap. 38. num. 2.

¶ 5. **RECURSUS**, Nostris *Recours*, Præs, cautio, sponsor; unde *Avoir recours*, Sponsorem appellare. Statuta Collegii Montisacuti ann. 1402. apud Lobinell. tom. 5. Histor. Paris. pag. 681. col. 1 : *Item si aliqua utensilia communia aut bona collegii perdantur, omnes præsentes restituent collegio; sed forsan habere poterunt Recursum ad famulum communem, saltem de utensilibus de quibus custodiendis suo periculo recepit; et famulus cum auxilio et consilio aliorum de domo, habebit Recursum ad illum, qui perdiderit.*

¶ **RECURSUS JUSTITIÆ**, Jus superiori domino competens judicandi eos, quos feudales domini judicesque inferiores judicare neglexerunt. Bulla Innocentii IV. PP. pro Roberto Comite Atrebat. et Monachis Vedastinis ann. 1245. apud Marten. tom. 1. Ampliss. Collect. col. 1286 : *Comes Flandriæ habuit in terra B. Vedasti Attrebatensis multrum, raptum, incendium:.. monetam et Recursum justitiæ, quando Abbas et Scabini et alii, qui judicare debent, deficiebant de jure faciendo.* Vide] *Defectus justitiæ.*

* 6. **RECURSUS**, Provocatio ad superiorem judicem. Lit. ann. 1369. tom. 5. Ordinat. reg. Franc. pag. 397 : *Eosdem consules atque universitatem et habitatores et singulares ejusdem* (Villæ-novæ in Ruthenesio) *tanquam recurrentes per viam appellationis et Recursus, etc.*

* 7. **RECURSUS.** RECURSUM HABERE, Gall. *Avoir recours*, Operam cujuspiam adhibere. Tract. MS. de Re milit. et mach. bellic. cap. 97 : *A Ruberto desideratur adquirere rocham positam super montem, et est hoc dificile. Rubertus habebat Recursum ad fossatores, qui fodant dictam montaniam aut montam.*

* **RECUS.** Vide supra *Reccus.*

* **RECUSA**, Recusatio, denegatio, Gall. *Refus.* Charta ann. 1358. inter Probat. tom. 4. Hist. Occit. col. 246 : *Concedimus quod executiones pro debitis fiscalibus vel aliis,.... non fiant nisi per unum servientem,.... nisi interveniret ex partium solvere recusantium rebellio vel Recusa.* Nisi sit pro *Recussa.* Vide in hac voce.

* **RECUSARE**, Vineam ultimum colere, idem quod supra *Reclaudere* 2. Formul. MS. Instr. fol. 64. v° : *Promisit.... fossata et sepes ejus* (vineæ) *manutenere et Recusare.*

¶ **RECUSSA**, Recuperatio, ereptio pignorum aliarumve rerum jure captarum, Gall. *Recousse.* Epistola Philippi IV. Franc. Regis ad Eduardum Regem Angliæ ann. 1293. apud Martenium tom. 1. Anecd. col. 1251 : *Si gentes nostræ justitiando, sicut ad nos pertinet, aliquid saisiant, capiant vel expletent,.... quod fierent aut fient gentibus nostris violentæ Recussæ.* Eadem, paucis mutatis, edidit Rymerus tom. 2. pag. 618. Charta ejusdem Philippi Regis ann. 1307. apud Menesterium in Probat. Hist. Lugdun. pag. 39. col. 2 : *Ob has et propter multas alias offensas, inobedientias et Recussas, quas præfati Archiepiscopus et capitulum eorumque ministri gentibus nostris fecerant.* Occurrit alibi. Vide *Recodere, Recossa, Recussio, Rescussa*, et Glossarium Juris Gallici in *Recousse.*

¶ **RECUSSABILIS**, Mobilis, promtus et expeditus ad recussum. Vide locos in *Sphæra Italica.*

¶ **RECUSSIO**, Idem quod *Recussa.* Consuetudo Brageriaci art. 67 : *Item poterit dictus dominus dictum feodatarium pro redditibus non solutis... per se vel per alium pignorare : si tamen dictus feodatarius dicta pignora Recussiat, dicto domino seu ejus nuntio tenebitur versus dictum dominum in quinque solidos pro Recussione prædicta.* Vide mox *Recutere.*

¶ 1. **RECUTERE**, Pignora resve alias captas recuperare, eripere, Gall. *Recourre.* Conventio Philippi Franc. Regis cum Canonicis S. Mederici Paris. ann. 1273. apud Lobinell. tom. 3. Hist. Paris. pag. 28. col. 1 : *Si vero contingat, quod Major S. Mederici vel ipsius serviens.... aliquem capiant in terra S. Mederici, vel ipsius bona vel alterius in casu in quo ad dictos Canonicos spectat jurisdictio secundum tenorem præsentium litterarum, et captus se Recutiat in viaria vel extra viariam... vel alius quicumque Recutiat dicta bona, et ob hanc causam.... melleia oriatur.... in terra nostra, super hoc non poterimus justiciare prædictum Majorem .. nisi ex dicta melleia mors vel membri mutilatio intervenerit aut subsequatur, Recutientem vel Recutientes justitiabit Capitulum.*

¶ 2. **RECUTERE**, Retro quatere. S. Augustinus lib. 8. Confess. cap. 11 : *Incutiebat horrorem, sed non Recutiebat retro, nec avertebat.*

* **RECUTITUS**, *Qui a vit reboulé*, in Glossar. Lat. Gall. ex Cod. reg. 7692. Hinc pro Judæus seu circumcisus, in Glossar. Provinc. Lat. ex Cod. 7657 : *Jusieri, Prov. Judæus, Recutitus. Retaillé*, eodem intellectu, apud Joinvil. in S. Ludov. edit. reg. pag. 63 : *Les cors aus Sarrazins, qui estoient Retaillés, etc.* Versio Bibl. MS. ibid. in Glossar. : *Tout masele dont la char du v.... ne sera pas Retaillée, etc.* Ubi sacer textus Gen. 17. v. 14. habet : *Masculus, cujus præputii caro circumcisa non fuerit, etc.*

¶ **RECYNEBURGII**, Judices. Vide *Rachimburgii.*

REDA. Lex 5. Cod. Theod. de Curiosis (6, 29.) : *Per singulas Redas, id est, quas quadrigas et flagella appellant.* Ubi nescio, an non legendum *Recas* : nam apud Græcos recentiores ῥέκα, *flagellum* sonat, ut apud Anonymum in Porphyrog. num. 4. et in Vita S. Nicolai Studitæ pag. 913. Vide Glossarium mediæ Græcitatis.

REDADOPTARE, Rursum adoptare, in Lege 41. Dig. de Adoptionibus. (1, 17.)

¶ **REDADUNATIO**, Iterata conjunctio : *Recorporatio et Redadunatio ossium*, apud Tertullianum de Resurect. carnis cap. 30.

¶ **REDÆQUARE**, Vicissim adæquare. Glossar. Lat. Græc. et Græc. Lat. : *Redæquo*, ἀντισῶ.

* **REDAGIUM**, pro *Rhedagium*, Tributum, quod pro rhedis transeuntibus persolvitur. Charta Henr. comit. Trec. pro Grandimont. *de Lohan* ann. 1170. in Reg. 176. Chartoph. reg. ch. 548. et in Reg. 178. ch. 205 : *Ab omni consuetudine, videlicet theloneo, minagio, calceya, Redagio, et omnibus aliis modis sint liberi et immunes.*

¶ **REDANDRUARE**, *Gratiam referre*, in Glossis Isid. et Excerptis Pithœanis; pro quo Grævius censet legendum *Redandruare, Gradum referre*, ut conjicit ex *Redandruare* apud Festum; apud quem sequitur *Redhostire*, (hæc vox intercidit) *Gratiam referre.*

¶ **REDANDRUARE RESPONSUM**, Rescribere, apud Robertum *Creyghton* Hist. Concilii Florentini pag. 7 : *Ad quæ singula Rex et Patriarcha responsum Redandruarunt.* Ubi Sguropulus habet : Καὶ τότε πάλιν ἔγραψεν ὁ βασιλεὺς καὶ ὁ πατριάρχης. *Alicui par Redandruare*, ibid. pag. 100. Proprie *Redandruare*, vel, ut alii legunt, *Redantruare*, est eosdem motus saltu referre, ab *Antruare* seu *Amtruare*, Motus edere, ut fiebat in Saliorum exultationibus, ubi præsul *amtruare* dicitur. Vide Scaligerum ad Festum, Turnebum Advers. lib. 17. cap. 8. et lib. 25. cap. 18. Vossium in Etymologico v. *Trua*, et Martinium in Lexico.

* **REDARGUERIS**, *Virtus est stiptica repercutiens, Dioscoridi.* Glossar. medic. MS. Simon. Januens. ex Cod. reg. 6959.

¶ **REDARGUTIO.** Sic Boetius transfert Græcum ἔλεγχος, minus probante Vossio, qui mavult *confutatio, refutatio, reprehensio.* Hunc consule in Etymologico pag. 43. et lib. 3. de Vitiis sermonis cap. 41.

* **REDARII**, Gall. *Rédois*, Germaniæ populi, quos prope Stetinvillam in Pome-

rania collocat Rineccius. Horum urbs præcipua *Réthre*, unde *Redarii* appellati; nomen sumsit ab idolo *Rédegast*, quod potiori cultu colebant. Vide Helmoldi Chron. Sclav. cap. 2. 4. 21. et Ditm. Merseburg. episc. Chron. lib. 6. pag. 65. Phil. *Mouskes* ubi de irruptione Normannorum in Gallias sub Carolo Simpl. :

Parmi Amiens el Vermandois
Entrerent cil payen Rédois,
Al tens Karlon le simple Roy,
Ki n'avoit cure de désroy.

RED-BANA, [Saxonibus, Maleficii vel homicidii consiliarius, suasor.] Vide *Dedbana*.

¶ **REDDA**, Redditus. Tabularium Rothonense : *Illoc et Risworet fecerunt pacem cum monachis, consentiente Nominoe, et dederunt fidejussores propter Reddam per singulos annos, id est, tres solidos aut tonellam plenam de vino et* XI. *panes, unum porcum valentem* VI. *denarios aut mortuum octo.* Charta ann. 1067. Marcæ Hispan. col. 1134 : *Vendimus jam vobis dictum comitatum cum supradictis castellis vel abbatiis .... cum totis aliis honoribus....: mercatis et teloneis, et Reddas, pascuariis, garricis, albergas, placitos, etc.* Sed vereor ne hic legendum sit *Ledda*, Tributum pro mercibus pendi solitum, ut dictum est suo loco. Vide *Feudum reddibile*.

* **REDDALLE**, Fustis crassior, quo fascis, Gall. *Fagot*, munitur, nostris alias *Redon*. Lit. remiss. ann. 1464. in Reg. 199. Chartoph. reg. ch. 534 : *Dictus Guido se inclinavit et unum baculum dicti ligni sive Reddalle accepit.* Aliæ ann. 1396. in Reg. 150. ch. 39 : *Un gros baston, appellé parement ou Redon de fagot. Le suppliant print ung Redon ou baston de fagot ou cousteret sans fer*, in aliis Lit. ann. 1448. ex Reg. 176. ch. 669. Vocis etymon docet Glossar. Provinc. Lat. ex Cod. reg. 7657 : *Redon, Prov. Teres, rotundus. Redonnesa, rotunditas, orbis.*

* Unde nunc *Rondin* dicimus. Huc etiam pertinere videtur vox *Rodas* ex Lit. remiss. ann. 1480. in Reg. 206. ch. 494 : *Ayans icellui Dyenis une espée et icellui de la Motte ung Rodas de couldre de cinq piés ou environ.* Vide infra *Redellus*.

¶ **REDDEBERE**, Debere reddi. Charta Childeberti III. Regis Franc. ann. 697. apud Felibianum Hist. San-Dion. pag. XVII : *Intendebat e contra ipsi Drogo, eo quod socer suos induster vir Bercarius condam ipsa villa de ipso Magdoaldo concamiassit, et eidem justisseme ad parte conjugæ suæ Adaltrute legibus Reddeberetur.* Vide *Redebere*.

¶ REDDEBETUM, Debitum, quod reddi debet. Formula 1. Andecavens. apud Mabillon. tom. 4. Analect. pag. 234 : *Quem ex alote parentum meorum ei legibus obvenit vel obvenire debit, aut justissime ei est Reddebetum.* Et pag. 235 : *Quem ex alote parentum meorum mihi legibus obvenisse vel obvenire debit, aut justissime nobis est Redebitum.*

¶ **REDDEBUTIO**, Tributum, vectigal. Charta Chlodovei III. Regis Franc. ann. 692. apud Felibian. Histor. San-Dion. pag. XII : *Ubicumque telleneus, portaticus, pontatecus, rotatecus, vel reliquas Reddebutiones a judicebus publecis exigebantur.* Vide *Redhibere*.

* **REDDENCIA**, Vectigal, tributum, præstatio. Charta Phil. Aug. ann. 1204. in Reg. 142. Chartoph. reg. ch. 160 : *Propter hoc debent domino regi et aliis dominis in viaria Chastrarum partem habentibus talem Reddenciam, etc.* Vide *Reddidencia*. Hinc

* **REDDENS**, Qui alicui præstationi reddendæ obnoxius est. Stat. antiq. Florent. lib. 3. cap. 90. ex Cod. reg. 4621 : *Nullus præsumat.... ad jus accomanditiæ aliqualiter obligare aliquam universitatem,.... vel singulares personas,... seu* (accipere) *in fidelem, ascriptitium, Reddentem, manentem seu feudatarium aut servum, etc.*

* *Randères* vero et *Rendeu* nostris, Sponsor, fidejussor, vulgo *Caution, répondant.* Charta ann. 1272. in Chartul. Campan fol. 260. v° : *Je Hues vidames* (de Chalons) *m'establis ploiges et Randeres anvers mon seignor lo roi devant dit, de tenir et de garentir toutes ces choses et les convenances devant dites.* Alia ann. 1294. ex Chartul. episc. Carnot. : *Lesquels plaiges se establirent principaux déteans et Rendeus.* Vide *Reddentes* 1.

1. **REDDENTES**. Ranfridus JC. qui vixit sub Friderico II. Imp. in Ordine Judicario, tit. de Villanis : *Sed quid dicemus hodie de villanis nostris, quorum quidam dicuntur Reddentes, quidam Angarii, quidam Parangarii... Reddentes quidam sunt, qui nihil aliud faciunt domino, nisi quod reddunt, vel gallinas, vel spallas præstdii, vel porcum, vel agnum, vel libram ceræ, vel aliquid tale in Pascha Domini, vel in Nativitate. Hos reditus quidam præstant pro prædiis, quæ habent a dominis,... quidam præstant pro personis, et si nulla prædia habeant a Domino, sicut vidimus in pluribus; hi nullum aliquid servitium Domino faciunt.*

Alii sunt, quos *Rendeurs* nuncupat vetus Arestum anni 1321. vades, fidejussores : *Ce sont ceux, qui se sont estabh pleges et principaux Rendeurs pour Monsieur Jean Chastellain de Bergues.* i. obsides, *hostages.* Vide *Obses.*

¶ 2. **REDDENTES**, Baptizandi, a reddita Symboli confessione sic appellati. Mabillonius in Præfat. ad Acta SS. Benedict. sæc. 4. part. 2. num. 186. hæc laudat ex MS. Pontificali Benigniano de Baptismo Sabbati sancti : *Oratio in Sabbato sancto Paschæ ad Reddentes. Dicit domnus Papa post Pisteugis*, hoc est, ut videtur viro erudito, πιςεύω εἰς, quæ sunt prima Symboli Græci verba. Eadem ex Biblioth. Ottoboniana refert Muratorius tom. 2. pag. 48. col. 2. nisi quod pro *Pisteugis* habet *Pisteusis*, forte pro πιςεύεις, Credis? ut interrogari solebant baptizandi. Vide *Symbolum reddere.*

REDDERE, Lectionem proferre, quomodo discipuli magistris suis a se lecta memoriter proferunt. Loquendi formula nostris etiam familiaris. Glossæ antiquæ MSS.: *Reddit, Respondit.* Acta S. Erconwaldi Episcopi num. 26 : *Interim magistro de animadversione* (discipuli) *facienda obfirmato, placuit puerum Reddentem audire.* Infra : *Cum enim puer lectionem sine libro proferre cogeretur, etc.* Vide *Redditus.*

¶ REDDERE FEUDUM dicebantur vassalli, cum castra, quæ feodaliter tenebant, dominis capitalibus, si ea requirerent, reddere cogebantur. Conventio Raymundi Comitis Barcinonæ cum Bernardo-Atonis Vicecomite Biterr. ann. 1112. in Probat. novæ Hist. Occit. tom. 2. col. 383 : *Dono ad fevum tibi Bernardo-Atonis Biterrensi Vicecomiti, Boxazonem, Rocham-Cederiam.... quod Reddas illos mihi, quando ego tibi requiram, per me aut per meum missum, aut servius illos mihi.* Vide *Feudum reddibile* in *Feudum.*

¶ REDDERE SE, Aliquo se conferre, Gall. *Se rendre en un lieu.* Mandatum Henrici IV. Regis Angl. ann. 1406. apud Rymer. tom. 8. pag. 442. col. 1 : *Et in casu quo prædicti Henricus et Thomas citra quindenam non comparuerint, nec se Reddiderint coram nobis.* Mox recurrit. *Obviam alicui se Reddere in loco designato*, in Charta ann. 1410. apud Lobinellum tom. 2. Hist. Britan. col. 881.

* Lit. remiss. ann. 1360. in Reg. 89. Chartoph. reg. ch. 446 : *Dictus Johannes in hospitio Roberti le Scelier avunculi sui se Reddidit ad lectum, etc.*

* REDDERE SE DEO ET EVANGELIO dicebantur Albigenses, cum huic sectæ nomen dabant suum. Acta Inquisit. Tolos. ad ann. 1238. inter Probat. tom. 3. Hist. Occit. col. 386 : *Hæretici consolati fuerunt et receperunt eumdem testem in hunc modum : impositis in quodam banco manutergiis albis, et desuper librum, quem vocabant textum, quæsiverunt ab eodem teste differente a libro aliquantulum, utrum volebat ordinationem Domini recipere; et ipse testis dixit quod sic. Postmodum Reddidit se Deo et Evangelio, et promisit, etc.*

¶ REDDERE SE DEO AD MONACHUM. Vide infra *Redditus* 1.

* At vero nostri *Rendre* dixerunt, pro *Suppléer, accomplir*, Supplere, complere. Gesta Ludov. Pii tom. 6. Collect. Histor. Franc. pag. 138 : *Et se défaut ot aus obseques et au service* (de Charlemagne) *il* (Louis) *le restora et Rendi..... Ensi acompli et Rendi le testament son pere entierement.* Ubi Vita ejusd. imper. ibid. pag. 97 : *Et quod deerat inferiis genitoris, promptissime supplevit.... Quæ cuncta domnus imperator Ludovicus.... executione operis complevit.* Quæ eadem vox Renuntiare, declarare sonat, in Lit. remiss. ann. 1474. ex Reg. 195. Chartoph. reg. ch. 1283 : *Icellui Maugier fut esprouvé et Rendu malade de lepre.*

¶ **REDDIBILIS** et REDDIBILITAS vulgo dicuntur de Feudis, quorum castra vassalli reddere debent dominis capitalibus, cum eis libuerit, ut fuse supra dictum est in *Feudum reddibile.* Adde *Reddere feudum* mox in *Reddere.*

* REDDIBILITAS, Dicitur de castro, quod vassallus domino capitali reddere debet, cum ei libuerit; *Randablette*, in Testam. Hugon. ducis Burg. ann. 1314. ex Cod. reg. 9484. 2. fol. 157. r° : *Se nous morrons sans hoirs de nostre corps, nous laissons et quittons à nostre amé et foiaul cosin, monsieur Odart, seigneur de Montagu, la jurablette et Randablette dou chasteuil de Montagu.* Vide supra in *Feudum* et infra in *Vis* 2.

¶ **REDDIBITIO**, pro *Redhibitio*, Restitutio, redemtio, Gall. *Redhibition*, in Statutis Montis-Regalis pag. 154.

¶ **REDDIDENCIA**, Tributum, vectigal. Privilegia a Johanne Franc. Rege Audomarensibus concessa ann. 1361. apud D. *Secousse* tom. 4. Ordinat. Reg. pag. 405 : *Solvendo pro suis mercaturis Reddidencias consuetas, modo et forma plenius in litteris suprascriptis declaratis.* In laudatis hic Philippi VI. Litteris habetur : *Si vous mandons... que vous lesdiz Bourgeoiz de S. Omer et chascun de eulx, leurs mesnies, leurs marchandises et leurs biens, tous selon ce qu'il passeront par vos liex et par vos destroiz, traittiez amiablement et faites traittier, en paiant les deniers accoûtumez.* Melius legeretur *Redhibentia*. Vide *Redhibere*.

¶ **REDDIMIUM**, f. Redditus annuus. Charta Eccles. Aniciensis ann. 1312 : *Secuntur illa quæ solvuntur in tracta..... porterio minori pro balais* XX. *s. pro balayrariis* VII. *s. pro Reddimio* CVI. *l.* II. *s.* XI. *d. pro alia libratione fieri solita officiariis infrascriptis ecclesiæ Anic. ratione Reddimii, Succentori* XL. *s.* VI. *d. Sescallo totidem.*

* *Liberationis* seu præbitionis species videtur. Vide in *Liberare* 2.

¶ **REDDITA**, Annuus census, quem tenentes domino reddere vel solvere debent ratione tenementorum suorum. Chartularium SS. Trinitat. Cadom. fol. 53 : *De francalanis de Hantonia et de moribus villæ et de Reddita. Alveredus de Colecubus reddit* VIII. *den. et bederipes.... Robertus Walensis dimidiæ virgæ opus et unum lusdi pro* XII. *den.... Elmarus Auceps pro* I. *lusdi* VI. *denar.*

¶ **REDDITARII**, Tenentes *redditæ* obnoxii. Charta Johannis de Torota Castella ex Archivo S. Medardi Suession. : *Retenta etiam tantummodo venditione mortui nemoris ad opus Redditariorum solummodo de Rotondes.* Vide *Redditaurius* et *Redituarius*.

¶ **REDDITE LITERAS**. Formula quæ legitur ad calcem quarumdam Literarum regiarum Ballivis inscriptarum, qua significatur, ni fallor, ut eas communicent iis, quorum interest illas nosse.

* Formula in variis instrumentis olim adhibita; potissime vero in epistolis communibus, seu quæ ad plures missæ erant, quarum authentico sigillum suum apponebant ii, quibus erant inscriptæ, aut ex eo exemplum describebant. Lit. Nic. episc. Trec. ann. 1268. in Chartul. Campan. fol. 177. col. 2 : *Reddite litteras latori earumdem, transcriptum si placet, penes vos retinentes.* Aliæ senesc. Carcass. ann. 1274. inter Probat. tom. 4. Hist. Occit. col. 61 : *Reddite litteras incontinenter portitori.* Rursum aliæ Inquisit. Carcass. ann. 1358. inter Probat. tom. 2. Hist. Nem. pag. 200. col. 1 : *Reddite literas portitori, sigillo vestro in eis apposito, in signum quod vobis fuerunt præsentatæ.*

1. **REDDITIO**, Idem quod *Redditus*, *Revenu*. Charta Galteri Meldensis Episc. in M. Pastorali Eccl. Paris. lib. 9. ch. 8 : *Concesserunt dimidiam partem Presbyterii Ecclesiarum Roseti, id est dimidiam partem Redditionis, quæ pertinet apud Presbyterium.* [Charta S. Cypriani apud Beslium in Probat. Hist. Comitum Pictav. pag. 402 : *Ecclesiam.... cum omnibus Redditionibus parochiæ ipsius.* Vide *Reditus*.]

¶ 2. **REDDITIO**, Tributum, vectigal, idem quod infra *Redhibitio*. Charta Ludovici Pii ann. 18. ejus Imperii, apud *Laguille* in Probat. Histor. Alsaciæ pag. 19. col. 2 : *Nullum teloneum, aut ripaticum, aut salutaticum.... vel ullum censum, aut ullam Redditionem accipere vel exactare audeat.* Charta Odonis Regis ann. 889. inter Instrum. novæ Gall. Christ. tom. 4. col. 136 : *Sancimus, ut nemo fidelium nostrorum.... ad causas audiendas, aut freda, aut tributa exigenda... nec ullas Redditiones aut illicitas occasiones requirendas.... ingredi audeat.*

¶ 3. **REDDITIO**, Idem in rebus feudalibus quod *Reddibilitas feudi*, de qua mox in *Reddibilis* dictum est. Charta Dalphini Vienn. ann. 1230. inter Instrum. novæ Gall. Christ. tom. 4. col. 29 : *Accepimus ab Archiepiscopo et Ecclesia Lugdunensi in feudum sine Redditione, scilicet castra de Annonay et de Argentau.* Vide *Feudum reddibile* in *Feudum*.

¶ 4. **REDDITIO**, Explicatio, expositio, apud veterem Interpretem S. Irenæi lib. 2. cap. 24. num. 2. ubi Græcum ἀπόδοσις vertit *redditio* : quod habita loci ratione, reddere debuisset *explicatio*, vel *accommodatio*, ut observarunt Billius et Massuetus.

* **REDDITUALE**, Proventus, fructus ex re aliqua. Charta ann. 1324 : *In omnibus et singulis bonis,.... dominiis, baroniis, censibus, Redditualibus, debitalibus, servitutibus, homatgiis, etc.* Vide *Reditus*.

¶ **REDDITUALIS**, Singulis annis reddendus seu exsolvendus. Charta ann. 1275. ex Archivo Cervi-Frigidi : *Ut ipsi ad opus dicti capituli prædictas* XV. *libras Turonenses Reddituales pacifice tenere... possint.* Alia ann. 1283. apud Baluzium tom. 2. Histor. Arvern. pag. 300 : *Item nos Comes (Claromont.) volumus, quod dictum monasterium percipiat quatuor sextaria bladi Redditualia ex legato dominæ Alaziæ aviæ nostræ et duo sextaria bladi ex legato domini Roberti Comitis avi nostri, quæ et prout percipere consuevit.* Adde Lobinelli Glossarium tom. 3. Hist. Paris. *Reditualis* legitur eadem notione in Charta ann. 1275. apud Marten. tom. 1. Ampl. Collect. col. 1378. in alia ann. 1350. in Instrum. novæ Gall. Christ. tom. 4. col. 109. et alibi.

¶ **REDDITUARE**, Redditus annuos concedere, assignare, Gall. *Renter*, quod maxime dicitur de sacris ædibus, quibus attribuuntur annua vectigalia. Brevis Hist. Ordinis Cartusiensis apud Marten. tom. 6. Ampliss. Collect. col. 198 : *Lætus igitur rediens domum ædificavit et Reddituavit, ac pro ædificando multa millia florenorum adimpendit an. Dom.* 1391. Vide *Reditus*.

¶ 1. **REDDITUARIUS**, Manceps, exactor redditutuum seu proventuum. Charta Henrici IV. Regis Angl. ann. 1402. de solutionibus propter nuptias Blanchæ filiæ faciendis, apud Rymer. tom. 8. pag. 238. col. 1 : *Ut intentores ac ferventiores Reddituarii pariter et factuarii nostri sint ad solvendam summam quadraginta milium nobilium prædictam, bonam etiam fidem æqua beneficentia compensando.* Franchesiæ villæ *de Veer* ann. 1471. apud eumdem Rymer. tom. 11. pag. 732. col. 2 : *Reddituariis, custumariis, omnium et singulorum theolonorum et custumarum portuum et passagiorum, etc. Reddituarii villæ Tornacensis*, in Charta ann. 1364. apud Butillarium in Summa rurali fol. 8. *Reddituarii civitatum, oppidorum, castrorum atque villarum*, rursum memorantur in Instrumento ann. 1541. apud Miræum tom. 2. pag. 1062. col. 1. Vide *Redditarie* et *Redituarius*.

* Et qui de redditibus rationem reddere debet, Gall. *Comptable*. Charta ann. 1368. tom. 2. Hist. Trevir. Joan. Nic ab *Hontheim* pag. 248. col. 1 : *Everhardus de Ketwich.... noster in hujus coadjutoriæ officio Reddituarius de omnibus et singulis redditibus.*

* 2. **REDDITUARIUS**, Qui reditum aliquem singulis annis alteri præstare debet. Lit. curiæ Argentor. ann. 1511. ex sched. D. Schœpfl. : *Sic tamen quod reemtio dictorum redditùum, eorum Reddituariis pro tempore existentibus, juxta dictæ literæ vulgaris principalis tenorem, salva sit et reservata.* Eadem leguntur in alio Instr. ann. 1518. Vide *Redituarius* 1. [** et Haltaus. Glossar. German. voce *Zins-leute*, col. 2162.]

* 3. **REDDITUARIUS**, Cui pensio annua debetur. Locus est infra in *Rentarius* 2.

* **REDDITUATIM**, *Redditus* seu annui census nomine. Libert. Lausertæ ann. 1370. tom. 6. Ordinat. reg. Franc. pag. 401. art. 12 : *Eisdem concessimus et concedimus per præsentes, quod quicumque dicti loci, honoris et pertinenciarum ejusdem habitator, debens dicto domino nostro bladum, vinum, ova, galinas vel ceram Reddituatim, solvere teneatur prædicta arrandatoribus prædictorum reddituum, una vice in anno et non amplius.*

¶ **REDDITUATUS**, Dives, cui multi sunt redditus seu proventus, Gallice *Renté*. Epistola ann. 1409. apud Marten. tom. 7. Ampliss. Collect. col. 1119 : *Credas quod ipse est notabilis persona in litteratura et moribus... multum zelat rempublicam, et est æque bene Reddituatus sicut unus magnus Episcopus.* Vide *Reditus*.

1. **REDDITUS**, Monachus, Eremita, qui se in Monachum *reddidit*. Vulgo dicimus, *qui s'est rendu Moine*. Tabular. Celsinianense : *Notum,.... quod ego Stephanus de Aiz sponte mea memet ipsum Reddidi Domino Deo, et S. Petro, et Monachis Celsinianensibus ad Monachum, nec non et omnem pecuniam meam, etc.* Tabularium Prioratus de Domina in Delphinatu ch. 190 : *Ego Rodulphus Miles appellatus de Tedesio Reddo meipsum Domino Deo et SS. Apostolis Petro et Paulo ad Monasterium de Domina : et quia scio obitum meum appropinquare, devote suscipio habitum S. Benedicti pro salute animæ meæ, donoque prædicto Monasterio duos mansos et dimidium, totum videlicet alodum meum, quem habeo in Episcopatu Belensi, etc. Laudaverunt hoc donum uxor sua Anna, et filii eorum, etc.* Philippus *Mouskes* in Hist. Franc. MS :

Henris ses freres li tiers nés
Fu rendus Moines à Cluni,
Et puis fu il Abbé d'enki.

Le Roman *du Chevalier au Barisel* MS. de Eremita quodam :

A tant appela le Rendu.

[* Vita J. C. MS. :

Les faus Rendus, les faus abés,
Les faus Provoires ordenés.]

Computum Stephani Fontani Argentarii Regis incip. a 25. Mart. 1350 : *Pour l'Ordonance de la reception de Madame Marguerite de France, fille dudit Seigneur, et de Madame Marie de Bourbon, fille de M. le Duc de Bourbon, lesquelles devoient estre en ce terme, et furent Rendues à Poissi.* In Computo seq. : *Baillé au Roy à Poissi le jour que sa fille fut Rendue.* Vide Histor. Ecclesiast. Abbatis villæ pag. 380.

Sed proprie dicebantur *Fratres Laici*, seu seculares, qui abdicato seculo in Monasteria secedebant. Statuta Ordinis *de Sempringham* §. *de Secularibus Rendutis : Seculares, qui se Reddiderint in domibus nostris, et omnem proprietatem reliquerint;.... æqualem portionem habent, quemadmodum et alii nostri ordinis conversi. Super eos fratribus nulla potestas attribuitur, sed in labore æqualitas. Priori et Cellerario et Subcellario eorum obedientia assignetur, et cum dormierint in Domino, omnino eis officium exhibeatur sicut pro Canonico, pro arctiore vita, quam sibi elegerunt pro Christo.* Vide pag. 779. Statutum Philippi Regis Franc. ann. 1292. in Regesto Parlam. B. fol. 85. et apud Chopinum lib. 3. de Sacra Polit. tit. 5. num. 15 : *Ordinatum est, quod si Templarii, Hospitalarii, seu alii quicumque religiosi, ratione cujuscumque advocationis, doni, vel alterius cujuscumque emolumenti in fratrem seu Redditum suum aliquem seu aliquos receperint, et eum vel eos tanquam fratrem seu Redditum defendere et tueri voluerint, caveant gentes domini Regis.... ne aliquos tales privilegiis Templariorum et aliorum religiosorum quorumcumque gaudere, neque aliquos auctoritate dictorum privilegiorum vexari permittant, nisi dicti fratres se omnino Reddiderint, et deferant habitum eorumdem.* [Adde Litteras Caroli V. Franc. Regis pro Monasterio S. Victoris Paris. ann. 1364. apud D. *Secousse* tom. 4. Ordinat. Reg. pag. 540.] In Charta ann. 1282. in Hist. Monasterii S. Mariæ Suession. Gallica pag. 465. 466. *Les Renduës*, distinguntur a Dominabus, *les Dames.* Vide virum doctissimum Michaëlem Germanum ejusdem Historiæ Scriptorem cap. 5.

In Statutis Ordin. Cartusiensis crebra est mentio ejusmodi *Redditorum*, qui et *Laici* et *Donati*, et *Præbendarii* dicuntur, quorum ordo Conversorum ordine inferior est, adeo ut si Conversus deliqnerit, in ordinem *Redditorum*, regradetur, part. 2. cap. 31. c. 12. part. 3. cap. 32. §9. *Redditorum* tamen in eo potior est conditio, quod inter eos possit esse unus Clericus, qui tamen in habitu Redditi non possit ultra Diaconatum promoveri, part. 2. cap. 25. § 3. part. 3. cap. 33. Adde Statuta ann. 1368. part. 3. cap. 1. et 2. et tertia Statuta cap. 11. Ita porro ii sese Monasterio donabant, ut in professione, quam edebant, hanc clausulam apponerent : *Quod si aliquo tempore unquam hinc aufugere, vel abire tentavero, liceat servis Dei qui hic fuerint, me plena sui juris auctoritate requirere, et coacte ac violenter in suum servitium revocare;* apud Guigonem in Consuetud. Cartusiens. cap. 74. et in Statut. antiq. 3. part. cap. 24. § 5. Vide *Oblati* 2. *Donati*, [*Recepta* 4. et *Receptus* 3.]

☞ In Monasterio Saletarum, ubi Monachi pariter et Moniales instituuntur ab Humberto I. Dalphino Viennensi ann. 1299. *Redditi* Sacerdotes erant aut ad Sacerdotium promovendi. Fundatio hujusce Monasterii tom. 2. Hist. Dalphin. pag. 91 : *Quod in dicto Monasterio sint perpetuo et esse debeant sex tam Monachi quam Redditi Sacerdotes, vel parati ad Sacerdotium promoveri, et unus Vicarius de Ordine Cartusiensi et triginta Moniales ejusdem Ordinis, qui et quæ omni tempore Deo pro nobis et nostris serviant secundum statuta et instituta Ordinis supradicti.* Sed id peculiare fuit in hoc Parthenone, ubi pauciores erant Monachi vel Redditi, quos omnes pro Monialium utilitate Sacerdotes esse conveniebat.

☞ Fuerunt etiam Redditi in hospitalibus seu publicis Valetudinariis, qui voce Gallica *Rendus* vocantur in Charta ann. 1357. tom. 3. Histor. Harcur. pag. 299 : *Fuerunt sepulta per quatuor Rendus Magdalenæ* (Hospitalis) *Rothomagensis corpora D. de Graville, de Maubué in tribus arcis, quales fieri solent pro mortuis. Renduti* vero dicuntur in Charta ann. 1335. apud Menesterium in Probat. Hist. Lugdun. pag. xxv. col. 1 : *Ægrotis et Rendutis et aliis sibi servientibus in dicta* (Hospitalis) *capella, etc.* Conventiones habitæ inter Johannem Dalphinum et Hospitale S. Johannis Jerosol. Visiliense ann. 1317. tom. 2. Histor. Dalphin. pag. 161. col. 1 : *Versa vice præfatus D. Dalphinus in recompensationem dict. bonorum, sibi ex causa permutationis traditorum per prædictos Procuratores, eisdem dedit domum de Levata sitam juxta castrum de Aybeno in Graysivodano, exhoneratam a leprosis Rendutis et a quolibet alio onere, excepto onere debito Prioratui de Domena.* Ex quo posteriori loco patet leprosos etiam aliquando inter Hospitalium *Rendutos* numeratos fuisse : quod cum ipsis Hospitalibus oneri esset, ab hoc onere liberatur Hospitale Visiliense.

* Redditus, Famulus servitio perpetuo addictus. Lit. remiss. ann. 1379. in Reg. 114. Chartoph. reg. ch. 219 : *Guillaume Robelin donné et Rendu de nostre amé et féal cousin le conte de Sancerre, etc.*

2. **REDDITUS**, Proventus, *Revenu.* Vide *Reditus.*

¶ Redditus Feudi. Vide *Reddere feudum* in *Reddere*, et *Feudum reddibile* in *Feudum.*

¶ Redditus Synodi, in Charta ann. 1045. ex Archivo S. Victoris Massil. armar. Hispan. num. 91. Census Episcopo solvendus a Clericis, qui ad annuas ejus Synodos venire tenebantur. Vide infra *Synodus.*

* **REDDUCERE**, Redire, vel aliquo se recipere. Comput. ann. 1363. inter Probat. tom. 2. Hist. Nem. pag. 261. col. 2 : *Solvit ..... Petro nuntio misso apud Lunellum, cum litteris clausis dominorum consulum, domino Petro Scatisse, thesaurario Franciæ, in quibus continebatur quod si vellet venire sive Redducere apud Nemausum, quia dubitabatur de inimicis, dicti domini consules parati erant cum copioso exercitu venire ad eum, pro custodia suæ personæ.*

¶ **REDEBENTA**, Idem quod mox *Redebentia*, si non sit ita legendum. Charta Ludovici Hutini ann. 1315. in Probat. Hist. Ebroic. pag. 31 : *Cum focagiis, corveis et aliis Redebentis feodalibus, et aliis quibuscumque cum universis juribus et commodis prædictorum.*

¶ **REDEBENTIA**, Clientare munus prædiatorium, Gall. *Redevance*, ut passim legitur in Consuetudinibus municipalibus in Glossario Juris Gallici laudatis. Charta Itherii *de Mengnac* pro incolis parochiæ *de Grumay* ann. 1278. apud Thomasserium in Biturig. pag. 109 : *Quittantes ipsos homines .... ab omni angaria et perangaria.... ab omni jure et Redebentia.* Charta Philippi Franc. Regis ann. 1281. e Tabulario S. Medardi Suession. : *Census, redditus et omnes alias Redebentias.* Charta Guillelmi Abbat. Floriac. ann. 1296 : *Burgenses de Castellione remanebunt et erunt quitti et immunes... de omnibus Redebentiis, etc.* Charta Pontisarensis ann. 1318 : *Johannes de Bolognia dat v. sol. Confratriæ clericulorum B. Mariæ de Pontisara pro Redebentiis suis universis.* Vide *Redevancia* et *Redhibere.*

¶ **REDEBERE**, Debere, *redebentiis* obnoxium esse. Appendix Marculfi formula 2 : *Repetebat ei dum diceret eo quod genitor suus nomine ille, colonus sancti illius, de villa illa fuisset, et ipso colonitio de capud suum ad ipsa casa Dei Redebeat.* Similia leguntur form. 4. pro quo form. 32. habetur : *Repetebat ei eo quod genitor suus aut genitrix sua illa coloni sui fuissent et ipse suus colonus esse dicebat.* Pluribus *redebentiis* obnoxios fuisse *colonos* omnibus notum est. Ibidem form. 33 : *Ad quod mihi judicatum fuit in nullo non Redebeo, nisi isto et unico sacramento.* Eadem fere habentur form. seq. *Servitium alicui Redebere*, in Formulis Andecav. apud Mabillon. tom. 4. Analect. pag. 241. Charta ann. circiter 805. apud Mabill. de Re Diplom. pag. 507. et Murator. tom. 2. part. 2. col. 746 : *Et quicquid in valle Maurigennica ex alode parentum nostrorum, vel per quodlibet titulo, juste et rationabiliter nobis ibidem obvenit et legitima subpetit Redebere.* Vossius lib. 4. de Vitiis serm. cap. 20. verbum hoc explicat per *Obligari ad reddendum*, eosque falli arbitratur, qui idem esse aiunt ac *Redhibere.* Vide *Reddebere.*

* **REDEBUTIO**, Tributum, vectigal, idem quod *Redhibitio.* Vide in *Redhibere.* Chartul. S. Germ. Prat. : *Ubicumque in regna, Christo propitio, nostra pergere vellent,...... de qualibet Redebutione exinde ad partem fisci nostri, missi sui discurrentes dissolvere non debeant.* [** Chart. Chilper. II. ann. 716. pro Monast. S. Dionysii apud Brequin. num. 287 : *Nec nullas Redebutiones requerendum.*]

REDECIMA, Redecimatio, Decima pars decimæ seu Decima decimæ, uti appellatur apud S. Rembertum in Vita S. Anscharii Archiepisc. Hamburg. num. 61. in veteri Charta apud Columbum lib. 3. de Episcopis Variensibus n. 14. et in Charta Waldemari Regis Daniæ ann. 1240. apud Pontanum lib. 6. extremo Rerum Danicarum. Tabul. Albæ ripæ in Diœcesi Lingon. ann. 1219 :

In tertiis nostris habet Redecimam suam et minutum bladum, etc. Charta Milonis Episcopi Belvac. ann. 1225 : *Decimam decimæ suæ, quod vulgariter Redecimum appellatur.* Charta alia apud Perardum in Burgundicis : *Qui decimarum Redecimam capiebat.* Vide eundem pag. 138. 194. 195. Alia in Historia Sabaud. pag. 26 : *Decimam et Redecimam de propriis laboribus.* Charta Henrici II. Regis Angl. tom. 2. Monast. Angl'c. pag. 1010 : *Et Redecimam vini sui ad cellarium, præter primam decimam, quæ solito more datur ad torcularia.* [Charta ann. 1181. apud Lobinell. tom. 2. Hist. Britan. col. 137 : *Dederunt medietatem census sepiarum in fluvio Rentia ad S. Ciliacum, excepta Redecima, quæ est monachorum S. Martini.* In Diplomate Philippi Franc. Regis ann. 1221. Anselmus *de Botterviller quittat* Abbati Floriacensi *Redecimam, spilones, gaspiliones, terratas, etc.* Index MS. Beneficiorum : Eccles. Constantiensis fol. 33 : *Episcopus Constantiensis percipit duas garbas decime et Abbas percipit terciam garbam una cum Redecima duarum garbarum dicti Episcopi.* Histor. MS. Beccensis pag. 447. num. 2 : *Concessit decimam denariorum et Redecimam omnium bladorum. Redecima de silva,* in Chartulario S. Vincentii Cenoman. fol. 157. *Redecimatio bladi et vini*, in Charta ann. 1127. ex Archivo Prioratus de Firmitate Walcheri. *Redecimatio de decimis*, in Charta ann. 1214. ex Archivo S. Victoris Massil.] Ordericus Vitalis lib. 3. pag. 466 : *Dedit præfato Cœnobio... quæcumque Osbernus Presbyter tenebat cum Redecima thelonei.* Idem lib. 8. pag. 669 : *Decimam molendinorum et omnium exituum suorum, et Redecimationem promptuariorum suorum, addidit.* Charta Galteri Archiep. Rotomag. in Tabul. S. Victoris Paris. num. 21 : *Presbyteri de Amblevilla Redecimationem habent in tota decima.* Monasticum Anglican. tom. 2. pag. 199 : *Decimationem omnium molendinorum suorum in Anglia, et Redecimationem omnium caseorum suorum, ubicumque fiant in Anglia.* Adde tom. 3. pag. 12. [Fundatio Abbatiæ S. Mariæ apud Santonas ann. 1047. inter Instrum. novæ Gall. Christ. tom. 2. col. 479 : *Donamus... ecclesiam etiam S. Johannis de Anglis cum integritate sua et Redecimatione de universis medietatibus* (*mediaturis* in MS.) *nostris dominicis.* Charta Roberti Flandriæ Comitis ann. 1089. apud Miræum tom. 1. pag. 359. col. 1 : *Redecimationis vero nummorum de cunctis ovilibus meis, quæ similiter ab antecessoribus meis in ædificia ecclesiæ* (S. Donatiani Brugensis) *data est, talem mihi meisque successoribus retine potestatem, etc. Hanc tamen ipsam Decimationem sic liberam Ecclesiæ confirmo, etc.* Ubi *Redecimatio* et *Decimatio* idem sonant. Adde Chartam alterius Roberti cognomine Frisii ann. 1085. apud eumdem Miræum tom. 2. pag. 1137. col. 2. *Redecimatio oblationum altaris*, in Tabulario Majoris-Monasterii. Charta ann. 1284. tom. 2. Hist. Eccl. Meld. pag. 181 : *Le Redisme, c'est à savoir après le dixieme, l'onzieme de tout son blaage de blez et d'avannes, et d'autre grain que il avoit à Joy seur Morain.*] Le Roman *de Rou* MS :

Por la diesme qui fu si grant,
Que tant i out de remanant,
Refu la diesme Rediesmée,
Et la Rediesme en fu gardée.

Vide *Prodecima*, [*Cario*, *Menagium* 2. et *Ministerialitas* 1.]

* In quos usus insumebatur *Redecima*, docet Charta Gerardi præpos. S. Petri Insul. ann. 1190. ex Chartul. ejusd. eccl. sign. *Decanus* ch. 20 : *Redecimam piæ memoriæ comes Balduinus, ecclesiæ nostræ fundator, canonicis ad hoc contulit, ut de ea, cum necesse fuerit, templi fabrica de novo reparetur, et ut cætera claustri ædificia curæ capituli deputata, fiant et reficiantur, et ut tam legatis, quam archiepiscopis vel episcopis, quibus Insulana ecclesia providere tenetur, ad ipsam ecclesiam divertentibus, et omnibus illis, qui de communi assensu capituli ad laborandum pro re publica delegantur, in expensis necessariis provideatur; vel, ut paucis multa concludam, ad hoc instituta est Redecima, ne ad prædictos vel similes usus procurandos, singulis canonicis de corpore præbendarum suarum aliquid detrahatur : ita demum quod nec mihi nec ipsis canonicis licitum est Redecimæ fructus in proprios usus nostros convertere.* Cui vero *Redecimæ* percipiendæ et administrandæ cura incumbebat, *Redecimarius* nuncupabatur ex eodem Chartulario.

¶ Redicimatio. Charta ann. circiter 1070. apud D. Calmet. in Probat. Hist. Lothar. tom. 1. col. 470 : *Præterea Redecimationem totius quæstus mei, annonæ, vini, denariorum undecumque procedentium, etc.*

¶ Redimatio. Computus ann. 1202. apud D. *Brussel* ad calcem tomi 2. de Feudorum usu pag. clxxi : *Pro viii. sext. et dim. mina salis pro Redimatione lviii. s.*

* Redecimum, Eadem notione, in Bulla Alex. PP. III. ann. 1171. ex Chartul. S. Vinc. Laudun. fol. 78. v° : *Ecclesias de firmitate cum appenditiis suis. Redecimum etiam omnium bonorum domini ejusdem castri.*

* Redecima Oblationum. Charta ann. 1260. in Chartul. Compend. fol. 217 : *Li maires.... a le jour de Paske le Rédime en l'offrande; et pour ce doit il livrer vin à tous chiaus qui se commenient au jour de le Pasque.*

¶ **REDEFOSSA**, Altera fossa circumdans arcem. Statuta Palavicinia lib. 2. cap. 70 : *Nulla persona terrigena vel forensis audeat ... piscari.... in fossis, Redefossis vel sparafossis rochæ castri.*

* **REDELLUS**, idem quod supra *Reddalle.* Charta Phil. Pulc. ann. 1310. ex Cod. reg. 8409. fol. 10. r° : *Cum fustæ seu Redelli de partibus Narbonæ versus Montempessulanum per mare consueverint apportari absque præstatione pedagii, etc. Ridelle* vero, Vectis lignea ad usum carri, in Lit. remiss. ann. 1383. ex Reg. 123. Chartoph. reg. ch. 257 : *Un grant et pesant baston,... appellé Ridelle d'une charete, etc. Rizelle*, in aliis ann. 1381. ex Reg. 120. ch. 159. *Rudelle*, in aliis ann. 1457. ex Reg. 187. ch. 162.

* **REDEMITUS**, idem quod *Redemptio* 2. Gall. *Rachat.* Locus est supra in *Emitus.*

REDEMIUM, Redemptio. Utitur Pontius Diacon. in Vita S. Cypriani. Vide *Redimiæ.*

* **REDEMPTIBILIS**, Qui redimi potest. Decret. ann. 1538. ex Tabul. *de Chiffé* in Turon. : *Dictusque redditus validus et Redemptibilis reperiretur, etc.* Vide *Redimibilis.*

1. **REDEMPTIO**, in bellis privatis. Vide Anonymum de Miraculis S. Ursmari per Flandr. n. 12.

2. **REDEMPTIO**, Idem quod *Rachatum.* Charta ann. 1240. ex Tabular. S. Mauri Fossat. : *Et quotiens mutatur Major illius Majoriæ, dictus Abbas habere debet* 100. *sol. Paris. de Redemptione.* Alia ex Tabulario S. Dionysii ann. 1200 : *Salva etiam Redemptione et servitio ejusdem feodi, etc.* [Charta Milonis Episcopi Tervan. ann. 1145 : *Relevationes terrarum, quas Redemptiones vocant Remenses, eidem Preposito persolvent.* Chronicon S. Trudonis apud Acherium tom. 7. Spicil. pag. 464 : *Si autem Redemptio aliqua de terra moriente herede exiret, etc.* Tabularium Eccl. Ambian. : *Eædem etiam carrucæ debent domino de Quaieux pro vicecomitatus Redemptione corveiam tribus diebus... debent etiam prædicti homines similiter pro Redemptione vicecomitatus domino de Quaieux singulis annis in festo B. Remigii* xl. *solidos et unum denarium.* Charta ann. 1248. apud Lobinell. tom. 2. Hist. Britan. col. 414 : *Percepit decimas proventus, et alia bona ad valorem* m. *lib. Turon. et tam in talliis, quam in Redemptionibus et aliis exactionibus, etc.*] [** Vide Haltaus. Glossar. Germ. col. 2212. voce *Lœse.*]

¶ 3. **REDEMPTIO**, *Mulcta gravior, quæ pro æstimatione capitis ipsius delinquentis impingitur, Anglis Ranson*, Thomæ *Blount* in Nomolexico. Capitul. lib. 5. cap. 196 : *De eo qui perjurium fecerit, ut nullam Redemptionem solvat, sed manum perdat. Redemptio pro capite aut membro*, in Charta Communiæ Landunensis ann. 1128. apud Baluzium tom. 7. Miscell. pag. 289. Vide *Manum perdere* in *Manus.*

¶ 4. **REDEMPTIO**, Ἀπολύτρωσις, Profanus quidam et superstitiosus initiationis ritus, quo suos consecrabant Gnostici : de quo ritu S. Irenæus meminit lib. 1. cap. 13. ult. edit. num. 6. cap. 21. num. 1. et alibi.

Redemptiones Altarium. Vide *Altare.*

¶ Redemptio Animæ, Æterna salus. Lex. Bajwariorum tit. 1. cap. 1 : *Si quis liber persona voluerit et dederit res suas ad Ecclesiam pro Redemptione animæ suæ, etc.* Formula in donationibus piis frequentissima.

¶ Redemptio Corporis Domini, Gallice *Rançon*, cujus pretium exsolvere cogebantur vassalli, cum ab hostibus captus est dominus capitalis. Charta Eudonis Comitis, Ducis Britan. ann. 1153. apud Lobinell. tom. 2. Histor. Britan. col. 157 : *Rogaverunt me supradicti Monachi, ut eis quasdam consuetudines, quas eis dominus Gaufredus pater meus dederat, confirmarem, scilicet censum, ostagium, comitis esum, maritationem, terræ emptionem, corporis sui Redemptionem.* Vide in *Auxilium.*

** Redemptio Operum. Codex Lauresham. num. 140. sec. xi. tom. 1. pag. 217 : *Redemptio vero operum, quæ ex his hubis principali curiæ in Furden, tribus in anno mensibus, videlicet Februario, Maio et Septembri, jure exhibentur, talis est : In Varenbach* 6. *hubæ solvunt his singulis mensibus singulæ* 6. *den. etc.*

Redemptio Poenitentiarum. Vide *Pœnitentia* in *Pœnitentes*.

* Redemptio Personarum. Vide infra in *Redimere* 2.

REDEMPTIONALE : ita inscribitur in Formulis veteribus, Charta, per quam servus seipsum de peculio suo redimit, et dato pretio libertate a domino donatur. Adde Legem Bajwar. cap. 15. tit. 7. Legem Frision tit. 11. § 2. et Capit. Caroli Magni lib. 5. cap. 207. [** 359.]

¶ **REDEMPTOR** Causarum, *Quadruplator, interceptor alienæ litis*, in Vocabulario Sussannæi.

¶ 1. **REDEMPTUS**, pro *Redimitus*, Coronatus. Missale Gothicum apud Mabillon. de Liturgia Gallic. pag. 213 : *Vere diversis infulis* (B. M. Virginis) *anima Redempta : cui Apostoli sacrum reddunt obsequium, etc.*

2. **REDEMPTUS** Testis, Qui pecunia emitur, corrumpitur. Capitul. Carol. M. lib. 5. cap. 247. [401.] : *Sunt quidam, qui contra Ecclesiasticam Regulam pugnare videntur, et per testes Redemptos putant se ad accusationem admitti debere, etc.* [Vide *Redimere*.]

* 3. **REDEMPTUS**, Mulcta pecuniaria aut honoraria in judicio damnatus. Instr. ann. 1217. inter Probat. tom. 1. Hist. Nem. pag. 56. col. 1 : *Ponit P. Altrannus quod P. Bonitus vocavit eum en cuz tracher, Redemptum a curia.... Dixit etiam testis quod P. Bonitus et uxor ejus vocaverunt P. Altran latronem, Redemptum a curia.* Lit. remiss. ann. 1358. in Reg. 86. Chartoph. reg. ch. 501 : *Ipsum Colardum dictus Johannes contemptibiliter vocavit servum cornutum, Redemptum, etc.* Lit. ann. 1378. tom. 6. Ordinat. reg. Franc. pag. 375. art. 1 : *Habeant iidem consules eligere in consiliarios dicti consulatus octo probos homines et prudentes, qui non sint aliquo crimine delati, condempnati seu Redempti infamia vel ignominia.* Et pag. 376. art. 3 : *Ipsi non eligent ad regimen dicti consulatus.... aliquem alium, quem sciant delatum aut dampnatum seu Redemptum de aliquo crimine seu infamia.* Vide *Redimere vitam.*

* 4. **REDEMPTUS** vel Redemptum, Quod præter pretium inscriptionibus conceditur. Pactum inter Ferrar. et Ravennat. ann. 1200. apud Murator. tom. 4. Antiq. Ital. med. ævi col. 374 : *In mercatis Ravennates et Ferrarienses ita debent esse : quod tantum quantum Ferrariensis acceperit a Ravenna pro suo Redempto in suo mercato, tantum debet Ravennas accipere a Ferrariensi in suo mercato, et non plus.* Nisi intelligendum esse putes proxenetæ stipendium.

* **REDERCERE**, Emendare, corrigere, Gall. *Redresser*. Charta ann. 1184. tom. 3. Spicil. ult. edit. pag. 548. col. 1 : *Si per me illud Redercere nollet, vel directum tibi* (episcopo Magalon.) *et canonicis facere nollet, etc.* Vide *Redirigere*.

¶ **REDENCIO**, pro *Redemtio*, ex vitiosa temporum scriptura. *Pro animarum illorum, eorumque parentum mercede et Redencione de illorum peccatis*, in Charta ann. 1076. apud Muratorium delle Antic. Estensi pag. 249.

¶ **REDENTITARE**, *Iterum atque iterum clamare*, in Glossario MS. quod laudat Vossius lib. 4. de Vitiis serm. cap. 20. ubi addit : Quid si a *dente* sit, ac notet remordere, dente vicissim aliquem petere vel rodere, genuinum in aliquo frangere ?

¶ **REDEQUITARE**, Retro equitare, Vossio ibidem, sive ea equitantem via reverti, qua et ante equo veneris. Fulbertus Carnot. Ep. 21 : *Hæc ille non gratanter accipiens ad Comitem Redequitat.*

¶ **REDEVAMENTUM**, Idem quod mox *Redevancia*. Tabularium Calense pag. 50 : *Salvis censibus et Redevamentis et aliis consuetudinibus.*

¶ **REDEVANCIA**, Redevanchia, Obligatio vassalli vel tenentis erga dominum capitalem, qua certas res operasve singulis annis ei præstare tenentur, vectigal, Gallice *Redevance*. Libertates Bellomontis ex MS. Coislineo : *Prædictos homines liberantes ab omni... Redevancia.* Chartular. S. Vandregesili tom. 1. pag. 979 : *Homines mei poterunt transire libere et quiete per supradictum portum... solvendo prædictis Religiosis omnes Redevanchias, quas dicti homines mihi reddebant... si... prædictas Redevancias non solverint, licebit dictis Religiosis homines meos supradictos justiciare in fletis suis et batellis, donec de prædictis Redevanciis plenarie eis fuerit satisfactum.* Charta venditionis ann. 1283. e Tabulario S. Laurentii in Diœcesi Autissiod. : *Cum omnibus pertinentiis et emolumentis dictæ terræ, in quibuscumque rebus consistant, sive in terragiis, bichetis, nemoribus, minagiis, ferragiis, justiciis, costumis et aliis Redevanciis, etc.* Vide *Redhibentia* in *Redhibere* et *Redebentia*.

¶ Redevantia, Eadem notione. Charta ann. 1240. ex Archivo Pontis-Otranni : *Quitavi eis omnes Redevantias, quas habebam in prædicta medietaria, excepto sanguine et latrone.* Alia ann. 1142. ex Archivo Veteris-villæ : *Dedit abbatiæ Veteris-villæ tenementum... situm apud Dinannum, sub Redevantia unius paris cyrothecarum et duorum denariorum.* Occurrit in Charta ann. 1259. ex Archivo Fiscamn. in alia ann. 1267. apud Lobinell. tom. 2. Hist. Britan. col. 409. in Tabulario Calensi pag. 41. et alibi passim.

¶ Redevencia, Eodem intellectu, in Literis ann. 1275. apud D. *Secousse* tom. 3. Ordinat. Reg. pag. 62. in Charta ann. 1347. apud Baluzium tom. 2. Histor. Arvern. pag. 197. etc.

¶ Redeventia, in Charta ann. 1220. apud Baluzium tom. 7. Miscell. pag. 342. in alia S. Ludovici ann. 1261. e Chartulario Domus Dei Pontisar. in alia ann. 1269. ex eod. Chartular. in alia ann. 1274. ex Archivo Ecclesiæ Dolensis, in alia ann. 1275. e Tabulario S. Medardi Suession. alia ann. 1281. apud Thomasserium Consuetud. Bituric. pag. 730. alia ann. 1360. apud Rymer. tom. 6. pag. 215. etc.

¶ Redeventio, Eodem significatu, in Chartulario S. Vandregesili tom. 1. pag. 163.

* *Redevauleté*, in Charta Gallice reddita Joan. comit. Pontiv. ann. 1184. ex Lib. albo domus publ. Abbavil. fol. 2. v° : *Je Jehans quens de Pontieu, ne mi hoir.... ne porront demander nule Redevauleté.... des bourgois.* Ubi Charta originalis habet : *Aliquam exactionem a burgensibus exigere non poterunt.*

* *Redevable* vero, idem quod Debitus, apud Christ. Pisan. in Carolo V. part. 1. cap. 15 : *Et comme il soit de bonne coustume ancienne et comme Redevable, les roys estre conseillez par les prélats, etc.*

REDHIBERE, *Reddere*, in Glossis Isid. Occurrit non semel apud Scriptores. [Sidonium lib. 9. Ep. 11. et 14. Gregorium M. lib. 1. Epist. 44. et 82. etc. Glossæ Lat. Græc. : *Redhibeo* et *Redibeo*, ἀποδίδωμι. Glossæ Græc. Lat. : Ἀποδίδωμι, *Reddo, Redibeo, sarcio, absolvo, repræsento.* Item : *Redhibeo, retribuo, restituo.* Ἀντικατάστασις, *Restitucio, Refectio, Redibicio, Dimicatio.* Item : Ἀποκατάστασις, *Restitutio, Redhibicio.* Rursus : Ἀπότισις, *Restitucio, Redhibicio.* Eadem fere in Glossis Lat. Græc.] Vide Juretum ad Symmachum lib. 5. Epist. 87. Sirmondum ad Ennodium lib. 3. Epist. 10. et Jacobum Gothofredum ad Cod. Theod.

Redhibentia, Redditus, proventus, apud Continuatorem Chron. Nangii ann. 1334. Charta Philippi Regis Fr. ann. 1312 : *Et de omnibus fructibus, redditibus, exitibus, emolumentis, juribus, deveriis, et Redhibentiis quibuscunque, etc.* *Redhibence* in Consuet. Camerac. tit. de Actionibus art. 11. *Redevoir*, in Consuet. Lorriacensi ann. 1394. cap. 2. art. 17.

¶ Redibentia, Idem quod *Redevancia*, Clientare munus [prædiatorium, Gall. *Redevance*. Privilegium Johannis de Castellione Comitis Blesensis concessum Abbatiæ S. Johannis in Villeia Carnot. ann. 1265. e Schedis D. *Lancelot* : *Homines burgi S. Johannis sint immunes et quitti a talliis, exactionibus, corveis, costumis et universis Redibentiis.* Charta ann. 1293. apud Baluzium tom. 2. Hist. Arvern. pag. 297 : *In aliis vero terris non moventibus nec existentibus de dicto prioratu, et in quibus ipsa Priorissa non habet partem, feodum, costumam, nec Redibentiam aliquam, etc.* Charta Philippi Franc. Reg. pro Sororibus S. Claræ prope Pontem S. Maxentiæ instituendis ann. 1309. e Chartophylacio Regio : *Ipsæ Sorores ad præstationes et Redibentias vel quævis onera minime teneantur.* Charta Philippi Longi Franc. Regis ann. 1319. ex eod. Charthophylacio Regesto 98. charta 226 : *Que quidem costuma seu Redibentia, tam ad precium terre quam ad valorem annorum communium, indifferenter extitit estimata.* Adde Glossarium Lobinelli tom. 3. Hist Paris.

¶ Redibentia, Vectigal, tributum. Edictum Philippi VI. Reg. Franc. ann. 1329. tom. 2. Ordinat. pag. 36 : *Quod quilibet possit asportare de extra regnum nostrum ad nostras monetas libere aurum, argentum in massa et bilhonum ; et erit liber ab omni pedagio atque leuda, et quacumque alia Redibentia.* Literæ ejusd. Regis ann. 1333. ibid. pag. 91 : *Dummodo pedagia et alias Redibentias pro dictis rebus et mercaturis.... præstari solita, et quatuor denarios pro libra... solverent gentibus regis super hoc deputandis.*

¶ Redibita, Idem quod *Redhibentia*, Gall. *Redevance*. Chartularium S. Vincentii Cenoman. fol. 21 : *Odo de Plancifago Miles boscum suum... dedit Deo et abbatiæ S. Vincentii in perpetuam eleemosynam possidendum, ad annuum tamen servitium sex denariorum Cenomanensium*, *pro omni Redibita ad ipsum spectante*, *ipsi vel mandato suo in Pascha annis singulis reddendorum.*

Redhibitio, Redditio, apud Symmachum lib. 10. Epist. 36. Lex Longob. lib. 2. tit. 52. § 10. [** Carol. M. 37. Capitul. lib. 4. cap. 26.] : *Omnis controversia coram Centenariis diffiniri potest, excepta Redhibitione rerum immobilium et mancipiorum*, *etc.* i. cum agitur de proprietate rerum, iisque alii restituendis. Vide Regulam Magistri cap. 94. Concilium Audomarense ann. 1099. cap. 4. etc.

¶ Redhibitio, Satisfactio. Miracula S. Bertini sæc. 3. Benedict. part. 1. pag. 129 : *Sollerti quoque priores cura cum senioribus consuluerunt, quibus potissimum occupationibus quivissent priorum negligentiarum Redhibitionem reddere.*

Redhibitio, Mulcta. Lex Burgundion. tit. 49. § 4 : *Quod si... convictus fuerit, triplici Redhibitione teneatur obnoxius*, id est triplici compositione; seu *tripli Redhibitione*, ut *quadruplex Redhibitio*, in Lege 10. Cod. Th. de Jure fisci. (10, 1.)

Redhibitio, Redibitio, Vectigal, tributum, præstatio. Charta Caroli Regis Franc. in Chronico Laurishamensi pag. 60. [** Cod. Laur. num. 5. tom 1. pag. 14. ann. 772.] : *Nec ad ullas Redhibitiones publicas requirendum, nec exactandum, quod ad partem fisci nostri exinde redhibetur, penitus ingredi judiciaria potestas, aut Missi nostri discurrentes non præsumant.* [** In Confirm. Ludov. ann. 852. ibid. num. 30. tom. 1. pag. 63 : *Aut ullas Redibitiones, aut illicitas occasiones requirendas.*] Ita passim in veteribus Chartis sæculi VIII. et seqq. [unde emendanda Charta ann. 813. in Probat. novæ Hist. Occitan. tom. 1. col. 37. ubi perperam legitur *Redititionem* pro *Redibitionem.*] Lex Longob. lib. 3. tit. 12. § 1. [** Carol. M. 121.] : *Audivimus, quod juniores Comitum, vel aliqui Ministri Reipublicæ,... aliquas Redhibitiones vel collectiones... a populo exigere solent.* [Capitularia Caroli C. tit. 6. cap. 2 : *Nec telonea ... nec alia quælibet Redibitio, neque a Comite, neque a junioribus aut ministerialibus ejus deinceps ab illis* (Ecclesiis) *ullatenus exigatur.* Donatio Johannis Comitis Montis-fortis Parthenoni Portus Regii ann. 1248. apud Lobinell. tom. 3. Hist. Paris. pag. 86 : *Concedo... CCXL. arpenta terræ... in perpetuum tenenda et possidenda, libera et quitta absque aliquo onere censuali, costuma, servitio et Redibitione*, hoc est, clientari munere prædiatorio, nostris *Redevance* : qua notione non semel occurrit alibi.] *Redhibitiones annorum præteritorum*, in Histor. Miscella anno 9. Nicephori, quæ Theophani ὀπισθοτελεῖαι. Testamentum Ephibii Abbatis ann. 2. Reg. Childeberti : *In villis, vel terris, vel silvis, vel Redhibitionibus, etc.* Concil. Meldense ann. 845. cap. 63 : *Nec quisquam cujuslibet ordinis vel dignitatis exinde quidquam subtrahat, aut Redhibitionem quamcumque exigat temporalem. Redevabilité ou droiture*, in Magno Recordo Leodiensi pag. 66. [Vide *Redditio* 2.]

¶ Redivitio, Eadem notione, in Præcepto Caroli Simplicis Regis Franc. apud Mabill. tom. 3. Annal. Benedict. pag. 697. col. 1.

¶ Redibutio, Redditus, proventus. Capitulatio Caroli M. de partibus Saxoniæ ann. 809. cap. 16 : *Et hoc Christo propitio placuit, ut undecunque census aliquis ad fiscum pervenerit, sive in frido sive in qualicunque banno, et in omni Redibutione ad Regem pertinens, decima pars Ecclesiis et Sacerdotibus reddatur.* Vide *Redebutio* suo loco.

¶ Redhibitus, Instauratus, restitutus. Interpres S. Irenæi lib. 5. cap. 14. num. 4 : *Memor igitur, dilectissime, quoniam carne Domini nostri redemptus es, et sanguine ejus Redhibitus, etc.*

¶ Redibitor, Ἀνάδοχος, in Glossis Lat. Gr. Aliæ Græc. Lat. : Ἀνάδοχος, *Præs*, *Redibitor.* Et mox Ἀνάδοχοι, *Vades*, *rectores*, vel potius *Redibitores*, uti legendum videtur. *Redhibitor*, qui rem venditam recipit, in lege 25. Dig. de except. rei jud. (44, 2.) [** Ubi *Redhibitoria.*]

* **REDIBERIA**, Debitum, id quod reddi debet, Gall. *Redevance.* Charta ann. 1470. in Suppl. ad Miræum pag. 627. col. 1 : *Ipsæ moniales solvere debent singulis annis et temporibus omnia jura, onera,.... censas et Rediberias ex dictis bonis existentes.*

* **REDIBIARIUS**, Tributum, vectigal. Charta Caroli M. ann. 806. ex Bibl. reg. cot. 16 : *Nolumus præterea ut ab istis vel eorum hominibus aut rebus aliquid de vectigali, theloni, id est portaticus, rotaticus,.... aut aliquid Redibiarius exigatur.*

* **REDIBITUS**, Reditus, proventus, fructus ex re aliqua percipiendi. Chartul. S. Sulpit. Bitur. fol. 67. v° : *Ego Isitia, amita Hugonis et Geraldi fratrum, per laudationem eorum do Deo et S. Sulpitio per manus abbatis Odonis et gregis sibi commissi alodi medietatem paludis, et liberos ingenuasque, servos et ancillas, huc illucque diffusos Redibitos et medietatem decimæ.* Vide in *Redhibere.*

REDICA, χάραξ, in Gloss. Lat. Græc. [Aliæ Græc. Lat. : Χάραξ, *Sudis*, (vel potius *Sudes*,) *Redica, adminiculum, vallum.* Varro dixit *Ridica*, eadem notione. Hinc emendandæ Glossæ Isid. ubi : *Retica*, *Ligna, quibus ligna sublimantur*; legendum enim *Redica* vel *Ridica* : quod etiam vidit Martinius. *Palus, Redica vineis sustentandis*, in veter. Inscript. apud Gualterum in Tabulis Siculis pag. 58.]

¶ 1. Redicare, Redica fulcire. Gl. Lat. Gr. *Redico*, χαρακῶ. Aliæ Gr. Lat. : Χαρακῶ, *Vallo*, *Sepio*, *Redico.*

¶ 2. **REDICARE** Ecclesiam, Iterum dicare, benedicere, consecrare, in Epistola Nicolai I. PP. quam laudat Ratherius tom. 2. Spicil. Acher. pag. 244. Vide locum in *Inthronizare mensam.*

REDICERE, Respondere : utitur Ditmarus Merseburgensis in Chronico.

¶ **REDICIMATIO.** V. superius *Redecima.*

* **REDICTARE**, Iterum dictare, rescribere. Sent. arbitr. Guill. archiep. Lugdun. ann. 1335. in Reg. 72. Chartoph. reg. ch. 385 : *Quæ* (literæ) *factæ et grossatæ.... possint ad requisitionem dictarum partium et cujuslibet earumdem refici, Redictari et regrossari. Raimbre* et *Rambre* a nostratibus, eodem sensu, usurpatum videtur. Charta ann. 1476. ex Chartul. Latiniac. fol. 246 : *Et aussi ledit preneur a promis Raimbre ces présentes lettres de prinze et icelles faire bailler et délivrer audit bailleur à ses despens.* Alia ann. 1498. ibid. fol. 77 : *Sera tenu ledit preneur de Rambre et payer à ses despens ces lettres.*

¶ **REDIENS**, pro *Reddens*, nisi ita legendum est. MS. Monasterii Gemmetic. pag. 174 et 175 : *Redientibus Sagiensibus monachis Gemmeticensibus annuatim decem solidos.*

¶ 1. **REDIGERE** Malum, Emendare, corrigere, pro delicto satisfacere. Jacobus Rex Aragon. in Edicto ann. 1228. tom. 8. Spicil. Acher. pag. 386 : *Fures vero et latrones, et eorum receptatores, si Redigere malum, quod fecerint, noluerint, vel directum facere contempserint, etc.* Sed legendum est *Redirigere*, ut infra.

* 2. **REDIGERE**, Reducere, reportare. Libert. Brager. ann. 1334. in Reg. 70. Chartoph. reg. ch. 330 : *Pastam sive panem debebunt dicti furnerii ad furnos adportare et coctum ad domos burgensium Redigere.*

REDIGULOSUS, Ridiculus. Glossæ Græco-Lat. : Γελοιώδης, *Jocosus*, *Ridiculosus*, [*Jocularis.*] Galfridus de Vino Salvo in Poetria MS. seu de Coloribus Rhetoricis, (floruit sub Richardo I. Rege Angliæ :)

Contra ridiculos si vis insurgere plene,
Surge sub hac specie, laude, sed Redigulose,
Argue, sed lepide, etc.

Infra :

In studio videre potest Deredigulosο.

* **REDIMALIS**, Qui redimi potest, Gall. *Rachetable.* Charta ann. 1328. inter Probat. domus de Caban. pag. 63 : *De aliis quindecim mesuræ* (mesuris *avenæ Redimalibus, et de centum solidis et decem donariis etiam Redimalibus, traditis dicto Bernardo de S. Martiali, etc.* Vide *Redimibilis.*

¶ **REDIMATIO.** Vide in *Redecima.*

¶ **REDIMENTIA**, Vectigal, tributum. Permutatio quorumdam castrorum inter Johannem Dalphinum et Ludovicum dominum de Anthone ann. 1315. tom. 1. Histor. Dalphin. pag. 31. col. 2 : *Item nos nec successores nostri non habebimus... aliquos gardiatores, Redimentias seu servitutes infra jurisdictionem dictorum liberorum, nec causam habentium ab eisdem, nec etiam infra mandamentum Anthonis,... et si contingeret aliquem vel aliquos commorantes infra jurisdictionem ipsorum aliquam Redimentiam nobis aut gentibus nostris facere aut solvere... ipsi liberi... possint et eis liceat sine offensa seu indignatione nostra... prædictas Redimentias seu gardas levare ab eis, et dictos servientes et alios infra jurisdictionem dictorum liberorum commorantes, aut contra præsentem ordinationem facientes, punire in corpore, aut in bonis, pro suo libito voluntatis.* Ubi *Redimentia* et *Garda* idem omnino sonare videntur; erat autem *Garda*, ut in *Guarda* 1. dictum est, Tributum annuum ab inferioris conditionis hominibus pro tutela et protectione potentioribus exsolutum : quæ tributi species hic, si bene conjecto, dicitur *Redimentia*, quod illud solverent inferiores, ut sese *redimerent* a potentiorum vexationibus.

* Lit. Caroli VI. ann. 1418. tom. 10. Ordinat. reg. Franc. pag. 496 : *Quia ex*

privilegio habitantibus ipsius civitatis (Carcassonæ) *concesso, venditores dictorum victualium, juvamina nec aliam Redimentiam non solvebant, etc.*

REDIMENTUM, παραςροφή, in Gloss. Lat. Græc. [Aliæ Græco-Lat.: Παραςροφή, *Redimentum*, *Revimentum*, f. pro *Revianmentum*.]

1. **REDIMERE**, In suas partes allicere, pretio dato corrumpere. Auctor præfationis in libellum precum Marcellini et Faustini : *Damasus tantum sibi conscius scelerum, non mediocri timore concussus, Redemit omne palatium, ne facta sua Principi panderentur.* [Ciceroni *Redimere sibi amicos*, idem est quod Muneribus amicos sibi comparare. Vide *Redemptus testis*.]

¶ Redimere Corium, Componere de flagello, seu ut loquitur Tullius, *Redimere pretio virgarum metum*. Vide in *Corium*.

¶ Redimere Manum, De manu pro delicto amputanda componere, in Capitulari 5. ann. 803. cap. 13. et lib. 4. Capitul. cap. 23. Titulus 55. Legis Salicæ est *de manu ab æneo Redimenda*, hoc est, de compositione, quam facere debebat is, qui tenebatur se purgare manum in æneum aqua ferventi plenum immittendo. Vide *Aquæ ferventis judicium* in *Aqua* et *Redemptio* 3. et mox *Redimere vitam*.

Redimere Se, tenebantur adscriptitii glebæ, si vel matrimonia contrahere, vel alio migrare vellent, data scilicet dominis suis certa quantitate pecuniæ. Consuetudines Catalaniæ inter Dominos et Vassallos MSS. cap. 36 : *In quadam parte Cataloniæ homines solidi, qui non sunt Milites, sunt sic astricti dominis suis, quod filii eorum sunt homines dominorum suorum, sic quod non possint contrahere matrimonia, nec de mansis recedere : quod si fecerint, oportet quod Redimant se, et si contrahant matrimonia, domini ipsorum rusticorum habent quasi partem laudimii de sponsalitio.* Curia Generalis Barcinon. sub Petro II. Rege Arag. MS. cap. 23 : *In terris sive locis, ubi homines Redimi consueverunt, non transferant domicilia sua ad loca nostra, nisi se Redemerint, et non possint tenere honores; nec possessiones; sed eas alienent personis non prohibitis, vel deferant propriis dominis, instrumentis ipsorum bonorum eis restitutis.*

¶ Redimere Tempus, Tergiversari. Synodus Aurel. ann. circiter 1017. tom. 2. Spicil. Acher. pag. 674 : *Tunc Arefastus videns quod Redimerent tempus, et sermonum clypeo festinarent obnubilare suæ fidei errorem, etc. Redimere tempus*, Coloss. 4. 5. est eo bene uti, illud in rebus utilibus ponendo.

¶ Redimere Triduanam, De tridui jejunio componere, in Decretali precum ann. 779. lib. 5. Capitul. 207. Vide *Biduana*.

Redimere Vitam, *vel manum*. Speculum Saxonicum lib. 1. art. 65. § 2 : *In judicio condemnatus, si vitam aut manum Redimat, sine jure et infamis erit.* [** Germ. *Ledegen.*] Vide *Reatuum redemptio*.

* 2. Redimere, Pecuniam nomine redemptionis extorquere, injuste exigere; interdum et, mulcta pecuniaria afficere, mulctare. Bened. abb. Petroburg. in Henr. II. reg. Angl. tom. 1. edit. Hearn. pag. 344. ad ann. 1180 : *Henricus rex Angliæ fecit in Anglia novam monetam fieri; ...... vetus namque moneta corrupta fuit, et rex monetarios suos Redemit, id est, ad redemptionem coegit.* Charta Phil. Aug. pro Aurelian. ann. 1187. in Reg. 34. bis Chartoph. reg. part. 2. fol. 79. v°. col. 2 : *Item quia servientes nostri burgenses gravabant et Redimebant, imponentes eis quod in morte patris nostri communiam conjurassent, etc.* Charta ann. 1261. in Chartul. Guill. abb. S. Germ. Prat. fol. 254. v°. col. 1 : *Sextus* (articulus) *erat super eo quod Guillelmus armiger, contra formam et declarationem dictæ sententiæ, in qua declaratum est, quod non potest nec licet ei capere vel Redimere homines S. Germani : ipse Guillelmus armiger pro voluntate sua.... homines S. Germani, ut dicebant, capiebat indifferenter et Redimebat minus juste.* Hinc *Redemptiones personarum*, in Lit. ann. 1367. tom. 5. Ordinat. reg. Franc. pag. 75. *Raembier*, eodem sensu, in Assis. Hierosol. cap. 244 : *Mauvais seignor poroit legierement deshériter ou Raembier plusiors bones dames.*

☞ Olim *Reembrer*, *Reimbrer* et *Reymbrer* nostri dixerunt, pro Redimere, *Racheter*. Mehun *au Codicille : Qu'il me fit Chrestien et qu'il me daigna Reimbrer.* Le Roman *d'Athis* MS. :

> Bien haultement le Reymbrons,
> Pour lui ung riche roy rendrons.

Ovide MS. :

> Du biau fils de Dieu, du bon, du sage,
> Celui qui pour l'humain lignage
> Reembre de mort et delivre.

Raamber une terre, in Sententia arbitrali ann. 1309. apud Pithœum in Consuetud. Trecens. art. 144. Jure cognationis terram redhibere. *Raançon*, hujusmodi redemtio ibidem : *Ainsi ne pouvoit venir messire Jehans à sa Raançon, parce que lidis heritages n'estoit pas de son costé.* Vide *Retrahere* 2.

* Varie nostrates vocem *Redimere* reddiderunt. Chron. S. Dion. tom. 3. Collect. Histor. Franc. pag. 174 : *Cent livres envoia* (Clovis) *pour Raembre son cheval, etc.* Libert. Auxonæ ann. 1249. tom. 4. Ordinat. reg. Franc. pag. 395. art. 4 : *Se aucuns de ceulz d'Auxone estoit pris pour la debte cogneue du seigneur de la ville, li sires le doit Raimbre de ses deniers.* Charta Renardi *de Choiseuil* dom. Burbonæ ann. 1317. in Reg. 61. Chartoph. reg. ch. 155 : *Se aucuns des hommes de Bourbone estoit pris.... pour ma debte cogneue, et il se Raimboit, ce que il se Raimberoit et cheroit de ma debte, je li restoreroie.* Hinc emendandum Testam. Petri comit. Alencon. pag. 182. post Joinvill. edit. Cang. ubi *Meimbre* perperam editum legitur, pro *Reimbre*. Guill. Tyrii contin. Hist. apud Marten. tom. 5. Ampl. Collect. col. 615 : *Qui racheter se porra et voudra, je l'en lairai aler par rançon devisée; et qui ne se porra Raaindre, il demorra en ma prison.* Bestiar. MS :

> Diex qui voloit l'umain lignage
> Raaindre et geter de servage.

La Dispute *du Juif et du Chretien* MS. :

> Morust Diex en la crois,
> Quant son pueple Raint.

Vita J. C. MS :

> Ne se chest chil qui doit venir,
> Qui le monde doit Raamir.

L'ordene *de Chevalerie* :

> Li princes Hues respondi,
> Puisque m'avez le giu parti,
> Je prendrai donc le Raiembre,
> Se j'ai de quoi jel puisse rendre.

Rembre, in Consuet. Castell. ad Sequanam ex Cod. reg. 9898. 2 : *L'en lui doit copper le posse, ou le Rembre à la volenté des seigneurs.* Hinc *Raemberes* et *Reembeor*, pro Redemptor, qua voce J. C. qui nos morte sua redemit, significatur. Chron. S. Dion. tom. 3. Collect. Histor. Franc. pag. 199 : *Il crut que li Raemberes du monde vendroit, etc.* Vitæ SS. MSS. ex Cod. 28. S. Vict. Paris. fol. 1. v°. col. 2 : *Nos aviemes besoing de enseigneor, de Reembeor, de delivreour.*

REDIMIÆ, Λύτρα, in Glossis Lat. Græc. et Græc. Lat. [Glossæ Isid. : *Redimiæ, res a prædonibus redemptæ.* Vide Grævium et supra *Redemium*.]

¶ **REDIMIBILIS**, Qui redimi potest. Obituarium MS. Eccl. Morin. fol. 25 : *Recipiet fabrica singulis annis* v. *lib. monetæ currentis super* xxx. *lib. perpetui redditus admortizati, licet Redimibilis.* Ibid. fol. 27. habetur *Redimiles redditus*, mendosa scriptione.

¶ **REDIMICULA**, Idem quod Latinis *Redimiculum*, Ornamentum capitis mulieris. Legitur apud Mabillon. tom. 4. Annal. Benedict. pag. 286.

☞ ¶ Redimiculare, Redimiculum solvere. Glossæ Lat. Græc. : *Redimiculat*, ἀναλύει δέσματα.

¶ Redimiculum Præbendæ, Reditus annuus præbendæ Canonici. Fundatio Collegii Canonicorum Bruxellis ann. 1047. apud Miræum tom. 1. pag. 57 : *Ecclesia nullo erat juvamine fulta, et undique egens auxilii, ad ejus ædificationem Redimiculi præbendarum* (vacantium) *partem dimisi, ne statum eleemosynæ omnino viderer vendere pretio.*

¶ **REDIMILIS**. Vide supra in *Redimibilis*.

* **REDIMITIO** Levitalis, Stola, quæ est propria diaconorum vestis. Acta S. Januar. tom. 6. Sept. pag. 874. col. 2 : *Sed quia in memoratis scriptis.... nulla parentum ipsius, nec pontificis saltem, qui eum Redimitione levitali dicaverat, mentio inerat, etc.*

* **REDINCIPERE**, Reædificare. Chron. Adem. tom. 10. Collect. Histor. Franc. pag. 152 : *Redincepta basilica non fuit amplius similis priori pulchritudine vel magnitudine.* Vide infra *Refacere*.

¶ **REDINDUERE**, Induere, vestire, Gall. *Revêtir*. Odonis Carmen de varia fortuna Ernesti Bavariæ Ducis apud Marten. tom. 3. Anecd. col. 357 :

> Coccineisque togis texisque Redinduit auri
> Stamine multiplici, cujus sibi multa facultas.

* **REDINFORMARE**, Ad meliorem statum revocare. Charta Hug. episc. Lingon. apud Perard. pag. 183 : *Isdem locus monachili dignatione Redinformandus meliorandusque traderetur.*

¶ **REDINSERARE**. Laurentius in Amalthea post Papiam : *Redinserabit, renovabit. Redinserare, Iterum inserere*, in Glossis MSS. quas laudat Vossius lib. 4. de Vitiis serm. cap. 20. ubi suspicatur scribendum *Redinserere*, vel potius *Redinsertare*, quod *Insertare* sit ipsius Maronis.

¶ **REDINTEGRANTE**. Vox frequens in Chartis Caroli Simplicis Regis Francorum, qua significatur annus, quo post mortem Odonis regnum redintegravit, regni partem, Aquitaniam scilicet et Burgundiam, quæ ab Odone possidebatur, recipiendo. Hujus redintegrationis annos regni sui annis publicis in tabulis subjicere solitus est Carolus, ut videre potes apud Miræum tom. 1. pag. 37. tom. 2. pag. 806. Mabillonium tom. 3. Annal. Benedict. pag. 302. et Diplom. pag. 558. et seqq. Sirmondum in Notis ad Capitularia, tom. 2. edit. Baluzii pag. 815. ubi observatur redintegrationis annos regni annis solido fere quinquennio pauciores fuisse : quod ex singulis Chartis hic laudatis comprobari potest.

¶ **REDINTEGRATIVÆ** Literæ, Eædem quæ *Recaptivatoriæ*, in *Recaptivare*.

* **REDIRE** Mandatis alicujus, id est, In illius obedientiam, mandata, prius repudiata, exsequi. Charta ann. 1227. apud Cencium inter Cens. eccl. Rom. MSS. : *Homines de Consilio* (Ferrariensi) *universaliter fecerunt.... biennium judicem ibi præsentem et recipientem suum nuncium et procuratorem, sindicum et actorem ad Redeundum mandatis S. Ecclesiæ Romanæ et summi pontificis.*

REDIRIGERE, Noxam emendare, *Redresser la faute*. Usatici Barcinonenses cap. 20 : *Placitum judicatum inter Vassallum et Seniorem, et judicium ex utrisque partibus laudatum et auctorizatum, et in manu Senioris bene assecuratum, ut si ei factum Redirigat Senior, primum ad hominem suum cuncta, quæ ei debuerit quocumque modo, et postea recipiat ab homine suo cuncta quæ illi judicata fuerint.* Cap. 34 : *Aut fecerit ei malum, quod non possit ei Redirigere nec emendare.* Cap. 35 : *De aliis baudiis et malefactis, quæ possunt Redirigi vel emendari.* Cap. 39 : *Redirigere et emendare damnum.* Cap. 107 : *Pater cogat filios suos, ut illam forisfacturam ipsis senioribus Redirigant et emendent.* Cap. seq. : *Ipse cogatur filium et homines terram tenentes Redirigere malum, quod fecerint.* Occurrit ibi passim. Vide *Condirigere.*

* **REDISELLA**. Vide infra *Reticella.*

¶ **REDISMUS**, Idem, ut conjecto, quod Redditus, proventus. Vide locum in *Posa.*

REDISSEISINA, Redisseisitor. Vide *Saisire.*

** **REDITERARE**, Iterum tractare. Opusc. vet. MS. ad Can. African. : *Incalcem, id est prædicem, Rediterem.* Et ad Can. Sardic. : *Retractanda, id est Rediteranda.* Maius in Glossar. nov. Latin. Passim apud recentiores.

¶ **REDITITIO**. Vide *Redhibitio*, Vectigal, tributum, etc. in *Redhibere.*

¶ **REDITORIA**, Scriptura in qua continetur decretum de restituenda re usurpata, jusque confirmatur primi ac legitimi possessoris, ad quem *redire* debet illa res usurpata. Concilium Cabilon. ann. 915. apud Marten. tom. 4. Anecd. col. 71. et 72 : *Querimoniam Pontifices diligenti examinatione inquirentes decreverunt, ut jam dicta villa Sanctiniacus ad antiquitatem suam, hoc est, matricem ecclesiam S. Clementis reverteretur... unde et hanc testimonii scripturam, quam Reditoriam vocamus, sub hac ratione præfati Præsules præceperunt facere, ut in posterum ecclesia S. Clementis nullam ex sua parrochia sustineret calumniam.*

¶ **REDITUALIS**. Vide supra *Reddituali*s.

* **REDITUARE**, Reditus annuos assignare, Gall. *Renter*, apud Labbeum tom. 12. Concil. pag. 805. Vide *Reddituare.*

¶ 1. **REDITUARIUS**, Reddituarius, Emphyteota vel alius quivis vectigali obnoxius, qui certos census annuos domino pendit. Literæ Guntheri Præpositi Eccl. Mogunt. ann. 1402. tom. 2. Rer. Mogunt. pag. 886 : *Dicte nostre Prepositure Reddituariis, censuariis, pensionariis, arrendatoribus, decimatoribus, colonis, incolis et subditis... injungimus et mandamus, quatenus prefato D. Ottoni, tamquam nostro et dicte Prepositure nostre Cellerario... de hujusmodi Cellerarie officio, fructibus, redditibus, proventibus, juribus, pertinentiis, obventionibus, subventionibus et emolumentis quibuscumque, prout ad vos et vestrum quemlibet pertinet, integre et libere et cum effectu respondeatis.* Decretum Alphonsi Regis Aragon. ann. 1442. tom. 3. Concil. Hispan. pag. 671 : *Nos enim vobis dicto venerabili Episcopo collectori prædicto vestrisque subcollectoribus in præmissis omnibus... plenum posse committimus.... mandantes universis et singulis colonis, inquilinis, censuartis, Redituariis et aliis quibuscumque, ad quos spectet, quatenus de omnibus et singulis fructibus, reditibus et proventibus supradictis vobis dicto generali collectori, seu substitutis a vobis et nemini alteri respondeant.* Vide *Redditarii*, *Reddituarius* et *Renterius.*

¶ 2. **REDITUARIUS**, Cui Vectigal debetur, Gall. *Rentier*. Chronicon S. Bertini tom. 6. Ampl. Collect. Marten. col. 620 : *Ex qua pecunia creditorum esuriem mitigavit, et deinceps statum suæ Ecclesiæ ad plenum cognovit, secundum quem sic se in expensis pensionibusque regulavit, ut et Redituarii sua spe minime frustrarentur, et suus Conventus absque murmure aleretur.*

REDITUS, vel Redditus, Proventus, fructus ex re aliqua. Jo. de Janua : *Reditus dicitur, quia singulis annis redeat. Reditus, pensiones, quæ ex locatione rediguntur, improprie fructus omnes*, Cujacio in Paratit. ad tit. D. de Usufructu. Fleta lib. 3. cap. 14 : *Reditus dicitur a redeundo quia retroit, et quotannis redit.* Spartianus in Adriano : *Laborabat præterea ut condita militaria diligenter agnosceret; Reditus quoque provinciales diligenter explorans, ut si alicubi quippiam deesset, expleret.* Ubi scripti codd. *Redditus* interdum habent. Occurrit passim apud JC.

Reditus Duplicatus, in Fleta lib. 1. cap. 9. § 6 : *Deux années de revenu d'une terre.*

Plenus Reditus, Census integer, nostris *Pleine rente*. Lex Vervini anni 1233. art. 2 : *Divisum est inter me et ipsos homines, quod unusquisque, qui ibi mansuram ceperit, infra annum et diem domum suam fecerit, plenum inde mihi Reditum reddere tenebitur.*

Redditus, Eadem notione. *Redditus pecuniarius*, in vet. Inscript. 408. 1. 414. 2. Occurrit passim.

Redditus Assisus, Certus et immobilis census, qui domino solvitur ex prædiis liberis, unde et *Liber* appellatur, mobili et nativo contrarius : Anglis Practicis, *Rent of assise*, nostris vero *Rente fonciere*, cui opponitur *Rente volage*, in Consuetud. Senonensi, Altisiodorensi, Calvimontensi, etc. Will. Thorn, ann. 1283 : *Et de Reddita assiso et forinseco 8. libr. 10. sol.* [Assisæ *de Clarendum* apud Hovedenum in Henrico II : *Balivi domini Regis respondeant ad Scaccarium tam de assiso Reditu, quam de omnibus perquisitionibus suis.* Hodie vero nativus reditus etiam sub assiso æstimatur : nec male, cum per tempus præscriptionis ita invaluit ut mutari nequeat, ut ait Spelmannus in voce *Assisa.*]

¶ Reditus Regum et Dominorum in quo consisterent sæculis 11. 12. et 13. fuse docet D. *Brussel* tom. 1. de Feudorum usu cap. 32. 33. et 34.

¶ Reditus Salis *ad tertiam dimidiam sartaginem* conceditur Novientensi Monasterio, apud Marten. tom. 3. Anecd. col. 1135. in Historia ejusd. Monasterii. Vide *Salinaria.*

Redditum Facere dicitur colonus, seu glebæ adscriptus, qui *censum de capite* debet. Lex Longobardorum lib. 2. tit. 18. § 3. [** Aistulph. 3.] : *Ita sancimus, ut si quis Longobardus per chartam... res suas ordinaverit, et dixerit eas habere loca venerabilia, et familias, per quas res ipsæ excolantur, liberas esse dixerit, ut in ipsis religiosis locis Redditum faciant, secundum ipsius statutum, reddant omni tempore juxta domini sui perceptionem ipsi et filii eorum, et sint liberi de suis personis, sicut dominus eorum instituerit,... nec a suis cespitibus removeantur, etc.*

* **REDITUS** Rectus, Legitimus, ex jure debitus. Charta ann. 1226. in Chartul. Thenol. ex Cod. reg. 5649. fol. 31. v° : *Ita quod Petrus haberet in perpetuum unam medietatem omnium rectorum Redituum in villa de Castellione.... Dixit etiam.... duodecim nummos, qui accipiuntur apud Castellionem de homine, qui habet equum, et sex nummos, qui accipiuntur de eo, qui non habet equum, rectos esse Reditus.*

¶ **REDIVENTIA**, Idem quod superius *Redevantia*, Præstatio, vectigal, etc. Charta ann. 1250. e Chartulario S. Aviti Aurelian. : *Confessi fuerunt se cepisse... de terris ipsorum decani et capituli, sitis apud Ceris, ad tales Rediventias, scilicet, etc.*

* *Redivencia*, in Charta ann. 1362. ex Tabul. S. Germ. Prat. et in Libert. Florenc. ann. 1369. tom. 5. Ordinat. reg. Franc. pag. 388. art. 2. Vide in *Redhibere.*

¶ **REDIVIDARE**, pro *Redundare*, male. Charta Roberti Regis Franc. ann. 1029. apud Mabillon. de Re Diplom. pag. 582 : *Verissime decet regiam dignitatem illis* (fructibus caritatis) *Redividare et affatim exuberare, per quos suæ dignitatis amplitudinem valeat sublimando erigere et erigendo sublimare.*

* **REDIVITAS**, Arduitas, arduus collis ascensus, Gall. *Roideur*. Charta Rener. de Nogento ann. 1219. in Chartul. Campan. fol. 58. v° : *Dedi.... collem, qui vocatur*

Chaceliers de Andelon, totam scilicet Redivitatem ipsius collis,..... totum etiampendens ipsius collis, etc.

¶ **REDIVITIO**, pro *Redhibitio*. Vide in *Redhibere*.

REDIVIVUS. Glossæ MSS. ad Alexandrum Iatrosophistam : *Canapis Rediviva, id est quæ nascitur, et non seminatur.*

REDIUS, *Versor, Præco*. Ita Papias MS. et edit.

¶ **REDIVUS**, pro *Ricinus*. Vide *Ricinosus*.

¶ **REDMANNI**. Vide *Radmanni*.

* **REDO**, Telæ crassioris species videtur, sellis equorum instruendis aptæ. Comput. ann. 1334. inter Probat. tom. 2. Hist. Nem. pag. 85. col. 1 : *Item pro una libra de borra, vj. den. Item pro duabus trossis Redonis, vj. den. Un sarcot ou camise Ride*, in Lit. remiss. ann. 1421. ex Reg. 171. Chartoph. reg, ch. 513. Vide infra *Rochetum*.

* **REDOANCIA**, Vectigal, præstatio, Gall. *Redevance*. Charta Caroli comit. Augi in Reg. A. Chartoph. reg. ch. 35 : *Cum contentio seu controversia esset inter nos ex una parte, et.... abbatem et conventum Monasterii novi Pictav. ex altera,... super.... tallia alta et bassa,.... et etiam super aliis usagiis, consuetudinibus, Redoanciis, etc.* Vide *Redonancia*.

¶ **REDOCCARE**, *Scindere*, in Glossis MSS. quas laudat Vossius lib. 4. de Vitiis serm. cap. 20. Proprie idem quod Iterum occare; hoc est, denuo glebas comminuere et confringere. [* Vide supra *Recalcare*, 3.]

¶ **REDOCREARE**, *Item ocreare*, Johanni de Janua, hoc est ocreas iterum induere.

** **REDOLARE**, Iterum dolare, resecare. Reinard. Vulp. lib. 3. vers. 2237 :

Rapta cucullla tibi est, nimiumque corona recrevit,
Te species fratrem nulla fuisse docet.
Truncandas submitte comos, Redolabo coronam, etc.

REDOLINA, Fori Aragonenses apud Michaelem *del Molino* pag. 159 : *Furatus si aliquis fuerit arcam sive Redolinas de archivo publico alicujus civitatis, villæ, vel loci, ubi sunt bursæ reconditæ illorum, qui sunt insaculati in officiis, etc.* [Vide *Rhedo*.]

¶ **REDOMARE**, Reposcere, recuperare. Charta Petri Comitis Altissiod. pro incolis Malliaci circa init. XIII. sæc. apud Thomasserium in Consuetud. Bituric. pag. 709 : *Quicumque in parrochia Malliaci ville domum suam, aut pratum, aut vineam, aut agrum, aut quancumque aliam possessionem anno et die pacifice tenuerit, nulli de cetero respondebit, nisi aliquis se jus sciat in hoc habere, et qui per annum illum extra patriam moram fecerit, voluerit Redomare.*

¶ **REDONANCIA**, Idem quod *Redevancia*, si tamen non sit ita legendum, Gall. *Redevance*. Charta ann. 1271. tom. 1. Chartularii S. Vandreg. pag. 709 : *Ego Nicholaus le Chambelent... vendedi... Abbati et Conventui S. Vandregesilli omnia illa et singula, quæ habebam et percipiebam annuatim a Radulfo de Mara... super totum feodum suum, tam in denariis, ovis, caponibus, quam aliis Redonanciis quibuscumque pro* XL. *solidis Turon.*

¶ **REDONDELLUS**, Ornamentum capitis mulieris orbiculatus, ni fallor, a Rotundus, Gallice *Rond*, sic appellatus. Literæ patentes Caroli V. Regis Franc. ann. 1367. pro Monspeliensibus : *In capite tamen* (domicella) *possit portare unum Redondellum vel parcetum cum perlis et margaretis.* Vide *Redundellus, Rondellus* et *Rotundellus*.

¶ **REDOPERIRE**, *Aperire*, in Glossis MSS. a Vossio laudatis lib. 4. de Vitiis serm. cap. 20.

¶ **REDOPERTUS**, Apertus, retectus. S. Ambrosius lib. 1. Offic. cap. 16. num. 61 : *Expecta ut veniat quod perfectum est, quando non per speciem et in ænigmate, sed facie ad faciem, formam ipsam Redopertæ veritatis possis agnoscere.*

¶ **REDORARE**, Rursum inaurare, Gall. *Redorer*. Computus ann. 1245. e Bibl. Reg. : *Pro pede cujusdam cisi torcicii et Redorando* XVIII. *s.* Melius scriberetur *Redaurare*.

¶ **REDORIRI**, Iterum incipere. Glossæ Lat. Gr. et Græc. Lat. : Ἀνάρχομαι, *Redorior*.

REDORSARE, Tergo chartæ inscribere, Gall. *Endosser*. Statuta secunda Roberti I. Regis Scotiæ cap. 16. § 5 : *Et fiat collatio seu computatio 15. dierum a die captionis terrarum in manu Regis, Redorsata a retro brevis, seu in dorso illius retornati a Ballivio missi ad Regem.* Vide *Indorsare*.

REDORSARE, [Johanni de Janua, *Retro et a posteriori dorsum scindere; unde dicitur : Equus Redorsatus est a posteriori.*] Ugutio : *Equus Redorsatus a posteriori parte, edorsatus ab anteriori, unde solet dici, Trossulam illam, vel capam foricatam super equum edorsatum.* Epistola Conradi Hildeshemensis electi apud Arnoldum Lubecensem lib. 4. cap. 19 : *In eadem civitate* (Neapolitana) *est equus æreus, magicis incantationibus a Virgilio sic compositus, ut ipso integro permanente, nullus equus possit Redorsari, cum tamen de vitio naturali sit illi terræ proprium, ut ante equi illius compositionem, et post ejusdem equi quantulamcumque corruptionem nullus equus sine dorsi fractura possit equitem aliquandiu vehere.* In Consuetudine Monstroliensi art. 42. fit mentio arborum, quæ stant, *pour rados des maisons*, hoc est, ad dorsum ædium plantantur, ut a ventis eas defendant, [vel ornatus gratia, ut dicitur in Glossario juris Gallici : quod consule.]

* Nostris *Seoir à Redos*, retro dorsum sedere sonat. Guignev. in Peregr. hum. gen. MS :

Sur li à Redos se seoient
Deus autres vielles, qui estoient
Bien tant ou plus espoentables
Et horribles et redoutables.

¶ **REDORTA**. Vide in *Retorta*.

¶ **REDOTATUS**, Moneta nigra minutior in Dalphinatu, pretii duorum parvorum denariorum ann. 1342. ut patet ex Ordinatione Humberti II. eod. ann. tom. 2. Hist. Dalphin. pag. 420 : *Redotatos nigros currentes pro duobus denariis parvis ad quindecim granos de liga et de pondere sexdecim solidorum pro marcha argenti fini ad remedium ligæ duorum granorum et ad remedium ponderis trium denariorum pro marcha.* Ante hunc annum alii fuerunt *Redotati* pretii quatuor denariorum; *denarii* namque *quadruplices dicti alias Redotati* memorantur in Computo ann. 1336. tom. 1. ejusd. Hist. pag. 95. col. 1. Rursum ibi memorantur *Redotati* col. 1.

¶ **REDRA**, REDRARE. Vide *Riedra*.

* **REDRANDARE**, *Gratiam referre*; in vet. Glossar. ex Cod. reg. 7641. Vide *Redandruare*.

¶ **REDREÇARE**, a Gallico *Redresser*, Corrigere, emendare, idem quod supra *Redirigere*. Testamentum Raymundi Trencavelli ann. 1154. in Probat. novæ Histor. Occitan. tom. 2. col. 650 : *Et mala quæ ego feci cum mea cavalgada in Rossilono domibus Templi et domibus Hospitalis, quod homo Redrecet eis ad suum mercedem, et infractiones quas ego in eadem terra Ecclesiis cum eadem cabalgada, quod homo Redrecet eis cum laudamento Episcopi de Helna, et mea debita, quæ scientur, in pace pagentur.*

¶ **REDRESCERE**, Eadem significatione. Fœdus ann. 1143. in Probat. novæ Histor. Occitan. tom. 2. col. 500 : *Si Comes* (*Ildefonsus*) *fecerit tenere pacem in suis castellis, faciat eum tenere in castellis Rogerii; et si ipsi de castellis Rogerii infregerint pacem, clamet se inde Comes Rogerio : et si Rogerius Redrescere non fecerit usque ad* XL. *dies, distringet illos Comes, sicut alios de ipsis castellis ipsius terræ.*

¶ **REDRESSARE**, Eodem intellectu. Charta Henrici IV. Regis Angl. ann. 1405 : *Hujusmodi quæstiones, contentiones, dampna ..... reformandum, Redressandum, sedandum etc.*

* **REDRIM**. Stat. antiq. Florent. lib. 3. cap. 152. ex Cod. reg. 4621 : *Quicumque studiose vel præmeditate offendiderit.... aliquem,..... capiendo vel capi faciendo aliquem puerum, puellam, vel aliquam personam pro faciendo Redrim, etc.* Legendum forte *Redimi*.

¶ **REDRIZARE**, ab Italico *Ridrezzare*, Gall. *Redresser*, Quod flexuosum est in rectum revocare. Statuta Mutinæ rubr. 255 : *Ordinatum est... quod strata et via a S. Leonardo usque ad villam de Crespis debeat levari, et exemplari et Redrizari, ubi opus fuerit.*

* Unde pro Erigere, Gall. *Dresser*. Guido de Vigev. MS. de Modo expugn. T. S. cap. 2 : *Et cum fuerit necesse ipsam baltriscam Redrizare juxta aliquam turrim vel murum civitatis vel castri, sic fiat. Primo extendatur longe a turri vel muro castri pertica baltrischæ, et ponatur baltrisca in pertica usque supra podios; et illi quatuor podii ligentur cum suis dubionibus.... Et hæc omnia parata aportentur, ubi debuerit Redrizari.*

REDUBIÆ, Reliquiæ. Vita S. Boniti Episcopi Claromontani cap. 7. num. 34 : *Inchoato, ut oportebat, jejunio, Sanctorum circumquaque orando Redubias peragrantes, interventum suæ petitionis apud Dominum... deposcunt.* [Glossæ Isidori : *Redubias, Reliquias*. Papias : *Redubiæ, indubiæ, spolia serpentum, exuviæ, reliquiæ testarum.* Hic *indubiæ* delendum est, ut monet Grævius. Vide Martinii Lexicon in *Reduvia*, quæ proprie significat abscessum circa ungues natum, Græcis παρωνυχία. Hinc Gloss. Lat. Gr. et Gr. Lat. : *Redubia*, παρωνυχία. *Reduvia*, παρωνυχίς.]

* **REDUVIÆ**, Reliquiæ. S. Victr. Roto-

mag. episc. tract. de Laude SS. tom. 2. Collect. var. Script. D. *Le Beuf* pag. xliij : *Manu igitur ostendo quod quæritur, tango Reduvias, affirmo in istis Reliquiis perfectam esse gratiam perfectamque virtutem.* Vide *Redubiæ.*

¶ 1. **REDUCERE** Se, Se recipere, Gallis *Se retirer. Marischalcus cum paucis hominibus fugiendo se Reduxit ad Tyrum*, lib. 6. Annal. Genuens. ad annum 1230. tom. 6. Muratorii col. 467.

* Comput. ann. 1408. inter Probat. tom. 3. Hist. Nem. pag. 194. col. 1 : *Item gentes armorum fuerunt in præsentibus partibus, et cum veniebant mandavimus suburbiis quod se Reducerent.* Pro *Inducere*, in Charta ann. 1334. ex Tabul. D. Veneciæ : *Item quod nulla persona..... apportet seu Reducat furtum, neque res furtive receptas infra dictum castrum.*

* 2. **REDUCERE**, quid apud Chimicos significet, docet Arnald. in Rosar. MS. lib. 2. cap. 1 : *Reducere est inserere vel interare, imprægnare et sublimare.*

¶ **REDUCTA**, *Concava, depressa*, in Glossis Isidori. Addit Papias : *Quasi retro ducta.* Est interpretatio versus Virgiliani lib. 6. Æneid. :

> Interea videt Æneas in valle Reducta
> Seclusum nemus, etc.

¶ 1. **REDUCTIO**, f. Moles, via strata, Gall. *Chaussée.* Synodus Limensis ann. 1588. tom. 4. Concil. Hispan. pag. 450 : *Quoniam ex defectu viarum et pontium et Reductionum non raro sequuntur Indorum mortes absque sacramentis, et quod præcipitentur Sacerdotes, et multi Indi submerguntur, etc.*

¶ Reductio Hæreticorum, Eorum reversio ad catholicam fidem, in Epistola Martini V. PP. apud Ludewig. tom. 5. Reliq. MSS. pag. 406.

* 2. **REDUCTIO**, a Gallico, *Réduction*, Deditio. Locus est infra in *Repositio* 3.

¶ **REDUCTORIE**, Breviter, compendiose. Oratio de S. Bonaventura, tom. 3. Julii pag. 826 : *Composuit et solenne officium in honorem B. Francisci, et de ipsius vita serioso tractatu primum, et secundo Reductorie adnotavit.*

REDUCTUS. Charta ann. 1182. apud Hieron. Rubeum in Historia Ravennat. pag. 354 : *Promisit Gerardo Archiepiscopo S. Ravenn. Ecclesiæ manutenere fidelitatem, quam fecerat pro feudo Argenteæ,..... et guerram, et pacem, et cavalcatam, et Reductum de prædicta parte juravit.* [Ut *pax guerræ*, ita *Reductus* hic opponi videtur *cavalcatæ*, et proxime accedere ad *Reductum* subsequentem.]

¶ Reductus, Locus secretus, refugium, asylus, Gallis *Reduit*, Ital. *Ridotto.* Charta ann. 1379. e Schedis Præsidis *de Mazaugues* : *Dictum castrum* (de Alansono) *habet fortalitium, quod est Domini, et juxta illud habet Reductum, in quo se reducunt tempore guerræ.* Acta S. Franciscæ Rom. tom. 2. Martii pag. 160* : *Recipe securitatem, anima Deo dilecta, et vade ad tuum Reductum.* Vox frequens in re obsidionali, ut observat Thomas de Aquino, qui *Reductus* recte definit munitiunculas excitatas figura quadrata, præcipue in linea ambitus interioris, certis intervallis dissitas, ut fossores accessum et milites munita habeant loca, quo se recipiant, cum arcis obsessæ præsidiarii ad interturbanda et diruenda opera præcurrunt. Hasce munitiunculas nostri etiam vocarunt *Redoute* a voce *Reductus* hac notione.

* Receptus, Gall. *Retraite.* Pax inter Joan. Galeat. et Theod. Montisfer. march. inita ann. 1382. tom. 3. Cod. Ital. diplom. col. 322 : *Convenerunt dictæ partes ad invicem et vicissim, quod de cætero ad invicem non movebunt guerram,..... et quod etiam alicui inferenti.... non dabunt Reductum nec victualia.* Tract. pacis ann. 1427. ibid. col. 1090 : *Quod dicti domini duces Sabaudiæ et Mediolani non dabunt transitum, Reductum vel receptum,.... aliquibus inimicis alterius.*

¶ **REDULUS**, *Strues lignorum ardentium*, in Glossis Isid. Constantiensis : *Redulus, Lignorum acervus ardens.* Vide quæ de etymo hariolatur Martinius in Lexico.

¶ **REDUNCARE**, *Curvare*, seu reduncum facere, in Glossis a Vossio citatis lib. 4. de Vitiis sermon. capite 20.

¶ **REDUNDELLUS**, Vestis species in *rotundum* seu in orbem desinens, eadem quæ infra *Rotundellus*, nisi sit ita legendum. Statuta Eccles. Tutelensis ann. 1328. apud Baluzium Hist. Tutel. col. 676. et Marten. tom. 4. Anecd. col. 798 : *Monemus omnes et singulos rectores, presbyteros et alios beneficiatos nostræ diœcesis, maxime religiosos, ne de cetero deferant Redundellos, nisi devium longum in modum habitus.* Modus vivendi in Concilio Basileensi apud eumd. Marten. tom. 8. Ampl. Collect. col. 244 : *Cum incedunt per civitatem vestes deferant superiores juxta institutiones suorum Ordinum, et Canonici regulares pro veste exteriori portent crociam, mantellum vel Redundellum.* Vide *Rondellus.*

¶ **REDUPLICARE**, pro *Conduplicare*, dici vetat Vossius lib. 4. de Vitiis serm. cap. 20. *Reduplicatus*, occurrit apud Tertullian. de Patientia cap. 14.

* Stat. MSS. eccl. S. Laur. Rom. : *Et sit eis tunc licitum ipsas distributiones augmentare seu Reduplicare pro rata contingenti.*

* *Redouble*, pro *Doublure*, in Lit. remiss. ann. 1399. ex Reg. 154. Chartoph. reg. ch. 414 : *Le suppliant.... mist iceulx six frans ou Redouble de ses chausses.*

* **REDURALIUS**, mendose, ut puto, pro *Redituarius*, saltem eodem significatu, Qui annuæ præstationi obnoxius est. Charta ann. 1404. in Reg. feud. comitat. Pictav. ex Cam. Comput. Paris. fol. 120. r° : *Ego Yterius de Brolio miles dominus de Cluzello.... recognosco me tenere.... arbergamentum seu fortalicium meum de Cluzello Bonnelli, cum..... hominibus ligiis, planis, censualibus, coustumariis et Reduraliis et explectabilibus.* Emendanda perinde est alia Charta Joan. de Brolio eadem de re ann. 1409. ibid. fol. 134. r°. in qua *Roduraritis* legitur.

¶ **REDUSIT**, pro *Redussit*, a *Redurere*, ni fallor, Igne mundare. Agnelli Liber pontificalis apud Murator. tom. 2. pag. 23. col. 1 : *Gratias vobis necesse est agere Deo Patri et filio ejus, simulque Spiritui S. trinæ Majestati, unicæ potestati, quod me pollutis labiis Redusit, et linguam aridam in quantum illi placuit, disertam fecit.* Allusio est, si bene conjecto, ad id quod de seipso Isaias narrat cap. 6. calculo scilicet ignito labia sua ab Angelo mundata fuisse.

REDUT. Concilium Narbonense anno 1054. cap. 20 : *Caballarium autem nemo apprehendat, ut * Redut faciat, neque faciat, neque substantiam ejus tollat, nisi tantum per directum.* Forte *Reduci.*

¶ **REDUVIÆ**. Vide *Redubiæ.*

¶ **REEMENDARE**, Instaurare, reparare, reficere. Præceptum Caroli C. ann. 862. apud Mabillon. Diplom. pag. 336. et Felibian. Hist. San-Dion. pag. LXX : *Torcularia præmemoratorum locorum, juxta solitam consuetudinem, ex villis abbatiæ Reemendentur; et quæ dari ibidem fratribus laborantibus fuerat consuetudo, dentur.* Charta alia ejusd. Caroli C. ann. 872. apud Jac. *Bouillart* Hist. San-German. pag. xx. col. 1 : *Duobus etiam fratribus in eadem villa nova laborantibus, quæ dari ibidem consuetudo fuit, dentur; et torcularia juxta solitum Reemendentur, et vasa vinaria præparentur vinumque ex more ad monasterium deferatur.*

¶ **REEMERE**, Reemtio, Idem quod *Redimere* et *Redemtio*, de quibus supra in *Rachetum.* Diploma Alberti Imperat. ann. 1300. apud Ludewig. tom. 5. Reliq. MSS. pag. 439 : *Cum.... illustris Wenceslaus Rex Bohemiæ, princeps et frater noster dilectus, tanquam verus heres dicti Ottocari, oppidum et castrum Reemerit, absolverit seu redemerit memorata : nos dictam Reemtionem, absolutionem seu redemtionem ratam et gratam habentes cum auctoritate præsentium confirmamus.* Adde tom. 7. pag. 57. et vide *Redemptio* 2.

* **REEMERGERE**, Iterum emergere. Capitul. Caroli C. ann. 873. cap. 1 : *Quia necesse est ut quod male reincrescit, iterum recidatur,.... ad resecanda mala, quæ specialiter iterum Reemergunt, etc.*

* **REEMPTIO**, Redemptionis pretium, Gall. *Rançon.* Lit. remiss. ann. 1358. in Reg. 90. Chartoph. reg. ch. 70 : *Ipsi vir et mulieres deferebant præmissa dictis inimicis pro eorum Reemptionibus, ut dicebant.* Vide *Reemere* et infra *Rehemptio.*

REEP, Mensura agraria apud Swecos, scilicet funis tantæ longitudinis, quantam vir describit inter extenta in diversum brachia manusque. *Orgyam* Græci, Germani *Klafter*, Sweci *Fampu*, vocant. Charta Swecica ann. 1310. apud Schefferum ad Chronicon Archiepiscop. Upsaliensium pag. 232 : *Quæ pecia terræ circumvallata est fossatis, continens in longitudinem 86. Reep, et tres ulnas : in latitudine vero quadragintatria Reep cum duabus ulnis.* [** Vide Ihrii Glossar. Suio-Goth. voce *Ref*, tom. 2. col. 413. et voce *Famn*, tom. 1. col. 424.]

¶ **REERIGERE**, Reædificare. Chronicon Johannis de *Whethamstede* pag. 327. *Promisit... fratrum dormitorium ibidem collapsum et ruinosum iterum Reerigere reparareque de novo.*

* **REFACERE**, Reficere, reædificare, a Gallico *Refaire.* Charta ann. 1237. inter Probat. tom. 1. novæ Hist. Burg. pag. 106. col. 2 : *Idem autem Mathos tenetur Refacere domum, quæ est super dictum molendinum.* Vide supra *Redincipere.*

* **REFACIMENTUM**, Restauratio damni, Ital. *Rifacimento*, Gall. *Dedommagement.* Stat. Senens. ann. 1288. apud Murator. tom. 4. Antiq. Ital. med. ævi col. 84 : *Et teneatur et debeat potestas venire ad civitatem Senensem, et recedere suis propriis expensis;.... et non possit vel debeat petere vel recipere aliquod medium restauramentum vel Refacimentum, vel aliquod aliud loco eorum, quocumque nomine censeatur.*

¶ **REFACTA**, Refacturæ, Ædificiorum reparationes, instaurationes in Chartulario Monast. Gemeticensis notato B. pag. 110.

* *Refaicture* et *Refecture*, appellata Præstatio, quæ pro facultate capiendi ligna ad ædificiorum refectionem necessaria in silvis domini pensitatur. Charta ann. 1311. in Reg. 46. Chartoph. reg. ch. 168 : *Les rentes que le roy avoit à Puchay,.... un pain à Noel, feugages de ses pors, se il les a, et sept deniers de Refectures du bois, se il l'ont .... Un boissel d'avoine et demi boissel de bernage, dix œfs, un pain à Noel, le feugage et la Refaicture.* Pluries ibi occurrit vox *Refaicture.*

* **REFACTOR**, Reparator, salvator. Translat. S. Gorgon. tom. 9. Collect. Histor. Franc. pag. 122 : *Deus omnipotens factor et Refactor meus ut vester, etc.*

* **REFÆCARI**, pro Defæcari. Phil. *de Greves* cancell. Paris. serm. 61. in Psalter. : *Ex fæce crassa vinum corrumpitur, et propter hoc necesse habet Refæcari.* Id est, de vase in vas transfundi.

¶ **REFANUS**, pro *Raphanus*, Gall. *Raifort.* Epistola Guizonis ad Augienses fratres ann. 969. apud Marten. tom. 1. Ampliss. Collect. col. 300 : *Æstimo illum ingressum aliquando hortum viri prudentis, in quo gustavit Refanum canino stercori innatum, quæ est causa putidi ructaminis, id est, malivolæ reprehensionis.*

REFARE. Vide *Reffare.*

¶ **REFECCIA**, Ἀπόλεξις κριτῶν, in Glossis Lat. Gr. et Gr. Lat. Rursum in Græc. Lat. Ἀπόληξις κριτῶν, *Rejectio*, supple *judicum.*

** **REFECTARE**, Reficere. Virgil. Grammat. pag. 12 : *Ego boni vice hospitii Refectabo te.*

¶ 1. **REFECTIO**, Somnus, quies. Vide *Reficere.*

2. **REFECTIO**, Cœna, prandium, cibi sumptio, a *reficere*, cibum sumere, qua voce utuntur Plinius lib. 18. cap. 7. Celsus lib. 4. cap. 6. et alii. *Refectionis* vero vocabulum habet S. Benedictus in Regula cap. 24. 25. 35. Apud Marcum Evang. *Refectio*, pro loco, ubi cibus sumitur, usurpatur, cum Christus dici jubet : *Ubi est Refectio mea, ubi Pascha cum discipulis meis manducem.* Græca enim habent, ποῦ ἐςι τὸ κατάλυμα; Lucas *diversorium.* [Vide *Refectio generalis* in *Generale.*]

3. **REFECTIO**, Jus procurationis, *Gistum, prandium, cœnaticum, etc.* [*Reffecture*, in Charta ann. 1305. e Bibl. Reg.] Charta Ecfridi Regis Merciorum ann. 716. in Addit. ad Matth. Paris : *Et terræ illæ a laboriosis operibus, ab omnibus tributis vel censuris, et ab omnibus Refectionibus Regum vel Principum seu omnium expeditionum.... sint liberæ.* [Charta Alexandri PP. ann. 1174. inter Instrum. novæ Gall. Christ. tom. 4. col. 186 : *Refectiones quoque (annuimus) quas Episcopus Capitulo Lingonensi annuatim præstare debet.* Alia ann. 1132. in Probat. novæ Histor. Occitan. tom. 2. col. 470 : *Quando sepultus fuit, dimiserunt nepotes sui Refectionem usuariam, quam habebat cum hominibus suis in monasterio S. Theoffredi in unoquoque anno in festivitate ipsius S. Martyris.*]

¶ 4. **REFECTIO**, Baptismus, quo homo *reficitur*, seu justitiæ, qua decidit, restituitur. S. Paulinus Epist. 32. ad Severum num. 2 : *Recte enim in loco Refectionis humanæ* (id est, Baptismi loco seu Baptisterio) *Martinus pingitur qui cœlestis hominis imaginem perfecta Christi imitatione portavit.*

* 5. **REFECTIO**, Stercoratio, Gall. *Engrais* : nam agros stercore satiari dixit Columella. Lib. rub. fol. parvo domus publ. Abbavil. ad ann. 1265. fol. 35. r° : *Tempore Refectionis et fimationis ortorum, debet idem Radulfus ibidem facere hostiolum, Gallice dictum Heket, per quod homines cum vehiculis fimum et sabulonem ad ortos deferentes.... transibunt.*

REFECTORIUM, Ugutioni, et Joan. de Janua : *Locus, ubi reficiuntur famelici, vel locus, ubi insimul comedunt fratres vel Monachi. Cœnaculum refectionis*, apud Gervasium Tilleberiensem de Otiis Imper. decis. 3. cap. 11. Gregorius M. lib. 2. dial. cap. 22 : *Ite, et dicite illi, ego venio, et ostendo vobis, in quo loco oratorium, in quo Refectorium fratrum, in quo susceptionem hospitum,... ædificare debeatis.* [Capitul. Aquisgran. ann. 817. cap. 27 : *Ut abbas vel quispiam fratrum ad portam monasterii cum hospitibus non reficiant; in Refectorio autem omnem eis humanitatem manducandi ac bibendi exhibeat.* Adde cap. 41. et 68. Capitul. Caroli C. tit. 7. cap. 53. Capitula Monachorum ad Augiam directorum cap. 7. tom. 2. Capitularium edit. Baluzianæ col. 1381. Capitula Monachorum Sangall. ann. circiter 817. ibid. col. 1384. cap. 15.] Vita Aldrici Episcopi Cenoman. num. 17 : *Fecit quoque in ipso monasterio Refectorium novum, et nobiliter compositum, etc.* Adde num. 23. Vide [Vossium lib. 3. de Vitiis sermonis cap. 41. et] Haeftenum lib. 10. tract. 1. disqu. 1.

Refectorium Canonicorum, apud Chrodegangum in Regula Canonicorum Metensium cap. 21. Concilium Turonense III. can. 23 : *Canonici et Clerici civitatum.... in Claustris habitantes simul omnes in uno dormitorio dormiant, simulque in uno reficiantur Refectorio.* Vide Hermannum de Miraculis S. Mariæ Laudun. lib. 3. cap. 24. Rogerum Hovedenum pag. 495. [Molanum in libris de Canonicis, Miræum tom. 1. pag. 75. in Charta ann. 1089.] etc.

¶ Refectorium, Prædium, cujus proventus communi Canonicorum refectioni destinabantur in Ecclesia Lugdunensi. Statuta ejusdem Eccl. ann. 1251. tom. 9. Spicil. Acher. pag. 72 : *Statutum est, et perpetua inhibitione firmatum, ne successiones in ipsa ecclesia de cetero fiant, et ne Refectoria in divisione terrarum alicui in beneficium assignentur.* Ex qua prohibitione *refectoriorum* in beneficium assignandorum, ne, quod ad mensam communem pertinebat, divideretur, conjicere licet id aliquando factitatum fuisse : quod confirmari potest ex Charta fundationis Ecclesiæ Collegiatæ de Forverio per Archiepiscopum et Canonicos Lugdunenses ann. 1192. inter Instrum. novæ Gall. Christ. tom. 2. col. 24. ibi enim *Refectorium* vacans supponitur, quod dici non potest de prædio ab universa communitate possesso, sed solum de prædio alicui singulatim concesso. Hujus fundationis verba sunt : *Si quando... Refectorium vacare contigerit, habebunt quoque* (Canonici de Forverio) *decimam eorum reddituum, quod de ecclesia defuncti ejus* (Canonici Lugdun.) *habiturus est a die obitus sui usque ad primum Martium post solutionem Refectoriorum et debitorum et clamoribus pacificatis.* Ubi per *solutionem refectoriorum* intelligo partem proventuum ex eo prædio, quod *Refectorium* vocabant, communi mensæ exsolvendam. Nam, si bene conjecto, qui tunc temporis *Refectorium* seu prædium jure beneficii possidebat, proventuum certam partem retinebat sibi, alteram communitati pro refectorio tribuere tenebatur. Vide *Refusio.*

In Area Refectorii *sine mappula et mensa comedere*, Pœnæ Monachicæ species, cujus mentio in Statutis Ordinis S. Gilberti *de Sempringham* pag. 766. et alibi sæpe.

Refectorarius, Cui Refectorii curandi onus incumbit. Liber Ordinis S. Victoris Parisiens. MS. cap. 12 : *Ad Refectorarium pertinet tempore statuto, sive ad prandium, sive ad cœnam, mensas præparare, panem et vinum et legumina apponere, et si qui fratres deforis veniant, ubi ad refectionem sedere debeant, providere, et eis similiter, quæ sunt apponenda, apponere, etc.* De ejus officio agit etiam Udalricus lib. 3. Consuet. Cluniac. cap. 21. Adde Ingulfum pag. 856. Eckebardum Jun. de Casib. S. Galli cap. 3. Eckehardum Minimum de Vita Notkeri cap. 19. Statuta Ordinis *de Sempringham* pag. 727. Cæsarium Heisterbach. lib. 6. cap. 5. etc. Tabular. S. Theofredi Valaviensis : *Hæc sunt, quæ ad Obedientiam pertinent illius, qui Refectorarius appellatur, qui propterea sic nominatur, quoniam domus illa, in qua fratres reficiuntur, ipsi commissa est, non solum ut panem quotidie sufficienter ministret, sed etiam ut omnia, quæ ad utilitatem vel ornatum necessaria fuerint, eidem domui studiose provideat, omnia linteamina mensarum et canistra, et vasa vinaria, scifos ligneos, et vitreos, cochlearia et candelabra, etc.* [Consuetudines Monasterii Fontanell. MSS. pag. 258 : *Hii sunt quasi suffraganii coquinarii, Panetarius, Custos vini et Refectorarius. Refectorarii seu Procuratores Capituli Ecclesiæ Viennensis*, in Charta ann. 1291. tom. 2. Hist. Dalphin. pag. 44. col. 2. *Refectorarius* ejusdem Capituli rursum memoratur in alia Charta ann. 1314. ibid. pag. 157.]

¶ Refectoraria, Officium *Refectorarii.* Inter varia officia claustralia Monasterii Corbeiensis ad calcem Regulæ MS. recensentur, *Præpositura, Thesauraria, Cellerarla, Cameraria, Refectoraria, Infirmaria, Hospitium et Eleemosina.*

¶ Refectoraria, Monialis cui refectorii cura est in monasteriis sacrarum virginum.

Alheidis conversa, Refectoraria et fenestraria, apud Buschium de Reform. Monast. tom. 2. Scriptor. Brunsvic. Leibnitii pag. 888.

¶ Refectoreria, Eadem notione. Charta arrendationis Monialium Artacellæ ann. 1403. e Schedis Præsidis *de Mazaugues* : *Item fenestrariæ medium justicialem vini; item Refectoreriæ pro suo labore duos justiales vini ultra suam rationem.*

¶ Refectoretum, Idem quod *Refectorium. Refectoretum infirmariæ, in quo eduntur carnes*, in Bulla Benedicti XII. ex Archivo S. Victoris Massil.

¶ Refectorarii Panni, Qui sunt ad usum refectorii, Bernardo in Ordine Cluniacensi part. 1. cap. 7.

¶ Refectoriales, Vicarii seu beneficiati Ecclesiæ Salizburgensis, qui vice Canonicorum Missas canunt cæterasque horas ecclesiasticas, ut passim videre est in Ecclesiis cathedralibus et collegiatis, *Refectoriales*, ut conjecto, dicti quod communi refectorio uterentur. Chronicon Saltzburg. ad ann. 1461. apud Raimundum Duellium tom. 2. Miscell. pag. 143 : *Burchardus statim fundavit* XII. *sacerdotes*, VI. *religiosos et sæculares, qui deberent præesse choro Saltzburgensi tanquam vicarii et omnia cantare, etiam primam Missam apud S. Virgilium... sed quia dictus Archiepiscopus in regimine non diu vixit, statim post obitum suum fuit illa fundatio per Capitulum cassata, Presbyteri sæculares licentiati et Refectoriales reassumpti.*

¶ Refectorius, Idem qui *Refectorarius*. Epitaphium ann. 1593. apud Felibian. Hist. San-Dion. pag. 583 : *Hic jacet fr. Franciscus Guyot, præpositus de Tremblay, locique Refectorius, etc.*

¶ Refectuarius, Eadem notione. Statuta Monasterii S. Claudii pag. 74 : *Tenetur Refectuarius ministrare mappas et manutergia ad refectorium tam pro mensis ipsorum, quam pro manuum ablutione, necnon scyphos custodire et mappas prædictas mundas teneri et dealbari facere.*

¶ Refectuaria, Officium *refectuarii*, ibidem, et in Bulla Pauli III. PP. ann. 1549. tom. 1. Maceriarum Insulæ Barbaræ pag. 261.

¶ Refecturaria, Eodem intellectu. MS. Codex Eccles. Aginn. apud Stephanotium tom. 1. Antiq. Benedict. in Vasconia MSS. pag. 532 : *Monasterium SS. Gervasii et Prothasii de Exiis... habet... camerariam, sacristiam, infirmariam, cellerariam, pitanciariam, cantoriam, hostalariam, operariam, et Refecturariam.*

¶ Refecturarius, Idem qui *Refectorarius. Petrus de Borgia Canonicus et Refecturarius Capituli Viennensis*, in Charta ann. 1281. tom. 2. Hist. Dalphin. pag. 24. col. 2 : *Præsentibus.... Hugone Priore de Roysies, Petro de Rochi Refecturario dicti monasterii*, in alia Charta ann. 1300. ibid. pag. 57. col. 2.

Subrefectorarius, *Refectorario* subest, in Monasteriis. Vide Librum Ordinis S. Victoris Parisiensis MS. cap. 12.

* **REFECTORIUS**, Qui uni *refectioni* seu prandio satis est. Necrol. MS. eccl. B. M. de Medunta fol. 2. r° : *Percipiunt annuatim viginti solidos in molendino de planchia et Refectorium salmonem Quadragesimæ.*

REFECTUM, Idem quod supra *Refectio*, Cœna, prandium. Chartularium Prioratus S. Petri de Domina fol. 94 : *In festivitate O. SS. unum Refectum in refectorio de pane et vino et pulmento et piscibus et fabis omnibus monachis.*

¶ **REFECTURA**, Instauratio, reparatio, *Refectio* apud Vitruvium. Charta ann. 1286. tom. 1. Chartul. S. Vandregesili pag. 1113 : *Nec tenebuntur dicti Religiosi aliquid de suo ponere in Refectura molendini supradicti.*

¶ **REFECTURARIUS**, etc. Vide in *Refectorium.*

¶ **REFECTURIUM**, pro *Refectorium*, bis habetur in Consuetudinibus Fuld. S. Sturmii, pag. 5. et 6. vet. Disciplinæ Monasticæ.

¶ **REFEFFARE**, Idem quod mox *Refeofare*, In feudum denuo conferre. Gualterus Hemingford. de Gestis Edwardi I. Regis Angl. ad ann. 1302. pag. 198 : *Perrexit iratus ad Regem et dedit ei Comitatum et omnes terras suas, sub tali quidem pacto, quod Refessaret* (melius in MS. *Refeffaret*) *eum de eisdem ad terminum vitæ suæ, et insuper daret ei mille marcatas terræ pro vita sua, et eum ejiceret ab omni ære alieno.*

* **REFELLO**, Gall. *Refellon de vinaige*, f. Pensitatio pecuniaria, vice præstationis certæ vini mensuræ, quæ *Vinagium* dicebatur. Reg. Cam. Comput. Paris. sign. *Bel* fol. 49. v° : *Un boissel de fourment, l'erbaige des landes et le Refellon du vinaige.*

¶ **REFENERE**, Includere, concludere, Gall. *Renfermer*. Charta ann. 1239. e Tabulario Compendiensi : *Et debent idem Petrus et ejus hæredes invenire grangiam ad Refenendum annuatim bladum Ecclesiæ memoratæ. Refenere* fortean dictum est a *fenum*, pro *fenum* concludere in fenili; unde ad alia translatum; si tamen vera lectio est, vereor enim ne legendum sit *refirmandum*, aut quid simile, a Gallico *Renfermer.*

¶ **REFEODUM**, Idem quod infra *Retrofeudum*, Gall. *Arriere-fief*. Charta Roberti Ducis Burgundiæ ann. 1282. ex Archivo S. Benigni Divion : *Dum tamen penes venditorem seu venditores de feodo vel Refeodo nostro dimidia pars remaneat. In franco allodio sine feodo vel Refeodo*, in Charta ann. 1283. e Tabulario S. Laurentii Diœcesis Autissiod. Vide *Feudum.*

REFEOFARE, [In feudum denuo conferre, seu feudo denuo investire.] Vide in *Feudum.*

¶ **REFERENDARE**, In acta referre, ab Italico *Referendare*, Referre. Literæ ann. 1651. in Actis SS. Aprilis tom. 3. pag. 570 : *Præsentes litteras manu nostra signatas et per nostrum secretarium Referendatas jussimus expedire.*

REFERENDARII, Qui supplicum preces ad Principem recitant, et mandata Principis judicibus insinuant, in Novella 113. 124. in leg. 2. Cod. de Off. ejus, qui vic. alic. judic. (1, 50.) Glossæ Nomicæ MSS. : Ῥαιφερενδάριος, ὁ τὰς ἀποκρίσεις κομίζων. Vide Procopium lib. 2. de Bello Persico cap. 23. Eustrathium in Vita S. Eutychii P. CP. n. 23. Alemannum ad ejusdem Procopii Anecd. Meursium in Gloss. Græcob. Glossar. med. Græcit. col. 1291. etc. [Commentator Notitiæ Imperii in cap. 97 : *Qui scrinium dispositionum tractabant, Referendarii vocabantur. Hi supplicum desideria aut judicum consultationes Principi insinuabant, et responsa data consulentibus mittebant, quæ Mandata dicebantur. Hi pauci erant initio : postmodum a Justiniano octodecim; postea ad octo redacti. Principum responsa, quæ super litibus emanabant, Dispositiones vocabantur; expositio vero, quam Principi faciebant Referendarii, Relatio appellabatur. Referendariis præfectus erat Comes. Referendarii Spectabiles vocabantur.*]

* Tract. MS. de Nominibus judicum ad calcem Ordin. Rom. auctore Cencio ex Cod. reg. 4188 : *Referendarius, ipse debet renunciare omnem scriptionem ad imperatorem.* Vide *Relatio.*

Referendarius, apud Francos primæ stirpis Reges, dictus ille, cui commissa erat annuli regii cura, quique regia diplomata subscribebat. [Aimoinus lib. 4. cap. 41. ubi de S. Audoeno : *Filiusque præcellentissimi viri Antharii, qui Referendarius ideo est dictus, quod ad eum universæ publicæ deferrentur conscriptiones : ipseque eas annulo Regis, sive ab eo sigillo sibi commisso, muniret seu firmaret.*] Aigradus Monachus in Vita S. Ansberti Archiepiscopi Rotomagensis cap. 1 : *Robertus namque vir clarissimus, qui eo tempore summus palatii erat Referendarius.* Ubi alii Codd. habent : *Gerulus fuerat annuli Regis Chlotarii.* Vita alia ejusdem S. Ansberti : *Cœpit esse aulicus scriba doctus, conditorque regalium privilegiorum, et gerulus annuli regalis, quo eadem signabantur privilegia.* Vita S. Agili Abbatis cap. 13 : *Venerabilis Audoenus, cognomento Dado, præfato Regi præ cunctis aulicis amabilis, atque Referendarius constitutus, gestans ejus annulum, quo signabantur publice totius regni potiora signa, vel edicta.* Vita S. Boniti Episc. Claromont. cap. 1 : *Non multo post annulo ex manu Regis accepto, Referendarii officium adeptus.* Gregorius Turon. lib. 5. Hist. cap. 3 : *Siggo quoque Referendarius, qui annulum Regis Sigeberti tenuerat.* Idem lib. 10. cap. 19. et ex eo Flodoardus lib. 2. Hist. Remens. cap. 2 : *Requisitusque Otho, qui tunc Referendarius fuerat, cujus ibi subscriptio meditata tenebatur, adfuit, negat se subscripsisse.* Ex his porro qui *Referendarii* munus obierunt in aula Regum Franciæ, cum hac nomenclatura, isti mihi potissimum occurrerunt.

☞ Iis inserere visum est alios, qui hac quidem *Referendarii* nomenclatura minime donantur, sed quos inter Referendarios recenset Duchesnius in sua Cancellariorum Historia, quod in antiquis Instrumentis annulum regium gestasse leguntur, aut saltem regia diplomata subscripsisse. Qui regium annulum gestasse legitur in authentico scripto, Referendarius certo fuit; qui vero regia dumtaxat diplomata subscripsisse, Regi obtulisse, aut recognovisse dicitur, non continuo censendus est summi Referendarii munus obtinuisse; hæc enim, si jubebantur, præstabant inferiores Cancellarii seu Notarii. Addita vox *jussus* inferioris ordinis signum est.

¶ Aurelianus sub Chlodoveo I. de quo tamen haud immerito dubitat Duchesnius.

¶ Anachalus *obtulit* Diploma anno 16. ejusdem Regis, apud Duchesnium.

¶ Gelebertus anno 17. ejusdem Clodovei *Testamentum*, seu Diploma, *scripsit et subscripsit*.

¶ Ansebaldus, qui sub Theodeberto I. *scriptoribus testamentorum regalium præerat*, atque eadem *testamenta*, hoc est diplomata, *de annulo regali* firmabat, teste Fausto monacho in Vita S. Mauri.

¶ S. Aredius sub eodem Theodeberto *Cancellarii sortitus officium* legitur in ejus Vita sæc. 1. Benedict. pag. 349.

¶ Antidius, *Cancellarius* sub eodem Rege.

¶ Brolamo, *Cancellarius* ann. 12. Childeberti.

¶ Mamertus, sub eodem Childeberto, Diploma *recognovit*.

¶ Adocrinus ejusdem Childeberti Diploma *obtulisse, scripsisse et subscripsisse* dicitur ann. 15. ejusdem Regis.

¶ Valentinianus, *Notarius et Amanuensis* anno 48. ejusdem Regis, in Chartâ fundationis Abbatiæ S. Germani Paris.

¶ S. Desideratus cognomento *Theodulphus*, Archiep. Bituric. Chlotarii I. *sigillum* gessit.

Baudinus, *Referendarius* Chlotarii Regis, apud eumdem Gregor. Turon. lib. 19. cap. ult.

Charigisilus, *Referendarius* Chlotarii Regis, apud eumdem Gregorium Turon. lib. 1. de Miracul. S. Mart. cap. 25.

Flavius, *Referendarius* Guntranni Regis, postmodum Episcopus Cabilonensis, apud eumd. Greg. Turon. lib. 5. cap. 46.

¶ Asclepiodotus ejusdem Guntranni *Referendarius* apud Duchesnium.

Licerius, Regis Guntranni *Referendarius*, Archiepiscopus Arelat. apud eumdem Gregorium Turon. lib. 8. cap. 39.

Boso, *Referendarius* [Regis Sigeberti,] apud Fortunatum lib. 7. Poëm. 22.

Siggo, *Referendarius* [ejusdem] Sigeberti Regis, apud Gregorium Turon. lib. 5. Hist. cap. 3. et lib. 3. de Mirac. S. Martini cap. 17.

Theutarius, *Referendarius* Sigeberti Regis, apud eumdem Gregor. Turon. lib. 9. cap. 33.

Charimeres, postmodum Episcopus Virdunensis, *Referendarius* Childeberti filii Sigeberti, apud eumdem Gregorium Turon. lib. 9. cap. 23. et lib. de Glor. Confess. cap. 95. Fortunat. in Vita S. Medardi cap. 22. [** *Caramerus*, in Gestis Episc. Virdun. cap. 7.]

Gallomagnus, Childeberti Regis *Referendarius*, apud eumdem Gregor. Turon. lib. 9. cap. 38. Fortunatum lib. 7. Poëm. 6.

Otho, *Referendarius* Childeberti Regis Austras. apud eumdem Greg. Turon. lib. 10. cap. 19.

¶ Amalsindo Custos *sigilli* Theodorici Regis Aurelianensis ann. 606.

Marcus, *Referendarius* Chilperici Regis, apud eumdem Gregorium Turon. lib. 5. Hist. cap. 29. Aimoin. lib. 3. Hist. cap. 22.

Faramundus, *Referendarius* ejusdem Chilperici, apud eumdem Fortunat. lib. 9. Poëm. 12.

S. Audoenus, seu Dado, postea Rotomag. Archiep. *Referendarius* Dagoberti I. in Gestis ejusdem Dagoberti cap. 36. 39. 43. apud Aimoinum lib. 4. cap. 41. jam laudato, Matth. Westmonaster. ann. 937. [Mabillon. Diplom. pag. 465. ann. 632. Idem Referendarii munere etiam functus est sub Chlodoveo Dagoberti Regis filio, uti probatur apud Duchesnium.]

☞ Alios alii recensent ejusdem Dagoberti Referendarios, *Godefridum*, *Landricum, Ursinum, Henricum, Chrodebertum, Chadouinum* seu *Adoindum*; sed post Labbeum contendit Duchesnius eos dumtaxat Notarios fuisse summo Referendario inferiores. Horum ratio est, non fuisse plures eodem tempore summos Referendarios. Verum, ut cæteros taceam, an verisimile est, *Chadouinum*, seu *Adoindum Referendarium*, quem ut *strenuum* Ducem, jam a *temporibus Regis Theodorici multis præliis probatum* prædicant Fredegarius in Chronico cap. 78. et Auctor Gestorum Dagoberti cap. 36. quemque idem Dagobertus, ut iidem Scriptores testantur, decem Ducibus totique suo exercitui in Vasconiam directo præfecit, an, inquam, verisimile est tam egregium Militem inferioris Notarii munus obiisse, ac non potius veri Referendarii? Malim ergo credere plures tunc temporis aliquando fuisse Referendarios æquales, ut sub secunda Regum nostrorum stirpe interdum plures fuere Cancellarii, ut colligere est ex Catalogo Cancellariorum a nobis supra descripto. Sed et præter illos Dagoberti Referendarios vel Cancellarios rursum

¶ B. Maurontus *in aula ejusdem Regis militasse* dicitur, *et ut nobilis Regiæ bullæ, vel Sigilli Bajulus* declaratur in Chronico Centul. apud Acher. tom. 4. Spicil. pag. 428.

¶ Burgundofarus ejusdem Regis Diploma *optolit* tom. 1. Annal. Bened. pag. 685.

¶ Geroardus, a quibusdam fuisse creditur Chlodovei II. Referendarius, quod Landrici Episcopi Paris. Chartam immunitatis Monsterii San-Dionysiani *obtulisse* legatur *et subscripsisse*: quod munus erat Referendarii.

¶ Beroaldus ejusdem Regis Diploma ann. 653. *obtulisse* legitur apud Mabillon. lib. 6. Diplom. pag. 467.

S. Bonitus, postmodum Episcopus Arvernensis, Sigeberti [II.] Regis Referendarius, in illius Vita tom. 1. Hist. Francorum pag. 684.

Robertus *summus Palatii Referendarius* sub ann. 670. [mallem 660. certo tum regnante Chlotario III.] in Vita S. Ansberti Episc. Rotomag. cap. 1.

¶ S. Ansbertus, *Gerulus annuli Regalis* sub eodem Chlotario, in illius Vita num. 7.

¶ Leocadius *Cancellarius* sub Childerico II. apud Duchesnium.

¶ Thetbaldus, apud Duchesnium, vel Gerbaldus *obtulit* ut habet *Laguille* in Probat. Hist. Alsatiæ pag. 14. sub Theodorico I. Rege Franc.

¶ Einardus, *ad* cujus *vicem Gairebaldus recognovit*, sub eodem Theodorico, apud Duchesnium.

¶ Droctoaldus *jussus optulit*, sub eod. Theodorico ann. 678. lib. 6. Diplom. Mabill. pag. 469.

¶ Aglibertus *recognovit* sub eodem Theodorico, apud Mabillonium lib. 5. Diplom. tabella 20. et lib. 6. pag. 470. in Placito ann. 678.

¶ Audimbertus *recognovit*, in altero ejus Regis Placito ann. 680. ibidem.

¶ Singulfus *recognovit*, sub eodem Theodorico ann. 688. ibidem pag. 471.

¶ Wlfolaecus *jussus obtol. et subsc.* Præceptum ejusdem Theodorici ann. 680. ibidem pag. 471. et aliud Childeberti ann. 694. rursum *jussus obtulit* ibidem pag. 447.

¶ Mamertus, sub Childeberto II. apud Duchesnium.

¶ Turandus, *Cancellarius* Tageberti seu Dagoberti II. Regis Austrasiæ *an. ab Incarn. D. DCLXII. ... an. XXXII. regni sui.* In quibus notis manifestus error est. Vide *Laguille* Histor. Alsat. lib. 7. pag. 76.

¶ Cunibertus *Archicancellarius*, in Charta Dagoberti Regis Austrasiæ ann. 691. quam se vidisse testatur Duchesnius pag. 35. sed in hac quoque nota mendum est, nullus enim tum regnabat Dagobertus.

¶ Agnilus *recognovit* duo Placita Chlodovei III. ann. 692. apud Mabillon. lib. 6. Diplom. pag. 473. et 474.

¶ Apthadus *recognovit* aliud Placitum ejusd. Regis eod. ann. ibid. pag. 474.

¶ Walderamnus *recognovit* Placitum ejusd. Regis ann. 693. ibid. pag. 476.

¶ Sygminus *recognovit* Placitum Childeberti Regis ann. 694. ibid. pag. 677.

¶ Norderbertus *optulit* Præceptum ejusdem Regis ann. 695. ibid. pag. 478.

¶ Chaldeberchthus, *ad* cujus *vicem Aigoberthus jussus recognovit* Præceptum ejusd. Regis ann. 697. ibid. pag. 480

¶ Reffa *recognovit* Placitum ejusd. Regis ann. 703. ibidem pag. 480.

¶ Blatcharius *jussus subscripsit* Præceptum ann. 706. ibid. pag. 481. et Placitum *recognovit* ann. 709. ibidem pag. 482.

¶ Actalius *jussus recognovit* Placitum ejusdem Regis ann. 710. ibidem pag. 489. et *jussus optolit* Præcepta Chilperici ann. 716. ibid. pag. 485. et 486.

¶ Angilbaldus *ad* cujus *vice Dagobertus recognovit* Placitum ejusd. Regis ann. 710. ibid. pag. 484.

¶ Fredebertus *scripsit* Chartam ann. 1. Regis Chilperici II. apud Duchesnium.

¶ Raganfredus *obtulit* Diploma ejusdem Chilperici, apud Duchesnium et Mabillon. Diplom. pag. 385.

¶ Ado *jussus obtulit* Præceptum ejusdem Regis ann. 717. apud Mabillon. pag. 486. pro quo perperam legitur *Adonissus obtulit* apud Duchesnium.

¶ Chrodebertus *recognovit* Placitum ejusd. Regis ann. 716. apud Mabillon. pag. 485.

¶ Ermedramnus *recognovit et subscripsit* aliud Placitum ejusd. ann. ibidem.

¶ Raldramnus *Archicancellarius*, sub Theodorico II. *sexto anno Caroli Martelli* apud Duchesnium.

¶ Grimaldus, sub eodem Theodorico, apud eumdem Duchesnium.

¶ Chaldo vel Aldo sub eodem Theodorico apud Duchesnium.

CHRODEGANGUS Abbas, Caroli M. *Referendarius*, apud Hugon. Flaviniac. pag. 106. [** Caroli Martelli. Vide Pauli Gesta Episc. Metens. apud Pertz. Scriptor. tom. 2. pag. 267.]

* GENSERICUS *Referendarius*, subscribit diploma Hugonis Capeti inter Instr. tom. 7. Gall. Christ. col. 220.

STEPHANUS, *Referendarius Regis*, sub Philippo I. apud Guibert. lib. 3. de Vita sua cap. 12.

Editum est vetus Placitum sub Chlodoveo III. a viro doctissimo Jo. Mabillonio tom. 4. SS. Ord. S. Benedicti pag. 619. [et lib. 6. de Re Diplom. pag. 475.] [** apud Brequin. nov. edit. num. 431.] *cui interfuisse dicuntur Episcopi, viri inlustres, Optimates, Comites, Grafiones, Domestici, Referendarii*, scilicet *Wlfolaicus, Aiglas, Chrodeberchtus et Waldramnus*, deinde *Senescalci*, et *Comites Palatii*. Unde aliam ac diversam plane fuisse eruitur Referendariorum dignitatem, a Custode annuli regii, cujus cura plures spectare non potuit.

☞ Solebat unus esse cæteris præpositus, cui cura erat annuli regalis. Inferiores erant instar Notariorum, qui Carlovingis et Capetianis imperantibus, summis Cancellariis subdebantur. Vide Marculfum lib. 1. Form. cap. 25. et ibi Bignonium, necnon Mabillonium lib. 2. de Re Diplom. cap. 11. et suo loco *Cancellarius*.

☞ Suos etiam *Referendarios* habuerunt Reginæ Francorum; *Ursicinus* quippe Referendarius Ultrogothæ et *Bobolenus* Fredegundis laudantur a Gregorio Turon. lib. 5. cap. 43. et lib. 8. cap. 32.

Referendarii dignitas obtinuit etiam apud Reges Anglo-Saxonicos. Charta ann. 605: *Ego Augemondus Referendarius approbavi*, apud Spelman. [** Vide Phillips. de Jure. Anglos. not. 249.] Apud Guibertum lib. 3. de Vita sua cap. 4. Gualdricus Episcopus Laudunensis dicitur fuisse *Referendarius Regis Angliæ*.

☞ Eadem Referendarii, qui scribenda diplomata Notario dictabat, dignitas nota fuit Principibus Beneventanis, ut observat Mabillonius laudato cap. 11. ex Italia sacra tom. 8. col. 589. 608. 609. 610. etc. [** Charta Aistulfi Longobard. Regis ann. 756. in Chronic. Farfens. apud Murat. Script. tom. 2. part. 2. pag. 440. scripta dicitur *ex dicto domni regis per Theopertum illius Referendarium*. Vide eumdem Murator. Antiq. tom. 1. col. 118. E. *Anianum*, qui Breviarium legis Romanæ Wisigothicum *edidit*, Alarici Regis Referendarium fuisse vult Gothofred. in Prolegom. Cod. Theodos. cap. 5. § 8.]

REFERENDARIUS, in Ecclesia CP. Dignitas, de qua sic Anastasius ad VIII. Synod. act. 8: *Patriarcha CP. Referendarium quempiam semper habet, qui ejus Imperatori omnem denuntiat voluntatem: qui aditum in palatio semper habet ad referendum Imperatori, quæcumque sunt Patriarchæ ac Ecclesiæ necessaria, per quem etiam Imperator, quod placet, Patriarchæ transmittit.* Vide Glossar. med. Græcit. col. 1291.

* REFERENDARII appellati præterea, qui a præposito Parisiensi delegabantur ad examinandas rationes, quæ ad executiones testamentorum pertinebant, ut de iis ad eum referrent. Lit. ann. 1407. tom. 9. Ordinat. reg. Franc. pag. 312: *Pour oïr les comptes du fait d'icelles executions et testamens d'iceulx deffuncts, vous aiez accoustumé de donner et de fait donnez et deputez commissaires aucuns des examinateurs de nostre chastellet, pardevant lesquelz ès redditions d'iceulx comptes et autrement, surviennent pluseurs debas et altercations, desquelles et desquelz, pour ce que ilz ne sont que Referendaires, ilz n'osent cougnoistre, mais renvoyent tous iceux debas pardevant vous, etc.*

REFERENDI CURIÆ, Qui extra ordinem referebantur a Principe in album Curiæ, et Senatoria dignitate donabantur, apud Senatorem lib. 1. Ep. 41. lib. 3. Ep. 33. lib. 4. Ep. 25. lib. 6. Ep. 14.

* **REFERENS**, pro *Referendarius*, Amanuensis, apud Mabill. in Mus. Ital. pag. 72: *Ingobertus eram Referens et scriba fidelis.*

¶ **REFERERE**, pro Referre. Gualterus Hemingford. de Gestis Edwardi II. Regis Angl. ad ann. 1311. pag. 260: *Si autem dubium oriretur in ipsis, quod tunc Refereretur causa ad curiam.* Sic legi monet Editor Hearnius.

* **REFERMARE**, In officio, quo quis jam functus est, illum denuo constituere, Ital. *Rifermare*. Stat. Senens. ann. 1288. apud Murator. tom. 4. Antiq. Ital. med. ævi col. 83: *Qui potestas jurare teneatur, nullo modo vel ingenio recipere vel acceptare electionem de se factam, si accideret quod Senenses ipsum eligerent pro anno futuro.... Et teneatur potestas facere jurare omnes homines de consilio campanæ,..... quod sic potestatem, vel alium dominum vel rectorem, qui pro tempore fuerit, non Refermabunt pro alio futuro anno.* Vide infra *Refirmare* 6.

¶ REFERMATUS, Quasi *Refirmatus*, Confirmatus, ab Italico *Rifermare*, Iterum firmare. Gualvaneus Flammeus apud Muratorium tom. 12. col. 1016: *Stantibus supradictis concurrentiis Ursus Kavistianus fuit in regimine Refermatus.* Iterum occurrit col. 1017.

* *Refermer*, pro Reficere, reædificare, in Chron. S. Dion. tom. 5. Collect. Histor. Franc. pag. 223: *Le chastel d'Argent Referma* (Pepin) *que li dux Gaifiers avoit abatu.* Ubi Annal. Eginh. ad ann. 766. habent, *Restauravit*. Vide *Refirmare* 2.

¶ **REFERRARE** EQUUM, Equum denuo calceare, Gall. *Referrer*. Statuta Massil. lib. 5. cap. 52: *Pro ferrando equo quatuor den. de pede uno, et pro Referrando* 1. (*l.* 11.) *den. de asino et asina* 11. *den. de pede uno et pro Referrando* 1. *den. de pede.*

¶ **REFERRE** SE, Gall. *S'en rapporter*, Aliqua re stare. Additiones ad Statuta Collegii Dainvillensis ann. 1383. apud Lobinell. tom. 3. Hist. Paris. pag. 514: *Certos redditus ... præfato Collegio assignavimus, sicut per fundationem hujusmodi capellaniæ præmissam clarius potest apparere, ad quam nos Referimus.*

REFERTOR, *auctor pulmentorum, a refercio, cis*, apud Papiam.

¶ **REFESSARE**. Vide *Refeffare*.

* **REFEUDUM**, REFFEUDUM, Feudum, quod per medium tenetur a superiori domino, nostris *Réfié* et *Rérefié*. Charta Otton. IV. comit. Burg. ann. 1294. inter Probat. tom. 1. Annal. Præmonst. col. 456: *In castris, in feudis, in Refeudis, justitiis, jurisdictionibus, etc.* Charta ann. 1351. in Reg. 81. Chartoph. reg. ch. 58: *Cum omnibus et singulis feudis, Reffeudis, domaniis, etc.* Alia ann. 1294. ex Chartul. episc. Carnot.: *Ce que je* (*Guace de Loygni*) *tiens dudit monseigneur l'evesque et dei tenir en fiez, en Rérefiez, et en quelqu'autre maniere de teneure où que elle seit.* Charta admort. ann. 1412. in Reg. 166. ch. 272: *Lesquelles rentes sont en franc aloy, sans fié ne Réfié.* Vide infra *Rerefeodum*.

* REUFEODUM, Eadem notione. Charta Mathild. comit. Nivern. ann. 1254. inter Probat. Hist. Autiss. pag. 283. col. 2: *De septem arpentis terræ sitis in territorio de Joinches, quæ movebant de nostro Reufeodo, etc.*

REFFARE, Rapere, ex Saxon. reafian, i. rapere, spoliare, unde reafung, rapina; ex reaf, vestis et spolium, hinc *robare*, nostris, *Rober, Desrober*, de eo qui vestem seu *robam* rapit. Vide *Rauba*. Lex Salica tit. 29. § 6: *Si quis messem alienam per furtum metere, aut Reffare præsumpserit*, 600. *denarios, qui faciunt sol.* 15. *culpabilis judicetur.* [Codex Guelferbyt. MS. præfert *Repare*: quod ferri potest a Saxonico repen, Vellere, pro quo superiores Germani *Reuffen* et *Rauffen* usurpant, Eccardo teste in hunc titulum, qui est 27. Pactus legis Salicæ.] Leges Henrici I. Regis Angl. cap. 83: *Si quis mortuum Refabit armis aut vestibus, etc.* Vide *Reeroof*.

* In Leg. Sal. teste Muratorio tom. 2. Antiq. Ital. med. ævi col. 288. Estensis codex habet, *Treffare*, id est, ut in Glossa additur, *spicanti evellere*.

* **REFFERRARE**, Equum calceare. Comput. ann. 1383. inter Probat. tom. 3. Hist. Nem. pag. 54. col. 1: *Solvit Manuelh de Comite pro Refferrando suum ronsinum, ... xij. den.* Vide *Referrare*.

* **REFFEUDUM**. Vide supra in *Refeudum*.

* **REFFIANUS**, pro *Ruffianus*, Leno, scortator. Form. MSS. ex Cod. reg. 7657. fol. 28. r°: *Dictus delatus sua præsumptiva audacia motus,.... non verens quam sit grave onestas et religiosas personas..... inducere temere ad peccandum, potissime ad libidinem carnis,..... tanquam Reffianus publicus suis falsis stimulis induxit et excitavit ad adulterandum et se carnaliter commiscendum cum quadam muliere. Reffaitter*, Obscœne dicitur de illicito cum muliere commercio, in Lit. remiss. ann. 1397. ex Reg. 152. Chartoph. reg. ch. 246: *Icellui Jaquemin dist au suppliant, il vaulsist mielx que tu gardasse ta maison, que tu feusses cy; car telz et telz.... vont veoir ta femme et le Reffaittent cependant que tu es icy, en l'appellant par plusieurs fois coux. Rafaitier*, eodem sensu, in aliis ann. 1372. ex Reg. 103. ch. 153: *Lesquelz deux hommes aloient Rafaitier ou bois lesdittes femmes.* Vide *Ruffiani*.

* **REFFIN**, vox Gallica, Lana subtilior, in Comput. MS. monast. Clareval. ann. 1364. fol. 61. v°: *De xiij. petris de Reffins venditis præposito Castriwillani, petra xxij.*

gros. val. xxviij. flor. vj. gros. Refin, ibidem.

¶ **REFFORCIATUS**, Refforsare. Vide *Refortiare*.

* **REFFORCIUM**, Dicitur in re monetaria, cum ad puriorem minusque adulteratam materiam moneta revocatur. Libert. Brianc. ann. 1349. tom. 7. Ordinat. reg. Franc. pag. 733. art. 40 : *Pro cursu vel Reffórcio monetarum, etc.* Vide in *Refortiare*.

* **REFFORMARE**, Consilium mutare. Instr. ann. 1459. inter. Probat. tom. 3. Hist. Nem. pag. 292. col. 1 : *Sed pro vero credimus quod ipsis consulibus alia ratio, præterquam ista, Reffformat, pactumque in stomaco eorum, quæ moleste gerunt.* Ab ea notione nihil fortasse differt vox Gallica *Réformer* in Lit. remiss. ann. 1389. ex Reg. 137. Chartoph. reg. ch. 108 : *Loys de Bugny capitaine de certaines gens d'armes tenoit une forteresse en Auvergne, couroit par le pays, prenoit bestial et les gens et les faisoit Réformer et furer.* Id est, ex rusticis hominibus milites et prædatores faciebat.

¶ **REFFREDARE**, pro *Refrenare*, Reprimere, coercere, Ital. *Refrenare*. Statuta criminalia Saonæ cap. 21 : *Ad Reffredandum quorumdam noxios appetitus, etc.*

* **REFFRICARE**, Refrigerare, reficere, equo pabulum præbere. Comput. ann. 1380. inter Probat. tom. 3. Hist. Nem. pag. 28. col. 1 : *Item pro fenando* (l. ferrando) *aliquos dictorum ronsinorum in Avinione,..... et pro Reffricando, eundo, stando et reddeundo, etc.* Vide *Refrescare*.

* **REFFUGARE**, Recusare, renuere. Charta Guid. episc. Clarom. pro incolis Biliomi et S. Lupi ann. 1281. in Reg. 73. Chartoph. reg. ch. 1 : *Si gagium seu duellum Reffugaverit, seu duellum subire recusaverit, non habeatur propter hoc pro convicto.* Vide *Refutare*.

¶ **REFFUNDERE**, Resarcire. Vide *Refundere*.

¶ **REFIBULARE**, quod apud Juniores improbat Vossius lib. 4. de Vitiis serm. cap. 20. et pro quo mavult, fibulam laxare, solvere, aut quid simile; legitur hac notione apud Martialem lib. 9. Epigr. 28. *Refibulavit faber.*

* Nostris *Reflubler*, pro *Recouvrir*, Iterum operire. Lit. remiss. ann. 1359. in Reg. 87. Chartoph. reg. ch. 170 : *Icellui Colinet prinst le suppliant par le chapperon, et en li Reflublant ou voulant mettre sur le visaige, etc.* Vide Valesiana pag. 201.

REFICERE, seu *Corpus reficere*, Quiescere, somno indulgere. Cassianus lib. 3. de diurn. Orat. cap. 8 : *Ut post excubias totius noctis duabus ferme horis Reficientes corpora sua, nequaquam per totum diei spatium somni torpore marcescant.* Infra : *Requie brevis hujus temporis pro totius noctis Refectione contenti.* Cap. 4. ejusdem libri : *Reliquas horas* (noctis) *Refectioni corporum deputatas a majoribus invenimus.* Regula S. Isidori cap. 8 : *Post vigilias autem usque ad Matutinum Reficiendum est.* Vide *Refectio*.

* **REFICIARE**, Cibo reficere, restaurare, unde *Reficiamentum*, Reparatio, quæ alimentis fit. Gabr. Barel. serm. de Flagellis Dei : *Sicut vis corpus Reficiare quotidie ita animam cibo spirituali missæ.* Idem serm. in Cœna Dom. : *Caro Christi hominem interiorem plus cæteris gratiis spiritualiter reficit; unde dicitur viaticum, quasi Reficiamentum.* Italis, *Rifare;* unde *Rifacimento*, eadem notione.

* **REFIERI**, De novo fieri, refici. Sent. arbitr. ann. 1358. in Chartul. S. Petri Gand. ch. 25 : *Quod cancellos hujusmodi reparari, retineri et Refieri facere debebant.* *Refréchir*, eodem sensu, in Lit. remiss. ann. 1476. ex Reg. 195. Chartoph. reg. ch. 1585.

* **REFINDIT**, *Remutat, rescindit*, in vet. Glossar. ex Cod. reg. 7641.

¶ 1. **REFIRMARE**, Confirmare. Privilegium Monasterii Crassensis tom. 1. Annal. Benedict. pag. 700. col. 1 : *Hoc privilegium a me factum et Refirmatum relegi et promptissima voluntate subscripsi.* Occurrit eadem notione apud eumd. Mabillon. tom. 3. Analect. pag. 210.

¶ 2. **REFIRMARE**, Instaurare, denuo munire. Litteræ ann. 1224. Hist. Mediani Monast. pag. 313 : *Dux mihi licentiam concessit Altampetram Refirmare, vel castrum alibi in terra mea ubicumque voluero firmare.*

¶ 3. **REFIRMARE**, Denuo obdere, occludere, Gall. *Refermer*. Miracula S. Aigulfi cap. 6 : *Armarium diffirmavit, et tres calices inde rapiens, Refirmato armario, etc.* Vide *Firmare* 6.

¶ 4. **REFIRMARE**, Reficere. Epistola Guiberti Abb. Gemblac. ann. circiter 1182. apud Marten. tom. 1. Anecd. col. 609 : *Numquam in omni vita sua extra refectorium... comedere... aut saltem bibere præsumat* (Abbas)... *Si autem in id ægritudinis decidat, ut eum lecto recipi expediat, tunc demum in camera sua Refirmetur infirmorum more, posita ante lectulum ejus mensula solus comedit, assistentibus ministris qui edenti deserviant.*

¶ 5. **REFIRMARE**, Magis, vel denuo firmare, constabilire, Gall. *Raffermir*. Litteræ Ludovici Siciliæ Regis ad Carolum IV. Imper. : *Communis exigebat decentia et expedientia suadebat, quod Refirmata utrorumque caritas ad votiva incrementa proficeret, et turbationis olim exortæ Reliquias dispositiva sinceritate deleret.*

* 6. **REFIRMARE**, In officio, quo quis jam functus est, illum denuo constituere. Stat. antiq. Florent. lib. 1. cap. 3. ex Cod. reg. 4621. fol. 13. r° : *Nullus forensis, qui fuerit per se vel cum alio in dictis officiis,..... possit Refirmari, vel aliquod officium exercere in loco vel potestaria, in quo fuerit semel intra dictum tempus.* Vide supra *Refermare*.

¶ **REFITERI**, *Iterum vel retro fateri vel negare*, Johanni de Janua; *Regehir ou nier*, in Glossis Latino-Gall. Sangerm.

* Hinc nostris *Régehir, Régeir*, et *Régehir*, pro *Reconnoître, avouer, confesser*, Agnoscere, confiteri : unde *Régehissement*, Confessio. Gesta Ludov. Pii tom. 6. Collect. Histor. Franc. pag. 142 : *Bernarz..... vint à l'empereor, à ses piez se laissa chaoir, et li Réjehi que il s'estoit vers lui méffaiz.* Ubi Vita ejusd. imper. ibid. pag. 101 : *Confessus perperam se egisse.* Joinvil. in S. Ludov. edit. reg. pag. 11 : *Se vous preniés ne or ne argent, par quoy vous Régeissiez de vostre bouche nulle riens, qui feust contre le Sacrement de l'autel.* Charta ann. 1282. in Chartul. domus Dei Pontisar. : *Lesqueles choses le devant dit Jehan Régehi devant nous li avoir vendu.... Avons promis, et affermons et Régehissons nous avoir icele aprovée et affermée.* Lit. remiss. ann. 1363. in Reg. 92. Chartoph. reg. ch. 260 : *Les supplians se doubtent que icellui Jehan n'ait esté menez jusques à confesser ou Régehir avoir commis fait de force et de violence en ceste partie,.... et que par rigueur des confessions ou Régehissemens dessus diz l'en ne procede à punition corporelle de la personne dudit Jehan.* Vitæ SS. MSS. ex Cod. 28. S. Vict. Paris. fol. 373. v°. col. 2 : *Li consules crut tant en foy et en creance qu'il à l'apostre se confessoit de ses pechiez et Régeissoit ses felonnies.*

REFLATARE, *Respirare, spirare.* Ita Glossæ MSS. ad Alexandrum Iatrosophistam lib. 1. Passionum cap. 103 : *Sublata plenitudine natura levior efficitur, et minorata ea facilius Reflatat.*

* **REFLECTIO**, Refluxus, fluvii cursus, Ital. *Reflusso*. Charta fundat. priorat. *de Jugon* tom. 1. Probat. Hist. Brit. col. 520 : *Promisit etiam se eis* (monachis) *adquietaturum quamdam curvaturam terræ, quæ propter Reflectionem Argoenæ, reflectitur et ipsa versus burgum monachorum, ut possint cursum aquæ conjungere monti.*

* Reflexio, Refluxio, Eadem notione. Charta Alberti march. Brandeburg. inter Probat. tom. 2. Annal. Præmonst. col. 115 : *Præterea insulæ eidem villæ adjacentis inter duas Albis Refluxiones partem mihi pertinentem, excepta media parte solve* (f. Sultæ; sic enim aqua quæ fluit de Albi fluvio appellatur infra col. 119.) *per nos fratribus de Liezebe collata.* Quæ col. 117. ita leguntur : *Inter duas Albis Reflexiones. Mediam enim partem ejusdem insulæ fratribus de Liezeke contulerat.*

REFLETUM, Reflectum, vox forestariorum. Inquisitio de forisfactis in forestis Regis, in Additam. ad Matth. Paris : *Inquirendum est etiam, quantum vestura singulorum boscorum et Refletorum prædicto modo valuit, antequam assarta illa facta fuerunt.* Eadem habet Fleta lib. 2. c. 41. § 38. nisi quod *reflectorum* præfert.

* Eo pertinere videtur vox Gallica *Reflaise*, in Charta ann. 1340. ex Reg. 72. Chartoph. reg. ch. 217 : *Pour le Reflaise du fosset de ce mes, un denier.* Forte Pars aversa fossati, vulgo *Revers*.

* **REFLEXIO**, Vide supra in *Reflectio*.

REFLORATIO, *Deliberatio*. Papias. F. *Delibatio*.

¶ **REFLORITIO**, dicitur de arboribus, quæ secundo floruerunt, apud Bernard. *de Breydenbach* Itin. Hierosol. pag. 211.

REFLUCTUARE, Reflugtatio. Vide *Refutare*.

* **REFLUTARE**, pro *Refutare*, Cedere, dimittere, rem in alterius jus transferre; unde *Reflutatio*, pro *Refutatio*, Cessio. Vide *Refutare*. Charta ann. 1105. apud Lamium in Delic. erudit. inter not. ad Hodœpor. Charit. part. 3. pag. 1098 : *Breve investitionis et Reflutationis, securitatis et firmitatis, etc.* Et pag. 1099 : *Ugo et Luteri*

comites..... per lignum, quod suis detinebant manibus, investiverunt et Refluxaverunt Rolando, etc.

* **REFLUXIO.** Vide supra in *Reflectio.*

REFLUXIO Maris, Mora judiciaria, quæ mercatoribus extraneis litigantibus dari solebat. Leges Burgor. Scoticorum cap. 134. § 3 : *Et ille homo, super quem invenit plegium, attachiabitur ad respondendum ipsi infra tertiam Refluxionem maris, sine ulteriori dilatione, scilicet infra unum diem, et unam noctem.* Iter Camerarii Scotiæ c. 39. § 52 : *Si Baillivi fecerunt breviare aliquas querelas inter burgensem et mercatorem, post tertiam maris Refluxionem, per dilationem voluntarie.*

* **REFOCILLAMENTUM**, Refocillatio, instauratio, Ital. *Rifocillamento.* Charta ann. 1352. ex Tabul. Massil. : *Attentis reparationibus et Refocillamentis, quæ fiunt in Nicia circa maritimam, tum et attentis armationibus, quæ fiunt cum arduis apparatibus per Cathalanos et Januenses, etc.*

REFOCILLANTIA, in Decreto Synodali Lambethensis Concilii ann. 1351 : *Ad solatium et Refocillantiam suorum corporum etc.*

¶ **REFOLLARE** dicuntur stagna, quorum aquæ aggere et obstaculo retentæ exundant ruuntque per prata viciniora. Charta ann. 1198. apud Lobinellum tom. 2. Hist. Britan. col. 324 : *De stagno de Marsill. ita provisum est, quod tantum et non amplius Refollabit quantum vetus Refollabat, et sciendum est, quod alter eorum super alterum se crescere non poterit.*

* **REFOLLUM**, Gall. *Refoul*, Locus, in quem aquæ exundantes stagni aut canalis influunt. Charta ann. 1306. in Reg. 47. Chartoph. reg. ch. 87 : *Concessimus..... quinquaginta acras domaniorum et pratorum non falcabilium,..... herbagium landarum et Refollum vivarii.* Reg. S. Justi ex Cam. Comput. Paris. fol. 248. r° : *Item vivarium et le Refoul vivarii.* Charta ann. 1328. in Reg. 67. ch. 79 : *Nous avons baillié en fieu à heritage.... le vivier des Marrés o la chaucie et o le Refoul, jouxte la haie de Valoignes.* Ubi Chartæ titulus : *Confirmatio vivarii de Marescis, cum strata et Refoulto.* Sed leg. *Refoullo.* Lit. remiss. ann. 1416. in Reg. 169. ch. 304 : *Pour occasion de la pescherie d'une riviere ou Refoul d'un estang et molin, etc.* Aliæ ann. 1473. in Reg. 204. ch. 8 : *En laquelle riviere a ung Reffoul ou pescherie.* Vide *Refollare.*

¶ **REFONDARE.** Vide infra *Refundare.*

¶ **REFORCIATUS**, Reforcium. Vide infra *Refortiare.*

* **REFORGIARE**, Reparare, reficere. Charta ann. 1517. ex sched. Pr. *de Mazaugues : Quia molendina prædicta et alia ingenia constructa ad usum et commoditatem ipsius universitatis de S. Remigio, et per eandem fuerunt constructa et Reforgiata, uedum* 10. 20. 30. *imo* 40. *et* 50. *annis citra et ultra, etc.* Vide infra *Refortiare* 1.

* **REFORMAMENTUM**, Nova constitutio, sanctio, quæ aliis usu receptis contraria est. Stat. synod. Reatina MSS : *Excommunicamus.... quoscumque, qui condiderunt seu fecerunt..... ordinamenta seu Reformamenta quæcumque contra ecclesiasticam libertatem.* Vide *Reformatio* 1.

1. **REFORMARE**, Restituere, reddere. *Reformare debitum*, apud Sidonium lib. 4. Ep. 24. Ita utuntur Lex 9. Cod. Th. de Desertorib. Lex 15. de Pistorib. eod. Cod. etc. Decretio Chlotarii Regis cap. 12. Concil. Aurelian. II. can. 24. Turonense II. can. 26. Pariense I. can. 3. Lex Wisigoth. lib. 7. tit. 3. § 4. lib. 8. tit. 3. § 13. lib. 9. tit. 1. § 1. 9. tit. 3. § 4. lib. 11. tit. 3. § 4. Lex Burgund. tit. 29. § 1. tit. 41. § 1. tit. 49. § 2. tit. 77. § 1. 3. Lex Bajw. tit. 11. cap. 3. Lex Ripuar. tit. 66. Capitula Caroli M. lib. 5. cap. 204. [** 356.] lib. 6. cap. 151. [** 153.] Regula S. Fructuosi cap. 20. etc.

¶ 2. **REFORMARE**, Statuere, sancire. Chronicon Parmense ad ann. 1287. apud Murator. tom. 9. col. 811 : *Per Concilium extitit Reformatum de dando eis cc. libras Parmenses.* Et ad ann. 1295. col. 832 : *Per dominum Potestatem prædictum et tunc capitaneum, et per anzianos omnes, Reformatum fuit, quod omnes banniti Communis Parmæ propter maleficia, cujuscumque conditionis essent, cancellarentur et extraherentur de omnibus bannis et condemnationibus eorum gratis, scilicet illi de parte Ecclesiæ et non alii.* Vide infra *Reformatio.*

¶ Reformare Responsum, Respondere. Literæ Civitatis Lubec. ad Henricum Angl. Regem ann. 1403. apud Rymer. tom. 8. pag. 288. col. 1 : *Desideramus etiam vestrum benignum responsum super hiis nobis Reformari.*

REFORMARI, Reconciliari. Albertus Argentin. pag. 125 : *Ex quo ipse Rex contra Principem movebatur, juramento affirmans publice, se nunquam Reformaturum eidem.* Occurrit non semel apud ejusce ævi Scriptores.

¶ 1. **REFORMATIO**, Constitutio, sanctio, quæ disciplinam civilem spectat. Chronic. Parmense ad ann. 1308. apud Murator. tom. 9. col. 870 : *Ribaldi et aliæ viles personæ ascenderunt palatia Communis vetus et novum.... et omnes libros bannorum, et taschas maleficiorum, et actorum veterum et novorum, et Reformationem Communis et populi Parmæ, et condemnationum, existentes ibi in ipsis domibus et palatiis, fractis omnibus archibancis, universaliter abstulerunt, et fregerunt, et dilacerarunt, etc.* Statuta Cadubrii lib. 1. cap. 74 : *Tempore quo elligitur Vicarius, elligatur et elligi debeat per consilium generale unus Notarius, qui sit Cancellarius curiæ et communis Cadubrii, qui registrare debeat omnes literas.... et provisiones, et Reformationes, statuta et ordinamenta Cadubrii.* Vide *Reformare* 2.

* 2. **REFORMATIO**, Assignatio. Leg. Polon. a Prilusio collectæ pag. 251 : *Si quis in aliquo alio bona quæcumque juris decreto fuerit assecutus, in quibus scilicet bonis uxor ejusdem victi habuit Reformationem suam dotalicialem; talem Reformationem volumus illæsam permanere.*

¶ **REFORMATIONES**, Inquisitiones *Reformatorum* in provincias missorum, de quibus mox. Literæ Philippi VI. Franc. Regis ann. 1340. tom. 3. Ordinat. Reg. pag. 235 : *Reformationes super usuris et quibuscumque aliis excessibus cessabunt, nisi contra officiarios dictæ civitatis (Condomi;) Reformatoribus jam missis et deinceps mittendis, reformandi, inquirendi et procedendi contra dictos Consules, Universitatem, cives et vicinos, potestatem omnimodam precludentes.*

¶ **REFORMATOR**, Judex in provincias abs Rege præter ordinem missus, qui de omnibus excessibus atque delictis cognoscebat, *proditionis et læsæ majestatis casibus duntaxat exceptis*, ut habetur in Literis Johannis Fr. Regis ann. 1351. tom. 2. Ordinat. Reg. pag. 482. et aliis ann. 1353. ibid. pag. 521. 522. 525. et 526 : *Quibus literis facultas etiam datur Priori S. Martini de Campis pro criminibus aliis quibuscumque financias recipiendi, creandique notarios, recipiendique financias de rebus per innobiles a nobilibus, seu personis ecclesiasticis, a quibuscumque et quomodolibet, acquisitis. Item, Universitatibus locorum dandi et concedendi privilegia et libertates... necnon Consulatus et Syndicatus, nundinas et mercata... et alia privilegia absque regio et alieno præjudicio concedendi. Item, compellendi realiter et de facto omnes et singulos receptores regios, tam ordinarios quam extraordinarios, collectores et subcollectores decimarum, magistros et gardiatores vectigalium et portuum seu passagiorum, et commissarios quoscumque ad tradendum, reddendum clarè et specifice omnes partes receptarum et missionum suarum, et ex causa. Item, procurandi et habendi generaliter, modis et viis quibus licite fieri poterit, financias et compositiones, quæ pro quibuscumque causis ordinariis et extraordinariis haberi poterunt, et super hiis et dependentibus ex iisdem, inquirendi contra quascumque personas de criminibus et excessibus quibuscumque, easque puniendi et absolvendi, secundum quod causarum merita exigent, et* dicto Priori *videbitur, justitia mediante.* Hæc præcipua fuere munia Bertrandi Prioris supradicti, Consiliarii Regis, qui *ab eodem Rege* erat *in tota lingua Occitan. Refformator generalis destinatus*, ut legitur in Literis ann. 1351. ibid. pag. 475. Adde pag. 476. 520. et 525. necnon Literas Caroli Johannis Francorum Regis primogeniti ann. 1356. tom. 3. Ordinat. pag. 112. ubi confirmantur *Ordinaciones factæ circa abreviacionem litium, et quarumdam aliarum rerum utilitatem publicam multimode concernentium, per Robertum de Cerniaco* (melius pag. 113 : *Charniaco*) *Militem, olim Reformatorem ad partes istas* (Occitanas) *deputatum per regiam Majestatem*, scilicet per Philippum VI. ut patet ex duabus Ordinationibus ejusdem Roberti ann. 1341. editis tom. 2. pag. 169. 170. et 171. Si plura cupis de Reformatoribus in varias provincias pro diversis causis abs Regibus nostris identidem delegatis consule Indicem Domini *Secousse* ad calcem tomi 3. Ordinat. Reg. v. *Reformateur.* Vide etiam suo loco *Inquisitores.*

¶ 1. **REFORTIARE**, Denuo vel amplius munire, Ital. *Rinforzare*, Gall. *Renforcer.* Annales Mutin. ann. 1241. apud Murator. tom. 11. col. 61 : *Mutinenses Refortiaverunt dictum castrum.* Vide *Fortiare* in *Fortia* 3. et *Infortiare.*

¶ Refforsare, Eadem notione. Edictum Johannis Regis Franc. ann. 1361. tom. 3. Ordinat. pag. 498 : *Concedimus quod villæ Montispessullani, Anicii et aliæ...*

ad finem quod habeant... de quo eorum muros seu mœnia, fortalitia reparare, edificari (melius in alio exemplari *edificare*) *et Reffforsare.. possint, etc.*

* Reparare, reficere. Charta Nivardi de Senantis ex Tabul. Colomb. : *Habebo corpora hominum tribus diebus, per singulos annos, ad Refortiandas molendinorum meorum esclusas. Rengrangier,* eodem sensu, in Charta Galt. *d'Estrommel* ann. 1308. ex Reg. 72. Chartoph. reg. ch. 309 : *Ou cas que il plaira ausdiz religieus..... Rengrangier les maisons dudit molin ou torgoir, ou faire neuves, etc.* Vide supra *Reforgiare.*

¶ Refortiata Moneta dicitur illa, quæ ad puriorem minusque adulteratam materiam revocatur; hinc *solidi Reforciatorum*, in Charta ann. 1308. in Instrum. Gall. Chr. tom. 3. col. 220. Alia ejusd. anni ex Archivo S. Victoris Massil. : *Concedimus* 12. *libras Reforciatorum in subsidium.* Statuta MSS. Eccl. Aquensis : *Ad valorem decem librarum Reforciatorum.* Index Provincialis jurium e MS. D. *Brunet* fol. 118 : *Item l'obrador que ten Estene Gayrant* XVII. *s.* VI. *den. de Reffforsatz.* Vide *Moneta fortis.*

¶ Reforcium, Subsidium, auxiliares copiæ, Ital. *Rinforzo*, Gall. *Renfort.* Chronicon Veron. ad ann. 1367. apud Murator. tom. 8. col. 658 : *Petrus Rex Cypri fecit suum Reforcium et maximum apparatum, et cum suis navibus profectus est.*

¶ Reforciatus, Eadem notione. Securitas data Benedicto XIII. per Cardinales ann. 1399. apud Marten. tom. 7. Ampliss. Collect. col. 645 : *Ubi autem præfatus dominus Benedictus a se abjiceret gentem armigeram, quam habet in palatio, et diligentiam debitam faceret de abjiciendo Reforciatum Dagout, illos homines armorum qui sunt in Tailladis et alibi nomine ipsius, et de faciendo quoad hoc omnis cessare viam facti et guerræ, etc.* Et mox : *Si vero circa hujusmodi diligentiam inter ipsum dominum Benedictum et præfatos dominos Cardinales altercatio orietur occasione guerræ, quam faceret et moveret Reforciatus Dagout, et sui, vel alii nomine ipsius domini Benedicti, contra supra nominatos domnos Cardinales collegialiter et singulariter, seu aliter, etc.*

* 2. **REFORTIARE**, Incarcerare. Charta Roger. castel. Insul. ann. 1225. ex Tabul. S. Petri Gand. : *Si quis ab altero fuerit vulneratus; et scabini, visa ejus plaga, habeant pro incerto an vivat, an moriatur; si malefactor sufficientes plegios usque ad dictum scabinorum non habuerit, debet in castellani prisonia Refortiari.*

¶ **REFORTIFICARE**, Idem quod *Refortiare.* Jacobi de Layto Annales Estenses apud Murator. tom. 18. col. 1023 : *Fuit Refortificatus passus optimis stellatis et ponte atque armatis navigiis.*

REFORTIUNCULA, Parva munitio. Vide supra *Fortia* 3.

* **REFORTUNA**, Eventus, discrimen, periculum. Formul. Instr. MS. fol. 59. v° : *Recognoverunt.... sibi traditos et mutuatos fuisse cum effectu, in depositum et ex causa veri et puri depositi, ad omnem suum et dictorum suorum sociorum ac societatis prædictæ et cujuslibet eorum in solidum resicum et Refortunam et periculum, videlicet ruinæ, rapinæ, incendii, etc.* Galli dicimus, *à ses risque, peril et fortune.* Vide *Riscus* 1. et infra *Risicum.*

¶ **REFORZARE**, Fortius efficere, firmare, Italis *Rinforzare*, Gall. *Renforcer. Facta sunt fortiora, id est, Reforzata*, apud Sanutum lib. 2. part. 4. c. 8. Vide *Refortiare.*

¶ **REFOSSUM**, Exterior fossa circumdans primam arcis fossam, Ital. *Rifosso.* Petrus Azarius in Chronico tom. 16. Muratorii col. 355 : *Obsessores aggressionem fecerunt, et projectis lignis in circhis in pluribus partibus, Refossum subito transierunt, et fossatum siccum penetrantes, ad palancatum cum uncinis ferreis accesserunt, etc.* Vide *Fossum.*

* **REFOULTUM**, pro *Refoullum.* Vide supra in *Refollum.*

¶ **REFRACTATIO**, Oppositio, qua quis alicui refragatur. Hanc vocem substituendam esse opinatur Gothofredus in lege 2. Cod. Theod. de Censitoribus, ubi habetur, *retractatio.* Commentarium consule in hanc legem.

¶ **REFRAGABILIS**, *Cui potest resisti*, Johanni de Janua; *à qui l'en puet resister*, in Glossis Lat. Gall. Sangerman.

¶ Refragabilitas, *Resistance*, in iisdem Glossis, ex eodem Johanne de Janua. Vide mox *Refragatio.*

¶ Refragabiliter, Eidem de Janua, Modo, cui contradici possit. Ratherius Veron. lib. 3. Præloquiorum apud Marten. tom. 9. Ampl. Collect. col. 869 : *Nunc vero cum verbo veritatis, nil temere, nil Refragabiliter promittentis, illud dictum audis, quod rogo effugium audis?*

¶ **REFRAGANEUS**, Qui refragatur, repugnat. Epistola Arnulfi Lexoviensis Episc. ad S. Thomam Cantuar. tom. 2. Spicil. Acher. pag. 489 : *Quorum fulciri suffragio debuistis, a vobis velut facto agmine discesserunt; quando maxime nominis sui rationem deberent agnoscere, et se vobis suffraganeos, non Refraganeos, exhibere.*

REFRAGARE, Refragari, Contradicere, repudiare, ἀποψηφίζειν, [ἀντιλέγειν, ἐναντιοῦσθαι, ἀντιτάσσεσθαι, ἀντικεῖσθαι,] in Gloss. Lex Ripuar. tit. 59. § 2 : *Et si quis in posterum hoc Refragari vel falsare voluerit, etc.* Formula 58. Lindenbrogiana : *Propterea hanc Epistolam tibi fieri vel firmari rogavi, ut nullo tempore aliquis de hæredibus meis seu prohæredibus hanc convenientiam inter nos factam immutare vel Refragare non possit.* [Charta ann. circiter 876. inter Probat. novæ Histor. Occit. tom. 1. col. 129 : *Si... quælibet ulla intromissa persona, quæ contra hanc venditionem venire, aut eam Refragare præsumpserit, etc.*]

Refragatio, Contradictio. [Glossæ Lat. Græc. : *Refragacio*, ἀντιδίκησις, ἀντιλογία, ἀντιμάχησις, ἀντίῤῥησις, ἐναντιότης, ἀντίταξις.] Vetus Charta in Chron. Reichersperg. : *Nulla debeant a vobis Refragatione turbari.* [Adde Chartam Dagoberti Regis Franc. ann. 639. apud Miræum tom. 1. pag. 123. col. 2. aliam Theodorici II. ann. 722. ibid. pag. 128. col. 2. aliam ann. 1044. apud D. *Calmet* tom. 1. Histor. Lothar. col. 419. etc. Utitur etiam S. Augustinus Epist. 177.]

¶ Refragator, Qui refragatur, contradicit, adversatur. Tertull. adv. Gnosticos cap. 1 : *Omnes martyriorum Refragatores ebulliunt.*

Refragium, Refragatio, ἀποψηφισμός. S. Ambrosius enarrat in Ps. 104 : *Si quis ipsa introspiciat rerum negotia, cognoscet, quanta sapienti adjumenta, et quanta in ipsis insipienti Refragia sint.* Adrevaldus lib. 1. de Mirac. S. Benedicti cap. 6 : *Legatis itaque directis ab Antistite absque quolibet Refragio, etc.* [Utitur etiam Interpres Egesippi. Vide Gronovii Observ. in Eccles. Script. cap. 21.]

* **REFRAGRARI**, Suspicari. Comœd. sine nomine act. 3. sc. 5. ex Cod. reg. 8163 : *Homo intemperatus, rancidus, immodestus, soli sibi credens.... nostrum sane figmentum, nichil Refragratus, admisit.*

¶ **REFRANGERE**, pro *Refringere.* Glossæ Lat. Gr. : *Refrango*, ἀποκλῶ, ἀνακλάω.

* Eodem sensu, nostri dixerunt *Refraindre* et *Refraingner.* Stat. ann. 1355. tom. 3. Ordinat. reg. Franc. pag. 35. art. 30 : *Pour ce que aucuns de nos subgiez se aventureroient voulontiers à gréver noz ennemis en corps et en biens, et de ce se Refraingnent aucunefois, etc.* Lit. remiss. ann. 1375. in Reg. 107. Chartoph. reg. ch. 215 : *L'exposant, pour Refraindre et amoderer ledit Henry, lui dist amiablement, etc.*

* At vero *Refroissier*, dicitur de agro, qui alio, quam solebat modo, colitur, in Charta ann. 1358. ex Reg. 90. ch. 167 : *Doit lidiz censiers toutes lesdittes terres ahaner, labourer bien et loyalement chascune piece adies à sa droite roie, sans desroiier ne Refroissier.*

¶ **REFRECIARE**, Vallos reficere, restaurare, Gall. *Reparer les palissades*, a Gallico *Fraiser*, Palis cingere, munire. Vide locum in *Freciare.*

* **REFRECTORIUM**. Necrol. MS. eccl. Meld. fol. 9. v° : *Arpentum et dimidium, pro quibus Refrectorium reddit sex sextaria bladi et quatuor sextaria avenæ.* Ibid. fol. 12. v° : *Pecia terræ, contines novem quarteria terræ, tres sextarios bladi unius Refrectorii et ad mensuram Refrectorii, Garnerus major capituli vel hæredes sui tenentur reddere prædictum bladum.* An idem quod mox *Refretorium?* ita ut intelligantur bona ad refectorium assignata, quorum administratio ab aliorum bonorum regimine distincta erat.

¶ **REFRENDARE**, an Referre, Gall. *Rapporter*, Ital. *Refrendare?* Concilium Mexicanum ann. 1585. inter Hispanica tom. 4. pag. 318 : *Ire itidem teneantur* (executores ecclesiastici) *ad Refrendandum mandata auxilii brachii sæcularis a judicibus et officialibus data, ad eaque exsequi faciendum una cum exsecutori sæculari.* Vereor ne mendum sit in hac voce.

* Ab Hispanico *Refrendar*, Signare, subscribere, cum protocollo conferre; non vero ab Italico *Refrendare*, referre : neque melius aliquod hic subesse mendum putatum est.

¶ **REFRESCAMENTUM**, Commeatus, Gall. *Rafraichissement*, Ital. *Rifrescata.* Chronicon Andreæ Danduli apud Murator. tom. 12. col. 371 : *Veneti in Nigroponte sumto Refrescamento Venetias redeunt.* Chronicon Dominici de Gravina ibid. col. 595 : *Refrescamentum petimus pariter et vi-*

num, hordeumque pro equis denario nostro.

¶ **REFRESCARE**, Gall. *Rafraichir*, Ital. *Rinfrescare*, Hisp. *Refrescar*, Refrigerare, adaquare. Charta ann. 1223. MS : *Bestie civium Arelatensium ... non habebant aberratoria vel vias, per quas possent ire licite causa bibendi et Refrescandi ad Rhodanum.* Chronicon Dominici de Gravina apud Murator. tom. 12. col. 655 : *Ubi autem starem Refrescando equum per maximas horas duas, etc.* Hoc est, equo pabulum præberem. Vide *Refriscare*.

¶ **REFRETORIUM**, mendose, ut videtur, pro *Refectorium*. Charta Odonis Abb. S. Dionysii ann. 1231. e Cod. MS. B. M. de Argentolio : *Statuimus, quod fratres ibi manentes pro pitantia de campanella Refretorii comparanda habeant singuli tres solidos... Si autem uno die minus quam tres solidi expendi contigerit, alio die expendatur sicut videbitur expedire, neque de hoc aliquid tollatur Refretorio, vel pro priore vel pro alio extra Refretorium comedente.*

* Non mendosa, sed vitiosa, ex pronuntiandi ratione, scriptura : nam *Refroitour* dictum est, pro *Refectoire*. Vitæ SS. MSS. ex Cod. 28. S. Vict. Paris. fol. 406. r°. col. 1 : *Li abbés les mena en Refroitour, ou li premiers signes de l'eschiele fu sonez.*

* *Refrait* vero, dicitur Cibus quilibet, qui præter panem ad reficiendum præbetur, in Ordinat. pro judice laico ex Tabul. Camerac. : *Et doit li justice livrer à sen prisonier potage souffisamment au matin et deux pains de le valeur de deux Cambresis et dou Refrait de le valeur de un Cambresis en char, u en fromage, u en hiercus; et au viespre deux pains de deux Cambresis et en Refrait le vaillant d'une abenghe, et de l'iaue à plenté.* Infra : *Ne leur doit livrer ne pain, ne Refrait.*

* **REFRICARE**, Iterare; unde Gallicum vetus *Réfrechir*, pro Dictitare, vulgo *Répeter, redire*. Acta dissolut. matrim. Ludov. XII. fol. 9. r°. ex Bibl. reg. : *Per præfatum procuratorem regium Refricata seu renovata sua petitione, etc.* Lit. remiss. ann. 1397. in Reg. 153. Chartoph. reg. ch. 141 : *Icellui Longue-espée dist et Réfrechy par plusieurs fois lesdittes paroles, en desmentant ledit Adenin.*

* **REFRIDARE**, Refrigescere, Ital. *Rifreddare*. Composit. ad tingenda musiva apud Murator. tom. 2. Antiq. Ital. med. ævi col. 365 : *Et mittis utraque in fornace, donec inchoat solvi petalum vitri; et postea eicis, ut Refridet.*

¶ **REFRIGERARE**, Requiescere. Vetus Interpres S. Irenæi lib. 1. cap. 7. num. 1 : *Justorum quoque animas Refrigerare et ipsas in medietatis loco.* Ubi Irenæus habet ἀναπαύεσθαι : quod verbum vertere solet Interpres per *Refrigerare* passive sumtum. Vide num. 5. etc. 29. novæ edit. n. 3. lib. 2. cap. 24. n. 1.

¶ **REFRIGERATIVUS**, Refrigerans. *Spargendo pavimentum herbis Refrigerativis*, id est, viridibus, recens collectis et refrigerantibus, in Regula Toribii Archiep. Limæ, tom. 4. Concil. Hisp. pag. 671.

¶ **REFRIGERIUM**, Locus ad refrigerandum aptus. Psalmus 65. 12 : *Transivimus per ignem et aquam : et eduxisti nos in Refrigerium.* Sæpius occurrit in Scripturis, idemque est quod Solatium, quies, saturitas. Vide Sap. 2. 1. et 4. 7. Isai. 28. 12. Jerem. 6. 16. Act. 3. 20. *Refrigerium pauperum*, in Epistola Justi Episc. tom. 2. Concil. Hispan. pag. 273. *Refrigerium et amœnitas loci*, in Chronico Novalic. lib. 2. cap. 5. apud Murator. tom. 2. part. 2. col. 703. Charta ann. 1228. apud D. *Calmet* tom. 2. Hist. Lothar. col. CCCCXLI : *Quotiescumque opus fuerit, homines Ducis in castro meo habebunt Refrigerium*, id est, *Procurationem, pastum*, cibum et potum, Gallis *Rafraichissement*. Utuntur etiam Tertullianus, vetus Interpres S. Irenæi pro Græco ἄνεσις, Orosius et alii Scriptores Ecclesiastici.

¶ **REFRIGESCENTIA**, Refrigeratio. Tertull. de Anima cap. 43 : *Sed non Refrigescentiam admittam, aut marcorem aliquem caloris.*

¶ **REFRIGIDARIUM**, Locus aptus captandæ refrigerationis. Acta S. Ottonis, tom. 1. Julii. pag. 389 : *Quando in umbraculis et Refrigidariis suis soporantur homines.*

* *Reffroidouer* nostris alias, Vas vino refrigerando aptum. Inventar. bonor. ducis Bitur. ann. 1416. ex Cam. Comput. Paris. fol. 25. r° : *Item un Reffroidouer à vin de cuyvre, ouvré à œuvre de Damas.*

¶ **REFRISCARE**, Reficere, Gall. *Rafraichir*. Tractatus ann. 1428. apud Rymer. tom. 10. pag. 390. col. 1 : *Nullus .... de partibus Flandriæ ducet... victualia ad... Francos... causa adjuvandi, Refriscandi aut confortandi eos contra Regem Angliæ.* Vide supra *Refrescare*.

¶ **REFRIXIO**, Refrigertio. Glossæ Lat. Græc. et Græc. Lat. : *Refrixio*, περίψυξις.

1. **REFRONTARE**, *A fronte repellere*. Gloss. Lat. MS. Reg. cod. 1033.

* 2. **REFRONTARE**, Adversari, contradicere, Gall. *S'opposer*. Charta ann. 1074. in Chartul. S. Dion. de Nogento : *Cujus (Guarini) postea filius, nomine Guillelmus Guantardus, cum Refrontaret huic venditioni, a comite Rotroco adhuc adolescenti Raderidam villam cum appenditiis suis recuperavit.*

* **REFUDIUM**, Reditus, emolumentum, quod ex re aliqua percipitur. Charta ann. 1067. tom. 1. Hist. Cassin. pag. 158. col. 1 : *Concedimus ipsum præphatum molinum in supranominato sancto loco, ut omne Refudium, quod exinde accipitur, totum sit in ospitale ejusdem sancti monasterii.* Vide mox *Refugium*.

¶ **REFUGA**, Qui confugit ad Ecclesiam, in Codice tit. 12. lib. 1. de iis qui ad Eccl. confug. leg. 6. § 1 : *Sed si quidem ipsi Refugæ appareant in Ecclesia publice, et se in sacris locis offerant quærentibus conveniendos, ipsis servata locis reverentia, judicum, quibus subjacent, sententiis moneantur, responsum daturi, quale sibi quisque perspexerit convenire.* Vide *Refugium*.

Refuga, Desertor, quomodo miles *refuga* dicitur in lege 21. Cod. Th. de Tironibus. (7, 13.) Iso Magister in Glossis ad Prudentium lib. Peristeph. hymn. 1 : *Defuga, vel Refuga, vel Perfuga vocatur, qui unum reliquit, et ad alium confugit.* Auctor Mamotrecti ad 2. Esdræ cap. 2 : *Refugæ, qui refugit dominium aliorum.* Hinc *Refuga* dicti, qui a vero Dei cultu discedunt. Gloss. Lat. MS. Regium : *Apostata, Refuga.* Hac voce utuntur lex 6. Cod. Th. ne sanctum Bapt. iteretur, (16, 6.) Ulpianus et Marcellus JC. Lucifer Calaritanus lib. 1. pro S. Athanasio, S. Zeno Veronensis serm. de Somno Jacob, S. Hieronymus in Epist. ad Algasiam quæst. 2. Tertullianus de Habitu muliebri cap. 5. et 1. contra Marcionem, Prudentius Ode 1. Peristeph. S. Augustinus lib. 20. de Civit. Dei cap. 19. S. Pacianus in Exhortat. ad pœnitentiam, S. Valerius de Genere Monachor. Histor. Miscella in Constantino M. et alibi, Flodoardus lib. 14. Carm. 8. [lib. 1. Hist. Rem. cap. 11. et 24. lib. 3. cap. 18.] Nicol. Trivettus in Chron. ann. 129. etc. [** Diabolus, Victorino de Vita Domini vers. 43. apud Maium Classic. Auctor. tom. 5. pag. 383 :

Confestim Refuga Christum dominumque potentem
Dum temptare cupit templique in vertice sistit, etc.]

Refugani Monachi, pro *Refugæ*, in Concilio Legionensi ann. 1012. cap. 3 : *Decrevimus etiam ut nullus contineat seu contendat Episcopus Abbates suarum Diœceseon, sive Monachos, Abbatissas, Refuganos, sed omnes permaneant sub ditione sui Episcopi.*

¶ Refuganes, Refugantes. Conc. Compostell. ann. 1056. can. 3 : *Omni Ecclesiæ intra LXXII. dextros nullus laicus, vel mulieres, nec Refuganes sortem habeant... Refugantes, qui ordines Ecclesiæ dimiserunt et uxoribus se sociaverunt dimittant eos, et in confessionem intrent.* Forsitan utrobique legendum *Refugantes*.

¶ **REFUGARE** Animalia, Feras venando retrudere. Vide *Fugare* in *Fuga*.

REFUGATA. Gloss. Gr. Lat. : *Refugata*, ἀποχαΐα. Ita habet MS. codex, ubi editus, *Refuga*.

REFUGERE, pro Fugere, apud Gregorium Mag. lib. 3. Epist. 6.

1. **REFUGIUM**, Asylum, immunitas Ecclesiæ. Tabularium Landavense in Monastico Anglic. tom. 3. pag. 192 : *Cum omni sua libertate, et cum Refugio Ecclesiæ sancti Petri de Landavia.* Alibi : *Datæ sunt istæ Ecclesiæ cum suis dotibus et territoriis omnibus, et omni dignitate sua, et privilegio, et libertate, et Refugio, et omni communione incolis, in campo et in silvis, in aqua et in pascuis, et a regibus prædictis S. Teliano, et omnibus Episcopis Landavensis Ecclesiæ.* Adde pag. 194. 201.

Refugium. Charta Caroli C. ann. 23. Ind. 10. in Tabulario S. Dionysii n. 31 : *Villam quoque Madriniacum in pago Morviensi sitam eis attribuimus, quam eisdem fratribus per nostræ largitionis præceptum ad cellam construendam, et locum Refugii dudum concesserunt.* [Charta ann. 1150. e Tabulario Majoris monasterii : *Mansionem aut Refugium... concessit.*] S. Hieronymus de locis Hebraicis : *Masareth, in qua sedit David, nunc deserta, pro qua Aquila interpretatur munitiones, Symmachus Refugia, Theodotion speluncas.*

Refugium. Vetus Inquisitio in Regesto Philippi Augusti Herouvalliano fol. 29 : *De Comitatu Augi tenet .... communes vias forestæ et herbagia communia usque ad forestum. Tenet et Refugium terræ suæ.* [** Vide *Refugium*, 2.]

* Hinc Gallicum *Refui*, pro *Refuge*. Bestiar. MS :

> C'est nostre Pere omnipotent,
> Qui son ombre et ces rains estent
> Sour tous chiaus qui viennent à lui,
> Pour avoir garant et Refui.

Unde *Refuir*, pro *Refugier*, In perfugium inducere. Consolat. Boëtii MS. lib. 1 :

> Cil qui en chastel assegé sont,
> Quant sont environné entour,
> Il Refuient tout ce qu'il ont
> Et le retraient en la tour.

* Emendandæ igitur Lit. Joan. Hannon. ann. 1273. apud Marten. tom. 1. Anecd. col. 1137 : *Et en renonche à toutes deffenses, barres, aiuwes, raisons, Refins, etc.* Ubi legendum haud dubie *Refuis*, vulgo *Détour*, Prætextus, calliditas, subterfugium.

* 2. **REFUGIUM**, ut *Refudium*. Charta ann. 1169. apud Murator. tom. 4. Antiq. Ital. med. ævi col. 813 : *Ordinatio autem sic acta fuerat, scilicet ut singulis annis Refugium, quod de illis terris exierit, de suprascripto molendino, in anniversariis, quæ in eorum regula scripta sunt, expendantur. Quicquid autem residuum fuerit, in misericordiis fratrum dividatur.* Neque alio sensu accipienda videtur hæc eadem vox ex veteri Inquisitione mox laudata.

* 3. **REFUGIUM**, Jus domini se se in castrum vassalli recipiendi. Locus est supra in *Receptum* 3.

REFULLUS, pro *Refluxus*, Gallis, *Reflux*. [* Vel *Refullum*, idem quod supra *Refollum*. Vide in hac voce.] Monasticum Anglic. tom. 2. pag. 913 : *Cum Redundatione aquæ, et octodecim pedes ultra Refullum aquæ, pro voluntate dictorum Monachorum.* [*Refouler* notum est in locis maritimis pro *Refluere*. Vide *Refollare*.]

¶ **REFUNDARE**, A fundamentis restaurare. Epistola Andreæ de Marinis ad Rupertum Rom. Regem, apud Marten. tom. 1. Anecd. col. 1697 : *Ita ut afforе difficilius pene crediderim districta reformare posse, quam ad restitutionem usque Refondare dejecta.* Melius in Onomastico ad calcem tomi 5. *Refundare.*

¶ **REFUNDERE**, Reparare, resarcire, restituere. Literæ ann. 1403. apud Rymer. tom. 8. pag. 287. col. 1 : *Restituant in effectu, suaque dampna Refundant.* Charta Comitatus Marchiæ ann. 1406 : *Promittentes dicte partes... ad invicem, quatenus quamlibet ipsarum tangit... emendare, solvere, Reffundere ac etiam resarcire omnia dampna, interesse, sumptus, missiones, dependita, etc.* In leg. 3. Codicis de fundis patrimon. *Refundere*, idem est quod Fundum reddere, possessionem dimittere. Plinius Paneg. cap. 31. *Refudimus Nilo suas copias*, hoc est, restituimus, reddidimus.

* *Refonder*, eadem acceptione, in Stat. ann. 1388. tom. 7. Ordinat. reg. Franc. pag. 774. art. 16 : *Le marchant à qui ycelle vente étoit delivré, sera Refondé des lettres et martel* (que) *il avoit paiiet et de tous aultres interests.*

¶ Refusio, Effusio, Gall. *Epanchement.* Macrob. lib. 1. Saturn. cap. 21 : *Unde enim imber caderet in terras, nisi solis calor ad supera traheret humorem, cujus Refusio pluvialis est copia?*

¶ Refusio, Restitutio. Concordia ann. 1290. apud Ludewig. tom. 5. Reliq. MSS. pag. 61 : *Prepositus et conventus Ecclesie sepedicte det* XV. *marcas albi argenti in Refusionem hujusmodi dampnorum Johanni prelibato.* Diploma Casimiri Reg. Poloniæ ann. 1356. ibid. pag. 498 : *Galeatos, quos in adjutorium nobis destinare tenetur, suis sumptibus et expensis ac Refusione damnorum, debeat sine dolo respicere, donec dicti limites ad dominium nostrum fuerint reversi.* Charta ann. 1392. apud Menesterium Hist. Lugdun. pag. LVII. col. 2 : *Quod Baillivi Matisconenses in suis primis assisis observare prædicta tenerentur sub pœna Refusionis expensarum, damnorum, interesse Archiepiscopo Lugdun. etc.* Literæ ann. 1403. apud Rymer. tom. 8. pag. 297. col. 2 : *Concedentes ei plenam et liberam potestatem et mandatum ad emovendum, extorquendum et prosequendum dicta ablata, si extant, aut Refusionem pecuniarum dicta ablata integre compensantium.* Christophori Mulleri Introductio in Historiam Canoniæ Sand-Hippolit. apud R. Duellium tom. 1. Miscell. pag. 336 : *Recolenda ergo hic, quæ paulo ante de Refusionibus bonorum nostrorum a Pataviensibus factis prænotavimus.*

¶ Refusio, in quibusdam Ecclesiis cathedralibus et collegiatis dicitur quidquid ex assignatis sibi possessionibus redditibusve in communem arcam communibus usibus destinatam, quotannis referre debent earumdem Ecclesiarum Canonici aliique Beneficiati. Constitutio Gregorii X. PP. pro Capitulo Lugdun. inter Statuta ejusd. Eccl. ex MS. Coislin. : *Statutum est in eadem ecclesia juramento vallatum, ut tam personatus et dignitates in dicta Ecclesia obtinentes et canonici, quam alii beneficiati sive beneficiandi ejusdem ecclesiæ, qui terras, possessiones et obedientiarias, aut redditus et proventus ipsius ecclesiæ in portionibus assignatis a vobis, vel etiam assignandis, per quascumque divisiones, sub annuo censu seu Refusionibus certæ pecuniæ, bladi seu cujuslibet alterius rei obtinent, pro pagamentis, quæ Paya vulgariter nuncupatur, refrectoris, anniversariis, fabrica ejusdem ecclesiæ, ac eleemosynis faciendis ab eis, nisi censum aut Refusionem hujusmodi ... terminis constitutis exsolvant, ex tunc in choro, aut in capitulo, aut refectorio, seu ad tractatus communes canonicorum ipsius Ecclesiæ minime admittantur.* Compositio facta super vicedominatibus Ecclesiæ Cabilon. inter Episcopum et Capitulum ann. 1297. in Instrum. novæ Gall. Chr. tom. 4. col. 253 : *Dictos redditus impositos prædictis vicedominatibus in bursa capituli solvere tenebuntur, sub eodem modo, forma, pœna et conditione, ad quas tenentur in Refusionibus et pecuniis, quas debent pro suis terrariis et præbendis.*

☞ Similis mos etiam viguit in Monasterio Insulæ Barbaræ, ubi monachi ea exercentes officia, quibus certi redditus erant annexi, *Refusionibus* etiam erant obnoxii, ut discimus ex Charta Guillelmi de Burgo Officialis Lugdun. ann. 1322. tom. 1. Maceriarum ejusd. Monast. pag. 203 : *Ordinaverunt quod dictus Camerarius, qui nunc est, solvere teneatur omnia et singula super et infra scripta ad terminos ordinatos et statutos sub pœnis in Statutis dicti monasterii ordinatis et statutis, quas non solventes Refusiones, quæ debent fieri dicto monasterio et conventui.* Hujusmodi *Refusiones* ibidem obtinuerunt post sæcularisationem a Paulo III. PP. factam ann. 1549. eod. tom. pag. 264 : *Ipsique* (Canonici) *prioratus et alia beneficia ab eodem monasterio dependentia obtinentes, responsiones, etiam Refusiones et librationes nuncupatas, et alia onera per eos in dicto monasterio fieri et supportari solita, in omnibus et per omnia, perinde ac si suppressio et creatio prædictæ factæ non fuissent, faciant et supportent.*

¶ Refussio, perperam pro *Refusio*, Restitutio : *Sub pœna Refussionis expensarum, damnorum et interesse præsentium et futurorum*, in Schedula ann. 1546. apud Rymer. tom. 15. pag. 102. col. 1.

¶ Refusoriæ Litteræ, Sidonio lib. 9. Epist. 10. Quibus aliquid refunditur sive liberaliter effunditur, ut interpretantur viri docti. Vide Vossium lib. 5. de Vitiis serm. cap. 41.

REFUTARE, Respuere, rejicere, repellere, aspernari, renuere. Gloss. Lat. MS. Reg. : *Refutat, reprobat, renuit, negat.* Ugutio : *Refutare, recusare.* Gloss. Gr. Lat. : Ἀποβάλλω, *Abjicio, Refuto.* Ἀποσείομαι, *Refuto, rejicio.* Διακρούομαι, *refuto.* [Vetus Interpres S. Irenæi lib. 3. cap. 14. num. 3 : *Si autem quis Refutet Lucam, quasi non cognoverit veritatem, manifestus erit projiciens Evangelium, etc.* Utitur alibi, ubi S. Irenæus habet παραπέμπειν.] Victor Utic. lib. 1 : *Maxima namque jam Deo sacrata humanas nuptias Refutabat.* Lambertus Ardensis : *In Genuensem terram accedere omnino Refutavit.* Alibi : *Non audens omnino Comitis Refutare petitionem.* Adde pag. 162. [Charta ann. 1064. e Tabulario S. Victoris Massil. armar. Rhuten. num. 8 : *Nisi forte michi placuerit, Domino inspirante, ut ante me et ipsum mansum cum alio habere, Refutando seculum, jam dicto monasterio donem.*] Marbodus Redonensis Episc. in Vita S. Theophili :

> Ut flectat mentem, laudet magis omnipotentem,
> Consilium mutet, nec pontificare Refutet.

Domnizo lib. 1. de Vita Mathild. cap. 5 :

> ...... Scelus hoc, ne funditus urar
> Igne sub obscuro, sperno penitusque Refuto.

[Charta Philippi Aug. pro Atrebatensibus : *Qui duobus vel tribus scabinis treugas Refutaverit*, LX. *libras perdet... Qui pacem et concordiam, quam scabini consideraut, Refutaverit* LX. *libras perdet.* Constitutiones Cluniac. ann. 1031. e MS. B. M. Deauratæ : *Nullus Prior... monachum ad se pro morando transmissum.... Refutet aut remittat.* Constitutiones Eccl. Valent. tom. 3. Concil. Hispan. pag. 507. col. 2 : *Chrisma vetus et oleum penitus Refutentur et ponantur in lampade, etc.*]

Refutare Testem, in Capitulis ad Legem Salicam tit. 2. cap. 4. Adde Gregor. M. lib. 4. Dial. cap. 11. Rodericum Tolet. lib. 6. cap. 10. etc. Utuntur etiam Latini Scriptores. Vide Stephanium ad Saxonem Grammat. pag. 69.

¶ Refutare Crimen *contra* aliquem, Eum criminis rursum arguere, ei crimen denuo impingere, imputare. Literæ Johannis de Thurena de electione Benedicti XIII. Antipapæ ann. 1429. apud Marten. tom. 2. Anecd. col. 1728 : *Contra eumdem dominum Benedictum eadem crimina, quæ in Pisano conventiculo, de quibus se purgaverat canonice in dicto concilio generali Perpiniani convocato et celebrato, Refutaverunt, et duas hæreses eidem domino Benedicto contra veritatem facti et juris impingere ausi sunt.*

Refutare, Rem dimittere, et in alterius jus transferre. Arnulphus Lexov. in Epist. ad Alexandrum PP. pag. 41 : *Quarum (causarum) cognitioni D. Willelmum Parisiensem S. R. E. Cardinalem contigit interesse, ipsoque præsente prædictus Thesaurarius omnes querimonias quas habebat, Refutavit in manibus judicum, et quod eas adversum me non moveret, fide corporaliter interveniente firmavit.* [Chronicon Farfense apud Muratorium tom. 2. part. 2. col. 449 : *Item in Sabinis Hugo Abbas recepit casas 11. id est Salisanum et Grossianum, quas Refutaverunt Adam filius Azonis et Bucco filius ejus... Item res, quas Refutavit Lupo filius Bertæ, et alias res Crescentii et Dodonis filiorum Roccionis.*] Charta Theobaldi Episc. Pariens. ann. 1148 : *Decimam de sancto Brictio, quam diu injuste tenuerat, utpote laicus, ad hoc in manus nostras Refutavit, ut eam canonice Monachis S. Martini de Campis concedentes traderemus.* Alia ann. 1164. apud Joffridum in Nicia pag. 177 : *Dimitto, et perpetua Refutatione Refuto quicquid in Castello de Drappo requirebam, etc.* Alia ann. 1175. in Histor. Pergamensi tom. 3. pag. 325 : *Cum ligno quod in suis tenebant manibus,.... Refutaverunt in manu domni Gualæ Pergamensis Episcopi totam decimam quam ipsi habebant.* Charta Eberhardi Episc. Saltzburgensis in Chron. Reichersperg. ann. 1153 : *Qua conventione convenienter ex omnium partium conniventia ordinata, totalis in manum nostram sic est Refutata, ut Præpositus neque ulterius querelam suam resuscitet.* [Charta Mariæ Reginæ Jerusalem et Siciliæ pro Castro de Pennis ann. 1399. e Schedis Præsidis de Mazaugues : *Ut dictum castrum prædicta Universitas eidem Excellentiæ gratiose remittere, Refutare et desemparare deberet.* Quo in loco proprie est Rem acceptam restituere. Pluries occurrit ibi, ut et vox *Refutatio*, pro Restitutio.] Vide Gregorium VII. PP. lib. 2. Epist. 27. lib. 4. Epist. 22. lib. 7. Epist. 19. Fulbertum Epist. 20. Hugonem Flaviniac. pag. 198. Ottonem Morenam pag. 39. Francisc. Angelonum in Historia Interamnensi pag. 87. Doubletum pag. 533. tom. 5. Spicilegii Acheriani pag. 569. Ughellum tom. 1. part. 2. pag. 307. [Mabillonium tom. 4. Annal. Benedict. pag. 700. col. 1. et pag. 701. col. 1. Lobinellum tom. 2. Hist. Britan. col. 288. Historiam Dalphin. tom. 2. pag. 148. col. 2. etc.]

☞ Formulam *refutationis* a judicibus decretæ refert D. *le Blanc* in sua Dissertatione ad calcem Tractatus de Monetis pag. 92. ex Placito ann. 997. inter Abbatem Farfensem et Presbyteros S. Eustachii in Platana : *Ad hæc noluerunt Presbyteri jurare, neque Advocatus eorum, et inventi sunt fallaces... Tunc præceperunt Judices, ut Refutarent Presbyteri domino Abbati duas prædictas ecclesias cum pertinentiis suis, et Refutaverunt atque dederunt in manibus domini Hugonis abbatis et Huberti advocati sui, et tenente domino Abbate ipsam cartam in manu, jussu domini Leonis tulit Leo Arcarius S. Apost. Sedis cultrum et signum sanctæ Crucis in ea, abscindendo per medium, et reliquit in manu domini Abbatis in conspectu omnium ibidem residentium.* Quod idem ipsum narrans Gregorius Monachus in Chronico Farfensi apud Murator. tom. 2. part. 2. col. 506. habet : *Sed neque Presbyteri, neque eorum Advocatus jurare voluit; inventi sunt enim fallaces. Post hæc judicantibus Judicibus apprehenderunt baculum, et in manus domini Hugonis abbatis et Huberti ejus advocati præfatas ecclesias Refutaverunt cum charta, per quam litigaverant.* Rursum occurrunt voces *Refutare* et *Refutatio* eodem significatu col. 425. 445. 479. 501. 591. et in Annalibus Genuens. ad ann. 1202. apud eumdem Murator. tom. 6. col. 385.

Refluctuare, Refluctare, pro *Refutare.* Placitum Mathildis Comitissæ ann. 1073. apud Franciscum Mariam lib. 3. pag. 151 : *Per fustem quem in suorum detinebant manibus, Refluctuaverunt prædicto Bernardo Abbati... curtem illam, etc.* Mox : *In integrum una cum inferioribus et superioribus suis prædictus Radulfus et Saracinus et Fulcardus Germanus prædicto Bernardo Abbati et Guidoni Notario Avocatus ipsius Monasterii ad partem prænominati Monasterii Refluctaverunt, et cum ipsa Refluctatio facta fuisset, tunc etc.*

Refutantia, Refutatio, Apocha, *Quittance.* Charta ann. 1389. apud W. Thorn : *Concessit eidem W. Abbati... solvere sibi... 53. ducatos boni et puri auri et recti ponderis, Refutantiam et sufficientem acquietantiam de solutis deferenti.* Infra : *Visis libris, instrumentis, registris, Refutationibus, aliisque evidentiis universis, reperimus, etc.* [Charta ann. 1350. in Instrum. novæ Gall. Christ. tom. 2. col. 152 : *De receptis faciendum finem, quittationem, Refutationem plenariam, et pactum de amplius non petendo.*]

¶ Refutatoria Brevis, Schedula seu Charta continens *refutationem*, seu rei alicujus dimissionem et transcriptionem. Placitum ann. 999. apud Murator. tom. 2. part. 2. col. 501 : *Gregorius abbas suprascripti monasterii SS. Cosmæ et Damiani ostendit unam falsissimam brevem Refutatoriam, ubi continebatur, quod Joannes abbas antecessor Hugonis abbatis monasterii S. Mariæ* (Farfensis) *Refutasset eamdem cellam temporibus beatæ memoriæ domni Ottonis I. Imp. quod omnino falsum est.*

Refutatorii Libelli, in lege 1. Cod. de Relationibus (7, 61.), et lege 19. Cod. de Appellat. (7, 62.) etc. quibus actor vel reus ob judiciarias formulas male observatas sententiam judicis arguit : unde Accursius *appellationes* non insulse fuisse opinatur. Vide Cujacium lib. 22. Obser. cap. 33. Juretum ad Symmach. lib. 2. Epist. 30. et Jacobum Gothofr. ad tit. de Appellat. in Cod. Th. (11, 30.)

* Refutatorium, Libellus, quo reus judicem vel testem refutat. Chron. Guill. Bardini ad ann. 1310. inter Probat. tom. 4. Hist. Occit. col. 17 : *Qui* (reus) *contra eum* (Almar. vicecom. Narb.) *et ejus honorem, proposuit reprobatoria ignominiosa, quæ a judicibus admitti debuerant, nisi de crimine lezæ majestatis actum fuisset, quo casu Refutatoria non admittuntur.* Vide *Refutatorii libelli* in *Refutare.*

* Refutare Se, Se se recipere, Gall. *Se réfugier.* Inquisit. ann. 1210. inter Probat. tom. 1. Hist. Nem. pag. 50. col. 2 : *Dixit etiam quod custodes statuerant in ecclesia B. Mariæ, qui clauderent regias, si in ea volebant se Refutare consules vel amici ipsorum.*

¶ Refutatæ Carnes. Statuta Eccl. Nemausensis apud Marten. tom. 4. Anecd. col. 1064 : *Sub pœna excommunicationis inhibemus, ne quis Christianorum carnes Refutatas a Judæis in macello Christianorum præsumat vendere, vel alibi infra villam.* Nullo satis idoneo fundamento fulta est hæc excommunicatio, si *refutatæ carnes* hic idem sonent quod *rejectæ.* Quid enim? Excommunicabitur qui carnes porcinas vendet in macello Christianorum? Quare mendum inesse puto in voce *Refutatas*, pro qua lubens legerem *interfectas*, nisi forte, quod tamen vix crediderim, *refutatas* hic idem sit quod *interfectas.* Interfectas a Judæis carnes vendere non semel prohibiti sunt Christiani. Statuta Massil. lib. 2. cap. 33 : *Constituimus, ut nullus macellarius vendat in Massilia scienter carnes hircinas vel caprinas, aut carnes Judæas, etc.* Vide *Macellare.*

* Illæ debent intelligi, quas Christiani a Judæis recepissent vendendas.

REGA, Modus agri, apud Aquitanos. *Rega terræ, vineæ, etc.* crebro occurrit in Regesto Constabulariæ Burdegal. pag. 114. 115. etc. Nescio an idem sonet in veteri Charta Cornutiana edita a Suaresio : *Quæ sepis descendat per Regam ad viam cavam, sive ad torum, quæ redit usque ad arcum supradictum, etc.* Nisi *rega* idem valeat quod *ruga*, platea. Vide *Regaleia*, *Riga.*

* *Réage* et *Rége*, pro *Raye*, Sulcus, nostratibus. Lit. remiss. ann. 1467. in Reg. 200. Chartoph. reg. ch. 101 : *Le suppliant poursuivit icellui Yvart environ demy Réage de champ.* Aliæ ann. 1482. in Reg. 206. ch. 785 : *Lesquelz labourerent d'icelle terre deux Réges et demye.* Vide *Riga* 1.

* **REGACINES**, Servus, famulus, Ital. *Ragazzino*, dimin. a *Ragazzo*, eadem notione. Stat. Mantuæ lib. 1. cap. 6. ex Cod. reg. 4620 : *Habeat potestas.... unum contestabilem bonum et expertum et bene armatum et aliis fulcitum, more contestabilium, cum uno Regacino; et habere debeat ipse dom. potestas unum coquum, unum caniparium et duos Regacinos.* Vide supra *Ragazinus* et *Regatius.*

* **REGAGIUM**, Massiliensibus *Regage* et *Ragay*, Locus, in quem aquæ ex vicinis collibus decurrunt et ubi stagnant. Instr. ann. 1460. ex Tabul. S. Vict. Massil. : *Cum vallato et cum parvo Regagio, et a dicto Regagio usque ad perisserium.* Vide supra in *Rega.*

REGAITA. Vide *Wactæ.*

¶ **REGALATORES.** Vide in *Regalia.*

* **REGALDUM**, pro *Regardum*, Census annuus, præstatio annua. Charta ann.

1318. in Reg. 56. Chartoph. reg. ch. 392 : *Item de Regaldis in dicta parrochia, xix. sol. et vij. den.* Vide *Regaldum* 4. et *Respectus* 3.

¶ **REGALE.** Vide *Regalia.*

* **REGALE**, perperam pro *Resale*, Mensura annonaria. Bulla Alex. PP. III. ann. 1179. inter Probat. tom. 2. Annal. Præmonst. col. 411 : *Tria Regalia molituræ, quæ dedit vobis Petrus Tullensis episcopus, assensu et consilio capituli sui, pro molendinis vestris.*

REGALENGUM, Rengalengum, Dominium, *Regale, Regalia.* Charta Alfonsi Imperatoris Hispaniæ æræ 1194. apud Doubletum : *Facio cartam donationis, et textum firmitatis de illa villa, quæ vocatur Fornelos, et est de meo Regalengo, in via publica Peregrinorum quæ ducit ad S. Jacobum, etc.* Alia apud Anton. *de Yepez* in Chronico Ordin. S. Benedicti tom. 6. pag. 213 : *Monasterium meum proprium, et meum Regalengum.* Alia Bermundi II. Regis æræ 1070. apud eumdem pag. 449 : *Illam mandationem de Perpera, cum illo alio Rengalengo de Cangas, etc.* Occurrit ibi pluries, ut et tom. 4. Monarch. Lusitan. pag. 271. 278. 281. etc. [* Testam. Sancii reg. Portugal. ann. 1248. inter Probat. Hist. geneal. domus reg. Portugal. tom. 1. pag. 50 : *Item mando monasterio S. Crucis de Colimbria cautum et Regalengum meum, quod est in termino Colimbriæ.* Vide infra *Relanga.*] [** et S. Rosa de Viterbo Elucid. tom. 2. pag. 278.]

1. **REGALES**, Regum filii, Principes ex stirpe regia : *Regales personæ*, Avito Viennensi Epist. 5. Anonymus de Different. vocum : *Inter Regem et Regalem hoc interest, quod Regis puer Regalis est ; Rex, qui regnum regit.* Ammianus lib. 16 : *Cui prope astans Regalis Hormisda, cujus e Perside discessum supra monstravimus.* Lib. 16 : *Hos sequebantur potestate proximi Reges numero quinque, Regalesque decem, et Optimatum series magna.* Idem lib. 17 : *Zizais quoque etiam tum Regalis, etc.* Atque ibi non semel et pag. 107 : *Quorum Regalis Vitrodorus Viduarii filius regis, et Agilmandus subregulus, aliique optimates, etc.* Ubi *Regales* videntur appellati, qui ex sanguine regio erant. Rursum : *Iis denique ad gratiæ cumulum ignobilem quemque regem, sed quem ipse antea sibi præfecerat, Regalem imposuit.* Et lib. 18. *Reges omnes et Regales, et Regulos ad convivium corrogatos.* Lex 9. Cod. Th. de Re militari : *Sinceritas tua protinus admonebit ut neque Regalibus, neque legatis sua milites jumenta suppeditent.* Sulpitius Alexander in Histor. apud Gregor. Turon. lib. 1. Hist. cap. 9 : *Marcomere et Sunnone Francorum Regalibus transacto cursim conloquio... Treveros concessit.* Ubi idem Gregorius subdit : *Cum autem eos Regales vocat, nescio utrum reges fuerint, an vices tenuerint Regum.* Mox idem Sulpitius, quos *Regales* dixit, *Subregulos* appellat. *Regalis puer*, apud Stephanum Eddium in Vita S. Wilfridi cap. 57. *Regales* vero pro Principibus Regiæ stirpis occurrunt non semel apud Scriptores ævi inferioris, Anonymum in Vita S. Cuthberti Episcopi lib. 2. num. 6. Gauterium de Bellis Antiochenis pag. 456. Joannem Hocsemium in Adolpho a Marka Episc. Leod. cap. 35. extr. Matth. Paris pag. 218. Gregorium II. PP. apud Waddingum ann. 1372. num. 26. in Concilio Nicosiensi ann. 1340. etc. Sic *Royaux*, Principes Regii sanguinis non semel vocat Monstrelletus 1. vol. cap. 153. 157. 221. Testamentum Joannæ Reginæ Franciæ uxoris Ludovici Hutini ann. 1319 : *Nous voulons et ordonnons que quand passage commun se fera des Roiaux, nos executeurs eslisent un bon et convenable Chevalier à faire le passage pour nous, etc.* Histor. MS. Mortis Richardi Burdegal. Regis Angliæ : *Le Roy d'Angleterre arriva aux lices, en sa compagnie tous les Royaux d'Angleterre.* Statuta MSS. pro Carcere Castelleti Paris. : *Selon ce que il est mandé ou commandé du Roy nostre Sire, et de nos grans Seigneurs Roiaux.* Statuta MSS. Ordinis Coronæ spineæ anni 1393. cap. 3 : *De ces 30. Chevaliers les 10. plus grans seront de nos Seigneurs les Roiaux et autres grans Seigneurs du royaume, et les 20. autres seront des moiens Barons, Bannerez et autres Chevaliers.* Et cap. 17. *Chevaliers du sang du Roy* dicuntur.

* Fœdus inter Carol. VI. reg. Franc. et comm. Florent. ann. 1396. in Reg. D. Chartoph. reg. ch. 6 : *Ad movendum seu faciendum guerram in partibus Italiæ, contra aliquem dominum vel communitatem, nunc vel in futurum, confinantem cum prædicto domino nostro rege vel aliquo ex Regalibus Franciæ.* Lit. remiss. ann. 1387. in Reg. 132. ch. 155. bis : *Aucuns disoient que bonnes nouvelles estoient venues de la paix d'entre nous et le roy d'Angleterre :.... car nosseigneurs les Royaulz devoient dedenz brief temps s'assembler sur ce avec ceulz d'Angleterre.*

Ut porro *Regales* Regum, ita *Imperiales* appellati Imperatorum filii, in præclara *Laudum* Formula, quæ præfixa legitur Codici Amalarii de Divin. Offic. : *Divo Hluduuvico vita, novo David perrennitas, et ipsi novo Salomoni felicitas. Judith orthodoxæ nobilissimæ atque prudentissimæ Augustæ, salus per multos annos. Lumina pacis, Domine, serva, Lumina mundi, Domine, serva. Vita vestra tutela omnium est. Vestra fides Ecclesiarum est gloria. Piissimos dominos nostros, Imperiales natos, Hlotharium gloriosissimum Coronatum, et fratres ejus Christus conservet.*

¶ Regales, Genus acclamationis apud Anglos. Matthæus Paris in Henrico III : *Et facto congressu acclamatum est terribiliter, Ad arma, ad arma, hinc Regales, Regales, inde Montis gaudium, Montis gaudium, scilicet Regis utriusque Insigne.*

Regales, interdum Regii Ministri, ut apud Thomam Walsinghamum ann. 1291 : *Cujus temporibus alienigenæ Angliam non gravabant, incolæ nullatenus per Regales opprimebantur, etc.* Ita anno 1300. [Captio Bernardi *Saget* Episc. Apamiensis circa ann. 1300. apud Marten. tom. 1. Anecd. col. 1322 : *Idemque Episcopus ex tunc de Tholosa arripuit iter suum eundi in Franciam, concomitantibus ipsum prædicto Magistro balistariorum et Senescallo Tholosano ..... duobusque servientibus Regis, nullis tamen eorum pernoctantibus in domibus, in quibus hospitabatur Episcopus dictus, licet dicti servientes... assererent, se mandatum habere, quod etiam in camera dicti Episcopi jacere possent, si videretur iisdem : quod tamen per Regales et milites prædictos negatur.* Ubi patet *Regales* dici Magistrum balistariorum et Senescallum Tolosanum.]

2. **REGALES**, Nummi aurei Francici, Gallice *Royaux.* Vetus Regestum : *A 20. Sept. 1330. usque ad 1. Febr. 1336. fiebant Parisienses aurei ponderis 34. et 4. quint. et Regales de 48. et semis.* Joan. Hocsemius in Adolpho a Marka Episcopo Leod. cap. 18 : *Eidem Comiti oppidum Mechliniense... pro centum millibus Regalium vendiderunt.* Infra : *Quinque Floreni de Florentia in valore quatuor Regalibus sunt æquales.* Descripsit Hautinus in lib. de Monetis Francicis pag. 25. monetam auream, quam S. Ludovico adscribit, in qua efficta corona cum hisce vocibus, supra et infra, Regalis Aureus. In circulo, Ludovicus Rex Francorum. In adversa parte crux liliata effingitur, cum solita inscriptione XRC. etc. Vix enim est ut Ludovico X. attribuatur, qui *Agnos* tantum cudit, quantum colligere est ex veteribus Tabulis monetariis. Vide *Moneta aurea* in *Moneta regia.*

* *Regales Parisienses,.... computato regali pro xvj. solidis, tribus denariis,* in Charta ann. 1336. ex Chartul. eccl. Lingon. fol. 103. v°.

☞ Anno 1457. in Britannia minori, sub Duce Arturo III. Regales valebant 25. solidos, ut patet ex Computo hujus anni, apud Lobinell. tom. 2. Hist. Britan. col. 1205 : *A Jehan Sire de Covesquen* xxiv. *Reaulx valant* xxx. *l. A Messire Jehan l'Abbé* xxxii. *Reaulx valant* xl. *l.*

Regales Coronati, Moneta aurea Comitum Provinciæ. Exstat Charta Roncelini Vicecomitis Massiliensis ann. 1214. in Tabul. S. Victoris Massil. fol. 160. qua Abbati vendit *castrum de Julianis pretio centum librarum Regalium coronatorum, quorum singuli 60. solidi valent nunc singulas marchas argenti meri.* Alia Raimundi Berengarii Comitis Provinciæ ann. 1243 : *Donamus trecentos solidos annuales Coronatos in alberga nostræ villæ inferioris Aquensis, etc.* [*Solidi Regales Coronati*, in Venditione terræ de Petrolis Archiepiscopo Aquensi ann. 1211. Index Provincialis jurium dominicorum e MS. D. *Brunet* fol. 117 : *S. Honorat paga per lo Covent de S. Victor de Masselha al pont* IIII. *s. Reals.*] *Regales solidi* in Chartis ann. 1188. 1190. etc. apud Guesnaium in Annalibus Massiliensibus pag. 332. 334. 337. 356. etc. [Vide *Provinciæ Comitum moneta*, in *Moneta Baronum.*]

Regales, Moneta aurea Regum Siciliæ in Chartis ann. 1178. 1180. in Tabulario Casaur. sub Willelmo Rege, et apud Ughellum tom. 7. Ital. sacr. pag. 284. 576. 593.

¶ Regales rursum memorantur in Charta ann. 1177. pro Monasterio SS. Trinit. in insula Piscariæ, [** Casaur.] apud Murator. tom. 2. part. 2. col. 1013. et in Concilio Toletano seu Arendensi ann. 1473. inter Hispanica tom. 3. pag. 674.

¶ Regales de Auro in Dalphinatu, de quibus hæc legimus in Computo ann. 1336. tom. 2. Hist. Dalphin. pag. 272 : *Item, re-*

cepit ab eodem ibidem Regales de auro XXXVI. *de quibus expensi sunt ad rationem de Carolinis* XV. *pro quolibet*, XXXI. *qui sunt in summa in Carolinis unc.* VII. *taren.* XXXII. *et dimid.*

1. **REGALIA**, Æ, Jus regium, dignitas regia. Henricus de Knyghton in Ricardo II: *Quærebatur an..... derogaret Regaliæ et prærogativæ Regis.* Infra: *Quære ab eis quomodo sunt puniendi qui impedierunt Regem quominus poterat exercere quæ ad Regaliam et prærogativam suam pertinent.* Charta ejusdem Ricardi II. Regis Angl.: *A juramento fidelitatis et homagii, et aliis quibuscunque mihi factis, omnique vinculo ligantiæ et Regaliæ ac dominii quibus obligati mihi fuerint,... absolvo.* [In Chronico Angl. Thomæ *Otterbourne* pag. 212. habetur, *ab omni vinculo ligantiæ et Regalii et dominii, quibus mihi obligati fuerant, etc.*]

2. **REGALIA**, Fiscus Principis, jura quibus Reges gaudent, [*Jura omnia ad fiscum spectantia*, ut est apud Thomam *Blount* in Nomolexico: quod vide.] *Fiscalia regum*, apud Conradum Uspergensem ann. 1109: *Cunctaque regum antiquorum Fiscalia suam in ditionem interim recepit. Debita quæ ad partem regis solvi debent*, in Lege Longob. lib. 3. tit. 1. § 30. [** Pippin. 31. ubi *De Monasteriis et xenodochiis, quæ per diversos comitatus esse videntur, et Regalia sunt, etc*; quæ huc non pertinent. Constitut. Sicul. lib. 1. tit. 7: *Quantum sine injuria nostrorum Regalium possumus tolerare Ecclesiarum jura ... in nullo diminuere volumus sed augere.* Adde lib. 3. tit. 1. etc.] Bruno de Bello Saxonico pag. 141: *Tanta profligatio Regalium, ut post hæc reges nostrarum partium rapinis potius quam Regalibus sustentandi sint.*

* *Regale*, eodem sensu, in Lit. ann. 1372. tom. 5. Ordinat. reg. Franc. pag. 603: *Nous pour certaines causes avons donné à nostre très-cher et très-amé frere le duc d'Anjou toutes et chascunes les restes, debtes ou arréraiges, tant en Regales comme en fiefs, qui ès pays des duchés d'Anjou et de Tourraine et du conté du Maine, nous estoient deues.*

Regalia, Jura regia, quæ ab Imperatoribus vel Regibus interdum Ecclesiasticis aliisque personis conceduntur. Radevicus lib. 3. cap. 41: *Regalia, veluti monetam, teloneum, pedaticum, portus, Comitatus, et alia similia si qua sunt, commune Mediolanensium dimittet, et ultra se non intromittet.* Lib. 4. cap. 5: *Deinde super justitia regni, et de Regalibus quæ longo jam tempore, seu temeritate pervadentium, seu neglectu Regum imperio deperierant, studiose disserens, etc.* Otto de S. Blasio cap. 14: *Omnia Regalia civitatum, utpote monetas, telonea, navigia, etc.* Charta Conradi Imper. ann. 1149. apud Columbum in Episc. Vivariensibus lib. 2: *Tibi, venerabilis prætaxatæ urbis Episcope, et per te, et Ecclesiæ tuæ, et successoribus tuis Vivariensis urbis, nostra Regalia concedimus, monetam, pedagium utraque strata telluris, etc.* Alia Friderici I. ann. 1177. ibid. lib. 3. n. 6: *Concessimus universa Regalia, cunctasque possessiones, etc.* Alia ejusdem Imperatoris ann. 1164. apud eumdem Columbum in Guillelmo juniore Comite Forcalquerii num. 23: *Dicto fideli nostro Guillelmo Comiti Comitatus dignitatem, jurisdictionem, et Regalia, cum omni plenitudine honoris et utilitatis nostra Imperiali autoritate restituimus.* Acta Capitularia Ecclesiæ Lugdun. ann. 1338. ex Camera Comput. Paris. fol. 38: *Cum Regalia dicti fluvii* (Rodani) *ad Ecclesiam Lugdunensem pertineant.* Vide Guesnaium in Annalibus Massil. pag. 322.

¶ Regalia Alta et Bassa. Concessio *Regaliarum* de Soleriis Ludovico de Bellavalle ejusdem loci Domino per Renatum Regem et Comitem Provinciæ 25. Jul. ann. 1443. e Schedis Præsidis *de Mazaugues*: *Donamus... Regalias altas et bassas, ac omnia et quæcumque jura ad ipsas Regalias quomodocumque spectantia.* De *Regaliis majoribus et minoribus* consulendi sunt Doctores feudistæ.

Regalia, Dominium temporale Ecclesiæ, ut vocant. [*Regalia S. Petri*, apud Gregorium VII. PP. lib. 1. Epist. 21. lib. 8. Epist. 1. Baldricum in Adalberone Archiepiscopo Trevirensi, Falconem Beneventanum ann. 1114. Romualdum in Chronico MS. ann. 1152. etc. Laurentium Leodiensem in Episcop. Virdun. pag. 309. et in Bulla Clementis IV. PP. pro regno Siciliæ vulgo *Patrimonium S. Petri*, seu Sedis Apostolicæ, quod Imperatorum et Regum beneficiis Ecclesia Romana id possideat. [*Principatum Romanum et Regalia S. Petri*, Bonifacio IX. PP. apud Ill. Fontaninum in Antiq. Hortæ pag. 449. *Regalia jura*, Eugenio IV. ibidem pag. 466.] *Regalia et Patrimonia B. Petri*, apud Petrum Diac. lib. 4. Chron. Casin. cap. 35. 36. 39. Epitaphium Eugenii III. PP. Tarracinæ: *Regalia multa longo tempore amissa Beato Petro restituit.* Leo Ost. lib. 1. cap. 47: *Ad ipsum Staphilum de Majella, qui dividit inter Regalia et causam S. Benedicti.* Ita in Consuet. Tervanensi, Episcopus dicitur habere *Regaliam* Tervanensis Episcopatus, quia est illius dominus spiritualis et temporalis, ut est in art. 6. At in Consuet. veteri Atrebat. art. 16. et nova art. 23. et 24. *Regale*, sumitur pro dominio Majoris Domini feudalis, cum scilicet res feudalis et ab eo dependens ex vassalli delicto, aut alia qualibet causa principali feudo unitur. Vetus Charta de bonis Hæreticorum et faiditorum, in Notis ad Concilia Narbon.: *Pro parte vero Domini Regis, e contrario dicebatur quod hæc omnia ad ipsum jure Regaliæ et majoris domini pertinebant.* Alia apud Guichenonum in Probat. Hist. Sabaud. pag. 40. de Gageria quadam: *Verum ne discordia inter Ecclesiam et Comitem aliquando oriri possit, dictum est ut cum redimere voluerit, discernatur, quod pro Regali et Comitatu Comes ibidem deinceps habere debeat, etc.*

* Regalia, Dominium majoris domini feudalis, ejusdemque districtus, nostris *Régale.* Charta Joan. reg. Franc. ann. 1350. in Reg. 102. Chartoph. reg. ch. 321: *Dando etiam certa feuda, vocata Regalias, inclavata infra metas dicti comitatus* (Bellifortis). Alia Humb. dalph. pro Arn. *Flote* milit. ann. 1342: *Si contingeret homines dicti domini dalphini delinquere infra districtum et jurisdictionem domini Arnaudi extra Regalias, et post delictum commissum ad Regalias, vel locum Regaliarum confugerent, possit eos capere curia dicti dom. Arnaudi in dictis locis Regaliarum et punire de commissis.* Adde Ordinat. reg. Franc. tom. 9. pag. 38. art. 3. Lit. remiss. ann. 1420. in Reg. 171. ch. 256: *La parroisse de Maulde, qui est de ou sur les Regales de Flandres, etc.* Aliæ ann. 1443. in Reg. 176. ch. 305: *En alant et passant* (au pays de Hainau) *par ung grant et large chemin à charrier, appellé les Regales de Flandres, etc.* Vide infra *Relanga.*

* Regalis, Eadem notione. Charta Will. episc. Glasg. ann. 1453. pro universit. ejusd. urbis in Chartul. ejusd. eccl. ex Cod. reg. 5540. fol. 103. v°: *Concedimus liberam facultatem emendi et res proprias vendendi.... ubique per Regalem nostram.*

Regalia vocant nostri prædia quæ ad Ecclesias pertinent, iis a Regibus olim concessa, unde *Regalia* dicuntur: quippe, ut ait S. Augustinus tract. 6. in Evangel. Joan. *per jura regum possidentur possessiones.* Et Otto Frisingensis lib. 2. de Gestis Friderici cap. 11: *Regalia non personis, sed Ecclesiis, perpetualiter a Principibus tradita sunt.* Walthramus Episcopus Naumburgensis de Investitura Episcoporum: *Regalia, id est a Regibus et Imperatoribus, Pontificibus Romanis data in fundis et reditibus.* In Charta Henrici III. Regis Angliæ apud Prynneum in Libertatibus Angl. tom. 2. pag. 231: *Cepimus in manum nostram baroniam et Regalia quæ Archiepiscopus Eborum de nobis tenet.* In alia pag. 254: *Totum Regale quod ad Episcopatum suum pertinet.* Alia Joannis Regis Angl. ibidem pag. 339: *Episcopus autem vel electus loci illius temporalia, quæ prius vocabantur Regalia, de manu prædicti Archiepiscopi et successorum suorum plenarie recipiet.* In Regiam Majestatem lib. 2. cap. 23. Baroniæ Episcoporum *de eleemosyna Regis* esse dicuntur, ideoque ab iis alienari non posse. Cum igitur omnia fere Ecclesiarum prædia, Episcopatuum nempe, et Monasteriorum a Regibus dotatorum, *Regalia* sint, id est a Regibus olim iis concessa, eodem jure reguntur quo beneficia militaria, seu feuda, iisdemque sunt, quibus ea, servitiis obnoxia. Extinctis quippe personis Ecclesiasticis, ad Regem ipso jure redeunt, donec alia iisdem investiatur. Unde in Charta Caroli IV. Imp. ann. 1354. pro Episcopo Tullensi, dicitur is *investiri de Regalibus et feudis.* [Anonymus in Chronico Cœnobii Schutterani, apud Fredericum *Schannat* inter Vindemias Literar. pag. 19: *Per hoc* (Diploma) *idem Imperator* (Henricus II. ann. 1016.) *nostrum monasterium quoad temporalia, sive, ut aiunt, Regalia, novo a se erecto Bambergensi episcopatui jure feudi tradidit; unde in hodiernum usque diem Abbates nostri ab Episcopo infeudantur.* Appendix Chronici Metensis apud Acher. tom. 6. Spicil. pag. 661: *Domno Poponi... domnus Stephanus anno Domini* MCXX. *videlicet anno Callisti PP. II. successit. Hic Callisti ex sorore nepos, cum Regaliam nondum ab Henrico V. qui tunc temporis arcem tenebat imperii, recepisset, etc.* Chronicon S. Dionysii apud eumdem Acherium tom. 2. pag. 813: *Hoc anno* (1228.) *obiit Petrus de Autolio Abbas S. Dionysii.... et electus fuit Odo Clemens in Abbatem ejusdem Eccle-*

siæ... et... recepit a Rege Ludovico Regalia.] Homagium præstitum Adolpho Imperatori a Joanne Episcopo Tullensi ann. 1297 : *Regalia feuda principatus Pontificalis, quem obtinet sibi de regali liberalitate, concessimus, et ipsum investivimus : de iisdem administrationem temporalium et jurisdictionem plenariam principatus ejusdem Ecclesiæ prænotatæ Episcopo Tullensi præsentium serie committentes.* [Adde Chartam Ludovici Jun. ann. 1162. in Probat. novæ Hist. Occitan. tom. 2. col. 588. Gesta Guillelmi Majoris Andegav. Episc. ann. 1291. tom. 10. Spicil. pag. 275. Epistolam Innocentii V. PP. inter Instrum. novæ Gall. Christ. tom. 2. col. 24. etc.] *Regalibus* autem a Rege *Investiri* dicuntur Episcopi (ut cæteros prætereum, Germanicos et Anglicos præsertim scriptores, qui de Investituris Ecclesiarum egerunt) apud Petrum Cluniacensem lib. 1. Epist. 29. ubi de Lingonensi Episcopo : *Rex... de Regalibus, sicut solet fieri, manu propria solemniter investivit* : cujus quidem Investituræ ratione, sacramentum fidelitatis Regi præstant Episcopi. Epistola Leodiensium ad Paschalem II. PP : *Dominus noster Episcopus communicat Regi et Imperatori suo, cui ex Regalibus ejus acceptis juravit fidelitatem.* Philippus *Mouskes* in Histor. Fr. MS. de Episcopo Tornacensi :

Et caskuns Vesques premerains,
Dou Roi de France, joint ses mains,
Prent son Regale par droiture,
Et ses om est de teneure.

☞ Hujus sacramenti formulam habes apud Continuatorem Aimoini lib. 5. cap. 21 : *Ego Hincmarus ecclesiæ Laudunensis Episcopus, amodo et deinceps domino Seniori meo Carolo* [*Regi sic fidelis et obediens secundum meum ministerium ero, sicut homo suo Seniori, et Episcopus per directum suo Regi esse debet.* Huic fidelitatis sacramento duo alia quæ eodem redeunt, subjungit D. *Brussel* tom. 1. de Feudorum usu cap. 1. pag. 21. et 22. Vide *Fidelitas*, [** et Cangii Histor. Ambian. pag. 375. sqq.]

Fidelitatis porro sacramentum ii faciunt, cum iis redduntur *Regalia*, [hocque sacramentum nostris dicitur *le serment de feaulté*, vel *de fidelité, à cause de la temporalité*, ut videre potes in Schedula Caroli VII. Franc. Regis ann. 1454. et alia Ludovici XIII. ann. 1623. quas refert D. *Brussel* tom. 1. de Feudorum usu cap. 1. pag. 24. et 25.] Redduntur autem *Regalia* cum consecrationem aut benedictionem acceperunt Episcopi. Sugerius Abbas S. Dionysii Epist. 20 : *De Regalibus vero sicut in Curia dominorum regum Francorum mos antiquus fuisse dinoscitur, cum Episcopus consecratus, et in Palatium ex more canonico fuerit introductus, tunc ei reddentur omnia. Hic est enim redditionis ordo et consuetudo, ut, sicut diximus, in Palatio staturus Regi et regno fidelitatem faciat, et sic demum Regalia recipiat.* Adde Epist. 19. Charta Guillelmi Episcopi Andegavensis ann. 1223. apud Sammarthanos : *Item recognovit nobis quod cum Electus Andegavensis erit confirmatus a Metropolitano, vel ab eo qui potestatem habebit confirmandi, ipse reddet ei Regalia sua per nuntios suos patentes literas deferentes confirmationis ipsius. Ipse tandem Electus tenebitur bona fide adire Dominum Regem, si fuerit in regno, infra 40. dies post susceptionem Regalium, et eidem fidelitatis sacramentum præstare : et si infra 40. dies ad Dominum Regem, sicut dictum est, non venerit, Dominus Rex poterit saisire Regalia sua, et ea tandiu tenere, quousque Regi fidelitatem suam fecerit. Et sciendum quod si Comitatus Andegavensis separatur a regno, non teneremur facere Comiti Andegavensi hujusmodi sacramentum.* Quibus postremis verbis consentaneum est Arestum ann. 1272. pro Episcopo Sagiensi descriptum a Duchesnio in Probat. Hist. Castilionensis pag. 70. Testamentum Philippi Aug. Reg. Franc. ann. 1190. apud Rigordum : *Regina autem et Archiepiscopus tam diu Regalia in manu sua teneant, donec Electus consecratus sit vel benedictus, et tunc Regalia sine contradictione ei reddantur.* Alias tamen de Jure Communi *Regalia* non redduntur Episcopo, antequam sacramentum fidelitatis Regi exhibuerit, ut mox docemus. At in Germania is mos inoleverat, ut tradit Otto Frising. lib. 2. de Gest. Frider. cap. 6. et 28 ut Episcopi non consecrarentur, nisi prius ab Imperatore, *et ab ipsius manu Regalia per sceptrum suscepissent.* Id etiam habetur in Speculo Saxonico lib. 3. artic. 59. § 1. Quod in Anglia et Scotia perinde obtinuisse docet Regiam Majestatem lib. 2. cap. 64. 65. Scribit Joannes Hocsemius in Adolpho a Marka Episcopo Leodiensi : *Antiquam regni consuetudinem fuisse, ut Rege ultra Mosæ fluvium existente, Episcopi circa dictum fluvium Regalia possint a Scabinis de Francfort impetrare.*

Per mortem igitur Episcopi *Regalia aperta* dicuntur, ut contra, *clausa*, cum ea Episcopo successori redduntur. Regestum Memorialium Cameræ Comput. Paris signat. C. fol. 269 : *Dum Episcopus alicujus Episcopatus, ubi Dominus Rex habet Regaliam, ab humanis decedit, immediate per obitum seu mortem ipsius est Regalia in dicto Episcopatu aperta, et succedit Rex loco boni et legitimi administratoris in omni temporalitate dicti Episcopatus, confertque beneficia non curata, et hoc durante tempore ipsius Regaliæ. Quæ quidem Regalia dicitur vigere et habere locum in dicto Episcopatu, donec et quousque futurus successor Episcopus legitime intrans suum debitum fidelitatis juramentum dicto Domino nostro Regi, prout tenetur, fecerit. Ex quo literæ Regiæ attestantes dictum juramentum sic fuisse factum, præsentatæ, registratæ, et expeditæ fuerint in Camera Compotorum, et quod receptor seu commissus ad receptam ipsius Regaliæ receperit mandatum a dicta Camera emanatum, per quod ei mandetur, ut levet manum Regis, et permittat dictum Episcopum uti et gaudere ponendo ipsam temporalitatem ad plenam deliberantiam. Nec ante receptionem hujusmodi mandati a dicto receptore seu commisso reputatur dicta Regalia clausa, sed usque ad diem ipsius receptionis, tenetur reddere compotum et rationem de fructibus hujusmodi temporalitatis. Et confert Rex beneficia tanquam in Regalia vacantia. Et hoc de jure et consuetudine Regis et suæ Coronæ Franciæ.* Idem Regestum : *Le Roy est en saisine et a usé de tel temps, qu'il n'est memoire du contraire, quant les Regales des Eveschiez y escheent, de prendre et faire lever tous les profits et emoluments qui escheent durant ledit Regale, si come les bleez et grains qui escheent en cause de terres gaignables, de rentes, de dismes, des abliez qui tiennent à racine, quant le Regale eschiet, et semblablement des vins, vinages, dismes, et autres rentes qui escheent en vin, come dit est des grains. Et si les terres, rentes et dismes sont baillées à ferme, il est ou chois du Roy de tenir la ferme, ou de prendre les grains ou vins qui escheent oudit Regale, et ainsi le fait le Seigneur qui tient le fief de son vassal par defaut de home.*

Prædictis addo quæ habet vetus Consuetudo Franciæ lib. 3 : *Quand un Evesque trespasse, le Roy peut faire tout mettre en sa main le temporel, et celui faire gouverner comme en Regale. Car les explois de sa justice, et tous les autres revenus temporels sont au Roi jusques à ce qu'il y ait Evesque. Toutefois tous Eveschez ne sont pas tenus en Regale. Pendant le temps de la Regale le Roi peut donner tous offices et benefices, excepté Cures; et si le Pape et le Roy donnoient en un mesme temps un benefice, le don du Roy precederoit : et s'il en estoit debat, la cause seroit ventilée en la Cour de Parlement, et non ailleurs.* [Edictum ann. 1334. apud D. *Secousse* tom. 2. Ordinat. Reg. pag. 102 : *Philippe par la grâce de Dieu, Roy de France. Sçavoir faisons a touz presens et à venir, que comme il ayt esté mis en doute par aucuns, si nous avons droit et à nous appartenoit de donner les prouvendes, dignitez, benefices, comme ils avoient esté et estoient trouvés non occupez, vacans et vuides de fait tant seulement, ou temps de nostre Regale, és Eglises de nostre Royaume esquelles nous avons droit le Regale; Et se ceuls à qui nos predecesseurs, ou nous les avons donnez, en doivent joir et jouissent : Nous nous tenons et sommes souffisament et deument enfourmez, que nos devanciers Roys de France, pour cause de Regale et de noblesse de la couronne de France, ont accoustumé et ont esté en possession et saisine de donner les prouvendes, dignitez et benefices, quand ils ont esté trouvez non occupez, vuides ou vacans de fait tant seulement : et que nous aussi en avons usé usons et enttendons à user, comme de nostre droit royal, toutefois que aucun ou semblable ou quelsconques des cas dessusdiz escherra, et denions toute audience de plait à tous ceuls, qui à nos diz usaiges, accoustumez par nos devanciers Rois de France et par nous coutumez, et aux droits royaux, qui en tel cas nous appartiennent, pour cause de nostre couronne, et aux collations par nous, ou nos devanciers, ou successeurs, faites ou à faire, és cas dessusdiz, ou en aucun d'iceux, se voudroient opposer. Et se plait, ou procez sur aucun des cas dessusdiz, quelsconques ils soient, pendent en Parlement, ou devant quelsconques nos Commissaires, nous les rappellons et mettons dou tout au neant : et nous deffendons à nos amez et feaux nos gens, qui tenront dores en avant nos Parlemens à Paris, etc.*] Sed et tradit Scylitzes pag. 658. Nicephorum Phocam Imper. legem tulisse, cui subscripsere ipsi Episcopi adulatores, ne Imperatoris injussu ullus crearetur Episcopus, et mortuo aliquo Episcopo aliquem suorum submisisse, qui definitos faceret sumtus, ipsumque, quod erat reliquum, accepisse.

Crebra ac gravis fuit de Principibus ac Regibus querela, qui ut diutius Ecclesiarum Regalibus fruerentur, vel earumdem, uti vocabant, investituras differebant, vel electiones Episcoporum et Abbatum impediebant: quod in primis objectum Germanicis Augustis in diuturna ac gravi illa inter Sacerdotium et Imperium discordia, apud Scriptores qui de ea pluribus egerunt, quibus addendus omnino Arnoldus Lubecensis lib. 3. cap. 16.

Id etiam objectum Anglicis Regibus. Ordericus Vitalis lib. 10. de Guillelmo Rufo Rege Angliæ pag. 763: *Defunctis Præsulibus et Archimandritis, Satellites Regis Ecclesiasticas possessiones et omnes gazas invadebant, trienni̧oque seu plus dominio Regis omnino mancipabant. Sic nimirum pro cupiditate redituum, qui Regis in ærario recondebantur, Ecclesiæ vacabant, necessariisque carentes pastoribus dominicæ oves lupinis morsibus patebant.* Adde pag. 774. Similis est Willelmi Neubrigensis lib. 3. cap. 26. de Henrico II. querela: *Vacantes Episcopatus, ut proventientia perciperet commoda, diu vacare voluit, et Ecclesiasticis potius usibus applicanda in fiscum redegit.* Ut et Hugonis Flaviniac. in Chron. pag. 241. Adde Willel. Malmesbur. lib. 1. de Gest. Pontific. pag. 215.

Regalium, vel si mavis, regaliorum jus, non in Episcopatibus dumtaxat obtinuisse, sed et ad Monasteria aliaque beneficia productum ex laudato Orderici Vitalis loco colligitur: adeo ut quemadmodum Principes, vacantibus Episcopatibus, eorum dominiis seu uti vocabant, regalibus fruebantur, ac beneficia ab iis dependentia, quæ hoc temporis interstitio vacabant, conferebant, idem in Monasteriis jus sibi adscriberent; quam quidem hac nostra ætate agitari controversiam novimus. Exstant sane in Principum favorem bina Diplomata Henrici III. Regis Angliæ apud Gul. Prynneum in Libertatibus Angl. tom. 2. ac primum quidem pag. 782. hocce verborum tenore: *Rex Magistro A. de Len. Officiali Cantwar. et Commissionariis suis salutem. Cum tempore progenitorum nostrorum Regum Angliæ, et nostro hactenus sit obtentum, quod vacantibus Abbatiis, Prioratibus, et aliis quibuscunque domibus religiosis regni nostri, et in manu nostra existentibus, conferre possimus Ecclesiastica beneficia ad hujusmodi domos pertinentia, et nos ratione vacationis Domus sancti Thomæ de Acon in London dilectum Clericum nostrum Rogerum de Messenden ad Ecclesiam de Colchirch in London duxerimus præsentandum, fratres ejusdem domus, et Hugo Capellanus eorum, ab eisdem fratribus indebite præsentatus ad eandem, dictum Clericum nostrum inde traxit in placitum coram vobis in Curia Christianitatis. Et quia hoc est contra coronam et dignitatem nostram, et manifeste cederet in nostram et hæredum nostrorum exhæreditationem, vobis prohibemus ne placitum illud de cætero teneatis. Teste Rege apud Woodstock, 18. die Augusti.* Diploma aliud ejusmodi habetur pag. 940: *Rex omnibus ad quos, etc. salutem. Super jure patronatus et præsentationibus ad beneficia Ecclesiastica faciendis in regno nostro Angliæ, et in Ecclesia Anglicana, quædam speciales consuetudines observantur, inter quas et illa sibi vendicat locum: si videlicet manerium aliquod cum pertinentiis et libertatibus suis cuidam Laïco vel Clerico seu mulieribus aut personis quibuslibet Ecclesiasticis vel secularibus quocunque modo, sive scilicet ad tempus vel ad firmam, vel ad sustentationem, vel pro dotalitiis, seu quibuscunque modis aliis assignetur, jus præsentandi ad Ecclesiam in hujusmodi manerio sitam per assignationem hujusmodi cum manerio semper transit, nisi specialiter fuerit in assignatione illa jus præsentandi reservatum vel exceptum. In manerio vero Episcoporum, ubi jus patronatus et jus instituendi habent, jus patronatus cum maneriis ipsis secundum consuetudinem supradictam semper transit: unde vacantibus Episcopatibus et Abbatiis, tam nos quam magnates nostri, ad quos custodia maneriorum tempore vacationis pertinet, jus præsentandi ad Ecclesias in ipsis maneriis sitas obtinemus, instituendi jure apud Metropolitanum, vel alios ad quorum devolvitur jus spirituale remanente. Licet enim Episcopi in Diœcesibus, aut etiam Abbates Pontificale jus habentes Ecclesias maneriorum suorum conferant, eo quod in ipsis jus patronatus, et jus instituendi conveniunt, jus tamen patronatus habent ratione maneriorum suorum, vel Baroniarum suarum, quæ si ab ipsis evincantur, aut si aliis cùm suis pertinentiis, ut prædictum est, assignentur, jus præsentandi cum ipsis maneriis transit, jure instituendi apud ipsos ratione officii Pastoralis extunc tantummodo remanente. In cujus, etc. teste Rege apud Westm. 13. die Martii.* Charta Archembaldi D. Burbonensis in Tabul. Brivat. ann. 1223: *Ego Archembaldus Dominus Borbonensis, Arverniæ Constabularius,.... quod de mandato et præcepto D. Philippi Regis Franciæ felicis recordationis occasione Regaliæ, defuncto Præposito Brivatensis Ecclesiæ, patruo videlicet Guidonis quondam Comitis Arverniæ, vacantem Præposituram occupavi,... accedentes præfatæ Ecclesiæ Canonici ad dictum Regem, coram ipso proposuerunt, quod non habebat, nec habere debebat Regaliam in præpositura prædicta.* In manuali Placitorum Parlamenti ann. 1373. 29. Maii, dicitur vacante Burguliensi Abbatia, Regem habere administrationem bonorum temporalium.

☞ Locum hic habere potest Judicium quod refert Kennettus ad ann. 1294. Antiquit. Ambrosden. pag. 330: *Abbas de Oseneya obiit anno Regis Edwardi XXV°. et ante restitutionem temporalium dictæ Abbatiæ successori dicti Abbatis dictæ domus electo factam, petiit Escheator ad opus domini Regis cupam et palefridum dicti Abbatis defuncti, et etiam lanas bidentum ejusdem Abbatiæ de tempore vacationis Abbatiæ prædictæ, per quod ad prosecutionem dicti electi super præmissis in consilio regio, tertio die Julii anno prædicto apud Westmon. et examinatis causa et petitione Eschaetoris supra cupa et palefrido et lana prædictis, mandatum est per prædictum consilium prædicto Eschaetori, quod a præfato electo cupam nec palefridum nec etiam lanas prædictas exigat vel exigi permittat.*

Quod si aliquæ controversiæ acciderent de ejusmodi feudis ac Baroniis Ecclesiasticis, earum cognitionem judicibus Ecclesiasticis esse interdictam, sæcularibus vero duntaxat attributam constat. Exstant in hanc rem Bullæ Innocentii III. et Honorii III. Papæ in Regesto Campaniæ Bibl. Reg. fol. 8. 12. 65.

Episcopatuum vero qui a jure regalium immunes erant regalia, sede vacante, servabant Archiepiscopi. Vide Spicilegium Acherianum tom. 8. pag. 203. 253. 254. et infra in v. *Vicedominus.*

☞ Quinam vero olim fuerint Episcopatus immunes, vide apud D. *Brussel* tom. 1. de Feudorum usu pag. 292. et 293. quibus adde pag. 287. 288. 297. 298. 299. 300. 302. 304. 305. 306. 307. 308. et 540. Unum dumtaxat observabo a viro Cl. prætermissum. Canonicis Rotomagensibus, Archiepiscopo decedente Regaliorum curam devolutam fuisse, probare nititur Vivianus Episcopus Constantiensis in Epistola ad Philippum V. Franciæ Regem inter Synodos Rotomag. part. 2. pag. 33. ubi hæc habet: *Intelleximus ex testimonio virorum fide dignorum, quod Archiepiscopo Rotomagensi decedente, cura bonorum omnium temporalium et spiritualium, quæ ad Archiepiscopum jure quolibet pertinebant, ad Capitulum ejusdem Ecclesiæ sine contradictione qualibet devolvebatur, ita quod nec Regi Anglorum, qui tunc in Normannia dominabatur, nec ipsius servientibus licebat manum apponere in res ad Archiepiscopatum aliquo modo pertinentes.* Sed de his Ecclesiæ Rotomag. Regalibus contrarium ead. pag. refertur testimonium quatuordecim Militum, qui *jurati dixerunt: Quod mortuo Rotberto* (leg. *Rotrodo*) *Rotomagensi Archiepiscopo Rex Hainricus cepit Regalia in manu sua, et posuit custodes suos ad ea custodienda. Cum autem Galterus de Constantiis, qui erat familiaris Regis, in Archiepiscopum promoveretur, Rex ea reddidit illi; sed dixerunt se nescisse utrum ei reddiderit amore, quod familiaris ejus erat, vel de jure, vel aliquo alio modo.* Hic Rotrodus ann. 1183. obiisse dicitur in Chronico Roberti de Monte.

☞ Ex Bulla ann. 1265. qua Clemens IV. Siciliæ regnum confert Carolo Comiti Andegav. tom. 9. Spicil. Acher. pag. 239: *in Ecclesiis vacantibus Rex nulla habebit Regalia, nullosque fructus, reditus et proventus, nullas etiam obventiones, ac nulla prorsus alia percipiet ex eisdem, custodia earumdem Ecclesiarum interim libera remanente penes personas ecclesiaticas juxta canonicas sanctiones.*

Regalia Episcopatuum non semper Regum erant, sed interdum ab aliis proceribus de Rege tenebantur in feodum. Exstat Epistola 38. inter Sugerianas, in qua Theobaldus Carnotensis Comes *Regale Carnotensis Episcopatus de Rege in feodum tenere cum alio feodo suo* profitetur, *ita quod decedente Episcopo Regale Episcopatus suum proprium sit, quousque alius substituatur.* Exstat apud Guill. Prynneum in Libertatib. Eccl. Angl. tom. 3. pag. 187. Charta Edwardi I. Regis Angliæ, in qua *quoties sedem Burdegalensem vacare contigit, custodiam temporalium ejusdem Archiepiscopatus, eadem sede vacante habere, et facere fructus suos consuevisse* Duces Aquitaniæ contendit, Capitulo ejusdem Ecclesiæ id jurissibi competere asserente, etc. Post mortem Willelmi *Breuse* Episcopi Landavensis in Comitatu Clamorganensi, in Principatu Valliæ, Gilbertus *de Clare* Comes Glocestrensis et Herfordiensis, tanquam Comes Clamorganensis, ejusdem Episcopatus Regalia, et Beneficiorum vacante Episcopatu collationem sibi competere asserebat. De qua cum Rege Edwardo I. controversia multa habet idem Prynneus pag. 412. et seqq. et pag. 636.

* *Regaliæ* appellatio etiam obtinuit, cum ab aliis, quam a regibus, quocumque titulo possidebantur. Explodenda ergo omnino est hujus vocis etymologia, quam a veteri Gallico *Regale*, epulum, convivium accersendam vult D. *de Mably* in Animadv. ad Hist. Gall. tom. 2. pag. 276. Horum *regaliorum* reditus et administratio, extinctis ecclesiasticis possessoribus, ad regem redeunt; quæ tamen interdum proceribus laicis fuisse tradita a rege non semel reperitur. Eodem *Regaliæ* nomine ecclesiam Augustodunensem, mortuo episcopo, administrabant archiepiscopus et capitulum ecclesiæ Lugdunensis, ut docet Pactum inter reg. et eosdem ann. 1320. ex Reg. A. Cam. Comput. Paris. fol. 126. r° : *Transportons pour nous* (archevêque et chapitre) *et pour nos successeurs en lui* (Roy) *et ès siens toute la Regale, que nous tenions et aviens en l'église, la cité, l'éveschié et le diocese d'Otum, dont nos devanciers avoient usé et nous usons, vacant icelle église d'Otum, exceptez l'exercice et les emolumens des coins esperituelz dudit éveschié.*

☞ Ut Episcopatuum Proceribus, sic etiam Abbatiarum Regalia aliquando in feodum Episcopis abs Regibus concessa fuisse, discimus ex Charta Philippi Aug. ann. 1192. qua confirmat donationem Abbatiæ Flaviniacensis ab Ludovico Juniore hac ratione factam Episcopo Æduensi, apud D. *Brussel.* tom. 2. de Feudorum usu pag. 1043. et 1044. ubi sic habetur : *Super Regali nostro Flaviniaci idem genitor noster veritatem diligenter inquisivit : qua inquisita, Flaviniacum cum omnibus appenditiis suis, eidem Episcopo et successoribus suis de Regali suo tenere in perpetuum concessit; ita quod Episcopus Æduensis de Rege, et Abbas de Episcopo illud teneat.* Chronicon Cœnobii Schutterani inter Vindemias Liter. Schannatti pag. 19 : *Imperator nostrum monasterium quoad temporalia, sive, ut aiunt, Regalia, novo a se erecto Bambergensi Episcopatui jure feudi tradidit, unde in hodiernum usque diem Abbates nostri ab Episcopo infeudantur.*

Cæterum non defuere qui tantas Ecclesiarum seu Ecclesiasticorum opes ac prædia improbarent. Libellus precum Marcellini et Faustini pag. 46 : *Intendite in hoc adversus Catholicos quasi quendam triumphum hæreticorum : et in miseram et quasi ultimam et fœdissimam captivitatem, in his Episcopis condemnata pia fide, et Catholicis Episcopis, in eorum se dominium delusionemque tradiderunt metu exilii, et ut Episcopale nomen apud homines retinere viderentur, quod utique jam apud Deum post subscriptiones impias non habebant. Sed ideo nominis istius etiam cum omni decore quærebatur auctoritas, ne illis possessiones Ecclesiæ tollerentur; quas utinam nunquam possedisset Ecclesia ut Apostolico more vivens fidem integram inviolabiliter possideret.* Adde pag. 97.

* Regalia, Prædiorum ecclesiasticorum investitura. Charta Rudolfi imper. ann. 1290. in Chartul. Romaric. ch. 15 : *Cum abbatissa Romaricensis, post novam suam creationem, sua Regalia, id est, administrationem temporalium a nobis petere et recipere, et tunc temporis sexaginta quinque marchas cum fertone officialibus nostræ curiæ persolvere teneatur, etc.* Quo sensu rursum occurrit hæc vox in Chron. Metensi et S. Dion. supra laudatis *Regale*, eadem acceptione, in Charta Guid. episc. Camerac. ann. 1246. ex Tabul. ejusd. eccl. : *Quant li vesques venra de ses Regales u de sen sacre, etc.*

Regaliarius, Qui Regalia, vel eorum proventus Episcopatus vacantis percipit vice Principis, cujus ea sunt. Charta Edmundi Comitis Campaniæ ann. 1277. in Tabulario Ecclesiæ Meldensis fol. 78 : *Come tençons fut entre nous... et l'Evesque de Miaux seur griez et seur dommages que li Regalier le Roi Thibaut et le Roy Henri de Navarre jadis Conte de Champagne, avoient fait és biens et choses de l'Evesché de Meaux, etc.*

¶ Regaliator, Eadem notione. Edictum Philippi Pulchri pro reformatione regni ann. 1302. apud *de Lauriere* tom. 1. Ordinat. pag. 359 : *Quantum ad Regalias, quas nos et predecessores nostri consuevimus percipere et habere in aliquibus Ecclesiis regni nostri, quando eas vacare contingit, de quibus plures ad nos querimonie devenerunt, eo quod gardiatores seu Regaliatores amputabant et secabant nemora dictarum Ecclesiarum, et antequam tempus amputationis seu sectionis eorum, aut debite venditionis advenisset.... Nos circa ea cautius precavere volentes debito temperamento, etc.*

* Nostris *Régaleur.* Memor. C. Cam. Comput. Paris. ad ann. 1350. fol. 93. r° : *Andreas Giffardi Regaliator seu receptor regaliæ Meldensis episcopatus, etc.* Lit. Phil. VI. ann. 1342. in Reg. 74. Chartoph. reg. ch. 440 : *Lesquiex place et courtil ledit prestre acheta et aquist, ou temps que il estoit nostre Régaleur des éveschiés de Chastres ou de Tours; et en icellui temps meismes, li estant encores Régaleur, pour lequel régale il estoit et est tenu à nous en mil livres.* Memor. D. ejusd. Cam. ad ann. 1367. fol. 91. v° : *Michiau Garnier du Mans establi Régaleur du régale de l'évesché du Mans.*

¶ Regalator Commissarius, Eodem intellectu. Litteræ de Hominio Episcopi Æduensis e Chartulario ejusd. Ecclesiæ : *Quibus litteris lectis et diligenter intellectis dictus dominus Episcopus dixit et protestatus fuit, quod in casu in quo baillivus, curiani et officiarii bailliviæ Matisconensis, et cæteri commissarii Regalatores non contentarentur de juramento per eum coram nobis præstando... Quæ omnia et singula supradicta ad notitiam baillivi, receptoris et officiariorum regiorum bailliviæ Matiscon. et cæterorum commissariorum Regalatorum super hoc deputatorum... notificamus per præsentes, etc.*

Custos Regaliarum, Qui decedente Episcopo a Rege mittebatur ut colligeret reditus ac proventus temporalitatis Episcopatus, qui de jure ad Regem pertinent : quousque alius electus consecrationem accepisset. *Custodes, Gardiatores*, seu *Gubernatores Regaliarum Ecclesiarum*, in Edicto Philippi Pulchri ann. 1302. art. 3. ubi eorum abusus coerceri jubentur, quos etiam carpit auctor Historiæ Episcoporum Autissiodor. cap. 59. pag. 483. Vide Regestum Parlam. B. fol. 56. et Historiam Episcoporum Cadurcens. num. 178.

Regalia Facere, Sacramentum fidelitatis, vel hominium pro regalibus Regi præstare. Will. Malmesburiensis lib. 1. de Gestis Pontif. pag. 219. de Anselmo Cantuariensi : *Regalia pro more illius temporis faciens Principi, 7. Kal. Octobris, Cantuariæ assedit.*

3. **REGALIA**, Præcipua Imperii insignia, corona, sceptrum, etc. Albertus Argentin. pag. 119 : *Monstrabantur ibi Sanctuariorum insignia, quæ Regum dicuntur, scilicet lancea, clavus, pars crucis Salvatoris, corona, gladius Caroli, et alia per quendam Cisterciensem, etc.* Adde pag. 124. 157. et Albertum Stadensem ann. 1126. Otto Frisingensis lib. 1. de Gestis Frider. cap. 63 : *Regalia Duci Friderico cum unico suo item Friderico commendans.* Conradus Usperg. ann. 1106 : *Ipse partis utriusque consiliis annuens, Regalia vel Imperialia insignia, crucem scilicet et lanceam, sceptrum, globum, atque coronam filii potestati tradidit.* Henricus Imper. apud Dodechinum ann. 1110 : *Tibi itaque, fili carissime, Henrice Rex, et nunc per officium nostrum Dei gratia Romanorum Imperatori, et regni Regalia illa dimittenda præcepimus, quæ ad regnum manifeste pertinebant tempore Caroli, Ludovici, Ottonis, et cæterorum prædecessorum tuorum.* Idem Henricus in Epist. ad Hugonem Abbat. Cluniacensem : *Interea mandatum est nobis, quod liberationis nostræ nullum esset consilium, nisi extemplo daretur, et crux, et lancea, cæteraque Regalia insignia.* Stero ann. 1219 : *Regalia quoque Heinricus Palatino Reheni assignanda Regi Friderico reliquit, etc.* Ea autem Regalia sic idem recenset ann. 1361 : *Insignia Imperialia quæ tunc vidi, sunt hæc, primum ferrum lanceæ quæ transfixit latus Christi : item clavus cum aliquali petia S. Crucis, quæ transivit manum Christi : item gladius Caroli M. Imperatoris Romanorum, quem tunc Imperator tenebat in manibus, et corona qua coronatus est in Imperatorem a Leone PP. III. Item gladius Mauricii Martyris. Item petra brachii S. Annæ, etc. et aliæ plures reliquiæ Sanctorum.* Rupertus Abbas in Vita S. Heriberti Archiepiscopi Coloniensis n. 10 : *Et hæc quidem Regalia cito reddidit.* Ubi Lambertus in Vita ejusdem Sancti num. 11. *Imperialia* habet : *Imperialia quæ penes se erant, electo Principi reddidit.* Honorius Augustodun. lib. 1. cap. 73 : *Ante Pontificem portantur Sancta, sicut ante Regem Imperialia.* Vide Ottonem de S. Blasio cap. 46. Chronicon Colmariense ann. 1273. et *Festum Coronæ.*

* Inventar. MS. ann. 1366 : *Præfatum* (Petrum) *regem* (Aragoniæ) *per manum Petri episcopi Portuensis fecit inungi, quem postmodum ipse* (Innocentius III.) *manu propria coronavit, largiens ei Regalia insignia universa, mantum videlicet et colobium, sceptrum et pomum, coronam et mitram.*

4. **REGALIA**, Exactiones vel tributa Regia. Vetus Charta in Metropoli Salisburgensi tom. 2. pag. 30 : *Nec in quoquam fideles nostros tam Clericos quam Laicos, aut in pernoctationibus vel in steuris, seu Regalibus, seu in qualibet re licet minima molestare debent.* Vetus Charta in Actis Episcopor. Cenoman. pag. 236 : *Ipse Archilaus de ipso facto* (modo *agri*) *aliud exinde non reddat, præter tantum Regalia in campo dominico procurare faciat.* Octavius Ferrarius in Orig. Ital. in v. *Appendicio*, ait Insubres *appendicio* vocare ea quæ ad pensionem adduntur, ut ova, pullos, carnem suillam : Venetos vero nobiliore vocabulo *Regalia* appellare. *Regaliæ gallinarum, vini et gondolæ*, apud Andream Dandulum in Chron. MS. ann. 1205.

5. **REGALIA**, Palatia, τὰ βασίλεια. Freculfus Lexoviensis tom. 2. lib. 5. cap. 11. de Theodosio juniore Imp. : *Plerumque jejunabat, et maxime 4. feria et 6. studio Christianitatis, nec aliter quam Monasterium Regalia videbantur.* [Vita S. Athanasii Episc. Neapol. apud Murator. tom. 2. part. 2. col. 1055 : *Ergaque serenissimos viros Lodoicum piissimum, cognomento Almum, ejusque sobolem Lotharium, invictissimos Cæsares familiarissimus esset, maximumque obtineret honoris locum, quoniam frequenter eorum Regalia adibat.* Charta Thomæ Archiep. Eborac. ann. 1499. apud *Madox* Formul. Anglic. pag. 337 : *Concedimus eidem Duci officia magistri deductus sive venacionum ferarum, parcorum et forestarum nostrarum infra Regaliam et manerium sive dominium nostrum de Extildesham, etc.*]

¶ **REGALIOLUS**, ὁ βασιλεύς, in Glossis Lat. Græc. et Græco Lat. Suetonio in Cæsare *Regaliolus* avis est, quam alii Galgulum, alii Regulum interpretantur. Glossæ Lat. Græc. : *Regavioliolus*, vel, ut habetur in Castigationibus *Regaviliosus*, σπίννος, (vel σπίνος, Latinis Fringilla :) pro quo Salmasius ad Hist. Aug. pag. 301. *Reguleolus*, Vulcanius vero *Regaviolus*, quæ postrema lectio Casaubono ad Suetonium non videtur absurda cum sic dicta sit hæc avicula, quasi Rex avium. Rursus in Glossis Latino Græc. : *Regausolus*, βασιλίσκος, ὀρνύφιον. Vide Gesnerum et Fabrum in Thesauro.

REGALIOSUS, *Regius*, *Regalis*, *Imperialis*, *etc*, Βασιλικός, in Gloss. Græc. Lat. ubi male *Reguliosus*, [ut et in aliis Lat. Gr.]

¶ **REGALIS**. Vide supra *Regales* [* et *Regalia* 2.]

1. **REGALITAS**, Idem quod *Regalia* 1. Dignitas regia, in Statutis Roberti II. Regis Scotiæ cap. 14. 16. Stat. Rob. III. cap. 45. *Royauté* nostris, *Royaltie*, apud Edw. Cokum ad Littletonem sect. 73. Concilium Wintoniense ann. 1021 : *Hæc sunt Statuta Canuti Regis Anglorum et Danorum,... ad laudem et gloriam Dei, et sui Regalitatem, et commune commodum, etc.* Knyghton ann. 1291 : *Ad feoffandum electum* (Regem Scotiæ) *in tota Regalitate et dignitate, etc.* [Thomas Walsinghamus pag. 478 : *Bonam et sufficientem securitatem faciat petitoribus et custodibus et communitati regni Scotiæ, restituendi idem regnum cum tota Regalitate, dignitate, dominio, libertatibus.* Vide Nomolexic. Th. *Blount* in *Royalties.*]

* Imo et imperialis dignitas; nostris alias *Réauté*. Charta Otton. III. imper. ann. 990. tom. 1. Hist. Trevir. Joan. Nic. ab *Hontheim* pag. 327. col. 2 : *Nec alicui sedi aut ecclesiæ, excepto nostræ Regalitati...... subjaceat.* Consolat. Boetii MS. lib. 2 :

Quant Rome fut premier fondée,
Elle fut grant temps gouvernée
Par les rois et par leur lignage :
Mais pour les mauls et pour l'outrage
Qu'il fesoient en la contrée,
Leur Réauté leur fut ostée,
Et fu le roy desroyauté,
Et effacié de la cité.

Convivium quoque, quod in vigilia Epiphaniæ, rege faba electo, fieri erat solitum, *Royaulté* nuncupatur, in Lit. remiss. ann. 1470. ex Reg. 195. Chartoph. reg. ch. 462 : *Le Samedy veille de la Tiphaine,.... après ce que le suppliant et son plus prouchain voisin.... orent fait leur Royaulté, etc.*

2. **REGALITAS**, Titulus Regum honorarius. Diploma Ludovici Pii Imp. apud Nicol. Zyllesium in S. Maximino pag. 13. [et Menesterium in Probat. Hist. Lugdun. col. 299.] : *Attulit nostræ Regalitati quoddam privilegium, etc.* Aliud Lotharii Reg. Franc. ann. 987. apud Michaelem Carbonellum in Chron. Hispan. pag. 8 : *Nostræ Regalitatis decreto confirmare dignaremur. Nostram adiit Regalitatem*, in Charta Ottonis Regis ann. 965. apud Marlotum in Metropoli Remensi lib. 4. cap. 27. et in alia Henrici Imp. ann. 1065. in Probat. Histor. Luxemb. pag. 29 : *Unde Abbas in militiam ire vel prædecessoribus nostris, vel nostræ Regalitati in secundo semper anno servire debuit, etc.* Vide eumdem Zyllesium pag. 27. 43. Bartholomæum Fizenium in Histor. Leodiensi pag. 233. Witikindum Meibomii pag. 219. [Annales Benedict. tom. 4. pag. 214. Galliam Christ. tom. 4. Instr. col. 228. etc.]

* Hunc etiam sibi arrogat Gelia uxor Willelmi comitis, in Chartul. S. Joan. Angeriac. fol. 65. r° : *Ego in Dei nomine Gelia famula Christi...: pro remedio animæ meæ, seu patris mei vel matris meæ, necnon domini Willelmi comitis præcellentissimi, per præceptum nostræ Regalitatis conferre dignaremur, etc.*

* 3. **REGALITAS**. TENERE IN REGALITATEM, Jure regio possidere. Charta Jac. reg. Scot. ann. 1450. in Chartul. eccl. Glasg. ex Cod. reg. 5540. fol. 96 : *Episcopi Glasguenses teneant de nobis dictas terras in meram, puram et liberam Regalitatem seu regaliam, in feodo et hæreditate in perpetuum, cum universis et singulis commoditatibus, etc.*

¶ **REGALITATES**, Jura regia. Literæ Edwardi Regis Scotiæ ann. 1334. quibus plures urbes et comitatus concedit Regi Angliæ, *cum hundredis, mercatis, feriis, orestis, chaceis, parcis, boscis, warennis, piscariis, necnon cum dominicis, dominiis, escaetis, forisfacturis et reversionibus quibuscunque, Regalitatibus, libertatibus regalibus, liberis consuetudinibus, etc.* apud Rymer. tom. 4. pag. 616.

* **REGALITER**, Summo jure. Charta Rudolfi imper. ann. 1290. in Chartul. Romaric. ch. 15 : *Statuimus et præsenti decreto Regaliter ordinamus, etc.*

¶ **REGALIUM**. Vide in *Regalia* 1.

* **REGALLONUS**, Regulus, vox contemptus. Steph. de Infestura MS. ubi de Innoc. PP. VIII : *Dixerunt* (legati) *se non indigere salvo conductu ejus, parvipendendo et vilipendendo eum* (Virginium Ursinum) *ac tyrannum et Regallonum vilissimum appellando.* Vide *Regaliolus.*

REGAMMARE. Vide *Gamma.*

¶ **REGANEUM**, f. Fœnum autumnale, Gall. *Regain.* Charta ann. 950. in Probat. novæ Hist. Occitan. tom. 2. col. 95 : *In casis, casalicis, curtis, curtalis, ortis, ortalis, Reganeis vel supereganeis, etc.*

* **REGARDAMENTUM**, Arbitrium, sententia, edictum, statutum. Libert. Montisfer. ann. 1291. in Reg. 181. Chartoph. reg. ch. 154 : *Item omnes et singuli causas qui* (sic) *acciderint Montisferrando, nec per prædicta poterunt terminari, per dominum seu ejus bajulum, cum consilio et consensu consulum Montiferrandi habito et sequuto, terminantur, et etiam Regardamenta et stiis* (sententiæ) *quæ fient et dabuntur de cætero infra dictum mandamentum.* Vide *Regardum* 5.

¶ **REGARDARE**, Observare, perspicere, contemplari, examinare, a Gallico *Regarder.* Statuta Massil. lib. 1. cap. 47. § 1 : *Eligi debeant singulis annis... duo probi viri Massiliæ, boni et idonei, qui teneantur et debeant videre, et numerare, et Regardare omnes balistas communis Massiliæ, aptarique facere, si opus erit.* Et lib. 2. cap. 33 : *Statuantur a Rectore, vel Consulibus dictis, duo boni viri annuatim... qui ea provideant et Regardent*, carnes scilicet a macellariis vendendas.

* **REGARDARIUM**, Eodem intellectu. Stat. Montis reg. pag. 3 : *Item statutum est quod dom. vicarius teneatur.... semper tenere duos milites socios, qui vulgariter appellantur cavalerii, qui præsint Regardariis et aliis quæ ad eorum officium de consuetudine spectant.* Hinc *Regarder*, Judicare, sententiam ferre, in Charta ann. 1269. inter Probat. tom. 2. Hist. Burgund. pag. 33. col. 1 : *Et se li dit Jahans voloit demander lesdittes issues, et li duc meist descolpes, qui ne fussient regnaubles, il s'en doit suffrir, se nos et li sires de Grancé Regardons por droit qu'il s'en doige suffrir.* Vide *Respiciare.*

¶ **REGARDATOR**, Inspector, *Regar*, in Consuetud. Hannoniæ cap. 105. art. ult. Literæ Caroli V. Franc. Regis ann. 1366. apud D. *Secousse* tom. 4. Ordinat. Reg. pag. 676 : *Consules... habeant instituere, eligere et nominare annuatim... inspectores et Regardatores marcelli* (macelli,) *triperie, piscarie, murorum, etc.* Vide mox in *Regardum* 2.

* *Regarde*, eadem notione, cui scilicet excubiarum inspectio et lustratio commissa est. Lit. remiss. ann. 1398. in Reg. 153. Chartoph. reg. ch. 406 : *Pierre Cargoet sergent de noz bien amez les maire, eschevins et commune de nostre ville de la Rochelle, et*

Regarde du petit guet, qui se fait chascun soir sur les murs de laditte ville,.... fust parti pour le regart et visitation dudit petit guet.

¶ **REGARDIUM.** Vide infra *Reguardium.*

¶ 1. **REGARDUM**, Merces, remuneratio, compensatio, Anglis *Reward.* Literæ ann. 1443. apud Rymer. tom. 11. pag. 19. col. 1 : *De suo magnanimiter expendit absque aliquo Regardo, sive recompensatione, proinde de nobis habito.* Vide *Reguardum* 2.

¶ **REWARDUM**, Eadem significatione. Literæ Edwardi III. Regis Angl. ann. 1347. apud eumdem Rymer. tom. 5. pag. 543 : *Volentes et concedentes, quod vadia et Rewarda præfato Johanni et hominibus suis, pro tempore quo ipsos in obsequio nostro morari contigerit... solvantur.*

* Hinc *Regard*, pro *Accord, traité*, Conventum, in Lit. remiss. ann. 1473. ex Reg. 195. Chartoph. reg. ch. 872 : *Le suppliant et Pierres Depitres ont fait compte ou Regard ensemble.* At *Rouvart*, pro *Egard*, Respectus, ratio, in Lit. ann. 1364. tom. 4. Ordinat. reg. Franc. pag. 522 : *Jou Hellins sires de Wazieres, de Commines et de Heudicourt.... ayans Rouvart et considération, etc.*

2. **REGARDUM**, REWARDUM FORESTÆ, Visitatio forestæ ab forestariis, ne quid detrimenti in iis accidat, ut in Fleta lib. 2. cap. 41. § 1. interdum limites vel ambitus forestæ, cujus cura commissa erat quibusdam ministris, qui eam obambularent, prospicerentque ne vetitæ in ea venationes fierent, aut exscinderentur arbores, qui inde *regardatores* dicuntur; de quibus mox : unde qui intra ejusmodi metas venari, vel damnum aliquod in foresta fecisse deprehensus erat, mulctabatur gravi mulcta, quæ *Regardum forestæ* etiam dicebatur. Charta Ricardi I. Regis Angliæ : *Concessimus etiam eisdem manerium de Lovers cum omnibus pertinentiis,... salvis ad opus nostrum venatione nostra, et destructione forestæ, ita tamen quod non sit in Rewardo.* [*Revardo*, apud D. *Brussel* tom. 2. de Feudorum usu pag. XIX.] Rogerus Hovedenus et Brompton. ann. 1188 : *Et idem Rex quietas clamavit... omnes terras suas et Canonicorum suorum, quod sint liberæ et quietæ in perpetuum de Rewardo forestæ et forestariorum : et dedit ei per cartam suam liberam potestatem et licentiam capiendi venationem per omnes præbendas suas in Comitatibus Eboraci et Notynghamiæ.* Leges Forestarum Scoticarum cap. 12. § 1 : *Si quis forestarius invenerit aliquem extra dominicum boscum, vel infra Rewardum, prosternentem quercum sine visu vel deliberatione forestarii.* Vetus Inquesta in Regesto Phil. Aug. Herouvalliano fol. 119 : *Inquisitores dicunt, quod Bonavilla cum pertinentiis valebat sine placito ensis et Regardis forestæ et pasnagii, etc.* Fol. 158. *Respectus forestæ* dicitur. [Vide Nomolexicon Thomæ *Blount* in voce *Regard.*]

REGARDATORES, Qui, ut diximus, circumeunt omnes ballivæ forestas ut de transgressionibus, assartis, vastis, et purpresturis inquirant : Anglis *Regarders.* Charta Joannis Regis Angl. apud Matth. Paris ann. 1215 : *Regardatores nostri eant per forestas ad faciendum Regardum, sicut fieri consuevit, etc.* Charta Henrici II. Regis Angl. : *Et prædictus Baldricus et Regardator et panagator mearum forestarum, etc.* Vide Monasticum Anglic. tom. 1. pag. 939. [Glossarium Kennetti ad calcem Antiq. Ambrosd. et Nomolexicon Thomæ *Blount* in *Regarder.*]

REGARDATORUM institutionem ad Henricum II. Regem Angliæ refert Manwoodus. Sic enim Assisam ejus de foresta intelligit, ubi hæc habentur : *Item Rex præcepit quod in quolibet Comitatu in quo habet venationem, ponantur 12. Milites ad custodiendam venationem suam.* Hi Milites, inquit ille, pro tempore appellantur *Regardatores.* Eo vero sæculo *Milites* passim dicti sunt, qui per servitium tenuere Militare, posteris *liberi tenentes* appellati. Sed alii fuere *Milites*, alii *libere tenentes.* Spelmannus *Regardatorum* nomenclaturam serius natam opinatur.

¶ 3. **REGARDUM**, Conspectus, ut arbitror, a Gallico *Regard*, Adspectus. Charta ann. 1293. tom. 1. Hist. Dalphin. pag. 37. col. 1 : *Raymundus et successores sui cum sociis, peditibus et equitibus quibuscumque et quotiescumque voluerit, per totam terram domini Dalphini possit portare arma..... eundo ipse Raymundus in adjutorium aliquorum suorum amicorum, vel eundo pro negotiis suis, si contingeret eum habere Regardum ab inimicis suis*, hoc est, si bene interpretor, si contingeret eum esse in conspectu inimicorum suorum, aut inimicos suos in eum conspicere mox ei bellum illaturos. Clarior videtur alter locus in Libertatibus incolis Montis-Brisonis concessis ann. 1376. eod. tom. pag. 83. col. 1 : *Nisi duntaxat tempore guerræ domini nostri Dalphini in partibus Dalphinatus, aut alias dictus Dominus aut successores sui haberent guerram pro eorum proprio facto... essentque et eorum terra in Regardo et timore inimicorum.*

* Nihil hic ad rem : idem enim est quod Terror, formido, pavor ne bellum aut quid mali accidat; paratus ad bellum inferendum vel ad resistendum. Hinc *Tenere in Regardo*, quod Galli diceremus *Tenir en respect*, Timorem incutere sonat. Charta S. Ludov. ann. 1265. in Reg. 30. Chartoph. reg. ch. 353 : *Liceat ministris nostris capere claves ad manum suam ,.... donec guerra sit sedata, et donec Regardum cesset, et donec aliæ commoditates et necessitates nostræ sint expletæ.* Et paulo ante : *Tempore guerræ et tempore Regardi.* Lit. remiss. ann. 1370. in Reg. 101. ch. 136 : *Insuper quod dictus exponens* (dom. Malibecci) *omnes meliores homines de Burgondio tenet in Regardo.* Aliæ ann. 1389. in Reg. 135. ch. 306 : *L'exposant veant qu'il estoit en grant Regart tous les jours dudit Estienne, qui faisoit grans sermens qu'il mettroit mort ledit exposant, etc.* Vide infra *Respectus* 7.

¶ 4. **REGARDUM**, Idem quod infra *Respectus*, Census annuus, præstatio. Chartul. SS. Trinit. Cadom. fol. 63 : *Summa Regardorum.* CCCCLXXXIV. *tam capones quam gallinæ, etc.* Chartularium S. Fromondi : *Vendidi et concessi Conventui S. Fromondi* 1. *boissel. frumenti....* 1. *gallinam ad Natale Domini et* x. *ova ad Pascha... Ego vero prædictus Henricus* (*de Val*) *et heredes mei tenemur dictum boissel. frumenti cum Regardis antedictis, præfatis Religiosis annuatim reddere, garantizare, etc.* Ibidem : *Vendidi et dimisi... Conventui S. Fromondi* III. *boissel. frum. percipiendos ad festum S. Michaelis in Septembri, et* II. *panes et* II. *gallinas ad Natale Domini, et* XX. *ova ad Pascha, quod frumentum et Regarda debebat mihi annuatim feodaliter et per homagium Gaufridus dictus Balleul de quadam pecia terræ.* Passim occurrit in hoc Chartulario. Index MS. beneficiorum Eccl. Constantiensis fol. 16. v° : *Rector percipit* XLIV. *tam capones quam gallinas cum Regardis, pro qualibet gallina* 1. *den. et pro quolibet capone* II. *den.* Recurrit ibidem fol. 18. Vide *Reguardium* et *Reguardum* 1.

* Nostris *Regard* eadem significatione. Charta ann. 1317. in Reg. 56. Chartoph. reg. ch. 45 : *Ratione dictæ forefacturæ habebat et percipiebat annuatim certos alios redditus, qui vulgariter Regars nominantur.* Alia ann. 1340. in Reg. 72. ch. 185 : *Item ij^e. de Regars deuz à Noel, tant en capons que en gelines, etc.* Lit. remiss. ann. 1409. in Reg. 163. ch. 408 : *Une piece de terre où est assis un quartonnier de froment, avecques un denier pour Regard à Noel.* Vide in *Respectus* 3.

¶ 5. **REGARDUM**, Arbitrium, sententia, edictum. Libertates villæ de Villereys ann. 1253. apud Acher. tom. 9. Spicil. col. 193 : *Si aliquis percusserit alium de gladio emoluto, et percussus de illo ictu mortuus fuit, percussor ad nostram voluntatem remanebit; et si percussus ex eo ictu mortuus non fuerit, ille qui ferierit, sexaginta solidos solvet, et passo injuriam danna et deperdita ad Regardum curiæ integre resarciet et restaurabit.* Paulo superius ibidem pro *ad Regardum* habetur *ad Respectum.* Charta ann. 1308. apud Baluzium tom. 2. Hist. Avern. pag. 781 : *Qui cum gladio sanguinem extraxerit, si clamor factus fuerit, sexaginta solidos dabit domino pro emenda, et passo injuriam satisfaciet ad Regardum seu arbitrium Consulum prædictorum.* Testamentum Johannis II. Ducis Britanniæ ann. 1302. apud Lobinell. tom. 2. Hist. Britan. col. 447 : *E se ledit Artur ne fesoit ledit veage oudit premier passage, e Jean de Bretaigne mon filz le fesoit, je vueil que lesdites* XXX. *mil liv. soient baillées à icelui Jehan... par le Regart e ordenance de mes executeurs, segont la manere dessusdite.* Charta ann. 1439. ibidem col. 1061 : *Au Regard des predecesseurs du hault et puissant Prince Jehan par la grace de Dieu Duc de Bretaigne... et de mondit Seigneur de present, ne doivent les puisnez audit Duché party ne portion avoir, etc.* Vide *Resgardum.*

* **REGARDUS**, Præfectus, seu, ut alii vocant *Major* urbis. Lit. remiss. ann. 1350. in Reg. 80. Chartoph. reg. ch. 107 : *Considerantes grata et accepta servitia per Regardos, scabinos et communitatem villæ de Basseya.... impensa, etc.* Aliæ ann. 1355. in Reg. 84. ch. 279 : *Per judicium baillivi, Regardi et scabinorum dictæ villæ de Insula, etc.* Vide *Respector* 2.

* Inferioris sunt ordinis, qui nostratibus *Regards* nuncupantur, inspectores scilicet mercium, rerumve quarumlibet, quæ venum exponuntur : unde et *Eswardeurs*

appellati in Charta ann. 1298. ex Chartul. Montis S. Mart. : *Per appretiationem inspectorum villæ S. Quintini, qui Gallice nominantur les Eswardeurs de le vile.* Stat. ann. 1404. tom. 9. Ordinat. reg. Franc. pag. 25 : *Les dessus nommez tailleurs et consturiers de robes demourans à Meaulx, esleu et nommé à maistres et Regars oudit mestier, etc.* Unde *Rewardage* appellatur *Regardi* officium, in Stat. scabin. Maceriæ ad Mosam. Eadem nomenclatura donati, quicumque rei cujuslibet administrationi præpositi erant. Hinc *Regars et maistres des orfenins, lesquelz auront regard d'iceux orfenins et sur leurs biens*, in Lit. ann. 1368. tom. 5. earumd. Ordinat. pag. 134. art. 32. Vide *Guardatores* in *Warda.*

REGARIUM, Jurisdictio et feuda Episcoporum Britanniæ Minoris a summa vetustate nominantur *Regaires*, quod jam inde a Mauclerci, seu Mali Clerici, Ducis sæculo ad Regium Galliæ Senatum devolverentur provocationes a profanis Antistitum juridicis, non ad Ducales Magistratus, ex quo hodie etiam regia summa Britanniæ Curia appellatur immediate a Sententiis Episcopalium hujusmodi judicum temporalium. Chopin. lib. 1. de Sacra Polit. tit. 7. num. 21. Adde Baguellum, et Augustinum *du Pas* in Stemmatib. Armoric. part. 2. pag. 454. [necnon Lobinellum in Glossario ad calcem Hist. Britan.]

* Quæ vox interdum idem sonat quod *Regale*, ut in Charta ann. 1397. ex Bibl. reg. : *Tous les fruits, rentes et revenus du Regaire de Nantes d'une année, commencée au premier jour de Juillet derain passé, tant en spiritualité que en temporalité;.... à cause dudit Regaire et de la levée qu'il a faite des fruits et revenus dudit évesché depuis ladite vacation.*

* **REGATARE**, REGATATIO, Redimere, redemptionis pretium, Gall. *Rançon, rançonner.* Instr. ann. 1384. inter Probat. tom. 3. Hist. Nem. pag. 62. col. 1 : *Per totam patriam bassam hostiliter discurrendo, gentes uprisionando,.... infinitas financias et Regatationes a plebeis prædictis exhigendo.* Et pag. 63. col. 2 : *Nonnullos homines ejusdem regiæ civitatis capiendo, Regatari faciendo, alios occidendo, etc.*

¶ **REGATERIUS**, Ital. *Rigattiere*, Gall. *Regratier*, Propola, qui merces minori pretio emtas aliquanto carius distrahit. Decretum Saonæ ann. 1567. ad calcem Statutorum ejusd. Civitatis pag. 93 : *Concessit virtuteque præsentis concedit facultatem et auctoritatem prædictis DD. censoribus.... licentiandi et privandi omnes revenditores et Regaterios, quos maluerint, eosque privandi, ne de cætero possint artem prædictam revenditoris vel Regaterii facere.* Vide infra *Regratarii.*

¶ **REGATIUS**, Servus, famulus, Italis *Ragazzo.* Castelli de Castello Chronic. Bergom. apud Murator. tom. 16. col. 899 : *Die Lunæ primo Aprilis* (1402.) *hora* IV. *noctis... Assandrinus.... vulneravit in quadam camera unum nomine Franciscum de Bononia, et quemdam ejus Regatium, stipendiarios, qui ambo decesserunt.* Statuta Placentiæ fol. 2 : *Et etiam computatis sex Regatiis, quos tenere debeo, et ultra prædictum numerum habebo* XXV. *baroarios sive soldatos pedestres, quorum quilibet habeat de havere communis Plac. viginti denarios Plac. tantum, inter quos non sit nec esse debeat filius aut frater.* Vide *Ragatius.*

* **REGATUS**, Regimen. *Renovationes Regatus*, in Chartul. Ravennat. pag. 62.

¶ **REGAVILIOLUS**, REGAVILIOSUS, REGAUSOLUS. Vide in *Regaliolus.*

* **REGAZOLLUS**, Ludi genus apud Italos. Stat. crimin. Cumanæ cap. 80. ex Cod. reg. 4622. fol. 84. r° : *Nullus homo nec puer habens a decem annis supra, ludat.... in plateis publicis ad passarelam, nec ad Regazollum, nec ad guirlam, etc.* An idem quod *Regineta*? Vide in hac voce.

REGELATUM, Papiæ, *Plumbum liquefactum*, quomodo *Regelationes*, nives liquefactas vocat Aggenus de Limitibus pag. 57.

REGENBURGII. Vide *Rachimburgii.*

REGENDARIUS, vel *Regerendarius*, ita enim legendum contendunt viri docti apud Senatorem lib. 11. Epist. 29. ubi formula inscribitur *de Regendario*, qui scilicet erat a regestis, et scripta regereret, seu in codicem referret. Vide Pancirolum ad Notitiam Imper. Orient. cap. 18. Veteres Glossæ verborum Juris : Ῥεγενδάριοι, οἱ τὸν δημόσιον δρόμον ἰθύνοντες.

¶ **REGENERARE**, Denuo generare. Verbum frequens apud Scriptores Ecclesiasticos, cum loquuntur de spiritali vita, qua per Christum donamur in Baptismate. De Verbo ipso carnem facto dicitur in Missali Gothico apud Mabillonium de Liturgia Gallic. pag. 191. col. 1 : *Ut qui exultamus de nativitate Filii tui, qui vel ex Virgine natus, vel ex Spiritu S. Regeneratus est, pareamus præceptis ejus, etc. Regenerare* Plinio proprie est Repræsentare, ut lib. 14. cap. 22 : *Drusus Cæsar Regenerasse patrem Tiberium ferebatur.* Adde lib. 7. cap. 12.

¶ REGENERATIO, Nova generatio spiritalis, gratia Baptismo nobis concessa, in Novo Testamento et apud Auctores Ecclesiasticos passim. Vide in *Renacio.*

1. **REGENS**, Regni Gubernator, *Regent* apud Francos. Continuator Nangii ann. 1316. ait post mortem Ludovici Hutini Regis, Philippum Magnum electum a regni Principibus, ut quoad Regina Clementia gravida partum edidisset, servaret et regeret regnum Franciæ atque etiam Navarræ atque in magno ejus sigillo hæc verba fuisse conscripta : *Philippus Regis Francorum filius, Franciæ et Navarræ Regens regna.* Et ann. 1327. post excessum Caroli Pulchri : *Traditum est regimen regni Philippo Comiti Valesii, et vocatus est ex tunc Regnum Regens, seu regni.* Vide Tillium.

¶ 2. **REGENS**, Professor, qui docet in Academiis, Gall. *Regent, Professeur.* Occurrit in Litteris ann. 1330. pro Universitate Oxoniensi apud Rymer. tom. 4. pag. 411. col. 1. et pag. 413. col. 1. in Literis Caroli VII. Franc. Regis ann. 1452. pro Academia Cadomensi apud Acher. tom. 6. Spicil. pag. 502. Utuntur etiam Rolandinus Patav. lib. 12. de factis in Marchia Tarvisina cap. 19. apud Murator. tom. 8. col. 360. et alii recentiores innumeri. Vide *Regere* 1.

¶ REGENTATUS, Munus *Regentis* in collegiis academicis. Capitulum generale PP. Dominicanorum ann. 1608. apud Vincentium Mariam in Constitut. eorumd. Dominican. part. 1. pag. 55 : *Quomodocumque gradum magisterii cum voce et loco in provincia sua obtinuerint, sive per acceptationem, sive per promotionem ad Regentatum in studio generali provinciæ.*

¶ REGENTIA, Eadem notione, Gall. *Regence*, in Charta ann. 1398. et in alia ann. 1399. ex Archivo B. M. de Bono-nuntio Rotomag. in Articulis ann. 1499. pro Collegio Montis acuti, apud Lobinell. tom. 5. Histor. Paris. pag. 718. col. 1. et alibi.

* 3. **REGENS**, Administrator. Vide mox in *Regentia.*

* **REGENTARE**, Profiteri, docere, Gall. *Régenter.* Stat. Universit. Andegav. ann. 1409. tom. 9. Ordinat. reg. Franc. pag. 501. art. 16 : *In licenciato doctorari volente, et postea ad regenciam admitti desiderante, sicut supra, totaliter observetur; proviso quod alteri eorum licentia regendi sic data, nisi in initio studii proxime sequentis legere et Regentare incœperit, nullius sit effectus ipso jure.*

* **REGENTIA**, Administratio officii ad tempus. Lit. Caroli VI. ann. 1418. tom. 10. Ordinat. reg. Franc. pag. 494 : *Inhibemus quod senescallus Carcassonæ.... de collatione officiorum dictorum servientium, in vim provisionis vel Regentiæ, per mortem vel alias vacantium, dum contigerit eos decedere sine legitimo successore, se aliqualiter intromittat;.... et propterea volumus et per præsentes ordinamus, quod ab inde inantea dictus constabularius.... providere habeat de Regentibus in dictis officiis,.... quos.... confirmabimus, et in dictis officiis instituere faciemus. Regentacion*, pro vulgari *Régence*, regni regimen, apud Christ. Pisan. in Carolo V. part. 2. cap. 11.

¶ 1. **REGERE**, Profiteri, docere, *Regentis* officium exercere in scholis, Gall. *Regenter.* Chronicon Trivetti ad ann. 1222 : *Fuit nihilominus in arte medicinæ expertissimus,* (Johannes de S. Ægidio Ord. Prædicat.) *ut pote qui tam Parisiis, quam in Montepessulano Rexerat in eadem.* [** Vide Savin. Histor. Jur. Rom. med. temp. tom. 3. § 81. et 92.]

¶ 2. **REGERE**, Alere, sustentare, ut videtur. Vita B. Ægidii Minoritæ, tom. 3. Aprilis pag. 223 : *Tum in laboritiis aliquando insistebat, quod Regebat unum fratrem de labore suo.*

* 3. **REGERE**, Erigere, sustinere. Acta S. Th. Aquin. tom. 1. Mart. pag. 685. col. 2 : *Qui* (equus) *cum duobus posterioribus pedibus lapsu præcipiti toto corpore esset in rupe, et de anterioribus pedibus se Regeret juxta viam, etc.* Acta S. Franc. Rom. tom. 2. Mart. pag. 116 *. col. 2 : *Omnem statum Regit, si vadit intentu prono.*

* 4. **REGERE**, Adducere, cogere. Vita S. Guid. tom. 4. Sept. pag. 42. col. 2 : *Quid ageret Christi miles? Regebat velle quod nesciebat, et tamen præterire nolebat quem* (quæ) *ille recte facienda suadebat.*

* **REGERIA**, in Charta Rogeri episc. Camerac. ann. 1190. ex Chartul. A. ejusd. eccl. : *In commune deduci volumus quod ecclesiæ Beatæ Mariæ Cameracensis emolumentum quoddam, quod vulgo Regeria dici-*

tur, æstimationis quatuor mencaldorum farinæ, vel amplioris, quod a manu revocavimus aliena, in molendino de Becherel de Selis hebdomada qualibet accipiendum, in elemosinam pro nostræ parentumque nostrorum, necnon fratrum et sororum animarum memoria perpetim possidendum libere contradidimus. Pensitationem fuisse, quam a vassallis exigebat dominus pro frumenti molitura in molendinis suis, colligitur ex Charta Henr. imper. ann. 1196. in Tabul. ejusd. eccl. : *In parte molituræ molendinorum de Seles ad regalia nostra spectantium.*

¶ **REGERENDARIUS.** Vide *Regendarius.*

* **REGERMINARE**, Accrescere, renasci. Mirac. S. Audoeni tom. 4. Aug. pag. 827. col. 1 : *Sane juxta æstimationem, ceræ materiam ligno torquens ego primum extenderam, quam in consummationem cerei, dum totam penitus consumpsisse me æstimaram, miro modo inter manus meas Regerminatum liquorem succrescere vidi.*

REGESTORIUM, REGESTRARE, etc. Vide mox in *Regestum.*

REGESTUM, Liber in quem *regeruntur* commentarii quivis, vel Epistolæ Summorum Pontificum. Gloss. Lat. MS. reg. : *Regestum, relatum.* Iso Magister in Glossis : *Regestum vocatur liber continens memorias aliorum librorum, et epistolas in unum collectas : et dicitur Regestum quasi iterum gestum. Joannes Scotus registron dicebat.* Glossæ Basilic. : Κήνσον, καὶ ῥεγέσαν, τὴν ἀπογραφὴν τῶν ἀρχαίων ἀντὶ τοῦ ὑπογραφέως. *Regesta scribarum*, apud Vopiscum in Probo. [Theodosius Imper. in Præfat. Codicis sui : *Quæ in Regestis diversorum officiorum relata sunt.* Pluries occurrit in hoc Codice, ut et in alio Justiniani.] Constitutio Honorii 19. in Appendice Codicis Theodos. sic clauditur : *Regestum Ravenna* XV. KL. *Febr. Honorio Aug.* XI. *et Constantio* III. *Coss.* Ita Edicta Principum in Curiis supremis *Regesta* seu *Registrata* dicimus. Vide Cujacium lib. 15. Observat. cap. 17. Petrum Fabrum ad lib. 92. de Regulis Juris, Jacob. Gothofredum ad leg. 14. Cod. Th. de Indulgent. debitor. etc. (11, 28.) Anastasius in Nicolao I. PP : *Sicut in Epistolis, quas iidem Legati in Sardiniam deportaverunt, Regesto ipsius Præsulis continetur insertis.* [** Richer. in præfat. Histor. : *Cum res multo ante gestas divæ memoriæ Hincmarus ... suis annalibus copiosissime annexuit. Tantoque superiora lector eainveniet, quanto a nostri opusculi exordio, per ejus Regesta sese attolet.*] *Vacce* in Histor. Ducum Normanniæ MS. :

> Doit l'en les vers et les Regestes,
> Et les estoires lire as festes.

¶ REGESTRUM, Eadem notione. Statuta Arelat. MSS. art. 95 : *De Regestro Comunis : Item, statuimus, quod Comune teneatur habere unum librum de pargameno, in quo transcribantur omnia instrumenta ad Comune pertinentia.* Passim occurrit.

REGESTUM, Thesaurus, fiscus, quo *regeruntur* pecuniæ. Prudentius lib. περὶ στεφ. in S. Romano :

> Aurum Regestum nonne carni acquiritur?

Gregorius Tur. lib. 9. Hist. cap. 9 : *Tanta in illius thesauris reperiunt, quanta nec in ipso ærarii publici Regesto poterant inveniri.* Cap. 10 : *Multitudo autem auri, argentique, ac diversarum specierum in ejus Regestis reperta est.* Eadem notione usurpat cap. 34. et lib. 10. cap. 19. ut et Flodoardus lib. 2. Hist. Remensis cap. 2.

REGESTORIUM, Idem quod *Regestum*, Thesaurus. Gregorius Tur. lib. 6. cap. 11 : *Domos Ecclesiæ adprehendunt, ministeria describunt, regestoria reserant, promptuaria expoliant.* [** *Regestorium cordis implevit*, in Appon. Comm. in Cant. Cant. apud Maium in Spicilegio tom. 5. pag. 81.]

¶ REGESTORIOLUM, REGESTURIOLUM, Parvum *regestum*, arcula, capsa.] Testamentum Bertichramni Episcopi Cenoman. : *Omnia vero quæ de proprietate seu ex militia in Regesturiolo meo post meum obitum inventa fuerint, etc.* [Et alibi : *De reliquo vero argentulo quodcumque post diem obitus mei in Regesturiolo meo inventum fuerit, etc.* Ita Mabillonius tom. 3. Analect. pag. 130. pro quo Bollandistæ legunt *Regestoriolo* tom. 1. SS. Junii pag. 722.]

REGISTORIA, Officium apud Sanctimoniales, cui *Regesti*, seu thesauri Monastici cura commissa est. S. Cæsarius Arelat. in Reg. ad Virgin. cap. 26 : *In uno tamen loco sub communi custode quod habueritis reponite, et claves de arcellis, vel pressoriolis vestris Registoria teneat.*

REGISTRUM, pro *Regestum.* Ugutio : *Registrum, quidam liber de regimine Ecclesiæ, scilicet ex cujus dictis Ecclesia regitur.* Papias : *Registrum, liber qui rerum gestarum memoriam continet, unde dicitur, quasi rei gestæ statio.* al. *statutio*, [ut etiam legit Johannes de Janua] Prudentius lib. περὶ στεφ. in S. Romano :

> Hic in Registris est liber cœlestibus,
> Monimenta servans laudis indelibilis,

Ita etiam in scriptis codd. Vopisci legi monet Casaubonus, ubi editi habent, *ex regestis scribarum.* Vetus Inscriptio Epistolarum Gregorii I. PP : *Incipiunt Epistolæ ex Registro S. Gregorii Papæ.* Ildefonsus Toletanus de Gregorio M. : *Has itaque* (Epistolas) *uno volumine arctans, in libros* XII. *distinxit, et Registrum nominandum esse decrevit.* [Petrus Diaconus de Viris Illustr. Casin. cap. 45 : *Factus dehinc S. R. E. Cancellarius descripsit Registrum Paschalis Papæ II. Registrum serviciorumque liber*, in Diplomate ann. 1326. apud Ludewig. tom. 6. Reliq. MSS. pag. 515. Occurrit passim.] Sed et *Registrum promptuarii* dixit Gregorius Turon. de Vitis Patrum cap. 9. initio, quomodo *Regestum* pro fisco usurpasse diximus. Sexta Synodus act. 12 : Δέον ἀχθῆναι πρὸς ἡμᾶς τὰ ῥέγιστρα καὶ δογματικὰ συντάγματα, etc. Infra : ῥέγιστρον διαφόρων ἐπιστολῶν, quam vocem vetus interpres per *Regestum* vertit.

* Leo Urbevet. in Chron. pontif. apud Lamium in Delic. erudit. pag. 104. ubi de Greg. M. : *Registrum pastorale et dialogum et multa alia bona fecit.*

¶ REGISTER, Eodem significatu, Gallice *Registre.* Statuta Monasterii S. Claudii pag. 64 : *Ordinamus per præfatum sacristam fieri de eisdem facere recognitiones et Registros, nominando et exprimendo super quibus et quibus causis debentur* (*annuaria servitia.*)

¶ REGISTRA, fem. gen. Index MS. Beneficiorum Eccl. Constant. fol. 44 : *Fuit antiquitus taxata ad centum solidos prout antiqua apparet Registra.*

* REGISTRUM, Usus, mos, consuetudo, nostris quoque *Registre.* Lit. Phil. VI. ann. 1339. tom. 6. Ordinat. reg. Franc. pag. 549 : *Cum itaque nobis fuerit expositum,... quod plura gravamina.... inferebantur frequenter eisdem contra Registrum Normanniæ et contra franchisias, libertates et usus laudabiles observatos in dicta patria ab antiquo, etc. Registrum prædictum, usus laudabiles et consuetudines suas antiquas.... concedimus.* Aliæ ann. 1372. tom. 5. earumd. Ordinat. pag. 527 : *Et gardez les Registres, bons usaiges et coustumes anciens.* Stat. ann. 1404. in Reg. 160. Chartoph. reg. ch. 32 : *Suppliant que sur ledit mestier nous vousissons faire ordonnances et Registres convenables et raisonnables.... Par maniere de ordonnance et Registre.*

* Pro Convicium hæc eadem vox occurrit in Lit. remiss. ann. 1398. ex Reg. 153. ch. 137 : *Cuides tu avoir cinquante solz de ta jument, très-ors filz de p. mesel pourri et plusieurs autres Registres, injures et villenies.*

REGISTRUM, *Corda in libro ad inveniendum lectionem*, ut ait Metulinus ad illud Ebrardi Betun. in Græcismo cap. 12 :

> Esse librum librique ducem dic esse Registrum.

* REGISTRA CAMPANARUM, Earum funes Mirac. S. Auct. tom. 4. Aug. pag. 51. col. 1 : *Cum autem Registra campanarum impetuose attrectant, æramenta quidem de more permoventur, etc.*

¶ REGISTRUM, vel REGESTUM, Vox apud Typographos alias in usu, de qua hæc habet Mich. *Maittaire* in Annal. Typographicis pag. 265 : *Bibliopegis plurimum proderat Registrum, aut Regestum, quod etiam series chartarum, et alicubi speculum, Græce* ἰθυτής *vocabatur. Illud in libri fine omnes suo ordine, quæ signaturis serviebant, litteras, una cum initialibus priorum aliquot in unaquaque signatura foliorum vocibus, collectas exhibebat. Quoniam vero id sæpe in grandioribus voluminibus adeo excrescebat*, ut plures paginas occuparet, *visum est in compendium redigere.* Registri nullus hodie usus est, ex quo ad faciliorem librorum compactionem appositi sunt numeri arithmetici in superioribus paginarum oris, additæ in imis oris literæ, quas *signaturas* vocant, cum voce sequentem paginam indicante, vulgo *Reclame.* Vide Andream *Chevillier* de Origine Typographiæ pag. 39.

* REGISTRALIS PECUNIA, Quæ collectori tributorum pro scriptione solvitur, apud Anonym. in Epist. de Miseria curatorum.

REGISTRARE, in *Registrum* et acta referre, passim. Thwroczius in Bela Cæco cap. 64 : *Irruit omnis populus super illos Barones, quorum consilio Rex obcæcatus fuerat, et quosdam ex ipsis ligaverunt, quosdam vero detruncaverunt, sexaginta autem et octo prophanos ibidem crudeliter occiderunt : et omnes successores eorum tam viri quam mulieres eodem die sunt Registrati.* Scilicet tanquam infamati in posterum. [Historia Episcoporum Autissiod. apud Labbeum tom. 1. Bibl. MS. pag. 507 : *Vetustissima laudabilisque consuetudo Ecclesiæ Autiss. hactenus habuit a primo ipsius Pontifice, videlicet B. Peregrino, in posterum, gesta notabilia Pontificum singulorum sedis ejusdem, post ipsorum cujuslibet obitum scribi et Registrari in libro ad hoc... ordinato.*]

¶ Regestrare, Eadem notione. Processus de Vita S. Thomæ Aquin. tom. 1. Martii pag. 686 : *Ut prædictas litteras... Regestrare et fideliter scribere deberemus.*

¶ Regestratio, In acta relatio. Statuta Avenion. lib. 1. rubr. 41. art. 2 : *Teneaturque impetrans facere Regestrari salvum conductum in regestro datarii legationis, et si Regestratio facta non fuerit, salvus conductus impetranti non suffragabitur.*

¶ Registratio, Eadem notione, in Litteris ann. 1284. apud Rymer. tom. 2. pag. 287. in Statutis Vercell. lib. 1. fol. 43. v°. et alibi.

Registrarii, Qui scripturas, aut contractus in acta publica referunt, in Provinciali Eccles. Cantuariens. lib. 3. tit. 4. Leges Alfonsinæ part. 3. tit. 19. leg. 8 : *Registradores son dichos otros escrivanos que ha en casa del Rey que son puestos para escrevir cartas en libros, que han nombre Registros, etc.*

¶ Registrator, Scriba, Notarius, qui in acta refert, in Edicto Caroli Pulchri Franc. Regis ann. 1325. tom. 2. Ordinat. Reg. pag. 4. Litteræ Johannis itidem Franc. Regis ann. 1361. tom. 3. earumd. Ordinat. pag. 483 : *Registratores seu Greferii Parlamenti super premissis, una cum dictis gentibus, de suis vadiis et palliis assignentur et solvantur, etc.* Statuta Eccl. Meld. ann. 1365. tom. 2. Hist. ejusd. Eccl. pag. 507 : *Et si registra non habeat Curatus aut Rector, quicumque sit, ei præfigatur terminus intra quem a Registratore curiæ copiam habeat registri manu ejus registratoris signatam.* Eadem habentur in Statutis Eccl. Nannet. eod. anno, tom. 4. Anecd. Marten. col. 928. Concil. Dertusanum ann. 1429. tom. 3. Concil. Hispan. pag. 650 : *Ego Antonius de Campis literarum apostolicarum abbreviator, scriptor et Registrator publicus, apostolica et imperiali auctoritate notarius.* Vide *Notarii Abbatum.*

* Nostris *Régistreur.* Hujus officii elogium ita perstringitur in Privil. curiæ Rem. MSS. fol. 8. r° : *Registri autem officium odibile est ultra modum, super omnia etiam servilia opera ponderosum; et qui ipsum exercet satis habet hujusmodi in colo : asinus enim est curiæ, et talis debet esse quod patienter sustinere valeat clamores, noisias, jurgia, minas, rixas, convicia, etc.* Reg. A. 2. Cam. Comput. Paris. ad ann. 1321. fol. 41. r° : *A mestre Jehan, dit Maubourt, de Limoges est outroié l'office de estre cartulaire et Régistreur des emolumens des draps de la cité d'Albigois.*

* **REGGIUOLUS**, Repagulum, doctis Editoribus ad Acta S. Davanz. tom. 2. Jul. pag. 525. col. 2 : *Quod sepulcrum est juxta Reggiuolus, vel ostium dictæ ecclesiæ ex parte inferiori, in quo debet sepeliri presbyter Davazantus.* An non potius diminutivum est a *Regia*, porta ædificii primaria? Vide *Regiola* in *Regia* 3.

¶ 1. **REGIA**, Basilica. Vita S. Medardi, tom. 2. Junii pag. 96 : *Augustus divæ recordationis Ludovicus primam Regiam videns ambire non posse affluentis populi exuberantiam, funditus eam diruere jussit, et tam culminis inaltatione quam longitudinis porrectione ampliavit.*

¶ 2. **REGIA**, Palatium Episcopi. Vita Lietberti Episc. Camerac. tom. 9. Spicil. Acher. pag. 679 : *Inter palatinos proceres pontificalis domus procurator exaltatur. Felix Regia tanto sustentanda procuratore! sed felicior familia tam prudenti gubernanda provisore.*

3. **REGIA**, Porta ædificii primaria. Ordo Romanus : *Deinde subdiaconus... exiens ad Regiam Secretarii, dicit, Schola. Respondet, Adsum.* Missa ex Codice Ratoldi Corbeiensis : *Deus qui triumphantibus pro te Martyribus Regiam cœlestis aulæ potenti dextra pandis.* Pactum Arichis Principis Benevent. cum Neapolitanis : *Ponit post Regiam domus suæ ipsum fustem. Regiæ Monasterii*, apud Paulum Diacon. Neapolit. in Vita S. Mariæ Ægypt. cap. 5. et in Regula Magistri cap. 30. 83. 95. Maxime vero ita appellantur ædium sacrarum portæ. Paulinus Epist. 33 : *Videre enim mihi videor tota illa religiosa miserandæ plebis examina, illos pietatis divinæ alumnos tantis influere penitus agminibus in amplissimam gloriosi Petri Basilicam per illam venerabilem Regiam cærulea eminus fronte ridentem, etc.* Autbertus Abbas in Vita SS. Paldonis et socior. : *Venit ad eos quidam homo ignotus nocturno silentio, Regiamque oratorii pulsans, ait, etc.* Chronicon Novaliciense cap. 13 : *Tradunt vero nonnulli, quod cum isdem Desiderius cotidie media nocte surrexit, et veniret ad Ecclesiam S. Michaelis, vel S. Syri, seu per cæteras alias, aperiebantur statim Regiæ divinitus ante suum conspectum.* Anastasius in Honorio PP : *Investivit Regias januas in ingressu Ecclesiæ majores, quæ appellantur Medianæ, ex argento quæ pensant libras 975.* In Conone : *Qui missi fuerant de exercitu ad custodiendas Regias basilicæ, etc.* In Leone III. pag. 133 : *In ingressu basilicæ, ubi supra Regias majores fecit imagines ex argento, etc.* Pag. 134 : *Fecit in basilica Dei Genitricis ad præsepe in ingressu præsepii Regias vestitas ex argento purissimo, etc.* Pag. 143 : *Ingressum vero corporis isdem Præsul ex marmoribus candidis miro decore ornavit, atque Regias æreas ibidem posuit.* Utuntur Ennodius, Gregorius Turonensis, et alii. Ita Græci βασιλικὰς πύλας ædium sacrarum, vel potius ναοῦ portas appellabant. Anonymus in festum Restitut. Imaginum pag. 741. [737.] : Καθῆλθον λιτανεύοντες μέχρι τῶν βασιλικῶν πυλῶν τῶν χαλουμένων κτεναρίων. Ubi interpres : *Adusque palatii portas quæ ctenariæ dicuntur, supplicantes venerunt.* At sermo est de *Regiis* ædis sacræ, non palatii, quæ κτενάρια dicuntur, quod cancellatæ essent, et instar *pectinis* effictæ. Vide Descript. ædis Sophianæ n. 80. et Glossar. med. Græcit. voce Πύλαι βασιλικαί, col. 1272.

Regiola, Eadem quæ *Regia*, Porta. Vita S. Rufini Episcopi in Sanctuario Capuano : *Deinde Episcopus clausit Regiolas, quæ erant ante altare.* [Anastasius in Gregorio III : *Faciem altaris et confessionem cum Regulis vestivit argento.* Ubi Muratorius tom. 3. pag. 159. ex MSS. codd. habet in Notis, *cum Regiulis* et *cum Regiolis* : quod ultimum magis placet.] Ita *Regiolam* pro *portula* usurpat Fridericus II. lib. 2. de Arte venandi cap. 36 : *Quando vero capi debebunt* (falcones) *de loco in quo nutriti sunt, aliis aperturis illius loci clausis, una remaneat aperta, et habeat Regiolam quæ clauditur sero; per hanc namque Regiolam capi poterunt facilius et sine læsione.*

☞ Hinc emendandum puto locum Vitæ S. Athanasii Episc. Neapol. tom. 4. Julii pag. 75 : *Faciens ibi marmoreum altare cum Regilis argenteis, supra quod velamen cooperuit, in quo martyrium S. Januarii ejusque sociorum acupictili opere digessit.* Si bene conjecto, legendum est *Regiolis.* Editor *Regilis*, ducit a recto *Regilus* : qua voce limbum indicari suspicatur. Vide *Regularis*, 1.

¶ 4. **REGIA**, Cancelli in Ecclesiis, qui vulgo separant chorum seu sanctuarium a navi. J. Gaietanus in Ordine Rom. cap. 14 : *Notandum quod camerarius Papæ exit Regias, et dat cineres stando pedes illis qui sunt extra.* Et infra : *Ipsa vero Cruce ita collocata, dominus camerarius, vel alius ejus gerens vices, aliam crucem portat extra Regias, comitantibus eum clericis cameræ et capellæ, ad adorandum aliis.* Petrus Amelius in suo quoque Ordine Rom. cap. 17 : *Si Papa sit in Urbe hac die* (Circumcisionis) *et non celebret, sed facit dici Missam per aliquem Cardinalem in Ecclesia S. Petri; antequam Cardinalis induat, præsentetur bulla, quomodo Papa dispensat cum eo, quatenus possit celebrare super aram S. Petri; et per totam diem pendet ante Regias.* Ibid. cap. 63 : *Anno ergo illo, in quo vere conficitur sacrum chrisma, summo mane quasi in ortu solis, dominus noster Papa venit ad Regias ferreas ad dandum indulgentiam populo.* Rursum cap. 76. ubi de adoratione Crucis : *Papa... nudis pedibus et mitra sibi deposita cum chirothecis in manibus vadit quasi ad portam Regiarum capellæ... et versa facie ad altare ibi genuflectit, inclinando caput ad terram junctis manibus : et hoc facit tribus vicibus, antequam perveniat ad crucem... et prostratus ibi ad terram ipsam crucem adorat eam deosculando.* Adde cap. 78.

¶ 5. **REGIA**, Λεωφόρος, in Glossis Lat. Græc. Aliæ Græc. Lat. : Λεωφόρος, *Strata, Iter, Regia.* Λεωφόρος idem est quod Λαωφόρος, Via publica.

¶ **REGIBILIS**, Qui facile regitur. *Regibilis miles et morigerus*, apud Ammianum lib. 24. cap. 3. *Regibilis acies*, lib. 19. cap. 7. edit. Valesii. *Regibilis juventus*, lib. 16. cap. 12.

* Nostris *Régie*, pro *Réglé*, compositus. Le Roman *de Cleomades* MS :

> Cinq batailles faites avoient,
> Viers Marcadigas aprochoient,
> Le passet Régie et sierré.

* **REGICHIUM**, idem videtur quod *Rectitudo*, Tributum, præstatio. Charta ann. 1368. in Reg. 3. Armor. gener. part. 2. pag. x : *Cum juridicione omnimoda dictorum castri et mandamenti Fabricarum, una cum serviciis, usagiis, Regichiis, hominibus, fidelitatibus debitis, etc.*

REGICULA, pro *Regiuncula*, vel Prædio. Vetus Charta Abbatiæ S. Benigni ann. 579.

apud Perardum in Chartis Burgundicis : *Donamus... Regiculam juris nostri, cui vocabulum est Albiniacum, situm in pago de Collatinense, etc.*

REGIDIUM, *Divinitas*, Papiæ.

¶ **REGIDONUM**, Rothonense monasterium, vulgo *Redon*, at verius *Roton*, in Charta anni circiter 1096. apud Lobinell. tom. 2. Histor. Britan. col. 217. *Regisdonum*, in alia Henrici Reg. Angl. ibid. col. 270.

¶ **REGIDOR**, Hispana vox, Rector. *Præsentes aderant Ludovicus Roderiquez de Serna, perpetuus decurio vulgo Regidor, hujus urbis, et Gonzalvus de Carceres ejusdem procurator generalis*, in Synodo Limæ ann. 1594. tom. 4. Concil. Hispan. pag. 696. col. 1.

* **REGILLUM**, *Amictus in planctu reginarum.* Glossar. vet. ex Cod. reg. 7613.

REGILLUS. Gloss. Saxon. Ælfrici : *Regillus*, undercyning, id est, *Vicerex.* [Glossæ Isidori : *Regillus*, *Regulus.* Glossæ Lat. Græc. : *Regillus*, Βασιλισκός. Et mox : *Regillus, ulus*, Βασιλίκος. Adde Glossas Græc. Lat. in Βασιλικός, et Βασιλίσκος.]

¶ **REGILUS.** Vide *Regiola* in *Regia* 3.

¶ **REGIMBURGI.** Vide supra in *Rachimburgii.*

¶ **REGIMEN** Ecclesiasticum, Dignitas Abbatis, in Gestis Abbatum Gemblacens. tom. 6. Spicil. Acher. pag. 533 : *Itaque* VII. *Cal. Augusti adeptus est locum Regiminis ecclesiastici; consecratus autem* VII. *Idus Augusti.*

* Regiminis Procurator, Regni gubernator, Gall. *Régent.* Obituar. MS. eccl. S. Petri Insul. *Kl. Sept.* : *Eodem die anno domini* 1067. *obitus comitis Balduini memoriæ felicis, Regiminis Francorum sub rege Philippo procuratoris et hujus ecclesiæ fundatoris.* Vide *Procurator* 1.

1. **REGIMENTUM**, Regimen, vitæ ratio. Constantinus Afric. lib. 4. [14.] Pantechn. cap. 1 : *Omnium corporum Regimenta aut ex anima sunt et natura, aut ex sola natura : quia natura regit corpora et inanimata : sola vero animata regit anima.* Utitur Ericus Upsaliensis lib. 5. Hist. Suecicæ pag. 180. Hemricurtius in Speculo Hasbannico pag. 158. [160.] : *Onkes d'eage d'omme vivant à son temps il n'ont en l'Eglise S. Lambert nuls miez entachiez de ly, ne de plus frank, ne de plus noble Regiment, etc.*

¶ 2. **REGIMENTUM**, Regimen, gubernatio. Ammianus lib. 25. cap. 9 : *Excussa Regimenta perito rei gerendæ ductori, consummando juveni porrexisti.* Adde lib. 28. cap. 1. Lex 1. § 1. Dig. de offic. Præfect. Præt. (1, 11.) : *Regimentis Reipublicæ ad Imperatores perpetuo translatis. In his Regimento ac gubernationibus*, in Chronico Siciliæ apud Marten. tom. 3. Anecd. col. 47. Hinc Carolus de Aquino in Lexico militari *Regimentum* dici putat certum bellatorum numerum, quem Romani veteres Legionem vocabant, Italis hodie *Regimento*, nostris *Regiment.*

REGIMONIUM, Papiæ, *Regimen* : Isidoro in Glossis, *Gubernatio.* Utuntur Baldricus in Chron. Camerac. lib. 2. cap. 28. lib. 3. cap. 16. Vita S. Winnoci Abbat. cap. 2. etc.

* Translat. SS. Vandreg. et aliorum ex Cod. reg. 5506 : *Monasterium in eodem pago Gandavo constructum est a B. Amando,.... sub ejusdem sanctissimi patris et abbatis Florberti Regimonio.*

1. **REGINA**, Regis filia : nam is olim titulus attributus Regum filiabus. Scribit enim Suidas ex Aristotele, apud Cyprios, Regum filios ἄνακτας appellatos, ut filias ἀνάσσας. Servius ad hæc Virgilii ex 1. Æneid.

. . . donec Regina Sacerdos
Marte gravis, etc.

Regina, Regis filia, abusive ait more Poetico : ut alibi

... Magnum Reginæ miseratus amorem.

Id est Regis filiæ Pasiphae. Nec Poetis, quod ille vult, duntaxat id licuit : quod saltem posterioribus seculis obtinuisse constat, præsertim sub prioribus Constantinopolitanis Augustis, quod præ cæteris testatur Claudianus Panegyrico 2. in Stilichonem :

Nam domus hæc utroque petit diademata sexu,
Reginasque parit, Reginarumque maritos.

Marius Mercator tom. 2. pag. 85. [** Baluz. pag. 76. in Sermon. IV. Nestorii.] : *Pius est Imperator, Reginæ Deum amant.* Gennadius ait Faustinum scripsisse *ad personam Flaccillæ Reginæ adversus Arianos*, ut Atticum Constantinopolitanum Episcopum *ad Reginas Arcadii Imperatoris filias librum de Fide et Virginitate.* Eadem de Attico habet Marcellinus Comes. Fuit perinde Flaccilla Arcadii filia.

Is etiam in Francia nostra usus maxime invaluit, ut Regum filiæ *Reginæ* appellarentur. Nam apud Gregorium Turonensem lib. 5. cap. 49. Rigunthis filia Chilperici Regis hoc titulo donatur : et Chrodieldis Sanctimonialis, Chariberti Regis filia, apud eumdem Scriptorem lib. 10. cap. 15. *Reginam se filiam Regis et consobrinam alterius Regis indigitat.* Neque alia fortean de causa coronas Caroli M. filiabus attribuit Anonymus in Poemate de eodem Carolo, ubi de Rotrude :

Namque corona caput pretiosis aurea gemmis
Implicat, etc.

de Berta :

... Caput aurato diademate cingitur almum.

de Gisala :

... Crines radianti luce coruscant.

denique de Rhodaid :

Inseritur capiti nitido gemmata corona.

Inferioribus quoque paulo temporibus, atque adeo sub tertia Regum stirpe, natas Regum, *Reginas* passim nuncupatas observare licet. Odo II. Comes Campaniæ *filius Bertæ Reginæ* dicitur in veteri Notitia apud Joan. Mabillonium tom. 5. Vitar. SS. Ord. S. Benedicti pag. 764. filiæ scilicet Conradi I. Regis Burgundiæ. *Rosalam* alio nomine *Susannam* dictam, Berengarii III. Regis Italiæ filiam, Arnulphi II. Flandriæ Comitis uxorem, *Susannam Reginam matrem suam* vocat Balduinus IV. Flandriæ perinde Comes, in Charta ann. 998. quæ descripta legitur in Historia Guinensi pag. 49. In alia Hugonis Noviomensis Episcopi ann. 1039. apud Buzelinum lib. 2. Gallo Flandriæ cap. 26. Adela Roberti Regis Franciæ filia, et Balduini Pii Comitis Flandriæ uxor, *Regalis Comitissa* nuncupatur. Raimundus VI. Comes Tolosæ, *dominæ Reginæ Constantiæ*, quæ ejusdem Roberti filia fuit, filius dicitur; ut Raimundus VII. ejusdem Raimundi VI. filius, *dominæ Reginæ Joannæ*, quæ filia fuit Henrici II. Regis Angliæ, *filius*, apud Catellum in Comitibus Tolosanis pag. 225. et Cruceum, in Episcopis Cadurcensibus num. 77. Constantia Philippi I. Regis Franciæ filia, Boëmundi Principis Antiocheni uxor, *Reginæ* cognomine donatur in Chronico MS. Romualdi Salernitani Archiepiscopi ann. 1120. et alibi. Sic Tharasia Alphonsi VI. Castellæ Regis filia, Henrici Comitis Portugalliæ uxor, *Nobilissima Regina* appellatur in Vita S. Theotonii cap. 2. *quia Regis filia dicebatur*, ut ait Rodericus Toletanus lib. 7. de Rebus Hispan. cap. 5. Et in Charta ejusdem Tharasiæ apud Brandaonem lib. 9. Monarch. Lusit. cap. 2. Sic Tharasia alia Alphonsi I. Regis Portugalliæ filia, quæ et Mathildis appellabatur, Philippi Elsatii Flandriæ Comitis uxor, *Regina Mathildis Comitissa Flandriæ* passim inscribitur in ejusdem Diplomatibus, in Tabulario S. Bertini, in Regesto Philippi Augusti fol. 1. et 102. apud Malbrancum lib. 11. de Morinis cap. 21. Buzelinum lib. 1. cap. 41. Miræum, Locrium, et alios. Lambertus Ardensis pag. 258 : *Flandriæ Comitis Philippi uxor et Comitissa Theresia apud suos Portugallos, apud nos Mathildis, cognomentoque Regina.* Ægidius Aureævallis Monachus cap. 57. de eadem : *Regina enim a quibusdam dicebatur, quia filia Regis erat, et pro fratre suo minus firmo regnum patris tenuerat in Hispaniis.* Willelm. Brito lib. 10. Philipp. :

Interea Comitissa senex, quæ Portigalensis
Regis Filia, ob hoc solum Regina vocata est.

Rigordus : *Filia Regis Portigalensis, unde et Regina Comitissa appellabatur.* Sed et Duardus Nonius lib. de Vera Regum Portugalliæ genealogia statim initio, hunc morem in Lusitania durasse usque ad Alfonsum II. observat. Quod præterea colligitur ex veteribus Chartis, editis a laudato Brandaone tom. 3. pag. 195. v. 196. v. tom. 4. pag. 260. 262. 270. et ex Bernaldo Archidiacono in Vita B. Geraldi Archiep. Braccan. num. 9. [Si hæc non sint satis, adde Chartam ann. 1339. tom. 2. Hist. Dalphin. pag. 375. ubi *Matildis* Guidonis III. Comitis de Albone *Regina* dicitur, quod filia esset Regis Angliæ. Ex quibus patet, quod et alibi videre est, uxores maritis suis ortu nobiliores, parentum suorum titulos retinuisse, non assumsisse maritorum.]

* Inquisit. ann. 1245. inter Probat. tom. 3. Hist. Occit. col. 448 : *Regina Constantia vocatur, non quod esset Regina, sed erat filia regis Franciæ.*

2. **REGINA**, Regis uxor. Conventus apud Andelaum ann. 587 : *Et genitricem Domni Childeberti Domnam Brunichildem Reginam, vel filiam ejus Chlodosvendam germanam Domini Childeberti Regis, quamdiu intra regionem Francorum fuerit, vel ejus Reginam Faileubam, etc.* [Cœlestinus III. PP. in Epistola ad Archiep. Senon. apud Matthæum Paris ad ann. 1195 : *Nos itaque, qui plus Re-*

ges Francorum specialiter in visceribus nostræ caritatis diligimus, per dilectum filium nostrum C. subdiaconum Apostolicæ sedis Legatum ad hoc specialiter missum, rogavimus eumdem (Philippum Aug.) *ut Reginam suam quam a se consilio iniquo amovebat, affectu maritali tractaret.*] Ita etiam loquitur Cnutus, Rex Angliæ, in Diplomate, descripto a Willel. *Petit* in libro Anglico de Communitatibus Angliæ ad Parlamentum evocandis, edito ann. 1680. pag. 151 : *Sitque nobis remedio hoc, mihi quippe atque Reginæ meæ Elgisæ, ac filiis nostris, omnibusque, qui pridem ei hoc contulerunt.* Infra : *Dedi quoque Reginæ meæ assensu, etc.* [Adde Eddium in Vita S. Wilfridi Episc. Eborac. cap. 2. 23. 33. 34. apud Mabillon. in Actis SS. Bened. sæc. 4. part. 1.]

* Vita S. Luani tom. 1. Aug. pag. 350. col. 2 : *Regina enim regis mortua est dolore partus.*

Reginæ nomen non admittebant Saxones Occidentales, sed *Regis conjugem* appellabant. Id unde ortum, pluribus exsequitur Asserus de Ælfredi rebus gestis pag. 3. et ex eo Matth. Westmonastriensis ann. 854.

* Regina, Uxor *regis* seu præfecti artis cujuslibet. Necrol. S. Saturn. Carnot. ann. 500 : *xj. Cal. Nov. obiit Agnes Regina pellipariorum... xij. Cal. Dec. obiit Godefridus maritus Agnetis Reginæ.* Vide supra *Magistra* 2. et infra in *Rex.*

* Ut pueri in ludis suis regem, ita et puellæ *Reginam* habuere. Lit. remiss. ann. 1375. in Reg. 107. Chartoph. reg. ch. 19 : *Comme le Mardi de Pasqueres, ainsi que on faisoit les Roynes par les rues de ladite ville* (Abbeville) *en pluseurs lieux en la maniere acoustumée,.... ladite Jehanne par jeu prius la barrette de Jehan Petit, afin que il donnast aucune chose à ladite Royne, etc.*

¶ 3. **REGINA**, Imperatrix. Charta Ludovici Pii Imper. ann. 24. imperii, apud Mabillon. in Actis SS. Benedict. sæc. 4. part. 1. pag. 223 : *Sicut olim a bonæ memoriæ Ermengarde Regina prædicto monasterio* (Anianensi) *traditum est.* Hæc Ermengardis, quæ, ut notum est, erat uxor ipsius Ludovici Pii Imp. *Regina* quoque vocatur ab Eginhardo lib. 2. Translationis SS. Mart. Marcellini et Petri : quod etiam refert Mabillonius tomo citato pag. 416. Vide infra *Rex.*

¶ **REGINALIS**, Ad Reginam pertinens. *Procuratores Reginales*, id, est Johannæ Reginæ Jerusalem et Siciliæ, in Charta ann. 1343. ex Archivo Ecclesiæ Massil. *Reginalis sala, Reginalis curia*, in Charta Johannæ II. Reginæ Neapol. e MS. Coislin. *Reginalis Majestas, Reginalis Excellentia*, in continuatione Chronici Andreæ Danduli, apud Murator. tom. 12. col. 477. ubi de Maria Regina Hungariæ. *Reginalis liberatio* ibid. *Reginalis persona nostra*, in Literis Mariæ Reginæ Angl. ann. 1554. apud Rymer. tom. 15. pag. 365. col. 1. *Regalia aut Reginalia convivia*, in Statutis Ernesti Bavari Colon. Archiep. ann. 1605. in Instrum. novæ Gall. Christ. tom. 3. col. 162. *Reginalis gratia*, in Scripto ann. 1523. apud Ludewig. tom. 5. Reliq. MSS. pag. 320. et 321.

¶ Reginalis, Regius, Regalis, Regem spectans. Literæ Bonifacii IX. PP. ann. 1396. apud Illustr. Fontaninum Antiquit. Hortæ pag. 434 : *Cujuscumque fuerint præeminentiæ, ordinationis, dignitatis, religionis, conditionis, aut status, etiamsi pontificali, Regali seu Reginali, vel quavis alia præfulgeant dignitate. Regali* et *Reginali dignitate* hic unum et idem significari suadent 1°. particula *seu*, quæ fere semper explicat, raro disjungit; 2°. similes loquendi formulæ, ubi Regum solum, non Reginarum, dignitas solet memorari; 3°. Literæ subsequentes ejusdem Bonifacii eodem anno, ibid. pag. 449. in quibus solum habetur, *etiamsi pontificali vel Regali, vel quavis alia præfulgeat dignitate.* Palam est, Regum dignitatem hic esse intelligendam. Sic etiam *Reginales civitates* idem sonant quod Regiæ, in Charta Caroli Regis Hungariæ ann. 1327. apud Ludewig. tom. 5. Reliq. MSS. pag. 480. *Regia et Reginalis authoritas*, in Charta Regiensi ann. 1361. 24. Jan. *Regia et Reginalis curia, Regii et Reginales subditi*, in alia ejusdem urbis Charta eodem anno 28. Jan. ex Schedis Præsidis *de Mazaugues.*

* Formulæ MSS. ex Cod. reg. 7657. fol. 25. r° : *Supervenerunt ibi aliqui de familia subvicarii Reginalis,... facientes eum duci ad carcerem Reginalem.* Ibid. fol. 28. v° : *Dum fuit in itinere Reginali, etc.*

* **REGINALITER**, More regio. Matth. Paris ad ann. 1252. ubi de Blancha matre S. Ludov. : *Velata ante mortem et supra velum apposita est corona, et vestita est Reginaliter, et sic sepulta est.*

¶ **REGINATIO**, Βασίλειον, in Glossis Lat. Græc. et Græc. Lat. Forte *Regia mansio*, inquit Salmasius ad Plinium pag. 475.

¶ **REGINETA**, Species ludi scruporum vel latrunculorum, in quo vincebat ille qui singulas adversarii partes capiebat; sic autem dicebatur a præcipua ludi parte, vocata *Reginetta*, Gallice *Reinette.* Statuta Massil. lib. 5. cap. 10 : *Quilibet possit ubique ludere ad scacos, et ad tabulus et ad Reginetam.* Vide Salmasium ad Vopiscum in Proculo cap. 33. et infra *Rianeta.*

REGIO, Ῥεγεών, Pagus, vicus, suburbanum. Concilium Calchedon, act. 13 : Ταττaὶς καὶ Δωρὶς ῥεγεῶνές εἰσιν ὑπὸ Νικαίαν. Mox : Καὶ ἡ πρώτερον οὖσα Ῥεγεὼν, πάλιν μετὰ ταῦτα ἐγένετο πόλις. Vide Glossar. med. Græcit. col. 1286.

Regio. Observat Ordo Romanus, *septem fuisse regiones Ecclesiastici ordinis Urbis Romæ, et unamquamque Regionem singulos Diaconos Regionarios habuisse, et uniuscujusque Regionis Acolytos per manum Subdiaconi Regionarii Diacono Regionis suæ, causa officii, subditos fuisse.* Rursum Regionum munera secundum hebdomadæ dies fuisse distincta : *Prima enim feria Paschæ ministrabat Regio tertia : secunda feria, Regio quinta : feria quarta, Regio sexta : feria quinta, Regio septima : feria sexta, Regio prima : Sabbato secunda Regio. Ergo unaquæque Regio ordines proprios tam in processione, quam in Ecclesia habebat,... et nullus in aliqua designatus Regione, a ministerio Pontificis sine excommunicationis vel animadversionis sententia deesse poterat.*

E Regione, pro *E contra*, habetur in Vita S. Drausii Episc. Suession. num. 3.

REGIOLA. Vide in *Regia* 3.

1. **REGIONARII**, apud Papiam, *sunt a Pontificibus constituti in Schola Notariorum et Subdiaconorum, quos licebat per absentiam Pontificis in conventu sedere Clericorum, et cæteros habere honores.* Honorius I. PP. Epist. 2 : *Primogenitum itaque Subdiaconum et Regionarium nostræ Sedis, Gradensi Ecclesiæ Episcopali ordine, cum pallii benedictione direximus consecrandum. Regionarius primæ Sedis*, apud Aimoinum lib. 2. Hist. cap. 17. *Regionarius Romanæ urbis*, in Vita Ludovici Pii ann. 835. *Theophanius Regionarius*, apud Anastasium in Constantino PP. pag. 65. Ita *Regionarius* nude apud Gregorium Magn. lib. 7. Indict. 1. Epist. 5. Joannes Diaconus lib. 1. Vitæ ejusdem S. Gregorii, Gordianum ejusdem patrem, *Regionarium* nuncupat. [*Duodecim diacones Regionarii, qui solent Evangelium legere in stationibus ecclesiarum Romæ constitutis*, eidem Johanni in libro de Ecclesia Lateran. apud Mabillon. tom. 2. Musei Ital. pag. 567.] Sed cum is titulus *Notariis, Diaconis, Subdiaconis, et Defensoribus* conveniat, quærunt viri docti cui harum dignitati nudus *Regionarii* titulus competierit. Vide Baronium ann. 598. num. 16.

2. **REGIONARII**, Ejusdem regionis ac provinciæ, in Miraculis S. Eutropii Episcopi Santonensis num. 33.

¶ 3. **REGIONARII**, Geometræ, finitores, decempedatores. Frontinus de Colon. pag. 357 : *Cassium oppidum militi Regionarii diviserunt.*

¶ **REGIRARE.** Vide *Regyrare.*

¶ **REGISOL**, Regisolium, Statua in urbe Papiensi erecta, de qua id solum novimus, quod narrat Gualvaneus Flammeus apud Murator. tom. 12. col. 1009 : *Tunc temporis* (ann. 1335.) *Cives de Papia sui idoli Regisolis absentiam non sustinentes, quoa Mediolanenses de alta pila dejecerant, cum civitatem superassent, in civitate Mediolani per domos et familias frusta et petias comparaverunt, et ipsum deintegrantes deauraverunt, et in pulsa alta erexerunt, et tenet manum extensam versus Mediolanum, quasi velit jurare fidelitatem Civibus de Mediolano, qui ipsum tamquam servum Papiensibus vendiderant.* Et col. 1021 : *Papia subjicitur, homagium conficitur, Regisolium dejicitur.* Rursum memoratur *Regisol* in Laudibus Papiæ tom. 11. ejusd. Muratorii col. 23.

¶ **REGISTER**, Registoria, Registrare, Registrum, etc. Vide in *Regestum.*

* **REGISTRALIS** Registrator, Registrum. Vide supra in *Regestum.*

** **REGITARE**, Regere. *Sceptra qui Regitat*, in Joh. Erigen. carm. 6. vers. 36. in Maii Auct. Class. tom. 5. pag. 440. *Ars currum Regitat*, in Sedulii Scot. de Rect. Christ. præf. vers. 6. Spicil. Roman. tom. 8. pag. 1.

¶ **REGIULA.** Vide *Regiolæ* in *Regia* 3.

REGIUM. Lucius III. PP. apud Gregorium lib. 3. tit. 38. cap. 23 : *Quoniam Advocati Ecclesiarum jus Advocationis, donationis, vel emptionis titulo, aliisque pro sua voluntate contractibus in alios transferre præsumunt, fodrum, albergarias, Regium et similia, tanquam a propriis rusticis extorquentes, etc.* Ubi Glossa *Regium*, tributum Regi debitum interpretatur. Vide *Regalia.*

¶ **REGIUS**, Præcipuus, primarius. Hac notione *Regiam turrim* dixit Ordericus Vitalis lib. 10. quemadmodum *Regias* nude vocabant majores januas palatiorum et basilicarum. Vide *Regia* 3.

☞ Vossius lib. 1. de Vitiis serm. cap. 33. observat a plerisque Davidem dici *Regium prophetam* vel *psaltem*, pro quo mallet *Rex propheta* vel *psaltes ;* quod *Regius* non sit Rex ipse, sed ad Regem pertinens : quare potius Nathan ipsi diceretur *Regius propheta*, etsi non quasi propheta, quomodo vir Dei erat, sed quia filius Regis.

¶ Regius Homo, Fiscalinus; *Regia femina*, Fiscalina, in Lege Ripuar. tit. 16. § 1. Vide *Homines Regis* in *Homo*.

¶ Regius Morbus, Lepra veteribus. S. Hieronymus lib. 2. adv. Rufinum sub finem : *Post aliquantum temporis computruit morbo Regio*. Vide *Morbus regius*.

¶ **REGLOBARI** dicitur exercitus dispersus cum in unum globum redit, in Barthii Glossario, apud Ludewig. tom. 3. Reliq. MSS. tom. 3. pag. 339. ex Historia Palæst. Fulcherii Carnotensis.

¶ **REGLUVERE**, pro *Reglubere* vel *Deglubere*, Excoriare, pellem detrahere. Glossæ Lat. Gr. : *Regluvo*, ἐκδείρω. Aliæ Græc. Lat. : Ἐκδέρω, *Decorio, deglubo*. Item : Ἐκδέρει, *Deglubat*. Vide *Deglubare*.

* **REGMA**. Epilepsia seu morbus caducus, interprete Campio. Mirac. S. Raym. Palmar. tom. 6. Jul. pag. 658. col. 1 : *Item Petrus, filius Ribaldi de Crema, civis Cremonensis, habens filium sæpissime de Regma cadentem, etc.*

¶ **REGMEN**, pro *Regimen*, ut *Tegmen* pro *Tegimen*. Walafridus Strabo de SS. Martyr. Hyensibus, tom. 1. Jan. pag. 237 :

Quique fuit pridem patriæ per Regmina princeps,
Nomine pro Christi est factus tunc verna minoris.

Ethelwolfus de Abbatibus Lindisfarn. sæc. 4. Benedict. part. 2. pag. 307 :

Pontificalis apex, meritorum munere clarus
Eegfridus enituit, Sanctorum Regmina servans.

Et pag. 311 :

Frater erat quidam sanctæ sub Regmine cellæ,
Ad sæculum illustris, dictus cognomine Merchdof.

Usus etiam est Auctor Vitæ S. Guthlaci in soluta oratione, tom. 2. Aprilis pag. 38 : *Athelwaldo Regi orientalium Anglorum rite Regmina regenti.*

REGMENTA, Ludi species. Vide *Tricharia* in *Tricare*. [Legendum est *Regineta*, ut habetur supra.]

* **REGNABILIS**, Conveniens, congruus, a Gallico *Régnauble*, eadem notione. Charta ann. 1336. tom. 1. Probat. Hist. Brit. col. 1377 : *Item præcipimus et ordinamus, quod apantitium dicti hospitalis fiat et perficiatur, ut sit ibi camera congrua cum Regnabili et convenienti camino, etc.* Vide supra *Rationabilis* 2.

¶ **REGNACULUM**, Parvum regnum. Chronicon Angl. Th. *Otterbourne* pag. 8 : *Regnum quater fuit divisum, semel in trina, bis in bina, et tertio in Regnacula quinque.*

¶ **REGNALIS**, Regius, regalis. *Regnalis civitas, Regnalis curia, Regnale consistorium*, in Charta ann. 1409. apud Rymer. tom. 8. pag. 578. col. 1.

¶ **REGNANS**, pro *Imperans*, legitur apud Goldastum in Chartis 28. 47. 81. et 86.

¶ Regnante Christo, Formula notis Chartarum arithmeticis olim sæpe superaddita, pro scriptoris arbitrio, nulla unquam certa lege, neque occasione excommunicationis, qua Philippus I. ob Bertæ repudium et Bertradam superductam semel atque iterum percussus est, ut quidam somniarunt : quod quam a vero abhorreat, tam valide ac manifeste demonstrarunt Beslius et Blondellus, ut nemo contra obmutire in posterum ausurus sit impune, inquit Mabillonius Diplom. pag. 204. Et certe longe ante hanc excommunicationem, anno scilicet 889. habemus Chartam *anno* 11. *quo mortuus est Karolus Imperator, Regnante Domino nostro Jesu Christo, nobis autem expectante Rege ab ipso largitore.* Hæc apud Baluzium in Notis ad Actum cxxxvii. 1. tom. 2. Capitul. col. 1535. et seq. ubi plura laudat vetera monumenta Philippo I. antiquiora, in quibus exstat hæc formula. Adde Mabillon. Diplom. pag. 199. 201. 422. etc. Verba autem *Regem exspectante* vel *sperante* quæ sæpius *Regnante Christo* subjunguntur, interregnum significant, non semper in toto regno, sed interdum in peculiari provincia in qua Charta condita est, nempe quod in ea provincia novus Rex necdum pro vero Rege haberetur. Vide novam Historiam Occitan. tom. 2. pag. 164. num. 87.

* Sæpius ex pio tantum animi affectu additur, ut ex tribus Chartis subsequentibus, præter alias, patet. Charta Boson. milit. in Chartul. eccl. Vienn. fol. 31. r° col. 1 : *Hanc Cartam scripsi in mense Januario, anno Domino Regnante et regem* [expectante. Alia Riquini Tull. episc. ex Chartul. Cluniac. ch. 198 : *Acta sunt hæc... anno ab incarnatione Domini* 1111. *ordinationis vero nostræ iv. Indictione iv. epacta ix. concurrente vj. imperante Heinrico IV. Regnante Domino nostro Jesu Christo feliciter. Amen.* Chartul. album Corb. : *Actum est hoc anno ab incarnatione Domini* 1135. *Regnante eodem Domino nostro Jesu Christo, ad laudem et gloriam sui nominis et majestatem ; regnante vero domino Ludovico ad nutum omnipotentis Dei, anno inaugurationis ejus* 27. *unctionis vero Ludovici junioris anno quarto.*

* **REGNARE** Alicubi, Habitare, versari. Inquisit. ann. 1268. ex sched. Pr. *de Mazaugues : Requisitus si vellet aliqua dicere de facto Cravi et Arelatis : dixit quod non, quia non Regnaverat seu conversatus fuerat in partibus illis.*

¶ **REGNARI**, Regi subesse, esse sub imperio. Vetus Interpres S. Irenæi lib. 4. cap. 33. num. 11. ult. edit. : *Omnibus qui Regnantur sub ipso, significabant, etc.* Et lib. 5. cap. 24. num. 3 : *Cujus enim jussu homines nascuntur, hujus jussu et Reges constituuntur, apti his qui illo tempore ab ipsis Regnantur.* Est pro Græco βασιλεύεσθαι.

* **REGNARIUS**, vulgo *Renaire*, Officium ecclesiasticum in ecclesia Laudunensi, cujus est sceptri genus seu virgam coram eo, qui thura facit, deferre; unde vocis origo.

¶ **REGNATIO**, Regnum, regni administratio, regimen. *In principio Regnationis suæ pene spoliatus fuerat*, apud Cornelium *Zantfliet* in Chronico. Chronicon Angl. Th. *Otterbourne* pag. 67 : *Postmodum autem prophetavit idem vir* (Ulfricus) *de captione, liberatione et Regnatione ejusdem Stephani, etc.*

✠ ¶ **REGNATUS**, Idem quod *Regnatio*. Ratherius Veron. lib. 1. Præloq. apud Marten. tom. 9. Ampliss. Collect. col. 807 : *David, fratribus reprobatis, in Regem a Deo electus : quia Dei munere eosdem regno præcessit, numquidnam et genere superavit, aut illius progenies propter Regnatum alia, quam eadem quam sine Regnatu protulit natura?*

* **REGNESCERE**. Glossar. vet. ex Cod. reg. 7641 : *Regnescit, desidescit*. Leg. forsan *Requiescit, desidescit*, desidiosus est.

REGNIAGIUM. Charta Milonis de Granceio Milit. ann. 1193. in Tabular. Albæripæ Diœces. Lingon. : *Dedit nobis pasturas suas de Verney, sicut aqua ejusdem villæ dividitur versum campum, libere et absque retentione, et quod nos faciamus ibidem Regniagium, id est bordam, si nobis necesse fuerit.*

¶ **REGNICOLA**, Indigena. Gesta Manfredi et Conradi Regum apud Murator. tom. 8. col. 609 : *Legem ponit Regnicolis, novosque secretarios... statuit.* Constitutiones Frederici Regis Siciliæ cap. 7 : *Censemus, ut in tota Sicilia.... quatuor justitiarii nobiles et Regnicolæ, pollentes divitiis, debeant anno quolibet ordinari.* Chronicon Dominici de Gravina, apud eumdem Murator. tom. 12. col. 549 : *Guerram perfidam intulerunt in regnum, ex qua... plurimi Regnicolæ perierunt.* Adde col. 563. 570. 716. Diploma Caroli Regis Hungariæ ann. 1327. apud Ludewig. tom. 5. Reliq. MSS. pag. 478 : *De regno nostro Hungariæ ipsis aliqua subsidia per quoscumque nostros Regnicolas afferatur.* Stylus Parlamenti cap. 4 : *Et in omni loco omnibus Regnicolis, etc.* Nostri *Regnicoles* vocant, non ipsos indigenas proprie, sed alienigenas seu advenas pari jure cum indigenis potientes. Observat Vossius lib. 3. de Vitiis serm. cap. 41. non minus ἀναλόγως, *Regnicolas* dici quam *Cœlicolas*, sed usum veterum non admisisse; nollet tamen in versu semper damnari.

REGNIFICARE, in Regem constituere. Utitur Lucifer Calaritanus lib. de Regibus Apostaticis.

¶ Regnificator, Qui constituit in Regem. Chronicon Romualdi II. Archiep. Salern. apud Murator. tom. 7. col. 21 : *In extremis inter cætera facinora Zachariam quoque filium Joiadæ, tutoris quondam ac Regnificatoris sui inter templum et altare lapidare præcepit.*

¶ **REGNIGENA**, In regno natus, indigena. Charta ann. 1355. apud Ludewig. tom. 5. Reliq. MSS. pag. 600 : *Dominus Joannes Bohemiæ Rex et illustris dominus Carolus primogenitus ejus.... prætendentes commodum regnorum Boemiæ et Poloniæ, ac Regnigenarum et incolarum ipsorum, etc.*

* **REGNIS**, Gall. *Réne*, Habena, lorum. Charta ann. 1312. ex Bibl. reg. : *Aliqui de consulibus de Albia, qui ceperunt dictum bajulum ad Regnes equi sui, et qui fecerunt cessare prædicta.*

1. **REGNUM**, Corona regalis. Gesta Con-

stantini Magni pag. 483 : *Jussit eos secum prandere,... et singula lecta eis sterni; in uno lecto jussit ad capite Regnum poni.* Anastasius in Constantino PP. de Tiberio Imperatore eumdem Pontificem Constantinopoli excipiente : *In die autem qua se vicissim viderunt, Augustus Christianissimus cum Regno in capite sese prostravit, pedes osculans Pontificis.* De corona Imperiali intelligendus etiam, ni fallor, idem Anastasius in Theodoro PP. de quodam Mauricio Chartulario antarta; *quia sibi Regnum imponere voluisset*, seu ut alii emendant, *quia affirmabant eum sibi Regnum imponere velle.* Et in Adeodato PP. : *Mezzetius, qui erat et in Sicilia cum exercitu Orientali, intartizavit, et arripuit Regnum*, id est corunam Imperialem. Idem denique Anastasius in Hormisda PP : *Eodem tempore venit Regnum cum gemmis pretiosis a Rege Francorum Clodovæo Christiano donum B. Petro Apostolo.* Hincmarus Remensis in Vita S. Remigii : *Chlodowicus Rex gloriosus coronam auream cum gemmis, quæ Regnum appellari solet, B. Petro, sancto Remigio suggerente, direxit.* Eadem pene habet Flodoardus lib. 1. Histor. Remensis cap. 15. Atque, ut par est credere,

Exinde Pontifices Romani in publicis ceremoniis hac corona a Chlodovæo sibi indulta uti cœpere, quam *Coronam Imperialem* vocat Durandus lib. 3. Ration. cap. 13. num. 8 : *Romanus Pontifex in signum imperii utitur Regno, id est Corona Imperiali : et in signum Pontificii utitur mitra, sed mitra semper utitur et ubique, Regno vero non semper :... nam eo non utitur nisi certis diebus et locis, nunquam intra Ecclesiam, sed extra.* Bruno Signiensis Episcopus de Vestimentis Episcopor. : *Summus autem Pontifex propter hoc et Regnum portat, sic enim vocatur, et purpura utitur, non per significationem, ut puto, sed quia Constantinus Imperator olim B. Silvestro omnia Romani Imperii insignia tradidit.* Adde Jacobum Stephanescum de Coronat. Bonifacii VIII. PP. lib. 2. cap. 6. 7. 10. Vide S. Hieronym. lib. 2. in Ruffin. cap. 7. Epist. 74. [Ordinem Rom. apud Mabillonium tom. 2. Musei Ital. pag. 168. 171. et seqq. pag. 258. 340. 454.]

* Quam hæc falsa sint, vel ex hoc uno manifeste apparere scribit Georg. Rhodig. de Liturg. Rom. Pontif. cap. 27. lib. 1. num. 2. quod eo capitis ornamento, multo post sæculum vij. ut ex allatis a Cangio patet, usi fuerint; et quidem non ubique, nec semper, ut idem Rhodig. ibid. num. 6. probat. ex Serm. 3. Innoc. III. PP : *In signum spiritualium contulit mihi mitram, in signum temporalium dedit mihi coronam : mitram quoque pro sacerdotio, coronam pro regno.* Rursum idem Innoc. serm. de S. Silvestro : *Romanus pontifex in signum imperii utitur Regno, et in signum pontificii utitur mitra; sed mitra semper utitur et ubique; Regno autem nec ubique nec semper, quia pontificalis auctoritas et prior est et dignior, quam imperialis.*

Coronæ istius Pontificiæ formam describunt Acta Alexandri III. PP. apud Baronium ann. 1159. de Hadriano IV : *Consecratus est in Summum Pontificem, et secundum solitum Ecclesiæ morem Regno de more insignitus, mitra turbinata scilicet cum corona.* Eadem Acta de ipso Alexandro ann. 1178 : *Et in Pascha Regnum solenniter induit.* Adde Epist. ejusdem Pontificis. [Ordo Rom. apud Mabillonium tom. 2. Musei Ital. pag. 93 : *Regnum, quod ad similitudinem cassidis ex albo fit indumento.*] Ejusmodi porro fuisse formæ *Camelaucium* Constantinianeum, *Coronam* scilicet cum *mitra* quæ caput operiret, fuse docuimus in Dissert. 24. ad Joinvillam. Sed postmodum *Regnum Pontificium* triplici corona adornatum est. [* Alia scilicet a Bonifacio VIII. tertia vero ab Urbano V. addita. Vide eumd. Georg. Rhodig. ibid. lib. 1. cap. 27. num. 1.] Ceremoniale Roman. lib. 1 : *Tiaram, quod Regnum appellant, et triplici corona ornatum Pontificis capiti imponunt.* Et lib. 3 : *Est præterea tiara triplici corona ornata, quod Regnum appellatur, per quam significatur Sacerdotalis et Imperialis summa dignitas atque potestas : hac tiara utitur Pontifex in maximis solennitatibus eundo ad Ecclesiam et redeundo : sed nunquam illa utitur in divinis.* Nescio an *Regnum*, seu Coronam Papalem, an vero mitram ipsam Pontificiam intelligat Petrus Damiani lib. 2. Epist. : *Tædet cætera vanitatis attexere, non ridenda, sed gemenda ridicula,... Papales scilicet infulas, gemmis micantibus, aureisque bratteolis per diversa loca corruptas.*

Regnum, Corona pensilis supra altaria, in ædibus sacris. Anastasius in Leone III. PP : *Fecit isdem Beatissimus Pontifex in basilica B. Andreæ ubi supra, Regnum ex auro purissimo cum gemmis pretiosis pens. libras 2. et uncias quinque.* Ibidem : *Fecit Regnum ex auro purissimo pendens super altare majus ex gemmis pretiosis ornatum.* Rursum : *Regnum Spanoclistum ex auro purissimo cum cruce in medio pendens super altare.* Adde pag. 150. Denique sub finem Vitæ ejusdem Leonis : *Regnum super altare ex auro purissimo diversis ornatum lapidibus pretiosis pens. lib. 2. uncias* 6. In Gregorio IV : *Regnum aureum unum, quod usque hodie super altare dependet, etc.* Ita alibi non semel hac notione pag. 174. 184. 188. 191. 193. et Guillelmus Bibliothecarius in Stephano VI. pag. 236. De ejusmodi coronis super altaria appensis pluribus egimus in Descriptione ædis Sophianæ num. 43.

¶ 2. **Regnum**, pro *Imperium*, in Charta 55. et aliis, apud Goldastum. Vicissim *Imperium* pro *Regnum*, in veteri Charta apud Perardum in Burgundicis pag. 23. Vide Mabillon. Diplom. pag. 195.

¶ **Regnum**, nude per excellentiam dicitur Regnum Neapolitanum apud Jurisconsultos præsertim Italos; hinc apud nostros *Cheval du Regne*, pro Equo Neapolitano, *Coursier de Naples*. Vide Brencmannum in Dissertatione 1. de Rep. Amalphitana pag. 17. et *Baile* tom. 1. *des Reponses aux Quæstions d'un Provincial* cap. 15. pag. 103. edit. in-8. [** Occurrit in Annal. Fuldens. part. 5. ad ann. 885.]

¶ **Regnum Angliæ**, quando primum ab exteris nationibus *Regnum* dici cœperit, docet Elmhamus in Vita Henrici V. Regis Angl. cap. 35. his verbis : *In hoc eciam Concilio* (Constantiensi) *Anglia nomen nacionis sive Regni, quod ante hæc tempora, livore præpediente, apud alienigenas consequi non valebat, de cetero perpetuis temporibus duraturum, mediante industria ejusdem Principis, est sortita.*

* **Regnum Apostolicum**, Sedes Romana. Charta Otton. imper. ann. 962. inter Cens. eccl. Rom. : *Et ut ille qui ad hoc sanctum atque Apostolicum Regnum eligitur nemine consentiente consecratus fiat pontifex.*

3. **Regnum**, pro Ducatu, seu provincia Ducis, [in Lege Alaman. cap. 35. § 1.] Lex Bajwar. tit. 2. cap. 10. § 1 : *Si quis filius Ducis tam superbus vel stultus fuerit, ut patrem suum deshonestare voluerit,... vel Regnum ejus auferre ab eo.* Decreta Tassilonis Ducis Bajwariæ apud Canisium et alios : *In anno 22. Regni religiosissimi Ducis Tassilonis gentis Bajwariorum, etc.* [Fragmentum Historiæ Aquitan. ubi de Duce Engolismensi, apud Duchesnium tom. 4. pag. 82 : *Regulares abbates et monachos maximo affectu amoris amplectebatur, et consilio eorum utilitatem Regni administrare curabat.* Vide *Rex*, Dux, Comes.]

* Vide Coint. in Annal. eccl. Franc. tom. 1. ad ann. 553. num. 10. Hevin. ad Arest. parlam. Brit. in Addit. tom. 1. pag. 365. tom. 2. pag. 78. et Tract. novum diplom. tom. 4. pag. 539.

* *Regne* vero inter jura, quæ ratione feudorum percipiuntur, recenset Charta Ingerr. episc. Camerac. ann. 1281. ex Tabul. capit. ejusd. eccl. : *En manoirs, en prés, en terres, en iawes, en rentes, en capons, en cens, en Regnes, en reliés, en signerie, en justice et en quecumque autres choses.*

4. **Regnum** appellatur in Missa Mozarabum una e partibus hostiæ, quam in novem partes frangit Sacerdos sacra faciens. Vide Cardinalem Bona lib. 1. Rerum Liturgic. cap. 11. num. 5. [et Mabillonium in Appendice ad Liturgiam Gallicam pag. 449.]

Regnorum Liber, Qui vulgo *Regum*, dicitur passim Tertulliano, Cypriano, Augustino, Lucifero Calaritano, et aliis.

* 1. **Regolium**, Nomen *carrocii* seu currus, in quo vexillum Parmense imponebatur. Chron. Parm. apud Murator. tom. 9. Script. Ital. ad ann. 1281 : *Carrocii Parmensis, quod vocabatur Regolium Parmæ, etc.*

* 2. **Regolium**, Locus concameratus, ut videtur, fortean ab Italico *Rigoglio*, spiraculum, Gall. *Soupirail*. Stat. Taurin. ann. 1360. cap. 88. ex Cod. reg. 4622. A : *Ante festum Paschatis possint in prædicta beccaria extra Regolia excoriare.*

¶ 1. **Regradare**, E gradu dejicere, cogere descendere. Gloss. Lat. Græc. et Græc. Lat. : *Regrado*, καταβιβάζω.

* 2. **Regradare**, In gradu restituere. Epist. Manasses archiep. Rem. ad Gregor. VII. ann. 1077 : *In archiepiscopatu meo presbyteros degradavit et eosdem iterum Regradavit.*

Regradatio, καταβιβασμός, in Glossis Gr. Lat. Pœna militaris, civilis, et canonica, cum quis a gradu dignitatis dejicitur. S. Hieronym. Epist. 61. cap. 5 : *Finge aliquem Tribunitiæ potestatis suo vitio Regradatum, per singula militiæ equestris officia ad tyronis vocabulum devolutum, etc.* Vide Cujacium ad lib. 12. Cod. tit. 17. leg. 3. et Henricum Valesium ad lib. 15. Ammiani. De

Regradatione seu retrusione in ultimum locum (pœna scilicet Canonica,) agunt Gregorius M. lib. 1. Epist. 81. Innocentius III. lib. 2. Epist. 11. can. *Presbyter* 82. dist. can. *Præcipimus* 95. dist. can. *Mandamus* § 19. quæst. 3. cap. *Interdiximus*, de Ætate et qualit. cap. *Licet quibusdam*, de Regular. Goffridus Vindoc. lib. 2. Epist. 12. Stephanus Tornac. Epist. 17. Hugo Flavjniac. pag. 181. etc. Obtinuit etiam ea inter Monachos. Vide Nomasticum Cisterciense pag. 310. 315. 316. 324. 338. 339. 340. etc. et Guigonem II. Priorem Cartusiensem in Statutis ejusdem Ordinis cap. 77. [** Alia apud Altaserram de Jurisdict. Eccles. lib. 9. cap. 9.]

* **REGRADUM**, Honorarium, Gall. *Honoraire, appointement.* Charta Henr. reg. Angl. ex Cod. reg. 8387. 4. fol. 62. r° : *Constituimus Arnaldum Bonelli unum consiliariorum nostrorum in ducatu nostro Acquitaniæ, quamdiu nobis placuerit, percipiendo tale Regradum per annum, quale alii de consilio nostro hactenus percipere consueverunt.* Vide *Regressium* et *Regardum*, 1.

REGRATARII, Regratatores, Qui res emunt, ut possint postea pluris vendere, et aliquid de justo et solito earum pretio insuper corradere, unde vocabuli etymon, quod frustra ab Anglico deducit Skenæus : nostris enim *Corradere*, *Regrater* dicitur. *Dardanarii* videntur appellari in Jure civili : *Ultimi negotiatores*, in leg. 6. Cod. de Dignitatibus (12, 1.) : παλιγκάπηλοι Græcis, et ὑποκάπηλοι Philostrato lib. 4. de Vita Apollonii, qui a primis mercatoribus, qui ἔμποροι, et μεγαλέμποροι iisdem nuncupantur, sumunt, quod aliis vendant : *Regratiers publics*, in Consuet. Arvern. cap. 3. art. 2. Charta Ludovici VII. pro Aurelianensibus ann. 1178 : *Regratarii non emant victualia infra banliviam, et vendant Aurelianis.* [Ubi vetus versio Gallica, tom. 1. Ordinat. Reg. pag. 16. habet : *Li Regratier n'achetent vitaille dedens la banlieue, por que ils la vendent à Orliens.* Literæ Caroli primogeniti Regis Hierosol. et Siciliæ ann. 1219. pro Andegavensibus, tom. 2. earumdem Ordinat. pag. 31 : *Et nul homme ne peust vendre pain à Regrat, ne vendre blé à Regrat en Angers. Et que nul Regratier, qui vive de Regrat, ne peut achater nulle chose pour vendre à Regrat, jusque à l'heure de tierce de jour. Et que nul Regratier ne peust aller, par luy ou par autre, encontre vitaille, pour les achater en chemin, tant comme les bonnes anciennes durent.*] De *Regratariis* agunt præterea Statuta Gildæ Scoticæ cap. 28. Iter Camerarii Scotici cap. 20. Leges Burgorum Scoticorum, cap. 72. Cowellus lib. 4. Instit. Jur. Anglic. tit. 18. § ult. Rastallus verbo *Regrater*, [Thomas *Blount* in Nomolexico verbo *Regrator*,] etc. Vide *Foristallare.*

☞ Restrictiori notione vocem *Rigattiere*, quæ ejusdem originis est, accipiunt Itali, pro eo nempe qui vestes interpolat, aut vendit interpolatas, Gall. *Fripier.* Octavius Ferrarius in Orig ling. Ital. : *Rigattiere, Recatone; Hisp. Regaton; Interpolator, auctarius : Venetis Strazzarolo : Qui vestimenta vetera resarcit, interpolat et reconcinnat, ut carius vendat, quasi reaptator, reaptarius, Rigattiere.* Tum e Græco vocis originem arcessere contendit. Benvoglientus illud potius derivatum censet ex italica voce *Raccatto*, hoc est, a vestimentis veteribus recuperatis sive receptis, ut reconcinnentur, unde et postea efformatum *Raccatiere*, pro quo Senenses, mutato *r* in *l*, dixere *Ligrittiere.* Hæc fere Muratorius tom. 15. pag. 131.

¶ Regrataria, Interpolatio, mangonium, Gallice *Regraterie.* Charta Richardi II. Regis Angl. ann. 1399. apud Rymer tom. 8. pag. 85. col. 1 : *Homicidia, deprædationes, latrocinia, mahemia, extorsiones, oppressiones, Regratariæ, ac excessus laboratorum, etc.*

Regrataria, dicta olim platea Parisiis, in Charta ann. 1218. in Tabular. N. D. de Campis Domus sita habetur *in Regrataria juxta Judaismum.*

* Regraterius, idem qui *Regratarius*, Gall. *Regratier*, Leodiensibus *Recopeur.* Inventar. Chart. reg. ann. 1482. fol. 96 : *Littera acquisitionis cujusdam plateæ, sitæ Parisiis in vico Jardinorum, a Maugeio Regraterio etc. De anno* 1277. Charta ann. 1355. tom. 2. Hist. Leod. pag. 422 : *N'est droit que Recopeurs ne Recoperesses puissent ou doivent par eaulx ne par aultruy achater à une liewe près de Liege.*

REGRATIARE, Gratias agere, [Gallis olim *Regracier*,] apud Thomam Archid. in Hist. Salonitana cap. 50. [Rymerum tom. 1. pag. 308. in Literis ann. 1229. Lobinellum tom. 2. Hist. Britan. col. 526. in Charta ann. 1366. in Menoti Sermonibus fol. 147. et alios, quos laudat Vossius lib. 4. de Vitiis serm. cap. 20. Ital. *Ringraziare*].

¶ Regratiari, Eadem notione, apud Acherium tom. 6. Spicil. pag. 78. tom. 7. pag. 297. Muratorium tom. 6. col. 171. tom. 8. col. 192. tom. 12. col. 1105. Rymerum tom. 8. pag. 277. Marten. tom. 6. Ampliss. Collect. col. 243. tom. 8. col. 164. etc. Ludewig. tom. 5. Reliq. MSS. pag. 262. in Statutis Vercell. lib. 3. pag. 97. in Glossario Lobinelli tom. 3. Histor. Paris. in Concilio Dertusano ann. 1429. et alibi passim.

¶ Regratiatio, Gratiarum actio, in Processu de B. Petro Luxemburg. tom. 1. Julii pag. 559. [* Unde nostris *Regraciation.* Charta ann. 1436. ex Tabul. S. Germ. Prat. : *Super hoc cum aliquibus matura deliberatione habita, post Regratiationes per eum factas, respondit, etc.* Lit. remiss. ann. 1424. in Reg. 172. Chartoph. reg. ch. 439 : *Pour lequel labour le suppliant n'ot onques aucun prouffit, ne Regraciation.* A verbo *Regracier*, Gratias agere. Gesta Ludov. Pii tom. 6. Collect. Histor. Franc. pag. 167 : *Li empereres Regracia moult l'evesque Ebroin, etc.*]

¶ Regratiatorie, Cum gratiarum actione, in Bulla Clementis VI. PP. ann. 1346. tom. 2. Hist. Dalphin. pag. 532. col. 2.

¶ Regratiatus, qui gratias egit, a *Regratiari*, in Charta Officialis Rotomag. ann. 1477.

¶ Regratio, Idem quod *Regratiatio*, nisi ita legendum sit. Literæ ann. 1285. apud Rymer. tom. 2. pag. 313 : *Ad loca unde exeunt beneficiorum flumina, dignis Regrationibus revertantur.*

* Regratiamentum, Gratiarum actio, Ital. *Ringraziamento*, Gall. *Remerciment.* Gabr. Barel. serm. in Epiph. : *Mille Regratiamenta darent.*

¶ **REGRECIA**, Idem quod *Regressus* 1. Placitum Narbon. ann. 862. in Probat. novæ Hist. Occitan. tom. 1. col. 113 : *Ipsas casas petineas cum curte, exitia et Regrecia earum... ego retineo.*

* **REGREDI**, Regerere, reportare. Comput. ann. 1399. inter Probat. tom. 3. Hist. Nem. pag. 149. col. 1 : *Solvi duobus bastaissis, qui portaverunt trabes... Pro Regrediendo dictas trabes et alia, viginti denarios.*

¶ **REGREGARE**, *Recolligere*, in Glossario Barthii, ex Hist. Palæst. Fulcherii Carnot. apud Ludewig. tom. 3. Reliq. MSS. pag. 299.

* **REGRESSA**, Præstatio annua, quod singulis annis regrediatur, sic dicta. Reg. feud. Aquit. in Cam. Comput. Paris. sign. JJ. rub. fol. 20. v° : *Willelmus de Lugenhac..... recognovit quod.... debebat pro hiis, quæ tenebat a dom. rege in parrochia S. Albini et de Lugenhac, pro Regressa, retornove, seu in adjutorium exercitus, quando dom. Geraldus de Monte trepidanti faciebat exercitum dicto domino regi Angliæ, vj. sol. viij. den.* Vide *Regressus* 1. et *Retornus* 1.

¶ **REGRESSIUM**, Idem quod *Regressus* 1. Charta æræ 944. tom. 3. Annal. Benedict. pag. 696. col. 1 : *Terras cultas et incultas, pratis, pascuis, silvis, garricis, molendinis vel molinaribus, fructibus, viæ ductibus vel reductibus, aquis aquarumve decursibus, exitia et Regressia earum.* Testamentum ann. 989. apud Marten. tom. 1. Anecdot. col. 103 : *Dono.... mansum unum cum curte et exio et Regressio suo, et cum quatuor modiatis de vineis.* Similia leguntur ibid. col. seq. in Charta ann. 1058. et alia ann. 1069. ex Archivo S. Victoris Massil. armar. Forojul. num. 13. et 28. et alibi non semel.

¶ 1. **REGRESSUS.** Charta Willelmi Sancii Comitis apud Stephanotium tom. 1. Antiquit. Vascon. MSS. pag. 481 : *Curtem de Brocarez donamus S. Severo cum exitibus et Regressibus, sicut nos tenemus et possidemus.* Alia vetus Charta apud eumdem Stephanot. tom. 1. Antiquit. Occitan. pag. 329 : *Cum mansis, campis, in curtis, hortis, cum exeis et Regressibus, cum ecclesia S. Hylarii constructa, etc.* Similia passim occurrunt in veteribus Instrumentis, ubi *Regressus* idem sonat quod *redditus*, proventus, ut satis patet ex Charta ann. 1153. in Probat. novæ Hist. Occitan. tom. 2. col. 544 : *Ego Raymundus Trencavelli Biterrensis Vicecomes dono tibi Rogerio de S. Benedicto, ac tuæ posteritati, meum castellum quod vocatur Eisalabra, videlicet cinctum superiorem cum suis exitibus atque Redditibus, seu Regressibus, ut in aliis hujusce formulæ locis legitur.* Vide *Regressium* et *Exius.*

* Melius, ni fallor, quam Tributum pro facultate pascendi animalia, ut interpretatur D. *de Foy* tom. 1. Notit. diplom. pag. 179. qui ibidem minus attente scribit vocis hujus explicationem deesse in Glossario Cangii. [** Viæ, sæpius in chartis *exitus et introitus.* Charta ann. 744. apud Herrgott. Geneal. Diplom. Gent. Habsb. Cod.

Prob. num. 1 : *Hæc loca supernominata con servis et ancillis peculiaribus cum domibus... campis, pratis, silvis, aquis, aquarumque decursibus, mobilibus adque immobilibus, cultis et incultis, viis discendentis adque Regredientis, cum omnia adjacentia, etc.*]

¶ 2. **REGRESSUS**, Idem quod Practicis nostris *Recours*, Præs, cautio; hinc *Recursum habere*, pro Sponsorem appellare. Ulpianus leg. Sed et si. § Item si res Dig. tit. 3. de hæredit. petit. : *Nisi emptores Regressum ad bonæ fidei possessorem habent.* Et tit. 2. de Evictionibus leg. 1 : *Sive tota res evincatur, sive pars, habet Regressum emptor ad venditorem.* Charta venditionis ann. 1161. inter Instrum. novæ Gall. Christ. tom. 6. col. 194 : *Præterea donamus inde vobis et vestris Regressum... super omnes res nostras mobiles et immobiles, ubicumque sit, et totum hoc ita tenebo et observabo, sicut præscriptum est, ego Raimundus Petri de Agantico : sic me Deus adjuvet, etc.*

¶ 3. **REGRESSUS**, Reditus in possessionem rei dimissæ vel amissæ. Charta Bernardi de S. Walarico apud Kennettum Antiq. Ambrosden. ad annum 1171. pag. 127 : *Manerium etiam totum de Wulgariscote cum omnibus pertinentiis suis dedi et concessi domino meo Regi.... ita quod neque ego neque hæredes mei Regressum habeamus vel calumpniam aliquam versus aliquos de præfato manerio.* Defensiones Roberti Delphini contra Guillemum Comtoris apud Baluzium tom. 2. Hist. Arvern. pag. 283 : *Cum ergo omnibus bonis et actionibus communibus, quoquo modo et ex quacumque causa essent communes, renuntiavit; sequitur ergo quod huic fideicommisso et actioni pro eo competenti de bonis prædictis non habet Regressum; quia remittentibus actiones suas non datur Regressus ad eas.* Bleynianus Institut. pag. 450 : *Instrumenta* pro rerum amissarum recuperatione sunt, *Regressus, quando deficiente eo, qui acceperat, aut in casu permutationis evictione subsecuta, res ad dantem revertetur.* In re beneficiali maximo in usu est vox *Regressus*, Practicis nostris *Regrés*, diciturque de eo qui beneficium ecclesiasticum alteri transmisit aut cum eo permutavit certis conditionibus, quæ si non adimpleantur, primus possessor redire potest in possessionem beneficii transcripti aut permutati : quando vero locus sit regressui a juris canonici peritis quærendum est.

¶ Regressus per Cessum *et decessum*, in Præconisatione Hectoris de Rupeforti in Episcopum Tullensem ex Regesto Cancellariæ Apostolicæ, Hist. Tull. pag. 615.

* 4. [**REGRESSUS**, Responsorii pars, quæ post versum repetitur, vulgo *Réclame.* Cærem. vet. MS. eccl. Carnot. : *Responsorium* Circumdederunt *cum versu et Regressu, sine Gloria.* Ordinar. MS. Rotomag. : *Cantore incipiente responsorium* Sicut ovis ad occisionem, *cum versu et Regressu.* Infra : *Cantor incipiat,* Maria Magdalene, *cum versu et Regressu.* Rursum : *Tres de majori sede cantent versum in pulpitum*, Veni, Sancte Spiritus. *Et dum cantabunt, chorus flectat genua. Regressus*, Et repleti, *etc.* Passim ibi occurrit.

* **REGRETA**, pro *Regratarius*, Gall. *Regratier.* Reg. Cam. Comput. Paris. in Bibl. reg. sign. 8406. fol. 180. v° : *Domania in præpositura Parisiensi.... De sex denariis Regretarum, pro xlviij. lib. xvj. sol. per annum. De ferperiis et allacariis, pro vij^{xx}. iiij. lib. per annum.* Vide supra *Regraterius.*

* *Regreter*, Invocare, implorare sonat, in Lit. remiss. ann. 1400. ex Reg. 155. Chartoph. reg. ch. 391 : *Poingdestre feri le suppliant de son coustel sur la teste, en disant qu'il le tueroit; et lors ledit exposant commença à Regreter Nostre Dame de Montfort.*

* **REGROSSARE**, In mundum denuo redigere, luculentius chartam iterum describere. Sent. arbitr. Guill. archiep. Lugdun. ann. 1335. in Reg. 72. Chartoph. reg. ch. 385 : *Quæ* (literæ) *factæ et grossatæ... possint ad requisitionem dictarum partium et cujuslibet earumdem refici, redictari et Regrossari.* Vide *Ingrossare* 1.

¶ **REGUA**, Rivus. Donatio facta Monasterio S. Victoris Massil. ann. 1043. apud Marten. tom. 1. Ampliss. Collect. col. 406 : *Cum molinis et illorum ædificiis, et cum Reguis et caput-reguis, et ortis, et aquis, et fontis, et cum decursibus vel recursibus.*

* Glossar. Provinc. Lat. ex Cod. reg. 7657 : *Regua, Prov. Sulcus, sulculus, lira.* Vide *Riga* 1.

REGUAITA, Custodia. Vide in *Wactæ.*

¶ **REGUARDATOR**, Idem qui supra *Regardator forestæ* in *Regardum* 2. Vide mox locum in *Reguardum* 2.

¶ **REGUARDIÆ**, Excubiæ. Statuta Montis-Regalis pag. 179 : *Milites et famuli curiæ teneantur et debeant portare, seu portari facere et habere lumen de nocte, eundo per dictam civitatem, exercendo officium Reguardiarum.* Vide *Warda.*

¶ **REGUARDIUM**, Regardium, Idem, ut puto, quod supra *Regardum* 4. Census annuus, præstatio. Charta ann. 1235. e Polyptycho Fiscamnensi : *Rogerius Anfrei tenet* IX. *acras terre, et debet facere submonitiones et nammia capere, et grantiam retegere et mundare et carmum, et debet deferre Fiscannum lac et Reguardia.* Alia Charta ann. 1258. ex eodem Polyptycho : *Unum par pannorum in dorso et Regardium sufficiens, quotiens dictum Bernardum vel suos hæredes contigerit maritare.*

¶ 1. **REGUARDUM**, Idem quod *Reguardium.* Historia Beccensis MS. pag. 447. n. 2 : *Eidem S. Lamberto concessit decimam denariorum et redecimam omnium bladorum et decimam Reguardorum.* Chartularium SS. Trinitatis Cadomensis fol. 33. v° : *Quæ ad eum pertinent tam in hominibus quam in campis... in censis, et in Reguarz, et in omnibus eschaementis, quæ ad dominum pertinent, etc.* Vide *Regardum* 4.

¶ 2. **REGUARDUM**, Visitatio forestarum, vel quod inspectori forestarum solvitur pro earum visitatione. Charta Roberti Ducis Normanniæ Richardi filii, e Regesto P. Cameræ Comput. Paris. : *Baldricus et regardator et panagator mearum forestarum habens tantum in donis et liberationibus Reguardi et panagii, quantum unus ex magistris reguardatoribus et pañagatoribus meis per totam Normanniam.* Vide *Regardum*, 2.

¶ 3. **REGUARDUM**, f. Idem quod infra *Respectus*, Mora, dies dilatus. Charta conventionis Raimundi Comitis Barcinon. cum Ermengaudo Comite Urgell. ann. 1064. Marcæ Hispan. col. 1126 : *Et ego prædictus Ermengaudus commonit no men devedare, et ipse nuntius qui me commoverit, Reguardum non habebit ibi.* Hoc est, si bene interpretor, Nullam in me moram habebit, statim obtemperabo.

* Haud scio an non melius Merces, salarium intelligatur. Certe nostri *Reguerredonner*, pro Remunerari, dixerunt. Ital. *Riguiderdonare.* Charta manumiss. ann. 1380. in Reg. 142. Chartoph. reg. ch. 233 : *Je Jaques de Vergey chevalier sire d'Autrey, en remuneration et en Reguerredonnant lesdis services, ay franchy lesdiz Jehannot et Renier.* Vide *Regardum* 1.

¶ **REGUAYTA**, Custodia. Vide in *Wactæ.*

* *Reguest*, eodem significatu, in Lit. Phil. ducis Burg. ann. 1367. inter Probat. tom. 3. Hist. Burg. pag. 21. col. 2 : *Faire bonne garde par jour et bon guest et Reguest par nuit en ladite ville* (de Dijon). Lit. remiss. ann. 1450. in Reg. 185. Chartoph. reg. ch. 18 : *Bernart Faure bouvier et Jehan Bermet.... alerent faire la nuit Reguet et garde à l'environ desdiz heritages.* V. *Wactæ.*

¶ **REGUDA**. Charta Brivatensis ann. 1376 : *Benedictus Anthoni faciat Regudam in hospitio Crotæ.* Haud scio an idem sit quod *Reguayta*, Custodia.

¶ **REGUDES**, f. Redditus, proventus, nisi quis malit idem esse quod *Reguardium*, Census annuus. Consecratio Ecclesiæ S. Petri Campi-Rotundi ann. 1169. Marcæ Hispan. col. 1352 : *Præterea concessit dicto monasterio omnes Regudes, vel qualescumque donationes, sive possessiones, vel acquisitiones, quas præfatum monasterium habet... vel deinceps juste adquisierit.*

* Concessiones a regibus factæ designari videntur, vel proprietates, dominia. Vide supra in *Regalia* 2.

1. **REGULA**, Canon, exactio, pensitatio. Charta Athanasii III. Episcopi Neapolitani sub ann. 937 : *Ut nullam Regulam, nullumque censum, neque aliam conditionem in eodem Monasterio S. Severini aliquando haberet.* Infra : *Sine omni censu vel Regula, omnique conditione, etc.*

2. **REGULA**, pro *Necrologio.* Hinc in Regula inscribi, idem valet ac in Necrologio, quod in omnibus fere Monasteriis, maxime Benedictini Ordinis, idem Codex et Martyrologium, et Regulam, et Necrologium contineret, et ex iis quotidie in Capitulo aliquid Monachis prælegeretur : ex Martyrologio, ut oratio sancti diceretur : ex Regula, ut memoriæ mandaretur, ex Necrologio vero, ut pro defunctis hac die tum Monachis, tum aliis in societatem beneficiorum adscitis oraretur : defunctorum enim et benefactorum nomina referebantur in eum codicem, ut pro iis obitnum diebus preces ab omnibus funderentur. Capitulare Aquisgranense ann. 817. cap. 69 : *Ut ad Capitulum primitus Martyrologium legatur, et dicatur versus, deinde Regula, aut Homilia quælibet legatur.* Hinc *Annotatio nominum in Regula*, in Charta ann. 1177. apud Buzelinum lib. 2. Gallo-Fl. cap. 23. Bernardus Mon. in Consuet. Cluniac. MSS. cap. 76. § 41 : *Et sic pro omnibus fit*

unum officium cum generali Missa, et cæteris, quæ fieri solent pro nostris, excepta præbenda, et brevium transmissione, ac Regulæ annotatione. Martyrol. Corbeiense : *Deinde tricenarius cum septenario, et ab uno quoque Sacerdote Missa pro eo dicitur, et ab aliis 30. Psalmi. In Regula ponitur.* Alibi : *Habeant officium, et septenarium, et tricenarium, et annotationem in Regula.* Historia de Fratribus Conscriptis tom. 2. Alamann. Goldasti, de anniversario : *Hoc quoque in nostra Regula placuit nobis conscribi, ut nunquam vel oblivio vel negligentia valeat prætermitti.* Cardinalis Bona lib. 2. Rerum Liturgic. cap. 14. num. 2. ait, in Monasteriis viguisse hunc morem, et in plerisque adhuc manere, ut mitterent sibi invicem fratrum, amicorum, et benefactorum defunctorum nomina, ut diptychis inscriberentur : postquam vero diptychorum usus desiit, in libro, quem Necrologium vocabant, ea descripta, et quotidie post lectionem Martyrologii ex ipso codice eorum nomina lecta, qui ipsa die obierant, et pro ipsis Psalmum *De profundis* cum oratione competenti decantari solitum, sicut hodie fit in plerisque Monasteriis. Cujus quidem consuetudinis exempla varia suggerit Bonifacius Moguntin. Epist. 24. 62. 84. 95. 106. Vide Chronicon Andrense pag. 487. et Haeftenum lib. 8. Disquis. Monast. tract. 1. Disq. 6. § 3.

* *Riule*, eadem notione, in Inventar. MS. eccl. Camer. ann. 1371 : *Item un livre contenant le Riule, que les enfants lisent en Quaresme. Ruile*, regula, in Chron. S. Dion. tom. 3. Collect. Histor. Franc. pag. 194. Hinc *Vie ruilée*, pro *Réglée*, apud Christ. Pisanam in Carolo V. part. 3. c. 11.

3. **REGULA**, Idem quod *Canon pœnitentialis*, in Capitulis Aithonis Episcopi Basileensis cap. 6. Leo IV. PP. in Epist. ad Episcopos Britanniæ cap. 4 : *Qui divinationes expetunt, et morem gentilium subsequuntur,... sub Regula quinquennii jaceant*, i. quinque annorum pœnitentiæ.

¶ 4. **REGULA**, pro *Regiola*, ut puto, mendose. Vide *Regiolæ*, in *Regia*, 3.

¶ 5. **REGULA**, Monasterium a Regula monastica in eo observanda sic dictum. Tabularium sanctæ Mariæ Andegavensis : *Mathias civitatis Nanneticæ Comes, etc. Letburgis abbatissa monasterii S. Mariæ Andecavæ civitatis nos rogavit, ut in urbe Nannetica locus sibi daretur, ubi monacharum Regulam construere possit.*

¶ 6. **REGULA**, Principium, axioma, vel argumentum seu hypothesis. Vetus Interpres S. Irenæi lib. 2. cap. 7. num. 2 : *Soluta est ipsorum, secundum suam Regulam, maxima blasphemia.* Utitur alibi. Nos quoque *Regles* appellamus principia, præcepta et axiomata, quæ quis sequitur in agendo vel ratiocinando.

¶ 7. **REGULA**, Oppidum vel vicus et ipsius loci commune, in agro Cadubrii seu Cadorino. Statuta ejud. Cadubrii lib. 1. cap. 16 : *Jubemus, quod eligantur singulis annis Jurati in Cadubrio... unus pro qualibet Regula, et quælibet Regula suum Juratum eligere teneatur simul cum suo vel suis maricis.* Cap. 58 : *Quilibet maricus... teneatur.... procurare.... quod omnes et singulæ stratæ et viæ, ac etiam calles et pontes existentes in suis villis et Regulis, teneantur curatæ et mundæ ab omni immunditia... et sint latæ et largæ.* Caput 47. eorumdem Statutorum inscribitur : *Ad quem appellari possit a sententiis latis per dominum vicarium super quæstionibus vertendis inter Regulas et communitates.* Ibid. cap. 70 : *Volumus et jubemus, quod aliqua Regula et commune Cadubrii non audeat, neque præsumat aliquo modo, colore vel ingenio, aliquem forensem in vicinum sive Regulerium acceptare, nisi prius apparuerit dictum talem sic requirentem in vicinum assummi, per consilium fuisse admissum et acceptatum in civem in forma, etc. Et si aliqua Regula contra præmissa et quodlibet præmissorum fecerit, condemnetur arbitrio consilii, et quod omnis vicinitas, quæ ab aliqua Regula Cadubrii facta fuisset contra ordinem præsentis statuti, ipso jure sit nulla.* Rursum cap. 79 : *Ad majorem utilitatem et commodiorem gubernationem communium sancimus, quod quælibet Regula et commune Cadubrii possit et valeat, convocato marico suo, et aliis vicinis, disponere et statuere, et lauda sua formare ac reformare, quibus dispositionibus et laudis factis, formatis et reformatis, ipsa communia et Regulæ dicta lauda teneantur et debeant exhibere et præsentare domino Vicario, petentes et instantes pro bono et utilitate ipsarum eas et ea confirmari : et dominus Vicarius possit et debeat ipsas et ipsa per totum commune sive Regulam, aut majorem partem eorum facta et deliberata, si juri consona... fuerint, confirmare.* Denique cap. 92 : *Decernimus, quod si fuerint vir et uxor consortes in uno et eodem monte, sive una et eadem Regula montium, utrique non habeant, nec habere possint, nisi unam consortiam tantum, et pro uno consorte habeantur.* Vide *Regulatus* 3. et *Regulatores* in *Regulare*.

¶ 8. **REGULA**, Versus, versiculus. Voces *Regulæ* et *lineæ*, recentioribus in usu, pro *versu* libri seu *versiculo*, ut Latini loquebantur, prorsus reprobat Vossius lib. 1. de Vitiis serm. cap. 26.

* 9. **REGULA**; Proclamatio, auctio, ut videtur. Arest. scac. Paschæ ann. 1276. in Reg. S. Justi ex Cam. Comput. Paris. fol. 37. r°. col. 1 : *De domino Nicholao Malemains, qui de boscis suis, in quibus dominus rex habebat tertium et dangerium, fecit Regulam ad vendendum, licentia non petita, nec solvit tertium et dangerium.*

* 10. **REGULA**, pro *Regularis*, monasticæ regulæ addictus. Charta ann. circ. 992. apud Lamium in Delic. erudit. inter not. ad Hist. Sicul. Bonincont. part. 2. pag. 316 : *Dominus Petrus, religiosus presbiter et monachus, abbas Regula ipsius monasterii sancti Fidelis, etc.*

¶ REGULA CANONICA, Norma sacris canonibus consentanea. Capitulare 4. ann. 806. cap. 2 : *Ut omnes Episcopi potestative secundum Regulam canonicam doceant, et regant eorum ministeria, tam in monasteriis virorum quam puellarum, vel in forensibus presbyteris, seu reliquo populo Dei.* Adde lib. 6. Capitul. cap. 246.

¶ REGULA CANONICORUM, Eadem quæ Monachorum. Capitulare Aquisgran. ann. 816. cap. 3 : *Quia vero canonica professio a multis, partim ignorantia, partim desidia, dehonestabatur, operæ pretium duximus, Deo annuente, apud sacrum Conventum ex dictis SS. Patrum... in unam Regulam canonicorum et canonicarum congerere, et canonicis vel sanctimonialibus servandam contradere, ut per eam canonicus ordo absque ambiguitate possit servari. Et quoniam illam sacer Conventus ita etiam laudibus extulit, ut usque ad unum iota observandam percenseret, statuimus ut ab omnibus in eadem professione degentibus indubitanter teneatur, et modis omnibus sive a canonicis sive a sanctimonialibus canonice degentibus deinceps observetur.* Eadem habentur lib. 1. Capitular. cap. 79. et in Addit. 3. cap. 3.

¶ REGULA FERREA in judicio ferri candentis adhibita. Chronicon Mutin. ad ann. 1329. apud Murator. tom. 11. col. 119 : *Mutinensibus denegantibus, ut rei veritas se habebat, et Regulam ferream igne calefactam manu sumere offerentibus, quam accipiebant nulla habita læsione ipsi Mutinenses.* Vide in *Ferrum candens*.

* Vectis, Gall. *Barre*. Necrol. eccl. Paris. MS : *Candela quædam integra erit super Regulam ferream, etc. Une Reilhe de fer*, in Lit. remiss. ann. 1481. ex Reg. 209. Chartoph. reg. ch. 189. *Rille*, in aliis ann. 1404. ex Reg. 159. ch. 37. et *Ruylle*, ibid. ch. 110. Vide supra *Penna* 5.

REGULA SANCTA, Eadem, quæ S. Benedicti. Vita S. Præjecti : *Monasterium construens, sub norma sanctæ Regulæ ibidem constituit virgines.* Charta Ludovici Pii pro Monasterio Fossatensi in Tabulario ejusd. Monast. fol. 7 : *Ubi olim Monachi sub sancta Regula deguerunt.* Infra *Regula S. Benedicti* dicitur. Ita Capitulare Pipini Regis Italiæ cap. 11. Paschasius Radbertus in Epitaph. Walæ lib. 2. cap. 21. Vita Eigilis Abb. Fuld. num. 6. 21. edit. Mabillonii, idem Eigiles in Vita S. Sturmii num. 20. Sisnaudus Episcopus Iriensis in Charta æræ 952. apud *Yepez* tom. 4. etc. Id multis vir doctissimus probavit D. Philipp. *Bastide* Benedictinus in Dissert. de Antiqua Ord. S. Benedicti propagatione cap. 7. et ante eum Sandovallius de Prælio Clavigensi pag. 194. 195. Charta, scripta ann. 20. Ludovici IV. Regis Franc. in Tabulario Conchensi in Ruthenis num. 6 : *Degentes sub Regula S. Benedicti, qui Domino sedulo famulare videntur propter hanc Regulam sanctitatis.* Vide Appendicem ad Capitul. pag. 1421.

☞ *Riulle* olim nostris pro *Regula* dictum fuisse discimus ex veteri interpretatione Regulæ S. Benedicti in Codice MS. Corbeiensi, ubi legitur : *En cheste Riulle nous ammoneste sains Benoist aussi comme li peres li fil*, Ausculta o fili.

REGULA SANCTORUM PATRUM, SS. Benedicti scilicet et Columbani. Vide eumdem Bastidam cap. 8. et Joan. Mabillonium in Præfat. ad 4. tomum Vitar. Ord. S. Benedicti num. 37.

¶ **REGULABILE**, *Quod regi vel moderari potest*, apud Goclenium in Lexico.

¶ **REGULAMENTUM**, a Gallico *Reglement*. Bleynianus Instit. pag. 140 : *Et hæc a Pragmaticis ordinationes, vel Regulamenta, et a Juris authoribus, formæ, sive, ut alii legunt, normæ vocantur.*

REGULARE, Componere, ordinare, res

ad *regulam* et amussim exigere, Gall. *Regler*. Glossæ Gr. Lat. : Κανονίζω, *Regulor*. [Cœlius Aurel. de Tardis passion. : *Regulantur vel diriguntur eorum virtutes, etc.* Epistola Attonis Vercell. Episcopi tom. 8. Spicil. Acher. pag. 127 : *Sacerdotibus verbis simul et exemplis populum convenit Regulare.*] Epistola Theonæ Episcopi de Officiis Palatinis : *Sed quia, ut sentio, diversis officiis estis adscripti, et omnium tu, Luciane, præpositus diceris, quos omnes gratia Dei concessa potens es et Regulare, et instruere, etc.* Synodus Beneventana ann. 1059 : *Et quia erat Mathematicus, ab omni altaris ministerio depositus, in potestate Abbatis est ad Regulandum et corrigendum datus.* Thomas Walsinghamus ann. 1389 : *Ecce nostis, quod diu Regulatus fuerim per tutores, nec licuit mihi quidquam vel minimum facere sine illis, etc.* Jo. Fortescutus de Legibus Angliæ cap. 6 : *Sic et Principi, filium suum, qui post eum populum Regulabit, legibus instrui, dum minor est, convenit.* Utitur cap. 17. et alibi non semel. [Adde Statuta Mutinæ fol. 108. v°. et Statuta Eccl. Argentin. ann. 1435. tom. 4. Anecd. Marten. col. 533. Ampliss. ejusd. Collect. tom. 6. col. 620. tom. 8. col. 79. 360. 361. etc.]

* Nostris *Reguler*, et *Rieugler*. Lit. ann. 1368. tom. 5. Ordinat. reg. Franc. pag. 132. art. 14 : *Pour entretenir la reule des trois tours d'eschevinages, qui Réguler ne se porroierent par autre maniere, etc.* Lit. remiss. ann. 1393. in Reg. 145. Chartoph. reg. ch. 493 : *Lesquels eschevins..... se transportent au conseil à leurs maistres et eschevins de Vervin, selon la loy duquel Vervin, la ville de Venderesse se Rieugle et gouverne.* Hinc *Reillié*, dicitur de eo, quod statuto tempore sit, in aliis Lit. ann. 1377. ex Reg. 111. ch. 214 : *Icelle Colette ala en l'abbaie de Monstier la Celle, ... demander l'ausmone et Reillié, avec plusieurs autres povres gens.* Nisi sit pro Levamen, solatium, vel refectio. Vide *Relevamen* et *Relevatio* 4.

Regulatores, in Italia dicti Rectores Communiarum, qui rem publicam componunt, regunt, etc. in Compoto Thesaurariæ urbis Bononiæ in Italia ann. 1364. ex Bibliot. Regia. [Academici Cruscani : *Regolatore, Director.* Com. Par. 6 : *Per un principio, lo quale è custodia, e reggimento de' suoi sudditi, e per esso è Regolatore.*]

Regulare, Lineas in charta ducere, exarare, quomodo *Regler du papier* dicimus. Guigo I. in Statutis Cartusianor. cap. 28. § 2 : *Scriptorium, pennas, cretam, pumices duos,... novaculas sive rasoria duo, punctorium unum, subulam unam, plumbum, regulam, postem ad Regulandum, tabulas, graphium, etc.*

¶ Regulare Se, Se tractare, moderari, conformare. Chronicon S. Bertini apud Marten. tom. 6. Ampliss. Collect. col. 620 : *Statum suæ Ecclesiæ ad plenum cognovit, secundum quem sic se in expensis pensionibusque Regulavit, ut ei redituarii sua spe minime frustrarentur, et suus Conventus absque murmure aleretur.* Statuta Johannis Rolin Episc. Æduensis ann. 1468. apud eumd. Marten. tom. 4. Anecd. col. 506 : *Inhibetur officialibus et sigilliferis archidiaconorum, ne deinceps mandata contra juris formam et stilum curiæ Æduensis, secundum quem Regulare se debent, concedere audeant vel præsumant.*

¶ **REGULARE** Monasterium, Ubi degunt monachi, ad discrimen monasteriorum ubi degebant clerici seu canonici. Diploma Ludovici Pii ann. 827. pro Monasterio Dervensi, apud Mabillon. sæc. 3. Bened. part. 2. pag. 630 : *Apparuit, quod antiquitus Regulare monasterium fuisset; nos vero hanc diligentius scire volentes... si ipse locus aptus esset ad monasticum Ordinem observandum, verum et utrum clerici ibi degentes monastice vellent vivere, etc.* Vide *Monasterium*.

¶ **REGULARE** Officium. Ardo in Vita S. Benedicti Anian. num. 57 : *At cum alterius diei Regulare explesset officium, et Cursum persolvere vellet, etc.* Mabillonius in Onomastico ad calcem Actorum SS. Benedict. sæc 4. part. 1. existimat *Regulare officium* illud dici, quod ex præscripto Regulæ S. Benedicti; *Cursum* vero esse illud, quod ritu Romano recitabat Benedictus ex ipsius Vita.

1. **REGULARES.** Anastasius in Stephano IV. PP. pag. 96 : *Fecit enim et tres Regulares argenteos super rugas, per quas ingrediuntur ad altare, ubi imagines in frontispicio constitutæ sunt.* In Hadriano pag. 112 : *Fecit etiam ter beatitudo ejus imagines sex ex laminis argenteis investitas; ex quibus tres posuit super rugas, qui sunt in introitu Ecclesiæ Presbyterii, ubi et Regularem ex argento iinvestito fecit, et posuit super eumdem Regularem præfatas tres imagnes.* Mox : *In superiori vero ruga, id est, in medio presbyterii faciens alium Regularem ex argento investito, constituit super eum reliquas tres imagines, etc.* In Leone III. pag. 128 : *Fecit et columnas argenteas sex, et Regulares duos ex argento purissimo pens. etc.* Pag. 134 : *Atque Regularem ibi super investitum ex argento purissimo, et super ipsum Regularem posuit arcum, et gammadias ex argento,... nec non et imagines tres, etc.* Pag. 135 : *Vela modica de stauraci quatuor, quæ pendent in Regulari ante imagines... fecit, ubi supra ad Fontes vela Tyria tria, quæ pendent in Regularem ante imagines, etc.* In Paschali pag. 149 : *Ubi etiam Regularem ordinavit, quem laminis argenteis superinduxit pens. libr. 20. super quem constituit arcus duos de argento, et gammadias quatuor, etc.* Pag. 152 : *Fecit etiam ante vestibulum altaris Rugularem investitum ex laminis argenteis ,... ubi et posuit arcum unum et gammadias, etc.* Ex prædictis Bulengerus, et ex eo Ludovicus *de la Cerda*, *Regulares* fuisse existimat virgas ligneas aut æreas, quibus vela adducebantur, aut reducebantur : quæ quidem sententia quam a vero absit, ex eo patet, quod Regulares dicantur sustinuisse imagines, arcus et alia ornamenta, et ad eos appensa interdum fuisse vela, quæ etiam imagines inibi stantes velarent : tametsi haud omnino proclive sit divinare, quid fuerint. Id constat, Regulares versus Presbyterium fuisse, quo fere loco *rugæ* erant, ita ut ferme eo concesserim, ut Regulares fuisse putem id, quod Græci κιόνια vocant, *Cancellos fusiles* Leo Ostiensis : cum etiam ad cancellos altaris vela appenderentur. Isidorus lib, 16. cap. 19. et ex eo Papias : *Regulare æs dicitur, quod ab aliis ductile appellatur, quale omne Cyprium est. Ductile vero dicitur quod malleis producatur : sicut contra fusile, quia funditur. Regula æris*, apud Warnefridum de Gestis Longobard. lib. 3. cap. 4. Vide nostram Descriptionem Ædis Sophianæ num. 70. et supra *Lauduna*.

2. **REGULARES**, apud *Compotistas*, seu computi Ecclesiastici conditores, alii sunt *solares*, alii *lunares*. *Regularis solis*, est numerus invariabilis datus mensi, qui adjunctus *concurrenti*, declarat, qua feria septimanæ quilibet mensis iniret, cujus fuerit regularis : Diciturque Regularis a Regula, quia invariabilis est. Habent porro ortum Regulares a Martio, etc. Hæc pluribus exsequuntur *Compotistæ*, ac in primis Fulbertus Carnotensis in Computo, Honorius Augustod. lib. 2. de Imag. mundi cap. 81. 89. Durandus lib. 8. Rational. cap. 5. num. 5. et Josephus Scaliger de Emendat. temp. lib. 7. pag. 749. et 777. qui observat, Regularium doctrinam nunc esse superfluam, cum via ad inveniendum ferias longe expeditior sit per cyclum Romanum, seu per literas dominicales. Vide Rupertum lib. de Divinis Offic. cap. 16. Florentinum Wigorn. ann. 415. et Petavium in Auctario lib. 8. cap. 7. 8.

Regularis Lunaris, est numerus invariabilis, datus mensi ad inveniendum Lunam in Kalendis mensium singulorum. Vide eumdem Durandum lib. 8. cap. 8. Ex Cod. MS. Victorino sequentia exscripsimus :

Regulares ad feriam Kalendarum inveniendam.

Mart.	v.	*Dies* xxxi.	*Martius in quinque,*
April.	i.	*Dies* xxx.	*Dux est Aprilis in asse.*
Maius	iii.	*Dies* xxxi.	*Maius tres rapuit,*
Jun.	vi.	*Dies* xxx.	*Junius sex modo redemit.*
Julius	i.	*Dies* xxxi.	*Julius esse labat,*
Aug.	iiii.	*Dies* xxxi.	*Augustus quatuor extat.*
Sept.	vii.	*Dies* xxx.	*September septem capit,*
Oct.	ii.	*Dies* xxxi.	*Octoberque gemelle.*
Nov.	v.	*Dies* xxx.	*Quinque November habet,*
Dec.	vii.	*Dies* xxxi.	*Septem December adauget,*
Jan.	iii.	*Dies* xxx.	*Janus tres rapuit,*
Feb.	vi.	*Dies* xxviii.	*Febrius sex modo recepit*

Regulares ad Lunam Kalendarum inveniendam.

Sept.	v.	lxxx.	*September quinis,*
Oct.	v.	lxxix.	*October consocialis.*
Nov.	vii.	lxxx.	*Inde November habet septem,*
Dec.	vii.	lxxix.	*Septemque December.*
Jan.	ix.	lxxx.	*Janus cum ternis ludit,*
Feb.	x.	lxxix.	*Februusque decenni.*
Mart.	ix.	lxxx.	*Marsque novem pugnat,*
April.	x.	lxxix.	*Denis Aprilis abundat.*
Maius	xi.	lxxx.	*Maius in undenis,*
Jun.	xii.	lxxix.	*Et Junius in duodenis,*
Julius	xiii.	lxxx.	*Julius in tredecim,*
Aug.	xiv.	lxxix.	*Pith' Augustus et assim.*

Versus alii in eodem Codice :

Quem feriæ numerum signaverit F. elementum,
Ille sit illa tibi concurrens illius anni.

Vel sic :

D. capiat ternos, F. unum, Eque quaternos,
A. sex, F. binos, G. septem, B. quoque quinos.

[** Ut vulgo concurrentes notantur, scribendum foret :

D. capiat ternos, F. unum, Cque quaternos,
A. sex, E. binos G. septem, B. quoque quinos.]

¶ 3. **REGULARES**, Monachi. Capitulare seu Synodus Vernensis ann. 755. cap. 3 : *Ut unusquisque Episcoporum potestatem habeat in sua parrochia tam de clero quam de Regularibus vel secularibus ad corrigendum et emendandum secundum ordinem canonicum spiritualem, ut sic vivant qualiter Deo placere possint.* Leges Caroli M. apud Murator. tom. 1. part. 2. pag. 100. col. 2 : *Vigilanter curent* (Episcopi) *ut Canonici secundum Canones, et Regulares secundum Regulam vivant.* Hæc ad indicandam vocis antiquitatem; hodie enim notissima est pro quibusvis religiosæ vitæ addictis viris, vulgo *les Reguliers.*

¶ Regulares Canonicæ, Monasteria. Vide *Canonica Regularis* in *Canonicus.*

* Nostris *Riulers canones*, Canonici regulares. Phil. *Mouskes :*

Et si mit Canones Riulers,
De clergie garnis et clers.

Regulares Litteræ, vel *Epistolæ.* Vide *Canonicæ Epistolæ.*

* 1. **REGULARE**, Regulam monasticam profiteri. Dialog. Creatur. dial. 58 : *Carflanchus est avis similis falconi, potens et virtuosus. Hic in juventute voluit se Regulari, dum virtutibus præfulgeret; sed timore austeritatis regulæ distulit, dicens : Credo quod non potero jejunare, surgere ad matutinum, castitatem tenere et voluntatem propriam abnegare.*

* 2. **REGULARI**, Regula seu statuto contineri. Charta ann. 1302. ex Tabul. Massil. : *Supplici petitione oblata pro parte sabateriorum implorantium suppliciter blanquerios et conrosatores Regulari.*

REGULARIA. Charta Guillelmi Laudunensis Episcopi, apud Duchesnium in Probat. Hist. Guinensis pag. 378 : *Item terragia Regulariarum et pasturagiorum in territorio de Laval, quando excoluntur.*

* Idem videtur quod *Communia* 2. Pascuum commune. Vide mox *Regulariter* 2.

¶ **REGULARIS**, Monachus. Vide *Regulares* 3.

Regularis Institutio. Vide *Canonicus.*

¶ Regularis Observator *S. Benedicti*, Qui servat Regulam S. Benedicti. Amalarius in Supplemento apud Mabillon. tom. 2. Analect. pag. 100 : *Gregorius Papa excellentissimus ejusdem S. Benedicti strenuus Regularis observator, et monasticæ professionis imitator, etc.*

¶ **REGULARISSA**, Quæ observat regulam monasticam. Buschius de Reformatione Monast. apud Leibnitium tom. 2. Scriptor. Brunsvic. pag. 864 : *Monasterium monialium in Barsingenhusen Ordinis nostri Regularissarum, diœcesis Myndensis, eodem tempore, anno videlicet 1455, etiam reformatum fuit.*

¶ 1. **REGULARITER**, Secundum leges, *regulas* seu canones, Ulpiano non semel, S. Augustino lib. 2. de Doctr. Christ. cap. 29. et aliis Scriptoribus ecclesiasticis passim. Vide Vossium lib. 4. de Vitiis serm. cap. 35.

* *Rieulèement*, Ordinatim, Gall. *Par ordre, de suite*, in Stat. ann. 1355. tom. 5. Ordinat. reg. Franc. pag. 512. art. 22 : *Doivent tout chil qui sont au marquiet, assir leurs estaux bien et Rieulèement, sans passer li uns l'autre.*

* 2. **REGULARITER**, Communiter, Gall. *Ordinairement.* Charta ann. 1322. inter Probat. tom. 2. Hist. Nem. pag. 33. col. 1 : *Non tamen sunt ibi nundinæ, neque forum, nec exercentur ibi mercaturæ, sed Regulariter vivunt de proprio labore culturæ.*

¶ **REGULARIUS**, Regularis, monasticus. Præceptum Caroli C. in Appendice Marcæ Hispan. col. 785 : *Cum iis* (rebus) *quas ex seculari habitu ad Regulariam militiam clerici sive laici convertentes omnes illic donaverint, etc.*

REGULATORES. Vide in *Regulare.*

¶ 1. **REGULATUS**, Regulis seu lineis distinctus, Gall. *Rayé.* Ordinarium S. Pauli Lugdun. apud Severtium Hist. Lugdun. pag. 357 : *Vigilia dedicationis hujus ecclesiæ S. Pauli... paratur majus altare de pannis Regulatis.*

¶ 2. **REGULATUS**, Ad Regulam institutus, ordinatus, Gall. *Reglé.* Epistola Abbatis anonymi apud Mabillon. tom. 3. Analect. pag. 496 : *In multis monasteriis, et fere in omnibus, maxime bene Regulatis, hæc observantur.*

¶ 3. **REGULATUS**, Territorium, districtus, in agro Cadorino. Statuta Cadubrii lib. 1. cap. 73 : *Quod aliquis centenarius, vel marici de silva, vel decenii, vel aliquis alius non audeant, nec possint, nec debeant aliquas collectas imponere, nec aliquid addere ultra id quod positum erit per consilium in suo centenario, Regulatu vel deceno, exceptis pro capitaneis, vardis, custodibus castrorum Cadubrii, sapientibus et nunciis frequentivis et opportunis pro servitio communis Cadubrii, sine licentia et littera D. Vicarii expressa, hoc dicente, salvo quod centenarius collectam in suo Regulatu ponere possit, si de sui communis processerit voluntate.* Et lib. 3. cap. 62 : *Si in villa aliqua, vel Regulatu alicujus villæ vel contratæ Cadubrii vel Caprilis, in qua sint ad minus decem habitantiæ, commissum fuerit aliquod maleficium, teneantur officiales, præcones et jurati illius villæ vel contractæ, ubi commissum fuerit maleficium, infra decem dies a die commissi maleficii, denunciare dictum maleficium domino Vicario, etc.* Vide *Regula* 7. et *Regulatores* in *Regulare.*

* **REGULELLUS**, diminut. a *Regulus*, apud Ludewig. tom. 9. Reliq. MSS. ex Comment. Fr. Benzon. episc. Albens. in Henr. III. imper. pag. 230. Vide *Regulus* 2.

¶ **REGULERIUS**, Qui jus habet *regulæ* seu communitatis, in agro Cadorino. Vide in *Regula* 7.

¶ **REGULIOSUS.** Vide *Regaliosus.*

1. **REGULUS**, Filius Regis, Υἱὸς βασιλέως, in Gloss. Gr. Lat. Glossæ MSS : *Regius puer, Regis filius, vel qui de Rege, vel a Rege derivatus.* Atque ita forte sunt *Reguli* apud Ammianum lib. 18. quos Reges potentioribus Regibus obnoxios fuisse censet Henricus Valesius.

2. **REGULUS**, et *Subregulus*, sæpe occurrunt in Conciliis Anglo-Saxonicis, priore voce *Comitem*, altera *Vicecomitem* denotantibus. Tabul. Wigorn. Eccl. : *Ego Uthredus Deo donante Regulus Wicciorum concessi fratribus Deo servientibus in Monasterio Wigorniensi, licentia Offæ Regis Merciorum, Stoke, etc.* Scripta vero hæc donatio ann. 770. ita subscribitur : *Offa Rex Merciorum, Mildredus Wicciorum Episcopus, Uthredus Regulus, Aldredus Subregulus, fratres.* Et in Charta Offæ Regis ann. 786. subscribunt *Offa Rex, Uthredus Subregulus Wigorniæ civitatis.* Ex alia tamen Charta *Subregulus* videtur idem esse cum *Comite : Æthelfred Rex Merciorum cum Comite Subregulo Huicciorum Osbere.* Flor. Wigorniensi ann. 1066. *Hariraldus Godwini Ducis filius Subregulus* dicitur. Et in Charta Eadwin Regis Angl. *de* 5. *Cassatis*, datis Ecclesiæ Wigorniensi, subscribunt post Regem et Episcopos, *Ast Regulus, Eadgar Regulus, Morgant Regulus, Eadmund, Athelmund, Alheræ, Duces, etc.* In Charta Athelstani Regis in Monastico Anglic. tom. 3. pag. 130. subscribunt post *Archiepiscopos*, et ante *Episcopos, Duces*, et *Ministros*, tres Proceres cum *Subregulorum* appellatione. Regulos etiam Comitibus præponit Concil. Cassiliense in Hibernia ann. 1172. cap. 4 : *Nec Reguli, Comites, nec aliqui potentes viri Hiberniæ, nec eorum filii, etc.* His igitur locis *Subreguli* videntur, qui hodie *Vicereges*, vel certe potioris fuisse dignitatis quam Comites. Glossæ antiquæ MSS. : *Regulus, secundus a Rege.* Videntur autem *Subreguli* isti appellati lingua Saxonica half-kineg, id est *Semireges.* Vide Monasticum Anglic. tom. 1. pag. 231. Seldenum de Titulis honor. pag. 603. et infra in *Subregulus.*

¶ 3. **REGULUS**, Serpens idem qui Plinio *Basilicus. Basilisci, qui Latine Reguli*, Luitprando lib. 1. Histor. cap. 5. ubi de variis serpentibus. Isidorus lib. 12. Orig. cap. 4 : *Reguli autem, sicut scorpiones, areantia quæque sectantur, et postquam ad aquas venerint, ibique aliquem momorderint,* ὑδροφόβους *et lymphaticos faciunt. Sibilus idem est qui et Regulus; sibilo enim occidit antequam mordeat vel exurat.* Passim occurrit in sacris Scripturis. Vide Avicenum cap. de Speciebus serpentum, Hierolexicon Macrorum fratrum et Lexicon Hofmann.

¶ 4. **REGULUS**, Talus lusorius. Talos suos *Vulturios Regulosque* vocabant antiqui, ut docet Cœlius Rhodog. lib. 20. cap. 27. *quia pro numeris*, seu punctis, *quibus tesseræ notantur, effigies animalium habebant, aut vulturum aut Regulorum,* ut habet Turnebus lib. 5. Advers. cap. 6. Vide Godwinum Anthol. Rom. lib. 2. sect. 3. cap. 13.

* 5. **REGULUS**, Ager, Gall. *Canton.* Charta ann. 1328. in Reg. 65. 2. Chartoph. reg. ch. 168 : *Tria quartaria vineæ sita in Regulo, qui dicitur Clopel.... Item tria arpenta vinearum sita in Regulo, qui dicitur le Mescrel.* Vide *Regulatus* 3.

* **REGUMANDARE**, pro *Recommendare*, exhortari, sollicitare. Judic. ann. 715. apud Murator. tom. 6. Antiq. Ital. med.

ævi col. 368 : *Et nobis epistolas faciebatis et Regumandabatis, ut secundum antiquam consuetudinem ipsæ personæ consecrarentur.*

¶ **REGURGITARE**, Redundare, Gall. *Regorger.* Gervasius Tilberiensis de Otiis Imper. apud Leibnitium tom. 2. Scriptor. Brunsvic. pag. 977 : *Josephus dicit, ultra Cæsaream cxx. stadiis modicum locum esse, qui a rotunditate Phiala dicitur, semper plenus et nunquam Regurgitans; ibi oritur Jordanis, etc.*

* **REGURGITATIO**, Exundatio, Gall. *Regorgement.* Charta pro incolis de Stagello ann. 1331. in Reg. 69. Chartoph. reg. ch. 174 : *Possint facere per dicta loca besalia, paxeriam et paxerias, resclausam seu resclausas congruentes seu ydoneas ad irrigandum possessiones suas et suos fundos et ad molendum molendina sua et alias ad explectandum dictam aquam ad eorum omnimodam voluntatem et utilitatem, ita quod restagnatio seu Regurgitatio fieri non possit hominibus de Turre.* Vide *Regurgitare.*

¶ **REGUS**, Rivus, rivulus, Ital. *Rigo.* Donatio facta Ecclesiæ Barcinon. ann. 944. Marcæ Hispan. col. 857 : *In aquis aquarum, in Rego et super Rego et subtus Rego, in prono et plano, in petra, herba, ligna, etc.* Alia donatio facta Monasterio Vallis-laureæ ann. 1154. ibid. col. 1316 : *Molendinum cum suo Rego et capirego et ipsum resclosar et cum omni suo ædificio.* Vide *Reicus.*

¶ **REGWADIARE.** Vide *Revadiare* in *Vadium.*

¶ **REGYRARE**, In gyrum et orbem revolvi, redire : *In Hispaniam Regyravit*, Nostris, *Il alla refaire un tour en Espagne.* [** Locus est apud Florum lib. 4. cap. 2 : *Bellum postremo in Hispaniam Regyravit*, ubi al. *Remigravit.* Vide Forcellin.] Glossæ Lat. Græc. : *Regyrare*, περικάμψαι. Barthius in Glossario ex [Hist. Palæst. Roberti Monachi, apud Ludewig. tom. 3. Reliq. MSS. pag. 114 : *Regirare, equis retro flexis ad suos redire.* Rolandinus Patavin. de factis in Marchia Tarvisina lib. 11. cap. 12. apud Murator. tom. 8. col. 335 : *Sic quoque subdola vulpis et versipellis, quod de facto mente putaverat, ad alia diverticula verbis blandiloquiis Regiravit.* Active sumitur in Chronico Farfensi apud Murator. tom. 2. part. 2. col. 565 : *Cœpit in tantum prælationem spernere, ut virgæ regiminis, quam manu gestabat, altiora ad terram trahens Regiraret, et ima ejus ad sublime exaltaret.* Sic in Officio S. Laurentii inducitur S. Martyr tyrannum compellans : *Ecce miser assasti me una parte, Regyra et manduca.* Pro quo dixit Ambrosius : *Assum est, inquit, Versa et manduca.* [** Liudprand. Leg. in fin. : *Ne purpura haberem absconditas, mea pallia Regiravit.*] *Girare* et *Regirare*, de rivulo flexuoso dicitur in Diplomate ann. 1158. apud Ludewig. tom. 6. Reliq. MSS. pag. 236. Vide *Gyrare.*

¶ Regyratus. Cæsarius lib. 4. cap. 44 : *Quam, sicut mihi retulit beatæ memoriæ domina Elizabeth ejusdem cœnobii abbatissa, sorores in lecto suo ponentes, et principium Evangelii S. Johannis super eam legentes, mane Regyratam*, hoc est in alterum latus conversam, non innixam super cubitum, ut exponunt Macri fratres in Hierolexico.

¶ 1. **REHABERE**, Johanni de Janua, *Iterum habere quod jam habuimus et habere desinimus; Rehavoir*, in Glossis Lat. Gall. Sangerman. Charta Philippi Aug. 1204. e Tabulario Episcopatus Autissiod. : *Si contigerit feodum illud et homagium ad Episcopum Autissiodorensem reverti, nos et heredes nostri procurationes prædictas Rehabebimus, sicut prius.* Rursum occurrit in alia ejusd. Regis Charta apud Marten. tom. 1. Ampliss. Collect. col. 1108. in Charta Henrici III. Regis Angl. ann. 1226. apud Rymer. tom. 1. pag. 290. col. 1. in Breviario Hist. Pisanæ apud Murator. tom. 6. col. 170. in Diplomate Wenceslai Regis Bohemiæ ann. 1418. apud Ludewig. tom. 6. Reliq. MSS. pag. 88. et alibi passim. Vide Vossium lib. 4. de Vitiis serm. cap. 20.

¶ Rehabitio, Recuperatio. Consuetud. Jacobi Regis Siciliæ cap. 23 : *Liceat fidelibus et habitatoribus ipsis ea sine licentia aliqua curiæ et mandato infra et post triduum toto tempore recuperare et habere utilitatibus suis acquirere, nihil pro recuperatione et Rehabitione ipsorum nostræ curiæ vel ejus officialibus exhibendo.*

* 2. **REHABERE**, Substantive sumitur, idemque quod *Rachetum* seu *Relevium* videtur, ex Charta ann. 1254. ex Chartul. S. Petri Insul. sigo. *Decanus* ch. 154 : *Posset dare dominæ comitissæ vel ejus ballivo centum solidos monetæ prædictæ, pro suo Rehabendo.* Vide in *Habere.*

¶ **REHABILITARE**, In integrum restituere, Gall. *Rehabiliter.* Robertus *Goulet* in Compendio jurium Universitatis Paris. fol. 8. v° : *Cancellarius vagabundos, rebelles, discolos et incorrigibiles scolasticos... ab ipsa Universitate potest resecare, penitentes vero Rehabilitare.*

¶ Rehabilitatio, In integrum restitutio, Gall. *Rehabilitation*, in Capitulo generali Ord. Cisterc. ann. 1439. apud Marten. tom. 4. Anecdot. col. 1597. Bleynianus Institut. pag. 450 : *Rehabilitatio fit quando litteris gratiæ pristinus habilitatis status inhabili restituitur.*

* **REHABITATIO**, pro *Rehabitio*, restitutio. Charta ann. 1219. ex Chartul. Campan. fol. 87. v° : *Faciemus comitissam rehabere gaigia supradicta, si requisiti fuerimus ab ipsa, vel abbas Clarevallis, quem ad Rehabitationem gagiorum faciendam posuimus loco nostri.* Occurrit rursum infra.

¶ **REHABITIO**, Recuperatio. Vide *Rehabere.*

REHALTO, in Charta Rainaldi Episcopi Noviomensis ann. 1177. Vide in *Groinum.*

☞ Sunt autem *Rehalto* et *Rehauto*, Spicæ non omnino trituratæ, minora stramina, paleæ leviores, quæ rastello aut ventilatione a frumento separantur, Gall. *Hauton* et *Aulton.* Charta Philippi Flandriæ Comitis ann. 1169. e Tabulario Compendiensi : *Rehaltonem non debet habere nisi nutrituram porcorum Ecclesiæ habuerit.* Literæ Curiæ Ambian. ann. 1244. ex eodem Tabulario : *Arnulphus major de Herces et uxor ejus recognoverunt se vendidisse Abbati et Conventui Compend. totum carionem, totum pastum, totum hautonem, totum Rehautonem, etc.* Literæ R. Belvacensis Episc. ann. 1247. ibid. : *Recognoverunt se permutasse ac concessisse Abbati et Conventui Compend. pastum, carionem, Rehautonem, stramen et omnes alios proventus, quos habere poterant in grangia dictorum Abbatis et Conventus.* Si quid discriminis est *hautonem* inter et *rehautonem*, ille, si bene opinor, in quibusvis purgamentis rastello vel ventilatione a frumento separatis situs fuit, hic autem in eo, quod ex hujuscemodi purgamentis utilius extrahi poterat ad animalium pabulum, puta porcorum, etc. Vide *Halto* et *Hauto.*

* Charta ann. 1269. ex Chartul. 21. Corb fol. 124 : *De toute le menu feure, tout le Rehauton du blé, etc.*

¶ **REHAUTO.** Vide mox in *Rehalto.*

* **REHEMPTIO**, Redemptionis pretium; unde *Rehemptionare*, Redimere. Lit. remiss. ann. 1358. in Reg. 87. Chartoph. reg. ch. 54 : *Habitatores dictæ villæ de Vauvilla, ne villa ipsa per dictos Anglicos dampnificaretur, cum eisdem Anglicis composuerant et se Rehemptionaverant erga ipsos;.... pro compositione prædicta et sua Rehemptione hujusmodi, etc.* Aliæ ann. 1363. in Reg. 94. ch. 39 : *Opportuit quod se erga ipsos* (Britones) *Rehemptionasset de majori summa, quam omnes suæ ascenderent facultates.* Vide supra *Reemptio.*

* **REHENCIONARE**, Pecuniam, resve quaslibet extorquere nomine redemptionis. Lit. remiss. ann. 1363. in Reg. 94. Chartoph. reg. ch. 33 : *Gentes ipsarum villæ et patriæ de bonis suis deprædaverant et aliquos Rehencionaverant.* Vide infra *Renso.*

¶ **REHIBITIO**, mendose pro *Redhibitio*, de qua superius, in Chronico Idatii, tom. 2. Concil. Hispan. pag. 173.

¶ **REHISCERE**, Contra vel vicissim hiscere. Glossæ Lat. Græc. : *Rehisco*, ἀντιπροσαγορεύω, ἀντιχαίρω, vel ἀντιχαίνω, ut habetur in MS. Sangerman. Glossæ Græc. Lat. : Ἀντιπροσαγορεύω, *Resaluto, Rehisco.*

¶ **REHOSPITARE**, Hospitia seu ædes restaurare, reficere. Vide *Exhospitare* in *Hospes.*

1. **REIA**, Modus agri proscissus, ex Gallico *Raye*, seu, ut Picardi efferunt, *Roie.* Tabularium Prioratus Lewensis in Anglia pag. 21 : *Omnis Lanceta, omnis Toftman, et omnis Molman, qui non sedet super Ogeland, debent spargere unam Reiam de fient*, id est, stercorare debet unam strigam, seu versum, Gallice : *Ils doivent espandre du fumier sur une Raie de terre.* [Chartularium Monasterii Aquicinctensis fol. 46 : *Debet etiam ei monachus semel in anno carrucam suam accommodare ad quamcumque Reiam voluerit.*] Vide *Rega.*

¶ 2. **REIA**, Linea, ordo, Gall. *Raie.* Bernardi Ordo Cluniac. part. 1. cap. 27 : *Dum in albis ultimus stat in Reia.* Et cap. 28 : *Omnes illi qui in Reia stant, quando privatis diebus revestiuntur ad Epistolam sive ad Evangelium, vel ad quodcumque altaris officium, non ideo mutant stationem Reiæ ad Tertiam.*

* **REJACERE**, idem quod simplex Jacere, Positum esse. Charta ann. 994. apud Murator. tom. 1. Antiq. Ital. med. ævi col. 432 : *Qui simul viginti quatuor regales mansi in prænominatis locis Rejacentes, sediminibus, campis, etc.* Infra : *Quæ omnia in comitatu Tervisiano Rejacere videntur.* Alia ann. 1158. apud Cenc. inter Cens. eccl.

Rom. : *De omni jure seu actione, quam habeo in domo, quæ Rejacet in castro, quod vocatur Orcle.* [** Alia apud Maium in Glossar. novo Latin.]

¶ **REIBUS**, in MS. Gwelferbyt. Eccardo teste, pro *Reipus* : quod vide.

¶ **REICERE**, pro *Rejicere* sæpius scribitur in veteribus instrumentis vitiosa temporum scriptione, vel pronuntiatione.

REICOLA, Reicula. Vide *Recula*.

* **REICULUS**, Parvum rete. Glossar. Lat. Gall. ann. 1353. ex Cod. reg. 4120 : *Reiculus*, *Réeteil.* Vide *Retiaculum* et *Retiolum*.

¶ **REICUS**, Idem quod supra *Regus*, Rivus, rivulus. Reparationes factæ in Senescallia Carcassonæ ann. 1435. e MS. D. Lancelot : *In curando Reicum ad finem, ut aqua plenius currat ad dictum molendinum... in curando dictum Reicum*, etc. Ibidem infra : *Pro preparando et reſficiendo le souffre et Reicum ejusdem molendini, et reparando circulum dicte mole, qui in pluribus fregebatur, etc.*

* **REJECTUS** Maris, Accretio ex *rejectu* maris formata. Charta Guid. comit. Fland. ann. 1285. ex Chartul. Namurc. in Cam. Comput. Insul. fol. 2. r° : *Nos Guido comes Flandriæ,.... dilecto filio nostro Johanni de Namurco dedimus et concessimus terras seu Rejectus maris, quocumque alio nomine vulgari appellentur, quas habemus jacentes infra quatuor officia, extra terras ageratas seu salisatas die hodierna, unum Rejectum maris, qui dicitur vulgariter scor vel utdich, qui jacet inter Adendich de Strepe ex una parte in officio de Axele, et pro alia parte in officio de Hulst.* Alia ejusd. comit. eod. ann. ibid. fol. v° : *Avons donné à Ysabel nostre chiere compaigne.... tous les Gées de mer, utdis, comment ke on les puist ne doive apeler, dikiés et nient dikiés, ke nous avons aujourd'huy ens ès quatre mestiers, et ki eskeir i porront dore-en-avant par alluvion de Géet de mer, ou par autre maniere.*

* *Regiet* vero, pro *Saillie*, *avance*, Projectura, in Charta Egid. abb. S. Mart. Tornac. ann. 1321. ex Reg. 61. Chartoph. reg. ch. 209 : *Toutes autres édifices contenuz ou pourpris de ladite court et Regiet devant la porte.*

* **REIGUS**, Rivus, rivulus. Charta ann. 974. tom. 9. Collect. Histor. Franc. pag. 243 : *Descendit usque in viam de jamdicta cruce per ipsam vallem usque in Reigo de Budiga.* Hinc fortasse vel a Lat. *Rigare*, Gallicum *Réer*, instar rivuli fluere; unde *Réer sanc*, sanguinem fundere, in Lit. remiss. ann. 1385. ex Reg. 127. Chartoph. reg. ch. 152 : *Lequel Dautreppe en jurant par le sanc que Dieu Réa.* Vide *Reicus* et *Rigare* in *Riga* 4.

¶ **REILARE**, Piscis, Gall. *Raye.* Vide *Rœa*.

* **REIMARDUM**, Census annuus, præstatio; f. pro *Rewardum*. Vide supra *Regardum* 4. Charta Will. *Foliot* milit. pro monast. Montisburg. in Reg. 173. Chartoph. reg. ch. 548 : *Dedi.... decimam.... de duobus molendinis,.... exceptis Reimardis, quæ consuevi percipere in iisdem molendinis.*

* **REIMBUSSOLARE**, In *bussolam* seu pyxidem reponere. Stat. antiq. Cumanæ cap. 24. ex reg. 4622. fol. 32. r° : *Si renovata bussola, extrahi forte contigit de bussola aliquem vel aliquos, qui fuerint in eodem proximo præcedenti officio, quod tunc tales Reimbussolentur, et alii extrahantur de bussola.*

* **REIMPARARE**, Iterum *amparare*, seu invadere, occupare. Chartul. S. Joan. Angeriac. fol. 38. v° : *Cum promisissent sua fide, quod nunquam ultra Reimpararent hæc, quæ deimparaverant; exceptis quæ sibi annuebat sæpe fatus abbas.* Vide *Reinvadere.*

* **REIMPLAGIUM**, Expletio, completio, Gall. *Remplage*. Arest. ann. 1414. 12. Maii in vol. 11. arestor. parlam. Paris. : *Quotiens in uno batello xix. peciæ erunt,..., de communi Reimplagio sive adoliagio repletæ existentes, etc.* Vide supra *Implagium* 2.

* **REINCENDERE**, Rursum incendere. Hist. episc. Autiss. tom. 10. Collect. Histor. Franc. pag. 172 : *Rursus civitas Reincensa est; sed novum opus ecclesiæ mansit incolume.*

¶ **REINCIDENTIA**, Iteratus lapsus, prolapsio, Gall. *Rechûte*, *Recidive*. Chronicon B. Mariæ Bonæ-spei pag. 336 : *Item officiati et alii excommunicati omnes cum Reincidentia absolventur, et interdictum latum suspendetur... ut si infra dictum tempus non esset negotium hujusmodi concordatum... ipso facto Reincidant in excommunicationes vel alias sententias.* Rursum occurrit in Synodo Compostell. ann. 1565. tom. 4. Concil. Hispan. pag. 110. col. 1.

¶ 1. **REINCIDERE**, Recidere, relabi, Gall. *Retomber*. Litteræ ann. 1219. apud Rymer. tom. 1. pag. 230. col. 2 : *Ne me permittatis redire ad leonis-fauces, nec Reincidere inter malleum et incudem.* Vide *Reincidentia*.

¶ 2. **REINCIDERE**, Denuo incidere. Chronicon Siciliæ apud Marten. tom. 3. Anecd. col. 82 : *Anno.. MCCCXVII.... præscripti hostes cum galeis novem venerunt Panormum, inciserunt* (inciderunt) *tonnarias thermarum Panormitanensium... Tonnaria S. Georgii extitit reparata et receptata, quæ postmodum per ipsos eosdem hostes... extitit Reincisa.*

* Alias *Rencheoir*. Mirac. S. Ludov. edit. reg. pag. 469 : *Les phisiciens li conseillierent que il ne mangast pas du poucin, pour poour du Rencheoir.*

¶ **REINCIPERE**, Iterum incipere, Gallis *Recommencer*, apud Thomam Walsinghamum in Richardo II. et alibi. Breviarium Hist. Pisanæ apud Murator. tom. 6. col. 168 : *Anno 1105. Reincœpta est lis inter Pisanos et Lucenses.* Occurrit alibi.

¶ **REINCISUS**, Iterum incisus. Vide *Reincidere* 2.

¶ **REINCORPORATIVÆ** Literæ, Quibus amissa bona recuperantur. Vide *Recaptivare*.

* **REINCRESCERE**, Recrescere, repullulare. Capitul. Caroli C. ann. 873. tom. 7. Collect. Histor. Franc. pag. 684 : *Quia necesse est, ut quod male Reincrescit, iterum recidatur, etc.*

** **REINDUI**, Iterum indui, Appon. Comment. in Cant. Cant. Spicil. Rom. tom. 5. pag. 37 : *Caritatis tunica Reindui.*

¶ **REINFEODARE**, in Consuetudine Augustæ Ausciorum MS. ann. 1301. art. 62. dicitur is, qui rem aliquam sub censu annuo possessam alteri tradit ea conditione, ut eumdem censum solvat priori domino, cui census ille debebatur : *Item consuetudo est ibidem, quod, si aliquis teneat rem aliquam sub certo sensu annuo præstando, et ille Refeodavit alteri, quod potest secundum usum et morem loci prædicti, ita tamen quod ille, cui fuit Refeodatum, pro parte illi Reinfeodata priorem dominum recognoscere teneatur, et sensum præstare; si tertia pars, tertiam partem sensus illius, qui pro tota re præstabatur, si media pars, mediam partem sensus, et sic de aliis secundum magis et minis.* Vide *Feodum*.

* **REINFIRMARI**, Morbo rursum affici. Vita B. Laur. eremit. tom. 3. Aug. pag. 308. col. 1 : *Paralyticus observans præceptum F. Laurentii sanatur, negligens Reinfirmatus, resanatur.*

¶ **REINGRATIARI**, Gratias agere, rependere. Translatio S. Thomæ Aquinatis, tom. 1. Martii pag. 732 : *Reingratiando domino reverendissimo Cardinali.* Italis *Ringraziare*.

¶ **REINHABITARE**, Iterum habitare. Elogium Jarensonis Abb. S. Benigni Divion. e Necrologio ejusd. Monasterii : *Per ejus siquidem ac monachorum illius industriam Reinhabitari et reedificari ceperunt villæ istæ, etc.*

* **REINQUANTARE**, Iterum auctionari. Transact. ann. 1501. ex sched. Pr. *de Mazaugues* : *Bona.... ipsorum præsentia et futura* (possint) *inquantari et Reinquantari.*

¶ **REINQUIETARE**, Idem quod simplex *Inquietare*, Perturbare, inquiete agere. Diploma Rainaldi Archiep. Arelat. pro dotatione Ecclesiæ S. Johannis Bapt. ann. 1033. apud Marten. tom. 1. Ampliss. Collect. col. 401 : *Quisquis sit qui contra hoc, ut diximus, Reinquietare aut irrumpere vel violare voluerit, non valeat vindicare quod repetit, sed iram et maledictionem Dei incurrat.*

¶ **REINTEGRARE**, Redintegrare, instaurare, reparare, in pristinum statum restituere. Academici Cruscani : *Reintegrare e Rintegrare, Rinnovare, ritornar la cosa ne' primi termini, rimetterla nel primo essere.* Conventio ann. 1125. in Probat. novæ Hist. Occitan. tom. 2. col. 438 : *Pro stipata vinea tantumdem consimilis vineæ, donec illa in priorem Reintegretur valorem.* Occurrit in Concilio Trevir. ann. 1310. apud Marten. tom. 4. Anecd. col. 235. in Literis ann. 1358. apud D. *Secousse* tom. 3. Ordinat. Reg. pag. 265. et alibi.

¶ Reintegratio, In integrum restitutio, instauratio, in iisdem Literis ann. 1358. laudata pag. Hanc in integrum restitutionem, qua quis vi dejectus a possessione sua, in eam remittitur, *Reintegrande* vocant Practici nostri. Glossarium Juris Gallici in hac voce : *Celui qui a été spolié de sa possession se peut pourvoir par Reintegrande ou action dedans l'an et jour de la spoliation, afin d'être remis et Reintegré en sa possession.*

* **REINTEGRARE** Feudum. Vide supra in *Feudum*.

¶ **REINTHRONIZARE**, Episcopum aliumve in thronum rursus inducere, in dignitatis possessionem iterum mittere. Epistola Agapiti PP. ann. 946. apud Marcum Hansizium tom. 1. Germaniæ sacræ pag. 197 : *Quapropter Reinthronizamus te eidem ecclesiæ* Laureacensi. Vide *Inthronizare.*

¶ **REINTRARE**, Gallis *Rentrer*, Iterum intrare, introire, in possessionem redire, apud Johannem Thwroczium in Hist. Hungar. ad ann. 1438. cap. 25. Rymer. tom. 2. pag. 195. et 197. Elmhamum in Vita Henrici V. Regis Angl. cap. 64. Thomam *Madox* Formul. Anglic. pag. 127. Murator. tom. 9. col. 906. etc.

¶ Reintratio, Iteratus ingressus, introitus, apud eumd. Rymer. tom. 5. pag. 262. et 737.

¶ **REINTRUDERE**, Iterum intrudere. Constitutio Sixti IV. PP. ann. 1479. in Bullario Carmel. pag. 360. col. 1 : *In pristinas censuras et pœnas prædictas, a quibus ad cautelam absolutæ fuissent, eadem authoritate Reintruderent, etc.* Recurrit ibidem col. 2. ut et vox *Reintrusio*, eadem significatione.

¶ **REINVADERE**, Iterum invadere, occupare. Bulla Johannis XV. PP. ann. 988 : *Ipsam vero abbatiam* (S. Eligii Noviom.)... *iterumque a Rodulfo venerabili Episcopo in anteriorem regulam reductam; at eo mortuo a Canonicis male Reinvasam.*

* **REINVENIRE**, Reperire, Recuperare, Gall. *Retrouver.* Annal. Bertin. ad ann. 865 : *In quo itinere custodum negligentia tres coronas optimas et armillas nobilissimas, et quæque alia pretiosa perdidit : et post non paucos dies omnia Reinvenit.*

¶ **REINVESTIRE**, Investire denuo seu in possessionem iterum mittere. Chronicon Farfense apud Murator. tom. 2. part. 2. col. 555 : *Deinde per judicium ipsorum judicum Reinvestivit me de ipso castello, ac fecit breve testatum ac reversus est Romam.* Additam. ad Chronicon Casaur. ibid. col. 973 : *Judices judicaverunt, quod Reinvestiretur suprascriptus præpositus... de omnibus rebus de Valva, et aliis rebus, quæ in ipsa Reinvestitione continebantur, per quam ante Reinvestitum fuit suprascriptum monasterium.* Litteræ Alvisi Atrebat. Episc. ad Lucium II. PP. apud Baluzium tom. 5. Miscell. pag. 422 : *Uxore etiam sua, quam sibi ablatam esse dicebat, antequam causam separationis ingrederetur, Reinvestiri petiit.* Rursum occurrit in Literis Eugenii III. PP. ibid. pag. 424. Vide *Investire* et *Vestire.*

¶ Reinvestitio, In possessionem iterata missio, in iisdem Literis Eugenii III. pag. laudata : *Absque ulla Reinvestitione causam ipsam hinc inde diligenter audias, et remota appellatione definias.* Rursum occurrit apud Johannem VIII. PP. Epist. 293.

¶ Reinvestitura, Idem quod simplex *Investitura*, Missio in possessionem. Bulla Leonis IX. PP. pro Canonicis Eccles. Tull. apud P. *Benoit* Histor. Tull. pag. cxxii : *Si enim vestros homines, cujuscumque sexus fuerint, de villis vestris contigit exire, nulli personæ, nullo banno sit licitum illos retinere ut suos, nec de illorum posteritate, ubicumque fuerint, fiat, sicut vulgo dicitur belle, Reinvestitura; sed quocumque ierint, liceat eos vobis veluti prius possidere.* Vide in *Investitura.*

REIPUS, Reiphus, Reippus, *Pretium emptionis viduæ matrimonii causa*, in Gloss. ad tit. Legis Salicæ 46. qui inscribitur de *Reippus*, et in quo agitur de matrimonio viduæ. Wendelinus *iteratum matrimonium* vertit, aitque *iphus*, idipsum esse quod *Efa*, matrimonium, de qua voce egimus suo loco.

☞ *Reipus*, ut recte animadvertit Schilterus, non est ipsum emtionis pretium, sed mulcta pretii non soluti, præter legem nuptiis celebratis. Alia fuit summa pretii emtionis, alia *Reipi.* In primo matrimonio pretium emtionis erat solidus et denarius; in secundo, tres solidi cum denario : pœna vero *Reipus* dicta erat 62. solidorum cum semisse. Lex Salica tit. laudato § 2. *Si vero ista*, quæ pro matrimonio cum vidua contrahendo § 1. statuuntur, *non fecerit, illi, cui Reipus debetur, bis mille quingentis denariis, qui faciunt solidos* LXXII. *cum dimidio, culpabilis judicetur.* Sed unde nata vox? Facile patescit, inquit idem Schilterus. In MS. Regio in inscriptione et indice rubricarum expresse dicitur *Reipusse*, scilicet a *Reip* sive *Raub* et *Busse*, Mulcta ob raptum, vel quasi ob raptum. Wendelino succinit Eccardus, non recte. [** Vide Grimm. Antiq. Jur. Germ. pag. 425.]

* **REIROOF**, Reroof, voces Belgicæ, Ius cognoscendi ac judicandi de raptu; Belgis enim *Roof*, Raptus. Charta Ludov. comit. Fland. ann. 1324. ex Chartul. 2. Fland. in Cam. Comput. Insul. ch. 422 : *Et volons et ottroyons qu'ele* (Isabelle de Lierde) *tiegne lesdictes trois cent livrées de terre sour les lius dessusdis, en foy et en hommage de nous, avoec le seingneurie et justice de laditte ville et des lieux plus près, excepté les hautes justices, c'est assavoir les quatre poins de murdre, arsin, efforcement de femmes et Reroof, le ressort et la souveraineté que nous en retenons.* Alia ejusd. comit. ann. 1326. ibid. ch. 423 : *Les hautes justices, c'est assavoir de murdre, de arsin, de efforcement de femmes et Reiroof, etc.*[** Spoliatio cadaveris. Vide Warnkœnig. Histor. Flandr. tom. 3. pag. 227.]

1. **REISA**, Reysa, et Resa, Iter, ex Teutonico, *Reyse*, Iter, unde *Reysen*, Iter facere : vel ex Saxonico, ræse, Cursus, impetus, præcipitium. [** Vide Graff. Thesaur. Ling. Franc. tom. 2. col. 524.] Miracula S. Catharinæ Suecicæ : *Equum ascendit,... et Resam suam sine omni difficultate perfecit.*

Maxime vero hæc vox usurpatur pro expeditione, atque adeo excursione militari. [** Vide Haltaus. Glossar. German. col. 1543.] Constitutio Friderici I. Imper. ann. 1187. apud Conradum Uspergensem : *Si in Reisa alicujus Domini, cum ipso Domino cujus est Reisa, aliquis fuerit, qui, ut sæpius contingit, incendium fecerit, Dominus ipse cujus est Reisa, jurabit super Reliquias quod non fecerit conscientia vel mandato, vel voluntate sua.* Joan. a Leidis lib. 22. cap. 2 : *Otto Episcopus Trajectensis de Reisa et profectione Hierosolymitana reversus, etc.* Historia Archiepiscop. Bremensium ann. 1350 : *Deinde in crastina Gervasii et Protasii Bremenses Reisam facientes in Comitia, Gerardus Comes insecutus fuerat eos, etc.* Charta Henrici Magnopolensis et Stargardiæ Domini ann. 1323. apud Isaacum Pontanum lib. 7. Rer. Danicar. : *Servitia etiam ad quæ ipsis Dominis nostris Regibus, et eorum successoribus in Alemannia, ut præmissum est, sumus obligati, etiam infra sex septimanas ab intimatione nobis et hæredibus nostris facta, prompta esse debeant et parata : ipsi vero Reges, et eorum in regno Daciæ successores, nobis et hæredibus nostris parvos equos, quos nos vel homines nostri in servitio ipsorum, et quacunque parte maris amiserimus in eadem Reisa, persolvent.* [Privilegium Mathiæ Regis Bohemiæ pro Monasterio Dorbilucensi, apud Ludewig. tom. 1. Reliq. MSS. pag. 509 : *Ab omnibus stewris, exactionibus, collectis, precariis, bernis, angariis, perangariis, Resis, expeditionibus, et negotiis popularibus, aliisque gravaminibus eximere dignaremur.*] Vide Albericum in Chronic. ann. 1234. [** ubi exhibetur Henr. reg. Constit. Francof. ann. 1234 : *Imprimis omnibus imperii fidelibus ne in Reysa publica procedant, omnibus modis inhibemus.* Infra : *Reysam, quæ Keymszuche dicitur, si quis commiserit, proscribatur.* Vide Pertz. Leg. tom. 2. pag. 301. et pag. 429. Constit. Rudolf. I. Imper. ann. 1281. art. 36.] Utuntur etiam nostri Scriptores. Olivarius *de la Marche* : *Tost aprés ceux de la verte tente et autres Gandois firent une Rese sur les marches de Hainaut.* Willelmus *de Lannoy* Dom. *de Villerval* in sua peregrinatione MS : *Je renonçai à l'ordene, par ce qu'il estoit lors anemi des Seigneurs de Prusse, où je aloie en leur armée, que on appelloit pour lors Reze.* Alibi : *Les Seigneurs de Prusse firent Reze sur le Roy de Poullane.* Joan. *de la Hogue*, in Histor. MS. Principum *de Deols*, in Biturigibus : *Ils avoient tenu leurs Raises moult honorablement.* Rursum : *Et s'en allerent sur le pays de Lasto ou ils firent Rese par huit jours, et deservirent bien deux mille de celle gent.* Ex his emendandum Chronicon Senoniense cap. 16 : *Unde contigit Abbatem istius Monasterii claustri Mediani-Monasterii constangiis dictorum armatorum ita attritum, ut ab Imperatore ammonitus armatos in Resam Principis mittere nequiret.* Perperam enim editum *Rhedam.*

☞ Non ausim indubitanter asserere, retineri non posse *rhedam* hac notione, ut re ipsa retinet Mabillonius in Actis SS. Benedictin. sæc. 3. part. 2. pag. 480. Ab Armorico *Ret*, Cursus, et *Reda*, Currere, *Rheda* dici potuit, ut videtur, pro expeditione militari.

Raisa, Eadem notione. Charta Conradi Ratisbonensis Episcopi ann. 1205. in Metropoli Salisburgensi tom. 1. pag. 232 : *Qui in alium sine querimonia violenter per Raisam insultum fecerit, damnum illatum integre restituat.* Adde pag 237.

Raisogueldum, Idem quod *Herebannum*, Mulcta irrogari solita ei qui in *raisam* seu *reisam*, id est exercitum, non pergit. Ita Aventinus.

¶ 2. **REISA**, Oryza, Gall. *Ris*, si recte puto. Charta ann. 1342. apud Steyererum in Commentariis pro Historia Alberti II. Ducis Austriæ col. 64 : *Sal, ferrum, caseos, oleum, ficus, Reisam, amygdala, uvam passam, species, pisces, ceram, vinum, bladum... debent ubique per terras nostras et aquas, civitates et villas libere deducere.*

¶ **REISSIUS**, Species casei. Vide *Rassius.*

* **REITAS**, an Proprietas? Stat. Vercell. lib. 2. pag. 36. v° : *Item quod omnes terræ et possessiones, quæ tenentur ab hominibus jurisdictionis Vercellarum...... ad fictum, in feudum, ad livellum, in Reitatem, in pignore, vel alio modo, teneantur eas tenentes de illis facere rationem sub potestate et consulibus Vercellarum.*

* **REITERARE** Testes, Iterum illos interrogare, Gall. *Recoler.* Lit. remiss. ann. 1373. in Reg. 104. Chartoph. reg. ch. 333 : *Dicti testes fuerunt Reiterati et per baillivum Vivariensem seu ejus locumtenentem examinati;.... qui magis vel minus dicuntur deposuisse, quam deposuerant coram supplicante.* Vide infra *Repetere* 2.

¶ **REITERATO**, Iterum, denuo, l. 2. Annal. Genuens. apud Murator. t. 6. col. 338.

¶ **REIVA**, Piscis, Gall. *Raye.* Vide *Raa.*

¶ **REJUDAISATIO.** Hujus ritus sic describitur in Regesto Sentent. Inquis. Tolosanæ edito per Phil. Limborch. pag. 230 : *Postmodum vero reversus est ad Judaysmum, fuitque Rejudaysatus secundum morem et ritum Rejudaysationis a Judeis in talibus fieri consuetum, apud Ylerdam abraso capite et abscissis capitibus unguium manuum et pedum usque ad sanguinem, et facta immersione capitis in aqua currenti.*

¶ **REJURARE**, Denuo jurare. Charta ann. 1146. apud D. Cal. tom. 2. Hist. Lothar. col. CCCXXVI : *Comes per omnia satisfaciens Archiepiscopo Rejuravit ei fidelitatem, et werpivit in præsentia omnium, qui affuerunt, abbatiam, et omnem de ea calumniam.*

¶ **REJUVENESCERE**, *Rajouvenir*, in Glossis Lat. Gall. Sangerman. ex Johanne de Janua. Hoc verbum improbat Vossius lib. 4. de Vitiis sermonis cap. 21. [** Schol. in Mart. Capell. apud Maium in Glossar. novo, lib. 1 : *Phœbus sive sol, puer inberbis depingitur, quia quotidie Rejuvenescit.* Infra: *Tempus singulis annis senescit hieme, Rejuvenescit vere.*]

* **REKAWICE**, Chirothecæ militares. Lit. Casimiri III. ann. 1475. inter Leg. Polon. tom. 1. pag. 228 : *Quilibet peditum habeat balistam vel bombardam ac gladium, item galeam, chirotecas, alias Rekawice, etc.*

REKETZ, Claustrum piscinarium, in Legibus Hungaricis. Albertus Molnarus.

* *Reke*, eadem notione, ut videtur, in Charta ann. 1289. ex Chartul. Namurc. in Cam. Comput. Insul. fol. 15. r° : *Toutes les droitures,.... soit en teres, soit en preis, soit en rentes, soit en cens, soit en bos, soit en eauwes, en Rekes, etc.*

¶ **REKII**, Qui pugnabant adversus *Risios*, de quibus infra in *Risius.*

¶ **REKPENIS.** Constitut. Roberti Dunelm. Episc. ann. 1276. cap. 3. apud Thomam *Blount* in Nomolexico : *Porro huic sanctioni adjicimus, quod si plures liberi proprium habentes, in parentum pariter familia vivant, ad denarios, qui nuncupantur Rekpenis, minime arceantur, cum sic* (f. *sicut*) *communiter intrinsecis aluntur a parentibus, sic in extrinsecis ab eisdem lætentur pariter se defendi.* An idem quod *Denarius S. Petri*, de quo supra. Sed vereor ne mendum sit in hoc vocabulo. Vox quidem *Peny* denarium solidumve significat apud Anglos; sed qui sonet præposita vox *Rek*, prorsus ignoro, nisi forte sit Latinum *Rex :* quo posito *Rek-peny* idem esset quod Denarius Regis, seu Regi solvendus.

* Forte a *Recht*, jus, et *Peny*, denarius; ita ut significetur Præstatio, quæ ex jure debetur. Vide *Retepeny.*

* **RELA**, Vomer. Leudæ minor. Carcass. MSS. : *Item de duodena Relarum, ij. denarios.* Vide infra *Relha.*

* **RELAGIUM**, Relatio. Titul. cod. Bibl. Medic. in quo vita B. Rolandi de Medic. tom. 5. Sept. pag. 118. col. 2 : *Relagium miraculorum B. Rolandi, quæ scripta fuerunt ac recepta sub fideli testimonio diversarum personarum.*

RELAMPTARE, Relucere, ex Græc. λάμπειν. Visio Taionis Episcopi Cæsaraugustani apud Garsiam Loysam : *Ita ab inenarrabili lumine tota Ecclesia extitit perlustrata, ut nec modicum quidem lucerent Ecclesiæ candelabra, simulque cum ipso lumine una cum vocibus psallentium, et lampadibus Relamptantium introire sanctorum agmina, etc.* Isidorus Pacensis in Chron. æra 680. de eadem visione : *Simulque cum ipso lumine, una cum voce psallentium et lampades Relampantium introire sanctorum agmina, etc.*

* **RELANGA**, Relangia, Relenga, Relengla, Flandris vulgo *Réelenghe*, voces unius ejusdemque originis et notionis, Dominium, *regalia;* item et Curia suprema, in qua quidquid ad fiscum pertinet, tractatur, vulgo *Renenghe;* quæ ultima vox a *Ratiocinium*, ratio, computus, deducenda est : unde hujus curiæ judices *Reneurs* nuncupabantur : cujus institutio ad ann. 1089. referenda ex Charta inter Diplom. Belg. tom. 3. fol. 566. Sed et tempus, quo ejusmodi rationes habebantur, *Renenghe* appellabatur. Charta Phil. Pulch. ann. 1300. in Lib. rub. Cam. Comput. Paris. fol. 195. r°. col. 1 : *Cum Meelinus miles constabularius Flandrensis assereret se habere jure suo hæreditario.... duo paria robarum de lana Flandrensi, etc. Loco dictarum robarum assidemus lx. libras Turon. parvorum annui et perpetui redditus, capiendas et recipiendas super Relangiis Flandren. Insulen...... dictas Relengas et redditus earum ad dictam summam lx. libr. specialiter obligando.* Alia ejusd. ann. ibid. fol. 191. v°. col. 2 : *Nos autem dictas ducentas libras Turon. annui et perpetui redditus dicto Johanni dom. de Dompnapetra.... assignavimus ei capiendas ab ipso suisque hæredibus ac percipiendas de nostro super nostra Relengla Flandrensi perpetuo singulis annis.... Si vero dicta Relengla sit vel fuerit adeo honerata vel aliis assignata, quod.... non possent super ipsa Relengla vel ex ipsa percipere 200. libras prædictas annui redditus integraliter,.... concedimus quod dictus Johannes ejusque hæredes seu successores habeant et percipiant ex tunc in aliis nostris redditibus vel locis competentibus in comitatu Flandrensi, dictas 200. libras monetæ supradictæ, vel illud quod restaret de 200. libris supradictis, quod non percepisset super Relengla seu de Relengla nostra Flandrensi sæpe dicta, terminis superius nominatis.* Alia ann. 1303. ibid. fol. 314. v°. col. 2 : *Sis cenz livres de Parisis.... a prendre...... sur les Réelenghes de Flandres.* Denique alia ejusd. reg. ann. 1312. in Reg. 48. Chartoph. reg. ch. 223 : *Concessimus sexcentas libras parvorum Turonensium annui et perpetui redditus capiendas.... ad Relangas Flandriæ.*

* Renengha, vulgo *Renenghe*, Eadem notione. Charta Phil. Pulch. ann. 1290. in Lib. rub. Cam. Comput. Paris. fol. 196. v°. col. 2 : *Donnons et ottroions heritablement et perpétuelment à icelui monsieur Jehan de Haveskerke.:... sis cenz livres Parisis de rente par an, à prendre et à recevoir chascun an perpétuelment à touzjours, à Berghes sur le Renenghe de celui lieu, ou sus le Réenenghe du receveur de Flandres.* Alia ejusd. reg. ann. 1301. ibid. fol. 196. bis v°. col. 1 : *Cum sexcentas libras Paris. annui et perpetui redditus dedisset et assignasset ad Renenghas Berghenses vel ad Renenghas receptoris nostri Flandrensis, etc. Actum Insulis in Renanghis mense Septembri, anno Domini* 1301. Charta Ludov. comit. ann. 1331. in Chartul. 2. Fland. ch. 573. ex Cam. Comput. Insul. : *Nous avons mandé.... à tous nos reneurs...... qu'il planaissent et ostassent de nos gros briefs de Renenghe...... 54. livres...... Item nos gens de compte, qui tenoient nostredite Renenghe, ont osté et plané de nostre Renenghele ès rentes, hors Renenghe, xxxiij. livres Paris. de rente, etc.*

¶ **RELARGAGIUM**, Relarguerium, Provincialibus, *Relarguié.* Quod domino solvi debet pro jure pecorum in pascua et silvas inducendorum. Charta ann. 1463. ex Schedis Pr. *de Mazaugues : Pascua sive pastorgagia ac glandagia et Relargueria quæcumque,.... vendantur.* In alia ejusd. rei Charta ann. 1501. pro *Relargueria* legitur *Relargagia.*

¶ **RELASMA.** Vox mihi ignota. Vide *Ardus.*

* **RELASSARE**, vox Italica, Dimittere, remittere. Stat. crimin. nova Cumanæ cap. 7. ex Cod. reg. 4622. fol. 63. r° : *Si quis occupaverit de pecunia pecuniarum vel aliarum rerum mobilium communis Cumarum, sit pœna quadrupli similiter,.... nisi eas Relassaverit et libere restituerit communi Cumarum.* A Latino Relaxatio, *Relaxance*, practicis nostris vulgatius *Relaxation.* Lit. remiss. ann. 1481. in Reg. 208. Chartoph. reg. ch. 194 : *Après ce que le suppliant eut appointé, et qu'il eut Relaxance de son arrest pour s'en aller en sa maison, etc.* Vide infra *Reliquare* 2.

¶ **RELASSUS**, Spatium in scripto vacuum, ubi scriptura intermissa est, ab Italico *Rilasso*, Intermissio, Gall. *Relâche.* Statuta Vercell. lib. 7. fol. 220 : *Et si dictis notarius, cui dicta breviaria, note seu prothocolla, vel scripture fuerint commisse, occasione alicujus... abbreviature vel Relassi seu spacii vacui, etc.*

* Nostri *Relais* vocant quodvis intervallum seu quamlibet intermissionem; hinc de agro angulato dicunt illum habere *des Relais. Un coude ou Relais*, in Chartul. Latiniacensi.

¶ 1. **RELATARE**, verbum Italicum, Referre, nostris etiam olim *Relater*, ut in Consuetud. Burbon. art. 159. Acta B. Guillelmi Erem. Xiclensis, tom. 1. Aprilis pag. 391 : *Ipse Relatans propter ea quæ suis* *oculis vidit.* Acta S. Bernardi de Monte-Jovis, tom. 2. Junii pag. 1075 : *S. Nicolai Relatantis, quod archidiaconus factus devicerat dæmonia.* Constitutiones Synodi Bajoc. ann. 1515. ad calcem libri Johan. Abrinc. de Offic. Eccl. pag. 5. edit. 1679 : *Injungimus omnibus et singulis decanis nostris ruralibus, ut... mandata nostra absque mora exequantur et exequi procurent, atque officiariis nostris reportent executata et Relatata.*

* 2. **RELATARE**, Regulis ligneis, Gall. *Lates*, instruere, nostris *Relater*. Comput. MS. fabr. S. Petri Insul. ann. 1469 : *Item pro novem bongiis latarum ad Relatandum dictum parietem, pro bongia iij sol.*

¶ 1. **RELATIO**, Intuitus, respectus, Paulo JCto leg. 11. Dig. de justit. et jure (1, 1.) : *Prætor quoque jus reddere dicitur etiam, cum inique decernit; Relatione scilicet facta, non ad id, quod ita Prætor fecit, sed ad illud, quod Prætorem facere convenit.* In aliis vero libris juris civilis *Relatio* dicitur Consultatio a judicibus ad Principem missa in rebus dubiis, ut videri potest lib. 7. Cod. tit. 61. et lib. 11. Cod. Theod. tit. 30. (29.) de appellat. et consult. S. Augustinus Ep. 137 : *Quæ vel in negotiis sæcularibus judices faciunt, quando causæ dubitatio ad majorem potestatem refertur, ut pendente Relatione aliquid inde audeant commutare.* Optatus Milev. lib. 1. adv. Donatistas : *Relatio missa est, rescriptum venit.* Adde Symmachum lib. 1. Epist. 41. et 44. Hujuscemodi *judicum consultationes Principi insinuabant* Referendarii, hæcque insinuatio seu *expositio*, *Relatio* etiam appellabatur, ut habet Commentator Notitiæ imperii cap. 97. Hæc in jure civili. Sed in jure canonico *Relatio* accipitur pro Delatione, quæ fiebat chirographo deferentis obsignata, præsertim ubi de hæresi agebatur. Anastasius Biblioth. in Simplicio PP : *Sub hujus episcopatu venit Relatio de Græcia ab Acacio Constantinopolitano episcopo, et affirmavit Petrum Eutychianistam hæreticum, facta petitione ab Acacio episcopo chirographo ejus constructa.* Idem Anast. in Felice III : *Sub hujus episcopatu iterum venit Relatio de Græcia, Petrum Alexandrinum revocatum ab Acacio CPno.* Et infra : *Post annos tres iterum venit Relatio ab Imperatore Zenone, ut pœnitens rediret Acacius.* Idem in Gelasio : *Hujus temporibus iterum venit Relatio de Græcia, eo quod multa mala et homicidia fierent a Petro et Acacio.* Et in Anastasio : *Tunc Festus et Probinus Senatores miserunt Relationem Regi, et cœperunt agere, ut visitatorem daret Rex Sedis apostolicæ.* Rursum in Bonifacio II : *Eodem tempore venit Relatio ab episcopis de constitutione, ut cum consilio Sedis apostolicæ omnia Carthaginensis episcopus faceret.* [** Vide Glossar. med. Græcit. voce Ἀναφορά, ubi etiam de Relatione in Dypticha nominum Patriarcharum etc. agitur. De jure Relationis Sedis Apostolicæ videndus Marca de Concordia lib. 5. cap. 7.]

* Practicis nostris *Relation* dicitur, Apparitoris declaratio, relatio, seu ejusdem exemplar. Lit. remiss. ann. 1474. in Reg. 195. Chartoph. reg. ch. 1318 : *Lequel Colas en adreçant sa parolle à icellui Grégoire* (sergent) *dist qu'il lui baillast la Relation de l'exploict, qu'il avoit fait contre lui.* Vide infra *Rescriptio.*

* 2. **RELATIO**, Dilatio, mora. Lit. remiss. ann. 1361. in Reg. 89. Chartoph. reg. ch. 672 : *Qui Joannes dixit præfato Petro, quod si ipse vellet emere quinque jornalia,...... quod ipse daret sibi quodlibet jornale pro duobus scutis : qui quidem Petrus petiit utrum sibi daret super hoc suam scienciam vel Relationem usque ad crastinum.*

RELATIVE, Ex alterius relatione, in Vita S. Antonini Martyris semel ac iterum, *Ut Relative fertur, Ut Relative percontantur.*

¶ **RELATIVUM**, Relatio, comparatio. Concil. Tolet. XV. inter Hispan. tom. 2. pag. 722 : *Vir ille incuriosa lectionis transcursione præteriens, existimavit hæc ipsa nomina, id est Relativum, aut secundum comparationem humanæ mentis nos posuisse... nos autem non secundum hanc comparationem humanæ mentis, nec secundum Relativum, sed secundum essentiam diximus.*

¶ **RELATIVUS**, Relationem habens ad alterum, Gall. *Relatif. Honos Relativi est ad alterum generis*, apud Arnobium lib. 7. Utuntur S. Augustinus lib. 5. de Trinit. cap. 16. Martianus Capella lib. 4. et alii recentiores, tum Grammatici, tum Logici, sine numero.

* *Vice relativa*, id est, vice compensationis et permutationis. Charta Fulcon. abb. S. Germ. Prat. in parvo Reg. ejusd. monast. : *Nos autem in recompensationem et commutationem ejusdem vineæ, quandam portionem vineæ,.... vice Relativa, eis et ipsi ecclesiæ tradidimus.*

RELATORES, Qui *querelam ad judices referunt*, in Capitulis Caroli M. lib. 2. cap. 26 : *Et quando aliquis ad nos necessitatis causa reclamaverit, ad eos possimus Relatorum querelas ad definiendum remittere.*

RELATORIÆ, Apochæ, seu *Certificationes*, quæ naviculariis dabantur, de relatis ac perlatis speciebus, ab iis qui eas susceperant : *Certificat des ports et voitures. Relatoriæ traditarum specierum*, in leg. 8. Cod. Th. de Navicular. (13, 5.) quæ *Securitates* vocantur leg. 21. et 26. eodem titulo.

RELATORIUM, Relatio, narratio, in Concilio Bracarensi I. sub Pancratio primæ sedis Bracarensis Episcopo sub ann. 411 : *Proficiscatur unusquisque in locum suum, et confortet fideles, corporaque sanctorum honeste abscondat, et de locis et speluncis ubi posita fuerint, Relatorium vobis mittat, ne per cursum temporis in oblivionem veniant.*

1. **RELATUM**, Præceptum, *Ordonnance*. Paschasius Radbertus in Epitaphio Walæ Abbat. Corbeiens. lib. 1. cap. 26 : *Quibus patratis, suis illa rebus explosa, defensor ille a senioribus populi Relatum accepit, ne ulterius de his ulla rerum controversia fieret.*

¶ 2. **RELATUM**, Charta, scriptum, in quo continetur *Relatio*. In Appendice Marculfi formula 46. inscribitur, *Relatum quod dicitur Apennis*, moxque dicitur *Chartula relationis*. Vide *Apennis.*

¶ 1. **RELAXARE**, Dimittere, indulgere, Gall. *Relacher*. Capitul. lib. 5. cap. 369 : *Quidquid provincialibus per beneficium Principis tributorum fuerit Relaxatum, ab exactore non requiratur. Ricardus Relaxavit et quietum clamavit in perpetuum, eidem Roberto et hæredibus suis, redditum duorum solidorum*, apud Thomam *Madox* Formul. Anglic. pag. 159. Pluries occurrit in Codice Theodosiano. *Ut rei carceribus reclusi solemnioribus Christi Domini festis diebus Relaxari debeant*, lib. 6. Capitul. cap. 107. *Convenerunt de Relaxando omnes carceratos*, in Chronico Veron. Parisii de Cereta, ad ann. 1243. apud Murator. tom. 8. col. 633. Sed hæc vox Latinis nota non absimili prorsus notione.

¶ Relaxare, Eximere, liberare. Charta Guillelmi Episc. Autissiod. ann. 1212. apud Martenium tom. 1. Ampl. Collect. col. 1110 : *Dominus Rex personam nostram a servitio exercitus, quamdiu vixerimus, Relaxavit.*

¶ Relaxare, Alvum purgare. Chronicon Anonymi Salern. apud Murator. tom. 2. part. 2. col. 212 : *Quia, ut mihi relatum est, ad Relaxandum potionem potavit.*

¶ Relaxatio, Remissio. *Relaxatio præscriptionis peremptoriæ*, lib. 1. Cod. Theod. tit. 2. leg 3. Decretum Flavii Regis Toletani privatis sive fiscalibus populis, tom. 2. Concil. Hispan. pag. 704 : *Quascumque exactiones pro hoc negotio pietatis, cuilibet ex vobis, quibus et Relaxatio pietatis nostræ conceditur, quicumque exigere prasumpserit,... in quadruplum... restituat.* Occurrit apud Thoman *Madox* Formul. Anglic. pag. 12. 333. et alibi. *Relaxatio interdicti*, in Charta Manasses Aurel. et Guillelmi Autissiod. Episcoporum ann. 1112. apud Marten. tom. 1. Ampliss. Collect. col. 1111. Practicis nostris *Relaxation* dicitur de emissione e custodia : quod etiam *Relaxatio* a *Relaxare* simili significatu dici potest.

¶ Relaxator, Qui *relaxat*, emittit. *Relaxator fluentium*, Cælio Aurel. lib. 2. Acut. cap. 38.

* 2. **RELAXARE** Talium, Silvæ cæduæ interdictum tollere. Vide *Defensa* 3. Charta ann. 1341. in Reg. 72. Chartoph. reg. ch. 368 : *Ne animalia infra dicta talia valeant causa corrodendi intrare, vel aliter dampnificare seu devastare ; et quod ipsa talia deffendantur et Relaxentur, prout in forestis de Angulis vel de Narbonesio extitit fieri consuetum.* Vide infra in *Revenuta* 2.

¶ **RELAXUM**, Navium statio, ut arbitror, Gall. *Relache*. Computus ann. 1202. apud D. *Brussel* tom. 2. de Usu feudorum ad calcem pag. CCVII : *Pro Relaxo et pro nave Gornaci paranda, et pro vinea facienda, et pro quadriga, quæ adduxit harnesium apud Feritatem, etc.*

* **RELAXUS**, a Gallico *Relais*, Objectaculum ligneum, vulgo *Bonde, écluse.* Charta ann. 1219. inter Instr. tom. 10. Gall. Christ. col. 340 : *Sciendum vero quod pisces et anguillæ, quæ in unam nassam, quam habebunt in Relaxu molendini sui; cedent eis.* Lib. rub. fol. parvo domus publ. Abbavil. ad ann. 1287. fol. 35. r° : *Il est eswardé que cascuns mauniers doit traire son Relais le Samedi à Noune sonnant, et remettre le Diemenche à solais esconsant.* Charta ann. 1309. in Reg. 13. Chartoph. reg. ch. 118 : *Il fera faire les Relés desdiz moulins et touz les pons de Bray rapareillier.* Lit. Phil. VI. ann. 1343. in Reg. 74. ch. 427 : *L'abbé de Corbeye nous eust supplié... que nous li vousissions otroyer, que il peust faire certains ventailles et certains Relais en*

la riviere de Soume, pour l'aisement de la marchandise passant par ladite riviere. Les Rellais du mollin de Vy, in Chartul. Corb. sign. *Daniel* ad ann. 1428. fol. 79. v°. Vide mox *Releseyum.*

¶ **RELEGENTER**, Legendo, relegendo. Notitia ann. 850. Marcæ Hispan. col. 783 : *Et cum has litteras præfatus Episcopus Relegenter audisset, misit suum assertorem, quod in hac causa in suis juribus rationabiliter respondisset.*

¶ **RELEGERE** Libertatem, Eam repetere, recuperare, leg. 2. de liber. causa tit. 8. Codicis Theod. lib. 4. *Religier* eodem significatu dicitur in Statutis Lossensibus apud Mantelium Hist. Loss. part. 3. pag. 52 : *Touchant les biens censaux chargez de cens ou rentes, et que si tels cens ou rentes viennent à se vendre, le proprietaire du fond les pourra Religier* (Practicis nostris *Retraire*) *sans prejudicier au bon droit des amis.*

RELEGIUM, Religium. Charta Communiæ S. Richarii ann. 1126. in Regesto Philippi Aug. Herouvalliano fol. 135 : *Jura nostra, scilicet tallionem de exercitu regis, et pastum ejusdem, et mensuras, et Religia nobis auferre conati sunt.* Infra : *Et Religia et communiam sicut ante communiam tenebamus.* [Compositio ann. 1253. e Tabulario ejusdem S. Richarii : *Fundus vero territorii... cum censibus, Relegiis, vendis, oltregiis, furnis eorum, cum exitu et introitu... Conventui remanebit.* Idem est, quod *Relevium*, ut satis patet ex subsequentibus.]

¶ Religium in Dispositione Domini, Idem quod *Relevium ad misericordiam.* Charta Ursionis Abbatis S. Richarii ann. 1185. e Tabulario ejusd. Monasterii : *Hujus conventionis Lambertus et heredes sui, cum unusquisque successerit in hereditatem ecclesiæ S. Richarii homagium facient, et Religium solvent in dispositione Abbatis et monachorum secundum rationem.*

¶ Religium ad Nutum, Eadem notione. Charta ann. 1239. ex eodem Tabulario : *Pro Religio ad nutum, quod Abbati et Conventui debebant ob tenementa in castro S. Richarii sita.*

* **RELEMBACH**, *vocavit Stephanus mirtum; sed nec Græcum nec Arabicum est.* Glossar. medic. MS. Simon. Januens. ex Cod. reg. 6959.

* **RELENGA**, Relengla. Vide supra *Relanga.*

* **RELEPORIUS**, Unus e famulis, qui servitio archiepiscopi Mediolanensis addicti erant. Chron. Mediol. apud Murator. tom. 1. Antiq. Ital. med. ævi col. 637. ad ann. 1210 : *Piscatoribus, pecorariis, Releporiis, pictore, curvatore.* Silet ibi vir eruditus.

¶ 1. **RELERE**. Vox *relent* legitur in *Lama* 2. mendose omnino pro *vel et*, si recte edidit Leibnitius tom. 1. Scriptor. Brunsvic. pag. 987.

* 2. **RELERE**, *Iterum delere*, in vet. Glossar. ex Cod. reg. 7613.

* **RELESEYUM**, idem quod supra *Relaxus.* Charta B. abb. de Pratellis ann. 1224. in Reg. 31. Chartoph. reg. fol. 55. r°. col. 2 : *Quittamus eidem domino regi illud terræ nostræ, quod sumptum fuit pro beyo et Releseyo et exclusis molendinorum de Novo castro faciendis; et capiet usuagium in terra nostra, constituta juxta Releseyum et exclusas molendinorum Novi castri, ad reficiendum et reparandum.*

¶ **RELETUM**. Charta ann. 1190. e Chartulario S. Medardi Suession. : *Item de bannali venditione vini Prior et Advocatus æquam sortientur participationem, de qua Advocatus tertiam solummodo solebat habere partem. Sed Prior habebit venditionem si voluerit ad non Reletum sive ad Reletum, id est, Reech.* Hæc Charta revocatur in Declaratione ann. 1320. ubi pro *Reech* legitur *Rest;* quod jus sic exponitur ibidem : *Au Prieur de Donchery et au Voue competent et appartiennent certain droit Seigneurial nomé et apelé le Ban vin, qui est tel; c'est à scavoir que ledit Prieur de son octorité, seigneurye, peult et lui est loisible vendre ou faire vendre à détail en la ville de Donchery seize muids de vin, de quelque moyson que ce soit, par chacun an.* Vide *Bannum vini* in *Bannum* 1.

* **RELEVAGIUM**, Relevamen, idem quod *Relevium.* Vide infra in *Relevare feudum.*

¶ 1. **RELEVAMEN**, Levamen, solatium. Charta Regiensis ann. 1361. e Schedis Præsidis *de Mazaugues : Ad omnimodum Relevamen regiorum et reginalium fidelium et subditorum tranquillum statum, etc.* Decretum Nicolai Episc. Misnensis ann. 1379. pro Monasterio Dobirluc. : *In aliquale Relevamen dicto monasterio pure et propter Deum.... incorporamus, etc.* Constitutiones Synodi Bajoc. ann. 1515. ad calcem libri Johannis Abrinc. de Offic. Eccl. pag. 5. edit. 1679 : *Injungimus omnibus et singulis Decanis nostris ruralibus, ut cum omni diligentia ad Relevamen subditorum nostrorum, etc.* Adde Statuta ann. 1384. apud Lobinell. tom. 3. Hist. Paris. pag. 515. Vide alio significatu in *Relevare Feudum.*

* 2. **RELEVAMEN**, Dicitur de corpore alicujus sancti, quod e sepulcro elevatur. Inscript. 13. sæc. sepulcro S. Regnob. exarata in eccl. S. Eugen. Varziac. ex schedis D. *Le Beuf :*

Hic Regnobertus sanctus fuit intumulatus,
Bajocensis bonus qui rexit pontificatus.
Hugo bonus præsul fuit ad Relevamen.
Qui dormitat ibi, reperit de febre levamen.

¶ 1. **RELEVAMENTUM**, ut *Relevamen*, Levamen, solatium. Petrus de Alliaco de necessitate reform. in Concilio Constant. : *Nam si in talibus Principibus paternales non vigent erga suos subditos pietatis affectus, frustra aliorum Principum erga suos munificientiæ et gratiarum impendia subjectivæ sortis Relevamenta præstolari videntur.*

* *Reliévement*, eadem notione, in Lit. ann. 1411. tom. 9. Ordinat. reg. Franc. pag. 635 : *Pour le Reliévement de noz peuple et subgiez, et obvier aux grans maulx, etc.*

¶ 2. **RELEVAMENTUM**, Idem quod *Relevium*, in re feodali, ut mox dicetur in *Relevare;* sed aliud sonat in Cancellariis, ubi *Relevamentum appelli*, Gall. *Relief d'appel*, dicitur Diploma experiundæ in jure restitutionis. Arrestum Parlamenti Paris. ann. 1469. e Tabulario Corbeiensi : *Ipse in mense Junii tunc sequentis certas Relevamenti litteras in casu appelli a nobis impetraverat.* Arrestum aliud Parlamenti Tolosani pro Episcopo Albiensi ann. 1498 : *Officiarii fieri facient cridias et præconisationes in ipsa civitate Albiæ... excepto de literis Relevamenti in casu appelli.* De *relevatione appellationum*, vide Bleynianum Institut. pag. 531. et 532.

¶ 3. **RELEVAMENTUM**, *Relevement*, in Consuetudine Metensi tit. 4. art. 31. et alibi, Jus quo is cui fundus secundo oppigneratus est, alterum cui primo oppigneratus fuerat, e possessione illius fundi pro censu non soluto adjudicati disjicit, ei solvendo debitum integrum. Eadem Consuetudo tit. 4. art. 26 : *Celui qui est mis en possession de quelque heritage, pour cens non payé, n'en peut estre dejeté que par Relevement et payement en vertu d'iceluy; mais si le possesseur est poursuivi par un rentier premier en hypotheque, en ce cas sera tenu de payer sa rente, ou de quitter l'heritage.*

¶ **RELEVANTES** Articuli, Legitimi, validi, probantes. Literæ Sixti IV. PP. ann. 1481. pro Conventu B. Mariæ de Bono-Nuncio Rotomag. ex Archivo ejusdem Cœnobii : *Et quia idem Officialis quasdam positiones et articulos admissibiles et Relevantes pro parte Prioris et Conventus prædictorum exhibitos admittere recusavit, illosque per suam interlocutoriam rejecit, etc.*

¶ **RELEVARE**, Denuo exstruere, renovare, restaurare, Gall. *Relever.* Diploma Conradi II. Imp. ann. 1140. apud Marten. tom. 2. Ampliss. Collect. col. 110 : *Conquerens inter alias molestias, quas in Relevanda Ecclesia sua, quæ diu multumque corruerat, patiebatur.*

* Inventar. ann. 1271. in Access. ad Hist. Cassin. part. 1. pag. 328. col. 2 : *Item quando coppa debet Relevari, debet refici hoc modo, etc.*

* **RELEVARE** Vineam, Illam adminiculari. Formul. MS. Instr. fol. 64. v° : *Promisit.... eam* (vineam) *quolibet anno debitis temporibus bene putare et Relevare.*

RELEVARE Feudum, Pragmaticis Gallis, *Relever le fief*, est Feudum caducum, vel possessoris morte in domini superioris jus delapsum, illius consensu, et certa et definita exsoluta pecunia, hæreditario jure adire, possidere : seu potius in feudi caduci possessionem a domino mitti. Quippe cum ea primum feudorum fuerit conditio, ut non nisi ad vitam et usufructuario utenda a dominis concederentur, qua finita in donatorum jus rursum redibant, factum postea, et usu tacito introductum, ut illa in hæredes transirent, domino superiore ita consentiente, et caducam hæreditatem in eum transferente, exsoluto certo pretio, quo mediante, hæres caducum prædium relevabat. Lambertus Ardensis pag. 176 : *Cum igitur Arnoldus Markiniensis terram quæ in Ministerio, sive in Castellaria Brugensium, et alia quæ in Ardea ex parte uxoris suæ Adelinæ sibi a Balduino sororio suo jam mortuo exciderant et contigerant, a jamdicta Flandriæ Comitissa repostularet, et Relevare, uti adhuc moris est et consuetudinis usus, vellet, etc.* [** Charta Willelm. Reg. Roman. ann. 1252. apud Kluit. Histor. Com. Holland. tom. 2. part. 2. num. 189. pag. 624 : *Quod omnes principes, nobiles et ministeriales principatus et feoda sua infra annum et diem a nobis re-*

quirere et Relevare tenebantur..... qui principatus et feoda sua infra annum et diem requirere et Relevare a nobis contumaciter neglexerunt, omnia illa feoda et principatus nobis vacaverunt et vacant... quod ex quo Margareta comitissa Flandriæ per annum et diem neglexit contumaciter requirere et recipere feoda, etc. Vide *Recognoscere Feudum.*] [Charta ann. 1229. e Chartulario S. Aviti Aurel. : *Concessimus etiam et volumus, quod hospites censive propter mutationem prebende Relevare nullatenus teneantur.*]

* *Revelare*, quod sæpe fit et vicissim, pro *Relevare*. Assis. ann. 1238. in Reg. S. Justi ex Cam. Comput. Paris. fol. 32. r°. col. 1 : *Serjenteria Revelat usque ad centum libras, si rex voluerit.*

RELEVIUM, Cowello lib. 2. Instit. Anglic. tit. 3. § 17. 19. est Servitus realis sive patrimonialis tam ad feudum militare, quam soccagium spectans, qua feudatarius tenens per servitium militare, sive mas, sive fœmina, qui die mortis antecessoris sui justam ætatem complevit (ille scilicet vicesimum primum, hæc decimum quartum annum) certam pecuniæ summam solvere tenetur. Qui vero per socam, id est per aratrum tenet, quidquid annui reditus domino pendit, tantumdem relevii nomine pendet, etc. Leges Malcolmi II. Regis Scotiæ cap. 1 : *Et ibi omnes Barones concesserunt sibi wardam, et Relevium, de hærede cujuscunque Baronis defuncti ad sustentationem Domini Regis.* Charta Libertatum Angliæ Henrici I : *Si quis Baronum meorum seu Comitum, sive aliorum qui de me tenent, mortuus fuerit, hæres suus non redimet terram suam, sicut faciebat in tempore fratris mei : sed legitima et justa Relevatione Relevabit eam. Similiter et homines Baronum meorum justa et legitima Relevatione relevabunt terras suas de Dominis suis.* Bracton. lib. 2. tract. 1. cap. 36. § 1 : *Cum homagia facta fuerint, et fidelitatis sacramenta, ab illis qui plenæ ætatis extiterint, oportet statim quod tenementum quod fuit in manibus antecessorum, et hæreditas quæ jacens fuit per eorum decessum, Relevetur in manus hæredum, et propter talem Relevationem facienda erit ab hæredibus quædam præstatio, quæ dicitur Relevium, de feodis militariis et serjantiis, et aliis de quibus fit homagium, et regale servitium, vel de sokagiis, de quibus jure nullum fieri debet homagium.* [Placitum inter dominum et incolas de Hedingdon, apud Kennettum ad ann. 1292. Antiq. Ambrosden. pag. 319 : *Præterea cum eas* (f. *quis*) *eorumdem hominum integram virgatam terræ tenens decesserit, hæres ejus per duplicationem sui redditus annualis, et per quatuor solidos terminum ultra Relevabit, et qui minus tenuerit de una virgata, ultra redditum suum duplicatum, minus det secundum quantitatem tenementi sui.* Adde *Relevationem* Comitatus Lossensis ann. 1323. apud Jo. Mantelium part. 2. Hist. Lossensis pag. 18. et seqq. Hinc emendanda Charta Gervasii Cenoman. Episc. ann. 1038. apud Marten. tom. 1. Anecd. col. 1038 : *Concedo altare capellæ... tali tamen ratione, ne in futuro constitutio illa violari possit, ut subinde per vicarium a monachis prædicti monasterii teneatur; quo defuncto, alius ab Episcopo... subrogetur, nihil de Revelatione ultra* XX. *solidos exigendo.* Legendum *Relevatione*, ut et in alia Charta ann. 1212. ibidem col. 838 : *In his maneriis seu villis habebit ipse Abbas sicut dominus Revelationes et hominia et duellia.*] Charta Theodorici Comitis Flandriæ ann. 1147. in Tabul. S. Bertini : *Necnon de eisdem mansuris debitum quod vulgo Relief dicitur, quod in quinque solidis ab iis qui aliis morientibus in possessione succedunt, dari statutum est, etc.* Tabularium Majoris Monasterii : *Justum esse ut Relevaretur, quando quidem esset defunctus.* Vide Regiam Majestat. lib. 2. cap. 68. 70. 71. 72. [Matthæum Paris ad ann. 1215. in Charta Libertatum a Rege Johanne concessarum.] Bractonum loco laudato, Brodæum in Consuetud. Parisiensem art. 47. et cæteros Practicos.

¶ RELEVRIUM, Eadem notione. Charta Richardi Regis Angl. ann. 1190. apud Marten. tom. 1. Ampliss. Col. 990 : *Cum servitiis et homagiis et Releveiis, et cum omnibus libertatibus et liberis consuetudinibus suis, etc.* Chartularium SS. Trinitatis Cadom. fol. 70 : *Idem debet adhuc duo Releveia de mortibus patris et fratris sui.*

* RELEVEYUM, quid sit, aperte explicatur in Instr. ann. 1320. inter Probat. tom. 2. Hist. Nem. pag. 28. col. 2 : *Releveyum appellatur, ut si aliquis teneat, ut prædictum est, aliquid in feudum vel retrofeudum, vel terras, domos, vineas, prata, campos, vel alia immobilia, sub censu annuo a dicto domino rege, vel aliqua de quibus dicto domino regi provenire deberet laudimium : et postea illud quod tenet, vendit alicui alii, emptor infra certum tempus pro rechatando, seu pro laudimio recipiendo, debet venire coram dom. rege, vel alio potestatem habente : et si non rechatat vel facit laudari sibi infra dictum tempus, rex potest capere ut commissum : et illa quæ interim ex fructibus, proventibus, vel obventionibus dictæ terræ levata fuerint, vel feudis seu retrofeudis, debent esse regis. Item si differat rechatare vel ad laudimium sumere per tempus ordinatum ad sumendum dictas terras ad laudimium, et postea sibi laudentur, fructus, proventus vel obventiones, qui inde exient de eo quod fuerit venditum, usque ad diem laudimii sunt regis, illud appellatur Releveyum, id est, relevatio terræ venditæ.*

RELEVIUM RATIONABILE, et *Legitimum* dicitur illud quod a Lege statutum, vel Consuetudine inductum est, ut distinguatur ab eo *Relevio* quod a domini arbitrio pendet, quod *Relief à mercy* vocant. [*Rationabile Relevium* legitur in Charta Regis Angl. apud Kennettum ad ann. 1346. Antiquit. Ambrosden. pag. 469.] *Legitima et justa Relevatio*, in Charta Henrici I. Regis Angl. ann. 1100. et *antiquum Relevium* appellatur in Charta Magna Henrici III. in Legibus Kanuti Regis cap. 97 : *Justa Relevatio, quæ Anglice vocatur Hereget.* [*Jus Relevii*, in Constitutionibus Frederici Regis Siciliæ cap. 110 : *Relevium capitalium dominorum*, in Charta ann. 1231. tom. 1. Chartularii S. Vandregesili pag. 414.] Ejusmodi sunt relevia apud Anglos, de quibus in Charta Joannis Regis de Libertatibus Angliæ apud Matth. Paris ann. 1215. pag. 178 : *Si quis Comitum vel Baronum nostrorum sive aliorum tenentium de nobis in capite per servitium Militare, mortuus fuerit, et cum decesserit, hæres suus plenæ ætatis fuerit, et Relevium debeat, habeat hæreditatem suam per antiquum Relevium; scilicet hæres vel hæredes Comitis de Baronia integra per centum libras; hæres vel hæredes Baronis de Baronia integra centum marcas; hæres vel hæredes Militis de feudo Militis integro per centum solidos ad plus, et qui minus debuerit, minus det secundum antiquam consuetudinem feudorum.* Vide Glanvillam lib. 9. cap. 4. [** et Phillips. Histor. Jur. Angl. tom. 2. pag. 215. sqq.]

RELEVIUM COMITIS, apud Anglos, quod ad Regem pertinebat, olim erat 8. equorum ephippiatorum, et frenis instructorum, 4. loricarum, 4. helmorum, seu galearum, 4. scutorum 4. hastarum, et 4. gladiorum, præterea 4. equorum venatoriorum et palefridorum frenis instructorum. Ita Leges Kanuti Regis cap. 97. Willelmi Nothi vernaculæ cap. 22. et Henrici I. cap. 14.

RELEVIUM BARONIS, seu *Thaini*, 4. equi, duo sellati et 2. insellati, et 2. gladii, et 4. lanceæ, et totidem scuta, et galea cum lorica, et 50. marcæ auri.

RELEVIUM VAVASSORIS, seu *mediocris Thaini*, equus parentis, qualem habuit tempore mortis suæ, ejusdem lorica, helmus, scutum, lancea et gladius. Vide Legem Longob. lib. 3. tit. 8. § 4. [** Conr. 1.]

RELEVIUM VILLANI, Melius animal quod habuerit is, sive equus sit, sive bos, sive vacca, quo facto recipitur villanus in franco plegio. Ita reddendum fuit caput 29. Legum Vernacul. Willelmi Nothi. Vide *Heriotum.*

RELEVIUM FEUDI MILITARIS, seu quod debet servitium integri Militis, est 100. sol. quod dimidii, 50. sol. apud Littletonem sect. 112. Vetus Consuetudo Normanniæ cap. 34 : *Et si doit on savoir que par toute Normandie Relief est generalement determiné en fief de Haubert par quinze livres : en Baronie par cent livres : és terres gaennables est fait Relief par douze deniers l'acre.*

In plerisque Consuetudinibus municipalibus Galliæ *Relevium* feudorum in linea directa non exsolvitur : in aliis, ut Ambianensi art. 7. *Relevium* est 60. solidorum Paris. pro feudo plani hominii : 10. vero librarum pro feudo, quod in *Pariam* tenetur. At in collaterali *Relevium* fere semper est reditus feudi annualis.

☞ In Edicto S. Ludovici Franc. Regis ann. 1235. apud *de Lauriere* tom. 1. Ordinat. pag. 55 : *Ordinatum fuit ad relevationem malarum consuetudinum, quod de patre ad filium, vel alio modo, quando Relevare convenerit, nisi finator possit finare cum domino suo, dominus tenebit domanium suum per annum, si ibi sit terra arabilis, quæ culta sit. Dominus capiet medietatem de vineis cultis, et si cultæ non essent, dominus eas coleret, et fructus perciperet.* His subjungitur quid pro *vivariis, garennis, nemoribus, hominibus, qui tailliam deberent, et retrofeudis* percipere debeat dominus ratione relevii : quæ, si opus est, ibi vide.

Relevia denique ex peculiari feudi singularis conditione diversa quandoque sunt, nec Legi municipali obnoxia. Alia enim debent pro relevio *cyrogrillum*, ut in Hist. Episcopor. Lodovensium pag. 138. Alia *soleas ferreas*, in eadem Hist. pag. 156. et Perticensi pag. 228. Alia *accipitrem*, apud Locrium in Chronico Belgico, et in Histor. Lodov. pag. 170. Alia *cervum*, in eadem Hist. pag. 201. et apud Cironum lib. 1. Observat. Juris Canon. cap. 5. Alia *calcaria aurea*, in Hist. Perticensi pag. 228. Turenensi pag. 59. Alia *clypeum ceræ*, apud Sanjulianum in Hist. Burgund. pag. 250. 251. Alia *marcam argenti*, apud Galandum de Franco Alodio pag. 106. Alia *paleam*, ut in Charta ann. 1590. legitur. [Alia *decem libras* Abbati domino feudi et *pallium* Cambellano, tom. 3. Annal. Benedict. pag. 277. Alia *equum centum solidorum aut centum solidos*, tom. 4. eorumdem Annal. pag. 412.] Mitto alias quasdam ridiculas releviorum seu hominiorum conditiones, quas subinde abrogarunt arresta Parlamentorum, cujusmodi est illa, de qua in voce *Bombulus*.

Relevium ad Misericordiam, Gall. *Relief à mercy*, quod domino præstatur ab hærede ad rehabendum feudum paternum, ad ejus arbitrium, quæ quidem præstatio ad annuum feudi reditum postea redacta est. *Relevoisons à plaisir*, in Consuetud. Aurelianensi art. 115. 116. 121. 122. Vide Chartam Baronum Pictaviensium ann. 1269. apud Galandum de Franco alodio pag. 67. ubi pag. 68. pro, *de leurs doubles*, emendandum ex originali, *cens doublez*; et pag. 69. *aucuns des songiez*, legendum, *sujects sans moyen*.

* Releveium Majus, f. Quod ad arbitrium domini præstatur. Charta ann. 1247. ex Bibl. reg. col. 19 : *Ego Bernardus de Broquinne scutifer notum facio,..... quod cum contentio moveretur inter me ex una parte, et monachos de Noa ex altera, super eo videlicet quod ego majora Releveia et majora auxilia capitalia ab ipsis petebam de quodam tenemento, quod tenebant de me, etc.*

Relevagium, Idem quod *Relevium*. [Literæ Conventus S. Michaelis in Periculo maris ann. 1217. apud Marten. tom. 1. Anecd col. 862 : *Exceptis placitis, Relevagiis et servitiis vavassorum ad equum, et aliis escaretis in prædictis maneriis, quæ nobis volumus reservari.*] Charta Roberti Advocati Atrebatensis ann. 1245. apud Lindanum in Teneræmunda : *Et omnia jura quæ habere debet dicta Ecclesia Cameracensis in introitibus, exitibus, venditionibus, et emptionibus, et Relevagiis omnium terrarum, et aliorum quorumcumque in tenemento suo, etc.*

* Charta ann. 1227. ex Chartul. C. eccl. Camerac. ch. 70 : *Quæ terra debet capitulo nostro in quolibet Relevagio septem solidos et dimidium.* Chartul. S. Corn. Compend. fol. 211. v° : *Item quisque denarius illius maiagi, debet quindecim denarios de Relive, quando ille qui debet decedit.* Et fol. 212. r° : *Item apud Antechi xxv. solidos de censu,.... et quando tenens decedit, terra debet nobis Relevagium.* Varie hanc vocem a nostris formatam reperimus. Charta Phil. comit. Fland. ann. 1167. in Tabul. S. Petri Gand. : *Præterea quicquid.... de redemptione terræ, quod dicitur Relif, datur, æquali modo partientur.* Alia ann. 1316. ex Chartul. eccl. Lingon. fol. 70. r° : *Je Alis de Joinvile, dame de Biaufort,.... je soie entrée en la feauté et en l'omaige de.... l'evesque de Leingres de la terre de Chacenay;..... et il me demandast devant la reprise, que je ly donasse pleiges et seurté dou Reilhe et dou rachat de la dite terre.* Infra pluries *Relié*. Recogn. feud. MS. dom. de Veteri-ponte ann. 1366 : *Vint et sept soulx, six deniers de cens en vantes et en Reliers, etc.* Charta ann. 1348. ex Chartul. Bonæval. : *Roul Rotei chevallier.... fina.... pour demoiselle fame feu Aubert Potet, à cause de la garde de ses enfans et du Relevage des terres assises à Champigny, douquel Relevage, etc.*

Relevamen, Eadem pariter notione. Charta Balduini Comitis Flandriæ ann. 1201. in Tabulario S. Bertini : *De eisdem mansuris Relevamen 5. solidorum.* Vide *Rachetum*, [et mox *Relevator*.]

* Charta ann. 1224. ex Chartul. 23. Corb. : *Ego vero dictam præposituram.... quittavi in perpetuum, cum omni jure ad eamdem pertinente, videlicet justitiis, Relevaminibus, mortuismanibus, invadiamentis, etc.*

Relevamentum, *Relevement*, in Consuetud. Lotharena tit. 16. art. 9. Domesday : *Quod Thainus vel Miles Regis dominicus moriens pro Relevamento dimittebat Regi omnia arma sua, et equum unum cum sella, alium sine sella; quod si essent ei canes vel accipitres, præstabantur Regi ut si vellet acciperet.* Vide *Heriotum*. Tabularium Vindocinense ch. 53 : *Notum sit quod manufirmam, quam dedit nobis D. Otbertus moriens apud Vindocinum, calumniatus est nobis Gaufredus de Turniaco, dicens nos debere Relevamentum dare secundum pretium terræ, et habere Vicarium in ea; sed cum veniremus in judicium dissertum est et definitum, Relevamentum illius terræ non esse nisi de pretio 100. solidorum, id est 8. solidos et 4. denarios, nec debere esse in ea Vicarium. Actum anno.* 1071. [Chartularium S. Vincentii Cenoman. fol. 70 : *Notum sit omnibus tam præsentibus quam futuris, Hugonem de Lupi-saltu et uxorem suam, Mariam nomine, dedisse monachis S. Vincentii in elemosina Relevamentum altaris ecclesiæ de Soldiaco; idem namque Hugo excommunicatus erat, et tota familia sua, pro preda monachorum de Soldiaco, quam pro eodem Relevamento rapuerat : sed tandem predicta uxore sua gravi egritudine oppressa, qua et mortua fuit, de cujus hereditate erat Relevamentum supradictum, Hugo et mater ejus uxoris, nomine Mathildis, et eadem uxor sua supradictum Relevamentum dederunt et concesserunt monachis S. Vincentii, et absolutionem excommunicationis jussu domini Ildeberti episcopi acceperunt. De ventis et Relevamentis occasione transmutationis*, in Statutis Collegii Sagiensis ann. 1427. apud Lobinellum tom. 5. Hist. Paris. pag. 698. col. 2.] Vide Notas ad Vitam B. Bernardi Abbatis Tironensis pag. 273.

Relevatio. Tabularium Vindocinense ch. 1038 : *Nihil de Relevatione ultra 15. solidos exigendo.* Charta Henrici I. Regis Angl. ann. 1100 : *Si quis Baronum meorum, Comitum, vel aliorum qui de me tenent, mortuus fuerit, hæres suus non redimet terram suam, sicut facere consueverat tempore patris mei, sed justa et legitima Relevatione relevabit eam.* Radulfus de Diceto ann. 1137 : *A Militaribus viris homagia, Relevationes; ab hominibus inferioris manus fidelitates extorsit.* Sugerius Epist. 57. ad Regem Ludovicum : *Causas et placita vestra, tallias et feodorum Relevationes, victualia etiam sperantes in reditu vestro, reservamus.* [*Relevatio terrarum*, in Charta ann. 1278. apud Murator. delle Antic. Estensi pag. 182.] Adde Epistolam 238. [Stephani Tornac.] 2. edit. ubi perperam editum est *Revelationibus. Relevoison*, in Consuet. Aurelian. art. 281. Monstroliensi art. 8. Vimacensi art. 1. Normannica cap. 31. 33. 34. 35. [Vide *Relevatio* 4. et *Redemptio* 2.]

* Relevarium, Eodem intellectu. Charta ann. 1241. in Reg. 4. Armor. gener. pag. vj : *Ego et hæredes mei tenemur garantizare dictam terram,..... et eam quietam facere eisdem ab omnibus redditibus, Relevariis, talliis et auxiliis et omnimoda consuetudine.*

¶ Relevatum, Idem quod *Relevium*. Charta ann. 1221. tom. 2. Chartularii S. Vandregesili pag. 1367 : *Et si dominus Rex, vel dominus de Granville, vel aliquis dominus principalis, thalliam, vel Relevatum, vel servicium, vel auxilium de prædicto tenemento exegerit, unde justicia dictante satisfieri oportuerit, ego de meo proprio dominico totum præfatum tenementum acquietabo, et ab monachis... nichil omnino exigere potero.*

* Charta ann. 1187. in Chartul. Mont. S. Mart. part. 6. fol. 103. r°. col. 2 : *Nos eis de decima pro posse nostro contra omnes inquietantes consilium et auxilium præstabimus; sed et pensionem Relevati indulsimus.*

¶ Relevatus, Eadem significatione. Chartularium S. Vandreg. tom. 2. pag. 2068 : *Decem libras Andegavenses dabit nobis pro Relevatu.*

* Releyum, Eadem acceptione. [Reg. 85. Chartoph. reg. ad ann. 1318. fol. 21. v° : *Concessum magistro Guidoni de Balma clerico officium quintorum denariorum, grossarum emendarum, Releyorum, rachatorum feodorum, et aliorum jurium nostrorum, etc. Rillie*, eodem sensu, in Charta Petri de Chambliaco ann. 1307. ex Reg. 44. ch. 87 : *Item les Rillies, les treziemes, les fourfaitures, etc.*

* *Relief d'home*, appellatur Mulcta pecuniaria pro homine occiso, in Stabil. S. Ludov. cap. 104 : *Et icelle amende si est appellée Relief d'home.* Et cap. 121 : *Le Relief d'un homme, c. sols et ij. den.*

¶ Relevator, Cliens obnoxius *relevio*. Edictum S. Ludovici ann. 1235. paulo ante laudatum : *In retrofeudis venientibus infra annum dominus habebit Relevamen, et in fine anni pro quolibet retrofeudo habebit servitium quatuor Parisiensium quas Relevator tenebitur reddere domino. Et si dos fuerit in quolibet feudato Relevato, faciet satisfactionem secundum valorem dotis.*

* **RELEVARIUM**, idem quod *Relevium*. Vide supra in *Relevare feudum*.

* **RELEVATA**, Mulieris purificatio post partum, et quidquid ex ea obvenit sacerdoti, nostris alias *Relevée* et *Levailles*, nunc *Relevailles*. Charta Steph. episc. Augustod.

ex Chartul. S. Mart. ejusd. civit. : *Unus denarius solus, sive tres oboli, seu septem pugissæ presbyteri sunt, duos nummos partiri debet, Relevatæ et nuptiæ per medium sunt.* Lit. remiss. ann. 1394. in Reg. 146. Chartoph. reg. ch. 316 : *Le suppliant revenu des champs s'en ala à une Relevée.* Aliæ ann. 1456. in Reg. 189. ch. 87 : *Icelle femme à ses Levailles de couche ala à la messe.* Quæ cæremonia conviviis olim celebrabatur inter vicinos et amicos. Lit. remiss. ann. 1382. in Reg. 120. ch. 311 : *Jourdain Garnier ala en l'ostel de Jehan Decquetot le jeune, en la paroisse de la Chapelle de Bernouville, pour ce que la femme dudit Jehan, qui estoit cousine de sa femme, devoit Relever cellui jour, et là fu ledit Jourdain et sa femme au diner, et firent bonne chere ensemble, ainsi que entre voisins et amis est acoustumé à faire en tel cas.* Relever vero dicebatur mulier, quæ purificandam ad ecclesiam ducebat. Lit. remiss. ann. 1471. in Reg. 194. ch. 348 : *Icelle Monnette qui Relevoit ladite acouchée, etc.* Vide supra *Rurificari* et *Relevationes feminarum.*

1. **RELEVATIO**, Hora qua Monachi e lecto exsurgunt : *Heure de relevée* appellamus horam pomeridianam, qua ex *somno meridiano* exsurgi solet. Miracula S. Aigulfi Abb. Lerin. cap. 6 : *Postea Relevatio pulsatur, etc.*

¶ 2. **RELEVATIO**, Restitutio in meliorem statum, fortunam. Diploma Gerlaci Archiep. Moguntini ann. 1356. apud Ludewig. tom. 5. Reliq. MSS. pag. 514 : *Fridericus episcopus Ratisbonensis, necessitatibus quam multis pressus et oneribus debitorum, ad Relevationem ipsius, et ut suam et ejusdem suæ Ecclesiæ conditionem facere posset meliorem, etc.* [** Charta Frider Reg. Roman. ann. 1326. ibid. tom. 4. pag. 275 : *Cum illustres ... duces Austriæ ... ad nostri exaltationem ... totis suis voluntate et opere indesinenter et imperterriti præ ceteris laborarint, eisdem ... castra, munitiones, oppida et villas pro aliquali Relevationis consolatione et laborum recompensa libere in feudum conferimus, etc.*] Eadem notione dicimus *Relever la fortune de quelqu'un.* Vide *Relevamen*, 1. et alio significatu in *Relevare feudum.*

* Restauratio, reædificatio. Charta Freder. I. imper. tom. 3. Sept. pag. 297. col. 2 : *Datum apud Cremam in Relevatione ipsius, anno Dominicæ incarnationis* 1185

¶ 3. **RELEVATIO**, Græce διωλισμός, proprie Percolatio, expurgatio; metaphorice vero animi *relevatio* seu recreatio post afflictiones. Vetus Interpres S. Irenæi lib. 1. cap. 14. num. 8. novæ edit. : *Et propter hoc quando in doloribus et calamitatibus anima fuerit, in Relevationem suam dicit Ω in signum laudationis : ut cognoscens illa quæ sursum est anima, quod est cognatum suum, adjutorium ei deorsum mittat.* Vide notam Editoris in hunc locum.

¶ 4. **RELEVATIO**, Refectio, sumtio cibi. Memoriale Visitatorum Monasterii Mellic. ann. 1451. in Chronico ejusdem Cœnobii pag. 426. col. 2 : *Die Parasceves pro Relevatione fratrum detur singulis aliquid coctum, videlicet prodium (brodium) de furfure, vulgariter Stob, vel de pisis, non tamen nisi sale conditum.* Charta ann. circiter 1055. apud Martenium tom. 1. Ampliss. Collect. col. 437 : *Hac ergo de causa Ecclesiarum omnium, quas Cœnobitæ (S. Vincentii Cenoman.) tunc habebant, vel habituri erant, synodales exactiones, circuitiones, Relevationes omnes, excepto illius forisfacti vadimonio, ubi Ecclesiæ convenit reconciliatio, ab episcopali jure et dominio in monachorum jus et dominium libera auctoritate transtulit et habere concessit* (Gervasius Cenoman. Episcopus.) *Relevationes* hic idem esse quod *relevia* seu *relevamenta*, dicitur in Onomastico ad calcem tomi 9. ejusdem Ampliss. Collect. sed cum hic agatur de juribus Episcopi in subditas Ecclesias, inter quæ jura nuspiam, si bene memini, recensentur relevia, sæpissime vero *procurationes* seu refectiones, malim hic *relevationes* interpretari *procurationes*, refectiones, seu jura pastus, quam *relevia.* Vide *Procuratio* 1.

¶ Relevatio Appellationum, Gall. *Relief d'appel.* Vide supra *Relevamentum* 2.

¶ Relevatio Expensarum, Earum restitutio, compensatio. Visitatio Simonis Archiep. Bituric. ann. 1285. apud Stephanotium tom. 13. Fragm. Hist. MSS. pag. 389 : *Priori ad Relevationem expensarum procurationis prædicati dedit sex libras Turonenses.* Vide *Relevatio*, 2.

¶ Relevationes *Feminarum, Mulierum*, Purificationes post partum, cum primum eunt ad Ecclesiam, et quidquid ex his purificationibus obvenit Sacerdotibus, Gallice *Relevailles.* Chartularium Monasterii S. Sulpitii Bituric. fol. 22. Eudoni abbati S. Sulpitii Evrardus concedit *omne fevum presbyterale intra et extra ecclesiam Nobiliacensem, hoc est, offerendam, sepulturam, baptisterium, Relevationes feminarum, benedictiones sportarum et nuptiarum, visitationes infirmorum, confessiones, etc.* Charta Hugonis Episc. Autissiod. ann. 1143. pro Canonicis Clameciaci et Capellano parochiæ : *De visitatione, de baptismo et de peris totum ipsius erit... et de Relevationibus mulierum, quidquid illa obtulerit, suum. De nuptiis prandium habebit.* Vide *Purificatio* et *Relevata.*

Relevatio Monetæ, [Tributum a vassallis et tenentibus domino solutum uno quoque triennio ut monetam non mutaret. *Relevatio monetæ, quæ tertio anno a nobis exigitur*, in Charta Ludovici Junioris Regis Franc. ann. 1159. apud D. Brussel tom. 1. de Feudorum usu pag. 216.] Vide *Monetagium.*

¶ 1. **RELEVATUM**, Reliquiæ ferculorum, quæ post prandium vel cœnam e mensa colliguntur pauperibus distribuendæ, Occitanis *Relheu*, Gallis *Relief.* Ordinatio Humberti II. ann. 1340. tom. 2. Hist. Dalphin. pag. 406. col. 1. ubi de distributione eleemosynarum : *Et nihilominus fragmentum vel Relevatum hospitii distribuatur die qualibet inter pauperes personas, prout legalitati eleemosynarii videbitur faciendum.* Transactio inter Abbatem et Monachos Crassenses ann. 1351. ex libro viridi f. 53 : *Residuum panum, quod superest, datur* (pauperibus) *amore Dei cum fragmentis sive Relheu, quod levatur de mensa monachorum in refectorio, et cum lo Relheu, quod debent recipere helemosinarii minores de aula abbatis... similiter vinum de Relheu reffectorii monachorum et aulæ dicti domini abbatis, cum lo Relheu scutellarum et aliarum rerum datur.* In foro Benearnensi *Relheu* idem est quod *Relevium*, nostris etiam *Relief.*

¶ 2. **RELEVATUM**, Relevatus, Gall. *Relief.* Vide *Relevare feudum.*

* 3. **RELEVATUM**, Excerptum, transscriptum. Gorius in Inscript. antiq. Denian. pag. 510. num. 42 : *Hoc ex authenticis scriptis Relevatum, pro cautela et firmitate temporum futurorum, his marmoribus exaratum est.*

* **RELEVATUS.** Imago Relevata, Gall. *Figure relevé en bosse de relief*, Opus anaglypticum. Inventar. MS. thes. Sedis apost. ann. 1295 : *Invenimus unum urceum de auro cum manico et rostro et coperculo ac duobus campanilibus et quodam gyro in medio de imaginibus Relevatis.*

¶ **RELEVEIA**, Pomeridianum tempus, Gall. *Relevée;* hinc Practicis nostris, *à deux heures de Relevée*, hora post meridiem secunda. Charta Thomæ Abb. S. Germani de Pratis ann. 1248. de manumissione hominum de Antoniaco, e Tabulario Sangerm. : *Jarbas culturarum nostrarum... cum equis suis et quadrigis per unum diem usque ad nonam, vel per duas Releveias... adducere tenebuntur.*

* Et *Remontée.* Lit. remiss. ann. 1396. in Reg. 150. Chartoph. reg. ch. 285 : *Lequel Jehan vint en ladite maison environ heure de Remontée.* Aliæ ann. 1397. in Reg. 151. ch. 310 : *Comme à heure de rissie ou Remontée eussent lesdiz feu Bernard et Jehan Magre joué aus dez, etc.* Froissart. vol. 1. cap. 125 : *Et dura leur assaut jusques à Remontée.* Adde tom. 7. Ordinat. reg. Franc. pag. 101. art. 12. Vide supra in *Hora, Recticinium* et *Relevatio*, 1.

¶ **RELEVEIUM**, Relevium, Gall. *Relief, Rachat.* Vide in *Relevare feudum.*

* **RELEVUM.** Charta Roger. Sicil. reg. ann. 1137. apud Falc. Benevent. pag. 315 : *Condonamus..... angarias, terraticum, herbaticum, carnaticum, kalendaticum, vinum, olivas, Relevum, etc.* Ubi pro *Relevum*, melius *et lanam* editum tom. 4. Cod. Ital. diplom. col. 8.

* **RELEYUM**, idem quod *Relevium.* Vide supra in *Relevare feudum.*

¶ **RELGAGOGIÆ**, Τῆς ἀποδείξεως, in Glossis Lat. Græc. et Græc. Lat. *Religatoriæ* Cujacio. Legendum est cum Vulcanio *Relegatione*, τῆς ὑποδιώξεως.

* **RELHA**, Vomer, Gall. *Soc de charrue*, Hisp. *Reja.* Glossar. Provinc. Lat. ex Cod. reg. 7657 : *Relha, Prov. vomer.* Charta ann. 1266. ex Tabul. Montisol. : *Dedimus ad acapitum Bernardo Escot totam fabricam suam loci de Brossis acuendi vomeres, Relhas et pics.* Alia pro consul. Appam. ann. 1343. in Reg. 75. Chartoph. reg. ch. 605 : *Vomeres sive Relhas, cum quibus dicti bubulci arare volebant,.... acceperunt.* Libert. Lausert. ann. 1370. tom. 6. Ordinat. reg. Franc. pag. 402. art. 15 : *Quod ipsi et unusquisque ipsorum possit acuere seu acui facere ferra sua aradatoria, nuncupata vulgaliter Relhas. Vomeres seu Relhos arativas*, ibid. pag. 464. Aliæ pro loco de Portello ann. 1405. in Reg. 184. ch. 586 : *Dictus*

faber debet aptare sive agusare vomeres sive Relhas ad laborandum.

* **RELHO**, Rilho, Sagittæ species, nostris *Reillon*, Hisp. *Rejon*. Lit. remiss. ann. 1416. in Reg. 169. Chartoph. reg. ch. 226 : *Lupetus de Algueta..... fuit percussus de quodam Relhone de retro spatulas, dum fugiebat*. Aliæ ann. 1442. in Reg 176. ch. 195 : *Supplicans posuit de supra suam balistam, quam tensum portabat, unum vomerem sive Rilho, quem cum dicta balista traxit contra dictum Gardonis.... Quodam Relhone tracto a balista, etc.* Aliæ ann. 1416. in Reg. 169. ch. 347 : *En trayant audit cerf, un des compaignons fu feru parmi le front d'un vireton ou Reillon, dont il cheut à terre;..... et par les enseignes de leurs viretons ou Reillons, trouverent que ledit vireton estoit du suppliant*. Vide supra *Raillo*.

* **RELHUS**, Eodem significatu, in Lit. remiss. ann. 1454. ex Reg. 187. Chartoph. reg. ch. 223 : *Quodam vomere seu Relho posito supra balistam, supplicans dictam balistam distendit seu laxavit*. Vide alia notione supra in *Relha*.

¶ **RELIA**, Monetæ species, ut videtur. Acta consecrationis Ecclesiarum S. Stephani et S. Martini in Rivo-ferrario, Marcæ Hispan. col. 948 : *Tertias atque paradas et ad synodum primum Relias tres, et ad alium synodum Relias tres, et omnes redibitiones ecclesiasticas... persolvi non differant*. Vide infra *Synodaticum*.

* **RELIAMENTUM**, Militum collectio, Gall. *Ralliment*, a verbo *Relieare*, Recolligere, *Rallier*. Lit. remiss. ann. 1461. in Reg. 192. Chartoph. reg. ch. 19 : *Congregavit viginti quinque balesterios et duos homines eques* (sic) *armatos, et illos posuit in ambosca seu indicio* (l. insidio) *in quodam nemore..... Dictus de Fontaralhac cum quatuor hominibus equitibus seu* (l. se) *Relieavit ;.... quo Reliamento facto venit cum septem equitibus et balisteriis, etc.* Vide infra *Religare* 2.

* **RELIATGIUM**, idem quod *Relevium*. Vide supra in *Relevare feudum*. Charta ann. 1468. in Reg. 197. Chartoph. reg. ch. 39 : *Narraverunt..., se possidere certas alias dominationes feudales, tam ad causam Reliatgii quam alias, cum comite Tholosano*. Vide infra *Religamentum* et *Relliatgium*.

¶ **RELIBERARE**, Iterum *liberare*, seu tradere. Charta ann. 1502. apud Rymer. tom. 13. pag. 53. col. 1 : *Litteras... hinc inde deliberatas et receptas iterato Reliberare.... loco dictarum litterarum sic in eventu Reliberatarum, etc.* Vide *Liberare* 2.

¶ **RELIBERATIO**, Restitutio. Litteræ Henrici V. Reg. Angl. ann. 1416. super jocalibus invadiatis, apud Rymer. tom. 9. pag. 405. col. 2 : *Nobis supplicavit, ut Reliberationem colerii prædicti, in forma prædicta nobis factam, recordari.... Reliberationem colerii prædicti nobis factam, et in custodia nostra, ut præmittitur, dimissam, recordamur et per præsentes testificamus*. Statuta Placentiæ lib. 4. fol. 40. v° : *Omnia seglaria seu foramina vel meatus, in quibus mittitur vel mitti potest aqua in aliquam viam publicam civitatis, habeant horificium et foramen, ex quibus exit aqua, juxta terram ; ita quod exitus vel Reliberatio non lædat transeuntes*. Ubi *Reliberatio*, si ad aquam refertur, est quasi ipsa aquæ restitutio seu rejectus; si vero ad foramen, unde exit, ipse meatus est, quo aqua rejicitur seu emittitur.

RELICTA, et Derelicta, Vidua. Gloss. Saxon. *Derelicta*, laf, vel forlæten vif. id est *vidua*, vel *vidua relicta*. *Relicte*, in Consuetudine Calniacensi artic. 25. [et in Literis Guillelmi Episcopi Lingonens. ann. 1358. apud D. *Secousse* tom. 3. Ordinat. Reg. pag. 663.] Lupus Ferrar. Epist. 119 : *Relicta memorati viri, etc.* Occurrit in Concilio Epaonensi cap. 30. Agathensi cap. 61. Arvernensi cap. 12. Aurelianensi III. cap. 19. Autisiodor. cap. 22. 29. in Chronico Reichersp. pag. 83. 189. apud Gregorium M. lib. 5. Epist. 37. Leonem Ost. lib. 2. cap. 9. et alios passim. In Tabul. Nantoliensi in Pictonibus ann. 1373 : *Marguerite de la Roche deguerpie de feu Hymon jadis Seigneur de Autre*.

Licta, pro *Relicta*, vidua. Vetus Epitaphium in Ecclesia S. Mariæ *de Sannaci* Barensi apud Beatillum lib. 1. Hist. Barensis :

> Hic pia Licta jacet, meritis generosaque valde
> Barde sublimi juncta. . . . .
> Da proli terræ, Christe Deus requiem. Mo.5.

RELICTIO, Gurpitio, Gall. *Delaissement*. Tabularium Prioratus de Domina in Delphinatu f. 45 : *Fecit donum et Relictionem de 2. casalibus, quos habebat, etc.* Ita etiam fol. 52. 59. [Charta cessionis Eccl. S. Juliani in Episcopatu Lugdun. ann. 1096 : *Dominus autem Hugo Lugdun. Archiep. statim cum hæc Relictio facta est, dedit eam monasterio Casæ Dei. Relictio hereditaria et paterna traditio*, in Actis SS. tom. 3. Martii pag. 388.]

¶ **RELICTUM**, Legatum, Gall. *Legs*. Sententia arbitralis inter Archiepiscopum, Capitulum Arelat. et Monasterium S. Cæsarii ann. 1221. e Schedis Præsidis *de Mazaugues* : *Interdictum... ne... sepelirent.... nisi propinqui defuncti prius tertiam partem omnium Relictorum pro anima sua Ecclesiæ Arelatensi solverent pro canonica portione*. Declaratio Cardinalium in caput 3. Sessionis 24. Concilii Trident. : *Episcopus potest ex consuetudine exigere veluti tricesimum ex Relictis piis ratione visitationis testamentorum*.

* Stat. MSS. eccl. S. Laur. Rom. : *Item quod anniversaria scribenda in dicto martilogio, ponantur die proprio cum præsentia capituli, cum suo Relicto generaliter et particulariter*. Nostri de re qualibet derelicta, *Relays* dixerunt. Lit. remiss. ann. 1373. in Reg. 105. Chartoph. reg. ch. 4 : *Lesdites quarente deux bestes ne avoient aucune poursuite, et ne savoit l'en de qui elles feussent ; mais estoient demourées comme residu ou Relays de nosdis ennemis*. Hinc *Relais* nuncupatur Arbor relicta ad propagationem, vulgo *Baliveau*. Reg. Corb. 13. sign. *Habacuc* ad ann. 1509. fol. 13. v° : *Il aura à son pourffict une partie des bos, qu'on nomme Relaitz ou perotz ; mais ne les porra copper ni abattre, sans préalablement appeller et mener sur le lieu le prévost de l'église, pour merquier de notre merque ou martel autant desditz perotz ou Relaiz, que lesditz religieux en vouldront retenir*. Vide infra *Remessa*.

¶ **RELIDERE**, Repulsare, repercutere. Fortunatus in Epistola præfixa libro 1. Poematum : *Sola sæpe bombicans barbaros leudos harpa Relidebat*. Rursum utitur lib. 5.

* **RELIEARE**, Recolligere. Vide supra in *Reliamentum*.

* **RELIGAMENTUM**, idem quod supra *Reliatgium*. Charta ann. 1353. in Reg. 82. Chartoph. reg. ch. 240 : *Quod prædictæ terræ et feoda tenerentur ad unam solam tenutam in parria, et pro tali relevamento seu Religamento, Gallice Relief, quale pro sola parria debetur, et solvi dicto domino* (de la Broye) *consuevit*. Vide supra in *Relevare feudum*.

¶ 1. **RELIGARE**, Solvere, Gall. *Delier*. Jacobus Cardin. in Vita S. Petri Cœlestini tom. 4. Maii pag. 459 :

> . . . . Subigit si causa recessum
> Sufficiens, neque causa levis, Religare ligatum
> Hunc poterit passim : clauduntur nexibus alæ.

Notum est Latinis dici contraria notione, unde *Religare librum*, Gall. *Relier un livre*, Librum compingere, in Computo MS. Bibl. Reg. ann. 1245 : *Pro quodam Romano Religando et pro historio de Roncevaux* xx. s. Hinc

¶ Religator Librorum, apud Robertum *Goulet* in Compendio jurium Universitatis Paris. fol. 11. v°. Concinnator librorum, qui libros compingit, Gall. *Relieur*.

* Hinc nostratibus *Relige*, pro Vidua, quia soluta. Lit. remiss. ann. 1410. in Reg. 165. Chartoph. reg. ch. 66 : *Une femme, nommée Jehanne, Relige ou vesve de feu Colin Pliart, etc.* Vide *Relicta*.

* 2. **RELIGARE**, Dispersos fusosque milites cogere, Gall. *Rallier*. Bened. abb. Petroburg. in Henr. II. reg. Angl. tom. 2. edit. Hearn. pag. 647. ad ann. 1191 : *Imperator vero, Religatis sibi hominibus suis, qui dispersi erant per dumos in convallibus, etc.* Vide supra *Reliamentum*.

* *Relier* vero est Fenum in fasces colligare, vulgo *Botteler*; unde *Relieur*, pro *Botteleur*, in Arest. ann. 1332. ex Reg. 81. Chartoph. reg. ch. 741 : *Les hommes doivent tant seulement une journée de Relier et de fauchier; quant lesdis hommes, qui sont Relieurs ou faucheurs, viennent pour Relier ou pour fauchier en la ville de Vandosme, etc.* *Relieur* præterea dicitur, qui dolia circulis ligat, vulgo *Tonnelier*. Lit. remiss. ann. 1445. in Reg. 177. ch. 169 : *Le suppliant avoit ung Relieur, qui relioit ses pipes, pour mettre sa portion du vin, qui ystroit de la vendenge*. Cælatorem, Gall. *Ciseleur*, intelligo, in aliis Lit. ann. 1407. ex Reg. 161. ch. 333 : *Trois hommes Relieurs et vendeurs de henaps,..... lesdiz Relieurs ou henapiers, etc.* Quo sensu melius *Releveur* dictum fuisset. Vide supra *Relevatus*.

RELIGIO, Vita Monastica, seu voto, ut vulgo dicimus, religionis adstricta. Salvianus lib. 3. ad Eccles. Cathol. : *Illud durius ac molestius, quod quidam, ut arbitror, filiorum tuorum sub Religionis titulo a Religione dissentiunt, et habitu magis seculum relinquunt, quam sensu*. Eodem Libro : *Licet de conversorum venerabili choro esse videaris, licet Religionem vestibus simules, etc.* Zachæus in Consultat. lib. 3. cap. 3. de Continentibus : *Fides calida est, non tamen* *fervens, et mens religiosa, non Religioni penitus addicta.* [Capitulare ann. 823. et lib. 2. Capitul. cap. 4 : *Ut in monasteriis.... sancta Religio observata fiat.*] *Religionem suscipere*, in veteri Epitaphio, Lugduni : *In hoc tumulo conditur bonæ memoriæ Severianus, qui Religionem devota mente suscepit, sic quem anima ad authorem Dominum remeante terrena membra terris reliquit, exactis vitæ annis* XXXII. *obiit pridie Idus Augustas, resurgit in Christo Domino nostro post Consulat. Longini bis et Fausti.* Ulgerius Scholasticus, deinde Episcopus Andegav. in Epitaphio Marbodi Episc. :

Omnes personæ quæ sunt in Religione,
Ingemuere nimis planctibus et lacrymis.

Sugerius Abb. S. Dionysii Epist. 163 : *Hæc duo potissimum amplexatus sum, videlicet de statuenda Religione in B. Genovefæ Parisiensis, et nobili Compendiensi Ecclesia.* Hugo Flaviniac. in Chronico pag. 262 : *De Ecclesia S. Martini Religionem exturbavit, et secularitatem introduxit.* [Adde Vitam S. Adelheidis Abb. sæc. 6. Benedict. part. 1. pag. 141. 147. S. Bernardum Epist. 352. edit. 1690. tom. 1. col. 320. Statuta Ludovici Regis Franc. ann. 1154. tom. 1. Anecd. Marten. col. 438. Thomam *Madox* Formul. Anglic. pag. 50. Lobinellum tom. 3. Histor. Paris. in Glossario, etc.] Vide *Religiositas*, 2.

* Hinc *Ire ad Religionem*, Voto religionis sese adstringere. Scacar. Paschæ ann. 1207. in Reg. S. Justi ex Cam. Comput. Paris. fol. 15. v°. col. 2 : *Judicatum est quod filia Rogeri Vernai habeat saisinam de hoc, unde pater suus fuit saisitus, quando ivit ad Religionem.*

* RELIGIO, Religiosus ordo, monasterium. Charta Goffredi comit. Andegav. ann. 1143. inter Probat. ult. Hist. Trenorch. pag. 156 : *Cum cogente necessitate guerrarum, quas in Normannia habemus, ab ecclesiis et Religionibus Andegaviæ nos quærere subsidia oporteret, etc.* Libert. Clarimont. ann. 1248. tom. 5. Ordinat. reg. Franc. pag. 601. art. 26 : *Retinemus eciam quod nullus bona sua immobilia in manu Religionis cujusdam, nisi de licentia nostra, possit legare, seu aliquo modo alienare. Religion*, Domus religiosa, in Lit. remiss. ann. 1478. ex Reg. 206. Chartoph. reg. ch. 1034 : *Frere Jehan Cartier hermite mena les supplians en une Religion de la Trinité, nommée la Gloire-Dieu.*

** RELIGIO NOVA, Ordo Cisterciensis, in charta ann. 1201. apud Schœpflin. in Alsat. Diplom. num. 370. tom. 1. pag. 311.

* IN RELIGIONE PROMITTERE. Formula juramenti ab abbatibus et monachis usurpata. Charta Felicii abb. Cellæ Trec. ann. 1267. ex Chartul. Campan. fol. 305 : *Quod siquidem abonamentum seu transactionem in Religione nostra promittimus, quatenus in nobis est, tenere, adimplere et in nullo contravenire in futurum.*

RELIGIO, pro *Religiosi*, seu potius *Viri ecclesiastici.* Confirmatio manumissionis servi factæ a Remigio Archiepisc. Lugdunensi per Carolum Regem Burgundiæ filium Lotharii Imp. tom. 12. Spicilegii Acheriani : *Ut si quid reliqui manumissi, qui a Religionibus hoc modo noscuntur esse relaxati atque ingenui, etc.* Adde S. Ferreolum in Regula cap. 5. S. Fructuosum in Regula cap. 14. etc.

¶ RELIGIO DEI, Dei cultus, apud veterem Interpretem S. Irenæi lib. 1. cap. 16. num. 3.

HOMO RELIGIONIS, Religiosus. Liber Ordinis S. Victoris Parisiensis MS. cap. 18 : *Hic admonere volumus nullo modo licere homini Religionis vestimentum aliquod pro vilitate, id est nec pro forma, nec pro pretio respuere.*

RELIGIOSI, Voto religionis adstricti. Salvianus lib. 5. de Gubern. Dei : *Multi etiam Religiosi, imo sub specie religionis vitiis secularibus mancipati : qui scilicet post veterum flagitiorum probrosa crimina, titulo sanctitatis sibimet inscripto, non conversatione alii, sed professione nomen tantum demutavere, non vitam : et summum divini cultus habitum magis quam actum existimantes, vestem tantummodo exuere, non mentem.* Idem in Præfat. librorum ad Eccl. Cathol. : *Idem morbus hic non secularium tantum est, sed etiam eorum qui sibi nomen Religionis usurpant.* Et lib. 2. ad Eccles. Cathol. : *Intelligant omnes Religiosi non satis se Deo reddere, etiamsi universas dederint facultates, quia licet sua cuncta dispensent, ipsos se tamen debent.* Eodem lib. : *Religio scientia est Dei, ac per hoc omnis Religiosus hoc ipso quod religionem sequitur, Dei se voluntatem nosse testatur. Professio itaque religionis non aufert debitum, sed auget; quia assumptio Religiosi nominis sponsio est devotionis : ac per hoc tanto plus quispiam debet opere, quanto plus promiserit professione, etc.* Adde lib. 3. ubi de bonis religiosorum agit, et lib. 4. Concilium Tolet. IV. cap. 53 : *Religiosi propriæ regionis*, (forte *Religionis*) *qui nec inter Clericos, nec inter Monachos habentur, sive hi qui per diversa loca vagi fuerint, ab Episcopis.... coerceantur.* Will. Brito lib. 1. Philippid. :

Nil tugo ruricolæ, nil froccus Religioso,
Nil fragilis sexus mulieri, nil sacer ordo
Presbytero prodest.

Vide Gerbertum Epist. 88. [Kennettum in Glossario ad calcem Antiq. Ambrosden. et Thomam *Blount* in Nomolexico, Acherium tom. 8. Spicil. pag. 384. etc.]

* Glossar. jurid. Anonymi ex Cod. reg. 4611 : *Religiosi proprie appellantur illi novitii, qui non sunt professi, nec habent habitum nec vocem in capitulo. Not. Glo. de Cler. c. Cum eo. lib. 6. Religiosi, qui sunt manuales*, (si) *absque causa et evidenti malitia removentur per superiores, possunt implorare officium judicis, sicut servi, quando male tractantur a dominis, licet hoc non inveniatur apud Italos, qui cum talia beneficia manualia committunt, quod eis liceat nuda voluntate revocare.* Ubi *Conversi* vel *Donati* designantur, quibus colenda committebantur prædia rustica.

RELIGIOSATUS, Religiosus. *Monasterium Religiosatum*, ubi viget disciplina monastica. Testam. Giraudi de Villanova ann. 1481. ex Tabul. D. Venciæ : *Quod* (si) *dicta nobilis Joanneta filia sua, monialis et religiosa alicujus monasterii Religiosati et aprobati monialium fiat et efficiatur, in quo Deo omnipotenti, cum dominabus monialibus ejusdem monasterii perpetuo serviat, etc.*

RELIGIOSA, Sanctimonialis, apud Gregorium M. lib. 7. Epist. 28 : *Adeodata ancilla Dei*, mox eadem *Religiosa* dicitur. [*Religiosa femina*, in Capitulari Ingilenheim. ann. ut conjicitur, 826. cap. 4. lib. 5. Capitul. cap. 385. lib. 6. cap. 100. et alibi passim. *Religiosa mulier*, lib. 5. Capitul. cap. 388. et alibi.]

¶ RELIGIOSUS LOCUS, *in quo mortuus sepultus est*, in vet. Vocabulario juris utriusque. Et alio in loco : *Res Religiosæ sepulchra sunt, in quibus homines sepeliuntur.*

¶ RELIGIOSA VESTIMENTA, Ecclesiastica, sacra. Ordo Rom. apud Mabillonium tom. 2. Musei Ital. pag. 93. num. 8 : *Ingrediuntur Pontifex et levitæ in sacratarium, et induunt se vestimentis Religiosis, cum quibus debent celebrare Missarum sollemnia.*

* **RELIGIOLA**, pro *Regiola*, in Vita S. Rufini episc. tom. 5. Aug. pag. 820. col. 2. Vide in *Regia* 3.

¶ 1. **RELIGIOSITAS**, Religio, pietas. Miracula S. Walarici, tom. 1. Aprilis pag. 26 : *Mulier vero quædam religiosa in templo orabat, quæ, si fas est credi Religiositati, veraciter affirmabat, etc.* Epistola Benedicti IV. PP. apud Mabillonium tom. 3. Analect. pag. 436 : *Sanctitati seu omnium Christianorum Religiositatibus notum esse volumus, etc.* Pro pietate erga Deum etiam utitur Zeno Veron. in Sermone de S. Arcadio Martyre. Vide *Superstitia.*

¶ 2. **RELIGIOSITAS**, Idem quod *Religio*, Vita Monastica. Additam. ad Leges Ludovici II. Imperat. apud Murator. tom. 1. part. 1. pag. 161. col. 1 : *Femina vero quæ habitum religiosum aut velamen obtentu Religiositatis susceperit, etc.* Charta Gaufredi Comitis apud Baluzium tom. 7. Miscell. pag. 229 : *Insederat itaque meo cordi jam inde ab adolescentia, si quos agnoveram Religiositatis sacræ pura devotione cultores, sedulitate mira colere... interea suggeritur mihi ab hujusmodi quibusdam, quos vehementer maxime verebar offendere, monachos dico, etc.*

¶ 3. **RELIGIOSITAS**, Titulus honorarius virorum religiosorum. Abbati Farfensi tribuitur in Bulla Paschalis I. PP. apud Murator. tom. 2. part. 2. col. 372 : *Tuæ Religiositati tuisque successoribus vestri monasterii in perpetuum concedimus detinenda.* Abbati S. Andreæ Avenion. in Bulla Clementis V. PP. ann. 1315 : *Igitur quia petistis a nobis quatinus concederemus sive confirmaremus tuæ Religiositati prædictum monasterium S. Andreæ, etc.* Magistro Ordinis Teutonicorum in Literis Henrici VI. Regis Angl. ann. 1440. apud Rymer. tom. 10. pag. 753. col. 2 : *Vestræ Religiositati mittimus, etc.*

¶ **RELIGIUM**, Gall. *Relief.* Vide *Relegium.*

¶ **RELINERE**, RELINIRE, Quod inunctum est detrahere, deradere. Glossæ Lat. Gr. : *Relines*, ἀποχρίσεις. *Relinio*, ἀποχρίω. *Relino*, ἀποχρίω. Adde Græco-Latinas. Pro aperire usurparunt melioris notæ Latini. *Relinere epistolam*, apud Ciceronem; *Relinere dolia*, apud Terentium.

¶ **RELIQUA**, Universa, apud veterem

Interpretem S. Irenæi lib. 1. cap. 11. num. 1. ult. edit. τὰ ὅλα, ipsi Irenæo. Vide *Reliquum*.

* 1. **RELIQUARE**, Liquare, Gall. *Fondre*. Vita B. Schetzel. tom. 2. Aug. pag. 179. col. 2 : *Tantummodo circa faciem meam virga fumantis anhelitus ab ore procedens, superjectam nivem paulatim undique Reliquabat, et modicam fecerat aperturam.* Passio SS. Felic. et soc. tom. 3. Sept. pag. 773. col. 1 : *Decius autem ira repletus, jussit afferri picem et Reliquari, et mitti in ea S. Regulam.* Occurrit rursum tom. 6. ejusd. mens. pag. 307. col. 2.

* 2. **RELIQUARE**, pro Relinquere, nisi me fallo, vel Approbare. Charta ann. 1273. in Lib. pitent. S. Germ. Prat. fol. 129. r° : *Domum suam eidem emptori et ejus hæredibus obligando in contraplegium, etiam Reliquando rasuras auctoritate circa illa verba, dictus emptor, etc.*

*A Latino Relinquere, nostri *Relanquir*, eodem sensu, dixerunt. Lit. remiss. ann. 1429. in Reg. 174. Chartoph. reg. ch. 333 : *Le suppliant respondi qu'il aimeroit mieulx estre mort, que de Relanquir son souverain seigneur, ne changer son party. Relinquir*, apud Joinvil. in S. Ludov. edit. reg. pag. 11 : *Pour nulle riens terrienne, ne pour meschief que on feist du cors, ne le* (Dieu) *Relinquiriés.*

¶ **RELIQUARI**, Reliquatio, Reliquator, etc. Vide in *Reliquum*.

RELIQUARIUM, *Reliqua*, ἔλλειμμα. Gloss. Græc. Lat. [Alibi : Λοιπά, *Reliqua*, *Reliquarum*, *Cetera*. Eadem occurrunt in Glossis Lat. Græc. Vide *Reliquum*.] Utitur hac notione S. Augustinus, in postrema editione, quam mire adornant eruditi Benedictini ex infinitis Codd. MSS. tom. 1.

1. **RELIQUIÆ**, Cadaver exanime. Spartianus in Adriano : *Antiochia dimissus est ad inspiciendas* (al. *excipiendas*) *Reliquias Trajani, quas Tatianus, Plotina, et Mattidia deferebant.* Ammianus lib. 21. extremo : *Eique vehiculo insidenti quod portabat Reliquias, etc.* Apud Florentinum JC. Corpus a reliquiis distinguitur, leg. monumentum D. de Relig. ut et in antiquis Inscriptionibus. Apud Gruterum 689. 8... : *Corpus integrum conditum sarcophago.* In alia 471. 7 : *Reliquiæ corporis Tarquini Crispi, etc.* In priori enim sepulcro corpus integrum sepultum est, in altero cineres corporis exusti. Apud Christianos vero alia sunt *corpora*, aliæ *reliquiæ* Sanctorum : corpora enim integræ sunt Sanctorum exuviæ : *reliquiæ*, corporum pars tantum : quod quidem discrimen agnoscit præ cæteris Gregorius M. lib. 2. Dial. cap. 38.

Sanctorum Reliquias et imagines, atque adeo Dominicam Crucem interdum inter spinas depositas legimus, si quando viri Ecclesiastici de injuriis Ecclesiis suis illatis a viris potentibus justitiam extorquere non poterant, ut omnium in eos odium commoverent, hocque facto ad rerum ablatarum restitutionem eos cogerent. Quod quidem non nuperum, sed a primis Monarchiæ Francicæ primordiis apud nostros in usu fuisse satis declarat Greg. Turon. lib. de Glor. Confess. cap. 71 : *Denique condemnatus spoliatusque Sacerdos ad urbem rediit, atque prostratus in orationem coram sepulchro Sancti, dicto psalmi capitulo, ait, Non hic accendetur lumen, neque Psalmorum modulatio canetur, gloriosissime Sancte, nisi prius ulciscaris servos de inimicis suis, resque tibi violenter ablatas Ecclesiæ sanctæ restituas. Hæc cum lacrymis effatus, sentes cum acutis aculeis super tumulum projecit : egressusque clausis ostiis similiter in ingressu alias conlocavit.* S. Audoenus in Vita S. Eligii cap. 30 : *Nisi cito ornamenta tabernaculi hujus furata reduxeris, equidem spinis allatis faciam hanc januam ita obserari, ut nunquam tibi in hoc loco veneratio præbeatur ab hodie.* Vetus Notitia ex Tabulario S. Joannis Andegav. : *Canonici hæc audientes, nescientes quid agerent, quia amplius pati nequibant, cum fere jam omnia perdidissent, consilio cleri ejusdem villæ tristes deposuerunt S. Licinium super spinas, et alia corpora Sanctorum, et omnes Reliquias Ecclesiæ, et Crucifixum, et portas Ecclesiæ spinis obtruserunt. Comes autem et Pontifex pietate ducti coegerunt D. Eudonem, et suos ad justitiam faciendam, etc.* Infra : *Qua de causa corpora Sanctorum ita deposita fuerant, et quomodo D. Eudo et Canonici reconciliati sunt, et sic levaverunt S. Licinium et alia corpora sancta a terra, et reposuerunt ea in locis suis psallentes, et laudantes Deum.* Acta Episcoporum Cenoman. pag. 291 : *Clerici namque Pastoris sui persecutionibus condolentes, non solum cives proprios, sed vicinarum regionum populos, tam per semetipsos, quam et per litteras vicinis Episcopis destinatas impigro discursu commovere non cessabant, matris Ecclesiæ omniumque ejusdem civitatis vel suburbii Ecclesiarum januas ad doloris indicium spinarum aculeis obstruentes.* Tabular. S. Eparchii Inculism. fol. 45 : *Pro his itaque querimoniis et aliis malis, quæ homines mei injuste et violenter in terra illa faciebant, Hugo Abbas S. Eparchii, cui hominium et fidelitatem feceram, et tota Congregatio loci preces frequentes, et publicos clamores ante corpus S. Eparchii continuabant, ut Deus omnipotens ad justitiam istud attraheret. Quo ego audito, perpendens Dei judicium, et animæ meæ periculum timens, etc.* Et fol. 117. de Fulcaudo de Castro, quod vocatur *Rocha*, ex quo orta gens Rupifulcaldia : *Nam propter fortitudinem suam Deo et S. Eparchio abstulit, et in suo dominio retinuit. Fiunt in monasterio S. Eparchii maledictiones, nec non et excommunicationes. Fundunt monachi Domino preces, ut Dominus, qui omnia potest, in memoriam ejus reducat, quod impie gesserit. At vero omnipotens Deus, qui non claudit aurem acclamantium, pauperis, id est servorum suorum precibus ... igitur nutu Dei corripitur animo, et ad memoriam ejus venit, ut ex voluntate propria relinqueret, quod violenter subripuerat, etc.* Chronicon Senoniense lib. 5. cap. 7 : *Quum Dominus de Salinis res Ecclesiæ Senoniensis diriperet, Monachi consilio Gilonis Episcopi Tullensis imagines Redemptoris nostri, et etiam beatissimi Simeonis Confessoris de locis suis ad terram super spinas deposuerunt.* Vetus Scheda tom. 4. SS. Ord. S. Benedicti pag. 122 : *Monachorum alii capsulas in quibus Sanctorum continebantur pignora, humi deposuerunt, et voce flebili, et corde suspirioso, Dei misericordiam everberabant.* Tabularium Vindocinense ch. 202. sub ann. 1074 : *At Monachi tanto victualium suorum damno curtati, nullumque humani auxilii confugium jam sperantes, eo quod is, qui justitiam illis acquirere debebat, raptoribus consentiret, cum tanta cordis contritione conversi ad Deum, clamorem simul et querimoniam facere cœperunt, ut ipsam etiam Dominicæ crucifixionis imaginem, nostræ videlicet redemptionis causam, de statu suo submittentes, in pavimentum Ecclesiæ super spinas deponerent : non quidem dedecoris sive opprobrii causa adversus Dominicum signum, sed ut tali facto malefactores deterriti ab Ecclesiæ injusta invasione, et rerum ablatione cessarent.* Epistola Archiepiscopi Rotomag. ad Decanos : *Cum bona Rotomagensis Ecclesiæ, quibus nos pro voluntate sua minus juste Excellentia Regia spoliavit, et ob reverentiam B. Virginis, in cujus honore eadem Ecclesia dignoscitur esse fundata, eidem fuerint ab antiquo collata, nosque Regiam Majestatem de novo duxerimus requirendam, ut eadem bona nobis restituere dignaretur, qui nec solum monitioni nostræ satisfacere non curavit, sed nec super hoc certum dare voluit responsum : vobis in virtute obedientiæ districte præcipiendo mandamus, quatenus cum prædicta violentia in injuriam B. Virginis specialiter redundare noscatur, et ut offensa quæ eidem in hac parte irrogatur in cœlis, circa imagines ipsius repræsentetur in terris, vos universas imagines B. Virginis in Ecclesiis vestrorum Decanatuum collocatas, singulas juxta aliquod altare in navi Ecclesiæ constitutum, non ad terram nudam sed super cathedram aliquam, sedem, aut sellam, aut si forte Ecclesia in navi altare non habuerit, in aliquo loco competenti ipsius navis per earumdem Ecclesiarum Presbyteros faciatis infra instans festum N. collocari; easdem item imagines spinis immediate circundari, et aliquibus repagulis aut obstaculis, ne ab aliquo contingi aut sordidari contingat, easdem circumvallari cum debita diligentia faciatis. Hoc autem tam in regularibus quam secularibus Ecclesiis præcipimus inviolabiliter observari. Hoc idem etiam de imaginibus Salvatoris a quindena ejusdem N. Dominicæ faciatis : nisi infra eandem quindenam a nobis aliud receperitis in mandatis. Dat. etc.* Exstant complura hujusce ritus exempla apud Scriptores, Ordericum Vitalem lib. 8. pag. 683. 684. Rogerum Hovedenum ann. 1197. Ægidium Monachum Aureævallis cap. 103. Joannem Hocsemium cap. 5. pag. 290. in Synodo Landavensi ann. 1056. in Tabulario ejusdem Ecclesiæ Landav. in Monastico Anglic. tom. 3. pag. 195. et seqq. etc. Verum id tandem prohibitum fuit in Concilio Lugdunensi sub Gregorio X. Sed et

Reliquiæ Sanctorum in prædia Monasteriorum illata, ut prædatores ab iis invadendis averterent. Bernardus Monac. in Consuetud. Cluniac. MSS. cap. 77 : *Alia autem processio fit... vel quando defunctum aliquem sepelimus, et huic conventus debet interesse totus,... vel quando persona illius dignitatis advenit cui processio facienda sit, vel quando imago S. Petri, vel aliæ capsæ cum Reliquiis Sanctorum ad aliquam villam nostram mittuntur pro timore prædarum et rapinarum, ut sæpe contingit, cum quibus omnes induti albis, pulsatis omnibus signis, usque ad portam Castelli exeunt, et eandem reverentiam, quando reportantur, deferunt.* Molanus in Natal. SS. Belgii 1. Julii : *Cæterum diei hujus lectiones continent corpus sacrum in Saxoniam delatum esse cum ibi, negata justitia, prædia S. Reginæ invaderentur.*

Alia denique ratione in usurpatores rerum Ecclesiasticarum sævitum testatur idem Bernardus Mon. cap. 42 : *Cum, aliquo prædone vastante res Ecclesiæ, volunt inde ad populum querimoniam facere, præcipitur ut omnes populares die Dominica ad majorem Ecclesiam conveniant : et tunc cantatur Missa matutina ad Crucifixum. Finito Evangelio, incipit Sacerdos, Credo in unum Deum, post cujus finem, dicta Offerenda, quidam frater ascendit pulpitum, et de præceptis divinis aliquantisper primum loquens, tandem manifestat eis tribulationem, suggerens eis ut faciant eleemosynas, atque rogent Dominum, quatenus illum malefactorem pacatum eis reddat, et convertat de malo ad bonum : adjungit quoque quædam humilia et persuasoria, dicens, Scitis quia si aufertur nobis nostra substantia, non possumus vivere, rogate ergo, fratres, Dominum, et nos faciemus ad eum proclamationem. His dictis, incipitur in Choro Resp. Aspice, vel Congregati sunt inimici nostri, et omnia signa tunc interim parumper pulsantur. Finito autem Responsorio, signisque dimissis, dicit conventus hos tres Psalmos, Domine quid multiplicasti, Deus noster, Ad te levavi, quibus adduntur hæc Capitula, Post partum, Esto nobis, Memor esto, Dominus vobiscum, Concede nos famulos, de S. Maria, et alia de tribulatione.* Huc pertinet *Missa contra Judices male agentes*, in lib. 3. Sacrament. Rom. Eccl. cap. 63. Nam hoc loco *Judices* sunt magnates, proceres.

Ad hunc in usurpatores rerum Ecclesiasticarum sæviendi morem spectat etiam Charta Joannis III. Episcopi Pictavensis, quam ex MS. descripsimus : *Cum in oppressionibus et angustiis universis recurrendum sit ad illud singulare remedium divinum D. Jesum Christum, qui prout vult, prout placet, facit in perturbatione serenum, et in tempestate tranquillum, Nos in oppressione, qua nos et Ecclesia nostra Pictavensis a nobili viro Comite Pictavensi et suis .... recurrere volentes ad ipsum Dominum Jesum Christum, cujus Ecclesiæ causam prosequimur in hac parte, districte præcipimus, sub pœna excommunicationis, et in virtute obedientiæ, firmiter injungentes, ut singuli Ecclesiarum Rectores quatenus non subjiciuntur Ecclesiastico interdicto, exclamationem et precem pro nobis et Ecclesia nostra singulis diebus dominicis et festivis annalibus, faciant et dicant, prout inferius continetur; cujusmodi formam recipiant a Decanis et Archipresbyteris suis, vel Vicariis eorundem. Cantato vero Agnus Dei, antequam detur Pax, dicat Sacerdos flexis genibus : Ante sacratissimum Corpus et Sanguinem tuum, Domine Jesu Christe, mundi Redemptor, accedimus, et nobis in necessitatibus nostris a te vivo et vero Deo misericorditer subvenire clamantes imploramus, ut nobilem Virum Comitem Pictavensem, et suos, ac eos, quorum consilio super hoc utitur, qui viribus suis confisi, Joannem Episcopum nostrum, et matrem Ecclesiam nostram Pictavensem Castro et Castellania de Angla cum pertinentiis suis per violentiam spoliarunt, et adhuc detinent spoliatos, nec competenter moniti volunt satisfacere præmissis, vel aliquo de præmissis, propter quod et Ecclesia nostra et tua... quam in honore beatorum Apostolorum Petri et Pauli fundasti, sedet in tristitia et mœrore, et non est, qui consoletur eam, nec liberet, nisi tu Deus noster, ipsius Comitis et sociorum suorum et consilii sui frangendo duritiam, ad viam justitiæ et veritatis inducas, et humilies ad restituendum prædictis, et priora Ecclesiæ suæ jura, et satisfaciendo de prædictis injuriis competenter. Exsurge, inquam, in adjutorium Episcopi nostri, et Ecclesiæ Pictavensis, et clamori nostro aures pietatis tuæ inclina. Respondeatur, Amen. Conforta eos, et auxiliare eis, Amen. Expugna impugnantes eos, Amen. Frange duritiam eorum, qui eos affligunt, Amen. Prædictos autem Comites, et suos, ac Consilium suum, Domine, sicut scis, justifica, in veritate tua, Amen, Fac eos, prout tibi placet, recognoscere maleficia sua, et libera prædictos Episcopum et Ecclesiam Pictavensem misericordia tua, Amen. Ne despicias nos, Domine, clamantes ad te, Amen. Propter gloriam nominis tui, Domine, misericordiam, qua Ecclesiam prædictam fundasti, et in honore sanctorum tuorum Apostolorum Petri et Pauli sublimasti, visita ipsam et Episcopum ejus in pace, et erue eos a præsenti angustia, Amen. Tunc dicatur Psalmus : Ad te levavi oculos meos; quo dicto, dicat Sacerdos capitulum : Salvos fac servos tuos, Esto eis turris fortitudinis, oratio : Hostium Episcopi et Ecclesiæ Pictavensis elide duritiam, et dexteræ tuæ virtute prosterne, Amen. Cum nos requisierimus, et moneri fecerimus competenter nobilem virum Comitem Pictavensem, ut Castrum et Castellaniam de Angla, de quibus per Adam Baillivum suum in Pictavia et servientes suos nos fecit extra justitiam dissaisiri cum suis pertinentiis, etc.* Sequitur Interdictum et fulmen in civitatem et diœcesim Pictavensem. [Vide supra *Clamor ad Deum.*]

Reliquiæ Sanctorum per vicos et Provincias interdum etiam circumlatæ, ad corrogandas pecunias, quo Ecclesiarum indigentiæ, vel ædificationi aut restaurationi succurreretur. Hermannus Monach. de Miraculis S. Mariæ Laudun. lib. 1. cap. 3 : *Hos itaque cum feretro Dominæ nostræ et aliis capsis Reliquiarum transmisimus ad accipienda donaria fidelium.* Adde capita sequentia. Alia hujus ritus exempla proferunt Anonymus in Miraculis S. Marculfi Abbat. Nantensis num. 4. et seqq. Guibertus lib. 3. de Vita sua cap. 12. Stephanus Tornacensis Epist. 18. 19. Hemeræus in Augusta Viromand. ann. 1076. et 1426. pag. 125. 315. Monasticum Anglic. tom. 3. pag. 242. Guill. Prynneus in Libertatib. Eccl. Anglic. tom. 3. pag. 49. et Auctor Histor. Eccles. Abbavillensis pag. 451. Vide præterea Concilium Pictavense ann. 1109. cap. 12. et Robertum *de Chorçon*, Cardinalem in Summa apud Jacob. Petitum in Notis ad Pœnitentiale Theodori pag. 134. [Statuta Capitulorum generalium Ordinis Cisterc. ann. 1449. et 1453. apud Marten. tom. 4. Anecd. col. 1614. et 1617. ubi Reliquias sacras circumferri vetatur absque Capituli generalis licentia.]

* Quod primum ecclesiarum indigentiæ, vel ædificationis aut restaurationis causa factum est, in incredibiles posthac abusus est delapsum. Hujus rei testem habemus haud suspectum, scriptorem miraculorum B. M. V. qui in ejusmodi impostores acrius invehitur lib. 2. mirac. 9 :

Cil clergastre sermonécur
Sont tout si fort tribouléeur,
Qu'erbe font paistre à simple gent,
As plusors tolent lor argent....
Li un préeche à haute vois
Que le dent porte sainte Crois;
Et li autres jure cum a
Des sains Jours que Dex jeuna
Enseelé en un cristal;
Li autres ra en un cendal
La jointe de l'Assention;
De la Purification
Ra li autres plaine fiole;
Li autres dist c'une canole
Et une coste a de Tous sains.

* Nec minus ridicula sunt, quæ leguntur in veteri Inventario Reliq. S. Florent. Salmur. : *Le vessel ou Nostre Seigneur et ses Apostres beurent à la cene. Des pierres qui fendirent et rompirent au trespassement de N. S. De la grande robe Nostre Dame. Du cierge virginal qui fut allumé du feu du ciel le jour de Pasques, quand N. S. J. C. resuscita. De S. Michel de marmore, etc.*

Reliquiæ Sanctorum delatæ ad loca, quæ Ecclesiis cedebantur, ut hoc ritu quodammodo in possessionem eorum Sancti ipsi mitterentur. Charta Roberti Comitis Fland. ann. 1093. in Tabular. S. Bertini : *Quæ divisio* (prædiorum) *sive institutio, ut majori authoritate fulciretur, corpora SS. Audomari et Bertini navi imposita, per dictum profluvium, in nostra præsentia circunduci fecimus, Episcopo Drogone ab ipsa navi aquam benedictam versus atrium projiciente, et hoc modo, quantum est spatii, in liberam potestatem S. Bertini vendicante.* Contra scribit Molanus in Natalib. SS. Belgii 1. Julii pag. 137. *sanctæ Reginæ corpus sacrum in Saxoniam delatum esse, cum ibi negata justitia, prædia ejusdem Sanctæ invaderentur*, quod supra notavimus.

Reliquiæ Sanctorum in castra et prælia delatæ. Vide *Capella S. Martini.*

* *Sanctarum Reliquiarum*, et imaginum varios abusus reprobant et prohibent Statuta synod. eccl. Castrensis ann. 1358. part. 2. cap. 2. ex Cod. reg. 1592. A : *Abusum detestabilem orrendæ et indiscretæ devotionis illorum, qui crucis, beatæ virginis Mariæ aliorumque sanctorum imagines seu statuas, irreverenter ausu tractantes eas, cum cessant a divinis in aliqua eccelesia, vel est intemperies, vel tempestas, vel fulgura cadunt, in terram prosternunt, urticis spinisque supponunt, verberant, dilaniant et percutiunt, et submergunt, penitus reprobantes, præmissa fieri et aliquid tale fieri vel simile perpetuo prohibemus.* Vide supra in *Altare.*

¶ Reliquias *Sanctorum* tribus in locis

conditas fuisse ex variis Scriptoribus probat Mabillonius lib. 1. de Liturgia Gallic. cap. 9. primo in cryptis subterraneis, nempe subtus altare; secundo in parietibus Ecclesiæ, ubi depingi solebant imagines sacræ; tertio quandoque in Baptisterio; quarto denique sed rarius, in columbis suspensis, ut Eucharistia solebat, quod probat ex Hermanno Monacho lib. 3. de Miraculis S. Mariæ cap. 28. ubi de furto Anselmi cujusdam qui *cruces aureas et phylacteria confringens, inter cetera etiam auream columbam confregit, quæ pro lacte et capillis S. Mariæ, ut ferebatur, introrsum reconditis, multum erat famosa et honorabilis ; unde et in majoribus festis super ejus altare solebat appendi.* Ex quibus posterioribus verbis patet ejusmodi columbas super altare appensas fuisse, sed ad breve tempus tantum : neque primis sæculis reliquias super altaria appendi vel collocari religio ferebat; neque forsan alibi uspiam inveniri possint ejusmodi columbæ ad continendas reliquias.

¶ Reliquias *S. Michaelis Archangeli* e Monte Gargano ad Montem *Tumbam* olim, nunc *S. Michaelis* dictum allatas narrat Scriptor anonymus, sæculo x. superior, apud Mabillon. in Actis SS. Benedict. sæc. 3. part. 1. pag. 87. cap. 3 : *Partem scilicet rubei pallioli, quod ipse memorandus Archangelus in monte Gargano supra altare, quod ipse manu sua construxerat, posuit, et partem scilicet marmoris, supra quod stetit, cujus ibidem usque nunc superexstant in eodem vestigia.* Adde cap. seq.

¶ Reliquiæ *Dominicæ Nativitatis* memorantur, sed, in quo consistant, non dicitur, in Miraculis S. Bertini lib. 1. cap. 3. sæc. 3. Benedict. pag. 119.

Collatio Reliquiarum, cum scilicet Ecclesiæ vicinæ suas vicissim reliquias ad statum et definitum locum, cum processionibus deferebant, in pacis et concordiæ ac amicitiæ symbolum. Miracula S. Adelardi Abbat. Corbeiensis cap. 8 : *Adoleverat etiam inter Ambianenses et Corbeienses nova quædam religio, et ex religione pullulaverat consuetudo, quæ etiam reciprocabatur omni anno. Octavis denique Rogationum, ab utrisque partibus conveniebatur in unum, ibique conferebantur corpora Sanctorum : solvebantur lites, ad pacem revocabantur discordes, mutabantur a populo orandi vices : decreta utriusque loci renovabantur, populo perorabatur, sicque redibatur.* Vita et translatio S. Præcordii num. 11 : *Ad statuendam pacem facta est collatio sanctarum Reliquiarum Ambianis, etc.*

** Reliquiarum Festum. Vide Haltaus. Chronol. med. ævi. Calendar. speciale, § 33.

2. **RELIQUIÆ**, Bona mobilia, quæ post mortem Episcopi aut Prælati *relinquuntur*, quæ Domini Regalium vulgo sibi vindicabant. Charta Friderici II. Imp. ann. 1220. apud Wilhelmum Hedam : *Promittentes deinceps quod nunquam in mortem cujuscumque Principis Ecclesiastici Reliquias suas fisco vindicabimus. Inhibentes etiam, ne Laicus quisquam aliquo prætextu eas sibi vendicet ; sed cedant successori, si antecessor intestatus decesserit : cujus testamentum, si quid inde fecerit, volumus esse ratum. Si quis vero contra hanc constitutionem Reliquias sibi vendicare præsumpserit, proscriptus et exlex habeatur, etc.*

¶ **RELIQUIARE**, Theca sacrarum reliquiarum, Gall. *Reliquaire.* Necrologium MS. FF. Minorum Silvanect. : *Procuravit Reliquiare argenteum... item reliquit unum ferculum et Reliquiare ad reponendum Corpus Domini in paradiso in festo Eucharistiæ.* Literæ Capituli Paris. ann. 1499. apud Lobinell. tom. 5. Hist. Paris. pag. 720. col. 2 : *Octavo, donabitur Reliquiare valoris centum francorum, vel eo circa, in quo sunt sacra B. Sperati et suorum sociorum Chillitanorum ossa... Nono, Reliquiare dabitur valoris circiter francorum quinquaginta, in quo de vera Cruce Salvatoris Domini continetur.*

¶ Reliquiarium, Eadem significatione. Instrumentum de apertione capsæ S. Dominici Mart. apud Stephanotium tom. 5. Fragm. MSS : *Reliquiæ, excepto proprio corpore S. Dominici, fuerunt positæ in aliis Reliquiariis.* Inventarium Reliquiarum S. Severi apud eumd. Stephanot. tom. 1. Antiq. Vascon. MSS. pag. 58 : *Cum multis Reliquiariis Ecclesiæque ornamentis.* Rursum occurrit in alio Inventario ann. 1419. apud eumd. Stephanot. tom. 1. Antiq. Occitan. pag. 421. et in Testamento Beatricis de Alboreya Vicecomitissæ Narbonæ ann. 1367. apud Marten. tom. 1. Anecd. col. 1523.

* **RELIQUIOR**, Theca sacrarum Reliquiarum, vel sancta quævis imago. Ordinar. MS. S. Petri Aureæval. : *Evangelio lecto et offranda dicta ; prædictus sacerdos se vertat ad populum cum patena in manu vel alio Reliquiori, si sit in ecclesia ; et tunc omnes habent offerre Deo in prædicta missa.* Vide *Reliquiare.*

¶ 1. **RELIQUIUM**, Sacra reliquia. Vita S. Aldebrandi Episc. Forosemp. tom. 1. Maii pag. 160 : *Recepit unum Reliquium digiti sui.*

¶ 2. **RELIQUIUM**. Acta S. Regneberti Episc. et Mart. tom. 2. Junii pag. 696 : *A fidelibus est exinde translatus atque in Ecclesiæ templum juxta Reliquium S. Dei constitutus.* Doctissimi Editores adnotant in MS. legi, *juxta sancti Dei analogium*; in alio *juxta elogium analogium*, ubi primum verbum est superfluum. Hinc in Onomastico *Reliquium, Analogium, pulpitum* reddunt. Si vere *Reliquium* legendum est, mallem locum in quo repositæ erant reliquiæ, juxta vim vocis, interpretari, quam *analogium.*

RELIQUUM, Rei vectigalis ac tributariæ vox : quod restat exsolvendum ; Græcis JC. λοιπάς. *Reliqua remittere*, in Panegyrico Flaviensi; *Reliqua concedere*, apud Ammianum lib. 16. *Reliquorum debita requirere*, apud eumd. lib. 31. Vide Juretum ad Symmachum lib. 5. Epist. 87. et Jacobum Gothofredum ad Cod. Theodosianum.

Reliquarium, Codex continens *reliqua.* Gloss. Lat. Gr. : Λοιπαδάριον, ἔκθεσις λοιπάδος, *Reliquarium.* [Adde Glossas Lat. Græc. et vide *Reliquarium* suo ordine.]

¶ Reliquare, Reliqua describere. Glossæ Latino-Græc. et Græc. Lat. : *Reliquo*, λοιπογράφω, λοιπάζω. In Glossis MSS. habetur *Relinquo.*

¶ Reliquari, Debitorem remanere, leg. 10. Dig. § 1. de instructo vel instrum legato. (33, 7.)

Reliquatio, λοιπογραφία, Reliquorum descriptio. Tertull. de Anima cap. 56 : *Donec Reliquatio compleatur ætatis.*

Reliquator, Qui debitum omnino non persolvit, *Qui demeure en reste*, apud Paulum JC. leg. 9. § 2. D. de Publicanis. (39, 4.) Senator. lib. 5. Epist. 6 : *Viri itaque clarissimi Joannis querela comperimus, Thomatem domus nostræ certa prædia suscepisse, id est illud atque illud, et nunc decem millia solidorum Reliquatorem nostris utilitatibus extitisse, et per diversas ludificationes non implere debitam quantitatem, etc.* Adde Ep. seq. Edictum Theoderici § 144. [et Vitam B. Ægidii Ord. Prædicat. tom. 3. Maii pag. 418.] Papias : *Reliquatum metaphoricos dictum liquatum.*

¶ Reliquatrix, Quæ debitum non persolvit. Tertull. de Anima cap. 3 : *Anima Reliquatrix delictorum, donec exsolvat novissimum quadrantem.*

* **RELIQUUS**, Alter. Charta ann. 1229. in Chartul. Buxer. part. 14. ch. 4 : *Duo forestarii ponentur ad custodiendum nemus illud, unus ab una parte, Reliquus ab altera.* Charta ann. 1452. tom. 5. Cod. diplom. Polon. pag. 138. col. 1 : *Si futuris temporibus fieret, quod unus ex nobis prænominatis dominis..... extra et non in illa provincia esset, tunc Reliquus debet ex nostra amborum parte potestatem habere hujusmodi electum advocatum confirmandi.*

RELITERARE, Remandare, literis et alterius epistolæ respondere. Nicolaus Claraevallensis in Epistola MS. [nunc edita tom. 2. Miscell. Baluzii pag. 237. et seqq.] ad Archiepiscopum Remensem, Apostolicæ Sedis Legatum : *Sit beneplacitum ante te, ut Reliteres mihi, quando Remis post Octavas Paschæ tuam potero Reverentiam invenire.* [Epist. ann. 1150. apud Martenium tom. 2. Ampl. Collect. col. 395 : *Quidquid itaque super hac re vestra elegerit discretio, mihi fidelissimo vestro Relitterando insinuet, etc.*]

¶ **RELITERE**, *Iterum vel retro latere*, apud Johannem de Janua in Catholico.

* **RELLEVARE**, Eximere, liberare, nostris *Relever*, eadem acceptione. Formul. MSS. ex Cod. reg. 7657. fol. 17. r° : *Vclens propterea dictus Guaspar.... Petrum patronum Rellevare, ac etiam Rellevans ab omni onere satisdandi.* Lit. ann. 1374. tom. 6. Ordinat. reg. Franc. pag. 516 : *Ont grevé les povres ès assietes des fouages et desdictes tailles, et Relevez les plus grands et les plus riches, ou au moins imposez à moindre somme qu'il ne deussent estre.*

¶ **RELLIATGIUM**. Tabularium S. Petri Vosiensis fol. 31. v° : *Damus et concedimus Relliatge de decimo de la condamina de intus et de foris mansi.* Nostris *Reliage* est Vinctum ; sed quid ad hunc locum?

* Idem quod *Relevium.* Vide supra *Relatgium* et *Religamentum.*

¶ **RELLUA**. Inventarium ann. 1379. e Schedis D. *Lancelot* : *Item due bride parvi valoris ; item una Rellua.* An capistrum, Gallice *Licou*, detorta voce a Gallico *Relier*, Iterum vincire?

¶ 1. **RELOCARE**, Denuo locare. Ulpianus leg. 13. § 10. Dig. Locati conducti

(19, 2): *Si lege operis locandi comprehensum esset, ut, si ad diem effectum non esset, Relocare id liceret, etc.*

¶ 2. **RELOCARE**, In locum suum restituere, reponere. Epistola ann. 1071. apud Marten. tom. 1. Ampliss. Collect. col. 489 : *Tanta confestim subsecuta est gratia, ut manus ac pedes contracti solverentur, orbatæ mulieris oculi aperirentur, Elecelluti cujusdam pedes distorti Relocarentur.* Chronic. Leodiense apud eumd. Marten. tom. 3. Anecd. col. 1406 : *In sarcophagis et feretris deauratis eorum corpora decenter Relocata.* Occurrit alibi.

* *Ralouer*, eodem sensu, in Lit. remiss. ann. 1424. ex Reg. 172. Chartoph. reg. ch. 657 : *Icellui Adam Aubry tira un coustel à taillier pain de sa gaine, et fist semblant d'en ferir Jehan Regnard; lequel Regnard lui dist plusieurs foiz qu'il Ralouast sondit coustel.*

* 3. **RELOCARE**, Restituere in pristinum statum. Charta Lothar. imper. ann. 1135. ex Tabul. eccl. Camerac. : *Omnibus oppressis subvenire debemus, maxime ecclesiarum injurias delere et eas in prospero statu Relocare.*

* 4. **RELOCARE**, Collocare. Charta Barth. episc. Laudun. ann. 1141. inter Probat. tom. 1. Annal. Præmonst. col. 318 : *Visum est Hugoni* (abbati Præmonst.) *sorores suas, quæ in eadem valle penes se morabantur, veluti nimis sibi propinquas removere, et ad Deo serviendum longius Relocare.*

¶ **RELOGIUM**, Horologium, vernacule *Reloge*. Necrologium Parthenonis S. Petri de Casis : 9. *Aug. Dominæ de Langiaco donavit decem scuta pro Relogio Conventus.*

* Nostris etiam alias *Reloge*, pro *Horloge*. Glossar. Provinc. Lat. ex Cod. reg. 7657 : *Relogi, Prov. horologium. Une maison estant près du Reloge dudit lieu* (de Partenay), *etc.* in Lit. remiss. ann. 1457. ex Reg. 187. Chartoph. reg. ch. 274.

¶ **RELUCENTIA**, Splendor. Vita B. Coletæ, tom. 1. Martii pag. 542 : *Relucentiam ejusdem virtutis in suis dictis et factis, etc.*

¶ **RELUCERE**, Reliquum esse. Decretum Flavii Regis ann. 682. tom. 2. Concil. Hispan. pag. 704 : *Quidquid de ratione tributorum apud vos Relucet, sic totum donatum vobis a Serenitate nostra habeatis.* Et pag. 705 : *Sancitum est, ut omne tributum præteritorum annorum... quod in privatis sive fiscalibus populis Relucet, absolutionis perpetuæ debeat sanctione laxari.* Quidam pro *Relucet* legunt *Rejacet* : quod melius, ut videtur, congruit.

¶ **RELUCIDARE**, *Relucere*, in Glossis membranaceis MSS. quas laudat Vossius lib. 4. de Vitiis serm. cap. 21. ubi tamen observat originem vocis exigere, ut potius signet lucem affundere vel luce convestire.

¶ **RELUCTA**, Repugnantia, reluctatio. Acta S. Symeonis Reclusi, tom. 1. Junii pag. 104 : *Ut absque Relucta, ad usus non vitiorum, sed exercendarum virtutum habeatur.*

* **RELUERE**, Redimere, repignerare. Charta Ladisl. reg. Bohem. ann. 1456. inter Probat. tom. 1. Annal. Præmonst. col. 528 : *Concedimus licentiam, facultatem omnemque potestatem redimendi et Reluendi bona et res quaslibet ipsius monasterii* (Doxanensis) *obligata seu alienata.* Vide in *Reluitio.*

¶ **Reluitio**, Resolutio. Christophorus Mullerus in Introduct. ad Histor. Canoniæ Sand-Hippol. apud Raymundum Duellium tom. 1. Miscell. pag. 325 : *Audiit interim adversarius objectionum suarum Reluitionem, et mutato animo palinodiam cecinit.* Rursum utitur pag. 368. Festus : *Reluere, resolvere, repignerare.*

RELUMINACIO, Ἀνταύγεια, in Gloss. Lat. Græc. [Et mox : *Reluminatio*, ἀνταυγασία. Sic etiam in Glossis Græc. Lat.]

* Nostris *Relumer* et *Renluminer*, pro Lumen restituere. Vita J. C. MS. :

> Longis qui de Gresse fu nés
> Aveules fu, bien le savés,
> Quant Dame Dieus le Reluma.

Rursum ubi de eodem :

> Longis le costé Dieu ouvri,
> Et sang et aigue s'en issi....
> A ses iols terst del sanc Jhesu;
> Et chil ki ainc n'avoit veu,
> Vit cler et fu Renluminés.

¶ 1. **REMA**, Species cantherii vel perticæ. Statuta Vercell. lib. 3. fol. 76. v° : *Nullus revenditor emat vel emi faciat lignamen aliquod, trabes, canterias, columnas, Remas, circulos, assides, templarios, nec aliquod aliud lignamen laboratum, vel non laboratum, etc.* Et lib. 5. fol. 122. recto : *Item si quis nemus alienum intraverit, et ibi nemus inciderit et exportaverit, solvat pro carro solidos quadraginta Pap... pro Rema vel canterio solidos decem.*

* Remus. Pedag. castri *de Les* ann. 1263. ex Cod. reg 4659 : *In capite cujuscumque navigii, pro prima qua descendit, accipit dictus Albaronus unam Remam quitiam, et dat ultra xij. denarios Melgor.* Charta Raim. comit. S. Egid. ann. 1164. in Chartul. Cluniac. : *Et in Remo, quem de unoquoque navigio descendente per aquam antiquitus haberet, etc.* Hinc diminut. *Remule*, in Lit. remiss. ann. 1457. ex Reg. 187. Chartoph. reg. ch. 53 : *Une Remule de bois ou baston gros au bout.*

* 2. **REMA**, Axungiæ species, nostris *Rémes* et *Rémaiz*. Sentent. ann. 1327. in Reg. 65. Chartoph. reg. ch. 279 : *Sur la saisine de vendre sief, oint, Rémes et autres gresses.* Inscriptio habet : *Causa vendendi cepum, onctum, Remas et alias pinguedines.* Lit. remiss. ann. 1451. in Reg. 185. ch. 221 : *Lesquelx.... achaterent du suif ou Rémes.* Aliæ ann. 1454. in Reg. 191. ch. 79 : *Le suppliant print pluseurs denrées et marchandises,.... comme blé, chanvre, cire, cif ou Rémaiz, etc.* Consuet. Aurel. ad calcem Assis. Hieros. pag. 471 : *Chascune charretée de bacons et d'oint et de Rémaux aus foires et aus marchiez, doivent douze deniers.*

¶ **REMACEUS**, Κτεὶς κναφικός, in Glossis Lat. Græc. et Græc. Lat. Codex MS. præfert. *Irinaceus.* Vide *Erinaceus.*

¶ **REMADIARE**, Mederi, corrigere, emendare. Vetus Charta apud Stephanotium tom. 3. Antiquit. Pictav. MSS. pag. 206 : *Sic ad præsente ipsa falsitione per ipsa charta Remadiaverunt, et in servitium S. Juniani de parte genitore eorum Allifredo se cognoverunt, et ad pedes ipsius Ranulpho se prostradederunt.* Melius infra *Remediare.*

* **REMAISANCIA**, Jus in bona derelicta, vel etiam in eorum bona, qui sine hærede decedunt, practicis nostris *Droit de désherence.* Charta ann. 1307. in Chartul. Pontiniac. pag. 263 : *Nos dicebamus nos habere et debere habere Remaisanciam seu remanentiam et manum mortuam de nostris hominibus et feminabus seu mulieribus.... Totum jus quod habemus in Remaisancia et manu-mortua, donamus dictis religiosis.* Pluries ibi. Eo spectant Lit. baillivi castell. Moritan. ann. 1385. in Reg. 144. Chartoph. reg. ch. 303 : *Villaumes de Forest, dit Malprivet, disoit à avoir.... en sa terre et seignorie de Forest.... le cose espavç et les biens, et Remanans demourez et Rémez par mort et trespassement de bastart et de bastardes.* Vide infra *Remanentia* 2. et *Remansio*.

REMALLARE, [In *mallum* seu in jus vocare.] Vide in *Mallum.*

¶ **Remallatio**, In jus vocatio, vel litis integratio. Charta Lotharii III. apud Mabillon. Diplom. pag. 606 : *Nulla inter ipsos lis et altercatio... nulla requisitio, nec Remallatio fiat.*

¶ **REMANANTUM**, Quód *remanet*, restat, reliquum, nostris alias *Remanant*, Anglis etiamnum *Remaining*. Liber niger Scaccarii pag. 252 : *Willelmus de Perverell dedit michi in franco maritagio quiete cum sorore sua feodum* II. *militum; unde Adam de Periers tenet de me* III. *partes* I. *militis, et Remanantum dedi Baldewin de Roucestre, cum filia mea in maritagium.* Instrumentum Gallicum ann. 1284. apud Lobinellum tom. 2. Hist. Britan. col. 439 : *Alain de Tuogouf dit qu'il souloit devoir demy-chevaliers, mes il dit que monseignour tient partie dou fié, e pourtant, comme il doit pour le Remeignant, il se presente.* Statuta Gualterii domini Commerciensis ann. 1263. e MS. Cod. ejusdem urbis fol. 89 : *Item se aulcun bourgeois de cette mesme ville brise le marché de cette ville, se payera* c. *sols au mayeur* XII. *den. aux eschevins* XII. *d. au navray* XX. *s. et au batu* X. *s. et à nous le Remenant.* Statuta ann. 1320. apud *de Lauriere* tom. 2. Ordinat. Reg. Franc. pag. 580. art. 12 : *Et se le vendeur ne l'acheteur s'accordent que le harenc soit compté, le vendeur prendra une messe et l'achateur une autre par main estrange, et à la revenue que ces deux revendront, doit revenir tout le Remenant du harenc.* Simili modo *Remaigner* a *Remanere* alias nostri dixerunt. Vetus Charta Gallica apud eumdem Lobinell. tom. 2. Hist. Britan. col. 395 : *Pez fut faicte entre nous en telle maniere qu'à cely Raol de Fougierres Remaignent en pes toute la paroisse de Lannois et la forest en toutes choses.*

* Charta ann. 1471. in Lib. rub. S. Vulfr. Abbavil. fol. 71. v° : *Necnon residuum, quod communi vocabulo dicitur Remanet, etc. Le Remanant du jour*, in Annal. regni S. Ludov. edit. reg. pag. 214. Charta ann. 1271. ex magn. Pastor. Paris. fol. 136 : *Je leur promets et suis tenu à rendre et à payer le Remanant des los et des ventes, etc. Rémain*, in Lit. remiss. ann. 1408. ex Reg. 163. Chartoph. reg.

ch. 187 : *Comme Guillaume de Rambures eust fait son testament,... et eust laissié à Betrix sa femme le Rémain de ses biens, ses debtes, lays et obseque payez. Rémaing*, in Lit. ann. 1409. tom. 9. Ordinat. reg. Franc. pag. 481. Vide infra *Remansa*.

REMANASTULA, Capitula ad Legem Alamannor. edita a Stephano Baluzio cap. 30 : *Si maritus uxorem suam dimittit*, 40. *s. ipse componat, et de mundo suo non habeat potestatem, et omnia ei reddat, quod ei per legem obtingit. Si reputat aliquid, potestatem habeat femina ipsa debet*, *sol.* 12. *solvat. De una Remanastula sua jure, quod superfuerit maritus juret, aut reddat.* Hæc omnino barbara.

¶ **REMANCIPARE**, Denuo sibi vindicare, iterum occupare. Charta Cuononis Abb. Stabulensis ann. 1124. apud Marten. tom. 2. Ampliss. Collect. col. 86 : *Igitur hoc dissidium per totum quadriennium fuit, et pene usque ad cædes et incendia exarsit, modo nostris in decimam accipientibus, modo Everardo, et violenter Remancipantibus.* Proprie *Remancipare* alienare est, vel in servitutem iterum asserere : quæ posterior notio loco laudato non male posset accommodari. *Remancipatam Gallus Ælius esse ait, quæ mancipata sit ab eo, cui in manum convenerit*, apud Festum. [** Vita Brunonis Archiep. Colon. altera cap. 9. apud Pertz. Script. tom. 4. pag. 277 : *Non multo post castrum Longiæ manu militari aggressus, obsidione prævalida fatigavit, tandemque captum juri ecclesiæ, sicut hodie est, Remancipavit.*]

¶ **REMANDARE**, Johanni de Janua, *Iterum vel retro mandare. Remandatum Pyrrho a Senatu est*, apud Eutropium, id est, Renuntiatum : qua notione legitur in Capitularibus Caroli Calvi tit. 37. cap. 15. in Literis ann. 1294. apud Rymer. tom. 2. pag. 662. in Actis Sanctorum Aprilis tom. 2. pag. 685. tom. 3. pag. 392. Sed pro Accessere sumitur in Vita S. Julianæ tom. 1. ejusd. Aprilis pag. 468 : *Remandaverunt primitus autem apud Hoyum fratrem illum, qui de prioratu domus prædictæ per memoratum Episcopum dejectus fuerat, clarescentibus culpis ejus.* Eadem notione Petrus Venerabilis lib. 1. Epist. 2 : *De statu domini Papæ et vestro, quem prosperari, tam pro communi utilitate, quam pro vestra requie, avidissime desidero, mihi quod est Remandate.* Item Epist. 24 : *Tractatum autem B. Hilarii super Psalmos ideo non misi, quia eamdem in nostro codice, quam et in vestro, corruptionem inveni. Quod si et talem vultis, Remandate et mittam.* Quod eo significatu συνεκδοχικῶς positum est, ut observat Vossius lib. 4. de Vitiis serm. cap. 21. ἀναλόγως vero a mandare accipi posset, pro Iterum præcipere, ut Isaiæ 28. 10 : *Quia manda, Remanda; manda, Remanda; exspecta, reexspecta; exspecta, reexspecta; modicum ibi, modicum ibi.* Pro præcipe, ac ubi id egeris, iterum iterumque præcipe : ut imitetur Prophetes sermonem eorum, qui riderent verba sua, mandata Dei annunciantis.

¶ **REMANDUCARE**, Iterum manducare. Synodus Pistensis ann. 862 : *Qui se bonis operibus et lacrymis et orationibus a peccato mundat, et iterum gravia peccata perpetrat, talis est, ut S. Petrus dicit, sicut porcus qui se lavat in luto, et sicut canis qui Remanducat vomitum suum.* Habetur 2. Pet. 2. 22 : *Canis reversus ad vomitum suum.*

¶ **REMANENTIA**, Mansio, habitatio. Charta Blanchæ Comitissæ Trecensis et Amalvini Abbat. Silvæ majoris pro Bellavalle ann. circiter 1212. apud Marten. tom. 1. Anecd. col. 829 : *In prædiota autem villa nullus hominum meorum, nec aliquis alius de feodis meis, vel de custodia mea, nec etiam aliquis hominum dicti Prioris, nec aliquis eorum qui manent in ejus potestate, recipictur pro Remanentia facienda.*

* Charta ann. 1206. in Chartul. eccl. Lingon. ex Cod. reg. 5188. fol. 11. v° : *Præterea si qui homines manserint infra ambitum duarum portarum de Chamonte, si nullam in alia parte villæ Remanentiam habuerint, ibi solummodo mei erunt. Demourance*, eodem sensu, in Charta ann. 1455. ex Chartul. Latiniac. fol. 250. v° : *Et s'il advenoit ou advient que lesditz mariez .... ne peussent ou puissent demeurer, résider, labourer, ne faire Demourance audit lieu de Ducy, etc.*

Remanentia, Jus, quod habet dominus in suo feudo tenentes suos adstringendi ad perpetuam *residentiam*, ita ut eo inconsulto excedere non possint, quod jus etiam *Reseandisia* dicitur. Gesta Abbatum S. Germani Autisiodorensis cap. 15 : *Medietatem villæ de S. Georgio a Joanne de Barris comparavit. Gistum, costumas, trossas, denarios, Remanentiam hominum, quæ omnia habebat apud Perrigniacum Joannes de Barris, acquisivit.* Charta Theobaldi Campaniæ Comitis ann. 1223. in Tabulario Campan. Thuani : *Feci diligenter inquiri, utrum habere deberem apud Arembercort Remanentiam.* Charta pro Chableio ibid. pag. 287 : *Nullus habet Remanentiam apud Chableium, nisi B. Martinus : sed nisi quis infra annum, quo Chableiam venerit, vel uxorem duxerit, libertatem suam dederit B. Martino, extunc liber remanserit, nisi per annum et diem foras Chableiam fuerit, et tunc se iterum dare B. Martino poterit.* Regestum feodorum Campaniæ fol. 99 : *Dudo de Fleoniaco recognovit, quod tenet de Comite Campaniæ, quidquid habet apud Crottas, etc. Et medietatem Remanentiæ hominum, qui veniunt et qui venient, et qui venerunt apud Floeniacum. Actum ann.* 1224. Regestum feodorum et servitiorum sub ann. 1256. f. 245 : *Et est assavoir, que le Comte de Bar ne puet retenir aucun homme des fiez de Champagne, ou des gardiens de Champagne, ne le Sire de Champagne des siens ou royaume, et se il allassent en l'Empire iceluy dessous qui mouvroit, auroit la Remanantise.* Charta Ludovici Reg. Franc. ann. 1239. in Regesto Philippi Pulchri ann. 1299. num. 28. ex Tabular. Regio : *Contentio, quæ erat inter nos et Canonicos Senonensis Ecclesiæ super justitia et Remansionibus advenarum in villa de Rontibus super Yonam et de Minagio, etc.* Libertates urbis S. Desiderii in Campania ann. 1228. MSS : *Si aliquis burgensium dimissa villa recederet, et infra* 40. *dies revocatus a domino vel burgensibus redire noluerit, dominus, ubicumque eum invenerit, tanquam hominem suum reclamare poterit,... et tota ejus Remanentia domino remanebit, nisi Remanentia fuerit pignori obligata per baillivum et scabinos, etc.* Infra : *Remanentiæ illorum, qui sine legitimo hærede decedunt, domino remanebunt.* Charta S. Petri Abbatis Tornodorensis ann. 1292 : *Dicta regina Remanentiam habere non potest, nec poterit in futurum pro suis hominibus seu burgensibus, nisi tantum pro hominibus vel burgensibus suis de Tornodoro et de sancto Michaele nec nos similiter Remanentiam habere possumus, nec poterimus in futurum, in villa Tornodori, nisi tantum pro nostris hominibus de sancto Michaele et Tornodoro.* Consuetudines MSS. S. Juliani in Lingonib. : *S'aucun veaut de nouvel venir à S. Julien, et estre seür la borjoisie de ladite ville, et demorer iqui franchement, il paiera nos ou à notre commandement* 2. *sols tornois por sa Remanence, et* 15. *deniers chascun an por sa borjoisie.* Vide Perardum in Burgundicis pag. 564. 565. et infra in *Residentia*.

* Item, Jus in bona derelicta ab eo qui *residentiam* debet, vel vacantia per mortem tenentis, qui sine hærede decedit : quo ultimo sensu pleraque hic allegata, intelligenda sunt, ut et Judic. ann. 1269. in Reg. *Olim* parlam. Paris. : *Inventum fuit per eam* (inquestam) *quod episcopi Cathalaunenses erant in saisina seu usu percipiendi manum-mortuam seu Remanentiam parentis decedentis et habentis liberos extra mamborniam suam. Demourance*, eadem notione, in Charta Fulcaudi dom. *de Rigney* ann. 1311. ex Reg. 56. Chartoph. reg. ch. 147 : *Reting pour moi, pour mes hoirs les escheoites et les Demourances des bastars et des bastardes.* Vide supra *Remaisancia* et infra *Remansio*.

¶ Remanentia, Jus in bona caduca, aut bona ipsa caduca. Charta Theobaldi Comitis Trecensis ann. 1100. apud D. *Brussel* tom. 2. de Feudorum usu pag. 683 : *Prima Remanentia erit Præpositi.* Laudatus Vir vertit *Desherence* vel *Mortemain*. Regestum magnorum dierum Campaniæ ad ann. 1287. apud eumd. D. *Brussel* tom. 1. pag. 224 : *Denunciaverunt duæ filiæ Huardi Baudier, quod domina de Chassins ipsum Huardum patrem suum in carcere detinuit pro suspectione cujusdam multri... dicta domina ipsum fecerat sine rationabili causa suspendi; quare petebant factum emendari, ipsum patrem suum injuste condemnatum de furchis deponi et in cemeterio sepeliri, et Remanentias ipsius patris sui sibi deliberari et reddi.* Ubi *Remanentiæ* idem sonant quod Bona a patre relicta; *Remanentiæ* vero hic dicuntur, ni fallor, quod bonis caducis vulgo accenserentur facultates eorum, qui morte condemnabantur.

3. Remanentia Terrarum, Cowello est jus terrarum in aliquem collatum, post terminum conductionis, aut alterius tituli, ad annos aut vitam duraturi, finitum. Videtur a Reversione differre, quia *Reversio* fit ad dominum proprie, aut ejus hæredes, unde jus primo derivatur; *Remanentia* autem ad tertium aliquem, qui neque dominus, neque tenens in præsenti est. Dicitur etiam terra dari *ad Remanentiam*, (nos dicimus, *à demeure*) quæ datur jure proprio et perpetuo possidenda, in Regiam Majestatem lib. 2. cap. 20. § 5. cap. 22. § 7. cap. 23. § 1. cap. 42. § 4. et alibi. [** Glanvilla lib.

7. cap. 1. § 7. cap. 9. § 3. etc.] [Vide Thomam *Blount* in Nomolexico v. *Remainder.*]

* Charta Erardi de Brena ann. 1221. in Chartul. Campan. ex Cam. Comput. Paris.: *Postquam essent in saisina et tenetura illius aquestæ sive acquisitionis, quam ad Remanentiam, id est, sine contradictione prædictorum comitissæ et comitis,.... retinerent.*

* 4. **REMANENTIA**, Cessatio, puta a controversia, a lite. Charta ann. 1304. ex Cod. reg. 5186. fol. 9. r° : *Convenerunt, composuerunt, finem et concordiam, compositionem, pacem et Remanentiam fecerunt inter eos, de prædictis et infrascriptis concorditer in hunc modum.* Vide *Remanere* 2.

¶ 1. **REMANERE**, Mori. Pactus Legis Salicæ tit. 19. de incendiis : *Si quis casam quamlibet, intus dormientibus hominibus, incenderit... si aliqui ibidem Remanserint... sol. centum culpabilis judicetur.*

¶ 2. **REMANERE**, Deesse, impediri. Processus contra Comitem Lancastriæ ann. 1322. apud Rymer. tom. 3. pag. 940. col. 2 : *Et sic non Remansit in prædictis Warino et aliis, quin ipsi, simul cum prædicto Thoma, et aliis comproditoribus suis, ipsum dominum Regem superassent et devicissent.* Vita S. Gregorii VII. PP. tom. 6. Maii pag. 137 : *Et hæc omnia servabit absque dolo, nisi quantum ex vestra jussione Remanserit... vel ex impedimento legitimo, scilicet morte, vel gravi infirmitate.* Pag. 138 : *Colloquium quod vos pro inquirenda justitia et pace componenda fieri decrevistis, ex culpa Henrici et fautorum ejus Remansit.* In aliis Actis ejusdem Gregorii pag. 151 : *Ne tantum bonum quod de pace sperabatur, per ipsius negligentiam Remaneret.*

* Omitti, in Missali S. Joan. in valle ann. circ. 400 : *Tractus omnino Remanebit.*

** REMANET ASSISIA vel *Placitum* JC. Anglis dicitur cum omittitur nec locum habet. Placit. ann. 1. Johann. reg. Buck. rot. 11. in Abbrev. Placit. pag. 23 : *Assisia inter Willelmum Basset tenentem et Turstanum Bassett petentem Remanet, etc. ubi dicitur quod Turstanus non habuit terram illam nisi in custodia cum filia Roberti Walensis... et assisia non debuit fieri inter nepotem et neptem.* Placit. ann. 8. ejusd. Leicest. rot. 14. ibid. pag. 54 : *Assisia ultimæ præsentationis ad ecclesiam de Plungard inter Johannem le Cuilter petentem et priorem de Beauluer tenentem Remanet, quia idem Johannes recognovit quod elapsi sint 24. anni postquam ultima persona obiit, et quod prior tenet ecclesiam et tenuit ab eo tempore.* Et alibi sæpius ibidem. Glanvilla lib. 4. cap. 9. § 3 : *Si ad illum advocatum se teneat, qui petit, tunc Remanebit placitum in curia domini regis, et si advocatus neget id .... si super hoc versus clericum illum placitare voluerit, coram suo judice ecclesiastico placitum sequetur.*

* 3. **REMANERE**, Abscedere, abesse, Ital. *Rimanere*, eodem sensu. Reg. visitat. Odon. archiep. Rotomag. ex Cod. reg. 1245. fol. 61. r° : *Cantor et cellerarius frequenter Remanent de completorio et matutinis.* Gabr. Barel. serm. de Paucitate salvandorum : *O quot plures Remanent ad* (a) *missa!*

* 4. **REMANERE**, Impedire, reprimere. Charta ann. 1225. apud Cenc. inter Cens. eccl. Rom. MSS. : *Si eorum* (paparum) *certum damnum sciverit, si posset Remanere, faciet : sin autem, aut per se aut per suum nuncium, vel per talem personam, quam pro certo credat eis dicturam, significabit.*

¶ **REMANET**, nude, vel *Obitus a Remanet*, passim legitur in Obituario Ecclesiæ Morinensis, idemque sonat, si recte puto, quod Obitus perpetuus, seu Anniversarium perpetuo *remansurum* et quotannis celebrandum, ut jam in voce *Obitus* dictum est.

* Vide supra *Remanentia* 3. *Remanet*, pro Residuum, vide supra in *Remanantum.*

¶ **REMANSA**, Reliquum, residuum, quod *remanet*, superest. Statuta Vercell. lib. 7. fol. 177. v° : *Et si scopaturam vel Remansam aliquam habuero, illum salem extraham de ipsa gabella ipsa die vel sequenti.* Actus notorietatis stagnorum Bressiæ apud Guichenon. in Probat. pag. 170. et Revellum in Usibus Bressiæ pag. 266 : *Unaquæque calciata stagni debet habere de Remansa de retro unum jactum bercœ, qui jactus solet æstimari de largitudine septem pedum cum dimidio.* Ubi *Remansa* est spatiolum terræ pone *calciatam* seu aggerem, ut inde terra capiatur ad reficiendam calciatam, cavitates et foramina claudenda, ne aqua dilabatur.

* *Remessance*, eadem acceptione, in Charta Joan. de Castell. dom. *de Gandelus* ann. 1323. ex Reg. 62. Chartoph. reg. ch. 27 : *Et après le décès de nous Jehan, il auront et amporteront la Remessance d'icelle somme.* Vide supra *Remanantum.*

* **REMANSIO**, Jus in bona vacantia per mortem, aut alio quovis modo. Charta Phil. Aug. ann. 1190. in Reg. 38. Chartoph. reg. ch. 28 : *Contentio quæ erat inter nos et canonicos Senonensis ecclesiæ, super justitia et Remansionibus advenarum in villa de Pontibus super Yonam, etc.* Vide supra *Remaisancia* et *Remanentia* 2.

¶ **REMANSOR**, Idem, ut videtur, qui *Emansor*, miles vagus, erro, negligens, segnis. Arrius Menander leg. 4. Digest. § 13. de re militari : *Edicta Germanici Cæsaris militem desertorem faciebant, qui diu abfuisset, ut is inter Remansores haberetur.* Additur in Pandectis lib. 49. tit. 16 : *Si miles Remansor, aut negligens suorum, aut segnis, aut extra contubernium agens, non credatur ei.*

¶ **REMANSUS**, Remanens. *O urbs Lingona, quod tunc subito Remansa desolata*, in Actis S. Desiderii, tom. 6. Maii pag. 245.

¶ **REMARDUM** FORESTÆ, pro *Rewardum*, mendose. Charta Johannis Angl. Regis inter Privilegia Equitum S. Johannis Hierosol. pag. 5 : *Volumus etiam quod ipsi Fratres et homines sui, quieti sint de wastis et Remardis forestæ et essartis.* Vide supra in *Regardum* 2.

¶ **REMASANCIA**, Idem quod *Remanentia.* Regestum Magnorum dierum Trecensium fol. 23 : *Quod si contigeret aliquem de ipsis burgensibus ire ad villas Comitis Campaniæ causa morandi, vel burgesiam faciendi ibidem, dictus dominus de Hans posset totam Remasanciam ipsius burgensis retinere.*

* Idem quod supra *Remaisancia.*

REMASCELLATA, vel *Remascelata, virili virtute.* Papias MS. et editus. [Melius in Glossis Isidori : *Remasculata, virili virtute resumpta.*]

* 1. **REMASENCIA**, Præstatio, quæ pro mansione domino feudi exsolvitur, nostris *Remaisance.* Charta Guill. archiep. Senon. ann. 1259. in Reg. 30. Chartoph. reg. ch. 561. : *Et si aliquis de novo venire voluerit moraturus apud S. Julianum,,... ipse solvet nobis.... duos solidos Turonenses pro Remasencia sua, et quindecim denarios quolibet anno pro sua burgesia.* Lit. Steph. *de Chitry* abb. S. Germ. Autiss. ann. 1367. tom. 7. Ordinat. reg. Franc. pag. 343. art. 2 : *Nous avons et devons avoir resseanté* (resseance) *et Remaisance de noz bourgois et bourgoises.*]

* 2. **REMASENCIA**, Ramalium ex arboribus cæsis aut eversis reliquiæ, quam vocem vario idiomate nostri enunciaverunt. Charta ann. 1310. in Reg. 45. Chartoph. reg. ch. 102 : *Gentes nostræ dicebant quod idem Robertus usagio, quod habebat in dicta foresta a parte de Tinchebray ad cimeyas, branchias et Remasencias, taliter abusus fuerat, quod perpetuo amittere debebat usagium antedictum.* Eadem rursum leguntur in Charta sequenti. Charta S. Ludov. ann. 1262. in Reg. 30. fol. 295 : *Notum facimus nos dedisse.... Odoni de Lorriaco, quod ipse habeat usagium ad domum suam de Dumo regali et ejus pertinentias in boscis nostris de Mont de Brene et de Cortambon, ad mortuum nemus et ad Remaisons, eo modo quo homines de Molincto habent idem usagium in nemoribus supradictis.* Alia ejusd. reg. ann. 1256. ibid. ch. 482 : *Concedimus.... ut in illis partibus nemoris, quæ vocantur Cortambon et Mons de Brena, habeant usagium suum ad Remasons.* Alia Caroli IV. ann. 1324. in Reg. 62. ch. 123 : *Toutes les Remasurs du bois coupé par les usagiers de ladite forest de Halate.* Alia Phil. VI. ann. 1341. in Reg. 72. ch. 239 : *Avons donné.... aus habitanz de la ville de Poocourt.... l'usage qu'il ont en nostre forest de Poocourt de Remaison, aussi bien des racheaux, comme il ont fait et font desdites Remoisons.* Stat. ann. 1376. tom. 6. Ordinat. reg. Franc. pag. 221. art. 14 : *Que se il truevent ou temps avenir bois abbatu, soit eschapplé ou entier, ou autres Remaisances, etc.* Aliud ann. 1402. tom. 8. earumd. Ordinat. pag. 527. art. 23 : *Que les Remessances de noz eaues et forest, etç. Resquez*, eadem notione, in Charta ann. 1301. tom. 1. Probat. Hist. Brit. col. 1176 : *Item les copeux, les branches et tout le Resquez et remeignant, qui demoureront emprès abatre ou faire le merrain, que l'on copera en ladite forest, etc.*

¶ **REMATOPOEA**, Fictio vocis, ῥῆμα, vox, vocabulum, et ποιεῖν, fingere, idem quod ὀνοματοποιΐα. Joh. de Janua : *Rematopeya, Verbi confirmatio, ut in verbis fictitiis, quæ sunt prolata et inventa per Rematopeyam, ut timuit*, (leg. *tinnitus*, scilicet a similitudine soni;) *unde Rematopeyus, ad rematopeyam pertinens, vel prolatum vel fictum per rematopeyam.*

* **REMBA**, f. pro *Rauba*, Furtum vel prædatio cujusvis supellectilis. Charta Roger. castel. Insul. ann. 1225. ex Tabul. S. Petri Gand. : *In præfatis siquidem villis habet castellanus Insulensis multrum, raptum,*

incendium, *Rembam*, *homicidium et latronem*.

* **REMBURSARE**, Impensam vel pecuniam rependere, Gall. *Rembourser*. Decret. ann. 1536. ex Tabul. *de Chissé* in Turon.: *Quod dictus redditus emptus fuerat, et de arreragiis ejusdem Rembursarentur, etc.*

* **REMDALE**, f. Tumulus, Gallice *Eminence*; vel Ora, Gall. *Bord*. Charta ann. 1333. ex Bibl. reg. cot. 2: *Fuit amotus quidam baculus ibidem, sive in Remdali dicti campi plantatus, cum una astella in dicto baculo affixa, signo regio signata.*

¶ **REMEABILIS**, Qui potest remeare, redire. Prudentius Apotheosis versu 1053:

> Cum moritur Christus, cum flebiliter tumulatur,
> Me video; e tumulo cum jam Remeabilis adstat,
> Cerno Deum, etc.

¶ **REMEACULUM**, Reditus, locus per quem reditur, apud Apuleium lib. 6: *Illuminarum Proserpinæ nuptiarum demeacula, et luminosarum filiæ inventionum Remeacula.*

* **REMEARE**, Versare. Formul. MS. Instr. fol. 64. v°: *Promisit.... eam* (vineam) *quolibet anno debitis temporibus bene...... ligonisare et Remeare, et in omnibus bene et sine fraude colere.* Vide *Remenare*.

¶ **REMEATUS**, Reditus exulis a Principe concessus, Gallis *Rappel de ban*. Marcianus lib. 48. Dig. tit. 19. leg. 4: *Nemo potest commeatum, Remeatumve dare exuli, nisi Imperator, ex aliqua causa.*

¶ **REMEDATIO**, Remedium, restitutio, restauratio. Charta ann. 1031. e majori Chartul. S. Victoris Massil.: *Ego Bertrannus Comes et Gubernator Provinciæ, propter malum quod feci cum meo hoste in obedientia S. Victoris Marigniane, dono duos mansos in Remedatione supradicte celle.* Mallem *Remediatione*.

1. **REMEDIARE**, Remediari, Remediis sanare. Gl. Lat. MS. Regium: *Medetur, medicatur, Remediat, curat.* Gloss. Gr. Lat.: Θεραπεύω, *Remedior, medicor, medior.* Ugutio: *Remediari, Remedium conferre.* Occurrit apud Anton. Musam in Epist. ad Marcum Agrippam, præfixa libro de Vettonica, Apuleium de Virtut. herb. Scribonium cap. 104. 122. Marcellum Empiric. cap. 29. 32. 33. 36. Hyginum fab. 101. in Concilio Regensic. 1. [Johannem Sarisberiensem lib. 8. de Nugis Curial. cap. 8.] etc. Galli etiam *Remedier* dicunt. *Remediabilis*, apud [Senecam Epist. 95.] Severum Epist. 95. et Agobardum de Dispensat. Eccl. rerum n. 5. *Remedialis*, apud Macrob. lib. 7. Saturn. [*Remediabiliter providere*, in Processu Massiliensium cum Arelatensibus ann. 1381. e Regesto 73. Peiresciano vol. 2.]

¶ Remediatio, Sanatio. *Torpor signum est Remediationis*, apud Scribonium Compos. 11.

¶ Remediator, Qui medetur. *Remediator valetudinum*, Tertulliano contra Marcion. lib. 4. cap. 8. *Remediator languorum*, ibid. pag. 35.

¶ Remediarius, Eadem notione. Apud Pezium in Præfatione tom. 1. Anecd. pag. xiv. memoratur Conradi Prioris Liber inscriptus, *Remediarius pusillanimium ac scrupulorum, etc.*

* 2. **REMEDIARE**, Remittere, diminuere. Terrear. castel. *d'Ibois* ex Reg. 24. Chartoph. reg. fol. 140. v°: *Et solebat esse incerreyratus* (f. incheriatus) *supra Petrum Salzeda ad summam duodecim sextariorum bladi, et fuit Remediatus ad dictam summam* (sex sextariorum) *per Rotgerium Bornati castellanum Ussonis.* Vide *Remedium* 1.

1. **REMEDIUM**, Remissio, vel diminutio tributorum. Salvianus lib 4. de Gubernat. Dei: *Ecce enim Remedia pridem nonnullis urbibus data, quid aliud egerunt, quam ut cunctos divites immunes redderent, miserorum tributa cumularent, etc.* Idem libro 5: *Sicut in onere novarum indictionum pauperes gravant: ita in novorum Remediorum opitulatione sustentant. Sicut tributis novis minores maxime deprimuntur, sic Remediis novis maxime sublevantur.* Infra, de divitibus: *Extra numerum tributariorum sunt, cum Remedia dividuntur.* Adde leg. 13. Cod. Th. de Indulgentiis debitorum (11,28.). [Charta Alfonsi Regis Aragon. ann. 1285. pro fundatione Monasterii FF. Minorum in Insula Majorica, tom. 9. Spicil. Acher. pag. 275: *Si quis autem hoc attentare præsumpserit, non solum iram et indignationem nostram se noverit incursurum; verum etiam pœnæ mille aureorum sine ullo Remedio subjacebit, quicumque ipsos Fratres molestare præsumpserit, vel etiam perturbare.* Nos diceremus *sans aucune rémission*, absque ulla indulgentia.]

2. **REMEDIUM**, Latina vox, Gallice *Remede*. *Remedium* e sepulchris mortuorum conquirere, ad morborum scilicet magicas sanationes, cum ad id ossa mortuorum conquirerent. Lex Wisigoth.: *Si quis mortui sarcofagum abstulerit, dum sibi vult habere Remedium, etc.* Vide Lindenbrogium ad Ammianum pag. 86.

¶ 3. **REMEDIUM**, Monetariis nostris *Remede*, Defectus in marcis auri vel argenti, unde nummi cuduntur, statutis regiis permissus. Duplex est, unum *ligæ*, *ponderis* alterum: *Remedium ligæ* est Commixtio certæ quantitatis metalli adulterini cum auro vel argento, *Remedium* vero *ponderis* est illius diminutio. Utrumque legitimum habetur, si legibus Principis consentiat; secus, si dissentiat. Computus ann. 1139. tom. 1. Hist. Dalphin. pag. 95. col. 2: *Sub Remediis ligæ et ponderis sub quibus alii dozeni noviter cudebantur.* Ordinatio Humberti II. Dalphini ann. 1340. pag. 416: *Fiant singuli Grossi prædicti ad Remedium ligæ unius grani magis vel minus, et ad Remedium ponderis, ut non possit brischiari, nec in billionum reduci.* Pluries occurrit eadem pag. et seqq. Vide *Recursus* suo loco et Henricum *Poullain* in Tractatu de Monetis pag. 201. et seqq. ubi probat *Remedio* jam usos fuisse Monetarios ann. 1253.

* 4. **REMEDIUM** Commune Conventus, an Bona ad victum et vestitum conventus assignata? Charta ann. 1322. inter Probat. tom. 2. Annal. Præmonst. col. 557: *De quibus prædictis triginta solidis denariorum, persolventur dictis fratribus una libra denariorum de communi Remedio conventus; reliqui vero decem solidi de bonis et rebus monasterii.* Potest et de bonis, propter anniversaria concessis in *remedium animarum*, intelligi.

¶ Remedium Animæ, Expiatio, qua pro delictis Deo fit satis. *Pro Remedio animæ*, formula frequentior in testamentis et donationibus piis, quam ut necessarium sit rem exemplis confirmari.

¶ Remedium Apostolicum, Conjugium, quod juxta Apostolum 1. Corinth. cap. 7. incontinentiæ remedium est. Sulpitius Severus in Epistola ad sororem suam, apud Baluzium tom. 1. Miscell. pag. 342: *Ut laudandæ sunt quæ propter Christi amorem et cœlestis regni gloriam copulam contempserunt nuptiarum, ita damnandæ non sunt quæ propter incontinentiæ voluptatem, nondum Deo devotæ, Remedio apostolico abutuntur.*

¶ Remedium Juris, Appellatio a sententia judicis inferioris ad superiorem. Cod. Theod. leg. 15. tit. 30. de appellat. et consultat. (11, 30.): *Non recte judices injuriam sibi fieri existimant, si litigator, cujus negotium sententia vulneratum est, a principali causa provocaverit: quod neque novum, neque alienum a judiciis est, ideoque post negotium principale discussum, litigatori liceat litem juris Remedio sublevare.*

¶ **REMELINUM**. Testamentum Jacobi Regis Aragon. ann. 1272. apud Marten. tom. 1. Anecd. col. 1142: *Assignamus.... omnes reditus nostros civitatis Cæsaraugustanæ cum salinis et castello et de villa et de Remelinis.* Hanc vocem inter exoticas refert laudatus Editor in Onomastico ad calcem tomi 5. Anecd. sed nomen loci est, ut patet ex eod. Testamento paulo aliter edito apud Acher. tom. 9. Spicil. pag. 249. ubi legitur: *Cum salinis de Castellario et de Pola et de Remolinis.*

¶ **REMELIORARE**, Corrigere, reficere, restituere. Johannes Thwroczius in Chronicis Hungar. cap. 31. in Stephano Rege: *Fracturas sive scissuras parietum ac tectorum perspicacibus oculis ac morose inspiciebat, et statim Remeliorari procurabat.*

¶ **REMELIORATIO**, Emendatio. Vita S. Eulogii Mart. tom. 2. Martii pag. 96: *Ut sit hic mihi concessa Remelioratio morum.*

* **REMEMBRANTIA**, Rei, factive simulacrum, repræsentatio; a veteri Gallico *Ramenbrer*, In memoriam revocare. Annal. regni S. Ludov. edit. reg. pag. 358: *Li roys Charles qui de ce fu Ramenbrans, etc.* Unde *En remembrance*, in memoriam, apud Joinvil. ibid. pag. 104. Testam. Aymari de Rossill. ann. 1364. ex Cod. reg. 6008. fol. 127. v°: *Ordinat idem dominus Aymarus testator, quod in festo beatæ Catharinæ virginis, fiat Remembrantia per dictum hæredem suum infrascriptum, quolibet anno perpetuo, ad honorem Dei et beatæ Catharinæ, in dicto loco Rossillionis, prout est per ipsum dom. Aymarum testatorem et prædecessores suos apud Rossillionem fieri consuetum. Remanbrance*, Effigies, imago, in Lit. remiss. ann. 1473. ex Reg. 194. Chartoph. reg. ch. 359: *Devant la Remanbrance de nostre Saulveur Jhesu Christ dire par chacun jour une patenostre.*

¶ **REMEMBRANTIUM**, Anniversarium pro defuncto celebratum. Instrumentum ann. 1406. insertum in Bulla Benedicti XIII. Antipapæ pag. 229. col. 1. Continuationis Bullarii Rom.: *Ordinamus ex nunc in perpetuum in dicta Gebenensi ecclesia...*

tredecim anniversaria seu Remembrata (Remembrantia) singulis annis, videlicet duodecim pro singulis mensibus anni, et tertium decimum fiet post decessum nostrum die consimili obitus nostri pro remedio animæ nostræ... quæ quidem anniversaria seu Remembrantia cum Missis, processionibus et aliis fiant, quemadmodum fiunt et fieri consueverunt anniversaria et Remembrantia summorum Pontificum. Bis terve recurrit vox *Remembrantium* in eodem Instrumento. Ducitur ab Italico *Rimembrare*, nostris alias *Remembrer*, Reminisci, recordari : unde *Rimembranza* Italis, nostris *Remembrance*, Recordatio, repræsentatio : quod nomen tribuerunt Anniversario, utpote defuncti memoriæ consecrato. Testamentum ann. 1382. apud Menagium Histor. Sabol. pag. 387 : *Ge donne et laisse à tousjourmés au Curé de Solesme et à ses successeurs quatre sols de rente perpetuelle, que les hoirs feu Testart me doivent chacun an à la Toussaints, pour faire dudit Rectour et de ses successeurs à tousjourmés priere et Remembrance par chacun Dimanche en ladite Eglise au prosne, pour les ames de moy et de ladite Katherine ma compaigne.* Le Roman *de Rou* MS :

Pour Remembrer des ancessours
Les fez et les diz et les mours...
Tornez fussent en oubliance
Se ne fust lain de Remembrance.

Vide *Rememoratio*.

¶ **REMEMINISSE**, Reminisci, recordari. *Ne Rememinerilis priorum*, Tertulliano lib. 5. adv. Marcion. cap. 1.

¶ **REMEMORARE**, REMEMORARI, Reminisci, recordari, in memoriam revocare. Occurrit 3. Reg. 17. 18. Ps. 77. 35. Hebr. 10. 32. et apud Tertullianum lib. 4. adv. Marcion. cap. 43. veterem Interpretem S. Irenæi lib. 1. cap. 1. num. 11. ult. edit. lib. 4. cap. 33. num. 12. Sed pro Digerere, recognoscere, aut in pristinum ordinem reducere, accipit idem Interpres lib. 3. cap. 21. n. 2 : *Inspiravit Hesdræ Sacerdoti tribus Levi, præteritorum Prophetarum Rememorare sermones, et restituere populo eam legem, quæ data est per Moysem.* Ubi Irenæus : Ἐνέπνευσεν Ἔσδρᾳ τῷ ἱερεῖ ἐκ τῆς φυλῆς Λευί, τοὺς τῶν προγεγονότων προφητῶν πάντας ἀνατάξασθαι λόγους, etc.

* *Rémoller*, eadem notione; vel pro Narrare, Gall. *Raconter*, in Mirac. MSS. B. M. V. lib. 2 :

Ichi après voel Rémoller
Un miracle du saint soller.

¶ REMEMORATIO, Recordatio, Psalm. 37. 1. et 69. 1. *Rememoratio vitiorum*, apud Johannem Sarisber. lib. 8. Policrat. cap. 6. *Rememoratio tanti beneficii*, in Charta ann. circiter 890. apud D. *Fleureau* part. 3. Histor. Bles. pag. 202. *Rememoratio locorum*, apud Raim. Duellium tom. 1. Miscell. pag. 210. Pro Anniversario sumitur in Chronico Valciodorensi tom. 7. Spicil. Acher. pag. 559 : *Domnus Florinensis Godefridus ob suæ salutis remedium de suo proprietario liberam nostræ Ecclesiæ donationem faciens, redditum duorum solidorum in Harneis illi tradidit, et ut Fratribus quotannis in sua Rememoratione administrentur, per succedentia tempora instituit.* Vide supra *Remembrantium*.

¶ REMEMORATOR, Anglis *Remembrancer*, Monitor. *Rememoratores scaccarii*, apud Thomam *Blount* in Nomolexico : quod consule in v. *Remembrancers*.

* Charta Henr. reg. Angl. ex Cod. reg. 8387. 4. fol. 81. v° : *Præfatus Robertus habet officium Rememoratoris et custodiam papirorum prothogalium et notariorum regalium, etc.* Vide mox in *Rementus*.

¶ REMEMORATORIUM, Charta, quam vulgo *Notitiam* vocant. Vide *Breve rememoratorium*.

REMENARE, vox agricolarum Italicorum. Vide *Retertiare*.

¶ **REMENDARE**, Emendare, corrigere. Glossæ Lat. Græc. et Græc. Lat. : *Remendo*, ἀνορθόω. Vide Vossium lib. 4. de Vitiis serm. cap. 21. ubi observat ab *Emendare* ἀναλόγως dicendum fore *Reemendare*.

¶ **REMENDATOR**, Italis *Rimendatore*, Qui reconcinnat, resarcit, Gallice *Ravaudeur*, Veteramentarius. *Nera uxor Turcii Remendatoris*, in Miraculis B. Ambrosii Senensis, tom. 3. Martii pag. 218.

* Hisp. *Remendon*, nostris *Ramendeur*, eadem significatione. Lit. remiss. ann. 1398. ex Reg. 153. Chartoph. reg. ch. 492 : *Un adoubeur ou Ramendeur de payelles, que l'en appelle communément maignan;.... ledit Ramendeur de payelles ou maignen, etc. Ramendure*, pro Ipsa restauratione, in Glossar. ad Hist. Paris.

* **REMENSURARE**, Remetiri, Gall. *Remesurer*. Charta Odon. episc. Paris. ann. 1199. ex Tabul. eccl. fol. 51 : *Hospites de Marna in propriis vehiculis et sumptibus apud S. Clodoaldum in horreum episcopi ducere* (blada prædicta) *tenebuntur, sed non Remensurare*.

¶ **REMENTARIUM**, ῥωποπολεῖον, in Glossis Lat. Græc. in MS. Sangerman. *Rimentarium*. Glossæ Græc. Lat. : Ῥῶπος, ὁ παντοῖος φόρτος, ῥωποπηλεῖον, *Rementarium*. Posset etiam legi, ut observatur in Castigationibus, ῥυποπολεῖον, vel ῥυποπωλεῖον, *Veteramentarium*.

REMENTUS, Ἀναμνησθείς, in Gloss. Lat. Gr. quomodo etiam nos Galli *Ramenteu* dicimus eadem notione, unde *Ramantevoir*, Reminisci, in memoriam [et in *mentem*] reducere.

* Comment. Fr. Benzon. episc. Albens. in Henr. III. imper. apud Ludewig. tom. 9. Reliq. MSS. pag. 376 : *Non Rementus quod a rege raptus sit de stercore, etc. Ramenteur*, pro Monitor, qui in memoriam revocat, apud Guill. Guiart. :

Tout l'Avant et la Quarantaine
Estoit par son commant creus
Le nombre des Ramenteus.

Ubi de iis sermo est, qui regem de pauperibus alendis monebant; a veteri Gallico *Ramantevoir* et *Ramantoir*, In mentem reducere. Joinvil. in S. Ludov. edit. reg. pag. 39 : *Lors je Ramentu le légat, etc.* Lit. ann. 1327. tom. 2. Ordinat. reg. Franc. pag. 10. art. 44 : *Et mesmement pour les pauvres prisonniers, qui n'ont qui les Ramantoivent.* Vide supra *Rememorator*.

* **REMERCATUS**, idem quod *Rachetum* et *Relevium*. Vide in his vocibus. Charta Goscel. de Alneolo : *Porro quicumque de filiis suis post ipsam prædictam terram possidebit, dabit de servitio, sine Remercatu, runcinum sive quadraginta solidos.* Vide infra *Revodum*.

* Gallicum vero *Remercher*, pro simplici *Marquer, désigner*, Indicare, signo aliquo distinguere, in Lit. remiss. ann. 1480. ex Reg. 206. Chartoph. reg. ch. 254 : *Icelle fille Remerchea au suppliant le lieu où elle avoit mis icellui enfant.*

¶ **REMERGERE**, Iterum emergere, renasci. Capitularia Caroli Calvi tit. 45. cap. 1 : *Ad resecanda mala quæ specialiter iterum Remergunt, etc.*

REMERIRE, pro *Remereri*. Formulæ veteres Baluzianæ form. 3 : *Et unde nos injungetis, et nos potebimus, vos vel servientes vestros in bonis partibus Remerire non tardamus.* Form. 4 : *Et si locus advenerit, vos vel servientes vestros in bonis partibus Remerire non tardamus.* Sic *Merir* nostri olim dixerunt. Guillelmus Guiartus :

Li dist ces moz S. Waleri,
Ce qu'as fait te sera Meri.

Chronicon MS. Bertrandi Guesclini :

Je prie à celui Dieu qui pour nous voust mourir,
Que l'honneur que me faites il vous veuille Merir.

Vita S. Dionysii Areopagitæ MS :

A Chastres sous Montlehery,
Saint Yon gaigna et Meri,
Vray Martyr, vie perdurable.

Le Lusidaire :

Chi erent apelé martyr,
Que Dex vaurra si bien Merir
Le grand service que il firent.

[Le Roman *d'Athis* MS :

Et Dieu me doint force et vigueur
De vous Remerir cest honneur.

Vide *Merere*.]

¶ **REMERTA**, Italis *Rimessa*, [* Unde legendum videtur *Remessa*, ut mox.] Germen, surculus, Gall. *Jet*, *Rejetton*. Statuta Astensia collat. 13. cap. 18 : *de vendente vites, Remertas et enteos arborum : Si aliquis vendiderit vel vendere voluerit Remertas vel vites vel enteos arborum, non possit predicta vendere nisi publice in mercato... si aliquis contra fecerit, faciam fustigari cum predictis ad collum.*

* **REMESSA**, Silva cædua, quæ recrescit et in qua remittuntur arbores ad propagationem. Charta ann. 1341. in Reg. 72. Chartoph. reg. ch. 250 : *Item proponunt et protestantur dicti scindici, quod Remessæ seu revengudæ fiant in termino dictæ villæ de Angulis, in loco vocato S. Petri de Bessa, in quo dicta universitas et homines ejusdem habent et habere consueverunt ademprivum, sive usum depascendi sua animalia et ligna scindendi.* Vide supra *Recrescentia*, *Relictum* et infra *Revenuta* 2.

¶ **REMFORSATUS**, Firmior, a Gallico *Renforcé*. Inventarium MS. Ecclesiæ Noviom. ann. 1419 : *Item una casula de samito albo Remforsato ad unum magnum offretum aureum.*

REMICULA. Vide *Rescula* in *Recula*.

¶ 1. **REMIGIUM**, Idem, ut videtur, quod infra *Ripaticum*, Tributum in ripis exsolvendum. Charta Amauri Comitis Montisfortis ann. 1239. e Tabulario Corbeiensi :

Noveritis quod pro quindecim libratis redditus, quas assignare debebamus nobili viro G. Vicedomino Ambianensi, domino Pinconii, assignavimus eidem apud Conflatum in portu Remigium et medietatem esciere. In cujus rei testimonium, etc.

* 2. **REMIGIUM**, Gubernaculum. Glossar. Lat. Gall. ex Cod. reg. 7692 : *Remigium Gouvernail.*

* **REMIGIUS**, Remex, remigator, Ital. *Remigante*, Gall. *Rameur.* Constit. MSS. Caroli reg. Sicil. : *Item marinarii, tam supersalientes quam Remigii, postquam eis communantia data fuerit, non ad galeas seu alia vassella ascendant, nec aliqua fraude, arte vel ingenio inde se subtrahant.*

¶ **REMILICINES**, *Remoratrices*, in Glossis Isid. Legendum est *Remiligines* ex Festo, quem vide.

* **REMILITATUS**, Desertor, qui in castris hostilibus militat. Charta ann. 1342. in Reg. 72. Chartoph. reg. ch. 407 : *Retinentur domino nostro regi.... omnes casus ad merum imperium et altas justitias pertinentes, sicut declarantur per hunc modum : incursus hæresum.... Item de apostatis et de desertoribus et Remilitatis, in casibus in quibus pœna est capitalis.* Vide *Refuga.*

¶ **REMILLUS**, *Repandus*, in Glossis Isid. Rursum : *Remillo, repando, pronullo*, vel potius *prominulo*, ut emendat Grævius. Festus habet : *Remillum dicitur quasi repandum.* Remillum a remi similitudine repandum dici videtur Perotto, cui concinit Martinius, quod remus in aqua repandus et reflexus videatur : de quo quærit Cicero 4. Academ.

REMINICULUM, Cingulum, quo ensis astringitur. Odo Cluniac. lib. 1. de Vita S. Geraldi cap. 16 : *Reminiculum illud, quo solet ensis renibus astringi,... non mutare aut renovare curabat.* Forte *Reniculum*, a *renibus* : ut *Renale* eadem notione. [Mallem *Redimiculum.*] Vide *Lumbare.*

REMINISCERE, In memoriam revocare, Gallice *Ramentevoir*, in Concilio Cloveshoviensi ann. 747. cap. 8. [Glossæ Lat. Græc. : *Reminisco*, ὑπομιμνήσκω. In MS. Sangermanensi legitur *Reminiscor*; at in Glossis Græc. Lat. : Ὑπιμιμνήσκω, *admoneo, moneo, comminisco, præmoneo.* Verbum ἐπιμιμνήσκεσθαι per *Reminisci* reddit vetus Interpres Irenæi lib. 1. cap. 3. quod proprie ibi sonat mentionem facere.]

¶ **REMIPES**, Cui remi sunt pro pedibus. *Remipedes lumbi*, apud Ausonium in Mosella v. 201. *Remipedes anates*, Epist. 3. v. 13.

¶ **REMIRE**, Remeare, redire. Charta Caroli V. Franc. Regis ann. 1366. pro Universitate Paris. apud D. *Secousse* tom. 4. Ordinat. Reg. pag. 711 : *Remiendo ad dictum Parisiense studium, in ipso morando, actu studendo, et ab eodem ad propria redeundo, etc.*

¶ **REMISCINARIUS**, Qui remisse seu lenta voce canit, ut conjecto. Codex MS. Ecclesiæ Vienn. apud Marten. de antiqua Eccl. Discipl. in divinis Off. pag. 386 : *Unde surgentibus illis, Archiepiscopus osculetur altare et subdiaconus Remiscinarius ascendat ad ambonem, et incipiat lenta voce et sine titulo, et legat in modum lectionis, etc.* Ex Ordinario ejusd. Eccl. MS. ibidem laudato pag. 129 : *Decanus tertiam lectionem cantet, qua finita, Subdiaconus Remiscinarius cantet tertium responsorium.* Sed hic quoque legendum est *Remiscinarius*, si vera est conjectura, ducta voce a ficto *Remiscinium*, Remissus cantus.

* **REMISORIUM**, Hospitium, domus in quam quis se *remittit*, recipit; proprie cella eremitæ. Instr. ann. 1152. inter Probat. hist. geneal. domus reg. Portugal. tom. 1. pag. 6 : *Dum audieris sequenti nocte tintinnabulum Remisorii mei, in quo vixi sexaginta sex annis, etc.* Vide *Reclusorium.*

1. **REMISSA**, Remissio. S. Cyprianus Epist. 59 : *Si in Deum multum ante peccantibus, cum postea crediderint, Remissa peccatorum datur.* Epist. 70 : *Quomodo baptizans dare alteri Remissam peccatorum potest.* Adde Epist. 71. Utuntur præterea Tertullianus lib. 3. contra Marcion. et S. Augustinus lib. 4. de Baptismo cap. 18.

¶ 2. **REMISSA**. Ordo Romanus tom. 2. Musei Ital. pag. 5 : *Pontifex autem pergit ad stationem Feria secunda ad Remissa simpliciter.* Ita Codex S. Galli : Colbertinus habet *ad Remissa simul;* Editi : *ad missam similiter.* Locus obscurus ipsi Mabillonio, et forte corruptus.

* 3. **REMISSA**, Mulcta, ut videtur, ob negligentiam pergendi in expeditionem pro patria tuenda, exsoluta. Libert. castri Caroffens. ann. 1194. in Reg. 185. Chartoph. reg. ch. 55 : *Omnes in expeditionem ibunt, aut clientem idoneum mittent pro se; sed si negotium tam propinquum fuerit, quod clamor aut visus a castro percipiatur, omnes pariter, tam clientes, quam domini, in auxilium et tuitionem patriæ properabunt..... Si in excubias aut in expeditionem ire aut mittere noluerit, Remissam reddet, cum satisfactione quinque solidorum.* Vide mox *Remissus* 1.

REMISSARIA, Tributi species. Charta Childeberti Regis Francor. ex Tabulario S. Sergii Andegavensis apud Sammarthanos : *Ad nostram accessit præsentiam, et Clementius regni nostri suggessit, quod de curtibus prædictæ S. Basilicæ, quæ nominantur... annis singulis inferendam solidos sex inferendales, et alios sex de Remissaria auri pagensis inferendo in fisci ditiones reddebant.*

¶ 1. **REMISSIO** *est causæ commissæ ad committentem facta missio; item, quandoque significat idem quod indulgentia*, in vet. Vocabulario juris utriusque. Varie sumitur a Jurisconsultis, qui possunt consuli.

* 2. **REMISSIO**, Traditio, transmissio, Gall. *Remise.* Charta Phil. Pulc. pro libert. villæ de Boceyo ann. 1294. in Reg. 59. Chartoph. reg. ch. 63 : *Concedimus etiam quod de habitatoribus dicti loci non fiat alicui Remissio extra regnum.*

* 3. **REMISSIO**, Miseratio. *Habere Remissionem*, Misereri. Testam. Guil. milit. de castro Barco ann. 1319. tom. 3. Cod. Ital. diplom. col. 1940 : *Item relinquo et judico ecclesiæ B. Vigilii de Tridento quinque mille libras denariorum Veronensium parvorum,.... ad hoc ut beatus Vigilius habeat Remissionem mei, et mihi indulgeat quidquid habuissem injuste de bonis dictæ ecclesiæ.*

¶ **REMISSITIUS** Finis, f. Compositio, qua litigantes sibi invicem remittunt, seu indulgent, quod primum exigebant. Sententia arbitralis inter Archiepiscopum, Capitulum Arelat. et Monasterium S. Cæsarii ann. 1221. ex Schedis Præsidis *de Mazaugues : Ut... sit perpetuo inter partes pax et finis Remissitius.* Vide *Finis* 1. [* Vide supra *Remanentia* 4.]

¶ **REMISSIVA**, nude, vel *Remissiva Epistola*, Qua rescribitur ei, qui primum scripsit. Apud Marten. tom. 3. Anecdot. col. 69. Chronici Siciliæ caput 80. inscribitur *de Remissiva Regis Roberti ad Catalanos*, atque re ipsa continet responsionem intergram ejusd. Roberti Regis Calabriæ ad Barchinonenses; caput vero 81. ibid. col. 71. inscribitur *de objectione facta per Fredericum* (Regem Siciliæ) *adversus Remissivam prædictam. Scribimus Remissivam epistolam sub hac forma, etc.* in Charta ann. 1275. apud Acherium tom. 9. Spicil. pag. 265.

* **REMISSIVUS.** Remissiva Unctio; Sanctum oleum, de quo B. Jacob. in Epist. cap. 5. 15 : *Alleviabit eum* (infirmum) *Dominus, et si in peccatis sit, remittentur ei.* Vita S. Walth. tom. 1. Aug. pag. 268. col. 1 : *Sanctus hoc sentiens et sciens, sacri olei Remissivam unctionem postulavit et percepit, etc.*

¶ **REMISSORIALES** Litteræ, Quibus de re aliqua inquisitio, examen vel judicium ad aliquem remittuntur. Relatio pro canonizatione S. Isidori Agricolæ, tom. 3. Maii pag. 546 : *Pontifice jubente dederunt litteras compulsoriales et Remissoriales, cum articulis interrogatoriis pro parte Fiscalis, ad bonæ mem. reverendiss. Bernardum de Rojas, etc. Hi juribus compulsatis et examinatis testibus, absoluto juridico processu, etc.*

REMISSUM, Regestum Castri Lidi fol. 39 : *Peliçon factum, ob. Penna facta, ob. Ointum, ob. Sartago Remissi, ob. Centum ferri, 1. den. etc.*

¶ 1. **REMISSUS**, Angl. *Remiss*, Ignavus, imbellis, segnis, iners. Literæ Edwardi II. Angl. Regis apud Rymer. tom. 4. pag. 296. col. 2 : *Scientes pro certo, quod nos omnes illos, quos rebelles seu Remissos, in hoc necessitatis articulo, contigerit inveniri, fautores inimicorum nostrorum non immerito reputabimus, et ad ipsos, prout convenit, cum opportunum videbimus, secundum sua demerita capiemus.* Aliæ Edwardi III. ann. 1337. ibid. pag. 781. col. 2 : *Necnon arestandi et capiendi omnes illos... quos pro defensione regni et insulæ prædictæ, et repulsione hostium nostrorum, rebelles inveneritseu Remissos et eos prisonis nostris committendi.* Hic *Remissos* intelligo viros imbelles, malosque indigenas, qui pro defensione regni pugnare detrectabant. Nostri quoque *Remis* usurparunt pro negligenti, qui remisso animo est, qui quod sui muneris est, parum curat. Instrumentum ann. 1384. apud Lobinell. tom. 2. Hist. Britan. col. 647 : *Laquelle forme des appellations est qu'il faut appeller du Parlement de Bretagne, comme de faux et mauvais jugement, ou si le Duc estoit Remis et en default de faire droit en son Parlement.*

* Lit. ann. 1371. tom. 5. Ordinat. reg. Franc. pag. 460 : *Ceux qui seront deffaillans, Remis et delaiant de faire, etc. Remis*

ou négligens, in aliis ann. 1372. ibid. pag. 556.

* 2. **REMISSUS**, Commendatus, idem atque *Recommissus*. Vide in hac voce. Stat. MSS. eccl. Brioc. cap. 27 : *Tenebuntur* (canonici) *post ejus* (concanonici) *mortem, infra mensem unum semel pro eo celebrare anniversarium solemne, et ulterius habere participem et Remissum orationibus et officiis ipsius ecclesiæ.*

¶ **REMISUS**, Repositus, in locum suum restitutus, a Gallico *Remis*, si vera lectio est. Charta Guidonis Flandriæ Comitis ann. 1237. e Tabulario S. Bartholom. Bethun. : *Item habebunt et debent habere ibidem dictus Præpositus et Capitulum thelonia, foragia, cambagia et omnes emendas .... metarum abstractarum sive Remisarum, absque mesleya.* Sed videtur legendum, ut in alio ejusdem aut similis Chartæ exemplari, ubi habetur, *metarum absradicatarum sive remutatarum absque mesleia.* Vide *Remittere* 2.

* **REMITENTIA**, Retardatio, dilatio, Gall. *Remise, retardement.* Charta ann. 1390. ex Tabul. Massil. : *Pro difficultatibus et Remitentiis nonnullorum debitorum in recolligendis debitis annuis, etc.*

REMITORES, Remiges, in Historia Obsidionis Jadrensis lib. 1. cap. 37.

¶ 1. **REMITTERE**, Dimittere, sinere, pro Græco ἀφιέναι, ἀπολύειν. Vetus Interpres S. Irenæi lib. 1. cap. 8. n. 3 : *Remitte mortuos sepelire mortuos suos.* Pro Græco : Ἄφες τοὺς νεκροὺς θάψαι τοὺς ἑαυτῶν νεκρούς. *Sine ut mortui sepeliant mortuos suos*, ut habetur Luc. 9. 60. Ibid. n. 4 : *Nunc Remittis servum tuum, Domine;* νῦν ἀπολύεις τὸν δοῦλόν σου, Δέσποτα. *Nunc dimittis servum tuum, Domine*, Luc. 2. 29. Et cap. 9. num. 1 : *Et utique non Remisisset de divinatione nos accipere nomen ipsius.* Καὶ οὐκ ἂν ἀφῆκεν ἐκ μαντείας ἡμᾶς λαμβάνειν τοὔνομα αὐτῆς.

¶ 2. **REMITTERE**, Collocare, reponere, Gallis *Remettre.* Acta S. Franciscæ Rom. tom. 2. Martii pag. 110 : *Ipsam facio transformari, et totam se Remittit in corde et velle meo.* Vide *Remisus.*

* **REMIULCUS**, pro Remulcus, Ital. *Rimorchio.* Glossar. Provinc. Lat. ex Cod. reg. 7657 : *Remulcus, corda qua navis trahitur vice remi.* Poggii Braccol. Hist. lib. 7. apud Murator. tom. 20. Script. Ital. col. 398 : *Triremes duas, pluraque minora navigia per Athesim supra Veronam ad viginti passuum millia Remiulco traxere* (Veneti).

¶ **REMIX**, Ἐρέτης, κωπηλάτης, in Glossis Lat. Græc. Aliæ Græc. Lat. : Ἐρέτης, *Remix.* Κωπηλάτης, *Remigis, Remix, Remex.*

¶ **REMO**, Vox Italica, Remus, Gallis *Rame, Aviron.* Litteræ encyclicæ Honorii III. PP. ann. 1212. apud Fridericum Schannat Vindem. Litter. pag. 201 : *Ut cum Remone fidei et anchora justitiæ Principis Apostolorum naviculam gubernemus.*

¶ **REMOBOTH**, S. Hieronymo, iidem qui aliis *Sarabaitæ.* Vide in hac voce.

¶ **REMOGUDÆ**, Turbæ, motus, Gallice *Remûmens.* Charta ann. circiter 1124. in Probat. Hist. Occitan. tom. 2. col. 426 : *Ego Bernardus Vicecomes et uxor mea Cæcilia Vicecomitissa... recti et fideles adjutores erimus vobis Ermengaudo de Feberano, de Aimerico Narbonæ, et de infantibus suis, de totas ipsas guerras et Remogudas, quæ tibi fecerint.*

¶ **REMOLTA**, Idem quod *Molta* seu Pensitatio quam a vassallis exigit dominus pro frumenti molitura in molendinis suis. Charta Deodati Abbat. S. Tiberii apud Stephanot. tom. 1. Antiquit. Occitan. MSS. pag. 389 : *Dono tibi guardiam molinis et decimam et mediam Remoltam et duas pugnaderias in septimana de ipsis molinis, qui ibi sunt et inantea erunt.*

* Pars farinæ, quæ molitori ratione salarii competit. Charta ann. 1342. in Reg. 74. Chartoph. reg. ch. 62 : *Est vero etiam pars prædicta seu molneria dare medietatem farinæ seu Remoltæ, quam lucrabitur rota prædicta.*

¶ **REMONDARE**, Mundum efficere, purgare, Italis *Rimondare. Casamentum de terra, luto et putredine Remondare*, in Statutis Mutinæ pag. 4.

¶ **REMONERE**, Iterum monere, vel ἁπλῶς commonere. Apuleius lib. 5. Metamorph. : *Hic tibi cavenda censebam, hic benevole Remonebam.*

¶ **REMONSTRANTES** in Belgio dicti Arminiani hæretici, qui libellum supplicem *Remonstrantia* dictum, adversus Calvinistarum Synodum Dordracensem, supremis Hollandiæ Ordinibus exhibuerunt ann. 1610. de quibus consulendi Historici.

¶ **REMONSTRANTIA**, Hierotheca videndas exponens sacra Reliquias. Vita S. Johannis Gualberti, tom. 3. Julii pag. 341 : *Brachium in Vallumbrosa in antiquo et eleganti* 4. *pedum ciborio involutum pannis, ubi et cuspis dominici clavi, in vicem manus ex hoc brachio missæ, per S. Ludovicum data, pulcra in Remonstrantia spectatur.* Vide *Monstrantiæ.*

* **REMONSTRARE**, Exhibere, exponere, Gall. *Remontrer.* Comput. ann. 1482. inter Probat. tom. 4. Hist. Nem. pag. 17. col. 2 : *Accessit dominus consul Petrus Malhiani.... ad dictam dominam senescallam,.... pro Remonstrando sibi carentiam bladi et necessitatem habitancium dictæ villæ, quam habebant de dicto blado.* Unde nostris *Remonstration*, eodem intellectu. Lit. remiss. ann. 1427. in Reg. 174. Chartoph. reg. ch. 3 : *De laquelle Remonstration faire ausdiz habitans icellui Colinet se charga.*

* Aliud vero sonat vox Gallica *Remous*, Jurgium nempe, dissentio, in Lit. remiss. ann. 1387. ex Reg. 132. ch. 139 : *Et après ce par bonne amour et sanz ce que entre eulz eussent eu aucun Remous ou paroles, etc.* *Remours*, eadem notione, apud Matth. de Couciaco in Carolo VII. pag. 680 : *Il y avoit eu aucuns Remours entre iceux contes d'Estampes et de Saint-Paul.*

¶ **REMONSTRATIO**, Consilium, monitum, Gall. *Remonstrance.* Menoti Sermones fol. 176 : *Nec erat mentio de Remonstratione et monitione salutis, ut quereret misericordiam a Deo.*

¶ **REMONTARE**, Iterum ascendere, a Gallico *Remonter.* Receptio Caroli VII. Franc. Regis ann. 1438. tom. 1. Fragm. MSS. Stephanotii : *Rege Remontato, conabantur Canonici quod ante ipsos pergeremus, etc.*

* **REMORA**, pronuntiatione Longobardica, pro *Remo*, Remus. Charta Petri Candiani ducis Venet. ann. 971. tom. 4. Cod. Ital. diplom. col. 1525 : *De lignamine autem promittimus ut portare non debeamus ulmos, asseres, spatulas, Remoras, astas, nec aliud lignamen, quæ ad nocumentum sint Christianis.*

¶ **REMORARE**, pro *Remorari.* Glossæ Lat. Græc. : *Remoro*, παρέλκω, βραδύνω, ἐπέχω. Aliæ Græc. Lat. : Παρέλκω, *Moro*, *Remoro, protraho, detrecto.*

¶ **Remorator**, Παρελκύτης, in iisdem Glossis. Utitur Martianus Capella lib. 1. pag. 19.

¶ **Remoratrix**, Βραδεῖα, παρελκύσρα, in iisdem Glossis. In MS. Regio legitur, παρελκύσρια.

¶ **REMORARII**, Qui præturam defugiunt, remorantur, apud Gothofredum ad legem 21. Cod. Theod. tit. 4. de Prætor. et Quæstor.

¶ **REMORATRICES.** Vide supra *Remilicines.*

¶ **REMORBESCERE**, In morbum recidere, apud Goclenium in Lexico Phil. Utitur Ennius apud Festum.

* **REMORSENTIA**, perperam pro *Remaisancia.* Vide supra in hac voce. Charta Oliver. abb. S. Remig. Senon. ann. 1311. in Reg. 47. Chartoph. reg. ch. 127 : *In domibus, porprisiis,.... corveis, talliis, Remorsentiis, emendis, forefactis, etc.*

¶ **REMORSIO**, a Gallico *Remors*, Conscientiæ stimulus, angor, morsus animi. Statuta Cisterc. ann 1246. apud Marten. tom. 4. Anecd. col. 1386 : *Maxime cum ad tam sacrosanctum mysterium accedere, cum Remorsione fictionis aut falsi, periculum grande sit ac peccatum.*

¶ 1. **REMORSUS**, Idem quod *Remorsio.* Processus contra Willelmum *de Hildenissem* ann. 1411. apud Baluzium tom. 2. Miscell. pag. 294 : *Perfectissimus est qui de hoc non curat, nec in sua conscientia ullum Remorsum facit.*

* Annal. Victor. MSS. ad ann. 1259 : *Rex Ludovicus semper Remorsum quemdam conscientiæ super hoc habebat, etc.* Hinc *se Remordre*, pro *Se repentir*, Pœnitere, in Bestiar. MS :

> On trueve aucun qui se Remort
> Et se repent et merchi crie.

* 2. **REMORSUS Candelarum**, Candelæ emunctæ, earum reliquiæ, nostris etiam *Remors.* Charta ann. 1321. in Reg. 75. Chartoph. reg. ch. 303 : *Item debet habere* (marescallus prioris de Paredo) *residuum candelarum de mensa prioris post cœnam, Remorsus de torcis et residuum des torses, etc.* Ordinat. Hospit. reg. ann. 1261 : *Candelam, fabricam et partem suam Remorsuum candelarum, sicut valleti cameræ, etc.* Alia ann. 1285. in Reg. Cam. Comput. Paris. sign. *Noster* fol. 54. r° : *Et aura le fruitier.... les Remors et le remenant du cierge.* Vide *Morsus* 6.

* **REMOSUS**, idem quod *Remissus.* Absolutus, liber. Judic. ann. 806. apud Murator. tom. 1. Antiq. Ital. med. ævi col. 977 : *Nam pars curtis domni regis exinde permaneat quieta, contempta atque Remosa.*

* **REMOTA**, Remotio, a Gallico fortassis *Motte*, gleba, hic appellatur Occatio,

cum scilicet glebæ agrorum conteruntur. [** Guerardo Aratio iterata, apud Cenomanos *Remuette*, Burgundionibus *Rebueil.* Charta Ramerici Abb. S. Winwaloei Monasteriol. ann. 1000. post Irminon. pag. 353 : *In unoquoque anno debet habere comes tres coroweias, ad galcheras, ad Remotiones, ad avenas, etc.*] Libert. Dompnimed. ann. 1246. tom. 7. Ordinat. reg. Franc. pag. 693. art. 41 : *Quilibet juratus qui carrucam habet, debet tres corveas per annum; scilicet ad avenas, unam; ad gascherias, secundam; ad Remotiones, tertiam.* Aliæ pro incolis de Bernardivil. ann. 1247. ibid. pag. 694. art. 41 : *Quilibet juratus qui habet equm vel equos ad terras colendas, debet corveias per annum, scilicet tres corveias in Aucusto..... ad blada domini adducenda; et unam ad Remotas,.... et unam corveiam ad gascherias.* Vide supra *Recalcare* 3.

* **REMOTUS**, Immotus, sine motu. Mirac. B. Ant. Ripol. tom. 6. Aug. pag. 540. col. 1 : *Febres ipsum* (infirmum) *ceperunt, quæ quasi frangebant omnia ossa sua... Confessus fuit.... quod propter ipsas febres habebat totum corpus male dispositum et Remotum.*

* A Latino *Remotus*, Gall. *Eloigné, à l'écart*, nostri alias dixerunt *Remot*, eadem notione. Lit. remiss. ann. 1362. in Reg. 92. Chartoph. reg. ch. 156 : *Lesquelles empreintes estoient gittées en lieu Remot, et dont ledit suppliant n'avoit memoire.* Aliæ ann. 1450. in Reg. 180. ch. 102 : *Pour ce que le suppliant avoit veu icellui prestre hanter avecques sa femme secrettement et remutiement, ou en lieux Remos, etc.*

* 1. **REMOVERE**, Eripere, Gall. *Oter, enlever.* Lit. remiss. ann. 1345. in Reg. 68. Chartoph. reg. ch. 111 : *Ex eo quod dictus vicarius accedens versus dictum presbiterum, eidem arma, quæ portabat, Removere vellet, etc.*

* 2. **REMOVERE**, Revocare, reducere, Gall. *Ramener.* Chartul. eccl. Vienn. sub Alex. ipsius archiep. fol. 38. v°. col. 2 : *Convenit..... vigilantiæ pastorali, ut reformari jura ecclesiastica omni studio intendat, qualiter status sanctæ Dei ecclesiæ.... a perversis quibusque indesinenter et impune minuatus et pervasus, ad culmen Removeatur sui honoris.*

¶ **REMOVERE TESTAMENTUM**, Injustum declarare, in Cod. Theod. leg. 2. tit. 19. lib. 2. de inoffic. testam.

¶ **REMOVIBILIS**, Qui loco suo seu officio potest removeri, in Chartà ann. 1453. apud Ludewig. tom. 5. Reliq. MSS. pag. 52.

* **REMPLAGIUM**, Accessio, additamentum, supplementum. Charta ann. 1308. in Chartul. S. Magl. Paris. ch. 144 : *Nec non et se soluturum pro quolibet dictorum arpentorum de novo, et ut dictum est oneratorum, dictos quatuor denarios et pro semiarpentis quarteriis ad forum Remplagiorum. Remplage*, eodem intellectu, in Chartul. Corb. sign. *Cæsar* fol. 2. v° : *Item le cent de moriaulx sallés qui sont ouvert, doibvent audit prévost quatre deniers et au four Remplage. Item le cent de macqueriaulx sallés audit prévost de l'eglise quatre deniers et au four Remplage.* Vide supra in *Implagium* 2.

¶ **REMUAGIUM**, Practicis nostris olim *Remuage*, Pretium quod domino solvitur pro mutatione prædii, cum alteri ceditur. Charta Guillelmi Episc. Cabillon. ann. 1297. inter instrum. novæ Gall. Christ. tom. 4. col. 253 : *Terrarii dictorum locorum... de pecunia et de laudo, seu Remuagio, pro venditionibus contingentibus debitis, quartum denarium dictis Canonicis... solvere tenebuntur.* Recognitio Præpositi S. Symphoriani de Ancella, facta Abbati Trenorchiensi ann. 1401 : *Sub annuo et perpetuo servitio laudimia, et alia jura ad dominum directum ratione dominii directi spectantia, juxta loci consuetudinem, solvendo ad festum S. Michaelis, IV. cuparum frumenti ad mensuram Matiscon. VIII. sol. Paris. et duarum gallinarum, etc.* Charta D. *Aubel* in pago Bellijocensi ann. 1460 : *Servitium, laudimia, vendas, Remuagia et alia jura ad dominum spectantia, etc.* Vide *Muta* 2.

* *Remuement*, in Consuet. Nivern. cap. de feud. art. 58.

¶ **REMULCULARE**, pro Remulcare. Glossæ. Lat. Græc. : *Remulculo*, νεωλκῶ. Leg. νεωλκῶ, vel νεολκῶ, ut in Glossis Græc. Lat.

¶ **REMULTUM**, *Funis, quo navis deligata trahitur vice remi; unde Remultare, navem trahere, vel navem Remulto trahere*, Joh. de Janua et ex eo Glossatori Lat. Gall. Sangerm. MS. Sed legendum est *Remulcus* et *Remulcare*, ut apud Latinos.

¶ **REMUM**, Mendosa vox. V. in *Rheno.*

¶ **REMUNDARE**, Mundare, ramos resecare, Ital. *Rimondare.* Statuta Vercell. lib. 4. fol. 71. v° : *Ligna que incidentur ad vendendum sint longa pedibus septem et Remundata.*

¶ **REMUNERARE**, pro simplici Munerare, munus offerre, donare. Notitia ann. 1068. apud Illustr. Fontaninum ad calcem Antiq. Hortæ pag. 397 : *Remunero et dono in suprascripta Ecclesia unam Ecclesiam S. Severæ totam in integrum cum sua pertinentia, cum libris, paratis et oraculis suprascriptis.* Charta ann. 1358. e Chartulario Domus Dei Pontisar. : *Avoit souverain desir et estoit son entention et propos de leur Remunerer, etc.*

¶ **REMUNERATIO**, Eucharistia. Vita S. Nili Confessoris apud Marten. tom. 6. Ampl. Collect. col. 903 : *Sanctam autem Quadragesimam transegit totam nihil aliud sumens, nisi solam Remunerationem, atque id propterea quod per singulos dies petierit panem quotidianum.* Vide *Munus* 1.

REMUNERATIONES SACRÆ, id est, *Sacræ largitiones*, in leg. 20. de Palatinis (6, 30.), et leg. 41. de Appellat. (11, 30.) Cod. Theod. In vet. Inscript. 449. 7. Petronius Maximus dicitur *sacrarum Remunerationum Comes. Comites privatarum Remunerationum*, in lege 2. eod. Cod. de Commeatu (7, 12.). *Munerationes sacræ*, apud Symmachum lib. 10. Epist. 43.

¶ REMUNERATIONES BENEFACTORUM, Preces ad Deum pro benefactoribus. Guido lib. 1. Discipl. Farfensis cap. 8 : *Cum quindecim Psalmis pro omnium tribulationibus, cum precationibus sive Remunerationibus benefactorum.*

¶ **REMUTARE**, Mutare. Concordia Berthæ cum Monasterio S. Vincentii in Gestis Aldrici Episcopi Cenoman. apud Baluz. tom. 3. Miscell. pag. 169 : *Unde convenit, ut tres epistolas uno tenore conscriptas inter se fieri et accipere deberent, quod ita et fecerunt, ut nullus contra parem suum de istis convenientiis se Remutare non posset.* Alterum locum vide in *Remisus.*

* Iterum mutare. Charta ann. 1115. apud Murator. tom. 3. Antiq. Ital. med. ævi col. 1119 : *Si prædictam commutationem Remutare aut in aliquo diminuere quæsierimus ullo modo, etc.* Libert. loci de Stagello ann. 1331. in Reg. 69. Chartoph. reg. ch. 174 : *Possint reficere et mutare et Remutare semel et pluries paxerium et paxerias.* Unde et nostris *Remuer*, eadem notione. Charta Auberti abb. Castric. ann. 1247. in Chartul. Campan. fol. 343. col. 1 : *Chacun an Remueront li borjois ces quatre eschevins le jor de la saint Jehan Baptistre.* Occurrit præterea in Lit. ann. 1370. tom. 5. Ordinat. reg. Franc. pag. 376. art. 12. et in aliis ann. 1385. tom. 7. pag. 117. art. 5. Hinc nutricibus vox *Remuer* familiaris, pro Mutare fascias infantis. Sed et pro Vulnus curare nostratibus est usurpatum. Lit. remiss. ann. 1378. in Reg. 113. ch. 363 : *Les exposans batirent ledit Colin et lui rompirent les deux jambes;.... lequel Colin, pour ce qu'il estoit haïz de tout le pueple, aucuns mire ne cirurgien ne le voult aler Remuer.* Aliæ ann. 1397. in Reg. 152. ch. 197 : *Lequel Henry dist au suppliant qu'il se sentoit trop malement bleciez, en lui priant qu'il alast avecques lui pour le faire Remuer : et adonc se partirent et alerent en la maison Jehan Morice prestre, où ledit Henry fu Remué.* [Unde etiam nunc *Remué de germain* in quibusdam provinciis usitatum, pro *Issu de germain*, a germano cognatus. Lit. remiss. ann. 1375. in Reg. 108. ch. 253 : *Robin Doccie cousin germain dudit Martin, et cousin Remué de germain de Colette sa fille, etc.* Aliæ ann. 1459. in Reg. 189. ch. 401 : *Trois prouches parens du suppliant, c'est assavoir les deux Remués de germain et le tiers fils d'un sien cousin germain.*

¶ **REN**, si Johanni de Janua fides est, *a rivus dicitur, quod a renibus rivi obscœni et cœnosi derivant, etc.* Singulari numero *Ren*, pro *Renes*, apud antiquos non legi observat Vossius lib. 3. de Vitiis serm. cap. 42. nec tamen improbat, cum bina sint viscera, si dextrum sinistrumque renem quis distinguat, ubi sic postulat argumentum.

¶ 1. **RENA**. Papias : *Opium, crema vitium appellatur, quoniam apud Renas nascitur : est autem succus lassar, herbæ.* Locus pessime corruptus, qui sic emendari debet ex Isidoro lib. 17. Orig. cap. 9 : *Laser herba... Opium Cyrenaicum appellatum, quoniam et apud Cyrenas nascitur.*

* 2. **RENA**, vox Italica, Arena. Tract. MS. de Re milit. et mach. bellic. cap. 74 : *Arbor cum duobus solariis.... a duobus hominibus giratur, causa levandi de terra calcem, Renam, lapides et saxa.*

* **RENABILIS**, Dicitur de aliqua re, quæ nec melioris, nec inferioris est conditionis, idem quod supra *Regnabilis.* Charta ann. 1337. tom. 1. Probat. Hist. Brit. col. 1390 : *Sexies viginti rasis frumenti boni et Renabilis, ad mensuram communem villæ de Daoulas Corisopitensis diocesis.* Vide *Rationabilis* 1.

¶ **RENACIO**, Παλιγγενεσία, in Glossis

Lat. Græc. Aliæ Græc. Lat. : Παλιγγενεσία, Regeneracio, Recreacio, Renacio, Recreatio.

* RENACIUM, Regeneratio. Charta Fulcon. episc. Paris. ann. 1347. ad calcem Hist. trium Mariarum auctore Joan. *de Venette* versibus Gallicis ex Cod. reg. 7581 : *Quamvis non sint suæ sanctæ prælibatæ sorori primogenitæ in Renacio æquales, tamen in sorte regni et possessione æternæ beatitudinis sibi sunt cohæredes.* Vide *Renacio.*

RENALE, [*Zona circa renes; Renalis, ad renes pertinens*, Johanni de Janua.] Vide *Lumbare.*

* Glossar. Provinc. Lat. ex Cod. reg. 7657 : *Renale, bracale, Brayer, Prov.*

¶ **RENASCIBILITAS**, Regeneratio baptismalis. S. Augustinus Quæst. vet. et nov. Testam. 115 : *In primordio Renascibilitatis polliciti sunt, ut abrenunciarent pompis et voluptatibus satanæ. Renascibilitas* magis proprie diceretur Potentia renascendi : quod observat Martinius.

* **RENATUM**, Mensura frumentaria apud Britones, vulgo *Renot.* Charta ann. 1248. tom. 1. Probat. Hist. Brit. col. 939 : *Concessi..... in teneura Eudonis Greuel unum Renatum et dimidium, et in villa Ausant in teneura Gaufridi Albi unum Renatum frumenti, et in teneura filii Silvestri in villa Lefent unum Renatum siliginis.*

RENCARIUS. Vide Ordinationem Hospitii S. Ludovici Regis Franc. ann. 1261. in Notis nostris ad Joinvillam pag. 112.

¶ **RENCHERIATUS**, Nimium de se bene existimans, ficta voce a Gallico *Rencheri.* Menoti Sermones fol. 128 : *Ego promitto et vobis juro, si vultis facere de Rencheriata et per longum tempus mihi uti istis traficis :* quod ipse sic Gallice vertit : *Je vous promets et si je vous jure, que si vous voulez faire de la Rencherie, etc.* Sermo est de muliere.

¶ **RENCOR**, Idem quod *Rancor*, de quo supra, Simultas, odium. *Rencore, odio et mala voluntate cessantibus*, in Literis ann. 1356. apud D. *Recousse* tom. 3. Ordinat. Reg. pag. 112.

¶ **RENCURIA**, Idem quod supra *Rancura*, Querimonia. Sententia arbitralis ann. 1302. e Schedis D. *Brunet : Quibus utraque pars dedit et concessit plenam et liberam potestatem audiendi, examinandi quæstiones, Rencurias et demandas seu dubia, quæ sunt et esse possunt inter partes prædictas.*

¶ 1. **RENDA**, Caput baltei. Vita S. Alexii Conf. tom. 4. Julii pag. 256 : *Deinde tradidit ei annulum suum aureum et Rendam, id est, Caput baltei, quo cingebatur, involuta in prandeo et purpureo sudario.* In MS. Vallicensi male pro *Renda* legitur *Senda.* Alia Vita metrice scripta MS :

> Dixit, et aurato digito mox exspoliato,
> Aurum cum Renda pro pignore tradit habenda.

Vide *Rinca.*

¶ 2. **RENDA**, Census, reditus annuus, præstatio vectigalis, Gall. *Rente*, ab Aremorico *Rent*, quod idem significat, ut vult Lobinellus; vel a ficta voce *Rendita* pro *Reddita*, ut Menagius opinatur. Charta vetus apud eumd. Lobinell. tom. 2. Hist. Britan. col. 73 : *Mandavit per Thedei sacerdotem ad monachos Rotonenses ut orarent pro eo, et dedit eis Ranbothan... sine censu et sine Renda, et sine opere, et sine loch-caballis ulli homini.* Charta ann. 1355. ex Archivo S. Victoris Massil. armar. Diniensi num. 50 : *Meliorabitur ferma sive Renda dicti Prioratus pro premissis.* Contractus Monialium Artacellæ ann. 1403 : *Tradiderunt et concesserunt ad Rendam sive firmam et titulo Rendæ tradiderunt.... arrendatibus... omnes proventus et gausidas pertinentes ad dictum monasterium.* De variis *rendarum* generibus consule Glossarium juris Gallici. Vide *Rendea* et *Renta.*

* *Rendæ argenti*, in Invent. ann. 1476. ex Tabul. Flamar. *Rande*, in Charta ann. 1270. ex Tabul. S. Mich. in eremo. *Rendage*, eodem sensu, necdum penitus obsoleto, in Lit. ann. 1303. tom. 1. Ordinat. reg. Franc. pag. 386. art. 2 : *Lesquels ont jusques ci eu Rendage de la moitié de leur terres.* Charta ann. 1401. ex Chartul. 23. Corb. : *Chacuns autres journeux dessusdits renderont audit enfermier chacun an audit terme de Noel, chacun journel une poitevine de Rendage. Rendaige*, in Reg. 13. ejusd. monast. sign. *Habacuc* ad ann. 1511. fol. 110. Quæ ultima vox in re monetaria idem sonat atque *Seigneuriage*, teste Boizardo. Occurrit in Lit. ann. 1396. tom. 8. earumd. Ordinat. pag. 129.

* 3. **RENDA**, Territorium, intra quod *rendas* seu reditus quis habet. Charta S. Ludov. ann. 1237. inter Instr. tom. 8. Gall. Christ. col. 533 : *Contulimus pauperibus monialibus albis de Vinea beatæ Mariæ Aurelianensis 168. arpenta terræ sita in Renda de Chantolio, juxta dictam villam ad essartandum, vel ad pascua animalium suorum facienda, tenenda ab eis et in perpetuum ab eis possidenda.*

¶ **RENDABLES**, Idem quod *Reddibiles*, quod dicitur de feudis, quorum castra vassalli reddere debent domino superiori, cum ei libuerit. Charta Guillelmi de Baffia, apud Baluzium tom. 2. Hist. Arvern. pag. 116 : *Castrum de Maimont cum pertinentiis suis.... tenebo ego et hæredes sive successores mei bona fide jurables et Rendables a Comite superius memorato.* Vide *Feudum reddibile* in *Feudum.*

¶ **RENDACIUM.** Visitatio Monasterii S. Amantii Ruthen. ann. 1347. ex Archivo S. Victoris Massil. : *Ordinamus quod cum sicut* (f. *sint*) *Rendacia et novenæ in ecclesia S. Amantii, etc.* Mendum inesse suspicor in hac voce. [* Idem videtur quod *Renda* 2.]

¶ **RENDALIS**, Idem quod infra *Rendualis.* Charta ann. 1270. apud Stephanotium Antiq. Santon. MSS. pag. 270. : *Concessimus dictis Priori et Conventui* (S. Eutropii) *centum solidos Rendales, habendos et percipiendos ab eisdem super vendis, etc.* Conventiones inter Reges Angliæ et Franciæ ann. 1286. apud Rymer. tom. 2. pag. 338. col. 1 : *Promittimus nos daturos... tria millia librarum Turonens. Rendalium, quas garentisare tenebimur eidem.* Mox recurrit ibidem, ut et tom. 3. pag. 684. col. 2. tom. 9. pag. 22. col. 2. necnon in Testamento Sclarmundæ Reginæ Majoric. ann. 1312. apud Acherium tom. 9. Spicil. pag. 276.

RENDEA, ex Gallic. *Rente. Cens et Rente*, in Consuetudinibus municipalibus. Tabular. Celsinianense : *Hac tamen convenientia, ut censum terræ et Rendeas, seu servitium secundum aliorum consuetudinem in pace reddant.* [* In quo Chartul. Celsinian. ch. 485. bis lego *Rendoa.*] [Vide *Renda* 2.]

¶ **RENDERE**, Gall. *Rendre*, Reddere. Pactus Legis Salicæ tit. 52. edit. Eccardi ex MS. pag. 133 : *Si nec tunc Rendere voluerit, adhuc septem noctes similiter venit.*

* **RENDERIA**, Prædium rusticum, ex quo *rendæ* percipiuntur. Bulla Joan. XXII. PP. qua Philippo regi concedit annalia beneficiorum ecclesiasticorum ex Reg. A. Cam. Comput. Paris. fol. 100. r° : *Declaramus ut concessum tibi hujusmodi privilegium, nullatenus extendatur ad..... Renderias, obedientias sive firmas, etc.*

¶ **RENDERIUS**, Emphyteota, conductor vel quivis tenens vectigali obnoxius, idem qui supra *Redituarius*, Provincialibus nostris *Rendié* et *Rentié.* Capitulum generale MS. S. Victoris Massil. ann. 1426 : *Arrendamenta omnium prioratuum et redditUum fiant ad exstinctam candelæ, et plus et ultra* (f. *ultimo*) *offerenti adjudicentur.... tempore quo Renderii illa exsolvunt.* Charta ann. 1428. ex Schedis Præsidis *de Mazaugues : Presentibus.... domino Hugone Flaix capellano castri de Valleta Renderio prioratus dicti castri de Masalguis.* Contractus Monialium Artacellæ ann. 1403. ex iisdem Schedis : *Renderii solidos 12. pro uno porquo et totidem de garachio.* Statuta Avenion. lib. 1. rubr. 20. art. 3 : *Substituti notariorum non possint aliquos contractus vel distractus recipere inter eorum magistrum et alium, quod si sumpserint, sint ipso jure nulli, in his quæ concernunt utilitatem eorum magistri : quod locum habeat in conductoribus seu Renderiis officiorum eorumdem magistri.*

¶ **RENDEVACCA.** Statuta Mutinæ fol. 36. v°. rubr. 195 : *Cum sit quod propter bella, quæ usque adhuc invaluerunt, terræ, prata, nemora et Rendevacca posita in districtu Cesarum a latere sero Navigii perdita sint, et ad nihil reducta pro aquarum superabundantia, et cum homines propter ipsorum paucitatem et paupertatem, qui tenentur ipsa cavamenta facere, in quorum districtu sunt, non possint dictas aquas scolare, etc.* [* f. Pascuum vel silva cædua.]

¶ **RENDIS**, *Requies otiosa*, in Glossis Isid. Grævius putat legendum : *Resides, requiescentes, otiosi.* Papias : *Resides, otiosi, pigri.*

* **RENDITA**, Reditus, proventus, Italis quoque *Rendita.* Charta Adef. reg. Aragon. pro incolis Tutelæ æra 1165. in Reg. 53. Chartoph. reg. ch. 295 : *Per tali conditione, quod vos similiter guardetis meas loztas et meas monetas et totas meas Renditas.* Vide *Rendua.*

* **RENDOA.** Vide supra *Rendea.*

¶ **RENDUA**, Idem quod *Renda* 2. *Rendea.* Charta ann. 1070. apud Baluz. tom. 2. Histor. Arvern. pag. 47 : *Renduas vero et dona quæ huic monasterio dedi...firmiter teneantur.* Alia Charta Vosiensis apud Stephanotium tom. 2. Antiquit. Lemovic. MSS. pag. 359 : *Nec coactum servitium ab hominibus, qui mansum tenebant, exigant, sed tantummodo Renduam, quam habent, hoc sunt* XII. *denarii in die S. Mariæ in Augusto.*

RENDUALIS, Pecunia quævis, quæ

exsolvitur quotannis, Gallice *de Rente*. Vita Urbani V. PP. pag. 195 : *In cujus evidentia expresse recusari ordinavit per patrem suum 600. libras Renduales, quas Rex Franciæ sibi dederat ob sui favorem.* Charta ann. 1270. in Hist. Episcop. Cadurcensium num. 127 : *Quod ipse det et refundat dicto Domino Episcopo... quingentos solidos Cadurcenses Renduales, etc.* Curia generalis Catalaniæ in villa Montissoni ann. 1363 : *Mille solid. Rendalium seu annualium.* Ita *solidos annuales* habet Charta ann. 1151. apud Guichenonum in Probat. Hist. Sabaudiæ pag. 41. Tabular. Dalonensis Abbat. fol. 46 : *Duos sextarios frumenti Renduales annuatim.* [Ex quo postremo loco patet, vocem *Rendualis*, non de pecunia solum, sed etiam de alia quavis re quotannis exsolvenda, prout locus postulat, esse intelligendam. Rursum occurrit in Testamento ann. 1289. inter Instrum. novæ Gall. Christ. tom. 2. col. 294. in Charta ann. 1310. apud Stephanotium tom. 3. Antiquit. Pictav. MSS. pag. 994. in alio Testam. ann. 1360. apud Marten. tom. 1. Anecdot. col. 1475. et in Instrumentis MSS. passim.]

* Hinc nostris *Rendual*, eodem significatu. Charta ann. 1406. in Reg. feud. comitat. Pictav. ex Cam. Comput. Paris. fol. 128. v° : *Je Jehan Chauveron chevalier.... advouhe tenir.... la moitié de la grant disme de Dutsazes,.... et en oultre ung sextier de froment Rendual, sur une terre de la vicairie de l'autel S. Jehan du Dorat, et une quarte de seigle Rendual.*

¶ **Rendualiter Debitus**, Singulis annis solvendus. Charta ann. 1324. ex Schedis Marchionis *de Flamarens : Retentis sibi.... duobus sextariis avene Rendualibus per Petrum.... sibi Rendualiter annuatim debitis.*

¶ **RENDUS**, Rendutus. Vide *Redditus* 1.

¶ **RENEARE**, Ejurare, denegare, Gallice *Renier*. Consuetudo Marchiæ Dumbarum art. 17 : *Homo taillabilis alterius domini, qui ponet se in franchesia alicujus alterius domini, quia ipse denegat et Reneat dominum suum, omnes ejus res et bona committuntur domino, cujus ille erat homo taillabilis.* Vide *Renegare*.

¶ **RENEGARE**, Idem quod *Reneare*. *Abjuramus et Renegamus penitus omnem hæresim*, apud Limborch. Sentent. Inquisit. Tolos. pag. 295. Utuntur quidam e recentioribus, quos omnino culpat Vossius de Vitiis serm. lib. 4. cap. 21.

RENEGATUS, Qui religionem suam ejuravit. Charta Jacobi II. Regis Aragon. pro Judæis ann. 1242 : *Prohibemus, ne alicui de Judaismo vel paganismo ad fidem nostram Catholicam converso præsumat aliquis..... improperare conditionem suam, dicendo, vel vocando eum Renegat, vel Tornadie, vel consimile verbum.* Rogerus Hovedenus ann. 1192 : *Et cepit in equitatione illa 24. paganos, et unum Reneez, qui quondam Christianus fuerat, et Dominum nostrum Jesum Christum negaverat.* Le Roman *d'Amile et d'Amy* MS :

> Envers Hervé le cuivers Renoié.

Le Roman *de Jourdain de Blaye* MS :

> A Fromout dient li cuivers Renoié.

Joinvilla in S. Ludovico pag. 78. de quodam Christiano, qui sua abjurata religione Mahumetanam amplexatus fuerat : *Je crains si je allois vers vous, la pouvreté où je serois, et les grans infames reprouches, qu'on me donneroit, tout le long de ma vie, en me appellant Regnoié, Regnoié. Pourtant j'aime mieux vivre à mon aise, et richomme, que de devenir en tel point.* [* *Renée*, in Assis. Hieros. cap. 70 : *Se sont ceaus qui ne peuent porter garantie en la haute court,..... esparjures, foimentis, tratours, bastars,. . . . ceaus qui ont esté Renées.*] [Eadem, ut puto, notione, Constitutiones Eccles. Valentinæ tom. 4. Concil. Hispan. pag. 148. col. 1 : *Si Canonicus..... intus sacram ædem.... per Dei aliquod membrum ejusque virginis matris Mariæ juraverit, et in similia verba Renech de Deu proruperit, si clericus aut beneficiatus fuerit, pœnam quinque solidorum incurrant.*] Vide Nicol. Fullerum lib. 2. Miscellan. sacr. cap. 3. et in *Tornadiz*.

¶ **RENEGELD**, f. Tributum pecuniarium, ab Anglico *Ran* vel *Ren*, Rapina (quod exactioni pecuniariæ convenire potest) et *Geld*, Argentum, pecunia. Rotulus ann. 14. Henrici VII. Regis Angl. apud Thomam *Blount* in Nomolexico : *Per Renegeld Johannes Stanley Ar. clamat habere de qualibet bovata terræ infra feodum de Aldford 1. d. exceptis dominicis terris et terris in feodo prædicto infra hundred. de Macclefeld.*

RENELENUS. Vett. Schedæ Thuaneæ apud Mabillonium [tom. 3. SS. Ord. S. Benedict. pag. 102.] : *Hoc est casula Renelena 1. sagia fusca 1. caligas albas 4. sagia de haira 1. calcias filtrinas paria 1. calcias Renelenas paria 1. etc.* [*Venelanus* legit ipse Cangius in *Calcia* 1.] [* Vide *Venelanus*.]

¶ **RENELLA**, pro *Reuella*. Vide in hac voce.

* **RENENGHA**. Vide supra in *Relanga*.

¶ **RENENSIS Florenus**, Moneta *Florenus* dicta Palatini Rheni, in Charta ann. 1408. apud Rymer. tom. 8. pag. 528. col. 1. et in Libello supplici ann. 1600. inter Instrum. novæ Gall. Christ. tom. 5. col. 423. Vide *Florenus*.

* **RENETH**, an pro *Renensis*, Moneta Palatini Rheni. Inventar. MS. thes. Sedis Apost. ann. 1295 : *Item aliud sacculum de serico cum ij. et iiij. Reneth.* Vide infra *Renensis*.

RENFORTIUM, ex Gallico *Renfort*, Idem quod corroboratio, vel, ut ita dicam, fortificatio. Ita *Renfortium esgardii*, vel *sgardii*, in Statutis Ordinis Hospital. Hieros. tit. 8. § 1. est judicum duplicatus numerus : nam *esgardium*, judicium sonat. Vide tit. 19. § 10.

* Unde *Renforcier*, pro Corroborare, confirmare, in Lit. remiss. ann. 1406. ex Reg. 161. Chartoph. reg. ch. 39 : *Lesquelles trèves ledit Dumesnil eust données et fiancées audit Sirebon; et après ce ledit viconte eust donné et assigné jour aux parties certain après ensuiant, à comparoir pardevant le bailli d'Evreux ou son lieutenant, à son siege d'Orbec, pour Renforcier lesdites treves. Renforsans*, pro *Encherisseurs*, Licitator, in Charta ann. 1339. ex Tabul. S. Joan. Laudun. : *Lequel Bertrans comme li plus offrans et li derreniers Renforsans, etc.*

RENGA, Balteus militaris. Vide *Rinca*.

RENGALENGUM. Vide *Regalengum*.

* **RENGELLAGIUM**, Gall. *Rengellage*, Imporcatio, ut videtur, et *Ragenli*, Ager imporcatus. Charta Egid. abb. S. Mart. Tornac. ann. 1321. in Reg. 61. Chartoph. reg. ch. 209 : *Lesquelles* (terres) *pour ce que nous ne les poiens cultiver, nous aviens donné à moiturie..... Le remenant desdites tieres Ragenlies, et einsi le doit il laissier à l'issue, selonc la convenance,.... et si doit avoir lidiz Rogiers, se il vit, toute la mesture de blez de Mars et Rengellage des tieres, que lidiz moituiers doit laissier.*

¶ **RENGIA**, Balteus militaris. Vide *Rinca*.

* **RENGIARE**, a Gallico *Renger*, Ordinare, disponere. Arest. ann. 1275. in Reg. 2. *Olim* parlam. Paris. fol. 28. v° : *Item justitiam faciendi Rengiari quadrigas et stalla ad liberationem mercati.*

¶ **RENGUM**, vel **Rengus**, a Gallico *Rang*, Ordo, series. Conventio Domini et incolarum Castrinovi ann. 1461 : *Tenebuntur dicti habitatores venire fenatum in dicta pradaria successive unus post alium et de Rengo; sic taliter unus alterum non oneret.* Polypticus Fiscamnensis ann. 1235 : *Dade tenet unam masuram... et reddit duos solidos ad Natale et spargit unum Rengum fimi in cultura abbatis.*

* Hinc *Renge* dicitur de frumento secato, super terram ordinatim disposito, vel in fasces collecto et in acervos ordinato. Lit. remiss. ann. 1377. in Reg. 112. Chartoph. reg. ch. 156 : *Icelle Mabile avait emblé et fait ses glennes en temps d'Aoust aus Renges des blez de Guillaume le Vaasseur, ou terroir de ladite ville de Marez, ou conté de Eu.* Inde etiam *Faire Rens entour soy*, pro vulgari *Faire ranger*, Sibi dare locum. Lit. remiss. ann. 1380. in Reg. 117. ch. 51 : *Lequel Anglois hastivement tira s'espée toute nue, et mist sa taloche en sa main en escremiant et faisant Rens entour lui.*

* **RENIARI**, *Mentiri*, *mentir*, Prov. Glossar. Provinc. Lat. ex Cod. reg. 7657.

¶ **RENITIOSUS**, νεφριτικός, in Glossis Lat. Gr. Aliæ Græc. Lat. : Νεφριτικός, *Renosus*, *Riēnosus*, *Renitiosus*, Qui renibus laborat.

* Nostri *Arrener* et *Heriener* dixerunt, pro *Ereinter*, Renes frangere. Lit. remiss. ann. 1377. in Reg. 111. Chartoph. reg. ch. 379 : *Laquelle vache.... toute Arrenée et tellement blecée, que le Dimenche ensui ou assez tost après elle en morut, et icelle ainsi Arrenée et blecée fist bailler et delivrer audit exposant.* Aliæ ann. 1481. in Reg. 209. ch. 189 : *Jehan Vachot frappa icelle brebis d'une reilhe de fer qu'il avait en sa main; duquel coup qu'il frappa ladite brebis il la Heriena, tellement que depuis ne se peut soustenir.*

RENNALES. Vide *Andamius*.

* **RENNENSIS Aureus**, ut *Renensis florenus*, Moneta aurea Palatini Rheni. Tabul. S. Petri Insul. : *Anno 1486. serenissimus rex Romanorum in offertorio magnæ missæ obtulit unum Rennensem aureum iij. Sept. val. lxiv. sol.* Vide supra in *Floreni*.

¶ 1. **RENO**, Brachii pars, etc. Vide in *Tremum*.

2. **RENO**, Vestis species. Vide *Rheno*.

RENODURA. Bracton. lib. 3. tr. 2. cap. 14. § 2 : *Si os frangatur, quod facile perpendi poterit per Renoduram.* Fabris lignariis *Reneure* est quædam linea cava ducta in asseribus, quod *regnet*, seu protendatur ubique in longum.

* **RENONES**, *a renibus dicuntur, Gallice Tabart, quia usque ad renes contingunt.* Glossar. Lat. Gall. ann. 1348. ex Cod. reg. 4120. Aliud ex Cod. 7613 : *Nationibus sua cuique propria vestis est,.... Germanis Renones.* Vide *Rheno.*

¶ **RENONUS**, Rivulus, canaliculus, alveolus. *Juxta plateas domus Ludovici Gridonis, quodam Renono intermedio,* in Charta Bressiensi ann. 1497. e Schedis D. *Aubret.*

¶ **RENOSUS.** Vide *Renitiosus.*

¶ **RENOTATIO**, Annotatio, animadversio. Oratio Egicæ Regis ad Patres Concilii XV. Toletan. ann. 688. inter Hispanica tom. 2. pag. 721 : *Omne quod loqui me vobis aut circumlocutio onerosa cohibet, aut communis sermo forsitan explicare non siuit, hic brevi stylo complicui, hic liquida Renotationis insinuatione conjeci.*

¶ **RENOVALE**, f. Tributum ex agris novalibus pendendum. Charta Friderici Comitis Ferretensis ann. 1225. apud Steyererum in Commentariis ad Hist. Alberti II. Ducis Austriæ col. 207 : *Abbates Lucellenses nec secus atque nos veri hæredes, atque in omnibus participes esse debeant, in jure videlicet relevandi decimas, primitias et Renovalia de terris acquisitis et acquirendis in dicto dominio nostro.*

¶ **RENOVARI**, Refici, cibum sumere. Memoriale Potestatum Regiens. ad ann. 1218. apud Murator. tom. 8. col. 1091 : *Invenerunt Christiani in dicto campo papiliones.... biscottum, farinam et hordeum multum; unde Renovatus est totus exercitus Christianorum.*

** **RENOVARIUS**, Fœnerator. Hispan. *Renovero.* Petri Except. lib. 2. cap. 32 : *Alii vero homines, scilicet quos vulgari sermone Renovarios appellamus, possunt præstare, ut supra diximus de nobilibus, per duo triplum.*

* **RENOVATIVUS**, Qui renovat. Joan. de Cardalhaco serm. in Assumpt. B. M. : *Simus fontes communicativi aquas divitiarum nostrarum per elemosinarum largitionem.... Fons est Renovativus, etc. Renuef,* pro *Nouveau*, novus, in Chartul. 1. Fland. ch. 356. ex Cam. Comput. Insul. : *Donné l'an del incarnation Nostre Seigneur Jhesus-Christ mil deux cent quatre vins et sept, le jour del an Renuef. Li premiers jors de l'an, qu'il est apelés an Renues,* in Serm. Maurit. episc. Paris. in die Circumcisionis tom. 17. Commentar. Acad. Inscript. pag. 723.

¶ **RENOVELLARE**, Renovare. Optatus Milevit. adv. Parmenianum : *Cum hæc fierent, Donatus ultro prior ad Carthaginem rediit. Hoc audito Cæcilianus ad suam plebem properavit. Hoc modo iterum Renovellatæ sunt partes.* Sermo est de recrudescente Carthagine schismate Donati. Et sub finem libri 7 : *Inter ipsa principia sæculorum, dum hominum esset Renovellata nativitas.* Ubi *Renovellatus* idem tantum sonat quod Novus, recens. Hoc etiam verbo usus est Columella cap. 6. de arboribus : *Vinea factis sulcis optime sternitur atque ita Renovellatur,* id est, Reviviscit, integratur. Ut a *novus renovale*, sic a *novellus*, *renovellare* factum est.

* **RENOYRIA**, f. Silva cædua, quæ renovatur. Charta ann. 1323. in Reg. 154. Chartoph. reg. ch. 512 : *Supradicti ligna accipere valeant in nemore et Renoyria nostris ubicumque sint.* Vide infra *Revenuta* 2.

* **RENQUIRAMENTUM**, Pretii augmentum, passim occurrit in Reg. capitul. eccl. Belvac. præsertim ad annos 1340. et 1350. teste D. *Le Maréchal de Fricourt* ejusd. urbis Prætore primario, ut in possessionum conductionibus accretiones significentur.

* **RENSO**, Redemptio, pecuniæ, nomine redemptionis, injusta exactio. Lit. remiss. ann. 1362. in Reg. 93. Chartoph. reg. ch. 194 : *Qui Johannes dixit in contemptum exponentis,.... quod idem exponens recipiebat salarium et redemptionem de soquetis..... Qui exponens dixit eidem Johanni, quod veritatem non dixerat de et super eo quod dixerat ipsum recepisse Rensones pro soquetis. Rençonnerie*, eadem notione, in Lit. remiss. ann. 1371. ex Reg. 103. ch. 6 : *Traïsons, rebellions et desobéissances, Rençonneries de gens et de villes, bouteries de feux, etc.* Hinc *Rançoneour*, Prædo, grassator, in aliis ejusd. ann. ex Reg. 102. ch. 355 : *En lui mettant sus qu'il estoit mauvais homs, Rançoneour de chemins, etc.* Vide supra *Ranso* et *Rehencionare.*

¶ **RENTA**, Idem quod *Renda*, Reditus, census annuus, Gall. *Rente.* Codex MS. redditum Episcopatus Autissiod. sub finem sæculi XIII : *Ad festum S. Eusebii habent Episcopus et Comes denariatam panis ab omnibus panetariis et revenditoribus Autiss. et in hac Renta habet S. Eusebius VI. partem.* Charta ann. 1395 : *Pontius Lobiere Præpositus Tolonensis dat et concedit ad facheriam, sive Rentam, jura, domos, terras, perceptiones census, servitia, trezena, tascas et arrota, quæ habet in castro de Soleriis.* De variis *rentarum* generibus consulendus est Eusebius *de Lauriere* in Glossario Juris Gallici v. *Rente* et in Dissertatione Gallica de Tenemento quinquenni, ubi fusius agit de *rentis* pecunia numerata comparatis, variasque et integras hac de re refert summorum Pontificum Bullas, Martini V. Nicolai V. Calixti III. Pii V. Gregorii XIII. Clementis VIII. necnon *Arresta* supremi Senatus Parisiensis : quæ hic indicasse satis est, cum ea exscribere non sinant Glossarii fines.

☞ Gallicum *Rente* interdum accipitur pro speciali ac determinato censu dominico, ut discimus ex Libro anniversariorum et censuum Monasterii S. Germani Paris. sign. B. fol. 200 : *Les noms de ceulx, qui doivent les droittures, que nous avons à Clamart. Premierement Robert Patou pour sa maison du bout de la ville tenant à Juquemain Hanecart, demie Rente : item pour demi quartier de terre au chief de la ville... le huitiéme d'une Rente; item pour trois quartiers demi Rente. Thomas Court-neufve pour sa maison et jardin.... trois quarts d'une Rente et l'huitiesme, trois deniers moins. Huet Guoguille pour quartier et demi de jardin... un quart et l'uittiesme d'une Rente.* Pluries occurrit ibi. Quem vero censum peculiarem designet, docemur eod. fol. verso : *Et vault la droitture* (vel *Rente;* unum enim idemque sonant voces *Droitture* et *Rente*) *ung septier d'avene et ung minot de froment et deux chappons seurennez.* Vide *Dretura* in *Directum* 3.

¶ **RENTAGIUM**, Præstationis vel census servilis genus, a Gallico *Rente, Rentage.* Litteræ Humberti II. quibus Jaqueminum et Perrinum Vauterii nobilitat ann. 1346. tom. 2. Hist. Dalphin. pag. 538. col. 1 : *Absolventes et liberantes vos et quemlibet vestrum ac etiam liberos vestros omnes et singulos, præsentes et futuros... ab omni tallia, cumplinta, corvata, gayta, exchalgayta, focagio, cornagio, Rentagio et alio quovis usagio, etc.*

* Agrarium, idem quod *Terragium* 1. Gall. *Terrage, champart;* quod percipiatur ex fructibus agrariis, qui prius ex agris asportari non debent, quam illa præstatio soluta fuerit, *Ostage* appellatur, in Declarat. feud. ann. 1330. ex Chartul. S. Petri Gandav. ch. 18 : *Derechief a lidit Mikiel à Harnes rentes, que on appelle Ostages, sur toutes les terres dont les dismes et li terrage vienent as cours S. Pierre à Harnes et à Loysons; et valent chil hostage par an six muis d'avaine.* Nisi tamen idem sit quod *Cario* et *Redecima.* Vide supra *Hostagium* 4. Cæterum appellationis rationem prodere videtur Charta ann. 1391. ex Chartul. 21. Corb. : *Et ne porra ledit Jehan ne ses hoirs riens oster des ablais, qui croisteront oudit camps, que l'eglise ne soit paié de se disme et terrage anchois; et est et sera tenus ledit Jehan.... de appeller les gens desdits religieux ou leur censsier de Wailly pour Renter les ablais, qui seront esdites terres chacun an.* Quæ clarius explicantur in Lit. remiss. ann. 1413. ex Reg. 167. Chartoph. reg. ch. 199 : *Quant ledit ablay fut moissonné et prest d'amener, Pierre de Sainte Beuve ala au lieu accoustumé à faire le devoir du Rentage, et pour appeller ceulx et celles à qui en appartenait le droit; lors vint Guerart Portebos à lui, disant que à lui appartenoit le droit dudit Rentage. Adonc lui Renta ledit Pierre de Sainte Beuve ledit ablay.* Hinc *Terre Renteuse, Rentagio* vel pensionibus annuis obnoxia, in Lit. remiss. ann. 1379. ex Reg. 116. ch. 84 : *Comme Aleaumes Voisin ait obligié le treffons et proprieté d'un lieu et terre Renteuse, seans près de Lille, etc. Rental*, Censui annuo subjectus, in Declarat. ann. 1330. superius laudata : *Poet peskier en chascune euwe Rentale de toute ledite poesté.*

RENTALE, Reditus, proventus, Gallis *Rente, Rentage,* [vel potius Codex censualis, Gall. *Rentier*, in Consuetud. Britan. art. 74. 77. et 78.] Iter Camerarii Scotici cap. 3 : *Deinde petatur Rentale burgi, per quod firmæ perticatarum terræ leventur, vel levari debeant, tam de terris vastis, quam ædificatis.* [Charta Richardi II. Angl. Regis ann. 1381. apud Rymer. tom. 7. pag. 338. col. 1 : *Cartæ, scripta, munimenta, rotuli, evidentiæ et Rentalia Prælatorum, Dominorum et Magnatum, etc.* Et paulo post : *De combustione et destructione cartarum, scripto-*

rum, munimentorum, evidentiarum seu Rentalium, etc.]

* 1. **RENTARIUS**, Qui præstationem annuam debet, *Rentier*, eadem acceptione, in Chartul. Latiniac. fol. 160. Stat. Cisterc. ann. 1357. ex Cod. MS. Hardenous. cap. 2 : *Item quia.... multi priores, cellerarii, bursarii et Rentarii in solutione contributionum ordinis se reddant vicissim negligentes, etc.* Potest et de eo intelligi, qui reditus annuos colligit, eorum redemptor et *firmarius* : nam eo sensu *Rentier* legitur in Charta ann. 1308. ex Reg. 40. Chartoph. reg. ch. 109 : *Les devant diz fermiers, muniers ou asners desdiz moulins..... paieront chascun an.... aus Rentiers ou aus fermiers, qui tenront les rentes ou fermes de ladite ville de Meleun, quatre livres de Parisis. Rendier*, eodem significatu, in Glossar. Provinc. Lat. ex Cod. reg. 7657 : *Rendier, Prov. publicanus, firmarius.* Vide *Renderius.*

* 2. **RENTARIUS**, Cui pensio annua debetur, Gall. *Rentier*. Arest. ann. 1371. in vol. 6. arestor. parlam. Paris. : *Procurator redditualiorum seu Rentariorum villæ nostræ Tornacensis... Emolumentum ex sicca tabula seu ludo ad belencum proveniens, ordinavimus converti in solutionem reddituum ad vitam,.... præfatis Rentariis seu reddituariis..... debitorum.* Adde Lit. ann. 1370. tom. 5. Ordinat. reg. Franc. pag. 374.

* **RENTENTUS**, pro Retentus, Gall. *Conservé, maintenu.* Memor. D. Cam. Compot. Paris. fol. 134. v° : *Institutio dom. Radulphi domini de Loupeyo militis, Rententi de consilio dom. nostri regis in ejus Camera Computorum Paris. de numero laycorum consiliariorum ejusdem Cameræ.*

RENUITÆ, dicti Monachi vagi, alias Sarabaitæ, quasi renuentes jugum Monasticæ disciplinæ. Glossæ veteres apud Menardum : *Renuitæ, qui refutant Abbatem habere.* Vide Isidorum lib. 2. de Eccles. Offic. cap. 15. Odonem Cluniac. lib. 3. collat. cap. 23. et Haeftenum lib. 3. Disquis. Monast. tract. 3. Disquis. 2.

¶ **RENUMERARE**, Referre, narrare, Gall. *Raconter.* Historia Monasterii Andagin. apud Marten. tom. 4. Ampliss. Collect. col. 935 : *Cumque Renumeraret, quæ retulerat ei cubicularius suus, et per mutua ædificationis colloquia aliquamdiu in Domino delectarentur, etc.*

* **RENUNCIA**, Cessio, abdicatio, Ital. *Rinunzia.* Charta ann. 1288. in Access. ad Hist. Cassin. part. 1. pag. 381. col. 2 : *Vacante dicta majori ecclesia S. Mariæ,.... sive per mortem archipresbiteri, sive per Renunciam, vel per quamcumque aliam causam, etc.* Alia ann. 1478. tom. 3. Cod. Ital. diplom. col. 1826 : *Dominus marchio Mantuæ per præsentem Renunciam nullatenus intendit præjudicare nec derogare, etc.* Pluries ibi. Vide *Renuntium.*

* **RENUNCIARE**, Vox antiqui fori Gallici, *Renoncer à produire.* Lit. ann. 1408. tom. 9. Ordinat. reg. Franc. pag. 364. art. 9 : *Præcipiendo statuimus ut cum in causis tam nostris quam aliis, Renunciatum fuerit et conclusum, et fuerint in statu judicandi, judices infra tertiam assisiam immediate sequentem ad tardius, sententiam proferant in eisdem.* Ubi doctus Editor consulendum monet Speculum juris Guill. Durandi lib. 2. tit. *de Renunciat. et conclus.*

* 1. **RENUNCIATIO** Præceptorum, Chartarum recensio ad earum confirmationem. Dipl. Caroli Simpl. tom. 9. Collect. Histor. Franc. pag. 511 : *Renunciationem præceptorum ipsorum ad majorem in posterum auctoritatem a nostra munificentia obtinerent, etc.*

* 2. **RENUNCIATIO**, perperam pro *Remuneratio*, Merces, præmium. Lit. ann. 1398. inter Probat. tom. 3. Hist. Nem. pag. 168. col. 1 : *Idem supplicans, qui ex dono nostro dictam capellam obtinet a triennio citra, eidem servivit et cotidie servit, sine beneficio vel Renunciatione quacumque, etc.*

¶ **RENUNTIARE**, Jubere valere, nuntium remittere, dimittere, abdicare. Vetus Interpres S. Irenæi lib. 1. cap. 8. num. 3 : *Permitte autem mihi ire et Renunciare domesticis.* In Græco ut et Lucæ 9. 61. ἀποτάξασθαι. Chronicon Parmense ad annum 1282. apud Murator. tom. 9. col. 801 : *Guielminus duxit in uxorem quamdam dominam... et Renuntiavit canonicatum Parmæ, quem habebat.* Et ad ann. 1295. col. 832 : *Gotius de Foro capitaneus populi Parmæ Renuntiavit ipsum regimen et capitaneatum.* Hac notione dixit Quintilianus, *Renuntiare civilibus officiis*, Gall. *Renoncer. Subjectionem atque fidelitatem eidem Renunciare coacti sumus*, in Charta ann. 1523. apud Ludewig. tom. 5. Reliq. MSS. pag. 333.

¶ **RENUNTIATORIÆ** Litteræ, Quibus quis rem aliquam abdicat, dimittit, in Diplomate ann. 1336. apud Ludewig. tom. 5. Reliq. MSS. pag. 525. Vide mox *Renuntium.*

RENUNTIUM, Renuntiatio, Gallis *Renonciation*, cum scilicet rem aliquam abdicamus, aut in ea jus nullum nos habere profitemur. Apud Leonem Ostiensem Titulus cap. 35. lib. 2. sic inscribitur : *Placitum, seu Renuntium Ducum Cagenatorum de confiniis Monasterii hujus.* In ipso textu *Renuntiatio* dicitur. Auctor est Angelus de Nuce, in Notis ad eumdem Leonem Ostiensem, Petrum Diaconum Casinensem compilasse Regestum in sex partitum classes, in Privilegia, Præcepta, Oblationes, Libellos, *Renuntios*, et Sacramenta, quibus universa hujus Monasterii monumenta comprehendi putavit. Exstat illud Casini. Quo loco *Renuntii* sunt Chartæ et Diplomata, quibus ii, qui jus se habere contendebant in res Monasterii, ei renuntiant. [Charta ann. 967. apud Baluzium in Appendice tom. 2. Capitul. col. 1539 : *Neque per præceptum domni Imperatoris, nec per judicatum, nec per Renuntium, nec per ullum scriptum moniminis, etc.*]

¶ **RENUNTIUS**, Internuncius. *Nuntii, Renuntiique corrupti*, leg. 1. Cod. Theod. tit. 7. lib. 3. de Nuptiis. Occurrit apud Plautum.

¶ **RENUSIATOR.** Thomas *Blount* in Nomolexico : *Et sunt communes latrones et Renusiatores hominum.* An Raptor, voce partim ducta ab Anglico *Ran* vel *Ren*, Raptus?

* F. pro *Rensionator*, Prædo, grassator. Vide supra *Renso.* Nihil ergo hæc vox affinitatis habet cum Gallica *Renvoisié*, quæ Lætum, jocularem, hominem voluptarium sonat, a verbo *Renvoisier*, Gaudere, lætari, recreare mentem. Anonym. in Glossar. ad calcem tom. 2. Poem. reg. Navar. :

Por moi Renvoisier,
Ferai chançon novele,
Si sui Renvoisié
Par l'amour à la bele.

☞ Haud scio an huc spectet vox *Renvoisié*, quam usurpat le Roman *de la Rose* MS :

Dont Jupiter li Renvoisiés,
Par qui delis fut si proisiés.

* Longe diversa notione *Renvoisi*, nempe pro Injurius, audax, superbus, nostri dixerunt ; unde *Renvoisément* et *Renvoisiément*, Injuriose, superbe. Lit. remiss. ann. 1389. in Reg. 135. Chartoph. reg. ch. 166 : *Lequel exposant par parole Renvoisie, entre aucunes paroles dites et prononcées entre eulx, dist audit Biquet, Je te pourray bien donner un buffet.* Aliæ ann. 1375. in Reg. 108. ch. 161 : *Aucuns Renvoisiément dirent qu'il ne laisseroient mie sonner la grant cloche pour faire le ban de leurs diz amis.* Aliæ ann. 1391. in Reg. 142. ch. 181 : *Gillot de Lompré..... bien hautement et Renvoisément dist audit Jehannin le Begue ces paroles, Tu seras batuz tout en présent.*

* **REOCCUPARE**, Denuo occupare. Annal. Bertin. ad ann. 864. tom. 7. Collect. Histor. Franc. pag. 88 : *Marcas sibi a genitore ablatas cum consensu marchionum, qui eum tradiderant, Reoccupat.*

¶ **REORDINARE**, Restituere in pristinum ordinem seu locum. Chronicon Farfense apud Murator. tom. 2. part. 2. col. 572 : *Tunc plurimis Comitum et curiæ Magnatibus Imperatori suadentibus, hanc ab eo abstulit abbatiam et domnum Supponem, quem supra libavimus, in ea constituit; itaque domnus Suppo Reordinatur.* Primum communi fratrum voto electus et ordinatus ab Imperatore dejectus fuerat; *Reordinatur* ergo hic idem omnino est quod *restituitur.* Acta BB. Bertoldi et Menrici, tom. 4. Junii pag. 60 : *Ut... imaginem sibi prædictam Reordinare non dedignaretur*, hoc est, Reddere.

¶ **REORDINATIO**, Iterata ordinatio, Scriptoribus Ecclesiasticis, Gall. *Reordination.* Codex Canonum Eccl. Afric. cap. 48 : *Illud autem suggerimus mandatum nobis, quod etiam in Capuensi plenaria synodo videtur statutum, ut non liceat fieri rebaptizationes, Reordinationes.* Vide *Ordo* 3.

¶ **REORIA**, ἡ τρίτη τῶν ἀγάμων ποδοςροφία, in Glossis Lat. Gr. legendum est, ut in Castigationibus : *Repotia*, ἡ τρίτη τῶν γάμων ποδοςροφία. Festus : *Repotia, postridie nuptias apud novum maritum cenatur, quia quasi reficitur potatio.* Vide ibi Scaligerum, Cujacium lib. 6. Observ. cap. 39. et infra *Riperidia.*

¶ **REORTA**, pro Rota, ut conjecto. Charta ann. 1159. inter Instrum. novæ Gall. Christ. tom. 2. col. 65 : *Sed et vicinum nemus... Monachus concessit... ad faciendum aratrum, totum lignum, quod in eo est necessarium, Reortas videlicet et hujusmodi, quibus aratrum trahitur.*

* Haud feliciter; nam est Lorum virgeum, tortilis ex virgultis laqueus, Gall. *Hart, lien*, alias *Reorte;* unde *Reortarius*, qui ejusmodi vincula implicat. Lit. remiss.

ann. 1458. in Reg. 187. Chartoph. reg. ch. 352 : *Des Reortes et des perches pour fendre et pour latter ung tect à bestes.* Vide infra *Roorta.*

¶ Reportarius, f. Qui facit *reortas*, seu rotas, faber lignarius, vulgo *Charron. Hugo Reortarius* memoratur in Chartulario Dunensi, nullo addito, unde vera vocis significatio certius innotescat.

1. **REPA**, Crepa, Feretri operculum, umbraculum, ciborium. S. Audoenus lib. 1. de Vita S. Eligii cap. 32 : *Fecit quoque Repam in loco anterioris tumuli.* Lib. 2. cap. 39. perperam *Crepa* appellatur : *Jussit præterea et Crepam ex auro atque argento mirifice fabricare, quam supra Confessoris membra deponere deberet.* Et mox : *His ita gestis, mos erat, ut diebus Quadragesimæ propter fulgorem auri vel nitorem gemmarum operiretur tumba velamine linteo urbane ornatu holoserico. Igitur ingrediente Quadragesima præcinxerunt Crepam hujusmodi sindone, ut moles radiantis metalli velata tegeretur diebus pœnitentiæ.* Aigradus Mon. in Vita S. Ansberti Episc. Rotomag. n. 29 : *Condidit super ejus sepulchrum Repam miræ magnitudinis, pretiosis metallis auri argentique decoratam, gemmisque pretiosis adornatam.* Chron. Fontan. cap. 2 : *Subter arcubus tumulatus, condiditque super eum Repam argento,... decoratam.* Et cap. 8 : *Conditaque est a fratribus.... supra tumbam illius Repa diversis metallis decorata.* Guibertus lib. 3. de Vita sua cap. 9 : *Sanctorum feretra... cum ipsa prominenti eorum, quam sic vocitant, Repa.* Translatio S. Guthlaci n. 8 : *Conductus aurifabrorum et gemmariorum primoribus, elimatæ amplitudinis artificiosa scultura Repam in sublime suspensam construxit, quam ex diversorum metallorum lignorumque generibus compactam, auri argentique laminis vestitam, crystallis variisque gemmis adornatam ditavit, sicut usque in hodiernum diem humanis visibus apparet.* Reba, in Chronico Episcoporum Metensium : *Hic fabricare jussit cum adjutorio Pippini Regis Rebam S. Stephani Mart. et altare ipsius, et cancellos.* Occurrit etiam in Chronico Abbat. S. Trudonis lib. 1. pag. 349. Vide *Ciborium, Reparium, Requies.*

* 2. **REPA**, f. pro *Reva*, Vectigal, quod pro mercibus ab exteris regionibus allatis penditur. Charta Phil. comit. ann. 1163. ex Chartul. 1. Fland. ch. 325. in Cam. Comput. Insul. : *Repa caldariorum, quatuor denarios.* Nisi significetur caldariorum collectio, a Saxonico rep, corrigia, vinculum.

¶ **REPACIFICARE**, Reconciliare, ad pacem et concordiam reducere. Vita S. Caroli Flandriæ Comitis, tom. 1. Martii pag. 211 : *Si saltem illo modo Repacificarentur.*

* Ital. *Rapaciare*, nostris olim *Rapaier.* Rob. *de Bains* in Glossar. ad calcem Poem. reg. Navar. :

Amors est marastre et mere,
Qu'ele bat et si Rapaie.

¶ **REPACULUM**, Pascuum, ni mavis esse pro *Repagulum*, Locus tutus, quasi *repagulis* clausus : *Quemadmodum nos fecisti de sacro fonte procedere puros ; ita nos jubeas in æterna Repacula cum Sanctorum cœtibus sociari perpetuos,* apud Mabillonium Liturg. Gallic. pag. 228.

REPÆNITENS. Vide *Repœnitens.*

REPAGINARE, Denuo sociare, compingere. Vide Petrum Chrysologum serm. 62.

* **REPAIRII**, Nundinæ, Gall. *Foires*, sic dictæ quod ad eas mercatores extranei veniunt easque frequentare solent; unde *Repaire*, ea notione, et *Repairans* de mercatoribus nundinas frequentantibus intelligendum infra ad vocem *Reparium*; ubi minus bene *Repairer*, pro Commorari, post D. *Secousse*, accipitur in locis, qui ibi proferuntur. Judic. ann. 1319. in vol. 1. arestor. parlam. Paris. : *Mercatores draperii de Broissellis* (Bruxellis) *et Louvano non vendebant pannos, nisi in sex Repairiis, quolibet anno Parisiis consuetis ab antiquo, pro vendendo pannos, et per duos dies tantummodo in quolibet de sex Repairiis, et statim duobus diebus cujuslibet Repairii elapsis, semper recesserunt de villa Parisiensi.... Extra dictos sex Repairios, etc.*

¶ **REPAIRIUM.** Vide mox in *Reparium.*

¶ **REPARACULUM**, Objectaculum, obstaculum, ab Italico, ni fallor, *Riparo*, Gall. *Rempart, Barriere.* Jacobi de Delayto Annales Estenses apud Murator. tom. 18. col. 941 : *Nam extenso ponte illo vasorum Pado, concurrerunt rustici... et per demissionem aliquorum molendinorum et alia Reparacula, fuit pons ille disruptus, priusquam quisquam transiret.* Ibidem col. 1010 : *Ad ingrediendum Serraleum illud in circumstantiis Stiani et Mir ani conatum suum dirigere statuerunt; ac dominus Paduæ cum gente sua.... percepto negotio, adventaverat, et Reparaculis intendebat.* Miracula B. Ægidii, tom. 3. Aprilis pag. 247 : *Non ponentes propter ventum vel frigus aliud aliquod Reparaculum circa eam.* Hoc est, Objectaculum auræ arcendæ.

¶ **REPARAMEN**, Ἐπισκευασία, in Glossis Lat. Gr. et Gr. Lat. Idem est quod sequens *Reparamentum.*

* Vita metr. S. Germ. Autiss. tom. 7. Jul. pag. 234. col. 1 :

Collapsis spebus, sola hæc sententia mansit,
In sanctum transferre virum Reparamina damni.

¶ **REPARAMENTUM**, Reparatio, Restauratio. Consuetudines Brageriaci art. 121 : *Item si in domo conducta aliquod ædificium seu Reparamentum sit necessarium... mansionarius post... ostensionem dictæ necessitatis, sua propria authoritate, de salario exinde domino dictæ domus debito seu debendo, reparare, emendare et reædificare valeat opportune.*

* Nostris *Rapareillement* et *Reppareil*, a verbo *Raparelier* et *Raparlier*, Reparare, restaurare. Charta ann. 1395. in Reg. Joan. ducis Bitur. ex Cam. Comput. Paris. fol. 13. v° : *Bartholomæus de Pressorio, burgensis Exolduni, composuit cum dominis hujus Cameræ ad summam xxv. libr. Turon. pro Reparamento feodi quarumdum rerum feodalium, per dictum Bartholomæum nuper acquisitarum.* Occurrit etiam in Ch. Alfonsi reg. Aragon. ann. 1440. ex Tabul. S. Mich. Caietæ. Charta ann. 1309. in Lib. rub. ejusd. Cam. fol. 319. v°. col. 1 : *Se il convenoit aucuns despenz faire, ou Rapareillement, ou refection du pont ou du passage, etc. Reppareil,* in Stat. ann. 1402. tom. 8. Ordinat. reg. Franc. pag. 505. art. 8. Charta ann. 1268. in Chartul. Mont. S. Mart. part. 7. fol. 123. r° : *Et s'il avenoit ke no cauchie devant dite eust mestier de refaire ou de Raparllier, nous ne poons prendre terre, pour le cauchie refaire ou Raparllier, ou marés devant dit.* Alia Joan. dom. Musiaci ann. 1292. ex Tabul. S. Petri Carnot. : *Je confirme que l'abbé et le convent de S. Pere de Chartres.... tiennent.... tout ce qu'il ont en mon fié..... franchement,.... sans Raparelier mote ne fossez. Rapparelier*, in alia ann. 1309. ex Lib. rub. jam laudato fol. 346. v°, col. 2. Charta ann. 1322. in Reg. 61. Chartoph. reg. ch. 181 : *Il aient usage.... en la forest d'Orlians pour edificier, soustenir et Raparlier toutes leurs maisonz et edifices.* Sed et *Rapareillier* occurrit, pro *Rassembler, réunir,* Congregare, in Vita J. C. MS. ubi præcipit ut Apostoli una conveniant et congregentur :

Et qu'il soient Rapareillié,
Si con il sont esparpillié :
Car il se vaura demoustrer
A ses drus pour reconforter.

1. **REPARARE**, Redire, Gall. *Repairer* [et *Reparer*, alias, nunc *Retourner, Revenir.*] Leges Burgorum cap. 9 : *Cum venerit ad ætatem, vel Reparaverit domum, vel e carcere liberatus fuerit, etc.* [Villharduinus :

Et lors encontrerent deus nés,
Qui Repairoient de Surie.

Le Roman *d'Athis* MS :

Mais or verrons au Repairier,
Qu'en leur terre n'a chevalier.

Le Roman *de Rou* MS :

A lor navie Reperrierent,
Et des avoirs lor nés chargierent.

Charta Stephani Comitis Burgund. ann. 1229. apud D. *Secousse* tom. 4. Ordinat. Reg. pag. 396 : *Li hommes d'Auxonne doivent au seigneur l'ost et la chevauchie... en tel maniere que li sires n'en puest mener si loings de la ville, que il ne puisse Reparrier le jour moymes en la ville.* Hoc verbum perperam a *Repatriare* deducit Vir eruditus. Vide *Repairer* alia notione in *Reparium.*]

* Hinc *Repaire*, Regressus, vulgo *Retour.* Annal. regni S. Ludov. edit. reg. pag. 215 : *L'ost des Crestiens estoient en Repaire de venir à Damiete.* Occurrit præterea in Chron. Franc. ad ann. 1226. apud D. *Le Beuf* tom. 1. Dissert. pag. cxlv. ubi de obitu Ludov. VIII :

A Moupencier fu mort li rois
En son Repaire d'Aubigois.

¶ 2. **REPARARE.** Edictum Caroli Regentis ann. 1358. tom. 3. Ordinat. pag. 338 : *Mandantes et tenore presentium committentes Senescallo Carcassone... numerum focorum modernorum, qui per informacionem diligentem reperientur in predicta Senescallia, in libris et papiris thesaurarie regie Carcassone Reparari, registrari et describi.* Hujus *reparari* veram notionem ignorare se fatetur Editor; mihi idem videtur quod *restitui* seu iterum describi in libris laudatæ thesaurariæ.

¶ 3. **REPARARE** dicebantur in Academia Paris. Scholares, cum lectiones primum auditas, postea repetebant in scholis : cui exercitationi hora peculiaris assignata erat. Statuta Collegii Montis-acuti ann. 1502. apud Lobinell. tom. 5. Histor. Paris. pag. 728 : *Et post dictas Vesperas secundo omnes ad cœnam usque hora sexta inchoandam disputabunt, et movebunt quæstiones, de quibus post Gratias, nisi vacatio fuerit, in propriis scholis Reparabunt.* Vocis originem Lobinellus ducit ab Hispano *Reparar*, Attendere, ad aliquid animum revocare, reflectere. [* Vide infra *Repetere* 2.]

¶ **Reparatio**, ibidem, Repetitio lectionum disputationumve prius auditarum : *De auditis in die lectionibus vel quæstionibus disputatis discussio fiet.... et ita tempus serotinum distribuetur, quod inquisitio prædicta, quam Reparationes vocant, ultra septimam cum semis non protrahatur.* Charta Guillelmi Abb. Cistercii ann. 1523. apud eumdem Lobinell. tom. 3. pag. 181. col. 2 : *Nec pro occasione quacumque intermittantur Reparationes artium* (in Collegio S. Bernardi Paris.) *quæ bene practicatæ æquivalent aut prævalent lectionibus ordinariis.* Etiam occurrit apud Robertum *Goulet* in Compendio jurium Universitatis Paris. fol. 18. v°. etc.

* **REPARATOR Mensurarum**, Qui eas ex officio ad rectum revocat et emendat, archetypo suo illas adæquando. Lit. ann. 1376. tom. 7. Ordinat. reg. Franc. pag. 69. art. 5 : *Mensuræ et pondera quæcumque dicti loci de Paulhe per Reparatorem et cocquatorem* (coæquatorem) *mensurarum et ponderum de Competro, bene et fideliter adrechurentur, cocquentur* (coæquentur).

¶ **REPARATORIUM**, Propugnaculum, munitio, defensio, f. ab Italico *Riparo*, Gall. *Rempart.* Epistola de obsidione urbis Rhodi ann. 1480. apud Ludewig. tom. 5. Reliq. MSS. pag. 292 : *Turrim majori potentia, arte et ingenio oppugnant, ac Reparatoria et propugnatoria et propugnacula jactu bombardarum quaciunt, nunnullosque conterunt.* Vide *Reparum* 2.

¶ **REPARATURA**, Reparatio, restauratio. Computus ann. 1336. tom. 2. Hist. Dalphin. pag. 274 : *Pro Reparatura cimnitæ salæ magnæ, taren.* 1.

¶ **REPARE**, Vellere. Vide in *Reffare*.

* **REPARERE**, Cohabitare, coire, a *Reparium*, habitatio. Lit. remiss. ann. 1378. in Reg. 113. Chartoph. reg. ch. 318 : *Dictus Johannes nisus fuerat carnaliter cognoscere et Reparere Catherinam neptem Johannæ de Noyers.* Hinc *Repairer*, Cum aliquo familiarem et frequentem consuetudinem habere. Lit. remiss. ann. 1389. in Reg. 138. ch. 183 : *Fourquie fist défendre, présens plusieurs notables gens, audit prestre qu'il ne Repairast ne conversast plus avec sadite femme.* Aliæ ibid. ch. 223 : *Perrinet avoit fréquenté et Repairé longuement en la compaignie de Philippot.*

¶ **REPARIARE Vela**, Renavigare. Solinus cap. 33 : *Hoc Arabiæ sat est, hinc ad Pelusium Repariemus. Pariare vela* dicuntur navigantes, qui *paribus* et æquis velis secundo flatu cursum tenent; unde *Repariare*, Retro dare cursum, ut habet Hofmannus in Lexico.

¶ **REPARIASSARE** *dicuntur ii, quos pœnitet instituti, aut a conventis discedunt*, in Amalthea et Lexicis juridicis.

REPARIUM, Receptaculum, domus munita, locus munitus, ex Gall. *Repaire*, Itali *Riparo* dicunt. Vide Acharisium. Charta donationis partis castri Meliandi per Ebonem Vicecomitem Ventadoriensem Henrico D. Suliaci ann. 1325 : *Quidquid habet in castro, seu Repario de castro Millian.* Alia : *Ratione castri, Repparii, seu fortalitii de Dreuchales, et Reparii seu fortalitii de la Brossa... in Vicecomitatu Lemovicensi, etc.* ann. 1282. Alia Gerardi de *Masgoubau* domicelli Lemovic. ann. 1301 : *Repairium sive arberjamentum.* [*Maneria seu Repparia*, in Charta Guidonis Episc. Lingon. ann. 1275. ex Archivo S. Benigni Divion. *Hæc sunt nomina villarum, maneriorum seu Repariorum vicariæ Tholosæ*, in Consuetudinibus MSS. Tolos. e Bibl. D. Abbatis *de Crozat. Repairium de S. Eulalia prope Exaudonium*, in Charta ann. 1441. apud Lobinell. tom. 2. Hist. Britan. col. 1097. *In toto Repairio seu tenemento de la Bermondia*, in Charta ann. 1321. ex Schedis Marchionis *de Flamarens.* Partitio bonorum ann. 1324. apud Thomasserium in Consuetud. Bituric. pag. 725 : *Radulphus et Maria habebunt castrum seu Repperium de Rezayo, una cum domibus, viridariis et ædificiis ad ipsum castrum pertinentibus.* Testamentum Bertrandi de Turre ann. 1328. apud Baluzium tom. 2. Hist. Arvern. pag. 707 : *Bertrandum filium meum.... heredem instituo in domo mea seu Repayrio meo de Colthogol cum suis ædificiis, fortaliciis, etc.* [* Charta ann. 1288. ex Tabul. S. Ared. Lemovic. : *Item et quod Reparium dictum de Laia au Chat cum hominibus, mansis, bordariis, nemoribus, redditibus.... ad dictum Reparium pertinentibus, etc. Repayrium sive fortalitium suum de Laga au Chat*, in alia ejusd. ann. ex museo D. *d'Hozier. Reppayrium*, in Testam. ann. 1482.] Hinc

☞ *Repairer* nostri dixerunt pro Commorari, *Repairans*, pro Commorantes. Edictum Johannis Franc. Regis ann. 1355. apud D. *Secousse* tom. 3. Ordinat. Reg. pag. 22 : *Et aussi sur tous les habitans, marchandans et Repairans en yceli soit levée une imposition de huit deniers pour livre sur toutes choses qui seront vendues oudit pays.* Aliud Edictum ejusdem Regis ann. 1356. ibid. pag. 68 : *Sur tous les marchans, habitans et Repairans audit pays.* Literæ ejusdem Regis ann. 1362. ibid. pag. 587. num. 38 : *Se il avenoit que en un Repaire à Paris, eust grant foison de marchans estranges, et que par ainsi les devanditz courratiers ne peussent assouvir lesdiz marchans en eulx conseillans, que lesdits maistres y puissent adjouster et acompaignier autres courratiers, selon ce que bon leur semblera durant ledit Repaire tant seulement.* Ex quibus posterioribus verbis merito conficit Cl. Editor voce *Repaire* hic significari commorationem, haud perpetuam mansionem. Hodie *Repaire* maxime dicimus Latibulum, quo sese recipiunt feræ, vel speluncam latronum; unde *Repairer* seu *Etre au Repaire*, Jacere est in cubili vel *repario.* Vide *Reparare* 1. *Receptum* et *Repairii.*

* **REPARTITIUM**, perperam pro *Repastitium*, idem quod *Pastitium*, Pascuus ager, Gall. *Pastis.* Charta ann. 1311. inter Probat. domus de Chaban. pag. 60 : *Sive sint domus, grangiæ, campi, prata, Repartitia, pascua, nemora, aquarum riparia, etc.* Vide infra *Repastile.*

¶ 1. **REPARUM**, Tela grossior. Processus de Vita S. Yvonis num. 21. tom. 4. Maii pag. 547 : *Super cilicium autem vel semper, vel per intervalla gestabat camisiam de tela grossissima, appellata Reparo, Gallice scilicet*, ut habetur Inquisitione MS. pro canonizatione ipsius S. Yvonis.

* A voce Gallica *Réparon*, qua res quælibet secundæ qualitatis significatur. Hinc linum *Réparon* inferius est eo, quod *Brin* vocant. De inferiori igitur panis specie intelligenda hæc vox, in Stat. ann. 1373. tom. 5. Ordinat. reg. Franc. pag. 683. art. 22 : *Se l'en fait miche et Réparon, la miche doit peser douze onces largement, et le Réparon qui est fait après, doit peser le tiers plus que le pain o toute sa fleur, c'est à scavoir vingt quatre onces.*

¶ 2. **REPARUM**, Italis *Riparo*, nostris *Rempart*, Munitio. Bernar. *de Breydenbach* Itiner. Hierosol. pag. 262 : *Nostri vero munimentis, que Repara vocant, conspectis, tria tormenta, que Bombarda vocantur, ab hostium dextera in ortulo palacii militum Averniorum statuunt.* Vide *Reparatorium* et *Reparium.*

¶ **REPASCERE**, pro simplici Pascere. Charta Caroli Simplicis ann. 914. apud Miræum tom. 2. pag. 806 : *Nec in mansiones, neque in annonas, vel pratis audeat caballos suos Repascere.* Computus ann. 1345. tom. 2. Histor. Dalphin. pag. 525. col. 1 : *Item, pro equo dicti Aymoneti, qui Repascuit in nemore Vincellarum*, VI. *den. paris.* S. Paulinus Epist. 44. ad Aprum et Amandam : *Quid igitur agam, a quo mihi tribui vel commodari petam vel supellectilem, qua possim digno ambitu tricilinium divitis æmulari; vel impendia, quibus possim divitem pauper Repascere.* Hoc est convivio excipere illos, a quo exceptus sum. Simili notione Poem. 21. ad Cytherium :

Ut pullus aquilæ dicitur Repascere
Cura parentes mutua,
Quos vis senectæ rursus implumes facit,
Nidoque pascendos refert, etc.

¶ **REPASSAGIUM**, Reditus, Gall. *Retour.* Literæ ann. 1340. apud Rymer. tom. 5. pag. 190 : *Pro passagio suo versus dictas partes, et Repassagio suo exinde ad partes Angliæ.* Aliæ ann. 1397. apud eumdem Rymer. tom. 8. pag. 14 : *Volentes pro securitate adventus, passagii et Repassagii præfati Reymundi, etc.*

* **REPASSARE**, Redire, maxime de morbo ad sanitatem, nostris *Respasser*, eadem acceptione. Acta S. Gauger. tom. 2. Aug. pag. 688. col. 2 : *Noster Ezechias protelatus, ad vitam sola Dei misericordia protelante, Repassat.* Lit. remiss. ann. 1371. in Reg. 102. Chartoph. reg. ch. 323 : *Lequel feu Collart avoit esté paravant malades de maladie naturele, de laquelle il n'estoit mie encore bien Respassez.* Vita J. C. MS. ubi de Herode :

Il fist mires par tout mander,
Pour lui garir et mechiner :

Mais riens n'i valut médechine.
Quant voit que sa dolours ne fine,
Si fait les mires tous tuer,
Qui le devoient Respasser.

Mirac. B. M. V. MS. lib. 1 :

A son eveske est uns maus pris,
Dont ne puet estre Respassés.
Quant du siecle fu trespassés, etc.

* Repassare, Reducere. Lit. ann. 1368. tom. 5. Ordinat. reg. Franc. pag. 409. art. 2 : *Ipsas mercaturas aut alias res seu bona reducere seu Repassari facere, et ad locum suum reaportare libere et impugne, etc.* Vide *Repassagium.*

¶ **REPASTICUS.** Vide mox in *Repastus.*

* **REPASTILE**, Pascuus ager, Gall. *Pastis.* Terrear. Apchon. ann. 1511 : *In quo affario sunt prata, campi et Repastilia, prout per integrum confrontantur.* Vide supra *Repartitium.*

* **REPASTOR**, *Inventor, auctor,* in veteri Glossar. ex Cod. reg. 7613.

¶ **REPASTUM**, Idem quod mox *Repastus.* Ordinationes ann. 1580. apud Rymer. tom. 7. pag. 241 : *Nullus scolarium dictæ aulæ Repasta privata, de sumptibus seu expensis communibus dictæ domus, capere præsumat, nisi etc.* Adde Kennetti Glossarium ad calcem Antiquit. Ambrosden.

REPASTUS, Idem quod *Pastus*, Refectio, prandium, cœna : nostris etiamnum *Repas.* Formula 37. ex Baluzianis : *Nullum ibidem præsumant exercere dominatum, non ad mansionaticos aut Repastos exigendo, non ad ministeria describendo, etc.* Testamentum Widradi Abbatis Flaviniacensis anno 1. Theodorici Regis [apud Mabillon. sæc. 3. SS. Benedict. part. 1. pag. 686.] : *Nullum præsumant exercere dominatum, non ad mansionaticos, aut Repastus exigendo, etc.* [In posteriori ejusd. Widradi Testamento ibid. pag. 689. legitur : *Non ad mansiaticos aut Repasticos exigendo.*] Epistola incerti Abbatis tom. 2. Hist. Francor. pag. 665 : *Fuimus namque ad locellum vestrum in loco, qui dicitur Il. ipsum mansum consideravimus, ibique nostrum Repastum ex nostro adducere præcepimus, et una cum nostris vestrisque fidelibus in amore vestro illic lætati sumus.* Vide *Pastus.*

¶ **REPATICUM.** Vide infra *Ripaticum.*

REPATRIARE, Redire in patriam. Gloss. Isidori : *Repatriat, ad patriam redit.* Gloss. Ælfrici : *Repatrio*, ic ham sivie, id est, *domum redeo.* Joann. de Garlandia in Synonymis :

Repatrio, remeo, remetior, atque revertor.

Utuntur [Solinus semel et iterum], Alanus de Insulis in Planctu naturæ pag. 294. S. Gerardus in Vita S. Adelardi num. 29. [S. Bernardus in Vita S. Malachiæ et lib. 5. de Consideratione.] Sugerius de Vita S. Ludovici cap. 9. Honorius Augustodunensis lib. 3. cap. 38. et 43. Baldricus lib. 1. Chronici Cameracensis, cap. 22. 71. et 122. Auctor Vitæ Lietberti Episcopi Cameracensis cap. 16. Otto de S. Blasio cap. 3. Albertus Stadensis ann. 1193. Thwroczius, etc.

¶ Repatriatio, Reditus in patriam, apud Sugerium in Vita Ludovici Grossi perioche 9.

* **REPAVA**, Modus agri. Recognit. feud. ann. 1351. in Invent. Chart. castri de Jaucourt ann. 1392 : *Item une Repave de terre, contenant environ demi-journe.*

* **REPAVETARE**, Pavire, pavimentum restaurare, Gall. *Repaver.* Comput. MS. eccl. S. Egid. Abbavil. ann. 1386 : *Guidon Maret massoni, qui Repavetavit cum paveto de thuila dictam fossam, iij. denarios.* Vide *Pavare.*

* **REPAUSAMENTUM.** Jus ducendi animalia in silvam domini ad pascendum. Charta Archemb. de Soliaco ann. 1221. ex Tabul. Loci reg. : *R. de Vallibus miles recognovit in nostra præsentia se dedisse fratribus Loci-regii liberum transitum in omnibus nemoribus suis pro animalibus eorum, et Repausamentum, sicut in alia Carta continetur; hoc excepto, quod si contigerit glandem esse in nemoribus dicti R. venalem, non accedent animalia dictorum fratrum, nisi de voluntate prædicti militis.* Vide *Repausare* 1.

¶ 1. **REPAUSARE**, Nutrire, alere. Cassianus Collat. 18. cap. 14 : *Hæc... non obscuris orta majoribus... veniens ad beatæ memoriæ episcopum Athanasium, precabatur, ut aliquam sibi alendam viduam daret... et ut petitionem ejus verbis ipsius exprimamus : Da mihi, inquit, aliquam de sororibus quam Repausem.* Et post pauca : *Rogaveram, inquit, ut mihi dari præciperes, quam ego Reficerem.* Ubi *Repausare* et *Reficere* idem sonant, ut satis patet. Notio hæc, ut videtur, ducta est a Græco ἀναπαύειν, *Reficere*, *Refocillare.*

¶ 2. **REPAUSARE**, Quiescere, *pausam facere*, Gall. *Reposer.* Johannes Thwroczius in Chron. Hungar. cap. 56 : *Cumque venisset ad quoddam nemus magnum, dixit suis, ut pro recreandis equis paululum Repausarent.* Adde Guillelmum Malmesbur. pag. 39. Consuetudines Canonicorum Regul. cap. 8. de labore manuum, apud Marten. tom. 4. Anecdot. col. 1220 : *Cum Repausaverint secundum quod qualitas aeris vel situs loci permiserit, circa priorem Repausent.* Vita S. Gerardescbæ, tom. 7. Maii pag. 167 : *Volabat autem dicta aquila per totam Ecclesiam, Repausando super capita quorumdam dignorum ibi morantium.* Hist. Cortusiorum lib. 2. apud Murator. tom. 12. col. 800 : *Repausaverunt cum equis per magnam horam noctis.* Vide *Pausa.*

¶ Reposare, Eadem notione. Chronicon Dominici de Gravina apud Murator. tom. 12. col. 618 : *Suique erant equi optime Reposati.* Et col. 648 : *Ibidem ipsa nocte jussi sunt Reposare.* Chronicon Petri Azarii apud eumd. Murator. tom. 16. col. 410 : *Decima quarta die Reposetur.*

¶ Repausare, Quietem dare. Vita S. Basilisci n. 13. tom. 1. Martii pag. 239 : *Me Repausat Dominus Jesus Christus.... omnem requiem et refrigerium præstat mihi Spiritus sanctus.*

¶ Repausatio, Quies, somnus, Gallice *Repos.* S. Wilhelmi Consuet. Hirsaug. lib. 1. cap. 97 : *Meridiana Repausatio in Palmis initiatur et usque ad calendas Octobris protenditur.* Rursum utitur lib. 2. cap. 20. Hist. FF. Prædicat. Paris. apud Marten. tom. 6. Ampl. Collect. col. 554 : *Aliquando etiam cum fessus se pro labore dictandi Repausationis gratia poneret ad quietem, dormiendo dictabat.* Agitur de S. Thoma. Occurrit rursum in Vita S. Guthlaci, tom. 2. Aprilis pag. 55. Contraria notione *Inquietudo* redditur *Repausacio* in Glossis ad calcem Collectionis Canonum MS. e Bibl. DD. *Chauvelin* Custodis Sigillorum regiorum.

* **REPAUSATIO**, idem quod *Pausatorium* et *Repositorium*, Sepulcrum. Translat. S. Sebast. tom. 6. Collect. Histor. Franc. pag. 322 : *Antistes venerabilis Rothadus antiquior tunc Suessorum regebat ecclesiastica commonitione promotam totius ordinis clericorum ac vulgi manum, explorato Repausationis loco, etc.* Pro Quies, somnus, vide in *Repausare* 2.

¶ **REPAYRIUM.** V. supra in *Reparium.*

REPECIARE, Veteri vesti segmenta assuere, Gall. *Rapiecer*, a *Petia*, quod vide. Regula S. Francisci cap. 2 : *Omnes fratres vilibus vestibus induantur, et possint eas Repeciare de saccis, et aliis peciis, cum benedictione Dei.* [*Repeciatæ cocullæ, Repeciati sotulares*, in quibusdam Statutis MSS. S. Victoris Massil.]

¶ **REPEDABILIS**, Retrogadus. Fortunatus lib. 1 :

Extimuit fugitiva virum Repedabilis arbor.

* **REPEDARE**, Recalcitrare, nostris *Regiber* et *Regipper.* Glossar. Lat. Gall. ann. 1352. ex Cod. reg. 4120 : *Repedare, Regibeir. Regiber*, in alio ex Cod. 7692. Lit. remiss. ann. 1409. in Reg. 163. Chartoph. reg. ch. 308 : *Le suppliant dist à icelle Jehanne que si feroit, ou elle en seroit courrouciée, et laditte Jehanne lui dist qu'elle le feroit si bien courroucier, qu'elle le garderoit bien de Regipper. Repucer*, apud Will. de S. Andrea in Hist. Joan. IV. ducis Brit. tom. 2. Hist. Brit. Lobin. col. 727 :

Mieux vault sa parole mucer,
Que contre aiguillon Repucer.

Rejecture, pro *Ruade*, Recalcitratio, apud Monstrel. vol. 1. cap. 90 : *Auquel lieu Monstriau, le Roy fut blecé en la jambe de la Rejecture d'un cheval.* Vide *Repeditare.*

* **REPEDERE**, *Reculer*, in Glossar. Lat. Gall. ex Cod. reg. 7692.

* **REPEDIARE**, Repedare, reverti. Chron. Sith. ad ann. 894. tom. 9. Collect. Histor. Franc. pag. 75 : *Imperatorem intoxicari fecit* (uxor Widonis) *qui, hausto veneno, per triduum excitari non potuit, apertisque oculis nec sentire nec loqui : quod eum Repediare coegit.*

¶ **REPEDIATURA** Calligarum, f. Interpolatio tibialium, qua novi *pedes* reconcinnantur. Statuta Placentiæ lib. 6. fol. 81 : *Item de Repediatura duarum calligarum ab homine cum suo reppo sartoris albo et endego, 11. den.* Vide supra *Pediare.*

¶ **REPEDITARE**, Johanni de Janua, Frequenter repedare; *Regiber du pié*, in Glossis Lat. Gall. Sangerman. MSS.

* **REPELLERE**, Impedire, prohibere, *Reppeller*, eodem sensu, in Lit. ann. 1372. tom. 5. Ordinat. reg. Franc. pag. 521 : *Affin de Reppeller ledit Robert le Chat, que il ne demourast commissaire à cognoistre des choses dessusdictes.* Charta Ysambardi abb. Molism. ann. 1238. in Chartul. eccl. Lingon. ex Cod. reg. 5188, fol. 196. v° : *Quod si dictas tertias, redditus aut census nobis abbati et conventui minus tempestive reddi*

contingel, nos propter hoc licite vadiare possemus et emendas universas, usque ad quinque solidos, haberemus, quæ propter hoc seu etiam vadiationem Repellendo incurri possent. Vide *Repellitudo.* A Latino *Repellere*, vulgo *Repousser*, nostri *Reppeller* dixerunt. *Reppeller force par force*, in Lit. remiss. ann. 1389. ex Reg. 137. Chartoph. reg. Ex frequenti mutatione *l* in *r*, et vicissim, *Reperler* legitur in aliis ann. 1409. ex Reg. 163. ch. 378 : *Jehannin de Sourdevel sacha une espée et en ferit le suppliant; lequel en Reperlant son coup, etc.*

¶ **REPELLITUDO**, Impedimentum, obstaculum. Charta ann. 5. Ludovici Imper. apud *Meichelbeck* tom. 2. Histor. Frising. pag. 206 : *Sin autem ipse, Domino vocante, ante mundum desereret, pars illius præter ullam Repellitudinem ad hanc domum, ubi pro remedium animæ suæ donavit, firmiter usitaretur.*

¶ **REPELLUS**, Species ludi. Statuta Montis-regalis pag. 178 : *Aliquis non ludat.... ad taxillos, vel ad burinas, vel ad alium ludum vetitum... præterquam ad Repellum, in quo Repello quis possit ludere usque ad solidos quatuor pro expendendo in uno loco.*

¶ **REPELTA**, *Lapis excelsus*, in Glossis Isidorianis.

* **REPENDERE**, Iterum suspendere. Arest. ann. 1257. in Reg. *Olim* parlam. Paris. : *Dominus rex jussit quod dicti suspensi dependerentur, et Rependerentur in terra communi regis et abbatis S. Germani de Pratis.*

REPENDIUM, Remuneratio, compensatio : beneficium quod rependitur. Petrus Diac. l. 4. Chronic. Casin. c. 44 : *Quasi adeptæ salutis Rependio, B. Benedicto perpetuum se reddidit servum.* [Inquisitio ann. 1330. tom. 2. Hist. Dalphin. pag. 231. col. 1 : *Prænominati non indigent Rependiis gratiarum, quin imo, in et adversus ipsorum quemlibet pœnæ jurium merito diriguntur.* Statuta Datiaria Communitatis Riperiæ fol. 15. cap. 21 : *Emptor teneatur et astrictus sit, et compelli possit realiter et personaliter ad solutionem dicti datii seu datiorum, sine spe vel respectu alicujus restauri sive Rependii dandi vel faciendi sibi per dictam Communitatem.*]

¶ **REPENSA**, Idem quod mox *Rependium.* Diploma Johannis Regis Bohemiæ ann. 1338. apud Ludewig. tom. 5. Reliq. MSS. pag. 637 : *Ipsum* (Conradum Slesiæ Ducem) *ad prosequendum commodum et honorem nostrum ferventius aliquarum retributionum Repensa et specialium gratiarum prærogativa allicere cupientes, hanc sibi gratiam duximus faciendam.*

¶ **REPENSATIO**, Compensatio. *Repensatio vicissitudinis*, apud Salvianum lib. 4.

¶ **REPENSATRIX**, Quæ repensat, rependit, compensat, Martiano Capellæ lib. 9.

¶ 1. **REPENSIO**, Idem quod *Repensatio*, Compensatio. Vita S. Ildefonsi Episc. tom. 2. Concil. Hispan. pag. 571 : *Omnes illos Hispaniæ Prælatos deprecatus est, ut in honorem B. Mariæ et in Repensionem illatæ sibi ab hæreticis injuriæ, festum solenne singulis annis in Hispania coleretur* xv. *Kal. Januarias.*

* 2. **REPENSIO**, Ultio, vindicta. Mirac. S. Bert. tom. 9. Collect. Histor. Franc. pag. 120 : *Verumtamen ad vindictam minus armis exercitati, ... Deus alium æque ejusdem ordinis fratrem permisit retribuere hostibus dignam Repensionem.*

¶ **REPENSITATIO**, Memoria, commemoratio. Passio SS. Perpetuæ et Felicitatis, tom. 1. Martii pag. 633 : *Ut lectione eorum quasi Repensitatione rerum et Deus honoretur et homo confortetur.*

¶ **REPENSIVA**, Remuneratio, compensatio. Literæ Edwardi III. Regis Angl. ann. 1339. apud Rymerum tom. 5. pag. 125 : *Memoria recensentes profusam gratitudinem, quam clerus et populus... nobis hactenus ostenderunt, et proinde volentes eis gratam facere Repensivam, concedimus, etc.* Litteræ ejusd. Regis ann. 1341. ibid. pag. 244 : *Gratum foret admodum et votivum, si fœdus nobiscum velletis inire, pro quo libenter gratam faceremus succedentibus prosperis Repensivam.* Rursum occurrit in aliis ejusd. Edwardi Litteris ann. 1345. ibid. pag. 478. iterumque in aliis ann. 1350. ibid. pag. 681. ut et apud Scriptorem sæculi XIII. tom. 1. Bibl. Labbei pag. 505.

REPENTALIA, Pœnitentia, ex Gallico *Repentaille.* Ita autem appellarunt nostri mulctam, qua mulctabatur is qui a pacto matrimonio recedebat, quæ non modo parti alteri solvebatur, sed et Prælatis ipsis Ecclesiæ. Constitutio Odonis Legati, lata in Concilio Provinciali Syriæ ann. 1254 : *Circa exactionem vero pœnarum pecuniariarum, quæ vulgariter appellantur Repetailles, vel aliarum, quocunque nomine censeantur, quæ in matrimoniis et sponsalibus apponuntur, quia usitatum est malum, et a majoribus inolitum, et ob hoc difficilius everti timetur, statuimus, etc. Sed ne crimina remaneant impunita, volumus, ut parti resilienti, pro perjurio vel fide rupta, per Prælatum loci pœnitentia competens imponatur.* Ex quibus satis liquet legendum *Repentailles.* Supra : *Item et aliud vitium irrepsit apud quosdam, quod quando aliqui contrahere volunt per verba de futuro sponsalia, pœna pecuniaria de matrimonio apponitur : et quandoque certum tempus præfigatur, infra quod contrahi matrimonium debeat, et plerumque fit sine temporis præfinitione. Et cum certum tempus apponitur, si non contrahant infra illud, quamvis postmodum velint contrahere, pœna propter ea præfixa petitur a Prælatis Ecclesiæ, compelluntque partes ad solvendum sibi ipsam, in utilitates proprias convertendam. Item si post contracta sponsalia de futuro pœna apposita de matrimonio contrahendo, contrahentes se ab invicem velint absolvere, petitur a Prælatis pœna apposita, et ab utraque parte in solidum extorquetur. Et si unam dissentire contingat, altera assentiente, petitur pœna a dissentiente, et compellitur ad solvendum. Et plerumque etiam ab illo, qui contrahere consentit, licet alter dissentiat, pœna solida* (ita leg.) *vel pro parte exigitur : quod satis crudele et avarum est, ut innocens puniatur.* Deinde ait, hæcce prorsus matrimoniorum libertati contraire, etc. [Vide *Repentalitia.*]

* Imo a cujusvis generis pactione, quam *Repentie* et *Repentize* etiam dixerunt, idem quod nunc *Dédit* nuncupatur. Lit. remiss. ann. 1410. in Reg. 165. Chartoph. reg. ch. 120 : *Icellui Perrin acheta le poinçon de vin, ou cas qu'il lui serroit au boire, et à Repentailles d'une pinte de vin.* Aliæ ann. 1408. in Reg. 163. ch. 244 : *Ce que lesdiz Richart et le bastart accorderent sur la Repentie d'un pot de vin.* Matth. de Couciaco in Carolo VII. pag. 699 : *Les fiançailles furent faites sur certaines et grandes peines de Repentizes, etc.* Alia, nec multum dissimili notione, legitur *Repentailles* apud Guill. Guiart. ad ann. 1267 :

Lors ordenent sans Repentailles
Des deus parties leurs batailles.

Id est, Non mutato consilio.

¶ **REPENTALITER**, Repente. *Repentaliter.... somno excutitur*, in Vita S. Macarii Antioch. tom. 1. Aprilis pag. 884.

¶ **REPENTALITIA**, Idem quod *Repentalia.* Statuta Ecclesiæ Constant. apud Marten. tom. 4. Anecdot. col. 821. et tom. 1. vett. Scriptor. part. 1. pag. 283. edit. in 4° : *Non fiant sponsalia sive fidentialia cum Repentalitiis, quia libera debent esse matrimonia, nec metu pœnæ adstringi.*

* **REPENTIA**, Gall. *Repentie*, Locus, in quem aquæ a molendino influunt. Charta Roger. episc. Camerac. ann. 1190. in Chartul. Mont. S. Mart. part. 3. ch. 21 : *Dedit insuper ipsis fratribus medietatem anguillarum in duobus molendinis Moyen et Farneth, prout venient ad instrumenta, quæ Repentiæ dicuntur.* Charta ann. 1197. in Chartul. priorat. Lehun. ch. 20 : *Prior vero et monachi habent coram suis molendinis, à la Repentie et supra bordelum versus Brie, suas naxas.* Vide supra *Resollum.*

¶ **REPENTIDÆ**, nostris *Repenties*, Flagitiosæ mulieres ad meliorem vitam conversæ et in cœnobio conclusæ. Testamentum Beatricis de Alboreya Vicecomitissæ Narbon. ann. 1367. apud Marten. tom. 1. Anecdot. col. 1525 : *Item legamus congregationi Repentidarum Narbonæ unum florenum.* Vide *Repentitæ.*

¶ **REPENTIM**, ἐξαπίνης, ἄφνω, ἀθρόως, in Glossis Lat. Græc. Et mox : *Repentine*, αἰφνιδίως, ἄφνω. Castigationes, *Repentim*, *summatim*, ἀθρόως. *Repente*, ex MS. Sangermanensi.

¶ **REPENTINÆ** Feriæ, Festa, si bene conjecto, quæ non solent celebrari, sed quæ repentino quodam pietatis motu coluntur certis de causis non semper recurrentibus. Statuta Mutinæ fol. 77. rubr. 373 : *Et possit cognosci* (de damno facto) *et definiri, secundum formam dicti statuti, qualibet die feriata vel non feriata, et nonobstantibus aliquibus feriis solemnibus vel Repentinis, nisi essent feriæ solemnes introductæ ad reverentiam et honorem Dei.* Vide *Feriæ* 3. [* Vide supra *Festa repentina* in *Festum* 1.]

¶ **REPENTITÆ**, Eædem quæ *Repentidæ.* Charta Johannis Archiep. Arelat. ann. 1255. inter Instr. Gall. Christ. tom. 6. col. 202 : *Considerantes devotionem et religionem Beatricis abbatissæ et monialium S. Salvatoris de Fonte Nemausensi ad honorem Dei et utilitatem ipsarum concedimus et donamus eisdem domum illam cum omnibus pertinentiis suis, in qua olim Repentitæ in condamina castri Bellicadri habitabant.*

* **REPERCUNCTARI**, Percontari. Vita

B. Petri episc. tom. 1. Aug. pag. 237. col. 1 : *Beatus ei Magnus astitit obvius in habitu peregrini, qui a beato Petro, quis et unde esset, Repercunctatus ; peregrinus respondit, Italus ego sum.*

* **REPERCUSSIO**, Accepti beneficii sensus intimus. Lit. ann. 1372. tom. 5. Ordinat. reg. Franc. pag. 561 : *Nos enim attendentes sincere dilectionis affectus, quos iidem nostri subditi ad nos et coronam Franciæ visceraliter habuerunt,.... volentes, prout vis jubet amoris, Repercussionis zeli signaculum ostendere, et cum eisdem in hac parte agere graciose, etc.* Vide *Rependium.*

¶ **REPERCUSSIO** Arborum, Idem, ut opinor, quod *Ramagium*, seu facultas exscindendi vel colligendi ramos arborum in silvis. Chartularium S. Vincentii Cenoman. fol. 71 : *Habebat illa Alesia... Repercussionem arborum de virgulto illo, quæ emit idem Miles ab hæredibus Alesiæ et ab ipsa Alesia.* Et fol. 119 : *Eisdem Monachis eleemosinavi.... facturam, quam habebat dicta Alesia in hortis de virgulto monachorum, et herbagium et Repercussionem arborum.*

¶ **REPERIDIA**, ἐπὶ πόδα, ἡ μετὰ τὴν ἡμέραν πεδοτροφία, in Glossis Lat. Græc. Legendum ut in Castigationibus, *Repotia :* et pro ἐπὶ πόδα, ἐπίδεδα, quo utitur Pindarus. Vide *Reoria* et *Recessim :* quo in posteriori loco ex pravo ἐπὶ πόδα factum est æque pravum *Recessim, Reperidia*, quasi hæc duo essent synonyma. Adde si vis Martinium in *Reperidia.*

* **REPERTICARE**, Pertica remetiri. Libert. bastidæ de Trya ann. 1325. in Reg. 64. Chartoph. reg. ch. 54 : *Item quod si contingerit plateas.... dictæ villæ pro tempore Reperticari, et plus ultra primam particam seu pagellam ibi inventum fuerit, etc.* Vide *Perticare* in *Pertica* 1.

¶ **REPERTORIUM**, Jurisconsultis idem quod *Inventarium*, nostris *Repertoire, Inventaire. Tutor qui Repertorium non fecit, quod vulgo inventarium appellatur*, lib. 26. Dig. tit. 7. leg. 7. § 1. *Inventarium et Repertorium, seu librum enquestarum conscribi faciatis*, in Charta ann. 1338. tom. 2. Hist. Dalph. pag. 371. col. 1. Vide Placidum Diac. in Supplemento Virorum illust. Casin. cap. 11. et 21. apud Murator. tom. 6. col. 70. et 74.

REPERTURA, Inventio thesauri. Charta Henrici Imp. ann. 932. pro Monast. Broniensi, apud Miræum in Cod. Donat. piar. cap. 30. et Barthol. Fizen. in Histor. Leod. pag. 233 : *Confirmamus et bannum et justitiam, impetum et burinam, ictum et sanguinem, Reperturam, pirgum regium, fora, telonea, Vicecomitatum, etc.* [Chartularium SS. Trinit. Cadom. : *De Repertura de mari medietas est abbatissæ.*] Vide *Thesaurus* [et *Wreckum.*]

¶ **REPETACIARE**, a Gallico *Rapetasser*, Assutis pannulis resarcire. Sentent. Inquisit. Tolos. apud Limborch. pag. 329 : *B. Franciscus dedit benedictionem fratribus Repetaciantibus vestes suas de saccis.* Vide *Peciatus* in *Pecia, Petaacia* et *Repeciare.*

¶ **REPETARE**, Idem quod *Repetere.* Charta Henrici Reg. Angl. apud D. Secousse tom. 4. Ordinat. Reg. Fr. pag. 642. num. 47 : *Quolibet* (quodlibet) *duellum debet Repetari tercio die coram duobus hominibus.* Ubi *duellum* sumitur pro ipsa duelli sponsione, quæ repeti seu iterari debebat.

¶ **REPETENTIA**, ἐπανάληψις. *Repeticio*, ἐπανάληψις (melius.) *Repetitio*, ἐπανάληψις καὶ ἀπαίτησις, ἐπιτροπιασμός, in Glossis Lat. Græc. Adde Glossas Græc. Lat. Pro *recordatio* utitur Lucretius lib. 3.

* 1. **REPETERE** Testes, Illos iterum interrogare, Gall. *Récoler.* Stat. Mutin. lib. 2. cap. 14. ex Cod. reg. 4620 : *Repeti etiam possint testes examinati super dictis eorum, seu etiam de novo examinari, ut eadem quæ primo dixerint, secundo deponant.* Vide supra *Reiterare Testes.*

* Vox etiam practicis nostris nota, sed non eadem prorsus notione : nam *Répéter les témoins* dicunt, cum in re criminali, denunciationes, literarum monitorialium vi, presbytero factæ, coram judice repetuntur.

* 2. **REPETERE** in Universitate Tolosana aliave dicebantur novi doctores, qui auditas jam quæstiones theologicas publice scholaribus proponebant solvendas. Stat. ejusd. Universit. ann. 1366. ex Cod. reg. 4222. fol. 84. v° : *Statuimus quod..... campana possit anticipari de duobus punctis, sic quod servetur per omnia, sicut de doctoribus novis volentibus Repetere honorarie, est fieri consuetum.*

* Repetitio, Repetibilis, in Statut. Universit. Andegav. ann. 1395. in Reg. 153. Chartoph. reg. ch. 311 : *Item quod licentiati et bachalarii hora nona et completorii legentes, a lectura hujusmodi cessabunt diebus Repetibilibus.... Item quod omnes a sibillationibus, Repetitionibus aut aliis factis solempnibus in contemptum rectoris, vel alterius doctoris, aut alterius honestæ personæ, vel ab impedimentis actus abstineant.* Vide *Reparare* 3.

¶ **REPETIATUS**, Gallice *Rapiecé, Rapetassé.* Vita S. Pilingotti, tom. 1. Junii pag. 151 : *Portans ea* (vestimenta) *de saccis et aliis petiis diversimode Repetiata.* Charta ann. 1227. e Tabular. Eccl. S. Audomari : *In superpellicio honesto similiter taconato seu Repetiato, sed integro.* Vide *Repeciare.*

¶ **REPEYSATA**, Pastus, a Gall. *Repaitre*, Pascere. Computus ann. 1327. et 1328. tom. 2. Histor. Dalphin. pag. 216 : *Quando dom. Dalphinus et Humbertus ejus frater pransi fuerunt in domo sacristæ, solvit pro Repeysatis equorum.... IX. solid. VI. den.* Vide *Reppaissuta.*

* **REPEZZARE**, Veteri vesti segmenta assuere, ab Italico *Pezza*, frustum, fragmentum. Vita S. Nic. Tolent. tom. 3. Sept. pag. 665. col. 1 : *Tunicis asperis et Repezzatis utebatur, et vestimenta mollia fugiebat.* Vide *Repeciare.*

* Ædibus regiis magnatumve ab antiquo astare solent mulieres, quæ vestes resarciunt, ut colligitur ex Lit. remiss. ann. 1395. in Reg. 149. Chartoph. reg. ch. 98 : *Le suppliant avoit acheté viande des portiers et des povres femmes, qui appareillent chausses amprès la porte de l'ostel de nostre très-chiere compaigne la Royne.*

** **REPHPORCI.** Vide *Sportale.*

¶ **REPIA**, ἡμικός, in Glossis Lat. Græc. et Gr. Lat. in quibus etiam : ἡμίκοπον, *Rera.* Putat Martinius legendum *Replu* pro *Repia*, et *Rica* pro *Rera*, ἡμίκοπον vero recτum censet. Hesychius : Ἡμίκοπον, ἡμίπλευρον, ἡμίκρανα, ἡμικεφάλαιον, σιαγόνος τὸ ἥμισυ. Itaque illic intelligit vestem, quæ caput ex dimidio operit et sic genas. Ita cæsitium, inquit, a cæsione, ut ἡμίκοπον a κοπῇ. Sic *Rica* est ipsum capitis operimentum. Hæc ille. Vide *Repa.*

REPIDA. Anastasius in Nicolao I. pag. 210 : *Similiter calicem de auro ex lapidibus circumdatum, et in circuitu pendentes hyacinthos in filo aureo, et Repidis duobus in typo pavonum cum scutis et diversis lapidibus pretiosis hyacinthis albis, qui pensant, etc.*

REPIGNERARE, *Pignus recipere*, Papiæ. [Festus : *Reluere, Solvere, Repignerare.* Ulpianus lib. 13. Dig. tit. 6. leg. 5. § 12 : *Rem tibi dedi, ut creditori tuo pignori dares, dedisti : non Repigneras, ut mihi reddas.* Vide *Pignus.*]

¶ Repignerare, Pignori dare. Conventio ann. 1193. e Tabulario Monasterii S. Urbani : *Si cellerarius voluerit aliquem de hominibus suis Repignerare vel obstagiare, de hoc quod levatum fuerit de Repigneratione habebit dominus Hugo tertiam partem, cellerarius duas et de obstagiis similiter.*

** **REPIGRITARE**, Retardare. Chron. Palat. in Maii Spicil. tom. 9. pag. 123 : *Adsumptus est in cœlos anno ætatis seculi ab Adam 5533.... In sexto miliario annorum, secundum propheticam vocem, elocutiones universæ consentiunt, etiam quamvis Repigritent qui exposuerunt de numero annorum.* Vide Forcellinum in *Repigro.*

¶ **REPILARE**, *Iterum pilare*, seu tundere, Johanni de Janua; *Repiler*, in Glossis Latino-Gall. Sangermanensibus.

¶ **REPISAC**, Anglica vox : quam vide in *Fong.*

¶ **REPLANDERE.** Vide mox *Replaudere.*

¶ **REPLANTARE**, Iterum plantare, defigere, Gall. *Replanter.* Visitatio castrorum Dalphini ann. 1347. tom. 1. Histor. Dalph. pag. 67. col. 1 : *Palicium reficere, Replantare, morenare et refreciare faciat.* [** Appon. in Cantic. Cantic. lib. 7. pag. 26. Spicil. Rom. tom. 5 : *In Paradiso Replantata est.*]

¶ **REPLASMARE**, Reformare, regenerare. Vetus Interpres S. Irenæi lib. 3. cap. 18. num. 1. novæ edit. : *Quia enim non erat possibile, eum hominem qui semel victus fuerat et elisus per inobedientiam Replasmare et obtinere bravium victoriæ; iterum autem impossibile erat, ut salutem perciperet, qui sub peccato ceciderat : utraque operatus est Filius, Verbum Dei exsistens, a Patre descendens et incarnatus, etc.*

¶ **REPLATUM**, f. Idem quod *Complantum*, Ager jure usufructuario ad plantandas vineas certis conditionibus datus. Inventarium Episcopatus Claromont. fol. VIII^xx. XV : *Petrus de Merdonia domicellus tenebat in feudum a domino Claromont. totum Replatum podii Merdoniæ et plura alia.*

* Gall. *Replat*, cujus vocis non unam notionem assignat Cotgravius in Glossario, inter quas magis arridet Vallis significatio. Inventar. Chart. castri *de Jaucourt* ex Charta ann. 1392. fol. 30. r° : *Perrin le voicturon pour son Replat, j. obole.*

¶ **REPLAUDERE**, Repulsare. Glossæ Lat. Græc. : *Replaudo*, Ἀντικροτέω. Perperam in Græco-Latinis : Ἀντικροτέω, *Replando.*

REPLEGIARE, Replegiabilis. Vide *Plegius.*

* **REPLEMENTUM**, Abundantia, copia. Memor. G. Cam. Comput. Paris. fol. 149. r°. ad ann. 1410 : *Magnum impedimentum et Replementum erat pro armartis camerarum inferiorum, in quibus dicti compoti reponi consueverant, etc.*

** **REPLETOR.** Schol. MSS. ad Juven. sat. 5. vers. 260. apud Maium in Glossar. novo : *Structores, Repletores mensæ.*

* **REPLEVINA**, Cautio ad redimendum aliquid captum, fidejussio. Scacar. ann. 1282. ex Cod. reg. 4653. A : *De nobilibus Normanniæ proponentibus, quod licet non haberent justitiam spatæ placiti, tamen omnis Replevina nantorum captorum pro querela mobilis vel catalli, absque inquesta, ad ipsos pertinebat; et quod super hoc servientes domini regis eisdem injuriam faciebant. Habito super hoc consilio, concordatum fuit quod omnis Replevina in omnibus casibus ad regem pertinebat.* Vide *Plevina* in *Plegius.* A verbo

* **REPLEVIRE**, Fidejubere, cautione redimere aliquid captum, Gall. *Cautionner.* Charta Phil. Pulc. ann. 1314. in 50. Chartoph. reg. ch. 76 : *Pro dictis autem francheriis dictus Symon suique hæredes tenentur, quando burgenses et gentes domini de Bellomonte Rogerii capti detinentur apud Conchas, ad sufficientem citationem eosdem Replevire.* Vide *Replegiare* in *Plegius.*

¶ 1. **REPLICA**, *Analabum, armilausa, scapulare monachorum, resticulæ duæ, a replicando dicta* : Laurentio in Amalthea, et in Martinii Lexico : quod consule. Vide *Analabus.*

¶ 2. **REPLICA**, Practicis nostris, *Replique*, Iterata defensio, refutatio, responsio. Charta Caroli Regis Fr. ann. 1489. apud Baluz. tom. 2. Hist. Arvern. pag. 237 : *Dictus vero defensor suas defensiones et dicti actores suas Replicas, ac præfatus defensor suas duplicas penes consiliarium nostrum contradidissent.* Semel et iterum occurrit hac notione in Bibliotheca Monasterii Heilsbronensis pag. 114. Vide *Replicatio.* [** et Haltaus. Glossar. German. voce *Gegenrede* col. 613.]

¶ 1. **REPLICARE**, Gall. *Repliquer*, Refutare, iterare responsum, præsertim in litigando. Charta ann. 1235. ex Schedis Præsidis *de Mazaugues* : *Ut deinde possint agere vel experiri, deffendere, Replicare et excipere et emptiones facere, et de calumnia jurare pro supradicto affari.* Sententia arbitralis ann. 1274. ex iisdem Schedis : *Dictus vero procurator Replicabat.* Arestum Parlamenti Paris. 19. Junii ann. 1332. contra Scabinos Atrebat. : *Procuratore dictorum conjugum Replicante et proponente in contrarium plures rationes juris et facti.* Occurrit in alio Aresto ann. 1341. apud Lobinell. tom. 2. Histor. Britan. col. 486. et alibi. Vide *Replicatio.*

* 2. **REPLICARE**, Repetere, iterare. Ceremon. Rom. MS. fol. 23. v° : *In medio altaris vertit se ad populum et Replicat*, Dominus vobiscum. Vide *Replicatio*, 2.

Replicare ad Servitium, in Edicto Rotharis Regis Longob. tit. 88. § 4. [** Roth. 218.] in Lege Longob. lib. 2. tit. 12. § 2. et eod. lib. tit. 18. § 3. [** Aist. 3.] *Ad Palatium Replicare*, de servo Palatii, tit. 9. § 3. [** Luitpr. 24. (4, 6.) ubi] *Ad publicum Replicare*, in Legibus Luithprandi Reg. Longob. tit. 19. § 2. in Legib. Ratchis Regis tit. 5. [** 2.] Astulphi Regis tit. 5. [** 3.] etc. Vetus Judicatum in lib. 2. Chronici S. Vincentii de Vulturno pag. 690 : *Ut omnes servi, qui subtracti erant... qui ad ejus placitum venire noluissent, potestative eos apprehenderet, et in ipso servitio eos Replicaret, cum famulis, et filiis, et rebus, etc.* Infra : *Vel in ipsius præsentia sic eos Replicaret in servitio de ipso Monasterio, etc. Ad servitium repetere*, in Legibus Wisigoth. tit. 7. § 4.

¶ 1. **REPLICATIO**, in veteri Vocabul. Jur. *est exceptionis factæ exclusio; et sic est quædam exceptio competens actori contra exceptionem rei, et istam semper opponit actor : et contra Replicationem actoris datur duplicatio reo; et iterum contra duplicationem rei datur actori triplicatio : et sic in infinitum extendere licet.* Tabularium Calense pag. 139. ad ann. 1256 : *Die assignata coram nobis... ad interloquendum super exceptionibus ex parte dictarum monialium, et Replicationibus ex parte dicti magistri, etc.* Charta ann. 1273. apud Baluzium tom. 2. Histor. Arvern. pag. 277 : *Rationibus, exceptionibus, cavillationibus, Replicationibus et defensionibus tam juris quam facti.* Statuta Montis regalis pag. 86 : *Insuper quia sæpe dictum est supra, quod etiam discussis, vel non discussis, exceptionibus procedatur, ne processus causæ impediatur, statutum est, quod omnes exceptiones, Replicationes et triplicationes, dilatatoriæ, declinatoriæ, peremptoriæ, etc.* Sed hæc sunt Jurisconsultis familiaria. Glossæ Lat. Græc. : *Replicacio*, Ἀντιπαραγραφή. Aliæ Græco-Lat. : Ἀντιπαραγραφή, *Replicacio, proscripcio, Replicatio, perscriptio.*

¶ Replicatio Beneficii, Remuneratio, compensatio. Diploma ann. 1322. apud Ludewig. tom. 6. Reliq. MSS. pag. 470 : *Ut pro Replicatione beneficii temporalis, memoria nostri et prænominatarum defunctarum in omnium fratrum orationibus apud Deum jugiter habeatur.*

* 2. **REPLICATIO**, Repetitio. Stat. comitat. Venaiss. sub Clem. PP. VII. cap. 23. ex Cod. reg. 4660. A : *Quia in testium attestationibus ordinandis, aliqui ex dictis notariis.... verbis fabulatoriis, infructuosis utuntur, statuimus quod verba superflua omittendo inantea...., sic se habeant, ... talis testis productus, etc. et ita successive continuent, sine Replicatione verborum.*

¶ **REPLICATURA**, Ἀναδίπλωσις in Glossis Lat. Gr. et Græc. Lat. *Reduplicatio*, figura Grammat.

¶ **REPLISUM**, Plicatura, Gall. *Repli.* Ad calcem extracti ex Regestis Parlamenti Paris. pro Ballivo Atrebat. ann. 1381. habetur : *Et erat signatum super Replisum, Per judicium Curiæ. Jouvenel et Sulli.*

¶ **REPLORARE.** Gesta Trevirensium Archiepisc. apud Marten. tom. 4. Ampliss. Collect. col. 243 : *Incredibili lamentatione lugebat Luciferum injuste de cœlo extrusum, quem volebat denuo Replorare in cœlum.* Vix dubito quin mendum sit in hac voce, pro qua forte restituendum est *reportare.* [* Ubi legendum puto *Relocare.* Vide in hac voce num. 2. [** Nihil mutandum puto; *Replorare* forte est Lamentationibus in cœlum reducere. *Replorat* occurrit in Not. Tyr. num. 223. Kopp. pro Iterum plorat.

¶ **REPLUENS.** Glossæ Isidori : *Repluentibus, exabundantibus.* Legendum est, *Refluentibus, exundantibus*, ut quidam volunt : et certe *Repluere* proprie foret rursum pluere; quia vero, inquit Vossius lib. 4. de Vitiis serm. cap. 21. si iterum iterumque pluat, redundant aquæ, dicitur *Repluentibus, exabundantibus*, ut apud Papiam : *Repluit, abundat.*

¶ **REPLUM**, *Species mulieris*, in Glossis Isid. Suspicatur Vulcanius legendum esse : *Peplum, Species vestis muliebris.* Vossius lib. 3. de Vitiis serm. cap. 42 : *Peplum, vestis muliebris.* Martinius retinet *Replum*, quod ordo alphabeticus ibi sit observatus, *Replumque* sit operimentum, quod vesti accommodari potuit. Deinde, ut *Reicinium* a *Reicio*, sic *Replum* a *Repello* ex eadem causa dici potuit. Emendat ipse : *Replum, Vestis mulieris.* [* Glossar. vet. ex Cod. reg. 7613 : *Replum, quod replet species mulieris, ne templum facere debuisset*] [** Vide Forcellin. in hac voce. Confer *Repti.*]

¶ **REPODIARE**, Repodiatio. Vide *Podium.*

¶ **REPŒNITENS**, Pœnitens, dolens, Gallis *Repentant. Repœnitentem suscipe me, Domine*, in veteri Antiphonario Eccl. S. Petri in Vaticano, Edit. Thomasii Romæ ann. 1686. col. cxv. [** *Repœnitens indulgentiam consecutus est*; in Anastas. Mirac. SS. Cyri et Joh. apud Maium in Spicil. tom. 3. pag. 416.]

* **REPOFOCILIUM**, *Tréfouel*, in Glossar. Lat. Gall. ex Cod. reg. 7692. Vide *Retrofocilium.*

¶ 1. **REPONDERARE**, Tantumdem pendere, æquare, Gall. *Contrepeser.* Epistola Soldani Ægyptii in Chronico Johannis *de Whethamstede* pag. 409 : *Pugillus siquidem plebis, nunquid latitudinem maris poterit obumbrare, et velut gutta roris minima ultra aquarum multitudinem in litore posita, virtutem exercitus nostri Reponderabit?*

¶ 2. **REPONDERARE**, Rependere. Sidonius lib. 1. Epist. 4 : *Reminiscaris, velle me tibi studii hujusce vicissitudinem Reponderare.* Et lib. 5. Epist. 1 : *Reponderatur tibi ex hoc consummatissima gloria.* Adde lib. 9. Epist. 11. Claudius Mamert. lib. 3. cap. 15 : *Pro falsitate veritatem alicui Reponderare.*

1. **REPORTAGIUM**, Medietas decimæ; *Reportage.* Charta Theodorici Episc. Ambian. ann. 1150 : *Mater Ecclesia Ambianensis ex antiquo dignitatis suæ privilegio obtinet medietatem decimæ, quæ vulgo dicitur Reportagium.* Alia ejusdem anni 1172 : *Cum prædicti Monasterii fratres apud Flaisserolles commorantes Reportagium, medietatem videlicet decimæ, quam Ambianensis Ecclesia de labore parochianorum suorum in territoriis Polivillæ et Choisi agricolantium de antiquo obtinuerat, retinere attentassent.* Charta ann. 1245. ex Tabulario S. Germani Pratensis : *Illa cujus esset major decima de Clamardo ratione prædictæ consuetudinis se-*

quens colonum suum haberet nomine *Reportagii medietatem decimæ terræ illius sic cultæ, etc.* Charta G. Abbatis S. Florentii Salmuriensis ann. 1246. ex Tabulario S. Dionysii : *Ratione cujusdam consuetudinis, quæ Reportagium sive Carrutagium vulgariter nuncupatur.* Ita in alia Decani Paris. ejusd. anni *Carturagium* habetur ; [et melius, ni fallor, *Carrucagium*, in alia mox laudanda e M. Pastorali Eccles. Paris.] Alia anni 1166. in Tabulario Abbatiæ S. Acheoli Diœcesis Amb. fol. 455 : *Clamabamus siquidem inter nos invicem quasdam decimas per consuetudinem Reportagii.* Et infra : *Totam nihilominus decimam absque Reportagio possidebit.* In eadem Charta : *Nihil habebit Reportagii; sed tota ex integro decima ad jus et possessionem de Marcel deferetur, sicque manifestum et patens, quod neque Ecclesia de Marcel de curte de Bertencourt et culturis suis antiquis, neque Corbeiensis Ecclesia de omni territorio, quod ad jus et parochiam de Marcel pertinet, aliquid omnino reportabit.* Charta ann. 1246. in M. Pastorali Eccl. Paris. lib. 23. ch. 95 : *In locis illis duntaxat, quos coloni decimariæ sive territorii nostri in eorum decimaria excolebunt ratione cujusdam consuetudinis, quæ Reportagium sive Carrucagium vulgariter nuncupatur.* Tabularium Altæripæ in Episcopatu Lingonensi ann. 1287 : *Dictus Curatus illam decimam, quæ debetur nomine Reportagii, accipiet et habebit.* Occurrit non semel in Tabulario S. Dionysii fol. 15. 16. 32. et in Tabulario S. Germani de Pratis fol. 103. [ut et in Tabulariis Compendiensi, et S. Medardi Suessionensis, etc.]

☞ Locum habebat *Reportagium*, cum ab hominibus seu colonis unius Ecclesiæ agri excolebantur in vicino alterius Ecclesiæ seu parœciæ territorio ; tunc enim medietatem decimæ frugum ex iis agris nascentium percipere solebat prior Ecclesia, etiamsi nullum aliunde jus, nullam aliam in ea parœcia decimam habere consuevisset ; hinc inter Ecclesias de *Reportagiis* dissidia. Hujus rei testis est Charta E. Prioris S. Martini de Campis ann. 1243. in Tabulario nostro Sangermanensi : *Notum facimus, quod cum talis esset consuetudo inter villas de Meudonno et de Clamardo, quod si aliqua terra arabilis coleretur in territorio et parrochia de Meudonno per colonos et animalia commorantia in parochia de Clamardo, ille cujus esset major decima de Clamardo ratione prædictæ consuetudinis, sequens colonum suum, haberet nomine Reportagii medietatem decimæ terræ illius sic cultæ, et eadem consuetudine similiter uteretur villa de Meudonno in territorio et parochia de Clamardo. Tandem inter nos ad quos spectat major decima de Clamardo et religiosos viros Abbatem et Conventum S. Germani de Pratis Paris. ad quos spectat major decima de Meudonno, fuit concorditer ordinatum, ita videlicet quod nos... supradictam consuetudinem remisimus... et quidquid nomine Reportagii in territorio de Meudonno percipiebamus... præfatus vero Abbas et Conventus S. Germani præfatæ villæ de Clamardo eandem consuetudinem remiserunt.*

* Charta ann. 1499. in magn. Chartul. nig. Corb. fol. 75. v° : *Quotiescumque coloni ...... de Villers le Bretonneulx coluerant aut colebant agros territoriorum de Folliaco et Albigniaco, jus quoddam, quod Reportagium dicebamus, pertinere* (asserentes) *ex segetibus, messibus et sementis crescentibus in dictis territoriis de Albigniaco et Folliaco; quod quidem Reportagium dicebamus alienum diversumque a jure decimæ.* Vide *Raportus* 2. et *Reportus*, 3.

2. **REPORTAGIUM**, Dictum, sententia, arbitrium, Gallice *Rapport.* Charta Libertatum Villæ Maceriarum ann. 1233 : *Si aliquis casus emerserit, qui in ista Charta, et per istam Chartam determinari non valeat, idem casus ad usagium patriæ per Reportagium Scabinorum firmiter tenebitur.*

¶ **REPORTAMEN**, Actio reportandi proprie, relatio. Epistola Abbatis S. Albini apud Johannem *de Whethamstede* in Chronico pag. 440 : *Honesti enim viri est honesta dicere, in aliis vero vel interpretari in melius, vel omnino tacere. Igitur vel omnino taceatis, vel in melius Reportamen faciatis;* hoc est, in meliorem partem accipiatis, mitiorem in partem interpretamini, ut satis patet ipso contextu.

¶ 1. **REPORTARE**, Causam judicandam referre, Gall. *Raporter;* hinc *Reportator*, Gallis *Raporteur*, Relator causæ judicandæ. obinellus tom. 4. Hist. Paris. pag. 525. plura refert Aresta Parlamenti sic terminata : *Reportatum per N.* vel *N. Reportavit*, et in Regestis ejusd. Parlamenti passim, *N. Reportator.* Juxta primam hujusce supremi Senatus institutionem duplicis erant generis Consiliarii. Alii judicabant tantum, nunquam *reportabant;* alii *reportabant* solum, non judicabant : quod discrimen sustulit Philippus VI. Edicto ann. 1344. tom. 2. Ordinat. Reg. pag. 224. n. 9. ubi : *Que tous Rapportent... car tous doivent estre Rapporteur et Jugeurs.*

¶ 2. **REPORTARE**, Transcribere, cedere, dimittere. Charta Henrici II. Ducis Lotharingiæ ann. 1243. apud Miræum tom. 1. pag. 116 : *Noverit Universitas vestra, quod Gosuinus Miles, dictus Bock, totum feodum, quod de nobis tenebat in territorio de Heimicsem, in pratis, aquis, piscariis... ad opus Abbatis et Conventus de Loco S. Bernardi,.. qui ab ipso Gosuino præfatum feodum, titulo emptionis, juste acquisierunt, in manus nostras quasi veri domini et superioris ipsius feodi Reportavit, atque justo modo werpivit, nihil sibi juris, nihil suis heredibus in dicto feodo, ad præsens vel in posterum, reservando.* Hoc feudum Monasterio venditum, dicitur in manus superioris domini [*Reportatum* seu dimissum quod nemini feudum tenenti licitum fuerit illud alienare sine licentia domini feudalis. Literæ Margaretæ Flandriæ Comitissæ ann. 1250. quibus pacem componit inter Walterum Episc. Tornac. et Balduinum Comminii Dominum, apud eumd. Miræum tom. 2. pag. 1233. col. 1 : *Nos ambo* (Balduinus et ejus filius) *dictas justitias terrarum Episcopi... Reportavimus libere et absolute werpivimus et effestucavimus in manus illustris dominæ M. Flandriæ et Hannoniæ Comitissæ... Reportavimus et libere et absolute werpivimus et effestucavimus in manus dictæ D. Comitissæ, de consensu et voluntate ejus ad opus dicti Episcopi et successorum ejus, patronatum Ecclesiæ de Commines.* Et col. 2 : *Reportaverunt et in manus nostras libere et absolute dicti Balduinus Dominus de Commines et Balduinus filius ejus primogenitus werpiverunt et effestucaverunt, ad opus dicti Episcopi et successorum ejus, justitias dictarum terrarum Episcopi, etc.* Vide *Raportatio.*

* 3. **REPORTARE**, Restituere, emendare. Assis. apud Cadomum ann. 1234. ex Cod. reg. 4653. A : *Judicatum fuit quod, sive veniret Robinus sive non, judicaretur quod dominus Jacobus Reportaret pro defectibus Robini.*

* 4. **REPORTARE** SE, Gall. *Se raporter*, Deferre. Memor. D. Cam. Comput. Paris. fol. 150. r° : *Dictus presbyter refferebat et Reportabat se penitus et omnino de dicta cedula et de toto facto ex eadem dependente, informationi super hoc factæ.*

¶ **REPORTATIO**, Transcriptio, cessio, rei possessæ dimissio, Gallis *Transport.* Cornelii *Zantfliet* Chronicon apud Marten. tom. 5. Ampl. Collect. col. 414 : *Eodem anno* (1421.) *Johannes Comes Namurcensis pro certa summa pecuniæ vendidit Principi Philippo Duci Burgundiæ totum Comitatum Namurcensem.... ad quem juridice suscipiendum et saisiendum missi sunt honorandi viri... in quorum manus facta est decenter Reportatio et effestucatio prædicti Comitatus mensis Junii die octava.* Vide *Raportatio.*

¶ **REPORTATIONES**, Commentationes, adnotationes. Testamentum Guillermi de Turre Canonici Claromont. ann. 1315. apud Baluzium tom. 2. Hist. Arvern. pag. 539 : *Item lego ff. vetus meum et ff. novum, infortiatum, Codicem, Summam Asszonis et alias Reportationes et commenta super Corpus juris et Decretales meos Bernardo, etc.*

¶ **REPORTATOR**, Gall. *Raporteur*, Relator causæ judicandæ. Vide *Reportare* 1.

* **REPORTATURA**, Actio reportandi aliquid eo, unde fuerat allatum, Ital. *Riportamento.* Stat. Taurin. ann. 1360. cap. 70. ex Cod. reg. 4622. A : *Item statutum est, quod fornarii de cætero habeant et habere possint pro coctura cujuslibet sextarii panis, portatura et Roportatura ipsius, tam hyemali quam in æstate, denarios sex Vianenses.* Vide *Reportus* 1.

* **REPORTORIUM** SALIS, Salinum, Gall. *Saliere.* Lit. remiss. ann. 1362. in Reg. 93. Chartoph. reg. ch. 93 : *Quorum* (hominum) *unus salarias seu Reportoria salis de palea facere consueverat.* Ubi legendum forsan *Repositoria.* Vide infra *Repositorium* 2.

* **REPORTUM**, Relatio, expositio, Gall. *Raport.* Arest. ann. 1400. in Lib. 1. ordinat. artific. Paris. ex Cam. Comput. fol. 269. v° : *Tamquam magister dicti artificii* (barbitonsorum) *per decem annos et amplius, operatorium in dicta nostra villa et alibi tenendo publice et notorie, bene et fideliter exercuerat, in nostroque Castello Parisiensi et alibi Reporta de periculum* (l. periculo) *vulneratorum, etc.*

REPORTUNUS. Gloss. Græco-Lat. : Σχέτλιος, *Importunus, Reportunus.* [Adde Latino-Græcas.]

¶ 1. **REPORTUS**, Italis *Riporto*, Relatio, actio reportantis aliquid eo, unde fuerat allatum. Statuta Avenion. lib. 1. rubr. 25. art. 2 : *Molendinarius pro portu et Reportu* *cujuslibet salmatæ grani vel farinæ, tam infra civitatem quam extra, mercedem unius solidi Turon. tantum consequatur.*

* 2. **REPORTUS**, Relatio, renunciatio, Gall. *Raport.* Ordinat. Phil. V. ann. 1319. in Reg. 58. Chartoph. reg. fol. 27. v° : *Si quis in dicta villa contra deffensas, vel ordinationes seu banna noctis faciat aut committat, ille de servientibus, qui hoc curiæ reportabit, habebit sex denarios pro Reporto.*

* 3. **REPORTUS**, Jus percipiendi medietatem decimæ ex agris, quos homines alterius parœciæ colunt, nostris etiam *Rapport.* Vide supra *Raportus* 2. Arest. ann. 1354. 17. Jan. in vol. 4. arestor. parlam. Paris. : *Cum lis mota fuisset.... in casu novitatis ratione medietatis decimarum ad causam Reporti certarum terrarum et vinearum, etc.* Vide *Reportagium* 1.

¶ 1. **REPOSARE**, Quiescere, nostris *Reposer.* Vide in *Repausare* 2.

* 2. **REPOSARE**, Desistere, cessare. Sent. arbitr. ann. 1500 : *Taliter quod non potest ipsa aqua ire per bialeriam dicti Glaudii Lamberti, adeo et in tantum, quod dictum martinetum dicti Lamberti se Reposat, et non potest in eodem operari.*

¶ **REPOSCERE**, Latinis notum pro Repetere. De magistro, qui discipulos dictata reddere jubet, dixit Terentianus Maurus de Carmine Anacreontio Choriambico : *Tu genus hoc memento reddere, cum Reposcam.*

¶ **REPOSCONES**, *Flagitatores, qui continuo convitio debitum reposcunt*, Laurentio in Amalthea. Ammianus lib. 22. sub finem : *Homines autem Ægyptii plerique... sunt... Reposcones acerrimi.* Vox ést non inelegans, judice Vossio lib. 3. de Vitiis serm. cap. 42. sed dici non potest, num Lucillius, vel alius veterum, usurpet; an demum inventa, Latinitate collabente.

REPOSITARIUS, [Idem quod *Repostarius*, Thesaurarius.] Vide *Salmedina* in *Zavalmedina.*

¶ 1. **REPOSITIO**, Quies, Gall. *Repos. Monasterium B. Mariæ de bona Repositione in oppido S. Salvii*, vulgo *Notre Dame de bon Repos*, apud Stephanotium tom. 1. Antiq. Benedict. in Vasconia MSS. pag. 286.

¶ 2. **REPOSITIO**, Locus ubi quid reponitur. Palladius lib. 1. de Re Rustica cap. 32 : *Repositiones fœni, ligni, cannarum, nihil refert, in qua parte fiant, dummodo siccæ sint.*

* 3. **REPOSITIO**, Deditio, Gall. *Reddition.* Charta ann. 1489. 11. Febr. in Lib. rub. S. Vulfr. Abbavil. fol. 167. r° : *Paulo post reductionem seu Repositionem dictæ villæ Abbatisvillæ, post mortem Karoli ducis Burgondorum, in manibus supremi domini nostri regis, etc.*

* 4. **REPOSITIO**, Dilatio in re judiciaria, Gall. *Délay.* Stat. Casimiri III. ann. 1447. inter Leg. Polon. tom. 1. pag. 157 : *Item decernimus quod omnes terminorum Repositiones seu dilationes inutiles cassentur et minorentur; nam Repositio et dilatio terminorum, si fieri debet, aliter non fiat, nisi vera infirmitate allegata.*

** **REPOSITIONIS** Festum, Dominica septuagesimæ, qua Alleluia *deponitur.* Vide supra in *Alleluia.*

REPOSITORIUM, Discus major, in quo variæ simul lances componebantur ac reponebantur, ad mensam, apud Plinium, Petronium, eumdemque in Fragmentis pag. 9. n. 31. 46. quod *Compostile* vocat Ennodius Epigr. 22.

¶ Repositorium, Id omne in quo aliquid reponitur. Perpetuus Turon. Episc. sæc. 5. in suo Testamento legat *Amalario presbytero capsulam communem unam de serico, item peristerium et columbam ad Repositorium*; id est, columbam ad reponendam sacrosanctam Eucharistiam, ut probat Mabillonius lib. 1. de Liturgia Gallic. cap. 9. num. 13. Breviarium divisionis thesaurorum Caroli M. ann. 811 : *Harum divisionum... unaquæque ab altera sequestrata, semotim in suo Repositorio cum superscriptione civitatis ad quam perferenda est, recondita jacet.* S. Bernardus de Conversione ad Clericos cap. 3 : *In illud siquidem* (pravæ conscientiæ) *Repositorium, velut in sentinam aliquam, tota decurrit abominatio et immunditia defluxit.* Computus ann. 1244. MS. Bibl. Regiæ : *De quodam Repositorio ad nebulas v. s.* Statuta Eccl. Nannet. ann. 1365. apud Marten. tom. 4. Anecdot. col. 930. et Statuta Eccl. Meld. eod. ann. tom. 2. Histor. ejusd. Eccl. pag. 508 : *Item, quod duæ sint cuppæ, seu duo Repositoria, unum videlicet quod pro hostiis conservandis remaneat, alterum quod ad infirmos deferatur.* Inventarium Eccl. Aniciensis ann. 1444 : *Item, quoddam estoy corporalium de panno nigro Damacii. Item, quoddam Repositorium corporalium de veluto nigro.* Ubi *Estoy* (nostris *Etui*, Theca) et *Repositorium* idem sonant. Charta Petri Noviom. Episc. ann. 1412 : *In medio partis dicti cimiterii pro cimiterio remanentis fiat una crux honesta, et prope ipsam aliquod Repositorium conveniens ad reponendum ossa seu reliquias deffunctorum, quæ reperientur in parte dicti cimiterii.* Acta B. Andreæ pueri, tom. 3. Julii pag. 464 : *Reportatus rursum est thesaurus* (id est, corpus sacrum) *ad ecclesiam S. Apostoli Andreæ in Rinn, non amplius in cœmeterio, sed in Repositorio, quod in templi pariete hunc in finem studio fuerat excavatum, recludendus.* Ubi *Repositorium* idem est quod Sepulcrum. [** Eodem sensu apud Jul. Valer. de rebus Alex. M. lib. 3. cap. 95. ed. Mai. Vide *Repositum*, 3.] Synodus Valentina ann. 1581. tom. 4. Concil. Hisp. pag. 288 : *Rector et clerus intra ipsum Ecclesiæ archivum, Repositorium unum conficiant, cum tot scriniolis sive cellulis, quot in illa Ecclesia beneficia fuerint : in quo acta omnia et instrumenta ad beneficium spectantia in posterum recondantur, ita ut singulæ cellulæ singulis beneficiis deputentur.* Vide mox *Repositum* 1.

* Pro vase Eucharistico, vulgo *Ciboire*, occurrit in Invent. S. Capel. Paris. ann. 1376. ex Bibl. reg. : *Item quoddam Repositorium, sive Cyboire Gallice, quod supra majus altare est appensum, in quo est quædam cupa auri, ubi reconditum est sanctum Sacramentum.* Aliud Gallicum ibid. : *Item un cyboire pendant sur le grant autel, ouquel repose le très-saint Sacrement.* Annal. Trenorch. ad ann. circ. 1562. inter Probat. ult. Hist. ejusd. pag. 290 : *Allerent* (les Hérétiques) *jusqu'à l'insolente impiété de briser le Repositoire, où estoit le précieux Corps de N. S. J. C.*

* Pro Armario, maxime in quo sacra reponuntur, nostris etiam *Repositoire*, in Stat. eccl. Tull. MSS. ann. 1497. fol. 17. r° : *Mox incensat reliquias beati Amonis existentes in Repositorio.* Lit. remiss. ann. 1479. in Reg. 206. Chartoph. reg. ch. 259 : *La suppliant rompit ung aulmoire ou Repositoire, et en icelle print ung calice.*

* Repositorium Apium, Alvearium, Gall. *Ruche d'abeilles.* Lit. remiss. ann. 1366. in Reg. 98. Chartoph. reg. ch. 680 : *Unum vissellum seu Repositorium apium, et unam gerbam seu javellam porrorum.... furatus fuit dictus exponens.*

* Hinc *Repos*, pro *Berceau*, Cunabula, in Lit. remiss. ann. 1448. ex Reg. 176. Chartoph. reg. ch. 587 : *Le barseau ou Repos pour y couchier icellui enfant.* Froissart. vol. 2. cap. 103 : *Les Gandois.... trouverent le Repoz, où le comte avoit esté mis d'enfance, et le dépecerent piece à piece.*

Vasa Repostoria, In quibus quid reponitur. Papias : *Vasa Repostoria, arca, gazophylacium, cibutum, loculus, scrinia, etc.* Ordericus Vitalis lib. 13. pag. 898 : *Tonnas falerni plenas, aliaque vasa Repostoria cum multis speciebus ex pretiosis opibus de suis locis transtulerunt.* Vide Salmasium in Observationibus ad Jus Atticum et Romanum pag. 451. [** Et Forcellin. in voce *Repositorium.*]

Repostorium Sanctius, Ærarium, vel potius Cimeliarchium, apud Capitolinum in Antonino Philos. Glossæ Basilicæ : Ῥεποσιτόριουμ, παραθηκαρεῖον.

1. **REPOSITUM**, Fiscus. Testamentum Sancii I. Reg. Portugalliæ æra 1217. apud Brandaonem tom. 4. Monarch. Lusitan. pag. 260 : *Cætera omnia de meo Reposito dentur leprosis Colimbriæ.* Infra *Repositorium* scribitur. [** Codicil. Sancii I. ann. 1188. apud S. Rosa de Viterbo in Elucidarii tom. 2. pag. 285. voce *Repositio* : *Totum Repositum, tam pannus, quam vasa argentea et scutellas, et culiares, et quidquid in Reposito est, et pannos quos habeo in S. Cruce taliados et per taliare, dent per albergarias pauperes mei regni.* Unde discas Repositum esse locum, ubi instrumenta cœnatoria reponuntur.]

Repostarius, Thesaurarius. *Repostarius major*, in Charta æræ 1316. apud eumdem Brandaonem tom. 5. ejusd. Monarch. pag. 304. Vide *Zavalmedina.*

¶ 2. **REPOSITUM**, Secretior camera. Leges Palatinæ Jacobi II. Regis Majoric. in Actis SS. Junii tom. 3. pag. xi : *Per officiales Repositi bene fiant illa injuncta eorum officiis, quæ ad servitia palatii diriguntur.* Et pag. xl : *In nostro Reposito sint duæ personæ, quæ excupatores nominentur, ipsi enim tam cameras nostras quam palatia scobare et mundare teneantur.*

¶ 3. **REPOSITUM**, Sepulcrum. Bulla Leonis IX. PP. in Actis SS. Junii tom. 3. pag. 671 : *Ejus cadaver in quodam Reposito in ecclesia Fratrum Prædicatorum... detulerat tumulatum.* Vide *Repositorium.*

¶ **REPOSITURA**, Repositio, seu actio reponendi. Vita B. Notkeri Balbuli, tom. 1. Aprilis pag. 582 : *Erat Romæ instrumentum* *quoddam ex theca ad Repositurum antiphonarii authentici.*

REPOSITUS, Secretus, arcanus. Will. Malmesburiensis lib. 4. Histor. Angl. cap. 2 : *Illud Repositius præpositum non ita vulgabatur, etc.* Robertus Bourronus MS. in Merlino : *Elle me creanta que elle s'en partiroit en Repost de son pere.* Hugo Plagon Gallicus interpres MS. W. Tyrii lib. 6. cap. 7 : *Delitescentes,... Reponnoient.* Lib. 12. cap. 4 : *In prædictis latebant insidiis:... Pour ce firent Repostailles et esmouchemens.* [*Des Fontaines* cap. 20. num. 3 : *Tu édifias par force en ma terre ou en Repost*, id est, Clanculum, occulte. Le Roman *de la guerre de Troyes* MS :

Se sont dedens li temple mis...
Ces ont les Repostals garnis.

Le Roman *de Rou* MS :

N'est chose si Reposte qui ne soit revelée,
Ne euvre tant oscure qui ne soit demonstrée.

Observat Thomasserius in suo ad Bellomanerium Glossario, *Repost*, et *Reponaille* in antiqua Decretalium Interpretatione pro electione clandestina vulgo accipi.]

* Unde *Reponte maladie*, in Chron. S. Dion. tom. 3. Collect. Histor. Franc. pag. 225. *Rebot*, in Stat. Joan. III. ducis Brit. tom. 1. Probat. Hist. Brit. col. 1165 : *En lieu Rebot et encute, etc.* A verbo *Repoinre* et *Reponre*, Occultare, delitescere, in iisdem Chron. pag. 170 : *Il* (Remi) *se présenta hardiement devant sa face, qui un poi devant ce se Reponnoit, ne ne s'osoit monstrer devant li* (le Roy). Lit. ann. 1315. tom. 1. Ordinat. reg. Franc. pag. 107 : *Celui qui Repoint le froment, etc.* Ubi Latinum habet : *Qui abscondit frumentum, etc. Repondre*, in Lit. remiss. ann. 1397. ex Reg. 151. Chartoph. reg. ch. 259 : *Lesquelles choses..... elle porta mucier et Repondre ou feurre d'un lit.* Occurrit etiam in Chron. S. Dion. ibid. pag. 185. *Reposer*, eodem sensu, in Lit. remiss. ann. 1416. ex Reg. 169. ch. 413 : *Icellui Jehan cachéement s'estoit enfermé et Reposé en une petite sienne maison. Repus*, Abditus, in aliis ann. 1406. ex Reg. 161. ch. 190 : *Jehan Pichon, qui estoit mussié et Repus derriere un buisson, etc.* Inde *En repost, repostement, etc.* Clanculum, occulte. Lit. remiss. ann. 1407. in Reg. 161. ch. 285 : *Comme le suppliant eust par maniere furtive et en Repost pris et emporté, etc. Ne en Repost, ne en appert*, in Ch. ann. 1306. ex Tabul. Carnot. *En Requoi ne en appert*, eadem acceptione, in Ch. ann. 1317. ex Reg. 61. ch. 155. *En Recoy ne en appert*, in Lit. ann. 1354. tom. 4. Ordinat. pag. 301. Lit. remiss. ann. 1373. in Reg. 105. ch. 139 : *Lequel Perrins prins Repostement trois vaisseaulx ou plus d'estaing. Repontement*, in Chron. S. Dion. ibid. pag. 199. *Responnemuent*, male pro *Responnaument*, in Stat. ann. 1359. tom. 3. Ordinat. pag. 373. art. 3. *Repuntement*, in Lit. remiss. ann. 1390. ex Reg. 138. ch. 171. *Repusément*, in Lit. ann. 1409. tom. 9. Ordinat. pag. 438. Hinc *Repoistaille* et *Repoustaille*, Latebra. Chron. S. Dion. ibid. pag. 183 : *En diverses parties fuioient, li un aloient à garant ès viles et ès Repoustailles des bois.* Et pag. 245 : *A l'abbé pria que il le receut en aucune Repoistaille lui et ses serjans. Repoistail*, pro Receptaculum, perfugium, vulgo *Refuge, azyle*, apud Guignevil. in Peregr. hum. gener. MS. ubi Deum alloquitur :

Fai moi de toi un esconsail,
Un abril et un Repostail.

* Inde etiam accersenda videtur vox *Repoter*, pro Mentiri, quasi veritatem abscondere. Lit. remiss. ann. 1462. in Reg. 198. Chartoph. reg. ch. 332 : *Tu en Repotes, qui est à dire, Tu as menti.* Haud scio an ab eodem fonte derivetur *Repotisser*, quod Occitanis Contemnere, aspernari sonat. Lit. remiss. ann. 1450. in Reg. 185. ch. 48 : *Tu me Repotisses, qui vault à dire, Comme tu me ravalles.*

¶ **REPOSTARIUS**, Thesaurarius. Vide *Repositum* 1.

* **REPOSTERO**, Tapetis seu panni species. Instr. ann. 1485. tom. 5. Sept. pag. 736. col. 2 : *Qui locus, ut ne inreverenter tractaretur, stabat coopertus cum quodam panno lanæ, vulgo nuncupato Repostero vel Razel.*

¶ **REPOSTORIA** Vasa. Vide *Repositorium.*

** **REPOSTULATIO**, Repetitio, ut res mea ad me redeat; in chart. ann. 1378. apud Haltaus. in Glossar. German. voce *Ruck-forderung*, col. 1561.

¶ **REPOTIA**, Vox Latinis nota, quam quidam e recentioribus transtulerunt ad convivia, quæ in nonnullis religiosis Ordinibus celebrantur recurrente professionis die, anno præsertim quinquagesimo, quem *Jubilæum* vocant. Statuta Ernesti Bavari Archiep. Colon. ann. 1605. in Instrum. tomi 2. novæ Gall. Christ. col. 162 : *Nec in esculentis aut poculentis novi aliqui in monasteriis sumptus fiant, ullave Repotia aut anniversaria professionis convivia.*

* **REPOX**, Præstationis species, vel idem f. quod supra *Reportus* 3. Charta Guill. dom. Salionis ann. 1281. in Chartul. eccl. Lingon. ex Cod. reg. 5188. fol. 19. r° : *Tria jornalia sunt in valore octo eminarum bladi per medium annui redditus, excepto le Repox.* Infra : *Tredecim jornalia terræ:..... quæ tenet de partagio, excepto annuatim le Repox.*

¶ **REPPARIUM**, Reppebium. Vide *Reparium.*

* **REPPAYRIUM**. Vide supra *Reparium.*

¶ **REPPAYSUTA**, Idem quod supra *Repeysata*, Pastus, a Francico *Repaître*, Pascere. Computus Johannis Humberti sub Guigone Dalph. ann. 1328. ex Schedis D. *Lancelot* : *Item tradidit Johanni Viconis dicta die pro Reppaysuta equorum dicti domini Dalphini*, III. *sol.*

¶ **REPPUS**, Italis *Reffo*, Gallis *Fil*, Filum. Statuta Placentiæ lib. 6. fol. 80. v° : *Sartores de drapis non possint accipere de taliando et cusendo... videlicet de aliquo gonello drappi integri... ab homine cum suo Reppo sartoris albo et endego... ultra* III. *sol. et* VI. *d.* Et fol. 81. recto : *Item de aliquo guernimento de biseto vel albasio ab homine cum suo Reppo sartoris albo et endegho ultra* II. *d.* Alium locum vide in *Repediatura* et *Repum*. [** Confer Graff. Thesaur. Ling. Franc. tom. 2. col. 495. voce *Reif*, Funis, lora.]

* **REPRÆENSALIA**, Jus recipiendi, quod cuipiam per vim ablatum fuerit, idem quod *Repræsaliæ*. Vide in hac voce. Stat. synod. eccl. Castrens. ann. 1358. part. 2. cap. 21. ex Cod. reg. 1592. A : *Item universitas, quæ concedit vel extendit Repræensalia sive marchas, contra personas ecclesiasticas vel bona ipsorum, nisi hoc revocaverint infra mensem, ipso jure est interdicta.* Vide mox *Repressalæ.*

REPRÆSALIÆ, Jus recipiendi, quod cuipiam per vim ablatum fuerit, a voce Gallica *Reprendre;* [nostris *Represailles*, Italis *Rappresaglia* et *Ripresaglia.* Alias originationes affert Vossius lib. 3. de Vitiis serm. cap. 42. quem, si opus est, consule.] Auctor Breviloqui : *Repræsalia est potestas pignerandi contra quemlibet de terra debitoris data creditori pro injuriis et damnis.* Idem : *Repræsaliæ dicuntur, quando aliquis oriundus de una terra spoliatur, vel damnificatur ab alio oriundo ab alia terra, vel etiam si non debitum solverit ei ; tunc enim datur potestas isti spoliato, quod ei satisfaciat contra quemlibet in terra illa, unde est spoliator vel debitor.* Ἀνδρόληψις, Græcis, Latinis *Clarigatio*, de quibus vocibus multa congessit Salmasius de modo usurarum pag. 554. et seqq. Constitut. Siculæ lib. 1. tit. 8 : *Ut nullus auctoritate propria de injuriis et excessibus factis, vel faciendis in posterum se debeat vindicare, nec Præsalias seu Repræsalias facere, vel guerram in regno movere.* Petrus de Vineis lib. 5. Epist. 24 : *Propter quod, licet frivolam occasionem assumens, de bonis ipsorum Tudertinorum Repræsalias te velle facere comminaris.* Et lib. eodem, Epistolæ 48. titulus ita concipitur : *Concedit licentiam quibusdam mercatoribus faciendi Præsalias contra rebelles, qui eos disrobaverunt.* Concilium Avenionense ann. 1279. cap. 2 : *Si contingat vel homines vel res quaslibet, animalia quævis Ecclesiarum, sive personarum Ecclesiasticarum:... abduci per aliquos aut aliquas in prædictam sive pignorationem aut Repræsaliam, etc.* [Concilium Paris. ann. 1314. apud Marten. tom. 7. Ampliss. Collect. col. 302 : *Et si pignorationes quas vulgaris elocutio Repræsalias nominat, in quibus alius pro alio prægravatur, tamquam graves legibus et æquitati naturali contrariæ, civili sint constitutione prohibitæ, etc.* Adde Regimina Paduæ ad ann. 1302. tom. 8. Muratorii col. 427. Chronicon Jacobi Malvecii tom. 14. ejusd. Murator. col. 959. Privilegium Universitatis Lovan. ann. 1426. apud Martenium tom. 1. Anecdot. col. 1768. etc.] De Repræsaliis, consule Epist. 12. Friderici II. Imp. ex iis, quas edidit Freherus tom. 1. Rerum Germanic. Bartholum in Tractat. de Repræsal. Guidonem Papæ Decis. 32. 33. Chopinum lib. 3. de Doman. tit. 25. Bretium lib. de Superioritate Regis cap. 17. etc. Literarum vero repræsaliæ formulam exaravit Rollandinus in summa Notariæ cap. 9. part. 2. extrem. [Vide voces *Marcha* pag. 279. et 280. *Pignorantia* et *Reprensaliæ.*] [** Pfeffinger. ad Vitriarium lib. 3. tit. 3. § 6. et Murator. dissert. 55. in Antiq. Ital. tom. 4.]

* **REPRÆSENTALIA**, Eodem intellectu. Charta ann. 1282. apud Murator. tom. 4. Antiq. Ital. med. ævi col. 749 : *Unde præ-*

dicti vicedomini fecerunt cassare et mortificare omnes pignorationes et Repræsentalia, quas haberent homines Venetiæ super commune et contra commune et homines Mutinæ, taliter quod amodo inantea sint nullius valentiæ et vigoris. Dantes eisdem et omnibus aliis hominibus de Mutina licentiam ire et redire cum suis mercimoniis et sine, absque impedimento aliquo pro illis pignorationibus et Repræsentaliis, salva jurisdictione communis Venetiarum utique et honore.

¶ **REPRÆSENTANEUS**, Qui repræsentat, exhibet. *Repræsentaneæ potestatis respectu aliquid facere*, apud Tertullianum Apolog. cap. 27.

REPRÆSENTARE, Exhibere, sistere aliquem. Lex Ripuariorum tit. 31. § 2 : *Quod si eum Repræsentaverit; tale damnum incurrat, quale, etc.* [*Repræsentare se*, apud Gregorium Mon. in Chronico Farfensi, tom. 2. Muratorii part. 2. col 636.] Occurrit non semel apud Scriptores ævi inferioris. Vide *Præsentare.*

* **REPRÆSENTARI**, f. Sermonem habere ad populum. Charta ann. 1142. tom. 4. Cod. Ital. diplom. col. 1543 : *Ipsa scholarum processio debet proficisci usque ad ripam S. Marci de Brolio, et ibi Repræsentari.... Scholæ eant ad Repræsentandum ecclesiæ S. Mariæ Formosæ.*

¶ 1. **REPRÆSENTATIO**, Corporis forma, species. Vita B. Coletæ, tom. 1. Martii pag. 591 : *Juvencula pulchræ Repræsentationis et dulcissimæ modestiæ. Morum paternorum Repræsentatio*, id est, Imago, imitatio, in Epistola S. Odilonis Abb. tom 3. Conc. Hispan. pag. 187 : *Repræsentatio passionis et mortis Christi* in tragœdiis, in Regiminibus Paduæ, apud Muratorium tom. 8. col. 375. Has repræsentationes improbant Patres Synodi Hispal. ann. 1512. tom. 4. Concil. Hispan. pag. 11.

* 2. **REPRÆSENTATIO**, Honorarius tumulus, Gall. *Représentation.* Obituar. eccl. Lingon. ex Cod. reg. 5191. fol. 88. v° : *Percipit fabrica decem solidos in quolibet anniversario, pro Repræsentatione corporis dicti defuncti, quæ debet fieri in choro in dictis anniversariis, ponendo unum pannum, ut consuetum est fieri in aliquibus anniversariis.*

¶ **REPRÆSENTATIVUS**, Qui repræsentat, ostendit, exhibet. Epistola Johannis de Monsteriolo apud Marten. tom. 2. Ampliss. Collect. col. 1417 : *Moxque Agrippinam pervenimus, quæ vulgo Colonia vocitatur, civitas profecto amplissima et ingentis honorificentiæ... et... magnificentiæ Repræsentativa.*

¶ **REPRÆSENTATOR**, Qui repræsentat, exhibet, imago est. *Filius Repræsentator Patris*, Tertulliano adv. Praxeam cap. 24. Concilium in Hispania celebratum ann. 1215. apud Marten. tom. 4. Anecd. col. 169 : *Præcipimus ne quis promoveatur in subdiaconum, diaconum vel presbyterum, nisi habeat competens... beneficium... et qui aliter ordinaverit, competenter provideat eidem in necessariis, vel a Repræsentatore ipsius, ordinato faciat provideri, donec ei competens beneficium fuerit assignatum.* Ubi *Repræsentatorem* eum esse puto, qui aliquem præsentavit ordinandum.

* **REPRÆSSALÆ**, ut supra *Repræensalia.* Stat. synod. eccl. Burdeg. ann. 1359. ex Cod. reg. 1590 : *Decimus nonus* (casus) *est, qui concedunt Repræssalas contra personas ecclesiasticas.* Vide *Reprensaliæ.*

¶ **REPRÆSTARE**, Præstare, exhibere, tradere. Paulus JC. lib. 19. Dig. tit. 1. leg. 47 : *Lucius Titius accepta pecunia ad materias vendendas sub pœna certa, ita ut, si non integras Repræstaverit intra statuta tempora, pœna conveniatur, partim datis materiis decessit, etc.* Rursum occurrit eadem notione lib. 36. tit. 1. leg. 22. sed alia superius in *Præstare.*

¶ **REPREHENSIBILITER**, Male, perperam, sic ut reprehendi mereatur. Rufinus in Apologia pro Origene : *Tertulliani libellum de Trinitate Reprehensibiliter scriptum inserentes.* Magis Latine postea dixit : *Fidei, quæ a Tertulliano non recte scripta est.*

¶ **REPRENSALIÆ**, Idem quod *Repræsaliæ*, Gall. *Represailles.* Statuta Ecclesiarum Cadurc. Ruthen. et Tutel. apud Marten. tom. 4. Anecdot. col. 744 : *Item, persona singularis ipso facto excommunicata est et universitas interdicta, quæ concedit Reprensalias sive marchas, id est, pignorantias fieri contra personas ecclesiasticas, vel bona ipsarum, nisi concessionem hujusmodi revocaverint infra mensem.* Eadem fere repetuntur ibid. col. 756.

¶ **REPREYSALLIÆ**, Eadem significatione. Privilegia Studentibus in Studio Gratianopolitano concessa per Dalphinum ann. 1339. tom. 2. Histor. Dalphin. pag. 412. col. 2 : *Venientes ad dictum Studium, commorantes ibidem et recedentes ab ipso, pro aliqua guerra, pignoratione seu Repreysalliis, non possint capi, pignorari vel quovis modo detineri.*

¶ **REPRESSIVUS**, Qui vim habet reprimendi. Petrus Blesensis Epist. 43 : *Quia cum morbus in augmento est, nondum est purgatione utendum; usus sum Repressivis* (supple *remediis*) *oleumque violaceum super cor et hepar et fronti ejus apposui.*

* **REPRETIARE**, Æstimare, pretium imponere. Charta ann. 1313. in Lib. rub. Cam. Comput. Paris. fol. 400. r° : *Repertum fuit superficiem dictorum boscorum per dictos gruerios, vocatis secum, servientibus forestæ nostræ Riæ et quampluribus aliis fidedignis, fuisse Repretiatam vj^c. xxviij. lib. v. sol. bonorum et fortium parvorum Turonensium.*

¶ **REPREYSSALLIÆ**. Vide in *Reprensaliæ.*

* **REPRIMARE**, Priorem statum restituere, idem quod *Repriorare*, quomodo etiam legendum conjectant docti Editores ad Vitam S. Facund. tom. 6. Aug. pag. 482. col. 2 : *Vivente beato papa Gregorio reformata* (civitas Tadinum) *et episcopatus in ea, et per annos trecentos Italici Reprimassent et restaurassent terras, etc.* Vide *Repriorare.*

REPRIORARE, Ad priorem, seu pristinum statum reducere. Alvarus in Vita S. Eulogii Presb. et Mart. num. 10 : *Fracta consolidans, inusitata restaurans, antiqua Repriorans, neglecta renovans.* Idem in Epist. ad eumdem S. Eulogium : *Repriorasti, mi domine, emolumenta priorum, etc.*

¶ **REPRISA**, Deductio ex proventibus alicujus prædii, pro solvendis pensitationibus, quibus obnoxium esse potest, quacumque ex causa. Charta ann. 1289. apud Kennettum Antiquit. Ambrosden. pag. 314 : *Capitale messuagium valet per annum cum tota inclausa 11. sol. et non plus, salva Reprisa domorum et aliarum officinarum.* Charta Edwardi II. Regis Angl. ann. 1308. apud Rymerum tom. 3. pag. 80. col. 1 : *Totam terram nostram Pontivi et Monstroll. cum omnibus exitibus et proficuis de prædicta terra, ultra rationabiles Reprisas ejusdem, provenientibus, quamdiu nobis placuerit, eidem Consorti nostræ, pro expensis hujusmodi, committendam duximus et assignandam.* Alia Henrici VIII. ann. 1511. apud eumd. Rymer. tom. 13. pag. 310. col. 2 : *Concedimus prædictis nunc Abbati et Conventui et eorum successoribus, quod ipsi terras, tenementa et redditus annui valoris quadraginta librarum, ultra Reprisas, quæ de nobis seu de quocumque alio tenentur in capite, adquirere ac aliis mediis et modis, quibus melius scierint, sibi et successoribus suis in suos proprios usus pro perpetuo possidenda, optinere possint et valeant.* Vide Thomam *Blount* in Nomolexico v. *Reprises.*

¶ **REPRISALIÆ**, *Reprisals*, vel *Reprisels*, ut habet Thomas *Blount* in Nomolexico; nostris *Represailles*, idem quod *Repræsaliæ*, de quibus supra.

* 1. **REPRISIA**, Pensio annua. Stat. ordin. Cisterc. ann. 1308. ex Cod. MS. S. Jacobi Leod. cap. 5 : *Duxit generale capitulum ordinandum, quod in omnibus abbatiis ordinis sint duo aut unus bursarii deputati, qui Reprisias, reditus sive proventus ipsius abbatiæ recipiant et custodiant, atque tractent.* Charta ann. 1273. ex Chartul. Campan. fol. 449. col. 2 : *Omne illud quod dictus Haetus poterat habere in vesturis, ventis, Reprinses, etc.* Ubi *Reprinse*, idem videtur quod *Rachetum* et *Relevium.* Vide in his vocibus, Glossar. Jur. Gall. v. *Reprise de fief* et mox *Reprisio.*

* 2. **REPRISIA**, Recuperatio, capti liberatio. Invent. Chart. reg. ann. 1482. fol. 151. v° : *Quatuor aliæ litteræ simul annexæ, quarum tres sunt sigillatæ sigillo Yolendis comitissæ Barri, super accordo facto inter eam et dominum de Longavalle, cum suis fautoribus et adhærentibus, ratione recuperationis seu Reprisiæ ipsius comitissæ, quæ evaserat ex carceribus templi Parisiensis, in quibus detinebatur captiva de mandato regis.* Vide *Rescussa.*

* **REPRISIO** Feudi, *Reprise de fief*, in Consuet. Nivern. cap. 4. et Trec. art. 18. Homagium seu servitium feudale; quo præstito, vassallus feudum a domino recipit : unde *Reprisire*, illud præstare; quo sensu *Reprendre* nude dixerunt, ut legitur in Chartul. S. Benigni Divion. : *Ce sont les personnes notaubles et seculares, qui furent presens à Dijon le 17. jour du mois de May l'an 1350. quant messire Jehan de France duc de Normendie, à cause dou bail de Philippe duc de Bourgogne meindre d'aage, Reprist de frere Pierre abbé de S. Benigne de Dijon.* Charta Joan. de Vergeio ann. 1297. in Chartul. eccl. Lingon. ex Cod. reg. 5188. fol. 27. v° : *In qua Reprisione præmissorum* (feodorum) *de novo sic facta per me, interfuerunt testes inferius nominati.* Et fol. 28. r° : *Item recognovi et*

recognosco me tenere ab episcopo prædicto suisque successoribus, nomine dictæ ecclesiæ Lingonensis, in augmentationem feodi mei, ea, quæ recepi et Reprisivi a gardianis, sede vacante, nomine episcopatus Lingonensis. Recognovit dom. R. se Reprisisse et se tenere in feodum, in Ch. ann. 1259. ibid. fol. 142. r°. Vide *Relevare feudum* et supra *Reprisia* 1.

¶ **REPROBABILIS**, Reprobandus, rejiciendus, apud vet. Irenæi Interpretem lib. 4. cap. 33. n. 1. novæ edit. et Johannem Sarisber. lib. 7. Polycratici cap. 20.

* **REPROBARE**, Exprobrare, Gall. alias *Reprouver*, pro hodierno *Reprocher*. Lit. remiss. ann. 1357. in Reg. 89. Chartoph. reg. ch. 34 : *Prædictus Fromage dixit et Reprobavit præfato des Poulies, quod ipse non erat nisi quidam assidator scotorum, etc.* Aliæ ann. 1362. in Reg. 93. ch. 74 : *Cum Guillelmus Madonées Mathæo Voulart plura verba contumeliosa dixisset, dicendo et Reprobando sibi contra verum inter cætera, quod ipse erat unus garcio leprosus.* Villehard. paragr. 189 : *Ne plaise dam le Dieu que jamés me soit Reprové que je fuye de camp et laisse l'empereor.* Lit. remiss. ann. 1378. in Reg. 114. ch. 80 : *Icelle Colete comme femme de legiere volenté et furibonde,.... pour ce que ledit Michaut.... lui Reprouvoit sa vie deshoneste, etc.* Hinc *Reprovier*, pro Reprobandus, damnandus, in Vitis Patrum MSS :

Fille moult a fait grant anui
Et lait Reprovier et hontage,
Que enchainte ies par songnentage.

Vide mox *Reprobrium.*

* *Reprovier* præterea et *Reprouver*, nostris olim idem quod nunc *Proverbe*, Proverbium. Poem. reg. Navar. tom. 2. pag. 32 :

Ke bien savés, ja n'iert, en Reprovier,
D'orgellex cuer, bone cançons cantée.

Phil. *Mouskes :*

Li vilains en Reprouver dist :
Tant grate cieure, que mal gist.

¶ **REPROBATICIUS**, Idem quod *Reprobabilis.* Glossæ Lat. Græc. : *Reprobaticius*, ἀποδοκιμαςαῖος. Adde Græco-Latinas.

¶ 1. **REPROBATIO**, Rejectio, Hebr. 7. 18 : *Reprobatio quidem fit præcedentis mandati propter infirmitatem ejus et inutilitatem.* Tertullianus Apolog. cap. 13 : *Nec electio sine Reprobatione.* Idem adv. *Judæos* cap. 14 : *Lapis offensionis post Reprobationem adsumptus et sublimatus.* Passim utuntur Scriptores Ecclesiastici pro *Prædestinatione reproborum ad mortem*, ut habet Isidorus lib. 7. de Summo bono cap. 7. nostris *Reprobation.*

* 2. **REPROBATIO**, vox forensis, Refutatio. Arest. ann. 1342. ex Chartul. 23. Corb. : *Facta igitur per præfatum baillivum nostrum super præmissa inquesta, traditisque Reprobationibus per partem dictorum religiosorum, etc.*

* **REPROBATORIUM**, Eadem notione. Chron. Guill. Bardini ad ann. 1310. inter Probat. tom. 4. Hist. Occit. col. 17 : *Qui* (reus) *contra eum* (Almaricum vicecomitem Narbonæ) *et ejus honorem proposuit Reprobatoria ignominiosa, quæ a judicibus admitti debuerant, nisi de crimine læzæ-majestatis actum fuisset.*

¶ **REPROBATRIX**, Quæ reprobat. *Disciplina Reprobatrix superbiæ*, Tertulliano lib. 4. adv. Marcion. cap. 36.

* **REPROBE**, Injuriose, Gall. *A tort, injustement.* Lit. remiss. ann. 1363. in Reg. 93. Chartoph. reg. ch. 256 : *Inter cætera ipsas honestas mulieres nominabat et vocabat ribaldas, dicendo Reprobe, quod Anglici ipsas deturpaverant et cum ipsis jacuerant.*

* **REPROBRIUM**, Opprobrium, dedecus, nota, Gall. *Reproche.* Lit. remiss. ann. 1361. in Reg. 91. Chartoph. reg. ch. 201 : *Cum præfati conjuges..... fuissent ab omni tempore lapso boni et legales mercatores, absque aliquo malo Reprobrio, etc.* Vide supra *Reprobare.*

¶ **REPROBUS**, Rejectus, reprobatus. Glossæ Lat. Græc. et Græc. Lat. : *Reprobus*, ἀδόκιμος. Passim occurrit in Scripturis sacris et apud Scriptores Ecclesiasticos. *Reprobi nummi*, apud Ulpianum lib. 13. Dig. tit. 7. leg. 24. § 1. *Reprobi testes*, quorum *testimonium invalidum esse debeat*, in Notitia judicati ann. 843. Marcæ Hispan. col. 780. *Vox eorum tanquam funesta et Reproba contra neminem audiatur*, in Charta Casimiri Regis Poloniæ ann. 1335. apud Ludewig. tom. 5. Reliq. MSS. pag. 509.

* Pro Vitiosus, in Lit. ann. 1367. tom. 5. Ordinat reg. Franc. pag. 74 : *Visitarent carnes vendendas ibidem, et caperent seu capi facerent carnes Reprobas et corruptas, etc.*

¶ **REPROCA**, Ἐπίβδα, ἡ μετὰ τὴν ἑορτήν, in Glossis Lat. Græc. et Gr. Lat. Vulcanius emendat *Repotia*, vel *Reciproca.* Martinius suspicatur retinendum esse *Reproca*, quasi *repetita*, ut *reprocari*, pro *recipocari.*

* **REPROCHARE**, Objurgare, crimen imponere. Charta ann. 1347. in Reg. 76. Chartoph. reg. ch. 298 : *Cum nonnulli invidi et loquaces eidem Petro Clerico Reprochare, dicere ac imponere conentur, etc. Reprouchier*, pro Reponere, obloqui, in Lit. remiss. ann. 1471. ex Reg. 197. ch. 182 : *Icellui Alain Reproucha : Ceste vieille ne cessera meshuy de gourgousser. Reprocer un compte*, Reprobare, improbare, in Ch. ann. 1339. ex Tabul. S. Joan. Laudun. : *Et se aucunes personnes Reprocent ledit compte et facent opposicions coulourées ou raisonnables encontre ycelui ; et ycelles reproces ou opposicions veulent poursuir, etc.*

REPROMISSA, Dos, quæ mulieri repromittitur, nostris *Reprise et conventions.* Statuta Venetor. ann. 1242. lib. 1. cap. 31 : *De breviariis mulierum vadimonium comprobandi de sua Repromissa, etc.* Cap. 39 : *Chartula, quam fecit aliqua mulier in potestate viri sui, nulla ratione contra Repromissam suam, et dimissorias, quæ in ejusdem viri sui potestate devenerit, valeat.* Adde cap. 53. 61.

REPROMITTERE FIDELITATEM, in Capitulari 2. ann. 805. cap. 9. et lib. 3. Capitul. cap. 8.

** **REPROPIARE**, Propius accedere. Ruodlieb fragm. 3. vers. 586 :

Utque suæ patriæ jam cœpit Repropiare.

REPROPITIANTE *Divina clementia.* Formula frequens in Chartis Ludovici Pii Imper. postquam a filiis regno dejectus, annis scilicet 833. et 834. illud rursum reassumpsit, cum in iis, quæ id temporis præcedebant, sese *divina ordinante providentia Imperatorem Augustum* inscriberet. Id porro passim observare est in iis potissimum diplomatibus, quæ describuntur in Vita Aldrici Episcopi Cenomanensis num. 9. 10. et 11 : quæ data sunt ann. 18. Imperii, indict. 10. et 11. prioremque formulam præferunt : et num. 12. 33. 34. 37. 39. 40. etc. quæ data sunt ann. 23. et seqq. [** Vide Heumann. de Re Diplom. inde a Carol. M. pag. 174.]

¶ **REPROPITIARE**, Placare, propitiare. Tertullianus lib. 1. ad Nationes cap. 17 : *Neque imagines Cæsarum Repropitiando, hostes populi nuncupamur.* Acta S. Ottonis, tom. 1. Julii pag. 456 : *Hanc Repropitiationem, quæ hominibus Repropitiat Patrem*, id est, Reconciliat. Hebr. 2. 17 : *Ut misericors fieret et fidelis Pontifex ad Deum, ut Repropitiaret delicta populi*, id est, Expiaret. *Repropitiari*, passive. Levit. 19. 22 : *Orabit pro eo Sacerdos, et pro peccato ejus coram Domino, et Repropitiabitur ei, dimitteturque peccatum.* Rursum occurrit 2. Reg. 21. 14. 3. Reg. 8. 39. Translatio S. Felicis Confessoris, tom. 3. Concil. Hispan. pag. 296. col. 1 : *Dominus pro peccatis totius terræ offensus, et vehementer iratus, clementer Repropitiabitur.*

REPROPITIATUS, Iterum propitius factus, pacatus, in Chronico Reichersperg. ann. 1177. [*Post multas tribulationes, multaque gravamina, quæ peccatis exigentibus perpessa est Ecclesia in illa nota dualitate, per annos fere viginti duos, tandem Repropitiato Domino facta est concordia.*] Salvianus lib. 7 : *Hanc pro muneribus sacris dederunt domino retributionem, ut in quantum eos beneficiis ad se illexerat ad Propitiandum, in tantum illi ab eo recederent.*

REPROVARE, pro *Reprobare*, quomodo *Reprouver* dicimus, in Legibus Luithprandi Regis Longobardorum tit. 5. § 1. [** 8. (2, 2.) Ubi Murator. *Reprobetur.*]

* *Ranprover*, eodem sensu, apud Petrum de Fontana in Consil. pag. 88. art. 4.

¶ **REPSUDERE.** Glossæ Lat. Græc. et Græc. Lat. : *Repsudit*, ἐπιτροπιάζεται. Martinio videtur legendum esse *Reincidit*, in febrem scilicet, quod quidam e recentioribus dixerint ἐπιτροπιάζειν, pro ὑποτροπιάζειν, Recurrere.

* **REPTARE**, Increpare, exprobrare, Gall. *Reprocher*, Hisp. *Retar.* Lit. remiss. ann. 1381. in Reg. 120. Chartoph. reg. ch. 322 : *Dicta Johanna dictum Petrum increpaverat seu Reptabat, quod idem Petrus cotidie accipiebat bona dicti pupilli.* Pro Accusare, in jus deferre, vide in *Rectum.*

REPTATOR, etc. Vide in *Rectum.*

¶ **REPTEMPTUS**, pro *Retentus*, Detentus. Judicium ann. 821. in Probat. novæ Histor. Occitan. tom. 1. col. 56 : *Jacebat in lectulo suo.... ab ægritudine Reptemptus.*

REPTI. Papias : *Renones sunt velamina humerorum ex pectore usque ad umbilicum, atque tortis villis adeo hispida, ut imbrem respuant, quos vulgo Reptos vocant, eo quod longitudo villorum quasi reptat.* [Ex Isidoro lib. 19. Orig. cap. 23. ubi additur ex Salustio : *Germani intectum renonibus corpus tegunt.* Tum Isidorus : *Dicti autem Renones a Rheno Germaniæ flumine, ubi iis frequenter utuntur.* Hæc utcumque probant *Repta* et *Reptem*, intelligi posse de hujusmodi *Reptis*, utpote in usu apud Moguntinos Rheni incolas.] Nescio, an huc pertineat, quod habet Epistola Ethelberti Regis ad Bonifacium Archiepisc. Moguntin... 40 : *Reverentiæ vestræ direxit de... mea... nonnulla munuscula, id est c... argenteum intus deauratu... pensantem libras tres et semis, et duo Repta.* Ibidem Epist. 77 : *Misimus vobis parva xenia, id est Reptem ruptilem unam, etc.*

¶ **REPTIVIDA** PROLES. Mabillon. sæc. 3. Bened. part. 2. pag. 125. ex Herkemperto et Leone Marsicano locum hunc refert : *Ille quidem* (Ratchisus Rex Longobardorum) *cum filiis ad B. Benedicti cœnobium profectus est, ubi sub artissima vitæ districtione vitam finivit : uxor vero ejus Taxia nomine cum Reptivida prole sua similiter mutato habitu, etc.* Hic hæret vir oculatissimus. An nomen proprium virginis? [** Nomen filiæ Tassiæ erat *Rottruda.* Vide Chronic. S. Benedict. ad ann. 744. apud Pertz. Scriptor. tom. 3. pag. 200.]

¶ **REPUBERARE**, Iterum vegetari. Sebastianus Perusinus in Vita B. Columbæ Reatinæ, tom. 5. Maii pag. 345. * : *Contuebatur demum mater ipsa... refloridam carnem Repuberasse et omnia membra repleri.* Haud ita absimili notione Columella lib. 2. cap. 8 : *Senectus nec revirescere nec Repubescere potest.*

¶ **REPUBLICARE**, Idem quod simplex Publicare. Litteræ Henrici IV. Regis Angl. ann. 1412. apud Rymer. tom. 8. pag. 768. col. 1 : *Intelleximus quod illi de partibus Flandriæ dictas treugas in singulis locis et placeis, quibus proclamari consuevit, nuper Republicari et proclamari fecerunt.*

¶ **REPUDIUM**, Renunciatio, juris sui cessio. Gesta Guidonis Episc. Cenoman. apud Mabillon. tom. 3. Analect. pag. 342 : *Quidquid habebat in illo cimeterio nobis integre, quiete, in eleemosyna dimisit, concessit atque donavit, ejusque Repudium in manu nostra roboravit.*

¶ **REPUERESCERE**, pro *Repuerascere*, ut est apud Tullium de Senectute cap. ult. Glossæ Lat. Græc. : *Repueresco*, πάλιν παῖς γίνομαι. Mox ante melius : *Repuerasco*, ἀνανηπιοῦμαι.

¶ **REPUGNACULUM**, *Carcer equorum*, βάλβις, in Glossis Lat. Græc. et Græc. Lat.

* **REPUGNARE** ICTUM, Repellere, retundere, ictum a se avertere. Lit. remiss. ann. 1399. in Reg. 154. Chartoph. reg. ch. 407 : *De plato dicti ensis dictus clericus percussit ipsum Bernardum,.... et nichilominus sibi abstulit quandam securim sive pigassam, cum qua ipse Bernardus ictum dicti ensis Repugnaverat.* Vide supra *Rebatere.*

* **REPUGNATIO**, Clarigatio, Gall. *Représailles.* Lit. remiss. ann. 1361. in Reg. 89. Chartoph. reg. ch. 706 : *Ratione cujusdam Repugnationis factæ contra nonnullos de Giemo, qui.... per modum guerræ in terra domini de Sulliaco venerant.* Vide supra *Repræensalia.*

¶ **REPUGNATOR**, Qui repugnat, obstitit, *Quasi Repugnatore cessante*, apud Gedam lib. 1. Histor. cap. 17.

* **REPULA**, *Repudium accipit... petitione honoris.* Glossar. vet. ex Cod. r... eg. 7641.

* **REPULSA**, Rebellio, d...efectio, Gall. *Révolte.* Lit. Joan. locumte...n. reg. Franc. in Occit. ann. 1360. ex Reg. Joan. ducis Bitur. in Cam. Comput. Paris fol. 32. v° : *Prædictas inobedientias, rebelliones seu Repulsam domino nostro prædicto* (regi) *et nobis nomine regio forefactas totaliter reputamus.*

¶ **REPULSATUS**, Repulsus. Vita S. Francæ, tom. 1. Aprilis pag. 384 : *Fures Repulsati et extinctum est incendium oppositione Reliquiarum.*

¶ **REPULSIO**, pro *Repulsa*, minus probum videtur Vossio lib. 3. de Vitiis serm. cap. 42. legitur apud Valerium Maximum.

REPULSORIUM. Hegesippus de Excidio urbis Hierosol. lib. 3. cap. 5. de Antiochia : *Persarum quondam caput, nunc Repulsorium.* i. munimentum, quo arceantur Persæ a finibus Romanorum. [S. Ambrosius in Psalmum 118 : *Verbum enim Dei Repulsorium tædiorum est, quo somnus animæ, sopor mentis excluditur.*]

* *Repulsement*, Expulsio, in Lit. remiss. ann. 1457. ex Reg. 183. Chartoph. reg. ch. 243 : *Pour le Repulsement et déboutement de noz ennemis les Anglois, etc.*

¶ **REPULSORIUS.** *Repulsoriæ cohortes*, Quæ dispositæ sunt ad hostium incursiones repellendas, apud Ammianum lib. 24. cap. 4. edit. Valesii.

* **REPUM**, Filum. Comput. ann. 1380. inter Probat. tom. 3. Hist. Nem. pag. 30. col. 1 : *Item pro Repo sive filo necessario pro dictis xxiiij. scudetis corduratis, etc.* Vide *Reppus.*

¶ **REPUNCTARE**, Iterum *punctare*, seu punctis distinguere. Vide *Punctare.*

* Unde Gallicum vetus *Repoindre*, in Mirac. B. M. V. MSS. lib. 1 :

Cil le Repoint, et cil le pinche.

REPURGIUM, *Purgatio*, κάθαρσις, in Gloss. Græc. Lat. MS. Editum *Repurgatio* habet. Occurrit in Lege 1. Cod. Th. de Aquæductu (15, 2.) : *Ne circa res alias occupati Repurgium formarum facere non occurrant.* Joan. Sarisberiensis lib. 8. Policrat. cap. 20 : *Aiunt enim quoniam ad Repurgium faciendum argenteos hamos et cophinos et scaphas habuerint.* [S. Ambrosius in Epistola ad Theodosium : *Non audisti Imperator, quia cum jussisset Julianus reparari Templum Hierosolymis, divino, qui faciebant Repurgium, igne flagrarunt?*]

¶ **REPUTANTES.** Vide mox *Reputatio* 2.

¶ **REPUTARE**, Numerare. Diploma Rudolphi Episc. Lovantin. Legati Sedis Apost. ann. 1469. apud Ludewig. tom. 6. pag. 77 : *Prout ad nostram venit audientiam, pridem vestræ Magnificentiæ pro liberatione præfati domini Venceslai seriose laborantes, eum sub obligatione sex millium florenorum Ungaricalium de Reputando ipsum liberaverunt.* Rursum occurrit ibidem pag. seq. [** Ubi infra legitur : *Ne dictum dominum de Biberstein prælibato hæretico .... quomodolibet reputetis vel præsentandum faciatis, etc.* Unde legendum forte *Repræsentetis*, et *de repræsentando*, stipulatione scilicet facta ut dom. de Biberstein denuo carceri mandaretur nisi infra terminum præscriptum lytra promissa soluta esset.] *Reputare* dixit Ulpianus pro *Computare*, Rationem supputare, putare, ut et *Reputatio*, pro *Computatio*, Gaius lib. 10. Dig. tit. 2. leg. 19.

* *Reputer* vero nostri dixerunt, pro *Retrancher*, Resecare, ab officio vel societate aliquem arcere. Stat. pro Arcubal. ann. 1389. tom. 7. Ordinat. reg. Franc. pag. 278. art. 1 : *Se lesdits arbalestriers de la confrarie dessus dicte, ou li uns d'eulx, eust ou eussent affaire contre le prouchain sanc de un de leurs confreres, ou pluseurs, tenuz est d'aler entre deux, sur estre Reputez de son serement.* Pluries ibi. Quæ interpretatio firmatur ex alio Stat. ann. 1399. tom. 8. earumd. Ordinat. pag. 338. art. 16 : *Sur peine d'estre Resequiez de leur serement.* Unde *Resecation*, eodem sensu, in Lit. ann. 1383. tom. 7. jam laudato pag. 35. Sed et *Resequer*, pro Tollere, delere, in Charta ann. 1403. ex Bibl. reg. : *Duquel inventoire ostez et Resequez, ou faites oster et Resequer yceulx cinq lampiers.*

¶ 1. **REPUTATIO**, Existimatio, fama, Gall. *Réputation.* Historia Cartusiensis apud Marten. tom. 6. Ampliss. Collect. col. 153. ad ann. 1082 : *Si denique homo tantæ dignitatis et famæ.... indubitanter damnatus est, quid nos miseri homunculi ac nullius Reputationis facturi sumus?*

¶ 2. **REPUTATIO**, Lamentatio mulierum, quæ suis cantibus luctuosis in funeribus omnes ad lamentandum excitabant, hinc *Reputatrices* et *Reputantes*, dictæ, quod defunctorum gesta *reputarent* seu enarrarent : de quibus jam supra dictum est, in voce *Cantatrices.* Constitutiones Frederici Regis Siciliæ cap. 101 : *Quoniam Ruputationes* (Reputationes) *cantus et soni, qui propter defunctos celebrantur, animos astantium convertunt in luctum, et movent eos quodammodo ad injuriam Creatoris, prohibemus Reputantes funeribus adesse, vel aliæ mulieres, quæ earum utuntur ministerio, nec in domibus seu Ecclesiis, vel sepulturis, vel alio quocumque loco, nec pulsentur circa funebria guidernæ vel guiternæ, vel timpana, vel alia solita instrumenta, quæ ars magis ad gaudium, quam ad tristitiam adinvenit, pœna unciarum auri quatuor mulctandis iis, qui eas admiserint circa hoc, et ipsis Reputatricibus similiter : quæ Reputatrices, si pœnam solvere propter paupertatem non possint, ne pœnalis prohibitio eludatur, fustibus cædantur per civitatem et terram, ubi prohibita tentaverunt.*

3. **REPUTATIO**, Idem quod *Respectus*, nostris *Respit*, Mora, dilatio. Canones Hibern. lib. 33. cap. 4 : *Sine Reputatione reddat debitum*, id est, nulla interjecta mora aut dilatione. In Fragm. S. Hilarii pag. 55 : *Reputamini et quiescitis*, id est, *differtis.*

¶ **REPUTATORIUS**, Cujus magna *reputatio* seu fama est, nostris *de Réputation.* Methodus reformationis Ordinis S. Benedicti in Austria, in Chronico Mellicensi pag. 310. col. 1 : *Monachi vero non volentes subire regulæ rigorem, omnes transferentur, cum eorum tamen, quantum possibile esset, spontaneo consensu, ad alia monasteria majora et Reputatoria.* [** f. *Reputatiora*, quæ majorem existimationem habent.]

1. **REQUESTA**, Libellus supplex, Gall. *Requeste.* Unde *Cameræ Requestarum*, in Parlamentis; [*Gentes*, vel *Magistri Requestarum Hospitii Regis*, Gall. *Maître de Requêtes de l'Hôtel du Roi*, qui olim in aula commorabantur, ut libellos supplices reciperent Regi offerendos. Horum hodie munus exercent libellorum supplicum Magistri, quos nude *Maître des Requêtes* appellamus. De *Requestis Palatii* seu *Cameræ Requestarum* in Parlamentis, et de *Requestis Hospitii* scripsit *Pasquier* lib. 1. *des Recherches* cap. 3. De *Requestis civilibus*, *personalibus* et *hypothecariis*, Practicis nostris *Requestes civiles, personelles* et *hypothecaires*, Raguellus et *de Lauriere* in Glossario Juris Gallici et alii passim Jurisconsulti. Interdum vox *Requesta*, non libellum supplicem, sed nudam petitionem significat, ut in Charta Philippi Franc. Regis ann. 1279. apud Rymer. tom. 2. pag. 135 : *Ad Requestam Regis Franciæ.* Sic alibi non semel.]

2. **REQUESTA**, Species juris dominici, seu præstationis. Pactum initum M. Maio ann. 1220. inter Abbatem S. Vedasti Atrebat. et oppida Montis in Puella, Aventins, etc. : *Li relief, les Requestes, li vendages des terres montent tant seulement à l'Abbé et li Abbez a en ces viles ses forages, ses cambages, son tonlieu, etc.*

☞ Hoc ipsum jus est, aut omnino simile, *Requestus* dictum tom. 3. novæ Gall. Christ. col. 105. quod obeunte quolibet Abbate Crispiniensi in Hannonia Dominis temporalibus de *Quievrechin* debebatur, quodque rescindi procuravit Petrus II. Aimericus ejusd. Cœnobii Abbas designatus ann. 1597. ex quo patet speciem fuisse *relevii* vel *rachati* : de quibus suis locis.

¶ 1. **REQUESTUS**, Idem quod *Requesta* 1. Libellus supplex, postulatio. Exstat apud Rymerum tom. 7. pag. 455 : *Requestus generalis* (ann. 1385.) *de permittendo Ambassatores transire per regna et loca in partibus transmarinis. Curia Requestium*, vel potius *Requestuum*, memoratur in Charta ann. 1550. apud eumdem Rymer. tom. 15. pag. 206. et ipsa vox *Requestus* rursum legitur in alia Charta ann. 1355. tom. 5. pag. 820. Vita S. Hoildis, tom. 3. Aprilis pag. 774 : *Brachium a sanctissimo corpore extractum ad Requestum illustrissimæ dominæ Comitissæ.*

¶ 2. **REQUESTUS**, Species *relevii*. Vide supra *Requesta* 2.

* Gallice etiam *Requeste;* quod eo soluto, vassallus a domino requirit, ut in feudi aut dignitatis possessionem mittatur, vel in ea confirmetur. Charta capit. S. Quint. Viromand. ann. 1181. in Chartul. Mont. S. Mart. part. 6. fol. 98. v°. col. 2 : *Prædictam silvam ex omni exactione liberam in perpetuum possideat; ita tamen ut in constitutione novi abbatis, tres solidos jam dictæ monetæ* (S. Quintini) *nobis præfata persolvat ecclesia de illa consuetudine, quæ vulgo Requestus vocatur.* Charta ann. 1244. ex Tabul. S. Autberti Camerac. : *Præfatum hospitale tenetur solvere annuatim dictæ ecclesiæ in perpetuum quinque solidos Cameracensis monetæ in Natali Domini pro Requestu sive pro relevamine quinque mencaldatarum terræ.* Ubi pro annuo censu. Charta ann. 1384 : *Item je ay es lieux dessusdiz sur tous les heritages tenus de mondit fief rouages, forages, ventes, Requestes, et toute justice et seignourie haulte, moyenne et basse.* Vide *Requesta* 2. et infra *Requisitio.*

¶ 3. **REQUESTUS**, Inquisitio, requisitio, Gallice *Enquête*. Vide *Requistum.*

¶ **REQUIARE**, Quietum reddere, reprimere. Glossæ Lat. Græc. : *Requio*, κατaπaύω. Aliæ Græc. Lat. : Καταπαύω, *Requio, compesco.*

REQUIES. Eigil in Vita S. Sturmii Abbatis Fuldensis num. 20 : *Super sepulchrum vero beati Martyris Bonifacii auro argentoque compositam composuit arcam, quam solemus Requiem appellare, quam, ut tunc moris erat, pulchro opere condidit, quæ usque hodie super tumulum ipsius Christi Martyris cum altari aureo perseverat.* Ubi forte legendum *Repam.* Vide *Repa.*

* ☞ Retinendum esse *Requiem* suadere videtur Chronicon Laureshamense inter Vindemias Liter. Frederici *Schannat* pag. 37. Kalend. Octobris : *Richbodonis Archiepiscopi et Abbatis. Hic primus claustrum nostrum muris circumdans, et dormitorium cum Ecclesia triplici ante ipsam fundans, cancella hinc inde circa Requiem auro et argento mirificavit, pavimentumque sublimans coram altari decoravit.* Neque mendum in mox laudato Eigilis loco suspicatur Mabillonius sæc. 3. Benedict. part. 2. pag. 282. imo ex eo fonte derivatum ipsi videtur Gallicum vocabulum *Poisle*, quasi dicas *Pausationem* seu *Requiem*, ad significandas honorarias umbellas, quæ Magnatum tumulis imponuntur. Et quidem, inquit, veri simillimum est, ciboria, repas, fredas antiquorum, seu ædiculas quatuor columnis nixas, nonnunquam ex panno aureo aliisque id genus textis composita fuisse : quo spectat Beda lib. 3. cap. 11. ubi de S. Oswaldi Regis Merciorum agens reliquiis, *vexillum*, inquit, *ejus super tumbam auro et purpura compositum apposuerunt.* Vide *Ciborium.*

* Idem quod *Repa*, Feretri operculum, umbraculum, ciborium : interdum Tumulus, sepulcrum. Vide *Requietorium.* Mirac. S. Verenæ tom. 1. Sept. pag. 172. col. 1 : *Cœperat ejusdem virginis sanctæ jugiter juvamen implorare, ac sæpius ejus Requiem visitare.*

Requiem, Missa pro defunctis, cujus introitus est *Requiem æternam, etc.* Poëta infimi ævi MS :

> Nulli quando facis Requiem das oscula pacis,
> Tale sepulturam notat, et officium triduanum.

¶ Requies, Altare. Charta Waldonis Episc. Frising. apud *Meichelbeck* tom. 2. Hist. Frising. pag. 427 : *Isti sunt qui coram Requiem S. Mariæ, sanctique Corbiniani et audierunt et viderunt.* Observat Cl. Editor hunc loquendi modum Boiis simplicioribus etiamnum esse usitatum, *Hier rastet S. Martin.*

¶ Requies, in Concilio Mexicano ann. 1585. cap. 7. et 8. tom. 4. Concil. Hispan. pag. 406. et seq. dicuntur feriæ Canonicis aliisve Beneficiatis concessæ, quibus iis licet per certum anni tempus ab officiis divinis abesse, ut suis negotiis operam dent, vel animum reficiant liberali oblectatione, nostris vulgo *Vacances.*

Requies Solis, Occasus. Statuta Gildæ Scoticæ cap. 44 : *Nec portet dicta bona empta de navi ante ortum solis; sed ab ortu solis usque ad declinationem sive Requiem solis.*

Requies Dominici Corporis. Vide *Sabbatum.*

REQUIETIO. Flodoardus lib. 4. Hist. Rem. cap. 52 : *Suorum corporum gratam perciperent Requietionem.* Anastasius Bibl. in Histor. Eccles. : *Requietione refertus :* ubi Theophanes, ἀναπαύσεως πλήρης habet. [Commentarius de Translatione S. Jacobi Apostoli, tom. 3. Concil. Hispan. pag. 121. col. 1 : *Senarius numerus in sacris Scripturis ærumnas et fluctuationes hujus sæculi crebro signat, septimum vero sacra pagina Requietioni donat.* Sic Levit. capp. 16. 23. 25. etc.] Vide mox *Requietorium.* [Le Roman *d'Athis* MS :

> Et cils desirent moult la nuit,
> Que chascun die à son Requoy
> A soy-mesmes son ennoy.]

REQUIETORIUM, Tumulus, sepulcrum, *Sedes Requietionis*, apud Hugonem Flaviniac. in Chron. pag. 93. *Locus Requietionis*, in Vita S. Anstrudis cap. 36. Ita apud Flodoardum lib. 4. cap. 52 : *Corporis Requietio.* Vetus Inscriptio : *P. Scantius Philetus fecit sibi et Scante Nice lib. Requietorium.* Alia : *Requietorium amici bene facere semper studiosus.* Alia Inscriptio Sabariæ in Pannonia a Lazio edita : *Hic positus est Florentinus infans, qui vixit annos septem et Requiem accepit in Deo Patre nostro et Christo ejus.* [Alia apud Gruterum 1030. 8 : *Sibi et conjugi karissimæ Requietorium fecit.*] Vetus Epitaphium :

> Hic jacet æterna filius in Requie.

Aliud apud Ambrosium Moralem lib. 11. cap. 41 : *Litorius famulus Dei vixit annos plus minus* LXXV. *Requievit in pace* VIIII. *Kal. Julias æra* D. XXXXVIII. Aliud cap. 69 : *Severus Presbyter famulus Christi vixit ann.* LV. *Requievit in pace Domini* XI. *Kal. Novembris era* DCXXII. Adde cap. 53. Cicero 1. Tuscul. quæst. ex veteri Poëta :

> Neque sepulchrum quod recipiat habeat portum corporis,
> Ubi remissa vita corpus Requiescat a malis.

Lactantius lib. de Mortibus Persecutor. num. 24 : *Atque ita in lecto suo Requiem vitæ, sicut optabat, accepit.* Senator lib. 6. Epist. 18 : *Defunctorum sanctam Quietem dixit.* In lege 8. Cod. Theod. de Indulg. crimin. (9, 38.) sepulcrorum violatores dicuntur, *qui Quiescere sepultos non sinunt.*

¶ **REQUILITIA**, Glycyrriza, Gall. *Reglisse*, Ital. *Regolizia* et *Rigolizia.* Statuta Riperiæ fol. 3. v°. cap. 12 : *De qualibet soma speciariæ grossæ pensium viginti; videlicet comini, galeti, uvæ passæ, dactilerum, Requilitiæ, ficorum siccorum, etc.*

* **REQUIREMENTUM**, *Requerimiento* Academ. Hispan. Monitio juridica, postulatio, denuntiatio, jus aliquid requirendi coram judice. Charta ann. 1030. ex Tabul. S. Vict. Massil. : *De illa donatione, quam fecit Autberga et Adacelina, ego Martinus filius suus, si ego nullum Requirementum et*

nullam directuram habeo, ego dono et transfundo pro animas nostras ad S. Victorem. Vide *Requirimentum.*

¶ **REQUIRENTIA**, Requisitio, Gall. *Recherche.* Vita B. Caroli Boni Comitis Flandriæ, tom. 1. Martii pag. 193. lin. ult. : *Ceterum rumor et Requirentia universorum persequebatur fugientem, ut nullatenus lateret, quin statim veritatem rescirent.*

1. **REQUIRERE**, Aliquem aggredi, quomodo Galli dicimus, *Demander quelque chose à quelqu'un.* Usatici Barcinonenses MSS. cap. 64 : *Neque per illorum ferum illis relictum guaytent personas eorum, nec encalcent, nec Requirant, nec vulnerent, nec capiant, nec captos teneant.* Cap. 122 : *Si quis cum alio ierit, vel fuerit in via sive in domo, sive in agro, seu in alio quovis loco, si aliquis eum Requisierit, vel aliquid de suo ei tollere voluerit, adjuvet inde eum prout melius possit sine engan contra cunctos, etc.* [Vide *Requirimentum.*]

¶ 2. **REQUIRERE**, in sacris Scripturis, Ulcisci, vindicare, rationem reposcere, repetere. Gen. 9. 5 : *Sanguinem enim animarum vestrarum Requiram de manu cunctarum bestiarum : et de manu hominis, de manu viri et fratris ejus, Requiram animam hominis.* Ibidem 43. 9 : *Ego suscipio puerum : de manu mea Require illum. Nisi reduxero et reddidero eum tibi, ero peccati reus in te omni tempore.* Adde Deuter. 23. 21. 1. Reg. 20. 15. etc.

¶ 3. **REQUIRERE**, Invisere. Homilia Gennadii libris adjecta ab Elmenhorstio pag. 52 : *Infirmos visitate, mortuos sepelite, in carcere positos Requirite, et de bonis vestris ministrate.*

* 4. **REQUIRERE** Vendagium, Prædium ab agnato venditum redimere, pretio emptori restituto. Charta Galch. dom. Commarc. ann. 1225. in Chartul. Campan. ex Cam. Comput. Paris. fol. 417. r°. col. 2 : *Cum illustris dominus meus Theobaldus Campaniæ et Briæ comes palatinus emisset a carissimo fratre meo Hugone domino Brecarum villam suam, quæ dicitur Banna,.... ego vendagium istud hæreditario jure Requisivi et habere volui.* Vide *Retrahere* 2.

* 5. **REQUIRERE** Antiphonam, dicitur custos chori, cum a cantore licentiam petit illam alicui canonico præcinendi. Ceremon. vet. MS. eccl. Carnot. : *Custos chori commendat antiphonam Et respicientes, quam a cantore Requirit, quia tunc ab eo omnia Requiruntur.*

* 6. **REQUIRERE**, Alia notione, vide mox in *Requisitio Terrarum.*

¶ **REQUIRIMENTUM**, Aggressio, ni fallor, abs *Requirere* 1. Sententia Vicecomitissæ Carcasson. ann. circiter 1080. e Bibl. Colbertina : *Qui ad malefactam fuerit ipsam contumeliam et Requirimentum, quod fecit uxor Bernardi de Aviciano ad suum corpus in ipso die, quo accepit ipsum castellum, Bernardus de Aviciano debet complere judicium.* Hispanis *Requerimiento* est Inquisitio, requisitio.

* **REQUISIBILIS** Census, Qui a domino requiri debet. Vide supra in *Census. Avoir requeste*, dicitur de re, quæ exquiri solet, vulgo *Qui est recherchée*, in Lit. ann. 1409. tom. 9. Ordinat. reg. Franc. pag. 446 : *Attendu que audit lieu de Cucy n'a point de passaige, ne n'est doué de vignoble qui ait Requeste, de gagnaiges, de blez, ne autres biens, etc.*

REQUISITI, Magistri precum, Bonfinio : *Referendarii*, qui preces et postulata referebant ad Principem. Magister Rogerius de Destructione Hungariæ cap. 6 : *Nam Cancellarii, ut dicebant, pro eo, quod nisi per ipsos Requisitos Regi loqui poterant, deprimebant et sublevabant aliquos, etc.*

¶ **REQUISITIO**, Exactio, tributum quod requiritur seu exigitur. Præceptum Chlotarii Franc. Regis ann. 537. inter Instrum. novæ Gall. Christ. tom. 4. col. 127 : *Nullasque Requisitiones nec nos, nec publici judices ab ipso loco vel a dominis ejusdem monasterii requiramus.* Vide *Quæsta.*

¶ **Requisitionum Camera**, Eadem quæ *Requestarum*, apud Thomam *Blount* in Nomolexico, v. *Requests.* Vide *Requesta* 1.

* **REQUISITIO** Terrarum, Postulatio, qua quis acquisitæ possessionis investituram a domino feudali requirit. Sentent. arbitr. ann. 1214. ex Tabul. eccl. Camerac. : *Cum inter capitulum B. Mariæ Cameracensis ex una parte, et Ansellum villicum de Fontanis ex altera, de Requisitionibus terrarum .... quæstio verteretur;.... de Requisitionibus terrarum ex communi partium consensu terminavimus in hunc modum : quod si quis mansum habens sine alia terra, mansum illum per successionem, vel emptionem, vel per pignus, vel alio quocumque modo, requisierit, et inde per villicum fuerit investitus, etc.* Vide supra *Requestus* 2. [** Passim *Requirere et relevare feoda.* Vide in *Relevare.*]

¶ **REQUISITORIÆ** Literæ. Vide supra *Recaptivatoriæ literæ.*

REQUISTUM, Requisitio, Gallis *Requeste*, [vel potius *Enqueste*, Inquisitio.] Vetus Notitia Judicati apud Perardum in Burgund. pag. 33 : *Venerunt Leudo Episcopus et Adelardus Comes Missi Dominici in Comitatu Augustodunense,... et fecerunt ibi venire ipsos pagenses nobiliores.... per bannum Regis, et fecerunt Requistum inter Wlfaldum Episcopum et Hercardum Comitem, per illos, quem Wlfaldus ibi denominavit.* [In MS. habetur *Requestum*, quod magis placet a recto *Requestus.* Vide in hac voce.]

¶ **RERA**, Ἡμίκοπον, in Glossis Lat. Græc. et Græc. Lat. Martinius emendat, *Rica*, ἡμίκοπον, nisi corruptum est ex *oraria*, quibus scilicet os obvelabatur. Lucil. Sat. lib. 2. jungit :

> Ricini aurati, ricæ, oraria, mitræ.

Vide *Repa* et *Repia.*

¶ **RERAGIUM**, Reliqua, vetera nomina non solutarum pensionum, Gall. *Arrerages.* Testamentum Johannis de Luxemburgo et uxoris ejus ann. 1373. apud Acherium tom. 9. Spicil. pag. 287 : *Decrevimus de pecunia pendentium sive Reragiorum terræ Enguinei et Bellirevideri ac Comitatus Brennæ dictis testatori et testatrici spectantibus, expendere vel expendi facere præfata sex millia ducatorum in ædificationem capellæ supradictæ, etc.* Formulare Anglic. Thomæ *Madox* pag. 82 : *Et quia nobis de Reragio idem Osbernus Persona in* IV. *marcis et* V. *sol. tenebatur, ita convenit inter N. Ballivum Abbatis Sagiensis et Osbernum Personam, quod in Pascha sequenti solvet de Reragio unam marcam, et in festo S. Michaelis proximo sequenti unam marcam, etc.* Vide *Areragium.*

* **REREFEODUM**, Feudum, quod per medium tenetur a superiori domino, nostris *Rérefié* et *Rierefié*, ut legitur in Stat. ann. 1374. tom. 6. Ordinat. reg. Franc. pag. 46. Charta Hugon. ducis Burgund. ann. 1270. ex Chartul. S. Mart. Augustod. : *Damus etiam prædictis religiosis...... Rerefeodum rerum, quas alii tenent a prædictis Guillelmo, Johanne et Chandoiseaul.* Vide supra *Refeudum.*

¶ **REREGARDA**, Jus custodiæ competens homini ligio aut vassallo nomine domini sui superioris. Inquisitiones factæ in loco Oysentii tom. 1. Hist. Dalphin. pag. 20 : *Dominus Hugo Ricardi est homo ligius Comitis et.... tenet tres partes Reregardæ totius Oysentii, et debet inde placitum ad misericordiam, ut supra : et quando feudarii tenent placita, qui ea debent tenere bis in quolibet anno, debet esse præsens loco domini Comitis et cavere ne ipsi feudarii graventur homines domini Comitis; et tunc debet habere cibum suum cum uno scutifero super dictis hominibus rationabiliter, vel levare a quolibet manso decem et octo denarios pro dicto cibo, etc.* Vide Commentationes Cl. Historiographi ibid. pag. 7. et infra voces *Retrogarda* 2. et *Warda.*

* **RERIC.** Annal. Franc. Loisel. ad ann. 808. tom. 5. Collect. Histor. Franc. pag. 57 : *Godofridus vero priusquam reverteretur, distructo emporio, quod in Oceani littore constitutum, lingua Danorum Reric dicebatur, etc.* Eadem leguntur in Chron. Adonis ibid. pag. 322. [** Nomen proprium.]

* **RERIDECIMA**, ut supra *Redecima*, Decima pars decimæ. Charta ann. 1070. in Tabul. S. Vict. Massil. : *Pro testimonio veritatis hujus donationis, Reridecimas de omnibus, quæ laboravero in parte illa, dono.*

** **REROGARE**, *Rerogare prius debeo querimoniantibus*, apud Virgil. Grammat. pag. 123.

* **REROOF.** Vide supra *Reiroof.*

¶ **RERULA**, Res parva. Vide *Recula.*

¶ 1. **RES**, Mensuræ species, eadem quæ *Sextarium.* Adæquationes mensurarum e MS. Sangerm. fol. VII : 1. *sextar.* (apud S. Quintinum) *facit* 1. *Res.* Et mox infra : XVI. *sextar.* (Peronæ) *vel* XVI. *Res faciunt modium.* Hinc emendandum paulo post : II. *maincos* (Calviaci seu Calniaci) *vel* II. *Res faciunt sextarium.* Legendum enim, *vel* 1. *Res etc.* In nonnullis Belgii locis *Ré* vel *Rez* etiamnum vocant mensuram continentem duos modios seu *boissellos* ibidem *melles* nuncupatos. Vide *Rasa* 2. *Raseria*, *Rasum* 1. et mox *Resa.*

* 2. **RES.** Charta ann. 1334. ex Tabul. D. Venciæ : *Item quod nulla persona privata vel extranea extruat rosarium dicti castri, sive herbam, vocatam Res, sine licentia bajuli dominæ prædictæ* (de Grauleriis). Vide infra *Rosarium* 4.

** 3. **RES**, Opes, divitiæ, Latinis notum. Richer. lib. 1. cap. 4 : *Cum regnorum principes nimia Rerum cupidine sese præire contenderent, quisque ut poterat Rem dilatabat.*

Infra : *Piratæ... ad Rerum immanitatem incitantur.*

* Hinc, ni fallor, vox Gallica *Resechable*, Cui satis ampla res est. Charta ann. 1426. tom. 2. Hist. Leod. pag. 442 : *Item que ceauz qui ainsi sont admis audit office, soient gens sages, sachant les loix, idoines et suffisants, Resechables et vivants de leurs rentes.*

* Res Dotalis, Donatio, quæ a parente filiæ fit propter nuptias aut intuitu matrimonii. Charta Phil. uxoris Erardi de Brena ann. 1221. in Chartul. Campan. fol. 19. v°. : *Rem dotalem sive maritagium alienare non posse de eodem jure certiorata, etc.*

* Res Terræ, Segetes. Charta Milon. abb. S. Petri Meledun. ann. 1226. in Chartul. Barbel. pag. 903 : *Hugo de Espaillart miles dedit dictis fratribus.... pasturas per totam terram suam, tam proprias quam communes, salvis tamen Rebus terrarum et coopertionum.*

¶ Res Religiosæ, Sepulcra. Vide *Religiosus locus* in *Religio.*

¶ Res Soli, *est Res immobilis*, in veteri Glossario juris utriusque.

1. **RESA**, Mensuræ frumentariæ species, [f. eadem quæ mox *Res.*] Tabularium Absiense : *Quibus adhuc largitus est unam Resam avenæ, et dimidiam gallinam, quam habebat de terra, etc.* Idem videtur quod *Raseria*, de qua voce supra. Vide *Reisa.*

* *Reise*, in Charta ann. 1246. ex Chartul. S. Petri de Monte : *Jaikemins de Bovigney.... doit à Jean de Haucourt.... à tousjours trois Reise de froment. Un Reis de froment à Meralcourt*, in Homag. Joan. *de Baleicourt* milit. ex Memor. E. Cam. Comput. Paris. fol. 167. v°. Vide *Res*, 1. et mox *Resale.*

¶ 2. **RESA**, Idem quod infra *Riesa*, Terra *reses*, relicta, inculta. Charta Raynaldi Rem. Archiepisc. ann. 1132. inter Monumenta sacræ antiq. tom. 2. pag. 12 : *Quidquid infra præscriptas metas omnimodis continetur, in sylva, terra, aqua, pratis et Resa, sicut libere tenebant.... gratanter Ecclesiæ de Gland concesserunt.*

* 3. **RESA**, Iter. Vide *Reisa* 1.

* **RESAANTUMA**, mendose, pro *Reseantisia*, Jus domini feudalis, quo vassallum seu tenentem cogere potest, ut intra feudi sui terminos habitet aut mansionem habeat. Charta ann. 1249. ex Bibl. reg. cot. 19 : *Concessi Ricardo fabro.... dimidiam vavasoriam, quæ tenent de me de feodo as Eymelis, ... videlicet de Resaantuma, quod dictum feodum debebat...... Sciendum est quod ego Alexander de Plesseiz nec hæredes mei non possumus constringere dictum Ricardum, nec participes præfati feodi, faciendi Resaantumam in præfato feodo, nec de nullo servitio.* Vide in *Residentes.*

¶ **RESACERDOTARE**, Sacerdotem seu Episcopum restituere, in Præfatione D. Dionysii Sammarthani ad tomum 1. novæ Gall. Christ. et in Admonitione ad calcem ejusdem tomi.

¶ **RESAICIRE**, In alicujus rei possessionem iterum mittere, restituere. Epistola S. Anselmi Cantuar. Archiep. ad Henricum Angl. Regem lib. 3. Epist. 109 : *De archiepiscopatu meo me Resarcivistis.* Legendum est *Resaicivistis*, ut vult Vossius lib. 2. de Vitiis serm. cap. 25. quod malim; altera tamen lectio ferri potest, et eodem redit.

¶ Resaisire, Iterum *saisire*, occupare; Gall. *Resaisir.* Vide *Ressaisiare* et *Saisire.*

¶ Resaisitio, Restitutio, reditus in possessionem. Vita S. Anselmi Cantuar. tom. 2. Aprilis pag. 935 : *Litteras suas Regi Angliæ, pro suarum rerum Resaisitione direxerat.*

¶ Resaisitura, Eadem significatione, in Charta Lugdun. ann. 1298.

* Nostris *Resaisine.* Qua ratione vero pignora ablata restituerentur, docet nos Charta ann. circ. 1315. ex Chartul. S. Maglor. Paris. ch. 56 : *Le serjant fist la Resaisine en la meson dudit Lucas de la prise, qui faite y avoit esté par ledit serjant de S. Eloy, en mettant son gant à terre en signe de Resaisine de ladite prise.*

¶ Resaisitus Creditor, Qui per *saisinam* hypothecam, quam habebat in bonis debitoris, mutavit in jus dominii et investituræ bonorum ejus. Ita Nomenclator idiotismi Leodiensis ad calcem Observat. Caroli Meani in Jus civile Leodiensium.

¶ **RESALE**, Species mensuræ frumentariæ, f. eadem quæ *Resa.* Statuta Capituli Tull. ann. 1497. cap. de Præpositis : *Percipit adhuc super qualibet decima, communem valorem quadraginta Resalium excedente, duo Resalia bladi frumenti; si subtus quadraginta, unum.* Vide *Raseria.*

* Nostris *Resaul.* Charta ann. 1286. ex Chartul. S. Gengulf. Tull. : *Duodecim denariorum Tullensium et unum Resale avenæ. Trois Resauls de blef*, in Ch. Henr. comit. Barr. ann. 1337. ibid. Alia Radul. abb. S. Apri ann. 1294 : *Debentur undecim carnes porcinæ.... una cum xxx. Resalibus avenæ.* Charta Ferrici de Lothar. ann. 1412. in Chartul. priorat. Belleval. : *Trente Resaulx froment et avoine, c'est assavoir dix Resaulx froment et vingtz Resaulx avoine.* Vide supra *Resa* 1.

* **RESALLIRE**, Resilire, Gall. *Rebondir*, alias *Redonder*; unde *Resaltus*, vulgo *Rebondissement*, olim *Regaust* et *Rejault.* Lit. remiss. ann. 1355. in Reg. 84. Chartoph. reg. ch. 509 : *Dictum cutellum contra quoddam hostium projecit; qui cutellus ex ictu dicti hostii contra prædictam Mariam Resalliit, et ex hujusmodi Resaltu supra dexteram partem colli ipsius Mariæ casu fortuito cecidit.* Aliæ ann. 1455. in Reg. 183. ch. 30 : *Au moyen d'icelle planchette le coustel Redonda sur le chief de la mere du suppliant.* Aliæ ann. 1390. in Reg. 139. ch. 194 : *Le suppliant en gettant ladite busche, ou du Regaust d'icelle attaindi une petite fillette, etc.* Aliæ ann. 1423. in Reg. 172. ch. 349 : *Le suppliant getta une de ses sayettes à la main, laquelle frappa un arbre, et dù Rejault ou ressort qu'elle fist contre ledit arbre, etc.* Vide infra *Ressortire* 2.

* Hinc *Rejaust* dictum nostratibus Convivium, quod postero die festi alicujus ecclesiæ patroni fit. Lit. remiss. ann. 1384. in Reg. 125. ch. 81 : *Icellui Thevenin par bonne amour et affection feust alez soupper.... en l'ostel de Regnaut des Planches tavernier au Rejaust de la feste dudit monsieur S. Jehan Baptiste.* Vide supra *Receptum* 1.

* **RESALLUM.** Vide supra *Rasallum.*

* **RESALTUS.** Vide supra in *Resallire.*

RESALVARE, Salvam rem præstare, *Garentir.* Placitum ann. 877. in Tabulario Casauriensi : *In eo modo ut mensuremus ipsas res; et si plus nobis exinde evenire debet, nobis adimpleatis in supradictis villis; dum usque ipsam tertiam partem adimpleatis. Et si plus fuerit de ipsa re, quam nos dicimus, nos vobis Resalvamus de ipsa re, dum vos ipsas duas portiones habeatis.*

* **RESANARE**, Ital. *Risanare*, Sanare, sanitatem restituere. Locus est supra in *Reinfirmari.*

¶ **RESARCIARE**, pro Resarcire, restituere. Advisamenta Curiæ Eccl. Brioc. MSS : *Executio non fiat ante solis ortum, nec post solis occasum; quæ si fiat, executor expensas Resarciare teneatur.*

¶ **RESARCINACIO**, Ὑποραφή, in Glossis Lat. Gr. Aliæ Græc. Lat. : Ὑποραφή, *Plicatura, Resarcinacio, Subsutio.*

* **RESASIRE DE SACRAMENTO**, Dicitur dominus superior, cum subditos vassalli sui sacramento ab eo absolutos, denuo ipsos obligat. Charta Odon. ducis Burg. ann. 1209. in Chartul. Campan. fol. 28. r° : *Cum Blancha illustris comitissa Trecensis palatina Milonem de Monte-regali dissasivisset de sacramento hominum Chableiarum .... Tandem dicta comitissa ad instantiam precum nostrarum dictum Milonem de sacramento illo Resasivit.*

* **RESAUDARE**, a Gallico *Resouder*, Iterum ferrumine agglutinare. Comput. MS. fabr. S. Petri Insul. ann. 1469 : *Item pro Resaudando unum frustum cupreum ad vas aquæ benedictæ, vj. sol.* Hinc

* Resauldatio, Ferruminatio, plumbatura, in alio Comput. ejusd. fabr. ann. 1532 : *Antonio plumbario pro pluribus Resauldationibus, etc.*

* *Resauder*, pro Restituere, sanare, in Vita J. C. MS. ubi de auricula Malcho restituta :

L'oreille prist c'avoit coppée,
Au fel Juis l'a Resaudée.

Et cum tetigisset auriculam ejus, sanavit eum, Lucæ cap. 22. v. 51.

¶ **RESAXIRE**, Idem quod *Resaisire*, Rem alias possessam recuperare. Chronicon Senon. cap. 21. ad ann. 1202 : *Rex vero Fridericus, audita morte Friderici Ducis, villam de Rotsem, quam ei in pignore dederat, sibi Resaxivit.*

¶ **RESAYSIARE**, Idem quod *Resaisire* et *Resaxire.* Formulare Anglic. Thomæ Madox pag. 259 : *Sub pœna Resaysiandi totam præfatam virgatam terræ... in manus hæredum meorum, si Abbas... præfatæ assignationi meæ aliquo tempore contraire præsumpserit.*

¶ **RESCACTUM**, Gall. *Rachat.* Vide *Rescattum.*

¶ **RESCALDARE**, ab Italico *Riscaldare*, Gall. *Rechauffer*, Rursum calefacere. Johannis de Bazano Chronicon Mutin. apud Murator. tom. 15. col. 597 : *Et ita non potuerunt siccari frumenta vel blava, et ita se Rescaldaverunt in granariis*, id est, calefacta sunt et fermentata.

* *Rescafer*, pro *Chauffer*, inter Redit. comitat. Hannon. ann. 1265. ex cam. Com-

put. Insul. : *Si doit li cuens faire Rescafer ce four tro s fiés l'an, à sen coust.*

* **RESCAPTUM**, Gall. *Rachat*, Redemtio, idem quod *Rachetum* et *Relevium*. Vide in his vocibus. Charta Steph. de Sacrocæsare ann. 1229. ex Lib. albo episc. Carnot. : *Nos facimus homagium ligium..... reverendo patri Galtero, Dei gratia episcopo Carnotensi, de villa Marchevillæ,.... facta primo eidem episcopo sufficienti satisfactione de Rescapto suo.* Vide *Riscattus.*

¶ **RESCATTUM**, Rescactum, ab Italico *Riscatto*, Gall. *Rachat*, Redemtio. Chronicon Dominici de Gravina, apud Murator. tom. 12. col. 597 : *Circa Rescattum captivorum miserorum continuo intendebant.* Ibid. col. 607 : *Pro suo Rescatto solverat uncias* cxx. Rursus col. 669 : *Solvisset nobis pro suo Rescacto florenos quingentos.*

¶ **RESCELLA**, Parva res. Vide *Recula.*

* **RESCELLUS**, Libri involucrum. Vita S. Otton. tom. 1. Jul. pag. 426. col. 2 : *Codex autem, in quo psalmos decantabat, manuali frequentia rugosus et admodum obfuscatus erat;.... codicem vetusto spoliavit involucro, et novam mercatus pellem, eumque decenter cooperiens, etc. Veteribus Rescellis codex exutus, etc.*

* **RESCHAISONS**, vox Gallica, quæ dicitur de vino depurato et defecato. Codex MS. Germ. Prat. ubi de Adæquat. mensur.: *xvj. jalonni faciunt modium vini Aurel. en Reschaisons, et xviij. jalonni en vindemiis.* Nostram autem interpretationem probant quæ paulo ante leguntur : *xvj. sextaria vini clari faciunt modium vini Paris. in vindemiis vero xviij. sextaria faciunt modium vini Paris.*

¶ **RESCISIO.** Literæ Hugonis Archiep. Rotomag. ad Ademarum Abb. S. Tyberii ann. 1134. in Probat. novæ Hist. Occitan. tom. 2. col. 475 : *Hanc Rescisionem, eodem R. Agathensi Episcopo attestante sic factam, nos, et nobiscum sic assidentes supranominati Archiepiscopi et Apostolicæ sedis Legati et Episcopi, et quamplures autentici et religiosi viri approbamus, etc.* Sed omnino legendum puto *Restitutionem*; hic enim agitur de *restitutione Ecclesiæ de Beciano B. Tyberii Monasterio adjudicata* in Concilio Montispessulano ejusdem anni, quod hisce Literis præmittitur ibidem col. 474.

* Nostri *Rescindre*, a Latino *Rescindere*, dixerunt, pro *Abolir, annuller.* Lit. remiss. ann. 1481. in Reg. 208. Chartoph. reg. ch. 196 : *Que si en faisant iceulx contraulx, il eussent esté enormément deceuz, que en ce cas il les Rescindist, cassast et adnullast.*

* **RESCLANAGIUM**, f. pro *Recerclagium*, vulgo *Reliage*, cum circuli doliorum reparantur. Comput. MS. eccl. S. Petri Insul. ann. 1402 : *Item Petro as Truyes pro saulone et Resclanagio petiarum cellarii, viij. sol.*

RESCLAUSA. Concilium Avenionense ann. 1326. can. 11 : *Molendina, piscarias, pasquerias, sive Resclausas, etc.* Ita editio Gassendi, non *Reclusas*, ut nova editio Conciliorum. [Charta ann. 1158. apud Stephanotium tom. 8. Fragm. MSS. pag. 59 : *Concedimus præfatæ canonicæ* (Narbonensi) *decimam omnium piscium, quos nostri homines... apprehenderint... in aqualibus molendinorum ipsius pontis, sive in ipsa Resclausa episcopali, nec non et in mari sive in stagnis, seu in fluminibus atque paludibus.* Recognitio ann. 1263. ex Schedis Præsidis *de Mazaugues* : *Recognosco me... ad feudum francum et liberum tenere... Resclausam, quæ dicitur Beal et passagium de Berbegal, etc.* Sæpius occurrit in Transactione ann. 1515. ex iisdem Schedis; ubique pro loco ubi concluduntur aquæ, Provincialibus *Resclavo*, Gallis *Ecluse.* Vide *Exclusa.*]

¶ **RESCLOSARIA**, Idem quod *Resclausa.* Charta ann. 1160. Marcæ Hispan. col. 1329 : *Supradictum quoque honorem... cum aquis, cum pratis et pascuis, cum molinariis et rego et caputrego, cum Resclosariis.... damus, etc.*

¶ **RESCLUM**, f. Fenum autumnale, Gall. *Regain.* Concordia Roberti Abb. *de Monberolf* cum Constantino de Condamina; apud Baluzium Histor. Tutel. col. 435 : *In prato pascuam unius equi usque medio Madio et Resclum ipsius, panicium et rabas de terra de Aquina, et ginestos cum fulgeria, etc.*

¶ **RESCONSA**, Rescossa, etc. Vide *Rescussa.*

* **RESCOUARE**, a Gallico *Rescoure* et *Rescouir*, Captum eripere, liberare, recuperare. Arest. parlam. Paris. ann. 1385. ex Cod. reg. 9822. 2. fol. 152. v° : *Curia parlamenti, domino Philiberto tenente sedem, elargivit certos prisionnerios laicos de Barro super Albam, qui detinebantur ratione ejus, quod.... Rescouaverant quemdam prisionarium.* Lit. remiss. ann. 1389. in Reg. 138. Chartoph. reg. ch. 80 : *Ryvet dit au soubsergent qu'il n'emporteroit point ces gaiges, et les lui Rescoui.* Memor. E. Cam. Comput. Paris. ad ann. 1391. fol. 258. r° : *Pierre Arquier escuier huissier d'armes du roy,.... a playé et guigé l'amende de ce que.... il fist desobéissance à Jaque de Compiegne huissier du trésor, lequel avoit mis la main à lui,..... en se Rescouant dudit huissier. Resqueure*, eodem sensu, in Lit. ann. 1360. tom. 5. Ordinat. reg. Franc. pag. 495. art. 21. *Esqueure*, in Stabil. S. Ludov. cap. 118. Vide *Rescuere.*

* **RESCOUSSA**, Rescoussia, Recuperatio, aggressio, violentia, vis alicui illata, ipsa etiam mulcta ob *Rescoussam* imposita, Gall. *Rescouce* et *Rescousse.* Liber nig. episc. Carnot. ad ann. 1289 : *Præfato domino episcopo emendavit alte et basse omnia, quæ sibi forisfecerat, occasione deadvocationis et Rescoussæ ac defectuum sibi ab ipso episcopo et gentibus suis impositæ.* Charta ann. 1280. ex Chartul. S. Vinc. Laudun. : *Levando emendas occasione immissionis et Rescoussiæ seu Rescoussiarum, et puniendo omnes in dictis prisiis et Rescoussiis, seu occasione dictarum prisiarum et Rescoussiarum quoquo modo delinquentes.* Alia Joan. comit. *de Roucy* ann. 1338. ex eod. Chartul. : *Se en prenent les gages esdis molins.... pour la deffaute de paie de la cense, lesdis fermiers ou leurs gens faisoient à la gent de nous... Rescouce, force ou violence, etc.* Alia ann. 1296. ex Chartul. 23. Corb. : *Et se en ce faisant* (la saisie) *aucuns leur fait Rescousse ou forche, etc. Resquesse*, eodem sensu, in Lit. remiss. ann. 1389. ex Reg. 138. Chartoph. reg. ch. 291 : *Perreton Chauvel rescoui des mains des officiers des religieux de S. Jean de Laon lesdiz prisoniers.... Demande grace, attendu.... qu'il ne fut oncques consentant des batures desdiz Ladaus; mais seulement complice de ladite Resquesse;.... pardonne les Resquesse et ban dessusdiz avec toute paine. Resqueusse*, in Lit. ann. 1381. tom. 6. Ordinat. reg. Franc. pag. 592. art. 4. et *Esqueusse*, in Stabil. S. Ludov. cap. 50. tom. 1. earumd. Ordinat. pag. 144. Vide *Rescussa.*

¶ **RESCRIBENDARII**, Laurentio in Amalthea, *Qui taxant scribarum mercedes*, ex Hugone : *Summistæ Apostolici, qui disserunt, quid a secretariis oporteat registrari*, ex Scribanio.

¶ **RESCRIPTIO**, Idem quod mox *Rescriptum.* Lex 8. libri 1. Dig. tit. 18 : *Sæpe audivi Cæsarem dicentem hac Rescriptione, etc.* Lex 9. ibidem : *Generaliter quotiens Princeps ad Præsides provinciarum remittit negotia per Rescriptiones, etc.* Alias *Rescriptio*, nostris *Rescription*, Mandatum est scriptum, quo quis villico suo, vel publicano, aut debitori, absentive negotiorum procuratori mandat, ut certam pecuniæ summam numeret hujuscemodi schedæ latori.

* *Rescription* præterea nuncupatur Apparitoris declaratio, relatio, seu ejusdem exemplar. Stat. ann. 1355. tom. 3. Ordinat. reg. Franc. pag. 681. art. 7 : *Et bailleront et seront tenus de bailler* (les sergens).... *copie de leur Rescription, se il en sont requis, soubz leurs seaulx, aux coux de ceux qui les requerront.* Vide supra *Relatio* 1.

¶ **RESCRIPTOR**, Qui scribit Imperatorum *rescripta*, si recte puto. De Exsilio S. Martini PP. apud Anastasium in Collectaneis pag. 97 : *Dirigitur ab Imperatore ad Diomedis custodiam ad magnanimum Papam Demosthenes Rescriptor, etc.*

¶ **RESCRIPTUM**, Scriptum, quo summi Pontifices aut Imperatores respondent consulentibus, Gall. *Rescrit.* Ulpianus lib. 49. Dig. leg. 1. § 1 : *Quæsitum est, an adversus Rescriptum Principis provocari possit, forte si quis Præses provinciæ, vel quis alius consuluerit, et ad consultationem ejus fuerit Rescriptum.... de qua re exstat Rescriptum divi Pii,... quo ostenditur provocari oportere, etc.* Usurparunt Tacitus et alii recentiores. Romanorum Pontificum *Rescripta* species sunt *Bullarum* vel *Monitoriorum*, quæ vulgo hisce verbis incipiunt : *Significavit nobis dilectus filius, etc.* Hæc locum non habent in Gallia, et si Libertatibus nostris adversentur, declarantur abusiva. *Rescriptum Apostolicum*, in Sententia ann. 1495. 25. Aug. e Tabulario Monasterii de Bono-Nuncio Rotomagens. et alibi. De *Rescriptis* consuli potest Antonius *Schulting* in suis Dissertationibus.

¶ **RESCUERE**, Adjuvare, servare, liberare, Angl. *to Rescue*, Gall. alias *Rescorre.* Literæ Henrici IV. Regis Angl. ann. 1412. apud Rymer. tom. 8. pag. 723. col. 1 : *Sic quod apud dictam villam de Berne morari non audebant* (Mercatores Anglici) *set abinde in salvationem vitæ suæ transierunt, usque ad tempus, quo Rex Daciæ, consideratione quærelæ dictorum mercatorum Anglicorum* *sibi in ea parte factæ, misit certos officiarios et ministros suos apud Berne, ad Rescuendum dictos mercatores Anglicos contra illos de societate de hansa, et ad faciendum et ordinandum jus et justitiam eisdem mercatoribus Anglicis.* Guillelmi Tyrii Historia Belli sacri continuata, apud Martenium tom. 5. Collect. Ampliss. col. 744 : *Li Alemans et li enfans du Roi d'Arragon virent la bataille devant eux, et vodrent aller Rescorre ceux qui se combattoient.* Expugnatio urbis Constantinopolitanæ ann. 1453. apud eumdem Marten. tom. 1. Anecd. col. 1823 : *Si l'armée de Venise, que menoit messire Jehan Jordono, fust arrivée à Constantinople ung jour avant fust prinse, certes il n'y a nul doubte, que la ville n'eust été Recousse.* Vide *Rescussire* mox in *Rescussa, Rescouare* et *Restituere* suo loco.

☞ Hinc forte ducenda est vox *Restaire*, seu *Rescaire*, ut lubentius legerem, quæ pro auxilium occurrit in Pacto ann. 1379. apud Lobinell. tom. 2. Hist. Britan. col. 598 : *Adoncque ledit Duc ovecque sesdites gens et autres, qu'il purra avoir, sera tenu en bonne foy et à son loail poair, durant le temps susdits, de donner Restaire à ladite cité de Bourdeaux, et autres citez, chastels, villes et forterèces ainsi assiegées, etc.*

RESCULA, Res parvi momenti. Vide *Recula.*

¶ **RESCULPERE**, Reducere, antiquam formam quasi sculpendo revocare, renovare. Tertullianus de Jejunio cap. 5 : *Populus primi hominis Resculpserat crimen.* Prudentius in Præfat. Psychomach. v. 51 :

Quam (*lineam*) nostra recto vita Resculpat pede.

Barthius in Glossario ex Guiberti Histor. Palæst. apud Ludewig. tom. 3. Reliq. MSS. pag. 474 : *Resculpens, in exemplum producens.*

* **RESCURRERE**, Redundare, Gall. *Regorger, déborder.* Charta ann. 1291. tom. 1. Probat. Hist. Brit. col. 1096 : *Quod idem Joannes per se vel suos fecit chausseiam seu aggerem et stagnum quoddam, vocatum de Pontchaellec, Rescurrens et inundans in terris et rebus dicti vicecomitis, etc.*

¶ **RESCUSITUS.** Vide mox in *Rescussa.*

RESCUSSA, Rescussio, Rescussus, Recuperatio, *Rescousse*, quod qui rem recuperat, post eum *recurrat*, qui hanc aufert. [** Vide *Excutere*, unde *Reexcutere* et *Rescutere.*] Matthæus Paris in Responsionibus Mag. Laurentii de S. Albano pro Comite Cantiæ : *Qui quando ad Rescussionem terrarum illarum mittere debuerat thesaurum et denarios, misit barillos lapidibus et sablône impletos.* [Chronicon Anglic. Thomæ *Otterbourne* pag. 147 : *Eodem anno* (1372.) *Comes de Penbrok. eundo per mare ad Rescussum villæ de Rochel, etc.* Occurrit rursum infra.]

¶ Rescossa, Eadem notione. Charta Brivatensis ann. 1365 : *Applicavit esmendam, quia fecerat Rescossam de quatuor caseis.* Chronicon Andreæ Danduli apud Murator. tom. 12. col. 450 : *Recessit cum felicissimo* XXXIV. *galearum exstoleo a portu S. Nicolai die* XXIII. *Decembris anno* MCCCLXXIX. *commissis ad Rescossam sexdecim galeis subtilibus ex dicto numero præfatis nobilibus Thadæo Justiniano et Victori Pisano. Riscossa* dicunt Itali eodem significatu. Vide supra *Recussa.*

¶ Recoussa, Eodem intellectu. Memoriale Cameræ Comput. Paris. ann. 1362. fol. 54 : *Recoussam vadiorum servienti regio factam, qui per modum justitiæ ceperat certa vadia.* Vide *Rescoussa.*

Rescussus, Anglicis practicis, est tumultuosa et violenta ereptio *arestati*, seu capti, e manibus ejus, qui licite eumdem cepit, aut *arestavit* : apud Cowellum lib. 2. Instit. Jur. Angl. tit. 18. § 14. et Rastallum verbo *Rescous.* Will. Thorn ann. 1332 : *Et nota, quod expendium per suggestionem Archiepiscopi pro Rescussu facto de eodem Petro, etc.* Vide Consuetudinem Pictavensem art. 15. et Raguellum voce *Rescousse.*

Ita si quis in prælio ab hostibus captus abduceretur, continuo inclamabatur is clamor militaris, qui inde *à la recousse* dicebatur, quod omnes statim ad eum recipiendum confluerent, apud Froissartem 1. vol. cap. 151. 222. 2. vol. cap. 162. 3. vol. cap. 15. Jacobus Hemricurtius cap. 49 : *Sor ces dois fuit ly chapeleis et ly cry merveilheaux, tant à l'assaut, com al Rescosse, etc.* Le Roman *de Garin* MS :

Bien a li Dus son convent accomplis,
A la Rescousse del valet Fromondin.

Alibi :

A la Rescouse del valet Mauvoisin,
Poignent ensemble et Girbert et Gerin.

Guillelmus *Guiart* MS. in Philippo Pulcho :

A la Resquousse au genne Comte,
Que pleuté d'Alemans seurmonte;
De lui retenir envieuse,
Fut la criée merveilleuse.

Rescussus, seu *Rescous*, Littletoni sect. 237. una est ex tribus causis dissaisinæ *de Rente service* : ubi sic describitur : *Rescous est, quant le Seignior en la terre tenus de lui destreine pur sa rent arere, si le distres de lui soit Rescous : ou si le Seignior vient sur la terre, et voile distreiner, et le tenant, ou autel home ne lui voile suffer, etc.* [Vide Nomolexicon Thomæ *Blount* in voce *Rescous.*]

¶ Rescussor, Qui facit *rescussum*, in eodem Thomæ *Blount* Nomolexico.

Recousse d'Heritage, in Consuetudinibus nostris municipalibus aliquot, ut Angeriacensi art. 42. Turonensi art. 185. Andegavensi, etc. quod aliæ *Retrait lignager* vocant, facultas data agnatis recuperandi prædia ab aliis agnatis vendita extraneis. Charta Joannis Comitis Cabilonensis ann. 1276. in Hist. Reomaensi : *Et nos devant dis Jehans eussiens ladite terre Rescosse por devant grè de ligneige, etc.* Philippus *de Beaumanoir* cap. 59. ait, in quinto gradu omnem agnationem finiri, *fors en Rescousse d'eritage, car encore le peut on Rescorre dusques el septiéme degré par reson de lignager.* Et cap. 62 : *Les cas, qui naissent des Rescousses d'eritages, doivent estre exceptez de gages, etc.*

Rescussa, Rescoussa, Aggressio, violentia, vis alicui illata, sic dicta, quod recuperationes non sine vi aliqua fiant. Regestum Magnorum dierum Trecens. ann. 1285. fol. 24 : *Pro insulta et Rescoussa factis gentibus D. Regis.* Alibi : *Pro inobedientiis, Rescoussis, injuriis, etc.* Ann. 1297 : *Super injuriis, violentiis, Rescussis sibi illatis.* Regestum Constabulariæ Burdegal. fol. 153 : *Faciendo Rescussas gentibus D. Regis Franciæ, et eos verberando, capiendo, etc.* Charta Beatricis Abbatissæ B. Mariæ Suession. ann. 1231 : *Et si forte contingat, quod aliquis Rescussionem faciat, et Scabinus hoc testificetur, emendare debet, per 7. sol. etc.* Vide *Recoussa* suo loco.

¶ Resconsa, perperam pro *Rescousa* vel *Rescoussa.* Literæ Philippi Franc. Regis ann. 1290. apud Marten. tom. 1. Anecd. col. 1234 : *Resconsas vero et injurias factas per gentes suas servientibus nostris, ut dicebant, emendavit nobis ad nostræ libitum voluntatis.* Alia ejusd. Regis ann. 1307. apud Menester. in Probat. Hist. Lugdun. pag. 42. col. 1 : *Si vero fiat aliqua injuria vel Rescoussa levatoribus emolumentorum in concordia hujusmodi contentorum, vel servientibus seu ministris nunciis, etc.*

Rescostaria, Eadem notione. Statutum Tolosanum ann. 1207. apud Catellum pag. 230 : *Fecerunt tale stabilimentum, quod omnia malefacta, quæ hominibus vel feminis hujus villæ Tolosæ facta fuerint habitantibus in urbe vel suburbio, videlicet quæ malefacta dicuntur Rescostarias, emendentur Consulum cognitione.*

¶ Rescussire, Idem quod *Rescuere*, Succurrere, liberare. Litteræ Edwardi II. Regis Angl. ann. 1314. *De peditibus ad Rescussum*, id est, auxilium, *castri de Stryvelin a Scotis obsessi properare faciendis*, apud Rymer. tom. 3. pag. 381 : *Ita quod sint apud Werk die Lunæ, videlicet decimo die Junii proximo futuro, armis competentibus bene muniti, ac prompti ac parati ad proficiscendum exinde contra dictos inimicos et rebelles nostros, et ad castrum nostrum prædictum Rescussiendum, ut est dictum, prout eis tunc ex parte nostra plenius injungetur.*

¶ Rescusitus, Recuperatus. Literæ Caroli Regentis ann. 1359. apud D. Secousse tom. 3. Ordinat. Reg. pag. 396 : *In casibus vero oppositionis super possessione in articulo novitatis, res contensiosas ad manum regiam tanquam ad superiorem ponant, et locis restitutis seu Rescusitis, etc.*

¶ Rescutere, Aliquam rem per *Rescussam* recuperare, eripere. Charta Bernardi de Turre ann. 1308. apud Baluzium tom. 2. Hist. Arvern. pag. 781 : *Item qui Rescutit gatgia bajulo domini vel servienti ipsius, debet domino septem solidos cum dimidio, nisi modum excedat in Rescutiendo, animadvertendo in servientem vel bajulum.* Vide *Recodere.* [** Placit. apud Ebor. S. Trinit. ann. 32. Edw. I. reg. Angl. rot. 8. in Abbrev. Placit. pag. 297 : *Willelmus Pycot voluit distrinxisse Ricardum Herbead pro homagio et fidelitate sibi debitis .... per 2. equos.... equos illos vi et armis Rescusserunt, etc.* Adde Placit. ann. 2. Edw. II. Linc. rot. 63. ibid. pag. 306. ubi de Rescussione duarum vaccarum.]

** Recessus, pro *Rescussus*, eod. ann. Buck. rot. 36. ibid. pag. 305.

¶ **RESEA**, Resia, Officina, ubi serra desecatur. Statuta Montis-regalis pag. 319 : *Statutum est, quod nulla terrigena vel extranea, cujuscumque status, præeminentiæ et conditionis existat, audeat vel* *præsumat facere construere vel ædificare aliquam Reseam de aqua in toto territorio, jurisdictione et posse dictæ civitatis Montisregalis. Et si forte aliqua Resia olim sit constructa et ædificata per aliquem sine licentia dicti consilii, non possit ipsam Resiam laborari seu operari facere, nec aquam alicujus fluminis, rivi vel fossati in toto dicto posse et jurisdictione dictæ civitatis accipere, nec de ipsa uti de cetero pro ipsa Resia... nec possit etiam, audeat vel præsumat incidere seu incidi facere aliquod biochum sive lignum, per conducendo ad Reseandum ad ipsas Reseas aquarum, sub eadem pœna applicanda ut supra.* Vide *Rasega* et *Ressia*.

¶ Researe, Resiare, Serra desecare, Ital. *Resegare*, Gall. *Scier; Resiatio*, Desectio; *Reseator*, Desector, Gall. *Scieur*. Eadem Statuta ibidem : *Item statutum est, quod quilibet Reseator possit et valeat capere pro salario Resiationis postium, a facientibus Resiare biochos sive truncos, ut infra continetur, et non ultra.*

¶ **RESEANTIA**, Rreseantisa. Vide *Residentes*.

¶ **RESEARE**, Reseator. Vide *Resea*.

¶ **RESECRARE**, Johanni de Janua, *Sacrare, vel execrare, vel exolvere, vel liberare, dimittere*. Pro Religione solvere Cornelius Nepos : *Iidem illi Eumolpidæ ac Ceryces Resecrare sunt coacti, qui eum devoverant.* Pro Iterum obsecrare, denuo petere Plautus : *Obsecro te, Resecro, operam da hanc mihi fidelem.*

¶ **RESEDERE**, Agnoscere, confiteri. Placitum Caroli Magni ann. 775. apud Mabillonium Diplomat. pag. 499. et Felibian. Hist. San-Dionys. pag. xxxvi : *Et tunc ipse Herchenradus Episcopus* (Paris.) *in præsentia nostra vel procerum nostrorum sibi recognovit et Resededit, quod nec ipse, nec pars Ecclesiæ suæ S. Mariæ vel S. Stephani seu S. Germani nullum drictum habebant, per quod ipse Placicio monasthyrio habere potuissent.*

* **RESEDIUM**, Residium, Ital. *Risedio*, Sedes, habitatio, mansio, ubi quis residet. Charta ann. 1239. apud Lamium in Delic. erudit. inter not. ad Hist. Sicul. part. 2. pag. 339 : *Renuntiaverunt domino Joanni abbati dicti monasterii recipienti pro ipso monasterio et pro se et suis legitimis successoribus prædictum Pierum Cavalorum* (cum) *omni sua familia, filiis et filiabus, et cum ejus Resedio et toto suo tenere et podere, et terris et bonis et rebus suis omnibus et singulis..... Cum omni jure et actione.... adversus dictum Pierum et ejus familiam, et filios et filias, et ejus Residium et tenimentum et alia sua bona pertinentibus et competentibus, quatenus deinceps possit dictus abbas et ejus successores pro dicto monasterio dictum Pierum, cum ejus familia et Resedio et podere et tenimento.... habere, tenere, vendere, alienare, etc.*

¶ **RESEGALE**, Arsenicum rubrum ab arsenico communi, quod album est, distinctum, vulgo *Risagallum*, Ital. *Risalgaio*, Gall. *Reagal*. Vita S. Francæ n. 62. tom. 3. Aprilis pag. 396 : *Cum per malitiam cujusdam pessimæ mulieris datum fuisset ad comedendum venenum, quod Resegale nominatur, cuidam Joanni Placentino, etc.*

* Alias *Rerigal* et *Riagal*. Lit. remiss. ann. 1377. in Reg. 111. Chartoph. reg. ch. 159 : *Lui donnerent à boire Riagal mistionné en vin ou autre buvrage, etc.* Aliæ ann. 1409. in Reg. 164. ch. 11 : *Lequel prestre.... avoit la fame.... d'avoir tué et murdry par poisons, c'est assavoir de Rerigal et acernit* (arsenic) *Gerard Boisset. Riagas ou arcenic*, in aliis ann. 1416. ex Reg. 169. ch. 271.

* **RESELIRE**, pro *Resilire*. Vide in hac voce. Charta ann. 1232. in Lib. nig. 2. S. Vulfr. Abbavil. fol. 27. r° : *Quod si dicta mulier vellet Reselire a conventione prædicta, etc. Resiluer*, Refragari, repugnare, vulgo *Resister, contrarier*, in Lit. remiss. ann. 1411. ex Reg. 165. Chartoph. reg. ch. 210 : *Icellui Jouanst voult plus se eschauffer et Resiluer contre le suppliant.*

¶ **RESELLA**, Res parva. Gocelinus in Translatione S. Augustini Cantuar. tom. 6. Maii pag. 415 : *Quis vero tantam vidit oblationem in auro, argento, ceris et candelis aliisque Resellis fidelium?* Vide supra *Recula*.

* 1. **RESELLUS**, Mensura annonaria, eadem quæ supra *Resale*. Reg. S. Justi ex Cam. Comput. Paris. fol. 222. v° : *Item.... unum Resellum avenæ, duos boissellos frumenti et quatuor Resellos bresii.*

* 2. **RESELLUS**, Retis species, nostris *Filet*, alias *Raseau* et *Rois*. Arest. ann. 1351. 3. Mart. in vol. 4. arestor. parlam. Paris. : *Ipsum servientem repererat cum quodam Resello, quem volebat tendere..... utendo jure garennæ.* Lit. remiss. ann. 1407. in Reg. 162. Chartoph. reg. ch. 2 : *Comme les supplians eussent tendus certains Raseaux ou filez à lievre, etc.* Ita quoque legendum est pro *Reiseiis* tom. 1. Ordinat. reg. Franc. pag. 336. et pro *Rersois* in Reg. 34. ch. 54. *Roys a vitecos*, in Lit. remiss. ann. 1358. ex Reg. 87. ch. 159. Pro rete piscatorio, in Vita J. C. MS :

> Jouste la mer de Galilée
> Trouva trois freres pescheours;
> Iluec faisoient lor labours,
> Sour le rivage Rois lavoient,
> Et as poissons lor Rois tendoient.

* *Rizelle*, eodem, ni fallor, sensu, in Lit. remiss. ann. 1395. ex Reg. 147. ch. 223 : *Comme le suppliant feust alez peschier à une Rizelle en la fosse du moulin de Vitry, etc.*

* **RESENSARI**, Ad mentem redire, Ital. *Risensare*, Gall. *Revenir en son bon sens*. Mirac. B. Berth. tom. 6. Jul. pag. 492. col. 1 : *Pater vero puellæ, cui diuturna amentia, spem, quod Resensaretur, annullaverat, etc.*

* **RESEQUI**, Obsequi, Gall. *Acquiescer*. Vita S. Mariæ Ægypt. tom. 1. Apr. pag. 86. col. 2 :

> Flentem solatur Zosimas, referatque precatur.
> Paruit, et tandem sic est Resecuta precantem.

RESELULA. Sanutus lib. 3. part. 11. cap. 8 : *Accidit autem hyeme per ora, cruraque populi pestilens morbus, in tantum sæviens, ut multi perirent : indeque ad Damiatæ incolas pertransiit. Studet proinde Soldanus succurrere civitati : et primo quidem nocte per fluvium transmittebat Resellulas leves consutos in coriis, et ceratis, etc.* Perperam, pro *Rescellulas*. Vide *Recula*.

¶ **RESERTUS**, pro *Reseratus* licentia poetica. Anonymus de Laudibus Berengarii Aug. apud Murator. tom. 2. pag. 398. col. 1 :

> Ædibus ingeniis quorumdam marte Resertis,
> Pellitur inde tamen victis accinctus et armis
> Arnulfo, manibus trahitur post terga revinctis.

* **RESERVACULUM**, Vas in quo aliquid reservari potest; dicitur de pyxide Eucharistica, in Hist. Ratispon. ad ann. 1476. apud Oefel. tom. 2. Script. rer. Boicar. pag. 517. col. 1 : *Quidam tredecim annorum furatus est in ecclesia parrochiali S. Emmerami Sacramentum Eucharistiæ cum Reservaculo suo, loco, in quo reponi solet, aperto incaute relicto, et Reservaculo seu pixide retenta, etc.* Vide *Reservatorium* 2.

¶ **RESERVATARIUS**, Clericus, cui Romanus Pontifex indulsit *reservationis* literas in re beneficiali. Pius V. PP. in Correctionibus Concilii Valentini ann. 1565. tom. 4. Concil. Hispan. pag. 89. col. 2 : *Totum hoc decretum reprehenditur, quia ab iis factum, qui faciendi potestatem non habuerunt, et Reservatarii satis jure cogi ad ea subeunda onera atque literæ reservationum eos obligent.*

RESERVATIO, in materia beneficiali, [Gall. *Reservation*, Rescriptum seu Mandatum summi Pontificis, quo certorum beneficiorum, cum vacaverint, collationem sibi reservat faciendam cui voluerit, aliis legitimis collatoribus exclusis. Hæc Mandata nostris vulgo dicuntur *Ambitiosa Curiæ Romanæ Rescripta*. Locum non habent in Galliis.] Chronic. Archiep. Upsaliensium pag. 197 : *Iste D. Joannes Karoli non habuit jus in ea* (Canonia,) *quia reservata fuit in curia, et vigore illius Reservationis impetravit eam.* Mox : *Quo mortuo obtinuit hanc præbendam etiam per Reservationem D. Henricus dictus Biscop.*

☞ Recentiores sunt *Reservationes* et inferiores ævo Gratiani, qui de illis nememinit quidem in suo Decreto. Ad summi pontificatus gradum vix evectus erat Adrianus VI. dum de abolendis Indultis, Reservationibus Expectativisque cogitationem suscepit; qua de re audiendus est Blazius Ortizius in Itinerario ejusdem Papæ tom. 3. Miscellan. Baluzii pag. 356 : *Quum almus noster Papa*, inquit, *materiam Indultorum et Reservationum Expectativarumque exosam, ut sacrorum gnarus canonum, haberet, uti talem decebat virum, cum similes Expectationes abhorreant jura, hac die*, (24. Januarii Victoriam appulsus ex Hispania, ubi paucos dies ante Papa fuerat renunciatus) *mentaliter Cardinalium Indulta revocavit; cujus revocationis publicationem matura consideratione in Urbem distulit.* Quod autem Victoriæ mente conceperat, Cæsaraugustam perductus statim perfecit : *Prima vero die Maii*, ut refert idem Blasius ibid. pag. 368. *regulas Cancellariæ a se noviter editas in metropolitana Ecclesia* (Cæsaraugustana) *publice et solenniter promulgari jussit; per quas omnes Reservationes et Expectativæ... revocabantur.* Sed ob *hæc malevolentiam in Christi Vicarium Curiales conceperunt. Hinc annotari potest quanta fuerit vis consuetudinis. Nam humanæ naturæ est ea quæ in usu non sunt, etsi recta et justa sint, abhorrere, et consueta magna custodia diligere : et provinciales semper magni faciunt consuetudines sibi servari. Nam quid justius, sanctius et honestius quam jura custodiri? quæ vir sanctus pro viribus nitebatur defendere; Curiales vero suo abusui inhærentes, quasi novam rem execrabantur.* Verba sunt ejusd. Scriptoris ibid. pag. 356. et 357. Quam odiosæ in Galliis etiam fuerint hujusmodi reservationes docet præter cætera Conventus Episcoporum Gallicanorum apud Meledunum ann. 1548. celebratus. Ab Henrico Rege consulti Episcopi *quid censerent de jure, quod sibi Romani Pontifices assererent in Provinciam Britanniamque Gallicam*, apud Baluzium tom. 7. Miscell. pag. 105. hisce verbis respondent ibid. pag. 111. et seq. : *Reservationes autem in Provinciam et Britanniam... quo tandem pacto aut possumus accipere, aut cum veterum sanctitate canonum atque religione congruant, quæ videri queant sæpenumero a præceptione Christi discrepare. Quid enim discrepare, cum Christi documento conferes alium mei gregis designari procuratorem, me inconsulto Pontifice, meæ procurationis particulæ, et in hac re mihi summæ potestatis auctoritatem objici, præsertim si nihil est quod in me reprehendatur. Si in omnes hoc decernitur, nullo discrimine, nullo delectu habito, si nihil inter bonos, malos, desides, impigros, inertes, industrios intersit, qui convenire hoc queat cum Domini nostri J. C. præceptis, cum decretis Apostolorum, Conciliorum, Pontificum Romanorum? Atqui quæ feruntur Reservationes, Expectationes, Præventiones, Mandata, cætera hujusmodi omnia immittunt hanc labem in Ecclesiam Dei, ut confusa sint omnia et permixta tum bonis tum malis, cuncta præcidatur aut revocandæ laudis ecclesiasticæ ratio, aut immutandæ virtutis atque integritatis occasio. Suspicimus beatissimi Patris nostri non minus quam Petri sublimem illam dignitatem, ut illius tamen vestigiis insistamus, in quibus præterquam quod nihil est simile Præventionum, nihil Expectationum, nihil Reservationum, Mandatorum, Regressuum, regularum Cancellariæ. Singulatim hæc si discutiantur, vix cum ulla antiquitatis aut more aut jure conveniunt, cum evangelicis præceptis ne vix quidem, in quibus libera est omnium recta Ecclesiæ administratio. Ad hæc tota ratio Reservandorum sacerdotiorum ita recens est, ut ante proxima Romanorum Pontificum decreta simile aliquid, non modo dictum, sed ne cogitatum quidem sit. Et ab illo tamen recentissimo jure abhorrent etiam ea, quæ nobis sunt præposita de toto illo genere Reservandi. Nam cum Lateranensi pugnant Concilio, etc.* Vide *Mandatum*, 5.

¶ 1. **RESERVATORIUM**, Cella penaria, ubi quidquid ad mensam necessarium est, reponitur, nostris *Dépense*. Leges Palatinæ Jacobi II. Regis Majoric. tom. 3. SS. Junii pag. xx : *Ex nostris coquinariis deputetur qui clavem Reservatorii nostræ coquinæ teneat et deferat.* Infra : *Decernentes et volentes quod continue in dicto Reservatorio rerum infra scriptarum copia inveniatur, videlicet zucharis, ziziberi et aliarum specierum tritarum, mellis, olei, carnium salsarum, caseorum, piscium salsorum, vini-aceti, etc.*

¶ 2. **RESERVATORIUM**, Sacrorum corporalium theca, ut videtur, Gallice *Bourse*. Gesta Gaufredi Episc. Cenoman. apud Mabillon. tom. 3. Analect. pag. 390 : *Dedit... quinque paria corporalium cum Reservatorio, octo etiam mappas ad ornamentum altaris cum manutergiis multis, etc.*

¶ 1. **RESERVUM**, Exceptio, Gall. *Reserve*. Placitum ann. 1053. in Probat. novæ Hist. Occitan. tom. 2. col. 221 : *Audivit dividere supradicta Ecclesia, ut post mortem Guiraldi et filii sui Bernardi revertisset sine ullo Reservo in canonica S. Nazarii sedis Biterrensis.*

¶ 2. **RESERVUM**, Reconditum, sepositum, Gall. *en reserve*. Donatio ann. 1195. apud Miræum tom. 1. pag. 108. col. 2 : *Quisquis autem Sacerdos, exceptis prædictis, tres denarios; Diaconus vero quisque et Subdiaconus duos denarios... Si quid in Reservum fuit, in Ecclesiam distribuetur.*

* **RESEYTUM**, Reliquum, residuum, ni fallor. Stat. Avellæ ann. 1496. cap. 120. ex Cod. reg. 4624 : *Nemini de Avilliana.... liceat in pratis.... causa venandi ingredi,..... nisi fenis et mehenchis ac Reseytis ex dictis pratis.... prius.... recollectis.* Vide infra *Restalagium*.

¶ 1. **RESGARDUM**, Idem quod supra *Regardum* 5. Arbitrium, sententia, edictum. Charta Dalphini Comitis Claromont. ann. 1229. apud Baluzium tom. 2. Hist. Arvern. pag. 250 : *Quod si nos infra septennium domino Regi guerram faceremus vel aliquid aliud, de quo non possemus vel nollemus expectare Resgardum curiæ domini Regis ad usus et consuetudines Alverniæ, etc.* Statuta Gualtherii Domini Commerciaci ann. 1263. e codice MS. ejusd. urbis pag. 89 : *Item si aulcun est trouvé de la warde en cuillant rasins .... et retablira les dhommaiges par le Reswart des Eschevins.*

* 2. **RESGARDUM**, Census annuus, præstatio, idem quod supra *Regardum* 4. Charta ann. 1311. in Reg. 46. Chartoph. reg. ch. 195 : *Item Resgarda ejusdem firmæ. Item super molendinum nostrum de Larbret, octo sextaria.... ordei.*

¶ **RESIA**. Charta ann. 1400. in Statutis Perusiæ pag. 23 : *Item de et pro franchimento burgi Perusiæ. Item de et pro censu gastaldiæ. Item de et pro fictis hortorum et fussinarum. Item de et pro Resiis et decanis Perusiæ et vallis ejusdem.* Vide *Resea*.

¶ **RESIANS**, Commorans, habitans in loco, ab Anglico *Resiant*, Gallice *Resseant, Resident*. Literæ pro mercatoribus Venetiarum ann. 1507. apud Rymer. tom. 13. pag. 164. col. 1 : *In idem regnum nostrum Angliæ ... durante dicto termino decem annorum Resiantium, residentium, resortientium sive confluentium.* Vide *Residentes*.

* Ital. *Risedente. Receant*, in Lit. remiss. ann. 1397. ex Reg. 151. Chartoph. reg. ch. 315 : *Icellui Jehannot n'estoit point Receant, ne n'avoit aucun refuge ou domicile.* Vide mox *Residentes*.

¶ **RESIARE**, Resiatio. Vide *Resea*.

* **RESICUM**, Periculum, discrimen. Locus est supra in *Refortuna*. Vide infra *Risicum*.

RESIDENTES in Terra *Dominica*, Homines liberi dicebantur, tam qui *proprium* non habebant, quam qui *proprium* habebant. Atque ii quidem propter res alterius ad testimonium non recipiebantur, licet *conjuratores* esse possent, quia liberi erant : isti vero ad testimonium recipiebantur, quia proprium habebant, in Capitularibus Caroli Magni lib. 5. cap. 150. [** 301.]

* Charta ann. 1319. in Reg. 59. Chartoph. reg. ch. 243 : *Item les Resseans desdites vavassories et les Receans des bordages dessusdiz et des fieffemens, etc.*

Residens, Tenens aut vassallus, qui ex debito *residet* in prædio domini sui, ita ut ab eo recedere ei non liceat : alias *Hospes*, et *Estagiarius* dictus : in Consuetudinibus municipalibus, *Homme levant et couchant*; in Consuetudine vero Normanniæ art. 188. *Reseant du fief*. At in veteri, cap. 60. *Reseans*, exponuntur *Homagiati*, in edit. Latina. Leges Henrici I. Reg. Angl. cap. 43 : *Quantumcumque dominos aliquis habeat, vel quantumcumque de aliis teneat, ei magis obnoxius est, et ejus Residens esse debet, cujus legius est. Si multis homagium fecerit, et ab aliquo eorum captus et implacitatus sit, ille, cujus Residens et legius est, erga quoslibet alios jure potest eum plegiare, nec debet ei denegari.* Adde cap. 55. Consuetudo Cenoman. art. 33 : *Le justicier foncier peut contraindre son sujet à Resseantir d'estage au lieu ou il a esté anciennement, et d'estager, sinon qu'il veuille quitter ledit estage.* Ubi perperam editi codices habent *Ressentir*.

Residentia, Reseantisia, Jus domini feudalis, quo vassallum, seu tenentem, cogere potest, ut intra feudi sui terminos habitet, aut mansionem habeat. *Resseantise*, in Consuetud. Perticensi. [Litteræ Philippi Aug. Franc. Reg. ann. 1200. apud *de Lauriere* tom. 1. Ordinat. Reg. pag. 24. et 25 : *De servientibus laicis scholarium* (Academiæ Paris.) *qui non debent burgensium nobis vel Residentiam, nec vivunt de mercatorio, et unde scolares non faciunt injuriam aliis, sic erit, quod in eos manum non mittemus, nec justicia nostra, nisi forefactum apparens fuerit.*] In 30. Regesto Chartophylacii Regii fol. 1. hæc habentur : *de Montfaucon. On recevra en la Reseance de Montfaucon toutes manieres de gens, fors ke chiaus qui sont serfs de leurs cors, et chiaus qui sont dampné, ou forbani en aucun lieu pour villain fet. Et si dirat-on à chaus, qui vendront en la Reseance de Montfaucon : On vous reçoit en la Reseance : mais prenès garde que vos ne soiès serf de vos cors, et que vos ne soiez condamnez ne forbannis pour villain fait : et se vos estiès encombrez avant que vos venissiez en la Reseantise, li Rois, tant comme il appartient à celui encombrement, ne vos defendrois pas.* [Vide Glossarium Juris Gallici in vocibus *Resseant* et *Estagiers*.]

Residentia, pro eo quod *Stagium* alii vocant. Regestum Constabulariæ Burdegal. fol. 24 : *Nomina Nobilium, qui tenentur facere Residentiam in Castro de Thalamone annis singulis, de deverio videlicet : Helias Achardi per tres menses sequentes et continuos, etc.*

Reseantisia. Charta Renaldi de Bosco in Hist. Monasterii S. Audoeni Rotomag. : *Nullus, quia in haya Gonnor per nos Reseantisiam fecerit ... potest habere quietantiam herbagii, etc.* Fleta lib. 2. cap. 67. § 6 :

Testatum fuit, quod domicilium habuit et Reseantisam apud talem locum. Regestum Censuum et Feodor. Carnot. fol. 17 : *Chascune hostise d'icelle méne doit une geline, etc. et se ainsinc estoit que les estagiers laissassent les hostises de chair, por ce ne demouroit pas que le past n'en fust rendu, et poié pour reson de la Reseantise.* [Charta ann. 1268. e Chartulario Domus Dei Pontisar. : *Disoit que il devoient paier pour ce que leur Reseandise estoit à Pontoise.*] Vide Raguellum.

Raseantisa, interdum sumitur pro ipsa domo residentis ; ut *hostisia* pro domo hospitis. Tabularium Leprosariæ Pontis-Audomari : *Tenet 4. acras terræ et unam Reseantisam, unde reddit 5. solid.*

Infirmitas de Reseantisa, quod alias *malum lecti* dicitur, in Regiam Majestatem lib. 1. cap. 8. § 3. [** Glanvill. lib. 1. cap. 18. sqq.] et apud Bractonum lib. 5. tr. 2. cap. 4. § 1. *Exoine de mal Resseant*, in Consuetud. Normann. cap. 39. 122. 124. Vide *Essonium de malo lecti* in *Sunnis*.

Reseancia, ex Gall. *Reseance*. Charta ann. 1316. apud Will. Thorn. : *Quod omnes residentes, qui Reseancias proprias nunc tenent infra procinctum manerii prædicti, etc.* Adde eumdem pag. 2035. [Charta Richardi *de Lamberville* a Tabulario Gemetic. cap. 361 : *Varantizandum ab omni aida et Reseantia et amouta.*]

* Residentia, Mansio, domus ubi quis *residet*, nostris *Resseandise*, eadem notione. Consuet. Norman. part. 2. cap. 42. ex Cod. reg. 4651 : *Breve de stabilia et recognitione.... De vicinio autem dicimus, qui infra leucatam vel in parrochia, in qua fundum situm est contentionis, Residentiam obtinent originalem.* Charta ann. 1310. in Lib. rub. Cam. Comput. Paris. fol. 325. r°. col. 2 : *Item pour la haute justice desdis fiez et des resseanz demouranz ès Resseandises d'icels fiez, etc. Reseandise* vero præterea dicitur, Præstationis species, quæ tertio quolibet anno solvitur, in Comput. MS. redit. comitat. Pontiv. ann. 1554 : *Deniers deubs chacun an au jour S. Remy, S. Jehan Baptiste, etc. En Reseandises de mer et terre, montans dix livres Parisis, qui est payé de trois ans en trois ans au terme S. Remy.*

Residentia Canonicorum, de qua complures Chartas collegit Jacob. Petitus post Pœnitentiale Theodori pag. 442. et seqq. [Adde Baluzium tom. 2. Miscell. pag. 233. et 434. et tom. 5. pag. 266.]

¶ Residentia Prælatorum in suis Diœcesibus commendatur in Concilio Tridentino sessione 6. cap. 1. et sess. 24. cap. 1. de Reformatione. Juxta sacros canones omnino jubetur Declaratione regia in supremo Senatu recepta ann. 1561. Hinc Bourdinus tum Procurator generalis injiciebat manum in Episcoporum bona, qui plus quindecim dies Parisiis commorabantur. De *Residentia* quorumvis Clericorum in suis Ecclesiis passim agitur tom. 4. Anecd. Marten. locis citatis in Indice : quem, si opus est, consule.

¶ Residentia. Bulla Innocentii VIII. PP. ann. 1484. in Continuatione M. Bullarii Rom. pag. 290. col. 1 : *Item ordinarunt, quod nullus de collegio præsumat ipsum chorum intrare, dum eodem psallitur, nisi prius fecerit primam Residentiam, quæ prima Residentia fit ante finem versiculi primi Psalmi, videlicet de* Gloria Patri *usque ad* Amen.

¶ **RESIDENTIARIUS**, Angl. *Residentiary*, Qui residet seu assidue commoratur : hinc *Residentiarii* Canonici, iidem qui aliis *Residentes*, vel *Mansionarii*, Qui assidue præsentes sunt in Ecclesiis, quibus deserviunt, hac in re distincti a Canonicis *Foraneis*, Qui non resident seu absentes sunt. Literæ Edwardi III. Regis Angl. ann. 1371. de abusibus Ecclesiæ S. Pauli Londin. apud Rymerum tom. 6. pag. 678. col. 1 : *Nonne, venerabilis Pater Episcope, qui prædictæ Ecclesiæ præesse teneminis pariter et prodesse, tot et tanta a collegio Decani, Residentiariorum et Capituli ipsius Ecclesiæ vestræ, ob vestri, ne dicam, negligentiam et defectum, modernis temporibns, prodiisse inconvenientia, quæ vulgatis relatibus publicantur, videri vobis debeat probrosum et etiam tædiosum?* Et mox : *Ut ad magis specialia descendamus, Decanus, Residentiarii, sive Capitulum ipsius Ecclesiæ, nedum nostris, set etiam Canonicorum non residentium fratrum suorum (quorum magna pars ex familiaribus nostris existit, et quorum in hac parte specialiter interesse versatur) beneplacito et assensu minime requisitis vel obtentis, ad talia procedere præcipitanter et voluntarie præsumpserunt, etc.* Literæ Richardi II. ann. 1399. apud eumd. Rymer. tom. 8. pag. 74. col. 1 : *Emolumenta, quæ Canonicis Residentiariis in Ecclesia ipsa, occasione hujusmodi Residentiæ debentur.* Et pauló post : *Duoque jam in Ecclesia prædicta duntaxat Residentiarii existunt, qui omnia dictæ Ecclesiæ emolumenta sibi usurpant.* Alibi memorantur ejuscemodi Canonici *Residentiarii*. Vide *Canonici forenses*, *Foraneitas* et *Mansionarii*.

* Qui *Chanoines de résidence* nuncupantur in ecclesia metropolitana Bituricensi.

¶ **RESIDERATIO**, pro *Residuatio* : quod vide.

¶ 1. **RESIDERE**, Negligere. Radbodus Noviom. Episc. in Vita S. Medardi, tom. 2. Junii pag. 93 : *Amodo necessarium ducimus ad propositi nostri seriem redire, quæque post transitum gloriosissimi Confessoris ad honorem ejus Deus operatus sit miracula... non Residemus scripto commendare.*

* Differre, procrastinare, *Residier*, eodem sensu, in Stat. ann. 1403. tom. 8. Ordinat. reg. Franc. pag. 629. art. 2 : *Se il y a quelques vaches,...... qui ait de nouvel veellé, il esconvient qu'elle soit Residiée de trois sepmaines et trois jours, avant qu'elle soit disiré de vendre.*

¶ 2. **RESIDERE**, Inutile, desertum manere, in Codice Theod. lib. 6. tit. 2. leg. 13. *Residere in debitis*, Reliquari, eod. lib. 6. tit. 3. leg. ult. lib. 8. tit. 8. leg. 9. *Residere in debitum;* (sic legendum est divisis vocibus.) Eadem notione lib. 11. ejusd. tit. 1. leg. 27.

* **RESIDIA** Pars Summæ, Quæ scilicet restat exsolvenda, in Charta Ludov. Bavari imper. ann. 1330. apud Oefelium tom. 1. Script. rer. Boicar. pag. 773. col. 1. Vide *Reliquum*.

¶ **RESIDIVARE**, pro *Recidivare*, de quo in *Recidiva*, Recidere, Gall. *Recidiver*. Vita Innocentii III. PP. apud Murator. tom. 3. pag. 484. col. 1 : *Ab antiquo homines castri illius pessimi erant, et bis antea Residivaverant, etiam tunc rebellabant.*

¶ 1. **RESIDIUM**, Quod pro jure *residentiæ* domino solvitur a *residentibus*. Additamenta ad Leges Ludovici II. art. 32. apud Murator. tom. 1. part. 2. pag. 162. col. 1 : *Ut liberi homines nullum obsequium Comitibus faciant, nec Vicariis, neque in pasto, neque in aratura, neque in vinea, et conjectum vel Residium non solvant, exceptis aribannatoribus vel missaticis, qui legationem ducunt.* Baluzius tom. 1. Capitul. col. 400. præfert : *Neque in prato, neque in messe, neque in aratura aut vinea, et conjectum ullum vel Residuum eis resolvant, excepto servitio quod ad Regem pertinet, et ad heribannatores, vel his qui legationem ducunt.* Malim *Residium* quam *Residuum*. Vide supra *Residentia*.

* 2. **RESIDIUM**, Sedes, habitatio. Vide supra *Resedium*.

RESIDUATIO. Gloss. Gr. Lat. : Ἀποκαθίζομαι. *Resideo*. Ἀποκάθισμα, *Residuacio*. [Hinc emendandi Janus Laurenb. in Supplemento Antiq. ubi perperam Ἀποκάθημα, et Martinius in Lexico, ubi pejus, *Resideratio*.]

* **RESIDUITATES**, Reliquiæ. Vita S. Ansov. tom. 2. Mart. pag. 325. col. 1 : *Certi nimirum de Ansuini virtutibus nequaquam se penuria cujusque indigentiæ ulterius profligandos, quibus ab eo perpaucissimis victualium Residuitatibus permixtus etiam pulvere, tam celeri eventu plena sunt horrea instituta.*

¶ **RESIDUUM**. Vide *Residium*.

RESIDUUS, pro *Residens*. Hincmarus Remensis Epist. 7. ex Labbeanis : *Ipse Ottericus dum ipsam Ecclesiam teneret, cantavit in Noviante, et in Landrica curte, et in Broeris : titulus autem ipsius, in quo et Residuus erat, fuit in Follanæ braio.*

¶ **RESIGILLARE**, Denuo sigillare, sigillo munire. Charta ann. 1119. ex Archivo Abbatiæ S. Mariæ Andegav. vulgo *Le Ronceraí : Papa Calistus Andegavum iter appulit, et ingressus Ecclesiam S. Dei Genitricis M. altare dominicum consecravit, capsa reliquiarum SS. Pancratii Martyris et Gatiani Turon. Episcopi Resigillata.*

¶ **RESIGNACULUM**, Sigillum, signaculum. Tertull. lib. 2. adv. Marcion. cap. 10. ex hoc Ezechielis 28. 12. loco : *Tu signaculum similitudinis, plenus sapientia et decore*, habet : *Tu es Resignaculum similitudinis, qui scilicet integritatem imaginis et similitudinis resignaveris.*

¶ 1. **RESIGNARE**, Sigillare, sigillo munire, ni fallor. Charta Pipini Reg. Fr. ann. 765. apud Miræum tom. 1. pag. 765. col. 2 : *Et ut descriptio firma sit, annulo sigillari eam jussimus nostro Adalolfus Resignavit.* Vide *Signum*, Veteres, etc. Vereor tamen ne sit legendum *Recognovit* pro *Resignavit;* sic enim legi solet in Chartis ejus ævi, ut videre est in voce *Referendarius*.

¶ 2. **RESIGNARE** Alicui Rei, Illam missam facere, dimittere, abdicare. Literæ Blangiacensium ad Fiscamnenses ann. 1193. apud Marten. tom. 1. Anecd. col. 655 : *Noverit discretio vestra, quod Richardus quondam Abbas Ecclesiæ nostræ incommodo corporis sui nimium aggravatus, de voluntate propria pastorali baculo Resignavit; nos* *vero... unum de gremio vestro, scilicet dominum Robertum Artic.... unanimi consensu et absque contradictione aliqua, in Abbatem nostrum eligimus.* Petitio Radulfi Abb. S. Michaelis in Periculo maris facta per Procuratorem Gregorio IX. PP. ann. 1230. ibid. col. 58 : *Procedente vero tempore, superveniente flagello Dei, percussus paralysi, administrationis curæ Resignavit, etc.* Ordinatio pro Fratribus Mendicantibus ann. 1403. apud Rymer. tom. 8. pag. 335. col. 2 : *Et in casu quo illi Fratres, cujuscumque Ordinis fuerint, qui modo sunt extra regnum, et procuraverunt hujusmodi exemptiones seu assignationes, sive gradum prædictum in Theologica facultate, contra consuetudinem superius expressatam, noluerint in reditu eorumdem Resignare omnibus hujusmodi exemptionibus, assignationibus et gradui scolastico supradicto, etc.*

¶ 3. **RESIGNARE**, Rem possessam alicui transcribere, concedere, restituere. Charta Rodulphi Archiepisc. Rem. ann. 1112. e Tabulario S. Nicasii ejusdem urbis : *Dictam ecclesiam... in manus nostras Resignavit.* Charta Walcheri de Rumigniaco ann. 1231. ex eodem Tabulario : *Reddidi et Resignavi dicte Ecclesie nemus quoddam, etc.* Charta Theoderici Landgravii Thuringiæ ann. 1299. apud Ludewig. tom. 1. Reliq. MSS. pag. 220 : *Cupimus esse notum, quod fidelis et dilectus nobis Miles Otto, filius Bodonis junior de Ylburg villam unam, que Frankendorf vocatur, quam a nobis jure feodali habuit, ejusdem ville proprietatem, cum omnibus ad ipsam villam pertinentibus, super altare gloriosissime Dei genitricis et virginis Marie, necnon aliorum Sanctorum in Dobirlug habitantium, in remissionem suorum devote obtulit peccatorum : qui scilicet Otto... ad nos veniens, et jam dictam villam Frankendorf in nostris manibus liberaliter Resignavit, petens et cum diligentia nobis supplicans ut suam oblationem tam devotam in omnibus confirmaremus propter Deum. Nos vero divine remunerationis meritum propensius intuentes, ipsius precibus annuimus, et proprietatem sepedicte ville cum attinentiis ad ipsam villam pertinentibus damus et assignamus sepedicto monasterio Dobirlug et ipsius dicto Conventui jure proprietatis perenniter possidendam.* Hocce in loco paulo fusius exscripto mos ille observatur, de quo jam alibi dictum est, feudum non potuisse alienari, neque etiam monasterio concedi aut alio quovis modo transcribi sine consensu domini feudalis, cui primum *Resignatur* seu transcribitur ipsum feudum, ut ipse postmodum pleno jure conferat monasterio, feudatario id postulante. Hujus rei alia exempla suppetit idem Ludewig. ibid. pag. 87. 90. et 97. Exemplum aliud immediatæ *resignationis* seu traditionis eidem monasterio Dobrilucensi factæ, utpote, si bene puto, re *allodialiter* seu jure proprietario possessæ, refertur in Charta Alberti Præpositi Wurcinensis ann. 1319 ibidem pag. 288 : *Monasterio Dobirlug dedimus et contulimus et in manibus domini Abbatis et Conventus dicti monasterii Resignavimus et presentibus Resignamus cum omni jure et utilitate, que ad ipsas villas et silvam pertinent aut imposterum poterunt pertinere.* Renunciatio Henrici Ducis Slesiæ in gratiam Imperatoris ann. 1319. apud eumd. Ludewig. tom. 5. pag. 537 : *Vestræ Majestati omnes marchias, provinzias, terras et possessiones prædictas et jura earumdem cum omni debita reverentia præsentibus Resignamus, necnon ut easdem et quamlibet earum cum suis juribus et pertinentiis universis eidem illustri Principi D. Joanni Boemiæ et Poloniæ Regi... conferatis, ipsumque... investiatis, sincere et affectuose supplicamus.* Chartularium S. Vincentii Cenomanens. fol. 134 : *Philippus Miles... decimam illam in manu nostra Resignavit, et Resignationem juramento firmavit; ita quod nec per se nec per alium in decima illa, nec in tractu, nec in tritura aliquid juris de cetero reclamaret.* Simili notione Horatius lib. 3. Carm. Ode 29.

Si fortuna celeres quatit
Pennas, Resigno quæ dedit, et mea
Virtute me involvo, probamque
Pauperiem sine dote quæro.

Rursum utitur lib. 1. Epist. 7. Sed hæ voces

¶ Resignare, *Resignatio*, hodie nullibi sæpius occurrunt quam in re beneficiaria, unde etiam *Resigner un benefice.* Duplicem autem distinguunt beneficii resignationem, *puram et simplicem* unam, alteram *in favorem.* Illa simplex est beneficii ecclesiastici abdicatio, qua fit, ut Collator beneficium conferre possit ei, cui voluerit. Cum hæc resignatio nuda dimissio sit, tantæ antiquitatis est quantæ abdicatio, neque ullius indiget consensu, nisi Ordinarii. *Resignatio in favorem*, dicta, qua *Resignans* clerico singulari, quem *Resignatarium* vocant, beneficium transcribit, recentior est, vix in usu a ducentis annis satis approbato. Cum pacti vel simoniæ speciem præ se ferat, primum a multis improbata est, sed tandem approbata fuit, modo fiat per manus Romani Pontificis, qui pro sua auctoritate confirmat hujusmodi transcriptiones. Hæc obiter de rebus notis, quod earum voces nostri sint instituti. Vide *Resinatio.* [** Confer Glossar. med. Græcit. voce Ἀποτάγη in Append. col. 23.]

¶ **RESIGNATOR**, Ἀποσφραγιστής, in Glossis Lat. Græc. et Græc. Lat. Qui *resignat*, aperit, solvit.

¶ **RESIGNATRIX**, Quæ *resignat*, aperit. Tertullianus de Habitu mulier. cap. 1 : *Eva arboris illius Resignatrix.*

* **RESILICIUM**, Actio resiliendi, Gall. *Rejaillissement.* Lit. remiss. ann. 1377. in Reg. 111. Chartoph. reg. ch. 217 : *Accidit quod dictus exponens aquam existentem in quodam vitro seu gobeleto vitreo.... projecit;.... ex cujus aquæ Resilicio ipsius Mignoti tybias aliquantulum rigavit.* Vide supra *Resallire.*

¶ **RESILIRE**, Practicis nostris *Résilir*, Renuntiare pactionem. *A conditione atque pacto Resilire*, apud Asconium Pedianum. *A conventione Resilire*, in Litteris Johannis Regis Angl. ann. 1212. apud Rymer. tom. 1. pag. 163. *Emptori Resilit venditor meliore conditione oblata*, leg. 9. Dig. de in diem addictione, ex Ulpiano.

¶ **RESIMPLICATUS**, Reduplicatus. Cælius Aurel. lib. 1. de Chronicis Passionibus : *Linteolum aqua tingentes partibus Resimplicatum apponunt.*

* **RESINA**, Aqua reses, limus. Charta ann. 1010. apud Murator. tom. 1. Antiq. Ital. med. ævi col. 185 : *Concedimus in jam dictam sanctam sedem, ut liceat pars ipsius ecclesiæ.... in ipso Siler jam dicto flubio clusamina facere et habere, qualiter voluerint et ubi voluerint, in ripis ejusdem fluminis, a Resina et ex imo facere et habere, etc.* Hinc

* Resina, Pluvia fœtida, ut aqua reses, in Chron. monast. Benev. ad ann. 1065. ibid. col. 258 : *Cecidit Resina nimia de mense Novembris.* Glossæ Isidori : *Brumalia, Resinosa pluvia.* Vide *Promosus.*

¶ **RESINATIO**, pro *Resignatio*, Muneris aut beneficii abdicatio, Gall. *Resignation.* Charta ann. 1276. e Chartulario S. Fiacrii fol. 23 : *Resinatione facta ab eodem magistro Simone de ipsa capellania, deinceps per unum monachum, quem ad hoc Abbas S. Faronis Meldensis idoneum duxerit eligendum, eadem capellania officietur perpetuo, seu deserviatur.* Statuta Ecclesiæ Meld. apud Marten. tom. 4. Anecdot. col. 898 : *Inhibetur ne fiant Resinationes ecclesiarum in manu Abbatum vel quorumlibet patronorum, sed in manu Episcopi.* Vide *Resignare* 3.

¶ **RESINCERARE**, Abluere, Gall. *Rinser*, vel, ut alii scribunt, *Rincer*, Angl. *to Rinse.* Rubricæ Eccles. Sarisberiensis MSS : *Resinceret Sacerdos manus suas ne alique reliquiæ Corporis et Sanguinis remaneant in digitis.* Sermo est, ut satis patet, de ablutione digitorum in Missa post sumtionem Corporis Domini, ut in alio loco quem laudat Menagius in Etymol. Gall. v. *Rincer. Resinceret calicem*, ex Missali ejusd. Eccl. Parisiis edito ann. 1551. *Resincerare* est quasi Sincerum denuo facere, nec aliunde quærendum est etymon. Horatius lib. 1. Epist. 2. versu 54 :

Sincerum est nisi vas, quodcumque infundis, acescit.

Vide *Recincerare.*

RESINOSUS, Reses. Vide in *Bromosus.* [alias *Resinosus* est Resina plenus, ut apud Plinium et Columellam.]

* **RESIPIRE**, Resipiscere, convalescere. Mirac. S. Rosæ tom. 2. Sept. pag. 463. col. 1 : *Cui per vim ubi est datum ad ebibendum et deglutiendum tantillum aquæ loturæ manuum ejus, eodem momento illo instanti sugere lac incepit et Resipire.*

¶ **RESIPISSE**, pro Resipuisse, dixit vetus Interpres S. Irenæi lib. 1. cap. 30. ult. edit.

¶ **RESISTENTIA**, Gall. *Resistance*, Adversus conatus. Passim occurrit apud Scriptores infimæ Latinitatis.

* Decret. elect. Amed. ducis Sabaud. in papam ann. 1439. apud Guichen. inter Probat. tom. 3. Geneal. Sabaud. pag. 314 : *Cum autem hoc opus felices progressus habere non possit, propter adversitates et Resistentias plurimas, quas Gabriel, olim dictus Eugenius papa IV. in contrarium opponebat.* Alias nostris *Resitation.* Lit. remiss. ann. 1416. in Reg. 169. Chartoph. reg. ch. 458 : *Les supplians eussent esté tuez, se n'eust esté la Resitation que ilz misdrent; en laquelle Resitation faisant, etc.*

¶ **RESISUS** Bannus, *quod in lingua Theodisca Scastlegi, id est, armorum depositio, vocatur*, in Capitulari Wormat. ann. 829.

cap. 13. Additione 4. cap. 114. et in Edicto Pistensi ann. 864. cap. 33. ex editione Baluzii, qui in Notis testatur sic in omnibus MSS. legi, ubi in editis habetur *Recisus*. Appendix Marculfi formula 5 : *In quadraginta noctes in proximo malo post bannum Resisum hoc debeat conjurare.*

¶ **RESMERCIARE**, Denuo locare, scilicet argentum annuo vectigali. Constitut. Eccl. Valentinæ, tom. 4. Concil. Hispan. pag. 169 : *Quotiescumque aliquod ex dictis censualibus redimatur et quitetur, pretium seu proprietas illius in sacristia dictæ Ecclesiæ... deponatur, et inde non extrahatur, nisi de Ordinarii licentia, ad opus onerandi et Resmerciandi illud super dicta universitate Valentiæ, seu generaliter, aut alia universitate secura præsentis regni; et nisi ad dictos effectus pretia dictorum censualium a sacristia vel tabula nullo modo extrahantur, ac neque in aliud unquam convertantur.*

RESOCIARE, Dispersos ac fugitivos cogere. Galfridus Monmutensis lib. 1. cap. 19 : *Resociatis sociis qui dispersi fuerant.* Utitur alibi non semel. [Chronicon. Briocense apud Lobinellum, tom. 2. Hist. Britan. col. 863 : *Suumque exercitum Resociare curavit : quo Resociato, etc.*]

* **RESOLIDARE**, Recreare, confirmare. [** *Resolidatam, Christo propitio, familiam*, in Alcim. epist. 33. in Furlanett. Appendice Lex. Forcell.] Epist. Caroli C. ad Nicol. I. PP. ann. 867. tom. 7. Collect. Histor. Franc. pag. 559 : *Quo valeat mens diutino quassata mœrore, vivis ac salientibus Resolidari et recreari fluentis. Reconsolider*, pro *Réunir*, Iterum adjungere, in Charta ann. 1417. ex Chartul. Latiniac. fol. 173 : *Lequel fief d'icelle ville, justice et seigneurie de Croissy,.... sera et doyvera estre Reconsolidé au demayne d'iceulx messeigneurs et de leurdite eglise de Laigny.*

* Resolidare, Reficere, restituere. Charta ann. 1051. apud Lam. in Delic. erudit. inter not. ad Chron. pontif. Leon. Urbevet. pag. 184 : *Quam utique ecclesiam, quia Conditor noster inter alia innumera nobilitavit et honoravit fracti calicis et Resolidati miraculo, etc.* [** *Solutum Resolidans mundum*, in Atton. Polyptych. pag. 58.]

¶ **RESOLIDARE Plaga** dicitur, cum sanatur et solidatur, in Legibus Rotharis cap. 55. apud Murator. tom. 1. part. 2. pag. 22. col. 1 : *Si quis alii plagam in facie fecerit, componat ei solidos* XVI. *Si quam in naso fecerit plagam, componat solidos* XVI. *si Resolidaverit tantum ut cicatrix appareat; si non Resolidaverit, quartam partem pretii ipsius componat, ut supra. Si quis in aurem plagam fecerit, componat solidos* XVI. *si Resolidaverit.*

¶ **RESOLUBILIS**, Qui resolvi potest. *Resolubile cœmentum*, Prudentio Apoth. v. 514. *Resolubile corpus*, eidem Cath. v. 149.

¶ **RESOLUTE**, Licenter. Tertullianus lib. 1. ad Nationes cap. 19 : *Quo facilius rideatis et Resolutius decachinnetis.*

¶ **RESOLUTIO**, Mors quo corpus resolvitur, 2. ad Timoth. 4. 6 : *Ego enim jam delibor, et tempus Resolutionis meæ instat.* Græc. ἀναλύσεως.

¶ **RESOLUTOR**, Qui decernit, constituit, Gall. *Qui resoud, qui regle.* Epistola Halinardi Abbat. S. Benigni Divion. ad Johannem XIX. Papam, apud Mabillon. tom. 4. Annal. Benedict. pag. 728. col. 2 : *Dignum ergo est, ut Resolutori civium philosogiam virtutum, scilicet discretionem semper habeat secum, ne videlicet ille, cui potestas ecclesiarum data, hoc ignoranter propter susurrones constituat, quod cum veram antiquitat emnoverit, destruere non dubitet.*

¶ **RESOLUTORICINIUM**, Johanni de Janua, *Acus pectoralis, seu firmaculum, quo camisia super pectus firmatur, vel quo pallium astringitur; vel instrumentum quo crines discernuntur. Martialis in Gerula : Resolutoricinioque flammarum instar. Quidam tamen legunt pro duabus partibus, scilicet Resoluto et Ricinio; et est ricinio idem quod dicimus esse Resolutoricinio; quod quamvis verum sit, tamen pro una parte melius legitur Resolutoricinio, si quis consideret copulationis vim et ordinem.* Pudet hæc referre, quæ frustra quæsieris apud Martialem. [** Locus est apud Martian. Capell. lib. 1. § 7 : *Tritonia etiam interula, resoluto Ricinio strophioque flammarum instar, etc.*]

¶ **RESOLUTORIE**, Audacter, fidenti animo, Gall. *Resolument.* Menotus Serm. fol. 132. verso : *Respondet Resolutorie, quod non; quia nulla est tam grandis aut sublimis dignitas, quæ eximat aliquem a præcepto divino.*

* **RESOLUTUS**, Mortuus, solutus vita. Stat. eccl. Tull. MSS. ann. 1497. fol. 106. v° : *Resoluto canonico, ad sepeliendum corpus specialiter canonici sui ordinis, cum canonico sacerdote, conveniant.* Vide *Resolutio.*

RESONA, Resonatio, Echo, ἠχώ, in Gloss. Lat. Gr. [ἀντιλαλία, Græcis hodiernis.] *Resonantiā tympanorum*, apud Thwroczium in Attila. [*Resonantia fistularum*, apud Marten. tom. 4. Ampliss. Collect. col. 393.]

¶ **RESONARE**, Idem ac *Sonare*, quod vide suo loco : Dici, referri. Notitia judicati ann. 843. tom. 3. Concil. Hispan. pag. 142. col. 2 : *Nomina* (testium) *in suas conditiones Resonant*, id est, cum suis conditionibus relata sunt. Donatio ann. 806. in Probat. novæ Hist. Occitan. tom. 1. col. 34 : *Hunc alodem superius Resonatum adquisivit domnus Willelmus Karolo et Ludovico Imperatoribus.* Charta Gislaberti Episc. Barchinon. ann. 1045. apud Marten. tom. 1. Collect. Ampl. col. 410 : *Si ego aut prædicti Canonicorum meorum non reddiderimus ipsum debitum ad supradictum terminum, teneat ipse supradicto monasterio vel ejus servientes supra dicta ecclesia S. Vincentii, sicut Resonat, usque dum redditæ sint supra dictæ unciæ auri ad supra dicto domo cum illorum lucro pretium per unumquemque annum.* Ubi *sicut resonat* potest reddi, sicut relatum est, vel sicut æquum est, quod ultimum nos redderemus, *comme il est raisonable.*

** Resonatio. Opusc. vet. MS. ad Psalm. 150. apud Maium in Glossar. novo : *Tympanum... quod musici disciplinabili mensura percutientes, geminata Resonatione modulantur.*

¶ **RESOR**, pro *Restor*, vel potius *Restio*, Qui *restes* facit. Vide *Resticularius* in *Restis* 1.

¶ 1. **RESORTIRE**, ab Anglico *to Resort*, Confluere, convenire, congregari. Charta Henrici VII. Regis Angl. ann. 1507. apud Rymer. tom. 13. pag. 164. col. 1 : *Licentiam damus... mercatoribus... Senioriæ Veneciarum in regno nostro commorantibus... restantibus, Resortientibus, seu confluentibus, etc.* Et infra ead. col. : *Mercatorum de Venecia... in regno nostro Angliæ commorantium, moram facientium, et in idem regnum nostrum... resiantium, residentium, Resortientium sive confluentium, etc.*

¶ 2. **RESORTIRE**, Resortisare, Gallis *Ressortir*, In aliquod tribunal convenire. Vide infra *Ressortire.*

¶ **RESORTIRI** Alicui, Redire, reverti ad aliquem jure *sortis* seu successionis. Petitio ann. 1292. apud Rymer. tom. 2. pag. 576. col. 2 : *Per cujus obitum jus debet Resortiri isti Willelmo, qui modo petit.* Vide mox *Resortum* 1.

* **RESORTITUM** Curiæ, Suprema jurisdictio, ad quam ab inferioribus curiis provocari potest. Charta Nic. episc. Andegav. ann. 1275. in Chartul. priorat. de Guilcio fol. 53. r° : *Dictus nobilis habebunt le resort et ejus hæredes et Resortitum curiæ, et captionem et vindictam dou resort, tanquam domini superiores feodi.* Vide *Ressortum.*

¶ **RESORTIUM**. Litteræ Dalphini Vienn. ann. 1340. tom. 1. Hist. Dalphin. pag. 53. col. 2. edit. Genev. et pag. 57. col. 1. edit. Paris. : *Vobis præcipimus et mandamus, quatenus visis præsentibus, cum omnibus hominibus equitibus et peditibus in armis vestræ castellaniæ, quos habere poteritis ... apud S. Marcellinum personaliter interesse velitis et curetis... cum omni Resortio gentium nostrarum equitum et peditum armatorum, quos habere poteritis, quoquo modo clientes ante nostros insuper muniri faciatis, etc.* Legendum est procul dubio *Refortium*, a Gallico *Renfort*, Ital. *Riforzo*, Subsidium, auxiliares copiæ. Vide supra *Reforcium.*

¶ 1. **RESORTUM**, Reversio *sortis* seu hæreditatis ad aliquem, ad quem jure pertinet. Petitio ann. 1292. apud Rymer. tom. 2. pag. 575 : *Patricius Comes de Marchia supplicat quod super regno Scotiæ sibi fiat justitia, quod debet de jure sibi obvenire propter defectum successionis descendentis a Rege Scotiæ Alexandro ultimo, per reversionem et Resortum ad Ildam filiam Willelmi quondam Regis Scotiæ.* Vide *Resortiri.*

¶ 2. **RESORTUM**, Districtus judicis, Gall. *Ressort.* Vide *Ressortum.*

* **RESOSARE**, Radere. Charta ann. 1339. in Reg. 72. Chartoph. reg. ch. 534 : *Cum ad nostri pervenisset auditum contra Bernardum Ebrardi sutorem, civem Caturci, quod idem Bernardus pecunias regias aureas, videlicet regales auri, et argenteas, raserat seu Resosaverat, vel retonderat falsum committendo;.... idem Bernardus ultro.... confessus fuit, quod ipse raserat seu Resosaverat quosdam denarios in pauco numero.*

* **RESPARSIO**, Effusio. Lit. remiss. ann. 1359. in Reg. 90. Chartoph. reg. ch. 362 : *Cum amara Resparsione lacrymarum nobis.... extitit expositum, quod, etc.*

* **RESPECTABILIS**, a Gall. *Respectable*, Cui debetur reverentia. Charta ann. 1478 : *In contractu.... matrimonii initi...*

inter dominum Antonium de Levy ex una, et Respectabilem et potentem dominam Joannam ejus veram consortem, etc.

* **RESPECTARE**, Differre. Vide mox in *Respectus* 4.

¶ **RESPECTATOR.** Vide mox in *Respector* 1.

¶ **RESPECTIO**, Respectus, ratio, Gallice *Egard. Nullius habita Respeccione periculi*, apud Gualterum Hemingford. de Gestis Edwardi III. Angl. Regis pag. 288. Vide alia notione in *Respectus* 1. et 2.

¶ **RESPECTIVE**, Comparate, Gall. *Respectivement.* Vulgare est recentioribus, antiquis inauditum.

* Mutuo, vicissim. Charta ann. 1249. ex Tabul. S. Florent. Salmur. : *Quæ præmissa omnia et singula, dictæ partes, nominibus quo supra, pro se et successoribus Respective, alter alteri tenere, perficere et adimplere.... promiserunt Respective.*

¶ 1. **RESPECTIVUS**, Qui refertur ad alium, Gall. *Respectif.* Epistola Innocentii III. PP. tom. 2. Concil. Hispan. pag. 635 : *Quia tua sunt privilegia donationis certa et absoluta; sua vero sunt privilegia confirmationis seu redintegrationis conditionalia tantum et Respectiva.* Vide *Respectualis.*

¶ 2. **RESPECTIVUS**, Circumspectus, consideratus, Gall. *Circonspect.* Acta B. Osannæ tom. 3. Junii pag. 670 : *Quippe supra modum Respectiva erat.*

1. **RESPECTOR**, Respectator. Anastasius in Sergio PP : *Prædictus vero Paschalis non post multum tempus, et ab officio Archidiaconatus pro aliquibus incantationibus et lucis, quos colebat, vel sortibus, quas cum aliis Respectoribus tractabat, Dei beatique Petri Apostolorum Principis interveniente judicio privatus est.* Codd. alii præferunt *cum aliis Respectatoribus suis.* Quo loco *Respectatores* videntur esse aruspices, seu extorum vel etiam astrorum *inspectores.*

2. **RESPECTOR**, Præfectus urbis, vel provinciæ, qui Theutonibus *Rewart*, in Charta ann. 1256. apud Haræum in Castellanis Insulensibus pag. 14. [et in alia Margaretæ Flandriæ Comitissæ apud Bucelinum lib. 2. Gallo-Flandriæ pag. 263.] In alia anni 1238. in Probat. Hist. Guinensis pag. 515. occurrit *Respector amicitiæ Insulensis*, qui vulgo *Reward*, seu, uti alii vocant, *Major* urbis. [* Vide in *Warda.*]

¶ 3. **RESPECTOR**, Inspector, cujus est inspicere ne qua fraus fiat in aliqua re. *Respectores ponderum et aliarum mensurarum dicti loci*, in Literis Caroli V. Franc. Regis ann. 1366. apud D. *Secousse* tom. 4. Ordinat. Reg. pag. 676. *Erit enim Deus Respector conscientiæ tuæ*, Gregor. Turon. lib. 10. Hist. cap. 8. scilicet ut pro meritis vel remuneret vel puniat. Vide *Respectus* 1.

RESPECTUALIS, Qui *observantiam* erga aliquem præstat, Gall. *Respectueux.* Vita S. Attractæ Virg. num. 13 : *Et sic omnes Lugnenses non sunt bene Regi Connachtiæ Respectuales.* Supra enim dicuntur Lugnenses Regi Connachtiæ restitisse.

Exstat apud Lindenbrogium 58. formula Adoptionis, cum hoc titulo : *Traditio Respectualis, sive Epistola, qualiter extraneus in locum filiorum adoptetur.* Exstat similis apud Marculfum lib. 2. form. 13. cum hoc tit. : *Si quis extraneum hominem in loco filiorum adoptet.* Ubi *Respectualis* videtur esse *traditio respectiva*, ut nostri dicunt, cum adoptans omnia sua bona adoptivo tradat, vicissim adoptivus victum et vestitum adoptanti tribuat.

¶ **RESPECTUARE**, Respectuatio. Vide infra *Respectus* 4.

¶ **RESPECTUM**, Dilatio, *Respit.* Vide *Respectus* 4.

1. **RESPECTUS**, Visitatio, divinæ scilicet gratiæ aut ultionis, benedictionis in vitam æternam, maledictionis in gehennam. Sapientia Salomonis cap. 3. de Sanctis : *Et in tempore erit Respectus illorum*, ubi Græca habent, καὶ ἐν καιρῷ ἐπισκοπῆς αὐτῶν ἐκλάμψουσι. [Testament. S. Carilefi apud Mabillon. tom. 3. Analect. pag. 80 : *Oportet ut non inveniat unumquemque hominem imparatum, ne sine aliquo boni operis Respectum* (sic) *migret de sæculo.* Eadem habentur in Traditione Haregarii ibid. pag. 88. In Charta ann. 1090. apud Stephanotium tom. 3. Antiq. Pictav. MSS. pag. 636. legitur, *sine aliquo Respectu discedat a sæculo.* Fulcuinus de Gestis Abbatum Lobiensium tom. 6. Spicil. Acher. pag. 570 : *Ecce ex Respectu miserantis Dei, ex adytis templi duæ columbæ evolant, quæ terna circuitione acies obsidentium vallant : subsequitur post hæc pluvia prægrandis, etc.*] Commodianus :

> Præfatio nostra viam erranti demonstrat,
> Respectumque bonum, cum venerit sæculi meta.

Respectio, Eadem notione. [Sap. 3. 13 : *Quæ nescivit thorum in delicto, habebit fructum in Respectione animarum sanctarum.*] Alvarus Cordubensis in Vita S. Eulogii : *Eram namque jam dicti illustrissimi viri auditor : et dum frequentius ejus limina tererem, incultumque ingenium acuerem, tandem Respectione divina* (i. inspiratione) *hujus tanti viri societate conjungor.*

2. **RESPECTUS**, Agri vel prædii, de quo litigatur, inspectio, *Respectio*, Gallis seu Normannis, *Monstrée*, aliis *Veuë.* Vetus Notitia Judicati ann. 868. apud Perardum in Burgundicis pag. 148 : *Ipse autem Hildebernus respondit ei, quod non juste, sed injuste eum mallasset : Alcaudus vero contra eum Vuidridum stipulavit, unde ante hos dies per judicium Scabinorum ad Respectum fuerunt.* Alia Notitia ann. 870. apud eumdem : *Interpellavit seu mallavit quendam hominem nomine Hildebernum, et dixit, quod Hildebernus ante hos dies per judicium Scabinorum ad Respectum fuissent super res sancti Benigni, quas idem Hildebernus injuste retinebat, etc.* Chronicon S. Benigni Divionensis pag. 452 : *Ad hoc denique ventum est, ut Respectum caperent utraque pars super ipsam silvam, quibus Comes Richardus cum plurimis civibus Divionensibus.... interfuisse ad justitiam diffiniendam noscitur.* Vide *Visio.*

3. **RESPECTUS**, Census annuus, præstatio annua. Charta Angelranni Comitis Pontivi, apud Hariulfum lib. 4. cap. 21 : *Ea scilicet ratione, ut nullus suorum successorum amplius ullos Respectus, vel parvas vel magnas consuetudines ab eo expeteret. Synodalis Respectus*, qui vulgo *Synodaticum*, in alia Charta, eod. cap. Charta alia Adalberonis Episcopi Virdunensis ex Tabulario S. Vitoni : *Libera fieret deinceps ab omni Respectu et servitio, etc.* [Fundatio Canonicorum in Ecclesia de *Haeltert* ann. 1046. apud Miræum tom. 2. pag. 811 : *Duodecim denarios solvet pro Respectu singulis annis.* Fundatio alia ann. 1091. ibidem pag. 813 : *Nullique aliquem Respectum solvens, nisi quatuor denarios tantum Episcopo Leodiensi, in cujus parochia sita est.* Charta Lamberti Atrebatens. Episc. ann. 1097. apud eumd. Miræum tom. 1. pag. 167. col. 1 : *Sub Respectu duodecim denariorum in Cœna Domini ad servitium Episcopi.*] Charta Stephani Episc. Metensis ann. 1126. apud Meurissium : *Præter hæc concedimus eis terram de ipsa foreste ad arandum centum jornales ad unamquamque sectionem, et ad pratum faciendum libere, et sine Respectu alicujus juris vel reditus.* Tabularium S. Genovefæ Paris. ann. 1183 : *Quitavit consuetudines et obventiones de hominibus suis de Petrafonte, scilicet Respectus, manum mortuam seu caducum, et forismaritagium.* Liber Ramesiensis sect. 38. et 143 : *Sedecim caseos et duas vaccas pingues de terra mea Hichelinge, pro Respectu annuo eidem Ecclesiæ procurari decerno.* Charta Balduini Episcopi Tarvanensis anno 1026. in Tabulario S. Bertini : *Ut sicut Ecclesia sanctæ Dei Genitricis Mariæ, cui auctore Deo deservio, possidet terras superius nominatas sine censu vel quolibet Respectu, ita prædicta Ecclesia S. Bertini libero ac perpetuo jure possideat ipsa altaria sine Respectu, atque circada, atque a personatus omnimodo exactione* Charta Ratbodi Episcopi Noviomensis ann. 1093. ex Tabulario S. Bertini : *Ecclesiæ S. Bertini ad monachorum usum altare de villa, quæ Calvus mons in Vallibus dicitur,... sub personatu perpetuo tenendum concessi, tali quidem conditione, quod una quaque persona decedente alium prædicti Sancti Abbates seu Monachi Noviomensi Episcopo præsentent personam, cui ipse Episcopus ejusdem altaris personatum commendet : persona vero restituta quinque tantum solidos Episcopo seu ejus Archidiacono tribuat, et uno quoque anno in festivitate S. Remigii pro Respectu altaris sibi commissi tres eis similiter solidos solvat, et ad eorum Synodum celebrandum veniat, sicque ab omni exactione libera permaneat.* Regestum Philippi Aug. Herouvallianum fol. 74 : *Concedimus 22. lib. reditus et 4. sol. in censibus, et in molendinis 16. libr. et in Respectibus Natalis et Paschæ 17. sol. etc.* Chronicon Valciodorense pag. 560 : *Ipse denique ne omnino apud matrem Ecclesiæ haberetur ingratus, in eadem villa Romereis in Respectu quindecim denariorum Valciodorensi Ecclesiæ partem alodii dedit.* Pag. 561 : *Cumque secundum Regulam S. Benedicti pro puero prædicti parentes suam petitionem fecerent, ut in Rouz tam pro se, quam pro eodem Respectum duorum solidorum nobis tradiderunt.* Pag. 562 : *Valcidiorensi Ecclesiæ partem alodii tradidit, duosque solidos in Respectu illius fratribus ejusdem Ecclesiæ quotannis solvere constituit.* Denique pag. 565 : *Viginti quatuor solidi Leodiensis monetæ ex Respectu Mansionariorum habebantur.* Adde Barthol. Fizenium in Hist. Leod. pag. 318. 362. Aresta Pentecost. anno 1266. in 1. Regesto Parlamenti fol.

151 : *Concessit D. Rex Majori et Juratis Ambianens. quod ad aquitationem debitorum villæ suæ possent levare de quibuslibet* 20. *solidatis mercaturæ venditis in villa Ambianensi de illis de communia sua ab emptore, videlicet unum denarium : quod cum facerent Major et Jurati prædicti, accedens Episcopus Ambian. ad D. Regem, ex hoc conquestus fuit, asserens ipsam costumam, quam vocabat malam toltam, in præjudicium Ecclesiæ suæ, et in elusionem libertatis in favorem Ecclesiæ datæ, quæ dicitur Respectus S. Firmini, concessam fuisse propter quod petebat eamdem penitus revocari..... Determinatum fuit... quod idem Episcopus super hoc audiendus non erat.* Exstat in Regesto Urbis Ambianensis sequens Charta, ex qua docemur, cujusmodi fuerit census ille, qui exsolvebatur Ambiani in festo S. Firmini Martyris : *Gaufridus divina permissione Ambianensis Ecclesiæ Minister humilis, omnibus Christi fidelibus, ad quos litteræ istæ pervenerint, in Domino salutem. Noverint universi, quod cum inter nos ex una parte, et Majorem ac cives Ambianenses ex altera diutius contentio verteretur, super eo, quod petebamus quatuor denarios de Respectu a quolibet homine uxorato existente de communia, qui mercabatur Ambiani, et esset subscriptus in Tabula B. Firmini Martyris, tandem de consilio et confessione virorum venerabilium Decani et Capituli nostri Ambianensis, inter nos et præfatos cives ad pacem pervenimus in hunc modum. Nos siquidem mitius agere volentes cum civibus memoratis, ordinavimus pro bono pacis, quod vir et uxor ejus in vita sua tres denarios monetæ currentis Ambianensis in festo præfati Martyris pro Respectu suo annuatim persolvent, et sic de theloneo suo immunes erunt per annum, nec poterimus cogere aliquem ad solvendum Respectum, nisi prius* 15. *dies elapsi fuerint a festo memorato. Si autem vir sive uxor ejus decesserit, nihilominus ille, qui superstes erit, tres denarios persolvet : et si contigerit virum aut mulierem esse extra civitatem tempore, quo Respectus debet persolvi, infra* 15. *dies postquam redierit, licebit ei solvere Respectum suum, tres scilicet denarios, aut reddere theloneum suum anni illius, recepto a talibus corporaliter juramento, quod bene tres denarios ipsi domino solvere tenebuntur de Respectu. Sciendum est, quod non poterimus aliquo modo contradicere, quin omnes qui de communia extiterint, aut qui communiam jurare voluerint, sub prædicto Respectu trium denariorum in tabula recipiantur supradicta : omnes etiam illi, qui de communia fuerint, oportebit ut intrent in tabula, et ut nomina singulorum in eadem conscribantur. Notandum est præterea, quod pro pace ista, quam prædiximus, recepimus a sæpedictis civibus novies viginti libras Parisienses in augmentum redditum Thesaurariæ refundendas. Ut igitur hæc præmissa robur perpetuum obtineant, præsentem Chartam exinde confectam, et a nobis et a dictis Decanis et Capitulo benigne concessam et approbatam tam sigilli nostri auctoritate, quam ipsius Capituli sigillo fecimus roborari. Actum anno Verbi incarnati* 1226. *mense Novembri.* Denique Tabular. Episcopatus Ambian. ann. 1374 : *Sur ce, que nous Evesque disions de nostre droit à nous appartenir un droit, que on dit le Respect de S. Firmin, qui est tel, que chascun bourgeois et bourgoise de ladite ville nous doit chascun an trois deniers parisis, où que il demeure, et que on nous doit apporter a Amiens, ou a nos fermiers a certain terme, etc.*

Respectio, Idem quod *Respectus*, Census. Tabularium S. Amandi apud Haræum in Castellanis Insulensibus pag. 178. [et apud Martenium tom. 1. Collect. Ampliss. col. 362. ex Donatione ann. 1002 :] *Quæ familia uno quoque anno in festivitate S. Amandi, quæ est 7. Kalend. Novemb. persolvat de Respectione capitis sui duos denarios, de mortua vero manu sex, etc.* Ubi *Respectio capitis*, idem valet ac *census capitis*, de quo egimus supra in voce *Capitalitium.*

Regardum dicitur in Regesto Philippi Augusti Herouvalliano f. 96 : *In Regardo ad Natale pro pane 8. sol.... in Regardo ad Pascha pro pane 6. sol. et* 1200. *ova appreciata* 30. *solid.* Quippe *Respectus* Gallice *Regard* dicitur : unde colligi videtur, Gallos nostros *Regards* vocasse ejusmodi census annuos, quos Latinæ Tabulæ *Respectus* vocant. [Vide *Regardum* 4. suo loco.]

4. **RESPECTUS**, Respectum, Mora, dies dilatus, prorogatio diei, Gallis *Respit.* Capitulare 3. Ludovici Pii ann. 819. cap. 1 : *Et si Comes infra supradictarum noctium numerum mallum suum non habuerit, ipsum spatium usque ad mallum Comitis extendatur, et deinde detur ei spatium ad Respectum ad septem noctes.* Leges Edwardi Confess. cap. 15 : *Si inveniri non poterant, mensis et unius diei Respectum habebant ad eum inveniendum.* Matth. Paris ann. 1236 : *Dum Respectum et dilationem caperet.* [*Super Respectu et dilacione*, in Literis Caroli V. Franc. Regis ann. 1364. apud D. *Secousse* tom. 4. Ordinat. Reg. pag. 541. Conventio inter Henricum Regem Angl. et Robertum Flandriæ Comitem pag. 12. Libri nigri Scaccarii : *Post reditum de expeditione habebit Respectum ad finitas tres hebdomadas.* Pluries recurrit ibi. Vetus Placitum apud Stephanotium tom. 3. Antiq. Pictav. MSS. pag. 578 : *Sed perrexerunt sine ullo Respecto, quod Abbas eis dedisset, et avunculus eorum Arbertus Truant multum eis blasphemavit, quod ita sine Respecto ullo, quod ei Abbas dedisset, pergebant.*] Utuntur præterea Goffridus Vindocin. lib. 2. Ep. 24. Ivo Carnotensis Ep. 127. Fulbertus Ep. 75. Rigordus pag. 25. Hugo Flaviniacensis in Chronic. pag. 244. Epist. 202. ex Sugerianis, Epistolæ 190. et 378. ex iis, quæ habentur tom. 4. Hist. Francor. Charta Riculfi Forojuliensis Episc. apud Ruffium in Comitibus Provinciæ pag. 53. et Sammarth. etc. [Adde, si vis, Nomolexicon Thomæ *Blount*, Glossaria Kennetti ad calcem Antiquit. Ambrosden. Lobinelli ad calcem Hist. Britan. et tom. 3. Hist. Paris. Instrumenta novæ Gall. Christ. tom. 1. pag. 82. col. 2. *de Lauriere* tom. 1. Ordinat. Reg. pag. 37. D. *Secousse* tom. 4. earumdem Ordinat. pag. 179. etc.] [** Glanvill. lib. 1. cap. 25.] Le Roman *de Garin :*

Entrés en Mez orendroit sans Respit.

Occurrit passim in Consuetud. municipal. locis indicatis a Raguello.

Vocem hanc Gallicam a Latino *respirare* quidam deducunt : nam ut debitores, qui a creditoribus ad solvendum acrius urgentur, *suffocari* et *strangulari* in leg. 1. C. Th. de Præd. curial. sine decr. non alien. (12,3.) et in Evangelio Matth. cap. 18. vers. 28. et seq. ita quibus conceduntur induciæ, quo se a debiti onere exsolvant, *respirare* dicuntur Senatori lib. 2. var. Epist. 38.

** Ponere in Respectum, Differre. Rot. 10. Sutham. de anno 26. Henr. III. in Abbrev. Rotul. tom. 1. pag. 4 : *Demandam de* 28. *libr.... ponat in Respectam usque ad reditum Regis de partibus transmarinis.* Placit. ann. 9. Ric. I. Norf. in Abbr. Placit. pag. 20 : *Assisa magna... ponitur in Respectum usque ad adventum justitiariorum in partibus illis.* Vide in *Ponere.*

¶ Respeytus, Eadem notione. Confœderationes inter Archiepiscopum Vien. et Annam Dalph. ann. 1291. tom. 2. Hist. Dalph. pag. 43 : *Et insuper præd. D. Comitissa promittit, quod ipsa cum Comite Sabaudiæ, cum quo præfatus D. Dalphinus vir suus et ipsa præsentialiter guerram habent, pacem, treugam vel guerram cassam, appeysamentum vel Respeytum, vel aliquod aliud remedium de jure vel de facto non facient, vel accipient seu habebunt, absque eo quo D. Archiepiscopus, etc.*

* Hinc *Respis* dictæ Induciæ a judicibus inter partes indictæ. Lit. remiss. ann. 1411. in Reg. 165. Chartoph. reg. 236 : *La coustume du pays* (d'Artois) *est telle que incontinent que un meffait à un autre, et en eust que debat ou une buffe baillée, les eschevins et bailliz du pays baillent et ordonnent tréves entre les parties, qu'ilz appellent Respis.*

Salvum Respectum, seu *Sauf respit* vocant Practici nostri prorogationem, quam dominus vassallo concedit ad præstandum hominium : ita in Consuet. Britanniæ art. 252. 267. [Charta ann. 1383. apud Lobinell. tom. 2. Histor. Britan. col. 636 : *Ad requestam dicte nobilis Johanne de Radesiis, D. Johannem Roaut Militem ponit in suo Salvo respectu et sufferentia de homagio usque ad festum Nativitatis S. J. B. Sauf respit de hommage jusques à un an*, in Regesto ann. 1457. ibid. col. 1202.] Habetur in Regesto de negotiis Ludovici Ducis Andegavensis et Regis Siciliæ Charta Petri Comitis Alencionis et Pertici 1. Sept. anni 1386. qua se duo *homagia ligia* debere profitetur Reginæ Siciliæ, Ludovici Regis matri, alterum pro Vicecomitatu Bellomontensi, alterum pro terra Sonnensi, ratione Ducatus Andegavensis et Comitatus Cenomanensis. Mox in eadem Charta hæc verba adduntur : *Et pour ce que madite Dame est à present en lointain pays, parquoi ne pouvons pas de present aler pardevers elle pour luy faire lesdits foys et homages, que nous sommes tenus faire, nous aist à nostre requeste mis en ses Saufs respits durant sondit bail, par ainsi que nous avons voulu et encore voulons que ledit Respit durant baillé à madite Dame, et soit d'autel effet, comme si nous lui avions fais lesdits fois et homenages, etc.* In Regesto Constabulariæ Burdegalensis fol. 151. *Soveals Respitez.*

Respectare, Differre, *Respectum* seu moram dare, tempus prorogare, *Donner du respit. Respiter*, apud Villharduinum num. 32. 246. Leges Ethelredi Regis apud Habam cap. 7 : *Sæpe etiam pravi judices judicium pervertunt, vel Respectant, et non finiunt causam, donec voluntas eorum impleatur.* Epistola Henrici I. Regis Angl. ad Anselmum Archiepisc. Cantuariensem, apud Eadmerum lib. 4. pag. 101 : *Mando vobis, ut Respectetis æquo animo et bona voluntate benedictionem Thomæ Eboracensis Archiepiscopi usque ad Pascha, etc.* Leges ejusdem Regis cap. 26 : *Defensor aut Dominus de furto pulsatorum, si semel aut amplius Respectaverit erga vicinum diem vicinaliter et absque justitiæ majoris auctoritate condictam, curiam suam perdet. Dies Respectatus*, prorogatus, ibid. *Placitum Respectare*, c. 29. 41. 50. 59. [et in Chartul. Dunensi Ch. 93.] Stephanus Tornac. Epist. 23 : *Quarto convenerunt litigantes coram judice, et quarto filii hominum, qui judicant terram, ut vulgariter loquitur, judicium Respectarunt.* [Le Roman *de la Violette* MS :

> Ceste a bien sa mort Respitié,
> Et say de ce moult grant pitié.

Ibidem infra :

> Lors s'en va n'a plus Respitié,
> Trestous en pleurent de pitié.

Le Roman *de la guerre de Troyes* MS :

> Mes ce qe sa suer ot deviné,
> Cassandra ot profiticié,
> Ni puet plus estre Respitié,
> Tot avendront les destinées
> Qe maintes gens feront iriés.]

* Quod et pro Salvare, liberare, absolvere dixerunt. Lit. remiss. ann. 1349 in Reg. 78. Chartoph. reg. ch. 260 : *Colins Petiz et Aveline sa femme estant sur le point de estre exécutez, ladite Aveline dist devant tous que ledit larrecin avoit esté commis par le mouvement et conseil d'elle ;...... et requist aus dites gens gardans ladite justice et aus autres illuec estant, que l'en le voulsist Respitier de mort et li quittier ledit fait.* Aliæ ann. 1388. in Reg. 132. ch. 322 : *Icellui munier chey en icelle eaue, et illecques fu nayé, sans que l'exposant.... le peust aucunement secourir, ne Respiter. Répiter*, in aliis ann. 1452. ex Reg. 181. ch. 139 : *Lesquelz prisonniers seroient mis en main de justice ecclésiastique, et par ce moyen Répitez de mort.*

Respectuare, Eadem notione. Quoniam Attachiamenta cap. 90. § 2 : *Et si vocat puerum infra ætatem, loquela erat Respectuata usque ad ætatem pueri*, id est dilata. *Homagium Respectuare*, in Parlamento de depositione Regis Ricardi II.

¶ Respicere, Eodem significatu. [* Nequaquam : ibi enim Judicare, decernere sonat. Vide *Regardum* 5. et *Respiciare*.] Charta ann. 1254. e Regesto *Olim* : *Idcirco Respectum fuit, quod damna mercatori redderet.*

Respectuatio, Mora, dilatio. Leges Burgorum Scoticor. cap. 29. § 1 : *Quicunque factus fuerit novus burgensis de terra vasta, et nullam terram habuerit hospitatam, potest habere Respectuationem, quæ dicitur Hirset, in primo anno, et post primum annum hospitabitur, et ædificabit terram suam.* [Litteræ Jacobi Scotorum Regis ann. 1498. apud Gotofredum in Hist. Ludovici XII. Franc. Regis per Johannem *de S. Gelais* pag. 308. edit. 1622 : *Cum libera quiete et mora, subditorum navibus et mercibus, rebusque aliis quibuscumque, absque litteris salvi conductus aut Respectuationis quibuscunque, pro se, navibus et rebus omnibus habitis, etc.*] Vide *Sufferentia* 3.

¶ 5. **RESPECTUS** Forestæ. Vide *Regardum* 2.

¶ 6. **RESPECTUS** Successionis, Jus succedendi seu partem hæreditatis obtinendi. Charta Johannis Ducis Slesiæ ann. 1330 apud Ludewig. tom. 5. Reliq. MSS. pag. 553 : *Prædictus noster frater Dux Henricus Saganensis et heredes sui successionis in media parte terrarum nostrarum, prout superius exprimitur, Respectum habebunt.* Habetur supra pag. 551 : *Frater Dux Henricus Saganensis et sui heredes justam ipsorum portionem post mortem nostram in prædictis terris nostris exspectabunt.*

* 7. **RESPECTUS**, Terror, formido, ne bellum aut quid mali accidat, idem quod supra *Regardum* 3. Vide in hac voce. Instr. ann. 1381. inter Probat. tom. 3. Hist. Nem. pag. 47. col. 2 : *Dictus commissarius ordinavit, quod porta sive portaletum apertum et constructum in muro novo, a parte ecclesiæ beati Nicolai, de cayronis et lapidibus fortiter claudatur, et quod, durante Respectu gentium armorum, non aperiatur; sed fallito et cessante toto Respectu prædicto, et existente pace in præsenti provincia, possit aperiri, et non aliter. Ressoignement*, eadem acceptione, a verbo *Ressongner*, Metuere, reformidare. Lit. remiss. ann. 1375. in Reg. 120. Chartoph. reg. ch. 192 : *Icellui Jehannot par l'espace de long temps, pour le Ressoignement dou fait, s'estoit renduz fugitiz et absentez.* Aliæ ann. 1369. in Reg. 100. ch. 322 : *Lequel Honnetre estoit homs cremus et Ressongnez à avoir à faire à lui.* Froissart. in vol. 1. cap. 45 : *Les Ressongnoient moult les Anglois,..... et ne pouvoit nul issir d'Angleterre, qu'il ne fust veu et robbé, et tout mettoient à mort. Resoigner*, in Lit. ann. 1363. tom. 3. Ordinat. reg. Franc. pag. 631. *Resongnier*, in Mirac. MSS. B. M. V. lib. 2 :

> Preudom tel fu doit Resongnier,
> Plus que ne face fu Griois.

Hinc *Ressongnaument*, Timide, in Lit. remiss. ann. 1454. ex Reg. 184. ch. 507 : *Quant icellui Boucler perceut qu'il ne pourroit contrester au suppliant, il fut content de lui bailler ladite dague assez Ressongnaument, pourveu qu'il ne lui en feroit point de desplaisir.*

* 8. **RESPECTUS**, Nomen, jus. Charta Henr. archiep. Senon. in Chartul. S. Germ. Prat. sign. tribus crucibus fol. 56. v°. col. 2 : *Hugo abbas.... supplicavit nobis, ut.... duo altaria, quæ prædecessores ejus abbates, sub titulo et Respectu vicariorum, a nostris prædecessoribus tenuerant, remotis et condonatis vicariorum personis prædictæ ecclesiæ beati Germani, sub censuali tenore possidenda in perpetuum concederemus.* Idem ergo est *Respectu vicariorum tenere*, atque precario possidere.

** Respectum Habere ad Aliquem, Sponsorem eum appellare. Chart. ann. 1301. in Guden. Cod. Dipl. tom. 3. pag. 3 : *Et hos quidem redditus noster officiatus qui tunc extiterit ipsis præsentabit, quod si non fecerit prædictus Heyn et sua uxor ad nos et officiatum prædictum quicumque fuerit, Respectum habebunt.* Vide *Recursus*, 5.

¶ **RESPERSUS** Appellatione *Tribuni Plebis*, id est, dictus seu vocatus Tribunus Plebis, lib. 12. Cod. Theod. tit. 1. leg. 74.

¶ **RESPEYTUS**, Gall. *Répit.* Vide *Respectus* 4.

¶ 1. **RESPICERE**, Differre. Vide in *Respectus.* 4.

¶ Respicere ad Dei Cultum, Ad Religionem Christianam converti. Lex 1. Cod. Theod. lib. 16. tit. 8. de Judæis : *Judæis et Majoribus eorum et Patriarchis volumus intimari, quod si qui, post hanc legem, aliquem, qui eorum feralem fugerit sectam, et ad Dei cultum Respexerit, saxis aut alio furoris genere, quod nunc fieri cognoscimus, ausus fuerit adtemptare, mox flammis dedendus, et cum omnibus suis participibus concremandus.*

* 2. **RESPICERE** Aliquem Munere, Respectum suum erga aliquem munere profiteri. Petrus Cantor lib. 1. Summæ MS. cap. 96 : *Processu temporis mediator iste suggerit canonicato, ut Respiciat episcopum aliquo munere, ne argui posset ingratitudinis, etc.*

RESPICIARE, vox Practicorum, quæ idem sonat quod *Considerare*, seu *Esgarder*, ut nostri efferebant, Sententiam pronunciare, judicare cum cognitione causæ. Henr. de Knyghton ann. 1331 : *Qui omnes ad invicem consulentes venerunt, dicentes, quod omnes et singuli articuli superius de dicto Rogero attestati veri sunt et notorii, unde Respiciatum est et adjudicatum, quod prædictus Rogerus ut proditor et inimicus Regis et regni distractus sit et suspensus, etc.* Vide *Esgardium*.

☞ *Resploitier* simili significatione dixit le Roman *de Vacce* MS :

> Ernouf est vostre hom lige, si vous peut bien aidier,
> Si pocz bien cez plait, s'il vous plest, Resploitier,
> Si enquerez la chose, si en saurez miex jugier.

Vide *Explectare* in *Expletum* 1.

¶ **RESPIRACULUM**, Respiratio. Claudianus Mamertus lib. 2. cap. 12 : *Redactæ paululum Respiraculo pausæ vires.*

¶ **RESPIRAMENTUM**, Ovidio *Respiramen. Laxamentum et Respiramentum*, apud S. Augustinum lib. 7. Confess. cap. 7.

* **RESPIRATIO**, Relaxatio, qua quis respirare potest. Leges Portugal. sub Alph. reg. inter Probat. Hist. geneal. domus reg. Portugal. tom. 1. pag. 9 : *Quoniam nos concessit Deus quietari, et dedit victoriam de Mauris nostris inimicis, et propterea habemus aliquantum Respirationem, etc.*

¶ **RESPIRIUM**, Ἀναπνοή, in Glossis Lat. Gr. Aliæ Græc. Lat. : Ἀναπνοή, *Spiritus, Halitus, Respirium.*

¶ **RESPLENDENTIA**, Splendor, fulgor. S. Augustinus Epist. 155. novæ Edit. alias

52. ad Macedonium : *Sicut luculentis ingeniis non defit Resplendentia veritatis.*

¶ **RESPONCELLUS.** Vide mox in *Responsorium.*

¶ **RESPONCUM**, Responcus. Vide *Responsum* 2.

1. **RESPONDERE**, Pro alio spondere, Gallis *Respondre pour quelqu'un.* Capitula Caroli M. lib. 3. cap. 44 : *Nemini liceat servum suum propter damnum ab illo cuilibet inlatum dimittere, sed juxta qualitatem damni dominus pro illo Respondeat, vel eum in compositionem, aut ad pœnam petitori offerat.* Lex Wisigoth. lib. 5. tit. 4. § 18 : *Nam qui talem servum comparasse dignoscitur, si Respondere vel satisfacere pro crimine ejus noluerit, etc.* Ita *Responsum dare* pro alio, usurpat eadem Lex Wisigoth. lib. 4. tit. 2. § 15.

¶ 2. **RESPONDERE**, Præstare, solvere. Diploma Conradi II. Imper. ann. 1027. apud Illustr. Fontaninum ad calcem Antiq. Hortæ pag. 389 : *Insuper concedimus, ut nullus homo audeat Respondere mallaturam advocato ejus.* Eadem habentur in Diplomate Henrici III. Imp. ann. 1040. ibid. pag. 393. pro quibus in alio ejusdem Imperatoris Diplomate ann. 1043. e Tabulario Casauriensi, legitur : *Concedimus et ut nullus mallaturam Persolvat advocato ejus.* Simili notione Chronicon S. Trudonis apud Acherium tom. 7. Spicil. pag. 464 : *Prior vero custodi domus infirmorum de istis viginti quatuor tantum solidis singulis annis Responderet.* Diploma Henrici Ducis Slesiæ ann. 1337. apud Ludewig. tom. 6. Reliq. MSS. pag. 10 : *Non solum pro expensis, verum etiam pro damnis, quæ sustinuerimus, nobis Respondere tenebuntur.*

* Respondere de Feodo, Feudalia servitia exhibere, præstare. Pactum inter. Rob. Delph. comit. Clarom. et abbat. Medii-Montis ann. 1283. in Reg. 61. Chartoph. reg. ch. 54 : *Castellaniam vel capud (feudi)... non poterimus retinere; sed comes nobis in terra plana tenebitur permutare, nisi maluerimus in alium transferre, qui comiti Respondeat de feodo prædicto, prout ille, a quo acquisierimus, tenebatur.*

* 3. **RESPONDERE**, Reddere, Hisp. *Responder*, eadem notione. Charta Austorg. abb. Montis-alb. ann. 1303. ex Tabul. ejusd. monast. : *Elemosinarius.... solvat quolibet anno.... decimam vini, quam quondam eleemosinarii dicti monasterii ratione dictæ eleemosinariæ consueverunt percipere in decimariis sive territoriis, quæ Respondent et levantur per cabanarios nostros del Crozes et de Tescone.*

* 4. **RESPONDERE** Erga, Crimen impositum diluere. Scacar. Paschæ apud Rotomag. ann. 1228. ex Cod. reg. 4653. A : *Judicatum est quod Nicolaus Carbonel non Respondit erga Cornemole de seuta, quam faciebat erga eum de proditione domini regis.* Respoingner, pro *Répondre*, in Charta ann. 1306. ex Tabul. Carnot. : *Item se il estoit appelez en ladite court du comte, et Respoingne de sa bone volenté,.... sanz nul contraignement, etc.*

* **RESPONDERIUS**, Fidejussorius. Stat. ann. 1399. tom. 11. Ordinat. reg. Franc. pag. 33 : *Pro instrumento confessionis et obligationis alicujus debiti; item mutui Responderiæ constitutionis dotis, emphiteosis, etc.*

* **RESPONSABILIS** Petitio, Actio juridica, cui *responderi* debet. Arest. ann. 1351. 30. Apr. in vol. 2. arestor. parlam. Paris. : *Dicebat petitiones prædictas et easdem obscuras et non Responsabiles fore declarari debere.*

1. **RESPONSALIS**, Gall. *Respondant*, Qui pro alio spondet, [*Responsable*, in Glossis Lat. Gall. Sangerman. MSS.] Charta Hugonis Episcopi Lingon. ann. 1221. in Tabular. Camp. Thuani fol. 171 : *Nos nobilem mulierem Blancham illustrem Comitissam Campaniæ constituimus plegiam et Responsalem pro nobis super 700. lib. etc.* [Charta Curiæ Suession. ann. 1265. e Tabulario S. Medardi ejusd. urbis : *Constituerunt se et fecerunt.... dicto Conventui plegios et Responsales de dicto contractu.*] Adde Petrum Abbat. Cellensem l. 9. Ep. 12. Græci ἀντιφωνητὴν vocant, de qua voce Salmasius de Modo usurar. pag. 718. 721. 726. et nos quædam ad Alexiadem pag. 307. Glossæ Latino-Græc. : *Spopondit*, ὑπέσχετο, ἀντεφώνησεν, etc.

* *Respons*, eadem notione, in Consil. Petri de Font. cap. 13. Reg. Corb. 13. sign. *Habacuc* ad ann. 1512. fol. 146. v° : *Jehan Garin sera plaige, cauxion, Responds et principal debteur.*

2. **RESPONSALIS**, Nuntius : interdum et Apocrisiarius, et qui *Responsa* seu negotia Ecclesiastica peragebat. *Theodorus Responsalis venerabilis Ecclesiæ Carthaginis*, in Constit. Justiniani de Africana Ecclesia. Anastasius in S. Vitaliano PP : *Hic direxit Responsales suos cum Synodica juxta consuetudinem in Regiam urbem apud piissimos Principes.* Ita in S. Zacharia pag. 78. Anselmus Leodiensis cap. 106 : *Responsalem suum cum suis literis illo transmisit.* Chronicon Moriniacense ann. 1119 : *Thomam hujus loci Abbatem primum Responsalem misit.* Capitulare Sicardi Princip. Benevent. cap. 13 : *Ut in ipsa trajecta sit licentia transeundi tam negotiantibus, quam etiam Responsalibus, vel militibus, seu aliis personis.* Utuntur passim Scriptores, Facundus Hermianensis lib. 4. cap. 3. Gregorius M. lib. 1. Epist. 42. lib. 2. Ind. 10. Epist. 39. Ind. 11. Ep. 6. 7. lib. 3. Epist. 20. lib. 4. Epist. 3. 8. [Diurnus Rom. pag. 40.] Histor. Miscella in Zenone, Alexander III. PP. Epist. 9. 38. 50. ad Petrum Abbat. Cellensem, Aimoinus lib. 3. Hist. cap. 66. Joan. Sarisber. Epist. 7. Matth. Paris ann. 1246. Petrus de Vineis lib. 1. Epist. 3. Monasticum Anglic. tom. 1. pag. 303. etc. Vide *Apocrisiarius*, *Responsum.* [** Marcam de Conc. S. et I. lib. 5. cap. 16.]

3. **RESPONSALIS**, Procurator, qui pro alio in jure respondet, *qui in se suscipit judicium*, ait Fleta lib. 6. cap. 10. § 18. Regiam Majestat. l. 1. cap. 21. de *Essoniis*, § 4 : *Tunc ad quartum diem veniat, vel certum Responsalem mittat.* Ubi Skenæus, i. *Procuratorem, qui pro eo respondeat.* Adde cap. 25. § 2. lib. 2. cap. 16. § 38. lib. 3. cap. 15. § 2. cap. 17. § 4. Apud Bractonum lib. 4. tract. 1. c. 32. § 2. et in eodem Fleta lib. 4. cap. 6. § 7. dicitur magna esse differentia inter *Attornatum*, et *Responsalem.* [** Glanvilla lib. 11. cap. 1. sqq. Vide Phillips. Histor. Jur. Angl. pag. 117. sqq.] Charta Thomæ Comitis Sabaudiæ, apud Guichenonum pag. 51 : *Cum... nec ipsi per se, vel per Responsalem comparuerint, etc.* [Charta ann. 1134. e Tabulario S. Tiberii : *Abbas vero Casæ-Dei, qui ad eumdem diem et eumdem locum auctoritate Apostolica a nobis vocatus fuerat, nec ipse venit, nec pro se Responsales misit.* Adde Thomam *Blount* in Nomolexico, Chartam ann. 1134. in Probat. novæ Hist. Occitan. tom. 2. col. 475. aliam ann. 1180. apud Miræum tom. 2. pag. 1185. col. 1. et inter Instrum. novæ Gall. Christ. tom. 3. col. 135. aliam ann. 1182. apud Marten. tom. 7. Ampliss. Collect. col. 87. Bullam Alexandri III. PP. ann. circiter 1186. apud Lobinellum tom. 2. Hist. Britan. col. 320. aliam Innocentii III. tom. 2. Histor. Eccl. Meld. pag. 90. Chronicon Mauriniac. apud Duchesnium tom. 4. pag. 367. etc.]

☞ *Responsales* etiam vocabantur apud Cistercienses ii, qui Abbatum morbo detentorum vices acturi in Capitularia generalia dirigebantur. Statuta ejusdem Ordinis ann. 1276. apud Marten. tom. 4. Anecdot. col. 1452 : *Abbates, qui causa infirmitatis remanserint a Capitulo generali in domibus propriis, Responsales idoneos mittant sicut in Carta caritatis continetur : qui in itinere per Abbates vicinos et litteras se excusent. Responsales autem prædicti, expletis negotiis suis, incontinenti de Cistercio exeant et ad propria revertantur.* Statuta ann. 1189. ibid. col. 1263 : *Qui pro alia causa quam pro infirmitate de Capitulo remanserint, pro se Responsalem non mittant.*

4. **RESPONSALIS**, Epistola, qua alicui respondetur super scriptis in alia epistola, vel litteris. Ita apud Petrum de Vineis lib. 5. Epist. 29. 30. 122. 125.

* 5. **RESPONSALIS**, Alterius sponsione firmatus. Lit. Caroli VI. ann. 1418. tom. 10. Ordinat. reg. Franc. pag. 495 : *Constituant suos locatenentes, bonos viros et notabiles,.... qui etiam sint Responsales, viri fideles, etc.*

¶ **RESPONSAMEN**, Responsum. *Positum veremur tertio Responsamini calamum*, in Miraculis SS. Aurei et Justinæ, tom. 3. Junii pag. 70.

RESPONSARIUS, Responsalis, Apocrisiarius, apud Liberatum Diac. cap. 23. Diurn. Roman. pag. 40.

RESPONSATICUM, Capitulare Sicardi Principis Beneventani ann. 836. cap. 14 : *De tertiatoribus vero hoc stetit, ut nulla nova eis a parte Reipublicæ imponatur, excepto antiqua consuetudine, hoc est Responsaticum solum, et angarias, et calcarias.* Et mox : *Nulla alia nova imponatur a parte Reipublicæ ad eos, qui se dividunt, nisi tantummodo Responsaticum et angarias supra scriptas.* Cap. 31 : *Ut singula castella non tollant Responsaticum, nisi de locis sibi pertinentibus.* [Vide mox *Responsio.*]

¶ 1. **RESPONSIO**, Sponsio, fidejussio, Gall. *Caution.* Privilegia Dalphinatus ann. 1349. tom. 2. Histor. Dalphin. pag. 588. et tom. 5. Ordinat. Reg. pag. 45. num. 27 : *Item, quod ipse Dom. Dalphinus vel successores.... non possint, nec debeant levare, vel retinere victualia.... nisi pro justo pretio... et nisi primitus de dicto pretio illis, quorum* *essent victualia, realiter per solutionem, aut Responsionem sufficientem ydoneæ personæ, quæ se obligaret de solvendo unum infra mensem proximum dictum pretium, etc.*

¶ 2. **RESPONSIO**, Gall. *Responsion*, vox in usu in Ordinibus Militaribus S. Johannis Jerosolymitan. S. Lazari, etc. qua significant annuam pensionem a quolibet Equite totius Ordinis Procuratori solvendam. Charta fundationis Monasterii Belliloci ann. 1259 : *Unam marcham sterlingorum argenti ad opus dictæ domus S. Johannis Jherosolimitani annis singulis et non amplius percipiatis et habeatis ibidem pro Responsione in subsidium Terræ sanctæ.* Litteræ procuratoriæ et plenæ potentiæ Magistri et Conventus ultramarini Ordinis Domus S. Johannis Jerusalem Alberto de Castro-nigro concessæ ann. 1313. apud Rymer. tom. 3. pag. 461. col. 1 : *Dantes et concedentes eidem* (Alberto).... *plenam et liberam facultatem... bajulis seu domibus, per eum vel alium seu alios limitatis taliter, Responsiones certas et pingues, ad utilitatem Terræ sanctæ negotii, imponendi, ipsas bajulias et domos regendas et administrandas ad vitam vel alias ipsis, quibus expedire noverit, committendi et conferendi, etc.* Ibidem col. seq. : *Et a Procuratoribus nostris loca nostra tenentibus... ad quorum manus Responsiones, talliæ; subventiones.... pervenerint.... petendi, audiendi, exigendi et recipiendi de hiis, etc.* Bulla Pii IV. PP. in Privilegiis Equitum S. Johannis Jerosol. pag. 172 : *Pensiones seu Responsiones et onera super domibus, præceptoriis et aliis beneficiis hospitalis hujusmodi imponi solita, etc.*

☞ Harumce *Responsionum* instar *Responsiones* etiam vocat Paulus III. Papa pensitationes, quas e redditibus suis in communem usum refundere debebant Canonici aliique Ecclesiæ Insulæ Barbaræ Beneficiati, ut discimus ex Bulla ejusdem Papæ ann. 1549. pro sæcularisatione ipsius Monasterii tom. 1. Maceriarum ejusdem pag. 264. ubi habetur : *Ipsique* (Canonici).... *prioratus et alia beneficia ab eodem monasterio dependentia obtinentes, Responsiones etiam, refusiones et librationes nuncupatas, et alia onera per eos in dicto monasterio fieri et supportari solita, in omnibus et per omnia perinde ac si suppressio et creatio prædictæ factæ non fuissent, faciant et supportent.*

* *Responsion*, in Lit. ann. 1377. tom. 6. Ordinat. reg. Franc. pag. 261. et in aliis ann. 1406. tom. 9. pag. 186.

* Responsio, Præstatio quævis annua. Stat. MSS. eccl. Tull. ann. 1497. fol. 3. v° : *Gengulphini nequeunt sub gravibus pœnis prævenire pulsationem majoris hujus ecclesiæ;.... exceptis vigilia et die festi beati Gengulphi, in quibus eis licet pulsare ad libitum, mediante Responsione unius modii vini ad Bayart.*

* 3. **RESPONSIO**, Consensus. Jac. Gothofr. in leg. 1. Cod. Theod. de Raptu virginum vel viduarum (9, 24.) : *Nihil ei* (qui raptum facit) *secundum jus vetus prosit puellæ Responsio.*

¶ **RESPONSIS**, Indulgentia, venia, remissio. Leges et Consuetudines Fornenses MSS. ex Archivo Capituli S. Audomari : *Et si aliquem inde occiderit ei in perpetuum Responsis denegetur, et omnia bona sua erunt in gratia Comitis, nec unquam poterit reconciliari.*

¶ **RESPONSIVA**, Epistola qua quis respondet alteri. Epistola Edwardi III. Regis Angl. ad Carolum IV. Imp. ann. 1347. apud Ludewig. tom. 5. Reliq. MSS. pag. 466 : *Cum Prælatis et Proceribus ac peritis aliis habere volumus colloquium et tractatum; et juxta digestum ibidem consilium, tunc vestræ Celsitudini gratam et congruam, per Dei gratiam, facere Responsivam. Super quo vestram recepimus Responsivam*, in alia ejusdem Regis Epistola ann. 1343. apud Rymer. tom. 5. pag. 360. col. 1. Pro Responsione quavis et ore solum data sumitur in Statutis Cadubrii lib. 1. cap. 16 : *Et præcepta, quæ dicti Vicarius, vel alii eorum officialium vel nuncii fecerint sibi attendere et observare, et ambasciatas sibi impositas a Vicario vel alio Officiali fideliter et veraciter facere et Responsivam factam referre.*

¶ **RESPONSIUNCULUM**, Responsonarium. Vide mox in *Responsorium*.

¶ **RESPONSOR**, Præs, sponsor, Gall. *Répondant*. Litteræ Petri Cabilon. Episc. ad Ludovicum VII. Regem Franc. inter Instrum. novæ Gall. Christ. tom. 4. col. 242 : *Josserannus Responsor de pace extitit.* Occurrit apud Horatium, lib. 1. Epist. 16. pro Jurisperito seu viro prudenti, qui de jure consultus respondet :

> Quo Responsore, et quo causæ teste tenentur.

Quidam tamen legunt *Quo res sponsore, etc.*

RESPONSORIUM, Responsorius Cantus, Cantus Ecclesiastici species, sic dictus, inquit Isidorus lib. 1. de Eccl. Offic. cap. 8. et lib. 6. Orig. cap. 19 : *Quod uno canente, chorus consonando respondeat.* Rabanus lib. 2. de Institut. Cleric. cap. 51 : *Responsoria ab Italis longo tempore ante* (Antiphonas) *sunt reperta, vocata hoc nomine, quod uno canente chorus consonando respondeat. Antea autem id solus quisque agebat, nunc interdum duo vel tres communiter canunt, choro in plurimis respondente.* Idem lib. 1. pag. 33 : *Inter Responsoria vero et antiphonas hoc interest, quod in antiphonis unus dicit versum, in Responsoriis vero alternant versibus chori.* Gennadius de Scriptoribus Eccles. ait, Musæum Episcopum Massiliensem scripsisse *Responsoria Psalmorum, Capitula tempori et lectionibus congruentia, etc.* Alcuinus Poem. 3. [** Maio Classic. Auctor. tom. 5. pag. 389. S. Aldhelm. de laud. Bugg. vers. 52.] :

> Hymnos ac Psalmos, et Responsoria festis
> Congrua promemus subter testitudine templi.

[Idem Alcuinus de divinis Officiis : *In Calendis etiam, seu diebus anniversariis, per novem Psalmos et Responsoria, seu lectiones, simili modo officia persolvuntur.* Benedictus Levita in Collectione sua lib. 5. cap. 49 : *Laicus non debet in Ecclesia Lectionem recitare, nec Alleluia dicere, sed Psalmum tantum, aut Responsoria, sine Alleluia.*] Vide Concilium Toletan. IV. can. 16. Amalarium lib. 4. de Offic. Eccl. cap. 11. et in Eclogis pag. 1358. Monachum Altisiodor. S. Mariani ann. 947. Durandum lib. 5. Ration. cap. 2. num. 52. 53. Durantium de Ritibus Eccles. lib. 2. cap. 19. lib. 3. cap. 19. [et Cæsarium lib. 8. Miracul. cap. 5. et 6.]

Responsoria et *Responsorium*, promiscue dicitur in Statutis antiquis Cartusiensibus 1. part cap. 28. § 14 : *Quando festum Dedicationis accidit in Dominica, in qua necesse est inchoare Responsoriam novam, quæ solis Dominicis cantatur, etc.*

* Responsorium Modulatum. Stat. Gaufr. abb. Rivipul. ann. 1157. ex Cod. reg. 5132. fol. 102. r° : *Cantor ebdomadarius in loco suo Responsorium beatæ Mariæ, non breve, sed modulatum solus decantabit.*

Responsoriolum, Breve responsorium. Statuta Ordinis *de Sempringham* pag. 718 : *Novitii Responsoria non incipiant, nec versum cantent; sed Responsoriola et versiculos dicant.*

Responsiunculum, in Statutis Antiq. Cartusiens. 1. part. cap. 36. § 19. cap. 38. § 4. et alibi.

¶ Responcellus, Eadem notione, in antiquo Ceremoniali MS. B. Mariæ Deauratæ : *Item* (tempore Paschali) *omnes Responcelli terminantur cum Alleluia.* Infra : *In festis Sanctorum fiunt Responcelli de vercibus Nocturnorum precedentium, nisi sit inceptio instorie* (sic) *et dicuntur cum Alleluia.... Item in Dominicis que ab octava Penthecostes eveniunt usque ad Kalendas Septembris, nisi sit inceptio istorie, tercium Responsorium et septimum atque undessimum sumuntur de Trinitate, et pro quartis Responsoriis dicuntur Responcelli, sed non sumuntur de vercibus nocturnorum, ymo sunt propria, que durant per totum tempus estatis sine aliquali mutatione; et sunt isti, qui sequuntur. Primus est :* Domini est terra et plenitudo ejus. ℣. Orbis terrarum et universi qui habitant in eo. * Gloria Patri, etc. *Secundus est :* Ad te, Domine, levavi animam meam. ℣. Deus meus in te confido non erubescam. * Gloria Patri, etc. *Tertius est*, In te, Domine, speravi, non confundar in æternum. ℣. In justitia tua libera me et eripe me. * Gloria Patri, etc. Hinc patet quantulum sit discriminis hosce *Responcellos* inter et *Responsoria*, quæ post tertiam juxta usum Romanum, vel post quartam cujusque Nocturni lectionem juxta usum Benedictinum decantantur. Vide *Responçum* in *Responsum* 2.

Responsoriale, Liber Ecclesiasticus, continens responsoria, Amalario in Prologo de Ordine Antiphonarii; qui

Responsonarium, Durando lib. 6. Ration. cap. 1. num. 24. [Necrologium Parthenonis S. Petri de Casis : 15. *Aug. Randona domina d'Aleto dedit duos libros vocatos Responcier.*]

* *Responsoire*, in Inventar. MS. eccl. Camerac. ann. 1371.

Responsoria, Papiæ, *sunt, quæ Jurisconsulti respondere dicuntur consulentibus.*

1. **RESPONSUM**, Negotium, maxime illud, quod foris peragitur, de quo Domino *Responsum* datur. Liberatus Diac. cap. 16 : *Gennadius quidem ibi remansit, ut cum aliis Responsa faceret Episcopi.* Regula S. Benedicti cap. 31 : *Fratres, qui pro quovis Responso proficiscuntur.* Vita ejusdem S. Benedicti cap. 12 : *Mos etenim cellæ fuit, et quoties ad Responsum aliquot egrederen-*

tur Fratres, cibum potumque extra cellam minime sumerent. Gregorius Mag. lib. 3. Dial. cap. 36 : *Dum jussione Pontificis mei in Constantinopolitanæ urbis Palatio Responsis Ecclesiasticis observirem.* Idem lib. 6. Ind. 11. Epist. 29 : *Cum in urbe regia Responsa Sedis Apostolicæ facerem.* Epist. 52 : *Sabinianum Diaconum pro Responsis Ecclesiasticis faciendis ad dominorum vestigia transmisi.* Adde Epist. 54. lib. 4. Epist. 36. lib. 5. Epist. 60. lib. 6. Epist. 37. lib. 7. Ind. 1. Epist. 5. 7. lib. 11. Epist. 47. et alibi. S. Bonifacius Moguntin. Archiepisc. Epist. 29 : *Obsecramus, ut hunc Missum literarum mearum Romam pergentem propter Responsa Ecclesiastica, et orationum causa, per vestros fines conservatum transire permittatis.* Petrus Diac. lib. 4. Chron. Casin. cap. 66 : *Demum vero pro Responsis Casinensis cœnobii Apocrisiarius ad Lotharium Imp. directus, etc.* Florentius Wigorniensis ann. 1062 : *Armenfredum Sedunensem Episcopum, et alium, qui a domino Papa Alexandro pro Responsis Ecclesiasticis ad Regem Anglorum Eadwardum missi, etc.* Vita S. Geraldi Abbatis Grandisilvæ num. 3 : *Cœpit, ut solitus erat, quocunque Ecclesiæ suæ Responsis necessarium habebat percurrere, etc.* Infra : *Cum vero ad matris gremium, expleto diligenter Responsó, remeabat, etc.* Vide Alexandrum II. PP. Epist. 12. etc.

Adresponsum, unica voce, Apocrisiarius, Responsalis, qui negotia alicujus curat, et de iis *responsa* dat, qui mittitur *ad responsum dandum* de negotiis, pro quibus mittitur. Glossæ nomicæ in Cod. Reg. sign. 2023 : Ἀδρεσπόνσου, εἰς ἀπόκρισιν. Ita porro dicti, qui a Magistro militum deputabantur in Provincias, ut de militibus, qui in iis degebant, cum admonerent, et *responsa* inquirenti darent. Julianus Antecessor Constit. 17. de Prætore Pisidiæ : *Habeat autem et carrucam argenteam, et securim, et fasces, et Adresponsum propter milites.* Ita Constitut. 19. de Prætore Thraciæ, et Const. 33. de Moderatore Heleneponti. Ubi Scholiastes ad Constit. 17 : *Adresponsum dicitur, qui deputatus est a Magistro militum, ut, quid opus sit, a competente judice in milites fieri, responsum, id est, ministerium ei exhibeat : et solet deputari iste a Magistro militum eo, sub quo provincia illa est.* De scrinio auri *Adresponsum*, vide Pancirollum ad Notitiam Imperii Oriental. cap. 80.

A Responsis, Eadem notione. Papias in *Magister : Qui dat responsa regalia.* Ita Codex MS. Gloss. Sax. Ælfrici : *A responsis, i. Magister responsorum*, ildestær antraca. Joan. de Janua : *A responsis, indeclinabile : qui dat responsa principis.*

Liberum Responsum. Charta Lotharii Regis Franciæ apud Vassorium in Noviomo pag. 925 : *Suscipimus etiam eam* (Ecclesiam S. Eligii) *in conductu et custodia nostra, tam substantias ipsius, quam et homines capitales ejus, qui sicut ab antiquo in omni regno nostro sub Libero Responso, sine alicujus Advocati infestatione extiterant, ita in perpetuum sub tutela nostra et succedentium nobis Regum permaneant.* Apud Petrum de Fontanis a nobis editum, *Perdre respons en court* dicitur, qui juri stare idoneus non est, vel testimonium perhibere. Vide cap. 13.

2. **RESPONSUM**, Idem quod *Responsorium.* Vide *Graduale.* [Nonnihil discriminis est *Responsum*, seu *Responsorium*, inter et *Graduale.* Hoc peculiare *Responsorium* est, quod in gradibus, sive juxta pulpiti gradus, canitur; illud vero, quod Matutinis aliisve horis canonicis, ubi voluerit clerus, cantari consuevit.]

* Necrolog. eccl. Paris. MS. iij. Idus Jul. : *Singulis vero clericis, qui in missa Responsum vel Alleluia in organo triplo vel quadruplo decantabunt, etc.* Ubi idem quod *Graduale.*

¶ Responçum vel Responçus, Eadem notione. Ceremoniale MS. B. Mariæ Deauratæ : *Primus* (Responcellus) *loco quarti Responçi; et secundus dicitur loco octavi Responci; terciusque dicitur loco duodecimi Responci. Diebus vero in quibus est istoria propria, et in festis habentibus proprietatem chantus non habent locum Responcelli, sed omnes Responci dicuntur per ordinem, et etiam in festis in albis vel in capis seu majoribus.*

¶ 3. **RESPONSUM**, Idem quod supra *Repositorium*, nisi ita legendum est; Sportella aliudve genus vasis, in quo aliquid reponitur. Pelagius libello 10. num. 18 : *Dedit ei aurum et nummos, et rescellas, et omne, quod in Responso suo habebat.*

* 4. **RESPONSUM.** Sal de primo Responso, f. Quod primum venditur. Charta Joan. comit. Burg. ann. 1242. inter Probat. tom. 1. novæ Hist. Burg. pag. 107. col. 1 : *Concessimus.... Deo et Beatæ Mariæ de Tart.... centum solidos Stephanienses in puteo Salinarum annuatim accipiendos, in sale videlicet de primo Responso, quod est post festum Omnium Sanctorum, prout sal et Responsum tunc valebunt.*

¶ **RESPUBLICA**, Fiscus regius. Leges Caroli Magni cap. 123 apud Murator. tom. 1. part. 2. pag. 109. col. 1 : *Similiter et de rebus, quæ ad Rempublicam pertinent, si Comes aut Ministerialis Reipublicæ cuiquam concesserit, pro infidelitate computetur.* Eodem vocabulo eademque significatione passim utuntur eorum temporum Scriptores.

* Charta ann. 959. apud Murator. tom. 1. Antiq. Ital. med. ævi col. 991 : *Concedimus in ecclesia S. Maximi, sita intus hanc nostram Salernitanam civitatem a domino Guaiferio principe bisavio meo, de aquario antiquo nostræ Reipublicæ pertinente, etc.* Alia Henr. II. Germ. et Ital. reg. ann. 1007. ibid. col. 992 : *Centum libras puri argenti, medietatem nostræ Reipublicæ et medietatem prænominatæ ecclesiæ, se compositurum procul dubio cognoscat.* [** Plura ibi apud Murat. inde a col. 984. Vide Savin. Histor. Jur. Roman. med. temp. tom. 1. § 22. not. *n.*]

RESSA, *Quod apud nos dici potest visibilis aut laudabilis tentatio.* Papias. [** ut ex Origen.]

¶ **RESSAISIARE**, Ressaisire, Gall. *Resaisir*, Iterum comprehendere, occupare, recuperare, in possessionem restituere. Codex Legum Normannicarum apud Ludewig. tom. 7. Reliq. MSS. pag. 326 : *Ad visionem autem, demonstratione facta, justiciarius debet querelato precipere, quod ipse Ressaisiat querelantem.* Edictum Philippi VI. Franc. Regis ann. 1347. apud *de Lauriere* tom. 2. Ordinat. Reg. pag. 267 : *Ipse serviens deberet ipsum reum compellere ad loca Ressaisianda, si aliquid inde fuerit levatum, seu ablatum, aut alias explectatum, antequam ipsum ad oppositionem reciperet, locis vero Ressaisitis deberet idem serviens capere debatum, etc.* Charta Caroli V. Franc. Regis ann. 1369. apud Lobinellum tom. 3. Hist. Paris. pag. 474. col. 1. : *Et si in casu novitatis inter ipsos Religiosos... ac prædictos homines et aliquos alios, ratione bonorum quorumcumque dicti Monasterii* (Cœlestinorum Paris.) *oriatur oppositio vel debatum, de locis ablatis, si sint in rerum natura... primitus et ante omnia realiter et de facto Ressaisitis, dictum debatum et rem contentiosam ad manum nostram tamquam superiorem ponant.* Vide *Resaisire*, *Resaysiare* et *Saisire.*

* **RESSALHITA**, an Pastus, vel Perfugium contra aeris inclementiam, ab Italico *Rezzo*? Pact. inter Eustach. *de Levis* dom. de Saxiaco et monast. de Proliano ann. 1321. in Reg. 60. Chartoph. reg. ch. 195 : *Dicebatur dictum monasterium, si contingeret sua animalia propter nives vel asperitatem temporis, vel quamlibet aliam causam, pro Ressalhita vel aliter venire et declinare ad feuda seu pascua territorii de Saxiaco, nullam pœnam, justitiam vel bannum solvere teneri.*

* **RESSARCHIA**, Perquisitio, inquisitio, Gall. *Recherche.* Chron. Nem. ad ann. 1490. inter Probat. tom. 3. Hist. ejusd. pag. 8. col. 2 : *Nam linguæ Occitanenses dicebant quod villæ francæ et liberæ dictarum trium generalitatum in hujusmodi Ressarchia, ac etiam gentes ecclesiasticæ, nobiles ruralia possidentes, et alii privilegiati debebant comprehendi.... Tandem obtinuerunt quod ipsa Ressarchia fiat uniformiter in qualibet quatuor generalitatum.* Infra : *Pour besongner ou fait de la Ressarche, etc.*

* **RESSARE**, Serra desecare, Gall. *Scier*; unde *Ressator*, Desector. Lit. remiss. ann. 1415. in Reg. 168. Chartoph. reg. ch. 324 : *Cum consules loci de Mirisvalibus baroniæ Montispessulani emissent fustes et tigna magna et grossa, quas et quæ voluerunt facere scindi vel Ressari, ut inde fierent postes et trabes;... et quia pro Ressando seu scindendo dictas fustes, etc.* Comput. ann. 1400. inter Probat. tom. 3. Hist. Nem. pag. 154. col. 1 : *Ressatoribus pro Ressando unam peciam dictarum fustarum, viij. grossos.* Vide *Resea* et infra *Ressegare.*

* **RESSARIRE**, pro *Ressasire*, ex frequenti mutatione *s* in *r*, In possessionem restituere. Lit. Phil. Pulc. ann. 1294. inter Probat. tom. 1. Hist. Nem. pag. 133. col. 1 : *Significavit nobis dilectus noster abbas monasterii S. Petri de Psalmodio, quod cum ipse et ejus monasterium.... dissariti per gentes nostras fuissent, ut dicitur, de prædictis; postmodum ipsi Ressariti fuerunt de prædictis piscationibus, etc.*

* **RESSAYRE**, Eodem intellectu. Lit. remiss. ann. 1378. inter Probat. tom. 3. Hist. Nem. pag. 18. col. 1 : *Eosdem omnes et singulos...... ad prædicta et alia quæque officia per ipsos tenenda, ipsos et eorum quemlibet reabilitamus et Ressaymus et rein-*

tegramus, et ad plenum restituimus. Hinc

* **RESSAYZIMENTUM**, Restitutio. Comput. ann. 1400. ibid. pag. 152. col. 1 : *Magistro Johanni Voluntatis notario, pro processu facto de Ressayzimento arrologii ad utilitatem Nemausi, etc.* Vide *Ressaisiare.*

* **RESSEGA**, RESSEGUA, Officina, ubi serra desecatur, idem quod *Resea.* Charta senesc. Bigor. ann. 1391. in Reg. 142. Chartoph. reg. ch. 80 : *In quo quidem molendinario idem supplicans vult et intendit facere et construere unam Ressegam, ad sarrandum fustes et arbores utriusque conditionis; illamque Ressegam cum omnibus suis munimentis et artificiis ad sarrandum necessariis.* Vide mox

* **RESSEGARE**, Resecare, serra desecare. Charta Gadif. de Aula milit. senecs. Bigor. ann. 1376. in Reg. 148. Chartoph. reg. ch. 52 : *Paulus de Nogareto dedit monasterio Scalæ Dei licentiam ædificandi molendinum Resseguæ, ad Ressegandum fustes.* Alia ann. 1393. ibid. : *Quod omnes fustes, quæ in eadem Ressegua sarrabuntur, sint et extrahentur a nemoribus propriis domini abbatis Scalæ Dei.* Vide supra *Ressare.*

* **RESSELARE**, Furem aut furtum recipere, occultare, pro *Recelare.* Vide in hac voce. Comput. ann. 1357. inter Probat. tom. 2. Hist. Nem. pag. 190. col. 2 : *Pro faciendo justiciam nonnullorum dicti loci, qui quandam quantitatem brigandorum Resselaverant, cum rebus furatis apud Albaronum.*

* **RESSERCIO**, Restauratio, restitutio. Charta Henr. episc. Clarom. ann. 1392. in Reg. 153. Chartoph. reg. ch. 169 : *Una cum refectione, Ressercione et plenaria restitutione omnium et singulorum dampnorum, expensarum et interesse.*

¶ **RESSERIA**, Grex ovium. Vide *Rasseria.*

RESSIA, [f. Idem quod *Resea.*] Testamentum Aimonis de Sabaudia D. Villæfranchæ ann. 1398. apud Guichenonum : *Donavit.... quandam Ressiam, quam ipse Dominus Aymo construi fecit super Bealeria Saviliani in Aycalibus dicti loci.*

¶ **RESSIDENTIA**, Assidua commoratio, Gall. *Residence*, Ital. *Residenza.* Correctiones Statutorum Cadubrii cap. 71 : *Nisi venerit habitatum cum familia sua in Cadubrio, et personaliter in territorio et contracta Ressidentiam fecerit.* Rursum occurrit ibidem cap. 64. Vide *Residentia.*

¶ **RESSIUS**, Species casei. Vide *Rassius.*

¶ 1. **RESSORTIRE**, RESORTIRE, Practicis nostris *Ressortir*, Habere jus appellationis ad superius tribunal. Arrestum Parlamenti ann. 1341 : *Præfato Comite replicante, quod cum Ducatus et Perria prædicti immediate moveant et teneantur a nobis ratione nostræ Coronæ, ex causa Perriæ Resortiant immediate ad nostrum Parlamentum Franciæ, ut pars et membrum Coronæ nostræ, et per consequens, de ratione communis usus et observantiæ notoriæ regni nostri, cum feuda moventia aliqua castellania et immediate Resortantia* (a Gallico *Ressortant*) *ad eam judicentur et terminentur secundum usum et consuetudinem loci, unde movent, etc.* Confirmatio pacis initæ ann. 1334. inter Humbertum Dalphinum et Aymonem Comitem Sabaudiæ, tom. 2. Hist. Dalphin. pag. 351. col. 2 : *Acto etiam et expresse convento inter ipsos dominos, quod nullus ipsorum dominorum vel success. et hæred. suorum in dictis feudis vel eorum aliquo valeat aliqualiter Ressortire*, hoc est, si bene interpretor, jus habere *ressorti* seu supremam jurisdictionem. Hic sermo est de feudis quæ Dalphinus a Comite Sabaudiæ, vicissimque Comes Sabaudiæ a Dalphino tenebat. In hisce feudis vetantur *ressortire*, hoc est, supremam jurisdictionem exercere, quia feudorum conditio hæc est, ut feudalis Dominus in iis suprema jurisdictione potiatur, a qua lege hic recedere vetantur principes sibi invicem feudatarii.

¶ RESSORTIRI, Eodem significatu. Litteræ Ludovici XI. Franc. Regis ann. 1474. in Privilegio Equitum Ordinis S. Johannis Jerosol. pag. 21 : *A jurisdictione cujuscumque judicis temporalis, præterquam a nostra, hactenus exemptos penitus fuisse et esse, nobisque et nulli alii in superioritate et Ressorto immediate subjacere, et ad sedem regiam, non alibi, Ressortiri consuevisse.*

¶ RESSORTISSARE, RESSORTIZARE, RESORTISARE, Eadem notione. Litteræ Caroli Johannis Franc. Regis primogeniti ann. 1358. apud D. *Secousse* tom. 3. Ordinat. Reg. pag. 296 : *Ressortizant sintque in possessione et saisina Ressortizandi coram dicto Baillivo... Senonensi, etc.* Litteræ ann. circiter 1387. apud Menesterium in Probat. Hist. Lugdun. pag. 130. col. 1 : *Quod omnes et singuli subditi villæ Lugduni Resortissant et ad Ressortissandum veniant in omnibus casibus ressorti in sede Matisconensi, in qua antiquitus Ressortiri solebant, sub pœna 500. librarum Turon. alias per quamlibet contrarium facientem committenda.* Rursum occurrit col. seq. Arrestum Parlamenti ann. 1400. e Tabulario Corbeiensi : *Ab antiquo notorie exempti ab Archiepiscopo Remensi et Episcopo Ambianensi, et in curia Romana Resortisantes erant et fuerant.*

* 2. **RESSORTIRE**, Resilire. Lit. remiss. ann. 1352. in Reg. 81. Chartoph. reg. ch. 351 : *Cum Johannes Pignolet.... dictum baculum ad dictas guillas jactaret, et de altera parte dicti baculi quandam ulmum in dicta platea existentem attigisset, accidit quod dictus baculus ab alia sui parte Ressortivit, et casu fortuito percussit Odinum de Rutello.* Hinc nostris *Ressort*, pro *Rebondissement, contre-coup*, Repercussus. *Du rejault ou Ressort qu'elle* (la sayette) *fist contre ledit arbre*, in Lit. remiss. ann. 1423. ex Reg. 172. ch. 349. Aliæ ann. 1416. in Reg. 169. ch. 248 : *Pour ce que à celle heure, qui estoit bien basse, on veoit trèspeu, le suppliant en ferant icelui Boutemie, eust feru de Ressort ledit Gauteron, qui se mettoit entre deux pour despecier la noise, sur le bras, etc.* *Ressourte*, eadem acceptione, in aliis Lit. remiss. ann. 1395. ex Reg. 149. ch. 323 : *Lequel Moinginot prist une selle de bois, et la getta contre ledit Jehan Mel; et ne scet se de droit cop ou de Ressourte, il en fu feru.* Vide supra *Resallire.*

* Aliud sonat eadem hæc vox *Ressort*, idem nempe quod *Dedit*, mulcta, qua mulctabatur is, qui ab aliquo pacto *resiliebat* seu recedebat, in Lit. remiss. ann. 1450. ex Reg. 185. ch. 104 : *Lesquelz promisdrent croire Jehan de Percey, au Ressort de deux saluz d'or et ung salut de vin tant pour despens que pour le barbier ou malefaçon.* Vide supra *Repentalia.*

* **RESSORTIVUM** REMEDIUM, Jus appellationis ad superiorem judicem. Lit. ann. 1369. tom. 5. Ordinat. reg. Franc. pag. 324 : *Visum fuerat necessarium quærere erga dominum meum, ut eorum dominum superiorem, remedium Ressortivum, sicut ab hactenus eis competierat, etc.*

RESSORTUM, Quicquid intra *sortes* continetur, seu jurisdictionis terminos : districtus judicis, [Gallice *Ressort.* Stylus Curiæ Parlamenti cap. 3 : *Nec seneschallis, nec de ipsorum Ressorto.*] Vide Casanovam lib. 1. de Franco allodio cap. 9.

☞ Passim occurrit pro quovis cujuscumque judicis districtu, non raro etiam pro suprema jurisdictione, supremo tribunali, ubi majores causæ dijudicandæ, ad quod a minoribus tribunalibus provocatur, et a quo non potest provocari, nostris etiam *Ressort.* Conventio Philippi III. Franc. Regis cum Canonicis S. Mederici Paris. ann. 1273. apud Lobinell. tom. 3. Hist. Paris. pag. 27. col. 1 : *Habebunt etiam dicti Canonici in hospitibus dictæ terræ et in dicta tota terra justitiam super mobilibus... item super verbis contumeliosis, alapis sive buffis, melleis sine sanguine.... nec nos, nec successores nostri in præmissis seu aliquo de præmissis aliquid de cætero reclamare ratione Ressorti* (poterimus,) *excepta, ut dictum est, justitia super ictibus orbis, vel aliis, ex quibus verisimile esset, vel etiam contingeret, quod percussus moreretur.* Litteræ Philippi IV. Franc. Regis ann. 1291. apud Marten. tom. 1. Anecdot. col. 1243 : *Conquestus est nobis dilectus et fidelis noster Comes Haynnoniæ, quod in terra sua de Ostrevanno, de qua nobis fecit homagium, sibi et gentibus suis ac subditis fiunt plura gravamina et indebitæ novitates : unde cum intentionis nostræ non sit in terra prædicta habere nisi homagium et Ressortum ; mandamus vobis.... permittatis eumdem Comitem suosque subditos suis dominiis, feodis, justitiis et juribus uti et gaudere pacifice, eo modo quo eis gaudebant antequam de dicta terra ad homagium nostrum venisset, salvis nobis Ressorto et superioritate prædictis in ipsa terra.* Charta Edwardi I. Regis Angl. ann. 1296. apud Rymer. tom. 2. pag. 713. col. 1 : *Et etiam quod Senescallo Vasconiæ et aliis ministris nostris, ne de judiciis majoris et curiæ Baionæ, nisi per viam appellationis et Ressorti, se aliquatenus intromitterent,... inhiberemus.* Homagium domini castri S. Baudilii factum Abbati S. Victoris Massil. ann. 1296. ex Archivo ejusdem S. Victoris armar. Ruthen. n. 42 : *Faciamque proclamari nomen S. Victoris in signum supremi dominii et Resorti.* Vetus Inquesta de juribus Abbatiæ Beccensis MS : *Vidit eos utentes in pluribus casibus de placito ensis, et ita fama communis tenet, præterquam de rapo, de focagio et Resorto.* Enumeratio jurium Castri Auzeti ann. 1394. e Regesto Cameræ Comput. Provinciæ signato *Armorum* fol. 70 : *Superioritate tamen regia, appellationibus.... Ressorto et homagio ligio et sacramento fidelitatis... reservatis.* Arrestum Parlamenti ann. 1394. apud Menesterium in Probat. Hist. Lugdun. pag. 72.

col. 2 : *Volens ipse controversias inter Franciæ Reges, Archiepiscopum et cives Lugdunenses... subortas extinguere, jurisdictionem domaneriam dictæ villæ Lugdunensis, retento sibi et successoribus suis inter cætera jure superioritatis et Ressorti, ac cæteris juribus regalibus in eadem... retento etiam sibi et suis successoribus prædictis Ressorto tam secundarum appellationum ab extra villæ Lugdunensis provenientium ad Archiepiscopum et Capitulum, quam primarum a judice ordinario Archiepiscopi in eadem villa Lugdunensi interjectarum Archiepiscopo Lugdun. etc.* Pluries recurrit ibi et alibi.

¶ Resortus, Eadem notione. Litteræ Edwardi II. Regis Angl. ann. 1315. apud Rymer. tom. 3. pag. 508. col. 1 : *Et quod post hujusmodi emptionem, personæ multorum locorum et baillivarum prædictarum et Resortuum, etc.*

* *Ransoure*, eadem notione, in Charta, ann. 1256. ex Chartul. Campan. fol. 465 : *Vinz livrées de terre que il tient an som demoyne et Ransoures et as apartenances.*

* **RESSUERE**, Exsiccare. Charta ann. 1235. inter Instr. tom. 11. Gall. Christ. col. 259 : *Tenetur.... facere pannos lineos lavari, et eosdem et sericos Ressuere.*

¶ 1. **RESTA**, Gall. *Restes, Debets*, Reliqua rationum. Charta ann. 1354. tom. 1. Hist. Dalphin. pag. 216. col. 1 : *Dominus Comes cupiens solvere Restam et arreragia, etc.* Litteræ Johannis Franc. Regis ann. 1362. apud D. *Secousse* tom. 3. Ordinat. Reg. pag. 566 : *Ad solvendum nobis... Restas quas per fines compotorum suorum hujusmodi debentur. Reste debite Regi*, in Memoriali MS. Cameræ Comput. Paris. ann. 1378. fol. 207. Scheda ann. 1379. e Tabulario S. Victoris Massil. : *Viginti florenos solvatis de Resta centum illorum per civitatem debitos.* Procuratio ann. 1392. tom. 9. Spicil. Acher. pag. 293 : *Ad petendum et recuperandum in totum vel in parte Restam dotis promissæ nobis.* Apocha Petri Camerac. Episc. ann. 1397. e Bibl. Reg. : *Cognoscimus recepisse..... summam 334. lib. 14. sol. 7. den. cum picta Turon. monete Cameraci currentis pro parte nostra Reste compoti magistri Guillelmi Floriti receptoris temporalitatis in Cameraco.* Charta ann. 1428. e Chartulario S. Vandregesili tom. 2. pag. 1746 : *Occasione decem octo modiorum vini boni, sani, puri et sufficientis, ad mensuram Meduntæ sibi debitorum de Resta solutionum prædictorum sex modiorum quinque annorum præcedentium, etc.* Sententia arbitralis ann. 1446. e Tabulario Corbeiensi : *Compelli ad solvendum.... viginti septem lotos cum dimidio loto vini.... ex Resta debitos.... et pro Resta ejusdem decimæ debitos, etc.* Conventio ann. 1522. e Schedis D. *le Fournier* : *Dictis hominibus non liceat aliquod avere, nec animalia grossa nec minuta, ad medias Restas, et medium crementum accipere neque tenere.* Adde novam Gall. Christ. tom. 3. col. 220. Instrum. et Lobinelli Glossarium tom. 3. Hist. Paris. Vide *Restum.*

¶ 2. **RESTA**, pro *Rasta*. V. in hac voce.

¶ 3. **RESTA**, Agger, moles aquis continendis. Bernardus Thesaurarius de Acquisitione Terræ Sanctæ cap. 206. apud Murator. tom. 7. col. 843 : *In universa siquidem Ægypti terra constructæ sunt Restæ sive clusæ, quæ aquam Nili retinent, quum suo more succrescit.*

¶ 4. **RESTA**. Miracula S. Johannis Gualberti, tom. 3. Julii pag. 388 : *Ex Senarum civitate adolescentem acrem et fortem, catena etiam ligatum et innexum, nam funium Resta lacerasset, cum affines nobilissimi viri, multis comitantibus, traherent, etc.* Viri docti suspicantur idem esse quod Textura; sed forte melius legeretur *restes*. Vide mox *Restis*.

* 5. **RESTA**, Jactura, decessio. Hinc *Tenere ad medias Restas et medium crementum*, ex Charta ann. 1522. in *Resta* 1. laudata, est Tenere ad medietatem accretionis et decessionis, quod *ad medium lucrum et perdre* dicitur, in Charta ann. 1490. ex sched. Pr. *de Mazaugues*. Pact. inter dom. et universit. de Albarno ann. 1516. art. 23 : *Averum quæ essent ipsorum hominum proprium, vel ad medias Restas illa tenentium.* Vide *Mejaria* 1.

¶ **RESTABILIMENTUM**, a Gallico *Rétablissement*, Restitutio. Arestum Parlamenti ann. 1393. 14. Febr. e Tabulario Corbeiensi : *Per idem arestum prefata curia, quod Restabilimentum de presenti per signum dumtaxat fiet, ordenavit et ordinat.* Concilium Paris. ann. 1416. apud Marten. tom. 4. Anecdot. col. 349 : *Secundus punctus tractati in dicto Concilio Parisiensi fuit super Restabilimento personarum missarum et mittendarum pro toto regno ad generale Concilium Constantiense.*

¶ **RESTABILIRE**, Iterum stabilire, restituere, redintegrare, Gall. *Rétablir*. Condonatio rebellibus Carcassonæ incolis a Carolo VI. Franc. Rege indulta ann. 1383. apud Marten. tom. 1. Anecd. col. 1593 : *Ac bonam famam ipsorum in integrum Restabilimus, remittimus et omni modo reducimus per præsentes.*

* **RESTABLISSAMENTUM**, Restitutio, redintegratio, Gall. *Rétabissement*. Arest. parlam. Paris. ann. 1384. in Cod. reg. 9822. 2. fol. 133. v° : *Quando res, de quibus erant controversiæ, realiter et de facto ponebantur in manu regis, et fieret Restablissamentum realiter et de facto, etc.* Occurrit rursum ibid. fol. 106. v°. ad ann. 1328. Vide *Restabilimentum*.

¶ **RESTABLITIO**, Idem quod *Restabilimentum*, Restitutio. Regestum Parlamenti ann. 1348. apud Baluzium tom. 2. Hist. Arvern. pag. 425 : *Guillelmo de Randone Milite in curia nostra petente contra Beraudum Delphini Militem fieri Restablitionem inferius declaratam; auditis partibus, curia nostra ordinavit, quod de omnibus et singulis per dictum Beraudum seu ejus gentes... Restablitio fiet... mandantes.... quatenus ipsum Beraudum... ad dictam Restablitionem omni postposita dilatione compellant.*

¶ **RESTAGNATIO**, Exundatio, redundatio, Gallice *Debordement, Regorgement*; item Moles aquis opposita. Vox nota Plinio prima significatione. Privilegium Alberti Magdeburg. Archiepisc. ann. 1225. apud Ludewig. tom. 5. Reliq. MSS. pag. 24 : *Statuentes, ut civitas aggerem seu Restagnationem ad lacum construere ac conservare et reparare perpetuis temporibus expensis propriis teneatur.* Concordia ann. 1228. ibidem pag. 58 : *Cum super dampnis dicte domus sancte Conegundis, que ex Restagnatione Sale, occasione retinaculi molendini in Gummerst, que domus eadem sustinet et in posterum cogitur sustinere, inter nos ad invicem questio verteretur, concordavimus in hunc modum, etc.* Videsis alium locum in *Batura aquæ*.

¶ **RESTAGNATUS**, Exundans, redundans, nostris *Qui regorge*. Ermenricus Monachus Augiensis de Grammatica, apud Mabillon. tom. 4. Analect. pag. 330 : *Sed eheu idem ipse tam habilis fons ne late flueret, quam sæpe machinamentis... obstruitur; eremus prodit ac bestiæ loquuntur, donec Restagnatus in sese, et non sine periculo sui patientissime se exedebat, Deoque eum protegente armis rempublicam defendebat.*

* **RESTALAGIUM**, Restelagium, Feni residuum, quod rastro colligi potest, cum fenum in cumulos coacervatum est aut in fasces collectum. Charta ann. 1221. ex Lib. albo episc. Carnot. : *A prima die qua incipiunt prata episcopi falcari, usque ad ultimam quadrigatam, famulus majoris habet quatuor denarios pro custodia et servitio, quod ibi facit, et medietatem logiæ et Restelagium.* Alia ann. 1265. in Tabul. S. Petri Carnot. : *Dicebant se habere debere in prato, quod vocatur magnum pratum apud Tyvas, in dominio dictorum abbatis et conventus, Restalagium... et medietatem cujusdam logiæ, quæ fiebat quolibet anno ad custodiendum dictum pratum.* Vide *Rastellagium*.

¶ **RESTANCIÆ** Computorum, Rationum reliqua, Gall. *Restes, debets*, in Memoriali Cameræ Comput. Paris. mensis Septembris ann. 1364. fol. 80. recto. *Restantiæ contractuum*, in Chronico Cornelii *Zantfliet* ad ann. 1332. apud Martenium tom. 5. Ampliss. Collect. col. 203. Vide *Resta* 1. [** et Haltaus. Glossar. German. voce *Hinderstellig*, col. 918.]

1. **RESTARE**, Sistere, consistere, perstare, permanere, durare. Pactus Legis Salicæ tit. 17. § 5 : *Si quis hominem, qui... dirigere habet præceptum Regis, et.... aliquis extra ordinationem Regis Restare eum facit, aut adsalire eum præsumpserit, etc.* Fulcherius Carnotensis lib. 1. Histor. Hieros. cap. 13 : *Quo, frater, fugis? Resta, ne timeas.* Adde cap. 14. Matthæus Paris pag. 515 : *Equos et homines meos fecit Restare, donec paagium extorsisset.* Utuntur Latini Scriptores. Propertius :

Dum vincunt Græci, dum Restat barbarus Hector.

Arnobius lib. 3 : *Neque enim Restare sine assertoribus potest religio Christiana.* [Adde Notitiam ann. circiter 1200. apud Marten. tom. 1. Collect. Ampliss. col. 1037. Chronicon Dominici de Gravina apud Murator. tom. 12. col. 177. Translationem S. Augustini Cantuar. tom. 6. Maii pag. 423. etc.] [** Folcuin. Gest. Abbat. Lobiens. cap. 16 : *Gens Northmannorum ... subinde Restans, subinde progrediens, ubi resistentem vidit neminem, quaquaversum sibi libitum visum est, ferebatur.*]

* 2. **RESTARE**, Detinere, manus in aliquem injicere, idem quod *Arrestare* 1. Charta ann. 1331. in Reg. 66. Chartoph. reg. ch. 1002 : *Comparuit in judicio coram*

nobis (bajulo regio de Maurenxs) *Helyas Frequandi,.... dicens se fore Restatum per Helyam Fabri locumtenentem nostrum, petens a nobis si idem locumtenens ipsum Restaverat de præcepto nostro : cui respondimus quod sic; et insuper iterato Restavimus ipsum manu et ore, et in arresto dicti domini regis et nostro posuimus.*

* 3. **RESTARE**, Superesse, reliquum esse. Charta ann. 1364. ex Tabul. D. Venciæ : *Reliquos vero mille florenos auri dicti ponderis ad solvendum Restantes, ordinavit fore solvendos per dictum magnificum emptorem.* Vide *Resta* 1.

¶ **RESTAURA**, Idem quod infra *Restaurum*. Concordia ann. 1378. apud Schilterum in Glossario Teutonico v. *Restaver-zinsen : Ipse quoque Prior, Fratres et Conventus in recompensationem et Restauram dictarum oblationum, quæ dictæ parochiæ detrahuntur, ipsi parochiæ et rectori pro tempore dederunt et assignaverunt duas libras denariorum singulis annis.* In Sententia ann. 1401. ibid. laudata, de eadem re habetur *Restaurum oblationum.*

¶ **RESTAURAMENTUM**, Instauratio, reparatio, ædium sarta tecta. Chronicon Monasterii S. Launomari de Magenciaco ad ann. 1077. apud Stephanotium tom. 4. Fragm. MSS : *Trothardus Prior loci Magenciaci... adiit dominum Guillelmum Tyernensem, Principem clarissimum, deprecatusque est, ut pro salute patris sui Guidonis donaret sibi et S. Launomaro in sylva sua amplissima, quæ vocatur Borno, unde semper habeatur calefactum, ædificamentum et Restauramentum domorum suarum.*

¶ 1. **RESTAURARE**, Bulla Nicolai II. PP. ann. 1061. apud Hickesium Gramm. Anglo-Saxon. pag. 177 : *Nullus Rex, Dux, Marchio... præsumat.... hanc tui episcopatus confirmationem in aliquo lædere, vel minuere, aut Restaurare,* hoc est, infringere, aliudve simile agere; sed vereor ne mendum sit in hac voce, quæ non occurrit in aliis similibus sequendi formulis et cujus notio, si responderet verbo, contraria omnino videretur; nam *Restaurare* pro *Instaurare* dixerunt Tacitus lib. 3. et 4. Justinus lib. 2. Ulpianus leg. 4. fin. Dig. ad Legem Jul. de adult. quod tamen verbum uti barbarum respuit Scaliger senior, Cardanumque eo sæpius utentem redarguit Exercit. 195. quod non *Restar* sed *Instar* dicatur. Servius ad Virgilium Æneid. 2 : *Instar autem est ad similitudinem; unde non Restaurata, sed Instaurata dicuntur ædificia ad antiquam similitudinam facta.* Sed hæc Servii non impedierunt quominus verbum *Restaurare* passim usurparent recentiores. Vide Vossium lib. 4. de Vitiis serm. cap. 21.

* 2. **RESTAURARE**, Resistere, refragari. Charta ann. 1231. apud Lam. in Delic. erudit. inter not. ad Hist. Sicul. Bonincont. part. 3. pag. 158 : *Promiserunt etiam et juraverunt non esse in consilio, vel facto, seu assentimento, quod castrum S. Miniatis perdat honorem, vel sua jura diminuat, et contrafacere volentibus bona fide Restaurabunt. Restoier*, pro *Restituer, dédommager,* Damnum resarcire, compensare. Charta Joan. comit. Drocens. ann. 1288. ex Reg. Chart. comitat. Montisf. in Cam. Comput. Paris. fol. 39. v° : *Et s'il avenoit que nostre chiere mere se sentit en aucune chose déceue, nous li serions tenus à Restoier et acroistre.* Vide *Restaurum.*

¶ **RESTAURATIO**, Instauratio; item Compensatio. Vetus Interpres S. Irenæi Græcam vocem Ἀποκατάστασις *Restauratio* vertit lib. 1. cap. 21. num. 3. ult. edit. *Restauratio servitutis*, Juliano lege 7. Dig. de Fundo dotali. *Restaurationes Ecclesiarum*, de quibus exstat Præceptum Caroli M. apud Mabillon. tom. 3. Analect. pag. 262. et seqq. *Restaurationes Monasteriorum et ceterarum Ecclesiarum*, in Gestis Aldrici Episc. Cenoman. ibid. pag. 276. Charta ann. 1228. e Chartulario S. Vandregesili tom. 1. pag. 1186 : *Et si aliquo casu non poterimus eidem garantisare dictam masuram et dictam granchiam, tenebimur memoratis Religiosis in alio feodo nostro tam supra masura quam supra granchia sæpedicta Restaurationem facere competentem.* Hinc *Restauratio equorum*, nostris *Restour*, olim dicebatur Regum Principumve consuetudo, qua vassallorum suorum, ad eorum *submonitiones* castra sequentium, equos æstimabant, ut si quod in bellis damnum paterentur, resarcirent ipsi : qua de re dictum est in voce *Equus*, egitque R. P. *Daniel* lib. 3. de Militia Francica pag. 171. Vide mox *Restaurum.*

* Mulcta domino solvenda ob damnum illatum. Charta Adalber. episc. Leod. ann. 1124. in Chartul. Cluniac. ch. 401 : *Restaurationem similiter sancto Petro et ipsis fratribus dedit; ita ut medietatem ipsius Restaurationis ecclesia, medietatem ipse advocatus teneat.*

¶ **RESTAURATOR**, aliis *Instaurator*, nostris *Restaurateur*, Qui *restaurat*, restituit, redintegrat. Occurrit apud Sponium pag. 27. Miscell. et alibi apud recentiores.

¶ **RESTAURATUM**, Jusculum salubre et delicatum, Gall. *Restaurant*. Miracula MSS. Urbani V. PP : *Apperiens os suum per vim cum cultello posuit in os suum de Restaurato, in dictum os remansit, nec poterat transglutire per guttur.*

* **RESTAURATUS.** Salvus Restauratus, Literæ, quibus a cujuslibet damni restauratione quis absolvitur. Charta Conradi II. reg. Sicil. ann. 1269. apud Lam. in Delic. erudit. inter not. ad Chron. imper. Leon. Urbevet. pag. 277 : *Loggiam et fundacum Pisanorum de Neapoli restituimus et concedimus et damus Pisanis, expensis nostræ curiæ reaptandam;.... et quod dictum fundacum ematur per curiam nostram a nobilibus de Brancacciis, vel aliis quorum esset, vel dabimus inde eis salvum Restauratum a curia nostra.*

RESTAURUM, Restauratio damni, *Ristoro* Italis. Rollandinus in Summa Notariæ cap. 3 : *Quam* (lanam) *confessi et contenti fuerunt se ex causa emptionis pro tali, qualis est sine ullo Restauro, habuisse et recepisse,* etc. [Transactio ann. 1219. in Corpore Diplom. Juris Gentium pag. 159. col. 2 : *Palatinus Comes ... præposituram Wildeshusensem Ecclesiæ Bremensi contulit in proprium, in Restaurum videlicet damnorum, quæ tempore discordiæ Ecclesiæ illata fuerunt.* Concordia ann. 1238. apud Ludewig. tom. 5. Reliq. MSS. pag. 58 : *Fratres renunciaverunt omni Restauro dampnorum.* Rursum occurrit in Litteris Henrici Merseburgens. Episc. ibid. pag. 249. in aliis ann. 1241. apud eumd. Ludewig. tom. 1. pag. 61. in Testamento Ottonis IV. Imper. ann. 1218. apud Tolnerum in Probat. Hist. Palatinæ pag. 63. Statuta datiaria Riperiæ fol. 2. cap. 1 : *Absque eo quod aliquod Restaurum peti possit per dictum emptorem a dicta communitate.* Et fol. 15. cap. 21 : *Sine spe vel respectu alicujus Restauri sive rependii dandi vel faciendi sibi per dictam communitatem.* Litteræ Philippi Franc. Regis ann. 1294. tom. 2. Hist. Dalphin. pag. 74 : *Dalphino et ejus filio pro tempore, quo ipsi nobis in dicta guerra assistent, faciemus de nostro ministrari vadia et equorum Restaura, quæ de consuetudine Franciæ solent hujusmodi stipendiariis assignari.* Simili notione le Roman *de Vacce* MS :

Quant cel avoit perdu en Richart l'Estoron etc.]

Dantes in Parad. Cant. 5 :

Dunque che render puossi per Ristoro?

Le Voyage d'outremer *du Comte de Pontieu* MS. : *J'ay perdu mon frere, si vouil avoir cette dame en Restor.* Belloman. MS. cap. 67 : *Quant li jugemens est fés d'aucune cose, que cil n'a pas en se main, ne en sa baillie, ançois convient qu'il porcache qu'il l'ait, ou qu'il en fasse Restor, en tel cas doit estre trives données de porcacier, qu'il ait ce que fu jugié contre li, ou qu'il face soufisant Restor.* Pactum seu fœdus initum inter Philippum Pulchrum Regem Franciæ, et Willelmum Comitem Hannoniensem 28. Octob. ann. 1314 : *Li dui Marechal de France, ou li un d'aus, ou aucuns autres prud'homs à ce commis priseront, et estimeront loialment par leurs sermens les chevals mors, et les chevals de nos gens, et nous en fera nos dis Sires plain Restour selonc leur prisie. Et se ledit Mareschal, ou cil qui le prisie devroit fere, entendent tant que aucun cheval fousse mort ou perdu, si rendroit nos Sires devant dit la valeur des chevals par prisie de bonne gent.* Et infra : *Asquiex li Rois nos Sire paiera gaiges et Restors.* Occurrit passim in Computis Thesaurariorum guerrarum. Huc etiam pertinet vetus Charta apud Ughellum in Episcopis Teatinis : *Quod si Miles dextrarium aut loricam in obsequio illo perdiderit mihi Goffridus vel suus hæres reddere debet et tamdiu ei nullum debeo facere servitium.* [Vide *Restaura.*]

* Charta ann. 1295. inter Probat. tom. 4. Hist. Occit. col. 107 : *Duo millia servientum peditum ad ejusdem D. nostri regis vadia et Restaura consueta.* Alia Phil. Pulc. ann. 1299. in Lib. rub. Cam. Comput. Paris. fol. 445. r°. col. 2 : *Mandamus tibi quatenus eidem Guillelmo dictos sex denarios, per diem sibi concessos ratione servientis prædicti de nostro una cum suis vadiis assuetis et cum Restauro equorum, si qui mortui fuerint pro nostro servitio faciendo, quamdiu nostræ placuerit voluntati, deliberes et persolvas. Item pour Restour de chevaus..... xxv. liv. Tour. pour cheval,* in Reg. ejusd. Cam. sign. *Croix* fol. 182. v°. *Restong* vel *Restoug*, pro *Restour*, in Charta Joan. *de Fallouel* ann. 1276. inter Probat. tom. 1. Annal. Præmonst. col. 585 : *Je ai donné à l'eglise de madame saincte Elisa-*

beth de Genly..... toute telle droiture, comme j'ay, en cent verges de terres..... en Restong d'un muid de bled.... que je leur devois.

Staurum, Eadem notione, in Charta ann. 1211. apud Georg. Pilonum in Hist. Bellunensi pag. 106. v : *Et de ea re illis evicta Staurum præstare.... debet.*

Restaurum. Arestum 11. Jan. 1322 : *Cum .... certas hæreditates Guillelmo Vicedomino de Carnoto vendidisset, ac pro dictis hæreditatibus .... certum Restaurum seu abonamentum in quadam litera Ambian. balliviæ facta super hoc contentum fuisset, etc.*

* **RESTELAGIUM.** Vide supra *Restalagium.*

* **RESTELLENSIS** Comitatus, Nomine ad vulgare vocabulum *Retel* accedente, pro Reitestinus, pluries in Annal. Victor. MSS. ad ann. 1308. Vide Notit. Galliar. Valesii pag. 468. col. 2.

* **RESTELLUS,** Cataracta in portis urbium, Gall. *Herse*, alias *Rétel.* Hist. belli Forojul. in Append. ad Monum. eccl. Aquilej. pag. 49. col. 1 : *Affidam petentes.... venerunt usque ad Restellum sub porta castri. Rastellum*, apud Murator. tom. 3. Antiq. Ital. med. ævi col. 1201. Lit. remiss. ann. 1386. in Reg. 130. Chartoph. reg. ch. 36 : *Pour passer par icellui guichet, le suppliant et son varlet descendirent à pié,..... et lui passé trouva le Rétel cloz et fermé.* Vide *Rastellus.*

¶ **RESTER,** f. Canterius, tignum, Angl. *Rafter*, Gall. *Chevron, solive.* Vetus Charta apud Somnerum in Tractatu de *Gavelkind* pag. 22 : *Et de 200. Resters de gavel-tymber de redditu, quilibet de longitudine 13. ped. de quibus proveniunt de tenemento de Barewafesyle 100. et de tenemento de Moninden 100.*

RESTIARIUS. Vide *Restis*, 1.

¶ **RESTICULA**, Resticularius. Vide *Restis* 1.

* **RESTIPULATIO**, Jus colligendi stipulas ex agris, peracta messe. Chartul. S. Joan. Angeriac. fol. 118. v° : *Dedit.... Restipulationem de æstate, sicut præpositus debet habere.* Vide *Restoblagium.*

* **RESTIPULUS**, Ager cultus de novo, in quo remanent stipulæ ex demessis frugibus. Charta ann. 1197. ex Tabul. S. Vict. Massil. : *Quod* (iter) *descendit a Restipulo, quem fecit Petrus Clementis et cum croso dicti Restipuli, etc.* Vide mox *Restitus.*

1. **RESTIS**, Fasciculus rerum quarumpiam, maxime piscium, reste colligatus. Vita S. Joannis Eleemosynarii cap. 19 : *Mille Restes siccatorum piscium, qui Menomenæ dicuntur.* Liber Miraculorum S. Baboleni cap. 2 : *Institutum est a rectoribus antiquis Fossatensis Ecclesiæ, ut naves per gyrum ipsius Insulæ discurrentes, censum persolverent ob piscationis meritum, quem nuncupant vulgariter Restes. Resta*, Italis est alliorum vel ceparum sertum. Vide Martialem lib. 2. Epigr. 32.

☞ Eadem notione, qua Italicum *Resta*, legitur *Reis* in Historia belli sacri Gallico idiomate apud Marten. tom. 5. Collect. Ampliss. col. 591 : *Lors le fist Quirsac despouller tot nu, et aporter une Reis d'aus, més ail n'y estoient mie.* Vide *Restum* 2.

Restis, Resticulus Lini, Fasciculus reste ligatus. Helmoldus lib. 1. cap. 12 : *De quolibet aratro mensura grani, et quadraginta Resticuli lini, et 12. nummi puri argenti.* Cap. 14 : *De quolibet scilicet aratro, quod duobus bobus aut uno constat equo, mensura grani, et 40. Restes lini, et 12. nummi probatæ monetæ.* Vide *Ligassa.* Quid vero *restis* dicatur in capite allii, vide apud Plinium et Marbodæum lib. 1. de Virtutibus herbarum cap. 5.

¶ Resticula, Eodem significatu. Acta fundationis Murensis Monasterii apud Eccardum de Orig. familiæ Habsburgo-Austriacæ col. 224 : *Arat et secat fœnum, et metit sepitque et pullos dat et lini Resticulas.*

Resticularius, *Restio*, σχοινοπλόκος, in Gloss. Gr. Lat. MSS. Editæ habent *Resticularis.* In iisd. Glossis MSS. : *Restor, Resticularis*, σχοινάς. Editæ : *Resor*, σχοινάς. [Item : *Restio*, σχοινοτρόφος, in Glossis Lat. Gr. Fronto : *Restiarius, qui facit restes, Restio, qui vendit.* [** *Restiarius* occurrit in veter. Inscript. apud Forcell. in hac voce et in Notit. Mogunt. apud Gudenum in Codic. Diplom. tom. 2. pag. 499 : Gemma Gemmarum : *Restiarius, Germ. ein Wydmacher, Resticularius idem.*]

Resticuli Ferrei, Virgæ ferreæ leviores. Passio S. Quintini Martyris : *Sanctum Quintinum torqueri in tantum trocleis præcepit, ut membra ejus a suis juncturis solverentur : Resticulis insuper ferreis eum cœdi, et oleum candens et picem, et adipem ferventissimam dorso ejus jussit infundi.*

2. **RESTIS**, Mensura agraria, de qua sic Joan. Mariana lib. de Ponder. et mensuris cap. 21 : *Canna ab Italis accepta, palmorum 10. Restis palmorum 33. Octoginta Restes leucam faciunt. Porro reductis palmis ad pedes, Restes 800. continent pedes 19800. nimirum 400. passus fere.*

* 3. **RESTIS.** Charta Henr. V. imper. apud Lam. in Delic. erudit. inter not. ad Chron. imper. Leon. Urbevet. pag. 192 : *Concedimus ut in sæpedicto flumine Arni.... quælibet utilia sibi ædificia construant.... Nec ulli hominum ibi ædificare, vel Restes aut molendinum ponere liceat, sine abbatis et fratrum consensu.* Quæ totidem verbis leguntur in Ch. Henr. V. ann. 1187. ibid. pag. 197. Melius tamen *Folles* habet Charta Otton. IV. ann. 1209. ibid. pag. 215 : *Indulsimus ut Folles eorum et omnia molendina ipsorum in fluminibus ædificata vel ædificanda, ab omni nunciorum nostrorum exactione libera.... sint.* Ubi ferrariarum fabricarum folles significantur.

¶ **RESTITUERE**, Recuperare, recipere. Privilegia a Johanne Franc. Rege Judæis concessa ann. 1360. apud D. *Secousse* tom. 3. Ordinat. Reg. pag. 479 : *Et si aliquis dictorum officiariorum contrarium facere conetur vel attemptet, eisdem per dictos Judeos vel Judeas vel gentes ipsorum impune volumus non pareri : quinymo eisdem concedimus ut ad* (a) *dictis bona sua capere presumentibus, possint dicta bona Restituere ab eisdem sine emenda.* Puto legendum *Rescuere*, ut supra legitur hac notione. Huic lectioni non parum favet versio Gallica, quæ sic est : *Et ou cas que aucuns des dessusdiz officiers s'efforceroit ou vouldroit efforcier de faire le contraire, nous voulons que yceulx Juys ou Juyves et leurs genz y puissent desobeir, et Requerre leursdiz biens, sanz ce qu'il puissent pour ce estre traiz ou poursuiz en aucune peine ou amende.*

¶ **RESTITUS**, perperam pro *Vestitus*, Cultus ; ager consitus, in quo fructus insunt. Charta ann. 1083. apud D. *Calmet* in Probat. Hist. Lotharingiæ tom. 1. col. 481 : *Dedit scilicet eidem Ecclesiæ in perpetuam dotem mansum unum indominicatum et quatuor Restitos et montem a turri extrema usque ad aquam cum banno, etc.*

* Non puto ; *Restitus* enim, ut *Restibilis*, dici potuit, pro Cultus, ager consitus ; unde *Ung champ grant et Restile*, apud Rabelais. lib. 4. cap. 45. pag. mihi 189. Vide supra *Restipulus.*

¶ **RESTITUTIO**, Mandatum Principis aut Magistratus scriptum, quo alicui restituitur possessio rei ablatæ : cui mandato sæpius expresse nuncium remittit, qui rem aliquam alienat. Conventio ann. 1030. apud Kennettum Antiquit. Ambrosden. pag. 344 : *Renuntiantes in hoc facto omnibus impellationibus super hoc habitis, appellationibus, in integrum Restitutioni, regiæ prohibitioni et omni alii remedio juris canonici et civilis sibi competentibus et competituris, quæ ipsis Religiosis de Burncester poterint prodesse, ac eisdem Religiosis Oseney in hoc facto obesse.*

¶ Restitutio Temporalium dicitur illa, quæ fit abs Regibus, cum scilicet Prælatis recens electis et institutis restituunt prædia ecclesiastica, quæ prælatura per obitum vacante possident jure *regaliæ* : de quo jure et restitutione jam pluribus dictum est in *Regalia* 2. Kennettus Antiq. Ambrosden. pag. 330. ad ann. 1297 : *Abbas de Oseneya obiit anno regni Regis Edwardi vicesimo quinto, et ante Restitutionem temporalium dictæ abbatiæ successori dicti Abbatis dictæ domus electo factam, petiit Eschaetor ad opus domini Regis cupam et palefridum dicti Abbatis defuncti, etc.* Vide Thomam *Blount* in Nomolexico Anglic.

¶ **RESTITUTOR**, Qui resistit. Charta Roberti Franc. Regis ann. 999. apud Doubletum Histor. San-Dionys. pag. 825 : *At non minori Restitutores recompensantur gloria, qui sese obdentes periculo, prædonum pericula, calumnias atque insidias patiuntur.*

¶ **RESTOBLAGIUM**, Idem quod *Estoublagium*, de quo suo loco, Onus, ut videtur, colligendi vel pensitandi stipulas post peractam messem, a Gallico *Estouble*, aliis *Esteule*, Provincialibus *Restouble*, Stipula remanens in agris peracta messe, fortassis a Latino *Restibilis* de agro dictus, ut Paulus habet in Epitome Festi, *qui biennio continuo seritur farreo spico, id est aristato ; quod ne fiat, solent, qui prædia locant, excipere.* Vide locum in *Manducalis.*

* Glossar. Provinc. Lat. ex Cod. reg. 7657 : *Restoble, Prov. stipula.*

¶ **RESTOECT**, Belgica vox. Leges Furnenses ex Archivo S. Audomari : *Quicumque obsidum probare poterit per coram insultum in eum factum fuisse, id est Restroect, exigere debet per plegios et aliter remanebit.* [** Apud Warnkœnig. Histor. Fland. tom. 2. document. pag. 76. in his consuetud. ann. 1240. art. 30. pro *Restoect* vel *restroect* scriptum est *iestoc.*]

RESTOLIENCUS, Tabularium Abbatiæ

Conchensis in Ruthenis Ch. 226 : *Tres solidos denarios Lemovicanos, et 8. denarios Obliencos, et dimidium modium de civada, etc.* At in Charta 341 : *Hoc est solidis in octo quatuor Lemovicanos, et de quatuor de Otonencos.* Et Ch. 443 : *Et 4. denarios pro carrigio, et quatuor Restoliencos, et medietatem de meo manso, etc.... et unum panem, et sex ad messes, et sex ad calendas, et duos de carrigio, et duos Restoliencos, etc.* Ita varie hæc vox scribitur in hoc Tabulario, cujus apographum duntaxat legimus.

☞ Omnino prætulerim *Ottonencos* vel *Ottonenchos*, qui iidem sint quod Denarii seu solidi *de Otone*, ab Ottone M. Imperatore sic appellati, ut supra dictum est in *Oto*.

RESTOLLARE, Retardare, impedire, in Decretis Hungaricis. Vide *Resultare*.

¶ **RESTOR.** Vide *Resticularius* in *Restis* 1.

¶ **RESTORACIA.** Charta ann. 1293. e Chartulario S. Vandregesili tom. 1. pag. 805 : *De orto qui fuit Nicolai de Camba sito juxta glaiolias suas; de quadam Restoracia sita apud Caudebeguet.* An Prædium omni suo *instauro*, seu agraria supellectile instructum? Vide *Instaurum*.

¶ **RESTRICÆ,** *Funes in aucupio*, apud Laurentium in Amalthea.

* **RESTRINGITOR,** Comes assiduus, qui alicui adhæret, ab Italico *Ristringere*, eadem notione. Charta ann. 1290 : *Capitanei et Restringitores debeant esse et sequi egregium virum, qui dictum insignem portabit, et commorari sub ipso insigni, et suis Restringitoribus obedire, et a sua schiera non discedere.* A Latino Restringere, nostri dixerunt *Restraintif*, hodie *Restringent*, vox medicis nota. Lit. remiss. ann. 1443. in Reg. 176. Chartoph. reg. ch. 311 : *Quant le suppliant vit le sang,..... il appella de ses voisins, par lesquelx il fit faire ung Restraintif.* Ejusdem originis est vox Gallica *Restridisse*, pro Locus angustus, vulgo *Etroit, resserré*, in Lit. remiss. ann. 1466. ex Reg. 200. ch. 138 : *Ainsi que le suppliant et ung nommé Archambault furent issuz hors du bois.... en une Restridisse des appartenances de la plaigne.* Mox : *Retridisse.* Unde *Restroit*, Angustiæ in Lit. ann. 1371. tom. 5. Ordinat. reg. Franc. pag. 403 : *Par les Restroit et passages de nostre royaume, etc. Restrinction*, Reductio, imminutio, in Stat. ann. 1367. ibid. pag. 17. art. 10 : *La Restrinction par lui faitte sur le nombre d'yceulx sergens, etc.*

¶ **RESTRUERE**, Restituere, iterum exstruere, instaurare. Tertullianus Apolog. cap. 6 : *Licet aras Restruxeritis.* Idem de Resurrect. carnis cap. 31 : *Deus eam Restruebat fidem, quam populus destruebat.* Vetus Interpres S. Irenæi lib. 4. cap. 34. num. 4 : *Templum Restructum est tunc*, post reditum Judæorum e captivitate Babylonica. Vita S. Gerardi, tom. 3. Aprilis pag. 213 : *Et ecclesiam, quam Restruxerat, dedicavit.*

¶ **RESTUCHIA**, Stipula remanens in agris peracta messe, Gallis plerisque *Esteule*, frequentius *Chaume*, aliis *Restouble*, Provincialibus *Estouble*. Statuta Caroli Siciliæ Regis et Comitis Provinciæ apud Saraynam pag. 300 : *De non mittendo ignem in Restuchiis camporum.* Et mox : *Occasione comburendi eorum Restuchias ad seminandum.*

¶ Restucium, Eadem notione. Chronicon Dominici de Gravina apud Murator. tom. 12. col. 686 : *Vas plenum oleo in porta dicti castri veteris projecit auxilio tenebrarum et umbra animalium prædictorum, et consequenter, non videntibus nostris sociis, Restucium et ignis imponitur januis dicti castri.* Voces fortean ducuntur ab Hispano *Estuche*, Italis *Stucchio*, nostris *Etuy*, Theca, quod in spica stipulæ seu paleæ frumentum involvatur. Vide *Estoblagia* et *Restoblagium*.

¶ 1. **RESTUM**, Reliquum, residuum, Gall. *Reste.* Litteræ Henrici VII. Regis Angl. ann. 1499. apud Rymer. tom. 12. pag. 734. col. 2 : *Ad fidelem et debitam solutionem et satisfactionem residui et Resti dictæ summæ.* Rursum occurrit pag. 769. col. 2. et tom. 13. pag. 34. col. 2. Vide *Resta* 1.

¶ 2. **RESTUM**, Idem quod supra *Restis* 1. Fasciculus, manipulus, Gall. *Botte*, et ubi de cepis agitur *Glane*. Charta MS. pro communia Balneoli ann. 1208 : *Saumata ceparum unum Restum solvet.*

* **RESTUS.** Resta Decima, f. mendose pro *Recta decima*, Quæ jure consueto debetur. Charta ann. 1210. in Chartul. Campan. fol. 447. v°. col. 2 : *Terræ, quæ de nemore de Roseto, quod est in grueria ipsius, reducentur ad culturam, ponentur ad consuetudinem, videlicet ad Restam decimam et arpentum et quatuor denarios censuales; nec carior ibi consuetudo poterit assignari.* Vide in *Rectus*.

¶ **RESTUUS.** Charta ann. 1214. ex Archivo Castri Vitreii : *Petrus Dux Britanniæ de assensu Aelidis Comitissæ Britanniæ uxoris meæ, dedi Simoni Ancherio fideli servienti meo les Restuus de Torigné, prata, terras, sicut ei Foucaudus serviens meus bonavit.* An saltus, silvæ? An potius idem quod *Restuchia*?

RESULCARE, *Dividere*, in Glossis Arabico-Lat. vox, ut videtur, agricolarum, qui contrarios sulcos in arando efficiunt.

1. **RESULTARE**, Resistere, repugnare, ἀντιπίπτειν. Papias : *Resultat, contradicit.* Gregorius Turonens. lib. 10. cap. 15 : *Sed nos Resultare cœpimus, dicentes, quod non accederemus ad hunc locum.* Mox : *Sicarios istos cum armis ante ostium oratorii adstare jubet, ut scilicet repugnantes contra judicem, si vim vellent inferre, pariter Resultarent.* [Leo Magnus Epist. 92. pag. 621. Edit. Quesnellianæ : *Neque ullo modo sinas in Orientalibus Ecclesiis.... ab improbis hæreticis Evangelio Resultari.* Et pag. 623 : *Cum in Ecclesia Dei omnia ordinata esse conveniat, ut in uno Christi corpore et excellentiora membra suum officium impleant, et inferiora superioribus* (non) *Resultent.*] Hac etiam notione usurpant Gregorius Mag. lib. 7. Moral. cap. 14. lib. 9. cap. 11. lib. 1. Epist. 20. lib. 2. Epist. 8. Hist. Miscella ann 9. Nicephori, Formula 27. ex Baluzianis, etc.

☞ Haud ita dissimili notione lex 89. Cod. Theod. tit. 1. de Decurionibus (12, 1.): *Omnes omnino, quos paterna obsequia municipes fecerunt, Resultandi curiæ nexibus, quælibet avorum atque majorum stemmata referant, licentiam penitus amittant*, id est a curia resiliendi, eam declinandi, eive sese subtrahendi. Lex 181. ejusdem tituli : *Si quis suum decurionem vindicare voluerit, si judicis desit copia, in eumdem manus injectione concessa, sciet ad examen cognitoris Resultantem esse deducendum*, id est resilientem.

2. **RESULTARE,** *Similitudinem referre*, in Glossis Vindocinensibus Pricæi ad Apologiam Apulei, quem consule pag. 39.

¶ 3. **RESULTARE**, Nasci, oriri, evenire, Gall. *Resulter.* Bulla Innocentii VI. PP. ad Carolum Imperat. ann. 1356. apud Ludewig. tom. 6. Reliq. MSS. pag. 15 : *Bernardus Episcopus Aptensis, quem ad instantiam tuam in Almaniam hoc anno transmisimus, ut informet se de commodo et incommodo, quod Resultaret Ecclesiæ Ratisbonensi.*

¶ **RESULTATIO**, Adversus conatus. Charta ann. 4. Caroli Regis apud Stephanotium tom. 3. Antiq. Pictav. MSS. pag. 275 : *Resultacio sua nullum obtineat effectum, et hec cessionis bonorum hominum manibus roborata omnique tempore maneat inconvulsa.* Alia ann. circ. 890. apud D. *Fleureau* Hist. Bles. part. 5. pag. 202 : *Omnes superius memoratæ res cum omni integritate, sine aliqua Resultatione, aut contradictione, aut judicum consignatione.... revocentur.* Vide *Resultare* 1.

¶ **RESULTIO**, Idem quod *Resultatio*, si non ita legendum est. Diploma Ludovici Pii Imp. ann. 814. apud Marten. tom. 2. Ampliss. Collect. col. 24 : *Absque alicujus infestatione aut Resultione aut diminoratione.*

¶ 1. **RESULTUS**, Actio resiliendi a pacto et conditione. Charta Odonis Ducis Burgundiæ apud Perardum in Burgundicis pag. 338 : *Quod si ego resilirem ab institutis dictæ Communiæ Resultus factus nunciaretur Regi Francorum per Abbatem Cistercii.... Terram meam interdicto supponant, donec Resultum Communiæ emendaverim.* Adde pag. 341. 345. et vide *Resultatio*.

* 2. **RESULTUS**, Applausus, ut videtur. Charta Almar. archiep. Aquens. ann. 1002. in Tabul. Montis major. : *Tandem sumpto consultu, magno quidem Resultu, prædictus præsul ac clericatus cunctus dedere conlaudantes sibique confirmantes.*

RESUMERE, Vires recipere. Commodianus Inst. 71 : *Mitte nummos, et unde se Resumere possit.* Galli dicimus, *se reprendre.*

RESUMMONIARE, [Iterum *submonere*, Citare. *Resummonitio*, Iterata monitio.] Vide *Submonere*.

* **RESUMPTA**, Actus publicus in scholis theologicis, in quo de veteri et novo Testamento disputat novus doctor, ut comitiis sacræ facultatis interesse possit, juribusque doctoratus potiatur. Stat. Universit. Tolos. ann. 1366. ex Cod. reg. 4222. fol. 84. v° : *Statuimus quod pro Resumpta magistri novi, qui eam facere voluerit, vacetur hora vesperorum duntaxat.*

¶ **RESUMPTIVUS** Cyclus. Vide *Cyclus*.

RESUPINUS, pro negligenti et dissoluto, in lege 23. Dig. de Probationibus. (22, 3.) [Hanc vocem usurpavit Martialis pro eo, qui procumbit facie in cœlum versa, lib. 9. Epigr. 44 :

Quæque tulit, spectat Resupino sidera vultu.]

¶ **RESUPLETUS**, Resumtus, receptus. Chonicon Estense ad annum 1238. apud Murator. tom. 15. col. 308 : *Marchio, Resupletis viribus, sua recuperavit et ea fortiter communivit.*

¶ **RESURGENDUS**, Resurrecturus, a verbo Scriptoribus ecclesiasticis notissimo *Resurgere*, A mortuis excitari, Gall. *Resusciter.* Concilium Toletan. XV. inter Hispanica tom. 2. pag. 723 : *Cum non sine animabus suis Resurgenda sint corpora.*

* A verbo Resurgere, nostri *Ressourdre* et *Estre ressours*, pro *Se relever* et *Estre relevé*, dixerunt. Lit. remiss. ann. 1373. in Reg. 105. Chartoph. reg. ch. 213 : *Icellui Basin feri du poing par la teste le suppliant, par telle maniere qu'il chay à terre; et quant il fu Ressours en estant, etc.* Aliæ ann. 1494. in Reg. 173. ch. 20 : *Du horion de laquelle bille icellui Guillaume demoura comme tout pasmé; et après ce se Resourdi, etc.* Aliæ ann. 1472. in Reg. 195. ch. 776 : *Après laquelle cheute et que lesdites parties se furent relevées et Ressourses, etc.* Aliæ ann. 1480. in Reg. 206. ch. 463 : *Icelle Jehanne et Buffe supplians abatirent à terre icellui Chrestien;..... mais ce nonobstant ledit Chrestien se Ressourdit, et quand il fut debout, etc.* Occurrit denique in Lit. ann. 1371. tom. 5. Ordinat. reg. Franc. pag. 462. et in Bestiar. MS. ubi de Resurrectione J. C. :

En Resourdant rapareilla
Nostre vie, qui ne faura,

Alias *Resuscitement.* Vita J. C. MS. :

Après son Resuscitement,
Vaut demonstrer apertement
A Marie la pecceris
Anchois qu'à tous ses amis.

¶ 1. **RESURRECTIO**, Reditus ad vitam, Gall. *Resurrection*, passim apud Scriptores Ecclesiasticos, præsertim ubi de glorioso Christi reditu loquuntur propter singularem ejus excellentiam.

☞ Resurrectionis Dominicæ solemnitatem, quibusdam in Ecclesiis, Quinto Kalendas Aprilis, seu vigesimo octavo Martii, quod hac die Christus resurrexisse crederetur celebratam fuisse, nos docet Perpetuus Turon. Episcopus sæculo quinto apud Gregorium Turon. sub finem libri decimi; hic enim enumerans præcipuas anni festivitates hæc habet : *Natalis Domini, Epiphania, Resurrectio* v. *Kal. Aprilis*, et præter eam *Pascha*, quod mobile erat, ut bene observat Mabillonius de Liturgia Gallic. pag. 103. *Dies Ascensionis, dies Quinquagesimus*, seu Pentecostes, etc.

* Error irrepsit in nota numerica apud Greg. Turon. legendum enim est *vj. kal. Aprilis;* si quidem in veteribus kalendariis hæc festivitas ad diem 27. Martii, non 28. assignatur. Extat præterea ejusdem Gregorii antiqua editio ubi legitur : *vj. Calendas Aprilis in Resurrectione D. N. J. C. ad basilicam domni Martini.* Hæc ex animadversionibus D. *Le Beuf.*

¶ Resurrectio Dominica, Quævis dies Dominica. Translatio S. Genulfi ann. circiter 870. apud Mabillon. sæc. 4. Benedict. part. 2. pag. 235. num. 38 : *Quædam enim mulier Tethberga nomine, dum messis tempore die Sabbathi, jam illucescente ipsius diei vespera, in Resurrectionis Dominicæ prima Sabbati, ex multiplicatis manipulis mergeten colligare nititur, subito digitis in volam deflexis ac erumpente sanguine, audax manus et misera diriguit.* Ubi et illud obiter observari potest, solemnitatem diei Dominicæ a Sabbati vespera incepisse. De Dominica, non de Paschali die, pariter intelligendus est Auctor Vitæ S. Romarici Abb. sæc. 2. Benedict. pag. 419. num. 12. cum ait : *Nam et hoc ei* (S. Romarico, qui obiit mense Decembri) *speciale Dominus tribuit munus, ut die qua ipse triumphans ex inferis remeavit, vir sanctus solutus membris ad præmia capienda egressus fuisset.* Vide *Dominica Resurrectio* in *Dominica.*

* Resurrectio, Tempus Paschale, in Cæremon. MS. S. Mariæ Crassensis : *Orationes per totam Resurrectionem.*

* Resurrectio B. Mariæ, Festum Purificationis, quo die a partu surrexit. Vide supra in *Resurgendus.* Charta Henr. de Vienna in Chartul. Campan. ex Cam. Comput. Paris. fol. 393. v°. col. 1 : *Actum anno gratiæ 1218. mense Februario, in crastino Resurrectionis B. Mariæ.*

¶ 2. **RESURRECTIO**, Septima e novem partibus hostiæ consecratæ in Missa Mus-Arabica. Vide *Hostia.*

¶ 3. **RESURRECTIO** etiam dicitur in bellis et dissidiis, cum veluti sopita reviviscunt magisque concalescunt. Ottoboni Annales Genuenses ad ann. 1188. apud Murator. tom. 6. col. 358 : *Sepultæ igitur inimicitiæ et discordiæ, peccatis exigentibus, habuerunt Resurrectionem.* Et ad ann. 1190. col. 364 : *Interfecerunt enim ibi proditionaliter absque ulla causa, proh dolor, Lanfranchum Piper, virum utique nobilem, consularem et egregium : propter quod civiles discordiæ et seditiones Resurrectionem habuerunt et recidivam.*

¶ **RESUSCITARE**, Iterum suscitare. *Resuscitare sopitam iram*, Ovidio lib. 8 Metamorph. *Resuscitare querelam*, in Charta ann. 1153; et Chronico Reicherspergensi. *Resuscitare sopita discrimina*, in Litteris Ludovici Siciliæ Regis ad Carolum V. Imp. apud Ludewig. tom. 5. Reliq. MSS. pag. 475. *Resuscitari legatum*, quod perierat, dicitur in Lege 27. Digest. de adimend. vel transfer. legatis. (34,4.) *Resuscitandæ reliquiæ*, Prudentio lib. 6. Peristeph. *Resusciter* nostris, Mortuum ad vitam revocare : qua notione *Resuscitare* dicunt Scriptores ecclesiastici. Hinc

¶ Resuscitatio, Mortui ad vitam revocatio. Tertullianus de Resurrect. cap. 30 : *Nulla opinor Resuscitatio, si non hæc erit ipsa, quæ Ezechieli revelatur.* Adde cap. 25.

¶ Resuscitator, Qui denuo suscitat, aut mortuum revocat ad vitam. Tertullianus de Resurrect. cap. 57 : *Ostendit non tantum Resuscitatorem carnis, verum etiam redintegratorem.* Beda lib. 2. Histor. Angl. cap. 1 : *Gregorius in tantum contra nascentem hæresim novam laborare contendit, ut nullus exinde sit inventus, qui ejus Resuscitator existeret.*

¶ 1. **RETA**, Statuta Massil. lib. cap. 39. § 2 : *De vestibus autem masculorum constituimus, ut non accipiant* (sartores) *nisi justo modo qui sequitur, videlicet de clamide hominis cum penna et frezio, vel Reta, vel profilo* 11. *sol.* Sed ex subsequentibus patet legendum esse *veta*, quod idem est, ni fallor, quod Latinis Vitta. Vide *Veta* suo loco.

* Codex MS. eorumd. Stat. præfert ibi *Veta.*

¶ 2. **RETA**, Ital. *Rete*, Rete capiendis piscibus. Charta ann. 1136. apud Muratorium delle Antic. Estensi pag. 287 : *Cum omnibus generibus Retarum, tam sagenarum quam aliarum rerum ad capiendos pisces longos et curtos.* Quid *Retæ* fuerint Gellio, dicitur in *Retarius.*

¶ **RETACERE**, Reticere. Capitulare 1. ann. 802. cap. 2 : *Ne aliquem inimicum in suum regnum causa inimicitiæ inducat; et ne alicui infidelitate illius consentiant aut Retaciat*, pro *Retaceat, reticeat*, si bene puto.

* B. de Amoribus in Speculo sacerdot. MS. cap. 50 :

Dicas dicenda dote, sileas Retacenda.

¶ **RETACIARE**, Verbum, ut conjecto, detortum a Gallico *Rechasser*, Repellere, abigere. Charta ann. 1045. apud Thomam Madox Formul. Anglic. pag. 66 : *Et si contingat, quod aliqua averia de prædictis octo bobus et duobus jumentis prædicti domini Johannis, vel successorum suorum, in prædictis duobus clausis defectu clausuræ, aliquo tempore intraverint et absque wardo facto, sine gravamine et imparcatione Retacientur.* Alia incerti anni ibid. pag. 310 : *Et si contingat, quod averia prædicti Galfridi, vel hæredum suorum, transierint aliquo tempore infra præfata clausa, pro defectu clausuræ, bono modo Retacientur sine inparcatione.* Gualterus Hemingford. de Gestis Edwardi I. Regis Angl. pag. 48 : *Retaciati sunt a multitudine magna velut oves in ovile.* Rursum occurrit ibidem pag. 23. Forte melius legeretur *Recaciare.*

¶ **RETAGLIATOR**, Qui particulatim divendit, distrahit, ab Italico *Ritagliare*, Per partes scindere, aut singulas res pecunia populo vendere, nostris *Vendre en détail.* Statuta Montis-regalis pag. 180 : *Item statutum est, quod quælibet persona, cujuscumque conditionis existat, vendens victualia, sive sit specialis, sive sit Retagliator, sive tabernarius, sive aliqua persona vendens ad minutum, etc.* Vide mox *Retaiare.*

¶ **RETAIARE** Particulatim divendere, Ital. *Ritagliare.* Statuta datiaria Riperiæ fol. 9. v°. cap. 16 : *Et si dictum porcum seu mezenas, tam recentes quam salsas Retaiaverit, seu vendiderit ad petias vel ad minutum, teneatur solvere emptori datii carnium de minuto.* Gallis *Retailler* est Rescindere, resecare, ut Italis *Ritagliare* proprie; unde eodem verbo usi sunt pro Particulatim distrahere, quod res frustatim scindant, qui singulatim vendunt. Hac utraque notione *to Retail* dicunt Angli. Vide Th. *Blount* in Nomolexico v. *Retail* et mox *Retallia.*

* Hinc, ni fallor, *Retailler* dicitur de acie, quæ in varias cohortes discedit, apud Guill. Guiart. ad ann. 1267 :

A eus, à eus, nous les avons,
Puisque leur tourbe se Retaille.

RETALIARE, Talionem reddere, *Rendre la pareille.* Sigebertus de Translatione S. Luciæ : *Credibile est, quod meritis sanctæ Virginis in præsenti sæculo peccatis illius a Deo fuerit Retaliatum, et loco et spatio pœnitendi a Deo sibi indulto, animæ ejus in futuro sit consultum.* [Sed et Aulus Gellius lib. 21. cap. 1 : *Quod per imprudentiam factum est, per imprudentiam Retaliari debet.* Le Roman *de Vacce* MS :

Poise lui que si loing s'est en vain travailliez.
Poise lui que du don est si tost Retailliez.]

RETALLIA, Idem quod *Ritaglio* Italis : quibus *vendere a Ritaglio*, est *vendere a minuto et a pezzi tagliati*, nos dicimus *en détail.* Johannes Villaneus lib. 7. cap. 13 : *Cioè sono mercatanti a Ritaglio de' panni Fiorentini.* Sed an id *retallia* omnino sonet in Charta Roberti Comitis Drocarum ann. 1180. apud Duchesnium in Hist. Drocensi pag. 237. non ausim affirmare : *Bannos nostros de vino ad hoc restrinximus, quod uno mense inter Natale Domini et initium Quadragesimæ, et alio mense inter Pascha et Nativitatem Beati Joannis, bannum nostrum, ita etiam quod vinum non ememus, ut ipsum bannum vendamus, tertiam etiam accinorum Retallium concessimus non fieri.* Forte pro *iterata tallia.* [Vide supra *Retaiare.*]

* **RETANDA**, *Purganda*, in vet. Glossar. ex Cod. reg. 7641. Vide in *Retarius.*

¶ 1. **RETARDARE**, Impedire, cavillationibus implicare, negotium facessere, pro Græco ἀναβάλλειν, vel ἐπέχειν. Vetus Interpres S. Irenæi lib. 5. cap. 9. num. 1 : *Id est quod ab omnibus hæreticis profertur in amentiam suam, ex quo et nos Retardare et ostendere conantur, non salvari plasmationem Dei.*

* *Desavancer*, Moram seu impedimentum afferre, vulgo *Retarder*, in Lit. remiss. ann. 1405. ex Reg. 160. Chartoph. reg. ch. 19 : *Pour garder l'onneur d'icelle fille, que on tenoit estre pucelle, et que elle ne feust Desavancée de son mariage, etc.*

¶ 2. **RETARDARE**, *Resilire, mutare propositum*, Gaspari Barthio in Glossario apud Ludewig. tom. 3. Reliq. MSS. pag. 91. ex Historia Palæstina : *Interea Fulcherius, qui cum juvenibus* XX. *armatis adscenderat, duos fratres Pyrrhi interemerat : quod licet Pyrrhus non ignoraret, tamen a promisso fidei pacto non Retardavit.*

* 3. **RETARDARE**, Recuperare, captum eripere, idem quod supra *Rescoudre.* Lit. remiss. ann. 1353. in Reg. 82. Chartoph. reg. ch. 2 : *Cum quidam servientes ducatus Burgundiæ plura animalia grossa habitatorum villæ de Aguilleyo.... in quodam prato religiosorum de Busseria..... pascendo existentia capere voluissent; prædicti habitatores.... prædicta animalia de facto Retardarunt, taliter quod servientes præfati ea minime adducere potuerunt.* Vide supra in *Rescoussa.*

RETARE, pro *Reri*, Putare. Flodoardus lib. 1. Hist. Rem. cap. 20. de Visione Herigarii : *Item ceu prius, ille visum Retans, mane neglexit perficere jussionem.* Vide *Rectare* in *Rectum.* [Le Roman *de Vacce* MS :

Il engroutat, ainsi morut,
Et plusors de sez compaignons,
Et des meillors de ses Barons,
Ne sorent onques qui Reter,
Ne qui hair, ne qui blasmer.]

¶ **RETARI**, Irretiri. Charta Philippi Regis Franc. in Chartis Ducum Norman. et Regum Franc. pag. 1063 : *Volumus etiam, ut nullus eorum possit Retari de usura, nec jurea fiat super eum, vel super heredes ejus.* Vide mox *Retarius.*

¶ **RETARIUS**, Qui a *retis* purgat flumina. Vetus Inscriptio : *Negotiator et Retarius Britannicianus.* Sunt autem *Retæ* Gellio lib. 11. cap. 17. Arbores, rami, virgulta, junci aliave his similia, in ripis fluminum aut in ipso alveo, a *retibus* sic dicta, quod navibus impedimento sint, easque prætereuntes retineant et quasi irretiant; hinc Edictum Prætoris apud eumdem Gellium loco laudato : *Qui flumina Retanda publice redempta habent, etc.*

¶ **RETAULE**, Ornatus altaris toreuticus, quo tabella sacra solet includi, nostris *Retable.* Inventarium capellarum S. Victoris Massil. ann. 1377. ex Archivo ejusd. Monasterii : *Item Retaule... unam cahillam* (casullam) *veluti rubei cum stola et manipulo... item una tabula in altari, in qua fit consecratio.* Miracula MSS. Urbani V. PP : *Nichilominus faceret unum Retaule depingendo ibidem figuram dicti domini Urbani Papæ ad sui honorem, si dictus infans viveret.* Vide mox *Retaulus.*

¶ **RETAULUS**, Idem quod *Retaule.* Visitatio ann. 1416. ex Archivo S. Victoris Massil. : *Item reperit desuper altari imagines depictas B. Mariæ cum duobus Retaulis desuper ystoriatis.* Necrologium Abbatiæ S. Petri de Casis 12. Januarii : *Katerina de Langiaco dedit Ecclesiæ S. Petri quandam casulam de camelot rubeam, et quendam Retaulum de Innocentibus ad honorem SS. Innocentium.* Vide *Reyretaule* et *Rotabulum.*

¶ **RETE**, Ornamentum sericum ad instar retis contextum. Acta S. Deodati, tom. 3. Junii pag. 871 : *Cum peculiari quoque ornamento serico, in formam piscatorii retis, cooperiente albam, tunicellam atque dalmaticam a cingulo usque ad pedes, quod vulgo Rete vocant.* Concilium Mexicanum ann. 1585. inter Hispan. tom. 4. pag. 340 : *Superpellicea Rete aliove eleganti artificio elaborata, aut adeo contracta, ut infra genu non dimittantur, ne induant* (*Clerici.*)

* **RETE-CURRENTIS**, Retis species, quo utuntur in capiendis sardinis. Charta ann. 1291. in Tabul. Massil. : *Alius* (modus) *ut a quibusdam a modico tempore citra inventus, ad capiendum sardinas, qui dicitur sardinalis seu Rete-currentis, etc.*

¶ **RETEGERE**, Rursus operire, tegere, Gallice *Recouvrir.* Computus ann. 1202. apud D. *Brussel* tom. 2. de Feudorum usu pag. CXLI. *Expensa : De domibus Retegendis* XII. *sol.* Utuntur Latini pro Aperire.

¶ **RETEMPTUS**, pro Retentus, pluries scribitur in Charta ann. 1252. apud D. *Secousse* tom. 3. Ordinat. Reg. pag. 388.

RETENEMENTUM. Charta Ricardi I. Regis Angliæ apud Rad. de Diceto ann. 1197 : *Sine aliquo Retenemento eorum, quæ ad molendina pertinent, vel ad molturam, etc.* [D. *Brussel* tom. 2. de Feudorum usu pag. XIX. præfert *Retinemento.*] Vitæ Abbatum S. Albani : *Omnia mea... sine aliquo Retenemento do et concedo*, i. nihil mihi retinendo. [Occurrit eadem notione in veteri Charta incerti anni apud Thomam *Madox* Formul. Anglic. pag. 54. in alia ann. 1114. in Probat. novæ Hist. Occitan. tom. 2. col. 391. in alia ann. 1128. ibid. col. 446. in alia ann. 1212. in Historia MS. Montis-majoris, in alia ann. 1217. ex Archivo Majoris-monasterii, etc.]

¶ RETENIMENTUM, RETINEMENTUM. Chartularium S. Illidii Claromont. fol. XX^{xx}. XIX. verso : *Dono et concedo sine exceptione et sine Retinemento Monasterio S. Illidii omne jus, etc.* Et alibi : *Dederunt mihi sine exceptione et sine Retinemento, etc.* Charta ann. 1186. in Maceriis Insulæ Barbaræ tom. 1. pag. 124 : *Idem vir nobilis dedit et concessit eidem monasterio in perpetuam eleemosynam sine omni Retenimento, etc.* Adde Chartam ann. 1109. in Probat. novæ Hist. Occitan. tom. 2. col. 373. etc.

¶ RETINAMENTUM. Charta ann. 1113. apud Mabillon. tom. 3. Analect. pag. 473 : *Concedimus prædictis Martyribus in canonica sine Retinamento ullo ad possidendum perpetuo jure.* Richardus Rex Angliæ in Chartis Ducum Norman. et Regum Fr. pag. 1052 : *Quando hæc permutatio facta fuit integre cum omni sequela et moltura sua, sine aliquo Retinamento eorum, quæ ad molendina pertinent.* Eadem forma qua *Retinaculum* dictum est *Retinamentum.*

¶ RETINIMENTUM, Eodem intellectu. Charta ann. 1127. in Probat. Hist. Occitan. tom. 2. col. 444 : *Ego Rolandus de Bisano, absolvo et guirpio per fidem sine enganno et sine ullo Retinimento, etc.* Similis exstat locutio in alia Charta ann. 1142. ibidem col. 495. Adde Chartam ann. 1172. in Instrument. novæ Gall. Christ. tom. 6. col. 86. aliam Godefridi Lingon. Episc. in iisdem Instrum. tom. 4. col. 179. etc.

¶ RETINENTIA, Eadem notione. Donatio ann. 1080. in Instrum. novæ Gall. Christ. tom. 6. col. 23 : *Sed hæc omnia remaneant sine ulla observatione et Retinentia omni tempore in communia prædictæ Canonicæ S. Pauli.* Rursus occurrit in alia Donatione ann. 1142. ibid. col. 37. Conventione ann. 1111. in Probat. novæ Hist. Occitan. col. 378. in Charta ann. 1145. ibid. col. 510. in alia ann. 1149. ibid. col. 525. etc. Vide *Retenta*, *Retentatio* 2. *Retentus* et *Retinaculum.*

¶ **RETENEZO**, Idem quod infra *Retentio* 4. Pascuum, in quo herbam fœnumve secari vetitum est, ut uberior sit pastus animalium. Transactio Florentii de Castellano Domini de Masalguis cum incolis ejusdem loci ann. 1438. 20. Aprilis ex Schedis Præsidis *de Mazaugues : Quod... contractus hominibus ipsis vel universitati aliquatenus præjudicare non possit nunc nec etiam in futurum, quoad alias Retenezones antiquas et consuetas, imo per eum contractum confirmentur.* Interpretatio Gallica reddit *les Retentions anciennes.*

¶ **RETENIMENTUM.** Vide *Retenementum*,

¶ **RETENS.** Terragium. Bellijoci : *Pro in ipsa platea construendo et confici facien-*

do exclusam et Retentem aquæ ad serviendum molendino. Legendum puto *Retinentem*, aggerem aquis retinendis, licet nulla sit autographo abbreviationis notula.

* **RETENSIO**, Possessio, usura, Gall. *Jouissance.* Charta ann. 1231. inter Probat. Hist. geneal. domus reg. Portugal. tom. 1. pag. 27 : *Denique promittimus* (nos Jacobus rex Aragon.) *bona fide et sine enganno vobis dare et facere juvamen, auxilium, valensam et defensionem et Retensionem prædicti regni* (Majoricarum).

¶ **RETENTA**. Charta Raimundi Comitis Tolosatum ann. circiter 1095. inter Instrum. novæ Gall. Christ. tom. 2. col. 330 : *Hanc terram cum omnibus ejus redditibus... concedo et largior prædicto Dei Genitricis altari, absque omni Retenta, et absque omni usu mei vel meorum parentum.* Hoc est, absque ulla exceptione, nihil prorsus inde mihi retinendo. Vide *Retenementum*, *Retentatio* 2. et *Retentus*.

¶ 1. **RETENTARE**, Retinere. Codex Theod. lib. 11. tit. 1. leg. 12 : *Si militares viri aliquos ex his penes se Retentant, etc.* Et lib. 7. tit. 18. leg. 14 : *Occultatoresque eorum (desertorum) ad subeundam pœnam, quæ Divi genitoris nostri constituta est legibus, volumus Retentari, teneri, servari.* Capitulare 8. ann. 803. et lib. 6. Capitul. cap. 370 : *Qui... res Ecclesiæ a Regibus petere, aut Retentare, vel auferre, aut invadere, vel vastare præsumpserint, etc.* Charta ann. 1130. apud Miræum tom. 1. pag. 380. col. 2 : *Ex quibus tamen novem libris novem solidos quotannis Retentabit.* Charta ann. 1046. ex Archivo S. Victoris Massil. armar. Forojul. num. 2 : *Sancto Victori et Sociis, quorum monasterialis Ecclesia corpora se gaudet Retentare*, id est, servare, possidere. *Regni seu imperii Retentaverunt habenas*, in Vita B. Leonis IX. PP. apud Eccardum de Orig. familiæ Habsburgo-Austriacæ col. 172. Vide mox *Retentatio* 1. et *Retentator*.

¶ 2. **RETENTARE**, Eligere, instituere. Codex Theod. lib. 3. tit. 17. leg. 3 : *Inlustris Præfectus urbis, adhibitis Decemviris e numero Senatus Amplissimi et Prætore Clarissimo viro, qui tutelaribus cognitionibus præsidet, Tutores Curatoresque ex quolibet ordine idoneos faciat Retentari; et sane id libero judicio, expertesque damni constituent judicantes.*

¶ 3. **RETENTARE**, Excludere, submovere vel interdicere. Codex Theod. lib. 10. tit. 10. leg. 21 : *Ac ne generaliter in omnes hæc fuerit constituta, summis dignitatibus usque ad Secundicerium Notariorum hoc servari decernimus, ceteris ab hac licentia Retentatis, ne dum nimia largitas tenditur, publica commoditas neglegatur.*

¶ 1. **RETENTATIO**, Possessio, seu administratio. Appendix Juliani Episc. Tolet. ad Hildefonsi librum de Scriptoribus Eccles. tom. 3. Concil. Hispan. pag. 81. et tom. 6. Miscell. Baluzii pag. 3 : *Ascitus autem in pontificatum nono gloriosi Recesuinthi Principis anno, novem annis et duobus fere mensibus clarus habitus fuit vitæ meritis et Retentatione regiminis.* Vide *Retentare* 1.

¶ 2. **RETENTATIO**, Retentio, actio qua quis aliquid sibi retinet seu reservat. Charta ann. 1202. e Chartulario Cluniacensi : *Notum facio... dedisse domui Inimontis possessionem... integre sine aliqua Retentatione in perpetuo possidendam.* Galli diceremus *sans reserve.* Vide *Retenementum*, *Retenta* et *Retentus*.

RETENTATOR, Qui res alterius retinet, detinet, in leg. 2. 3. Cod. Th. Unde vi, (4, 22.) leg. 8. de Censitorib. (13, 11.) eod. Cod. apud Majorianum nov. de Bonis vacant. Ennodium lib. 1. Epist. 7. et Senatorem lib. 1. Epist. 8. 22. lib. 2. Ep. 10. [Glossæ Lat. Græc. : *Retentator*, διακάτοχος. Aliæ Græc. Lat. : Διακάτοχος, *Possessor*, *Detentator*, *Retentatator*. Vide supra *Retentare* 1.]

1. **RETENTIO**, Copiarum militarium coactio, quas Princeps ad suum, uti dicimus, servitium *retinet*, Gallis *Retenue.* Henricus de Knyghton ann. 1347 : *Rex Edwardus ordinavit custodiam super villam Calesiæ, scilicet 300. viros armatos, 700. sagittarios. Comes Derbiæ Henricus habuit de Retentione sua, 800. armatorum et 2000. sagittariorum usque ad treugam captam, de quibus 30. ad bannerium, etc.* Et anno 1359 : *Rex fecit Retentionem, similiter et Domini Regni fecerunt, qualem præ valetudine non audivimus factam nostris anteactis temporibus, pro aliquo passagio ultra mare faciendo, etc.* Vide *Retinentia.*

2. **RETENTIO**, vox Practicorum, *Protestatio.* Stabilimenta S. Ludovici lib. 2. cap. 20 : *Et doit fere Retenue, que l'en appelle Protestation. Se mettre en esgart, ou connoissance de Cour, sauf son Retenail. Mettre son Retenail en chascun esgart. Sauver son Retenail. Mettre son Retenail*, sæpe in Assisiis Hierosolymitanis MSS. cap. 2. 3. 8. 23. 25. 26. 27. 31. 33. 65.

3. **RETENTIO**, Practicis, Retractus, qui duplex est, feodalis, et agnatorum. Nam prædium a vassallo venditum potest dominus, reddito et exsoluto condicto pretio, sibi retinere, ita etiam agnati, prædia avita præsertim, ab agnatis distracta, *Droit de retrait et de retenue*, in Charta ann. 1427. apud Thomasserium in Consuet. Bituric. pag. 126. Charta Libertatum oppidi de S. Paladio in Biturigib. ann. 1279 : *Ita tamen quod Retentionem non poterimus petere nec habere de hæreditatibus ipsorum hominum sitis in censivis nostris, quamdiu aliquis de genere venditoris velit Retentionem habere, qui attingat venditori de latere, a quo movet res alienata.* Vide Consuetud. Meledun. art. 127. Bituric. tit. 19. Senonens. art. 185. Silvanect. art. 226. Ambian. art. 18. 43. Claromont. art. 93. Bellilocensem art. 5. Castelletensem in Biturigibus art. 31. etc. de Nancæis in Biturigibus art. 10. 11. etc.

* Hinc *Littera retentionis*, qua quis eo jure uti se velle significat. Charta ann. 1360. inter Stat. Delphin. pag. 33. v° : *De litteris Retentionis et laudationis, tres grossos.*

¶ 4. **RETENTIO**, Pascuum, in quo herbam fœnumve secari vetitum est, ut uberior sit animalium pastus. Transactio Honorii Domini de Masalguis cum incolis ejusdem loci 8. Aug. ann. 1490. ex Archivo Præsidis *de Mazaugues : Quod liceat... facere Retentiones pro eorum animalibus aratoriis et de basto, licitas tamen et honestas, prout sunt assueti facere, citra tamen præjudicium averis pasquerii.* Campos hujuscemodi *Devendudos* appellant Provinciales. Vide *Retenezo* et *Defensa* 3.

¶ 5. **RETENTIO**, Tributum quodvis, ut videtur. Charta Aimerici de Narbona ann. 1176. in Instr. novæ Gall. Christ. col. 46 : *Convenio etiam et plivio, quod monasterium* (Fontis-frigidi) *jam dictum, et ea quæ ad ipsum ullo modo pertinent, manuteneam et deffendam pro posse meo et sensu, sicut mea propria, et sine censu et usatico, et sine omni Retentione.* Hoc est, nullum mihi *retinendo* seu exigendo tributum pro defensione mea; nisi forte *sine omni Retentione* idem sonent quod *absque ulla exceptione* quæcumque monasterii sunt defendam. Vide *Retinementum.* Homagium Comiti Armaniaci præstitum ann. 1418 : *Item plus in prædicto loco habet et percipit feuda agraria, rendas, oblias, vestas, laudimia, investiones, Retentiones, etc.*

* 6. **RETENTIO**, Refectio, reparatio, Gall. *Entretien, réparation. Retenure*, in Chartul. Corb. sign. *Ezechiel* ad ann. 1421. fol. 108. r° : *Ou cas qu'il y aroit pourreture ou ruine esdiz edefices, par deffaulte de malvaize Retenure et par negueligence, etc.* Charta ann. 1290. in Chartul. Thenol. ex Cod. reg. 5649. fol. 58. v° : *Cum discordia esset.... super Retentione seu refectione coopertura cancelli parrochialis ecclesiæ de Castellione, etc.* Alia Phil. Pulc. ann. 1312. in Lib. rub. Cam. Comput. Paris. fol. 424. v° : *Statuentes quod omnes domus prædictæ,..... regum Francorum quibuslibet expensis et sumptibus, coopertura et aliis quibuscumque Retentionibus necessariis atque refectionibus, quotienscumque expediens aut necesse fuerit, retineantur ac etiam reparentur. Dantes receptori nostro præpositura Parisiensi.... in mandatis, ut domos ipsas, cum clausuris suis, hujusmodi Retentionibus et refectionibus de nostro refici, retineri ac reparari faciat.* Charta ann. 1327. in Reg. 64. Chartoph. reg. ch. 583 : *Ad opus Retentionis, ac supportationis onerum ecclesiæ SS. Innocentium et charnerii ejusdem, etc. Item uxori ipsius Colardi pro Retentione veterum albarum ecclesiæ, xx. sol.* in Comput. fabr. S. Petri Insul. ann. 1475. Vide infra *Retinere*, 2.

¶ **RETENTURA**, Idem quod *Retentio* 5. Homagium mox laudatum ann. 1418 : *Item omnia alia et singula feuda et oblias, quas habet et percipit in loco et juridictione de Rupelaura, cum vendis, laudimiis, investituris, Retenturis, acapituris, et retroacapituris et aliis juribus ad dicta feuda pertinentibus.*

* Idem mihi videtur quod *Rachetum* vel *Relevium.*

¶ **RETENTUS**, Actio qua quis aliquid sibi retinet ac reservat. Dotatio Monasterii S. Mariæ de Ovarra ann. 813. tom. 3. Concil. Hispan. pag. 125. col. 2 : *Tradimus omne nostrum jure et potestatem et dominationem, absque ullo Retentu, ad proprium alodem.* Charta Aymerici Archiepisc. Narbon. ann. 940. apud Mabill. tom. 3. Annal. Benedict. pag. 711. col. 1 : *Sic damus Domino Deo et monasterio* (S. Pontii Tomeriensis) *prædicto in perpetuum absque omni Retentu, libere et absolute, et absque omni usatico, etc.* Charta ann. 1142. in

Probat. novæ Histor. Occitan. tom. 2. col. 496 : *Raymundus Pontii Comitis S. Egidii filius, et Dei gratia Comes Tripoli... concedit Umberto venerabili ecclesiæ Aniciensis Episcopo, absque ulla obligatione et absque ullo Retento juris et dominii, etc.* Vide *Retenementum*, *Retenta*, et *Retentatio* 2.

¶ 1. **RETENUTA**, Actio qua quis sibi retinet seu reservat jus aliquid faciendi. Edictum Johannis Fr. Regis ann. 1363. de Judiciis, apud D. *Secousse* tom. 3. Ordinat. Reg. pag. 652. num. 5 : *Et si garandum quis petierit, non faciendo Retenutam de causa defendenda, si garandus defensionem cause in se non assumeret, volumus quod defensor, in deffectu garandi, ad ipsius cause defensionem admittatur, si velit.* Quæ sic eleganter reddit Clariss. Editor in Summariis : *Quoyqu'un deffendeur, en demandant la permission d'appeller son garant, ne se soit pas Reservé la faculté de se deffendre, etc.*

* 2. **RETENUTA**, Copiæ militares, quas princeps ad sua stipendia servitiaque *retinet*, præsidium, Gall. *Garnison*, alias *Retenue*. Lit. remiss. ann. 1391. in Reg. 140. Chartoph. reg. ch. 313 : *Nonnulli homines armorum... ad vadia nostra seu de Retenuta nostra minime existentes, etc.* Aliæ ejusd. ann. ibid. ch. 303 : *Comme Pierre Guittart chevalier, pour le temps qu'il estoit seneschal d'Agennoy, eust avec lui certaine Retenue de gens d'armes pour la tuition et defense de ladite seneschaucie, etc.* Aliæ ann. 1441. in Reg. 176. ch. 401 : *Guillemin Mauvoisin, qui estoit de la garnison, gaiges et Retenue du Mont S. Michiel, etc.* Vide *Retentio* 1. et mox *Retinentia* 2.

RETEPENY. Statuta Synodalia Roberti Dunelmensis Episcopi ann. 1276. cap. 3 : *De rebus liberorum decimandis, et mortuariis inde solvendis : Porro huic Sanctioni adjicimus, quod si plures liberi proprium habentes, in parentum pariter familia vivant, ad denarios, qui vocantur Retepenis, minime arceantur : cum sicut communiter intrinsecus aluntur a parentibus, sic in extrinsecis ab eisdem lætentur pariter se defendi.* [**. Supra scriptum *Rekpenis*.]

¶ **RETERE.** Diploma Childerici II. Reg. Franc. in Historia Mediani Monasterii pag. 13. et tom. 3. SS. Julii pag. 212 : *Nos homines illos, qui commanent in Monifensishem et Onenheim, quantumcumque ad parti fisco nostro Retebant, tam freda quam reliquas functiones, Valedio abbate ad monasteriolo Confluentis, hoc plena et integra voluntate visi fuimus concessisse.* Ubi *Retebant* fortean est pro *Redebant*, Redibant, obveniebant; sed ut ut legendum est, ex similibus Instrumentis liquet hæc verba, *ad parti fisco nostro retebant*, reddi posse, *ad partem fisci nostri pertinebat*. [** Pro *Reddebant*. Sensus est, Valedio concessimus quantum homines commanentes etc. fisco nostro reddebant, non homines ipsos.]

¶ **RETERN.** Vide infra *Retorn*.

RETERTIARE, Tertio, ut *Binare* iterum, agrum arare. Rollandinus in summa Notariæ cap. 5 : *Promisit prædictam terram, eam videlicet quæ aratoria est, congruis temporibus bene arumpere, remenare, Reterzare, et quarto sulcu seminare omnibus suis seminibus, etc.*

RETHARIÆ TABERNÆ. Caper de verbis dubiis : *Cetheriæ tabernæ, quæ nunc Rethariæ non recte dicuntur.*

* **RETHIACULUM**, *vel Rethiculum*, *Reseul Gallice*, in Glossar. Lat. Gall. ex Cod. reg. 521. Vide *Retiaculum*.

¶ **RETHIBERE**, pro *Redhibere*, Reddere, solvere, apud Gotofredum in Glossario Nomico Codicis Theodosiani.

* **RETHINGA.** Charta Henr. II. reg. Angl. pro libert. Norman. in Cod. reg. 4651 : *Fiat autem usus de franco plegio sic videlicet, quod pax nostra teneatur, et quod Rethinga integra sit, sicut esse consuevit. Retingra* ibi habet Reg. S. Justi in Cam. Comput. Paris. fol. 36. r°. col. 2. unde *Retinga* male edidit *Brussel* tom. 2. de Usu feud. pag. vj. Vide infra in hac voce.

¶ **RETHUM**, Rete, laqueus, cassis, Gallice *Rets*. Charta Philippi Comitis Bolon. ann. 1232. ex Archivo Cameræ-fontis : *Concedimus prædictis Abbati et Conventui, et eorum servientibus ab eisdem missis, facultatem et potestatem omnimodam venandi seu fugandi cum canibus, avibus, furonibus, Rhetis et alio quoque modo, ad omnes feras, etc.*

¶ **RETIA**, Species clathri certo lucernarum aut cereorum numero instructi in Ecclesiis. Papias : *Fara, vasa sunt luminatoria, quæ nos Retia dicimus, diverso modo formata.* Additio ad Ordinem Rom. apud Mabillon. tom. 2. Musei Ital. pag. 154 : *Sed dominus Pontifex accipit* xx. *sol. in nocturnis stationibus, quando accenduntur Retia, et in diurnis quando accenduntur candelæ.* Laurentius in Amalthea : *Retia, æ, Retiaculum, parvum rete, et gradus parvus altaris*, ex Vocabulario Ecclesiastico. Vide *Pharus*.

RETIACULUM, [*sicut et Reticulum, Parvum rete*; Johanni de Janua.] Anastasius Biblioth. in Præfat. ad Octavam Synodum : *Præterea et aliud iniquitatis suæ Retiaculum, quo mentes simplicium caperet, texens, etc.* [Mag. Boncompagnus de Obsidione Anconæ apud Murator. tom. 6. col. 35 : *Captus sum ut piscis hamo, et sicut avis improvida in Retiaculum cecidi deceptoris.*]

¶ **RETIARIUS**, *Ad rete pertinens, vel decipiens, vel qui retia facit*, Johanni de Janua. Gloss. Lat. Gr. : *Retiarius*, λινοῦχος, δικτυοπλόκος, δικτυοφόρος, δικτυβόλος. Adde Glossas Græc. Lat. in his vocibus. *Retiarii* Latinis dicti Gladiatores a rete, quod sub scuto gestabant, ut mirmillones, contra quos pugnabant, involverent. De his Quintilianus lib. 6. cap. 4. Suetonius in Claudio, Tertullianus de Spectaculis cap. 25. Festus, Isidorus lib. 18. Orig. cap. 54. Lipsius in Saturnalibus, Erasmus in Adagio, *Contra Retiarium ferula* : quod occurrit apud Juvenalem Sat. 8. et Martialem in Præfat. lib. 2. quodque dictum volunt in eos, qui infirmo præsidio contra maxime instructum pugnare præsumerent. De retibus in conflictu adhibitis vide Carolum de Aquino in Lexico Militari v. *Retia*.

¶ **RETIATICUM**, f. Tributum pro retibus in silva tendendis exsolutum. Charta Rodulfi Reg. Fr. e Tabulario Majoris-monasterii : *Nec telonium, aut inferendas, aut rotaticum, vel ripaticum, sive portaticum, seu etiam exclusaticum, vel nauticum, vel Retiaticum, aut herbaticum... exigere præsumat.* Vide infra *Venaticum*.

* Haud scio an non melius legeretur *Religaticum*, intelligereturque de vectigali, quod pro facultate *religandi* naves ad palos exsolvebatur. Conjecturæ favet vox *Nauticum* quæ præcedit. Vide supra *Nautaticum*.

¶ **RETICA**, pro *Redica*. Vide in hac voce.

RETIATORES, *Qui retia facere sciunt*, in Capitulari de Villis cap. 45. [Vide *Retiarius*.]

RETIATUS. Regino in Inquisitione Episcopor. cap. 10 : *Videndum etiam quot alii libri ibi sint, et an bene sint Retiati.* Ita Codex Parisinus præfert, cum alii, ut et Hincmarus, *recitati*; quod nihil est, ut recte monet vir doctissimus Baluzius, qui *Retiatos*, putat libros dici, quasi *retibus* ac nervis compactos. Quid si *reliati*, vel *religati* legatur, quomodo nos libros bene compactos appellamus?

* **RETICELLA**, vox Italica, Reticulum, muliebre capitis tegmen et ornamentum. Inventar. ann. 1349. apud Cl. V. Garamp. in Dissert. 2. ad Hist. B. Chiaræ inter not. pag. 143 : *Unum par linteaminum cum Reticellis.... Unum pannum lineum pro intrando balneum sive stufam, laboratum ad Reticellas, etc. Perlis, ghirlandis, Redisellis et coronis*, ibid. pag. 62. Vide infra *Reticula* 2. et *Retiolum*.

RETICERE. Statuta Ordinis S. Gilberti de Sempringham pag. 783 : *Nullus præsumat omnino aliquem vivum vel mortuum, in consortium Sanctimonialium suscipere, vel eas sine assensu earum ut suscipiant compellere : Suscepti vel susceptæ pecuniam foris retinere vel Reticere. Reticere dico, si vel terra vel animalia dantur pro vivo vel defuncto funere.*

* **RETICINUM**, Reticulum, Ital. *Reticino*. Tract. MS. de Re milit. et mach. bellic. cap. 164 : *Homo in barcha cum duobus Reticinis et fune trahente barcham ac volgente stilum Reticinorum, ducitur super flumen descendens.*

¶ 1. **RETICULA**, pro *Reticulum*, Ital. *Reticella*. Chronicon Atinense apud Murator. tom. 7. col. 904 : *Constructum etiam ibi est sepulchrum ejusdem Saturni variis et diversis marmoribus ornatum, in quo ejus ossa posita sunt, missa in quodam æreo loculo in modum Reticulæ factum.* Pro reticulis seu retibus feris capiendis, *Raisiax* nostri alias dixerunt. Le Roman *de la Rose* MS :

> Au conin prendre ou vous tendés,
> Et le furet qui sans faillir
> Le doit faire és Raisiax saillir.

Et alibi :

> Narcisus fu un damoisiax
> Qu'amours tindrent en leur Raisiaus.

Hodie *Reseau* vel *Reseuil* dicimus subtilius reticulum seu reticulatum textum tenue atque rarum. Vide *Retiolum*.

* 2. **RETICULA**, *i. Mitra capitis, Coife à femme.* Glossar. Lat. Gall. ex Cod. reg. 7684. Vide *Retiolum*.

¶ **RETICUS** IGNIS. Anastasius Bibl. in Cœlestino PP : *Hic dedicavit Basilicam Juliæ, in qua obtulit post ignem Reticum patenam argenteam pensantem libras* 15. Observat Bencinus, in Codice Flor. Bibl. S.

Marci pro *Reticum*, legi *Geticum* : quod, inquit, videtur indicare post cladem Urbi illatam ann. 410. a *Getis*, seu Gothis sub Alarico. Huic conjecturæ non parum favet, quod idem Auctor scribit in Leone : *Hic renovavit post cladem Vandalicam omnia ministeria sacra argentea per omnes Titulos constata.*

¶ **RETIFEX**, Qui facit retia, juxta vim vocis; juxta rem, Piscator. Missale Gothicum apud Mabill. de Liturgia Gallic. pag. 220 : *Apostolicum et toti almum sæculo diem, quo Retifex ille præclarus Andreas post inluminatam prædicatione Achaiam, felici martyrio coronavit.*

* **RETILARE**, *Aperire, demonstrare*, in vet. Glossar. ex Cod. reg. 7613.

RETIMENTUM, Receptus, receptaculum, Hispanis *Retraimiento*. Charta Jacobi Regis Aragonum ann. 1128. apud Joan. Dametum in Histor. Regni Balearici pag. 204 : *Item ad eorum cognitionem ibi remaneant in stabilimento et Retimento terræ illi, qui partem terræ habere voluerint, vel alios per se constituant defensores.* Ubi *stabilimentum*, est nostrum *Establissement*.

1. **RETINA**, Ρητίνα, in Glossis Latino-Græc. Aliæ Græc. Lat. Ρητίνα, *Retina*, et Ρητίνη, *Resina*.

¶ 2. **RETINA**, Virgilio *Retinaculum* lib. 1. Georg. Habena, Ital. *Redine*, unde nostris *Resne*. Anonymi Salernit. Chronicon cap. 68. apud Murator. tom. 2. part. 2. col. 224 : *Apprehensaque equi Retina, celeriter eum Beneventum ducebat, etc.* Le Roman *d'Athis* MS :

Athis s'élance entre leur gent,
Par la Regne le cheval prent.

Vide Glossarium mediæ Græcitatis in Ρέτινα.

¶ **RETINACULUM**, Actio qua quis aliquid excipit, sibi retinet seu reservat. Charta ann. 1123. e Tabulario Absiensi : *Hoc autem donum meum... Petro Abbati Absiæ absque ullo Retinaculo concessi.* Chartularium Caroli-loci pag. 1 : *Ego Manasserius de Balis do Ecclesiæ Karoli-loci... locum scilicet in quo situm est cœnobium... sine Retinaculo totum.* Et pag. 3 : *Cum suis pratis undique sine Retinaculo.* Vide *Retenementum*, *Retenta*, *Retentatio* 2. et *Retentus*.

¶ **RETINAMENTUM**, Idem quod *Retinaculum*. Vide in *Retenementum*.

¶ **RETINAX**, Retinendi studiosus, apud Symmachum lib. 1. Epist. 47.

¶ **RETINEMENTUM**, Idem quod *Retinaculum*. Vide in *Retenementum*.

1. **RETINENTIA**, Gall. *Retenue*. *Esse de alicujus Retinentia*, dicitur, qui alicujus obsequio addictus est, familiaris, domesticus. Statuta secunda Roberti I. Regis Scotiæ cap. 34. § 2 : *Nec aliquis gerens robas domini, nec aliquis de consilio suo, vel Retinentia sua, etc.* [Chronicon Anglic. Thomæ *Otterbourne* pag. 203 : *Occurrerunt sibi plures domini et valentes cum suis Retinentiis, nullis tamen animo nocendi Duci Lancastriæ.* Et infra : *Confestim venerunt plurimi de familia patris sui et sua propria Retinentia.*] Vide *Retentio* [et *Retenementum*.]

* Quæ ad victum et vestitum necessaria sunt, ab aliquo recipere, Gall. : *Etre entretenu par quelqu'un.* Vide infra *Retinere* 2.

* 2. **RETINENTIA**, Eadem notione atque supra *Retenuta* 2. Stat. pro reformat. regni Navar. ann. 1322. in Reg. Cam. Comput. Paris. sign. *Noster* fol. 437. r° : *Castellanus dicti castri habeat decem homines, et pro quolibet homine quinque raficia tritici et viginti solidos per annum, ultra Retinentiam consuetam, quæ est de decem hominibus, quinquaginta raficia tritici et decem libras Turon. et sic erit tota Retinentia de viginti hominibus, centum raficia tritici et viginti libras Turon..... Item cum castrum Doro haberet majorem Retinentiam quam deceret, fuit ordinatum, quod dictum castrum habeat pro Retinentia totius anni lx. sol. et xv. raficia tritici.* Hinc patet ea voce non præsidiarios milites tantum, sed et eorum stipendia et ad victum necessaria, scriptores significasse. Vide *Garnisio* in *Garnire*.

* 3. **RETINENTIA**, Jus quod habet quis in rem aliquam. Charta ann. 1162. inter Instr. tom. 6. Gall. Christ col. 439 : *Sic remota omni Retinentia nostra, damus Deo et B. Mariæ de Rivo-nitido omnibusque habitantibus in ipso loco, totum habendum et tenendum ad omnem voluntatem suam in toto, et de toto sub proprio jure et allodio in perpetuum faciendam.*

** 4. **RETINENTIA**, Conditio, exceptio. *Sub hac Retinentiæ forma, quod, etc.* in chart. ann. 1353. apud Haltaus. Gloss. Germ. col. 1989. voce *Vorbehalt*, et *Retenuta*, 1.

1. **RETINERE HOMINEM ALTERIUS**, olim vetitum omnino, quod tenentes ita glebæ adstringerentur, ut a dominorum servitio eos abstrahere cuiquam non liceret. Charta anni 1221 : *De omnibus, qui possunt retinere apud Cabilonem homines; nullus potest retinere hominem alterius in Cabilone vel appendiciis, nisi juste et pacifice fuerit homo a domino suo separatus.* Assisiæ Comitatus Campaniæ ann. 1296 : *Dicebant ipsos fratres esse homines de corpore, et tanquam homines de corpore sequebantur ipsos, et petebant tanquam suos homines sibi liberari.* Tabularium Abbat. Reigniacensis Ord. Cisterc. ann. 1251 : *Cum controversia verteretur ad invicem inter nos, et super eo, quod nos Abbas et Conventus volebamus habere et Retinere homines ad manendum in territorio nostro, quod dicitur terra S. Petri juxta villam de Lugis, ego vero Robertus (de Tanlaio) e contrario dicebam, quod in eodem territorio nullus poterat Retinere homines ad manendum vel habere, absque mea permissione vel voluntate, etc.* Assisiæ Hierosol. MSS. cap. 270 : *Se aucun vilain s'en part, ou s'enfuit de la terre de son Seignor, et vait en autre terre, et il demeure auci come par apaut, ou sodées dou Seignor, il doit torner en la terre de son Seignor si tost comme il le requerra, que celui qui l'a en sa terre, ne le peut, ne ne doit Retenir par l'assise.*

Idem jus dominis erat in Judæos. Statutum S. Ludovici de Judæis ann. 1238 : *Nec aliquis in toto regno poterit Retinere Judæum alterius domini, et ubicumque aliquis invenerit Judæum suum, ipsum licite capere poterit, tanquam proprium servum, quamcumque moram fecerit Judæus sub alterius dominio, vel in alio regno.* Vide *Percursus*.

* 2. **RETINERE**, Sarta tecta ædium tueri, ædificia reficere, reparare, Gall. *Entretenir*, alias *Retenir*. Charta Nic. episc. Camerac. ann. 1270 : *Præterea dictus Robertus de Barastra dominus..... tenetur.... dictæ capellæ ædificium, de omnibus et singulis ad dictum ædificium spectantibus Retinere perpetuum, sumptibus ejus propriis.* Alia Petri abb. Aquicinct. ann. 1310. in Reg. Phil. Pulc. ex Bibl. reg. sign. 9607. 3. ch. 61 : *Tenentur etiam prænominati magistri.... omnia ædificia ejusdem* (domus) *quæ nunc sunt, Retinere de palo, lata, clavis, etc.* Chartul. Thenol. ex Cod. reg. 5649. fol. 102. v° : *Debet dictum molendinum suis sumptibus et expensis bene et sufficienter Retinere.* Occurrit præterea in Ch. ann. 1304. inter Instr. tom. 10. Gall. Christ. col. 481. Charta ann. 1340. in Chartul. 23. Corb. : *Et sont et seront tenu lesdits religieux de Retenir bien et souffisamment lesdites voies.* Instr. ann. 1406. ex Bibl. reg. : *Et est aussi assavoir que iceulx moulins sont fors à Retenir et de grans coustemens, et y faut souvent faire grans réparations.* Lit. remiss. ann. 1455. in Reg. 183. Chartoph. reg. ch. 93 : *Comme pour la Retenue et entretenement du pays de Cayeu assis sur la mer, qui y vient deulx fois jour et nuit,.... soit nécessaire.... Retenir et réparer les chaussées et cathiches estans autour et à l'environ dudit pays, etc.* Vide supra *Retentio* 6.

* 3. **RETINERE**, Testari, affirmare; quo sensu *Soutenir* dicimus. Chartul. Campan. ex Cam. Comput. Paris. fol. 452. v°. col. 2 : *Et hoc paratus sum ubique testari et Retinere in curia vestra, et ubicumque debebo.*

* 4. **RETINERE**, Aliquem in dignitate, quam obtinet, tueri, conservare. Chron. Pontif. Leon. Urbevet. apud Lam. in Delic. erudit. pag. 100 : *Theodora imperatrix, propter Arthemium episcopum de hæresi condemnatum, quia ipsum Retinere noluit, misit in exsilium in Pontiam insulam.* Nisi legendum sit *Restituere*, ut pag. seq. ubi de eadem re agitur.

¶ **RETINGA**, f. Quies, cessatio, ab Anglico *Resting*, quod idem significat. Charta Henrici Regis Angl. ann. 1155. apud D. *Brussel* tom 2. de Usu feudorum ad calcem pag. VI : *Fiat autem usus de francho plegio, sicuti, videlicet quod pax nostra teneatur, et quod Retinga sic integra sit, ut esse consuevit.* [* Vide *Rethinga*.]

* **RETINGRA**. Vide supra *Rethinga*.

¶ **RETINIMENTUM**. Vide supra *Retenementum*.

* **RETINNIRE**, Respondere ad literas aut ad interrogationem alicujus. Epist. supposititia, ut videtur Tillemontio, cujusdam Eusebii ad Cyril. Alex. apud Baron. ad ann. 417 : *Gratias ago Deo meo, quod beatitudinis tuæ dulciora melle epistolaris officii eloquia promerui : quia percutienti Retinnire dignatus es, domine sancte omnique honore colende, beate papa, etc.*

RETIOLUM, dominut. a *Rete*, Muliebre capitis tegumentum. [Glossæ Latino-Græc. et Græc. Lat. : *Retiolum*, κεφαλόδεσμιον. Johannes de Janua : *Retiolum*, *Illud quod colligit comas, sic dictum, quia quasi parvum rete, vel quia retinet crines, ne effundatur.* Vide *Retiaculum*, *Reticula* et *Risile*.] S. Augustinus Ep. 109. de Sanctimonialibus : *Nec sint vobis tam tenera capitum tegmina, nec Retiola subter appareant.* Lib. de sancta Virginitate cap. 34 ; *Aut capitis ligamento notabili, pro tumidis umbonibus capillorum, sive tegminibus ita teneris utuntur, ut Retiola subtus posita appareant.* *Reticulum* dicitur Trebellio in Quieto : *Viri in auro et argento, mulieres in Reticulis et dextrocheriis.*

* *Rosol*, eadem acceptione, in Lit. remiss. ann. 1457. ex Reg. 187. Chartoph. reg. ch. 58 : *Deux coyffes, que l'en appelle ou païs de Comminge, Rosolz.* Vide supra *Reticella.*

¶ **RETIRE**, *a rete, Reti capere*, Johanni de Janua ; *prendre à rest, enlacier, empestrer*, in Glossis Latino-Gall. Sangerman. MSS. Hinc Irretire, etc.

¶ **RETISCA**, γήνη, in Glossis Lat. Gr. Recte Vulcanius corrigit, Retis, σαγήνη. Glossæ Græc. Lat. : Σαγήνη, *Verriculum, Regia, Tragum.*

¶ **RETIUM**, Rete. Glossæ Latino Græc. *Retium*, Κυνηγετικὸν δίκτυον, λίνον κυνηγετικὸν, δίκτυον κυνηγετικόν. Alias adde Gr. Lat. Perperam in Supplemento Antiquarii, *Recium.*

¶ **RETOLLERE**, Retullere, Rursum tollere, auferre, capere. Chronicon Farfense apud Murator. tom. 2. part. 2. col. 614 : *Quod si omnes supradictas res et castella cum Ecclesiis et Monasteriis vel cunctis eorum pertinentiis, nobis Retollere aut ipse aut sui heredes præsumpserint, etc.* Et col. 440 : *Res omnes illas atque familias, quæ in supradictis finibus Reatinis inpublicatæ vel Retultæ sint a singulis hominibus, aut nunc præsenti tempore a quocumque homine contra legem possidentur.* Charta ann. 1011. apud eumdem Murator. delle Antic. Estensi pag. 195 : *Ut sine nobis eas aliquo tempore in aliquod exinde intenti manserimus, aut Retolli, vel subtragi quesierimus, etc.* Infra pag. 200. legitur eadem notione *Rectolli et suptragi.*

* Italis *Ritogliere*. Occurrit passim in Chartis Italicis.

* **RETONDERE**, Tondere, radere : dicitur de monetarum adulteratoribus, qui eas pondere minuunt. Locus est supra in *Resosare*. Vide *Tonsores.*

¶ **RETONDUTUS**, Tonsus, retonsus, vel f. Retusus, a Retundere, quod idem sit ac nostrum *Fouler*, Laneos pannos polire et dealbare. Charta Guillelmi de Burgo Officialis Lugdun. ann. 1322. in Maceriis Insulæ Barbaræ tom. 1. pag. 202 : *Quod ipse* (Camerarius) *det et dare teneatur quolibet anno cuilibet Sacerdoti monacho et juvenculo sex ulnas camelini vel brunetæ, non tamen madefacti neque Retunduti, pro veste et caligis faciendis.*

¶ **RETONSOR**, Qui retondet pannos aut pelles, ut opinor, in veteri Catalogo MS. Sodalium B. Mariæ Deauratæ.

Retonsor Monetæ. Vide *Tonsores.*

¶ Retonsura. Vide *Fundator* et *Tonsores.*

¶ **RETONTUS**, Rotundus, Ital. *Ritondo.* Vita B. Henrici Baucenensis, tom. 2. Junii pag. 373 : *Ac quemdam lapidem vivum Retontum, cum quo pectus percutiebat, etiam tenebat.*

* **RETOPASNAGIUM**, f. pro *Retropasnagium*, Census vel tributum pro glandatione et jure pascendi porcos in silva domini. Reg. S. Justi ex Cam. Comput. Paris. fol. 791. v° : *Item si sit ibi pasnagium, habet medietatem Retopasnagii.* Vide *Pastio.*

RETORN. Charta MS. Guillelmi de Apiano ann. 1162 : *Quod si pactum istud, sicut superius scriptum est, non adimplevero, mitto vobis duabus Gaufredo* (Comiti Rossilionensi) *et Girardo* (ejus filio) *in Retorn totum feuodum, quod de vobis teneo propter feudum de aqua de ipsa Ted, quæ vadit de Apiano, etc.* Galli dicerent *en retour*, Redhibitio ultra sortem, nisi idem sit, quod datum in pignus. [Vide *Retornum.*] Consuetudines Montispessulani : *Qui prior est in emptione, vel pignore, vel Retorno ; cum laudimio domini, ad quem pertinet, potior est, salvis privilegiis actionum a lege indultis.*

☞ Alibi *Retorn* et *Retern* idem sonat, quod Reditus, obventio, quidquid e prædio vel aliunde redit emolumenti. Testamentum Bernardi Atonis Vicecomitis Carcassonæ ann. 1118. apud Baluzium tom. 2. Hist. Arvern. pag. 487 : *Relinquo filio meo Rotgerio Carcassonam... et concedo ei totos illos Retorns et rectitudines, qui pertinent ad dominium de Carcassona... et totos illos Retorns et rectitudines, qui pertinent ad dominium de Term.* Et pag. 488 : *Item dono ei Retern de Milgor.* Eadem fere leguntur in Probat. novæ Hist. Occitan. tom. 2. col. 403. et 404. ubi idem Testamentum editum est, paucis variantibus.

¶ **RETORNAIRE** Se, Sese convertere, Gall. *Se Retourner*, Redire. Confirmatio pacis inter Reges Franciæ et Angliæ ann. 1279. apud Rymer. tom. 2. pag. 136 : *Et remanent ei et hæredibus suis illi privilegiati de tribus civitatibus et episcopatibus antedictis, qui se Retornaiverint usque ad hodiernum diem, et hobediverint ei vel patri suo, sive de voluntate eorum, vel ad requestam nostri patris, vel ad requestam nostram.* Gallica versio ibidem : *E demeurent à lui e à ces heirs iceus privilegiez des trois citez e des trois eveschiez devanditz, que se sont Tornés iesqes aujordui, ou ont obei à lui ou à son pere, soit de leur volenté, soit à la requeste notre pere, ou soit à la nostre.* Vide mox *Retornare* 1.

1. **RETORNARE**, Redire, Gall. *Retourner.* Vocem Avarum seu Hungarorum fuisse indicat Theophylactus Simocatta lib. 2. cap. 15 : Ἐπιχωρίῳ τε γλώττῃ εἰς τοὐπίσω τρέπεσθαι ἄλλος ἄλλῳ προσέταττε, Ῥετόρνα μετὰ μεγίστου ταράχου φθεγγόμενος, etc. Ita vocem τόρνα, pro *faciem verte*, ab iisdem usurpatam auctor est Theophanes ann. 5. Mauricii : unde patet a Germanis seu Francis nostris in Galliam invectam. Catholicon Armoricum : *Retorn, Gall. Retourner, revertere. Returnar*, in Fœdere Regum Lotharii et Caroli, apud Nithardum. Capitula Caroli C. tit. 19. cap. 14 : *Quia quantum Deus vos salvaverit, et vos vos ipsos salvaveritis, et sani cum illo sitis, et sanus sit vobiscum ille, sicut debet, non cum venerit Retornetis.* Et tit. 31. cap. 26. c. ult. : *Et etiam de honoribus, sicut cum illo melius considerabo, illis, qui ad me se Retornabunt voluntarie, faciam.* [Chronicon Bergomense Castelli de Castello ad ann. 1402. apud Murator. tom. 16. col. 912 : *Die suprascripto Retornaverunt Bergomum omnes obsides seu confinati.* Statuta Montis-Regalis pag. 215 : *Et tota aqua, quæ discurrit a dicto fossato infra, usque ad tectum Nicolai Veglacii, descendat et discurrat retro tectum ipsius Nicolai, Retornando dicta aqua ad fossatum Becconi.*] Vide *Tornare.*

* *Raler*, eadem notione, in Charta ann. 1242. ex Chartul. Campan. fol. 292. v°. col. 1 : *Se aucuns de cez, qui vanront ester en la commun̄eté de Provins, sa volent Raler, il s'en iront sauvément. Retourner*, pro *Remener*, Reducere, in Lit. remiss. ann. 1359. ex Reg. 87. Chartoph. reg. ch. 347 : *Lequel Jehan, qui s'estoit mis en franchise ou cimittire de S. Goudart, fu gité hors dudit cimittire, et le Retournerent en la prison. Torner*, eadem acceptione, in Chron. Nem. inter Probat. tom. 3. Hist. Nem. pag. 4. col. 1 : *Lesquels consuls.... accompagnierent ledit Sicard jusques à son hostel et le Tornerent dans icellui.* Pro *Reporter*, reportare, in aliis ann. 1408. ex Reg. 163. ch. 225 : *Icelle Babeau mena avecques soy deux jeunes enffans pour la acompaigner et Retourner une boutaille de cocorde, qu'elle avoit empruntée de son voisin.*

2. **RETORNARE**, Invertere, quomodo *Retourner* dicimus. Passio S. Pontii n. 19 : *Quumque equuleo tenderetur, et ministri vectibus impositis trochleam Retornarent, etc.* Vetus Charta apud Ughellum tom. 1. part. 2. pag. 255 : *Si rumpere, aut Retornare, vel revolvere, vel minuere, seu contrariare præsumpserit.* Alia tom. 7. pag. 501. eadem verba habet. [** Alia ann. 849. apud De Blasio Series Principum Salernit. Append. num. 11. pag. 10 : *Aut per nos ipsi per quolibet ingenio Retornare quesierimus, etc.*]

¶ 3. **RETORNARE**, Hospitio excipere. Conventiones ann. 1288. tom. 2. Hist. Dalphin. pag. 44. col. 1 : *Nos fratres Aymo permissione divina humilis Abbas monasterii S. Theuderii... notum facimus universis, quod cum illustris Vir D. Humbertus Dalphinus Vien.... feudum, quod a nobis tenet, nobis et Ecclesiæ nostræ plane recognoverit,... nosque præd. Abbatem et Conventum... contra quascumque personas... juvare promiserit, et facere guerram pro facto nostro cum expensis suis propriis, et in castris suis Retornare.* Manifestius in aliis Conventionibus inter Dalphinum et Abbatem S. Eugendi ann. 1339. ibidem pag. 386. col. 2 : *Dom. Abbas... recipiet et Retornabit, recipi et Retornari faciet dictum Dom. Dalphinum et gentes suas cum eo usque ad viginti homines in armis vel sine armis... in burgo S. Cirici eundo et redeundo, faciendo transitum per locum prædictum... ita tamen quod Bayllivi et gentes quæcumque dicti Dom. Dalphini, quæ receptabuntur in dicto burgo, quandocumque intrabunt, jurare debeant ante ingressum dicti burgi, non offendere dictum burgum, nec castrum, nec gentes dictorum castri et burgi, etc.* Mallem *Restaurare.*

* Præsertim *Retornare* dominum suum dicitur vassallus, cum illum in suo castro tempore belli recipit. Homag. Humb. *de Paladru* comiti Sabaud. præstitum ann. 1297. in Chartul. Sabaud. fol. 118 : *Et ipsum dom. comitem et ejus gentes, valitores*

et coadjutores in eis (castris) *Retornabunt tempore guerræ seu guerrarum...... Exceptis vassallis et hominibus ipsius Humberti, contra quos idem Humbertus ipsum dom. comitem, ejus gentes, coadjutores Retornare minime teneatur.* Quod *Avoir retours* nuncupatur in Charta Joannis comit. Catalaun. ann. 1232. ibid. : *En telle maniere nequedant je doy avoir Retours et ay en le maison de Bragny.*

4. **RETORNARE**, et RETORNATIO, voces Practicorum Angliæ : est autem *Retornatio*, Spelmanno, Responsio Vicecomitum, aliorumque ministrorum, per quam Curiæ redduntur certiores, quid in exsecutione ipsorum brevium sit effectum. Atque ita vocem *Returnare* usurpat non semel Fleta lib. 2. cap. 64. § 20. 21. 22. cap. 67. § 6. 7. 8. etc. Charta Edwardi I. Regis apud W. Thorn : *Secundum quantitatem particularium contentarum in quadam inquisitione facta per Vicecomitem nostrum Cantiæ, et coram nobis Retornata, ac etiam in rotulis Cancellariæ nostræ irrotulata, etc.* Statuta Roberti III. Regis Scotiæ cap. 1. § 3 : *Et quod Cancellarius de cætero saisinam alicujus Retornationis det, nisi deponent pro ipso, qui dictam inquisitionem impetravit, quod dictæ terræ vel tenementa in eadem contenta existant in manibus domini Regis... et quod dicta Retornatio sigillis quorumdam fidedignorum in dicta inquisitione existentium, una cum sigillo Vicecomitis sit sigillata.* Ubi Skenæus : *Retornationem voco responsum eorum qui assisæ et inquisitioni interfuerunt, eorum sigillis sigillatum, quod Retornatur et remittitur per judicem ad Cancellarium Regis, etc.* Alias dicitur

RETORNUM BREVIS, ejusdem scilicet *certificatorium* Curiæ, unde manavit, factum, Cowello. Matthæus Westmonaster. ann. 1278 : *Abbas igitur et Conventus Westmonasteriensis... libertatem de Retorno brevium, quam specialiter per chartas dicti patris sui Henrici obtinuerant multis temporibus retroactis, post defensiones legitimas, insistentibus civibus Londinensibus, ordinationi regiæ submiserunt, quam tempore subsequenti Ecclesiæ supradictæ de speciali gratia Rex concessit.* Monasticum Anglican. tom. 2. pag. 345 : *Cum Retorno brevium Domini Regis, placito vetiti namii, placitis Coronæ Regis, catallis felonum et fugitivorum, etc.* [Litteræ Richardi Reg. Angl. apud Lobinell. tom. 2. Hist. Britanniæ col. 592 : *Concessimus pro nobis et heredibus nostris carissimo fratri nostro Johanni Duci Britannie et Comiti Richemondie et carissime sorori nostre Johanne uxori ejus, quod ipsi in omnibus terris et teneuris suis, que sunt de Comitatu, honore et dominio de Richemondia, et que pertinent ad eadem... habeant... per Baillivos et ministros suos Retorna omnium brevium nostrorum et heredum nostrorum, et executionem de eisdem brevibus, et quidquid quod ad Retornum brevium nostrorum pertinet, ita quod nullus vir, aut alius minister noster seu heredum nostrorum, intret predictum Comitatum.*][** Placit. ann. 1. Edw. II. reg. Sussex. rot. 56. in Abbr. Placit. pag. 303 : *Ballivi... post diversa brevia eis missa tam de prohibicione quam ad respondendum, retornaverunt quod nunquam tempore regis nunc, aliquod breve eis directum fuit.... Et quia Returnum prædictum sonat in contemptum domini regis, etc. Deceptive Retornare*, ibid. pag. 294. in placit. ann. 26. Edward. I. Ebor. rot. 8.] Vide Statutum 2. Westmonaster. cap. 43. et librum Anglicum, inscriptum *Justice of Peace* pag. 136. ubi plura *de Returnis brevium*, [necnon Thomam *Blount* in Nomolexico voce *Return*.] *Returnum* alio sensu vide suo loco.

RETORNATUM, Idem quod *Returnum*. Statuta secunda Roberti I. Regis Scotiæ cap. 16. 4 : *Et per magnum Retornatum per Ballivum Regis missum, fiat hujusmodi probatio negligentiæ tenentis, terram suam non replegiantis.*

5. **RETORNARE** AVERIA, in Statuta 2. Westmonateriensi ann. 13. Edwardi I. cap. 2. et apud Bractonum lib. 3. tract. 2. cap. 37. § 1. et 8. Reddere, restituere. Hinc *Retornum averiorum*, hac formula Brevis : *Tibi præcepimus, quod eidem N. averia prædicta sine dilatione Retornari facias.* [** *Breve de Returno habendo*, in placit. ann. 6. Edward. II. Kanc. rot. 43. in Abbrev. Placit. pag. 314.]

* *Retourner*, eodem sensu, in Lit. remiss. ann. 1457. ex Reg. 187. Chartoph. reg. ch. 45 : *Pour ce que icellui suppliant ne voult lui restituer ledit calice ou argent, il tira ung costeau sur lui et s'efforça de l'en frapper;.... tellement que de paour qu'il eust qu'il le batist, convint que icellui suppliant lui Retournast ledit calice.* Aliæ ejusd. ann. ibid. ch. 51 : *Thomas Roz osta la dague à icellui Laurens, lequel la lui demanda, et ledit Thomas Roz lui respondi qu'il ne la lui Retourneroit point, attendu qu'il en vouloit faire mal.*

* 6. **RETORNARE**, RETORNATIONEM FACERE, Compensare, supplere, supplementum addere, practicis nostris *Retour de partage*. Charta ann. 1241. tom. 1. Probat. Hist. Brit. col. 920 : *Omnia vero alia, quæ ad ipsos de dicta caduca devenerunt, ubique sint in boschitis, villis, et planis, et aquis per jam dictos milites appreciabuntur et æstimabuntur; et si per suum preciagium et per suam æstimationem invenerit, quod dictus Radulphus plusquam duas partes dictæ caducæ modo temporis possideat, dicti milites Retornationem facient prædictis Petro, Olliverio, et eorum uxoribus;.... et similiter si dicti milites invenerint, quod dicti Petrus, Olliverius, et eorum uxores plusquam partem tertiam modo temporis possideant, Retornationem eidem Radulpho facient, in loco eidem Radulpho propinquiori et decentiori, exceptis locis jam exceptis.... Et sic dicta caduca dividetur inter partes per dictos milites, quod dictus Radulphus habebit duas partes et in feodis et dominicis, et prædicti Petrus et Olliverius et eorum uxores tertiam partem prædictam, aut excambium fiet de hoc quod superius scribitur de villa Trinitatis, si ita sit quod dicti milites aliquid Retorneant prædicto Radulpho de hoc, quod modo possident prædicti Petrus, Olliverius et uxores eorum.* Vide infra *Tornare* 2.

* 7. **RETORNARE**, Gall. *Retourner*, pro *Détourner*, Avertere. Lit. remiss. ann. 1467. in Reg. 195. Chartoph. reg. ch. 36 : *Estienne Noquin dist aux supplians qu'ilz tirassent hardiment, et que s'il avoit une petite essaulne de boys, qu'il Retourneroit bien toutes leurs fleches.*

* 8. **RETORNARE**, Immutare, Gall. *Changer*, alias *Retourner*, cum scilicet diei præstituto, ut res aliqua peragatur, alter substituitur. Lit. ann. 1372. tom. 5. Ordinat. reg. Franc. pag. 606 : *Le suppliant et le peuple de ladicte ville et du païs d'ilec environ, furent de gré, et d'acort que ledit marchiet fust Retourné, remué et continu dudit jour de Dimenche au Samedi.*

* 9. **RETORNARE**, Gall. *Retourner*, Pretium emptionis solvere, vel re aliqua illud compensare. Lit. remiss. ann. 1402. in Reg. 157. Chartoph. reg. ch. 293 : *Icellui suppliant ne vouloit Retourner à Durand Chatart un pré, qu'il avoit acheté dudit Durand.*

¶ **RETORNATIVA** CAUDA, Pulsus quidam apud Medicos. Vide in *Cauda*.

¶ **RETORNATUM**, RETORNUM BREVIUM. Vide in *Retornare* 4.

¶ **RETORNUM**, vel RETORNUS, Pignus, hypotheca. Donatio ann. 1125. in Probat. novæ Hist. Occitan. tom. 2. col. 430 : *Si vero ipsæ pignoræ, quas mihi donatas habetis, fuerint de me redemptæ, donem ipsum avere propter ipsum honorem bene tantumdem valentem ad vestram recognitionem : quod si non fecero, habeatis Retornum in toto ipso meo honore, qui mihi accidit ex parte patris mei et matris meæ.* Tractatus pacis ann. 1162. ibidem col. 584 : *Si vero forte contra has conventiones et fines venerimus... damus tibi et tuis Retornum pro pignore in toto quod habemus in castello de Piniano et ejus terminio; ita quod auctoritate tua, sine contradictione nostra nostrorumque, liceat tibi et tuis accipere, tenere et possidere, sine inquietudine nostra nostrorumque, et tamdiu teneas et possideas tu vel tui, et redditus tuos facias, ita quod in sortem non computentur, donec totum damnum in duplum, et injuria cabalment sit restitutum et restauratum.* Infra : *Adhuc promittimus et convenimus tibi et tuis, quod si prædictam transactionem et finem post primam vicem fregerint, ulterius Retornum in castella vel villas vel terras nostras, in quantum poterimus, ipsi vel coadjutores eorum non habebunt.* Charta ann. 1209. ex Archivo Domus S. Johannis Jerosol. Arelatensis : *Ego Hugo de Baucio tibi Barralæ uxori meæ pro dictis 8055. solidis pro dicta venditione quam fecisti, et quos habui, do tibi in Retornum et in potécham* (hipothecam) *totum meum pertenementum, quod habeo.* Charta ann. circiter 1143. inter Instrum. Gall. Christ. tom. 6. col. 192 : *Quod si infantes facere noluerint, dono eis Retornum in vinea, quam habeo subtus viam de Mareisanegues.*

¶ 1. **RETORNUS**, Redditus, emolumentum *rediens* ad aliquem. Charta ann. 1098. apud Stephanotium tom. 10. Fragm. MSS. pag. 164 : *Ego Adalais tibi viro meo Alamfredo... ipsam honorem dono cum omnes Retornos et convenientias, quæ mihi debent advenire in omnes locos;... cum omnes voces meas et directos et Retornos et convenientias, quæ ibi habeo.* Ordinatio Humberti II. ann. 1340. tom. 2. Hist. Dalphin. pag. 407. col. 2 : *Super gabella Brianczonesii, gabella nundinarum Brianczonesii et*

Retorno, mille florenos per annum. Super et obventionibus castellaniæ Brianczonis, M. *flor. per annum.* Vide *Retorn*, [* et *Regressa*.]

¶ 2. **RETORNUS**, Pulsatio campanæ, qua clerici convocantur ad Horas canonicas in Ecclesia decantandas. Statuta MSS. Ecclesiæ Lugdun. : *Clerici de terra ad Matutinas sive ad omnes alias Horas diei conveniant simul in unum locum eisdem præparatum, scilicet in capella B. Photini, dum tabustellus sonat, vel Retornus cujuscumque Horæ, vel classus in festivis diebus.* Vide *Retornum*.

* 3. **RETORNUS** Curiæ, Gall. *Retour de Cour*, Ad proprium judicem remissio, practicis nostris *Renvoi*. Charta ann. 1322. ex Chartul. 21. Corb. fol. 324. v° : *Dominus de Couciaco coram eodem baillivo* (Ambianensi) *retractum seu Retornum curiæ sibi, (cum, ut dicebat, tam dicti appellantis quam dictorum appellatorum personæ, et dictum castrum, ubi latum fuit dictum judicatum, essent in et de ejusdem domini de Couciaco retrofeodis et ressorto,) remitti petens, etc.* Lit. quibus restituitur communia Tornac. ann. 1370. tom. 5. Ordinat. reg. Franc. pag. 377. art. 19 : *Que les prévoz et jurez à leur requeste, aient Retour de Cour et la cognoissance de tous bourgois et bourgoises,.... pour quelconques cas que eulx ou leurs biens soient pris, arrestez ou détenuz, etc.*

* *Retour* nautis dicitur Officium, quod sibi invicem certo in casu præstant. Stat. ann. 1415. in Reg. 170. Chartoph. reg. ch. 1 : *Quant on menera deux bateaulx accouplez ensemble ;.... se pour passer aucun pont,.... il fault descoupler lesdiz bateaulz et passer l'un après l'autre, les bateliers qui laboureront ou batel, qui premier sera passé, iront aider à ceulx du dernier; et est ceste coustume appellée d'ancienneté Retour.*

* Ignota vero mihi panni species, quæ *de Retour* nuncupatur, in Pedag. Peron. ex Chartul. 21. Corb. : *Item ungz homs, qui porte draps de Retour, doit six deniers.*

1. **RETORTA**, Superior virga, qua sepes continetur, ac vincitur, nostris *Riorte*, [alias *Rotte*, ut etiamnum Andegavenses vocant vimineum vinculum, Lobinello teste in Glossario ad calcem Histor. Britan.] Italis *Ritorta*. *Retortæ, quibus sepes continentur*, in Lege Salica tit. 36. § 1. *Retortæ, unde sepes continetur*, in Lege Ripuar. tit. 43. *In trivio cum Retorta in pede sepeliri*, in eadem Lege tit. 72. § 1. Victor III. PP. lib. 1. Dial. pag. 30. et ex eo Leo Ost. lib. 2. cap. 61 : *Interea duo nigerrimi spiritus Retortas ex agrestibus vitibus facientes, per gulam eum ligaverunt.* Will. Britto lib. 7. Philippid. pag. 170 :

Quos multo vincit ferro, multisque Retortis.

Turpinus de Vita Caroli M. cap. 22 : *Invenit quendam Saracenum atrum, de bello fessum, in nemore latentem, et captum, vivumque nexum cum quatuor Retortis, ad arborem quandam dimisit.* Tabularium Vindocinense Thuani Ch. 128 : *Donavit S. Martino... in silva Pertici pastionem, etc. Similiter quoque et Retortas, et rollones, stimulos quoque et cavillas, et hucias, et si quid hujusmodi in rurali opere necesse fuerit.* Occurrunt eadem verba iterum Ch. 129. Alia ann. 1128. apud Perardum in Burgundicis pag. 99 : *Pasturam, et mortuum nemus, et Retortam de qualibet arbore... concesserunt.* Adde pag. 137. [Litteræ ann. 1221. e Chartulario AB. S. Germani a Pratis fol. 59. et 60 : *Dicti homines in prædicto nemore capient genestam, spinam nigram et albam, salices et marsalices, putfust et galli quercum, tronum, Retortam ad usus aratrorum, etc.* Vita S. Lantfranci Episc. tom. 4. Junii pag. 627 : *In os etiam, ne clamare posset, Retortam ligneam cordamque retro ligantes et fortiter extorquentes abierunt.*] Ex his emendanda, ni fallor, Charta ann. 1287. in Miraculis S. Ambrosii Senens. : *Vovit... quod ad ejus sepulturam portaret unam aximam, et omni anno iret ad ejus altare cum Ritonta in gula.* Legendum enim *Ritorta*, Galli dicerent, *la hard au col.* Olim, ut et apud Hibernos, ejusmodi vimineo vinculo strangulatos patibulis affixos constat. Vide *Reorta* et *Roorta*. [** Reinard. Vulpes lib. 1. vers. 367 :

Pax est et requies de toto facta bacone,
Cur etiam non est esa Retorta simul?

Occurrit iterum vers. 381. Supra vers. 362. *Salix* dicitur. Lorum virgeum.]

Redorta. Hugo Francigena de Exordio Salvaniensis Monasterii num. 5. [apud Baluzium tom. 3. Miscell. pag. 210 :] *Ducebatur autem a quodam collo ejus invexo circulo ligneo, quod vulgo Redorta dicitur, tanquam maleficus.* [Virgas, quibus lignorum fasces ligant, aut boves ad aratrum devinciunt, etiamnum *Redortes* vocant Occitani.]

Torta, pro *Retorta*, legitur in Constitutionibus Sicul. leg. 3. tit. 38. § 1 : *Si... forte de nemore Tortam aliquam, vel virgam inciderint.*

2. **RETORTA**, Semita, vox Hispanica. Charta Alfonsi Regis Portugalliæ in Monarch. Lusitan. tom. 3. pag. 294 : *Deinde ad illam Retortam de Vauga, et sicut descendit per ipsum fluvium, etc.*

¶ **RETRACTA** Maris, Quidquid agri relinquitur mari regrediente. Charta ann. 1205. apud Lobinell. tom. 2. Hist. Britan. col. 289 : *Dono iterum et concedo dicte Abbatie* (de Blancha Ordinis Cisterc.) *in perpetuum totum clodicium meum de Hero insula, quod vocatur clodicium domine Gelose, et terras que dicuntur Isleas dicto clodicio proximas, necnon et totas Retractas maris dictis clodiciis et terris contiguas, prout longe lateque durare videntur. In montibus vero dono et concedo dicte Abbatie in perpetuum totas Retractas de la Besse secus Oroest sitas.*

¶ 1. **RETRACTARE**, Idem quod simplex Tractare. Cod. lib. 10. tit. 15. leg. 3 : *Præcepit nostra serenitas, neque veloci cursui, neque alii præter inveteratam consuetudinem gravamini subjacere Chartularios, qui de cohortalibus officiis uniuscujusque provinciæ largitionales titulos Retractare constituuntur : cum idem etiam amplissima præfectura disposuisse perhibeatur; ut his necessitatibus liberati, fideliter largitionales titulos valeant Retractare.* Ita et Tertullianus non semel. Vetus Interpres S. Irenæi lib. 5. cap. 11 : *Ne relinqueretur quæstio his, qui infideliter Retractant de eo.* Id est, dubitant, ambigunt, vacillant disputantve. Glossæ Lat. Græc. : *Retractas*, διαλογίζῃ, ἀναβάλλῃ, δεισιδαιμονεῖς, ἀναλογίζῃ. *Retractant*, ἀντιβάλλουσιν. *Retractat*, ὑποχωρεῖ, διστάζει, παραιτεῖται. *Retractentur*, ἀναψηλαφοῖντο. *Retracto*, ἀνατίθεμαι. Adde Glossas Gr. Lat. *Retractare*, pro *Detrectare*, dixerunt ejusdem ætatis Scriptores, ut Salmasius pluribus probat ad Spartianum in Hadriano cap. 12.

¶ Retractare Secum, Meditari, cogitare. Vita MS. S. Wenwaloei fol. 17 : *At doctor egregius verba narrantis intento hauriens animo, secumque audita parumper Retractans, etc.*

* 2. **RETRACTARE**, Repetere, retrahere, Gall. *Retirer*. Charta ann. 1214. apud Lam. in Delic. erudit. inter not. ad Chron. imper. Leon. Urbevet. pag. 218 : *Promiserunt homines civitatis Arretinæ suorumque burgorum et subburgorum, qui modo sunt vel inantea erunt, non Retractare vel repetere sine mandato potestatis Arretii, etc.* Hinc Gallicum *Retraittier*, pro *Révoquer*, vel *Restreindre*, in Lit. ann. 1358. tom. 3. Ordinat. reg. Franc. pag. 332 : *Et ycelles* (lettres) *voulons estre tenuez et gardées perpétuelment, sans les Retraittier ou enfraindre comme que soit.* Unde *Retraictement*, pro *Retranchement*, *restriction*, Imminutio, limitatio, in Charta ann. 1365. apud Lobinell. tom. 2. Hist. Brit. col. 517 : *En noms de bons, feaux, irrévocables et perpétuels paix et accords à durer, valoir et tenir entiérement et fermement, sans aucun Retraictement ou rechef.* Vide infra *Retroagere*.

* **RETRACTATIO**, Redemptio alicujus fundi distracti, pretio emptori reddito, Gall. *Retrait*. Charta ann. 1265. ex M. Pastor. Paris. fol. 174 : *Pro sua utilitate intendebat retrahere* (villam de Blavomonte) *cum dicta villa moveret de hæreditate dictæ Johannæ.... Supplicaverat capitulo Parisiensi, ut sibi pro Retractatione dictæ villæ... eidem pecuniam mutuarent.* Vide mox *Retractio* 2.

¶ **RETRACTATOR**, apud Tertullianum de Jejunio cap. 15. ut legit Forbenius, pro quo Rigaltius habet *Detrectator*, quod, ut videtur, sensus postulat; sed ut *Retractare*, pro *Detrectare*, dixerunt antiqui, ita *Retractator* pro *Detrectator*, dicere potuit Tertullianus. Vide *Retractare*.

¶ 1. **RETRACTATUS**, Idem quod Latinis *Retractatio*. Tertullianus Apolog. cap. 4 : *Sine ullo Retractatu præscribitis.* Et lib. 1. adv. Marcion. cap. 1 : *Sine Retractatu doctrinarum revincendus.*

* 2. **RETRACTATUS**, Contractus, pactio, conventum, Gall. *Traité*. Charta ann. 1337. tom. 2. Hist. Trevir. Joan. Nic. ab Hontheim pag. 129. col. 2 : *Nec obliviscendum, quod anno Domini 1337. in die B. Joannis Baptistæ, præclarus et magnanimus Eduardus rex Anglorum venit ad insulam prædictam* (Rheni) *et habuit parlamenta Retractatus cum imperatore Romanorum et principibus imperii,.... pro adjutorio sibi præstando per eos contra Philippum regem Francorum, qui sacro Romano imperio et sibi in multis injuriabatur.*

¶ **RETRACTIO**, Abrogatio, abolitio. Concilium Carthag. ann. 525. apud Acherium tom. 6. Spicil. pag. 8 : *Si enim* *admiserimus ea quæ antea constituta sunt in Retractionem vocari, nihil in divinis humanisque actibus, nihil in sacris publicisque rebus obtinere ullam poterit firmitatem.* Forte legendum est *Retractationem*.

¶ Retractio Bursæ, Idem quod mox *Retractus bursæ*. Charta Richardi de Breteville e Chartulario S. Vandregesili tom. 1. pag. 678 : *Pro hac autem quitatione et Retractione bursæ dicti Religiosi michi undecim libras... persolverunt.*

* Idem quod supra *Retractatio*. *Retraction*, eodem sensu, in Consuet. ducat. Burg. art. 109. 110. 111. 112. 113. Comitat. art. 69. 71. 76. 77. 78. et Insul. art. 92. Necrolog. MS. eccl. Paris. : *ix. Kal. Dec. Obiit Guillelmus episcopus.... Dedit etiam octoginta libras Parisiensium, de quibus sexaginta libræ positæ fuerunt in Retractione domus sitæ in paraviso ad portam claustri, juxta ecclesiam S. Johannis Rotundi.* Vide *Retractus bursæ*.

* **RETRACTOR** per Bursam, Qui jure agnationis fundum ab agnato venditum redimit, pretio emptori restituto. Judic. ann. 1272. in Reg. *Olim* parlam. Paris. fol. 190. v° : *Quidam de genere venditoris petiit eam* (decimam) *habere per bursam..... Pronunciatum fuit quod.... ad curiam ecclesiasticam super hoc traheret se Retractor, si velit.* Arest. scacar. Paschæ ann. 1284. in Reg. S. Justi ex Cam. Comput. Paris. fol. 42. r°. col. 2 : *Et si hæreditas vendita fuerit, et Retractor per bursam infra diem et annum primæ præconizationis non comparuerit ad petendum dictum mercatum, ultra annum et diem præconizationis non erit Retractor audiendus.* Vide *Retrahere* 2.

* **RETRACTUM**, Mulcta, practicis nostris *Retraite*, eadem, ni fallor, acceptione. Ordinat. cardin. de Fuxo ann. 1446. ex Cod. reg. 4660. A. fol. 21. v° : *Quia ex abusu subvicarius occupat sibi banna, quæ vulgariter nominantur Retracta; indebite tamen, cum ad cameram pertineant, etc.* Lit. remiss. ann. 1372. in Reg. 104. Chartoph. reg. ch. 215 : *Comme le prevost de la prévosté de S. Riquier eust approchié icellui suppliant d'un explois, que on dit Retraite, pour attribuer à son proffit; et laquelle Retraite icellui suppliant avoit paiée au lieutenant dudit prévost.* Aliæ ann. 1386. in Reg. 130. ch. 19 : *Lequel sergent mist la main audit Richart pour deux Retraittes, que ledit prévost disoit estre à lui deues.* Quo spectat Consuet. municip. Abbavil. art. 32 : *Si l'obligé est défaillant de payer aux termes à lui donnez, et le crediteur se retrait au greffe, l'obligé sur qui le retrait est fait, echet en amande de dix sols envers la ville pour chacune obligation, car il n'y a qu'une Retraite, posé que ladite obligation contienne plusieurs termes de payement.*

¶ 1. **RETRACTUS**, Gall. *Retraite*, Receptus, receptaculum. Epistola Caroli VIII. Regis Franc. ad summum Pontificem, apud Acherium tom. 7. Spicil. pag. 202 : *Cui* (Meldensi civitati) *terra subest admodum frugifera, et alimoniæ opportuna, ac commodum receptaculum, et securus utique Retractus fuit, et olim quibusdam prædecessoribus nostris in adversitatibus suis refugium et tutamen validissimum.* Statuta Collegii Narbon. ann. 1379. apud Lobinellum tom. 5. Histor. Paris. pag. 667. col. 1. num. 15 : *Item pecunie legatorum, donatorum, novorum introituum, locagiorum camerarum.... serventur fideliter... in una secum camera, quæ, si fieri potest, habeat Retractum duorum hostiorum vel duarum serarum, sub uno coffro sex clavium, quarum unam semper custodiat Provisor, etc.* Hic arculam intelligo majori arca inclusam, in qua pecunia servabatur. [* Vide *Retractus*, 2.] *Retractus* Tertulliano adv. Gnosticos cap. 1. idem est quod apud Vitruvium *Retractio*; nostris vero *Retrait*, alias forica erat.

* *Retrait*, in Charta Caroli V. ann. 1378. ex Tabul. Regniac. : *Toutesfoiz qu'il leur a pleu ou temps passé ont eu Retrait et refuge en nostredite forteresce.* Domus seu habitatio eadem voce significatur, in Lit. remiss. ann. 1416. ex Reg. 169. Chartoph. reg. ch. 370 : *Comme le suppliant.... venoit à son Retrait et à sa chambre, ou il demouroit, devant la place S. Denis de la Chartre à Paris, etc.*

* Longe vero aliud sonat vox *Retrait*, in Lit. remiss. ann. 1383. ex Reg. 124. ch. 143 : *Le suppliant demandoit à avoir le Retrait de ladite vérité, nons, seurnons et dépositions de tesmoings.* Ubi idem videtur quod Descriptio seu exemplar inquisitionis, de qua hic agitur, vel ejusdem communicatio. Vide supra *Rescriptio*.

Retractus Bursæ, Redemptio prædii ab agnato distracti, pretio emptori reddito, vulgo *Retrait lignager*, Practicis nostris. Charta Philippi Regis Franc. ann. 1310. ex 47. Regesto Tabularii Regii num. 101 : *Et postmodum Evrardinus de Monte, et Guillelmus de Mercato armigeri consobrini præfati Perrini, qui in bonis ejusdem Perrini, si ipsum sine liberis decedere contingeret, se debere succedere asserebant, tanquam propinquiores venditoris ejusdem, dictum reditum per bursæ Retractum peterent rehabere, et ad hoc idem Miles noster eosdem admittere recusaret, etc. Retrait et clameur de bourse*, in Charta ann. 1474. Alia ann. 1287 : *Sus un retrait, que ledit Jean demandoit par la bourse à avoir de ladite Demoiselle, etc.* [Vide *Retrahere* 2.] et *Retractio*.

* 2. **RETRACTUS**, Secessus. Memor. H. Cam. Comput. Paris. fol. 4. r°. ad ann. 1413 : *Johannes de Pulligny, dictus Chappellain, scutifer, ordinatus custos denariorum, coffrorum regis et clavium camerarum existentium supra cameram regis, et de ejus Retractu, nec non coffrorum in quibus ponuntur seu poni consueverunt.... jocalia pro corpore regis.* Quo sensu etiam intelligenda sunt Statuta laudata supra voce *Retractus* 1.

* 3. **RETRACTUS**, Locus, ut videtur, stagno inferior, in quem illius aquæ interdum effluunt. Charta Phil. Pulc. ann. 1307. in Reg. 44. Chartoph. reg. ch. 6 : *Donamus quasdam pecias pratorum et Retractuum, quas in præsenti in villa de Gournaio.... habebamus, videlicet.... Retractus magni vivarii de Gournaio.... Item Retractus parvi vivarii ;.... præterea Retractus de vivario de Torchiaco, contingentes ex una parte terram de hospitali, etc.*

* 4. **RETRACTUS** Curiæ. Vide supra *Retornus* 3.

** 5. **RETRACTUS** Aquæ, Recessus æstuum marinorum, Angl. *a tide or ebbe of a tide*, in notit. placit. ann. 33. Henr. III. reg. Angl. in Abbrev. Placit. pag. 298. Kanc. rot. 32.

¶ **RETRADERE**, Reddere, restituere. Ulpianus leg. 9. § 7. Dig. Quod metus causa : *Si per vim res tradita est, Retradatur.* Placitum pro Abbate Farfensi apud D. *Le Blanc* in Dissertat. historica pag. 88 : *Judicavimus, ut ipse Gregorius advocatus domini Apostolici seu S. R. E. Retradere debuisset ipsas curtes Audulfo advocato ad partem ipsius monasterii.* Rursum occurrit in Formulari Angl. Thomæ *Madox* pag. 357. et alibi.

¶ **RETRADICTIO**. Index MS. beneficiorum Ecclesiæ Constantiensis fol. 89. verso : *Canonicus quilibet futurus et recipiendus in dicta Ecclesia infra tres annos a tempore receptionis suæ unam capam sericam valoris et pretii decem librarum Turon. Ecclesiæ prædictæ persolvat et demittat, seu decem libras Turon. propter hoc accipiendas in casu Retradictionis et dilationis.* Legendum omnino videtur *Retardationis*.

* **RETRAGZ**, vox Occitanica, f. Secretiora statuta, constitutiones, quæ ad regimen internum pertinent. Interrogat. Templar. in senesc. Bellic. ann. 1310 : *Libri in quibus erant scripta statuta vel Retragz ac justitiæ ordinis Templi.*

1. **RETRAHERE**, Recedere, *Se retirer*. Ordericus Vitalis lib. 9. pag. 753 : *Audito Retrahendi lituo*; Galli dicerent : *La trompette ayant sonné la Retraite.* [Ottoboni Annales Genuenses lib. 3. ad ann. 1196. apud Murator. tom. 6. col. 376 : *At quum videret se eos minime posse de campo et castris eradicare.... Retraxit se cum militia sua et fortio.* Haud absimili notione Tullius pro Cælio cap. 26 : *Se Retraxit, ne pyxidem traderet.* Et Horatius lib. 1. Ep. 18. v. 58 :

Ac ne te Retrahas et inexcusabilis absis.]

[** *Retrahere se de assisa*, Recedere ab actione apud JC. Angl. Placit. ann. 9. Richard. I. in Placit. Abbr. pag. 21. col. 1. rot. Midd. et alibi.]

* Hinc *Au Retrait de nonne Nostre Dame*, in Stat. ann. 1378. tom. 6. Ordinat. reg. Franc. pag. 367. significatur tempus, quo officium ecclesiasticum, *Nona* nuncupatum, peractum est in ecclesia cathedrali Rotomagensi, a qua tum recedunt canonici.

¶ 2. **RETRAHERE**, Practicis nostris *Retraire*, Redimere prædium ab agnato venditum pretio emtori restituto. Statuta Brageraci art. 39 : *Item quicumque vendiderit aliquam rem immobilem, et quis de parentela infra quartum gradum venditoris, voluerit eam habere per turnum bursæ, ad hoc admittetur infra annum et mensem cum vero pretio empto et oblato emptori; et si sit infans in cubili Retrahens, aut minor impubes, et quis nomine et vice ipsius minoris seu infantis ad ejus pupilli seu infantis commodum vult dictam rem Retrahere seu habere per turnum bursæ, hoc facere poterit et ei licebit, quod non sit tutor seu curator ipsius minoris.* Pluries recurrit artt. seqq. Vide *Retractus bursæ*, etc.

¶ **RETRANCIDERE**, Retradere, restituere. Anastasius Bibl. in Vita Nicolai I. PP. apud Murator. tom. 3. pag. 255. col. 1 : *Tum Præsul optimus omnibus Ravennen-*

sibus, Æmiliensibus et Pentapolitanis res, quas Joanne Archiepiscopo et Gregorio fratre ejus amiserant, clementer restituit, et præceptionis suæ decreto, quæ Retrancidit, confirmavit. Editio Labbei præfert : *Clementer restituit ex præceptionis suæ decreto, quod tradidit et confirmavit.* [* Leg. forte *Retrocedere.*]

* **RETRANSIRE**, Iterum transire, redire, Gall. *Repasser*. Arest. ann. 1341. 15. Sept. in vol. 3. arestor. parlam. Paris. : *Religiosi S. Vedasti proponebant se esse tuendos in saisina sua transeundi et Retranseundi, cum equis et quadrigis suis,.... per districtum et passagium de Sachiaco magno.*

* **RETRANSMITTERE**, Remittere, Gall. *Renvoyer*. Chartul. S. Joan. Angeriac. fol. 113. v° : *Willelmus.... assumpsit secum Oilardum monacum,.... ad monasterium venit indicans abbati Ansculpho.... voluntatem sui propositi. Tunc ipse abbas.... Willelmum, cum Oilardo monacho et duobus de congregatione fratribus,.... illuc Retransmisit, qui et terram et donum considerarent.*

¶ **RETRANSITIVUS**, Reciprocus, in Vita venerabilis Idæ, tom. 2. Aprilis pag. 172.

¶ **RETREDES**, f. Canalis, detorto vocabulo a voce *Retrices*, quæ, ut habet Festus, *significat aquam eo nomine, quæ est supra viam Ardeatinam inter lapidem secundum et tertium, qua irrigantur horti.* Charta Foresii ann. 1417 : *Juxta pratum Joannis Asterii, quod quoddam Retredes dividit.*

* **RETRERA**, Redemptio alicujus fundi distracti, Gall. *Retrait*. Charta ann. 1278. in Chartul. Buxer. part. 6. ch. 63 : *Quam causam iidem abbas et conventus movebant,.... petendo a dicto Radulpho quamdam summam pecuniæ, ratione Retreræ sibi debitæ.* Vide supra *Retractatio.*

¶ 1. **RETRIBUTIO**, Merces, salarium, in Bibliis sacris passim. Glossæ Lat. Græc. : *Retributio*, ἀνταπόδοσις. Adde Græc. Lat.

¶ 2. **RETRIBUTIO**, Tributum, vectigal. Appendix Marculfi formula 44 : *In... ipsius monasterii nullum debuisset habere introitum, nec causas audiendas, nec freda exigenda, nec fidejussores tollendos, nec mansiones aut paratas requirendas, nec nullas Retributiones exactandas.* Eadem recurrunt ibidem; vereor tamen ne utrobique legendum sit *Redhibitiones* vel *Redibutiones*, quod in hujuscemodi formulis legantur quam sæpissime. Vide *Redhibitio* in *Redhibere.*

¶ **RETRIBUTOR**, Qui retribuit, remunerat; *Rendeur, Guerredoneur*, in Glossis Lat. Gall. Sangerman. MSS. Litteræ ann. 1281. apud Rymerum tom. 2. pag. 179 : *Ut dictus Rex illum sibi proinde Retributorem constituat, qui pro minimis grandia recompensat.*

* **RETRIBUTORIUS**, *Retributione* seu mercede dignus, remunerandus. *Complacere sub Retributorio famulatu*, in Lit. ann. 1402. tom. 8. Ordinat. reg. Franc. pag. 553. Vide *Retributio* 1. et *Retributor.*

¶ **RETRINGERE SE**, Sese recipere. Jacobi Auriæ Annales Genuens. lib. 10. ad ann. 1283. apud Murator. tom. 6. col. 582 : *Naves vero Pisanorum nostras recognoscentes galeas, altum mare cum tribus galeis tenere cœperunt; aliæ vero duæ galeæ et galeonus unus se Retrinxerunt ad terram.*

RETRIOR, vox [ficta a *Retro* et] usurpata veteri Juvenalis Interpreti. [Repudiat Vossius lib. 3. de Vitiis serm. cap. 42.]

RETRO, vox aliis præposita, rem præteritam significat. Ut *Retroprincipes*, qui prius regnavere, apud Lampridium in Severo, et in Cod. Theod. non semel. *Stipendia Retrodebita*, quæ antea debebantur, apud Capitolinum in Pertinace; ὀπισθοτελείαι, Theophani anno 9. Nicephori, *Redhibitiones annorum præteritorum*, in Hist. Misc. *Retro sanctiones latæ*, in leg. 16. Cod. Theod. de Medicis (13, 3.). Ita etiam S. Hieronym. Epist. 129. et alii.

Retro. Capitulare 3. ann. 810. cap. 2 : *Et non sibi faciant socios inferioris ordinis homines, qui semper inde Retro res qualescunque tractare volunt; sed illos sibi socient, qui ad effectum unamquamque rem deduci cupiunt.* Cum dilatione, quasi retrocedentes.

* Retro, Abhinc, ex illo tempore, Gall. *Depuis*. Scacar. Paschæ apud Falesiam ann. 1212. ex Cod. reg. 4651 : *Judicatum est, quod Hugo de Rotis sit forbanitus, quia secutus de morte hominis in quatuor assisiis, noluit Retro apparere.*

* Retro Esse, Redire, reverti. Feuda Norman. in Reg. S. Justi ex Cam. Comput. Paris. fol. 157. r° : *Gilebertus de Acquilla tenet Acquillam cum pertinentiis suis, et Haiam Richerii de comite Ebroicensi per servicium trium militum; et si corpus suum sit in servicio ducis Normanniæ, aut habeat essoniam legalem, senescallus suus faciet servicium loco domini; et ex quo exient de Aquila, ad costamenta comitis erunt, quousque sint Retro in villa de Aquila.* Galli diceremus, *Jusques à ce qu'il soient de retour.*

* Retro Esse, Pejus esse. Charta ann. 1238. ex Chartul. Campan. fol. 415. col. 2 : *Volumus quod jus suum non magis sit Retro, quam erat die, qua præsentes litteræ factæ fuerint.*

¶ A Retro Esse, Exsistere, Gallis *Etre en arriere*, Ulpiano *Reliquari*, ad diem non solvisse. Charta ann. 21. Richardi II. Regis Angl. apud Thomam *Madox* Formul. Anglic. pag. 141 : *Et si contingat prædictum redditum quadraginta librarum a Retro fore, in parte vel in toto, etc.* Alia ann. 3. Henrici V. ibidem pag. 142 : *Et si contingat dictas centum libras a Retro existere ad aliquem terminum prædictum, etc.* Occurrit passim.

Retro Nubere. Vide in *Nubere* et mox *Retronubere.*

¶ **RETROACCAPITUM**, Retroacaput, etc. in Provinciis Occitaniæ et Aquitaniæ, Tributum fundi domino et directo, quoties mutatio fit, ab emphyteotis exsolvendum. Saisimentum Comitatus Tolosani ann. 1270. apud *Lafaille* in Probat. Annalium Tolos. tom. 1. pag. 36 : *Asseruerunt, quod infra dictas confruntationes sunt castra et villæ infra scriptæ propriæ domino Regi, in toto vel in parte citra Tarnum; scilicet castrum de Rochamaura, quod nunc tenet dominus Bertrandus Vicecomes de Bruniquel, ex dono domini Comitis Tolosæ, ut dicitur. Item, castrum de Mirapice pro duodecima parte et residuum feudum; scilicet quod medietas tenetur ab ipso in feudum, et debet inde habere pro Retroaccapito novi domini medietatem* xl. *solidorum Turonensium et homagium.* Partitio inter Isarnum S. Antonini Vicecomitem et fratres ejus ann. 1155. in Probat. novæ Histor. Occitan. col. 554 : *Ut ipse Guillelmus de Fontanis et filii sui.... haberent totum istum honorem de manu Isarni et fratrum suorum ad fevum, et ipse Isarnus et fratres sui retinuerunt in isto honore albergam cum* xv. *militibus et cum* xv. *caballis in unoquoque anno, et* ix. *solidos de Caturcensibus de Retroacapte, quando eis evenerit.... Eodem vero anno mense Augusto facta divisione Isarni et fratrum suorum, evenit de isto fevo maxima pars ad partem Petri Vicecomitis, de qua Guillelmus et filii ejus.... debent ei albergam cum* xi. *militibus et* xlv. *solid. de Retroacapite, quando ei evenerit; alia vero pars evenit ad partem Isarni Vicecomitis de isto feuvo, pro quo Guillelmus et filii ejus.... debent ei albergam cum* iv. *militibus et* xv. *solid. de Retroacapite, quando ei evenerit.* Consuetudines Augustæ Ausciorum MSS. ann. 1301. art. 41 : *Item est consuetudo ibidem, quod pro aliqua pignoratione, vel venditione, vel alienatione, vel permutatione, non datur aliquid ratione venditionis, vel impignorationis, vel alienationis, nec permutationis, nec laudaminium, nec Retrocapita, nec vendæ, nec pignorationes, etc.* Litteræ Johannis Franc. Reg. pro Tolosanis ann. 1354. apud D. *Secousse* tom 4. Ordinat. Reg. pag. 308 : *Censibus, obliis, laudimiis, vendis, acapitis, Retrocapitis et aliis juribus et deveriis nobis seu dominis, a quibus dictæ res tenebuntur, salvis penitus et retentis.* Charta Amalrici Prioris B. Mariæ Deauratæ ann. 1464. qua Monasterium S. Cypriani prope Tolosam *ad novam et perpetuam emphytheosim sub certa pensione annuali perpetua* tradit Sororibus Ordinis S. Francisci hac conditione, ut *singulis annis in festo B. Thomæ Apostoli nomine obliarum solverent eidem Priori et suis successoribus quinque solidos Tholosanos bonæ fortis et antiquæ monetæ, et pro Retroacapitis, ubi evenerint tam per mortem domini Prioris quam Priorissæ dictarum Sororum, toties quoties id evenerit,* x. *solidos.* Ubi vides *Retroaccapitum* non solum solvi mutato domino (quod vult Rocheflavinus,) ut supra dictum est in *Accaptare*, sed etiam mutato emphyteota. Exstat hæc Charta apud Stephanotium tom. 1. Antiq. Occitan. MSS. pag. 526. *Retroacapitura* legitur loco superius laudato in *Retentura.* Vide *Accaptare*, *Recognitio* 4. et *Relevium.*

* **RETROACTIO**, pro *Retractio*. Vide supra in hac voce. Charta ann. 1263. in Chartul. episc. Paris. : *Petebat dictus Adam ratione proximitatis uxoris dicti Johannis, nomine Retroactionis, dictam terram seu dominium ejus sibi pro pretio eodem liberari infra annum et diem.* Melius infra : *Retractio;* occurrit tamen.

* ¶. **RETROACTUS**, Eodem intellectu, in Arest. parlam. Paris. ann. 1405 : *Defensor eam* (terram *de Noailles*) *per Retroactum habuerat, ut cognatus dicti Laurentii.* Vide supra *Retractatio.*

¶ 2. **RETROACTUS**, Præteritus. *Retroacta tempora*, in Historia Cortusiorum, apud

Murator. tom. 12. col. 894. in Charta Ludovici Reg. Fr. ann. 1124. apud Doubletum Hist. San-Dionys. pag. 854. et alibi sæpe. Pro tempore futuro accipiendum censet Hearnius in Charta Henrici Regis Angl. ann. 1457. e Chronico Johannis Whethamstedii pag. 422 : *Pro perpetuo modo et forma, sicut tempore Retroacto declarabitur.*

* **RETROAGERE**, Abrogare, rescindere. Charta Roger. episc. Laudun. ann. 1191. in Chartul. Thenol. ex Cod. reg. 5649. fol. 26. v° : *Abbas et fratres Thenoliensis ecclesiæ, quia se circa factionem et refectionem molendinorum ipsorum et circa alias expensas gravari nimium sentiebant, renuntiaverunt penitus pactioni, et litteras nostras, quas inde habuerant, reddiderunt. Econtra domina Juliana supradicta pactionem illam similiter Retroegit, et eosdem abbatem et fratres a pacto molendinorum illorum et ab omni eorum onere, ad quod antea tenebantur, absolvit in perpetuum.* Vide supra in *Retractare* 2. et *Retractio* 1.

¶ **RETROALTARE**, Paramentum altaris posterius. Leges Palatinæ Jacobi II. Regis Majoric. in Actis SS. Junii tom. 3. pag. LXXII : *Dicitur autem completa capella, pallium et Retroaltare, et retrotabularium, et indumenta Presbyteri, Diaconi et Subdiaconi et tres cappæ.* Ibid. pag. LXXIII : *Juxta imaginem suam argenteam in medio Retroaltaris, et hinc et inde duo Textus separati divisim apponantur.* Vide ibi notam *h.* et supra *Postaltare.*

RETROBANNUS, Idem quod *Herebannum*, submonitio ad exercitum. Feoda Normanniæ : *Habet 10. Milites in banleuca Lexoviensi, qui remanent ad custodiendum civitatem, donec Retrobannus summoneatur, et tunc ibunt cum propriis expensis Episcopi.* [Literæ Ludovici X. Regis Franc. ann. 1314. apud *de Lauriere* tom. 1. Ordinat. Reg. pag. 552. num. 4 : *Item, cum homines nostri dicti Ducatus servitia ab ipsis debita, ratione nostri exercitus, vel alias, nobis persolverint, a suis subtenentibus nihil poterimus vindicare, salvo jure nostro in casu Retrobanni.* Adde pag. 566. num. 2. et 588. num. 3. *Riereban*, in Instrumento ann. 1420. apud Lobinellum tom. 2. Histor. Britan. col. 947.] *Arriere-ban*, in Consuet. Catalaunensi art. 53. Lodunensi art. 2. 39. et Turonensi art. 139. 264. 297. Chronicon Bertrandi Guesclini MS :

Car il vous vient secours, et un Arierebans.

[Codex Legum Normann. cap. 25. apud Ludewig. tom. 7. Reliq. MSS. pag. 203 : *Retrobanivium dici solet, quando Princeps Normanniæ ad impetum hostium repellendum, in expeditionem aliquam profectus, per Normanniam baniri faciebat.*] Vetus Consuetudo Normanniæ MS. 1. part. sect. 3. cap. 7 : *L'Arriereban si souloit estre dit quant le Prince de Normandie pour repeler et pour oster la force et l'embraissement de ses ennemis, il fet fere un ban commun par tout la Normandie, pour garder le profiet del commun poeple, qui tous ceux, qui seroient convenables por armes porter, soient au secours et en l'aide nostre Sire le Duc, bien armez et appareillez chescun en droit son selon son poer, pour repeller et oster la force de ses ennemis, quicunque mauferas d'armeures que il porront trouver et avoir. Et quant il auront esté par 40. jours el service del Prince, et les 40. jours seront acomplis, si come le besoing et la necessité del Prince sera requis, et d'ilec en avant il seront as deniers et as gages del Prince pour son service.*

Exstat in 36. Regesto Tabularii Regii, Ch. 183. Formula submonitionis ad Retrobannum concepta in hæc verba : *PHILIPPE etc. Au Baillif de Chaumont salut. Comme nous vous avons escrit par nos autres lettres, que vous tantost icelles lettres veuës feissiez crier par Arriereban par toute vostre Baillie et ès ressorts d'icelle, tant en nos propres terres, comme en nos fiefs, arriere-fiefs, et ès terres de nos autres subjets, que toutes manieres de gens, tant nobles que non nobles, tant de pied comme de cheval, de* 18. *ans jusques à sexante fussent à nous souffisament appareilliez en armes et en chevaux, chacun selonc son estat le jour de la Magdelaine prochaine venant, au plus tart quelque part que nous soions ès marches de Flandres, seur quanque il se puevent meffaire de cors et d'avoir, nous vous mandons, que vous toute maniere de gens, qui par la teneur dudit Arriereban sont tenus de venir en nostre ost, hastez de venir à nous au plus tost que vous pourrez, et en toutes manieres les contraigniez à venir, gardée en toutes choses la fourme de nosdites lettres. Donné à Arras le Mercredi ou jour de la Magdelene l'an de grace* 1304. Adde Chartam 85. ibidem. In alia ejusdem Regis ann. 1302. in 12. Regesto, Ch. 21. habetur hæc Formula : *Vous semoniez par ban ou par Arriereban si efforcement que vous pourrez, etc.*

* Charta ann. 1265. in Chartul. 2. Fland. fol. 39. r°. ex Cam. Comput. Insul : *Itaque Retrobannum intelligimus et interpretamur, quod post octo dies postquam apud Casletum, vel in terra comitis Flandriæ exercitus fuerit proclamatus et submonitus, debet similiter et potest apud Menrevillam exercitus submoneri et proclamari.*

RETROBANDUM, in Chronico Rotomagensi ann. 1339. Vide *Herebannum*, *Hostis*, *Bannire* in *Bannum* 1. pag. 570. col. 3.

¶ **RETROCAMERA**, Posterius cubiculum. Leges Palatinæ Jacobi II. Regis Majoric. inter Acta SS. Junii tom. 3. pag. XXXI : *Utque camera nostra sit convenienter ornata, et ea, quæ ibi sunt, debite ordinata, cavere et his similia servitia in camera exercere; et debet in Retrocamera unus semper necessario jacere.*

* Testam. Ant. de Villanova ann. 1516. ex Tabul. D. Venciæ : *Item recolens.... reliquisse* (uxori meæ) *unam cameram et Retrocameram, cum uno lecto et uno coniolo, cum suis garnimentis necessariis, etc.*

* **RETROCEDENS**, Præcedens. Tract. MS. de Re milit. et mach. bellic. cap. 41 : *Hoc scanum* (scamnum) *quatripes, quasi simile est suo Retrocedenti, nisi quod difert ab eo, quod illud est ad naspum, istud autem ad vitem.*

¶ **RETROCENSIVUM**, Terra censibus seu pensitationibus secundariis obnoxia. Edictum Philippi Pulchri Franc. Regis ann. 1291. apud *de Lauriere* tom. 1. Ordinat. pag. 323 : *Pro rebus vero in prædictis terris et censivis nostris et feodis titulo non gratuito acquisitis, estimationem sex annorum prestent; pro aliis vero in retrofeodis et Retrocensivis nostris acquisitis titulo non gratuito, quatuor annorum fructuum estimationem prestent.* Vide Glossarium juris Gallici in *Arriere-censif.*

RETROCHORUS. Ita sacella, quæ sunt post chorum, Deiparæ fere semper dicata, appellant Monachi Benedictini. Unde *S. Mariæ* nomine donantur apud Adalhardum Abbatem in Capitulis cap. 46 : *De sedendo in sancta Maria, vel aliis locis.* Herbertus de Miracul. lib. 1. cap. 11 : *Quadam itaque die cum in Ecclesia vesperæ cantarentur, et ipse stabat in Retrochoro juxta quendam Monachum, etc.*

In *Retrochorum* Monachi infirmi, et advenæ Monachi, ut plurimum secedebant, ibique divinis Officiis intererant. Liber Ordinis S. Victoris Paris. MS. cap. 26 : *Qui pro aliqua debilitate accepta licentia in Retrochoro sunt.* Ibidem cap. 39 : *Quamdiu frater in Retrochoro est, in tabula poni non debet. Infirmi, qui in Retrochoro sunt, ad Te Deum laudamus, ad Benedictus, ad Evangelium debent stare, si possunt.* In *Retrochorum* etiam secedebant, qui tardius ad officium venerant. Cap. 52 : *Post Gloria primi Psalmi nemo ingrediatur chorum sine licentia. Post medietatem horæ nullus ingrediatur : et si quis post advenerit, in Retrochorum eat, et in Capitulo inde veniam petat.* Adde Usus antiquos Cisterciensis Ordinis cap. 67.

RETROCIUM, [mendose pro *Retrobecium*, ut videtur, posterius *becium*, seu canalis, rivus, de quo] vide in *Bedum.*

¶ **RETROCLAMOR**, Petitio, postulatio a judice, Gall. *Reclain.* Literæ ann. 1351. apud D. *Secousse* tom. 4. Ordinat. Reg. pag. 106 : *Quod Bajulli regii, qui pro tempore fuerint in loco predicto* (Valentiæ,) *et Servientes et alii Commissarii quicunque, non faciant sibi exsolvi salaria pro clamoribus, Retroclamoribus, adjornamentis aut pignoracionibus seu garnissionibus, donec principali creditori fuerit de debito principali, pro quo clamor seu Retroclamor facti fuerint, plenarie satisfactum, etc.* Vide *Clamor* 2.

RETROCLAMUM, [Idem quod *Retroclamor*, nostris *Reclain.*] Vide in *Clameum.*

RETROCOLE. Notitia Ecclesiæ Tolosanæ : *Et pro hoc fevo dederunt illorum domino Præposito 5. los acaptationis, et in uno quoque anno unum prandium optimum cum sex Militibus; et in hoc fevo dedit illis totam siglicem, et totum milium, et balagium, et decimum de sextaratis, boerium, et retrodecimum, et Retrocole, totoque solagge, et senescalciam, etc.*

RETROCOMITATUS, Anglis *Rier-countie*, nostris *Arriereconté*, Minor comitialis consessus. Fleta lib. 2. cap. 67. num. 18 : *Quia justitiarii, ad quorum officium spectat unicuique coram eis placitanti justitiam exhibere, frequentius impediuntur, quo minus officium suum debito modo exequi possunt, per hoc Vicecomites brevia originalia et judicialia non retornant : per hoc etiam quod* *ad brevia Regis falsas retornant responsiones, providit Rex et ordinavit, quod illi timent hujusmodi malitias Vicecomitum, liberent hujusmodi brevia sua, tam originalia, quam judicialia, in pleno Comitatu, vel saltem in crastino die post Comitatum, qui quidem dies dicitur Retrocomitatus, in quo fit collectio denariorum Regis, etc.*

* **RETROCURIA**, Area postica, Gall. *Arriere-cour.* Charta ann. 1252. ex Tabul. Massil. : *Acta sunt hæc in castro Aquis Retrocuriæ, anno et die et indictione quo supra.* Vide *Retrocurtis.*

* **RETROCURSUS**, Pars superior alvei aquæ molendini. Lit. remiss. ann. 1376. in Reg. 108. Chartoph. reg. ch. 335 : *Item quod dictus Girinus..... venit de nocte ad Retrocursum, sive le Rérebiez aquæ molendini, vocati del Faugias, et ibi exclosorium dicti Retrocursus aquæ cœpit.* Vide supra *Bialeria.*

¶ **RETROCURTIS**, Area postica, nostris *Arrierecour.* Divisio terræ vicecomitalis Massil. inter DD. Roncelinum, Ugonem de Baucio et Giraudum Ademari ann. 1212. ex Schedis D. *le Fournier : Coquina staris ejusdem castri, quæ erat Vicecomitum Massiliæ, et Retrocurtis et medietas turris ejusdem staris, etc.*

RETROCUSTODIA, [Idem quod mox *Retrogarda.*] Vide *Antegarda.*

¶ **RETRODECIMA**, Idem quod mox *Retrodecimum.* Concilium Terraconense ann. circiter 1330. apud Marten. tom. 4. Anecd. col. 317 : *Nonnulli etiam eorumdem* (dominorum temporalium) *Retrodecimam seu aliam certam partem de fructibus, quos homines ecclesiarum et locorum ecclesiasticorum colligunt cum maximis laboribus et expensis, ab ipsis hominibus invitis indebite exigunt et extorquent, in suarum periculum animarum.* Statuta Synodalia Ecclesiæ Biterr. ann. 1375. ibidem col. 663 : *Item fuit prohibitum clericis et maxime in sacris ordinibus constitutis, quod non emant undenos, Retrodecimas, nec possessiones laicas, cum talia sint in jure prohibita, et ex eis inter laicos scandalum oriatur.* Vide *Cario, Decima decimæ,* et *Redecima.*

RETRODECIMUM, quasi *Arrieredisme*, forte idem quod *Redecima*, seu Decima decimæ. Prima Curia Generalis Catalaniæ Jacobi Regis Aragon. ann. 1291 : *Nec solvere teneantur tertium, vel aliquam quantitatem, vel partem loco tertii, vel Retrodecimi.* Vide in *Retrocole.*

☞ *Retrodecimum* idem esse quod *Redecima* seu Decima decimæ confirmari potest ex veteri Charta Bernerii cujusdam laici, quam exscripsit Stephanotius tom. 3. Antiquit. Pictav. MSS. pag. 555 : *Dimitto etiam hoc quod in terra de Jusgul habebam, id est, accipiebam decimam et retinebam meum Retrodecimum, dimitto ministerium hujus decimæ et dimitto Retrodecimum : omnia hæc dimitto cum sex sextariis annonæ, quos accipiebam in area. Retinebam minutas annonas, milium, viciam et garropam, et de decima vini Retrodecimum.* Vide *Retrodecima.*

¶ **RETRODOMINUS**, Dominus superior, qui non est proximus, ut in feudis dominus feudalis, a quo pendet feudum, non feudatarius qui illud tenet. Inquesta ann. 1440. ex Schedis D. *Aubret : Id vidit observari inter Retrodominos Abbates Cassaniæ.* Vide *Dominus* 6.

¶ **RETRODORSALE**, Aulæum retro seu pone dorsum sedentis appensum. Leges Palatinæ Jacobi II. Regis Majoric. in Actis SS. Junii tom. 3. pag. LVII : *Jubemus etiam quod fiant duo Retrodorsalia et banchalia et cussini longi et quadrati, qui omnes sint de panno aureo.* Vide *Dorsale* et *Bancale* in *Bancus.*

RETROEXCUBIÆ, Posteriores excubiæ. Litteræ patentes Amedæi Ducis Sabaudiæ pro villa Burgo ann. 1471. apud Guichenonum in Probat. Hist. Bressiæ pag. 32 : *Teneanturque et debeant in omnibus et singulis fortificationibus, reparationibus, custodiis, portarum excubiis, Retroexcubiis, munitionibus...... contribuere.*

* Interdum pro simplici Excubiæ nocturnæ, vigiliæ, lustratio vigilum, *Patrouille.* Lit. remiss. ann. 1415. in Reg. 169. Chartoph. reg. ch. 32 : *Cum supplicans et Johannes de Prato essent in platea communi loci de Rapistano, pro faciendo Retroexcubias; sive Réreguet, pro custodia ejusdem loci, etc. Arriéreguet,* eadem notione, in aliis ann. 1360. ex Reg. 89. ch. 463 : *Comme Guillaume Beauvallet et Odet Chopillet fussent ordenés à faire l'Arriéreguet en aucunes parties de la ville d'Aucerre; et une nuit entre les autres eulz feissent leurdit Arriéreguet, etc. Riéreguet* vero, pro ipse vigil, in Lit. remiss. ann. 1384. in Reg. 126. ch. 61 : *Jehan le Roux, qui lors queroit un Riéreguet à vueiller pour lui, etc.* Vide mox *Retrogachium.*

¶ **RETROFEODATUS**, Qui possidet *retrofeodum.* Literæ Johannis Franc. Regis ann. 1355. apud D. *Secousse* tom. 4. Ordinat. Reg. pag. 721 : *Nitendo se eximere a servitute, qua sunt ipsi consanguineo nostro et suis feodatis, Retrofeodatis et gardiis, ut dicunt, astricti.* Rursum occurrit ibidem pag. 722.

¶ **RETROFEODUM**, Idem quod mox *Retrofeudum*, in Charta ann. 1317. apud Lobinellum tom. 2. Hist. Britan. col. 472. in alia ann. 1323. apud eumdem Lobinell. tom. 3. Hist. Paris. pag. 331. col. 2. et alibi sæpe.

¶ **RETROFEVALE**, Eadem significatione qua *Retrofeudum.* Charta ann. 1147. in Probat. novæ Hist. Occitan. tom. 2. col. 518 : *Ego domina Cæcilia Vicecomitissa, quæ fui uxor domini Bernardi-Atonis Vicecomitis Biterris, et nos filii eorum... damus, laudamus, concedimus et confirmamus Deo et Ecclesiæ S. Mariæ de Belmont in perpetuum, cum fevalibus et Retrofevalibus, et vicariis et retrovicariis, et decimariis et sirventagiis, cum hominibus et fœminabus exinde naturalibus, cum bonis cultis et incultis, etc.* Forte legi posset *Retrofevalis* et intelligi *Feudarius*, qui tenet *Retrofeudum.*

* **RETROFEUDARE**, RETROFFEUDARE, In *retrofeudum* conferre. Vide supra in *Feudum.*

RETROFEUDUM, Gallis *Arrierefief*, Feudum, quod per medium tenetur a superiori domino, ut est in Consuetudine Cenomam. artic. 9. et aliis : [*Rierefiez*, in Charta ann. 1283. apud Lobinellum tom. 2. Hist. Britan. col. 430.] *Rerefief*, in Consuetud. Aurelian. cap. 1. art. 67. Dunensi art. 15. 21. Solensi tit. 18. art. 1. Montargensi cap. 1. art. 44. 67. Passim occurrit.

* **RETROFIDANCIA**, Præstatio, quæ in reiterandis fidejussionibus domino pensitabatur. Libert. Brianc. ann. 1343. tom. 7. Ordinat. reg. Franc. pag. 725. art. 8 : *Concessit dictus dominus dalphinus omnia jura sibi competencia et competitura in laudimiis, terciis, treczenis, vincenis, placitis seu mutagiis, pasqueriis, gallinis seu caponibus, fidenciis, Retrofidanciis, agnis et castis pascalibus, sequelisque eorum, et omnibus aliis obvencionibus.* Vide *Fidantia* et supra *Fidencia.*

* **RETROFIEYRA**, Postera vel octava dies *feriæ* seu festi alicujus sancti, alias *Rebont* vel *Racroq de feste* a nostris appellata, ut videre est supra in *Receptum* 1. Comput. ann. 1393. inter Probat. tom. 3. Hist. Nem. pag. 125. col. 1 : *Die xxj. mensis Maii, quæ fuit Retrofieyra beati Baudilii, pro xvj. cartonibus vini datis et præsentatis regi merceriorum, qui fecit ibi festum magnum, etc.*

* **RETROFLECTERE**, Reflectere, retrahere, recolligere, Gall. *Replier, ramener.* Comment. Jac. Picinini comit. lib. 1. ad ann. circ. 1452. apud Murator. tom. 20. Script. Ital. col. 75 : *Instructas peditum centurias et paratas acies, etiam in certamine præpeditas Retroflexit, et in loco tutiore circumclusit.* Et lib. 2. col. 81 : *Abiens igitur Alexander prior, Reflectens acies, illæso Scipione, ad fratris castra se se trajecit.*

RETROFOCILIUM, REPOFOCILIUM, vel *Retropostficilium*, vel *Repofocinium*, illud *quod tegit ignem in nocte, vel quod retro ponitur : quasi cilium foci, super quod a posteriori parte foci ligna ponuntur, quod vulgo Lander dicitur, et dicitur a repono, et focus, et cilium :* Ugutio et Jo. de Janua. Gloss. Lat. Gall. : *Repofocilium, ce qui couvre le feu de nuit, ou ce qui est mis derriere.* Idem videtur quod

RETROPOFOCINIUM, in Tabulario Fiscanensi fol. 88. et 89 : *Unam quadrigatam nemoris ad Natale pro Retropofocinio.*

RETROFRONTALE, [Apparatus seu ornamentum altaris.] Vide *Frontale.*

* **RETROGACHIUM**, Vigiles, qui custodias lustrant, Gall. *Patrouille, ceux qui font la ronde.* Stat. ann. 1381. inter Probat. tom. 3. Hist. Nem. pag. 47. col. 2 : *Item ordinavit dictus commissarius, quod per totum circuitum meniorum prædictorum infra fiant bonæ aleas* (aleæ) *subtus et superius, ita quod l'arreyrageich sive Retrogachium possit ire et redire pedestre, et si necesse fuerit, equestre.* Vide supra *Retroexcubiæ* et *Wactæ.*

1. **RETROGARDA**, Extrema acies, Gallis *Arrieregarde.* Gesta Ludovici VII. Regis Franc. cap. 20 : *Retrogardam fecit Imperator cum suis Theutonicis.* Utitur etiam Nangius in Chron. ann. 1214. Vide *Antegarda, Protutela* [et *Retroguardia.*]

2. **RETROGARDA**, Nomen dignitatis vel officii. Tabularium Gratianopolitanæ Ecclesiæ sub Hugone Episcopo fol. 27 : *Et Comes misit homines suos, scilicet Joannem de Podio, et Benedictum Botelarium suum, et Petrum Chalnesium ministralem suum, et Bernardum Retrogardam suum de Gratia-*

nopoli, id est, Bernardum Ruferium, etc. Occurrit rursum pag. 29.

☞ Hic *Retrogarda* hominem ligium aut vassallum significat, qui domini sui superioris nomine jus habebat tutelæ et custodiæ : quod jus eadem nomenclatura donatur in Regesto *Probus* fol. 223. ubi de Monte Bonodi : *Dicunt jurati Mallenus et Gauterius.... quod tenent mistraliam et Retrogardam de Comite, et debent placitum ad misericordiam.* Vide *Reregarda.*

* **RETROGRACIDARE**, Retrogradi, retrocedere, metaphorice, pro Consilium mutare, fidem datam fallere. Chron. Forojul. in Append. ad Monum. eccl. Aquilej. pag. 35. col. 1 : *Et sic omnes juraverunt sub comite, tanquam sub capitaneo, et ne possent castellani Retrogracidare, omnium filios accepit obsides. Raler ariere*, eodem sensu, in Charta ann. 1225. ex Tabul. eccl. Camerac : *Doivent traveiller et requerre le roi de Franche à bonne foi ke s'il Raloient ariere de ceste pais, que li rois les remette en autel point qu'il estoient devant le pais.*

¶ **RETROGRADARE**, Retrogradi. Martianus Capella lib. 8 : *Eas Retrogradare facit.*

¶ RETROGRADARI, *Retro ire, gradi retro*, Johanni de Janua ; *Reculer, aller arriere*, in Glossis Lat. Gall. Sangerman. MSS. Epistola Gunzonis ad Augienses ann. 969. apud Marten. tom. 1. Ampliss. Collect. col. 309 : *Hæc* (Astrea) *quanto elatior terris est, tanto mortalibus minus cognita, quæ in solo* (f. *cælo*) *domicilium possidens, quasdam planetarum miro coactu impellit, nunc eas præ se agens, modo Retrogardari compellens, modo stationi connectens, etc.* Vita S. Raynerii Pisani tom. 3. Junii pag. 445. col. 2 : *Tibi videtur, quod posse verba mea avide amplectatur, et pro posse imitetur ; sed mens ejus cito Retrogradabitur, et blasphemus in me efficietur.*

¶ RETROGRADATIO, Regressus, recessus, Martiano Capellæ lib. 8.

¶ RETROGRADE, A tergo, pone. Gaspar Barthius in Glossario apud Ludewig. tom. 3. Reliq. MSS. pag. 68. ex Gunterio Cancellario : *Rex inde mane profectus, seipsum præcessurum, ut primum hostes inveniat, disponens curavit ; Comitemque cum provincialibus Retrograde custoditurum, subsequi imperavit.* Id est partes postremas.

¶ RETROGRADUS, Qui graditur post, eidem Barthio ibidem, ex Guiberto Abbate lib. 4. cap. 4 : *Dispertiuntur itaque se per duarum acierum turmas, alteram a nostrorum frontibus præmittentes, altera Retrograda, omnem eorum exercitum ambiremolientes.* Eidem Retrogradi sunt qui ab exercitu desciverant et fugerant lib. 7. cap. 42 : *Retrogradis, inquit, nolite credere, qui nos inedia fatiscere celebrant, scriptis meis potius credite. Mercurius Retrogradus*, hoc est, Retroiens, retrogradiens, apud Plinium lib. 2. cap. 17. *Saturnus Retrogradus*, Sidonio lib. 8. Epist. 11. Idem Plinius lib. 2. cap. 15. de Planetis : *Retrogradiuntur ad solem.* Hinc Johannes de Janua : *Planeta est quandoque Retrogradus, quandoque processivus, quandoque stationarius ; et mulus viciosus similiter est quandoque Retrogradus, quandoque processivus, quandoque stationarius.* Hinc, ni fallor, emendandus Rolandinus Patavinus de factis in Marchia Tarvisina lib. 12. cap. 2. apud Murator. tom. 8. col. 344 : *Eratque Retroguardus Jupiter in libra directus.* Legendum enim videtur *Retrogradus.*

¶ RETROGRADUS, Qui resilit, resistit et obedire detrectat. Radulphus Ardentius Homil. 109. in Evang. : *Multi sunt hodie, qui ad finem* (fidem) *vocati sunt, nec per eam digne ambulant, dum bene operando non proficiunt, sed magis Retrogradi sunt, et cum Deum ore confiteantur, factis negant.* Continuatio Chronici Andreæ Danduli apud Muratorium tom. 12. col. 437 : *Exercitus generalis, qui erat apud Tarvisium in copioso numero et potenti manu, magna contra hostes, si obediens fuisset, facere potuisset ; sed major pars Retrograda et indisciplinabilis fuit, nolens equitare, etc. Retrograda animi inopia, Ignavia terga periculis vertens*, Barthio ex Roberti Monachi Historia Palæst. loco laudato : *In omnibus venturis temporibus debet adscribi, tam nobis quam liberis nostris, Retrograda animi inopia, si nobis absentibus agitur hæc divina militia.* Laurentius in Amalthea : *Retrogradæ mentes, contumaces.*

¶ **RETROGUARDIA**, Extrema acies, apud Italos, nostris *Arrieregarde.* Sicardi Cremon. Episc. Chronicon apud Muratorium tom. 7. col. 614 : *Hanc* (navem) *igitur cum viginti quatuor galeis, cum quibus in Retroguardia suarum navium accedebat, impugnavit.* Historia Cortusiorum lib. 2. apud eumdem Murator. tom. 12. col. 812 : *Jussit autem alias gentes pede et equo retro remansuros pro Retroguardia.* Occurrit alibi non semel apud eosdem Scriptores Italicos. Vide *Retrogarda.*

¶ **RETROGUARDUS.** Vide *Retrogradus.*

¶ **RETROIVUM**, Regressus, recessus, iterata discessio. Epistola Cardinalium Regi Franciæ de reconciliatione Græcorum in Concilio Lugdun. ann. 1274. apud Marten. tom. 7. Collect. Ampl. col. 217 : *Eamdem Ecclesiam suis reintegratam partibus, et solida membrorum restitutione firmatam, in his verisimiliter timere non oporteat ulterius Retroivum.*

* **RETROMANUS**, Aversa manus, Gall. *Le dos de la main.* Lit. remiss. ann. 1352. in Reg. 81. Chartoph. reg. ch. 401 : *Dictus Johannes de Dosterolo unum modicum ictum in facie Retromanu dedit eidem.* Galli dicimus, *Un coup d'arriére-main. Renvers de la main*, in aliis ann. 1475. in Reg. 195. ch. 1512 : *Icellui Delpiat regarda Jehan Bisac et lui donna ung Renvers de sa main à travers les dens.* Hinc *Reverse*, Hisp. *Reves*, Transversus ictus, apud Guill. Guiart. ad ann. 1241 :

> Au geter tailles et Reverses, etc.

* **RETROMURUS**, Murus post murum, Gall. *Contremur.* Stat. ann. 1381. inter Probat. tom. 3. Hist. Nem. pag. 46. col. 1 : *Et quod de hospicio domini de Brinhono, usque ad turrim noviter factam in hospicio Stephani Mabille, fiat unus Retromurus de petra sicca, altitudinis decem palmornm.* Vide *Promurium.*

¶ **RETRONEUS**, Qui retro est. Radulfus Cadom. in Gestis Tancredi apud Marten. tom. 3. Anecd. col. 152 : *Si remoto indice ad equum pinguem sive mulum licebat accedere, per Retroneum seu purgatorium foramen in viscera vulnera demittebant, moriebaturque jumentum.*

RETRONUBERE, Aversa venere coire. Ovidius :

> Parva vehatur equo.

Liber Pœnitentialis Gregorii II. PP : *Si quis vir cum uxore sua Retronupserit, corripiendus est, ne faciat, et in semetipso pœniteat.* Vide supra *Nubere.*

¶ **RETROPLEGIA.** Vide supra in *Plegius.*

RETROPOFOCINIUM, etc. Vide *Retrofocilium.*

* **RETROPONERE**, Reponere, in locum, unde quid ablatum est, illud restituere. Charta Hugon. primog. comit. Regitest. ann. 1221. in Chartul. Campan. Cod. reg. 5993. A. fol. 98. v° : *Præterea ego et eadem domina mea super discordia, quæ erat inter nos propter bladum Colerii de Soayn quod saisivi,.... compromisimus in prædictum Symonem tali modo, quod ego statim Retroponam bladum illud in loco, ubi captum fuit apud Soayn, etc.*

¶ **RETROQUINTUM**, Quinta pars quintæ partis pretii rei venditæ domino solvenda, Gallice *Requint.* Vide locum in *Quintum* 3.

¶ **RETRORSIOR**, Contumacior, a *Retrorsus*, Retro conversus, refractarius : quo positivo usi sunt Plinius lib. 26. cap. 9. et Apuleius lib. 2. Metamorph. Tertullianus Apolog. cap. 19 : *Retrorsiores primoribus vestris sapientibus.*

¶ **RETROSCIARE**, Retrogradi, retroire, regredi. Obertus Cancellarius lib. 2. Annal. Genuens. apud Murator. tom. 6. col. 304 : *Consul noster Ottobonus cum Bucio stetit inter utrasque (galeas) et jussit ut galea nostra, ut vulgo dicitur, Retrosciaret ; quod factum fuit. Quum Elemannus Pisanus vidit nostram retroire, clamavit voce Pisana, etc.*

* **RETROSCRIPTIO**, Subscriptio. Stat. comitat. Venaiss. sub Clem. VII. PP. cap. 26. ex Cod. reg. 4660. A : *Statuimus quod de Retroscriptione litterarum ultra sex denarios ipsi notarii recipere non præsumant. Quam suprascriptionem volumus sufficere, cum signo notarii subscribentis.*

¶ **RETROSUADUS.** Radulfus Cadom. de Gestis Tancredi apud Marten. tom. 3. Anecd. col. 131 :

> Ac Turci nec nulla quidem, nec multa rependunt
> Vulnera, spes quoniam ferratæ nescia calcis,
> Tota Retrosuadæ de verbere pendet habenæ.

Ibidem col. 169 :

> Calcibus urget equos, Retrosuadis urget habenis,
> Horrificis urget clamoribus, et stimulandi
> Qualibet arte : fugax acies incumbit in armos.

Retrosuadas, ut puto, vocat habenas, quod iis veluti *suadetur* seu regitur equus, et urgetur, sive ut accedat, sive ut retrogradiatur.

¶ **RETROTABULARIUM**, Ornamentum altaris post tabulam. Leges Palatinæ Jacobi II. Regis Majoric. inter Acta SS. Junii tom. 3. pag. LXXII. col. 1 : *Præcipientes ergo, quod sint primo unum pulcrum Retrotabularium argenteum cum imaginibus, quod solennitates, quæ non immerito in die-*

bus altissimæ Majestati dedicatis et ad suæ Matris et Filii honorem ordinatis celebrantur, intuentibus ignorare non permittat. Alter locus exstat in *Retroaltare.* Vide notam *h* clarissimi Editoris ibid. pag. LXXIII. col. 1. et iconem Sanctuarii S. Augustino Anglorum Apostolo dicati ibidem repræsentatam. Vide *Postabula.*

* **RETROTABULUM**, Posticum altaris, seu ejus ornamentum, Gall. *Rétable*, alias *Reirotaule.* Inventar. ann. 1294. ex Tabul. Montisol.: *Item xviij. grasaleti argentei,.... quæ quidem vasa argentea,.... fuerunt tradita.... servanda ad Retrotabulum altaris S. Johannis Baptistæ.* Charta ann. 1284. ex eod. Tabul.: *Item quod vasa argentea, quæ in fine cujuslibet abbatis, administratoris vel monachi inventa fuerint, converterentur in Reitrotaule in altari S. Johannis. Reiretaule,* in Inventar. ann. 1218. inter Probat. tom. 1. Hist. Nem. pag. 66. col. 2. Vide *Retroaltare* et *Retrotabularium.*

* **RETROTENSIO**, Regressus, recessus. Benzo episc. Albens. in Henr. III. imper. apud Ludewig. tom. 9. Reliq. MSS. pag. 369 : *Quibus autem erat inflexibilis fides dicebant : Itinere trium vel quatuor dierum ibimus, et apud Narniam facile transibimus, et schisma erat inter eos. Plures eorum instigabat Retrotensio, minime transeundi fluvii intentio.* Vide *Retroivum* et mox *Retrovertere.*

* **RETROTIGERIUM**, Sporta dossuaria. Glossar. Gall. Lat. ex Cod. reg. 7684 : *Retrotigerium, Hotte.*

¶ **RETROVASSALLUS**, Nostris *Arriere-vassal*, Vassallus vassalli seu translatitius cliens, qui tenet *retrofeudum.* Literæ Johannis Franc. Regis ann. 1356. apud D. *Secousse* tom. 4. Ordinat. Reg. pag. 352 : *Necnon primum ressortum omnium et singulorum locorum, terrarum, villarum et castrorum predictorum superius nominatorum; omniumque vassallorum atque Retrovassallorum, et eorum prenominatorum cognitionem scilicet et examen, etc.*

* **RETROVASSOR**, Vassallus minor, qui *Retrofeudum* tenet, Gall. *Arriére-vassal; Rerevasseur,* in Charta ann. 1447. ex Panch. episc. Carnot. Alia ann. 1352. in Reg. 81. Chartoph. reg. ch. 440 : *Item tres Retrovassores, quorum unus tenet sex sextaria terræ.* Vide *Retrovassallus.*

* **RETROVENDA**, Quod præter *vendam* a feuda acquirentibus exsolvebatur. Charta Henr. V. reg. Angl. ex Cod. reg. 8387. 4. fol. 1. v° : *Laudamina et alia servicia per quoscumque subditos nostros in dicto ducatu nostro Acquitaniæ nobis debita et debenda, seu in similibus fieri consueta.... exigendi, et ipsos subditos.... feudis hujusmodi juxta formam.... patriæ investiendi,...... dummodo vendæ et Retrovendæ exinde provenientes ad manus constabularii nostri Burdegalensis de tempore in tempus deveniant, licentiam (Johanni Radclyf) concessimus.* Vide *Retroventa* et *Supervenda.*

¶ **RETROVENTA**, Jus quod sibi competere asserebat major seu villicus, in *ventis* seu præstationibus domino debitis a vassallo vel subdito pro facultate prædii vendendi seu distrahendi, quod *ventas* ipse reciperet pro domino; quemadmodum *retrodecimam* seu *decimam decimæ* non raro percipiebat, quod colligeret decimam domini. Vide *Cario.* Charta Officialis Aurelian. ann. 1246 : *Simon ex officio majoriæ suæ ventas cum reciperet... quas ventas Abbati* (Floriacensi) *reddere tenebatur, et in dictis ventis se habere debere dicebat Retroventas.* Vide *Venda* et *Supervenda.*

¶ **RETROVERSUM**, Retrorsum, nostris *à reculons, à rebours. Equitare asinum vel bovem Retroversum cum cauda in manibus,* in Correctionibus Statutorum Cadubrii cap. 85. de Lenonibus et eorum pœna.

* **RETROVERTERE**, Redire, reverti. Lit. Caroli V. ann. 1369. inter Probat. tom. 3. Hist. Nem. pag. 40. col. 2 : *Gaufridus Palmerii, legum doctor, nobis exponi fecit graviter conquerendo, quod cum.... de villa Lunelli Retroversus fuisset ad domum suam in Nemauso, etc.* Vide supra *Retrotensio.*

* **RETRUNCARE**, pro simplici *Truncare*, apud Poetam anonym. de S. Lamberto tom. 5. Sept. pag. 533. col. 2 :

> Cumque daretur ei fulgenti veste venustas
> Maxima, quod secli præcellens quærit honestas,
> Sæpe Retruncatam splendenti murice vestem
> Induit, et clarum mansuescere fecit honorem.

¶ **RETROVICARIA**, Districtus *Retrovicarii* seu *Subvicarii,* illius scilicet, qui *Vicarii* absentis in aliquo territorio sibi præfinito vices agit. Charta Cæciliæ Vicecomitissæ Biterr. ann. 1147. in Probat. novæ Hist. Occitan. tom. 2. col. 518 : *Hæc omnia, sicut sunt suprascripta, nos damus, laudamus, concedimus et confirmamus Deo et Ecclesiæ S. Mariæ de Belmont in perpetuum, cum fevalibus et retrofevalibus, cum Vicariis et Retrovicariis, et decimariis, et sirventagiis, cum hominibus et fœminabus exinde naturalibus, cum bonis cultis, et incultis, etc.*

¶ **RETRURSUS**, Plinio *Retrorsus*, Retro conversus. Vita MS. S. Winwaloei e Bibl. Landevenecensi : *Aquis a superiori fluvii parte pendulis, ab inferiori autem in modum fugientis timidi Retrursis.*

¶ **RETRUSIO**, Inclusio. Concilum Tolet. XI. inter Hispanica tom. 2. pag. 665 : *Et modus pœnitentiæ irrogetur; ita tamen ut, si exsilio vel Retrusione dignum eum esse, qui deliquit, judicium peculiare decreverit, modus pœnitentiæ debeat ejus, qui sententiam protulit, manus propriæ subscriptione notari.* Vide *Retrusi* supra in voce *Inclusi.*

RETRUSUS, [Homo solitarius, monachus *reclusus*, nostris *Reclus.*] Vide *Inclusi.*

RETTARE, RETTATUS. Vide in *Rectum* 1.

* **RETULENS**, Referens, narrans. Mirac. S. Nicetæ tom. 4. Sept. pag. 8. col. 1 : *Ut presbytero Danieli confessori suo, hæc Retulenti, notum fuit.*

¶ **RETULLERE**, RETULTUS. Vide *Retollere.*

* **RETUM**, Rete capiendis cuniculis, Gall. *Filet.* Libert. Petræ assis. ann. 1341. in Reg. 74. Chartoph. reg. ch. 647 : *Item quod nullus capiat in Retis seu foveis et claperiis alienis cirogrillos seu conillos, cum canibus seu furonibus.* Vide supra *Resellus* 2.

RETUMBA. Consuetudines Monasterii de Regula, seu *de la Reole*, apud Labbeum : *De Retumbis et cyfis vitreis, de cæpis, et aliis, etc.*

¶ **RETUNDUS**, f. pro *Rotundus.* Spicilegium MS. Fontanell. pag. 202 : *Psalmodiam non multum protrahamus, sed Retunda et viva voce cantemus.* Nostris *Chanter rondement*, est simpliciter canere, non nimium protrahendo.

* Instr. ann. 1406. tom. 9. Ordinat. reg. Franc. pag. 221 : *Datum Valenciæ sub nostro sigillo Retundo, etc.* Vide in *Sigillum* 1.

¶ **RETURNUM**, Missa solemnis pro defuncto, prioribus post obitum deibus decantata. Testamentum Armandi *Rorgue* Canonici Aniciensis ann. 1348 : *Item volo quod tertia die post obitum meum fiat unum Returnum in Ecclesia.* Vide alio significatu in *Retornare* 4.

* 1. **RETURNUS**, Cautio, præs, Gall. *Recours.* Charta ann. 1173. ex Bibl. reg. cot. 17 : *Prædictum pignus habeas et possideas... tamdiu, donec nos vel nostri tibi prædicto et tuis totum prædictum debitum persolvamus... Quod si guirentes esse non potuerimus vel noluerimus, damus tibi Returnum in omnibus rebus nostris.* Vide *Retornum.*

* 2. **RETURNUS**, *Pedum, pastoris baculus, baston, Prov.* Glossar. Provinc. Lat. ex Cod. reg. 7657.

RETUTELA, [Ducatus extremæ aciei. Locos] vide in *Protutela.*

¶ **REU**, *Radix*, Johanni de Janua; unde inquit, *Reubarbarum.* Vide in hac voce.

1. **REVA**, Vectigal, quod pro mercibus ex regionibus exteris allatis penditur : vulgo, *Droit de Réve et de haut passage.* Statuta MSS. Montispessulani art. 117 : *Nemo pro re propria exigat, vel accipiat, vel ab uxore seu familia sua exigatur, vel accipietur nomine Revæ, aut Revam aliquo modo teneantur dare habitatores Montispessulani.* [Statutum Johannis Franc. Regis ann. 1360. de stipendiis Parlamenti Paris. apud D. *Secousse* tom. 3. Ordinat. Reg. pag. 482 : *Super receptam Tholosæ mille libras Parienses; super Revam et receptam Matisconensem, mille quingentas libras Parisienses.* Literæ patentes Renati Regis Provinciæ pro Piscatoribus Massil. ann. 1460 : *Item eidem Majestati exponitur, quod post indictionem dictæ Revæ aliqui piscatores civitatis Massiliæ, euntes piscatum in maribus Arearum, Toloni et alibi, et pisces vendebant extra civitatem Massil. et de illis credebant non debere nec deberi solvere Revam indictam, de qua supra, Rex ordinat levari pataros duos pro quolibet floreno super extraneos vendentes pisces Massiliæ.* Statuta Civitatis Astæ fol. 107. verso : *Item quod omnes forenses et cives temporibus dictarum nundinarum vendentes carnes et vinum ad minutum in dicta civitate seu ejus burgis, teneantur et debeant solvere dacitum, Revam seu bullam prout et quemadmodum consuetum est.* Charta ann. 1390. ex Schedis D. *le Fournier* : *Quod fiat Reva vini ad parvam mensuram consuetam.* Charta Eccl. Brivat. ann. 1365 : *Impositio sive Reva imposita ad levandum in villa Brivate.* Edictum Johannis Franc. Regis Londini datum 16. Septembris ann. 1358. tom. 3. Ordinat. Reg. pag. 254 : *Item, que nulles toilles, peaux lanues, moutons, brebis ne soint traites ou menées hors dudit royaume, sinon par certains ports et passages... auxquels ports et passages se doit payer... sept deniers pour*

livre par dessus les quatre deniers pour la Reve.] Matth. Villaneus lib. 6. Hist. cap. 18 : *Oltre alle gravezze delle usate Reve.*

* Aut vectigal pro mercibus in regiones exteras evehendis. Instr. ann. 1372. tom. 5. Ordinat. reg. Franc. pag. 478. art. 9 : *Pour recevoir la Reve et imposicions qu'ils pourront devoir pour l'issue du royaume. Reve ou coustume ancienne et imposition foraine*, in Lit. Caroli VI. ann. 1391. ex Memor. E. Cam. Comput. Paris. fol. 263. v°. Reg. magn. dier. Trecens. ad 20. Sept. ann. 1395. ex Cod. reg. 8357. 4. 4 : *Repliquent les doyen et chapitre* (de Toul) *que la Reve a lieu sur les biens, qui pour marchander sont portez hors du royaume, et le droit de la Reve de quatre deniers pour livre, n'est introduit que depuis dix ou douze ans en ça.* Vide infra *Reverius.*

* Cujus vectigalis institutionem ad annum circiter 1300. referendam opinatur D. *Menard* in notis ad tom. 2. Hist. Nem. pag. 10. ex syngraphis accepti hujusce vectigalis ejusdem anni, quos subscribit Petrus *la Reve;* unde huic tributo, quomodo a Carolo *Paulet*, jus Pauletanum, vulgo *Paulette* nuncupatum est, inditam nomenclaturam *Reve* censet. Satis apte quidem : sed cum alibi, quam in Occitania, obtinuerit hæc appellatio, nec satis constet an non antiquius sit illud vectigal; origini a Cangio propositæ, quæ prætermittenda non erat, adhærendum esse censeo.

De vocabuli etymo et significatione sic censeo, idem valere, quod *Roga, quæstus, demanda*, et similia, quæ passim in hoc Glossario occurrunt, hoc est vectigal, quod principi, precario, ut ita dicam, pensitabatur. Nostri enim *Rogare*, olim *Ruever* et *Reuver* dicebant. *Le Miroir*, liber MS. sic inscriptus : *Qui quert, il trueve, qui Rueve, on li donne, ki hurte, on li ouvre.* Le Reclus *de Moliens* in suo *Miserere* :

> Chil qui Ruevent les deduis faire,
> Sunt chil, qui querent les deduis.

Willelmus *Guiart* sub anno 1304 :

> Fils de Bourgois les bours guerpissent,
> Qui riens fors estoier ne Reuvent,
> O les Gentilshommes s'esmeuvent.

[Le Roman *de Vacce* MS :

> Quant li Roiz out la dame qui li estoit Reuvée
> O la terre Bernart as Franchoiz graantée.]

Aliud porro *Reeve* significat apud Littletonem sect. 79. Præpositum nempe seu Ballivum ex Saxonico g e r a f a, quod idem sonat.

¶ 2. **REVA**, f. Ripa, Ital. *Riva*, nostris *Rive*. Reparationes factæ in Senescallia Carcassonæ ann. 1435. e MS. D. *Lancelot* : *Pro duabus viguis Reve Narbonne, qualibet longitudine sex cannarum cum dimidia... VI. l. II. s. III. d. Pro duabus viguis Reve de Narbonna, continente qualibet septem cannas ex longitudine pro faciendo ab ipsis postes Carcassonæ.... VII. lib. 15. sol.* [** Litter. consul. Hamburg. circa ann. 1265. apud Lappenb. in Origin. Fœder. Hanseat. Probat. pag. 75 : *Si periclitaretur* (navis) *ex casu inopinato in mari.... tunc esset marcha tricesima deinde justum dare; si vero supra Revam vulgariter dictam, tunc daretur vicesima marca, etc.* Ubi *Reva* est Vadum, cautes, a German. *Riff.*]

¶ **REVACATIO.** Bulla Pii IV. PP. in Privilegiis Equitum S. Johannis Jerosol. pag. 172 : *Et quod in illorum Revacationibus, modificationibus, suspensionibus, restitutionibus, et ad jus commune reductionibus per Leonem prædecessorem, etc.* Sed puto legendum esse *Revocationibus*.

¶ **REVADERE**, pro simplici Vadere. Lex Alamann. tit. 84 : *Si qua contentio orta fuerit inter duas genealogias de termino terræ eorum, et unus dicit, Hic est noster terminus; alius Revadit in alium locum, et dicit, Hic est noster terminus, ibi præsens sit, Comes de plebe illa, etc.*

¶ **REVADIARE**, *Vadium* seu vadimonium, vel pignus dare, vadis instar debitorem se agnoscere. Flodoardus in Præceptione Caroli Regis lib. 3. cap. 4 : *Jubemus, ut quisquis aliquid tenore aliquo ex prædictis rebus tenere vel possidere cernitur, nonam et decimam, in Missorum nostrorum præsentia, Misso Ecclesiæ S. Mariæ, vel S. Remigii, Revadiet, et annis singulis ad eandem præfatam et memoratam Ecclesiam persolvere, absque ullius contradictione, cum omni vigilantia studeat.* Plura vide in *Vadium.*

¶ **REVALIDATIO**, Confirmatio, iterata declaratio rem aliquam esse validam. *Gratiæ expectativæ earumque Revalidationes, extensiones*, in Bulla Leonis X. PP. ann. 1518. apud D. Calmet. in Probat. Hist. Lothar. tom. 3. col. CCCLXX.

* **REVALIOSUS**, an *Ribaldus*. Inventar. ann. 1271. in Access. ad Hist. Cassin. part. 1. pag. 328. col. 2 : *Item qui dixerit Revaliosum unus alteri, debet solvere augustalem unum.* Vide infra *Rivallis.*

¶ **REVANIA**, REVANNA, f. Purgamenta frumenti ventilabro discreta, quæ projici solent volatilibus comedenda. Chartularium V. S. Vedasti Atrebat. pag. 265 : *Debemus eis singulis ebdomadis unum mencoldum de Revaniis coctæ nostræ, scilicet singulis molendinis unum boistellum.* Literæ Officialis Paris. ann. 1251. e Tabulario nostro Sangermanensi : *Reclamabant super molendino S. Germani plenam minam bladi tale quale molendinum ipsum lucrabatur qualibet septimana, immo et Revannas et perrosum molturæ molendini prædicti, ut dicebant, quia minam bladi, Revannas et perrosum dictus defunctus percipiebat.* Voces fictæ a Gallico *Van*, Ventilabrum.

* *Revennes*, in Lit. remiss. ann. 1408. ex Reg. 163. Chartoph. reg. ch. 140 : *Comme la suppliante eust prins en la grange du seigneur de Saint Sauflieu environ sept sextiers, tant blé comme Revennes.*

¶ **REVARDUM** FORESTÆ. Vide *Regardum*, 2.

* **REUARE**, Percipere. Charta ann. 1292. in Chartul. AD S. Germ. Prat. fol. 113. r°. col. 1 : *Avelina..... vidua asserens se habere, tenere, Reuare ac recipere quolibet anno pacifice et quiete, etc.*

¶ **REUBARBARUM**, pro *Rhabarbarum*, Plantæ genus, Gallice *Rhubarbe*, Ital. *Reobarbaro*. Statuta Civitatis Astæ de intratis portarum : *Reubarbarum solvat pro qualibet libra ponderis libras* 2. Johannes de Janua *Reubarbarum* dici ait *quasi radix barbara* a *Reu*, Radix, et *barbarum;* sed alii *Rhabarbarum* appellant a fluvio Moscoviæ *Rha* olim dicto, nunc *Wolga*, juxta quem crescit hæc planta.

¶ **REVECTIO**, Reductio. *Devectio et Revectio frumenti in molendinis*, in Charta Adelberti Archiep. Mogunt. ann. 1135. tom. 2. Rerum Moguntin. pag. 583.

* **REVEDUTUS**, Perperam pro *Recredutus*. Vide supra *Guerra recredita.*

¶ **REVELAMEN**, Idem quod *Revelatio* 1. *Sine Revelamine*, apud Zenonem Veronensem.

¶ **REVELANCIA**, εὐλάβεια, in Glossis Lat. Græc. Melius in Græco-Latinis : Εὐλάβεια, *Reverencia, verecundia, religio, metus.*

¶ 1. **REVELARE**, Gall. *Reveler*, Retegere, patefacere, in sacris Scripturis passim. Tertullianus Apolog. c. 7 : *Tempus omnia Revelat.* Occurrit lib. 10. Cod. tit. 13. *Revelare frontem*, Cæsariem ponere, Tacito German. 31. 2. Ovidius lib. 6. Fastorum :

> Ore Revelato cum primum luce patebit.

* 2. **REVELARE**, pro *Relevare*. Vide supra in *Relevare feudum.*

¶ 1. **REVELATIO**, Gall. *Revelation*, Arcani patefactio, indicium, in Bibliis sacris passim. Glossæ Lat. Græc. : *Revelacio*, ἐπιφάνεια, τὸ φαινόμενον, ἀποκάλυψις. Adde Græco-Latinas. Utuntur non semel Scriptores Ecclesiastici, Tertullianus lib. 5. adv. Marcion. c. 4. S. Hieronymus Epist. 25. ad Paulam de obitu Blæsillæ cap. 2. S. Augustinus lib. 9. Confess. cap. 10. et alii. [** De libris Revelationum videnḍ. Glossar. med. Græcit. col. 102. voce Ἀποκάλυψις.]

¶ 2. **REVELATIO**, Meditatio, attentio, considerantia, circumspectio. Literæ Johannis Franc. Regis ann. 1354. apud D. *Secousse* tom. 4. Ordinat. Reg. pag. 314 : *Curis solicitamur assiduis et continua meditatione urgemur, ut condicionibus personarum, locorum et temporum, circonspecta Revelatione, pensatis, res nostro regimini subjacentes... sub transquillitatis pulcritudine preservemus.*

¶ 3. **REVELATIO**, non semel perperam pro *Relevatio*, Nostris *Relief.* Vide supra *Relevium* in *Relevare feudum.*

¶ 4. **REVELATIO**, Exemptio sacri corporis e tumulo et ejusdem elatio. Translatio corporis S. Geminiani Mutinensium Episcopi ann. 1106. apud Murator. tom. 6. col. 90 : *Adest etiam ad hoc spectaculum Princeps Matildis cum suo exercitu, omnes unanimiter præstolantes tanti Patris translationem et Revelationem cum gaudio.* Mallem legere *Relevationem*, si vox illa *Revelatio* simili notione non legeretur in Charta Hugonis Ducis Burgundiæ ann. 1171. inter Instrum. novæ Gall. Christ. tom. 4. col. 91 : *Verum remedio animæ meæ et antecessorum meorum tres dies in Revelatione B. Lazari, videlicet vigiliam festi et diem festi et crastinum, liberos et absolutos ab omni justitia mea, eo modo quo habent tres dies Canonici, in festo prædicti Martyris, et duos in octava in mense Septembri... dono in perpetuum et concedo eidem Ecclesiæ S. Nazarii et Canonicis ibidem Deo servientibus.* Hic *Revelatio*, aut, si mavis, *Relevatio*, Translatio est corporis B. Lazari, quam Kalendis Septembris solemni ritu celebrant S. Nazarii Eduensis Canonici. Si retinendum est *Revelatio*, vox illa reddi posset Inventio; quod hic fere eodem redit. [** *Revelatio* vel *inventio S. Michaelis*, die 8. Maii in antiq. Calendar.]

** **REVELATIVUS.** *Pronomini demonstrativo vel Revelativo*, apud Virgil. Grammat. pag. 85.

¶ **REVELATOR**, Qui *revelat*, retegit. Tertullianus lib. 4. adv. Marcion. cap. 25 : *Nec Revelator ipse erit, qui absconditor non fuit.*

¶ **REVELATORIUS**, Spectans *revelationem* seu patefactionem. Tertullianus de Anima cap. 47 : *Prophetica, Revelatoria, ædificatoria.*

¶ **REVELHARE**, E somno excitare, Gall. *Réveiller*. Regestum Belloquadræ et Nemausi ann. 1317. e Camera Computorum : *Item, quod homines debent gachare dictam villam et dominus Rex turrim suam, quam habet ibi, et gacha illius turris debet exitare et Revelhare gachas dictæ villæ.*

¶ **REVELI**, Ludi nocturni. Vide *Revelles.*

¶ **REUELLA**, Gall. *Ruelle*. Vide *Ruella.*

REVELLARE, pro *Rebellare*, Deficere, in [Commemoratorio ann. circiter 780. apud Marteniuin tom. 1. Ampliss. Collect. col. 41. in Formulis Marculfi lib. 2. form. 41. in] Histor. Cortusior. lib. 3. cap. 6. 10. et alibi passim. [Sic etiam *Reveler* pro *Rebeller*, seu, ut modo loquimur, *Revolter*, in Historia Guillelmi Tyrii continuata apud eumdem Marten. tom. 5. ejusdem Ampliss. Collect. col. 669 : *Là pristrent conseil et s'accorderent d'aller d'Andrinople asseoir, et tot metre à l'espée, que par d'Andrinople estoit tote la terre Revelée.* Vide infra *Revello.*]

* Chron. S. Dion. tom. 3. Collect. Histor. Franc. pag. 171 : *Li bourgois de Verdun se Revelerent contre li.* Occurrit rursum tom. 8. pag. 330. et 353. Hinc *Reveleux*, pro *Rebelle*, Inobediens, rebellis, in Mirac. MSS. B. M. V. lib. 1 :

S'el col le fraim ne li lachons,
Ele (la chair) sera si orgelleuse,
Si regibant, si Reveleuse, etc.

¶ **Revellatio**, Rebellio. Charta Theodorici II. Franc. Regis ann. 678. apud Felibianum Hist. San-Dionys. pag. IX : *Inventum quod sua præsumtione, vel per falsa carta, seu per Revellationis audacia, sed non per nostra ordinacione, ipsum episcopatum reciperat.*

¶ **Revellium**, Eadem significatione. *Ipse in ipso Revellio vixit*, in laudato mox Commemoratorio ann. circiter 780. col. 41.

Revello, pro *Rebellio*, seu Rebellis. Marculfus lib. 1. form. 32 : *Igitur cum et ille cum reliquis paribus suis, qui eum secuti fuerant, facientem Revello illum interfecit.* Infra : *Non solum res perdere, sed pro tali Revello in vita ordinaveramus insequi.*

¶ **REVELLES**, Revelli, Reveli, ab Anglico *Revels*, Ludi nocturni, quales vulgo sunt choreæ, catervæ personatæ, etc. Literæ Henrici VIII. Regis Angl. ann. 1545. apud Rymer. tom. 15. pag. 62 : *Dedimus... eidem Thomæ officium magistri jocorum, Revelorum et mascorum omnium et singulorum nostrorum, vulgariter nuncupatorum Revells et Masks, ipsumque Thomam Caverden magistrum jocorum, Revelorum et mascorum nostrorum facimus.* Aliæ ann. 1560 : *De officio magistri jocorum, Revellium et mascarum.* Ibidem pag. 565 : *Dedimus... officium magistri jocorum, Revellorum et mascarum, communiter vocatorum Revelles et Masques, ipsumque Thomam magistrum jocorum, Revelorum et mascorum prædictorum facimus.* Vide *Revellus* alia notione.

* A veteri forsan Gallico *Revel*, Jocatio, lascivia, *Badinage, plaisanterie*. Lit. remiss. ann. 1378. in Reg. 112. Chartoph. reg. ch. 195 : *Toussain Blindel, frere charnel de Pierre Blindel, lui demanda par esbatement d'une pomme qu'il tenoit; et lors ledit Pierre Blindel se traist arriére oudit jardin, contredisans à lui donner de ladite pomme par jeu et Revel, et non pas pour mal, etc.* Verum non una est hujus vocis Gallicæ significatio, idem quippe præterea est quod Clades, strages, vulgo *Déroute, désordre*, in Poem. Alex. MS. part. 2 :

Aus Persans courrent sus et en font tel messel,
Que des cors cours li sans à onde et à ruissel.
Quant le voit Mercien qui mainne tel Revel,
Encontre Perdicas a brochié son poutrel....
Des Griex et des Yndois i ot moult grant Revel.

Dilationem vero, non superbiam, significare videtur, in Fabul. tom. 1. pag. 28 :

Un sires, qui tenoit grant terres....
Fist crier un marchié nouvel.
Uns povres merciers, sans Revel,
I vint à tout son cheralet.

* **REVELLIO**, pro *Rebellio*, Gall. *Révolte*. Charta Henr. V. reg. Angl. ex Cod. reg. 8387. 4. fol. 3. r° : *Bona quæ fuerunt Bertout de Baigx, et quæ occasione Revellionis suæ confisca extiterunt, etc.* Vide supra *Revellare.*

¶ **REVELLIUM**, Revello. Vide *Revellare.*

¶ **REVELLUS**, Occulti criminis denuntiatio, declaratio, *revelatio*, nostris etiam *Revelation*. Statuta Cadubrii lib. 1. cap. 11 : *Teneatur et debeat quilibet Officialis habere unum quaternum, in quo scribat et scribere teneatur accusas, inquisitiones et denunciationes sibi datas et denunciatas, et Revellos, et interdicta, et dicta testium, et omnes processus factos spectantes ad causas, accusas, inquisitiones et denunciationes.* Eadem fere leguntur in Correctionibus cap. 4. Et lib. 1. cap. 19 : *Credatur et credi debeat cuilibet Jurato soli sine alia probatione, et commissionibus sibi factis de citationibus, varrentationibus de præceptis per eos factis, de Revellis sibi factis, etc.* Correctiones eorumdem Statutorum cap. 89 : *Et si aliquis eis pignus Revellaverit, non possit nec debeat pro ipso Revello condemnari.* Vide *Revelles.*

¶ **REVENCIO**, Redditus, *Revenu*. Vide *Reventio.*

* **REVENDARIA**, Revenderia, Taberna, ubi res minoris pretii distrahuntur. Stat. MSS. S. Flori fol. 55 : *Interdicimus.... sacerdotibus et clericis in sacris ordinibus constitutis, vel beneficia ecclesiastica habentibus, tabernas aut Revendarias tenere, aut quaslibet negotiationes inhonestas exercere.* Stat. Avellæ ann. 1496. cap. 111. ex Cod. reg. 4624 : *Nulla meretrix publica comedat nec bibat..... in aliqua taberna seu Revenderia panis et vini.* Vide in *Revendere* 1.

¶ **REVENDAROLIUS**, Revendarolia, Propola, qui vel quæ *revendit*. Statuta Vercell. lib. 3. fol. 76. recto : *Item, quod Revendarolii vel Revendarolic non emant fructus, volatilia vel aliqua venalia comedenda usque ad sonum Vesperarum, et quod nullus deferat sub mantello vel sacculo aves venales vel pisces venales, sed publice omnes vel partem.*

¶ 1. **REVENDERE**, Emptum vendere, Gall. *Revendre*. Glossæ Lat. Græc. et Græc. Lat. : *Revendo*, μεταπωλῶ. Charta Philippi Franc. Regis ann. 1218. pro Monachis de Valle B. Mariæ, tom. 4. Histor. Harcur. pag. 2174 : *Ita quod de supradictis marcandisiam non faciant, scilicet quod nihil emerint ad Revendendum.* Rursum occurrit in Correctionibus Statutorum Cadubrii cap. 54. et etiam apud Ulpianum lib. 28. Dig. tit. 37.

¶ **Revenditio**, Venditio rei emptæ, ei, qui primum vendiderat. Statuta Messil. lib. 2. cap. 1. § 44 : *Tunc autem cum contigerit rem, quæ in prædictum modum transierat a debitore ad creditorem, reverti ad debitorem, de cujus bonis exierat, volumus ut ille creditor faciat inde instrumentum restitutionis et Revenditionis per manum publici Notarii Massiliæ, ac jura sua, quæ in illa re acquisierat, retrocedat, etc.* Statuta Scabinorum Maceriarum ad Mosam e Bibl. D. *de Cangé* : *Et supposé ores que en une seule lettres sous un seul scel soient contenus un venduige, la reprinse dessus et le Revendaige, neantmoins si vault ladite lettre, et est de tauxe de trois seaulx et de trois lettres ensemble, qui valent* XII. *s. par. Fermier du Revendage*, in Consuetudine Durdani art. 146. ille dicitur, ut est in Glossario Juris Gallici, in cujus manibus debitor bona mobilia vendibilia deponit pro summa debita, ut ab apparitore sublata sibi bona recuperare valeat, interim prorogato ad tres hebdomadas tempore solutionis per ipsum *firmarium* creditori faciendæ.

¶ **Revenditor**, Propola, Gall. *Revendeur*. Statuta Arelat. MSS. art. 42 : *Ne quis piscator vel Revenditor audeat salare pisces. Revenditor piscium*, ibidem art. 174. Codex MS. reddituum Episcopatus Autissiod. ann. circiter 1290 : *Revenditores de hac villa nihil debent, exceptis sex diebus sabbatis, in quibus debent denariatam; et Revenditores de extra, qui afferunt ad collum vel ad bestiam, debent obolum de ortolagio suo in quolibet die Sabbati. Revenditor panis*, ibidem infra. Occurrit in Charta ann. 1309. tom. 1. Hist. Dalphin. pag. 92. col. 2. in Statutis Massil. lib. 1. c. 50. in Statutis Vercell. lib. 3. fol. 76. v°. in Statutis Astens. collat. 3. cap. 47. fol. 15. et alibi.

¶ **Revenditoria**, Ipsa ars *revendendi*, vel mulier quæ *revendit* seu res minoris momenti distrahit, Gall. *Revendeuse*. Codex reddituum Episcopatus Autissiod. mox laudatus art. *de Revenditoribus* : *In quocumque burgo vendatur panis ad fenestram aut aliquid aliud, Comes habet suos redditus, scilicet de Revenditoria panis* VI. *denarios.*

¶ **Revenditrix**, Gall. *Revendeuse*, Quæ res minoris pretii divendit, in Statutis Massil.

¶ Revenditura, Eadem notione, in Charta ann. 1486. ex Schedis D. *le Fournier*.

* 2. **REVENDERE,** Ulcisci probe, Gall. eadem acceptione, dicimus *Vendre cher, faire payer chèrement*. Annal. Victor. MSS. ad ann. 1214 : *Dux Burgundiæ, qui carnosus erat nimis, sed valde strenuus in armis, de equo lapsus est; sed sibi a suis reddito equo bene Revendidit Flandrensibus lapsum suum.*

* **REVENDERIA**, Ars *revenditoris*. Lit. pro consul. Tolos. ann. 1343. in Reg. 74. Chartoph. reg. ch. 50 : *Lite pendente.... inter syndicum capitulariorum Tholosæ,..... et quosdam..... revenditores et revenditrices dictæ villæ Tholosæ..... exercendo officium suum Revenderiæ.* Vide alia notione supra in *Revendaria*.

* *Revenderie* vero et *Revendage*, Pignorum depositum et eorumdem venditio videtur, in Lit. remiss. ann. 1412. ex Reg. 166. Chartoph. reg. ch. 329 : *Le suppliant dist à icellui Duval qu'il vouloit qu'ilz comptassent ensemble de la ferme de la Revenderie des namps,.... dont ils estoient personniers ensemble.... Le suppliant requist que les namps feussent mis au Revandage.* Vide *Revenditio* in *Revendere* 1. et mox *Revengantia*.

* **REVENDICATIO**, Restitutio. Instr. ann. 1358. inter Probat. tom. 2. Hist. Nem. pag. 206. col. 1 : *Causa litigii sumptibus Universitatis ducatur, et nullomodo reconsilietur, nec ad veniam assumatur, quousque Revendicatio pecuniæ facta fuerit.*

* **REVENDICULUS**, Rerum minutarum propola, Ital. *Rivendagliolo*. Stat. Mantuæ lib. 1. cap. 102. ex Cod. reg. 4620 : *Nullus piscator seu Revendiculus.... præsumat pisces aliquos forenses ad civitatem Mantuæ conducere.*

* **REVENGANTIA**, Pignorum venditio, ut videtur, idem quod supra *Revendage* in *Revenderia*. Charta ann. 1313. in Reg. 50. Chartoph. reg. ch. 6 : *Possint* (canonici S. Frontonis Petragor.) *auctoritate propria gagiare et pignorare, modo quo consueverunt; et Revengantias exercere juxta patriæ consuetudinem.* Nisi tamen idem sit quod *Repræsaliæ*.

* **REVENGUDA**, idem quod supra *Remessa*. Vide in hac voce et infra *Revenuta* 2.

¶ **REVENIENTIA**, Reditus, ut Ciceroni *Revenire*, Redire. Charta ann. 1149. in Probat. novæ Histor. Occitan. tom. 2. col. 525 : *Relinquo etiam insulam, quæ est trans flumen Aregiæ, et discursum aquarum ipsius Aregiæ, et molendinum, et omnem abbatiam S. Antonini, sine ullâ retinentia, sine ulla Revenientia ad me.* Hoc est, ita ut nihil emolumenti ex his rebus ad me reveniat aut revertatur.

¶ **REVENNEA**, Redditus, proventus, a Gallico *Revenu*, ut videtur. [* Vel potius idem quod infra *Revenuta* 2.] Charta ann. 1281. apud Thomasserium Consuetud. Bituric. pag. 731 : *Quadraginta sex librarum Turonensium, quas nobis debebat ratione venditionis sibi facte a nobis de parte nostra in Revenneis nemorum de Folli, quas scilicet Revenneas, videlicet partem contingentem nos in eisdem, confitemur nos vendisse.* Vide infra *Revenua* et *Revenuta*.

1. **REVENTARE**, Regyrare. Anonymus Salernitanus parte 4 : *Guido ille Marchio incredibilem causam peregit : nam sellam, super quam equitabat, staffamque solitam ponebat, (i. deponebat) pedemque super solitum* (solium forte, aut solidum) *firmabat, et huc atque illuc discurrebat, equumque valide Reventabat, et de suo pede minime dissidebat.*

* Nostri *Resver*, pro Vagari, dixerunt : unde *Resver de nuit*, Vagari noctu per urbem, et *Resveur de nuit*, Noctuabundus. Lit. remiss. ann. 1383. in Reg. 124. Chartoph. reg. ch. 15 : *Comme Fouquet Hodierne fust alez avec trois compaignons charretiers, servans en la ville d'Yvri, esbatre et Resver de nuit, etc. Larrons, murdriers, robeurs, Resveur de nuye et autres malfaicteurs*, in Lit. ann. 1398. tom. 8. Ordinat. reg. Franc. pag. 309. Lit. remiss. ann. 1401. in Reg. 156. ch. 30 : *Ponsart qui estoit un homme de mauvaise vie et gouvernement, putieu, Réveur de nuit, brigueur, etc.*

* 2. **REVENTARE**, Auctionem facere. Comput. ann. 1372. inter Probat. tom. 2. Hist. Nem. pag. 316. col. 1 : *Pro eundo per patua Nemausi, pro videndo Reventanda dicta patua et pasturalia, etc.*

¶ **REVENTIO**, Reditus, proventus, Gall. *Revenu*, Angl. *Revenue*. Mandatum ann. 1401. apud Rymer. tom. 8. pag. 228. col. 2 : *Una cum proficuis, Reventionibus et emolumentis.... cum pertinentiis, una cum albergatis ac omnibus aliis proficuis, emolumentis et Reventionibus ad eadem præposituram et balliagium spectantibus.* Charta Henrici VI. Angl. Regis ann. 1441. apud Johan. Whethamstedium in Chronico pag. 312 : *Habendum et tenendum prioratum prædictum, una cum omnibus terris... oblacionibus, Revencionibus, annuitatibus, etc.* Charta ann. 37. Henrici VIII. Regis Angl. apud Thomam *Madox* Formul. Anglic. pag. 344 : *Omnibus Christi fidelibus, ad quos præsens Carta pervenerit, Nicholaus Bacon de Londonia, Armiger, Solicitator Curiæ augmentacionum Revencionum Coronæ domini Regis, salutem in Domino sempiternam.*

¶ 1. **REVENTUS**, Idem quod *Reventio*. Chronicon Johannis Whethamstedii pag. 381 : *Tenuerunt ac eciam manutenuerunt cum Reventibus et proventibus sui regni, etc.* Infra : *Ubi insuper profectus, proventus et Reventus vestræ Celsitudini pertinentes, etc.*

* Charta ann. 1466. in Reg. 3. Armor. gener. part. 1 : *Item voluisset.... dictus dominus Guido,.... quod.... dicta domina Bronissenda teneret, possideret.... emolumenta et Reventus terræ suæ de Marchuis vita sua durante.*

¶ 2. **REVENTUS**, Reditus, regressus. Oratio Ambassiatorum Regis Castellæ ad Ludovicum Ducem Andegav. ann. 1378. apud Marten. tom. 1. Ampliss. Collect. col. 1502 : *Diebus secum detinuit aliquibus, non permittens illum in Reventu se ponere non securo.* Historia fundationis Monasterii Cœlestinorum Suession. apud eumdem Marten. tom. 6. ejusdem Ampliss. Collect. col. 612 : *Nempe Carolus iste ab hujus inveteratis regni hostibus in prælio est comprehensus et in Angliam transvectus, ibi annorum 25. detentus tempore; post cujus ad partes has Reventum, nobiscum fecit anno Domini 1442. 15. Februarii die sequentem tractatum.* [** Occurrit in Ordinat. Process. ann. 1473. apud Guden. tom. 4. Cod. Diplom. pag. 410.]

¶ **REVENUA**, a Gallico *Revenu*, Reditus, proventus. Charta Johannis Boherii ann. 1389. apud Baluzium tom. 2. Histor. Arvern. pag. 405 : *Cum trescentis francis auri de Revenua sive de priza solvendis et reddendis per dictum dominum Vicecomitem.* Vide *Revennea* et mox *Revenuta*.

* **REVENUADA**, idem quod *Revenua*, Reditus, proventus. Charta ann. 1343. in Reg. 74. Chartoph. reg. ch. 232 : *Item pro tonsura seu Revenuada ex nemoribus, æstimata valere semel centum solidos Turon.* Modo non idem sit quod *Revenuta*, 2.

¶ 1. **REVENUTA**, Proventus, reditus, Gall. *Revenu*. Regestum Parlamenti ann. 1379. apud Baluzium tom. 2. Hist. Arvern. pag. 163 : *Fructus, proficua, redditus, Revenutas et emolumenta castrorum et terrarum prædictarum recipi et levari et explectari fecerant. Terræ magnæ Revenutæ et utilitatis*, in alio Regesto ejusd. Parlamenti, tom. 4. Hist. Harcur. pag. 1128. Charta ann. 1494. tom. 1. Hist. Dalphin. pag. 143 : *Viderunt Domini Computorum et referunt, quod secundum antiqua computa reddita de Revenuta castellaniæ Gratianopolis in condemnationibus Curiæ communis, D. noster Dalphinus de eisdem ab antiquo capere consuevit tertiam partem. Vectigal sive Revenuta, Revenutæ sive redditus*, in Literis ann. 1514. apud Rymer. tom. 13. pag. 460. col. 1. Occurrit alibi. Vide *Revenua*, *Reventio* et *Revennea*.

* 2. **REVENUTA**, Silva cædua, quæ recrescit, nostris *Revenue*. Charta ann. 1267. in Chartul. eccl. Lingon. ex Cod. reg. 5188. fol. 148. r° : *Qui vero inventus fuerit scindens an la Revenue nemoris scisi vel extirpati, a tempore scisionis vel extirpationis usque ad quinquennium, in lxv. solidis tenebitur pro emenda.* Alia Phil. V. ann. 1320. in Reg. 59. Chartoph. reg. ch. 595 : *Quæ feræ totam Revenutam seu recrescentiam eorum* (nemorum) *corrodunt et destruunt.* Charta ann. 1341. in Reg. 72. ch. 250 : *Revenutæ seu nova taillia ipsarum forestarum deffendantur et etiam relaxentur ad cognitionem magistri forestarum.* Alia ann. 1307. in Chartul. Pontiniac. pag. 172 : *Seront gardées et deffendues les Revenues copées à taille et à ordon, jusques elles aient acompli le temps de quatre feuilles et un May.* Lit. remiss. ann. 1477. in Reg. 206. ch. 1118 : *Vous faites paistre chacun jour ses herbes et manger le Revenu et bourgon de ses bois à vos bestes.* Vide supra *Recrescentia* et *Remessa*.

* Alia vero notione *Revenue*, scilicet pro Tempus, quo feræ ad pascua redeunt, in Charta ann. 1328. ex Reg. 65. ch. 143 : *Le seigneur de Montgoubert affermoit qu'il avoit droit de chacer au levre et au goupill, et de tendre à la croupie et à la Revenue.* Lit. remiss. ann. 1384. in Reg. 124. ch. 360 : *Aprèz ce qu'ils orent beu, s'en alerent chacier à la Revenue des lievres.* Aliæ ann. 1390. in Reg. 139. ch. 109 : *On auroit tendu assez près d'illec un grant penel ou filé pour la Revenue des bestes sauvages.*

¶ **REVENUTUM**, Idem quod *Revenuta*. Instrumentum ann. 1522. apud Lobinellum tom. 3. Hist. Paris. pag. 581. col. 2 : *Prout antea dominus noster Rex gavisus est de Revenuto firmarum in albo mentionatarum usque ad concurrentiam summæ, etc.* Statuta Collegii Cenoman. ann. 1526. ibidem pag. 587. col. 1 : *Item et fuit hujusmodi emolumentum sigilli et Revenutum ejusdem traditum et transportatum præfatis magistro, capellano et bursariis per dictos executores.*

¶ **REVERBERARE** Dicta, Ea repellere, refutare, iis credere nolle. Guibertus Abb. lib. 5. Gestorum Dei per Francos cap. 4 : *Populus autem hominis dicta Reverberans, mendacii simile quid putabant.*

* **REVERENDÆ** Literæ. Vide supra in *Litera.*

¶ **REVERENDARIA,** perperam nisi me fallo, pro *Revendaria*, Taberna propolæ, a Gallico *Revendre*, Propolæ artem exercere. Statuta MSS. Augerii II. Episc. Conseran. ann. 1280 : *Interdicimus Sacerdotibus et Clericis in sacris ordinibus constitutis, vel beneficia ecclesiastica habentibus, tabernas aut Reverendarias tenere, aut.... negotiationes inhonestas exercere, nec passim vilius emant, vel* (f. *ut*) *carius vendant, ita quod ex hoc vel censeri merito valeant assidui seu publici mercatores.* Vide *Revenditoria.*

* Haud dubie pro *Revendaria.* Vide supra in hac voce.

¶ **REVERENDISSIMUS**, Admodum reverendus, lib. 1. Codicis Justin. tit. 55. leg. 8. et in Inscriptione Christiana apud Fabrettum pag. 145. Glossæ Lat. Græc. et Græc. Lat. : *Reverendissimus*, εὐλαβήςατος. Passim utuntur recentiores, pro quo Vossius lib. 1. de Vitiis serm. cap. 21. mallet *imprimis reverendus*, si sineret consuetudo.

* Titulus honorarius, quo imperator cardinales compellat, apud Amyden. de Stylo datar. pag. 137.

¶ **REVERENDOSUS**, Reverendus, venerandus. Diploma Caroli Calvi ann. 862. apud Martenium tom. 1. Ampliss. Collect. col. 166 : *Quoniam Canonici ex cœnobio incliti Confessoris Christi B. Martini, ubi ejusdem Reverendosum corpus veneranter humatum excolitur... nostram suppliciter adierunt sublimitatem, etc.* Rursum occurrit in alio ejusdem Caroli Præcepto ann. 861. ibidem col. 164.

* **REVERENDUS**, Titulus honorarius, etiam mulieribus potioris dignitatis concessus. Charta ann. 1299. in Reg. 45. Chartoph. reg. ch. 43 : *Super bonis etiam et hæreditate Reverendæ dominæ dominæ Sebiliæ vicecomitissæ Narbonæ, etc. Reverendus vir dominus Guillelmus de Narbona. Reverender*, pro *Honorer*, Revereri, apud Matth. de Couciaco in Carolo VII. pag. 682. Vide *Reverentia* 1.

1. **REVERENTIA**, Titulus honorarius apud S. Hieronymum Epist. 70. 79. 92. Joannem VIII. PP. Epist. 267. 273. 320. S. Anselmum lib. 2. Epist. 12. et alibi, hodie inter Religiosos et Monachos passim receptus.

☞ Hunc honoris titulum sibi ipse tribuit Carolus Calvus in Charta ann. 851. e Tabulario S. Albini Andegav. : *Ut autem hæc Reverentiæ nostræ auctoritas in Christi nomine meliorem obtineat vigorem... de annulo nostro supter sigillare jussimus. Johanni de Say Militi*, Willelmus Abbas S. Albini Lincoln. in Charta ann. 1476. apud Thomam *Madox* Formul. Anglic. pag. 336.

Reverentiæ, Gall. *Reverences*, Salutationis impensa officia. Odo de Diogilo lib. 3. de Profectione Ludovici VII. Regis in Orientem pag. 35 : *Polychronias eorum suscipit, sed vilipendit ; sic enim vocantur Reverentiæ, quas non solum Regibus, sed etiam quibuslibet suis majoribus exhibent, caput et corpus submissius inclinantes, vel fixis in terram genibus, vel etiam se toto corpore prosternentes.* Quo forte pacto *Reverentias* suas Monachi facere debent, uti docet Udalricus in Consuetud. Cluniac. lib. 2. cap. 2 : *Quilibet novitius instruendus est, ut regulariter sciat caput inclinare, scilicet non dorso arcuato, ut quibusdam negligentibus est familiare; sed ita ut dorsum sit submissius, quam lumbi, et caput submissius quam dorsum, etc.* Concilium Narbonense ann. 1235. cap. 29 : *Si Reverentiam fecerunt hæreticis.* Exstat in Ceremoniali Romani lib. 3. sect. 1. caput *de Reverentiis, quæ Romano Pontifici* exhibentur. Vide *Venia, Metanœa.*

* Stat. congregat. Vallisumbr. ann. 1223. apud Lam. in Delic. erudit. inter not. ad Chronic. pontif. Leon. Urbevet. pag. 239 : *Reverentiæ circulares, quæ solent fieri a fratribus in conventu, remaneant, exceptis illis, quæ fiunt a proficientibus et revertentibus et ab hebdomadariis, servitore scilicet coquinæ et mensæ lectore.* Vide *Ante* et *Retro.*

¶ Reverentia Divina, Vera religio, Christiana, Catholica. Codex Theod. lib. 16. tit. 5. leg. 56 : *Sciant cuncti, qui ad ritus suos hæresis superstitionibus obrepserant sacrosanctæ legis inimici, plectendos se pœna et proscribtionis et sanguinis.... ne qua vera divinaque Reverentia contagione temeretur.*

¶ Cultus Divinæ Reverentiæ, Clericatus. Codex Theod. lib. 12. tit. 1. leg. 49. ubi de Curialibus, qui ad Clericatum promoventur : *Quod si filios aut propinquos non habuerint hii, qui derelicta Curia ad cultum divinæ Reverentiæ existimaverint transeundum, duas portiones Curia debebit accipere, relicta penes eum tertia, quem ante diximus ad Ecclesiasticorum consortium insidiosis artibus adspirasse.*

* 2. **REVERENTIA,** Præstationis species videtur, vel idem est quod Prærogativa. Charta Maurit. episc. Cenoman. ann. 1223. ex Tabul. Major. monast. : *Reverentias vero alias, jura et libertates, quas hucusque monachi habuerunt a presbyteris et ab aliis in ecclesiis supradictis et in cimiterio suo, nihilominus habebunt perpetuo libere et quiete.*

* 3. **REVERENTIA,** Suprema jurisdictio, supremum tribunal. Libert. villæ de Lunacio diœc. Agen. ann. 1295. in Reg. 48. Chartoph. reg. ch. 124 : *Retinemus nobis..... omnem altam justitiam, jurisdictionem, Reverentium, secundum usus et consuetudines diocesis Agennensis.*

* **REVERENTIALES** Literæ. Vide supra in *Litera.*

* **REVERENTIALES** Salutationes, ut supra *Reverentiæ.* Expedit. liter. securit. concessarum a rege et ducibus Bitur. et Burg. ann. 1391. in Bibl. reg. : *Post plures Reverentiales salutationes et verba generosa inter eos proloquuta et habita, etc.*

* **REVERENTIALIS** Arengua, vulgo *Compliment.* Vide supra *Arengua.*

¶ **REVERENTISSIME** Deposcere, Summa cum reverentia postulare, lib. 6. Codicis Theodosiani tit. 4. de Prætoribus leg. 21.

¶ **REVERENTISSIMUS**, pro *Reverendissimus. Zanellus Presbyter Reverentissimus et prudentissimus*, apud Anonymum, tom. 3. Conc. Hispan. pag. 174.

* Eo titulo Philippum Aug. compellat abbas Fiscan. in epist. ad eum scripta ex Reg. S. Justi in Cam. Comput. Paris. fol. 127. v°. col. 2 : *Reverentissimo domino suo Phillippo Dei gratia regi Francorum illustrissimo, Henricus humilis abbas Fiscannensis totusque conventus, salutem et sinceræ dilectionis affectum. Excellentiæ vestræ, etc.* Quæ sic terminatur : *Bene semper valeat dominus noster rex.* Eodem donatur Theobaldus in alia ann. 1269. ex Chartul. Campan. fol. 379 : *Illustrissimo et Reverendissimo domino Theobaldo divina gratia regi Navarræ, Campaniæ et Briæ comiti palatino, fr. Bernardus permissione divina abbas Gratiæ-Dei Præmonstratensis ordinis, Adurensis dyocesis, etc.*

* **REVERIUS,** *Revæ* percipiendæ præpositus, publicanus; unde *Reverie*, Locus ubi *reva* exigitur. Lit. remiss. ann. 1403. in Reg. 158. Chartoph. reg. ch. 339 : *Icellui Cardin requist que ledit Robert fust cemons contre lui pour la somme de deux blans qu'il lui devoit, si comme il disoit, de la Reverie de S. Lienart.* Lit. Joan. reg. ann. 1363. tom. 7. Ordinat. reg. Franc. pag. 383 : *Ut ipsi amodo in antea...... ab omnibus subsidiis, imposicionibus, colectis, pedagiis, leudis, revis, coustumis..... liberi teneantur;..... quocirca damus præsentibus in mandatis.... receptoribus, collectoribus, pedagiariis, portuum et passagiorum custodibus, Reveriis, leuderiis et coustumeriis, etc.* Rursum occurrit in aliis Lit. ann. 1390. ibid. pag. 381. Hinc facile emendatur *Reverniis* sequens. Vide supra *Reva* 1.

¶ **REVERNIIS.** Exstant in Archivo S. Victoris Massil. armar. Forojul. num. 38. Literæ Mariæ Reginæ Jerusalem et Siciliæ ann. 1389. *directæ Officialibus regiis necnon gabellotis, arrendatoribus et credenseriis regiæ gabellæ et domus, stagnorum, castri, arcarum, Reverniis et tractæ ac impositionis, etc.* Ubi non video quid sit *Reverniis*, nisi forte sit vox corrupta a *Revenuta*, aliave simili, quæ redditum significet, aut legendum sit *Revarum.* Vide *Reva* 1. et *Reverius.*

* **REVERNITURA,** Iteratus linitus, Gall. *Revernissure.* Comput. MS. fabr. S. Petri Insul. ann. 1497 : *Executores testamenti* (Petri Dellencourt) *fecerunt repingi imaginem S. Christophori cum Revernitura per Joannem de Grand, pro quo xxiiij. sol.*

¶ **REVERSALE,** Reversales Literæ, generatim dicuntur Epistolæ quibus quis alterius literis respondet, ut videre est in *Responsali* ann. 1472. apud Ludewig. tom. 5. Reliq. MSS. pag. 196. et in *Responsalibus literis* Caroli IV. Imper. ad Edwardum III. Angliæ Regem ann. 1349. ibidem pag. 462. Maxime vero *Reversales* unde vel *Re-*

versales literæ vocantur Scripta quibusi i, qui munus aliquod suscipiunt, vel in rei alicujus possessionem mittuntur, declarant se servaturos conditiones consuetas vel conventas. Literæ Johannis Episc. Argentin. ann. 1585. inter Instrum. novæ Gall. Christ. tom. 5. col. 504 : *Hinc est quod te* (Priorem monasterii Marbacensis, qui *sese male gesserat*, alloquitur) *per præsentes hasce patentes litteras ratione præstiti tui juramenti atque intuitu Reversatium* (l. *Reversalium*,) *quæ nobis ea propter dedisti, requirimus, ut primo tempore ad prædictum monasterium in Marbach redeas, administrationis tuæ rationem Conventui ibidem coram a nobis deputandis reddas, adductam* (*abductam*) *pecuniam aliasque res restituas... omniaque alia in pristinum statum reponas atque reducas.* Consuetudo Lotharingiæ tit. 5. art. 6 : *Lesdites reprinses* (*des fiefs*) *faites, sont données lettres de la part de son Altesse, temoignantes le devoir des vassaux, qui reciprocquement doivent donner Reversales de ce dequoy ils auront reprins, et s'ils ont reprins d'une ou plusieurs seigneuries distinctes et separées, doivent en faire declaration expresse. Reversales* in Alsatia maxime vocantur literæ Præfecti Agenoensis. Harum formulas videre potes apud Ludovicum *Laguille* Hist. Alsatiæ part. 2. pag. 212. et inter Probationes pag. 72. 136. 137. 138. 163. et 166. Vide *Reversum.*

* **REVERSALISTÆ**, in Philocal. Epist. edit. a J. H. a *Seelen* pag. 377. haud dubie sic appellati, uti monet in nota Editor, ob *Reversionales*, ut dicebantur, literas, quibus Lutherani nonnulli in Hungaria subscripserant. Ita D. *Falconet* in Animadv. suis.

¶ 1. **REVERSARE**, Reducere, reportare vel denuo collocare. Acta S. Martialis Episc. tom. 5. SS. Junii pag. 566 : *Post dies octo iterum relatum et Reversatum est integrum corpus ejusdem Apostoli in sepulcrum pristinum.* Pro denuo versare, vel in orbem agitare lib. 3. de Imitatione Christi cap. 15 : *In manu tua sum; gyra et Reversa.*

¶ Reversare-Se, Sese convertere, Gall. *Se retourner.* Vita B. Gerardeschæ tom. 7. SS. Maii pag. 168 : *Statimque ablatus est ei annulus, et Reversans se inquit, etc.*

* 2. **REVERSARE**, Vertere, vertendo explorare, Gall. *Rechercher, examiner,* alias *Revercher* et *Reverchier.* Consuet. Norman. part. 1. cap. 17. ex Cod. reg. 4651 : *Nec illud* (viriscum seu inventum) *debet minuere, vel divolvere, vel Reversare, dimovere, aperire vel explicare, nisi prius a justiciario videatur.* Ubi Gallicum habet : *Ne le doit appeticer, ne Reverser, ne mouvoir.* Stat. ann. 1357. tom. 3. Ordinat. reg. Franc. pag. 592. art. 9 : *Li maistre et sergent, qui seront esleuz oudit mestier* (de tisserand) *pourront aler visiter et Revercher..... les ouvrages de toiles.* Chron. S. Dion. tom. 3. Collect. Histor. Franc. pag. 244 : *Qui Reverchierent touz les aournemenz de l'églyse.* Ubi Aimoin. lib. 3. cap. 65. ibid. pag. 98 : *Universa rimabantur ornamenta, etc.* Pro Subvertere, vulgo *Renverser, mettre en désordre*, in Lit. remiss. ann. 1389. ex Reg. 138. Chartoph. reg. ch. 98 : *Audoin envoya en leur hostel un examinateur et un sergent, qui dirent plusieurs injures et villenies à la femme de Richart, Revercherent tous les biens ce dessus dessoubz.*

* **REVERSATIO**, Eversio, Gall. *Renversement.* Canonizat. S. Ludov. episc. Tolos. in Reg. Joan. PP. XXII. fol. 5. v°. col. 1 : *Cum homo quidam, qui miraculis hujus sancti detrahere nitebatur, Reversationem faciei et oculorum turpiter incurrisset, etc.*

¶ **REVERSATIO** Armorum, Insignium gentilitiorum inversio, quæ fieri solebat in degradatione nobilium feloniæ damnatorum quo de more jam supra dictum est in *Arma reversata.* Instrumentum ann. 1419. apud Rymer. tom. 9. pag. 743. col. 1 : *Sub pœna perpetuæ reprobationis et dedecoris, ac suorum armorum Reversationis et perpetuæ infidelitatis.*

1. **REVERSATUS**, Gall. *Renversé.* Concilium Londinense anno 1342. cap. 2. de Clericis : *Militari potius quam Clericali habitu induti, superiori scilicet brevi, stricto notabiliter, cum longis manicis cubitas non tangentibus, sed pendulis, furrata, vel sendalo revolutis, et ut vulgariter dicitur Reversatis, ac caputiis cum tipettis miræ longitudinis, etc.* Vide *Reversus* et *Arma reversata.*

¶ Reversatus Panis, Subcinericius panis inter coquendum versatus, ne partim crudus remaneat, una tantum parte cocta. Isidorus lib. 20. Orig. cap. 2 : *Panis subcinericius, cinere coctus et Reversatus*, ex hoc, ni fallor, Oseæ cap. 7. v. 8 : *Ephraim factus est subcinericius panis, qui non Reversatur.* Græcis ἐγκρυφίας, οὐ μεταστρεφόμενος.

* 2. **REVERSATUS**, Reductus, retortus, Gall. *Retroussé.* Vide *Reversus.* Form. MSS. ex Cod. reg. 7657. fol. 34. v°. : *Invenimus.... unum hominem mortuum cum sola camisia Reversata super pectus.* Unde *Reverser*, pro *Trousser*, Replicare, succingere, in Lit. remiss. ann. 1393. ex Reg. 144. Chartoph. reg. ch. 286 : *Le suppliant Reverssa à l'enfant sa robe et le getta à terre et le bati de deux petites verges de serment sur les fesses et jambes.* Pro Evolvere libros, Gall. *Feuilleter*, in Mappamunda MS. cap. 30 :

> Uns philosophes fu jadis,
> Qui mainte terre et maint pays
> Pour aprendre souvent cherqua,
> Et maint boin livre Reversa.

* Vox vero Gallica *Revers* voci contumeliosæ addita, convicium augebat, ut colligitur ex Lit. remiss. ann. 1411. in Reg. 165. ch. 208 : *Le suppliant respondi à icellui Mace, qu'il faisoit que Revers paillart, de ce qu'il l'appelloit Revers gars.*

¶ **REVERSE**, Supine. Vita B. Coletæ, tom. 1. Martii pag. 588 : *Infirmitas illa, qua Reverse cadere consuevit, diu infestavit.*

REVERSIO Terrarum, etc. si late sumatur, est proxima successio post obitum ejus, qui præsenter possidet : sed si proprie, significat reditionem, quasi, aut circunductionem ad feoffatorem, aut ejus hæredes propter delictum feoffati, aut hæredum defectum. Ita Cowellus lib. 2. tit. 7. § 18. lib. 2. tit. 40. § 31. Charta Joannis Abb. S. Augustini Cantuar. : *Una cum omnibus et singulis maneriis, terris, tenementis, redditibus, Reversionibus, servitiis, etc.* Henricus de Knyghton ann. 1335 : *In eodem viagio Rex dedit domino Montagu is chrest with egle, cum uno dextrario strato cum armis de Montagu, cum Reversione manerii de Wetton,... quam Reversionem Dom. Joannes Montravers perquisierat de Dom. Roberto Fit-pain.* [Vide Thomam *Blount* in Nomolexico Angl.] [** Notit. ann. 35. Edward. I. Reg. Angl. North. rot. 45. in Abbrev. Placit. pag. 260 : *Dicunt quod illud verbum Reversio talis est naturæ, quod supponit ipsum, ad quem aut ad cujus heredem tenementa aliqua reverti debent, prius extitisse seisitum de tenementis, quæ debent reverti, cum non possunt reverti nisi ad illum in cujus seisina prius extiterunt, aut ad heredes suos.*]

¶ **REVERSUM**, Responsum. Memoriale ann. 1401. apud Marten. tom. 1. Anecdot. col. 1657 : *Item, affectuose desiderat* (Rupertus Rex Romanorum,) *ut serenissimus Princeps Rex Aragonum scriptis ac aliis opportunis mediis attentet, et pro posse efficiat apud Regem Franciæ... ne inquietet dominum Regem Romanorum.... et quidquid habebit pro Reverso, scribat domino Regi Romanorum Heydelbergam vel Duci Lotharingiæ.* Epistola ejusdem Ruperti ad Brabantinos ann. 1407. ibidem col. 1722 : *Et licet nuntii nostri ad vos et alios Brabantinos cum prædictis nostris litteris destinati nobis retulerint, se a plerisque ex vobis intellexisse, quod velletis nobis per vestros nuntios responsum, prout etiam in nostris desiderabamus litteris, destinare, tamen nullum adhuc Reversum verbis habuimus aut scripturis.* Vide *Reversale.*

¶ **REVERSUS**, Reductus, retortus, Gall. *Retroussé.* Statuta Ecclesiæ Andegav. ann. 1423. apud Martenium tom. 4. Anecdot. col. 528 : *Prohibemus quoque in et sub pœnis tam a jure quam ab homine constitutis.... ne quis seu aliqua in vestimentis caudas et cornua, coleratas, Reversas manicas, quoquelucas, caputia, cornetas excessivas.... habere et deferre.... præsumat.* Vide *Reversatus.* [** *Reversus*, Subversus, eversus in Rein. Vulp. lib. 1. vers. 1640 :

> Sed nisi succussum Bernardus in alta rotasset...
> Pressisset miserum moles onerosa Belinum,
> Qui volitante lupo pæne Reversus erat.]

¶ **REVERTALIA.** Statuta Vercell. lib. 3. fol. 95. verso : *In primis statutum est, quod nulla persona, commune, collegium vel universitas audeat vel presumat, palam vel privatim, mittere seu portare aut portari facere aliquod donum vel aliquid loco doni ad aliquas nuptias, cazalias vel Revertalias.... et intelligatur donum prohibitum esse missum, quod mitteret per quindecim dies ante et quindecim post ipsas nuptias, cazalias et Revertalias, et quilibet possit accusare, et habeat medietatem pene.*

¶ 1. **REVERTERE**, pro *Reverti*, ut *Morere* pro *Mori*, pluries occurrit in Testamento Guillelmi V. Domini Montispessulani ann. 1121. in Probat. novæ Hist. Occitan. col. 415. et alibi.

* 2. **REVERTERE**, Reducere, Gall. *Ramener.* Comput. ann. 1373. inter Probat. tom. 2. Hist. Nem. pag. 328. col. 2 : *Ego dictus clavarius feci Revertere dictum ronsinum in Avinione pro uno famulo, etc.* Vide supra *Retornare* 1.

* **REVERTI**, Reportare, Gall. *Reporter.* Comput. ann. 1334. ibid. pag. 85. col. 1 : *Item pauperi, qui Reversus fuit quasdam barrerias, quæ tenebantur extra regiam Nemausi, unum denarium.* Hinc *Revertir*, pro *Retourner, retomber*, recidere, in Vita J. C. MS. :

Je vos di, et s'est vérité,
Que la malichous de la loy
Est Revertie de sour toy.

1. **REVESTIARIUM** Ecclesiæ, in libro Feudorum Episcopatus Lingonensis sub ann. 1168. fol. 45. quomodo etiam *Secretaria*, seu *Sacristias* Ecclesiarum dicimus. [Bernardi Mon. Ordo Cluniac. part. 1. cap. 45 : *Hebdomadarius majoris (Missæ) manus et faciem atque os abluit, et post Revestiarium petit, ac sacerdotalibus vestimentis, sola casula usque ad initium Missæ dimissa, se induit.* Chronicon S. Dionysii ad ann. 1331. apud Acherium tom. 2. Spicil. pag. 813 : *Turris ubi sunt cymbala a parte Revestiarii non erat perfecta, nec voltatus erat chorus; sed a parte S. Hippolyti totum erat perfectum, et etiam voltatum erat a parte Vestiarii.* Ubi *Revestiarium* et *Vestiarium* idem sonant. Adde Chartam ann. 1450. apud Lobinellum tom. 2. Histor. Britan. col. 1124. et Ordinem Ecclesiæ Vienn. apud Marten. tom. 1. de antiquis Ecclesiæ Ritibus pag. 109. Lobinellum in Glossario Hist. Paris. tom. 3.]

☞ Alia, ni fallor, significatione *Revestiarium* legitur in Epistola ann. circiter 1294. ad Nicolaum IV. PP. apud Marten. tom. 1. Anecd. col. 1261 : *Canonicæ sæculares ibidem* (in Ecclesia S. Aldegundis Melbodiensis) *prœbendas obtinentes Ecclesiæ suæ.... licet de quibusdam proventibus præbendarum suarum, illis videlicet qui ad Revestiarium suum, ut inibi vulgo dicitur, pertinent, ac de quotidianis etiam distributionibus suis et aliis decimam solverint et solvant pacifice, etc.* Ubi per *Revestiarium* intelligo id quod Gallice *Vestiaire* dicimus, quicquid videlicet necessarium est ad vestimenta harumce Canonicarum. Vide *Vestiarium*.

* Quod et *Thesaurus* appellatur, quia ibi vasa sacra, aliaque pretiosior supellex ecclesiastica asservantur, in Inventar. S. Capel. Paris. ann. 1363. ex Bibl. reg. : *Secuntur libri dictæ S. Capellæ, tam in choro quam in Revestiario seu thesauro ipsius capellæ existentes.* Lit. remiss. ann. 1474. in Reg. 195. Chartoph. reg. ch. 1237 : *Les marglierş mettoient icellui argent en certaines aumoires estans au Revestiaire ou trésorerie d'icelle église.*

* 2. **REVESTIARIUM**, Supellex vestiaria, ut videtur. Comput. ann. 1450. ex Tabul. S. Vulfr. Abbavil. : *Pro Revestiariis dominorum canonicorum et capellanorum majoris altaris, in prima tridena incœpta xxviij. Septembris anno Domini 1449. et finienti xxvj. die Decembris ejusdem anni,... cij. sol.*

* **REVESTIBULUM**, Idem quod *Revestiarium* 1. Stat. MSS. S. Petri Insul. ann. 1388. ex Tabul. ejusd. eccl. : *Nullus, etiam existens in sacris, præsumat ad lavacrum Revestibuli se lavare, neque manus tergere ad manutergia altarium aut ad lacrymatoria sacerdotum, sub pœna privationis chori.* Aliud ann. 1428. ibid. : *In Revestibulo ecclesiæ, quod sacristia vocari noscitur.*

¶ **REVESTICORIUM**, Idem quod *Revestiarium*. Instrumentum ann. 1341. apud Rymer. tom. 5. pag. 259 : *Intrantes Revesticorium ipsius Ecclesiæ, et aperierunt quandam arcam.* Et pag. 260 : *De dicto Revesticorio ad dictam thesaurariam deferri fecerunt.* Legendum est ut infra *Revestitorium*.

1. **REVESTIMENTUM**, [in Summa rurali *Revestissement*, Donum mutuum et æquale] inter conjuges, de quo consulendæ Consuetudines Cameracensis tit. 7. art. 9. 19. tit. 9. tit. 20. art. 5. Valencenar. art. 77. 82. 102. Tornacensis art. 8. 9. 10. 11. 12. 13. etc.

* *Rentrevertissement*, in Lit. remiss. ann. 1454. ex Reg. 184. Chartoph. reg. ch. 495 : *Icelle Mahault est alée de vie à trespas, delaissez trois filz et une fille de son premier mariage, et ung seul filz du suppliant* (son second mari) *et d'elle. Parquoy de raison et par la coustume local de la ville de Bapaulmes, les héritages tant acquestez, comme de succession, qui avoient appartenu ausdiz feux Willaume* (1er. mari) *et Mahault, seans en ladite ville, devoient competter et appartenir heritablement aux enfans issus dudit premier mariage, mesmement par vertu dudit Rentrevestissement, dont l'en use en ladite ville entre conjoinctz par mariage et leurs enfans, incontinent que le premier desdiz conjoinctz va de vie par mort.*

☞ In Consuetudine Lotharingiæ art. 126. *Revestissement de lignes* dicitur jus, quo bona propria per successionem transeunt ad proximiores consanguineos ex ea *linea*, unde bona illa exierunt. Vide Fabertum in hunc articulum 126.

2. **REVESTIMENTUM**, Census species. Tabularium Fossatense : *Videlicet pro quolibet modio vini vendito 1. denar. et pro Revestimentis, 2. solid.*

* 3. **REVESTIMENTUM**, Iterata missio in possessionem. Vide in *Vestire* 1.

* **REVESTIO**, Jus quod pro *investitura* seu missione in possessionem exsolvitur. Chartul. Floriac. fol. 188. v°. : *Pertinent etiam ad ipsum majorem Revestiones et bonagia.* Vide in *Revestire* 1. et mox *Revestitura*.

1. **REVESTIRE**, Iterum *vestire*, in possessionem rursum mittere eum, qui ab ea exutus fuerat. [Leges Wisigoth. lib. 12. tit. 1. leg. 3 : *Quos Celsitudo nostra una cum filiis, per hujus nostræ legis edictum, et testimonio nobilitatis pristinæ uti, et rebus, quas per auctoritatis pristinæ vigorem perceperint, decernimus Revestiri.* Adde legem 27.] Edictum Chlotarii II. in Concilio Parisiensi cap. 17 : *Absque aliquo incommodo de rebus sibi juste debitis præcipimus Revestiri.* Epist. 75. inter Francicas tom. 1. Hist. Franc. : *Et ordinationes dominicas inde firmatas sunt, ut de res illas, quas Leva tenebat præsentialiter, Bobila Revestita esse debeat.* Canones Concilii Liptinensis cap. 2 : *Duodecim denarii reddantur, eo modo, ut si moriatur ille cui pecunia commodata fuit, Ecclesia cum propria pecunia Revestita sit.* [Eadem habentur lib. 5. Capitul. cap. 3. et lib. 6. cap. 425. Præceptum Caroli Magni ann. 797. pro Monasterio Prumiensi, apud Marten. tom. 1. Ampliss. Collect. col. 51 : *Nos quidem ejus considerantes sacerdotium et fideli servitio, ita per omnia verum esse credidimus, ac de ipsis rebus pleniter Revestiri jussimus.* Adde Formulas Andegav. art. 59. Gesta Aldrici Cenoman. Episc. apud Baluzium tom. 3. Miscell. pag. 141. Marculfum lib. 1. form. 26. Appendicem ejusdem Marculfi form. 7. et formulam 12. inter Bignonianas.] Charta Lotharii Imp. in Chronico Farfensis Monasterii pag. 661 : *Idem Domnus Apostolicus non solum recognovit nullum dominium in jure ipsius Monasterii se habere, excepta consecratione, sed etiam omnes res... quas ex eodem Monasterio potestas antecessorum ejusdem Paschalis Papæ injuste abstulerat, per jussionem ipsius, dante eo mappulam suam Advocato suo supradicto Sergio, Revestivit Leonem, qui de parte nostra ejusdem Monasterii Advocatus erat, etc.* Idem Chronicon pag. 653 : *Et jusserunt Revestire eumdem Joannem et Advocatum ejus de ipsis piscariis, etc.* Vetus Notitia apud Perardum pag. 149 : *Per herbam et cespitem ad partem S. Benigni reddidit Revestitum.* Tabular. Vindocinense Thuanum Charta 15 : *De eadem quoque terra impleto pugillo Revestivit Germundum.* Vide Epist. 13. inter Epistolas Desiderii Episcopi Cadurcensis, S. Anselmum lib. 4. Epist. 55. Gregorium VII. lib. 6. Epist. 25. etc. [Vide *Vestire*.]

¶ Revestire Terras, Agros aliquandiu incultos iterum colere. Instrumentum incerti anni apud Lobinellum tom. 2. Hist. Britann. col. 241 : *Igitur monachi ipsam terram multis annis excoluerunt; sed guerra illa, quæ in Razezio exilium induxit, insurgente, terra illa, sicut et aliæ in circuitu ejus inculta remansit. Cumque post illud exilium terræ in Razezio Revestirentur, etc.* Vide *Vestitus* in *Vestire*.

* *Raviestir*, pro simplici *Investir*, in Charta Margar. comit. Fland. ann. 1263. ex Chartul. S. Petri Insul. sign. *Decanus : Mettons en nostre liu nostre baillu de Lille, à ce k'il recoive celi disme et en Raviestisse le devant dite église bien et à loi.*

Revestitio, Iterata missio in possessionem, in Traditionibus Fuldensib. lib. 2. tradit. 152. [et in Charta Paschalis PP. ann. 1114. inter Instrum. novæ Galliæ Christianæ tom. 6. col. 298.]

¶ Revestio, Simplex missio in possessionem. Charta fundationis Monasterii S. Mauri Fossat. ann. 638. per Clodoveum Regem Franc. apud Lobinellum tom. 3. Hist. Paris. pag. 20 : *Quapropter per præsentem auctoritatem atque præceptionem jubemus, ut hanc prædictam terram, quam ei tali firmitate ex jure nostræ proprietatis in suum jus ad opus Dei perficiendum transponimus per nostram transignationem et Revestionem firmiter recipiat.* Forte melius legeretur *Revestitionem*.

* 2. **REVESTIRE**, Vestibus iterum induere. Monach. Sangall. lib. 1. in Carolo M. tom. 5. Collect. Histor. Franc. pag. 116 : *Sacri mysterii vestes super altare posuit* (episcopus);..... *tandem divina clementia vota supplicantis populi et contritum cor episcopi miserata, sic in pavimento jacentem Revestivit, etc.*

¶ Revestiri, Vestibus sacris ad officium

divinum indui, Nostris *Se revestir.* Codex MS. S. Quintini de Monte sæculi XI. circiterve ad calcem Regulæ : *Abbas in Matutinis et Vespertinis* Pater *dicat, Evangelium semper; si præsens fuerit, non Revestitus legat, præter in festis principalibus.* Instrumentum Monasterii S. Martialis Lemovic. sub Isemberto Abbate : *In crastino Revestitis omnibus celebrabit dominus Abbas Missam.* Adde Legem Alaman. tit. 14. Gesta Berarii Cenoman. Episc. apud Mabillonium tom. 3. Analect. pag. 177. Testamentum Johannis *de Talaru* Cardin. tom. 2. Maceriarum Insulæ Barbaræ pag. 163. Gualterum Hemingford. de Gestis Edwardi I. Regis Angl. pag. 226. etc.

¶ **REVESTITORIUM** Ecclesiæ, Idem quod *Revestiarium.* Acta S. Francisci de Paula, tom. 1. Aprilis pag. 155 : *Et introivit cum pluribus aliis locum Revestitorii ejusdem Ecclesiæ, ut a dicto suo morbo liberaretur.* Vide *Revesticorium.*

¶ **REVESTITURA**, Idem quod *Investitura*, Traditio, missio in possessionem. Literæ Willelmi Gaufredi Ducis Aquitan. ann. 1077. apud Stephanotium tom. 4. Antiq. Pictav. MSS. pag. 564 : *Similiter dono* (Monasterio novo Pictav.) *in territorio Xantonensi Revestituram de Boetho cum quæsitis et acquirendis et vineis ejusdem villæ contiguis, quas ego huc usque in dominio habueram, et quandam silvam in territorio Sanctonico ad Revestituram faciendam, etc.* Aliæ Alyenoris Reginæ Angliæ ann. 1199. ibidem pag. 574 : *Concedimus Revestituram de Usello et Cormer et de Faya, et Revestituram de Boeto, et Revestituram de Exartis, sicut determinata sunt, et medietatem pedagii de Usello.* Charta ann. 1130. e Chartulario Regniac. fol. 12 : *Deinde ipsum lapidem ad Fontismense monasterium Adam ipse afferens obtulit super altare, dans loco illi et habitatoribus ejus prædictam decimam, et accipiens in Capitulo per Revestituram cujusdam libri societatem et participationem loci illius velut in recompensatione hujus doni.* Vide *Investitura* et *Revestire.*

* *Revesteure*, Præstatio ex missione in possessionem. Charta ann. 1309. in Lib. rub. Cam. Comput. Paris. fol. 347. r°. col. 1 : *Derechef ventes et Revesteures, dis solz Parisis.* Vide supra *Revestio.*

¶ **REVESTITUS** Presbyteri. Charta Manassis Episc. Aurelian. ann. 1179 : *Ecclesiam sanctorum... Gervasii et Protasii liberam, præter refectionem quæ debetur Canonicis S. Crucis, et Revestitum Presbiteri in die Dominico, et de ipso Presbytero justitiam.* An census pro *investitura*, de quo infra dicitur in *Vestitura?* Me id affirmare vetant hæc verba *in die Dominico.* An enim verisimile est censum quotannis dumtaxat solvi solitum, quolibet die Dominico solvendum hic decerni? Quocirca fere crediderim *Revestitum Presbyteri* hic esse obligationem, qua Presbyter seu Curio sacris vestibus *Revestitus* seu indutus, singulis diebus Dominicis, officio divino seu illius parti, in Ecclesia cathedrali S. Crucis, in subjectionis signum, interesse tenebatur. Forte lux uberior accessisset, si licuisset Chartam, unde hic locus excerptus est, integram consulere. Vide *Revestiri.*

* Alia antiquior Charta, Joannis nimirum episc. Aurel. ann. 1091. exstat in Chartular. S. Crucis ejusd. urbis pag. 434. unde clarior lux non affulget : observandum tamen in neutra illarum dici id, de quo agitur, quolibet die Dominico præstandum fore : *Hæc supradicta eidem concedimus, salvis cæteris consuetis,... et de reddendis duabus pellibus caprinis nostro cantori et Revestitu sacerdotis in die Dominica et justitia de ipso sacerdote.*

¶ **REVESTORIUM**, Idem quod supra *Revestiarium*, nostris *Sacristie.* Gesta Guillelmi Majoris Andegav. Episc. apud Acherium tom. 10. Spicil. pag. 303 : *Ad Revestorium ivimus et ibidem sandaliis et omnibus pontificalibus ornamentis fuimus revestiti, etc.* Alibi legitur *Revestitorium*, ut supra relatum est.

¶ **REVESTRATI** Calcei. Concilium Lugdun. ann. 1449. apud Marten. tom. 4. Anecd. col. 377 : *Sacerdotes et in sacris ordinibus constituti, sive sæculares, sive regulares.. non deferant calceos Revestratos, etc.* Sed puto legendum esse *fenestratos;* alibi enim, ut supra dictum est in voce *Calceus*, Monachi vetantur deferre *calceos fenestratos*, hoc est certa ratione incisos et apertos.

* **REVEUDA**, Restitutio, restauratio damni : idem quod supra *Restaurum;* unde legendum suspicor *Recreuda.* Vide in *Recredere.* Charta ann. 1254. inter Probat. tom. 3. Hist. Occit. col. 511 : *Faciemus Reveudam et restitutionem equorum seu equitaturarum, qui vel quæ amitterentur, præfecto guerræ.*

¶ **REVEZOLIUM.** Statuta Vercell. lib. 4. fol. 72. verso : *Teneatur fornarius facere et habere levatum pulchrum et mundum, videlicet ad panem frumenti levatum puri frumenti, et ad panem siliginis pure siliginis; recipiendo a casuariis tantundem paste ad pensam et non plus... in quo levato non sit aliquid Revezolii.* Et lib. 7. fol. 183. recto : *Item, fecerunt fieri panes* XIX. *de Revezolio, qui fuerunt pensati unzias ducentum triginta tres.* An furfur? Vide *Rebuletum.*

* **REUFEODUM.** Vide supra in *Refeudum.*

REUGIA, Modus agri. Monasticum Anglicanum tom. 1. pag. 515 : *De dono Rogeri del Estre unam Reugiam terræ in Gernemuth.* Idem videtur quod *Rega.* Vide in hac voce.

* **REVIARE**, Redire, reverti, Gall. *Revenir.* Vide *Revidare.* Comput. ann. 1479. inter Probat. tom. 3. Hist. Nem. pag. 338. col. 1 : *Item solverunt Johanni Rostagni,.... qui fuit Reviatus d'Arras per dominos comissarios, pro expensis sui regressus, etc.* Nostris *Ravoier*, pro *Remettre dans la voie*, In viam reducere. Petrus de Font. in Cons. cap. 21. art. 6 : *Se tu vois tes compaingnons desvoier en jugement, fais ton pooir d'aus Ravoier.* Mirac. MSS. B. M. V. lib. 1 :

> Son cheval si la referna,
> C'a droit chemin le Ravoia.

Guignevil. in Peregr. hum. gener. MS. :

> Je relieve les tresbuchiés,
> Et Ravoie les fourvoiés.

¶ **REVIDARE**, *Reverti, redire, repedare*, in Glossis Isidori. Grævius dicit ultimum verbum *repedare* substituendum esse primo : *Repedare, reverti, redire.* Vide Festum in *Repedare.* Vulcanius legit : *Rebitere*, vel *Rebitare*, pro *Revidare*, hancque lectionem præfert Vossius lib. 4. de Vitiis serm. cap. 21. Vide Nonium in *Betere.* Scaliger ad Festum in *Remant* retinet *Revidare.* In Glossis Lat. Græc. : *Rebio*, παραςρέφω. Ita et in Græco-Latinis. Alibi in Latino-Græcis : *Revitare*, περικάμψαι. Perperam in Græco-Latinis : *Renitare.* Janus Gebhardus existimat scribendum esse *Reviare*, ut apud Lucretium *Traviare*, Transire : quam Gebhardi sententiam confirmant Glossæ Sangerman. MSS. ubi legitur : Παραςρέφω, *Revio.* Vide *Redimentum.*

¶ **REVIDERE**, Inspicere, examinare. Statuta Vercell. lib. 1. fol. 16. verso : *Item quod omnes pontes civitatis curie, burgorum et villarum districtus Vercellarum, ubicumque sint, debeant inquiri et Revideri per judicem damnorum datorum.* Statuta criminalia Saonæ pag. 115 : *Reformationes autem noviter præsentatas Revideri et considerari ordinaverunt per illustriss. Lucam Fornarium, etc.* Verbum haud ignotum Plauto Iterum videre, nostris *Revoir.* Sic Truc. 2. 2. 65. *Nunc ad horam Revidebo.* Simili ratione Fortunatus lib. 10 :

> Ut cito felices vos Revidere queam.

¶ **REVIGERE** Vires Suas, Recolligere, augere, novas acquirere. Historia Cortusiorum lib. 2. apud Murator. tom. 12. col. 794 : *Ac etiam omnes sint memores, et Revigeant vires suas ob mortem domini Henrici Romanorum Imperatoris nuper decessi.*

¶ **REVIGESCERE**, Revirescere. Juvencus Historiæ Evangelicæ lib. 2 :

> Hunc similem sancti flatus Revigescere certum est.

¶ **REVIGORARE**, Vigori restituere. Miracula S. Gengulfi, tom. 2. Maii pag. 651 : *Qui pristino incolumitatis statu Revigoratus, Florinis ad Sancti ecclesiam... venit.*

¶ **REVIMENTUM**, pro *Reviamentum*, ut videtur. Vide *Redimentum* et *Revidare.*

¶ **REVINCERE**, Rem ablatam, vel de qua litigium est, sibi asserere, repetere, recuperare, Gall. *Revendiquer.* Chronicon Farfense apud Murator. tom. 2. part. 2. col. 376 : *Revicit præfatus dominus Abbas Ingoaldus in placito curtem S. Abundii in territorio Camertulo, et casas atque casarinas novem in Anguliano.* Ibidem col. 396 : *Revicit in placito publico terras et silvas in Falagrine in Scantiano, quæ fuerunt concessæ in hoc monasterio a Paulo et Taxilla uxore ejus, et confirmatæ per præceptum domni Ludovici.*

¶ **REVINCIBILIS**, Qui revinci potest et confutari. Tertullianus de Resurrectione carnis cap. 63 : *Materiæ litteris sacris Revincibiles.*

REVINDICARE, Nostris, *se Revanger.* Edictum Rotharis Regis Longob. tit. 52. [** 143.] : *Si homo occisus fuerit liber aut servus, et pro homicidio ipso compositio facta fuerit, et pro amputanda inimicitia sacramenta præstita, et postea contigerit, ut ille, qui compositionem accepit, Revindicandi causa occiderit hominem de parte, quam compositionem accepit, jubemus, ut in duplum reddat ipsam compositionem iterum parentibus aut domino servi.* Occurrit rursum infra.

* Vindicare, ulcisci. Lit. remiss. ann. 1354. in Reg. 82. Chartoph. reg. ch. 403 : *Quod secundum consuetudinem patriæ* (Viromandnensis) *inter nobiles communiter in illis partibus observatam, nulli nobili liceat se Revindicare de injuria sibi facta, nisi incontinenti, antequam recedat de loco in quo injuria sibi facta extitit, hoc faciat; et si contingat de dicto loco ipsum recedere se non Revindicando, etc.*

* **REVIORE**, vox Arvernica, Fenum autumnale, vulgo *Regain*. Lit. Henr. episc. Clarom. ann. 1392. tom. 8. Ordinat. reg. Franc. pag. 194. art. 18 : *Fuerunt et sunt in possessione... repellendi quoscumque nobiles, gentes ecclesiasticas, aut alias quascumque habentes prata in dicta villa, de faciendo Reviore sive duas herbas, sed unicam tantum.* Adde pag. 192. 200. et 204. Lit. remiss. ann. 1408. in Reg. 163. Chartoph. reg. ch. 32 : *Leurs prez, qui estoient en foins de regain, que on dit Reviore et pasturages, selon le langage du pays* (d'Auvergne). *Revivre*, in Consuet. Nivern. cap. 14. ex Glossar. Jur. Gall. *Reviere* tom. 2. Coustum. gener. pag. 477. *Revoin* in inferiori Normannia ex Diction. Menag. v. *Regain.*

¶ 1. **REVISIO**, Leguleiis, Recognitio rei judicatæ, Gall. *Revision.* Vide Vossium de Vitiis serm. lib. 3. capit. 42.

* 2. **REVISIO**, Militum recensio, Gall. *Revuë.* Lit. ann. 1419. tom. 11. Ordinat. reg. Franc. pag. 31. art. 4 : *Super quærimonia monstrarum et Revisionum, fuit etiam ordinatum et inhibitum baillivis dictæ patriæ Dalphinatus, ne monstras aliquas seu Revisiones in baillivatibus suis faciant, etc.*

* **REVISITARE**, Iterum examinare, perpendere. Memor. D. Cam. Comput. Paris. fol. 150. r°. : *Quæ quidem informatio, licet alias visa fuisset per magistrum Nicolaum de Bosco, nichilominus ex habundantiori cautela iterum fuit eidem tradita ad revidendum et visitandum; qui eandem revidit et Revisitavit cum magna diligentia. Revisiteur*, pro simplici *Visiteur, examinateur*, Inspector, in Lit. remiss. ann. 1481. ex Reg. 209. Chartoph. reg. ch. 9 : *Geuffroy Mornain Revisiteur et esjaugeur des mesures et poix ès baillaiges de Caen et Coustantin; que c'estoit son office de Revisiter et esjauger poix et mesures ès marchez.* Vide *Revidere.*

* Hinc *Revois*, pro Convictus, ejus causa mature perpensa, apud Willehard. paragr. 134 : *Assemblez fu li avoirs et li gains... De l'embler, cels qui en fu Revoiz, sachiez que il en fu fais grans justice.*

¶ **REVISORIA** OPERA recensentur inter exactiones, quas *de familia vel de possessionibus Ecclesiæ* Masonis Monasterii exigi vetat Ludovicus Pius Imp. Charta, quam exhibet Ludovicus *Laguille* in Probat. Historiæ Alsatiæ pag. 15.

* **REVITA**, Dies annuus, quo officium defunctorum pro aliquo defuncto peragitur, ipso die quo e vita decessit recurrente; unde fortean vocis origo. Pactum inter prior. de Fontibus et consul. ejusd. villæ ann. 1310. in Reg. 46. Chartoph. reg. ch. 33 : *Item super eo quod pars dictorum prioris et conventus asserebat, quod dicti consules... impediebant... sacristam sui monasterii et indebite, quin cereos vel torticia et pallia, quæ portantur in vel pro exequiis, Revitis vel anniversariis mortuorum libere retinerent et usibus ecclesiæ applicarent;.... fuit ita actum et conventum inter partes prædictas, quod cerei, torticia et pallia, quæ ad ecclesiam vel cymiterium in sepulturis, Revitis... deferuntur, non retineantur... contra deferentium voluntatem,... exceptis personis nobilium et hiis, quæ pro eorum exequiis vel Revitis deferuntur.*

¶ **REVITARE**, Redire, reverti. Vide *Revidare.*

¶ **REVIVERE**, *Iterum vivere*, Johanni de Janua; *Revivre*, in Glossis Latino-Gall. Sangerm. MSS. S. Paulinus in Poemate de obitu Celsi pueri :

Cumque omnes, in qua vixerunt, carne Revivent,
Non omnes verso corpore lumen erunt.

¶ **REVIVIFICARI**, Reviviscere. *Redanimatus et Revivificatus Deo*, apud Tertullianum de Resurrect. carnis cap. 19. *Bina vice eas* (*candelas*) *exstinxit, et iterum Revivificatæ*, hoc est, denuo succensæ, lucentes, apud Ludewig. tom. 8. Reliq. MSS. pag. 356.

* *Ravivre*, pro Ad vitam seu ad meliorem satum revocare, in Poem. MS. Rob. Diaboli :

C'est li boins chevaliers vaillans,
Li hardis et li aissaillans,
Li fors et li biaus au blanc escu,
Par cui nos sommes Ravescu.

¶ **REULANDA**. Chartularium SS. Trinit. Cadom. fol. 46. verso : *Hugo 40. sol. pro una hucenabra 3. den. pro homine 1. ob. et pro Reuland. 2. den.* An vox ducta a veteri Gallico *Reu*, *Roga*, exactio, præstatio, ex Anglico *Land*, Terra, ita ut *Reulanda* sit præstatio pro terra seu agro, quem tenuerit Hugo? Sed hæc divinando. Vide *Reve* et *Roga.*

¶ **REUMA**, REUMARICUS, etc. Vide *Rheuma.*

* **REUMATICUS**, *Rheumate* seu fluxione laborans. Dialog. creatur. dial. 21 : *Secundum judicia Dei pulmonosus et Reumaticus factus est, etc. Rumatique* dicitur de loco humido, quod fluxionibus creandis sit aptus, in Lit. remiss. ann. 1460. ex Reg. 189. Chartoph. reg. ch. 412 : *Laquelle église* (de S. Aubin) *qui est très-froide, Rumatique et malseine, etc. Ruyme*, pro *Rheume, fluxion*, apud Joinvil. in S. Ludov. edit. Cang. pag. 59 : *Et en oultre ce, j'avois... la Ruyme en la teste, qui me filloit à merveilles par la bouche et par les narilles. Reume*, in edit. reg. pag. 64. Vide in *Rheuma.*

* **REUMATIZARE**, Fluxionem procreare. Alex. Iatrosoph. MS. lib. 1. Passion. cap. 106 : *Sæpius hæc talia* (mordicantia) *Reumatizare magis causam faciunt, et majorem accessionem et dolorem movent.* Vide in *Rheuma.*

¶ **REUNIRE**, Iterum adjungere, conjungere, Gall. *Réunir.* Privilegium Ottonis Archiep. Magdeburg. ann. 1332. apud Ludewig. tom. 5. Reliq. MSS. pag. 15 : *Revocamus prædictam concessionem seu commissionem, et officialatui nostre curie Reunimus.* Arrestum Parlamenti ann. 1459. apud Lobinellum tom. 5. Hist. Paris. pag. 703. col. 2 : *Conciergeria nostra seu commentaria cum omnibus pertinentiis domanio nostro... juxta seu Reunita extiterat.* Menotus Serm. f. 150. verso : *Rogo ut anima istius Reuniatur corpori.* Ut apud nostrates *Réunir*, ita et *Reunire* pro Reconciliare etiam dixerunt. Literæ Edwardi IV. Regis Angl. ann. 1473. apud Rymer. tom. 11. pag. 779. col. 1 : *Per Oratores atque Legatos... Reuniendis atque stabiliendis, ad laudem omnipotentis Dei et pro bono Christianæ religionis, quantum in nobis est et pro parte nostra, præfiximus atque statuimus.* Vide Vossium lib. 4. de Vitiis serm. cap. 21.

* **REVOAMENTUM**, Præstatio pro tutela. Vide *Advoamentum* in *Advocare* 3. Charta Henr. abb. Calmens. ann. 1242. in Reg. 153. Chartoph. reg. ch. 275 : *Nos in prædictis terris, domibus et proprisiis corveias et consuetudines solitas retinuimus et omnimodam justitiam, quæ ad censum dignoscitur pertinere, excepto Revoamento, quod ipsi sive eorum hæredes pro prædictis terris, domibus et porpristis nobis nullathenus imperpetuum reddere tenebuntur.*

* **REVOCANTIA**, Rescisio, abrogatio, Gall. *Révocation.* Charta Joan. de Harecur. ann. 1269. ex Bibl. reg. cot. 19 : *Condonavi præceptori et fratribus militiæ Templi, ad S. Stephanum in Campania morantibus, unum sestarium mestillii... imperpetuum, pure et libere, absque ulla obstantia vel Revocantia mei vel successorum meorum.*

1. **REVOCARE**, Reddere. Gesta Purgationis Felicis pag. 87. edit. Baluzianæ, ubi de libris Christianorum : *Itaque fac literas, quia adusti sunt, ne Revocent illos.* Concilium Agathense can. 27. de fugitivo Monacho : *Sed ubicumque fuerit, Abbati suo auctoritate Canonum Revocetur*, i. reddatur. Regula Magistri cap. 17 : *Qui vero frater non mundum ferramentum a terra de agro Revocaverit, etc.* i. reddiderit. Messianus Presbyter in Vita S. Cæsarii Arelatensis : *Et ut erat pius, apprehendit etiam alium tessellum, et dedit mihi dicens : Vade, porta ambos ad basilicam Domini Stephani, et mitte illos sub altare, et ibi maneant, et unum horum porta mane ad eam, quæ te rogavit, aliumque mihi Revoca*, id est, redde, vel refer. Hinc Vita S. Frontonii n. 9. in Vitis Patrum : *Omnibus medium imposuit onus, velut eulogias Revocans Domino rerum, etc.* Testament. S. Aredii : *Et singulis mensibus singulas eulogias vicissim ad Missas Revocent.*

MISSAM REVOCARE, Reddere expletam, quomodo *reddere Symbolum* dicebantur baptizandi, qui illud memoriæ commendatum recitabant. Fortunatus in Vita S. Germani Paris. cap. 60 : *Vigiliis in honore Sancti celebratis, ac Missa Revocata, de præsenti curata est.* Idem in Vita S. Radegundis cap. 14 : *Quid egerit circa S. Martini atria, templa, basilicam, flens, lacrymis insatiata, singula jacens per limina, ubi Missa Revocata, vestibus et ornamento, quo se clariori cultu solebat ferre in Palatio, sacrum componit altare.* Ubi Surius *Misso Revocato* habet contra MSS. fidem : ad oram unius adscriptum est interpretationis vice, *Missa celebrata* : recte, nam *Missam revocare*, est Missam explere, complere, seu expletam : *reddere.* Gregorius Turonens.

lib. 1. de Gloria Martyrum cap. 51. ubi ait, matrem suam cælitus admonitam fuisse ut ad depellendam pestis inguinariæ plagam in Vigilia S. Benigni vigilias ageret, et Missam revocaret : *Vade et vigila totam noctem in honore, ac Revoca Missas, et liberaberis a plaga*, id est, fac celebrare et complere Missas. Quæ quidem loquendi formula occurrit præterea in laudato S. Aredii Testamento : *Ut in oratorio S. Hilarii in cella mea, quinta feria omni tempore maturius matutina et Missa Sanctorum Dominorum a monachis ibidem Revocetur.*

☞ Jam vero cur *Missa* dicta fuerit *Revocata*, inde factum putat Mabillonius lib. 1. de Liturgia Gallic. cap. 6. num. 4. quod Missa dicta sit a missione seu dimissione populi, ut suo loco dictum est. Ex quo fit, ut allusione per antiphrasin ad Missæ vocem facta, *Missa revocata* dicatur, cum populus antea dimissus, denuo ad sacrificium revocatur. Favet huic interpretationi Gregorius Turonensis loco laudato. Quod autem ibi per *Revocare*, alibi expressit per *Celebrare*, ut cap. 75. ejusdem libri, ubi de Sigismundo Rege, quem ait in consortium Sanctorum adscitum : *Si qui nunc frigoritici in ejus honore Missas devote celebrent, ejusque pro requie offerant oblationem, statim compressis tremoribus, restinctis febribus, sanitati pristinæ restaurantur.* Item lib. de Gloria Confessor. cap. 65. agens de muliere : *Per annum integrum assidue orationi vacabat, celebrans quotidie Missarum sollemnia, et offerens oblationem pro anima viri, non diffisa de Domini misericordia, quod haberet defunctus requiem : in die qua Domino oblationem pro ejus anima delibasset, semper sextarium Gazeti vini præbuit in sacrificium basilicæ sanctæ. Sed subdiaconus nequam reservans gulæ Gazetum, acetum vehementissimum offerebat in calice, muliere non semper ad communicandi gratiam accedente.* Quo loco patet quid *Celebrare* sit Gregorio, nempe Offerre et sacris interesse, etiam sine sacra communione. Illud ipsum sonat *Revocare* loco supra relato, ut satis liquet ex eo, quod ibi loquatur de matre sua.

Revocare Se, Egredi, *se retirer*. Concilium Arausicanum I. c. 20. de Catechumenis : *A fidelium benedictione, etiam inter domesticas orationes, in quantum caveri potest, segregandi, informandique sunt, ut se Revocent, et signandos vel benedicendos semotim offerant.*

* 2. **REVOCARE**, Repellere. Lit. remiss. ann. 1397. in Reg. 152. Chartoph. reg. ch. 36 : *Dictus locumtenens evaginato suo gladio, Revocavit gladium dicti presbyteri rabatendo ipsum, etc.* Vide supra *Repugnare.*

¶ **REVODIUS**. Chartularium Matisconense fol. 172 : *Ego Girardus dono Rotlano Revodios duos.*

* **REVODUM**, idem quod *Laudimium* vel *Relevium*. Vide in his vocibus. Reg. episcopat. Nivern. ann. 1287 : *In nativitate B. Mariæ debentur apud Albigniacum quatuordecim solidi censuales, Revodum et emendam portantes.* Ibid. infra : *Si homo episcopi discedat, terræ ad census remanent episcopo, sine partitione alicujus et sine Revodo solvendo.* Vide supra *Remercatus.*

* *Revoire* vero appellatur certa pecuniæ distributio, quæ inter canonicos aliosve ecclesiæ Aniciensis ministros fit ex reliquiis computorum ; unde fortassis nomenclatura. Arest. ann. 1402. 19. Apr. in vol. 9. arestor. parlam. Paris. : *Laquelle somme est divisée entre les chanoines et autres serviteurs de ladite église* (du Puy); *et est appellée laditte somme et distribution d'icelle, Revoire.* Vide supra *Lampreda* 2.

REVOLA, Papiæ, *Calumniator, calumniosus*. Rabula. Vide *Ravola.*

* **REVOLARE**, Explicari. Mirac. S. Adelardi tom. 1. Jan. pag. 119. col. 1 : *Redditur libertati utriusque manus vola, jam quæque involare et Revolare potest utraque palma.*

1. **REVOLVERE**. Leges Grimoaldi Reg. Longob. tit. 1. § 1 : *Si servus aut ancilla... per 30. annos dominis suis servisset, et per superbiam, aut injusta patrocinia se Revolvere de domino suo proprio, et per pugnam vindicare voluerit.* In Lege Longob. lib. 2. tit. 36. § 3. abest vox *Revolvere.*

¶ 2. **REVOLVERE**, Explicare. Vetus Interpres S. Irenæi lib. 1. c. 10. n. 3 : *Et de fine, et de futuris, quæcumque posita sunt in Scripturis Revolvere ;* ἀναπτύσσειν, in Græco.

¶ **REVOLUTIO**, Replicatio, volutatio, ambitus. S. Augustinus lib. 22. de Civit. Dei cap. 12 : *Post multas per diversa corpora Revolutiones.* Et lib. 12. de Trinit. cap. ult. : *Quibus curæ est de Revolutionibus animarum opinionem firmare.* Correctiones Statutorum Cadubrii cap. 110 : *Pro clausuris ligna non excedant Revolutionem et grossiciem unius pedis.* Vide Vossium de Vitiis serm. lib. 3. cap. 42.

¶ **REUPONTICUS**. Vide locum in *Pisticus.*

¶ **REURNARIUS**, Fenerator. Gall. *Usurier.* Statuta Montispessul. ann. 1204. e Codice MS. Colbert. num. 4936 : *Reurnarii seu usurarii, qui denarios pro denariis accommodant, non recipiantur in testimonio.* Vox forte detorta a superiori *Reva*, seu a veteri Gallico *Reuver*, Rogare, exigere, fenerator enim plus rogat vel exigit, quam commodat. Vide *Renovarius.*

* **REUSSETUS**, Coloris rubei seu rufi, Gall. *Roux*. Testam. Phil. episc. Sabin. ann. 1372. ex Co. reg. 9612. A. F. : *Item mantellum Reussetum cum duobus capuciis, etc.* Vide *Russetum* et *Ruseus.*

REVUS, pro *Nervus*, ni fallor, in Capitulis ad Legem Alamannor. cap. 6. edit. Baluzianæ : *Si quis in Revo plagatus fuerit, in pectus, aut in latus, solvat sol.* 12. Cap. 7 : *Si quis in latus alium transpunxerit, sic ut in Revo plagatus non sit, solvat sol.* 6.

* Melius fortassis legeretur *Reno*; qua voce significarentur renes.

¶ **REWADIARE**, Dare vadimonium, pignus, fidejussionem. Vide supra *Vadium.*

* *Regagier*, Pignus iterum ponere, in Lit. ann. 1256. tom. 7. Ordinat. reg. Franc. pag. 365.

REWARDUM. Vide supra *Regardum.*

¶ **REX**, Imperator. Concilium Arelat. ann. 813. can. *Ut omnes pro Rege ac liberis ejus Deum orent.* Ubi contextus : *Ut pro excellentissimo atque gloriosissimo domino nostro Carolo Rege... Missarum sollemnia... exsolvere decrevimus.* Carolus tum Imperator erat, et *Imperatoris* nomine re ipsa donatur in Præfatione ejusdem Concilii. Passim etiam Eginhardus in libris de Translatione et Miraculis SS. Marcellini et Petri Ludovicum Pium Imperatorem *Regem* vocat. Vide *Regina* 3.

Reges, Filii regum dicti. Exstat formula 39. Marculfi lib. 1. cum hoc titulo : *Ut pro nativitate Regis, ingenui relaxentur.* Ipsa vero Epistola Regis nomine concipitur, qui natum sibi filium denuntiat. Apud Gregorium M. lib. 3. Dial. cap. 31. *Hermenegildus Rex Leuvigildi Regis filius* dicitur. Ita apud Gregorium Turon. lib. 3. cap. 22. Theodebertus Theoderici Regis filius, et lib. 4. c. 13. Chramnus Chlotarii Regis filius, *Reges* nuncupantur. Apud eumdem lib. 9. cap. 20. edit. 1512. Theodebertus et Theodoricus Childeberti Regis filii, *Reges* pariter indigitantur.

* Antiquissimam esse hanc nomenclaturam observant Auctores novi Tract. diplom. tom. 4. pag. 535. quam ad ætatem usque S. Bernardi perseverasse probant ex Serm. ejusd. 1. de Adventu : *Nam et filios principum principes, et filios regum Reges esse quis nesciat ?*

☞ Haud absimili ratione Cæsar, de Ptolemæi Regis Ægyptiorum filiis, qui de regno invicem contendebant, agens lib. 3. de Bello Gall. cap. 107 : *Interim controversias Regum ad Populum Romanum et ad se, quod esset Consul, pertinere existimans, etc.* Et cap. 109 : *Cum maxime vellet pro communi amico atque arbitro controversias Regum componere.* Vide in *Regina* 1.

Rex Regum, dictus non semel Rex Franciæ a Scriptoribus, a Matthæo Parisio præsertim, *Terrestrium Rex Regum*, ab Anna Comnena βασιλεὺς τῶν βασιλέων, et aliis, ut observatum a nobis in Dissert. 27. ad Joinvillam : quibus accedit Nicolaus de Braia in Gestis Ludovici VIII. de Philippo Augusto :

> Rex Regum mundi venerabilis ille Philippus.

De eodem Ludovico :

> Inclyte Rex Regum, Regis, Ludovice, Philippi
> Martia progenies.

Octavianus *de S. Gelais* in Viridario honoris de Carolo VIII. Francorum Rege :

> En grant triumphe et parfaite excellence,
> En bruit, en los d'honneur victorieux,
> Le Roy des Roys entra dedans Florence.

[** Adde Glossar. med. Græcit. col. 1293.]

☞ Sic etiam olim, ob potentiam et amplitudinem imperii, *Regis Regum* titulo decorabantur Persarum et postea Parthorum Reges, ut videre est apud Cornelium Nepotem. Suetonius in Caligula c. 5 : *Regum etiam Regem et exercitatione venandi, et convictu Megistanum abstinuisse ferunt, quod apud Parthos justitii instar est.* Ammianus Marcellinus lib. 7. cap. 5. meminit Epistolæ Saporis Persarum Regis ad Constantium, cujus inscriptio hæc est : *Rex Regum Sapor particeps siderum, frater Solis et Lunæ, Constantio fratri meo S. P. D.* Vide Brissonium lib. 1. Regni Persici, et Schefferum in Indice Æliani.

Christo Regnante *et Regem expectante*, Formula adscripta quibusdam Diplomatibus, post mortem Caroli Simplicis, de qua dictum est in *Regnans*.

Rex Parvus. Albericus in Chronico MS. ann. 1212 : *Rex Castellæ et Toleti Alfonsus ipse dicebatur Rex parvus de Hispania; cum tamen major esset aliis et ætate et dignitate, et socer aliorum, de quo cum a quodam monacho quæreretur, cur Parvus Rex diceretur, respondit, quod a patre Sanctio Rege decedente relictus parvulus, ab ipsa infantia Rex parvus est appellatus, quod cognomen in omni vita sua retinuit. Sed nostri dicunt, quod a tempore Caroli Magni, qui Hispanias recuperavit, antecessores istius dicebantur Parvi, ad differentiam Magni Regis Caroli.*

Rex Aureus dictus Ottocarus Rex Bohemiæ. Continuator Jaroslai : *Quis autem non possit mirari tam magnificum Principem, qui ab utero matris suæ ab auro et argento vocatus est Rex aureus?* Vide Bohuslaum Balbinum in Histor. Bohem. pag. 277.

Regis titulum, non *Reginæ*, concessum ab Hungaris Mariæ Hungaricæ, Ludovici Regis primogenitæ, antequam Sigismundo Luxemburgico nuberet, observat Caresinus : *Elizabeth Regina uxorque dicti Regis Ludovici, una cum Maria filia ejus, regimen Hungariæ gubernabat, quæ quidem Maria appellabatur Rex Hungariæ.* Paulus de Paulo in Memoriali ann. 1382 : *Maria filia senior antedicti Regis in civitate prædicta coronata fuit in Regem.* Eadem *Rex femineus* dicitur Thwroczio cap. 4. At postquam Sigismundo conjugi titulum regium impertita est, *Regina*, non *Rex*, appellari cœpit, ut constat ex illius litteris, quæ exstant apud Johannem Lucium lib. 5. de Regno Dalmatico cap. 2.

Narrat Henricus Huntindonensis lib. 5. Histor. Edelfledam Merciæ dominam *tantæ potentiæ fuisse, ut a quibusdam non solum Domina vel Regina, sed etiam Rex vocaretur, ad laudem et excellentiam mirificationis suæ.* Unde in eamdem hos versus edidit idem Henricus :

O Elfleda potens, o terror virgo virorum,
Victrix naturæ, nomine digna viri.

Et paulo post :

Te mutare decet, sed solam, nomina sexus,
Tu Regina potens, Rexque trophæa parans, etc.

Sosipater Charisius lib. 1. Institut. Grammat. cap. 15 : *Rex communi genere dicitur, primum ab etymologia Rex, ut regens, deinde quod sunt quædam verba, quæ ex se trium generum nomina creant,.... nam Regina nullo modo recipiendum, nisi reciperemus et reginum.* Ovidii antiquus interpres in Ibim : *Tyrannus est communis generis; nam Theodosii Grammatici est Regula, quod nomina professionem aut dignitatem significantia, sunt communis generis, ut hic et hæc Dux : hic et hæc Philosophus.* Vide Casaubonum ad Trebellium Pollionem pag. 484.

¶ Rex, Dux, Comes. Chronicon Episcoporum Metensium apud Acherium tom. 6. Spicil. pag. 652 : *Goericus sanctus, qui et Abbo dictus est, huic sancto* XXX. *Episcopus Metensis successit. Hic primo Rex Aquitanorum fuerat, postque Pontifex factus opibus plurimis ditavit Ecclesiam.* Annales Fuld. ad ann. 873 : *Mense Junio Hruodulfus quidem Nordmannus de regio genere, qui regnum Karoli prædis et incendiis sæpenumero vastaverat, classem duxit in regnum Hludovici Regis, in Comitatum videlicet Abdagi Regis, missisque nunciis præcepit habitatoribus loci illius tributa sibi solvere.* Vide P. Danielem in Dissertat. 7. ad calcem tomi 1. Hist. Francor. pag. 503. et supra *Regnum* 3.

¶ Rex, Apparitor, in Ecclesiis Aniciensi et Vivariensi, vulgo *le Roi* vel *le Roi de l'Eglise*, Gallice *Bedeau*. Charta Eccl. Aniciensis ann. 1312 : *Secuntur illa quæ solvuntur in tracta : 1°. Thesaurario Ecclesiæ* VIII. *lib. Pistori* II. *sol. Regi* XXXVII. *sol.* VI. *den.* Sic autem dicitur quod virgam gerat ad instar sceptri et alios utcumque regat præeundo, indutus veste talari.

* Lit. remiss. ann. 1474. in Reg. 195. Chartoph. reg. ch. 1193 : *Berthelemi Arnault Roy de l'eglise de Nostre-Dame du Puy et Gabriel Usson portier de ladite eglise.*

¶ Reges, in quibusdam Ecclesiis, dicti Canonici aliive non infimæ dignitatis Presbyteri, qui sacro Epiphaniæ die Reges seu Magos Christum adorantes repræsentarent : quo de more hæc habet Innocentius VIII. in Bulla ann. 1484. pro Ecclesia Gebennensi in Continuatione M. Bullarii Rom. pag. 291. col. 1 : *Item ut fidelis populus magis ad devotionem trahatur, solemnitatem Epiphaniæ, quæ inter alias solemnitates suum locum obtinet ordinatum, statuerunt quod ipsa die festi Epiphaniæ horæ Missæ fiant tres Reges, videlicet unus et primus ex dominis Canonicis secundum ordinem suæ receptionis, tam præsentibus quam absentibus, et qui in posterum fuerint. Deinde secundus Rex, unus ex Curatis civitatis ordine inter ipsos servato; et tertius Rex et Curatus forensis senior et altariensis, residentiam faciens in Ecclesia Gebennensi, licet sit junior altariensis, dum tamen resederit per annum integrum, qui cum solemnitate consueta in Ecclesia dicant Evangelium, et oblationem faciant in Missa, ut est consuetum.* [* Vide *Stellæ Festum* in *Stella* 1.]

* Rex, idem qui Judex vel Præpositus; unde illius uxor, *Regina*, et ejusdem districtus, *Regnum* dicebatur. Charta ann. 1153. apud Murator. tom. 2. Antiq. Ital. med. ævi col. 1053 : *Ego judice Gunnari di Laccon ki faco custa carta cum boluntate de Deu, et de fuius meus Barrasone Rege, etc.* Qui Barraso in Charta ann. 1182. ibid. col. 1059. se appellat *Judicem*, non *Regem*, quanquam uxorem suam in eadem, *Reginam* vocet. Alia ann. 1103. ibid. col. 1055 : *Ego Turbini omnipotentis Dei gratia Judex Karalitanus dono, concedo et in perpetuum trado Pisanis carissimis amicis nostris toloneum de yberno et de æstate;... ita tamen ut populus Pisanus sit amicus mihi et Regno meo, et non offendant studiose neque me, neque Regnum meum.* Quæ appellatio non tantum apud Sardos, sed et apud alios populos in usu fuit. Dipl. Henr. II. reg. Angl. in Antiq. Hibern. pag. 19 : *Henricus, etc. archiepiscopis, episcopis, Regibus, comitibus, baronibus et omnibus fidelibus suis Hiberniæ, salutem.* Arest. parlam. Paris. ann. 1347. in Reg. 157. Chartoph. reg. ch. 201 : *Dicebant quod tempore recolendæ memoriæ Karoli Magni prædecessoris nostri, dicta villa Narbonæ erat urbs regia, erantque ibi duo Reges, unus Judæus et alius Sarracenus.* Qui nimirum Judæis et Sarracenis jus dicebant, sicque imperabant.

* Nota quoque omnibus est *Regis Yvetotensis* denominatio, cujus prærogativæ et jura confirmata reperiuntur a Ludovico XI. sub *Principis* tamen, non *Regis* appellatione, licet hujus dominium, vulgo *Regnum* nuncupari solitum dicat, in Lit. ann. 1464. ex Reg. 199. Chartoph. reg. ch. 467. ubi horum jurium fictitia origo refertur; quas literas nihilominus hic exscribere nostri esse instituti duximus : *Loys par la grace de Dieu roy de France; savoir faisons à tous présens et avenir, que comme du temps de feu de bonne memoire et recordacion le premier roy Clotaire, filz du roy Clovis, premier roy Chrestien, que Dieu absoille, pour la reparation de la mort du seigneur d'Yvetot, qui lors se nommoit Gaultier d'Yvetot, que le roy Clotaire avoit occis en la chapelle du palais de Soissons, icellui roy Clotaire à l'instigation et poursuite de nostre saint pere le pape, qui lors estoit, et du college des cardinaux, par déliberation de son conseil eust voulu et ordonné que le seigneur d'Yvetot et ses successeurs seigneurs dudit lieu, ne feussent tenus de là en avant faire aucun hommage d'icelle terre et seigneurie d'Yvetot, et en feust dès lors icelle terre et seigneurie exempte, et en oultre feust icelle terre et seigneurie exempte de toutes charges et subvencions quelzconques; et eust le dit seigneur d'Yvetot plusieurs autres franchises et libertez; desquelles exemptions, franchises et libertez les seigneurs d'Yvetot, tant du nom dudit Gaultier d'Yvetot que d'autres, qui d'eulx ont acquis icelle terre et seigneurie, ont joy de bien long temps et jusques à la descente des Anglois anciens ennemis de ce royaume; et soit ainsi que depuis nostre nouvel advenement à la couronne, nostre amé et feal chevalier Guillaume Chenu, aprésent seigneur d'icelle terre et seigneurie d'Yvetot, nous ait fait dire et remonstrer les choses dessusdites : Pour laquelle cause et autres à ce nous mouvans lui eussions ou mois de Mars iiij*ᶜ*. lxj. octroié certaines noz lettres adreçans à noz amez et feaulz conseillers, par nous ordonnez sur le fait et gouvernement de toutes nos finances, au bailli de Caux et à touz noz autres justiciers et à leurs lieutenans, par lesquelles avions accordé audit chevalier, que lui et ses successeurs de ladite terre d'Yvetot laissassent* (joir) *doresenavant à tousjours de toutes et chacunes les franchises, libertez et autres droittures, prérogatives et préeminances qui y appartiennent, et dont il leur apparoistroit que ses predecesseurs seigneurs de ladite terre et seigneurie d'Yvetot joissoient au temps et paravant la descente de noz dis anciens ennemis les Anglois, faite à Touque en nostredit pays de Normandie. Et que aprez que* (à) *nozdis conseillers fut apparu par information ladite terre et seigneurie avoir esté entre autres choses franche et exempte et tenue quitte de tailles et autres subvencions, qui s'estoient mises sus et levées auparavant ladite descente, eussent consenti et accordé l'enterinement et accomplissement desdites lettres. En oultre par vertu d'icelles eust le bailli de Caux ou son lieutenant, appellé nostre advocat et*

nostre procureur ou son substitut oudit baillage, fait ou fait faire sur ce information. Ce neantmoins aucuns de nos officiers et subgetz s'efforcoient de troubler ou empescher ledit chevalier en aucunes desdites franchises, libertez, droitures, prérogatives et préeminances en son grant préjudice et dommage et de ses hommes et subgetz, si comme il nous a dit et remonstré par plusieurs fois en nous suppliant et requerant que attendu les choses dessusdites, la joyssance desdites exemptions dont en ladite information est faite mention, et aussi que feu nostre ayeul et du temps que icelle terre estoit ès mains du feu Begues de Villennes, pour ce que on lui donnoit empeschement, le faire et laisser joir paisiblement d'icelles, il nous plaise l'entretenir en sesdites franchises, libertez, droitures, prérogatives et préeminances, et sur ce lui impartir nostre grace. Pourquoy nous ce consideré et après que avoit fait veoir et visiter par les gens de nostre conseil ladite information, le contenu en laquelle nous a esté rapporté; et aussi consideré les droitures, franchises et libertez de ladite terre et seigneurie d'Yvetot, par lesquelles et autrement deuement nous est apparu que ladite terre et seigneurie d'Yvetot est et a esté au temps passé vulgaument appellée Royaume, et qu'elle a esté tenue franche, quitte et exempte envers nous et nos prédecesseurs de hommages et autres devoirs, et que lesdiz seigneurs d'Yvetot avoient en icelle seigneurie haulte justice, basse et moyenne, et haulx jours, esquelz les matieres de ladite seigneurie prenoient fin, sans ressortir ailleurs; et aussi avoient foires et marchez, sans ce que ses hommes et subgetz, ne les marchans de nostre royaume et autres frequentans lesdites foires et marchez, aient pour leurs denrées et marchandises qu'ilz y portoient ou rapportoient, ou pour la vente, troche (troque) *ou eschange d'icelles esté contribuables envers nosdiz predecesseurs à aucunes aides, ne paié imposition foraine, ne autres charges, quelles aient esté; et aussi ont esté de toute ancienneté les hommes et subgetz d'icelle seigneurie francs, quittes et exemps de impositions, quatriesmes, gabelles de sel, empruntz, tailles et autres subventions quelzconques, de fouaige envers nosdiz prédecesseurs; et eu consideration aux bons, louables et agréables services que ledit chevalier, Prince et seigneur de ladite terre d'Yvetot a par cydevant fait à feu nostre très-cher seigneur et pere, que Dieu absoille, et à nous, tant au fait de nos guerres que autrement en plusieurs manieres, avons pour ces causes et autres à ce nous mouvans voulu, consenti, octroyé et accordé, voulons, consentons, octroyons et accordons de grace especiale et de nostre certaine science, plaine puissance et auctorité royal par ces présentes audit chevalier, Prince et seigneur de la dite terre et seigneurie d'Yvetot pour lui, ses hoirs et et successeurs d'icelle terre et seigneurie, les droiz, franchises, libertez, préeminances et prérogatives dessusdiz, ainsi que dessus est touché. Si donnons, etc. Car ainsi, etc. Donné à Rouen ou mois d'Octobre l'an de grance 1464. et de nostre regne le quatriéme.* Quæ quidem jura longe ampliora sunt iis omnibus, quæ alodiis, cujuscumque generis fuerint, tribuuntur. Vide Plessæum tom. 1. Descript. geogr. et hist. Norman. super. pag. 173. Variet. hist. tom. 1. part. 1. pag. 194.

Regis titulus datus etiam interdum minoribus aliquot primariis Ministris, ut Heraldis primariis seu fæcialibus, quos etiamnum *Reges armorum* vocant, *Ministellis*, *Juglatoribus*, ac *Riboldis*, de quibus singulis, suis locis agimus : præterea *Merceriorum* Præfectis, apud Tillium, *Arcariorum* et *Arbalestariorum* Capitaneis in singulis civitatibus, et *Spineti* Regibus apud Insulenses, de quibus Buzelinus lib. 3. Gallo-Fland. cap. 23. Ita *Rex Alutariorum*, in Necrologio Ecclesiæ Meduntensis, Idib. Augusti : *Hic ob. Nicolaus Rex Alutariorum, pro quo habemus annuatim 2. paris. super domum Fulconis de Becco.* [*Rex ludorum*, in Charta ann. 1209. apud Thomasserium in Consuet. Bituric. pag. 712.] Vide Baguellum. Apud Athenienses inter Thesmothetas, horum prior βασιλέως titulo donabatur. Vet. Inscriptio Atheniensis apud J. Sponium tom. 3. Itiner. pag. 129 : Τὸν ἄρξαντα τὴν τοῦ βασιλέως ἐν Θεσμοθέταις ἀρχήν. Sed observat Eustathius in Odyss. 6. apud Græcos eos, qui pila vicerant, *Reges* appellatos, ut contra, qui vincebantur, asinos, pag. 1601. edit. Rom.

* Ut autem quibusnam *Regis* titulus concessus fuerit; manifestius innotescat, varias, quas collegi, ejusmodi appellationes, ordine alphabetico hic subjiciam, cum semel monuero *Regis* nomine significari cujusvis ordinis primarium.

* Rex Arbalestariorum, in Lit. ann. 1410. ex Reg. 165. Chartoph. reg. ch. 80. et in aliis ann. 1479. ex Reg. 206. ch. 353. qui alibi *Arbalestariorum Franciæ magister.*

* Rex Armorum. Vide supra in *Arma* 3. et *Heraldus.*

* Rex Baccalariorum. Vide supra *Baccalarii* 1.

* Rex Bazochiæ, in Lit. remiss. ann. 1459. ex Reg. 190. Chartoph. reg. ch. 17. Vide supra *Bazochia.*

* Rex Canonicorum appellabatur Canonicus, qui die Epiphaniæ in ecclesia S. M. Magdalenæ Vesunt. officium divinum peragebat, ex Epist. in Mercur. Franc. mens. Sept. ann. 1742. pag. 1951.

* Rex Capellanorum, Capellanus, qui in eadem ecclesia die Circumcisionis idem præstabat officium, ibid. pag. 1950.

* Rex Cypri cognominatus quidam rebellis, de quo in Lit. Caroli V. ann. 1372. ex Reg. 103. Chartoph. reg. ch. 94 : *Assez tost après un nostre rebelle, qui se faisoit clamer le Roy de Chipre, avecques pluseurs autres d'icellui fort* (de Breteuil) *eussent esté prins par force sur les champs par Chaudin de Hailleviller, lors nostre marceschal de Normandie, auquel il eust fait couper la teste, etc.* Hominem inferioris gradus fuisse opinor, cum hujus nomen proprium hic non appelletur.

* Rex Flaioletus, Qui instrumentis musicis præerat, in Ordinat. hospit. reg. sub Philippo Pulcro ann. 1288. apud Ludewig. tom. 12. Reliq. MSS. pag. 25. col. 1.

* Rex Merceriorum, Cujus jura et prærogativas, videsis supra in *Mercerius.*

* Rex Ministellorum. Vide in *Ministelli.*

* Rex Quanariæ, an Dominus loci hujusce nominis? Lit. remiss. ann. 1480. in Reg. 207. Chartoph. reg. ch. 68 : *En la compaignie du Roi de Quanarie, qui avoit la charge de partie des nobles du pais de Poictou soubz le sire de Bressuyre.*

* Rex Ribaldorum. Vide in *Ribaldi.*

* Rex Sacerdotum cognominatus a nonnullis Philippus Augustus, et quam ob causam, docet Necrolog. MS. eccl. Cenoman.: *Pridie Idus Julii. Obiit Philippus rex Francorum, qui Aconensem civitatem propriis laboribus et expensis cepit et divino cultui reparavit. Ecclesiam et ministros ejus adeo dilexit, quod ecclesia malignantium ipsum Regem sacerdotum vocitabat. Moriens trecenta milia librarum ad recuperandam terram sanctam legavit.* Annal. Victor. MSS. ad ann. 1223 : *Hoc anno obiit Philippus rex Francorum ab aliquibus Augustus cognominatus, hujus nominis II. vir fortunatissimus, qui regnum Francorum fere duplo ampliavit; hic in omnibus actibus felix, ecclesiarum et religiosarum personarum amator et fautor, et specialiter ecclesiarum S. Dionysii et S. Victoris Paris.* Quis tandem fuerit ejus erga sacerdotes animus ab ipsomet discere est in Literis ad Innocentium III. PP. ex ejus Reg. Chartoph. reg. fol. 52. v° : *Ad illud autem quod nobis mandastis, quia episcopum Cameracensem odio habemus, vobis respondemus, quod nos nullum sacerdotem odio habemus, nec alicui sacerdoti malum faceremus, maxime illi, qui est episcopus et sacerdos.*

* Rex Scholæ apud Abbavillenses appellatus puer, qui in scholis primarium locum obtinebat. Vide supra *Gallorum pugna* in *Gallus.*

* Rex Scortorum, idem qui *Rex Ribaldorum.* Lit. remiss. ann. 1463. in Reg. 199. Chartoph. reg. ch. 58 : *Jacob de Godunasme, qui estoit Roy des filles amoureuses de la ville de S. Amand, etc.* Vide in *Ribaldi.*

* Rex Sodalitii Pii. Vide supra in *Bastonerius.*

* Rex Spineti. Vide infra *Spinetum.*

* Rex de Torelore, Vox irrisoria, quæ dicitur de commentitio rege seu homine, qui omnia tentare verbis paratus, nihil reapse efficit. Hinc forsan nostrum *Turelure*, qua voce res haud facta vel non eventura significatur. Lit. remiss. ann. 1403. in Reg. 158. Chartoph. reg. ch. 88 : *Comme le suppliant eust troué un mur de sa maison pour faire une cheminée, le voisin dist que ce n'estoit pas son plaisir, et que ledit suppliant cuidoit voler dessus les murs et estre Roys de Torelore.* Occurrit rursum infra eadem Charta num. 181. ubi loco *Voler* legitur *Monter.* Nihil ex Romancio *d'Aucassin*, ubi de Rege *de Torelore* sermo est, quod huic loco illustrando inserviat, erui posse mihi videtur.

** Rex Dominicarum, Dominica S. Trinitatis, prima post Pentecosten.

* Rex, idem videtur quod *Regalengum*, dominium, reditus quivis. Charta ann. 1129. inter Probat. tom. 2. Hist. Occit. col. 447 : *Ego Arnaldus Narbonensis archiepiscopus..... concedo sine ullo inganno eandem ecclesiam de Ovilliano, cum decimis et primitiis, et cum toto ecclesiastico suo....*

canonicis regularibus S. Justi, qui nunc ibi sunt et inantea erunt, semper prædictam ecclesiam habeant, teneant, et perpetua possessione in perpetuum possideant cum omni suo Rege, sicut scriptum est supra. Alia ann. 1225. tom. 1. Probat. Hist. Brit. col. 855: *Capitulum vero Dolense pro bono pacis dicto Petro et ejus hæredibus dedit unam minam frumenti quam habebat, cum Regibus parochiæ S. Columbani.*

REXA. Charta Fernandi Comitis Castellæ æræ 972. apud Anton. *de Yepez* in Chron. Ord. S. Benedicti tom. 1. pag. 31: *Istæ prædictæ per omnes domus domui ove una Rexa de ferro.* Infra: *Bricia cum suis villis ad suam alfozem pertinentibus, per omnes domus domui duæ* (supra, *ove*) *una Rexa de ferro.*

¶ **REXANUS** Solidus, Species monetæ. Memoriale Potestatum Regiensium ad ann. 1271. apud Muratorium tom. 8. col. 1132: *Spelta vendebatur 11. solidos imperiales et dimidium pro communi sestarius, et privatim x. solidos Rexanos.* Ibid. col. 1133: *Et libra grossa olei oliæ duos solidos imperiales, et XIV. ficus siccæ 1. Rexanum... et XIV. amigdalæ 1. Rexanum.*

¶ **REYRETAULE,** Idem quod supra *Retaule*, Ornatus toreuticus, Gall. *Retable.* Testamentum Beatricis de Alboreya Vicecomitissæ Narbonens. ann. 1367. apud Marten. tom. 1. Anecd. col. 1523: *Item, duo candelabra argenti. Item, unum Reyretaule trium postium, depictum, in quo ponantur aliqua signa nostra. Item, unam capam, sive casublam, et unum frontale deauratum.*

¶ **REYSA,** Iter, etc. Vide *Reisa.*

* **REYSSIA,** ut supra *Ressega*, Officina, ubi serra desecatur. Charta ann. 1445: *Quæ omnia sita sunt extra villam Allavardi foris posterlam alborum, et cohærent esyamenta dicti nobilis Johannis Gilbergii a partibus biziæ et occidentis, Reyssia ejusdem a parte venti, etc.* Vide infra *Seyta.*

¶ Reyssiatus, Serra desectus, Gallis *Scié.* Extractum Computi ann. 1321. tom. 2. Hist. Dalphin. pag. 159. col. 1: *Libraverunt gabellatores in pretio triginta novem duodenarum fileriarum magnarum et duodecim duodenarum billonorum et traborum Reyssiatorum, emptorum de mandato dictorum gabellatorum per carpentarios Domini pro faciendo ædificio domus Domini.* Vide *Resça.*

* **REZA,** pro *Regia*, Porta ædificii primaria. Stat. Mutin. ann. 1327. apud Murator. tom. 5. Antiq. Ital. med. ævi col. 6: *Et debeant omnes intrare per Rezam majorem de Leonibus in dictam ecclesiam.* Vide *Regia* 3.

* *Reze* vero, pro Semita, vulgo *Sentier*, occurrit in Lit. remiss. ann. 1443. ex Reg. 184. Chartoph. reg. ch. 611: *Qu'il povoit bien aler par le chemin publique et par les Rezes des vignes.* Vide *Reisa* 1.

¶ **REZAILH,** Species retis ad capiendos pisces. Vide locum in *Batuda.* Hodie *Raiseau* nostris est Rete venatorium.

¶ **REZETUS,** Asylus, locus refugii, ut arbitror, ab Italico *Ricetto*, Gall. *Retraite.* Castelli de Castello Chronicon Bergom. apud Murator. tom. 16. col. 947: *Et dicitur, quod proditorie intraverunt in Rezetum dictæ fortalitiæ, et interfecerunt quatuor Gibellinos et unam fœminam.*

* Proprie Certa pars domus munitæ, ac forte turris. Vide *Receptaculum.*

¶ **RHADA,** Ζεῦγος, in Glossis Lat. Græc. Legendum *Rheda*, ut patet ex Glossis Græc. Lat. ubi: Ζεῦγος, *Par, singulariter tantum declinatur, Rheda.* Vide infra *Rheda.*

¶ **RHAGAS,** Ruptura generatim, peculiarius Medicis Ani fissura, a Græco ῥαγάς. S. Augustinus Ep. 149. edit. 1576: *Nec ambulare enim, nec stare, nec sedere possum, Rhagadis vel exochadis dolore et tumore.* Isidorus lib. 4. Orig. cap. 7: *Ragades dicuntur eo quod fissuræ sint rugis collectæ circa orificium: hæ et Hæmorroides a sanguinis fluore dictæ; Græci enim sanguinem αἷμα dicunt.*

¶ **RHAINUS** Ager, *In quo jacta primum feruntur semina, enatæque primum fruges sunt*, in Vocabulario Sussannæi. Vox, ut videtur a Græco ῥαίνειν, Aspergere, irrorare.

RHAI RAUB. In Edicto Rotharis Regis Longob. Titulus 7. inscribitur *de Rhai Raub.* Mox sequitur: *Si quis hominem mortuum in flumine aut foris invenerit, et expoliaverit, etc.* Exstat hæc Lex in Lege Longob. lib. 1. tit. 12. § 1. Idem quod *rauba*, exspoliatio. Vide in hac voce et *Reiroof.*

☞ Pro *Rhai raub* Muratorius legit *de Urubbi* ex Codice Ambrosiano, tom. 1. part. 2. pag. 19. § 16.

¶ **RHAMALLUS,** Locus, ut videtur, superne ramis tectus. Vide *Hamallus.*

¶ **RHAMNICULUS,** Ramusculus. Concilium Forojuliense ann. 791: *Umbrosis nihilominus suffugare* (f. *suffundere*,) *falsitatum Rhamniculis moliuntur.*

¶ **RHANNE,** Coitus suum, ut exponit Eccardus in Pactum Legis Salicæ tit. 2. § 1. vel Colostrum, seu lac quod paulo post partum mulgetur, Germanice *Rhan*, ut vult Vossius lib. 2. de Vitiis serm. cap. 9. Vide *Hranne.*

¶ Rhannechala, Rhannechalteo, eodem tit. Compositio pro porcello furtim ablato. Eccardum consule.

RHAPHIUS, seu Rufius, Lupus cervarius, Gallis. Plinius lib. 8. cap. 19: *Pompei Magni ludi ostenderunt Chaum, quem Galli Rhaphium vocabant, effigie lupi, pardorum maculis.* Idem cap. 22. *Lupum cervarium* vocat. De lupis cervariis copiose egit Ulitius ad Gratii Cynegeticon.

¶ **RHAPISMA,** Colaphus, alapa, Græcis ῥάπισμα. Lex 6. Cod. lib. 8. tit. 49. de emancipationibus: *Cum inspeximus in emancipationibus vanam observationem custodiri... et circumductiones inextricabiles et injuriosa Rhapismata, quorum nullus rationabilis invenitur exitus; jubemus hujusmodi circuitu in posterum quiescente, etc.* Quidam interpretantur virgas seu bacillos, quos refutat Cujacius in hanc legem.

RHEDA, Gallorum propria fuit. Glossæ MSS. Reg.: Ῥαίδιον, τὸ φορεῖον, καὶ ῥαῖδον, ἅρμα σκέπαστον. Quintilianus lib. 1: *Plurima Gallica valuerunt, ut Rheda, Petoritum quoque, quorum altero Cicero tamen, altero Horatius utitur.* Fortunatus lib. 3. Poem. 20:

> Curriculi genus est, memorat quod Gallia Rhedam,
> Molliter incedens orbita sulcat humum.
> Exiliens duplici bijugo volat axe citato,
> Atque movet rapidas juncta quadriga rotas.

Vide Casaubonum ad Suetonium. *Rhedæ cursuales*, quarum erat in Cursu publico, in lege 9. Cod. Th. de Legatis. De iis plura Jacobus Gothofred. in Paratit. ad tit. Cod. Th. de Cursu publico. [** Vide Grimm. Grammat. German. tom. 3. pag. 455.]

¶ Rheda, Expeditio militaris, si tamen vera lectio est. Vide *Reisa* 1.

* **RHEDARII** Denarii, Præstatio quæ ex *Rhedis* seu aratris percipitur. Vide supra in *Denarius.*

RHEDO, Mundus seu ornatus muliebris. Lex Anglorum et Werinorum cap. 7. § 3: *Qui ornamenta muliebria, quod Rhedo dicunt, furto abstulerit, etc.* Glossæ Latino-Theotiscæ: *Scaf raida, torzuma.* Et *haus geræth*, mobilia, sive ornamenta domus etiamnum Germani vocant. Lindenbrogius. [Vide Martinium in Lexico, Vossium lib. 2. de Vitiis serm. cap. 16. et suo loco *Redolina.*] [** Grimm. Antiq. Jur. German. pag. 567. In cod. Corb. Leg. Angl. et Werin. legitur *Rhemdo.*]

* **RHEIGIA,** *Rhedæ* seu carri onus. Arest. parlam. Paris. ann. 1399. inter Probat. ult. Hist. Trenorch. pag. 263: *Sextam vecturam seu Rheigiam vindemiarum, vel aliam, prout ipsis placuerit, inter primam et decimam Rheigiam.... pro eorum decima capere et levare consueverant.*

* **RHEMA,** f. pro *Rheuma*, Arthritis, morbus articularis. Mirac. S. Raym. Palmar. tom. 6. Jul. pag. 663. col. 2: *Petrus filius Ribaldi de Crema, qui moratur Cremonæ, vovit quemdam suum filium cadentem de Rhema, et liberatus est.* Nisi Epilepsiam intelligas. Vide infra *Rindlive.*

RHENO, Reno, Pellicium, vestis ex pellibus confecta, quæ humeros et latera tegebat. Glossæ veteres: *Rheno est pellicium, vel vestis facta de pellibus, pendensque ad umbilicum.* Iso Magister in Glossis: *Vocamus etiam mastrugas Renones, quæ rustice Crotina vocatur.* Vide *Crusina.* Joannes de Garlandia in Synonymis:

> Vestes quæ fiunt de solis pellibus, hæ sunt:
> Pellicium, Rheno, quibus Andromeda sociatur.

Ita enim legendum, pro *Renum.* Varro lib. 4. de Lingua Latina Gallicum vocabulum esse ait: Isidorus vero lib. 19. cap. 23. Germanicum. Savaro a *Rhenanis*, seu Rheni accolis dictum putat. Loccenius lib. 2. Antiq. Succicar. cap. 20. a voce Gothica *Reen*, adhuc Suedis usitata, qua animal illud appellant, quod alias *Rangiferum* vulgo dicunt, a cornuum ramis *Ranfen*, de quo agit Olaus Magnus lib. 17. cap. 28. [Vossius in Addit. ad libros de Vitiis sermonis pag. 797. a ῥῆνες, agni: unde infert *Rhenones* pelliceas fuisse vestes, primitus e pellibus agninis, postea etiam aliorum animalium: alius forte maluerit ab Armorico *Reun*, Crinis, pilus crassior et longior.] Vide Cluverium de Germania Antiqua. *Rhenonis Gallici* meminit Cæsar lib. 6. de Bello Gallico, ut et Sallustius. Sed et ex posterioris ævi Scriptoribus vocem usurpavit Sidonius lib. 4. Epist. 20: *Viridantia saga limbis marginata puniceis, penduli ex humero gladii baltheis supercurrentibus strinxerant clausa bullatis latera Rhenonibus.* Ordericus Vitalis lib. 4 : *Chlamydem, sericamque interulam, et Renonem de pretiosis pellibus peregrinorum murium subito comburi præcepit.* Et lib. 12 : *Renone amictus ex arietinis pellibus.* Vetus Charta in Historia S. Martini Campensis pag. 512 : *Unde 40. solidos et duos Renones agninos habuit. Rhenonis catini* mentio est apud Guibertum lib. 3. de Vita sua cap. 5. in Tabulario Majoris Monasterii, [et in Gestis Guidonis Episcopi Cenoman. apud Mabillonium tom. 3. Analect. pag. 345.] Vide *Repti.*

¶ **RHETORICABILIS** Ratio, Rhetoricus seu facundus dicendi modus. Dudo de Ducibus Normanniæ apud Duchesnium pag. 88 :

Nectatur generi sic quoque paucitas
Personæ, exque datis atque negotio
Sumatur ratio Rhetoricabilis.

¶ **RHETORICARI**, Græcis ῥητορίζειν, Rhetorum more loqui. Tertullianus de Resurrect. Carnis cap. 5 : *Ita nos Rhetoricari provocant hæretici. Rhetoricare* eadem notione dixit Nævius apud Nonium : *Age nunc, quando Rhetoricasti? Responde quod te rogo.*

¶ **RHETORII**, Hæretici in Ægypto sic dicti a quodam Rhetorio, qui omnes laudabat hæreses, dicens *omnes bene sentire et neminem ex iis errare*, uti narrat Philastrius Catal. Hær. cap. 44. Quod S. Augustinus dicit ita absurdum esse et nimium mirabilis vanitatis, ut ipsi ei incredibile videatur, Hær. 72. Vide Stockmanni Lexicon.

¶ **RHETRA**, Græcis ῥήτρα, Dicendi locus vel vices; item dictio, oraculum; ut Plutarchus Lycurgum leges suas ῥήτρας appellasse narrat tanquam χρησμούς τινας. Ammianus lib. 16. cap. 5 : *Tamquam adstrictus sumtuariis legibus viveret, quas ex Rhetris Lycurgi et axonibus Romam translatas diuque observatas et senescentes paullatim reparavit Sylla dictator.* Vide Valesium in hunc locum.

RHEUMA, Fluctus, ex Græco ῥεῦμα. Veteres Glossæ : *Fluenta*, ῥεύματα. [S. Ambrosius lib. 5. Hexaem. cap. 10 : *Pisces ex plurimis locis, a diverso sinu maris, innumeri velut consilio convenientes, conjuncto agmine flatus aquilonis petunt, et ad illud septemtrionalium mare partium quadam naturæ lege contendunt. Dicas, si ascendentes videas, Rheuma quoddam esse : ita proruunt fluctusque intersecant, per Propontidem in Euxinum pontum violento impetu perfluentes.*] Ugutioni et Joanni de Janua, dicitur *tempestuosa maris inundatio, vel iste fervor aquæ, qui fit remorum agitatione.* Quomodo vocem hanc usurpat Vegetius lib. 5. cap. 12. et 15. Jonas in Præfat. ad Vitam S. Columbani : *Quibus dicendum est nautas solere Rheumate gurgitum fractis viribus ripæ redditos, cum alia defuerint subsidia, festivo conamine sentes apprehendere.* S. Hilarius Arelat. in Vita S. Honorati pag. 15 : *Illud commemorasse sufficiat, intrepide ab illis pro Christi desiderio maris Rheuma toleratum.*

Rheuma, Æstus maris reciprocus. Glossarium Saxonicum Ælfrici : *Reuma*, ebbe, *vel* gyle-stream, id est fluminis inundatio. Glossæ Isidori : *Rheuma, effusio maris, quando accessione maris in fossis colligitur.* Gloss. aliæ MSS : *Reuma, revolutio gurgitis.* Beda in Vita S. Cuthberti Episc. num. 28 : *Accedente æstu Oceani, quem Rheuma vocant Græci. Menstruum maris Rheuma*, in libro Miraculorum S. Vulfranni num. 8. Florentius Wigorn. ann. 1075 : *Ibi tandiu expectavit, quoad maris æstus veniret.* Mox : *Inde rebus omnibus dispositis et ordinatis, Rheumate adveniente, festinanter anchoras sustulerunt.* Chronicon Regum Manniæ : *Rheuma maris Ramsa amnis alveum impleverat.* [Acta S. Mildredæ Virginis, tom. 3. Julii pag. 517 : *Virgo interim sancta cum suis navem paratam intrans, maris contracti Reuma solummodo exspectabat.*] Vide Vitam S. Kentigerni Episc. Glascuensis num. 11. Acta S. Susannæ, etc.

Rheuma, pro ipso mari. Victor Tunnensis : *Amantius Præpositus... occiditur, et in Rheuma jactatur.* Et infra : *Hypatius... nocte cum Pompeio occiditur, et in Rheuma jactatur.* Quo loco Chronicon Alexandrinum de eodem Hypatio scribens, habet : καὶ ἐρρίψησαν τὰ λείψανα αὐτῶν εἰς τὴν θάλασσαν. [Acta S. Caii PP. tom. 3. Aprilis pag. 16 : *Jussit incendio concremari Claudium, Præpedignum, Alexandrum et Cuthiam ac Maximum, et in Rheuma jactari* : hoc est, in Tiberim; hic enim de Romæ gestis agitur.]

Reumaricus, *Plenus rheumate* : ita Glossa ad hos versus ex Poeta MS. infimi ævi ex Bibl. Thuana cod. 525 :

Pusio, Reumaricus, pullus, lapatus, et hircus.

¶ Reumaticus, Humidus. Translatio S. Apollinaris, tom. 5. Julii pag. 384 : *Quia locus valde Reumaticus fuit, in quo supra terram cista stabat, de quibus omnes doluerunt. Rheumaticus* Plinio, ut Græcis ῥευματικός. Qui fluxione laborat, vel obnoxius fluxioni. Hinc locus *Reumaticus* dicitur locus humidus, quod fluxionibus obnoxii sint, qui habitant in locis humidis.

Rheumatidiare. Papias : *Arteriaci, quibus faces Reumatidiant.* Ita codex edit. et MS. [Ugutio et Johannes de Janua præferunt *Reumatizant.* Theodorus Priscianus lib. 1. cap. 12 : *Si oculi Rheumatidiaverint, his vini et carnium parcitas indicenda est.* Dioscoridi, ὀφθαλμοὶ ῥευματίζοντες vel ῥευματιζόμενοι.]

Rheumatizare, Ῥευματίζειν, Rheumate, fluxione, vel rheumatismo laborare. Horatianus lib. 1. Rer. medic. cap. 10 : *Oculi Rheumatizantes.* Fulbertus Carnot. Epist. 67. 1. edit. : *An morbus Rheumatizantis et nauseantis stomachi, an passio cerebri mentem lædens?* S. Hieronym. Epist. 89. cap. 5 : *Capitis naribus purgamenta projicere, sputis Rheumata jacere, etc.*

¶ Rheumatizatus, Affectus *rheumate* seu fluxione. Vita S. Procopii, tom. 2. Julii pag. 145 : *Quæ noctu longa suspiria, Reumatizatis oculis, inundantibus lacrymis, trahens, cœpit S. Patris suffragia toto anhelitu usquequaque implorare, etc.*

¶ **RHIGOBOSII**, *Qui inalgescunt perpetuo*, in Vocabulario Sussannæi, sed perperam. Legendum *Rhigosibii*, a Græco Ῥιγοσίβιοι, Perpetuo frigentes.

¶ **RHINDALEA**, *Ludus, ubi equites currendo in terram rem projiciunt*, in Constitutionibus Frederici Regis Siciliæ cap. 78.

¶ **RHINE**, corrupta vox a Græco Ῥίνημα, Ramentum, scobs. Vide locum in *Serrago.*

¶ **RHIPE**, *Momentum, vel ictus, vel oculi motus*, Sussannæus in Vocabulario ex hoc Apostoli loco 1. Corinth. 15. 52 : *In momento, in ictu oculi, etc.* Ubi Græcum præfert, ἐν ἀτόμῳ, ἐν ῥιπῇ ὀφθαλμοῦ. Cæterum Ῥιπή Græcis dicitur Impetus rei projectæ, ictus seu jactus teli missi vel fulminis, incitamentum, impetus; nuspiam autem momentum quod finxit Sussannæus ex loco citato.

RHODINUS Color, Ῥόδινος, Græcis, Roseus. Gloss. Græco-Lat. : Ῥόδινον, *Roseum.* Democritus in Physicis, inter colores τὸ ῥόδιον recenset. Apud Æginetam pigmenti genus memoratur τὸ Ῥοδοειδές. Color ille roseus, inquit Salmasius, in serico tingendo olim conficiebatur ex tuberculis adnatis radici Pimpinellæ : nunc etiam fit e quibusdam seminibus, allatis ex India Occidentali, quæ similia sunt cimicibus, quibus demtum caput. Anastasius in Gregorio IV. PP. : *Vela de Rodino quatuor, quæ sacrum altare circumdant.* Chronicon Fontanellense cap. 16 : *De vestimentis vero Rodinum optimum unum, planetas casulas quinque, etc.* [Περιβόλαια ῥόδωτα, apud Constantinum de Administr. Imperio cap. 15.]

Leucorhodinus, Roseus dilutior, in Charta Donationis factæ Ecclesiæ Cornutianæ, edita a Suaresio : *Vela tramoserica Leucorhodina duo, etc.*

Rhodomelinus, Color partim luteus, partim rosaceus. Eadem Charta : *Mafortem tramosericum Rhodomelinum aquilatum.* Vide *Melinus.*

Diarhodinus, Roseus color intensior, ex Græc. διαρόδινος. Bulla Benedicti VIII. PP. ann. 1023. in Bullario Casinensi : *Planetam Diarodinam aureis listis ornatam, una cum alba et cingulo, etc.* Leo Ost. lib. 2. Chron. Casin. cap. 44 : *Planetam Diarodinam phrygiis aureis pulcherrime decoratam.* Lib. 3. cap. 19 : *Pluviale Diarodinum magnum undique auro contextum, cum fimbriis nihilominus aureis.* Cap. 30 : *Pallium Diarodinum cum Phrygiis.* Cap. 73 : *Planetæ... Diarodinæ deauratæ 3. diapistæ 2. etc.* Adde l. 1. cap. 47.

Dirodinum, pro *Diarhodinum*, Pallium diarhodinum. Epistola Michaëlis Imper. in Conventu Parisiensi ann. 530 : *Misimus... blattas duas, Dirodina duo.*

* **RHOMBUS.** Tract. MS. de Pisc. cap. 89. ex Cod. reg. 6838. C : *Rhombus, quem Itali omnes et Massilienses Rhombo, nostri romb, Galli turbot, Normanni bertoncau appellant.*

¶ **RHONCHARE**, Rhonchos edere, Gall. *Ronfler. Ronchantes subulci*, Sidonio lib. 1. Epist. 6. Vide *Runcare* 2.

¶ Rhonchisonus, Qui rhonchos sonat, edit, eidem Sidonio Carmine 3. v. 8 :

Necnon Rhonchisono rhinocerote notat.

¶ **RHONDIS**, Animalis genus. Paulus Venetus lib. 3. cap. 48 : *Regio varia producens animalia, ut sunt Rhondes, Armelini, Erculini, etc.*

¶ **RHOPALUM**, Græc. ῥόπαλον, Clava, virga, baculus. Vita S. Timothei Episc.

tom. 2. Januarii pag. 566 : *Et ut cognosci nequirent fascialibus velantes facies, et Rhopala et simulachrorum imagines portantes, etc.*

¶ **RHOTHUS**, male pro *Rothus* : quod vide.

¶ **RHUMA**, pro *Runa*, Runici characteres, de quibus dictum est in voce *Alyrumnæ*.

* **RHYTHMIMACHIA** vel Rithmimachia, Modulatio, seu *Rythmorum* inter se congressus; nisi idem sit quod infra *Rithmachia*. Epist. apud Pez. tom. 6. Anecd. part. 2. pag. 55. col. 2. : *Peto ut.... regulas Rhythmimachiæ a te factas, nihi transmittas.* Vide *Rhythmizare* et *Rythmici versus*.

¶ **RHYTHMIZARE**, *Modulari*, in Glossis MSS. a Vossio laudatis lib. 4. de Vitiis serm. cap. 22. a Græco ῥυθμίζειν. Hac notione in gemma gemmarum legitur *Rythmari*. *Rythmizare*, pro Apte disponere, ordinare, ut et *Rythmizatio*, pro Concinnus ordo, apta dispositio, dixit vetus Interpres S. Irenæi lib. 2. cap. 15. num. 3. ult. edit. ubi notas consule.

* **RIADA**, *Græce, passio in angulo oculorum. Est secundum Paulum diminutio carnis. Rias, inquit, est continuus lacrymæ fluor debilitate partium aut ex eso angulo vel immodica cirurgiæ vexatione. Alibi : A quibuscumque passionibus lacrymosi oculi fiant, Riadæ sunt a veteribus nuncupatæ, quod nos fluidos dicere possumus. Rhitada apud Cornelium scribitur.* Glossar. medic. MS. Simon. Januens. ex Cod. reg. 6959. Vide in *Rheuma*.

¶ **RIAGNUS**, Rivus, rivulus. Statuta Mutinæ fol. 11. v°. rubr. 57 : *Statutum est, quod rivus sive Riagnus qui venit a latere sero Castri-novi qui habet caput in campum domini Episcopi... sit expeditus, et illi debeat dari caput et derivari subter prædictum canalem.* Vide voces subsequentes et infra *Rigus*.

RIAGO, Rivus, rivulus. Vide in *Rigus*.

¶ **RIALE**, Rivus, rivulus, Provincialibus *Riau*, Gallis *Ruisseau*. Charta ann. 1058. ex Archivo S. Victoris Massil. : *Juxta pratum, Riale in medio.* In alia ann. 1212. ibid. legitur, *Riali in medio.* Alia ann. 1246. e parvo Chartulario ejusdem S. Victoris : *Ad quoddam Riale, quod venit a parte dextra.* Transactio ann. 1490. ex Schedis Præsidis *de Mazaugues : Confrontat.... cum Riali.* Vide mox *Riaria* et infra *Rigus*.

* Nostris alias *Rieu* et *Ruau*. Charta ann. 1294. in Chartul. Bellil. : *Du moulin de la maladerie jusques à l'Indre, si comme le Ruau se porporte par devers Beaulieu, et dudit moulin, si comme le Ruau se porporte jusques au chief de la chaussée de l'estang de Ferriers.* Alia ann. 1336. ex Chartul. 23. Corb. : *Comme.... my devanchier, desquelles je ai cause eussent mis ou fait mettre une huche à mettre poison en un Rieu de Somme, courant entre le Vignieul et le Rieu du passage en alant pardevant me maison. Ru*, apud Joinvil. in S. Ludov. edit. reg. pag. 50.

¶ **RIANA**, Idem quod mox *Riagnus*, *Riale*, *Riaria* et infra *Rigus*, Rivus, rivulus. Statuta Montis-regalis pag. 214 : *Item statutum est, quod D. Vicarius teneatur et debeat eligi facere duos homines, qui debeant et teneantur derivare seu derivari facere et designare aquam pluvialem, quæ descendit a platea portam vici : et nullus debeat transviare ipsam Rianam sive aquam in die sub pœna solidi unius et de nocte solidorum trium, salvis Rianis designatis per designatores Communis.*

¶ **RIANETA**, Species ludi scruporum, latrunculorumve, de quo jam in *Regineta* dictum est. Statuta Vercell. lib. 4. fol. 84. recto : *Item, quod aliquis, cujuscumque conditionis existat, non audeat vel presumat ludere ad ludum... rouce, nec ad Rianetam, nec ad aliquem ludum, ubi possit fraus sive deceptio committi.* Statuta Astensia cap. 1 : *Aliqua persona de Ast. in civitate Ast. vel burgis non possit vel debeat ludere ad aliquem ludum taxillorum vel borraniarum, vel Rianete, nisi ad taxillos vel Rianetas ipsius emptoris vel aliorum, qui dictos taxillos vel Rianetas vel tabullerios prestant voluntate et præcepto dicti emptoris et sociorum.*

¶ **RIANUS**, Idem quod *Riagnus*, Rivus, rivulus. Conventiones Civitatis Saonæ ann. 1532. pag. 37 : *Et a dicto jugo usque ad locum, ubi dicitur lo Rian de Re de corona, veniendo deorsum per dictum rivum, sive Rianum, usque in aquam tripontis.*

RIARIA, Rivus, fluvius, *Riparia*, nostris *Riviere*. Charta Petri Regni Majoricarum Domini ann. 1232 : *Qui affrontat ab Oriente et Aquilone cum via, a Meridie cum Riaria, ab Occidente cum portali, quo itur ad mare.* Infra : *Per pontem, per quem transit Riaria prædicta ad mare.* [Vide *Riagnus* et voces proxime subsequentes.]

¶ **RIATUS**, Idem, ut puto, quod supra *Radiatus*, Gall. *Rayé*, Pannus lineis varii coloris distinctus. Testamentum Everardi Comitis ann. 837. apud Miræum tom. 1. pag. 21. col. 1 : *Planetas duas, unam Riatam, alteram de cendalo, dalmaticam variatam unam sericam, simile pallium super altare unum, etc.* Vereor tamen ne pro *Riatam* legendum sit, ut mox habetur, *Variatam*, rescissa male syllaba *va*.

¶ **RIBA**, Ripa, littus, Ital. *Riva*, Gallis *Rive*. Statuta Massil. lib. 6. cap. 45 : *Si contigerit caristiam bladi sive farinæ vel leguminis esse in civitate Massiliæ... tunc in illo casu liceat curiæ Massiliæ... bladagia, legumina et farinam facere discariari Riba vel botiguiis, in quibus consuetum est blada, legumina et farinam discariari.*

* Glossar. Provinc. Lat. ex Cod. reg. 7657 : *Riba, ribage, Prov. ripa, ripaticum.*

¶ **RIBAGIUM**, a *Riba*, ut *Rivagium* a *Riva*, et *Ripagium* a *Ripa*, Gallice *Rivage*, Ripa, littus, ora; item, Tributum in ripis solvendum, ut infra *Ripaticum*. Charta ann. 1174. ex parvo Chartulario S. Victoris Massil. fol. 177 : *Dono Ecclesiæ B. Mariæ de Toramina pararium in insula, cum Ribagio et totum tenementum Isoardi in manu sacra J. Episcopi Senecensis.* Charta ann. 1243. ex Archivo Communis Massil. : *Conqueri occasione lesdarum, usaticorum, costarum, Ribagiorum, seu gabellarum, et aliarum dacitarum.* Charta ann. 1201. e Tabulario S. Illidii Claromont. : *Vendimus pro xx. solidis Claromont. Ar. Abbati et Monachis S. Illidii omne jus quodcumque habemus... in supradictis vineis de S. Marcio et al Ribatge et als chasals Sarrazines, quæ sunt subtus vinea.... pro tenementis prædictarum vinearum et præfati Ribagii accepimus ex integro a Monachis S. Illidii xx. solidos Claromontenses.*

¶ **Ribatgium**, Eadem notione. Charta ann. 1294. apud Baluzium tom. 2. Hist. Arvern. pag. 520 : *Tradidit... las chalms de Fenayrols... cum molendinis, furnis, pratis... aquis, Ribatgiis et espletis nemorum dictorum liberorum.*

Ribaiaragium. Charta Occitanica ann. 1311. ex 47. Regesto Tabularii regii num. 130 : *In terra seu Ribaiaragio Lumelli.* Infra : *Contra piscatores applicantes, seu Ribagium facientes.*

¶ **RIBALDA**, Ribaldagia. Vide *Ribaldi*.

RIBALDI, Velites, *Enfans perdus*, Milites, qui prima prælia tentabant : [quibus accidit, quod Tyrannis apud Græcos et Latronibus apud Latinos, ut qui sua institutione probi essent Principes militesque, in deteriorem postea acceptionem et famam abierint, inquit Carolus de Aquino in Lexico Militari post Stephanum Pasquerium. Vide R. P. Danielem lib. 3. Hist. Militiæ Francicæ cap. 7.] Rigordus ann. 1189 : *Dum Rex circumquaque immunita civitatis consideraret, Ribaldi ipsius, qui primos impetus in expugnandis munitionibus facere consueverunt, eo vidente, in ipsam civitatem impetum fecerunt.* Will. Britto lib. 3. Philippid. :

> Et Ribaldorum nihilominus agmen inerme.

Infra :

> Nec minus armigeri, Ribaldorumque manipli.

Lib. 7 :

> Ac per plana jacent Ribaldi cum Piquichinis,
> Et qui res propter venales castra sequuntur.

Infra :

> Ribaldi, mercatores, et vulgus inerme.

[Codex MS. apud Stephanotium tom. 1. Fragm. Hist. : *Anno 1214. dominus Episcopus Lemovic. Aymericus cum Abbatibus S. Martialis, S. Augustini et S. Martini venerunt a Baniac, ubi erat exercitus, tractaturi de pace; et tunc Ribaudi dicti exercitus in ipsum D. Episcopum et Abbates et socios irruerunt, et Priorem Fratrum Prædicat. qui cum illo venerat, egregie verberaverunt, quod de aliis fecissent, nisi fugissent.*] Anonymus de Gestis Friderici. II. Imper. : *Et subito sagittantes, Ribaldos sine numero vulnerant.* Descriptio victoriæ Caroli Siciliæ Regis pag. 847 : *Ribaldi pedites, etc.* Joan. Villaneus lib. 11. cap. 139 : *I Ribaldi et i Raguazzi del hoste.* [* *Ribaux*, eadem notione, apud Froissart. vol. 1. cap. 234 : *Et se trouverent jusques à cinq cens lances, chevaliers et escuyers et bien quatre mille Ribaux.*] Inde

Ribaldi, inter vilissimos hominum habiti, quorum vita nullius erat momenti, ex calonibus fere semper delecti, cum et ii calonum in castris vices persæpe agerent, impedimenta curarent, cæteraque viliora obsequia impenderent. Ut igitur id hominum genus ex ganeonibus potissimum conflatum erat, usurpata deinde Ribaldorum vox pro hominibus vilissimis, abjectis, perditis, scortatoribus, etc. cujusmodi passim depinguntur a Scriptoribus. Guillelmus Neubrig. lib. 5. cap. 2 : *Cum quibusdam perditis ex illo hominum genere, quos*

Ribaldos vocant, ingressus sacris ædibus ignem immisit. Willelmus Armoricus ann. 1202 : *Inermes Ribaldos et alios, qui solent sequi exercitum propter onera deportanda.* Matth. Paris ann. 1214 : *Ribaldi et viles personæ.* Anno 1251 : *Fures, exules, fugitivi, excommunicati, quos omnes Ribaldos Francia vulgariter consuevit appellare.* Vitæ Abbatum S. Albani : *Vilissimi Ribaldi.* Vita B. Joannis Montismirabilis, in Chronico Abbatiæ Longipontis : *Quærente itaque Priore, quid ergo esset acturus, respondit se velle Ribaldum fieri. Quo audito, Prior admirans ultra modum : Verumne est, inquit, quod dicitis, optare vos esse de genere hominum apud Deum et homines contemptibili, et in ipsorum numero computari? nonne ergo talium more, vos cum illis, oporteret jurare, et frequenter pejerare, et ad decios ludere, tabellam comportare, pellicem circumducere, inebriari sæpissime? Nequaquam, Joannes ait, et, ut verbis ejus loquar, Ribaldi sunt et Ribaldi. Est namque nonnullis quasi pro officio stabulum mundare, fimum comportare, quibuslibet abjectis rebus agendis et tolerandis humiliter subjacere, et in sudore vultus sui panem suum manducare, quorum vita licet ab hominibus vilis reputetur et despecta, est tamen laudabilis, et in conspectu Domini valde pretiosa.* Ita etiam *Ribaldos* describunt Albertus Stadensis ann. 1224. Albertus Argentin. pag. 103. 136. Auctor Vitæ B. Jordani Generalis Prædicat. num. 57. Privilegia Academiæ Viennensis in Austria rubric. 18. apud Lambecium lib. 2. Commentar. de Bibliot. Cæsarea cap. 5. Magnum Chronicon Belgicum ann. 1212. Chronicon Rotomag. ann. 1251. Waddingus in Annalib. Minor. ann. 1317. num. 35. ann. 1321. n. 14. Joannes Villaneus lib. 7. cap. 9. Ericus Upsaliensis lib. 1. Hist. Suecorum pag. 8. Michaël Scotus lib. 4. Mensæ Philosophicæ cap. 6. 37. etc. [His adde, si vis, Chartam Arnoldi Comitis Lossensis ann. 1230. Hist. Loss. part. 2. pag. 23. Gesta Gaufredi de Loduno Cenoman. Episcopi, apud Mabillon. tom. 3. Analect. pag. 386. Statuta Collegii Thesaurarii ann. 1280. apud Lobinell. tom. 3. Histor. Paris. pag. 287. col. 1. Statuta Collegii Narbon. ann. 1379. tom. 5. ejusd. Hist. pag. 668. col. 2. Statuta synodalia Ecclesiæ Cenoman. apud Martenium tom. 7. Ampl. Collect. col. 1387. Chronicon Parmense ad ann. 1308. apud Murator. tom. 9. col. 870. Chronicon Petri Azarii ad ann. 1331. apud eumdem Murator. tom. 16. col. 336. Statuta Montis-regalis pag. 168. et 170. Statuta Vercell. lib. 5. fol. 126. recto, Statuta Placentiæ lib. 4. fol. 46. verso, Statuta Cadubrii lib. 3. cap. 25. Vitam S. Bernardini, tom. 5. Maii pag. 305 *. Ludewig. tom. 8. Reliq. MSS. pag. 256. Menti Sermones fol. 187.]

De ejusmodi calonibus Castrensibus agunt etiam Scriptores nostrates non semel. Le Roman *de Garin* MS :

> N'a en la route, ne Ribaud ne garçon.

Guillelmus *Guiart* MS. vers. 1083 :

> Ribauz qui volentiers oidivent,
> Par coustume d'antiquité,
> Queurent aux murs de la cité,

Alibi. vers. 1419 :

> Ribauz ruent pierres cornuës,
> Qu'en fondes balançent et hoschent.

Idem Poeta :

> Bruient soudoiers et Ribaus,
> Qui de tout perdre sont si baus.

Idem ann. 1214. vers. 6635 :

> Ribaus qui de l'ost se departent,
> Par les chans çà et là s'espardent,
> Li uns une pilete porte,
> L'autre croc, ou maçue torte.

Mox de iisdem vers. 6647 :

> Communement sont mal vestus.

Denique anno 1304 :

> Leurs conrois par les chans devisent;
> Sans tenir conte de Ribaud.

Vetus Chronicon MS. sub ann. 1230. in Tabulario S. Maglorii Parisiensis :

> En tel point fu li Quens Thibaut,
> Qu'il ala nus come un Ribaut,
> Un autre Ribaut oveques lui
> Qui ne fut connu de nullui.

[Le Roman *de la Rose* MS :

> Nus n'est chaitis s'il nel cuide estre,
> Soit Roys, Chevaliers ou Ribaus;
> Mais Ribaus ont les cuers si baus,
> Portant sacs de charbon en Greve,
> Que la peine riens ne leur greve.]

RIBALDI, etiamnum nostris, Libidinosi ac Scortatores dicuntur, quod scilicet *Ribaldi* pro hominibus perditis, et scorta publica sectantibus haberentur; seu quod instituta in Regum nostrorum aula *Ribaldorum* cohors, de qua mox agemus, in ejusmodi ganeones, vel in scorta publica, quæ Regium Comitatum sectabantur, inquirerent, atque adeo cum lupanaria ingrederentur, ad capiendas meretrices, ipsasmet sibi conciliarent, et lenonum vices agerent. Gloss. Lat. Gall. : *Zelotypia, Ribaudie. Zelotypus, Jaloux, ou Ribaux. Lena, Ribalda, vel conciliatrix stupri.* Angli Lenones, *a bawd*, vocant, et obscœnas meretriciasque confabulationes, *Bawdry* et *Ribaldry*. Jo. de S. Victore lib. de Adversitate prosperitatis cap. 2 : *Est enim velut meretrix difformiter formosa, et pulchra turpiter, quæ lubricos et infames quosque parasitos atque Ribaldos ad suum amorem ob sui pulchritudinem allicit.* Concilium Parisiense ann. 1212. cap. 16 : *Ne... conventionem Ribaldorum ibi recipiant.* Concilium Mimociense ann. 1298. cap. 4 : *Uxores, quæ dimissis propriis viris adhærent suis adamatoribus aut Ribaldis. Clerici Ribaldi*, in Concilio Senonensi ann. 923. sub Galtero Archiep. cap. 13. in [altero Concilio Senonensi ann. 1239. apud Marten. tom. 7. Ampliss. Collect. col. 128. in Concilio Rotomag. ann. 1231. apud eumdem Marten. tom. 4. Anecdot. col. 177. et pag. 243. edit. in 4°. ubi pro *Ribaldi* legitur *Ribaudi;* in] Concilio apud Castrum Guntheri cap. 21. [Consuetudines Brageriaci art. 83 : *Item si quis bonus homo et boni status, propter importunitatem cujusdam vilis personæ motus, dixerit seu vocaverit dictam vilem personam, seu modici status, Ribaldam seu Ribaldum, latronem seu latronam, aut tales injurias verbosas in eos intulerit, dum tamen manus injectio non interveniat, talia verba et injuriæ minime reputabuntur.*] *Ribaldæ ancillæ*, apud Boherium Decis. 49. num. 2. Guill. *Guiart* ann. 1204. vers. 3152. :

> Houllier et Ribaud et paillart,
> Qui toujours la guerre commencent.

Ribaudie, Scortatio, meretricatus. Le Roman *d'Abladane* MS. : *Et sacies, que tout les bons compaignons, qui onques avoient mené Ribaudie en luxure en la cité d'Abladane, furent à cele feste, etc. Ribaldaglia*, meretricium, scortatio, apud Matth. Villaneum lib. 4. cap. 91. lib. 9. cap. 28.

* Unde *Ribaudie* et *Ribauderie*, meretricium, scortatio. Lit. remiss. ann. 1398. in Reg. 154. Chartoph. reg. ch. 147 : *Laquelle femme estoit publiquement diffamée de converser en Ribaudie, tant avec un jeune homme de ladite ville de Illiers, comme avec autre.* Stat. ann. 1254. in Reg. Cam. Comput. Paris. sign. *Pater* fol. 46. r° : *Qui louera maison à Ribaude ou recevra Ribauderie en sa maison, il soit tenu paier au baillif du lieu, ou au prévost, ou au juge, autant comme la pension vaut en un an.* Hinc etiam *Ribaudaille* nostri appellarunt vilissimos quosque homines. Lit. remiss. ann. 1390. in Reg. 138. ch. 231 : *Bernier dit, à Ribaudaille ne deingnez-vous parler. Villet respondit qu'ils n'estoient point Ribaudaille, et ne parloit point qui ne vouloit.*

RIBALDI. Apud Petrum Mariam Campum in Histor. Eccles. Placentinæ, in Regesto 2. part. num. 160. habetur *revocatio, facta per D. Gregorium PP. X. de consuetudine, quod solis Ribaldis dabatur eleemosyna in domo Papæ, in festo Carniprivii, qua statuit idem D. Gregorius PP. quod ejusmodi eleemosyna erogaretur pauperibus aliis communiter, et ipsis Ribaldis ad domum Papæ, in festo Carniprivii supradicto circa horam vesperam.* Videntur ii intelligi, quos vulgo *vagabonds* dicimus.

REX RIBALDORUM, dictus Minister in comitatu Regio, cujus munus erat in crimina, quæ in eo perpetrabantur, inquirere, ac de iis decernere et judicare : cujus quidem officii nomenclatura desiit regnante Carolo VI. sub quo, qui *Rex Ribaldorum* antea dicebatur, *Præpositus Hospitii Regis* postmodum appellatus est. Ita quidem Tillius, quod alii in dubium vocant, ac præsertim Miramontius in Tractatu de Præposito Hospitii, quem consule, si lubet. Id constat, ejusmodi Ministrum Regium jam notum sub Philippo Augusto. Nomina Prisionum in bello Bovinensi ann. 1214 : *Rogerus de Wafalia. Hunc habuit Rex Ribaldorum, quia dicebat se esse servientem.* Exhinc *Regis Ribaldorum* mentio passim occurrit in veteribus Tabulis ubi etiam de ejus officio ac juribus agitur. Computum Hospitii ann. 1312 : *Præpositus Regis Ribaldorum, qui duxit 4. valletos, qui vulneraverant, etc.* Statutum pro Hospitio Regis Philippi ann. 1317 : *Grasse-Joe Roi des Ribaux ne mangera point à court., mès il aura six denrées de pain,... et sera monté par l'escuerie, et se doit tenir tousjours hors la porte, et garder illec qu'il n'y entre que ceus, qui i doivent entrer.* Idem Statutum : *Item assavoir est que les Hussiers de salle, si tost comme l'en aura crié, Aux Queux, feront vuider la salle de toutes gens, fors ceus qui doivent mengier, et les doivent livrer à l'huys de la salle aux varlets de porte, et les varlez de porte aux Portiers : Et les Portiers doivent tenir la cour nette, et les livrer au Roy des Ribaux; et li Rois des Ribaux doit garder, que il n'entre plus à la porte, et cil qui sera trouvé defaillans sera pugny par le Maistre de l'hostel, qui servira la journée.* Carolus Pulcher Rex testamento suo ann. 1324. Regi Ribaldorum 20. et ejus Præposito 10. solidos legavit. Regestum Cameræ Comput. Paris. sign. B. incipiens ab ann. 1330. fol. 61. et 62 : *Les gens des Requestes du Palais imposent silence perpetuel à deux femmes, qui s'estoient pourveues contre un Arrest de la Chambre, à peine d'estre livrées au Roy des Ribauds, et d'estre punies comme infames.* Computum Hospitii Ducis Normanniæ et Aquitaniæ ann. 1388 : *Jean Guerin Roi des Ribaux pour les despens de lui, et de trois autres, en allant de Corbeul à Sedane mener Guillet, n'agueres Roi des Ribaux, et le Picardiau son Prevost, pour faires mettre iceux au pillori, etc.* Ex Aresto Parlamenti 16. Mart. 1404. docemur præterea, *que les vallets du Roy des Ribaux ne portoient verges, comme faisoient les Huissiers de la salle et Portiers de l'Hostel du Roy, et que les Maistres de l'Hostel du Roy avoient jurisdiction sur lesdits vallets du Roy des Ribaux.* Sed de *Regis Ribaldorum* officio audiendus in primis Butelerius in summa Rurali lib. 2. tit. 1. ubi de Præposito Marescallorum : *Item a ledit Prevost le jugement de tous les cas advenus en l'ost ou chevauchée du Roy, et le Roy des Ribaulx en a l'execution. Et s'il advenoit que aucun forface, qui soit mis à execution criminelle, le Prevost de son droit a l'or et l'argent de la ceinture au malfaiteur, et les Mareschaux ont le cheval, et les harnois, et tous autres hostils, se il y sont, reservé les draps et les habits quels qu'ils soient, et dont ils soient vestus, qui sont au Roy des Ribaulx, qui en fait l'execution. Le Roy des Ribaulx si se fait toutefois, que le Roy va en ost ou en chevauchée, appeller l'executeur des sentences et commandement des Mareschaux et de leurs Prevost. Le Roy des Ribaulx a de son droit, à cause de son Office, connoissance sur tous jeux de dez, de berlens, et d'autres, qu'il se font en ost et chevauchée du Roy. Item sur tous les logis des bourdeaulx, et des femmes bourdelieres, doit avoir deux sols la sepmaine. Item a l'execution des crimes, de son droit, les vestemens des executez par justice criminellement.*

Quod vero ad jurisdictionem Regis Ribaldorum in scorta publica, exstat in hanc rem insigne satis monumentum in Regesto Chart. signat. 117. ann. 1380. num. 176. quod hisce verbis concipitur : *Remissio pro Petro et Stefano Calce fratribus, ac Cola dicti Petri uxore, de terra Bellijoci, exponentibus, quod Antonius de Sagiaco se gerens pro Ribaldo, et se dicens de ordine seu de statu Goliardorum, seu Buffonum, et ad causam hujusmodi super qualibet muliere uxorata adulterante, sibi competere et posse exigere quinque solidos, et pro eisdem dictam talem mulierem de suo tripede pignorare, de talique et alio vili questu, quem sub umbra ribaldiæ, goliardiæ seu buffoniæ hujusmodi a simplicibus mulieribus licet probis, ac in tabernis, quas frequentabat, et alias inhoneste petebat et procurabat sibi dari, vivebat, die quadam venit ad Colam prædictam, et ei contra veritatem imponens, quod ipsa cum alio quam viro accubuerat, petiit ab ea quinque solidos hac occasione sibi dari, alioquin pro eis ipsam pignoraret de suo tripede, ut dicebat. Anno 1380. mense Aprili post Pascha.*

* Minister in comitatu regio, qui non de criminibus judicabat, sed judicia in reos lata exsequenda committebat vel ipsemet exsequebatur; idem proinde prima acceptione atque ille, quem in exercitu *Prévot* appellamus; altera vero cum carnifice, vulgo *Bourreau* confunditur. Quibus notionibus apte conveniunt quæ laudantur a Cangio, quas rursum confirmant quæ sequuntur. Vadia offic. reg. ann. 1328. ex Reg. Cam. Comput. Paris. sign. *Noster* fol. 407. v° : *Rex ribaldorum seu borrellus Tholosæ tunc, per annum xxvij. lib. vij. sol. vj. den.* Lit. Phil. VI. ann. 1335. in Reg. 69. Chartoph. reg. ch. 264 : *Item quod Guillelmus Taverno, occasione præmissorum* (furtorum) *per magistrum Johannem Rasimbaudi judicem communem curiæ dicti loci sententialiter condemnatus fuisset ad fustigandum cum verberibus, et ad amissionem auris sinistræ .... Assumpto per eum et dictis suis complicibus carnifice, sive vocato vulgariter Rogue Ribaldorum, Lodone dictum Guillelmum adduxerunt.*

* Idem præterea probant jura et jurisdictio *Regis ribaldorum* in scorta publica, simul et in ludos aleatorios; quæ jura carnifici attribui solebant, ut videre est supra in *Ludus.* Consuet. Camerac. MSS : *Ce sont les droits du Roy des ribaux en Cambray* 1°. *ledit Roy doit avoir, prendre, cueillir et recepvoir sur chascune femme, qui s'accompagne de homme carnelement, en wagnant son argent, pour tant qu'elle ait tenu ou tiengne maison à lowage en la cité, cinq solz Parisis pour une fois. Item sur toutes femmes qui viennent en le cité, qui sont de l'ordonnance pour la premiere fois, deux solz Tournois. Item sur chascune femme de ledite ordonnance, qui se remüe et va demourer de maisons ou de estuves en aultre, ou qui va hors de le ville et demeure une nuit, douze deniers, touttes fois que le cas y esquiet. Item doit avoir une table et breleng à par lui sur un des fiefs du palais, ou en telle place que au bailli plaira ordonner.*

De vocis *Ribaud* etymo, multa multi dixere. Quidam a *Baud*, Anglico, Leno : Acarisius, a *Raubare*, vel a *Rebellis*, deducunt. Heuschenius ad Vitam S. Richardi Episcopi Cicestrensis a Germanico *Rue*, otium, vel *Raub*, præda. Vide Oct. Ferrarium in Originibus Italicis.

☞ Carolo de Aquino certum est, ut eruditi viri verbis utar, vocem esse originis Latinæ a verbo *Rapio*, ex quo verbum *Raubare*, atque adeo *Robare* et postea *Robbare* apud Latino-barbaros : præsertim, inquit, cum admodum frequenter *Ribaldi* apud Etruscos dicantur *Rubaldi*, nimirum a *Raubando* vel *Rubbando*, hoc est, furta et latrocinia exercendo. Chronicon Mutinense apud Muratorium tom. 15. col. 600 : *Theutonici, sive compagna, quorum caput et dux erat Dux Guarnerius et Marescallus, et fuerunt numero tria millia quingentæ barbutæ et mille meretrices, ragazii et Rubaldi, satis venerunt in districtu Mutinæ, et castrametati sunt in villa Colombarii.*

Incertum porro an a *Ribaldis*, de quibus egimus, indita fuerit eadem nomenclatura, nescio cui currus speciei, quem *Ribaud* pariter vocat Philippus *Mouskes* in Historia Franciæ MS. in Philippo Augusto :

> Karaites ont quises, et cars,
> Bourouaites, Ribaus, soumiers,
> Roucis, et jumens, et coliers.

Ribaudeau vocat Froissartes 2. vol. cap. 97. ubi describitur : *Quand celui disner fut passé, il se mirent en ordonnance, et se retirerent tous entre leurs Ribaudeaux. Ces Ribaudeaux sont brouettes hautes, bandées de fer en la pointe, qu'ils souloient par usage mener et bouter avec eux. Ils les arouterent donc devant la bataille, et là dedans s'enclouierent. Ribaudequins* appellant Georgius Castellanus in Hist. Jacobi Lalani cap. 94. et J. Molinetus fol. 96. v. [Vide *Ribaudequinus.*]

¶ Ribaldisare, Ribaldorum more vivere. Rultzingus in Historia Monasterii Hilgenthal. apud Leibnitium tom. 2. Scriptor. Brunsvic. pag. 386 : *Nolunt sub disciplina monastica regi, sed potius insolescere et Ribaldisare, pœnas ordinis non timentes, etc.*

* Hinc Gallicum *Ribler*, Libidinari, scortari. Lit. remiss. ann. 1424. in Reg. 172. Chartoph. reg. ch. 671 : *Lequel frere Thomas s'estoit parti par pluseurs foiz de l'abbaie de Sées et alé Ribler et en lieux dissoluz.* Aliæ ann. 1480. in Reg. 207. ch. 43 : *Les compaignons de la ville de Bressuyre avoient entreprins de Ribler icelle jeune femme.* Unde *Ribleux*, Scortator, libidinosus, et *Riblerie*, scortatio, meretricatus. Lit. remiss. ann. 1459. in Reg. 190. ch. 54 : *Le curé de Fontaines sur Boutonne ou pays de Poittou, qui estoit Ribleux, putenier et homme de très-mauvaise vie.* Aliæ ejusd. ann. in Reg. 188. ch. 96 : *Vous avez en ceste ville* (d'Estampes) *quatre ou cinq mauvais garsons, qui font plusieurs Ribleries, noises et debatz. Riber* vero, pro liberius jocari, lascivire. Lit. remiss. ann. 1378. in Reg. 113. ch. 172 : *Icellui suppliant et Marguerite de l'aage de xiiij. ans.... commencerent à esbatre et jouer par amours et sans villenie l'un à l'autre; et avint que en euls jouant et Ribant dessus ledit tas de foing, etc.* Aliæ ann. 1385. in Reg. 126. ch. 255 : *Comme par pluseurs foiz Thomassin Poret eust Ribé à la sueur dudit Willemot desordenément, et pour ce que il ne la vouloit laissier en paix, et afin que il se deportast, icellui Willemont lui eust dit que il n'estoit pas bien courtois de ainsi Riber et se jouer deshonnestement à sadicte sueur et en sa présence.*

* **RIBALDIFUGUM**, Hora matutina, quæ sono campanæ indicatur; sic fortasse dicta, quod luce adveniente pulsaretur, quo tempore *Ribaldi* seu ganeones in sua receptacula confugiunt. Necrol. Rotomag. ex Cod. reg. 5196. fol. 71. v° : *Eodem die* (prima Octobris) *habent canonici proventus vicecomitatus aquæ Rothomagensis, quicumque sint vel possint venire, a Ribaldifugo mane in vigilia prædictæ dedicationis, usque ad Ri-*

baldifugum mane in crastino dedicationis.

¶ **RIBAND**, Vitta, tænia, Gallis *Ruban*, Angl. *Riband* et *Ribbon*. Monasticum Anglic. tom. 3. pag. 109 : *Item mitra de albo serico cum Riband de auro.* Supra legitur *Reband.*

¶ **Ribans**, Eadem significatione. Consilium Civitatis Massiliensis ann. 1381 : *Statuit, quod nulla mulier aliqua audeat de cetero seu presumat, cujuscumque sit conditionis, preeminentie vel status, portare garlandellum... nec Ribans sive fres auri argenti seu perlarum deferre in capuciis, etc.*

¶ **Ribanus**, Eadem notione. Consilium aliud Massil. incerti anni, ex Schedis D. *le Fournier* : *Nullus homo cujuscumque conditionis exstat in civitate Massilie de cetero portare audeat supertunicale.... nec in capuciis Ribanum de auro, argento, cirico aut parlis, nisi sit Miles.*

¶ **RIBASSIUM**, Excelsa ripa, Provincialibus *Ribas*. Charta Maurini Abbatis Vallis-sanctæ Diœcesis Aptensis ann. 1509. ex Schedis Præsidis *de Mazaugues* : *Et ab alia parte ascendendo per planam dicti tenementi, sive affaris, usque ad Ribassium, sive terram pendentem.* Et infra : *Sequendo planam et Ribassium ejusdem planæ et nemoris usque ad partitam territorii loci de Bannone.*

¶ **RIBATICUM**, Ribatgium, etc. Tributum in ripis exsolvendum. Vide *Ripaticum* 2.

¶ **RIBATICUS**, Idem quod infra *Riparia*, Ripa, littus. Charta Eboli Comitis Pictav. ann. 25. Caroli Franc. Regis, apud Stephanotium tom. 3. Antiq. Benedict. Pictav. pag. 342 : *Concessimus de nostro, ut dictum est, beneficio eidem viro Rotardo Abati* (Nobiliaci) *unum Ribaticum,... situm in pago Toarcinse, in villa quæ dicitur Solniacus, omnino sicut ipse Ribaticus adjacet cum aquis aquarumve decursibus, vel locis palustribus, etc.* Vide *Ribugium* et *Ripaticum* 1.

* **RIBAUDELRIUS**, Currus species falcibus armati. Joan. Germ. episc. Cabilon. in Phil. III. apud Ludewig. tom. 11. Reliq. MSS. pag. 111 : *Currus falcatos quos Ribaudelrios appellant, etc. Ribaudeau*, apud Froissart. 2. vol. cap. 97. Vide in *Ribaldi.*

¶ **RIBAUDEQUINUS**, Species tormenti bellici, Gall. *Ribaudequin*. Miracula B. Petri Alamandi Archiep. Arelat. apud Stephanot. tom. 10. Fragm. Histor. MSS. pag. 309 : *Exercitus dicti domini Dalphini posuit obsidium coram prædicta villa, et eo exeunte super meniis causa deffensionis prædictæ villæ, fuit ejectus unus lapis magnæ colubrinæ, alias Ribaudequin, etc.* Epistola Guillelmi *Cousinet* ad Gastonem IV. Comitem Fuxensem ann. 1449. apud Marten. tom. 1. Anecd. col. 1815 : *Auquel lieu ils avoient mis tous leurs Ribansdesquins*, (l. *Ribausdesquins*) *et leur artillerie qu'ils appelloient leur ordonnance, et fortifierent tellement ledit lieu, etc.* Vide *Ribaudeau* in *Ribaldi* et Borellum in Thesauro v. *Ribaudequins.*

** Comment. Petri Fenini in Carol. VI. pag. 450. ad ann. 1410 : *Le duc Jean avoit à sa suite plusieurs petits charrois, où y avoit sur chacun deux petits canons, qu'on nommait Ribaudequins, etc.* A curru ejusdem nominis, quo vehebatur, nomenclaturam traxisse videtur istud tormentum bellicum. Monstrel. vol. 1. cap. 78 : *Douze mille chars que charrettes, et très-grand nombre de Ribaudequins, ausquels failloit pour les mener à chacun un cheval; et estoient iceux Ribaudequins, habillemens qui se portoient sur deux roez.*

¶ **RIBAUDI**. Vide supra *Ribaldi.*

* **RIBAYRAGIUM**, idem quod supra *Ribatgium*. Instr. ann. 1409. inter Probat. tom. 3. Hist. Nem. pag. 199. col. 2 : *De dicto molendino singulis annis et de censu solebat percipere viginti sestaria tosellæ, et pro Ribayragio tresdecim solidos Turonenses.*

¶ 1. **RIBERA**, Idem quod infra *Rivera*, Rivus, fluvius, Gall. *Riviere*. Charta ann. 1067. Marcæ Hispan. col. 1133. et in Probat. novæ Hist. Occitan. tom. 2. col. 257 : *Item evacuamus et diffinimus et gurpimus vobis prædictis Comiti et Comitissæ totos molendinos, et molendinariis, et ipsa Ribera cum suis caputaquis et pertinentiis, et pratis, et pascuis, et pasturas, etc.* Vide *Riparia.*

* 2. **RIBERA**, Ripa, idem quod *Ripera* in *Riparia*. Chartul. magn. S. Vict. Massil. : *Donamus et vendimus terram, quam habemus in locum, quem vocant Quart, quæ est in Ribera de Vuelna.*

RIBERIA, Ribeyralia. Vide *Riparia.*

* **RIBOLARIA**, f. Via, iter. Charta ann. 1263. in Reg. 66. Chartoph. reg. ch. 884 : *Quod clausum protenditur per juxta Ribolariam, usque ad crucem dominæ de Alneto.*

¶ **RIBUARIUS**. Vide *Ripuarius.*

¶ **RIBULUS**. Rivulus. Vide in *Rigus.*

¶ **RIBUS**, Rivus, Gall. *Ruisseau*. Mabillonius tom. 2. Annal. Benedict. pag. 250. ad ann. 780. laudat Placitum authenticum, in quo dicitur Anianus Abbas cum suis monachis deservire *S. Johannis Exequariensis, vel S. Petri et Pauli monasteriis, quæ ædificavit supra dictus Anianus cum fratribus suis supra Ribo Argentodublo, in villa Cannense, quæ ab antiquo dicebatur Bufintis.* Moretus in Antiquitatibus Navarræ pag. 300. et 301. hæc veteris Chartæ verba : *Et inde vadit contra Ribo de Canlo*, reddit : *Y de alli torre contra el Arroyo de Canlo.* Est autem *Arroyo* Rivulus apud Hispanos.

* **RICALCARE**, Vineam ultimum colere, idem quod supra *Recusare*. Acta MSS. notar. Senens. ad ann. 1281. ex Cod. reg. 4725. fol. 10. v° : *Promittimus.... dictam vineam putare, palare, ligare, assappare et Ricalcare ad modum et consuetudinem boni laboratoris.* Nisi idem sit quod *Recalcire*, Sarrire, Gall. *Sarcler.*

¶ **RICAMUM**, Opus acu pictum, Italis *Ricamo*, nostris *Broderie*. Translatio S. Antonini, tom. 1. SS. Maii pag. 768 : *Dictum sanctum Corpus planeta ex ermisino rubeo similiter confecta, et peniculamentis aureis cum Ricamis canatigliæ aureis et argenteis intertexta... dominus Cardinalis vestivit.*

¶ **RICCIUS**, Riccus. Vide *Rici homines.*

RICELLUS, Species panni pretiosi. Rollandinus in Chronico lib. 1. cap. 13 : *Fuit etiam castrum talibus munitionibus undique præmunitum, scilicet variis, et griseis, et cendatis, purpuris, samitis, et Ricellis, scarletis, baldachinis, et armerinis.*

* **RICHARDI**, Mercatores Italici. Charta ann. 1281. in Reg. Conestab. Burdeg. fol. 210 : *Fateor me recepisse a mercatoribus Lucanis de societate Richardorum, etc.* Eorumdem mentio occurrit in Charta Girardi episc. Augustod. ann. 1264. ex Reg. feud. Burgund. part. 2. fol. 6.

¶ **RICHER-Homines**, Richi Homines. Vide mox *Rici homines.*

* **RICHIESTA**, idem videtur quod *Requesta* 1. Libellus supplex. Lit. procurat. ann. 1314. in Reg. 53. Chartoph. reg. ch. 6 : *Ad faciendum denunciationes et protestationes quaslibet et Richiestas, acta et processus. Rinchiesta*, pro *Richiesta*, legitur in aliis ann. 1307. ex Reg. 45. ch. 61.

RICHINUS. Vide supra *Rechinus.*

¶ **RICHTRONES**, Judices, seu, ut habet Ludewigus in Indice, Assessores judicis, scilicet a Germanico *Richter*, Judex, prætor, etc. Leges Frederici Imp. ann. 1156. pro Wormatia, apud laudatum Ludewig. tom. 2. Reliq. MSS. pag. 195 : *Super integritate itaque hujus pacis conservanda primos et præcipuos adjutores et consiliarios habere debetis, videlicet Wernerum de Boland vicedominum, Richtrones Scultetum præfectum et judices de civitate, qui nos pariter præcedant, et si quid contra pacem hanc factum fuerit, sicut imperium decet et justitiarii honorem ac commodum civitatis, nobiscum emendant et ulciscantur.* [** Schannat. Histor. Episc. Wormat. Cod. Prob. pag. 78 : *... Wernh. de Bonlant vicedominum, Buzzonem scultetum, præfectum et judices de civitate, qui vos pariter protegant etc.*]

* **RICHUS**, perperam pro *Rochus*, Vestis linea ecclesiasticorum. Parid. de Grassis Cerem. capell. papal. MS. : *Officiales, id est, subdiaconi, auditores, clerici cameræ et accolyti ante eam aulam, quam paramenti cameram appellant, super lineis Richis sive rochetis lineas tunicas, quas vulgo cottas sive superpellicia vocant, induunt.* Vide *Roccus* 1.

RICI Homines, id est *divites*, ita dicti præcipuæ nobilitatis Proceres apud Aragonenses quos alii vulgo *Barones* vocant, de quibus pluribus egimus ad Joinvillam pag. 51. ubi docuimus, eadem ferme nomenclatura nostros donasse Barones ipsos, quos *Riches hommes* vulgo vocabant. Leges Alfonsinæ part. 4. tit. 25. lege 10 : *Ricos omes, segund costumbre de España, son llamados los que en las otras tierras dizen Condes, o Barones.* Vitalis Episcopus Oscensis : *Barones autem quasi boni homines, a Bar, quod idem est quod Beatus, et Ones, quod idem est quod homines, etc. qui etiam Rici, id est, divites, sunt vocati. Horum talis est conditio : Quod quam cito aliquis Mesnadarius a Domino Rege honorem fuerit consecutus, ad numerum Militum sustentandum, Ricus homo fit postea, sive Baro.* Michael *del Molino* in suo Repertorio : *Ricus homo, secundum Foros Aragonum, dicitur ille, qui est dominus alicujus Varoniæ.* Mox addit : *Non tamen intelligas, quod dicitur Ricus homo, secundum Foros, ille, qui plures habet pecunias, sed ut superdictum est : et adde, quia omnes magnates, puta Comites, Duces, Marchiones et Vicecomites dicuntur Rici homines, secundum Foristas : quia isti communiter habent plures Varonias, et sunt plus quam Varones.* [Testamentum Jacobi Regis Aragon. ann. 1272. tom. 9. Spicil. Achèr. pag. 247 : *Diximus domno Ferrando olim patruo nostro, et Episcopis, necnon et Richis hominibus et Militibus, quos ibi populaveramus, qui erant inter omnes* CCCLXXX. *Milites, etc.* Literæ ejusdem Regis ann. 1276. apud Marten. tom. 1. Anecdot. col. 1155 : *Jacobus Dei gratia Rex Aragonum.... viris nobilibus et dilectis Richis hominibus, Castellanis feudatariis, Militibus terræ Majoricarum et regni ejusdem, salutem et gratiam. Adhibito consilio Richerhominum*, forte mendose pro *Richorum hominum*, in Literis Petri Regis Aragon. ann. 1282. apud Rymer. tom. 2. pag. 208.] De Ricis hominibus in Aragonia, multa habent Observantiæ Regni Aragon. lib. 6. tit. de Conditione Infantionatus. *Riches hommes*, apud nostros. Guill. *Guiart* ann. 1302 :

O ceus que nous ramentevomes,
Grant pleuté d'autres Riches hommes.

Idem ann. 1304 :

Li Riche homme communement
Refont en l'eure sans atendre
De toutes pars leurs tentes tendre.

Divites, in Legibus Edwardi Confessor. cap. 29. et apud Henricum Rebdorffensem ann. 1347.

Constat porro vocem *Rico*, apud Hispanos, ut *Riik* apud Germanos, et *Riche*, apud nostros, ortam a Septentrionalibus populis, quibus familiarem fuisse ostendunt plane virorum apud illos illustrium nomina, quæ in *ric* desinunt, ut *Theodoricus*, *Alaricus*, etc. de cujus tamen vi non una est sententia. Videtur enim *fortem* interpretari Fortunatus lib. 8. Poem. 1 :

Chilperice potens, si interpres barbarus adsit,
Adjutor fortis, hoc quoque nomen habet.

Alii *divitem*, ut Philippus Eystetensis in in Vita S. Willibaldi cap. 11 : *O beate Richarde, qui valde dives Latina lingua interpretaris.* Conradus Uspergensis anno 1152. de Friderico I. Imper. : *Cum ex nominis sui interpretatione Pacis dives vocitaretur.* Vita MS. S. Gaugerici Episc. Camerac. lib. 1. cap. 1 : *Dignum itaque et congruum valde fuit, ut veri gaudii, quantum quidem ad rusticam linguam, Riccitatem adeptus, in Ricco etiam et gaudenti oppido nasceretur.* Smaragdus ad Donati Partes, *Rich*, potentem semper interpretatur v. g. : *Helperich, adjutorium potens : Altrich, senex potens : Artrich, durus potens, etc.* [Vide Schilteri Glossarium Teutonicum v. *Ric.*] [** Graff. Thesaur. Ling. Franc. tom. 2. col. 387. voce *Richi.*]

* 1. **RICIARE**, Inserere. Stat. synod. eccl. Tornac. ann. 1366. pag. 18. art. 9 : *Item clericus vel sacerdos non faciat aperturas sub assellas in tunica linea vel superpellicio, quibus Riciantur brachia sine manicis tunicæ lineæ vel superpellicii in ministerio altaris.*

* 2. **RICIARE**, Vox passerum. Vide supra in *Baulare.*

¶ **RICINOSUS**, Φθειράριος, ἐπὶ ἀλόγου ζώου, in Glossis Lat. Gr. et Gr. Lat. In his mox additur : Φθειράριος, *Peduculosus. Ricinus*, unde *Ricinosus*, est vermiculus seu pediculus animalibus variis infestus : pro quo, ut obiter moneam, multi *Redivus* male legerunt apud Columellam lib. 6. cap. 2 : *Ut Redivi, qui plerumque seminibus inhærent, eximantur.* Legendum enim *Ricini*, ut Vossius observat lib. 1. de Vitiis serm. cap. 8.

RICIUM. Fragmentum Petronii : *In alio pedicellum vides, in te Ricium non vides* f. *Vitium*, [*Ricinumve.*]

* Legendum haud dubie *Ricinum*, ut emendant Reinesius aliique.

RICLINUM. Vide *Rechinus.*

* **RICOMO**, unica voce, Hisp. *Rico home*, Vir nobilis et præpotens, idem qui nostris *Baro.* Charta Sancii reg. Navar. pro incolis de Larraga æra 1246. in Reg. 64. Chartoph. reg. ch. 68 : *Donent ad Ricominem, qui tenuerit honorem per manum meam ad rationem de viginti caverias ...... Quod non peccent ad Ricominem, neque ad ullum hominem villam* (ullam) *noveriam, neque carnale, etc. Concedo eis etiam pro foro, quod non habeant alium seniorem, neque præstamerum, nisi Ricominem, qui villam tenuerit per manum meum.* Vide *Rici Homines.*

* **RICOMPRAMENTUM**, vox Italica, Redemptio, recuperatio. Inquisit. ann. 1205. apud Murator. tom. 4. Antiq. Ital. med. ævi col. 582 : *De Ricompramento, quod Montepulcianenses fecerunt a Machario, dicit idem quod Ubertus Gualandelli. Nero juratus dicit idem quod Jacopus, excepto quod non dicit de Ricompramento.* Vide supra *Recomperare.*

¶ **RICOPIARE**, apud Italos, Iterum exscribere, Gall. *Recopier. Incipit Vita B. Patris fr. Francisci de Fabriano collecta per venerandum P. fr. Dominicum Bonaventuram Fessis de Fabriano.... Ricopiata vero et exarata per me, fr. Dominicum Johannis Mariani de Fabriano*, in Actis SS. Aprilis tom. 3. pag. 984.

¶ **RICORDA**, Tributi species, de quo in *Corda* 2. Concordia ann. 1241. apud Acherium tom. 10. Spicil. pag. 181 : *Cum controversia verteretur inter illustrem dominum Jacobum Dei gratia Regem Aragonum.... et venerabilem Johannem eadem gratia Magalonensem Episcopum.... super sexterali, Ricorda, ferro, pondere et cuppis, et sacramento fidelitatis, et exercitu hominum habitantium in parte Episcopi, etc.* Idem esse *Ricordam* et *Cordam* patet ex subsequentibus pag. 182 : *Habeat insuper dominus Rex in perpetuum sexterale, Cordam, ferrum, pondus, leidas et cuppas partis ipsius Episcopi.*

¶ **RICORDUM**, Italis *Ricordo*, Memorialis liber, commentarius. Acta B. Torelli Puppiensis, tom. 2. Martii pag. 500 : *Memoria et Ricordum de mandato admodum reverendi in Christo patris domni Arsenii Crudelii de Puppio in sacra Theologia Magistri.*

¶ **RICREDUTUS.** Vide *Recrediti.*

¶ **RICTARE** dicuntur Leopardi juxta Spartianum in Geta cap. 5 : *Leopardi Rictant, elephanti barriunt.*

¶ **RICTARIUS.** Vide *Ruta* in *Rumpere.*

RICTINARES, Μυκτῆρες. Ita habent Glossæ Græc. Lat. MSS. ubi editæ, *hæ nares, singulare non habet.* Infra : Μύσαξ, *Rictus.*

RICULA, *Mitra virginalis capitis*, in Glossis Arabico-Lat. Forte *Reticula.* Vide in hac voce.

☞ Retinendum esse *Ricula* patet ex hoc Turpilii loco apud Nonium : *Interea aspexi virginem injectam in capite Riculam indutam ostrinam.* Est autem *Ricula* diminutivum a *Rica*, Flammeum virgineum, apud Varronem lib. 4. de Lingua Lat. et apud Festum. Hinc emendandus Isidorus lib. 19. Orig. cap. 31. ubi male : *Rigula*, pro *Ricula*, *est mitra virginalis capitis.*

RICULUS, Joan. Bromptonus in Ricardo I : *Camelorum vero et dromedariorum onera portantium ad 4700. numerus æstimabatur. Multitudo vero Riculorum et asinorum, onerariorum sub numero leviter non cadebant.* Quidam emendant *curriculorum*; malim *vehiculorum.*

¶ **RICUS** Homo. Vide *Rici homines.*

* **RIDATUS**, ut infra *Rigatus*, si tamen bene lectum est. Necrol. vet. MS. eccl. Carnot. : *Petrus de Castra cancellarius Carnotensis ecclesiæ qui legavit .... quamdam albam de tela Ridata, paratam paramentis listatis.* Nisi idem sit quod *Rista.* Vide infra in hac voce.

RIDELLUS, Cortina, ex Gallico *Rideau.* Monasticum Anglic. tom. 3. part. 2 : *Tres capæ ejusdem sectæ, cum toto apparatu altaris, sine Ridello.* Occurrit ibi pluries.

¶ **RIDICULARI**, Deridere. Glossæ Lat. Græc. et Græc. Lat. : *Ridiculare*, καταγέλασον.

¶ **RIDICULARIS**, pro Ridiculus, jocosus, improbat Vossius lib. 3. de Vitiis serm. cap. 43.

RIDICULARIUS, Ridiculus. Gellius lib. 4. cap. 20 : *Cavillator, et canicula, et nimis Ridicularius fuit. Ridicularia fundere*, dixit Cato apud Macrobium Saturn. 3. cap. 14.

¶ **RIDICULOSE**, Jocose. Vita S. Bardonis Archiep. Mogunt. sæc. 6. Benedict. part. 2. pag. 8 : *Quibus sanctus Pater jucunde, et, ut ita dicam, Ridiculose, respondit : Adhuc, inquit, cum Rex stultus veniet et nullum antistare volentem inveniet, forsitan me constituet Antistitem.*

¶ **RIDICULOSUS**, Ridiculus, apud Arnobium lib. 5. S. Hieronymus lib. 3. adv. Rufinum cap. 4. *Ridiculosus* a *Riduculus* distinguit : *Non Ridiculosa, ut scribis*, inquit, *sed ridicula mihi forte res accidit.* Superlativo *Ridiculosissimus* usus est Plautus Stich. act. 2. sc. 2. v. 64. Risum deberet, qui in seria uteretur oratione, judice Vossio lib. 1. de Vitiis serm. cap. 17.

RIEDRA, **REDRA**, **REDRARE** voces fori Aragonici. Fori Oscæ ann. 1247. sub Jacobo I. Rege Aragon : *Etiam qui interrogat, secundum Forum, potest demandare fidantiam ad demandatorem de Riedra, ut nunquam magis se reclamet ad chartam, quantum ad illam demandam, quam tunc facit.* Fol. 11 : *Et postea qui conqueritur, debet dare fidantiam de Redra, qui Redret conquerentem. Dare fidantiam de Redra*, vel *Riedra*, in Foris Aragon. fol. 95. v. edit. 1624. *Fidantia tam juris quam de Riedra*, fol. 147. v°. Occurrit non semel.

RIEFLARE, Per vim auferre, rapere, ex Saxonico riefian, spoliare, rapere, *naubare*, nostris *Dérober.* Nam vox formata ex reaf, et rief, vestis, indumentum, quæ et spolium et rapinam significat. Hinc Anglis *Rifling*, populatio, nostris *Rafle*, direptio. Leges Henrici I. Regis Angliæ cap. 57 : *Quod si de manifestis et confessis* *agatur, ubi quis peccavit, ibi rectum faciat, vel de suo ad valens forisfacti pro in borgo retineantur, considerate scilicet, et coram testibus, et ratione hoc, non furore fiat, ne Rieflatum reputetur, et justitia repetentis in injustitiam convertatur.... Sæpe enim contingit, ut hoc modo depositum pro furto et Rieflato, et quoquomodo defraudato, postea fuerit intentiatum* (f. intertiatum) *et ad hoc denique comprobatum.*

* Hinc *Riflart* appellatus Apparitor, cui a judice mandatum est, ut manum alicui aut in res injiciat. Lit. remiss. ann. 1457. in Reg. 187. Chartoph. reg. ch. 295 : *Vint incontinent à la notice du suppliant.... qu'il y avoit deux Riflars en l'ostel de Bonnet, qui avoient un mandement pour le prendre au corps.*

* **RIELLE**, Porcellus, junior porcus. Glossar. Provinc. Lat. ex Cod. reg. 7657 : *Porquet, Prov. Rielle, is. Rille,* Frustum porcinum, in Lit. remiss. ann. 1480. ex Reg. 207. Chartoph. reg. ch. 4. *Rilles et oreilles de porceaux, etc.* Vide an non idem sit quod *Ru* infra in *Rucengia.*

¶ **RIENOSUS.** Vide *Renitiosus.*

RIESA, Nostris *Riez, terres non labourées* : quasi *Resides terræ*, ut quidam censent : at Consuetudo Herliacensis art. 4. indicat ita dictas, quasi *rejectas*, et direlictas, *terres abandonnées*, dum eas vocat *terres demeurées à rejets. Agri deserti*, in lege 12. Cod. Th. de Ann. et trib. (11,1) *Centuriæ desertæ*, in leg. 10. eodem. *Deserta et squalida loca*, in leg. 2. et 12. eod. Cod. de Indulg. debit. (11,28.) *Inutiles, defectivi*, in leg. 3. eod. Cod. de Exaction. (11,7.) Apud Aggenum de Limitib. agror. dicuntur *Relicta loca*, quæ sive iniquitate locorum assignari nequiverunt, sive ex voluntate conditoris, hoc est, mensoris relicta, limites minime acceperunt : vel denique quæ vis aquæ obtinuit. Quæ quidem loca plerumque proximi possessores invadunt, et opportunitate loci irritati agrum obtinent, etc. Charta Hugonis *de Montcornet* anni 1222. in Tabulario Fusniacensi : *Pasturare poterunt, per omnia nemora mea, exceptis quibusdam locis, quæ vulgo dicuntur Rieses.... In prædictis vero Riesis pasturare non poterunt.* Ibidem : *In Riesis meis dedi et concessi annuatim eisdem decem cartatas feni. Riez et pasturages*, in Consuetud. Bononiensi art. 133. *Laisser les terres en Riets*, in Atrebatensi veteri art. 39. 62. [Vide *Resa* 2.]

* Terræ incultæ. Charta ann. 1298. in Chartul. Mont. S. Mart. part. 1 : *Sive dictæ terræ remaneant en Riés, sive sint bene et competenter cultæ et seminatæ, sive non, etc. Cinq camps de terre en Riés et non valoir*, in Reg. Corb. 13. sign. *Habacuc* ad ann. 1509. fol. 9. v°. *Riepe*, eadem, ni fallor, notione, in Charta Rich. dom. de Dampetra ann. 1281. ex Chartul. eccl. Lingon. fol. 39. v° : *Les Riepes de Montoz, où il hay plain et bois, et y ha sires de Montoz justice et signorie, et la tierce et le quart de deme suis lesdites Riepes.*

RIFFLETUM. Monasticum Anglic. tom. 1. pag. 326 : *Et totam terram Warini de Wacy, quam mater mea eis ante dederat, et messuagium ejus, cum duobus Riffletis circumjacentibus.* Vide *Refletum.*

* Virgetum : nam *Riffle* dixerunt nostri, pro *Baguette, houssine*, Virga. Lit. remiss. ann. 1407. in Reg. 161. Chartoph. reg. ch. 357 : *Jehan Morel tira icellui Chardin jus dessus son cheval, et lui donna de une Riffle de saulx qu'il portoit.* Haud scio an eadem notione, in Comput. fabr. S. Petri Insul. ann. 1367. ex Tabul. ejusd. eccl. : *Item pro ij. Riffles, ij. sol.*

* **RIFFLURA**, Levis plaga in cute, ex Gallico *Rifflure* : illud vero forte ex *Riefflare*, de quo supra, rapere, ita ut *Rifflura* sit eorum, quibus caro leviter *rapiatur*, ac velitur. Bracton. lib. 3. tract. 2. cap. 23. § 2 : *Utrum ibi sit plaga vel Rifflura*, ad hoc quod procedat duellum. Cap. 24. § 2. *Ruffura* scribitur, et in Fleta lib. 1. cap. 41. § 3.

* Vulgo *Eraflure*, alias *Riffleure.* Lit. remiss. ann. 1389. in Reg. 138. Chartoph. reg. ch. 65 : *Il a confessé avoir eu riote avec un autre pauvre homme, ... lequel il fery d'un petit coustel un coup à la cuisse, dont il lui fit une Riffleure tant seulement.*

RIFFO, Monetæ species, in Charta ann. 1195. apud Nicol. Chorjerium, qua quidam Girardus vendit Ecclesiæ Viennensi, quidquid possidebat Viennæ *centum Riffonibus, datis inde septem libris* : unde colligit idem Chorjerius, centum *Riffones* septem libras confecisse. Forte fuit Moneta Monasterii S. Ruffi Valentiæ cavarum, ita ut legendum fuerit *Ruffonibus.*

¶ **RIFORMA**, Vox Italica, Reformatio, Gallice *Reforme*, Severioris disciplinæ restitutio in cœtibus Religiosis. Processus de B. Jacobo Bitectensi, tom. 3. Aprilis pag. 528 : *Joannem a Coriliano Ordinis Minorum strictioris observantiæ in provincia et Riforma S. Nicolai ministrum provincialem.*

1. **RIGA**, Striga, sulcus terræ, ager sulcatus, nostris *Roye*, vel *Raye de terre*, vox formata forte a *Rigor*, de qua infra, id est, limes rectus, vel quicquid in rectum aratur. In Glossis MSS. *Areola* exponitur *Riga hortorum.* Ita porro videtur usurpare Concilium Duziacense I. part. 4. cap. 5 : *Nec unam Rigam de terra, nec ullum habebat mancipium proprium.* Vita S. Berthæ Abbat. Mart. num. 7 : *Cœpit terram fodere, et in modum sulci Rigam facere.* Et Charta Fulcoudi Abbatis S. Faronis Meldensis : *Anathematizavit cunctos, qui ex supradicta terra aliquam fraudem facere præsumerent, vel usque ad unam Rigam minuerent.* [Edita est tom. 2. Hist. Eccl. Meld. pag. 9. et sæc. 4. Benedict. part. 1. pag. 659. unde Mabillonius in Onomastico ad calcem *Rigam* interpretatur Tributi genus a colono solvendum. Vide mox *Riga* 3. Charta Bartholomæi Laudunens. Episc. ann. 1117. Hist. Codiac. pag. 136 : *Unam carrucam terræ ad omnes Rigas donavit.* Iis in locis, in quibus quolibet triennio per annum requiescunt agri, solum integrum in tres portiones circiter æquales dividitur. In una frumentum hyemale seritur, in altera Martium, tertia requiescit. Has portiones *Rigas* appellat Bartholomæus loco citato, ut plerique nostrum *Rayes* etiamnum appellamus. Hac, ut puto, notione Codex MS. Irminonis Abb. Sangerman. fol. 45. verso col. 2 : *Arant dimidiam Rigam.* Vide *Roya.*]

¶ Rigas Facere. Idem Codex MS. fol. 40. recto col. 2 : *Osarius colonus.... tenet mansum 1. habet de terra arabili bun.* XXXV. *facit inde Rigas et curvadas abbatiles et præpositiles.* Eodem fol. verso col. 2 : *Cricianus colonus.... habet de terra arabili bun.* XII. *solvit ad hostem multones* II. *de spelta modios* V. *facit integram Rigam.* Et fol. 41. recto col. 1.... : *Habent de terra arabili bun.* XII. *de prato arp.* I. *solvunt similiter et faciunt duas Rigas supra.* Ubi *Rigas* facere idem est, ut videtur, quod Arare.

¶ Rigis, Ager strigatus, Angl. *Rig* vel *Ridge.* Spelmannus in voce *Riga* : *Terram quam e pluribus sulcis in aggerem efferunt arantes, ita ut sicca sedes frumentis habeatur, Romani Strigam, atque inde agros Strigatos, nos a Rig vocamus.* Thomas *Blount* in Nomolexico : *Anno 20. Eliz. teste Jacobo Dyer Mil. unam acram terræ arabil. continen. quinque porcas terræ, Anglice Ridges.* Excambitio inter Moniales S. Michaelis *de Stanford* et Galfridum filium Lenverici *de Brun*, apud Thomam *Madox* Formul. Angl. pag. 155 : *Sciant præsentes et futuri... quod idem G. excambiavit cum prædictis Monialibus* VIII. *acras terræ arabilis, quarum* II. *Rigis jacent super Langeland et* II. *Hevetlandes quæ capitant super easdem, super Soperestand* IIII. *rodæ et quinta roda, quæ tangit super Langeland,* II. *rodæ versus Aquilonem apud Hones,* I. *Rig. juxta Mabiliam Roberti filii Militis,* VII. *Rigis qui capitant super Lundam,* II. *Rigis juxta Robertum Calver, quæ capitant super Obestorpesgathe,* I. *Rig. juxta Reherium Lunet ; hac* VIII. *acras, ex quibus* XI. *Rigis jacent juxta Haveversus Aquilonem, etc.*

2. **RIGA** in vestibus, [Linea, Gall. *Raye.*] Concil. Florentin. part. 2. pag. 906. ult. edit. : *Cappa cœlestini coloris Rigis albis purpureisve per transversum .... variata.* Concil. Salzburgense ann. 1420. cap. 6 : *Pallia deferunt, joppulis manicas strictas, ut tunc moris est, multipliciter plicatas seu Rigatas, aut alias laicales habentibus.* [Jacobus Cardinalis in Coronatione Bonifacii VIII. PP. tom. 4. SS. Maii pag. 469 :

Quod rubeis croceisque Rigis umbracula velent.

Inventarium Ecclesiæ Noviom. ann. 1419 : *Item, unum voletus sericus ad Rigas sericas diversorum colorum.* Et alio in loco : *Item, duæ aliæ curtinæ de stamine Rigatæ de rubeo, croceo et asureo.* Rursum alibi : *Item, una cappa de Cardinali de Limoges, operata auro et serico, Rigata diversis coloribus.* Concilium Trevirense ann. 1310. apud Martenium tom. 4. Anecdot. col. 240. et 241 : *Item, cum.... in nostra civitate .... quamplures Presbyteri, Canonici et Clerici Rigatas et scacatas vestes gestantes.... venerabile signum clericale.... deferre præsumtuosa superbia vilipendunt.... sub pœna excommunicationis latæ sententiæ.... firmiter inhibemus, ne deinceps hujusmodi vestes Rigatas et scacatas... de cetero deferre præsumant.*]

3. **RIGA**, pro Agrario, aut tributo ex agris, videtur usurpari a Marculfo lib. 2. form. 36 : *Ita ut ab hac de ipso jure hæreditario... in tuam revoces potestatem, et nullam functionem, aut reditus terræ, vel pascuarium.... non debeatis, nisi tantum, si ita vult, Riga.* Vetus Formula apud Bignonium : *In ea ratione, ut Riga exinde in cul-*

tura dominica arare et recondere faciam. Item : *In ea ratione, ut Riga et alios reditus terræ persolvam.* [Præceptum Carolomanni filii Ludovici Balbi apud Mabillonium tom. 3. Annal. Benedict. pag. 686. col. 2 : *Cum vineis et terris omnibus ac mancipiis..... necnon et cum aliis terris nostri fisci, ubi Rigas aut aliquam redhibitionem facere solent.*]

4. **RIGA**, Linea, Sulcus literarum. Theutonibus, *Rige*, vel *Reige*, Series, ordo. Guibertus lib. 1. de Vita sua cap. 22. de fulmine : *Dextrorsum enim per arcum, cui percussa imago suberat, flamma lambens in cæmento arcus descendendo bifurcam nigredinis Rigam fecit.* Chronicon Windesemense lib. 1. cap. 27 : *Hanc professionis suæ formam manu propria in membrano pergameni conscriptam parvula cruce in ultima Riga consignatam... obtulerunt.* [Adrianus de Veteri-busco de Rebus Leodiens. apud Martenium tom. 4. col. 1276 : *Tota vis Bullæ stat in quatuor vel quinque Rigis, ubi Papa suspendit interdictum et iterum ponit.* Statuta Placentiæ lib. 6. fol. 83. recto : *Et quod quælibet linea seu Riga habeat ad minus quinque ditiones.*] Vide Ferrarium in *Riga*, et infra in *Rigus*.

¶ Rigare, Italis, Lineas ducere, nostris *Rayer*, pro quo interdum scripserunt *Rager*, ut le Roman *de la guerre de Troyes* MS :

Desus les heaumes de lors brans
S'entredonent colps si grans...
Que par les chiefs li sanc Rage, (*flait*)
Mes ne partissent por tiel plage.

Rectius, ut videtur, ad hodiernum saltem usum aptius, legeretur *Raye* et *Playe*, ut præfert le Roman *d'Athis* MS :

Et me faites sans demourance
Loïer et estoupper la plaie,
Pour retenir le sang qui Raïe.

¶ Righa, Stria, linea, Ital. *Riga*, Acta S. Franciscæ Rom. tom. 2. Martii pag. 166 : *Vidit insuper Christi ancilla acediosorum animas sedentes in medio ignis, et sedebant supra unum lapidem quadratum, qui lapis erat sculptus cum Righis cavatis, sicut aliquas solemus videre columnas, et illæ Righæ erant plenæ carbonibus ardentibus.*

* 5. **RIGA**, Rex. Epist. Ludov. II. imper. ad Basil. imper. Orient. ann. 871. tom. 7. Collect. Histor. Franc. pag. 576 : *Postremo scito quia qui Riga quemque appellat, quid dicat, nec ipse novit. Siquidem etiam si linguis omnibus, more Apostolorum, immo Angelorum loquaris, cujus linguæ sit Riga, vel cui dignitati sonus ille barbarus congruat, quod Riga dicitur, interpretari non poteris. Nihil enim est hoc, nisi forte ad idioma propriæ linguæ tractum, Riga, Regem significare monstraveris. Quod si ita est, quia non jam barbarum, sed Latinum est; oportet ut, cum ad manus vestras pervenerit, in linguam vestram fideli translatione vertatur. Quod si factum fuerit, quid aliud nisi hoc nomine Basileus interpretabitur?* [** Chron. Salern. pag. 524.]

RIGABELLUM, Instrumentum musicum, cujus usus erat in ædibus sacris, antequam organa Italis omnino familiaria essent. Vide Sansovinum in Descriptione Venetiarum 2. edit. pag. 179.

RIGAGO, Rigatus, Rivus. Vide *Rigus*.

* **RIGARIA**, f. pro *Riparia*, Tributum quod ad ripas pensitatur, vel fluentum fluvii, quo portus formatur. Charta ann. 1272. apud Lam. in Delic. erudit. inter not. ad Hodœpor. Charit. part. 2. pag. 402 : *Quod ipsi et unusquisque ipsorum et eorum hæredes et prohæredes in dicto flumine Arni, ut dictum est, habeant, teneant, usufructent Rigariam et portum, ripam, plageas et pendititias infra dictos confines, et quod liceat eis.... in dictorum locorum cohærentiis habere, facere, tenere, gaudere, usufructare et possidere Rigariam, portum, ripam, etc.*

* **RIGATTERIUS**, Ital. *Rigattiere*, Propola. Stat. antiq. Florent. lib. 3. cap. 191. ex Cod. reg. 4621 : *Quinque custodes deputati pro arte Rigatteriorum.* Vide *Regratarii*.

¶ **RIGATOR**, Qui rigat, humore conspergit. *O fletum Rigatorem*, Tertulliano adv. Valentin. cap. 15. *Plantator et Rigator*, S. Augustino Epistola 112. S. Paulinus Epist. 39. novæ edit. num. 6 : *Spiritus sanctus Rigator animarum est.* Rursum utitur Natali 8. v. 239. Dracontius Hexaemero v. 432 :

Ipse Rigator erat, sator, auctor, messor, arator.

¶ **RIGATORIUM**, *Vas aquæ lustralis ante ædes privatas*, apud Laurentium in Amalthea.

¶ 1. **RIGATUS**, Rivulus. Vide in *Rigus*.

¶ 2. **RIGATUS**, Lineis distinctus. Vide *Riga* 2.

* 3. **RIGATUS**, idem quod *Rugatus*, in rugas contractus. Vide in hac voce. Charta ann. 1230. apud Cl. V. Garamp. in Dissert. 7. ad Hist. B. Chiaræ pag. 231 : *Paria Rigatorum de gamba et brachiorum.* Invent. ann. 1240. ibid. pag. 233 : *Item unum par Rigatæ ad crura.* Vide *Riga* 2.

* **RIGAUDUS**. Liber anniversar. S. Germ. Prat. fol. 64. r° : *Apud Villamnovam percipimus...... census Rigaudorum et decimam in terris et vineis ejusdem census.*

* **RIGERE**, Conjugare, connectere, vel forte pro Erigere. Charta ann. 1058. apud Murator. tom. 1. Antiq. Ital. med. ævi col. 190 : *Concedimus...... ut quando tu et successores tui.... volueritis intra ipsas terras et cavas et potechas in ipsa platea, plangas et secus eas ponere faciatis et habere quantas volueritis, et in ea lignamina Rigere et habere, et super eas ædifigia qualiter volueritis, etc.*

¶ **RIGHA**, Linea, stria. Vide in *Riga* 4.

¶ **RIGIDUS**, Splendidus, nitens, si recte legitur in Gloss. Lat. Græc. et Gr. Lat. : *Rigida*, λάμπουσα.

¶ **RIGINUS**, pro Ricinus. Glossæ Lat. Gr. : *Riginus*, κρότων. Aliæ Græc. Lat. : Κρότων, φθείρ, *Ricinus, Riginus*. Et alibi : Φθείρ, *Peduculus*; φθείρ, ἤγουν κρότων, *Ricinus*.

¶ **RIGIS**, Ager strigatus. Vide in *Riga* 1.

* **RIGLUS**. Vide supra *Figlus*.

¶ **RIGMATICE**, Metrice, Gall. *En vers, en rimes.* Chronicon S. Bertini apud Martenium tom. 6. Collect. Ampliss. col. 627 : *Dicta vero ipsa de Latino in Gallicum Rigmatice dictavit.* Ejusdem originis est vox *Rigmerie* pro metro Gallico, ubi duæ voces versum finientes eumdem sonum edunt, quem vulgo *Rime* appellamus. Literæ Caroli Francorum Regis ann. 1445. apud Martenium tom. 1. Anecdot. col. 1805 : *Ils firent et ont fait ladite feste aux fols, en plusieurs excez de moqueries, spectacles, deguisemens, farces, Rigmeries et autres telles folies, qu'ils n'avaient oncques mes fait de memoire d'homme. Rimairie*, in Epistolis *du Traverseur*, Borello teste in Thesauro. Vide *Rimarius*.

¶ **RIGOLA**, Rivulus. *Juxta Rigolas castri Villæ-novæ*, in Charta ann. 1467. e Schedis D. *Aubret*. Vide infra *Rigus*.

* Nostris *Rigolle*, pro *Rigole*, incile. Charta ann. 1339. ex Tabul. S. Joan. Laudun. : *Quant il veulent peschier leur estant d'Escoussant, il peuent escluser la riviere dessus le pont et faire Rigollas* (sic) *pour ladite riviere escouler.*

* **RIGOLAMENTUM**, Oblectamentum, Italis *Rigoglio*, fastus, superbia. Lit. remiss. ann. 1352. in Reg. 81. Chartoph. reg. ch. 317 : *In parrochia prædicti armigeri pluries et frequenter veniens, pompas suas et Rigolamenta seu spaciamenta ibidem deducebat.* Gallicum vero *Rigolement* et *Rigolage*, Irrisio, ludificatio, a verbo *Rigoler*, Irridere, ludificari. Lit. remiss. ann. 1411. in Reg. 165. ch. 238 : *Lequel Boça offrist à boire au suppliant, lequel cuidant que ce fust par Rigolement, respondi qu'il n'avoit pas soif.* Aliæ ann. 1373. in Reg. 105. ch. 5 : *Aucuns pour moquerie ou Rigolage disoient audit exposant que il n'avoit plus de sarpe.* Mirac. MSS. B. M. V. lib. 2 :

Tant parsont plain de grant folage,
C'une risée, un Rigolage, etc.

Lit. remiss. ann. 1376. in Reg. 109. ch. 36 : *Après ce ledit Bazin, qui d'aventure encontra ledit Mahieu assez près de son hostel, lui eust dit et demandé pourquoy il s'estoit ainsi moqué et Rigolé de sa femme, etc.* Aliæ ann. 1397. in Reg. 153. ch. 43 : *Lequel adjourné ne s'en fist que Rigoler et moquer.* Unde *Rigoleur*, Irrisor, in aliis ann. 1430. ex Reg. 174. ch. 359 : *Comme feu Henri de Roche prestre en son vivant feust un grant moqueur et Rigoleur de gens, etc.*

RIGOR, Græcis εὐθυωρία, Frontino et Agrimensoribus appellatur, *quicquid in agro mensori operis causa ad finem rectum fuerit; quicquid vero ad horum imitationem in forma scribitur, linea.* Idem Frontinus : *Rigor est, quicquid inter duo signa, vel in medio lineæ rectum perspicitur.* Vetus Inscriptio 711. 3 : *Huic cedat in Rigorem maceriæ et furcarum, et ara in qua fur cepem.* [Haud scio an huc revocari possit quod habet le Roman *de Floire* MS :

Babiloine est cité moult fort,
Si est assise en un Regort.]

* Nihil ad hanc vocem pertinet Gallicum *Regort* hic laudatum : Sinus quippe est ibi, vulgo *Golfe*.

¶ **RIGORA**, Rivulus, rivus. Vide mox *Rigus*.

¶ **RIGOROSE**, Rigide, summo jure, secundum juris rigorem. Statuta Monasterii S. Claudii pag. 44 : *Causæ seu controversiæ et quæstiones, quæ interdum ratione jurium, obventionum et administrationum ejusdem monasterii inter præfatum dominum Abbatem et Conventum oriuntur, per sæculares judices et in foris vetitis Rigorose terminantur; ea propter, etc.*

¶ **RIGOROSITAS**, Severitas, austeritas. Chronicon Philippi de Lignamine apud

Murator. tom. 9. col. 265 : *Tantæ Rigorositatis fuit* (Benedictus XII.) *quod consanguineos vix cognoscere voluit, dicens Papam consanguineos non habere. Rigorositas regulæ*, seu *Rigor* promiscue, in Bulla Eugenii IV. Papæ ann. 1432. e Bullario Carmel. pag. 182. col. 2.

¶ **RIGOROSUS**, Plenus rigoris, apud Scholasticos. Usus est Carolus VIII. Franc. Rex in Edicto de Rescript. pag. 162. ut refert Vossius lib. 3. de Vitiis Sermonis cap. 43. Quidam vocem hanc tribuunt Senecæ Epist. 11 : *Opus est Rigoroso aliquo, ad quem mores nostri seipsi exigant.* Sed desideratur in veteribus atque novis editionibus, ut observant alii.

* Hinc nostris *Riguer*, pro *Traiter avec rigueur*, Rigide, acerbe tractare. Lit. remiss. ann. 1415. in Reg. 168. Chartoph. reg. ch. 402 : *Lequel Traussequin se prist à tanser et à Riguer de paroles injurieuses les supplians.*

* **RIGOTIAR**, *Prov. Calamistrum, reticulum*, in Glossar. Provinc. Lat. ex Cod. reg. 7657.

¶ **RIGULA**, *Terra fœcunda, opima, fertilis*, apud Papiam. Martinius emendat *Rigua*. Alia notione legitur in *Ricula*.

¶ **RIGULAGO**, RIGULARIS. Vide *Rigus*.

¶ **RIGULITIA**, Italis *Rigolitia*, Gall. *Reglisse*, Glycyrriza, in Statutis Civitatis Astæ, ubi *de intratis portarum*.

* **RIGULUS**, Striga, sulcus terræ. Charta ann. 1118. inter Instr. tom. 8. Gall. Christ. col. 316 : *Videbam sex venerandos viros,..... jugis in collo ligatis, circum dictum locum meum de Thamais terras triturare, sanctumque virum Bernardum Tyronensium monachorum abbam carrucæ manubrium tenentem, eos ut recto triturarent Rigulo stimulo stimulare.* Vide *Riga* 1.

¶ **RIGUOLES**, Idem quod mox *Rigus*, *Rigulus*, Rivolus. Charta ann. 1282. apud Baluzium tom. 2. Histor. Arvern. pag. 528 : *Et viginti solidos quos habet in manso de Vendes dal Riguoles sobra et dal Riguoles inferiore, et in pertinentiis dictorum mansorum.*

RIGUS, RIGULUS, Rivus, rivulus nostris *Rigole*, [Ital. *Rigo*.] Lexicon Cambro-Britannicum : *Rhigol, fossula, sulcus.* [Charta ann. 832. in Appendice Marcæ Hispan. col. 769 : *Inde vadit ipse terminus per Rigo Ferrario usque ad ipso Palaciolo, etc.* Adde Chronicon Farfense apud Murator. tom. 2. part. 2. col. 422. 449. 472. 473. 512. 533. etc.] Passim occurrit in Tabulario Casauriensi. Hinc *Rigora*, enuntiatione Longobardica apud Leonem Ostiensem lib. 3. cap. 19. ut *Rivora*, apud Gromaticos, pro *Rigus*, et *Rivus*. [Vide *Rio*.]

RIGAGO, [RINGAGO,] Eadem notione. Tabularium Casauriense : *Et de ambobus lateribus fine Rigagines cum vineis et pomis, etc.* Alibi : *De alio latere fine Ripa Fossecana, quomodo descendit Alegojanum ad ipsam Rigaginem.* Rursum : *Et remisit intentionem, quam misit de Poio de Arnaro fine Rigo Bussi, et fine Rigagine de Augeano, et pergit in Rigo Bussi, et fine ipsa Rigagine, quæ pergit inter Arnacio et Pretetulo.* Alio loco : *Et de alio latere fine Rigagine, et quomodo ipsa Rigagine mergit in rivo Cupo.* Bulla Cælestini III. PP. apud Ughellum in Episcopis Theanensibus : *Et exinde pergit in Rigaginem, quæ ducit juxta Ecclesiam S. Mariæ, et ipsa Rigago mittit in flumine de Gavigliano, etc.* Chronicon S. Bartholomæi de Carpineto lib. 12. pag. 1242 : *Tertiam modiorum decem, quæ habet fines viam Salariam et Rigagines.* [Chronicon Farfense apud Murator. tom. 2. part. 2. col. 449 : *A primo latere Ringagines Cancelli; a secundo mons Otæ; a tertio Rigagines venientes in Bruscitum et in Rigum de Ponticella.* Rursum occurrit vox *Rigago* ibidem col. 472. 473. 474. et 512.]

¶ RIGULAGO, Eodem significatu. Chronicon Farfense col. 530 : *Quarum fines sunt usque in rivum, qui currit in terra Zarfonis, et venit in Rigulaginem, in Turcellam et in vallem, etc.*

¶ RIGULARIS, Rursus eodem intellectu. Idem Chronicon Farfense col. 484 : *A capite via; a pede medium flumen Asum cum cursu aquæ; ab uno latere terra S. Angeli; ab alio Rigularis currens.*

RIAGO, Eadem pariter notione. Charta Caroli M. Imper. in Chronico S. Vincentii de Vulturno pag. 677 : *Ultra montes extrinsecus circumdantes in hortum usque Riaginis, quæ nominatur Ravennola, etc.* Pag. 689 : *Montes extrinsecus circumdantes in ortum usque Riaginis, quæ nominatur Ravennola, et a capite ejusdem Riaginis venientes juxta montes publicos in montem usque Benafrum, etc.* [*Rivum vel Riaginem* in Chr. Farf. apud Murator. tom. 2. part. 2. col. 442.]

RIGATUS. Charta Urracæ Reginæ Hispaniæ ann. 1116. apud Sandovallium : *Et inde ad Petram fitam, et inde ad illum Rigatum, quod est inter Fenelope et Casal de Rex.*

RIBULUS, pro *Rivulus*, non semel occurrit ibid.

* **RIGUUS**, *Riguo* seu rivo irrigatus. Chartul. magn. S. Vict. Massil. : *Ego Deodatus dono ad S. Victorem medietatem de ipso manso, Rigua vel irrigua pascua et uberrima, deserta sive excolta ad ipsum mansum pertinentia.* A Latino Rigare, nostri *Riguer*, pro *Arroser*, dixerunt. Lit. remiss. ann. 1447. in Reg. 178. Chartoph. reg. ch. 174 : *Duquel ruisseau icellui Bernard a acoustumé aiguer ou Riguer ses prez.*

¶ **RILEVUM**, Anaglyphum, sculpturæ genus exstans, eminens, Ital. *Rilievo*, Gallice *Relief*. Acta S. Jacobi Philippi, tom. 6. Maii pag. 175 : *Et posuit imaginem suam di Relevo in una fenestra in sacello.*

* **RILHO.** Vide supra *Relho*.

* **RILLONUS**, Sagittæ species, idem quod supra *Relho*. Lit. remiss. ann. 1474. in Reg. 195. Chartoph. reg. ch. 1167 : *Supplicans cum sua balista bendata, uno quoque Rillono desuper posito, etc.*

* At vero *Riller*, Delabi, vulgo *Couler, glisser*, sonat, in Lit. remiss. ann. 1475. ex Reg. 195. Chartoph. reg. ch. 1557 : *Le suppliant.... n'y sceust si bien evader, que ledit Alain ne le frappast d'un cop, qui Rilla au long du voulge sur le bras dudit suppliant.*

¶ **1. RIMA**, f. Locus cavus, aut iter cavum, et quasi fissum, a *Rima* Latinis et Italis, Fissura. Chronicon Farfense apud Muratorium tom. 2. part. 2. col. 602 : *Inde transit per pedem montis usque gualdum S. Mariæ de Sanctis; deinde in viam antiquam, a qua incipit ascensus, et post ascensum incipit descensus per vallem Lupam usque in Crucem; inde per Rimam, quæ Currus dicitur, usque in flumen Rianam.*

* **2. RIMA**, TIS, a Græco ῥῆμα, Sermo. Godesch. in Mirac. S. Lamb. tom. 5. Sept. pag. 555. col. 1 : *Dumque id tertio aurium officio excepit, finitimisque juxtim positis crebro Rimate expositum edidit, etc.* Haud scio an inde Gallicum vetus *Rimer*, pro *Gronder, se plaindre, criailler*, Obmurmurare, conqueri, vociferari, in Vitis Patrum MSS :

> Et la mere vient d'autre part,
> Qui m'assaut et laidenge et lime,
> Comme feme, qui tousjours Rime.

Hinc *Rime*, Vociferatio, strepitus, vulgo *Criaillerie, tintamarre.* Lit. remiss. ann. 1402. in Reg. 157. Chartoph. reg. ch. 250 : *Icellui Guillaume du Four et ses freres s'en alerent parmi ladite ville batre paeles et bassins, et retournerent devant l'ostel dudit Emperenville,.... lequel leur dist qu'ilz faisoient mal de ce faire et qu'il n'estoit pas fiancé de nouvel;.... lequel Guillaume indigné d'icelles paroles, respondi qu'il ne cesseroit point et feroient la Rime et tout le pertinent à chalivaly.*

¶ **RIMADA**, *Rythmus*, Italis *Rima*, Nostratibus *Rime*, apud Laurentium in Amalthea.

¶ **RIMARE**, pro Rimari. Glossæ Lat. Græc. : *Rimo*, ἀνερευνῶ. Et Gr. Lat. : Ἀνερευνῶ, *Rimo*, scrutor. [** *Ita ut jam non Rimaretur exuberantia cruoris humani*, in Vita S. Galli apud Pertz. Script. tom. 2. pag. 19.]

RIMARIUS. S. Columbanus Epist. 5 : *Et S. Hieronymus in suo hoc idem de Pascha opus collaudavit catalogo, de hac lunæ ætate vituperando disputet, qui contra Gallicanos Rimarios de Pascha, ut ait, errantes horrendam intulit sententiam, dicens, etc.* Nostri *Rimeurs* vulgo vocant poetastras; sed an ea hic sit notio, non definio. [Italis *Rimario*, liber est de rhythmis seu de vocibus exitus similes habentibus, Gallis *Rimes*. Vide *Rigmatice*.] Confer *Rimator*.

RIMATH, Jusjurandum, quod quis cum toto conjuratorum cœtu vel numero dabat, a Saxon. rime, Numerus, et að, juramentum. Vide Leges Adelstani Reg. cap. 15. et supra in *Cyreath*. [** Phillips. de Jure Anglos. § 54. Grimm. Antiq. Jur. Germ. pag. 908.]

¶ **RIMATIM**, Rimando, diligenter inquirendo. Martianus Capella lib. 2 : *Rimatim ab ostio speculari.*

¶ **RIMATOR**, Qui rimatur, diligenter inquirit. Arnobius lib. 5 : *Varro in antiquitatis indagatione Rimator.* Senator lib. 3. Var. Epist. 6 : *Rimator morum.* Italis *Rimatore*, ut nostris *Rimeur*, est Poeta vernaculus, qui versus componit simili vocum sono terminatos : qua notione legitur in Vita S. Winwaloci MS.

¶ **RIMATUS**, passiva notione, Diligenter inquisitus. Sidonius lib. 7. Epist. 2 : *Diligenter, quæ ad socrum pertinuerant, Rimatis convasatisque.* Chronicon Dominici de Gravina apud Murat. tom. 12. col. 590 :

Deducta itaque ad maturum consilium causa ipsa, et Rimatis causis et periculis imminentibus. Hoc est diligenter examinatis ac perpensis. *Instrumentis seu privilegiis Rimatis et diligenter inspectis*, in Charta ann. 1317. apud *Madox* Formul. Anglic. pag. 11.

* **RIMELLA**, dimin. a Rima. Glossar. Provinc. Lat. ex Cod. reg. 7657 : *Fendedura, Prov. fisura, rima, Rimella.*

¶ **RIMENDATOR**, Italis, Sartor, sarcinator, quasi *Reemendator* veterum vestium, Gall. *Ravaudeux.* Miracula S. Zitæ, tom. 3. Aprilis pag. 516 : *Bonaventura Rimendator pannorum.*

¶ **RIMENTARIUM**. Vide supra *Rementarium.*

¶ **RIMENTARIUS**, Ἀρωματοπώλης, in Glossis Lat. Græc. Aliæ Græc. Lat. : Ἀρωματοπώλης, *Odorarius*, *Rimentarius.* Melius in Castigationibus e MSS. *Pimentarius*, seu *Pigmentarius.*

* **RIMETTITOR**, Officium in moneta Florentina; Ital. *Rimettere* est Rationes reddere. Charta ann. 1317. apud *Manni* tom. 4. Observat. hist. ad sigil. antiq. pag. 77 : *Rimettitores dictæ monetæ auri, etc.*

¶ **RIMIDIA**, *Crepido*, in Glossis Isidori. Excerpta Pithœana : *Rividia, trepido.* Utrum præstat? Hic silet Grævius.

¶ **RIMIRARI**, Rimari. Statuta Mutinæ pag. 110 : *Item quod massarius artis et collegii notariorum vinculo sacramenti prædicta Rimirari et scrutari teneantur.* Italis *Rimirare* est attente atque diligenter inspicere.

¶ **RIMOR**, *a Rima, Scrutinium*, Johanni de Janua; *Ensarchemens*, *Scrutines*, in Glossario Latino-Gallico Sangermanensi MS.

* **RIMUS**, Rythmus. Stat. Odon. episc. Paris. contra festum fatuorum ann. 1198. in Chartul. ejusd. episc. fol. 49. v° : *Rimos, personas... fieri prohibemus.* Ubi forte legendum est *Mimos;* nisi ad vocem Gallicam *Rime* supra in *Rima* 2. pertineat.

¶ **RINAS**, *Naves vel massa*, in Glossis Isidori. Recte monet Grævius scribendum esse, *Nares* pro *Naves*, a Græco ῥίν, Nasus; unde ῥῖνες, Nares.

RINATRIX, *Serpens, veneno aquam inficiens*, in Glossis Arabico-Lat. ubi perperam *Rixatrix.* Papias : *Rinatrix, serpens aquam veneno inficiens : in quocumque enim fonte fuerit, suum ibi immiscet venenum.* Vide *Natrix.*

RINCA, Ringa, Baltheus militaris, cingulum militare. Catholicon Armoricum : *Ren, Gall. Mener. Rengen, Gall. Renge ou resne de cheval.* Jus Feudale Saxonum cap. 33. § 5 : *Antequam vassallus accedat ad dominum, gladium, cultellum, et calcaria ... deponat, quia si in his se neglexerit, reus est pœna, annulos et fibulas, et omnia ferrea, Rincas et barras, propter opinionem stultorum.*

Ringa. Bracton. lib. 1. cap. 8. § 2 : *Quando eos accingunt gladiis, id est, Ringis gladiorum.* Idem § 3 : *Ringæ enim dicuntur, quod renes girant et circumdant, unde dicitur : Accingere gladio tuo, etc.* Et *Ringæ cingunt renes talium, ut custodiant se ab incessu luxuriæ, etc.* MS. Spelmanni habet ubique *Renga.* Le Roman *de Garin* :

Li ceint l'espée par la Renge d'or fin.

Computum Stephani Fontani Argentarii Regii 1. Julii ann. 1352. cap. *d'orfaverie : Pour faire et forger le coispel d'une espee, rebrunir la croix, le pomeau, la boucle et le mordant de la Renge.* [Instrumentum ann. 1386. apud Lobinellum tom. 2. Hist. Britan. col. 674 : *L'une desdites espées sera garnie de Renge de cuir ou de soye, garnies de boucles et hardillons de fer et d'acier, mise et ceinte à mon costé, où attachée icelle espée à une courroye de cuir ou de tessu de soye, etc.*] Etymon porro vocis attigit Bractonus, dum ait *Ringas* dictas, *quod renes girent et circundent :* a *Ringus* quippe vel *Hringus*, i. circulus deducitur. Vide *Hringus.* Lexicon Gr. MS. Reg. Cod. 2062 : Ῥένδα, ζώνη, λωρίον, ὃ οἱ βασιλεῖς διαζωννύονται. Ubi ῥένγα forte legendum.

¶ Rengia, Eadem significatione. Charta ann. 1302. e Regesto *Olim : Dicti operarii suo officio de auricalco, electro et metallo non contenti, sed rerum officia perturbantes, nitebantur facere Rengias, estellas et forellos, et cætera opera de corio et ligno necessaria pro ensibus, tam magnis quam parvis, etc.* Mox recurrit ibidem.

* **RINCHIESTA**. Vide supra *Richiesta.*

* **RINCINA**, *Graulador, Prov.* in Glossar. Provinc. Lat. ex Cod. reg. 7657.

¶ **RINCUES**. Vetus Ceremoniale MS. B. Mariæ Deauratæ : *In festo B. Luce Evangeliste domnus (Prior) tenetur dare prædicto Conventui quatuor Rincues sive Tessones ; et dividuntur. Tessones* Occitanis sunt Porcelli. Idem omnino videntur esse *Rincues;* sed unde vox illa ducta est? An a *Rhanne*, Coitus suum? Vide *Hranne.*

* **RINDLIWE**. Proces. canonizat. B. Notkeri tom. 1. Apr. pag. 597. col. 2 : *Ipse denique testis habuerit filium unius anni, qui epilepsia, vulgariter Rindliwe, laboraverit.*

¶ **RINGA**, Cingulum militare. Vide *Rinca.*

¶ **RINGELDUM**. Vide *Raglorium.*

¶ **RINGHIERA**, vox Italica, Suggestum, locus unde sermo fit ad populum. Sozomenus Pistoriensis ad ann. 1394. apud Muratorium tom. 16. col. 1160 : *Unde super Ringhieram et pulpitum exierunt collegia, et XI. cives absque domino Donato, sedentes eos dicendo, quod de domino Donato fieret justa punitio.*

¶ **RINGRATIARE**, Italis, Gratias agere, referre. Acta S. Franciscæ Rom. tom. 2. Martii pag. 111. * : *Ringratiabant et laudes reddebant.*

¶ **RINGUS**, Castrum Avaribus. Vide *Hringus.*

* **RINNA** *et Rinnes, i. Mamma; et inde subrinnus, id est, edulus.* Glossar. vet. ex Cod. reg. 521. Germanis, *Rinnen*, manare, fluere, unde *Rinne*, canalis.

* *Rine* vero idem forte est quod Modus, ratio agendi, vulgo *Tour, façon d'agir*, in Lit. remiss. ann. 1412. ex Reg. 166. Chartoph. reg. ch. 292 : *Lesquelx compaignons distrent au suppliant que se ilz n'estoient paiez de ce que promis leur avoit, et qu'il leur fist Rine de bourgoiz, etc.*

* At *Rinée*, Piscis species videtur, in Charta ann. 1424. tom. 2. Hist. Leod. pag. 454 : *Ordinons que les harengresses dorsenavant ne vendent autres poissons que harens, bockhoux fendus, Rincez et merlins, sour painne de demy griffon.*

RINTA. Charta ann. 1081. pro Monasterio S. M. Pinarolensi : *Dono et offero... sedimonium unum cum Rinta, cum area, quæ ibi extat, et campo insimul tenenti.* Alia ann. 1098 : *Tam in seminibus, Rintis, silvis, cum areis, in quibus extant.* Vide Probat. Hist. Sabaud. pag. 19. 20. 27.

¶ **RIO**, Rivus, fluvius, apud Hispanos et Italos. Scriptura Principis Adelgastri ann. 780. tom. 3. Concil. Hispan. pag. 89 : *Per contorquellos et inde ad illo Rio de Rivilla, etc.* Commensuratio aliquot prædiorum ann. 632. apud Mabillonium lib. 6. Diplomat. pag. 464 : *Deinde per ipso fluvio usque Rio, quæ est Salmagnaria.* Pluries occurrit ibi. Notitia judicati ann. 876. Marcæ Hispan. col. 798 : *De una parte in Rio, quem nuncupant Ferrario.* Rivus *Ferrarius* nomine, qui hic dicitur *Rio*, supra dicitur *Rigus.* Vide in hac voce. Acta dotis Ecclesiæ Rivipull. ibid. col. 819 : *Habet affrontationes per ipsa serra de Molella, sicut aquas vergunt contra ipsas Ecclesias, et venit in Rio Mexanos.*

¶ **RIOLUS**, Rivulus. Privilegium Monasterii Rivipull. ann. 888. tom. 3. Concil. Hispan. pag. 165. col. 2 : *Habet affrontationes ex latere uno per Riolo, qui discurrit per villas Palliares, etc.* Statuta Mutinæ fol. 12. rubr. 59 : *Riolus dicti fontis caveatur et aptetur per eum locum quolibet anno, per quem ire et fluere consueverat.* Vide *Rio.*

* **RIOTARE**, Ital. *Riottare*, Rixari, contendere, interdum pugnare : unde *Riote*, pro Pugna, certamen, in Lit. remiss. ann. 1389. ex Reg. 137. Chartoph. reg. ch. 30 : *Bernart s'echauffa et menaçant dit que par le sanc Dieu se feroit, et qu'il alast illec en la place pour en departir. Lequel exposant voyant et honteux, que en la présence de tant de gens ledit Bernard, qui estoit paysan, l'ataignoit et offroit de Riote ou combatre, etc.* Aliæ ann. 1354. in Reg. 82. ch. 397 : *Plura obprobria sibi dixisti, secum certasti seu Riotasti, et proditionaliter et insidiose de quodam cutello graviter et enormiter eum percusisti.* Aliæ ann. 1368. in Reg. 99. ch. 588 : *Revera ipsi invicem Riotaverunt et provenerunt et fuerunt prolata inter eos verba contenciosa.* Arest. ann. 1364. 9. Mart. in vol. 5. arestor. parlam. Paris. : *Alios miserat pro Riotando et instigando ad Riotandum alios contra dictum Forest, ut occasionem haberet damnificandi eundem.* *Ruyoter*, in Lib. rub. fol. parvo domus publ. Abbavil. fol. 89. r°. ad ann. 1346 : *Jehans Coullars, Jehans du Marez et Pierre le Scelier s'en aloient tout routichant et Ruyotant l'un à l'autre.* Vide *Riotta.*

* Riotosus, Rixosus, litigiosus, seditiosus, Ital. *Riottoso*, Gall. alias *Rioteux.* Lit. remiss. ann. 1353. in Reg. 82. Chartoph. reg. ch. 144 : *Homo brigosus et Riotosus, in opprobriis et contumeliis semper abundans, etc.* Aliæ ann. 1389. in Reg. 137. ch. 80 : *Lequel Conial estoit homme Rioteux et de condition perverse.* Unde *Paroles rioteuses*, Injuriosa verba, in aliis ejusd. ann. ibid. : *Guillaume Hugue eust des paroles Rioteuses avec ledit Albert.* Vide *Riotta.*

RIOTTA, Illicitum factum per tres ad

minus perpetratum, ut est verberatio alterius, violenta possessionis arreptio, aut aliquid hujusmodi. Vide Cowellum lib. 4. tit. 18. § 50. et Rastallum, [nec non Thomam *Blount* in Nomolexico v. *Riot*. Statuta Collegii Corisopitensis ann. 1380. apud Lobinellum tom. 3. Histor. Paris. pag. 504. col. 2 : *Item, omnes et singuli scholares prædicti inter se ad invicem... ab omnibus contentionibus, rixis, jurgiis, convitiis, Riotis et quibuscumque illicitis et inhonestis verbis.* Processus de B. Petro Luxemburg. tom. 1. Julii pag. 604 : *Ad invicem tunc inceperunt magnam Riottam, et fugerunt hinc inde.*] Galli etiamnum *Riotes* ut Itali *Riotte*, appellant ejusmodi rixas. Joan. Villaneus lib. 9. cap. 304 : *Venendo tra loro a Riotta.* Philippus *Mouskes* in Hist. Franc. MS :

A tant commencent environ
A Riholer tout li Baron,
Et Ferrans et si Cevalier
Se comencent à defrangier.

[Historia Belli sacri apud Marten. tom. 5. Collect. Ampliss. col. 750 : *En celle même année* (1275.) *Dan Ferrant li ainsné fils le Roi de Castele, qui avoit espousée Dame Blanche la fille le Rois Lois de France..... et par cest mariage fu faite concorde du Roi de France et de celui de Castele, de Riote qui estoit entre eux, car le Roi de France chalengeoit et demandoit por sien le roiaume de Castele.* Literæ Johannis Franc. Regis ann. 1355. apud D. *Secousse* tom. 3. Ordinat. Reg. pag. 29 : *Et se pour cause ou occasion de ce, naissoit ou mouvoit debat, Riot, ou questions contre les resistens, etc.* Charta ann. 1327. e Codice Colbert. not. 2591 : *Pour bien de pais et pour oster toutes Riotes, contens et discencions, etc.*] Vide Ægidium Menagium in Orig. Francicis.

¶ 1. **RIPA**, Italis, Petra, rupes. Miracula B. Ambrosii Senensis, tom. 3. Martii pag. 206 : *Cum luderet cum quadam domina extra civitatem, ab ipsa impulsa cecidit per quandam Ripam, ex cujus casu fuit tam fortiter in brachio læsa, etc.* Hic intelligi potest Declivitas collis saxosi. Acta S. Petri Cœlestini tom. 4. Maii pag. 451 :

. . . . Sed cellula Ripa
Saxea, qua facies medio non culta rigebat,
Erigitur, depressa tamen, plus carceris usum
Quam placidi præstare solent spectacula visus.

Vita S. Petri Parentii, tom. 5. Maii pag. 97 : *Dicens lapidicinam, in qua laborabat, esse in proximo ruituram.... post paucissimos ictus factos in lapides, super hunc Ripa ruit.* Miracula S. Antonii de Padua, tom. 2. Junii pag. 721 : *Juvenis terram fodiens, Ripa desuper irruente, letaliter est oppressus.* Suspicatur Cl. Editor *Ripam* hic esse summam fossæ oram : cui suspicioni et locus ipse favet, et ipsa vox *Ripa*, quæ non semel pro Ora, seu termino, sumitur. Hac notione Pactum inter Jacobum Aragoniæ Regem et Berengarium Magalonæ Episcopum ann. 1272 : *Ubi est alius terminus positus circa vineam seu in Ripa vineæ Petri de Carnatio fusterii.* Charta Caroli II. Regis Siciliæ et Provinciæ Comitis ann. 1289. ex Schedis Præsidis *de Mazaugues* : *Fuisset... sententialiter cognitum... territorium de Laymcello durare et protendi usque ad fines infrascriptos, videlicet usque ad summitatem campi Hugonis... et protenditur versus S. Michaelem usque ad Ripam campi*, id est inferiorem oram, seu terminum declivem, quam *Ribo* vocant Provinciales nostri. *Ripa campi* pluries repetitur in hac Charta.

¶ 2. **RIPA**, Fluvius, Gall. *Riviere*. Literæ Philippi Pulchri Franc. Regis e MS. DD. *Daguesseau* Franciæ Cancellarii : *Usque ad Ripam d'Eyse*, id est, usque ad fluvium Oesiæ, nostris *d'Oise*, ut patet ex Litteris ejusdem Regis Gallico idiomate scriptis ann. 1298. in Probat. Hist. Comitatus Ebroic. pag. 23. ubi legitur : *Jusqu'à la Riviere d'Eyse.* Vide *Riparia*.

3. **RIPA**, Idem quod *Ripaticum*, de quo infra. Charta Gregorii V. PP. apud Ughellum tom. 2. pag. 349 : *Donamus tibi tuæque Ecclesiæ districtum Ravenn. urbis, Ripam integram, monetam, teloneum, mercatum, muros, et omnes portas civitatis.* Charta Ottonis III. Imp. ibidem pag. 374 : *Comitatum Comaclens. cum Episcopatu suo et Ripa.* Infra : *Ejus Ecclesiæ districtum cum portis, Ripis, et portubus, etc.* Adde Bullam Honorii III. PP. ibid. pag. 959.

* *Ripæ tributum*, in Lib. cens. eccl. Rom. apud Cenc. : *Romana ecclesia debet habere pro censu de civitate Ferrariensi l. soludos Lucensium et medietatem Ripæ tributi.*

RIPAGIUM. Vide *Ripaticum*.

¶ **RIPALE**, Rippale, Idem, ut videtur, quod infra *Ripaticum*. Acordium Humberti Episcopi et Aymonis Comitis Gebennensium ann. 1124. apud Sponium tom. 2. Hist. Genev. pag. 5 : *Hospitalitatem, placitum generale, forationes vini et totum Rippale, coroadam et mutationes domorum, si dominus mortuus fuerit, debet* (Episcopus) *ut dominus possidere.* Homagium Comitis Gebenn. ann. 1219. ibidem pag. 50 : *Hospitalitas, placitum generale, forationes vini et totum Ripale, coroade et mutationes domorum, cum dominus mortuus fuerit, et forum totius ville et justitia fori, pedagium et pascua, moneta, latrones et bona eorum ad solum Episcopum pertinebunt.*

¶ **RIPANARE**, Aucupari. Inquisitio adversus Episcopum Genev. ann. circiter 1217. apud Sponium tom. 2. Hist. Genev. pag. 417 : *Willelmus Procurator S. Victoris Gebennensis, juratus.... rogatus de quinto articulo, dicit quod vidit eum Ripanare cum avibus, sed ipse non portabat aves.* Ibidem pag. 411. legitur : *Rogatus de quinto dicit .... quod aliquando vidit Episcopum cum aucupibus *** non tamen aves portantem aucupales.*

RIPANI. Vide *Ripuarii*.

¶ **RIPARE**, is, Idem quod mox *Riparia*. Privilegium Lotharii II. Imp. in Actis SS. Junii tom. 5. pag. 485 : *Cum terris, vineis, pratis, pascuis, novationibus, aquis, aquarumque decursibus, paludibus, molendinis, Riparibus, portubus, ripis, teloneis, quartisinis, decimis, etc.* Hinc emendandum puto alium ejusdem Chartæ locum, ubi legitur : *Cum vineis, terris, silvis, campis, pratis, pascuis, paludibus, pontibus... cum Ritratibus, tallonariis, etc.* Pro *Ritratibus* legendum videtur *Riparibus*, nisi forte legendum sit *Intratibus*, ut suspicatur Cl. Editor.

1. **RIPARIA**, Fluvius, ex Gallico *Riviere*. Charta Joannis Regis Angliæ pro Libertatibus Angl. ann. 1215 : *Nec villæ, nec homo distringatur facere pontes ad Riparias, nisi qui de antiquo, et jure facere debent, nulla Riparia de cætero defendatur, nisi illa, quæ fuerat in defenso tempore Henrici Regis avi nostri.* Matth. Paris ann. 1231 : *In quodam prato, quod Ripariam habebat vicinam paludibus obsitam.* Infra : *Milites vero cum a fratre requirerent, si possent Ripariam et pratum equites cum securitate transire, etc.* [Recognitio ann. 1290. tom. 1. Hist. Dalphin. pag. 21. col. 1 : *Exceptis tamen de prædictis mandamentis rebus infrascriptis, videlicet territorio quod est inter Ripariam d'Aygni et Ripariam de Crotef.* Constitutiones Cluniac. MSS : *Illos autem de conventu nostro Cluniaco.... si pro eorum recreatione et usu in dictis Ripariis piscati fuerint seu mandaverint piscari, nolumus hac excommunicationis sententia innodari.* Charta ann. 1480. ex Archivo Civitatis Massil. : *Exceptis tamen et reservatis passagiis Ripariarum, in quibus transire cum navi, quæ passagia exsolvuntur respectu navilagii. Per bedale sive Ripariam defluente*, in Charta ann. 1459. e Regesto *Columba* Cameræ Comput. Provinciæ. Vide infra *Riperia*.]

¶ Ripparia, Eadem notione. Chartularium S. Vandregesili tom. 2. pag. 1350 : *Quidquid habebam in molendino de Bekerel sito in Ripparia de Herecort et in ejusdem pertinentiis.* Rursum occurrit in Charta ann. 1293. apud Baluzium tom. 2. Histor. Arvern. pag. 287.

Riparia, Ripera, Ripa, littus maris [vel fluvii :] unde dicta *La Riviere de Gennes, La Riviera di Genoa*, Joan. Villaneo lib. 1. cap. 43. *La Riviera di Sena*, lib. 1. cap. 65. *La Ribera de Pisa, et de Genoa*, apud Montanerium cap. 194. Bonifacius VIII. PP. in Bulla ann. 1301. apud Waddingum : *Tam in civitate Januensi, quam in ejus provincia, Riparia, et districtu, etc.* Will. de Baldenzel in Itinerario Terræ Sanctæ : *Prope civitatem, quæ Naulum dicitur in Ripariis Januæ situatam, prospere perveni.* [Acta inter Carolum de Malatestis et Cardinales Pisis, apud Marten. tom. 7. Ampliss. Collect. col. 998 : *Constat vero Pisas hujusmodi esse, cum sit in extremitate Italiæ et in confinio Ripariæ Januensis, quæ per illustrem Francorum Regem gubernabatur.* Statuta Massil. lib. 1. cap. 44 : *Si mercatores apportabunt, vel apportari facient, averera vel merces aliquas in Massilia vel ejus territorio per pelagus vel per Riperiam, etc.* Editor reddit *Par mer ou par terre.* Charta Philippi Franc. Regis ann. 1317. pro Carmelitis, apud Lobinellum tom. 3. Hist. Paris. pag. 218. col. 2 : *Qui extra portam Beguinarum Parisius supra Rippariam Secanæ mansionem habere noscuntur pauperimam. Riparia maris*, in Charta ann. 1205. apud eumdem Lobinellum tom. 2. Histor. Britann. col. 389. *Riparia parochiæ*, in Charta ann. 1166. in Probat. Historiæ Occitanicæ tom. 2. col. 605.] Vide Historiam Beneharnensem lib. 7. cap. 30. numero 13.

Ripera. Sanutus lib. 1. part. 1. cap. 1 : *Quorum* (portuum) *tres sunt in terris et*

Riperis sub domino Tartarorum, qui in Persia dominantur.

Riberia, in Charta Guidonis Regis Hieros. ann. 1190. in Annalibus Massil. pag. 336.

Ribeyralia. Vetus Charta apud Gariellum in Episcopis Magalonens. pag. 196 : *Præpositus vero ostendisset pluribus instrumentis dicta Ribeyralia, quæ confrontantur cum garriga pontis, ad ipsam Magalonens. Ecclesiam jure pertinere, etc.*

* 2. **RIPARIA**, Ager ad ripam fluvii vel rivuli, in quo cannabis seritur. Terrear. S. Mauric. in Foresio ad ann. 1474 : *Dictus confitens tenetur solvere in et pro quodam suo cheneverio sive Riparia juxta rivum, etc.*

* 3. **RIPARIA**, Sepimentum, quo ager clauditur et circumscribitur. Charta ann. 1197. ex Bibl. reg. cot. 17 : *Irrevocabiliter per acaptum et acquisitionem trado..... unam peciam terræ, cum omni sua Riparia et cum omni suo complanto,..... sicut illa pecia terræ nunc assignata et bodolata est vobis.* Vide infra *Rippale.*

RIPARIENSES, et Ripenses, Qui in *ripa* per cuneos, et auxilia constituti erant, quorum minor dignitas erat, quam *Comitatensium*, quibus et opponuntur. Vide Jacobum Gothofredum ad legem ult. Cod. Theod. de Re militari.

¶ **RIPARIOLUS**, Βασιλίσκος, in Glossis Lat. Græc. Aliæ Græc. Lat. : Βασιλίσκος, *Regillus, ullus, Ripariolus, Regius.* [** Vide Forcellin. in hac voce et Furlanett. Append. voce *Drepanis.*]

¶ **RIPARIUM**, Idem quod mox *Ripaticum.* Charta ann. 1343. ex Archivo Ecclesiæ Massil. : *Præpositus et Capitulum Ecclesiæ Massil. vendidit dominæ nostræ Johannæ Reginæ, Dei gratia Jerusalem et Siciliæ Reginæ omne dominium, senhoriam et jurisdictionem, quam habet et possidet in villa superiori civitatis Massiliæ et in territorio ipsius, necnon pedagia, naufragia, piscarias et jura piscariarum, Riparia, cossias, lesdas et banna, et omnem fructum jurisdictionis... pretio scilicet 2300. florenorum auri de Florentia.*

RIPARIUS, Ripparius. Statuta Venetorum ann. 1242. lib. 5. cap. 4 : *Faciat publice in banno stridari per Gastaldionem, vel Ripparium, aut ministerialem curiæ, etc.* Adde lib. 3. cap. 34. Vide *Guiffa, Ripaticum.*

Riparii, Cowello dicuntur, qui a littore maris pisces deferunt in omnem Angliæ partem, Anglis *Ripiers*. A *Ripa* nomen deducit, quod piscium commercia penes eos sint, qui ad fluviorum *ripas* et maris littora potissimum sunt. Spelmannus vero ab Angl. *Reip*, fiscella, qua in devehendis piscibus utuntur. *Ripariorum* istorum meminit Camdenus in Sussex, pag. 237. 3. edit. Alias in Glossis Lat. Græc. *Riparius* exponitur ὀχθοφύλαξ, [Custos riparum, *Rivarius* in MS. Sangermanensi.]

Riparii, in Charta Ludovici Pii apud Ughellum tom. 4. pag. 789. dicuntur, qui *Ripaticum* exigunt. Locum vide in hac voce. [* Inquisit. ann. 852. apud Murator. tom. 2. Antiq. Ital. med. ævi col. 952 : *Ad hæc respondebat præfatus episcopus, quod quotienscumque quislibet negotiator cum suis navibus in ipsum portum aplicat, omnia hæc, scilicet ripaticum, palificturam et pastum ad Riparios dare debeat ad partem ecclesiæ.* Pluries ibi. Vide in *Ripaticum* 2.]

¶ 1. **RIPATICUM**, Idem quod *Riparia*, Ripa, littus fluminis. Tabularium Majoris-monasterii : *Guidhenoc, faventibus filiis, vendidit S. Martino Ripaticum quoddam super fluvium Corsnonem ad faciendum molendinum.* Vide *Ribaticus.* [** Ecbasis vers. 461 :

More peregrini mirans Ripatica Padi.]

2. **RIPATICUM**, *Tributum, quod accipitur in ripis*, Ugutioni : scilicet pro ripis, seu aggeribus, cujusmodi sunt *Torsiæ* Ligeris, continendis, vel *tuendis*, ut loquitur Siculus Flaccus pag. 15. vel pro mercibus quæ exponuntur in ripis : vel denique pro facultate ripas tenendi ad subvehendas naviculas. Ugutionis explicationi favet Capitulare 1. ann. 819. cap. 17. in quo vetantur exigi telonia, *cum necesse non est fluvium aliquem per pontem transmeare, vel ubi navis per mediam aquam aut sub pontem ierit, et ad Ripam non appropinquaverit, neque ibidem aliquid emptum vel venundatum fuerit.* Capitul. ann. 821. cap. 1 : *Volumus ... ut nullus teloneum exigat, nisi in mercatibus, ubi communia commercia emuntur ac venundantur, neque in pontibus, nisi ubi antiquitus telonea exigebantur; neque in Ripis aquarum, ubi tantum naves solent aliquibus noctibus manere, etc.* Diploma Sigeberti Regis Austrasiæ apud Henschenium in S. Sigeberto 1. Febr. § 2. num. 27 : *Telonium.... tam quod navalis evectio conferebat, quam undique negotiantium commercia in telonio, aut quolibet Ripatico ex ipsis portubus superius nominatis in fisco nostro solebat recipere, etc.* Charta Caroli M. apud Will. Hedam in Albrico Episc. Trajectensi : *Et cum ea Ripaticum illum super Lekia et Iselam.* Adde M. Chronicum Belg. pag. 47. Charta ejusdem Caroli M. pro Ecclesia Veronensi apud Ughellum : *Navilia telonia, quæ Ripaticos vocant.* Alia ejusdem Regis tom. 5. pag. 1561 : *Seu etiam per Padum, sursum vel deorsum navigando Ripaticum tollendo, etc.* Charta Ludovici Pii ex Tabulario Fossatensi fol. 8 : *Neque quod vulgo dicitur Ripaticum, neque rotaticum, aut pontaticum, vel portaticum, etc.* Alia ejusdem Ludovici apud Ughellum tom. 4. pag. 789 : *Debitum reipublicæ, quod est Ripaticum et palifictura, etc.* Charta Caroli C. apud Doubletum pag. 806 : *Nec non forestam aquaticam a fluvio Saure usque Cambreias cum Ripaticis, quam nunc usque nostra visa est dominari potestas, atque indulgemus omnes exactiones regias in aqua cuicumque potestati subditi sint Ripatici, sive in terra, quemadmodum olim Reges tenuerunt, etc.* Charta Ludovici Regis Franc. ann. 1118. in M. Pastorali Eccl. Paris. lib. 19. ch. 70 : *Nemo teloneum, neque quod vulgo Ripaticum, nec rotaticum, etc.* Charta ann. 1345 : *Possunt habere et tenere molendina in flumine Tanegri... solvendo Ripaticum consuetum, videlicet minas 10. et stop. 10. pro quolibet molendino.* Infra, *Ripagium* id juris vocatur. Vide Fletam lib. 2. cap. 66. § 17. Occurrit passim in Chartis aliis, apud Godefridum monach. S. Pantaleon. ann. 1167. Ughellum tom. 2. pag. 18. tom. 5. pag. 411. 600. in Hist. Pergamansi tom. 3. pag. 513. apud Doubletum in Histor. Sandionysiana pag. 656. 732. Hemeræum in Academia Paris. pag. 33. Beslium in Episc. Pictav. pag. 28. Guichenonum in Episc. Bellicensib. pag. 32. Chiffletium in Trenorchio pag. 193. et alios. His adde, quæ habet Andreas Dandulus in Chron. MS. ann. 1003 : *Et probantibus non debere solvere pro Ripatico in Venetia, nisi solum Duci 200. libras lini.* Adde ann. 1205. Sabellicus Decade 1. lib. 4. Hist. Venet. pag. mihi 108 : *De porteriis solvendis, quæ et Ripatica vocant.*

¶ Repaticum, Idem quod *Ripaticum.* Charta Pippini Regis apud Stephanotium tom. 2. Antiquit. Pictav. MSS. pag. 406 : *Nullus ab eis cespaticum, Repaticum, pulveraticum... temptet inquirere.*

Rivaticus, in Chartis Caroli Simplicis, et Joan. XV. PP. apud Vassorium in Histor. Noviomensi pag. 680. 734. et in Charta Lotharii Regis, apud Doubletum pag. 787. [in alia Dagoberti Regis Franc. ann. 632. apud eumd. Doubletum pag. 656.]

Ribaticum, in Chartis Arragonensibus apud Joannem Dametum in Hist. Regni Balearici pag. 203. 207. 266. [et in Præcepto Odonis Regis Franc. pro Ecclesia Gerund. ann. 891. Appendice Marcæ Hispan. col. 828. Adde Donationem ann. 1054. ibid. col. 1100.]

¶ Ribaticus. Charta Eboli Comitis Pictav. ann. 25. Caroli Regis, apud Stephanotium tom. 3. Antiquit. Pictav. MSS. pag. 342 : *Concessimus de nostro, ut dictum est, beneficio eidem viro Rotardo Abati* (Nobiliaci.)

Ripagium, Rivagium, ex Gallico *Rivage*, quomodo hæc præstatio vocatur. In Tabulario Monasterii Deip. Santonensis, Ostensius D. Talaburgi dimittit eidem Monasterio, *Ripuagium, et quidquid consuetudinis habebat in navibus B. Mariæ afferentibus vel referentibus aliquid per Talleburgum.* Tabularium Angeriacense f. 244 : *Quidquid erat nostri juris in obedientia eorum, quæ vocatur esnenda, sive sit teloneum, sive Ripagium, sive venditio, etc.* Regestum Constabulariæ Burdegal. fol. 37 : *Omnis navis onerata sale, solvit de Rivagio 12. den.* Charta Raimundi Guillelm. de Aguto D. Toloni ann. 1224 : *Mercatores vero teneantur dare antiquam lesdam et usitatam, vel usaticum, vel Ripagium antiquum, et nihil ultra.* [Sententia arbitralis inter Raimundum Berengarium Comitem Provinciæ et Commune Massiliæ ann. 1225. ex Schedis Præsidis *de Mazaugues* : *Quod ipse Comes debeat habere quartam partem liberam et expeditam, sine aliquo onere... de omnibus gausidis et obventionibus seu redditibus quæ ... Commune Massiliæ perceperit in dicto castro... scilicet in Rippagiis, gabellis, vel piscariis, vel bordigalis, sive portu, etc.* Literæ Humberti Dalphini pro Ecclesia de Romanis ann. 1348. apud D. *Secousse* tom. 3. Ordinat. Reg. pag. 276. n. 16 : *Quodque Ripagium dicti fluminis Izaræ ab utraque parte de Rivo-sicco usque ad Monasterium vetus fuit et est per dictum tempus et a tempore prædicto, dictæ Ecclesiæ de Romanis, etc.* Vide ibi notam y. Tabular. Vosiense f. 18. v : *Quod si stagnum vel molendinum inter mansum Verni et mansum del Tell et mansum nostrum della Peireira fecerint monachi Vosienses, damus Reipatge de eodem manso nostro.* Recensio jurium castri Auzeti ann. 1394. e Regesto *Armorum* Cameræ Comput. Provinciæ f. 70 : *Cum... planis, montibus, territoriis, tenementis, confinibus, fluminibus, Ripagiis, domibus, bactenderiis, grangiis, vineis, pratis, etc.* Charta ann. 1380. apud Baluzium Hist. Arvern. pag. 173 : *Una cum omnibus jurisdictionibus et justitiis altis, mediis et bassis, meris et mixtis imperiis, feudis... pascuis, Rippatgiis, salzedis, nemoribus, garenis, charreriis, manobriis, scamnis.* In hisce duobus posterioribus locis forte posset solum intelligi Ripa, littus, ora, nostris etiam *Rive, Rivage*, non tributum in ripis solvendum, ut certe *Ripagium* accipiendum est in Statutis Montis-regalis pag. 247 : *Item statutum est quod quilibet teneatur defendere, juxta possessionem suam, Ripagium et aqueirolos, seu gighetos, ita quod dicta aqua non vadat seu discurrat in possessionem suam, sub pœna solidorum* xx. *et totidem pro emenda.*]

¶ Rippacatgium, Eodem significatu. Homagium Comiti Armaniaci præstitum ann. 1418. e Schedis D. *Le Fournier*: *Cum suis paxeriis, ripparlis, Rippacatgiis, fravateriis, aquis aluviis, aquæ-ductibus, et aliis juribus.*

Rivagium, Eadem notione. [Charta Richardi Regis Angl. pro fundatione Monasterii Sarmaciæ Ordinis Grandimont. ann. 1192. apud Marten. tom. 1. Anecdot. col. 647 : *Sint semper liberi et immunes per totam jurisdictionem nostram a venda et pedagio, telonio, passagio, Rivagio, fossagio, foagio, etc.* Similia leguntur in alia ejusdem Regis Charta pro fundatione Monasterii Parci Rotomag. ejusd. Ordinis eod. anno, ibid. col. 649. Charta ann. 1266. ex Archivo Buzeii : *Geraudus Chaboz valletus dominus Radesiarum... dedit B. Mariæ de Buzeio decem libras annui redditus super costumas suas de Rivagio navium in Bugnio reddendas singulis annis.*] Charta Philippi IV. Reg. Fr. ann. 1308. ex Regesto 2. ejusdem Regis num. 9 : *Item Rivagium de Janzi* 4. *solid. annui reditus æstimatum.* Regestum Peagiorum Parisiens. tit. *Du Rivage de Seine : Se home à Paris achete vin en greve, et il le met en son celier, il doit maille de Rivage, etc.* Infra : *Tout avoir, qui entre en l'eaue, ou isse de l'eaue, chacun fardeau doit obole de Rivage.* [Recensio redituum Castelli Petræfontis ann. 1300. e Bibl. Regia : *Item à Jausi vintrages de vins et rouage de vin dou mui* 1. *den. et Rivage de vin, dont en paie pour chascun batel une obole.*] Vide *Ribagium* suo loco.

Riparius, Cui *Ripaticum* competit, vel qui illud colligit. Charta Volfgeri Patriarchæ Aquileiensis ann. 1205. in Bullario Casinensi tom. 2. pag. 238 : *Stabilimus etiam et confirmamus eidem Monasterio tres stationes... scilicet in foro Aquileiensi super ipsam ripam fluvii Narisæ, juxta Venetiarum stationes. Unde neque Advocato, neque Vicedomino, neque Ripario, neque alicui personæ magnæ sive parvæ aliquod obsequium quovis ingenio vel debeant vel impendant.*

RIPATOR. Radulfus de Diceto et Matth. Paris ann. 1191 : *Juxta sonitum illius instrumenti, quod a Ripatoribus vocatur Tabur, subito cercella quædam alarum remigio perniciter evolavit.* Ubi Somnerus : *Messorem* interpretatur, a Saxon. r i p p e r e, et Anglico *a Ripper*, vel *Reaper*, quod idem sonat; nisi, inquit, quis malit *raptorem* intelligendum, Saxon. r e a f e r e. Sed cum hæc acta narret Radulfus ad ripam maris, videntur *Ripatores* iidem qui *Riparii*, de quibus supra, qui in maris vel fluviorum ripis manent.

RIPATORIUM, Ripa, ad quam appellitur, in Charta ann. 1236. ubi et *arripatorium* dicitur. Locum vide in *Capitulum molendini.*

* **RIPATUS**, Tributum, quod ad *ripas* exigitur, idem quod *Ripaticum* 2. Charta Loth. imper. ann. 1136. in Append. ad tom. 6. Annal. Bened. pag. 670. col. 1 : *Cum Ripatibus, teloneis, quarantesimis, et cum omnibus ad prædicta loca pertinentibus.*

¶ **RIPAYRAGIUM**, Idem quod *Ripaticum.* Charta ann. 1366. apud Baluzium tom. 2. Hist. Arvern. pag. 346 : *Stagnis, vivariis, Ripayragiis, pedagiis, pontonatgiis ... ac cum vassallis, hominibus franchis et liberis, etc.*

¶ **RIPELAGIUM**, Idem quod *Ripaticum.* Venditio Vicecomitatus Rellaniæ per Ludovicum II. Regem et Comitem Provinciæ Petro *d'Acigné* Provinciæ Senescallo ann. 1410. e Schedis Præsidis *de Mazaugues : Cum... pratis, molendinis, aquis, aquarum decursibus, Ripelagiis, venationibus et piscariis, pulveragiis, ramagiis et passagiis, etc.*

¶ **RIPENSES.** Vide *Riparienses.*

¶ **RIPERIA**, Rivus, fluvius, Gallis *Riviere.* Conventio Commendatoris de Montefrino cum Raymundo *Pelat* et fratribus ann. 1241 : *Dicebant siquidem predicti fratres, quod ipsi habebant quoddam molendinum in Riperia Gardonis.* Donatio iisdem fratribus facta ann. 1245 : *Dono illa duo cestaria bladi censualia et jus et dominium ipsorum et jus dominii, quos accipio in molendinis domus Templi de Montefrino, quæ sunt in Riparia Gardonis in utraque ripa.* Miracula B. Caroli Blesensis apud Lobinellum tom. 2. Hist. Britan. col. 563 : *Vidit quamdam puellam que ceciderat in Riperia de Gueng. mortuam, resuscitatam meritis ipsius D. Caroli.* Charta ann. 1308. apud Baluzium tom. 2. Hist. Arvern. pag. 783 : *Item quod possint homines S. Amantii piscari in Ripperia S. Amantii.* Adde Chartam ann. 1380. ibid. pag. 173.

¶ Riperia, Ripa, littus, ora, Gall. *Rive, Rivage.* Charta ann. 1387. ex Archivo Communis Massil. : *In locis dominicalibus, tam in Riperia Rhodani quam alibi.* Annales Genuens. apud Muratorium tom. 6. col. 589 : *Deinde ivit in Riperiam Orientis usque Plumbinum, et invenit barcas Plumbini quamplures cum mercimoniis, etc.* Ibidem col. 591 : *Dicto etiam anno* (1286.) *armatæ sunt pro communi Januæ ad soldos trium mensium pro guardia Riperiæ facienda duo galeoni velocissimi, etc.* Rursum memorantur *Riperiæ* Januenses in Epistola ann. 1404. apud Marten. tom. 1. Ampliss. Collect. col. 1567. Historia Cortusiorum, apud eumd. Murator. tom. 12. col. 804 : *Item misit quod omnes de Riperia Gardesanæ se parent cum navilio suo, etc.* Adde Gualvaneum Flammeum eodem tom. col. 1013. Georgium Stellam apud eumd. Murator. tom. 17. col. 1136. Lobinelli Glossarium tom. 3. Hist. Paris et vide *Riparia.*

¶ Ripperia, Ora, margo, vicinia instar ripæ in longum protensa. Charta ann. 1315. tom 1. Hist. Dalphin. pag. 30. col. 2 : *Prout limites, metæ ac termini dictarum parochiarum, et alii qui sequuntur in longitudine et latitudine se extendunt, cum ipsis limitibus et Ripperiis ipsis limitibus adjacentibus, et circa prædictos limites seu Ripperias. dictis limitibus adjacentes per quatuor teysias; nihil juris, actionis, proprietatis, possessionis, usagii... infra dictos limites et circum circa per dictas quatuor teysias nobis vel nostris successoribus de cætero penitus retinendo.*

¶ **RIPERIUM**, Idem, ut videtur, quod *Ripaticum.* Recognitio ann. 1290. tom. 1. Hist. Dalphin. pag. 21. col. 1 : *Item quidquid idem Aymo habet et habere potest per se, vel per alium, infra castrum et parrochiam Burgundii ex quacumque causa, et omnes terras cultas et incultas, prata, nemora, molendina, stagna, Riperia, pasquaria, jura, census, servitia, feuda et homagia.* Intelligi posset fluvius vel ripa. Vide *Riparia* et *Riperia.*

¶ **RIPHE**, Johanni de Janua, *Impetus : unde Ripheus, impetuosus : unde quidam montes dicti sunt Riphei ab impetu grandinum et ventorum.* Græcum est ῥιφή seu ῥιπή. [* Vide *Rhipe.*]

¶ **RIPILIO**, Piscium reliquiæ. Vide *Spinaticus.*

* **RIPOISSA**, Gall. *Ripoisse*, Instrumentum quoddam ad capiendas aves. Lit. remiss. ann. 1478. in Reg. 205. Chartoph. reg. ch. 145 : *Le suppliant print soubz son bras.... cinq ou six Ripoisses à prendre oyseaulx, et s'en ala droit à certaines brandes,.... pour veoir s'il trouveroit point de repaire d'assées ou becaces, pour illec y tendre lesdites Ripoisses.*

* **RIPOLA**, vox Italica. Stat. Taurin. ann. 1360. cap. 271. ex Cod. reg. 4622. A : *Habeatur modus monorum et coporum fornasariorum Ripolarum, ad quem modum fiant moni et copi bene cocti.* f. Nomen loci.

¶ **RIPPA**, Idem quod *Ripaticum.* Conventiones Civitatis Saonæ ann. 1526. pag. 10 : *Quod Saonenses teneantur et obligati sint ad solutionem introitus, seu gabellæ, Rippæ, et sub illis modis et formis, prout tenentur.... exclusis tamen illis mercibus et rebus Saonensibus ipsis propriis spectantibus, et non aliter, quæ consumerentur in Saona tantum, pro quibus nihil solvatur pro dicta Rippa, exceptis tamen setis, speciebus aromaticis, braxillibus et clamelottis, pro quibus ipsam Rippam solvere teneantur, etsi consumerentur in dicto loco Saonæ.* Vide *Ripa* 3.

¶ **RIPPACATGIUM.** Vide in *Ripaticum.*

¶ **RIPPAGIUM**, Rippatgium. Vide *Ripagium* in *Ripaticum.*

* **RIPPAGIUM**, Ripperia, Rivus, fluvius, idem quod *Riperia.* Pactum inter Joan. dalph. et Petr. Barral. ann. 1315 : *Concedentes.... omnibus habitantibus,... quod in Ripperiis et Rippagiis fluentibus per villam et vallem de Alavardo possint fa-*

cere, construere, seu fieri vel construi facere molendinum vel molendina. Charta ann. 1352 : *In emphiteosim perpetuam tradimus... prædicta molendina cum suis Rippagiis, bedalibus, aquarum decursibus.* Vide alia notione in *Ripaticum* 2.

* **RIPPALE**, Sepimentum ex quacumque materia confectum. Stat. ann. 1352. inter Probat. tom. 2. Hist. Nem. pag. 151. col. 2 : *Item quod nulla persona, cujuscumque conditionis existat, audeat rumpere aliena Rippalia, fossatos, parietes, vallatos alienos, etc.* Vide supra *Riparia* 3.

* **RIPPARIA**, Fluvius, rivus, ut supra *Rippagium.* Charta ann. 1336. in Chartul. eccl. Lingon. fol. 103. r° : *Ripparia sive aqua, quæ labitur per territorium sive finagium dictæ villæ, est bannalis domino villæ, ita quod nullus debet ibi piscari absque ipsius domini voluntate.* Vide in *Riparia* 1.

¶ **RIPPARIUS**. Vide *Riparius.*

¶ **RIPPERIA**, Rivus vel Ripa. Vide *Riperia.* [* et supra *Rippagium.*]

¶ **RIPTARIUM**, *Missile jaculum*, apud Laurentium in Amalthea ex Mauricio.

RIPUARII, Ribuarii dicti, qui ad Rheni ripas, circa fluvium, non citra, uti vult Audigerius, consederant, maxime qui ad Rheni, Scaldis, et Mosæ, Hollandi scilicet, Luxemburgenses, Gheldrenses, Juliacenses, etc. uti observatum ab Isaaco Pontano lib. 2. Orig. Franc. pag. 174. et aliis. Longe enim probabilior ea sententia quam Chifletii in Vindiciis Hispanicis pag. 44. qui ab ignobili fluvio *Rura* dictos scripsit : tametsi Frodoardus in Chronico ann. 923. *Ruram* fluvium in *pago Ribuario* statuit. Sed et Browerus in Proparasceve Annal. Trevir. pag. 68. 95. 1. edit. ait, repertam inscriptionem veterem Caraduni, quod hodie *Caerden* vocant, viculo ad Mosellæ ripam sinistram, haud procul Monasterio, ex qua *Ripanos*, horum fluviorum accolas, sub Romanis dictos colligit : VC. I. Genio. Vicano. Omnibus. Ob. Memoriam. Ripanorum. Marianus. Ripanus. Ut ut sit, iidem videntur qui Riparioli apud Jornandem de Rebus Geticis pag. 118. et Francis æquiparantur in Lege Ripuar. tit. 22. Horum regio, *Pagus Ripuarius*, *Provincia Ripuaria*, appellatur in eadem Lege tit. 31. § 3. 5. *Ripuaria*, nude in Annal. Franc. Fuld. ann. 881 : *Trajectum et pagum Hasbanicum, totamque Ripuariam, etc.* Adde Eginhardi Annales ann. 782. et Reginonem ann. 891. *Regio Ribuariorum*, apud Wipponem in Conrado Salico pag. 429. Marianus Scotus ann. 875 : *Qui quoque Carolum Seniorem 8. Id. Octobr. bello in pago Meginense, nomine Ripuaria, non longe ab Andernach Castello juxta Rhenum pugnantem ultra 50000 superavit.* Est autem *Pagus Meginensis* tractus ille dictus hodie *Meienfeldt*, ab oppido *Meien* haud procul Andernaco. Radevicus de Gestis Friderici lib. 2. cap. 13 : *His in Bajoaria peractis Fridericus Ribuariorum fines ingreditur, inferioresque regni partes peragrans, etc.* Guntherus lib. 6. Ligurini :

> His bene compositis Ripuaria Cæsar in arva
> Tendit, et extremos Rheni percurrere fines
> Accelerat.

Et lib. 7 :

> Saxones, et rigidi qui Norica rura coloni,
> Westfaliamque tenent, quos aut Ripuaria tellus,
> Aut cum Germanis Rhenum partita colonis
> Francia.

Chronicon Trudonense parte 1. lib. 2 : *Est autem Ribuaria terra victualibus abundans, sub qua Comitatus Juliacensis aliorumque Principum fortalitia continentur.* Et lib. 5. pag. 395 : *Quæ erant circa et ultra Mosam, et in Ripuaria, et circa Rhenum. Ducatus Ripuariorum*, in Charta Germanica ann. 809. apud Henschenium ad Vitam S. Ludgeri Episcopi Mimigard. § 29. *Gozelo Dux Ribuariorum*, apud Wipponem in Conrado Salico pag. 424. Adde Vitam ejusdem Ludgeri num. 21. et vide Freherum lib. 2. Orig. Palat. cap. 8. et 9. et Lindenbrogii Glossarium.

Quos vero *Ripuarios* Latini, Galli *Ruiers*, et *Rives* appellabant. Tractatus MS. de Torneamentis : *De par les Bretons, les Manceaux, de par les Rives et Hasbegnons*, id est Ripuarii et Hasbanienses. Provinciale MS : *S'ensuit les armes des Alemans et des Ruyers.* Mox recensentur arma seu insignia Nobilium Ducatus Luxemburgensis. In alio *Riviers* vocantur, ibique primo recensentur arma Comitatus Hollandiæ Comitum. Scribit Gollutus in Hist. Burgundiæ Sequanensis lib. 10. cap. 81. et 109. Duces Burgundiæ habuisse complures fæciales seu *Heraldos*, quorum alii *Poihiers*, alii *Ruyers* dicti : eorum, qui *Poihiers* vocabantur, munus versatum in Gallicis provinciis; aliorum intra terras Imperii. Ita nempe *Poheros*, Ducum Burgundiæ subditos, qui Gallice, contra *Ripuarios*, qui Theutonice loquebantur, appellatos supra docuimus in voce *Pokeri.* Vide Chapeavillum in Erardo a Marka Episcopo Leod. cap. 18. 19. et Ægidium Bucherium in Belgio Romano lib. 14. cap. 8.

Constabat autem Ripuariensis Ducatus Comitatibus quatuor, ut est in divisione Regni Lotharii in Capitularibus Caroli Calvi, qui apud Nithardum lib. 1. ann. 838. ita nominantur : *Et per fines Ribuariorum Comitatus Moilla, Halt, Trahammolant, Masagowi.* [** *Moilla, Haettra, Hammolant, Masagouwi*, apud Pertz. cap. 5. Vide Zeuss. de popul. German. pag. 343. et Chronic. Gottwicense pag. 749.]

* **RIQUEROU.** Codicil. Oliver. de Clicio conestab. ann. 1406. tom. 2. Probat. Hist. Brit. col. 782 : *Item ordinavit quod navis sua, nuncupata Riquerou, reddatur nobili viro Oliverio de Castello filiolo suo.* Vide supra *Navis* 2.

¶ **RIQUIZA**, Divitiæ, Gall. *Richesse.* Glossarium S. Andreæ Avenion. MS. sæc. xiii : *Opulencia, id est, Riquiza.* Vide *Rici homines.*

* Hisp. *Riqueza.* Glossar. Provinc. Lat. ex Cod. reg. 7657 : *Riquesa, Prov. divitiæ, opes. Riqueche*, in Poem. MS. Rob. Diaboli :

> Le parhouchent si et amoutent,
> Et de Riqueche et de parage, etc.

¶ 1. **RIS**, pro *Res.* Formulæ Andegav. art. 18. apud Mabillonium tom. 4. Analect. pag. 245 : *Dum tu Ris meas rededisti.*

¶ 2. **RIS**, vox Gallica, Oryza. Statuta reformationis Monasterii S. Claudii ann. 1448. pag. 83 : *Item pisa pro Quadragesima, necnon potagium de Ris, tribus diebus in qualibet septimana.*

¶ **Risa**, Eadem significatione, Angl. *Rice.* Litteræ ann. 1380. apud Rymerum tom. 7. pag. 233 : col. 1 : *Unam pipam prunorum siccorum, triginta et octo balas Risarum, quinque balas sinimi.*

¶ **Risia**, Eodem intellectu. Litteræ ann. 1358. apud eumdem Rymer. tom. 6. pag. 78. col. 1 : *Cum ipsum unum dolium olei, sexaginta libras amigdalarum, viginti et quinque libras Risiæ, duas portellas de ficubus, etc.* Vide *Risus* 1.

RISCATTUS, Redemtio, ex Italico *Riscatto*, Redemtio, recuperatio. Decreta pro Ecclesia Mediolanensi ann. 1067 : *Clericus autem vel Laicus pro ordinis ac dignitatis suæ qualitate, hac potestate tali mulctetur damno, ut siquidem ex ordine Capitaneorum fuerit, 20. denariorum libras, vassorum autem 10. negotiatorum 5. reliquorum vero pro qualitate et possibilitate componat ad utilitatem hujus sanctæ matris Ecclesiæ, et sicut pro treuga Dei fracta per decem tot civitates Riscattum faciat.*

* **RISCHIUM**, Rischum, Periculum, discrimen, Ital. *Rischio*, Gall. *Risque.* Stat. Senens. ann. 1288. apud Murator. tom. 4. Antiq. Ital. med. ævi col. 84 : *Debeat potestas venire ad civitatem Senensem et recedere suis propriis expensis et suum Rischium et fortunam in personis, equis, vel rebus aliis quibuscumque.* Charta ann. 1267. apud Lam. in Delic. erudit. inter not. ad Hodœpor. Charit. part. 2. pag. 384 : *Hostem et cavalcatam facient comuni Pisano, quando et sicut et quoties comune Pisanum faceret,.... omnibus eorum stipendiis et Rischis et expensis. Venient, stabunt et redibunt suis Rischis et periculis*, in Stat. ant. Florent. lib. 1. cap. 61. ex Cod. reg. 4621. Vide *Riscus* 1.

* **RISCLAUSUM**, Septum seu quidquid intra limites loci alicujus continetur et clauditur. Charta ann. 937. ex Tabul. monast. Caunens. : *Nec non Casaseubertas* (cedo)..... *cum suo caput mobile et Risclauso, puteis, fontibus, aquis, etc.* Vide *Reclaustrum.*

* **RISCONTRUM**, ab Italico *Riscontro*, Comparatio, collatio, Chartæ recognitio. Stat. antiq. Florent. lib. 1. cap. 60. ex Cod. reg. 4621. fol. 30. v° : *Notarius et camerarius gabellæ et contractuum et Riscontri et cedularum, etc.*

¶ 1. **RISCUS**, Risicus, Periculum, alea, discrimen, Gall. *Risque*, Ital. *Rischio*, Hispan. *Riesgo*, Græcis recentioribus, ῥίζικον. Statuta Massil. lib. 3. cap. 5 : *Constituimus, quod si quis alicui aliquod mutuum fecerit vel faciet portandum in aliquod viagium, ad fortunam vel Risicum* (*Riscum* in MS.) *ipsius mutuantis, pro quo mutuo specialiter pignus a debitore sibi traditum est, etc.* Electio Potestatis urbis Hortanæ ann. 1359 : *Et debet venire dictus Potestas cum dictis suis officialibus, famulis et equis, duabus diebus ante faciem officii, ad omnem ipsius Potestatis Risicum et fortunam in veniendo, stando et redeundo.* Statuta Genuensia lib. 1. cap. 4 : *Hæc omnia Risico et periculo hæreditatis et hæredum.* Incertum est hujus vocis etymon. Vide, si vis, Menagium in Dictionario Etymolog. Gallic. Skinnerum in Anglicano v. *Risgo* et Cangium nostrum in Glossario mediæ Græcitatis v. Ῥίζικον.

¶ Risigus, Eadem significatione. Statuta Massil. lib. 3. cap. 25 : *Quæ commanda vel societas tamen data, vel tradita fuerit, vel erit ad periculum ejus portanda vel ducenda vel mittenda, qui dedit vel tradidit seu dabit, vel ad ejus Risigum, de qua commanda vel societas facta erit carta publica, etc.* Vide *Risicum*.

* 2. **RISCUS**, Latebra, locus secretus et occultus, Gall. *Cache*. Analecta de SS. Petro et Paulo tom. 5. Jun. pag. 447. col. 1 : *Cum armarium quoddam vetus ligneum, muro ab antiquo insertum, vi extraxissent, conspexerunt post illud in muro eodem foramen magnitudine volæ manus humanæ. Quod latebræ alicujus indicium esse rati, illico murum lateritium ulteriorem perfringentes, invenerunt Riscum sive cavernulam, etc.*

* 3. **RISCUS**, Ager incultus et pascuus, vulgo *Riez*. Charta Roger. castel. Insul. ann. 1225. ex Tabul. S. Petri Gand. : *Si vero aliquis hominum villarum prædictarum plantas posuerit in Risco, aut in via communi, aut in loco ubi plantas ponere non debeat, etc.* Charta ann. 1243. ex Tabul. S. Autberti Camerac. : *Cum nobis evidenter constaret præfatam ecclesiam sufficienter probasse quod homines sui villæ de sancto Auberto tanto tempore fuerant in maniamento sive usagio dicti Risci et pasturæ ejusdem, etc.*

* 4. **RISCUS**, *Fenestra parietis, vas ex juncis et viminibus.* Glossar. vet. ex Cod. reg. 7613.

* **RISELLUS**, Officii nomen. Chartam 36. in Chartul. Major. monast. pro pago Vindoc. subscribunt *Helgodus cocus, Galterius cellararius, Durandus Risellus, Robertus de elemosina.* Qui vero hic *Risellus, sanguinator* nuncupatur ibid. in ch. 35. Vide in hac voce.

* **RISICUM**, Risigum, idem quod supra *Rischium*. Stat. Mantuæ lib. 1. cap. 6. ex Cod. reg. 4620 : *Quos quidem judices et cæteros superius nominatos et equos..... retinere toto tempore ejus officii* (potestas) *teneatur ejus periculo, Risico et fortuna, etc.* Charta ann. 1239. apud Murator. tom. 4 Antiq. Ital. med. ævi col. 445 : *Debeat..... ire et redire secure ad Risigum et periculum Mantuæ per totum suum districtum, si fuerit deprædatus.* Vide in *Riscus* 1.

RISILE, forte quod *Rezeau* dicimus, *Reticulum*, quo feminæ capillos continebant, de quo in *Retiolum*. Miracula S. Walburgis virg. num. 2 : *Risile, quo super aurem orale confixerat, casu perdidit accidente.* Medibardus de iisdem Miraculis lib. 2. apud Gretzerum in Episcopis Eystetensib. pag. 309 :

> Matronæ solicitatæ
> Perditum restituit
> Risile, quod illa statim
> Misit ad Cœnobium,
> Conservaretur ut ibi
> Hoc in testimonium.

☞ Mabillonio sæc. 3. Benedict. part. 2. pag. 297. nota c. *Risile* vel *Rasile* videtur esse acus oblongior, qualem hodie usque gestant, inquit, mulieres Remenses ad caput scalpendum et crines discriminandos; *orali*, id est, capitis tegumento, infigi solita.

¶ **RISILOQUIUM**, Sermo ridiculus, qui risum moveat. Utitur Tertull. de Pœnit. cap. 10.

RISINA. Chronicon Colmariense 1. part. ann. 1271 : *Fui in Urania festo Gordiani et Epimachi, cecidit Risina magna prope villam Altorf, et secum duxit lapidem, qui habebat 12. pedes in latitudine, etc.* Pluvia, ni fallor, vehementior, vel torrens aquæ, nostris *Ravine*. [* Vide supra *Resina*.]

¶ **RISIUM**, Oryza, Gallice *Ris*, Ital. *Riso*. Statuta Genuæ lib. 4. cap. 58 : *Faba, cicera, milium, panicum, Risium, ficus, castaneæ, carnes recentes, caseus, etc.* Vide *Ris* 2. et *Risus* 1.

¶ **RISIUS**, Germanis *Riese*, Gigas. Risios vocabant homines proceros ac robustos, qui silvas et montes incolebant latrocinandi gratia : contra quos invocati *Rekti* auxilio afflictis fuere; inde quod vocantibus inservirent *degen* dicti, hoc est, servi et ministri. Ita Martinius in Lexico, de rebus patriis consulendus.

¶ **RISMA**, Italis, Viginti chartæ scapi, nostris *Rame*. Statuta Civitatis Astæ de intratis portarum : *Papirus ponatur et solvat pro qualibet Risma ut supra, et ponatur Risma una de magnis pro duabus parvis Rismis.* Rursum occurrit in Conventionibus Civitatis Saonæ ann. 1526. Vox ducta, si credimus Borello, ab illa quadrata compage lineis cupreis composita, in qua papyrus conficitur, quam Itali *Rame* vocant ab *Æramen*; si Menagio, a Germanico *Riem*, Vinculum, ligamen; vel Latino *Scapus*, via longiori, ut videre potes in Originationibus Ital. v. *Risma*.

RISPA, Modus agri, [vel potius Ora ipsius agri, a Latino *Ripa*.] Tabularium Prioratus de Paredo in Ducatu Burgundiæ fol. 61 : *Dedit in hoc loco, in villa, quæ dicitur Tolsof, unam vercheriam, et Rispam, quæ est in fronte ejusdem vercheriæ, illam partem, quam Archimbaldus senior suus tenuit. Terminat ipsa vercheria de uno fronte via publica, ex uno latere, et de vercheria et de Rispa, similiter via publica. De alio vero fronte vercheriæ simul et Rispæ, Rispa S. Georgii ex alio latere, terra de ipsa hæreditate.* Fol. 63 : *Mansum unum cum sua consuetudine, et omnibus ad se pertinentiis, videlicet terris cultis et incultis, vineis, partis, pascuis, Rispis, consuetudine in silvis, exitibus et regressibus, etc.* Eodem fol. : *Pratis, pascuis, silvis, Rispis, aquis, aquarumve decursibus, etc.* Sic alibi non semel.

* **RISPAGIUM**, Tributum, quod ad ripas exigitur. Chartul. S. Joan. Angeriac. fol. 188. r° : *Perdonamus Deo et S. Joanni Baptistæ..... quidquid erat nostri juris.... in Esnenda, sive sit teloneum sive Rispagium.* Vide *Ripaticum* 2.

¶ **RISPALIA**, Idem, ut conjecto, quod *Rispa*. Charta vetus Seminarii Bituric. : *Ego Eustadiola.... dono atque transfundo Ecclesiam in honore B. Dei Genitricis, omniumque Apostolorum et S. Liciniæ consecratam super fluvium Teli sitam, et omnia ei pertinentia, videlicet liberos et liberas, servos et ancillas, farinarios, prata, vineas, Rispalias, terram arabilem, et omnia, quæ mihi in his omnibus jure debentur.* Vide *Ripariæ* et *Riperia*.

* **RISSA**, vox Italica, Rixa, contentio; unde *Rissoso*, rixosus, nostris alias *Risseur*. Inventar. ann. 1271. in Access. ad Hist. Cassin. part. 1. pag. 328. col. 2 : *Item qui levaverit Rissam portando arma, et extrasserit unus sanguinem alteri, debet solvere augustalem unum.* Lit. remiss. ann. 1363. in Reg. 95. Chartoph. reg. ch. 25 : *Jehan, dit Vyanne, Risseur, brigueur, hustineur, mal et outrageux parleur.* Vide supra *Riotare*.

* *Rissir* vero Exire, Gall. *Sortir*, sonat, in aliis Lit. ann. 1410. ex Reg. 165. ch. 21 : *Jaquinot le roy incontinent qu'il ot beu, s'en Rissy de la Chambre.*

¶ **RISSALITI**. Barberinus in *Documenti d'amore* :

> Or convien, ch' io ti porga
> D'alcuna gente, ch' a nom Rissaliti.

Interpretatio Latina præfert *Novi homines*.

¶ **RISSARE**, Erigere, Italis *Rizzare*, Gall. *Dresser*. Miracula S. Zitæ, tom. 3. April. pag. 513 : *Semper fuit et stetit attractus de renibus, ita quod se Rissare vel rectus stare non poterat.*

* **RISSBOTH**, Taberna. Leges Danicæ apud Ludewig. tom. 12. Reliq. MSS. pag. 186 : *Item quicunque aliquem in taberna, quæ dicitur Rissboth,.... læserit, etc.*

¶ **RISTA**, nude, vel potius *Rista tela*, Species telæ, media inter crassiorem et subtiliorem. Statuta Montis regalis pag. 277 : *Item statutum est, quod quilibet textor, seu textrix, capiat tantum pro textura et orditura, pro qualibet teisa telæ subtilis lini solidos quatuor, de teisa telæ Ristæ solidos tres cum dimidio, de teisa telæ stopæ solidos tres.* Statuta Vercell. lib. 3. fol. 85. recto : *Et de tela Riste canepe et stope lini solidum unum et denarios decem Pap.* Vide *Cerillus*.

* *Toagla de Rista*, in Stat. Taurin. ann. 1360. cap. 335. ex Cod. reg. 4622. A.

* Nostris alias *Ristibille*, vox contumeliosa; forte a veteri Gallico *Rister*, urgere, impellere : unde *Ristibille* dictus iners, desidiosus, qui ut agat calcaribus urgendus est. Lit. remiss. ann. 1459. in Reg. 188. Chartoph. reg. ch. 138 : *Laquelle femme dist ces paroles à icellui de Labasle : villain Ristibille, etc.*

¶ **RISTIS**. Fridegodus in Vita S. Wilfridi Episcopi sæc. 3. Benedict. part. 1. pag. 189 :

> Dixit, et actutum lictorum torva vorago
> Obstitit, et raptum tenebroso vinxit in antro.
> Qualem te, Pastor, lætum tristemve fatebor?
> Lætabare quidem te Christi post fore Risten;
> Flebas damna gregis pastorum verbere læsi.

Hic hæremus post Mabillonium.

¶ 1. **RISUS**, Italis *Riso*, Gall. *Ris*, Oryza. Informationes Civitatis Massil. pro passagio transmarino e MS. Sangerman. : *Item pisces salsos, et copas,* (cæpas) *et allea, et alia victualia, oleum et Risum, etc.* Codex MS. redditaum Episcopatus Altisiod. ann. circiter 1290 : *Figuæ, amigdale, Risus, dates, castaneæ... non debent ventas.* Rursum occurrit tom. 2. Histor. Dalphin. pag. 284. et

312. in Chronico Placentino Johannis Demussis apud Murator. tom. 16. col. 582. in Statutis Montis-regalis pag. 310. infra voce *Rota*, Mensura et alibi. Vide supra *Ris* 2.

¶ 2. **RISUS**, Rixa. Vide locum in *Ungareh*.

* **RITANA**, Rivus, incile. Stat. Avellæ ann. 1496. cap. 144. ex Cod. reg. 4624 : *Quæcumque persona..... quæ clauserit vel occupaverit.... aliquod aquayrolium, sive aquam vel Ritanam tempore pluviarum, etc.* Vide *Rittana*.

* **RITARE**, *Rectum ducere*, in vet. Glossar. ex Cod. reg. 7613. Vide in *Rectum*.

¶ **RITBATGIUM**, Ripa, vel Tributum in ripis exsolutum. Charta Roberti Comitis Arverniæ ann. 1284. apud Baluzium tom. 2. Hist. Arvern. pag. 133 : *Concessimus... Gerardo Abbati Vallis-lucidæ in pagesiam et in emphitheosim, perpetuum contractum, Ritbatgium et cursum Ribatgii Aligerii.* Vide *Ribagium* et *Ripaticum*.

* Chartul. S. Joan. Angeriac. fol. 185. r° : *Concesserunt etiam ut.... sal de salinis quocumque causa vendendi navibus portare vellent, libere et absque contradictione portarent, sibi tantum de ipsis navibus reddito Ritbatgio;* pro *Ribatgio*. Vide in *Ribagium*.

¶ **RITE**, *Persæpe, frequenter*, in Gasparis Barthii Glossario ex Hist. Palæst. Fulcherii Carnot. apud Ludewig. tom. 3. Reliq. MSS. pag. 34.

¶ **RITECA**, Chirotheca, per aphæresim. Statuta MSS. Cardinalis Trivultii ann. 1521. pro Monasterio S. Victoris Massil. : *Quoties aliquis religiosus obiit, tenetur tali decedenti dare calceos albos novos et Ritecas novas et cericum novum cum corpus defertur ad sepulturam.*

***RITECINA**, Idem videtur quod Italicum *Ritegno*, Obstaculum, retinaculum, *exclusa* qua continentur aquæ. Acta MSS. notar. Senens. ann. 1283 : *Confiteor conduxisse a vobis.... unum molendinum cum domo, positum in flumine de Bocone, cum duabus pariis macinarum et cum duabus Ritecinis, etc.*

* **RITHMACHIA**, pro *Rythmachia*, a Græco ῥυθμός, concinnitas, numerus seu modulus certa dimensione et proportione constans, et μάχη, pugna, conflictus. Unde *Rythmachia*, Modulorum vel *numerorum certamen*, ut loquitur Joannes Sarisberiensis lib. 1. Polycrat. cap. 5. qui etiam Epist. 235. pag. 431. edit. Masson. ludum quemdam ejusdem nominis memorat his verbis : *In Rithmachia ludentium hoc indicat jocus, ubi quoties aufertur pyramis intercepta, toties concidunt latera ejus.* Hic a Joannes Sarisberiensi designari videtur D. *De Foncemagne* ædificiolum ex chartis, ut puerorum mos est, compactum, quod totum corruit, si charta, cui aliæ insident, subtrahatur jamque ludo non est locus. Alius ergo est a *Rithmimachia, scacorum* ludi specie, cujus regulas perscripserunt Gerbertus et Willelmus Tegernseensis scholasticus, ut videre est apud D. *Le Beuf* tom. 2. Collect. var. Script. pag. 85. et supra in *Rhythmimachia*.

* **RITHMIMACHIA**, RITHMOMACHIA, Ludi *scacorum* species, apud D. *Le Beuf* loco jamjam laudato et tom. 1. Dissert. pag. 91.

¶ **RITONTA**, pro *Ritorta*. Vide *Retorta*.

* **RITORTA**, vox Italica, Tortilis ex virgultis laqueus. Charta ann. 1196. apud Murator. tom. 2. Antiq. Ital. med. ævi col. 92 : *Item si quis incideret in silva vallis Herminæ, tres solidos dabit curiæ, nisi.... pro Ritorta.* Vide *Retorta* 1.

¶ **RITRATUS**. Vide supra in *Ripare*.

¶ **RITTANA**, Incile, elix, sulcus aquarius, Gall. *Rigole*. Statuta Montis-Regalis pag. 210 : *Item statutum est, quod quicumque fecerit, vel fieri fecerit, aliquod fossatum seu Rittanam in suis possessionibus, ultra Ellerum, juxta vias communes, teneatur projicere terram, quam extraxerit, vel extrahi fecerit de fossato, versus viam Communis.* Ibidem pag. 211 : *Nemo audeat cavare in viis communibus, faciendo Rittanam seu fossatum causa ducendi aquam, etc.*

RITTERI, Germanis, *Ritters*, *Milites*, nostris *Chevaliers*, Equestri cingulo donati. Aventinus lib. 7. Annal. Bojor. pag. 465 : *Virtutis ergo hosce equites, usu auri atque orichalci donat, quos a numero comitum atque equorum Tritteros, sive, ut vulgo loquar, Ritteros, ablata ob voluptatem aurium, vocalitatemque, prima, ut solet, littera, hoc est, Tertianos nuncupamus, Romani Torquatos, ac Decuriones equestres vocitant.*

RUTERI, Eadem notione. Chronicon Windesemense lib. 2. cap. 60 : *Non Missam Ruterorum, sed bene devotorum a fratribus sui exegit.* Galli dicunt, *une Messe à la cavaliere*. [Vide *Rutheri* in *Rumpere*.]

¶ **RITTIRATA**, Receptus, receptaculum, Italis *Ritirata*, Gall. *Retraite*. Obsidio Varadinensis ann. 1589. apud Ludewig. tom. 6. Reliq. MSS. pag. 333 : *Nescio quo malo genio, ut apparatus nostri igniti, tela, faces et alia missilia instrumenta ardentia, in subsidii seu Rittiratæ loco seposita, ex improvidentia cujusdam tormentorum magistri, cui cura illorum mandata fuit, flamma concepta derepente ardere inciperent.*

RITUM, *Latrocinium*. Papias MS. et editus.

RITUS, Idem quod *Consuetudo*, seu præstatio. Vetus Charta MS. circa ann. 1077 : *Firmiter est statutum, quod mercator seu quilibet homo vinum aut annonam, vel rem quamlibet ferens, et ad prænotatum Sanctum veniens, in itinere vel reditu Comitatui et justitiæ prædicti castri pro nullo mercato stipendia vel aliquem Ritum solveret, sed expeditus abire permitteretur.*

* RITUS PAROCHIALES, Præstationes, quæ a *parochis* seu curionibus exiguntur. Charta ann. 1167. inter Instr. tom. 8. Gall. Christ. col. 517 : *De nutrimentis autem et novalibus suis, et de iis quæ inter minutas decimas computantur, nullus ab eis decimas accipiat, et ab eis vel familiis suis nemo Ritus parochiales exigat.* Vide *Ritus*.

¶ 1. **RIVA**, Ripa, littus, Gallis *Rive, Rivage*. Litteræ Henrici *de Gondy* Paris. Episc. ann. 1613. apud Lobinellum tom. 4. Hist. Paris. pag. 47 : *Cum visum sit summo Pontifici, Eremitas Augustinianos Communitatis Bituricensis vulgo nuncupatos in civitate nostra Parisiensi, in Riva suburbii approbare, etc. Riva piscatoria in fluvio Sagonæ*, id est, Spatium in ripa piscationi aptum, in Charta Thossiacensi ann. 1462. ex Schedis D. *Aubret*.

** 2. **RIVA**. Charta Margaret. Comit. Flandriæ ann. 1252. apud Lappenberg. in Origin. Hanseat. Probat. pag. 64 : *Riva capellorum de filtro 2. den.* Apud Kilianum est *Rif* vel *Rift*, Involucrum.

¶ **RIVAGIUM**, Ripa, littus, a Gall. *Rivage*. Charta Alani Vicecomitis *de Rohan*, apud Lobinellum tom. 2. Hist. Britan. col. 158 : *Dedi etiam præfatis Monachis* (de Bona-requie) *aquam Blavez et utrumque Rivagium per totum dominicum meum a Govaret usque ad Troquenantum, ut ibi possint facere piscarias et exclusas et molendina.* Charta Willelmi I. Reg. Angl. pro Monasterio SS. Trinit. Cadom. ann. 1083. e Chartulario ejusd. loci : *Retineo autem tres ultimas domos super aquam sitas in dominio meo, Rivagium quoque totum et totam aquam juxta ipsum burgum.* Pluries occurrit pro Tributo in ripis soluto : cujus notionis exempla relata sunt in *Ripaticum*.

* Charta Caroli V. reg. Franc. ann. 1366. ex Tabul. S. Germ. Prat. : *In rippa_ria seu flumine Secanæ et in ipsius rippa seu Rivagio.* Spatium vero littoris, fluvium inter et agros conterminos, significatur voce Gallica *Rivaige*, in Charta ann. 1476. ex Chartul. Latiniac. fol. 246 : *Confessa avoir prins et retenu à tiltre de croix de cens et rente annuelz et perpetuelz.... tous les Rivaiges ou dodasnes, qui audit prieur bailleur appartiennent..... à prandre au long de la riviere de Marne, entre ladite riviere et les prez et terres, estans affrontans ausdist dodasnes.*

* **RIVALAGIUM**, Tributum, quod ad ripas, vel census, qui pro jure pascendi animalia in ripis, aut facultate ducendi rivulos in prata exsolvitur. Charta ann. 1397. in Reg. 153. Chartoph. reg. ch. 339 : *Abbas, monachi et eorum monasterium de Bolbona habebunt..... forestam de Podio alto, cum.... pascuis, pastenchis, Rivalagiis et omnibus aliis juribus.* Nisi idem sit quod mox *Rivallerium*.

1. **RIVALE**, Rete parvum et spissum, quod duobus annexum baculis, quos piscator manibus tenet apertum, et per aquam ducit, atque prope ripam cum piscibus claudit. Petrus de Crescentiis lib. 10. de Agricult. cap. 37.

¶ 2. **RIVALE**, Idem quod *Riva*, Ripa, littus, margo, Ital. *Rivale*. Consuetudines Tolosæ rubrica de terminis messegariæ : *Et exinde sicut protenditur Rivale vocatum de Bona-valle, usque ad locum vocatum Bartaguydonis; et exinde usque ad viam, qua itur de Bona-valle versus Tolosam; et exinde usque ad Rivale de Castanadeta; et inde usque ad rivum S. Aniani.*

* Vel potius Rivus, rivulus. Charta admort. Caroli VII. in Reg. Cam. Comput. olim Bitur. nunc Paris. fol. 149. r° : *Item super una sextariata albaretæ sive brolii ad Rivale Andreæ,.... ij. den. Thol.* Vide infra *Rivallus*.

¶ **RIVALGARIUM**, Idem, ut videtur, quod *Rivale*. Statuta Placentiæ lib. 4. fol. 38. recto : *Item fiat unus pons bonus et sufficiens de lignamine super flumine Trebiæ juxta Rivalgarium.* Et lib. 5. fol. 59. recto : *Omnes qui ducunt vel ducent aquas per ri-*

vos, macinatores qui scavizant vel scavizabunt stratam Romeam, vel stratam de Rivalgario, vel stratam, qua itur ad S. Georgium, etc.

¶ **RIVALIS**, Qui fluit instar rivi. Passio S. Baudelii Mart. tom. 5. Maii pag. 196 : *Quo ictu corpore in terram decidente, cum Rivali cruoris effusione, etc.* Vide *Rivatim.*

* **RIVALLERICUM**, Ripa, littus cum herba et arboribus quæ ibi crescunt. Charta ann. 1336. in Reg. 70. Chartoph. reg. ch. 211 : *Concessit quartam partem..... pratorum, albaretarum, Rivalleriorum, piscariorum, molendinorum, etc.*

* **RIVALLIS**, idem videtur qui *Ribaldus*, nebulo, ganeo. Inventar. ann. 1271. in Access. ad Hist. Cassin. part. 1. pag. 328. col. 2 : *Item si quis irato animo dixisset injuriando alicui homini Rivallem, sit pœna unius augustalis.* Vide supra *Revaliosus.*

¶ **RIVALLO**, Rebellis. Vita S. Turiani Episc. tom. 3. Julii pag. 622 : *Nam Rivallo dicebatur, quod rebellem significat et protervum.*

* **RIVALLUS**, Rivalus, Rivus, rivulus, ni fallor. Charta ann. 1394. in Reg. 146. Chartoph. reg. ch. 441 : *Hæredes Petri Mercaderii serviunt unam pogesium obliarum pro quadam terra ad Rivallum de la garrigas.* Infra : *Rivalum.* Charta admort. Caroli VII. in Reg. Cam. Comput. olim Bitur. nunc Paris. fol. 150. r° : *Item super novem sexteriatis terræ ad Rivallum, quas Raymundus Terrem tenebat, ob. Turon.* Vide supra *Rivale* 2.

RIVALTUS, seu Rivoaltus : ita appellatur apud Scriptores Venetos ostium fluminis, ubi hodie ædificata amplissima Venetiarum civitas, quo loco erant quædam insulæ angustiores, parum inter se distantes, quas placidissimi amnium meatus, sinuoso ambitu in mare decurrentium, pelagi æstu alternante, discriminabant. Ipsi loco postea *Rivoalti* nomen mansit, inquit Sabellicus in Histor. Veneta decade 1. lib. 1. e rivis scilicet altioribus, qui exundantem in fluvium pelagus continebant. Chronicon MS. Andreæ Danduli ann. 809 : *A throno itaque ducali, qui in Rivoalto situatus est, tota civitas a populo Rivoaltus est appellata : a clero autem ob episcopalis sedis statum Olivensis, sive Castellana dicta est, vulgariter vero Venetia nuncupatur, urbi nomen provinciæ attribuentibus, cum terminis suis a Grado usque ad caput aggeris.* Vox cæteroquin non nupera, cum ejus meminerit Constantinus Porphyrogenitus lib. de Administr. Imper. cap. 27. cui locus is κάςρον Ῥίβαντον dicitur. Atque ut emendandam in Ῥίβαλτον, *Rivaltum* Italorum exprimendo, non censeam, facit Castellum *Risbant* Calesianum in Morinis, quod in terræ lingua, quæ in Oceanum aliquot passibus excurrit, ædificatum, portum munit et claudit : cui id nominis inditum omnino existimaverim ab Aimerico Papiensi Lombardo, primo ejus Gubernatore, facto ab Anglorum Rege, statim atque in ejus potestatem concessit, castri Rialtini Veneti exemplo, quod in mari perinde ut in aggere exstructum erat.

¶ **RIVARE**, Clavi mucronem retundere, Gallice *River*, Ital. *Ribadire.* Charta ann. 1307. e Regesto *Olim : Declarantes, quod licet dicti sellarii, sui officii ratione... non possint nec strigiles, seu estrivos, buculas, mordacia, cappas seu clavos facere aut fabricare, ipsi tamen, si sint bona et legalia, emere, acquirere seu habere poterunt... et ea in sellis et bastis suis ponere, clavare et Rivare, et sellas et basta sua ex eis munire et præparare poterunt, etc.* Menagius in suis Originibus Ital. verbum *Ribadire*, ut et in Gallicis nostrum *River*, circuitu bene longo, deducit a Latino *Gyrare; crediderim* potius *Ribadire* esse ab Italico *Ribattere*, Repercutere. Hujus etymon notum est, atque fortassis etiam inde deduci posset Gallicum *River*, *b.* in *v.* mutato, ut alibi sæpe, unaque *te* syllaba resecta.

¶ **RIVARI**, Instar rivi fluere. Vita S. Guthlaci, tom. 2. Aprilis pag. 38 : *Quorum ingeniositatis fluenta inter flores Rhetoricæ per virecta litteraturæ pure, liquide lucideque Rivantur.*

¶ 1. **RIVARIA**, Ζήλη, in Glossis Latino-Græc. Aliæ Græc. Lat. : Ζήλη, *Pelix, Pellex, Rivaria, Poelex.*

2. **RIVARIA**, Capitulare de Villis cap. 62 : *Quid de hortis, quid de apibus, quid de Rivariis, quid de coriis, quid de pellibus, etc.* Forte *Vivariis.* [** Pertz.... *quid de napibus, quid de wiwariis, etc.* Confer. ibid. cap. 65.]

☞ Nihil videtur immutandum, cum constans sit lectio, et ibi *Rivaria* reddi possit *Fluvius*; Gall. *Riviere*, ut in subsequentibus exemplis. Descriptio censuum et redditum Monasterii de Crisenone : *Habemus... in Puleta vineam et boscum et petrariam : hæc omnia habuimus in pace super Rivariam Choræ.* Charta ann. 1276. e Chartulario S. Vandregesili tom. 1. pag. 788 : *Masagium situm apud Caudebeguet in parrochia S. Vandreg. intra Rivariam de Caudebegueto ex una parte, etc.* Vide *Riparia, Riperia* et *Rivera.*

¶ **RIVARIUS**, Custos ripæ. Vide *Riparius.*

¶ **RIVATICUM**, vel Rivaticus, Ripa, littus, ora, Gall. *Rivage.* Chartularium S. Sulpitii Bituric. : *Item alterum alodum, ubi sunt casuali cum suprapositis virioligariis, campis, aquis cum Rivaticis et exclusis.* In voce *Ripaticum* habetur *Rivaticus* pro Tributo in ripis soluto. Ibi vide.

¶ **RIVATIM**, Ad instar rivi. Macrobius lib. 7. Saturn. cap. 12 : *Quæ igitur ratio facit, ut Rivatim aquæ de Ponto fluant?* Miracula S. Germani Altissiodor. cap. 45 : *Is qui ab ore loquentis Rivatim fluxerat cruor, etc. Sanguis Rivatim fluebat*, in Actis B. Mathildis Abbatissæ, tom. 7. Maii pag. 455.

* **RIVE**, Flandris, Theca reliquiaria, in Analect. Bonifac. tom. 1. Jun. pag. 497. col. 1.

* **RIVELLUS**, vox monetariorum, Auri vel argenti massula. Lit. remiss. ann. 1353. in Reg. 82. Chartoph. reg. ch. 52 : *Nonnullos Rivellos, Gallice Rivaulx, et flatones auri et argenti certis dictæ monetæ operariis et monetariis ad partem et latenter operandos et monetandos tradiderant, etc.*

RIVERA, Riveria, Rivus, fluvius, Gallis *Riviere.* Matth. Paris ann. 1199 : *Quidquid continetur inter forestam Leonis et Sequanam ex una parte, et Riveras de Andely et Eethe ex altera.* Fridericus II. Imper. lib. 1. de Venat. cap. 7 : *Flumina magna et modica, quæ dicuntur Riveriæ.* Histor. Cortusiorum lib. 1. cap. 4 : *Attentavit transire Riveriam Montis-Salicis.* Occurrit in eadem Hist. non semel. [Adde Chartam ann. 1181. apud Lobinellum tom. 2. Hist. Britan. col. 132. Rolandinum Patavinum lib. 6. de factis in Marchia Tarvisina cap. 6. apud Muratorium tom. 8. col. 259. Statuta Vercell. lib. 5. fol. cxxi. Charta ann. 1230. e Tabulario S. Mariani Autissiod. ann. 1230 : *Concesserunt... ut prata... sita super Riveriam de Belcha.... adaquare valeat de prædicta Riveria*, seu Rivulo, non est enim fluvius, sed rivus minor.]

* **RIVERIA**, Territorium, pagus. Mirac. S. Urbani tom. 6. Maii pag. 21. col. 1 : *Item alius quidam de Blesensi Riveria extitit, qui de more in pascuis matutinali sub tempore armenta sui custodiebat parentis.* Pro fluvio vel rivulo, vide in *Rivera.* Hinc nostris *Riverette*, dimin. a *Riviere.* Lit. remiss. ann. 1366. in Reg. 97. Chartoph. reg. ch. 280 : *Lesquelz s'en alloient esbatant selon une Riverette courant à Bone.*

¶ **RIVETA**, f. pro *Rivera*, mendose, Gall. *Riviere.* Vide locum in *Vierus.*

¶ **RIVETUS**, Margo vestimentis assutus ornamenti gratia, ab Hispanico *Rivete*, Ora, margo. Consilium Massil. sub finem, ut videtur, xiii. sæculi : *Item quod nulla domina de cetero portet in suis raubis aliquos perfils sive Rivetum in finibus earum raubarum prope pedes de erminis, variis, de sendato seu serico.* Aliud Consilium ejusdem urbis ann. 1381 : *Nulla mulier aliqua audeat... deferre... nec Rivets seu perfils de pennis, variis, erminis sive dorsis, aut de serico in fimbriis seu stremitatibus vestium suarum.* Capitulum generale S. Victoris Massil. ann. 1506. MS : *Nullus Religiosus portet vestes vulgariter dictas descolatadas cum coleto albo, quod cooperiat omnia alia indumenta.... usque ad collum sine Riveto.* Synodus Tarracon. ann. 1591. tom. 4. Concil. Hispan. pag. 614. col. 2 : *Nulli Canonici vel Clerici... Rivetos duplices in collaribus, in fimbriis, nec in manicis deferre aliquatenus seu portare præsumant.* Et pag. 615. col. 1 : *Usu Rivetorum quarumque pellium in manicis et collaribus ab omnibus et singulis penitus rejecto.* Alium locum vide in *Braqueta.*

¶ **RIVIDIA.** Vide *Rimidia.*

¶ **RIVIFINALIS.** Siculus Flaccus de Condit. Agr. Goesii pag. 12 : *Per omnem tractum Rivifinalem*, id est, Cujus finis est rivus.

RIVIGA, Rivulus, vel ripa, *Rivage.* Vita S. Guthlaci num. 14 : *Est in Mediterraneis Angliæ partibus immensæ magnitudinis acerrima palus, quæ... crebris Insularum nemoribus, et flexuosis Rivigarum anfractibus ab austro ad aquilonem.... longissimo tractu protenditur.*

¶ **RIVINUS** Rivalis. Glossæ Græc. Lat. : Ἀντίζηλος, *Emulus, Rivinus.* : Aliæ Lat. Gr. *Rivinus*, ἀντίζηλος. Usus est Plautus sive quis alius Asinariæ versu 6 :

Rivinus amens ob præreptam mulierem.

RIVISINUS. Arnoldus Lubecensis lib. 2. cap. 35 : *Novistis, ait, me in hac expeditione omnia mea insumpsisse, equos Mili-*

tum, Rivisinosque servorum perdidisse, etc. Sed legendum videtur *Roncinos*, vel *Runcinos*. Vide in hac voce.

¶ **RIULUS**, Rivulus. Præceptum Ludovici Transmarini pro Monasterio Rivipullensi ann. 938. Marcæ Hispan. col. 850 : *De poio Trasbadoni, qui pergit per ipso Riulo usque in Rivolo, qui descendit de ipsas lecas, etc.*

¶ **RIUM**, vel Rius. Vide in *Papaver*.

¶ **RIVOALTUS**. Vide supra *Rivaltus*.

¶ **RIVOLVOLUS**, Rivulus. Charta Caroli Imper. apud *Meichelbeck* tom. 2. Hist. Frising. pag. 85 : *Exinde tendit in visu juxta Rivolvolum usque ad magnum rubum.* Vide mox *Rivolus*.

¶ **RIVOLUS**, Rivulus. Charta ann. 828. apud *Meichelbeck* tom. 2. Histor. Frising. pag. 273 : *Fritiso tradidit... quicquid habuit in loco ipso, ubi oritur Rivolus, qui vulgo dicitur Hiruzpach, etc.* Vide supra *Riulus*.

RIVORA, pro *Rivi*, enunciatione Longobardica. Marcus Baro Agrimensor de Geometria pag. 241 : *Casa, quæ per G. nomen habet, tortas fines habentis in monte posita tria Rivora significat in trifinio vineam positam.* Quod hic *Rivorum* dicitur, videtur *Rivus* dici pag. seq. : *Habentem super se Rivum, etc.* Pag. 243 : *Ideo hoc arca trifinium facit, in montemque campofinis rotundas habentem, et culta per mediam tria Rivora discindit, etc.* Ita pag. 244 : *Et casa in plano loco posita sub se Rivum discindit, etc.* Mox : *Proximum se Rivum delatus, alium Rubum quatuor Rivora habentem in finibus suis, etc.*

¶ **RIVOSUS**, ῥιθρώδης, ῥοιακώδης, in Glossis Lat. Græc. Alias adde Græco-Latinas.

¶ **RIUS**, Rivus, Hispanis *Rio*. *Rio percurrente*, in Chartulario Matisconensi fol. 93. Vide *Papaver*.

* **RIVULATIO**, Rivulus. Concamb. Ebersperg. apud Oefelium tom. 2. Script. rer. Boicar. pag. 47. col. 1 : *Cum area et aquarii cursibus et Rivulationibus, etc.* Idem quod alibi *Decursibus*.

¶ **RIVUM**, ῥεῖθρον, in Glossis Lat. Græc. Aliæ Græc. Lat. : ῥεῖθρον, *Rivum, rivus, alveum, flumen*.

** **RIX**. Vide *Riga*, 5.

¶ **RIXIGUS**, Idem quod supra *Riscus*, vel *Risicus*, Periculum, alea, Gall. *Risque*. Statuta Placentiæ lib. 1. fol. 2. verso : *Et habebo toto tempore mei regiminis* XII. *equos... quos ego Potestas habeo et tenebo meo Rixigo et fortuna et casu, in veniendo in dictum regimen, stando et redeundo.*

¶ **RIXIUS**, Sacchraro conditum vel coctum. Academici Cruscani : *Riccio, sorta di cottura di zucchero.* Modus exigendi gabellam ponderis Saonæ : *Item pro.... amigdole sine cortice, datalis, sapono, ceppo, plumbo, tartaro, Rixio, mele, trementina, fichibus in sportis... denar. sex.*

¶ **RIXOALDUS**. Fragmentum Helinandi Monachi Frigidi-montis sæc. XII. apud S. Antoninum part. 3. tit. 18. cap. 5. § 5 : *O quam convenienter Rixendis, ut dicitur appellata est illa captiva mulier quæ te captivum trahit, ipsa enim est diabolus, qui dicitur Rixoaldus, quia semper rixam alit.*

¶ **RIXOSITAS**, Rixuositas, Johanni de Janua ; *Tencen*, in Glossis Lat. Gall. Sangerm. MSS.

¶ **RIXUS**, Castanea suo calice contenta, Italis *Riccio*. Modus exigendi gabellam pedagii in Civitate Saonæ : *Item pro salmata collo, seu mina frumentorum, castanearum, Rixorum, leguminum, amigdolorum et aliarum victualium similium... den. sex.*

¶ **RIZIUS**, Echinus seu calix castaneæ, Ital. *Riccio*. Vita S. Francæ, tom. 3. Aprilis pag. 393 : *Stabat in villa diœcesis Placentinæ, in qua sunt castaneæ in quantitate : hic cum arborem quamdam conscendisset et eam deramerет, subito eo caput elevante, globus Riziorum super illius oculos descendit, qui tantos dolores et angustias contulit, ut mori se crederet.*

* **ROAGIUM** Bladi, Jus, quod pro mensura ad radium æquata exigitur. Charta Theob. comit. ann. 1222. in Chartul. Campan. fol. 316. v° : *Anselmo Silvatico de Cremonia dedi et assignavi in feodo et homagio ligio quicquid habebam in redditibus mercati de superanno apud Pruvinum ; qui redditus consistunt in theloneo vini,..... et in Roagio bladi.* Vide alia notione in *Rotaticum*.

* **ROAIGIUM**, idem quod *Rotaticum*, Vectigal, quod pro damno a rotis curruum in viis publicis facto, exsolvitur domino prædii, Gall. *Roage*. Charta ann. 1280. in Chartul. S. Vinc. Laudun. : *Item justitiam deficientium in solutione Roaigiorum, censuum, etc.* Consuet. Bituric. ex Reg. Cam. Comput. Paris. fol. 117. r° : *Item s'ensuit le coustume du Roage.*

ROALIA. B. Odoricus de Forojulio in Peregrinat. sua cap. 2 : *Et apertis sepulchris suscepi ossa eorum humiliter et devote, et pulchris Roaliis involuta corpora, in Indiam.... portavi.* Sed legendum *Toaliis*. Vide in hac voce.

¶ **ROARBARIA**, Furtum, subreptio, spoliatio, idem quod infra *Robaria*, nisi ita legendum sit. Literæ Philippi VI. Franc. Regis ann. 1333. apud D. *Secousse* tom. 3. Ordinat. Reg. pag. 239 : *De prædicta Roarbaria, deprædatione seu spoliatione summarum et de plano informationem summariam fieri faciatis.*

¶ **ROARIA**, Platea, vicus, Gall. *Rue*. Statuta Vercell. lib. 7. fol. 150. recto : *Item si aliquis habuerit tectum, sive porticum, sive canteria, sive trabes ita versus rugiam seu Roariam, quod carrum oneratum feno per rugiam illam vel Roariam non possit transire, teneatur eum destruere vel ita facere, quod carrum feni libere transire possit.*

¶ **ROATA**, Angiportum, ut conjecto, Gall. *Ruelle*. [* Idem quod *Roaria*, vicus.] Statuta Montis-regalis pag. 23 : *Item statuerunt, quod pro quocunque aresto seu gagio, aut præcepto fiendo de cætero per familiares curiæ suæ, aliquem eorum in platea majori dictæ civitatis, seu Roatis ejusdem plateæ, etc.*

¶ **ROATICUM**. Vide *Rotaticum*.

* **ROATICUM**, Roatum, ut supra *Roaigium*. Charta Henr. I. reg. Franc. ex Chartul. S. Vinc. Laudun. ch. 25 : *Notificamus ..... dedisse me parvitati abbatiæ Laudunensi præclari martyris Vincentii, ad petitionem Erchenuci abbatis eidem loci ipsius montis monasterii et villæ Semelei debiti* (l. debitum) *carrorum, quod vulgo dicitur Roaticum* Alia Hug. comit. Campan. ann. 1114. in Reg. 142. Chartoph. reg. ch. 134 : *Roatum quoque carroperorum eorum illis concessi.*

* **ROB**, *Arabice est Succus cujuscumque fructus coctus ad spissitudinem, ut servari possit.* Glossar. medic. MS. Simon. Januens. ex Cod. reg. 6959.

ROBA, Vestis, tunica, Gallis *Robe*. Quoniam Attachiamenta cap. 21. § 2 : *Exceptis vestibus suis in Robas scissis et formatis.* Matthæus Paris ann. 1245 : *Et Robis caremus hiemalibus.* Vide *Raub*, *Raupa*, *etc.* [Et ad ann. 1248 : *Dedit ei vestes pretiosissimas, quas Robas vulgariter appellamus, de escarleto præelecto, cum pellibus et fururiis variis cisimorum.* Index MS. Beneficiorum Eccles. Constant. fol. 52 : *A dicto Abbate Rector annuatim Robam percipere consuevit.* Constitutiones Frederici Regis Siciliæ cap. 95 : *Virgines vero possint decorari et ornari ad libitum usque ad diem quo nupserint.... tamen ordinatione de faldis Robburum sublata.* Et cap. 106 : *Item quod familiares Comitum, Magnatuum, Baronum et Militum possint indui ad libitum dominorum suorum, dummodo pretium cujuslibet panni, quo eos induerint, tarenos* 13. *non excedat, sub pœna unciarum decem a domino exigenda, et amissione Robæ ipsius.* Statuta Montis-regalis pag. 278 : *Si aliquis sartor impignoraverit aliquam Robam sibi ad faciendum datam, D. Vicarius et Judex teneantur eum capi facere et detineri personaliter in carceribus, quousque restituerit. Robarum scisor,* nostris *Tailleur*, in Miraculis D. Caroli Blesensis ann. circiter 1372. apud Lobinellum tom. 2. Hist. Britan. col. 561.]

Robæ præsertim dictæ vestes, quibus Reges ac Principes Palatinos proceres ac familiares donabant, in præcipuis anni solemnitatibus : quas ob id *festiva indumenta* vocant Matthæus Westmonast. et Matthæus Paris ann. 1201. idem Paris ann. 1208. 1214. 1232. *Novas Robas*, ann. 1243. Idem ann. 1134 : *Contigit igitur una dierum festivorum cum Rex novam Robam de scarleto sumens, assuetus de eodem panno, quoties et ille sumpserat, fratri suo reverenter transmittere, etc.* Charta S. Ludovici Regis ann. 1259. apud Morinum in Historia Vastinensi : *Cæterum 60. solidos Parisienses, quos percipere consuevit Capellanus capellæ prædictæ pro Roba annuatim in præpositura Moreti, etc.* Rotulus Cameræ Computor. Parisiens. : *Pro Robis datis Militibus Domini Philippi et gentibus Cameræ suæ et uno coopertorio de griso, et una culcitra puncta datis D. G. Macholio 56. lib. 14. sol. Pro Robis Dominorum Joannis et Petri et Roberti filiorum Regis pro scall. radiat.* (*Escarlate rayé*) *et tiretan. persia et viridi pro coopertorio 88. lib. 15. sol. Pro foratura dictarum Robarum 43. lib. 10. sol. et pro duabus culcitris punctis pro dictis Joanne et Petro 22. lib. 8. sol. Dom. Robertus Atrebat. pro Roba de samito. Roba de panno aureo forata de erminis etc. Comes Drocensis, Dom. de Borbonio. G. filius Comitis Flandr. pro Robis samiti. Et pannorum aureorum * forratis de erminis, etc. Pro coopertoriis tribus escall. forratis de minuto vario et tribus culcitris punctis cum fundis panni aurei, etc. Et pro* *tribus dextrariis et tribus palefridis dictorum divitum hominum* 3. *lib. et pro vadiis suis* 60. *lib. Radulf. de Nigella, Guill. de Fiennes, Renaudus de Pontibus, pro Robis de samito, etc.* Rotulus alter, cui titulus, *Compotus expensarum hospitii D. Regis Caroli* 1321. *per Radulfum de Paristis Magistr. Cameræ Denarior. Regis : Pallia Militum, Comes Clarimontis Camerarius, D. Sulliaci Buticularius, Galcherus de Castellione Constab. Dupla. Milites simplices, Adam de Ver, Colardus Choisel, Droco de Roya, Guill. de Haricuria, Erard. de Montemorenciaco, Eustachius de Encra, Guill. Courteheuse, etc.* Rotulus alter, cui titulus : *Compte des despens de l'Hostel de Madame la Roine* 1329. *Robes de* 50. *s.* 30. *et* 20. *sols, et cotes de* 10. *sols.* Inventarium rerum mobilium post mortem Ludovici Hutini Regis, cap. *Des dras demourez de livrées* : 8. *dras de la livrée aux Chevaliers de la Robe de Pasques,* 8. *dras de la livrée aux valets de mestier,* 2. *dras de la livrée aux valets de l'Eschançonnerie,* 2. *dras de la livrée aux Escuiers du terme de Toussains.* Ubi *Draps* dicuntur, quæ alias *Robes*, quæ vox eadem notione usurpatur in Magno Recordo Leodiensi pag. 60. ubi vetantur Scabini Leodienses *accepter pensions, waiges, ou Draps,* a quocumque magnate, *qui ly voront donner pour estre de leur conseilh.* [Vide *Liberatio* in *Liberare* 2.] [** Haltaus. Glossar. German. col. 934. voce *Hof-gewand.*]

Quædam ex hisce *Robis* vocantur *Robes de Compaignie*, in Computo Stephani *de la Fontaine* Argentarii Regis 1. Jan. 1349. quod forte darentur eminentioris conditionis personis, quæ in comitatu Regis vel Reginæ morabantur : *Pour iceux draps distribuer pour le corps de la dite Dame, et pour celles, à qui elle donne Robes de compagnie. C'est assavoir ses deux filles, les Duchesse de Normandie et d'Orleans, la Royne Jeanne, le Duc de Normandie, et la Comtesse de Tonnerre.* Aliud Computum ejusdem Stephani 1. Julii ann. 1352 : *Les noms de plusieurs personnes, qui ont eu Robes en ce terme. Mons. le Comte de Tancarville, Souverain Maistre de Hostel du Roy, M. Robert de Lorris, M. Loüis de Harecourt, M. d'Andrezel, et M. Guy de la Roche, lesquels orent cotes hardies et manteaux de* 30. *aunes de Camelin court de Broisselle, pour leur livrée d'iver, à compagner le Roy en son deduit.*

☞ Aliæ dicuntur *Robæ lingiæ*, nostris *Robes linges.* Computus ann. 1239. e Bibliotheca regia : *Pro Roba lingia domini Alfonsi* LXIIII. *s. pro Roba lingia Regis* IIII. *l.* XVIII. *s. pro duabus partibus pannorum lingiorum Regis* VII. *l.* XII. *d.* Computus Petri Landoys Thesaurarii Britanniæ ann. 1460. et 1461. apud Lobinellum tom. 2. Hist. Britan. col. 1260 : *A Jean du Faux, pour ce qu'il avoit donné à ung serviteur de la dame de Trebes pour le vin de Robbes linges, qu'elle avoit envoiées au Duc.*

* Vestis lintea, interula, vulgo *Chemise.* Lit. remiss. ann. 1354. in Reg 82. Chartoph. reg. ch. 652 : *Eidem Johanni pœnam corporalem hujusmodi in peregrinationem seu voiagium B. Mariæ de Bolonia, quam seu quod.... nudus pedes et sine Robis-lingiis facere tenebitur* Aliæ ann. 1392. in Reg. 144. ch. 168 : *Jehan de Bas fust condempnez d'aler des prisons tout nu en Robe-linge par toute la ville et lieux publiques de Montpellier. Une chemise ou Robe-linge*, in aliis ann. 1457. ex Reg. 183. ch. 242. Occurrit præterea in Stat. ann. 1350. tom. 2. Ordinat. reg. Franc. pag. 372. art. 195. Vide supra *Lingius.*

Qui igitur *Robas* accipiebant ab aliquo, de ejus familia censebantur. Statuta secunda Roberti I. Regis Scotiæ cap. 34. § 2 : *Repelluntur etiam ab acquietatione, inquisitione, probatione et assisa.... Dominus, Baillivus, nec aliquis gerens Robas Domini, etc.* Thomas Walsinghamus pag. 267 : *Quendam ex ejus Armigeris, qui et in obsequio erat Abbatis, et ad Robas ejus, etc.* Matthæus Westmonaster. ann. 1106 : *Robas etiam Regis, sicut ipse Rex, accipiebat.* Charta Amalrici Vicecomitis Narbonensis, in 2. Regesto Philippi Pulchri Reg. Franc. ex Tabulario Regio : *Retinemus etiam nobis.... cognitionem et punitionem omnium criminum et excessuum, si quæ a nostris servientibus vel familiaribus ad partem nostram et de Raubis nostris, in dictis civitate, et burgo, et locis communicandis committerentur, etc.* Vide Dissertat. 5. ad Joinvillam pag. 160. [Vide *Raubæ Papales* in *Raub.*]

* Charta ann. 1340. ex Chartul. 23. Corb. : *Ceulx qui accatent leurs Robes ausdits religieux ; c'est assavoir, que tout autre qui aront les draps desdits religieux, ou serviront à iceulx sans fraude, demourent et demourront en leurs anchiennes franchises.*

*Roba Serica. Ad vestem sericam aliquem relegare, gravis erat injuria, ut discimus ex Lit. remiss. ann. 1451. in Reg. 185. Chartoph. reg. ch. 120 : *Icellui Polin par maniere de desrision ou moquerie dist au suppliant, qu'il alast à Paris vestir les Robes de soye, aussi comme s'il voulsist dire, que ledit suppliant estoit filz de prestre.*

* *Robam* mulieri præcidere ignominiæ causa, antiquum est. Lit. remiss. ann. 1468. in Reg. 195. Chartoph. reg. ch. 91 : *Icellui Breton avait menacé la chamberiere de lui coupper la Robe par dessus le cul.*

* Roba Corporis, Vestis funebris, vulgo *Habit de deuil.* Stat. ann. 1387. tom. 8. Ordinat. reg. Franc. pag. 340. art. 3 : *Que nul d'icelui mestier* (de tallieur) *ne puist ouvrer au Samedi puis chandelles allumées, ... excepté la besongne de noz seigneurs et de noz dames les royaux, et Robes de corps et de nopces.* Quæ rursum leguntur ibid. pag. 550. art. 3.

* Roba, nude, pro Vestis larvalis, in Stat. Universit. Andegav. ann. 1398. tom. 8. Ordinat. reg. Franc. pag. 243. art. 47 : *Quod in festis solempnibus cujuslibet nationis,..... in primis vesperis et in missa de die, et in secundis intererunt vesperis, absque potationibus, coreis, Robis ac mimis, quas tollimus et removemus, inhibentes ne fiant per modum nationis.*

Roba, Quævis suppellex, quomodo Itali hanc vocem usurpant. Chronicon Fossæ novæ ann. 1186 : *Fregit securitatem Babuco et terræ Pusanæ, et abstulit omnem Robbam, et animalia omnia, quæ in Babuco et in terra Pusanæ invenit.* Matthæus Westmonaster. ann. 1248 : *Culpatus est insuper, quod quicquid in esculentis, potibus, et Robis expendit, rapit violenter, etc.* [Memoriale Potestatum Regiens. ad ann. 1279. apud Muratorium tom. 8. col. 1145 : *Et de mense Februarii dominus Thomasinus de Gorzano, et illi domini de Banzola furtive ceperunt lapidem Besumantuæ, et expulerunt illos de Besumantua, et habuerunt totam Robam et omnia victualia, quæ super dictum lapidem erant.* Passim usurpant Dominicus de Gravina in Chronico, apud eumdem Murator. tom. 12. col. 574. 576. 595. 600. 607. et alii Scriptores Italici non semel.]

¶ Robalta, Receptaculum, ut videtur, seu locus in quo *Roba* sive suppellex reconditur. Chronicon Estense ad ann. 1337. apud Murator. tom. 15. col. 400 : *Juxta cameram erat quidem stallus pro valixiis et aliis necessariis cum quadam Robalta, in qua mittebant ligna et alia victualia.*

¶ Robandum, Ejusdem originis vox, ut opinor, qua *robæ* seu supellectilis peculiare genus indicatur, mihi tamen incompertum. Historia Miscella lib. 18. apud Murator. tom. 1. part. 1. pag. 130. col. 1 : *Invenerunt itaque populi Rom. in palatiis ejus apud Damastager trecenta Robanda, quæ per diversa ceperunt tempora; invenerunt etiam species, quæ remanserant, multas, aloen scilicet multam, et ligna aloes magna... et sericum copiosum, ac piper, et calbasias camisias multas, etc.*

* Robaria, Thesaurus, fiscus, ab Italico *Roba*, quo Res quævis mobilis et immobilis significatur. Charta ann. 1340. tom. 4. Cod. Ital. diplom. col. 1936 : *Quod si commune Januæ seu officiales Robariæ vel gazariæ haberet seu haberent suspectum vel suspectos aliquem vel aliquos, etc.*

* Robarius, Qui *robas* seu vestes facit, Gall. *Tailleur*, in Libert. Figiaci ann. 1318. tom. 7. Ordinat. reg. Franc. pag. 66. art. 33.

Robare, Robbare, Furari, prædari, *Derober*, quasi *Robam* auferre; *Rubare*, Italis. Edictum Jacobi Regis Aragoniæ de Pace et treuga ann. 1228 : *Item statuimus, quod nullus homo capiat per se vel per alium, nec Robet, nec Robari faciat aliquem hominem, etc.* [Chartularium V. S. Vedasti Atrebat. pag. 29 : *Tunc Merlinus cepit modicam particulam fileti empti. Tunc Martinus dixit : Merline tu Robas me.... cui Merlinus : Ego non Robo te.* Adde Chronicon Modoetiense Bonincontri apud Muratorium tom. 12. col. 1124. 1134. Statuta Vercell. lib. 3. fol. 61. verso, Statuta Cadubrii lib. 3. cap. 42. etc.] Occurrit præterea in Ethelredi Regis Pacto cum Analavo cap. 4. in ejusdem Legibus apud Wenetyugum cap. 18. in Legibus Burgorum Scoticorum cap. 92. § 1. apud Bractonum lib. 3. tract. 2. cap. 12. § 1. Philippus *Mouskes* in Historia Francorum MS. in Henrico I :

Petit apriès à grant compagne
Vint sor Robert Viscart à force,
Ki sa tierre Reube et escorce, etc.

Infra :

Les abaies soujournoit,
Et toutes les glises Reuboit.

Balduinus de Condato MS :

Mal sert le Seignour, qui li Robe..

Disrobare, apud Anonymum de Gestis Friderici II. Imper. pag. 757. et Petrum de Vineis, Gallis *Desrober*. [Vide *Derobare* suo loco.]

¶ Rubare, Eadem notione, apud Italos. Chronicon Parmense ad annum 872. apud Muratorium tom. 9: *Cucurrerunt per terras et contratas Episcopatus versus civitatem et alibi, multa et multa comburendo, vastando et Rubando.* Opusculum Petri Azarii de Bello Canepiciano apud eumdem Murator. tom. 16. col. 431: *Quæ gens, cum ibi fuit, villam et terram ipsam ceperunt, Rubaverunt et cremaverunt.*

¶ Robaria, Idem quod mox *Roboria*. Charta Philippi Aug. Franc. Regis pro Atrebatensibus ann. 1194: *Qui de Robaria protractus fuerit per Scabinos, sexaginta libras perdet, et ei Robaria reddetur, qui eam amiserat.* Hoc est, Res furto sublata. Charta ann. 1262. ex Archivo Communis Massil.: *Dominus Comes et Comitissa non receptabunt per mare vel terram cum præda vel Robaria aliquem, qui damnum vel Robariam fecisset.* Passim utuntur Italici Scriptores apud Muratorium tom. 8. col. 181. 1158. tom. 9. col. 781. tom. 11. col. 115. 248. tom. 12. col. 1123. tom. 15. col. 389. tom. 16. col. 440. et alibi; in Statutis Castri Redaldi lib. 2. fol. 36. recto, Statutis Vercell. lib. 2. fol. 26. recto, Cadubrii lib. 3. cap. 42. etc. [** Constit. Henric. VII. Imper. ann. 1311. apud Pertz. Leg. tom. 2. pag. 518: *Robaria seu schacco.*]

Roboria et Roberia, definitur a Cowello lib. 4. tit. 18. § 25. bonorum alicujus ab ipsius persona, vel ipso saltem præsente et invito, sublatio. *Roberie*, in veteri Consuetudine Normanniæ cap. 71. *Ruberia*, Italis. Gloss. Lat. Gall.: *Præda, Roberie: Prædator, Robour.* Occurrit vox *Roberia* hac notione, in Legibus Inæ Regis Westsaxiæ cap. 11. et Henrici I. Regis Angl. cap. 10. 12. 24. 66. apud Will. Risbangerum ann. 1261. Rogerium Hovedenum pag. 549. Bractonum lib. 2. cap. 24. § 1. lib. 3. tract. 2. cap. 32. § 1. Thomam Walsinghamum ann. 1322. pag. 116. etc. Leges Normannicæ Willelmi Nothi cap. 4: *Se alquens est apeled de larcin ou de Roberie.* Ita apud Littletonem sect. 501. *Roberie* usurpatur. [Litteræ Johannis Ducis Britan. ann. 1381. apud Lobinellum tom. 2. Histor. Britan. col. 625: *Seront et demourront quittes et paisibles de tous cas, crimes, malefices, multres, cresvis de maisons, ravissemens de femmes, pilleries, Roberies, etc.*] Le Roman *de Vacces* MS:

N'i a qui ost embler, ni faire Roberie.

* Nostris *Robature* et *Robement*, eadem acceptione. Lit. remiss. ann. 1470. in Reg. 195. Chartoph. reg. ch. 1414: *Le suppliant demanda à icellui de la Herisse s'il savoit ou povoit savoir, qui avoit fait icelle roupture ou Robature.* Aliæ ann. 1389. in Reg. 136. ch. 3: *Sanz ce que icellui suppliant feust onques.... à commettre crime de mort, pillerie ou Robement d'aucun.*

Roboria, in Legibus Malcolmi II. Regis Scotiæ cap. 11. § 1. in Regiam Majestatem lib. 1. cap. 1. § 6. lib. 4. cap. 7. in Statutis Alexandri II. Regis Scotiæ cap. 14. § 2. etc.

Roberator, Latro, fur, *Ræuber*, Germanis. Charta Ranulphi Comitis Cestriæ tom. 1. Monastici Anglic.: *Ut sive latro, sive Roberator, sive aliquis malefactor venerit ad solennitatem, habeat firmam pacem, etc.* Lexicon Græc. Lat. MS. Reg. Cod. 2062: Λωποδύτης, ὁ τῶν ἱματίων κλέπτης, λώπη γὰρ τὸ ἱμάτιον. Le Roman *de Vacce* MS:

Ne s'offri en la terre ne Roboour ne larron.

¶ Robator, Eadem significatione. Codex Legum Norman. cap. 12. apud Ludewig. tom. 7. Reliq. MSS. pag. 176: *Latrones, Robatores, incendiarios, homicidas, virginum injuriosos defloratores, etc. Deprædatores, piratæ, prædones sive Robatores supra mare,* in Charta ann. 1403. apud Rymerum tom. 8. pag. 306. col. 2. *Robatores et latrunculi*, in Chronico Modoetiensi apud Muratorium tom. 12. col. 1127. Rursum memorantur *Robatores* in Actis visitationis diœcesis Albiensis ann. 1286. apud Baluzium tom. 4. Miscell. pag. 321. in Statutis Vercell. lib. 4. fol. 115. recto, in Statutis Pallavicinis lib. 2. cap. 25. Statutis Cadubrii lib. 3. cap. 42. Le Roman *de Lancelot du Lac: Au commencement de l'Ordre de Chevalerie il fust dit à celui qui vouloit Chevalier estre, qu'il fust courtois... prest et entalenté de destruire les Robeurs et les meurtriers.* Literæ Johannis Franc. Regis ann. 1355. apud D. *Secousse* tom. 3. Ordinat. Reg. pag. 29: *Lesdiz prenneurs seront puniz comme Roubeurs, et les pourra chascun mener en prison fermée, etc.*

¶ Robbator, Eodem intellectu, apud Bractonum lib. 3. tract. 2. cap. 1. § 1. et in Epistola Edwardi II. Regis Angl. ann. 1317. apud Rymerum tom. 3. pag. 663. col. 1.

¶ Rubator, Idem, Italis *Rubatore*. Bartholomæus Scriba lib. 6. Annal. Genuens. ad ann. 1242. apud Murator. tom. 6. col. 499: *Posuerunt ignem in quibusdam domibus, et res, quas in ipsis invenerunt, velut latrones et Rubatores rapuerunt.*

¶ **ROBALLUM**, vel *Roballus*. Codex legum Norman. cap. 17. apud Ludewig. tom. 7. Reliq. MSS. pag. 117: *Videlicet aurum, argentum, tam in vasis massa, quam in moneta francos, strautas, lunes, ebur, Roballum, lapides pretiosos.* An *Robinus*, Carbunculus, Gall. *Rubis*? An vox mendosa pro *Corallum*?

¶ **ROBAROLLUS**, an Sarcinator, Gall. *Tailleur*, qui facit *robas* seu vestes? An qui vendit *robas* sive merces, Gall. *Mercier*, Miscellarum minutarumque mercium propola, ab Italico *roba*, supellex quævis, merces? An iidem qui *Pellizarii*? Statuta Placentiæ lib. 4. fol. 45. recto: *Consules seu paraticus pellizariorum seu Robarollorum non possint eos nec aliquem eorum compellere ad intrandum in paratico pellizariorum seu Robarollorum ad solvendum paratici Robarollorum.*

¶ **ROBBA**, Robbator. Vide in *Roba*.

¶ **ROBELIA**, Ervum, Italis *Robiglia*, nostris *Ers*, Legumen satis notum. Johan. Demussis Chronicon Placent. ad ann. 1369. apud Murator. tom. 16. col. 510: *Et tunc starius frumenti vendebatur sol.* XL. *qui communiter vendi solebat sol.* III. *et starius cicerum et Robeliarum vendebatur sol.* XXVIII. *qui communiter vendi solebat* VIII.

¶ 1. **ROBERIA**, Spoliatio. Vide in *Roba*.

* 2. **ROBERIA**, mendose pro *Boleria*. Vide supra in hac voce.

* **ROBERTUS**. Regula fratrum Fontis-Ebraldi cap. 11: *Sitis desuper induti caputio aptato capiti, sine superfluitate cornetæ vel anterioris plicæ, sed habente duas petias panni ejusdem coloris, longitudinis et latitudinis palmæ, junctas et consutas ante et retro in extremitate dicti caputii; quæ petiæ solent a pluribus vocari Roberti.* Haud dubie a Roberto hujus ordinis fundatore.

¶ **ROBICO**, pro *Robigo*, Gall. *Rouille*, Segetum morbus, quo spicæ torrentur. Glossæ Lat. Græc.: *Robico*, βρῶσις, ἡ σῆψις. Mox: *Robigo*, σής, ἡ σῆψις. Adde Græco-Latinas.

¶ **ROBINA**, Canalis per quem derivatur aqua fluvii in loca, in quibus necessaria est, Occitanis *Robine*. Plures sunt hujuscemodi canales in agro Arelatensi e Rhodano defluentes. Statuta Arelat. MSS. art. 150: *In Robinis omnibus de Camargiis et de toto districtu Arelatis, per quas transeunt viæ publicæ, quæ per dictas Robinas sunt trossatæ, illi, quorum sunt dictæ Robinæ, teneantur facere pontes.* Et art. 151: *Robina de Bello loco curetur in latitudine... a porta orti Guillermi Raffi, quæ porta est in Robina, etc.* Compositio ann. 1321. e Schedis Præsidis *de Mazaugues: Quod piscatores vel aucipes seu illi qui capiunt aves possint et debeant intrare et exire per Robinam de Fornello.* Transactio inter Arelatenses, Tarasconenses et Incolas S. Remigii ann. 1517. ex iisdem Schedis: *Non licuisset... dictas aquas ab eorum propriis alveis, fossatis sive Robinis antiquis divertere.* Pluries recurrit ibidem. An a *Rubus*, *Robinæ* seu *Rubinæ* dictæ sunt, quia rubis et sentibus referti sunt hujusmodi canales? Eradicandis hisce rubis destinantur apud Arelatenses rustici, quos *Vespiaires* vocant. An vero a *Robinis* dicti sunt canaliculi, quos *Robinets* nuncupamus? Hujus vocis originem ignorare se fatetur Menagius in Etymol. Gallicis.

* Interdum et navibus vehendis aptus canalis. Charta ann. 1489 inter Probat. tom. 4. Hist. Nem. pag. 50. col. 2: *Scribendo articulos repparationum necessario fiendarum in quadam Robina,.... tendente a stagnis et paludibus dicti loci Aquarum-mortuarum usque ad villam Lunelli, pro ibidem transire faciendo naves mercantiis onustas dicta villa Lunelli, usque ad Aquas-mortuas et mare.* Lit. remiss. ann. 1470. in Reg. 196. Chartoph. reg. ch. 147: *Le suppliant a fait faire aucunes réparations en la Robine, dit le brougidour de Aiguesmortes, par le commandement et ordonnance de Jamet Forestier, seigneur de Vauvert.* Vide supra *Bordigala*.

¶ Rubina, Eadem notione. Concordia inter Raymundum Archiep. Arelat. Ildefonsum Comitem Tolosæ ann. 1143. apud Stephanotium tom. 10. Fragm. Hist. MSS. pag. 302: *Et hæc prata consistunt in territorio villæ S. Petri et campo publico, inter Rubinam ejusdem villæ et ipsam villam.*

¶ Robiniarius, Qui curam habet *robinarum*. Literæ Caroli V. Franc. Regis ann. 1366. pro civibus Marologii in Senescallia

Bellicadri, apud D. *Secousse* tom. 4. Ordinat. Reg. pag. 676. art. 7 : *Item, quod dicti Consules qui nunc sunt et pro tempore fuerint, habeant instituere... operarios murorum, operarios Ecclesie, capitadenos, extimatores, terminatores, carreyrenos, levederios, Robiniarios, defensores pacuorum, etc.*

* Aliud sonat vox Gallica *Robines*, Compedes nimirum, vulgo *Ceps, entraves*, in Lit. remiss. ann. 1385. ex Reg. 128. ch. 43 : *Icellui Perrinet fu mis en prison, et par les jambes fu mis en un instrument appellé Robinez.* Aliæ ann. 1394. in Reg. 146. ch. 267 : *Lequel Philippot avoit rompu ses prisons et emporté un seps, appellez Robines.*

* **ROBINETUS**, vulgo *Robin*, Effigies quædam in choro ecclesiæ S. Petri Insulensis, ad quam stare solent, qui offensam aliquam expiant. Comput. ann. 1469. ex Tabul. ejusd. eccl. : *Item Johanni du Toit pro uno stapello de Almarcia posito super Robinetum in purpitro, etc.*

* Larvatorum ludicra caterva, sub appellatione *Robin et Marion*, memoratur in Lit. remiss. ann. 1392. ex Reg. 142. Chartoph. reg. ch. 309 : *Jehan le Begue et cinq ou six autres escoliers ses compaignons s'en alerent jouer par la ville d'Angiers desguisiez à un jeu, que l'en dit Robin et Marion, ainsi qu'il est accoustumé de faire chascun an les foiriez de Penthecouste en ladite ville d'Angiers par les gens du pays, tant par les escoliers et filz de bourgois comme autres ; en compaignie duquel Jehan le Begue et de ses compaignons avoit une fillette desguisée.* Haud scio an inde natum proverbium, *Robin a trouvé Marion*, de quo Cotgravius in Glossario. Vide supra in *Pentecoste*.

ROBINUS, Carbunculus, *Rubis*. Vide *Rubinus*.

* **ROBOILLIUM**. Stat. pannif. ann. 1317. in Reg. A. Cam. Comput. Paris. fol. 196. r° : *Roboillium, id est, lana, quæ de pellibus adaptatis ad pergamenum, vel ad aliud corium,.... de regno poterunt extrahi in futurum, solvendo pro quintali borrelinorum et Roboilliorum xij. Turon. parvos. Reboillio* ibid. fol. 202. v°. Vide supra *Borrelio. Rebourer un draps*, pro Pannum repurgare, in alio Stat. ex Lib. rub. fol. magn. domus publ. Abbavil. art. 4 : *Se li draps qui sera trouvés ors ou ensaymmés, soit Rebourés et depuis raportés as wardes, etc.*

¶ **ROBOR**, gen. masc. pro *Robur*, Quercus durissima. Leges Rotharis cap. 305. apud Muratorium tom. 1. part. 2. pag. 4. col. 2 : *Si quis Roborem aut cerrum seu quercum.... inciderit, componat pro arbore tremisses duos.* Codex Cathedr. Mutin. præfert : *Si quis Robore, aut cerrum seu quercum, etc.* Estensis vero : *De arbore Robore, cerro seu quercu, etc.* Glossæ Lat. Græc. : *Robor*, ἔρνος, εἶδος ξύλου, μελάνδρυς, ῥώμη, γένος, ςερέωμα, ςέλεχος, ἐρυθρίασις. Et mox : *Robor, singulariter tantum declinatur*, ἔρνος, ςέλεχος, ἰσχύς. Adde Græco-Latinas.

¶ Robor, metaphorice, Firmitas, robur. Charta Domnoli Episc. Cenoman. ann. 20. Chilperici Regis Francor. apud Mabillonium tom. 3. Analect. pag. 103 : *Et hæc paginola plenum accipiat opto Roborem.* Testamentum S. Rudesindi ann. 978. tom. 3. Concil. Hispan. pag. 185 : *Et hanc scripturam in cunctis diebus Roborem firmitatis obtineat.* Judicium ann. 1030. in Appendice Marcæ Hispanicæ col. 1046 : *Et ut hoc judicium nunc et abinceps Roborem plenissimum obtineat, etc.*

ROBORA, Ætas legitima, *majoritas*, cum scilicet ad *robur* pervenit minor. Testamentum Alfonsi II. Regis Portugall. æræ 1208. apud Brandaonum tom. 4. Monarch. pag. 270 : *Et si in tempore mortis meæ filius meus et filia, qui vel quæ debuerit habere regnum meum, non habuerit Roboram, sit ipse vel ipsa et regnum in potestate vassallorum meum.* Passim ibi et pag. 271. 278.

ROBORABILIS, Validus, fortis. Andreas Suenonis lib. 3. Legum Scaniæ cap. 2 : *Sed prior sententia Roborabilior et rationabilior a prudentibus æstimatur.*

* **ROBORAMEN**, Munimen, robur, auctoritas. Charta Phil. dom. Nantolii ann. 1229. in Chartul. Campan. fol. 839. v° : *Quod ut ratum permaneat et stabile perseveret præsentibus litteris sigilli mei apposui Roboramen.*

¶ **ROBORANTER**, Modo qui roboret et confirmet. Charta Ludovici Regis Franc. ann. 896. e Tabulario Eccl. Aptensis : *Et ut hæc nostra præceptionis auctoritas nostris futurisque temporibus inconvulsam atque inviolabilem obtineat firmitatem, manu propria Roboranter adfirmavimus et annulo nostro sigillavimus.*

¶ **ROBORARIUM**, Locus septus tabulis roboreis. Aul. Gellius lib. 2. cap. 20 : *Roboraria antiquis significabant ea quæ nunc Vivaria vulgus vocat; sic autem erant appellata a tabulis roboreis, quibus septa visebantur.*

¶ **ROBORATIO**, Confirmatio. Litteræ Edwardi II. Regis Angl. ann. 1307. apud Rymerum tom. 3. pag. 22. col. 2 : *Et omnia alia et singula, pro nobis et nostro nomine, faciendi, quæ ad expeditionem et Roborationem præmissorum necessaria fuerint vel etiam oportuna.*

* Idem quod supra *Roboramen*. Charta Rob. reg. ann. 998. tom. 10. Collect. Histor. Franc. pag. 575 : *Et ut hujus nostræ præceptionis edictum atque Roborationis præceptum per cuncta ævi tempora inviolabilem obtineat firmitatis vigorem, etc.*

ROBORETUM, Quercetum, apud Ughellum tom. 1. parte 2. pag. 236. in Charta alia apud Puricellum in Ambrosiana Basilica pag. 367 : *Cum silvis, castaneis, Roboreis, ac stellariis, etc.* Legendum forte *Roboretis*. [Glossæ Græc. Lat. : Δρυμῶν, ὁ τόπος, *Quercetum, Roboretum.* Aliæ Latino-Græc. : *Roboretum*, δρυμῶν, ὁ τόπος.]

☞ Hinc in Normannia aliisque variis Galliarum provinciis loca pleraque *Rouvre* et *Roubre*, a *Robore*, vel *Rouvroy, Rouvraye* et *Rouvroye*, a *Roboreto*, dicta; unde et familiæ multæ nobiles earumque dominia iis in regionibus vocantur *de Rouvrou, de la Rouvraye, etc.* Hinc etiam patet, detortas fuisse voces *Roveritum*, et *Rovretum*, quæ de nemore, nostris *Rouvray*, olim sito in agro Parisiaco, et *Rubridum*, quæ de loco pagi Belsiensis, vulgo *Rouvroy*, dicuntur. Vide Valesium in Notitia Galliarum pag. 487. col. 1. et 546. col. 1. Histor. Beccensis MS. pag. 163 : *Quædam exorta fuerat controversia Beccenses inter et Columbenses pro decima de Roborivus*, vico vulgo *Rouvres*. Ex quibus liquet, scribendum esse *Rouvre*, non *Roure*, ut quidam e nostris scripserunt in Lexicis suis Gallicis, ubi de *Robore* quercu duriori. Vide *Rover*.

ROBOREUS, Cui robur inest, robustus. Erchempertus in Hist. Longob. cap. 54 : *Ajo autem Princeps Beneventi, et ante principatum, et postea, partim imbecillis, partim Roboreus extitit.* Idem cap. 75 : *Primum tantum Sacramentum sistebat Roboreum ad mensem aut tempus annotinum.* i. robur habebat. Idem Erkempertus ex editione Caracioli pag. 36 : *Virum illustrem ac fortissimum Robore laqueo suspendi fecit.* Ubi forte *Robore*, pro *ad quercum* sumitur. *Roboreum præceptum*, firmum, in Chronico S. Sophiæ Benevent. pag. 718. Occurrit tibi non semel.

¶ **ROBORIA**, Spoliatio. Vide in *Roba*.

ROBOROSA Passio dicitur, *quæ animal rigidum facit ad similitudinem ligni.* Vegetius lib. 3. Artis veterin. cap. 24.

¶ **ROBRICA**, pro *Rubrica*, Minium. Glossæ Græc. Lat. : Μίλτος, *Rubrica, Robrica, Minium.* Vide infra *Rubrica*.

¶ **ROBUR** Arboris, Truncus. Oratio Pii II. PP. ann. 1459 : *Rami arboris multi sunt, sed Robur unum tenaci radice fundatum.*

ROBURDOLIUM. Tabularium Vindocinense fol. 190 : *In Roburdolio carceris, ubi captus detinebatur.* An, *le guichet*, Portula ?

* **ROBURGA**, Certa distributio in ecclesia Rotomagensi, quæ fortean a fundatore nomen habet. Necrol. eccl. Rotomag. ex Cod. reg. 5196. fol. 45. v° : *Nativitas B. Johannis Baptistæ...... Habemus pro Roburga xl. lib. ix. sol. videlicet de Cantu avis xxx. lib. et ix sol. et x. lib. de vicecomitatu Rothomagensi; et hanc Roburgam percipere debent, qui residentiam suam faciunt per octo menses in anno, secundum formam et modum, qui requiruntur in debita Penthecostes, sine mortuis et communiis, qui de dicta Roburga nichil percipere debent.... Item eodem die sterlingi de Otri, quos cum Roburga et pari natura recipient residentes.* Vide supra *Lampreda* et in *Revodum*.

* **ROBUS**, Gossipium. Leudæ major. Carcass. MSS : *Item pro cargua de Robo facto.* Ubi versio Gallica ann. 1544 : *D'une charge de couton, etc.*

¶ **ROBUSTAS**, Robur, fortitudo. Johannes Longinus in Vita S. Stanislai Episc. tom. 2. Maii pag. 230 : *Maximo certamine sublimique Robustate martyrium confecit.* Vide *Robustitas*.

* Robustas Fluminis, Rapiditas, violentia. Charta ann. 1332. in Reg. 66. Chartoph. reg. ch. 1130 : *Vix in dicto flumine Garonnæ potest remanere aliqualis paxeria quin destruatur, propter dicti fluminis fortitudinem et Robustatem.*

¶ **ROBUSTE**, Nervose. Vulgare est recentioribus, antiquis incognitum.

* **ROBUSTIRE**, Robur acquirere. Hist. invent. S. Antonini mart. apud Bertr. de Gest. Tolos. fol. 22 : *Accidit ut taurus lambens vas lapideum, in quo erat corpus sanctissimum, et lapidem qui superpositus erat illic, cœpit pinguescere atque Robustire.*

¶ **ROBUSTITAS**, Robur, firmitas, vis,

vires, virtus, facultas, apud Juniores passim reperitur, nullibi apud Veteres.

** **ROBUSTURA**, Rebustura, Robusta Res, Thesaurus. Cod. Utin. Leg. Roman. lib. 10. tit. 9. apud Cancian. tom. 4. pag. 495 : *Si quis homo aut aurum, aut aliqua alia Robusta Re in sua propria terra invenerit... Si quis homo in alterius terra aut aurum, aut aliqua Robustura invenerit, etc.* Tit. 10 : *Nec aurum nec nulla Rebustura quærere, etc.* Vide tit. 18. et 19. lib. 10. Interpret. Cod. Th.

¶ 1. **ROCA**, Petra, rupes, Gallis *Roche*; item Arx in rupe exstructa, ut mox *Rocca*. Præceptum Caroli Calvi ann. 840. apud Marten. tom. 1. Anecdot. col. 30 : *Terminat prædictus alodis de una parte ad molinos Gualampadi, qui sunt serti* (f. *siti*) *in ripa Urbione, ubi signa supraposita atque decurias; deinde vadit per torrente et per ipsum montem superiorem usque in Roca, ubi signa posita sunt.* Præceptum ejusdem Regis ann. 855. in Appendice Marcæ Hispan. col. 787 : *Rocam, quam vocant Frusindi, quam eorum genitor per aprisionis auctoritatem tenuit.* Vide *Rocha* 1.

* 2. **ROCA**, Rocha, Mansio, cella in rupe excisa; unde nostris *Roche*, pro Cella vinaria, vulgo *Cave*. Charta pro eccl. S. Vinc. in Hisp. ex Chartul. Cluniac. : *Habet supradicta ecclesia decem jugatas bene cultas, duas azeniarum Rocas, duos molendinos, etc.* Charta ann. 1189. inter Probat. Hist. Sabol. pag. 357 : *Præter hæc dedit Petrus de Brion prædictis canonicis unam Rocham et hortos, quos emerat a Salomone Dognes.* Charta ann. 1326. in Reg. 64. Chartoph. reg. ch. 355 : *Jehan du Moulinet demeurant à Tours fist faire une voute, appellée ou pays Royche, en la maison où il demeure.* Lit. remiss. ann. 1393. in Reg. 144. ch. 465 : *Icellui Jehan avoit trouvé ladite exposant en sa Roiche ou cave.* Aliæ ann. 1404. in Reg. 159. ch. 169 : *Icellui prestre en soy cuidant lever et reculant cheut en une Roche ou cave.* Rursum occurrit in aliis ann. 1405. ex Reg. 160. ch. 174. Vide mox

* **ROCACIUM**, idem, ut videtur, quod supra *Roca* 2. Inventar. ann. 1255. ex Cod. reg. 4659 : *Raimundus de Monis.... pro duodecim cannis localis, quod est sub rupe de Leulenegue, et pro Rocacio, quod est ibidem, v. sol. Turon.*

¶ **ROCASSIUM**, Rocassum, Rupes, Gallice *Roche*, Provincialibus *Rouchas* vel *Rouquas. Juxta quoddam Rocassium*, in Charta ann. 1486. e Schedis D. *Le Fournier : Quod possint... portum habere et navim mutare.., subtus Rocassum*, in Transactione ann. 1532. 8. Octobr. e Schedis Præsidis *de Mazaugues*.

¶ Rochassium, Eadem significatione. Sententia arbitralis ann. 1303. e Schedis D. *Brunet : Item quemdam alium (terminum) subtus quoddam Rochassium ferri vocati Jabriatres.*

¶ **ROCATUS**, Coloris *rocæ* seu rupis, ut videtur, idem forte qui marmoreus. Catalogus ann. 1300. apud Hemeræum in Augusta Viromand. pag. 364 : *Quatuor cappæ albæ, quatuor rubeæ, duæ nigræ de mortuis, una Rocata, una viridis, una glauca, una quam habet puer ad tenendam patenam.*

ROCCA, Rocha, Castellum vel præsidium in *rupe*, seu clivo exstructum, Italis *Rocca*. Auctor Mamotrecti 2. Reg. : *Arx, dicitur Rocca.* Annales Fr. ann. 767 : *Multas Roccas et speluncas conquisivit.* [Chronicon Farfense apud Muratorium tom. 2. part. 2. col. 589 : *De castello Tribuco cum Rocca sua.* Et col. 624 : *In præsidium se cujusdam nostræ contulit Rocchæ.* Rolandinus de Patav. de factis in Marchia Tarvisina lib. 6. cap. 6. apud eumdem Murator. tom. 8. col. 258 : *Voluit Eccelinus arcem sive Roccham Estensem et alia collateralia castra suo dominio subjugare. Estensis Roccha seu castrum*, ibidem col. 259. Chronicon Tarvisinum apud eumd. Murator. tom. 19. col. 817 : *In hoc tamen verius proverbium comprobatur : Nullum castrum oppidumve vel Rochiam fortia esse, ad quæ asellus auro onustus non possit accedere.* Adde Laudes Papiæ, tom. 11. ejusd. Muratorii col. 38.] Chronicon Ceccanense, seu Fossæ-novæ ann. 1185 : *Adepti sunt Saloniciam cum multis civitatibus et castellis et Roccis de Romania.* Occurrit iterum ann. 1187. et sæpe in Scriptoribus Italicis, passim etiam apud Leonem Ostiensem, Ottonem Morenam in Hist. Rerum Laudensium pag. 14. 88. etc. Gobelinus Persona in Cosmodromio pag. 259 : *Arx, quæ vulgo Rocka dicitur.* Philippus *Mouskes* in Henrico I :

> S'en ot Buiemont de Scsille,
> Et cil fu au prendre Andioce,
> U il a mainte Roce.

* **ROCCEDA**, mendose, pro *Roveda*, Rubus, ab Ital. *Rovetta*, ut legunt ipsimet Editores in nota ad Acta B. Amad. tom. 2. Aug. pag. 592. col. 2. et pag. 593. col. 1.

* **ROCCHA**, Castellum vel præsidium in rupe. Charta ann. 1217. apud Ughell. tom. 1. Ital. sacr. col. 1294. edit. ann. 1717 : *Ecclesias eidem Tarracinensi ecclesiæ in perpetuum unitas manere decernimus, cum omnibus juribus earum, rebus ac pertinentiis in ecclesiis, monasteriis, præsidiis, Rocchis atque castellis.* Vide *Rocca*.

¶ Roccha Lignaminis, Munitio, ut opinor, e ligno constructa. [* Turris lignea.] Chronic. Petri Azarii apud Murator. tom. 16. col. 522 : *In capite vero utriusque partis* (pontis admodum spatiosi) *erant pontes levatorii, et singulæ Rocchæ lignaminis valde fortis.*

* **ROCCHETA**, Tubulus missilis et ignitus, idem quod infra *Rocheta*. Hist. belli Forojul. apud Murator. tom. 3. Antiq. Ital. med. ævi col. 1197 : *Venerunt super collem Grisellum, cum balistris grossis de molinellis et arganellis, Rocchetas in castro trahentes in tanta copia, quod aer videbatur accensus.*

1. **ROCCUS**, Rocus, Rochus, Hrocus, vox Germanica *Rock*, significans supremam vestem, ἐπενδύτην. [** Vide Graff. Thesaur. Ling. Franc. tom. 2. col. 430.] *De Roccis et Sagis*, item *Roccus Martrinus et Lutrinus*, in Capitulari triplici Caroli Magni ann. 808. cap. 5. Monachus S. Galli, seu Notkerus lib. 2. de Carolo Magno cap. 17 : *Carolus habebat pellicium berbycinum, non multum amplioris pretii, quam erat Roccus ille S. Martini, quo pectus ambitus, nudis brachiis Deo sacrificium obtulisse astipulatione divina comprobatur.* Helgaudus in Roberto Rege ann. 1029 : *Exuens se vestimento purpureo, quod lingua rustica dicitur Rocus.* Chronicon Fontanellense cap. 16 : *Roccum subdiaconalem unum. Roccos* Monachis etiam attribuunt Conventus Aquisgran. et Additio 1. Ludovici Pii ad Capit. cap. 22. et Eckehardus Junior de Casibus S. Galli cap. 10. 14. 16. [Ansegisus Abbas apud Acherium tom. 3. Spicil. pag. 246.] et Adalardus lib. 1. Statutorum Corbeiens. cap. 3. ubi Hroccus scribitur : *Cæterum capellæ, Hroccus, sive cuculla de sago, unde Hroccus fieri possit, ad arbitrium Prioris erit.* Hariulfus lib. 3. cap. 3. pag. 481. et 483. *Hroccus* pariter habet.

¶ Rokkus, apud Mabillonium tom. 4. Annal. Benedict. pag. 287 : *Richart et Poppo, quorum uterque dicit se S. Benedictum quidem esse, et ideo Regulam mutasse, et tunicam Domini unam in duos Rokkos.*

Roquus, in Testamento Riculfi Episcop. Helenensis ann. 915 : *Roquos quatuor, unum purpureum cum auro, et alium palleum Græco, et alios duos in Græcia factos.*

Rochus, in Charta Heccardi Comitis Augustod. apud Perardum pag. 26. Ῥοῦχον Græci recentiores dicunt. Narratio de Belisario MS. : Βύσσινα Ῥοῦχα καταξαμύτου. Histor. Apollonii Tyrii : Ὀμπρὸς τῆς θυγατέρας τοῦ, τὰ Ῥοῦχα τοῦ ξεσχίζει. Occurrit præterea apud Nicetam Choniatem pag. 361. 367. et 425. 2. edit. Codinum de Offic. etc.

¶ Rucus, pro *Rocus*, vel *Roccus*, interdum reperiri testis est Vossius lib. 2. de Vitiis serm. cap. 16. quod consule.

Rochetum, ita hodie vocant vestem lineam Episcoporum et Abbatum propriam, cum manicis strictioribus, quasi parvum *Roccum*. Lindwodus ad Provinciale Eccl. Cantuar. lib. 3. tit. 27 : *Rochetum differt a superpellicio, quia superpellicium habet manicas pendulas, sed Rochetum est sine manicis, et ordinatur pro Clerico ministraturo Sacerdoti, vel forsan ad opus ipsius Sacerdotis in baptizando pueros, ne per manicas ipsius brachia impediantur.* [Articuli reformationis a septem Episcopis editi Parisiis ann. 1586. apud Martenium tom. 4. Anecd. col. 1194. num. 18 : *Cum vero animi relaxandi causa civitate exit (Episcopus) quod non ita sæpe facere debet, Rochetum poterit ad libitum deponere.*] Occurrit passim in Ceremoniali Romano, et Ceremoniali Episcoporum. Vide suo loco.

¶ Rocchetum. Coronatio Bonifacii VIII. PP. apud Muratorium tom. 3. pag. 649. col. 2 : *Cantores deinde equitant cum superpelliceis, tum acolythi, clerici cameræ et auditores cum superpelliceis supra Rocchetum.*

¶ Roquetum. Concilium Arand. ann. 1473. inter Hispanica tom. 3. pag. 674 : *Episcopi veste linea superiore, vulgariter Roqueto nuncupata in publico semper utantur.* Concilium Tarraconense ann. 1591. tom. 4. eorumd. Concil. pag. 509 : *Sotanam vel tunicam talarem, superpelliceum mundum, seu Roquetum pro tempore congruens, et pileum clericalem induatur.*

Rochetum, Canonicorum regularium vestis linea. Chronicon Windesemense lib. 1. cap. 23 : *Habitus Canonicorum Regularium est vestis linea sive toga linea, quam*

Roketum Romani, Germani Subtile, Sarracium, sive Scorlicium appellant.

¶ ROCHETA PUERORUM CHORI memoratur in Indice MS. Beneficiorum Ecclesiæ Constant. fol. 66. verso.

ROCHET, in Statutis Ordinis de Sempringham pag. 739 : *Solis vero fabris conceditur habere camisias, scilicet Rochet.*

ROKETUM ROMANUM. Vide *Superpellicium.*

¶ 2. **ROCCUS**, Nomen scaci, quem alii *Turrim* vocant, Itali *Rocco*. Vide locum in *Scaci.*

* Nostris etiam *Roc.* Vide supra *Feroia.*

¶ **ROCEA**, Piscis genus. Gall. *Rosse*, Gesnero *Rutilus*. Chronicon Trudonense tom. 7. Spicilegii Acher. pag. 509 : *Pisces qui afferebantur de Mosa, quos poetica licentia vocare possumus Roceas et Bardos.* Alia notione mox occurrit in *Rocha* 1.

* *Roche*, in Lit. ann. 1387. tom. 7. Ordinat. reg. Franc. pag. 182. *Roussaille*, in Lit. remiss. ann. 1396. in Reg. 151. Chartoph. reg. ch. 231 : *Ouquel estanc pescherent par nuit six ou sept tanches, trois ou quatre petits brocheteaux et dix à douze Roussaille.*

¶ **ROCERIUM**. Charta Majoris Monasterii, tom. 2. Hist. Britan. col. 237 : *Dominus Abbas B. reddidit Herveo cognomento Trop a de netz terram, quam dominus Garinus dedit S. Martino, quando factus erat monachus, videlicet medietatem Rocerii tali pacto, ut per singulos annos solvat monachis quatuor solidos.* Lobinellus in Glossario scribit *Rocherium* redditque *Rocher*, Rupes. Haud satis scio an bene. Suspicor esse nomen proprium, a rupe tamen ita nuncupatum. Vide *Rocherium.*

¶ **ROCETUS**, pro *Recetus*. Vide *Receptum* 1.

1. **ROCHA**, Rupes, Gallice *Roche*. Diodorus Euchyon. lib. 1. Polychemiæ cap. 17 : *Ceræ, thuris, colophoniæ, aluminis Rochæ, etc.* nostris, *Alun de Roche*, [Alumen rupis, Anglis *Roche alum*, qua significatione sumenda videtur vox *Rocea* in Literis Edwardi IV. Regis Angl. ann. 1476. apud Rymer. tom. 12. pag. 28. col. 1 : *Tam ad sufficiens cariagium pro conductione feretri præcarissimi patris nostri Richardi Ducis Eborum pro sepultura sua ordinati, quam ad carpentarios, junctores, pictores, candelatores, qui in hac parte necessarii fuerint et opportuni, ac ceram, Roceam et filum, ubicumque inveniri poterunt.*] Occurrit etiam apud Heliam Monachum de Lapide Philosoph. [Donatio ann. 901. in Appendice Marcæ Hispan. col. 836 : *De meridie in ipso monte vel in ipsa Rocha.* Alia Donatio ann. 998. apud Marten. tom. 1. Ampliss. Collect. col. 353 : *Pervenit per ipsa limite de ipsa Rocha usque in Petramela.* Charta ann. 1234. apud Stephanotium tom. 3. Antiquit. Pictav. MSS. pag. 817 : *Platea adjacenti super quadam Rocha, etc.*] Hist. Cortusiorum lib. 8. cap. 2 : *Inceptum fuit Castrum Estensis Rochæ.* Vide *Rocca* [et *Rochus.*]

2. **ROCHA**, Alia notione. Tabularium Absiense fol. 187 : *Concessimus quoddam fossatum per maresium,.... per quod buscam et Rocham et quæque necessaria de maresio traherent.*

☞ *Rocham* hic intelligo juncum tenuissimum et ad instar gladioli utrimque secantem, quem *Rosche* vocant Normanni, et unde sedilia contexunt elegantissima.

* Ubi cespitem interpretor. Nostrates *Roque* et *Rocque*, glebam, vulgo *Motte de terre*, appellarunt. Lit. remiss. ann. 1397. in Reg. 152. Chartoph. reg. ch. 57 : *Icellui Bellier qui n'avoit point de baston, en soy revengant se abbaissa à terre et print une Roque de terre, que il geta audit Dauceure.* Aliæ ann. 1414. in Reg. 167. ch. 435 : *Lequel prestre print une ou pluseurs Rocques de terre, et les getta à icellui Mahieu.*

* 3. **ROCHA**, Cella in rupe excisa. Vide supra in *Roca* 2.

* **ROCHAB**, *Arabice, Focatia, placenta, panis valde tenuis.* Glossar. medic. MS. Simon. Januens. ex Cod. reg. 6959. Neque aliud videtur esse *Rocelle* apud Froissart. in Poem. MSS :

> Espices, clairet et Rocelle,
> En toutes ces choses veir
> Mon esprit se renouvelle.

¶ **ROCHASSIUM**, Rupes, *Roche*. Vide *Rocassium.*

* **ROCHAXIA**. Pactum inter reg. Tunetan. et Pisan. ann. 1398. tom. 1. Cod. Ital. diplom. col. 1122 : *Item quod mercatores Pisani non teneantur nec debeant solvere pro eorum roba seu mercibus, bastaxiis, Rochaxiis, caramariis, et aliis similibus, nisi sicut ab antiquo solvere consueverunt.*

* **ROCHERIA**, Castellum vel præsidium in rupe. Charta ann. 1410. in Reg. feud. comitat. Pictav. ex Cam. Comput. Paris. fol. 251. v° : *Item* (habeo) *garenam, vineas et terras meas, dictas Crochet, sitas juxta .... Rocheriam deffuncti Oliverii.* Vide supra *Roccha.*

ROCHERIUM. Vetus Charta in Hist. Monasterii S. Nicolai Andegav. : *Insuper nobis donavit aliud Rocherium majus ante portam curtilis nostri, etc.* Occurrit ibi semel ac iterum. [Vide in *Rocerium* et *Roquerium.*]

* Ager incultus et lapidosus, unde nomen, ni fallor. Charta ann. 1290. tom. 1. Probat. Hist. Brit. col. 1094 : *Omnia nemora, pasoua, landæ, hayæ, faveta, Rocheriæ, terræ arabiles et inarabiles, etc.*

ROCHETA [vel ROCHETUS, Tubulus missilis et ignitus, Ital. *Rochetto*, Venetis *Rachetta*, Gall. *Fusée.*] Rafanus de Caresinis in Chronico MS. ann. 1379 : *Burgum S. Laurentii expugnant et occupant, igne inmisso cum Rochetis ad domus paleatas.*

* Guido de Vigev. MS. de Modo expugn. T. S. cap. 13 : *Et super ipso carro poterit fieri manganela, quæ trahet ubique lapides et Rochetas.* Vide supra *Roccheta.*

¶ **ROCHETTA**, Parva *Rocca*, parvum castellum seu præsidium in rupe positum. Annales Genuenses apud Murator. tom. 6. col. 305 : *Et dum Simon de Auria, vir utique prudens, ad portum Veneris missus fuerat..... cogitavit secum de proditione præfatæ Rochettæ; et factis insidiis, nocte veniens ad Vernaciam cum occ. hominibus, ascenderunt clam montem, et ante lucem fuerunt coram Rochetta, et vi ceperunt eamque igne combusserunt, etc.* Chronicon Petri Azarii apud eumdem Murator. tom. 16. col. 379 : *Aliamque erexit Rochettam circa Pontem Ticini versus civitatem.* Vide *Rocca.*

¶ **ROCHETUM**, ROCHUS, Supparum lineum, Gall. *Rochet*. Vide in *Roccus.*

* Stat. MSS. S. Vict. Paris. part. 1. cap. 13 : *Refectorarius cappa et superpellicio indutus servire non debet; sed tunica linea, quam Rochetum dicunt, etc.* Nostri etiam *Rochet* et *Roquet* vocarunt vestem ex crassiori tela, viris perinde ac feminis usitatam. Lit. remiss. ann. 1376. in Reg. 109. Chartoph. reg. ch. 354 : *Lequel Thevenin ...... lui* (à cette femme) *dessira son Roquet ou coste, qu'elle avoit vestue pour aler aus champs.* Aliæ ann. 1400. in Reg. 155. ch. 283 : *Le frere du suppliant vint tout nu en un Roquet ou chemise, etc.* Aliæ ann. 1410. in Reg. 164. ch. 179 : *Icellui suppliant.... print un habit nommé branc ou Roquet de toile, que femme portent voulentiers par dessus leurs robes.... Ladite boe ou tay sorti contre le branc ou Rochet dudit suppliant.* Vide supra *Redo.*

* Emendandus vero videtur Froissartes vol. 4. cap. 6 : *De cinq pointes de glaive ou de cinq de roquet.* Ubi legendum propono *de cinq d'estoquet.* Vide supra *Estoquum.*

* **ROCHIGANI**, Qui *rocham* seu castellum habitant et defendunt. Tract. MS. de Re milit. et mach. bellic. cap. 101 : *Ponatur quod rocha sit sita super montem ac circumdata a mare, et per bataliatam habere non potes; tunc oportet habere recursum ad ignem, sive putredinem, sive...... hominum cadavera, sive aquam putrefactam, in qua fuerint allia, cepe, caseus, sive guadum, valde putrefacta, et mittantur in caratellis sive laginis, alias barilibus, et per præcipitium aut manganum maximum in rocham præcipitentur,.... et toti Rochigani cito efficientur ægroti, et propter ignem sive putredinem Rochigani a te erunt subjugati.*

¶ **ROCHUS**, Rupes, Gall. *Roche*, *Rocher*. Processus ad canonizationem S. Francisci de Paula, tom. 1. Aprilis pag. 120 : *Subtus non parum ingentem Rochum quamdam speluncam.... inhabitavit.* Vide supra *Rocha* 1.

* **ROCINOLUS**, *Rocignol, lucinia*, in Glossar. Gall. Lat. ex Cod. reg. 7684.

ROCINUS, Equus minor. Vide *Runcinus.*

¶ **ROCKA**, Arx in rupe posita. Vide *Rocca.*

ROCTA, ROTA, ROTTA, Instrumentum Musicum. Sanutus lib. 2. part. 4. cap. 21 : *Et aliqua alia genera dulcia musicorum, ut sunt violæ, cytharæ, et Roctæ.*

ROTA. Constantinus Africanus lib. 1. de Morbor. curat. cap. 16 : *Dulcis sonitus fiat de Musicorum generibus, sicut campanula, vidula, Rota, et similibus.* Nescio, an id organum intelligat Eckehardus Junior de Casibus S. Galli cap. 3. extremo : *Quæ autem Tutilo dictaverat, singularis et agnoscibilis melodiæ sunt : quia per psalterium, seu per Rotam, qua potentior ipse erat, pneumata inventa dulciora sunt, etc.* Vide tamen Eckehardum Decanum de Vita Notkeri cap. 17. Le Roman *de Garin* MS :

> Devant eux font le jugleor chanter,
> Rotes et harpes et violes soner.

Le Roman *de Vacces* MS :

Mout avoit par la terre plors et dementoisons,
Ne violes, ne Routes, rotuenges, ne sons.

Le Roman *d'Alixandres* MS. :

Rote, harpe, vielle, et gigue et ciphonie.

ROTTA. Epistola 89. inter illas, quæ Bonifacii Moguntini Archiep. nomine editæ sunt : *Delectat me quoque Cytharistam habere, qui possit cytharizare in cithara, quam nos appellamus Rottæ, quia citharam habet.* [Notkerus in Symbolum Athanasii apud Schilterum in v. *Rotta : Sciendum est, inquit, quod antiquum Psalterium instrumentum decachordum utique erat, in hac videlicet deltæ literæ figura multipliciter mystica. Sed postquam illud symphoniaci quidam et ludicratores, ut quidam ait, ad suum opus traxerant, formam utique ejus et figuram commoditati suæ habilem fecerant, et plures chordas annectentes et nomine barbarico Rottam appellantes, mysticam illam Trinitatis formam transmutando.*] [** Notit. vet. post Ruodlieb fragm. 19 : *Tubalcain invenit cytharam et organa, Pithogoras testudinem i. harpam, David psalterium triangulum i. Rottam, Boecius monochordum.* Vide *Chrotta.*]

* Hinc *Roterie*, Cantilena, et *Roteor*, qui *rota* canit, in Mirac. MSS. B. M. V. lib. 2 :

Qui Roteries et noter
Plus volentiers un Roteor, etc.

* *Rotuenge*, idem quod *Roterie*, in Poem. Alex. part. 2. MS. :

Viellent menestrel Rotuenges et sons.

* Hinc emendandum *Rotruhenge*, tom. 1. Fabul. pag. 183 :

De dire lais et noviaux sons,
De Rotruhenges et chançons.

Ubi leg. *Rottuhenges.*

1. **ROCUS**, Supparum lineum. Vide *Roccus.*

* 2. **ROCUS**. Charta ann. 1295. inter Probat. tom. 4. Hist. Occit. col. 105 : *Usque ad guerium, vocatum Rocum de Beceda, alias vocatum guerium Barro, juxta dictam carreriam, ubi est sexta meta.* Forte Acervus lapidum, nisi legendum sit *Recum.* Vide supra *Reccus.*

* **ROCZNICE**, Polonis, Sclopetus brevior, Gall. *Pistolet.* Stat. Sigismundi I. ann. 1519. inter Leg. Polon. tom. 1. pag. 390 : *Nemo deinceps, tempore pacis, seu eques seu pedestris, pixides breves, quas Rocznice vocant, deferre audeat.*

1. **RODA**, Anglis, Quarta pars acræ, quæ et *Farding deale*, seu *Farundel* dicitur, juxta Cowellum, ex Anglico *Rodd*, Pertica. Continet autem *acra*, secundum stadii longitudinem 40. rodas, seu perticas ; in latitudine tantum quatuor. Perinde etiam Roda terræ 40. perticas in longitudine, unam vero solummodo in latitudine. Si autem excreverit *Rodæ* latitudo, contractior fit illius longitudo ; ita tamen ut in omni superficie, neque plus neque minus quam 40. perticas complectatur ; ita *acra* ultra citrave 160. Occurrit passim, apud Prynneum in Libertat. Eccl. Angl. tom. 3. pag. 1271. in Monastico Anglicano tom. 1. pag. 245. 302. 469. 636. 639. tom. 2. pag. 40. 82. 87. 93. 251. 291. 354. 445. 544. apud Willelmum Thorn ann. 1288. 1317. etc. Idem pag. 2105. *Rodam* et *Virgatam* confundit. [** Vide Graff. Thesaur. Ling. Franc. tom. 2. col. 491. voce *Ruota.*]

¶ 2. **RODA**, ROTA, Trabs arcuata ad proram, *Rode* nautis maris Mediterranei. Informationes Civitatis Massil. de passagio transmarino e MS. Sangermanensi : *Primo habebunt galeæ per carenam* XLIIII. *goas ; item de Roda en* (in) *Roda* LII. *goas et mediam.* Et infra : *Primo habebit quodlibet vysserium* XLIIII. *goas in carena ; item de Roda in Roda* LIII. *goas.* Rursus infra : *Primo habebunt* (*alia ligna*) *de carena* XL. *goas ; item de Roda en Roda* L. *goas.* Ibidem : *Item de Rota in Rota sine longitudine* XLV. *goas.*

¶ 3. **RODA**, pro *Rota*, Gall. *Roue.* Reparationes factæ in Senescallia Carcassonæ ann. 1435. e MS. D. *Lancelot : Item pro faciendo unam Rodam totam novam, et præparando unum Rodetum in dicto molendino, etc.* Pluries occurrit ibi.

* 4. **RODA**, Mensura lignaria, idem videtur quod *Carrada.* Necrol. Casal. MS : *Obiit domnus N. de Castellione comes Blesensis, qui dedit priori de Nantolio duas Rodas ligni ad calefiandum.*

* 5. **RODA**, Piscis genus. Locus est supra in *Citula.* Vide *Rodius.*

RODATICUM. Vide infra *Rotaticum.*

* **RODELLA**, Alcæ species. Reg. visitat. Odon. archiep. Rotomag. ex Cod. reg. 1245. fol. 9. r° : *Presbyter de Cotignies lusor ad decios et Rodellam.* Et fol. v°. *Presbyter de Petraponte:.... ebriosus est et ludit ad talos et ad Rodellam.* Aliud ludi genus, ad discos nempe, quos *Rodes* ab orbiculari eorum forma vocabant, memoratur in Lit. remiss. ann. 1417. ex Reg. 170. Chartoph. reg. ch. 38 : *Lesquelx compaignons commencerent à jouer.... au jeu du palet, appellé par delà aux Rodes de fer.* Vide infra *Rota* 12. Ejusdem originis est nomenclatura cujusdam monetæ Germanicæ, *à la Rodete* dictæ, de qua in Chron. ad ann. 1473. inter Probat. tom. 3. Hist. Nem. pag. 3. col. 1 : *Mossenhor du Puy, lieutenent en Languedoc, avoit par ses lettres patentes fait décrier et abatre les petits blancs d'Alamaigne, appellés de la Rodete, autrement de l'esperon, etc.*

¶ **RODERE**. Job. 30. 3. *Egestate et fame steriles, qui Rodebant in solitudine, squallentes calamitate et miseria.* In quæ verba Pater *Vavasseur* : Hebræus, *Ghorecim, Fugientes ;* LXX. φεύγοντες. *Ex quo conjectura est vocem hanc veteris Interpretis* Rodebant, *esse* errabant, circumibant; *atque a nostro sermone vernaculo nihil diferre, qui est* Vagari, *Roder.* Vide *Rodis.*

* 1. **RODERIUS**, adject. Rotalis, qui habet rotas ; unde *Molendinum roderium.* Vide supra in hac voce. Hinc *Rodier*, Rotarum faber, vulgo *Charron*, in Lit. remiss. ann. 1452. ex Reg. 181. Chartoph. reg. ch. 189 : *Guinot Sacalho Rodier et du mestier de faire charrettes, roës et tombareaux.* Infra : *Royer.* Vide *Roda* 3.

* 2. **RODERIUS**, Joculator. Vide supra *Rauderius.*

* **RODESINUS**, Denticulata moletrinæ rotula, Hispan. *Rodezno*, Gall. *Rouet.* Stat. Vallis-Ser. cap. 64. ex Cod. reg. 4619. fol. 117. r° : *Singula lignamina, videlicet rothæ, Rodesini et arbores, canales et polpeda, et generaliter omnia lignamina ... sint suprascripti communis.* Vide *Rodetus.*

¶ **RODETUS**, Denticulata moletrinæ rotula ad versandas molas accommodata, Gall. *Rouet.* Vide locum in *Roda* 3.

* **RODIARIUM**. Vide mox in *Rodium.*

RODIGINUS. Vide Statuta Mediolanensia 1. part. cap. 329.

* **RODINA**, Lapis ad expurganda vasa coquinaria. Glossar. Lat. Gall. ex Cod. reg. 7692 : *Rodina, dale de cuisine.*

1. **RODINUS**, Rosei coloris. Vide *Rhodinus.*

* 2. **RODINUS**, Casei formellæ foramen. *Rodinus, trou de feiccelle*, in Glossario. Lat. Gall. ex Cod. reg. 7692.

¶ **RODIS**, f. Ambitus, circuitus. *Sive homines sint in Rode castri*, in Statutis Forojul. ann. 1233. ex Archivo S. Victoris Massil. Nostris *Roder*, est Vagari, circumcursare : quod verbum a *Rotare* deducit Menagius. Vide *Rodere.*

* **RODIUM**, Terra arabilis seu aratro proscissa. Inquisit. ann. 1196. apud Murator. tom. 2. Antiq. Ital. med. ævi col. 91 : *Item dixit, quod alia Rodia de Corona Riberi, et Rodiaria Carinei et Guillelmini, et totum alium de Escletis, sunt de curia.* Ibid. col. 92 : *Item si in Bumino, a Torolla usque ad campum Anselmi, aliquis dirojaret, perdet Rodium, et tres solidos dabit curiæ.... Item dixit, quod Rodia et silva Ripetosi sunt de curia. Raude* vero, pro Territorium, districtus, ni fallor, in Lit. remiss. ann. 1399. ex Reg. 154. Chartoph. reg. ch. 413 : *Laquelle Lorence qui avoit desja chassié et emmené lesdites oyes jusques en la Raude dudit village, etc.* Vide infra in *Roya.* [** et Graff. Thesaur. Ling. Franc. tom. 2. col. 489. voce *Rod.*]

¶ **RODIUS**, *Genus piscis, cujus sanguis valet ad tinguendum vestes,* [** *ut in Cod. de vest. olob. et au. lib.* 11. tit. 8. const. 3. ubi hodie legunt *Rhodino.*] in veteri Vocabulario Juris utriusque.

RODKNIGHTS, *Serjanteriæ* species apud Anglos, qua qui investitus erat, debebat servitium equitandi cum domino suo, vel domina, de manerio in manerium : a Saxonico r a d, Equitatio, et c n y d, Puer, minister, famulus. Ita Bracton. lib. 2. cap. 16. § 6. cap. 35. § 6. Fleta lib. 3. cap. 14. § 7. Vide *Radechenistres*, [et Thomam *Blount* in Nomolexico v. *Rod Knights.*]

* **RODMESINI**, ut *Rodomenses*, Monetæ archiepiscoporum Rotomagensium. Charta Baldr. sub Will. Norman. duce pro monialibus S. Amandi Rotomag. in Reg. 49. Chartoph. reg ch. 46 : *Donec.... reddamus triginta libras Rodmesinorum, quas S. Amando et sanctimonialibus debeo.*

¶ **RODOMELLUM**, *Vinum vel confectio ex succo rosæ et melle*, Joanni de Janua ; *Beuvrage confit de roses et de miel*, in Glossis Lat. Gall. Sangermanens. MSS. a Græco ῥοδόμελι, Mel rosaceum.

* Glossar. iatricum ex Cod. reg. 6881 : *Rodomel, confectio facta ex aqua et melle.*

RODOMENSES, Monetæ Archiepiscoporum Rotomagensium, apud Ordericum Vital. pag. 468. 495. 583. 505. et Alexandrum Abbat. Celesinum lib. 3. Rer. a Rogerio Sicil. Regegestar. cap. 8. lib. 4. cap. 1.

* **RODONDALE**, Gall. *Talon*, in Glossar. Lat. Gall. ann. 1352. ex Cod. reg. 4120.

RODONDELLUS, [vel *Rotundellus*, Vestis species; eadem, quæ mox *Rodundellus*.] Vide supra *Cloca* 3.

* *Rodondon*, in Stat. ann. 1329. inter Probat. tom. 2. Hist. Nem. pag. 65. col. 2 : *Si sit epithogium, manto vel Rodondon, vj. sol. Turon.* Vide mox *Rodundellus*.

* **RODONGNATURA**. Vide infra *Roignatura*.

* **RODOR**, Herbæ genus. Lit. remiss. ann. 1404. in Reg. 158. Chartoph. reg. ch. 459 : *Dictis animalibus quandam herbam, vulgariter in dicta senescallia de Magriano nominatam Rodor,...... depascentibus, etc.* Herba minus proprie appellatur; nam idem videtur quod mox

* **RODORIUS**, Rodorus, Rodulus, Gall. *Rodoul*, arbuscula, cujus foliis ad colorem nigrum utuntur tinctores. Charta ann. 1256. inter Probat. tom. 3. Hist. Occit. ubi de redit. Trencavel. col. 521 : *Pro uno ansere viij. den. Pro Rodorio, v. sol.* Leudæ major. Carcass. MSS : *Item pro sextario robaciæ et Rodori quolibet, ij. den. Turon.* Ubi versio Gallica ann. 1544 : *Item pour chacun cetier de rabasse ou gaude et Rodou, etc.* Leudæ minor. MSS : *Item de rabascia et de Rodorio, de sextario duos denarios.*

* Haud scio an huc spectet vox Gallica *Registel*, in Lit. remiss. ann. 1472. ex Reg. 197. Chartoph. reg. ch. 218 : *Lesquelles femmes et filles travcillans en ladite mare ou lavaiche pour la nettoier,...... survint sus eulx ung chappellain qui dist,.... si elle vouloit aller gaingner deux deniers Tournois pour aller cueillir du Registel.*

* **RODOS**, Decursus, Gall. *Ecoulement.* Glossar. Lat. Gall. ex Cod. reg. 7692 : *Rodos, Decouremens.*

¶ **RODULLUS**, pro *Rondellus*, Vestis species in orbem desinens. Conventiones Humberti II. cum Agouto de Baucio et aliis, tom. 2. Hist. Dalphin. pag. 334. col. 2 : *Notarios duos induant maliscotis et Rodullis in festo omnium Sanctorum ultra vestes superius memoratas.*

RODUM. Vide *Rhothus*.

¶ **RODUNDELLUS**, Vestis genus in rotundum seu orbem desinens, idem quod infra *Rotundellus*. Bulla Benedicti XII. PP. pro Monachis Benedictinis cap. 23. de forma et honestate vestimentorum : *Nullus eorum de cetero Rodundellum; clochiam, cucullam manicatam vel tabardatam, seu epithogiatam .. manicas ligatas, consuticias, seu quomodolibet botonatas, portare præsumat.* Vide *Cloca* 3.

* Stat. Guill. archiep. pro Univers. Tolos. ex Cod. reg. 4222. fol. 69. r° : *In hoc studentes studio de cætero non déferant in urbe vel suburbiis Tolosæ, extra domos quas inhabitant, peditando Rodundellos curtos, nimia brevitate notandos, sic quod vestis inferior possit notabiliter apparere.*

* **RODURARIUS**. Vide supra *Reduralius*.

¶ **ROED** Carn. Tabularium Landevenecense : *Comes Cuenus dedit S. Wingualoeo tribum quamdam, cujus divisio est usque ad fluvium Elorn et ad Roed carn, id est, Vadum carneum.*

¶ **ROEDA**, f. Idem quod *Rheda*, Expeditio militaris. [Statuta Perusiæ in Pedemontio pag. 63 : *Si quis non observarit præceptum sibi factum de eundo ad custodiam vel aliam Roedam, solvat pro banno denarios duodecim.*

¶ **ROELLA**, Rotula, Gallice *Rouelle*. Inventarium Ecclesiæ Noviom. ann. 1419 : *Item duo alii panni aurei coloris violetæ cum magnis Roellis, et in Roellis leones interjecti.* Et alibi : *Item unus alius pannus aureus ad parvas aviculas et Roellas aureas.*

* Reg. forest. de Broton. ex Cod. reg. 4653 : *Debet servitium rotarum et de Roellis aratri.* Guido de Vigev. MS. de Modo expugn. T. S. cap. 12 : *Sit una rota rotunda plane jacente, cavata in medio, et in ipsa cavatura sint multæ Roelæ parvæ cum caviglis ferri;..... et super istis Ruellis ponatur alia rota rotunda et volvatur super ipsis Ruellis recté.* Vide infra *Ruella* 2.

* *Roelle* vero pro *Bouclier*, Clypeus, scutum, ob rotundam formam, apud Joinvil. in S. Ludov. edit. reg. pag. 52 : *L'une des foiz requilli Guillaumé de Boon le pot de feu gregoiz à sa Roelle; car se il se feust pris à riens sur li, il eust esté ars.* Vide infra *Rotella* 2.

ROERIA, Rivus, vel rivulus, canalis. Tabularium Absiæ : *Esclusam ad faciendum molendinum de Salmora, et Roerium ad aquandum prata.* [Haud satis scio an hinc dictum sit Dinanni in Britannia minore suburbium, vulgo *Roerie* vel *Roairie*, quod *Roeriam* vocat Guillelmus *Gauthier* in Historia Abbatiæ S. Albini Ordinis Cisterc. MS. cap. 6 : *Confirmavit huic Abbatiæ jus suum in quodam tenemento in Roeria Dinanni in vico S. Salvatoris.* Et mox : *Dedit huic Abbatiæ burgensem Gaufridum Loschehora et hæredes cum platea et domo sua in Roeria Dynanni.*]

¶ **ROET**, Sebum, Belgice *Roet*, vel *Ruet*, nostris *Suif*. Jura Ecclesiæ Audomarensis MSS. ex Archivo ejusdem Ecclesiæ : *De pensa de Roet* II. *den. de pensa adipis* II. *den. pensa caseorum* I. *den. pensa butiri* II. *den. pensa ceræ* IV. *den.*

ROFFA. Vide *Rufia*.

¶ **ROFIOLUS**, Placentæ species, quæ majoribus dumtaxat solemnitatibus extra Quadragesimam monachis ministrabantur in Monasterio Solemniacensi; unde conjicere licet *Rofiolos* adipe conditos fuisse aut confectos ex ovis, quæ non comedebantur tempore Quadragesimali aut majoribus jejuniis. Consuetudines MSS. solemnitatum hujus Cœnobii : *Annunciatio B. Mariæ, sepias et anguillas cum porrata, sicut in festo B. Eligii, in Quadragesima; si evenerit in carnali, sepias et Rofiolos et pumbellos.* Centies occurrit ibidem. Vide *Rufeola*.

1. **ROGA**, Precatio, preces. Codex Carolinus Epistola 88 : *Insuper et per Attonem Diaconum, ipso nobis pollicente, Rogam emisimus, ut penitus eum Ducem consequenter susciperemus.* Vide *Rogus*.

2. **ROGA**, Donativum honorarium, quod Proceribus et Magistratibus, atque adeo etiam populo, ab Augustis, vel Clero a Summis Pontificibus *erogari* solet : unde vocis etymon. Hist. Miscella pag. 770. edit. Canisii, de Tiberio II : *Duxit Anastasiam uxorem suam, et coronavit eam Augustam, et jactavit Rogam multam.* Anastasius in Deusdedit PP : *Hic divisit per obsequia sua, et ad omnem Clerum Rogam unam integram.* Eadem verba habet rursum in Bonifacio V. *Donum* vocat in Severino : *Hic dilexit Clerum, et omnibus Donum augmentavit.* Alibi non semel *Presbyterium*. Vide in hac voce. Idem in S. Eugenio : *Rogam Clero solitam tribuit.* In Adeodato : *Sed et Rogam omnibus ampliavit.* Ita in Agathone. Rursum in Paschali : *Rogam etiam omni Clero suo in Presbyterio profecto multipliciter ampliavit.* In Leone III : *Et non modicam manibus propriis præ amoris magnitudine universo populo Rogam distribuit.* In Benedicto III : *Et ipse Rex Saxonum, postulante Domino Benedicto Papa, ut faceret Rogam in Ecclesia B. Petri Apostoli publicam de pondere auri vel argenti librarum Episcopis, Presbyteris, Diaconis, et universo Clero, et optimatibus Romanis, tribuit aurum, populo vero minutum argentum.* Guillelmus Biblioth. in Hadriano II. aliis verbis, ubi de visionibus divinis de futuro Pontifice. : *Alii eum* (videbant) *cum Apostolicis infulis Missas celebrantem : nonnulli more Apostolico in basilica Lateranensi aureos Erogare.*

Ejusmodi autem donativa, de quibus hisce allatis locis Anastasius, septimana Passionis Clericis Patriarchas, scribit Balsamon, quemadmodum Imperatores officialibus suis, erogasse tradit Luithprandus lib. 6. cap. 5. Olim vero fiebant maxime Kalendis, et Imperatorum et Imperialium urbium natalitiis, ut est apud Nicephorum Call. lib. 10. cap. 23. ubi per Kalendas, Januarias intelligit, quæ *dies largitionum* dicuntur in Lege Laudabile Cod. de Advocatis divers. Judic. Atque ab iis largitionibus mensem Januarium μῆνα χρυσοχίτωνα appellari a Paulo Silentiario a nobis observatum est in Descriptione ædis Sophianæ num. 22. Senator lib. 6. Epist. 7. in formula Comitivæ sacrarum largitionum : *Supplicum per te fortunas erigimus, Kalendis Januariis affatim dona largimur, et lætitia publica militia tua est.* Vide Glossar. med. Græcit. col. 1302.

Roga, Stipendium, seu honorarium, quod Magistratibus quotannis ab Imperatore erogabatur, quomodo vocem hanc usurpari ab Anna Comnena docuimus in Notis ad Alexiadem pag. 269. Adde Pachymerem lib. 1. cap. 23. lib. 4. cap. 14.

Rogæ præterea nomine donatum stipendium quod militibus erogatur. Glossæ Græco-Lat. : Ῥόγα, *stipendium. Milites in Roga Imperatoris, De Roga Imperatoris*, apud Robertum Monachum lib. 2. Histor. Hieros. Baldricum Dolensem, Raimundum de Agiles, Ordericum Vitalem lib. 9. pag. 726. Anastasius in Deusdedit PP : *Et data Roga militibus, pax facta est in tota Italia.* Hincmarus, Remensis in Quaternionibus : *De beneficio militiæ, quasi de stipendiis et Roga, quæ antea, sicut hodieque fit, dabantur militibus de publico, etc.* Adde Gregorium M. lib. 2. Ind. 10. Ep. 32. lib. 7. Ind. 2. Ep. 130. lib. 8. Ep. 2. Leonem III. Ep. 3. etc. Ita etiam usurpant Byzantini Scriptores non semel, Leo in Tacticis cap. 6. § 15. Constantinus Porph. in Basilio cap. 27. [Anonymus Combefisianus in eod. Porphyrogeneto num. 10. in Lacapeno n. 27.] Cedrenus in Juliano pag. 305. Scylitzes pag. 835. Pachymeres lib. 1. cap. 18. lib. 9. cap. 8.

lib. 11. cap. 12. 13. 21. et alii, quos laudant Meursius, Fabrotus in Gloss. Dionysius Gothofred. ad Harmenopulum, etc. Hinc Ῥογατόρες, stipendarii milites, in Miraculis S. Anastasii Persæ cap. 13. et apud Codinum de Offic. [Vide Glossarium mediæ Græcitatis in Ῥόγα.]

3. **ROGA**, *Eleemosyna*, in Gloss. Lat. Græc. et Isidori. Will. Brito in Vocabulario MS : *Roga dicitur Eleemosyna, quod in Vita B. Joannis Eleemosynarii invenies.* Frodoardus in S. Zacharia PP :

Dirigit accumulatque Rogas, ac perfovet ægros.

[Vita S. Gerardi Abb. Bron. sæc. 5. Benedict. pag. 274 : *Hac igitur necessitate coactus divæ memoriæ Abbas Gerardus, Catulliacam B. Dionysii adivit percitus Abbatiam, Broniensem redimens ab ibidem Deo famulantibus ex ea, quam sibi Rogam erogaverat Comes Arnulphus.*]

4. **ROGA**, Exactio, præstatio sub nomine precationis. Consuetudo Lorriaci ann. 1187 : *Nullus, nec nos, nec alius hominibus de Lorriaco talliam, nec oblationem, neque Rogam faciat.* Adde Chartam Ludovici VII. Reg. Franc. ann. 1171. apud Morinum in Hist. Vastinensi pag. 825. [Tabularium Charitatis : *Drogo de Merloto Monasterio Charitatis donat centum solidos annuales monetæ Proviniensis de Roga sua Mintriaci.* In confirmatione Ludovici Francorum Regis ann. 1177. legitur, *de Rogatione sua.* Vide in *Rogatio.*]

* Hinc nostri *Revouiau* et *Revouage* appellabant Vectigalis speciem, quam tenens seu vassallus domino capitali, nomine *Auxilii* et precario, pro ingruente aliqua necessitate præstabat; a veteri Gallico *Reuver* et *Rouver*, Rogare. Vide in *Reva* 1. Charta Guill. dom. *de Maugicourt* ann. 1280. in Reg. 75. Chartoph. reg. ch. 424 : *Les clamons quittes de touz Revouiauz, se n'est pour nostre filz faire chevalier, ou pour nostre fille marier ou faire nonain.* Reg. Cam. Comput. Paris. sign. *Pater* fol. 186. r° : *Est trouvé par les comptes de la baillie de Sens l'an 1286. que ladite ville de Sens paia du Revouage, levé en lieu de la chevalerie du roy, pour le tout xxvij. livres..... Chastiaulandon, et est trouvé par les comptez que ladite ville paia en l'an 1286. du Revouage, levé pour la subvention de la chevalerie le roy, pour le tout xxvij. livres.* Lit. remiss. ann. 1420. in Reg. 171. ch. 318 : *Lesquelz feussent alez en entention de Rouver et requerre à mariage une jeune fille.* Le Roman *de Cleomades* MS :

Une autrefois me garderai
D'ottroier don, tant que sarai
Quel don on me vaulra Rouver.

Le Roman *de Robert le Diable* MS :

Porpense soi de maint afaire,
Comment engien porra trouver
De la demoisille Rouver.

Roga Coacta. Vide *Mutuum coactum.*

5. **ROGA**, Navis species Philippus *Mouskes* in Historia Francorum MS :

Roges, et busses, et vissiers.

Aliud porro sonat *Roge* in Charta ann. 1374. in Tabular. Episcopat. Ambian. : *Jean le Grand, qui fut trouvé mort sur les Roges de la forteresse, etc.*

¶ 6. **ROGA**, f. pro *Roca*, Gall. *Roche*, Rupes. Notitia ann. 832. in Appendice Marcæ Hispan. col. 769 : *Et inde vadit ipse terminus per rigo Ferrario... et vadit in gurg Cabalar et usque ad ipsam Rogam, quod est super castro Corbi.* Vide *Roca*, *Rocca* et *Rocha* 1.

ROGADIA, Precatio. *Per Rogadiam aliquid ab aliquo petere*, in Statutis Venetorum ann. 1242. lib. 1. cap. 48. *Aliquid per Rogadiam vel transmissum recipere*, lib. 6. cap. 13.

¶ **ROGALIA**, Græcis Ῥογάλια, Libri, seu Acrosticha : in quibus non tantum virorum nomina, ordine quo procedere deberent, pro cujusque officii dignitate; dum vocarentur, et eorum nomina a Nomenclatore ederentur, ut est apud Luithprandum lib. 6. cap. 5. sed quantitas etiam *rogæ*, seu donativi, quod *Presbyterium* Anastasio dicitur, descripta, ut sciret unusquisque quid accipere deberet, cum ejusmodi *rogæ* a Patriarcha, vel ab Imperatore distribuebantur. Ita Cangius in Glossario mediæ Græcitatis et Suicerus in Thesauro Ecclesiastico. Perperam Meursius et Martinius Ῥογάλια dicunt esse dies, quibus *rogæ* ab Imperatore et Patriarcha clero populove donabantur.

¶ **ROGAMEN**, Preces, petitio, rogatio. Glossæ Lat. Græc. : *Rogamen*, δέησις. Aliæ Græc. Lat. : Δέησις, *Rogamen.* Annales Genuenses Oberti Stanconi lib. 9. apud Murator. tom. 6. col. 567 : *Tandem vero ab ipsis soluti confinibus, amicorum Rogaminum interventu, repatriandi licentiam impetrarunt.* Rursum occurrit apud Georgium Stellam ad ann. 1315. tom. 17. ejusdem Muratorii col. 1029. in Literis ann. 1307. apud Rymer. tom. 5. pag. 10. col. 2. in aliis ann. 1353. tom. 5. pag. 773. col. 1. in Charta ann. 1364. apud Baluzium tom. 2. Hist. Arvern. pag. 353. in Instrumento ann. 1393. apud Martenium tom. 7. Ampliss. Collect. col. 608. etc.

* Item et Suasio. Lit. remiss. ann. 1408. in Reg. 162. Chartoph. reg. ch. 395 : *Rogaminibus eorum applaudendo..... ad lupanar accessit.*

¶ **ROGAMENTUM**, Πεῦσις, in Glossis Lat. Græc. Aliæ Græc. Lat. : Πεῦσις, *Interrogamentum*, *Rogamentum*, *Interrogacio.* Usus est Apuleius.

* **ROGANA**, Vestis species, fortassis pro *Togana.* Testam. Math. Calbani ann. 1197. apud Hier. Zanet. in Dissert. de Orig. et antiq. monetæ Venet. ex Diar. exotico ann. 1754. mens. Jun. pag. 11 : *Lego Stanæ ancillæ meæ culcitram unam et capitale unum et coopertorium unum et Roganam unam et crosinam unam meam de vulpibus, coopertam de bruna.*

¶ 1. **ROGARE**, Cogere. Liber 3. Capitularium cap. 72 : *De non cogendo bibere in hoste : Ut in hoste nemo parem suum, vel quemlibet alterum hominem, bibere Roget.* Ita in omnibus veteribus exemplaribus legi monet Baluzius in Notis, uno Rivipullensi excepto, in quo legitur *cogat.* Additio 4. cap. 17 : *Nec omnino a quoquam respondere Rogetur, antequam integerrime omnia, quæ per suggestiones inimicorum suorum amiserat, potestati ejus ab honorabili Concilio redintegrentur, et Præsul prius statui pristino reddatur... nam hoc summopere cavendum est, ne antequam omnia hæc fiant, Coactus respondeat.* Sibi invicem respondent *Rogetur* et *Coactus.*

* 2. **ROGARE**, Invitare. Stat. Univers. Tolos. ex Cod. reg. 4222. fol. 20. r° : *Item* (jurabit) *quod fuisset contentus duodecim sociis in Rogando per villam.*

¶ **ROGARII**, Ἀκροβολισταί, in Glossis Lat. Græc. et Græc. Lat. Legendum est *Rorarii*, ut est apud Festum, ad quem Scaligerum consule.

¶ **ROGARIUS**, Νεκροκαύστης, in Glossis Lat. Græc. Aliæ Græc. Lat. : Νεκροκαύστης, *Rogarius*, *Bustuarius*, *Ustor*, scilicet a *Rogus*, Pyra.

¶ 1. **ROGATA**, Rogatio, preces. Literæ Edwardi III. Regis Angl. ad Carolum IV. Imp. apud Ludewig. tom. 5. Reliq. MSS. pag. 468 : *Sicut idem secretarius vester, quem super his informari fecimus, plene Majestati vestræ Cæsareæ referre poterit viva voce, quem de mora sua, ad Rogatam nostram facta, habere velit, petimus, imperialis magnificentiæ sublimitas excusatum.*

¶ 2. **ROGATA**, Idem quod *Roga* 4. Exactio sub nomine precationis. Charta Theobaldi Comitis Campaniæ ann. 1233 : *Si vero Abbas et Monachi* (Molismenses) *Rogatam fecerint in dictis hominibus, sicut solet fieri, inter ipsos et me et heredes meos erit commune quicquid acceperint ab eisdem.*

¶ Rogata Charta. Vide in *Charta.*

ROGATARIUS, *Petitor, distributor, Postulatitius*, Papiæ, Isidoro, et in Gloss. MS. Regio. Ratherius Veronensis in Qualitatis conjectura pag. 207 : *Loricam Galiverti medici recordari omnibus suadere non cessat, fraudem atque perfidiam Rogatariorum, divitias Episcoporum in jus redactas merito regium, etc.* Iidem videntur qui *Erogatarii.* Vide in hac voce.

ROGATIO, Idem quod *Roga* 4. Census, exactio. Charta Fulconis Abbatis Corbeiensis ann. 1055. ex Tabulario ejusdem Monasterii : *Super hæc omnia neque pastum accipiet, neque Rogationem faciet in tota Abbatia.* Charta Caroli Comitis Flandr. ann. 1123 : *Nullam Rogationem in ea habere debet Balduinus vel sui de his, quæ pertinent ad Merlebeccam.* [Innocentius III. PP. lib. 15. Ep. 135. ad Abbatem S. Vedasti Atrebat. : *Super quibusdam transactionibus talliarum, Rogationum, violentarum exactionum, etc.*] Tabularium feodorum Ecclesiæ Lingon. ann. 1263 : *De universali Rogatione, quam facit Episcopus in primo suo adventu, nihil prorsus habebunt Archidiaconi.* Tabularium Molismense : *Consuetudinem etiam Rogandi annonam ad equorum præbendam, gallinas, et alia similia, quæ habere solebat in villanis.* Charta Communiæ Britulıensis in Picardia ann. 1224 : *Ab omni tallia, tolta, impruntamento, Rogationibus in perpetuum quittavimus penitus et immunes.*

1. **ROGATIONES**, Supplicationes, Processiones Ecclesiasticæ. Gregorius Turon. de Vitis Patrum cap. 6 : *Rogationes illas instituit, ut media Quadragesima psallendo ad Basilicam Beati Juliani Martyris itinere pedestri veniret.* Infra : *Rogationes illæ, quæ quotannis ubique in Paschate fiunt. Rogationes et majores et minores*, in Epist. Zachariæ PP. ad Anglos : *Ut Rogationum dies*

et minorum et majorum non omittantur. [Gesta Trevirensium Archiep. apud Martenium tom. 4. Ampliss. Collect. col. 157 : *Jejunium pro siccitate terræ imminente, et Rogationes, crucemque et sanctarum reliquiarum gestationes per circuitum vallis Trevericæ, ab omnibus qui sunt in sua parrochia, tertia post Pascha hebdomada fieri præcepit* (Ekbertus Archiepiscopus.) Vide *Litaniæ.*

* Sive gratias agendo, sive gratiam exorando fiebant. Comput. ann. 1356. inter Probat. tom. 2. Hist. Nem. pag. 172. col. 1 : *Pro faciendis Rogationibus, cum per cives factæ fuerunt reddendo gracias Creatori altissimo, qui aquam cœlestem miserat suis peccatoribus, quia blada omnino consumebantur siccitate.* Ibid. pag. 173. col. 1 : *Rogationibus factis ad honorem Dei et omnium sanctorum, ut inde pax inter reges dare deberet.*

Rogationes, seu tres dies Rogationum, qui celebrantur ante Ascensionem Domini, juxta morem Ecclesiæ Gallicanæ, constituit S. Mamertus Viennensis Episcopus, ob incursionem scilicet malarum bestiarum, quæ tunc temporis gravissime afficiebant populum Dei. Nam cum exigentibus peccatis Galliarum populi luporum rabie acriter interimerentur, nec hujus flagelli aliquod remedium inveniretur, congregati apud Viennam Galliarum Episcopi in commune statuerunt, ut triduano jejunio misericordiam Domini implorarent. Cumque ad eorum preces oculus divinæ pietatis respiciens, flagelli hujus pestem misericorditer abstulisset, hi dies in consuetudinem annuæ celebritatis venerunt, ut per Galliarum provincias ante Ascensionis diem celebrarentur : quæ consuetudo apud nos usque hodie pro diversis calamitatibus devotissime recolitur. Hæc Alcuinus lib. de Offic. divin. Belethus cap. 122. et ex eo Durandus lib. 6. Ration. cap. 102. num. 4. ait Rogationes *Litaniam minorem* appellari, ad discrimen Gregorianæ, quæ *Major* dicitur, *quia a minori, scilicet a simplici Episcopo, et in minori loco, scilicet Vienna, inventa est.* De *Rogationibus*, a Mamerto institutis, consulendi inprimis Avitus Viennensis Homil. de Rogat. pag. 150. Sidonius lib. 6. Ep. 14. lib. 7. Epist. 1. Concil. Aurelian. I. cap. 27. Turonense II. cap. 17. Gregorius Turon. de Vitis Patrum cap. 4. Histor. Franc. lib. 2. cap. 34. Ado Viennensis in Chronic. Rupertus lib. 9. de Divin. Offic. cap. 5. Isidorus in Origin. Baldricus lib. 1. Chron. Camerac. cap. 8. Hartmannus et Ratpertus in Litaniis apud Canisium tom. 5. pag. 732. 742. Eckehardus in Vita Notkeri Balbuli cap. 21. Andreas Silvius in Chron. Marcianensi cap. 11. Udalricus lib. 1. Consuetud. Cluniac. cap. 21. etc.

* Nostris *Roaisons* et *Rouvoisons.* Vitæ SS. MSS. ex Cod. 28. S. Vict. Paris. fol. 119. v°. col. 1 : *La letanie menour est dite aussi Rouvoisons : car adonques nos prions et requerons l'aide de tous les sainz.* Reg. feudor. comitat. Clarimont. ex Cam. Comput. Paris. : *Item le menistre de la Trinite et son colege doivent venir à ladite eglise par les quatre jours de Rouvoisons et doivent aler touts ensemble aus processions chascun jour.* Arest. ann. 1458. 10. Jun. in Reg. parlam. Tolos. ex Cod. reg. 9879. 6 : *La cour condamne ledict André, tant qu'il sera habitant et fera lieu et feu audict lieu de Boschet, à rendre et paier audict abbé* (de la Chaize Dieu) *chacun an le premier jour des Rouisons..... trois œufs. Les lethanies de Rovoisons*, in Chron. S. Dion. tom. 7. Collect. Histor. Franc. pag. 140. *Rouvisons*, in Chartul. 1. Fland. ad ann. 1275. ex Cam. Comput. Insul. : *Deus muis de bleit par an à sa vie, l'un en Rouvison et l'autre à le S. Martin en yver. Renvoisons* etiamnum dicuntur apud Lingonenses, teste *Le Beuf* tom. 17. Comment. Acad. Inscript. pag. 732.

2\. **ROGATIONES**, Notæ, seu, instrumenta, a Notariis confecta. Vide *Charta rogata.*

¶ **ROGATIVUS**, Qui rogat ut charta scribatur de re aliqua et a testibus subscribatur, in Instrumento de restitutione civitatis Tusculanæ facta Alexandro III. PP. : *Signum manu Rainonis, hujus chartæ Rogativus.* Vide *Charta rogata.*

ROGATOR, Executor testamenti. Vide *Erogator.*

¶ **ROGATORES**, Senatores, Consiliarii seu Assessores Ducis Venetiarum, ut videtur. Chronicon Andreæ Danduli apud Muratorium tom. 12. col. 422 : *Provisores, qui cum bona fide et cum honore patriæ ipsum Comitem supplicem miserant Venetias, et a guerrizando abstinuerant, pecunialiter in Rogatorum consilio mulctati sunt ad futurorum exemplum : cum fines mandati diligenter custodiendi sint.* Haud scio an legendum sit *Togatorum.*

ROGATORIÆ Litteræ, Quæ ad summum Pontificem vel Metropolitanum a Clero et plebe mittuntur ut electum consecrent Episcopum. Alcuinus lib. de Div. Offic. cap. *Qualiter Episcopus ordinetur in Ecclesia Romana : Cum Episcopus civitatis fuerit defunctus, eligitur alius a Clero seu populo, fitque Decretum ab illis, et veniunt ad Apostolicum cum suo Electo, deferentes secum suggestionem, hoc est, Rogatorias litteras, ut eis consecret Episcopum.* Vide Appendicem ad novam editionem Capitularium Steph. Baluzii pag. 1372.

* **ROGATORIUM**, Preces, petitio, rogatio. Minus bene, ut mihi videtur, de notario *rogato* interpretantur Auctores novi Tract. diplom. tom. 3. pag. 643. ex Charta Ravennat. : *Bono tabellioni hujus civitatis Ravennæ Rogatorio meo scribendam dictavi,..... et testibus a me rogitis optuli subscribendam.*

* 1\. **ROGATUM**, Eodem intellectu. Charta Phil. Pulc. ann. 1298. in Lib. rub. Cam. Comput. Paris. fol. 15. v°. col. 1 : *Nos ad ipsius* (Galcheri dom. Castellionis) *instanciam et Rogatum dictas centum libras Paris. annui redditus eidem assidemus.* Vide *Rogamen.*

* 2\. **ROGATUM**, vulgo *Rogat* et *Rogaton*, Libellus, quo quis ad alicujus petitionem in jus vocatur, Gall. *Semonce, assignation.* Lit. remiss. ann. 1367. in Reg. 97. Chartoph. reg. ch. 503 : *Comme Pierre Berenger porteur de cemonces et de Rogatons..... eust apporté de Rouen un Rogatum sur ledit Veneur, etc.* Aliæ ann. 1375. in Reg. 107. ch. 311 : *Icellui bastard fist semondre par un Rogatum le suppliant en l'eveschié du Mans.* Aliæ ann. 1392. in Reg. 143. ch. 150 : *Le suppliant fist semondre à Paris ledit sergent par un Rogat de l'evesque de Paris.* Hinc qui ejusmodi libellos denunciat, *Rogeeur* nuncupatur in Mirac. MSS. B. M. V. lib. 1 :

Tant a par tout de plaideriaus,
D'esquevins, de serjanteriaus,
De larrons, de capeceurs,
De hiriaus, de Rogeeurs,
Que nus prodom ne puet mais vivre.

* 3\. **ROGATUM**, *Corvata*, servitium manuale, quod quasi precario, vel potius prævia submonitione exigebatur. Charta Erardi dom. Chacenaii ann. 1218. in Chartul. Arremar. ch. 201 : *Duo tantum habeo Rogata, et tertium Rogatum, quod servientes mei injuste facere consueverant, remisi.* Vide supra *Preces* 2.

ROGATURA. Gloss. Gr. Lat. : Ἀσπασμός, *Salutatio, Amplexus, Rogatura.*

¶ 1\. **ROGATUS**, vel Rogatum, Idem quod *Roga* 4. Exactio sub nomine rogationis. Conventio Abbatis S. Urbani cum Hugone *de Villers* ann. 1193. ex Archivo ejusdem Monasterii : *Preterea sciendum est, quod neque tallium, neque Rogatum, neque aliquam coactionem habebit idem Hugo in hominibus S. Urbani.* Vide *Rogata* et *Rogatio.*

¶ 2\. **ROGATUS** sæpissime legitur in veteribus instrumentis diciturque de Notario, qui illa instrumenta scribere *Rogatus* jussusve est, necnon de testibus qui *Rogati* subscribunt. Vide *Charta rogata* et *Rogitus.*

* **ROGHWONGS**. Leges Danicæ apud Ludewig. tom. 12. Reliqu. MSS. pag. 175 : *Item sepes, quæ dicuntur Roghwongs gerde, debent sepiri ante festum beati Martini.*

¶ 1\. **ROGIA**, Idem quod *Roga* 4. seu *Rogatus*, Exactio, etc. Charta Galeacii Comitis Virtutum ann. 1371 : *Dictus Emmanuel investitus possit et valeat in prædicto castro.... imponere fodra et taleas, Rogias et caregia, etc.*

* Idem videtur quod supra *Rogatum* 3.

¶ 2\. **ROGIA**, Rubia, Ital. *Roggia*, Gallis *Garance.* Statuta Civitatis Astæ, ubi de *intratis* portarum : *Roga ad tingendum solvet pro qualibet rubo lib.* 6. Statuta Montispessul. ann. 1204. e MS. Colbert. signato 4936 : *Nullus pannus tingitur in Rogia, ita quod remaneat rubeus, nisi tantum in grana.*

¶ **ROGIDIA**, Idem quod *Roga, Rogatio,* Exactio sub nomine precationis. Charta ann. 1377 : *Fidelitatibus, homagiis, Rogidiis, carigiis, indictionibus, etc.*

¶ **ROGIFICUM** Munus, f. Munus quod quasi rogando exigebatur, idem quod *Roga* 4. *Rogatio* et *Rogia* 1. Vide locum in *Munus ecclesiasticum.*

¶ **ROGILLA**, Mappula, mantile, manutergium, Gallice *Essui-main.* Statuta Collegii Thesaurarii apud Lobinellum tom. 2. Hist. Paris. pag. 288. col. 1 : *Quod unam mappam cum Rogilla pro magna mensa aulæ in introitu vestro solvetis domui, insequendo morem sociorum dudum observatum.* Sed procul dubio legendum est *Togilla.* Vide *Toacula.*

¶ **ROGITATUS**, Idem qui *Rogatus*, ad calcem Chartarum, ubi qui eas scripsit frequenter dicitur *Rogatus* scripsisse, ut testes *Rogati* subscripsisse leguntur. *Girardus Monachus Rogitatus scriptitasse* dicitur Donationem factam Abbatiæ S. Ægidii *Idibus Februarii regnante Aianrico*, hoc est, ann. 1038. e Schedis Præsidis *de Mazaugues*. Vide *Charta rogata* et mox *Rogitus*.

ROGITUS, Instrumentum Notarii publici, [Italis *Rogato* et *Rogito*, sic dictum quod Notarii illud scribere *rogarentur*. Miracula B. Gregorii Verucul. tom. 1. Maii pag. 536. num. 7 : *Et tanta claruit sanctitate et miraculis, quod antiquis temporibus populus Sanctum, et non Beatum Gregorium, nominare solebat, ut ego ipse vidi in archivio d. terræ, in Rogitibus D. Bartholomæi Branchi.* Chronic. Parmense ad ann. 1266. apud Murator. tom. 9. col. 781 : *Potestates ambo reversi sunt ad propria, eo quod eis fuit prohibitum facere inquisitionem et Rogitum de prædictis robaria et rumore.*] Vide *Charta rogata*.

☞ Sæpius autem *Rogitus* dicitur pro *Rogatus*, sive de Notario qui Chartam *Rogatus* scripsit, sive de testibus, qui etiam *Rogati* subscribunt. Charta S. Willelmi Gellon. anno, ut creditur, 804. tom. 6. Maii pag. 820. col. 2 : *In nomine Domini ego Gallarus Rogitus scripsi.* Charta ann. 841. apud Marten. tom. 1. Collect. Ampliss. col. 101 : *Amentius Rogitus firmavit et ss. Elephantius Rogitus ss. Alexandrius Rogitus subscripsit. Signum † Theutpaldo teste, Wadaldus Rogitus. Signo † Noratano teste, Signum † Theutoni teste, Gauderanus Rogitus firmavit, Odilo Rogitus firmavit. Signum † Ingilrico teste, Rodeanius Rogitus firmavit, Antonius Rogitus firmavit, Widerannus Rogitus firmavit.*

¶ Roitus, Eadem significatione. Charta ann. 2. Caroli Imper. e Chartulario Ecclesiæ Aptensis fol. 115 : *Castellanus Diaconus Roitus scripsit et subscripsit.* Rursum occurrit semel ibidem.

¶ **ROGIUS**, f. Rivus, rivulus fluviusve. Cambium ann. 872. apud Muratorium tom. 2. part. 2. col. 937 : *Et concambiavimus tibi domno Ludowico terram foris ipsa insula de Casaure juxta ipsum Rogium de ipsa piscevria, quæ nobis pertinet ad partem episcopii S. Maximi, hoc est per mensuram modii unius.* Scriptura Monasterii S. Vincentii del Pino ann. 891. tom. 3. Concil. Hispan. pag. 167. col. 2 : *Et terminaverunt illas per terminos antiquos... et descendit ad illum Rogium, quæ descendit de Remessar et discurrit Santaylam et deseit ad illum portum de Porrarium et feret in illum rivolum de Humanum et conclude per illum rivolum, descendit cum ille per Vaor.* Vide *Rogus* 3.

* **ROGMOS**, *Paulo capite de Peplimonia est eregnion vel eresmon, et est nomen factitium.* Glossar. medic. MS. Simon. Januens. ex Cod. reg. 6959.

¶ **ROGNONES**, Rognoni, Renes, Gallice *Rognons*, Ital. *Rognone*. Statuta Civitatis Astæ collat. 7. cap. 1 : *Quod ipsi* (becharii) *non inflabunt, nec ponent nec poni facient aliquid intus Rognones bestiarum, quæ interfecerint, vel vendent seu vendi fecerint, nec aliquam bestiam sub spala, vel in Rognonibus, vel in aliqua parte inflabunt, etc.* Statuta Vercell. lib. 3. fol. 75. verso : *Et non possit aliquis buffare et inflare ore vel alio modo carnes, vel sagittare vel implere Rognonos, vel aliud simile facere.* Vide *Roihones*.

* Stat. Avenion. ann. 1243. cap. 87. ex Cod. reg. 4659 : *Statuimus ne aliquis ponat ceptum* (l. cepum) *vel aliud in Rognonos vervecis, vel omnium agnorum, vel edorum.*

* **ROGNOSUS**, Incisus. Vide supra *Litera rognosa*.

¶ **ROGO**, Secale, German. *Roggen* vel *Rocken*. Regestum Prumiense apud Leibnitium in Collect. Etymol. tom. 1. pag. 485 : *Solvit unusquisque... duos modios de Rogone.*

* Glossæ Cæsar. Heisterbac. in Reg. Prum. tom. 1. Hist. Trevir. Joan. ab Hontheim pag. 682. col. 1 : *Pro hostilicio denarios quatuor aut duos modios de Rogone.* Infra col. 2. *de Rogene*.

1. **ROGUS**, Preces, deprecatio. Joannes Diaconus Neapolit. in Chronico Episcoporum Neapolitanorum : *Iste vero Andreas per Rogum hujus electi levavit Tiberium Episcopum de lacu miseriæ.* Charta Deusdedit Cajetani Episc. apud Ughellum : *Scripta per Rogos nostros ab Stephano Presbytero.* Vide eumdem Ughellum tom. 1. part. 1. pag. 582. tom. 8. pag. 45. 74. 82. [Hac notione passim etiam occurrit in Chartulario Casauriensi pag. 77. 106. 108. 114. 256.] *Rogum emittere*, crebro in Formulis precariarum. Vide *Precaria*.

Rogus Dei, Precatio, Litaniæ, *Kyrie eleison*. Passim in Regula Magistri cap. 33. 34. 35. 37. 39.

2. **ROGUS**, Idem quod *Roga*, hoc est donativum, [scilicet Epulum, si vere conjectat Mabillonius tom. 3. Annal. Benedict. pag. 133. n. 61.] Ignotus Casinensis in Historia Longobardorum cap. 30 : *Mos etenim est apud Monachos utrorumque cœnobiorum .... diebus S. Quadragesimæ vicissim sibi Rogum exhiberi caritatis gratia.*

3. **ROGUS**. Charta fundationis Abbatiæ Bellosanensis ab Hugone de Gornaco ann. 1198. in 50. Regesto Philippi Pulchri Regis Fr. Tabularii Regii n. 60 : *Dedi eis particulam nemoris mei a Tronqueria ad viam, quæ venit per ante Rogos de busco Erembodi, sicut divisiones demonstrant.*

☞ Notum est *Rogum* Latinis fuisse Struem lignorum ad cremanda cadavera, sic dictum, quod dii Manes, ut somniabant, ea combustione rogarentur. Hinc translata vox ad quamlibet lignorum congeriem, ut in loco laudato, si bene interpretor, et in Charta, quam laudat Thomas Blount in Nomolexico Anglicano v. *Rogus* : *Mandatum est constabulario castri de Divis et custodi forestæ de Cippeham, quod fieri faciat unum Rogum in foresta prædicta ad operationes castri prædicti, prout melius viderit expedire.*

* Vix est ut de lignorum congerie intelligam; ut ut est rursum occurrit in Charta Guid. *de Moement* ann. 1227 : *Præterea sciendum est quod licebit eis, si voluerint, in terra mea juxta nemus illud, ubi melius fuerit aisamentum illorum, duos Rogos facere vel tres.*

* 4. **ROGUS**, Focus, ignis. Charta ann. 1204. ex Bibl. reg. cot. 19 : *Dedi eisdem monachis ad usus grangiæ de Valle-pagani vivum pariter et mortuum boscum in cunctis nemoribus meis ... ad Rogum faciendum.*

* **ROHAGIUM**, idem quod supra *Roaigium*. Charta Theod. comit. Fland. ann. 1145. ex Cod. reg. 9612. X : *Duas partes piscium pendiculorum et Rohagium et ab eodem molendino quicquid aquæ et prati continetur a ripa in ripam.* Nisi idem sit quod *Rohagium*, cannabis maceratio, in *Rothorium*. Vide infra *Roisagium*.

ROHAGIUM, Vide *Rothorium*.

¶ **ROHANLUM**, f. Crystallum, Gallice *Cristal de roche*. Jura et Consuetudines Ducatus Normanniæ cap. 17. de Verisco : *Dux Normanniæ sibi retinet... ebur, Rohanlum, lapides pretiosos; l'ivire et le Rochal et les pierres precieuses*, in editione Gallica.

* Codex reg. 4651. ibi habet *Rohallum* et in Gallico *Rohal*.

* 1. **ROJA**, Via, iter, Ital. *Ruga*. Hist. belli Forojul. in Append. ad Monum. eccl. Aquilej. pag. 47. col. 1 : *Ipsos extra villam et super Roja Colvaræ viriliter persequentes, etc.* Ubi *Via* editum apud Murator. tom. 3. Antiq. Ital. med. ævi col. 1197. Vide *Ruga* 1.

* 2. **ROJA**, Rubia, Ital. *Roggia*, Gall. *Garence*. Stat. artis parat. pannor. Carcass. renovata ann. 1466. in Reg. 201. Chartoph. reg. ch. 121 : *Item quod nullus potest,..... tingere seu tingi facere aliquem pannum brunetæ,.... nisi cum pestello, rogia sive Roja, et gauda, et cum alumine sive alum.* Leudæ major. Carcass. MSS : *Item pro quintali.... de Roja et flori caulericæ, pro quolibet quintali, ij. den. Turon.* In versione Gallica ann. 1544. *Roja* redditur *Rouge*. Leudæ minor. MSS : *Item de cartairono Rojæ pisatæ, j. den. et quando viridis, j. obol.* Vide *Rogia* 2.

¶ **ROHIARE** Cannabum, Canabim macerare, Gall. *Rouir*. Vide locum in *Rothorium*.

¶ **ROIATUS**, Lineis distinctus, Gall. *Raié*. Inventarium Ecclesiæ Noviom. ann. 1419 : *Item una magna cortina serica Roiata et armurata armis de Courtenay.* Vide *Riga* 4.

* **ROICHETUS**, Vestis linea, episcoporum et abbatum maxime propria. Obituar. eccl. Lingon. ex Cod. reg. 5191. fol. 203. v° : *Unam casulam cum alba et amictu paratos et unum Roichetum.* Vide in *Roccus* 1.

¶ **ROIDA**, pro *Rheda*, ni fallor, de quo supra. Statuta Saluciæ collat. 1. cap. 8 : *Statutum est, quod Potestas non debeat recipere ab aliqua persona de Saluciis aliqua munera aut servitia, vel aliquod carregium sive Roidam magnæ æstimationis.* Hic intelligo præstationem rhedæ seu vecturæ. Vide supra *Carregium* in *Carreda*.

* **ROIGNARE**, a Gallico *Rogner*, Præcidere. *Roigner*, apud Joinvil. in S. Ludov. edit. reg. pag. 23. *Rooignier*, in Vitis Patrum MSS. Lit. ann. 1356. in Reg. 84. Chartoph. reg. ch. 796 : *Caudam equi dicti mortui scindi et Roignari fecerunt.* *Roeignier*, pro Tondere, in Ordinat. de duello ex Tabul. Camerac.

* **ROIGNATURA**, Circumcisura, Gall. *Rognure*. Lit. remiss. ann. 1457. in Reg. 189. Chartoph. reg. ch. 143 : *Super facto Roignaturæ scutorum auri,.... super rasura seu tonsura scutorum aureorum, etc. Dictus Raxiaci reperit nonnullas arodongnaturas seu tonsuras aliquarum pecuniarum auri.... Dicta Raimundi vidit dictas arradongaturas..... Certi commissarii per curiam senescalli deputati ad inventarisandum bona dicti Raxiaci..... reperierunt dictas rodongnaturas seu tonsuras aureas;..... nulla tamen

scuta aurea seu pecias aureas arrodongnatas seu rasas aut viciatas.

* **ROIGNIA**, Radix, truncus. Charta ann. 1369. ex Cod. reg. 5187 : *A nemore Marietæ..... usque ad quandam czochiam quercus ochiatam in pede, ante quam est quædam Roignia seu radix nucis infra dictam vineam.*

¶ **ROIHONES**. Renes, Gall. *Rognons.* Statuta Massil. lib. 2. cap. 23. de Macellariis § 3 : *Decernentes similiter, quod nulla pinguedo sive tela pinguedinis supraponatur in renibus sive Romhonibus intus vel extra, etc.* Melius in MS. *Roihonibus.* Vide *Rognones.*

* **ROILLA**, Truncus arboris, vulgo *Roille*, Occit. *Roul.* Comput. ann. 1471. ex Tabul. S. Petri Insul. : *Item Arnoldo meronnario pro alio bosco, Roillis, posteaulx, asellis, etc.* Alius ann. 1479. ex eod. Tabul. : *Jacobo du Bos et Petro Coutrel serratoribus pro serratione xxiv. pedibus Roillarum, xij. solid. Roillie* vero, pro Repagulo, Gall. *Barriere*, accipi videtur, in Ordinat. de duello ex Tabul. Camerac. An inde *Roller*, Barra seu fuste percutere, ut opinor, in Lit. remiss. ann. 1471. ex Reg. 195. Chartoph. reg. ch. 671 : *Ha! ribault, es tu là? tu me fais desplaisir : mais je te Rollerai.* Nisi scriptum sit pro *Rosserai.*

* **ROISAGIUM**, Præstationis species, fortassis quæ pensitabatur pro facultate subigendi cannabim in *Roissia.* Vide mox in hac voce. Charta Rob. abb. Arremar. ann. 1250. in Chartul. ejusd. monast. ch. 219 : *Dedimus in escambium vicecomiti de Lineriis..... quicquid proioratus noster de Capis habebat..... in villa et finagio de Follis, videlicet in hominibus, in aquis, in justitiis, terris, censibus, consuetudinibus, Roisagio et in omnibus aliis redditibus.* Alia Clarembaudi dom. Capar. ann. 1235. ibid. ch. 221 : *De Roisagio dixerunt per inquisitionem factam, quod homines..... de Follis non debent Roisagium; de extraneis autem non contradicit vicecomes.*

¶ **ROISNATUS**, Mutilatus, mutilus, a Gallico *Rogné*, Recisus. Leges Balduini Flandriæ Comitis ann. 1200. apud Marten. tom. 1. Anecdot. col. 767. num. 14 : *De homine Roïsnato, vel de membro fracto; quinquaginta solidi denariorum dandi sunt, unde homo læsus triginta solidos habebit, dominus, in cujus justitia manserit homo læsus, viginti solidos.*

¶ **ROISOLA**, Roissola, Placentæ genus sic dictæ a colore subrubido. Charta ann. 1209. e Chartulario S. Vincentii Cenoman. fol. 52 : *Et de tribus charitatibus, quas ipse Galterius annuatim habebit de monachis, scilicet panem, vinum et Roissolas, ipse easdem Roissolas dedit eis in eleemosinam et quitavit.* In alio exemplari legitur *Royssola.* Idem Chartularium fol. 88 : *H. le Forsené tres procurationes, videlicet decem Roisolas et duos panes et duas justas vini, quas ter per annum in domo de Tuffé percipere solebat, coram nobis in curia domini Cenoman. quitavit, B. Mariæ de Tuffé in eleemosinam contulit.* Vide *Resola* et *Rufeola.*

* Nostris alias *Roisseule, roissole, roussollée* et *ruissole;* quæ inter præstationes, quas tenentes dominis debebant, recensetur. Charta ann. 1331. in Reg. 70. Chartoph. reg. ch. 267 : *Franchissons à touzjours le prieur et le prieuré d'une rente annuele, qui est appellée Roisseules et foillies.* Pactum inter moniales et cappell. Calens. ann. 1355. in vol. 4. arestor. parlam. Paris. : *Item pour plusieurs pitances de chair, de poissons, de harens, de macquereaux, de flaons, de Ruissoles et de semblables choses, etc.* Lit. remiss. ann. 1404. in Reg. 159. ch. 133 : *Icellui sergent li demanda que ilz queroient, et ledit exposant respondi par esbatement que ils queroient ledit Challe, qui vault autant à dire comme le moule aux Roussollées.* Mirac. MSS. B. M. V. lib. 1 :

Se déchoant vont les escoles
Pour querre le maulle as Roissoles.

* **ROISSIA**, Locus, ubi aqua diluitur, maceratur et subigitur cannabis, nostris *Roise.* Charta pro eccl. Trec. ann. 1374. in Reg. 105. Chartoph. reg. ch. 553 : *Item pro duabus pectis terræ cum sepibus, fossatis et Roissiis.* Lit. remiss. ann. 1397. in Reg. 151. ch. 283 : *En mettant ledit lin en la Roise, ledit Jehan de corps vint audit charreton, et lui dist qu'il n'enroisast point ledit lin oudit vivier.* Vide *Rothorium.*

* **ROLENIUM**, mendose, pro *Tolenium* vel *Telonium.* Vide in *Telon.* Charta ann. 1190. inter Instr. tom. 11. Gall. Christ. col. 90 : *In costumis et in pasturis, in placitis et in donis, in eschartis* (f. eschaetis) *et in Roleniis, in exitibus et in aventuris, etc.*

¶ **ROITUS**, pro *Rogitus.* Vide in hac voce.

¶ **ROKETUM**, Rokkus. Vide in *Roccus.*

ROKUS, Secunda dignitas post Soldanum, apud Turcos. Vide Matth. Paris ann. 1250. pag. 527.

¶ **ROLIATICUM**, Species vectigalis. Præceptum Caroli Calvi pro Majori-monasterio, apud Mabillon. tom. 2. Annal. Benedict. pag. 746. col. 2 : *Nec teloneum, aut inferendas, aut rotaticum, aut ripaticum, seu portaticum, sive etiam exclusaticum, aut nautaticum, vel Roliaticum, aut herbaticum requirendum, ne ullas retributiones... exigere præsumat.*

* Ex eadem Charta in Tabul. major. monast. editum supra *Retiaticum :* utrumque emendandum suspicor atque *Reliaticum* legendum esse. Vide supra *Retiaticum.*

* **ROLLA**, Versatile tympanum apud moniales, vulgo *Tour;* a veteri Gallico *Roller*, versare. Charta ann. 1486. inter Probat. tom. 2. Annal. Præmonst. col. 364 : *Datum et actum Coloniæ in loco sive camera collocutionis, ante Rollam sive sciviam reclujarii nostrarum abbatissæ et conventus prædictarum.* Vide *Rota* 4.

¶ **ROLLIFER**, Rolliger. Vide in *Rotulus.*

ROLLONES, [Gradus lignei, Gall. *Roulons, Echellons.*] Vide locum in *Retorta.*

* **ROLLULUS**, an idem quod *Rotulus* 2. Mensuræ vel ponderis species, seu tributum, quod ex iis percipitur? Charta ann. 1202. in Chartul. eccl. Vienn. fol. 88. r°. col. 2 : *Valletus de Ornaceu miles obligavit ..... quartam partem pratorum communium et medietatem mulnarii et Rollulos.*

ROLLUS, Gallice *Rolle.* Vide *Rotulus.*

* **ROMA**, pro Italia seu imperio occidentali, ut notat Bollandus ad Vit. S. Ignat. Antioch. tom. 1. Febr. pag. 28. col. 1 : *Cum captivus Romam duceretur Antiochia, etc.* Vide *Romania.*

¶ **ROMÆUS**, Græcus, ex quo Constantinus Magnus Romanum imperium transtulit Constantinopolim, inquit Jacobus *Spon* Itinerarii tom. 2. pag. 76. agens de Monasterio S. Lucæ Stiritæ a Monachis Græcis possesso, ubi hanc refert inscriptionem :

ΠΑCΙ ΡΩΜΑΙΟΙC ΜΕΓΑC ΕΓΕΙΡΕ ΡΩΜΑΝΟC
ΝΕΟΝ ΠΑΝΜΕΓΙCΤΟΝ ΚΑΙ ΠΥΡΓΟΝ ΕΚ ΒΑΘΡΩΝ.

[** Melius Tournefort. Itin. Oriental. tom. 1. pag. 467. τόνδε πύργον.] Tum observat Græcos etiamnum dicere, juxta pronunciationem hodiernam, *Imé Romæos*, hoc est, Græcus sum, et *Milo Romaika*, Loquor Græce. Quibus apposite subjicit ex Sennerto Medico Germano, plures esse in Medicina compositiones, seu confectiones, quas *Romaines* Galli dicunt, quasque rectius *Grecques* vocarent, ut *Philonium Romanum*, et cætera quæ Græcis, non Latinis, accepta sunt referenda.

☞ Sed non est sic intelligendus Sponius, ut statim a translato per Constantinum Magnum Imperio Græci dicti fuerint Romani, probat enim Cangius noster in Glossario mediæ Græcitatis v. Ῥωμαῖος, ex Novella 21. Justiniani cap. 1. § 2. hujus Imperatoris ætate nondum omnino invaluisse, ut Græci Byzantini recepta appellatione *Romani* appellarentur; hinc in Glossis Græco-Latinis : Ῥωμαῖος, *Latinus, Romanus.* Ῥωμαΐζω, *Latino.* Ῥωμαϊκός, *Latinus.* Ῥωμαϊστί, *Latine.* Similiter in Glossis Latino-Græcis : *Latinus*, Ῥωμαῖος. *Latino*, Ῥωμαΐζω.

¶ **Romeus**, pro *Romæus*, Græcus. Litteræ Henrici VII. Angl. Regis ann. 1492. apud Rymer. tom. 12. pag. 470. col. 1 : *Mandamus vobis quod nobilem et spectabilem virum Paleologum, nepotem Romeorum et Constantinopolitani Imperii hæredem illustrem.... transire et transmeare permittatis.* Schilterus in Glossario Teutonico v. *Titel* titulos refert, quos variis Principibus tribuebant Imperatores Germanici temporibus Ruperti Imperat. Sic est Titulus Imperatoris Græcorum : *Illustrissimo et Excellentissimo Principi Manueli Imperatori et Moderatori Romeorum Palæologo et semper Augusto, fratri nostro carissimo.* Vide *Romeus* infra.

* **ROMAGIUM**, Ad S. Petrum Romæ pia peregrinatio, Ital. *Romeaggio.* Testam. ann. 1450. in Reg. 3. Armor. gener. part. 2. pag. xv : *Anthonius de Viriaco.... intendens se ad partes remotas, scilicet ad Romagium seu pelerinagium Romæ accedere et transportare, etc.* Vide *Romeus.*

* **ROMAN**, vox Arabica. Vide infra *Ruman.*

* **ROMANA**, Trutinæ species, Gall. *Romaine*, alias *Romman.* Lit. remiss. ann. 1408. in Reg. 163. Chartoph. reg. chart. 76 : *Cum Guillelmus Voleius fromagerius... caseos suos in platea loci de Laurano venderet et cum pondere Romanæ, Gallice Troneau, ponderaret, etc.* Aliæ ann. 1399. in Reg. 154. ch. 751 : *Le suppliant retint l'autre piece de toille avec un Romman et*

un biquet d'argent à peser; lesquelx piece de toille, Romman et biquet.... pouoient valoir environ quatre frans.

¶ **ROMANA** Lex. Vide supra *Lex.*

¶ **ROMANA** Lingua. Vide mox *Romanus.*

¶ **ROMANA** Scriptura. Vide *Scriptura.*

* **ROMANALITER.** Vide infra *Romaniliter.*

ROMANATUS, Nummus aureus Romani Diogenis Imp. CP. imagine signatus. [Chronicon Farfense apud Muratorium tom. 2. part 2. col. 626 : *Quod si hæc omnia non observaverint, componant auri optimi Romanatos mille.*] Charta Andreæ Comitis de Chelmo ann. 1241. apud Johan. Lucium in Hist. Dalmat. pag. 473 : *Solvat nomine pœnæ Comiti præfato* 1000. *Romanatos.* Falco Beneventan. ann. 1130 : *Hortum suum vendiderat.* 60. *Romanatis.* Idem ann. 1131 : *Monet, ut illos* 60. *Romanatos... redderet.* In Bulla Alexandri III. PP. ann. 1179. apud Petrum Mariam in Histor. Eccles. Placent. pag. 48 : *Romanatos de Paradiso, et totidem de altari.* Chron. MS. Andr. Danduli ann. 1150 : *Oppidani duos Romanatos singulis annis Duci,.. dare promiserant.* Adde Ughellum tom. 8. pag. 191. Anna Comnena lib. 3. pag. 94 : Καὶ τὸ ῥηθὲν ποσὸν τῶν ἀποςαλέντων ἀπεπληρώθη διά τε εἰργασμένου ἀργυρίου καὶ Ῥωμανάτου παλαιᾶς ποιότητος.

* **ROMANCIA**, Lingua vulgaris. Lit. ann. 1408. tom. 9. Ordinat. reg. Franc. pag. 359 : *Lecto ibidem dicto papiri rotulo per me dictum et infrascriptum notarium de verbo ad verbum in Romancia seu layca lingua, etc.* Testam. Raim. de Villanova ann. 1449. ex Tabul. D. Veneciæ : *Interrogatus quibus verbis utebatur dominus testator prædictus in testando, respondit quod.... loquebatur in Romancia seu lingua laica..... Respondit quod efetualiter* (sic) *verbis in dicto testamento contentis, tamen non in Latino, sed in linguâ materna. Roumanch*, in Lit. baillivi Camerac. ann. 1297. ex Chartul. Valcel. sign. E. ch. 66 : *Conneute cose soit à tous ke j'ai veues et recheues les Lettres de.... monseigneur Guyon par la grasce de Dieu eveske de Cambray,.... l'une en Roumanch, l'autre en Latin.* Unde *Enromancer,* In linguam vulgarem Francicam vertere, apud Joinvil. in S. Ludov. edit. reg. pag. 71 : *Il avoit gens illec qui savoient le Sarrazinnois et le François, que l'en appele drugemens, qui Enromançoient le Sarrazinnois au conte Perron. Roumant,* pro Querela, vulgò *Murmure, plainte,* in Poem. Roberti Diaboli MS :

Lor abaissierent lor Roumans.

Vide in *Romanus.*

¶ **ROMANCIUM**, Romane. Vide *Romanus.*

* **ROMANE**, Vulgari idiomate, non Latine, ut opinantur docti Editores ad Vit. S. Walth. tom. 1. Aug. pag. 260. col. 1 : *Erat nihilominus fœcundæ facundiæ, et præcipue peritus et eloquens et disertus Gallicæ et Anglicæ linguæ : unde contigit, ut cum ex more B. Benedicti Romane regulam eleganter exponeret, audientibus magnam delectationem præberet. In romancio sive Romana lingua,* in Stat. sabbat. Carcass. ann. 1402. tom. 8. Ordinat. reg. Franc. pag. 569. art. 31. Vide in *Romanus.*

1. **ROMANIA**, Romanum Imperium, apud Possidium in Vita S. Augustini cap. 30. et alios Scriptores, laudatos a Casaubono ad Lampridium, Justello in Notis ad Canones Ecclesiæ universæ, Seldeno ad Eutychii orig. Allatio lib. 1. de Eccl. consens. cap. 18. et aliis.

Romania, præterea dictum Imperium Orientale, seu Byzantinum. Jornandes in Geticis cap. 25 : *Wesegothi tandem communi placito Legatos ad Romaniam direxere ad Valentinianum Imperatorem.* Adde cap. 50. Epiphanium lib. 2. Panarii, et hæresi 67. etc. *L'Empire de Romanie,* non semel apud Villharduinum. Bromptonus in Ricardo I : *Tota Romania, terra firma est, et est de dominio Imperatoris Constantinopolitani...., Caput Rumaniæ est civitas Constantinopolis, et Rumania jungitur Sclavoniæ, Hungariæ, et Histriæ.*

Romania appellata etiam ea Asiæ pars, quæ Græcis Byzantinis parebat, alterius partis respectu, quam invaserant Turci, quæ *Turcia* dicebatur, ut docuimus ad eumdem Willharduinum num. 46. Anastasii Bibl. Collectanea : *Ex naviculis, quæ veniunt ex partibus Romaniæ, ut hi, qui sunt hic, nuncupant, partes videlicet Græcorum Ponticas appellantes.* Ponti Provinciæ quippe in Asia sunt. Guill. Apuliensis lib. 2. de Gestis Normannorum :

Horum temporibus Turcos Orientis ab oris
Ingressos fugit gens territa Christicolarum,
Qui tunc Romaniæ loca delitiosa colebant.

Tageno Pataviensis, et Chronicon Reicherspergense ann. 1190 : *Primas partes Romaniæ intraverant.* Apud Tudebodum lib. 7. pag. 781. Nicæa Bithyniæ urbs, *Romaniæ caput* appellatur : *Rumenia deserta,* pars Asiæ apud Arnoldum Lubecensem lib. 2. cap. 9. Vide Theophanem ann. 20. Heraclii, Isidorum Pacensem in Chron. pag. 14. etc.

Romania, quæ hodie *Romandiola*, in Chronico Farfensi pag. 657. et alibi apud Ottonem Morenam in Histor. Rerum Laudensium pag. 21. 62. 102. Vita MS. S. Romani Presbyteri : *Petiit ab Episcopo suo licentiam dari in Romaniam transmeare, ubi piis precibus ad limina SS. Petri et Pauli, et cæterorum Sanctorum orationibus vacaret.* [** Thietmar. lib. 7. cap. 3 : *Multæ sunt in Romania atque in Longobardia insidiæ.* Vide eumdem lib. 4. cap. 20. et 26. *Terra Romania,* in chronic. Benedicti cap. 38. Thancmari Vita Bernwardi Ep. cap. 22 : *Coadunata est synodus* 20. *episcoporum de Romania, aliquanti etiam affuere de Italia et Tuscia.*]

Romaniæ denique nomine interdum appelantur eæ Galliæ partes, quæ Romanis parebant, aut paruerant, respectu Britanniæ Armoricæ, in Vita S. Samsonis Episcopi Dolensis in Præfat. lib. 1. num. 2. et lib. eod. cap. 60 et 61.

* Charta Joan. ducis Lothar. et Rob. ducis Barrens. ann. 1366. in Memor. D. Cam. Comput. Paris. fol. 89. v° : *Item par les dittes alliances avons promis et promettons chascun en droit soy, que se aucun ou aucuns de noz hommes ou subgez en Romanz pays, avoient meffait ou temps passé ou meffaisoient doresenavant,.... nous seriens tenuz chascun en droit soy de contraindre les preneurs noz hommes ou subgez en pays Romanz, à rendre ou recroire tout ce que pris auroient,... sans les oir en aucune raison dire ou proposer jusques à ce que rendue ou recreance en feust faite.* An partes imperii, quæ Romanorum regi parebant hic significantur? an Helveticorum regio, quæ etiamnum appellatur *Romand* vel *Le pays Romain?*

* 2. **ROMANIA**, vox Italica, Potionis species. Barel. serm. in Dom. 4. Advent. *Nonne reputaretur insipiens qui optimam Romaniam vel malvaticum poneret in vase murulento?* Vide infra *Ruman.*

¶ **ROMANICE.** Vide post in *Romanus.*

* **ROMANILITER**, Vulgari idiomate. Interrog. Templar. ann. 1310. inter Probat. tom. 1. Hist. Nem. pag. 189. col. 1 : *Item requisitus diligentius super capitulis seu articulis suprascriptis, eis sibi Romaniliter seu vulgariter explanatis, etc. Romaniliter,* in Cod. MS.

¶ **ROMANINUS**, Monetæ species, in Extravag. Johannis XXII. de Sentent. excommunic. Vide *Romanatus, Romesina* et mox

¶ **ROMANISCI** Denarii, Moneta argentea forte sic dicta, quod Romani Diogenis Imp. imagine signata esset. Chronicon Farfense apud Muratorium tom. 2. part. 2. col. 398 : *Ad annualiter persolvendum argenti solidorum* cc. *denarios Romaniscos expendibiles.* Vide *Romanatus.*

¶ **ROMANITAS.** Vide mox in *Romanus.*

* **ROMANITICUS**, Nummus aureus Romani Diogenis imper. CP. imagine signatus. Charta an. circ. 1150. apud Pez. tom. 6. Anecd. part. 1. col. 359 : *lxx. bisancios Romaniticos, j. marcam argenti et dimidiam, et argentum cusum, etc.* Vide *Romanatus.*

1. **ROMANIZARE**, *Tormentare, cruciare, affligere, trucidare,* Ugutioni et Johanni de Janua; [a sævitia Romanorum in Martyres, vel gentes devictas, inquit Vossius lib. 4. de Vitiis serm. cap. 22.] Notum quod de Curiæ olim Romanæ avaritia ingerunt Scriptores; unde versus :

Roma manus rodit, quos rodere non valet, odit.

Quæ sic expressit auctor MS. inscriptus, *Le Tableau de la mort d'Elinand :*

Va mei saluer la grant Rome,
Qui de runger à dreit se nome
Quer les os runge, et le cuir pele, etc.

Guiotus Pruvinensis, qui vixit circa ann. 1200. in Biblia MS :

Des Romains n'est-il pas merveille,
S'ils sont faux et malicieus,
La terre le doit et li lieus,
Cil qui primes i assemblerent
La felonie i aporterent.
Romulus son frere i ocist, etc.

Et Reclusus Moliensis in Poem. MS. de Caritate :

Si je veuil descrire briement,
Comme on vit Roumainement.
Roumains a la langue secc et dure,
Ne peut parler sans oignement,
Et ses huis siet tant serement,
Qu'il ne puet ouvrir sans ointure.

Silvester Giraldus de Expugnat. Hibern. lib. 1. cap. 36 : *Venerant in Normanniæ partes a summo Pontifice Alexandro III. transmissi Cardinales duo,.... viri, ut putabantur, justi et boni, et ad hoc fideliter electi; sed tamen Romani.* Qua ultima voce Legatos perstringit ut rapaces. Baldricus lib. 1. Hist. Camerac. cap. 114 : *Mores etiam Ecclesiasticos, quos avaritia Romanorum pravis commercationum usibus vitiabant, ad normam prioris gratiæ reformare æstimabat.* [Acriori stylo Luithprandus in Legatione : *Nos, Longobardi scilicet, Saxones, Franci, Lotharingi, Bajoarii, Suevi, Burgundiones, tanto dedignamur (Romanos,) ut inimicos nostros commoti, nil aliud contumeliarum, nisi Romane, dicamus, hoc solo, id est Romanorum nomine, quidquid ignobilitatis, quidquid timiditatis, quidquid avaritiæ, quidquid luxuriæ, quidquid mendacii, imo quidquid vitiorum est, comprehendentes.*] Vide Joannem Sarisberiensem lib 6. de Nugis Curial. cap. 25. et Epist. 176. 222. 272. Matth. Paris ann. 1103. et alibi passim, et alios ejusce ævi Scriptores; ut et quæ in hanc rem attigimus ad Joinvillam.

☞ Ejusdem, nisi fallor, originis est vox *Romanzut*, quam pro Afflicto usurparunt Poetæ Provinciales, vulgo *Troubadours.* Sic Anselmus *Faidit* in Cantilena, quam edidit *Crescimbeni* ad calcem suæ versionis Vitarum Poetarum Provincialium pag. 231 :

Er laissem los guerpitz,
Romanzutz et scarnitz.

Gallice :

Or laissons les abandonnés,
Les affligés et meprisés.

Italice :

Or lasciam gli abbandonati;
Romanzati e scherniti.

* 2. **ROMANIZARE**, Fabulas, seu historias lingua vulgari scribere vel narrare. Glossar. Lat. Gall. ex Cod. reg. 7692 : *Romanizare, Roumancer. Romer,* eadem notione, tom. 5. Collect. Histor. Franc. pag. 217. Vide supra *in Romancia.*

* **ROMANSALIS** Lingua, Vulgaris Francica. Charta ann. 1331. in Reg. 66. Chartoph. reg. ch. 515 : *Quibus instrumento et littera ibidem lectis et in Romansali lingua expositis, declaratis et explicatis, etc.* Vide supra *Romancia.*

* **ROMANSIUS**, Vulgaris. Inventar. ann. 1476. ex Tabul. Flamar. : *Unum librum in pargameno scriptum de littera tirata et in lingua Franciæ in verbis Romansiis, cum duabus postibus copertum, in parvo volumine, vulgariter vocatum le Libre de l'Arbre de vatalhas, in pluribus partibus illuminatum auri.*

ROMANUS. *Romani* olim dicti, qui alias *Christiani*, vel etiam *Catholici.* Lucifer Calaritanus de non parcendo in Deum delinq. pag. 281 : *Itaque eum, non esse illum verum Dei Filium dicitis,.... nos vero Romani dicimus unius substantiæ cum patre illum esse.* Ita etiam usurpant Theodosius Junior in Epist. ad Acacium Episcopum Berrhoensem in Synodo Ephesina, et Victor Vitensis lib. 1. de Persecut. Vandal. Sed et hæretici ita Catholicos per convitium indigitabant. Gregorius Turon. lib. 1. Mirac. cap. 25 : *Romanos enim vocitant homines nostræ religionis.* Adde cap. 79. 80. apud S. Audoenum lib. 2. Vitæ S. Eligii cap. 19. plebs vici Noviomensis diœcesis prophanis ritibus adhuc addicta, Eligium per convicium *Romanum* appellat : *Nunquam tu, Romane, quamvis hæc frequenter taxes, consuetudines nostras evellere poteris, etc.* Sed et non desunt, qui *Romanos* Provinciarum a Romanis subactarum incolas a religione appellatos dixerunt; in quibus est Bivarius in Commentario ad Pseudochronicon Maximi pag. 313. quæ sententia, quantum a vero absit, norunt, qui literas norunt.

Romani, Veteres Provinciarum incolæ, qui Romanis olim paruerant, sic appellati respectu *Barbarorum*, qui has invaserant, ut pluribus docuimus in v. *Barbarus.* [Vita S. Canuti, tom. 3. Julii pag. 132 : *Italicis vero terminis incognitus non erat; et ipsis Francigenis, qui et Romani dicuntur, admodum bellicosis, non tam admirandus quam et metuendus insonabat.*] Viri Francici idiomatis, *Romanæ linguæ homines*, dicuntur Wandelberto de Miraculis S. Goaris cap. 11. Vetus Charta apud Meurissium in Histor. Episcopor. Metensium pag. 410 : *Romani nitebantur redire ad locum suæ professionis, illi remanere in loco suæ cognationis.*

Lingua Romana, quam gentibus domitis cum jugo ipso Romani imposuerunt, ait S. August. lib. 17. de Civitate Dei cap. 7. maxime vero ita nostri vulgarem, et, qua hodie utimur, appellarunt, quod a Romana puriore ortum habeat. Dudo lib. 3. de Moribus Norman. : *Rotomagensis civitas Romana potius quam Dacisca utitur eloquentia.* Statuta Synodalia Odonis Parisiensis Episc. : *Et si invenerit discrete et modo debito baptizasse, et formam verborum in Romano integre protulisse, approbet factum.* Albericus in Chron. ann. 1177 : *Multos libros et maxime Vitas Sanctorum, et Actus Apostolorum, de Latino vertit in Romanum.* Philippus Clarevallensis de Miraculis S. Bernardi cap. 4. § 15. Eberhardum Germanum inducit *Romanam linguam*, Gallicam vocantem. Et cap. 10. *Populum Romanæ linguæ* appellat Gaufridus Monachus. Continuatio de Gestis Abbatum Lobiensium cap. 29 : *Ut enim de facultate vulgaris linguæ, id est, Theutonicæ, quæ ei naturalis erat, et Romanæ, quæ accidentalis, omittam, in utraque inoffensus erat.* Adde pag. 625. Tabularium S. Flori in Arvern. ann. 1280 : *Renuntiantes super hoc dictæ partes certæ de facto, et de jure certioratæ, lingua Romana, cuilibet exceptioni doli.* Chronicon Monasterii S. Trudonis lib. 1. pag. 348 : *Nativam linguam non habuit Teutonicam, sed quam corrupte nominant Romanam, Teutonice Wallonicam.* al. *Walloniam.* [Testimonia pro Ecclesia Turon. contra Dolensem apud Marten. tom. 3. Anecd. col. 915 : *Addidit tamen, quod dixit professionem in lingua Romana et Latina.* Vide Ægidium Aureæ Vallis Monachum cap. 98. pag. 201. cap. 111. pag. 229. [et Cangianam Præfationem in hoc Glossarium num. 13. et 14.] Joannes Mandevilla in Itinerario : *Et sachiez, que j'eusse cest livres mis en Latin, pour plus brievement deviser; mais pour ce que plusieurs entendent miex Roumant que Latin, je l'ay mis en Roumant.* Ita passim Poetæ nostrates. Le Roman *de Garin* MS :

Car à l'eschole fu quant il fu petis,
Tant que il sot et Romans et Latin.

Le Roman *de la prise de Jerusalem* MS :

Car mult sot bien escrire en Latin et Roman.

Balduinus de Condato MS :

Tu as dit la Patenostre
Saint Julien à ce matin,
Soit en Roumant ou en Latin.

Poema de Vulpe coronato :

En Roumanche, ou en droit Latin.

Jacobus Hemricurtius de Bellis Leodiensibus cap. 38 : *Estoit tres sage Chevalier, et de grande eloquence en Romans et en Tiesche.* Etiamnum Belgæ *linguam Romanam* vocant Wallonicam : et Brabantiæ et Flandriæ regiones, ubi lingua Wallonica obtinet, *Le Roman pays.*

Romancier, In linguam Romanam vertere. Joannes *de Langres*, seu Lingonensis, in versione libri Boetii de Consolatione Philosophiæ MS :

Nuls homs qui n'a engin divin,
Ne puet comprendre le Latin,
Dont encore se doit moins fier
De tel Latin Romancier.

Vide, quæ annotarunt Stephanus Paschasius et Fauchetus lib. 1. de Poetis Francicis cap. 6. et supra *Romancia.*

Romanitas, Lingua Romana seu Francica. Lambertus Ardensis : *Solinum autem de naturis rerum non minus Physice ac Philosophice perloquentem quis nesciat a.... Simone de Bolonia:... de Latino in sibi notissimam Romanitatis linguam fida interpretatione translatam, etc.*

Romane, [Vulgari Francorum idiomate.] Liber Usuum Ordinis Cisterciensis cap. 93 : *Si Conversus est vel Monachus, qui non intelligit literas, idem illi Romane exponat Sacerdos, et Conversus Romane confiteatur se peccasse cogitatione, locutione, et opere.*

¶ Romanice, Eodem intellectu. Bernardi Mon. Ordo Cluniac. part. 1. cap. 47 : *Duo paria palmariarum, quæ ita Romanice nuncupantur, manusque defendunt a calore caldariæ, etc.* Eadem fere leguntur apud S. Wilhelm. lib. 1. Constit. Hirsaug. cap. 98.

¶ Romanum, nude, vel *Romanum verbum*, Lingua Francica communis. Statuta Ecclesiæ Nannetens. apud Marten. tom. 4. Anecd. col. 931. num. 3 : *Baptismus cum omni reverentia et honore et cum magna cautela fiat, maxime in distinctione verborum et prolatione, in quibus tota virtus sacramenti consistit, scilicet,* Ego te baptizo, etc. *Et in Romano verbo sub hac forma laicos doceant Sacerdotes debere frequenter baptisare pueros.* In Manuali Henrici Sistaric. Episc. eod. tom. col. 1079. num. 3. legitur : *Et in Romano doceant Sacerdotes laicos baptizare pueros.* Statuta Cisterc. ann. 1200. ibidem col. 1295 : *Librum, qui dicitur Cantica Canticorum, translatum in Romanum incendi faciant.* Adde Statuta Ecclesiæ Aurel. apud eumd. Marten. tom. 7. Ampl. Collect. col. 1274.

Romanus, Liber *Romane*, seu lingua

vulgari Francica scriptus, quomodo fabulosas Historias vernacule conscriptas etiamnum *Romans* dicimus. Lambertus Ardensis : *Librum, quem ab agnominatione suæ proprietatis Silentium, sive Romanum de Silentio nominavit.* [Computus ann. 1245. e Bibl. Regia : *Pro quodam Romano religando et pro historio de Roncevaux* xx. s.] Le Roman *de Girard de Vienne :*

Li uns viole, li autre conte Romans.

Le Roman *du Renard* :

Fabliaus et chançon de geste,
Romans de lui et de sa beste,
Mainte autre conte par la terre :
Mais onques n'oïstes la guerre,
Qui tant fu dure et grant et fin,
Entre Renard et Ysangrin.

¶ ROMANCIUS, Eadem significatione. Literæ Johannis Regis Bohemiæ apud Baluzium tom. 1. Miscell. pag. 162 : *Nuper autem retulit nobis religiosus vir frater Petrus de Castro-Reginaldi Ordinis Fratrum Prædicatorum, quod in magnum ipsius Ordinis dedecus et contemptum facti sunt Romancii, chronicæ et moteti, in quibus continetur, quod claræ memoriæ dominum et genitorem nostrum Imperatorem Henricum* (*VII.*) *frater quidam Bernardus de Montepeluciano Ordinis supradicti, administrando ei sacramentum Eucharistiæ, venenavit, etc.* Ibidem pag. 164 : *Ideo rogamus, quantum possumus, universos, ut... non credat narrationem ignorantium et Romancii, etc.*

¶ ROMANCIUM, Gallica lingua vulgaris. Sententiæ Inquisitionis Tolos. pag. 300. et 309 : *Item pluries audivit legi.... de libris fratris Petri Johannis Olivi in Romancio seu vulgari.* Sententia arbitralis ann. 1400 : *Quam quidem sententiam... Joannes Rigaldi ibidem coram dictis partibus, alta et intelligibili voce, vulgariter, id est, in Romancio prælegit.* Statuta Ecclesiæ Nannet. apud Marten. tom. 4. Anecdot. col. 963. num. 10 : *Item, monemus Curatos et eorum loca tenentes, ut quolibet mense, die Dominica qualibet, post officium Missæ publicent, et in Romancio exponant Constitutionem apostolicam incipientem*, Quoniam intelleximus, etc.

¶ ROMANTIUM, Idem. Constitutiones MSS. Pontii Episc. Conseran. ann. 1364 : *Mandamus omnibus et singulis Rectoribus... ut... in Romantio exponant, etc.*

ROMANCIUM, etiam appellant Hispani vulgare suum idioma, quod ut et Gallicum ac Italicum, a *Romano* seu Latino sumat originem. Frustra enim Bivarius in Notis ad Chronicon Maximi pag. 313. et 332. contendit, Hispanos sic suam linguam appellasse, quod eam ita indigitarint Gothi Ariani, a Religione Romana, quam profitebantur. Jacobus I. Rex Aragon. in Constitutionibus Cataloniæ MSS : *Statuimus, ne aliquis libros veteris, vel novi Testamenti in Romancio habeat, et si aliquis habeat,... tradat eos loci Episcopo comburendos, quod nisi fecerit, sive Clericus fuerit, sive Laicus, tanquam suspectus de hæresi... habeatur.*

¶ ROMARIA. Papias : *Tremata, Romaria.*

¶ ROMARIUS, f. pro Romanus. Synodus Compostell. ann. 1114. can. 23 : *Mercatores Romarii et peregrini non pignorentur; et qui taliter egerit, duplet quæ tulerit, et sit excommunicatus.*

* ROMARUM, Rosmarinum, Gall. *Romarin.* Consuet. S. Crucis Burdeg. MSS. ante ann. 1305 : *Hortum, qui est juxta infirmitorium et refectorium juxta dictum claustrum, debent gubernare monachi parvi seu juveniles, et debent tenere garnitum de Romaris, de salvia, etc.* Hisp. *Romero*, eadem notione.

¶ ROMASCOT, minus recte pro *Romescot*, apud Hofmannum in Lexico. Vide *Romescot.*

¶ ROMEFEE, ROMEFEOH. Vide *Romfeah.*

¶ ROMEIUS, Idem qui infra *Romeus.* Sententia arbitralis inter Abbatem et Consules de Gimonte ann. 1292 : *Persona posita per dictos Priores ad custodiendos infirmos et peregrinos, vel alios Romeios ibi hospitando, etc.*

* ROMENGUERIA, Dumus, vepres, qui *Romes* nuncupabantur vulgariter. Charta ann. 1332. in Reg. 66. Chartoph. reg. ch. 993 : *Prædictam venditionem et concessionem ad novum feudum fecit dictus dominus Guillelmus de Villaribus personis supradictis, et ut præmittitur dictarum terrarum nemorosarum seu bartæ Romenguerianum seu veprium.* Alia Guill. dom. Montispess. ann. 1190. inter Probat. tom. 3. Hist. Occit. col. 166 : *Habeo explectum mihi et omnibus habitatoribus Montispessulani in bosco de Valena de omnibus arboribus et lignis, exceptis Romes et albars.*

¶ ROMENSIS, Romanus. *Papa Romensis* in Officio Mozarabum de S. Pelagio, tom. 5. Junii pag. 222. *Missa cotidiana Romensis*, id est, ex Ordine Romano seu Gregoriano, ut explicat Mabillonius lib. 3. de Liturgia Gallic. pag. 300. col. 2.

ROMEPENI, alias *Pening*, i. denarius : Nummus Romæ pendendus, *Denarius S. Petri*, de quo plura in hac voce. Bromptonus de Offa Rege : *Nam, ut dicitur communiter, illum censum, qui Romepeny, sive Petrespeny vocatur, Deo et B. Petro, et D. Papæ, qui tunc fuerat, et successoribus suis primo contulit.* Idem pag. 1235 : *Scilicet de Rumepeny, id est, de denario S. Petri, etc.* Vide *Romescot* et *Rompeni.*

ROMEREI, pro *Romani*, seu Græci Byzantini, in Epistola Archiepiscopi Bulgariæ, in Gestis Innocentii III. PP. pag. 57.

¶ ROMERIA, ROMERIUS. Vide *Romeus.*

ROMESCOT, ROMSCOT, Census species, qui alias *Denarius S. Petri*, Romæ pendi ab Anglis solitus, de quo supra egimus. Vox formata ex Saxonico s c o t, vel s h o t, Impositio, vectigal, symbolum. Matthæus Westmonaster. ann. 794. de Offa Rege : *Ex his omnibus provinciis, dedit Rex præfatus denarium Beati Petri, ut prædictum est, quod Anglice Romescot appellatur.* [Matthæus Paris : *Hoc quoque sciendum est, quod Offa Rex magnificus, tempore quo B. Petri Vicario, Romanæ urbis Pontifici, redditum statutum, id est, Romscot, de regno concessit.* In quo autem census ille situs fuerit, et quanti pretii, liquet ex iis, quæ ante dixerat : *His igitur auditis Rex, quid digne tantæ benignitati compenset, secum studiose pertractat. Tandem divina inspirante gratia, consilium invenit salubre, et in die crastina scholam Anglorum, quæ tunc Romæ floruit, ingressus, dedit ibi ex regali munificentia, ad sustentationem gentis regni sui illic venientis, singulos argenteos de familiis singulis, omnibus in posterum diebus, singulis annis.* Henricus Huntindonensis lib. 6. pag. 364 : *Rex vero Knut Romam splendide perrexit, et eleemosynam, quæ vocatur Romscot quam antecessores sui dederant Ecclesiæ Romanæ, perenniter assignavit.* Monasticum Anglicanum tom. 1. pag. 286. de eodem Kanuto Rege : *Etiam Romæ Scholam Anglicam constituit, et ad fovendam eam ex Anglia omni anno censum dari fecit, quod Anglice dicitur Romescot.* Abrogata fuit hujusmodi denarii et pecuniæ solutio Statuto ann. 25. Henrici VIII. cap. 25. restituta autem ann. 1. et 2. Mariæ; sed abrogata denuo 1. Elizabeth cap. 1. Adde Vitam Offæ II. Regis pag. 20. S. Anselmum lib. 3. Epist. 85. lib. 4. Epist. 29. Nangium in Chronico ann. 1035. Robertum de Monte ann. 1116. et quæ diximus in v. *Denarius S. Petri.* Vide *Rompeni* et *Romfeah.*

ROMESINA, Monetæ Romanæ species, qua utebantur Barenses in Apulia. Falco Beneventanus ann. 1139 : *Panem unum sex Romesinis emebant.* Idem ann. 1140 : *Monetam suam* (Bari) *introduxit, unam, cui Ducatus nomen imposuit, octo Romesinas valentem, quæ magis, magisque ærea, quam argentea probata tenebatur. Induxit etiam tres Follares æreos Romesinam unam appretiatos.* Le Roman *de la prise de Hierusalem par Titus* MS :

Se vos me volez croire trové à itel engin,
Que ja n'auront Romain vaillant un Romesin.

Le Roman *de Vacce* MS. :

Oveuc cinc sols de Roumesins.

[In MS. optimæ notæ legitur *Rommesins.*] Le Roman *de Garin* MS. :

Je ne te pris vaillant un Ramoisin.

Incertum tamen, an ita viliores ac æreas Constantinopolitan. Augustorum monetas appellarint.

* ROMESINUS, ut *Romesina*, Monetæ Romanæ species. Charta Henr. reg. Angl. in Reg. 155. Chartoph. reg. ch. 375 : *Unum millenarium allecium, vel quinque solidos Romesinorum.* Greg. Grimaldi in Hist. leg. et magistr. regni Neapol. lib. 5. cap. 156 : *Un' antica moneta Romana, Romasina chiamata,.... picciola detta follere.* Vide Consuet. Bar. proem. Romuald. archiep. Salernit. in Chron.

ROMEUS, Qui alias *Romipeta*, Qui ad S. Petrum piæ peregrinationis gratia pergit. Ita passim usurpat Odo Cluniacensis in Vita S. Geraldi Comitis lib. 1. cap. 27. 29. lib. 2. cap. 17. 23. lib. 4. cap. 22. *Romei* Italis, *Roumius*, Occitanis, dicuntur. *Romius*, in Foris Benearnensibus tit. de pœnis art. 44. *Romoneou*, Arvernis, ut auctor est Sirmondus ipse Arvernus ad Sidonium lib. 1. Epist. 5. *Romieux*, Provincialibus [et *Roumioux* : quod de quibuslibet peregrinis intelligunt.] Hinc auctor est Cæsar Nostradamus in Hist. Provinciæ pag. 166. nomen datum nobili familiæ Arelatensi, quæ pro insignibus *Peram* descriptam gestat, peregrinationis notissimum symbolum; ut et *Romeorum* familiæ Hispanicæ. Vide Guillelmum de Podio-Laurentii cap. 47. et in voce *Romipeta.*

Nec tantum qui Romam peregrinationes instituunt, sed quivis peregrini ita appellati. Joann. Willaneus lib. 6. cap. 92 : *Arrivò in sua corte un Romeo, che tornava da santo Jacopo. Romerio*, eadem notione, in Legibus Alfonsi IX. Regis Castellæ 1. part. tit. 24. lege 1. *Romeria*, Peregrinatio, tit. 4. leg. 22. et Scriptoribus Hispanis passim, [necnon Poetis Provincialibus non semel. Anselmi *Faidit* Cantilena apud *Crescimbeni* ad calcem Vitarum Poetarum Provinciæ pag. 230 : *En leial Romeria*. Ital. *In leal Pellegrinaggio*. Nostris *En loyal Pelerinage*. Adde eumdem *Crescimbeni* ibidem pag. 77.]

* Acta MSS. notar. Senens. ad ann. 1286. ex Cod. reg. 4725. fol. 82. r° : *Item centum solidos Romeis, qui vadunt ad sanctum Jacobum, quod unusquisque habeat v. sol.* Ita et nostris *Remyvage*, pro qualibet peregrinatione. Lit. remiss. ann. 1467. in Reg. 200. Chartoph. reg. ch. 28 : *Le suppliant afin de trouver provision à la maladie de son filz s'en ala en voyage à S. André du Glaye;..... auquel le malade dist : Mon pere, vous alez en Remyvage bien loing aux corps sains, etc.*

¶ Romeus Caminus, Iter quo *Romei* petunt Romam, in Pacto inter Jacobum Aragoniæ Regem et Berengarium Magalonæ Episcopum ann. 1272 : *Et de ipso flumine usque ad stratam publicam seu caminum Romeum. Romeorum via*, in Chartulario Ecclesiæ Aptensis fol. 28. *Romea strata*, in Statutis Placentiæ lib. 4. fol. 38. etc. Vide *Romæus*.

ROMFEAH, vel Romefer, Denarius S. Petri, de quo in *Romescot*. Ita autem appellatur in fœdere Edwardi et Gothurni Regum cap. 16. in Legibus Canuti Regis cap. 5. et in Legibus Henrici I. cap. 12. ex Saxonico r o m i s c e a t, quasi *nummus Romæ dicatus*. g e s c e o t enim et s c e a t, partem, symbolum, censum, pecuniam significant. Vide *Romepeni*. [Thomas *Blount* in Nomolexico : *Romefeoh, Romepeny*, Saxonice r o m f e o h, *i. Nummus Romæ datus, nam* f e o h *est nummus, pecunia, stipendium;* r o m p e n i n g, *Romæ denarius, etc.*]

¶ **ROMHONES**, pro *Roihones*, Gallice *Rognons*. Vide in *Roihones*.

¶ **ROMICOLA**, Qui Romæ habitat, Johanni de Monsteriolo in Epistola ann. 1405. apud Marten. tom. 2. Ampliss. Collect. col. 1336.

ROMIPETÆ, Romipedæ, Qui Romam petunt, vadunt. Matth. Paris ann. 1250 : *Et ad impetrandum, Magistrum Leonardum Clericum suum, frequentem Romipedam, non sine maximæ pecuniæ effusione, ad Romanam Curiam destinarat.*

Maxime porro ita appellati qui Romam piæ peregrinationis ergo ad SS. Apostolos pergebant. *Peregrini, qui propter Deum ad Romam vel aliubi vadunt*, in Synodo Metensi ann. 753. cap. 4. Vernensi ann. 755. cap. 26. et Cabilonensi II. cap. 45 [*Qui Romam orationis causa pergunt*, in Capitulari Ludovici II. Imp. ann. 850. cap. 1.] *De vagis peregrinis, qui propter Deum non vadunt*, in Capitulari I. Caroli M. ann. 809. cap. 6. Concilium Lateranense ann. 1122. cap. 14 : *Si qui Romipetas, et peregrinos, seu mercatores, Apostolorum limina et aliorum Sanctorum oratoria visitantes capere.... tentaverint, etc.* Willelmus Brito lib. 8. Philippidos :

> Romipetas, et qui sanctæ succurrere terræ
> Ibant, etc.

Idem sub finem ejusdem libri :

> . . . . . Nulla facultas
> Visendi Romam datur, Dominive sepulchrum.

Et lib. 9. initio :

> Hic Anglos, hic Romipetas enormiter angens.

Itinerarium Gregorii XI. PP. : *Pedester incedit per scalenta deserti velut Romipeda.* Utuntur præterea Joannes Sarisber. lib. 6. cap. 1. Jacobus Cardinal. de Anno Jubilæo cap. 6. Nangius in Chron. ann. 1210. 1240. Henricus Aquilonipolensis in Adolpheide cap. 4. Rigordus ann. 1210. et alii. De peregrinationibus vero Romanis agit Nicolaus PP. apud Baron. ann. 865. 90. et Beda lib. 5. Histor. Eccl. cap. 7. Habetur in Dactyliotheca MS. Ludovici Chalucii Arueni Gemma, cui insculptus Angelus nudus vadens, *burdoni*, seu baculo innixus, cum Inscript. ΒΕΙΣΙΤΑΛΟΣ i. *vaditalus* : in quam sic lusit idem Chalucius :

> Quis puer hic baculo armatus geniusve vialis ;
> Aliger officii nomine Βεισίταλος.
> Metator sacram sacer invisentibus Urbem
> Italicumque regens auxiliaris iter.

Vide *Romeus*, *Scoti*.

Romipetagium, Peregrinatio quævis fidelium : *Rouminuatge*, Occitanis; [*Roumavagi*, Provincialibus;] *Romeaggio*, Italis Scriptoribus, Matthæo Villaneo lib. 1. cap. 56. et aliis. [Libertates Montis-Brisonis concessæ per D. Jacobum de Rossilione ann. 1376. tom. 1. Histor. Dalphin. pag. 83. col. 1 : *Si contingeret dictum Dominum et successores suos ire ultra mare, seu in alio longo et prolixo Romipetagio, etc.* Adde Chartam ann. 1343. apud Columbum in Genealogia Familiæ Simianæ pag. 596.] Relatio Legationis Ambassiatorum Ducis Andegav. ad Judicem Sardiniæ ann. 1378 : *Venerunt omnes de dicta galea ad B. Urbanum* (prope Massiliam,) *quem puro animo et corde sincero invocaverunt,... et facto Romipetagio antedicto, dictam catenam transeundo subintrarunt.*

☞ Beatus hic Urbanus est Urbanus V. Papa, multis post mortem miraculis illustris, cujus corpus prope Massiliam in Ecclesia S. Victoris requiescit. Id monemus, ne quis deinceps mendum esse suspicetur in allato loco, perperamque restituat *B. Victorem* pro *B. Urbanum* : quod accidit viro doctissimo.

¶ Romipetus, Idem qui *Romipeta*, nisi ita legendum sit. Acta S. Benedicti Avenion. tom. 2. Aprilis pag. 259 : *Et vidit multos Romipetos venire ad Ecclesiam B. Benedicti.*

* Romipeta, Qui ad curiam Romanam, ut beneficium impetret, confugit. Charta ann. 1336. inter Instr. tom. 11. Gall. Christ. col. 275 : *Si cum Romipeta aut alter opponens in causa vel lite succumbant, ad alium canonicum primum post eum sequentem in ordine conferendi vel præsentandi spectabit et libere revertetur.*

ROMITORIUM, pro *Eremitorium*, non semel occurrit in Historia de Exordio Monasterii de Taronça, tom. 3. Monarch. Lusitanæ, pag. 284. v°. et 285. [Conventiones ann. 1145. tom. 1. Corporis Diplom. juris gentium pag. 79. col. 1 : *Dum audieris sequenti nocte tintinabulum Romitorii mei, in quo vixi sexaginta sex annis, inter infideles servatus favore Altissimi, egrediaris extra castra sine arbitris, etc.*]

* **ROMPENI**, Census, qui ab episcopis metropolitano pensitabatur. Bened. abb. Petroburg. in Henr. II. edit. Hearn. tom. 2. pag. 716. ad ann. 1191 : *Sententiam excommunicationis in episcopum Dunelmensem tulit archiepiscopus Eboracensis,... quia idem episcopus Dunelmensis jura ecclesiæ Eboraci, scilicet le Rompeni et processiones ebdomadæ Pentecosten... detinuit occupatas.* Ut *Romipetagium* pro quavis pia peregrinatione, ita *Rompeni* pro quolibet censū ecclesiastico usurpasse videntur. Vide *Romescot* et *Romfeah*.

¶ **ROMPERIUM**, Idem quod infra *Rupticium*, Terra de novo proscissa. Charta pagi Lugdun. ann. 1520 : *Juxta Romperium Domini de Charnay.*

ROMPHUS. Otto Morena in Historia Rerum Laudensium pag. 46 : [*Cremenses omnesque qui intra castrum Cremæ erant, sic infestabant* (hostes qui obsidebant Cremam) *quod nullus intra ipsum Castrum prope murum Castri se movere poterat, quem ipsi cum Romphis et lapidibus non sauciarent.*] Forte idem quod *Rompino* Italis, *Uncus*, Gallis *Croc*.

☞ Ex verbis intra uncinos additis liquet voce *Romphis* non posse *uncos* intelligi. Cremenses enim in oppido, jaculatores *Romphis* lacessentes extra stabant. Quomodo fossa mœnibusque interpositis unco similive armorum genere sauciari poterat hostis obsessus? *Romphi* ergo tela erant missilia, quæ una simul cum lapidibus jaciebantur, ut patet ex contextu. Hæc fere post Muratorium qui *Romphos cum Romphæis* seu *Rhomphæis*, de quibus Lexicographi, confundit, non ea qua post Isidorum lib. 18. cap. 6. vulgo exponunt notione, scilicet pro framea vel altero hastilis genere; sed ut est apud Gellium 10. 25 : *Romphea*, vel, ut alii legunt *Rumpia*, *Genus teli est Thracicæ nationis : positumque hoc vocabulum in Q. Ennii Annalium* 14. Cæterum pro *Romphis*, ex Codice Ambrosiano *Ronsis* legit idem Muratorius tom. 6. col. 1031. Malim *Romphis*.

¶ **ROMSCOT**, Census species. Vide *Romescot*.

¶ **RONA**, f. pro *Zava*. Vide in hac voce.

¶ **RONCALIA**, Roncaliensis Curia. Vide *Runcalis* infra.

¶ **RONCARE**, Sarrire. Vide *Runcare* 1.

¶ **RONCARIA**. Vide in *Runcalis*.

¶ **RONCATORIUM**, Idem forte quod *Dormitorium* in Monasteriis, Locus ubi *roncant* seu dormiunt, ab Hispanico *Roncar*, Stertere, Gall. *Ronfler*. Capitulum generale S. Victoris Massil. ann. 1312 : *Camerarum claves infirmario assignentur et portæ studiorum, Roncatorii ; et loco portarum cledæ fiant.*

¶ **RONCEA**, Rubus, sentis, Gall. *Ronce*, in Onomastico ad calcem tomi 5. Anecdotorum Martenianorum. Vide *Runcalis*.

¶ **RONCENUS**, Roncena, Ronchinus, Equi genus. Vide *Runcinus*.

¶ **RONCHARE**, Exstirpare. Vide *Runcare* 1.

¶ **RONCHISMUS**, Ῥογχισμός, in Glossis Latino-Græcis et Græco-Latinis.

¶ **RONCHONUS**, Genus hastæ falcatæ et similis falcastro, aptæque ad arripiendum et detinendum, Italis *Ronchione* et *Roncone*. Chronicon Estense apud Muratorium tom. 15. col. 363 : *Revocavit ad se* xxx. *suos familiares armatos cum Ronchonis; et ipse solus cum istis* xxx. *pedibus viriliter percussit contra inimicos*. Chronicon Tarvisinum apud eumdem Muratorium tom. 19. col. 759 : *Durante bello navali per duas horas, quibus balistæ propter pluvias operari non potuerunt; sed in illarum loco succedebant spicula, lanceæ et Ronchoni*. Rursum occurrit in Statutis Placentiæ fol. 108. Instrumentum est inter bellica et rustica arma recensendum. Vide *Runco*.

¶ **RONCHUS**, Rubus, sentis, Gall. *Ronce*, vel Rubetum, senticetum, locus *ronchis* consitus. Charta Henrici IV. Imp. ann. 1115. tom. 2. Bullarii Casin. pag. 133. col. 2 : *Illi restituo.... Ronchum et totam etiam Sanctam Mariam in Tribbo et ambo molendina*. Statuta Vercell. lib. 6. fol. 137. verso : *Item quod habeant precipua omnia prata, que sunt extra nemora, et omnes Ronchos, et terram cultam et vineas, quas ipsi Comites et Domini et Prior predictus nomine Ecclesie tenere soliti sint, etc*. Vide *Runcalis* et *Runchi*.

¶ **RONCIA**, Idem quod *Ronchus*, Gall. *Ronce*, Rubus, sentis. Miracula S. Walarici, tom. 1. Aprilis pag. 27 : *Peccatorum animas duco per Roncias et spineta*.

¶ **RONCILEUS**, Idem quod *Ronchonus*, Falcis militaris species. Statuta Civitatis Astæ collat. 11. cap. 92 : *Gladii vetiti sunt isti, spate, pennati et omnes falzoni, apie, piole, jusarme, Roncilei, plombate, borelli, etc*. Vide *Runco*.

* **RONCINARI**, Patrocinari; unde legendum puto *Ratiocinari*. Vide in *Ratio* 1. Append. ad tom. 6. Annal. Bened. pag. 703. col. 1 : *Iterum sicut prius interrogantes eum, si domnum abbatem vidisset? hujusmodi responsum accipiunt : Vidi, inquit, et cohortatur vos multum, et Roncinatur vos ante Deum multum.... Dicunt ei iterum : Vidisti Dei genitricem? Vidi, inquit, et Roncinatur vos multum coram Domino*.

RONCINUS, Roncina. Vide *Runcinus*.

* **RONCIO**, Equus minor, gregarius, Ital. *Roncione*. Stat. antiq. Florent. lib. 1. cap. 66. in Cod. reg. 4621. fol. 35. v° : *Singuli bapnitores habeant equos sive Rônciones*. Occurrit præterea in Stat. Pistor. ann. 1107. apud Murator. tom. 4. Antiq. Ital. med. ævi col. 564. Vide *Runcinus*.

¶ **RONCO**, Ronconus, Species falcis militaris. Vide *Runco* et *Ronchonus*.

¶ **RONCORA**, Longobardis, Idem quod *Ronchus*. Vide *Runchora* in *Runcalis*.

¶ **RONDA**, Vigiliarum lustratio, Gall. *Ronde*, Ital. et Hispan. *Ronda*. Vide Hofmannum in Lexico.

* **RONDELA**, Piscis genus. Tract. MS. de Pisc. cap. 102. ex Cod. reg. 6838. C : *Hirundo, piscis, quem nostri arondele, maris Adriatici accolæ Rondela vel Rondola, Massilienses rondele, Hispani volador, Gallorum nonnulli volant, quod avis instar ad lapidis jactum extra aquam volet, nuncupant*.

* **RONDELLA**, a Gallico *Rondelle*, Circulus, annulus. Comput. fabr. S. Petri Insul. ann. 1366. ex Tabul. ejusd. eccl. : *Item pro quadam Rondela ferrea et kavilla ejusdem, etc*.

* *Rondelle* etiam appellarunt nostri doliolum. Lit. remiss. ann. 1393. in Reg. 145. Chartoph. reg. ch. 371 : *Comme le suppliant et son frere eussent acheté à Harefleu deux Rondelles de sel de un marchant qui avoit vendu six Rondelles à un appellé Pierre Benart, etc*. Aliæ ann. 1400. in Reg. 156. ch. 36 : *Laquelle Morele avoit emporté une Rondelle, en laquelle avoit eu harenc caque. Une Rondelle ou poinçon à mettre vin*, in aliis ann. 1412. ex Reg. 166. ch. 324.

¶ 1. **RONDELLUM**, Tignum rotundum. Extenta jurium Comitis Sabaudiæ apud S. Symphorianum de Auzone ann. 1309. tom. 1. Hist. Dalphin. pag. 98. col. 2 : *Item unum fustum, quod vocatur Rondellum, quod ponitur in latere razelli, si sit de duobus teysis aut plus, debet sex denarios*. Petri Azarii Chronicon apud Muratorium tom. 16. col. 351 : *Aggressores videntes prædicta non valere, cœperunt ponere in civitate tapponum valde occultum pro ipso castro obtinendo et cavando; et quamvis aliquando per contrariam cavaturam ipsis tapponatoribus male successisset, nihilominus castrum, seu domignonum, super Rondellis posuerunt, frustra contendentibus obsessis*. Hoc est, nisi me fallo, cuniculum seu viam subterraneam usque ad castrum suffoderunt, ibique subter domignonum, id est, præcipuum propugnaculum, *Rondella* supposuerunt seu tigna et trabes, quæ ad breve tempus sustinerent muros suffossos; tum etiam ramalia et sarmenta, quæ incensa, dejectis muris, aperirent aditum irrumpentibus. Hac enim interdum ratione, hocque fine cuniculos, seu meatus suos subterraneos suffodiebant antiqui, nitrato pulvere necdum in usu, ut post Vegetium lib. 4. cap. 24. docet Carolus de Aquino in Lexico Militari v. *Cuniculus*.

* Hinc nostratibus *Rondeau*, vulgatius *Rouleau*, Cylindrus, quo glebæ confringuntur. Lit. remiss. ann. 1400. in Reg. 155. Chartoph. reg. ch. 57 : *Thomas Godin ala en une piece de terre ou champ d'avoine.... pour icelle piece de terre rouiller à une grosse piece de bois, appellée Rondeau, pour casser les bloches, comme l'en a acoustumé de faire audit pays* (Champagne). *Apres laquelle piece ruillé, ledit Thomas Godin mist son dit roul sur une montaigne pour icellui avaler tout droit à chaussée.... Icellui Godin destacha et laischa aler ledit roul, qui moult fort se devala*.

¶ 2. **RONDELLUM**, Circulus, orbiculus, Gallice *un Rond, un cercle*. Processus verbalis ann. 1447. de usu pallii concessi Episcopo Æduensi e Chartulario ejusdem Ecclesiæ : *Scriptum in quodam parvo Rondello :* Sanctus Petrus, Sanctus Paulus. Innocentius Papa Secundus.... *scriptum infra quoddam Rondellum in medio alterius Rondelli existens, et sequitur :* Ego Innocentius Catholicæ Ecclesiæ Episcopus, etc.

* Comput. ann. 1428. ex Tabul. S. Petri Insul. : *Pro una magna natta et quatuor Rondellis existentibus ante magnum altare, l. sol*.

* 3. **RONDELLUM**, Brevior ligni truncus, Gall. *Bloc*. Comput. ann. 1503. ex Tabul. S. Petri Insul. : *Pro uno Rondello ad scindendum olus, viij. sol*. Vide infra *Rotondale*.

* 4. **RONDELLUM**, Ornamentum capitis a forma rotunda sic dictum, Gall. *Bourrelet*. Testam. Pabietæ de Crudacio ann. 1361. in Reg. 3. Armor. gener. pag. xj : *Item lego Morosæ uxori Bartholomei de Pratocomitali filii mei unum Rondellum meum cum perliis. Item lego Pabietæ filiæ meæ aliud Rondellum meum cum perliis*.

1. **RONDELLUS**, Capa sine caputio, [Vestis species in orbem desinens, a Gallico *Rond*, Orbis, circulus] Joannes Andreæ ad Clementinam, Ne in agro : *Rondelli, qui nunc in usu sunt, non sunt proprie capæ; non enim habent caputium*. [Computus ann. 1333. et seq. tom. 2. Hist. Dalphin. pag. 280 : *Pro cannis tribus de panno pro Rondello Domini.... flor*. xii. Et mox : *Pro cannis quatuor de bruneto pro faciendis Rondellis pro domina Dalphina et dom. Burga, etc. flor*. xv. *gros*. iii.] Vide *Rotundellus* [et *Redondellus*.]

* *Roonde*, tom. 1. Fabul. pag. 36 :

Sauverai-je nostre Roonde.
Baillez la moi apertement...:
Sire envis ou volontiers,
Dit le moine, la vous donrai-je,
Vous me faites grant outraige.
Cil a la chape desvestue, etc.

* *Roseul*, eadem acceptione, in Lit. remiss. ann. 1397. ex Reg. 151. Chartoph. reg. ch. 315 : *Lequel Jehannot faisoit le fol et le truant, et ne vestoit aussi comme en toutes saisons que ses robes-linges et un Roseul pardessus simplement*. Nisi idem sit quod *Rosol* supra in *Retiolum*.

¶ 2. **RONDELLUS**, Fulmentum candelabri, columella sustinendo candelabro, Gallice *Gueridon*. Inventarium Ecclesiæ Noviom. ann. 1419 : *Item duo Rondelli de ligno ad ponendum dicta duo candelabra*. Architectis nostris *Rondeau*, Ornamentum est columnæ, idem quod *Astragalus* Virgilio, Græcis ἀςράγαλος.

¶ 3. **RONDELLUS**, Musicis nostris *Rondeau*, Intercalaris cantilena. Johannes de Muris Musicus : *Notulæ rubeæ aliquando ponuntur in elegiis et Rondellis huc et illuc, ut ad invicem possint cum aliis perfectionibus computari*. Poetæ nostrates etiam *Rondeau* vocant Rythmum orbicularem, et Hispani *Rondelet* Circularem cantilenam. *Rondelle* vero vocitarunt Galli Parmulam, qua pedites utebantur : quam vocem nonnulli transtulerunt ad Scutulam gladii, vulgo *la garde d'une épée*. Instrumentum ann. 1309. apud Lobinellum tom. 2. Hist. Britan. col. 1639 : *Et aura ledit homme une espée à pointe dou lonc de ceste verge, qui ci est à present, à croez et à Rondelle davant la mein, à plom ront, etc*.

* 4. **RONDELLUS**, Gall. *Rondeau*, Modus agri seu vineæ. Charta ann. 1312. in Reg. 52. Chartoph. reg. ch. 38 : *Item treze Rondeaus de vigne.... qui puent valoir par an douze deniers..... Item dix quartiers de*

vigne..... assis ou garonnage au seigneur de Taillebourc.

* 5. **RONDELLUS**, Globus, Gall. *Boule.* Comput. ann. 1506. ex Tabul. S. Petri Insul. : *Pro quodam Rondello ad ponendum in extremitate baculi vexilli ecclesiæ, vj. sol.*

* **RONDOLA**. Vide supra *Rondela.*

¶ **RONFLARE**, a Gallico *Ronfler*, Stertere, Ronchissare. Processus de B. Petro Luxemburg. tom. 1. Julii pag. 604 : *Puer incipit respirare Ronflando ad modum hominis morientis. Dormit et Ronflat*, apud Menotum Serm. Quadragesim. fol. 176.

* Hinc *Ronflée* dicitur de strepitu, quem equus iratus aut territus naribus edit. Lit. remiss. ann. 1478. in Reg. 205. Chartoph. reg. ch. 42 : *Icelle jument eut paour et donna une grant Ronflée, à laquelle Ronflée le suppliant se tira arriére, etc.*

☞* *Ronfler* vero idem videtur quod *Renvier*, Pecuniam in foliis lusoriis positam augere, in aliis Lit. ann. 1460. ex Reg. 189. ch. 412 : *Ainçois que l'en baillast les cartes, icellui Davy dist aux autres, Je l'envy et Ronfle.* Quæ ludendi ratio *Ronfle* appellatur, in aliis ann. 1458. ibid. ch. 266 : *Lesquelz compaignons commencerent à jouer au jeu de la Ronfle.*

¶ **RONSA**, Teli genus, si vera lectio est, sed mendosam puto. Vide *Romphus.*

* **RONSGE**, vox vulgaris, Pilum, spiculum, Gall. *Epieu.* Joan. Germ. Cabilon. episc. in Phil. III. duce Burg. apud Ludewig. tom. 11. Reliq. MSS. pag. 120 : *Qui aderant cum sudibus ferreis, quos Ronsge appellant, eos usque ad capulum in ventres hostium deducunt.* Vide infra *Runco.*

¶ **RONSINUS**, Ronssinus. Vide *Runcinus.*

* **RONTHINUS**, perperam pro *Ronchinus*, Equus minor. Vide in *Runcinus.* Stat. Pistor. ann. 1107. apud Murator. tom. 4. Antiq. Ital. med. ævi col. 544 : *Statuimus ut potestas et consules de cetero non imponant datium in civitate nec in districtu Pistoriensi, nec præstantiam, nec asbergum, nec Ronthinum, nec equos.* Occurrit rursum ibid. col. 564.

¶ **RONZARE**, Resecare, recidere, Gall. *Rogner*, Ital. *Tagliare; Stonzare.* Statuta Montis-regalis pag. 182 : *Et si aliqua persona Ronzaverit aliquam bonam monetam, vel in parte... amputetur ei manus dextra.* Statuta Civitatis Astæ collat. 14. cap. 6 : *Statutum est quod si aliquis Ronzaverit vel tonderit monetam publice vel privatim, et inde probatus vel convictus fuerit, amittat pro pena libras ducentas.*

¶ **RONZENUS**, Ronzinus. Vide *Runcinus.*

* **RONZILEA**, Falcis species; nisi sit ab Italico *Ronciglio*, uncus. Stat. Mutin. ann. 1306. apud Murator. tom. 2. Antiq. Ital. med. ævi col. 484 : *Eligantur de villis et communibus villarum districtus Mutinæ mille pedites; trecenti quorum sint guastatores de zapis, vanghis, securibus et Ronzileis.* Vide *Runcina* 1.

* **RONZINATA**, *Roncinæ* seu equæ onus. Stat. Taurin. ann. 1360. cap. 125. ex Cod. reg. 4622. A : *Item si aliquis de Taurino vel ibi stans furatus fuerit.... somatam vel Ronzinatam* (feni) *solvat pro bampno solidos decem de die, de nocte vero solidos viginti, et non ultra.* Hinc *Ronssinage*, idem quod *servitium de Roncino*, cum scilicet vassallus equum domino debet, quod pecunia aliquando redimebatur. Charta ann. 1377. in Reg. 119. Chartoph. reg. ch. 232 : *Jehan Flatart trois fiez qui doivent Ronssinage, chascun de soixante solz Tournois, par trois hommages. Item sire Jehan le Mercier bourgeois de Paris en tient un fief, qui doit Ronssinage de soixante solz Tournois.* Vide *Rancinus.*

* **ROORTA**, Superior virga, qua sepes continetur ac vincitur, tortilis ex virgultis laqueus, nostris *Roorte.* Charta Erardi dom. *de Chascenai* ann. 1206. in Chartul. Arremar. ch. 9 : *Homines et mulieres de supradictis villis et grangiis accipient in memorato bosco jarronem et fagum pro Roortis faciendis.* Alia ann. 1264. in Chartul. eccl. Lingon. ex Cod. reg. 5188. fol. 210. v° : *Item duo molendina possunt capere arbores et copas ad opus eorumdem in omnibus nemoribus finagii,.... rameures d'erches, Roorte carrucarum, etc. Rooites pour leur charrues*, in Charta ann. 1341. ex Reg. 74. Chartoph. reg. ch. 68. *Hars et Roertres pour porter lierre et houx*, in Ch. ann. 1301. tom. 1. Probat. Hist. Brit. col. 1176. *Rorte*, eadem acceptione, in Lit. ann. 1354. tom. 4. Ordinat. reg. Franc. pag. 300, art. 38. Lit. remiss. ann. 1387. in Reg. 131. ch. 110 : *Lesquelx avoient mis au col du suppliant une Rorte de bois, qui lui lioit le col et les jambes.* Idem quoque sonat vox *Roollon*, in Lit. remiss. ann. 1478. ex Reg. 205. ch. 182 : *Un baston ou Roollon de cloye, etc.* Vide supra *Reorta.*

* **ROOT**, Ponderis species. Charta Phil. comit. ann. 1163. in Chartul. 1. Fland. ch. 325. ex Cam. Comput. Insul. : *De pensa uncti, id est, smere, vel sebi, id est, Root, unum denarium.* [** *Roet*, Holland. Sebum.]

ROPA, [Supellex quævis.] Charta Jacobi Regis Aragon. æræ 1270. apud *Diago* in Historia Regni Valentiæ lib. 7. cap. 24 : *Promittimus vobis... quod vos et omnes Mauri, tam viri quam mulieres, qui exire voluerint de Valentia, vadant et exeant salvi et securi cum suis armis, et cum tota sua Ropa mobili, quam ducere voluerint et portare secum, etc.* Vide *Roba.* [* Vox Hispanica.]

* **ROPIDA**, Stiria. Glossar. Lat. Gall. ex Cod. reg. 7692 : *Ropida, roupie. Ropidus, roupious.*

¶ **ROPPAGIUM**, f. pro *Rippagium*, Ripa, littus, ora, Gall. *Rivage;* vel tributum in ripis exsolutum, de quo dictum est in *Ripaticum.* Charta Caroli Regis Francorum ann. 1366. apud Baluzium tom. 2. Hist. Arvern. pag. 446 : *Cum... aquis, aquarum decursibus, censibus, redditibus, decimis, parceriis, vendis, subvendis, intragiis, mutagiis, garenis, Roppagiis, salsetis, pratis, pascuis, et aliis proprietatibus et rebus, juribus, deveriis, etc.*

* **ROQUA**, pro *Roca*, petra, rupes. Inquisit. ann. 1268. ex sched. Pr. *de Mazaugues* : *Per terminos positos ad quandam Roquam.* Vide *Roquerium.*

¶ **ROQUERIUM**, Rupes, petra, Gall. *Rocher.* Index MS. Beneficiorum Ecclesiæ Constant. fol. 10. v°. e Musæo D. *de Cangé* : *Item viginti tres virgate terre, super quibus viginti tribus virgatis quatuor sunt in periculo maris, et residuum parvi pretii, videlicet in Roqueriis.* Vide *Rocerium* et *Rocherium.*

¶ **ROQUETUM**, Roquus. Vide in *Roccus.*

* **RORA**, *Paulus capite de Dolore capitis* : *Ex vino comedat, inquit, Roras. Puto corruptum et debeat esse Rodia, quæ sunt malagranata.* Glossar. medic. MS. Simon. Januens. ex Cod. reg. 6959.

¶ **RORAMENTUM**, Pulvis tenuissimus, qui roris instar capillis aspergitur, seu, ut habet Laurentius in Amalthea, *Roramenta, auri ramenta, radiamenta.* Jul. Capitolinus in Ælio Vero : *Dicitur sane tantum habuisse curam flaventium capillorum, ut capiti auri Roramenta respergeret.*

** **RORATE**, Dominica quarta Adventus. Vide in *Dominica.*

¶ **RORI**, Ἀκροςόλιον. in Glossis Lat. Græc. et Græc. Lat. Summitas seu ora navis. In MSS. Sangermanensi et Regio legitur *Fori.* Vulcanius suspicatur esse legendum *Prora*, Martinius *Rostra* : Bayfius ἀκροςόλια opinatur *rostra* Latinis dici.

** **RORIFLUUS**, Rore fluens. *Flumina perenniter Rorifluа*, apud Aldhelmum de Septenn. in Maii Auct. class. tom. 5. pag. 505. Vide Forcellinum.

¶ **RORIGENÆ**, *Rore geniti*, apud Papiam.

RORSUS, Papiæ, *Insensatus.* Ita etiam Glossæ antiquæ MSS. [Videtur esse pro *Revorsus* seu *Reversus*, ut *Rursus* et *Rursum*, pro *Reversum*. Galli dicimus : *Esprit renversé.* Martinius legit *Roscus, Insensatus*, ex eodem Papia; sed legendum putat *Rusceus*, a *Ruscus*, aut quasi ruris plenus, inficetus.]

* **RORTURA**, idem quod supra *Roorta.* Vide in hac voce. Stat. Avenion. ann. 1243. cap. 53. ex Cod. reg. 4659 : *Non molendinarii nec alii cum dicto navigio piscari non audeant, nec liga Rorturæ nec racemos de bosco Augerio vel alibi capere.*

¶ 1. **ROS**. Lex Aleman. tit. 65. § 31 : *Si quis in genuculo transpunctus fuerit, aut plagatus, ita ut claudus permaneat, ut pes ejus Ros tangat, quod Alamanni taudragil dicunt, etc.* Similia habet Lex Bajwar. tit. 3. cap. 12. Adde tit. 5. cap. 17.

¶ 2. **ROS**, *Herba, cum qua cordoanum* (seu corium) *paratur*, Alexandro Iatrosophistæ lib. Passion. cap. 66. Statuta Massil. lib. 1. cap. 38. § 2 : *Addentes etiam quod nullus blanquerius audeat de cætero emere herbas incameratas seu mixtas, vel de eis operari, et quisque qui cordoanum apportaverit sive adobaverit, teneatur sacramento, quod mittat ad minus tertiam partem doros* (melius in MS. *de Ros*) *vel de fausil mixtum; et si quis contra prædicta vel aliquid de prædictis fecerit, puniatur in x. lib. Reg.* Haud satis scio an eadem notione Charta pro Communia Balneoli ann. 1208. ex Schedis D. *Lancelot* : *Modius de Ros* 11. *denar. et saumata obol.* Vide *Rufus* 1.

* 3. **ROS**, Roz, Certa pannorum mensura, vox Gallica. Stat. inter Consuet. Genovef. MSS. fol. 12. r° : *Toutes les tiretaines et les sarges que l'en fait, doivent avoir trois quartiers en Ros ou plus.* Lit. remiss. ann. 1374. in Reg. 106. Chartoph. reg. ch. 182 : *Comme Hennequin de Tournay eust achaté deux Roz de draps, etc.*

* Aliud vero sonat in Charta abb. S. Amandi ann. 1318. ex Reg. 62. ch. 98 : *Pour les carpentaiges qu'il voudroit faire ausdites maisons et hostiels, nous li devons livrer sis milliers de Ros et non plus.* Forte Clavi species.

* 4. **ROS** Syriacus, apud Alex. Iatrosoph. MS. lib. 1. Passion. cap. 136. ubi Glossa : *Est arbor quæ dicitur alnus, vulgo vern, de cortice cujus fit nigra tinctura.*

¶ **ROSA**, Christi sanguis in Eucharistia. S. Ambrosius in Psalmum 118. initio octonarii 14. alludens ad rubeum colorem, habet : *Cernis Rosam, hoc est, Dominici corporis sanguinem.*

¶ Rosa Alba et Rosa Rubra, Factionum nomina, quæ Angliam diu graviterque afflixerunt. Post obitum enim Henrici III. cum Edwardus I. ei surrogatus esset, posthabito fratre ejus majore Edmundo Lancastriæ Duce, quod et gibbo deformis et regno non adeo aptus crederetur; hinc feralia illa dissidia, inter Lancastrenses, qui *Rosam rubram* pro insigni habebant, et Eboracenses, qui *albam*, originem sumsere : quæ inprimis recruduerunt circa annum 1455. sub Henrico VI. ex Lancastrensibus, quem Edwardus IV. *Rosæ albæ* Princeps seu Dux Eboracensis regno depulit anno 1460. Sed intra decennium Henricus e carcere liber, æmulum in Flandriam fugavit, paulo post a Carolo Audace, cujus sororem duxerat, restitutum anno 1471. Atque tunc Henricus in carcere necatus est. Post mortem Edwardi, cum frater ejus Richardus flagitiosissimæ vitæ tutorem ageret Edwardi V. Regis minorennis, eo una cum fratre nefarie occiso, atroci tyrannide regnum occupavit, et occasionem præbuit *Rosæ rubræ* seu Lancastrensibus repetendi jura regni. Erat autem tum caput Lancastrensium Henricus Comes Richmundiæ, qui victo ad Lecestriam et occiso Richardo III. thronum conscendit anno 1485. dictus Henricus VII. Cumque unica tantum filia ex Eboracensium factione superesset Elisabetha, illa in uxorem ducta, utramque *Rosam* conjunxit, ac dissidiis his adeo diuturnis ac cruentis, ut intra non multos annos, octoginta e regio sanguine Pincipes iis consumtos referat Cominæus, finem imposuit : unde hodieque inter Angliæ Regum insignia duplex *Rosa, alba* et *rubra* conspicitur. Hæc post Hofmannum in Lexico, ubi pauca minoris momenti subjungit.

Rosa Aurea, in Dominica Quadragesimæ, in qua cantatur *Lætare Hierusalem*, a summo Pontifice benedici solita, quam ille post Missam in urbe procedens cum Clero Romano, præfert, ac deinde magno alicui Principi, si præsens adsit in Curia Romana, concedit; vel ad aliquem Regem aut Principem, ut eidem Pontifici cum consilio sacri Collegii placuerit, mittit. Ita Ceremoniale Romanum lib. 1. sect. 7. ubi orationes ad Benedictionem describuntur, et quædam de ejus significatione congeruntur, ut et apud Durandum lib. 6. Ration. cap. 53. num. 8. 9. 10. 11. præterea in Epistola 74. Eugenii III. PP. ad Alfonsum Regem Castiliæ, in Epistola Alexandri III. PP. ad Ludovicum VII. Regem Franciæ, quæ exstat apud Radulfum de Diceto ann. 1163. et tom. 4. Histor. Francor. pag. 768. apud Innocentium III. PP. Serm. in eamdem Dominicam, et Petrum Blesensem Serm. 15. Adde Ughellum tom. 1. part. 1. pag. 267. [Epistolam Innocentii IV. PP. apud Baluzium tom. 7. Miscell. pag. 484. et 485. Epistolam Sixti IV. PP. ad Ducem Venetiarum apud Martenium tom. 2. Collect. Ampliss. col. 1532. Ordinem Rom. apud Mabillonium tom. 2. Musei Ital. pag. 135. 176. 236. 471. etc.]

Hanc autem Rosam auream eidem Ludovico Regi contulit Alexander, cum Parisios accessit ad eumdem Regem. Historia Vezeliacensis lib. 4. pag. 582. de Alexandro : *Et sequenti tempore Quadragesimæ accessit ad Ludovicum Regem in urbe Parisiorum : a quo susceptus honorifice, secundum morem Romanæ Ecclesiæ portavit ipse Rosam auream Dominica, qua cantatur Lætare Hierusalem.* Ita anno 1177. cum idem Pontifex Venetiis moraretur, in eadem Dominica, *indutus sacris vestibus, et de consuetudine auream ferens Rosam, cum Episcopis et Cardinalibus ad altare majus* (Ecclesiæ S. Marci) *processit, et completis Missarum officiis, Rosam, quam detulerat, Duci Venetiarum in signum gratiæ Sedis Apostolicæ contulit*, ut habent Acta ejusdem Alexandri apud Baronium. [Sic Urbanus II. apud Turonos ad Ecclesiam S. Martini deductus, Fulconi Andegavorum Comiti *Florem aureum, quem in manu gerebat, donavit : quem ego*, inquit Fulco ipse in fragmento Historiæ Andegav. tom. 10. Spicil. Acheriani pag. 396. *ob memoriam et amorem illius in Osanna*, id est in Ramis Palmarum, *semper mihi meisque successoribus deferendum constitui.*] Tradit præterea auctor Vitæ Urbani V. PP. Joannam Reginam Siciliæ, et Petrum Regem Cypri, Romam venisse, *et cum tunc occurreret Dominica Lætare Jerusalem, in qua consuevit dari per Papam Rosa aurea viro nobili, tunc in Curia existenti, dictam Rosam memoratæ Joannæ tanquam nobiliori, majori et excellentiori, licet vir non existeret, dedisse, Regi prædicto ipsam in hoc præferendo, quæ more solito demum cum Cardinalibus et aliis nobilibus per urbem equitavit.* Joannes II. Archiep. Lugdunens. in Epistola ad Glascuensem Episcopum [tom. 3. Analect. Mabill. pag. 492 :] *Unde et in Dominica, qua cantatur, Lætare Jerusalem, expleta sollemni processione, in qua Rosam auream idem summus Pontifex circumportat, ipsum quasi pro debiti exequutione eadem Rosa remunerat.* Vide Petrum Matthæum in Constitut. PP. pag. 617. [et Martenium de Antiqua Ecclesiæ disciplina in divinis celebrandis Officiis pag. 183. et 184. ubi observat hujus Rosæ ritus describi in variis Ordinibus Romanis a Mabillonio vulgatis; in quibus tamen nulla fit mentio benedictionis, quam ab Innocentio IV. institutam fuisse tradit Auctor ipsius Vitæ apud Labbeum his verbis : *Primus Rosam auream solemni ceremonia ac ritu benedixit, eamque Canonicis S. Justi, hospitibus suis Lugduni, dono dedit.*]

☞ His addam, quod ad Rosam auream peculiares quædam auri præstationes assignatæ fuerunt, uti patet ex Bulla Nicolai V. PP. de Censibus Ecclesiæ Rom. apud Marten. tom. 2. Collect. Ampliss. col. 1302 : *Monasterium S. Vincentii unum marabotinum; Monasterium S. Crucis* (in Alsatia) *duas uncias auri pro Rosa aurea in Lætare Jerusalem.* Bulla Leonis IX. PP. ann. 1409. apud D. *Calmet* in Probat. Hist. Lotharingiæ tom. 1. col. 427 : *Pro donatione igitur libertatis istius, o Crux † ipso sole nitidior, cunctis creatis pretiosior, Petro Apostolo ipso tuo Monasterio* (S. Crucis in Alsatia) *concesso, pro salute animæ meæ, meorumque parentum, ibidem in Christo tuo Domino nostro dormientium, penso annuatim constituto tempore nostræ Apostolicæ Sedi ab Abbatissa ipsius loci solvendam, Rosam videlicet auream, penso duarum Romanarum unciarum, aut factam, sicut fieri solet, aut tantumdem ad faciendum tempore Quadragesimæ, mittendam octavo die antequam a nobis et successoribus nostris consuete portari in quarta Dominica præcedente, videlicet die Dominico, cum cantatur Introitus : Oculi mei semper ad Dominum.* [** Bulla hæc Leonis IX. est anni 1050. in Alsat. Diplom. tom. 1. pag. 164. num. 207. Adde aliam Pii II. ann. 1461. ibid. tom. 2. pag. 393. num. 1367.]

* *Rosa de auro cum musco*, dicitur in Ord. Rom. xj. apud Mabill. tom. 2. Musei Ital. pag. 135. *Rosa aurea cum musco et balsamo*, in Ord. Rom. xij. ibid. pag. 176. *Rosa aurea in qua intus sunt muscus et balsamum*, in Ord. Rom. xiij. ibid. pag. 236. quæ explicantur ab Amelio ibid. pag. 471 : *Papa infundat super Rosam balsamum et musquetum.* Hinc manifesta fit nomenclaturæ ratio, ut et ex Cerem. Rom. MS. fol. 36 : *Finita oratione* (pontifex) *inungit cum balsamo Rosas aureas, quæ sunt in ipso ramusculo, et super imponit muscum tritum, quæ per sacristam ei ministrantur.*

* Rosæ Festum. Vide supra in *Festum* 1.

Rosas olim in hominis natali præbitas ac datas fuisse, docet vetus Inscriptio 636. 12. [Sic et in Vita B. Columbæ Reatinæ Sacerdos dicitur, celebrato sacrosancto Missæ sacrificio, *sacerdotalibus depositis rediisse ad Virginem renuntiare sacrum Pascha Domini eique obtulisse Rosarum primitiem :* quem in locum adnotant Bollandistæ tom. 5. Maii pag. 384 *. nota *l* post Academicos *della Crusca*, Pentecosten passim vocari *Pascha Rosatum*, quia tunc Rosæ floreant, fortassis et invicem donari soleant; addam quia fortassis *Rosæ* cum *nebulis* in Ecclesiis projicerentur, de quo ritu in *Nebula* 2. In loco tamen laudato *sacrum Pascha* Resurrectionis diem indicat, ut recte monent iidem viri eruditi.]

¶ Rosa vice pensitationis annuatim data. Charta Ricardi Comitis ann. 24. Henrici VI. Regis Angl. apud Th. *Madox* Formul. Anglic. gag. 126 : *Reddendo inde annuatim, durante termino prædicto, nobis præfato Comiti hæredibus et assignatis nostris, unam Rosam ad festum Nativitatis S. Johannis Baptistæ, si petatur.* In alia Charta ann. 26. Edwardi Henrici filii ibid. pag. 137. subjicitur, *Pro omnibus serviciis et secularibus demandis*, ut et in alia ann. 1429. ibidem pag. 146 : *Pro omnibus serviciis, exactionibus et demandis;* ita ut hæc Rosa singulis annis ad festum Nativitatis S. Johannis Baptistæ præbita loco fuerit omnium aliarum præstationum et merum signum minimæ subjectionis.

¶ Rosa Crucis, Nomen Congregationis, quæ sub initium sæculi XVII. in Germania emersit. Huic qui nomen dant, *Fratres Rosæ Crucis* dicti, jurant se secretum non prolaturos, ænigmatice sibi invicem scribunt, et Societatis leges se servaturos sancte pollicentur. Jactant se omnium disciplinarum scientiarumque, Medicinæ imprimis, quam hactenus ignotam incultamque jacuisse dicunt, Restauratores; arcana varia maximi momenti se nosse, inter quæ minimum sit Philosophicus lapis, illamque notitiam per traditionem ab antiquis Ægypti Philosophis, Chaldæis, Magis et Gymnosophistis hausisse se gloriantur. Hi, quia vitam hominis communiter ad annum 140. se extensuros promittunt, *Immortales;* quia tam sublimia jactant, *Illuminati;* sed quia ab aliquo tempore, post tot fraudes deprehensas, non in publico comparent, *Invisibles* dicuntur. His addit Hofmannus, Empiricorum abortum esse hanc sectam, dicam potius, nugacium hominum, quorum hæc habetur tabella pluribus in locis Germanico idiomate proscripta ann. 1622 : *Nos Deputati Collegii principalis Fratrum Rosæ Crucis in hac urbe visibiliter et invisibiliter commoramur gratia Altissimi, ad quem respiciunt corda justorum. Absque libris et characteribus docemus, linguisque loquimur regionum, in quibus esse nobis placet, ut homines nobis similes ab errore mortis revocemus.* Vide Gaulterii Chronicon sæc. XVII. cap. 18. Spondanum ad annum 1623. num 8. et Mercurium Gallicum tom. 9. ubi quæ a variis scriptoribus de hac fictitia secta dicta sunt, accurate referuntur.

Rosa Fatuina, apud Apuleium lib. de Herbar. propriet. cap. 64. sic dicta, inquit Humelbergius, quod florem habeat roseum, sed inodorum.

Rosa Græca, [Λυχνίς, ἡ ῥοδοδάφνη.] λυχνίς, βοτάνη, in Gloss. Lat. Gr. [Aliæ Græc. Lat. : Λυχνίς, βοτάνη, *Rosa Græca, Ropulia.* Rosa Græca est *Lychnis* Plinio lib. 21. cap. 4. ad quod Dalecampius : *Nostri ob similitudinem, quam is flos habet cum rosa, Lychnidem vocant Passerose.* Vide *Rosalia.*]

¶ Rosa Hieruntina, vel B. Mariæ, Amomum, vel Aspalathum Gesnero. Vide Vossium de Vitiis serm. lib. 1. cap. 28. et *Rosacetum.*

Rosa Laurea, ῥοδοδάφνη. Apuleius lib. 4. Met. : *Hæ arbores in lauri faciem prolixe foliatæ, pariunt in modum floris inodori porrectos caliculos modice punicantes, quos quidem fragrantis, minime rurestri vocabulo vulgus indoctum Rosas laureas appellat, quarumque cuncto pecori cibus lethalis est.*

¶ Rosæ Lignum. Vide *Rosacetum.*

Rosa Liquida, Oleum rosaceum, apud Antonium Musam lib. de Vetonica cap. 3.

¶ Rosæ Purgatæ, Quibus demtum est album, quod ea pars minime tenera sit ac delicata, apud Spartianum in Ælio Vero cap. 5. ad quem vide Salmasium et Hofmannum in Lexico.

¶ Rosæ Significantia. S. Hildefonsus lib. 2. Adnotat. cap. 46 : *De significantia lilii, Rosæ et violæ : Est quoque candidum lilium flos Virginum, Rosæ purpurantis sanguinis Martyrum, violæ gratia continentium.*

¶ Rosa Vinum Conditum ab antiquis. Vide infra *Rosatum.*

Rosa Virgo, Rosa clausa. Gloss. Iatricum MS. Reg. sign. 1486 : *Virgo rosa, exungulata.* Evodius in Epistola ad S. Augustinum 258 : *Ramos Rosarum virginum, sic enim clausæ appellari solent, de eodem sepulcro surrexisse vidit.*

¶ **ROSACETUM**, seu *Rosæ lignum*, Odoriferi ligni species est, quod in Quantonia Sinensis Imperii provincia, Chaokina producit ad capsulas, mensas, sedes similiaque conficienda aptissimum, quoque vix aliud præstantius; coloris ex nigro rutilantis, venis quibusdam intercisum et artificiosa benigne obstetricantis naturæ quasi manu depictum. Idem in montibus urbis Kiuncheu, quæ metropolis est insulæ Hainau, provenit, uti refert Hofmannus in Lexico post Auctorem Anonymum Sinæ et Europæ cap. 34. Aliud omnino est *Lignum rosæ* Pharmacopolis, quibus idem sonat, quod nostris *Aspalathe,* Aspalathum.

ROSALIA, [Ῥοδιακά, in Glossis Lat. Græc.] Gloss. Græc. Lat. MS : Ῥοδισμός, *hæc Rosalia, hoc Rosalium*, [in MS. Regio, *Roxalium.*] Perperam in edito *Ros alia :* ubi emendandus locus alter ex eodem MS : Ῥοδοδάφνη, *taxus, laurieñdrum, viburnà.* Edit. : [*Taxus*,] *lauria, andrum,* [*viburna, rosa Græca, herba sinaria.*] Meminit porro Balsamon ad Concil. 6. can. 62. col. 62. cujusdam Panegyreos, quam τὰ Ῥουσάλια appellat, et post festum Paschatis ex prava consuetudine, ἐν ταῖς ἔξω χώραις celebrari solitam ait. Vide *Pascha Rosata.*

ROSANAGIUM. Charta Fulconis Comit. Andegavensis ann. 1028. pro fundatione Abbatiæ Roncerei, apud Sammarthanos : *Hic autem Hugo dedit filiæ suæ Rosanagium hujus vineæ et decimam pro vestitu.*

¶ **ROSANALIA**, Lusitanis, Liquor suavissimus in regnis Jannan ex arboribus stillans, cujus meminit Auctor Anonymus Sinæ et Europæ cap. 34.

* **ROSANUM**, Rosa, Ital. *Rosaio*, Gall. *Rosier.* Inventar. ann. 1389. tom. 3. Cod. Ital. diplom. col. 361 : *Tres aliæ collanæ, quarum una.... facta est ad modum unius Rosani, cum botonzellis albis et rubeis.*

¶ **ROSARIA**, si bene interpretor, Arundinetum, juncetum, a Gallico *Roseau*, Arundo, juncus. Chartularium S. Vandregesili tom. 1. pag. 151 : *Controversia quæ vertebatur... super terra, prato, herba, Rosaria, et omnibus vivario de Resenchon pertinentibus tali fine sopita quievit.* Polyptychus Fiscamn. ann. 1235 : *Radulphus de Podio debet sex solidos pro Rosaria sua.* Vide *Roscheria, Roseria* et *Rosetum.*

¶ 1. **ROSARIUM**, Gallice *Rosaire*, Series sacrorum globulorum, majorum 15. et minorum 150. intermixtorum, quos percurrunt recitando *Pater noster*, si majores sint globuli, vel *Ave Maria*, si minores; in honorem scilicet quindecim Mysteriorum Domini nostri J. C. quorum consors fuit B. Virgo Maria : cujusmodi orationis auctor fuisse dicitur S. Dominicus in Bulla Pii V. PP. ann. 1596. ubi usum ejus auctoritate sua confirmavit : *B. Dominicus Spiritu sancto, ut pie creditur, afflatus, occasione, qua Albigensium hæresis per partes Galliarum et Italiæ misere grassabatur... levans in cœlum oculos... admodum facilem et omnibus pervium et admodum pium orandi et precandi Deum, Rosarium, seu Psalterium, B. Virginis nuncupatum, quo eadem beatissima Virgo, salutatione Angelica centies et quinquagies, ad numerum Davidici Psalmi repetita et oratione Dominica ad quamlibet decimam, cum certis meditationibus, totam Domini nostri Jesu Christi vitam demonstrantibus, interposita veneratur, excogitavit et excogitatum per sanctæ Ecclesiæ partes propagavit.* Ubi quod de Albigensibus dicitur, ut recte adnotat Hofmannus, locum non habet apud Alanum de Rupe, Psalterii restitutorem, qui Fraternitatis hujus (namque mox *Fraternitas de Rosario* instituta est) ortum non ab occasione Albigensium, sed Saracenorum piratarum, in quorum manus prope Compostellam incidisset S. Dominicus, arcessit. Sic autem habet Bulla Sixti IV. PP. ann. 1475. qua approbat *Fraternitatem de Rosario* nuncupatam, renovatam Coloniæ per Fratres Ordinis Prædicatorum : *Omnibus et singulis utriusque sexus, dictæ Fraternitatis confratribus et sororibus, in quinque præcipuis B. Virginis festivitatibus, scilicet Annunciationis, Visitationis, Assumtionis, Nativitatis et Purificationis, centum dies indulgentiarum, in qualibet dictarum festivitatum die, atque quotiescumque per se, vel per alium, Rosarium B. Virginis, quod quinquaginta* Ave Maria *cum quinque* Pater noster *continet, legerint seu legi fecerint... misericorditer relaxamus.* Accessere postea ab Innocentio VIII. Pio V. præfato aliisque Romanis Pontificibus indulgentiæ aliæ, eæque adeo amplæ, ut Paulus V. *revocatis omnibus indulgentiis a prædecessoribus suis concessis, tam fraternitatis Rosarii confratribus, quam aliis, novas indulgentias voluerit concedere*, quibus deinceps fruerentur, uti habetur in ejus Bulla Romæ data ann. 1608. Quod vero Petrum Eremitam modum orandi per calculos quinquaginta quinque *ita ordine distinctos, ut post denos singuli majusculi affigantur filo... et quot hi sunt, toties Dominicam precem, quot illi, toties Angelicam salutationem, ter numerum ineundo recitant, terque Symbolum brevius inferant, quod Deiparæ Virginis Psalterium nuncupant*, circa annum 1090. jam invenisse dicit Polydorus Virgilius de Inventione rerum lib. 5. cap. 9. cum iis, quæ diximus de S. Dominico, sic conciliat Alphonsus Fernandes Placentinus Dominicanus in Concert. Prædicat. Fam. ad ann. 1213. ut dicat, *de Rosario posse loqui dupliciter, uno modo, ut est Orarium per calculorum supputationem; aliter, ut est devotio cultus B. Virginis Mariæ complectens potissima vitæ et mortis Filii Dei et ipsius Matris mysteria. Primo modo Rosarium accipientes, fatendum Petrum Eremitam illud adinvenisse, et per calculos filo introductos orare docuisse. Secundo vero modo, ut Rosarium centum et quinquaginta salutationum Angelicarum et quindecim orationis Dominicæ repetitionibus constat, a B. Patre Dominico.... institutum est.* Vide quæ hanc in rem jam dicta sunt in vocibus

Capellina 1. et *Psalterium*. [** Glossar. med. Græcit. in Κομπολόγι Append. col. 107. d.] Rosarii B. Mariæ Virginis ab Hæreticorum calumniis defensionem, una cum mysteriis et Bullis Romanorum Pontificum edidit Josephus Stephanus Episcopus Oriolensis, Romæ ann. 1584. De *Rosarii* devotione Tractatus singularis, paucis abhinc annis, editus etiam est Parisiis apud Ph. Nicolaum *Lottin*, qui potest consuli.

* Consule epistolam Anonymi, ut fertur, Dominicani inscriptam *Viris pacificis Antverpiensibus Actorum Sanctorum Editoribus*, 20. Jan. ann. 1735.

2. **ROSARIUM**, Rosarius rubus, *Rosier*. Valerius in Epist. ad Ruffinum, tom. 9. Operum S. Hieronymi : *Quam illibatam servaverunt vigiliæ, defloravit illusio per somnium, ut semper omne Rosarium aliquo turbine sua purpura spolietur.*

¶ 3. **ROSARIUM**, Ῥοδωνιά, in Glossis Lat. Græc. et Græc. Lat. Hortus rosarum.

* 4. **ROSARIUM**, Locus *rosellis* seu arundinibus abundans, arundinetum. Charta ann. 1334. ex Tabul. D. Venciæ : *Item quod nulla persona privata vel extranea extruat Rosarium dicti castri, sive herbam vocatam res, sine licentia bajuli dominæ* (de Graulerliis). Vide infra *Rosellus* et *Roseria*.

* 5. **ROSARIUM** vel Rosarius, Multi eo titulo donantur libri, inter quos celebris est Arnaldi de Villanova tractatus, qui sic inscribitur in Cod. reg. 7149 : *Liber quondam abreviatus, verissimus thesaurus thesaurum, Rosarius philosophorum, et omnium secretorum maximum secretum, de verissima compositione naturali philosophiæ, qua diminutum reducitur ad perfectum, solicum vel lunicum.* Deinde sic incipit : *Iste liber nominatur Compositor, alias Rosarius, eo quod ex libris philosophorum breviter abreviatus est, etc.* Et ad calcem : *Explicit Rosarium Arnauldi de Villanova.*

¶ 1. **ROSARIUS**, Qui vendit rosas. Glossæ Græc. Lat. : Ῥοδοπώλης, *Rosarius*.

2. **ROSARIUS**, Monetæ adulterinæ species, interdicta in Anglia ann. 1299. et 1300. Vide in *Crocardus*.

* 3. **ROSARIUS**, adjective. *Rosarium craneum*. Vide supra *Craneum*.

¶ **ROSATA**. Vide mox in *Rosatus*.

¶ **ROSATUM**, nude pro *Rosatum vinum*, Rosa conditum. Lampridius in Heliogabalo cap. 19 : *Rosatum ab aliis acceptum pinearum etiam attritione odoratius reddidit. Rosati et absinthiati* rursum meminit cap. 21. ut et Spartianus in Gordianis cap. 19. ubi : *Fuit vini cupidior, semper tamen undecumque conditi, nunc Rosa, nunc mastiche, nunc absinthio, cæterisque rebus quibus gula maxime delectatur.* Simili modo *Rosatum* absolute dicit Palladius Junio tit. 19. et Octobri tit. 15. Gloss. Lat. Græc. et Græc. Lat. : *Rosatum*, ῥόδινον, *roseum*.

¶ Rosatum Pascha, Dies Pentecostes. Vide in *Rosa*, lin. *Rosas olim*, *etc.*

ROSATUS, Rosis distinctus, ornatus, vel coccineus. Papias : *Rosata tunica, quam feniceam, nos coccineam dicimus, ad celandum colorem sanguinis.* [Johannes de Janua : *Rosata, Quædam vestis, quam Græci Feniceam nos Occinum (Coccinum.) Hac sub Consulibus usi sunt Romani Milites; unde Rosati antiqui (antiquitus) vocabantur.* MS. Bituric. : *Feniceam vestem Græci dicunt, quam nos Coccinum dicimus; ipsa est et Rusata.*] Anastasius in Leone III. PP. pag. 143 : *Vela holoserica Rosata numero quatuor, ornata in circuitu de Tyrio.* Ibid. : *Album holosericam Rosatam, ornatam in circuitu de chrysoclavo.* Occurrit apud eumdem non semel. Simeon Logotheta in Chronico in Leone Armenio num. 2 : Τὴν ἐσθῆτα, ἣν ἐπέβλητο ῥοδοειδέσι χροαῖς ἐκλάμπουσαν, etc.

Rosulatus, Eadem notione. Charta donationis Ecclesiæ Cornutianensis, edita a Jo. Suaresio : *In pronao velum lineum purum unum : et intra basilicam pro porticibus vela linea Rosulata sex : et ante secretarium vel curricula vela linea Rosulata pensilia habentia arcus 2. etc.* Rursum : *Vela apoplacia coccoprasina Rosulata duo.* Alias apud Cornelium Frontonem, *Roseus, per se, Rosaceus, mixtus*, dicitur.

ROSCELLA, [Placentæ species, eadem quæ inferius *Rosola* et *Rufeola*.] Veteres Consuetudines Floriacensis Cœnobii cap. 2 : *Feria 2. Paschæ ad prandium debemus habere Roscellas, et per totam hebdomadam pitantiam vini.* [Le Roman *d'Athis* MS :

> Et de beaulx bastez de lardez,
> Et Roisollez, et puis pastez,
> Servent par tout à tel plenté,
> Comme s'il n'eust riens cousté.]

¶ **ROSCHERIA**, f. Idem quod *Rosaria* et *Roseria*. Chartularium S. Vincentii Cenoman. fol. 235 : *Dederunt monachis S. Vincentii illam partem Roscheriarum, quam habebant juxta fontem Sigream.*

ROSCULENTUS, a rore, Rosulentus, apud S. Zenonem Episc. Veron. sermone 3. [Vide Vossium lib. 4. de Vitiis serm. cap. 43.]

¶ **ROSCUS**, Ruscus myrtifolius, aculeatus, Gall. *Houx-frelon*, *Housson*, vel *Petit houx*. Vita Venerab. Idæ, tom. 2. Aprilis pag. 161 : *Tam asperrimis quoque spinarum virgulis aut acuminatis cujuspiam, quam vulgus Roscum nominant, arbusculæ foliis omne corpusculum... flagellabat assidue.* Vita B. Arnulfi, tom. 5. Julii pag. 611 : *Inde est quod virgarum verbera parvipendens, cœpit in silvis Roscum colligere, lignum scilicet virentibus semper foliis aculeatum; faciens inde sibi fasciculos, ex eorum ramis se verberabat omni tempore.* Vide *Rorsus*.

¶ **ROSELLA**, *Parva rosa*, Johanni de Janua. Gualvaneus Flammeus apud Muratorium tom. 12. col. 1044 : *Et sic adimpleta est prophetia abbatis Johacim, qui istum Papam* (Benedictum XII.) *depinxit in habitu albo prementem sub pedibus unum maximum canem, depictum albo et nigro colore ad Rosellas, et canis pedem Papæ forti morsu confringebat.* Sermo est de iis, quæ tentaverat Benedictus in Dominicanos albo et nigro colore vestitos, qui fortiter ei restiterant, et in quorum insignibus canis cum face incensa et rosa cum palma visitur.

* **ROSELLUS**, Arundo, juncus, nostris *Rosel*, nunc *Roseau*. Stat. Avellæ ann. 1496. cap. 156. ex Cod. reg. 4624 : *Si aliqua persona, postea dum ventus espirabit, ignem fecerit in aliqua domo coperta paleis, balcha seu Rosello, vel alio simili, etc. Cum Rosellis, herbis*, in Inventar. Chart. reg. ann. 1482. fol. 206. Charta ann. 1247. ex Chartul. 21. Corb. fol. 95 : *En quelconques heure il seroient trouvé.... Rosel soiant, etc.* Vita J. C. MS :

> En sa destre li font tenir
> Un Rosiel pour lui escarnir.

* *Rouseau* et *Rozéau*, Humeri pars. Lit. remiss. ann. 1449. in Reg. 179. Chartoph. reg. ch. 316 : *La pointe d'icelle dague lui entra ou Rozeau de l'espaule.* Aliæ ann. 1455. in Reg. 191. ch. 131 : *Le suppliant ferit icellui Boucart deux cops, l'un en la cuisse et l'autre ou Rouseau de l'espaulle.*

ROSERA, Species Anseris, apud Fridericum II. lib. 1. de Venatione cap. 19.

¶ **ROSERIA**, Arundinetum, ut videtur, juncetum, a Gall. *Roseau*, Arundo, juncus. Polyptychus Fiscamn. ann. 1235 : *Tenet unum bordagium, unde reddit quatuor solidos, duas gallinas, viginti ova, et de Roseria sua quatuor capones ad Natale... et secat Roseriam et extrahit, et dominus Abbas habet medietatem.* Vide *Rosaria*, *Roscheria* et *Rosetum*.

* Reg. S. Justi ex Cam. Comput. Paris. fol. 244. v° : *Quoddam herbagium cum Roseria.... Item duæ Roseriæ, una magna et una parva : rex capit per unum annum magnam et in alio anno parvam. Rosiere* et *Roussiere*, eodem sensu, in Charta Petri de Chambliaco ann. 1306. ex Reg. 38. Chartoph. reg. ch. 189 : *Le fié de Galeel, tant en resseantises, comme en terres gaingnables,...... Rosieres et pasturages, et ou manoir de Paluel, ès hommes et ès rentes, ès Rosieres et tourbieres, etc.* Lit. remiss. ann. 1410. in Reg. 164. ch. 177 : *Le suppliant vit icellui Estienne en un buisson ou Roussiere.* Vide supra *Rosarium* 4. et *Rosellus*.

* **ROSETA**, dimin. a Rosa. Invent. S. Capellæ Paris. ann. 1363. ex Bibl. reg. : *Item una dalmatica de samito rubeo.... ad Rosetas aureas et perlulas.* Aliud ann. 1376 : *Item unus calix argenti deauratus ad Rosetas supra ipsius pedem elevatas.* Aliud Gallicum : *Item un dalmatique de samit rouge..... à Rosetes d'or et à perles..... Item un calice d'argent doré à Rosetes enlevées sur le pied.* Vide *Rosetta* et infra *Rosula*.

¶ **ROSETA**, Paxillus ferreus, etc. Vide *Rosetus* 1.

¶ **ROSETTA**, Parva rosa, Ital. *Rosetta*. Annales Mediolan. apud Murator. tom. 16. col. 807 : *Centura una facta ad Rosettas perlarum cum mazio et fibbia argenti, cum esmeraldis, etc.*

¶ **ROSETUM**, Arundinetum, juncetum, a Gallico *Roseau*, Juncus, arundo. Literæ Thomæ Dolensis Episc. ann. 1301. ex Archivo Eccl. Dolensis : *Decimas junchetorum et Rosetorum arrestari fecimus.* Vide *Roseria*.

1. **ROSETUS**, seu Roseta, Paxillus ferreus, qui extremo axi infigitur, ne elabatur rota. Anonymus in Vita S. Brigidæ num. 47 : *Auriga vero illius jungens currum, Rosetos oblitus est ponere contra rotas.* Colganus habet *Rosetas*. Ubi Chilienus Monach. num. 48 : *Neglexerat obice currum adfirmare.*

2. **ROSETUS**, Color roseus. Concilium

Budense ann. 1279. cap. de Prælatis : *Cum equitant, vel etiam in publico pedestres incedunt, habeant et deferant cappas rotundas, sub quibus habeant et deferant camiscias albas sive Rosetas, etc.*

* f. et Pauni species. Inventar. S. Capellæ Paris. ann. 1363. ex Bibl. reg. : *Item una casula, una dalmatica et una tunica de Roseto violeto ad pomulas pinus. De Rose viollet à pommes de pin*, in Invent. Gallico. Vide infra *Rostata*.

¶ **ROSEUM**, Pulvis, ut videtur, corticis quernei, quo inficiunt coria. Statuta Civitatis Astæ, ubi de *intratis* portarum : *Rogia ad tingendum solvat pro quolibet rubo lib.* 6. *Roseum ad coreandum coria solvat pro qualibet somata lib.* 6. Statuta Datiaria Communitatis Riperiæ fol. 4. cap. 12 : *De qualibet soma... coriorum et pellium confectarum in Roseo, vel in valania et etiam mascharicia pro introitu solidi sex.* Vide *Ruchia*.

¶ 1. **ROSIA**. Chronicon Farfense apud Muratorium tom. 2. part. 2. col. 472 : *Item pro solidis* LX. *concessit casalem Triblianum cum ejus Rosia et terra ad rivum Calentinum.* Ibidem col. 613 : *Refutavit res de Aquaviva cum podio ejus et Rosiis, ab aqua Transversa usque in Cavas.* An idem quod *Rosetum, Roseria*, Juncetum, arundinetum? Rivus et aqua, de quibus hic fit mentio, utcumque favent huic interpretationi, ut et vox *Rausea* : de qua suo loco. Vide *Rotia* 1.

* 2. **ROSIA**, pro *Rofia* vel *Rufia*. Vide in hac voce.

* 3. **ROSIA**, *Gallice Rosse*, in Glossar. Lat. Gall. ann. 1348. ex Cod. reg. 4120. Num de equa aut de pisce intelligendum sit, haud satis scio.

¶ **ROSIDUS**, *Rore plenus*, Johanni de Janua; *Plain de rosée*, in Glossario Lat. Gall. Sangerman. MSS. Legendum est *Roscidus*, ut est apud Virgilium.

* **ROSILLIA**, Ital. *Rosellia* et *Rosolia*, Maculæ scorbuticæ vel eresipelatosæ. Lambert. *Nerden* in Tract. de Variol. ex Cod. reg. 6983. fol. 194. r° : *Verum blatcæ.... sunt morbilli, et morbilli a quibusdam vocantur rasenum, et hic Florentiæ Raxollia vulgariter, et in vulgari sermone Rosillia vocantur.* Vide supra *Flores* 3. et *Morbus B. Mariæ*.

¶ **ROSIM**, *Mordaciter*, Johanni de Janua : *Rongement, Mordement*, in Glossis Lat. Gall. Sangermanens. MSS.

¶ **ROSINOSUS**. Excerpta Pithœana : *Brumalia, Rosinosa pluvia. Brumosus, Annus*, (Annosus) *Rosinosus*. Sed legendum est, ut in Glossis Isidori *Resinosus*; est autem *Resinosus* idem quod *Reses*. Vide supra *Brumosus*.

¶ **ROSOLA**, Rossola, Placentæ species a colore subrubido sic dicta, eadem quæ suis locis *Rubeola* et *Rufeola*. Sermo apud Apamias ann. 1322. apud Limborch. Sentent. Inquisit. Tolos. pag. 314 : *Ipse dedit dicto Petro Tort unum magnum cantellum de placenta et duo frustra de Rosolas.* Statuta Monasterii S. Claudii ann. 1448. pag. 81 : *Item, et die Nativitatis Domini, quolibet anno, debet Pittantiarius ministrare præfatis domino Abbati et Conventui, generalia tritarum, necnon et in unum receptum secundum consuetudinem ejusdem monasterii, in quo pigmentum; videlicet cuilibet Religioso unum cotetum et quatuor pintas vini, quinque Rossolas et unum magnum panem.*

¶ Rosolia, Rossolie, Eadem notione. Usus Culturæ Cenomannensis : *Generale et pitanciam debent habere de bonis et magnis piscibus, et Rosolias, et duo pulmenta, et charitatem de optimo vino.* Et alibi : *Generale et pitantia sit de bonis piscibus, et Rossolias, aut alia pitancia in loco Rossoliarum, si tempus non est comedendi adipem.* Ex quibus posterioribus verbis patet *Rossolias* in hoc Monasterio adipe conditas fuisse; ex quo tamen non continuo sequitur eodem modo in aliis Monasteriis fuisse confectas, ubi pro adipe butyrum potuit adhiberi. Quas nostri *Rufeolas*, seu *Rossolias*, ut hic habetur, vocabant, eas Germani *Cratones*, seu *Grapfones* appellabant a Teutonico *Grapfen*, quæ ipsis placentulæ species est in altum erectæ ex farina et butyro confectæ. Vide *Cratones, Roscella* et *Rufeola*.

¶ **ROSOR**, Qui rodit. *Mures horreorum Rosores*, S. Ambrosio Serm. 81. Johannes de Janua in *Rosorius : Dicitur hic Rosor, et hinc Rosorius, corrosorius, vel comprehensorius; et hoc Rosorium, Locus ubi roditur aliquid.*

¶ **ROSPUS**, Bufo, Italis *Rospo*. Vita S. Petri Cœlestini PP. tom. 4. Maii pag. 453. et apud Muratorium tom. 3. pag. 631. col. 2 :

Hic fuit, hic jacuit. Serpentibus atque lacertis
Hic locus est : Rospi comites recubantibus adsunt.

* Est etiam piscis ejusdem nominis. Vide supra *Erango*.

ROSSA. Charta Henrici III. Regis Angl. tom. 2. Monastici Anglic. pag. 211 : *Et totam daylam marisci, tam de Rossa, quam de prato, etc.* Forte *Mossa*. Vide *Mussa*.

☞ Erit forte qui credat, *Rossam* idem esse quod *Rosetum*, Juncetum, quod juncos in *mariscis* seu locis palustribus nasci notum sit omnibus.

* **ROSSANE**. Testam. Isaac. medici Carcass. Judæi ann. 1305. ex Chartoph. reg. Montispess. : *Item et aliam sarcinatam vini in festo Circumcisionis Domini, dicto in Hebraico Rossane.*

* **ROSSATINUM** Animal, Equus minor vel mulus, a *Runcinus*. Vide in hac voce. Charta ann. 1476. inter Probat. tom. 3. Hist. Nem. pag. 333. col. 1 : *Non intelligitur pœna prædicta incurri, nec debere exigi seu persolvi.... quoad animalia Rossatina.* Transact. ann. 1501. ex sched. Pr. *de Mazaugues : Dominus dicti castri negabat ipsos homines habere facultatem pro suis bladis et granis calcandis adjungendi, nec eorum animalia Rossatina ac alia, nec quovis modo inter se apariandi.... Quod si et ubi ipse magnificus dominus non haberet aliquas equas sive avere Rossatinum, etc.*

* **ROSSELUM**, Arundo, ut supra *Rosellus*; vel Baculus, quem nostri *Roussel* vocabant. Chartul. S. Joan. Angeriac. fol. 46. r° : *Dereliquit totam suam calumniam in manu abbatis per quoddam Rosselum.* Lit. remiss. ann. 1400. in Reg. 156. Chartoph. reg. ch. 14 : *Icellui Lambert prist un baston sans fer, nommé au lieu* (en la ville de Bray) *un Roussel.*

ROSSINUS, Equus minor. Vide *Runcinus*.

¶ **ROSSIS**, vel Rosse. Vide *Rausus*.

¶ **ROSSOLIA**, Placenta. Vide *Rosolia*.

¶ **ROSSUM**. Charta Bernardi-Atonis Vicecomitis Nemaus. ann. 1145. in Probat. novæ Hist. Occitan. tom. 2. col. 508 : *In nundinis quoque, quas in civitate Nemausi per octo dies a festo B. Martini incipientes fieri volo atque decerno, laudo et concedo omnibus vobis prædictis et successoribus vestris, per me et per meos, medietatem omnium usaticorum et omnium leddarum, quæ ex ipsis nundinis exierint. Hæc omnia, sicut supra scripta sunt, vobis laudo et concedo, ut ea de me et de meis ad feudum vos et vestri in perpetuum habeatis et teneatis; excepto eo, quod de corda et quintali et sextario Rossi accipio.* Mendum esse suspicor in hac voce, ac fortean pro *sextario Rossi* legendum unica voce *sextairalaico*, aut alio simili vocabulo, quod jus significet *Sextariatici*. Mox ibidem habetur, *excepto tamen sextairalaico, quod nobis semper integrum retinemus.* Vide *Sextariaticum*.

¶ 1. **ROSSUS**, Ruber, Italis *Rosso*, Gallis *Rouge*. Acta S. Antonini Archiep. tom. 7. Maii pag. 682 : *Sericeo operimento coloris rubei, vulgo dicti veluto Rosso.*

* *Rossiée*, eodem sensu, vel color roseus, in Lit. remiss. ann. 1395. ex Reg. 148. Chartoph. reg. ch. 113 : *Un chapperon à femme de coleur de Rossiée.*

¶ 2. **ROSSUS**, Monetæ minutioris species, ut opinor, fortean æreæ, unde dicta *Rossus*, quasi Ruber, aut Rufus nummulus. Testamentum G. Comitissæ Montisferrandi ann. 1199. apud Baluzium tom. 2. Hist. Arvern. pag. 257 : *Legavi... a Peyronala de Vila* XX. (*solidos*) *a Marieta de Niverns* XX. *a Bona fenna* XX. *a mon chapella* C. *W. de Chamvers* C. *et* I. *Rossi, alii clerico* XX.

* Mendum esse suspicor pro *Grossus*. Vide in hac voce.

ROSTA. Historia Cortusiorum lib. 1. cap. 7 : *Jussit fieri Rostam in flumine, et Paduam privavit aqua; et sic caruit molendino.* Cap. 14 : *Qui statim per Rostam factam juxta viridarium S. Justinæ civitatem intraverunt furtive.* Cap. 16 : *In dicto flumine fecit Rostam, et sic aqua quæ naturaliter debet currere versus mare, cœpit currere versus Paduam per obliquum.* Italis *Rosta*, flabellum sonat, nostris *Eventail*; quo vocabulo etiam vulgo designamus obicem illum ex asseribus, qui aquas in molendino continet, quo laxato, eæ elabuntur.

☞ Huic notioni propius accedit altera hujus vocis significatio apud eosdem Italos, quibus *Rosta* etiam est Asser in tabulato, qui annexo fune ducitur et reducitur ad moventis voluntatem, ut sunt illi asseres mobiles aquis oppositi in molendinis. Pro quovis aggere aquis continendis accommodo, nostris *Ecluse*, utuntur Rolandinus Patavinus lib. 9. cap. 9. apud Muratorium tom. 8. col. 306 : *Milites quidam et pedites die* X. *exeunte Julio manserunt, ut Rostam rive clusam dirumperent.* Regimina Paduæ ad ann. 1312. ibidem col. 429 : *Paduani... vastaverunt Rostam, et aperuerunt aquam malo velle domini Canis.*

Chronicon Estense ad ann. 1312. apud eumd. Murator. tom. 15. col. 374 : *Paduani vero cum exercitu suo posuerunt se longius causa aperiendi quamdam Rostam positam in flumine Bachilionis, et rupta fieret fluminis, et iret usque Paduam.* Rursum occurrit ibid. col. 419. in Statutis Civitatis Mutinæ fol. 68. rub. 348. et alibi. [** Vide Murator. Antiq. Italic. tom. 2. col. 1283. in hac voce.]

* **ROSTAROLUS**, dimin. a *Rosta*, Italis, Flabellum. Invent. MS. thes. Sedis Apost. ann. 1295 : *Item unum Rostarolum parvum quadrum de pennis pavonum.*

* **ROSTATA**, Panni species videtur. Invent. S. Capel. Paris. ann. 1335. in Reg. I. Chartoph. reg. ch. 7 : *Item una casula, una dalmatica et una tunica de Rostata violacea, cum pomulis pini.* Eadem rursum leguntur in alio Invent. ann. 1340. ibid. ch. 8. sed utrobique legendum puto *Roseata.* Vide supra *Rosetus* 2.

* **ROSTELLUS**, Pars lanceæ rotunda, nostris *Rouelle.* Lit. remiss. ann. 1354. in Reg. 82. Chartoph. reg. ch. 312 : *Petrus de Drulha in hoc, causa boni, superveniens pro separando ipsos, cum Rostello lanceæ percussit dictum vulneratum.* Aliæ ann. 1395. in Reg. 148. ch. 284 : *Icellui Pelotin...... fery le suppliant derechief sur l'espaule de la Rouelle d'icelle picque.*

¶ **ROSTER**, Ῥύγκος, in Glossis Lat. Græc. Aliæ Gr. Lat. : Ῥύγκος, *Rostrum.* Et mox : Ῥύγκος, *Rictus*, *Rustrum*, *Roster,* ex variis codicibus MSS.

* **ROSTICUM**, Ager incultus, qui de novo colendus locatur, nostris *Rotis*, alias *Rostier;* unde *Rotisser,* de novo arare : forte a Gallico *Rotir,* comburere, quod incensis primum dumis et vepribus id fiat. Charta senesc. Xanton. ann. 1312. in Reg. 52. Chartoph. reg. ch. 155 : *Mandamus quatenus Rostica, sive les Rostiez, de castellania de Ruppeforti, necnon terras et alias possessiones vacantes in castellania de Fourras,.... ad censum perpetuum concedatis.* Vide *Rothus.*

¶ **ROSTIDUS**, Assus, *Roti.* Vide *Rostum.*

ROSTRA Calceorum, Acumina scilicet calceorum, quæ [ῥωθώνια Mauricio lib. 12. Strateg. pag. 203. ὀξεῖαι, Leoni in Tacticis cap. 6. § 26. denique] Annæ Comnenæ πεδίλων προάλματα dicuntur : ita enim Scriptores vocant prominentes et ultra pedum longitudinem prosilientes extremas calceorum partes, in acumen quoddam desinentes, ut ad eamdem Annam pluribus observavimus. Adalbero Laudunensis in Carmine ad Robertum Regem :

Cœpit summa pedum cum tortis tendere Rostris.

Boetius seu auctor de Disciplina Scholarium cap. 2 : *Rostratis tabulatisque calceis ut Regina incedere, etc.* Ejusmodi autem Rostra sic describit Joannes Architrenius lib. 2. cap. 3 :

. . . . soleæ substringitur arcu
Calceus obliquo, pedis instar factus, ut ipsos
Exprimat articulos, cujus deductior ante
Pinnula procedit, pauloque reflexior exit,
Et fugit in longum, tractumque inclinat acumen.

Calceorum de corduba Rostra tortitia, apud Guibertum lib. 1. de Vita sua. *Calcei ad aquilini Rostri speciem*, apud Petrum Damian. lib. 5. Ep. 16. *Rostra*, in Regula Templariorum cap. 29. *Sotulares rostrati vel cordellati*, in Synodo Nemausensi ann. 1284. *Sotulares Rostrati* interdicuntur [Canonicis, in Statutis Benedicti Episc. Massil. ann. 1230. ex libro viridi Episcopatus ejusdem urbis,] Sacerdotibus, in Constit. Galonis Card. ann. 1208. cap. 3. in Concilio Parisiensi ann. 1212. part. 2. cap. 9. in Sarisberiensi ann. 1217. cap. 10. in Præceptis Synodalibus Petri de Collemedio Archiep. Rotomag. ann. 1245. in Constitutionibus Nicosiensibus cap. 8. in Synodo Bajocensi ann. 1300. cap. 33. 123. in Concilio Londinensi ann. 1342. cap. 1. etc. [*Nec ocreis Rostratis quis utatur,* in Statutis Monasterii S. Audoeni Rotomag. apud Marten. tom. 1. vett. Scriptorum part. 1. pag. 300. edit. ann. 1700.] Vide Gobelinum Personam ætate 6. cap. 49. et supra in v. *Poulainia*, et prætérea Glossarium mediæ Græcitatis in Ῥωθώνια.

¶ **ROSTRARE**, Quasi rostro quærere. Glossæ Lat. Græc. : *Rostrat*, ἐπιζητεῖ. Vulcanius corrigit *Rastrat;* sed nihil mutandum esse contendit Martinius, cui ἐπιζητεῖ, idem est quod Appetere, et *Rostrare*, idem quod Rostro captare et appetere, vel quærere. Hanc opinionem firmant Glossæ Græc. Lat. ubi : Ἐπιζητεῖ, *Rostrat*, *desiderat*, *requirit.* Vox ducta est ab avibus, ut videtur, ac fortassis etiam a porcis, qui rostro quærunt escam. Apud Plinium lib. 18. cap. 19. legitur : *In collibus transverso tantum monte aratur, sed modo in inferiora, modo in superiora Rostrante vomere*; alias *Reptante.* Budæus *Rostrante* exponit Rostrum impingente : cui Harduinus addit : Vel rostrato forte vomere dixit, hoc est, simplici, non aurito, quo utuntur in planis, auctore Palladio 1. cap. extremo.

¶ **ROSTRATUM** Præsidium, Arx munitionibus rostratis, id est, acuminatis septa, apud Matthæum de Captiv. Pisarum, tom. 19. Muratorii col. 180. Vide *Rostra calceorum.*

* **ROSTRUM**, Forum; quod *Rostra* Romæ in foro essent. Præfat. ad Chartul. S. Petri Carnot. cap. 5. cui titulus, *Aganus : Simili modo vagabundi* (Barbari Normanni) *per Rostrum* (urbis Lunensis) *ementes pariter et vendentes, euntes et redeuntes crudeli ense perfundunt sanguine, vectigalia* (al. *venalia*) *quoque, quæ in Rostro repererunt, ad rates exportaverunt.*

¶ **ROSTULUS**, perperam pro *Rotulus*, Mensuræ species. Vide *Rotulus* 2.

ROSTUM, Assum. Boxhornius in Lexico Prisco-Britannico : *Rhost, assum*, *assatum.* Antiquam vocem Britannicam esse ostendit nomen Regis Armoricani, *Daniel Dremrost*, ab ustis oculis, vel usto vultu sic dicti. [** Vide Graff. Thesaur. Ling. Franc. tom. 2. col. 552. radice *Rôst.*] [Ordinatio Humberti II. super numero et ordine mensarum, tom. 2. Histor. Dalphin. pag. 311. col. 1 : *Primum ferculum... de... quarta parte unius rotuli de carnibus porcinis recentibus in Rosto inter duos quoslibet cum salsamento prout supra.* Pluries occurrit ibidem pag. 312. col. 1. et 2. Statuta Monasterii S. Claudii ann. 1448. pag. 81 : *Pittantiarius* (*debet in carnisprenio*) *unam peciam bovis et unam porci cum Rostis assuetis.*] *Rhostio*, *assare*, *torrere.* Le Roman *de Vacce* MS :

Ja li Rois, ce dit-il, ne menjera de Rost,
Se Herout en sa terre, come fol ne l'eut lost.

Charta ann. 1148. apud Puricellum in Ambrosiana Basilica pag. 704 : *Pullos rostidos, et lumbulos cum panitio, atque porcellos plenos, etc.* [Haud satis scio qua notione vocem *Roste* usurpet le Roman *de la guerre de Troyes* MS :

Et la beste qi n'est pas sage,
Vient à la foille et à l'ombrage,
Ni let sa mort, ni son encombre,
Roste senpuis dort à l'ombre.]

* Mendum subesse opinor in hac voce ex Poemate belli Trojani laudata.

* Hinc *Rostier,* pro *Gril*, Craticula. Vide infra *Rotherium.* Paraph. psalmi *Miserere* ad calcem Mirac. MSS. B. M. V :

Por coi vivoit sor le Rostier
Li bons Leurens, (*qui*) de mengier
Sa char les tyrans semounoit.

* *Se Rostir,* pro *se chauffer,* Calefacere se, in Lit. remiss. ann. 1379. ex Reg. 116. Chartoph. reg. ch. 54 : *Un varlet de chevaux de nostredit chevalier* (Mathieu de Roye) *vint en la cuisine dudit hostel, et la se despoilla pour soy toster ou Rostir. Rosti*, vox irrisionis, in aliis ann. 1394. ex Reg. 146. ch. 326 : *Icellui Perrin dist audit Gilet par maniere de moquerie en ceste maniere : Un tel Rosti comme tu es, est bien taillié de saillir ces deux fosses.*

* *Roste* vero forense vocabulum apud Leodienses, cujus significatio mihi incomperta prorsus est. Instr. ann. 1355. tom. 2. Hist. Leod. pag. 421 : *Item que ly femme qui marchande soit de consentement de son mary et de lez lui demourant soy Roste par loy des debtes qu'il doibt, que ons en resiewe sondit mary.*

* **ROSULA**, dimin. a Rosa. Inventar. S. Capel. Paris. ann. 1335. in Reg. I. Chartoph. reg. ch. 7 : *Item una tunica de samitto rubeo, frestata de auro, cum Rosulis aureis ad perlas.* Aliud ann. 1363. ex Bibl. reg. : *Item una toaillia broderiæ ad Rosulas.... Item tres cappæ ad Rosulas aureas.* Vide supra *Roseta.*

ROSULATUS, Rosis distinctus. Vide *Rosatus.*

¶ **ROSULENTUS**, Rosaceus, roseus. Vita S. Gudwali, tom. 1. Junii pag. 737 : *Absentibus vero tanquam sertum Rosulentum ex odore suavitatis apparuit.* Epistola Ellingeri Monachi apud Mabillonium tom. 4. Analect. pag. 358. inscribitur : *Comarcô Froumondo mire Rosulenti splendoris in cunctis emerito, Ellingerus omnium hominum extimus, quicquid in Christo adoptari potest festivius.* Utuntur Prudentius in Passione S. Eulaliæ v. 199. et Martianus Capella lib. 1. pag. 19.

ROSUM, Ῥόδον, in Gloss. Græc. pro *Rosa. Rosum unguentum*, pro *Roseum*, in l. 21. D. de Auro, argento, etc. in Cod. Florentino : *Sed et valetudinis; qualia sunt commagena, crina, Rosa, mura.*

* **ROSURA.** Vide supra *Rasura* 5.

* **ROSUS**, Juncus, arundo. Inquisit. ann. 1268. ex sched. Pr. *de Mazaugues : Vidit multotiens quod illi, qui volebant intrare dictum territorium causa pascendi, vel*

boscairandi, *vel colligendi Rosum*, *veniebant ad eum pro licentia impetranda faciendi prædicta.* Vide supra *Rosellus.*

1. **ROTA**, apud Græcos genus fuit tormenti, uti docemur ex Tullio lib. 5. Tuscul. et Apuleio lib. 3. et 10. Metamorph. Suidas ὄργανον βασανιστικὸν καὶ διατεῖνον τὰ σώματα fuisse ait. Alibi, ξύλινόν τι ἐν ῷ δημούμενοι οἱ οἰκέται ἐκολάζοντο. Sed aliud prorsus fuisse supplicium jure contendit Cujacius lib. 3. Observ. cap. 28. ab eo, quod Franciscus Rex in grassatores instituit, ubi fractis membris semianimes in altum elatis rotis supini imponuntur : cum in supplicio illo veterum, rei rotis alligati crudeliter torquerentur ac distenderentur : de quo quidem veterum supplicio egere alii, ac inprimis Anton. Gallonius de SS. Martyrum cruciatibus cap. 2. Acta S. Julianæ Virginis et Mart. cap. 3. num. 14 : *Tunc Præfectus jussit afferri Rotam ferream*, *et figi in ea gladios acutos*, *et super ipsam Rotam imponi Virginem*, *ut staret Rota in medio duarum columnarum*, *et quatuor milites de ista parte*, *et alios quatuor ex alia parte*, *et milites trahebant Rotam*, *et Julianam habebant superpositam. Trahentes autem milites machinam tangebant*, *et nobile corpus virginis Christi omnibus membris findebatur*, *et medullæ de ossibus ejus exibant*, *et tota Rota tingebatur de illa*, *etc.* Adde Vitam sancti Ephremi num. 10.

Non aliud tamen fuit ferme Rotæ supplicium ab hodierno, sub prima Regum nostrorum stirpe, atque adeo posterioribus sæculis, cum rei confractis ossibus morituri, vel post suspendium, vel capitis minutionem, rotæ ad spectaculum et ludibrium innecterentur. Gregorius Turonensis lib. 6. Historiæ cap. 35. et Aimoinus lib. 3. cap. 52. ubi de feminis maleficis : *Alias enecat*, *alias incendio tradit*, *alias Rotis ossibus confractis innectit.* Ditmarus lib. 4. pag. 48 : *Miser captus est*, *fractisque cruribus Rotæ superpositus.* Andreas Suenonis lib. 7. Legum Scanicarum cap. 11 : *In Rota distento corpore suspendatur*, *vel lapidibus obruatur*, *etc.* Galbertus in Vita Caroli Comitis Flandriæ num. 95 : *Post hæc vero utrorumque corpora virorum* (qui patibulo suspensi fuerant) *Rotæ plaustri superposita*, *in malo altissimo fixæ*, *videnda universis transeuntibus proposuerunt*, *etc.* Idem num. 119 : *Eodem die captus est*,... *et in Rota malo superinfixa ligatus*, *disperditionem vitæ perpessus*, *omnium spectaculum fuit.* Adde num. 122. Philippus Galtherus lib. 8. Alexandreidos, de cæde ejusdem Caroli pag. 64 :

Hoc habitu quondam Burchardum Flandria vidit
Solventem meritas occiso Principe pœnas,
Quem Rota pœnalis pro tanto crimine torsit,
Totaque confregit Ludovico vindice membra.

Vide præterea Galterum Tervanensem in Vita ejusdem Caroli cap. 39. et 42. et Sugerium in Ludovico VI. pag. 316. Cæsarius lib. 2. Mirac. cap. 6. de homicida : *Statim data super eum sententia*, *pœnæ Rotali adjudicatus est.* Adde lib. 10. cap. 37. lib. 11. cap. 54. 55. Willelmus Heda in Wilebrando Episcopo Trajectensi : *Cum socio ignominiose trucidatur*, *impositus Rotæ*, *stipite exaltatus*, *quod maximæ apud Germanos judicatur infamiæ.* Continuator Nangii ann. 1326 : *Prius enim in pilorio vertitur*, *et deinde ambæ manus scinduntur*, *et in Rota eminente ligatus ponitur*, *pugnis abscissis ante eum ad circumferentiam Rotæ pendentibus*, *etc.* Ægidius de Roya ann. 1328 : *Deinde tractus ad patibulum*, *fractis cruribus et membris decapitatus fuit*, *et positus super Rotam*, *atque suspensus cum eadem Rota ad novum patibulum miræ altitudinis cum suis consortibus.* Denique Continuator Chronici Carionis ann. 1535 : *Rotæ supplicium hoc anno mense Januario primum in Gallia adversus latrones decernitur.* [Johannes *du Tillet* Episcop. Meldensis in Chronico : *Anno* 1535. *lex contra latrones lata*, *salutaris admodum omnibus peregrinantibus et iter facientibus*, *ut pedibus*, *brachiis*, *dorsi spina et cervice fracta et conquassata*, *tamdiu sublimes in Rota vivant*, *quamdiu animam de cœlo trahere poterunt.* Gesta Balduini de Luxemb. Trevir. Archiep. lib. 1. cap. 9. apud Baluzium tom. 1. Miscell. pag. 106 : *Proprium occultæ nationis fratrem*, *qui propriam uxorem interfecerat spe solemnioris... supplicio Rotali interimere permisit.*] Ejusce supplicii meminerunt præterea Albertus Stadensis ann. 1192. Annales Colmar. 1. part. ann. 1293. 2. part. ann. 1293. Albertus Argent. pag. 114. 117. 155. 169. 178. Genealogia Regum Daniæ pag. 217. Godefridus Monachus S. Pantaleonis ann. 1226. Chronicon Leodiense apud Labbeum, et Levoldus Northovius eod. anno, Historia Archiepiscoporum Bremensium pag. 114. Magnum Chronicon Belgicum pag. 227. 286. Suffridus Petri in Episcopis Leod. cap. 10. 18. Æneas Silvius in Histor. Bohem. cap. 8. etc. Vita Balduini Lutzemburg. Archiep. Trevir. lib. 2. cap. 12. Hermannus de Lerbecke in Chronico Comitum Schawemburg. pag. 37. etc. Apud Suecos jure antiquo, feminas rotæ imponi, aut ad ramum arboris suspendi vetitum. Mas vero rotæ imponebatur, femina autem sub arena defodi debebat, ut observat Joann. Stiernhookus de jure Sueonum vetusto pag. 356. Vide Turnebum lib. 7. Advers. cap. 16. Hadrianum Junium lib. 3. Animadv. cap. 12. pag. 145. [Frontonem Duceum ad S. Basilium pag. 42. Menagium in Etymologiis Gallicis v. *Roue*,] [** Grimm. Antiq. Jur. Germ. pag. 688.] etc.

Rotare, Rotæ supplicio punire, Gallice *Rouer.* Magnum Chronicon Belgicum ann. 1213 : *Per vicos et plateas ut canis vilissime tractus*, *tandem in rota eminentissima Rotatus est*, *etc.* Joannes de Beka in Joanne II. Episcopo Trajectensi : *Idem Gerardus inter acerba supplicia dire Rotatus est.* [Statuta Guidonis Episc. Traject. ann. 1310. in Batavia sacra pag. 177. col. 1 : *Item prohibemus sub pœna excommunicationis*, *ne aliqui*, *qui mortem sibi conspirarunt*, *seipsos laqueo suspendendo*, *vel qui suspensi*, *decollati vel Rotati*, *aut alias propter suum scelus interfecti sunt*, *in Ecclesiis vel cimeteriis sepeliantur*, *nisi de nostra seu Officiarii nostri licentia speciali.* [Anonymus in Chronico Sclavico ann. 1369 : *Qui apprehensus Rotatus est*, *et in quatuor partes divisus*, *et super rotas quatuor positus*, *secundum quatuor civitatis partes.* Adde ann. 1387. Albertum Stadensem ann. 1226. Ægidium de Roya ann. 1328. Ericum Upsaliensem lib. 3. Hist. Suecicæ ann. 1189. lib. 4. pag. 119. etc. Vide *Rotatio.*

Inrotare, Eadem notione. Lambertus Ardensis pag. 169 : *Alios Inrotavit*, *alios impartiavit*, *alios caudis jumentorum protrahendos et discerpendos adhibuit.*

** Rotam Aratri Gestare, Pœnæ species, apud Otton. Frising. de gest. Frider. lib. 2. cap. 28. Vide *Sellam gestare* in *Sella*, 2. et *Harmiscara.* Verba *Rusticus aratri rotam* non leguntur in edit. Basil. Otton. Fris.

2. **ROTA**, Lychnuchus, in formam rotæ a fornice pendens in ædibus sacris, quem alii *Coronam* vocant. Adamnanus de Locis SS. lib. 1. cap. 6 : *Cujus* (Ecclesiæ) *in superioribus grandis quædam ærea cum lampadibus Rota in funibus pendet.* Ita usurpat S. Bernardus lib. de Vita et moribus Clericorum cap. 11.

* Charta Math. episc. Trec. ann. 1175 : *Rotam S. Bartholomei et consecratum cereum Paschæ in servitio ecclesiæ communiter expendent.* Alia ann. 1248. in Necrol. MS. eccl. Paris. : *Ordinavimus in honore omnipotentis Dei et felicissimæ Matris ejus in eodem loco statuere.... duas Rotas ferreas*, *quarum Rotarum quælibet habebit centum cereos in festo Purificationis B. Virginis*, *qui illuminabunt ecclesiam.*

3. **ROTA**, Pallii Ecclesiastici species, in formam rotæ effícti, vel pallium rotarum figuris distinctum. Anastasius in Leone III. PP. pag. 143 : *Fecit vestem albam holosericam rosatam*, *habentem in medio tabulam de Tyrio cum historia Crucifixi. Nec non et Rotas de chrysoclavo ornatas in circuitu de quadrapulo.* Infra : *Fecit... et Rotam de chrysoclavo ornatam in circuitu de Tyrio.* Le Roman *de Garin* MS :

Bues i offre un vert paille Roé.

Le Roman *de Parise la Duchesse* :

Li Dus Renart offert quatre pailes Rocz.

4. **ROTA**, in Monasteriis Sanctimonialium, turricula lignea versatilis, qua necessaria in Monasterium inducuntur, nostris, *Tour.* Regula Sororum Minorum Monasterii Humilitatis B. Mariæ Parisiensis diœcesis ab Urbano IV. PP. exarata ann. 1263 : *Sine Ministri licentia non habeatur nisi una Rota conveniens in Conventu*, *per quam necessaria sororibus concedantur*, *et auferantur etiam auferenda : hæc siquidem taliter ordinetur*, *ut nihil possit ea mediante videri.* Visitatio Monasterii S. Francæ in diœcesi Placentina ann. 1338. apud Petrum Mariam Campum : *Fiat etiam ibi in dicto muro una Rota lignea volubiliter ad porrigendum paramenta*, *libros*, *et alia*, *etc.*

5. **ROTA**, Instrumentum Musicum. Vide *Rocta.*

6. **ROTA.** Hariulfus lib. 3. Chronici Centulensis cap. 8. *de libris Isidori : Etymologias*, *Rotarum*, *proœmiorum*, *et Rotarum et officiorum : Item proœmiorum*, *item Rotarum*, *etc.* Ubi editur ad marginem, id est *Cantuum seu Hymnorum.* Vide *Rocta.*

7. **ROTA**, pro Mensura Italica. Charta Gregorii IX. PP. apud Ughellum tom. 7. Ital. sacræ pag. 60 : *Casei Rotarum ducentarum sexaginta sex*, *leguminum modiorum* 80. *risi modiorum* 19. *olei Rotarum* 95. *zuccari Rotarum* 38. *etc. Rotæ ceræ*, [pro Massa

circulari, nostris *Pain de cire*, in fallor,] in Charta ann. 1300: apud eumdem tom. 4. pag. 960.

* *Reon*, eadem acceptione, ut videtur, in Reg. S. Justi ex Cam. Comput. Paris. fol. 195. r° : *Item duo sextaria et duo boisselli ordei. Item duo Reons de chous.* A forma orbiculari procul dubio : unde pro Globulus, Gall. *Bouton*, occurrit in Comput. Rob. de Seris ex Reg. 5. Chartoph. reg. fol. 7. r° : *Boucle, mordant, tretpas, Reons touz dorez.*

¶ 8. **ROTA**, Rotta, Turba, manipulus, globus hominum, Germanis etiamnum, ut et alias Gallis *Rotte*. Statuta Equitum Teutonic. art. 86. apud Raimundum Duellium tom. 2. Miscell. pag. 62 : *Audito clamore præconis ascendent equos in hospitio.... statimque præcedet frater spatium in Rota, faciet servos suos præcedere, vel acie acceptus accepta Rota faciet servos suos præcedere, ut arma sua custodire valeat, et locum quo cœperit in Rota servare... Quando frater exit de hospitio, si viderit locum sibi cum suis servis sufficientem in Rota vacuum et apertum potest intrare.* Vossius lib. 2. de Vitiis serm. cap. 17. bis habet *Rotta* hac notione ex Willelmo Brittone, pro quo Cangius legit *Rupta*. Vide in *Rumpere*.

* Nostris *Rotte*. Vide *Routa* in *Rumpere*. Libert. Montisfer. ann. 1291. in Reg. 181. Chartoph. reg. ch. 154 : *Item dominus, bajulus et cæteri præfati non debent.... introducere infra villam Montisferandi ostalienam, nec Rotas, nec gentes extraneas.*

* 9. **ROTA**, Pluteus versatilis, Gall. *Pupitre*, alias *Roe*. Stat. Colleg. Fux. Tolos. ann. 1457. ex Cod. reg. 4222. fol. 210. v° : *Cum cameras ipsius collegii Rotis, lecticis et scamnis studentibus necessariis fulciri fecerimus, etc.* Lit. remiss. ann. 1391. in Reg. 141. Chartoph. reg. ch. 276 : *Icellui Charlot escolier à Orliens mist hors dudit hostel toutes ses choses, excepté sa Roe et sa chayere ; lesqueles Roe et chayere il fist apporter au bas.* Vide *Rota bibliothecæ*.

* 10. **ROTA**, Moletrina, quæ rotis versatur. Charta ann. 1342. in Reg. 74. Chartoph. reg. ch. 62 : *In quadam Rota molendinorum dictæ universitatis,...... et vocatur dicta Rota communiter, molendinum meyssongrii, etc.*

* 11. **ROTA**, Circulus, orbis. Charta ann. 1229. inter Probat. tom. 3. Hist. Occit. col. 344 : *In quo sigillo.... circum circa dictam avem erant litteræ sive scripturæ in duabus Rotis, et in proximiori Rota dictarum litterarum ipsius avis erant scripta verba sequentia : S. Petri de Collemedio.* Hinc

* Rotam Facere, In orbem ponere, collocare, in Cod. MS. eccl. Camerac. : *Tunc unusquisque archipresbyter cum suis clericis et populo facit Rotam.... Mansionarius vero in medio saltat in girum, etc.*

* 12. **ROTA**, Discus orbicularis, Gall. *Palet*, alias *Roe*. Lit. remiss. ann. 1395. in Reg. 148. Chartoph. reg. ch. 99 : *Cum Paulus Aurussi et Petrus Laurentii lusissent in platea communi ad ludum Rotarum...... Petrus Laurentii filius Bartholomei ludendo jecit Rotam uno tractatu ; quo facto Bartholomeus prædictus cepit et levavit de facto Rotam ipsam a dicto ludo, et illam longe extra dictum ludum projecit.* Aliæ ann. 1410. in Reg. 165. ch. 119 : *Comme iceulx compaignons se feussent mis à jouer pour le vin à un jeu, appellé le jeu des Roes de fer, en place commune et publique, etc. Jeu que on appelle ou pays* (Quercy) *la Roe*, in aliis ann. 1458. ex Reg. 188. ch. 27. Vide supra in *Rodella*.

* 13. **ROTA**, Umbella, Gall. *Ecran*. Vita S. Berth. tom. 6. Jul. pag. 478. col. 2 : *Hiemis tempore ad ignem sedens..... semper Rotam spissam et latam inter se et ignem, quasi pro umbraculo positum habebat, et ita pene numquam calefiebat.*

* 14. **ROTA**, Via, iter publicum, Gall. *Route*. Charta ann. 1210. apud Ughel. tom. 1. Ital. sacr. edit. ann. 1717. col. 554 : *A S. Paulo Branca Ursina directo per castellare de Lame usque ad flumen Clentis, et ab alvo Clentis usque ad Rotam franciam, et a Rota francia per collem Lupi usque ad flastram, etc.* Vide supra *Rotaria* 2.

Rota Adipis, in Tabulario S. Theofredi Velavensis. Vide *Rota*, 7.

Rota Auri. Vincentius Belvac. lib. 31. cap. 143 : *Argentaria de Lebena quotidie valet, ut dicitur, tres Rotas argenti depurati, quæ valent tria millia Soldanos, solutis operariis.*

¶ Rota Bibliothecæ, f. Pluteus; in Bibliothecis enim nonnunquam habentur plutei versatiles, quos *Rotas* haud ita inepte, vocare potuerunt. Statuta Monasterii S. Claudii ann. 1448. pag. 52 : *Statuimus et ordinamus, quod pro conservatione præfatorum librorum fiant et construantur in præfata libraria de emolumentis officii sacristiæ prædictæ, ut supra pro reparationibus unitis seu uniti banci, Rotæ et scamna, et inde cum catenis eisdem affigantur.* Vide *Rota*, 9.

¶ Rota Judæorum, Circulus, quem in vestibus ut a Christianis secerni possent, deferre cogebantur. Statuta Ecclesiæ Ruthenensis apud Marten. tom. 4. Anecdot. col. 769. art. 15 : *De Judæis statuimus, ut in civitatibus et castris et aliis locis insignibus, et non in aliis, habitare permittantur, et ut omni tempore in medio pectoris Rotam portent, ut propter hoc a populo Christiano discernantur.* Adde Statuta Ecclesiæ Nemausensis ibidem col. 1064. art. 14. Vide *Judæi*.

¶ Rota in Navibus. Vide *Roda* 2.

¶ Rota Piscium, Multitudo, ni fallor, a Germanico *Rotte*, Turba. Charta ann. 1087. apud Baluzium Hist. Tutel. col. 428 : *Si quando autem Rota piscium ingressa fuerit, ex ipsis quoque habebunt partem suam,* Vide *Rota* 8.

Rota Porphyretica, Camera Romæ; cujus pavimentum ex marmore Porphyretico *Rotæ* figuram efformabat : unde Camera ipsa nude *Rota* dicta est, ut apud Normannos *Scacarium*, quod Camera, in qua judicia exercebantur, Scacarii instar, marmoreis tabellis distingueretur. Petrus Diac. lib. 4. Chronici Casin. cap. 37. de Henrico Imperatore : *Cum in Rotam Porphyreticam venisset, positis utrisque sedibus, consedere.* Neque, opinor, alia est ab ea, quam *Rotam Romanam* dicimus, ubi agitantur publica judicia, quorum Decisiones circumferuntur : [quam sic dictam volunt quidam, quod ibi *Auditores*, ut vocantur, *Rotæ* alternatim sedeant judicentve; aut quod apud ipsos versentur præcipua totius orbis Christiani negotia. Curiam hanc instituit Johannes XXII. Papa.] Scribit Goldastus lib. 2. Alamannicor. pag. 5. *Raath* Germanis *Rotam*, et *Cameram* significare, hincque *Rotwilam*, oppidum Helvetiorum appellatum, quod in eo esset Camera judiciorum Imperialium, quæ postea Spiram translata est : eademque ratione *Rotam* Romanam dictam. [*Curia Rotæ sacri palatii apostolici Avenionensis* memoratur in Statutis ejusdem urbis lib. 2. rubrica 2. art. 1. in qua *teneatur deinceps curia, saltem semel in hebdomada die Mercurii.* Aliquot aliæ sunt civitates in Italia, in quibus etiam Rotæ celebrantur, ut Genuæ, etc.]

Rota cum Tintinnabulis, Quæ in ædibus sacris appendi ad parietem versus latus altaris, et volvi solet ad elevationem hostiæ. Monasticum Anglic. tom. 1. pag. 104 : *Præterea fecit vir venerabilis Athelwoldus quandam Rotam tintinnabulis plenam, quam auream nuncupavit, propter laminas ipsius deauratas, quam in festivis diebus ad majoris excitationem devotionis reducendo volvi constituit.* Huc spectat, quod habetur in Concilio Nicosiensi ann. 1340. cap. 4 : *Item statuimus et ordinamus ac etiam mandamus omnibus Episcopis Græcis, et aliis Præsulibus quarumlibet nationum, et Sacerdotibus earumdem, quod debeant ordinare quoddam signum quo possit omnibus audientibus divinum officium notum esse, illa hora, qua perfecerint Corpus Christi, quando celebrant in altari : ita quod illo tempore Corpori Christi exhibeatur reverentia tam debita, quam devota.* Adde Statuta Willelmi Episcopi Parisiensis cap. 15. et Synodum Wigorniensem ann. 1240. cap. 9.

¶ Rotarum Tritura, Datium, Teloneum. Vide *Rotaticum*.

¶ **ROTABILIS**, Versatilis. *Agiliter Rotabilis*, apud Ammianum Marcellinum lib. 23. cap. 4. Vide in *Rotaticum*.

¶ 1. **ROTABULUM**, Ornatus altaris toreuticus, quo tabella sacra solet includi, Gallis *Retable* ; unde vererer, ne legendum esset *Retabulum*, nisi etiam dici potuisset *Rotabulum*, quod hujusmodi ornatus nonnumquam rotundus sit. Ritus Ecclesiæ Toletanæ ex Missali Mozarabum de Sabbato sancto, apud Marten. de antiqua Ecclesiæ Disciplina in Divinis Off. pag. 463 : *Et cum pervenerint ad altare majus, Sacerdos faciat confessionem, ut moris est, et facta confessione Sacerdos solemniter dicat hymnum* Gloria in excelsis Deo, *et statim.. discooperiantur altaria frontalibus nigris, et Rotabula aurea, et omnia appareant solemniter, etc.* Vide *Retaule* et *Rotalle*.

¶ 2. **ROTABULUM**, Johanni de Janua, *Furca vel illud lignum cum quo ignis movetur in fornace causa coquendi ; et dicitur sic quia rotat et proruit ignem furni gratia coquendi, vel stercora purgandi.* Glossæ Lat. Gall. Sangerman. MSS : *Rotabulum, Roables, c'est instrument à traire brese hors du four.* Glossæ Lat. Gr. et Græc. Lat. : *Rotabulum*, εὐσκάδης.

* Nostris *Roable* et *Rouable*, Parisiis *Rable*. Lit. remiss. ann. 1387. in Reg. 130. Chartoph. reg. ch. 229 : *Lesquelx ale-*

rent à un four.... et pristrent l'un Rouable et l'autre furgon. Aliæ ann. 1432. in Reg. 175. ch. 159 : *Le suppliant print un rabot ou Roable à tirer la braise du four, etc.* Glossar. Provinc. Lat. ex Cod. reg. 7657 : *Redable, Prov. Rotabulum.*

¶ **ROTABUNDUS**, Qui versatur instar rotæ. Guibertus lib. 1. de Gestis Fr. cap. 2 : *Qui ergo doceri de eorum* (Græcorum) *fœda mobilitate desiderat, Rotabundos in regnis alternantesque Antiochos Demetriosque recenseat.* Non male Barthius in Glossario apud Ludewig. tom. 3. pag. 412 : *Rotabundos* reddit *Quadam velut vertigine percitos.*

¶ **ROTAGIUM.** Vide mox in *Rotaticum.*

* **ROTAGIUM**, Jus transeundi cum curru. Charta ann. 1222. in Chartul. Barbel. pag. 276 : *Quod si sacerdos vel successores sui in possessione vineæ ab hac solutione resilierint, viam et Rotagium supradictum per prædictam vineam supradicti monachi rehabebunt. Rotage* interdum, pro quavis præstatione : *Le Rotage de poulles de Chuisnes*, in Charta ann. 1451. ex Tabul. Carnot. Vide infra in *Rova* 1. et alia notione in *Rotaticum.*

¶ **ROTALE** Supplicium, Rotalis Poena. Vide *Rota* 1.

¶ **ROTALIS**, Qui spectat vel habet rotas. *Rotale carpentum*, apud Julium Capitolinum in Macrino cap. 12.

¶ Rotalis Cursiva, Globata, Media, Minor, Totidem scripturæ species. Vide *Scriptura.*

¶ **ROTALLE**, Ornatus altaris toreuticus, idem quod supra *Rotabulum* 1. Gall. *Retable.* Testamentum ann. 1415. apud Rymerum tom. 9. pag. 274. col. 2 : *Item, lego Abbatiæ de Louthpart* 11. *capas de rubea veste de auro, cum armis meis antiquis et capusiis eorum, et Rotalle, quæ voluerat* (f. *voluerit*) *eligere ad valorem* vi. *l. et non plus, et unam capam albam inbroudatam cum stellis de auro, et* xl. *s. pro remènbrancia.* Vide *Retaule.*

¶ 1. **ROTARE**, Rota punire. Vide *Rota* 1.

¶ 2. **ROTARE**, *Effutire celeri et incurioso sermone*, Gaspari Barthio in Glossario, ex Roberti Monachi Historia Palæstina, apud Ludewig. tom. 3. Reliq. MSS. pag. 120. Mamertus Claudianus in Epistola ad Sapaudum Rhetorem apud Baluzium tom. 6. Miscell. pag. 538 : *Nullum lectitandis his tempus insumas, quasdam resonantium sermunculorum taureas Rotant, et oratoriam fortitudinem plaudentibus concinnentiis evirant.*

Rotare Loricam. Monasticum Anglicanum tom. 2. pag. 384 : *Et terram, quæ fuit Martini Permentarii de Fleta, quæ continet.... pro servitio Rotandi unam loricam semel in anno pro toto feodo, quando dominus ipsius feodi super ipsum feodum miserit.*

* 1. **ROTARIA**, Vicus, in quo *rotarii* seu rotarum artifices habitant. Charta Theob. reg. Navar. et comit. Campan. ann. 1259. in Chartul. Arremar. : *Supra dimidiam domum..... sitam in Rotaria Trecensi.* Vide infra *Rotarius.*

* 2. **ROTARIA**, Rotæ vestigium, orbita, Gall. *Orniere;* nisi Iter publicum, quo quadrigæ vehuntur, intelligas. Vide supra *Rota* 14. Charta Guill. de Rupibus senesc. Andegav. ann. circ. 1200. ex Tabul. Major. monast. : *Si rota quadrigæ oneratæ infra Rotariam consistat amplius in feodo domini quam prioris, domini erit.* Vide infra *Roueria.*

* 3. **ROTARIA**, Sanctimonialis, quæ ad *Rotam* seu turriculam ligneam versatilem stat, vulgo *Tourriere.* Acta S. Domin. tom. 1. Aug. pag. 581. col. 1 : *Pater dulcissimus, de filiarum salute solicitus, accedens ad rotam, Constantiam Rotariam interrogavit, si sorores, videlicet Theodora, Thedramia et Nimpha corporaliter sanæ essent.* Stat. Monial. Xanton. MSS : *Litteræ omnes, quæ ad monasterium deferentur, per rotam solum tradantur; Rotaria vero fideliter eas ad abbatissam deferet.* Vide *Rota* 4.

ROTARICIA. Tabularium Capellæ in Biturigibus : *In qua pagina sunt mansiones, concisa veterina et Rotaricias, et refusum est ad tabula prima de pagina illa, etc.* Infra : *Per loca, ubi decusas positas sunt usque ad Rotaricias, etc.*

* F. Ager de novo proscissus, novale. Vide supra *Rosticum* et infra *Rothus.*

¶ **ROTARII.** Vide *Ruptarii* in *Rumpere.*

* **ROTARIUS**, Rotarum artifex, Gall. *Charron*, alias *Royer;* unde illius ars *Royerie* nuncupabatur. Reg. episcopat. Nivern. ann. 1287 : *Petrus Rotarius, tres solidos.* Lit. remiss. ann. 1376. in Reg. 110. Chartoph. reg. ch. 73 : *Icellui Guerin acompaigné d'un charron ou Royer, etc.* Aliæ ann. 1366. in Reg. 97. ch. 161 : *Comme le suppliant eust accoustumé de ouvrer et exposer son corps en fait du mestier de Royerie, etc.* Vide supra *Roderius* 1.

ROTATA Aquæ. Tabularium S. Aniani Aurelian. : *Recognoscens me injuste tenuisse injustam Rotatam aquæ in aqua S. Aniani ad Arenas, juxta clausum Regis,... ipsam dimidiam Rotatam do et S. Aniano et Canonicis, etc.* [Ubi *Rotata aquæ* non aliud videtur quam certum aquæ fluentis spatium. Etiamnum de fluviis *Rouler* dicimus, a *Rotare*, Fluere.]

* Moletrina aquaria, ut videtur. Vide supra *Rota* 10.

ROTATICUM, Rodaticum, Rotagium, Roagium, etc. Vectigal, seu tributum, quod pro damno, quod in viis publicis, quas *Rotabiles* vocat vetus Inscriptio 149. 1. currus facere solent, exsolvitur domino prædii. *Anguria pro Rotarum tritura*, in lege 21. Cod. Theodosiani de Cursu publico (8,5.) *Teloneum Rotarum*, in Charta Roberti Regis Franc. pro Monasterio Argentoliensi apud Duchesnium in Notis ad Abælardum pag. 1151. *Datium Rotarum*, in Statutis Mediolanensibus 2. parte cap. 478. Gallis *Roage*, vel *Rouage.* Vide San-Julianum in Cabilone pag. 419. Charta Dagoberti Regis apud Doubletum pag. 656. [et apud Miræum tom. 1. pag. 241. col. 2.] *Portaticos, rivaticos, Rotaticos, vultaticos, etc.* Vide eumdem pag. 709. 732. 778. Charta Chlodovei III. Regis pro Monasterio S. Dionysii : *Ubicumque telleneus, portaticus, Rotaticus, vel reliquas reddebutionis a judicibus publicis exigebantur.* [Felibianus Histor. Sandionys. pag. xii. legit *Rotatecus.*] Charta Caroli M. apud Aimoini Continuatorem lib. 5. cap. 1 : *Nec Rotatico, nec portatico, nec pulveratico, etc.* Charta Caroli Calvi in Tabulario Dervensis Monasterii : *Rotaticum totum ad integrum, quod a transeuntibus exigitur, etc.* Vide [Præceptum Pippini Regis apud Marten. tom. 1. Collect. Ampliss. col. 30. aliud Præceptum Ludovici Imperat. eod. tom. col. 62. Privilegium ejusdem Imper. ibid. col. 66. Præceptum Carlomanni Regis Franc. an. circiter 880. in Appendice Marcæ Hispan. col. 812.] Chartas alias apud San-Julianum in Trenorchio pag. 510. Hemereum de Academia Parisiensi pag. 25. 33. et in Augusta Viromaud. pag. 258. *Rotatica vini*, apud eumdem Hemereum ibidem pag. 132.

Rodaticum, *Rodage*, in Consuetudine Aquensi tit. 12. art. 5. 6. et S. Severi tit. 10. art. 5. 6. Indiculus Regalis : *Nec nullas venditas, nec Rodaticum, nec foraticum, nec pontaticum..... exactare præsumatis.* Capitula Caroli M. lib. 6. cap. 219. [** 243.]: *Ut nullus homo præsumat tholoneum per vias, nec per villas Rodaticum vel pulveraticum recipere.* Adde Capitulare 5. ann. 803. cap. 22. et Chartam ejusdem Caroli apud Doubletum pag. 708. [ubi habetur *Rodaticom.* Appendix Marculfi formula 45 : *Nullus quislibet.... nulla telonea, nec ullas venditas, nec Rodaticus, nec foraticus, nec pontaticus... exactare præsumatis.* Occurrit ibi passim.]

Rotagium. [Charta Roberti Franc. Regis ann. 1010. apud Doubletum pag. 829 : *In Argentolio mercatum et theloneum, Rotagium et tensamentum vini.*] Tabularium Vindocinense ann. 1080. Ch. 206 : *Dimisit, et quietam perpetualiter clamavit Domino Deo et Monasterio Vindocini consuetudinem quamdam, quæ vulgo Rotagium appellatur, quam exigebat ab hominibus S. Trinitatis, non quidem recte, sed sicut mos est sæcularibus facere... accipiebat autem ab omnibus prædicti loci hominibus, quaqua versum in terra sua exirent, pro aliquo conductu fœni, aut alterius rei, carris sive quadrigis cum bubus faciendo. Capiebat vero de carro 4. den. de quadriga 2. den. etc.* [*Rotagium liberum*, in Tabulario Absiensi fol. 187.] Tabularium Prioratus S. Nicasii Mellentensis fol. 36 : *Asserebat etiam Prior S. Nigasii se debere habere et percipere de quolibet dolio vini venditi in manerio et hostisiis supradictis duos denarios ratione Rothagii in prædicta compositione, seu ordinatione.* Vetus Notitia in Historia Monasterii S. Nicolai Andegavensis : *Ut vini nostri in nostro cellario venditi partem suam Rotagii et venditionis tribueret deposcimus.* Charta ann. 1218 : *Petunt etiam quod cessem a Rotagio, quod de novo levavi super calceam ante domos hospitum suorum.* [Litteræ Roberti Abbatis S. Columbæ ann. 1231. e Tabulario Sangermanensi : *Habebamus prætera in dicta villa hospites et Rotagium, videlicet duos denarios pro unaquaque quadrigata vini.* Passim occurrit.] Vide Doubletum pag. 827. et Buzelinum in Gallo-Flandria pag. 386.

¶ Rotoagium. Tabularium Calense pag. 111. ad ann. 1247 : *Libertates autem domorum et sex arpentorum de cætero non habe-*

bunt, salvis eisdem Clericis Rotoagio et minagio.

Roagium. Charta Guillelmi Episcopi Laudunensis in Probat. Hist. Guinensis pag. 378 : *Item medietatem Roagii de Mailli et de Noviant.* Charta Philippi Aug. ann. 1185. apud Morinum lib. 5. Histor. Vastin.: *Absque Roagio, et messione servientium, et carreto.* Charta anni 1147. apud Loisellum in Bellovaco pag. 274 : *Quiconque chose est coustume estre pris des marcheans en tonnelieu, en forage, Roage, et en travers.* Tabularium Maurigniacense Charta 26 : *Insuper et Roagium ejusdem villæ eis concessimus, retenta nobis et successoribus nostris ejusdem Roagii justitia, etc.* [Chartularium Compendiense : *Dedimus etiam atque concessimus prædicto Petro clerico nostro jus integrum, quod habebamus in dicta domo, videlicet Roagia, foragia, vintragia, salvis et Retentis nobis et Ecclesiæ nostræ omnibus justitiis altis et bassis.* Charta Mathildis Comitissæ Nivern. ann. 1244. inter Instrum. novæ Gall. Christ. tom. 4. col. 102 : *Dedimus.... eis in Roagio ejusdem villæ quinquaginta bichetos frumenti annui redditus.* Codex MS. reddituum Episcopatus Autissiod. ann. circiter 1290 : *Roagium et plaintagium sunt Comitis, Episcopi et Vicecomitis : et in hoc Roagio et plaintagio, Comes unum denarium, Episcopus unum denarium et Vicecomes unum obolum. Clerici, Milites, Religiosi non debent Roagium, plaintagium nec minagium, nisi modiant; si vero modiant debent de modio* 1. *obolum. Roagium et minagium* (Appoigniaci) *circa* IIII^{xx}. *lib.* ibidem. Adde Chartam Philippi Audacis Regis Franc. ann. 1273. apud Lobinellum tom. 3. Histor. Paris. pag. 27. col. 1. Chartam Ludovici Franc. Regis ann. 1255. tom. 4. Hist. Harcur. pag. 1353. etc.] Porro *droit de Rouage* vocant nostri, tributum, quod exsolvitur pro vino, quod curru transvehitur. [Charta Philippi Aug. Francorum Regis ann. 1202. e Chartulario Latiniacensi : *Asserebant, quod ipsi habebant omne pressoragium de vineis terræ B. Petri de Latigniaco, quæ est apud Vannas, et Roagium illius terræ ad censum duorum modiorum vini et unius denarii annuatim.* Recensio reddituum Petræ-fontis ann. 1300. e Bibl. Regia : *Item a Jausi vientrages de vins, et Rouage de vins dou mui* 1. *den.* Tabularium Calense pag. 171 : *Li Sire de Pompone a teles coustumes en sa terre de Chiele... d'un tonniau de vin du fust et vin* II. *den. et ob. de Rouage... s'il vent vin en la cave, il en doit son Rouage.*] Vide Raguellum.

¶ Roaticum, Idem quod *Roagium.* Privilegium Hugonis Comitis de Roceio pro S. Remigio Remensi e Chartulario ejusdem Monasterii : *Minus pretium Roatici ab ipsis quam a laicis guiniatores accipiant.* Privilegium Bartholomæi Laudun. Episc. de eadem re : *Sicque guinitores Roagium minoris pretii ab ipsis quam a laicis accipiant.*

Rouagium, in Charta Henrici II. Reg. Angl. : *In.... tallagio, Rouagio, et feria, et foro.* Computus Domanii Comitatus Bononiensis ann. 1402 : *Recepte des Rouages, c'est assavoir de chars ou charrettes qui à loier mennent desrées, doivent chascun char* 4. *den. par.* Ita *Rouage* occurrit in Consuetud. Meduntensi art. 196. Silvanectensi art. 5. etc.

Ruagium. Charta Willelmi Domini *de Clarques* Militis ann. 1260. in Tabulario S. Bertini : *Contuli et concessi libere prædictæ Ecclesiæ quoddam Ruagium, quod habebam... in villa et dominio prædictæ Ecclesiæ apud Arkes, et quidquid juris habebam, et habere poteram in dicto Ruagio, etc.*

☞ Occurrit eadem vox in Charta Lugdunensis Ecclesiæ ann. 1243. qua Stephanus *de Villars* oppignerat Decano et Capitulo ejusdem Ecclesiæ pro sexcentis libris Vienn. quicquid tenebat vel possidebat, vel alius ejus nomine in parochiis Reiniaci, Perciaci et de Gesnay et in nemoribus de Albæ vacca et de Laya, cum universis dependentiis dictarum parochiarum, exceptis *lampredis et Ruagio* : quo in loco D. *Aubret,* quem honoris causa nomino, suspicatur *Rouagium* hic esse venationem ferarum in prædictis nemoribus, sicque dici a Gallico *Rut* : quod de feris dici solet, ac præsertim de cervis cervam expetentibus æstu venereo. Addit tamen Cl. Vir laudatus, *Ruagium* hic intelligi posse eo quo Cangius exponit modo loco superiori.

* Nostris *Roiage* et *Rouaige.* Charta ann. 1260. in Chartul. Thenol. ex Cod. reg. 5649. fol. 54. r° : *C'est asavoir la moitiet dou Roiage des vins de lor quieuçon de Bruieres, et des autres vins entier Roiage.* Rursum in alia ibid. : *Il paieront à moi et à ciaus de Bruieres le demi Roiage de lor quieuçon, et le Roiage entier de tous autres vins.* Chartul. Latiniac. fol. 242 : *Quiconques mayne ou charie vin hors la terre de Laigny, quelqu'il soit, il doibt pour chacune roue ung denier Tournois pour droit de Rouaige, et dès ce que la roue a fait le premier tour, ledit droit est acquis.* Terrear. Castell. ad Sequanam ex Bibl. reg. : *Une servitude que l'en appelle Rouaige; c'est assavoir, quiconques amene en ladite ville de Chastillion danrées sur char, sur charriot, sur brouette, la roue doit deux deniers Tournois.*

** **ROTATICUS**, Volubilis. Claudius Taurin. præf. in epistol. 1. ad Corinth. Maii Script. Vet. tom. 7. pag. 276 : *In isto sæculo Rotatico.*

¶ **ROTATILIS**, Versatilis in modum rotæ. Sidonius lib. 2. Epist. 9 : *Inter Rotatiles catastropharum gyros.* Prudentius in Præfatione Peristeph. v. 8 :

Sacramus et Rotatiles trochæos.

* **ROTATIO**, Rotæ supplicium. Chron. Claustro Neoburg. ad ann. 1227. apud Pez. tom. 1. Script. rer. Austr. col. 481 : *Alium equo ad caudam ligatum et confuse per civitatem tractum rotatur* (l. rotavit);..... *quorum unus civis Winnensis equitractionem et postea Rotationem pertulit.* [** Vitodur. Thesaur. pag. 17 : *Crurifragio et Rotacione consumptus est; rotatus vitam finivit, etc.*]

¶ 1. **ROTATUS**, Rotæ supplicio punitus, Gallice *Roué.* Vide *Rotare* in *Rota* 1.

¶ 2. **ROTATUS**, Rotundus, vel Rotundatus. *In modum clipei Rotatum,* in Vita S. Wenwaloei MS.

* Hinc *Pavones rotati,* in Invent. MS. eccl. Camerac. ann. 1371 : *Item alii duo* (panni) *pares in pavonibus bene Rotatis in campo rubeo.* Gall. *Qui font la roue.*

¶ 3. **ROTATUS**, Circumvolutio, circumactio. Ausonius in Mosella v. 392 :

Præcipiti torquens ceralia saxa Rotatu.

Rapido cœli Rotatu, Claudiano de Consulatu Mallii v. 77. Gesta Abbatum Mediani Monasterii apud Marten. tom. 3. Anecd. col. 1123 : *Qui cum aliquamdiu invitus ante aram sanctorum teneretur, repente corruens, Rotatu horrifico per pavimentum agitur; sed hic Rotatus, etc.* Utuntur alii. *Rotatus linguæ,* Eloquentia fluida, S. Hieronymo Epist. 61. ad Pammachium. *Rotatus temporis,* in quadam Epistola sub nomine S. Augustini apud Mabillonium in Appendice ad Liturgiam Gallic. pag. 459. *Vita longo acta Rotatu,* S. Orientio lib. 2. Commonitorii apud Marten. in Collectione vett. Scriptorum part. 1. pag. 2. edit. 1700.

¶ 4. **ROTATUS**, Figuris rotularum ornatus, distinctus, ubi de pannis sermo est. Anastasius in Leone III. Papa : *Item velum alythino Rotatu habens periclysin Rotas cum cancellis, et in medio crucem cum gemmis, et quatuor Rotas de Tyrio filopares.* Charta ann. 1197. apud Ughellum tom. 7. pag. 1275 : *Quatuor sindones de seta, quarum una est... de catablattio, alia de Baldeluno,* (l. *baldekino*) *reliqua vero Rotata. Rotatus drapus* memoratur in Computo ann. 1239. in MS. Regio; *Rotatum pallium,* in Gestis Gaufredi Lodun. Episc. apud Mabillon. tom. 3. Analect. pag. 390. Vide *Rota* 2.

¶ 1. **ROTELLA**, *Parva Rota,* Johanni de Janua; *Roelle, petite roe,* in Glossis Lat. Gall. Sangerman. MSS. *Rotula,* Plinio et aliis. Papias ad vocem *Orbis* : *Brevis Rotella Orbiculus appellatur.* Glossæ Lat. Gr. : *Rotella,* τροχίσκος. Aliæ Græc. Lat. : Τροχίσκος, *Pastillus, Pastillum, Rotella.*

* *Royelle,* in Consuet. Bitur. pag. 333.

¶ 2. **ROTELLA**, Species clypei, Gall. *Rondache,* Ital. *Rotella.* Acta S. Franciscæ Rom. tom. 2. Martii pag. 165 * : *Ipsi vero dæmones habebant in manibus quasi unam Rotellam ferream et ignitam, totam plenam clavis longissimis et acutissimis et ignitis, et cum illis Rotellis illas animas mittebant in capite serpentis, etc.*

* Parmula, Gall. *Rondelle,* ob rotunditatem sic dicta. Stat. Mantuæ lib. 1. cap. 3. ex Cod. reg. 4620 : *Alia medietas armata lanciis, spatis et cultellis et pavisiis seu Rotellis, etc.* Guill. de Villan. Hist. belli Ital. apud Marten. tom. 3. Anecd. col. 1515 : *Les ennemis estoient si fort couvers de paroys et de Rodelles, qui ne laisserent point de venir près au pié de la muraille, etc.* Ubi leg. *Pavoys* et *Rondelles.* Vide supra *Roela. Rotement* vero, pro *Rudement,* Dure, valide, in Lit. remiss. ann. 1389. ex Reg. 138. Chartoph. reg. ch. 53 : *Icellui Sagardeau ferist le suppliant moult Rotement d'un baston qu'il tenoit.*

¶ 3. **ROTELLA**, Idem quod infra *Rotulus,* Gall. *Rouleau.* Vide *Rotulus.*

¶ **ROTES**, Rotæ. Chronicon Briocense ad annum 1386. apud Lobinellum tom. 2. Histor. Britan. col. 850 : *Obsedit bastillam de B.... nondum completam nec inceptam nisi de quadrigarum Rotibus, etc.*

* **ROTFELTH.** Annal. Bertin. ad ann.

833. tom. 6. Collect. Histor. Franc. pag. 195 : *In pago Helisaciæ, in loco qui dicitur Rotfelth, id est, Rubeus campus, juxta Columb, qui deinceps Campus-mentitus vocatur, etc.*

¶ **ROTHAGIUM.** Vide *Rotagium* in *Rotaticum.*

¶ **ROTHARII.** Vide *Ruptarii* in *Rumpere.*

¶ **ROTHERIUM**, f. Craticula, a Belgico *Rooster*, Gall. *Gril.* Index utensilium de Ruminiaco et Chartulario S. Cornelii Compendiensis : *Una calderia et unum Rotherium, duæ forchæ à fiens et una securis.*

* Glossar. Lat. Gall. ann. 1348. ex Cod. reg. 4120 : *Craticula, Gallice Rotiaus. Roteil*, in altero ann. 1352. ex eod. Cod. *Rotier*, eodem sensu, in Charta ann. 1338. ex Reg. 75. Chartoph. reg. ch. 54 : *Derechief deux Rotiers, trois broches de fer.* Vide supra *Rostum.*

¶ **ROTHMAGISTER**, Præfectus turmæ, a Germanico *Rott*, Turma, modo decem, modo centum, modo mille militum. Miracula B. Kingæ Virginis, tom. 5. Julii pag. 770 : *Nobili Andreæ Stano succamerario Sanocensi et S. R. Majestatis Rothmagistro in certa indispositione stomachi datum fuit medicamentum errore, quod pro altero... paratum fuit, etc.* Quoniam hic sermo est de adolescente magni nominis parentibus orto, *Rothmagistrum* Chiliarchum interpretandum putant Editores, seu Tribunum militibus mille præfectum, quem vulgo *Colonellum* vocitamus.

ROTHORIUM, Locus in fluvio, ubi aqua diluitur, maceratur, et subigitur cannabis, Gallis *Rouissoir, Rohiare*, Macerare, *Rouir; Rohagium*, Ipsa maceratio, *Rouissement.* Aresta Ascensionis ann. 1260. in 1. Regesto Parlamenti fol. 18. verso : *Inquesta facta super eo, quod... requirebat justitiam de quodam Rothorio sito subtus Larderias. Dicebat etiam quod quando gentes veniunt ad illum locum causa portandi cannabum suum Rohiandam, ipse habet Rohagium, etc.* [*Rohagium*, potius tributum est pro maceratione solvendum, quam ipsa maceratio.] Vetus Consuetudo Normannica MS. 1. part. sect. 1. cap. 17 : *L'on ne doit pas faire Rotheurs ne chanvres Roir en eues courantes, par quoy en soient souventefois corrompues, si que les poissons en meurent, etc.* [Quæ sic exprimuntur in Codice earumdem Legum Latino cap. 7. apud Ludewig. tom. 7. pag. 158 : *Rotoria autem in aquis defluentibus fieri non possunt, cum illis aquæ frequentius corrumpantur, etc.*]

☞ Aquam cannabe corrumpi testatur Plinius Hist. lib. 20. cap. 23. idque docet experientia : quamobrem Fredericus Imp. Edicto, ex quo compositus est titulus 35. libri 3. Constitutionum Siciliæ, ait : *Salubritatem aeris divino judicio reservatam, studio provisionis nostræ, in quantum possumus, disponimus conservare mandantes, ut nulli amodo liceat in aquis cujuslibet civitatis vel castri vicinis, quantum milliare ad minus protenditur, linum vel cannabum ad maturandum ponere, ne ex eo, prout pro certo didicimus, aeris dispositio corrumpatur : quod si fecerit, linum ipsum immissum et cannabum amittat.*

ROTHUS, Rhotum, Novale. Charta Germanica ann. 799. apud Henschenium in Commentario prævio ad Vitam S. Ludgeri Episcopi Mimigardevorensis § 4 : *Ego Folchrat aliquantulam terram hæreditatis.... a Thegaubaldo ingenuo et nobili homine comparavi in villa, quæ nuncupatur.... id est Rothum illum, quod dicitur Widuberg. Hoc Rothum a supradicto nobili Franco Thegaubaldo ego Folchrat comparavi, et aliquantos annos possedi, et in eo laboravi quod potui. Nunc autem eundem Rothum in terra aratoria, quidquid in eo unquam aratum fuit, dedi Luidgero Presbytero, etc.* [* Vide supra *Rosticum.*] [** Vide Graff. Thes. Ling. Franc. tom. 2. col. 489. radice *Rut.*]

Rodum, Eadem, ni fallor, notione, in alia Charta Germanica ann. 801. ibidem § 4 : *Ego Betto tradidi particulam hæreditatis meæ... in pago Nivaheim, in villa quæ dicitur.... id est curtile cum adjacentiis suis, uno Rodo, et modico prato, et uno jurnali in terra arabili, etc.*

¶ 1. **ROTIA**, Idem, ut videtur, quod *Rosia.* Chronicon Farfense apud Muratorium tom. 2. part. 2. col. 457 : *Item in territorio Sabinensi casale Tervilianum cum ipsa Rotia.*

¶ 2. **ROTIA**, Alia notione Statuta Datiaria Riperiæ fol. 4. cap. 12 : *De qualibet soma luminis feciæ solidi duo. De qualibet soma luminis Rotiæ pensium viginti, solidi quinque.* Haud scio an *Lumen rotiæ* sit Alumen rupeum, Gall. *Alun de Roche.* Alumen, *lume* vocant Itali, et rupem *rocca*, pro quo *rotia* facile dici aut scribi potuerit.

* Rubia, Ital. *Roggia.* Vide supra *Roja* 2. et infra *Roza.*

* **ROTILIA**, Trochlea, a *Rotare* sic dicta. Glossar. Lat. Gall. ex Cod. reg. 7692: *Rotilia, Polie.*

¶ **ROTIUM.** Statuta Placentiæ fol. 65. verso : *Pro laborerio unius paris boum unam porcham a Rotio cum omnibus porzellis ex ea natis intra annum*, [* Grex. Vide infra *Rozium.*]

* **ROTLEUBE**, *Rubeum-lobium seu Umbraculum in foresto*, ex Epist. Joan. Schilt. ad Mabill. in nota ad Annal. Bertin. tom. 6. Collect. Histor. Franc. pag. 195.

¶ **ROTLIFER**, Rotliger. Vide in *Rotulus.*

ROTLIN, Piscis species in Actis fundationis Muriensis Monasterii pag. 50.

¶ **ROTOAGIUM.** Vide supra *Rotaticum.*

ROTOGERII, Iidem, qui *Ruptarii*, nostris *Roturiers*, Ignobiles. Otto Morena in Historia Rerum Laudensium pag. 42 : *Et una cum Rotogeriis, aliisque villanis, qui in ipso castro morabantur.* Vide *Ruptarii* in *Rumpere.*

* **ROTONDALE**, Orbiculus, Gall. *Assiete*, in quo carnes scinduntur : unde Gallicum *Trenchoir.* Glossar. Lat. Gall. ex Cod. reg. 7679 : *Rotondale, Trencheor vel tailleur.* Vide *Rotundarium.*

¶ **ROTOR**, Vox ignota. Vide *Crebare.*

¶ **ROTORIUM.** Vide supra *Rothorium.*

ROTTA, Turba, manus seu globus hominum. Vide *Rota* 8. et *Ruta* in *Rumpere.*

ROTTARII, Scriptores, Librarii. Ita Mamotrectus ad Epistolam Hieronymi in Proverbia. Sed videtur leg. *Rottularii*, vel *Rollarii.* Vide *Rotulus.*

¶ **ROTULA** Panis, Idem quod *Oblata*, Panis ad sacrificium, de quo dictum est in *Oblata* lin. *Oblatæ* super pectus defunctorum positæ. Laurentius in Amalthea : *Rotulæ panis, Oblationes, oblatæ*, ex Codice Legum Antiq. Alia notione mox occurrit in *Rotulus* 1. et 2.

¶ **ROTULANA** Curvalica, Scripturæ genus. Vide *Scriptura.*

¶ **ROTULARE**, Circuire, gyrare. Joannes Sarisber. lib. 8. Polycratici cap. 12 : *In orbem Rotulari quam incedere magis idoneus est.* Alia notione mox occurrit in *Rotulus.*

* *Roer*, eodem intellectu, in Lit. remiss. ann. 1415. ex Reg. 168. Chartoph. reg. ch. 409 : *Se aucun vient de nuit en nostre jardin, ou Roer entour nostre hostel, etc.* Hinc *Roturiers* nuncupari videntur frumentorum mangones, quod pagos, ut frumenta acquirant, circumeunt. Judic. ann. 1306. in Reg. *Olim* parlam. Paris. : *Judicatum est pro rege et abbate de Pinu.... eos esse in saisina capiendi..... minagium ab illis, qui vocantur Roturiers, et ab aliis mercatoribus vendentibus bladum apud Pictavium.* Nisi forenses mercatores seu rusticos intelligas, qui curribus vel alia quavis machina rotali frumentum in urbem vehunt. Vide supra in *Rotaticum.*

* *Roeler*, pro *Rouler*, Devolvere, præcipitare, in Vita J. C. MS. :

Il l'a fait aval Roeler
Et en abisme ou plus parfont.

Versare vero, vulgo *Tourner*, sonat, in Consolat. Boet. MS. lib. 3 :

Si trova la roe Ysion.....
Orpheus prist si doucement
A demener son instrument,
Que pour son tres doulz violer,
La roe cessa Roeler.

¶ **ROTULARIS**, Rotuliger. Vide *Rotulus.*

* 1. **ROTULARIUS**, Minister in ecclesia Mediolanensi, qui archiepiscopo vel sacerdoti sacra facienti *rotulum* seu librum orationum, cum opus est, porrigit. Ordo eccl. Ambros. Mediol. ann. circ. 1130. apud Murator. tom. 4. Antiq. Ital. med. ævi col. 863 : *Cicendelarius ebdomadarius porrigit duos cereos, sumtos de camera archiepiscopi, Rotulario ejus.* Ibid. col. 867 : *Si vero archiepiscopus adfuerit, paratus rotulus per Rotularium suum, uno subdiacono tenente cereum ab uno latere, notario ab altero, etc.* Rursum col. 876 : *Minor custos ebdomadarius ponit rotulum letaniarum super altare uniuscujusque diei, sicut competit. Deinde presbyter tollit illum ante processionem, et dicit orationem. Sed si archiepiscopus adfuerit, Rotularius ejus porrigit ei.*

* 2. **ROTULARIUS**, Qui *rotulos* seu schedas et chartas cujusvis generis scribit, notarius, scriba. Consuet. monast. S. Crucis Burdeg. MSS. ante ann. 1305 : *Rotularius cum clerico suo unam præbendam integram monachalem debet recipere;..... et idem Rotularius cum suo clerico semper debent esse parati ad scribendum, citandum et prosequendum et procurandum cartas et instrumenta, citationes, monitiones et appennationes usque ad ultimum fructus, reditus et proventus, tam abbatis quam cellerarii.* Vide alia notione in *Rotulus* 1.

* **ROTULUM**, Mensura liquidorum. Charta ann. 1174. tom. 2. Cod. Ital. diplom. col. 1644 : *Reddebam libram unam incensi et unam de cera et duo Rotula olei.* Vide *Rota* 7. et in *Rotulus* 2.

1. **ROTULUS**, Rotula, Scheda, charta in speciem *rotulæ*, seu *rotæ* convoluta, unde nomen. Fortunatus lib. 7. Poem. 18 :

> An tibi charta parum peregrina merce Rotatur?

nisi quis malit Salmasii sententiam amplecti, qui a voce Latina *Rutulus*, Rotulum dictum censet : est autem *Rutulus*, baculum rotundum, quo cumulus mensuræ demitur et exæquatur : *Rotulus* enim, seu Charta convoluta baculi speciem refert. Veteres *volumen*, recentiores Græci εἰλητάριον appellarunt; nostri *Roelle*, et *Rolle*, Germani *Rodel*. Ejusmodi porro chartarum volumina inter Magistratuum insignia in utriusque Imperii Notitia conspiciuntur, ut inde liceat conjicere, horum usum ea tempestate obtinuisse, hoc est, circa tempora Theodosii junioris, in quæ Acta judiciaria referebant, licet etiam codicibus, qui et hic effinguntur, uterentur. Durandus lib. 1. Ration. cap. 3. num. 11. ait, Prophetas et Apostolos depingi solere *cum Rotulis vel libris*. Ita Baldricus Burguliensis Abbas *Rotulum* pro libro dixit tom. 4. Historiæ Francorum :

> In Rotulo multi cum solicitudine quadam
> Dicendi seriem semper metantur ab Adam.

Et Poeta Gallicus MS. Le Roman *de Gaydon* :

> Et ceint l'espée, se li Rosles n'i ment,
> Qu'ot Alixandres, quant conquist Orient.

Vocem etiam pro *Epistola* usurpat idem Baldricus :

> Venit ad extremum Rotulus de Præsule magno.

Apud eumdem, *Rotularis Epistola*, *Rotularis pagina*, pro *Brevi mortuorum*, non semel occurrit. Alibi :

> Sic Rotulus semper mortem cujuslibet effert.

Habetur vox *Rotulus* passim; apud Zachariam PP. in Epist. 13. ad Bonifacium Moguntinum sub finem, Ordericum Vitalem lib. 3. et 11. pag. 495. 832. in Monastico Anglic. tom. 2. pag. 802. etc.

☞ Observat Mabillonius lib. 1. de Re Diplom. cap. 9. num. 1. præter *Rotulos* defunctorum, de quibus mox dicetur, alios fuisse *Rotulos* censuum, servorumque cœnobialium : ex quibus unum vidisse se dicit Corbeiensem, qui pluribus ulnis constat. Alios item *Rotulos* chartarios, litteras et instrumenta cujusvis Ecclesiæ continentes, quales, inquit, vidimus Albiensis Ecclesiæ penes Abbatem de Campis descriptos ab annis ferme sexcentis.

* *Raoulle*, in Lit. ann. 1373. tom. 5. Ordinat. reg. Franc. pag. 613. *Roue*, eodem sensu, in Charta ann. 1260. ex Chartul. Compend. fol. 217 : *Quant on vent ou achate, li maires fait les Roues et les tenances, et a de ces Roues deux deniers.* Comput. ann. 1503. ex Tabul. S. Petri Insul. : *Pro uno Rotulo extenso et devoluto in choro die nativitatis Domini, iv. sol.*

¶ Rotulus, Ordo, series in *Rotulo* seu albo descripta, juxta quam unus post alterum quoddam munus obire debet. Correctiones Statutorum Cadubrii cap. 78. de officio Juratorum : *Præterea illi, qui ex ordine et Rotulo officium Jurati obtigerit, per seipsos dictum officium exercere teneantur, non autem per interpositam personam, etc.* Nos dicimus *à tour de rôle*, ut uniuscujusque nomen exit.

¶ Rotuli Magnæ Cancellariæ dicuntur Anglis, Tabulæ publicæ, e quibus acta et decreta magnæ Cancellariæ recitantur.

¶ Rotulus Curiæ, Regestum Curiæ Domini superioris, in quibus descripta erant nomina, debita et servitia vassallorum. Antiquitates Ambrosden. Kennetti ad ann. 1325. pag. 396 : *Matildis le Taillur tenet post Rotulum curiæ unum messuagium cum curtilagio ad terminum vitæ, et reddit inde per annum ad quatuor terminos prædictos* IV. *s. et sectam curiæ.*

¶ Rotulus Placitorum, Regestum curiæ seu jurisdictionis, in quo referebantur lites, judicia et decreta illius curiæ. Eædem Antiq. ad ann. 1292. pag. 321 : *Dicti homines præmissas conventiones in Rotulis placitorum domini Regis de anno supradicto ad majorem securitatem inrotulari procurarunt.*

Rotulus Wintoniæ, Liber *Domesdei*, de quo suo loco, Angliæ descriptionem, quæ ab Alvredo Rege facta est, continens, sic dictus, quod Wintoniæ inter cætera regni scripta et monumenta asservaretur. Wintoniæ autem exstitisse archivum regium innuit Giraldus Cambr. lib. 2. cap. 6. Ingulfus, *de Domesdei : Iste Rotulus vocatus est Rotulus Wintoniæ, et ab Anglis pro sua generalitate omnia tenementa totius terræ integre continente, Domesdei cognominatur.* Sed et Ingulfus eumdem *Domesdei*, qui duobus grandibus constat voluminibus, *Rotulum* pariter vocat.

¶ Rotuli Judæorum, Libri Legis Mosaicæ et Talmudium, seu explicationes ejusdem legis juxta traditiones Hebræorum. Privilegia Judæis concessa per Johannem Franc. Regem ann. 1360. apud D. *Secousse* tom. 3. Ordinat. Reg. pag. 480. num. 27 : *Item, eisdem (Judæis) concedimus, quod volumini* (volumina) *Rotuli vel libri dictorum Judeorum per quemcumque Officiarium seu alium Christianum nullatenus capiantur.* Versio Gallica præfert ibidem : *Item, en oultre leur octroyons que leurs livres ou Roules ne puissent être pris ou empeschiez par aucun de noz officiers ou par quelconques personnes, pour quelconque cause que ce soit.* Etiamnum Judæi in Synagogis suis legem Mosaicam legunt in *Rotulo* descriptam, non in libro paginis distincto. Vide *Talmud* et *Judæi*, lin. His addam, etc.

* Judic. ann. 1269. in Reg. *Olim* parlam. Paris. : *Consueverunt esse Rhemis duæ familiæ Judæorum et in certo loco, qui magna libertate gaudere consueverunt, eo quod Rotulum Isaiæ custodire dicuntur.*

¶ Per Rotulum seu Cedulam Vocare, in Præcepto Philippi VI. Franc. Regis ann. 1344. apud *de Lauriere* tom. 2. Ordinat. Reg. pag. 212. Idem quod aiunt in Parlamento *Appeller en tour de Rolle*, seu juxta ordinem causarum disceptandarum in codice descriptum.

¶ Reul et Reu, pro Gallico *Rolle*, ut recte conjectat D. *Secousse* tom. 4. Ordinat. Reg. pag. 336. not. *f*. Litteræ Johannis Domini Castri-villani ann. 1331. pagina laudata : *Et qui defaudra à paier la somme à quoy il sera mis desdites soixante livres, il paiera deux sols d'amende; ensemble le Reul à quoy il seroit mis.* Ubi *la somme* et *le Reul* idem sonant; *Reul* autem dicitur quod hæc summa in Rotulo descripta erat. Similis omnino locus exstat in aliis ejusdem Johannis Litteris ann. 1355. ibidem pag. 338. nisi quod pro *Reul*, legitur *Reu*.

Rotula, pro *Rotulus*. Synodus Suessionensis ann. 853. art. 4 : *Porrexit Rotulam auctoritatem Canonicam et Apostolicam continentem.* Historia Translationis S. Stephani : *Sacello projectam colligens Rotulam, vivere uxorem.... cognovit.* Sugerius in Ludovico VI : *Regis literam Rotulam scilicet velatam offerens.* [S. Willelmi Constitutiones Hirsaug. lib. 1. cap. 21 : *Pro signo Rotulæ digitum digito circumfer, ac deinde scribentem simula. Pro signo Brevis primos articulos quatuor digitorum inflecte, itemque scribentem simula.*] Utuntur præterea Hincmarus in opusculis tom. 2. pag. 261. 539. 597. in Concilio Dusiacensi I. 1. edit. pag. 101. 129. 142. 154. 164. Anastasius Bibliothecarius in Collectaneis pag. 204. Gobelinus Persona in Cosmodromio ætate 6. cap. 84. etc.

¶ Rotella, Eadem significatione. Vita S. Dunstani Archiep. Cantuar. tom. 4. Maii pag. 357 : *Vidit tertio quemdam.... magnam prolixæ chartulæ Rotellam in manu gestantem.*

Rotulare, In rotulum, seu in acta referre. Iter Camerii Scotici § 59 : *Si ballivi non fecerunt Rotulare suas Curias et assisas.*

Inrotulare, in Consuetudine Andegavensi art 149. *Enrooler*, *Enrotuler*. [Robertus *Goulet* in Compendio jurium et consuetudinum Universitatis Paris. fol. 12 : *Quot* (Officiarios) *postea fidelis Scriba Universitatis in Rotulo quodam Universitatis, quem apud se habet, inscribit; deinde ex eorum sic electorum, sicut omnium aliorum Officiariorum nomina et cognomina ad Curiam Dominorum generalium portat, et ipsa cum officii qualitate in alio Rotulo ibidem existenti, Regis auctoritate et Universitatis, Inrotulat.* Vide *Inrotulare* suo loco.]

¶ Rotulus, Scheda, quam Monachi mittebant ad Monasteria, quibuscum erant societate conjuncti, ut mortem fratrum suorum nunciarent, conventasque preces pro ipsis flagitarent. Consuetudines MSS. S. Augustini Lemovicens fol. 18 : *Quando pro aliquo Abbate vel Abbatissa defertur Rotulus, si Conventus est in claustro vel in choro, serviens qui portat, debet Rotulum extendere per medium, et recedere de Conventu. Tunc solus Cantor, vel, si ipse non est præsens, aliquis pro eo debet Rotulum levare et deferre sine molestia Conventus ad partem, et scribere in eo absolutionem et orationem.* Vide *Brevia mortuorum* in *Brevis*.

Rollus, Idem quod *Rotulus*. Hariulfus lib. 3. cap. 9 : *Ipsius itaque Epistola Rolli talis est.* Paulo ante, *librum Rotularem* appellat : *Fratres vero de ejus morte nimium tristes, librum Rotularem conficientes direxerunt per Ecclesias et loca Sanctorum, dilecti Patris exitum nunciantes, et pro eo orari cupientes*. Ubi *Rollus*, et *Liber Rotularis*, illud ipsum est, quod Udalricus lib. 3. Consuetudinum Cluniac. cap. 10. lib. 3. cap. 33. et alii, vulgo *Brevem fratrum defunctorum* appellant, cujus formulam exhibet hoc loco Hariulfus, qui nempe ad Monasteria, quibuscum ex condicto intercedit fraternitas, seu societas, ad cellas mitti solet. [Altera *rotuli* formula Monasterii S. Mauri Fossatensis e MS. Corbeiensi : *Grex Fossatensis Fratribus Corbeiensis munus æternæ prosperitatis in perenni sæculo : Quod Dei charitas postulat et Apostolus imperat, Hugoni patri cæterisque fratribus (defunctis) .... persolvimus. Quod ergo pro illis fecimus, pro nostris quoque ut faciatis, precamur : scilicet donno Abbati Odoni, item Odoni Abbati, Adelerio Abbati, Gunterio Abbati, Rainaldo Monacho, Herluino Monacho, Otranno Monacho, Rotberto Monacho, Erfrido Monacho, Rodulfo Monacho, Firmato Monacho, Gualtero Monacho, Rotgero Monacho, Lantberto Monacho, Guasberto Monacho et pro cunctis, quorum nomina et merita solius Dei colligit scientia*. Ex quo manifestum est, hujusmodi *rotulis* seu *rollis*, plurium sæpius, et quidem jam pridem mortuorum nomina comprehensa fuisse, licet alias unius dumtaxat recens defuncti nomen prætulerint, ut *Breves defunctorum*.] Ita in libro Ordinis S. Victoris Parisiensis cap. 14. ubi de brevibus mortuorum : *Si Rollo apportatus fuerit, non intus feretur, sed tantum memoriam defuncti Eleemosynarius in Capitulo recitabit. Breves seu Rotuli*, in Statutis antiq. Cartusiens. part. 2. cap. 32. § 10.

¶ Rotula, Eadem notione. Christophorus Sand-Hippolyt. apud Raimundum Duellium tom. 1. Miscell. pag. 393 : *Quamprimum per litteras encyclicas, quas hodie Rotulas dicere consuevimus, obitus defuncti fuerat denuntiatus*.

☞ Jam vero *Rotulæ*, *Rotuli*, *Rollive* dicuntur hi *Breves* defunctorum, vel quod instar Romanorum voluminum voluti mitterentur et non plicati, ut vult Valesius in Notia Galliarum pag. 430. col. 1. vel quod e *Rotulis*, ubi singula defunctorum nomina descripta erant, excerperentur. Habebantur enim in Monasteriis hujusmodi *Rotuli*, et quidem duplicis generis, annui scilicet et perpetui. In annuis, ut scribit Mabillonius lib. 1. de Re Diplom. cap. 9. n. 1. recensebantur nomina personarum cujusque Cœnobii seu Ecclesiæ eo anno defunctorum, quarum indices quotannis ad Monasteria ejusdem societatis deferebantur ad imploranda suffragia; simulque ut illarum nomina Necrologiis alienis inscriberentur pro conditionibus initæ societatis. Alii erant Rotuli perpetui, qui in quolibet Cœnobio destinati erant excipiendis mortuorum actis, si quid laudabile in vita egissent. Utrique constabant membranis in longum porrectis, maxime perpetui, in quibus aliæ aliis membranæ, ubi res exigebat, adsuebantur, quantum satis erat capiendis duorum vel trium sæculorum nominibus et gestis mortuorum, quorum nuda ferme nomina in Necrologiis adscripta erant. Perpetui illi *Rotuli* in publico aliquo Cœnobii loco, passim in Capitulo, prostabant convoluti in ligneo suspendiculo versatili, ut facile membranea isthæc volumina convolvi et explicari possent. Tales cernere licet *Rotulos* duos in Capitulo Calensi. In hisce *Rotulis*, ut in Necrologiis descripta mortuorum nomina recitabantur in Capitulo, ut patet ex Privilegio Witheginis Misnensis Episcopi pro Monasterio Dobirlucensi ann. 1318. apud Ludewig. tom. 1. pag. 281 : *Nomen etiam illius* (Hermanni Burcgravii de Golsyn) *in nostrorum Rotulo conscribetur mortuorum, et suo tempore in Capitulo recitabitur, ubi tunc pro ejus anima fratribus dicenda injungetur oratio specialis*. Sed de hac nominum defunctorum recitatione supra dictum est in voce *Regula*.

¶ Rotularius, Lator *Rotuli* seu *Brevis* defunctorum. Epistola encyclica Sanctimonialium Cadomensium de morte Mathildis primæ Parthenonis SS. Trinitatis Cadom. Abbatissæ, apud Mabillonium tom. 5. Annal. Benedict. pag. 690. col. 2. ubi recitatis defunctarum defunctorumque suæ congregationis nominibus epistolam suam his verbis claudunt : *Nostro Rotulario subvenire precamur pro Domino, ne penuria victus ab incepto deficiat, sed vobis benigne suffragantibus bene cœptum opus ad effectum usque perducat*.

¶ Rotuliger, Eadem notione. Charta ann. 1313. tom. 2. Hist. Ecclesiæ Meld. pag. 200 : *Item Conventus tenetur ministrare vinum pro Missis in Ecclesia celebrandis; item omnibus Rotuligeris*.

¶ Rotliger, Idem, apud Mabillonium tom. 3. Annal. Benedict. pag. 76.

¶ Rotlifer, Idem. Charta societatis inter Corbeienses et Ferrarienses Monachos ann. 1204. e Tabulario Corbeiensi : *Quando vero aliquis Abbatum memoratæ Ecclesiæ migraverit ab humanis.... quam cito pervenerit ad nos Rotlifer eorum, in libro nostri Capituli nomen ejus scribetur et annuale ipsius celebrabitur. Similiter et nomina Monachorum, quæ breviger eorum apportabit*.

¶ Rollifer. Rotulus Corbeiensis MS :

> Rollifer Corbeiæ ad Parisium venit ad nos :
> Est data Corbeiœis justissima causa doloris,
> Hugonis fratris dulci vita spoliatis;
> Sed quos sic lædit tanti caro mortua fratris,
> Agmina vestrorum cum Sanctis Corbeicensis,
> Aulæ cælesti quo possint vivere semper,
> Aures Factoris depulsant Parisienses
> Ad celum manibus sublatis, etc.

¶ Roliger, Rolliger. Statuta Monasterii S. Germani Paris. in Probat. Historiæ ejusdem Abbatiæ pag. 170. et 171 : *Sciendum est, quod quoties Roligeri Abbatis defuncti vel Abbatissæ alicujus venerint, debent habere quatuor denarios, ab Abbate duos et ab Eleemosynario duos; et Cantor debet Roligero ministrare. Roliger*, occurrit tom. 4. Annal. Bened. pag. 276.

2. **ROTULUS**, Mensuræ species [vel potius ponderis.] Gobelinus Persona in Cosmodromio ætate 6. cap. 79 : *Unde Rotulus panis, qui ponderat uncias 32. aut circa pro 5. granis emebatur. Rotulus quidem per ipsum regnum* (Neapolitanum) *genus ponderis est, et granus genus numeri, videlicet 6. denariis parvulis constans*. [Constitutiones Frederici Regis Siciliæ cap. 99 : *Comes, Baro et Magnas cum blandonis sex, et alius quilibet blandonis quatuor, quilibet blandonorum ipsorum ponderis a Rotulis sex infra, et non majoris, sub pœna unciarum quatuor*. Acta S. Francisci de Paula num. 178. tom. 1. Aprilis pag. 145 : *Operarius quodam palo ferreo ponderis Rotulorum, etc*. Richardus de S. Germano in Chronico ann. 1221 : *Per totum regnum pondera et mensuræ mutantur, ponuntur Rotuli et turnini. Rotulus thuris, Rotulus ceræ*, in veteri Notitia apud Rocchum Pirrum in Notitia Ecclesiarum Siciliæ tom. 1. pag. 311. tom. 2. pag. 285. [*Rotulus de cereis Græcis*, apud Cencium in Ordine Rom. tom. 2. Musei Ital. Mabilloniani pag. 218.] Theodulfus Aurelian. lib. 1. Carminum :

> Scribia danda parant alii, nec defuit ille
> Cereolas Rotulas qui dare vellet ovans.

Ubi *Cereolæ Rotulæ* videntur fuisse ceræ in scapi aut baculi formam. Vide *Rota* 7. et tom. 2. Miscellan. Baluzianor. pag. 323.

* Rotulus Ceræ, Massa circularis ceræ, vulgo *Pain de cire*. Testam. Galth. comit. Brenæ ann. 1309 : *Item ecclesiæ B. M. Virginis de Casali legamus.... unum cereum centum Rotulorum ceræ*.

¶ Rotulus Casei, *Rotulus Carnis, Rotulus panis*, in Ordinatione Humberti II. tom. 2. Hist. Dalphin. pag. 311. et seqq. Pondus statum ac determinatum, constans, ut videtur, 108. unciis; ibi enim dicitur, *novem* panes 12. unciarum *exponderare unum Rotulum*. Italis *Rotulo* etiam est species ponderis, scilicet 32. unciarum Venetiis aut circiter, in Sicilia vero duarum librarum cum dimidia.

* Alias frustum panis; unde, ni fallor, *Rouillon*, in Poem. Rob. Diaboli MS. :

> Del pain pircent moques et Rouillons,
> En sa bouche en met grans quillons.

* *Rouilz* vero, Præstatio videtur ex mensura telarum domino exsoluta, quod baculo rotundo illas metirentur, sic dicta. Redit. comit. Campan. ex Cod. reg. 8312. 5. fol. 88. v°. : *Il* (le comte) *a marché, pour raison duquel le sire prent le Rouilz des toilles et le pois*. Vide *Rubus* 1.

Rotula vel Rotulus, videtur etiam fuisse mensura liquidorum. Vetus Notitia apud Rocchum Pirrum tom. 2. Notitiæ Sicil. pag. 935 : *Libræ incensi et ceræ, Rotulæ olei*.

¶ 1. **ROTUM**, pro *Rotomagum* f. per nudam abbreviationem. Vita S. Richardi Regis Anglo-Saxonis, tom. 2. Februarii pag. 76 : *In ripa fluminis, quod nuncupatur Sigona, juxta urbem, quæ vocatur Rotum*.

2. **ROTUM**, idem quod *Rothus*, Novale, in Onomast. ad calcem tom. 3. Apr. Locus non exhibetur ob falsam numeri notam.

ROTUMBA, Vasis Chymici species. Joannes de Garlandia lib. de Præparatione Elixir. : *Quæ duo similia mistis, et super marmora incorporatis, pone in Rotumba vitrea, vel ampulla, et claude foramen, seu os vasis, etc*. Occurrit rursum infra.

¶ **ROTUNDA** Scriptura, Rotundalis, *Alta, Media, Cursiva, Inæquata*. Vide *Scriptura*.

¶ 1. **ROTUNDARE**, Instituta Patrum de modo psallendi apud Thomasium in Appendice ad Responsoriale Rom pag. 443 : *Sicque omnis modulatio psalmodiæ sive cantus Rotundetur et terminetur, ut finis inveniat suum exordium*. Nos dicimus *Chanter* *rondement.* Æqualiter canere, non nimis protrahendo. Vide *Rotunde.*

* 2. **ROTUNDARE**, In rotundum plicare, volvere. Stat. Mantuæ lib. 1. cap. 152. ex Cod. reg. 4620 : *Condemnetur* (concubina) *per D. potestatem et ejus judices, ut tonsis crinibus stare debeat per totam illam diem ad berlinam, et in mane sequenti, usque ad nates pannis Rotundatis, fustigari debeat per plateas communis Mantuæ.*

ROTUNDARIUM, Orbiculus, nostris *Assiete.* Vetus Gloss. Lat. Gall. MS. ex Bibl. Thuana : *Rotundarium, Tailleor.*

* Vide supra *Rotondale.*

¶ **ROTUNDATOR**, f. Tornator, Gall. *Tourneur.* Inter signa testium, qui subscribunt Chartam Gaufredi Comitis apud Baluzium tom. 7. Miscell. pag. 234. habentur *S. Gauscelini Rotundatoris. S. Durandi forestarii. S. Roberti sartoris, etc.*

¶ **ROTUNDE**, Graviter, lente, æqualiter, distincte, Gall. *Rondement, Gravement, Posément, Distinctement.* Concilium incerti loci apud Marten. tom. 4. Anecd. col. 152 : *Præcipimus autem.... ut verba Canonis in Missa Rotunde dicantur et distincte. Rotunde dicere,* Ciceroni lib. 4. de Finibus cap. 3. idem est quod elegenter, composite dicere. Vide *Rotundare*, 1.

ROTUNDELLUS, Vestis species in orbem desinens, Cyclas : ex Gallico, *Rondeau.* Concilium Andegavense ann. 1365. cap. 19. de Clericis : *Chlamydes seu Rotundellos, vestes fixas decurtatas cum botonibus in publico deferre non verentur.* Vide *Cloca* 3. *Rondellus*, [*Redundellus* et *Rodundellus.*]

¶ **ROTUNDINUS**, f. Ornatus figura rotunda seu circulari. Annales Mediolan. apud Murator. tom. 16. col. 807 : *Centura una facta ad Rotundinos pro una boattontura cum saphiris* XI. *balassis* XLVI. *etc.*

¶ 1. **ROTUNDITAS**, Forma rotunda, Plinio aliisque. Metaphorice Sidonius lib. 1. Ep. 1 : *Simmachi Rotunditatem, C. Plinii disciplinam maturitatemque vestigiis præsumptuosis insequuturus, etc.* Hoc est, æqualem et elegantem dicendi rationem. Pro candelabro orbiculari et circulari, in quo cerei ponuntur et accenduntur in Ecclesiis. Charta ann. 1212. e Tabulario S. Vincentii Cenoman. : *Item de candelis positis in Rotunditatem per totum annum allatis, etc.*

* 2. **ROTUNDITAS**, Collis pars superior, vertex. Charta Rener. de Nogento ann. 1219. in Chartul. Campan. ex Cam. Comput. Paris. fol. 396. r°. col. 2 : *Dedi eis et hæredibus ipsorum imperpetuum collem, qui vocatur Chasteliers de Andelou, totam videlicet Rotunditatem ipsius collis, præterquam unum jornale terræ, quod in eodem colle habent moniales de Benedicta valle; totum etiam pendens ipsius collis, etc.*

ROTUNDULA, Pastillus formula rotunda, τρόχισκος, Græcis. Antonius Musa de Vetonica herba cap. 6 : *Herbæ vetonicæ contritæ paululum salis adjicito digitis duobus et pollice medio, quantum tolli poterit, et subactum formato Rotundulam, etc.* Utitur etiam Apuleius lib. de Virtutibus herbarum cap. 13.

* **ROTURA**, Via in silvis, quam vulgo *Route* vocant. Vide *Routare* et infra *Rupta* 4. Ordinat. pro reform. regni Navar. ann. 1322. in Reg. Cam. Comput. Paris. sign. *Noster* fol. 440. r° : *Item ordinatum est quod prædictum consilium compellatur solvere pectam de Roturis, quas fecit in Bardena, una cum damno nemoris facto.*

ROTURAGIUM. Vide in verbo *Rumpere.*

ROTUS. Chronicon Casin. lib. 3. cap. 57 : *Pannum sericum magnum, cum uno Roto.* Forte *rocho.*

* 1. **ROVA**, Exactio, præstatio sub nomine precationis. Charta Rolandi abb. Arremar. ann. 1209. in Chartul. ejusd. monast. fol. 139. v° : *In omnibus justitiis ejusdem villæ, laudationibus et venditionibus, in theloneo, in minagio, et in Rova hominum, si aliquando facta fuerit, habebit ipsa,* (comitissa) *medietatem et nos alteram medietatem. Ruiz,* eadem notione, in Charta ann. 1331. ex eod. Chartul. ch. 32 : *Item disoient encor que des Ruiz, qui à eulz appartenoient, à eulz appartenoit l'imposition à faire par leur gent et l'execution du lever... Quant aux Ruiz, qui audit seigneur et sa femme appartiennent, li maires du dit priorté sera appelez au faire les deux Ruiz, c'est assavoir aux deux Ruiz, qui audit seigneur et sa femme appartiennent chascun an, et seront levé et payé audit seigneur et sa femme par la main du mayeur doudit priorté.* Hinc *Ruy du baston aux gelines,* Præstatio ex gallinis in Libert. villæ *de Loiches* ann. 1412. tom. 10. Ordinat. reg. Franc. pag. 63 : *Si povoit et avoit accoustumé ladicte dame d'avoir le Ruy du baston aux gelines et poullailles.... Le Ruy du baston, prise de gelines et poulailles, etc.* Unde explicantur Libert. Joinvil. ann. 1354. tom. 4. earumd. Ordinat. pag. 298. art. 26 : *Nous..... ne porrons par quelque necessité que ce soit pranre ne faire pranre geline, poulailles, ne avoir Ru de bascon en ladicte ville.* Ubi leg. *baston.* Vide supra *Roga* 4. et in *Rotagium.*

* 2. **ROVA**, Robur, Provincialibus *Roure*, Gall. *Chene.* Charta ann. 1328. ex Tabul. Massil. : *Item retro hospitium Johannis Martini fiat unum plancatum quatuor rambalorum Rovæ.* Vide *Rover.*

ROUAGIUM. Vide supra in *Rotaticum.*

¶ **ROUCA**, Species ludi prohibiti; in Statutis Vercell. lib. 4. fol. 84. Vide locum in *Rianeta.*

¶ **ROUCHINUS**, Idem quod supra *Roccus* 1. Vestis superior. Codex Legum Norman. apud Ludewig. tom. 7. Reliq. MSS. pag. 304 : *Si vero Miles non fuerit, nec habens feodum loricæ, passus injuriam; sed per plena arma feodum suum deservit, per Rouchinum, gambesium et capellum et lanceam, per ea debet ei satisfieri de emenda.*

* Vel idem potius quod *Runcinus.* Vide in hac voce.

¶ **ROUCINUS**, Equus minor. Vide *Runcinus.*

* **ROUEGUS.** Constit. MS. Petri III. reg. Aragon. ann. 1380 : *Cum curiæ vicarii et bajuli Barchinonæ, in quibus plura solebant expediri negotia, inutiles et quasi Rouegæ factæ sunt, etc.* Ab Hispanico, ut videtur, *Roido*, despicabilis.

ROVER, vel Rovere, Robur, arbor, Italis *Rovere,* [Gall. *Rouvre.*] Charta Desiderii Regis Longobardorum in Bullario Casinensi tom. 2. pag. 14 : *Exinde in Carpeno grosso, vel oplo, per Rovere, habentes literas omega in Rovere arsa, etc.* Occurrit ibi pluries. Utitur etiam Petrus de Crescentiis lib. 5. de Agricultura pag. 262.

Rovoria, Roboretum, quercetum. Tabularium Ecclesiæ Gratianopolitanæ sub Hugone Episcopo fol. 48 : *Et Rovoriam de insula, quæ est juxta ripam Isaræ in S. Ferreolum et Gratianopolim.* [Rursum occurrit in Charta data regnante Roberto Rege apud Stephanotium tom. 2. Antiq. Occitan. MSS. pag. 490. Haud satis scio qua notione Ordinatio Curiæ Communiarum Pontis S. Spiritus ann. 1486. e Schedis D. *Lancelot* : *Item que nulle personne ne soit ousé de mettre nulle beste dedans les Rovybres des prés, qui seront signés pour Rovybres, jusques aprés la feste de la Toussaint.*] Vide *Blanditiæ.*

¶ Rovoyria. Regestum *Probus* fol. VIII.XX. VI : *Dominus Dalphinus... habet Rovoyriam dels Eynarz, quæ valet, si accensaretur, per annum* XX. *sol. sed Castellanus capit ibi ligna ad focum suum.*

Roverina, Eadem notione, in Charta Mathildis Comitissæ ann. 1096. in Bullario Casinensi tom. 2. pag. 117.

¶ Roveria, Eodem significatu, in Charta XI. sæculi ex Archivo S. Victoris Massiliensis, armario Forojuliensi num. 76.

¶ Roveritum, Idem. Vide in *Roboretum.*

* **ROVERETUM**, Quercetum, locus *roveribus* consitus, Ital. *Rovereto*, in Charta ann. 950. apud Ughel. tom. 2. Ital. sacr. col. 104. edit. ann. 1717. Vide *Roboretum* et *Rover.*

¶ **ROUERIA**, Orbita, rotæ vestigium, Gallis *Orniere.* Statuta Arelat. art. 87. e MS. D. *Brunet* : *Roueria levatarum et taupie et receptacula cyrogrillorum destruantur.* Ordinatio ann. 1223. ex eodem MS. fol. 66. recto : *Confirmaverunt illud abeuratorium, quod est ad Roueriam inter honorem Martini Johannis, etc.* Potest hic intelligi *Roboretum* ut in *Rover.*

* Alias *Rouain.* Lit. remiss. ann. 1475. in Reg. 195. Chartoph. reg. ch. 1477 : *Icellui Denis mist le pié en ung Rouain de charrette et tumba par terre.* Vide supra *Rotaria* 2.

¶ **ROVES**, Provincialibus, Idem quod *Rover.* Statuta MSS. Castelli Orgini e Schedis D. *le Fournier* : *Item quod aliqua persona non audeat seu persumat scindere Roves, euses, nec darbosses infra dictas defensiones.*

¶ **ROUESUM.** Statuta Civitatis Astæ collat. 7. cap. 16 : *Et illi* (*pistores*) *qui fecerint panem album, non possint facere panem de uno seacio... et ille qui panem album fecerit, possit panem facere de Roueso.*

* **ROUGETUS**, Piscis species, nostris *Rouge* et *Rouget.* Arest. ann. 1387. 8. Jun. in vol. 10. arestor. parlam. Paris. : *Pannerius piscium marinorum, videlicet Rougetorum, etc.* Comput. pitant. S. Germ. Prat. ann. 1374. ex Bibl. ejusd. monast. : *Item le Dimenche, que l'en chante en sainte eglise* Domine, ne longe facias, *pour la pitence du convent d'alouses salées et quatre Rouges pour mons. l'abbé, soixante solz.* Vide supra *Circulus* 2.

* **ROVIS**, ut supra *Rova* 2. Robur.

Charta ann. 1219. apud Ughel. tom. 1. Ital. sacr. col. 1123. edit. ann. 1717 : *Cum terris cultis et incultis, vineis vel Rovibus, arboribus fructiferis et infructiferis, pascuis, etc.* Tabul. S. Vict. Massil. : *Dono Deo et sancto Victori unum campum, qui jacet juxta Rovem.* Vide *Roves.*

¶ **ROULLETA.** Statuta vetera Capituli Senonens. MSS : *Item Canonici qui faciunt, debent pilotas et Roulletas in crastino Paschæ.* Puto legendum esse, *Item Canonici qui faciunt pilotas, debent Roulletas in crastino Paschæ.* De ludo pilotæ die Lunæ post Pascha, etiam in Templis habito, fusius supra dictum est in *Pelota* 3. Hodieque Autissiodori festis Paschalibus pueri solent a consanguineis et amicis postulare *la Roullée* : quibus dantur vel ova durata vel nummuli; unde per *Roulletas* intelligo munuscula quædam fieri solita ab iis, qui *faciebant pilotas.* Vide *Pelota* 3.

* Locum ex Stat. capit. Senon. sic emenda ex Mercur. Franc. mens. Mart. ann. 1735. pag. 430 : *Item. Canonici qui faciunt stagium, debent pilotas et Roulettas.* Ubi esca quædam significari videtur; nisi legendum sit *Bouletta. Rouillée* vero, Stabulum porcorum sonat, in Consuet. civit. Tull. ann. 1297. ex Reg. A. Chartoph. reg. ch. 1 : *Quiconques monderoit sa Roulliée et feroit porter aval la ville lou fiens de ses pors, etc.*

¶ **ROULLUS.** Bullarium Fontanellense MS. fol. 114. verso : *Percipient decimas versus Aysiacum a Roullo, qui dicitur Ansgot Paris, usque ad crilzam recta linea.*

¶ **ROUNDELETTUS,** Mensura liquidorum, Anglis *Roundlet, Rundlet* vel *Runtlet.* Continet decem et octo *galones* cum dimidio, Anglicus vero *galo* circiter quatuor *pintas* Parisienses. Literæ Henrici IV. Regis Angl. ann. 1402. apud Rymerum tom. 8. pag. 285. col. 2 : *Præcipimus... quod deputatis prædictorum Capitanei et burgensium plenam restitutionem duodecim doliorum, unius pipæ et quatuor Roundelettorum vini, aut satisfactionem pro eisdem... sine dilatione prout justum fuerit, habere facias.*

¶ **ROVORIA,** Rovoyria. Vide in *Rover.*

* **ROURA,** an Quercetum? *Roure* enim quercum dixerunt. Vide *Rover.* Charta ann. 1240. in Chartul. Campan. ex Cam. Comput. Paris. : *Prædictæ autem quærelæ sunt heæ.... de stannis, de Roura Longævillæ, de escasuris dictæ villæ, etc.* Legendum forsan *Rovra;* et tunc idem est quod supra *Rova* 1.

¶ **ROVRETUM,** Quercetum. Vide *Roboretum.*

* **ROUSETUM,** Pannus rufei coloris, nostris *Rousset.* Testam. Phil. episc. Sabin. ann. 1372. ex Cod. reg. 9612. A. F. : *Item Philipæ Cavaliere nepti suæ clotam de Rouseto, cum folratura de variis.* Lit. remiss. ann. 1389. in Reg. 138. Chartoph. reg. ch. 65 : *Une cote de Rousset du priz de trois solz Parisis ou environ.* Vide *Roussetum* et *Russetum.*

* **ROUSINUS,** Equus non vilis pretii. Inventar. ann. 1476. ex Tabul. Flamar. : *Et primo unum Rousinum pili bayhardi obscuri; valoris triginta scutorum auri, cum sua cella et brida.* Vide in *Runcinus.*

¶ **ROUSSETUM,** Pannus vilior rufei coloris, idem quod infra *Russetum.* Charta Petri Abb. S. Crucis de Talmundo ann. 1366 : *Item in festo OO. SS. anno quolibet tenebitur dictus Aquarius facere et ministrare omnibus et singulis Religiosis dicti Conventus, et magistris dictarum domorum pro vestiario, tres alnas cum dimidia boni panni et sufficientis, Rousseti seu burelli.*

¶ **ROUSSINUS,** Equus minor. Vide *Runcinus.*

¶ **ROUTA,** Turma. Vide in *Rumpere.*

ROUTARE, Silvam viis, quas vulgo *Routes* vocant, distinguere; *Router.* Liber Niger Capituli Parisiensis : *Quod idem Dom. Herveus emendabit Capitulo Paris. hoc quod sine licentia Capituli fecit mensurari, et Routari nemora Capituli de Chevrigniaco, etc.*

* Nostri *Arouter* et *Arrouter* dixerunt, pro *Marcher, s'acheminer, prendre sa route vers un lieu,* Aliquo iter vel gressum dirigere. Villehard. paragr. 62 : *Et assez d'autres nés de marcheans, qui avec s'erent Arroutées.* Guill. Guiart. ad ann. 1267 :

> Puis sont montez, ces choses faites,
> Et s'Aroutent espées traitent
> Vers ceus qui en champ atendent.

Vide supra *Rota* 14.

* **ROVUM,** Mensura annonaria. Vide *Rubus* 2. Reg. Cam. Comput. Paris. sign. *Noster* fol. 339. r° : *Quidam modus mensurarum in Navarra. In reaficio Pampilonæ sunt quatuor Rova, in Rovo quatuor quartalia.... In reaficio Tutellæ sunt quatuor Rova, in Rovo sex quartalia.... In reaficio Stellæ sunt octo Rova, in Rovo quatuor quartalia.*

¶ **ROXUM.** Acta consecrationis Alfonsi Regis Lusitaniæ apud Brandaonem : *Homo qui fuerit Roxum cum ferro moludo, etc.* An vulneratus? Hispanis *Roxo* dicitur Ruber, Rufus. Nos dicimus *Rosser,* Fustibus egregie excipere, ut fere excipiuntur strigosa jumenta, quæ vulgo *Rosses* appellamus.

* Jurgium, rixa, et jus de iis cognoscendi mulctamque percipiendi. Leg. Lusit. sub Alph. reg. tom. 1. Probat. hist. geneal. domus reg. Portugal. pag. 11 : *Homo, qui fecerit Roxum cum ferro moludo, vel sine illo, vel dederit cum lapide, vel ligno troncudo, faciat illum alvazir componere damnum.* Charta Adef. reg. Hisp. æra 1180. in Chartul. Cluniac. : *In tali quidem libertate prædictas hæreditates Cluniacensi ecclesiæ et abbati ejusdem et monachis possidere concedo, ut Roxa, fossadera, pecta, homicidia omnique facienda quæ regi pertineat, etc.*

¶ **ROYA,** Pars agri amplioris in duas vel tres *Royas* seu portiones divisi, habita terræ magis minusve feracis ratione, ut eo anno, quo una pars seritur, altera requiescat, quibusdam *Roye,* vel *Raye.* Chronicon Bonæ Spei pag. 330 : *Bonarium terræ et tres mensuras ad Royam.* Phrasis Gallica in quibusdam provinciis, *Trois mesures* (puta *Journaux*) *de terre à la Roye.* Vide *Riga* 1. Hinc, ni fallor, orta vox *Royon,* Modus agri vel vineæ. Enumeratio bonorum Domus-Dei Commerciaci e MS. ejusdem urbis fol. 23 : *Deux Royons de terre seant sur le chemin de S. Aulbin, contenant envyron trois quartares de terre... y a envyron ung bon demi jour de vigne en deux Royons seans, l'un en Revenne et l'autre ou lieu dit en Pieces.*

* Charta ann. 1276. in Lib. nig. S. Vulfr. Abbavil. fol. 66. v° : *Recepit Bernardus Bordin xix. jornalia et dimidium,... et debet reficere dictam terram ad quatuor Royas.* Hinc *Terre en roaige* dicitur, quæ ea ratione divisa est. Charta Phil. Pulc. ann. 1297. in Lib. rub. Cam. Comput. Paris. fol. 18. r°. col. 2 : *Champars de quatre vingt neuf acres de terre en Roaige en neuf ans.*

* A Gallico *Roye,* striga, sulcus terræ, nostris *Royer,* pro *Voisin contigu,* Conterminus. Lit. remiss. ann. 1360. in Reg. 89. Chartoph. reg. ch. 627 : *Et si avoit ycils Girart seurvendengié ès vignes de ses voisins et Royers.* Inde etiam *Royan* appellatur Via, quæ pagum ab altero dividit, in Lit. remiss. ann. 1367. ex Reg. 97. ch. 438 : *Icellui Gille suivi et chaça ledit Hue jusques au Royan d'entre Soycourt et Marchelet.* Ejusdem originis est *Royon,* pro *Rideau,* Colliculus, in Lib. nig. priorat. S. Petri Abbavil. fol. 44. r° : *Lesquelles chinq quartes* (de terre) *estanz scituez entre deux ridiaux ou Royons, etc.* Infra : *Ridiaux. Ruillon,* eodem sensu, in Lit. remiss. ann. 1448. ex Reg. 176. ch. 624 : *Le suppliant... monta sur le tertre ou Ruillon du grant chemin. Rillon,* in Chartul. Corb. sign. *Cæsar* fol. 69. r° : *A esté donné congié audit Jacques de relever ung Rillon de se vigne.*

* Roya Terræ, idem quod Fundus. Sentent. arbitr. inter episc. et capit. Catalaun. ann. 1299. in Reg. 96. Chartoph. reg. ch. 386 : *De terra vero allodiorum de Pongneyo ordinamus, quod omnimoda jurisdictio temporalis, alta et bassa ad decanum et capitulum tantum pertineat, excepta jurisdictione seu cognitione de fundo terræ, quod de Roya terræ communiter appellatur.* Charta Phil. Pulc. ann. 1303. in Lib. rub. Cam. Comput. Paris. fol. 222. r°. col. 1 : *Omnes alios redditus, quocumque nomine censeantur, cum bassa justitia omnium mobilium et Royæ terræ, quæ habebamus...... in dicta Villanova, concedimus.* Hinc jurisdictio ad fundum terræ pertinens, vulgo *Justice fonciere, Roieriere* nuncupatur, ex Reg. ejusd. Cam. sign. *Bel* fol. 156. v° : *Lequel roy* (Philippe IV.) *ottroya audit Pierre Baire.... le villaige de la ville Rasant, avecc la forfaiture ou Roieriere, qui fu maistre Guillaume Brunet.*

¶ **ROYBA,** f. Locus præruptus. Correctiones Statutorum Cadubrii cap. 115. *de projicientibus lignamina ex montibus : Volumus, jubemus et ordinamus, quod si aliquis ex aliquo monte vel nemore voluerit ligna aliqua projicere, vel ex lavinali, vel ex Royba apud vias publicas, aut alibi unde publice transitus fieret, teneatur et debeat quinque vicibus vociferare et clamare alta voce, cum intervallo ab una vice ad aliam, antequam lignum aliquod projiciat.*

ROYDÆ, Operæ, Pedemontanis. Prostat Jacobini de S. Georgio tractatus, de *Roydis seu operis,* edit. post tractatum de Feudis et Homagiis.

¶ **ROYSSOLA,** Placentæ genus. Vide *Roisola.*

¶ **ROYUS,** Striga. Statuta Cadubrii lib. 3. cap. 78. *de Royo non levando : Statui-*

mus et mandamus, quod aliquis de Cadubrio non levet, nec levare sit ausus, in aliquo loco, vel aliqua terra, aliquem Royum, et si alicubi esset ellevatus Royus quod derruatur et arretur infra, si ille qui habuerit possessionem subtus Royum petierit, quod infra arretur; et tunc ille qui habuerit possessionem subtus Royum teneatur et debeat dare cessam illi, qui arrat Royum, de duobus pedibus. Et si ille qui habuerit Royum voluerit sponte ipsum arrare, quod ille qui habet possessionem subtus Royum omnimode teneatur dare cessam, ut supra; et qui fecerit contra prædicta condemnetur... in centum sol. p. et nihilominus cogatur per curiam ad observandum prædicta. Vide *Riga* 1.

* **ROZA**, Rubia, Ital. *Roggia*, Gall. *Garence*. Pactum inter Mutin. et Lucan. ann. 1281. apud Murator. tom. 2. Antiq. Ital. med. ævi col. 902 : *Guadi, lumæ, Rozæ, de soma tres solidi Mutinenses auferantur.* Vide supra *Roja* 2. et *Rotia* 2.

¶ **ROZETA**, Idem quod *Rosetta*, parva Rosa. Inventarium Eccl. Aniciensis ann. 1444 : *Item pannus aureus in campo seminatus cum magnis compas et in cruce des compas una Rozeta.*

¶ **ROZEUGA**, Vox contemtus aut irrisionis. Capitulum generale S. Victoris Massil. ann. 1312 : *Erat discordia in monasterio S. Victoris, et tota congregatio erat divisa in duas partes, et una adhærebat Ultra-Rhodonensibus, altera Provincialibus... Nemo ex proposito offensionis vel nationis partialitatem ostendens Rozeugas appellare aptentet Ultra-Rhodonenses.*

* **ROZIUM**, Grex, Gall. *Troupeau*. Stat. Vallis-ser. cap. 65. ex Cod. reg. 4619. fol. 117. r° : *Sub pœna librarum trium... pro quaque noda pecudum et Rozio vacharum.* Ibid. cap. 89 : *Rozium intelligatur et sint pecudes septem, et ab inde supra.* Vide supra *Rotium*.

¶ **ROZZA**, vox Italica, Gallis *Rosse*, strigosum jumentum. Chronicon Petri Azarii ad ann. 1362. apud Muratorium tom. 16. col. 394 : *Frater, volo quod equum meum in groppa ascendas. Dixit Rusticus : Poterit illa Rozza portare duos?*

RUA. Acta Episcoporum Cenomanensium pag. 54. [tom. 3. Analect. Mabillonii :] *Quicquid infra civitatem et in suburbio civitatis habebant, id est illas Ruas omnes tam intrinsecus civitatis, quam extrinsecus, vineas quoque et agros, etc.* Vita Aldrici Episcopi Cenoman. num. 30. [apud Baluzium tom. 3. Miscell. pag. 61 :] *In illa Rua ultra fluvium Sartæ duo* (mansionalia) *fecit, in illa Rua S. Vincentii unum, etc.* Vide an idem sit, quod nostrum *Ruë*, Platea, de qua voce agimus in *Ruga*.

☞ Idem re ipsa esse quod nostrum *Rue*, Platea, vicus, via, liquet ex aliis locis bene multis, ubi *Rua* sumitur hac notione : *Rua S. Germani* et *Via S. Germani* promiscue legitur in Præcepto Caroli C. de novo ponte civitatis Paris. ann. 870. apud Baluz. tom. 2. Capitularium col. 1491. Charta S. Vincentii Cenoman. : *Quidam homo nomine Haimo quoddam cubiculum tenebat de S. Vincentio in Ruam Haraldi, de quo duos denarios de censu reddebat.* Chartularium ejusd. S. Vincentii fol. 90 : *Domum autem furni faciet Annotus usque ad Ruam.* Charta ann. 1142. ex Archivo Civitatis Massil. : *Commune Massiliæ habeat... unam Ruam, de qua omnes domus et possessiones sint ipsius Communis in perpetuum.* Charta Guidonis Abbatis Insulæ Barbaræ ann. 1200. tom. 1. Maceriarum ejusd. Cœnobii pag. 129 : *Prout banna protenduntur a parte del Chastellar usque ad viam Ruæ de Sachetans descendendo per magnum iter usque ad Sagonam, et ab alia parte a Rua de Sachetans, etc.* Charta ann. 1258. tom. 1. Chartularii S. Vandregesili pag. 935 : *Recepi ad feodi firmam... masuram integre cum ædificiis... extensam in longo a Rua usque ad Sequanam.* Rursum occurrit ibidem pag. 536. Charta ann. 1285. e Chartulario Monasterii S. Johannis Angeriac. pag. 272 : *Et ipsam* (*portam*) *si facimus de licentia dicti Senescalli in muro dictæ villæ in Rua Putei parvi, etc.* Obituarium S. Geraldi Lemovic. f. 34 : *Joannes de la Faya legavit quinque solidos supra domum Luciæ de Axia sitam in Rua Torta.* Computus Grasivod. ann. 1337 : *Recepit in denarios censuales de censu bancarum Mali Consilii, censu Ruæ Chalnesiæ, etc.* Charta ann. 1519 : *Petrus Aureys, dit Micheu, commorans in Rua de Arbore picta, confitetur, etc.* Statuta Vercell. lib. 7. fol. 151. recto : *Superstites viarum teneantur ita facere aptari viam, quod aqua Rue prope Ecclesiam S. Bonati decurrat usque ad portam novam.* Aliud est *Ru* in Charta Gallica ann. 1396. e Chartulario S. Vandregesili tom. 2. pag. 1725 : *Une piece de terre ou jardin... assis en ladite ville de Rony, tenant d'une part audit Prioré et d'autre part au Ru de la ville dudit Rony.* Ubi voce *Ru* Rivulum intelligo seu Canaliculum e rivo deductum, quem etiamnum *Ru* appellamus, a Rivo, ut quidam volunt; vel a Græco ῥέω, Fluo, ut ait Borrellus, denique vel a Germanico *Ritha*, Torrens juxta Lipsium.

* Haud dubie in locis ad Cangium additis, idem est quod Platea, vicus, Gall. *Rue* : hinc *Rua orba*, vulgo *Cul-de-sac*, angiportum non pervium, in Charta ann. 1275. ex Reg. Cam. Comput. Paris. sign. JJ. rub. fol. 50. v° : *Concessit.... totam illam plateam et solum, quod est in capite Ruæ orbæ.* Verum alia notione accipienda videtur hæc eadem vox in Actis episc. Cenoman. a Cangio laudatis, ut et in Sentent. Henr. de Causanc. senesc. Vascon. ann. 1263 : *Quod si aliquis de castro Ruis et burgis, aut de tota castellania Blaviensi moriatur, etc.* Ubi villulæ a castro dependentes, Gall. *Hameaux*, fortasse significantur : in Actis vero Cenoman. episc. viridaria vel horti olitorii.

* **RUADA**. Alex. Iatrosoph. MS. lib. 1. Passion. cap. 102 : *Ruada fit minorante angulo majore per incisionem, aut supercrescente carne in angulo oculorum.* Ubi Glossæ : *Ruadas vocat fluxum lacrymarum factum ex incisione venæ, dum ungula inciditur in angulo oculorum.*

RUAGIUM. Vide supra *Rotaticum*.

¶ **RUALE**, Via, platea, idem quod mox *Ruata*. *Quodam Ruali intermedio,* in Schedis D. *Aubret*.

RUARIUS, Officium fuit in Ecclesia Collegiali S. Quintini in Viromanduis, quod et *Ruaria* dicitur in Bulla Clementis IV. PP. apud Hemeræum in Augusta Viromand. ann. 1260. Illud fuit perpetuum, ut auctor est idem Hemeræus pag. 187. qui addit, *Ruarios inter Canonicos sortem etiam invenisse*, id est, in Canonicorum Collegio sedem habuisse. Idem sub ann. 1206. ait, sententia judicum, a Sede Apostolica datorum, dictum fuisse, *Ruarios esse Ecclesiæ Clericos, et Capitulo æque ac Decano fidelitatem jurare debere.* In Charta Joannis Decani S. Quintini ann. 1226. apud eumdem pag. 209. refertur, Burgenses S. Quintini *primo per Ruarios, postea per Sacerdotes, qui successerunt illis Ruariis, consuevisse hactenus intra claustrum Ecclesiæ Decanum facere judicari.* In Tabulario N. D. Viromanduensis Chartam Werrici Decani S. Quintini ann. 1159. subscribit *Hugo Ruarius*, cum Theodorico Custode, et aliis. Ex Bulla laudata Clementis constat primo *Ruariæ* officium a Capitulo solitum conferri, sed ex prædictis vix eruitur, quale illud fuerit, et unde nomen duxerit; nisi *Ruarius* is fuerit, qui istius Ecclesiæ partis, quam *Rugam*, seu *Rue* vocabant, curam habuerit, de qua copiose egimus in Descriptione ædis Sophianæ, ubi docuimus, *Rugam* appellari, vestibulum Presbyterii, seu *Bematis*, quod plateæ inter Presbyterium et Chorum formam referret. *Ruyers* [enim in aliquot Consuetudinibus Belgicis iidem sunt, qui aliis *Voiers*, quibus scilicet *viarum* seu *rugarum* jurisdictio competit. Vide Consuetudines Seclinens. Bethun. Lilleriens. [necnon infra *Rugnavius*.]

RUATA, Platea, *Rue*. Testamentum Aimonis de Sabaudia D. Villæ-franchæ ann. 1398. apud Guichenonum : *Usus fructus et godias unius furni, siti in Valla-franca in magna Ruata percipiendos.* [Charta Thossiacensis ann. 1404 : *Juxta Ruatam vocatam* les Corsieres de la ville. Statuta Montis-regalis pag. 208 : *Si aliquis projiceret, vel projici faceret, terram, fimum seu vinaciam in aliquam viam seu moneatam in Ruatis dictæ civitatis, seu in platea infra confines descriptos, etc.* Terragium Bellijocense : *Juxta Ruatam per quam itur ad domos Johannis de la Val.*]

RUBA. Charta Ludovici Pii Imp. [apud Baluzium tom. 3. Miscell.] pag. 25 : *Et in cubando eos, quos Porcarios vocant, et eos, qui in illa Ruba, quæ est contra orientem, manere noscuntur.* Videtur legendum *Ruga*. Vide in hac voce.

¶ **RUBALDI**. Vide supra *Ribaldi*.

¶ **RUBANUS**, Vitta, tænia Gall. *Ruban*, a Latino *Rubeus*, ut Menagius scribit. Litteræ patentes Caroli V. Franc. Regis ann. 1367. pro Monspeliensibus : *Item quod nulla ipsarum mulierum audeat portare in suis capuciis et vechis, aut alias in vestibus suis aliquod genus Rubanorum aureorum vel argenteorum.*

¶ **RUBARE**, RUBATOR. Vide in *Roba*.

* **RUBATA**, Ludi genus. Stat. Avellæ ann. 1496. cap. 203. ex Cod. reg. 4624 : *Nemini liceat ludere ad Rubatas planas sive rotundas..... infra burgos Avillianiæ.*

* **RUBBUM**, Ital. *Rubbio*, Mensuræ frumentariæ in Italia species. Census eccl. Rom. ann. 1192. apud Murator. tom. 5.

Antiq. Ital. med. ævi col. 852 : *Ecclesia Lateranensis pro terris, vineis, et molendinis de Lacu, debet octo Rubba grani, et octo de hordeo.* Vide *Rubus* 2.

¶ **RUBBUS**, Mensuræ species. Vide *Rubus* 2.

* **RUBEATA**, Locus rubis consitus, rubetum. Charta Caroli IV. imper. ann. 1365. ex Cod. reg. 9873. fol. 56 r°. : *Vineas, pomeria, silvas, Rubeatas, prata, pascua, etc.*

¶ **RUBECULA**, *Eritachus, avis solitaria,* in Amalthea. Vide Gesnerum.

¶ **RUBECUM.** Rolandinus Patavinus de factis in Marchia Tarvisina lib. 10. cap. 5 : *Arbores incidere et Rubeca, vineas et segetes omnes.* Sed Muratorius tom. 8. observat in Estensi MS. haberi *Rubeta*, Loca rubis consita.

¶ **RUBEDO**, pro *Rubor*, ut barbarum rejicit Vossius lib. 3. de Vitiis serm. cap. 43. Utitur Firmicus lib. 2. Astrolog. cap. 12. in Leone : *Color croceus et ad Rubedinem declinans.*

¶ **RUBELLIO**, ἐρυσίνη, καὶ ἰὸς σιδήρου, in Glossis Lat. Græc. et Græc. Lat. Rubigo.

¶ **RUBEOLA**, Placentæ genus. Vide *Rufeola.*

¶ **RUBER**, Cardinalis, sic dictus in Vita S. Petri Cœlestini PP. apud Muratorium tom. 3. pag. 622. col. 1. quod Cardinales cœperint uti purpura in Concilio Lugdun. ann. 1245 :

> Pergama servabant, capitis discrimine, Rubri
> Tres, quibus augeri poterat, etc.

Pergama hic sumitur pro urbe Roma, sicuti olim pro urbe Troja.

* Hinc nostris *Rouge-musel* dictus Leprosus. Lit. remiss. ann. 1465. in Reg. 194. Chartoph. reg. ch. 80 : *Jehan Perrin dist à Jehan Preudom qu'il mentoit par la gorge, Rouge-musel qu'il estoit, en voulant dire et injurier qu'il estoit entaché de la maladie de lespre. Rougesyeux* vero, Vestis seu capitis tegumenti, species, apud Froissart. vol. 2. cap. 169 : *Or vint le roy Robert d'Escoce avec uns Rougesyeux rebrassez.*

RUBERUS, [pro *Rubetum*, Locus rubis consitus.] Vetus Charta in Chronico Laurishamensi pag. 57 : *Hoc est terram et silvam, quæ est in illa marcha de Birstad, seu in ipso fine : de illo Rubero qui est de Ecclesia sancti Nicasii,.... de ipso Rubero ad partem Aquilonis, etc.* Vide *Rubus*, 3.

RUBETUS, Gallice *Rubis.* Vide *Rubinus.*

* **RUBEUM**, *Aliqui antiqui vocaverunt accatiam. Gerodius in libro Equorum : Rubeum, inquit, id est, Succus primelarum immaturarum.* Glossar. medic. MS. Simon. Januens. ex Cod. reg. 6959.

¶ **RUBEUS**, Mensuræ species. Vide *Rubus* 2.

Rubeus Feramus, *Rubea fera*, Gallis *Beste fauve.* Lex Alamannor. tit. 99. § 4 : *Si Rubeus feramus cum ipso sagittatus est.* § 9 : *Si cum ipsa Rubea fera sagittata fuerit.* Vide *Rofia* in *Rufia.*

* **RUBICELLA**, dimin. a *Rubrica*, Articulus, capitulum. Stat. synod. eccl. Carcass. ann. 1270. cap. 1. ex Cod. reg. 1613 : *Quoniam nichil splendidius sedet in vertice clericorum, post rectam fidem, quam vita irreprehensibilis et honestas, de vita et honestate clericorum proposuimus Rubicellam.* Vide *Rubricella.*

¶ **RUBICULA**, Δημαγωγός, in Glossis Lat. Gr. Aliæ Græc. Lat. : Δημαγωγός, *Rubicula, popularis.* In Castigationibus ex MSS. *Publicola.* Heraldus, *Rabicula*, ut alibi legendum censebat.

¶ **RUBICULUS**, Species piscis fluviatilis. Angelus Rumplerus lib. 1. Hist. Monasterii Formbac. apud Pezium tom. 1. Anecdot. part. 3. col. 433 : *Ante autem omnes (pisces) excellunt, quos Rubiculos vocitant; hi enim singulis Venereis diebus tosti ac sagmine et furfure commixti apponuntur.* Hæc Trutis nostris satis conveniunt; sed nihil definio. Est piscis marinus nomine *Rouget*, Erytrinus vel Rubellio; sed hic agitur de fluviatili.

¶ **RUBICUNDITAS**, Rubor, in Epistola Friderici II. Imp. apud Martenium tom. 2. Collect. Ampliss. col. 1172.

¶ **RUBIES**, Idem quod mox *Rubinus*, Anglis, *Ruby*, Carbunculus : *Quatuor Rubies, unum baleis, quinque saphiri*, apud Rymerum tom. 8. pag. 569. col. 1.

¶ **RUBIFACERE**, Rubore inficere vel Rubefacere, in Glossis MSS. a Vossio laudatis lib. 4. de Vitiis serm. cap. 22. Vide *Rubricare.*

¶ **RUBIGINARE**, Rubiginari, Rubiginem contrahere. *Velle habere cultellum, qui non possit Rubiginari, est velle habere cultellum non de ferro*, apud Marten. tom. 8. Collect. Ampliss. col. 454. Apuleius lib. 3. Floridorum : *Gladius usu splendescit, situ Rubiginat.* Glossæ Lat. Græc. et Græc. Lat. : *Rubigino*, ἰοῦμαι.

* Nostris metaphorice *Enruillier*, Marcescere, a veteri Gallico *Ruil*, Rubigo, vulgo *Rouille.* Guign. in Peregr. hum. gen. MS :

> Car tout ainsi com en peril
> Est le fer, dont rieus on ne fait,
> Que assez tost Ruil n'y ait;
> Ausi li homs qui wiseus est,
> Et riens ne fait, en peril est
> Que assez tost Enruilliés
> Ne soit par vices et pechiés.

* **RUBINA**, ut supra *Robina*, nostris etiam *Rubine.* Charta ann. 1275. in Reg. M. Chartoph. reg. ch. 6 : *Item quod Rubina una talis fiat et fieri debeat per dominum regem, per quam res et mercadandiæ mercatorum possint cum copanis libere conduci et portari de mari ad civitatem Nemausensem.* Alia ann. 1456. in Reg. 191. ch. 237 : *Une piece de terre touchant à la Rubine de Saint Geneiz, contenant une sexterades de terre.* Vide in *Robina.*

* **RUBINARE**, Rubefacere. Glossar. Provinc. Lat. ex Cod. reg. 7647 : *Ensangenar, Prov. Rubinare, sanguinare.* Vide *Rubricare.*

* **RUBINELLUS**, dimin. a *Rubinus*, Carbunculus. *Decem balasceoli sive Rubinelli*, in Invent. MS. thes. Sedis Apost. ann. 1295.

¶ **RUBINOLENTUS**, Rubicundus. Acta S. Francisci de Paula, tom. 1. Aprilis pag. 161 : *Gena multo plus inflari cœpit, ita ut videretur esse ignea et Rubinolenta cum maximo dolore.*

RUBINUS, Robinus, Carbunculus, ἄνθραξ, Gallis *Rubis*, Italis Robino. [*Dedit etiam decem et septem anulos auri... unum cum Carbunculo, qui vulgo dicitur Rubi*, in Gestis Gaufredi Lodun. Episcopi apud Mabillon. tom. 3. Analect. pag. 390.] Chronicon Moguntin. : 16. *Annuli Pontificales boni et magni, de Robino unus,... de smaragdo unus.* Occurrit apud B. Odoricum de Forojulii in Peregrinat. cap. 3. num. 13. [*Robinus*, tom. 1. Rerum Mogunt. pag. 94. 95. tom. 2. pag. 103. in Annalibus Mediolan. apud Murator. tom. 16. col. 807. etc. *Rubinus*, tom. 1. earumdem Rer. Mogunt. pag. 97. apud Miræum tom. 1. pag. 405. col. 2. Rymer. tom. 7. pag. 567. col. 1. Hist. Dalphin. tom. 2. pag. 568. col. 2. etc.]

* Testam. Joan. Fabri episc. Carnot. ann. 1390 : *Annulum meum pontificalem cum lapide saphiro... do et lego monasterio S. Vedasti,.... una cum annulo Rubino sive balay, qui reperietur inter alios annulos meos.*

Rubetus, Eadem notione. Sugerius lib. de Administratione sua cap. 31 : *Multiplicem copiam jacinctorum, Rubetorum, saphirorum, smaragdinum, etc.* Adde cap. 32 : [*Quatuor baculos, continentes centum et sex annulos cum Rubetis et balesiis pretii ducentarum et quadraginta trium librarum*, apud Rymerum tom. 1. pag. 878. col. 2.]

Salmasius contendit *Rubinum* esse *Hyacinthum* veterum, ex eorum genere quos Græci ῥοδηνοὺς vocant, unde a Nostris *Rubinos* dictos ejusmodi lapillos putat.

¶ **RUBISCA**, Avis species, eadem, ut videtur, quæ *Rubecula* Gesnero. Vita S. Kentigerni Episc. Glascuensis tom. 1. Januarii : *Quamdam aviculam, ob ruborem corpusculi Rubiscam vocatam, de manu S. Servani alimoniam accipere... solitam... extingunt, etc.*

* **RUBISUS**, Eodem intellectu. Invent. ann. 1335. S. Capel. Paris. in Reg. I. Chartoph. reg. ch. 7 : *Duo grossi Rubisi et quatuor perlæ parvæ, etc. Unus grossus Rubisus Orientalis*, in altero ann. 1363. ex Bibl. reg. Aliud ann. 1376. ex ead. : *Unus lapis, Rubis nuncupatus.*

¶ **1. RUBIUM.** Annales Genuenses Georgii Stellæ ad ann. 1318. apud Muratorium tom. 17. col. 1032 : *Guibellini quippe cernentes ob actum præmissum eam turrim habere non posse, ligonizationem et fossas mirabiles cum lapidum fractione fecerunt sub ipsa versus partem Occidentis, sub terra videlicet, in medium duarum Rubium*, scilicet *viarum* Latino-barbara locutione, ut ibi habetur in notis.

* **2. RUBIUM**, idem quod *Rubinus.* Lit. remiss. ann. 1351. in Reg. 80. Chartoph. reg. ch. 427 : *Duo Rubia, tres pecias velludelli cepit.* Vide mox *Rubius* 1.

* **3. RUBIUM**, Ital. *Rubbio*, Mensuræ frumentariæ in Italia species. Charta ann. 1352. in Access. ad Hist. Cassin. part. 1. pag. 408. col. 1 : *Habet mille et quingenta Rubia grani et speltræ (sic) et hordei quingenta.* Steph. de Infest. MS. de Bello inter Sixtum IV. PP. et reg. Ferdin. ann. 1482 : *Missum fuit proclama per urbem, ut ne cui liceret vendere granum pro majori quantitate quam viginti Carlenorum pro Rubio.* Stat. Pistor. ann. 1107. apud Murator. tom. 4. Antiq. Ital. med. ævi col. 552 : *Item statuimus, ut potestas et consules faciant*

fieri unum Rubium,.... ad quam (sic) *blava, quæ datur ad molendinum portetur, ita quod ad Rubium detur et ad Rubium recipiatur.* Vide *Rubus* 2.

* 1. **RUBIUS**, Carbunculus, ut supra *Rubium* 2. Testam. Guill. de Meled. archiep. Senon. ann. 1376. in Reg. 108. Chartoph. reg. ch. 338 : *Item legamus dicto capitulo dictæ ecclesiæ nostræ Senonensis.... calicem auri et patenam auri,.... in qua quidem patena sunt duo Rubii Orientales grossi.*

* 2. **RUBIUS**, Ruber. Annal. Victor. MSS. ad ann. 1258 : *Racemi etiam maturari non potuerunt debite, ideoque vina fuerunt viridia nimis et Rubia, adeo quod cum difficultate et vultus impacientia bibebantur.* Sed legendum puto *Rudia*, Gall. *Vins durs*, aspera et duri saporis.

¶ **RUBLUM**, Mensuræ frumentariæ species apud Italos. Locus exstat in *Tublium*. Vide *Rubus*.

* Vide supra *Rubbum* et *Rubium* 3.

¶ **RUBOROSUM**, Rubor, verecundia. Oratio Ferdinandi Vacecapitis Regis Castellæ Legati ad Ludovicum Ducem Andegav. ann. 1378. apud Marten. tom. 1. Ampl. Collect. pag. 1508 : *Tam propter omnia in vestræ conspectu Magnitudinis recensita, quam ex eo quod non est nobis in aliquo Ruborosum, etc.*

¶ **RUBRA** Manus, Flagrans delictum, manifestum. Vide *Manus rubra* in *Manus*.

¶ **RUBRANS**, Rubens, ruber. *Rubranti profundo*, id est, Mari rubro, apud Alcimum Avitum lib. 5. v. 525. Active sumitur pro Rubrum efficiens, in Vita S. Petri Cœlestini PP. apud Muratorium tom. 3. pag. 637. col. 1 :

> Presbyter efficitur Cardo, Rubrante galero
> Cervicem, infra claustra domus assumptus ab illo.

¶ **RUBRICA**, Terra rubra, *sinopica* Vitruvio, Μίλτος, in Glossis Lat. Græc. *Rubriche*, in Glossis Lat. Gall. Sangerm. MSS. et alibi apud veteres Gallos. Vox nota Plinio et aliis hac significatione, hincque ad varias res translata, quas totidem articulis indico. Ac primo quidem

¶ Rubricæ, Tituli, seu inscriptiones, librorum et indices, legumque capita passim dicuntur Jurisconsultis, quod *rubrica*, seu terra sinopica, vel minio, solerent exarari, διὰ μίλτου ἐπιγραφή, in Glossis Lat. Græc. Hac notione Sidonius lib. 8. Epist. 6. etiam dixit : *Per ipsum fere tempus, ut decemviraliter loquar, lex de præscriptione tricennii erat perquirata, cujus peremptoriis abolita Rubricis lis omnis in sextum tracta quinquennium terminabatur.* Ubi Savaro : *Rubricis, id est, titulis, qui Rubrica miniabantur.* Clarius iterum idem Sidonius lib. 7. Epist. 12 : *Si amicitiæ nostræ potius affinitatisque, quam personæ tuæ tempus, ordinem, statum cogitaremus, jure vobis in hoc opere primæ titulorum Rubricæ, prima sermonum officia dedicarentur.* Statuta Ecclesiæ Nemausensis apud Martenium tom. 4. Anecdot. col. 1023 : *Ultimo, quædam ponuntur capitula et præcepta non habentia speciales titulos, seu Rubricas.* Eadem repetuntur ibid. col. 1065. Chartularium Æduense in annotatione eidem præfixa : *Ut liberius jura et præeminentiæ Ecclesiæ Æduensis unicuique lucide appareant, poterit inspector prius videre Rubricas hujus libri superius scriptas, ut citius invenire possit quærenda.* Tum subditur : *Sequuntur Rubricæ præsentis libri seu repertorium Literarum* (id est, Chartarum) *contentarum in eodem.* Professio fidei Henrici VII. Imp. apud Bzovium ad ann. 1312 : *Hanc itaque nostræ Serenitatis Constitutionem in corpore juris sub debita Rubrica volumus inseri, et mandamus.* Adde Ludewigi Reliquias MSS. tom. 4. pag. 110. et consule Juris Lexica. Hinc *Rubricati libri*, Quorum capita et tituli *rubrica*, seu minio, notati sunt, apud Petronium Fragm. pag. 18.

¶ Rubrica quoque aliquando dicta est Lex ipsa integra per Synecdochen, scilicet pars pro toto, quod initium Legis rubrica vulgo notaretur. Quintilianus lib. 12. cap. 3 : *Quorum alii se ad album ac rubricas transtulerunt, et Formularii, ac, ut Cicero ait, Leguleî esse maluerunt.* Persius Satyra 5. loquens de Masurio celebri Jurisconsulto tempore Tiberii, cujus et crebra mentio est apud Gellium, Athenæum et in Digestis:

> Cur mihi non liceat, jussit quodcumque voluntas,
> Excepto si quid Masuri Rubrica vetavit.

Prudentius lib. 2. contra Symmachum :

> Quæ qui constituunt, dicant cur condita Lex sit
> Bis sex in tabulis, aut cur Rubrica minetur,
> Quæ prohibet peccare reos, etc.

Ad quæ Iso Magister in Glossis : *Rubrica nomen Legis, Lex; Lineæ cæmentariorum, quibus aspiciunt, an sit recta ipsa maceries, an non; sed pro lege ponitur, aut judicio.* Eadem ratione pleræque Consuetudines municipales, ut Tolosana, quemadmodum et Statuta Civitatum, ut Avinionis in *Rubricas* veluti in totidem titulos, articulosve seu leges dividuntur : quo etiam revocari potest

¶ Rubrica, pro Regula, in Vita S. Deicoli Abbatis Lutrensis, tom. 2. Januarii pag. 206. col. 1 : *Dedit autem Dominus per merita servi sui Deicoli eidem loco talem profectum, ut multi nobilium atque potentum, relicto vertiginis spiritu sæcularis, cum omnibus quæ habere poterant, monachicam disciplinam eligerent, et monasterium satis ditarent; ipsi quoque sacræ subjacerent Rubricæ.* Hericus Autissiodorensis Monachus lib. 1 :

> Servabat teneros custodia pervigil annos,
> Et casti comites, et opis Rubrica magistræ
> Adposita, et curvos efformans regula mores.

Neque hic omittendum est, licet omnibus notum sit, *Rubricas* etiam dici Missalium, Breviariorum aliorumque librorum ecclesiasticorum regulas seu leges, modum, rationem ac ritus divini Officii celebrandi continentes : quod hæ *rubrica* seu minio alias notarentur, atque etiamnum notari soleant. Unicum refero de re notiori testimonium. Modi, seu Ritus, in coronatione Regis Hungariæ observandi apud Ludewig. tom. 6. Reliq. MSS. pag. 345 : *Coronandus in throno, sive in sede sibi facta, flectit genua; Litaniæ canuntur, quibus peractis, reliqua exequuntur juxta Pontificalis Rubricam.* Hoc est juxta ritum in Pontificali descriptum. Minus noti usus est, licet ejusdem originis,

¶ Rubrica, pro Commentarium, memorialis liber, seu scheda, in quâ quid notatu dignum refertur. Hac notione Humbertus II. Dalphinus in Ordinatione ann. 1340. tom. 2. Hist. Dalphin. pag. 400. col. 1 : *Item quod si contingat, prædictis Nobilibus et Officialibus, aut personis aliis pro cavalcatis, adjornamentis, dietis tenendis, et pro aliquibus ordinationibus observandis aliquas litteras destinari, dicti Secretarius et socius papyrum faciant, in quo Memoriale seu Rubricam faciant de prædictis, ut habeatur certificatio exinde, prout fuerit opportunum.* Charta ann. 1268. ex Archivo Ecclesiæ Massil. : *Dominus R. Cardinalis S. Angeli inquisitionem aperuit juxta mandatum domini Papæ, ac etiam publicavit, mandans ... fieri Rubricas de castris domini Regis et civitatis Massiliensis ad eumdem Episcopum pertinentis super inquisitione prædicta, alioquin dominus Cardinalis ipsas Rubricas fieri faceret, absentia domini Regis vel procuratoris non obstante.* Sententia Ottonis Episc. Portuensis ann. 1248. apud Lobinellum tom. 2. Hist. Britan. col. 415 : *Quibus in nostra præsentia constitustis, post examinationem quarumdam Rubricarum ex dictis testium quos dicti Comites produxerant confectarum, etc.* Vita S. Philippi Archiep. Bituric. apud Marten. tom. 4. Anecdot. col. 1942 : *Testificantur testes, scilicet Johanna sanata prædicta, quæ loquens de se testificatur... ut in Rubrica continetur.* Vide mox *Rubricare*.

☞ Peculiarem et bene longam de variis vocis *Rubricæ* significationibus adnotationem edidit Pignorius ad Historiam Albertini Mussati in plures *Rubricas*, velut in totidem capitula, distributam. Ex ea Pignorii adnotatione unum hic addam, nempe *Rubricæ* vocem adeo familiarem Historicorum aliquibus exstitisse, ut non tam ipsi Librorum suorum titulos ea nominatos vellent, sed in aliorum quoque Scriptorum Epigraphis laudandis, vocem non aliam usurparent, licet ea vox illis, ne per somnium quidem venisset in mentem. Factum id a Gulielmo Ongarellio Historico Patavino nec uno in loco; laudans enim is Epigrammata Martialis suis in historicis monumentis, ubi de Timavo loquitur, hæc scribit : *Timavus Euganeus, quod hic in Euganeis, alii alibi, ut lib.* XIII. *sub Rubrica quadam, quæ incipit, Lupus, a docto Poeta Martiali testatum est.* Et infra, ubi de T. Livii natali solo : *Et licet Tituli* (vulgo *Teolo*) *natum credant, et ob id vocatum Titum; falsum id tamen, cum Martialis Vates in Rubrica nescio qua libri* 1. *Scriptorum veterum patrias terras enumerans, aperte de Livio sic loquatur :*

> Censetur Apona Livio suo tellus.

Plura profert laudatus Pignorius, quæ, si vis, consulere potes apud Muratorium tom. 10. col. 27. et seqq. Addi possunt, Martinius in Lexico, Cangius in Notis ad Alexiadem pag. 253. et Mabillonius lib. 1. de Re Diplom. cap. 10. ubi narratur, *Rubrica*, seu minio, in subscribendis Literis suis usos fuisse Imperatores Græcos : quos hac in re, ut et in pluribus aliis, aliquando imitatus est Carolus Calvus, atque etiam Principes et Achiepiscopi Capuani, qui eodem minio sua Diplomata subscribebant. Vide *Rubricii.*

¶ **RUBRICÆ**, Verbera sanguinea. Johannes Diaconus in Vita S. Gregorii PP. lib. 4. num. 97 : *Extendite eum et quadraginta Rubricis ventrem totidemque dorsum fornicatoris atque sacrilegi Presbyteri verberate.*

¶ **RUBRICANS**, Rubens, rubicundus. Vita S. Catherinæ Senensis tom. 3. Aprilis pag. 900 : *Illa vero ad altare accedens, facie Rubricante pariter et micante.*

* Nostris *Rouvent* et *Rouin.* Le Roman *d'Alexandre* MS. part. 2 :

Joennes et avennans et vermeus et Rouvens....
Li rois hauce la chiere qu'il ot blanche et Rouine,
Le viellart reconnut au vis et à la crine.

¶ **RUBRICARE**, Rubrum facere, Catullo et aliis recentioribus. *Rubricare ensem*, Claudiano. Petrus Blesensis Epist. 5 : *Ecclesiæ dignitates, quas gloriosus Martyr Rubricavit sanguine suo.* Epistola Urbani IV. PP. ann. 1263. apud Marten. tom. 2. Anecdot. col. 7 : *Saltem ob illius* (Christi Domini) *reverentiam, qui eam* (Terram sanctam) *sui aspersione sanguinis Rubricavit.* Translatio S. Ragneberti, tom. 1. Maceriarum Insulæ Barbaræ pag. 78 : *Astitit Martyr in veste sanguine Rubricata, etc.* Johannes de Janua : *Rubricare, Dirigere cum rubrica et rectum facere, vel cum rubrica designare, vel rubrum facere; unde in constructione Tabernaculi præcipitur Moysi facere pelles Rubricatas.* Est autem *Rubrica*, eidem de Janua, *Regula vel filum rubro tinctum, quo aliquid dirigitur; ipsa tinctio, vel terra illa rubra, vel quod fit de illa tinctura. Rubricari de cinabrio*, in Chronico Parmensi ad ann. 1287. apud Murator. tom. 9. col. 810. Anonymus de Gestis Manfredi et Conradi Regum apud eumdem Murator. tom. 8. col. 609. et Sallas Malaspinæ eod. tom. col. 832. et apud Baluzium tom. 6. Miscell. pag. 276. paucis tamen verbis immutatis : *Hic registra proventuum regni, officiorum et officialium etiam per diversa ipsius regni loca particulariter ponendorum habebat, in quibus non solum jurisdictiones et jura regni... memoriter erant inserta; sed omnes angariæ, perangariæ, collectæ, tagliæ, dativæ, contributiones exercituum, immunitatum.... studiosius fuerunt Rubricata;* id est, descripta quovis atramento, ni fallor, ut verbum hoc etiam accipiendum puto in Ordinatione Humberti II. ann. 1340. tom. 2. Hist. Dalphin. pag. 398. col. 1 : *De ipsis instrumentis in publicam formam redactis fiat unus papirus, in quo summarie Rubricentur, et deinde in archivo, vel in aliquo loco tunc ordinando per nos, ipsa instrumenta fideliter reponantur.* Ibidem pag. 400. col. 2 : *Item, ipsis litteris sigillatis, ille ex prædictis Notariis, cui per Cancellarium commissum extiterit, registrum faciat et Rubricam, ita quod litteræ super facto pecuniæ, aut pro pensione, seu donatione, vel quittatione faciendæ, vel nostrum patrimonium quoquomodo tangentes, de verbo ad verbum registrentur, aliæ vero litteræ justitiæ concurrentes Rubricentur juxta formam superius traditam Cancellario memorato.* Ubi tamen aliquod discrimen est *registrentur* inter et *Rubricentur*, non quidem, ut opinor, ex eo petendum quod varia esset scribendi materia, scilicet atramentum et rubrica seu minium; sed quod in *regesto* integra exararentur instrumenta, in *rubrica* vero tantum indicarentur aut summarie describerentur : quæ expositio belle cohæret cum dictis supra, ubi *Rubricam* pro Commentario accipiendam esse probatum est.

* In locis ex Historia Dalphinali laudatis, Indicem componere sonat seu in capitula redigere. Vide mox *Rubricii.*

¶ **RUBRICELLA**, Parva *Rubrica*, præsertim apud Jurisperitos, Capitulum libri, articulus, aut paragraphus. Johannes Berberius in Indice Viatorii utriusque juris : *Quartæ partis una est generalis Rubrica, scilicet de Judiciis, sub qua continentur plures Rubricellæ.* Occurrit apud Stephanotium tom. 7. Fragm. MSS. pag. 253. et alibi. Vide *Rubrica.*

* **RUBRICII**, Tituli, indices, capitula, articuli cujuscumque scripti, nostris *Rebriche* et *Rebrique.* Instr. ann. 1383. tom. 7. Ordinat. reg. Franc. pag. 40. art. 7 : *Quod tabulæ seu Rubricii dictorum compotorum, tam ordinariorum quam extraordinariorum et particularium, bene et diligenter continuentur, ad finem quod faciliter dicti compoti possint reperiri in casu necessitatis.* Bellom. MS. cap. 6. pag. 17. col. 1 : *Et aussi se les parties ont à prouver pluriex articles li uns encontre l'autre, il pueent baillier en escript che qu'il entendent à prouver; et tiex escris appele-on Rebriches.* Charta ann. 1311. ex Chartul. 21. Corb. : *Les Rebriques et les dépositions des tesmoings de l'une partie et de l'autre veue, leue et diligemment examinée.* Vide in *Rubrica.*

¶ **RUBRICONDUS**, pro Rubicundus, ruber. Chronicon Angl. Thomæ *Otterbourne* pag. 5 : *Margaritas continentes omnimodi coloris, utpote Rubricondas, iacinctinas, purpureas, præssinias, sed maxime candidas.*

RUBRICUS, [Πυῤῥός, in Glossis Lat. Græc.] Glossæ Græc. Lat. Πυῤῥός, *Ruseus, Rubricus, rusus*, [*barus, burrus, rufus, fulvus, flavus.* Columella lib. 5. cap. 10 : *Rubricam amurcam diluere.* Ubi tamen quidam legunt *Rubricam amurca diluere.* Idem lib. 2. cap. 10 : *Exilem amat terram et Rubricam præcipue.*]

¶ 1. **RUBRUM**, Mensura frumentaria, apud Italos. Theodorici *de Niem* de Vita et fatis Constantiensibus Johannis XXIII. PP. cap. 25 : *Et granum tam care vendebatur* (*Romæ*) *ita quod pro pecunia, etiam Rubrum pro novem florenis Romanis, absque partium importunitate vix reperiebatur venale : qualem mensuram vidi pro uno floreno in eadem urbe diversis temporibus venundari.* Vide *Rubus* 2.

* Legendum videtur *Rubbum* vel *Rubium.* Vide supra in his vocibus.

* 2. **RUBRUM.** Vide supra *Nigrum.*

¶ **RUBTARII.** Vide *Ruptarii* in *Rumpere.*

¶ **RUBUM**, *Bouton*, in Glossis Lat. Gall. Sangerman. MSS. ubi *Rubum*, vel *Bouton* Gallicum, est Fructus rubi, Ovidio *Morum*; ut satis liquet ex voce subsequenti : *Rubus, Buisson ou Boutonnier.*

1. **RUBUS.** Charta Guelphonis Ducis Spoleti ann. 1160. apud Ughellum tom. 3. pag. 465 : *Item larginur præfatis Canonicis* 100. *solidos de ripa, et Rubum de tota civitate, ut nemo sine eorum voluntate præsumat appendere, vel librare.* Habentur similia pag. 481.

☞ Idem esse puto quod Pondus, seu jus ponderis. Italis *Rubo* pondus est 25. librarum. Statuta Saluciarum Collat. 4. cap. 117 : *Mensuræ autem omnes adjustentur ad justam mensuram Saluciarum, ita quod sextarium frumenti puri et mensurati semper reperiatur ponderis Ruborum quatuor.* Modus exigendi gabellam piscium ad calcem Statutorum Saonæ : *Pro piscibus coctis seu coquendis soldos duos et denarios sex Saonæ pro singulo Rubo, et pro quolibet Rubo piscium de scalia coctorum ut supra, soldos quinque dictæ monetæ Saonæ.*

2. **RUBUS**, Mensuræ frumentariæ in Italia species. Ægidius Calabrigensis de S. Gregorio Episcopo Ostiensi [tom. 2. Maii pag. 466] : *Quotannis octo tritici Rubos Ecclesiæ S. Gregorii offerunt.* [Statuta Montisregalis pag. 310 : *Item pro quolibet Rubo semolæ, sol. unum den. Item pro quolibet Rubo risi, sol. unum den. Item pro quolibet Rubo rasiæ, sol. den. sex.* Ibidem pag. 318 : *Quælibet persona, quæ vendet, seu vendi faciet ad minutum pisces salsos vel recentes de maritima in civitate Montis-regalis, vel posse, teneatur et debeat solvere emptori gabellæ piscium solidos quatuor pro quolibet Rubo piscium, etc.* Doliolum seu cadum intelligo, nostris vulgo *Caque.* Statuta Civitatis Astæ, ubi de intratis portarum : *Rigulitia solvat pro quolibet Rubo lib.* 1. *Rogia ad tingendum solvat pro quolibet Rubo lib.* 6. Statuta Vercell. fol. 73. recto : *Si receperit molinarius sive conductor ad macinandum quartaronos sex rasos frumenti cumunalis et bene cribiati, sive vallati, qui fuerint Rubi decem, etc.*]

¶ **RUBBUS**, Eadem notione. Acta S. Franciscæ Rom. tom. 2. Martii pag. 93 * : *Quo facto post paucos dies repertum est dictum granarium plenum optimo grano quasi Rubbis quadraginta.*

¶ **RUBEUS**, Eodem significatu. Miracula S. Mariæ Magdalenæ de Pazzis num. 94. tom. 6. Maii pag. 328 : *Undecim moli curavit modios et viginti duos tam subtilis quam rudioris grani, qui viginti quatuor conficiunt Rubeos mensuræ Romanæ.*

¶ 3. **RUBUS**, Idem, nisi me fallo, quod Rubetum, Locus rubis consitus, dumosus. Charta Bolconis Ducis Silesiæ ann. 1337. apud Ludewig. tom. 6. Reliq. MSS. pag. 42 : *Donamus etiam præfatæ Civitati* (*Friburg.*) *liberum officium, quod Bierschrott Amacht dicitur, et unum Rubum liberum in omnibus metis, gadibus et greniciis, sicut jacet et jacuit ab antiquo, ad usus proprios, sicut placet, convertendo, eorumque pecora in dictum Rubum pellendo, sine impedimento.* [** Codex Lauresham. Tradit. 245. tom. 1. pag. 333 : *Unum bivangum vel mastunga, cum terra ex integro, qui circumcingitur ab oriente fluvio Suarzaha.... ab aquilone in* 4. *Rubis, qui sunt contra ipsum monasterium, ab occasu, etc.* Alter locus est Trad. 10. tom. 1. pag. 24. supra laudatus voce *Ruberus*, uti legitur in Chron. Lauresh. Vide Forcellin. in *Rubus.*

¶ 4. **RUBUS**, Raia, Gall. *Raie*, Piscis notus. Vossius, lib. 1. de Vitiis serm. cap.

28. eos arguit qui Græcorum βάτον, seu βατίδα, *Rubum* cum B. Ambrosio, quam cum Plinio *raiam*, reddere maluerunt, et merito quidem.

¶ **RUCA**, Idem, ut videtur, quod *Ruga* 1. Platea, via. Gall. *Rue*. Præceptum Pipini Regis ann. 754. apud Mabillonium lib. 6. Diplomat. pag. 493 : *Quicquid dici aut nominari potest, seu et illas colonias in Acebrelido et Walion, et illam warinnam fiscalem, per quam illa Ruca consuetudo est trahere, quam ad ipsam villam Teutbertus tenuit, etc.*

* **RUCAGIUM**. Charta Rich. reg. Angl. pro Grandimont. de Parco prope Rotomag. ann. 1192. in Reg. 122. Chartoph. reg. ch. 374 : *Sint liberi et immunes per totam terram nostram, tam per terram quam per aquam, ab omni pedagio,.... Rucagio, fossagio, etc.* Ubi forte legendum est *Rotagio*. Vide in *Rotaticum*.

¶ **RUCANA**. Vide *Racana* 2.

** **RUCCA SPINÆ**, Piscis species. Bened. Crisp. Maii Auctor. Classic. tom. 5. pag. 402 :

Pisciculos capito Spinæ Ruccas nomine dictos.

* **RUCCHA**, RUCHA, Colus, Ital. *Rocca*. Tract. MS. de Re milit. et mach. bellic. cap. 13 : *Ad pensa quæ filantur ad Rucham, etc.* Ibid. cap. 74 : *Arbor cum duobus solariis et in culmine ejus est naspum sive Rucha, et a duobus hominibus giratur causa levandi de terra calcem, etc.* Rursum cap. 93 : *Rota habens aliam rotam dentatam volgentem Raccham molendi, volvitur ab homine intus in ea, etc. Rucha*, infra cap. 94. Ubi *Ruccha*, idem quod nostris *Fuseau* in molendino appellatur.

RUCENGIA. Charta Gaufredi Archiepisc. Burdegalensis in Tabulario S. Hilarii Pictavensis : *Clamabat,... quod inante de Benais habere debebat talliatam suam, quantum vellet, avenas quoque, gallinas, et caseos cosdunales, chevagium, et etiam Rucengiam, cavalcatam quoque et biennium quotiescumque vellet.* [An *Friceagia*, quod idem sit ac *Frisengagium*, de quo dictum est in *Friscinga*?]

¶ **RUCEUS**, *Sordidus, et dicitur a Rus*, apud Johannem de Janua.

* **RUCHA**. Vide supra *Ruccha*.

¶ **RUCHARIUM**, Vestiarium, Macris fratribus in Hierolexico, et ex iis apud Hofmannum, ex Græco recentiori ῥοῦχον, Pannus quivis vel quævis vestis. Occurrit vox ῥουχαρεῖον in Actis Concilii Florentini pag. 528. edit. Labbei et apud Codinum de Officiis Aulæ Constantinopolitanæ cap. 5. n. 14. Vide Glossarium mediæ Græcitatis in Ῥοῦχον.

** **RUCHATICUS**, Spiritualis, forte ab Hebr. רוח spiritus. Arnoldus de S. Emmerammo lib. 2. cap. 61. apud Pertz. Scriptor. tom. 4. pag. 572 : *Dei famulus heremiticam vitam Ruchatica vel spiritali consecravit militia.*

¶ **RUCHIA**, Cortex querneus, seu corticis quernei pulvis ad inficiendum coria, Gall. *Tan*, Provincialibus *Rusquo*. Extenta jurium Comitis Sabaudiæ apud S. Simphorianum de Auzone ann. 1309. tom. 1. Hist. Dalphin. pag. 98. col. 2 : *Item cortex sive Ruchia, cum qua coria aptantur, quæ portantur per aquam, quatuor denarios, et est unum jornale quantum unum baptistorium potest terere per diem.* Vide *Roseum* et *Rusca* 1.

* **RUCHLACHEN**, vox Germanica, Ornatus ecclesiastici species. Vide supra *Prætendium*.

* ¶ **RUCINUS**, Equus minor. Vide *Runcinus*.

RUCLATUM. Marcellus Empiricus cap. 22 : *Rasum, id est, Ruclatum cum vino austero dabis.*

¶ **RUCLUARI**, pro *Ructuari* : quod vide.

¶ **RUCTA**, *vel frumen in homine, rumen in bestia, pars gutturis gurgulioni proxima*, in Glossis Isidori. *Ructa est eminens pars gutturis*, in veteri Vocabulario apud Martinium, qui suspicatur pro *Ructa* forte legendum esse *Tractus*, ex hoc Donati loco in Terentii Phormionem 2. 2 : *Frumen dicitur Tractus gulæ, qua cibus in alvum demittitur.* Retinet tamen *Ructa*, ejusdemque originis esse putat, cujus est *Rumere*. Quid si a Græco ῥυτός, Tractus?

¶ **RUCTAMEN**, Item quod Ructus. Prudentius Hamartig. v. 466 :

Carnis et immodicæ spurco Ructamine crudos.

* Gall. *Rot*, alias *Roupte*. Lit. remiss. ann. 1395. in Reg. 147. Chartoph. reg. ch. 231 : *Icellui Priart par maniere de dérision s'aproucha de Girardin et entre ses mains fist une Roupte, et tantost la mist audevant du visaige dudit Girardin, qui, de ce fut moult courroucié.*

¶ **RUCTARE**, Ructus emittere proprie; improprie vero, dicere, narrare, proferre. Vita S. Petri Cœlestini PP. apud Muratorium tom. 3. pag. 665. col. 2. et tom. 4. SS. Maii pag. 481 :

Nec suspecta oculis Ructabimus, agnita dudum
His quibus hæc coram fuerant digesta quibusve
Hæc impensa, suis nobisque per omnia caris.

Perperam in MSS. *Ruptare*, ut observant Bollandistæ. *Ructari* dixit Horatius in arte Poëtica v. 457. simili significatione :

Hic, dum sublimes versus Ructatur et errat,
Si veluti merulis intentus decidit auceps
In puteum foveamve, etc.

Eadem quoque notione *Ructantes decurias* et *Ructare sapientiam* habet Tertullianus. *Eructare verbum* Psalm. 18. 3. et 44. 1. *Eructabunt labia mea hymnum*, Psalm. 118. 171.

* **RUCTERIUS**, f. ab Italico *Ruggiare*, rugire, quod leonis est. Benzo episc. Albens. apud Ludewig. tom. 9. Reliq. MSS. pag. 378 : *Habasueos Brandellus edocuit et per eos regi nostro et nocet et nocuit, pluribus secreta cordis per tales innotuit. Unus est de porcarana, alter de Ructeria facie.*

¶ **RUCTEUS**, Ἐρυγή, in Glossis Latino-Græc. Aliæ Græc. Lat. : Ἐρυγή, *Eructatio, Ructeus*. Legendum est *Ructus*.

¶ **RUCTORIUM**. Sebastianus Perusinus in Vita B. Columbæ Reatinæ, tom. 5. Maii pag. 348 : *Observavit ipsam raptam in extasi, et caute supra cavillam pedis alligavit cauterium cataplasmatis, Ructorium dicunt*; vel potius *Ruptorium*, a rumpendo, quia cutem rumpit, inquiunt Editores doctissimi, quos consule. [* Vide infra *Ruptorium*.]

¶ **RUCTUARI**, Idem quod *Ructari*. Glossæ Lat. Græc. et Græc. Lat. : *Ructuatur*, ἐρίνεται. Legendum *Ructuatur*, ut est apud Martinium. Perperam in Supplemento Antiquarii, *Rutubatur*.

1. **RUCTURA**. Tabularium S. Cypriani Pictav. apud Beslium pag. 359 : *Tetaudut Clericus et filii ejus... dederunt Monachis Ss Cypriani unam Ructuram, id est, piscatoriam in pago Pictavo, etc.* Forte *Rupturam*. Vide hanc vocem in *Rumpere*.

* 2. **RUCTURA**, pro *Ruptura*, Plaga. Acta B. Joan. a Caramola tom. 5. Aug. pag. 861. col. 2 : *Totius tibiæ horrenda lasio pertransiit : omnium instanter ulcerum essolidata Ructura.*

* 3. **RUCTURA**, Clades, Ital. *Rottura* : dicitur de turma militum in fugam conjecta. Tract. MS. de Re milit. et mach. bellic. cap. 3 : *Irruant in eas* (gentes armorum) *donec totum campum dictarum gentium miserint in Ructuram.* Vide infra *Ruptura* 5.

¶ **RUCTUS**, Arbitrium, nutus. S. Cyprianus Epist. 62 : *Nec patiamur errare fratres nostros et pro arbitrio et Ructu suo vivere.* Vide notam Baluzii in hunc locum. Pontius in Vita ejusdem S. Cypriani : *Absit ut malum hoc intra conscientiam religiosæ mentis admittam, ut de tam beatissimo Martyre Ructus hominis judicaret.*

* Occurrit præterea in Vita S. Cypriani tom. 4. Sept. pag. 331. col. 1.

¶ **RUCULUM**, Σκυτάλη, in Glossis Lat. Græc. Aliæ Græco-Lat. : Σκυτάλη, *Scutula, Tabia, Ruculum, Scutica.*

¶ **RUCUS**, Vestis suprema. Vide *Roccus* 1.

1. **RUDA**, Gallice *Ruë*, Platea. Charta Morlanensis, apud Marcam lib. 5. Hist. Benearn. cap. 21 : *Ego Guastonus Vicecomes reddidi Ecclesiæ sanctæ Fidis, et dedi possessionem unius terræ, in qua construxi unam Rudam Burgi S. Nicolai, quam ei abstuleram.* Vide *Ruga*.

* 2. **RUDA**, pro *Roda*, Quarta pars acræ. Charta Davidis I. reg. Scot. ann. 1153. inter Probat. tom. 1. Annal. Præmonst. col. 534 : *Unum manerium in burgo meo de Carville eis dedi, cum tribus Rudis terræ ad illum pertinentibus.* Vide *Roda* 1.

* **RUDE**, dure, aspere, Gall. *Rudement*. Vita S. Coletæ tom. 1. Mart. pag. 578. col. 2 : *Faciebat eam crudeliter et Rude tractari cum disciplinis, interdum usque ad effusionem sanguinis.*

* 1. **RUDER**, ERIS, *Fossa coquinæ vel immondicies ejus*. Glossar. vet. ex Cod. reg. 521.

* 2. **RUDER**, Alia notione. Charta ann. 1103. apud Pez. tom. 6. Anecd. part. 1. col. 285 : *Cum omni utilitate, silvis, venationibus, piscationibus, pascuis, pratis, cultis locis et incultis, salino et Rudere.*

¶ **RUDESCOLUM**, Σχοινίον, in Glossis Lat. Græc. Aliæ Græc. Lat. : Σχοινίον, *Funis, Restis, Rudescolum, Rudens.* In MS. Sangerman. *Rudes, colum*, in Regio, *Funes, Restis, Rudes* pro *Rudens*, ut omnino videtur; unde et pro *Rudescolum*, legendum puto *Rudens*, quod vocabulum notum est, et *Colum*, quod hic sit Rete piscatorium funiculis contextum, ut interdum sonat alibi.

¶ **RUDIA**, Frutex rosas producens.

Glossæ Lat. Gr. et Græc. Lat. : *Rudiæ*, ῥοδαί.

¶ **RUDIBILIS**, *proprie asinorum*, inquit Johannes de Janua, a *Rudere* scilicet, quod proprie dicitur de asinis clamantibus; unde *Rudibilitas* et *Rudibiliter* apud eumdem de Janua.

¶ **RUDIBULA**, Idem, opinor, quod Habena. Thwroczius in Carolo Rege Hungarorum cap. 99 : *Universa namque ferramenta streparum et habenarum, seu Rudibularum, et alia ad ipsum spectantia de argento inaurato.... existebant.*

¶ **RUDICITAS**, Rusticitas, inurbanitas. Johannes de Cermenate Hist. Mediol. cap. 5. apud Murator. tom. 9. col. 1231 : *Verum ut debitus honor detur rebus, priusquam de tanto Principe sermonem teneamus, faciam ne velut illotis manibus ad læta convivia discumbentes Rudicitate nimia redarguamur.* Dicitur a *Rudis*, Imperitus, ignarus.

¶ **RUDIMEN.** Glossæ Isidori : *Tironatum*, *Rudinem*. Melius in Excerptis Pithœanis : *Tironatum*, *Rudimen*. Est autem *Rudimen*, pro *Rudimentum*, ut *Tironatum*, pro *Tyrocinium*.

* **RUDIMENTUM.** Glossar. Provinc. Lat. ex Cod. reg. 7657 : *Bres, Prov. crocea, crepundium, Rudimentum.*

¶ **RUDIRE**, Erudire, docere. Glossæ Lat. Græc. et Græc. Lat. : *Rudio*, Ἐκπαιδεύω. Legitur in primis editionibus Calepini, et aliquando obtinuisse, vox *rudimentum* arguere videtur Vossio lib. 4. de Vitiis serm. cap. 22.

* Glossar. Lat. Gall. ex Cod. reg. 7692 : *Rudire, Apprendre.* Hinc *Rudiment*, Documentum, institutio, in Libel. Suppl. ann. 1561. tom. 1. Comment. Cond. ult. edit. pag. 31 : *De laquelle* (église Romaine) *la Chrestienneté tient ses Rudiments et institution en la foy.*

* **RUDIS**, Novus, recens, ut recte interpretantur docti Editores ad Vit. S. Aich. tom. 5. Sept. pag. 86. col. 2 : *Tanta religio in eo excreverat, ut Rudis Martinus diceretur a suis concivibus, propter sanctitatem suam.* Ibid. pag. 87. col. 1 : *Rudis Samuel*, eodem sensu, nuncupatur. Quam interpretationem firmant hoc S. Aldhel. versiculo lib. de Laude Virg. :

Cum Rudis antiquam præcellat gratia Legem.

Ubi, inquiunt, *Rudis gratia* sumitur pro Lege nova seu Evangelica, ac veteri opponitur.

¶ **RUDISTA**, *Qui vel quæ rudera de humo ejicit*, apud Johannem de Janua.

¶ **RUDITAS**, Inscitia, rusticitas. *Literatoris Ruditatem eximere*, apud Apuleium lib. 4. Floridorum. Statuta Synodi Montispessul. ann. 1258. apud Acherium tom. 2. Spicil. pag. 645 : *Legem statuit Dominus humani generis Creator, ut ministerio vitæ rationabilis edocta, labe Ruditatis abjecta, fieret discretionis luciditate præclara.* Epistola Petri Narbonens. Episc. ann. 1348. apud Marten. tom. 1. Anecdot. col. 1396 : *Vituperose nos et gentes nostras in præsentia totius populi stare fecerunt... licet eis exponeremus... omnia prædicta, dictum nostrum privilegium apostolicum exhibentes, et etiam publicantes eisdem, eorum Ruditates et contradictiones, quas statim punire poteramus, sustinendo benigne.*

* Nostris etiam *Rude*, pro Imperitus, ignarus, rudis. Lit. remiss. ann. 1412. in Reg. 166. Chartoph. reg. ch. 447 : *Laquelle femme ne fu aucunement visitée,.... mais par gens Rudes, ignorans, et non pas expers du mestier de cirurgerie.*

* **RUDITER**, Vehementer, Gall. *Rudement.* Lit. remiss. ann. 1353. in Reg. 81. Chartoph. reg. ch. 896 : *Johannes de Lestre.... percussit maliciose ad hostium hospitii Johannis Ferrandi, ac si vellet illud frangere violenter. Quo audito, mater dicti Johannis Ferrandi exivit de dicto hospitio, petens.... quare ita Ruditer percusserat ad hostium eorumdem.*

* 1. **RUDUS**, DI, *Lapis rotondus, et hæc Rudura.* Glossar. vet. ex Cod. reg. 521.

* 2. **RUDUS**, ERIS, *Stercus alimenti*, in eod. Glossar.

¶ 1. **RUELLA**, Parva *rua*, seu via, vel platea, Gallice *Ruelle*, Viculus, angiportum. Charta ann. 1206. tom. 2. Hist. Eccles. Meldens. pag. 97 : *Concessi eidem Garnero et Abbati S. Faronis de Meldis Ruellam, quæ est extra domum jam dicti Abbatis ad faciendum omnia aysamenta sua.* Alia Charta ann. 1358. ibidem pag. 659 : *Præterea quia pluviæ, immundiciæ et fetores fiunt in quadam parva Ruella, quæ contiguatur dictæ Ecclesiæ Meldensi... maxime cum locus dictæ Ruellæ parvæ sit valde periculosus.... concedimus.... quod ipsi dictam Ruellam... valeant claudere.* Charta ann. 1241. ex Archivo Monasterii B. M. de Bono-Nuntio Rotomag. : *Quamdam peciam terræ, quam habebam in parochia S. Severi inter terram meam, quam mihi retinui ex una parte et Ruellam ex altera.* Rursum occurrit in Charta ann. 1249. ex eodem Archivo. Compositio ann. 1279. e Tabulario S. Richarii : *Claudere possint quamdam parvam Ruellam.... sitam inter Abbatiam et dictæ Ecclesiæ grangiam. Reuella* legitur in Charta ann. 1282. tom. 1. Chartularii S. Vandregesili pag. 938, secunda manu, ubi prima legebatur *Ruella*, ut et in vetusto Rituali S. Juliani Brivatensis, in Charta Pontisarensi ann. 1221. in Actis SS. Aprilis tom. 1. pag. 904. col. 1. et pluries apud Lobinellum tom. 3. et 4. Hist. Paris. locis indicatis in Glossario : quod consule.

* 2. **RUELLA**, Rotula. Guido de Vigev. MS. de Modo expugn. T. S. cap. 2 : *In capite perticæ ponantur duæ Ruellæ, cum quibus trahatur baltrisca cum duabus cordis ligatis ad fundos baltriscæ.* Ibid. cap. 6 : *Et sic castro in pede constructo, ponantur in pede cujuslibet duæ Ruellæ, super quibus trahatur domus cum cordis ligatis.*

¶ **RUENO**, Rivulus canalisve. *Ruenone intermedio*, in Schedis D. *Aubret.*

RUERE, Projicere, ex Gallico *Ruer*, hac notione. Tudebodus lib. 5 : *Vexilla quoque, quæ sursum erant, perforabant cum sagittis, et aliis lapidibus, et alii Ruebant Græcos ignes super Castrum, eo quod putabant illud ardere.* [Gesta Consulum Andegav. cap. 11. num. 6. tom. 10. Spicil. Acher. pag. 491 : *Illi de domicilio, quod turre porrectius erat, nimis eis nocebant, utpote super quos lapides a mangonellis jaculati desursum Ruebant, major pars exercitus.... impetuose in burgum Ruebant.... ignemque copiosum jacentes omnia incendebant.* Acta S. Benedicti Avenion. tom. 2. Aprilis pag. 259. n. 19 : *Inimicus desuper Ruit. lapidem magnum, putans eo occidere S. Benedictum.*]

¶ RUERE, Evertere, Gall. *Renverser.* Aimoinus lib. 2. de Miraculis S. Benedicti num. 25. sæc. 4. Benedict. part. 2. pag. 382 : *Ruerat radicitus aquarum alluvies maximas arborum moles, quarum impetu trunci quoque antiqua diuturnitate solidati evertebantur.*

* Hinc *Ruable* dicta videtur Pala lignea, qua frumentum excussum in acervum colligitur et projicitur. Lit. remiss. ann. 1462. in Reg. 198. Chartoph. reg. ch. 279 : *Ung Ruable dont on amasse le blé, quand il est batu.* Vide mox *Ruffla.* Haud scio an inde vel a *Rua*, vicus, *Ruaux* appellatæ sint Paleæ, quæ in viis projiciuntur, ut sic in fimum reduci possint. Lit. remiss. ann. 1354. in Reg. 82. ch. 412 : *Icellui feu Mace avoit achaté, ou temps que la ville de Poitiers fu prise des ennemis, certaine quantité de Ruaux et grenailles d'iceulx ennemis.* Paulo supra, *Greignailles.* A Latino vero Ruere, deducenda videtur vox Gallica *Ruiste*, pro *Impétueux, fort*, Validus, vehemens. Le Roman *d'Alexandre* MS. part. 2 :

Lors en va ferir un par si Ruiste maniere
Que nel puet garentir arme qui li afiere.

Philippus *Mouskes* :

Si commença grans la bataille
Et li estours Ruiste et fors;
Mult i ot de nos Frans mors.

RUES, *Ruina*, in Gloss. Lat. MS. Reg. Cod. 1013. et Isidori. Gloss. Græc. Lat. : Πτῶσις, ἐπὶ οἰκοδομῆς, *Ruina*, *Rues.* [Adde alias Lat. Græc.]

* **RUETA**, idem quod *Ruella* 1. parva *rua*, viculus. Charta ann. 1287. in Chartul. Medii monast. : *Juxta desertum domus Dei Bituricensis ex alio et juxta Ruetam, per quam itur de mota pilosa versus la Croçoisé.* Alia ann. 1329. in Reg. 66. Chartoph. reg. ch. 307 : *Ad censam perpetuam tradidimus..... quandam Ruetam foraneam, etc.*

¶ **RUFARIA.** Guibertus lib. 1. de Vita sua cap. 20. agens de famulo, cui Monachus quidam pecuniam, inscio Abbate, commiserat, ait : *Deposita illa Rufaria apud se reposita dicit.* Non video satis, quid proprie significet hæc vox *Rufaria* : nisi sit monetæ genus ex auro, quod a *rufo*, seu flavo dictum fuerit *rufarium.*

* Illam pecuniam Guibertus *Rufariam* fortassis vocat, quod contra regulæ institutum, inscio abbate, monachus famulo servandam commiserat. Vide *Ruffiani.*

RUFATUS, *Sanguine cruentatus.* Papias.

* **RUFEA**, pro *Romphæa*, Gladius. Charta fundat. abb. Aquilar. ann. 832. inter Probat. tom. 1. Annal. Præmonst. col. 105 : *Homo qui talia commiserit, imprimis descendat super ipsum ira Dei et Rufea cælestis.*

RUFEOLA, RUFELLA, Panis seu placentæ species, *Rougeolle*, Picardis nostris, quod colore subrubido sit. Udalricus lib. 2. Consuetud. Cluniac. cap. 4 : *Pro signo Rufeolarum, vel, ut Theutonici loquuntur, Cratonum, præmisso signo generali panis* *simila cum duobus digitis illas minutas involutiones, quæ in eis sunt factæ, ex ea parte, qua sunt complicatæ, et quasi rotundæ.* [Eadem habet Bernardus Monachus in Ordine Cluniac. part. 1. cap. 17. Sed S. Wilhelmus lib. 1. Constitut. Hirsaug. cap. 9. pro *Rufeolarum*, habet *Raseolarum* :] ubi Liber Ordinis S. Victoris Parisiensis MS. habet *Rusellarum.* [Vide *Rofiolus*, *Roscella* et *Rosola.*.

RUFFIANI, vox Italica, *Lenones*, apud Mamotrectum ad Legendam S. Luciæ, qui *Institores libidinis* Valerio Maximo lib. 6. cap. 1. num. 6. *Vitiorum institores*, Quintiliano decl. 260. *Productores*, *conciliatores*, aliis. *Ruffarum* scilicet, seu meretricum, quibus capilli flavi seu rufi, cum matronarum nigri essent, ut observatum a Fr. Pithœo et Wovereno ad Petronium, et aliis criticorum filiis. Aliter tamen de vocis origine censet Jacobus *Bourgoing* de Origine et usu vulgarium vocum pag. 57. ut et Ferrarius in Orig. Italic. quos consule, si tanti est. Quin et Statuta Mediolanensia 2. part. cap. 474. [Petri Azarii Chronicon apud Muratorium tom. 16. col. 341 : *Habebat alium nepotem, sed spurium.... semper ebrium et publicum Ruffianum.* Laurentius Byzynius in Diario Belli Hussitici apud Ludewig. tom. 6. pag. 183 : *Manifesti peccatores, adulteri et adulteræ... Ruffiani et meretrices... non tolerentur absque pœna.* Menoti Sermon. fol. 94 : *Clama contra Dominos etiam Parlamenti, qui locant suas domos lenonibus, Ruffianis et meretricibus.* Statuta Cadubrii lib. 3. cap. 25 : *Meretrices autem, Ruffiani et baraterii, seu ribaldi soliti se in terrula super tavolerium spoliare, possint impune percuti et verberari.* Correctiones eorumdem Statutorum cap. 85 : *Jubemus, quod quilibet et quælibet leno, qui et quæ vulgariter Ruffiani dicuntur, etc. Ruffianæ seu lenæ*, in Statutis criminalibus Saonæ cap. 25.]

* Nostris *Ruffien*, Scortator. Lit. remiss. ann. 1399. in Reg. 154. Chartoph. reg. ch. 738 : *Icellui suppliant respondi que il valoit bien un Ruffien, que oncques il n'avoit esté Ruffien et que les hommes mariez, qui menoient étranges femmes par le païs estoient Ruffiens.*

* Ruffiani, nostris *Ruffians*, præterea appellati Apparitorum adjutores, vulgo *Recors*, quod ii ex hominibus vilissimis et ganeonibus assumantur. Lit. remiss. ann. 1449. in Reg. 179. ch. 321 : *Lequel sergent accompaigné de vint Ruffians ou environ et d'aucuns serviteurs d'icellui Catalan, armez et embastonnez, etc.*

* **RUFFLA**, vulgo *Ruffle*, Pala lignea aquæ projiciendæ apta. Comput. ann. 1515. ex Tabul. S. Petri Insul. : *Item pro scobis et Rufflis ad mundandum nocquerias, viij. sol.* Vide supra in *Ruere.*

RUFFLURA, Plaga levis. Vide *Rifflura.*

* **RUFFUS**, Herba inficiendis rubro colore vestibus. Pedag. castri *de Les* ann. 1263. ex Cod. reg. 4659 : *In singulis modiis herbæ Ruffi, vij. sol. vj. den.* Vide *Rufus* 1.

* **RUFFUS-GRISSUS**, Color equi, Gall. *Rouan.* Lit. remiss. ann. 1359. in Reg. 90. Chartoph. reg. ch. 190 : *Duos equos, videlicet unum Ruffum-grissum, etc.*

RUFIA. Charta Alamannica 58. ex Goldastinis : *Hoc est auro et argento solidos 70. et cavallos 5. cum saumas, et Rufias, et filtros cum stradura sua ad nostrum iter ad Romam ad ambulandum.* Idem videtur quod *Volsura* : sic autem, si bene conjicio, vocat hæc Charta, pelles, a quibus evulsi sunt animalis pili. Est enim *volsura*, τίλμα, in Gloss. Græc. Lat. alibi exponitur ῥῆγμα.

Rofia, in Tabulis fundationis Monasterii B. Mariæ Santonensis ann. 1047. in Regesto 114. Tabul. Regii ch. 239. et apud Marcam lib. 1. Hist. Beneharn. cap. 12 : *Damus... decimas decimarum totius Insulæ Olarionis, excepta parochia S. Georgii ad luminare altaris, et decimam Rofiarum, cervorum, cervarumque, quæ in ipsa Insula capta fuerint ad librorum volsuras.* Ubi *rufiæ* et *rofiæ* videntur sumi pro pellibus *rufearum*, seu *rubearum ferarum*, scilicet cervorum et cervarum, ad libros tegendos et compingendos. Edita porro eadem Charta apud Sammarthanos in Abbatiis pag. 598. pro *Rufiarum* perperam *Rosiarum* præfert, [ut et nova Gall. Christ. tom. 2. Instrum. col. 480. observato tamen in Onomastico a Cangio emendari *Rosiarum.*] Vide *Rubeus feramus.*

* In Reg. 123. Chartoph. reg. ch. 234. lego *Rosiarum*, ut apud Sammarth. et in nova Gall. Christ.

* *Roffée* nostris alias, Scabies. Mirac. MSS. B. M. V. lib. 2 :

Tout en plourant de l'erbe saine,
El nom le haut segnor de gloire,
Au grief mesel dona à boire.
Tout maintenant qu'il l'a beue,
Tout ausitost si est keue
Sa puans Roffée, s'orde creffe,
Com à poissons quant on les craffe.

Vide supra in *Raffla.*

* **RUFIANA**, Meretrix, scortum, lena, Stat. Avenion. ann. 1243. cap. 116. ex Cod. reg. 4659 : *Statuimus quod publicæ meretrices et Rufianæ seu destrales in contracta seu vicinia honestarum personarum nullatenus commorentur.* Vide *Ruffiani.*

* Eadem notione intelligenda vox Gallica *Roussecaigne*, in Lit. remiss. ann. 1456. ex Reg. 183. Chartoph. reg. ch. 151 : *Lequel Berault disoit à icelle Jehannette que elle estoit une faulse Rousse-caigne ;.... le suppliant disoit que c'estoit une bonne marchande et une bonne pucelle.*

1. **RUFUS**, Herba inficiendis rubro colore vestibus, in veteri Charta apud Columbum, quæ *Roux* dicitur in alia Guidonis Fulcodii, apud eumdem lib. 3. de Episcopis Vasion. num. 5. Glossæ MSS. ad Alexandrum Iatrosophistam lib. Passion. cap. 66. ad hæc verba : *Rore, quo Gotti utuntur : Ros, quo utuntur Gotti, fit de herba, quæ vulgo vocatur Rufus, quæ crescit in terra Gothorum.* Infra *Ros quo Goti* (sic in MS.) *utuntur, est herba cum qua cordoanum paratur.* Ubi per *Gothos*, Occitani intelliguntur. Herbam hanc esse *Cotinum* Plinii quidam volunt, de qua ille lib. 16. cap. 18 : *Est et in Apennino frutex, qui vocatur Cotinus, ad lineamenta modo conchylii colore insignis, folia ejus quasi terebinthi fructus ex umbella in parvulis siliquis.* Sabaudi *Fuste* vocant, alii *Rhu*, propter usum in tinctura, Itali *Rosa*, et *Scotano*, atque *Rosolo*, in Apennino, quia Corticis usus conchylii vice, ramorum vero, quia ligni interioris aureus color, ad lutei tincturam.

☞ Haud satis scio qua notione Charta ann. 1252. apud Columbum in Genealogia Simianea pag. 592 : *Habent cupam olei et eminam bladi et salis et Rufi et jus puniendi eos, qui in prædictis falsitatem commiserint.*

2. **RUFUS.** Willelmus Tyrius lib. 14. cap. 1. de Fulcone Rege Hierosol. : *Erat autem idem Fulco vir Rufus,.... fidelis, mansuetus, et contra leges illius coloris, affabilis, benignus, et misericors.* Vide Gen. 25. v. 25. et Martialem lib. 12. Epigrammate 54. in Zoilum.

* 3. **RUFUS**, Piscis genus. Vita B. Berth. tom. 6. Jul. pag. 481. col. 1 : *Appropinquantibus illis fluvio cum sagena ; ecce mirum dictu, piscis, qui vocatur tymallus, Rufo persequente, actus in fugam, mirantibus cunctis, de aqua in terram exilivit.* Consule ibi notam doctorum Editorum. [** Ruodlieb fr. 13. vers. 12 :

Lucius et Rufus, qui sunt in piscibus hirpus,
Pisces namque vorant, illos ubi prendere possunt.]

1. **RUGA**, Platea, vicus, nostris *Rue.* Papias : *Rugæ, Romæ, semitulæ.* Ubi pro *Romæ*, legendum *Rumæ*, ex Gr. ῥύμη. Vetus Gloss. Lat. Græc. cap. de Civitatib. : *Platea*, ἀγυία. *Ruga*, ῥύμη. Charta Roberti Regis Franc. apud Doubletum pag. 826 : *Similiter autem a Ruga media, et semita maritima, etc.* sic enim legendum pro *Aruca.* Willel. Tyrius lib. 12. cap. 25 : *Ipsi Venetici Ecclesiam et integram Rugam, unamque plateam, sive balneum, nec non et furnum habeant.* Mox : *Præterea illam ejusdem plateæ, Rugæque, Achon partem, etc.* Bulla Alexandri PP. ann. 1165. in Magno Pastorali Eccles. Parisiens. lib. 19. ch. 17 : *Usque ad locum, qui vocatur Tudella, in Ruga ejusdem S. Germani.* Chronicon MS. Andreæ Danduli ann. 1111 : *Quorum Rex opera expertus, Ecclesiam, Rugam, plateam, et mensuras concessit.* [Adde idem Chronicon editum a Muratorio tom. 12. col. 275. et col. 574. ubi pluries occurrit vox *Ruga* hac notione, ut et in Chronico Dominici de Gravina eodem tom. col. 642. *Ruga quæ pergit contra meridiem*, in Tabulario Landevenecensi.] Joannes Villaneus lib. 3. cap. 2 : *La grande Ruga, che va a san Giovanni.* Adde Ricordanum Malaspinum cap. 156. Vide Ughellum tom. 4. pag. 1099. 1166. 1205. Etymon a *Rugis* seu sulcis in fronte quidam accersunt, quod id efficiant in urbibus, quod rugæ in fronte. Octavius Ferrarius a *Corrivio*, in v. *Corrobio.*

2. **RUGA**, Vox frequens in Ordine Romano, et apud Anastasium in Vitis summorum Pontificum, tametsi de genuina ejus notione vix constet. Cæsar Bullengerus *in marmore vel metallo strias, canaliculos, sulcos Rugarum instar, quæ in senum fronte contrahuntur, vel tabulas ex auro et argento rugosas et striatas* interpretatur. Vide Salmasium ad Tertulliani Pallium pag. 335. sed procul a vero abesse virum eruditum plus satis ostendunt horum verba, ac primo Ordinis Romani, quo loco enarrans, ut Pontifex finita sacra Liturgia in Secreta-

rium redit, hæc subdit : *Tunc septem ceroostata præcedunt Pontificem, Sub-Diaconus Regionarius cum thuribulo ad Secretarium;.... post eos Bajuli, post eos Cerostatarii, post quos Acolythi, qui Rugam conservant, post eos extra Presbyterium Cruces portantes, deinde Mansionarii juniores, et intrat in Secretarium.* Anastasius in Stephano IV : *Fecit et Regulares argenteos super Rugas, per quas ingrediuntur ad altare.* Locos alios ex pag. 108. 112. 121. et 134. dedimus in Descriptione ædis Sophianæ num. 73. ubi diximus, per *Rugam* videri intelligi viam in ipsa æde sacra ante Presbyterium, qua in illud pergit Pontifex, sacra facturus. Videat lector, an conjecturam nostram probet ex his, quæ ibi observavimus. Vide *Ruarius.*

☞ *Rugam* velum ostiis aut etiam imaginibus oppansum interpretatur Henschenius in Actis SS. Maii tom. 3. pag. 395. not. O. ita dictum, inquit, quia dum reducitur, in *rugas* seu plicas coit. Sed Mabillonius in Commentario in Ordinem Romanum tom. 2. Musei Ital. pag. cxxxv. et seqq. prolatis variis Anastasii locis, in quibus *Rugæ Rugulæ*ve memorantur, indubitanter conficit, *Rugas* seu *Rugulas* nihil aliud esse quam Portas, porticellas fenestellasve, quæ tum ad ingressum presbyterii tum in vestibulo altaris, tum intra et extra *Confessionem* erant, tum denique cancellis intermixtæ : atque inde vocem Italicam *Ringhiere*, quæ fenestellas ciboriorum hodie quoque significat, derivatam fuisse. Pluribus suam confirmat sententiam vir doctissimus : quem consulas, velim, cum opus erit.

☞ Occurrit eadem vox *Ruga*, incerta mihi notione, in Chronico Cremonensi apud Muratorium tom. 7. col. 633. ubi gesta quædam strictim omnino referuntur. Sic ad annum MCXCVII. *Quando tempus Rugarum fuit*, nihil prorsus addito, unde lux affulgeat.

RUGADIUM, RUGADICUM, Tributi species apud Dertonenses in Italia. Charta ann. 1183. apud Ughellum tom. 4. pag. 862 : *Ut habeatur Rugadium in omnibus in supradictis locis, et de eorum curtibus Rugadicum est duo solid. de uno quoque pari boum, et de illis, qui habent unum, et eorum qui laborant cum sapa 12. denarii per singulum annum, etc.* Vide *Plateaticum* et *Ruga* 1.

* Illud scilicet, quod ratione boum aratoriorum pendebatur, idem quod *Bovagium*, a *Ruga*, striga, sulcus terræ, sic dictum. Vide Murator. tom. 2. Antiq. Ital. med. ævi col. 100.

¶ **RUGARE**, Denunciare, a Germanico *Rugen* : quod idem significat. Buschius de Reformatione Monasteriorum cap. 15. apud Leibnit. tom. 2. Scriptor. Brunsvic. pag. 814 : *Deinde dixi accusatoribus : Fecistis vos juramentum, quod omnia vultis Rugare et accusare, quæ a Parochianis vestris contra Dei et Ecclesiæ sanctæ mandata facta noveritis. Responderunt, quod sic.* Et pag. 815 : *Tunc ego dixi : Ego darem decem florenos, quod sic esset, quod nemo Hallensium contra Dei et Ecclesiæ mandata aliquid Rugandum commisisset.* [** Vide Grimm. Antiq. Jur. Germ. pag. 855. Haltaus. Glossar. German. col. 1563. voce *Rugen.*]

* **RUGARI**, Hæretici Valdensium sectarii, memorantur in Constit. Freder. contra Hæreticos, ex Cod. reg. 10197. 2. 2. fol. 19. r°. Vide *Runcarii.*

* **RUGATA** VESTIS, *Roquet vel manche ridée*, in Glossar. Lat. Gall. ex Cod. reg. 7679. Vide *Roccus* 1. et *Rugatus.*

¶ **RUGATURA**, Plicatura, qua pannus seu vestis in rugas convolvitur. Papias : *Supera Rugaturæ dicuntur panni.*

¶ **RUGATUS**, In rugas contractus. Vox nota Plinio aliisque. *Rugatis superlitiis* interdicitur Clericis, in Statutis Ecclesiæ Pictav. apud Martenium tom. 4. Anecdot. col. 1075. *Rugatis femoralibus*, in Synodo Limensi ann. 1582. tom. 4. Concil. Hispan. pag. 275. *Rugatis seu lactucatis manicis*, in Synodo Tarracon. ann. 1591. ibidem pag. 509.

* **RUGERIA**, Canalis, rivulus. Charta Frider. III. imper. ann. 1466. tom. 1. Cod. Ital. diplom. col. 1382 : *Cum omnibus redditibus et introitibus,.... videlicet datiis,.... rivis, Rugeriis, etc.* Vide *Rugia* 1.

¶ **RUGETUS**, Rubicundus, Gallice *Rouge.* Miracula S. Antonii de Padua, tom. 2. Junii pagina 738 : *Sic quod (lingua) videbatur intuenti blanda et Rugeta.*

¶ **RUGHA**, Idem quod *Ruga* 1. Platea. Constitutiones Frederici Regis Siciliæ cap. 116 : *Item quod nullus in plateis seu Rughis publicis possit de novo construere, vel vetera reædificare ædificia, nisi de conscientia prædictorum juratorum, qui accepta mensura ipsarum platearum sive viarum, etc.*

1. **RUGIA**, [Canalis, rivus, rivulus.] Statuta Mediolanensia 2. part. cap. 245 : *Ad transversum fluminis tam publici quam privati, vel alicujus Rugiæ vel soratoris,.... liceat vicino habenti terras ab utraque parte aquam deducere.* Cap. 281 : *Judex officialis aquarum teneatur,.... videre omnes Rugias seu bucchas exeuntes de lecto Clenæ, et eas reduci facere, etc.* Cap. 248 : *Et nulla Rugia seu buccha Rugiæ fieri possit, nec teneri super dicto alveo pro derivando de dicta aqua, etc.* Adde cap. 286. 287. [Statuta Vercell. lib. 4. fol. 70. verso : *Item quod nullus hospes vel ejus nuncius exeat porticum hospitii, in quo moratur, nec Rugiam quæ fluit ante suum hostium causa vocandi hospites, et qui contra fecerit solvat pro banno qualibet vice sol. xx. Pap.* Rugiam hic intelligo Rivulum aquæ pluvialis fluentem per mediam plateam, nostris etiam *Ruisseau*; sed pro ipsa platea vox eadem occurrit lib. 7. eorumdem Statutorum fol. 150. recto : *Item si aliquis habuerit tectum sive porticum, sive canteria sive trabes ita versus Rugiam vel roariam, quod carrum oneratum feno per Rugiam illam vel roariam non possit transire, teneatur eam destruere vel ita facere, quod carrum feni libere transire possit.* Vide *Ruga* 1. et *Recercatio.*]

¶ 2. **RUGIA**, f. Rubia, Ital. *Roggia*, Gall. *Garence.* Modus exigendi gabellam ponderis ad calcem Statutorum Saonæ : *Pro quibuscumque generibus specierum, seu aromatum et dragariarum, videlicet zuccarorum, Rugiæ, teste, vichiellarum, gallarum, corallorum, cardeghi, jachæ elefantis... soldum unum.*

¶ 1. **RUGINOSUS**, Ferruginus. Vita B. Ægidii, tom. 3. Aprilis pag. 224 : *Ipse vero inveniens cultellos domi nimis Ruginosos et turpes, dixit frustitæ, quod volebat acuere eos.*

¶ 2. **RUGINOSUS**, In rugas contractus. Cœl. Aurelianus lib. 1. de Morbis acutis cap. 11 : *Cutis veluti Ruginosa vel sulcata pannositas.*

RUGIRE, Cervi dicuntur. Gloss. Gr. Lat.: Ἔλαφος κράζει, *Bardit, Rugit.* Lex Longob. lib. 1. tit. 19. § 13. [** Roth. 320.] : *Si quis cervum domesticum alienum, qui non Rugit, intricaverit, etc. si quis cervum domesticum, qui tempore suo Rugire solet, intricaverit, etc.* Adde Edictum Rotharis Regis tit. 104. § 11. Sic etiam fortean legendum in Lege Alamannorum tit. 99. § 1 : *Si quis bisontem, bubalum, vel cervum, qui prugit, furaverit, etc.* Ubi MSS. alii habent *brugit*, editio vero Tiliana, *pringit.* Est autem cervorum

RUGITUS, Qui vulgo Gallis *Rut*, Aristoteli ὀχεία, qui per duos fere menses durat, et incipit a festo S. Catharinæ. Idem ait, rugitum cervorum incipere mense Boedromione, ac desinere Mæmacterione, ac per totum Pyanepsionem, qui inter eos menses medius est, durare. Id tempus ipsa voce *Rugitus*, designat Fulbertus Carnot. Epist. 102 : *Rex proximo Rugitu, ut dicitur, venire habet in silvam Legium, etc.* Annales Franc. Bertiniani ann. 864 : *Hludovicus Italiæ Imperator nominatus, a cervo, quem in Rugitu positum sagittare voluit, gravissime vulneratur.*

RUGIRE præterea dicuntur animalia, cum ruminant et remandunt, in quibus sunt etiam cervi, ut testatur Plinius lib. 10. cap. 73. Fleta lib. 2. cap. 76. § 8 : *Ita quod præbenda (equorum) coram bobus conferenda stramine avenæ misceatur vel frumenti : aresta enim straminis ordeacei Rugitus eorum impediret.* Ibidem cap. 79. § 7. de multonibus, seu vervecibus : *Cumque eorum natura sit Rugiendi, ac id, quod mandatur, nullatenus venerit ad Rugitum, possibile est hujusmodi multonibus per putrefactionem illius fœni in stomachis remanentis deperire.*

¶ **RUGNARIUS**, Idem forte qui supra *Ruarius.* Ordinarium Laudunense apud Marten. de antiqua Disciplina in divinis Officiis pag. 95 : *Duo de subdiaconis qui procedentes fuerunt in Missa aquam et manutergium deferunt ad Episcopum. Rugnarius legit vel alius pro ipso. Cantores prædicti cantant coram Episcopo, dum epulatur.* Ut *Ruarius* a *Rua*, sic *Rugnarius* a *Ruga* fingi potuit.

¶ **RUGOSITAS**, Rugarum contractio proprie, et per metaphoram Austeritas, Tertulliano de Patientia cap. 15 : *Frons nulla mœroris aut iræ Rugositate contracta.*

¶ **RUGULA**, Parva ruga, seu plica, Johanni de Janua; *Petite fronce*, in Glossis Lat. Gall. Sangermanensibus MSS. Vide alia notione in *Ruga* 2.

RUGULUS, Modulus, exemplar. Stat. Pistor. ann. 1107. apud Murator. tom. 4. Antiq. Ital. med. ævi col. 544 : *Item statuimus ut potestas de cetero ad proximas Kalendas Februarii faciat colligere et ordinari mensuram et pillam blavæ ad Rugulum ta-*

lem, qui non sit major nec minor illius mensuræ et pillæ, quæ nunc est.

¶ **RUHA**, Idem quod *Rua*, Platea, vicus, Gallice *Rue*. Tabularium S. Vincentii Cenoman. : *Sex denarios de censu cujusdam domus, quæ est in Ruha Haraldi.*

¶ **RUIBRIS**, Qui rubra facie est, Gall. *Face rouge*. Cognomen fuit Alani Ducis Aremoricæ. *Alanus Ruibriz nominatissimus Ducum Britanniæ*, in Instrumento ann. 1558. apud Lobinellum tom. 2. Hist. Britan. col. 305.

¶ **RUINARE**, Ruere, labi, cadere. Acta Franciscæ Rom. tom. 2. Martii pag. 170* : *Angeli qui debebant Ruinare, et illi qui debebant persistere in divino amore.*

¶ Ruinare, Activa significatione, Demoliri, destruere, disturbare, Gall. *Ruiner*, Ital. *Ruinare* et *Ruuinare*. Acta B. Gerardi, tom. 1. Junii pag. 769 : *Flumen Lambri per pluviam..... subito creverat et pontem Ruinaverat*, seu *Ruuinaverat*, ut habetur in Chronico Modoetiensi apud Muratorium tom. 16. col. 1086. Chronicon Andreæ Danduli apud eumdem Murator. tom. 12. col. 396 : *Muros et turres... Ruinari fecerunt*. Rursum occurrit ibidem col. 403. ut et in Chronico Modoetiensi eodem tom. col. 1143. *Ruinata terra*, in Tabulario Absiensi fol. 222. *Ruinatæ turres et domus*, in Chronico Parmensi apud eumdem Muratorium tom. 9. col. 848.

¶ Ruinatio, Ruina, destructio. Vitæ Patriarcharum Aquileiensium apud Muratorium tom. 3. Anecdot. pag. 246 : *Tempore vero Ruinationis Ecclesiæ prædictæ, etc.*

* **RUINARI**, Ruinam facere. Stat. MSS. eccl. S. Laurent. Rom. : *Aliquæ partes ipsius ecclesiæ totaliter minantur ruinam, et nisi de celeri remedio provideatur, totaliter Ruinari timeantur*. Vide *Ruinare*.

¶ **RUINOSUS**. Rolandinus Patav. de factis in Marchia Tarvisina lib. 6. cap. 5. apud Muratorium tom. 8. col. 257 : *Sciebant enim se omni anno, in die de Cœna Domini, anathematizatum Romæ coram multitudine Ruinosa, quæ illic tali die colligitur de diversis regionibus mundi*. Sed videtur omnino legendum *numerosa*.

* Quod ita præstare nolim; ea quippe locutione haud male significatur *Ruens multitudo*, Gall. *Qui se jette en foule. Ruyneux* vero dicitur, qui ruinam aliis infert, in Lit. remiss. ann. 1470. ex Reg. 195. Chartoph. reg. ch. 447 : *Icellui de Lanches tenoit tous les gens de la ville en telle subjection, pour ce qu'il estoit fort craint, Ruyneux et dangereux.*

¶ **RUISELLUS**, Rivulus, Gall. *Ruisseau. Videlicet usque ad Ruisellum de Noevilla*, in Charta ann. 1257. tom. 4. Hist. Harcur. pag. 1654. Vide *Ruissellus*.

¶ **RUISETUM**, pro *Russetum* : quod vide sis.

¶ **RUISSELLUS**, Idem quod *Ruisellus*, Rivulus. *Juxta Ruissellum venientem de piscatura*, in Charta ann. 1467. ex Schedis D. *Aubret*. Occurrit rursus in Chartulario S. Vandregesili tom. 1. pag. 354. et alibi.

* Nostris *Ruyot*, pro *Ruisseau*, Incile, per quod aquæ decurrunt. Lit. remiss. ann. 1397. in Reg. 151. Chartoph. reg. ch. 350 : *Lesquelles eaues devoient passer par ung Ruyot ou conduit, etc*. Aliæ ann. 1457. in Reg. 189. ch. 192 : *Jehanin Boistel voult empescher l'entrée d'icelles bestes, mesmement qu'elles ne passassent oultre ung Ruyot, qui estoit en ladite piece de terre*. Rursum aliæ ann. 1477. in Reg. 195. ch. 1637 : *Willemet Rouau prinst là suppliant par le bras et la bouta arrière de son huys jusques au Ruiot.*

* **RUITORIA**. Vide infra *Ruttoria*.

* **RUITUS**, Gall. *Rut*, Rugitus. Vide in *Rugire*. Reg. forestæ de Broton. ex Cod. reg. 4653 : *Isti debent servare Ruitum cervorum.*

¶ **RULLA**, Plinio, et *Rullum* Columellæ, ut plures volunt, Instrumentum ferreum quo vomis detergitur, Gall. *Curette*. Glossæ Lat. Græc. : *Rullam*, χωρική, ἀγροῖκος. Aliæ Græc. Lat. χωρική, *Rullam*. Et alibi ex variis MSS : Ἀγροῖκος, *Rullam*, *rurestus*, *rusticanus*, *agrarius, a, um, villanus, rusticus, rusticæ*. Hæc indigent medica manu. Vide Vossium in Etymologico v. *Rullus*.

¶ **RULLUS**, Ἀγύρτης, in Glossis Lat. Gr. Aliæ Gr. Lat. : Ἀγύρτης, *Circulator, Rullus, mendicus, præstigiator*. Vulcanius mallet *Medicus* quam *Mendicus*; non male : nam Medici circumforanei sunt ἀγύρται, ut habet Vossius in Etymologico; ubi tamen addit : Sed quid hæc ad *Rullum*? Quare ei videtur pro *Mendicus*, scribendum *Rusticus*, pro Ἀγύρτης vero scribendum Ἀγρότης, quod Hesychio idem est atque Ἀγροῖκος, Rusticus.

* *Rule* vel *Rulle*, Ludi genus, globorum nempe, apud nostrates et Italos, quibus *Rulla* et *Rullo* dicitur, a *Rullare*, circumvolvere. Lit. remiss. ann. 1377. in Reg. 111. Chartoph. reg. ch. 212 : *Marot de Cluseau cordouennier et Janin de Vaugaviler... alerent oudit hostel pour y boire, avec lesquelx ledit exposant se joua au jeu de la Rule*. Aliæ ann. 1417. in Reg. 170. ch. 33 : *Comme Arnault de la Forge et Pierre Fontan se feussent alez jouer à la Rulle ou boules, etc.*

* **RULLEIUS**, f. Rivulus. Charta Henr. comit. Trec. ann. 1165. in Chartul. monast. in Argona fol. 17. r° : *Johannes de Possessa.. dedit omnes terras cultas et incultas, quæ sunt a cruce de lapidaria usque ad Rulleium*. Nisi colliculum intelligas, nostris *Ruillon*. Vide supra in *Roya*.

* 1. **RUMA**, *Eminens pars gutturis*. Glossar. vetus ex Cod. reg. 7613. Vide *Ructa*.

* 2. **RUMA**, *Pugna*, in eod. Glossar. pro *Runa*. Vide in hac voce.

* **RUMAGIUM**. Charta ann. 1346. in Cod. reg. 8387. 4. fol. 27. r° : *Impositiones aliquas in dicta villa* (Liburniæ) *super certis causis* (major et jurati) *imposuerunt, videlicet super venditione vinorum, salis, Rumagio, lectivagio, etc*. Ubi legendum suspicor *Fromagio*.

* **RUMAN**, vel Roman, *Arabice*, *Malum granatum. Inde Romania, cibus qui inde fit*. Glossar. medic. MS. Simon. Januens. ex Cod. reg. 6959.

¶ **RUMANIA**. Vide *Romania*.

¶ 1. **RUMARE**, Ruma seu mamma alere. Glossæ Lat. Græc. et Gr. Lat. : *Rumat*, ἐμβρωματίζει, dat cibum. Et alibi : *Rumo*, θηλιάζω Martinius emendat, θηλάζω, quod in iisdem Glossis exponitur, *Lacto, sugo, lacteo*. Θηλάζειν modo de nutrice mammam præbente dicitur, ut Luc. 11. 27. et 23. 29. modo de infante lac sugente, ut Romulus et Remus θηλάζοντες τὸ θηρίον, apud Plutarchum in Romulo.

¶ 2. **RUMARE**, *Rumores facere vel afferre*, Johanni de Janua; *Dire nouvelles, vel Ruminare*, in Glossis Lat. Gall. Sangerman. MSS. Vide *Adrumare*.

* 3. **RUMARE**, Pascere. Stat. Taurin. ann. 1360. cap. 185. ex Cod. reg. 4622. A. : *Quod bampna pecorum Rumantium aliena prata et Rumantium vel pascentium ultra sturiam, sint duplicata*. Vide in *Ruminare*, ubi pro Comedere usurpatum fuisse probatur.

¶ **RUMBARE**, Cum strepitu diruere, evertere, si bene interpretor, ab Italico *Rombare*, Crepare, strepere. Chronicon Tarvisinum apud Murator. tom. 19. col. 765 : *Victor Pisani capitaneus prædictus habito consilio versus terram processit, et intrans portum ad terram descendit, illam circum circa obsidens atque impugnans partim cum scalis erectis muris, et partim cum pichis ferreis sudibusque ac uncis muros Rumbantibus.*

¶ **RUMBOLUS**, Funda, Gall. *Fronde*, Italis *Rombola*. Agnellus in Vita S. Damiani Episcopi, apud Muratorium tom. 2. pag. 155. col. 1 : *Alii vero se interficiebant procul manibus et missi saxo; alii mugitu Rumbolorum territi per diversa fugiebant loca*. Vide mox *Rumbula*.

RUMBULA. Cæsarius Heisterbacensis lib. 7. cap. 45 : *Ipsam iconam* (*Deiparæ*) *respiciens.... indignans ait, Ut quid hic stat vetus hæc Rumbula?* Et mox : *Quia Domina illa vocavit me veterem Rumbulam*. Qua voce designari putant vetulam, putidam aut infamem fœminam.

☞ Carolus Macer in additionibus ad Hierolexicon Dominici fratris Veneficam intelligit, quod veneficæ mulieres rhombis uterentur ad deducendam Lunam tortis filis confectis; unde Ovidius lib. 1. Amorum Eleg. 8 :

> Quid torto concita Rhombo Licia ?

Martialis vero lib. 9 :

> Quæ nunc Thessalico Lunam deducere Rhombo.

Et Propertius lib. 9 :

> Deficiunt magico torti sub carmine Rhombi.

Vel *Rumbulam* intelligit Mulierem, quia rhombum tractat, machinulam nempe, quam vertendo feminæ tractant et lanificium nent. Ideo *Rumbulo* Melitensibus Turbo dicitur, quia filo involvitur ad instar rhombi textrini; unde *Rumbulos* etiam vocant homunciones puerosve, cum instar turbinum quasi verticose sese agitant præjactantia et præsumtione.

¶ **RUMBUS**, pro *Rhombus*, ut puto, Piscis marinus, Gall. *Turbot*. Codex MS. Consuetudinum Ecclesiæ Colon. : *Quando Rumbus datur, tunc Cellerarius et Pincerna dant Dominis prout plures Domini sunt in domibus.*

¶ **RUMENIA**. Vide *Romania*.

¶ **RUMENTA**, fem. gen. Purgamenta, Gall. *Ordures*, *Balieures*. Statuta Placentiæ lib. 4. fol. 45. recto : *Nemini liceat projicere aquam vel Rumentas vel pulverem vel aliud turpe in civitate vel suburbiis a balcono vel fenestra, etc*. Statuta Civitatis Astæ collat. 19. cap. 15 : *Teneatur Potestas scovari* *facere omnes causeas sive strenitas de* xx. *diebus in* xx. *diebus, et quilibet portari totam Rumentam de ante domum vel sedimen suum singulis* xx. *diebus sub pœna sol.* v. Ibidem collat. 11. cap. 78 : *Statutum est ac ordinatum, quod aliqua persona non audeat projicere vel poni facere aliquam Rumentam putredinis vel aliquid aliud, quod noceat beali burburis, seu quod impediat cursum ipsius aque in ipsum beale.*

¶ RUMENTUM, Eadem notione. Statuta Massil. lib. 4. cap. 2. § 1 : *Ordinamus hoc præsenti capitulo, ut Rector et Consules.... debeant fieri facere in portu.... unum barquile, in quo tota terra et Rumenta omnia, quæ per dictas vias transversias adducuntur ab aquis pluvialibus ad dictum portum, possit vel possint remanere, scilicet in barquili dicto seu fovea, ut ita per prædicta barquilia dictus fimus dictaque omnia Rumenta retineantur.* Rursum occurrit § 2. Festus *Rumentum* reddit *Abruptio.*

¶ **RUMEPENY**. Vide *Romepeny.*

** **RUMPHEA**, Rhomphæa, *Rumpia* Gellio, apud Abbon. de bell. Paris. lib. 2. vers. 73.

¶ **RUMFEITH**, Denarius S. Petro solutus ab Anglis. Leges Alvredi cap. 9. apud Bromptonum : *Si quis Rumfeith superteneat, etc.* Vide *Romfeah* et *Romescot.*

¶ **RUMICA**, Κόκκυξ, in Glossis Lat. Græc. et Græc. Lat. Coccyx, cuculus.

¶ **RUMICESTRI**. Vide *Rumigestri.*

¶ **RUMIFER**, Qui fert rumores et nova. Epistola ann. circiter 1220. apud Baluzium tom. 2. Miscell. pag. 262 : *Sed quare Baldach non expugnavit, ignorant omnes Rumiferi.* [** Ruodlieb fr. 1. vers 128 :

Unde venis, quid Rumoris fers, dicito nobis.

Fragm. 2. vers. 80 :

Dicite, Rumoris nunc quid nobis referatis.]

¶ **RUMIGARE**, Ruminare, Gall. *Ruminer.* Papias : *Ruma, gula, unde Rumigare.* Apuleius lib. 4. Metamorph. : *Tunc ventri tam profundo serviens, jam ferme tertium qualum Rumigabam.* Licet ἀναλογίᾳ nitatur, ut et *Ruminare*, eo nollet uti Vossius, ut ipse ait lib. 4. de Vitiis serm. cap. 22.

¶ **RUMIGER**, Idem quod *Rumifer. Rumigera loquela,* in Epistola Caroli M. ad Offam Regem Merciorum apud Baluzium tom. 1. Capitul. col. 276.

¶ **RUMIGERARE**, *Rumores gerere*, Johanni de Janua; *Porter novelles*, in Glossis Lat. Gall. Sangerman. MSS. Glossæ Lat. Græc. : *Rumigero*, θρυλῶ, διαθρυλλῶ. Glossæ Gr. Lat. : Θρυλῶ, *Rumigero, vulgo.* Et alibi : Διατρυλλῶ, *Rumigero, divulgo.* Festus habet, *Rumitant, Rumigerantur. Rumiferare* dixit Plautus Amphitr. act. 2. sc. 2.

¶ **RUMIGERATIO**, Latio rumorum, fama. *Infamis Rumigeratio*, apud Lampridium in Heliogabalo cap. 10.

¶ **RUMIGERULUS**, *Gerens rumores*, Johanni de Janua; *Porteur de nouvelles*, in Glossis Lat. Gall. Sangerman. Glossæ Lat. Græc. : *Rumigerulus*, θρυλητής, θρυλήτης, ὁ διαθρυλλῶν. Adde Glossas Græc. Lat. Usi sunt S. Hieronymus de vitando suspecto contubernio cap. 4. et Ammianus lib. 14. cap. 1. et alii recentiores.

¶ **RUMIGESTRI**. Gellius lib. 10. cap. 25 : *Lancea, spari, Rumigestri, falces, tragulæ, frameæ.* Scaliger lib. 4. Conjectan. ad Varr. suspicatur reponendum esse *Runcastri*, vel *Rumicestri*; Turnebus vero, *Rumæ, cestri*; felicius, ut puto, Lipsius lib. 1. Elect. cap. 7. *Spari, Rumices, trifaces*, observato in veteribus MSS. legi *faces*, non *falces.* Sunt autem *Rumices*, Jacula, de quibus meminit Lucilius. Festus : *Rumex, genus teli, simile spari Gallici.*

¶ **RUMINARE**, Cibos in rumen revocare, Columellæ Plinio aliisque; unde per translationem Repetere, in memoriam revocare, mente revolvere, nostris *Ruminer.* Hac metaphorica notione legitur apud Nonium ex Varrone, Tertullianum de Resurr. carnis cap. 37. Symmachum lib. 1. Epist. 3. lib. 3. Epist. 13. et alios recentiores. Peculiari significatu Vita S. Winwaloei MS : *Cito enim caumate exorto omnia nociva, quæ fruges Ruminent* (id est, comedant) *emittit.* Sermo est de insectis. Singularius Miracula MSS. Urbani V. PP : *Audivit custodem carceris fortiter dormientem et Ruminantem*, hoc est, stertentem, ronchissantem.

** **RUMINA**. Virgil. Grammat. pag. 123 : *Dentes dicuntur.... alii Ruminas nominaverunt, alii mandibulas.*

¶ **RUMINUM**, Ἱμάτιον κάτω ἔχον πορφύραν, in Glossis Lat. Græc. Vestis subtus habens purpuram. Eadem habentur in Gossis, Græc. Lat.

¶ **RUMONIARE**, Idem quod *Ruminare*, improprie tamen; canes enim, unde sequens similitudo ducitur, non ruminant proprie, sed evomunt et repetunt vomitum. Chronicon Modoetiæ apud Muratorium tom. 12. col. 1184 : *Respiciendo huc atque illuc, comedendo Rumoniabat sicut canis comedens carnes ab aliis canibus ablatas. Accipiens quoque calicem ad os suum ponebat, et ille, qui erat flexis genibus, aliquantulum se rexit, volens videre, si in calice esset sanguis; et vidit in calice sanguinem cagiatum et dictum Presbyterum ipsum in ore recipientem adtractum, tenerum, Rumoniose lambentem, sicut canis Rumoniando lambens sanguinem in cunchis bechariorum.*

¶ 1. **RUMOR**, pro *Rheuma*, Fluxio, ut videtur viris doctis. Vita B. Godehardi Episc. tom. 1. Maii pag. 515. num 43 : *Vere scias quia in eadem veste Rumorem invenies. His dictis puer exivit; et in ipso momento intolerabile eum frigus invasit; et hora eadem ægrotans, lecto procubuit.* Forte legendum est *humorem*, ut suspicatur Mabillonius sæc. 6. Benedict. part. 1. pag. 419.

2. **RUMOR**. Auctor incertus inter Agrimensores : *Secundum loci Rumorem, quod interpretatur, secundum loci observationem.*

¶ 3. **RUMOR**, Turba, tumultus, jurgium, Gall. *Bruit, tumulte, trouble.* Chronicon Parmense apud Muratorium tom. 9. col. 847 : *Omnes tam banniti quam confinati de dicta parte Episcopi, cum ghirlandis in capitibus redierunt Parmam, sani et salvi et absque aliquo Rumore.* Ibidem col. 851 : *Concurrerunt cum armis et equis ad plateam... in quo Rumore duo ex domo Confaloniorum dictæ civitatis, qui fuerant ex inceptoribus dicti Rumoris... fuerunt mortui, et multi banniti et confinati.*

* 4. **RUMOR**, Clamor ad persequendum capitalis alicujus criminis reos. Stat. antiq. Florent. lib. 2. cap. 77. ex Cod. reg. 4621 : *Contra omnes incendiarios, depopulatores.... teneantur elevare Rumorem, sonare campanas, persequi et capere.*

¶ RUMORIZARE, *Rumorem* seu tumultum excitare; unde *Rumorizatus*, Turbatus, tumultuosus. Annales Cæsenates ad ann. 1326. apud Muratorium tom. 14. col. 1145 : *Rumorizata undique civitate, domina Polentesa filia domini Guidonis Novelli de Polenta, etc.*

¶ RUMORIZATOR, Qui *rumores* seu tumultus excitat. Iidem Annales ad annum 1309. ibidem col. 1131 : *Ascendens equum ivit viriliter, sicut potuit, contra illos Rumorizatores, incipiens fortiter præliari.*

* Nostris *Rumoreux*, eadem notione. Lit. remiss. ann. 1380. in Reg. 118. Chartoph. reg. ch. 20 : *Lequel Symon qui estoit Rumoreux et assez haultain.* Aliæ ann. 1397. in Reg. 152. ch. 157 : *Lequel Climent du Buisson estoit homme moult Rumoreux et rioteux.* Vide *Rumor* 3.

* **RUMPEFETATORIUM**, Pistillum, quo *rumpi* seu conteri aliquid potest. Glossar. Lat. Gall. ann. 1352. ex Cod. reg. 4120 : *Rumpefetatorium, Gallice Peseil.*

RUMPERE, Terram, agrum proscindere, arare. [Chronicon ann. 1196. ex parvo Chartulario S. Victoris Massil. fol. 188 : *Item super gasto, quod Ruperat W. Bernardi, etc.* Et infra : *Ita quod defensum ibi nullum sit, excepto eo, quod ibi Ruptum vel excultum est. Rupta terra*, in Charta ann. 993. e magno Chartulario ejusdem S. Victoris fol. 23. v°.] Charta ann. 1273. in M. Pastorali Ecclesiæ Parisiensis lib. 15. ch. 22 : *Cum centum arpentis terræ arabilis, tam Ruptis, quam Rumpendis, sitis prope, etc.* Charta ann. 1224. in Historia Monmorenciaca pag. 87 : *Ita tamen, quod nos retinemus nobis et hæredibus nostris, quod in eodem vivario piscari, et pisces vendi, et illud Rumpi, quandocunque et quotiescunque nobis placuerit, faciemus.* Alia ejusdem anni pag. 88 : *Donavit mihi et hæredibus meis vivarium suum de Beir, ita quod sibi et hæredibus suis retinuit molendinum ejusdem vivarii, et suum piscari, et suum Rumpere, et vendere in eodem quandocunque et quotiescunque voluerit.* Sugerius pag. 334 : *Apud Vallem Crisonis villam ædificavimus, et carruca terram incultam Dirumpi fecimus.* Charta Guillelmi *Maengo* Militis Dom. Surgeriarum ann. 1253 : *Ai bauillé au Prior de sainte Valere de Mauzé.... mes essars noveas, qui sont au bochau saint Sernin,... li devant dit home doivent Rompre et gaagnier les terres aus us et aux coustumes dou pays.*

ARRUMPERE, Eodem significatu. Charta Garciæ Fernandi Comitis æræ 1010. apud Antonium de *Yepez* in Chronico Ord. S. Benedicti tom. 1 : *Et per omnes terminos plantare et Arrumpere licentiam habeant, etc.* Rollandinus in Summa Notariæ cap. 5 : *Terram... bene Arrumpere, remenare, et reterzare, et quarto sulcu seminare.*

RUPTICIUM, Terra de novo proscissa, novale; *Rompeis*, in Consuetudine Nivernensi cap. 12. art. 5. 6 : *Rompeis sont terres nouvellement cultivées, esquelles n'y a apparence ou memoire de culture faite autrefois.*

Charta Theobaldi Episcopi Ambian. ann. 1183. in Tabulario Eccles. Ambian. : *Infra terminos ejusdem decimationis de Savieres est pars cujusdam nemoris, quam tenentur fratres B. Joannis ad culturam reducere, et Rupticia facere.* Et infra : *Donec terra ad culturam et Rupticia fuerit redacta.* Judicatum ann. 1332. in Hist. Reomaensi : *Omnes decimæ remanebunt etiam in novalibus sive Rupticiis, seu in bladis vivis, etc.* Charta Richardi Episcopi Ambian. in Tabulario S. Fusciani : *Nec non terram quandam, quæ dicitur Rupticium Elleboldi, et nemus additum prædicto Rupticio, ita quod Rupticium et nemus additum facere debeat* 10. *jugera terræ.* Charta ann. 1192. in Tabulario S. Martini de Campis : *Dedit autem Mauregart totam decimam suam de Toschis et de Rupticiis.* Forte *Taschis.* Ordericus Vital. lib. 5. pag. 583 : *Dedit totam decimam de Norum,... partemque suam unius terræ... quæ ultra torrentem sita est, et vulgo Ruptices dicitur.* Adde Doubletum in Hist. Sandionysiana pag. 568. Hist. Monmorenc. in Probat. pag. 63. Hist. S. Martini de Campis pag. 397. Tabularium Prioratus S. Mariæ de Gornaco, etc. [** Vide Mittermaier. Princip. Jur. Germ. § 188.]

Ruptura, Idem quod *Rupticium*, Ager nuper vel jam olim proscissus, et ad culturam redactus. [Charta ann. 819. Marcæ Hispan. col. 763 : *Et cum villas vel villulis atque villarunculis earum, et cum decimas et primitias tam de planis quam de montanas, sive in convallibus, seu de aprisionibus vel Rupturis, totum et ad integrum sic tradimus atque condonamus hujus matris Ecclesiæ S. Mariæ sedis Urgellensem in perpetuum habituras.* Adde Chartam ann. 876. ibidem col. 799. aliam ann. 879. ibidem col. 810. Epistola Alexandri III. PP. tom. 3. Concil. Hispan. pag. 377 : *Decimas et primitias Vallis Arado et villæ Mordanici, et de novis Rupturis, quæ factæ sunt in alodium S. Felicis.*] Ordericus Vitalis lib. 5. pag. 596 : *Terram quoque tam in mansuris quam in Rupturis totius parochiæ hominibus ibidem hospitatis excolendam, reservato tantummodo camparto... concessit.* Tabularium Angeriacense : *Annuit suum feodum ex toto, quod a sancto Joanne habebat, cum Rupturis suis, quæ erant in terra S. Joannis.* Charta Theobaldi *Chabot* ann. 1185. ex Tabulario Absiensi : *Quod si pro defectu servitii feodum aliquod mihi saisiero, ipsi propterea Rupturas non perdant, sed habeant.* Alia Thebaudi *Castagniers*, ibidem fol. 52 : *De qua Papotus Emenardi dederat eis Rupturam, et quam Goffridus Vossart habebat de me.* Bulla privilegiorum Monasterii S. Felicis in Aragonia : *Decimas et primitias de novis Rupturis, quæ factæ sunt in alodio sancti Felicis.*

¶ Rupta, Eadem notione. Charta pro Ecclesia Barcinon. ann. 1009. Marcæ Hispan. col. 969 : *Rursum concessit ibi domnus Pontifex ipsos tertios de ipsos castros ab integro fideliter, qui sunt ultra alveum Lubricatum, simul cum ipsas Ruptas, quæ vulgo nominant tretas, quæ nunc sunt cultæ, et ad futurum ad culturam perduxerint, ut habeant ipsi Canonici et pauperes ad proprium victum in omnibus locis episcopatus sui.*

Ruptura, Census, qui ex *Rupturis* percipitur. Notitia ann. 1072. apud Beslium pag. 181 : *Dimiserunt consuetudinem, quam tenuerunt, id est Rupturam in medio terræ nostræ, quæ est in Insula Oleronis.* [** Notitia werpitionis S. Mariæ Santonensi factæ circa ann. 1104. post Irmin. pag. 374 : *Terram etiam præfatæ medietariæ, quam abbatissa totam requirebat, scilicet Rupturam et consuetudinem, tali pacto sibi concessit, ut ipse et filius suus terram haberent et totam consuetudinem, præter terragium et decimam, tantum dum viverent. Si vero filius suus haberet filium legitime de uxore sua natum, haberet filius Rupturam terræ, si totam consuetudinem vellet facere, etc.*]

Ruptura, Teneturæ species, quomodo *Roture* dicimus, voce, quæ feudo opponitur. Liber Chirographorum Absiæ fol. 150 : *Terram in Ruptura super viam, etc.*

Rupturarius, Colonus, qui agrum seu terram *rumpit*, proscindit, colit. Charta Theobaldi *Chabot*, ex Tabulario Absiensi fol. 219 : *Concedimus quoque eidem decem alias sextarias terræ, si a Rupturariis dono vel emptione illas acquisierint.* Alia ibid. fol. 174 : *Joannes Braquelart Rupturarius Ugonis, reliquit ei terram suam, quæ est juxta ortum, etc.* Et fol. 86. qui *Rupturarii* dicuntur, mox *Agricolæ* appellantur.

Atque inde nata vox *Roturier*, apud nostros, qua viros *ignobiles* ac obnoxiæ conditionis indigitant, cujusmodi sunt coloni ac rustici; quibus opponuntur viri *Nobiles* ac ingenui. Ut e converso prædia colonaria, seu quæ colonorum et rusticorum propria sunt, atque adeo *censibus* obnoxia, *Rotures* appellarunt, quibus vicissim opponuntur *Feuda*, quæ a solis nobilibus teneri olim poterant. Atque inde

Roturagium, pro *Villenagio*, seu agro obnoxiæ conditionis, *Roture*, *Roturage.* Charta Alphonsi Comitis Pictavensis pro *Rachetis*, in Chartophylacio Regio : *Pro Roturagiis vero et masuris illud solum pro rachetis solvi debebit, quod dari secundum terræ consuetudinem hactenus consueverit.*

Ruptarii, pro *Rupturarii*, postmodum dicti quidam prædones sub xi. sæculum ex rusticis potissimum collecti ac conflati, qui provincias populabantur, et interdum Principum militiæ sese addicebant. [*Viri sanguinum* dicti in Statutis MSS. Augerii II. Episc. Conseran. ann. 1280.] Matth. Paris ann. 1250 : *Ubi est ille Ruptarius percussor impius et cruentus, non animarum lucrator, sed pecuniarum exactor?* Eodem anno : *In civitate igitur occubuit Oliverius de Termes, cum suis omnibus, quos Ruptarios vocamus, pugnatoribus.* Bernardus Guido in Vita S. Fulcranni Episcopi Lodovensis cap. 2 : *Bulliebant Ruptarii, sæviebant hæretici, ac fautores eorum fideles.* Cap. 6 : *Quidam autem Ruptarii milites in rapinam rerum pessime inhiantes, etc.* Ita passim Will. Armoricus ann. 1202. Concilium Avenionense ann. 1209. cap. 7. [Tolosanum ann. 1228. apud Acherium tom. 2. Spicil. pag. 628. Præceptum S. Ludovici eod. ann. apud *de Lauriere* tom. 1. Ordinat. Reg. pag. 51. et 52.] Innocentius III. lib. 12. Epist. 92. Willelmus de Podio-Laurentii cap. 6. 7. 16. Bernardus Guido ann. 1215. etc. M. Chronicum Belgicum ann. 1179. et veteres Chartæ apud Catellum in Comitibus Tolosanis pag. 246. 248. 333. 341. etc. [Vide Vossium lib. 2. de Vitiis serm. cap. 16. et Menagium in Etymolog. Gall. v. *Routure.*]

¶ Rubtarii, pro *Ruptarii*, in Statutis Montis-Olivi, Diœcesis Carcasson. ann. 1231. apud Martenium tom. 1. Anecd. col. 967.

Rupta, Ruptariorum cohors. Willelmus Britto lib. 5. Philippidos pag. 152 :

> Quos Marchaderi sic clausit Rupta, etc.

Idem lib. 7. pag. 171 :

> ... Tecum Lupicarica Rupta
> Fac eat.

Infra pag. 175 :

> .... Numerosaque Rupta Cadoci.

Ibidem pag. 182 :

> Agmina præfecit toti Ruptarica regno.

Adde lib. 8. pag. 188. [et vide P. Danielem de Militia Franc. tom. 1. pag. 141. et seqq.] Ex *Rupta*, et *Ruptarii*, formata post modum vox

Rutarii, Iidem qui *Ruptarii*, ex Gallica enuntiatione, *Routiers.* Jacobus de Vitriaco in Histor. Occid. cap. 7 : *Brabantios, viros sanguinum, incendiarios, Rutarios, et raptores.* Ita lib. 1. cap. 72. Nicolaus de Trivetto ann. 1173 : *Conduxit Brabanzones et Rutarios, ex quibus coadunato magno exercitu, venit Britolium.* Ita leg. pro *Rictarios.* Idem ann. 1197 : *Mercadurus Rutariorum princeps.* Guillelm. *Guiart* in Hist. Franc. MS :

> Saus ceus d'un Routier Luspicaire,
> Redoit conduire en cele affaire.

Idem ann. 1204 :

> Routier, Ribaus, et Marcheans.

Chronicon Flandriæ cap. 84 : *Et puis coururent les Routiers par devant l'ost des François.*

¶ Rutharii. Chron. Laudunense : *Anno* mclxxxv. *in Arvernia videntes indigenæ terram suam per Rutharios destrui, contra eos conjuraverunt, etc.* Pluries ibi occurrit.

Rotharii, in variis Actis apud Catellum in Comitib. Tolosanis pag. 281. 282. 283. 285. [et alibi.]

¶ Rotarii. Monachus Autissiod. in Chronico ad ann. 1202 : *Arturus et proceres Aquitani contra Regem* (Angliæ) *Joannem potenter agunt, cujus cohortes, quas Rotarios vocant, cum die viriliter debellassent, super recenti certamine fatigatos improvise Rex irruit, eosque superat captosque retentat.* Et ad ann. 1203 : *Proceres Aquitani Philippo Regi confederati cohortes Regis Angliæ, quos Rotarios vocant subita circumventione aggressos debellant, et ex eis, ut fertur, ad duo milia vel capiunt, obtruncant; atque ita fit, ut qui sæpe diuque de regionibus prædas abegerant, darentur in prædam, eorumque prædatio fieret victoribus copiosa ditatio. Rotarii* rursum memorantur non semel in Epistola Concilii Vaurensis ad Petr. Reg. Aragon. ann. 1213. tom. 3. Concil. Hispan. pag. 481. et 482.

¶ Rutheri, Eadem significatione. Amelgardus de Gestis Ludovici XI. Regis Franc.

apud Marten. tom. 7. Ampliss. Collect. col. 800 : *Accersivit atque invexit in civitatem magnam prædonum manum, quos Theutonici Rutheros appellant, etc.* Rursum utitur col. 802. 805. 815. ut et Adrianus de Veteribusco eodem tom. col. 1263. Buschius de Reformatione Monasteriorum apud Leibnitium tom. 2. Scriptor. Brunsvic. pag. 892 : *Cumque extra finem suæ diœcesis pervenissent (Moniales) semper pavidæ fuerunt et suspectæ, raptores et Rutheros hominum et bonorum in Westphalia et Saxonia audientes habitare.* Vide *Ritteri*.

Ruta, Rutta, Ruttariorum cohors, ut *Rupta*. Will. Neubrigensis lib. 2. cap. 27 : *Stipendiarias Brebantionum copias, quas Rutas vocant, accersivit.* Lib. 5. cap. 15 : *Per stipendiariam militiam, quam Rutas vocant.* Matth. Paris ann. 1236 : *Duces fuerunt catervæ, quam Rutam vocamus.* Cæsarius lib. 2. Mirac. cap. 2 : *Prædonibus, quorum multitudo Rutta vocatur, se conjunxit.* Lib. 11. cap. 53 : *Multitudini prædonum, quæ Rutta vulgo dicitur, se associavit.* Rogerus Hovedenus pag. 645 : *Et transitum faciens per Castrum Radulphi, duxit inde Rutam Braibancenorum Theutonicam usque ad Biturum.* Ubi perperam editum *Rictam*. Ita *Rictarii*, pro *Rutarii*, apud Nicolaum de Trivetto, uti monuimus.

¶ Routa, Eadem notione. Litteræ Richardi II. Regis Angl. ann. 1393. apud Rymer. tom. 7. pag. 746. col. 2 : *Routas seu riotas contra pacem nostram seu alias in commotionem vel malum exemplum populi nostri, etc.* Litteræ Henrici VI. tom. 11. pag. 27. col. 1 : *Nonnulli sic commoti, modo guerrino armati et arraiati, diversas congregationes, conventiculas et Routas ad mala, etc.* Rursum occurrit ibidem col. seq. Litteræ Edwardi IV. eod. tom. pag. 575. col. 2 : *Pro quibuscumque proditionibus, rebellionibus, riotis, Routis, congregationibus, conspirationibus, etc.*] Le Roman *de Garin* MS :

En sa compagne ot de Chevaliers mil,
Grant fu la Route quant li Dus descandi.

Libertates villæ Perusiensis apud Thomasserium pag. 99 : *Li Sires ne doet mettre Rottes ne gens estranges sans l'accort des Cossors, etc.* Chronicon Flandriæ cap. 98 : *Manda Charles à Bertrand du Guesclin, qu'il menast ses Routes en Espaigne, pour guerroier le Roi Pierre.* Hinc *Route* nostris mansit pro quavis turma militari, de qua voce Nicetas Choniates in Balduino n. 5. et nos in Glossario ad Villharduinum. Rastallus ait, JC. Anglis *Rout* dici *quant people assemble euxmesmes, et puis procedant, ou chivauchant, ou allant avant, ou movent par instigation d'un ou plusors que est conduct de eux : c'est appellé un Rout, pour ce que ils movent et proced en Routs et nombers.*

* *Roupte*, eodem intellectu, in Lit. remiss. ann. 1380. ex Reg. 118. Chartoph. reg. ch. 214 : *En passant oultre parmi la rue encontra un varlet de la Roupte desdites gens d'armes.*

Neque tamen Scriptores omnes de harum vocum origine ac etymo invicem conveniunt : nam Pithœus in Consuetudine Trecensi art. 11. et in Histor. Comitum Campaniæ a voce Germanica *Root*, vel *Rote*, quæ idem quod apud nos *solde*, seu stipendium sonat vocis etymon accersendum putat : quasi fuerit *Ruta*, stipendiaria militia, seu turma, vel caterva militum. Nec dissentit Dominicus de Prærogat. allod. cap. 11. § 3. Innocentius Cironus lib. 5. Paratitul. Decret. tit. 15. *Ruptarios* dictos censet, quod omnia perderent ac rumperent. Nec desunt, qui *Ruptas* appellatas volunt, militares turmas dimissas, seu *licentiatas*, quæ, ut fieri solet, invicem coactæ prædationibus sese addicunt, quomodo *Banque route* dicimus, seu nummulariorum et argentariorum *mensam ruptam*. Sed longe potior videtur, quam stabilivimus, sententia Petri Sanjuliani in Miscellaneis Historicis pag. 641. Acostæ, Antecessoris Tolosani ad tit. de Jure emphyt. Beslii in Epistola ad Puteanum, Altaserræ lib. 3. de Comit. Provinc. cap. 10. et aliorum, ita ut *Ruptarii* fuerint *vagi et tyrannica consuetudine irreverentes homines, per quos pax et quies regni turbari solet*, ut est in Conventu apud Marsnam ann. 851. cap. 4. cujusmodi sunt crebro rustici, nisi mature ac severius comprimantur. Exemplum prodit Willelmus Gemeticensis lib. 5. cap. 2. scribens, Richardo II. Normanniæ Ducatum obtinente, *Rusticos unanimes per diversos totius Normanniæ patriæ Comitatus plurima agentes conventicula juxta suos libitus vivere decrevisse : quatenus tam in silvarum compendiis, quam in aquarum commerciis nullo obsistente ante statuti juris obice, legibus uterentur suis, etc.* Sed ea labes oriri tum solet, cum grassantibus maxime civilibus bellis, rustici ab utraque parte lacessiti, et a neutra protecti, arma, quæ ad sui tuitionem capiunt, in alios nullo discrimine exerunt, mox prædarum et lucri cupiditate illecti, passim in innocuos sæviunt ac grassantur.

* A Latino Rumpere, Gall. *Rompre, briser, casser*, eodem sensu, *Router* nostri dixerunt. Lit. remiss. ann. 1376. in Reg. 109. Chartoph. reg. ch. 382 : *Il appert..... que le crampon de la serreure de la chainne du cep fu Routé.* Aliæ ann. 1377. in Reg. 112. ch. 106 : *Un appellé Lambertet prist et rompi une feuille d'un til, qui est au cimetierre de l'eglise. Pour laquelle chose.... plusieurs de la ville pristrent icellui Lambertet en disant : Vous devez estre vannez ou baculez; car vous avez Routé la fueille du til.* Hist. Guil. Tyrii apud Marten. tom. 5. Ampl. Collect. col. 660 : *Quant Johan de Neele, qui en Hermenie estoit, et li autre chevalier oirent dire que les trives estoient Routes, etc.* Guill. Guiart. ad ann. 1249 :

La presse des ennemis Route.

* Hinc etiam Gallicum *Rompure*, nunc *Rupture*, Fractura. Lit. remiss. ann. 1395. in Reg. 148. ch. 109 : *Comme le suppliant se soit entremis de garir Rompures et cassures et desrenemens de bras et de jambes, etc.* *Rompure ou brisure*, in Stat. ann. 1393. tom. 7. Ordinat. reg. Franc. pag. 565. art. 15. Pars quoque rei cujusvis *Rompure* dicitur, in Lit. remiss. ann. 1446. ex Reg. 178. ch. 57 : *En icelle huche le suppliant print..... certaines Rompures ou pieces de draps de diverses sortes et couleurs.* Vide *Ruptura* 2.

RUMPESTAT, Tributum pro caudis jumentorum apud Suecos, Erico Upsaliensi lib. 5. Histor. Suecicæ pag. 159. [Locus exstat in *Fumus*.] Idem pag. 148 : *Erat enim inter cætera gravamina innumera tributa, etiam hoc unum, ut de qualibet cauda jumentorum certa summa solveretur pecuniæ.*

* Legendum *Rumpeskat*, a *Rump*, cauda, et *Skat* vel *Skol*, census. Vide Wacht. Glossar. Germ. v. *Schoss*.

¶ **RUMPIA**, Romphæa. Vide *Romphus*.

* **RUMPUDA**, idem quod *Ruptura*, Ager nuper vel jam olim proscissus et ad culturam redactus. Vide in *Rumpere*. Charta ann. 1171. ex Tabul. Casæ Dei : *Concedo monachis S. Vincentii de Juncheriis duas pecias terrarum laboratarum et unum camerarium horti in riperia de Cauroncello, suptus Rumpudam, quæ fuit magistri Vitalis.*

RUNA. Papias : *Runa, pugna, Rumata, pugnata.* Ugutio : *Runa, i. stipula, vel pugna, unde runatus, præliatus.* Adde Glossas Isidori. Gloss. Ælfrici : *Runia vel paleare*, sræd læppa. Vide Festum, [qui habet : *Runa genus-teli significat. Ennius : Runata recidit, id est pilata.* Hinc Martinius legendum censet apud Papiam : *Runa, pilum, Runata, pilatas;* scilicet vel a ῥύω, Tueor, quod eo se defenderent : vel a *ruo*, quod *Runa* aliquid ruatur, seu sternatur, in ruinam detur. Certe pila muralia erant, quibus quatiebant muros, ut ruerent.]

¶ **RUNÆ**, Literæ, seu characteres antiqui Gothici, quos quidam Odino, alii Fimbulo, plures alii tribuunt Ulfilæ Episcopo Ariano. Sed antiquiores sunt, ut evincit Olaus Wormius, qui monumenta Runica vulgavit a primis Christi sæculi lapidibus insculpta, longe ante Ulfilam, quem circa tempora Valentiani et Valentis Imperatorum vixisse testantur Socrates lib. 4. cap. 33. Sozomenus lib. 6. cap. 37. aliique. Gothicum alphabetum cum Runico contulit Franciscus Junius in præfatione ad librum argenteum, in quo liber Evangeliorum Gothicis literis argenteis descriptus est. De literis Runicis consulendi Scriptores jam supra laudati in voce *Alyrumnæ*.

RUNCA, Idem quod mox *Runcalis*. Charta Conradi Imper. ann. 1027. apud Ughellum tom. 4. pag. 1484 : *De eadem corte cum capella, ejusque dote, cum omnibus suis appendicibus in integrum, omnibus Runcis novis, cum suis intimis decimis, manso 1. etc.*

☞ Macris fratribus in Hierolexico *Runca* dicitur ferreum instrumentum, seu sarculum, quo sentes et herbæ *runcantur* aut evelluntur.

RUNCALIS, Roncallis, Roncaria, Ager incultus, *runcandus* a noxiis et inutilibus herbis et sentibus : *Runcare* enim Latinis, est purgare agrum a sentibus, quas inde *Ronces* vocant Galli. Vide Edwardum Cokum ad Littletonem sect. 1. Diploma Aystulphi Regis Longobard. ann. 753. apud Ughellum in Episcopis Mutinensibus : *Quod si in ipsis silvis aliquis Roncare fecerit, aut si peculia pabulaverit, etc.* Alia Mathildis Comitissæ ann. 1096. in Bullario Casinensi tom. 2. pag. 117 : *Si quis ... ultra fines et terminos Runcare fecerit absque jussione Comitissæ, etc.* Charta 1. inter Alamannicas Goldasti : *Tradidi videlicet ad Hasunmanc ipsa marca adhærentem Runcalem, 1. hobam etiam et amplius continentem, ea conditione,* *ut ipsi illic resideant, et ibi laborent tempus vitæ suæ, et censum inde persolvant.* Ch. 33 : *Vendiderunt tibi Magno... cortinum Aroncale, quem habuerunt de sui patris... cum pomifera ex integro quantum ibi habuit.* Et mox : *Et* 1. *saistairale in Roncale.* Domesdei tit. de Essexa : 10. *acr. prati*, 11. *Runcal.* 4. *aralia*, 23. *porci, etc.*

* Nostris *Roncherai*. Bestiar. MS :

Illuec près a un buissonnai
Si espés comme un Roncherai.

Roncalia, Locus et planities porrectior circa Padum, non procul ab urbe Placentia, seu *inter Placentiam et Cremonam*, ut habet Otto Morena in Histor. Rer. Laudensium, ubi Imperatores Occidentis Curiam suam generalem cogere solebant, cum *transalpinabant*, seu in Italiam proficiscebantur : *Erat enim consuetudinis Regum Francorum, quæ et Theutonicorum, ut quotiescumque ad sumendam Imperii coronam militem ad transalpinandum cogebant, in prædicto campo mansionem facerent. Ibi ligno in altum porrecto scutum suspendebatur, universorumque equitum agmen feuda habentium ad excubias, proxima nocte Principi faciendas per Curiæ præconem exposcebatur, quod sectantes, qui in ejus Comitatu erant, singuli singulos beneficiatos suos per præcones exposcebant. At sequenti die, qui nocturnis vigiliis defuisse deprehensus fuerat, denuo ad præsentiam Regis aliorumque Principum, vel virorum illustrium evocabantur : sicque omnes omnium beneficiati, qui sine bona voluntate dominorum suorum domi remanserant in feudis condemnabantur.* Verba sunt Ottonis Frising. lib. 2. de Gestis Friderici cap. 12. a quo hausit, quæ in eamdem sententiam habet Guntherus lib. 2. Ligurini initio. *Roncaliensis Curiæ*, mentio est passim apud Scriptores, ex quibus docemur, Conventum fuisse generalem indictum *pro justitia ac pace regni componenda*, ut est in Leg. Long. l. 3. t .9. § 9. [** Lothar. II.]. Conradus Usperg. in Friderico I : *Pro reparando itaque justitiæ rigore, omnibus Lombardis et Italicis Roncaliam, uti mos Lombardorum est, justitiam suam requirere, et ab Imperatoribus recipere, diem certam et curiam publicam ad præsentiam Principum, qui tunc aderant, eis designavit. Edictumque est ab Imperatore, ut de singulis Italiæ urbibus viri idonei Roncaliam convenirent, et Barones, et alii, qui causas haberent : cumque ibidem convenissent, assumptis nobilibus et prudentibus viris, causas singulorum determinare studuit, primo pauperum, deinde Baronum, et postremo civitatum.* Glaber Rodulphus in Præfat. ad lib. 4. Hist. *Roncaliam*, quasi *Curiam Gallorum* corrupte dictam vult, eamque *in descensu Alpium* statuit, id est, ad Padum, juxta Placentiam, ubi extitit Roncaliensis campus, qui eam appellationem accepit, quod *Runcalis* esset, id est, incultus et sentibus obsitus, quæ vis est vocis, ut supra observatum. Ita etiam de eodem vocis etymo Constitutio Caroli Crassi Imp. ann. 884 : *Cuicumque secundum hanc legem expeditio imperetur, si ad Curiam Gallorum, hoc est, in campum, qui vulgo Runcalle dicitur, dominum suum non comitetur, etc.* [Vide Dissertationem Andreæ Rivini de Majumis, Maicampis et Roncaliis, quas cum aliquot aliis Dissertationibus raris edidit Grævius ann. 1716. Ultrajecti.]

* Consule præterea Loccenium in Explicat. vocum feudalium ad calcem Antiq. Suec. pag. 166. [** Murator. Antiq. Ital. tom. 2. col. 180. sqq. Pfeffinger. ad Vitriar. lib. 1. tit. 5. § 22. tom. 1. pag. 580. sqq.]

Hunc porro morem, *Curias publicas* in Italia indicendi, hauserant Germani Principes a Francis nostris, quod ab Ottone Frising. observatum : nam cum Carolus M. Italiam Imperio suo adjecisset, fusis et profligatis Longobardis, solenne illi fuit, et successoribus, Primores sui Palatii et Comites Palatinos eo mittere, qui *justitias publicas* facerent. Has autem *Curias* solennes in campis cogebant. Annales Franc. Bertiniani ann. 767. de Pipino : *Ibi Synodum fecit cum omnibus Francis solito more in campo.*

Runcora, **Roncora**, in Chartis Longobardicis, passim. Charta Desiderii Regis in Bullario Casinensi tom. 2. pag. 14 : *Terra, silva, Roncora, et prata insimul ad mensura justa, etc.* Charta Mathildis Comitissæ ann. 1096. ibidem tom. 2. pag. 117 : *De terra partim laboratoria, et partim cum silva, quæ inter Runco deputata, etc.* Vide *Runcarius.*

1. **RUNCARE**, *A terra herbas diu innatas vel arbores evellere*, apud Papiam. [Rursus apud eumdem : *Runcare, a rure aliquid innatum occare, id est, exstirpare unde etiam Runcinare.* Habet Isidorus lib. 17. Orig. cap. 1 : *Runcatio est a terra herbas evellere; nam rus terra est.* A *ruere* deducunt Perottus et Martinius. Ille scribit : *Runco est eruo, evello; unde Runcatio, evulsio inutilium herbarum et veprium.* Glossæ Græc. Lat. : Βοτανίζω, *Runco, erunco.* Βοτανίζει, *Sarit.* Βοτανίζειν, *Herbare.* Adde Latino-Græc. Scriptores de re rustica vocem hanc usurparunt non semel.]

¶ **Roncare**, Eodem intellectu. Statuta Castri Redaldi fol. 20. verso : *Omnes qui laborant terras... teneantur eas terras arare ... zapolare et, si opus fuerit, mundare et Roncare.*

* Charta ann. 1113. apud Murator. tom. 2. Antiq. Ital. med. ævi col. 180 : *Terram autem illam, quam Roncabo, frui debeo per annos tres. Ronscher*, eadem notione, in Ch. ann. 1301. ex Lib. rub. Cam. Comput. Paris. fol. 137. v°.

¶ **Roncharr**, Eadem significatione. Statuta Cadubrii lib. 2. cap. 126 : *Ordinamus quod aliquis terrigena, forensis, non sit ausus, nec possit, nec debeat in nemoribus Cadubrii Ronchare, vel Ronchari facere, fractare vel fractari facere, nec lignamen aliquod incidere,... infra duo miliaria prope onfinia Cadubrii.*

2. **RUNCARE**, *Sonitum de naribus emittere*, in Glossis Arabico-Latinis, [Rhonchos edere; *Ronchissare.* Plauto, Stertere, Hispan. *Roncar*, Italis *Ronfare.* Gall. *Ronfler*, Græc. ῥέγχειν. Glossæ Gr. Lat. : Ῥογχάζω, *Runcino*; ῥογχάζει, *Runcinat* : ubi legendum videtur *Ronco, Runcat.* Ῥόγχος, *Ronchus*, ibidem. Male in Glossis Lat. Græc. *Runcino*, ῥογχάλω pro ῥογχάζω. Acta S. Bardonis Archiep. tom. 2. Junii pag. 316 : *Immunis fuit eorum, qui ad hominum intuitum Runcantes sive grunnientes sibi tantum vacant solitarii.* Vide *Ronchare.*] [** Ad Juven. sat. 1. vers. 57. *stertere naso*, glossa msc. legitur *i. Runcare.* Item VI, 306. ad verba *absorbeat aera sanna*, glossa msc. adest *Runcatione, rictu oris.* Certe Itali vulgariter dicimus *Ronfare* pro *stertere*, et in superioris Italiæ dialectis *Roncare.* Hæc Maius in Glossar. novo.]

* Alias *Rouchier.* Eventa Remis ann. 1396. ex Cod. MS. S. Vict. Paris. : *Et commença (le Diable) à Rouchier moult fort.* Consolat. Boet. MS. lib. 4 :

Car assez tost après mangier,
Chilz geons print fort à Rouchier,
Et dormir fort par habundance.

* Hinc *Rungier*, pro *Naziller*, Naso vocem emittere, in Mirac. MSS. B. M. V. ib. 1 :

Cil moine, cil abbé crollant
Doivent tousjours leis un piler,
Siaumes Rungier et murmeler.

RUNCARIUS, Idem quod *Runcalis*, [Ager incultus, *runchis* seu rubis plenus. Charta ann. 837. apud *Meichelbeck* tom. 2. Hist. Frising. pag. 309 : *Medietatem in silvis et in ruris et in Runcariis dimiserunt in manus Erchamberti Episcopi.*] Charta ann. 1007. in Bullario Casinensi tom. 2. pag. 67 : *Sunt mansos 4. et Runcarii 4. et mulinarii 3. qui sunt in loco, etc.*

RUNCARII, Hæretici, Valdensium et Paterinorum asseclæ, qui Alemanniam veneno pravitatis hæreticæ infecerunt, de quibus Reinerus contra Valdenses cap. 4. et 6. ubi de eorum opinionibus, et Pilichdorffius lib. contra Valdenses cap. 12. Dictos videri a *Roncalia* opinatur Gretzerus in Prolegom. cap. 4. forte quod in *Roncalia* primum visi. A *Runcaria*, villa sic dicta, vult Reinerus cap. 6. sed malim sic appellatos, quod in agris incultis et *Runcariis* ut plurimum degerent. [** *Runcaroli*, in Constit. Frider. II. Imp. adv. hæret. apud Pertz. Leg. tom. 2. pag. 328. lin. 39. Vide *Rugari.*]

RUNCHI, Sentes, Gallis *Ronces*, Spinæ vel sentes, quæ *runcari* solent. Charta ann. 1235. apud Ughellum tom 7. pag. 1449 : *De decima de omnibus Runchis omnium nemorum sive boscorum S. Zenonis, tam de illis Runchis, qui jam facti sunt, quam de illis, qui adhuc in futuro fient, etc.* [Charta alia ann. 1112. tom. 2. Bullarii Casin. pag. 629 : *Ab uno latere bradia, a secundo latere Runchus de Johanne Anestasii.* Vide *Ronchus* et *Runcus.*]

* **RUNCHINUS**, Equus minor, gregarius, in Chartul. 21. Corb. fol. 180. v°. *Jument ou Roncine*, in Lit. remiss. ann. 1389. e Reg. 137. Chartoph. reg. ch. 42. *Ronci* unde *Ronciner*, servitium *runcini* imponere in Charta ann. 1321. ex Chartul. S. Mart. Pontisar. fol. 35 : *Derechief nous avons eu e receu quarente soulz Parisis dudit Jehan pou cause de un Ronci de service, de quoy nou l'avons Ronciné pour la cause dudit fief.* Vide *Runcinus.*

RUNCIÆ, [Idem quod *Ronchi.*] Relatio S. Walarici, ubi de Diabolo : *Interrogavi eum* (diabolum) *quidam ex Monachis nomin Petrus : quo nomine censeris? respondit Runcinellus vocor. Tunc Monachus, huju nominis etymologiæ non ignarus, iterum inter rogavit : Cur ita vocaris? respondit : Pec*

catorum animas duco per Runcias et spinas.
* Hinc *Enrossiné*, spina punctus, in Lit. remiss. ann. 1403. in Reg. 158. Chratoph. reg. ch. 206 : *Lequel Hue fery ledit Jehan de la pointe de son espée en la joue, jusques à bien petit d'effusion de sang, ainsi comme s'il se feust Enrossiné d'une ronsse tant seulement.*

¶ **RUNCIARE**, pro *Runcinare*. Vide *Runcina* 1.

RUNCILUS. Domesdei tit. Essex : *Silva* 20. *perc.* 10. *acrarum prati*, 2. *Runcili*, 4. *aralia*, 23. *porci*, 50. *oves*, *etc.* Spelmannus idem cum *runcino*, seu equo putat : ego vero malim *Runcilum*, idem esse quod *Runcalis*.

1. **RUNCINA**, *Instrumentum fabrorum*, Papiæ. Idem : *Runcina*, *remota rura*. [Varro lib. 5. de Lat. Lingua cap. 10 : *Runcinare a Runcina*, *cujus origo Græca* ῥύγχος. Glossæ Lat. Græc. : *Runcina*, ῥυκάνη. *Runcinæ*, σκεπάρνα. Aliæ Græc. Lat. : Ῥυκάνη, *Tribula*, *Roncina*, *Runcina*. Ῥυκανίζω, *Runcio*, male pro *Runcino*. Ῥυκανίζει, *Runcinat*, ibidem. Et alibi : Σκέπαρνον, *Ascia* ; σκέπαρνα, *Runcinæ*. Johannes de Janua : *Runcina est quoddam instrumentum lignarii gracile et recurvum, quo cavantur tabulæ domus, ut una alteri connectatur; de quo Esaiæ* XLIII. *Artifex lignarius extendit normam, formavit illud in Runcina, etc.* Miracula S. Amelbergæ Virg. tom. 3. Julii pag. 111 : *Pater ejus tanto tempore cum Runcina sua vellens avenam*, *etc.* Id est, cum sua falce messoria. S. Augustino lib. 4. de Civ. Dei cap. 8. *Runcina* dicitur Dea Paganorum, quæ frumentis *runcandis* præsidebat. *Runcinatus* legitur supra in voce *Incastraturæ*.] [** Benefic. describend. formul. Pertz. Leg. tom. 1. pag. 179. lin. 33 : *Asciam* 1. *Runcinam* 1. ubi glossa *Noil*. Vide Graff. Thesaur. Ling. Franc. tom. 4. col. 1126. voce *Nua*; et de etymo Murat. in Antiq. Ital. tom. 2. col. 1282. voce *Ronca*.]

¶ 2. **RUNCINA**, Equa. Vide *Runcinus*.

¶ **RUNCINELLUS**, Diabolus. Vide *Runciæ*.

* **RUNCINULUS.** Vide *Runcinus*.

RUNCINUM. Vide *Runcina*, 1.

RUNCINUS, Equus minor, gregarius, nostris *Roncin*, [*Roucin* vel *Roussin*,] Cambro-Britannis *Rhwnsi*. Chaucerus Anglus Poeta :

> He rode upon a Rowney as he could.

Quidam vocem ab Teutonico *Ross*, equus, deducunt, non improbabili conjectura. [** Vide Graff. Thesaur. Ling. Franc. tom. 4. col. 1179. voce *Hros*. Murator. Ant. Ital. med. ævi tom. 2. col. 1282. voce *Ronzino*.] Nam nostri olim *Rous*, pro *Roncin*, dicebant. Le Roman *de Garin* :

> Hue s'en retorne sor le Rous Arabi.

Alibi :

> Es un message sor un Roux Arabi.

Rursum :

> Bien fu armé sor le Rox Arabi.

Idem Poeta :

> Et Richard sor le Rox Arabi.

Alii a Theutonico *Ruyn*, et *Ruynen*, Castrare, runcinos dictos volunt, quasi runcini fuerint cantherii. Domesdei, in Monastico Anglic. tom. 3. pag. 306 : *Novem averii*, 2. *Runcini*, 27. *porci*, 100. *oves*, *etc.* Occurrit ibi pluries. Petrus Cluniac. lib. 1. de Miraculis cap. 6 : *Ad quod ille respondit, Runcinus ille, ille certe, ille mihi intolerabilis est.* Willelm. Brito lib. 12. Philippid. pag. 242 :

> Illi præda placet dextrarius Ardinis, illi
> Runcinus caput ignoto dat fune ligandum.

Rigordus ann. 1214 : *Velit, nolit, compellant illum ascendere in Runcinum.* Willel. de Podio-Laurentii cap. 25 : *Nec in equis velocibus, sed Roncinis cum uno calcari equitando, etc.* [** *Runcinus trotans*, in Nota ann. 6. Rich. I. in Abbrev. Placit. pag. 5. Warr. rot. 1.] Adde Statuta antiqua Ord. Cartusensis 2. part. cap. 19. § 16. 17. [S. Bernardum in Vita S. Malachiæ cap. 20. Matthæum Paris in Vitis Abbatum S. Albini pag. 116. Statuta Placentiæ fol. 2. verso, Statuta Montis regalis pag. 46. Joh. Demussis Chronicon Placent. apud Murator. tom. 16. col. 581. Thomam *Madox* Formul. Anglic. pag. 423. Acta SS. Junii tom. 4. pag. 262. quibus in locis *Roncinus* et *Runcinus* indiscriminatim legitur ut et alibi passim.] *Roncinus* vero proprie scutiferorum erat, ut *Palafridus* Militum, ut observare est ex Stabilimentis S. Ludovici lib. 1. cap. 54. Brunetus Latinus in Thesauro MS. part. 1. cap. 155 : *Il i a chevaus de plusieurs manieres, à ce que li uns sont Destrier grant pour le combat : li autre sont Palefroi pour chevaucher à l'aise de son cors, li autres sont Roucis pour sommes porter, etc.*

☞ Hæc quidem vulgaris vocis *Runcini* notio; interdum tamen accipitur pro equo nobili ad usum militarem, quod optime advertit Alexander Tassonus Annot. sopra la Crusca. Boccac. Theseid. lib. 6 :

> Costui montato sopra un grand Ronzone,
> Del seme di Nettuno procreato,
> Venne ad Atene, e incontro gli si feo
> Con festa assai l'amico suo Teseo.

Et iterum :

> Erano audaci, e pieni di fierezza
> D'intorno à lui, che sopra un gran Ronzone
> Mostrava, e chiaro assai, la sua adornezza.

Hæc post Carolum de Aquino in Lexico Mil.

Rocinus. Charta Aldegastri, filii Sylonis Regis Ovetensis ann. 781. apud Sandovallium : *Et duas equas, et duo Rocino, et una mula, et tres asinos, etc.*

Rossinus, apud Gariellum in Episcopis Magalon. pag. 221. [et in sententia Navarri Episc. Conseran. ann. 1208. apud Marten. tom. 7. Ampliss. Collect. col. 95.]

¶ Roncenus, Eadem notione, Nicolao de Jamsilla de Gestis Friderici II. Imp. apud Murator. tom. 8. col. 514. et in Statutis Montis-regalis pag. 268.

¶ Ronzenus, in Statutis Narniensibus, inter Acta SS. Maii tom. 1. pag. 396.

Ronchinus, apud Lambertum Ardensem pag. 158. et Petrum de Vineis lib. 5. Ep. 70. [Charta ann. 1295. tom. 1. Chartularii S. Vandregesili pag. 251 : *Sachent tous presens et à venir, que comme je fusse tenu à hommes religieux monseignor l'Abbé et le Convent de S. Vandrille en un service de Ronchi à faire chacun an, pour les fiés et pour les terres, que je tiens, etc.*]

¶ Ronsinus, in Statutis Arelat. MSS. art. 37. in Charta ann. 1380 ex Archivo S. Victoris Massil. et alibi passim.

Ronzinus, in Bulla Alexandri III. PP. apud Franciscum Mariam in Mathildi lib. 3. pag. 122. ex Italico *Ronzino*. [Occurrit rursus in Statutis Vercell. fol. 160. v°. apud Muratorium tom. 12. col. 1036. tom. 16. col. 321. etc.]

¶ Ronssinus, in Curia generali Cataloniæ ann. 1359 : *Equam, quam ille, cujus fuerit, calcari fecerit per equum aut Ronssinum non posse pro debito, vel alia causa, pignorari seu recipi.*

¶ Roucinus, in Statutis Humberti Bellijoci ann. 1233. apud Acherium tom. 9. pag. 185. in Charta ann. 1218. e Chartulario S. Martini Pontisar.

¶ Roussinus, in Testamento ann. 1397. apud Marten. tom. 1. Anecd. col. 1633.

Servicium de Runcino. Vide *Servitium*.

¶ Roncina, Roncena, Equa, femina runcini. Literæ Humberti Dalphini apud D. *Secousse* tom. 3. Ordinat. Reg. pag. 480. num. 32 : *Videlicet a quolibet tenente boves aratorios, roncinos et Roncinas, vel asinos vel asinas, mulos et equos, etc.* Occurrit rursus in Charta ann. 1302. tom. 2. Hist. Dalphin. pag. 98 col. 2. et in Statutis Montis-Regalis pag. 46. sed pag. 268. habetur *Roncena*.

* Runcinulus, dimin. a *Runcinus*, Equus minor. Acta S. Adr. tom. 3. Sept. pag. 237. col. 1 : *Postridie excitatus cum Runcinulo suo; super quem sanctum deferebat, in urbem rediit.*

RUNCO, Ronco, Papiæ, et Joanni de Janua, Falcis militaris species, ex Italico *Runchione*, vel *Roncone*. Academici Cruscani : *Roncone, arme d'asta corta e adunca per isterpare*. [Lego in Edit. ann. 1691 : *Ronca, Arme in asta adunca, e tagliente, Lat. Sparus, Runcina*. Et mox : *Roncone, strumento rusticale di ferro, maggior della ronca, et senz'asta.*] [** Vide Murator. Antiq. Ital. tom. 2. col. 1282.] Sanutus lib. 2. part. 4. cap. 8 : *Dictum navigium Ronconibus et longis lanceis, atque lanceis cum rampiconibus, sive uncis in capitibus, optime fulciatur.* Ubi *lanceas cum ronconibus*, videntur eæ, quas *lanceas falcatas* vocat Fulbertus Carnot. Epist. 45. Historia Cortusiorum lib. 1. cap. 17 : *Quidam rusticus... clam traxit de sub chlamyde sua Ronconem ferreum, et virum nobilem percussit in capite.* [Rolandinus Patavinus de factis in Marchia Tarvisina lib. 10. cap. 5. apud Murator. tom. 8. col. 314 : *Jussit dictos balisterios et Waldanam procedere cum vastatoribus ferentibus Roncones acutissimos et secures, fossoria et ligones, arbores incidere et rubeta, vineas et segetes omnes.* Adde Chronicon Estense ad ann. 1350. apud eumd. Murator. tom. 15. col. 457. Chronicon Petri Azarii ad ann. 1356. tom. 16. ejusd. Muratorii, etc.] Vide *Falcastrum*, [*Ronchonus*, *Runcora* in *Runcalis* et *Villani* initio.]

* Nostris *Roncie*. Tract. MS. de Remilit. et mach. bellic. cap. 111 : *Arbor in curru perticam habens, cum duobus carratellis ardentibus, potest per se idem circiter girari contra navigia tuorum hostium, Runcone*

sive falce incidere funes carratellorum. Pactum inter commissar. reg. et Ayton. Doria Genuens. ann. 1337. in Reg. Cam. Comput. Paris. sign. *Croix* fol. 187. r°: *Lances longues ferrées, Roncies de fer et touz autres garnemens et armeures.* Hinc diminutivum

* RUNCULA, in eodem Tract. cap. 171: *Navigium cum stella habente saxa ligata, incidantur Runcula sive falce, ut ruant super hostium navigia, causa frangendi ea.*

¶ RONCONUS, Eadem notione. Statuta Castri Redaldi fol. 39. verso: *Declaramus quod arma vetita sint infra scripta, videlicet lancea, spata, cultellus, sive duga et cultellessia, stochus, spontonus, mazza ferrata, azza, Ronconus, etc.*

¶ **RUNCORA**, Ager dumosus. [Vide *Runcalis.*

¶ **RUNCULEUM**, γένος δρεπάνου, in Glossis Lat. Gr. et Græc. Lat. Falcis genus. Vide *Runco.*

¶ **RUNCUS**, Sentis, rubus, Gall. *Ronce*, vel potius Senticetum, rubetum, locus rubis plenus. Testamentum ann. 1184. apud Murator. delle Antic. Estensi pag. 326: *S. Mariæ de Abbatia, ubi jacere volo, relinquo Runcos meos de Frata, etc.* Aliud Testam. ann. 1142. ibid. pag. 330: *Cum omnibus Runcis et silvis, quæ sunt juxta meum portionem Fratæ.* Vide *Runchi.*

¶ **RUNDULA**, Piscis species, Rumplero lib. 1. Histor. Monasterii Formbac. apud Pezium tom. 1. Anecd. part. 3. col. 433.

¶ **RUNIA**. Vide *Runa.*

¶ **RUNIÆ** LITERÆ. Vide *Runæ.*

* **RUNSATUS**, Inutilibus herbis et sentibus obsitus, idem quod *Runcalis.* Charta ann. 1120. inter Instr. tom. 12. Gall. Christ. col. 26: *Ex alia parte dividit grossum nemus, ex vero alia parte veura Runsata.*

RUODA. Lex Saxonum et Angliorum tit. 2. § 1.: *Qui nobilem occiderit, 840. sol. componat, Ruoda quod dicitur apud Saxones 120. sol. et interpremium 120. sol.* Ubi observat Lindenbrogius r u o d, et rod, Saxon. crucem significare. Sed quid ad compositionem 840. sol. nisi ea compositione ejusmodi criminum rei se a crucis pœna redemerint? Neque enim conjecturam Spelmanni quisquam probet. [** Vide Grimm. Antiq. Juris Germ. pag. 676.]

¶ 1. **RUPA**, *Ex utraque parte acuta*, in Glossis Isidori. Pro *acuta*, legitur *cavata*, in Constantiensi, Martinius conjicit scriptum fuisse *Rupta*, ἀπόῤῥωγες. Præruptæ petræ: qua significatione sæpius occurrunt *Abrupta* et *Prærupta.* Vide *Rupina.*

* Haud dubie, ut et sequens *Rupa*, pro veste aut tunica; sed legendum forte est *Rapa*; eodem significatu quo supra, ut videre est in hac voce num. 2.

¶ 2. **RUPA**, f. idem quod supra *Roba*, Vestis talaris, Gall. *Robe.* Acta S. Bernardi, tom. 1. Junii pag. 792: *Et quod per tactum unius petiæ Rupæ bonæ memoriæ domini Bertrandi... erat sanata.*

¶ 3. **RUPA**, Piscis albus paulo major gordione, Belgis *Roche.* S. Willelmus lib. 1. Constitut. Hirsaug. cap. 8: *Pro signo Rupæ, generali signo præmisso, saxi signum adde.*

* 4. **RUPA**, Pistillum, quo *rumpi* seu conteri aliquid potest. Glossar. Lat. Gall. ann. 1352. ex Cod. reg. 4120: *Rupa, Gallice Pesoil.* Vide supra *Rumpefetatorium.*

¶ **RUPARE**, Idem quod supra *Robare*, Prædari, spoliare, Italis *Rubare*, nostris *Derober, Piller.* Memoriale Potestatum Regiens. ad ann. 1237. apud Muratorium tom. 8. col. 1109: *Fecit Imperator pacem cum Mantuanis; ita quod miserunt pedites et balesterios in ejus servitio in obsidione Montis-clari, et combusserunt et Ruparerunt domos burgi Montis-clari.*

RUPASTES, *Flagellum*, apud Ugutionem.

¶ **RUPER**, Ligni genus. Statuta daliaria Riperiæ fol. 5. v°: *De quolibet vase doarum loresi, castaneæ, Ruperis, albaræ et cujuslibet alterius liguminis, de septem quartis pro introitu den.* 8.

RUPES, Idem quod *Mota*, de qua voce supra egimus, Castrum, castellum, domus præcipua domini feudalis. Vetus Charta in Tabulario S. Nicolai Andegavensis: *Geraldus Monachus, qui mecum habitat in Rupe mea.* Notitia ex Tabulario S. Albini Andegav.: *Apud Capud pontis de Monsteriolo habebant Monachi S. Albini de dono et largitione Domini Berlai aliquot Rupes, et terrulam domibus ædificandis aptam, etc.* Le Roman *d'Alixandres* MS:

Sire, la haute Roche que tu as esgardée,
C'est une fermeté qui moult est redoutée.

Infra:

Ja ne pourra durer Roche ne fermeté.

[Vide *Rocca.*]

¶ **RUPEX**, Rusticus, Lucilio apud Festum in *Squarrosi*, a rupis asperitate propter impolitiam et duritiem sic dictus, ut *Petro* a petra. Utuntur Gellius lib. 13. cap. 9. Tertullianus de Pallio cap. 5. de Anima cap. 6. et Apolog. cap. 21. *Rupico* dixit Apuleius lib. 1. Florid. eadem notione. Vide infra *Rupix.*

¶ **RUPIA**, Sutor. Glossæ Lat. Gr. et Gr. Lat.: *Rupiam*, ῥαπεύς. Emendo *Rupia*; Salmasius vero *Rapiam* ad Historiam Augusti pag. 511. sed, ut mox *Rupiare*, pro Suere, sic *Rupia*, pro Sutor, dici potest.

¶ RUPIARE, Suere. Glossæ Lat. Gr.: *Rupiat*, ῥάπτει ὀπητίῳ, hoc est, Suit subula. Adde Glossas Græco-Latinas.

¶ **RUPICO**, Rusticus. Vide in *Rupex.*

RUPINA, Loca montana. Glossæ Isidori: *Rupina, abrupta montium.* Charta Alrici Episc. Astensis ann. 1029. apud *La Chieza* in Historia Ecclesiæ Pedemontensis: *Cum .... pascuis, silvis majoribus, et minoribus, cum areis, molendinis, piscationibus, alpibus, rupis, Rupinis et paludibus, terris cultis et incultis, etc.* Occurrunt eadem verba in Charta Ardoini Regis Italiæ ann. 1011. apud Guichenonum in Biblioth. Sebusiana pag. 249. et in aliis apud Ughellum. [Adde Chartam ann. 993. apud Marten. tom. 1. Ampl. Collect. col. 347. Additamenta ad Chronicon Casaur. apud Murator. tom. 2. part. 2. col. 929. Sed et Apuleius lib. 2. Metamorph.: *Vides istas Rupinas proximas et præacutas in his præeminentes silices.* Rursum utitur lib. 6. Vide Vossii Etymologicon in *Rupes.*]

* Haud scio an non idem sit quod supra *Robina*, in Charta ann. 1029. a Cangio laudata, ut et in alia ann. 960. apud Murator. tom. 1. Antiq. Ital. med. ævi col. 57: *Cum silvis, salectis, sationibus, ripis, Rupinis, molendinis, piscationibus, montibus, vallibus, etc.* Eadem fere leguntur in alia ann. 1033. ibid. col. 15.

RUPITANI, dicti *Donatistæ*, qui Romæ morabantur, quod in rupibus et in montibus conventus suos agerent: unde et *Montenses* appellati, apud S. Augustinum lib. de Unitate Ecclesiæ, cap. 3. et de Hæresibus cap. 69.

RUPIX, Salvianus lib. 1. de Gubern. Dei: *Adde... loquentem cum Mose dominum, legem divino ore resonantem, incisas Dei digito litteras, Rupices paginas, saxeum volumen, etc.* [Hoc est, lapideas tabulas, ut satis patet; sed malim a recto *Rupex*, quam a *Rupix* derivare. Vide *Rupex.*]

¶ **RUPLUS**, Στροφεὺς γαλεάγρας καὶ ἀποψήκτιον, in Glossis Lat. Græc. Aliæ Græc. Lat.: Στροφεὺς γαλεάγρας, *Ruplus.* Et alibi. Ἀποψήκτιον, *Ruplus.* In Supplemento Antiquarii legitur *Rupus*; sed legendum est *Rutlus*, pro *Rutulus*, ut in Castigationibus habetur. Vide Salmasium ad Historiam Augusti pag. 437. et Martinii Lexicon in *Ruplus.*

* **RUPPA**, Instrumentum fabrorum lignariorum. Glossar. Lat. Gall. ann. 1348. ex Cod. reg. 4120: *Ruppa, Gallice Ruppe, a rumpo, quia per illam rumpitur lignum.* Vide *Runcina* 1.

¶ **RUPPO**. Vide *Rusco.*

¶ **RUPS**, *Rupis*, Κρημνός, in Glossis Lat. Græc. Aliæ Græc. Lat.: Κρημνός, *Præceps rupes, rupes, Rups, rupis, præceps.*

1. **RUPTA**, Terra culta, vel *Ruptariorum* cohors. Vide in *Rumpere.*

¶ 2. **RUPTA**, Clades, Ital. *Rotta*, Gall. *Deroute.* Bonincontrus lib. 3. cap. 28: *Die sequenti post suprascriptum Ruptam factam circa horam primam diei, Henricus de Flandria solus cum duobus, quos non noverat, applicuit Modoetiæ.*

¶ 3. **RUPTA**, Fossa. Chronicon Estense ad annum 1309. apud Murator. tom. 15. col. 367: *Detrainati fuerunt cum omnibus aliis interfectis usque ad quamdam Ruptam, quam ipsimet fecerant in capite Ferrariæ extra civitatem, causa necandi omnes Ferrarienses et civitatem, et dicta Rupta facta fuit ex consilio prædicti scilicet Ser Sgavardi. Et sic omnes mortui numero 1854. catervatim missi fuerunt in dicta Rupta; quare clausa fuit integre dictis corporibus interfectis.* Alterum locum videsis in *Rosta.*

* 4. **RUPTA**, Via in silvis, Gall. *Route*, ut supra *Rotura.* Charta ann. 1334. in Reg. 66. Chartoph. reg. ch. 1378: *De quibus cimaliis forestæ de Gadabone, nec non de Ruptis ejusdem vendæ forestæ S. Romani, integram summam non computaverat.... De cimaliis vero et Ruptis supradictis se referebat ad Cameram Compotorum.* Hinc *Rompte*, pro *Route*, in Stat. ann. 1320. tom. 1. Ordinat. reg. Franc. pag. 709. art. 3: *Et bailleront le pris de la vendue du bois desdittes Romptes aux seneschaus, baillis ou receveurs.* Ubi *Routes* legitur in alio eadem de re ann. 1319. ibid. pag. 685. art. 3. Vide *Routare* et infra *Ruptura* 6.

* 5. **RUPTA**, Platea, vicus, via, Gall. *Rue.* Inquisit. ann. 1351. ex Tabul. Bellijoc.: *Manebat in quadam Rupta, vocata aux*

Raimons, apud *Villam francham:* Vide *Rua* et *Ruta* 1.

¶ **RUPTARE**, pro *Ructare*. Ibi vide.

RUPTARII, Ruptarica Agmina, Rupti-ces, Rupticium. Vide in *Rumpere*.

¶ **RUPTIO**, Diruptio. Ulpianus leg. 27. Dig. ad Leg. Aquiliam § 17 : *Lex Aquilia eas Ruptiones, quæ damna dant, persequitur.*

* **RUPTORIUM**, *Dropax, vesicatorium medicamen*, in Glossar. medic. MS. Simon. Januens. ex Cod. reg. 6959. Vide *Ructorium.*

¶ 1. **RUPTURA**, Ager recens proscissus; Census ex eo solvendus; Teneturæ species. Vide supra in *Rumpere.*

¶ 2. **RUPTURA**, Diruptio; hinc *Ruptura castri, curtis* dicitur, cum quis effringit domum in castro sitam vel curtem, in easque violenter ingreditur, ut aliquid diripiat contra leges. Literæ Bartholomæi de Roya Camerarii Franciæ ann. 1220. ex Archivo Sangermanensi : *Justitia vero remanet domino Regi et nobis de omni Ruptura castri Montis Calvuli.* Leges Rotharis apud Murator. tom. 1. part. 2. pag. 13. col. 1 : *Si quis in curtem alienam hoste animo ingressus fuerit, xx. solidos componat ei cujus curtis est. Mulier curtis Rupturam facere non potest, vel weguorf, quia absurdum videtur, ut mulier libera, aut ancilla, quasi vir cum armis vim facere possit. Si quis peculium suum de clausura aliena tulerit occulte, et non rogaverit, componat curtis Rupturam, id est wegoranit, solid.* xx. Hæc ex editione Heroldi. tit. 13. In hac postrema lege pro *Wegoranit*, *Oberos* habet Muratorius ibidem pag. 47. col. 2. Vide *Oberos.*

* Aversio, fractura, nostris *Routure.* Tract. MS. de Re milit. et mach. bellic. cap. 15 : *Obcurratur ad Rupturam muri contra rumpentes præfatum murum.* Lit. remiss. ann. 1377. in Reg. 110. Chartoph. reg. ch. 343 : *Iceulx prisonniers se sont partiz et eschapez de ladite prison par une certaine Routure, que ilz ont faites entre deux pierres.* Aliæ ann. 1470. in Reg. 195. ch. 1414 : *Le suppliant demanda à icellui de la Herisse s'il savoit ou pouoit savoir qui avoit fait icelle Roupture ou robature.* Reg. 13. Corb. sign. *Habacuc* ad ann. 1513. fol. 201. v° : *Pour plusieurs ouvraiges faictz aux Routures de cauchies.* Vide supra in *Rumpere.*

¶ 3. **RUPTURA**, Argentariæ dissolutio, inopiæ facta creditoribus denuntiatio, Gall. *Banqueroute*, Ital. *Bancarotta*, quasi *Banca rupta.* Statuta Genuæ lib. 1. cap. 8 : *Magistratus Ruptorum sit judex omnium et singularum causarum Ruptorum seu rumpentium, tam in dominio quam extra occasione Rupturæ et dependentium ab ea, et inter Ruptos et creditores ac debitores... et in omnibus dependentibus, annexis et connexis, comprehensis uxoribus, participibus rationum seu societatum, et aliis quibuscumque, etiam hypothecariis ac privilegiatis, et occasione ejusdem, usque ad illud completum exclusive.* Vide *Ruptus*, 1.

4. **RUPTURA**, Hernia. Bulla Innocentii III. PP. ann. 1204. apud Ughellum tom. 1. part. 1. pag. 233 : *Objectum est insuper, quod Præpositus erat super simoniæ vitio infamatus, quod abusus fuerat sigillo Capituli, quod tanquam criminosus vitio Rupturæ laborabat, et quod medio digito sinistræ manus fuerat mutilatus, etc.* [Nostri *Rupture* dicunt eadem notione. Vide mox *Ruptus.*]

* 5. **RUPTURA**, Actio perrumpendi aciem. Tract. MS. de Re milit. et machin. bellic. cap. 37 : *Eques armatus tenens lumigeram in manu, aliam lumigeram super collum equi bardati, est utilissimus Rupturam hostibus dare in tempore diei, et magis tempore noctis.* Vide supra *Ructura* 3.

* 6. **RUPTURA**, Via in silvis, Gall. *Route.* Charta ann. 1301. inter Instr. tom. 12. Gall. Christ. col. 81 : *A capite ipsius nemoris de versus nemus dicti Boisleau, prout Ruptura in ipso nemore meo de novo facta.... se comportat.* Vide supra *Rupta* 4.

* **RUPTURALIA** Bona, Quæ sub onere præstationis census operarumve ab ignobili tenentur, et feudalibus opponuntur, Gall. *Rupturieres.* Charta ann. 1313. in Reg. 49. Chartoph. reg. ch. 225 : *Bona mobilia, immobilia, et se moventia, Rupturalia seu in feodo nobili alibi existentia.* Alia ann. 1311. in Reg. 48. ch. 53 : *Laquelle dame contesse puet et doit prendre devestisons et faire vestisons de toutes les choses, censives et Rupturieres vendues et alienées souz la seignorie de ce que ele tient.* Vide *Ruptura* in *Rumpere.*

¶ **RUPTURARII.** Vide in *Rumpere.*

¶ 1. **RUPTUS**, Creditorum fraudator, aut decoctor, qui dissolvit argentariam et foro cedit, Gall. *Banqueroutier.* Conventiones Civitatis Saonæ ann. 1334. pag. 40 : *Aliqui cives seu habitatores Saonæ, eo prætextu quod non sint solvendo, habuerunt recursum ad M. officium extraordinariorum, et fecerunt se declarari Ruptos, et tanquam non sint solvendo.* Statuta Genuæ lib. 1. cap. 8 : *Nullus alius Magistratus possit in prædictis se intromittere, nisi quod circa declarationem decoctorum seu Ruptorum possint Senatus et Conservatores legum, pro munere eis respective demandato, se intromittere, servata semper forma eis præscripta.* Vide *Ruptura* 3.

2. **RUPTUS**, Herniosus et ramicosus, Græcis κηλήτης, apud Apuleium de Virtutibus herbarum cap. 24. [Vide *Ruptura* 4.]

¶ **RUPUS.** Vide *Ruplus.*

¶ **RUPUTATIO**, mendose. Vide *Reputatio* 2.

RURÆ, *Rupes, vel petræ*, in Glossis Lat. MSS. Bibliothecæ Regiæ Cod. 1013.

* **RURALITAS**, Rusticitas, inscitia, nostris *Ruralité.* Lit. remiss. pro Albiensibus ann. 1363 : *Attenta etiam simplicitate et Ruralitate dictorum popularium minutorum, etc.* Aliæ ann. 1390 in Reg. 138. Chartoph. reg. ch. 178 : *Le suppliant demande grace, attendu sa simplece et Ruralité. Rural*, pro *Roturier*, Ignobilis, rusticus, in aliis Lit. ann. 1459 in Reg. 188. ch. 130 : *Molineau qui n'estoit et n'est pas noble, mais de Ruralle condition, etc.* Vide *Rupturarius* in *Rumpere* et *Rustici.*

* **RURALITER**, Rure, in campis. Lex Wisigoth. tom. 4. Collect. Histor. Franc. pag. 449 : *Jubemus, ut sive sit Judæus, sive Judæa, quodlibet opus Ruraliter diebus Dominicis exercens, etc.*

¶ **RURASTER.** Vide *Rurester.*

¶ **RURENSIS**, Campestris, rusticanus. Miracula S. Dympnæ, tom. 3. Maii pag. 487 : *Ad castrum Rurense, cui Ghele nomen est, cum summa festinatione venerunt.*

¶ Rurensis, Qui ruri habitat, rusticus. Georgius Christianus tom. 1. Rerum Mogunt. pag. 681. col. 1. ex Miscellis : *Tunc væ omnibus Rurensibus circumquaque habitantibus, quia tam religiosi quam sæculares indifferenter prædabantur.*

¶ **RURESTER**, Ἀγροικικός, in Glossis Lat. Gr. Aliæ Græc. Lat. : Ἀγροικικός, *Ruricola, Rurester.* In MS. Regio habetur *Ruraster.*

¶ Rurestus, Ἀγροῖκος, in iisdem Glossis Lat. Gr. Aliæ Græc. Lat. : Ἀγροῖκος, *Rullam, Rurestus, rusticanus, agrarius, a um, villanus, rusticius, rusticus, rusticæ*, e variis Codicibus.

¶ **RURICALIS**, Rusticanus, campestris. *Abbatia ita Ruricalis est et quasi in des rto sita*, in Charta ann. 1351. apud Rymer. tom. 5. pag. 729. col. 2.

RURICOLA, Prædiolum, in Historia Translationis S. Guthlaci num. 17. Vide *Casalis* in *Casale.*

¶ **RURICOLANS**, Ruricola. Guabertus Monachus in Miraculis S. Rictrudis, tom. 3. Maii pag. 127. col. 1 : *Quæ læta quæque mœsta sibi fuerant, obviis quibuscumque Ruricolantibus non celabat.*

* **RURICULARE**, Acredulæ vox, pro *Rurilulare*, ut habent dictionaria. Carm. de Philom. ex Cod. reg. 6816 :

Vere calente novo componit acredula cantus
Matutinali tempore Ruriculans.

¶ **RURICULUM**, Parvum prædium, *Rusculum* Gellio lib. 19. cap. 9. Monasticum Anglic. tom. 1. pag. 20. col. 1 : *Item idem dedit eisdem.... Ruriculum unius aratri in loco, qui vocatur Byri.*

* **RURICUS**, Ruricola. Acta S. Fiacr. tom. 6. Aug. pag. 612. col. 1 : *Peregrinus quidam venit ad S. Fiacrium,.... quem Ruricus de S. Fiacrio hospitalitatis gratia suscepit in domum suam.* Vide *Rurensis.*

¶ **RURINA**, vel Rusina, Dea Paganorum, cui rura committi somniabant. Vide S. Augustinum lib. 4. de Civitate Dei cap. 8.

¶ **RURITIA**, Idem, ut videtur, quod Rus, ager, seu territorium. Chartularium S. Vandregesili tom. 1. pag. 409 : *Cum... hæreditagium acquisierint sub Ruritia manerii sui de Fontanis in Braio.*

¶ **RURIZ**, Species siliginis, apud Saxones : *Tres mensuræ siliginis, qui dicitur Ruriz*, in Charta Henrici Ducis Saxoniæ, apud Ludewig. tom. 6. Reliq. MSS. pag. 237.

¶ **RURLIATUM.** Computus ann. 1202. apud D. *Brussel* ad calcem tom. 2. de Usu Feudorum pag. CCVII : *Pro Rurliato vivarii Gornaci reparando* XXVII. *f. et dim. Pro relaxo et pro nave Gornaci paranda etc.*

¶ **RURSCUS**, Μυῤῥινάκανθος, in Glossis Lat. Græc. et Græc. Lat. Legendum est *Ruscus* vel *Bruscus.*

¶ **RUS**, Pagus, regio, territorium, Gregorio Turonensi, ut observat Valesius in Præfatione ad Notitiam Galliarum pag. x. qua etiam notione, ni fallor, Acta S. Cassiani Confess. apud Illustr. Fontaninum ad calcem Antiq. Hortæ pag. 352 :

Cœpit iter gaudens, et amore Dei proficiscens,
Linquens Ægyptum, petiturus Rus Eduorum.

Posset intelligi ipsa civitas Eduensis, ad quam venisse S. Cassianum narratur infra. Pro vico sumitur in Vita S. Gerii, tom. 6. Maii pag. 160.: *Venientesque ad locum, qui dicebatur Columbario, ubi Rus sive villa aliquantum habitantium sub paleariis seu casinis, etc.* [** *Denorum Rus*, apud Ermoldum Nigellum lib. 4. vers. 128. *Rure*, pro Humi, ibid. vers. 724 :

Qui stupefacta diu pectora Rure tenent.

Ubi supra vers. 691 :

Discipuli cecidere solo, trepidique per aulam
Corpora prosternunt, etc.

Vers. vero 712. *Rure* est pro Terra, opposita cœlo :

Quisnam idiota ferat demens, non corpora patrum
Sanctorum merito Rure colenda fore,
Cum deus in famulis merito veneretur amatis,
Quorum nos precibus scandimus alta poli.

RUSANTE, *Pallio Roseo*. Papias MS. et editus. [Putat Martinius g Gallico more pronunciatum in sibilum abiisse, proindeque *Rusante* scriptum esse pro *Rugante*, ut apud Plautum *Rugat pallium*.]

* **RUSARE**, Removere, amandare, Gall. *Eloigner, écarter*, alias *Reuser, Ruiser, Ruser*. Lit. remiss. ann. 1361. in Reg. 91. Chartoph. reg. ch. 128 : *Idem Gilotus percussit dictum pasticerium in capite solo parvo ictu de quodam baculo, pro Rusando eundem ab ipso, etc.* Chron. S. Dion. tom. 3. Collect. Histor. Franc. pag. 231 : *Quant elle* (la reine) *le vit* (Leudaste) *devant lui, le Reusa de soi.* Lit. remiss. ann. 1359. in Reg. 87. ch. 258 : *Icellui Perrot prist ledit gavelot pour gieter vers un arbre,.... et en le vouleut gieter dist par pluseurs foiz audit Jehannot, qui estoit à l'opposite de lui devers ledit arbre,.... Ruse-tov et fuv d'ileuc. Rusez vous du chemin, car je ne puis tenir mon cheval*, in aliis ann. 1393. ex Reg. 145. ch. 146. *Ruisez-vous un peu arrières*; in aliis ann. 1402. ex Reg. 157. ch. 248. Ex frequenti mutatione *s* in *r*, *Rurer*, eadem notione, occurrit in Lit. remiss. ann. 1454. ex Reg. 191. ch. 68 : *Je vous prie, faites Rurer le mary d'icelle femme, et je vous prometz en bonne foy la vous bailler.... Rurez-vous d'ici.* Opposito fere sensu præterea *Ruser* adhibuerunt, nempe pro Frequentare, cum aliquo familiaritatem habere. Lit. remiss. ann. 1455. in Reg. 187. ch. 121 : *Le suppliant disant qu'il ne vouloit que sa seur ne fust de lui ne d'autres Rusée.* Aliæ ann. 1475. in Reg. 195. ch. 1476 : *Des long temps icellui Simon Rusoit, frequantoit et repairoit icelle Ysabellet, soubz umbre et faintise de la prandre en mariage. Ruse* vero Jocum sonat, in Lit. remiss. ann. 1392. ex Reg. 143. ch. 69 : *Le suppliant tout par Ruse et par esbat, comme dit est, recula un bien peu.* Hinc *Ruze*, Cantilena jocosa, in aliis ann. 1455. ex Reg. 189. ch. 69 : *Les hommes du seigneur de Commercy, qui sont nos subgés en souveraineté,.... firent une balade, Ruze ou chançon, par maniere de mocquerie ou de desrision, des compaignons de guerre, qui estoient ilec logiez.*

¶ **RUSATUS**. Vide *Rosatus* et *Bagus*.

1. **RUSCA**, Cortex Italis, præcipue pomorum. Scriptor vetus Vitæ S. Lupicini Abbat. Jurensis n. 2 : *Si vero vis frigoris sese ingessisset austerior, habebat ad propriæ staturæ mensuram in modum cunæ decorticatam ex arbore Ruscam, atque utrique capiti ex eodem cortice assuta clusoria : Hac patula ad prunas secrete diuque tosta, aut inibi participato aliquantisper tepore, quievit aut calefactum illico sub ascella, in oratorium quietus attraxit.* [Chronicon Modoetiense apud Murator. tom. 12. col. 1147 : *Deo dante, et meritis S. Johannis adjuvantibus, faciam cito, quod illa terra fiet arbor cooperta de bona Rusca, ferens fructum.* Statuta Civitatis Astæ de intratis portarum : *Rusca solvat pro quolibet modio lib.* 3. Intelligo pulverem quernei corticis ad inficienda coria, nostris *Tan*, ut et in Consilio Massiliensi ann. 1328. MS : *Rusca e Massilia et ejus districtu non extrahatur.* Armorici corticem vocant *Rusk*, et Cambro-Britanni *Risg*. Vide *Ruscatium* et *Ruchia*.]

* Hinc *Rusca cortex*, quernea, in Charta Phil. Pulc. ann. 1294. ex Reg. 62. Chartoph. reg. ch. 11 : *Consules universitatis et homines prædicti loca forestarum,.... in quibus eos incisiones facere contingerit, annis singulis..... palis ligneis, assumendis de lignis et arboribus forestarum et nemorum prædictorum, claudere teneantur; ita tamen quod Rusca cortex et aliæ arborum prædictarum reliquiæ, in ipsorum utilitatem et commodum convertantur.* Pro pulvere ejusmodi corticis, quo infecta coria fuere, legitur in Stat. Avellæ ann. 1496. cap. 69. ex Cod. reg. 4624 : *Nulla persona possit vel debeat ponere vel poni facere in viis vel plateis publicis infra burgos aliquam Ruscam affaiti.*

* Ruschia, eadem notione, Cortex. Charta ann. 1319 : *Ordinamus quod homines et singulares personæ universitatis prædictæ* (de Alavardo) *in et de nemoribus dictæ vallis, non possint in posterum aliquatenus escorciare seu escorcias vel Ruschias percipere seu habere.*

* Rusqua, Pari intellectu. Charta ann. 1381. ex Tabul. Massil. : *Item quod eligantur quatuor probi viri, qui videant et examinent super facto Rusquæ.*

2. **RUSCA**, Alia significatione. Synodus Exoniensis ann. 1287 : *Et quia decimæ debentur de... herbis hortorum, apibus, jumentis,... pannagiis, silvis cæduis, Ruscis, fœno, herba, etc.* Nostri *Rusche* vocant alvearia, apiarium, qua notione *Rusca* sumi videtur in hac Synodo, ut

Ruscha, in Monastico Anglic. tom. 2. pag. 986 : *Decimam de agnis, de caseis et velleribus, de purcellis, et de pasnagio, et de vitulis, et de Ruschis, et de faldravis, etc.* Habetur in Charta alia, quam profert Spelmannus.

☞ Apium cubile voce *Rusca* revera intelligendum esse, confirmant Charta ann. circiter 1080. e Tabulario S. Albini Andegav. : *De tabula aut e ruello ceræ, unum obolum. De Rusca, unum obolum.* Aliæ ex eodem Tabulario : *Savaricum ortulanum distrinxerunt pedagiarii Ebardus et Calvinus propter Ruscam de apibus, quam portabat ad Salvum-murum.* Chartularium Kemperleg. : *In loco Thadei mensura mellis, quam vulgo Ruscam vocant.* Vide Thomam *Blount* in Nomolexico Anglicano, et supra vocem *Hestha*, ubi *Rusca butyri* memoratur pro certa butyri quantitate seu massa *ruscam* apium fortean referente.

Ruscaria. Vide Edwardum Cokum ad Littletonem sect. 1. pag. 5.

* Alias *Rucque* et *Rusque*. Charta ann. 1295. in Lib. rub. Cam. Comput. Paris. fol. 242. v°. col. 2 : *La coustume des Rusques en ladite ville* (d'Argenteuil) *pour cinquante solz l'an.* Lit. remiss. ann. 1428. ex Reg. 174. Chartoph. reg. ch. 248 : *Rucques ou vaisseaulx de mouches à miel et cire.*

¶ 1. **RUSCARE**, Italis, Abradere, auferre, hic exstirpare, diruere. Petrus Azarius de Bello Canepiciano, apud Muratorium tom. 16. col. 433 : *Post autem prædicta detestanda prædicti de Valperga cum universis peditibus partis Gibellinæ simul junctis, Ruscando arbores infinitas, sicut nuces et castaneas, quæ ibi erant in infinita quantitate et taleando vineas, fecerunt vasta, etc.*

* 2. **RUSCARE**, *Ruscam* seu corticem avellere. Inquisit. ann. 1268. ex sched. Pr. *de Mazaugues : Requisitus qualiter vidit possideri dictum territorium pro domino Barallo, dixit quod homines Castillonis Ruscabant in dicto territorio et leignarabant.* Infra : *Semper vidit quod planesium fuit Tharasconis Ruscando ibi et pascendo animalia sua.* Vide *Rusquejare*.

¶ **RUSCARIA**. Vide in *Rusca* 2.

¶ **RUSCATIUM**, Pulvis corticis quernei, quo inficiuntur coria, Gall. *Tan*. Statuta Saluciarum collat. 3. cap. 92 : *Et idem bannum solvant calligarii seu alii ponentes Ruscatium affaiti in viis publicis dictæ civitatis Saluciarum.* Vide *Rusca* 1.

¶ **RUSCHA**, Alveare, *Ruche*. Vide *Rusca*, 2.

* **RUSCHIA**, Cortex. Vide supra in *Rusca* 1.

¶ **RUSCHUM**, Aleæ jactus. Telomonius apud Leibnitium tom. 2. Scriptorum Brunsvic. pag. 91 : *Quam cito itaque lusor Ruschum æquale, quod est quando omnes tres decii æqualem oculorum numerum reportant, ex fortuna projecerit, mox rem cupitam lucrabitur.*

¶ **RUSCINIUS**, Μυλακινος, in Glossis Latino-Græcis et Græco-Latinis.

¶ **RUSCO**, Κοίαγρος, κώφαγρος. *Rusco, raporasco*, κοίαγρος, κώφαγρος, in Glossis Lat. Græc. Aliæ Gr. Lat. : Κοίαγρος, *Fusco, ruppo, raporasco.* Et alibi : Κώφαγρος, *Rusco, ruppo, raporasco.* An scriptum fuit *Rupex, Rusco*, Ἀγροῖκος, κωφὸς ἄγριος, ut significetur homo rusticus, iners, ferus et incultus, inquit Martinius, qui et aliud divinat in has voces perobscuras, ut videre potes in ejus Lexico. Vide *Ruscus*.

¶ **RUSCOSUS**, Rusco plenus. Vide *Rusculum*.

RUSCUBARDUM. Charta Joannis Archiepiscopi Cantuariensis : *Et specialiter decimas arundinis, Ruscubardi, et silvæ cæduæ quandocumque excisæ intra fines et limites seu decimationes Capellæ de Northborne, etc.* [*Rush* Anglis est Juncus.]

** **RUSCULA**, Ruricola. Itiner. Alexandr. edit. Maii rom. cap. 47 : *Patiens industriam mille hominum Ruscularum.*

¶ **RUSCULUM**, *Parvum rus*, Johanni de Janua. Gellii est. Vide *Ruriculum*. Habet idem de Janua : *Ruscus, a Rus, Quoddam spinosum genus fruticis; unde hic Rusculus : et hinc Ruscum vel Rusculum dicitur, quod colligitur vel congregatur immundum in terra, vel ad damnum* (*dandum*, ut in alio Vocabulario) *pullis vel igni. Vel dicitur a Rus; inde Ruscosus, spinosus, immundus, rusco plenus* .Nota sunt Latinis *Ruscus* vel *Ruscum* pro Myrto silvestri.

* **RUSCULUS**, dimin. a *Ruscus*, *Dumus*, in Glossar. vet. ex Cod. reg 521. Vide *Rusculum*.

¶ **RUSCUM**, Quodvis immundum, ut videtur, e *rusco* similibusve fruticibus collectum. Statuta Mutinæ fol. 52. cap. 36. in Additionibus : *Prohibemus etiam, quod aliquis possit projicere immunditias, Ruscum, vel aliquod terrenum in dicto canali.* Vide supra *Rusculum*.

¶ 1. **RUSCUS**, *Sordidus*, apud Papiam et in antiquo Lexico, quod laudat Martinius in hac voce. Suspicatur hic Lexicographus *Rusco*, de quo paulo ante dictum est, pro inerte, fero et inculto sumtum ex *Ruscus* dici potuisse, sive hoc deduxeris a *Ruscus*, Myrtus silvestris, quæ planta est spinosa, aspera et rudis, sive a *Rus*, quod incultum est.

* 2. **RUSCUS**, adject. *Rusca cortex*. Vide supra *Rusca* 1.

RUSELLUS, apud Spelmannum ex Willelmo Armorico lib. 1. Philippidos pag. 108 :

Arbitrio Comitissæ suo punire Rusellum.

Ubi frustra quærit quid sit *Rusellus*, cum codex a Duchesnio editus habeat *Misellum*.

* **RUSENTIRAS**, *et Rusentiæ et Rusentru, et aliquando solumru, invenitur apud Paulum in multis locis et est Ros siriacus et sumach.* Glossar. Medic. MS. Simon. Januens. ex Cod. reg. 6959. Vide supra *Ros* 4.

¶ **RUSEUS**. Vide supra in *Rubricus*.

¶ **RUSINA**, Dea ruris. Vide *Rurina*.

* **RUSIS**, Gladiolus, vulgo *Glayeul*, *Rause* apud Cotgrav. Glossar. Lat. Gall. ann. 1348. ex Cod. reg. 4120 : *Rustis, Gallice Rausier.* Glossar. medic. in *Rusentiras* laudatum : *Rusis. Paulus cap. de Elopitia : Reperi in antiquis expositionibus, quod Rusus est cepe agreste.*

¶ **RUSMA**, Metallicum psilothrum Turcis maxime usitatum : de quo plura Martinius in hac voce, ex Bellonio lib. 3. Observat. cap. 33. Incertum est etymon.

¶ **RUSPARE**. Vide mox in *Ruspaticum*.

* **RUSPARI**, *proprie gallinarum, quæ pedibus escam quærunt, a rus et pes.* Glossar. Provinc. Lat. ex Cod. reg. 7657. Vide in *Ruspaticum*.

RUSPATICUM. Bulla Honorii III. PP. ann. 1217. apud Ughellum tom. 1. part. 1. pag. 298. in Alban. Episcop. : *Tam in Comitatu, castellania et moneta, quam fidelitatibus hominum futuris, bannis, placitis, plateatico, guerra, pace, hoste, cavalcada, glandatico, herbatico, Ruspatico, pratis, vineis, nemoribus, etc. Ruspare* pro *Rustare*, quod est rubos et sentes, seu rusta vellere, dixit Tertullianus lib. de Pallio cap. 2 : *Itaque cogitans omnia sibi domum, intelligens alibi stipantem copiam, alibi deserentem, runcare atque Ruspare consuluit.* [Pro *Ruspare* quidam legunt *Rustare* : quod vide infra.] Glossæ Isidori : *Ruspantur, perquirunt anxie.* [Hac notione *Ruspari* dixerunt Accius apud Nonium et alius Poeta apud Festum. Vide *Raspare*.]

* **RUSPECULA**, f. pro *Rupecula*, dimin. a Rupes. Charta Joan. dalph. Vienn. ann. 1316. in Reg. 154. Chartoph. reg. ch. 219 : *Usque ad Ruspeculam de Ascleriis et a Ruspecula de Ascleriis, etc.*

¶ **RUSPIDUS**, Impolitus minimeque lævigatus. Vide locum in *Limpidare*.

¶ **RUSPINARE**, Manibus fricare, terere. Glossæ Lat. Græc. et Græc. Lat. : *Ruspinat*, χειροτριβεῖ.

¶ **RUSPUS**, Ruber, Ital. *Rosso*, Gall. *Rouge*, si bene conjecto. Modus exigendi gabellam ponderis ad calcem Statutorum Saonæ : *Pro quibuscumque generibus specierum, seu aromatum et drogariarum, videlicet zuccarorum.... masticis, granæ pulveris, granæ cremexilis, verdeti, brazilis, sinapis, argenti vivi, olei linosæ, gummæ bianchæ et Ruspæ, a civibus Saonæ soldum unum et denarios novem, a forensibus vero solidos et denarios tres pro centenario.*

* **RUSQUA**. Cortex. Vide supra in *Rusca* 1.

¶ **RUSQUEJARE**, *Ruscam* seu corticem de arbore detrahere, decorticare. Sententia arbitralis inter dominos et incolas Calliani ann. 1497 : *Sunt in possessione antiquissima... de eodem territorio disponere et ordinare, tam in dando quibuscumque exteris, quibus voluerint, terram gestam pro eyssartejando, fustejando, Rusquejando, etc.* Et infra : *Neque etiam dicti domini licentiam dare valeant ac possint aliquibus exteris in dictis Mauris legneirandi, fustejandi, eyssartandi, nertegeandi, Rusquejandi ac pegas faciendi.* Rursum occurrit infra. Vide *Rusca* 1.

¶ **RUSQUETUM**, Idem forte quod *Rusculum*, Parvum rus, vel locus *ruscis* seu myrtis plenus. Chartularium S. Vandregesili tom. 1. pag. 681 : *Quinque virgas in campo de Angulo... in Rusqueto Guilleberti Roussel dimidiam virgam, in Rusqueto Roberti Benart, etc.* Hæc vox etiam duci posset a *Rusca*, Gall. *Ruche*, Apium alvus, et si vera esset hæc origo, *Rusquetum* idem esset quod Alvearium; sed hæc notio non videtur convenire loco citato.

¶ **RUSSATUS**, Ruber, coccineus. Isidorus lib. 19. Orig. cap. 22 : *Russata* (vestis) *quam Græci Phœniceam vocant, nos Cocciceam, reperta est a Lacedæmoniis ad celandum coloris similitudine sanguinem, quotiens quis in acie vulneraretur,* (ne) *contemplanti adversario animus augesceret. Hac sub Consulibus Romani usi sunt milites, unde etiam Russati vocabantur. Solebat enim* (f. *etiam*) *pridie, quam dimicandum esset, ante principia poni, quasi admonitio et indicium futuræ pugnæ.* Hunc militarem habitum respexit Tertullianus de Corona cap. 1. ubi de Christiano milite scripsit : *Sanguine suo Russatus, spe calceatus.* Quod autem adnotatur ab Isidoro *Russatam* expandi solitam fuisse ante pugnam, ab aliis simile de vexillo sæpe memoratur. Cæsar lib. 2. de Bello Gallico : *Cæsari omnia uno tempore erant agenda; vexillum proponendum, quod erat insigne cum ad arma concurri oportebat.* Hirtius de Bello Alexandrino : *Vexillo sublato, quo pugnandi dabat signum, idem ut facerent, significabat.* Ammianus lib. 20 : *Matutinæ lucis exordio, signo per flammeum erecto vexillum, circumvaditur civitas.* Et lib. 26 : *Cum undique ad arma conclamaretur, imperio Principis et Ductorum stetit regibilis miles vexillum opperiens extollendum, quod erat subeundæ indicium pugnæ.*

* **RUSSELLATA**, Mensuræ annonariæ species, eadem quæ nostris *Ruche* et *Rusche* nuncupabatur. Charta ann. 1254. tom. 1. Probat. Hist. Brit col. 659 : *Concessi abbatiæ de Bona requie, pro salute mea et hæredum meorum, duas Russellatas siliginis ad mensuram Castri-novi de Quintin, in puram et perpetuam eleemosinam, habendam a me et hæredibus meis in decimis et reditibus meis in villa de Kerenbastard.* Alia ann. 1347. in Reg. 76. Chartoph. reg. ch. 356 : *Item quatre quartiers, six boisseaus, une Ruche d'aveine, tout prisié par an soixante six solz.* Lit. remiss. ann. 1457. in Reg. 187. ch. 87 : *Quatre Ruches d'avoine et deux ou trois boisseauls de segle.* Aliæ ann. 1480. in Reg. 207. ch. 71 : *Le suppliant print deux Rusches de seigle ou mousture, qui povoient bien valloir chacune Rusche quatre solz.*

* **RUSSELLUS**, Rivulus. Charta ann. 1319. in Reg. 56. Chartoph. reg. ch. 609 : *Item decem et octo falcatas pratorum prope Barrum super Albam super torrentem sive Russellum, vocatum de Brocia.* *Ruissellée*, eadem acceptione, in Charta ann. 1326. ex Hist. Sabol. pag. 249 : *Jouques à la Ruissellée, qui est entre nos vignes de Rousées et l'arve Thomassin Géelin.* Vide *Ruissellus*.

RUSSETUM, Pannus vilior, rusei seu rufei coloris, quem nostri *Roux*, Angli *Russet* dicunt. Statuta Hospitalis S. Joannis de Notingham in Anglia : *Regularem gerant habitum, scilicet de Russeto, et de nigro panno.* Monasticum Anglicanum tom. 2. pag. 419 : *Sex ulnæ de Russeto, et decem virgæ de linea tela.* Matth. Paris ann. 1251 : *Cumque annulo sponsali vestem accepit de Russeto, quibus in testimonium perpetui cælibatus uteretur.* Henricus de Knygton : *Principio pseudolollardi prima introductione hujus sectæ nefandæ vestibus de Russeto utebantur.* [Testamentum Johannis *de Nevill* ann. 1386. apud Thomam *Madox* Formul. Anglic. pag. 429 : *Et volo, quod dicti* XXIIII. *torchii teneantur per* XXIIII. *pauperes indutos togis de Russeto; et volo, quod cista corporis mei cooperiatur cum panno laneo de Russeto et una cruce rubea.* Hinc emendanda Charta Henrici Regis Angl. ann. 1155. apud D. *Brussel* tom. 2. de Feudorum usu pag. v. ad calcem, ubi legitur, *Una latitudo pannorum cunctorum et Ruisetorum, etc.* Legendum est *Russettorum*, ut supra habetur in *Haubergettus*.]

¶ **RUSSIUM**. Vide *Ressium*.

RUSSOLEMBUS, Muliebre vestimentum. Miracula S. Servatii Episcopi Trajectens. Apud Papebrochium Maii pag. 220 : [*Uxor autem ejusdem Ducis sericum quoddam permirandæ pretiositatis de Sancti ærario, cum* *curiosa thesaurum templi contemplaretur, tulit; muliebrique levitate Russolembum ad sui corporis modum sibi fieri jussit.*]

¶ **RUSTARE**, Rubos et sentes evellere, cædere. Tertullianus Apolog. cap. 4 : *Securibus Rustatis et cæditis.* Quidam legunt *Truncatis.* Sed *Rustare* dici potuit a *Rustum*, Rubi genus apud Festum, nisi tamen et hic legendum sit *Ruscum*. Vide *Ruspare*.

* **RUSTI** *et Sentix, idem ; nascitur ubique in campis et sepibus, secundum librum antiquum de simplici medicina.* Glossar. medic. MS. Simon. Jan. ex Cod. reg. 6959.

¶ **RUSTICA**. Statuta criminalia Saonæ cap. 32 : *De assassinis et eorum receptatoribus puniendis : Condemnentur duplicatis pœnis constitutis per Statutum, sub Rustica de vulneribus et percussionibus.* Procul dubio legendum est *Rubrica*. Vide in hac voce.

¶ **RUSTICALITER**, Rustice, Gall. *Rustiquement.* Historia Monasterii S. Laurentii Leod. apud Martenium tom. 4. Ampliss. Collect. col. 1130 : *Respondit, se non curare, satis Rusticaliter.*

* **RUSTICANUS** Sermo, Inelegans, inelaborato stylo compositus. Chron. Joan. Vitodur. in Thes. Hist. Helvet. pag. 7. De fratre Bertoldo : *Patet in diversis voluminibus ab eo compilatis sermonum, quos Rusticanos appellari voluit, etc.*

* **RUSTICALE** Homagium. Vide supra in *Hominium*.

¶ **RUSTICARIUS**, Ἐπάρουρος, in Glossis Lat. Græc. et Gr. Lat. Agricola. *Rusticariæ falces*, apud Varronem de Re rustica lib. 1. cap. 22.

* **RUSTICATIO**, Rusticitas, Ital. *Rusticaggine.* Chron. Patav. ad ann. 1214. apud Murator. tom. 4. Antiq. Ital. med. ævi col. 1128 : *In quo* (ludo) *fuit lis inter Paduanos et Venetos, quia Paduani fregerunt vexillum S. Marci de Venetiis, propter Rusticationes factas per Venetos in dicto ludo.*

¶ **RUSTICE**, *Rustica lingua*, seu vulgari idiomate, non Latino. Charta ann. 1038. e Chartulario Gemetic. pag. 1 : *Est igitur michi quædam silva supra Sequanæ fluvium, quæ Rustice Brotunh vocatur.* Charta Donationis seu restitutionis factæ Abbati Montis-maj...is a Godefrido Comite Provinciæ ante medium sæcul. xi. apud *Ruffy* in Dissertat. de Origine Comitum Provinc. pag. 29 : *Denique in villa, quam Rustica lingua nominat Pertusum, etc.* De *Rustica* seu vulgari lingua, ejusque a Latina distinctione satis dixit Cangius in Præfatione ad hoc Glossarium num. xiii.

* Rusticitas Latina, Idioma vulgare seu Francicum, a Latino puriore ortum. Charta ann. 958. in Chartul. Celsinian. ch. 17 : *In suburbio Brivatensi alodum, cui vetusto vocabulo Latina Rusticitas Petrafixa nomen indidit.*

RUSTICI, Coloni, glebæ adscriptitii, qui proinde in commercio erant. Will. Brito in Vocab. MS : *Rusticus dicitur operarius, qui rus vel terram operatur.* Ebrardus in Græcismo :

Rusticus a rure, quoniam rus est sibi curæ :
Villicus a villa, quia res disponit in illa :
Dicitur Agrestis ab agro, sit littera testis.

Charta Guillelmi II. Regis Angliæ apud Ordericum Vital. lib. 5. pag. 602 : *Dedit et 16. Rusticos ad ipsas decimas custodiendas, atque novem Ecclesias.* Charta Sancii, Lascurrensis Episc. circa ann. 1101 : *Dedit eis Ecclesiam de sancta Confessa ex integro, pro qua unum Rusticum apud Ilhe donavit Abbati de S. Juliano.* Consuetudines Clarendoniæ c. 16 : *Filii Rusticorum non debent ordinari absque consensu domini, de cujus terra nati dignoscuntur.* Charta S. Joannis Pinnatensis ann. 1077. apud Marcam lib. 4. Histor. Beneharn. cap. 19 : *Concedo... unum Rusticum, nomine Lupo Garsias in villa, quæ vocatur Isnici, cum uxore et filiis, et omni alodio suo, ut perpetuo jure, ipse et omnis generatio ejus Ecclesiæ S. Joannis... deserviant.* Adde Gregorium M. lib. 1. Epist. 42. tom. 13. Spicilegii Acheriani pag. 286. Rocchum Pirrum tom. 1. Notitiæ Eccl. Sicil. pag. 103. Somnerum ad Scriptores Historiæ Anglicanæ [et Kennettum in Glossario ad calcem Antiquitat. Ambrosden. etc.]

Rustica Familia, Eadem notione apud Anastasium Bibl. in Paschali PP. pag. 152 : *Quæque ab ipso pia devotione ad augmentum jam dicti Monasterii adjuncta sunt sive agris, vel vineis, etiam domibus, nec non Rustica familia, suæ auctoritatis pagina... confirmavit.* Supra : *Cum fundis et casalibus, atque massis, seu etiam colonis, sive domibus, nec non familiis, etc.*

** Rusticus Feudalis, in Reg. Feud. Eccl. Misnens. apud Haltaus. in Glossar. German. col. 2211. voce *Lehnmann*.

* Rusticus nobili opponitur, in Lit. remiss. ann. 1353. ex Reg. 82. Chartoph. reg. ch. 8 : *Johannes de Courciaco miles eidem Sode..... dixerat : Rustice, Rustice, nonne dimittes aut abstinebis te ab emptione seu acquisitione hæreditagiorum prædictorum, quia non sunt hæreditagia pro tali Rustico quemadmodum tu es ; sed pro quodam nobili homine et sufficienti, ut ego sum.*

* Rusticus Villæ, idem qui *Villicus*, major villæ. Charta ann. 1229. in Chartul. Buxer. part. 14. ch. 4 : *Si dominus vel Rusticus villæ, vel aliquis alius præcepto domini vel Rustici villæ, etc.*

* **RUSTICITAS**. Vide *Rustica*.

¶ **RUSTICUM**, Quævis possessio campestris, rustica. Notitia rerum Monasterii Gellon. MS : *Lupus presbiter et frater ejus Gerardus ad S. Salvatoris Ecclesiam.... quartam partem de manso... tam inquisitum quam ad inquirendum, tam divisum quam ad dividendum, tam Rustica quam suburbana, concedunt ann.* xxviii. *regnante Loterio Rege.* Alia Charta Gellon. ann. 1074 : *Tam quistum quam ad inquirendum, tam divisum quam ad dividendum, tam et Rusticum quam et suburbanum, etc.* Eadem, ni fallor, notione Charta ann. 1103. in Probat. Hist. Occitan. tom. 2. col. 360 : *Donatores sumus... monasterio Caunensi... in casis vel casalibus, in Rusticis, in agris, etc.* Posset hic *Rusticis* dici a superiori voce *Rustici*, tumque servi glebæ forent intelligendi.

¶ **RUSTIS**, Idem, ut videtur viris doctis, qui *Rusticus*, Servus glebæ. In Vita S. Tygris Virg. tom. 5. Junii pag. 75 : *Rex Guntramnus dicitur concessisse S. Johanni de Mauriana vallem Cottianam in gyrum Murianæ structam, et Rustes et fivum, qu muris et tectis Ecclesiæ ministrarent.*

¶ **RUSTRUM**, Ῥύγχος, in Glossis La Græc. Aliæ Græco-Lat. : Ῥύγχος, *Rostrum* Ῥύγχος, *Rictus, Rustrum, Roster.*

¶ **RUSUM**, pro *Rursum*, a veteribu dictum fuisse, docet Scaliger ad Catullu pag. 58.

¶ 1. **RUSUS**, Ἄτρακτος, in Glossis La Græc. Aliæ Gr. Lat. Ἄτρακτος, *Fusum Fusus, Rusus.* Puto mendose scriptu fuisse *Rusus* pro *Fusus*.

* 2. **RUSUS**. Vide supra *Rusis*.

1. **RUTA**, Platea. *Ruta mercatoria*, veteri Charta apud Paradinum lib. Historiæ Lugdun. c. 104. Vide *Rug* [Eadem notione Charta ann. 1267. ex A chivo Monasterii de Bono-nuncio Rot mag. : *De masura sua sita inter masagiu Emeline dicte Renier ex una parte, et Ruta domini Petri dicti Mortaigne ex altera, a butantem ad magnum vicum, etc.* In a ann. 1276. ex eodem Archivo legitur, *a buttantem ad Ruttam.* Vide *Rua*.]

☞ Haud satis scio qua notione St tuta Vercell. fol. 146. recto : *Item dom Ubertus Lanfranchus et Bartholinus frat de Pectenatis debent Communi Vercellar annuatim solidos viginti Pap. pro una Ru balbacane, quæ est post domos illorum Pectenatis.*

* Charta ann. 1381. in Reg. 119. Ch toph. reg. ch. 130 : *Deinceps non sit via, Ruta seu iter, etc.*

2. **RUTA**. Rythmi veteres de fundatic Abbatiæ Pratensis in Flandria, apud B zelinum :

Juxta villam, quam prædico, Virgini deservier
Quæ protulit Salvatorem, virgo tamen incorrup
Quæ cælitus dat splendorem, magis quam oculis R

Vim vocis non percipio, nisi legendum *Vuta*, i. visa, ex Gallico *Veue*.

* Haud felici conjectura : qui enim d potest visum oculis dare splendorem? igitur voce rutam intellige, quæ medi planta est oculis recreandis, illuminand que aptissima. Vide Diction. med.

3. **RUTA**, Prædonum cohors. Vide *Ru pere*.

¶ **RUTARE**. Anonymus Salernitanus Chronico cap. 78. [** Pertz. cap. 92. *Princeps Siconulfus omnes anticipat, eum (aprum) forti ictu percussit, atque in terr videlicet protinus mortuum Rutavit.* An p *Urtavit* Italica et Gallica voce, inquit Muratorius tom. 2. part. 2. col. 231. Re neri posse *Rutavit* suadent Glossæ Lat. Gr in quibus *Ruto* exponitur Καταβάλλω, De cio, prosterno : quæ notio belle conve loco citato. Sic etiam Græco-Latina Καταβάλλω, *Deicio, Ruto, as, Prosterr Sterno.*

RUTARII, Prædones, milites. Vide *Ru pere*.

RUTEFOLIUM. Joan. Sarisberien Epist. 196 : *Neque hoc ille impediet ves Collega Batoniensis, qui utinam submerg tur in termis* (thermis) *quibus dignus e quas meruit, ut conjiciatur in Rutefoliu cujus Pectonus* (an Pictonus?) *in pœn delinquentium meminit, aut sepeliatur Salinario Heduorum.*

* **RUTELA**. Aldovrand. de Insect. l 5. cap. 12. pag. 605 : *Arabes Phalan*

Rutelas nominant. Rasis de morsibus Rutelæ, etc. Hæc ex animadv. D. *Falconet.*

¶ **RUTELING.** Chronicon Magdeb. apud Haltausium in Calendario German. pag. 83 : *Quo facto inventus est, cultellum evaginatum, qui Ruteling dicitur, sub toga habere.* Vide *Rutellus.* [** Ejusd. Haltaus. Glossar. German. col. 1546. voce *Reuting.*]

¶ **RUTELLIUS,** *Fornicator,* Johanni de Janua.

RUTELLUS, Teli genus, rutabulum. Historia Australis ann. 1296 : *In lecto suo sagittatus, postea gladiis et Rutellis confossus, demum capite truncatus,... vitam finivit.* [Vide *Ruteling.*]

RUTERI. Vide in *Ritteri.*

¶ **RUTHARII,** RUTHERI, Prædones. Vide supra *Rumpere.*

¶ **RUTHRUM,** *Spina peregrina,* apud Josephum Laurentium in Amalthea.

¶ **RUTICA,** Κάμαξ, in Glossis Lat. Græc. Aliæ Gr. Lat. : Κάμαξ, *Rutica, pertica, sudes, longurius, fuscina.* Legendum est ut in MS. Sangerman. : Κάμαξ, *Rustica pertica.*

¶ **RUTICILIA,** Ἀκροθίνια in Glossis Lat. Gr. Aliæ Græc. Lat. : Ἀκροθίνια, *Ruticilia, Proscle,* pro *Prosiciæ,* ut apud Festum, ad quem Scaliger consulendus est.

* **RUTINA,** *Roueneure,* in Glossar. Lat. Gall. ex Cod. reg. 7692. an Color equi, vulgo *Rouan?* Vide supra *Ruffus-grissus.*

* **RUTRIFER,** Ruricola, qui *rutro* terram colit. Benzo episc. Albens. in Henr. III. apud Ludewig. tom. 9. Reliq. MS. pag. 373 : *Quid putatis de Brandello, qui est compar aspidis?.... Ultra furias furentum furit iste Rutrifer, contra Deum, contra regem declarando jugiter.... Natus matre suburbana de patre caprario, cucullatus fecit nidum in Petri solario, simoniace potius ejusdem ærario.*

¶ 1. **RUTTA,** Platea, Gall. *Rue.* Vide *Ruta* 1.

¶ 2. **RUTTA,** Cohors prædonum vel militum; *Rutuarii,* Milites vel prædones. Vide *Rumpere.*

* **RUTTORIA,** Ager nuper vel jam olim proscissus et ad culturam redactus, idem quod *Ruptura.* Charta Will. comit. Pontiv. ann. 1143 : *Concedimus.... partem forestæ de Guiffers.... a forgiis, sicut via dividit ad Ruttoriam, a Ruttoria sicut magna via dividit, usque ad terram de Corcellio.* In Charta confirmationis semel legitur *Ruitoria.* Vide in *Rumpere.*

¶ **RUTUBARI,** mendose. Vide *Ructuari.*

¶ **RUVARDUS,** Defensor, patronus, vel idem qui supra *Rebbardus.* Amelgardus lib. 2. de Gestis Ludovici XI. Regis Franc. c. 31. apud Marten. tom. 4. Ampliss. Collect. col. 815 : *Trajectenses... suæ spei omne stabilimentum in Rege Francorum primum... reposuerant, deinde in Duce Clevensi, cujus fratrem Engelbertum in suum Defensorem seu Ruvardum asciverant, fœdere facto cum eodem Duce, quod eis auxilio foret adfuturus.*

¶ **RUVINARE,** Gall. *Ruiner.* Vide *Ruinare.*

¶ **RUVOR,** Species arboris, eadem quæ supra *Rover,* Robur, Gall. *Rouvre.* Statuta Montis-regalis pag. 229 : *Quælibet persona de civitate Montis-reg. et posse, possit plantare et allevare super suam possessionem, tam intus villam quam extra, arborem pirus, nucis, pomorum, castanearum, Ruvoris, cerri et cujuscumque generis... Et qui incideret ad pedem seu cauzegnum aliquam arborem castanearum alicujus hominis specialis, solvat bannum solidos viginti, et idem intelligatur de Ruvore, quercu, cerro, nuce, pomo, piru, etc.*

¶ **RUXFURLONGA,** Modus agri vel campi, de quo vide in *Furlongus.*

* **RUYNUS,** perperam pro Rumor, ut videtur. B. de Amoribus in Spec. sacerdot. MS. cap. 26. De peccato linguæ :

Non sis detractor, nec Ruynorum novus actor.

* **RUZA,** Pulvis quernei corticis, quo coria inficiuntur. Charta ann. 1281. apud Murator. tom. 2. Antiq. Ital. med. ævi col. 902 : *Synapis, Ruzæ, cornuum, saponis, tarsii, setæ, etc.* Vide *Ruzia.*

¶ **RUZIA,** Pulvis, ut puto, quernei corticis ad inficiendum corium. Statuta Datiaria Riperiæ fol. 4. recto : *De qualibet soma Ruziæ pensium duodecim, soldi tres.* Vide *Roseum, Ruchia* et *Rusca* 1.

** **RYNGILDIA,** RINGILDIA, Officium *Ringildi,* de quo Wotton. in Glossar. Leg. Wallicar. : *Rhingyle, in aula præco, in curia apparitor, qui partes litigantes, testes et advocatos citabat.* Vide Leges Wallic. lib. 1. cap. 39. Vetus Notit. in *The Record of Caernarvon,* Introduct. pag. 11 : *Raglottus cujus officium est... omnes redditus firmarum et exitus officii sui levare per manus Ringildorum suorum etc.* Vide *Raglorium.* Abbr. Rotul. pag. 54. tom. 2. Edw. III. Cestr. rot. 19 : *Rex commisit Joh. de Leye Ryngildiam de Nancton, habendam quamdiu etc.* Ibid. pag. 53. North-Wall. rot. 14 : *Rex commisit Petro de Overton balliviam ragolotiæ et Ringildiæ commoti de Talebolion in comitatu Anglesciæ una cum wodewardia cantredæ de Mergonnyth, etc.* Ibid. rot. 15. *Rengeldia.*

** **RYPTICUS** MORBUS. Chronic. comit. Capuæ apud Pertz. Scriptor. tom. 3. pag. 208 : *Pald Rapinatu.... a suis propter hoc maledictus et vecsutus, morbo Ryptico statim estintus est.* Græcis Ῥύπος, Sordes ulcerum.

* **RYTHMACHIA.** V. supra *Rithmachia.*

RYTHMICI VERSUS. Marius Victorinus lib. 1. Artis Grammaticæ : *Rythmus est pedum temporumque junctura velox, divisa in arsi vel thesi, vel tempus, quo syllabas metimur.... Differt autem Rythmus a metro, quod metrum in verbis, Rythmus in modulatione ac motu corporis sit, etc.* Isidorus lib. 1. cap. 38 : *Rythmus versus qui non est certo fine moderatus, sed tamen rationabiliter ordinatus pedibus currit.* Statuta Ordinis Præmonstratensis distinctione 3. cap. 6 : *Quicumque etiam Rythmis vel versibus, aut libello famoso projecto per compita, patres suos aut fratres infamaverit de aliquo crimine, etc.*

At rythmicos versus vocarunt Scriptores ævi inferioris, quos alii Leoninos, seu ὁμοιοτελεύτους. Alvarus in Vita S. Eulogii num. 3 : *Epistolatim in invicem egimus, et Rythmicis versibus nos laudibus mulcebamus.* Epist. 4. inter eas, quæ S. Bonifacio Moguntino adscribuntur : *Obsecro, ut mihi Aldhelmi Episcopi aliqua opuscula, seu prosarum, seu metrorum, aut Rythmicorum mittere digneris.* Idem Liber Epistolarum S. Bonifacii Epist. 65 : *Tertium quoque* (carminis genus) *non pedum mensura elucubratum, sed octonis syllabis in quolibet versu compositis, una eademque littera comparibus linearum tramitibus aptata cursim calamo perarante caraxatum tibi... dicavi.* Adde Epist. 68. Vita S. Theofredi num. 10 : *Micrologum cudens de mundi lapsu senario, determinat cum sermone Rythmico.* Ordericus Vitalis lib. 10 : *Miserias captivitatis suæ ut erat jucundus et lepidus,... multotiens retulit Rythmicis versibus cum facetis modulationibus.* Vide *Leonini versus,* et *Politici versus,* Salmasium ad Histor. August. pag. 351. et Vossium de Poematum cantu et viribus Rythmi, editum Oxonii ann. 1673.

¶ **RYTHMUS.** Monachus S. Audoeni Rotomag. in Historia Johannis Abrinc. ad calcem Gestorum Archiepisc. Rotom. : *Finitis itaque* Kyrie eleyson *cum duobus Rythmis, exacto* Gloria in excelsis, *quod inceptum ab Abbate Ricardo Sigiensi* (Sagiensi) *chorus celeberrime fuerat executus cum laudibus.* Versiculos intelligo vocibus *Kyrie eleyson* intersertos, de quibus jam dictum est in *Farsa* 2. *Tropos* intelligit Johannes Prevotius in notis ad Johannem Abrincensem pag. 146. Quid autem sint *Tropi* in cantu, dicitur suo loco.

* **RYXIS,** *Incisio;* in Gloss. ad Alex. Iatrosoph. MS. lib. 1. Passion. cap. 97 : *Oportet ergo eo* (mellicrato) *uti,.... et Ryxim faciat aut diabrosim operetur.*

* **RZYP.** Chron. Bohem. ad ann. 1300. apud Ludewig. tom. 11. Reliq. MSS. pag. 129 : *Qui Czech cum fratribus et consortibus suis dictam terram absque incola totam provinciam eandem repletam nemoribus et feris reperiens, locavit se super quendam montem, qui communi vocabulo Rzyp nominatur; quod in Latino Respiciens dicitur.*

www.ingramcontent.com/pod-product-compliance
Lightning Source LLC
Chambersburg PA
CBHW070921100726
47908CB00001B/56

* 9 7 8 2 0 1 2 6 6 5 0 8 8 *